II 社会 政治 法律 … 1

社会・文化
- 社会 … 2
- 本・読書・図書館 … 2
- マスコミ・マスメディア … 9
- 社会・世相・風俗 … 18
- 社会保障・社会福祉 … 47
- 各国の社会・文化 … 82
- 社会思想・社会学 … 92
- 文化人類学・民俗学 … 110

政治 … 120
- 政治 … 120
- 国際政治情勢 … 120
- 日本政治・行政 … 137
- 軍事・防衛 … 162
- 政治学・政治史 … 169

法律 … 175
- 公務員試験問題集 … 175
- 法律 … 184
- 暮らしと法律 … 190
- ビジネスと法律 … 193
- 憲法 … 197
- 行政法 … 202
- 民法・民事法 … 203
- 刑法・刑事法 … 211
- 民事・刑事訴訟法・少年法 … 214
- 国際法 … 218
- 外国の法律 … 219
- 法学・司法・裁判 … 220
- 資格・試験問題集 … 230

経済 産業 労働 … 241

経済 … 242
- 経済 … 242
- 日本経済事情 … 242
- 国際経済事情 … 247
- 経済学・統計・財政学 … 254

ビジネス・経営 … 274
- ビジネス・経営 … 274
- 企業会計・会計理論 … 314
- 経営管理 … 325
- 人事・労務管理 … 329
- セールス・営業管理 … 332
- マーケティング … 334
- ビジネスライフ … 340
- 経営学・経営理論 … 369

金融・マネー・税金 … 375
- 金融・マネー・プラン … 375
- 財テク・マネープラン … 387
- 税法 … 398

産業 … 414
- 産業 … 414
- 流通・物流産業 … 417
- 不動産業 … 418
- サービス業 … 424
- 交通 … 429
- 製造・加工業 … 438
- 資源・エネルギー産業 … 438
- 電気・電子産業 … 439
- 建設・住宅産業 … 440
- 自動車・機械産業 … 441
- 鉱業・鉄鋼・化学産業 … 443
- 食品産業 … 444
- 農林水産業 … 445

労働 … 458
- 労働 … 458
- 資格・試験問題集 … 469

コンピュータ 情報 通信 … 511
- コンピュータ・情報処理 … 516
- ネットワーク・通信 … 526
- パソコン … 534
- ソフトウェア … 536
- オペレーティングシステム … 545
- プログラミング … 547
- 資格・試験問題集 … 561

テクノロジー サイエンス … 569

テクノロジー … 570
- テクノロジー … 570
- 資源・エネルギー … 572
- 環境問題・原発・自然保護 … 573
- 都市開発・都市問題 … 581
- 技術・発明 … 584
- 経営工学・生産管理 … 588
- 電気工学 … 591
- 電子工学 … 595
- メカトロ・ロボット・制御工学 … 597
- 化学工学 … 598
- 機械工学 … 600
- 建設・土木工学 … 604
- 建築工学 … 616
- 金属工学 … 623

サイエンス
- 航空工学・宇宙工学 … 624
- 海洋・船・航海 … 625
- 資格・試験問題集 … 627
- サイエンス … 645
- 数学 … 650
- 物理 … 663
- 化学 … 668
- 天文・宇宙 … 674
- 地球科学 … 677
- 生物 … 681
- メディカル … 699
- 医学 … 710
- 薬学 … 768
- 食品・栄養科学 … 772
- 資格・試験問題集 … 778

協力出版
書名索引 … 1195
著者索引 … 929
事項索引 … 785
（1）

① 本書は２０１７年１月〜１２月に出版され店頭で販売された新刊書５５，０００冊を、約１，０００項目に及ぶ見出しのもとに分類し、その要旨、目次などを紹介しています。

② 全体の構成は表紙見返しの分類総目次で、ジャンルごとの詳細な見出しはそれぞれの扉でご覧になれます。

③ お探しの図書がどのジャンル・見出しに該当するかお判りにならないときは、事項名索引をご利用下さい。

④ 記載事項

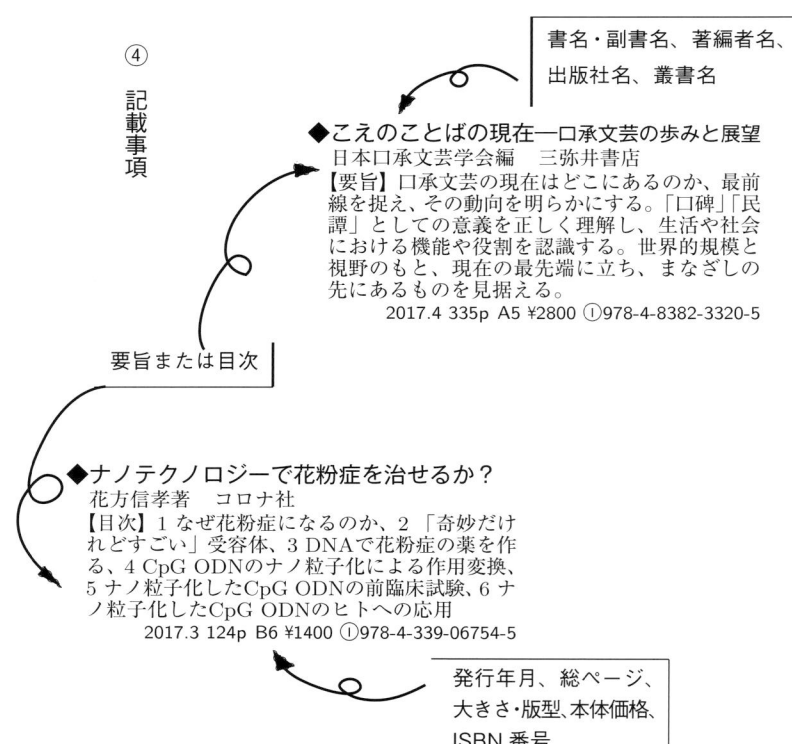

書名・副書名、著編者名、出版社名、叢書名

◆こえのことばの現在―口承文芸の歩みと展望
日本口承文芸学会編　三弥井書店
【要旨】口承文芸の現在はどこにあるのか、最前線を捉え、その動向を明らかにする。「口碑」「民譚」としての意義を正しく理解し、生活や社会における機能や役割を認識する。世界的規模と視野のもと、現在の最先端に立ち、まなざしの先にあるものを見据える。
2017.4 335p A5 ¥2800 ①978-4-8382-3320-5

要旨または目次

◆ナノテクノロジーで花粉症を治せるか？
花方信孝著　コロナ社
【目次】1 なぜ花粉症になるのか、2 「奇妙だけれどすごい」受容体、3 DNAで花粉症の薬を作る、4 CpG ODNのナノ粒子化による作用変換、5 ナノ粒子化したCpG ODNの前臨床試験、6 ナノ粒子化したCpG ODNのヒトへの応用
2017.3 124p B6 ¥1400 ①978-4-339-06754-5

発行年月、総ページ、大きさ・版型、本体価格、ISBN 番号

⑤ それぞれの見出しの中は、書名の読みがなの五十音順に並んでいます。アルファベットの書名は、五十音の最後におきました。なお、「エッセイ」「小説」だけは、作家名の五十音順にしています。

⑥ 「ＢＯＯＫ ＰＡＧＥ」のデータは、㈱トーハン、日本出版販売㈱、㈱紀伊國屋書店、日外アソシエーツ㈱の４社が共同で構築・製作した「ＢＯＯＫ」データベース（新刊図書内容情報）を使用しています。

事項名索引

① 約１、０００項目の見出し、およびそれ
らの見出しと関係の深い言葉（キーワード）
を五十音順に並べました。アルファベット
の言葉は、五十音の最後に並んでいます。

② 算用数字は、見出しの掲載ページです。

あ

項目	ページ
合気道	①236
あいさつ	①17
アイソトープ	②580
アイドルタレント	①766
アイヌ（民俗）	②119
アウトドアライフ	①234
悪徳商法	②38
アジア（経済）	②249
アジア（社会・文化）	②86
アジア（政治）	②129
アジア人労働者	②45
アジア文学	①918
飛鳥時代	①541
安土桃山時代	①547
アダルトチルドレン	①488
アトピー性皮膚炎	①181
アートフラワー	①72
アナキズム	②173
アニメ・イラスト集	①847
アニメーション	①797
アパート経営	②423
アパレル産業	②428
アフィリエイト	②513
アフリカ（社会・文化）	②86
アフリカ（政治）	②129
アマチュア無線	①262
アマチュア野球	①220
編み物	①81
アメリカ（経済）	②253
アメリカ（社会・文化）	②90
アメリカ（政治）	②134
アメリカ（歴史）	①603
アメリカ文学研究	①922
アメリカンフットボール	①227
アラビア語	①667
アルコール	①43
アレルギー	①181
アロマテラピー	①155

い

項目	ページ
医院経営	②707
医化学	②728
医学	②710
医学史	②725
生き方	①84
イギリス（社会・文化）	②83
イギリス（政治）	②127
イギリス（哲学）	①475
イギリス（歴史）	①604
イギリス文学研究	①920
育児	①8
生け花	①271
囲碁	①246
医師	②702
いじめ（教育）	②710
医者（ガイド）	①154
意匠	②584
異常心理学	①498
イスラエル（政治）	②128
イスラム教	①529
イタリア（社会・文化）	②83
イタリア（政治）	②127
イタリア語	①671
イタリア文学	①925
一太郎	②536
胃腸病	①166
一般常識問題集（就職試験）	①297
一遍	①518
遺伝子（生物学）	②684
遺伝子組み換え作物	②448
遺伝子工学	②571
遺伝病	②728
稲作	②449
犬（ペット）	①263
イベント産業	②427
医薬品	②771
医薬品学	②768
医薬品産業	②707
イラストレーション	①839
医療	②706
医療事務	②707
医療薬	②771
医療倫理	②706
色	①881
インサイダー取引	②381
印刷	②17
印章	①871
飲食店経営	②427
インダストリアル・デザイン	②340
インターネット	②528
インターネットオークション	②529
インターネットショッピング	②529
インディアン（民俗・習慣）	②119
インテリア	①18
インテリアデザイン	②616
インド（宗教）	①499
インド（哲学）	①467
インドネシア語	①667
イントラネット	②528
インフルエンザ	②732

う

項目	ページ
ウェブ	②528
ウォーターフロント	②581
浮世絵	①834
宇宙科学	②674
宇宙工学	②624
うつ病（医学）	②742
うつ病（健康）	①169
占い	①127
占い（児童書）	①439
運勢	①134
運輸	②417

え

項目	ページ
エアロビクス	①216
英英辞典	①663
映画	①788
英会話（一般）	①643
英会話（海外旅行）	①645
英会話（ビジネス）	①646
映画音楽	①766
映画論	①795
営業管理	②332
英語	①637
英語（科学技術）	②588
英語（ビジネス）	①648
英語科教育	①733
英語学	①662
英語学習法	①646
英語検定試験	①655
英語辞典	①663
英語文庫	①649
英作文	①653
衛生学	②759
衛生工学	②606
衛星放送（趣味）	①262
映像産業	②514
映像論	①795
英単語	①652
英文タイプ	①648
英文手紙	①653
英文読解	①649
英文法	①653
英米文学研究	①920
英訳本	①649
栄養学	②775
英和辞典	①662
易	①127
疫学	②759
エコビジネス	②300
エコロジー	②573
エジプト（旅行ガイド）	①210
エステティック	①21

エスペラント語 ……………… ①673
エッセイ ……………………… ①937
エッセイ（海外）……………… ①197
エッセイ（紀行）……………… ①184
エッセイ（食・料理）………… ①42
エディタ ……………………… ②536
絵手紙 ………………………… ①839
江戸時代 ……………………… ①556
エネルギー問題 ……………… ②572
絵本 …………………………… ①302
絵巻物 ………………………… ①834
エレクトロニクス …………… ②595
エレクトロニクス産業 ……… ②439
演歌 …………………………… ①803
演芸 …………………………… ①785
園芸（家庭）…………………… ①266
演劇 …………………………… ①782
演奏家 ………………………… ①815

お

黄檗宗 ………………………… ①518
応用心理学 …………………… ①477
応用数学 ……………………… ②591
大相撲 ………………………… ①237
オカルティズム ……………… ①135
オーケストラ ………………… ①815
押花 …………………………… ①79
おしゃれ ……………………… ①28
オゾン層破壊 ………………… ②573
織田信長 ……………………… ①551
お茶 …………………………… ①46
オーディオ …………………… ①262
オートバイガイド …………… ①242
オペラ ………………………… ①816
オペレーティングシステム … ②545
お弁当 ………………………… ①65
おまじない …………………… ①127
おまじない（児童書）………… ①439
おもちゃ ……………………… ①79
おもちゃ（郷土玩具）………… ①871
親子関係 ……………………… ①5
オランダ語 …………………… ①673
おりがみ ……………………… ①80
おりがみ（児童書）…………… ①439
オリンピック ………………… ①213
卸業 …………………………… ②417
音楽 …………………………… ①802
音楽科教育 …………………… ①738
音楽学 ………………………… ①819
音楽教育 ……………………… ①819
温泉ガイド …………………… ①188
オンライン通信 ……………… ②526

か

海運 …………………………… ②417
海外勤務 ……………………… ②312
海外経済協力 ………………… ②247
海外投資 ……………………… ②312
海外取引 ……………………… ②312
海外の民俗・習慣 …………… ②119
海外文通 ……………………… ①653
海外留学 ……………………… ①747
海外旅行 ……………………… ①200
絵画表現（イラスト）………… ①859
絵画表現（西洋画）…………… ①837

絵画表現（東洋・日本画）…… ①838
会議 …………………………… ②358
会計理論 ……………………… ②314
介護 …………………………… ②48
外交 …………………………… ②137
外国映画 ……………………… ①792
外国為替 ……………………… ②376
外国為替証拠金取引 ………… ②397
外国語（学校教育）…………… ①733
外国人（日本語教育）………… ①635
外国人登録 …………………… ②218
外国人留学生 ………………… ②45
外国人労働者（社会）………… ②45
外国人労働者（労働問題）…… ②461
外国文学研究 ………………… ①917
介護保険 ……………………… ②47
介護保険 ……………………… ②272
会社継承 ……………………… ②327
会社設立（経営）……………… ②345
会社設立（法律）……………… ②193
会社年鑑・職員録 …………… ②375
会社法 ………………………… ②195
会社訪問 ……………………… ①295
外食産業 ……………………… ②427
解析学 ………………………… ②656
解剖学 ………………………… ②726
海洋学 ………………………… ②677
海洋工学 ……………………… ②625
外来語辞典 …………………… ①632
カイロプラクティック ……… ②750
カイロプラクティック（家庭医
　療）…………………………… ②172
会話 …………………………… ①17
会話（ビジネス）……………… ②358
カウンセリング（教育）……… ①712
カウンセリング（心理学）…… ①488
画家（日本画）………………… ①838
画家（洋画・海外）…………… ①836
画家（洋画・日本）…………… ①837
科学 …………………………… ②645
化学 …………………………… ②668
科学技術英語 ………………… ②588
化学工学 ……………………… ②598
化学産業 ……………………… ②443
化学産業（医薬品）…………… ②707
科学史（通史）………………… ②650
科学論文の書き方 …………… ②588
家具 …………………………… ②18
架空戦記 ……………………… ①1116
学習指導 ……………………… ①712
学習漫画 ……………………… ①441
確定申告 ……………………… ②408
家具デザイン ………………… ②616
カクテル ……………………… ①43
楽譜（クラシック）…………… ①817
楽譜（ポピュラー）…………… ①809
確率論 ………………………… ②660
学力づくり …………………… ①712
家系図 ………………………… ①616
加工業 ………………………… ②438
家事審判法 …………………… ②214
家事の知恵 …………………… ①5
画集（イラスト）……………… ①839
画集（日本画）………………… ①838
画集（洋画・海外）…………… ①836
画集（洋画・日本）…………… ①837
果樹栽培 ……………………… ②449
画商 …………………………… ①825
ガス業界 ……………………… ②438
家政学 ………………………… ①7
家相 …………………………… ①133
画像工学 ……………………… ②595
画像編集ソフト ……………… ②539
家族社会学 …………………… ②93
家族法 ………………………… ②190
過疎問題 ……………………… ②157
肩こり ………………………… ①172
楽器・器楽 …………………… ①815

学級経営 ……………………… ①706
学校五日制 …………………… ①698
学校ガイド …………………… ①741
学校教育 ……………………… ①698
家庭医学 ……………………… ①145
家庭園芸・菜園 ……………… ①266
家庭科教育 …………………… ①740
家庭教育 ……………………… ①16
家庭生活 ……………………… ①4
家庭の法律 …………………… ②190
家庭問題 ……………………… ①5
家電業界 ……………………… ②439
カード（クレジット）………… ②376
華道 …………………………… ①271
カード破産 …………………… ②38
カナダ（経済）………………… ②253
カナダ（政治）………………… ②137
カヌー ………………………… ①231
歌舞伎 ………………………… ①787
株式市場 ……………………… ②381
株式投資 ……………………… ②392
株主総会 ……………………… ②327
花粉症 ………………………… ①181
鎌倉時代 ……………………… ①547
カメラ ………………………… ①251
カメラ産業 …………………… ②441
カメラマン …………………… ①254
歌謡曲 ………………………… ①803
カーライフ …………………… ①803
カラオケ ……………………… ①803
ガラス工芸 …………………… ①871
空手 …………………………… ①237
過労死 ………………………… ②461
カロリーブック ……………… ①24
癌 ……………………………… ②735
癌（闘病記）…………………… ②702
癌（予防法）…………………… ②178
肝炎 …………………………… ①180
眼科学 ………………………… ②760
環境教育 ……………………… ①712
環境ビジネス ………………… ②300
環境問題 ……………………… ②573
玩具 …………………………… ①79
玩具（工芸）…………………… ①871
観光業 ………………………… ②427
官公庁 ………………………… ②151
官公庁（職員録・名鑑・要覧）
　……………………………… ②174
看護学 ………………………… ②762
看護記 ………………………… ②702
韓国（政治）…………………… ②131
韓国・北朝鮮（社会・文化）… ②88
韓国語 ………………………… ①666
韓国・朝鮮史 ………………… ①598
看護師 ………………………… ②762
冠婚葬祭 ……………………… ①16
監査（企業会計）……………… ②314
漢詩研究 ……………………… ①920
漢字検定 ……………………… ①625
肝臓病 ………………………… ①180
官能小説 ……………………… ①1396
漢方薬 ………………………… ①174
カンボジア語 ………………… ①667
観葉植物 ……………………… ①266
管理会計 ……………………… ②314
管理者 ………………………… ②365
官僚 …………………………… ②151
漢和辞典 ……………………… ①631

き

記憶術 ………………………… ①119
機械工学 ……………………… ②600

機械産業 ……………………… ②441
幾何学 ………………………… ②659
企画 …………………………… ②357
規格 …………………………… ②586
危機管理（経営）……………… ②325
企業会計 ……………………… ②314
企業革新 ……………………… ②308
企業グループ ………………… ②303
企業広報 ……………………… ②339
企業小説 ……………………… ①1066
企業診断 ……………………… ②320
企業ダイレクトリー ………… ②375
企業動向 ……………………… ②303
企業と経営 …………………… ②300
戯曲 …………………………… ①783
紀行（海外）…………………… ①197
紀行（日本）…………………… ①184
気功法 ………………………… ①161
帰国生教育 …………………… ①747
技術 …………………………… ②570
技術英語・論文 ……………… ②588
技術開発 ……………………… ②584
技術科教育 …………………… ①740
技術史 ………………………… ②570
気象学 ………………………… ②677
寄生虫学 ……………………… ②732
北朝鮮（政治）………………… ②131
着付 …………………………… ①32
切手 …………………………… ①251
きのこ ………………………… ②686
ギフト ………………………… ①4
技法書（書）…………………… ①871
きもの ………………………… ①32
客室乗務員 …………………… ②437
キャンピング ………………… ①234
灸 ……………………………… ①173
救急治療 ……………………… ②733
旧日本軍 ……………………… ②168
旧約聖書 ……………………… ①529
教育（海外）…………………… ①747
教育（日本）…………………… ①673
教育学 ………………………… ①748
教育行政 ……………………… ①757
教育権 ………………………… ①757
教育史 ………………………… ①755
教育思想 ……………………… ①748
教育心理学 …………………… ①757
教育法規 ……………………… ①757
教育理論 ……………………… ①748
狂言 …………………………… ①787
共産主義 ……………………… ②173
共産党 ………………………… ②173
教師 …………………………… ①698
行政 …………………………… ②137
行政法 ………………………… ②202
強制連行（太平洋戦争）……… ①576
業態開発 ……………………… ②308
競艇 …………………………… ①245
郷土玩具 ……………………… ①871
郷土芸能 ……………………… ②116
郷土史 ………………………… ①535
恐竜 …………………………… ②677
橋梁工学 ……………………… ②606
漁業 …………………………… ②457
魚類 …………………………… ②696
切り絵 ………………………… ①867
ギリシア語 …………………… ①673
ギリシア神話 ………………… ①508
ギリシア哲学 ………………… ①468
ギリシア文学研究 …………… ①925
キリスト教 …………………… ①521
キリスト教史 ………………… ①526
キルト ………………………… ①77
金魚（飼育）…………………… ①262
銀行 …………………………… ②382
銀行員 ………………………… ②383
銀行業務 ……………………… ②383
金属工学 ……………………… ②623

近代史（日本） ……… ①569
金融 ……………………… ②376
金融業務 ……………… ②383
金融工学 ……………… ②387
金融市場 ……………… ②381

く

クイズ …………………… ①274
クイズ番組問答集 …… ①274
空海 ……………………… ①517
薬の知識 ……………… ①155
クラシック音楽 ……… ①813
暮らしと法律 ………… ②190
グラフィック・デザイン … ①875
グラフソフト ………… ②539
グリーティング ……… ①4
クルド人 ……………… ②128
グルメガイド ………… ①40
クレジット・カード（産業）… ②376
クレジット・カード（社会問題）
…………………………… ②38
クレジット・カード活用法 … ①2
クロスワードパズル … ①274
軍事 …………………… ②164

け

経営学 ………………… ②369
経営管理 ……………… ②325
経営工学 ……………… ②588
経営者 ………………… ②306
経営診断 ……………… ②320
経営戦略 ……………… ②300
経営分析 ……………… ②320
経営理論 ……………… ②369
景気動向 ……………… ②242
敬語 …………………… ①17
経済援助 ……………… ②247
経済学 ………………… ②254
経済学説 ……………… ②267
経済協力 ……………… ②247
経済史 ………………… ②268
経済思想 ……………… ②267
経済小説 ……………… ①1066
経済動向 ……………… ②242
経済動向（アジア太平洋）… ②249
経済動向（海外） …… ②247
警察 …………………… ②154
刑事訴訟法 …………… ②214
刑事法 ………………… ②211
芸術 …………………… ①766
芸術（学校教育） …… ①739
芸術論 ………………… ①823
携帯電話 ……………… ②531
芸能界 ………………… ①766
競馬 …………………… ①243
系譜学 ………………… ①616
刑法 …………………… ②211
経理 …………………… ②314
競輪 …………………… ①245
外科学 ………………… ②748
劇団 …………………… ①782
華厳経 ………………… ①516
血液疾患 ……………… ②738
結婚観（女性） ……… ①112
結婚式 ………………… ①16

ゲーム …………………… ①273
ゲームブック ………… ①279
ケルト（民俗） ……… ②119
原価計算 ……………… ②320
健康 …………………… ①145
健康食品 ……………… ①162
健康法 ………………… ①155
言語学 ………………… ①620
検察 …………………… ②227
源氏物語論 …………… ①897
現象学 ………………… ①457
原子力産業 …………… ②580
原子力事故 …………… ②580
建設業 ………………… ②440
建設工学 ……………… ②604
現代演劇 ……………… ①782
現代音楽 ……………… ①814
現代史（日本） ……… ①569
現代思想 ……………… ①446
現代社会 ……………… ②18
現代美術 ……………… ①826
現代成語 ……………… ①628
現代風俗 ……………… ②29
現代用語 ……………… ②31
建築家・デザイナー … ②615
建築工学 ……………… ②616
建築構造 ……………… ②620
建築史 ………………… ②607
建築積算 ……………… ②622
建築施工 ……………… ②620
建築設計 ……………… ②616
建築設備 ……………… ②620
建築文化 ……………… ②607
建築法規 ……………… ②619
剣道 …………………… ①236
原発問題 ……………… ②580
憲法 …………………… ①197
憲法（外国） ………… ②219

こ

公害 …………………… ②577
航海学 ………………… ②625
工業 …………………… ②438
鉱業 …………………… ②443
工業基礎 ……………… ②591
工業所有権 …………… ②584
工業デザイン ………… ②340
航空工学 ……………… ②624
航空産業 ……………… ②437
工芸（趣味） ………… ①79
工芸（美術） ………… ①871
高血圧 ………………… ①180
考古学 ………………… ①612
広告 …………………… ②339
工作機械 ……………… ②600
皇室 …………………… ②149
公衆衛生学 …………… ②759
交渉術（ビジネス） … ②358
厚生年金 ……………… ②72
校則問題 ……………… ①709
講談 …………………… ①785
紅茶 …………………… ①46
交通 …………………… ②429
交通事故（法律） …… ②217
交通情報 ……………… ①2
香道 …………………… ①271
行動科学 ……………… ①477
高度情報化社会 ……… ②512
幸福の科学 …………… ①502
高分子化学 …………… ②598
公務員 ………………… ②151
高野山 ………………… ①517
高齢化社会 …………… ②66

呼吸器疾患 …………… ②738
国学 …………………… ①461
国語科教育 …………… ①722
国語学 ………………… ①629
国語辞典 ……………… ①631
国際化（社会） ……… ②18
国際協力 ……………… ②247
国際経済事情 ………… ②247
国際財務報告基準 …… ②314
国際政治情勢 ………… ②120
国際単位 ……………… ②586
国際法 ………………… ②218
国文法 ………………… ①631
国民年金 ……………… ②72
国連 …………………… ②120
国連英検 ……………… ①658
国連平和協力法 ……… ②162
古語辞典 ……………… ①631
心の病気（健康） …… ①169
古事記 ………………… ①894
故事成語 ……………… ①628
古寺名刹ガイド ……… ①514
個人情報保護法 ……… ②184
個人輸入 ……………… ①2
古生物学 ……………… ②677
子育て ………………… ①10
古代日本語 …………… ①628
国会 …………………… ②146
国会・政界（要覧） … ②174
国家主義 ……………… ②173
古典派音楽 …………… ①814
ことば遊び …………… ①623
子どもの医学 ………… ①168
小鳥（飼育） ………… ①262
ことわざ ……………… ①628
コーヒー ……………… ①46
コピーライター ……… ②339
古墳時代 ……………… ①541
コミック論 …………… ②32
ゴミ問題 ……………… ②577
コメ問題 ……………… ②448
古文書学 ……………… ①615
雇用保険 ……………… ②72
暦 ……………………… ①134
コーラン ……………… ①529
ゴルフ ………………… ①218
ゴルフ会員権 ………… ①220
ゴルフ場ガイド ……… ①220
コレクション ………… ①285
コンクリート工学 …… ②605
昆虫 …………………… ②677
コンビニエンスストア … ②425
コンピュータ ………… ②516
コンピュータウイルス … ②516
コンピュータ・グラフィック（美術）… ①827
コンピュータグラフィックスソフト … ②539
コンピュータゲーム … ①279
コンピュータ産業 …… ②514
コンピュータミュージック … ①820

さ

サイエンス …………… ②645
災害 …………………… ②582
災害報道 ……………… ②40
細菌学 ………………… ②732
サイクリング ………… ①234
債権法 ………………… ②203
サイコセラピー ……… ①488
歳時記 ………………… ①960
財政学 ………………… ②271

財政事情 ……………… ②271
最澄 …………………… ①517
財テク ………………… ②387
在日外国人 …………… ②45
裁判 …………………… ②227
裁判員 ………………… ②229
財務会計 ……………… ②314
財務管理 ……………… ②320
財務諸表 ……………… ②321
材料力学 ……………… ②591
サーカス ……………… ①766
作文指導 ……………… ①722
作文の書き方（就職試験）… ②297
作物栽培 ……………… ②449
酒 ……………………… ①43
挿絵 …………………… ①839
サスペンス小説（外国）… ①1341
サスペンス小説（日本）… ①1066
サッカー ……………… ①227
雑貨 …………………… ①3
雑学・知識 …………… ②31
雑誌 …………………… ②15
茶道 …………………… ①271
サービス業 …………… ②424
サーフィン …………… ①231
差別問題 ……………… ②43
サラリーマンライフ … ②340
サル学 ………………… ②693
産業統計（一般） …… ②415
産業廃棄物 …………… ②577
算数科教育 …………… ①725
サンスクリット語 …… ①667
酸性雨 ………………… ②573
産婦人科学 …………… ②760
残留孤児 ……………… ②45

し

指圧 …………………… ①173
自衛隊 ………………… ②163
歯科学 ………………… ②753
資格試験 ⇨各ジャンルをも見よ … ①299
資格習得ガイド ……… ①299
史記 …………………… ①594
色彩 …………………… ①881
指揮者 ………………… ①815
死刑 …………………… ②42
事件 …………………… ②38
資源・エネルギー産業 … ②438
資源開発 ……………… ②572
シーケンス制御 ……… ②597
資源統計 ……………… ②269
資源リサイクリング … ②572
自己改革 ……………… ①119
四国巡礼 ……………… ①514
時刻表 ………………… ①2
自己啓発 ……………… ①119
仕事術 ………………… ②346
自己破産 ……………… ②38
刺しゅう ……………… ①77
詩集 …………………… ①961
時事用語 ……………… ②31
市場調査 ……………… ②334
地震学 ………………… ②677
地震災害（社会） …… ②40
地震災害（テクノロジー）… ②582
システム監査 ………… ②516
死生観 ………………… ①458
自然観察 ……………… ②677
自然保護 ……………… ②573
思想 …………………… ①446
時代小説 ……………… ①1025

しつけ …………………… ①10
漆芸 ……………………… ①871
室内装飾 ………………… ②616
実用新案 ………………… ②584
実用文 …………………… ①17
シティマップ …………… ①213
私鉄 ……………………… ②432
字典（書） ……………… ①871
自転車 …………………… ①234
自動車ガイド …………… ①241
自動車工学 ……………… ②600
自動車産業 ……………… ②441
自動車保険 ……………… ②217
児童書 …………………… ①387
児童心理学 ……………… ①498
児童福祉 ………………… ②48
児童文学 ………………… ①344
児童文学論 ……………… ①885
シナリオ ………………… ①783
耳鼻咽喉科学 …………… ②760
自費出版 ………………… ②15
司法 ……………………… ②227
シミュレーション戦争小説 … ①1116
自民党 …………………… ②146
社員教育 ………………… ②329
釈迦 ……………………… ①508
社会科教育 ……………… ①730
社会学 …………………… ②93
社会教育 ………………… ①679
社会思想 ………………… ②92
社会主義 ………………… ②173
社会小説 ………………… ①1066
社会心理学 ……………… ②109
社会人類学 ……………… ②110
社会・世相 ……………… ②18
社会福祉 ………………… ②48
社会・文化（各国） …… ②82
社会保険 ………………… ②72
社会保障 ………………… ②47
社会福祉 ………………… ②293
借地・借家法 …………… ②192
社交ダンス ……………… ①822
写真 ……………………… ①251
写真集（一般） ………… ①254
写真集（AV・ポルノ） … ①779
ジャズ …………………… ①812
ジャーナリズム ………… ②12
社民党 …………………… ②146
シャンソン ……………… ①806
獣医ガイド ……………… ①262
獣医学 …………………… ②455
週五日制（教育） ……… ①698
宗教 ……………………… ①499
宗教学 …………………… ①507
就業規則 ………………… ②332
就業規程（企業） ……… ②329
宗教史 …………………… ①507
従軍慰安婦問題 ………… ①576
習字 ……………………… ①17
就職ガイド ……………… ①288
就職ガイド（マスコミ） … ②12
集積回路 ………………… ②597
住宅 ……………………… ①18
住宅産業 ………………… ②440
住宅地図 ………………… ①213
住宅統計 ………………… ②440
住宅ローン（マネープラン）
　　　　　　　　　　　　②387
柔道 ……………………… ①236
儒教 ……………………… ①464
授業づくり ……………… ①712
塾 ………………………… ①741
手芸 ……………………… ①72
受験（小中学校・高校） … ①741
受験（大学） …………… ①744
出産 ……………………… ①7
出入国管理 ……………… ②218
出版 ……………………… ②15

首都圏整備 ……………… ②581
趣味 ……………………… ①285
樹木 ……………………… ②686
手話 ……………………… ②71
循環器疾患 ……………… ②738
巡礼 ……………………… ①514
書 ………………………… ①869
省エネルギー …………… ②572
生涯学習 ………………… ①679
障害児教育 ……………… ①680
障害者 …………………… ②71
障害者福祉 ……………… ②71
消化器疾患 ……………… ②738
唱歌集 …………………… ①803
将棋 ……………………… ①248
商業 ……………………… ②424
商業英語 ………………… ②648
商業デザイン …………… ②340
証券 ……………………… ②381
証券市場 ………………… ②381
商社 ……………………… ②417
小説（英訳本） ………… ①649
小説（外国） …………… ①1326
商店 ……………………… ②426
浄土教 …………………… ①518
浄土宗 …………………… ①518
浄土真宗 ………………… ①519
小児科学 ………………… ②747
少年法 …………………… ②214
消費社会 ………………… ②38
消費者問題 ……………… ②38
消費税 …………………… ②405
商標（デザイン） ……… ②340
商標（特許） …………… ②584
商品開発 ………………… ②339
商品企画 ………………… ②339
商法 ……………………… ②195
消防 ……………………… ②154
情報科学 ………………… ②516
正法眼蔵 ………………… ①518
情報産業 ………………… ②514
情報社会 ………………… ②512
情報処理 ………………… ②516
情報ネットワーク ……… ②526
縄文時代 ………………… ①540
昭和史 …………………… ①574
食玩 ……………………… ①285
食事療法 ………………… ①164
食生活 …………………… ①33
食品衛生 ………………… ②772
食品汚染 ………………… ②154
食品科学 ………………… ②772
食品加工業 ……………… ②444
食品産業 ………………… ②444
食品成分表 ……………… ①165
食品添加物 ……………… ②154
植物学 …………………… ②686
食文化 …………………… ①33
食糧問題 ………………… ②448
女性史 …………………… ②36
女性の医学 ……………… ①167
女性の生き方 …………… ①112
女性問題 ………………… ②36
食器 ……………………… ①43
ショップガイド ………… ②2
書店 ……………………… ②4
書道 ……………………… ①869
所得税 …………………… ②408
ショービジネス ………… ①766
史料 ……………………… ①615
神学（キリスト教） …… ①526
進化論 …………………… ②681
鍼灸 ……………………… ①173
神経科学 ………………… ②729
神経病学 ………………… ②742
新劇 ……………………… ①782
人権教育 ………………… ①679
人権と政治 ……………… ②120

人権論（差別） ………… ②43
人権論（法学） ………… ②220
新興宗教 ………………… ①500
人工生命 ………………… ②522
人工知能 ………………… ②522
人口統計 ………………… ②269
真言宗 …………………… ①517
人材開発・養成 ………… ②308
人事管理 ………………… ②329
人事制度 ………………… ②329
新宗教 …………………… ①500
人生論 …………………… ①84
心臓病 …………………… ①180
新素材 …………………… ②571
診断学 …………………… ②733
神道 ……………………… ①505
新聞 ……………………… ②212
人文地理学 ……………… ①617
人名事典 ………………… ②7
新約聖書 ………………… ①529
信用金庫 ………………… ②382
親鸞 ……………………… ①519
心理学 …………………… ①477
森林（林業） …………… ②456
人類学 …………………… ②693
心霊現象 ………………… ①144
進路指導 ………………… ①709
神話 ……………………… ①508
神話学 …………………… ①508

【す】

水泳 ……………………… ①231
水産学 …………………… ②458
水産業 …………………… ②457
水質汚濁 ………………… ②577
水族館 …………………… ②690
水墨画 …………………… ①838
睡眠 ……………………… ①170
推理小説（外国） ……… ①1341
推理小説（日本） ……… ①1066
推理小説論 ……………… ①885
スウェーデン（政治） … ②127
スウェーデン語 ………… ①673
数学 ……………………… ②650
数学科教育 ……………… ①725
スキー …………………… ①218
スキューバダイビング … ①231
スキンケア ……………… ①21
図形ソフト ……………… ②539
スケート ………………… ①213
図工科教育 ……………… ①739
スチュワーデス ………… ②437
頭痛 ……………………… ①172
ストレス ………………… ①169
スノーボード …………… ①218
スーパーマーケット …… ②425
スピーチ ………………… ①17
スペイン（社会・文化） … ②83
スペイン語 ……………… ①672
スペイン文学研究 ……… ①925
スポーツ ………………… ①213
スポーツ医学 …………… ②215
住まい …………………… ①18
スマートフォン ………… ②531
墨絵 ……………………… ①838
相撲 ……………………… ①237
3D ………………………… ①827

【せ】

性 ………………………… ①184
性（風俗） ……………… ②34
生化学 …………………… ②673
生化学（医学） ………… ②728
声楽家 …………………… ①816
生活科 …………………… ②736
生活指導 ………………… ①709
生活習慣病 ……………… ①166
生活情報 ………………… ①2
生活の法律 ……………… ②190
制御工学 ………………… ②597
税金対策 ………………… ②398
整形外科 ………………… ②750
生産管理 ………………… ②588
政治家（現代日本） …… ②147
政治学 …………………… ②169
政治史 …………………… ②169
政治情勢 ………………… ②137
聖書 ……………………… ①528
政治倫理 ………………… ②120
精神医学 ………………… ②742
精神障害者 ……………… ②71
精神分析 ………………… ①488
税制改革 ………………… ②398
製造業 …………………… ②438
製造物責任法 …………… ②590
生長の家 ………………… ①505
性的虐待 ………………… ②34
政党 ……………………… ②146
生徒指導 ………………… ①709
性風俗 …………………… ②34
生物学 …………………… ②681
税法 ……………………… ②398
性暴力 …………………… ②34
税務会計 ………………… ②322
姓名学 …………………… ①616
姓名判断 ………………… ①133
生命保険 ………………… ②385
生命倫理 ………………… ②706
製薬業界 ………………… ②707
西洋史 …………………… ①599
西洋哲学 ………………… ①467
西洋美術史 ……………… ①827
生理学 …………………… ②726
世界遺産 ………………… ②82
世界史 …………………… ①586
世界地図 ………………… ①211
積分 ……………………… ②656
石油化学工業 …………… ②443
石油業 …………………… ②438
石油資源 ………………… ②572
セキュリティ …………… ②533
セクシャル・ハラスメント … ②34
セックス ………………… ①184
節税対策 ………………… ②397
説話文学 ………………… ①886
セラミック工学 ………… ②598
セールス ………………… ②332
繊維産業 ………………… ②428
戦艦 ……………………… ②165
戦記 ……………………… ①585
選挙 ……………………… ②146
戦国時代 ………………… ①551
禅宗 ……………………… ①518
占星術 …………………… ①130
戦争 ……………………… ②164
先祖供養 ………………… ①144
先端技術 ………………… ②571
宣伝 ……………………… ②339
戦闘機 …………………… ②165

船舶工学 ……………… ②625
専門学校ガイド ……… ①746
川柳（句集） ………… ①971
占領時代 ……………… ①576

そ

造園業 ………………… ②457
創価学会 ……………… ②501
葬式 …………………… ①16
創世記 ………………… ①529
造船 …………………… ②625
相続（法律） ………… ②190
相続税 ………………… ②411
相対性理論 …………… ②663
曹洞宗 ………………… ①518
贈与（法律） ………… ②190
贈与税 ………………… ②411
速読術 ………………… ②2
ソーシャル・ワーカー … ②48
ソフトウェア ………… ②536
ソフトボール ………… ①220
ソーラーカー ………… ②600
ソ連（歴史） ………… ①608
損害保険 ……………… ②385
尊厳死 ………………… ②706

た

体育科教育 …………… ①740
体育学 ………………… ②215
ダイエット …………… ①24
ダイオキシン ………… ②577
対外関係（政治） …… ②137
大学ガイド …………… ①746
大学教育 ……………… ①676
大学受験 ……………… ①744
大学入学資格検定 …… ①744
大気汚染 ……………… ②573
太極拳 ………………… ①237
タイ語 ………………… ①667
大正時代 ……………… ①572
大乗仏典 ……………… ①516
代数学 ………………… ②659
体操 …………………… ①216
台所道具 ……………… ①143
ダイビング …………… ①231
太平洋戦争 …………… ①576
太平洋戦争（軍事） … ②164
代用監獄 ……………… ②42
大リーグ ……………… ①222
宝塚歌劇団 …………… ①766
卓球 …………………… ①225
脱サラ ………………… ②345
ターミナルケア ……… ②702
誕生日占い …………… ①127
ダンス ………………… ①822
短大ガイド …………… ①746
歎異抄 ………………… ①519

ち

地域開発 ……………… ②157
地域活生化 …………… ②157
地域教育 ……………… ①679
地域経済動向（日本） … ②245
チェーンストア ……… ②425
地価 …………………… ②420
地学 …………………… ②677
地価税 ………………… ②405
地球温暖化 …………… ②573
地球科学 ……………… ②677
地球環境 ……………… ②573
地球環境とビジネス … ②300
畜産業 ………………… ②455
地誌学 ………………… ②617
知識工学 ……………… ②522
地質学 ………………… ②677
チーズ ………………… ①48
地図 …………………… ①211
知的情報処理 ………… ②522
知的所有権 …………… ②584
地方公務員 …………… ②151
地方財政 ……………… ②271
地方史 ………………… ①535
地方自治体 …………… ②155
地方自治法 …………… ②155
地方文化 ……………… ②22
地名 …………………… ①617
チャネリング ………… ①135
茶の湯 ………………… ②271
中華風料理 …………… ①69
中間管理職 …………… ②365
中国（社会・文化） … ②89
中国（政治） ………… ②132
中国拳法 ……………… ①237
中国語 ………………… ①663
中国語検定試験 ……… ①663
中国史 ………………… ①594
中国文学研究 ………… ①918
中小企業 ……………… ②300
中小小売店 …………… ②426
中小専門店 …………… ②426
中東（社会・文化） … ②85
中東（政治） ………… ②128
中東和平 ……………… ②128
中南米（社会・文化） … ②90
中南米（政治） ……… ②137
中南米（歴史） ……… ①610
超音波診断（医学） … ②733
彫刻 …………………… ①868
超自然現象 …………… ①135
朝鮮（社会・文化） … ②88
朝鮮語 ………………… ①666
朝鮮史 ………………… ①598
朝鮮戦争 ……………… ①598
朝鮮半島（政治） …… ②131
超能力 ………………… ①135
鳥類 …………………… ②696
著作権 ………………… ②15
地理学 ………………… ①617
地理教育 ……………… ①730

つ

通貨 …………………… ②376
通貨統合 ……………… ②252
通信教育 ……………… ①299

て

庭価 …………………… ②457
ディスカウントストア … ②425
デイトレード ………… ②392
定年後の生き方 ……… ①108
定年退職金 …………… ②329
手紙 …………………… ①17
適性検査（就職試験） … ①288
テクノロジー ………… ②570
デザイン（建築作品） … ①607
デザイン（商用） …… ②340
デザイン（都市） …… ②581
デザイン（美術） …… ①875
手品 …………………… ①273
デスクトップパブリッシング（ソフト） … ②539
手相 …………………… ①133
データベース ………… ②526
データベースソフト … ②537
哲学 …………………… ①446
鉄鋼業 ………………… ②443
鉄道 …………………… ②432
テニス ………………… ①225
テーブルマナー ……… ①16
テレビアニメ ………… ①797
テレビドラマ ………… ①780
テレビ番組 …………… ①766
テレマーケティング … ②334
天気 …………………… ②677
伝記（医学） ………… ②725
伝記（科学者） ……… ②650
伝記（児童書・偉人伝） … ①388
電気回路 ……………… ②591
電気機器 ……………… ②591
電気工学 ……………… ②591
電気工事 ……………… ②591
電気産業 ……………… ②439
篆刻 …………………… ①871
電子回路 ……………… ②597
電子顕微鏡 …………… ②595
電子工学 ……………… ②595
電子産業 ……………… ②439
電子出版 ……………… ②15
電子デバイス ………… ②597
電子ブック …………… ②512
転職 …………………… ②345
伝説（文学） ………… ①886
伝説（民俗） ………… ①119
天体観測 ……………… ②674
天台宗 ………………… ①517
伝統工芸 ……………… ①871
天皇制 ………………… ①149
店舗管理 ……………… ②426
デンマーク語 ………… ①673
天文学 ………………… ②674
天理教 ………………… ①501
電力 …………………… ②591
電力会社 ……………… ②438

と

ドイツ（社会・文化） … ②83
ドイツ（政治） ……… ②127
ドイツ（哲学） ……… ①469
ドイツ（歴史） ……… ①606
ドイツ観念論 ………… ①469
ドイツ語 ……………… ①668
ドイツ文学研究 ……… ①923
登記法 ………………… ②210
東京論 ………………… ②185
陶芸 …………………… ①873
統計学 ………………… ②269
統計学（数理） ……… ②660
統計法 ………………… ②269
刀剣 …………………… ①871
道元 …………………… ①518
唐詩 …………………… ①920
投資信託 ……………… ②392
道徳 …………………… ①476
道徳教育 ……………… ①736
糖尿病 ………………… ①180
闘病記 ………………… ②702
動物（ペット） ……… ①262
動物園 ………………… ②690
動物学 ………………… ②690
東洋史 ………………… ①592
東洋思想 ……………… ①460
東洋哲学 ……………… ①460
東洋美術史 …………… ①830
道路工学 ……………… ②606
道路地図 ……………… ①212
童話 …………………… ①344
同和教育 ……………… ①679
同和問題 ……………… ②43
特殊撮影 ……………… ①796
読書 …………………… ②2
独占禁止法 …………… ②375
毒物試験 ……………… ②768
独立・開業 …………… ②345
独立・開業（法律） … ②193
登山家 ………………… ①233
登山ガイド …………… ①189
登山技術 ……………… ①233
都市再開発 …………… ②581
都市デザイン ………… ②581
都市問題 ……………… ②581
図書館 ………………… ②5
土地税制 ……………… ②405
土地税制（節税対策） … ②397
土地問題 ……………… ②420
特許 …………………… ②584
トップマネジメント … ②306
土木工学 ……………… ②604
ドメスティック・バイオレンス … ②36
トライアスロン ……… ①234
ドライビング ………… ①241
ドライブガイド ……… ①188
トランプゲーム ……… ①273
トルコ語 ……………… ①667
トレーニング（スポーツ） … ①216

な

内科学 ………………… ②738
内閣 …………………… ②146
ナチズム ……………… ①606

名前の付け方 …………… ①133
奈良時代 ………………… ①547
南北朝時代 ……………… ①547

に

21世紀論 ………………… ②18
ニーチェ哲学 …………… ①469
日米関係 ………………… ①137
日米摩擦 ………………… ①137
日用品 …………………… ①3
日蓮宗 …………………… ①521
日蓮正宗 ………………… ①501
日中戦争 ………………… ①576
ニット …………………… ①81
日本映画 ………………… ①789
日本画家 ………………… ①838
日本共産党 ……………… ②173
日本語 …………………… ①623
日本語教育 ……………… ①635
日本語教材 ……………… ①635
日本史 …………………… ①530
日本書紀 ………………… ①541
日本人論 ………………… ①219
日本神話 ………………… ①508
日本地図 ………………… ①212
日本的経営 ……………… ②300
日本の国際化 …………… ②18
日本の習慣 ……………… ①116
日本の民俗 ……………… ②116
日本美術史 ……………… ①830
日本舞踊 ………………… ①822
日本文学研究 …………… ①893
日本論 …………………… ②19
ニュービジネス ………… ②274
ニューミュージック …… ①804
ニューメディア ………… ②512
ニューロコンピュータ … ②522
人形（工芸）……………… ①871
人形（手芸）……………… ①72
人間関係（一般）………… ①84
人間関係（ビジネス）…… ②363
妊娠 ……………………… ①7
認知症 …………………… ①166
認知症 …………………… ②66
認知心理学 ……………… ①498

ぬ

ぬいぐるみ ……………… ①72
塗り絵 …………………… ①864

ね

猫（ペット）……………… ①264
熱帯魚（飼育）…………… ①262
ネット株 ………………… ②392
ネットワーク管理ソフト … ②526
ネットワーク通信 ……… ②526
ネパール語 ……………… ①667
年賀状 …………………… ①17
年金 ……………………… ②72

の

農家 ……………………… ②448
脳科学 …………………… ②729
農学 ……………………… ②450
能楽 ……………………… ①787
農協 ……………………… ②448
農業 ……………………… ②445
農業政策 ………………… ②450
農業統計 ………………… ②452
農政 ……………………… ②450
農村 ……………………… ②448
農法 ……………………… ②449
農薬汚染 ………………… ②577
脳力 ……………………… ①119
ノストラダムス ………… ①133
ノルウェー語 …………… ①673
ノンフィクション（文学）… ①926

は

歯 ………………………… ①182
バイオエシックス ……… ②706
バイオサイエンス ……… ②673
バイオテクノロジー …… ②571
俳画 ……………………… ①867
俳諧 ……………………… ①899
配色 ……………………… ①881
ハイテクノロジー ……… ②571
ハイデッガー哲学 ……… ①469
パイロット ……………… ②437
墓 ………………………… ①16
はがき作成ソフト ……… ②544
博物館ガイド …………… ①826
幕末 ……………………… ①563
バスケットボール ……… ①226
パズル …………………… ①274
パソコン ………………… ②534
パソコンゲーム ………… ①279
パソコンソフト ………… ②536
パソコンハード ………… ②535
パソコンCAD …………… ②603
パチスロ ………………… ①245
パチンコ ………………… ①245
発達心理学 ……………… ①498
パッチワーク …………… ①77
発明 ……………………… ②584
パーティゲーム ………… ①273
パーティ・マナー ……… ①16
ハードボイルド小説（外国）
　………………………… ①1341
ハードボイルド小説（日本）
　………………………… ①1066
花（園芸）………………… ①266
花（植物学）……………… ②686
花（デザイン）…………… ①269
話し方 …………………… ①17
話し方（ビジネス）……… ②358
バブル経済 ……………… ②242
ハム無線 ………………… ①262
針（療法）………………… ①173
バレエ …………………… ①822
ハーレクイン・ロマンス … ①1373
パレスチナ問題 ………… ①128
バレーボール …………… ①226
バロック音楽 …………… ①814
版画 ……………………… ①867
ハングル語 ……………… ①666

犯罪 ……………………… ②38
阪神・淡路大震災 ……… ②40
反戦運動 ………………… ②46
半導体産業 ……………… ②439
半導体デバイス ………… ②597
ハンドボール …………… ①226
般若心経 ………………… ①516
販売管理 ………………… ②426
判例集 …………………… ②229

ひ

ピアノスコア（ポピュラー）
　………………………… ①809
ピアノ・レッスン ……… ①820
比較文化 ………………… ②82
比較文学 ………………… ①884
美学論 …………………… ①823
東日本大震災 …………… ②40
光エレクトロニクス …… ②595
ビジネス ………………… ②274
ビジネス（法律）………… ②193
ビジネス英会話 ………… ①646
ビジネス英語 …………… ①648
ビジネス会話 …………… ②358
ビジネス交渉術 ………… ②358
ビジネス文書 …………… ②362
ビジネスマナー ………… ②363
ビジネスライフ ………… ②340
美術 ……………………… ①823
美術科教育 ……………… ①739
美術館ガイド …………… ①825
美術史（西洋）…………… ①827
美術史（東洋・日本）…… ①830
美術評論 ………………… ①823
美術品売買 ……………… ①825
ヒット商品 ……………… ②339
ビデオ（趣味）…………… ①262
ヒトラー ………………… ①606
泌尿器科学 ……………… ②760
皮膚科学 ………………… ②760
微分 ……………………… ②656
百人一首 ………………… ①901
百貨店 …………………… ②425
美容 ……………………… ①21
病院（ガイド）…………… ①154
病院経営 ………………… ②707
病気の知識 ……………… ①166
表計算ソフト …………… ②537
病理学 …………………… ②732
ビル経営 ………………… ②423
ビルマ語 ………………… ①667
品質管理 ………………… ②590
ヒンディー語 …………… ①667

ふ

ファーストフード産業 … ②427
ファッション …………… ①28
ファッション産業 ……… ②428
ファンタジー（外国）…… ①1357
ファンタジー（日本）…… ①1116
ファンタジー文学論 …… ①885
フィッシング …………… ①232
フィリピン語 …………… ①667
フィンランド語 ………… ①673
風水 ……………………… ①133

フェミニズム …………… ②36
フォークロア …………… ②110
フォーミュラーワン …… ①243
福祉 ……………………… ②48
福祉教育 ………………… ①680
服飾 ……………………… ①28
仏教 ……………………… ①508
仏教経典 ………………… ①516
仏教研究 ………………… ①514
仏教史 …………………… ①515
仏教美術 ………………… ①834
物権法 …………………… ②203
仏像 ……………………… ①834
ブッダ …………………… ①508
仏典 ……………………… ①516
物理学 …………………… ②663
物流産業 ………………… ②417
武道 ……………………… ①236
不登校 …………………… ①710
不動産業 ………………… ②418
不動産投資 ……………… ②420
不動産法 ………………… ②192
不眠症 …………………… ①170
舞踊 ……………………… ①822
部落問題 ………………… ②43
フラワーギフト ………… ①269
フラワー・デザイン …… ①269
フランス（社会・文化）… ②83
フランス（政治）………… ①127
フランス（哲学）………… ①473
フランス（歴史）………… ①605
フランス語 ……………… ①669
フランス文学研究 ……… ①924
プリペイドカード ……… ②376
ブルース ………………… ①806
フロイティズム ………… ①488
ブログ …………………… ②529
プログラミング ………… ②547
プロゴルフ ……………… ①218
ブロードバンド ………… ②526
プロ野球 ………………… ①222
プロレスリング ………… ①238
文学 ……………………… ①884
文学教育 ………………… ①725
文化人類学 ……………… ②110
分子生物学 ……………… ②684
文章 ……………………… ①17
文章技術 ………………… ①623

へ

平安時代 ………………… ①547
兵器 ……………………… ②165
米軍基地問題 …………… ②168
平和運動 ………………… ②46
平和教育 ………………… ①679
ヘーゲル哲学 …………… ①469
ペット …………………… ①262
ベトナム語 ……………… ①667
ペルシア語 ……………… ①667
弁護士 …………………… ②227
編集 ……………………… ②15
ペン習字 ………………… ①17
ペンションガイド ……… ①191

ほ

保育園 ……………… ①687
保育学 ……………… ②687
保育教材 …………… ①698
ボーイズラブノベルズ …… ①1302
方位学 ……………… ①133
法医学 ……………… ②733
防衛 ………………… ②163
貿易実務 …………… ②313
貿易動向 …………… ②246
貿易摩擦 …………… ②137
法学 ………………… ②220
邦楽 ………………… ①819
法学史料 …………… ②220
方言 ………………… ①628
防災 ………………… ②582
防災（原発） ……… ②580
法社会学 …………… ②220
放射性廃棄物 ……… ②580
放射線 ……………… ②580
放射線医学 ………… ②733
放射能汚染 ………… ②580
法人税 ……………… ②406
法制史 ……………… ②220
宝石 ………………… ①28
放送 ………………… ②15
法然 ………………… ①518
法律 ………………… ②184
法律（外国） ……… ②219
法律家 ……………… ②227
暴力団 ……………… ②38
法話 ………………… ①513
簿記 ………………… ②320
ボクシング ………… ①238
法華経 ……………… ①516
保険 ………………… ②385
保健体育 …………… ②740
星占い ……………… ①130
ポスト冷戦 ………… ②120
ポップアート ……… ①826
ポップス …………… ①803
北方領土問題 ……… ②127
ボディビル ………… ①216
ホテルガイド ……… ①191
ホテル業 …………… ②427
ボート ……………… ①231
ホームページ ……… ②529
ホーム・ヘルパー … ②48
ホラー小説（外国） … ①1357
ホラー小説（日本） … ①1116
ポーランド語 ……… ①673
ポルトガル語 ……… ①672
ポルノ小説 ………… ①1396
ホロスコープ ……… ①130
本 …………………… ②2
盆栽 ………………… ①266
翻訳（英語） ……… ①649
翻訳小説 …………… ①1326

ま

マイクロマシン …… ②571
マウンテンバイク … ①234
マクロ経済学 ……… ②254
マーケティング …… ②334
マジック …………… ①273
麻雀 ………………… ①245

麻酔科学 …………… ②748
マスコミ …………… ②9
マスコミ就職ガイド ……… ②12
マスメディア ……… ②9
まちづくり ………… ②157
まちづくり ………… ②581
マッサージ ………… ①172
松下幸之助 ………… ②306
マナー ……………… ①16
マナー（ビジネス） … ②363
マネープラン ……… ②387
麻薬（知識） ……… ①155
麻薬（犯罪） ……… ②38
マラソン …………… ①234
マリンスポーツ …… ②231
マルクス主義 ……… ②173
マルチメディア …… ②513
漫画（学習） ……… ①441
漫画・イラスト集 … ①847
漫画論 ……………… ②32
マンション（住まい） … ①18
マンション経営 …… ②423
曼荼羅 ……………… ①517
万葉集研究 ………… ①901

み

ミクロ経済学 ……… ②254
ミステリー小説（外国） … ①1341
ミステリー小説（日本） … ①1066
ミステリー論 ……… ①885
水問題（環境） …… ②577
密教 ………………… ①517
密教（チベット） … ①508
ミュージカル ……… ①766
未来予測 …………… ②18
ミリタリー ………… ②165
民間信仰（日本） … ②116
民間信仰（日本） … ①513
民芸 ………………… ①871
民事訴訟法 ………… ②214
民事法 ……………… ②203
民宿ガイド ………… ①191
民主党 ……………… ②146
民族音楽 …………… ①813
民俗学 ……………… ②110
民族教育 …………… ①679
民俗宗教（日本） … ①513
民法 ………………… ②203
民謡 ………………… ①819
民話（文学） ……… ①886
民話（民俗） ……… ②116

む

昔話論 ……………… ②116
無機化学 …………… ②668
村おこし …………… ②157
室町時代 …………… ①547

め

眼 …………………… ①183
メイクアップ ……… ①21
明治維新 …………… ①563
明治時代 …………… ①572
命名法（姓名） …… ①133
メカトロニクス …… ②597
メジャーリーグ …… ②222
メタボリックシンドローム … ①181
メディア教育 ……… ②676
メルヘン画 ………… ①839
免疫学 ……………… ②732
免許（原付） ……… ①243
免許（二輪車） …… ①243
免許（普通車） …… ①242
面接試験（就職試験） … ②295

も

黙示録 ……………… ①529
モータースポーツ … ①243
モダンアート ……… ①826
モーツァルト ……… ①814
モトクロス ………… ①243
物語文学 …………… ①896
モンゴル語 ………… ①667
文様 ………………… ①881

や

やきもの …………… ①873
野球 ………………… ①220
薬害エイズ訴訟 …… ②707
薬学 ………………… ②768
ヤクザ ……………… ②38
薬事法 ……………… ②771
薬膳 ………………… ①174
薬理学 ……………… ②768
野菜栽培 …………… ②445
野菜栽培（園芸） … ②266
野生動物 …………… ②690
野鳥 ………………… ②690
野鳥 ………………… ②696
薬価 ………………… ②771
山歩き ……………… ①233
山歩き（ガイド） … ①189
邪馬台国 …………… ①541
弥生時代 …………… ①540
ヤング・アダルト小説 … ①1131

ゆ

遺言（法律） ……… ②190
有機化学 …………… ②668
ユーゴスラビア語 … ①673
ユダヤ教 …………… ①526

輸入食品 …………… ①154
ユング心理学 ……… ①488

よ

洋画家 ……………… ①836
洋画家（日本） …… ①837
洋裁 ………………… ①83
幼児教育 …………… ①687
幼児心理学 ………… ①498
用字用語辞典 ……… ①632
幼稚園 ……………… ①687
幼稚園受験 ………… ①741
腰痛 ………………… ①172
洋風料理 …………… ①68
陽明学 ……………… ①464
ヨーガ健康法 ……… ①161
予言 ………………… ①133
ヨット ……………… ①231
予備校ガイド ……… ①741
ヨーロッパ（経済） … ②252
ヨーロッパ（社会・文化） … ②83
ヨーロッパ（政治） … ②127
四輪駆動車 ………… ①241

ら

ライフスタイル論 … ②18
落語 ………………… ①785
ラグビー …………… ①227
ラジオ番組 ………… ①766
ラッピング ………… ①4
ラテン・アメリカ文学 … ①925
ラテン語 …………… ①673
ラン栽培 …………… ①269

り

リウマチ …………… ②741
理科教育 …………… ①729
力学 ………………… ②663
陸運 ………………… ②417
陸上競技 …………… ①234
離婚（法律） ……… ②190
リサイクル ………… ②578
リスクマネジメント … ②325
リゾート開発（産業） … ②427
リーダーシップ（ビジネスライフ） … ②365
リハビリテーション（医学）
　　　　　　　　　… ②750
リフォーム ………… ①18
留学ガイド ………… ②747
留学生（外国人） … ②45
流行 ………………… ②29
流行語 ……………… ②31
流体機械 …………… ②600
流通 ………………… ②417
流通産業 …………… ②417
量子論 ……………… ②663
料理 ………………… ①33
旅館 ………………… ②427

旅館ガイド ……………… ①191
旅行 ……………………… ①184
旅行業 …………………… ②427
リラクセーション ……… ①169
林業 ……………………… ②456
臨済宗 …………………… ①518
臨死体験 ………………… ①458
臨床医学 ………………… ②733
臨床心理学 ……………… ①488
倫理学 …………………… ①476

る

ルネサンス（美術） ……… ①827

れ

霊 ………………………… ①144
歴史学 …………………… ①610
歴史教育 ………………… ①730
歴史小説 ………………… ①1025
歴史に学ぶビジネス ……… ②369
歴史年表 ………………… ①618
レコード業界 …………… ①802
レーザー ………………… ②595
レジャー産業 …………… ②427
レース編み ……………… ①81
レストラン飲食店業 …… ②427
レストランガイド ……… ①40
レスリング ……………… ①238
レタリング ……………… ①875
恋愛論 …………………… ①112
連立政権 ………………… ②146

ろ

老化（健康） ……………… ①160
老後の生き方 …………… ①108
労災保険 ………………… ②72
老人医学 ………………… ②741
老人介護 ………………… ②67
老人福祉 ………………… ②66
老人ホーム ……………… ②66
老人問題 ………………… ②66
老荘思想 ………………… ①464
労働 ……………………… ②458
労働衛生 ………………… ②461
労働組合 ………………… ②465
労働災害 ………………… ②461
労働時間 ………………… ②461
労働統計 ………………… ②468
労働法 …………………… ②466
労働問題 ………………… ②461
労働理論 ………………… ②461
労務管理 ………………… ②329
ロシア（経済） …………… ②253
ロシア（社会・文化） …… ②83
ロシア（政治） …………… ②127
ロシア語 ………………… ①672
ロシア史 ………………… ①608
ロシア文学研究 ………… ①925
路線価 …………………… ②405

ロック …………………… ①803
六法全書 ………………… ①184
ロードマップ …………… ①212
ロボット工学 …………… ②597
ローマ帝国 ……………… ①599
ロマンス小説 …………… ①1373
ロマン派音楽 …………… ①814
ロールシャッハ研究 …… ①488
ロールプレイングゲーム … ①277
ローン（社会問題） ……… ②38
論語 ……………………… ①464
論理学 …………………… ①457

わ

ワイン …………………… ①43
和英辞典 ………………… ①662
和歌研究 ………………… ①899
話術 ……………………… ①17
話術（ビジネス） ………… ②358
和風料理 ………………… ①67
ワープロソフト ………… ②536
ワープロ文書 …………… ②362
ワールドミュージック … ①813

ABC

Access …………………… ②537
AI ………………………… ②522
AV ………………………… ①262
BASIC …………………… ②558
blog ……………………… ②529
C言語 …………………… ②558
CAD/CAM ……………… ②603
CG（美術） ……………… ①827
CGソフト ……………… ②539
CIM ……………………… ②588
CM ……………………… ②339
CT診断 ………………… ②733
DNA ……………………… ②673
DTM ……………………… ②543
DTPソフト ……………… ②539
DV ………………………… ②36
EU ………………………… ②252
Excel …………………… ②537
F1 ………………………… ①243
Facebook ………………… ②529
FC ………………………… ②425
FX ………………………… ②397
IC ………………………… ②597
IE ………………………… ②588
IFRS ……………………… ②314
iPad ……………………… ②536
iPhone …………………… ②531
iPod ……………………… ②535
IT ………………………… ②512
Jリーグ ………………… ①231
JAVA ……………………… ②559
JIS ……………………… ②586
JR ………………………… ②430
LINUX …………………… ②547
LSI ……………………… ②597
Macintosh ……………… ②535
MacOS …………………… ②546
NIES ……………………… ②249
OB・OG訪問 ……………… ①295
ODA ……………………… ②247
OJT ……………………… ②329
OLライフ ……………… ②345

OS ………………………… ②545
PKO ……………………… ②162
PL ………………………… ②590
PL法 ……………………… ②590
PLO ……………………… ②128
POP広告 ………………… ②340
POSシステム …………… ②426
PR ………………………… ②339
PTA ……………………… ②698
QC ………………………… ②590
RPG ……………………… ①277
SF小説（外国） ………… ①1357
SF小説（日本） ………… ①1116
SF文学論 ………………… ①885
SI単位 …………………… ②586
SNS ……………………… ②529
TOEFL …………………… ①658
TOEIC …………………… ①658
TQC ……………………… ②590
TV（報道） ……………… ②15
TV番組 ………………… ①766
Twitter ………………… ②529
UFO ……………………… ①135
UNIX …………………… ②547
Web ……………………… ②528
Windows ………………… ②546
Word ……………………… ②536

社会・文化 | 2

◆本・読書・図書館 | 2
書誌 | 7
年鑑・白書 | 9

◆マスコミ・マスメディア | 9
ジャーナリズム | 12
放送 | 15
出版 | 15
印刷 | 17
書誌・年鑑 | 17

◆社会・文化 | 18
現代風俗・流行 | 29
性・性風俗 | 34
女性・女性問題 | 36
消費社会・消費者問題 | 38
事件・犯罪 | 38
災害・災害報道 | 40
死刑・代用監獄 | 42
差別問題・人権問題 | 43
在日外国人・残留孤児 | 45
平和運動 | 46
白書・年鑑・事典・書誌 | 46

◆社会保障 | 47
福祉 | 48
老人・高齢化社会 | 66
障害者 | 71
年金・保険 | 72
介護・社会福祉士参考書 | 75
白書・年鑑・事典・書誌 | 82

◆各国の社会・文化 | 82
ロシア | 83
ヨーロッパ | 83
中東 | 85
アジア・アフリカ | 86
アメリカ・中南米 | 90
世界遺産 | 91

◆社会思想・社会学 | 92
社会学・社会理論 | 93
社会心理学 | 109
白書・年鑑・事典・書誌 | 110

◆文化人類学・民俗学 | 110
日本の民俗・習慣 | 116
海外の民俗・習慣 | 119

政治 | 120

◆国際政治情勢 | 120
ロシア | 127
ヨーロッパ（ＥＵ） | 127
中東 | 128
アジア・アフリカ | 129

アメリカ | 134
中南米・カナダ・オセアニア | 137

◆日本政治・行政 | 137
政党・国会・内閣 | 146
選挙 | 146
政治家 | 147
日米安全保障 | 149
天皇制・皇室 | 149
官公庁 | 151
公務員・官僚 | 151
警察・消防 | 154
地方自治 | 155

◆軍事・防衛 | 162
自衛隊 | 163
軍事・戦争関連 | 164

◆政治学・政治史 | 169
国家主義・社会主義・共産主義・アナキズム | 173
白書・職員録・要覧・書誌 | 174

◆国家試験参考書・予想問題 | 175
公務員試験参考書・予想問題 | 175
外交・国税・労働関係職員 | 182
警察官・消防士採用試験参考書 | 182
自衛官採用試験参考書 | 183

法律 | 184

◆法律 | 184
暮らしと法律 | 190
ビジネスと法律 | 193
憲法 | 197
行政法 | 202
民法・民事法 | 203
登記法 | 210
刑法・刑事法 | 211
民事・刑事訴訟法・少年法 | 214
国際法 | 218
外国の法律 | 219
法学・法制史・法と社会 | 220
司法・裁判・法律家 | 227
法令集 | 229
判例集 | 229

◆資格・試験問題集 | 230
司法試験 | 230
司法書士試験 | 233
行政書士試験 | 237

社会・政治・法律

社会・文化

 本・読書・図書館

 本・読書

◆朝日書評大成 2001‐2008　朝日新聞社文化くらし報道部編　三省堂
【要旨】朝日新聞の書評一六年分（二〇〇一年〜二〇一六年）の内、八年分を一冊に凝縮。掲載書名約三八〇〇点、評者約二〇〇人。書評本文と「書名、著者・編者、訳者・監訳者、写真家、評者、出版社索引」など膨大なデータを、楽しめる「キーワード索引」付き。あらゆるジャンルを網羅した、書評大事典！
　　2017.9 2296p A5 ¥17200 ⓘ978-4-385-15118-2

◆編む人—ちいさな本から生まれたもの　南陀楼綾繁著　ビレッジプレス
【要旨】本を編む、場を編む、人を編む…出版の可能性を探りつづける9人へのインタビュー。
　　2017.11 255p B6 ¥1600 ⓘ978-4-89492-218-1

◆今すぐ読みたい！ 10代のためのYAブックガイド150！ 2　金原瑞人、ひこ・田中監修　ポプラ社
【要旨】27人の「本のプロ」が、2011年以降の本から選んだとれたてYA本150冊＋5冊！ 2017年刊行も複数。小説も、ノンフィクションもコミックも歌集も絵本も全部載せ！ 幅広いジャンルに目配り。
　　2017 335p B6 ¥1800 ⓘ978-4-591-15624-7

◆江戸の旅人 書国漫遊　杉浦日向子著　河出書房新社
【要旨】江戸を愛して愛されたひとが、「ともにたのしむこころ」で津々浦々の書物の国にわけいり、そぞろにその素晴らしさを味わいつくし、綴り上げた漫遊の記録。単行本未収録書評エッセイ集。
　　2017.4 192p B6 ¥1600 ⓘ978-4-309-27834-6

◆学校図書館の司書が選ぶ小中高生におすすめの本300　東京・学校図書館スタンプラリー実行委員会編著　ぺりかん社　（なるにはBOOKS別巻）
【要旨】世の中には、ほんとうにたくさんの本があります。「どれを読めばいいの？」「たくさん本がありすぎる！」そんな悲鳴が聞こえてきそうですね。そこで頼れるガイドとなるのが、みなさんの通っている学校図書館の司書や、本屋さんの書店員、そして この本のような"本"を紹介するブックガイドです。自分にピッタリの一冊を探す旅に出てみませんか。
　　2017.7 187p B6 ¥1500 ⓘ978-4-8315-1477-6

◆金原瑞人「監修」による12歳からの読書案内—多感な時期に読みたい100冊　金原瑞人監修　すばる舎
【要旨】「小説」「ファンタジー」など、楽しくてハラハラする本や学校では学べない「歴史」「科学」について教えてくれる本、日々の葛藤に応えてくれる「哲学」の本など…1ページ読むごとにすごい気づきにハッとする読み出したら止まらない！ こころ揺さぶる視野が広がる珠玉の本が勢揃い。
　　2017.5 231p A5 ¥1500 ⓘ978-4-7991-0609-9

◆柄谷行人書評集　柄谷行人著　読書人
【要旨】稀代の読み手は何を読み、思考して来たのか—。朝日新聞掲載（2005‐2017年）の書評107本を全収録。1960年代から80年代にかけて執筆された書評、文芸時評、作家論、文庫解説、全集解説など、著者自薦単行本未収録論文を約51本収録。
　　2017.11 598p B6 ¥3200 ⓘ978-4-924671-30-0

◆考える読書—第62回青少年読書感想文全国コンクール入賞作品集　全国学校図書館協議会編　毎日新聞出版
【要旨】小学校低学年の部（一年・二年生）（まるちゃん大すき（内閣総理大臣賞）、本もののぎん色コインをふやしたいな（文部科学大臣賞）ほか）、小学校中学年の部（三年・四年生）（「さかさ町」を読んで（内閣総理大臣賞）、先生の「おくりもの」（文部科学大臣賞）ほか）、小学校高学年の部（五年・六年生）（わたしにもできる（内閣総理大臣賞）、ふるさとと共に生きる（文部科学大臣賞）ほか）、中学校の部（「目の前の真実」を見つめて（内閣総理大臣賞）、無音の声（文部科学大臣賞）ほか）、高等学校の部（『知らない』ということ（内閣総理大臣賞）、ちゃんと生きる（文部科学大臣賞）ほか）
　　2017.4 295p A5 ¥2000 ⓘ978-4-620-52085-8

◆「考える人」は本を読む　河野通和著　KADOKAWA　（角川新書）
【要旨】仕事も勉強も人間関係も、困ったときはまず「検索」。便利さとひきかえに失っているのが、自ら考える時間かもしれません。読書の海を泳ぎ続けてきた著者が「考える」をテーマに25冊を厳選。きっと大切な一冊に出会えます。
　　2017.4 287p 18cm ¥800 ⓘ978-4-04-082113-9

◆神田神保町書肆街考—世界遺産的"本の街"の誕生から現在まで　鹿島茂著　筑摩書房
【要旨】稀代の古書店街として世界に名をとどろかす「神田神保町」はいかにして出来上がったか。そこに蝟集した書店、出版社、取次、大学、語学学校、専門学校、予備校、映画館etc. さまざまな記憶と記録を縦横無尽に召喚し、日本近代を育んだ"特異点"の全貌を描き出す！
　　2017.2 556p 6p A5 ¥4200 ⓘ978-4-480-81532-3

◆記憶に残る速読—あなたの脳力はまだ眠っている　堀大輔著　アイバス出版
【要旨】集中していなくても読書は可能、目のつかい方は関係ない、音読は頭の中でするもの、目次を読まない一分で3000文字が読めるようになる。
　　2017.5 204p B6 ¥1100 ⓘ978-4-907322-09-0

◆きっとあの人は眠っているんだよ—穂村弘の読書日記　穂村弘著　河出書房新社
【要旨】「週刊文春」好評連載中。本屋をめぐり古本屋をのぞき、頁をめくって世界と出会う本の日々。
　　2017.11 316p B6 ¥1600 ⓘ978-4-309-02627-5

◆刑務所の読書クラブ—教授が囚人たちと10の古典文学を読んだら　ミキータ・ブロットマン著、川添節子訳　原書房
【目次】第1章 闇の奥、第2章 書記バートルビー—ウォール街の物語、第3章 くそったれ！ 少年時代、第4章 ジャンキー、第5章 オン・ザ・ヤード、第6章 マクベス、第7章 ジキル博士とハイド氏、第8章 黒猫、第9章 変身、第10章 ロリータ　2017.12 299p B6 ¥2000 ⓘ978-4-562-05465-7

◆これから泳ぎにいきませんか—穂村弘の書評集　穂村弘著　河出書房新社
【要旨】小説、漫画、エッセイ、歌集…目利きの歌人が魅惑された本の数々。「私の読書道」特別掲載。
　　2017.11 325p B6 ¥1600 ⓘ978-4-309-02628-2

◆サクッと読めてアウトプット力を高める集中読書術　宇都出雅巳著　総合法令出版
【要旨】脳のワーキングメモリとウィルパワーを正しく使えば、本の内容は記憶に残る！ 使える知識になる！ 脳科学を応用した最強の読書メ

ソッド。
　　2017.10 253p B6 ¥1400 ⓘ978-4-86280-577-5

◆雑な読書 IN THE BOOK SHELF　古屋美登里著　シンコーミュージック・エンタテイメント　（BURRN！叢書）
【要旨】英米文学をはじめ多くの作品を手掛けている翻訳家・古屋美登里氏が"雑読"を旨とする幅広い選書と軽妙洒脱な文章で導く豊かな世界…BURRN！1994年1月号から連載中の書評エッセイ、初期の傑作50選！ 著者と書評家・豊崎由美氏が「本を読む愉しみ」を大いに語る対談も収録!!
　　2017.2 303p B6 ¥1500 ⓘ978-4-401-64396-7

◆365日のほん　辻山良雄著　河出書房新社
【要旨】話題の本屋さんが紹介するこれからの新しいスタンダード、365冊。
　　2017.11 392p 16×12cm ¥1400 ⓘ978-4-309-02634-3

◆散歩本を散歩する　池内紀著　交通新聞社　（散歩の達人POCKET）
【要旨】古今東西の「散歩本」の舞台を無類の散歩好き・東京好きの著者が歩いた、45冊のイラスト付き町案内。
　　2017.6 207p A5 ¥1300 ⓘ978-4-330-79017-6

◆十歳までに読んだ本　西加奈子、益田ミリ、杏、ミムラ、棚橋弘至ほか著　ポプラ社
【要旨】子どものころ、どんな本を読みましたか？ 心を揺さぶられた物語、勇気をもらった言葉、憧れの主人公—作家、女優、映画監督ら70名が、今も心に残っている本について綴ります。
　　2017.3 316p B6 ¥1600 ⓘ978-4-591-15511-0

◆死ぬほど読書　丹羽宇一郎著　幻冬舎　（幻冬舎新書）
【要旨】もし、あなたがよりよく生きたいと望むなら、「世の中には知らないことが無数にある」と自覚することだ。すると知的好奇心が芽生え、人生は俄然、面白くなる。自分の無知に気づくには、本がうってつけだ。ただし、読み方にはコツがある。「これは重要だ」と思った箇所は、線を引きや付箋を貼るなりして、最後にノートに書き写す。ここまで実践して、はじめて本が自分の血肉となる。伊藤忠商事相談役、元中国大使でビジネス界きっての読書家が、本の選び方、読み方、活かし方、楽しみ方を縦横無尽に語り尽くす。
　　2017.7 183p 18cm ¥780 ⓘ978-4-344-98462-2

◆社怪学的読書論—シニアのための身になる図書室　植沢淳一郎著　展望社
【目次】第1閲覧室 書物と活字の部屋（古本屋商売の難しさ、古書の発掘と顕彰 幻の作家と作品・山下武主宰の「蚤の市」のことなど、篤学者の人生と栄光 教養主義時代の読書法と田中菊雄の生涯—田中菊雄『現代読書法』（講談社学術文庫）ほか）、第2閲覧室 推理とSFの部屋（古書とミステリーの饗宴—紀田順一郎『第三閲覧室』（新潮社・創元推理文庫）、謎解きゲームとしての推理小説—江戸川乱歩編『推理教室』（河出文庫）、乱歩の「陰獣」と竹中英太郎ほか）、第3閲覧室 本とその周辺の部屋（『運』について考える—三国一朗編・日本の名随筆『運』（作品社）、「思想」・「哲学」は必要か？—勢古浩爾『思想なんかいらない生活』（ちくま新書）、底辺生活者の系譜—紀田順一郎『東京の下層社会』（新潮社）ほか）
　　2017.9 262p B6 ¥1600 ⓘ978-4-88546-331-0

◆書店員X—「常識」に殺されない生き方　長江貴士著　中央公論新社　（中公新書ラクレ）
【要旨】2016年、地方の一書店が仕掛けた「文庫X」なる謎の本が、列島を席巻した。表紙をオリジナルの手書きカバーで覆い、タイトルと著者名を隠すという前代未聞の試みは、全国650以上の書店を巻き込み、30万部を超えるヒットを記録。マスコミにも大きく取り上げられた。本書では、ヒットに至るまでの道のりとアイデアの秘訣を分析し、それらと著者自身の半生を踏まえた上で、世の中を生き抜く力について語る。
　　2017.7 285p 18cm ¥840 ⓘ978-4-12-150589-7

◆書物の声 歴史の声　平川祐弘著　勉誠出版　（平川祐弘決定版著作集 第33巻）
【要旨】「人生は短い。人はどんどん死んでいる。そんなつまらぬ本をどうするか」そう言って憚らぬ著者が、戦前・戦後の懐かしい書物を語り、歴史の裏表にした。国際的・国際的に活躍した平川の随筆は反大勢的で「偏見」まで面白い。初版本未収録の記事二百余点がこの決定版第三十三巻に新たに加えられる。
　　2017.9 671p A5 ¥8000 ⓘ978-4-585-29433-7

◆**人生を狂わす名著50**　三宅香帆著　（明石市）ライツ社
【要旨】『京大院生の書店スタッフが「正直、これ読んだら人生狂っちゃうよね」と思う本ベスト20を選んでみた。"リーディング・ハイ"』というタイトルで「天狼院書店」のウェブサイトに掲載され、2016年、年間はてなブックマーク数ランキングで第2位となり、多くの反響を呼んだ記事をもとに書かれたブックガイド。どうしても社会や世界に流されることのできなくなる本たちを選んだ。
2017.10 392p B6 ¥1600 ①978-4-909044-06-8

◆**生命の灯となる49冊の本**　中村桂子著　青土社
【要旨】38億年の生命の歴史を紐解く「生命誌」が選ぶ49冊。競争と不寛容の時代に必要な「叡智」が、ここにあります。
2017.12 175p B6 ¥1800 ①978-4-7917-7030-4

◆**世界一やさしい読書習慣定着メソッド**　印南敦史著　大和書房
【要旨】「買ったはいいけど読みかけの本ばかり」「がんばって読んでも忘れてしまう」そんな読書に終止符！ムリな速読は不要。遅読の「残る」読書ができるようになる。"年700冊超"人気書評家が大切にしている読書のコツ。
2017.3 200p B6 ¥1400 ①978-4-479-79579-7

◆**世界を変える美しい本—インド・タラブックスの挑戦**　ブルーシープ
【要旨】世界中の本好きを魅了する、南インド・チェンナイの出版社『タラブックス（Tara Books）』。日本でも『夜の木』（タムラ堂）や『水の生きもの』（河出書房新社）などが翻訳出版されている。本書は2017年11月から板橋区立美術館で開催される『世界を変える美しい本 タラブックスの挑戦』の公式図録です。タラブックスのトレードマークは、手すきの紙にシルクスクリーンで印刷し手製本で仕上げた「ハンドメイドの本」で、そのほかにも画期的な本を約120冊刊行しています。本書は代表的な本31冊を撮り下ろし、絵本の原画から製本までの制作風景、印刷工房の様子やチェンナイの街の風景まで、多数の写真でタラブックスの本の生まれる土壌を紹介します。巻末のロングインタビューでは、タラブックスの代表者2人が、成り立ちから本作りの哲学、持続的な企業として組織論で縦横に語ります。
2017.11 1Vol. 19x30cm ¥2400 ①978-4-908356-03-2

◆**世間を渡る読書術**　パオロ・マッツァリーノ著　筑摩書房　（ちくま文庫）
【要旨】謎のイタリア人パオロ氏がはじめたお店は立ち食いそば屋兼古本屋！「お金もちになるための方法は？」「体罰は必要？」「のらネコと共存するには？」—ご近所の主婦が持ち込む数々の難題を、おすすめ本でズバッと解決。鮮やかなツッコミも冴えわたる知的エンタメ読書ガイド！「自殺予防に民主主義」「頭か、腹か」「日記に書かれた戦前・戦中」の文庫版おまけ三本を追加。
2017.12 278p A6 ¥820 ①978-4-480-43479-1

◆**絶望に効くブックカフェ**　河合香織著　小学館　（小学館文庫）
【要旨】ドストエフスキーから村上春樹まで…心が救われる最強のブックガイド。
2017.6 364p A6 ¥640 ①978-4-09-406418-6

◆**全国の青少年と学生に贈る 読書のすすめ**　河合榮治郎研究会編、川西重忠編著　桜美林大学北東アジア総合研究所
【目次】序章「読むこと」「学生に与う」（河合榮治郎）より、第1章 読書について読書と人生（モンテーニュ「如何に生くべきか」、読書は忘れた頃に知恵となる）、第2章 本の愛読書（特別寄稿 一冊の書 司馬遼太郎「菜の花の沖」「高田屋嘉兵衛」熱き男のロマン（Dreams come true）、賀川豊彦『死線を超えて』が語る人類愛ほか）、第3章 推薦の書（私が推薦する書籍 矢内原忠雄『国家の理想』『神の国』、ドストエフスキー著『カラマーゾフの兄弟』ほか）、第4章 私の読書記録読書余滴（「心に太陽を持て！」—読書遍歴の本に思い出す小学読本、イギリスの血沸き肉躍る二人の作家について ほか）
2017.2 181p B6 ¥1500 ①978-4-904794-83-8

◆**蔵書一代—なぜ蔵書は増え、そして散逸するのか**　紀田順一郎著　（京都）松籟社
【要旨】やむをえない事情から3万冊超の蔵書を手放した著者。自らの半身をもぎとられるような痛恨の蔵書処分を契機に、「蔵書とは何か」という命題に改めて取り組んだ。近代日本の出版

史・読書文化を振り返りながら、「蔵書」の意義と可能性、その限界を探る。
2017.7 206p B6 ¥1800 ①978-4-87984-357-9

◆**蔵書の苦しみ**　岡崎武志著　光文社　（光文社知恵の森文庫）
【要旨】整理術を語れるのは五千冊くらいまでの話。2万冊超の蔵書に苦しみ続け、「捨てるか売るか」しかない状況に追い込まれた著者は、意を決して処分に手をつける。懇意の古書店に引き取ってもらい、「一人古本市」も開き、身を削るような想いに煩悶しながら、蔵書の精選と凝縮を敢行する…。あれから4年、「蔵書の苦しみ」その後」も収録。
2017.10 315p A6 ¥740 ①978-4-334-78730-1

◆**その手があったか！ 時間がない人のための即効読書術**　坪井賢一著　洋泉社
【要旨】効率よく情報を得るための、実践的テクニックを紹介！こうすればインプット量は劇的に増える！元『週刊ダイヤモンド』編集長が練り上げた、秘伝の読書テクニック。
2017.3 187p B6 ¥1400 ①978-4-8003-1189-4

◆**正しい本の読み方**　橋爪大三郎著　講談社　（講談社現代新書）
【要旨】読書が変わる！勉強法が変わる！本を読むにもコツがある。本には「構造」意図」「背景」の3つがある。本の内容は覚えようとしなくていい。「ネットワークの節目」となる本をおさえる。特別付録・必ず読むべき「大著者100人」リスト。
2017.9 248p 18cm ¥780 ①978-4-06-288447-1

◆**探検家の日々本本**　角幡唯介著　幻冬舎　（幻冬舎文庫）
【要旨】人生をつつがなく平凡に暮らしたいなら本など読まないほうがいい。しかし、本を読んだほうが人生は格段に面白くなる。人類未踏の地に分け入り、暗闇の中で氷雪を踏み歩く探検家にしてノンフィクション作家が、古今東西の書物を通して、「なぜ、探検するのか」を切実に模索する。爆笑にして深遠な読書エッセイ。毎日出版文化賞書評賞受賞作。

◆**知的社会人1年目の本の読み方**　山口謠司著　フォレスト出版
【要旨】ケンブリッジ大学、フランス国立社会科学高等研究院で磨き、文献学者として完成させた「本物の知識」をつける読書術。25万3200冊を読んだから伝えられる技法。「わかったつもり」がなくなる！「知性、教養、創造力が欲しい」あらゆる年代の入門書！
2017.4 223p B6 ¥1500 ①978-4-89451-755-4

◆**都合のいい読書術—一人もお金も動き出す！「新書版」バカになるほど、本を読め！**　神田昌典著　PHP研究所　（PHPビジネス新書）『バカになるほど、本を読め！』改訂・新書化・改題書）
【要旨】本書冒頭で著者は、フェイスブック創業者、マーク・ザッカーバーグ氏が選んだ必読書リストについて、噛み応えがあり、栄養価の高い読書が続いていると指摘。知的栄養価が高い情報を得ることで、自分の未来を切り拓くための判断力、知的筋力が鍛えられるという。では毎日仕事に追われ、大量の情報の中で生きる私たちは、どのように本を読めばいいのか、その答えを提示する一冊。
2017.9 233p 18cm ¥870 ①978-4-569-83690-4

◆**手作り絵本SMILE—創る喜びと広がるコミュニケーション**　和田直人編　朝倉書店　（シリーズ絵本をめぐる活動 3）
【要旨】最終巻では、手作り絵本の楽しさやその可能性を、多分野の執筆者により1冊にまとめた。教育関係者、学童、公共施設職員、手作り絵本作家、臨床発達心理士など、それぞれの立場から見えてくる手作り絵本の魅力や実践例について真摯に紹介している。
2017.10 190p A5 ¥2500 ①978-4-254-68523-7

◆**東京こだわりブックショップ地図**　屋敷直子著　交通新聞社　（散歩の達人POCKET）
【要旨】今、本屋さんがおもしろい！情熱とアイデアにあふれる本スポット63軒。
2017.3 159p A5 ¥1200 ①978-4-330-76217-3

◆**読書で離婚を考えた。**　円城塔、田辺青蛙著　幻冬舎
【要旨】夫婦のかたちに正解はない。本の読み方にも正解はない。芥川賞作家の夫とホラー作家の妻、相互理解のために本を勧めあった結果—！夫婦の危機を覗き見ながら、読みたい本に出会

える、一類まれなる書！
2017.7 326p B6 ¥1500 ①978-4-344-03134-0

◆**図書館魔女の本の旅**　大島真理著　郵研社
【要旨】図書館魔女を育てた、本、旅、人。"魔女"のルーツがこの一冊に！
2017.12 206p B6 ¥1600 ①978-4-907126-13-1

◆**悩みの9割は読書が解決してくれる**　谷沢永一著　ロングセラーズ
【要旨】いつ、なにを、読むかで人生が変わる。105冊、年代別＋全世代向け読書ガイド。
2017.4 239p 18cm ¥905 ①978-4-8454-5018-3

◆**20代の読書が人生を決める！——一生仕事と人間関係に困らない本**　本尾修著　アイバス出版
【要旨】20代はまだ間に合う。真の大富豪になるために"徳"の貯金をしておこう。
2017.3 237p B6 ¥1100 ①978-4-907322-04-5

◆**日本の時代をつくった本—幕末から現代までの社会と文学をビジュアルで読み解く**　永江朗監修　WAVE出版
【要旨】時代の空気が一冊の本を生むこともあれば、一つの雑誌が世の中を変えることもある。明治から現代までの150年間を、一冊の本、一つの雑誌に注目して振り返る画期的な図鑑。
2017.4 318p A4 ¥9000 ①978-4-86621-040-7

◆**脳を強化する読書術—1万人の脳を分析した医学博士が教える**　加藤俊徳著　朝日新聞出版
【要旨】8つの「脳番地」にわけて、48の読書法（脳トレ）を解説。
2017.2 206p B6 ¥1300 ①978-4-02-331572-3

◆**脳を創る読書**　酒井邦嘉著　実業之日本社　（じっぴコンパクト文庫）
【要旨】できる人はなぜ「紙の本」を読むのか—？言語脳科学の第一人者が説く「考える」ために必要なツールとは!?
2017.2 207p A6 ¥660 ①978-4-408-45681-2

◆**脳に心が読めるか？—心の進化を知るための90冊**　岡ノ谷一夫著　青土社
【要旨】これ一冊で科学と文化の最先端に触れる！心のある場所は脳かそれとも心臓か、ダンゴムシに意識はあるのか、フロイトの臨死体験、壮絶な老老介護、来るべき6度目の大絶滅…90冊の本が伝える心、90の魅惑的な世界観。言語とコミュニケーションの起源を研究する科学者による、驚きの読書案内。生物心理学者が薦める、絶対に読むべきすごい本。
2017.8 209p B6 ¥1800 ①978-4-7917-7007-6

◆**働く文学—仕事に悩んだ時、読んでほしい29の物語**　奥憲太著　東海教育研究所、（平塚）東海大学出版部 発売
【要旨】文学はけっして正解を押しつけない。あるのは答えではなく、問いそのものだったりする。だからこそ、どこかに今のあなた自身がいるかもしれない。あなたを動かす言葉が、あなたに見つけられるのを待っているかもしれない。働くあなたに「働く文学」を一。
2017.6 271p B6 ¥1800 ①978-4-486-03906-8

◆**ひたすら面白い小説が読みたくて**　児玉清著　中央公論新社　（中公文庫）
【要旨】芸能界きっての読書家として知られた著者が、東西のミステリーから時代小説まで、四十二作品を取り上げ、思わず引き込まれる語り口で紹介する。作家への敬意と、物語への愛が溢れるブックガイド。
2017.5 413p A6 ¥820 ①978-4-12-206402-7

◆**ビブリオテカ—本の景色**　潮田登久子著　ウシマオダ、幻戯書房 発売　（本文：日英両文）
【目次】photograph（手稿、活字、面、肖像、背ほか）、text（本のある場所（松下眞也）、しろい月、ふみの林（中村鐵太郎））
2017.3 215p 28x23cm ¥8000 ①978-4-86488-118-0

◆**百冊百冊—鹿島出版会の本と雑誌**　伊藤公文編　鹿島出版会
【要旨】SD選書、都市住宅、SDレビュー、建築への情熱と希望はここから発信された。
2017.12 383, 32p B6 ¥1800 ①978-4-306-04657-3

◆**古本で見る昭和の生活—ご家庭にあった本**　岡崎武志著　筑摩書房　（ちくま文庫）
【要旨】一世を風靡し大量に出回ったベストセラーや、生活に密着した実用書など、どこの家庭にもあったような本は古書店では二束三文だ。だが、これら古書値もつかない、捨てられた本

社会・文化

や忘れられた本にこそ、時代を映しだす面白さがあるのだ。宴会でのかくし芸に悩むお父さん、まだ珍しかった女性ドライバーの話…。古本ライターが雑本の山から昭和を切り取る。
2017.12 318p A6 ¥840 ①978-4-480-43485-2

◆古本道入門―買うたのしみ、売るよろこび　岡崎武志著　中央公論新社　（中公文庫）
【要旨】古本カフェ、女性店主の活躍、「一箱古本市」…。いま古本がおもしろい。新しい潮流と古きよき世界を橋渡しする著者が、その味わい方を伝授。店主との交流、個人の日記が売られる理由、神保町案内、さらにブックオフ活用法や古本屋開業の鉄則まで、この一冊で神髄をつかもう。2017年最新情報を増補した決定版。
2017.2 279p A6 ¥720 ①978-4-12-206363-1

◆文系のための理系読書術　齋藤孝著　集英社　（集英社文庫）
【要旨】「今もっとも知的好奇心をかき立ててくれるのは科学の分野。その興奮を知らずにいるのはもったいない」。齋藤先生が蔵書からおススメの"理系本"50冊あまりを紹介。初心者も手に取りやすい入門書から、世紀の発見を追ったドキュメンタリー、マンガで解説する数学の本まで多彩なラインナップ。科学の分野への苦手意識を払拭し、新たな読書の地平へといざなってくれる、画期的な読書ガイド。
2017.8 199p A6 ¥540 ①978-4-08-745630-1

◆文庫解説ワンダーランド　斎藤美奈子著　岩波書店　（岩波新書）
【要旨】基本はオマケ、だが人はしばしばオマケのためにモノを買う。夏目漱石、川端康成、太宰治から、松本清張、赤川次郎、渡辺淳一まで。名作とベストセラーの宝庫である文庫本。その巻末の「解説」は、読者を興奮と混乱と発見にいざなうワンダーランドだった！痛快極まりない「解説の解説」が幾多の文庫に新たな命を吹き込む。
2017.1 244p 18cm ¥840 ①978-4-00-431641-1

◆平成のビジネス書―「黄金期」の教え　山田真哉著　中央公論新社　（中公新書ラクレ）
【要旨】「失われた20年」から脱出するヒントを本に求めた読者。出版不況を克服しようとあがいた出版社。両者の思惑がマッチした2000年代は「ビジネス書黄金期」だった。そんな時代の、今なお読み継がれる名著から、テクニックを凝らした本まで多数紹介。当時、「さおだけ屋」はなぜ売れたのか？現在、『サピエンス全史』等のハードな翻訳書が売れている背景とは？ビジネス書の栄枯盛衰から、出版界の展望を大胆に予測する。
2017.8 261p 18cm ¥820 ①978-4-12-150592-7

◆ベスト10本の雑誌　本の雑誌編集部編　本の雑誌社
【要旨】1989年から2016年まで。28年間に本の雑誌が選んだ年間ベスト10がこれだ！
2017.5 223p A5 ¥1500 ①978-4-86011-401-5

◆偏愛読書トライアングル　瀧井朝世著　新潮社
【要旨】「波」で連載中の「サイン、コサイン、偏愛レビュー」から、熱慮厳選した56本を収録！作品数は160冊オーバー。連載時にはなかった脚注を加え、索引もがっちり装備。エンタメも、純文学も、海外文学も、ノンフィクションも、ジャンルをこえた偏愛本ガイド。これからの読書生活を豊かにしてくれること間違いなし。
2017.10 241p B6 ¥1700 ①978-4-10-351221-9

◆ポケットに物語を入れて　角田光代著　小学館　（小学館文庫）
【要旨】ネット書店よりもリアル書店（とりわけ町の書店）を愛する著者が、心に残る本の数々を紹介する珠玉の読書案内。宮沢賢治、ヘミングウェイに始まり、開高健、池澤夏樹、佐野洋子、山田太一から江國香織、井上荒野、三浦しをん、森絵都まで、小説からエッセイ、ノンフィクションまで―既読の本なら、もう一度読み返したくなり、未読の本なら、思わず書店に走りたくなる。読書という幸福な時間をたっぷりつめこんだ極上のエッセイ五十余篇を収録。
2017.4 345, 3p A6 ¥670 ①978-4-09-406412-4

◆「本をつくる」という仕事　稲泉連著　筑摩書房
【要旨】校閲がいないと、ミスが出るかも。いろんな声をつたえるには字体は大切。もちろん紙がなければ本はできない。こんなところにもプロがいた！
2017.1 235p B6 ¥1600 ①978-4-480-81534-7

◆本を読むのが苦手な僕はこんなふうに本を読んできた　横尾忠則著　光文社
【要旨】2009〜2017年「朝日新聞」書評欄。仕事と人生のヒントが詰まった133冊。
2017.7 298p 18cm ¥840 ①978-4-334-03997-4

◆本棚探偵 最後の挨拶　喜国雅彦著　双葉社　（双葉文庫）
【要旨】せっかく多くの古本を蒐めても、墓場までは持っていけない―そのことに気づいた著者が、厳選に厳選を重ね、トランク一つ分に本を詰めてみたり、私家版『暗黒邸の殺人』の製作に着手したり、再び日下三蔵邸の本棚整理に行ってみたり…。本を愛してやまない本棚探偵シリーズ、待望の第4弾！今回は特別にカラー口絵も収録。2017.6 405p A6 ¥722 ①978-4-575-71467-8

◆本棚の歴史　ヘンリー・ペトロスキー著、池田栄一訳　白水社　新装復刊
【要旨】かつて本は鎖で本棚につながれていた！巻物から写本、そして印刷術の発明―本の進化とともに、収納法と本棚そのものも進化してきた跡をたどる。
2017.5 287, 11p B6 ¥4800 ①978-4-560-09549-2

◆本のちょっと　01　本を旅する　雲プロダクション、東京はじっこクラブ編　啓文社書房、啓文社 発売
【要旨】随筆、評論、小説、詩歌、書店、古書店、図書館、校園、街、喫茶店、酒場…、まるごと1冊本のことで詰まった小宇宙に遊びに来ませんか。2017.11 95p B6 ¥926 ①978-4-89992-014-4

◆ホンのひととき―終わらない読書　中江有里著　PHP研究所　（PHP文芸文庫）
【要旨】本を開けば、友達はいつもそこにいる―女優、タレントであり、また作家、脚本家として活躍しながらも読書家で知られる著者が、不朽の名作から話題の小説、ノンフィクションやビジネス書、実用書まで、人生の折々で出合った大切な本について綴っていく。選りすぐりの約一〇〇冊の本を紹介するエッセイ＆書評集。傷ついて落ち込む日もうれしい日にも、あなたの心に寄り添う本がきっと見つかるはず。2017.9 287p A6 ¥680 ①978-4-569-76766-6

◆本の瓶詰　樋口伸子著　（福岡）書肆侃侃房
【要旨】本は人生の佳き伴走者。本というアナザー・ワールドを旅する「ただの本好き」が綴った一人読書の記。
2017.3 318p B6 ¥1800 ①978-4-86385-252-5

◆本の本―夢眠書店、はじめます　夢眠ねむ著　新潮社
【要旨】自分で書店を開きたいと願うほど、本を愛するアイドルが訪ねた先は―。超大型書店の舞台裏から、POP作りの達人、憧れの少年ジャンプ編集部、ミスを見破る校閲ガール、ブックデザインの現場まで。出版業界のプロフェッショナルを取材した体験ルポ。
2017.11 239p B6 ¥1400 ①978-4-10-351381-0

◆町を歩いて本のなかへ　南陀楼綾繁著　原書房
【要旨】書評、エッセイ、ルポを集大成。ナンダロウ式ブックライフ。本のあるコミュニティ、まちライブラリー、ワークショップ、地方のリトルプレス、古書店の本棚など各地のブックイベント、地域や本に関わる人々の新しい試みを紹介。2017.6 408p B6 ¥2400 ①978-4-562-05416-9

◆まるごと本棚の本　センドポインツ・パブリッシング編　グラフィック社
【要旨】ユーザーのニーズを満たす多機能性を持たせながら、インテリアとしても空間をスタイリッシュに演出する数々の本棚たち。住空間や図書の種類にあわせてトランスフォームする本棚や、ソファやランプ、彫刻や絵画の役割を果たすアーティスティックな本棚など、世界を驚愕させた逸品たちが次々と登場します。
2017.4 269p 26×20cm ¥2500 ①978-4-7661-3016-4

◆身近な道具で手づくりの本　関directions典子著、佐藤光輝監修　（弘前）弘前大学出版会
【目次】本づくりの基礎知識（本の各部名称、紙について学ぶ　ほか）、制作1 ハードカバー（本文をつなぐ、見返しを用意する　ほか）、制作2 折本1（本文をつなぐ用意をする、紙の厚みを削ぐ　ほか）、制作3 折本2（背のパーツ（ジャバラ）を作る、本文をつなぐ用意　ほか）
2017.3 83p B5 ¥2100 ①978-4-907192-49-5

◆美篶堂とはじめる 本の修理と仕立て直し　美篶堂著、本づくり協会監修　河出書房新社

【要旨】絵本のちぎれたページを直したり、旅のガイドブックをコンパクトにしたり。大切な本を長く楽しむための、修理のテクニック＆仕立て直しのアイデアを紹介。
2017.4 111p 23×19cm ¥1800 ①978-4-309-27837-7

◆名著探訪108―知の先達29人が選ぶ　藤原書店編集部編　藤原書店
【要旨】各界の碩学29人が豊かな読書体験を披瀝。人生の指針としての書。人々の生き方が多様な現代、読書もまた多様である。さまざまな分野の第一人者、また第一線を退いてなお大きな存在感を示し続ける知の達人は、人生の指針としてどんな本を読んできたのか。各界の碩学がそれぞれにこの一冊を紹介する学芸総合誌『環』誌大好評連載企画！
2017.10 435p B6 ¥3200 ①978-4-86578-142-7

◆役に立たない読書　林望著　集英社インターナショナル、集英社 発売　（インターナショナル新書）
【要旨】仕事や生活に役立てたい、情報通になりたい…。最近の人は読書に実用的な価値ばかりを求め、書物をゆっくり味わうことを忘れてはいないだろうか。本書は、そのような傾向に異を唱えるリンボウ先生が、「読書に貴賤なし」と、読書を自在に楽しむ方法を惜しみなく披露。古典作品の魅力と読み方も、書誌学の専門家としての知識を交えながらわかりやすく解説する。書物に触れる真の歓びに満ちた著者初の読書論！
2017.4 205p 18cm ¥720 ①978-4-7976-8009-6

◆夢をかなえる読書術　伊藤真著　サンマーク出版
【要旨】本を汚せば汚すほど、あなたの人生はひらけていく。司法試験界の「カリスマ塾長」が実践する、膨大な本から「選び、学び、力をもらう」方法。
2017.4 174p B6 ¥1300 ①978-4-7631-3573-5

◆リーダーは歴史観をみがけ―時代を見とおす読書術　出口治明著　中央公論新社　（中公新書ラクレ）
【要旨】本物の眼力を身につけるために！読書の達人が精選した、最新ブックガイド109冊。
2017.10 293p 18cm ¥880 ①978-4-12-150600-9

◆わたしの名前は「本」　ジョン・アガード作、ニール・パッカー画、金原瑞人訳　フィルムアート社
【要旨】伝えること、読むこと、書くこと、広めること、残すこと。「本」がおしえてくれる、大切な「本」の物語。
2017.11 143p 20×13cm ¥1600 ①978-4-8459-1624-5

書店

◆書店員の仕事　NR出版会編　NR出版会、新泉社 発売
【要旨】書店とはどういう空間なのか。書店員とはどういう仕事なのか―真摯に本に向き合い、読者に向き合い続ける59人の店頭からの声。
2017.4 318p B6 ¥1900 ①978-4-7877-1700-9

◆書店不屈宣言―わたしたちはへこたれない　田口久美子著　筑摩書房　（ちくま文庫）　増補版
【要旨】1973年に書店員としての人生をスタートし、現在も副店長という立場で現場に立ち続ける著者による書店ドキュメント。ネット書店におされ、電子書籍の推移に神経を張りながらも、肉体労働を含めたリアル書店の仕事は続いていく。変化の激しい状況の中で、それぞれの現場は今、何を考え、どう動いているのか。現場で働く社員たちへの取材を中心に、業界全体への危惧、希望へと話は及ぶ。文庫化にあたり、大幅に改訂増補。
2017.12 302p A6 ¥780 ①978-4-480-43484-5

◆すごい古書店 変な図書館　井上理津子著　祥伝社　（祥伝社新書）
【要旨】志を持って趣味の本だけを集めた店、見向きもされなかったミニコミを取り揃えた店…。ニューウェーブともいえるユニークな古書店が、日本に次々と登場しています。そんな「とっておきの古書店」では、あなたが長年探していた本、若き日の思い出の本が待っています。また、この国には、ジャンルを絞って資料や文献を網羅した、不思議な図書館も数多くあります。そこに行けばその世界のすべてがわかる、便利で有益な図書館です。知的刺激に満ちた、驚きの

古書店と専門図書館を、足で歩いて紹介！ 散歩の途中に立ち寄りたい！
2017.9 243p 18cm ¥800 ①978-4-396-11516-6

◆**スリップの技法** 久禮亮太著　苦楽堂
【要旨】書店という現場の可能性を再発見する「書店員必携の書」。お客様の無意識を読み解き、仮説を立て、仕入れ、店の売上を伸ばす。その起点となる「スリップの読み方」を113枚の実例を素に具体的に解説。「書店の棚づくりの発想法」を知りたい読者も必読の書。
2017.10 248p B6 ¥1666 ①978-4-908087-07-3

◆**世界の夢の本屋さんに聞いた素敵な話** ボブ・エクスタイン著、ギャリソン・キーラー前書き、藤村奈緒美訳　エクスナレッジ
【要旨】『ニューヨーカー』誌のイラストレーターが世界の75の書店から聞き書きした、個性的で楽しく、時にはほろ苦い逸話の数々。デヴィッド・ボウイ、マドンナ、ロビン・ウィリアムズ、ウンベルト・エーコ、ルー・リード、ヘミングウェイなども顔をのぞかせる、笑いとペーソスに満ちた一冊。
2017.2 177p 19×22cm ¥2400 ①978-4-7678-2286-0

◆**「本を売る」という仕事—書店を歩く** 長岡義幸著　潮出版社
【要旨】全国100書店を徹底取材して見えてきた「これからの本屋のかたち」。"本の目利き"たちが語る苦悩と逢巡、本への愛と情熱。
2018.1 312p B6 ¥1600 ①978-4-267-02112-1

◆**本屋、はじめました—新刊書店Title開業の記録** 辻山良雄著　苦楽堂
【要旨】「自分の店」をはじめるときに、大切なことはなんだろう？ 物件探し、店舗デザイン、カフェのメニュー、イベント、ウェブ、そして「棚づくり」の実際。事業計画書から、開店後の結果まですべて掲載。堀部篤史さん（誠光社店主）との特別対談を収録。
2017.1 240p B6 ¥1600 ①978-4-908087-05-9

◆**ローカルブックストアである福岡ブックスキューブリック** 大井実著　晶文社
【要旨】2001年に船出した小さな総合書店「ブックスキューブリック」。素人同然で始めた本屋の旅は、地元・福岡の本好きたちや町の商店主を巻き込み、本を媒介に人と町とがつながるコミュニティづくりへと展開した。ローカルブックストア店主は理想の本屋像をどのように思い描き、歩んできたのか。独自の店づくりから、トークイベントやブックフェスティバルのつくり方、カフェ＆ギャラリーの運営まで。15年間にわたる本屋稼業の体験をもとに、これからの本屋づくり、まちづくりのかたちを示す。
2017.1 238p B6 ¥1600 ①978-4-7949-6951-4

 図書館

◆**石井紀子聞書 道を拓く—図書館員、編集者から教育の世界へ** 松尾昇治, 大井三代子編　日外アソシエーツ
【要旨】元実践女子短期大学図書館学課程教授の石井紀子へのインタビューをまとめた聞書集。戦後の公共図書館の中心的存在であった日比谷図書館草創期の様子や、編集者として作成した各種インデックスや事典についての記録と記憶、実践女子短期大学図書館学課程の初代教授として携わった開設からの土台確立・研究整備についての話など、貴重な証言集であり、道を拓いてきた一人の女性のライフヒストリーでもある。
2017.10 303p B6 ¥2300 ①978-4-8169-2688-4

◆**学校司書という仕事** 高橋恵美子著　青弓社
【要旨】児童・生徒が学校図書館を利用して「自分で問題を見つけて、学び、考え、主体的に判断して、問題を解決する力を育てる」ために学校司書は何をすればいいのか。学校図書館でできることや図書館サービスの意味などを具体例を引きながら紹介し、学校司書という仕事をガイドする。
2017.4 189p B6 ¥1600 ①978-4-7872-0062-4

◆**学校司書のいる図書館に、いま、期待すること 読みたい心に火をつける！** 実行委員会編　日本図書館協会　（JLA Booklet no.1）
【目次】トークセッション：ゲスト紹介、トークセッション：谷口忠太、トークセッション：稲葉順、トークセッション：杉江由次、トークセッション：Q&A、資料1：祝辞から長谷川優子、資料2：来場者名簿、資料3：書評「読みたい心に

火をつけろ！」飯田寿美
2017.10 67p A5 ¥1000 ①978-4-8204-1711-8

◆**学校司書の役割と活動—学校図書館の活性化の視点から** 金沢みどり編著　学文社
【目次】第1部 学校図書館と学校司書の現状と課題（学校図書館と学校司書の現状を取り巻く状況の推移—学校図書館の機能や学校司書の役割に関する報告と答申から、学校図書館や読書に関する法律、学校図書館の理念、学校図書館をめぐる現状、学校司書の役割とさまざまな活動、学校司書のさらなる活性化に向けて—これからの学校司書の役割）、第2部 学校司書の優れた実践事例（小学校、中学校、中高一貫校、高等学校、特別支援学校）
2017.12 239p B5 ¥2600 ①978-4-7620-2752-9

◆**学校図書館のアイデア＆テクニック—来館待ってます！ 手軽にトライ** 秋田倫子著　少年写真新聞社
【目次】第1章 図書館を使いやすく、入りやすく（見出しのチカラ、書架を使いやすくする工夫、スケルトンなサイン、コーナー展示が図書館のキモ！本を長く美しく保つために）、第2章 図書館を飾る（知ってマスカ マステステッカー、ウェルカム！フラッグガーランド、手ぬぐいがキテる、しっくり使えるガラスの絵の具、マグネット活用テクニック、手間いらずで癒やしを演出 フェイクグリーン）、第3章 来館者に喜びを（プレミアムなしおり、紙製御守、つい貼りたくなる ビブリオマンシー、星に願いを 七夕、読んでみようリストを作る）
2017.4 95p A5 ¥1600 ①978-4-87981-599-6

◆**学校図書館の出番です！** 肥田美代子著　ポプラ社
【要旨】学校図書館が、アクティブラーニングを実現する。教職員や保護者必読の一冊！
2017 222p B6 ¥1800 ①978-4-591-15019-1

◆**学校図書館への研究アプローチ** 日本図書館情報学会研究委員会編 勉誠出版（わかる！図書館情報学シリーズ 第4巻）
【要旨】より能動的な学校図書館へ—学習情報センター化・読書センター化へ向けて激動する学校図書館の現状。2001年、子どもの読書活動の推進に関する法律、2005年文字・活字文化振興法、2014年学校図書館法改正、2016年、学校図書館ガイドライン。近年の動きとともに多様化する学校図書館のありかた。司書教諭や学校司書など実務者まで含めた執筆陣が、個別具体的な研究の最前線を紹介する。
2017.11 183p B6 ¥1800 ①978-4-585-20504-3

◆**ケンブリッジ大学図書館と近代日本研究の歩み—国学から日本学へ** 小山騰著　勉誠出版
【要旨】ケンブリッジ大学図書館が所蔵する膨大な日本語コレクション。英国三大日本学者・サトウ、アストン、チェンバレンをはじめとする明治時代の外国人たちが持ち帰った数々の貴重な日本研究の歩みが残されている。平田篤胤や本居宣長らの国学から始まる日本研究の歩みが残されている。柳田国男も無視できなかった同時代の西洋人たちによる学問発展の過程を追う。
2017.9 320, 7p B6 ¥3200 ①978-4-585-20058-1

◆**高校図書館デイズ—生徒と司書の本をめぐる語らい** 成田康子著　筑摩書房（ちくまプリマー新書）
【要旨】北海道・札幌南高校の図書館。ここを訪れる生徒たちは、本を介して司書の先生に自分のことを語り出す。生徒たちの数だけある、彼らの青春と本にまつわるかけがえのない話。
2017.6 213p 18cm ¥840 ①978-4-480-68984-9

◆**国立国会図書館の理論と実際** シ著　（柏）暗黒通信団
2017 14p A5 ¥200 ①978-4-87310-065-4

◆**サブジェクト・ライブラリアン—海の向こうアメリカの学術図書館の仕事** 田中あずさ著　笠間書院
【要旨】海の向こうで、図書館員たちはどんな仕事をしているのか。それは日本の図書館の参考になるのか。ワシントン大学東アジア図書館勤務の著者が、はじめて体系的に紹介する、サブジェクト・ライブラリアンという仕事のすべて。
2017.12 220p A5 ¥2400 ①978-4-305-70860-1

◆**司書教諭・学校司書のための学校図書館必携—理論と実践** 全国学校図書館協議会監修　悠光堂
【目次】第1章 学校図書館の理念と学校教育、第2章 学校図書館の法令と教育行政、第3章 学校

経営と学校図書館、第4章 司書教諭と学校司書、第5章 学校図書館の運営、第6章 学校図書館メディア、第7章 学校図書館と指導・支援、第8章 学校図書館活動、第9章 施設・設備
2017.9 273p B5 ¥4200 ①978-4-906873-96-8

◆**司書教諭の実務マニュアル—シオヤ先生の仕事術** 塩谷京子著　明治図書出版
【要旨】本書は、はじめて司書教諭の仕事をする教員、司書教諭の仕事をもう少し詳しく知りたい教員、これから司書教諭の仕事をしたいと考えている教員・学生、そして、一緒に仕事をする司書教諭の仕事を知りたい学校司書を対象としています。そして、司書教諭の仕事の全体像を知りたい、1年間仕事をするための基本的な知識を身につけたい、1年間どのような見通しをもって仕事をするのかを知りたい、今の学校図書館をどのように整備したらいいのかを知りたい、子供に身につけさせたい基本的な情報活用スキルを知りたい、という要望に答えることを趣旨としています。
2017.12 127p A5 ¥1960 ①978-4-18-198018-4

◆**社史の図書館と司書の物語—神奈川県立川崎図書館社史室の5年史** 高田高史著　柏書房
【要旨】日本有数の社史（企業の歴史書）を所蔵する図書館と司書の物語。社史のアイデアの新たな役割を生み出す物語。社史を日本の文化とし、企業の経営と意外な裏側、社史にしか記されない情報や、社史編纂担当者の想いも伝えていく。
2017.2 265p B6 ¥1900 ①978-4-7601-4781-6

◆**情報サービス演習—地域社会と人びとを支援する公共サービスの実践** 中山愛理編著　（京都）ミネルヴァ書房　（講座・図書館情報学 8）
【要旨】情報サービスにおける実践的な能力を習得する。
2017.1 246p A5 ¥2800 ①978-4-623-07836-3

◆**情報資源組織演習** 小西和信, 田窪直規編著　樹村房　（現代図書館情報学シリーズ 10）　改訂第1刷
【目次】1部 目録編（目録法、目録作成の実際：図書、目録作成の実際：図書以外の資料、目録作成の実際：書誌階層構造、目録作成のユーティリティにおける目録作成）、2部 分類・件名編（主題組織法、分類作業の実際、件名作業の概要）、3部 応用編（ネットワーク情報資源のメタデータ、索引・抄録作成法）
2017.3 263p A5 ¥2600 ①978-4-88367-280-6

◆**情報リテラシーのための図書館—日本の教育制度と図書館の改革** 根本彰著　みすず書房
【要旨】これからの図書館は、情報リテラシーを導く機関としての社会的役割を、自覚的に担う必要がある。日本の教育制度と図書館の歴史を再考し、今後の課題を示す。
2017.12 232, 6p B6 ¥2400 ①978-4-622-08650-5

◆**生活の中の図書館—民衆のアメリカ公立図書館史** ウェイン・A.ウィーガンド著、川崎良孝訳　（神戸）京都図書館情報学研究会, 日本図書館協会 発売
【目次】第1章「アメリカ人の会話の全般的水準を向上させる」—1854年以前のソーシャル・ライブラリー、第2章「普通の人びと」のために—アメリカ公立図書館1854 - 1876年、第3章「最善の読書を最低のコストで最大多数の人に」—1876 - 1893年、第4章「自分の好きな本を好きな時に読む自由」—カーネギーの時代1893 - 1917年、第5章「文学娯楽」の居場所—1917 - 1929年、第6章「1つの避難所」—大恐慌と第2次世界大戦1929 - 1945年、第7章「日常生活での闘いの勝利」—1945 - 1964年、第8章「各利用者にとっての個別の意味」—1964 - 1980年、第9章「社会的紐帯的な貴重な部分としての図書館という棚」—1981 - 2000年、第10章 情報、読書、場—2001年から現在
2017.3 429p A5 ¥6000 ①978-4-8204-1615-9

◆**戦前期外地活動図書館職人人名辞書** 岡村敬二著　武久出版
【目次】戦前期外地活動図書館職員人名辞書、参照文献一覧、資料、人名索引、事項索引
2017.7 303p B5 ¥4000 ①978-4-89454-128-3

◆**専門図書館の役割としごと** 青柳英治, 長谷川昭子編著　勁草書房
【要旨】多様な専門図書館の歴史・役割・しごとを体系的に解説した初のテキスト。専門図書館の初任者や現職者の実務の手引きに。大学等の司書課程の履修者や図書館情報学を学ぶ学生の副教材としても最適。
2017.8 312p A5 ¥3500 ①978-4-326-00045-6

社会・文化

◆大学生が考えたこれからの出版と図書館―立命館大学文学部湯浅ゼミの軌跡　湯浅俊彦編著　(市川)出版メディアパル
【目次】第1章 「電子図書館元年」と電子出版の課題(「電子図書館元年」を設定する、指定管理者制度が切り拓く次世代型公共図書館の可能性)、第2章 電子図書館への課題解決型アプローチ(公共図書館における児童サービスへのICT活用の可能性、視覚障がい者による絵本読み聞かせ支援のための電子絵本の有用性、図書館による「子ども」への教育支援とその効果 ほか)、第3章 フィールドワーク―電子出版・電子図書館を探求する(訪問記 目白大学・人間科学部子ども学科、訪問記 読売新聞・東京本社、訪問記 丸善雄松堂・四谷ビル ほか)
2017.4 220p A5 ¥2200 ①978-4-902251-64-7

◆短期大学図書館研究　第36号　私立短期大学図書館協議会編　(札幌)私立短期大学図書館協議会　紀伊國屋書店 発売　(付属資料：CD‐ROM1)
【目次】1 特別論稿(ラーニング・コモンズ導入計画のポイント)、2 一般論稿(小規模図書館における地域住民の知的活動への参画―帯広大谷短期大学附属図書館主催第1回ブックリユースカフェ実施報告、ボランティア活動から教育への接近―北海道武蔵女子短期大学の児童図書室と学生ボランティアの学び ほか)、3 支部会論稿(大学図書館の役割を考える：地域貢献・図書館連携、ブックカバー脱酸性化処理による紙資料の保存と活用 ほか)、4 全国研修会報告(平成28年度私立短期大学図書館協議会全国研修会概要、震災に備えるための建築的な配慮 ほか)
2017.3 148p B5 ¥6800 ⑩0388-3663

◆知の広場―図書館と自由　アントネッラ・アンニョリ著、萱野有美訳、柳与志夫解説　みすず書房　新装版
【要旨】自宅からインターネットで情報検索ができる時代に、そして市民の3人に1人が高齢者となる社会に向かって、町の図書館はどんな場所になれるのだろうか？ 司書歴30余年、数々の図書館リノベーションにたずさわってきた著者が、来館者数を大きく伸ばしたイタリアの市立"ペーザロ図書館"、ロンドンの移民地区に新設され人気を集める市立図書館"アイデア・ストア"での経験を軸に、これからの図書館が考えなくてはならないこと、実行できることを具体的に指し示す。「屋根のある広場」のような図書館には、自然と市民が集まってくる！
2017.12 253p B6 ¥3400 ①978-4-622-08671-0

◆電子書籍アクセシビリティの研究―視覚障害者等の対応からユニバーサルデザインへ　松原聡編著　東洋大学出版会、丸善出版 発売
【要旨】電子書籍の普及が著しい。しかし、その音声読み上げや文字拡大機能などのアクセシビリティ機能の向上は研究はまだ少ない。2016年4月、障害者差別解消法が施行されたが、この法律によって、障害者は「社会的障壁」の除去を要求できることとなった。電子書籍は、視覚障害者等にとっては社会的障壁となる。その除去のための手法が、電子書籍化である。本書は、電子書籍のアクセシビリティ機能について総合的に研究した、わが国初の書籍である。本書では「視覚障害者」だけでなく、老眼などで紙の書籍の利用が困難になった方や、通勤電車などでの音読のニーズなどを踏まえた上で、電子書籍のアクセシビリティ機能の現状や将来の展望などを明らかにしていく。
2017.1 176p A5 ¥2600 ①978-4-908590-01-6

◆電子図書館・電子書籍貸出サービス調査報告　2017　植村八潮、野口武悟、電子出版制作・流通協議会編著　電子出版制作・流通協議会、印刷学会出版部 発売
【目次】第1章 公共図書館における電子図書館・電子書籍貸出サービス調査の結果と考察、第2章 大学図書館における電子図書館・電子書籍貸出サービス調査の結果と考察、第3章 学校図書館における電子図書館利用調査の結果と考察、第4章 電子図書館・電子書籍貸出サービス事業者へのアンケート調査の結果と考察、第5章 電子図書館・電子書籍貸出サービス事業者によるサービスの紹介、第6章 米国の電子図書館サービス利用報告、資料編「公共図書館・大学図書館の電子図書館・電子書籍貸出サービス等のアンケート」集計結果
2017.11 173p B5 ¥2200 ①978-4-87085-228-0

◆図書館概論　高山正也、岸田和明編著　樹村房　(現代図書館情報学シリーズ 1)　改訂版
【目次】1章 図書館とその歴史、2章 図書館の機能とサービス、3章 公共図書館、4章 公共図

館以外の各種図書館、5章 組織としての図書館、6章 図書館に関係する機関・団体、7章 将来の展望、付章 図書館を支える諸学問
2017.8 209p A5 ¥2000 ①978-4-88367-271-4

◆図書館からのメッセージ@Dr.ルイスの"本"のひととき　内野安彦著　郵研社
【要旨】コミュニティラジオ(エフエムかしま)の番組出演者50人のゲストトーク。その言葉のエッセンスから、地域・図書館・本の扉を開く。
2017.10 236p 19×13cm ¥1500 ①978-4-907126-11-7

◆図書館教育　田中敬著　慧文社　(日本近代図書館学叢書)　新訂版
【要旨】図書館は社会に、そして教育に奉仕する存在である！ 日本で初めて図書館を「社会教育施設」であると喝破した、日本近代図書館学の金字塔。「図書館学」(Library Science)を本格的に志向し、本をただ保管するのではなく、いかに活用していくかが重要だというパラダイム転換をもたらした名著。「開架式(open shelf)」「参考司書(reference librarian)」など、現代でも使われる多くの訳語を作り、それを定着させたという、図書館学を論じる上で欠かせない一冊でもある。学校図書館はもちろん、公立図書館の意義についても詳しく論じる。図書館に関わるすべてに必携！ 読みやすい現代表記の新訂版として待望の復刊！
2016.12 149p A5 ¥5000 ①978-4-86330-174-0

◆図書館情報学　上田修一、倉田敬子編著　勁草書房　第二版
【要旨】図書館情報学の概念・用語を体系的に記述した最新テキスト改訂版。近年の最新情報を追加し、情報メディア、情報を組織化し検索する仕組み、図書館サービスや運営の実務等について詳しく解説する。
2017.3 298p A5 ¥3200 ①978-4-326-00043-2

◆図書館情報学を学ぶ人のために　逸村裕、田窪直規、原田隆史編　(京都)世界思想社
【要旨】世界の知識を自由に駆使し、人生を豊かにしよう！ 人類の知識を本という形で今に伝える図書館。未来に伝える知識のカタチはデジタル時代にどう変容するのか。図書館情報学を「知識の伝達と共有」という視座で新たに捉え直し、その魅力を多面的に解説したまったく新しい入門書。
2017.4 244p B6 ¥2400 ①978-4-7907-1695-2

◆図書館情報技術論　日高昇治著、大串夏身、金沢みどり監修　学文社　(ライブラリー図書館情報学 3)
【目次】第1章 コンピュータとネットワークの基礎、第2章 情報技術と社会、第3章 図書館における情報技術活用の現状、第4章 図書館業務システムの仕組み、第5章 データベースの仕組み、第6章 検索エンジンの仕組み、第7章 電子資料の管理技術、第8章 コンピュータシステムの管理、第9章 デジタルアーカイブ、第10章 最新の情報技術と図書館
2017.3 190p A5 ¥1900 ①978-4-7620-2720-8

◆図書館・人権・社会的公正―アクセスを可能にし、包摂を促進する　ポール・T.イエーガー、ナタリー・グリーン・テイラー、アーシュラ・ゴーハム著、川崎良孝、高鍬裕樹訳　(神戸)京都図書館情報学研究会、日本図書館協会 発売
【目次】第1章 序論、第2章 人権と社会的公正という概念の歴史的進展、第3章 デジタル包摂の現状、第4章 人権と社会的公正を促進する機関としての図書館、第5章 人権と社会的公正の機関としての図書館の役割、第6章 人権と社会的公正に関する情報政策、第7章 人権と社会的公正の宝庫、第8章 試練を越えて：政策、実践、唱道における権利と公正
2017.10 207p A5 ¥4000 ①978-4-8204-1709-5

◆図書館人物事典　日本図書館文化史研究会編　日外アソシエーツ、紀伊國屋書店 発売
【要旨】図書館を創り、図書館史上に名を残した図書館員を中心に、図書館の設立、経営、運営、運動、図書館員養成、図書館学教育・研究などに関わった人物を幅広く収録。生没年や経歴など詳細なプロフィールに加え、参考文献を掲載。巻末に「人名索引」「図書館・団体名索引」「事項索引」付き。
2017.9 440p A5 ¥12000 ①978-4-8169-2678-5

◆図書館制度・経営論　二村健監修、手嶋孝典編著　学文社　(ベーシック司書講座・図書館の基礎と展望 5)　第2版

【目次】図書館をめぐる法体系、図書館法逐条解説(総則、公立図書館および私立図書館、地方自治体の図書館関連条例など、他館種の図書館に関する法律など、図書館サービス関連法規、図書館政策(国、地方自治体)、公共機関・施設の経営方法と図書館経営、図書館の組織・職員、図書館の施設・設備、図書館のサービス計画に係る予算の確保、図書館業務/サービスの調査と評価、図書館の管理形態の多様化、展望、巻末資料
2017.4 154p B5 ¥1800 ①978-4-7620-2701-7

◆図書館だよりを作りませんか？―文例・カット/CD‐ROM付き　太田和順子監・著　少年写真新聞社　(付属資料：CD‐ROM1)
【目次】第1部 図書館だよりを作る(たより発行の目的、書きのは誰？、読みやすいたより、記事の候補1 時期・季節に合わせた記事、記事の候補2 本の紹介 ほか)、第2部 文例・カット素材集(時なし、4月、5月、6月、7月 ほか)
2017.7 190p B5 ¥1800 ①978-4-87981-602-3

◆図書館徹底活用術―ネットではできない！ 信頼される「調べる力」が身につく　寺尾隆監修　洋泉社
【要旨】「価値ある情報」を掴みとるために―「仕事で新規プロジェクトのための調べ物を任せられた」「子育てや病気のことで悩んでいる」「情報の真偽に不安を感じる」とき、図書館はあなたの強い味方となる。本書は、あなたの仕事、さらに人生をも充実させる図書館の活用テクニックを紹介する！
2017.2 173p B6 ¥1500 ①978-4-8003-1151-1

◆図書館のこれまでとこれから―経験的図書館史と図書館サービス論　大串夏身著　青弓社
【要旨】公共図書館は、地域住民のために本と知識・情報を収集して提供し、仕事や生活の質を向上させ、創造的な社会にしていくための施設である。そのためには、図書館員一人ひとりがレファレンスの専門職として知識と技能を高めていく必要がある―この基盤を経験も織り交ぜて提言する。21世紀の図書館がさらに進化するために！
2017.10 238p B6 ¥2600 ①978-4-7872-0065-5

◆図書館の自由委員会の成立と「図書館の自由に関する宣言」改訂　塩見昇著　日本図書館協会
【目次】0章 前史概説―自由宣言の採択から潜在期の概要、1章 自由委員会の成立、2章 宣言改訂を取り上げるに至る経緯と70年代後半の「自由」に係る事象、3章 1979年改訂の過程、4章 改訂論議の主要な論点、5章 1979年改訂「図書館の自由に関する宣言」、7章 残された課題―結びを兼ねて
2017.12 256p A5 ¥2200 ①978-4-8204-1712-5

◆図書館100連発　岡本真、ふじたまさえ著　青弓社
【要旨】図書館が来館者のためにおこなっている「きらりと光るいい工夫・試み」を、カラー写真とともに100個紹介する。「フツーの図書館」のユニークな実践を多くの図書館が共有し、来館者の利便性を向上させ、来館者と地域との関係性を豊かにするためのアイデア集。
2017.5 139p A5 ¥1800 ①978-4-7872-0063-1

◆図書館文化史研究　No.34/2017　日本図書館文化史研究会編　日外アソシエーツ、紀伊國屋書店 発売
【目次】基調講演 近世日本における蒐書文化の展開：幕末公開文庫への道程、論文(国立図書館短期大学史：図書館学・文献情報学・図書館情報学への展開過程、コンラート・ゲスナーと16世紀ヨーロッパの図書館)、岩猿敏生先生追悼(岩猿敏生先生を偲んで、岩猿先生への追憶、岩猿図書館学の譬咳に接して、岩猿敏生先生著作目録)
2017.9 155p A5 ¥2400 ①978-4-8169-2679-2

◆図書の修理 とらの巻　書物の歴史と保存修復に関する研究会編、板倉正子監修、野呂聡子ストーリー・絵　(大阪)澪標
【目次】準備編(導入、本の構造、各部の名称 ほか)、実践編(導入、破れたページの修理、外れたページの修理 ほか)、付録(濡れてしまったら、カビが生えてしまったら、本の扱い方 ほか)
2017.8 134p A5 ¥1300 ①978-4-86078-371-6

◆図書の選択―理論と実際　竹林熊彦著　慧文社　(日本近代図書館学叢書 6)
【要旨】これが図書の選択という"art"(技術)だ…!!図書の大きな役目は、利用者が望む図書の選択。しかし、様々な利用者のニーズを満たすことの困難さに向き合いながら、限られた

予算の中で、具体的にどのようにすればいいのか？ 選書という一種の「検閲」と、「図書館の自由」の兼ね合いとは。図書館が図書館であるために、また司書が司書として奉仕するために、何をすればいいのか。図書館学の大家・竹内熊彦に学ぶ「選書」の理論と実践！
2017.12 239p A5 ¥6000 ①978-4-86330-179-5

◆トップランナーの図書館活用術　才能を引き出した情報空間　岡部晋典著　勉誠出版（ライブラリーぶっくす）
【要旨】彼らの才能はいかに図書館で鍛えられたか？ 情報空間から何を引っ張り出してきたか？ 渦巻く知、過剰なまでの「注」が付く12の対話が、あなたのライフスタイルをもハックする！ 全く新しい図書館論、読書論、情報活用論！
2017.8 315p A5 ¥2000 ①978-4-585-20055-0

◆なんでも「学べる学校図書館」をつくる2　ブックカタログ＆データ集─中学生2,000人の探究学習とフィールドワーク　片岡則夫編著　少年写真新聞社
【目次】第1部 卒業研究とフィールドワーク─その全体像と意義（卒業研究の道のりとフィールドワーク、探究学習の中のフィールドワークの意義、フィールドワークの段取り どうやって現場に立てばよいのか ほか）、第2部 人気テーマ50とブックカタログ（ファッション、ディズニーランド、時計 ほか）、第3部 フィールドワークの指導と実際（フィールドワークの計画書を書く、取材申し込みの手紙を書く─「型通り」に書けば誰でも書ける、フィールドワーク心得 ほか）
2017.10 169p A5 ¥2600 ①978-4-87981-623-8

◆日本の図書館─統計と名簿　2016　日本図書館協会図書館調査事業委員会編　日本図書館協会
【目次】統計編（国立国会図書館、公共図書館、大学図書館）、名簿編
2017.2 513p B5 ¥4000 ①978-4-8204-1616-6

◆認定司書のたまてばこ─あなたのまちのスーパー司書　砂生絵里奈編著　郵研社
【要旨】全国で活躍中の強者司書たち。その豊富な経験の「たまてばこ」の中身を初公開！
2017.6 222p B6 ¥1500 ①978-4-907126-08-7

◆ビッグデータ・リトルデータ・ノーデータ─研究データと知識インフラ　クリスティンL.ボーグマン著、佐藤義則、小山憲司訳　勁草書房
【要旨】オープンサイエンスのための基盤はどうあるべきか？ 知識インフラの構築に学術研究の未来が懸かっている。学術研究におけるデータの利用について、根源的な問題を整理しつつ、科学、社会科学、人文学の分野から具体的な六つの事例研究を紹介。知識インフラへの大規模な投資の必要性を述べる。
2017.9 430p A5 ¥4400 ①978-4-326-00044-9

◆病院図書館の世界─医学情報の進歩と現場のはざまで　奥山麻里恵著　日外アソシエーツ，紀伊國屋書店 発売　（図書館サポートフォーラムシリーズ）
【要旨】時々刻々と増え続ける医学情報。それらを医師・患者に結びつけるには？ 司書1人の職場から、情報と人のネットワークを築いていく奮闘記。あまり知られていない病院図書館の活動実践をくまなく伝える。
2017.3 186p B6 ¥2700 ①978-4-8169-2649-5

◆ポストデジタル時代の公共図書館　植村八潮、柳与志夫編著　勉誠出版（ライブラリーぶっくす）
【要旨】脱・「図書館」!?その未来には、何が待ちうけているのか？ ウェブの世界が席巻するなか、この20年間問われていたのは、情報の「ハブ」であるべき公共図書館のデジタル化だった。さらに時代は過ぎ、もはや議論は次の展開に入ろうとしている。先ずネットでしらべることが当然視される中で、公共図書館はどうあるべきか。未来はその明るいとは限らない。電子書籍市場の実態や米国図書館、日本の大学図書館との比較などでポストデジタル時代に対応する公共図書館の未来像を活写する。
2017.6 223p B6 ¥2000 ①978-4-585-20057-4

◆やさしく詳しいNACSIS-CAT　蟹瀬智弘著　樹村房
【要旨】はじめて目録業務に携わる人へ向け、NACSIS-CATの基礎的な知識や技術を紹介。随所で規則の解釈にも言及しつつ、巻末付録に「図書書誌フィールド名一覧」「情報源一覧」を収録。
2017.8 249p B6 ¥2000 ①978-4-88367-278-3

◆読みたい心に火をつけろ！─学校図書館大活用術　木下通子著　岩波書店（岩波ジュニア新書）
【要旨】「何かおもしろい本ない？」「調べ学習の資料が見つからない…」等々、学校図書館には多様な注文をもった生徒たちがやってきます。そんな生徒の「読みたい！」「知りたい！」に応える様子を具体的なエピソードとともに紹介します。同時に、長年学校司書として活躍してきた著者が、本を読む楽しさや意義をビブリオバトル等、豊富な実践をもとに語ります。
2017.6 228p 18cm ¥900 ①978-4-00-500855-1

◆ラジオと地域と一コミュニティを繋ぐメディアの可能性　内野安彦、大林正智著　（長野）ほおずき書籍、星雲社 発売
【要旨】茨城・鹿嶋の「エフエムかしま」発！「Dr.ルイスの"本"のひととき」が全国へ広げた奇跡の絆。"かじゃ"ってなんじゃ!?13人の番組出演者が綴る、本と図書館にまつわる熱き想い！
2017.2 246p B6 ¥1300 ①978-4-434-22971-8

◆Q&Aで学ぶ図書館の著作権基礎知識　黒澤節男著　太田出版（ユニ知的著作権ブックス）　第4版
【要旨】平成24年・26年著作権法改正に対応。写り込み等制限規定の追加。国会図書館のデジタル資料のネットによる公立図書館等での利用拡大。平成28年TPP関連法による保護期間の延長等。第3版発行後の審議会解釈の確定など最新情報満載。
2017.12 192p A5 ¥3000 ①978-4-7783-1607-5

人名事典

◆昭和人物事典　戦前期　日外アソシエーツ編　日外アソシエーツ，紀伊國屋書店 発売
【要旨】昭和戦前期に活躍した人物を1冊で調べることができる総合人物事典！ 政治、経済、軍事、学術、文芸、芸術、芸能、スポーツなど7,913人を幅広く収載。職業・肩書、生没年月日、学歴、受賞歴、経歴など詳細なプロフィールを収載。地域ごとに人名を一覧できる「出身都道府県別索引」付き。
2017.3 895p B5 ¥18500 ①978-4-8169-2650-1

◆西洋人物レファレンス事典　経済・産業篇　日外アソシエーツ編　日外アソシエーツ，紀伊國屋書店 発売
【要旨】西洋の経済・産業分野の人物がどの事典にどんな見出しで掲載されているかがわかる。古代から現代まで、ヨーロッパ、アメリカ、中東、インドなど各国の8,511人を収録。159種364冊の人名事典から調査収録。読み・生没年を付した。本文はアルファベット順。カタカナ表記索引を付した。
2017.10 862p A5 ¥23800 ①978-4-8169-2687-7

◆難読苗字辞典　新藤正則著　（藤沢）湘南社，星雲社 発売
【要旨】難読苗字1,000を一挙掲載。漢和辞典による初字の画数で検索。推定人口、発祥・由来、地域他も掲載。都道府県別苗字ベスト10掲載。日本の苗字の歴史、地域性他も掲載。
2017.9 235p 19cm ¥1200 ①978-4-434-23630-3

◆21世紀世界人名典拠　欧文名　日外アソシエーツ編　日外アソシエーツ，紀伊國屋書店 発売
【要旨】ヨーロッパ、アメリカ、ロシアの欧米各国の人名のほか、アルファベットで表記される人名を幅広く103,000人を収録。本文は原綴表記のアルファベット順、原綴、片仮名表記、生没年月日、国名、職業・肩書き等を記載。索引巻には本文収録人名別出しの片仮名表記の五十音順で収録件数は61,700件。
2017.7 3Vols.set B5 ¥70000 ①978-4-8169-2671-6

◆日本人物レファレンス事典　商人・実業家・経営者篇　日外アソシエーツ編　日外アソシエーツ，紀伊國屋書店 発売
【要旨】日本の商業・実業分野の人物が、どの事典にどんな見出しで掲載されているかがわかる。中世の伝説の商人、安土桃山時代の貿易商、江戸時代の豪商、近代の実業家、各地の経済・産業を担った人物、戦後の経営者など16,067人・事典項目6,982件を収録。318種486冊の人名事典・百科事典・歴史事典・地域別事典等を調査。各事典での人名表記、読み、生没年を付した。2017.4 878p A5 ¥18500 ①978-4-8169-2654-9

◆日本人物レファレンス事典　名工・職人・技師・工匠篇　日外アソシエーツ編　日外アソシエーツ，紀伊國屋書店 発売
【要旨】古代から現代まで日本のものづくりに携わる人物を調査する基礎ツール。日本の技術・工芸分野の人物が、どの事典にどんな見出しで掲載されているかがわかる。古代の波来系の工人、宮大工・仏師、中世の刀工・鉄砲鍛冶、近世の新田開発者、近代の殖産興業家・発明家、現代のIT技術者まで17,543人、事典項目のべ47,637件を収録。319種498冊の人名事典・百科事典・歴史事典・地域別事典等を調査。各事典での人名表記、読み、生没年を示した。
2017.7 838p A5 ¥18500 ①978-4-8169-2673-0

書誌

◆学会年報・研究報告論文総覧2010-2016─1総合 2人文・芸術 3社会科学　日外アソシエーツ編　日外アソシエーツ，紀伊國屋書店 発売
【要旨】日本国内の各種学術団体・機関によって継続的に編集・刊行された、人文・芸術、社会科学の各分野と、複数の分野にまたがる学会年報・研究報告・紀要などの論文掲載誌を主題別に編成し、それらの内容細目を詳述したものである。2010年から2016年までに刊行された論文掲載誌231誌・1,342冊、論文は11,072点を収録。
2017.10 575p B5 ¥46000 ①978-4-8169-2685-3

◆学会年報・研究報告論文総覧2010-2016─4 教育・生活・情報／5 言語・文学・外国研究　日外アソシエーツ編　日外アソシエーツ，紀伊國屋書店 発売
【要旨】日本国内の各種学術団体・機関によって継続的に編集・刊行された、教育、生活、情報、言語、文学、外国研究分野の学会年報・研究報告・紀要などの論文掲載誌を主題別に編成し、それらの内容細目を詳述したものである。2010年から2016年までに刊行された論文掲載誌216誌・1,137冊、論文は11,103点を収録。
2017.12 551p B5 ¥46000 ①978-4-8169-2686-0

◆古典籍索引叢書─宮内庁書陵部蔵『類標』　梅田径監修・解題・解説　ゆまに書房（書誌書目シリーズ 112）
2017.12 8Vols.set A5 ¥148000 ①978-4-8433-5313-4

◆参考図書解説目録　2014-2016　日外アソシエーツ編　日外アソシエーツ，紀伊國屋書店 発売
【要旨】図書館の選書、レファレンスサービスに最適！ 3年間の参考図書8,947冊を収録。選書の際に役立つよう、全ての図書に内容解説や目次情報を付けました。NDCに沿った分類と、辞書・事典・年鑑・年表・地図帳・図鑑などの形式別に一覧でき、目的の図書を素早く探し出すことができます。書名索引、著編者名索引、事項名索引を完備。
2017.3 1009p B5 ¥27000 ①978-4-8169-2646-4

◆書誌年鑑　2017　中西裕編　日外アソシエーツ，紀伊國屋書店 発売
【要旨】2016年1月から12月までに日本で発表された各種の論文目録すなわち書誌など8995点と書誌解説15点を収録。
2017.12 523p A5 ¥19800 ①978-4-8169-2699-0

◆人物文献目録2014-2016　1 日本人編　日外アソシエーツ編　日外アソシエーツ，紀伊國屋書店 発売
【要旨】2014年1月〜2016年12月に刊行された図書・雑誌から、日本人22,502人に関する人物文献（伝記・口記・回想・年譜・著作リスト・書誌等）58,112点を収録。
2017.6 1250p B5 ¥55500 ①978-4-8169-2661-7

◆人物文献目録2014-2016　2 外国人編　日外アソシエーツ編　日外アソシエーツ，紀伊國屋書店 発売
【要旨】2014年1月〜2016年12月に刊行された図書・雑誌から外国人10,236人に関する文献（伝記・回想・人物論・年譜・著作リスト・書誌等）29,554点を収録。
2017.7 684p B5 ¥46000 ①978-4-8169-2662-4

◆全集・叢書総目録2011-2016　3 社会　日外アソシエーツ編　日外アソシエーツ，紀伊國屋書店 発売

社会・文化

【要旨】2011年から2016年までの6年間に日本国内で刊行された政治、法律、経済、教育、民俗学などの分野の全集・叢書類6120種26660点を収録。
　2017.12 870p A5 ￥27500 ①978-4-8169-2693-8

◆全集・叢書総目録 2011 - 2016　4 科学・技術・産業　日外アソシエーツ編　日外アソシエーツ、紀伊國屋書店 発売
【要旨】2011年から2016年までの6年間に日本国内で刊行された科学技術、工業、農業、商業、通信等の分野の全集・叢書類6096種29854点を収録。
　2017.12 97p A5 ￥27500 ①978-4-8169-2694-5

◆地名でたどる郷土の歴史―地方史誌にとりあげられた地名文献目録　飯澤文夫監修　日外アソシエーツ、紀伊國屋書店 発売
【要旨】2000年から2014年までに日本各地の地方史研究雑誌・地域文化誌に発表された「土地」の歴史に関する文献64, 126点を収録。市区町村、旧国・藩、山、川、施設名など地名総数21, 897。公共図書館地域資料コーナーの基本ツールに最適。
　2017.12 1234p B5 ￥18500 ①978-4-8169-2690-7

◆日本件名図書目録2016　1 人名・地名・団体名　日外アソシエーツ編　日外アソシエーツ、紀伊國屋書店 発売
【要旨】主題を表す'件名'から引ける国内唯一の図書目録。2016年1月から12月までに刊行された図書、および前版に未収録の図書など33, 345点を収録。
　2017.4 1085p B5 ￥43000 ①978-4-8169-2652-5

◆日本件名図書目録2016　2 一般件名　日外アソシエーツ編　日外アソシエーツ、紀伊國屋書店 発売
【要旨】キーワード（件名）から引ける基本図書目録。政府刊行物や私家版も網羅し、人名・地名・団体名編、一般件名編、合わせて約10万点を収録。未収録されたキーワードには、ノイズのない調査ができる。一般件名編では、天皇制、IoT、登山などのキーワードで検索可能。
　2017.5 2Vols.set B5 ￥85000 ①978-4-8169-2653-2

◆フランク・ホーレー旧蔵「宝玲文庫」資料集成　第1巻　横山學編著・解題　ゆまに書房　（書誌書目シリーズ 110）
【目次】資料01 ノート・辞源、資料02 ノート・標注合義解、資料03 ノート・金剛謹之助、資料04 ノート・十一月五日、資料05 ノート・欧文帰国後、資料06 貼付ノート・宗因、資料07 貼付ノート・六部成語、資料08 貼付ノート・雲遊帖
　2017.3 468p A5 ￥21000 ①978-4-8433-5131-4

◆フランク・ホーレー旧蔵「宝玲文庫」資料集成　第2巻　横山學編著・解題　ゆまに書房　（書誌書目シリーズ 110）
【目次】資料09 貼付ノート・Acker, W.、資料10 貼付ノート・Ashbee：Library Catalogue、資料11 貼付ノート・Transaction of the Asiatic Society of Japan、資料12 目録・List of 364 missing or imperfect books
　2017.3 436p A5 ￥21000 ①978-4-8433-5132-1

◆フランク・ホーレー旧蔵「宝玲文庫」資料集成　第3巻　横山學編著・解題　ゆまに書房　（書誌書目シリーズ 110）
【目次】資料13 書類添付・File No.05264 Enclosure No.4 (Separate book No.1)、資料14 慶應義塾用箋・十六世紀地図、資料15 手書日録・アイヌ語を通じて観たるアイヌの族性他、資料16 タイプ目録・アイヌ語を通じて観たるアイヌの族性他
　2017.3 437p A5 ￥21000 ①978-4-8433-5133-8

◆フランク・ホーレー旧蔵「宝玲文庫」資料集成　第4巻　横山學編著・解題　ゆまに書房　（書誌書目シリーズ 110）
【目次】資料17 目録・嵯峨志嵯峨自治会、資料18 目録・愛書趣味、資料19 書類添付・File No.05264 Enclosure No.5 (Separate book No.2)、資料20 慶應義塾用箋・Japan and China、資料21 タイプ目録・A LIST OF BOOKS TO BE RETURNED BY KEIO UNIVERSITY、資料22 タイプ目録・Merryweather, F.S.Biliomania、資料23 HW自筆手書目録・Poppe, N.N.
　2017.3 466p A5 ￥21000 ①978-4-8433-5134-5

◆文化通信 縮刷版　2016年版　文化通信社
　2017.5 560p A4 ￥18000 ①978-4-938347-36-9

◆翻訳図書目録2014 - 2016　1 総記・人文・社会　日外アソシエーツ編　日外アソシエーツ、紀伊國屋書店 発売

【要旨】2014～2016年に国内で刊行された、総記・人文・社会分野の翻訳図書5, 619冊の目録。「著者名索引」（ABC順）付き。
　2017.5 1017p A5 ￥27500 ①978-4-8169-2656-3

◆翻訳図書目録2014 - 2016　2 科学・技術・産業　日外アソシエーツ編　日外アソシエーツ、紀伊國屋書店 発売
【要旨】2014～2016年に国内で刊行された、科学・技術・産業分野の翻訳図書3, 145冊の目録。「著者名索引」（ABC順）付き。
　2017.5 741p A5 ￥27500 ①978-4-8169-2657-0

◆翻訳図書目録2014 - 2016　3 芸術・言語・文学　日外アソシエーツ編　日外アソシエーツ、紀伊國屋書店 発売
【要旨】2014～2016年に国内で刊行された、芸術・言語・文学分野の翻訳図書9, 732冊の目録。「著者名索引」（ABC順）付き。
　2017.5 1073p A5 ￥30000 ①978-4-8169-2658-7

 復刻雑誌

◆會館藝術　第2期 戦中篇 第2回配本 全7巻　長木誠司、ヘルマン・ゴチェフスキ、前島志保監修、朝日会館・会館芸術研究会編・解説　ゆまに書房
【目次】第18巻 1940年（昭和15年）7月～9月、第19巻 1940年（昭和15年）10月～12月、第20巻 1941年（昭和16年）1月～3月、第21巻 1941年（昭和16年）4月～6月、第22巻 1941年（昭和16年）7月～9月、第23巻 1941年（昭和16年）10月～12月、第24巻 1942年（昭和17年）～1944年（昭和19年）
　2017.12 7Vols.set B5, A5 ￥126000 ①978-4-8433-5227-4

◆會館藝術　第6巻　1935年（昭和10年）1月 - 6月　長木誠司、ヘルマン・ゴチェフスキ、前島志保監修、朝日会館・会館芸術研究会編・解説　ゆまに書房
【要旨】『会館芸術』第4巻第1号、第4巻第2号（2月号）、第4巻第3号（第33号・3月号）、第4巻第4号（第34号・4月号）、第4巻第5号（第35号・5月号）、第4巻第6号（第36号・6月号）。
　2017.2 303p B5 ￥18000 ①978-4-8433-5096-6

◆會館藝術　第7巻　1935年（昭和10年）7月 - 12月　長木誠司、ヘルマン・ゴチェフスキ、前島志保監修、朝日会館・会館芸術研究会編・解説　ゆまに書房
【要旨】『会館芸術』第4巻第7号（第37号・7月号）、第4巻第8号（第38号・8月号）、第4巻第9号（第39号・9月号）、第4巻第10号（第40号・10月号）第4巻第11号（第41号・11月号）、第4巻第12号（12月号）。
　2017.2 254p B5 ￥18000 ①978-4-8433-5097-3

◆會館藝術　第8巻　1936年（昭和11年）1月 - 6月　長木誠司、ヘルマン・ゴチェフスキ、前島志保監修、朝日会館・会館芸術研究会編・解説　ゆまに書房
【要旨】『会館芸術』第5巻第1号（第43号・1月号）、第5巻第2号（第44号・2月号）、第5巻第3号（第45号・3月号）、第5巻第4号（第46号・4月号）第5巻第5号（第47号・5月号）、第5巻第6号（第48号・6月号）。
　2017.2 299p B5 ￥18000 ①978-4-8433-5098-0

◆會館藝術　第9巻　1936年（昭和11年）7月 - 12月　長木誠司、ヘルマン・ゴチェフスキ、前島志保監修、朝日会館・会館芸術研究会編・解説　ゆまに書房
【要旨】『会館芸術』第5巻第7号（第49号・7月号）、第5巻第8号（第50号・8月号）、第5巻第9号（第51号・9月号）、第5巻第10号（第52号・10月号）、第5巻第11号（第53号・11月号）、第5巻第12号（第54号・12月号）。
　2017.2 310p B5 ￥18000 ①978-4-8433-5099-7

◆會館藝術　第10巻　1937年（昭和12年）1月 - 6月　長木誠司、ヘルマン・ゴチェフスキ、前島志保監修、朝日会館・会館芸術研究会編・解説　ゆまに書房
【要旨】『会館芸術』第6巻第1号（第55号・1月号）、第6巻第2号（第56号・2月号）、第6巻第3号（第57号・3月号）、第6巻第4号（第58号・4月号）、第6巻第5号（第59号・5月号）、第6巻第6号（第60号・6月号）。
　2017.2 308p B5 ￥18000 ①978-4-8433-5100-0

◆會館藝術　第11巻　1937年（昭和12年）7月 - 12月　長木誠司、ヘルマン・ゴチェフスキ、前島志保監修、朝日会館・会館芸術研究会編・解説　ゆまに書房
【要旨】『会館芸術』第6巻第7号（第61号・7月号）、第6巻第8号（第62号・8月号）、第6巻第9号（第63号・9月号）、第6巻第10号（第64号・10月号）第6巻第11号（第65号・11月号）、第6巻第12号（第66号・12月号）。
　2017.2 251p B5 ￥18000 ①978-4-8433-5101-7

◆島 上　第1巻第1号 - 第1巻第6号　比嘉春潮、柳田國男編　（門真）名著出版　新装版
　2017.9 584p A5 ￥10000 ①978-4-626-01805-2

◆島 下　昭和九年前期号　比嘉春潮、柳田國男編　（門真）名著出版　新装版
【要旨】昭和九年前期号（昭和九年四月）、総目次（昭和九年前期号のみ）、索引（昭和九年前期号のみ）、諸島文献目録、総目次、執筆者索引
　2017.9 600, 43p A5 ￥10000 ①978-4-626-01806-9

◆ジヤワ新聞　第8巻（下）　附・カナジヤワシンブン　木村一信編集、後藤乾一、小野耕世解題　龍溪書舎　（南方軍政関係史料 44）（付属資料：CD‐ROM）　編集復刻版
【要旨】ジヤワ新聞第907号（昭和20年7月1日）～第966号（昭和20年8月31日）・第973号（昭和20年9月8日）。カナジヤワシンブン第1号（昭和19年12月16日）～第62号（昭和20年3月3日）・第64号（昭和20年3月17日）～第77号（昭和20年6月16日）・第79号（昭和20年6月30日）～第84号（昭和20年8月4日）・第86号（昭和20年8月18日）。
　2017 289p A3 ￥80000 ①978-4-8447-0225-2

◆週刊サンニュース―全4巻＋別巻1　白山眞理監修　国書刊行会　復刻版
【要旨】全四十一号を全四巻に合本復刻。
　2017.1 5Vols.set B4, B5 ￥88000 ①978-4-336-06212-3

◆旬刊美術新報 第2回配本（第4巻～第6巻・付録1）（第37号～第76号）　不二出版　（付属資料：「戦時記録版日本画及工芸 第1期・第2期」（昭和19年2月・9月））　復刻版
　2017.11 3Vols.set A4 ￥95000 ①978-4-8350-8026-0

◆『昭和青年』『昭和』　第1巻～第3巻　第1巻第1号 - 第2巻第12号　不二出版　復刻版
【目次】第1巻 第1巻第1号～第7号（昭和5年5月～12月）、『会友』創刊号、第2巻 第2巻第1号～第6号（昭和5年12月～6年6月）、第3巻 第2巻第7号～第12号（昭和6年7月～12月）
　2017.12 3Vols.set B5, A5 ￥62000 ①978-4-8350-8101-4

◆昭和戦前期報知新聞附録集成『日曜報知』復刻版　佐藤卓己解題　柏書房
【目次】第8巻 第83号（1932年1月）～第88号（1932年1月）、第9巻 第89号（1932年2月）～第105号（1932年5月）、第10巻 第106号（1932年6月）～第122号（1932年9月）、第11巻 第123号（1932年10月）～第135号（1932年12月）
　2017.11 4Vols.set B5 ￥80000 ①978-4-7601-4846-2

◆成功　第29巻 - 第32巻　第27巻第2号 - 第30巻第3号　不二出版　復刻版
【目次】第29巻 第27巻第2号～第5号（大正3年5月～8月）、第30巻 第27巻第6号～第28巻第3号（大正3年9月～12月）、第31巻 第28巻第4号～第29巻第4号（大正4年1月～7月）、第32巻 第29巻第5号～第30巻第3号（大正4年8月～12月）
　2017.11 4Vols.set B5 ￥80000 ①978-4-8350-7753-6

◆体育・スポーツ書集成　第2回 戦後学校武道指導書　民和文庫研究会編　クレス出版　（付属資料：別冊1）
【要旨】戦後、新たな教育課程として取り入れられた「武道（柔道、撓競技、剣道、弓道）」に関する指導書を集成。
　2017.3 5Vols.set A5 ￥66500 ①978-4-87733-989-0

◆『談奇党』『猟奇資料』全4巻　島村輝監修・解説　ゆまに書房　（叢書エログロナンセンス 第3期）
【要旨】第1巻『談奇党』創刊号（一九三一（昭和六）年九月一日発行）・『談奇党』第2号（一九三一（昭和六）年一〇月一日発行）・『談奇党員心得書』、『談奇党』秋季増刊号（一九三一（昭和六）年一〇月二五日発行）・第2巻『談奇党』第3号（一九三一（昭和六）年一二月一日発行）・『談奇党』第4号（一九三二（昭和七）年一月二〇

日発行)、『談奇党』新春特集号(一九三二(昭和七)年二月二九日発行)、第3巻(『談奇党』第5号(一九三二(昭和七)年三月三〇日発行)、『談奇党』臨時号(一九三二(昭和七)年六月八日発行))、第4巻『猟奇資料』第1輯(一九三二(昭和七)年一〇月二五日発行))
2017.12 4Vols.set A5 ¥54800 ①978-4-8433-5307-3

◆東京堂月報　柴野京子監修・解説　東京堂出版　(付属資料:復刻版・解説1)　復刻版
【目次】第26巻 昭和14年、第27巻 昭和15年、第28巻 昭和16年
2017.9 3Vols.set B5 ¥150000 ①978-4-490-30745-0

◆東京府教育会雑誌　第7巻‐第9号・別冊1　第77号‐第102号　不二出版　復刻版
【目次】第7巻 第77号～第83号(明治29年2月～8月)、第8巻第84号～第91号(明治29年9月～30年4月)、第9巻 第94号～第102号(明治30年8月～31年4月)
2017.11 3Vols.set A5 ¥56000 ①978-4-8350-7932-5

◆冬柏　第1巻～第3巻・別冊1　第1巻第1号～第2巻第12号　不二出版　復刻版
2017.10 4Vols.set A5 ¥56000 ①978-4-8350-8123-6

◆東北文学　第5巻　第3巻第2号～第9号(昭和23年2月～9月)　不二出版　復刻版
2017.11 1Vol. A5 ¥18000 ①978-4-8350-7946-2

◆東北文学　第6巻　第3巻第10号～第4巻第4・5号(昭和23年10月～昭和24年5月)　不二出版　復刻版
2017.11 1Vol. A5 ¥18000 ①978-4-8350-7947-9

◆東北文学　第7巻　第4巻第6号～第10号(昭和24年6月～10月)　不二出版　復刻版
2017.1 1Vol. A5 ¥18000 ①978-4-8350-7948-6

◆東北文学　第8巻　第4巻第11・12号～5巻第4・5号(昭和24年12月～昭和25年5月)　不二出版　復刻版
2017.1 1Vol. A5 ¥18000 ①978-4-8350-7949-3

◆日光　第4巻～第6巻　第2巻第1号～第3巻第1号(大正14年1月～大正15年1月)　不二出版　復刻版
2017.2 3Vols.set A5 ¥54000 ①978-4-8350-8002-4

◆日本食育資料集成　第3回 第1巻 日本食養道ほか　大谷八峯、武田純枝企画・監修、山下光雄企画・監修・解説　クレス出版
【要旨】戦時下での「学校給食」関連資料を収載。大正～昭和20年までの体位向上のための栄養指針や、関東大震災時の給養活動写真を掲載した栄養研究の集大成など、得難い資料集から日本の食育を考える。第三回配本ここに刊行。
2017.10 520, 210, 3p A5 ¥20000 ①978-4-86670-000-7

◆日本食育資料集成　第3回 第2巻 医師と食養法ほか　大谷八峯、武田純枝企画・監修、山下光雄企画・監修・解説　クレス出版
【目次】チバ時報 医師と食養法(瑞西バーゼル化学工業日本学術部/昭和一一(一九三六)年/瑞西バーゼル化学工業)、銃後の栄養献立(大日本産業報国会編/昭和一八(一九四三)年/皇国青年教育協会)、学校給食の経営と栄養献立(大村キク/昭和一一(一九三六)年/食糧協会)、学校給食の新研究(林勇記/昭和二〇(一九四五)年/有朋堂)　2017.10 1Vol. A5 ¥15000 ①978-4-86670-001-4

◆日本食育資料集成　第3回 第3巻 綜合大食品成分表ほか　大谷八峯、武田純枝企画・監修、山下光雄企画・監修・解説　クレス出版
【目次】醸造学雑誌 綜合大食品成分表(下田吉人・永井豊太郎/昭和一三・一四(一九三八・一九三九)年/大阪醸造学会/一部、国立国会図書館WEBより転載)、衛生日本の回顧(日本赤十字社編/昭和一六(一九四一)年/大日本連合)　2017.11 ¥15500 ①978-4-86670-002-1

◆日本食育資料集成　第3回 第4巻 栄養研究所彙報　大谷八峯、武田純枝企画・監修、山下光雄企画・監修・解説　クレス出版
【目次】栄養研究所彙報(大正一三年)(栄養研究所編/大正一三(一九二四)年/栄養研究所)、栄養研究所彙報(栄養研究所編/昭和一六(一九四一)年/栄養研究所)
2017.10 206, 365, 3p A5 ¥16500 ①978-4-86670-003-8

◆日本食育資料集成　第3回 第5巻 食物指針　大谷八峯、武田純枝企画・監修、山下光雄企画・監修・解説　クレス出版

【目次】食物指針(酒井章平編/昭和一六(一九四一)年/日本国民高等学校)
2017.10 708, 3p A5 ¥20000 ①978-4-86670-004-5

◆根岸佶著作集　第5巻　三好章編・解説　不二出版　編集復刻版
【目次】支那通商ノ難易(『東亜同文会報告』第百回(明治四一年三月)所収)、支那交通全図解説附録支那国勢一班(東亜同文会・明治四三年頃)、支那及満洲の通貨と幣制改革(東亜同文会・昭和一二年七月二〇日発行)
2017.11 575p B5 ¥22000 ①978-4-8350-8034-5

◆毎日新聞外地版　第9回全5巻　坂本悠一監修　ゆまに書房
【目次】40 朝鮮版 1939(昭和14)年1月～4月、41 朝鮮版 1939(昭和14)年5月～6月、42 朝鮮版 1939(昭和14)年7月～8月、43 朝鮮版 1939(昭和14)年9月～10月、44 朝鮮版 1939(昭和14)年11月～12月
2017.11 5Vols.set A3 ¥175000 ①978-4-8433-4461-3

◆満洲開拓文学選集　全9巻　西原和海監修　ゆまに書房
【目次】第10巻 満洲の印象(風土研究会・編)、第11巻 満洲の前(伊藤整)/民族の緯糸(湯浅克衛)、第12巻 大陸の青春(福田清人)、第13巻 満洲農村紀行(大瀧重直)、第14巻 私の開拓地手記(山田清三郎)/北満教育建設記(伊藤信雄)、第15巻 満蒙開拓青少年義勇軍(朝日新聞社・編)/満洲開拓歌曲集(満洲移住協会・編)、第16巻 義勇軍(佐倉浩二)、第17巻 開拓民運動のために(本間喜三治)、第18巻 大陸日本の文化構想(近藤春雄)
2017.10 9Vols.set A5 ¥130000 ①978-4-8433-5139-0

◆旅行満洲　第9巻～第11巻　第5巻第10号～第6巻第9号　不二出版　復刻版
【目次】第9巻 第5巻第10号～第6巻第1号(昭和13年10月～昭和14年1月)、第10巻 第6巻第2号～第5号(昭和14年2月～5月)、第11巻 第6巻第6号～第6巻第9号(昭和14年6月～9月)
2017.12 3Vols.set B5 ¥75000 ①978-4-8350-7971-4

◆令知会雑誌　第2回配本(第4巻～第7巻)　第38号～第95号　不二出版　復刻版
【目次】第7巻 第79号～第95号(明治23年10月～25年2月)、第6巻 第63号～第78号(明治22年6月～23年9月)、第5巻 第51号～第62号(明治21年6月～22年5月)、第4巻 第38号～第50号(明治20年5月～21年5月)
2017.11 4Vols.set A4 ¥100000 ①978-4-8350-8095-6

年鑑・白書

◆雑誌新聞総かたろぐ　2017年版　メディア・リサーチ・センター編　メディア・リサーチ・センター
【要旨】逐次刊行物―17,748点、発行社(者)―11,185社のデータを収録。
2017.5 1709p 29×22cm ¥23000 ①978-4-89554-047-6

◆BOOK PAGE本の年鑑　2017　日外アソシエーツ編　日外アソシエーツ、紀伊國屋書店発売
【要旨】2016年の新刊56,500冊をまるごと収録した本の情報誌。本の要旨や序文、小説のあらすじまでも紹介。テーマ・トピックなど、1000項目からあらゆる本が簡単に探せる。
2017.4 2Vols.set B5 ¥22000 ①978-4-8169-2651-8

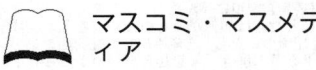

マスコミ・マスメディア

◆朝日新聞がなくなる日―"反権力ごっこ"とフェイクニュース　新田哲史、宇佐美典也著　ワニブックス
【要旨】「なぜ朝日新聞は安倍首相を憎むのか?」森友＆加計学園で迫る「悪魔の証明」、東京都議選における異論の自民叩き、滲み出る記者たちのイデオロギーまで、その"違和感の正体"に深く切り込む! 蓮舫氏の二重国籍問題報道の裏側も分析―この本は朝日新聞へのアンチ愛に溢れ

ている。
2017.9 205p B6 ¥1296 ①978-4-8470-9611-2

◆朝日・毎日・読売 社説総覧　2017‐1(1月‐3月)　明文書房編集部編　明文書房
【目次】朝日新聞・憲法70年の年明けに―「立憲」に戻れない、読売新聞・歴史の転機 日本の針路は一世界とつながってこそ、読売新聞・反グローバリズムの拡大防げ トランプ外交への対応が必要だ、朝日新聞・資本主義の未来一不信をぬぐうためには、毎日新聞・歴史の転機 トランプ政権と世界一米国の力 平和に生かせ、読売新聞・日本経済再生―企業の「稼ぐ力」を取り戻そう 国民の将来不安は払拭したい、朝日新聞・分断される社会―民主主義の価値観守り、毎日新聞・歴史の転機 グローバル経済―保護主義に戻れない、読売新聞・世界経済―米国は成長力を持続できるか 自由貿易の枠組み強化に努めよ、朝日新聞・未来への責任―逃げぬ政治で国民合意を〔ほか〕
2017.10 366p 27×19cm ¥10000 ①978-4-8391-0534-1

◆朝日・毎日・読売 社説総覧　2016‐4(10月‐12月)　明文書房編集部編　明文書房
【目次】2016年10月(豊洲市場問題―都政改革へ徹底解明を 新潟県知事選―原発立地の安全論じよ、豊洲市場―分からないとは何事か ほか)、2016年11月(朴槿恵大統領―政治の閉鎖性、脱却を、調査捕鯨―本当に展望はあるのか、窮地の朴大統領―外交の停滞を懸念する ほか)、2016年12月(もんじゅ後継―無責任さにあきれる、延長国会―国民の不安に向き合え、年金改革法案―世代間の信頼、再構築を ほか)
2017.2 367p B6 ¥3000 ①978-4-8391-0533-4

◆一寸のペンの虫―"ブンヤ崩れ"の見たメディア危機　三山喬著　東海教育研究所、(平塚)東海大学出版部 発売
【要旨】二〇一四年夏の慰安婦問題記事をきっかけに始まった「朝日バッシング」、「反日」「売国」などの言葉の横行、メディアの分断、権力の介入と萎縮、そして忖度…。怪しげなネット情報隆盛のなか、言論の砦としての信頼や矜持を失って無力化したかに見える報道機関の現状は、なぜもたらされたのか。はるか以前に新聞社を離れ、フリーとして生きてきた著者の目に、その「落日」と「未来の姿」はどう映るのか。ジャーナリズムの盛衰をさまざまな活字媒体で体感し、それでもなお、一本のペンで生きようとする著者の、体験的メディア危機論!
2017.12 238p B6 ¥1800 ①978-4-486-03909-9

◆英文対照 朝日新聞天声人語　2016冬 VOL.187　朝日新聞論説委員室編、国際編集部訳　原書房　(本文:日英両文)
【要旨】日本社会、国際情勢、文学に歴史―日本語で、英語で、はっきり意見を述べるには? 取材に基づく確かな情報と豊かな教養を盛り込んだ名物コラムで情報整理＆発信術を学び、日英バイリンガルで知の技術を身につける!
2017.2 257p A5 ¥1800 ①978-4-562-05312-4

◆英文対照 朝日新聞天声人語　2017秋 VOL.190　朝日新聞論説委員室編、国際編集部訳　原書房　(本文:日英両文)
【要旨】日本社会、国際情勢、文学に歴史―日本語で、英語で、はっきり意見を述べるには? 取材に基づく確かな情報と豊かな教養を盛り込んだ名物コラムで情報整理＆発信術を学び、日英バイリンガルで知の技術を身につける! 大学入試対策・就職活動に必携。時事英語学習に最適。
2017.11 258p A5 ¥1800 ①978-4-562-05395-7

◆オウンドメディアのつくりかた―「自分たちでつくる」ためのメディア運営　鷹木創著、大内孝子編著　ビー・エヌ・エヌ新社
【要旨】Engadget 日本版、アイティメディア(誠Biz.ID)をはじめ、数々のメディアを手掛けてきた著者が送る、読者に愛されるウェブメディア運営、現場のノウハウ。
2017.7 226p A5 ¥2000 ①978-4-8025-1062-2

◆共同通信ニュース予定　2018　共同通信社編集局予定センター編　共同通信社
【要旨】国内外のニュースを先読み。書き込んで使える便利な1日1ページ構成。芸能、運動、祭りや神事までカバー。2018年1月1日以降の各種予定を日付ごとにまとめた便利帳。「ニュースになりそうな予定」を念頭に、政治から経済、社会、文化、スポーツまで、幅広い分野から選択した。
2017.12 416p A5 ¥2700 ①978-4-7641-0698-7

◆教養として知っておきたい池上彰の現代史―池上彰のニュースそうだったのか!!　4　池

社会・文化

上彰、「池上彰のニュースそうだったのか!!」スタッフ著　SBクリエイティブ
【要旨】田中角栄元総理って、そもそも何をした人？　東西冷戦の東と西って、何？　自衛隊員には、どうしたらなれるの？　いまさら聞けない社会人の常識。
2017.2 209p A5 ¥1000 ⑰978-4-7973-9076-6

◆記録と記憶のメディア論　谷島貫太、松本健太郎編　(京都)ナカニシヤ出版　("シリーズ" メディアの未来 9)
【要旨】何かを記憶し思い出す。その多様な営為の実践に迫る。記憶という行為がもつ奥行きや困難さ、歴史性、そしてそれらの可能性の条件となっているメディアの次元を考える。
2017.12 216p B6 ¥2600 ⑰978-4-7795-1179-0

◆久米宏です。――ニュースステーションはザ・ベストテンだった　久米宏著　世界文化クリエイティブ, 世界文化社 発売
【要旨】『ぴったしカン・カン』『ザ・ベストテン』『TVスクランブル』から『ニュースステーション』へテレビを変えた男の50年史。
2017.9 337p B6 ¥1600 ⑰978-4-418-17506-2

◆芸人式新聞の読み方　プチ鹿島著　幻冬舎
【要旨】なぜか新聞がどんどん好きになる！　人気時事芸人による痛快＆ディープな読み方、味わい方。
2017.3 270p B6 ¥1400 ⑰978-4-344-03085-5

◆現代メディア・イベント論――パブリック・ビューイングからゲーム実況まで　飯田豊, 立石祥子編著, 永井純一, 加藤裕康, 程遥, 阿部純著　勁草書房
【要旨】マス・コミュニケーションの祝祭から、情報メディアが多重的に媒介する"生"の集合体験へ。グローバル時代における「メディア」と「イベント」の機制の変容を問う。
2017.9 253, 8p B6 ¥3000 ⑰978-4-326-65410-9

◆広告業界という無法地帯へ――ダイジョーブか、みんな？　前田将多著　ベストセラーズ
【要旨】「電通」の理不尽エピソード満載！「電通新入社員自殺事件」でブログが話題に。元コピーライターによる激白エッセイ！
2017.3 199p B6 ¥1300 ⑰978-4-620-32439-5

◆広報マスコミハンドブック PR手帳 2018年版　日本パブリックリレーションズ協会企画・編集　アーク出版　増補改訂版
【目次】1 TREND（「今」を読み解くKeyword, パブリックリレーションズの新たな潮流と可能性 ほか）、2 PUBLIC RELATIONS（パブリックリレーションズとは、広報・PR実務に役立つチェック＆フロー ほか）、3 ADDRESS（新聞、テレビ局／ラジオ局 ほか）、4 PRSJ（公益社団法人日本パブリックリレーションズ協会概要、公益社団法人日本パブリックリレーションズ協会会員名簿 ほか）
2017.11 266p 17×9cm ¥1852 ⑰978-4-86059-176-2

◆子どもと情報メディア――子どもの健やかな成長のための情報メディア論　村田育也著　(相模原)現代図書, 星雲社 発売　改訂版
【目次】第1章 教育と情報メディア、第2章 子どもとテレビ、第3章 子どもとケータイ、第4章 子どもとインターネット、第5章 子どもとテレビゲーム、第6章 子どもの健やかな成長のために
2017.6 203p A5 ¥2000 ⑰978-4-434-23269-5

◆雑誌メディアの文化史――変貌する戦後パラダイム　吉田則昭編　森話社　増補版
【要旨】世相やライフスタイルと共振しながら時代をつくりあげた雑誌たち。戦後文化のメインストリームから00年代のパラダイム転換まで雑誌メディアの軌跡をたどる。マガジンハウス論とニューミュージック・マガジン論を増補！
2017.4 385p B6 ¥2900 ⑰978-4-86405-116-3

◆産経新聞85年とふりかえる自分史　平成30年版　産経新聞社, 産経新聞出版編著　産経新聞出版, 日本工業新聞社 発売
【要旨】ニュースや写真、コラムを満載した「書き込み式」の自分史ノート。新聞社ならではの時代を切り取った報道写真を満載。その年のニュースを年表にして、特に大きなニュースは思い起こさせやすい話題は太字にした。産経新聞の名物コラム「産経抄」も、その年を代表する1編を年毎掲載。35年間、産経抄を担当した石井英夫の書き下ろし「耳かき一杯の毒も」も収録！「キーワード」は当年の世相、流行語、ベストセラーなどもまとめ、「株価、物価」の欄には、その年の経済状況を思い起こさせるデー

タを満載。いざという時のための備忘録や、大切な家族に贈るメッセージ欄も。未来に向かって生きるための「エンディングノート」。
2018.1 223p 26×19cm ¥1500 ⑰978-4-8191-1330-4

◆実践メディアリテラシー――"虚報" 時代を生きる力　大重史朗著　(八王子)揺籃社
【要旨】情報が氾濫している時代。パソコンやスマートフォンでニュースは常時流されている。しかし、あなたの検索した「ニュース」は果たしてどこまで正しい情報なのだろうか。検索結果が「正しい」とは限らない。それを見極める力をどうしたら養うことができるのか。大学で教鞭をとる現役ジャーナリストが語ったらどうなるか。研究室だけの机上の論理ではカバーしきれない、取材現場経験をふまえた理論と実践を兼ね備えたメディア論。
2017.3 184p 18cm ¥1400 ⑰978-4-89708-374-2

◆信じてはいけない――民主主義を壊すフェイクニュースの正体　平和博著　朝日新聞出版　(朝日新書)
【要旨】デマや中傷、陰謀論など、事実に基づかない偽情報「フェイクニュース」。真実の中に巧みに虚偽を織り交ぜることで人々を信じ込ませ、SNSというスマートフォンによってネット上に拡散していく。現実の政治に影響を及ぼし、私たちの生活を破壊さえし始めたそれは、いったい誰が、何の目的でつくっているのか？　騙されないためにはどうすればよいのか？　朝日新聞IT専門記者が、情報社会の深奥に踏み込む！
2017.6 239p 18cm ¥760 ⑰978-4-02-273719-9

◆新聞の嘘を見抜く――「ポスト真実」時代のメディア・リテラシー　徳山喜雄著　平凡社　(平凡社新書)
【要旨】客観的事実よりも感情に強く訴えるほうが世論形成に影響する「ポスト真実」の時代。新聞は部数の落ち込みが激しいだけでなく、政権に近い新聞とそうでない新聞との間に深い亀裂が走り、その政権が明言するといった事態をも生まれている。新聞ははたして「終わった」メディアなのか。長年培われた構造上の問題から生まれる、新聞報道の作為、不作為の嘘を検証する。
2017.9 263p 18cm ¥860 ⑰978-4-582-85852-5

◆すべての新聞は「偏って」いる――ホンネと数字のメディア論　荻上チキ著　扶桑社
【要旨】読売の本音、朝日の法則、産経の戦略――新聞にもネットニュースにも「真実」はない。
2017.12 263p B6 ¥1300 ⑰978-4-594-07870-6

◆青年の主張――まなざしのメディア史　佐藤卓己著　河出書房新社　(河出ブックス)
【要旨】毎年「成人の日」に放送され、紅白歌合戦とともにNHKが誇る「国民的番組」だった "青年の主張"。それはどのようにして生まれ、一九五〇年代から昭和の終わりへといかなる変遷を遂げ、そしてなぜ忘れられていったのか―。日本社会に向けられた若者たちの「まなざし」を象徴し、大人たちの若者への「まなざし」も鏡のように映し出してきたこの一大弁論イベントを初めて徹底総括する画期的なメディア文化史。
2017.1 435p B6 ¥1800 ⑰978-4-309-62500-3

◆戦後日本のメディアと原子力問題――原発報道の政治社会学　山腰修三編著　(京都)ミネルヴァ書房　(叢書・現代社会のフロンティア 24)
【要旨】原子力報道を通じて見えてくる日本社会―メディアは原子力問題をどう伝え、世論はどう受け止めたか。戦後日本社会とメディアの関係を、多彩なアプローチで読み解く。
2017.3 276, 3p B6 ¥3000 ⑰978-4-623-07881-3

◆想起と忘却のかたち――記憶のメディア文化研究　浜井祐三子編　三元社
【要旨】記憶に「かたち」を与えるメディアの機能と役割は如何なるものなのだろうか。特定の「記憶のかたち」を産み出した社会的コンテクストを読み解き、「想起と忘却のかたち」をめぐる闘争の場がどのように構築されていくのかを明らかにしていく。
2017.3 322p A5 ¥3700 ⑰978-4-88303-419-2

◆中日新聞縮刷版　平成28年12月号　(名古屋)中日新聞社
2017.1 1290, 8p A4 ¥5524

◆中日新聞縮刷版　平成29年1月号　(名古屋)中日新聞社
2017.2 1370, 8p A4 ¥5524

◆中日新聞縮刷版　平成29年2月号　(名古屋)中日新聞社
2017.3 1232, 8p A4 ¥5524

◆中日新聞縮刷版　平成29年9月号　(名古屋)中日新聞社
2017.10 1272, 8p A4 ¥5524

◆中日新聞縮刷版　平成29年10月号　(名古屋)中日新聞社
2017.11 1346, 8p A4 ¥5524

◆中日新聞縮刷版　平成29年11月号　(名古屋)中日新聞社
2017.12 1228, 8p A4 ¥5524

◆徹底検証 テレビ報道「嘘」のからくり　小川榮太郎著　青林堂
【要旨】「サンデーモーニング」「報道ステーション」「ひるおび」「NEWS23」「報道ライブミヤネ屋」これらフェイクニュースによる「デマ報道」。私たち視聴者はどうしたらいいのか?!
2017.11 238p B6 ¥1400 ⑰978-4-7926-0607-7

◆徹底検証「森友・加計事件」――朝日新聞による戦後最大級の報道犯罪　小川榮太郎著　飛鳥新社
【要旨】"スクープ" はこうしてねつ造された。本当は何が問題だったのか？一朝がえする真相。
2017.10 279p B6 ¥1389 ⑰978-4-86410-574-3

◆天声人語　2016年7月 - 12月　朝日新聞論説委員室著　朝日新聞出版
【要旨】都知事に小池百合子氏、天皇陛下の「退位」論議、リオ五輪開催、トランプ氏、勝利、大ヒット「君の名は。」、永六輔さん・大橋巨泉さん逝去…国内外の出来事を完全網羅する！　就活・受験にも役立つ便利な時事年表、人名索引付き。
2017.3 272, 5p B6 ¥1500 ⑰978-4-02-251464-6

◆天声人語　2017年1月 - 6月　朝日新聞論説委員室著　朝日新聞出版
【要旨】国内外の出来事を完全ウォッチ！　就活・受験にも役立つ。便利な時事年表、人名索引付き。
2017.9 271, 5p B6 ¥1500 ⑰978-4-02-251491-2

◆動員のメディアミックス――"創作する大衆"の戦時下・戦後　大塚英志編　(京都)思文閣出版
【要旨】現代の日本まんが・アニメーションにおけるマーケティング技法として注目されるメディアミックスを、とくに戦時下日本における「動員」の技術として捉え直すことで、メディア、プロパガンダ研究史の更新を試みる論集。まんが・アニメーション・映画・模型といったメディア内、およびメディア間の相互関係のみならず、多様な分野に成立した "創作する大衆" の「書く」「つくる」という行為や書式が、いかにして「動員」されていったのか。その諸相を描き出す。また、一次資料として、日本映画史研究の第一人者・牧野守氏による三木茂（一九〇五〜七八 記録映画監督）インタビューを収録する。
2017.9 511, 4p A5 ¥4800 ⑰978-4-7842-1897-4

◆日中韓メディアの衝突――新聞・テレビ報道とネットがつなぐ三国関係　李相哲編著　(京都)ミネルヴァ書房　(龍谷大学国際社会文化研究所叢書 20)
【要旨】日本、中国、韓国のメディアは自国の政治、そして三国関係にいかなる影響を及ぼしてきたのか。本書では、日中韓三国のジャーナリストとメディア研究者が、各国メディアが戦後どのような道を歩んだかをふまえたうえで、その国際報道が国際関係に及ぼした影響を解明する。またメディアがナショナリズムといかに関わり、産業としていかなる発展を見せたのかも解明する。
2017.3 260, 6p A5 ¥5000 ⑰978-4-623-07941-4

◆日本新聞年鑑　2018　日本新聞協会編　日本新聞協会
【目次】概況編（国内新聞の概況、外国新聞の概況）、現況編（日本新聞協会会員一覧、新聞・通信各社の現況 ほか）、資料編（各賞一覧、新聞週間 ほか）、新聞人名録（新聞人名録、追悼録）
2017.11 629p B5 ¥12000 ⑰978-4-88929-073-8

◆日本メディア史年表　土屋礼子編　吉川弘文館
【要旨】一八三七年の電信機発明から二〇一五年まで、メディアの歴史を総合的に扱ったはじめての年表。新聞・出版・通信・映画・放送・広告・ニューメディアの専門家が結集し、項目を選定。時代の空気を感じ取ることができる、巻頭のカラー口絵と本文中の豊富な写真。年表欄外のコラムで、メディアに関する事柄を解説。技術革新と社会変動の歴史を実感できる。浅間山荘事件、秋葉原連続魔事件、ジャスミン革命、ネット選挙活動など、メディア史の画期となった出来事も盛り込む。ニュースやSNSなど、情

報の歴史を描き、メディアリテラシー教材として活用できる。
2018.1 359p 24×17cm ¥6500 ①978-4-642-01477-9

◆入門メディア・コミュニケーション　山腰修三編著　慶應義塾大学出版会
【要旨】デジタル化はジャーナリズムにどのような影響を与えるのだろうか？ メディアと民主主義はどのように関係するのだろうか？ 法学・政治学・社会学・社会心理学の学問領域を横断したアプローチで、インターネットを含むメディアのしくみと問題点をわかりやすく解説、大きく社会を揺るがせた主要ニュースの背景もとりあげ、メディアの問題点に迫る。これから学ぶ人を対象に、ニュースをキーワードにしたメディア・コミュニケーションの捉え方、デジタル化によるメディア・コミュニケーションの変化、さらに社会問題の報道から社会とメディアを読み解く方法や、ニュースからグローバル社会や国際関係を捉える視点などを提示する入門テキスト。
2017.11 234p A5 ¥2500 ①978-4-7664-2444-7

◆ニュースがわかる基礎用語　2018年版　清水書院編　清水書院
【要旨】ニュースや新聞の？ を即・解決！ 大人の常識力を身に付けよう！ 就活やビジネスで今さら人に聞けない時事用語も、きちんと身に付く、ていねいな解説。N検3級（ニュース検定）以上の出題語をフォロー。
2017.9 441p A5 ¥1600 ①978-4-389-50058-0

◆ニュース検定公式問題集1・2・準2級　2017年度版　日本ニュース時事能力検定協会監修　毎日教育総合研究所, 毎日新聞出版 発売
【目次】準2級 練習問題（政治、経済、暮らし、社会・環境、国際）、2級、1級
2017.3 191p A5 ¥1200 ①978-4-620-90733-8

◆ニュースの裏側―2018年の展望　坂東太郎著　ベストブック　（ベストセレクト）
【要旨】2017年のニュースを総ざらい！ 2018年を先読み!!今さら人には聞けない論点、心得ておくべき深層、タブー化した日本の課題を、ニュースのプロが徹底解説!!
2017.12 191p B6 ¥1200 ①978-4-8314-0220-2

◆ネコがメディアを支配する―ネットニュースに未来はあるのか　奥村倫弘著　中央公論新社　（中公新書ラクレ）
【要旨】今や「スマホでどこでもメディア」が当たり前に。しかしページビュー数とお金儲けを追求した結果、「劣化」した情報があふれた惨状に、著者は「ネットメディアの進化は終わった」と指摘する。輪郭を失った「ニュース」にどんな未来が待つのか？「ネコ動画」にメディアは飲み込まれてしまうのか？ 新時代のメディア論登場！
2017.5 230p 18cm ¥780 ①978-4-12-150583-5

◆文春砲―スクープはいかにして生まれるのか？　週刊文春編集部著　KADOKAWA　（角川新書）
【要旨】大物政治家の金銭スキャンダルから芸能人のゲス不倫まで、幅広くスクープを連発する週刊文春編集部。なぜ週刊文春はスクープを取れるのか？ その取材の舞台裏を、編集長と辣腕デスクたちによる解説と、再現ドキュメントにより公開する。
2017.3 229p 18cm ¥800 ①978-4-04-082143-6

◆報道しない自由―なぜ、メディアは平気で嘘をつくのか　西村幸祐著　イースト・プレス
【要旨】北朝鮮は「Jアラート」発令前に発射を予告していた、都議会議長は小池百合子氏との握手を拒否していなかった、開校反対派のキャンペーンが森友学園問題の発端だった、加計学園の認可は「ゆがめられた行政」を正すものだった、…など、国民はフェイク・ニュースには目が行きがちだが、「都合の悪い事実」の「カット」には目が行かない。カットされた部分に潜むニュースの真相を、実例を挙げて検証する。
2017.12 223p B6 ¥1300 ①978-4-7816-1610-0

◆マスコミはなぜここまで反日なのか―日本覚醒の桎梏！　ケント・ギルバート著　宝島社
【要旨】日本のメディアは本当に日本のことを考えて報道しているのか。スキャンダリズムと偏った反政府主義に侵された精神、反日プロパガンダにいまだ縛られている脳細胞、親中派に操られるマスコミ内部、系列化され独占される全メディア…ここでマスコミのあらゆる過ちを明らかにする！
2017.10 223p B6 ¥1300 ①978-4-8002-7460-1

◆マス・コミュニケーション研究　90　特集 マス・コミュニケーション研究の現在：理論研究への視座　日本マス・コミュニケーション学会編　日本マス・コミュニケーション学会, 学文社 発売
【目次】特集 マス・コミュニケーション研究の現在：理論研究への視座（政治メディアの熟慮動機誘発機能―教育心理学の視点からみた予備的考察、ポストメディア時代の批判的メディア理論研究へ向けて ほか）、論文（中国の情報管理体制におけるオンラインニュースの情報源の集中―『新浪網』ニュース（2000～2012）の内容分析から、図書館貸出冊数が書籍販売金額に与える影響の計量分析の一考察 ほか）、2016年度春季研究発表会 ワークショップ報告（「英雄」の語られ方、多様化するテレビ「視聴者」と理論的枠組みの構築―メディアとしての揺らぎの中で ほか）、研究会の記録（2016年4月～2016年9月）（いま、あらためて放送法を考える、メディア考古学の展望 ほか）
2017.1 210p A5 ¥3000 ①978-4-7620-2696-6

◆マス・コミュニケーション研究　91　特集 沖縄とメディア　日本マス・コミュニケーション学会編　日本マス・コミュニケーション学会, 学文社 発売
【目次】特集 沖縄とメディア（米軍基地問題とマスコミ報道―60年安保時から今日までの基地報道の変遷について、基地問題とメディア―地元紙の視点から ほか）、論文（朝日・読売二紙にみられる中国共産党大会に関する報道―ジャンル分析の観点から、マンガ経験とナラティブ・アイデンティティ―マンガ経験をリソースとしたナラティブ・アイデンティティの対話的構築 ほか）、2016年度秋季研究発表会ワークショップ報告（近代帝国のメディア史的研究の進展と、その可能性、政治権力と報道の自己規制・萎縮―政治とメディアの日本的な関係を検証する ほか）、研究会の記録（2016年10月～2017年2月）（視覚メディアのモード変化とその社会文化的影響を考える、メディアという視点から平和博物館をどう捉えるか ほか）
2017.7 187p A5 ¥3000 ①978-4-7620-2729-1

◆マスメディアとフィールドワーカー　椎野若菜, 福井幸太郎編　古今書院　（FENICS 100万人のフィールドワーカーシリーズ 6）
【目次】イントロダクション 「マスメディアとフィールドワーカー」、1 せめのマスメディア、受け身のフィールドワーカー？（マスメディアに追い込まれつつフィールドワークする―立山連峰の氷河研究、フィールドワーカーが見た「捕鯨の町・和田」と捕鯨論争、テレビが作り出すリアリティとフィールドワークの可能性）、2 マスメディアとフィールドワーカーの関係の模索（フィールドワークにおけるマスメディアとの邂逅、マスメディアとの齟齬―自然地理学での経験、マスメディアが目指すのは「事実」よりも「新奇・好奇」なものなのか―アフリカ熱帯林におけるマスメディアとの体験より、「沈む国」ツバルをめぐるフィールドワーカーとマスメディア―批判から協働に向けて、生命科学のラボでフィールドワークする―新聞記者と人類学者のあいだの経験）、3 誰のために、何をつくり、どう発信するか（ドキュメンタリー「満蒙開拓団～ある家族の軌跡～」をつくるまで、文化遺産と人を結ぶ―「世界文化遺産」となったモンゴル・オルホン渓谷の事例から、ケニアの人びとの暮らしや歴史を、独自のメディアで表現する―フィールドワーク、アート、テクノロジーの関係）
2017.8 185p A5 ¥3400 ①978-4-7722-7127-1

◆メディア技術史―デジタル社会の系譜と行方　飯田豊編著　北樹出版　改訂版
【目次】第1章 技術としての書物―紙の本VS電子本への古くて新しい回答、第2章 写真はどこにあるのか―イメージを複製するテクノロジー、第3章 映画の歴史を巻き戻す―現代のスクリーンから映像の幼年時代へ、第4章 音楽にとっての音響技術―歌声の主はどこにいるのか、第5章 声を伝える/技術を楽しむ―電話・ラジオのメディア史、第6章 テレビジョンの初期衝動―「遠く（tele）を視ること（vision）」の技術史、第7章 ローカルメディアの技術変容―ミニFMという実践を補助線に、第8章 文化としてのコンピューター―その「柔軟性」はどこからきたのか、第9章 開かれたネットワーク―インターネットをつくったのは誰か、第10章 手のひらの情報革命―携帯電話からケータイへ、第11章 誰のための技術史？―アマチュアリズムの行方
2017.4 169p A5 ¥1900 ①978-4-7793-0532-0

◆メディアというプリズム―映し出す中国・日本・台湾の歴史と社会　楊韜著　（京都）晃洋書房
【要旨】アメリカ人記者が見た近代中国と日本、戦時下における中国話劇プロパガンダ、テレビドラマからみえる戦後台湾社会、3・11大震災後の国際関係報道言説―。中国・日本・台湾の近現代のメディア表象の諸相を読み解き、東アジアの歴史と社会を考える。
2018.1 191p A5 ¥2800 ①978-4-7710-2915-6

◆メディアのことばを読み解く7つのこころみ　名嶋義直編　ひつじ書房
【目次】「ことばとその周辺」を批判的に分析する、平和と脱原発を考えるためのメディア・リテラシー、鹿児島県知事の川内原発再稼働承認記者会見について、原発事故と原発をめぐる新聞の姿勢―何が本当のところか、メディアリテラシーで斬る官の文言とクールジャパン政策、マスコミの言説に潜む誘導性―NHK「時論公論」の場合、特定秘密保護法に関する記者会見記事の批判的談話分析―批判的リテラシーの重要性
2017.2 194p A5 ¥2400 ①978-4-89476-841-3

◆メディアの循環「伝えるメカニズム」　岩崎達也, 小川孔輔編著　生産性出版　（法政大学イノベーション・マネジメント研究センター叢書）
【要旨】「マスメディア」「ソーシャルメディア」「キュレーションメディア」3つのメディアの連鎖が急速な情報拡散を起こす。ヒットのメカニズムを分析。
2017.2 188p A5 ¥2000 ①978-4-8201-2064-3

◆メディアの敗北―アメリカも日本も"フェイクニュース"だらけ　渡邉哲也著　ワック　（WAC BUNKO）
【目次】はじめに―さらば、フェイクニュースを垂れ流すメディアよ、1章 トランプが仕掛けるメディア戦争で世界が炎上する、2章 崩壊寸前！ 新聞業界の深い闇、3章 ネットが滅ぼすレガシーメディア、4章 利権まみれのテレビ業界、5章 出版クライシスは止まらない
2017.4 202p 18cm ¥900 ①978-4-89831-755-6

◆メディアの本分―雑な器のためのコンセプトノート　増田幸弘編　彩流社　（フィギュール彩 84）
【要旨】インターネットに世界が飲み尽くされるまえに急がなければならない！ 記者、編集者、デザイナー、写真家、小説家、コピーライター、映画監督ら25人が考えた、雑とした「日常」の先につづく未来をめぐる制作現場の思考ノート。
2017.3 279p B6 ¥2200 ①978-4-7791-7087-4

◆メディアの歴史―ビッグバンからインターネットまで　ヨッヘン・ヘーリッシュ著, 川島建太郎, 津崎正行, 林志津江訳　法政大学出版局　（叢書・ウニベルシタス）
【要旨】宇宙誕生から21世紀の現在まで、存在はつねにメディアとともにあった。原初のノイズに始まり、声と像の生成、文字の発明、活版印刷、新聞雑誌・郵便のシステムをへて、写真、録音、映画、ラジオ、テレビそして最新デジタル技術に至るまで、人類の感性と意味の領野を拡張してきたメディアの歴史を唯一無二の視点で総覧する。マクルーハンやキットラーの切り開いた地平を更新する圧倒的通史！
2017.2 456, 37, 14p B6 ¥4800 ①978-4-588-01051-4

◆メディア不信―何が問われているのか　林香里著　岩波書店　（岩波新書）
【要旨】「フェイク・ニュース」「ポスト真実」が一気に流行語となり、世界同時多発的にメディアやネットの情報の信憑性に注目が集まる時代。権威を失いつつあるメディアに求められるプロフェッショナリズムとは？ 市民に求められるリテラシーとは？ 独英米日の報道の国際比較研究を通して民主主義を蝕む「病弊」の実像と課題を追う。
2017.11 237, 5p 18cm ¥840 ①978-4-00-431685-5

◆メディア文化論―想像力の現在　遠藤英樹, 松本健太郎, 江藤茂博編著　（京都）ナカニシヤ出版　（シリーズ メディアの未来 2.1）　第2版
【目次】第1部 メディアと文化の関係性を問い直す（バックミラーのなかのメディア文化―テクノロジーの隠喩的理解をとらえなおす、貨幣というメディア―その機能と両義性、「移動の時代」におけるメディア的想像力―「オタク」の終焉、「リア充」の終焉、メディアとしての地図の変容―グーグルマップから考える地図の想像力のゆくえ）、第2部 社会関係からみるメディア文

社会・文化

化(パワースポットの想像力と変容―メディア・ツーリズム研究の可能性、メディアが「地域」を創る時代―コミュニティFMが創造する場、パブリック・スピーキングとメディア社会―アメリカの大学生が学んでいる「伝え方」の教科書)を起点に、ネット時代の自助活動―精神疾患を患う人々を事例として、写真における障害者の身体―「最後の人々」から「ポジティヴ・エクスポージャー」へ)、第3部 映像表象からみるメディア文化(クリエイター化するプレイヤー―「プレイヤー空間」から派生したゲーム実況動画を考察する、マンガの「政治的無意識」―身体性を伴う「移動」の反転像、共鳴する身体と音―喜劇映画の「笑い」を増幅する音響効果、メディアを横断する少女―『時をかける少女』のメディアミックス)
2017.8 232p B6 ¥2400 ①978-4-7795-1193-6

◆メディア分光器―ポスト・テレビからメディアの生態系へ　水島久光著　東海教育研究所、(平塚)東海大学出版部 発売
【要旨】デジタル・メディアは「いのち」の行方何をもたらすのか。リーマンショック後の二〇〇九年からトランプ大統領登場の二〇一六年を論じた時評から、「みなそうこと」と「語ること」の可能性を逆照射。揺れ動くメディアと変化に対峙する。
2017.3 303p B6 ¥2200 ①978-4-486-03904-4

◆メディア融合時代到来！―"コンテンツ至上主義" 視聴者が選ぶメディアは？　多チャンネル放送研究所, 音好宏編著　サテマガ・ビー・アイ
【目次】第1章 有料多チャンネル放送の歴史とビジネス構造、第2章 有料多チャンネル放送の現状・収益と課題―「2016年多チャンネル放送実態調査」より、第3章 有料動画配信サービスの現状・ユーザー意識と課題―「有料動画配信サービス利用実態把握調査」より、第4章 有料チャンネル放送事業者のコンテンツへの取り組み―「多チャンネル放送実態調査」、「ケーブルテレビ接触率調査データ」より、第5章 ConduitからContentsへ―多チャンネル放送の新たな変革、資料編
2016.12 183p A5 ¥2200 ①978-4-901867-65-8

◆物言えぬ恐怖の時代がやってくる―共謀罪とメディア　田島泰彦編著　花伝社, 共栄書房 発売
【要旨】テロ対策が目的ではない！ 脅かされる市民社会。共謀罪の対象となる277の犯罪項目。「著作権法違反」がなぜ対象に入っているのか？ メディアの立場から世紀の悪法を斬る！
2017.6 82, 14p A5 ¥1800 ①978-4-7634-0819-8

◆読売報道写真集 2017　河島光平編　読売新聞東京本社
【要旨】米大統領選、リオ五輪、真珠湾慰霊……世界が動いた2016年1月~12月の記録。
2017.2 207p B5 ¥3000 ①978-4-643-17002-3

◆われらマスコミ渡世人―こうして戦後を生きてきた　五木寛之, 田原総一朗著　祥伝社(祥伝社新書)
【要旨】50年以上の長きにわたり、二人は文芸、ジャーナリズムの第一線で、書き続け、報道し続け、走り続けてきた。少年期の戦争体験、路頭に迷った敗戦直後、貧しさから立ち上がった戦後の日々……。全身に張り付いた挫折と焦燥に背中を押されて、二人は這い上がるようにして世の中に出、社会の荒波を生き抜いてきた。駆り立ててきたエネルギーはどこからきたのか？ 何を信じ、何を支えに生きてきたのか？ 宗教、政治にとどまらず、事件、文化を縦横に語り合い、身をもって体験したマスコミ渡世の辛酸と高揚を振り返る。今だから語れる、もう一つの戦後、たった一人の戦史。
2017.6 218p 18cm ¥800 ①978-4-396-11506-7

 天皇・皇室報道

◆近代皇族妃のファッション　青木淳子著　中央公論新社
【要旨】日本人の洋装化、生活文化の近代化をリードした皇族妃たち。海外からの国賓を迎えて催される宮中晩餐会で、皇族女性たちの正装は西洋のドレス姿である。日本には「きもの」という伝統的衣装があるにもかかわらず、国を代表するこの場面において、なぜ洋装なのか。本書は、「アール・ヌーヴォーのファッション

を伝えた」梨本宮伊都子妃、「アール・デコのファッションを伝えた」朝香宮允子妃の例を詳細に検討することで、その問いに答える。
2017.2 414p 21×16cm ¥4000 ①978-4-12-004957-6

◆皇后陛下美智子さまの子守歌 CDブック「おもひ子」　皇后陛下作曲, 鮫島有子歌・朗読, マガジンハウス編　マガジンハウス
【要旨】新しい時代の皇室づくりのために、天皇・皇后陛下とともに様々な工夫をされた皇后陛下美智子さま。幼子を残しての海外ご公務に際し、寂しがらないようにテープレコーダーに子守歌を吹き込まれたことは、世界中で大きな話題になりました。皇后陛下美智子さまの子守歌「おもひ子」を、いまソプラノ歌手鮫島有美子さんが歌い上げます。皇后陛下美智子さまの愛と祈りの子守歌、そのやさしさに包まれてください。
2017.6 56p A5 ¥1800 ①978-4-8387-2930-2

◆皇室ってなんだ!?　竹元正美著　扶桑社
【要旨】今上天皇が皇太子のときに東宮侍従を務め、昭和天皇の最後の拝謁を賜った著者が、皇室のすべてを懇切丁寧に解説！
2017.9 239p B6 ¥1500 ①978-4-594-07787-7

◆昭和天皇 七つの謎　加藤康男著　ワック(WAC BUNKO)
【要旨】天皇は「退位」を思いとどまった！ なぜ、昭和天皇は無理やり「反戦主義者」に祭り上げられたのか。天皇側近にいた「赤いユダ」。昭和史の常識を覆す！
2017.8 309p 18cm ¥926 ①978-4-89831-760-0

◆天皇陛下からわたしたちへのおことば　高森明勅監修　双葉社
【要旨】常に私たちに寄り添ってくださる陛下からわたしたちへの珠玉のおことばの数々。
2017.8 110p A5 ¥1200 ①978-4-575-31297-3

◆ニュースがよくわかる皇室のすべて　澤田浩監修　実業之日本社(じっぴコンパクト新書)
【要旨】ご公務って何をしているの？ 生前退位？ 女性宮家？……知っていそうで実はよく知らない皇室のいろいろが一挙に早わかり！ 皇室と皇族と皇家の違い、税金事情、お勤め先や生活費、御用邸や園遊会のしくみ、宮中晩餐会にみられるおもてなし、菊が御紋章に選ばれたワケがわかります！
2017.9 190p 18cm ¥1000 ①978-4-408-33728-9

◆美智子さま―永遠に語り継ぎたい慈愛の言葉　山下晋司監修, 別冊宝島編集部編　宝島社
【要旨】50年以上にわたり天皇陛下に寄り添い、国内外で様々なご公務を賜った美智子さま。「それぞれの土地で巡り合った人達との思い出を貴重なものに思います」常に穏やかで慈愛に満ちたそのお言葉は、私達に生きる力を与えてくれる。ご成婚から現在まで、そのやさしさに心震える名言集。
2017.10 239p B6 ¥1000 ①978-4-8002-7663-6

◆美智子さま御歌 千年の后　秦澄美枝著　PHP研究所
【要旨】平成の后、美智子さま、和歌に象徴される魂の軌跡。
2017.6 271p A5 ¥2800 ①978-4-569-83608-9

◆美智子さまに学ぶエレガンス　渡邉みどり著　学研プラス
【要旨】同世代を生きてきたジャーナリストとして、五十年以上、美智子さまを取材し続けてきた著者が、その「エレガンス」の秘密を、写真を添えたとっておきのエピソードとともに紹介します。
2017.9 238p B6 ¥1400 ①978-4-05-406576-5

◆美智子さま 品のある素敵な装い58年の軌跡　別冊宝島編集部著　宝島社
【要旨】日本女性の永遠の憧れ皇后美智子さまのエレガンスファッションヒストリー。品格ある和装、華やかな洋装、センスが光る小物使い……おしゃれな装いに心ときめく。
2017.3 127p B5 ¥1000 ①978-4-8002-6699-6

 就職ガイド・問題集

◆出版社内定獲得！ 2019年採用版　冨板教著　TAC出版
【要旨】ESの書き方、クリエイティブ試験突破のコツ、教養・時事問題攻略法etc. 長年「マス

コミ就活」を指導してきた著者が出版社に内定するためのメソッドを一挙公開！！
2017.12 304p A5 ¥1800 ①978-4-8132-7427-8

◆大学生の就職 マスコミ漢字完全攻略本!! 2019年度版　就職試験情報研究会編著　一ツ橋書店
【目次】1 分野別攻略編(読み方、書き取り、同音・同訓、熟語知識、故事・ことわざ・慣用句、語句の意味、誤字訂正・言葉の使い方)、2 力だめし編　2017.4 200p B6 ¥900 ①978-4-565-19034-5

◆テレビ局内定獲得！ 2019年採用版　冨板教著　TAC出版
【要旨】ESの書き方、クリエイティブ試験突破のコツ、面接攻略法etc. 長年「マスコミ就活」を指導してきた著者がテレビ局・ラジオ局に内定するためのメソッドを一挙公開!!
2017.12 242p A5 ¥1800 ①978-4-8132-7428-5

◆マスコミ就職完全ガイド 2019年度版　阪東恭一編　産学社
【要旨】エントリーシート攻略法から面接の想定問答まで全対策を解説！ 業界・仕事の今後がわかる匿名座談会を収録！ マスコミをめざす学生に「阪東100本塾の秘伝」を公開！
2017.10 274p B6 ¥1350 ①978-4-7825-3479-3

◆マスコミ就職読本 4 広告・エンタテイメント篇 2018年度版　月刊「創」編集部編　創出版
【目次】第1章 広告会社の現状と採用データ―変貌する広告業界大再編成の背後事情(広告会社の概要と採用データ、PR会社/SP会社の採用データ ほか)、第2章 音楽・芸能界の現状と採用データ―CD不況、ネット配信…変容する音楽業界(レコード会社の概要と採用データ、レコード会社の採用試験ドキュメント ほか)、第3章 映画界の現状と採用データ―邦画のヒット作が続く映画業界の活況の行方(映画会社の概要と採用データ、映画会社の採用試験ドキュメント)、第4章 アニメ・ゲーム会社の現状と採用データ―コンテンツ・ビジネス アニメの拡大と拡散(アニメ会社の採用データ、アニメ会社の採用試験ドキュメント ほか)
2017.1 158p A5 ¥1300 ①978-4-904795-45-3

◆マスコミ就職読本 1 入門篇 2019年度版　月刊「創」編集部編　創出版
【要旨】マスコミ1000社の詳しい試験内容が載っているのはこの本だけ！ マスコミ就職のバイブル。　2017.10 174p A5 ¥1300 ①978-4-904795-49-1

◆マスコミ就職読本 2 新聞・出版篇 2019年度版　月刊「創」編集部編　創出版
【目次】第1部 新聞篇―新聞各社の採用データと試験内容(曲がり角！ 新聞の現状と採用事情、新聞社・通信社の概要と採用データ、新聞社・通信社採用試験のマル秘ドキュメント)、第2部 出版篇―出版各社の採用データと試験内容(深刻状況！ 出版界の現状と採用事情、出版社の概要と採用データ、出版社採用試験のマル秘ドキュメント)、出版社のパートナー 編集プロダクションの現状、編集プロダクションの概要と採用データ　2017.11 159p A5 ¥1300 ①978-4-904795-50-7

◆マスコミ就職読本 3 放送篇 2019年度版　月刊「創」編集部編　創出版
【目次】第1章 放送界の現状と放送の仕事(激変する放送界の現状と採用事情、超人気！ アナウンサーへのもうひとつの道)、第2章 放送キー局のデータと試験内容(放送キー局の概要と採用データ、放送キー局採用試験のマル秘ドキュメント)、第3章 準キー局・地方局の採用データと試験内容(準キー局、地方局の概要と採用データ、準キー局、地方局採用試験のマル秘ドキュメント ほか)、第4章 番組製作会社の採用データと試験内容(放送界を陰で支える番組製作会社の現状、番組製作会社の概要と採用データ ほか)、第5章 衛星放送・CATV会社の採用データと試験内容(衛星放送/CATVの概要と採用データ、衛星放送(BS/CS)採用試験のマル秘ドキュメント)
2017.11 160p A5 ¥1300 ①978-4-904795-51-4

 ジャーナリズム

◆朝日新聞報道写真集 2017　朝日新聞社編　朝日新聞出版
【目次】特集 熊本地震。「震度7」相次ぐ、特集 台風列島。東北・北海道に甚大な被害、特集 南

米初のリオデジャネイロ五輪、特集 リオデジャネイロ・パラリンピック、特集 米国大統領選挙、トランプ氏が勝利、特集 オバマ大統領が広島を訪問、特集 日本ハム、10年ぶり日本一。広島は25年ぶりリーグ制覇、特集 都知事に小池百合子氏。参院選で自公勝利、特集 障害者施設で19人殺害。銃乱射で米史上最悪49人死亡、特集 博多駅前、大規模陥没〔ほか〕

2017.1 175p 26×21cm ¥3100 ①978-4-02-221617-5

◆**言ってはならない日本のタブー100**　西岡研介、伊藤博敏、森功、鈴木智彦ほか著 宝島社
【要旨】山口組、部落解放同盟、公安警察、官房機密費、SWC、日本会議、特区利権、ジャニーズ、パチンコ業界ほか―忖度と自主規制のルーツ！ なぜ「聖域」になったか？

2017.7 255p B6 ¥900 ①978-4-8002-7496-0

◆**インタビュー**　木村俊介著 ミシマ社
【要旨】えんえんと、えんえんと、えんえんと、訊く。纏める。下準備、節度などの基本から依頼の仕方、聞き方などの技術までを網羅する。その上で、「インタビューにはなにができるか」という可能性を探る。

2017.6 325p A5 ¥2200 ①978-4-903908-96-0

◆**大宅壮一のことば―「一億総白痴化」を予言した男**　大宅壮一著、大宅映子編著 KADOKAWA
【要旨】怪物評論家の傑作コラム。自民党独裁、天皇譲位、巨大宗教、ネット社会の脆さ…日本にはびこるジレンマとタブーを半世紀前に喝破。

2017.3 223p B6 ¥1200 ①978-4-04-601895-3

◆**落穂拾記―新聞記者の後始末**　羽原清雅著 オルタ出版室、新時代社 発売 （オルタ叢書 8）
【目次】第1章 報道の世界、第2章 教育の周辺、第3章 科学とは、第4章 世相の断片、第5章 勤務地その後、第6章 母方の池津和野、第7章 政局を読む、第8章 政治の周辺、第9章 選挙制度の矛盾、第10章 新聞記者というもの

2017.3 511p A5 ¥2000 ①978-4-7874-9115-2

◆**オプエド―真実を知るための異論・反論・逆説**　上杉隆、NOBORDER取材班著 KADOKAWA
【要旨】重大事件を抹殺し続けるマスメディア。真相はひとつだけじゃない！「ニューズ・オプエド」スクープの記録。Opposite Editorial（オプエド＝反対意見）が未来への突破口になる！

2017.11 199p B6 ¥1400 ①978-4-04-602166-3

◆**菅家喜六「世界一周記」―昭和6年、激動のヨーロッパ・アジアを歩く**　菅家喜六先生「伝記」刊行会編、町田久次解説 柏植書房新社
【要旨】福島に住んでいた無名の、ひとりの地方紙ジャーナリストが意気揚々と「世界一周の旅」の壮途に…現地から郵便で次々とリポートを福島に送り、五百回にのぼる「世界一周の旅」と題するケタ外れの新聞連載を成し遂げた。

2017.5 317p A5 ¥3200 ①978-4-8068-0690-5

◆**記者と権力**　滝鼻卓雄著 早川書房
【要旨】いまジャーナリストに求められる覚悟とは？ 読売新聞東京本社社長、巨人軍オーナーを歴任した著者が、「権力者への取材」「記者クラブ」「匿名報道の是非」「朝日新聞と読売新聞の違い」など、現代ジャーナリズムの最重要テーマに切り込む。

2017.4 201p 19cm ¥1500 ①978-4-15-209680-7

◆**キャスターという仕事**　国谷裕子著 岩波書店 （岩波新書）
【要旨】今という時代を映す鏡でありたい―。従来のニュース番組とは一線を画し、日本のジャーナリズムに新しい風を吹き込んだ"クローズアップ現代"。番組スタッフたちの熱き思いとともに、真摯に、そして果敢に、自分の言葉で世に問いかけ続けてきたキャスターが、二三年にわたる挑戦の日々を語る。

2017.1 246p 18cm ¥840 ①978-4-00-431636-7

◆**グローバル・ジャーナリズム―国際スクープの舞台裏**　澤康臣著 岩波書店 （岩波新書）
【要旨】世界一斉に報じられた「パナマ文書」の裏には各国記者たちの「史上最大の作戦」があった。イタリアマフィアのアフリカ進出は、前代未聞のイタリア・アフリカ各国記者連合が暴いた。ビジネスも犯罪も国境を越える時代、記者たちは一匹狼から国際協力に舵を切り、デジタル技術で武装する。国際調査報道の可能性を報告する。

2017.3 251、3p 18cm ¥860 ①978-4-00-431653-4

◆**検証 産経新聞報道**　『週刊金曜日』編 金曜日
【要旨】「慰安婦」も南京大虐殺も沖縄戦の集団自決も、みんな事実ではない―こんな暴論を書き続けてきた『産経新聞』。同紙をウォッチしてきた学者やジャーナリストが「事実」をもって反論！

2017.7 334p B6 ¥1500 ①978-4-86572-021-1

◆**現代の"見えざる手"―19の闇**　元木昌彦編著 人間の科学新社
【要旨】日本国民は主権などない。言論の自由・民主主義の"ようなもの"があれば国民は満足してしまう。19人のオピニオンリーダーが現代社会の闇を衝く！

2017.5 299p B6 ¥1800 ①978-4-8226-0328-1

◆**声なき人々の戦後史 上**　鎌田慧著、出河雅彦聞き手 藤原書店
【要旨】"自動車絶望工場"などの労働問題、いじめ自殺などの教育問題、水俣病、イタイイタイ病などの公害・環境問題、「戦争をさせない」1000人委員会、原発をめぐる渾身のルポと反発運動…戦後の豊かさとは何だったか!?

2017.7 1Vol. B6 ¥2800 ①978-4-86578-123-6

◆**声なき人々の戦後史 下**　鎌田慧著、出河雅彦聞き手 藤原書店
【要旨】国鉄民営化、三池炭鉱大争議などの労働問題、成田空港反対闘争や沖縄闘争、狭山事件、財田川事件、袴田事件などの冤罪、葛西善蔵、太宰治、大杉栄らへの関心…原発列島・日本の将来はいかに!?

2017.7 1Vol. B6 ¥2800 ①978-4-86578-124-3

◆**コーランの呼ぶ声**　原一著 幻冬舎メディアコンサルティング、幻冬舎 発売
【要旨】コーランを著者が主体的に追求。ISが跳梁する現今、有益な書。

2017.11 153p B6 ¥1100 ①978-4-344-91445-2

◆**時局発言！―読書の現場から**　上野千鶴子著 WAVE出版
【要旨】脱原発から国会前のデモまで。社会学者・上野千鶴子が読みながら、走りながら、考えた。書評を通して時代が見える。

2017.2 221p B6 ¥1500 ①978-4-86621-044-5

◆**自公政権お抱え知識人徹底批判―新・佐高信の政経外科**　佐高信著 河出書房新社
【要旨】知識の「武器商人」たちを斬る！ 自公の強権政治に自らを売り込み、知識をもって奉仕するお抱え知識人へ、渾身の痛撃。

2017.1 234p B6 ¥1700 ①978-4-309-24792-2

◆**始動！ 調査報道ジャーナリズム―「会社」メディアと、さようなら**　渡辺周、花田達朗、ワセダクロニクル編著 彩流社 （彩流社ブックレット 4）
【要旨】政府や大企業等の大きな権力を持つ組織の不正や腐敗を自力で取材し、被害者の立場から報道する"調査報道"。記者クラブ発の「発表報道」との決別宣言が早稲田大学の地から発せられた。ジャーナリスト集団が権力が隠す事実を「探査し」「掘り起こし」、暴露する。ジャーナリズムは社会を変える力を取り戻せるのか。世界では、ピュリツァー賞を受賞した米国のプロフロパブリカやパナマ文書報道で有名になったICIJなど非営利の組織が調査報道を担う。調査報道がジャーナリズムの世界の潮流になっている。早稲田大学ジャーナリズム研究所が運営する調査報道メディア「ワセダクロニクル」創刊に際し確認された調査報道の重要性の論理と、討論された現場ジャーナリストたちの声を届ける。

2017.7 179p B6 ¥1100 ①978-4-7791-2320-7

◆**市民とつくる調査報道ジャーナリズム―「広島東洋カープ」をめざすニュース組織**　渡辺周、花田達朗、大矢英代、ワセダクロニクル編著 彩流社 （彩流社ブックレット）
【要旨】ワセダクロニクルが目指すのは、広島東洋カープである。カネがなくユニフォームも満足に準備できないハラハラする船出でも、市民が鍋を抱えて募金を募った。選手たちは原爆の荒野から立ち上がった市民と一体となって力をつけ、ジャイアンツを倒すまでになった。ワセクロにもカネはない。政府や大企業に挑むのは大海に小舟で漕ぎ出すようなものかもしれない。しかし強い調査報道の組織をつくるのは、社会を変えたいと強く願う市民だ。「フェイクニュースと忖度が充満する社会の中を一変したい」。そんな思いを抱く市民と手を携えることから始めた。マーク・リー・ハンターらと、調査報道ジャーナリズムのビジネスモデルについても考える。

2017.7 105p A5 ¥1000 ①978-4-7791-2336-8

◆**「週刊文春」編集長の仕事術**　新谷学著 ダイヤモンド社
【要旨】人脈・企画・交渉・組織・決断・戦略など、現役編集長が裏側を全公開！ すごい結果を出す、門外不出85の奥義。

2017.3 253p B6 ¥1400 ①978-4-478-10209-1

◆**新中国を拓いた記者たち 上巻**　柳斌傑、李東東編、日中翻訳学院監訳、河村知子訳 日本僑報社
【要旨】中国共産党の創立前後に、新聞事業を通して新しい思想を広めた人々を紹介。陳独秀を始め、マルクス主義を中国に初めて紹介した李大釗（しょう）、女性運動の先駆者向警予など27人の新中国に貢献した記者たちの生涯や業績などを掲載している。中国の新聞事業史における重要な一冊である。

2017.3 180p A5 ¥2800 ①978-4-86185-230-5

◆**新中国を拓いた記者たち 下巻**　柳斌傑、李東東編、河村知子訳 日本僑報社
【要旨】中国共産党の創立前後に、新聞事業を通して新しい思想を広めた人々を紹介。陳独秀を始め、マルクス主義を中国に初めて紹介した李大釗（しょう）、女性運動の先駆者向警予など27人の新中国に貢献した記者たちの生涯や業績などを掲載している。

2017.4 176p A5 ¥2800 ①978-4-86185-239-8

◆**新聞記者**　望月衣塑子著 KADOKAWA （角川新書）
【要旨】官房長官会見に彗星のごとく現れ、次々と質問を繰り返す著者。脚光を浴び、声援を受ける一方で、心ないバッシングや脅迫、圧力を一身に受けてきた。演劇に夢中だった幼少期、矜持ある先輩記者の教え、スクープの連発、そして母との突然の別れ…。歩みをひもときながら、劇的に変わった日々、そして記者としての思いを明かす。

2017.10 222p 18cm ¥800 ①978-4-04-082191-7

◆**新聞の凋落と「押し紙」**　黒薮哲哉著 花伝社、共栄書房 発売
【要旨】新聞販売のビジネスモデルに根深く組み込まれた「押し紙」。部数と広告収入が激減するいま、販売店にすべての矛盾を押しつける構造は、すでに限界に達している―凋落の一途をたどる新聞。長年のタブー「押し紙」を直視しないかぎり、新聞に明日はない―「押し紙」問題は最終局面へ。

2017.5 188p B6 ¥1600 ①978-4-7634-0814-3

◆**世界の特別な1日―未来に残したい100の報道写真**　マルゲリータ・ジャコーザ、ロベルト・モッタデリ、ジャンニ・モレッリ著、村田綾子訳 日経ナショナルジオグラフィック社、日経BPマーケティング 発売
【要旨】世界に衝撃を与えた有名な写真100点とともに、現在史をたどる。掲載した写真はどれも、世界の人々を驚かせたエポックメイキングな事件や、歴史の分岐点となった出来事をとらえている。写真を見ると心が揺り動かされ、政治や社会が変わっていく瞬間を目撃する。撮影したのは、アンリ・カルティエ＝ブレッソンやロバート・キャパ、エリオット・アーウィット、ユージン・スミス、ケビン・カーターといった、それぞれの時代を代表する写真家たち。ページをめくるたびに、さまざまな感情がかき立てられる。

2017.6 219p 23×20cm ¥3200 ①978-4-86313-385-3

◆**旅する心のつくりかた―楽しきかな、わが冒険人生**　石川文洋著、岡野明子インタビュー サンポスト、コスモの本 発売 （The Interviews）
【目次】第1章 美人の母に連れられて映画に、第2章 二七ドル持って世界無銭旅行、第3章 サイゴンでバッハを聴きながら、第4章 ハノイのビールは本当にまずい！、第5章 恋をしたら戦場が怖くなった、第6章 北海道から沖縄まで、徒歩で日本縦断、第7章「平和を築く風」に向かって、第8章 心臓停止からの復活、そして未来へ

2017.5 206p 20×11cm ¥800 ①978-4-86485-033-9

◆**誰が"表現の自由"を殺すのか―ニコンサロン「慰安婦」写真展中止事件裁判の記録**　安世鴻、李春熙、岡本有佳編 御茶の水書房
【要旨】ニコンサロン「慰安婦」写真展中止事件から5年。写真家・安世鴻が世界的なカメラメーカーのニコンを訴えていた裁判で、東京地方裁判所

社会・文化

は二〇一五年一二月、勝訴判決を言い渡した。3年にわたる裁判で、ニコンが抗議を恐れて中止決定に至った経過や、ネット上の抗議行動が"表現の自由"に与えた影響などが明らかになった。「慰安婦」問題、表現の自由、企業の社会的責任、「炎上」と「自粛」、排外主義…日本社会が直面する課題について大きな教訓を示す事件と表現、その全貌から、裁判闘争がもつ意義、事件の本質を考察する。誰が"表現の自由"を殺しているのか─。
2017.9 276p A5 ¥2400 ①978-4-275-02076-5

◆**地方紙の眼力─改憲・安全保障・震災復興・原発・TPP・地方創生**　農山漁村文化協会編
農山漁村文化協会　（農文協ブックレット 17）
【目次】1 いま、なぜ地方紙なのか（地方紙のゆくえ、地方紙の連帯でジャーナリズムの危機を乗り越える、地域の崩壊を食い止めるジャーナリズム、国民の総意は地方紙にこそあらわれる、批評の眼 ポスト真実に立ち向かうべき報道のために）、2 地方紙が訴える時代の争点（改憲 お試し改憲など言語道断 憲法を国家権力に委ねてはならぬ、改憲 地域の一人を守ることが世界を変える 差別・排外主義と地続きの国家主義を撃つ、安全保障「ポスト真実」の時代のネット報道を構築 沖縄の米軍基地問題への誤解・デマを解く、震災復興 原発に「違和感」を、震災復興 東日本大震災・被災地の人口急減の実態を報告 人口減少に適応した適少社会を構想、原発 放射性物質に苦悩する農林漁業者の声を届ける 被災地の姿が忘れられないために、TPP TPPから農業を立て直し切れるのか 農地社会の切実な目線から発信、TPP 国民の理解を置き去りにするTPP交渉「小さな」農業を守ってこそ地域が成り立つ、TPP ゼニカネの話が全てになってはいないか？ TPPは都市部を含めたみんなの問題、地方消滅「地方再生の現実を問う）
2017.5 161p A5 ¥1300 ①978-4-540-17103-1

◆**中国名記者列伝　第2巻**　柳斌傑、李東東編、加藤青延監訳、黒金祥一訳　日本僑報社
【要旨】アヘン戦争に始まる中国の近現代の145年の歴史上で活躍した中国で初めて刊行された新聞『循環日報』の記者王韜に始まる400人の中国を象徴する名記者たちを記録するシリーズの第二巻。20人の記者の伝記を収録した。
2017.4 192p A5 ¥3600 ①978-4-86185-237-4

◆**伝える訴える─「表現の自由」は今**　共同通信社取材班、軍司泰史編著　柏書房新社
【要旨】危険にさらされても、伝えたい。怒りを、悲しみを誰かに聞いてもらいたい。この欲求を封じられると、おそらく私たちの中の何かが死ぬ。そして社会が壊死していく。
2017.10 282p B6 ¥1500 ①978-4-8068-0702-5

◆**データブック　日本の新聞　2017**　日本新聞協会編　日本新聞協会
【目次】発行部数、広告、財務、雇用、デジタル事業、新聞製作、環境対策、NIE、新聞と読者、資料編、新聞協会
2017.4 55p 11×22cm ¥500 ①978-4-88929-071-4

◆**富山市議はなぜ14人も辞めたのか─政務活動費の闇を追う**　チューリップテレビ取材班著　岩波書店
【要旨】富山市議会にて、数の力をバックに自らの議員報酬を増額するお手盛り条例案が可決された。それに疑問を感じた地方局の記者たちが、さまざまな圧力と闘いながら膨大な資料を分析し、政務活動費の不正を暴き、ついに議員たちをドミノ辞職へと追い込んでいく。全国に波及した白紙領収証問題の大スクープはいかにして生まれたのか。迫真のルポ。一連の報道で2017年度日本記者クラブ賞特別賞受賞」
2017.5 198p B6 ¥1800 ①978-4-00-061201-2

◆**日本の聖域（サンクチュアリ）クライシス**　「選択」編集部編　新潮社　（新潮文庫）
【要旨】世界中でその効果と安全性の認められている子宮頸癌ワクチンの接種が、日本ではほぼ止まったままなのはなぜか。宗教法人への課税を阻む勢力の正体は？ 国立競技場移転問題を迷走させた文科省の作為とは─。事実を歪曲し、権力にとって不都合な真実には沈黙する大メディアの報道では分からない諸問題の実相を明らかにする。書店では買えない会員制情報誌の名物連載第四弾。文庫オリジナル。
2017.11 302p A6 ¥550 ①978-4-10-127244-3

◆**日本ノンフィクション史─ルポルタージュからアカデミック・ジャーナリズムまで**　武田徹著　中央公論新社　（中公新書）
【要旨】「非」フィクションとして出発したノンフィクション。本書は戦中の記録文学から、戦後の社会派ルポルタージュ、週刊誌ジャーナリズム、『世界ノンフィクション全集』を経て、七〇年代に沢木耕太郎の登場で自立した日本のノンフィクション史を通観。八〇年代以降、全盛期の雑誌ジャーナリズムを支えた職業ライターに代わるアカデミシャンの活躍をも追って、「物語るジャーナリズム」のゆくえとは何かをさぐる。
2017.3 290p 18cm ¥880 ①978-4-12-102427-5

◆**ニュース検定公式テキスト＆問題集「時事力」基礎編（3・4級対応）2017年度版**　日本ニュース時事能力検定協会監修　毎日教育総合研究所、毎日新聞出版 発売
【目次】政治（憲法のゆくえ、さまざまな重要課題、主な国々との外交、地方は自立できるか）、経済（日本経済のゆくえ、日本の産業と貿易、エネルギー問題のあす）、暮らし（進む少子高齢化、曲がり角の社会保障、どう変わる働き方）、社会・環境（震災からの復興、共に生きる社会へ、司法の役割と国民、情報社会に生きる、いのちを考える、温暖化対策に新たな道）、国際（変革を選んだ世界、平和な世界まだ見えず）
2017.3 143p B5 ¥1200 ①978-4-620-90732-1

◆**ニュース検定公式テキスト「時事力」発展編（2・準2級対応）2017年度版**　日本ニュース時事能力検定協会監修　毎日教育総合研究所、毎日新聞出版 発売
【目次】政治（憲法を巡る動きと論議、国会と選挙制度改革 ほか）、経済（財政再建への道のり、見通し悪い日本経済 ほか）、暮らし（少子高齢化と人口減少、持続可能な社会保障へ ほか）、社会・環境（震災からの復興、共に生きる社会へ ほか）、国際（分断深まる世界、平和な世界いつ）
2017.3 143p B5 ¥1500 ①978-4-620-90731-4

◆**ニュースの嘘を見抜け**　辛坊治郎著　KADOKAWA
【要旨】森友学園騒動で安倍首相が犯した最大の誤り、豊洲市場移転問題の結論、生活保護の実状、慰安婦像問題の本質、報道されない犯罪が引き起こす問題…。日本のマスコミ報道は嘘まみれする。
2017.6 223p B6 ¥1100 ①978-4-04-602003-1

◆**パヨクニュース　2018　チバレイによるパヨクなニュース50選！**　千葉麗子著　青林堂
【要旨】パヨクって何?!パヨクという言葉を最初に使ったチバレイが、パヨクの全てを解説！
2017.12 213p B6 ¥1400 ①978-4-7926-0611-4

◆**パラダイス文書─連鎖する内部告発、パナマ文書を経て「調査報道」がいま暴く**　奥山俊宏著　朝日新聞出版
【要旨】「税の楽園」に集うセレブたち。その代償は誰が払うのか？ 富める者をさらに富ませ、貧しい者をさらに貧しくする世界中で格差を広げる租税回避。その理不尽な仕組みへの怒りから発したであろう10年前にさかのぼるメガ内部告発、そしてメガ調査報道の潮流を、源までさかのぼって見せる。
2017.12 287p B6 ¥1300 ①978-4-02-251506-3

◆**批判する／批判されるジャーナリズム**　大石裕著　慶應義塾大学出版会
【要旨】ポピュリズムを生みだすメディア政治。放送・新聞ジャーナリズムの根幹が揺さぶられつつある現在、自由で多様な言論の場としてのメディアとこれからのジャーナリズムのあるべき姿を探る。
2017.1 214p B6 ¥1800 ①978-4-7664-2397-6

◆**評伝 むのたけじ**　北条常久著　（秋田）無明舎出版
【要旨】少年時代から朝日新聞記者、「たいまつ」創刊から三里塚闘争…。言葉を武器に、戦争のない世界実現のため、行動と言説で希望を語り続けた反骨のジャーナリストの100年の生涯を活写する。
2017.3 217p B6 ¥1700 ①978-4-89544-627-3

◆**フェイクニュースの見分け方**　烏賀陽弘道著　新潮社　（新潮新書）
【要旨】一見もっともらしいニュースや論評には、フェイク（虚偽の情報）が大量に含まれている。真偽を見抜くには何をすべきか。「オピニオンは捨てよ」「主語のない文章は疑え」「空間軸と時間軸を拡げて見よ」「ステレオタイプの物語は要警戒」「アマゾンの有効な活用法」「妄想癖・虚言癖の特徴とは」─新聞、雑誌、ネットとあらゆるフィールドの第一線で記者として活躍してきた著者が、具体的かつ実践的なノウハウを伝授する。
2017.6 255p 18cm ¥800 ①978-4-10-610721-4

◆**不透明な未来についての30章**　雨宮処凛著　創出版
【要旨】この3年間、世界は大きく変わった。この国は、そして私たちはどうなっていくのか。
2017.7 237p B6 ¥1500 ①978-4-904795-47-7

◆**変見自在 トランプ、ウソつかない**　高山正之著　新潮社
【要旨】「ただの暴言」「どうせ口先だけ」などと思ったら大間違い。トランプ大統領の言動には、米国人の「黒い本音」が潜んでいる─。「週刊新潮」連載中の超辛口名物コラム「変見自在」。堂々のシリーズ第12弾！
2017.11 220p B6 ¥1400 ①978-4-10-305882-3

◆**報じられなかったパナマ文書の内幕**　シラ・アレッチ著　双葉社
【要旨】有名企業経営者、若き投資家、暴力団関係者、詐欺師…見つけ出した日本人がらみの名前400個のうち「租税回避地」という深い暗闇から見えてきたものは資本主義が隠しもつ「裏の顔」だった！「世界的スクープ」日本担当記者が明かす舞台裏。
2017.1 221p B6 ¥1400 ①978-4-575-31212-6

◆**報道特注（本）**　生田與克、和田政宗、足立康史著　育鵬社、扶桑社 発売
【要旨】北朝鮮ミサイル、森友・加計問題、サヨクとの闘い、偏向報道、憲法改正…。カメラの外で言いたい放題！ 炎上必至のトークをノーカットで収録！
2017.11 230p B6 ¥1300 ①978-4-594-07846-1

◆**報道と社会批評─ドイモイ前夜・ハノイ大洪水・新幹線導入計画の事例を通して**　ファン・ヴァン・キエン著、伊澤亮介訳　（伊豆）ビスタ ピー・エス　（シリーズ：ベトナムを知る）
【目次】第1部 社会批評についての問題（社会批評とは─社会批評のプロセスと性格、現代報道における社会批評の特徴、現代ベトナムの報道における社会批評を阻害する要素、社会批評における文化の役割と21世紀のベトナムの報道環境、市民社会における報道の社会批判的位置）、第2部 事例に見るベトナム報道の社会批評（2005年トゥオイチェー紙上の連載「ドイモイ前夜」、ハノイの水害と高速鉄道導入計画に関する二つのニュースサイト、VNEXPRESS.NET及びEN-PHONG.NETの記事）
2017 167p B6 ¥4500 ①978-4-907379-18-6

◆**僕たちはなぜ取材するのか─極私的取材の世界**　藤井誠二編著　皓星社
【要旨】ノンフィクションで「食」を記述する方法（中原一歩×藤井誠二）、「私」を全面展開するノンフィクションの取材とは（上原善広×藤井誠二）、なぜ人がいやな取材対象を選ぶのか（安田浩一×藤井誠二）、セッションのようなインタビューは可能なのか（尹雄大×藤井誠二）、私がヤクザを取材した理由（土方宏史×藤井誠二）、取材とはつねに残酷で私的なものである（森達也×藤井誠二）
2017.8 286p B6 ¥1500 ①978-4-7744-0637-4

◆**「ポスト真実」時代のネットニュースの読み方**　松林薫著　晶文社
【要旨】ニュースは今や、紙でもテレビでもなく、ネットで読む時代になった。一方、キュレーションメディアの盗用問題、アメリカ大統領選時に顕在化した偽ニュース問題で、ネットニュースの信頼性は大きく揺らいでもいる。こうした「ポスト真実」の時代にニュースを正しく読むためには、固有のリテラシーが必要だ。それぞれのメディアの特徴を理解し、使い分け、ネット情報を正しく見抜くためのノウハウを、新聞の記者を15年間務めた著者が、その経験知を基に解説。もう偽ニュースにはだまされない！
2017.3 278p B6 ¥1500 ①978-4-7949-6956-9

◆**「ポスト真実」にどう向き合うか─「石橋湛山記念早稲田ジャーナリズム大賞」記念講座2017**　八巻和彦編著　成文堂
【要旨】「忖度」「反知性主義」「フェイクニュース」…言葉の裏側に潜む現実が照射する現代日本の断面図！
2017.12 357, 17p B6 ¥2000 ①978-4-7923-3369-0

◆**「ポスト真実」の時代─「信じたいウソ」が「事実」に勝る世界をどう生き抜くか**　津田大介、日比嘉高著　祥伝社
【要旨】イギリスEU離脱、アメリカ大統領、共謀罪、安保法制、原発事故、フェイクニュース、オ

ルタナティブ・ファクト―嘘をついたもの勝ちの世の中に、なぜなったのか？ 最前線を疾るメディア・アクティビストと気鋭の日本文化・文学研究者が徹底分析！
2017.7 253p B6 ¥1500 ①978-4-396-61611-3

◆**マスコミ就職読本 4 広告・エンタテイメント篇 2019年度版** 月刊「創」編集部編 創出版
【要旨】マスコミ1000社の詳しい試験内容が載っているのはこの本だけ！ マスコミ志望者のバイブルと言われて30年！ マスコミ就職読本。マスコミ就職のバイブル。
2017.12 158p A5 ¥1300 ①978-4-904795-52-1

◆**むのたけじ 笑う101歳** 河邑厚徳著 平凡社 （平凡社新書）
【要旨】敗戦を機に新聞社を退社、その後故郷を拠点に週刊新聞「たいまつ」を刊行するなど、独自の言論活動を続けたジャーナリスト、むのたけじ。「死ぬ時、そこが生涯のてっぺん」と言いながら、笑って死を迎える練習をしていた老記者は、死の間際に何を語ったか。激動の一世紀を駆け抜けた記者の最期に密着したドキュメント。2017.8 219p 18cm ¥780 ①978-4-582-85850-1

◆**メディアの驕り** 廣淵升彦著 新潮社 （新潮新書）
【要旨】かつてのミスリード報道を実例として挙げながら、その背後にある驕りの構造をひもとく。情緒的平和願望に流され、知性と教養をおろそかにしたままでは、わたしたちは危うい。ベテランジャーナリストによる渾身の論考。
2017.7 233p 18cm ¥780 ①978-4-10-610726-9

◆**読売新聞朝刊一面コラム「編集手帳」 第31集** 竹内政明著 中央公論新社 （中公新書ラクレ）
【要旨】予測のつかない時代が始まった激動の半年をコラムでたどる。
2017.2 237p 18cm ¥760 ①978-4-12-150577-4

◆**読売新聞朝刊一面コラム「編集手帳」 第32集** 竹内政明著 中央公論新社 （中公新書ラクレ）
【要旨】空前の低支持率でスタートしたアメリカのトランプ大統領は、国内外で軋轢の連続。日本周辺では、「親北朝鮮・反日」と伝えられる文在寅氏が韓国新大統領に就任、北朝鮮がミサイル実験を立て続けに行うなど不安材料は山積。一方国内の政局は波乱含みだが、稀勢の里の横綱昇進、一四歳の最年少棋士、藤井聡太四段の二九連勝が日本中を沸かせた。
2017.8 251p 18cm ¥760 ①978-4-12-150593-4

◆**読売新聞 用字用語の手引** 読売新聞社編著 中央公論新社 第5版
【要旨】文章を書くときに役立つハンドブック。最新のデータを収録、さらに充実した第5版。分かりやすく正確な文章を書くための情報を満載。言葉の使い方に迷ったとき、ページをめくってください。たちどころに疑問が氷解します。
2017.3 781p 18cm ¥1600 ①978-4-12-004971-2

◆**わが筆禍史** 佐高信著 河出書房新社
【要旨】過激な自叙伝！ 政治家、企業トップ、大メディア…容赦のない筆刀で権力を斬りつけ、自らも傷を受けてきた著者が、これまでの闘いを振り返る。
2017.8 197p B6 ¥1600 ①978-4-309-24818-9

◆**笑う101歳×2 笹本恒子 むのたけじ オフィシャルブック** ピクチャーズネットワーク, キネマ旬報社 発売 （付属資料：年表;「たいまつ」第1号復刻版）
【要旨】日本初の女性報道写真家と伝説のジャーナリスト。女と男。カメラとペン。人生100年時代の希望のドキュメンタリー映画。
2017.6 95p 24×19cm ¥926 ①978-4-87376-452-8

◆**PANA通信社と戦後日本―汎アジア・メディアを創ったジャーナリストたち** 岩間優希著 （京都）人文書院
【要旨】日本の政治家で彼を知らない者はいない、白洲次郎が会って涙ぐみ、孫、宋慶和し、彼が設立したアジア人のためのアジア系通信社、PANA通信社とはどのようなものだったのか。そこには、ヴェトナム戦争を取材した岡村昭彦、朝鮮戦争を取材、トップ屋集団「東京ペン」を率いたのちPANAを引き継いだ近藤幹雄、シンガポールと日本の架け橋となった陳加昌、太平洋ニュース圏を夢見た時事通信社の長谷川才次など様々な人物がかかわった。綿密な聞き取りと調査をもとにしたある通信社の戦後史。
2017.9 324p B6 ¥3200 ①978-4-409-24118-9

放送

◆**アナカツっ！―女子アナ就職カツドウ** 石井貴士監修, 天野川ミク著 秀和システム
【要旨】友だちから「ザ・普通」といわれるくらい、容姿、成績、何もかもが平凡な女子大生・新条月子。アルバイト中、現役人気アナのインタビューを受けたことをきっかけに、アナウンサーという職業に興味をもつようになる。そんななか、その現役アナが通っていたという、内定率100%を誇る「女子アナ内定学園」の存在を知る。月子は「大学から近いから」という理由だけで、超難関な入学試験を受けたところで、なぜか合格してしまう。倍率1000倍ともいわれる、アナウンサー内定を勝ち取るための特訓が始まった…。ストーリーで学ぶ!!憧れのアナウンサーになるためのレッスン。
2017.7 305p B6 ¥1300 ①978-4-7980-5182-6

◆**ケーブル年鑑 2018** サテマガ・ビー・アイ
【目次】全国331局の事業調査―ケーブルテレビ局の事業概要、日本のMSO各社の概要（コミュニティネットワークセンター（CNCI）、TOKAIケーブルネットワーク、ジュピターテレコム（J:COM））、資料編（総務省のケーブルテレビ施策、業界団体の活動報告、海外特別レポート・OTTが引き起こす米国放送市場の地殻変動と米ケーブル業界の生き残り戦略、国内メディア動向レポート・グラフと図表でみる成長と多角化の姿―ケーブルテレビは平成の花形産業の一つ ほか）
2017.10 450p A4 ¥13889 ①978-4-901867-68-9

◆**最新放送業界の動向とカラクリがよくわかる本** 中野明著 秀和システム （図解入門業界研究）第4版
【要旨】放送主体の市場構造と収益源を知る！ 地上放送の各局の現状と動向を探る！ 競争環境の変遷と業界の未来を知る！ ネットとテレビ融合の本当の意味は！ 放送デジタル化の現状がよくわかる！ 最新放送事業の動向を知るトピック満載！ 2017.9 243p A5 ¥1400 ①978-4-7980-5134-5

◆**チームで輝ける生き方―アシスト力を磨こう** 森ına季香著 プレジデント社
【要旨】仕事の醍醐味を味わえるのはチーム全体で何事かを成し遂げて、みんなでその喜びを分かち合うときです。だから、フォア・ザ・チームが重要なのです。
2017.5 175p B6 ¥1300 ①978-4-8334-2232-1

◆**テレ東流ハンデを武器にする極意―"番外地"の逆襲** 伊藤成人著 岩波書店
【要旨】後発・弱小・低予算・少人数というハンデを負い、"TV番外地"と呼ばれたテレビ東京の名物プロデューサーが極意を語る。
2017.3 202p B6 ¥1700 ①978-4-00-024055-0

◆**テレビ番組海外展開60年史―文化交流とコンテンツビジネスの狭間で** 大場吾郎著 （京都）人文書院
【要旨】1960年代初頭、草創期にあった日本のテレビ放送業界から番組が細々と輸出され始めた。それから60年、アニメのみならず、多くのドラマ、バラエティ、ドキュメンタリーが海を渡って行ったが、そこでは躍進、挑戦、挫折が繰り返されてきた。日本のテレビ番組の海外展開が辿った波瀾の道のりを、膨大な資料探索、関係者への調査によって初めて体系的に解き明かす、メディア史における第一級の資料にして画期的労作。
2017.6 422p B6 ¥3800 ①978-4-409-23057-2

◆**電気通信・放送サービスと法** 斎藤雅弘著 弘文堂
【要旨】電気通信・放送分野のトラブル解決に不可欠の一冊！ スマホや光回線、有料放送などの利用者・消費者保護の視点から電気通信サービスと放送サービスの法制度、その現状と問題点、考え方等をわかりやすく解説。この分野、初の本格的概説書、誕生。
2017.12 477p A5 ¥3800 ①978-4-335-35722-0

◆**日本のコミュニティ放送―理想と現実の間で** 松浦さと子編著 （京都）晃洋書房
【要旨】理想と現実の間で苦悩する地域のラジオ・ネット時代に入り、改めて注目を集めるコミュニティ放送。制度化されて25年、全国調査からその厳しい現実が見えてきた。巨大スポンサーも受信料もなく、地方再生に挑む小さなラジオがどのような役割を果たし、地域をどう変えるのか。多様な視点と事例研究から研究者たちが

新しい「公共」放送への提言を送る。
2017.6 277p A5 ¥2900 ①978-4-7710-2884-5

◆**日本民間放送年鑑 2017** 日本民間放送連盟編 コーケン出版
【目次】概況編（2016年度放送界、民放連の活動、放送行政 ほか）、各社・関連機関編（一般社団法人日本民間放送連盟、民間放送各社、放送団体 ほか）、資料・便覧編（放送倫理基本綱領等、日本民間放送連盟意見書・要望書等、基幹放送普及計画 ほか）
2017.11 670p B5 ¥8565 ①978-4-9908090-2-7

◆**放送作家という生き方** 村上卓史著 イースト・プレス （イースト新書Q―仕事と生き方）
【要旨】テレビ・ラジオ・ネット番組など、放送業界のあらゆる場面で裏方として活躍する放送作家。顔と名前の知られているごく一部のスター放送作家を除き、その実態は謎に包まれているのではないでしょうか。本書では、放送作家生活30年超のベテランが、企画書出しやテロップ作成などの具体的な仕事ぶりから、放送作家ならではの魅力、過酷なスケジュールの理由、恋愛事情、アイデアのつくり方、放送作家になるための心得まで、徹底紹介。
2017.11 188p 18cm ¥800 ①978-4-7816-8036-1

◆**NHKを斬る！** 大鐘稔彦著 創英社/三省堂書店
【要旨】時流におもねず、NHKが持っていた気品、落ち着き、卓越さを取り戻して欲しい―NHKマニアを自負してきた著者の愛するがゆえの苦言！
2017.6 184p B6 ¥780 ①978-4-88142-137-6

◆**NHKをぶっ壊す！ 受信料不払い編―日本放送協会の放送受信料を合法的に支払わないための放送法対策マニュアル** 立花孝志, 大橋昌信著, NHKから国民を守る党を支える会編 オクムラ書房
【目次】第1章 イロハのイ―公共放送NHKが信頼できない理由、第2章 プロフェッショナル―NHK集金人の仕事の流儀、第3章 ホントにホント？―公共放送NHK倫理・行動憲章、第4章 着信御礼！ ケータイ大喜利―携帯テレビは設置じゃないから契約不要、第5章 ためしてガッテン―一撃退治シールでNHKが来ないし、契約不要な理由、第6章 できるかな―NHKが映らないテレビは契約不要
2017.5 95p A5 ¥1000 ①978-4-86053-131-7

◆**NHKデータブック 世界の放送 2017** NHK放送文化研究所編 NHK出版
【目次】各国・地域編（アジア・オセアニア、ヨーロッパ、中東・アフリカ、北中米・南米）、資料編（世界の地上デジタル放送の実施状況、各国・地域の主要放送関係組織ウェブサイト一覧、放送関連国際組織ウェブサイト一覧、世界の主な衛星運営事業者ウェブサイト、世界の放送・映像アーカイブ、世界放送略史）
2017.2 333p B5 ¥3800 ①978-4-14-007261-5

◆**NHK年鑑 2017** NHK放送文化研究所編 NHK出版
【目次】第1部 2016年度の動き（放送界の動き、新たな可能性を開く放送・サービス ほか）、第2部 NHKの概況（放送、技術 ほか）、第3部 放送（放送関係機関、世界の放送）、第4部 NHKの番組解説（総合テレビ、Eテレ ほか）、第5部 資料編（NHK、放送界）
2017.11 739p B5 ¥6700 ①978-4-14-007262-2

◆**NHK放送文化研究所年報 2017 No.61** NHK放送文化研究所編 NHK出版
【目次】東日本大震災から5年 テレビ番組は何を伝えてきたか―一夜のキャスターニュース番組とドキュメンタリー番組、NHK世論調査における調査方法論研究の系譜、現場が先行するドキュメンタリー―『社会探訪』（1947～51）の特徴と展開、多様化が進む教室のメディア環境と教師のメディア選択―2014、2015年度「教師のメディア利用と意識に関する調査」結果から
2017.1 287p B5 ¥1900 ①978-4-14-007260-8

出版

◆**「青木嵩山堂」―明治期の総合出版社** 青木育志, 青木俊造著 アジア・ユーラシア総合研究所

社会・文化

【要旨】明治期の出版界で木版彩色口絵の付いた文芸書を最も多く発行し、実用書、教養書、美術書の出版で明治文化の形成に大きく貢献した総合出版社青木嵩山堂。明治の終焉と共に忽然と消えたその全容と謎に迫る。一〇〇年の時を経て、今蘇る青木兄弟、渾身の一冊！
2017.9 293, 51p A5 ¥3600 ①978-4-904794-87-6

◆遅れ時計の詩人—編集工房ノア著者追悼記　涸沢純平著　（大阪）編集工房ノア
【要旨】大阪淀川のほとり、中津の路地裏の出版社。港野喜代子、永瀬清子、清水正一、黒瀬勝巳、天野忠、大野新、富士正晴、東秀三、中石孝、足立巻一、庄野英二、杉山平一、桑島玄二、鶴見俊輔、塔和子。本づくり、本のこと人の心…の記録。
2017.6 287p B6 ¥3000 ①978-4-89271-281-4

◆風から水へ—ある小出版社の三十五年　鈴木宏著　論創社
【要旨】『書肆風の薔薇』から「水声社」へ。理念と現実の狭間で…編集者・経営者として三十五年間のさまざまな人と本との忘れがたい出会いと別れに触れつつ、出版の危機の時代を照射する！　2017.6 373p B6 ¥3000 ①978-4-8460-1597-8

◆近世読者とそのゆくえ—読書と書籍流通の近世・近代　鈴木俊幸著　平凡社
【要旨】近世後期に大量に出現した読者たち、自学し、漢詩づくりにまで手を染める読者たちは、"読書の近代"をどのように迎えたのか？　刊行された書物現物はもとより、葉書など多様な史料を駆使して、読者のニーズや版元の戦略、書籍流通の具体を明らかにする画期的な論考。
2017.12 592p A5 ¥7400 ①978-4-582-40298-8

◆校正のレッスン—活字との対話のために　大西寿男著　出版メディアパル　改訂3版
【要旨】いま、これまでになく関心が高まっている校正・校閲。"校正のこと、もっと知りたい！""どうやったら校正者になれるの？""仕事で校正してるけど、こんなやり方でいいのかな…"言葉や本に興味のある方、情報を発信するすべての人に、校正の現場の感覚と技術、思考をリアルに伝える、これまでにない入門書が大改訂！　大好評『校正のレッスン』が、最新の知見を盛り込み、よりわかりやすく生まれ変わりました。
2017.9 142p A5 ¥1600 ①978-4-902251-32-6

◆言葉はこうして生き残った　河野通和著　ミシマ社
【要旨】「考える人」編集長メルマガ、待望の書籍化。膨大な書籍群の中に飛び込み、6年半かけて発見しつづけた、次代へつなげたい知と魂!!300超のメルマガから厳選した、必読の37本!!
2017.5 225p B6 ¥1600 ①978-4-7872-0064-8

◆斎藤昌三　書痴の肖像　川村伸秀著　晶文社
【要旨】大正・昭和の書物文化興隆期に、奇抜な造本で書物愛好家たち垂涎の書籍を作り上げたことで知られる書物展望社。その社主であり、自らも編集者・書誌学者・蔵票研究家・民俗学者・俳人・郷土史家と多彩な顔を持つ斎藤昌三（一八八七—一九六一）の足跡を丹念に調べ直し、その人物像と同時代の作家・学者・画家・趣味人たちとの交友とを鮮やかに描き出した画期的な労作。今では貴重な傑作装幀本の数々をカラー頁を設けて紹介。詳細な年譜・著作目録も付す。
2017.6 502p A5 ¥5500 ①978-4-7949-6964-4

◆雑誌の人格　2冊目　能町みね子イラスト・文　文化出版局
【要旨】2013年6月号〜2016年8月号までに『装苑』に掲載された39媒体に加え、2014年5月号の特別編、「渋谷パルコの人格vsラフォーレ原宿の人格」を収録。書籍化にあたり、新たに雑誌ごとのプロフィールやパロメーター、描き下ろし「もし雑誌の人格たちが同じ高校の同じ教室にいたら…」も収録！
2017.12 169p B6 ¥1500 ①978-4-579-30454-7

◆仕事に役立つ専門紙・業界紙　吉井潤著　青弓社
【要旨】ビジネスと起業と就職活動を支援する情報の宝庫、それが専門紙・業界紙だ！「インターネットだけでは詳細なデータや情報は得られない」「専門紙・業界紙を読めば最近の動向と将来性がわかる」「就活に役立つのは業界に詳しいメディアだ」400もの専門紙・業界紙をベースに、読み方をわかりやすくガイドする。激動する情報社会のなかで、図書館のビジネス支援や高校生・大学生が社会を知る一助としての最良のツール。
2017.5 225p B6 ¥1600 ①978-4-7872-0064-8

◆自費出版年鑑　2017　日本自費出版ネットワーク企画、サンライズ出版編　（彦根）サンライズ出版
【目次】概要　日本自費出版ネットワーク・日本自費出版文化賞・自費出版年鑑、刊行のことば　人間と本が好きだから（日本自費出版ネットワーク代表理事・中山千夏）、日本自費出版文化賞20年を迎えて　選考委員長としての感慨（選考委員長・色川大吉）、第20回日本自費出版文化賞大賞受賞『シベリア』三部作著者インタビュー　志半ばでシベリアの地に眠る戦友たちへの餞と信じて（林順治さん）、日本自費出版ネットワークの主な活動　自費出版契約ガイドラインについて、第20回日本自費出版文化賞、書名索引・著者名索引—第20回日本自費出版文化賞全応募作品、自費出版年鑑1998〜2016総目次—第1〜19回日本自費出版文化賞受賞作品、NPO法人日本自費出版ネットワーク会員名簿、第21回日本自費出版文化賞募集要項、自費出版営業案内（広告）
2017.10 194p A5 ¥2000 ①978-4-88325-630-3

◆週刊誌風雲録　高橋呉郎著　筑摩書房　（ちくま文庫）
【要旨】昭和31年、新聞社系が独占していた週刊誌に「週刊新潮」が参入したのを皮切りに、出版社系週刊誌の創刊が相次ぎ、週刊誌界は各誌が部数を争う戦国時代の様相を呈する。「週刊朝日」の扇谷正造、「週刊新潮」の斎藤十一らの編集者、トップ屋として名を馳せた草柳大蔵に梶山季之など、週刊誌が一番熱かった時代の群像を貴重な証言とゴシップたっぷりに描く。
2017.5 270p A6 ¥780 ①978-4-480-43443-2

◆『週刊文春』と『週刊新潮』—闘うメディアの全内幕　花田紀凱、門田隆将著　PHP研究所　（PHP新書）
【要旨】競い合うように数々のスクープを連発し、権力に挑み、大物のクビを飛ばし、事件の真相を追い、人間の真実を描いてきた両誌。週刊誌メディアは、なぜこれほどの力があるのか？　そもそも、いかに週刊誌というメディアがつくられたのか？　スクープをものにすべく記者たちはどう動くのか？　権力やタブーといかに闘うか？　新聞メディアの驚愕の劣化とは？　週刊誌が描いた事件の裏側の人間模様とは？　そして、これからメディアはどうなるのか？　両誌の歴史と内幕を知り尽くした巨頭OBの二人（元『週刊文春』編集長と元『週刊新潮』副部長）が、すべてを語り尽くす！
2018.1 318p 18cm ¥1600 ①978-4-569-83711-6

◆出版　2018年度版　植田康夫監修　産学社　（産業と会社研究シリーズ 2）
【要旨】デジタル化の進展と取次システムの崩壊で、出版業界はどうなる？　出版社、取次会社、書店の仕事のこれまでとこれからを知るための1冊！
2017.2 247p B6 ¥1300 ①978-4-7825-3448-9

◆出版営業ハンドブック　基礎編—変貌する出版界とこれからの販売戦略　岡部一郎著　（市川）出版メディアパル　（本の未来を考える=出版メディアパルNo.31）　改訂2版
【要旨】本が売れない時代だからこそ、出版販売従事者にとって必要な基礎的な知識や考え方について、実際の営業事例に沿って解説。改訂2版の発行に当たり、「激動する出版業界の現状」や「新しい出版販売戦略」などを、新たに増補した。『出版営業ハンドブック　実践編（改訂2版）』の姉妹書。
2017.6 126p A5 ¥1300 ①978-4-902251-31-9

◆出版営業ハンドブック　実践編—老舗出版社の極意・中堅出版社の挑戦と販売戦略　岡部一郎著　（市川）出版メディアパル　（本の未来を考える=出版メディアパルNo.30）　改訂2版
【目次】第1章　本が売れない　本当の理由を考える、第2章　企画力を強化する、第3章　営業力を強化する、第4章　出版におけるマーケティング、第5章　自費出版の可能性、第6章　ネット進化と「紙の本」の転換点、付録　知っておきたい出版業界用語
2017.1 158p A5 ¥1500 ①978-4-902251-30-2

◆出版社のつくり方読本　岡部一郎、下村昭夫共著　（市川）出版メディアパル　（本の未来を考える=出版メディアパル No.33）
【目次】第1章　出版社のつくり方 "基本編"（誰でも自由に出版社はつくれる、取次口座開設には、信用が第一 ほか）、第2章　出版社のつくり方 "応用編"（地方・小出版流通センターの役割、取次口座の借用形態 ほか）、第3章　初めての本づくり入門（編集者の心得と役割、造本設計の基礎知識 ほか）、付章　一人出版社出版メディアパ

ルの舞台裏—本づくりの心と技を求めて　"本の旅"（新しい船出と2003年 "本の旅"、2004年〜2005年 "本の旅" ほか）
2017.11 130p A5 ¥1200 ①978-4-902251-33-3

◆出版の境界に生きる—私の歩んだ戦後と出版の七〇年史　宮田昇著　太田出版　（出版人・知的所有権叢書）
【目次】1 私の歩んだ戦後と出版の七〇年史（翻訳編集者前夜—昭和二〇年代前半、早川書房編集者時代—昭和二〇年代後半、チャールズ・E・タトル商会版権部時代—昭和三〇年代、日本ユニ・エージェンシー時代—昭和四〇年代後半〜六〇年代、日本ユニ著作権センターの創立と、出版の未来—平成三年〜現在）、2 翻訳権エージェントという仕事、3 遠いアメリカの出版界、4 回想・豊田きいち—出版者の権利、5 公立図書館のさらなる普及・充実のために
2017.5 256p B6 ¥2600 ①978-4-7783-1569-6

◆主婦の友社創業者　石川武美　大分県宇佐市編、瀬川恵介漫画　（福岡）梓書院　（宇佐学マンガシリーズ 6）
【要旨】一代で主婦の友社を築き、大正・昭和の激動の時代を生きた石川武美。女性の幸福と知識向上に力を注ぎ、女性の躍進、出版界の発展にひとすじの道を切り拓いた、その波乱に満ちた生涯に迫る。
2017.3 165p B6 ¥741 ①978-4-87035-606-1

◆昭和の翻訳出版事件簿　宮田昇著　（大阪）創元社
【要旨】激動の昭和という時代を一人の出版人として生きぬき、日本の翻訳出版の礎を築いた著者。その目に映った戦前・戦中・戦後の翻訳出版にまつわる数々の事件の真相とは、いったい何だったのか？　名前のあがる人物370余名、書籍・雑誌約250冊、出版社100余。国内・国外の翻訳出版にまつわる法律や事件に関する年表と、読み付き人名索引、事項索引を巻末に。
2017.8 255p B6 ¥2400 ①978-4-422-93076-3

◆書物と製本術—ルリユール/綴じの文化史　野村悠里著　みすず書房
【要旨】本の文化をどのように継承するのか？　一枚の紙が折丁となり綴じられていく工程—ルリユールの源流を辿り、最も装飾が洗練された時代の職人の世界を分析。本とは何か？　その根本を問う。工房からの書物史。
2017.2 230p A5 ¥7500 ①978-4-622-08565-2

◆心魂編—出会いが紡いだ編集人生60年　細谷敏雄著　創英社/三省堂書店
【要旨】出版は、活きている。編集人生「六十余年」。87歳現役。数々の作家とともに百科事典をはじめ、様々な本をつくってきた著者が自身の人生と出版界の盛衰を、ここに編む。
2017.12 253p B6 ¥2400 ①978-4-88142-139-0

◆世界のブックデザインコレクション　センドポインツ・パブリッシング編　グラフィック社
【要旨】ユニークで美しいブックデザインには必ず明確なコンセプトがある。本書では世界中からセレクトした優れたブックデザイン118作品を掲載。詳細スペックや図解とともに、その狙いや効果を紹介する。
2017.11 253p 25×19cm ¥3800 ①978-4-7661-3013-3

◆正しいコピペのすすめ—模倣、創造、著作権と私たち　宮武久佳著　岩波書店　（岩波ジュニア新書）
【要旨】他人が撮った写真をSNSにアップする、web上の文章を自分のレポートに貼り付ける、ネットで見つけた動画をダウンロードして視聴する…これらの大半が著作権に関係しています。「許されるコピペ」と「許されないコピペ」の違いは何なのでしょうか？　コピペ時代を生きるために必要な著作権ルールをわかりやすく解説します。
2017.3 186, 3p 18cm ¥860 ①978-4-00-500849-0

◆タラブックス—インドのちいさな出版社、まっすぐに本をつくる　野瀬奈津子、松岡宏大、矢萩多聞著　玄光社
【要旨】ミリオンセラーの手づくり絵本を生み出す、奇跡の出版社の秘密！
2017.7 183, 29p 19×15cm ¥2200 ①978-4-7683-0851-6

◆「著作権」の基本と常識—これだけは知っておきたい　宮本督監修　フォレスト出版
【要旨】オマージュとパクリの境界線は？　動画投稿サイトにアップできるもの、できないもの。

社会・文化

「商用」と「非商用」の違いは？ 国・官公庁の統計資料は自由に使える？ 書体にも著作権があるというのは本当？ Wikipedia の文章をコピペし、商用利用してOK？ 有名人の似顔絵を商用利用するのは肖像権の侵害？ パロディ映画を制作してネットにアップロードするのは？ 他のマンガ家の画風を真似てもOK？ グレーゾーンまで手が届く！ さまざまな側面から著作権をフォロー。SNS全盛・パクリ噴出時代、ビジネスでも趣味でも必須の知識！
2017.8 191p B6 ¥1500 ①978-4-89451-767-7

◆電子書籍ビジネス調査報告書 2017 インプレス総合研究所著・編 インプレス（インプレス総合研究所産業調査レポートシリーズ）（付属資料：CD・ROM1）
【目次】第1章 電子書籍の定義と市場規模（電子書籍ビジネスの定義、電子書籍ビジネスの構造 ほか）、第2章 国内の電子書籍ビジネスの最新動向（電子書籍市場のこの1年間の主な出来事、電子書籍のビジネスモデル ほか）、第3章 米国の電子書籍ビジネスの最新動向（市場規模、電子書籍書店の動向 ほか）、第4章 電子書籍ストア・サービスの動向（Kindle ストア、楽天Kobo 電子書籍ストア ほか）、第5章 モバイルユーザーの電子書籍利用実態（調査概要、留意事項 ほか）
2017.8 299p A4 ¥78000 ①978-4-295-00206-2

◆同人誌って何だ！一ちっぽけな「裸木」半世紀の呟き 鳥居哲男著 裸木同人会、開山堂出版 発売 （裸木新書シリーズ 2）
【要旨】私たちが同人誌と呼んでいるものは、いったい何なのか。同人誌活動を唯一の貴重なものと考えている著者の心の叫びの集大成。
2016.12 192p 18cm ¥850 ①978-4-906331-69-7

◆同人誌のデザイン一手に入れたくなる装丁のアイデア 井上綾乃、伊藤千紗編・執筆 ビー・エヌ・エヌ新社
【要旨】同人誌をつくるときに「表紙デザインをもう一歩がんばりたい！」「手にとってもらえるデザインにしたい！」と考えている人へ向けて、知っておくと役立つデザインの基礎知識やルール、印刷や加工のアイデアをまとめました。また、魅力的な装丁の同人誌をスペックとともに豊富に紹介しているので、目からも学べる一冊です。
2017.11 167p 25×19cm ¥2000 ①978-4-8025-1069-1

◆謎床一思考が発酵する編集術 松岡正剛, ドミニク・チェン著 晶文社
【要旨】情報はどう育まれ、多様な変化をおこしていけるのか？ ITと編集力が発想する何が生まれるか？ 日本文化にはどのような「謎を生み育てる床」があったのか？ 連想と発想の応酬から切り開かれる、「ジャパン・プロセス」をめぐる極究のヒント集。
2017.7 358p B6 ¥2000 ①978-4-7949-6965-1

◆日本がバカだから戦争に負けた一角川書店と教養の運命 大塚英志著 星海社, 講談社 発売 （星海社新書）
【要旨】日本はバカだったから戦争に負けた。そう考えた角川書店創業者・角川源義は、戦後日本の「教養」の復興をめざし、角川文庫を創刊する。二代目角川春樹の「大衆文化」、三代目角川歴彦の「オタク文化」、そして四代目となるドワンゴ代表・川上量生の「工学的知」と川上は4代は「教養」をいかに変貌させたのか。戦後日本の「知」の運命とその将来を見通す。『おたく』の精神史』と『二階の住人とその時代』に続く、大塚英志にしか書けない“八〇年代サブカルチャー私史三部作”完結編にして、メディアの未来を予言する必読書。
2017.10 264p 18cm ¥1000 ①978-4-06-510553-5

◆日本の出版社・書店 2018・2019 一全国出版社名簿 図書カード読取機設置店一覧 出版年鑑編集部編 出版ニュース社
【目次】出版社、教科書発行所、取次会社、本に関するURL、関係団体、広告会社、出版関連、主要新聞社、図書カード読取機設置店一覧
2017.10 694p B6 ¥5000 ①978-4-7852-0162-3

◆日本のZINEについて知っていることすべて 一同人誌、ミニコミ、リトルプレス 自主制作出版史1960〜2010年代 ばるぼら, 野中モモ編著 誠文堂新光社
【要旨】デザイン誌『アイデア』での同名人気連載がついに書籍化。管理と検閲、商業主義が猛威を振るう21世紀の現在において、出版活動の一筋の希望となるであろうZINEカルチャー。1960年代から現在に至る日本のZINEをめぐる状況を、豊富な資料と証言、ビジュアルによって振り返

る。連載未掲載資料を追加収録。ZINEマップ＋年表付。
2017.11 319p B5 ¥2600 ①978-4-416-51767-3

◆博文館「太陽」と近代日本文明論一ドイツ思想・文化の受容と展開 林正子著 勉誠出版
【要旨】雑誌メディアが「国民国家」形成に果たした意義とは何か。近代日本の知識人は「国民文化」の構築・発展にいかに寄与したのか。ドイツ思想・文化は日本人の精神基盤の形成にいかなる影響を与えたのか。日清戦争後から大正期にかけて総合雑誌「太陽」で展開された、樗牛・嘲風・鷗外・筑水・巌翼ら哲学者・文学者の論説・評論を読み解く。
2017.5 495, 24p A5 ¥10000 ①978-4-585-29153-4

◆フォスタリングチェンジ一子どもとの関係を改善し問題行動に対応する里親トレーニングプログラム ファシリテーターマニュアル カレン・バックマン, キャシー・ブラッケビィ, キャロライン・ベンゴ, カースティ・スラック, マット・ウールガーほか著, 上鹿渡和宏, 御園生直美, SOS子どもの村JAPAN監訳, 乙須敏紀訳 福村出版 （原書第2版）
【目次】1 グループを創設し、子どもの行動を理解し記録する、2 行動への影響：先行する出来事および結果、3 場面に応じて褒める、4 肯定的な注目、5 コミュニケーション・スキルを使い、子どもが自分の感情を調整できるように支援する、6 子どもの学習を支援する、7 ご褒美およびご褒美表、8 指示を与えることおよび選択的な無視、9 ポジティブ・ディシプリン（肯定的なしつけ）および限界の設定、10 タイムアウトおよび問題解決方略、11 エンディングおよび総括、12 肯定的変化を育む、および自分自身をケアする
2017.3 500p A4 ¥14000 ①978-4-571-42062-7

◆プレイガイドジャーナルよ 1971〜1985 村元武著 （大阪）東方出版
【要旨】イベント情報誌の15年携わった人びとの記録。
2017.4 255p B6 ¥1600 ①978-4-86249-282-1

◆編集者の生きた空間一東京・神戸の文芸史探検 高橋輝次著 論創社
【要旨】第三次「三田文学」、河出書房、中央公論社、そして戦前のエディション・カイエ、「航海表」などに関わった編集者の喜怒哀楽の数々を、古本との奇妙な出逢いを通して語る！
2017.5 310p A5 ¥2700 ①978-4-8460-1596-1

◆本を出すと人生が変わる！ 田村重信, 蜂巣郁雄著 内外出版
【要旨】第1部 本はあなたの人生を変える（読み、書き、そろばん、読書への誘い 本を読まないとどうなるか、これまでの出版を振り返って、あなたを著者にします、本をどうしたら出せるか？、二足の草鞋、本を出した2人とつくった人）、第2部 出版業界のいま（出版流通のしくみ、「数字」に見る業界のいま、業界のいろいろな問題点、本づくりの現場から、全国官報販売協同組合高山有司元常務理事に聞く）
2017.12 196p 18cm ¥926 ①978-4-905285-81-6

◆貧しい出版者一政治と文学と紙の屑 荒木優太著 フィルムアート社
【要旨】紙の闘争で世界が変わると思っていた…出会うことの叶わなかった二人の小説家／運動家、小林多喜二と埴谷雄高。「アクティヴィスト」と「ひきこもり」を横断しながら、彼らが遺した紙層につながりの言葉を望見—冒険する、貧しくも勇猛果敢な文学研究の書、ここに誕生！ 新進気鋭の在野研究者の処女作が大幅増補で堂々の復活。
2017.12 304, 7p B6 ¥2800 ①978-4-8459-1705-1

◆歴史を商う一書肆 雄山閣 百年ものがたり 西端真矢著 雄山閣
【要旨】大正五年創業。学術出版社、苦闘の百年。
2017.5 397p B6 ¥1800 ①978-4-639-02472-9

印刷

◆印刷という革命一ルネサンスの本と日常生活 アンドルー・ペティグリー著, 桑木野幸司訳 白水社 新装版
【要旨】印刷本の誕生は西欧世界をどう変えたか。書物を中心とする印刷物が政治・経済・宗教・科学・芸術に与えた影響をいきいきと描く。新資料から描く新しい文化史。
2017.10 575, 70p B6 ¥4800 ①978-4-560-09587-4

◆印刷発注のための紙の資料 2017年版 東京洋紙店, 日本エディタースクール編 日本エディタースクール出版部
【目次】印刷用紙の分類、印刷用紙のメーカー別銘柄表（印刷用紙A（上質紙）、塗工紙（コーテッド紙）、A3コート（軽量コート）、微塗工紙 ほか）、紙の寸法と連量・計算式（紙の種類別常用連量の一覧、板紙の種類別常用連量の一覧、板紙の連量別包み数の一覧 ほか）、用紙の取り都合（本文用紙の取り都合、B6の本文・扉・見返し・表紙・カバーの取り都合、四六判の本文・扉・見返し・表紙・カバーの取り都合 ほか）、紙に関連する主な用語
2017.3 64p A5 ¥500 ①978-4-88888-409-9

◆印刷メディアディレクション一印刷物制作に関わるすべての人へ 生田信一編著, 板谷成雄, 近藤伍壱, 高木きっこ著 ボーンデジタル 改訂版
【要旨】印刷物を作るうえで、知っておくべき情報を網羅！ 印刷物を制作する流れと、必須となる知識やノウハウを解説。初めて出て恥ずかしくない制作フローの基礎知識が身につきます。図解！ DTP検定ディレクション公式認定教材。
2017.2 255p 24×19cm ¥3500 ①978-4-86246-370-8

◆カラー図解 DTP＆印刷スーパーしくみ事典 2017 ボーンデジタル出版事業部編 ボーンデジタル
【目次】巻頭特集 最新トピックス104、印刷のしくみ、ハードウェア、デジタル素材の作成、文字とフォント、レイアウトデザイン、電子出版と著作権、色とカラーマネージメント、プルーフ、デジタルプリプレスワークフロー、デジタル印刷、用紙と印刷、製本・後加工、印刷とエコロジー
2017.2 335p 29×22cm ¥3800 ①978-4-86246-366-1

◆積算資料 印刷料金 2017年版 一製本料金・用紙価格 経済調査会編 経済調査会
【目次】一般印刷、名刺・はがき・封筒印刷、フォーム印刷、ドキュメントサービス（複写・情報加工）、地図調製、参考資料
2017.2 379p B5 ¥3429 ①978-4-86374-212-3

◆デザインのひきだし 30 特集 新しい特殊印刷加工の教科書 グラフィック社編集部編 グラフィック社
【要旨】「特殊印刷加工」というと、かなり狭い範囲のものしか思いつかない、頼んだことがないという人も多い。それはスクリーン印刷で透明インキを厚盛りしたり、タイトルを箔押ししたり。もちろんそれも素晴らしい印刷加工なのだが、それ以外にも特殊印刷加工はたくさんある！ と本誌は今までの本づくりの中で学んできた。そこで本特集では、本誌が考える「幅広い特殊印刷加工」をその特徴と効果的な使い方、どこに頼めばできるのかも合わせてドーンと108種類をご紹介。「こんな印刷がしたい！」というときに、すぐに役立つ、永久保存版の1冊！
2017.2 146p B5 ¥2000 ①978-4-7661-2992-2

書誌・年鑑

◆衛星通信ガイドブック 2017 サテマガ・ビー・アイ
【目次】SPECIAL INTERVIEW一ベンチャーが切り拓く宇宙産業の未来、SPECIAL REPORT、衛星関連団体紹介、衛星通信基礎解説、衛星通信ビジネス事業者一覧＆衛星ユーザー事例特集、海外REPORT 2017.6 57p A4 ¥1759 ①978-4-901867-67-2

◆出版年鑑 2017 出版年鑑編集部編 出版ニュース社
【目次】1 資料・名簿（年間史、法規・規約、統計・資料、名簿、「出版ニュース」縮版版）、2 目録・索引（書籍目録、オンデマンド出版目録、オーディオブック目録、雑誌目録、索引）
2017.7 2Vols.set B5 ¥30000 ①978-4-7852-0161-6

◆ニュース年鑑 2017 池上彰監修 ポプラ社
【要旨】アメリカの大統領選挙、熊本ほか各地での災害、日本人もまきこまれたテロ事件など、2016年の出来事のなかから、国内外計88本のニュースを徹底解説。
2017 223p 25×19cm ¥3500 ①978-4-591-15327-7

◆読売年鑑 2017年版 読売新聞社編 読売新聞東京本社

社会・文化

【要旨】鳴動する世界を読む、国内唯一の総合年鑑。便利な現代人物データ17分野1万7000人、分野別人名録付き。
2017.3 727p B5 ¥3700 ①978-4-643-17001-6

◆ACC CM年鑑 2017 全日本シーエム放送連盟編 宣伝会議
【目次】フィルム部門（テレビCM（総務大臣賞／ACCグランプリ、ACCゴールド、ACCシルバー、ACCブロンズ ほか、On-line Film）、ラジオCM部門、マーケティング・エフェクティブネス部門、インタラクティブ部門
2017.3 459p 31×23cm ¥16000 ①978-4-88335-380-4

社会・文化

◆環境人文学 1 文化のなかの自然 野田研一、山本洋平、森田系太郎編著 勉誠出版
【要旨】文学、哲学、音楽、社会学など、多分野の学問を横断し、これからの人文学が「環境」をどのように考えていくことができるのかを探る。石牟礼道子、伊藤比呂美、大城立裕、小池昌代、管啓次郎といった日本を代表するネイチャーライター（環境文学作家）のインタビュー、鼎談、講演録も所収。自然環境を、人間中心の理解ではなく、異なるパースペクティブとして捉えなおすために、環境人文学の可能性を提示する。細野晴臣の鼎談も掲載！
2017.4 371p A5 ¥3000 ①978-4-585-29128-2

◆環境人文学 2 他者としての自然 野田研一、山本洋平、森田系太郎編著 勉誠出版
【要旨】文学から歴史学、人類学、教育学、言語学を横断し、環境人文学における「他者」をめぐる最新の議論と、今後考えるべき視座を提示する。「異なる種」である動物の表象、人間外存在（ノンヒューマン）の表象から、贈与と負債の感情、時間の捉え方など、「他者としての自然」と「人間」との関係性を再考する。
2017.4 341p A5 ¥3000 ①978-4-585-29129-9

◆13歳から知っておきたいLGBT＋ アシュリー・マーデル著、須川綾子訳 ダイヤモンド社
【要旨】自分の居場所を探す人、誰かの居場所をつくりたい人へ。約40名のLGBT＋のインタビューを収録！
2017.11 214p B6 ¥1500 ①978-4-478-10296-1

◆知られたくないウラ事情「不都合な真実」神崎将輔著 ぱる出版
【要旨】ある国は一党独裁の監視社会で、言論の自由がありません。言論の自由がなければ、学問の自由もありません。独裁政権にとっては、「知られたくないウラ事情」だらけだからです。日本は、そういう国ではない—と安心する人たちが多いようです。本当にそうでしょうか。マスメディアが、時の政権や商業資本の手先となって、忖度報道する姿勢を垣間見る今日、戦前のマスメディアがたどった道を思い浮かべてしまいます。本書は、仕事や日常生活において「賢い選択」をするための情報ファイルです。
2017.9 191p B6 ¥1400 ①978-4-8272-1078-1

◆世界なんでもランキング100—これが日本の実力！ 幸運社編 PHP研究所 （PHP文庫）
【要旨】日本は豊かな国？ それとも貧しい国？—現代人が抱えるそんな"素朴な疑問"も、日本を眺めているだけではわからない。本書では、政治・経済から趣味嗜好まで網羅した100のランキングによって、"世界のいま"を浮き彫りにする。「核保有国以外では軍事力1位の日本」「大気汚染が深刻なのは中国より産油国」「晩婚化は世界的流れ」などの意外な事実から、日本の真の実力も明らかに！
2017.2 248p A6 ¥760 ①978-4-569-76676-8

◆伝説の応援団CHRONICLE 加藤明典編 （神戸）出版ワークス、河出書房新社 発売
【目次】伝説の応援団グラビア、応援団の基礎知識、徹底解析 これが学ランだ！、応援団を体感する応援団観戦ガイド（関東編）、応援の作法 神宮球場編、応援団の世代、レジェンド対談、OBインタビュー 私が団長だった頃、新世代の応援団たち、応援団の昭和初史 成蹊伝説、孤高の立教大学応援団、伝説の応援団グラビア、青い瞳の応援団員、横浜学生応援団連盟反主流という生き方、大島ギュウゾウ対談第1ラウンド 石川

晋也、大島ギュウゾウ対談第2ラウンド 本間進、私、応援団の味方です 細倉薫子、私、応援団の味方です 久保ミツロウ、伝説の応援団グラビア、ギュウゾウ手記
2017.1 143p B5 ¥2800 ①978-4-309-92109-9

◆平成日本タブー大全 2017 都議会抗争と山口組と百田尚樹の聖域 西岡研介、伊藤博敏、森功、寺澤有ほか著 宝島社
【要旨】SMAP、カジノ、生前退位、AV強要、まとめサイト、芸能人と麻薬、未解決事件、誰も書けない！累計38万部突破の人気シリーズ最新刊。
2017.2 255p B6 ¥900 ①978-4-8002-6602-6

◆平成日本タブー大全 2018 分裂山口組と安倍政権とジャニーズ事務所の黒幕 西岡研介、伊藤博敏、森功、鈴木智彦ほか著 宝島社
【要旨】操っているのはあいつだ！ 日本の新しい聖域地図（アンタッチャブル）。
2017.11 295p B6 ¥830 ①978-4-8002-7754-1

◆マンガ 世界を操る秘密結社に潜入！ フリーメイスンの謎と正体 秘密結社の謎研究会著 宝島社
【要旨】人工知能「ViV」に隠されたメイスンのシンボル!?「三百人委員会」が推し進める人口調整の先はビル・ゲイツ!?トランプ大統領がフリーメイスンの支配を覆す!?オカルト研究家山口敏太郎がメイスン日本支部に潜入！ 陰謀組織の歴史と全貌！
2017.3 255p B6 ¥556 ①978-4-8002-6476-3

◆ヤクザとオイルマネー—石油で250億円稼いだ元経済ヤクザが手口を明かす 渡邉哲也、猫組長著 徳間書店
【要旨】石油を買い漁る中国にヤクザが群がった。単身オイルを求めてわずか1年で250億円を稼いだ男はアメリカに狙われ、パレルモ条約で拘束された。朝鮮半島危機から9・12任侠山口組射殺事件にまで連なる、エネルギー・麻薬・武器取引・犯罪組織・「ドル」の連鎖をすべて明かす。
2017.9 254p B6 ¥1200 ①978-4-19-864489-5

未来予想

◆シグナル：未来学者が教える予測の技術 エイミー・ウェブ著、土方奈美訳 ダイヤモンド社
【要旨】世界を変える画期的な新製品やサービス—これらが世に出てくるかなり前に、なんらかの兆候が出ている。だが、なぜ大半の人はそれを見逃してしまうのだろう？ 次の主流となる"本物"と一過性の"ニセモノ"はどう見分ければよいのか？ 気鋭の未来学者が編み出した、予測の「6つのステップ」を伝授する。
2017.10 384p B6 ¥1800 ①978-4-478-10120-9

◆大予言—「歴史の尺度」が示す未来 吉見俊哉著 集英社 （集英社新書）
【要旨】復興と成長の時代、豊かさと安定の時代、衰退と不安の時代、次は何の時代？ 本書では、二五年単位を核として、一五〇年、五〇〇年といった長期の尺度も用いながら、歴史を構造的に捉えていく。この三つの尺度を駆使すれば、今後、世界が辿る道筋が見えてくる。知的興奮に満ちた刺激的な論考！ 世代史と世界史を架橋する壮大な試み！
2017.4 293p B6 ¥840 ①978-4-08-720880-1

◆2050年 衝撃の未来予想 苫米地英人著 TAC出版
【要旨】苫米地英人が提示する「2050年」社会構造、政治、経済、戦争、ビジネスから、気になるテーマを世界・日本両面から徹底的に紐解く。
2017.2 241p B6 ¥1500 ①978-4-8132-7111-6

◆2050年の技術—英『エコノミスト』誌は予測する 英『エコノミスト』編集部著、土方奈美訳 文藝春秋
【要旨】二〇〇〇年代初頭、シリコンバレーの『WIRED』誌では、日本の女子高生ウォッチなるコラムが人気を博していた。日本の多機能のガラケーとそれを使いこなす女子高生は、未来を先取りしていると考えたのだ。やがて、iPhoneの未来を予測していた—。こうした未来を予兆「限界的事例」を現在に求める—。日本と韓国の間に横たわる認知ギャップ。植民地時代、冷アフリカではスマホで当事者間が金融決済をする。BMWi3の車体は、炭素繊維を編み上げて造っている。テクノロジー予測で全世界的な信

頼を持つグローバルエリート誌が総力をあげて大胆予測！
2017.4 380p B6 ¥1700 ①978-4-16-390640-9

◆2030年ジャック・アタリの未来予測—不確実な世の中をサバイブせよ！ ジャック・アタリ著、林昌宏訳 プレジデント社
【要旨】「起きるわけがない」と決めつけても、どんなことだって起こりうる。そうした最悪の事態を予測することこそが、最悪を回避する最善の手段なのだ。
2017.8 210, 11p B6 ¥1700 ①978-4-8334-2240-6

日本の国際化・国際比較

◆異文化ギャップ きれいごとではすまされない？—ビジネスシーンでみるコミュニケーションと行動の在り方 日・英語編 平野広幸著 第一法規
【要旨】きれいごとではすまされない異文化の衝突。それを解決するためのヒントが満載！
2017.3 176p A5 ¥2500 ①978-4-474-05761-6

◆「外国」の学び方 石田洋子、友松篤信、桂井宏一郎編著 ラピュータ
【要旨】「外国」理解・交流の重要ポイントをわかりやすく網羅するハンドブックの決定版！ 各分野の専門家・体験者の声が結集した14章。
2017.7 139p A5 ¥1500 ①978-4-905055-47-1

◆来た！ 見た！ 感じた!!ナゾの国おどろきの国 でも気になる国日本—中国人ブロガー22人の「ありのまま」体験記 中国人気プロガー招へいプロジェクトチーム編、周藤由紀子訳 日本僑報社
【要旨】東日本大震災、和食、神社、寺、オリンピック、NHK、お祭り、農村、町内会、ボランティア、赤十字…SNS大国・中国から来日したブロガーがネットユーザーに発信した「100%体験済！」の日本論。
2017.3 283p A5 ¥2400 ①978-4-86185-189-6

◆ケイ・ヘザリのTea Time Talk—ココロに届く、いい話、いい英語 ケイ・ヘザリ著 アルク （本文：日英両文）
【要旨】ENGLISH JOURNALの人気エッセーが単行本になりました。あなたの心に風が吹く、シンプルエッセーでニッポン再発見。日本紹介にも役立つ。入試問題に多数採用。
2017.7 175p B6 ¥1200 ①978-4-7574-3005-1

◆中韓がむさぼり続ける「反日」という名の毒饅頭 ケント・ギルバート著 悟空出版
【要旨】建国以来、恐るべき戦争犯罪を重ねてきた中国。利益と生き残りのためなら同胞の命さえ奪ってきた国。彼らは暴力と謀略を巧みに使い分けてくる！ 韓国は中共の反日工作に乗ってはいけない。韓国は「反日中毒」を「正しいプライド」に改めるべきだ。日本人は「エセ平和主義」の夢から目を覚ましなさい。
2017.12 237p B6 ¥1200 ①978-4-908117-42-8

◆東大留学生ディオンが見たニッポン ディオン・ンジェ・ティン著 岩波書店 （岩波ジュニア新書）
【要旨】何度も訪れるほど大好きな国・ニッポンに夢中なって留学したディオンの見聞録。「英語をもっと話そうよ！」「タメ口と敬語の使い分けは難しい!?」「どうして体育会に入ると留学しにくいの？」等々、東大PEAK・体育会・コンパで同世代や社会に感じた異論・戸惑い・共感を率直に語る。日本のグローバル化社会にむけても示唆に富む一冊。
2017.4 215p 18cm ¥880 ①978-4-00-500852-0

◆なぜ日本の「ご飯」は美味しいのか—韓国人による日韓比較論 シンシアリー著 扶桑社 （扶桑社新書）
【要旨】空港、電車、商店街、ホテル、サブカルチャー、日本人が当たり前すぎて気づかなかった日本のすばらしさ！
2017.11 290p 18cm ¥800 ①978-4-594-07835-5

◆日韓メモリー・ウォーズ—私たちは何を忘れてきたか 朴裕河、上野千鶴子、金成玟、水野俊平著 （福岡）弦書房
【要旨】「ずれ」と"ゆがみ"の根源へ。日本と韓国の間に横たわる認知ギャップ。植民地時代、冷戦時代、ポスト冷戦時代、そして現代—揺れ動いてきた日韓関係。慰安婦から領土問題までを

政治、文化、メディア、インターネットなど様々なキーワードで読み解く。
2017.9 149p B6 ¥1700 ①978-4-86329-156-0

◆日本人に帰化したい!!　孫向文著　青林堂
【要旨】中国とバヨクにもう騙されるな！日本への帰化を決めた中国人マンガ家が語る嘘吐き中国とその尻馬に乗る反日バヨクの実態。全在日中国人必見の書。
2017.8 211p B6 ¥1200 ①978-4-7926-0600-8

◆日本人に伝えたい中国の新しい魅力―日中国交正常化45周年・中国の若者からのメッセージ 中国人の日本語作文コンクール受賞作品集 第13回　段躍中編　日本僑報社
【目次】最優秀賞―日本大使賞（「日本語の日」に花を咲かせよう）、一等賞（日本人に伝えたい中国文化のソフトパワー、走り続けるということ、中国の「日本語の日」に私ができること、里美ちゃんへの返事―中国の新しい魅力「環境保護の価値観」、故きを温ねて新しきを知る）、二等賞（イチジクへの未練、私も「赤めだか」、中国の民謡を味わいませんか、弄堂と猫―人情あふれる上海 ほか）〔ほか〕
2017.12 283p B6 ¥2000 ①978-4-86185-252-7

◆日本人の不信感 中国人の本心―来日35年の私にようやくほぼわかったこと！　李景芳著　さくら舎
【要旨】金銭の借用書は交わさない中国人。ルールを守る日本人、こんなもんだの中国人。ありえないほど大きな声を出す中国式学習法。中国人は生きている間は「人間」、死んだら「鬼」etc.わかっているようで、わかっていない、知りたくない。日中で語学教育35年の著者による問題の一冊！
2017.5 206p B6 ¥1400 ①978-4-86581-100-1

◆『日本』って、どんな国？―初の“日本語作文コンクール”世界大会 101人の「入賞作文」　大森和夫、大森弘子編著　日本僑報社
【要旨】初の日本語作文コンクール世界大会入選集。54ヵ国・地域の約5千編から優秀作101編を一挙掲載！世界の日本語学習者による「日本再発見！」の成果。世界が見る日本の人にとって優れたテキストになるのみならず、日本人にとっても驚きと感動の「新鮮！日本」に出逢える1冊。
2017.10 233p B6 ¥1900 ①978-4-86185-248-0

◆比較文化論叢―異文化の懸け橋　丸橋良雄、日高真帆、西山幹枝共編著　英光社
【目次】第1部 エッセイ（京都で舞妓さんになりたい、愛されるお化け）、第2部 論文（Effects of a Writing Task on Japanese EFL learners' Object Relative Clause Comprehension：Evidence from an Experimenter・Paced Reading Experiment、祖母の声を聴く―When Marnie Was There における祖母と孫娘のつながり、「愛の書物」：『ヴェローナの二紳士』におけるヒーローとリアンダー、Crossing the Borders：Musical Adaptations by Bernard J.Taylor、親和ز向における状況的目標言語学習：日本で学ぶ中国人留学生のケーススタディー、Similarities and Differences Between the Styles Used in The Rambler and Almoran and Hamlet ほか）
2017.6 145p A5 ¥3200 ①978-4-87097-181-3

◆不便でも気にしないフランス人、便利なのに不安な日本人―心が自由になる生き方のヒント　西村・プベカリン著、石田みゆ訳　大和書房
【要旨】日本人漫画家と結婚したフランス人ママ記者（AFP通信社）の、鋭い指摘とユーモアあふれる日仏比較エッセイ！
2017.9 253p B6 ¥1400 ①978-4-479-39296-5

◆マインド・ザ・ギャップ！ 日本とイギリスの“すきま”　コリン・ジョイス著、鍛原多恵子訳　NHK出版　（NHK出版新書）
【要旨】「イギリスはかなり変わっているが、そのことに気づいていない。日本は日本人が気づいていないところでひっそり面白い」―二つの国を行き来する英国人記者が、日英両国の食、言語、文化、歴史などを縦横無尽に比較しながら綴る。日本びいきでもイギリスびいきでもないユーモアあふれる「日英論」で、新たな景色が見えてくる！
2018.1 188p 18cm ¥780 ①978-4-14-088542-0

◆ヨーロッパ人が来て見て感じて驚いた！不思議の国のジャパニーズ　片切優、須貝典子著　宝島社

【要旨】和食、銭湯、佗び寂び、日本酒…欧州人が日本を堪能！ヨーロッパ一長身のオランダ人がカプセルホテルを体験、某イタリアンチェーンにやってきたイタリア人、ウォッカ命のロシア人が爛祭に挑戦、温泉大国ハンガリー人が銭湯へ…etc. 欧州人の目を通して日本を再発見！20年以上をヨーロッパで過ごす著者が開いた現地の人の“生の声”満載！
2017.8 248p B6 ¥1200 ①978-4-8002-7153-2

◆留学生からみたニッポンの不思議―日本語学校・奮闘中　西牧義江著　イマジン出版
【要旨】留学生とかかわって36年間、大学でも日本語学校でも「ナゼ先生怒ルノ？」「先生、助けて！」夢と現実に生きる留学生の大変さとたくましさに向き合った。「線路を歩いちゃいけないんです？」「食堂に子鴨でご飯の持ち込みダメなんです」文化も環境も違う若者が言葉も分からずに働き・学ぶ、彼らの見たニッポンは不思議の国だった。
2017.6 172p A5 ¥1500 ①978-4-87299-758-3

◆留学生のための日本事情入門―1冊でわかる最新日本の総合的紹介　金津日出美、桂島宣弘、アジアにおける日本研究ゼミナール著（京都）文理閣 改訂版
【要旨】覚えておきたい日本語の日常表現、生活事情、交通事情、留学生のための法律知識、日本人の食生活、日本の春・夏、日本の秋・冬、京都案内、日本の名所〔ほか〕
2017.4 159p B5 ¥2000 ①978-4-89259-791-6

◆私、日本に住んでいます　スベンドリニ・カクチ著　岩波書店　（岩波ジュニア新書）
【要旨】日本で長く取材活動を続けているジャーナリストが日本に住むさまざまな外国人の声を紹介します。彼らは日本でどのような生活をし、何を感じているのでしょうか。彼らの目に映った日本とは？多様な文化的背景をもつ人々の声を通して多文化共生のありかたを考える本。
2017.10 166p 18cm ¥800 ①978-4-00-500862-9

◆JAPAN―外国人が何度も訪れたいニッポンの秘密　Amazing Japan Researchers著　宝島社
【目次】1 外国人が全国に拡散中！インバウンドビジネスが進化する（アイドルが日本企業を世界に拡散する!!、Tokyo Girls' Update が「日本アイドル文化論」を世界に発信！、2 外国人が一度目にしたら忘れられない風景（アクティブ外国人が理想の雪と波と風を求めて日本へ向かう！、お花見のにぎわいはロックフェスティバル！ ほか）、3 日本だけの味を求めて世界中からやってきた！（外国人に人気の日本酒「爛祭」、節約系外国人星5のファストフード店 ほか）、4「伝統」も「流行」も楽しめる日本の文化（自分の手でつくる食品サンプル、ほかにはないキッチンストリート合羽橋 ほか）、5 日本の「普通」が世界からは「特別」に見える！（かわいいが止まらないご当地キャラが世界を席巻る！、ヒッチハイクで感じた日本人の優しさ ほか）
2017.4 143p B5 ¥900 ①978-4-8002-6862-4

◆JAPAN―東京五輪まであと2年だってよ！いこーぜニッポン！　Amazing Japan Researchers著　宝島社
【要旨】外国人が驚いたすごいニッポン170。
2018.1 127p B5 ¥1000 ①978-4-8002-7945-3

◆JAPAN CLASS―ニッポンがまたやったってよ！　ジャパンクラス編集部編　東邦出版
【要旨】のべ537人の外国人のコメントから浮び上がる日本。
2017.7 119p B5 ¥1000 ①978-4-8094-1502-9

◆JAPAN CLASS―ニッポン人って、つくづくラッキーだな！　ジャパンクラス編集部編　東邦出版
【要旨】のべ514人の外国人のコメントから浮かびあがる日本。
2017.12 127p 26×19cm ¥1000 ①978-4-8094-1545-6

 日本論・日本人論

◆愛国者　田母神俊雄著　青林堂
【要旨】反日国家中国、韓国、北朝鮮は日本の敵ではない！今こそ日本を貶める元凶、反日左翼を徹底的に駆逐して日本復活に！ 愛国者田母神

俊雄、渾身の書。
2017.11 221p B6 ¥1400 ①978-4-7926-0608-4

◆「愛国」という名の亡国論―「日本人すごい」が日本をダメにする　窪田順生著　さくら舎
【要旨】日本を席巻する「日本人は優れている」「日本は世界一」をうたうテレビ・新聞・本の「愛国番組・報道」。日本は危険水域に入っている！
2017.11 238p B6 ¥1500 ①978-4-86581-123-0

◆あなたも間違いなくかかっている 死に至る病い日本病―集団ふわふわゾンビ化の超感染力！　坂の上零著　ヒカルランド
【要旨】これからホンモノの時代、厳しい大淘汰の時代が来る。覚醒せよ。日本病のままでは、次の時代では「あなたは不要な人」となり、時代に淘汰される。国家、官僚、政治家、大企業、学校その他どこからどこまでも蔓延する“日本病”の正体を抉り治療法を提示する快著！これから衰退する日本と歴史の激動期を生き残るためのサバイバル指南書！
2017.11 305p B6 ¥1815 ①978-4-86471-563-8

◆「穴場」の喪失　本村凌二、マイク・モラスキー著　祥伝社　（祥伝社新書）
【要旨】人間にも、街にも「穴場」が必要である―古代ローマ研究者と日本文化研究者による、比較文化対談！「穴場」の喪失は人間にどう影響を及ぼすか、このような社会の生き方かを、語り合う。「食べログ」「ぐるなび」がローカルな飲食文化、すなわち「穴場」を破壊していると喝破した「ネット時代の飲食文化」。ヒーロー像の違いから国民性を読み解く「映画ヒーローの日米比較」。競馬・カジノの二面性を追う「ギャンブルと文化」。音楽・言葉・笑いの地域とのつながりを探る「地域性の彩り」。均質化が進み、「穴場」が失われつつある街で暮らすための処方箋を提示する「街に生きる」。―全5テーマ。
2017.6 194p 18cm ¥780 ①978-4-396-11507-4

◆いい加減に目を覚まさんかい、日本人！　百田尚樹、ケント・ギルバート著　祥伝社
【要旨】「今こそ、韓国に謝ろう」の百田尚樹と「儒教に支配された中国人と韓国人の悲劇」のケント・ギルバートが大激論！これでいいのか日本！
2017.11 299p B6 ¥1500 ①978-4-396-61628-1

◆犬と鬼―知られざる日本の肖像　アレックス・カー著　講談社　（講談社学術文庫）
【要旨】美しい自然、練達された芸術と文化遺産、高度な技術、優れた教育制度…。一九九〇年代、世界をリードする新文明の構築を目前に日本が失速したのはなぜか？ 明治維新、敗戦を超え、「近代化」を推進してきた日本は、バブル崩壊を引き金に、本質的に失敗した。経済、環境、人口、教育等の分野で、慢性的で長期的な問題を抱えるこの国への警告の書。
2017.11 444p B6 ¥1300 ①978-4-06-292405-4

◆大前研一 日本の論点2018～19　大前研一著　プレジデント社
【要旨】安倍一強「忖度政治」の行く末。デジタル化の加速と産業の突然死。世界で加速するキャッシュレス革命。中国とロシアが北朝鮮を制裁しない理由、ほかマッキンゼー伝説のコンサルタントが激動の世界を徹底分析！
2017.11 286p B6 ¥1600 ①978-4-8334-2254-3

◆神様と仏は異質で次元の違いを学ぶ　泉龍雄著（堺）銀河書籍、星雲社 発売
【要旨】平和を学び争う国は蟻の巣穴争奪戦、首謀者はコクリに神の眼には映り、軍事・法律に頼り平和を守ろうとする国は、政治家・宗教家の堕落。
2017.9 224p A5 ¥1500 ①978-4-434-23796-6

◆ガラパゴス・クール―日本再発見のための11のプログラム　船橋洋一編著　東洋経済新報社
【要旨】日本再発見のための11のプログラム。各界のフロントランナーが結集！「クール・ジャパン論」を超えた21世紀の新ジャポニズム論、ここに誕生!!
2017.2 356, 28p B6 ¥2800 ①978-4-492-22376-5

◆下流予備軍　森井じゅん著　イースト・プレス　（イースト新書）
【要旨】かつては「一億総中流」と呼ばれ、自分自身が中流だと考える人がいまだに九割を超える国、日本。しかし高齢化社会を迎え、雇用システムやセーフティネットは崩壊寸前。普通に生きて普通に働き、普通に老後を迎えることが

社会・文化

難しくなっているのが現実である。転職や病気、介護、子育てなどの要因により、多くの人が下流に落ちる可能性と共に生きている時代。貧困家庭から這い上がれた公認会計士・税理士・ファイナンシャルプランナーの森井じゅんが"不安の時代"の中で自分自身の人生を生き抜く術を解説する。

2017.8 255p 18cm ¥861 ①978-4-7816-5089-0

◆「危機感のない日本」の危機　大石久和著
海竜社
【要旨】日本国が溶解し始めている！かつて繁栄を極めた日本が、なぜ世界に遅れをとるようになったのか―。今こそ、「日本の危機」を直視するときだ。

2017.9 277p B6 ¥1600 ①978-4-7593-1551-6

◆幸福と日本文化のミスマッチ―すべての悩める現代人へ贈る、新しい幸せのセオリー　墨崎正人著　幻冬舎メディアコンサルティング，幻冬舎 発売
【要旨】「幸せとは何ぞや？」に答えられれば、こんな悩みとおさらばできます。カリスマ、エロス、タブー…さまざまな角度から「幸福」の謎に迫る。心の霧を晴らすヒントの詰まった一冊。

2017.4 166p B6 ¥1000 ①978-4-344-91154-3

◆国民の覚醒を希う　三好達著　明成社
【要旨】江田島の海軍兵学校で終戦を迎えた著者は、平成九年最高裁長官を退官後、平成十三年に第三代日本会議会長に就任。国政が混迷し、国家意識の乏しい国民が跋扈する中にあって、日本の進むべき方向の根幹を示す国民運動の先頭に立ち、これをリードしてきた。会長在任期間中、こうした運動を通じて国民に訴えかけ、覚醒を訴えてきた「穏やかな烈士」の「皇室・靖國・憲法・教育・国家観」と、その間の日本会議国民運動の軌跡。

2017.11 375p B6 ¥2000 ①978-4-905410-46-1

◆この大動乱の世界で光り輝く日本人の生き方　渡部昇一著　徳間書店
【要旨】トランプの衝撃、欧州分裂、北朝鮮緊迫…「急変する世界」の意味と、いまこそ活きる「日本の叡智」とは。「激変の時代」を生きる日本人への指針がここにある！

2017.3 239p B6 ¥1600 ①978-4-19-864351-5

◆これからの日本の論点―日経大予測 2018　日本経済新聞社編　日本経済新聞出版社
【要旨】日本の明日を左右する重大問題について日経の編集委員・コメンテーターが大胆予測。マクロ経済、企業動向、政治、国際情勢…それぞれの専門分野で、深く丁寧に将来を見通します！25のテーマで明日の日本を先読み！

2017.10 365p A5 ¥1800 ①978-4-532-21927-7

◆これしかない幸運への道―"なかよしつくり"の社会科学　村山政太郎著　中央通信社，星雲社 発売
【要旨】先見学、予見学を学ばなければ、幸運な社会生活は送れない。天津神は3年以上前に安倍晋三首相の人災で犯罪事件の発生を予見している。

2017.7 224p B6 ¥1200 ①978-4-434-23471-2

◆逆さメガネで覗いたニッポン　養老孟司著　PHP研究所　（PHP文庫）（『養老孟司の"逆さメガネ"』改題）
【要旨】「都市こそ進歩」「個性は心にある」「バリア・フリーの社会を」一世の中の常識となっている現代人の錯覚にすぎない！社会の本当の姿は、反対側から見て初めて、わかってくるのだ。本書は、養老流の逆さメガネで、戦後から現代にかけて浸透してきた「都市主義」「脳化社会」のゆがみを鋭く指摘したもの。あなたは常識にはばられて、本質を見誤ってしまっているのかも知れない。

2017.9 233p A6 ¥640 ①978-4-569-76778-9

◆坂の上の雲はキノコ雲　金清勝應著　幻冬舎メディアコンサルティング，幻冬舎 発売
【要旨】戦争を海軍兵学校の生徒として体験し、凄惨なヒロシマを目にしてきた。その著者が語る、現代に甦る核爆弾の恐怖と真実。そして日本が辿る未来。この国の「これまで」と「これから」を指南する、至高の名著。

2017.12 305p B6 ¥1300 ①978-4-344-91497-1

◆雑草が教えてくれた日本文化史―したたかな民族性の由来　稲垣栄洋著　エイアンドエフ（A&F BOOKS）
【要旨】戦国武将は大事な家紋に雑草をあしらった。華麗な花や勇壮な動物を描いた西洋とは明らかに違っている。日本人にとって雑草とは何か。雑草生態学の権威が、斬新な視点から提示

する新・日本人論。

2017.10 245p B6 ¥2200 ①978-4-9907065-8-6

◆司馬遼太郎の「日本人論」と現代の日本―二十一世紀の日本人にその声は届いているか　宇内日呂志著（名古屋）ブイツーソリューション，星雲社 発売
【要旨】司馬遼太郎は、日本の近代のルーツを鎌倉幕府の誕生に求めた。封建制は進歩の力を内包し、西欧近代にも親和的な統治システムだったからだ。こうした中世を経験しなかったアジアの国は立ち遅れた。一方で、日本人が長く育んできた道徳観や規範意識は、進歩と安定を調和させ、近代化を支えた。我々がそうした伝統の下にあることは、現代の日本が、世界でも稀に見る、豊かで秩序ある社会を実現させていることからも明らかである。しかし、その良さは一時期失われ、太平洋戦争に向かう異胎の時代を生んだ。世界の動きに目を塞ぎ、合理的に考えることを怠った、国は容易に危機に瀕する、それが、司馬のもう一方のメッセージでもあった。世界の組合員としての振る舞い、イデオロギーの対立の克服、歴史認識問題など、司馬の声を聞きながら、日本のこれから歩むべき道について考えてみる。

2017.3 383p B6 ¥1800 ①978-4-434-23095-0

◆ジリ貧大国ニッポン―2025年問題の悲劇　福岡政行著　毎日新聞出版
【要旨】団塊世代700万人が後期高齢者、AIによる大失業時代に突入―精度の高い選挙予想でお馴染みの政治学者が徹底分析。

2017.6 306p 18cm ¥1200 ①978-4-620-32451-2

◆世界が認めざるを得ない最強の国「日本」　マイケル・ユー著，宋允復訳　KADOKAWA
【要旨】ソウル放送、松下政経塾出身の在米韓国人ジャーナリストが渾身レポート。韓国が追いつけない「真の理由」たゆまぬ努力が日本をここまで強くした！

2017.3 254p B6 ¥1400 ①978-4-04-601789-5

◆「それでも反日してみたい」―はすみとしこの世界　はすみとしこ著　青林堂
【要旨】はすみとしこのイラスト＆コラム第2弾!!なぜ彼らはそこまで「反日」をしたいのか？

2017.9 62p 19×16cm ¥900 ①978-4-7926-0602-2

◆大直言　青山繁晴，百田尚樹著　新潮社
【要旨】すでに「第三次世界大戦」と覚悟すべきだ―。日本国憲法はこのままでいいのか。外交に勝つために必要なのは。政治家に求められる覚悟とは。第三次世界大戦にどう備えるか。結論ありきの報道との向き合い方。領土をいかにして守るべきか。そして、日本人が持つべき、「真の矜持」とは。戦後日本が抱える様々な問題の本質をえぐる、刺激的対論。

2017.1 206p B6 ¥1300 ①978-4-10-336413-9

◆知性の顛覆―日本人がバカになってしまう構造　橋本治著　朝日新聞出版（朝日新書）
【要旨】「ヤンキー」と、言い訳する「大学出」ばかりで、この国にもはや本物の知性は存在しない？イギリスのEU離脱、トランプ政権誕生、ヘイト・スピーチ…世界的に「反知性主義」が叫ばれて久しい中、その実態は主義というよりは、「かつて持っていた自分の優越を崩されたことによる不機嫌さ」という「気分」に過ぎないのではないか？その「空気」が生まれるに至るメカニズムを読み解き、もう一度自ら本物の「知性」を得て立て直すための処方箋を提示する、示唆に富んだ一冊！

2017.5 228p 18cm ¥760 ①978-4-02-273715-1

◆挑発的ニッポン革命論―煽動の時代を生き抜け　モーリー・ロバートソン著　集英社
【要旨】テレビでは伝えきれないニュースの「奥行き」右からでも左からでもなく、世界を立体視する知性を身に付けよ！

2017.10 253p B6 ¥1400 ①978-4-08-780826-1

◆沈黙と美―遠藤周作・トラウマ・踏絵文化　マコト・フジムラ著，篠崎直子訳　晶文社
【要旨】新しい日本画の表現を確立し国際的に評価される現代美術家、マコトフジムラ。クリスチャンでもある著者が、遠藤周作の『沈黙』に導かれて遠藤キリシタンの歴史に踏み入り、踏絵のトラウマが生んだ日本独自の美術、文化、風土へ深い洞察力をもって挑む日本論。自身の信仰と創作の歩みを遠藤周作のたどった足跡にオーバーラップさせる自伝的な試みでもある。東京国立博物館での9・11体験、長崎グラウンド・ゼロへの巡礼―。暗闇と不信の時代の先に、著

者が見つけた希望とは？

2017.2 308p B6 ¥2500 ①978-4-7949-6954-5

◆ついに「愛国心」のタブーから解き放たれる日本人　ケント・ギルバート著　PHP研究所（PHP新書）
【要旨】「あなたは愛国心を持っていますか？」―。一般的な家庭で育った米国人なら、間違いなく「はい」と答えるでしょう。なぜ、そうなってしまうのか。その背景に、戦後、GHQが行なった洗脳工作があります。「国を愛する」自然な感情と、自国の歴史・文化の真髄を知る機会を奪われてしまったのです。では、それをどのように取り戻すか―。長年、日本を深く理解したいと努力してきた著者が、いちばん書きたかった日本の歴史や伝統の素晴らしさについて真摯に説き、日本を愛する誇りと気概を綴った注目の書！

2017.8 205p 18cm ¥840 ①978-4-569-83653-9

◆なぜ世界は日本化するのか　佐藤芳直著　育鵬社，扶桑社 発売
【目次】第1章 世界が憧れる"日本人"という社会資本、第2章 日本人を作った教育、教育、リーダーのあり方、第3章 世界を席巻した日本的経営、第4章 グローバリズムの波に呑まれた日本、第5章 反グローバリズムに向かう世界、第6章 日本は「日本らしさ」を追求すればいい

2017.3 223p B6 ¥1500 ①978-4-594-07682-5

◆2018年日本はこうなる　三菱UFJリサーチ＆コンサルティング編　東洋経済新報社
【要旨】アベノミクスの総決算！日本経済の行方から働き方改革、外国人雇用、AI・IoT・ロボットまで、今知るべき86のテーマを解説。

2017.11 261p A5 ¥1600 ①978-4-492-39638-4

◆日本覚醒　ケント・ギルバート著　宝島社（宝島SUGOI文庫）
【要旨】日本は超大国であるにもかかわらず、相変わらず日本人は自虐史観にとらわれて、自らを過小評価しすぎている。しかし、もともとの日本人は自らに対しても、他人に対しても誇りを持っていた。いまこそ、日本人は自らの歴史を取り戻し、洗脳の呪縛から脱却し、世界の中で責任のある国家へと脱皮していくべきである。日本を日本人以上に知るケント・ギルバートが贈る覚醒の一冊。

2017.5 219p A6 ¥600 ①978-4-8002-7046-7

◆日本再生 2 日本の未来を照らす平和主義　山下有信著（仙台）創栄出版，星雲社 発売
【目次】守るべき道、経済競争、経済成長の実体と理想、愛の献血運動の終りを考える、真の道徳、金融の本来の姿、財政運営、円安の功罪、アジアインフラ投資銀行、国立競技場新設と政府の腐敗〔ほか〕

2017.5 262p A5 ¥1500 ①978-4-434-23175-9

◆日本3.0―2020年の人生戦略　佐々木紀彦著　幻冬舎
【要旨】ガラガラポン革命のキーワードは「移動」と「下克上」だ。2020年の東京オリンピックは団塊世代の卒業式となる。その後は、リスクを恐れず、挑戦する30代にチャンスが来る。大きな成功を掴むのは、デジタルとアナログ、世界と日本、地方と東京、大企業とスタートアップといった境界線を超えていける人間だ。

2017.1 415, 4p 18cm ¥1200 ①978-4-344-03062-6

◆日本 - 呪縛の構図―この国の過去、現在、そして未来 上 R.ターガート・マーフィー著，仲達志訳　早川書房（ハヤカワ・ノンフィクション文庫）
【要旨】日本とはいかなる国なのか？この国はなぜ世界有数の経済大国へと発展し、何が多くの外国人を惹きつけるのか？天皇制の誕生から安倍政権にいたる権力構造の変化を縦糸に、歌麿からジャパニメーションまで文化の潮流を横糸にとり、日本が世界にとって長短両面で貴重な教訓を与え続けてくれる理由を明らかにする。在日40年、筑波大学名誉教授のアメリカ人エコノミストが独自の視点と深い愛情をもとに語る、日本論の決定版。

2017.12 398p A6 ¥960 ①978-4-15-050513-4

◆日本 - 呪縛の構図―この国の過去、現在、そして未来 下 R.ターガート・マーフィー著，仲達志訳　早川書房（ハヤカワ・ノンフィクション文庫）
【要旨】アジア・太平洋戦争から福島第一原発事故まで、近現代の日本が直面してきた危機の背

後に見え隠れする「呪縛の構図」がいま、ますます表面化しつつある。機能不全の政治、相次ぐ企業の不祥事、緊張高まる東アジア情勢、矛盾を許容する社会…こうした諸課題を解決へとみちびくために、私たちがとるべき道とは？ 第48回衆議院選挙の結果やトランプ米大統領の初来日をうけて行なわれた津田大介氏との緊急対談を巻末に収録。

2017.12 462p A6 ¥960 ①978-4-15-050514-1

◆日本人だけが知らない世界から尊敬される日本人　ケント・ギルバート著　SBクリエイティブ　（SB新書）
【要旨】なぜ日本人だけが、世界を舞台に偉大な足跡を残した自国の英雄について知らないのか？ その裏には、19世紀末に西欧社会で蔓延し、今もなお海外における日本人の活躍を阻み、過小評価した思想「黄禍論」があった。世界から尊敬されながらも、日本人だけがその実力を知らずに来た偉大なる先人の系譜に、日本在住40年の著者が、満を持して光をあてる。

2018.1 191p 18cm ¥800 ①978-4-7973-9371-2

◆日本人とは何者なのか、を問い続けて　有林重仁著　人文書館
【要旨】異色の日本人論、日本文化論！ 日本人とは、すなわち客体である。受動的・客体的日本人という「個」＝主体を、生きること、自己の存在価値を自ら決める人間として生きることの意味を探す。

2017.10 271p B6 ¥3000 ①978-4-903174-38-9

◆日本人は「国際感覚」なんてゴミ箱へ捨てろ！　ケント・ギルバート著　祥伝社
【要旨】これからはジャパン・ファースト！「平等主義」「平和主義」「国際協調主義」この3つの主義を捨てれば日本はもっと幸福になる！

2017.3 269p B6 ¥1500 ①978-4-396-61594-9

◆日本人への遺言　PART2　「和の国」のかたち　渡部昇一、日下公人著　李白社、徳間書店 発売
【要旨】「WGIP」の呪縛を解き道徳を回復し、皇統を尊び覚悟を決めれば、トランプも習近平もプーチンも、必ず頭を下げに来る！

2017.12 224p B6 ¥1300 ①978-4-19-864343-0

◆日本だから感じる88の幸せ—クウェート王室付きの元教師が見つけた　石黒マリーローズ著　宝島社
【要旨】日本人の方々の姿勢は外国人でも感銘を受ける。日本人の謙遜は優しさの表れ。自動販売機や無人販売所は道徳心の象徴。おしぼりは他者を気遣う思いやりの心…日本人にとって当たり前だと思われるサービスや文化、思いやりを外国人には驚きと幸せに満ちている。すごい技術やサービスを外国人の視点で再発見。

2017.4 223p B6 ¥1200 ①978-4-8002-6896-9

◆日本にしかない「商いの心」の謎を解く—日本人はなぜ「世のため」の商売をするのか　呉善花著　PHP研究所　（PHP新書）
【要旨】韓国出身の比較文化学者である著者は、本書で「日本の商人・事業家には、自分のためではなく、共同体のために富を蓄えようとする人が圧倒的に強く見られる理由がわかったように思える」と述べる。「古い魂と新しい魂」を交換する場が市となり、神仏に奉仕した人々の多くが商人としても活躍するなど、日本の商いは宗教的な色彩を帯びていた。さらに、仏教をベースにした商人倫理が広く説かれ、世間と共に生きることを尊ぶ商人道が形成されたという。「江戸の町の成立」「近江商人」「おもてなし」なども俎上に載せ、日本人特有の「商いの心」の本質に迫る。

2017.3 248p 18cm ¥800 ①978-4-569-83557-0

◆日本の「運命」について語ろう　浅田次郎著　幻冬舎　（幻冬舎文庫）
【要旨】日本の未来を語るには、歴史を知らないと始まらない！ 特に現代生活に影響を与えているのは江戸以降の近現代史。「アメリカのペリー来航が一週間ずれてば歴史は大きく違っていた」「第二次世界大戦終結後にもソ連との戦闘は続いていた」等、秘話満載。歴史という過去を見つめ続ける小説家がこれからの日本が歩むべき道を照らす、現代人必読の書。

2017.8 226p A6 ¥960 ①978-4-344-42630-6

◆日本のこれからをつくる本　島田雅胤著　幻冬舎メディアコンサルティング、幻冬舎 発売
【要旨】日本を「住みたい国」にするために、今、一人一人ができること。それは「動かけ」で日本を守るという信念を持ち、考え、動くこと—。幸福度ナンバーワンの国をつくるために思考を

続ける著者が、日本の問題点について具体的な解決策を示す、かつてない提言型エッセイ集。

2017.11 146p B6 ¥1200 ①978-4-344-91440-7

◆「日本の伝統」の正体　藤井青銅著　柏書房
【要旨】「日本の伝統」はいつ、いかにして創られ、私たちはどのようにして、受け入れてきたのか？ 初詣、神前結婚式、恵方巻、ソメイヨシノ、大安・仏滅、三世代同居—フェイクな「和の心」に踊らされないための、「伝統リテラシー」が身につく一冊！

2017.12 239p B6 ¥1600 ①978-4-7601-4933-9

◆日本病脱却マニュアル—自分で自分を救うワークブック　坂の上零著　ヒカルランド
【要旨】世界経済は今、破滅的混乱に向かっている。日本病のままでは、次の時代から淘汰されてしまう。最終関門は、あなたの不安の原因を探り、自分自身の弱さ、恐怖と向き合い、恐怖を克服するワーク！ 日本病を脱却し、本来の輝く自分自身へと生まれ変わるワーク！ そして、自由自在の自分自身に至るワーク！ 日本病を脱却して、本来の凛々しい自分自身となり、これから来る困難な激動期をサバイバルしよう！

2017.11 200p B6 ¥1600 ①978-4-86471-571-3

◆日本問答　田中優子、松岡正剛著　岩波書店　（岩波新書）
【要旨】日本はどんな価値観で組み立てられてきたのか。なぜかれらが忘れられてきたのか。常に新境地を切り開く江戸文化研究者と古今東西の膨大な書物を読破し縦横対立思考する、日本の来し方・行く末をめぐって侃侃諤諤の知の冒険。デュアル思考で、日本の内なる多様性の魅力を発見する。

2017.11 345p 18cm ¥940 ①978-4-00-431684-8

◆ハーバードで喝采された日本の「強み」　山口真由著　扶桑社
【要旨】東大元首席元財務官僚が学んだハーバード白熱教室の実態！ トランプ大統領を生んだアメリカという国の二極対立思考法、ハーバード流交渉術、LGBT問題、人種問題etc.

2017.3 221p B6 ¥1300 ①978-4-594-07666-5

◆復興の日本人論—誰も書かなかった福島　川口マーン惠美著　グッドブックス
【要旨】「賠償金による住民の分断」「事実とほど遠い風評」「福島の不幸を喧伝するメディア」「ドイツ再エネへの勘違い」外から見ていると、今の日本は、かなり危ない。ドイツ在住の作家が、“大切な祖国が没落しないために” 取材を重ねて書いた本。

2017.12 235p B6 ¥1400 ①978-4-907461-15-7

◆ぼくたちはこの国をこんなふうに愛することに決めた　高橋源一郎著　集英社　（集英社新書）
【要旨】子供たちの独立国家は、本当に実現するのか？ そこで浮き彫りになる、日本の現在（いま）とは？ 本書は、竹島問題、憲法改正、象徴天皇制などのアクチュアルなテーマを、架空の小学校を舞台に平易な言葉で論じる、一八世紀以前にヴォルテールやルソーなどが得意とした「小説的社会批評」の試み。「園長・ハラさんが経営する小学校に通う、主人公の小学生「ぼく（ランちゃん）」とその仲間たちは、知性と個性に彩られた不思議な大人たちに見守られながら、少しずつ自分たちの「くに」を創り始める。

2017.12 290p 18cm ¥860 ①978-4-08-721012-5

◆まだGHQの洗脳に縛られている日本人　ケント・ギルバート著　PHP研究所　（PHP文庫）
【要旨】「戦前の日本は侵略国家」「日本人は平和憲法を自ら定めた」。実は、これらはGHQが占領政策で広めた真っ赤なウソだった。いまも日本人の精神を蝕み続ける「WGIP」（ウォー・ギルト・インフォメーション・プログラム）の洗脳工作の正体を、知日派米国人が解き明かす。日本の弱体化を望む勢力がその「プロパガンダ」として利用する現実を知ったとき、あなたの歴史観は根本から覆る。

2017.7 269p A6 ¥700 ①978-4-569-76764-2

◆ママは愛国　千葉麗子著　ベストセラーズ
【要旨】すべての子を持つ親へ伝えたい！ ただこの国が好きなだけ！「教育勅語」・『修身』にある「私達の大切な日本」愛する人のために命を懸けた先人を誇りに！

2017.12 222p B6 ¥1111 ①978-4-584-13775-8

◆マンガで読む「不安な個人、立ちすくむ国家」　神谷仁構成、しまこ美紀ほか作画、経済産業省若手プロジェクト協力　双葉社

【要旨】ネット上で発表され、大反響を巻き起こした若手官僚たちの文書が、まさかのマンガ化。なぜ日本は、大きな発想の転換や思い切った選択ができないままなのだろうか？ なぜこの国は現役世代に冷たいのだろうか？ 高齢化と医療費の増大に、いつまで耐えられるのだろうか？ 母子家庭と貧困の連鎖を放置していいのだろうか？ 日本人なら誰もが不安を覚えているテーマに大胆に切り込み、解決のヒントを示す。改革のために残された時間は、あと数年—。この国に “二度目の見逃し三振” は許されない！

2017.12 159p B6 ¥1100 ①978-4-575-31328-4

◆“もう一つの文明” を構想する人々と語る 日本の未来—自然と共に生きる豊かな社会　池内了監修、けいはんなグリーンイノベーションフォーラム編　啓文社書房、啓文社 発売
【要旨】本書は、KGIフォーラム が「けいはんな丘陵からグリーンイノベーションの風を！」をキャッチフレーズに、“もう一つの文明” を構想する人々と語る『日本の未来』と題して開催してきた5回のフォーラムの講演内容をまとめたものです。10名のゲストを招き、さまざまな視点で「緑」を核とした文明を探求しています。

2017.11 335p B6 ¥2000 ①978-4-89992-042-7

◆もののふ日本論—明治のココロが日本を救う　黒鉄ヒロシ著　幻冬舎　（幻冬舎新書）
【要旨】幕末・明治の日本人は、白人の価値観で世界を蹂躙しようとする欧米列強に屈せず、「士」の精神と不魂洋才の知恵で新秩序を成し遂げる。これはまさに人類史上の奇跡であった—西洋文明の残忍さを見抜き、アジア諸国が手を結んで正道を進むことを説いた西郷隆盛。いったんは失った樺太を、臥薪嘗胆して富国強兵を期し、日露戦争勝利で奪還した明治政府ほか。歴史漫画の鬼才が、語られなかった他国への善行、誤解された史実に光をあて、今までグローバリズムの暴力にさらされる日本のとるべき道を示す。

2017.1 225p 18cm ¥800 ①978-4-344-98450-9

◆やっと自虐史観のアホらしさに気づいた日本人　ケント・ギルバート著　PHP研究所　（PHP文庫）
【要旨】「侵略国家、日本」という自虐史観を、日本人の心に強く植えつけたGHQの洗脳工作。本書は、占領軍が去った後も日本を貶めるプロパガンダ戦略が、反日的なメディアや諸団体によって引き継がれた実態を明かす。「外国勢力と結託する野党の『正体』」「利益で『転がる』可能性があるアメリカ」など、ますます混沌とする国際情勢の中で、日本の『真の目覚め』を望む知日派米国人からの熱いエール！

2017.11 282p A6 ¥720 ①978-4-569-76785-7

◆47都道府県格差　木原誠太郎著　幻冬舎　（幻冬舎新書）
【要旨】医療や雇用、教育面で都道府県間の格差が指摘されている。政府の統計から寿命、年収、子供の学力など31項目について全国ランキングを作成。さらにこのランキングに県民性を調べた独自のアンケート結果を照らし合わせた。すると都道府県間の格差はそれぞれの県民性が生んでいることがわかった。たとえあまり飲まない山梨県の女性は健康寿命が長い、他人の目を気にする岐阜県民はニート率が低い、ギャンブル好きな兵庫県民は貯蓄に関する証券額が多い…。最後には暮らしやすさ総合ランキングも発表。あなたの出身地の県民性とランキングは？

2017.11 166p A6 ¥760 ①978-4-344-98475-2

◆リベラルの自滅—「日本再発見」講座　3　馬渕睦夫著　ベストセラーズ
【要旨】「国際協調主義」は “洗脳” である！ 左派政党、知識人、マスコミ…リベラル勢力はなぜ自ら破滅へと向かうのか？「リベラル思想」から生まれた「ポリティカル・コレクトネス」で世の中が不自由になってきた—。

2017.11 227p B6 ¥1200 ①978-4-584-13820-5

◆Guide to Japan - born—Inventory Freshness Control for managers　髙井重明著　幻冬舎メディアコンサルティング、幻冬舎 発売　（本文：英文）
【目次】1 Why the tighter Inventory control and Inventory freshness control is required now？、2 Cash management、3 Inventory from the viewpoints of financial statements、4 Inventory from the viewpoints of integrated demand and supply chain、5 Effective Management method and Management KPIs for operational improvement、6 Inventory Dollar control、7 The future of In-

ventory management, 8 Strengthening operations towards the mitigation of accounting fraud risks, 9 System The effective system and its usage for Freshness Control and mitigation of accounting fraud risks
2017.3 181p B6 ¥1500 ①978-4-344-91160-4

◆**JAPAN CLASS—毎度毎度ぶっ飛んでるな!**　ジャパンクラス編集部編　東邦出版
【要旨】のべ766人の外国人のコメントから浮かび上がる日本。
2017.2 131p B5 ¥925 ①978-4-8094-1459-6

◆**JAPAN CLASS—ニッポンって、どえらい国だな! のべ610人の外国人のコメントから浮かび上がる日本**　ジャパンクラス編集部編　東邦出版
【目次】ニッポンの日常風景、大特集1 ニッポンの学校は生徒も先生も親も熱心だナ!、大特集2 世界でもっとも"地球"を感じる国ニッポン、特集 目指せ、盆栽マスター! 聖地・埼玉に外国人が続々集結!、特集 日本のお金はもったいなくて"使えない"!、特集 中国の反応、漢が惚れるゴルファー誕生!、特集 日本の高速道路って、近未来かよ!
2017.4 125p B5 ¥1000 ①978-4-8094-1474-9

地方文化

◆**愛知あるある**　立花千春著,黒茶鯖虎画　TOブックス
【要旨】愛知県民は野菜が嫌い? じゃんけんの合図はグー、ピー、パー! 津市と料理をめぐる争いが勃発している!? 熱田神宮には楊貴妃のお墓がある!? 話題の天才棋士は愛知で生まれた! 街を見渡せばブラジル人ばかり? 名古屋の道路は走り屋だらけ!? シュールすぎる岡崎市の非公式ゆるキャラ! などなど、天下無双のふるさと、愛知のあるあるネタ270本を大公開!
2017.11 141p 18cm ¥800 ①978-4-86472-616-0

◆**愛知ふるさと素描**　河村アキラ著　鳥影社
【要旨】中日新聞120回好評連載、他。『名古屋ふるさと素描』に、新たに40枚を追加。愛知県内各地に残されたニッポンの消えゆく庶民の原風景を描く。
2017.6 167p B5 ¥2800 ①978-4-86265-614-8

◆**あかし本—時のまちを創る 海のまちに生きる**　神戸新聞明石総局編　（明石市）ペンコム,インプレス 発売
【要旨】すべては「人の熱さ」に触れたことから始まった。2014年、「時」や「子午線」について熱弁を振るう明石市立天文科学館の学芸員に惹かれた。2016年、「海」や「魚」について語り合いながら議論する漁師たちに惚れた。「その思い、多くの人に伝えなきゃダメ! 私に書かせてください!」一人の記者の直訴。こうして、神戸新聞明石総局の長期連載がスタートした。魂を揺さぶる名も無き人々の挑戦。
2017.6 167p A5 ¥1800 ①978-4-295-40101-8

◆**秋田・消えゆく集落180**　佐藤晃之輔著　秋田文化出版
【要旨】無人となった125の集落を訪ねて記録した『秋田・消えた村の記録』刊行から20年。復刊を望む多くの声に応え、同書のダイジェストに新たに調査した32集落を加え、ダム移転の集落は各ダムの概要を記述してまとめるなど、新たな構成で再び世に問う。全180の集落がたどった運命を通して、故郷とは何か、農業の意味、秋田の進むべき未来を考える。
2017 229p B6 ¥1500 ①978-4-87022-574-9

◆**奄美文化の近現代史—生成・発展の地域メディア学**　加藤晴明,寺岡伸悟著　（鹿児島）南方新社
【要旨】地域・文化・メディアは連環する。奄美の文化は、誰によって担われ、どう継承・変容し、真の形に創生されてきたか。戦前から、ダイナミックな展開を見せる現在まで、メディア学の視点から詳細に描く。
2017.3 365p A5 ¥2800 ①978-4-86124-358-5

◆**あやべ大好きBOOK**　ねじっとくんとみんなでつくるあやべ大好きBOOK編集委員会編　ポプラ社
【要旨】京都市内から車でも列車でも、約1時間。あやべってこんなにすごい街! 綾部に本社のある日東精工のキャラクター、ねじっとくんがご

案内。あやべ大好きな人たちの口コミ情報も満載。
2017.12 71p A5 ¥1250 ①978-4-591-15707-7

◆**ありえへん京阪神—でも愛される、京都・大阪・神戸の"けったい"な面々**　矢野新一著　ワニブックス　（ワニブックスPLUS新書）
【要旨】東京との違いはさほど気にしないものの、自分たちの地域（差）はかなり意識し、激しく火花を散らしている京都・大阪・神戸の"けったい"な面々。それぞれ歴史に根づいた揺るぎない個性があり、誇りを持っているものの、「イケズ」「下品」「気取り屋」「いらち」などと、表で裏でけなし合うこともしばしば。果たしてその実態とは一? 京阪神という特殊な地域と文化、さらにはそこに巣食う"人種"を丸裸にする、ありえへん1冊。
2017.11 191p 18cm ¥830 ①978-4-8470-6598-9

◆**いしかわの清流文化**　北國新聞社出版局編　（金沢）北國新聞社
【目次】第1章 アユ釣りが士魂を磨く 毛針や竿は今なお継承、第2章 美味求真座談会 清流文化食に華あり、第3章 三文豪にみる金澤清流礼讃、第4章 金沢市が全国の先駆け 川筋景観条例を制定、第5章 放流など利道な努力で 清流魚の舞台を整える、第6章 清流と景観を維持する 縁の下の力持ちは健在
2017.6 206p A5 ¥1500 ①978-4-8330-2103-6

◆**いばらきセレクション125—みんなで選んだ茨城の宝**　茨城新聞社編　（水戸）茨城新聞社
【要旨】市町村枠・こども票（五浦の六角堂、穂積家住宅、日立市かみね動物園、袋田の滝 ほか）、全県枠・一般票（鵜の岬と国民宿舎、凍みこんにゃく、日立風流物と桜、常陸秋そばとつけけんちん ほか）
2017.1 147p A5 ¥1000 ①978-4-87223-454-6

◆**茨城vs.群馬—北関東死闘編**　全国都道府県調査隊編　講談社　（講談社プラスアルファ新書）
【要旨】「都道府県魅力度ランキング」において、茨城県は過去8回のうち、じつに7回も最下位を記録している。一方で、そんな「万年ビリ」の茨城を脅かす県がある。栃木県を挟んで西に位置する群馬県だ。両県出身の著名人による対談や、各種データを検証しつつ、どちらがより魅力がある（ない）のか比較してみようというのが、本書の狙いである。
2017.3 174p 18cm ¥840 ①978-4-06-272988-8

◆**越中 福光麻布**　福光麻布織機復刻プロジェクト著　（富山）桂書房
【目次】麻布の歴史、福光麻布と地機の復刻、麻について想う、近世越中の織物業の発達、小矢部川上流地域の麻栽培と加工、福光麻布資料
2016.12 191p B6 ¥1800 ①978-4-86627-019-7

◆**近江の古民家—素材・意匠**　石川慎治著　（彦根）サンライズ出版　（淡海文庫）
【要旨】文化財の保存・活用を進めるには、その背景を広く一般に理解してもらう必要がある。保存・活用の現場で体験した筆者が、機関誌『びわ湖』での連載を核に、伝統的な風景を形成する構成要素を丁寧に汲み解き、万人向けに紹介。滋賀県のみならず各地の伝統的な風景の楽しみ方を解説した指南書。
2017.4 127p B6 ¥1200 ①978-4-88325-184-1

◆**大阪の秘密**　博学こだわり倶楽部編　河出書房新社　（KAWADE夢文庫）
【要旨】大阪人が恐れる「二大言葉」って? 日本一高いビルの名前があべのハルカスに決まったのは? ラーメン専門店が少ないワケは? "おもろい街・人"の真の姿が見えてくる!
2017.8 219p B6 ¥680 ①978-4-309-49973-4

◆**大阪の問題集ベスト選+要点集—大阪検定公式精選400問と出題傾向・対策**　橋爪紳也監修,創元社編集部編,大阪商工会議所協力　（大阪）創元社
【要旨】出題頻度の高い基本問題と良問を厳選した公式問題集。過去問対策はこれ一冊で万全。
2017.8 318p B6 ¥1600 ①978-4-422-25073-1

◆**大牟田の宝もの100選**　大牟田市役所主査会編　（福岡）海鳥社　改訂版
【要旨】市制100周年記念改訂版出版。ふるさと再発見! 世界遺産に登録された宮原坑や三池港、日本一の干満差を誇る有明海、約700年つづく大蛇山まつり…。歴史の中で築き、守ってきた大切な"宝もの"市民公募からの選りすぐり。
2017.3 205p A5 ¥1800 ①978-4-87415-997-2

◆**沖縄が好きな人へ…「これが沖縄です」**　新垣治男著　フーガブックス
【要旨】平和ボケしているあなたへ、日本と沖縄は根は同じなんです、うちなーんちゅは誇りある日本人なんです、日本はすごい国なんです、先生って罪な人たちです、先生、ちゃんと世界を見ましょう、先生、あなたの罪は重いです、沖縄のマスコミにあなたもきっと騙されていますよ、あなたは、それでいいんですか、沖縄って中国に狙われているんですよ〔ほか〕
2017.3 97p A5 ¥1200 ①978-4-902487-28-2

◆**おどろきの金沢**　秋元雄史著　講談社　（講談社プラスアルファ新書）
【要旨】人口46万人、観光客は800万人なぜなにに人気? よそ者が10年住んでわかった、本当の魅力。
2017.6 183p 18cm ¥860 ①978-4-06-272959-8

◆**鹿児島学**　岩中祥史著　新潮社（新潮文庫）
【要旨】君が代、日の丸、軍艦マーチ、鼓笛隊、北海道ビール、キヨスク、一橋大学…いずれも発祥には鹿児島人が関与している!?西郷隆盛、島津斉彬、川路利良、郷中教育、廃仏毀釈、温泉、火山灰、おはら祭、チェロ科、パチンコ等々、歴史・文化・産業、そして県民性を楽しく紹介。江戸期、他国者には秘境魔境として永らく神秘のヴェールに包まれていた薩摩に切り込む。決定版「鹿児島の教科書」。
2017.12 357p A6 ¥590 ①978-4-10-126026-6

◆**風と土の秋田—二十年後の日本を生きる豊かさのヒント**　藤本智士著　リトルモア
【要旨】少子高齢化、人口減少のトップランナーが拓く未来。よそ者（風）と土地の人たち（土）がひとつになって、次々と掘り出される地元の宝。あなたの町もきっと変わる! 全国2600箇所で配布されるなり即完配! ローカルメディア熱を上げた秋田県発行の伝説的フリーマガジン「のんびり」が待望の書籍化。
2017.8 279p B6 ¥1600 ①978-4-89815-465-6

◆**風のように旅のように—決まった生き方なんてない。北海道の国際人8人の現在地**　大野夏代著　（川口）ぶなのもり
【要旨】北海道を出て海外で働く人、海外から北海道に来て生きる人、世界に目を向けながら、自分の仕事を切り拓いている北海道人に、子供3人をそれぞれ異なる国で産み、世界各国で看護を伝える仕事をしてきた著者が迫る。
2017.3 159p B6 ¥1500 ①978-4-907873-02-8

◆**金沢検定予想問題集 2017**　金沢経済同友会協力　（金沢）時鐘舎,（金沢）北國新聞社発売
【要旨】文化のまち金沢を知ろう。第12回試験問題・解答付き。
2017.1 271p 19cm ¥1111 ①978-4-8330-2089-3

◆**鎌倉・湘南あるある**　白神幸治著,大河原修一画　TOブックス
【要旨】古都・鎌倉、夏の湘南だけじゃない、地元密着の究極のあるある本が登場。ディープなあるあるネタを100連打!!
2017.2 158p 18cm ¥1000 ①978-4-86472-550-7

◆**軽井沢の自由研究**　升本喜就著　杉並けやき出版,星雲社 発売　新版
【要旨】新たな観点から軽井沢とその周辺の歴史と自然を深く探求した、軽井沢を深く知るための絶好の書。エンジニアのセンスで探求した、軽井沢とその周辺の歴史と自然。軽井沢が避暑地に至る過程についての新たな見解も紹介。
2017.3 187p B6 ¥1300 ①978-4-434-23082-0

◆**喜多方—人々の心に響くまち**　（会津若松）歴史春秋出版
【要旨】田植神事・彼岸獅子・太々神楽—浪漫に満ちたまち。
2017.10 255p 30×23cm ¥2000 ①978-4-89757-911-5

◆**京都・イケズの正体**　石川拓治著　幻冬舎（幻冬舎新書）
【要旨】イケズ—京都人は排他的で底意地が悪く、何を考えているかわからないという。腹の底で何を考えているかわからないのは誰でも同じなのに、なぜ京都人だけがそうなのか? 京都は盆地に作られた閉鎖的な町だ。そこで発生し、時間の淘汰と外圧に耐えた独自の文化を、京都がいかに確かな目利きで守り続けてきたか。その温かくも厳しい目こそ、今なお京文化を育む力であり、よそ者に憧れと劣等感をも抱かせるイケズの根源なのだ。千二百年の伝統「イケズ」

の正体を解き明かすと、均一化して活力を失った現代日本再生の鍵までもが見えてくる！
2017.11 236p A6 ¥820 ①978-4-344-98474-5

◆京都ぎらい 官能篇　井上章一著　朝日新聞出版　（朝日新書）
【要旨】京都が千年「みやこ」であり続けた秘密は「おんな」。その魔力に、時の権力者たちは骨抜きにされてきた。かぞえきれない男たちが人生をくるわされてきたエロティックな「磁場」に、足を踏み入れれば、いまもなお、ただでは すまない…。あの街と日本史の見方が一変する一冊！
2017.12 242p 18cm ¥780 ①978-4-02-273747-2

◆京都ご近所物語　ムライ著　イースト・プレス　（コミックエッセイの森）
【要旨】京都に移り住んだ著者夫婦が、京都のいいところを再発見。四季折々の食や催事はもちろん、何気ない日常にも心が弾む。夏暑くて冬寒いのもまた楽し。観光だけじゃ味わえない―京都は住んでも、いいところ。暑さも寒さも美味しいものも。京都の日常コミックエッセイ！
2017.4 167p A5 ¥1000 ①978-4-7816-1521-9

◆京都人にも教えたい京都百景　鳥居本幸代著　春秋社
【要旨】生粋の京都人が案内する極めつきの京都。定番から知る人ぞ知る穴場まで、奥深い歴史と文化的背景を１つ70以上の名所旧跡を旅する。京都市街地図・12カ月のおすすめコースつき。
2017.10 247p B6 ¥1700 ①978-4-393-48227-8

◆京都の壁　養老孟司著　PHP研究所　（京都しあわせ倶楽部）
【要旨】千年の都・京都の見えないカベの正体とは？
2017.5 202p 18cm ¥850 ①978-4-569-83822-9

◆京都のなるほど雑学100選―これであなたも京都通！　清水さとし著　実業之日本社　（じっぴコンパクト文庫）（『京都通になる100の雑学―京都旅行が10倍楽しめる本』加筆・再編集・改題書）
【要旨】京都に行くことなぜ上「京」ではなく上「洛」という？ 奈良に負けない大きさの大仏が京都にもあった!? 「一見さんお断り」には理由があった!?名物のすぐき漬けには「正しい」切り方がある！ 豊臣秀吉の大出世の守り本尊が京都に!!…など、京都人だから知っている京都のなるほど＆おもしろエピソードが大集合。京都の町歩きが味わい深くなる、京都の「通」になれる1冊。
2017.4 367p A6 ¥680 ①978-4-408-45685-0

◆京の祭と行事365日　星野佑佳写真、淡交社編集局編　（京都）淡交社
【要旨】祇園祭だけじゃない！ 京の祭と行事365日。
2018.1 335p B6 ¥1800 ①978-4-473-04223-1

◆くまモンあのね　『くまモンあのね』製作委員会著　幻冬舎
【目次】What is 『♯くまモンあのね』？、KUMAMON'S INTERVIEW01 ゆっこさん,TRIP TO KUMAMOTO 熊本城、TRIP TO KUMAMOTO みむろ食堂、TRIP TO KUMAMOTO 益城町テクノ仮設団地、KUMAMON'S INTERVIEW02 ドラッグイレブン帯山店,TRIP TO KUMAMOTO 市電、TRIP TO KUMAMOTO 水前寺成趣園、TRIP TO KUMAMOTO いもと酒店、KUMAMON'S INTERVIEW03 まんが・絵本図書館〔ほか〕
2017.4 127p A5 ¥900 ①978-4-344-03096-1

◆群馬学の確立にむけて 別巻1　群馬県立女子大学編　（前橋）上毛新聞社　（群馬学リサーチフェロー論集）
【要旨】群馬に関する調査・研究に取り組む「群馬学リサーチフェロー」論集第1弾。
2017.3 127p A5 ¥1300 ①978-4-86352-175-9

◆元気！ しずおか人―静岡を元気にする人・もの・コト　静岡新聞社編　（静岡）静岡新聞社
【要旨】SBSテレビ「元気！ しずおか人」の本！ 静岡県をめぐり、活躍する元気な人や企業の感動ストーリーを紹介。
2017.3 171p B6 ¥1200 ①978-4-7838-2257-8

◆県民性丸わかり！ ご当地あるあるワイドSHOW 3　もぐら著　竹書房（BAMBOO ESSAY SELECTION）
【要旨】47都道府県ぜ～んぶ網羅!!ご当地驚愕ネタをガッツリ召し上がれ！
2017.11 191p A5 ¥1000 ①978-4-8019-1251-9

◆神戸とコーヒー―港からはじまる物語　UCCコーヒー博物館監修、神戸新聞総合出版センター編　（神戸）神戸新聞総合出版センター
【要旨】開港と共にいち早くコーヒーに親しみ、神戸に根付いたコーヒー文化。港町の歴史と共に歩んできた喫茶店やコーヒーにかかわる多くの人たちが、コーヒーの街神戸の魅力を今に伝えている。
2017.10 159p B6 ¥1600 ①978-4-343-00968-5

◆五感で学ぶ地域の魅力　志學館大学生涯学習センター、霧島市教育委員会、鹿児島工業高等専門学校編　（鹿児島）南方新社　（隼人学ブックレット 2）
【目次】第1章 体と五感を使って人生を楽しみましょう、第2章 鹿児島弁という音楽、第3章 鹿児島の地形を感じる、第4章 五感でエンジョイ！ 霧島茶、第5章 太陽が作る宇宙の天気
2017.3 75p A5 ¥900 ①978-4-86124-357-8

◆ごじょうめのわらしだ―大石清美作品集　大石清美絵・文　（大潟村）秋田ふるさと育英会、（秋田）秋田文化出版 発売　（秋田ふるさと選書 7）
【要旨】秋田県五城目町の広報誌「広報ごじょうめ」に、平成8年から現在まで連載が続いている人気コーナー「なつかしのごじょうめのわらしだ」。その第1回から第240回までの作品を、オールカラーで収録した連載20周年記念出版。昭和30年代の秋田の子どもたちを、抜群の記憶力でいきいきと描いた「正しい」郷愁。遊び・言葉・食・行事・学校・農作業など当時の暮らしの再現は、民俗学の貴重な資料でもある。

◆古都税の証言―京都の寺院拝観をめぐる問題　京都仏教会編　丸善プラネット, 丸善出版 発売
【要旨】バブル景気直前の昭和の終わり、京都市は有名寺院の拝観料に課税する古都税の実施を試みる。清水寺をはじめとする対象寺院は京都仏教会に結集し、憲法の信教自由規定を根拠に、拝観拒否に対して門を閉すなどの古都税反対運動を展開した。それから約三〇年が経過した今、関係者の貴重な証言を集めて古都税問題を今に問う。　2017.1 224p B6 ¥1600 ①978-4-86345-315-9

◆これでいいのか愛知県　岡島慎二, 土屋コージン編　マイクロマガジン社　（日本の特別地域特別編集 78）
【要旨】沿線別！ 見栄っ張り県民のヤバい生き方。　2017.12 139p B5 ¥1300 ①978-4-89637-666-1

◆これでいいのか神奈川県　昼間たかし, 鈴木士郎編　マイクロマガジン社　（日本の特別地域特別編集 76）
【目次】第1章 実は日本史に影響力がある神奈川の歴史、第2章 多彩な「人種」が住んでいる！、第3章 便利だけど使いづらい交通インフラの現状、第4章 工業から農業まで 世界で通用する産業万能国神奈川、第5章 全国一大規模かつ過激な神奈川の再開発、第6章 プライドよりもカネ！ なんでもアリの神奈川の観光、第7章 ダメな県は神奈川にもある！ どうしてこうなった!?、第8章 ダメな街を再生させイヤな街をいい街に！、街の気になるスポット
2017.3 139p B5 ¥1300 ①978-4-89637-619-7

◆これでいいのか静岡県　岡島慎二, 土屋コージン編　マイクロマガジン社　（日本の特別地域特別編集 77）
【要旨】隣人と対抗意識を燃やす静岡県民。
2017.1 139p B5 ¥1300 ①978-4-89637-610-4

◆これでいいのか静岡県静岡市　松立学, 佐藤晴彦, 岡島慎二編　マイクロマガジン社　（地域批評シリーズ 15）
【要旨】清水との合併に成功して人口が70万人を突破。2005年に晴れて政令指定都市に移行した静岡県の県庁所在地・静岡市。本書ではそんな静岡市の実情と問題点を徹底的にあぶり出し、いったいぜんたい静岡市がどんな街なのか、その真実に迫っていく！
2017.2 319p A6 ¥920 ①978-4-89637-614-2

◆これでいいのか静岡県浜松市　松立学, 鈴木和樹, 岡島慎二編　マイクロマガジン社　（地域批評シリーズ 16）
【要旨】人口約80万人を擁する静岡県最大の都市・浜松市。2007年には政令指定都市になるなど順調に立身出世を遂げたのに、それとは裏腹に「やらまいか精神」はどうしちゃったのか？ 本書では取材やデータを元に遠州の雄・浜松の

今と未来を探っていく！
2017.2 319p A6 ¥920 ①978-4-89637-615-9

◆これでいいのか和歌山県　昼間たかし, 鈴木士郎編　マイクロマガジン社　（日本の特別地域特別編集 77）
【目次】魔物が和歌山を分断する!?―近畿のオマケは再開発で復活できやんの？、第1章 謎と神秘に満ちあふれた紀伊の歴史、第2章 おおか？打算的？ 複雑な和歌山気質、第3章 地域によって激しすぎるインフラ格差、第4章 日本一が多すぎる和歌山の産業、第5章 実は各地で進行している大規模再開発、第6章 豊富な観光資源の活用度は？、第7章 紀中・紀南の衰退は紀北へ波及!?、第8章 もうそろそろ、「近畿のオマケ」とは言わせない!!
2017.9 139p B5 ¥1300 ①978-4-89637-651-7

◆札幌人図鑑　福津京子著　（札幌）北海道新聞社
【要旨】70人のゲストが語る「私の選んだ道」 "普通の人" のライフストーリーに明日を生きる勇気とヒントを聞く。
2017.3 231p B6 ¥1389 ①978-4-89453-857-3

◆滋賀の盆踊り 江州音頭―歌は八日市・踊りは豊郷から　丁野永正著　（彦根）サンライズ出版
【目次】序章 江州音頭雑感、第1章 お盆は念仏しながら踊る日だ、第2章 こうして江州音頭は誕生した（八日市と豊郷）、第3章 江州音頭を作り上げた二人（櫻川大龍、桜家好文）、第4章 近江商人による江州音頭の発展、第5章 二十世紀から現代までの江州音頭、第6章 江州音頭の踊り方と歌詞集、第7章 江州音頭に影響した歌謡・踊り、第8章 誰もが知っている全国版民謡、終章 通説と異説どちらが本当か
2017.10 255p B6 ¥2000 ①978-4-88325-628-0

◆写真集 秋田・ダム湖に消えた村　佐藤晃之輔編著　（秋田）秋田文化出版
【要旨】秋田県内で九つのダムが集落移転を伴っている。このダムによって移転した数は33集落、戸数にすると491戸である。一般の移転は、集落の家々が無くなっても山や川や田畑などが残り、その面影を偲ぶことができるが、ダムの場合はふるさとのすべてが水没して消えてしまう。今は水底となった地には、祖先から受け継いできた人々の素朴な暮らしが確かにあった。ムラ、家、人々、子どもたち、学校、祭り、信仰、自然…さまざまな記憶が込められた写真をたんねんに集め、ここに留め記録する。
2017.6 123p A5 ¥1500 ①978-4-87022-577-0

◆首都圏格差―1都3県・主要都市の本当の実力　首都圏生活研究会著　メディアソフト, 三交社発売
【要旨】「都心に通いやすくて、落ち着いて暮らせる場所に住みたい」そう考えている人にとって重要なのは「住みたい街」ではない。世間でウワサされているイメージだけで住居を選ぶと、理想とはほど遠く、ガッカリすることも少なくない。そこで「住みたい」ではなく「暮らしやすい」をテーマに首都圏の主要都市を分析。すでに住んでいる街も、これから移住しようと考えている街も、本当に活かせる情報だけを厳選した。
2017.8 271p 18cm ¥833 ①978-4-87919-037-6

◆上州・ふるさと より路紀行　榊原憲雄著　（高崎）あさを社
【目次】1 上州にも（上州にもある三途川―閻魔（十王）と奪衣婆を訪ねて、随分あるね お稲荷さん―稲荷を訪ねて、これだけめぐればご利益いっぱいかも―七福神を訪ねて、観音さまと上州の観音札所めぐり―観音を訪ねて、迦葉山の大天狗面―天狗を訪ねて、だるまさんと少林山達磨寺―だるまを訪ねて）、2 上州には（ゆうされた街道筋―日光例幣使道、国境にあるがゆえに一旅の神様―雷さまは神さま―雷電神社、どこが二之宮神社―赤城山と赤城神社、上州というとなぜか―国定忠次、詩の国を代表する詩人―萩原朔太郎）
2017.1 201p B6 ¥1500 ①978-4-87024-598-3

◆白洲正子と歩く琵琶湖―江南編・カミと仏が融けあう処　大沼芳幸著　（大津）海青社
【目次】序章 カミと仏の出会う処 近江（日本人の精神文化の基層、近江に坐す物言わぬ神々 ほか）、第1章 自然に宿る近江のカミ（太郎坊宮とこれを取り巻く山のカミ―岩に宿る母性、船岡山から岩戸山十三仏―大きな祀りと小さな祀り ほか）、第2章 カミと仏の宿る処（比叡山と最澄―比叡に招かれた湖のカミ、葛川明王院と回峰行―祈りに感応するカミ ほか）、第3章 近

社会・文化

江に宿る石の文化（寂光寺磨崖仏―磐に顕現した仏たち、富川磨崖仏―不動明王は何処に？ ほか）　2018.1 157p B6 ¥1700 ①978-4-86099-333-7

◆震災があっても続ける―三陸・山田祭を追って　矢野陽子著　はる書房
【目次】山田町へ、秋まつり、震災のこと、ふたつの神社、八幡大神楽、八幡龍舞、境田虎舞、八幡様の神輿が帰る、漁船団、神輿と三役、二年目の秋まつり、かどぶち、雨のなかの水郷、北浜、完全復活へ、関口剣舞、山田大神楽、八幡町、愛宕青年会八木節、まつりの庭　2017.1 292p B6 ¥1500 ①978-4-89984-159-3

◆震災後の奥日光 グラバーへの手紙―この地を愛した人に　下野新聞社編　（宇都宮）下野新聞社
【目次】聖地襲った惨禍（制服続くマス釣りの聖地、放射性物質―この地に降り注ぐ ほか）、色あせぬ面影（豊かな水、織りなす風光、戦場ケ原伝説―今も色あせず ほか）、つきまとう不安（忍び寄る温暖化の影、「動植物の宝庫」激変 ほか）、紳士の遺産（「発祥の地」ファン巡礼、港町育ちの「スコティッシュ・サムライ」 ほか）、再生の思い未来へ（自然が見つめる人間社会、湖の再生へ思い結集 ほか）　2017.3 111p 24×19cm ¥1800 ①978-4-88286-650-3

◆真実の名古屋論―トンデモ名古屋論を撃つ　呉智英著　ベストセラーズ　（ベスト新書）
【要旨】事実と全く違うトンデモ言説を流す評論家や研究者がいる。それがマスコミによって流布され、後で見るような公的throwされてしまう名古屋像を信じている。地元の新聞、テレビなどマスコミにもそうしたトンデモ名古屋論が出る。ジャーナリストたちでさえ反論や批判をするわけでもなく、何の根拠もない話に納得しているのである。知の怠惰であり、知の堕落ではないか。トンデモ言説を論じるバカ者を叩きのめす知的格闘技の本。　2017.11 181p 18cm ¥680 ①978-4-584-12567-0

◆信州うわさの調査隊 2　SBCラジオ著　（長野）しなのき書房
【目次】乗鞍高原のおいしい飲み物とは？、岡谷市はどうして、うなぎの町なの？、住民が守り続けている松川町のお墨とは？、須坂市には夏休みが、とっても忙しい工場があって？、味噌を中国から伝えたのは松本出身の人だった？、高畠健さんと坂城町には真剣な関係があるらしい？、上田市丸子町発祥の「ふわっと」したスポーツとは？、岡谷には太陽が2つ見えるお寺があるらしい？、諏訪湖には武田信玄ゆかりの水中墓がある?!、三才駅はなぜ三才駅という駅名なの？〔ほか〕　2017.2 209p 18cm ¥900 ①978-4-903002-54-5

◆大学の熊本ガイド―こだわりの歩き方　熊本大学文学部編、松浦雄介責任編集　（京都）昭和堂
【要旨】熊本城はもちろん、まだ知られていない―おそらくは地元の人びとにも―熊本まち歩きのスポットやテーマについて、最新の研究成果や興味深い学問的蘊蓄をまじえて紹介する。地域の知られざる歴史や文化を巡るまち歩きの楽しさを実感できるガイドブック。　2017.3 311, 9p A5 ¥2300 ①978-4-8122-1617-0

◆地図で楽しむすごい千葉　都道府県研究会著　洋泉社
【要旨】地図を見れば千葉がわかる！ 新しい地図エンタテインメント。　2017.8 159p A5 ¥1500 ①978-4-8003-1288-4

◆摑むひと 逃すひと―京都花街の芸舞妓は知っている　竹由喜美子著　すばる舎リンケージ、すばる舎 発売
【要旨】日本が誇る「おもてなしの最高峰」、京都花街芸舞妓。彼女たちが接する世界のREAL EXECUTIVEたちはどんなことを大切にし、どんな視点を持っているのか？ それは、ビジネスパーソンとして押さえておきたいことだらけだった。チャンス、商機、ひとの心、女性の気持ちを摑んで離さぬ扱い！ そんなひとになるための至高の指南48。　2017.8 223p B6 ¥1500 ①978-4-7991-0627-3

◆手仕事と工芸をめぐる 大人の沖縄　小澤典代著　技術評論社
【要旨】布、うつわ、沖縄デザイン、シーサー、かご、金細工、木工―伝統とモダン、あたらしい沖縄に出会うものづくりにまつわる物語。　2017.2 175p A5 ¥1580 ①978-4-7741-8747-1

◆富山自然・人工地名の探究　中葉博文著　（富山）桂書房
【目次】第1編 富山の自然・人工地名いろいろ―海・野・山の地名から「シマ（島）」に関する地名、土砂災害に関連する地名―氷見市久目地区を例に、「山名」の名づけ方について、「溜池名」の分類とその特徴について―氷見市を例に、路線バスにおける「バス停名」の命名構造―加越能バス高岡から氷見方面の路線を例に、コミュニティバスの「バス停名」における名づけ方―氷見市・小矢部市を例に、「橋（橋梁）名」の名づけ方―庄川・小矢部川に架かる橋を例に、高速道路の「インターチェンジ名・トンネル名・橋名」の名づけ方―能越自動車道の高岡インターチェンジから七尾インターチェンジ間を例に、第2編 地名研究からの様々な出会い（我が恩師、池田末則先生、池田源太先生、高瀬重雄先生から学んだこと―「文質彬彬、然後君子」を説く、佐伯安一先生から「学ぶ」―真摯な研究姿勢やお人柄、誠実なお人柄と海外地名事情のご紹介、鏡味明克先生、高校地理教育での巡検学習実施の意義と方法―二上工業高校での実践を例に）　2017.11 458p A5 ¥4000 ①978-4-86627-037-1

◆富山の逆襲―すごいぞ！ 富山を大きな声で　鷲塚飛男著　言視舎
【要旨】笑う地域活性本。各種指標が示す幸福度、独自の商法、オンリーワンな企業、食の王国「富山湾」、水の恵み…そんな県の「すごさ」が、県外にはもちろん県内にも伝わっていません！ 地味で自己主張が苦手なぼくら卒業しましょう。宿敵・金沢へのホンネも解禁。　2017.12 207p B6 ¥1500 ①978-4-86565-111-9

◆長崎―記憶の風景とその表象　葉柳和則編著　（京都）晃洋書房
【要旨】長崎に生きるとは、重層する記憶の風景の中に在ることである。近世以降の出来事の重層性と海域における交流の越境性の交叉する時空間の中で、「長崎」の類例のない歴史経験を明らかにする。新たな長崎研究の空所に光を当てる学際的探求の試み。　2017.4 325p A5 ¥4400 ①978-4-7710-2732-9

◆なごや飲食夜話 千秋楽　安田文吉著　（名古屋）中日新聞社
【要旨】すばらしき食材と伝統料理。気づいてないのはもったいない。名古屋が大好きで、名古屋がさまざまな面で一番と語る、文さんが手がけ17年、地元の食文化誌「あじくりげ」に連載してきたコラムをまとめた飲食夜話シリーズが完結。　2017.9 189p B6 ¥1300 ①978-4-8062-0732-0

◆なごやじまん　大竹敏之著　ぴあ
【要旨】魅力のない街、なんてトンデモない！ 出し惜しみせず大いに自慢を!!住めばミヤコ “なごや” の新旧魅力を紐解く雑学的ガイドブック。　2017.8 159p B6 ¥1500 ①978-4-8356-3830-0

◆なごや人情交差点　中日新聞社社会部編　（名古屋）中日新聞社
【目次】今池・梅田屋、円頓寺・西アサヒ、栄・池田公園、ささしまサポートセンター、伏見地下街、笠寺観音、豊明団地、名古屋シネマテーク、柳橋中央市場・マルナカ、鶴舞・高架下、守山駐屯地、中区・仏具街、北区・萩の湯、ナゴヤ球場、港区・宮古の花、居酒屋対談　2017.8 319p B6 ¥1700 ①978-4-8062-0728-3

◆名古屋はヤバい　矢野新一著　ワニブックス　（ワニブックスPLUS新書）
【要旨】都市の規模は東京、大阪に次ぐにもかかわらず、他県民からは羨望のまなざしどころか、「セコイ」「パクる」「見栄っぱり」とののしられ、疎まれている嫌われ者…それが名古屋（人）である。さらに、日本8大都市を対象に行われた都市ブランド・イメージ調査（2016年）では、「最も魅力に欠ける都市」「買い物や遊びに行きたくない」部門の第1位に選ばれ、まさに “日本一の嫌われ都市” の汚名を着せられてしまった。しかしその県民性は、歴史的、地理的な成からみてみると、致し方ない部分が多く、だからこそ生まれた独自性に富んだ文化も数多い。織田信長、豊臣秀吉、徳川家康といった、現代日本の礎を作った英傑を輩出し、トヨタなど製造業でも篤わう都市の実態に、県民性のプロが鋭いメスを入れた、タメになる一冊！　2017.3 191p 18cm ¥830 ①978-4-8470-6585-9

◆二十四節気の京都―観る、知る、食べる、歩く　柏井壽編　PHP研究所　（京都しあわせ倶楽部）

【要旨】日本人として知っておきたい季節を重んじる古都の街の魅力とは？　2017.9 201, 27p 18cm ¥1000 ①978-4-569-83850-2

◆にっぽん全国 犬猿バトル地図　謎解きゼミナール編　河出書房新社　（KAWADE夢文庫）
【要旨】「この地域の覇者は、断然わが市だ！」「“日本一” の称号は、あの県には譲らない！」…プライドとやっかみが激突する列島各地のガチンコ対決を観戦！　2017.6 220p A6 ¥680 ①978-4-309-49968-0

◆日本をまなぶ 西日本編　上野和彦、本木弘悌、立川和平編　古今書院　（東京学芸大学地理学会シリーズ2 第1巻）
【目次】第1章 九州・沖縄地方―豊かな自然環境と資源の活用と保全（九州の自然環境と災害、沖縄のサンゴ礁と保全、沖縄の観光と世界遺産 ほか）、第2章 中国・四国地方―都市・村落の暮らしを支える地域の力（中国・四国の人口問題、中核都市広島の変容、地方都市坂出の商業と商店街 ほか）、第3章 近畿地方―歴史がもたらす文化と産業（京の食文化、古都の文化遺産、京の伝統産業 ほか）　2017.10 120p B5 ¥2800 ①978-4-7722-5300-0

◆日本をまなぶ 東日本編　上野和彦、本木弘悌、立川和平編　古今書院　（東京学芸大学地理学会シリーズ2 第2巻）
【目次】第1章 中部地方―産業の多様性（東海地方の自然と産業、愛知の自動車工業 ほか）、第2章 関東地方―他地域との結びつき（東京の中心性、大都市の人口問題 ほか）、第3章 東北地方―風土が育む生活文化（ヤマセ、東北の米づくり ほか）、第4章 北海道地方―自然環境の克服と挑戦（開拓都市札幌の発展と変容、別海町における酪農の発展 ほか）　2017.10 120p B5 ¥2800 ①978-4-7722-5301-7

◆日本「地方旗」図鑑 解読編―ふるさとの旗を読む　苅安望、西浦和孝著　えにし書房
【要旨】色やデザインモチーフによる分類、類似旗分析など様々な視点から解読。貴重な都道府県旗、団体旗、シンボル旗なども紹介・解説。巻末には旗チャートとして使える日本の都道府県・市町村旗一覧（内寸1020ミリ×660ミリ）を付す。　2017.6 84p B5 ¥4000 ①978-4-908073-39-7

◆日本の異界 名古屋　清水義範著　ベストセラーズ　（ベスト新書）
【要旨】東京も大阪も、人が住むところだとは思っていない。濃尾三川が名古屋がガラパゴス化させた。徳川宗春の失敗が、名古屋を堅実にした。かき氷にも味噌!?サムライ京で会話…独自の進化をとげる町・恐るべし、名古屋！　2017.7 244p 18cm ¥824 ①978-4-584-12559-5

◆晴れの国おかやま検定公式参考書　吉備人出版編集部編　（岡山）吉備人出版 新版
【要旨】人気の岡山マラソン、進化する果物王国、「日本遺産」認定のまち倉敷etc.最新の時事コラムをプラス！　2017.10 218p B6 ¥1300 ①978-4-86069-527-9

◆弘前ねぷた速報ガイド 2017　（弘前）路上社
【要旨】全80台参加ねぷた完全収録。　2017.8 75p A4 ¥741 ①978-4-89993-076-1

◆広島あるある　沖洋介, 218画　TOブックス
【要旨】元気と平和と産業の象徴、広島県のあるあるネタ270本大放出！　2018.1 141p 18cm ¥950 ①978-4-86472-635-1

◆広島じゃけえ、「中国（チャイナ）」じゃないけえ。―なんで「中国地方」なの？　三山秀昭著　（広島）南々社
【要旨】言われてみれば、意外と知らない「中国地方」と呼ばれる理由。海の向こうの国「中国」と勘違いされた身近な悲喜劇の数々…。日本、そして世界のさまざまな地域に見る、地名の由来まで。広島テレビ現会長がヒモ解く、中国地方雑学ヒストリー。　2017.12 190p B6 ¥1100 ①978-4-86489-071-7

◆ふるさと考 雑木ノ林道　杉田泰一著　（静岡）静岡新聞社
【目次】序にかえて―あどけない話、1 昭和六十二年・平成二年、2 平成十四年・平成二十年、3 人間、この病める私の、4 故郷とは―萩原朔太郎、5 この地に人はいかに住まうか、6 イデオロギーについて、7 わたしの履歴 教育学部・最終の講義、8 ハイデッガーの足あと　2017.8 239p B6 ¥1000 ①978-4-7838-9961-7

◆房総のカジメとアワビで成った新財閥—森家と安西家　大場俊雄著　（流山）崙書房（ふるさと文庫）
【目次】築地市場から豊洲市場へ、隣同士、森家と安西家、海藻のカジメ、アラメ、千葉県初代県令、海藻焼灰を奨励、東京に起こる海藻ヨード工業、三浦半島に立つカジメ焼く煙、カジメ焼きを始める森為吉、海藻灰からヨードをとる、日露戦争と海藻ヨード工業の活況、鈴木三郎助、房総半島に進出〔ほか〕
　　2017.10 153p 18cm ¥1300 ①978-4-8455-0214-1

◆誇れる郷土データ・ブック—2020東京オリンピックに向けて　2017年版　古田陽久、古田真美著, 世界遺産総合研究所企画・編集（広島）シンクタンクせとうち総合研究機構（ふるさとシリーズ）
【要旨】2020年に開催される東京オリンピック・パラリンピックを見据えて、外国人旅行者の増加等訪日プロモーションの戦略的拡大の為に、世界に通用する魅力ある観光地域づくりの整備が求められている。本書は、日本の美しい自然環境や歴史的な和の文化、新しい時代の日本文化など多彩な観光資源を活かした地域づくりの基礎資料としてご活用いただきたい。
　　2017.3 128p A5 ¥2500 ①978-4-86200-209-9

◆三重学　朴恵淑編著　（名古屋）風媒社
【目次】序章「三重学」が目指すもの、第1章 未来につなぐ伊勢志摩サミット、第2章 多彩な自然環境と私たちの暮らし、第3章 歴史と文化を読む、第4章 次世代の地場産業へ、第5章 三重の交通・情報ネットワーク、第6章 よりよき暮らしのために—健康・福祉・女性、第7章 四日市公害に学び、活かす、第8章 持続可能な社会に向けて　2017.3 359p A5 ¥1800 ①978-4-8331-1118-8

◆宮城あるある　松岡真一著, なかコーヒー画　TOブックス
【要旨】20××年、仙台はネオ東京になる!?杜と海の都、宮城県のあるあるネタ270本大放出！
　　2017.12 141p 18cm ¥950 ①978-4-86472-624-5

◆めご太郎　（横浜）星羊社
【要旨】月永理絵（『映画横丁』編集人）、木村イオリ（ジャズピアニスト）ら、地元出身者によるエッセイや地域出版社の名物社長のインタビュー、地元通になるための街歩きコラムを掲載！素顔の青森市が見えてくる。
　　2017.11 127p A5 ¥1111 ①978-4-9908459-5-7

◆もりおか暮らし物語読本 わたしの盛岡　松本源蔵著　（盛岡）もりおか暮らし物語読本刊行委員会
【要旨】盛岡の人々が暮らしの中で大切にしてきた歴史・文化・自然・産物などは様々な物語を構成し、さらに新しい物語を生み出していきます。そして今、私たち市民ひとり一人が物語を紡ぐ主役です。
　　2017.3 319p 18cm ¥926 ①978-4-904870-39-6

◆豊かな人生を愉しむための「軽井沢ルール」—29歳で華やかな生活を離れ、故郷の「軽井沢」に戻り初めて気づいた　土屋勇磨著　秀和システム
【要旨】現役バリバリの敏腕ビジネスマンが、故郷の軽井沢に帰って、軽井沢の持つ魅力を再発見していきながら、人生を愉しむためには、勝つことだけが美学ではないと気がつくまでの、軽井沢を舞台にしたエピソード。
　　2017 181p B6 ¥1300 ①978-4-7980-5123-9

◆ルポ川崎　磯部涼著　サイゾー
【要旨】ここは、地獄か？工業都市・川崎で中1殺害事件をはじめ凄惨な出来事が続いたのは、偶然ではない。この街のラップからヤクザ、ドラッグ、売春、貧困、人種差別までドキュメントし、ニッポンの病巣をえぐる！
　　2017.12 305p B6 ¥1600 ①978-4-86625-090-8

◆d design travel SAITAMA　D&DEPARTMENT PROJECT
【目次】埼玉県の一ヵ月、埼玉県の数字、埼玉県のふつう、d design travel SAITAMA TRAVEL MAP、d MARK REVIEW SAITAMA、編集部が行く—編集部日記、埼玉県の奇跡のような活動—さいたまゴールド・シアター、埼玉県のロングライフな祭り—「春と夢の国のマツリ」、埼玉県の「民藝」—「『川』-急ゲド水ハ流レジリハ-」、埼玉県のロングライフ・キャラクターかわるかわらない—赤城乳業ガリガリ君〔ほか〕
　　2017.3 192p 23×18cm ¥1900 ①978-4-903097-21-3

◆JAPAN CLASS—誰か、ニッポンを止めてくれ！　ジャパンクラス編集部編　東邦出版
【要旨】のべ667人の外国人のコメントから浮かび上がる日本。
　　2017.8 137p B5 ¥1000 ①978-4-8094-1515-9

◆KOBE西区こんなまち—伊川谷・岩岡・押部谷・神出・玉津・櫨谷・平野、そしてニュータウン　大海一雄著　（神戸）神戸新聞総合出版センター
【要旨】古代から現代までの歴史、村・町の変遷、地名の由来、ゆかりの人物、路上探検—など地域のあれこれがつまった基礎知識。西区の新風土記。
　　2017.1 164p A5 ¥1852 ①978-4-343-00942-5

◆SOU・SOU京菓子あそび—和菓子になったテキスタイルデザイン　SOU・SOU意匠監修, 亀屋良長和菓子製作, 関谷江里文　世界文化社
【要旨】テキスタイルブランド「SOU・SOU」と1803年創業の老舗菓子司・亀屋良長による京菓子クリエイション「和菓子になったテキスタイルデザイン」。年間のテーマが決められるとひと月にひとつ、SOU・SOUテキスタイルデザイナーの脇阪克二さんの原画が描かれ手ぬぐいやテキスタイルとそれに想を得た京菓子が毎月、ひとつずつ創作されていきました。この手間と時間をかけたお誂え菓子は京都SOU・SOU茶席「しつらい」「在釜」で供され、そこに掛け軸見立てで掲げられた月替わりの手ぬぐいとともに多くの人に愛でられました。本書は、その6年間の作品を収めた1冊です。
　　2017.2 175p A5 ¥2000 ①978-4-418-17301-3

ライフスタイル論

◆朝の時間割おかわり　BEAM構成　地球丸（天然生活ブックス）
【要旨】『朝の時間割』待望の第2弾ができました。16人それぞれの朝の過ごし方。
　　2017.6 127p A5 ¥1400 ①978-4-86067-619-3

◆イヴレススタイル しつらえの美学　山川景子著・監修　オータパブリケイションズ
【目次】1 はじめに、2 上質 FINE QUALITY—触れた手に感じる、上質さとデザインセンス。3 スペシャルインタビュー 森嶋陽子さん、4 洗練 SOPHISTICATION—どこまでもひたすらに透き通る。洗練された透明感、5 多彩 VARIEGATED—中にでもでもある。いつでも多彩な表情で楽しませてくれる。6 気品 DIGNITY—透き通るような白い肌。いつの時代も羨望のアイコン、7 優雅 ELEGANCE—はっとする鮮烈なコントラストが、優雅にたゆたう。8 スペシャルインタビュー 菊井奈緒江さん、9 継承 INHERITANCE—継承され続ける技と、新しいスタイルの出会い。、10 寄稿 亀井克之さん
　　2017.8 96p 21×21cm ¥1500 ①978-4-903721-69-9

◆いきたい場所で生きる—僕らの時代の移住地図　米田智彦著　ディスカヴァー・トゥエンティワン
【要旨】2020年、あなたはどこに住み、どこで働いているだろうか？二拠点生活、リモートワーク、職住近接、シェアリング・エコノミー…震災、そして東京五輪の先にある新しい暮らしのかたちが見えてくる。
　　2017.1 358p B6 ¥1600 ①978-4-7993-2031-0

◆イギリスの大人スタイル—おしゃれな人は住まいも素敵　smile editors編　KADOKAWA　（THE BEAUTIFUL AGE）
【要旨】クイーン・アン様式の家や祖母から受け継いだソファ—伝統を今に生かすインテリア。自分でデザインした庭、季節の花を飾る—緑を愛する暮らし。イギリスで見つけた住まいは、温故知新の愛おしい空間です。住まいもおしゃれも自分らしく。年齢より精神を大切に！
　　2017.3 128p A4 ¥2000 ①978-4-04-069133-6

◆イケてる大人 イケてない大人—シニア市場から「新大人市場」へ　博報堂新しい大人文化研究所著　光文社　（光文社新書）
【要旨】45〜69歳大人世代、20代男女若者への調査から見える驚きの事実！
　　2017.3 266p 18cm ¥780 ①978-4-334-03976-9

◆移住者のための沖縄仕事NAVI　吉田直人著　イカロス出版

【目次】第1章 現状編（沖縄移住、その理由、企業が沖縄にどんどん進出している ほか）、第2章 実践編（沖縄で働く、そのメリットとデメリット、沖縄で働く、その心がまえ ほか）、第3章 私たちの移住・転職物語（イギリスから夫婦で移住・転職、「沖縄は天国かも」（上田桂子さん）、広報のプロとしてのスキルを武器に移住・転職を成功させた（加藤英明さん）ほか）、第4章 元気と採用意欲にあふれた沖縄企業（メディアや政治団体も顧客。次世代技術をリードする取り組みも（株式会社アセンド）、世界的なコンピュータ関連企業とも組む気鋭のIT企業（沖縄クロス・ヘッド株式会社）ほか）、第5章 転職を超えて（ふたりで立ち上げたカレーベンチャーが沖縄から世界をうかがう（山崎憲次さん・永井義人さん）、家族で移住し、自然豊かな本島北部での農業に賭ける（奈良幹さん）ほか）
　　2017.8 219p A5 ¥1600 ①978-4-8022-0417-0

◆移住女子　伊佐知美著　新潮社
【要旨】もっと私らしく生きていける場所がある！家賃が高い、通勤がしんどい、おまけに子育ても大変—。そんな都会から地方へ移住した「移住女子」たちの素顔！
　　2017.1 165p A5 ¥1600 ①978-4-10-350691-1

◆1日1つ、手放すだけ。好きなモノとスッキリ暮らす　みしぇる著　マイナビ出版
【要旨】モノを買うのが大好きでも大丈夫。「1日1さつ」で快適に暮らせます。家族と自分が心地よくすごすための人気ブロガー・みしぇるさんのアイデア集。
　　2017.9 127p A5 ¥1320 ①978-4-8399-6351-4

◆「いつか使うかも」「もったいない」を断ち切る！捨てる技術　PHP研究所編　PHP研究所
【要旨】作業時間は1回15分まで。全部出さない！間引き作戦で取り除く。定位置を決めて、あふれたら捨てる。一後悔しない！リバウンドしない！効果抜群のヒント満載。
　　2017.6 93p 29×21cm ¥800 ①978-4-569-83624-9

◆美しい「所作」が教えてくれる幸せの基本　枡野俊明著　幻冬舎　（幻冬舎文庫）
【要旨】「よい縁」を呼び込みたいし、生きる実感を得たい。それには24時間を丁寧に過ごし、春夏秋冬とときちんと付き合うこと。まずは、日常のちょっとした所作を意識して。「ものを扱うときは、片手でなく両手で」「一流のものを大切に使い続ける」「ゆっくり動く」「間をとる」「綺麗に見えるものでも磨く」など、人気の禅僧も実践する、生活の智慧が満載。新シリーズ！こころの文庫。
　　2017.4 254p A6 ¥560 ①978-4-344-42608-5

◆お金が勝手に貯まりだす暮らし—家計簿より早起きが効く　大上ミカ著　（名古屋）リベラル社, 星雲社 発売
【要旨】家計簿が苦手で、赤字続きの人の悩みを解消！1000人の取材で見つけた貯まる法則26。貯まる人の生活をマネするだけで、みるみる貯蓄が増えていく。
　　2017.8 190p B6 ¥1200 ①978-4-434-23742-3

◆沖縄プチ移住のススメ—暮らしてみた3カ月　吉田友和著　光文社　（光文社知恵の森文庫）
【要旨】地方移住に憧れる人は少なくない。生きをかけた移住ではなく、まずは旅の延長線上としての「プチ移住」がいい。数々の海外旅行をしてきた旅行作家が、妻の育児休暇中、一家で沖縄に“住んでみた”。ゆるくて温かいウチナーンチュとのふれあい、沖縄特有のB級グルメと節の行事、適度に便利で快適な生活…。1カ月からでもOK。「ちょこっと暮らし」はこんなに楽しい！　2017 257p A6 ¥700 ①978-4-334-78724-0

◆大人がマジで遊べば、それが仕事になる。　高橋歩編著　A - Works
【要旨】「好き」を「仕事」にして、望み通りに「生きる」には？小さな枠を飛び出して、自由に生き抜く7人に学ぶ、シンプルでパワフルな人生の楽しみ方。
　　2017.3 227p B6 ¥1300 ①978-4-902256-77-2

◆かあさんの暮らしマネジメント—仕事、家事、人生をラクに楽しくまわすコツ　一田憲子著　SBクリエイティブ
【要旨】働いていても、家族のごはんは作りたい。部屋はすっきり片づけたい。ガミガミ、イライラしない自分になりたい。でも、今、必要なこと。8人の知恵が詰まったリアルで役立つヒント集！
　　2017.3 143p A5 ¥1300 ①978-4-7973-8911-1

社会・文化

◆会社苦いかしょっぱいか―社長と社員の日本文化史　パオロ・マッツァリーノ著　春秋社
【要旨】俺が新人だった頃はなあ…お前らと同じだよ！「むかしの人は立派だった」史観が驚きと爆笑とともにふっとる、異色の文化史。
2017.6 243p B6 ¥1700 ①978-4-393-33357-0

◆「家事のしすぎ」が日本を滅ぼす　佐光紀子著　光文社　（光文社新書）
【要旨】多くの日本人が、丁寧な暮らしや、家事をきちんとこなすことを、配慮の行き届いた子育てをすることを理想としている。しかし他方では、日本人の「完璧家事」や「手づくり」礼賛の傾向、さらに昨今のシンプルな暮らし（断捨離「ミニマリズム」など）の流行は、母親への目に見えない圧力となると同時に、家族との分業を阻んだり、葛藤の原因ともなっている。日本の家事の「あたりまえ」は海外の人の目にはどう映るのか。なぜ日本では男性の家事参加が進まないのか。国や学校によって、「よい母、よい家庭」であるよう仕向けられてきた歴史とは。翻訳家として他国の友人も多く、家事や掃除術の専門家でもある著者が、多くの聞き取りや国際比較などを参照しながら、気楽で苦しくない家事とのつきあい方を提案する。
2017.11 242p 18cm ¥760 ①978-4-334-04323-0

◆片づけのプロを探そう ライフオーガナイザー名鑑 2017　日本ライフオーガナイザー協会監修　葉月出版、マトマ出版 発売
【要旨】日本初！ 片づけのプロを探せる本。全国で活躍する65名をご紹介。
2017.1 143p A5 ¥1500 ①978-4-904934-16-6

◆角野栄子の毎日いろいろ―『魔女の宅急便』が生まれた魔法のくらし　角野栄子著　KADOKAWA
【要旨】『魔女の宅急便』など、千冊以上の児童文学を産み出してきた児童文学作家、角野栄子。その色鮮やかな「くらし」から学ぶ、人生を明るく、色鮮やかに生きていくための『衣』『食』『住』のレシピ集。
2017.3 126p A5 ¥1480 ①978-4-04-104605-0

◆♯カリグラシ―賃貸と団地、貸し借りのニュー哲学　OURS.KARIGURASHI MAGAZINE編　ぴあ
【要旨】移動生活、シェア、下宿、賃貸住宅…多様化する「借りて暮らす」生活の、いまとこれから。アサダワタル、山下陽光、長嶋有、tofubeatsをはじめ、お寺やシェアハウスに住む人たちが借り暮らしを大研究！
2017.3 143p A5 ¥1600 ①978-4-8356-3813-3

◆関係人口をつくる―定住でも交流でもないローカルイノベーション　田中輝美著　木楽舎
【要旨】人口減少地域を救う新しいキーワードは「関係人口」だ！
2017.10 255p B6 ¥1400 ①978-4-86324-118-3

◆今日からすっきり！「片づく」暮らし　ゆうゆう編集部編　主婦の友社
【要旨】すぐに使えるコツとアイディアで快適生活をスタート！ プロの知恵と工夫&体験者の実例で心地よい毎日を始めよう。
2017.2 95p B5 ¥1200 ①978-4-07-422534-7

◆工夫を楽しむ10人のゆとりを生み出す暮らしの回し方　メディアソフト書籍部編　メディアソフト、三交社 発売
【要旨】人気インスタグラマー&ブロガーが実践するすぐに役立つ暮らしのヒント。まずはひとつ始めてみるだけで毎日が変わる！ 自分の暮らしに合ったしくみを作れば、時間、お金、気持ちにゆとりが生まれる。
2017.9 133p A5 ¥1250 ①978-4-87919-026-0

◆くぼたつ式思考カード54 ライフスタイル編―今日から始めるアイディア発想型生活術　久保田達也著　インプレスR&D、インプレス 発売　（New Thinking and New Ways）PDF版
【要旨】24時間、身の回りのすべてがひらめきの源泉だ！
2017.3 121p A5 ¥1700 ①978-4-8443-9756-4

◆暮らしとごはんを整える。　ちこ著　主婦と生活社
【要旨】音、空気、味、身体、心に耳をすませば、ちゃんと幸せはやってくる。『神様ごはん』ちこの、運が良くなるライフスタイル術。
2017.11 191p B6 ¥1200 ①978-4-391-15096-4

◆暮らしのデザイン―ラストステージの描きかた　やまだはるよし、やまだえいこ共著　夢の友出版
【要旨】夫婦でつくる気ままなセカンド・ライフ！ リタイア後の夫婦が手探りで創り上げた独自のライフ・スタイルを詳しく紹介―「茅ヶ崎」と「伊豆高原」～ダブル居住によって実現した気ままで快適な生活空間、そこから生まれたエピソードの数々。
2017.3 141p A5 ¥1850 ①978-4-906767-01-4

◆「小商い」で自由にくらす一房総山中のDIYな働き方　磯木淳寛著　イカロス出版
【要旨】地方だからできる。好きな「ものづくり」を仕事にている。作ったものをマーケットで売って、暮らしを立てる。お客さんと顔を合わせて取り引きする。身の丈の小さな経営圏が叶える、理想の暮らし。
2017.1 183p A5 ¥1400 ①978-4-8022-0300-5

◆効率よく時間を使う人の暮らし方　『PHPくらしラク～る♪』編集部編　PHP研究所　（PHPくらしラク～る♪Special Book）
【要旨】やることがいっぱいで、毎日へとへと…。そんな日々をゆとりある暮らしに変える、段取りの技術、時短のテクニック、家事、人、モノとのつき合い方。
2017.7 95p A5 ¥580 ①978-4-569-83638-6

◆心とカラダがやすまる暮らし図鑑　川上ユキ著　エクスナレッジ
【要旨】帰ったら、すぐくつろげる、お部屋づくりのやさしいヒント。インテリアコーディネーター川上ユキが教える、「カラダの心地よさ」と「部屋づくり」60の方法。
2017.5 142p A5 ¥1400 ①978-4-7678-2328-7

◆こころとからだのネジを緩めればうまくいく―ドイツ流掃除のカリスマがとく「小さな日々の習慣」　沖幸子著　プレジデント社
【要旨】よけいなことを身につけずわかりやすく簡単に生きる―起業家として生活者として学んできた暮らしと人生をより豊かにする生き方。
2017.3 247p B6 ¥1300 ①978-4-8334-2227-7

◆こころと人生―幸せのライフ・スタイルを求めて　中島俊介編著　（京都）ナカニシヤ出版
【目次】1章 胎児期・乳児期、2章 幼児期、3章 学童期、4章 思春期、5章 青年期、6章 若い成人期―20代から30代まで、7章 成人期―30代から60代まで、8章 老年期
2017.4 124p A5 ¥2000 ①978-4-7795-1167-7

◆子どもとセンスよく丁寧に暮らす　mayuko著　KADOKAWA
【要旨】丁寧な暮らしを目指して試行錯誤する日々を、ブログ「丁寧な暮らしのルール 収納、料理、インテリア、ときどき双子。」にアップしたところ、反響や問い合わせを多くいただくようになりました。この本では、私自身が壁にぶつかりつつ、わかったことやノウハウを書き下ろしました。
2017.10 123p A5 ¥1250 ①978-4-04-602063-5

◆探さない暮らし―余裕が生まれる家づくり　Gemini著　KADOKAWA
【目次】1「住みたい家」をイメージする、2「家族の好き」を尊重する、3「家事がはかどる」空間をつくる、4 キッチンの「探さない」収納、5 日用品の「探さない」収納、6「ぴったり」がなければ自分でつくる
2017.2 127p A5 ¥1300 ①978-4-04-601897-7

◆里山に生きる家族と集落―こころと絆、持続可能な暮らし　養父志乃夫著　勁草書房
【要旨】次代を育み、生まれる前から逝ったあとまでともに支えあう、こころ豊かな暮らしを再構築するため、インドネシア、フィリピン、タイ、ベトナムなどの里山里海に取材し、里人たちが共有する生きていくための「こころ」、暮らしの「しきたり」「ちから」に迫る。
2017.2 294、14p B6 ¥2800 ①978-4-326-65406-2

◆3か月で旦那さんのお給料から卒業する　コナカノタカコ著　KADOKAWA
【要旨】専業主婦、手のかかる子どもがいる、PCオンチ、資格やキャリアはゼロ…でも、仕事・お金・家族すべてが手に入る方法、教えます。
2017.1 190p B6 ¥1300 ①978-4-04-601857-1

◆幸せの確率―あなたにもできる！ アーリーリタイアのすすめ　内山直著　セルバ出版、創英社/三省堂書店 発売

◆あなたの生涯が幸せである確率は、どうすれば上がるのか？ アーリーリタイアという生き方を実践した筆者がアーリーリタイアに至るまでの考え方・コツがわかる。
2017.11 191p B6 ¥1600 ①978-4-86367-315-1

◆仕事人生のリセットボタン―転機のレッスン　為末大、中原淳著　筑摩書房　（ちくま新書）
【要旨】安定した会社に入ったから「もう人生は安泰だ」なんてことはもはやない時代。本当にこれから給料が上がっていくのか？ と不安に思う人も多いだろう。そうした状況でも生き抜くために、自分のこれまでの人生を振り返り、適切なタイミングで方向転換するための考え方を身に付ける必要がある。若いうちに仕事をリセットしなければならないアスリートの言葉と、人材育成を研究する学者の言葉が交差するところに、そのヒントがたくさん詰まっている。
2017.7 254p 18cm ¥820 ①978-4-480-06976-4

◆家族＞仕事で生きる。　赤城夫婦著　SBクリエイティブ
【要旨】仕事に追われるすべての人へ。もっと「自分は自分」で生きていへ。会社、お金、生活「のための」人生をやめるヒント。
2017.8 207p B6 ¥1400 ①978-4-7973-9084-1

◆自作の小屋で暮らそう―Bライフの愉しみ　高村友也著　筑摩書房　（ちくま文庫）
【要旨】誰にも文句を言われず好きなだけ寝ていられる。時間を気にせず好きなことができる。10万円で小屋を作ってベーシックに暮らす（Bライフ）までの試行錯誤。雑木林に土地を買い、手工具で小屋を建て、水や電気、トイレ等の生活設備を整える。地元の人の反応や野生動物との出会いも。文庫化にあたり薪ストーブの楽しみについても追記。小屋ブームの一端を担った本。
2017.2 234p A6 ¥780 ①978-4-480-43433-3

◆しない生き方―「食べない」生活で気づいたこと　秋山佳胤著　イースト・プレス
【要旨】「不食」の弁護士が伝える、枠にはまらず、楽に生きるためのヒント！
2017.7 239p B6 ¥1300 ①978-4-7816-1563-9

◆自分をいたわる暮らしごと　結城アンナ著　主婦と生活社
【要旨】年齢を重ねるごとに、にじみ出る内面の美しさ「体が欲するものを着る」「グレーヘアが好き」「何事も適当がちょうどよい」―自然体でセンスのよい、アンナ流・衣食住のすべて。素敵なこと＝人生の季節を楽しむ謎人。
2017.11 127p A5 ¥1400 ①978-4-391-15060-5

◆地元な暮らし―後藤さん、今日はどちらへ？　後藤由紀子著　大和出版
【要旨】忙しい毎日でも、ふと立ち止まって、「地元」を見直してみませんか？ 人気雑貨店「hal」のオーナーが、初めて「地元」について語る。
2017.12 157p B6 ¥1400 ①978-4-8047-0545-3

◆自由にたのしく年を重ねる―衣食住のつくりかた　石原左知子著　SBクリエイティブ
【目次】自分のスタイルは自分でつくる（流行色よりも、マイブームカラー、おしゃれは服よりも、まず髪型 ほか）、おしゃれは一生もの！（TPOってすごく大事、ベーシックにこそ自分らしく ほか）、心地よい暮らしは「ちゃんと食べる」ことから！（旬のくだものはいつもある、かわいく、食べやすくサープして ほか）、楽しみはいつも近くにある（ジャスミンから根が出てきた！、思いきって壁の色を変えてみる ほか）
2017.4 214p B6 ¥1380 ①978-4-7973-9136-7

◆18時に帰る―「世界一子どもが幸せな国」オランダの家族から学ぶ幸せになる働き方　1more Baby応援団編著　プレジデント社
【要旨】「二人目の壁」を乗り越えるしなやかな働き方、しなやかな生き方とは。
2017.6 207p B6 ¥1400 ①978-4-8334-2228-4

◆首都圏「街」格差―「住みたい街」の賞味期限　首都圏「街」格差研究会編、青山誠執筆　KADOKAWA　（中経の文庫）
【要旨】「住みたい街」としてメディアに頻繁にとりあげられる「街」、一部の人々からのディープな人気を誇る「街」、まだまだ「穴場」だが人気上昇中の「街」…。「街」の評価は時代とともに激動しています。いま首都圏で話題となっている様々な「街」をテーマ別に選定し、現地での観測調査と統計資料を使いながら、その実態をあぶり出していく1冊！
2017.2 239p A6 ¥640 ①978-4-04-601888-5

◆「主婦」を楽しむもの選び—ズボラでも、こどもが小さくても、転勤族でも　ショコラサマンサ著　ワニブックス
【要旨】たとえ3LDKから1LDKへ住まいが変わっても限られた空間で楽しむ「遊び心を忘れない」もの選び。
2017.4 127p A5 ¥1200 ①978-4-8470-9558-0

◆人生の居心地をよくする ちょうどいい暮らし　金子由紀子著　青春出版社
【要旨】誰かの素敵な暮らしよりも、自分にちょうどいいオーダーメイドこそ、本当のぜいたく。人から美しがられることはなくとも、自分自身が、自分にOKを出せるようになる。いつの間にか進歩している。毎日完璧になれても、居心地がいい。そんな暮らし方のコツ、身につけてみませんか？
2017.8 189p B6 ¥1380 ①978-4-413-23047-6

◆「人生100年時代」のライフデザイン—団塊ジュニア世代から読み解く日本の未来　第一生命経済研究所編、宮木由貴子、的場康子、水野映子、北村安樹子著　東洋経済新報社（ライフデザイン白書 2018）
【要旨】バブルもデフレも経験し、いま、人生の折り返し地点に立っている「団塊ジュニア世代」。彼らの生活志向をヒントにすれば、全世代の人が自分らしい生き方を見つけられる！ 5つの切り口から考える超高齢社会を生き抜くヒント。2017.10 186p A5 ¥1600 ①978-4-492-96134-6

◆水虎様への旅—津軽の水土文化　広瀬伸吉著（弘前）津軽書房
【要旨】農業土木技術者が魅せられて巡る旅。水辺の妖怪河童（カッパ、メドツ）が水虎様（スイコサマ）と呼ばれ祀られる民間信仰の現場に身を置き、その言葉や姿を求めて、先人民俗学の成果に、土地の人々の想いに浸りつつ、独特な津軽平野を彷徨し深みにはまりこんだ労作。2017.1 256p A5 ¥2000 ①978-4-8066-0233-0

◆「好き」から始める暮らしの片づけ　はらむらようこ著　ワニブックス（正しく暮らすシリーズ）
【要旨】部屋も、家事も、服も、人づき合いも、全部「好き」なものだけ。口コミで広がり大人気！ 予約のとれない暮らしのアドバイザーの「毎日がHAPPYになる」メソッドを一冊に！
2017.4 126p A5 ¥1296 ①978-4-8470-9559-7

◆少ない予算で、毎日、心地よく 美しく暮らす36の知恵　加藤ゑみ子著　ディスカヴァー・トゥエンティワン
【要旨】何を捨て、何を残すか？ 何を買うか？ 何をつくるか？ いつでも、どんなものでも、第一に優先すべきは、「美しいかどうか」！ 美しい道具は機能的に美しく、美しい料理は美味しく、美しい服は似合う服だからです。美しくないものの使わないと宣言すれば、あなたの持ちものからはもちろん市場からも減っていくことでしょう。
2017.2 191p A5 ¥1400 ①978-4-7993-2040-2

◆すっきり暮らすための時間とお金の使い方—人気インスタグラマー＆ブロガー27人の家しごとのコツ　主婦の友社編　主婦の友社
【要旨】時間とお金の使い方が、その人の暮らしをつくります。人気インスタグラマー＆ブロガーの「時間とお金の使い方」が満載！
2017.6 143p A5 ¥1300 ①978-4-07-422592-7

◆すっきり、ていねいに暮らすこと　渡辺有子著　PHP研究所（PHP文庫）
【要旨】人気料理家が大切にしている、衣食住のことをカラー写真とともにつづる。
2017.8 213p A6 ¥740 ①978-4-569-76741-3

◆スッキリゆったり暮らす68のヒント　金子由紀子著　マイナビ出版（マイナビ文庫）（『ひとつずつ、少しずつ変えていくスッキリ落ちついた暮らし68のヒント』改題書）
【目次】第1章 最初の一歩を踏み出すヒント、第2章 心も身のまわりもスッキリするヒント、第3章 スッキリした状態を習慣にするヒント、第4章 少しだけ、ていねいに暮らしてみる、第5章 自分らしく暮らしを楽しむヒント、おわりに—スッキリ、ていねいに、いい塩梅
2017.8 227p A6 ¥680 ①978-4-8399-6412-2

◆捨てる 残す 譲る—好きなものだけに囲まれて生きる　フランシーヌ・ジェイ著、弓場隆訳　ディスカヴァー・トゥエンティワン
【要旨】"片づけブーム"はここから始まった！ おしゃれな収納用品や大きな収納庫にたくさ

んのモノを入れることではなく、ふだんの生活で扱うモノの量を減らす。2010年Amazon.com 最優秀賞受賞作（暮らし・生活部門）。誰でも片づけ上手になれる10か条。
2017.3 353p B6 ¥1500 ①978-4-7993-2050-1

◆スーパーダディ ビジネスマンの勧め　高橋一晃著　双葉社
【要旨】育児・家事をすると、仕事力がUPする！ SNS時代を勝ち抜く仕事術、できる男の"ゆる家事"スタイル。
2017.3 191p B6 ¥1300 ①978-4-575-31226-3

◆スール—soeurs　三國万里子、なかしましほ著　ほぼ日
【要旨】着ること、食べること、つくること。ニッポンデザイナー・三國万里子、料理家・なかしましほ、姉妹はじめての一冊。
2017.3 73p B5 ¥1200 ①978-4-86501-254-5

◆狭くても忙しくてもお金がなくてもできるていねいなひとり暮らし　shoko著　すばる舎リンケージ、すばる舎 発売
【要旨】賃貸1Kでここまでできる！ シンプルで豊かな生活全公開。Instagram「#ひとり暮らし」で今、最も注目のインスタグラマー初著書！「私の部屋」を暮らしやすく、楽しくする70のコツ。
2017.12 143p A5 ¥1200 ①978-4-7991-0671-6

◆ソーラー女子は電気代0円で生活してます！　フジイチカコ著、東園子漫画 KADOKAWA
【要旨】やれるもんならやってみる？ 電力会社と契約解除、ソーラーパネルとサイクル発電機で、電気代いらずに暮らす！ さあ、どう暮らす？ ソーラー発電だけじゃない、今日から試せる自作エコアイテムも紹介します！
2017.1 143p A5 ¥1200 ①978-4-04-068761-2

◆それ、いらない。—ちゅらさんの持たない暮らし、使い切る暮らし　ちゅら著 KADOKAWA
【要旨】9割捨てたら人生が変わった！ 捨てることで得られる豊かなシンプルライフ。
2017.1 174p B6 ¥1200 ①978-4-04-895911-7

◆脱力系ミニマリスト生活　森秋子著 KADOKAWA
【要旨】忙しさのあまり、日々の幸せを見逃していませんか？ 目に見える時間浪費が不思議と止まる。お金がするすると貯まりだす。頑張らない、完璧すぎない、ラクになる。毎日が輝く暮らしのヒント。
2017.6 173p B6 ¥1200 ①978-4-04-896013-7

◆「男損」の時代—「熟メン」が人生をソンしない18の知恵　牛窪恵著　潮出版社
【要旨】2020年、ニッポンの男はどうなる!?男性はこんなに大変…！ でも、そろそろラクに生きてみませんか。人気マーケッターが、男女の「幸せ格差」要因を徹底リサーチ！ 女性が知らなかった、中年男性は「熟メン」の生きづらさ、そして「しがらみ」を超えて人生を楽しむ方法をお教えします。
2017.3 186p B6 ¥1300 ①978-4-267-02080-3

◆小さな家の暮らし　柳本あかね著　エクスナレッジ
【要旨】大人暮らしに広い家は必要ありません。小さいからこそ手が届きすっきり心地よく暮らせます。夫婦二人で30m2！ 狭くても豊かな暮らし方。
2017.9 139p A5 ¥1400 ①978-4-7678-2380-5

◆ちいさなくらしのたねレシピ　早川ユミ著 PHP研究所
【要旨】生きていることは、くらすこと。くらすことは、つくること。高知の山に住む布作家がみつけたちくちく、ごはん、畑etc. ちいさな手づくり。
2017.4 223p B6 ¥1500 ①978-4-569-83812-0

◆地方暮らしの幸福と若者　轡田竜蔵著　勁草書房
【要旨】若者研究の「サイレント・マジョリティ」に光を当てる。豊富な社会調査データから、地方暮らしの幸福に注目が集まる時代を検証。日本の若者研究の文脈と、「地方暮らしの幸福」に関する議論の文脈とをかけ合わせた問題意識から出発し、地方暮らしの諸側面を総合的に捉え、その社会的課題を考察。広島県内の「地方中枢拠点都市圏」（安芸府中市町）と「条件不利地域圏」（三次市）の二つの自治体の若者（二〇～三〇代）への質問紙調査とデプス・インタビュー調

査から答えを探る。
2017.2 383, 16p 16cm ¥3600 ①978-4-326-65407-9

◆地方に「かえーる人」 2 自分スタイルではたらく、暮らす　丸尾宜史編（岡山）吉備人出版
【要旨】新しいチャレンジ、情熱、不安、悩み葛藤、そして未来への希望。地域でチャレンジする人達の生の声が聞ける！ 地域の想いがぎっしりつまった一本。
2017.3 197p B6 ¥1500 ①978-4-86069-490-6

◆「挑戦的スローライフ」の作り方—カリフォルニア郊外でプロサーファー鍼灸師　南秀史郎著（横須賀）道運の日本社
【要旨】心身ともに快適に過ごし、仕事もプライベートも充実させながら夢を追う—。生涯現役で「夢に生きる」ためのライフスタイル！
2017.9 188p A5 ¥1600 ①978-4-7529-9030-7

◆手にするもの しないもの 残すもの 残さないもの—ほんとうに整えたいのは、自分自身　広瀬裕子著　オレンジページ
【目次】第1章 向きあう（これがほしいから、これがあれば、へ、残りゆくもの、いまの自分に必要なもの ほか）、第2章 整える（整えの日、何のために整えるのか、そのときまで ほか）、第3章 つづける（流れ、動くように、ゆるやかに動く、とりあえずをやめる ほか）
2017.2 129p A5 ¥1400 ①978-4-86593-137-2

◆友達以上、不倫未満　秋山謙一郎著　朝日新聞出版（朝日新書）
【要旨】いつでも、いまでも、男女交際の形が、その時代を象徴する—。"男女の関係"ナシに深く結びつく既婚者同士のカップルたち。深い精神的紐帯から、アブノーマルな嗜好まで、二人をつなぎとめるものはさまざまだ。モラリストだけどアンモラル、やましくないけど罪深い!? そんな「セカンド・パートナー」という新しい生き方を克明にルポ。時代の素顔と欲望の正体に迫る。
2017.4 215p 18cm ¥760 ①978-4-02-273712-0

◆「なりたい私」になるクローゼットのつくり方　しぎはらひろ子著　宝島社
【要旨】おしゃれに、センスは必要ない！ 8万5000人が受けたセミナーを書籍化。恋も、仕事も、服で決まる！「服の力」を味方にすれば、夢は叶う！「私のための服」が見つかる5つのワークつき。
2017.2 187p B6 ¥1300 ①978-4-8002-6115-5

◆ナリワイをつくる—人生を盗まれない働き方　伊藤洋志著　筑摩書房（ちくま文庫）
【要旨】「個人レベルではじめられて、自分の時間と頭を使って生活するのではなく、やればやるほど頭と体が鍛えられ、技が身につく仕事を『ナリワイ』（生業）と呼ぶ」（まえがきより）。生活と遊びの中から年間30万円程度の、他者と競争しない仕事を複数つくり、生計を組み立てていく方法論。文庫化にあたり、読者からの質問への答えを増補した。
2017.7 246p A6 ¥680 ①978-4-480-43455-5

◆ニッポンの新しい小屋暮らし　YADOKARI著　光文社
【要旨】多拠点居住、田舎暮らし、ミニマルライフ。ニッポンでも始まっている、新しいムーブメント。「小さな住まい」の豊かさを知る11の実例集。
2017.7 143p 15×15cm ¥1500 ①978-4-334-97940-9

◆母を片づけたい—汚屋敷で育った私の自分育て直し　高嶋あがさ著　竹書房（BAMBOO ESSAY SELECTION）
【要旨】ゴミをためこむ汚屋敷母は娘の心にもゴミをためる毒母だった!!家は汚屋敷、ネグレクトで栄養失調の弟、娘への異常な執着やセクハラ…そんな環境で育った作者が自ら決別し、自分なりの片づけ方法を見つけるまで。
2017.7 134p A5 ¥1000 ①978-4-8019-1121-5

◆パリが教えてくれたボン・シックな毎日—ときめくものだけでシンプルに。暮らしのセンスアップ86の秘訣　弓・シャロー著　扶桑社
【要旨】在仏51年。79歳のパリジェンヌ、ユミさん。日本の名家出身、パリでデザイナーに！ 本物の「ボン・シック＝趣味の良い」なおしゃれや暮らしを伝授！
2017.4 206p B6 ¥1500 ①978-4-594-07692-4

◆パリジェンヌ ソフィーの部屋—50のアイテムから見るパリのライフスタイル　小津彩著　プレジデント社

社会・文化

【要旨】パリ6区、ネコのユキと暮らすソフィーの部屋へ、ようこそ！ どうぞ、ゆっくりしていってください。ソフィーが、パリのいろんなことをあなたにこっそり教えます。
2017.6 119p A5 ¥1400 ①978-4-8334-2237-6

◆ひきこもらない　pha著　幻冬舎
【要旨】お金と仕事と家族がなくても、人生は続く。東京のすみっこに猫2匹と住まう京大卒、元ニートの生き方。
2017.6 227p B6 ¥1200 ①978-4-344-03132-6

◆「ファーマーズテーブル」石川博子 わたしの好きな、もの・人・こと　石川博子著　主婦の友社
【要旨】自分の「好き」をまっすぐに。人と比べない暮らしが楽しい毎日を連れてくる。
2017.7 126p B5 ¥1500 ①978-4-07-423829-3

◆服を10年買わないって決めてみました─買わずに楽しく絵本作家のシンプルライフ　どいかや著　白泉社（MOE BOOKS）
【目次】おもいつき、服がどんなふうにつくられているか、チャレンジスタート、買わない生活、今ある服で工夫、服以外の買いもの、手芸クラブ、厚手のセーターをカーディガンに、裏返しブラウス、古Tシャツリフォーム、BNOでワンピース、アップリケししゅうあて布で、近所の方とは、こまった年の染め、まわりの反応、祖母の服の思い出、チャレンジ終了、服を10年買わないで思ったこと
2017.3 64p A5 ¥1300 ①978-4-592-73290-7

◆二人のおうち─一年を重ねてわかる、しあわせな住まいづくり　引田かおり、引田ターセン著　KADOKAWA
【要旨】東京・吉祥寺で経営するギャラリーとパン屋近くにリノベーション新居！ 快適な家のこだわりを解き明かす。年を重ねてわかる、しあわせな住まいづくり。
2017.4 159p A5 ¥1450 ①978-4-04-069217-3

◆フランス式いつでもどこでも自分らしく　ドラ・トーザン著　三笠書房（知的生きかた文庫─わたしの時間シリーズ）（『願いを叶えるDoraのドラ猫』改筆・再編集・改題書）
【目次】プロローグ 人生を楽しんで前向きに生きるコツ、1章「好きなこと」をして生きる─もう少し“ワガママ”になっていい、2章「女」であり続けるために一年を重ねるほど美しくなるフランス人、3章「アムール」（愛）のある人生を─「好きな女」と過ごす、すてきな時間、4章 結婚も子育ても、あなたらしく─「自分が幸せになる」ための選択を、5章 知的な女性は、いつも魅力的─心をゆさぶる本、映画と過ごす楽しみ、6章 人生は「楽しむ」ためにある─もっと頭と心をリラックスさせる時間を！、エピローグ「自分らしい生き方」が自信につながる
2017.5 206p A6 ¥600 ①978-4-8379-8471-9

◆「北欧、暮らしの道具店」店長のフィットする暮らし　佐藤友子、加藤郷子編著　バイインターナショナル
【要旨】月間160万人超が訪問する、大人気ネットショップ「北欧、暮らしの道具店」店長、初の書籍！ インテリアから、家事・収納、仕事や子育ての話まで大公開。試行錯誤しながら、自分なりの小さな工夫を続け、そのこと自体を楽しむ暮らし方のヒント。
2017.9 127p A5 ¥1300 ①978-4-7562-4952-4

◆ほんとうに必要なものしか持たない暮らし　Keep Life Simple！　yukiko著　KADOKAWA
【要旨】月間838万PV超の人気ブロガーが実践している住まいと暮らしのアイデアともの選びのコツ。ズボラー＆ザッパーだから考えたキレイを保つ35の方法。
2017.9 125p A5 ¥1300 ①978-4-04-602139-7

◆マイバッグ─3つのバッグで軽く美しく生きる　ドミニック・ローホー著、赤松梢恵訳　講談社
【要旨】ドミニックが選んだ3つのバッグ、トート、ミッデイ、ポシェットはフランス流の、エレガントに自由に生きるためのパートナー。そしてバッグの中身の整理をとおして、シンプルの秘訣を伝えます。
2017.4 230p 19×13cm ¥1100 ①978-4-06-220515-3

◆薪ストーブライフ　No.29　特集 求む！小さな薪ストーブ 但し、高熱効率に限る　薪ストーブライフ編集部編　沐日社、星雲社発売
【目次】1st Impression、Newcomer、Introduction&burning test、Woodstove in use report、Special、Research of Hearth、User、Essay、Fashion for wood splitting、Woodstove Long - term Test〔ほか〕
2017.3 128p A4 ¥1700 ①978-4-434-23102-5

◆まんがでわかる地方移住─セカンドライフ入門　鍋田吉郎シナリオ、松原裕美漫画　小学館
【要旨】人事異動を機に、早期退職・転職しての地方移住を検討し始めた東京の会社員・山本和也。情報収集、移住先選び、計画立案、家族の説得、仕事探し、引っ越しの手続き、移住先の生活などさまざまな問題に直面する才が─!?道府県移住窓口リスト、移住者インタビューも収録！地方移住のステップを大公開!!
2017.10 206p B6 ¥1200 ①978-4-09-388572-0

◆見違える、わたしの仕事時間─デスクと気持ちの片づけで　Emi著　ワニブックス（正しく暮らすシリーズ）
【要旨】「あれ？ 仕事がラクになってる」と思える、88の工夫。時間の使い方、デスク整理、家庭との両立、資料整理、時短のモノ選び、メール
2017.11 191p B6 ¥1300 ①978-4-8470-9598-6

◆ミニマリスト、親の家を片づける　やまぐちせいこ著　KADOKAWA
【要旨】ミニマリスト流親の家の片づけ5原則。モノを捨てたら親子の問題も片づいた！
2017.7 205p B6 ¥1300 ①978-4-04-601917-2

◆ミニマリストの持ちもの帖─家族5人これだけで暮らせる　尾崎友吏子著　NHK出版（NHK出版なるほど！ の本）
【要旨】ほかの用途でも使ってみる。「子ども用」はいる？ いらない？ 適切なタイミングで買えばいい。石鹸でなんでも洗う…思い込みを手放すと暮らしがもっと自由になる。必要十分な生活用品が見えてくる。シンプルライフの達人が届けるもっと快適に暮らすヒント。
2017.7 119p A5 ¥1400 ①978-4-14-011354-7

◆持ちすぎない、シンプルな暮らし　『PHPくらしラク～る』編集部編　PHP研究所
【目次】毎日を快適に、すっきりシンプルに暮らすコツ、ドイツ流がんばりすぎない暮らしの楽しみ方、お気に入りのものだけ持つシンプル収納、よい気をうまく取り入れる開運収納、シンプルが気持ちいい自分らしく、毎日が楽しい部屋づくり、好きなものに囲まれた心地よい暮らし、二度とリバウンドしない、キッチン片づけ革命、幸せを呼ぶ玄関片づけ術、3STEPで「美部屋」を手に入れる！、モノを溜めずに、お金を貯めよう！ 片づけとお金の魔法、仏教の智恵から学ぶ心のざわつきを整えるヒント、少しの手間で使いやすい空間に 快適なキッチンが気持ちいい暮らしをつくる、がんばらなくても大丈夫！ すっきりが続く“3つの習慣”、ドミニック・ローホーさんの暮らしをシンプルにする知恵、ぴったりのものを探す喜び、モノは減らしても思い出は残せる
2017.4 95p A5 ¥580 ①978-4-569-83295-1

◆もっと簡単に暮らせ　ちゃくま著　大和書房
【要旨】苦手な家事を克服しない、100円ショップには「時間」を買いに行く、まな板に「肩身が狭い思い」をさせない、バッグに入れる小物は明るい色にする、帽子は「風が吹いているつもり」で選ぶ─ちょっとしたコツほど、確実に暮らしを変える！
2017.8 245p B6 ¥1300 ①978-4-479-78395-4

◆やせる収納　梶ヶ谷陽子著　主婦の友社
【要旨】整理収納の考え方をどんなふうに片づけやダイエットに置きかえるのか、そして著者が片づけやダイエットを継続するうえで何をいちばん大切にしているか、どんなことに気をつけて生活し、維持しているかをお伝えします。
2017.11 127p A5 ¥1200 ①978-4-07-427023-1

◆ゆでたまごを作れなくても幸せなフランス人　町田陽子著　講談社
【要旨】シャンブルドットとは、「オーナーが同じ家の中に住んでいること」「最大5部屋まで」「朝食付き」つまり、民宿である。2011年12月、画家セザンヌが描き続けたサント・ヴィクトワール山を望む町で、私はシャンブルドットをオープンした。「できないこと」を認めたら、幸せがやってくる！ 40歳を過ぎてフランス移住、シャンブルドット経営を始めてわかった幸せの鍵と、人生の宝物。
2017.1 146p B6 ¥1300 ①978-4-06-299861-1

◆ゆるく暮らす─毎日がラクで気持ちいい、シンプルライフ　マキ著　マイナビ出版

【要旨】家事も料理も片づけもがんばらずにそこそこで、ちゃんと気持ちいい。
2017.5 127p A5 ¥1320 ①978-4-8399-6244-9

◆「凛とした魅力」がすべてを変える─フランス人は10着しか服を持たない ファイナル・レッスン　ジェニファー・L. スコット著、神崎朗子訳　大和書房
【要旨】まわりに流されずに、気品をもって情熱的に生きる。あなたは、人生に望む変化を起こす。自分らしい美しさを世の中に向けて表現する。ベストセラーシリーズ最新刊。
2017.5 261p B6 ¥1400 ①978-4-479-78387-9

◆わたしたちの「家事時間」─働く母インスタグラマーのラクで時短な家事アイデア　わたしたちの編集部編　マイナビ出版
【要旨】育児中でも仕事が忙しくてもすぐ実践できる！ 小さな工夫で、家事はラクに、暮らしは楽しくなる！ 今すぐマネしたい！ →暮らし上手の家事アイデア320。
2017.6 127p A5 ¥1340 ①978-4-8399-6297-5

◆わたしたちの無印良品ライフ─シンプルな暮らしと収納のアイデア　主婦の友社編　主婦の友社
【目次】1 だから無印良品が好き（シンプルなデザインだからカスタマイズして楽しめる、きょうだいの成長に合わせて使い回せるアイテムを選択、暮らしにときめきをくれるすっきりした美しさ、ミニマルな暮らしを楽しむ相棒でありよきお手本、わが家のカラフルな手芸材料の引き立て役に）、2 わたしたちの無印良品ライフ公開！（多用途に使える、素材がいい、長く使える、調和する、数え上げたらキリがないほど好き、いろいろ使い回して、「ここでも使える！」「こんなふうにも使える！」と発見が楽しい、すっきり整った収納＆インテリアの必須アイテム。見た目も、使い勝手も大満足です。少ないもので すっきり暮らしたい…理想の暮らしを実現してくれるのが無印良品、美しさのないさりげないデザインで暮らしにすーっととけ込んでくれる、見た目すっきり＆家族みんなが使いやすく機能的！ 収納愛を満たしてくれます、気に入ったものは買い足して、無印良品でおうちの収納に統一感を、使う人の立場でつくられる実用的で潔い美しさにほれぼれ、すっきりした部屋づくりには欠かせないインテリアの格上げにも一役）
2017.2 127p A5 ¥1300 ①978-4-07-422095-3

◆わたしの「家じかん」ルール─毎日パパッと、整う暮らし　インプレス書籍編集部編　インプレス
【要旨】「小さく整う暮らし」尾塚友吏子さん、「良品生活」mujikko-rieさん、インスタで大人気！ kokoronotaneさん…忙しくてもすっきり暮らせる！ 達人たちの時短＆時間テク。
2017.9 127p A5 ¥1300 ①978-4-295-00237-6

◆わたしの暮らしのヒント集　3　暮しの手帖編集部編　暮しの手帖社
【目次】第1章 30代、40代わたしの暮らしのヒント、時間のヒント たとえばこんな、わたしの一日、第2章 50代、60代わたしの暮らしのヒント、食卓のヒント いつものうちの味、おすすめのひと皿、住まいのヒント 心地よい暮らしの空間、第3章 70代、80代、90代わたしの暮らしのヒント、暮らしのおはなし、もの選びのヒント ずっと使っているものと最近買ったもの
2017.11 132p 28×21cm ¥1500 ①978-4-7660-0204-1

◆Airbnbで叶えるユニークな暮らし　Airbnb Japan監修　カルチュア・コンビニエンス・クラブ、ネコ・パブリッシング 発売
【要旨】あなたの家が新しい旅の舞台になる！ 日本人ホストが教えるユニークで刺激的な“おもてなし”体験。
2017.3 157p A5 ¥1500 ①978-4-7770-5409-1

◆Cabin Porn─小屋に暮らす、自然と生きる　ザック・クライン編　グラフィック社
【要旨】世界中の愛好家が自力で創った夢の隠れ家コレクション。一人で、親子で、仲間で、ゼロから建てた小屋の実録集。オフグリッドなキャビン・ライフを語る話題のサイト「Cabin Porn」から厳選した200の小屋とそこに住む人の物語。
2017.8 317p 24×19cm ¥2900 ①978-4-7661-3062-1

◆FU-KOさんのぶれない暮らし　美濃羽まゆみ著　主婦の友社
【要旨】少しだけ手をかけることで日々はもっと彩り豊かに変わる─京都の町家に暮らす洋服作

家・FU‐KOさんの毎日には、家族が笑顔になるささやかな工夫がたくさん隠れていました。
2017.6 128p A5 ¥1380 ①978-4-07-423930-6

◆Hygge―北欧生まれの「世界一幸せなライフスタイル」実践法　ピア・エドバーグ著、永峯涼訳　サンマーク出版
【要旨】「ヒュッゲ」しちゃえば、どんなときも大丈夫！新天地に移り住んだ著者が、いくつもの困難を乗り越えられたのは、生まれ故郷デンマークの「心地いい」暮らしの知恵のおかげだった。「ニューヨーク・タイムズ」「ワシントン・ポスト」をはじめ、世界中で話題の"快適な生活習慣"があなたのものに。
2017.10 163p B6 ¥1300 ①978-4-7631-3630-5

◆HYGGE 北欧が教えてくれた、「ヒュッゲ」な暮らしの秘密　シグナ・ヨハンセン著　日本文芸社
【要旨】小さなことからはじめる、心地よい時間のつくりかた。
2017.11 143p A5 ¥1500 ①978-4-537-21531-1

◆NIPPONの47人 2017 これからの暮らしかた―Off‐Grid Life　伊藤菜衣子，後藤正文，竹内昌義著　D&DEPARTMENT PROJECT
【要旨】食べものをつくる、住まいをつくる、仕事をつくる、まちや場所をつくる、メディアをつくる、エネルギーをつくる。当たり前のやり方はちょっと違う、47人の、快適で楽しい「暮らしかた」の実践。
2017.9 128p 20×15cm ¥903 ①978-4-903097-58-9

◆Re島PROJECT BOOK　Re島PROJECT著・写真，福岡市・九州離島広域連携協議会編　宣伝会議
【要旨】福岡から直行でぴょん！と行ける、対馬、壱岐、五島列島・新上五島町、五島列島・五島市、そして屋久島。5つの離島が力を合わせて、魅力を再発見（Re‐discover）し、再提案（Re‐produce）するプロジェクト。
2017.3 111p 27×22cm ¥920 ①978-4-88335-393-4

◆SPA IN LIFE 美しい日本のスパのかたち　梶川貴子著　ライフデザインブックス
【要旨】色、香り、プロダクト、空気感。日本の美しいコンテンツを生かし、新しいスパシーンを創造する。スパとの出会いから、「ALL THAT SPA」のブランディングまでをたどるスパジャーニー。スパは私たちの生活にどんな豊かさをもたらしてくれるのか。スパ的なライフスタイルの可能性に。
2017.2 187p A5 ¥1800 ①978-4-908492-28-0

◆TETON―感じて生きる山からの提案　浜野安宏著　世界文化クリエイティブ，世界文化社発売
【要旨】30年前、アメリカ・ワイオミング州、グランド・ティトン国立公園の山麓に土地を買ってログハウスを建てた。夢を追って東京とワイオミングとの2拠点生活をする間に、家族や仕事の形は移り変わり、都市も、自然も、人の考えも変わった。日本人は何かを見失ってはいないか。大切なことは本当の生活をすること。すべては山が教えてくれた。日本のライフスタイルを牽引してきた著者が、大自然に囲まれた生活と決別し、今また新たな地を目指す。人生を謳歌する宣言の書。
2017.3 223p A5 ¥1600 ①978-4-418-17500-0

現代風俗・流行

◆アイドルとヲタク大研究読本 イエッタイガー　ぺろりん先生本の案内役　カンゼン
【要旨】あなたの現場は！？ヲタクの現場を大研究！300項目以上の「現代ヲタク用語」を事典方式で解説。アイドルがヲタクとの絆を語る！多数のインタビューを収録。話題のぺろりん先生による新規描き下ろしイラストも満載。
2017.2 207p A5 ¥1500 ①978-4-86255-381-2

◆「悪問」のすゝめ―「猫組」有名講師陣による禁断のドリル ヤクザ・暴走族の知られざる実態　猫組長、沖田臥竜、柴田大輔著　徳間書店
【要旨】暴走族OBによる半グレの肢層、巨大ヤクザ組織の相次ぐ分裂、組織トップの逮捕…当代一流の元悪党3人が激動する「悪」の正体を徹底解説！
2017.7 254p B6 ¥1350 ①978-4-19-864328-7

◆新しい単位　世界単位認定協会著　ポプラ社（ポプラ文庫）
【要旨】シリーズ累計40万部の「サブカル伝説の書」にして、人気イラストレーター五月女ケイ子のデビュー作が、発売16年目にして初の文庫化！「だらしなさ」「女々しさ」「日本人っぽさ」…程度を示す尺度がむずかしい31の事象に「単位」をつけて、イラストで解説していきます。
2017.3 191p A6 ¥620 ①978-4-591-15409-0

◆怪しい噂 ぜんぶ体張って調べた　鉄人社編集部編　鉄人社（鉄人文庫）
【要旨】巷に広がる怪しい噂の数々。本書はそれらを編集部員やライターが自ら体を張って検証したものだ。悪徳業者の実態から、疑惑のサービス、有名都市伝説の中身まで。誰もが気になるあの噂の真相全23本！月刊「裏モノJAPAN」の人気ルポを収録した、文庫オリジナル作品！
2017.9 287p A6 ¥650 ①978-4-86537-098-0

◆アリエナイ理科式世界征服マニュアル　亜留間次郎著，薬理凶室監修　三才ブックス
【要旨】武器商人になる方法、インターポールの実態、核武装に必要な人員とお値段、etc. 世界を科学でハックする一悪の秘密結社による常識破りのガイダンス。
2017.8 219p B6 ¥1300 ①978-4-86199-990-1

◆一般人は入れない立入禁止地帯　歴史ミステリー研究会編　彩図社
【要旨】昔に比べると世界は狭くなったように思えるが、実際は、普通の人間が入れない場所は今も数多く存在する。なぜ入れないのか、どんな過去があるのか、入るにはどうすればいいのか…。入れないからこそ気になる場所を写真満載で紹介！
2017.10 218p A6 ¥648 ①978-4-8013-0258-7

◆いんちきおもちゃ大図鑑 3 ヒーローキャラクター・ロボットヒーロー・女の子向け玩具編　いんちき番長，加藤アングラ著　パブリブ
【要旨】巨大ヒーローが匍匐前進？機動戦士っ回ったらオッサン。魔法少女が絶望的に可愛くない。中国の女子に大人気のアニメグッズとは？赤い彗星が裸でムキムキ。有名ロボットの頭にスプレー。宇宙人を料理するおままごとセット…世界の「超いんちき合金ロボ」大集合！
2017.7 175p B6 ¥2300 ①978-4-908468-13-1

◆上坂すみれの文化部は大手町を歩く　上坂すみれの文化部は夜歩く編　インプレスR&D，インプレス 発売　新版
【要旨】ワルシャワ条約機構vs.米帝/ガルパン中学生/ティーガーで市街戦/ゴート族と御神木信仰/サベチー女子と謎のお兄ちゃん/宗教は「混ざる」/祭紀―フェス/スサノオっぽさとは/ハゲ親父効果。日本一知的なアニラジ番組初イベントの書籍化！
2017.2 59p A5 ¥1500 ①978-4-8443-9748-9

◆上坂すみれの文化部は大手町を歩く Vol.2　上坂すみれの文化部は夜歩く編　インプレスR&D，インプレス 発売
【要旨】日本一知的なアニラジ第二回イベントの書籍化！
2017.1 63p A5 ¥1500 ①978-4-8443-9742-7

◆エロゲー文化研究概論　宮本直毅著　総合科学出版　増補改訂版
【要旨】1980年代に幕を開けた国産エロゲーの歴史。8ビット機、16ビット機、Windowsといったパソコンの進化とともに変化し続ける"エロゲー"を、当時の世相や社会問題をまじえながら解説。草創期、あの有名ゲームメーカーが作っていたエロゲーの内容とは？今話題のクリエイターとエロゲーとの関わりは？現在に至るエロゲー35年の軌跡をたどる！
2017.5 351p A5 ¥2000 ①978-4-88181-859-6

◆大阪のおばちゃんの人生が変わるすごい格言一〇〇　森綾著　SBクリエイティブ
【要旨】ニーチェより鋭く、ガンジーより慈悲深く、ソクラテスより達観した大阪おばちゃんのことば。
2017.11 158p B6 ¥1200 ①978-4-7973-9314-9

◆おかんメールFinal　『おかんメール』制作委員会編　扶桑社
【要旨】母の愛、そして笑いは永遠に。シリーズ完結編。「おかんメール」シリーズ、ベストセレクションも掲載。
2017.5 127p B6 ¥600 ①978-4-594-07726-6

◆オタク稼業秘伝ノ書　高橋信之著　山中企画，星雲社 発売
【要旨】オタク系出版業界のレジェンド、その秘伝を語る。
2017.6 214p B6 ¥1500 ①978-4-434-23364-7

◆思わず使いたくなるグレーゾーンな手口500　裏の処世術研究倶楽部著　宝島社
【要旨】知っていると知らないとでは大きく差がつく！
2017.4 446p B6 ¥700 ①978-4-8002-6855-6

◆葛飾区あるある　東京23区あるある研究所著，にゃほこ画　TOブックス
【要旨】人情あふれる街には、銅像、公園、珍グルメ、なんでもあり!!帝釈天に行けば風来坊に、交番では過激なお巡りさんに会える!?葛飾区の面白ネタ183連発！
2017.9 140p 18cm ¥1000 ①978-4-86472-603-0

◆キッザニア裏技ガイド 東京&甲子園 2017～18　キッザニア裏技調査隊編　廣済堂出版
【目次】第1章 予約マル秘テク（入場ルールをまず確認、チケットの種類と料金 ほか）、第2章 キッザニア攻略法（キッザニアの基礎知識、事前準備のすすめ ほか）、第3章 お仕事全紹介（お料理したい、助けたい ほか）、第4章 インフォメーション（交通案内（キッザニア東京）、交通案内（キッザニア甲子園）ほか）
2017.8 159p A5 ¥1400 ①978-4-331-52112-0

◆きっついお仕事　和田虫象著　鉄人社（鉄人文庫）
【要旨】巷には、人気が高く就きたくても就けぬ職業がある一方、普通の人がおいそれと手の出せぬ、怪しくて、危なくて、キツイ仕事がある。例えば、ホモ雑誌のグラビアモデル、例えば、高層ビルの窓拭き。例えば、ラブホテルの清掃員。本書は、フリーライター・和田虫象が"きっついお仕事"全20業種を体験し、その中身をレポートしたものだ。給料の良し悪しから、採用条件、働く環境まで。求人サイトでは絶対にわからない仕事の裏側！
2017.5 319p A6 ¥680 ①978-4-86537-087-4

◆恐怖の婚活回想記―知ったあなたは最短ルートで結婚（ゴールイン）！　三重県著　KADOKAWA
【要旨】婚活という戦場に挑む後輩たちよ！私は勝利（婚姻届）を手に入れるため、年間500人と2年、出会ってはトライ&エラーを繰り返した。1000回ぶん、失敗を熟知した私の戦歴（ナレッジ）を役立て、最短ルートで勝利していただきたい！
2017.1 223p B6 ¥1100 ①978-4-04-601835-9

◆ググってはいけない禁断の言葉　鉄人社編集部編　鉄人社（鉄人文庫）
【要旨】ネットに溢れる検索注意のサイトや画像、動画の数々。本書は、約130本のキーワードを5段階の危険レベルに分類、その内容を紹介した1冊だ。興味本位でページを開ければトラウマになる記事も数知れず。閲覧はあくまで自己責任で！
2017.7 271p A6 ¥650 ①978-4-86537-091-1

◆ググってはいけない禁断の言葉 2018　鉄人社
【目次】第1章 危険LEVEL1（モコ・カウアエ、アンナとアンディー ほか）、第2章 危険LEVEL2（マイクロ・アグレッション、ペニス・パニック ほか）、第3章 危険LEVEL3（自殺募集、エリザベス・スマート誘拐事件 ほか）、第4章 危険LEVEL4（子供の殺害未遂を実演、農薬吸引 中国 ほか）、第5章 危険LEVEL5（15歳 心中カップル、11人のバラバラ死体 ほか）
2017.12 271p A6 ¥950 ①978-4-86537-108-6

◆くらべる時代―昭和と平成　おかべたかし文、山出高士写真　東京書籍
【要旨】時代とともにオムライスも変わる？「くらべる東西」のコンビが徹底取材。「寿司」「日傘」から「ポスト」「トンネル」まで、34の昭和と平成の「変化」を撮った！
2017.3 175p 15×21cm ¥1300 ①978-4-487-81057-4

◆刑務官が明かす刑務所の絶対言ってはいけない話　一之瀬はち著　竹書房（BAMBOO ESSAY SELECTION）
【要旨】刑務官と受刑者だけが知っている秘密の世界を覗き見。
2017.8 127p A5 ¥1000 ①978-4-8019-1150-5

◆激ヤバ潜入！ 日本の超タブー地帯　宝島特別取材班編　宝島社

社会・文化

【要旨】あなたの知らない33の「異常」現場。
2017.2 255p B6 ¥556 ①978-4-8002-6392-6

◆決定版！「都市伝説」大全超タブーDX
「噂の真相」を究明する会著　宝島社
【目次】国際事件ジャーナリスト ベンジャミン・フルフォード緊急インタビュー（特権階級の崩壊で「安倍政権」が命拾い！「森友学園問題」の裏で繰り広げられる「世界支配者層」の総入れ替え！）、第1章 ヤバい！ 日本のタブー（アッキー「森友学園問題」はCIA「安倍おろし」の陰謀説、"ブラック企業大賞" 受賞チな民進党の「五輪利権」戦略だった!? ほか）、第2章 ヤバい！ 世界のタブー（ロシアのプーチン大統領は本物のいない「影武者」だ！、日露首脳会談失敗の影に混浴接待「アッキード事件」ほか）、第3章 ヤバい！ 芸能・エンタメ界のタブー（SMAPを潰したのは「オリンピック利権」説、SMAP「世界に一つだけの花」歌詞の元ネタは「仏教」の教え ほか）、第4章 ヤバい！ スポーツのタブー（「稀勢の里」逆転優勝は日本経済復活の特効薬だ！、スマップが密かに期待を寄せる大谷翔平「夜も二刀流」説 ほか）
2017.5 252p B6 ¥600 ①978-4-8002-7033-7

◆ゲームセンタークロニクル—1972-2017
石井ぜんじ著　スタンダーズ
【要旨】1972〜2017、激動の45年間!!ゲームセンターの過去と現在。
2017.4 272p B6 ¥1400 ①978-4-86636-044-7

◆健康大麻という考え方—もうやめよう嘘と隠しごと　中山康直, 長吉秀夫, 丸井英弘著　ヒカルランド
【目次】第1部 講演1・健康な臨終を迎えるための大麻（薬草としての大麻草—欧米では医療目的で使用されている、麻はどのようにして世界中に広がっていったのか ほか）、第2部 講演2・健康大麻の真髄—麻と死生観（2016年に相次いで起こった麻薬騒動により、バンドラの箱が開いた、大麻取扱者免許の取得と麻の活動の原点 ほか）、第3部 講演3・健康大麻を否定する大麻取締法（法律の勉強を始めたきっかけ—平和な社会をつくる弁護士を目指して、初めて担当した大麻の事件—原発問題と大麻問題はリンクしている ほか）、第4部 鼎談・今、日本の麻はどうなっているのか（アメリカ連邦法が変われば厚生労働省の見解も変わるのか、勇気をもって2つのタブーに触れた新党改革一官邸は医療大麻政策に納得していた ほか）
2017.4 174p B6 ¥1750 ①978-4-86471-474-7

◆極道ぶっちゃけ話—「三つの山口組」と私
竹垣悟著　イースト・プレス
【要旨】テレビでは絶対に言えない「あの事件」の真相。
2017.12 310p B6 ¥1500 ①978-4-7816-1620-9

◆「ごじゃ」の一分—竹中武 最後の任侠ヤクザ　牧村康正著　講談社
【要旨】竹中武の生涯を振り返った時、山口組の正史に、それが銘記されるかどうかは定かでない。歴史には残らず、記憶に残るヤクザ—それが武の宿命だったとも言える。初公開となる「肉声ビデオ」と関係者の最新証言で綴る本格評伝。
2017.4 337p B6 ¥1700 ①978-4-06-220607-5

◆社会人10年目をこえたら知っておきたいキャバクラ　Jackal著　総合科学出版
【要旨】キャバクラ費用の捻出方法から過ごし方、キャストの落とし方、家族や恋人バレの防止法まで、白い初心者がキャバクラで過ごし、美味しい思いをするための指南書。
2017.11 159p B6 ¥1400 ①978-4-88181-864-0

◆週末女装子道—私、普段はまじめなサラリーマン　青山レイコ著　みらいパブリッシング, 星雲社 発売
【要旨】心は男性だけれどキレイなものが好き、女性のメイクに憧れがある…そんな感性豊かなアナタに送る、週末女装の入門書。
2017.4 134p B6 ¥1400 ①978-4-434-23173-5

◆昭和珍道具図鑑—便利生活への欲望
魚柄仁之助著　青弓社
【要旨】生活を合理的に楽にこなせるように、という願いから生まれた手づくり洗濯機、電気も氷も使わない冷蔵庫、非電化のマッサージ器やパワースーツ…。電気などの動力に頼らない非電化、非化石燃料を前提とした道具類。「なに？ これ！」の道具類は、しかし「生活するためには これが必要だ！」という強いメッセージが込められている。高度経済成長の波に流されて姿を消していった珍道具の数々をよみがえらせ、手仕事が生活を作っていた時代

を振り返る。
2017.6 151p A5 ¥1800 ①978-4-7872-2070-7

◆昭和レトロ自販機マニアックス　越野弘之著　洋泉社
【要旨】コスモス自販機から絶滅危惧種、廃自販機までレトロファン垂涎の自販機が大集結！レトロ自販機180以上。インチキガチャコスモス自販機の楽しさ/約30日間に渡るレトロ自販機巡りの壮大な全国旅/知られていない現存旧式自販機を徹底発掘/驚きの珍自販機の世界/哀愁の廃自販機から探る昭和飲料メーカーの歴史。
2017.7 159p A5 ¥820 ①978-4-8003-1244-0

◆女子高生制服路上観察　佐野勝彦著　光文社（光文社新書）
【要旨】膝上スカート、ゆったりニット、ずり下げリボン、裾出しシャツ、"なんちゃって制服"…「だらしない」の一言で決めつけては、現象の本質は見えてこない。ファッションには常に旧世代への抵抗であり、女子高生たちは「着崩し」により自らのスタイルを創造している。学生服メーカーの研究員として二十年、路上に立ち、直接聞き取り調査を続けてきたフィールドワーカーが、流行の生まれる現場、多感な生徒たちが求めているものを何か、そして制服採用の裏側まで、十代のユニフォームのすべてを明かす。
2017.11 226p 18cm ¥820 ①978-4-334-04322-3

◆スナックの歩き方　玉袋筋太郎著　イースト・プレス（イースト新書Q）
【要旨】いま、再びブームの兆しを見せる「スナック」。昭和レトロな看板。常連さんとの楽しい会話。懐かしい昭和歌謡…。スナック好きを公言する著名人も多く、関心が集まる一方でスナックは「場末感」「ママが怖い」といったハードルの高さもあります。本書は日本一スナックに明るい著者が、スナック初心者に向け、スナック文化や、歴史、スナックあるある、を豊富なエピソードを交え紹介する "スナックバイブルの決定版" です。
2017.3 189p 18cm ¥800 ①978-4-7816-8026-2

◆世界の絶望百景2017　鉄人社
【要旨】虐殺現場・ゴーストタウン・心霊廃墟・汚染地帯・自殺の名所。トラウマ必至の不気味スポット。
2017.3 223p B6 ¥552 ①978-4-86537-082-9

◆全国版 あの日のエロ本自販機探訪記　黒沢哲哉著・撮影　双葉社
【要旨】昭和の街角にあったエロ本自販機は、まだあるのか!? 日本全国を駆け回るエロ本自販機探しの旅！ このネット社会で「誰が自販機を設置し、誰がエロ本を買い、誰がどこで仕入れ、誰が自販機に商品を入れているのか」？ くだらなすぎて誰も手をつけてこなかったジャンルに堂々切り込んだノンフィクションにして、誰もが見て見ぬフリをし続けたエロ文化遺産をアーカイブ化した写真集。これまでも、これからも決して出版されない書籍の誕生。
2017.4 319p A5 ¥2200 ①978-4-575-31225-6

◆ゾンビ最強完全ガイド　ロジャー・ラックハースト著, 福田篤人訳　エクスナレッジ
【目次】第1章 Zombie から「ゾンビ(Zombie)」へ：ラフカディオ・ハーン（小泉八雲）とウィリアム・シーブルック、第2章 ハイチの幻霊：西洋におけるゾンビの原点、第3章 パルプ小説版ゾンビの出現、第4章 第一次ゾンビ映画ブーム：『恐怖城』から『ブロードウェイのゾンビ』まで、第5章 フェリシア・フェリックス＝メントール：「本物の」ゾンビ、第6章 1945年以降：ゾンビの軍団化、第7章 ゾンビ黙示録：ロメロの再始動とイタリア製ホラー、第8章 そして世界
2017.3 350p B6 ¥400 ①978-4-7678-2383-8

◆探偵業の裏と表—パンドラの箱が今開かれる　松本耕二著, さくら幸子探偵学校監修（札幌）財界さっぽろ
【要旨】興信所・探偵社とは…？ 探偵業者の取扱業務とは…？ 探偵業界の現況とは…？ 探偵業者の賢い選び方とは、調査サービスの利用方法とは…？ 謎に満ちた探偵業界に迫る！
2017.9 214p B6 ¥1600 ①978-4-87933-520-3

◆超 暇つぶし図鑑　ARuFa著　宝島社
【要旨】下敷きを使えば「バリア」を張れる!? 史上もっともハイレベルな暇のつぶし方大量収録!!
2017.5 223p B6 ¥980 ①978-4-8002-6887-7

◆童貞の疑問を解決する本—恋愛メディアがひろってくれない　AM編集部著　双葉社

【要旨】同人誌発売直後からWEBで大反響を呼んだ「男女の真理」、大好評につき緊急刊行!!Q&A形式で、童貞の疑問をAM編集部が一刀両断！
2017.8 86p B6 ¥800 ①978-4-575-31293-5

◆東方文果真報—Alternative Facts in Eastern Utopia.　ZUN著　KADOKAWA
【要旨】「文々春新報」とは何なのか？ 何故非公開となったのか？ 虚報と真実の境界が揺らぐ時、射命丸文の筆が冴え渡る!?『東方』公式 "没" 週刊誌。
2017.3 143p A5 ¥1600 ①978-4-04-892862-5

◆日本の裏社会 闇の職業図鑑　別冊宝島編集部編著　宝島社
【要旨】反社組織トップは年収10億!?ゴト師は時給4万!?「懲役1年で1億ゲット」のカラクリから、犯罪小説を超えた時給25万の世界まで！ ヤバイ仕事101の全内幕！
2017.8 96p B6 ¥600 ①978-4-8002-7399-4

◆日本のメイドカルチャー史 上　久我真樹著　星海社, 講談社 発売
【要旨】執筆6年。これぞメイド研究の基礎文献にして、愛と狂気に満ちた驚きの研究成果。脇役だったはずのメイドたちが、文化の主役になるまでの軌跡。
2017.10 301p A5 ¥2500 ①978-4-06-510399-9

◆日本のメイドカルチャー史 下　久我真樹著　星海社, 講談社 発売
【要旨】執筆6年。これぞメイド研究の基礎文献にして、愛と狂気に満ちた驚きの研究成果。あなたの大好きなメイドからあなたの知らないメイドまで、メイド現象と登場作品をまさに全網羅。
2017.10 476p A5 ¥3500 ①978-4-06-510400-2

◆爆笑 テストの珍解答500連発!! vol.2
鉄人社編集部編　鉄人社（鉄人文庫）
【要旨】テストは怖い！ テストはムズい!!テストは慌てて答えが出ない!!だからこそ生まれる、ドタバタの珍解答を一冊にマトめてみました。あまりのアホさに腹がよじれるものから、「俺も同じミスしたなぁ…」思わず納得しちゃうものまで。中間期末前後の爆笑問答をお楽しみください（累計150万部超のベストセラーシリーズ、その第2作目で約60ページ増量で文庫化！）。
2017.9 287p A6 ¥630 ①978-4-86537-097-3

◆80年代オマケシール大百科　サデスパー堀野著　いそっぷ社
【要旨】『ビックリマン』だけじゃない！ ガムラツイスト、ラーメンばあ、ドキドキ学園、秘伝忍法帳、ハリマ王の伝説、あっぱれ大将軍、ネクロスの要塞…ぼくらを熱狂させたオマケシールがこんなにあった!!収録シール点数、圧巻の1108枚!! 2017.4 158p A5 ¥1600 ①978-4-900963-74-0

◆非モテ新兵に語る40代童貞の垂訓　暗黒童貞団著　（柏）暗黒通信団
2017.5 20p A5 ¥200 ①978-4-87310-070-8

◆ヒロイン専用スーツ・武器の作りかた　西脇直人作・著, 梅森充, 桜田美和子縫製作例・レクチャー　玄光社
【要旨】ヒロイン専用スーツのプロが集結！ 体にぴったりフィットする合皮製のヒロイン専用スーツ、バトルスーツ、ハンマー、剣、銃、メカパーツ。2way 生地のスーツや重量感あるメカの作りかた、合皮貼りやエイジングのコツを特撮作品やゲームイベント衣装、アイドル衣装の業界で活躍するプロたちが、わかりやすく教えます。
2017.8 159p B5 ¥2300 ①978-4-7683-0885-1

◆ぷす占い　TSUKURU著　キノブックス
【要旨】Twitter で話題沸騰！ 次に流行る変な占いはコレ!?「きょうのゲイバー」のママ達が贈る、愛1％と毒99％の入り乱れたメッセージ。パッと開いたページに、今日の運勢がある！
2017.6 211p A5 ¥1200 ①978-4-908059-67-4

◆ブラバン100—聞きたくても聞けない、下着のホンネ　ワコール著　（京都）ワコール, ビー・エヌ・エヌ新社 発売
【要旨】ホントのところ、みんなはどうなの!?ワコールが約40万人の女性に聞いたブラとパンツにまつわるみんなのホンネ、一挙公開。
2017.3 237p B6 ¥1600 ①978-4-8025-1056-1

◆文春にバレない密会の方法　キンマサタカ著　太田出版
【要旨】具体的な密会ノウハウを徹底指導、目からウロコのリスク管理術。不倫やそれに近い関

係に陥ってしまった人々が、安全に関係性を継続させる手助けとなる本。

2017.6 153p 18cm ¥1111 ①978-4-7783-1582-5

◆ポケット版 東京ディズニーランド＆シー 裏技ガイド 2017～18 TDL&TDS裏技調査隊編, クロロ著 廣済堂出版
【要旨】待ち時間短縮ワザも、パレード＆ショーの穴場も、人気キャラの新エリアも、意外なガラ空き日も、FP取得の秘策も、激混みレストラン対策も、人気ブロガーの得テクぜ～んぶ公開！

2017.5 278p 18×12cm ¥800 ①978-4-331-52096-3

◆マンガ実録！ シェアハウスで本当にあったヤバい話 日本博識研究所著 宝島社
【要旨】衝撃！ 恋人もシェア!?歯ブラシも共有する外国人！ 失踪！ 借金苦！ 腹黒女！ 怪しい入居者たち。TVとはかけ離れた実態！ ド底辺の「テ○スハウス」。シェアハウスで本当にあった世にも奇妙な話。

2017.3 211p B6 ¥556 ①978-4-8002-6583-8

◆マンガ実録！ 死ぬほど怖い人体実験の世界史 闇の世界史研究所著 宝島社
【要旨】双子の身体を結合させて生存できるのか検証、死刑囚にサナダムシを食べさせて経過を観察、血液を循環させれば死体は蘇生するのか？ 医師の意向で強制的に性別を変えられた被験者…マッドすぎる実験大百科。

2017.3 253p B6 ¥556 ①978-4-8002-6411-4

◆マンガ 正しい拳銃の撃ち方つかい方 かのよしのり著 宝島社
【要旨】映画やドラマ、マンガなどに登場する銃のリアルが明らかに！

2017.4 223p B6 ¥950 ①978-4-8002-6917-1

◆マンガでわかる キャバクラ嬢の心得 木村雄太郎著 総合法令出版
【要旨】お客様を「私」中毒にさせる方法。絶対にお客様から指名される戦略が満載！ 稼ぐキャバクラ嬢の接客テクニック。

2017.2 203p B6 ¥1200 ①978-4-86280-539-3

◆モテる男になる50のテクニック アダム徳永著 日本文芸社 （『モテる男の技術』再編集・改題書）
【要旨】今すぐ実践できるノウハウが満載！ アダム流メソッドでコミュニケーション力も向上。素敵な女性ばかりでなく、運や成功も引き寄せます。

2017.11 229p 18cm ¥880 ①978-4-537-26177-6

◆ものすごい！ モテ方 内藤誼人著 廣済堂出版 （廣済堂文庫）
【要旨】好きな女性を簡単に手玉にとれる「モテ技術」が満載！ ジャンケンですぐにわかる女性の心理、女の子からのメールであなたがどれだけ好かれているのかを見抜く法、女性が興奮しているかどうかは「肌」を見ればわかる、デートに誘うなら花がたくさんある場所にしたほうが成功率が高いなど、職場の女性にモテるようになり、恋人もできるだろう。

2017.6 234p A6 ¥620 ①978-4-331-65518-4

◆モン・コレ＝KUMAMON COLLECTION モン・コレ製作委員会編著 毎日新聞出版
【要旨】日本全国のみならず、世界へと羽ばたくくまモン。これまで、さまざまな目的や各地への出動を通じて作られた衣装や小物などは100点以上にのぼる。現存する衣装を身につけたくまモンが、当時を思い出しながらポーズをとった。くまモンだから着こなせる、くまモンだから絵になる衣装の数々を完全撮り下ろし！

2017.3 1Vol. A5 ¥1389 ①978-4-620-32440-1

◆レゴランド・ジャパンマル得口コミ！ 徹底攻略ガイド―子どもから大人まで大満足！ 東海テーマパーク研究会著 メイツ出版
【要旨】体験レポート満載!!ココがねらい目！ アトラクション。120%遊び尽くす！ 目的別モデルコース。徹底比較！ グルメ＆ショップ。まるわかりデータチェック！

2017.7 128p 19×12cm ¥1200 ①978-4-7804-1896-5

◆JAPANオカルト怪獣記―オカルト業界の怪獣級編集者が大集結!!!オカルトークバトル 飛鳥昭雄、守屋汎、武田崇元、志波秀宇、三上丈晴ほか著 ヒカルランド （付属資料：DVD1）
【要旨】驚くべきオカルト雑誌『ムー』『ワンダーライフ』『GODマガジン』『UFOと宇宙』『トワ

イライトゾーン』『ボーダーランド』『地球ロマン』『オカルト時代』『アトランティア』などなどが創刊し消えていった古き良き懐かしきあの時代を誰よりもよく知る編集者たちが一堂に会し、そこまで言ってしまうか！ 的な―めくるめくウラ話が吹き出して止まらない緊急事態発生！

2017.4 170p B6 ¥1851 ①978-4-86471-483-9

現代用語・流行語

◆朝日キーワード 2018 朝日新聞出版編 朝日新聞出版
【要旨】現代社会を知るために必須の「キーワード」を厳選しました。原則として冒頭で最新時事用語をコンパクトに解説。本文で問題点や展望など、知識を深めることができます。「関連用語」と、別角度からのミニ情報を載せたコラム「PLUS ONE」を設け、キーワードの内容をそっそう深く理解できるよう構成してあります。本文中の図版や写真も豊富で、見やすく工夫しています。テーマは政治、文化、科学・技術からスポーツ、医療・福祉、くらし、経済、国際…と、あらゆる分野を扱っています。また、「政治」「国際」「経済」では分野の初めに、これからの「動きを読むポイント」という解説コーナーをつけ、全体の流れと注目点が頭に入るように編集しました。巻末には、最近のニュースの中から、今日の問題を理解するうえで、常識として知っておきたい基本用語を「ベーシックワード」として選びました。「重要ニュース月表」には、関連するキーワードのページ数が記されています。

2017.1 286p A5 ¥1200 ①978-4-02-227642-1

◆「会話力」で相手を圧倒する大人のカタカナ語大全 話題の達人倶楽部編 青春出版社 （『30秒でスッキリわかる！「カタカナ語」使い方のツボ』再編集・改題書）
【要旨】「語彙力がない…」を解決するとっておきのコツ、教えます！ 日常会話から、ビジネス、専門用語まで、おさえておきたいあらゆるジャンルのカタカナ語を収録。みるみる会話力がアップする決定版！

2017.4 380p B6 ¥1000 ①978-4-413-11211-6

◆図解でわかる時事重要テーマ100―業界・企業研究にも使える 2019年度版 日経HR編集部編著 日経HR
【要旨】世界で頻発するテロ/トランプ政治/働き方改革/サイバー攻撃/北朝鮮問題/ビットコイン/AI（人工知能）/待機児童/ダイバーシティetc…最新の重要ニュース、トピック、事件を分かりやすい図で解説。難解なテーマも、ラクラク理解。 2017.12 166p A5 ¥1000 ①978-4-89112-174-7

◆図解まるわかり時事用語 2018→2019年版 世界と日本の最新ニュースが一目でわかる！ ニュース・リテラシー研究所編著 新星出版社
【要旨】1項目1分で完全理解！ 豊富なイラスト図解で『なるほど！ 納得』とわかりやすい解説。たった見開き2頁を読むだけで、超重要ポイントと物事の本質がわかる見えてくる！

2018.1 159p B5 ¥1000 ①978-4-405-04920-8

◆日経キーワード 2018・2019 日経HR編集部編著 日経HR
【要旨】知りたかった知識を凝縮!!時事・経済の知識を武器にする500words。

2017.12 334p A5 ¥1100 ①978-4-89112-175-4

◆用語集 現代社会＋政治・経済 '17・'18年版 用語集「現代社会」編集委員会編、上原行雄、大芝亮、山岡道男、菅野覚明、山田忠彰監修 清水書院
【要旨】高等学校の「現代社会」および「政治・経済」の授業に必要十分な用語を選択し、具体例などをもとにしながらできるだけ詳しく解説した。学習指導要領の配列に準じているので、授業の進度にあわせて参考書として、また、さくいんを活用して小事典として利用することも可能である。同義語・対義語・類義語まで幅広く取り扱った、必携の書！

2017.2 476p B6 ¥890 ①978-4-389-21700-6

◆用語集 現代社会＋政治・経済 '18・'19年版 用語集「現代社会」編集委員会編 清水書院
【要旨】高等学校の「現代社会」および「政治・経済」の授業に必要十分な用語を選択し、具

体例などをもとにしながらできるだけ詳しく解説した。学習指導要領の配列に準じているので、授業の進度にあわせて参考書として、また、さくいんを活用して小事典として利用することも可能である。同義語・対義語・類義語まで幅広く取り扱った、必携の書！ 収録語数6,150。

2018.1 486p B6 ¥890 ①978-4-389-21713-6

雑学・知識

◆相性がわかる！ 県民性のヒミツ 矢野新一著 宝島社 （宝島SUGOI文庫） （『完全保存版！ 日本人の県民性大百科』改訂・改題書）
【要旨】47都道府県出身者の県民性と相性が一目でわかる！

2017.2 255p A6 ¥580 ①978-4-8002-6610-1

◆明日ともだちに自慢できる日本と世界のモノ歴史113 冨士本昌恵著, 此林ミサ画 PARCO出版
【要旨】「食卓」「暮らし」「趣味」「文化」にまつわる物たちの意外な歴史＆おもしろエピソード満載！ 全28テーマ、113のスグレモノたち。

2017.12 127p A5 ¥1200 ①978-4-86506-245-8

◆おもしろ雑学―世の中のふしぎがわかる話 260 本郷陽二著 三笠書房 （知的生きかた文庫） （『子どもが飛びつく！ おもしろ雑学』加筆・改題書）
【要旨】本書では、私たちの身の回りにある、"これまで思いもよらなかった疑問"好奇心を刺激してやまない不思議"を徹底的に選りすぐりのうえ、解説。

2017.7 267p A6 ¥680 ①978-4-8379-8480-1

◆考える雑学―大人の知能を鍛える140題 曽根翔太著 大和書房 （だいわ文庫）
【要旨】国語、理科、社会、数学、英語、家庭科、体育、芸術。中学校の8科目に関する雑学を140問出題します！ 問題文で雑学を一つ出しますので、それをヒントにクイズを解いてみてください。知識が増えるだけでなく、知能も鍛えられる新感覚の雑学本！

2017.12 303p A6 ¥680 ①978-4-479-30682-5

◆消えた市区町村名の謎 八幡和郎著 イースト・プレス （イースト新書Q）
【要旨】日本には1,718の市町村が存在する（2017年現在）。しかし、現在の市町村の枠組みがスタートした明治中期には、約15,000もの市町村がひしめき合っていた。明治、昭和、平成の大合併を経る過程で、その名は場当たり的な「大人の事情」によって決定づけられていく。たった4日で消滅した市、合併で村に「降格」されてしまった村、藩の中心だったのに他に合併されてしまった市町村など、市区町村名にまつわる雑学をベストセラー作家が完全網羅。

2017.7 223p 18cm ¥800 ①978-4-7816-8031-6

◆起源図鑑―ビッグバンからへそのゴマまで、ほとんどあらゆることの歴史 グレアム・ロートン著、ジェニファー・ダニエル絵、佐藤やえ訳 ディスカヴァー・トゥエンティワン （NEW SCIENTIST）
【要旨】本当は非効率なQWERTYキーボードが定着したのは実は惰性の産物。へそのゴマの正体は繊維くず。衣服の歴史はシラミが教えてくれる…銀河、生命、睡眠、貨幣、酒、文字、時間、インターネット、核兵器…最新の科学が解き明かす万物の"始まり"の物語。

2017.12 255p 25×20cm ¥2800 ①978-4-7993-2207-9

◆ギネス世界記録 2018 クレイグ・グレンディ編 角川アスキー総合研究所, KADOKAWA発売
【要旨】世界中のスーパーヒーロー！ この星の、この国の、この街の英雄たち、超人的な肉体をもつ世界記録保持者や挑戦者、ときに動物たちスーパーアニマルは、わたしたちに希望と勇気を与えてくれる。次のスーパーヒーローは、君かもしれない。

2017.9 255p 28×21cm ¥3056 ①978-4-04-899608-2

◆ギネス世界記録 2018 クレイグ・グレンディ編 角川アスキー総合研究所, KADOKAWA発売
【目次】日本オリジナルページ、地球、動物、超人たち、スーパーヒーロー、記録マニア、冒険

社会・文化

者たち、社会、芸術＆メディア、科学技術とエンジニアリング、輸送、スポーツ
2017.11 255p 28×21cm ¥3056 ①978-4-04-899609-9

◆クイズで覚える「ものの名前」―誰かに教えたくなる！ 身近な雑学　北橋隆史著　扶桑社（扶桑社文庫）
【要旨】本書に登場する事務用品の「ホッチキス」。しかし「ホッチキス」はメーカー名であって正式な名前ではないのです。このように身近にあるのに、ずっと誤解して呼んでいたりするものがあります。じつは「ものの名前」には、"なぜそう呼ばれるようになったか"という思わぬ歴史が潜んでいます。名前を知るということは、ものを正しく知るということです。だから名前を知ることはすごく大事なこと！ 本書は、クイズ形式でわかりやすいヒントが添えてありますから、大きなイラストを眺めながら楽しく読んでいるうちに、自然に名前が覚えられます。読み終わると、きっと身近にある道具が、愛おしくなっているでしょう。
2017.2 223p A6 ¥680 ①978-4-594-07645-0

◆暮らしの中の表示―知らないと困る最新知識　博学こだわり倶楽部編　河出書房新社（KAWADE夢文庫）
【要旨】街中や家の中、あらゆる場所で見かける表示や記号。それらにはすべて大事なメッセージが込められているのだ。知れば知るほど賢く暮らすましょう！
2017.7 219p A6 ¥680 ①978-4-309-49971-0

◆子どもと楽しむ日本びっくり雑学500　西東社編集部編　西東社
【要旨】世代を超えて、おどろき！ ワクワク！
2017.12 287p B6 ¥1000 ①978-4-7916-2660-1

◆雑学ニッポン「出来事」図鑑　ケン・サイトー絵・文　KADOKAWA
【要旨】戦後から現在。僕らが生きてきた「あのとき」、日本でいったい、何があったのか？ 社会、政治、エンタメ、モノ…。戦後の昭和～平成に起きた100大事件をイラストで解明！
2017.12 287p B6 ¥1400 ①978-4-04-601902-8

◆知ってる？ アイツの名前―最近何だか気になるの　椿本涅子文、ナガキパーマイラスト（町田）キーステージ21
【要旨】卓球ラケットにある赤いアイツ、みかんの皮の白いアイツ、ウェディングドレスの後ろのエレガントな裾のアイツ、裁判長が打ち鳴らしているアイツ、いくつ知って??いろんなアイツがいる。
2017.6 175p A6 ¥888 ①978-4-904933-06-0

◆死ぬほど怖い噂100の真相　鉄人社編集部編　鉄人社（鉄人文庫）
【要旨】世間では日々、身を疑うような怖い噂が流れている。都市伝説や心霊現象、オカルトまで。なかにはテレビやネットなどで大きな話題になるものもあるが、真相は不明なケースがほとんどだ。本書は、そんな巷で話題の怖い噂を取り上げ、徹底的に暴いていく。誰もが目を覆いたくなるような衝撃の話や、ジワジワと肌にまとわりつく恐怖の心霊現象の真実は何なのか。死ぬほど怖い噂、その真相全100本超！
2017.2 223p A6 ¥620 ①978-4-86537-078-2

◆知らなきゃよかったまさか！ の雑学500　雑学総研著　KADOKAWA（中経の文庫）
【要旨】知らないほうが幸せかもしれない。たった3行で驚きの"真実"！
2017.8 283p A6 ¥640 ①978-4-04-601978-3

◆すぐに試したくなる世界の裏ワザ200集めました！　知的生活追跡班編　青春出版社（青春文庫）
【要旨】生活・仕事・家事・健康・食べ物・旅行・人間関係…日常、面倒だなと思っていたことがいともカンタンにできる。困ったなと感じていたことがラクラク解決する。そんな「世界の使える裏ワザ」がここに集結！
2018.1 220p A6 ¥690 ①978-4-413-09688-1

◆すごい会話のタネ700　話題の達人倶楽部編　青春出版社
【要旨】相手がクギづけになる話の"きっかけ"が面白いように見つかる、驚異の本！ グルメ、スポーツ、芸能、地理、歴史、科学、生物、健康まで、森羅万象の雑談の「タネ」を集めに集めた珠玉の宝箱！
2017.9 284p B6 ¥1000 ①978-4-413-11228-4

◆世界ふしぎ発見！ 大人の謎解き雑学　「世界ふしぎ発見！」制作スタッフ協力　KADOKAWA（中経の文庫）
【要旨】「古代都市・古代文明」ミステリー、知られざる「神話・伝説」の真実、人智を超えた「大自然」の驚異、歴史に名を刻んだ「偉人」たちの謎、「文化・生活」の摩訶不思議、驚愕の65話、収録。
2017.6 317p A6 ¥760 ①978-4-04-601992-9

◆正しいと思い込んでたその常識、実は大ウソでした　トキオ・ナレッジ著　宝島社
【要旨】知らずに使うと恥ずかしい間違った常識を、ビジュアルと文章で解説！ 世の中をだました偽りの常識集です。
2017.2 319p B6 ¥980 ①978-4-8002-6327-8

◆超問クイズ！ 真実か？ ウソか？　第1巻　日本テレビ「超問クイズ！」編　世界文化社
【要旨】もっともらしいウソと、ウソみたいなホント！ 真実はどっちだ!?50問クイズも完全収録！
2017.12 143p B6 ¥1000 ①978-4-418-17265-8

◆伝説のクイズ王も驚いた予想を超えてくる雑学の本　西沢泰生著　三笠書房（王様文庫）
【要旨】この本には、百戦錬磨の「クイズ王」である私が古今東西から集めた中でも忘れられない、"圧倒的に面白いウソ"を厳選しました。身近な疑問から、意外なルーツ、歴史・偉人にまつわるトリビア、笑える話、感動エピソードまで―「なるほど！」「そうなんだ！」「すごい！」という刺激があなたの脳に届くことをお約束します。
2017.9 286p A6 ¥760 ①978-4-8379-6833-7

◆どうしてコレが選ばれた!?日本三大○○調査隊！　もぐら著　竹書房（バンブーエッセイセレクション）
【要旨】19の日本三大○○を大調査！ 選ばれたらちょっと不名誉な三大○○もありました。
2017.10 135p A5 ¥1000 ①978-4-8019-1220-5

◆と学会25thイヤーズ！　と学会編　東京キララ社
【目次】と学会もお肌の曲り角、江戸にも「と学会」があった!?、赤い糸とと学会と占いと、「と学会誌」表紙の謎について、トンデモ教育、韓国特撮17番勝負―トンデモZ級特撮映画の世界、と学会員夫婦の生態―たぶん平凡な方…だと思いたい、トンデモ紙芝居の研究、「京劇」はなぜ「ジンジュ」か、声ちゃんのトンデモコスプレギャラリー、自転車競技世界の深い闇、トンデモ南朝史の系譜、死ぬまで行きたくない！ アジアの抗日スポット、空飛ぶ女性器、「幻解」超常ファイル制作ミステリー
2017.10 188p B6 ¥1600 ①978-4-903883-27-4

◆日本人のおなまえっ！　1　NHK「日本人のおなまえっ！」制作班編、森岡浩監修　集英社インターナショナル、集英社 発売
【要旨】NHKの人気番組人名探究バラエティー、待望の書籍化！
2017.9 159p B6 ¥1400 ①978-4-7976-7343-2

◆左利きあるある 右利きないない　左来人著、小山健イラスト　ポプラ社
【要旨】左利きは「共感」を得られ、右利きは「優越感」を得られ、全員がハッピーになれる「究極のあるある本」。左利き視点で見る世の中はこんなにも新鮮だった!?
2017.2 157p 19cm ¥1000 ①978-4-591-15330-7

◆プレミアム雑学王　博学こだわり倶楽部編　河出書房新社（KAWADE夢文庫）
【要旨】眠りを忘れる特選ネタが勢ぞろい！ タメになる！ 話したくなる！ 決定版トリビア大全。読めば読むほど博学になり、会話力がつく！
2017.6 349p A6 ¥740 ①978-4-309-49969-7

◆身近に迫る危険物―人体をおびやかす危なモノたち　齋藤勝裕著　SBクリエイティブ（サイエンス・アイ新書）
【要旨】現代の私たちは個人的にも社会的にも多くの危険物に晒されています。気付かないだけで、危険は目にすぐ目の前にあります。本書は、危険やその恐れを煽るものでは決してありません。科学的な見地から、私たちの身の回りにある「危険物」を洗い出し、その危険から退避、あるいは除去するためにはどのようにすれば良いのかを考える1冊です。
2017.10 183p 18cm ¥1000 ①978-4-7973-9318-7

◆もう雑談のネタに困らない！ 大人の雑学大全　話題の達人倶楽部編　青春出版社

『知性を掘り起こす！ 大人の雑学大全』加筆・再編集・改題書）
【要旨】日本人の9割が知らない！ とっておきの219項。会話がはずむ、一目おかれる、教養の虎の巻！
2017.10 376p B6 ¥1000 ①978-4-413-11229-1

◆読み出したらとまらない雑学の本　竹内均編　三笠書房（知的生きかた文庫）（『頭にやさしい雑学の本』再編集・改題書）
【要旨】世の中は、知れば知るほど面白い！―「言われてみると、たしかに気になる！」疑問あれこれ。 2017.5 286p A6 ¥700 ①978-4-8379-8467-2

 漫画論

◆赤塚不二夫が語る64人のマンガ家たち　赤塚不二夫著　立東舎、リットーミュージック発売（立東舎文庫）（『バカボン線友録』抜粋・編集・改題書）
【要旨】日本を代表するギャグマンガ家・赤塚不二夫が昭和の時代にともに活躍したマンガ家たちを、愛を持って本音で語りつくす！ 登場するのは、手塚治虫、石ノ森章太郎、さいとうたかを、江口寿史、大友克洋、あだち充、本宮ひろ志…など、誰もが知る人気マンガ家64人。独自の視点で作品を分析する鋭い評論や、同じ時間を過ごした楽しいエピソードの数々。
2017.10 319p A6 ¥800 ①978-4-8456-3128-5

◆伊藤潤二研究―ホラーの深淵から　Nemuki+編集部編　朝日新聞出版（Nemuki+コミックス）
【要旨】単行本未収録作品「恐怖の重層」「首吊り気球・再来」「魔声」「よん＆むーの幽霊物件」。2万字ロングインタビュー。主要30作品徹底解説。全作品リスト。プロット、シナリオ、ネーム公開！「恐怖の重層」制作現場…など、すべてを網羅。
2017.12 248p A6 ¥1300 ①978-4-02-214244-3

◆エロマンガ表現史　稀見理都著　太田出版
【要旨】「乳首残像」「触手」「断面図」「アヘ顔」etc…エロマンガ特有のあの表現はいつ誕生し、どうやって「共通言語」になったのか？ 資料と証言から明かされる、秘められた歴史。現在入手困難な伝説の同人誌「乳首残像」（『エロマンガノゲンバ』増刊）記事も再録！
2017.11 391p B6 ¥2500 ①978-4-7783-1592-4

◆大人の少女マンガ手帖 おとめちっく・メモリーズ　『このマンガがすごい！』編集部編　宝島社（付属資料：陸奥A子アイビーノート＆ポスター）
【目次】女の子の夢が詰まった永遠の宝物 懐かしのりぼん おとめちっく ふろくコレクション、トキメキと"かわゆい"がいっぱい 陸奥A子スペシャル・インタビュー、キャンパスに吹くさわやかな緑の風 田渕由美子スペシャル・インタビュー、あたたかい涙に包まれるハートフルな世界 太刀掛秀子スペシャル・インタビュー、見ているだけでうっとり気分 おとめちっく原画ギャラリー、プレイバック★おとめちっくワールド、ファンシーでおとめちっくな私たちの思い出 座談会 書店員さんのおとめちっく・メモリーズ、田渕由美子 本誌のための特別描きおろし！ フランス窓40年ものお便り、陸奥A子 単行本未収録幻のマンガ！「ジェントル・グッドバイ」
2017.4 111p B5 ¥1000 ①978-4-8002-6904-1

◆学年誌ウルトラ伝説―学年別学習雑誌にみる「昭和ウルトラマン」クロニクル　秋山哲茂編、円谷プロダクション監修　小学館
【要旨】学年別学習雑誌のウルトラ記事をカラー原寸復刻！！ オールカラーで蘇る！「昭和ウルトラ」黄金時代。初期「ミラーマン」「ジャンボーグA」も初収録！
2017.7 265p B5 ¥3300 ①978-4-09-682236-4

◆ギャグ・マンガのヒミツなのだ！　赤塚不二夫著　河出書房新社（河出文庫）（『ラディカル・ギャグ・セッション―挑発する笑いの構造』増補・再編集・改題書）
【要旨】ギャグは破壊と挑発なのだ！『おそ松くん』『天才バカボン』『もーれつア太郎』…日本マンガ史に輝く名作を生み出したギャグ・マンガの王様が、自身の笑いへの挑戦を語り尽くす。名キャラクターたちの誕生秘話、ナンセンスな言葉遊びの源泉、過激な社会風刺など、赤塚ギャグの真髄がわかる唯一のエッセイ集。
2018.1 233p A6 ¥780 ①978-4-309-41588-8

◆キャプテン＆プレイボール メモリアル BOOK　別冊宝島編集部編　宝島社
【要旨】墨谷二中＆墨谷高校野球部のすべてがわかる！
2017.6 175p B5 ¥1500 ①978-4-8002-7126-6

◆グルメ漫画50年史　杉村啓著　星海社（星海新書）
【要旨】月間数十点に及ぶ単行本が刊行され、メディアミックスも相次ぐなど、隆盛を誇るグルメ漫画。では、グルメ漫画はいつ生まれたのでしょう？ 調べてみると、その誕生は1970年であるとわかります。また、約五〇年間で七〇〇作品以上が発表されていました。本書はその中から、特に良質な一五〇作品に着目し、グルメ漫画がどのようにして生みだされ、いかなる発展をしてきたかを解き明かしていきます。「あの有名作品はどこが画期的だったのか？」「私たちは、なぜグルメ漫画を面白いと思うのか？」一そういった疑問を、半世紀を旅しながら解き明かしていきましょう。ようこそ、もっと美味しく読むための"グルメ漫画史"の世界へ！
2017.8 247p 18cm ¥920 ①978-4-06-138618-1

◆現在の新聞漫画を読む─ひなちゃんの日常／コボちゃん／みこすり半劇場／がじゅまるファミリー／おばcolまタイムス　竹本公彦著（大阪）風詠社 発売
【要旨】漫画論の著作で知られる哲学者が、新聞各紙で連載中の作品の中から時代を反映した特徴的な漫画五点を紹介する。私たちの日常に癒しを与えてくれるその魅力と可能性について論じた、現代漫画文化論最新刊行。
2017.7 127p B6 ¥1200 ①978-4-434-23591-7

◆『この世界の片隅に』の人間像─「修身」・「図画」と戦時下の日常生活　幸津國生著　花伝社、共栄書房 発売
【要旨】『この世界の片隅に』から学ぶ「この国」という限定を越えるもの。「この国」のことに向かう「修身」。「この国」という限定を越えて「この世界」のことに向かう「図画」一。二つの教科はヒロイン・すずの人生にとってどのような意味をもったのか。
2017.12 222, 3p B6 ¥2000 ①978-4-7634-0841-9

◆サザエさんキーワード事典─戦後昭和の生活・文化誌　志田英泉子編著　春秋社
【要旨】サザエさんといっしょに歩く戦後昭和の社会・生活シーン。一女性の目線で描かれた新聞連載28年間（昭和21〜49年）の生きた語彙集。戦後昭和（昭和21年〜49年）をめぐるキーワード＝1730項目。昭和史を概観する目次のもとに年代順に解説。当該時代の基本情報を示す。関連写真・図版を配置。昭和時代を象徴的にするトピックスの付録を収める。逆引き索引を付す。
2017.11 430p B6 ¥2500 ①978-4-393-49915-3

◆死ぬほど怖いトラウマアニメ・マンガ 最凶編　鉄人社
【目次】巻頭カラー、第1章 60年代編、第2章 70年代編、第3章 80年代編、第4章 90年代編、第5章 00年代編、第6章 10年代編
2017.3 207p B6 ¥1500 ①978-4-86537-083-6

◆証言！ 仮面ライダー 昭和　講談社編　講談社（キャラクター大全ノンフィクション）
【要旨】1号からJまで、49名の関係者の肉声から解き明かされる昭和「仮面ライダー」誕生の秘密。2017.7 295p B6 ¥1800 ①978-4-06-220359-3

◆少女マンガの宇宙─SF＆ファンタジー1970-80年代　図書の家編, 石堂藍協力　立東舎、リットーミュージック 発売
【要旨】70年代SFファンタジーの傑作短編萩尾望都『ユニコーンの夢』A5サイズで初収録!!あの頃の少女マンガ家たちがイマジネーション豊かに描き上げた、ハヤカワ文庫のカバーイラスト106点も一挙収録！ 図版点数300点超！魅惑の少女マンガワールド。「SF＆ファンタジー少女マンガ635作品リスト」ほか、作家・作品・雑誌を図版とテキスト3万字超で紹介！
2017.4 159p A5 ¥1800 ①978-4-8456-3030-1

◆少女マンガ歴史・時代ロマン決定版全100作ガイド　細谷正充著　河出書房新社
【要旨】山岸凉子『日出処の天子』、萩尾望都『王妃マルゴ』、渡辺多恵子『風光る』─日本の古代、江戸の春風駘蕩、新選組、古代エジプト、フランス革命、中国四千年─少女マンガで歴史にひたる！ 歴史を描いて文句なしの、大御所から気鋭まで、究極の100人100作を紹介する、初めてのガイドブック！
2017.12 227p B6 ¥1600 ①978-4-309-02643-5

◆ジョジョ論　杉田俊介著　作品社
【要旨】自立としてのスタンド、人間讃歌─すべての存在には潜在能力がある、汝の隣人と欲望を巻き込みあえ、愛しあえ、ジョジョは自己啓発的か、プチャラティは何を裏切ったのか、プッチ神父とは誰か─一覚悟と幸福、ジョニィとジャイロには何がある、ジョジョという奇跡─荒木飛呂彦『ジョジョの奇妙な冒険』の天才的な芸術術論！ 連載30周年を迎えてますます加熱する！ 苛烈な闘争の只中においてなお、あらゆる人間の"潜在能力"を絶対的に信じぬく、その思想を気鋭の批評家が明らかにする！ よりよく生きるためのマンガ論。
2017.7 319p B6 ¥1800 ①978-4-86182-633-7

◆『進撃の巨人』最終研究 2 "座標"が指し示す物語の終着点　『進撃の巨人』調査兵団著　笠倉出版社（サクラ新書）
【目次】第1撃『進撃の巨人』世界に関する調査報告─マーレの世界史とエルディアの世界史、壁内の世界史、第2撃「九つの巨人」に関する調査報告─"座標"という概念、第3撃「始祖の巨人」本当の能力、第3撃 無垢の巨人に関する調査報告─元人間の生物兵器達、第4撃 物語のカギを握る人物に関する調査報告─真実から見えてきた注目人物達、第5撃 巨人の記憶からみるループ説に関する調査報告─「二十年後の君へ」に繋がる数々の伏線と謎、第6撃 ラグナロクに関する調査報告─世界対エルディア！ 最終決戦の行方は!?
2017.4 221p 19cm ¥800 ①978-4-7730-8901-1

◆人生で大切なことはすべてスラムダンクが教えてくれた─続・スラムダンクの名言　野中根太郎著　アイバス出版
【要旨】『スラムダンク』は日本の財産だ！ 未来を開いていく言葉の数々がここにある！
2017.2 215p B6 ¥1300 ①978-4-907322-02-1

◆親友が語る手塚治虫の少年時代　田浦紀子, 高坂史章編著　（大阪）和泉書院
【要旨】僕は耕されていない荒れ地を歩くのが好きなんだ。東京駅へ向かうタクシーの車中でインタビューに応じた手塚治虫は、旧友にそう答えた。マンガ界の先駆者は、いかにして育まれたのか。あの戦争の時代を共に過ごした同級生たちが語る手塚治虫の少年時代。
2017.4 174p A5 ¥1750 ①978-4-7576-0833-7

◆スタン・リーとの仕事　長濱博史ほか著　洋泉社（映画秘宝セレクション）
【要旨】スパイダーマンなど多くのヒーローを生み出し、アメリカン・コミックスの元祖を不動のものにした偉大なる男スタン・リー。彼と『蟲師』の鬼才・長濱博史が二人三脚で作り上げた新アニメ『THE REFLECTION』。彼らの10年以上に渡る交流と制作過程を振り返りながら、スタン・リーの魅力と創作術をひもとく。
2017.9 207p B6 ¥1400 ①978-4-8003-1320-1

◆スーパーマンの誕生─KKK・自警主義・優生学　遠藤徹著　新評論
【要旨】ドナルド・トランプ大統領は「スーパー・トランプ」と名乗って自らをヒーローになぞらえ、「アメリカを再び世界一にする」と訴えた。なぜそこまでスーパーマンはアメリカ的なるものを代表し得るのだろうか？ もしかしたら、ぼくたちは実はスーパーマンのことを本当はよく知らないのではないだろうか？─
2017.4 222p B6 ¥2000 ①978-4-7948-1066-3

◆世界まんが塾　大塚英志, 世界まんが塾著　KADOKAWA
【要旨】フランス、中国、アメリカ、シンガポール─「日本式のまんが」とは何か、どうやって描くのか。文化も言葉も違う生徒たちに、「まんが」の構造や文法を伝えると何が見えてくるのだろうか。
2017.3 301p B6 ¥1500 ①978-4-04-102294-8

◆中国のマンガ "連環画" の世界　武田雅ська著　平凡社
【要旨】これが近現代中国だ！ 中国の悠久たる図像学の系譜を受け継いで生まれた中国のマンガ・連環画。ときにコミカルで愉快、ときに過酷で恐ろしい、20世紀の中国社会を如実に映し出す連環画をめぐる本邦初の、本格的な紹介！
2017.2 370p A5 ¥1500 ①978-4-582-42822-5

◆長編マンガの先駆者たち─田河水泡から手塚治虫まで　小野耕世著　岩波書店
【要旨】田河水泡、茂田井武、大城のぼる、横山隆一、長谷川町子、井上福次郎、宍戸左行、藤子不二雄、田川紀久雄、手塚治虫─熱烈な少年読者として戦後マンガを味わった著者が、鮮明

な記憶にマンガ家たちの証言を織りこんでふり返る、個性あふれる長編マンガ論。
2017.5 281p B6 ¥3400 ①978-4-00-023890-8

◆定本 オサムシに伝えて　手塚るみ子著　立東舎, リットーミュージック 発売（立東舎文庫）
【要旨】虫プロダクションが併設された東京・富士見台から、井荻、清瀬と3つの家を舞台に繰り広げられる、手塚家の生活。有名マンガ家の家族ということで、ただでさえ普通の家庭とは違う、祖父・祖母・母・兄・妹と著者を加えた7人は、全員が際立った個性の持主。日々の暮らしは「平穏無事」というわけにはいかず、旅行や食事会といった家族イベントも、なかなかスムーズには終わってくれません。本書では、そんな家庭での手塚治虫の素顔が愛情深く、ユーモラスに描かれています。特に「どうしようもない我侭な子」だった著者と父とのエピードは、心に残るものばかり。後に著者が「手塚イズム」の伝道者となった必然性が、伝わってきます。
2017.2 415p A6 ¥900 ①978-4-8456-2988-6

◆"天才" を売る一心（ヴァーチャル）と市場（リアル）をつかまえるマンガ編集者　堀田純司著　KADOKAWA
【要旨】天才たちに「ヒット作」をつくる"ふつうの人々"。その"頭の中身"をベストセラー編集者でもある著者が探る。少年誌をはじめ、青年誌に月刊誌。そして、女性向けまで。各ジャンルの若手からベテランまでを押さえた、類書なきインタビュー集！
2017.3 303p B6 ¥1600 ①978-4-04-104101-7

◆とある新人漫画家に、本当に起こったコワイ話　佐倉色著　飛鳥新社
【要旨】ものづくりに携わる人の「転ばぬ先の杖」になりますように…2016年、ネットを騒然とさせた"無償で1600枚の読者全員プレゼント色紙作成事件"。データ紛失、約束反故、ありえないネタバレ、ネットでの中傷─新人作家を襲った信じられない出来事の顛末一部始終を赤裸々に描きます。
2017.6 213p B6 ¥1000 ①978-4-86410-552-1

◆どうせ死ぬなら描いて死ぬ　あやめゴン太著　KADOKAWA（メディアファクトリーのコミックエッセイ）
【要旨】気合を入れて漫画を描きたいけど、仕事や家事で疲れちゃって、描く時間も余裕もない！ しかも、そんなときにまさかの「脳梗塞」…!? 「どうせ死ぬなら、描いて死ぬ。」あやめゴン太、33歳、漫画家志望。脳梗塞を経て本気で漫画、始めました。「描きたいけど描けない…」がログセのみなさんに贈る、「本気で漫画描いてみた」著者の、苦悩と喜びの漫画道！
2017.1 171p A5 ¥1000 ①978-4-04-069057-5

◆中島かずきのマンガ語り　中島かずき著　宝島社
【要旨】『キルラキル』『天元突破グレンラガン』『仮面ライダーフォーゼ』『髑髏城の七人』のクリエイター・中島かずきによるマンガエッセイ集!! 2017.12 255p B6 ¥1200 ①978-4-8002-5672-0

◆「はいからさんが通る」と大和和紀ワールド　外舘惠子編　宝島社
【要旨】大和和紀画業50年のすべて。幻のマンガ「はいからさん」と「N.Y.小町」が出会う!?「初夢!?はいから小町」特別収録!!
2017.9 159p A5 ¥1300 ①978-4-8002-7620-9

◆100年後に残したい！ マンガ名作　日本漫画家協会監修　玄光社
【要旨】日本漫画家協会賞を中心に名作を集結！
2017.12 137p 29×22cm ¥3000 ①978-4-7683-0915-5

◆封印作品の謎＝少年・少女マンガ編　安藤健二著　彩図社（彩図社文庫）
【要旨】『ブラック・ジャック』『ジャングル黒べえ』『キャンディ・キャンディ』『オバケのQ太郎』…あの名作マンガはなぜ封印されたのか？ 封印作品の謎シリーズからマンガ作品のエピソードを集めたベスト版。
2017 284p A6 ¥694 ①978-4-8013-0200-6

◆葬られたマンガ・アニメ150超絶句編　鉄人社
【要旨】放送禁止・販売NGになった名作。
2018.1 207p B6 ¥556 ①978-4-86537-109-3

◆僕たちは愛されることを教わってきたはずだったのに　二村ヒトシ著　KADOKAWA

社会・文化

◆僕らが愛した手塚治虫 3 二階堂黎人著
小学館 （小学館文庫）
（『僕らが愛した手塚治虫「激動編」再構成・加筆改稿・改題書』）
【要旨】手塚漫画への愛と造詣を綴ったミステリ作家の長編エッセイシリーズ。少年期からの手塚体験を、最近の研究成果も交え編年ごとに描く文庫化第三弾！今回は、『ブラック・ジャック』『三つ目がとおる』で不死鳥のように少年漫画誌に復活し、『ブッダ』『奇子』など青年向け作品でも脚光を浴びる時期を活写。当初は連載数回で終了するはずだった『ブラック・ジャック』、連載時と単行本化時で結末がまったく異なる『奇子』など興味深いエピソードが満載です。カラー口絵とともに、描き替えられた貴重な全集未収録場面を文中に惜しげもなく掲載した、漫画ファン感涙の一冊です。
2017.11 374p A6 ¥1000 ①978-4-09-406421-6

◆本当は怖すぎる名作アニメ・マンガの裏知識 絶叫編 鉄人社
【要旨】「ドラゴンボール」には幻の43巻がある？ジョジョが米国同時多発テロを予言していた？内容がヤバすぎて封印された人気アニメ／──。名の知れた名作・傑作には、必ずといって意外すぎる裏の設定や、封印された黒歴史が存在します。本書は、そんな有名作品の埋もれた裏知識を掘り起こし、1つにまとめました。衝撃のトリビアをお楽しみください。
2017.2 205p B6 ¥552 ①978-4-86537-079-9

◆マーベル宇宙の歩き方 THE COMPLETE MARVEL COSMOS 講談社編、ガーディアンズ・オブ・ギャラクシー解説、マーク・スメラック文、光岡三ツ子訳 講談社
【要旨】地球から宇宙の果てまでの人気スポットを一挙紹介！あの、「ガーディアンズ・オブ・ギャラクシー」の豪華メンバーが解説！
2017.5 159p B6 ¥2300 ①978-4-06-220372-2

◆マンガ視覚文化論──見る、聞く、語る 鈴木雅雄、中田健太郎編 水声社
【要旨】前著『マンガを「見る」という体験』に続き、マンガ研究の最前線を走る12名によるマンガ論のハードコア!!"マンガ的体験"を"近代"の枠組みのなかに置き、マンガを「見る」/「聞く」/「語る」という知覚体験から捉えなおし、コマ／フレーム／フキダシについて斬新な切り口から論じる画期的な論集。
2017.3 414p A5 ¥3200 ①978-4-8010-0183-1

◆漫画のすごい思想 四方田犬彦著 潮出版社
【要旨】政治の季節からバブル崩壊まで、漫画は私たちに何を語ってきたのか。つげ義春、赤瀬川原平、永井豪、バロン吉元、ますむらひろし、大島弓子、岡崎京子…すべては1968年に始まった。2017.6 332p B6 ¥2200 ①978-4-267-02085-8

◆マンガの歴史 1 みなもと太郎著 岩崎書店 （岩崎調べる学習新書）
【要旨】画業50周年記念、みなもと太郎先生初の本格マンガ史。マンガ家、マンガ編集者、マンガ読者必携の一冊!!歴史の大きな流れがつかめる！重要な作家・作品をチェック！主役の陰の脇役にもスポット！学習や研究の資料として最適！
2017.8 173p B6 ¥1000 ①978-4-265-00831-5

◆マンガビジネスの生成と発展 岡田美弥子著 中央経済社、中央経済グループパブリッシング 発売
【要旨】1970年にスタートして、現在も作品が継続している「ドラえもん」。1999年に国内で連載を開始し、単行本は30ヶ国以上で翻訳され、フランスで1,500万部、北米でも1,000万部が発行されている『NARUTO-ナルト-』。1996年にアニメが米国ビルボード誌ビデオセールスランキングで1位を獲得し、2017年にハリウッドで実写映画化された『ゴースト・イン・ザ・シェル（攻殻機動隊）』。…etc.。なぜ、日本のマンガビジネスは強いのか？国内外で市場を拡大している日本のマンガビジネスが、どのように生成し、発展してきたのかを、ビジネスの仕組みという視点から論じる。
2017.5 171p A5 ¥2800 ①978-4-502-22941-1

◆まんだらけZENBU 79 特集 昆虫 まんだらけ編集部編 まんだらけ出版部
【目次】特集 昆虫、特集 ピープロ、TOYS&Goods、ドール、鉄道＆車グッズ、オーディオ関連グッズ、セル画、直筆原稿・色紙、声優グッズ、アイドル、ポスター、カード、特撮台本、その他本、同人誌、新書、付録、雑誌、単行本
2017.1 320p B5 ¥926 ①978-4-86072-129-6

◆メビウス博士とジル氏──二人の漫画家が語る創作の秘密 ヌマ・サドゥール著、原正人訳 小学館集英社プロダクション （ShoPro Books）
【要旨】世界中の名だたるクリエイターが多大な影響を受けたフランスの伝説的漫画家メビウスことジャン・ジロー。作風により二つの名前を使い分けてきたメビウス／ジルが自身の半生と創作の裏側を語った唯一にして決定版のインタビュー。貴重な図版の他、アレハンドロ・ホドロフスキー、スタン・リー、フェデリコ・フェリーニなど、メビウスゆかりの著名人による寄稿文・インタビューも収録。
2017.3 509p A5 ¥4000 ①978-4-7968-7660-5

◆もにゅキャラ巡礼──銅像になったマンガ＆アニメキャラたち 楠見清, 南信長著 扶桑社
【要旨】モニュメント＋キャラクター＝もにゅキャラ。なぜマンガやアニメのヒーローが町の新たなシンボルになるのか？全国各地のキャラクター銅像を巡る考察。
2017.3 254p A5 ¥2200 ①978-4-594-07672-6

◆妖怪と歩く──ドキュメント・水木しげる 足立倫行著 （米子）今井印刷, 今井出版 発売 復刻版
【目次】第1章 正体不明の人、第2章 妻と娘と別荘と、第3章 アメリカの霊文化を訪ねる旅、第4章 戦争体験の夏、第5章 交錯する群像、第6章 さらなる探索
2017.5 408p B6 ¥1300 ①978-4-86611-074-5

◆ワンピース攻略王 ワンピース世界研究所著 ベストセラーズ
【要旨】読めば必ず読み返したくなるワンピースの隠された法則!!
2017.8 223p 18cm ¥741 ①978-4-584-13803-8

◆ワンピース最終研究 9 仕掛けられた"ひとつなぎ"の法則 ワンピ法則研究の一味著 笠倉出版社
【要旨】サニー号に悪魔の実を移植!?鍵を握る計算式は「42+73=115」「当て数字」「対比＆類似」「三度目の正直」「三位一体」尾田栄一郎先生からのメッセージ！物語に秘められた"5つの法則"から従来の説から新説までを徹底検証!!
2017.11 223p 18cm ¥720 ①978-4-7730-8907-3

◆ワンピース最終予言書 チャム池谷監修 ぶんか社
【要旨】驚天動地!!衝撃の展開を迎える最終回を徹底研究!!"予言書"シリーズのチャム池谷考察の集大成！
2017.5 322p 19cm ¥694 ①978-4-8211-4458-7

◆ワンピース衝撃王 ワンピース世界研究所著 ベストセラーズ
【目次】第1章 最新考察!!ホールケーキアイランド、第2章 カイドウと悪魔の実の謎、第3章『ワンピース』「血脈」、第4章 ワノ国編目前!!『ワンピース』忍者考察、第5章『アリス』で読み解くホールケーキアイランド編、『ワンピース』主要な謎リスト
2017.2 223p 18cm ¥722 ①978-4-584-13772-7

◆『ONE PIECE』に学ぶ最強ビジネスチームの作り方 山内康郎, いわもとたかこ著, 岩崎由美構成協力, 週刊少年ジャンプ編集部監修 集英社
【要旨】今、日本の経済を動かし、マーケットを支えているのは"ヤンキー"と"オタク"という二大勢力。コミュニケーション上手で決断力も高い"ヤンキー"と、思慮深く高スキルを持つがコミュニケーションは苦手な"オタク"、この2つのタイプの理想的組み合わせを実現しているのが国民的人気マンガ『ONE PIECE』!?"ヤンキー"と"オタク"をバランスよく配置し、ビジネスに活用する方法を『ONE PIECE』から学ぶ1冊！
2017.7 238p 18cm ¥920 ①978-4-08-786087-0

 性・性風俗

◆愛人形──LoveDoLLの軌跡 オリエント工業監修 マイクロマガジン社
【要旨】日本の老舗ラブドールメーカー・オリエント工業が、40年間にわたって培ってきた、モノづくりの技術と哲学が凝縮された、永久保存版の一冊!!
2017.5 333p B5 ¥3000 ①978-4-89637-636-4

◆遺伝──V&R破天荒AV監督のクソ人生 安達かおる著 メディアソフト, 三交社 発売
【要旨】「予定調和なAVに、何の意味があるのか？本気で女優が泣いても、病んでも…全てありのままに、真実だけを撮り続ける！」鬼のドキュメンタリスト安達かおる、彼の全貌が今暴かれる！
2017.6 399p B6 ¥2500 ①978-4-87919-874-7

◆いつも我慢しています 麻未知花著 リーダーズノート出版
【要旨】セックスしたくてたまらないのに…実名では語れない実情を、数々の女性たちが証言。もう我慢できない女性の性欲を分析。カウンセラーが伝える女の子の神秘。
2017.5 191p B6 ¥1400 ①978-4-903722-72-6

◆エッチなお仕事なぜいけないの？──売春の是非を考える本 中村うさぎ編 ポット出版プラス
【目次】1 なぜ彼女たちは風俗嬢として生きるのか？（風俗嬢ぶっちゃけ座談会 電マ大好きイケメンから、80歳のおじいちゃんまで。風俗とは男にとってのディズニーランド？）、現役風俗嬢アンケート・中筋智恵子 風俗嬢聞き書きメモ 2000年〜2016年、対談・中筋智恵子×中村うさぎ 風俗嬢たちを蝕むイジメや性的虐待の過去。売春には根深い社会の問題が潜んでいる ほか）、2 セックスワークをなくせば女たちは救われるのか？（対談・坂爪真吾×中村うさぎ 障碍者の「性」に向き合うことで売春を福祉の言葉で書き換える、対談を終えて この社会からこぼれ落ちた人々をセックスワークが救う、という可能性、対談・開沼博×中村うさぎ 「漂白される社会」は、本当に住みやすい女性の性的居場所か？ ほか）、3 性の売買は何故、「穢れ」と見做されるのか？（対談・伏見憲明×中村うさぎ 「性を売ること」へのタブー感はどこから生まれているのだろう？、対談を終えて フェミニズムのパターナリズム。「性の解放者」が「性の抑圧者」になった謎、対談・佐藤優×中村うさぎ 売春をすると魂が毀損されるのか？ 売春反対派にタブー視の理由を聞く ほか）
2017.9 359p A5 ¥2500 ①978-4-86642-005-9

◆エロ本水滸伝──極私的エロメディア懐古録 巨乳とは思い出ならずや 池田俊秀著 （名古屋）人間社 （人間社文庫─昭和の性文化 5）
【目次】モンローのまったりとしたバストが悶々少年の性夢のきっかけとなり、「会わせたい人物がいるから上京せよ」、出社初日、一仕事終えるといきなり乱交パーティーが始まった、76年のポルノブームは、日本中の男と女を発情させ、70年代後半世の性解放ブームとは裏腹に、たとえ芸術写真であろうとヘア露出ヌードは、写欲絶倫カメラで大股小股びらめを挿入写する天才アラーキーは、本格的エロ本時代を迎えて、世の中にはエロが氾濫していたが、70年代後半からのサブカルチャーとしての性解放ブームを背景に、プリントメディアにおけるエロメディア雑誌群の隆盛と同じ現象が［ほか］
2017.8 359p A6 ¥900 ①978-4-908627-07-1

◆おじさんメモリアル 鈴木涼美著 扶桑社
【要旨】哀しき男たちの欲望とニッポンの20年。巻末に高橋源一郎氏との対談を収録。
2017.8 218p B6 ¥1200 ①978-4-594-07803-4

◆オトコのカラダはキモチいい 二村ヒトシ, 金田淳子, 岡田育著 KADOKAWA （角川文庫）
【要旨】僕たちは、僕たちの本当の快楽についてまだ何も知らない──。AV監督の二村ヒトシ、ボーイズラブ研究家の金田淳子、腐女子で文筆家の岡田育。現代の性の三賢人が「男性の肉体の官能」を徹底考察！男女双方のポルノグラフィからゲイ文化まで、縦横無尽に語った画期的な入門書。誰もが自分の肉体に向き合えば、毎日がちょっと生きやすくなる!?各界で話題騒然の一冊、「BL界の最前線」について大幅加筆した完全増補版。
2017.12 317p A6 ¥640 ①978-4-04-105875-6

◆彼女たちの売春（ワリキリ） 荻上チキ著 新潮社 （新潮文庫）
【要旨】風俗店に属さず、出会い喫茶や出会い系サイトで知り合った客相手に行う、個人売春＝ワリキリ。彼女たちはなぜこの稼ぎかたを

選んだのか。都市や地方で女性たちに取材を続けた結果、判明する諸要因と、問題を直視しない社会の姿が浮び上がる。女性個人の事情として切り捨てず、社会の問題として捉え直すために見つめた、生々しく切実な売春のリアル。
2017.11 376p A6 ¥630 ①978-4-10-121171-8

◆**完全総括 SM手引き書** 長池士著 二見書房 （二見レインボー文庫）改装改訂新版
【要旨】被虐者をフィジカル極限まで追い込んだ結果、拘束感、羞恥感、肉体的・精神的苦痛から生じる抑えがたい高揚感。人間の本能から派生する性生活の視野を広げ、充実感を高め促す被虐と嗜虐を有機的に愉しむ悦びへの誘い。初めての方からベテラン愛好者まで楽しめる精神的理念と実技の実践と応用。精緻で流麗な縄捌きをイラストで収録し、伝説の縄師の封印された華麗な技と哲学に迫る。
2017.2 229p B6 ¥640 ①978-4-576-17013-8

◆**巨乳の誕生―大きなおっぱいはどう呼ばれてきたのか** 安田理央著 太田出版
【要旨】いつの時代でも大きなおっぱいが好まれていたわけではない。70年代にはユニセックスで華奢な体つきこそがファッショナブルであり、80年代のAV業界では胸の大きなAV女優は人気を得ることができなかった。ようやく「巨乳」という言葉が誕生し、一般的に普及したのは1990年頃になってから。それまでは「ボイン」「デカパイ」「Dカップ」などと呼ばれていた。江戸時代から開国、敗戦、経済成長を経て現在、社会の「大きなおっぱい」の受け止められ方は、時代を反映して変わっていく。なぜ変わっていったのか。その理由と全貌をあきらかにした革命的な論考。
2017.12 283p B6 ¥1600 ①978-4-7783-1605-1

◆**近親相姦 母と息子―濡れた吐息** 白書編集部編 コスミック出版 （コスミック・告白文庫）
【要旨】許されぬ罪を犯した背徳の裏には至高の快楽が―。本当にあった秘密の告白。
2017 319p A6 ¥650 ①978-4-7747-1307-6

◆**禁断告白スペシャル 四十路妻の淫ら体験** 性実話研究会編 マドンナ社、二見書房 発売 （マドンナメイト文庫）
【要旨】還暦男との不倫、義父のレンタル奴隷、元カレとの一昼生活―オンナ盛りの人妻たちが綴ったアブナイ体験告白!!
2017.2 253p A6 ¥686 ①978-4-576-17001-5

◆**禁断白書 相姦体験の誘惑** 性実話研究会編 マドンナ社、二見書房 発売 （マドンナメイト文庫）
【要旨】中学時代から関係していた母子、ドS甥に調教される叔母、義息を筆下しする農家の後妻…。一線を越えてしまった女たちによる背徳と官能の淫密体験告白集!!
2017.10 253p A6 ¥686 ①978-4-576-17135-7

◆**激ナマ告白 貞淑妻の不適切な交際** 素人投稿編集部編 マドンナ社、二見書房 発売 （マドンナメイト文庫）
【要旨】バスツアー、温泉旅行、街コン、習い事、職場不倫…性欲を持て余していた人妻たちが変貌するとき。女たちの生態を克明に綴った大胆告白集。
2017.9 253p A6 ¥686 ①978-4-576-17118-0

◆**激ナマ告白 貞淑妻の淫らな好奇心** 素人投稿編集部編 マドンナ社、二見書房 発売 （マドンナメイト文庫）
【要旨】ハプニングバー、スワッピング、寝取られ…未知の刺激に惹きつけられる欲しがり妻たちの極楽体験集！
2017.4 253p A6 ¥686 ①978-4-576-17154-8

◆**激ナマ告白 隣のいやらしい人妻たち** 素人投稿編集部編 マドンナ社、二見書房 発売 （マドンナメイト文庫）
【要旨】会社の同僚、ご近所さん、幼馴染み…日頃顔を突き合わせる男に欲情し、姦淫に走る女たちの生々しい官能告白集！
2017.3 253p A6 ¥686 ①978-4-576-17017-6

◆**告白解禁 熟れごろ奥様のふしだら体験** 性実話研究会編 マドンナ社、二見書房 発売 （マドンナメイト文庫）
【要旨】同窓会後に3P、初めて知ったアクメ、息子の友人を筆下ろし…奥さまたちが経験した人生最高の性体験！四十路を超えてますます熟れた人妻たちの禁断体験告白。
2017.8 253p A6 ¥686 ①978-4-576-17104-3

◆**告白解禁 昭和淫ら妻の回顧録** 性実話研究会編 マドンナ社、二見書房 発売 （マドンナメイト文庫）
【要旨】農村での夜這いの風習、マンモス団地で渦巻く不倫劇、フリーセックスブーム…激動の時代を生きた人妻たちの淫らすぎる体験！
2017.12 253p A6 ¥686 ①978-4-576-17169-2

◆**孤独とセックス** 坂爪真吾著 扶桑社
【要旨】なぜ「誰と交わっても虚しい」のか？ 孤独の闇の中で「生きる動機」を錬成せよ！ 欲望に振り回されて傷つきたくないあなたへ。
2018.1 251p 18cm ¥820 ①978-4-594-07744-0

◆**熟母のやわ肌―特選近親相姦 母と息子** 白書編集部編 コスミック出版 （コスミック・告白文庫）
【要旨】本当にあった母と息子の相姦体験。
2017.10 319p A6 ¥650 ①978-4-7747-1376-2

◆**昭和の禁じられたエロ写真** 百々由紀男著 コスミック出版 （コスミック・禁断文庫）
【要旨】終戦から混乱の時代を経て高度経済成長へ。男たちが、女たちが、激しく蘇なした「昭和」。そんな激動の時代の歴史の片隅で男性を常に惹きつけて離さない文化―それがエロ写真である。真夏の夜のガード下でこっそり買い求めたエロ写真。快楽の夜のさみしさにそっと手に取ったエロ写真。そんな昭和を生きた男たちの青春を甘く切なく彩った、もうひとつの昭和史に光をあてるべく大量のエロ写真群をここに集めた。平成の今を生きる我々が忘れ去ろうとしている「密やかな性」の側面がここにある―。
2017.7 241p A6 ¥700 ①978-4-7747-1343-4

◆**素人告白スペシャル 禁断の人妻懺悔録** 素人投稿編集部編 マドンナ社、二見書房 発売 （マドンナメイト文庫）
【要旨】変態趣味、一夜の過ち、近親相姦、イケナイ相手と…超えてはならない一線を超えた、ふしだら妻たちの懺悔告白集！
2017.7 253p A6 ¥686 ①978-4-576-17086-2

◆**素人手記―ほしがる人妻たち - 初めての快感** 愛の体験編集部編 竹書房 （竹書房文庫）
【要旨】夫とのSEXでは決して味わえない刺激的なエクスタシーを求めて…快楽に貪欲な人妻たちの淫らな肉声満載で綴るリアルな愛と性の記録!!
2017.3 255p A6 ¥640 ①978-4-8019-1026-3

◆**素人手記 夫にはヒミツよ―ふしだら妻の告白** 愛の体験編集部編 竹書房 （竹書房文庫）
【要旨】いつもの夫婦生活じゃ飽き足らない！ 非日常の刺激を求めて赤裸々な浮気旅に出る淫乱人妻たちの赤裸々みだら体験告白集!!
2017.1 253p A6 ¥640 ①978-4-8019-0973-1

◆**素人手記 がまんできない人妻たち―禁断の不倫体験告白** 愛の体験編集部編 竹書房 （竹書房文庫）
【要旨】夫とのセックスだけでは飽き足らず、日々さらに特別な快楽を追い求める女たちの肉声満載！ 貞淑な人妻の淫らな本性を白日の下に曝す、興奮の赤裸々実録!!
2017.5 253p A6 ¥640 ①978-4-8019-1087-4

◆**素人手記 人妻のしたたり―ヒミツの淫ら体験告白** 愛の体験編集部編 竹書房 （竹書房文庫）
【要旨】溜まりに溜まった日頃の満たされない欲望が、熟したカラダの奥底からとめどなく溢れ出してしまう―みんな快楽に飢えた人妻たちの信じられない日常性活を赤裸々に綴るリアル官能実録！
2017.7 255p A6 ¥640 ①978-4-8019-1145-1

◆**素人投稿 禁じられた母子体験** 白書編集部編 コスミック出版 （コスミック・告白文庫）
【要旨】母と息子が犯した許されぬ性的体験を衝撃告白。
2017.4 319p A6 ¥650 ①978-4-7747-1325-0

◆**素人投稿 母の濡れ肌―特選近親相姦 母と息子** 白書編集部編 コスミック出版 （コスミック・告白文庫）
【要旨】淫らな欲望に溺れてしまった母と息子の体験記。
2017.8 319p A6 ¥650 ①978-4-7747-1358-8

◆**素人投稿 ふしだらな妻―特選人妻ナマ告白** 白書編集部編 コスミック出版 （コスミック・告白文庫）

【要旨】本当にあった、隣の奥様は極上の蜜味。ごくふつうの主婦たちが経験する不謹慎淫行。
2017.6 319p A6 ¥650 ①978-4-7747-1342-7

◆**素人の禁断体験 背徳に溺れた私たち** 投稿告白編集部編 竹書房 （竹書房ラブロマン文庫）（『秘悦告白かくれた欲望』一部修正・新装改題書）
【要旨】男を迎え入れる不倫願望の人妻、危険な関係に陥る母と子…！ 恥じらいと悦楽の素人告白集！
2017.7 219p A6 ¥500 ①978-4-8019-1113-0

◆**素人の禁断体験 恥ずかしい肉宴** 投稿告白編集部編 竹書房 （竹書房ラブロマン文庫）（『秘悦告白肉悦のとりこ』新装改題書）
【要旨】甥の肉棒に禁断の欲情を燃やすり叔母、エロショーに暗く女子大生…快楽に流される素人たちの告白集！
2017.8 220p A6 ¥500 ①978-4-8019-1181-9

◆**素人の禁断体験 美肉のとりこ** 投稿告白編集部編 竹書房 （竹書房ラブロマン文庫）
【要旨】嫁と義母の親子どんぶり、誰にも言えない肉親との体験…快感に乱れる素人たちの悦楽告白集！
2017.3 222p A6 ¥500 ①978-4-8019-1006-5

◆**素人の禁断体験 欲情に濡れて** 投稿告白編集部編 竹書房 （竹書房ラブロマン文庫）（『堕ちる素人 禁断の体験3』修正・新装・改題書）
【要旨】元アスリート人妻が獣欲にあえぎ、美人ウェイトレスは秘密の肉悦に耽る…限界を越えてしまった素人たちの悦楽告白集！
2017.5 221p A6 ¥500 ①978-4-8019-1062-1

◆**性の体験告白 女の素顔―サンスポ・性ノンフィクション大賞** サンケイスポーツ文化報道部編 イースト・プレス （文庫ぎんが堂）
【要旨】人生を彩る性愛の記録12篇。秘めやかな情愛、たゆたう快感―。性ノンフィクション大賞第17回受賞作から厳選収録。
2017.2 252p A6 ¥750 ①978-4-7816-7153-6

◆**性の体験告白 モモとザクロ―サンスポ・性ノンフィクション大賞** サンケイスポーツ文化報道部編 イースト・プレス （文庫ぎんが堂）
【要旨】人生を彩る性愛の記録12篇。性ノンフィクション大賞第17回受賞作から厳選収録。
2017.8 244p A6 ¥750 ①978-4-7816-7159-8

◆**性の体験手記―隣の若奥さん** 夕刊フジ編 イースト・プレス （文庫ぎんが堂）
【要旨】僕の股間は、さっき彼女に乗りかかられたときからピンピンになっている。僕は左手でジャージとパンツを膝まで下ろすと、勃起を左手で支え、彼女の体内へと突入させた。「い、痛～い」小さな悲鳴とともに、彼女は僕の二の腕に爪を立てる。腕の痛みと、イチモツの気持ちよさとを感じつつ、僕は右手を彼女の背中に廻し、左手でお尻を撫でながら使い始めた。（「寝台特急の夜」より）夕刊フジ「投稿・私の性告白」から厳選17篇を収録。
2017.6 244p A6 ¥750 ①978-4-7816-7157-4

◆**性の体験手記―後家さんの下着** 夕刊フジ編 イースト・プレス （文庫ぎんが堂）
【要旨】夕刊フジの人気コーナー「投稿・私の性告白」に連載された四百数十編の作品群の中から、特に選び抜いた珠玉の十七篇をここに一挙収録。
2017.12 244p A6 ¥750 ①978-4-7816-7163-5

◆**性風俗世界を生きる「おんなのこ」のエスノグラフィー―SM・関係性・「自己」がつむぐもの** 熊田陽子著 明石書店
【要旨】生まれつきの「おんなのこ」なんていない。「おんなのこ」として行為しながら、「おんなのこ」になるのだ。デリバリーヘルスで働く女性たちの生存戦略とは？ 7年間にわたる調査で見えてきた性の仕事の諸相。
2017.6 278p B6 ¥3000 ①978-4-7503-4548-2

◆**世界の"下半身"経済がわかる本―データで読み解くセックス産業の舞台裏** 門倉貴史著 方丈社
【要旨】巨大ながらも世界各国でひっそりと展開されている「下半身ビジネス」の最新事情を紹介するとともに、「下半身ビジネス」でお金がどのように発生して、そのお金がどこに流れていくのかを整理していく。合わせて、さまざま

な「下半身ビジネス」の儲けのカラクリも明らかにしていきたい。
2017.6 236p B6 ¥1500 ⓘ978-4-908925-14-6

◆セックスで生きていく女たち　酒井あゆみ著　メディアソフト, 三交社 発売
【要旨】生々しいセックス情事を徹底取材。ベストセラー作品『レンタル彼氏』（幻冬舎）の著者「酒井あゆみ」が5年の沈黙を破り、復活の第一弾作品。
2017.8 207p B6 ¥1204 ⓘ978-4-87919-038-3

◆相姦告白 田舎のどスケベ熟女　素人投稿編集部編　マドンナ社, 二見書房 発売　（マドンナメイト文庫）
【要旨】ビニールハウスで義弟と二人きり、若かりし日に過ちを犯した納屋で兄と、嫁との仲に悩む息子を慰める母…一線を踏み越えた田舎妻たちの過激告白集！
2017.5 253p A6 ¥686 ⓘ978-4-576-17050-3

◆特濃体験告白 年上妻の淫らなひみつ　性実話研究会編　マドンナ社, 二見書房 発売　（マドンナメイト文庫）
【要旨】修繕業者を家に連れ込む奥様、逞しいテニスコーチと不倫三昧の人妻、露出プレイに耽溺する五十路妻、ウブな年下男性に発情するドスケベ妻たちの赤裸々な告白集！
2017.6 253p A6 ¥686 ⓘ978-4-576-17069-5

◆名前のない女たち―貧困AV嬢の独白　中村淳彦著　宝島社
【要旨】"セックスを売る"18人の壮絶すぎる過去と現在―「AV女優」残酷物語。
2017 253p B6 ¥800 ⓘ978-4-8002-6235-6

◆日本男子♂余れるところ　髙橋秀実著　双葉社
【目次】序章 仏説男根、第1章 包皮前進、第2章 千摺指南、第3章 愛染雁高、第4章 男色交換、第5章 阿吽阿吽、第6章 絶頂巡礼、第7章 針小棒大、第8章 甦茎反転、終章 是菩薩位
2017.7 223p B6 ¥1500 ⓘ978-4-575-31275-1

◆裸の巨人―宇宙企画とデラベっぴんを創った男 山崎紀雄　阿久真子著　双葉社
【要旨】82年創立のAVメーカー・宇宙企画と85年創刊の雑誌『デラべっぴん』。そこに登場した美少女たちは日本中を熱狂させ、大いなる金を生んだ。伝説の男・山崎紀雄は巨万の財産を手にし、すべてを失った。長い沈黙を経たいま、彼は語りはじめる。やりたいことをやり、疾走した黄金の日々を。
2017.8 285p B6 ¥1800 ⓘ978-4-575-31291-1

◆人妻告白スペシャル はじめての淫ら体験　性実話研究会編　マドンナ社, 二見書房 発売　（マドンナメイト文庫）
【要旨】絶頂を初めて知った不倫妻、元カレとのオモチャ体験、スワッピングに疼く熟メス…未知なる快感に目覚めてしまった人妻たちの赤裸々告白集！
2017.4 253p A6 ¥686 ⓘ978-4-576-17033-6

◆人妻告白スペシャル 人に言えない淫らな体験　素人投稿編集部編　マドンナ社, 二見書房 発売　（マドンナメイト文庫）
【要旨】背徳の快楽―豊満ボディ、したたる体液、異常性欲、異常性癖…アブノーマルな官能に溺れる女たちの絶頂姦告白集！
2018.1 253p A6 ¥686 ⓘ978-4-576-17185-2

◆人妻手記―あなたのアソコはそれほど - 不倫妻たちの告白　愛の体験編集部編　竹書房　（竹書房文庫）
【要旨】夫以外のモンが欲しくてたまらないの！
2017.10 255p A6 ¥640 ⓘ978-4-8019-1218-2

◆見えない買春の現場―「JKビジネス」のリアル　坂爪真吾著　ベストセラーズ　（ベスト新書）
【要旨】私たちを「買った」のは誰か。「なぜ買うのか」ではなく社会環境を分析する。
2017.2 263p 18cm ¥860 ⓘ978-4-584-12542-7

◆リアル風俗嬢日記―彼氏の命令でヘルス始めました　Ω子著　竹書房　（BAMBOO ESSAY SELECTION）
【要旨】地味な私が風俗嬢になったのはご主人様の命令でした―。心も身体もすべて解放できる場所―それが、風俗。現役ヘルス嬢が語る、風俗講習、夜のマナー、秘密の道具。コミックエッセイ。
2017.11 126p A5 ¥1000 ⓘ978-4-8019-1252-6

◆AV女優消滅―セックス労働から逃げ出す女たち　中村淳彦著　幻冬舎　（幻冬舎新書）
【要旨】文字通り"性奴隷"だった！ 悪質なスカウト、不当な契約、出演強要etc.「セックスを売る仕事」AV女優の残酷な労働現場、衝撃のルポルタージュ。
2017.9 235p 18cm ¥820 ⓘ978-4-344-98469-1

◆SEX & MONEY―私はそれを我慢できない　里美ゆりあ著　モッツコーポレーション, 展望社 発売
【要旨】伝説のアダルト女優、三億円脱税の女が全てを告白！
2017.11 208p B6 ¥1600 ⓘ978-4-88546-333-4

◆SHIMIKEN's BEST SEX―最高のセックス集中講義　しみけん著　イースト・プレス
【要旨】男優歴19年、9000人との経験から導き出した超実践的ハウツーの集大成！ 男も女も、笑いながら学べて、効果絶大。
2017.5 188p B6 ¥1300 ⓘ978-4-7816-1527-1

女性・女性問題

◆男も女もみんなフェミニストでなきゃ　チママンダ・ンゴズィ・アディーチェ著, くぼたのぞみ訳　河出書房新社
2017.4 100p 17×13cm ¥1200 ⓘ978-4-309-20727-8

◆国連・女性・NGO　Part2　世界を変えるのは、あなた　国連NGO国内女性委員会編　パド・ウィメンズ・オフィス
【目次】1 今、女性たちに関わる条約・宣言（SDGs―持続可能な開発目標 そして2030年アジェンダ（行動指針）、女性の権利を守るための条約 女性差別撤廃条約 CEDAW ほか）、2 女性の生活につながる条約・宣言（人権＝女性の権利は普遍的人権である、暴力＝女性に対する暴力の根絶に関する宣言（1993年）ほか）、3 女性問題に関わる国連機関（ジェンダー平等と女性のエンパワーメントのための国連機関（UN Women）、女性の地位委員会（CSW）ほか）、4 国連を舞台に活躍した女性たち―将来の生き方を考える女性たちへのメッセージ（国連総会という舞台と第3委員会、女性の地位委員会 Commission on the Status of Women（CSW）ほか）、資料1 加盟団体リスト（国連NGO国内女性委員会、公益財団法人日本YWCA ほか）、資料2 国連活動と日本女性の動き（1956 - 2017）
2017.9 151p A5 ¥1500 ⓘ978-4-86462-142-7

◆コロンタイ―革命を駆けぬける　杉山秀子著　論創社
【要旨】ロシアのナロードニキ運動からロシア革命、さらにソヴェート政権の崩壊を経た現代。女性のおかれた状況はどのように変わったか、あるいは変わらなかったのか。世界初の女性全権大使として知られるコロンタイの女性解放論を軸に語る、女たちをめぐる諸問題の再提起。
2018.1 302p B6 ¥3000 ⓘ978-4-8460-1663-0

◆ジェンダーとわたし―"違和感"から社会を読み解く　笹川あゆみ編著　北樹出版
【目次】第1章 ジェンダー概念とその背景、第2章 ジェンダー・イメージとメディア、第3章 学校教育とジェンダー、第4章「家族」とジェンダー、第5章 DVとジェンダー、第6章 働くこととジェンダー、第7章 接客業とジェンダー、第8章 "性"の多様性とジェンダー
2017.5 151p A5 ¥1900 ⓘ978-4-7793-0542-9

◆仕事と家庭は両立できない？―「女性が輝く社会」のウソとホント　アン＝マリー・スローター著, 篠田真貴子解説, 関美和訳　NTT出版
【要旨】「世界の頭脳100」に選ばれた女性が書いた、まったく新しい働き方の教科書。全米で話題沸騰の書、待望の邦訳！
2017.8 333p B6 ¥2400 ⓘ978-4-7571-2362-5

◆時代に生かされる女たち　力示育実著　悠光堂
【目次】第1章 大正生まれの女、第2章 女から見た戦争、第3章 小樽にお嫁にきた、第4章 三人の子供を育てた日々、第5章 老後の哀しみ、第6章 昭和時代の思い出、第7章 教師になった女、第8章 二人の子供を産んで、第9章 平成の女たち、第10章 歴史と女
2017.3 95p B6 ¥480 ⓘ978-4-906873-86-9

◆女性学　Vol.24　特集「女性活躍推進法」時代の女性学・ジェンダー研究　日本女性学会学会誌24号編集委員会編　（市川）日本女性学会, 新水社 発売
【目次】特集「女性活躍推進法」時代の女性学・ジェンダー研究（シンポジウムをふりかえって、エリート女性への支援は女性全体に資するか？―「勝ち組」女性の課題と女性活躍推進の影響、高卒女性たちの労働と生活を追って、女性学・ジェンダー研究は変容を求められるのか―女性の活躍推進法時代を迎えて）、投稿論文（「喪失」からはじめる―J. バトラー『生のあやうさ』「暴力、喪、政治」における倫理の端緒、スクオッター集落の形成過程にみる女性の「労働力人口化」と「非労働力人口化」―マニラの港湾地域を事例に、トランスナショナルなフェミニズム運動と「第三世界」サバイバー表象―バングラデシュにおけるアシッドバイオレンス根絶運動を事例として）、書評（高良美世子著・高良留美子編著『誕生を待つ生命 母と娘の愛と相克』、白井千晶編著『産み育てと助産の歴史 近代化の200年をふり返る』）、追悼 リブ魂の中国女性学研究者―秋山洋子さんを偲ぶ
2017.3 134p A5 ¥2400 ⓘ978-4-88385-191-1

◆女性・人権・生きること―過去を知り未来をひらく　天童睦子著　学文社
【目次】1「女性と人権」への招待、2 ジェンダー、女性学、フェミニズム、3 女性差別撤廃条約と私たちの暮らし、4 日本の女性と人権―歴史を知り未来を創る、5 ジェンダーと性支配の問題を可視化する―セクシュアル・ハラスメント、女性に対する暴力、6 性と身体の自己決定権、7 女性・人権・生きること―ローカルとグローバルをつなぐ
2017.5 95p A5 ¥1000 ⓘ978-4-7620-2712-3

◆女性人材の活躍　2017　女性コア人材の育成の現状と課題―第8回 コア人材としての女性社員育成に関する調査結果　日本生産性本部ダイバーシティ推進センター編　日本生産性本部生産性労働情報センター
【目次】第1章 調査の概要（調査の概要、回答企業の概要、調査結果のポイント）、第2章 調査結果の分析（女性人材を支援する人事制度の実態、経営戦略としての女性人材の活躍推進状況、経営トップの行動と管理職の意識改革、コア人材としての女性社員の育成・能力開発）、第3章 企業経営と女性人材の活用への視点（女性活躍推進と初期キャリアの現状、無意識の偏見への問題意識を高める、原点にかえり企業経営と女性（多様な人材）の活躍推進を考える―経営戦略・人材戦略と女性活躍推進の目的・目標の再確認を、女性活躍推進の取り組みは多様な視点で）、参考資料
2017.11 274p B5 ¥2000 ⓘ978-4-88372-536-6

◆女性とツーリズム―観光を通して考える女性の人生　友原嘉彦編著　古今書院
【目次】第1部 観光する女性たち（「女子旅」をめぐる記号論的読解―「無意味な空虚性」という「意味」、現代「女子」観光事情、巴里/パリ・イメージの醸成―パリに渡った女性たち、文学作品にみる"旅"―男の旅と女の旅、統計データから見る女性の観光旅行特性）、第2部 観光地を担う女性たち（あでやかさの舞台裏―観光資源としての鶴崎踊の成立と地域社会における女性、世界遺産富岡製糸場に関する女工の歴史―何が見せられ、何が見せられていないのか、宿泊業を担う女性―旅館におけるサービスの担い手とは、地域で観光を支える女性―ケーススタディに見る女性としての存在とあり様、ジオパークと女性、東日本大震災の被災地における観光の変化とその担い手としての女性）
2017.9 186p A5 ¥3200 ⓘ978-4-7722-4203-5

◆女性白書　2017　女性の人権と社会保障―世界と日本　日本婦人団体連合会編　ほるぷ出版
【目次】1 総論（国際人権条約から見る女性の人権と社会保障、憲法施行70年・社会保障政策の現状と課題―違憲・営利化から立憲・生活保障へ ほか）、2 各論（社会保障制度基盤の崩壊を招く「我が事・丸ごと」地域共生社会の本質、社会保障の産業化を進める公的年金制度改革 ほか）、3 各国の社会保障事情と女性の人権（ドイツ―両立支援で女性の人権を守る、デンマーク―エイジング・イン・プレイス（地域居住）と女性の未来 ほか）、4 女性の現状と要求（はたらく女性、女性とくらし ほか）、資料（女性差別撤廃委員会一般勧告第27号 女性高齢者とその人権確保（抜粋）、女性差別撤廃委員会一般勧告第16号 農村及び都市の家族社会における無償女性労働者 ほか）
2017.8 303p A5 ¥3200 ⓘ978-4-593-58042-2

◆シングル女性の貧困―非正規職女性の仕事・暮らしと社会的支援　小杉礼子、鈴木晶子、野依智子、横浜市男女共同参画推進協会編著　明石書店
【目次】第1部 非正規職シングル女性のライフヒストリー（一般職社員から派遣に。コツコツと25年働いてきた 千羽瑠さん、図書館司書として四つの図書館で働いてきた ゆかりさん ほか）、第2部 非正規職シングル女性問題にかんする論考（統計からみた35～44歳の非正規雇用に就くシングル女性、女性の非正規問題の新たな局面―貧困・孤立・未婚 ほか）、第3部 支援の現場から（対談 支援の対象になりづらい女性たちを、どう支援していくか（朝比奈ミカ×鈴木晶子）、非正規職シングル女性への支援と保障）、第4部 調査の概要と結果について（「非正規職シングル女性の社会的支援に向けたニーズ調査」の概要と結果）
2017.9 256p B6 ¥2500 ①978-4-7503-4565-9

◆生と性、女はたたかう―北山郁子著作集
北山郁子著、別所興一編（名古屋）風媒社
【要旨】女性が自らの身体のことばで生きられる社会のために。人権回復への叫びと性教育活動への取り組み、権力への あらがい、そして公害とのたたかい―渥美半島の小さな村に赴任し地域医療と全身で向き合った女医・北山郁子70年の記録と証言。
2017.7 239p B6 ¥1600 ①978-4-8331-5335-5

◆総合力―女性が活躍する社会に必要な15のマネジメント能力を磨いて、新しいあなたを創り出す　岡田東詩子著　ビジネス教育出版社
【目次】第1章 女性を取り巻く社会環境（なぜ、女性活躍が求められるのか、「女性活躍推進法」Q&A ほか）、第2章 自分をマネジメントする（計画力、分析力 ほか）、第3章 他者をマネジメントする（「自分をマネジメントする」力の応用、受容力 ほか）、第4章 情報をマネジメントする（「自分をマネジメントする」力の応用、「他者をマネジメントする」力の応用 ほか）
2017.9 171p A5 ¥2000 ①978-4-8283-0673-5

◆第三の性―はるかなるエロス　森崎和江著
河出書房新社
【要旨】日本フェミニズムの先駆的名著。
2017.12 210p B6 ¥2400 ①978-4-309-24838-7

◆大卒無業女性の憂鬱―彼女たちの働かない・働けない理由　前田正子著　新泉社
【要旨】人口減少時代に掲げられた「一億総活躍社会の実現」という政策目標。労働力として注目をされ始めた女性たちの置かれた本当の姿とは？　2017.2 239p B6 ¥2000 ①978-4-7877-1612-5

◆男女平等は進化したか―男女共同参画基本計画の策定、施策の監視から　鹿嶋敬著　新曜社
【要旨】長時間労働をやめて家庭生活との両立へ。「男は仕事、女は家庭」の固定観念を覆して、人権尊重の理念に深く根ざした真の男女平等の達成をめざす。
2017.3 342p B6 ¥3600 ①978-4-7885-1528-4

◆地域連携による女性活躍推進の実践―持続可能な地域づくりに活かす行政と民間のつながり　国立女性教育会館編　悠光堂
【目次】第1部 総論 女性活躍推進の現状と課題（地域における女性の活躍推進と男女共同参画社会の現状、地域の様々な主体と連携・協働を進めるポイント、地方公共団体における庁内連携の現状と課題、男女共同参画推進の拠点の役割、図書館と男女共同参画）、第2部 実践 地域連携による女性活躍推進の取組（官民のネットワークを活かし、働く職場の変革を広げる、「働く」に至るプロセスをきめ細かく支え、女性の力を地域で活かす、農業・漁業に携わる女性の活動を推進し、地域活性化につなげる、社会課題の解決に取り組む大学生を育てる、防災と災害復興に女性の視点を反映するための基盤をつくる）、資料
2017.3 165p B5 ¥2500 ①978-4-906873-89-0

◆日本のフェミニズム―since1886性の戦い編　北原みのり責任編集　河出書房新社
【要旨】女性たちは何を願い、何と戦ってきたのか？　廃娼運動、売春防止法、リブロ、レズビアン運動の原点から、わかりやすく解説するガイドブック決定版！
2017.12 133p 21×15cm ¥1200 ①978-4-309-24837-0

◆破壊しに、と彼女たちは言う―柔らかに境界を横断する女性アーティストたち　長谷川祐子著　東京藝術大学出版会
【目次】川久保玲とコムデギャルソン―生の危うさ―キュレーションのためのノート、日本の女性アーティストたち、そのパフォーマンス性と作品―ニューヨーク近代美術館のコレクション、草間彌生―オブセッションを飲み込んだ人類最初の芸術家、田中敦子―ネットワークの絵画…かくも等身的な、父なるモダニズムを超えて―1980年代の女性アーティストたち1―優雅なラディカリズム、父なるモダニズムを超えて―1980年代の女性アーティストたち2―既視感の中の殺意、シリン・ネシャットへのインタビュー、蝶のはばたき―サラ・ジーがプログラムを始動するとき、リ・セットービビロッティ・リストとマシュー・バーニー、レベッカ・ホルン―黒い森に住むタオイスト、マルレーネ・デュマス―開かれた絵画…冷静と情熱の間、妹島和世＋西沢立衛/SANAA―21世紀にもの意識をもつ建築
2017.3 269p B6 ¥2800 ①978-4-904049-51-8

◆働く女子のキャリア格差　国保祥子著　筑摩書房（ちくま新書）
【要旨】今や過半数を超えた夫婦共働き世帯。育休後職場復帰して、いかに活躍できるか、活躍の環境をどう整えるかが個人と企業の双方に問われている。働く女性直面した「時短トラップ」「マミートラック」「ぶら下がり化」など数々の両立の壁が、受け入れ先の職場に。「過剰な配慮、理解のない上司」「権利主張女子」問題など。本書では、職場の問題の根源を分析し、全体の生産性アップのための解決を具体的に提案する―働きやすく、やりがい・キャリアも実現する真の働き方改革とは。育休取得者4000人が生まれ変わった思考転換メソッドを初公開！
2018.1 234p 18cm ¥800 ①978-4-480-07108-8

◆働く女性に贈る言葉　佐々木常夫著
WAVE出版（ポケット・シリーズ）
【要旨】不安と焦りを解消するには、どうしたらいいのか？　本物のリーダーが教える、働く女性たちの仕事のコツ。
2017.10 191p 18cm ¥1000 ①978-4-86621-080-3

◆漂流女子―にんしんSOS東京の相談現場から
中島かおり著　朝日新聞出版（朝日新書）
【要旨】人には言えない、思いがけない妊娠。そんな孤立する女性たちに寄り添い、社会へつないでいくのが「にんしんSOS東京」の仕事だ。暴力や虐待の末にある貧困・孤立、不倫…。彼女たちが抱える背景はさまざまだ。そんなストーリーから見える、現代社会の根深い問題点とは―。10代、キャリア女性、性風俗業の女性たち。それぞれの背景、それぞれの思い。
2017.10 201p 18cm ¥760 ①978-4-02-273737-3

◆ヒロインの旅―女性性から読み解く“本当の自分”と創造的な生き方　モーリーン・マードック著、シカ・マッケンジー訳　フィルムアート社
【要旨】ユング心理学やジョセフ・キャンベルへのインタビューをもとに、世界の神話や心理療法の実例から、女性の精神の豊かな領域を描く。
2017.4 279, 14p B6 ¥2400 ①978-4-8459-1630-6

◆風俗嬢の見えない孤立　角間惇一郎著　光文社（光文社新書）
【要旨】手取り40万でも、安心できない。日本の新たなサイレントマジョリティー。「訪れる『40歳』の壁」「断たれるセカンドキャリア」「過熱する『貧困』報道の弊害」「誰にも知られたくないがゆえの『孤立』」「性風俗産業はセーフティネットか？」「なんといっても『生きづらさ』」…etc。のべ五〇〇〇人以上の風俗嬢と関わったからこそ見えてくる事実から、風俗業界の「現在」と風俗嬢の本当の悩み事を知り、「夜の世界」の課題とつながる、日本社会の課題を考える。　2017.4 227p B6 ¥740 ①978-4-334-03984-4

◆フェミニストカウンセリング研究　Vol.14　日本フェミニストカウンセリング学会「フェミニストカウンセリング研究」編集委員会編　日本フェミニストカウンセリング学会、新水社　発売
【目次】論文 被害者の視点からみたセカンド・ハラスメント―ジェンダー・バイアスから生じる二次被害の検討、研究ノート ホームレスから就労まで―婦人保護施設における女性たちのエンパワメントのプロセス、報告 内閣府東日本大震災による女性の悩み・暴力相談事業「女性のための電話相談・ふくしま」5年間を振り返る、インタビュー 中村明美さん 民間シェルターから性買社会を問う、エッセイ PTSD罹患15年を経て、書評『キレる私をやめたい―夫をグーで殴る妻をやめるまで』、『家族写真をめぐる私たちの歴史―在日朝鮮人、被差別部落、アイヌ、沖縄、外国人女性」）、記録 金沢大会（2016年）（シンポジウム、分科会、ワークショップ）、資料
2017.5 155p A5 ¥1800 ①978-4-88385-192-8

◆ベル・フックスの「フェミニズム理論」―周辺から中心へ　ベル・フックス著、野﨑佐和、毛塚翠訳　あけび書房（原書3版）
【要旨】フェミニズムとは一体、何なのか？　フェミニズムは女性だけのものなのか？　ベル・フックスのフェミニズム理論が古びない理由は？　現代フェミニズム思想の教本。ベル・フックスの代表作の翻訳書刊行。
2017.10 237p A5 ¥2400 ①978-4-87154-154-1

◆また 身の下相談にお答えします　上野千鶴子著　朝日新聞出版（朝日文庫）
【要旨】夫がイヤ、母娘問題、子無し人生へのバッシング、おひとりさま問題、ふがいない我が子への心配、夫婦の老後をどう生きるか、認知症対策。生きていれば誰しもぶつかる切実な悩みの数々に、真摯に明快に、痛快に答える上野教授の回答芸はますます磨きがかかっており　2017.9 274p A6 ¥660 ①978-4-02-261913-6

◆“やまとをみな”の女性学―女性が輝く時代　花村邦昭著　三和書籍
【要旨】いま「女性が輝く時代」と言われる真に輝ける女性の在り方を“やまとをみな”の系譜から繙く。
2017.12 223p B6 ¥2400 ①978-4-86251-310-6

◆JISA女性活躍推進手順書―制度導入や推進の入門編 フローチャートやサンプル事例付情報サービス産業協会
【目次】1 調査（実態調査の実施）、2 トップコミットメント（女性活躍推進の宣言）、3 計画策定（推進組織の設置と運営のポイント、課題の分析 ほか）、4 計画の実行（採用活動、配置・育成 ほか）、5 結果確認（実施報告作成・社内への報告、次期計画の立案）
2017 49p A4 ¥1500 ①978-4-905169-07-9

◆Millionaire Mystique―働く女性のハッピーエンド・ストーリーズ　ジュード・ミラー・パーク著、宮内もと子訳　ビジネス教育出版社
【目次】序章 ミリオネアになりたい人は手を上げて！、第1章 理想のミリオネアの生き方、第2章 ミリオネアに生まれついた人はいるか、第3章 ミリオネアの性格、第4章 ミリオネアのワークスタイル、第5章 社会的影響力を持つ、第6章 ミリオネアのスタイル―リーダーとしての品格を持つ、第7章 立ち直る力、第8章 アメリカン・ドリーム―子供を立派に育て、仕事も立派にする、第9章 ミリオネア志望者が見えない壁にぶつかるとき、第10章 情けは人のためならず
2017.8 379p B6 ¥1500 ①978-4-8283-0670-4

◆YOROIを脱いで―女たちが生き抜いた地域活動の軌跡と展望　JAUW（大学女性協会）茨城支部著　文眞堂
【目次】第1章 YOROIをつけて…―支部の活動のあゆみから（学び続けられて一戦争を経ても学び続けた者の使命、 足並みそろえて―地域とつながる力 ほか）、第2章 YOROIを削いで…―茨城大学推薦出前講座から（重ねた言葉から―相互理解のための作業、思い込みの文化 ほか）、第3章 トビラを開けて…―円卓会議から（隠れたカリキュラム、結婚観 ほか）、第4章 「教育（共育）の力」を信じて…（JAUWと教育、教育にかける思い ほか）、巻末資料
2017.10 169p B6 ¥1500 ①978-4-8309-4965-4

📖　ドメスティック・バイオレンス

◆性暴力の罪の行為と類型―フェミニズムと刑法　森川恭剛著　（京都）法律文化社
【目次】第1章 戦後沖縄と強かん罪、第2章 解釈論から改正論へ、第3章 性犯罪の類型上の諸問題、第4章 被害者の不同意、第5章 性暴力の行為、第6章 性暴力の罪の類型
2017.3 222p A5 ¥4800 ①978-4-589-03829-6

左側余白縦書き：社会・文化

女性史

◆サフラジェット―英国女性参政権運動の肖像とシルビア・パンクハースト　中村久司著　大月書店
【要旨】サフラジェットの全体像をつたえる日本初の歴史ドキュメント！パンクハースト夫人、クリスタベル、シルビア、ペシック＝ローレンス夫妻、アニー・ケニー、エミリー・デイビソン、メアリー・リー、貴族のコンスタンス・リットン、ドラモンド夫人。一人ひとりに、かけがえのない人生があり、闘争への情熱と貢献があった―。100年前の彼女たちの苦闘と雄姿が、ビビッドに描き出される！
2017.10 285p B6 ¥2000 ⓘ978-4-272-53044-1

◆性を管理する帝国―公娼制度下の「衛生」問題と廃娼運動　林葉子著　（吹田）大阪大学出版会
【要旨】近代公娼制度を支持した者たちの責任を問う。
2017.1 536, 12p A5 ¥7000 ⓘ978-4-87259-560-4

◆枕崎 女たちの生活史―ジェンダー視点からみる暮らし、習俗、政治　佐々木陽子編著、山崎喜久枝著　明石書店
【目次】第1章 なぜ枕崎に光を当てるのか―枕崎市という地域の特性、第2章 枕崎に生きて―女たちのライフヒストリー、第3章 枕崎市の銅像のジェンダー分析-鹿児島市との比較を通して、第4章 カツオ節工場見学、第5章 墓守りはなぜ女か、第6章 女即墓と遊郭、第7章 枕崎市の生活困窮母子家庭問題、第8章 枕崎市女性市議会議員―女性と政治
2017.3 196p A5 ¥3200 ⓘ978-4-7503-4491-1

◆CULOTTÉES キュロテ―世界の偉大な15人の女性たち　ペネロープ・バジュー著、関澄かおる訳　DU BOOKS, ディスクユニオン発売
【要旨】あなたがまだ知らない、時代を切り開いてきたパワフルでユニークな女性たちの物語15。フランス発、キュートな女性偉人伝コミック。
2017.11 147p A5 ¥1800 ⓘ978-4-86647-018-4

消費社会・消費者問題

◆気まぐれ消費者―最高の体験と利便性を探求するデジタル時代の成長戦略　テオ・コレイア著、関一則監訳、月沢李歌子訳　日経BP社、日経BPマーケティング発売
【要旨】ブランドへの忠誠心が低い、デジタルを駆使して情報を集め、移り気だが気に入った製品・サービスは積極的に広める一神出鬼没で気まぐれ、つかみどころがない「液状消費者」。そんな新時代の消費者が市場を圧倒し、今後の消費動向のカギを握る。「液状消費者」の行動特性・心理特性を深く捉え、企業経営やブランディングに活かす影響・対応を提言。なかでも特徴的な日本の「液状消費者」と対峙するための考察を追加ească しつつ収録。
2017.9 293p B6 ¥1800 ⓘ978-4-8222-5530-5

◆「コト消費」の嘘　川上徹也著　KADOKAWA　（角川新書）
【要旨】連日メディアをにぎわす「コト消費」。だが言葉に踊らされて「コト」だけを売り、売上に結びついていない事例も少なくない。「コト」と「モノ」をきちんと結びつける売り方を多数の実例から紹介する。
2017.11 239p 18cm ¥800 ⓘ978-4-04-082208-2

◆消費社会白書 2017 中流生活の成熟と再生　JMR生活総合研究所
【目次】第1章 中流価値からの転換、第2章 目的的貯蓄意識の高まりによる消費意欲の低迷、第3章 脱中流を志向する消費リーダー、第4章 生きがいを求める「新めいめい食」、第5章 性差の縮小によって高度化するH&BC市場、第6章 都心志向と高層型のライフスタイル、第7章 変容するエレクトロニクス期待―「生活の豊かさ」から「脳の快楽」へ、第8章 高まる資産運用意識、補遺 2016.12 126p A4 ¥9260 ⓘ978-4-902613-45-2

◆消費社会白書 2018 顧客接点のメルティングとアイデンティティ消費　JMR生活総合研究所
【目次】第1章 世界と日本についての見方―近代的価値の揺らぎと階層意識、第2章 情報ネットワークと社会関係の世代断裂、第3章「昭和的価値意識」の転換と「アイデンティティ」志向、第4章 堅調な消費を支える「自己ブランディング」と世代交代、第5章 家族団らんから「ひとり最適化」が進む食生活、第6章 情報がもたらす買い物行動の「メルティング」、第7章 消える業態垣根とロングテール化する小売業、第8章 リスク資産運用を迫られる預貯金偏重の資産選択行動、補遺
2017.11 118p A4 ¥9260 ⓘ978-4-902613-47-6

◆消費者購買意思決定とクチコミ行動―説得メカニズムからの解明　安藤和代著　千倉書房
【要旨】対面クチコミの影響メカニズムの理解は、eクチコミのマーケティング活用に貢献する。
2017.6 307p A5 ¥3600 ⓘ978-4-8051-1110-9

生協・協同運動

◆協同の再発見―「小さな協同」の発展と協同組合の未来　田中秀樹編　家の光協会
【要旨】コミュニティづくり、雇用創出、高齢者支援、地域活性化など、社会的な問題解決のカギとなる協同組合の潜在的可能性が探る。協同組合がユネスコ「無形文化遺産」に登録！
2017.4 207p B6 ¥1800 ⓘ978-4-259-52190-5

◆生協組織をもっと元気にするためのやさしい組織論入門　渡辺峻著　文眞堂
【要旨】本書は、生協組織を構成する人々を、自ら判断し選択力を行使して行動する自律人・自己実現人として基本的に捉え、彼・彼女らをどのように動機づけて、生協組織の共通目的の達成過程に動員すればよいのか、現代組織論をベースにして、分かりやすく説明しています。生協の組織リーダーとして活躍している人、生協リーダーになるかもしれない人の必読の書物です。
2017.6 176p B5 ¥2500 ⓘ978-4-8309-4932-6

事件・犯罪

◆科学捜査ケースファイル―難事件はいかにして解決されたか　ヴァル・マクダーミド著、久保美代子訳　（京都）化学同人
【要旨】英国のベストセラー・ミステリー作家が、科学捜査の現場を歩く。アンソニー賞批評／ノンフィクション賞受賞。
2017.7 435p B6 ¥3200 ⓘ978-4-7598-1934-2

◆家族喰い―尼崎連続変死事件の真相　小野一光著　文藝春秋　（文春文庫）新版
【要旨】まさに未曾有の怪事件。発覚当時63歳の女を中心に、結婚や養子縁組によって複数の家庭に張り巡らされた、虐待と搾取する者とされる者が交錯する人間関係。その中で確認された死者11人。この複雑きわまる尼崎事件の全容を執念の取材で描いた、事件ノンフィクションの金字塔。文庫化にあたり70ページ大幅増補。
2017.8 373p A6 ¥940 ⓘ978-4-16-790916-1

◆カナダ事件簿　ウィルソン夏子著　彩流社
【要旨】平穏な都市で起きた14の事件に迫るノンフィクション！女性殺人犯が刑務所で学位取得！『赤毛のアン』の作者、死因は自殺？アメリカで冤罪のボクサーを救ったカナダ人は誰？カナダ在住の著者が現場に訪れて活写！各章に英語版ダイジェスト付き！
2017.4 225p B6 ¥2400 ⓘ978-4-7791-2285-9

◆きょうも傍聴席にいます　朝日新聞社会部著　幻冬舎　（幻冬舎新書）
【要旨】殺人など事件が起きると、警察、被害者の遺族、容疑者の知人らへの取材に奔走する新聞記者。その記者がほとんど初めて、容疑者本人を目にするのが法廷だ。傍聴席で本人の表情に目をこらし、肉声に耳を澄ましていると、事件が当初の報道とは違う様相を帯びてくる―。自分なら一線を越えずにいられたか？何が善で何が悪なのか？記者が紙面の短い記事では伝えきれない思いを託して綴る、朝日新聞デジタル連載「きょうも傍聴席にいます」。「泣けた」「他人事ではない」と毎回大きな反響を呼ぶ28編を書籍化。
2017.11 278p 18cm ¥880 ⓘ978-4-344-98472-1

◆黒い報告書クライマックス　「週刊新潮」編集部編　新潮社　（新潮文庫）
【要旨】金が欲しい。セックスがしたい。欲望の絶頂を迎えた男と女が堕ちていく奈落の底は一。泥酔した女子大生を毒牙にかける医大生らのゆがんだ獣欲。高齢男性を次々に虜にして金を奪う魔性のゆきずり女。寝取られ趣味の夫婦に体を提供した男の悲劇。お義父さんと娘が夜な夜な繰り広げる秘密の交合い…。実在の事件をエロティックな濡れ場たっぷりに読み物化した「週刊新潮」人気連載傑作選。
2017.12 239p A6 ¥490 ⓘ978-4-10-131010-7

◆経済ヤクザ　一橋文哉著　KADOKAWA　（角川文庫）
【要旨】政界や企業に食い込み、ハイエナの如くマネーを貪った「経済ヤクザ」たち。関西・関東の二人の巨頭を中心に、日本の経済ヤクザの興亡を覆面ジャーナリストが詳しく解説。彼らが復興利権やITバブルをいかにして我が物としてきたか。表社会ととも に対立し、ときに補い合いながら、覇権を築き上げた歴史を明らかにする。国際ハッカー集団「アノニマス」への直撃取材など最新の事情にも斬り込む、これぞ「闇社会経済図鑑」！
2017.2 284p A6 ¥720 ⓘ978-4-04-104736-1

◆激撮スペシャル！ 山口組大分裂「六神任」800日抗争の全内幕　宝島特別取材班編　宝島社
【要旨】3団体幹部の証言を一挙公開！アウトレイジ最終章の結末は!?
2017.12 120p B5 ¥780 ⓘ978-4-8002-7850-0

◆決定版 日本のヤクザ100人―闇の支配者たちの実像　別冊宝島編集部編　宝島社　（宝島SUGOI文庫）
【要旨】仁義を重んじ、時に死をもいとわない男たちの生き様は、任俠映画だけのものではない。本書ではヤクザ史に名を残す大物親分から、現在の山口組分裂抗争におけるキーマンまで、戦後および現代日本のヤクザ勢勢100人を選出。"伝説の極道たち"の立志伝とともにその実像に迫る！ 2017.12 351p A6 ¥840 ⓘ978-4-8002-7871-5

◆最悪の事故が起こるまで人は何をしていたのか　ジェームズ・R・チャイルズ著、高橋健次訳　草思社　（草思社文庫）
【要旨】現代における最も危険な場所の一つが巨大システムの制御室である。原子力発電所、ジャンボ機、爆薬工場、化学プラント、核ミサイル基地…技術発展に伴い、システムはより大きく高エネルギーになり、人員はより少なくて済むよう設計された が、事故が起こり被害は甚大になる。巨大システムが暴走を始めたとき、制御室で人びとは何をするのか、何ができるのか。最悪の事故を起こすシステムと、その手前で押さえ込むシステムとの違いは何か。50余りの事例を紹介しつつ、巨大事故のメカニズムと人的・組織的原因に迫る。
2017.8 514p A6 ¥1400 ⓘ978-4-7942-2293-0

◆最新情報版 大学生が狙われる50の危険　三菱総合研究所、全国大学生活協同組合連合会、全国大学生協共済生活協同組合連合会著　青春出版社　（青春新書PLAYBOOKS）
【要旨】SNSトラブル、ブラックバイト、カルト、ストーカー、大地震…自分は大丈夫！―その心のスキが危ない。学生と親のための安全・安心マニュアル。
2017.2 236p 18cm ¥1000 ⓘ978-4-413-21079-9

◆サイバー犯罪入門―国もカネーも乗っ取られる衝撃の現実　足立照嘉著　幻冬舎　（幻冬舎新書）
【要旨】世界中の貧困層や若者にとって、ハッカーは「ノーリスク・ハイリターン」の夢の職業だ。同時に、サイバー犯罪による"収益"を資金源とする犯罪組織やテロリストは、優秀なハッカーを常に求めている。両者が出会い、組織化され、犯罪の手口は年々巧みに。「気付かないうちに預金額が減っている」といった事件も今や珍しくない。数十億円を一気に集めることも容易い。一方で、日本人は隙だらけ。このままでは生活を守れない！日々ハッカーと戦うサイバーセキュリティ専門家が、ハッカーの視点や心理、使っているテクニックを、ギリギリまで明かす。
2017.7 232p 18cm ¥800 ⓘ978-4-344-98460-8

◆佐藤優対談収録完全版 木嶋佳苗100日裁判傍聴記　北原みのり著　講談社　（講談社

文庫）（『毒婦。木嶋佳苗100日裁判傍聴記』改題書）
【要旨】孤独な男たちを籠絡し殺人を重ねた木嶋佳苗の裁判に、著者は惹かれるように通い続けた。裁判でも拘置所でもなぜ彼女は自己表現を続けるのか。死刑が確定した魔性の女の本性を、佐藤優との対話で更に掘り下げる。「週刊朝日」連載時から話題を呼んだ瞠目の傍聴記。
2017.9 277p A6 ¥680 ①978-4-06-293772-6

◆**3650―死刑囚小田島鐵男"モンスター"と呼ばれた殺人者との10年間** 斎藤充功著 ミリオン出版, 大洋図書 発売
【要旨】9月16日午後10時半獄中死。突如終わったアクリル板越し20センチの"戦争"。411通の手紙と131回の面会。『マブチモーター事件』犯が最期の獄中でみせた死刑の記録。
2017.10 213p B6 ¥1600 ①978-4-8130-2277-0

◆**証言 連合赤軍 11 離脱した連合赤軍兵士―岩田平治の証言** 連合赤軍事件の全体像を残す会編 皓星社
【目次】離脱した連合赤軍兵士―岩田平治の証言（辰野で生まれ、諏訪清陵へ、水産大朋鷹寮305号室、京浜安保共闘の人たちと親しくなる、武装闘争に共感、組織への加盟 ほか）、「共同幻想論」による連合赤軍事件の考察、旅の途上、上赤塚交番・「佐々木荘」の思い出、そして印旛沼、井川宿営地探訪記、Oさんのこと
2017.3 109p A5 ¥1000 ①978-4-7744-0632-9

◆**昭和・平成日本の凶悪犯罪100** 別冊宝島編集部編 宝島社
【要旨】逮捕直前、獄中面会、仮出所後―秘話公開！ 事件記者が会った殺人犯たちの肉声！
2017.8 239p B6 ¥900 ①978-4-8002-7341-3

◆**職業「民間警察」** 佐々木保博著 幻冬舎メディアコンサルティング, 幻冬舎 発売
【要旨】ストーカー被害、行方不明者の捜索、ネットの誹謗中傷による損害…etc. 警察が介入できない事件に立ち向かう仕事がある。「日本一正義感の強い男」が次々舞い込む困難な依頼に応えるリアル事件簿。
2017.5 247p 18cm ¥800 ①978-4-344-91238-0

◆**シリアルキラーズ 女性篇―おそるべき女たちの事件ファイル** ピーター・ヴロンスキー著, 松田和也訳 青土社
【要旨】ときには恋人が、妻が、母親が、娘が―怪物になった女たち。殺人へと彼女たちを駆り立てるものはなにか。歴史や事例などを詳細に検討しながら、その謎にせまる決定版。
2017.9 557, 9p B6 ¥3600 ①978-4-7917-7009-0

◆**仁義なき戦いの"真実"―美能幸三遺した言葉** 鈴木義昭著 サイゾー
【要旨】東映やくざ映画・実録路線の金子塔…傑作の元となる手記を表した男、美能幸三が語った"戦争"とは？
2017.1 245p B6 ¥1400 ①978-4-86625-081-6

◆**精神鑑定はなぜ間違えるのか？―再考 昭和・平成の凶悪犯罪** 岩波明著 光文社 （光文社新書）
【要旨】ベストセラー『発達障害』の著者が明らかにする精神医学の限界と忖度。
2017.12 203p 18cm ¥760 ①978-4-334-04325-4

◆**世田谷一家殺人事件―韓国マフィアの暗殺者** 一橋文哉著 KADOKAWA （角川文庫）
【要旨】2000年12月31日午前11時半前、東京都世田谷区上祖師谷3丁目で発覚した一家4人惨殺事件。現場には凶器の柳刃包丁をはじめ、指紋や足跡などたくさんの証拠が残されていながら、発生から17年経った現在でも犯人は捕まっておらず、捜査は未だに続行されている。この事件をライフワークとして追い続ける著者が、海外まで追ってついに遭遇した犯人の姿とは？ 犯人は今どこで何をしているのか、驚きの真相が明かされる。
2017.11 250p A6 ¥640 ①978-4-04-105835-0

◆**全員死刑―大牟田4人殺害事件「死刑囚」獄中手記** 鈴木智彦著 小学館 （小学館文庫）（『我が一家全員死刑』加筆・修正・改題書）
【要旨】2004年、福岡県大牟田市で4人連続殺人事件が起きた。逮捕された暴力団組長の父、母、長男、そして実行犯の次男という一家4人に下された判決は、すべて「全員死刑」。次男は獄中から、犯行の一部始終を記した手記を送る。受け取ったのは、暴力団取材に定評のあるライター、鈴木智彦氏だった。筆者は、あまりに凶悪かつ無反省な手記の内容と、面会した好青年とのギャップに驚きながら、事件の真相に迫る。伝説の怪書『我が一家全員死刑』が、映画化に合わせて加筆修正され文庫化。
2017.11 204p A6 ¥500 ①978-4-09-406475-9

◆**大量殺人の"ダークヒーロー"―なぜ若者は、銃乱射や自爆テロに走るのか？** フランコ・ベラルディ（ビフォ）著, 杉村昌昭訳 作品社
【要旨】事件と犯人の綿密な分析によって、動機・心理・社会背景を解明し、"銃乱射"や"自爆テロ"が生命を犠牲にした"表現行為"であり、現代資本主義の構造的な病理であることを明らかにした世界で話題の書！
2017.7 292p B6 ¥2400 ①978-4-86182-641-2

◆**誰もボクを見ていない―なぜ17歳の少年は、祖父母を殺害したのか** 山寺香著 ポプラ社
【要旨】2014年、埼玉県川口市で発生した凄惨な事件。少年はなぜ犯行に及んだのか？ 誰にも止めることはできなかったのか？ 事件を丹念に取材した記者がたどり着いた"真実"。この罪は、本当は誰のものなのか？ 少年犯罪の本質に深く切り込んだ渾身のノンフィクション。
2017.6 270p B6 ¥1500 ①978-4-591-15460-1

◆**2年目の再分裂―「任侠団体山口組」の野望** 沖田臥竜著 サイゾー
【要旨】15年に起きた山口組分裂から2年、盤石となった神戸山口組を激震が襲った。「核弾頭」「秘密兵器」と称された織田絆誠元若頭代行らが突如組織を離脱、新団体を立ち上げたのだ。結成時の記者会見、飛び交う破門状、そして神戸山口組・井上邦雄組長の逮捕―三つ巴の「大義」が火花を散らす！ 元山口組二次団体の最高幹部だった作家・沖田臥竜が、結成直前から現在までの内部情報を元に任侠団体山口組の野望を追跡！ 2017.8 191p B6 ¥1200 ①978-4-86625-091-5

◆**日本殺人巡礼** 八木澤高明著 亜紀書房
【要旨】経済成長、都市化、貧困、差別、冤罪―時代の折々に生じる凶悪殺人事件の内奥を探る旅。殺人者の郷里、生家、殺害現場、幼馴染みなどを訪ね歩くことで見えてきた日本の歪んだ相貌とは。
2017.9 357p B6 ¥1700 ①978-4-7505-1519-9

◆**日本の暗黒事件** 森功著 新潮社 （新潮新書）
【要旨】巨悪。凶行。残虐。日本を震撼させ、戦後体制を変えた「暗黒事件」を忘れてはならない。「よど号」犯の北朝鮮亡命と連合赤軍事件、田中角栄とロッキード汚職、かい人21面相によるグリコ・森永事件、史上最悪の山一抗争、謎多きイトマン事件、前代未聞のテロ集団・オウム真理教、救いなき「少年A」…。その最前線で事件の真相に挑み続けてきた著者が、取材秘話を明かしながら、今、「わるいやつら」の闇を衝く。 2017.6 191p 18cm ¥720 ①978-4-10-610723-8

◆**日本のテロ―爆弾の時代60s‐70s** 栗原康監修 河出書房新社
【要旨】爆弾闘争、内ゲバ、革命運動―あの時代の若者たちはなぜ過激な行動に向かったのか？ 政治と暴力と文学から考える。時代を知るためのブックガイド併録。
2017.8 127p A5 ¥1000 ①978-4-309-24820-2

◆**日本のヤクザ100の喧嘩―闇の漢たちの戦争** 別冊宝島編集部編 宝島社
【要旨】「最強の極道」はいったい誰だ!?
2017.3 237p B6 ¥800 ①978-4-8002-6872-3

◆**日本ヤクザ「絶滅の日」―元山口組顧問弁護士が見た極道の実態** 山之内幸夫著 徳間書店
【要旨】「ヤクザは絶滅危惧種」そう言って憚らない著者が長年のキャリアから「衰退の理由」、「日本になぜヤクザが存在するのか」、そして「再分裂した山口組の未来像」までを完全分析！
2017.8 190p 18cm ¥1000 ①978-4-19-864453-6

◆**犯罪「事前」捜査―知られざる米国警察当局の技術** 一田和樹, 江添佳代子著 KADOKAWA （角川新書）
【要旨】世界の捜査の趨勢は事後から「事前」へ―。テロが規模も数も増大し、サイバー化かつ国際化する現在、これまでと同じ対応では難しい。今、米国FBIやNSAが見せる捜査手法はまもなく日本でも展開される。
2017.8 241p 18cm ¥800 ①978-4-04-082147-4

◆**犯罪白書 平成29年版 更生を支援する地域のネットワーク** 法務省法務総合研究所編 昭和情報プロセス （付属資料：CD‐ROM1）
【目次】第1編 犯罪の動向、第2編 犯罪者の処遇、第3編 少年非行の動向と非行少年の処遇、第4編 各種犯罪の動向と各種犯罪者の処遇、第5編 再犯・再非行、第6編 犯罪被害者、第7編 更生を支援する地域のネットワーク
2017.12 358p A4 ¥2856 ①978-4-907343-13-2

◆**菱のカーテンの向こう側―2015年～2017年山口組分裂全記録** R‐ZONE編集部著 サイゾー
【要旨】挑発、ダンプ特攻、カチコミ、そして殺人事件…。史上最大のヤクザ戦争、これが分裂の真相だ。
2017.6 279p B6 ¥1400 ①978-4-86625-088-5

◆**菱の血判―山口組に隠された最大禁忌（タブー）** 藤原良著 サイゾー
【要旨】宅見若頭暗殺事件の真実！ 東京五輪利権を掌握した山口組、そして七代目山口組組長を巡る暗闘！ 巨大組織分裂の深淵に封じられた真実の数々!!
2017.1 219p B6 ¥1300 ①978-4-86625-073-1

◆**菱の崩壊―六代目山口組分裂の病理と任侠山口組の革命** 木村勝美著 かや書房
【要旨】分裂の元凶、移籍をめぐる攻防、金銭問題、再統一の思惑―3つの山口組に渦巻く憎悪が招いた「分裂の迷宮」。
2017.9 285p B6 ¥1800 ①978-4-906124-79-4

◆**不徳を恥じるも私心なし 冤罪獄中記** 田母神俊雄著 ワック
【要旨】強制捜査すれども横領容疑は不起訴。なんと、公職選挙法違反のみで169日に及ぶ不当な拘置生活。これは東京地検特捜部のまったくの勇み足。
2017.6 230p B6 ¥1500 ①978-4-89831-460-9

◆**暴走老人・犯罪劇場** 高橋ユキ著 洋泉社 （新書y）
【要旨】ボケる・トボける・シラをきる。法廷で繰り広げられる、アウトな高齢犯罪者―"アウト老"たちの知られざる実態！ 超高齢化社会・ニッポン―これはもはや他人事ではない！
2017.12 223p 18cm ¥900 ①978-4-8003-1370-6

◆**暴力を知らせる直感の力―悲劇を回避する15の知恵** ギャヴィン・ディー・ベッカー著, 武者圭子訳 パンローリング （フェニックスシリーズ 52）（『暴力から逃れるための15章』新装改訂・改題書）
【要旨】FBI、CIA、連邦最高裁、大企業、ハリウッドセレブたちが信頼する危機管理の専門家が教えるストーカー、DV、職場内暴力、レイプ、脅迫電話etc から逃れる方法。
2017.6 397p B6 ¥1600 ①978-4-7759-4174-4

◆**北海道 20世紀の事件事故―サツ回りの現場から** 大竹功太郎著, 北海道新聞社編 （札幌）北海道新聞社
【要旨】白鳥事件、道庁爆破、北炭夕張ガス突出…50の事件を題材に元社会部記者の筆者が20世紀の北海道を読み解く。元道新警察担当キャップ座談会、事件事故年表も掲載。
2017.6 181p A5 ¥1700 ①978-4-89453-869-6

◆**ママは殺人犯じゃない―冤罪・東住吉事件** 青木惠子著 インパクト出版会
【要旨】火災事故を殺人事件に作り上げられ、無期懲役に―。悔しさをバネに娘殺しの汚名を晴らすまで！
2017.8 205p B6 ¥1800 ①978-4-7554-0279-1

◆**マル暴捜査** 今井良著 新潮社 （新潮新書）
【要旨】二〇〇三年に発足した警視庁組織犯罪対策部、通称・組対は、一〇〇〇人近い人員を擁する、全国の暴力団捜査の先頭に立つ組織だ。刑事部系と公安部系の溝、捜査手法の変遷、マル暴刑事の日常と素顔等々、関係者への豊富な取材をもとに、組織犯罪と闘うプロ集団の全貌を描く。
2017.7 187p 18cm ¥720 ①978-4-10-610727-6

◆**三つの山口組―「見えない抗争」のメカニズム** 藤原良著 太田出版
【要旨】衝撃の分裂から2年、第三の組織"任侠山口組"の登場、そして再分裂の背景に存在する"再統合計画"！「勝者なき戦争」の全貌とその先。 2017.10 219p B6 ¥1400 ①978-4-7783-1598-6

◆**ミッドナイト・アサシン―アメリカ犯罪史上初の未解決連続殺人（シリアルキラー）事件** スキップ・ホランズワース著, 松田和也訳 二見書房

【要旨】19世紀、希望と活力に満ち溢れた発展途上のテキサス州オースティンの街で、連続殺人事件が起きた。当初狙われていたのは、黒人や移民の女中たちだった。その犯行は大胆で残虐、ターゲットだけを確実に切り裂いた。だが、顔を見た目撃者は皆無で、黒人なのか白人なのかも不明だった。犯人はいったい何者なのか？　その儀式的な殺人行為に意味はあるのか？　何人もの容疑者が拘束されたが、殺人がやむことはなかった。誤認逮捕を恐れた黒人は街から逃げだし、女性たちは怯え、武装する市民たちも現れた。市長や警察官たちは業を煮やした一方で、白人女性にまで犯行が及ぶと、市民のパニックと恐怖は頂点に達する。果たしてこの街の運命は―？
　2017.6 395p B6 ¥2500 ①978-4-576-17082-4

◆迷宮探訪―時効なき未解決事件のプロファイリング　北芝健監修、谷口雅彦写真、「週刊大衆」編集部著　双葉社
【要旨】科学捜査の発達した現代でも尚、絶えず起こる未解決事件。その現場を訪れて、はじめて解き明かされる事件の深層、そして真犯人。迷宮事件の霧をすべて晴らす「北芝プロファイリング」完全版事件現場の現場。カラー写真24頁。　2017.11 191p B6 ¥1400 ①978-4-575-31318-5

◆妄信―相模原障害者殺傷事件　朝日新聞取材班著　朝日新聞出版
【要旨】「障害者は不幸しか生まない」「自分は救世主だ」―死者19人、重軽傷者27人。平成最悪の事件が映し出す社会の闇。取材ルポから浮かび上がる加害者像と、加われる差別の実態に迫る。
　2017.6 238p B6 ¥1400 ①978-4-02-251477-6

◆ヤクザと介護―暴力団離脱者たちの研究　廣末登著　KADOKAWA（角川新書）
【要旨】暴排運動は更なる高まりを見せているが、暴力団離脱者の社会復帰は相変わらずまったく手当されていない。「受け皿なくてアウトローを生みだす方がよっぽど危険」と著者は指摘する。暴力博士とメディアから命名された気鋭の研究者が切実な離脱の実状を明かす。
　2017.9 280p 18cm ¥820 ①978-4-04-082133-7

◆山口組三国志　織田絆誠という男　溝口敦著　講談社
【要旨】日本最大の暴力団が、いま、最大の危機を迎えている。暴排条例による外圧、先細るシノギ、グレら新勢力の台頭―。相次ぐ繰り返す闇社会の巨艦にあって、ついに新世代の改革者が立ち上がる。数々のドンの肉声をとらえ続けてきた著者が、ヤクザ取材半世紀の集大成！
　2017.11 301p B6 ¥1600 ①978-4-06-220775-1

◆闇を照らす―なぜ子どもが子どもを殺したのか　長崎新聞社報道部少年事件取材班著（長崎）長崎新聞社
【要旨】長崎市の男児誘拐殺害、佐世保市での小6女児同級生殺害、高1女子同級生殺害をはじめ、全国の少年事件の深層と、その後を追った長崎新聞連載を単行本化。子どもたちを守るために、大人は何をすればいいのか。精神医学、小児医学、臨床心理学、教育学の専門家が男児誘拐殺害事件を検証した報告書に全文収録。
　2017.3 325p B6 ¥1400 ①978-4-86650-001-0

◆43回の殺意―川崎中1男子生徒殺害事件の深層　石井光太著　双葉社
【要旨】二〇一五年二月二十日、神奈川県川崎市の多摩川河川敷で十三歳の少年の全裸遺体が発見された。事件から一週間、逮捕されたのは十七歳と十八歳の未成年三人。彼らがたった1時間のうちに、カッターの刃が折れてもなお少年を切り付け負わせた傷は、全身43カ所に及ぶ。そこにあるあまりに理不尽な殺意、そして逡巡。立ち止まることもできずに少年たちはなぜ地獄へと向かったのだろう。インターネットを中心に巻き起こった「犯人捜し」の狂騒。河川敷を訪れた1万人近くの献花の人々の「善意」。同じグループの「居場所」を共有していた友人たちの証言。遺族の「溺れることのない涙」―浮かび上がる慟哭の瞬間。
　2017.12 291p B6 ¥1500 ①978-4-575-31323-9

◆罠―埼玉愛犬家殺人事件は日本犯罪史上最大級の大量殺人だった！　深笛義也著　サイゾー
【要旨】1994年3月に獄死した関桂子死刑囚は、共犯者に「30人以上殺した」と告白していた。事件を追うと、主犯とされた風間博子は冤罪だった可能性が浮上!?メディアでは報じられなかった、共犯者の「風間は殺してない」という証言。風間は虚言癖のあるシリアルキラーに罪をなすりつけられたのか？
　2017.6 293p B6 ¥1500 ①978-4-86625-087-8

◆ワルのカネ儲け術―絶対、騙されるな！　悪徳詐欺の手口を学ぶ研究会編著　（西宮）鹿砦社（鹿砦社新書）
【要旨】犯罪集団、闇社会、水商売、法律の抜け道マネー強奪マル秘公開！　悪の現場を直近で取材したライター集団が、その知識を持ち寄った、悪の手口を解説した書。
　2017.12 159p 18cm ¥600 ①978-4-8463-1205-3

◆A4または麻原・オウムへの新たな視点　森達也、深山織枝、早坂武禮著　現代書館
【要旨】平成犯罪史最大の謎「オウムサリン事件」!!いまだ解明されていない動機に迫る。裁判は教祖の精神崩壊を無視して判決を下した。弟子の暴走なのか。教祖の独断なのか。壮大な忖度を見つめる。森達也が元側近たちと麻原の深層心理を見つめる。
　2017.11 237p B6 ¥1400 ①978-4-7684-5821-1

◆Black Box　伊藤詩織著　文藝春秋
【要旨】信頼していた人物からの、思いもよらない行為。しかし、その事実を証明するには一密室、社会の受け入れ態勢、差し止められた逮捕状。あらゆるところに"ブラックボックス"があった。司法がこの事件を裁けないのなら、何かを変えなければならない。レイプ被害に遭ったジャーナリストが、自ら被害者を取り巻く現状に迫る、圧倒的ノンフィクション。
　2017.10 255p B6 ¥1400 ①978-4-16-390782-6

◆JAL123便墜落事故―自衛隊＆米軍陰謀説の真相　杉江弘著　宝島社
【要旨】史上最大の操縦不能事故に最終結論が出た!!「自衛隊ミサイル誤射説」「米軍陰謀説」は事実無根！　ベストセラー『日航123便墜落の新事実』を徹底検証。第2の対応策「海上着水」と垂直尾翼は自衛隊のミサイル誤射で破壊された!?」「米軍の陰謀がからんでいる!?」―。事故から30年以上が経過する今、なぜ陰謀説の亡霊がさまよい続けているのか？　圧力隔壁の破損はなぜ起きたか/疑惑の「急減圧」/日本政府・事故調査委員会の問題点/"ハドソン川の奇跡"に学ぶ再発防止策…etc.航空事故テレビ特番の解説でおなじみの元JALジャンボ機長が書き下ろした提言。2017.12 223p B6 ¥1500 ①978-4-8002-7845-6

◆PC遠隔操作事件　神保哲生著　光文社
【要旨】衝撃の結末から3年。今はじめて明らかにされる真相とは？
　2017.5 558p B6 ¥2400 ①978-4-334-97905-8

災害・災害報道

◆命を守る水害読本　命を守る水害読本編集委員会編著　毎日新聞出版
【目次】第1章 水害レポート（日本列島の豪雨災害2015～16、水害を乗り越えて ほか）、第2章 気象の基礎知識（日本の雨の特徴、台風を知る ほか）、第3章 豪雨に備える（水害のメカニズム、水害シミュレーション首都水没 ほか）、第4章 はじめての避難（逃げ遅れを防ぐための災害心理学、そもそも避難とは？ ほか）、第5章 減災への取り組み（タイムライン、ホットライン拡大へ ほか）
　2017.7 188p A4 ¥1852 ①978-4-620-32452-4

◆海と生きる作法―漁師から学ぶ災害観　川島秀一著　冨山房インターナショナル
【要旨】三陸の漁師たちは海で生活してきたのではなく、海と生活してきた。今こそ、津波に何度も来襲された三陸沿岸に生き続けた漁師の、運命観、死生観、そして自然観に学ぶときではないか。「海と生きる」という意味を考える。
　2017.3 293p B6 ¥1400 ①978-4-86600-025-1

◆救援物資輸送の地理学―被災地へのルートを確保せよ　荒木一視、岩間信之、楮原京子、熊谷美香、田中耕市ほか著　（京都）ナカニシヤ出版
【要旨】被災地と被災しなかった地域をつなぐ。大規模広域災害の発生から、いかにして救援物資を運ぶのか。地理学者たちの取り組み。
　2017.11 190p B6 ¥2200 ①978-4-7795-1217-9

◆巨大地震その時あなたを救うのは？　市民トリアージ　安田清著　（静岡）静岡新聞社
【目次】1章 大地震と医療、2章 市民トリアージ、3章 クラッシュ症候群、4章 NPOの訓練メニュー、5章 これからの課題、6章 トリアージQ&A 2017.1 118p 19cm ¥1000 ①978-4-7838-2256-1

◆熊本地震―明日のための記録　毎日新聞西部本社著　（福岡）石風社
【要旨】震度7の前震を大幅に上まわるM7.3の本震。行政もマスメディアも市民も「想定外」の連続震度7。熊本県益城町、南阿蘇、熊本市内他、甚大な被害を齎した熊本地震のさなか、人びとはそれぞれの場で、生きるために明日のために懸命に動いた。
　2017.3 137p 24×19cm ¥1800 ①978-4-88344-272-0

◆グローバル災害復興論　藤本典嗣、巌城恭男、佐野孝治、吉高神明編著　中央経済社、中央経済グループパブリッシング発行
【要旨】大規模な災害は人びとや地域にどのような影響を与えたのか。復興はどのように行われどのような課題を投げかけているのか。日本と世界の災害事例から考える。
　2017.9 237p A5 ¥3400 ①978-4-502-23541-2

◆こころに寄り添う災害支援　日本臨床心理士会監修、奥村茉莉子編　金剛出版
【要旨】災害時における"心理的支援"とは何をすることか。本書には、さまざまな観点から、災害・トラウマというものへのアプローチに関する知見が、アセスメントの視点を含めて述べられている。
　2017.6 291p A5 ¥3400 ①978-4-7724-1550-7

◆災害史探訪―海域の地震・津波編　伊藤和明著　近代消防社（近代消防新書）
【要旨】過去の震災から読み取り、将来の防災に活かす。自然災害の「温故知新」。
　2017.12 210p 18cm ¥1100 ①978-4-421-00903-3

◆災害史探訪―火山編　伊藤和明著　近代消防社（近代消防新書）
【要旨】火山は「地球の窓」。教訓を掘り起こして備えることが、災害軽減のための第一歩。
　2017.12 215p 18cm ¥1100 ①978-4-421-00904-0

◆災害と防災・防犯統計データ集　2018-2019　三冬社
【要旨】地震大国ニッポン、海水温の上昇によって増加する風水害！　災害対策・早期復興の提案のための幅広い資料集。
　2017.10 348p A4 ¥14800 ①978-4-86563-029-9

◆自然災害―減災・防災と復旧・復興への提言　梶秀樹、和泉潤、山本佳世子編著　技報堂出版
【目次】1 総論（自然災害対策の動向と課題、国土政策と防災・減災、災害と復興の歴史に学ぶ ほか）、2 社会・経済（強靭な都市―脆さある都市からしなやかな都市へ、活断層への土地利用対策―徳島県における事例、「三方一両得」の漁業づくり―日本漁業の潜在的収益力とレントの検討 ほか）、3 生活、行動・意識（解決困難な状況におかれた人々の思い―防潮堤建設の是非、救命艇への乗員選択をめぐって、自然災害による農業への影響、観光地のリジリエンシー向上に向けた地域防災計画とBCP ほか）
　2017.9 332p A5 ¥3600 ①978-4-7655-1849-9

◆実践！　復興まちづくり―陸前高田・長洞元気村 復興の闘いと支援2011～2017　復興まちづくり研究所編　合同フォレスト、合同出版発売
【要旨】あの巨大津波からの復興…ここにはまちづくりの原点が記されている。災害列島日本に住む私たちにとって必読の書です。陸前高田市長洞集落は、被災者がまとまって住める仮設住宅団地・長洞元気村を実現。その後も被災者が主体となり、外部の支援を得て、魅力的な地域づくりへと活動を発展させてきた。本書は、その三陸地域の被災集落のトップランナーの闘いをまとめたドキュメント。
　2017.10 231p A5 ¥1800 ①978-4-7726-6096-9

◆知っておきたい自然災害のはなし―自然災害からどう逃れるか　瀬尾明敏、渡辺力著　近代消防社（近代消防ブックレット）
【目次】序章 自然災害（disaster）とは、第1章 台風（typhoon）および異常気象（台風、強風（暴風）ほか）、第2章 地震（earthquake）の発生について（地球（earth）の内部、日本列島のプレート発生について（地球（earth）、第3章 津波（tsunami）の来襲（津波発生のしくみ、津波の高さほか）、第4章 火山噴火、第5章 原発事故の不安（浜岡原発について、原発の仕組みについて）、第6章 臨海部における防災対策上の課題
　2017.7 118p A5 ¥600 ①978-4-421-00900-2

◆大避難 何が生死を分けるのか―スーパー台風から南海トラフ地震まで　島川英介、NHK

スペシャル取材班著　NHK出版　（NHK出版新書）
【要旨】近い将来、日本の都市を襲うおそれのある、巨大な台風・地震・津波…。数十万〜百万単位の人間が一挙に「大避難」せざるをえない状況下で、一体どのような行動を取るべきか？　これまで数多くの大型災害番組を手掛けてきたNHKのチームが、徹底取材と、緻密なシミュレーションに基づき、巨大災害から「命をつなぐシナリオ」を提示する。NHKスペシャル『巨大災害MEGA DISASTER』待望の書籍化。
　　　2017.3 243p 18cm ¥780 ⓘ978-4-14-088512-3

◆2015年ネパール・ゴルカ地震災害調査報告書　日本建築学会編　日本建築学会、丸善出版 発売
【概要】1 はじめに、2 地震の概要、3 地形・地質、4 基礎構造、5 建物の被害、6 歴史都市の被害状況、7 人的被害、8 詳細調査建物の解析、9 まとめ、10 教訓
　　　2016.12 381p A4 ¥9000 ⓘ978-4-8189-2049-1

◆函館の大火―昭和九年の都市災害　宮崎揚弘著　法政大学出版局
【要旨】一九三四年三月二一日夕刻、函館の街を襲った大火は一晩で二千人以上の命を奪い、日本災害史上に残る大惨禍をもたらした。しかし、被害の詳細を扱った学術的記録はこれまで存在しない。榎本武揚の遠戚にあたる歴史学者が、函館の自然環境から説き起こし、行政資料や新聞記事、被災者の手記、そして一三九名にも及ぶ存命の証人たちへの膨大な聞き書きを総合し、一つの都市災害の全容を初めて明らかにした渾身の歴史書。
　　　2017.1 293p B6 ¥3600 ⓘ978-4-588-31623-4

◆平成29年7月九州北部豪雨大水害の記録
西日本新聞社編　（福岡）西日本新聞社
【要旨】人工林が崩れ大木と濁流が日常を襲った。局地的豪雨が頻発する現代、激甚災害に指定された、この突然の悲劇の記録が防災につながることを願う。
　　　2017.8 80p A4 ¥926 ⓘ978-4-8167-0942-5

 大震災

◆今こそ、3.11を忘れない―復興支援皇居マラソンが被災地にいざなう　後遅走サンデーVol.8 完結編　山本悦秀著　コスモの本
【要旨】マラソン大会で受け取った一枚の手紙が、「被災地訪問」への背中を押した。約20年にわたる、マラソンとガン闘病のエッセー。後遅走サンデー・シリーズ、完結！
　　　2017.10 223p B6 ¥1000 ⓘ978-4-86485-031-5

◆風の電話―大震災から6年、風の電話を通して見えること　佐々木格著　風間書房
【要旨】岩手県大槌町に電話線がつながっていない電話ボックスがある。遺族と亡くなった人の想いをつなぐ「風の電話」の成り立ちから現在までの活動を著者自らの言葉で綴る。
　　　2017.8 192p B6 ¥1800 ⓘ978-4-7599-2188-5

◆記者たちは海に向かった―津波と放射能と福島民友新聞　門田隆将著　KADOKAWA
（角川文庫）
【要旨】2011年3月11日、一人の新聞記者が死んだ。福島民友新聞記者、熊田由貴生、享年24。大津波の最前線で取材していた若き地元紙記者は、なぜ死んだのか。その死は、なぜ仲間たちに負い目とトラウマを残したのか。記者を喪っただけでなく、新聞発行そのものの危機に陥った「福島民友新聞」を舞台に繰り広げられた壮絶な闘い。「命」とは何か、「新聞」とは何か、を問う魂が震えるノンフィクション。
　　　2017.2 448p A6 ¥780 ⓘ978-4-04-104957-0

◆熊本地震と震災復興　五百旗頭真、澤田道夫、安浪小夜子、本田圭市郎、小瀬和剛、山西佑季、金井貴著　（熊本）熊本県立大学、（熊本）熊日出版 発売　（熊本県立大学ブックレット）
【目次】特別寄稿 熊本地震と創造的な復興、第1章 震災と熊本県立大学、第2章 災害時の保健・医療・福祉―災害要援護者への支援・心のケア、第3章 災害復興と公共政策、第4章 震災後の経済状態の動向と経済学的考察、第5章 震災復興を支援するICTの可能性
　　　2017.3 79p A5 ¥800 ⓘ978-4-908313-19-6

◆熊本地震2016の記憶　岩岡中正、高峰武編　（福岡）弦書房

【要旨】前震と本震＝2度の震度7、4000回を超える余震。想詠書繋。復興への希望は、記録と記憶のなかにある。
　　　2017.3 167p A5 ¥1800 ⓘ978-4-86329-149-2

◆気仙沼と東京で生まれた絆――"支え、支えられる" から "ともに高め合う仲間" へ　東京都社会福祉協議会知的発達障害部会東日本大震災復興支援特別委員会編　東京都社会福祉協議会（災害時要援護者支援ブックレット 5）
【目次】第1章 復興支援チーム5年間の活動（気仙沼と東京で生まれた絆、私たちが大切にしてきたこと、復興支援チーム5年間の活動概要）、第2章 気仙沼を支えた方たち（判断、そして決断、震災後の歩みと現実、そしてこれから ほか）、第3章 気仙沼へそれぞれの想い（東日本大震災の支援活動から学び、今後の大災害に備えよ、5年間の支援を振り返って ほか）、資料編（被災地派遣活動報告抜粋（第1期H23.3.27〜H24.4.12））
　　　2017.1 161p A5 ¥1800 ⓘ978-4-86353-245-8

◆災害史探訪―内陸直下地震編　伊藤和明著　近代消防社　（近代消防新書）
【要旨】過去は未来への鍵。内陸直下地震を学び、次の地震災害に備える。
　　　2017.2 174p 18cm ¥900 ⓘ978-4-421-00895-1

◆3.11大川小の悲劇――なぜ、裏山に逃げなかったのか？　村田町の「かわら版」　高橋典久著　文藝春秋
【要旨】「当面校庭待機」と忖度か!?その忖度の「しばり」により身動きできず、50分もの間校庭にとどまり続けたのではないか…。村田町の「かわら版」が「大川小学校事故検証報告書」を検証する。
　　　2017.9 252p B6 ¥1000 ⓘ978-4-89477-468-1

◆3.11を心に刻んで　2017　岩波書店編集部編　岩波書店　（岩波ブックレット）
【要旨】震災のあと、200名を超える筆者により毎月書き継がれてきたウェブ連載「3.11を心に刻んで」。本書はその第6期分を収録するとともに、被災地の現在を伝えつづける河北新報社の現地ルポ「歩み」と、同紙記者による書下ろしを加える。
　　　2017.3 111p A5 ¥780 ⓘ978-4-00-270963-5

◆3.11からの手紙/音の声　石井麻木写真・ことば　シンコーミュージック・エンタテイメント　増補改訂版
【要旨】写真とことばでつづる、震災後のドキュメンタリー。震災直後から現地で捉え続けた、ひとびとの哀しみ、喜び、絶望、希望、ひかり――そして音楽というものの大きさ。
　　　2017.6 163p 15×21cm ¥2200 ⓘ978-4-401-64453-7

◆「三陸津波」と集落再編――ポスト近代復興に向けて　岡村健太郎著　鹿島出版会
【要旨】津波常襲地域と呼ばれてきた東北・三陸地方―被災のたびに奇跡的な再生を果たしたこの地で、なかでも昭和三陸津波(1933)において「理想村」と謳われた大槌町・吉里吉里集落の復興手法は、「近代復興」のメルクマールとして今なお注視に値する。多様な主体がせめぎあう集落再編を、統治機構の変化やそれにともなう制度・運用の変遷、民衆の動勢から読み解き、新たな復興モデルを説き起こす。
　　　2017.2 345, 4p A5 ¥3800 ⓘ978-4-306-04647-4

◆自助・共助・公助連携による大災害からの復興　門間敏幸編著　農林統計協会
【目次】第1章 大災害からの復旧・復興における災害フェーズと自助・共助・公助連携のあり方、第2章 大学による復興支援活動（共助）における自助・公助との連携―東京農業大学「東日本大震災プロジェクト」を中心に、第3章 東日本大震災による津波被災地域の農業復興における自助・共助・公助の連携、第4章 放射能汚染地域における自助・共助・公助の連携―農林業の復興を中心に、第5章 放射能汚染に対する消費者行動の特徴と風評の発生実態・対応、第6章 災害復興基金の活用による被災者ニーズに対応した復旧・復興における自助・共助・公助の連携、第7章 火山噴火のもとでの住民避難と地域の農業復興における自助・共助・公助の連携、第8章 口蹄疫からの地域農業の復興における自助・共助・公助の連携、第9章 農地1筆単位の放射性物質モニタリングシステムの開発による放射能汚染地域の農業の復興、大学による共助の実践例、第10章 ウクライナ・ベラルーシにおけるチェルノブイリ事故への対応事例から今後の風評対策を考える、第11章 被災地域の新たな農業の担い手経営を支援する方法―オーダーメイド型農業経営分析システム
　　　2017.3 435p A5 ¥3800 ⓘ978-4-541-04135-7

◆試練と希望―東日本大震災・被災地支援の二〇〇〇日　シャンティ国際ボランティア会編　明石書店
【要旨】第1章 緊急救援はこうして始まった（未曾有の大災害から緊急救援へ、緊急救援活動一三月〜五月の活動 ほか）、第2章 つながる人の和 復興プロジェクト気仙沼「海と生きる」まちづくり、住民と支援者と行政が一つになって―前浜マリンセンターの再建 ほか）、第3章 走れ東北！ 移動図書館（岩手を走る移動図書館、発進、雨の日も雪の日も ほか）、第4章 黄色いバスがやってきた！（なぜ、山元町、南相馬市での活動だったのか、今から行って遅くはないか ほか）、第5章 これだけは伝えたい12の視点
　　　2017.11 420p B6 ¥2500 ⓘ978-4-7503-4606-9

◆震災が起きた後で死なないために――「避難所にテント村」という選択肢　野口健著
PHP研究所　（PHP新書）
【要旨】東日本大震災では寝袋支援なども行ない、2015年には「野口健ヒマラヤ大震災基金」を立ち上げ、2016年の熊本地震では「テント村」開設に取り組んだ著者。災害支援に取り組む中で知ったのは「日本の避難所は、ソマリア難民キャンプにも劣る」という現実だった…。避難生活で命を落とす人も続出する状況に、日頃からいかに備え、「生きのびる力」を養い高めるか。テント村を運営する中での教訓や感動の物語。被災者や避難所の現実。そこで過ごした子どもたちの成長などを、涙あり、希望ありの豊富なエピソードとともに紹介。日本人として知っておくべき真実を伝える必読の書。
　　　2017.4 278p 18cm ¥880 ⓘ978-4-569-83582-2

◆震災ジャンキー　小林みちたか著　草思社
【要旨】他人に降りかかった災難をなぜ、被災地に通い続けるのか？ 東日本大震災の支援活動を一人の青年の立場から克明に記録したドキュメント！ 草思社文芸社W出版賞金賞
　　　2017.8 275p B6 ¥1400 ⓘ978-4-7942-2294-7

◆大災害時の自治体に必要な機能は何か―阪神・淡路大震災の現場に学ぶ　阪神・淡路まちづくり支援機構付属研究会編　（大阪）東方出版　（東方ブックレット 11）
【目次】1 神戸市の経験（応急危険度判定、そして二週間で都市計画の基本を決めた、住宅局の取り組み―住宅復興計画づくり ほか）、2 兵庫県の経験（想定外の事態に即応できるような専門的な機関の必要、災害復興予算を早く成立させるシステムを ほか）、3 西宮市の経験（復旧と復興は違う、区画整理に奇跡的な生き上がり目線では進まない、質疑・討論（早さと合意形成、誰がリーダーシップをとったか ほか）
　　　2017.4 58p A5 ¥800 ⓘ978-4-86249-284-5

◆魂でもいいから、そばにいて―3・11後の霊体験を聞く　奥野修司著　新潮社
【要旨】今まで語れなかった。だが、どうしても伝えたい。未曾有の大震災で最愛の人を喪った絶望の淵で…大宅賞作家が紡いだ、"奇跡と再会" の記録。
　　　2017.2 254p B6 ¥1400 ⓘ978-4-10-404902-8

◆次の震災について本当のことを話してみよう。　福和伸夫著　時事通信社
【要旨】国民の半数が被害者になる可能性がある南海トラフ大地震。それは「来るかもしれない」のではなくて、「必ず来る」。関東大震災の火災、阪神・淡路大震災の家屋倒壊、東日本大震災の津波。その三つを同時に経験する可能性がある。首都圏を襲う大地震も懸念される。軟弱な地盤に林立する超高層ビル。その安全性は十分には検証されていない。見たくないものを見る。それが最悪な状況の出発点。「社長や株主に報告するため」のBCPはダメ。「差し障りがあることをホンキで話す！ 今すぐ、家庭でできることもたくさんある。カタストロフィーを生き残るために。ホンネで語る「攻める防災」！
　　　2017.8 278p B6 ¥1500 ⓘ978-4-7887-1536-3

◆できることをできるかたちで―震災復興応援 行く、見る、聞く、そして続ける　HA2著（大阪）パレード、星雲社 発売
【要旨】東日本大震災支援の第一歩は忘れないこと。有限会社HA2が経済評論家藁谷浩介氏と震災にまっすぐ向き合った5年間の記録。
　　　2017.10 267p A5 ¥1200 ⓘ978-4-434-23825-3

◆「東北お遍路」巡礼地めぐり―3・11被災地の今を訪ねる　金澤昭雄文・写真、おのでらえいこ絵　東京法規出版

社会・文化

【目次】被災地を訪ね、祈り、復興を応援する はじめよう！「東北お遍路」巡礼の旅、「東北お遍路」巡礼地一覧 巡礼地マップ、巻頭インタビュー 一般社団法人東北お遍路プロジェクト理事長・新妻香織さんに聞く一東北の被災地に希望の種をまきたい、1 青森の遍路みち、2 岩手の遍路みち、3 宮城の遍路みち、4 福島の遍路みち
2017.7 163p A4 ¥900 ①978-4-924763-48-7

◆トモダチ作戦―気仙沼大島と米軍海兵隊の奇跡の"絆" ロバート・D.エルドリッヂ著 集英社 （集英社文庫）
【要旨】東日本大震災で、自衛隊さえ辿り着けなくなっていた宮城県気仙沼大島。完全に孤立した大島に、「トモダチ作戦」として救援に向かったのは米軍海兵隊だった。元幹部の著者が、作戦の立案者しか知り得なかった全容を初めて明かす。さらに、大島の子どもたちは、沖縄駐在の米兵家族と交流する「ホームステイプログラム」により、6年を経た今なお続く奇跡の"絆"を綴る記念碑的ノンフィクション。
2017.2 284p A6 ¥560 ①978-4-08-745547-2

◆22歳が見た、聞いた、考えた「被災者のニーズ」と「居住の権利」―借上復興住宅・問題 市川英恵著, 兵庫県震災復興研究センター編 （京都）クリエイツかもがわ
【要旨】阪神・淡路大震災当時1歳。震災？ 関係ない？ そんなことない！「1・17」「3・11」知ってますか？
2017.3 101p A5 ¥1200 ①978-4-86342-205-6

◆日本人は大災害をどう乗り越えたのか―遺跡に刻まれた復興の歴史 文化庁編 朝日新聞出版 （朝日選書）
【要旨】大洪水を予測し竪穴建物の建材をもって逃げる弥生時代の人びと、榛名山大噴火から間を置かず荒い平らげてムラの復旧を指揮する古墳時代の首長、貞観地震後に手厚い援助を与え対蝦夷政策を行う律令政府、中世の戦乱を契機に寺社門前が拡張していく奈良町、元禄江戸地震、富士山噴火などたび重なる大災害に大名の資金力を利用した江戸幕府など、災害遺跡の発掘調査や文献史料の解読から、大災害から力強く復興してきた人びとの姿が浮かび上がる。天災史観に見る列島のなりたち、罹災資料学の提唱、各地の津波碑の警句紹介など、未来へ災害の教訓を伝える取り組みも紹介する。文化庁企画、2016年東京都江戸東京博物館の連続講演会「復興の歴史を語る」の書籍化。
2017.6 243p B6 ¥1500 ①978-4-02-263059-9

◆悲愛―あの日のあなたへ手紙をつづる 金菱清編 新曜社
【要旨】3・11亡き人への珠玉の手紙集。
2017.3 222p 18×13cm ¥2000 ①978-4-7885-1515-4

◆東日本大震災"あの日"そして6年―記憶・生きる・未来 倉又光loud写真・文 彩流社
【要旨】"あの日"の記憶を胸に、逆境に立ち向かい、日常を取り戻すべく、歩みを続ける人たちの姿を定点撮影（36地点）で追ったフォト・ドキュメント。オールカラー240点。
2017.2 159p B5 ¥4500 ①978-4-7791-2311-5

◆東日本大震災からの復興と自治―自治体再建・再生のための総合的研究 後藤・安田記念東京都市研究所 （都市調査報告17）
【目次】序章 本研究の目的と方法、第1章 復興推進の制度構造とその特質、第2章 復興事業の全体像、第3章 東日本大震災からの自治体復興、第4章 昭和三陸津波からの復興をめぐって、第5章 福島における被災者の生活実態―富岡町を中心として、終章 各章の結論と本報告書の課題
2017.3 277p A4 ¥1600 ①978-4-86602-625-5

◆東日本大震災合同調査報告 総編 日本建築学会編 日本建築学会, 丸善出版 発売 （付属資料：DVD・ROM1）
【目次】被災地域の概要および耐震基準の変遷、地震・地震動、津波の特性と被害、地盤特性、土木構造物とその社会経済的影響、建築物の被害、地盤構造物の被害と復旧、機械設備の被害と教訓、都市の被害と復興まちづくり、原子力発電所と関連施設の被害、被害統計、震災後の対応
2016.12 484p B5 ¥10000 ①978-4-8189-2048-4

◆東日本大震災合同調査報告 土木編 6 緊急・応急期の対応 東日本大震災合同調査報告書編集委員会編 土木学会, 丸善出版 発売 （付属資料：CD・ROM1）

【目次】第1章 国の対応、第2章 被災自治体の対応、第3章 各種事業者の対応、第4章 建設関連企業の対応、第5章 津波発生時の情報伝達と避難、第6章 原子力発電所事故に起因した広域避難、第7章 被災者の救出・救助活動、第8章 災害医療活動、第9章 救援物資等の調達・輸送、第10章 被災者の生活再建
2017.2 389p B5 ¥6500 ①978-4-8106-0866-3

◆東日本大震災 震災市長の手記―平成23年3月11日14時46分発生 立谷秀清著 近代消防社
【目次】第1章 超急性期 震災発生24時間、第2章 急性期 震災発生2週間、第3章 避難所（平成23年3月26日～6月27日の記録）、第4章 仮設住宅（平成23年6月18日～平成27年3月26日）、第5章 復興期（平成27年3月27日～）、第6章 放射能との闘い
2017.9 300p A5 ¥2000 ①978-4-421-00901-9

◆東日本大震災 住田町の後方支援―小さな町の大きな挑戦・木造仮設住宅を造った町 多田欣一、木下繁喜著 はる書房
【要旨】「大船渡と陸前高田は、同じ気仙地域の住田町が支援する！」被災した両市への緊急支援ができるのは住田町だけだ。「1週間もすれば全国からの支援がある。それまで職員は不眠不休の覚悟で頑張れ」。まるで号令をかけられたかのように、町も人も動き出した。人口6000人の町が、2つの市の「後方支援」にあたる中で直面したこととは？ 支援する側と支援を受ける側の「連携」はいかにしてはかられたのか。
2017.1 381p B6 ¥1500 ①978-4-89984-160-9

◆東日本大震災と"復興"の生活記録 吉原直樹、似田貝香門、松本行真編著 六花出版
【目次】第1部 さまざまな復興（小文字の復興）のために、「東日本大震災と東北圏広域地方計画の見直し」／その後一見直しの中の影響と国土形成計画の変容、原発事故の被害構造―福島県中通り九市町村の母子の生活健康調査からの報告 ほか。第2部 復興とコミュニティ・メディア・ネットワーク（転機を迎えた楢葉町の仮設住宅自治会、生活「選択」期を迎えた富岡町避難者と広域自治会の役割、生活を支援することの困難さ一南相馬市の形成による現代的コモンズ論、原子力災害の被災地における支援の可能性、被災地釜石の住民活動―NEXT KAMA-ISHIのケース・スタディ ほか
2017.3 774p A5 ¥8000 ①978-4-86617-027-5

◆被災地福島の今を訪れて一見て、聞いて、考えて、伝える 神戸女学院大学石川康宏ゼミナール編 （大阪）日本機関紙出版センター
【要旨】2013年から毎年、福島の原発被災地を訪れている神戸女学院大学石川康宏ゼミ。本は被災5年目の9月、緊張しながら現地に足を踏み入れ、たくさんの被災者たちに出会った3泊4日の訪問記。見て、聞いて、考えて、質問し、女子大生たちは何をどう感じたのか。読めばきっと福島の今が身近になる。
2017.9 206p A5 ¥1600 ①978-4-88900-950-7

◆ひまわりが咲くたびに"ふくしま"が輝いた！ チームふくしま著, 半田真仁文 ごま書房新社
【要旨】全国20万人、小中高など1000の教育団体も参加する"福島ひまわり里親プロジェクト"。
2017.2 275p B6 ¥2600 ①978-4-341-13253-8

◆「復興」が奪う地域の未来―東日本大震災・原発事故の検証と提言 山下祐介著 岩波書店
【要旨】広範囲に甚大な被害をもたらした東日本大震災・福島原発事故。その復興の加速を目指すはずの復興政策により、被災地に深刻な歪みが生じている。津波被災地では巨大すぎる防災施設が沿岸のくらしを踏み潰し、福島の原発避難地域では早期帰還一辺倒の政策が避難者を追いつめ、危険自治体の出現が迫っている。なぜ復興政策は隘路に陥ったのか。気鋭の社会学者が復興の推移と現状を鋭く検証し、人間のための復興を提言する。
2017.2 275p B6 ¥2600 ①978-4-00-061185-5

◆復興ストレス―失われゆく被災の言葉 伊藤浩志著 彩流社
【目次】プロローグ 本当の意味での風化、第1章 生物学的合理性から見た福島原発事故、第2章 脳神経科学から見た「不安」、第3章 社会の病とその放射線災害、第4章 科学的リスク評価の限界、第5章 これからの安全・安心論議に求められるもの、エピローグ 医学的リスク論と心理社会的リスク論
2017.3 202p B6 ¥2300 ①978-4-7791-2300-9

◆復興百年誌―石碑が語る関東大震災 武村雅之著 鹿島出版会
【要旨】関東大震災は生きている。慰霊碑・記念碑に刻まれたのは災害の記録だけでない。奇跡の復興を成し遂げた地域住民たちの姿が生き生きと描かれている。生活者の目線で読み解く防災・減災への貴重な証言集。
2017.9 294p B6 ¥3400 ①978-4-306-09448-2

◆南三陸町 屋上の円陣―防災対策庁舎からの無言の教訓 山村武彦著 ぎょうせい
【目次】第1章 勇者たち、第2章「奇跡のイレブン」それぞれの3・11（防災一筋42年―危機管理課佐藤智氏の3・11、今でも溺れる夢を見る一町長佐藤仁氏の3・11、「チクショー、みんないねぐねっちまった」一副町長遠藤健治氏の3・11 ほか）、第3章 敵は「被害想定」にあり（地震被害想定とは、地震調査研究推進本部、宮城県の被害想定 ほか）、第4章 防災庁舎の「無言の教訓」（合併後遺症、愛憎を背負う防災庁舎、美談で終わらせてはならない ほか）
2017.8 211p B6 ¥1800 ①978-4-324-10364-7

◆南三陸発！ 志津川小学校避難所―59日間の物語・未来へのメッセージ 志津川小学校避難所自治会記録保存プロジェクト実行委員会, 志水宏吉, 大阪大学未来共生プログラム編 明石書店
【要旨】「あの時はよかった」「もう一度戻ってもいい」と言う避難者が口をそろえる理由は、いったい何か。東日本大震災発生から59日間、自主運営された小学校の避難所。誰もが書き留めた「ノート」と、丹念なインタビューをもとに、避難者の手によって再現された、記録物語。災害の時、誰もが経験する避難所生活。避難所での出来事を力を合わせて乗り越えた人たちから「未来へのメッセージ」。
2017.3 340p B6 ¥1200 ①978-4-7503-4489-8

◆メールで交わした3・11―言葉は記憶になって明日へ 鈴木謙次著 本の泉社
【要旨】2011年3月11日「自然の破壊力」がどれほどのものか。「午後2時46分」の瞬間の金華山体験記から始まり、それから2年間にわたる魂の真実のメール交流記録。
2017.6 375p A5 ¥1800 ①978-4-7807-1629-0

◆山古志に学ぶ震災の復興 長島忠美著, 伊藤玄二郎聞き書き （鎌倉）かまくら春秋社
【要旨】故郷を取り戻す決意と自分たちの足で立ち上がる努力。それらあってこそ復興は成し遂げられる。中越震災復興の先頭に立った長島忠美の遺言の書。
2017.10 207p B6 ¥1500 ①978-4-7740-0737-3

死刑・代用監獄

◆恩赦と死刑囚 斎藤充功著 洋泉社 （新書y）
【要旨】「恩赦」によって、「死刑囚」が無期懲役へと減刑され、娑婆に出ていた。処刑台から舞い戻った者たちの知られざるドキュメント！
2018.1 190p 18cm ¥900 ①978-4-8003-1379-9

◆死刑執行された冤罪・飯塚事件―久間三千年さんの無罪を求める 現代人文社, 大学図書 発売 （GENJINブックレット）
【要旨】有罪判決の柱とされた極めて非科学的なDNA鑑定、血液型鑑定。警察官の誘導によって作られた目撃証言。弁護団は有罪とする一つ一つの証拠を徹底的に検証し、無罪を証明する。
2017.11 87p A5 ¥1200 ①978-4-87798-685-8

◆死刑廃止と拘禁刑の改革を考える―寛容と共生の社会をめざして 第59回人権擁護大会シンポジウム第3分科会基調報告書 日本弁護士連合会第59回人権擁護大会シンポジウム第3分科会実行委員会編 緑風出版
【要旨】本書は、日本弁護士連合会が2016年10月に開催した第59回人権擁護大会シンポジウム第3分科会の基調報告書「死刑廃止と拘禁刑の改革を考える―寛容と共生の社会をめざして」並びに「死刑制度の廃止を含む刑罰制度全体の改革を求める宣言」を収録したものである。
2017.5 235p B5 ¥3200 ①978-4-8461-1707-8

◆死刑判決と日米最高裁　小早川義則著　成文堂
【目次】序章、第1章 わが国の問題状況、第2章 アメリカ法の概要、第3章 処刑方法の変遷、第4章 スーパー・デュー・プロセスと死刑廃止論、第5章 問題点の検討、終章
2017.12 203, 3p A5 ¥5000 ①978-4-7923-5232-5

◆ポピュリズムと死刑―年報・死刑廃止2017　年報・死刑廃止編集委員会編　インパクト出版会
【目次】特集 ポピュリズムと死刑、小特集 追悼・大道寺将司、二〇一六・二〇一七年 死刑をめぐる状況、二〇二〇年廃止へ向けて 日弁連死刑廃止宣言にいたる道のり、死刑制度廃絶の願いをこめて始めた死刑囚表現展も12回目、死刑関連文献案内、死刑映画を観る、「生きるという権利」開催にあたって―第六回死刑映画週間、死刑判決に向けた国際的動向二〇一六年、死刑判決・無期懲役判決（死刑求刑）一覧
2017.10 218p A5 ¥2300 ①978-4-7554-0280-7

差別問題・人権問題

◆アジア諸国の女性障害者と複合差別―人権確立の観点から　小林昌之編　（千葉）アジア経済研究所　（研究双書）
【目次】序章 開発途上国の女性障害者の課題、第1章 韓国の女性障害者―実態と法制度、第2章 カンボジアの女性障害者―立法と政策、第3章 タイの女性障害者―当事者運動とエンパワメント、第4章 フィリピンにおける「ジェンダーと障害」、第5章 バングラデシュの女性障害者―ケイパビリティ分析と女性障害当事者グループの役割、第6章 インドにおける女性障害者の現状―法制度からの検討
2017.3 246p A5 ¥3100 ①978-4-258-04629-4

◆アメリカ・ロサンゼルスにおけるLGBT支援の現場　日本LGBT協会編　（徳島）総合教育出版, 星雲社 発売　（日本LGBT協会ブックレット Vol, 1）
【目次】第1章 ロサンゼルスLGBTセンター本部を訪れて、第2章 ユースセンターを訪れて、第3章 The Village at Ed Gould Plaza を訪れて、第4章 The Village プログラム体験記1レズビアンチャット＋30に参加して、第5章 The Village プログラム体験記トランスジェンダーパーセプションズに参加して、第6章 ロングビーチプライドに参加して
2018.1 53p A5 ¥926 ①978-4-434-23879-6

◆一枚の切符―あるハンセン病者のいのちの綴り方　崔南龍著　みすず書房
【要旨】生きることが抵抗である一癩の語り部が瀬戸内海の孤島から現代社会へと語りのこす、病と民族による差別との闘いと、療養所百年の歴史と生活。
2017.5 304p B6 ¥2600 ①978-4-622-08601-7

◆エッジを歩く―手紙による差別論　三浦耕治郎著　晃洋書房
【要旨】フィールド発の差別論：主体論から構造論へ／啓発から倫理へ。その気もないのに差別させられる、現代社会における構造的差別に照準し、「差別する者であると同時にされる者」としての生の倫理のありか（＝「エッジの歩き方」）を、平易な手紙文体で描き出す！
2017.10 217p B6 ¥2400 ①978-4-7710-2936-1

◆外国人はなぜ消防士になれないか―公的な国籍差別の撤廃に向けて　自由人権協会編　田畑貴作　（大阪）解放出版社
【要旨】1985年のプラザ合意後、アジアから円高日本への新たな人の流れが生れ、90年代以降のグローバリゼーションの中で国際的な人の移動が加速している。この新しい世界において、人は他国へ移動して生活するようになってきている。人権はもはや自国のみではなく、現に生活する国や地域においても保障されなければならない。ところが現状は…。歯止めなく少子高齢化に向かう日本社会において必要不可欠な存在となっている外国人だが、ある日本人との間には厳然として「公的な国籍差別」という大きな壁が立ちふさがっている。こうした現状をつぶさに検討し、撤廃への提言の書！
2017.5 83, 41p A5 ¥1400 ①978-4-8038-0342-6

◆ガイドブック 部落差別解消推進法　奥田均編著　（大阪）解放出版社
【目次】部落差別解消推進法を読む、部落差別解消推進法制定の意義と今後の展開、部落差別解消推進法の意義と残された課題、部落差別解消推進法の可能性―障害者差別解消法とヘイトスピーチ解消推進法との比較を通じて、部落差別解消推進法と国・地方公共団体の施策のあり方、部落差別解消推進法と日本の人権救済制度、部落差別解消推進法と学校教育―調査から若い世代の意識、部落差別解消推進法と部落差別をなくすための啓発、部落差別解消推進法と部落差別の実態調査、部落差別解消推進法と隣保館活動、部落解放基本法案からみた部落差別解消推進法
2017.7 143p A5 ¥1400 ①978-4-7592-3027-7

◆解放新聞 縮刷版　第49巻　解放新聞社編　（大阪）解放新聞社
【目次】内外情勢、中央組織関係、地方組織関係、共同闘争、差別事件・糾弾闘争関係、狭山闘争、行政闘争、教育・人権・啓発、生活（差別実態）、国際、理論・研究・歴史、文化・スポーツ、その他
2017.12 1Vol. A4 ¥4000

◆カウンターと暴力の病理―反差別、人権、そして大学院生リンチ事件　鹿砦社特別取材班編著　（西宮）鹿砦社　（付属資料：CD1）
【要旨】「反差別」を謳い「人権」を守るとうそぶく「カウンター」による大学院生リンチ事件の“真実”と“裏側”を抉る！1時間に及ぶ、おぞましいリンチの音声データが遂に明らかにされる！これでも「リンチはない」と強弁するのか!?リンチ事件、およびこの隠蔽に関わった者たちよ！潔く自らの非を認め真摯に反省せよ！この事件は、人間としてのありようを問う重大事なのだろうか、渾身の取材で世に問う！
2017.12 195p A5 ¥1250 ①978-4-8463-1210-7

◆隔離の記憶―ハンセン病といのちと希望と　高木智子著　彩流社　増補新版
【目次】国賠裁判、負けたら死にます、愛を語る闘士、人生に絶望はないよ、敵意と、優しさと、「いのちの授業」が残したもの、津軽の春、てっちゃんの詩、親の死さえ願った子どもたち、告白した 自信になった、トップランナーたち、いざ、中国へ、ご近所さんに伝えたい、いのちと愛の詩人について
2017.5 314p B6 ¥2900 ①978-4-7791-2327-6

◆語り継がれた偏見と差別―歴史のなかのハンセン病　福西征子著　（京都）昭和堂
【要旨】日本書紀にハンセン病はどう描かれていたか。一休和尚はどう言っていたか。幕藩体制下の諸藩はどんな対策をしていたか。古代から明治まで文献に記されたハンセン病を洗い出し、いかに人々のなかに偏見と差別意識が根づいていったかを検証する。
2017.3 336p A5 ¥6000 ①978-4-8122-1621-7

◆語り継ぐハンセン病―瀬戸内3園から　山陽新聞社編　（岡山）山陽新聞社
【要旨】「ハンセン病療養所を世界遺産に」―。かつてハンセン病患者を隔離するため瀬戸内海の離島に設けられた国立療養所・長島愛生園と邑久光明園、大島青松園で新たな運動が始まった。背景にあるのは元患者の高齢化に伴う問題の風化だ。過ちを繰り返さないため、私たちは隔離の歴史から何を学び、何を伝えるか。瀬戸内3園から問う。反響を呼んだ山陽新聞連載が待望の単行本化！隔離の島で生きた人々の証言を記録。
2017.3 271p B6 ¥1800 ①978-4-88197-750-7

◆学校では教えてくれない差別と排除の話　安田浩一著　皓星社
【要旨】「なぜ中学や高校で差別や排除を教えないのだろう？」そんな筆者の素朴な疑問から始まり、「それなら差別と排除の教科書を作ってみよう！」と、この本は生まれました。すべての子どもたちと親、そして教師の必読書！
2017.10 221p B6 ¥1400 ①978-4-7744-0641-1

◆カミングアウトそれから―「性同一性障害」つれづれなるままに　深田羊皇著　（武蔵野）クレイン
【要旨】カミングアウトから40年。還暦を迎えた性同一性障害（FTM）の著者が、日々の出来事を十数年にわたって書き綴ったエッセイ集。自分が自分らしくあるために、これからもありのままの姿で生きていく。
2017.12 224p B6 ¥1600 ①978-4-906681-50-1

◆革をつくる人びと―被差別部落、客家、ムスリム、ユダヤ人たちと「革の道」　西村祐子著　（大阪）解放出版社
【目次】序章 皮革をめぐるディスコース（言説）、第1章 革づくり人のアイデンティティ、第2章 革づくり人たちのディスコース、第3章 北米のユダヤ人、第4章 シェル・コードヴァンをつくる人びと、第5章 アジアの革づくり人たち、第6章 姫路の「トリックスター」、第7章 ジェネレーションXとミレニアル世代を探して、終章 革は「ミステリー」
2017.3 267p B6 ¥1800 ①978-4-7592-6776-1

◆境界に生きる―暮らしのなかの多文化共生　孫美幸著　（大阪）解放出版社
【要旨】日々の暮らしのなかで、平和や多文化共生をどのように考えればいいのか。著者と家族のライフストーリーを軸に綴ったエッセイ。
2017.10 126p B6 ¥1200 ①978-4-7592-2350-7

◆グローバル化時代の人権のために―哲学的考察　御子柴善之, 舟場保之, 寺田俊郎共編　上智大学出版, ぎょうせい 発売
【要旨】世界のグローバル化に直面して、私たちは内向きになるべきでない。なぜなら、そこでは普遍的な人権を、難民の人権を守れないからだ。しかし、人権とは自明なものなのか。いまこそ人権概念を問い直そう。本書はこの課題に、人権と尊厳、法と道徳、人権と政治という観点から哲学的に応えようとする。
2017.4 208p A5 ¥1520 ①978-4-324-10258-9

◆ゲイカップルのワークライフバランス―男性同性愛者のパートナー関係・親密性・生活　神谷悠介著　新曜社
【要旨】LGBTを含むセクシュアル・マイノリティ生活者としての素顔、仕事と収入、パートナーとの家事や余暇活動にみる“分かち合う親密性”。しなやかなインタビューを通して、親密性理論の新しいモデルを拓く社会学。
2017.12 206p B6 ¥2900 ①978-4-7885-1538-3

◆憲法とそれぞれの人権　現代憲法教育研究会編　（京都）法律文化社　第3版
【目次】第1部 憲法とは何か（憲法の目的とは、2つの憲法のあいだに、人権保障のあゆみ、国の政治が動くしくみ、内閣のはたらきと国会との関係ほか）、第2部 だれの、何のための人権か（国籍を超えて、人格をもつ子どもたちと学校、働く者の尊厳、犯罪・刑罰と人権、市民が表現しようとすると ほか）、第3部 平和のうちに生きるとは、おわりに 憲法改正と私たちの責任
2017.10 218p A5 ¥2400 ①978-4-589-03871-5

◆高知の部落史　高知県部落史研究会編　（高知）高知県部落史研究会, （大阪）解放出版社 発売
【目次】第1部 中世・近世（中世土佐のさまざまな民衆と坂の者、土佐藩政期のかわたと身分の制度化、さまざまな生業、郷株と一升俵・投上げ問題、藩と長吏、身分・生活規制と生活、幕末の地域社会とのかかわり）、第2部 近代（「解放令」と近代の土佐、青取一揆、「解放令」反対騒擾、明治期の部落の人びとのくらし、明治期の教育、部落改善、融和と水平、昭和恐慌以降の部落差別撤廃運動、戦時下の部落問題）
2017.7 381p A5 ¥2800 ①978-4-7592-4226-3

◆国際規範としての人権法と人道法　篠原梓著　東信堂
【要旨】冷戦対立が終焉した後も国際平和は訪れることなく、国内外の紛争や差別は平時と戦時の区別なく絶えるどころか拡大している。こうした中、国際法としての人権法と人道法は相互に補完する関係で適応発展してきた。本書は両者の歴史、成立、履行過程を概観しながら、現代世界の直面する様々な人権侵害、人道法違反の問題と解決について総合的に考察した。
2017.3 229p A5 ¥2600 ①978-4-7989-1415-2

◆ここまできた部落問題の解決―「部落差別解消推進法」は何が問題か　部落問題研究所編　（京都）部落問題研究所
【要旨】本書は、現在に至る部落問題の解決過程の道筋と、「部落差別解消推進法」の矛盾、問題点などを明らかにした。この「新法」は「部落差別」とは何かの定義をないまま、「部落差別」が今も存在することを前提として、部落問題をいつまでも存続させることを可能にするものです。部落問題解決に向けて日々運動に関わる方々の活動資料として大変有用です。
2017.9 162p A5 ¥1400 ①978-4-8298-1080-4

◆“差別ごころ”からの“自由”を　中島勝住著　（京都）阿吽社
【目次】序章 “自己”解放教育、第1章 多文化主義と差別、第2章 多文化主義と差別、第3章 差別問題を考えるということ、第4章 差別の実態

社会・文化

―「青い目茶色い目」から、第5章 差別の実態―結婚差別から、終章 できるだけ差別しないわたしになるために
　2017.3 139p B6 ¥1200 ①978-4-907244-28-6

◆差別表現の法的規制―排除社会へのプレリュードとしてのヘイト・スピーチ　金尚均著（京都）法律文化社
【要旨】本書は、社会にとって、ヘイト・スピーチの問題を取り組まざるを得なくなった・看過できなくなったきっかけとなる実際の事件を具体例として示しながら、ヘイト・スピーチに対する法的規制の是非、規制根拠並びに規制態様について検討することを目的としている。
　2017.12 259p A5 ¥5600 ①978-4-589-03887-6

◆自由と人権―社会問題の歴史からみる　林尚之,梅田直美著（堺）大阪公立大学共同出版会（OMUPブックレット）
【目次】序章 問題の所在、第1章「登校拒否」にみる自由と人権（人外の世界と精神医学のバイオロジー、精神医学に包摂されざるものとしての登校拒否現象、学校外の居場所にも包摂されない「裂かれ目の中にいる」子どもたち）、第2章「子殺し」にみる自由と人権（「現代日本の子殺し」の顕在化、「現代日本の子殺し」の要因論、女性の「内的成長」と自由への欲求、第3章「孤立」にみる自由と人権（生存権」と「自由権」の衝突―「セルフ・ネグレクト」をめぐって、戦後日本社会の「孤立」の言説史と「自由」、終章 自由と人権をめぐって
　2017.3 82p A5 ¥800 ①978-4-907209-70-4

◆宿命の戦記―笹川陽平、ハンセン病制圧の記録　高山文彦著　小学館
【要旨】世界の果てまで薬を届け、虐げられた人々とともに差別撤廃に挑む、日本財団会長の果てしなき旅。
　2017.12 461p B6 ¥1900 ①978-4-09-379899-0

◆人権教育・啓発白書 平成29年版　法務省,文部科学省編　勝美印刷
【目次】第1章 平成28年度に講じた人権教育・啓発に関する施策（人権一般の普遍的な視点からの取組、人権課題に対する取組、人権に関わりの深い特定の職業に従事する者に対する研修等、総合的かつ効果的な推進体制等）、第2章 人権教育・啓発基本計画の推進
　2017.6 90, 26p A4 ¥926 ①978-4-906955-68-8

◆人権後進国ニッポン―学者弁護士の記録　森下忠彦　明文書房
【目次】序章、弁護士登録、刑事弁護の思い出、警察による人権侵害、検察段階における人権侵害、裁判の段階で、使命を忘れた横浜弁護士会、国賠訴訟に現れた誤判、法テラスにおける法律相談、法テラス理事長による契約解除〔ほか〕
　2017.9 264p B6 ¥1600 ①978-4-8391-0951-6

◆新同性愛って何？―わかりあうことから共に生きるために　伊藤悟、三宅大二郎、簗瀬竜太、大江千束、小川葉子、石川大我、大月純子、新井敏之編著　緑風出版（プロブレムQ&A）改訂新版
【要旨】同性愛って何だろう？ 同性愛者はクラスに1人はいるという。カミングアウトされたら家族・友人はどうすればいい？ 社会的な偏見や差別はどうなっているの？ 同性愛者が結婚しようとすると立ちはだかる法的差別？ 様々な性自認や性的指向の人々が存在するなかで、自らの生をどう生き抜くか。本書は聞きたいけど聞けなかった素朴な疑問から、皆がそれぞれの自由を尊重しながら、共生できる社会を目指すためのQ&A！ 好評の旧版を全面的に書き改め、最新情報を踏まえ全面増補改訂した。
　2017.3 201p 21×14cm ¥1800 ①978-4-8461-1703-0

◆新・部落差別はなくなったか？―隠すのか顕すのか　塩見鮮一郎著　緑風出版（プロブレムQ&A）改訂版
【要旨】部落民は「見えない人間」になりつつあり、マスコミも部落についてふれようとしない。では、差別がなくなったのかというと、ネットではあからさまな部落差別表現がとびかう。部落問題については、隠せと顕せ、のふたつの主張が繰り返されてきた。本書は、部落差別もまた、他の差別問題と同様に顕すことで、議論を深め、解決していく必要を説く。新版では、旧版の「近代差別の構造」を愛読し、「21世紀の部落」のルポと写真などの書き下ろしを新たに収録した。改訂版では、本書への部落解放同盟の見解などの資料、「改訂版」あとがきを加えた。
　2017.11 231p 21×14cm ¥1800 ①978-4-8461-1720-7

◆世界人権論序説―多文化社会における人権の根拠について　森田明彦著　藤原書店
【要旨】「人権」概念が世界的に普及しつつある今、多文化主義との交錯のなかで、「西洋近代」という出自を持ち、より普遍化する論理が求められている。Ch・テイラーらを参照しつつ、非西洋地域の文化と伝統のなかに「人権」の正統化の根拠を探る、気鋭による野心作。
　2017.10 241p B6 ¥3000 ①978-4-86578-143-4

◆全国のあいつぐ差別事件 2017年度版　部落解放・人権政策確立要求中央実行委員会編　部落解放・人権政策確立要求中央実行委員会,（大阪）解放出版社 発売
【目次】全国のあいつぐ差別事件（概説）、資料（「全国部落調査」復刻版出版事件、戸籍謄本等不正取得事件、土地差別調査事件、公的機関・職員による差別事件、差別投書・落書き・電話ほか）、関係資料（部落差別の解消の推進に関する法律、本邦外出身者に対する不当な差別的言動の解消に向けた取組の推進に関する法律（ヘイトスピーチ解消法）ほか
　2017.10 231p A5 ¥2000 ①978-4-7592-1477-2

◆戦後らい法制の検証　和田謙一郎著（京都）晃洋書房
【目次】第1章「隔離の場所と人々」の創出過程、第2章「治療可能な時代」となる昭和二〇年代のらい法制、第3章 療養所入所者にとっての「ジレンマの時代」、第4章「根治の時代」を迎えた昭和四〇年代以降のらい法制と社会保障法制、第5章 らい法制に対する法的判断、終章 戦後のらい法制とは何であったのか
　2017.3 200p A5 ¥3600 ①978-4-7710-2825-8

◆同調圧力メディア―メディアが三流なら社会と政治も三流なのだ　森達也著　創出版
【要旨】社会とメディアと政治は、互いに刺激し合いながら、少しずつ同じレベルでスライドする。楽なほうに。売れるほうに。票が集まるほうに。真実と虚偽。黒と白。二極化は楽だ。曖昧さが消える。すっきりとする。右と左。正義と邪悪。敵と味方。種を作れ。敵は叩け。正義は勝つ。やがて集団の熱狂に身を任せながら、同じ過ちを繰り返す。その映画『FAKE』を世に問うた監督の極私的メディア論。
　2017.4 286p B6 ¥1500 ①978-4-904795-46-0

◆日本の癩（らい）対策の誤りと「名誉回復」―今、改めてハンセン病対策を考える　成田稔著　明石書店（世界人権問題叢書 100）
【目次】日本における癩の流行と消長、二〇世紀日本における癩、らい、ハンセン病への一般的な認識の移り変わり、日本の癩（らい）対策の根源的なあやまり、日本の癩（らい）対策の特色と継続、日本の癩（らい）対策その過ちの責任を問う、一般社会におけるハンセン病への関心、ハンセン病の社会啓発、名誉回復とは何か、日本の癩（らい）対策の歴史に類似する他の医療領域について、癩（らい）と知覚麻痺 疎かにされた見えないものを診ること〔ほか〕
　2017.9 230p B6 ¥3200 ①978-4-7503-4569-7

◆人間の安全保障と平和構築　東大作編著　日本評論社
【要旨】国家から保護を受けられない人たちを、いかにして国際社会は救えるのか。
　2017.4 284p A5 ¥6000 ①978-4-535-58700-7

◆ハンセン病の社会史―日本「近代」の解体のために　田中等著　彩流社
【要旨】特定の患者に寄り添ったルポルタージュではなく、日本の「近代」が作り上げた「病」としてハンセン病がどのように日本社会の歴史に存在してきたのか（しているのか）をえぐり出したハンセン病の全貌！
　2017.6 286p B6 ¥1800 ①978-4-7791-2330-6

◆ハンセン病療養所を生きる―隔離壁を砦に　有薗真代著（京都）世界思想社
【要旨】ハンセン病を得た人々が、集団になることではじめてできた活動とは何か。動けない「不自由」な者の「自由」とはどのようなものか。障害を越え、隔離壁を越え、人間の魂を耕し続けた人々の記録。
　2017.5 213p B6 ¥2800 ①978-4-7907-1699-0

◆東日本の部落史 1 関東編　東日本部落解放研究所編　現代書館
【要旨】地域社会との関係性から部落史の再考を試みる。関東各地の長史・非人たちの中世～近代を辿り、生業・役割・文化、地域社会との関係、弾左衛門体制などの実相に迫る。伊豆・水戸・日光も特論として収録。
　2017.12 377p A5 ¥3800 ①978-4-7684-5818-1

◆被差別部落像の構築―作為の陥穽　小早川明良著　にんげん出版
【要旨】多くの人びとが被差別部落を語り、ある像（イメージ）を構築してきた。特定の被差別部落のある部分を「科学」により普遍化する論理が求められている。Ch・テイラーらを参照しつつ、被差別部落民と産業や職業との関係、あるいは芸能をめぐる関係性は、そのもっとも顕著な表象である。本著は、それが構築されるプロセスと、そこに介在する権力作用をうかびあがらせる。
　2017.12 326p A5 ¥4000 ①978-4-931344-44-0

◆被差別マイノリティのいま―差別禁止法制定を求める当事者の声　部落解放・人権研究所編（大阪）解放出版社
【目次】ハンセン病問題のいま、自死（遺族）問題のいま、LGBT問題のいま、外国人問題のいま、HIV問題のいま、見た目問題のいま、部落問題のいま、アイヌ問題のいま、水俣病問題のいま　2017.12 341p A5 ¥2200 ①978-4-7592-6781-5

◆不謹慎な本―差別用語の基礎知識　茗荷さくら著,山田ゆう希絵（柏）暗黒通信団
　2017.12 16p A5 ¥300 ①978-4-87310-118-7

◆不屈―盲目の人権活動家 陳光誠の闘い　陳光誠著,河野純治訳　白水社
【要旨】異形の大国・中国を相手に障害者や農民の権利擁護のために立ち上がった「裸足の弁護士」の壮絶な半生。
　2017.5 406, 5p B6 ¥2400 ①978-4-560-09544-7

◆冬枯れの光景―部落解放運動への黙示的考察 上　谷元昭信著（大阪）解放出版社
【目次】第1部 部落差別の実相と現況への考察 "部落差別実態認識論"（自己史にみる部落差別の実相、部落差別の実態変化と解消過程に関する認識、部落差別を生み出し温存・助長する社会的背景への考察）、第2部 部落解放運動の歴史と現状への考察 "部落解放運動論"（部落解放運動の史的展開とその特徴、新たな部落解放運動への転機と模索、部落解放運動の光と影―取捨選択への決断）、閑話休題 "忘れえぬ人と出来事"（連立政権下での「基本法」制定運動と激闘の二年間、上杉佐一郎委員長―その思想と行動）
　2017.7 343p B6 ¥2000 ①978-4-7592-1032-3

◆冬枯れの光景―部落解放運動への黙示的考察 下　谷元昭信著（大阪）解放出版社
【目次】第3部 同和審答申と「特別措置法」時代への考察 "同和行政・人権行政論"（同和審答申にいたるまでの時代背景、同和対策審議会答申の基本精神とは何か、同和審答申具体化のための取り組み、「特別措置法」時代三三年間の同和行政の功罪、「特別措置法」失効後の同和行政の混乱とその原因、同和・人権行政の基本方向と今日的課題、「福祉と人権のまちづくり」の拠点としての隣保館活動、同和教育の歴史的経緯と人権教育の今日的課題、「人権擁護法」制定の意義と課題）、第4部 部落解放理論の創造的発展への考察 "部落解放論"（根源的民主主義論からの部落解放運動の再構築、「部落解放を実現する」組織のあり方、部落問題認識にかかわる論点整理と問題意識、補遺二稿（戸籍の歴史と家制度の仕組みに関する考察、部落差別意識と歴史的な差別思想に関する考察）
　2017.7 334p B6 ¥2000 ①978-4-7592-1033-0

◆娘に語る人種差別　タハール・ベン・ジェルーン著,松葉祥一訳　青土社　新版
【要旨】「ねえ、パパ。人種差別って何？」自分とは違った人たちとどう向き合うか。10歳の娘リエムに問いかけられた素朴な疑問に答え、社会精神医学にしてゴンクール賞作家が、まず父親として、子どもと同じ視点で始める対話。眼前の現実状況から歴史認識まで、「差別」を根本的に問い直す。日本版に際し、新稿「子どもたちの言葉」を書き下ろし。全仏ベストセラー。
　2017.3 150p B6 ¥1400 ①978-4-7917-6975-9

◆「病いの経験」を聞き取る―ハンセン病者のライフヒストリー　蘭由岐子著　生活書院　新版
【要旨】療養所内外のハンセン病者が歩んだ生活史と思いを、一人ひとりの「病いの経験」を聞くフィールドワークにたずさわる自らの姿とともに描いた、社会学におけるライフヒストリー研究、質的調査法の画期をなした名著、文庫版となって待望の新版刊行！
　2017.3 537p A6 ¥1800 ①978-4-86500-064-1

◆らい予防法廃止20年・ハンセン病国賠訴訟勝訴15年を迎えて―ハンセン病市民学会年報 2016　ハンセン病市民学会編　（大阪）ハンセン病市民学会,（大阪）解放出版社 発売

【目次】巻頭言 療養所の厄運と保存永続化について、シンポジウム 奄美和光園の将来構想を考える（奄美和光園の過去から現状、記念講演 奄美和光園での地域医療の現状と可能性、基調報告 奄美和光園のこれからについて ほか）、全体会 交流集会（全療協のたたかい―当事者運動から学ぶ、ハンセン病を生き抜いた人々の光と熱を伝えたい―肝属地区人権・同和教育研究協議会の紙芝居制作の取り組み）、分科会（家族の被害と向き合う、ハンセン病問題基本法を活かす自治体の取り組み、ハンセン病療養所の現状と課題―人権擁護委員会とエンド・オブ・ライフケア委員会の普及をめざして ほか）

2017.11 309p A5 ¥1800 ①978-4-7592-6780-8

◆和歌山の差別と民衆―女性・部落史・ハンセン病問題　矢野治世美著　（京都）阿吽社

【目次】1 女性への差別（近世高野山の女人禁制、浄土真宗の尼講―紀伊国の事例から、部落女性のくらし―和歌山の部落史の史料から）、2 近世被差別民の多様な情況（高野山と被差別民、近世紀伊国の被差別民、皮田村の生業と生活、下坂守著『中世寺院社会と民衆 衆徒と馬借・神人・河原者』、川嶋将生・黒川みどり共著『入門 被差別部落の歴史』）、3 近代のハンセン病問題（ハンセン病問題と和歌山県―近代の湯の峰温泉をめぐって、和歌山県とハンセン病問題―戦後の新聞記事から、外島保養院の記憶をのこすために）

2017.3 234p A5 ¥2500 ①978-4-7592-3026-0【誤記】

◆わたしらしく　1　多様な性のありかたを知ろう　ロバート・ロディ,ローラ・ロス著,上田勢子訳,LGBT法連合会監修　大月書店

【目次】1 性的指向と性自認（性別役割、トランスジェンダー、もっと知りたい！ インターセックス（DSD）、同性愛）、2 同性愛は生まれつき（遺伝ってなに？、遺伝学と同性愛、もっと知りたい！ 動物界にもある同性愛、胎児期に受ける影響、同性愛は生まれつき？）、3 心理学による説明（「精神障害」とされた同性愛、もっと知りたい！ 同性愛者を「治す」セラピーを否定したアメリカ心理学会、絡みあう要因）、4 こういう話が大切なわけ―LGBTの生きる権利、同性愛と法的な権利、宗教と同性愛の葛藤、もっと知りたい！ 同性愛者を受け入れたキリスト教会、大切なのは愛）

2017.1 55p A5 ¥2000 ①978-4-272-40711-8

◆わたしらしく、LGBTQ　2　家族や周囲にどう伝える？　ロバート・ロディ,ローラ・ロス著,上田勢子訳,LGBT法連合会監修　大月書店

【目次】1 カミングアウトってなんだろう（カミングアウトするってどういうこと？、誇らしく、傷つきやすい心 ほか）、2 サラの場合（「そのうち忘れるさ」、「ふつう」になろうとしたけれど ほか）、3 エドの場合（クローゼットの中ですごした数十年、信仰と自分の気持ちのはざまで ほか）、4 サポートする側から（親たちの対応を考える、世代によってちがうLGBTの受容 ほか）

2017.2 60p A5 ¥2000 ①978-4-272-40712-5

◆わたしらしく、LGBTQ　3　トランスジェンダーってなに？　ロバート・ロディ,ローラ・ロス著,上田勢子訳,LGBT法連合会日本語版監修　大月書店

【目次】1 ジェンダーってなんだろう（生物学的な性とジェンダーのちがい、性別役割とセクシュアリティ（性のありよう）ほか）、2 トランスジェンダーってなんだろう（多様なジェンダー・バリエーション、クロスドレッサー―異性装をする人びと ほか）、3 トランスジェンダーとして育つ（ホルモン療法で第二次性徴をおさえる、小さい子にはわからない？ ほか）、4 大人になる―トランスジェンダーとして生きること（受容と拒絶はうらおもて、トランスジェンダーの人びとに対する世間の見方を変える ほか）

2017.3 60p A5 ¥2000 ①978-4-272-40713-2

◆わたしらしく、LGBTQ　4　心とからだを大切にしよう　ロバート・ロディ,ローラ・ロス著,上田勢子訳,LGBT法連合会監修　大月書店

【目次】1 自分って「ふつう」？（同性愛にかんする見解の歴史をたどる、同性愛が精神障害とされた時代 ほか）、2 落ちこみ（うつ病）と自死（自分をめちゃめちゃにしたいという衝動、手

におえない感情と周囲からの圧力 ほか）、3 自尊感情を高めよう（「それってゲイゲイしい！」、LGBTのかかえる自己嫌悪 ほか）、4 だれかの助けを借りていい（サポートやアドバイスは匿名で受けられる、ネット情報の幅広さ ほか）

2017.3 58p A5 ¥2000 ①978-4-272-40714-9

◆LGBTウエディング―セクシャル・マイノリティ ウエディング業界人のための入門書　葛和フクエ著　ビオ・マガジン

【要旨】ホームウェディングの第一人者が指南するLGBTウェディング。どんなカップルにも、幸せな結婚式を挙げる権利があります！

2017.1 166p B6 ¥1200 ①978-4-86588-010-6

◆LGBTを読みとく―クィア・スタディーズ入門　森山至貴著　筑摩書房（ちくま新書）

【要旨】最近よく見かける「LGBT」という言葉。メディアなどでも取り上げられ、この言葉からレズビアン、ゲイの当事者を思い浮かべる人も増えている。しかし、それはセクシュアルマイノリティのほんの一握りの姿に過ぎない。バイセクシュアルやトランスジェンダーについてはほとんど言及されず、それらの言葉ではくくることができない性のかたちがあることも見逃されている。「LGBT」を手掛かりとして、多様な性のありかたを知る方法を学ぶための周到な書。

2017.3 237p 18cm ¥800 ①978-4-480-06943-4

◆LGBTのBです―意外とやさしい社会でした　きゅうり著　総合科学出版

【要旨】社会は思ったより優しく、易しい。性的マイノリティの当事者として語れること。LGBTの当事者に、また周りの人が知っておきたいセクシュアル・マイノリティのリアル。

2017.7 175p B6 ¥1400 ①978-4-88181-861-9

◆Q&A 部落差別解消推進法―積極的活用のために　部落解放同盟中央本部編　（大阪）解放出版社

【目次】「部落差別解消推進法」の制定までの過程と背景を教えてください、「部落差別解消推進法」にはどんなことが規定されていますか、「部落差別解消推進法」の意義と成果は何でしょうか、「部落差別解消推進法」制度をふまえた今後の課題は何でしょうか、この間の人権に関する法律制定について、「部落差別解消推進法」の周知徹底はどのようにしたらいいでしょうか、地方公共団体への政策提言はどのようにしたらいいでしょうか、部落差別解消に向けた相談体制の整備とは、部落差別解消に向けた教育の推進に関する基本方針・計画の策定について、部落差別解消に向けた啓発の推進に関する基本方針・計画の策定について〔ほか〕

2017.6 99p A5 ¥1200 ①978-4-7592-3026-0

在日外国人・残留孤児

◆ある在日朝鮮社会科学者の散策―「博愛の世界観」を求めて　朴庸坤著　現代企画室

【要旨】祖国朝鮮の統一を願い、亡命した日本で主体思想を研究、第一人者になったが、金炳植事件や黄長燁韓国亡命などで運命が二転三転。日・朝・韓戦後史の渦中を生きた社会科学者が、数奇な88年の旅のすべてを語る。

2017.2 286p A5 ¥2300 ①978-4-7738-1702-7

◆オモニがうたう竹田の子守唄―在日朝鮮人女性の学びとポスト植民地問題　山根実紀著,山根実紀論文集編集委員会編　インパクト出版会

【要旨】民族、階級、ジェンダーの複合的差別、継続する植民地主義―抵抗の唄とことばをつむぐ彼女たち。マイノリティを分析してきたのは、「私たち」マジョリティではないか。日朝運動に参加しながら、夜間中学で学ぶオモニたちに関わってきた著者が、その「語り」と「沈黙」に向き合う。

2017.12 315, 4p A5 ¥3000 ①978-4-7554-0282-1

◆記憶の残照のなかで―ある在日コリア女性の歩み　呉文子著　社会評論社

【要旨】在日コリア女性として八〇年。出会いと別れを惜しみなくेえるうちに、自分史の核心に近づいた。呉文子さんにとって、父・関貴星を語ること、夫・李恩熙への想いを語ることは日本社会の中で「在日」として分断時代を生きざるをえなかった"負の現代史"を伝える方法なのだ。一人の女性として真摯に「在日」の課題や命題と取り組んだ半生記。

2017.8 254p B6 ¥1800 ①978-4-7845-1207-2

◆国家への道順　柳美里著　河出書房新社

【要旨】国家とは、国民とは何なのか？「普通」とは何なのか？「在日」の問題を通じて問い続けた魂の叫び。

2017.10 204p 18cm ¥1350 ①978-4-309-02617-6

◆根絶！ ヘイトとの闘い―共生の街・川崎から　ヘイトスピーチを許さないかわさき市民ネットワーク編　緑風出版

【要旨】在日コリアンを中心に多文化共生の町づくりを長きにわたって進めてきた川崎市南部桜本…。保育園から学童保育、識字日本語学校などの施設が密集するこの生活圏に、「朝鮮人は敵。朝鮮人は出て行け。敵をぶち殺せ」とヘイトデモが襲いかかる。これを見た中学生は「市長さん助けてください。川崎もルールを作ってヘイトデモができないようにしてください」と訴える。在日コリアンも日本人も外国ルーツの子ども達も手を携えて「ヘイトスピーチを許さないかわさき市民ネットワーク」を結成して、抵抗する。川崎市や市議会、裁判所、法務省、警察、国会に働きかけて、ヘイトデモを遂に押し返し、いま人種差別撤廃条例の制定をめざして闘う「市民ネットワーク」の全記録。

2017.6 237p B6 ¥1900 ①978-4-8461-1708-5

◆済州島で暮らせば　金蒼生著　新幹社

【要旨】容易には言い現せない済州島の精神世界。新婚旅行や観光地として脚光を浴びる済州島。車と風の島は哀しい歴史を持ち、苦しい生活がある。在日二世が済州島で暮らせば？ 済州島の深層心理と出会う「済州島入門書」。

2017.3 199p B6 ¥1500 ①978-4-88400-121-6

◆在日コリアンと精神障害―ライフヒストリーと社会環境的要因　金泰泳著　（京都）晃洋書房

【要旨】地域社会から孤立した生活を送っていたAさん、在日であることを隠し続けたBさん、日本人との「ハーフ」であり、セクシュアルマイノリティでもあるCさん、日本、韓国、朝鮮の政治状況に翻弄されるDさん。4つのライフヒストリーやアンケート調査等にあらわれた「在日コリアンの声」から、可視化されにくい在日コリアンにおける精神障害の発症原因やその様相を浮き彫りにする。

2017.3 184, 8p B6 ¥2100 ①978-4-7710-2857-9

◆在日コリアンの離散と生の諸相―表象とアイデンティティの間隙を縫って　山泰幸編著　明石書店　（叢書「排除と包摂」を超える社会理論 2）

【目次】序章 離散がもたらす生の諸相、第1章 在日コリアン青年の民族的アイデンティティ―1993～2013年のデータを用いて、第2章 ルーツと越境の現在る一グローバル都市ソウルで生活する在日コリアンの語りから、第3章 在日済州人、境界人としての意味と役割、第4章 ヴァナキュラー―在日コリアンの事例から、第5章 在日コリアン宗教者と宗教的なるもの―エスニック宗教文化の周辺、第6章 在日コリアンの渡日と親睦会研究―「在日本済州島親睦会」の活動を中心に、第7章 在日コリアンの表象、終章 離散がもたらす生の記憶の保存をめぐって

2017.5 184p A5 ¥3800 ①978-4-7503-4509-3

◆在日コリアンの歴史を歩く―未来世代のためのガイドブック　在日コリアン青年連合（KEY）編著　彩流社

【要旨】さあ出かけよう！ 未来につながる旅に――人ひとりの小さな物語に耳を傾け、歩いて感じ、出会おう。その人生は想像を絶するほど厳しく、あまりにもつらい。二度と植民地支配と戦争を経験させないために、生きた歴史を学べば、希望への一歩を踏み出せるはず―聞き書きや貴重な写真で学ぶ。

2017.8 230p A5 ¥2100 ①978-4-7791-2338-2

◆在日の涙―間違いだらけの日韓関係　辺真一著　飛鳥新社

【要旨】封印してきた祖国への本音！ 人気テレビコメンテーター初の半生記。韓国人の間違いを正し、日本人の誤解を解く。

2017.4 215p B6 ¥1204 ①978-4-86410-477-7

◆人生の同伴者―ある「在日」家族の精神史　玄善允著　同時代社

【要旨】日本植民地下の朝鮮済州島から渡日し、そこで出会った若い男女。二人は大阪に居を構え、やがて「僕」たち子どもが次々生まれた…。その子どもの一人である「僕」の視点で描く在日一世の父と母。彼らの努力と挫折、相互の葛藤、そして一世と二世である親子の情愛と軋轢、

社会・文化

さらにはその家族を取り巻き、共に暮らしていた人々との多様で重層的な関係を活写する。
2017.8 419p B6 ¥2900 ①978-4-88683-823-0

◆一九三九年の在日朝鮮人観　木村健二著　ゆまに書房
【要旨】1939年という年は、在日朝鮮人にとって、中央協和会のもとに各道府県レベルで一斉に協和会が設立され、「内地同化」という形で自らの文化や生活習慣まで否定されていく年であった。1939年の山口県や福岡県を中心に、在日朝鮮人が如何に生きたか、そして日本人の在日朝鮮人観がどうであったかを検討し、現代につながる大きな歴史の流れを展望する。
2017.10 214p A5 ¥2800 ①978-4-8433-5298-4

◆田中宏講演録 民族教育とわたし—80年を振り返りながら　枝川朝鮮学校支援都民基金編　樹花舎, 星雲社 発売
【要旨】講演 民族教育とわたし—80年を振り返りながら、関連資料（「原状回復」義務としての民族教育権の保障—枝川裁判の意見書、高校無償化における「高等学校の課程に類する課程」に関する意見書—高校無償化大阪裁判の意見書、東京都・足立区議会は、朝鮮学校補助金停止の請願を「採択すべきでない」、橋本昌茨城県知事への書簡、広島と大阪 真逆の判決から見えてくるもの、朝鮮高校の歴史的正統性を正視すれば、おのずと「解」は明らかである）
2017.12 116p A5 ¥800 ①978-4-434-24033-1

◆朝鮮大学校研究　産経新聞取材班者　産経新聞出版, 日本工業新聞社 発売
【要旨】朝鮮大学校OB、総連関係者が赤裸々な心情を初めて語った。「もはや、わが子を通わせたくない」日本国内にある学校でどんな教育が行われているのか？ 今だから知りたい！ 民族教育の皮を被った「工作活動」。
2017.6 222p B6 ¥1300 ①978-4-8191-1311-3

◆日本朝鮮研究所初期資料一一九六一～六九　井上學, 樋口雄一編　緑蔭書房　（在日朝鮮人資料叢書 15）
【目次】1（準備から設立まで 1961年、設立から各事業の展開）、2（定期総会資料、運営委員会資料）、3（日本朝鮮研究所の刊行物、日本朝鮮研究所関連新聞資料）
2017.4 3Vols.set A5 ¥54000 ①978-4-89774-181-9

◆民族教育ひとすじ四〇年—東京朝高元教員の手記　趙政済著　三一書房
【要旨】山口県の炭鉱村に生まれた在日朝鮮人二世。その波瀾の人生。民族学校がさまざまな隘路におかれている今、民族教育に捧げた半生を語る。
2017.8 231p B6 ¥1800 ①978-4-380-17005-8

◆ルポ 思想としての朝鮮籍　中村一成著　岩波書店
【要旨】「朝鮮籍」とは何か、なぜそれにこだわってきたのか。6人の生き方とその思想—在日から照射する戦後70年史が浮かび上がる。渾身の人物ルポルタージュ！
2017.1 225p B6 ¥2000 ①978-4-00-061178-7

平和運動

◆イアブック 核軍縮・平和2015 - 17—市民と自治体のために　ピースデポ編著, 梅林宏道監修　緑風出版
【目次】第1章 特別記事（暗い時代を超える知と力を求めて、核なき世界へ前進する道、北東アジア非核兵器地帯設立へ包括的なアプローチを）、第2章 核軍縮：2016年のキーワード（特集 核兵器禁止条約の交渉へ、核軍縮・不拡散外交、核の核・安保政策、日本の核・安保政策、自治体とNGO）、第3章 市民と自治体にできること（市民と自治体にできる9つのこと）、資料（基礎資料、特集資料：核兵器禁止条約交渉へ、その他の資料）
2017.12 353p A5 ¥2000 ①978-4-8461-1722-1

◆核兵器のない世界を求めて—反核・平和を貫いた弁護士池田眞規　池田眞規著作集刊行委員会編　日本評論社
【目次】第1部 世界法廷物語、第2部 弁護士・池田眞規の歩み（百里基地闘争—未来を信じ、苦難を乗り越えて闘う人たちである、日本原水爆被害者団体協議会—被爆者の声を世界に、ハーグ平和アピール市民会議—憲法九条を世界に、池田先生とコスタリカ—軍隊のない国に対する畏

敬の念、平和憲法訴訟の軌跡—核の時代の最良の規範、憲法九条の普遍的価値の実現を求め、原爆症認定集団訴訟—常に被爆者の願いから、闘いの意味を考える、池田先生と「ノーモア・ヒバクシャ記憶遺産を継承する」—被爆者とともに、核の支配から人間の尊厳を取り戻す闘いへ）、第3部 池田眞規小伝（核兵器廃絶、世界と日本の平和をどう作るか—闘い続けた八〇年、池田眞規さんの生涯）
2017.11 324p A5 ¥2800 ①978-4-535-52329-6

◆かつて10・8羽田闘争があった—山崎博昭追悼50周年記念 寄稿篇　10・8山崎博昭プロジェクト編　合同フォレスト, 合同出版 発売
【要旨】1967年10月8日、ベトナム反戦デモでひとりの若者が死んだ。「山崎博昭の遺稿」「50年目の真相究明—山崎博昭君の死因をめぐって」収録。
2017.10 616p B6 ¥3900 ①978-4-7726-6097-6

◆希望の鎮魂歌（レクイエム）—ホロコースト第二世代が訪れた広島、長崎、福島　エヴァ・ホフマン著, 早川敦子訳　岩波書店　（付属資料：DVD1）
【要旨】ホロコーストを生き延びた両親のもとにポーランドに生まれ、一三歳で北米に移住した作家エヴァ・ホフマン。親世代の苦痛と喪失の経験を受け止め次代へとつなぐ第二世代の課題について思索を重ねてきた。その共感を得てきた。そのホフマンが東日本大震災後の日本を訪れた。広島・長崎で被爆者や被爆二世と交流し、福島で詩人若松丈太郎、アーサー・ビナードと詩作を行い、若者たちに向けて講演をし、さらに、長崎の被爆二世である作曲家大島ミチルと対話をする。ホフマンの日本へのメッセージ。
2017.3 163p A5 ¥3700 ①978-4-00-061189-3

◆絶対平和論—日本は戦ってはならない　菊地昌実著　新評論
【要旨】古来、すべての戦争は"自衛"を名目に行われた。対米従属、経済成長神話、抑止力幻想下の防衛構想、9条改憲…。その下での"自衛"とは一体何なのか。私たちは今、どこにいるのか。明治150年。日本近代の鏡像を通じて我が国の歩むべき道を考える。
2018.1 245p B6 ¥1500 ①978-4-7948-1084-7

◆戦争は終わるのか—平和論と戦争論　坂元輝著　鳥影社
【要旨】ひとは、なぜ戦争をするのか。なぜ、戦争ならばひとを殺せるのか。この重いテーマに、真正面から取り組んだ問題店。世界中で軍靴の臭いが漂うなか、心の闇をみつめ、闇の先に「本当の平和」の樹立を願う書。
2017.9 252p B6 ¥2000 ①978-4-86265-626-1

◆旅する平和学—世界の戦地を歩き傷跡から考える　前田朗著　彩流社
【要旨】世界の紛争地や戦争の傷跡が残る現場を旅し、人々との出会いから戦争と平和のリアリズムを見直す。
2017.4 205p A5 ¥2000 ①978-4-7791-2303-0

◆ビキニ・やいづ・フクシマ—地域社会からの反核平和運動　加藤一夫著　社会評論社
【要旨】本書は、焼津市を中心に展開される「地域から平和をつくる」運動をとおして、ビキニ事件が戦後日本に何をもたらしたかを多面的に検証する。地域の生活圏を舞台に、著者自らが参加した社会運動は、反核平和運動に新たな視座を提示している。
2017.7 277p A5 ¥2400 ①978-4-7845-1360-4

◆標的の島—自衛隊配備を拒む先島・奄美の島人　「標的の島」編集委員会編　社会批評社
【要旨】突如発表されたミサイル部隊配備。メディアが報じない南西諸島の急激な要塞化沖縄を再び「本土防衛」の捨て石に？ 今、島の自治を求めて島人が起つ！ 最南端の島々で抗う住民たちによるドキュメント！
2017.2 222p A5 ¥1700 ①978-4-907127-22-0

◆「平和主義」とは何か—韓国の良心的兵役拒否から考える　キムドゥシク著, 山田寛人訳（大阪）かんよう出版
【目次】導入として—私の良心裁判体験記、それなら、軍に服務した我々は非良心的だということですか？—良心は実践の問題である、もし誰かがきみの妹を強姦して殺そうとしていたら？—殺されたり殺したりしない第三の道、兵役拒否は異端の捨て石か？—長くて古いキリスト教兵役拒否の歴史、イエスが兵役拒否したら—兵役拒否者とでもいうのですか？—平和主義者イエスの声、「正戦論」は本当に悩ましい—戦争に出ていくのは常に間違い

なのか？、生かすキリスト教、殺すキリスト教—バプテスト派、平和のいばらの道、戦争中だから認められない？—二〇世紀の戦争と良心の決断、口先だけの平和運動は簡単、でも……不義の戦争を拒否した人たち、七〇年間で良心的兵役拒否者一万人—世界で最も過酷な良心弾圧国、大韓民国、兵役義務と良心の自由が衝突するとき—代替服務制度は、だから必要だ、おわりに—寛容の精神で
2017.7 433p B6 ¥2400 ①978-4-906902-68-2

◆ぼくの戦争と紙芝居人生　宮野英也著　子どもの文化研究所　（あしたへ伝えたいこと 1）
【目次】第1章 ぼくの紙芝居人生（"紙芝居先生"の歩み、紙芝居の力と紙芝居運動ほか）、第2章 ぼくとベトナムの三十年（ベトナムとのはじめての紙芝居交流、ベトナム・紙芝居・心の旅路ほか）、第3章 ぼくの戦争（『ペンを奪われた青春』（抄録）、『とけた学徒』ほか）、第4章 ぼくの平和への想い（論考, 提言ほか）
2017.10 183p B6 ¥1500 ①978-4-906074-01-3

◆私たちは戦争を許さない—安保法制の憲法違反を訴える　安保法制違憲訴訟の会編　岩波書店
【要旨】戦争経験者、ジャーナリスト、弁護士、元自衛官、宗教者、母として。安倍政権が強行に成立させた安保法制の憲法違反を訴えて、一〇代から九〇代まで、さまざまな立場の、多くの市民が立ち上がっている。自らの戦争体験、あるいは職業経験・信条、知見から発せられる、安保法制に対するさまざまな批判の声を集めた、闘いの記録。
2017.8 206p B6 ¥1300 ①978-4-00-061211-1

白書・年鑑・事典・書誌

◆アンケート調査年鑑 2017年版 vol.30　並木書房編集部編　並木書房
【要旨】就活・婚活から終活まであらゆる世代の生活、現代人の暮らしと行動が見えるデータブック。2016年7月～17年6月発表の最新アンケート100点を収録！
2017.7 1017p 23×16cm ¥16000 ①978-4-89063-364-7

◆郷土・地域文化の賞事典　日外アソシエーツ編　日外アソシエーツ, 紀伊國屋書店 発売
【要旨】郷土・地域文化に関する162賞を収録。地域の伝統文化や名産品、地域産業、ふるさとづくりに贈られる賞、自治体が文化発信のため設立した賞などさまざまな賞を収録。賞の概要と歴代の受賞情報を掲載。アイヌ文化賞、温泉総選挙、サントリー地域文化賞、伝統文化ポーラ賞、ふるさと名品オブ・ザ・イヤー、にいがたマンガ大賞、近松門左衛門賞、紫式部文学賞などを収録。様々な団体、自治体、個人名から引ける「受賞者名索引」付き。
2017.7 493p A5 ¥15000 ①978-4-8169-2668-6

◆消費生活年報 2017　国民生活センター編　国民生活センター
【目次】1 消費生活相談からみたこの1年（PIO-NETにみる消費生活相談—全国のデータから、PIO-NETの危害・危険情報と医療機関ネットワークの情報、国民生活センター相談窓口に寄せられた消費生活相談、国民生活センター越境消費者センター（CCJ）に寄せられた相談）、2 消費生活関連資料（全国の商品テスト概要）
2017.10 96p A4 ¥500 ①978-4-906051-92-2

◆世界のしくみまるわかり図鑑　リチャード・プラット, ジェイムズ・ブラウン著, 三枝小夜子訳　柏書房
【要旨】雲の重さはどのくらい？ 鉛筆を発明したのはだれ？ ひもの結び方は何種類ある？ みんなの疑問にズバッと答える楽しい雑学図鑑。楽譜の読み方、人体の骨格、太陽系の仲間など、多彩なテーマが美しい図版とやさしい解説でわかる。子どもから大人まで、あらゆる世代の好奇心を刺激する一冊。
2017.9 63p 38×28cm ¥2700 ①978-4-7601-4887-5

◆奈良県年鑑 2018　（奈良）奈良新聞社
【目次】県政界、県内のニュース、県勢総覧、文化財、地価一覧、県史年表、奈良新聞文化賞受賞者、市町村編、企業編、団体編、奈良新聞記事審議委員会委員、選挙、議員編、各種編
2017.10 907p B5 ¥10000 ①978-4-88856-148-8

社会保障

◆**医療保険財政法の研究**　台豊著　日本評論社　（青山学院大学法学叢書 第4巻）
【目次】第1章 医療保険料（被保険者負担）に関する考察（1）―対価性の存在、権利性の強さ、および租税法律主義との関係、第2章 医療保険料（被保険者負担）に関する考察（2）―「応益的要素」は、なぜあるのか、第3章 医療保険料（事業主負担）に関する考察、第4章 医療保険法における財政調整に関する考察、第5章 医療保険における公費負担に関する考察、第6章 利用者負担（一部負担金等）に関する考察
2017.3 255p A5 ¥5300 ①978-4-535-52256-5

◆**「議事録」で読む社会保障の「法的姿」**―「結論」を得るための「理屈」　久塚純一著　成文堂
【要旨】「議事録」は面白い！ある「結論」が選択された際の「理屈」を、実在するモノ（＝議事録）から探し出すことで、社会保障の「法的姿」がみえてくる！
2017.7 251p B6 ¥2900 ①978-4-7923-3363-8

◆**共生保障**―"支え合い"の戦略　宮本太郎著　岩波書店　（岩波新書）
【要旨】困窮と孤立が広がり、日本社会にも分断が走る。人々を共生の場につなぎ、支え合いを支え直す制度構想が必要だ。いかにして雇用の間口を広げ、多様な居住のあり方を作りだせるのか。自治体やNPOの実践を踏まえ、生活保障の新しいビジョンとして「共生保障」を提示する。前著『生活保障 排除しない社会へ』からの新たな展開。
2017.1 226, 6p 18cm ¥840 ①978-4-00-431639-8

◆**教養としての社会保障**　香取照幸著　東洋経済新報社
【要旨】年金を改革し介護保険をつくった異能の元厚労官僚による憂国の書、書き下ろし！
2017.6 336p B6 ¥1600 ①978-4-492-70144-7

◆**決定版 手続きだけで「お金」が得する社会保障の本**　小泉正典監修　三笠書房　（知的生きかた文庫）　（『手続きだけで「お金」が得する社会保障の本』加筆・改革・再編集・改題書）
【要旨】20代からシニア世代まで……一家に1冊、備えて安心！もっとも頼れる「暮らしのガイド」。
2017.8 222p A6 ¥690 ①978-4-8379-8482-5

◆**高齢期社会保障改革を読み解く**　社会保障政策研究会編　自治体研究社
【目次】第1部 安倍政権下の高齢期社会保障改革（高齢期社会保障に潜む課題と地域共生社会の本質）、第2部 医療・介護・福祉・年金・生活保護（高齢者を対象とした医療制度「改革」、地域医療構想から考える医療提供体制のこれから、介護保険制度改正と改革の課題、高齢者福祉「改革」と市場化・産業化、新成長戦略下での公的年金制度改革、高齢者世帯の増加と生活保護「改革」）、第3部 生活の実像・運動の視点（高齢期に発生する生活問題の捉え方、市民による改革の必要性）
2017.8 173p A5 ¥1600 ①978-4-88037-671-4

◆**雇用関係助成金申請・手続マニュアル**　深石圭介、岩本浩一共著　日本法令　第2版
【要旨】65歳超雇用推進助成金、介護離職防止支援助成金など、補正予算関係の助成金も盛り込む。助成金申請実務者の決定版！
2017.1 635p B5 ¥4200 ①978-4-539-72525-2

◆**これからの日本と社会保障、そして私たち**―『生活大国』スウェーデンに学ぶ　日野秀逸著　自治体研究所、あけび書房 発売　（地域医療・福祉研究所ブックレット No.2）
【目次】1 世界と日本の新たな構図―おおもとが崩れたグローバル資本主義（新自由主義経済）、2 アベノミクスの破綻、3 深刻な労働者の貧困―貧困を「雇用・賃金・労働時間・社会保障」の視点でとらえる、4 アベノミクスは安倍政治の道具―日米同盟強化のもとで「経済大国」「軍事大国」を目指す、5 財界の社会保障政策の変遷、6 新しい生活と社会保障の産業構造構築を考える、7 スウェーデンを「生活大国」をなぜ、どう達成したか、8 労働者側・庶民側の不断・共闘意識の変化、9 協同・共同を基盤に連帯の社会を
2017.7 95p A5 ¥1000 ①978-4-87154-155-8

◆**これしかない！ 社会保障改革**―年金・医療・介護の難題を乗り越える！　鴨下一郎著　新講社
【要旨】社会保障サービスを自分で選べる社会に！医療に携わる人、必読の本。
2017.5 189p B6 ¥900 ①978-4-86081-558-5

◆**最短10年で受給できる新しい老齢給付のしくみ**　（横浜）健康と年金出版社
【目次】第1章 用語の解説、第2章 この制度（最短10年年金）のしくみ（基本事項）、第3章 対象となる年金、対象とならない年金、第4章 旧国民年金法における期間短縮により受給できる老齢年金等、第5章 この制度（最短10年年金）は平成29年8月から実施、第6章 最短10年年金Q&A、第7章 期間短縮による老齢基礎年金の事例
2017.1 50p A4 ¥700 ①978-4-901354-65-3

◆**知って得する助成金活用ガイド 平成29年度版 厚生労働省（労働）分野**―プロ（社労士）が教える！事業主のための　社労士助成金実務研究会編　日本法令
【目次】雇用調整助成金、労働移動支援助成金・再就職支援コース、労働移動支援助成金・早期雇入れ支援コース/人材育成支援コース、労働移動支援助成金・移籍人材育成支援コース、労働移動支援助成金・中途採用拡大コース、特定求職者雇用開発助成金・特定就職困難者コース、特定求職者雇用開発助成金・生涯現役コース、特定求職者雇用開発助成金・発達障害者・難治性疾患患者雇用開発コース、特定求職者雇用開発助成金・三年以内既卒者等採用定着コース、特定求職者雇用開発助成金・障害者初回雇用コース〔ほか〕
2017.7 47p A4 ¥650 ①978-4-539-74625-7

◆**社会保険改革**―ドイツの経験と新たな視点　松本勝明著　旬報社
【要旨】今日、社会保険は社会経済の構造変化がもたらす様々な課題に直面している。これらに対応するためドイツの社会保険改革をとおして、固定的な観念にとらわれず柔軟な発想のもとで社会保険を考える新たな視点を提示する。
2017.2 237p B5 ¥4000 ①978-4-8451-1498-6

◆**社会保障**―生活を支えるしくみ　田畑洋一、岩崎房子、大山朝子、山下利恵子編著　学文社　第2版
【目次】第1章 現代社会と社会保障（社会保障とは何か、社会福祉・社会保障の発展、社会保障の体系と方法、社会保障給付費と財源）、第2章 社会福祉の分野（生活保護、障がい（児）者福祉、子ども家庭福祉、高齢者福祉）、第3章 社会保障制度の諸施策（医療保険制度、介護保険、公的年金、労働保険）、第4章 地域社会と社会福祉実践（社会福祉行政と社会保障、相談援助の体系と方法、地域包括ケアシステム）、第5章 主要国の社会保障（イギリス、ドイツ、フランス、アメリカ、スウェーデン）
2017.4 237p B5 ¥2700 ①978-4-7620-2709-3

◆**社会保障クライシス**―2025年問題の衝撃　山田謙次著　東洋経済新報社
【目次】序章 10分でわかる「2025年問題」、第1章 社会保障の歴史的経緯と日本の問題、第2章 日本の社会保障を揺るがす「団塊の世代」、第3章 低所得と貧困の孤立に苦しむ2025年の就職氷河期世代、第4章 2025年に日本の財政破綻リスクが表面化する、第5章 これから国民が受け入れなければならないこと
2017.10 190p B6 ¥1700 ①978-4-492-70145-4

◆**社会保障知っトクまるわかり**―安心生活をつくる38の方法　全国クレサラ・生活再建問題対策協議会社会保障問題研究会編　（大阪）耕文社
【要旨】年金、介護、医療、失業、子育て、進学、生活保護。利用者の視点に立って、現場の実践家が制度を分かりやすく解説！
2017.11 188p A5 ¥4000 ①978-4-86377-051-5

◆**社会保障制度指さしガイド 2017年度版**　いとう総研編、伊東利洋執筆　（名古屋）日総研出版　第3版
【目次】統計データ、保健医療、介護、高齢者・障害者・児童の福祉、生活費、就労支援、権利擁護、社会保障の実施体制、ほか
2017.2 279p 28×22cm ¥4000 ①978-4-7760-1823-0

◆**社会保障と税の一体改革**―改革推進の軌跡と要点　宮島俊彦監修、第一法規編集部編　第一法規
【目次】第1章 「社会保障・税一体改革成案」までの動き（平成20年1月～平成23年7月）（社会保障・税一体改革の黎明（平成20～21年）、「社会保障・税一体改革成案」までの動き（平成22年11月～平成23年7月）ほか）、第2章 「社会保障・税一体改革関連法案」の提出まで（平成23年8月～平成24年4月）（「社会保障・税一体改革大綱」までの動き（平成23年8月～平成24年2月）、「社会保障・税一体改革関連法案」の国会提出（平成24年3～4月）ほか）、第3章 「持続可能な社会保障制度の確立を図るための改革の推進に関する法律」の成立まで（平成24年5月～平成25年12月）（社会保障・税一体改革関連法案の国会審議と関連法案の成立（平成24年5～8月）、社会保障制度改革国民会議と社会保障制度改革プログラム法の成立 ほか）、第4章 社会保障制度改革プログラム法に基づく改革の推進（平成26年1月～）（社会保障制度改革推進本部（平成26年1月～）、社会保障制度改革推進会議（平成26年6月～）ほか）、関係資料
2018.1 313p B5 ¥4500 ①978-4-474-05977-1

◆**社会保障入門 2017**　社会保障入門編集委員会編　中央法規出版
【要旨】図解で社会保障全般を理解できる！最新の統計・資料を豊富に収載！効率よく制度や動向が学べる！
2017.1 201p B5 ¥2400 ①978-4-8058-5451-8

◆**社会保障のしくみと法**　伊藤周平著　自治体研究社
【目次】第1章 社会保障の法体系と社会保障の権利、第2章 公的扶助（生活保護）、第3章 年金、第4章 社会手当、第5章 医療保険、第6章 社会福祉、第7章 労働保険、第8章 社会保障と社会保障法理論の課題
2017.7 319p A5 ¥2700 ①978-4-88037-668-4

◆**社会保障の数量分析**　吉田有里著　清文社
【目次】第1章 序論、第2章 日本の社会保障制度―歴史的変遷と現状、第3章 年金制度のあり方と経済活動、第4章 医療制度のあり方と経済活動、第5章 介護保険制度のあり方と経済活動、第6章 貧困と不平等、第7章 社会保障と財源
2017.11 158p A5 ¥2400 ①978-4-433-41157-2

◆**社会保障の手引 平成29年版**―施策の概要と基礎資料　中央法規出版
【目次】社会福祉一般、高齢者の保健福祉、障害者の保健福祉、児童の福祉、母子及び父子並びに寡婦の福祉、母子保健、生活保護、生活困窮者等の支援、社会福祉施設、戦傷病者、戦没者遺族等の援護、特殊疾病対策、社会保険制度、就職・雇用促進諸施策、就学奨励その他児童生徒の援護、社会福祉関係税制、主要諸施策の概要一覧
2017.2 743p A5 ¥2800 ①978-4-8058-5464-8

◆**社会保障の手引 平成30年版**―施策の概要と基礎資料　中央法規出版
【目次】社会福祉一般、高齢者の保健福祉、障害者の保健福祉、児童の福祉、母子及び父子並びに寡婦の福祉、母子保健、生活保護、生活困窮者等の支援、特殊疾病対策、社会保険制度、就職・雇用促進諸施策、就学奨励その他児童生徒の援護、社会福祉関係税制、主要諸施策の概要一覧
2017.12 747p A5 ¥2800 ①978-4-8058-5599-7

◆**社会保障便利事典 平成29年版**　週刊社会保障編集部編　法研
【要旨】社会保障の関係者、社会保障に関心のある人、必携！複雑な社会保障を、一生のライフサイクルに沿って、コンパクトに解説。制度の内容、手続きのしかた、問合せ先など、いざというとき役に立つ情報満載。
2017.2 383p A5 ¥1900 ①978-4-86513-386-8

◆**社会保障法入門**　西村健一郎著　有斐閣　第3版
【要旨】最新の法改正重要判例に対応！医療保険、年金保険、介護保険、労災保険、雇用保険、社会手当（児童手当など）、社会福祉サービス、生活保護などについて、その仕組みと考え方をわかりやすく解説した最良の入門書。
2017.3 354p B6 ¥2100 ①978-4-641-14495-8

◆**社会保障レボリューション**―いのちの砦・社会保障裁判　井上英夫、藤原精吾、鈴木勉、井上義治、井口克郎編　（京都）高菅出版
【目次】序章 社会保障裁判の展開と権利としての社会保障、第1章 朝日訴訟、第2章 堀木訴訟―ひとりのお母さんのねがい、第3章 障害のある人と裁判、第4章 生活保護裁判の新しい波―いのちのとりで裁判、第5章 年金で健康な文化的生活を、第6章 課題と展望
2017.9 274p A5 ¥2000 ①978-4-901793-77-3

社会・文化

◆"自立支援"の社会保障を問う―生活保護・最低賃金・ワーキングプア　桜井啓太著　（京都）法律文化社
【目次】第1部「自立支援」その影響―労働と福祉の領域において（ワーキングプア化する生活保護「自立」世帯、最低賃金と生活保護―ワーキングプアvs生活保護受給者？、自立助長の放棄と生活保護制度改革）、第2部「自立支援」の誕生と発展（「自立支援」のテキスト分析―国会会議録を例に、「自立支援」を巡る政策史、「自立支援」の使用法―その特徴と機能、「自立支援」の拡大と生活保護の変容―「生」に介入する自立支援、自立と依存）
2017.2 243p A5 ¥5400 ①978-4-589-03823-4

◆人口減少と社会保障―孤立と縮小を乗り越える　山崎史郎著　中央公論新社　（中公新書）
【要旨】国民皆年金・皆保険とする戦後の社会保障。雇用の安定と人口増加のもと発展してきたが、1990年代以降の経済低迷により、家族と雇用のあり方は激変。社会的孤立などの問題が浮上した。加えて、人口減少が社会保障の土台を揺るがしている。「ミスター介護保険」と呼ばれ、地方創生総括官も務めた著者が現状の問題点を指摘し、孤立を防ぐ方法、高齢者偏重から全世代型への転換など新しい方策を示す。
2017.9 271p 18cm ¥880 ①978-4-12-102454-1

◆図表で見る医療保障　平成29年度版　健康保険組合連合会編　ぎょうせい
【目次】第1部 国民医療費（国民医療費の推移と構造、医療費の変動と要因、国民医療費の今後の動向）、第2部 医療保障制度（医療保障制度の現状、諸外国の医療保障制度、介護保険制度、医療保険制度の財政状況、保険料と国庫負担、医療保険を取り巻く諸課題）、第3部 医療機関と診療報酬（保険医療機関・医療制度、医療提供体制、診療報酬制度、審査支払機関）
2017.11 223p A5 ¥2700 ①978-4-324-10416-3

◆生活保護関係法令通知集　平成29年度版　中央法規出版編集部編　中央法規出版
【目次】1 生活保護法関係（基本法令、保護の基準、保護施設 ほか）、2 生活保護法関係通知（総括的通知、保護の実施体制、保護費関係 ほか）、3 関連法令等（不服審査関係、行旅病人及び行旅死亡人関係、ホームレスの自立支援等関係 ほか）
2017.8 1909p A5 ¥5800 ①978-4-8058-5546-1

◆生活保護手帳　2017年度版　中央法規出版
【目次】生活保護実施の態度、生活保護法、生活保護法施行令、生活保護法施行規則、生活保護法別表第1に規定する厚生労働省令で定める情報を定める省令、保護の基準、保護の実施要領、医療扶助運営要領、介護扶助運営要領、関係通知、資料　2017.8 907p A5 ¥2500 ①978-4-8058-5528-7

◆生活保護手帳　別冊問答集　2017　中央法規出版
【目次】生活保護問答集について、第1編 保護の実施要領関係（世帯の認定、実施責任、資産の活用、稼働能力の活用、扶養義務の取扱い ほか）、第2編 医療扶助運営要領関係（医療扶助運営方針、医療扶助運営体制、医療扶助実施方式、医療扶助指定機関、診療報酬の審査及び支払 ほか）、資料（要保護世帯向け長期生活支援資金の運用等に関する質疑への回答）
2017.8 586p A5 ¥2200 ①978-4-8058-5529-4

◆「生活保護なめんな」ジャンパー事件から考える　生活保護問題対策全国会議編　あけび書房
【要旨】小田原市で発覚した衝撃の事件…。問題の核心はなにか!?全国の福祉現場で「見えないジャンパー」を蔓延していないか!?事件を契機に生活保護行政の改善の道筋を考える。その後、小田原市では画期的な検証作業により、生活保護行政が大きく改善されようとしている。改善の詳細を網羅。
2017.7 142p A5 ¥1500 ①978-4-87154-152-7

◆生活保護の社会学―自立・世帯・扶養　牧園清子著　（京都）法律文化社
【目次】現代日本における生活保護制度、生活保護の動態―2000年以降の生活保護政策と生活保護受給、1 生活保護における自立と自立支援の展開（生活保護政策における自立と自立支援、自立支援の展開と生活保護）、2 生活保護の新たな展開（生活保護受給者の地域生活支援、生活保護と民間委託）、3 生活保護制度における世帯認定と扶養義務の展開―保護の実施要領を中心に（生活保護における世帯と世帯認定、生活保護にお

ける扶養義務）、生活保護制度における変化と基本構造の維持
2017.2 240p A5 ¥4600 ①978-4-589-03820-3

◆短期給付の知識 実務編　平成30年度版―これだけは知っておきたい　永見健一著（長野）ダンクセキ共済法規出版部　改定版
【要旨】共済組合制度のあらまし、短期給付事業のあらまし、短期給付事業と他の制度との関係、短期給付の財源、組合および連合会、組合の運営、組合員、被扶養者、遺族、給付の基礎となる標準報酬、短期給付、他の法令による療養との調整、損害賠償請求、生活保険診療報酬支払基金等への事務の委託、給付制限、時効、任意継続組合員
2017.11 344p B6 ¥2600 ①978-4-906299-45-4

◆ちょっと気になる医療と介護　権丈善一著　勁草書房
【要旨】改革の本丸、医療と介護。団塊世代が後期高齢者となる2025年以降、日本の医療介護ニーズの絶対量は高原状態となる。日本社会はそれまでに何をすべきか。正しくデータを把握し、論理的に考える為に。「社会保障というシステム」の根本からわかりやすく学び、教えるための入門書。
2017.1 320p A5 ¥2000 ①978-4-326-70094-3

◆ちょっと気になる社会保障　増補版　権丈善一著　勁草書房
【要旨】社会保障制度の現状をどのように把握し、未来をどのように設計すべきか。正しくデータを把握し、論理的に考えるために。「社会保障というシステム」の根本からわかりやすく学び、教えるための入門書。
2017.2 253p A5 ¥1800 ①978-4-326-70096-7

◆トピック社会保障法　2017　本沢巳代子、新田秀樹著　不磨書房、信山社 発売　第11版
【要旨】みぢかなトピックでわかりやすく解説。随所にある54のコラムも読みやすく、より専門的な学習ができるように工夫。初学者の学生からゼミ生、社会人にも幅広く活用できる。各種福祉系の資格試験学習にも便利。付録：英文による「留学生の皆さんへ」のメッセージが新登場！　2017.3 292p A5 ¥1800 ①978-4-7972-8711-0

◆2001・2017年 ドキュメント社会保障改革―「年金時代」186本のコラムが語る　中村秀一著　年友企画、社会保険出版社 発売
【要旨】「社会保障の強化と財政健全化の同時達成にしか未来はない」とする著者が、小泉政権から第1次安倍、福田、麻生政権を経て民主党政権の鳩山、菅、野田政権、再び自公連立の第2次安倍政権に至るまでの激動の17年間を綴ったコラムを掲載。「現時点からのコメント」を新たに加える。
2017.11 607p B6 ¥3500 ①978-4-7846-0311-4

◆日本の社会保障システム―理念とデザイン　木下武徳、吉田健三、加藤美穂子編　東京大学出版会
【要旨】日本の経済社会を支える仕組みを正確に知る。保障者である国民一人ひとりが高い関心を持たなければ、将来の社会保障システムは支えられない。老後の生活やケガや病気、そして介護に至る生活のリスクへの備えである社会保障システムの全体像を丁寧に解説するテキスト。
2017.9 222p B6 ¥2500 ①978-4-13-042147-8

◆はじめての社会保障―福祉を学ぶ人へ　椋野美智子、田中耕太郎著　有斐閣　（有斐閣アルマ）　第14版
【要旨】2016年制度改正完全対応。誰を対象とする制度か、給付されるのは何か、その費用は誰が払っているのか、誰が責任をもって運営しているのかなど、1つの制度の構造がつかめたら、比較しながら別の制度を学ぶことにより、立体的に理解することができます。2016年中の法改正・最新のデータに対応した決定版テキスト。
2017.3 311p B6 ¥1800 ①978-4-641-22093-5

◆マンガ 自営業の老後　上田惣子著　文響社
【要旨】フリーランスが、死ぬまで幸せに生きるために、いま、できることのすべて。みんなが苦手な年金や税金の話を超絶わかりやすく体感できる実用コミックエッセイ。老後貧困に陥らないために、そして、死ぬまで黒字でいるために生きなければいけないのか。53歳超ずぼらイラストレーターが、専門家と先輩の力を借りて、ギリギリセーフで老後の備えを始めます。
2017.4 216p A5 ¥1180 ①978-4-905073-90-1

◆Q&A実務家が知っておくべき社会保障―障害のある人のために　佐々木育子編著、板野陽一、小久保哲郎、藤井渉、藤岡夕里子著　日本加除出版
【要旨】障害者福祉、医療、年金、生活保護など、障害者の支援に関わる全ての実務家必携！支援をめぐる様々な法的問題を網羅的にまとめ、解決の糸口を示す待望の一冊！
2017.10 452p A5 ¥4600 ①978-4-8178-4431-6

福祉

◆「赤ちゃんポスト」は、それでも必要です。―かけがえのない「命」を救うために　田尻由貴子著　（京都）ミネルヴァ書房　（シリーズ・福祉と医療の現場から 3）
【要旨】親が育てられない赤ちゃんを匿名で預けられる「こうのとりのゆりかご（赤ちゃんポスト）」が日本で最初に運用されてから十年がたった。ようやく二つ目が設置されようかという動きがあったものの、いまだ実現には至っていない。妊娠や子育てに悩んでいる人の相談活動を続ける著者は、ひとりでも多くの赤ちゃんの「命」の誕生を願ってその存在意義を訴え続ける。
2017.6 206p B6 ¥2000 ①978-4-623-08090-8

◆アクティブラーニングで学ぶ 福祉科教育法―高校生に福祉を伝える　藤田久美編著　一藝社
【目次】第1章 高校における福祉教育の意義を考えよう（福祉教育の必要性と意義、福祉科設置の経緯と福祉科の実際、ボランティア活動を通して学ぶ福祉）、第2章 高校生に福祉を教える教師から学ぼう（高校福祉科の生徒の姿、高校福祉科の教員の仕事、専攻科の教員と可能性、高校教員からの声）、第3章 福祉の授業づくりにチャレンジしよう（高校福祉科の教育目標と教科、授業づくりにチャレンジしよう）、第4章 教育実習を通して学ぼう（教育実習の前に、教育実習を通して伝え、学び続ける教師になろう）、第5章 福祉を伝え、福祉の輪を広げよう―高校生を対象とした福祉教育実践を企画してみよう、高校生を対象とした福祉教育実践の実際――とふくし講座の実践から、共に生きる教育"福祉教育"をすすめていく人として―福祉を伝え、福祉の輪を広げよう）
2017.3 78p A5 ¥1800 ①978-4-86359-122-6

◆アジアにおける高齢者の生活保障―持続可能な福祉社会を求めて　金成垣、大泉啓一郎、松江暁子編著　明石書店
【目次】アジアにおける高齢化と高齢社会対策をどうみるか、第1部 韓国における高齢化と高齢者の生活保障（老いていくアジアのなかの韓国、高齢者の生活保障の歴史的特質）、第2部 韓国的特質の諸相（高齢者雇用と社会活動支援事業の展開―市場型事業を中心に、ソウル市蘆原区における高齢者の生活と生活の質・可能性、蘆原老人福祉館・月渓福祉館の低所得高齢者向け福祉サービス、月渓福祉館の「美しい隣人」事業）、第3部 アジア諸国の事例（シンガポール―変化する介護サービスの担い手、タイ―高齢化とコミュニティ・ベース高齢者ケア、ベトナム―家族が支える高齢者扶養のゆくえ、台湾―介護サービスにおける外国人介護労働者、日本―深刻化する高齢者の貧困と介護の課題）、アジアから考える高齢社会の展望
2017.5 234p A5 ¥2000 ①978-4-7503-4514-7

◆あじさいセミナーろく（録）　秋山哲之介編　（古城）共生社、慶應義塾大学出版会 発売
【要旨】社会福祉法人共生社が毎年1回開催している講演会の内容をもとに編集。4巻目では、少子高齢社会を目前にして、これからの医療、介護福祉、社会保障、働き方について解説。
2017.10 209p A5 ¥2300 ①978-4-7664-2464-5

◆あそびの生まれる場所―「お客様」時代の公共マネジメント　西川正著　ころから
【要旨】何かをしてみようという気持ちが生まれてくる公共空間とは？ 権力に頼ることなく、自由を感じながら生きていける、そうした暮らしや社会は、どうすればつくれるだろうか。「遊び」「公共」「コミュニティ」をキーワードに「お客様」時代の公共マネジメントを考える―
2017.3 299p B6 ¥1800 ①978-4-907239-23-7

◆新しい社会福祉法人制度の運営実務―平成29年施行社会福祉法対応版　田中正明著　TKC出版　改訂新版

【要旨】「平成29年4月施行の政省令」「社会福祉法人審査基準」「社会福祉法人定款例」等に完全対応!!さまざまな「準用」や「読替」に対応した「社会福祉法二段表」として掲載!
2017.3 829p B5 ¥4500 ①978-4-905467-38-0

◆アラブ権威主義国家における再分配の政治─エジプト福祉レジームの変容と経路依存性　河村有介著　(京都)ミネルヴァ書房　(シリーズ・現代の福祉国家 13)
【要旨】本書は、権威主義国家であるエジプトの福祉レジームを俯瞰する試みである。イギリス保護国時代からナセル時代を経て、サーダート、ムバーラク時代に至るトップダウン型の福祉の政治を見通す。その上でポピュリズム型の分配することにより、国民の不満が「アラブの春」へとつながった過程を描く。
2017.4 238p A5 ¥6500 ①978-4-623-08068-7

◆アルビノの話をしよう　石井更幸編著　(大阪)解放出版社
【要旨】全身のメラニン色素が生まれつきまったく、まったく十分にしかつくれない体質をもつアルビノの人が暮らすうえでの困難や支援について、当事者と親が体験をつづった。さらに、医師などの立場から、サポートのための具体的な情報を届ける。
2017.7 94p A5 ¥1300 ①978-4-7592-6123-3

◆生かされて　たきのえいじ著　山中企画、星雲社 発売
【要旨】なぜぼく達が「訪問看護・歌の宅配便」を始めたのか? やすらぎの歌びと・かとうれい子と歩く!!
2017.6 189p B6 ¥1500 ①978-4-434-23363-0

◆いきいき生活かるた　あさいのりあき著　東京図書出版、リフレ出版 発売　(付属資料:カード)
【要旨】医療からではなく福祉からの提言。心がうろたな時、虚しい日々を過ごしている時、そんな時元気がでる本。かるた付き。
2017.3 162p A5 ¥1400 ①978-4-86641-029-6

◆生きている! 殺すな─やまゆり園事件の起きる時代に生きる障害者たち　「生きている!殺すな」編集委員会編　(武蔵野)山吹書店、JRC 発売　(付属資料:CD1)
【要旨】2016年夏、相模原市にある施設「津久井やまゆり園」で多数の障害者が殺傷される事件が起きた。障害のある人たちは、事件に怒り、そして、殺されていたのは自分だったかもしれない、自分もいつ殺されるかもしれないとおびえた。だから、障害者は、障害者が生きている現実を知ってほしい。知ることからしか偏見や差別をなくすことはできないし障害者を分けない社会こそが、やまゆり園事件を生まない社会の土壌となるからだ。本書は、いきいきと生きる障害者の現実を知らせるために、障害者や離病の人、親、支援者の21人が、障害について、介護について、人生について、生活について、仕事について、やまゆり園事件について、執筆したものである。
2017.10 205p A5 ¥1800 ①978-4-86538-064-4

◆一路一私はどこに向かって歩こうとしているのか　三澤準著　(長野)ほおずき書籍、星雲社 発売
【要旨】長年にわたって障害者とその家族らに寄り添ってきた筆者が問うこの国の障害者福祉の過去・現在・未来。
2017.11 181p 19cm ¥1000 ①978-4-434-23938-0

◆絲(ITO)─君の笑顔に会いたくて　大沼えり子著　ロングセラーズ
【要旨】かけがえのないいのちと向き合う保護司の物語。
2017.9 254p B6 ¥1204 ①978-4-8454-2405-4

◆愛おしきいのちのために─ダウン症のある私から　岩元綾著　(京都)かもがわ出版
【目次】1章 愛おしきいのちのために、2章 ひかりの中で─対談・往復書簡 大平光代さん＆岩元綾、3章 旅─いのちとの出会い、別れ、そして再会、4章 私に与えられた使命─対談・玉井法先生＆岩元綾、5章 いのちの系譜、6章 綾の詩「いのち」につながること
2017.11 142p B6 ¥1600 ①978-4-7803-0942-3

◆癒し 地域包括ケア研究─聖カタリナ大学30周年・聖カタリナ大学短期大学部50周年開学記念特集号　聖カタリナ大学・聖カタリナ大学短期大学部開学記念論文編集委員会編　(松

山)創風社出版　(聖カタリナ大学・聖カタリナ大学短期大学部研究叢書 4)
【要旨】このたび本学においては、松山赤十字病院との協力協定により人間健康福祉学部に看護学科が設置されました。また「健康と福祉」をテーマに心の癒しと心の豊かさを求めた都市型の学園づくりを構築する運びとなりました。優れた教育実践を生み出す研究の深化と地域貢献に結びついた教育活動の成果を論文集として発刊することによって、看護・健康・福祉・保育・地域社会などに特化した、新しい地域包括支援体制を担う学園づくりの一助となることを願います。
2017.2 276p B5 ¥2000 ①978-4-86037-243-9

◆癒しのセクシー・トリップ─わたしは車イスの私が好き!　安積遊歩著　太郎次郎社エディタス オンデマンド版
【目次】1章 隔離のなかの性的抑圧、2章 押しつけられた自己否定、3章 私のセクシュアリティー、4章 私のなかにもある差別するこころ、5章 車椅子で体験したアメリカ、6章 性差別の厚い壁、7章 キズの癒し
2017.10 229p B6 ¥2400 ①978-4-8118-0490-3

◆イラストでわかる 介護・福祉職のためのマナーと接遇　関根健夫、杉山真知子著　中央法規出版
【要旨】コミュニケーションスキルの決定版。利用者さんやご家族から信頼されよりよい関係を築いていくために。
2017.8 222p A5 ¥2000 ①978-4-8058-5562-1

◆医療・介護現場の課題解決型リーダー育成メソッド　大道会、パスカル著 日経ヘルスケア編　日経BP社、日経BPマーケティング 発売　(付属資料:CD‐ROM1)
【要旨】医療・介護複合体『社会医療法人大道会』の教育ノウハウを全公開! 取り組み事例をベースに運営課題の発見・分析・解決方法を伝授。
2017.6 295p 29×22cm ¥16000 ①978-4-8222-3965-7

◆医療から逃げない! ケアマネジャーのための医療連携Q&A (応用)　高岡里佳著　東京都福祉保健財団
【目次】第1章 ケアマネジメントに必要な連携の基本編(医療連携の基本、連携場面におけるコミュニケーションルール)、第2章 場面ごとのQ&A(在宅医療編、入院医療編)、第3章 ケアマネジメントに活かせる医療情報編(在宅療養支援診療所、在宅療養支援病院、地域包括ケア病棟、介護療養型医療施設の廃止と介護医療院 ほか)　2017 127p A5 ¥1700 ①978-4-902042-56-6

◆医療的ケア児者の地域生活を支える「第3号研修」─日本型パーソナル・アシスタンス制度の創設を　医療的ケアネット編　(京都)クリエイツかもがわ
【目次】第1章 法制化後の第3号研修の現状と課題(特別寄稿/喀痰吸引等制度の現状分析と今後の課題、なぜ、第3号研修をひろめようとするかほか)、第2章 各地の現状と課題(特別寄稿/東京都および学校教育における喀痰吸引等研修(第3号研修)について、大阪府の学校教育における第3号研修について ほか)、第3章 子どもと家族を中心に生命と安全が守られるために(宮城県/気管カニューレ事故抜去時の対応、再挿入を禁止し通達をめぐって)、第4章 第3号研修の課題と今後の方策(当事者・家族から見た第3号研修への思い、第3号研修)現場の声 ほか)、第5章 第3号研修をよりひろめるための提案(24時間地域支援を実現させるためのパーソナル・アシスタンス制度の創設を)
2017.6 147p A5 ¥1400 ①978-4-86342-214-8

◆医療的ケア児等コーディネーター養成研修テキスト　末光茂、大塚晃監修　中央法規出版
【目次】第1章 総論(医療的ケア児等の地域生活を支えるために、医療的ケア児等コーディネーターに求められる資質と役割)、第2章 計画作成(医療的ケア児等の意思決定支援、医療的ケア児等のニーズ把握事例─久留米市のコーディネートの現状)、第3章 支援体制整備(支援チームづくりと支援体制整備、支援チームを育てる、支援体制整備事例、医療・福祉・教育の連携、資源開拓・創出方法)、第4章 計画策定・演習(計画策定(演習)、演習(計画策定)に向けて)、第5章 資料　2017.6 108p B5 ¥2000 ①978-4-8058-5472-3

◆医療的ケア児等支援者養成研修テキスト　末光茂、大塚晃監修　中央法規出版
【目次】第1章 総論、第2章 医療、第3章 福祉、第4章 連携、第5章 ライフステージにおける支

援、第6章 資料
2017.3 260p B5 ¥3000 ①978-4-8058-5473-0

◆医療福祉経営入門　中島明彦著　同友館
【目次】第1部 医療福祉サービスのマネジメント(医療福祉サービスの特性、医療福祉サービスの顧客とサービスの構造、医療福祉サービスの交換過程)、第2部 医療福祉組織のマネジメント(医療福祉専門職、医療福祉組織、人と組織のマネジメント)、第3部 医療福祉制度のマネジメント(医療サービスの供給制度、医療保険制度と診療報酬、医療費抑制政策の政策過程)
2017.3 183p A5 ¥1800 ①978-4-496-05267-5

◆医療・福祉マネジメント─福祉社会開発に向けて　近藤克則著　(京都)ミネルヴァ書房　(MINERVA福祉専門職セミナー 17)　第3版
【要旨】「PDCAサイクルを回せ」「問題指向から目標指向へ」などのマネジメントの原則と方法論は、医療・福祉の領域にも適応可能である。臨床レベルの「医療・福祉の統合」から、事業体レベルの「サービスの質向上と経営の両立」、「持続可能な社会」を目指す政策レベルまで、マネジメントを科学する。全体を捉えたい人、10年単位の大きな流れを知りたい人、新しい研究の視点を求める人に必読の1冊。初学者・実践家向けのコラムも充実。第3版では、武豊プロジェクト等の事例を基に、市町村レベルの取り組みに関する解説等を加筆。
2017.3 221p A5 ¥2600 ①978-4-623-07992-6

◆うちの子になりなよ─里子を特別養子縁組しました　古泉智浩著　イースト・プレス
【要旨】「新しい家族のかたち」として注目を集める「特別養子縁組」の成り立ちや手続き、実親との関係、真実告知、男親の育児などを正直に綴ったコミックエッセイ。
2017.12 199p B6 ¥1200 ①978-4-7816-1624-7

◆生まれてくれてありがとう─目と鼻のない娘は14才になりました　倉本美春著　小学館
【要旨】母子で屋上から飛び降りようと思った日もあったけれど、重複障害のある娘が教えてくれた─生きることの意味。
2017.11 239p B6 ¥1400 ①978-4-09-388586-7

◆英国「隔離に反対する身体障害者連盟(UPIAS)」の軌跡─"障害"の社会モデルをめぐる「起源の物語」　田中耕一郎著　現代書館
【要旨】障害の社会モデルの源流を辿る。未公開内部資料とコア・メンバーへのインタビューを基にした「障害をめぐる思想」の発掘作業。
2017.3 366p A5 ¥3500 ①978-4-7684-3553-3

◆援助関係論入門─「人と人との」関係性　稲沢公一著　有斐閣　(有斐閣アルマ)
【要旨】苦しみをかかえて逃げることのできない人を前にしたとき、私たちには何ができるのか? 援助を構成する要素と援助モデル、理論史の解説などをとおして、人が人を助ける理由にあらためて立ち返る、新たな援助論。
2017.6 203p B6 ¥1900 ①978-4-641-22100-0

◆老いのこころと寄り添うこころ─介護職・対人援助職のための心理学　山口智子編　(三鷹)遠見書房　改訂版
【要旨】老年期の本人と、取り巻く家族、援助者などの人々の問題や葛藤など「こころ」を中心に切り取った最良の高齢者心理学の入門書。「こころ」の問題の中核的なテーマである老年期の認知症だけでなく、生涯にわたる人間としての成長や喪失、生と死の問題にまで広く「心理学」の視点で解説をし、高齢者に寄り添ったケア実践に役立つ。
2017.3 196p A5 ¥2600 ①978-4-86616-027-6

◆沖縄子どもの貧困白書　加藤彰彦、上間陽子、鎌田佐多子、金城隆一、小田切忠人編著、沖縄県子ども総合研究所編　(京都)かもがわ出版
【要旨】全国初、県の独自調査で子どもの貧困率29.9%の衝撃。官民タッグで未来への子どもの貧困対策、沖縄モデルをつくる。全国で子どもの貧困対策に取り組む市民・行政関係者、子どもに関わる人必携!
2017.10 287p A5 ¥2700 ①978-4-7803-0929-4

◆大人になってわかったディスレクシア─本は読まないあなたへ　　　べ著　幻冬舎メディアコンサルティング、幻冬舎 発売
【要旨】ディスレクシア…読字障害。学習障害(LD)のひとつ。「みんなできて当然のことが、自分にはできない」。そんな悩みの原因は学習障害にあった。誰にも言えなかったベテラン保育士の

社会・文化

秘密…。
2017.4 157p B6 ¥1200 ①978-4-344-91140-6

◆重い障がい児に導かれて—重症児の母、北浦雅子の足跡　福田雅文著、全国重症心身障害児(者)を守る会編　中央法規出版
【目次】第1部 悲しみと愛と救いと(福岡の街、発病 ほか)、第2部 この子たちは生きている(夜明け前の母親たち、初の国家予算 ほか)、第3部 この子らを世の光に(緊急一時保護制度、重症児通園事業の法制化 ほか)、第4部 なぜ、日本で重症児が守られるようになったのか(四人の先達者、糸賀一雄の歩んだ道 ほか)
2017.9 154p B6 ¥1800 ①978-4-8058-5580-5

◆親子広場ドレミファごんちゃん—0歳からの憩いのおうち安明寺ビハーラの家　武富緑著(京都)クリエイツかもがわ
【要旨】古民家を利用した「実家のような、赤ちゃんからお年寄りまでホッとできる空間」。初めて訪れる子どもも大人も落ち着く子育て支援の「つどいの広場」。親子リズム、親子のための音楽会、ティーホッとサロン、ママカフェ、専門家による母性相談・発達相談…多種多様・豊富な取り組みで成長するママと子どもたち!
2017.11 191p B6 ¥1800 ①978-4-86342-225-4

◆外国人の子ども白書—権利・貧困・教育・文化・国籍と共生の視点から　荒牧重人、榎井縁、江原裕美、小島祥美、志水宏吉、南野奈津子、宮島喬、山野良一編　明石書店
【要旨】日本語が話せない、学校に行けない、差別やいじめを受ける、貧困問題を抱える、不本意な移動を繰り返す、就労できない—支援をこの1冊で理解。項目数85、執筆者73人、資料50頁の圧巻のデータブック!
2017.4 313p B5 ¥2500 ①978-4-7503-4495-9

◆介護現場における「ケア」とは何か—介護職員と利用者の相互作用による「成長」　種橋征子著　(京都)ミネルヴァ書房(MINERVA社会福祉叢書)
【要旨】「ケア」の概念について、現場経験のある著者が、実際の当事者(利用者、介護職)を調査し、さまざまな立場から論じられるがゆえに、ほんやりしたかとらえにくかった概念を言語化した意欲作である。介護職員と利用者のやりとりを丹念に追い、そこから「ケア」の概念について明らかにしていく。そして今後に向けて、よりよい介護現場の創造のために、介護職員が「ケア」とは何かを知る重要性について教育の観点から提言する。
2017.10 341p A5 ¥6000 ①978-4-623-08100-4

◆介護職員キャリアパス構築・運用マニュアル—2017年度介護報酬改定に完全対応!　日経ヘルスケア編　日経BP社、日経BPマーケティング 発売　(NHCスタートアップシリーズ)
【目次】第1章 2017年度介護報酬改定と2018年度制度改正の概要、第2章 今なぜキャリアパスなのか、第3章 キャリアパス構築の基本的考え方と実務、第4章 外国人介護人材採用・育成のポイント、第5章 ケースに見るキャリアパス構築のヒント、第6章 資料編
2017.5 328p 29×22cm ¥12000 ①978-4-8222-3964-0

◆介護職のための困りごと&お悩み解決ハンドブック　因利恵監修・著　ナツメ社
【要旨】「決められた時間でサービスを提供できない」"訪問したら「帰っていい」と言われた"などこんな困りごと、お悩みにお答えします!場面ごとに発生するトラブルに、イメージしやすいイラストで具体的な対処法を伝授!
2017.8 255p 19cm ¥1600 ①978-4-8163-6276-7

◆介護する息子たち—男性性の死角とケアのジェンダー分析　平山亮著　勁草書房
【目次】序章 息子という経験—なぜ息子介護を問うのか、第1章 息子介護の分析視角カーケアにおけるマネジメント、関係としてのケア、第2章 息子によるケア—親の老いの受けとめ方ときょうだい関係、第3章 介護する息子の語り方・語られ方—「説明可能にする実践」としてのジェンダー、自己を土俵とした「男らしさ」の競演—セルフヘルプ・グループの陥穽、第5章「老母に手を上げてしまう息子」の構築—暴力の行使はいかにして自然化されているのか、終章 息子介護研究が照らし出すもの—男性学は何を見落としてきたのか
2017.2 262, 10p B6 ¥2500 ①978-4-326-65405-5

◆介護の現場で役立つ介護技術&急変時対応ハンドブック—介護職従事者必携!　前川

美智子監修、ユーキャン介護職のための介護技術研究会編　ユーキャン学び出版、自由国民社 発売　2訂版
【要旨】イラストで手順をわかりやすく解説。"普段の介護" 状態&疾患で引く「介護技術」。"いざという時" 状態別でわかる「急変時対応」。疾患別介護のポイント&急性期対応掲載。利用者宅でなどカバンに入っていて安心な1冊!
2017.4 207p 18cm ¥1480 ①978-4-426-60963-4

◆介護破産—働きながら介護を続ける方法　結城康博、村田くみ著　KADOKAWA
【要旨】愛する家族「介護のしないために—増える負担に減る年金。親の介護のために離職した子どもを待ち受ける厳しいその後…。誰もがなり得る「介護破産」を避けるために、我々にできることとはなにか。ジャーナリストが垣間見た介護現場の実態と、専門家が提唱する持続可能な介護生活を送るための方策をまとめた一冊。
2017.4 207p B6 ¥1300 ①978-4-04-601582-2

◆介護保険施設のためのできる! 感染対策　四宮聡著(名古屋)リーダムハウス
【目次】1 感染と防止の基本—ヒトと病原体と感染、2 感染を起こさないための日頃の予防策、3 日頃の感染予防策、4 感染症が発生した時の拡大防止策、5 感染症発生時の拡大防止策、6 組織で取り組む感染対策—効果を上げる体制づくり、7 施設内でできる感染対策研修会、8 地域病院との連携—感染対策専門家との良好な関係づくり
2017.10 191p B5 ¥2800 ①978-4-906844-14-2

◆介護リーダーのためのアンガーマネジメント活用法—イライラと賢くつきあい活気ある職場をつくる　田辺有理子著　第一法規
【要旨】つい、カッとなって、スタッフを怒鳴ってしまった…。そんな後悔はもうしない。事例でわかる! 今日から始めるアンガーマネジメント
2017.10 156p A5 ¥1500 ①978-4-474-05869-9

◆介護労働の現状　1　介護事業所における労働の現状 平成28年版　介護労働安定センター　(介護労働ガイダンスシリーズ)　(付属資料：CD・ROM1)
【目次】第1章 事業所における介護労働実態調査の実施概要(調査の目的、調査対象、調査事項 ほか)、第2章 事業所における介護労働実態調査結果(平成27年度の調査回答事業所構成の特徴、法人・事業所の概況、雇用管理の状況 ほか)、第3章 資料編(統計表、都道府県別、事業所における介護労働実態調査 調査票(単純集計結果記載))
2016 126, 169, 16p A4 ¥3333 ①978-4-907035-39-6

◆介護労働の現状　2　介護労働者の働く意識と実態 平成28年版　介護労働安定センター　(介護労働ガイダンスシリーズ)
【目次】第1章 介護労働者の就業実態と就業意識調査結果の実施概要(調査の目的、調査対象、調査事項 ほか)、第2章 介護労働者の就業実態と就業意識調査結果(現在の仕事について、労働条件及び労働日・労働時間について、賃金等について ほか)、第3章 資料編(統計表、都道府県別、介護労働者の就業実態と意識調査 調査票(単純集計結果入り))
2016 90, 187, 16p A4 ¥2381 ①978-4-907035-40-2

◆改正社会福祉法対応のための規程集　第2弾　東京都社会福祉協議会　(付属資料：CD・ROM1)
【目次】社会福祉法の改正、社会福祉法人定款例、評議員および評議員会、理事・理事会、理事長・業務執行理事、監事、会計監査人、社会福祉充実計画、評議員・理事・監事・会計監査人の報酬、内部管理体制の整備、情報開示、計算、特別な利益供与の禁止、役員等の損害賠償責任・ばっそく、行政の関与
2017.3 289p A4 ¥3000 ①978-4-86353-249-6

◆改正精神衛生法時代を戦った保健所のPSWたち—萌芽するコミュニティソーシャルワークを支えた開拓型支援モデル　加納光子著　(京都)ミネルヴァ書房　(MINERVA社会福祉叢書 57)
【要旨】精神障害者への人権意識が希薄であり、支援は医療主導全盛であった改正精神衛生法の時代(1965・1987年頃)。全国に先駆けて大阪府が、保健所で地域精神保健支援を行う福祉職(PSW)を20名配属した。そのPSWたちは、なすべき業務が不明中で、当時、主流であった「治安と治療」ではなく「生活の保障」を目的に支援にあたった。本書では、そのPSWにインタビュー調査を行い、開拓期において生じた業務

観、PSW観を「開拓型支援モデル」と名付けて紹介する。そしてこのモデルは、サービスの細切れな提供に終始しながらも、現在の精神障害者領域の支援にも有効であることを明らかにしていく。
2017.10 362p A5 ¥6500 ①978-4-623-08143-1

◆改正発達障害者支援法の解説—正しい理解と支援の拡大を目指して　発達障害の支援を考える議員連盟編著　ぎょうせい
【目次】第1部 発達障害者支援法の改正のねらい(発達障害者支援法改正法の概要、発達障害者支援法の逐条解説)、第2部 発達障害者支援の今後の展開(発達障害とは何か、医療、保健、福祉、教育、労働の取組、切れ目のない支援の構築に向けて、地域の取組)、第3部 座談会—発達障害者支援法の改正をめぐって、第4部 団体等での取組(一般社団法人日本自閉症協会の取組—改正発達障害者支援法を活かそう、一般社団法人日本福祉協議会の取組 ほか)、第5部 参考資料 2017.2 261p A5 ¥2500 ①978-4-324-10283-1

◆概説 福祉行財政と福祉計画　磯部文雄、府川哲夫編著　(京都)ミネルヴァ書房　改訂版
【要旨】社会福祉領域における行財政の実態と福祉計画についてわかりやすく解説。
2017.3 240p A5 ¥2500 ①978-4-623-07876-9

◆輝く子どもたち 子ども家庭福祉論　比嘉眞人監修、石山直樹、岡本眞幸、田家英二編(岐阜)みらい
【目次】子どもの理解—子ども家庭福祉を学ぶにあたって、子どもたちを取り巻く社会の現状、子どもの権利と子ども家庭福祉の理念、子ども家庭福祉の歴史、子ども家庭福祉に関する法制度、子ども家庭福祉の行財政と実施体制、少子化対策と保育施策、子どもの健全育成・地域子育て支援に関するサービス、児童虐待とドメスティック・バイオレンス(DV)、社会的養護を必要とする子どもに対するサービス、非行問題や心理治療の必要性を抱える子どもへのサービス、ひとり親家庭に対するサービスと子どもの貧困問題、障害のある子どもとその家族に対するサービス、関係機関との連携・ネットワーク、「子ども家庭福祉」と「子ども家庭支援」の課題 2017.4 233p A5 ¥2200 ①978-4-86015-403-5

◆賀川豊彦の社会福祉実践と思想が韓国に与えた影響とは何か　李善惠著　(京都)ミネルヴァ書房(MINERVA社会福祉叢書)
【要旨】いまも生き続ける友愛・互助・平和—スラム街での活動から社会問題解決を訴えた賀川豊彦。韓国の社会福祉実践家は彼の何に触発されたのか。賀川の思想が韓国の社会福祉実践にどのように伝播し、根付いていったのか、その過程を丁寧に振り返りながら、韓国における賀川思想の影響とその意義に迫る。
2017.6 240p A5 ¥6000 ①978-4-623-08040-3

◆家族支援の実証的研究　家族援助研究会編著　文化書房博文社
【目次】第1章 現代社会と家族支援、第2章 保育士養成における「家族援助論」の課題、第3章 家族援助(支援)論における教材研究、第4章 保育所における家族支援の実態に関する研究、第5章 乳児院における家族支援の実態、第6章 母子生活支援施設における家族支援の実際
2017.5 187p A5 ¥2200 ①978-4-8301-1298-0

◆家族のための総合政策　4　家族内の虐待・暴力と貧困　本澤巳代子編　信山社　(総合叢書 21—家族法)
【要旨】多様化する家族、女性・子どもの虐待・暴力・貧困、多角的視点から分析・提言・警鐘。各国の虐待・暴力に関する法制度の概観、予防・被害者救済、加害者矯正、貧困家庭への介入とその効果など、いま家族政策を考える "第4弾"
2017.10 285p A5 ¥7600 ①978-4-7972-5471-6

◆家族・働き方・社会を変える父親への子育て支援—少子化対策の切り札　小崎恭弘、田辺昌吾、松本しのぶ編著　(京都)ミネルヴァ書房　(別冊発達 33)
【目次】1 基礎編(父親の子育て支援とは何か、父親の子育て支援が求められる社会的背景 ほか)、2 支援活動の実際(父親の子育て支援の具体的な取り組み、地域子育て支援拠点施設における父親の子育て支援 ほか)、3 支援制度・プログラムの実際(父親の子育て支援の制度・施策とプログラムについて、自治体における父親の子育て支援 ほか)、4 当事者活動の実際(当事者活動における父親の子育て支援活動、NPOにおける父

親の子育て支援 ほか）、5 今後の父親の子育て支援のあり方（父親の子育て支援の専門性、父親の子育て支援の具体的なプログラムとマニュアル ほか）
2017.10 227p B5 ¥2600 ①978-4-623-08116-5

◆学校福祉のデザイン—すべての子どものために多職種協働の世界をつくる　鈴木庸裕著　（京都）かもがわ出版
【要旨】教育と福祉、学校と福祉の新しいあり方を、学校ソーシャルワークの視点から再構築する試み。地域の再生をめざす福島から、生きづらさがひろがるこの国の子どもたちのために。
2017.6 166p A5 ¥1700 ①978-4-7803-0921-8

◆家庭教育は誰のもの？—家庭教育支援法はなぜ問題か　木村涼子著　岩波書店　（岩波ブックレット No.965）
【要旨】学力格差や貧困問題の解決策として浮上している「家庭教育支援」の強化は、社会に何をもたらすのか。日本における子育て観、「親学」推進運動との関係、改正教育基本法とのつながり、戦前の家庭教育振興や憲法改正論議との関わりなど、「国家と家庭」にまつわる事例から検証する。
2017.5 63p A5 ¥520 ①978-4-00-270965-9

◆家庭支援論　伊藤嘉余子、野口啓示編著　（京都）ミネルヴァ書房　（MINERVAはじめて学ぶ子どもの福祉 10）
【目次】第1章 家庭支援の意義と役割、第2章 家庭生活を取り巻く社会的状況、第3章 子育て家庭の支援体制、第4章 多様な支援の展開、第5章 家庭支援における関係機関との連携、第6章 子育て家庭支援の課題と展望、資料編
2017.7 198p B5 ¥2200 ①978-4-623-07959-9

◆家庭支援論・保育相談支援　成清美治、真鍋顕久編著　学文社
【目次】第1部 家庭支援論（児童家庭福祉の理念、家庭支援の意義と役割、家庭生活を取り巻く社会的状況、子育て家庭の支援体制、多様な支援の展開と関係機関との連携）、第2部 保育相談支援（保育相談支援の意義と原則、保育相談支援の基本、保育相談支援の実際、児童福祉施設における保育相談支援）
2017.2 182p B5 ¥2400 ①978-4-7620-2702-4

◆唐木順三—あめつちとともに　澤村修治著　（京都）ミネルヴァ書房　（ミネルヴァ日本評伝選）
【要旨】唐木順三（一九〇四~八〇）評論家、編集者。同窓の古田晁、臼井吉見と筑摩書房を創業、哲学書や雑誌『展望』の編集で昭和の知的世界に足跡を残す一方、教育者として、また『無常』の著者として知られる。この思索する人（デンカー）の内実を全的に追う。
2017.6 411, 11p B6 ¥4000 ①978-4-623-08055-7

◆川越ここが私の街—障害の重い仲間の働く、暮らすから見えてきたもの　いもの子30周年記念出版編集委員会編　（さいたま）やどかり出版
【目次】序章 働いているんだうれしいよ、第1章「いもの子」の活動理念と形成プロセス、第2章「いもの子」の「つくり運動」の軌跡—障害のある息子とともに30年、第3章 地域に根ざした「いもの子」の実践、第4章 生き生きと生きる仲間・家族・職員、終章 仲間たちが教えてくれたこと、資料「いもの子」年表「1986（昭和61）年~2017（平成29）年」
2017.11 246p A5 ¥2000 ①978-4-904185-40-7

◆監獄のなかの子どもたち—児童福祉史としての特別幼年監、感化教育、そして「携帯乳児」　倉持史朗著　六花出版
【目次】序章、第1章『大日本監獄協会雑誌』と監獄改良運動、第2章『監獄雑誌』上における感化教育論、第3章 帝国議会における監獄費国庫支弁問題、第4章 感化法制定と犯罪予防の論理、第5章 小河滋次郎の感化教育論—感化法制定後の感化教育論を中心として、第6章 監獄に残る子どもたち—特別幼年監（懲治場）における「感化教育」、第7章 監獄に住まう乳幼児たち—近代日本における「携帯乳児」の実態、終章
2017.12 264p A5 ¥4600 ①978-4-86617-022-0

◆看護小規模多機能型居宅介護開設ガイドブック—医療ニーズの高い人を支える地域密着型サービスのはじめ方　全国訪問看護事業協会編　中央法規出版
【要旨】看護小規模多機能型居宅介護（複合型サービス）は…通い、泊まり、訪問看護、訪問介護の4つのサービスを柔軟に組み合わせる。医療機器を使用している人、がん末期の人、終末期の人

などの地域での暮らしを支える。地域包括ケアシステムを構築するうえでの期待のサービス。
2017.4 165p B5 ¥2800 ①978-4-8058-5491-4

◆『聞き書きマップ』で子どもを守る—科学が支える子どもの被害防止入門　原田豊編著　現代人文社、大学図書 発売
【要旨】歩いた経路・写真の撮影地点を自動的に記録して学校や地域での「まちあるき」の記録を手軽に作れるソフトウェア『聞き書きマップ』。本書は、この『聞き書きマップ』を用いた各地での実施事例を紹介し、学術的基盤から具体的な使い方、防犯以外の様々な活用方法まで、一冊でわかる入門書。
2017.9 155p A5 ¥2000 ①978-4-87798-678-0

◆義肢装具士になるには　日本義肢装具士協会協力、益田美樹著　ぺりかん社　（なるにはBOOKS）
【要旨】「臨床」と「ものづくり」機能支援のスペシャリスト！精巧な義手や義足を作り、使用者に合わせた調整までも担う義肢装具士。パラリンピックでの活躍も注目される専門職の仕事の実際から資格の取り方まで解説。
2017.6 163p B6 ¥1500 ①978-4-8315-1471-4

◆北の大地の仲間たち—anniversary edition　あかしあ労働福祉センター編著　萌文社
【目次】1 想いおこせば（手づくり工房あかしあの開設、山口ビル、国際障害者年に学んで ほか）、2 みんな仲間（働くなかでたくましく、焼きたてパン、人気の旭山動物園グッズ ほか）、3 全国の仲間とともに（こきうきさんとともに、第18回全国大会のこと、山田洋次監督のこと ほか）
2017.9 74p A5 ¥648 ①978-4-89491-340-0

◆虐待から子どもを守る！—教師・保育者が必ず知っておきたいこと　加藤尚子著　小学館
【要旨】児童虐待はどうして起きるの？ 虐待としつけはどこが違うの？ 虐待は子どもにどんな影響を与えるの？ 児童虐待を早期に発見するポイントは？ 児童虐待に気づいたらどうすればいい？ 虐待の基本知識から対応法まで、虐待問題の全貌が学べる必読書。
2017.7 166p B6 ¥1200 ①978-4-09-310855-3

◆虐待ゼロのまちの地域養護活動—施設で暮らす子どもの「子育ての社会化」と旧沢内村　井上寿美、笹倉千佳弘編著　生活書院
【要旨】その町には虐待で傷ついた子どもの心を包み込む場所がある。自分たちの町の子どもだけでなく、虐待などで親と一緒に暮らすことが難しくなった児童養護施設の子どもが「すこやかに育つ」ことをも、やさしい眼差しで見守る地域養護の営みがある町。11回52日も通いつめ、人びとの営みの本質に迫った探求の記録。
2017.10 141p A5 ¥2200 ①978-4-86500-071-9

◆教育福祉学の挑戦　関川芳孝、山中京子、中谷奈津子編　（大阪）せせらぎ出版
【目次】第1部 人々の多様性を尊重する教育福祉的アプローチ（教育の多様性と再方向性—持続可能な開発と人権との関係で、「社会統合」とソーシャルワークのゆくえ—分断を越えて ほか）、第2部 生涯にわたり人生を豊かにする教育福祉的アプローチ（地域福祉の増進型アプローチ、新たなセーフティネット構築における課題—民間支援団体の人材育成に着目して ほか）、第3部 子ども・家族の福祉を支える教育福祉的アプローチ（子どもの貧困対策をめぐる政府の動向とスクールソーシャルワーク、「保育」に対するまなざしの変容と保育課題—1950・60年代の保育抑制策と待機児童問題を手がかりに ほか）、第4部 障害／健常という枠からの解放、身体障害者における語りとしての生涯発達—空間的視点と社会文化的文脈 ほか）
2017.3 284p A5 ¥2315 ①978-4-88416-254-2

◆今日から役立つハンディ手話辞典　全日本ろうあ連盟監修　学研プラス　（『今日からはじめるやさしい手話』再構成・改題書）
【要旨】すぐに引ける677語。現場で役立つ便利な持ち歩き辞典！
2017.2 264p A6 ¥1600 ①978-4-05-800794-5

◆共済会・会社の給付・貸付と共済会の福祉事業　2016年版　労務研究所編　労務研究所
【目次】共済会の基本事項と税金、死亡給付金と遺族遺児育英年金、傷病見舞金と長欠保障、医療費・人間ドック補助、レク、福祉事業、災害見舞金、退会給付、貸付金と共済会の今後、参

考 共済会の会費負担額と受取額のバランス
2017.3 176p B5 ¥2200 ①978-4-947593-20-7

◆今日も一日、楽しかった　あべけん太著　朝日新聞出版
【要旨】あべけん太（30）は、"ダウン症のイケメン"として、テレビや講演活動で活躍中。普段は都内のIT会社の総務部で働き、週末は自宅でビールを飲み、昼寝をするのが楽しみ。趣味は、カラオケ、ボクシング、絵画（壇蜜のヌード画をご覧あれ！）、レスリング。家族でドライブ旅行が夢で、運転免許にチャレンジ。最終学科試験を55回受けて見事合格!!これまでの人生を振り返り、うれしかったこと、悔しかったこと、悲しかったこと、異性への興味を熱く語る。
2017.9 223p B6 ¥1400 ①978-4-02-251484-4

◆今日もいっしょに空を見上げて—相談員吉田春花　きょうされん相談・支援部会編著　きょうされん、萌文社 発売　（KSブックレット）
【目次】第1部 辞令、吉田春花「地域生活支援センター相談部」勤務を命ずる、最名相談員（春の陽射し、忘れた傘、真夏の夢、秋、天高く ほか）、第2部 価値ある人生を求める相談支援（人や人生、課題との出会いを大切に、福祉実践者と「当たり前」「ふつう」、当事者の強みやすばらしさを発見する共同作業を、いま、「我が事、丸ごと」のなかで阻害される実践者集団での育ちあい ほか）
2017.9 102p A5 ¥667 ①978-4-89491-341-7

◆「居住福祉資源」の思想—生活空間原論序説　早川和男著　東信堂
【要旨】住宅政策を蔑ろにし、土地と空間の利用を自己利益や市場競争に委ねてきた政府の欺瞞。誰もが身も心も安心して暮らすことのできる「住居」の確保が必要だ！ 著者の処女作『空間価値論』をさらに具体化させた労作。
2017.10 348p A5 ¥2900 ①978-4-7989-1453-4

◆クオリティを高める福祉サービス—「苦情」から学ぶクオリティマネジメント　倉田康路著　学文社
【目次】第1章 福祉サービスのクオリティと「苦情」、第2章 福祉サービスの本質、第3章 クオリティを高めるための福祉サービスデザイン、第4章 福祉サービスの苦情が晴れるもの、第5章 苦情が申立てられるまでの経緯と「思い」、第6章 福祉サービスの苦情申立ての実際—介護保険サービスの事例から、第7章 苦情が申立てられる事業者の共通性、第8章 事故の苦情とリスクマネジメント、第9章 苦情を活かした福祉サービスの提供
2017.8 140p A5 ¥1900 ①978-4-7620-2730-7

◆グループホームの作り方—ハンディのある人の住む所　仲本静子著　創風社
【目次】第1章 グループホームを作ろう！（なかまを集める、資金、個人では作れない、ある程度、話がまとまってきたら、設計士を探して、事前相談に行こう ほか）、第2章 いよいよ開設です！（職員の配置、利用者、時程、食材、洗濯 ほか）、第3章 軽度の人の住む所！、附録
2017.11 91p A5 ¥800 ①978-4-88352-242-2

◆ケア専門職養成教育の研究—看護・介護・保育・福祉 分断から連携へ　青木紀著　明石書店
【目次】序章 課題と方法—ケア関連専門職養成教育の検討のために、第1章 専門職養成基盤の形成—ケアの産業化、第2章 専門職養成ルートの多様性—階層性と「規制」、第3章 専門職養成教育のコントロール—教育の分化の困難と対置できない理想、第4章 専門職の専門性基盤と職能団体・学会—ケアのアイデンティティをめぐる分断の構造、第5章 専門職の社会的評価の現状と対応—分断のなかの資格階層化志向、第6章 専門職養成における連携教育の現状—ケアの「見えない壁」をどこまで意識しているか
2017.3 341p B6 ¥3800 ①978-4-7503-4500-0

◆ケアマネ応援!!自信がつくつく家族支援—介護家族のアセスメントと支援　認知症の人と家族の会愛知県支部ケアラーマネジメント勉強会著　（京都）クリエイツかもがわ
【要旨】介護者の立場の違い（娘・息子・妻・夫・嫁）別の豊富な事例で、「家族の会」ならではのアセスメントと計画づくり、支援方法！
2017.2 99p A5 ¥1200 ①978-4-86342-202-5

◆ケアマネジメントにおける「援助関係の軌跡」—クライアントとの間にあるもの　足立里江、池埜聡著　（西宮）関西学院大学出版会
【目次】臨床像を映し出すケアマネジメント、援助関係をとらえる3つの視点、喪失への対峙「逆

社会・文化

「転移」に気づく、内なる思いを見つめる勇気「自己覚知」の意味、しなやかな直感力「理論」と「直感」のダンス、今、ここに、「たましい」とつながるとき「認知症」との援助関係、彷徨する「きざむ」夫婦・家族システム」に参加する、「鏡」への気づき「投影」が織り成す援助関係、「パンドラの箱」の傍らで「撤退しない」援助関係、「海」を越える寄り添い「異文化ケアマネジメント」への扉、「荷降ろし」のとき「共感」から「共鳴」へ、揺るがない支え「第2次変化」がもたらすもの、援助関係を涵養していくために　　2017.7 231p A5 ¥2200 ①978-4-86283-244-3

◆ケアマネジメントのエッセンス―利用者の思いが輝く援助技術　日本ケアマネジメント学会認定ケアマネジャーの会編　中央法規出版
【要旨】羅針盤のない現場で実践者たちが培ってきた対人援助の真髄！ケアマネジャーの良質な実践をベースにした、現場で活かせるガイド。
　　　　2017.4 197p B5 ¥2200 ①978-4-8058-5484-6

◆ケアマネジャー手帳 2018　高室成幸監修、ケアマネジャー編集部編集　中央法規出版
【要旨】スケジュール・レイアウトは書き込みやすさと見やすさをさらに重視。便利帳では制度改正への対応や使いやすい資料が充実。
　　　　2017.9 1Vol. A5 ¥1400 ①978-4-8058-5563-8

◆ケアマネジャーの会議力　高室成幸著　中央法規出版
【目次】第1章 会議の役割、第2章 会議を進める5つの要素、第3章 会議力のみがき方、第4章 会議の進め方―パズルで構造化する、第5章 サービス担当者会議に参加する、第6章 地域包括ケアにかかわる会議に参加する
　　　　2017.5 193p B5 ¥2400 ①978-4-8058-5489-1

◆傾聴の基礎から実践―コミュニケーションをうまくとるために　武藤圭子著　丸善プラネット、丸善出版 発売
【目次】第1章 傾聴入門講座（開催前の準備、開催、傾聴入門編、ロールプレイ体験の方法と効果「傾聴入門講座の実践からの考察」）、第2章 個別対応（スキルアップ講座、民生委員の研修講座、高齢者のケース、電話相談）、第3章 Kei-Cho ネットの仲間たち（アンケートと経緯、仲間たちから 30名）
　　　　2017.1 188p B6 ¥1200 ①978-4-86345-318-0

◆決断。―全盲のふたりが、家族をつくるとき　大胡田誠、大石亜矢子著　中央公論新社
【要旨】決断とは、自らつかみ取ること。勇気を持って人生を切りひらくこと。夫は弁護士、妻は歌手。見えない男女が結婚し、2人の子どもの父と母になった。愛と人生に迷うすべての人々に贈る！
　　　　2017.11 237p B6 ¥1500 ①978-4-12-005025-1

◆健康と社会　井上洋士、山崎喜比古編著　放送大学教育振興会、NHK出版 発売　（放送大学教材）改訂版
【目次】健康とは何か、病いの経験と患者の生活の質、社会によりもたらされる健康と病気、健康で生き生きと働き続けられる労働・職場の条件、ワーク・ライフ・バランスと健康、賢い医療消費者になるには、患者の権利と医療の質、医療倫理をめぐる今日的課題、医療と情報提供、医療システムの未来―ともに創る医療、スティグマと健康、セクシュアリティと健康、ストレスに向き合いつつ健康に生きる、健康と格差、健康を社会的に見るとは―健康と社会の新しい見方・考え方
　　　　2017.3 291p A5 ¥2800 ①978-4-595-31720-0

◆現代教育福祉論―子ども・若者の自立支援と地域づくり　辻浩著　（京都）ミネルヴァ書房
【要旨】教育福祉論は、教育と福祉の連携、すなわち人間の豊かな発達と生活基盤の安定を同時に保障する必要性を訴えてきた。しかしながら、今日においても、貧困や差別といった諸問題から、それが実現されていない状況が続いている。本書では、教育と福祉が連携して、すべての子ども・若者の豊かな人間発達を保障するためにはどうすればよいのか、歴史的・原理的な展開を踏まえて、教育改革と地域づくりの視点から明らかにする。
　　　　2017.10 204, 5p B6 ¥2400 ①978-4-623-08083-0

◆現代社会と福祉―社会福祉・福祉政策　臨床シリーズ編集委員会編、塩野敬祐、福田幸夫責任編集　弘文堂　（社会福祉士シリーズ 4）
【目次】現代社会における福祉制度の意義と考え方、現代社会における福祉制度と福祉政策、福祉の原理をめぐる理論と哲学、福祉の発達

条件、福祉政策におけるニーズと資源、福祉政策の課題、福祉政策の構成要素、福祉政策と関連政策、相談援助活動と福祉政策の関係、これからの社会福祉―倫理と正義を基盤にした社会
　　　　2017.1 244p B5 ¥2500 ①978-4-87334-651-1

◆現代社会の福祉実践　黒田研二、狭間香代子、岡田忠克編著　（吹田）関西大学出版部
【目次】第1部 子どもと家族（子ども・子育て支援制度の論点と評価―就学前の教育・保育制度を中心に、被保護世帯の高校生・学年齢者の生活実態、シングルマザーの生活史からみる貧困リスク―時間と空間の社会生態学の観点から、多様化する結婚と家族―進化論の科学言説が示唆する未来像）、第2部 高齢者ケアと権利擁護（高齢者の権利擁護と地域包括支援体制、心身の負担から介護を考える）、第3部 ソーシャルワークと福祉実践（ソーシャルワークと社会開発―新グローバル定義と日本におけるソーシャルワーカー、ソーシャルワーク実践における知と倫理）
　　　　2017.3 203p A5 ¥2400 ①978-4-87354-651-3

◆現代の社会福祉　都築光一編著　建帛社　（福祉ライブラリ）第2版
【目次】第1章 社会福祉とは何か、第2章 社会福祉の歴史、第3章 社会福祉の実践理論、第4章 社会福祉の政策、第5章 福祉の人材、第6章 福祉の組織と管理、第7章 対象別にみた福祉の展開、第8章 公的扶助、第9章 地域福祉、第10章 社会福祉の今後の展望
　　　　2017.10 236p A5 ¥2500 ①978-4-7679-3380-1

◆現代福祉学概論　杉山博昭編著　時潮社　改訂版
【要旨】急速に進む少子高齢化、新自由主義・規制緩和のなか社会保障・福祉、公共サービスが大幅に見直され削減・商品化され、ともすれば自己責任に帰される時代。社会福祉とは何か、その歴史と思想から学ばずに社会福祉は理解できない。「社会福祉専門職」とは。法改正、最新の情報をもとに改訂。
　　　　2017.2 236p A5 ¥2800 ①978-4-7888-0715-0

◆後期高齢者医療制度担当者ハンドブック―制度の解説と事務処理の概要 2017　社会保険出版社
【目次】第1章 後期高齢者医療制度の創設、第2章 後期高齢者医療制度の運営のしくみ、第3章 運営主体、第4章 被保険者と被扶養者、第5章 医療給付と一部負担金、第6章 後期高齢者医療制度の財政、第7章 保健事業等、第8章 その他、付録
　　　　2017.6 416p A4 ¥4400 ①978-4-7846-0306-0

◆高次脳機能障害のある人への復職・就職ガイドブック　齋藤薫、大場龍男著　中央法規出版
【要旨】高次脳機能障害による「できること・できないこと」の見極め。復職・就職のために必要な準備と進め方。会社との交渉方法。障害厚生年金など行政保障に関する情報。
　　　　2017.12 144p A5 ¥2400 ①978-4-8058-5619-2

◆高次脳機能障害・発達障害・認知症のための邪道な地域支援養成講座　粳間剛原作、仙道ますみ漫画　三輪書店
【要旨】高次脳機能障害、発達障害、認知症は脳の問題で頭の働きが低下していることが共通の病態。どの疾患グループにも役に立つ支援を考え、社会資源の受け皿を大きくしていこう！
　　　　2017.6 131p B5 ¥2400 ①978-4-89590-602-9

◆行動障害のある人の「暮らし」を支える―強度行動障害支援者養成研修 "基礎研修・実践研修" テキスト　全国地域生活支援ネットワーク監修、牛谷正人、肥後祥治、福島龍三郎編　中央法規出版
【目次】プロローグ―強度行動障害のある人についての基本的な理解、私たちのことを知ってほしい―強度行動障害に関係する障害について、ボクらと世界のつながり方―環境を整えることの大切さ、知ることから始めよう―根拠をもって支援する、私たちの行動のわけ―行動の生じる理由と対応を知る、みんなでやろうよ―支援のプロセスとチームプレイの大切さ、医療と福祉の連携、支える仕組み―制度理解のヒント、そのとき、あなたはどうしますか―障害者虐待、身体拘束、行動制限の防止、支援の向上から、ひとりで悩まないで―支援者ケアの大切さ、豊かな世界―行動障害のある人のもつ可能性、行動障害のある人の暮らしを支えるために
　　　　2017.7 292p B5 ¥3000 ①978-4-8058-5543-0

◆高度専門職業としてのソーシャルワーク―理論・構想・方法・実践の科学的統合化　太田義弘、中村佐織、安井理夫編著　光生館
【目次】第1部 基礎と理念（ソーシャルワーク実践考察の前提と課題、ソーシャルワークの意義と概念、ソーシャルワーク実践の原点、高度専門職業への進展）、第2部 視座と理論（実践理論と方法の多様性、生活モデルとしてのエコシステム構想、鍵概念としての生活概念と支援概念、エコシステムへの視座と構想）、第3部 実践方法と領域別課題（エコシステム構想の展開、実践フィールドでの構想展開、支援レベル領域での実践過程、スーパービジョンと支援ツール）
　　　　2017.3 172p B5 ¥2500 ①978-4-332-60088-6

◆高齢者が動けば社会が変わる―NPO法人大阪府高齢者大学校の挑戦　NPO法人大阪府高齢者大学校編　（京都）ミネルヴァ書房
【目次】第1部 NPO法人大阪府高齢者大学校のあゆみ（NPO法人大阪府高齢者大学校誕生前史―大阪府老人大学に押し寄せた行政改革の波、大阪府からの予算打ち切り・廃校宣告とNPO法人格の取得―市民の手で自立した学習機関として再スタート、多様な「学びの仕掛け」の開発と校友会・同窓会の組織化―学習プログラム改革と講座内容の充実、社会的な存在になるための組織改革―さらなるステップアップのために）、第2部 多様な視点からみた高齢者の社会活動（高齢期の学習をとおした社会参加―高齢期をいかに生きるか、健康と学び・社会活動の関係―健康科学的見地からみた高齢者、高齢期の危機は心構えで乗り越える―ライフイベントの対処法、社会を支える高齢者へのサポート―多様な福祉サービスが可能にする社会貢献のあり方、プロダクティブ・エイジングに向かって、高齢者の高齢者による高齢者のためのNPO活動―アメリカの事例から）、第3部 超高齢社会へのNPO法人大阪府高齢者大学校の挑戦（座談会1 高齢者が今後担うべき社会的責務を考える―学習をとおして地域社会とつながる意義、座談会2 自分の学習（楽しみ）と社会貢献につなげるカリキュラム―社会参加促進に向けた挑戦、NPO法人大阪府高齢者大学校の目指すところ―高齢者が社会をサポートする）
　　　　2017.4 273, 5p B6 ¥1800 ①978-4-623-07935-3

◆高齢者と楽しむマジック―介護支援ボランティアに役立つ手品ベスト32　藤原邦恭著　いかだ社　（付属資料：DVD1）新装版
【要旨】ビギナーも上級者も、コミュニケーションとして活用したい方も！見る人と演じる人を幸せにするマジックが満載!!
　　　　2017.12 79p B5 ¥1800 ①978-4-87051-491-1

◆子育て支援と経済成長　柴田悠著　朝日新聞出版　（朝日新書）
【要旨】「子育て支援」が経済成長率を引き上げ財政改善する可能性が見えてきた！純債務残高600兆円を超え、深刻な財政危機にさらされる日本。でも現実を見れば、「働きたいのに働けない女性」はたくさんいる。安心して子どもを産み育てられる「良質な保育サービス」に本気で取り組めば、日本はまだ成長できる。データ分析が示す国家戦略の新形態！「マツコ案」を試算した若手経済学者の新提案。
　　　　2017.2 225p 18cm ¥760 ①978-4-02-273706-9

◆孤独死大国―予備軍1000万人時代のリアル　菅野久美子著　双葉社
【要旨】昨日、親と、子供と、電話しましたか？誰にも看取られずに亡くなり、死後しばらく発見されない孤独死。時間が経てば経つほど、遺体の損傷は激しくなる…。一人暮らしの高齢者だけが危ないのではない。地域、会社、友人、様々な縁から切り離された若い世代にも、数百万単位の孤独死予備軍がいる。これは他人事なんかじゃない!!
　　　　2017.3 255p B6 ¥1400 ①978-4-575-31237-9

◆言葉への道―障害の重い人たちの事例研究集　遠藤司著　（横浜）春風社
【目次】第1章 ジュンくん事例研究（対象児―ジュンくんについて、関わりの場面でのジュンくんの姿 ほか）、第2章 エリさん事例研究（対象児―エリさんについて、関わりの場面でのエリさんの姿 ほか）、第3章 ヤスヒロくん事例研究（対象者―ヤスヒロくんについて、一九八六年から二〇〇九年までの事例の経過 ほか）、第4章 ヨシヒサくん事例研究（対象者―ヨシヒサくんについて、関わりの場面での関わりの姿 ほか）、第5章 タイスケくん事例研究（対象者―タイスケくんについて、二〇一三年一二月の関わりの場面におけるタイスケくんの姿 ほか）
　　　　2017.12 284p A5 ¥2800 ①978-4-86110-573-9

◆**子ども家庭福祉**　浅井春夫編著　建帛社
（シードブック）　第3版
【要旨】子どもたちにかかわる専門職をめざすうえで、いま何を学ぶことが求められているのか、そのミニマム・エッセンスを編集。テキストとしての必要な記述を網羅しながらも、リアルタイムで子どもや家族の現状、児童家庭福祉政策について書かれている。各章の末尾に「討論のテーマと視点」と「基本文献の紹介」を設けた。
2017.6 192p A5 ¥1900 ①978-4-7679-5058-7

◆**子ども家庭福祉論**　西尾祐吾監修、小崎恭弘、藤井薫編著　（京都）晃洋書房　第3版
【目次】現代社会と児童、子どもの権利、児童福祉の歴史、子ども家庭福祉の法と制度、児童福祉の実施機関と財源、児童福祉の専門性、子育て支援、保育所、社会的養護、障害児（者）の福祉、ひとり親家庭、子どもの貧困、児童虐待、児童福祉の課題
2017.4 195p A5 ¥2200 ①978-4-7710-2850-0

◆**子ども虐待 家族再統合に向けた心理的支援—児童相談所の現場実践からのモデル構築**　千賀則史著　明石書店
【目次】序章 子ども虐待対応における心理的支援の多様性と可能性、第1章 家族再統合に向けた心理的支援の現状と課題、第2章 現場からの研究をどう行うか、第3章 介入的な文脈における相談関係作り、第4章 身体的虐待を行った保護者への教育プログラムの実践、第5章 虐待を認めないケースに対する児童相談所の援助プロセス、第6章 性的虐待疑いで一時保護された子どもへの心理的支援、第7章 家族応援会議を活用した地域でのネットワーク支援、第8章 家族再統合に向けた協働的な支援モデルの構築、終章 家族再統合に向けた心理的支援のあり方
2017.9 225p A5 ¥3700 ①978-4-7503-4566-6

◆**子ども虐待対応におけるサインズ・オブ・セーフティ・アプローチ実践ガイド—子どもの安全を家族とつくる道すじ**　菱川愛、渡邉直、鈴木浩之編著　明石書店
【目次】第1章 サインズ・オブ・セーフティ・アプローチの理論と方法（サインズ・オブ・セーフティ・アプローチ）、第2章 サインズ・オブ・セーフティ・アプローチの実践（体調不良で8年間子どもを施設に預けていた母が子どもを取り戻すまで、お母さんがセーフティ・パーソンの協力を得てSofSの一連の取り組みを迅速に行い、一日で家庭引き取りになった取り組み、家族自らが示したゴールに向かい、修正を重ねながらセーフティ・プランを完成させた取り組み、ママ、パパ、地域の人の問題だらけの子育て奮闘記、子育てできないと言われてきたお母さんが子どもたちの声に応えるまで、親子が一緒に生活すらための道のり、姉弟間暴力の解決に向けて子ども本来の力を取り戻していった取り組み、今後の子どもの安全な生活に焦点をあてて家族と一緒のよい取り組み）、第3章 サインズ・オブ・セーフティ・アプローチのスタートアップ（サインズ・オブ・セーフティの実践を柱にするためのガイド、さいたま市児童相談所における、サインズ・オブ・セーフティ・アプローチの組織的導入について）
2017.12 286p A5 ¥2800 ①978-4-7503-4596-3

◆**子ども・子育て支援シリーズ　第1巻 施設型事業・地域型保育事業**　今井豊彦、溝口義朗編集代表　ぎょうせい
【目次】第1章 認定こども園の実践から（都市部大阪柳町園、「社会福祉法人の保育所から幼保連携型認定こども園への移行」にあたって、こども園に移行して、認定こども園という選択肢）、第2章 多様な保育実践（家庭的保育事業の現状と課題、小規模保育事業の課題、事業所内保育事業、居宅訪問型保育事業、病児・病後児保育の現状と課題）、第3章 給付対象外の保育の現状と課題（首都圏での認可外保育施設の現状と課題～東京都認証保育所の現状、その認可外保育施設の現状と課題～長野県安曇野市の取り組みから）、第4章 子ども・子育て支援新制度と地方自治体（こども園時代の地方自治体の動向、子ども・子育て支援新制度以前の制度の流れ、子ども・子育て支援新制度以降の制度の流れ）
2017.3 223p A5 ¥3000 ①978-4-324-10216-9

◆**子ども・子育て支援シリーズ　第2巻 拡がる地域子育て支援**　佐藤純子編集代表　ぎょうせい
【目次】第1章 地域子育て支援拠点の成り立ちと現状一支援の方法（拠点事業が必要とされてきた背景と拠点事業のあらまし、事例 ほか）、第2章 認定こども園内の子育て支援（新制度下の認

定こども園内の子育て支援の現況、認定こども園の子育て支援機能を中心とした地域の再構築ほか）、第3章 プレイセンターにおける子育て支援（プレイセンターの現況、「プレイセンター・ピカソ」翔くために一自分らしく居られる場所ほか）、第4章 当事者が語る官民協働の場作り一対談：プレイセンターの作り方（調布のすべての子どもたちへの支援を考える、前例のない事業だからこそ、あきらめない ほか）
2017.3 295p A5 ¥3500 ①978-4-324-10217-6

◆**子ども・子育て支援シリーズ　第3巻 子ども・子育て支援と社会づくり**　久保健太編集代表　ぎょうせい
【目次】第1章 出来事を生み出すことと、立ち止まって検証すること（出来事を生み出すこと・出来事が生み出されること、「出来事を生み出すこと・出来事が生み出されること」による「学び」「育ち」 ほか）、第2章 教育観のとらえ直し（「探究心」の源は「生きたい」という力、教育観を変えようという提案）、第3章 鼎談・子ども・子育てとコミュニティづくり（入ってきてもらう、「生活」を見てもらう：つながる ほか）、第4章 鼎談・大きな呼吸の中で、生命がともに生きる（まずは人間の熱がある、生命圏と人間圏 ほか）、第5章 地域に生きる子どもたち一「子ども主体の場」のひとつのカタチとして（子どもが地域で遊びづらい現状、「きんしゃいきゃんぱす」とは？ ほか）、第6章 子ども・子育て支援と社会（子どもの声が騒音？、保育所はニンビー NIMBYか？ ほか）
2017.3 183p A5 ¥2500 ①978-4-324-10218-3

◆**子どもたちの階級闘争—ブロークン・ブリテンの無料託児所から**　ブレイディみかこ著　みすず書房
【要旨】地べたのポリティクスは生きることであり、暮らすことだ一在英20年余の保育士ライターが放つ、渾身の一冊。
2017.4 285p B6 ¥2400 ①978-4-622-08603-1

◆**子どもと社会的養護の基本**　相澤譲治、今井慶宗編著　学文社
【目次】社会的養護の理念と定義、社会的養護の歴史、児童家庭福祉の一分野としての社会的養護、児童の権利擁護と社会的養護、社会的養護の制度と法体系、社会的養護の仕組みと実施体系、家庭養護と施設養護、社会的養護の専門職、施設養護の基本原理、施設養護の実際、施設養護とソーシャルワーク、施設等の運営管理、専門職の倫理の確立、被措置児童等の虐待防止、社会的養護と地域福祉
2017.3 ¥2000 ①978-4-7620-2736-9

◆**子どもの虐待防止・法的実務マニュアル**　日本弁護士連合会子どもの権利委員会編　明石書店　第6版
【目次】第1章 児童虐待アウトライン、第2章 虐待防止と民事上の対応、第3章 児童福祉行政機関による法の手続、第4章 ケースから学ぶ法的対応、第5章 児童虐待と機関連携、第6章 児童虐待と刑事事件、第7章 その他の諸問題、書式集
2017.12 562p A5 ¥4000 ①978-4-7503-4501-0

◆**子どものグリーフの理解とサポート—親が重篤な（慢性の）病気、または親を亡くした子どもたちの言動変化に関する研究**　大曲睦恵著　明石書店
【目次】序章 子どものグリーフの背景、第1章 先行研究に見る子どものグリーフ、第2章 先行研究に見る子どものグリーフに影響する要因、第3章 調査概要、第4章 量的調査による分析：子どもの支援者による、親が重篤な（慢性）の病気、または親を亡くした子どもたちの言動の変化の観察とその対応、第5章 質的調査による分析：重篤な（慢性の）病気、あるいは死亡した親を持つ子どものグリーフサポートに対する支援者の意識の分析、第6章 考察、第7章 まとめと今後の課題
2017.11 276p A5 ¥3800 ①978-4-7503-4588-8

◆**子どもの権利ガイドブック**　日本弁護士連合会子どもの権利委員会編著　明石書店　第2版
【目次】総論（子どもの権利に関する基本的な考え方）、各論（いじめ、不登校、学校における懲戒処分、体罰・暴力、学校事故（学校災害）・スポーツ災害、教育情報の公開・開示、障害のある子どもの権利一学校生活をめぐって、児童虐待、少年事件（捜査・審判・公判）、犯罪被害を受けた子どもの権利、社会的養護と子どもの権利、少年院・少年刑務所と子どもの権利、外国人の子どもの権利、子どもの貧困）、資料
2017.6 569p A5 ¥3600 ①978-4-7503-4528-4

◆**子どもの権利が拓く—教育・福祉の連携と学校支援・子ども法の今日的動向**　子どもの権利

条約総合研究所編　子どもの権利条約総合研究所、日本評論社 発売　（子どもの権利研究 第28号）
【目次】特集1 教育・福祉の連携と学校支援、特集2 子ども法の今日的動向、スウの動き、自治体の動き 子ども支援・子育て支援と子どもにやさしいまちづくり一「地方自治と子ども施策」全国自治体シンポジウム2016宝塚から、研究報告、研究報告概要、文献一覧、研究所から
2017.2 310p A5 ¥4000 ①978-4-535-06661-8

◆**子どもの権利とオンブズワーク—豊田市子ども条例と権利擁護の実践**　木全和巳著（京都）かもがわ出版
【要旨】子ども条例の制定・子どもの権利相談室・子どもの権利擁護委員としての活動をふりかえり、子どもの権利条約や障害者権利条約を生かす活動、不適切な指導や合理的配慮、権利の主体としての子どもたちの学びの保障など自治体レベルのとりくみの可能性を、ソーシャルワークの視点から探求する。
2017.5 199p A5 ¥2000 ①978-4-7803-0911-9

◆**子どもの社会的養護—出会いと希望のかけはし**　望月彰編著　建帛社　（シードブック）改訂第3版
【目次】子どもの社会的養護、日本における社会的養護のしくみ、社会的養護に携わる専門職、家族支援の理論と実践、家庭養護の理念と里親制度、乳幼児の生命と健やかな育ちの保障、児童養護施設の歴史と自立支援、非行のある子どもの自立支援、心理的困難のある子どもの社会的養護、知的・身体的障がいのある子どもの社会的養護、社会的養護における子どもの権利擁護、当事者から見た日本の社会的養護
2017.5 189p A5 ¥2000 ①978-4-7679-5057-0

◆**子どもの食と栄養**　倉石哲也、伊藤嘉余子監修、岡井紀代香、吉井美奈子編著　（京都）ミネルヴァ書房　（MINERVAはじめて学ぶ子どもの福祉 9）
【目次】第1章 子どもの健康と食生活の意義、第2章 栄養に関する基本的知識、第3章 子どもの発育・発達と食生活、第4章 食育の基本と内容、第5章 家庭や児童福祉施設における食事と栄養、第6章 食生活をめぐる現状と課題、巻末資料
2017.9 198p B5 ¥2200 ①978-4-623-07958-2

◆**子どものための里親委託・養子縁組の支援**　宮島清、林浩康、米沢普子編著　明石書店
【要旨】児童福祉法の改正と養子縁組あっせん法の成立、そして新しい社会的養育ビジョンを経て、日本の家庭養護は大きな転換期を迎えている。これを受け本書では、現時点の学問的な到達点を確認し、実践者がどのような思いや工夫のもとで取り組んでいるかの現状を報告。子どもの最善の利益を守る里親制度、養子縁組とは何かを改めて議論するためのプラットフォームを提供する。
2017.12 237p A5 ¥2400 ①978-4-7503-4592-5

◆**「子どもの貧困」を問いなおす—家族・ジェンダーの視点から**　松本伊智朗編　（京都）法律文化社
【要旨】子ども食堂、学習支援で子どもの貧困が解決できるのか!?家族という仕組みを相対化し、そこに女性が負ってきた社会的不利がどのように埋め込まれてきたのかを明らかにし、貧困を問いなおす。
2017.10 259, 7p A5 ¥3300 ①978-4-589-03870-8

◆**「子どもの貧困」解決への道—実践と政策からのアプローチ**　浅井春夫著　自治体研究社
【目次】1 子どもの貧困の現状と打開策（子どもたちを社会の宝として、問われるべき乳幼児の貧困、労働問題の視点から子どもの貧困を捉える、子どもの貧困対策法」批判、「子どもの貧困対策条例」の提案）、2 状況を変えるための実践と課題（食生活の貧困とこども食堂、学習支援塾（無料学習塾）と学びの権利保障、児童養護施設の子どもの大学進学、子どもの貧困と性教育の可能性、沖縄のいまと子どもの貧困へのとりくみ）
2017.2 230p A5 ¥2300 ①978-4-88037-659-2

◆**子どもの貧困対策と教育支援—より良い政策・連携・協働のために**　末冨芳編著　明石書店
【要旨】子どもの貧困問題を減らしたいが、具体的にどうすればよいのか？ 最前線で挑戦を続ける実践者・研究者が集結。教育支援を中心に、課題別・年齢段階別に、現状や取組み

社会・文化

を整理し、「対策」として有効なアプローチについて提案を行う。
2017.9 379p A5 ¥2600 ⓘ978-4-7503-4570-3

◆子どもの福祉―児童家庭福祉のしくみと実践
松本峰雄、野島正剛編著　建帛社　三訂版
【目次】第1部 子ども家庭福祉の今を学ぶ（子ども家庭福祉とは、子ども家庭福祉の概況、多様な保育ニーズと保育問題、子どもの養護問題と虐待防止、障害のある子どもの問題、子どもの行動に関する問題）、第2部 子ども家庭福祉の歴史としくみを学ぶ（子ども家庭福祉の歴史、子ども家庭福祉の制度と法体系、児童家庭福祉行政と実施機関、児童福祉施設、世界の子ども家庭福祉）、第3部 子ども家庭福祉の実践を学ぶ（子ども家庭福祉の専門職、子ども家庭福祉の方法論、子ども家庭福祉サービスにおける専門機関との連携）
2017.2 179p A5 ¥2100 ⓘ978-4-7679-5052-5

◆この地獄を生きるのだ―うつ病、生活保護。死ねなかった私が「再生」するまで。　小林エリコ著　イースト・プレス
【要旨】普通に働いて、普通に生きたかった。その「普通」が、いかに手に入れるのが難しいものなのかを知った。ブラック企業で働き、心を病んで自殺未遂。失職、精神障害、親との軋轢、貧困、希死念慮。女一人、絶望と希望の記録。
2017.12 223p A5 ¥1400 ⓘ978-4-7816-1608-7

◆コーヒーはぼくの杖―発達障害の少年が家族と見つけた大切なもの　岩野響、岩野開人、岩野久美子著　三才ブックス
【要旨】学校に行けなくなったアスペルガーの中学生が才能を活かして焙煎士の道へ。未来に迷ったらきっとヒントになる家族のものがたり。
2017.12 182p B6 ¥1300 ⓘ978-4-86673-024-0

◆コミュニケーションパートナーハンドブック―発達障害のある人とのコミュニケーションに役立つ　佐竹恒夫、倉井成子、東江浩美編著、大岡千恵子構成・編、言語発達障害研究会協力（木更津）エスコアール
【要旨】こんなときどうしよう、こうしたらこうなった、関わりのポイント―活動に沿って実際の場面から。放課後等デイサービススタッフ・ガイドヘルパー・療育スタッフ・家族・教員・言語聴覚士のために。
2017.5 211p B5 ¥2700 ⓘ978-4-900851-85-6

◆孤立していく子どもたち―貧困と格差の拡大のなかで　しんぶん赤旗社会部著　新日本出版社
【要旨】「家にも学校にも居場所がなかった」「オレなんか、この世から消えたらいい」社会の片隅で生きる子どもたちの、声なきSOS――。格差と貧困の拡大の中で、否応なく傷つけられる子どもたち。困難の中でも懸命に生きる彼らに、私たちはどう手をさしのべるのか。
2017.1 171p B6 ¥1500 ⓘ978-4-406-06117-9

◆これからの子ども・子育て支援を考える―共生社会の創出をめざして　柏女霊峰著（京都）ミネルヴァ書房
【要旨】二〇一五年に子ども・子育て支援制度が創設され、二〇一六年には児童福祉法制定以来初めてその理念規定が改正されるなど、子ども・子育て支援を取り巻く状況は大きな転換期を迎えている。長年にわたり子ども家庭福祉領域において制度・政策的議論をリードしつづける著者が、これまでの流れと現状を踏まえ、これからの子ども・子育て支援の在り方について多角的に論考した、関係者必読の書。
2017.4 271p B6 ¥2500 ⓘ978-4-623-08019-9

◆転げ落ちない社会―困窮と孤立をふせぐ制度戦略　宮本太郎編著　勁草書房
【要旨】今日の日本に広がり続ける困窮と孤立。誰もが転げ落ちることがない社会に向けて、生活保障の新しいアプローチを提起。全労済協会の研究会による新福祉社会構想。打開の道をいかに切り開くか？
2017.10 362p B6 ¥2500 ⓘ978-4-326-65412-3

◆コンパクトシティ実践ガイド―医療・福祉・子育て連携！　コンパクトシティ研究会編　ぎょうせい
【目次】第1章 コンパクトなまちづくりの進め方―福祉との連携（まちづくり部局としての福祉の方向性、自治体の福祉部局における実態の把握、地域包括ケアシステムに係るまちづくり部局側のスタンス）、第2章 コンパクトシティづくりのポイント―医療・福祉施設（医療・福祉施策とまちづくり施策との連携に係る

り）、第3章 事例 中心で知るコンパクトシティづくりのポイント―子育て支援施設（子育て支援施設とまちづくり、子育て支援施策と連携したまちづくり）、第4章 参考資料（地域包括ケア及び子育て施策との連携によるコンパクトなまちづくりの推進について（技術的助言）、地域医療施設と都市計画施策の連携によるコンパクトなまちづくりの推進について（技術的助言）（市町村宛）、地域医療施設等と都市計画施策の連携によるコンパクトなまちづくりの推進について（技術的助言）（都道府県宛）、高齢者向け住まい施策と連携したコンパクトなまちづくりの推進について（市町村宛）、高齢者向け住まい施策と連携したコンパクトなまちづくりの推進について（都道府県宛）、健康・医療・福祉のまちづくりの推進ガイドライン（技術的助言）、（参考）誘導施設に関係する主な支援制度）
2017.3 176p B5 ¥2300 ⓘ978-4-324-10263-3

◆金平糖―自閉症納言のデコボコ人生論　森口奈緒美著（三鷹）遠見書房
【要旨】本書は、高機能自閉症として生きる悩みや想いを存分に描き各界に衝撃を与えた自伝『変光星』『平行線』（ともに遠見書房で復刊）で知られる森口奈緒美さんの最新エッセイ集です。発達障害者がどんなことで悩み、困っているのか。どんな支援があったら助かるのか。当事者として長く発信を続けてきた著者ならではの考察は、若い発達障害者やその家族、支援者たちへの良きヒントとなるでしょう。鋭い視点とユーモアたっぷりに定型発達社会に物申す、当事者エッセイの真骨頂！
2017.11 269p B6 ¥1700 ⓘ978-4-86616-039-9

◆災害ソーシャルワークの可能性―学生と教師が被災地でみつけたソーシャルワークの魅力　福祉系大学経営者協議会監修、遠藤洋二、中島修、家高将明編著　中央法規出版
【目次】第1部 ソーシャルワーカーの“声”を伝える（ソーシャルワーカーの“声”を伝える、インタビューからみた災害ソーシャルワーク、語り部活動の取り組みと意義、被災3県の社会福祉士からのメッセージ）、第2部 災害ソーシャルワークを考える（災害時におけるソーシャルワークの機能と役割―災害ソーシャルワークの専門性を問う、復興支援と社会福祉協議会、被災状況にみる災害ソーシャルワークの必要性、災害時要援護者支援としてのソーシャルワーク、「ソーシャルワーカーの“声”プロジェクト」の教育的効果とソーシャルワーク教育における災害ソーシャルワーク導入の意義 ほか）
2017.9 206p A5 ¥3000 ⓘ978-4-8058-5574-4

◆『災害に強い福祉』要配慮者支援活動事例集　東京都社会福祉協議会（災害時要援護者支援ブックレット 6）
【要旨】大都市東京の特性をふまえた災害時における要配慮者のニーズと支援対策に関する区市町村アンケート調査結果。東京都内における6つの取組み事例。要配慮者支援活動における9つの実践事例。
2017.3 269p A5 ¥1000 ⓘ978-4-86353-250-2

◆財政破綻に備える次なる医療介護福祉改革　松山幸弘著　日本医療企画
【要旨】財政破綻の顕在化の予兆と起こり得る時期、金利上昇に関連して経営者が留意すべき3つのこと、地域医療連携推進法人が日本版メイヨークリニックになれない理由、AIによって、医療にパラダイムシフトが起きつつある…ほか、47都道府県別・施設種類別に社会福祉法人の経常利益率・純金融資産対費用倍率などを一挙掲載。最悪の事態を回避するために取り組むべき改革の論点。6, 187法人の財務諸表分析から見えてきた社会福祉法人の課題と未来。
2017.10 141p A5 ¥2500 ⓘ978-4-86439-609-7

◆サイレントマザー―貧困のなかで沈黙する母親と子ども虐待　石川瞭子編著　青弓社
【要旨】暴力・沈黙・貧困のスパイラルから抜け出せないまま子どもを虐待し／虐待を黙認する、「助けて」が言えない母親＝サイレントマザーは、自身が子ども時代に受けた暴力によって心身を害している場合も多い。児童虐待の深刻な事例を分析して「沈黙しないで！」と母親に訴え、機関・関係者に防止策を提示する。
2017.10 270p B6 ¥2000 ⓘ978-4-7872-3424-7

◆里親であることの葛藤と対処―家族的文脈と福祉的文脈の交錯　安藤藍著（京都）ミネルヴァ書房（MINERVA社会福祉叢書）
【要旨】近年、里親制度の社会的要請は高まってきている。本書は、委託率問題や支援策検討などの

福祉的文脈、「親子」「家族」関係の新しさに着目する家族的文脈のどちらにも偏らず、2つの文脈が交錯する場で、時間的・関係的限定性を持つ里親が抱える葛藤を検証。また、豊富なインタビュー調査から、里親を取り巻く〈諸機関〉、長期的な養育の困難性、里親委託終了後の関係性などを考察。里親制度の基本概念や先行研究も詳解し、里親の立場とその可能性を探究する。
2017.2 319p A5 ¥5500 ⓘ978-4-623-07863-9

◆サービス担当者会議―開催のポイントとすすめ方のコツ　永島徹著　中央法規出版（だいじをギュッと！ ケアマネ実践力シリーズ）
【要旨】事前準備、会議当日、司会進行、実施後。各段階で具体的に何をすべきかがわかる！ 準備よし！ 雰囲気よし！ 連携よし！ 豊富な図表・イラスト、見開き構成でビジュアルに解説!!
2017.12 161p A5 ¥2000 ⓘ978-4-8058-5609-3

◆サービス提供責任者のための事例学習法　長嶋紀一監修、老年心理学研究会編、小野寺敦志、石鍋忠、北村世都、畦地良平著　ワールドプランニング（付属資料：CD‐ROM1）
【要旨】サ責の業務には「豊富な知識、技術、能力」「介護に関する知識、技術、能力」「多職種および利用者・家族との連携」「ホームヘルパーの育成・指導力」「業務管理能力」「事務処理能力」等が求められます。本書にはそのための実践に役立つ研修方法が記されています…。
2017.5 115p A5 ¥2000 ⓘ978-4-86351-128-6

◆さわやか通信 鍵をかけないケアーグループホームさわやかテラスの取り組み　山城裕美著（福岡）木星舎
【要旨】「あるがままに楽しくゆったりと」この家訓を守り、守られながら、入居者とともに歩いた16年。笑って、泣いて、叱られて、汗を流して、手をつなぐ…、鍵をかけないケアの実践、認知症ってなんだろう？ 人として向き合った時、世界はこんなにも豊かになる。
2017.5 149p A5 ¥1500 ⓘ978-4-901483-93-3

◆視界良好 ② 視覚障害の状態を生きる　河野泰弘著（京都）北大路書房
【目次】第1部（“見ること”とそれを広げること、生活経験から知っていく、生活の中の実感、納得したい、もっと理解したいという気持ち、生きる世界が拡がる：自由な想像の世界へ）、第2部（自分の気持ちを見つめる、さらに、自分の気持ちを見つめる、自分の可能性を探る、私のこれから、世界のこれから）
2017.4 186p A5 ¥1500 ⓘ978-4-7628-2962-8

◆視覚シンボルで楽々コミュニケーション ② 障害者の暮らしに役立つシンボル1000　ドロップレット・プロジェクト編　エンパワメント研究所（付属資料：CD‐ROM1）
【目次】この本の特長と使い方、ドロップスを使ってみよう！（ドロップスを使うための準備、ドロップスで絵カードを作ろう、ドロップスで手順表を作ろう、ドロップスをVOCAと一緒に使ってみよう、付属CD‐ROMについて）、シンボルライブラリ1000
2017.12 126p A5 ¥1500 ⓘ978-4-907576-47-9

◆自死は、向き合える―遺族を支える、社会で防ぐ　杉山春著　岩波書店（岩波ブックレット No.970）
【要旨】日本が“自殺大国”と言われるようになって久しい。その一方で、自死遺族の「その後」はタブー視され続けてきた。自死はなぜ、日本社会において ここまで隠され、遠ざけられるのか。あらゆる取材によって、その社会的背景が見えてきた。国内に加え、国際的動向も取り入れた渾身のルポルタージュ。
2017.8 70p A5 ¥580 ⓘ978-4-00-270970-3

◆次世代福祉の源泉―政府調達を未来目線で問い直す　髙木圭介著　ミヤオビパブリッシング（京都）宮帯出版社 発売
【目次】第1章 次世代福祉とそれを支える行財政機構の全容（次世代福祉のための財政支出、税制ほか）、第2章 次世代福祉の財政支出で雇用も安定化（教育機会の提供「一般会計」、食料安全保障「一般会計」ほか）、第3章 預許金ベースのシンプルな税制を確立する（個人と法人の所得・資産に対する課税〈第1段階〉、世帯所得に対する課税〈第2段階〉ほか）、第4章 政府組織を整理・合理化する（評議会方式の内閣府、専門行政機構ほか）、終章「太平洋協力機構」を設立し発展させる（基本理念、想定の参加国・地域 ほか）
2017.6 139p B6 ¥800 ⓘ978-4-8016-0105-5

◆「実践」が“理論”をコントロールするのであって、“理論”が「実践」をコントロールするのではない――ソーシャルワーカーが「“いま・ここ”における実践」に対する能力への覚醒すること　護田徹、中村文哉、吉田仁美、庄司知恵子、白石雅和、高木健志、菅野道生著（名古屋）ブイツーソリューション, 星雲社 発売
【目次】序章 『“いま・ここ”における実践』に対する能力への覚醒」が、なぜ必要なのか？、第1章 実践が理論をコントロールするのであって、理論が実践をコントロールするのではない、第2章 ソーシャルワークと社会学――社会福祉（学）に社会学が必要なのは、どういうことなのだろう？、第3章 社会福祉教育にジェンダー統計視点を取り入れる、第4章 社会福祉士養成教育における調査実習の実践報告――岩手県立大学社会福祉学部社会福祉学科における「地域福祉調査実習」の事例、第5章 実践力を培う相談援助実習の在り方に関する検討――保育者養成校での実習との比較を通して、第6章 ソーシャルワーク演習を通して「実践感覚」を涵養していくために――実践から理論を産み出していく、第7章 現場のソーシャルワーカーの語りからみた社会福祉専門職養成教育における課題――養成教育と実践との「乖離」の実像を探る
　　　2017.3 201p A5 ¥1500 ①978-4-434-23096-7

◆実地指導はこれでOK！ 管理者になったその日からこれだけはおさえておきたい算定要件 居宅介護支援編　小濱道博著　第一法規
【要旨】新任の居宅ケアマネジャーにもおすすめ！ チェック形式で実地指導のポイントがすぐわかる！
　　　2017.6 114p A5 ¥2300 ①978-4-474-05837-8

◆実地指導はこれでOK！ 管理者になったその日からこれだけはおさえておきたい算定要件 通所介護編　小濱道博著
【要旨】日常の業務に忙しい管理者必見！ チェック形式で実地指導のポイントがすぐわかる！ 平成29年度介護報酬改定に対応。
　　　2017.6 142p A5 ¥2300 ①978-4-474-05838-5

◆質と量の好循環をめざした福祉人材の確保・育成・定着　東京都社会福祉協議会
【要旨】東社協会員のネットワークを活用し、高齢、障害、児童・保育等の業種を横断するとともに、「施設長」「指導職」「初任者」「実習生」の4層に対して実施した「質と量の好循環をめざした、福祉人材の確保・育成・定着に関する調査」をふまえた8つのポイントを掲載。
　　　2017 179p A4 ¥1500 ①978-4-86353-261-8

◆実例でわかる介護老人保健施設利用の手引き　水野楢作著　法研
【目次】第1章 高齢者と介護、第2章 老人施設の種類と特徴、第3章 介護老人保健施設の入所まで、第4章 介護老人保健施設で働くスタッフたち、第5章 介護老人保健施設のリハビリテーション、第6章 介護老人保健施設の医療と介護、第7章 介護老人保健施設と各種の制度、第8章 家族との連携による介護
　　　2017.8 159p A5 ¥1600 ①978-4-86513-404-9

◆児童家庭福祉　福田公教, 山縣文治編著（京都）ミネルヴァ書房（新・プリマーズ・保育・福祉）第5版
【目次】児童家庭福祉の考え方、児童家庭福祉を取り巻く状況、児童家庭福祉の歴史、児童家庭福祉行政の仕組み、児童家庭福祉の機関と施設、健全育成サービス、母子保健サービス、保育サービス、要養護児童への相談援助、次世代育成福祉サービス、少年非行への対応、ひとり親家庭への福祉サービス、子ども虐待の防止とその対応、児童家庭福祉の担い手
　　　2017.3 176p A5 ¥1800 ①978-4-623-08010-6

◆児童家庭福祉　児童育成協会監修, 新保幸男, 小林理編　中央法規出版（基本保育シリーズ3）第2版
【目次】現代社会における児童家庭福祉の理念、児童家庭福祉の歴史的変遷と諸外国の動向、児童家庭福祉と保育、児童の人権擁護と児童家庭福祉、児童家庭福祉の制度と実施体制、児童家庭福祉の機関と専門職、子育て支援サービス、母子保健と児童の健全育成、多様な保育ニーズへの対応、児童虐待・ドメスティックバイオレンス、社会的養護、障害のある児童への対応、少年非行等への対応、次世代育成支援と児童家庭福祉の推進、保育・教育・療育・保健・医療等との連携とネットワーク
　　　2017.12 198p B5 ¥2000 ①978-4-8058-5602-4

◆児童家庭福祉論　立花直樹, 波田埜英治編著（京都）ミネルヴァ書房（新・はじめて学ぶ社会福祉 2）第2版
【要旨】多様で複雑化する児童・家庭問題に対応できる社会福祉士・保育士に必要な知識を、学びやすい章構成や簡潔な本文と精選した図表等でわかりやすく解説。好評の初版から、最新の法制度やサービス、データを更新した最新版。
　　　2017.3 241p A5 ¥2400 ①978-4-623-07888-2

◆児童館の歴史と未来――児童館の実践概念に関する研究　西郷泰之著　明石書店
【目次】第1部 児童館の実践概念の混乱（児童館実践の混乱、児童館施策が目指してきたこと）、第2部 児童館に関する史的考察（児童館由来と児童館構想期の社会的背景、児童館の歴史と施策意図）、第3部 児童館施策のこれから（児童館政策の今後の基本的方向、地域福祉施設としての児童館の実践、子ども家庭福祉施策等の動向と児童館の課題）、第4部 児童館の実践概念――その結論と提言（結論―児童館の実践概念、提言―児童館の基本的な目標・役割を果たすために）
　　　2017.6 298p A5 ¥3200 ①978-4-7503-4529-1

◆児童虐待から考える――社会は家族に何を強いてきたか　杉山春著　朝日新聞出版（朝日新書）
【要旨】子どもを育てられなくなった親たち。誰が「家族」を壊しているのか？ 年間10万件を突破し、今なお児童虐待は増え続けている。困窮の中で孤立した家族が営む、救いのない生活。そこで失われていく幼い命を、なぜ私たちの社会は救うことができないのか？ 数々の児童虐待事件を取材した著者が、その背景にある日本社会の家族規範の変容を追いながら、悲劇を防ぐ手だてを模索する。
　　　2017.12 215p 18cm ¥760 ①978-4-02-273743-4

◆児童虐待の防止を考える――子の最善の利益を求めて　佐柳忠晴著　三省堂
【要旨】現場経験・実践に裏付けられた精緻な研究集成！ 児童虐待の実情・虐待防止法制の歩みを詳述！
　　　2017.8 295p A5 ¥2500 ①978-4-385-32140-0

◆児童相談所改革と協働の道のり――子どもの権利を中心とした福岡市モデル　藤林武史編著　明石書店
【目次】序章 児童相談所改革の道のり、第1章 児童相談所の虐待――「介入か支援か」論争に終止符を打つ、第2章 ツールとしての法律を使いこなす、第3章 子どもの長期入所からの脱却をめざして――施設入退所調査に基づく家庭移行支援、第4章 里親養育・養子縁組の発展というストーリー、第5章 教育と福祉の協働を具体化するスクールソーシャルワーカー、第6章 インターフェースとしての少年サポートセンター――「警察」と「児童相談所」の真の連携とは、第7章 日本の代替養育と福岡市の代替養育――「外側」からのまなざし、終章 出ガラパゴス記
　　　2017.12 304p A5 ¥2400 ①978-4-7503-4594-9

◆児童手当事務マニュアル　中央法規出版　六訂版
【目次】第1章 児童手当制度の概要（制度の基本構成、法律の概要 ほか）、第2章 一般受給資格者への支給事務（児童手当制度の普及、受給資格者 ほか）、第3章 施設等受給資格者への支給事務（児童手当の支給、支給事務の流れ ほか）、第4章 交付金関係の事務（交付金関係半期業務一覧、児童手当交付金）
　　　2017.10 272p B5 ¥3400 ①978-4-8058-5581-2

◆児童福祉施設の心理ケア――力動精神医学からみた子どもの心　生地新著　岩崎学術出版社
【目次】第1部 児童福祉施設における心理ケアの実際――力動精神医学的コンサルテーションの経験から（なぜ児童福祉施設に関わることになったか、児童福祉施設が担う世界、児童福祉施設で子どもたちの心の発達 ほか）、第2部 不適切な養育と精神病理（児童養護施設における入所児童の思春期と乳幼児期体験、成人期の精神病理と乳幼児期体験、児童養護施設におけるメンタルケア の現状）、第3部 事例と助言（治療の難しい児童虐待事例、終わりの見えない戦いの中での希望について、入れ子細工の苦しみの中で生きる意味を見いだす」、付録 EBMと症例研究（医学研究における数的研究と症例研究の相補的関係）2017.10 206p B6 ¥2800 ①978-4-7533-1125-5

◆児童福祉六法　平成30年版　中央法規出版
【目次】第1章 児童福祉、第2章 児童虐待の防止等、第3章 児童手当・児童扶養手当、第4章 母子及び父子並びに寡婦福祉、第5章 母子保健・母体保護、第6章 関係法令、第7章 資料
　　　2017.12 3691p B6 ¥6200 ①978-4-8058-5612-3

◆児童や家庭に対する支援と児童・家庭福祉制度　大溝茂, 太田由加里編著　電気書院
【目次】第1章 児童・家庭を取り巻く状況、児童福祉の展開（児童・家庭を取り巻く社会環境、児童・家庭福祉の展開）、第2章 児童・家庭にかかわる法制度（児童福祉法の概要、児童虐待の防止等に関する法律（児童虐待防止法）の概要、DV防止法及び売春防止法の概要、母子及び父子並びに寡婦福祉法、母子保健法の概要、次世代育成支援対策推進法、少子化社会対策基本法の概要）、第3章 児童・家庭に関する手当の概要（児童手当法の概要、児童扶養手当法及び特別児童扶養手当制度の概要）、第4章 児童・家庭福祉を担う組織・団体の役割と実際（児童・家庭福祉制度における組織及び団体の役割と実際、児童・家庭福祉制度における専門職種の役割と実際、児童・家庭福祉制度における公私の役割関係、児童相談所の役割と実際、児童・家庭への相談援助活動の理論と基本、児童・家庭への施設と地域での援助活動）
　　　2017.3 208p B5 ¥1800 ①978-4-485-30402-0

◆児童や家庭に対する支援と児童・家庭福祉制度――児童・家庭福祉制度児童・家庭福祉サービス　福祉臨床シリーズ編集委員会編, 平戸ルリ子責任編集　弘文堂（社会福祉士シリーズ 15）第3版
【目次】第1章 現代社会と児童家庭福祉、第2章 児童家庭福祉に関する諸法律、第3章 児童家庭福祉行政のしくみと権利擁護、第4章 児童福祉サービスのしくみと権利擁護、第5章 相談機関等の役割と実際、第6章 児童福祉および家庭福祉サービスの実際、第7章 各臨床分野における児童・家庭福祉サービス、国家試験対策用語集
　　　2017.3 228p B5 ¥2400 ①978-4-335-61180-3

◆児童養護施設の子どもたちの家族再統合プロセス――子どもの行動の理解と心理的支援　菅野恵著　明石書店
【目次】第1章 序論、第2章 一時帰宅等と児童の行動との関連、第3章 児童の行動と心理的変化、第4章 児童への心理的支援に関する事例研究、第5章 児童と家族の関係調整に関する質的研究、第6章 総合的考察
　　　2017.11 218p A5 ¥4200 ①978-4-7503-4589-5

◆自閉症のうた　東田直樹著　KADOKAWA
【要旨】NHKドキュメンタリーで執筆風景が放送された短編小説「自閉症のうた」も収録。
　　　2017.5 213p B6 ¥1300 ①978-4-04-000283-1

◆社会関係の主体的側面と福祉コミュニティ　平川毅彦著（名古屋）ブイツーソリューション, 星雲社 発売
【目次】序章 地域社会と社会関係の主体的側面、第1章 二本立てのコミュニティ論と地域福祉、第2章 地域社会における「負の遺産」としての「訓令17号」、第3章 望ましい地域社会としての「コミュニティ」、第4章 仙台市における生活圏拡張運動と「福祉のまちづくり」、第5章 別府市における福祉のまちづくりと「車いす市議」の役割、第6章 福祉コミュニティ調査法と専門家の役割、第7章 岡村社会福祉論の論理構造と課題、終章「社会関係の主体的側面」を言く福祉コミュニティ概念の再構成、補章 明治期北海道屯田兵制度による「地域」と「家族」の形成―S屯田兵村を事例として――
　　　2017.9 193p A5 ¥2200 ①978-4-434-23367-8

◆社会人学生の本音――私たちの社会福祉士 相談援助実習　高橋昌子編著　電気書院
【目次】第1章 社会福祉士を目指す社会人実習生（ソーシャルワーカーとしての社会福祉士、新しい社会福祉士養成教育、期待される社会福祉士の役割 ほか）、第2章 通信生としての相談援助実習生の声（地域包括支援センター、居宅介護支援事業所での実習生、高齢者福祉施設（一部、地域包括支援センター配属あり）での実習生、障害児・者福祉施設での実習生 ほか）、第3章 成長する社会人実習生（通信教育で学ぶ社会人学生、相談援助実習生としての社会人学生の取り組み、卒業後の社会人実習生）
　　　2017.11 130p B6 ¥1200 ①978-4-485-30403-7

◆社会的入院から地域へ――精神障害のある人々のピアサポート活動　加藤真規子著　現代書館
【要旨】長期にわたる社会的入院で人生を根こぎにされた人、ままならない人生に悩み苦しむ人。精神病を病んでいるときも当たり前の日常生活を営むことの幸福を取り戻し、互いの経験をわ

社会・文化

かちあうために、当事者が贈る「精神障害」へのエール！
2017.9 225p B6 ¥2200 ①978-4-7684-3556-4

◆**社会的養護・社会的養護内容**　小宅理沙監修、中典子、潮谷光人編著　（福知山）翔雲社、星雲社　発売
【目次】第1部 社会的養護—理論編（子どもの健全育成と社会の役割、社会的養護の歴史、子どもの権利、社会的養護の理念と基本的な考え方 ほか）、第2部 社会的養護内容—実践編（家庭養護の実際、施設養護の実際、障害のある子どもの療育と支援の実際、成人障害者への支援の実際）
2017.10 205p B5 ¥2780 ①978-4-434-23547-4

◆**社会的養護内容**　伊藤嘉余子、小池由佳編著　（京都）ミネルヴァ書房　（MINERVAはじめて学ぶ子どもの福祉 6）
【目次】第1章 社会的養護における子どもの権利擁護と保育者の倫理と責務（子どもの権利擁護、保育者の倫理と責務）、第2章 社会的養護の実施体系（乳児院・児童養護施設・母子生活支援施設の特性と実際、児童心理治療施設・児童自立支援施設・障害児施設の特性と実際 ほか）、第3章 社会的養護における支援の計画と内容（社会的養護におけるケースマネジメント、自立支援計画の作成 ほか）、第4章 社会的養護に関わる専門的技術（社会的養護における保育士の専門性社会的養護におけるソーシャルワーク ほか）
2017.12 207p B5 ¥2200 ①978-4-623-07955-1

◆**社会的養護内容演習**　安藤和彦、石田慎二、山川宏和編　建帛社
【目次】第1部 社会的養護の体系と課題、権利擁護・保育士の倫理（社会的養護の機能と枠組み、社会的養護の課題、社会的養護を利用する子どもの権利擁護、社会的養護にかかわる保育士の倫理および責務）、第2部 社会的養護の支援の計画と内容（社会的養護における記録と評価、施設入所と個別支援計画（アドミッションケア）、社会的養護施設による日常生活支援（インケア）、障害児入所施設における日常生活（インケア）、自立支援と退所後の支援（リービングケア・アフターケア））、第3部 社会的養護にかかわる専門的技術（基本的生活習慣にかかわる専門的技術、学習・学校にかかわる専門的技術、対人関係・社会生活にかかわる専門的技術、家庭支援のためのソーシャルワーク、里親委託児童の支援）
2017.3 143p B5 ¥2000 ①978-4-7679-5054-9

◆**社会的養護の子どもと措置変更—養育の質とパーマネンシー保障から考える**　伊藤嘉余子編著　明石書店
【目次】第1章 社会的養護における措置変更（措置変更とは何か、全国における措置変更の現状、措置変更となる子どもたち）、第2章 データで見る措置変更の実際（アンケート調査の方法、回収率、児童の措置変更先、他施設等へ措置変更される児童の属性、措置変更の理由、措置変更前の準備やプロセス、小括）、第3章 施設職員が語る「措置変更」のプロセス（乳児院から児童養護施設/里親へ送り出す措置変更、子どもの行動上の困難さによる措置変更、必要な治療や指導を終えた後の措置変更、母子生活支援施設における子どもの措置変更）、第4章 施設から里親に措置変更される子どもの養育（乳児院・児童養護施設から里親への措置変更、児童自立支援施設から里親への措置変更、小括）、第5章 これからの措置変更のあり方をめぐって（措置変更を経験する子どもの生活歴と抱える課題の深刻さ、子どものパーマネンシー保障の観点から見る措置変更、措置変更プロセスで「愛着をつなぐ」、母子生活支援施設と他施設とのネットワーク、施設と里親の連携、今後の課題）
2017.11 212p A5 ¥2600 ①978-4-7503-4591-8

◆**社会的養護のもとで育つ若者の「ライフチャンス」—選択肢（オプション）とつながり（リガチュア）の保障、「生の不安定さ」からの解放を求めて**　永野咲著　明石書店
【目次】序章 社会的養護のもとで育つ若者の困難を捉える、第1章 新たな概念「ライフチャンス」の導入、第2章 社会的養護措置解除後の生活状況に関するこれまでの研究、第3章 社会的養護措置解除後の生活実態とデプリベーション—ライフチャンスの量的把握、第4章 社会的養護のもとで育った21人へのインタビュー調査—ライフチャンスの質的把握の方法、第5章 社会的養護のもとで育った若者のライフチャンス—ライフチャンスの質的把握、終章 結論：社会的養護におけるライフチャンス保障
2017.12 225p A5 ¥3700 ①978-4-7503-4595-6

◆**「社会に貢献する」という生き方—日本女子大学と災害支援**　平田京子編　ドメス出版

【要旨】社会に貢献せよ、と教えた大学。その薫陶を受けた大学生と卒業生は、大震災後に被災者と社会に寄り添いながら、力強く支援していった。信念を徹底し、生涯にわたって努力を続けることを伝える大学とそこから巣立った学生たちは何を考え、どのような支援活動を行ったのだろうか。これから大学教育を受けようとする若い世代に贈る先輩からのメッセージ。
2017.5 351p A5 ¥2400 ①978-4-8107-0835-6

◆**社会福祉**　林邦雄、谷田貝公昭監修、山崎順子、和田上貴昭編著　一藝社　（保育者養成シリーズ）新版
【目次】現代社会における社会福祉、社会福祉の歴史的変遷、社会福祉と社会福祉の法体系、社会福祉行財政と実施機関、社会福祉の計画、社会福祉における権利擁護のしくみ、社会福祉と相談援助、社会福祉と子ども家庭福祉、社会福祉と低所得者、社会福祉と高齢者、社会福祉と障害者、社会福祉と子ども・子育て、社会福祉と地域社会
2017.1 219p A5 ¥2200 ①978-4-86359-116-5

◆**社会福祉**　石田慎二、山縣文治編著　（京都）ミネルヴァ書房　（新・プリマーズ・保育・福祉）第5版
【目次】社会福祉の考え方、社会福祉を取り巻く環境、社会福祉の歴史、社会福祉の仕組み、社会福祉サービスの利用の仕組み、社会福祉の機関と施設、社会保障、低所得者福祉、児童家庭福祉、高齢者福祉、障害者福祉、地域福祉、利用者保護制度、社会福祉援助技術、社会福祉の担い手
2017.3 172p A5 ¥1800 ①978-4-623-08009-0

◆**社会福祉**　直島正樹、原田旬哉編著　萌文書林　（図解で学ぶ保育）第2版
【要旨】「なぜ保育者に社会福祉の勉強が必要なの？」と思うかもしれません。しかし、現場で虐待や貧困など様々な問題を抱えた人々に出会ったとき、保育者として守り、支援する必要があります。そこから必要な知識と支援方法を1項目1見開きでまとめました。
2017.4 223p A5 ¥2100 ①978-4-89347-249-6

◆**社会福祉**　倉石哲也、小崎恭弘編著　（京都）ミネルヴァ書房　（MINERVAはじめて学ぶ子どもの福祉 2）
【目次】第1章 社会福祉の基礎知識、第2章 社会福祉と子ども家庭福祉、第3章 社会福祉の制度と実施体系、第4章 相談援助、第5章 利用者保護のしくみ、第6章 社会福祉の動向と課題
2017.7 247p B5 ¥2200 ①978-4-623-07927-8

◆**社会福祉を牽引する人物 城純一**　城純一、塚口伍喜夫対談、野嶋納美、辻尾朋子編、福祉サービス経営企画会　（岡山）大学教育出版
【目次】第1章 城純一の生い立ち、社会福祉の道に入った動機、第2章 伝統を生かす、第3章 経営困難法人への援助、第4章 地域政治に関わって、第5章 地域ボランティアとしても活躍、第6章 資格取得で自己の向上、第7章 後に続く事業者への提言、城ノブの業績
2017.3 81p B6 ¥1000 ①978-4-86429-447-8

◆**社会福祉概論—その基礎学習のために**　西村昇、日開野博、山下正國編著　中央法規出版　六訂版
【目次】第1章 現代社会と社会福祉、第2章 社会福祉のあゆみ、第3章 社会福祉ニーズと社会福祉の方法、第4章 社会福祉サービスの概観、第5章 社会福祉サービスの供給方法、第6章 地域福祉の概観、第7章 社会福祉従事者と専門職倫理、第8章 ソーシャルワーク実践、第9章 社会福祉の法としくみ、第10章 社会保障および関連制度、第11章 近年の社会福祉施策の動向
2017.4 273p A5 ¥2600 ①978-4-8058-5474-7

◆**社会福祉概論**　杉本敏夫監修、立花直樹、波田埜英治編著　（京都）ミネルヴァ書房　（新・はじめて学ぶ社会福祉 4）
【要旨】児童家庭福祉や障害者福祉、高齢者福祉など、各領域の社会福祉の課題は、近年ますます多様化、複雑化している。このような現状に対応できる社会福祉士・保育士に必要な知識を、わかりやすい本文と最新の統計、精選した図表でわかりやすく解説。それぞれの資格で必要とされる範囲を含み、学びやすい章構成に。
2017.10 215p A5 ¥2400 ①978-4-623-08084-7

◆**社会福祉学は「社会」をどう捉えてきたのか—ソーシャルワークのグローバル定義における専門職能**　三島亜紀子著　勁草書房
【要旨】ソーシャルワーカーの社会的存在価値とは？「ソーシャルワークのグローバル定義」に

新たに盛り込まれた「在来知」「社会的結束」「多様性」などの概念を鍵に、「専門家/専門知とは何か」に迫る。
2017.12 185, 28p A5 ¥3000 ①978-4-326-70099-8

◆**社会福祉研究のこころざし**　大友信勝監修、權順浩、船本淑恵、鵜沼憲晴編　（京都）法律文化社
【目次】第1部 社会福祉行政と貧困（社会福祉事業の法的再構築—社会福祉事業を構成する6要素に焦点をあてて、生活保護行政における自立支援の到達点と課題—伝統的自立支援を克服し新しい自立支援の確立を目指して、ワークフェアか所得保障か—女性労働者問題から考える母子世帯の貧困、「子どもの貧困」の問題点と対策、"人を人として"大阪市西成区「こどもの里」の営み—子どもがもつ主体性と福祉実践教育の可能性を信じて）、第2部 障害者の自立支援と課題（障害年金給付のあり方と精神障害者の生きづらさ—近年における障害年金の不支給や支給停止への対抗として、障害年金に関する日中韓比較研究—障害者に対する保護雇用との関連から、社会福祉実践におけるコロニー—障害者の地域移行政策との関連において、機能的で自発的なコミュニケーションの支援を考える—自閉症児の自立に向けて）、第3部 高齢者福祉の論点と課題（高齢者福祉）教育の現状と課題—日本社会福祉教育学校連盟会員校のシラバス分析を中心に、社会福祉士養成課程における高齢者福祉分野科目の位置づけ—国家試験問題からの一考察、医療制度改革は高齢者に何をもたらしたか—2000年以降を中心に、特別養護老人ホームのサービスは利用者本位になったか—措置制度から介護保険への制度変化のなかで、韓国における認知症高齢者支援システムの現状と課題—日本における認知症高齢者への支援システムとの比較を通して、社会福祉研究・教育の歩み—自分史を中心として）
2017.3 295p A5 ¥4000 ①978-4-589-03836-4

◆**社会福祉・社会保障入門**　杉野緑著　（岐阜）みらい
【目次】第1部 社会福祉・社会保障の基本理念と発展過程（社会福祉・社会保障の基本理念としての生存権、社会福祉・社会保障とは、イギリスにおける救貧法の歴史と「貧困の発見」ほか）、第2部 社会福祉の諸政策（地域生活の基盤としての生活保護、児童家庭福祉の展開と現状、障害者福祉施策の展開と現状 ほか）、第3部 社会保障制度（社会保障財政、所得保障の諸制度（家計からみた生活の特徴と所得保障の意義、社会保険（雇用保険・労働者災害補償保険・傷病手当金、年金保険）、公的扶助）ほか）
2017.10 197p B5 ¥2000 ①978-4-86015-420-2

◆**社会福祉充実計画策定ハンドブック—平成29年4月施行！**　長隆事務所編、鈴木稔巳編著代表　第一法規
【目次】第1編 社会福祉充実計画策定の実務（社会福祉法人制度、社会福祉法の改正、社会福祉充実計画の策定実務、社会福祉充実計画策定実務のQ&A）、第2編 社会福祉事業の充実のための投資事例（事業継続・リスクマネジメント、職場環境改善、地域包括ケアシステム）、第3編 資料　2017.4 204p B5 ¥2300 ①978-4-474-05407-3

◆**「社会福祉充実計画」の作成ガイド—計画を成功に導く事業経営のポイント**　平安監査法人編、西川吉典、森智幸、長谷川真也著　中央経済社、中央経済グループパブリッシング　発売
【要旨】平成28年11月の改正社会福祉法の政省令、平成29年1月の社会福祉事務処理基準公表によって、社会福祉法人に作成が義務付けられる「社会福祉充実計画」の詳細が見えてきました。また、社会福祉計画を作成するためには、中長期経営計画や管理会計を整備することが必須で、それが事業経営を正しい方向に進めていく羅針盤となります。本書では、新たに創設された社会福祉充実計画の内容と作成方法を解説し、その前提となる社会福祉法人の事業経営のポイントを盛り込みました。
2017.3 196p A5 ¥2400 ①978-4-502-22081-4

◆**社会福祉小六法 2017（平成29年版）**　ミネルヴァ書房編集部編　（京都）ミネルヴァ書房
【要旨】福祉、介護に関わる法令を網羅。改正部分が一目でわかる傍線表示つき。
2017.3 1242p B6 ¥1600 ①978-4-623-07901-8

◆**社会福祉の基本体系**　井村圭壮、今井慶宗編著　勁草書房　（福祉の基本体系シリーズ 1）第5版

◆社会福祉の動向　2017　社会福祉の動向編
集委員会編　中央法規出版
【要旨】時系列の整理で社会福祉の「これまで」を学ぶ！ 体系的な整理で社会福祉の「いま」を理解する！ 社会福祉の動向から日本の「これから」を知る！
　2017.1 274p B5 ¥2500 ①978-4-8058-5452-5

◆社会福祉の動向　2017　社会福祉の動向編
集委員会編　中央法規出版
【要旨】時系列の整理で社会福祉の「これまで」を学ぶ！ 体系的な整理で社会福祉の「いま」を理解する！ 社会福祉の動向から日本の「これから」を知る！
　2017.12 278p B5 ¥2500 ①978-4-8058-5616-1

◆社会福祉の歴史─地域と世界から読み解く
田中和男, 石井洗二, 倉持史朗編　（京都）法律
文化社
【目次】第1章 前近代の社会福祉、第2章 明治前半期の社会福祉、第3章 明治後半期の社会福祉、第4章 大正期の社会福祉、第5章 戦前・戦中の社会福祉、第6章 戦後改革・高度成長期の社会福祉、第7章 グローバル時代の社会福祉
　2017.3 212p A5 ¥2400 ①978-4-589-03816-6

◆社会福祉への招待　北川清一, 川向雅弘編著
（京都）ミネルヴァ書房　（シリーズ・社会福祉
の視座 1）
【要旨】社会福祉のアイデンティティをつかむために。社会福祉を取り巻く今日的状況および思想・歴史・社会システムをわかりやすく解説。
　2017.4 246p A5 ¥2600 ①978-4-623-07950-6

◆社会福祉法人会計基準関係資料集─社会福
祉法人制度改革対応版　全国社会福祉協議会
【目次】共通（関係法令・通知）、会計処理に関する基準等、モデル経理規程、介護関係、保育所関係、措置施設関係、障害福祉サービス関係、社会福祉協議会関係
　2017.7 1289p B5 ¥4500 ①978-4-7935-1240-7

◆社会福祉法人の運営と財務　古田清和, 津田
和義, 中西倭夫, 走出広章, 村田智之著　同文舘
出版　第2版
【要旨】組織のガバナンス強化と事業運営の透明性向上のための実務のポイントを解説！
　2017.8 224p A5 ¥2400 ①978-4-495-20272-9

◆社会福祉法人の新会計規則集─平成29年4
月施行対応版　宮内忍, 宮内眞木子編著　第一
法規
【目次】第1章 共通、第2章 介護関係、第3章 保育所関係、第4章 措置施設関係、第5章 障害福祉サービス関係、第6章 税法関係
　2017.4 1074p B5 ¥4167 ①978-4-474-05820-0

◆社会福祉法人のための社会福祉法の要点と
会計監査人監査の受け方　平林亮子, 高橋知
寿著　税務経理協会
【目次】第1章 社会福祉法の改正のポイント（社会福祉法の改正、主な改正項目）、第2章 社会福祉法人における会計監査人監査のポイント（会計監査人監査のポイント、会計監査人監査の具体的なイメージ ほか）、第3章 基本的な会計書類の整備（会計と説明責任、具体的な根拠資料とその整理 ほか）、第4章 社会福祉法人のガバナンスと内部統制（ガバナンスと内部統制の重要性、ガバナンスの必要性 ほか）、第5章 これからのディスクロージャーと社会福祉充実計画（閲覧と公表、定款 ほか）
　2017.7 106p A5 ¥1700 ①978-4-419-06449-5

◆社会福祉法人法令ハンドブック 指導監査
編─指導監査のためのガイドライン・通知・Q
&A　中央法規出版
【目次】1 社会福祉法人指導監査要綱（社会福祉法人指導監査実施要綱の制定について、社会福祉法人指導監査実施要綱）、2 指導監査ガイドライン（指導監査ガイドライン、参照法令・通知）、3 関係通知（会計監査及び専門家による支援等について、社会福祉法人の法人監査及び施設監査の連携について（依頼））、4 Q&A（「社会福祉法人に対する指導監査に関するQ&A」の送付について、「社会福祉法人に対する指導監査に関するQ&A（vol.2）」の送付について）
　2017.12 209p B5 ¥3000 ①978-4-8058-5594-2

◆社会福祉法人法令ハンドブック 設立・運
営編　2017年版 設立・運営のための法
令・通知・Q&A　中央法規出版
【目次】1 社会福祉法人の法的概要、2 法令（基本法令、関連法令）、3 通知（施行通知、社会福祉法人設立・運営関係（定款、役員・評議員等）ほか）、4 社会福祉法人制度改革Q&A（「「社会福祉法人制度改革の施行に向けた留意事項について」に関するFAQ」の改訂について、社会福祉法人制度改革の施行に伴う定款変更に関するQ&A ほか）、5 資料（社会福祉法人制度改革について）
　2017.12 886p B5 ¥4800 ①978-4-8058-5593-5

◆社会福祉論　高間満, 相澤譲治, 津田耕一編著
電気書院
【目次】現代社会と社会福祉、現代社会における福祉制度と福祉政策、福祉の原理をめぐる理論と思想、社会福祉の歴史、社会福祉基礎構造改革以降の制度、福祉政策におけるニーズと資源、社会福祉のしくみ、福祉政策の構成要素、社会福祉の実践分野、福祉政策の関連政策、福祉政策の課題、相談援助活動と福祉政策の関係、世界の福祉
　2017.3 279p B5 ¥2600 ①978-4-485-30401-3

◆社会理論と社会システム─社会学　福祉臨
床シリーズ編集委員会編, 久門道利, 杉座秀親
責任編集　弘文堂　（社会福祉士シリーズ 3）
第3版
【目次】社会学の潮流と社会システム、日常生活と相互行為、社会生活と社会集団、現代家族の変容と課題、近代化と社会システム、経済と社会システム、組織と官僚制、社会構成、生活構造、ジェンダー、都市化と地域社会、人口構造と人口問題、社会変動と社会福祉、情報化と国際化、社会問題と社会学、社会政策・社会計画・社会福祉、国会試験対策用語集
　2018.1 280p B5 ¥2500 ①978-4-335-61190-2

◆「寂鐘」─寂夜離欲　川上正夫著　ルネッサ
ンス・アイ, 白順社 発売
【要旨】傘寿を前に突然訪れたのは、妻を介護する日々だった。夫は、寂鐘の音を聞きながら余生に何を見出したのか。長年福祉に携わり高齢者の多様な生きざまを見つめてきた著者による「共生」の物語。
　2017.11 256p B6 ¥1500 ①978-4-8344-0221-6

◆写真でわかる　高齢者ケアアドバンス─高
齢者の心と体を理解し、生活の営みを支える
古田愛子監修　インターメディカ　（付属資
料：DVD1）
【要旨】鮮明な動画77分と写真300点で、高齢者ケアのノウハウを徹底紹介！ 高齢者一人ひとりに応じたケアの実践に必要な技術と知識がこの1冊に！
　2017.10 191p B5 ¥3700 ①978-4-89996-365-3

◆15歳のコーヒー屋さん─発達障害のぼくが
できることからはじめてできないことへ　岩
野響著　KADOKAWA
【要旨】「好きなことを仕事にしたら障害じゃなくなった！」10歳でアスペルガー症候群と診断。中学校に通えなくなったのをきっかけに、あえて進学しない道を選んだ15歳の「生きる道探し」とは？ 精神科医・星野仁彦先生のインタビューも掲載。
　2017.12 189p B6 ¥1300 ①978-4-04-069653-9

◆手話を学ぶ人のために─もうひとつのこと
ばの仕組みと働き　本名信行, 加藤三保子著
全日本ろうあ連盟
【目次】第1部 手話ってなに？ どのように伝えているの？、第2部 手話の構成要素、第3部 手話の文法、第4部 新しい手話をどうつくるか、第5部 手話ということば、第6部 手話と社会
　2017.8 132p A5 ¥1600 ①978-4-904639-16-0

◆手話・言語・コミュニケーション　No.4
特集 コミュニケーションと聴覚障害　日
本手話研究所編　（京都）文理閣
【目次】巻頭言 母語・大阪市立聾学校、特集 コミュニケーションと聴覚障害（入院治療におけるコミュニケーション、職場のコミュニケーション経験、職場でのコミュニケーション課題、幼小児の人工内耳と感性的なコミュニケーション、ろう学校のコミュニケーション）、特別寄稿 ろう学校教員養成課程の提案、連載、書評、事務局だより
　2017.1 198p A5 ¥1800 ①978-4-89259-803-6

◆手話通訳を学ぶ人の「手話通訳学」入門
林智樹著, 日本手話通訳士協会監修　（京都）ク

リエイツかもがわ, （京都）かもがわ出版 発売
改訂版
【要旨】手話通訳の歴史から理論、教育・養成、業務、手話通訳の実際が学べる！
　2017.5 157p B5 ¥2000 ①978-4-86342-213-1

◆手話による教養大学の挑戦─ろう者が教え、
ろう者が学ぶ　斉藤くるみ編著　（京都）ミネ
ルヴァ書房
【要旨】多文化共生のためのリベラルアーツ教育とは。ろう者が母語で教育を受ける権利を保障する取り組みから、大学教育の本質を考える。
　2017.3 276p A5 ¥2600 ①978-4-623-07844-8

◆障害を知り共生社会を生きる　吉川雅博著
放送大学教育振興会, NHK出版 発売　（放送
大学教材）
【要旨】障害の概念と障害をめぐる思想、わが国の障害者の法的定義、わが国の障害者施策、障害者総合支援法以外の各種障害者施策、障害者権利条約、障害者虐待防止法と障害者差別解消法、権利を保障するしくみ、難病を知る、発達障害を知る、精神障害を知る、高次脳機能障害を知る、高齢難聴を知る、リハビリテーション、障害者の芸術、共生社会の実現に向けて
　2017.3 276p A5 ¥2600 ①978-4-595-31725-5

◆障害学研究　12　特集（発達）障害学生支
援と合理的配慮提供の実際　障害学研究編
集委員会編　障害学会編　明石書店 発売
【目次】特集 シンポジウム「（発達）障害学生支援と合理的配慮提供の実際」（開催趣旨、配慮を必要とする学生への大学における支援と課題 ほか）、論文（発話困難な重度身体障がい者における「他者性を含めた自己決定」のあり方─天畠大輔を事例として、視力回復手術を受けた視覚障害者のライフストーリー─翻身に対する内的一貫性を視座として ほか）、エッセイ（選評、もしも君と友達になれたら ほか）、書評（書評/頼尊恒信著『真宗学と障害学─障害と自立をとらえる新たな視座の構築のために』、リプライ 廣野氏の書評にこたえて ほか）
　2017.3 215p A5 ¥2400 ①978-4-7503-4484-3

◆障害が街を歩けば差別に当たる?!─当事
者がつくる差別解消ガイドライン　DPI日本会
議編　現代書館
【要旨】障害のない人が当たり前にできていることが、障害を理由として区別・排除・制限される。そんな日常にあふれる差別・不合理について知り、誰もが理解し合い尊重し合える社会を創る。
　2017.12 174p A5 ¥1600 ①978-4-7684-3561-8

◆障害者総合支援法がよーくわかる本　福祉
行政法令研究会著　秀和システム　（図解入門
ビジネス）
【要旨】どういう経緯でこうなってるの？ なにが問題で、どう改善されたの？ サービスの流れはどうなってるの？ 判定の基準とかはどうなってるの？ 超重要ポイントを一挙で解説！ 理解が早い！ 新法障害者差別防止法も詳しく解説！
　2017.3 277p A5 ¥1800 ①978-4-7980-4916-8

◆障害者総合支援法事業者ハンドブック 指
定基準編─人員・設備・運営基準とその解釈
2017年版　中央法規出版
【要旨】指定基準省令、解釈通知。障害児（児童福祉法）にかかわる事業者の基準も収載。左右対照形式で見やすく編集。2017年4月の基準改正に対応。
　2017.7 712p B5 ¥3400 ①978-4-8058-5532-4

◆障害者総合支援法事業者ハンドブック 報
酬編─報酬告示と留意事項通知　2017年版
中央法規出版
【要旨】報酬告示（単位数表）、関係告示、留意事項通知。障害児（児童福祉法）にかかわるサービスの報酬も収載。三段対照形式で見やすく編集。2017年4月の告示改正に対応。
　2017.7 971p B5 ¥4000 ①978-4-8058-5533-1

◆障害者総合支援法のすべて　柏倉秀克監修
ナツメ社
【要旨】基本理念、サービス、申請と認定の流れがよくわかる！ 2018（平成30）年4月施行のポイントは、障害者の望む地域生活の支援、障害児支援のニーズの多様化への細やかな対応、サービスの質の確保。
　2017.12 223p A5 ¥1800 ①978-4-8163-6356-6

◆障害者福祉　竹端寛, 山下幸子, 尾﨑剛志, 圓
山里子著　（京都）ミネルヴァ書房　（新・基礎
からの社会福祉 4）　第2版

社会・文化

【目次】第1部 障害者福祉の理念と歴史（障害者福祉とは何か、障害者福祉の理念、障害者福祉の歴史的展開）、第2部 障害者を支える法制度の現状と課題（障害者総合支援法の体系と概要、年齢・障害種別に対応した法律、障害者福祉の関連分野）、第3部 障害者支援とソーシャルワーク（事例から考える障害者支援の実態、相談支援とソーシャルワーク、障害者福祉の担い手）
　　2017.4 209p B5 ¥2600 ①978-4-623-08042-7

◆**障害とは何か—戦力ならざる者の戦争と福祉**　藤井渉著　（京都）法律文化社
【要旨】戦争の記憶を通して障害の捉え方にはどのような過去があるのか、政策では障害概念をどう認識してきたのかを歴史的に検討している。
　　2017.5 200p A5 ¥4500 ①978-4-589-03845-6

◆**障がいのある子どもの尊厳をめざしたトータルケアの探究**　保健看護学研究会編（岡山）ふくろう出版
【目次】肢体不自由児教育における医療的ケアのチームアプローチとコーディネーション、特別支援学校における医療的ケアと実施に関する歴史的変遷、特別支援学校の医療的ケアにおける養護教諭の役割に関する文献検討、医療的ケアのチームアプローチと養護教諭のコーディネーション、養護教諭のコーディネーション過程を構成する要素の明確化—特別支援学校養護教諭の実践の分析から、養護教諭のコーディネーション能力育成の研修プログラムニーズ—全国特別支援学校養護教諭への意識調査から、医療的ケアを必要とする子どもへのケア技術習得に関する養護教諭のニーズ調査—全国肢体不自由特別支援学校を中心に、自閉症スペクトラム障がいのある児童生徒の学校歯科検診における養護教諭の対応—感覚過敏を伴う男児を中心として、特別支援学校に配置された看護師の役割と職務の変遷—1999年～2012年の文献を中心に、特別支援学校で働く看護師が看護のアイデンティティを回復するプロセス〔ほか〕
　　2017.11 113p A4 ¥2600 ①978-4-86186-698-2

◆**障がいのある人の性 支援ガイドブック**　坂爪真吾著　中央法規出版社
【要旨】見て見ぬふりや、目先の対処で終わらせない！知的障がい児への性教育、ADHDのある人の恋愛、身体障がいのある人のデート・初体験の支援、精神障がいのある人の妊娠…等、豊富なケーススタディを収載。
　　2017.11 235p A5 ¥2500 ①978-4-8058-5592-8

◆**障害のある私たちの 地域で出産、地域で子育て—11の家族の物語**　安積遊歩、尾濱由里子編著　生活書院
【要旨】さまざまな障壁、差別につきあたりながらも、障害のある人の産み育てる権利を現実のものとしてきた11の家族の物語。とまどいも、哀しみも、怒りも、そしてなにより子どもと生きる喜びを等身大の言葉でつづった、おなじく続く人たちへの心からのエール！
　　2017.6 196p A5 ¥2500 ①978-4-86500-068-9

◆**障がい福祉の常識を働く暮らすを変えた5人のビジネス**　砂長美ん監修、吉田富美子文（鹿児島）ラグーナ出版
【要旨】障がい福祉の常識をくつがえす5人のストーリーと夢計画。
　　2017.11 137p B6 ¥1852 ①978-4-904380-69-7

◆**「奨学金」地獄**　岩重佳治著　小学館（小学館新書）
【要旨】貧困や格差の拡大と高騰した学費の影響で奨学金を借りる人は増え続け、大学生の5割以上が利用者だ。さらに卒業時点で数百万円の借金を背負うが、非正規雇用などの低賃金・不安定労働に就かざるを得ず、返せない人が増えていき、日本育英会から引き継がれた日本学生支援機構の奨学金制度は金融事業になり、返済困難な人にも苛酷な取り立てが行われる。生活苦と返済地獄にあえぐ人々の実態、制度の問題点と救済策を明らかにする。
　　2017.2 221p 18cm ¥780 ①978-4-09-825293-0

◆**少子化社会と妊娠・出産・子育て**　由井秀樹編著　北樹出版（テーマでひらく学びの扉）
【目次】第1章 結婚—誰が子を産み、育てるのか、第2章 子育て支援—誰のための支援？何のための支援？、第3章 出産—新しい生命を迎えるということ、第4章 母子保健—母と子の「健やかさ」を考える、第5章 避妊・中絶—「産まない」ことに向き合う、第6章 不妊—生殖補助技術は何を問いかけるのか、第7章 出生前診断—いのちを選ぶこと、選ばないこと、第8章 社会的養護

—親が育てられない子どもを社会で育てる、第9章 養子縁組—生まれた子どものために、終章 学びの扉、その先に—3つの論点
　　2017.4 153p A5 ¥1900 ①978-4-7793-0524-5

◆**情熱は磁石だ—パラリンピックスキー20年の軌跡、そして未来へ**　荒井秀樹著　旬報社
【要旨】信じた道をひたむきに歩き続ければ、必ずたくさんの人や知恵が集まってくる。5大会連続でメダリストを輩出！指導者として日本のパラリンピックノルディックスキーと共に歩み、世界と戦い続ける男の熱き人間ドラマ！
　　2018.1 193p A5 ¥1400 ①978-4-8451-1521-1

◆**触法障害者の地域生活支援—その実践と課題**　生島浩編著　金剛出版
【要旨】罪を犯し服役と出所を繰り返す障害者。その再犯を防ぎ、社会復帰と地域生活を支える「立ち直り支援」について、刑事司法・障害者福祉・精神医療・犯罪心理臨床など複数の分野にまたがる重層的な課題を第一線の行政責任者・実践家・研究者が詳説。実態調査に基づき、最新の理論をふまえ、海外の動向も視野に、わが国で展開されるべき「刑事司法と福祉、精神医療の協働プロセス」を提示、触法障害者支援の今後の方向性を具体的に指し示す。
　　2017.4 229p A5 ¥3600 ①978-4-7724-1551-4

◆**女子と貧困—乗り越え、助け合うために**　雨宮処凛著　（京都）かもがわ出版
【要旨】原発事故母子避難、シングルマザー、キャバ嬢、育児ハラスメント、進学めざす生活保護の女性…くらしとたたかいの現場から。全編取材・書き下ろし。
　　2017.6 167p A5 ¥1500 ①978-4-7803-0918-8

◆**書類・帳票の書き方・活かし方—仕事の質が変わる！書類事務のコツ**　榊原宏昌著　中央法規出版（だいじをギュッと！ケアマネ実践力シリーズ）
【要旨】できるケアマネは、おろそかにしない！利用者理解、情報共有、多職種連携は書類・帳票から—豊富な図表・イラスト、見開き構成でビジュアルに解説!!
　　2017.12 183p A5 ¥2000 ①978-4-8058-5610-9

◆**「知らなかった」はもう許されない個人情報保護○と×—法改正で居宅介護支援事業所や訪問看護ステーションも規制対象に！**　外岡潤監修　（大阪）メディカ出版
【要旨】漏えい事故が起きる前に!!忙しくて余裕がない！小規模事業者向けの超・実践的ミニマム情報管理術。
　　2017.10 111p A5 ¥2200 ①978-4-8404-6209-9

◆**事例解説 子どもをめぐる問題の基本と実務—学校生活、インターネット、少年事件、児童福祉、離婚・親権**　第二東京弁護士会子どもの権利に関する委員会編　青林書院
【要旨】相談窓口で培われたノウハウの集大成！だから…具体的な解決方法や実践的な考え方を身につけることができる。精神医学、臨床心理学等の専門的観点からもポイントを抽出。事案の背後にある複雑な要因の理解の仕方がわかります。
　　2017.5 309p A5 ¥3400 ①978-4-417-01710-3

◆**事例で学ぶ障がいのある人の意思決定支援—地域生活を支える成年後見活動**　大石剛一郎、川崎市障がい者相談支援専門員協会編　現代人文社、大学図書 発売
【要旨】意思決定支援とそれを踏まえた成年後見活動が、障がいのある人の基本的人権である「誰とどこで住むか」等を保障していくための両輪になりうることを示し、現場の実践のヒントとなるような事例・エピソードを通じて、意思決定支援とは何か、意思決定支援を踏まえた成年後見活動とは何か、を示す。
　　2017.3 159p A5 ¥2000 ①978-4-87798-670-4

◆**シングルマザーをひとりぼっちにしないために—ママたちが本当にやってほしいこと**　シンママ大阪応援団編、芦田麗子監修　（大阪）日本機関紙出版センター
【要旨】孤立していた4人のシンママたちが語り合った初めての座談会。貧困との眼差しに向き合いながら、それでも子どもの幸せを願う彼女たちの人生を支援するために必要なことは何か。
　　2017.7 167p B6 ¥1500 ①978-4-88900-946-0

◆**親権と子ども**　榊原富士子、池田清貴著　岩波書店　（岩波新書）

【要旨】離婚時の親権をめぐる争いは、一〇年前の三倍に。年間一〇万件以上の相談がある子どもの虐待において、親権は子どもの救出を阻む「壁」にもなりうる。急激に動いている現状に直面し、法改正も相次いでいる。子どもの数多くの経験とともに、子どもの視点を盛り込みながら、親権、そして子どもとの関係を具体的に描く。
　　2017.6 280p 18cm ¥880 ①978-4-00-431668-8

◆**人口減少社会の構想**　宮本みち子、大江守之編著　放送大学教育振興会、NHK出版 発売（放送大学教材）
【目次】人口減少と少子化、超高齢・多死社会の到来、人口減少社会の家族変動、人口減少社会の地域人口変動、人口減少社会の人口移動—国内、人口減少社会の人口移動—海外、変わるライフコース、変わる家族と世帯、くらしのセーフティ・ネット、家族とくらしの再構築、人口減少社会と地域コミュニティ、人口減少の適応策と緩和策、規模縮小下のまちづくり、人口減少社会の社会保障、人口減少社会の構想
　　2017.3 305p A5 ¥3100 ①978-4-595-31717-0

◆**人材紹介のプロがつくった発達障害の大学生のためのキャンパスライフQ&A**　石井京子、池嶋貫二、高橋知音著　弘文堂
【要旨】学生数、3,519人。発達障害のある大学生が感じる学生生活のとまどいと、就活への不安にこたえる72問。大学入学期から就職活動まで、学生生活でつまずきやすいポイントを「Q&A形式」で徹底解説。
　　2017.6 163p A5 ¥1800 ①978-4-335-65175-5

◆**新人ケースワーカーになったあなたへ&「生活保護手帳」活用術**　池谷秀登、森宣秋著　萌文社（公扶研ブックレット）増補改訂第2版
【目次】生活保護ケースワークについて（ケースワーカーを取り巻く状況、生活保護行政の構造、対当性と行政責任、生活保護援助を考える、自立支援プログラムの実施、援助の姿勢、仕事の相対化、援助者としての「強烈な自覚」）、「生活保護手帳」活用術（生活保護手帳（実施要領）について、実務上よくいきあたる問題から実施要領の習得を試みる、さらに深めて学び活用するために）
　　2017.10 57p A5 ¥800 ①978-4-89491-344-8

◆**人生を破滅に導く「介護破産」**　杢野暉尚著　幻冬舎メディアコンサルティング、幻冬舎 発売
【要旨】実家に住む親が突発的な病気で半身麻痺に…施設を探すべき？ふたりで暮らす両親。父親が認知症になって母親だけでは心配。同居の親が認知症を発症！最適な介護はできる？ひとり暮らしをする親が要支援状態。離れて暮らすのはそろそろ限界かも…最適な介護サービス・料金概算もすべて紹介！
　　2017.6 248p B6 ¥1300 ①978-4-344-91235-9

◆**人生の調律師たち—動的ドラマトゥルギーの展開**　藤川信夫編著　（横浜）春風社
【要旨】人はどのように支援しあい、互いの場を作り出すのか？ゴッフマンの演劇理論をもとに、実践的共同研究のための方法論を構築し、豊富な事例分析から"支援者・被支援者"の相互行為を読み解く。
　　2017.3 451p A5 ¥4500 ①978-4-86110-540-1

◆**人道研究ジャーナル　vol.6（2017）　特集 赤十字と歴史 他**　日本赤十字学園日本赤十字国際人道研究センター編　東信堂
【要旨】特集1 特集1現代世界・核廃絶と国際人道法（人道支援と核廃絶、現代世界と人道、現代世界と国際人道法）、特集2 赤十字と歴史（第二次世界大戦中の国内捕虜および抑留民間人の待遇—赤十字国際委員会の報告をもとに、"震災シンポジウム報告1" 濃尾地震医療救護と日本赤十字社の活動、"震災シンポジウム報告2" 熊本地震の救援活動、被災状況および復興への道、日本赤十字社の原爆緊急人道支援の歴史について、"インタビュー"『日赤看護婦・戦時救護活動』、「大韓赤十字社八〇年史」に見る歴史記述—日本の朝鮮半島進出時代を中心として）、特集3 赤十字と国際災害対応（国際協力団体による国内災害対応に関するナレッジ・マネジメントモデルの提案—平成二八年熊本地震対応経験の活用に向けて、「赤十字災害救護の原則と規則」の変遷—オーストラリア・アデレードで開催された赤十字歴史学会での発表から、東日本大震災の陰に埋もれた国際救援活動—ニュージーランド地震 日赤こころのケア活動、"医療の現場から" 日本の地域医療とアフリカでの医療救援—インバウンドで湧く飛騨高山から、"紀行" 赤十字基本原則採択五〇周年記念「赤十字7原則エッセイコ

ンテスト」賞品旅行スイス視察研修参加報告書、"紀行" ポーランド・アウシュビッツを訪ねて
2017.3 324p A5 ¥2000 ①978-4-7989-1422-0

◆**新貧乏物語―しのび寄る貧困の現場から**　中日新聞社会部編　明石書店
【要旨】6人に1人が貧困の時代、自己責任論では社会は衰退する。社会に広がる貧困を直視し、声なき声に耳を傾けること―。それが解決の第一歩となると信じ、困窮する人々に寄り添うように取材したルポルタージュ。背景にある制度の不備や構造的問題も平易に解説した、貧困問題の格好の入門書。
2017.6 319p B6 ¥1600 ①978-4-7503-4527-1

◆**図解 福祉行政はやわかり**　石川久著　学陽書房　第1次改訂版
【要旨】福祉の全体像が1冊でわかる！子ども・子育て新制度、障害者総合支援法などに対応！
2017.4 169p A5 ¥2100 ①978-4-313-16154-2

◆**すぐに役立つ入門図解 最新よくわかる障害者総合支援法**　若林美佳監修　三修社
【要旨】平成28年の障害者総合支援法改正に対応！「自立生活援助」「就労定着支援」など、新たに追加されたサービスまで、しくみをわかりやすく解説。障害福祉サービスの内容・費用・利用手続きがわかる。サービスを提供する事業者の種類や基準についても解説。障害者手帳、住居、就労、医療など、その他の支援制度もフォロー。成年後見制度や障害年金のしくみや手続きについても解説。
2017.3 223p A5 ¥1800 ①978-4-384-04743-1

◆**図説 よくわかる障害者総合支援法**　坂本洋一著　中央法規出版　第2版
【要旨】「就労定着支援」「自立生活援助」など新サービスは？ 平成30年4月全面施行！ 障害福祉制度のポイント71項目を詳しく解説！
2017.3 199p A5 ¥1800 ①978-4-8058-5482-2

◆**すべての子どもに遊びを―ユニバーサルデザインによる公園の遊び場づくりガイド**　みーんなの公園プロジェクト編　萌文社
【目次】1 基本的な考え方（遊びの重要性、障害のある子どもと遊び ほか）、2 遊び場の計画と運営（敷地の選定、さまざまな住民の参加 ほか）、3 遊びのデザイン（遊び場の概要、ブランコ ほか）、4 場のデザイン（公園へのアクセスと安全、出入り口 ほか）、資料
2017.6 128p B5 ¥2500 ①978-4-89491-335-6

◆**スマートセンシングの基礎と応用**　環境・福祉分野におけるスマートセンシング調査研究委員会監修　シーエムシー出版　（『環境と福祉を支えるスマートセンシング』抜粋・再編集・改題書）
【目次】第1章 スマートセンシング（スマートセンサとその背景、スマートセンサを取り巻く状況とその効果）、第2章 環境に関わるケミカルセンシング（ガスセンサ、室内・生産施設環境とケミカルセンサ ほか）、第3章 環境に関わるフィジカルセンシング（屋内環境におけるスマートセンシング、ビッグデータを用いたスマートセンシング ほか）、第4章 人体に関わるケミカル・フィジカルセンシング（侵襲型・低侵襲型デバイス、人体から放出されるガス・においのセンシング ほか）
2017.10 180p B5 ¥4000 ①978-4-7813-1310-8

◆**生活困窮者を支える連携のかたち**　上原久編著　中央法規出版
【目次】第1部 講義編（連携とは何か、連携という関係、連携の阻害要因と促進要因、「連携」の未来図）、第2部 事例編（個別支援、個と個をつなぐ支援）
2017.11 176p A5 ¥2000 ①978-4-8058-5583-6

◆**生活困窮者支援で社会を変える**　五石敬路、岩間伸之、西岡正次、有田朗編　（京都）法律文化社
【目次】第1部 福祉を変える（生活困窮者は誰が支えるのか―地域に新しい支え合いのかたちを創造する、「訪問型」相談支援をどう「つくる」のか―アウトリーチによる相談支援の先進地から学ぶ、相談支援事業はどのようにあるべきか？―相談支援員の立場から見る特徴と可能性や課題、「働く」「働き続ける」を誰が支えるのか―新しい就労支援のカタチ）、第2部 地域をつくる（見えなかった貧困をどのように支えるか？―学校のあり様を変える、居住・生活支援による住まい・まちづくりを考える？―高齢者・生活困窮者の住宅確保と地域包括ケア連携の取組み、精神障害者が働

くことをどのように支援するのか？―就労移行支援事業所からみた精神障害者の就労支援の課題）、第3部 経済を拓く（すべての市民が安心して働き、暮らすことのできる「第2のセーフティネット」をいかに拡充するか？―多様な主体の協働・共創による「コミュニティ経済」の育成・活性化、人口減少社会に求められる生活困窮者自立支援制度のあり方とは？―地方創生への貢献、就労支援は地域政策になるのか？―「タテ型」の就労支援から統合型の就労支援へ、「労働力開発専門職」とは何か？―多様な従事者を「私たち」として組織化する、労働統合型社会的企業（WISE）による社会的包摂づくりの意味―日本におけるWISEの展開過程と生活困窮者自立支援法のもつ意味）
2017.5 225p A5 ¥2400 ①978-4-589-03844-9

◆**生活困窮者自立支援も「静岡方式」で行こう!! 2 相互扶助の社会をつくる**　津富宏、青少年就労支援ネットワーク静岡編著　（京都）クリエイツかもがわ
【要旨】「若者就労支援」から進化した「静岡方式」とはすべての人が「困りごと」を抱える社会を生き抜くために地域を編み直し、創り直すことで地域が解決者になるための運動だった！人と人がまっとうに「いい人」として出会える地域をつくる！
2017.11 169p A5 ¥2000 ①978-4-86342-216-2

◆**生活分析から政策形成へ―地域調査の設計と分析・活用**　河合克義、長谷川博康著　（京都）法律文化社
【目次】第1部 生活を把握するということ：調査の目的と設計（調査計画と地域調査、地域調査の設計）、第2部 実態を正確に把握する：調査の基本と方法（量的調査1 データ解析の実際、量的調査2 多変量解析（1）：変数間の関係式（モデル式）―意識調査の関係性の調査：モデル式の作成、量的調査3 多変量解析（2）：変数間の関係性（グループ化）―意識調査の関係性の調査：関係性の視覚化、質的調査の設計と方法、第3部 データを活用する：分析から政策形成へ（生活分析から政策形成へ、生活に迫る調査を）、巻末資料
2017.11 219p A5 ¥3300 ①978-4-589-03876-0

◆**生活保護ソーシャルワークはいま―より良い実践を目指して**　岡部卓、長友祐三、池谷秀登編著　（京都）ミネルヴァ書房
【要旨】全国各地の優れた実践事例を基に、生活保護におけるソーシャルワークの意義と現状を考察。
2017.7 235p A5 ¥2500 ①978-4-623-07741-0

◆**生活保護のてびき 平成29年度版**　生活保護制度研究会編　第一法規
【目次】第1 生活保護制度のあらまし（わが国の公的扶助制度の歩み、生活保護制度の目的、生活保護制度の基本原理、生活保護実施上の原則）、第2 保護とはどのようなものか（保護の要否、保護の種類と範囲、保護施設、保護の申請）、第3 保護の要否判定の仕方（世帯認定の仕方、保護基準の考え方と具体的な算定、収入認定の考え方、最低生活費と収入認定の具体的計算の方法、就労自立給付金の創設について）、第4 被保護者の権利と義務（被保護者の権利と義務、保護の費用の返還と徴収、行政上の不服申立て、行政事件訴訟）、第5 生活保護制度による最低生活費の算出方法、第6 収入認定額の計算の仕方
2017.7 73p A5 ¥360 ①978-4-474-05870-5

◆**生活保護ハンドブック―「生活保護手帳」を読みとくために**　池谷秀登著　日本加除出版
【要旨】生活保護行政の実態と運用に精通した著者が執筆。都内の福祉事務所などで、32年間ケースワーカー・査察指導員として活動し、現在は自治体の生活保護担当者向けの研修や、研究会で講師を務める著者による、多岐にわたる経験に基づく、わかりやすく信頼のおける内容！
2017.2 361p A5 ¥3400 ①978-4-8178-4369-2

◆**精神医学ソーシャルワークの原点を探る―精神保健福祉士の再考**　井上牧子、西澤利朗編著　光生館
【目次】第1章 問題の所在、第2章 精神医療保健福祉の歴史的変遷と特質、第3章 精神医学ソーシャルワーカーの実践と精神保健福祉士の誕生、第4章 原点から学ぶ、第5章 現場で実践する精神医学ソーシャルワーカー、第6章 今後の展望と課題―精神医学ソーシャルワークの復権
2017.10 186p A5 ¥1800 ①978-4-332-52021-4

◆**成人吃音とともに―文章と写真と映像で、吃音を考える**　北川敬一著　学苑社　（付属資料：DVD1）

【目次】第1章 非吃音者と吃音者、第2章 吃音と就職、第3章 成人吃音と結婚―夫との3つの約束、第4章 吃音のある男性看護師の話―3つの視点から、第5章 吃音者の就労支援をする会社、第6章 吃音と言語聴覚士という仕事
2017.11 216p A5 ¥3200 ①978-4-7614-0795-7

◆**精神障がい者のための就労支援**　阪田憲二郎監修、米川和雄、内藤友子編　へるす出版　改訂第2版
【目次】第1章 障がい者のキャリア、第2章 就労支援の流れ、第3章 就労支援の実際、第4章 日常生活・就労マナー「基本テキスト編」、第5章 日常生活・就労マナー「インストラクター用」、第6章 精神障がい者の就労支援の事例
2017.9 247p B5 ¥3000 ①978-4-89269-933-7

◆**精神障がいのある親に育てられた子どもの語り―困難の理解とリカバリーへの支援**　横山恵子、蔭山正子編著　明石書店
【目次】第1章 精神障がいのある親に育てられた子どもの体験（精神科治療につながらない親に育てられた子ども、精神科治療につながった親に育てられた子ども、ライフサイクルに基づく子どもの体験の整理、大人になった子どもの困難とリカバリー）、第2章 精神障がいのある親をもつ子どもへの支援のあり方（母子保健、児童相談所、精神科医療、保育園、学校、生活保護）、終章 これからの展望
2017.12 214p A5 ¥2500 ①978-4-7503-4597-0

◆**精神保健福祉士の一日**　WILLこども知育研究所編著　（大阪）保育社　（医療・福祉の仕事 見る知るシリーズ）
【目次】1 精神保健福祉士の一日を見て！知ろう！（精神科病院で働く精神保健福祉士の一日、市役所で働く精神保健福祉士の一日、インタビュー編―いろんな場所で働く精神保健福祉士さん）、2 目指せ精神保健福祉士！どうやったらなるの？（精神保健福祉士になるには、どんなルートがあるの？、いろんな学校があるみたいだけど、ちがいは何？、福祉系の学校以外から目指すことはできるの？、学校を卒業したあと、実務経験が必要なの？、気になる学費は、どのくらいかかるの？　ほか）
2017.12 79p A5 ¥2800 ①978-4-586-08587-3

◆**精神保健福祉法講義**　大谷實著　成文堂　新版;第3版
【要旨】医師、精神保健福祉士、保健師、看護師など精神科医療関係者必携！精神保健福祉法を体系的・客観的に解説するコンパクトな1冊。措置入院に対する社会の関心など、最近の動向を踏まえた第3版。法学・医学・一般の各領域に共通の水準を提供！
2017.8 266p A5 ¥3000 ①978-4-7923-3364-5

◆**性的虐待を受けた子どもの施設ケア―児童福祉施設における生活・心理・医療支援**　八木修司、岡本正子編著　明石書店
【目次】序章 性的虐待（家庭内性暴力）を受けた子どもの実態、第1章 性的虐待（家庭内性暴力被害）への基本的な対応―児童相談所の対応を中心に、第2章 児童福祉施設の支援とケアについて―児童心理治療施設をモデルにして、第3章 児童福祉施設における生活支援、第4章 児童福祉施設における心理カウンセリング・トラウマ治療を巡って、第5章 児童福祉施設における家族支援・ソーシャルワーク展開、第6章 性的虐待（家庭内性暴力被害）を受けた子どもへの被害体験、性に関する支援、第7章 性的虐待（家庭内性暴力被害）を受けた子どもへの性の健全育成と性的問題行動、第8章 子ども個人、子ども集団への関わりを紡ぐ会議―子ども理解のための会議の持ち方、第9章 児童福祉施設における子どもの性の健全育成と性的問題行動を示す子どもへの支援、第10章 児童福祉施設における子どもの社会的自立とレジリエンス、第11章 児童自立支援施設や医療少年院での取り組みを巡って、資料
2017.12 290p A5 ¥3000 ①978-4-7503-4593-2

◆**世界の厚生労働 2017 2016年海外情勢報告**　厚生労働省編　（川崎）情報印刷、全国官報販売協同組合 発売
【目次】特集 中国、インド、インドネシア及びタイにおける解雇法制等（中華人民共和国（People's Republic of China）、インド（India）、インドネシア共和国（Republic of Indonesia）、タイ王国（Kingdom of Thailand））、定例報告 2016年の海外情勢（今後の見通し、北米地域にみる厚生労働施策の概要と最近の動向、欧州地域にみる厚生労働施策の概要と最近の動向、東アジア地域にみる厚生労働施

社会・文化

策の概要と最近の動向、東南アジア地域にみる厚生労働施策の概要と最近の動向、南アジア地域にみる厚生労働施策の概要と最近の動向
2017.4 524p A4 ¥3700 ①978-4-908030-02-4

◆先生、貧困ってなんですか？―日本の貧困問題レクチャーブック　自立生活サポートセンター・もやい著　合同出版
【要旨】「ホームレス」ってこわい人？ 生活保護をもらうなんて、なまけているだけじゃないの？ 高齢者や子どもの貧困が深刻って聞くけど、なにがどう問題なの？ 日本の貧困について12の切り口からわかりやすく解説。学校の先生、NPO・NGOスタッフ、自治体関係者必携テキスト！
2017.2 110p B5 ¥1400 ①978-4-7726-1288-3

◆戦前日本の社会事業・社会福祉資料　第1期　寺脇隆夫企画・監修、松本園子、橋本理子編　柏書房
【目次】第1巻 保育・託児（常設）（1）、第2巻 保育・託児（常設）（2）、第3巻 保育・託児（常設）（3）、第4巻 保育・託児（常設）（4）、第5巻 保育・託児（常設）（5）、第6巻 保育・託児（常設）（7）、第8巻 子守学校／工場鉱山の保育、第9巻 棄児・児童虐待（1）、第10巻 棄児・児童虐待（2）、第11巻 棄児・児童虐待（3）
2017.12 11Vol. B5 ¥280000 ①978-4-7601-4954-4

◆相談援助　倉石哲也、大竹智編著　（京都）ミネルヴァ書房（MINERVAはじめて学ぶ子どもの福祉 3）
【目次】第1章 相談援助とは何か（相談援助の意義、相談援助の理論 ほか）、第2章 相談援助の方法と技術（相談援助の対象、相談援助の展開過程 ほか）、第3章 相談援助の具体的展開（相談援助の計画・記録・評価、関係機関との協働 ほか）、第4章 具体的な事例に対する対応（虐待・ネグレクトへの支援の理解、発達に課題のある子ども・保護者への支援 ほか）
2017.12 198p B5 ¥2200 ①978-4-623-07928-5

◆相談援助の基盤と専門職―ソーシャルワーク　福祉臨床シリーズ編集委員会編、柳澤孝主、坂野憲司責任編集　弘文堂（社会福祉士シリーズ 6）第3版
【目次】相談援助と臨床、社会福祉士・精神保健福祉士の役割と意義、相談援助の概念と範囲、ソーシャルワークの歴史、相談援助の理念、相談援助の位置づけと構造、相談援助における権利擁護、相談援助専門職の概念と範囲、相談援助専門職の倫理、包括的な援助活動 ほか
2018.1 244p B5 ¥2500 ①978-4-335-61186-5

◆相談支援専門員のための「サービス等利用計画」書き方ハンドブック―障害のある人が希望する生活の実現に向けて　日本相談支援専門員協会編　中央法規出版
【要旨】収集した情報を、どうまとめればよいの？ 本人の目標やニーズを書き表せばいいの？ 障害のある人の計画作成でつまずいたときに使える本！
2017.7 161p B5 ¥2400 ①978-4-8058-5559-1

◆ソーシャル・キャピタルを活かした社会的孤立への支援―現場から福祉の課題を考えるソーシャルワーク実践を通して　牧田満知子、立花直樹編著　（京都）ミネルヴァ書房
【要旨】現代の「つながり」をめぐる福祉的課題から考える。子育て世帯、障害者、若者の雇用、高齢者、生活困窮者など、12の領域で抱える課題の具体的な事例をもとに、その解決方法を探る
2017.3 299p A5 ¥3100 ①978-4-623-07789-2

◆ソーシャルシティ　川原靖弘、斎藤参郎編著　放送大学教育振興会、NHK出版 発売（放送大学教材）
【目次】消費者行動とまちづくり、まちの評価、まちづくりの目的、マーケティングと消費者行動、消費者の意思決定、ソーシャルグラフの活用とSNS、モバイルコミュニケーション、移動体センシングと行動認識、赤外線放射カメラでまちの熱環境をとらえる、熱収支シミュレーションでまちの熱環境を予測・評価する、快適空間とヒューマンファクタ、新しい消費者の登場と来街者UX、実空間マーケティングの未来、各国で進む都市開発、ソーシャルシティとまちづくり
2017.3 262p A5 ¥3100 ①978-4-595-31718-7

◆ソーシャルワーカーのソダチ―ソーシャルワーク教育と実践の未来のために　後藤広史、木村淳也、荒井浩道、長沼葉月、本多勇、木下大生著　生活書院

【要旨】現在のソーシャルワーク教育のありかたに疑問を持ちつつ、大学で教育に携わっている6人が、実践の現場で利用者と関わることによって、自らがソダッた経験をベースに、ソーシャルワークとワーカーの「ソダチ」を展望する！
2017.7 213p A5 ¥2500 ①978-4-86500-070-2

◆ソーシャルワーク―ジェネラリストソーシャルワークの相談援助　得津愼子著　（岡山）ふくろう出版
【目次】1 始めに―今日のソーシャルワーク「相談援助」、2 ソーシャルワークの基本的枠組み、3 ソーシャルワークの沿革と実践モデルの変遷、4 ソーシャルワークの実際、5 有効な支援実践のために、6 資料
2017.5 135p A4 ¥2300 ①978-4-86186-695-1

◆ソーシャルワークの面接技術と記録の思考過程　日本精神保健福祉士協会監修、田村綾子編著、上田幸輝、岡本秀行、尾形多佳士、川口真知子著　中央法規出版（精神保健福祉士の実践知に学ぶソーシャルワーク 2）
【要旨】面接・記録を向上させるベテランワーカーの専門的思考。AI時代を生き抜く！ PSWのスキルを可視化。
2017.12 240p B5 ¥2500 ①978-4-8058-5567-6

◆ソーシャルワークプロセスにおける思考過程　日本精神保健福祉士協会監修、田村綾子編著、上田幸輝、岡本秀行、尾形多佳士、川口真知子著　中央法規出版（精神保健福祉士の実践知に学ぶソーシャルワーク 1）
【要旨】ベテランワーカーは何を見て、どう考えているのか。AI時代を生き抜く！ PSWの思考を可視化。
2017.9 300p B6 ¥2500 ①978-4-8058-5566-9

◆ソーシャルワークへの招待　北川清一、久保美紀編著　（京都）ミネルヴァ書房（シリーズ・社会福祉の視座 2）
【要旨】ソーシャルワークの本質と「ソーシャルワーカーらしく考える」ための視座をわかりやすく解説。
2017.4 245p A5 ¥2500 ①978-4-623-07951-3

◆育ちの根っこ―子育て・療育・つながる支援　池添素、塩見陽子、藤林清仁著　全国障害者問題研究会出版部（発達保障を学ぼう 4）
【目次】1章 子育て 根っこを育む支援、2章 根っこを育む（保護者の手記―広がる真愛の世界、療育実践―自然や集団、文化を大切に、広島の療育―育ちの根っこ）、3章 根っこの伸びる工夫をたがやす、4章 根っこを支える
2017.2 94p A5 ¥1800 ①978-4-88134-534-4

◆その花が咲くとき―障害者施設「川口太陽の家」の仲間たち　松本哲著　（所沢）サンパティック・カフェ、星雲社 発売
【目次】序章 仲間たちに出会うまで（障害のある人たちとの出会い、太陽の家との出会い ほか）、1章 咲いた花たち咲けなかった花たち―生・喜・悲・共（つながった、この子を産んで初めて褒められた ほか）、2章 咲く花の意味を知る―考・育・行（信頼、咲けなくなった花 ほか）、3章 花を支える枝や幹、根―論・思・理（働くことは権利）を実践するために、働く1 サンだいちの仲間たち ほか）
2017.12 208p 21×15cm ¥1800 ①978-4-434-24132-1

◆対人援助職リーダーのための人間関係づくりリワーク―チームマネジメントをめざして　鯖戸善弘著　金子書房
【要旨】看護師・介護福祉士・保育士など、対人援助職のリーダーへ。多忙な事業所でも実施しやすい17のワークを紹介。職務満足度、顧客満足度を向上させ、地域に必要とされる事業所にできます。スタッフとの接し方や人材不足に悩むリーダーのための必携書。
2017.6 162p B5 ¥2200 ①978-4-7608-2840-1

◆多職種連携から統合へ向かう地域包括ケア―地域づくりのトップランナー10の実践　支え合うひと・まち・コミュニティ　宮下公美子著（大阪）メディカ出版
【要旨】住民を巻き込み、つながる仕組みづくりに成功した専門職集団や地域、事業所のノウハウを一挙公開！
2017.5 159p A5 ¥2200 ①978-4-8404-6159-7

◆多文化共生地域福祉への展望―多文化共生コミュニティと日系ブラジル人　朝倉美江著（京都）高菅出版
【目次】序章 つながりは国境を越えて、第1章 グローバル化とコミュニティ、第2章 ブラジルの

日系ブラジル人とコミュニティ、第3章 「還流」から「逆流」へ（ブラジル⇔日本）、第4章 トランスナショナルな移住の実態と支援、第5章 多文化共生政策と民間団体―韓国の移民支援民間団体の調査から、第6章 人口減少・社会保障制度改革下の地域福祉の課題、第7章 グローバル化が進展するなかでの地域福祉の課題、第8章 多文化共生地域福祉への展望、終章 多文化共生地域福祉への挑戦
2017.9 263p A5 ¥2700 ①978-4-901793-76-6

◆誰も置き去りにしない社会へ―貧困・格差の現場から　平松知子、鳫咲子、岩重佳治、小野川文子、吉田千亜、上間陽子、飯島裕子、山野良一、荻野悦子、中嶋哲彦著　新日本出版社
【要旨】保育の現場は？ シングル女性の貧困。多発する奨学金返還トラブル。消される自主避難の、沖縄の夜の街の子の少女たち。給食費未納はモラル崩壊？ 障害児家族は？ どうなっている？ 日本の現場を探る！
2018.1 221p B6 ¥1600 ①978-4-406-06191-9

◆地域アセスメント―地域ニーズ把握の技法と実際　川上富雄編著　学文社
【目次】第1部 地域アセスメントの理論と方法（地域アセスメントとは、地域アセスメントの方法論的特質、地域アセスメントの必要性1―超少子高齢・無縁社会の進展と変容、地域アセスメントの必要性2―地域もニーズも多様、地域アセスメントの歴史―理論と実践の発展 ほか）、第2部 地域アセスメントの実践との関わり（地区社協設立に向けた地域アセスメントの活用、コミュニティソーシャルワーカー（CSW）による個別支援から地域支援への取り組み、市社協のひきこもり支援と地域アセスメント、地域アセスメントにおける地域包括支援センターのかかわり、市社協からみた地区社協活動計画づくりと地域アセスメント ほか）
2017.12 95p B5 ¥1500 ①978-4-7620-2758-1

◆地域共生の開発福祉―制度アプローチを越えて　日本福祉大学アジア福祉社会開発研究センター編　（京都）ミネルヴァ書房
【要旨】地域づくり×しごとづくり×人づくりの新たな挑戦。
2017.3 233p A5 ¥3800 ①978-4-623-08007-6

◆地域再生と地域福祉―機能と構造のクロスオーバーを求めて　牧里毎治、川島ゆり子、加山弾編著　相川書房
【要旨】牧里地域福祉研究をふり返り、これからの地域福祉を考える。牧里毎治の地域福祉論を振り返るとともに、薫陶・刺激を受けた研究者たちが「地域福祉に"今"、そして"これから"求められるもの」を、各々の研究的立場から議論し、論題に深く切り込む。
2017.1 308p A5 ¥3500 ①978-4-7501-0394-5

◆地域におけるひきこもり支援ガイドブック―長期高年齢化による生活困窮を防ぐ　境泉洋編著　金剛出版
【要旨】ひきこもり状態にある人は、複合的な困難のために地域に居場所を見出すことができずにいます。その状態にある人への支援において最も重要なのは、ひきこもり状態にある人にとって魅力的な居場所を地域に確保することです。本ガイドブックでは、魅力的な居場所をどう作り、その居場所にどうつなげ、支援していくかを紹介します。本ガイドブックには、全国規模のネットワークを持つ唯一の当事者団体であるKHJ全国ひきこもり家族会連合会が、1999年の設立から17年間の経験を通じて蓄積してきたノウハウが詰まっています。ひきこもりの心理は、往々にして誤解されやすいため、当事者視点からの支援を極めて重要です。本ガイドブックは、長期高年齢化するひきこもりの人たちの生活困窮を防ぐために、生活困窮者自立支援法を踏まえたひきこもり支援のあり方を、当事者視点から提案します。ひきこもり状態になった本人とその家族の自立と尊厳を確保し、希望のある持続可能なコミュニティにつなげる支援を実現するための具体的方策が網羅されています。
2017.10 225p A5 ¥3200 ①978-4-7724-1582-8

◆地域福祉コーディネーターの役割と実践―東京から「我が事・丸ごと」地域共生社会を切り拓く！ コーディネーター座談会から　東京都社会福祉協議会
【目次】1 東京における地域福祉コーディネーターとは、2 座談会「地域福祉コーディネーターの役割と実践」（座談会、座談会を終えて）、3 6社協の地域福祉コーディネーターの配置・活動の

状況（東京都内6社協における地域福祉コーディネーターの配置状況一覧、6社協の活動・事例）、4（参考）用語解説
　　　　2017 123p B5 ¥1300 ①978-4-86353-253-3

◆**地域福祉のイノベーション―コミュニティの持続可能性の危機に挑む**　日本地域福祉学会地域福祉イノベーション研究会監修、宮城孝編集代表、神山裕美、菱沼幹男、中島修、倉持香苗編　中央法規出版
【要旨】日本地域福祉学会第30回大会記念出版。コミュニティの持続可能性の危機に挑む。
　　　　2017.11 212p B5 ¥3400 ①978-4-8058-5590-4

◆**地域福祉のエンパワメント**　加藤博史、小澤亘編著　（京都）晃洋書房
【要旨】民生委員制度創設100周年記念。日本初の本格的な民生委員悉皆調査は、超高齢社会の課題に応え、共生の地域創造のためにいま何が求められているかを明らかにした。また、10年におよぶアクション・リサーチ、外国人福祉委員、地理情報システムの活用、JOYトークなど、斬新なチャレンジを紹介する。
　　　　2017.3 248p A5 ¥3500 ①978-4-7710-2889-0

◆**地域福祉のすすめ―東北からの発信 暮らしの中からつくる福祉コミュニティ**　渡部剛士著　（仙台）全国コミュニティライフサポートセンター
【要旨】福祉の地域づくりとは何か。住民主体の原則とは何か。「住民主体の原則」を謳った1962年策定の社会福祉協議会基本要項のもとに立ち会い、伝説の「山形会議」。その現場に立ち会い、東北の地域福祉を第一線で駆け抜けた著者が後世に託す思いとは?!生活支援コーディネーターの道しるべ。
　　　　2017.6 165p A5 ¥2000 ①978-4-904874-56-1

◆**地域福祉論**　川島ゆり子、永田祐、榊原美樹、川本健太郎著　（京都）ミネルヴァ書房　（しっかり学べる社会福祉 3）
【要旨】地域福祉って何だろうからはじまる、新しい枠組みが学べるテキスト。地域福祉の基盤を作るコミュニティワークを中心とし、学習者が地域における援助技術について、事例を通して具体的にイメージできるよう構成した。従来のテキストでは中心となってきた資源や制度については、事例の中でコンパクトにまとめて紹介。大きな変化を遂げつつある地域福祉を、最新の動向を紹介しつつ、体系だって理解できるように工夫した。
　　　　2017.4 280p A5 ¥2800 ①978-4-623-08003-8

◆**地域包括ケアを問い直す―高齢者の尊厳は守れるか**　鴻上圭太、高倉弘士、北垣智基編、大阪社会保障推進協議会企画　（大阪）日本機関紙出版センター
【目次】序章「地域包括ケア」をめぐる制度改革の動向と課題、第1章 必要な医療や介護を本人の願いに寄り添って受けられる仕組みに―要介護者の家族の立場から、第2章 大阪府内の病院、老健の入院入所、退院退所調査、第3章 地域包括ケアと地域医療構想―高齢者の尊厳は守れるか、第4章 いま医療・介護現場では何がおきているか、終章 おわりにかえて
　　　　2017.1 118p A5 ¥1000 ①978-4-88900-951-4

◆**地域包括ケアから社会変革への道程 "実践編"―ソーシャルワーカーによるソーシャルアクションの実践形態**　中島康晴著　批評社　（メンタルヘルス・ライブラリー 37）
【要旨】ソーシャルワーカーの仕事は、人びとのより身近で継続的な社会環境としての地域において、支援する側・される側という支配・被支配のタテの権力関係を超えて、「ひらかれた」地域へ向けて信頼性、互酬性、多様性を創出し、暮らしに困難を抱える人びとの眼差しを地域住民と共有しつつ、互いのアイデンティティの変容をとおして地域変革を実現し、さらに社会変革へ向けてその理念を具現化させることにある。
　　　　2017.6 204p A5 ¥1800 ①978-4-8265-0664-9

◆**地域包括ケアから社会変革への道程 "理論編"―ソーシャルワーカーによるソーシャルアクションの実践形態**　中島康晴著　批評社　（メンタルヘルス・ライブラリー 36）
【要旨】さあ、はじめよう！ 社会福祉の世界から「革命」を。なぜなら、社会福祉は世界に現れる新自由主義下の矛盾は、生の極限まで追い詰められ、最後の絆に托すしかない人びとの怨念そのものだからである。このエネルギーを社会変革の糧にすることなしには新たな社会を眺望することはできないのである。
　　　　2017.5 197p A5 ¥1800 ①978-4-8265-0662-5

◆**聴導犬のなみだ―良きパートナーとの感動の物語**　野中圭一郎著　プレジデント社
【要旨】あなたは、捨てられた犬と人との奇跡を信じてますか？ 数々のテレビ番組で紹介され、大反響！ 詳しい物語がついに書籍化。耳が聞こえない人のお手伝いをする聴導犬の想い…この本を読めば「人生っていいな」と幸せな気持ちに。
　　　　2017.11 246p B6 ¥1300 ①978-4-8334-2251-2

◆**地域包括ケア時代の施設ケアプラン記載事例集―チームケア実践**　高室成幸監修・執筆、奥田亜由子執筆　（名古屋）日総研出版　全面改訂、第2版
【要旨】施設ケアマネジメントの展開のしかた！ 21事例。アセスメントからモニタリングまで、根拠あるケアプラン立案がわかる。
　　　　2017.2 269p B5 ¥3612 ①978-4-7760-1821-6

◆**地域包括ケアと福祉改革**　二木立著　勁草書房
【要旨】第2期安倍政権の医療・社会保障政策の最新動向を、地域包括ケアと地域医療連携、および福祉改革に焦点を当てつつ、包括的かつ複眼的に分析。
　　　　2017.3 230p A5 ¥2500 ①978-4-326-70098-1

◆**チェンジ―私のウガンダ2000日**　山田優花著　海竜社
【要旨】人生に消極的だった私が「鉛筆がほしい」というたった一言をきっかけに、11,500キロ離れたウガンダへ。…そこで、私の生き方は一変した。100年後の世界のために私たち、一人ひとりに今、できることがある。
　　　　2017.4 230p B6 ¥1300 ①978-4-7593-1521-9

◆**地図でみる日本の健康・医療・福祉**　宮澤仁編　明石書店
【目次】第1部 人口の状態と健康、第2部 医療、第3部 出産・子育て期の保健と福祉、第4部 高齢期の保健、第5部 障害のある人の福祉、第6部 生活困窮者に対する福祉、第7部 保健・医療・福祉の担い手
　　　　2017.3 204p B5 ¥3700 ①978-4-7503-4499-7

◆**知的障害者雇用を成功させる8つのポイント―ウィークポイントを配慮した職場立ち上げから定着管理まで**　常盤正臣著　ぶどう社
【要旨】知的障害者たちの共通のウイークポイントを踏まえた仕事作り。「規律・仕事は厳しく、職場は楽しく」をモットーにした、社会生活・職場生活指導を重要視した職場運営。障害者が職場の中で引き起こすいくつものエピソードを交えた実際の記録と、その中から知的障害者雇用を成功させるためのノウハウをお伝えいたします。　2017.12 176p A5 ¥1800 ①978-4-89240-232-6

◆**知的障害者雇用ハンドブック**　原町成年寮編著　幻冬舎メディアコンサルティング、幻冬舎 発売
【要旨】60年のキャリアをもつ就労支援のプロが明かす自社にマッチする人材を採用し、もてる力を最大限発揮してもらう方法。これ1冊で「知的障害者の雇用ノウハウ」がすべてわかる！
　　　　2017.1 191p 18cm ¥900 ①978-4-344-91092-8

◆**知的障害のある人のライフストーリーの語りからみた障害の自己認識**　杉田穏子著　現代書館
【要旨】知的障害があることを当事者はどう認識しているのか―「知的障害がある」と見られることは、「価値が低い」というレッテルを貼られることであり、そのレッテルは、社会全体による他律的・支配的価値観であり、生涯続き、自分からはがすことさえも難しい。知的障害者のある人のディスアビリティの経験をそのライフストーリーから取り出し、障害の自己認識を探ることによって、知的障害が社会によってどのように構築されているのかを描き出す。
　　　　2017.8 220p A5 ¥2500 ①978-4-7684-3559-5

◆**チームで支える高次脳機能障害のある人の地域生活―生活版ジョブコーチ手法を活用する自立支援**　蒲澤秀俊監修、阿部順子編著　中央法規出版　（付属資料：別冊1）
【目次】第1章 プロローグ、第2章 高次脳機能障害についての基本的な理解、第3章 高次脳機能障害のある人の生活を支援する基本、第4章 高次脳機能障害のある人たちの社会的行動障害、第5章 地域生活支援のプロセス、第6章 困難事例の連携支援
　　　　2017.1 157p B5 ¥2400 ①978-4-8058-5453-2

◆**注文をまちがえる料理店**　小国士朗著　あさ出版
【要旨】まちがえることを受け入れてまちがえることを一緒に楽しむ「認知症を抱える人」が接客をする不思議であたたかいレストランのものがたり。
　　　　2017.11 239p B6 ¥1400 ①978-4-86667-029-4

◆**伝え上手、聞き上手になる！ 介護職のための職場コミュニケーション術**　大野萌子著
【要旨】苦手な人との付き合い方がわかる！ 職場が好きになる！ 楽しく、長く、働ける！ 介護の現場で職員同士が気持ちよく働くためのノウハウが満載！
　　　　2017.7 173p A5 ¥2000 ①978-4-8058-5531-7

◆**鶴丸メソッド メディカルファッション**　鶴丸礼子著　講談社エディトリアル
【目次】1 写真集、2 モデルやご家族からのメッセージ、メディカルファッションとメディカルデザイン、3 型紙と考案ポイント、服は着る薬
　　　　2017.3 95p B5 ¥2400 ①978-4-907514-81-5

◆**東京都における児童相談所―時保護所の歴史**　藤田恭介著　社会評論社
【目次】序章 頑張れ！ 一時保護所、第1章 創成期の一時保護所―明治5年～昭和20年まで、第2章 新しい児童相談所の設立―昭和20年～昭和28年まで、第3章 復興する児童相談体制と一時保護所―昭和28年～昭和49年まで、第4章 充実する児童相談体制―昭和49年～平成6年、第5章 変革期の児童相談所―時保護所―平成6年～平成24年、おわりに 時代の一時保護所をめぐる総括
　　　　2017.6 221p A5 ¥2200 ①978-4-7845-1737-4

◆**東社協参考人事給与制度 平成29年度版―民間社会福祉施設における新たな人事給与制度の策定に向けた考え方**　東京都社会福祉協議会
【目次】第1部 平成29年度版 東社協参考人事給与制度の主な改定内容（平成28年東京都人事委員会勧告の概要（平成28年10月18日）、平成28年東京都人事委員会勧告に伴う平成29年度版「東社協参考人事給与制度」の主な改定内容、参考給料表の見方及び留意点）、第2部 「東社協参考人事給与制度」の目的、「東社協参考人事給与制度」のしくみ）、第3部 旧東社協モデル及び平成28年度までの東社協参考給料表から平成29年度版参考給料表へ移行する場合の留意点（これまでの「モデル給与制度」「参考人事給与制度」の移行方法の経過、就業規則・給与規程の変更について）、第4部 資料編（業務目標制度（自己申告制度）実施要項（東社協作成例）、業績評価制度実施要項（東社協作成例）、東京都職員料給料表（平成28年度）、平成29年度版東社協参考給料表（基準：東京都職員料給料表×96％）、諸手当の参考例（東京都職員の場合）、東京都における昇給制度について（東社協作成例）、東京都人事委員会勧告等の概要（東京都人事委員会））
　　　　2017.1 115p A4 ¥1000 ①978-4-86353-248-9

◆**どうしようこんなとき!! 2 社会的養護の若き実践者のために**　こどもサポートネットあいち編　（大津）三学出版
【目次】第1部 子どもと職員の関係（「面会のときの職員と子どもへの対応に困ります」、「暴れてしまう幼児に困っています」、「幼稚園や学校の参観に困ります」 ほか）、第2部 性の問題（「男の子同士の"いちゃつき"をどう考えているのか悩んでいます」、「宿直中に起きた性問題への対応に困っています」、「性非行に挑発される子どもにどう向き合えばいいのでしょうか」 ほか）、第3部 職員集団（「夜勤はとても大変です」、「地域小規模児童養護施設での勤務体制が大変です」、「職員間の役割分担のことで困惑しています」 ほか）
　　　　2017.9 60p B5 ¥1000 ①978-4-908877-13-1

◆**ドキュメント・長期ひきこもりの現場から**　石川清著　洋泉社
【要旨】取材する側だったジャーナリストがひょんなことから支援する側に―。年間訪問件数800回―長期ひきこもりとじっくり向き合い、医者や施設などからも見放された彼らの心を開き、実社会へと復帰させてきた。絶望、そして涙と感動の記録から、長期ひきこもりの現場の真実が見えてくる！
　　　　2017.3 300p B6 ¥1700 ①978-4-8003-1173-3

◆**特別養護老人ホームにおけるケアの実践課題―従来型施設とユニット型施設で生活する入居者への影響**　壬生尚美著　ドメス出版

社会・文化

【目次】序章、第1章 従来型施設とユニット型施設におけるケアの実践課題（先行研究）、第2章 従来型施設とユニット型施設におけるケアの実践過程の検証、第3章 従来型施設とユニット型施設のケアが入居者の生活に及ぼす影響、第4章 従来型施設とユニット型施設におけるケアの両価性の統合、終章

2017.2 214p A5 ¥2700 ①978-4-8107-0830-1

◆トヨタ研究からみえてくる福祉国家スウェーデンの社会政策　猿田正機著 （京都）ミネルヴァ書房 （MINERVA人文・社会科学叢書）
【要旨】企業組織を基盤として経済発展を実現した日本と、国家が「国民の家」を目指して様々な政策を実践してきたスウェーデン。著者の30年以上にわたるトヨタ、ボルボの労使関係研究は、二国家の発展志向の差異を認識しながらの分析と検証であった。本書は、両国における企業の比較分析、労働者・市民の生活を支える社会政策に焦点を当て、研究からみえてきたスウェーデン社会の特徴を明らかにする。

2017.3 364p B5 ¥7000 ①978-4-623-07945-2

◆「なんとかする」子どもの貧困　湯浅誠著　KADOKAWA （角川新書）
【要旨】いまの日本の最大の問題は、"子どもの貧困"である。問題は余りに大きい。一朝一夕にすべての人を幸せにする解決策もない。だが、一ミリでも対策を進める、腐らない人たちが、この国には、まだたくさんいる！ 貧困は減らせる、社会は根もとから変えられる!!貧困問題の第一人者が取材した課題解決の最前線。

2017.9 241p 18cm ¥820 ①978-4-04-082173-3

◆難民鎖国ニッポンのゆくえ―日本で生きる難民と支える人々の姿を追って　根本かおる著　ポプラ社 （ポプラ新書）
【要旨】難民問題が世界的に注目されるなか、世界第三位の経済大国・ニッポンはなぜ難民を受け入れないのか？ ふくれあがる難民申請者とそれでも日本の片隅でたくましく生きる人々、そして難民を支えようとする日本の企業や草の根の活動がある、難民問題について多角的に考える。私達の意識を変える現場からの提言。知られざる日本の難民問題を考える入門書的な一冊。

2017.5 300p 18cm ¥820 ①978-4-591-15468-7

◆虹色のチョーク―働く幸せを実現した町工場の奇跡　小松成美著　幻冬舎
【要旨】社員の7割が知的障がい者のチョーク工場が、"日本でいちばん大切にしたい会社"と呼ばれるその理由とは一。家族の宿命と経営者の苦悩、同僚の戸惑いと喜びを描いた感動のノンフィクション。58年もの間、障がい者雇用を続けながら、業界トップシェアを成し遂げた日本理化学工業。

2017.5 221p B6 ¥1300 ①978-4-344-97904-8

◆24の瞳が輝く場―子ども子育て支援新制度とともに　山村連太監修、薗蔵会編 （宇都宮）CRT栃木放送、（宇都宮）随想舎 発売
【目次】1 子育ての社会問題は待機児童だけではない！、2 多様性を実現するためのキュービックマネジメントシステム、3 多様性が人生を豊かにする、4 子ども同士が育ちあう風景、5 七歳のジョブ体験、6 多様性の高い人材育成の"カギ"、7 多様性が実現された時に必要な力とは、クオーレ職員座談会から

2017.1 173p B6 ¥1200 ①978-4-88748-337-8

◆日本手話とろう教育―日本語能力主義をこえて　クァクジョンナン著　生活書院
【要旨】「日本では日本語で」という意識、「聞こえないはずが聞こえたほうがいい」という価値観そのものを問い直す！ ろう文化宣言から龍の子学園、そして明晴学園へ。日本手話と日本語の読み書きによるバイリンガルろう教育の展開をその前史から現在まで詳述。言語権を議論の軸にすえ、日本手話による教育を一つの選択肢としてひろげることだけでなく、多言語社会日本のありかた自体を問い直すことを目指した必読の書。

2017.3 189p A5 ¥2500 ①978-4-86500-065-8

◆日本におけるソーシャルアクションの実践モデル―「制度からの排除」への対処　髙良麻子著　中央法規出版
【目次】序章 研究の目的と構成、第1章 社会福祉関連法制度の課題、第2章 ソーシャルワーク理論の課題、第3章 ソーシャルワーク実践の課題、第4章 研究デザイン、第5章 ソーシャルアクションの事例研究、第6章 日本におけるソーシャルアクションの実践モデル、第7章 日本に

おけるソーシャルアクション、終章 本研究の意義と今後の課題

2017.2 213p A5 ¥4000 ①978-4-8058-5465-5

◆日本の介護―経済分析に基づく実態把握と政策評価　中村二朗、菅原慎矢著　有斐閣
【要旨】要介護者を誰が介護するのか―同居率低下という誤解？ 介護費用の実態はどうなっているのか？ 今後の介護費用の増加を抑制するために何をすべきか？ 介護保険制度は「介護の社会化」をもたらしたのか？ これからの介護保険制度に望むこととは？ 介護の実態を経済学の視点から解明。膨大なデータによる実証分析から実態を明らかにし、「今後の介護の在り方」を追求する。

2017.12 244p A5 ¥3800 ①978-4-641-16514-4

◆日本の児童養護と養問研半世紀の歩み―未来の夢語れば　全国児童養護問題研究会日本の児童養護と養問研半世紀の歩み編纂委員会編　福村出版
【目次】特別鼎談「養問研の歴史を振り返る」、第1章 集団主義養護論と養問研（集団主義養護論と養問研の理念・思想、養問研活動で大切にしてきたこと もてる力を発揮し、自由にものが言え、前向きに物事を考えられる養護）、第2章 戦後の社会的養護における養問研の活動（養問研の歴史と活動、私にとっての養問研、30年間、養問研編集部に関わって一先人たちの思い出）、第3章 子どもと職員の人権保障と実践指針（家庭環境を奪われた子どもの権利保障と実践指針、養問研実践指針を生かした施設養護実践、養問研と養護労働、児童養護の未来を展望する）、第4章 資料編（養問研歴代役制、支部活動の記録、中部・西日本・東日本研修会一覧、養問研刊行物、養問研出版書籍、全国児童養護問題研究会（養問研）規約、全国児童養護問題研究会（養問研）入会のご案内、全国児童養護問題研究会入会申込書）

2017.4 241p B5 ¥3000 ①978-4-571-42064-1

◆日本の無戸籍者　井戸まさえ著　岩波書店 （岩波新書）
【要旨】少なくとも一万人は存在するとされる日本の無戸籍者。嫡出推定や女性の再婚禁止期間など明治からの民法の壁に加え、貧困などで出生届上げられないことがその原因だ。しかし、戦争や災害による戸籍の大量滅失はいつ誰にでも起こりうる。国民を規定し、また排除する戸籍制度がいかにもろく曖昧か、歴史と多くの事例から考察する。

2017.10 256p 18cm ¥840 ①978-4-00-431680-0

◆入門 貧困論―ささえあう/たすけあう社会をつくるために　金子充著　明石書店
【目次】第1部 貧困とは何か（身近にある貧困をとらえる―貧困・低所得・生活困窮の理解、何が貧困か、何がふつうの暮らしなのか―貧困の概念と定義、社会は貧困をどう見ているか―保守化する貧困観、なぜ自立を求めるのか、何をもたらすのか―スティグマ・不自由・不平等）、第2部 貧困対策としての社会保障（政府が貧者をたすける理由―公的扶助の思想・理念、公的扶助という名の貧者の管理―貧困対策と福祉国家の統治、公的扶助は「恥」なのか―社会保障のなかの公的扶助、生活をまるごと保護するとはどんなことか―生活保護の目的と原理、保護は「依存」を生み出すのか―生活保護の内容・方法・水準 ほか）

2017.8 395p A5 ¥2500 ①978-4-7503-4547-5

◆認知症予防専門士テキストブック　日本認知症予防学会監修、浦上克哉、川瀬康裕、西野憲史、辻正純、児玉直樹編　メディア・ケアプラス、徳間書店 発売 改訂版
【要旨】来るべき認知症予防の時代に応える認知症予防専門士受験公式テキスト。認知症予防専門医、認定認知症領域検査技師必携！

2017.10 381p A5 ¥2800 ①978-4-19-864503-8

◆ネパールの人身売買サバイバーの当事者団体から学ぶ―家族、社会からの排除を越えて　田中雅子著　上智大学出版、ぎょうせい 発売
【目次】第1部 ネパールにおける人身売買（世界の状況、ネパールにおける課題と対応、サバイバーのライフストーリー）、第2部 当事者団体の活動（サバイバーの当事者団体シャクティ・サムハ、シャクティ・サムハを支える人びと、当事者団体の特徴を生かした活動、人身売買サバイバーの当事者団体から学ぶこと）

2017.5 183p B6 ¥1250 ①978-4-324-10261-9

◆はじめての子ども家庭福祉　遠藤和佳子編著　（京都）ミネルヴァ書房

【要旨】子どもを「主体的な存在」として認識し寄り添う支援の"いま"をわかりやすく解説。

2017.4 242p A5 ¥2500 ①978-4-623-08012-0

◆はじめて学ぶ介護の日本語 基本のことば　三橋麻子、丸山真貴子、堀内貴子、西己加子著　スリーエーネットワーク （付属資料：別冊1;赤シート1）
【要旨】2008年からEPA（経済連携協定）により来日している介護福祉士候補者への学習支援をし、研究を続けてきた研究者と、大学や日本語学校で教鞭をとる現役の日本語教師が、専門家の意見を聞きながら作成した「外国人のための介護の基本語彙」の教材。豊富な例文や、共起（コロケーション）が示され、英語、中国語、ベトナム語、インドネシア語の4か国語の翻訳がついている。

2017.7 275p B5 ¥2600 ①978-4-88319-751-4

◆はじめにこれだけは知っておきたい!!社会福祉法人会計の「基本」　馬場充著　公益法人協会
【要旨】制度改革後の会計業務について知りたい人がいちばん最初に読む本！ 基本的な内容にしぼって、仕訳の仕方から決算書の作成まで。

2017.7 238p A5 ¥2600 ①978-4-906173-84-6

◆はじめまして、子どもの権利条約　川名は つえ監修、チャーリー・ノーマンイラスト　東海教育研究所、（平塚）東海大学出版部 発売 （かもめの本棚）
【要旨】スウェーデンの画家が描いた「子どもの権利条約」のシンプルで力強いイラスト絵本。

2017.3 86p B5 ¥2800 ①978-4-486-03903-7

◆パーソナルアシスタンス―障害者権利条約時代の新・支援システムへ　岡部耕典編　生活書院
【要旨】パーソナルアシスタンスを、意思決定支援・成年後見制度のオルタナティブへ！ 障害者権利条約批准後に残された最大の課題としてある、「重度訪問介護の発展的継承によるパーソナルアシスタンス制度の創設」「介助者手足論」や「自己決定による自立」を超える当事者主体の共同決定/共同責任という新たな支援論にも接続されるその営みをどう現実のものとしていくか。海外そして国内の実践に学びつつ、その射程と展望を理論づける。

2017.2 305p A5 ¥2600 ①978-4-86500-063-4

◆「はたらく」を支える！ 職場×発達障害　五十嵐良雄編著　南山堂
【目次】第1章 発達障害を正しく知り、対応する（産業精神保健分野における発達障害、発達障害とは、職場での対応―産業保健の役割を中心として、企業での顧問医として見る発達障害）、第2章 発達障害と診断されたら、心理療法、復職支援（発達障害専門外来から見えること、リワーク外来から見えること、発達障害の心理社会療法、コーディネーターによる復職時の会社との連携）、第3章 発達障害に有効な外的資源を活用する（企業を支援するCAPでの取り組み紹介、発達障害とストレスチェック制度との関連、就労移行支援事業所での発達障害の就労への取り組み）

2017.6 184p B5 ¥2500 ①978-4-525-18161-1

◆発達障害と環境デザイン―わくわくな未来をつくる　暮らしデザイン研究所編 （京都）かもがわ出版 （発達障害住環境サポーター養成講座"基礎研修"公式テキスト）
【要旨】今までの「うまくいかない」理由がよくわかり、具体的なメソッドと事例ですぐに動ける一冊です。

2017.11 94p B5 ¥2000 ①978-4-7803-0936-2

◆発達障害、治るが勝ち！―自分の生き方を自分で決めたい人たちへ　浅見淳子著　花風社
【要旨】治さない医療、伸ばさない療育、アリバイ的特別支援教育、そして飼い殺しの成人支援。支援の限界を、乗り越えよう。発達障害児・者への支援が満足いくものでない現状の中で、発達障害のある人たちとその家族がたくましく社会を生き抜いていくためのサバイバル・ガイド。

2017.8 213p B6 ¥2000 ①978-4-909100-00-9

◆発達のひかりは時代に充ちたか？―療育記録映画『夜明け前の子どもたち』から学ぶ　田村和宏、玉村公二彦、中村隆一編著 （京都）クリエイツかもがわ
【要旨】半世紀前「この子らを世の光に」の糸賀一雄、田中昌人らがつくった「療育記録映画」を現代的視点で問い直す。その時代に誕生した「発達保障」のいま、福祉の市場化や教育統制の

強まりの中で、もう一度、生の営みを見直すきっかけを。
2017.2 196p B5 ¥2500 ①978-4-86342-204-9

◆ばっちゃん—子どもたちの居場所。広島のマザー・テレサ　伊集院要者　扶桑社
【要旨】行き場のない子どもたちのため、40年にわたって自宅を開放し、毎日無償で手料理を振る舞い続けた「ばっちゃん」こと中本忠子さん（83歳）。ひとはばっちゃんを「広島のマザー・テレサ」と呼ぶ。「大人は信用できない」と口をそろえる子どもたちが、なぜ「ばっちゃんだけは信用できる」のか。365日24時間、子どもたちを受け止め続ける「ばっちゃん」。広島に赴任してから、ばっちゃんを8年間追い続けたNHKディレクターが、子どもたちの置かれた状況、ばっちゃんの子どもたちへの接し方、その言葉や行動をつまびらかに記す。
2017.11 214p B6 ¥1200 ①978-4-594-07819-5

◆場面緘黙支援の最前線—家族と支援者の連携をめざして　ベニータ・レイ・スミス、アリス・スルーキン編、かんもくネット訳　学苑社
【要旨】家族・教師・専門家がそれぞれの知識や専門性を活かして連携するために。場面緘黙児は非常に多様な状態を示し、症状の背景要因も千差万別であるため、さまざまな専門領域による支援法の模索や研究、そして連携が必要である。本書は、場面緘黙における最新の海外研究結果を踏まえ、最も効果的な支援の方向性を示した。
2017.7 283p A5 ¥3600 ①978-4-7614-0789-6

◆ハレの日 介護施設—「愛」と「笑い」の場ソレアード物語 Part2　八上俊樹著　（新潟）博進堂、星雲社 発売
【要旨】「楽しくなければ、介護じゃない！」一風変わった埼玉の介護施設に集う人々が織りなす笑いあり・涙ありの"人間賛歌"第2弾。
2017.11 202p B6 ¥1500 ①978-4-434-24043-0

◆ビジネスとしての介護施設—こうすれば職員が定着する　志賀弘幸著　時事通信出版局、時事通信社 発売
【要旨】成功している介護施設には、共通の考え方や取り組みがある！ 介護事業は空前の人材確保難の時代。新規採用が厳しい中で、やるべきことは何か？ ドラッカーのマネジメント論や豊富な事例から改善策を指南！
2017.1 254p B6 ¥2200 ①978-4-7887-1509-7

◆ひと目でわかる保育のための児童家庭福祉データブック 2018　全国保育士養成協議会監修、西郷泰之、宮島清編　中央法規出版
【要旨】保育、児童家庭福祉の最新動向が分かる！ 新しい図解や統計を豊富に収載！ 養成課程や試験対策に役立つ資料集！
2017.11 78p B5 ¥1200 ①978-4-8058-5591-1

◆広島戦災児育成所と山下義信—山下家文書を読む　新田光子著　（京都）法藏館
【要旨】被爆地広島の恩人、山下義信。戦災児救済を願って育成所を開設した山下の、埋もれた事績を資料で語る。
2017.3 242p A5 ¥2800 ①978-4-8318-5566-4

◆貧困クライシス—国民総「最底辺」社会　藤田孝典著　毎日新聞出版
【要旨】貧困には「絶対的貧困」と「相対的貧困」がある。生命・生命維持で精一杯の極限状況を「絶対的貧困」と呼ぶ。日本では、健康で文化的、そして人間らしい生活ができなくなる、いわゆる「相対的貧困」が全世代で広がり続けているのだ。
2017.3 229p 18cm ¥900 ①978-4-620-32406-7

◆貧困と地域—あいりん地区から見る高齢化と孤立死　白波瀬達也著　中央公論新社 （中公新書）
【要旨】「日雇い労働者の町」と呼ばれ、高度経済成長期に頻発した暴動で注目を集めた大阪のあいりん地区（釜ヶ崎）。現在は高齢化が進むなか、「福祉の町」として知られる。劣悪な住環境、生活保護受給者の増加、社会的孤立の広がり、身寄りのない最期など、このエリアが直面している課題は、全国の地域社会にとっても他人事ではない。本書は、貧困の地域集中とその対策を追った現代のコミュニティ論である。
2017.2 222p 18cm ¥800 ①978-4-12-102422-0

◆福祉を拓く—自立性と関係性の形成　かごしま福祉開発研究所編　（鹿児島）南方新社
【要旨】子育て、障害者、高齢者等の福祉は重要課題であるにもかかわらず、全国的に未だ試行錯誤が続いているといっていい。本書は、地域の視点から問題点を網羅的に摘出し、その解決策を市民と事業者、行政の協働に探る先駆的な試みである。
2017.3 246p A5 ¥2500 ①978-4-86124-362-2

◆福祉技術と都市生活—高齢者・障がい者・外国人・子どもと親への配慮　西山敏樹著　慶應義塾大学出版会
【要旨】誰もが快適に過ごせる都市環境。「高齢者」「障がい者」「外国人」「子どもとその親」という新しい4つの視座で、最適な福祉技術を考える。障がい者差別解消法でいう"合理的配慮"にも言及。
2017.4 163p A5 ¥2700 ①978-4-7664-2413-3

◆福祉現場で必ず役立つ利用者支援の考え方　津田耕一著　電気書院
【目次】社会福祉の仕事、利用者支援の考え方、利用者主体の支援、専門的援助関係を土台とした支援の展開、一人ひとりを大切にした支援、チームで関わる利用者支援
2017.5 181p A5 ¥1300 ①978-4-485-30405-1

◆福祉サービスの第三者評価受け方・活かし方 高齢者福祉サービス版　全国社会福祉協議会
【目次】第1章 高齢者福祉サービスの質の向上に活かす第三者評価（第三者評価受審の意義—高齢者福祉サービスにおける評価・第三者評価とは、第三者評価の目的と仕組み）、第2章 第三者評価受審の前に（受審に向けた準備と福祉施設・事業所の体制づくり、自己評価のすすめ（1）自己評価の実施方法、自己評価のすすめ（2）自己評価の実際）、第3章 高齢者福祉サービス版評価基準ガイドラインを読む（高齢者福祉サービス版評価基準ガイドラインの理解と高齢者の生活支援、高齢者福祉サービス版共通評価基準ガイドライン、高齢者福祉サービス版内容評価基準ガイドライン）、第4章 第三者評価の活用方法（第三者評価結果の実際、第三者評価の公表と活用）、参考資料
2017.4 205p A4 ¥1600 ①978-4-7935-1238-4

◆福祉施設・学校現場が拓く児童家庭ソーシャルワーク—子どもとその家族を支援するすべての人に　櫻庭慶一、宮崎正宇編著　（京都）北大路書房
【目次】第1部 児童・家庭福祉とソーシャルワーク（児童・家庭福祉分野におけるソーシャルワーク、社会福祉士等による児童・家庭福祉領域けるソーシャルワーク、学校におけるソーシャルワークの展開とその展開）、第2部 児童・家庭福祉施設におけるソーシャルワーク（保育所と地域子育て支援センターでのソーシャルワーク、乳児院におけるソーシャルワーク、児童養護施設におけるソーシャルワーク ほか）、第3部 学校における不登校児童へのスクールソーシャルワーカーの支援、中学校における不登校児童へのスクールソーシャルワーカーの支援、発達障がいのある児童へのスクールソーシャルワーカーの支援 ほか）
2017.7 203p A5 ¥2500 ①978-4-7628-2981-9

◆福祉社会学研究 14　福祉社会学研究編集委員会編　学文社
【目次】会長講演 福祉社会学の自己分析、特集論文 領域横断性—創造的な活動との接点から福祉社会を考える（特集「領域横断性—創造的な活動との接点から福祉社会を考える」に寄せて、農業でも、福祉でもない—"郊外"となった場所を/で"分解"する、福祉地域に再参入する宗教—ホームレス支援の事例を通じた「宗教の社会貢献」の検討）、公募特集論文 シティズンシップとその外部—複数の排除、複数の包摂（なぜ「シティズンシップとその外部」を問うのか—特集によせて、何が移民の貧困をもたらすのか—EU諸国における移民の包摂と排除、1918年米騒動における二つの「生存権」—モラル・エコノミーとシティズンシップ、不登校問題をめぐる排除/包摂の重層性—「フリースクール」の法制度化とシティズンシップの再編）、自由論文（介護労働における早期離職率の規定要因—「1年目の壁」はいかにして超えられるか、現代高齢者福祉における「希望」の位置づけ—「ニーズ」をめぐる政策論および実践論との関係から）、書評（金成垣『福祉国家の日韓比較—「後発国」における雇用保障・社会保障』、矢野亮『しかし、誰が、どのように、分配してきたのか—同和政策・地域有力者・社会保障』、稲葉照英・保田時男・田渕六郎・田中重人編『日本の家族1999-2000—全国家族調査（NFRJ）による計量社会学』、小磯明『高齢者医療と介護看護—住まいと地域ケア』）
2017.5 221p A5 ¥2100 ①978-4-7620-2724-6

◆福祉小六法 2017年版　福祉小六法編集委員会編　（岐阜）みらい　（付属資料：インデックスシール）
【要旨】福祉・介護・保育等分野の最新法令を幅広く収載。社会福祉士・介護福祉士国家試験対策の学習に最適。改正箇所が一目でわかるように傍線で表示。法律の早引きができるインデックスシールつき。
2017.4 860p A5 ¥1600 ①978-4-86015-401-1

◆福祉小六法 2018　大阪ボランティア協会編　中央法規出版
【要旨】読んでおきたい法律を精選。2018年4月からの福祉関連法がわかる。重要な法律は大きい文字。探しやすい！ インデックスシール付き。
2017.12 828, 68p B6 ¥1400 ①978-4-8058-5641-1

◆福祉職・介護職のためのマインドフルネス—1日5分の瞑想から始めるストレス軽減　池埜聡著　中央法規出版
【要旨】ストレス、不安、迷い、イライラ。福祉専門職のこころをみたす。「いま、ここ」を感じて、実りあるケアと豊かな人生を実現しよう！
2017.9 183p A5 ¥2000 ①978-4-8058-5572-0

◆福祉政治史—格差に抗するデモクラシー　田中拓道著　勁草書房
【要旨】福祉国家は21世紀に生き残れるのか。福祉国家の何が持続し、何が変化しているのか。欧米（アメリカ、イギリス、ドイツ、フランス、スウェーデン）と日本の福祉国家の形成・変容過程を、約100年にわたるタイムスパンのなかに位置づけ、将来像を展望する。
2017.2 297, 29p B6 ¥3600 ①978-4-326-35169-5

◆福祉世界—福祉国家は越えられるか　藤田菜々子著　中央公論新社 （中公選書）
【要旨】スウェーデン生まれの経済学者グンナー・ミュルダールが描いた「福祉世界」。それは具体的な展望を含めた構想であり、同時代社会の問題解決のために必要な考えとして、幅広い関心を呼び込むようになった。本書は経済学・政治学・社会学等の知見を結合させつつ、アクチュアルなこのテーマへ本格的に向き合う。
2017.10 241p B6 ¥2400 ①978-4-12-110029-0

◆福祉で稼ぐ！—終活ニュービジネスで年収1000万円　山崎宏著　WAVE出版
【要旨】介護の現場経験を生かしてワンランク上の仕事とライフスタイルへ。福祉コンサルタントの第一人者が教える今注目のシニアビジネス。
2017.11 189p B6 ¥1400 ①978-4-86621-087-2

◆福祉にとっての歴史 歴史にとっての福祉—人物で見る福祉の思想　細井勇、小笠原慶彰、今井小の実、蜂谷俊隆編著　（京都）ミネルヴァ書房
【要旨】福祉は、慈善・救済から社会事業の時期を経て、人間と生活に寄り添いながら、その時代時代の問題点を解決してきた。しかしここにきて貧困や排除などが、再びクローズアップされ、歴史的な視点が必要とされている。歴史を知るということは「未来につながる力」を見出すことでもある。本書では近代の発展という光の影で人を支える実践を地道に行ってきた人物や取り組みにスポットをあて、福祉に生きた人々による近代史を描き出す。
2017.2 295, 3p A5 ¥4000 ①978-4-623-07889-9

◆福祉の現場における「共生」に向けたコミュニティの生成　青木美和子著　多賀出版
【目次】第1章 福祉の現場でのフィールドワーク、第2章 実践をいかに若者の一福祉のコミュニティに参加する意味をめぐって、第3章 福祉のコミュニティ「Re〜らぶ」の実践とその内容、第4章 障害を持って人と共に"いま"を生きる、第5章 居場所から働く場所へ、第6章 共に働く場所へ—「自分たちの作業所」という意味の生成
2016.12 174p A5 ¥4000 ①978-4-8115-7901-6

◆ふくしのしごとがわかる本 2018年版—福祉の仕事と就職活動ガイド　東京都社会福祉協議会編
【目次】第1章 福祉の求人の特徴（データから見る求人の現状や傾向、福祉職場の求人の特徴）、第2章 福祉の仕事一高齢者福祉に関わる職場と仕事、障害者福祉に関わる職場と仕事 ほか）、第3章 福祉関係の主な資格（介護福祉士、社会福祉士 ほか）、第4章 就職活動の実際（就職活動の基本的な流れ、就職活動準備編 ほか）、第5章 就職活動の補助と福祉の仕事に関する情報源（介護職等のための資金貸付、保育職のための資金貸付 ほか）
2017 105p B5 ¥650 ①978-4-86353-263-2

社会・文化

◆**福祉の哲学とは何か—ポスト成長時代の幸福・価値・社会構想**　広井良典編著　（京都）ミネルヴァ書房
【要旨】分断を越えて人はつながりうるか。コミュニティと公共性を醸成する「ポジティブな営み」として福祉を捉え、その哲学を学際的に探究。
2017.3 308, 5p B6 ¥3000 ①978-4-623-07788-5

◆**福祉文化の協奏**　増子勝義著　北樹出版
【目次】第1章 福祉文化研究の方法、第2章「福祉文化」再考、第3章 援助者の価値形成、第4章 コミュニケーションと共感、第5章 障がい者とソーシャル・インクルージョン、第6章 高齢社会と介護文化、第7章 クオリティ・オブ・ライフと福祉文化の概念、第8章 ソーシャルワークの比較文化論、第9章 看取りと文化、第10章 論文の書き方と研究調査法
2017.4 139p A5 ¥2000 ①978-4-7793-0529-0

◆**福祉法人の経営戦略**　京極高宣著　中央法規出版
【要旨】激動の時代を切り抜ける戦略の経営とは。福祉と経営の橋渡しとなる一冊。
2017.12 266, 5p A5 ¥5000 ①978-4-8058-5617-8

◆**福祉リーダーの強化書—どうすればぶれない上司・先輩になれるか**　久田則夫著　中央法規出版
【要旨】絶対なってはいけないダメ上司のタイプとは？ 身につけるべき20のチカラとは？ 等々。豊富な現場実践と臨床研究で培った、久田流「リーダーシップ論」！
2017.9 250p A5 ¥2200 ①978-4-8058-5569-0

◆**フランス家族手当の史的研究—企業内福利から社会保障へ**　宮本悟著　御茶の水書房
【要旨】子育て支援策の最先進国、フランスの家族手当制度の歴史的展開過程。19世紀後半の萌芽期から、シラク政権下の20世紀末までを対象に、労働・生活諸条件を巡る労使の社会的対抗関係や財源調達のあり方を考察した、今日的問題を見据えた歴史研究。
2017.11 232, 7p A5 ¥7400 ①978-4-275-02078-9

◆**保育実践と児童家庭福祉論**　相澤譲治、今井慶宗編著　勁草書房
【要旨】「指定保育士養成施設の指定及び運営の基準について」に定められた科目「児童家庭福祉」の目標・内容を満たす入門者必携のテキスト。2017.12 122p A5 ¥2000 ①978-4-326-70102-5

◆**保育の心理学**　倉石哲也、伊藤嘉余子監修、伊藤篤編著　（京都）ミネルヴァ書房（MINERVAはじめて学ぶ子どもの福祉 7）
【目次】第1章 子どもの福祉と保育の心理学（子ども観の変遷と子どもの福祉、子どもの発達と家庭・地域における保育 ほか）、第2章 多様な側面における子どもの発達（発達と環境との関係、感情・自己意識の発達 ほか）、第3章 対人的な関わりと子どもの発達（基本的信頼感の発達、対人関係の発達 ほか）、第4章 生涯発達を見据えた発達支援（生涯発達と発達支援、周産期の発達課題と支援 ほか）
2017.10 203p B5 ¥2200 ①978-4-623-07956-8

◆**保育福祉小六法　2017年版**　保育福祉小六法編集委員会編　（岐阜）みらい（付属資料：インデックスシール）
【要旨】福祉・子育て・保育等分野の最新法令を幅広く収載。社会福祉士・介護福祉士国家試験対策の学習に最適。改正箇所が一目でわかるよう傍線で表示。法律の早引きができるインデックスシールつき。
2017.4 860p A5 ¥1600 ①978-4-86015-402-8

◆**放課後児童クラブ運営指針解説書**　厚生労働省編　フレーベル館
【目次】序章、第1章 総則、第2章 事業の対象となる子どもの発達、第3章 放課後児童クラブにおける育成支援の内容、第4章 放課後児童クラブの運営、第5章 学校及び地域との関係、第6章 施設及び設備、衛生管理及び安全対策、第7章 職場倫理及び事業内容の向上、付録
2017 254p A5 ¥290 ①978-4-577-81427-7

◆**放課後児童支援員手帳　2018**　学童保育ラボ編　かもがわ出版
【要旨】学童保育・放課後児童クラブの指導員・支援員・運営者のための手帳。日々の支援・計画・記録などを1冊に書き込むことで、仕事が蓄積・共有され、実践力アップにつながります。
2017.12 95p A5 ¥1000 ①978-4-7803-0944-7

◆**放課後児童支援員のための認定資格研修テキスト—子ども理解と実践力向上をめざして**　学童保育指導員協会、中村強士編　（京都）かもがわ出版　改訂
【要旨】1 放課後児童健全育成事業（放課後児童クラブ）の理解、2 子どもを理解するための基礎知識、3 放課後児童クラブにおける子どもの育成支援、4 放課後児童クラブにおける保護者・学校・地域との連携・協力、5 放課後児童クラブにおける安全・安心への対応、6 放課後児童支援員として求められる役割・機能
2017.10 141p B5 ¥1600 ①978-4-7803-0935-5

◆**放課後等デイサービスハンドブック—子どもたちのゆたかな育ちのために**　障害のある子どもの放課後保障全国連絡会編　（京都）かもがわ出版
【要旨】放課後等デイサービスが制度化され、拡大するなかで、「実践の質」があらためて問われています。子どもの発達をふまえた支援のあり方、学齢期に求められる活動の特徴、制度のポイントまで、わかりやすく解説しました。
2017.6 187p A5 ¥2000 ①978-4-7803-0916-4

◆**法的根拠に基づくケアマネ実務ハンドブック「介護報酬・加算減算編」—Q&Aでおさえる報酬管理のツボ**　後藤佳苗著　中央法規出版
【要旨】本書では、介護報酬、加算・減算について、取り扱いの多いもの、誤請求を起こしやすいもの等を、わかりやすく整理。説明責任を果たす知識が増える48のQ&Aを収載！
2017.2 230p A5 ¥2000 ①978-4-8058-5467-9

◆**報道写真集 2017愛顔つなぐえひめ大会—第17回全国障害者スポーツ大会**　（松山）愛媛新聞社
【目次】開会式、陸上、水泳、アーチェリー、卓球、フライングディスク、ボウリング、バスケットボール、車いすバスケットボール、ソフトボール〔ほか〕
2017.12 80p A4 ¥1400 ①978-4-86087-135-2

◆**北欧福祉国家は持続可能か—多元性と政策協調のゆくえ**　クラウス・ペーターセン、スタイン・クーンレ、パウリ・ケットネン編著、大塚陽子、上子秋生訳　（京都）ミネルヴァ書房
【要旨】国家性・普遍主義・平等は維持できるのか。移民問題・グローバリゼーションの波に揺れる「北欧モデル」を学際的かつ多元的に考察。
2017.11 423, 4p A5 ¥6500 ①978-4-623-07535-5

◆**保健医療サービス**　杉本敏夫監修、中島裕、坂本雅俊編著　（京都）ミネルヴァ書房（新・はじめて学ぶ社会福祉 5）
【要旨】「保健医療サービス」を取り巻く複雑な法や制度を、簡潔な本文と最新の統計、精選された図表でわかりやすく解説。社会福祉士養成課程の科目内容を含むとともに、医療ソーシャルワーカー業務指針に即した理論と実践については解説しており、現場で働く専門職の役割やその実際を理解できる。
2017.10 219p A5 ¥2400 ①978-4-623-07835-6

◆**保健医療福祉行政論**　府川哲夫、磯部文雄著　（京都）ミネルヴァ書房
【要旨】今後の制度改正の方向性を掴むための基本的な視座が身に付けられる一冊。
2017.6 203p A5 ¥2500 ①978-4-623-08035-9

◆**保健医療福祉職に必要な社会福祉学**　川島芳雄著　丸善プラネット、丸善出版 発売
【要旨】医療機関や福祉施設、相談支援機関や行政などに勤務する医師や保健師、看護師、理学療法士などの専門職が社会福祉的支援を必要とする場面において、支援を必要としている対象者の課題解決に役立つことを意識したテキスト。どのような経緯や背景から要支援状態になっているのか、支援に当たって踏まえておきたい幾つかの重要な社会福祉的観点、当面の課題解決にどのような取り組みが必要か、それをどう活用するのかなど、支援者がイメージできるよう解説。全ての社会福祉従事者、またはそれを目指す学生にお薦めの書。
2017.6 163p A5 ¥2200 ①978-4-86345-336-4

◆**母子世帯の居住貧困**　葛西リサ著　日本経済評論社
【要旨】女性の多くが非正規労働に就く現在、なかでも母子世帯の半数以上が貧困状態にある。住生活を軸に実態に即した施策を提示。居住の視点から母子世帯問題に迫る。
2017.3 199p A5 ¥2900 ①978-4-8188-2467-6

◆**貧しい人々への友愛訪問—現代ソーシャルワークの原点**　メアリー・E. リッチモンド著、門永朋子、鵜浦直子、高地優里訳　中央法規出版
【要旨】個人や教会の代表者、宗教関連団体の代表者たちだけでなく、貧しい人々の家庭で慈善活動を始めようとする人たちのための手引書。
2017.9 176p A5 ¥2600 ①978-4-8058-5578-2

◆**漫画でみる生活期リハビリテーション**　野尻晋一作・画　三輪書店
【目次】生活期リハビリテーションの位置づけ、地域包括ケアシステム、生活リハビリの視点—ICFの視点、生活期リハビリの視点—時間・空間・人の視点、生活期リハビリの視点—生活構造の視点、施設リハビリ1 環境へのアプローチ、施設リハビリ2 食事へのアプローチ、施設リハビリ3 排泄障害へのアプローチ、施設リハビリ4 睡眠障害の評価とアプローチ、施設リハビリ5 転倒へのアプローチ、施設リハビリ6 テクノエイドセンター、通所リハビリ1 送迎車は情報を運ぶ車、通所リハビリ2 通所介護との違い、活動と参加の支援1 障がいは個性、活動と参加の支援2 リハビリマネジメント、訪問リハビリ1 閉じこもり事例、訪問リハビリ2 ターミナル事例、訪問リハビリ3 介入戦略
2017.4 189p A5 ¥2000 ①978-4-89590-594-7

◆**身寄りのいない高齢者への支援の手引き**　小嶋正幸（総務部企画担当）東京都社会福祉協議会　改訂版
【要旨】成年後見制度・福祉サービスの利用・財産管理・医療行為・逝去後など。在宅でも施設でも役に立つ80のQ&Aを掲載。
2017 339p A5 ¥1800 ①978-4-863532-56-4

◆**民生委員のための相談面接ハンドブック—支援に役立つ35のQ&A**　小林雅彦著　中央法規出版
【目次】第1章 民生委員と相談面接（相談面接には三つの要素が必要、民生委員法が規定する相談の内容 ほか）、第2章 コミュニケーションの基本（コミュニケーションは双方向の関係で成立する、言葉の理解の共有には話し手の配慮や工夫が必要 ほか）、第3章 相談面接に必要な知識と技法（相談面接は問題の解決という目的を持って行う会話である、相談面接は段階や焦点を当てる部分によって種類が分かれる ほか）、第4章 相談面接と記録（民生委員が作成する記録と書類、活動記録の活用と記入のポイント ほか）
2017.4 114p A5 ¥1200 ①978-4-8058-5492-1

◆**目に見えない世界を歩く—「全盲」のフィールドワーク**　広瀬浩二郎著　平凡社（平凡社新書）
【要旨】「全盲」から考える社会、文化、人間。目が見えないからこそ見える世界とは。目が見えないは、目に見えない世界を知っている。障害当事者という立場から盲人史研究に取り組み、現在は独自の"触文化論"を展開する文化人類学者がその半生と研究の最前線を綴る。
2017.12 259p 18cm ¥820 ①978-4-582-85862-4

◆**面接援助技術—対人援助の基本姿勢と18の技法**　高蔵敬子著　中央法規出版（だいじをギュッと！ケアマネ実践力シリーズ）
【要旨】技術だけでは響かない。気持ちだけでも届かない。心にアプローチする凝縮されたエッセンスをあなたに。豊富な図表・イラスト、見開き構成でビジュアルに解説!!
2017.12 225p A5 ¥2000 ①978-4-8058-5607-9

◆**もう3Kとはいわせない5Kといわれる介護施設の秘密—きれい、かっこいい、給料が高い、健康になる、感謝される**　藤本加代子とエスコート達著　PHP研究所
【要旨】福祉先進国フィンランドから見学者・研修生殺到！ 隆生福祉会の介護がフィンランドの教材にも採用された！ 読んだら入りたくなる、働きたくなる介護施設。
2017.3 213p B6 ¥1500 ①978-4-569-83800-7

◆**盲人の職業的自立への歩み—岩橋武夫を中心に**　本間律子著　（西宮）関西学院大学出版会
【目次】第1章 盲人の職業的自立の危機と岩橋武夫による大阪ライトハウス設立、第2章 職業リハビリテーションの黎明としての早川分工場、第3章 盲人会連合の設立、第4章 身体障害者福祉法成立に盲人達が果たした役割、第5章 日本盲人社会福祉施設連絡協議会の設立、第6章 世界への飛翔、第7章 愛盲事業と愛盲精神の広がり、結論 視覚に障害のある人のための社会福祉

事業基礎調査
2017.2 295p A5 ¥4000 ①978-4-86283-236-8

◆約束の大地―想いも言葉も持っている　みぞ
ろぎ梨穂詩　青林堂
【目次】序文、「約束の大地」に寄せて、約束の
大地、梨畑の目への恩しゃべりタイム、
2016年柴田保之先生との対談、きんこんの会）、
24年の希細一脳障がいの娘と希望を積んできた
日々　2017.3 214p B6 ¥1200 ①978-4-7926-0583-4

◆やさしくわかる社会福祉法人の経営と運営
平林亮子, 高橋知寿著　税務経理協会　第3版
【目次】第1章 社会福祉法人の1年間（社会福祉法
人は社会福祉事業を行う法人です、社会福祉法
人の1年は4月から始まり3月末で終わります ほ
か）、第2章 社会福祉法人と役員（社会福祉法人
はこんな組織です、評議員会とは社会福祉法人
の最高意思決定機関です ほか）、第3章 社会福
祉法人と資金繰り（寄附と借入には附属明細書が
つきものです、資金繰り表は作るものではなく
使うものです ほか）、第4章 社会福祉法人の経
理業務（経理の基本は収支の管理にあります、作
成すべき財務諸表は3種類プラスαです ほか）、
第5章 社会福祉法人の職員管理（雇用にはたくさん
の法律が関係します、社会福祉法人の社会保
険加入は必要ですか ほか）
2017.8 109p A5 ¥1500 ①978-4-419-06467-9

◆養護施設とボランティア―ボランティアグ
ループおもいつきの六〇年　杉山精一編著
（八王子）揺籃社
【要旨】昭和二〇年代から六〇年以上も活動を続
けるボランティア団体がある。ボランティアグ
ループおもいつき。もとより戦争を経験した者
たちが戦災孤児たちへのボランティアのために
結成した。以来六〇有余年。現在は毎年千数の
海で、養護施設に暮らす子どもたちのための海
水浴行事を主催する。この団体と臨海行事の歴
史とともに、近年子どもたちが置かれている状
況やボランティアについての論考も併せて掲載
する。
2017.7 142, 25p 19×13cm ¥1200 ①978-4-89708-387-2

◆よくわかる権利擁護と成年後見制度　永田
祐, 堀善昭, 生田一朗, 松宮良典編著　（京都）
ミネルヴァ書房　（やわらかアカデミズム・わ
かるシリーズ）　改訂版
【目次】序 社会福祉における権利擁護、第1部 相
談援助活動と法との関わり（相談援助活動にお
いて想定される法律問題、日本国憲法の基本原
理の理解、民法の理解、行政法の理解）、第2部
成年後見制度と日常生活自立支援事業（成年後
見制度、成年後見制度と関連領域、日常生活自
立支援事業）、第3部 権利擁護に係るアクターと
活動の実際（権利擁護に係る組織・団体の役割、
活動、権利擁護活動の実際）
2017.4 231p B5 ¥2600 ①978-4-623-08058-8

◆よくわかる生活保護ガイドブック　1　Q
&A生活保護手帳の読み方・使い方　全国
公的扶助研究会監修, 吉永純編著　明石書店
【要旨】このガイドブックは、第1部で、実施要
領の使い方、生活保護の原理原則の考え方、ス
テップアップの案内などを記し、第2部では、実
施要領を使うに当たっての、可能な運用法、間
違いやすいところなど、「勘どころ」を、Q&A
の形でコンパクトに示した。
2017.11 153p A5 ¥1300 ①978-4-7503-4583-3

◆よくわかる生活保護ガイドブック　2　Q
&A生活保護ケースワークの基本　全
国公的扶助研究会監修, 吉永純, 衛藤晃編著
明石書店
【要旨】ケースワークや諸問題、テーマに関する
基礎的な理論をベースに、明日の実践に活用で
きるものを具体的に執筆。
2017.11 163p A5 ¥1300 ①978-4-7503-4584-0

◆横浜発助けあいの心がつむぐまちづくり―
地域福祉を拓いてきた5人の女性の物語　横浜
市社会福祉協議会企画・監修, 西尾敦史著
（京都）ミネルヴァ書房
【要旨】時代を切り開いた大都市・横浜の地域福
祉実践の記録。子育てや介護など暮らしの苦労
を共にする中で、助けあい活動を生み出し、地
域を耕し続けた女性リーダーと仲間たちの物語。
2017.10 265p A5 ¥1800 ①978-4-623-07852-3

◆ライフデザイン学　齊藤恭平, 名嘉幸一, 嶋崎
博嗣, 神野宏司, 櫻井尚樹編　誠信書房　第2版
【目次】第1章 各分野から（ライフデザイン学の
展開、ライフデザインと生活支援学を考える ほ

か）、第2章 生活支援学専攻での学びと今後の展
開（障害者の生活ニーズと政策の動向、高齢者と
その家族と政策の動向 ほか）、第3章 子ども支
援学専攻での学びと今後の展開（生涯発達と子ど
もの心理発達支援、乳幼児期の子どもの育ちと
保育・子育て支援 ほか）、第4章 健康スポーツ
学科での学びと今後の展開（健康づくりを考え
る、健康と運動と寿命 ほか）、第5章 人間環境
デザイン学科での学びと今後の展開（ユーザー
のニーズに対応したデザイン―生活支援デザイ
ンの視点から、福祉のまちづくりとユニバーサ
ルデザイン ほか）
2017.9 264p A5 ¥2400 ①978-4-414-60159-6

◆琉球弧の島嶼集落における保健福祉と地域
再生　田畑洋一編著　（鹿児島）南方新社
【要旨】限界集落、人口減少社会という言葉が開
かれて久しい。本書が紹介する、鹿児島県の奄
美諸島や沖縄県の八重山諸島に位置する島嶼集
落における先進事例から、これから進むべき、
より柔軟な福祉政策、地域づくりへの糸口を探
る。両地域ともに集落では疎遠はあるものの、
「結」の相互扶助の伝統、支え合い支援の地域文
化、あるいはその精神が残っている。近年の人
口流出、高齢化現象により、その関係性が希薄
になりつつあるが、いずれも文化、伝統を活かす
試みが政策の中心を占める。
2017.2 244p A5 ¥3500 ①978-4-86124-356-1

◆レポート・試験はこう書く 保育児童福祉
要説―保育士・幼稚園教諭・児童指導員・児童
福祉司・児童厚生員などのための専門科目・関連科目学習参考例　東京福祉大学編
中央法規出版　第五版
【目次】第1部 総合教育科目（保育児童学概論、人
権教育、保育児童基礎演習 ほか）、第2部 専門
教育科目（保育原理、教育学概論（教育原理）、児
童家庭福祉論 ほか）、第3部 資格科目等（教育法
規、教職実践演習、幼稚園教育実習指導 ほか）
2017.3 749p A5 ¥2700 ①978-4-8058-5477-8

◆老後不安社会からの転換―介護保険から高
齢者ケア保障へ　岡崎祐司, 福祉国家構想研究
会編　大月書店　（新福祉国家構想 6）
【要旨】「介護崩壊」ともいえる現状を変える道
はある。迫りくる「我が事・丸投げ・地域強制社
会」に抗し、介護保険の抜本改革をへて、権利
としてのケア保障を実現する道筋を示す。
2017.11 374p B6 ¥2400 ①978-4-272-36076-5

◆ろう者の祈り―心の声に気づいてほしい　中
島隆著　朝日新聞出版
【要旨】"聞こえない" 孤独を生きる、心のうちを
聞く。朝日新聞連載「ろう者の祈り」を大幅加
筆。2017.12 253p B6 ¥1200 ①978-4-02-251507-0

◆ワイド版 社会福祉小六法　2017（平成29
年版）資料付　山縣文治, 福田公教, 石田慎
二監修, ミネルヴァ書房編集部編　（京都）ミネ
ルヴァ書房
【要旨】国試対策に必携！ 新タイプの小六法。社
会福祉士・介護福祉士・精神保健福祉士・保育
士の受験に、介護支援専門員の資格に欠かせな
い法令及び資料をこの1冊に収録。
2017.4 1225, 209p A5 ¥2000 ①978-4-623-07904-9

◆「わがまま」のつながり方　鎌田實著　中
央法規出版
【要旨】自分ごととして考える、しあわせの介護
と地域。
2017.7 225p B6 ¥1500 ①978-4-8058-5551-5

◆わたしは10歳、本を知らずに育ったの。
―アジアの子どもたちに届けられた27万冊の
本　シャンティ国際ボランティア会編, 鈴木晶
子, 山本英里, 三宅隆史著　合同出版
【要旨】アジアには「本を知らない」子どもたち
がたくさんいます。小学校に通えない、図書館
がない、内戦や貧困のために読み書きができな
い人びとがいます。しかし、1冊の本から生きる
希望を見つけ出す子どもたちがいます。36年に
渡る図書館づくりや翻訳絵本を届ける活動を紹
介。いま、あなたにできることがきっとあります。
2017.12 151p A5 ¥1400 ①978-4-7726-1338-5

◆私はドミニク―「国境なき医師団」そして
「国境なき子どもたち」とともに人道援助の現
場でたどってきた道のり　ドミニク・レギュリ
エ著, 金珠理訳　合同出版
【目次】「非営利団体？」、他者との出会い、国境
なき医師団（MSF）に参加、1984年、エチオピ
ア、日本へ、ラスト・フロンティア、1995年1月
17日、青少年向けプロジェクト、小さな5円玉、

五つの命〔ほか〕
2017.11 213p A5 ¥1500 ①978-4-7726-1329-3

◆笑いの手品師―老人ホームが笑顔でつつまれ
た手品実践記　ジミー重岡著　花伝社, 共栄書
房 発売
【要旨】自分もやってみたいと認知症のおとし
よりが笑った。慣れればかんたん！ 親しみやす
い手品を紹介。お客と楽しむ「ウケる・スベる」
トーク事例。小学生が手ごわい。老人介護施設、
町内会、婦人会、小学校、保育園、結婚披露宴、
政党後援会など多様な実践例。あなたもやって
みよう！
2017.11 151p B6 ¥1500 ①978-4-7634-0835-8

◆ACT‐Kの挑戦―ACTがひらく精神医療・
福祉の未来　高木俊介著　批評社　（サイコ・
クリティーク 5）　増補新版
【要旨】病院から地域へ！ ACT‐Kの誕生から
10年以上の歳月が過ぎた。24時間365日、重度の
精神障害をもった人たちに寄り添い共に生きる
地域包括ケアの実践は、この国の精神医療・福
祉のひとつのささやかな到達点であった。しか
し、10年の間に生じたこの国の変化は、この小
さな試みにも大きな危機をもたらす。一つの壁
を打ち破り、地域に根付いた新たな実践をめざ
す再挑戦の記録。第1、6、7章は旧版から大幅に
加筆・訂正。さらに補論1～3を増補した。
2017.11 199p B6 ¥1700 ①978-4-8265-0669-4

◆ADHDでよかった　立入勝義著　新潮社
（新潮新書）
【要旨】子どもの頃から多動で不注意。忘れ物や
遅刻は数知れず。おまけに大学入試にも全敗！
失敗続きだった人生は、34歳で「成人ADHD」
と診断されたことで、劇的に変わった。適切な
薬を服用し、ADHDと正面から向き合ったこと
で、「障害」が「強み」に転じたからである。実
は世の天才、成功者は「ADHDだらけ」だった
のだ！ アメリカ在住20年の起業家・コンサルタ
ントが綴った驚きと感動の手記。
2017.1 203p 18cm ¥740 ①978-4-10-610702-3

◆DVD付 はじめてのボランティア手話
谷千春監修　主婦の友社　（付属資料：DVD1）
【要旨】道案内、接客・応対、いざというときの
手話など、すぐに役立つ実践的な手話が身につ
く！
2017.10 143p B5 ¥1500 ①978-4-07-425484-2

◆DVDでよくわかる 基本の手話 すぐに使
える会話と表現　野口岳史監修　メイツ出版
（コツがわかる本！）　（付属資料：DVD1）
改訂版
【要旨】はじめての手話もみるみる上達！ 基礎
から応用まで、この一冊できちんと身につきま
す。どの場面でも活かせる豊富な会話例。よく
使う単語やフレーズを徹底紹介。表現の幅を広
げるわかりやすい文法解説。
2017.6 160p A5 ¥1600 ①978-4-7804-1887-3

◆GHQ「児童福祉総合政策構想」と児童福
祉法―児童福祉政策における行政間連携の歴
史的課題　駒崎道著　明石書店
【目次】序章 被占領期児童福祉政策研究の視角、
第1章 児童福祉法制定期の研究とその課題、第
2章 被占領期における児童福祉政策研究、第3章
GHQ「児童福祉総合政策構想」、第4章 GHQ「児
童福祉総合政策構想」変容過程1（ABC）―厚生
省における「不良児対策」の「一元的統合」議
論、第5章 GHQ「児童福祉総合政策構想」変容
過程2（D）―青少年不良化防止対策をめぐる「連
携的統合」議論、終章 行政統合議論とGHQ構
想の変容と着地点
2017.9 308p A5 ¥5500 ①978-4-7503-4563-5

◆IPS就労支援プログラム導入ガイド―精神
障がい者の「働きたい」を支援するために　サ
ラ・スワンソン, デボラ・ベッカー著, 林輝男
訳・編集代表, 新家望美, 川本悠大, 西川真理
子, 日原美和子, 牛尾慎司郎協力　星和書店
【要旨】「働きたいんです」と言う精神障がい者。
しかし、精神障がい者の就労には、様々な障壁
が待っている。やっぱり自分には無理だったと
いう諦め、突然の欠勤、退職…。本書では、こ
のような事態を防ぎ、適切に対応するための個
別就労支援プログラム「IPS」について、詳細に
解説する。
2017.5 251p A5 ¥2800 ①978-4-7911-0955-5

◆LET IT GO ありままに―ノーマライゼー
ションに一生を捧げて　須藤祐司著　幻冬舎メ
ディアコンサルティング, 幻冬舎 発売

【要旨】誰もが同じように人生を楽しめる、当たり前のバリアフリー社会のために。
2017.3 198p B6 ¥1000 ①978-4-344-91135-2

◆NIE児童家庭福祉演習　松畑熙一監修、松井圭三、今井慶宗編著　（岡山）大学教育出版
【目次】児童家庭福祉とNIE、少子高齢化と児童福祉、児童福祉の歴史、児童福祉の法律、児童と保育所、児童福祉の機関、児童福祉の施設、ひとり親家庭の児童、子育て支援、児童虐待、児童の健全育成、障害のある児童、児童と非行、児童を取り巻く専門職
2017.4 142p A4 ¥2000 ①978-4-86429-438-6

◆Q&A 社会福祉法人制度改革の解説と実務―平成29年全面施行対応版　菅田正明、市野澤剛士、香取隆道編著　ぎょうせい
【目次】第1章 改正社会福祉法の概要、第2章 社会福祉法人の機関と運営、第3章 社会福祉法人の事業運営の透明性、第4章 社会福祉法人の財務規律、第5章 社会福祉法人の定款変更、第6章 社会福祉法人の合併、第7章 行政の役割と関与の在り方、第8章 公益的取組
2017.4 276p A5 ¥3000 ①978-4-324-10254-1

 ボランティア

◆犬がくれた「ありがとう」の涙―ある保護犬ボランティアの手記　篠原淳美著　イースト・プレス　（文庫ぎんが堂）　（『愛と勇気を持つ犬達』加筆・再編集・改題書）
【要旨】無責任な飼い主に飼育放棄され、痩せ細って体に傷を負ったドッグ。権勢症候群によって家族との絆に亀裂が生まれてしまったコーギー。虐待を受けて心を閉ざし、人を恐れるようになった雑種犬。障害を抱えて、次第に感情をも失ってしまったボストン・テリア。保護犬ボランティアを行う者は、悲しい運命を背負い、心を閉ざしてしまった犬たちと出会う。人に傷つけられた犬たちが、再び人を信じ、愛される幸せを手にいれるまでを描く感動のノンフィクション。
2017.2 299p A6 ¥667 ①978-4-7816-7154-3

◆災害ボランティア入門　ピースボート災害ボランティアセンター編　合同出版　（合同ブックレット）
【目次】第1章 災害を知る（あなたの町の災害リスクを知っていますか？、災害の種類と特徴、いつどこに避難したらいいの？ ほか）、第2章 ボランティアが身につけること（なぜボランティアが必要か？、被災者のニーズを知ろう！、ボランティアへの参加方法 ほか）、第3章 私たちにできること（個人でできること、家族でできること、会社や学校、組織でできること ほか）
2017.3 86p A5 ¥700 ①978-4-7726-1032-2

◆スポーツボランティア読本―「支えるスポーツ」の魅力とは？　二宮雅也著　悠光堂
【目次】巻頭インタビュー 二宮雅也に聞く「スポーツボランティア」とは何か、第1章 スポーツボランティアを知る（さまざまなスポーツボランティア活動、オリンピック・パラリンピックとスポーツボランティア、ボランティアとスポーツボランティア、スポーツボランティアの現状―データでみるスポーツボランティア）、第2章 スポーツボランティアを楽しむ（座談会 スポーツボランティアの世界に迫る、アダプテッドスポーツの現場、支えるスポーツのリアリティ―立山登山マラニックのフィールドワークから）、第3章 スポーツボランティアを拡げる（スポーツボランティアの人材育成、スポーツボランティアの未来―スポーツボランティア文化の醸成）
2017.1 151p A5 ¥1200 ①978-4-906873-84-5

◆ボランティアコーディネーション力―市民の社会参加を支えるチカラ ボランティアコーディネーション力検定公式テキスト　日本ボランティアコーディネーター協会編、早瀬昇、筒井のり子著　中央法規出版　第2版
【要旨】今日の社会に、ボランティアは不可欠な存在だ。その活動の展開には「ボランティアコーディネーション力」が欠かせない。「参加の力」を活かし、組織の発展や自治的な社会づくりを進める調整能力は、ボランティアリーダーやNPO、施設のスタッフ、それに自治体職員など多くの人に求められる資質である。ボランティアコーディネーション力を磨くために必要な知識、ノウハウの基礎を解説。日本ボランティアコーディネーター協会の検定テキスト。
2017.4 195p B5 ¥2200 ①978-4-8058-5493-8

◆ボランティア・市民活動助成ガイドブック2017・2018　東京ボランティア・市民活動センター、東京都社会福祉協議会民間助成団体部会
【目次】Topics（助成金申請の5つのステップ、助成を受けた次の年）、助成・表彰・融資事業実施団体一覧、助成事業実施団体一覧、表彰事業実施団体一覧、融資事業実施団体一覧
2017 207p A4 ¥800 ①978-4-903256-97-9

 老人・高齢化社会

◆安心、安全、便利でラクラク シニアのための応援グッズ　ダイヤモンド・ビジネス企画編・著　ダイヤモンド・ビジネス企画, ダイヤモンド社 発売
【目次】第1部 アクティブシニアのための厳選サポートグッズ（歩く、動く、おでかけする―もう少しだけ速くへ、もう少しだけ楽にでかけたい、聞く、見る、話す―さりげなく、快適なコミュニケーションをサポート、食べる―いつまでも毎日の食事をおいしくいただくために、入浴、排泄―今だからこそ欲しいバスタイムグッズ＆外出時の必需品、くつろぐ―自宅だからこそこだわりたい快適に過ごせるアイテム選び、眠る―一日の終わり。夜のくつろぎのひと時を、心穏やかに）、第2部 将来に備える（入院、退院！心配ごとがいっぱい…そんなときに助けになる制度と介護サービス、介護が必要になったとき役立つ用具）、第3部 Reha tech―「人にやさしい」ものづくりから生まれたブランド
2017.4 125p 29×22cm ¥1200 ①978-4-478-08381-9

◆「エイジノミクス」で日本は蘇る―高齢社会の成長戦略　吉川洋、八田達夫編著　NHK出版　（NHK出版新書）
【要旨】日本にとって今、最大の課題は「高齢化」だ。では日本はピンチなのか？ 答えはノー。高齢化に対応するイノベーションが起き、それを多方面に応用すれば、日本はまだまだ伸びるからだ。マクロ経済学とミクロ経済学の両大家が組んだ「高齢者向けイノベーションの経済学＝エイジノミクス」を提唱。創薬、ロボティクスから自動運転、混合介護、雇用改革まで、最先端の実例を豊富に収集・分析して、日本経済成長の途を説く！
2017.7 252p 18cm ¥820 ①978-4-14-088522-2

◆夫の定年―「人生の長い午後」を夫婦でどう生きる？　グループわいふ、佐藤ゆかり著　（京都）ミネルヴァ書房
【要旨】世界に冠たる長寿社会の日本で、男も女も真の意味で「幸せな定年後」を手に入れるためには一体何が必要なのか。五組の夫婦のインタビューを通じて、定年を迎えた人生の後半を、より良い夫婦関係を築く秘訣を紹介。アンケート編では、約三〇年前の実施内容と比較され興味深い時代の変化がみえる。
2017.7 218p B6 ¥1800 ①978-4-623-08075-5

◆家族と高齢社会の法　川島志保、関ふ佐子編著　放送大学教育振興会、NHK出版 発売　（放送大学教材）
【目次】変容する家族が直面する課題、婚姻―家族をつくる、グローバリゼーションと家族、離婚、離婚と子ども、家族の維持、高齢社会を支える法理念、老いじたくを支える法制度1―成年後見制度、老いじたくを支える法制度2―相続と遺言、公的年金と社会的扶養、仕事と社会保障、高齢者の住まいとケア、縮小する家族と介護、高齢期の生活と生活、変容する家族と今後の課題
2017.3 232p A5 ¥2400 ①978-4-595-31727-9

◆健康長寿のまちづくり―超高齢社会への挑戦　辻哲夫総監修、久野譜也、大谷泰夫監修　時評社
【要旨】地域包括ケアシステムとコンパクトシティの融合で超高齢社会の日本に明るい未来を。"未病"という新たな領域の開拓に民間活力を投入し、健康寿命の延伸を。
2017.4 239p A5 ¥1500 ①978-4-88339-240-7

◆「健康」と「生きがい」を両立する 70歳からの住まい選び　小山健著　幻冬舎メディアコンサルティング, 幻冬舎 発売
【要旨】一人で住み続けるのは不安…でも、老人ホームではない。輝ける日々、豊かな人間関係と安全、生涯充実した人生を送るための高齢者向け住宅とは。
2017.1 202p B6 ¥1300 ①978-4-344-91065-2

◆高齢社会の医療介護と地方創生――億総活躍時代の日本版CCRCと地域包括ケアのあり方を問う　齋藤清一、三好秀和編著　同友館
【目次】第1部 高齢者の思いをベースに地域のあり方を再考する（成熟化高齢社会が直面する日本版CCRCのあり方、家計破綻を回避するリタイアメントプランと地方創生、ボランティア活動と地方創生、（事例研究）漂流する老後への防止策）、第2部 地域医療・介護・福祉の創造―住み慣れた地域で暮らすために―（なぜ「地域包括ケアシステム」が必要なのか、地域医療を活性化させる看護師の役割、居宅看護と病院の役割を補完する支援―がん患者と家族が安心して暮らすために、介護に関わるボランティアと地域のあり方、介護の生産性向上を目指して―福祉用具から介護ロボットまで、地域・多職種協働から融合へ、ICTの可能性、人材の確保・定着のために自治体がすべきこと）、第3部 地域医療を支える人材戦略（医療機関、施設における経営管理の特殊性、人事考課制度と人材育成制度の再構築、日本型成果主義賃金制度の導入）
2017.1 348p A5 ¥2600 ①978-4-496-05246-0

◆「高齢者差別」この愚かな社会―虐げられる「高齢者」にならないために　和田秀樹著　詩想社　（詩想社新書）
【要旨】社会のお荷物として扱われ、肩をすぼめて生きることが強いられている日本の高齢者。財政のひっ迫から、高齢ドライバーの事故まで、さまざまな社会問題の責任を負わされ、特養の不足は蔓延し、医療現場ではその命さえも軽視されつつある高齢者受難時代の到来に警鐘を鳴らす。
2017.7 237p 18cm ¥920 ①978-4-908170-01-0

◆サ高住（サービス付き高齢者向け住宅）の決め方―より良い住まい契約のために　本澤巳代子監修, 消費生活マスター介護問題研究会著　信山社
【目次】1 サ高住（サービス付き高齢者向け住宅）とは（サ高住の特徴とは？、ほかの高齢者向け住まいとの違いは？、サ高住の契約とは？）、2「契約時チェックリスト」を活用しましょう（契約時チェックリストとは？、契約時チェックリストの使い方は？、チェック後に確認することは？）、3 それぞれのモデルケース、4 用語解説、5 参考文献、参考資料（高齢期の住まい比較表、契約書と重要事項説明書の項目、サ高住契約のしおり）
2017.2 54p A5 ¥800 ①978-4-7972-8680-9

◆「サードエイジ」をどう生きるか―シニアと拓く高齢先端社会　片桐恵子著　東京大学出版会
【要旨】退職後の生き方がこれからの日本を活かす条件。
2017.8 170, 18p B6 ¥2800 ①978-4-13-053025-5

◆死ねない老人　杉浦敏之著　幻冬舎メディアコンサルティング, 幻冬舎 発売
【要旨】「はやく死にたいよ」忍び寄る"老後悲劇"の足跡─他人事では済まされない！ 高齢者医療に25年間携わってきた医師が明かす「死にたくても死ねない高齢者」の悲惨な実態。
2017.2 183p 18cm ¥800 ①978-4-344-91197-0

◆住民による高齢者の見守り―ネットワークの展開と住民支援　野﨑瑞樹著　（岐阜）みらい
【目次】序章 研究背景、第1章 見守りの概念と実践および研究課題、第2章 住民による高齢者の「個人内の段階」、第3章 住民による高齢者の見守りの「地域資源の活用」、第4章 住民による高齢者の見守りにおける「専門職の支援と困難」、第5章 住民による高齢者の見守りにおける「住民支援」、第6章 住民による高齢者の見守りネットワークの展開、終章 結論
2017.4 169p A5 ¥2000 ①978-4-86015-407-3

◆シルバー・デモクラシー――戦後世代の覚悟と責任　寺島実郎著　岩波書店　（岩波新書）
【要旨】戦後日本人の先頭として民主主義、高度成長の恩恵を受けてきた団塊の世代。世界的民主主義の危機が語られる今、一九八〇年の論考『われら戦後世代の「坂の上の雲」』のタイムカプセルを開け、三五年後の高齢化した都市新中間層の現状をみつめ、シルバーが貢献する新たなデモクラシーへの視界を探る。参画型社会構築への提言。
2017.2 200p 18cm ¥760 ①978-4-00-431610-7

◆すぐに役立つ入門図解 介護施設・高齢者向け住宅のしくみと疑問解決マニュアル　若林美佳監修　三修社

【要旨】利用者目線で施設の特徴や問題点を解説し、高齢者の「住まい選び」をサポート。在宅介護と施設介護のどちらを選択するか、施設入所決断のタイミング、入所するための費用などについても解説。特別養護老人ホーム、介護老人保健施設、有料老人ホーム、ケアハウス、グループホームなど、施設選びのポイントを解説。特養の入居基準である点数制度や特養での生活、入居申込の仕方、有料老人ホームのパンフレットのチェックポイントなどを解説。サ高住、シルバーハウジング、シニア向け分譲マンションなどのレベルの違いや施設費用などもわかる。知っておきたい食費や居住費の減額制度、介護保険サービスの利用料金や短期入所サービス、成年後見制度や財産管理、生活保護申請ができる場合などについても解説。

2017.3 231p A5 ¥1800 ①978-4-384-04744-8

◆すこやかに住まうすこやかに生きる―ゆすはら健康長寿の里づくりプロジェクト　伊香賀俊治、星旦二、小川晃子、安藤真太朗編著　慶應義塾大学理工学部伊香賀俊治研究室、慶應義塾大学出版会 発売

【目次】第1章「ゆすはら健康長寿の里づくりプロジェクト」とは？、第2章 プロジェクト始動！、第3章 町内外への普及進む、座談会1 プロジェクトが町にもたらしたもの、第4章「檮原版おげんき発信」導入、第5章 つながる・広がる健康長寿の住まい、座談会2 プロジェクトに参加して

2017.6 154, 21p B6 ¥1500 ①978-4-7664-2330-3

◆セックスと超高齢社会―「老後の性」と向き合う　坂爪真吾著　NHK出版　（NHK出版新書）

【要旨】単身高齢者約600万人のうち、初婚・再婚するのは0.001%。また配偶者が死亡するのは、75歳になれば男性の2割、女性の6割は離別・死別を経験する。その時、私たちは残された自らの「性」とどう向き合えばいいのか。シニア婚活の実態、介護現場の問題行動、高齢者向け性産業など…、長寿大国と言われつつもほとんど光が当たってこなかった「超高齢時代の性」の問題に個人・社会の両面から挑んだ一冊。

2017.2 221p 18cm ¥740 ①978-4-14-088510-9

◆絶望老人　新郷由起著　宝島社

【要旨】孤独を癒すのは詐欺師の詐欺話、老後破産は「強欲血縁者」とともに、「生かされるだけ」の高齢者はアル中、同居は地獄、施設は天国という現実、行き場なく「パチンコ店」全財産破綻─決して他人事ではない！「貧困」「無縁」「独居」─35人が語る老後のリアル。

2017.3 319p B6 ¥1300 ①978-4-8002-4954-8

◆地域で支える高齢期の整理収納―自宅でいきいき暮らすために　暮らしデザイン研究所編（京都）かもがわ出版　（高齢者の整理収納サポーター養成講座「基礎研修」公式テキスト）

【目次】1 整理収納支援はなぜ必要か、2 高齢者の身体的特徴を理解する、3 高齢者の心理的特徴を理解する、4 高齢者の特徴に配慮した整理収納、5 ウェルネス志向のポジティブ心理学、6 整理収納支援のための基礎知識、7 事例に学ぶ支援のあり方

2017.3 94p B5 ¥1800 ①978-4-7803-0904-1

◆長寿のヒミツ―松川村はなぜ日本一なのか　山根宏文編著　創成社

【目次】第1章 松川村の福祉政策（松川村 男性長寿日本一の原点、松川村の概要と福祉政策）、第2章 長寿が教えてくれる幸せな暮らしとは（長寿訪問調査結果、79歳以下の村民調査結果）、第3章 食べることと長寿との関連─松川村の高齢男性の食事調査から考える（食べることと長寿の関連、松川村の高齢男性はどのように食べているのか、松川村の食事調査結果が教えてくれたこと）、第4章 しあわせな村宣言！─松川村＋村民＋ちひろ美術館＋αが創造する未来（安曇野ちひろ美術館の誕生、地域に息づく美術館活動、地域と村民と美術館の幸せな関係、未来を拓く松川村＋村民＋美術館＋αの活動）

2017.2 222p B6 ¥1800 ①978-4-7944-4073-0

◆東大がつくった高齢社会の教科書―長寿時代の人生設計と社会創造　東京大学高齢社会総合研究機構編著　東京大学出版会

【要旨】これからの時代に不可欠の知識！健康、就労、お金、医療、介護、年金、まちづくり、テクノロジー…高齢化を正しく知り、安心で活力ある超高齢未来へ。「東大がつくった確かな未来視点を持つための高齢社会の教科書」（ベネッセ刊）の改訂版。

2017.3 311p B5 ¥1800 ①978-4-13-062418-3

◆特別養護老人ホームの日と人（ひとびと）　中里仁著（仙台）全国コミュニティライフサポートセンター

【目次】なぜ本書を書こうと思ったのか、エピソードその1「拝み屋」のリュウメイさん、エピソードその2「拘束されていた」トキさん、エピソードその3「花を食べる」サチさん、エピソードその4「刺青」のマサさん、エピソードその5 身体障がい施設から来たヨシさん、番外編エピソード「イトおばあちゃん」のこと

2017.3 113p A5 ¥1000 ①978-4-904874-54-7

◆長生き地獄　松原惇子著　SBクリエイティブ（SB新書）

【要旨】「100歳以上の高齢者が全国に6万5692人に。46年連続の増加」などのニュースを聞くたびに、「もし、自分がそこまで生きてしまったらどうしよう」と、本気でこわくなる。考えても仕方がないことだが、どう死ぬかは、70歳のわたしの最大の関心事だ。わたしは、長生きをしたくない。これは本音だ。独居老人が増え続ける日本において、ゴールの見えない長生き人生はまさに地獄だ。ゴールがあるから、今日一日を頑張れるのではないか。長生きの現場を見ながら、これからの生き方と死に方を考えたい。

2017.8 206p 18cm ¥800 ①978-4-7973-9144-2

◆町を住みこなす―超高齢社会の居場所づくり　大月敏雄著　岩波書店　（岩波新書）

【要旨】人口減少社会における居住は、個人にも、地域にも、社会にも今や大問題。人びとが住まいに求めるものは、プライバシーであったり、近所づきあいだったり、長い人生のステージに合わせて、さまざまに変遷していくということに注目。懐が深い、居場所づくりのユニークな事例を多数紹介し、これからの住まいのあり方を考える。

2017.7 241, 7p 18cm ¥860 ①978-4-00-431671-8

◆「ラーニングフルエイジング」とは何か―超高齢社会における学びの可能性　森玲奈編著（京都）ミネルヴァ書房

【要旨】学び溢れる“ラーニングフルな社会”に向けて。学び続け成長する存在として高齢者を位置づけ、高齢者の学習課題とその支援について、豊富な事例と領域横断的な議論によって探り出す。

2017.3 263p A5 ¥2500 ①978-4-623-07882-0

◆リアリズムの老後―自分らしい介護とマイケアプラン　きたじまちよこ著（京都）かもがわ出版

【目次】第1章 介護保険とケアプラン（そもそも、介護保険制度ってなに？、ケアマネジャーって何者？　ほか）、第2章 マイケアプランをつくる私たち（マイケアプラン＝ケアプランの自己作成の流れ、母の暮らしに無理なく寄り添って、やがて介護のエキスパートに─伊東博さん（東京）ほか）、第3章 質のよい介護とは（グレースケア機構・柳本文貴さんに聞く、DAYS BLG！デイサービスに聞く　ほか）、第4章 ターミナルケアでできること（ディグニティセラピー─小森康永先生に聞く、チャプレンの仕事─淀川キリスト教病院・藤井理恵さんに聞く）、第5章 介護の時をゆたかにしてくれる10冊の本（「リア王」シェイクスピア、「夕映えの道」レッシング ほか）

2017.4 268p B6 ¥1800 ①978-4-7803-0906-5

◆老人ナビ─老人は何を考えどう死のうとしているか　菅野国春著　展望社

【要旨】老人は老人以外の人にはわからない深い闇を抱えている。介護現場では老人の研究も進み、年々、老人の抱える闇に光が当てられてきている。しかし、その多くは表の部分で、老人の心の裏側には、暗い影が手付かずのまま残されている。老人であるがゆえに消すことのできない暗い影を、老人自らがあぶり出したのが本書である。老人に接する人には、目からウロコが落ちる人生を知るためのガイドブック。

2017.2 204p B6 ¥1300 ①978-4-88546-323-5

◆老人の取扱説明書　平松類著　SBクリエイティブ（SB新書）

【要旨】老いた人の行動に、諦めなくても済む！高齢者の困った行動の原因となるのは、ほとんどが認知症や頑固な性格よりも、老化による体の変化「老化の正体」だったのです。本書は、この「老化の正体」と、その対処法として手軽にできる方法を、医学的にやさしく解説しています。これらを知ることで、周囲の人はイライラせずに冷静に対処できますし、老人本人は卑屈になることが減ります。これまでの本といえば、認知症や老人の心理にとどまるものがほとんどでしたが、体の細部にまで踏み込んだのは本書がはじめてです。

2017.9 223p 18cm ¥800 ①978-4-7973-9244-9

◆「老人ホーム大倒産時代」の備え方―高齢者住宅を正しく見極める　濱田孝一著　扶桑社

【要旨】60歳になる前に知っておきたい基礎知識を介護業界のプロが伝授。立ち消えの高齢者住宅、無届施設、素人事業者、老人ホームランキング、紹介業者etc. 要注意ポイントを解説。

2017.6 207p B6 ¥1500 ①978-4-594-07710-5

 老人介護

◆愛と憎しみ 奇跡の老老介護　阿井渉介著　講談社

【要旨】息子71歳、母100歳。壮絶な日々がはじまった。二ヵ月ぶりに目にした母はまさに別人の寝たきり状態、視線を虚空をさまよっていた。息子は今までの親不孝を詫び決意した、「元に戻さなければ！」。神も仏もあるものかっ！医療、介護現場のあまりに“寒い”現実に怒り嘆息しながらも、献身的で懸命な介護で奇跡的な回復を遂げつつあった母。そんな最中、息子に無情の宣告が。

2017.11 251p B6 ¥1500 ①978-4-06-220830-7

◆明日から使える！高齢者施設の介護人材育成テキスト―キャリアパスをつくる研修テーマ16選　山口晴保監修、松沼記代編　中央法規出版

【要旨】介護職の新人研修用に、施設内研修の定例化のために、尊厳を支えるケア実現のために。

2017.9 223p B5 ¥2800 ①978-4-8058-5570-6

◆アセスメントに自信がもてる！アローチャートガイド―ケアマネジャーの羅針盤　吉島豊録監修、石田英一郎、色部恭子、大羽孝児、坂本文典著　中央法規出版

【要旨】ケアマネジャーのアセスメントの「方法」を具体的に解説。わかったようでわからなかったアセスメントを、アローチャートでスッキリわかるように！

2017.8 202p B5 ¥2200 ①978-4-8058-5565-2

◆新しい回想レクリエーション「人生紙芝居」　奥田真美著　講談社　（介護ライブラリー）

【要旨】回想法をベースにしたレクリエーション「人生紙芝居」は、お年寄りの人生を10枚の紙芝居に凝縮させた、世界でただ一つの紙芝居です。ストーリーに盛り込まれた家族の名前、懐かしい故郷の地名、がむしゃらに働いた現役時代…。自分が主人公の紙芝居を観たお年寄りの表情がいきいきと輝き出します。認知症の方にも有効なレクリエーションです。「人生紙芝居」作りは、本人だけでなく、他の施設利用者や施設職員までが参加するグループワークにつながります。共に作業をしながら、世代も時代も立場も超えて、信頼と共感が生まれる最高のケアツール「人生紙芝居」。その素晴らしさをたっぷりとご紹介します。

2017.11 111p A5 ¥1500 ①978-4-06-282477-4

◆アラフィフでヘルパーはじめました　ゆるゆらり著　KADOKAWA

【要旨】50代専業主婦が月収15万円で初めて就職！泣いて、笑えて、介護が学べる！お仕事コミックエッセイ。

2017.9 127p A5 ¥1200 ①978-4-04-602140-3

◆いきいきまちがいさがし「懐かしの昭和」洞察力・集中力アップ―脳トレ・介護予防に役立つ　篠原菊紀監修　世界文化社（ワクリエブックス）

【要旨】脳科学の専門家が監修。絵を見比べて注意深くさがす「まちがいさがし」は、脳の活性化に効果的です。特に「洞察力」「集中力」が鍛えられるイラストパズルを掲載しています。懐かしい季節ごとの絵柄で、解きながら昔を回想したり、お話をしたりとコミュニケーションの向上にも役立ちます。「らくらく」よりは少しむずかしい、けれど取り組みやすい難易度の「むずかしすぎない」パズルを掲載。全部解かなくても大丈夫です。好きな問題を解くだけで効果があります。

2017.12 64p A4 ¥1000 ①978-4-418-17258-0

◆イラストでわかる高齢者の生活機能向上支援―地域ケアでの実践と手法の活用　山田実編　文光堂

社会・文化

【目次】1部 老年症候群の要点と評価・介入手法（フレイル、サルコペニア、ロコモティブシンドローム、認知症、疲労感・うつ・自己効力感、転倒）、2部 実践に必要な手法とその活用（機能評価、機能トレーニング、介護予防領域における各種疾患への対応、現場の対応）

◆**受けたい介護がすぐわかる手続き便利帳**　小泉仁監修　青春出版社
【要旨】じつは介護は、情報と手続きとの闘いでもあるのです。訪問介護はどこまでサポートしてくれるのか、介護施設の費用は月々いくらかかるのか。ここを知るだけで、不安も負担も軽くできる！ 1から10までわかる、介護サービスのすべて。
2017.8 173p A5 ¥1400 ①978-4-413-11225-3

◆**海辺のデーモン—介護とワンコ・熱海おババさま事情**　高島フランソワザ　敬文舎
【要旨】やがて来る！ きっと来る！ 必ず来る老々介護を恐れるな！ 笑えるロ〜ロ〜介護。おカイゴさま、おひとりご案内！
2017.12 207p 19×15cm ¥1000 ①978-4-906822-96-6

◆**お年寄りの作って楽しむレクリエーション大百科**　小林愛子、姫野順子監修　講談社（介護ライブラリー）
【要旨】壁面飾りから日用品、折り紙やぬり絵など105点のプランを収録。アレンジのプランも充実しています。手順を写真で解説しているので、取り組みやすい！ 材料と道具のイラストもあるので、準備もスムーズです。現場で役立つ情報が満載、作り方を伝える声かけの例や製作途中のフォローの仕方なども紹介しています。文字が大きく読みやすい。読み取りやすいレイアウトで掲載。作り方を把握しやすく、日々のレクリエーションで活躍する1冊です。
2017.2 239p 26×21cm ¥3000 ①978-4-06-282475-0

◆**お泊りデイサービスは、なぜ必要なのか**「樹楽」が提案する、地域に必要とされる介護のカタチ　鶴蒔靖夫著　IN通信社
【要旨】いま、本当に必要とされている介護サービスとはなにか。喜怒哀楽介護で認知機能改善。地域住民の最後の拠り所。高齢者のコミュニケーションの場。さまざまな表情を持つ地域密着型通所介護「樹楽」のサービスを徹底検証！
2017.1 238p B6 ¥1800 ①978-4-87218-430-3

◆**おひとりさまの介護はじめ55話—親と自分の在宅ケア・終活10か条**　中澤まゆみ著　築地書館
【要旨】介護が必要になったときぶつかる大きなハードル。制度や情報を知らなかった…どう動いたらいいのか、わからないまま。介護を「自分ごと」として、考える。医療・介護の現場と制度を長年取材してきた著者が、2年間の新聞連載コラムと講演をまとめた、お役立ち介護入門書。　2017.2 166p B6 ¥1500 ①978-4-8067-1530-6

◆**"おもてなし介護"—ご入居者を心地よくもてなす**　大久保貞義著　シニアタイム
【要旨】介護に「和」のこころを取り入れて、ご入居者も従業員も、幸せになる—これからの介護現場に新しい提案。
2017.2 216p B6 ¥1000 ①978-4-909000-00-2

◆**親の介護で自滅しない選択**　太田差惠子著　日本経済新聞出版社
【要旨】親との両立、心の保ち方…見開き2ページでやさしく解説！「倒れる前」「倒れた後」に必ず役立つ実用情報と考え方62。
2017.2 155p A5 ¥1400 ①978-4-532-17612-9

◆**母さん、ごめん。—50代独身男の介護奮闘記**　松浦晋也著　日経BP社、日経BPマーケティング　発売
【要旨】こんな介護ノンフィクション、今までなかった!!「がんばる」だけではどうにもならないことも。お金、ストレス、お金。男一匹、ガチンコで認知症の母を看る。あなたに「ごめん」と言わせないために科学ジャーナリストの実体験に基づく認知症対策が満載。
2017.8 271p B6 ¥1300 ①978-4-8222-5945-7

◆**介護界のアイドルごぼう先生のみんなを笑顔にする魔法**　簗瀬寛著　講談社（講談社の実用BOOKS）
【要旨】介護サービスを受けること＝人生の終わりではない！ 完璧を目指しちゃダメ！ 70点がちょうどいい。できないより、できそう…のドキドキ感が「楽しみ」になる！
2017.10 158p B6 ¥1000 ①978-4-06-299884-0

◆**介護危機—「数字」と「現場」の処方箋**　宮本剛宏著　プレジデント社
【要旨】寿命一〇〇年時代の正しい過ごし方は、自宅と施設、どっち？ 明確なデータが決着をつける「個人の負担額、家族の幸福度、行政としての合理性」の観点からでた結論。
2017.6 239p B6 ¥1400 ①978-4-8334-5118-5

◆**介護基礎学—高齢者自立支援の理論と実践**　竹内孝仁著　医歯薬出版　新版
【目次】前編 総論・身体介護（自立支援介護総論、高齢者の心身の特徴—廃用症候群の考え方、自立支援介護の基礎、水分ケア—高齢者介護は水で始まり水で終わる、歩行—自立支援の鍵、排泄①—排便、排泄②—排尿、食事の自立—おいしい食事を口から食べる、介護と医療、薬と介護）、後編 認知症（認知症は治らない病気なのか、認知症を治すケア—その基礎理論、認知症を治そう、ケアの四原則、この理論の実践と成果、家族で治そう認知症、そして地域への展開）
2017.1 226p B5 ¥3200 ①978-4-263-21739-9

◆**外国人介護職への日本語教育法—ワセダバンドスケール（介護版）を用いた教え方**　宮崎里司著・監修、中野玲子、早川直子、奥村匡子著　日経メディカル開発、日経BPマーケティング　発売
【要旨】介護現場において、外国人介護職が専門職として業務を遂行する際に必要な日本語能力を測定するために、特別に開発された「日本語能力測定基準」ワセダバンドスケール（介護版）。今、日本語で何ができていて、どのような問題があるのかという「現在の日本語能力を把握」でき、次にレベルアップするためには、具体的にどのような学習をすればいいのか「次の目標に到達するための適切な方法」が示されている。
2017.12 143p B5 ¥2500 ①978-4-931400-86-3

◆**外国人のための会話で学ぼう！ 介護の日本語—指示がわかる、報告ができる**　国際交流＆日本語支援Y編著、国際厚生事業団協力　中央法規出版　（付属資料：別冊1）
【目次】第1部（自己紹介、仕事1日目、洗顔と整髪、着脱、車いす移動、杖歩行、食事、排泄、おむつ交換、入浴）、第2部 指示を聴く練習、第3部 報告する練習
2017.9 150p B5 ¥2800 ①978-4-8058-5579-9

◆**外国人のためのやさしく学べる介護のこと**　海外介護士育成協議会編、甘利庸子、高橋絵美編著　中央法規出版
【目次】基本のあいさつ、介護の仕事、バイタルチェック、病気・症状、薬、からだのしくみ、生活援助、身体介護、レクリエーション、リハビリテーション〔ほか〕
2017.10 109p B5 ¥1600 ①978-4-8058-5584-3

◆**外国人のためのやさしく学べる介護の知識・技術**　海外介護士育成協議会編、甘利庸子編著　中央法規出版
【目次】第1章 職務の理解、第2章 尊厳の保持と自立支援、第3章 介護の基本、第4章 介護と医療の連携、第5章 介護におけるコミュニケーション、第6章 老化の理解、第7章 認知症の理解、第8章 障害の理解、第9章 こころとからだのしくみと生活援助技術、第10章 生活支援技術演習
2017.10 168p B5 ¥2600 ①978-4-8058-5585-0

◆**介護現場で使える 医療知識＆お薬便利帖**　介護と医療研究会著、河村雅明、野口修監修　翔泳社
【要旨】本書は、高齢者に多くみられる疾患について介護職が日々のケアの際に知っておきたい医療知識を網羅した一冊。疾患の主な症状・原因・治療法・処方されるお薬・日常生活の注意点などを、項目ごとに解説。ほかに口腔ケア、感染症、緊急時対応、多職種連携など、最近よく話題にあがる話も盛り込んでいます。
2017.10 175p 21×19cm ¥1680 ①978-4-7981-5370-4

◆**介護殺人の予防—介護者支援の視点から**　湯原悦子著　クレス出版
【要旨】「介護殺人」をどう防ぐのか。超高齢社会、介護はもはや誰もが経験しうるものとなった。介護者となった時、あなたは—
2017.2 261p B5 ¥4300 ①978-4-87733-956-2

◆**介護事業所に人が集まるPDCA仕事術—業務がぐんぐん効率化**　楠戸睦巳著　（大阪）メディカ出版（もっと介護力！ シリーズ）
【要旨】時間がない！ そんな現場の作業を効率化し仕事の質を高める、改善のキホン！ PDCA。身近な業務からPDCAに親しんでいける介護の

PDCA入門書です！
2017.8 111p B5 ¥2000 ①978-4-8404-6186-3

◆**介護施設のためのキャリアパスのつくり方・動かし方—人が集まる、人が育つ、実効性のあるキャリアパス**　東京都社会福祉協議会　東京都高齢者福祉施設協議会施設管理検討委員会編、水野敬生監修・編集責任者　東京都社会福祉協議会　（付属資料：CD-ROM1）
【目次】第1章 キャリアパスの必要性（キャリアパス制度とは、キャリアパス制度の課題、キャリアパス制度の実施に向けて、まとめ、高齢者施設におけるキャリアパスの目的、キャリアパスの全体像、本書の使い方）、第2章 基本設計とその運用（基本設計と運用1—等級制度、基本設計と運用2—評価制度、基本設計と運用3—教育研修（能力開発）制度、基本設計と運用4—賃金制度）、第3章 キャリアパス運用に関する関連制度（役職任用に関する制度、目標管理（個人目標設定）に関する制度、その他の関連制度—専門職任用に関する制度）
2017.1 88p A4 ¥1400 ①978-4-86353-246-5

◆**介護職員処遇改善加算超実践マニュアル**　烏羽稔著　日本法令
【要旨】新加算の算定でより良い介護事業運営を！ 施設運営の現場での経験豊富な著者が「実務直結」の視点で必要な知識とノウハウを開示！
2017.6 259p A5 ¥2600 ①978-4-539-72542-9

◆**介護職員初任者研修テキスト 全文ふりがな付き 第1巻 介護のしごとの基礎**　黒澤貞夫、石橋真二、是枝祥子、上原千寿子、白井孝子編　中央法規出版　（付属資料：DVD1）
【目次】第1章 職務の理解、第2章 介護における尊厳の保持・自立支援、第3章 介護の基本、第4章 介護・福祉サービスの理解と医療との連携、第5章 介護におけるコミュニケーション技術、第6章 老化の理解、第7章 認知症の理解、第8章 障害の理解
2017.5 424p B5 ¥2500 ①978-4-8058-5497-6

◆**介護職員初任者研修テキスト 全文ふりがな付き 第2巻 自立に向けた介護の実際**　黒澤貞夫、石橋真二、是枝祥子、上原千寿子、白井孝子編　中央法規出版　（付属資料：DVD1）
【目次】第1章 介護に関する基礎的理解（介護の基本的な考え方、介護に関するこころのしくみの基礎知識）、第2章 自立に向けた介護の展開（生活と家事、快適な居住環境整備と介護、整容に関連したこころとからだのしくみと自立に向けた介護、移動・移乗に関連したこころとからだのしくみと自立に向けた介護、食事に関連したこころとからだのしくみと自立に向けた介護、入浴・清潔保持に関連したこころとからだのしくみと自立に向けた介護、排泄に関連したこころとからだのしくみと自立に向けた介護、睡眠に関したこころとからだのしくみと自立に向けた介護、死にゆく人に関したこころとからだのしくみと終末期介護）、第3章 生活支援技術演習（介護過程の基礎的理解、総合生活支援技術演習）2017.5 334p B5 ¥2400 ①978-4-8058-5498-3

◆**介護職・介護家族に役立つやさしい医学知識**　和田忠志著　技術評論社
【要旨】介護職が利用者を受け持ったら、あなたの家族が病気にかかったら、絶対に知っておきたい病気の知識と対応の基本。高齢者の急変に備えてこれだけは押さえておきたい「基本の6項目」収録！
2017.3 191p A5 ¥2080 ①978-4-7741-8750-1

◆**介護スタッフのための施設看取りハンドブック**　橋本美香著　学研プラス
【要旨】12年の研究と現場での実践が結実。介護施設の今を支える1冊！ その方の人生に寄り添い、ケアに関わったみんなが満足できる看取りを目指して…。看取りの心がまえから、体制構築、職員の心のケアまでを解説！ 施設内看取り研修プログラム付き。
2017.5 127p B5 ¥1900 ①978-4-05-800718-1

◆**介護スタッフのためのシニアの心と体による言葉がけ5つの鉄則**　斎藤道雄著　（名古屋）黎明書房
【要旨】この本であなたも言葉がけ名人に！ シニアも介護スタッフも笑顔になれる言葉がけの極意がこの1冊に！
2017.9 91p A5 ¥1500 ①978-4-654-07655-0

◆**介護で使える言葉がけ—シーン別実例250**　尾渡順子監修　滋慶出版/つちや書店

【要旨】介護現場にクレームが発生しない会話術。困った介護がスムーズに進み、スタッフも利用者も笑顔になる方法。
　　　　2017.7 167p B6 ¥1500 ①978-4-8069-1629-1

◆**介護というお仕事**　小山朝子著　講談社
（世の中への扉）
【要旨】日本は超高齢社会に突入し、お年寄りが身近になりました。これからの時代、介護は、誰にとっても無関係な話ではなくなります。自らも祖母を介護した経験を持つ著者が、小学生から身につけられる介護の基本技術を一冊にまとめました。将来の進路に、介護や福祉の道を考えている人たちにもおすすめの入門書です。小学上級から。
　　　　2017.8 173p B6 ¥1300 ①978-4-06-287028-3

◆**介護等体験マニュアルノート―社会福祉施設**　東京都社会福祉協議会　改訂版
【目次】1 介護等体験の目的と概要、2 介護等体験のしくみと準備、3 体験中のいろは―介護等体験にあたっての姿勢と留意事項、4 社会福祉施設とは、5 介護等体験を行ってみて…、6 ワークシート・各種様式
　　　　2016 67p A4 ¥600 ①978-4-86353-244-1

◆**介護の仕事は未来がないと考えている人へ―市場価値の高い「介護のプロ」になる**　濱田孝一著　花伝社、共栄書房 発売
【要旨】介護労働の未来はどうなっていくのか、介護のプロフェッショナルとは、働く介護サービス事業所を選ぶ視点、介護のプロが身につけるべき3つのマネジメントとは―大きく変わる労働の価値・評価。これからの仕事、これからの働き方、これからの介護業界。
　　　　2017.5 201p B6 ¥1500 ①978-4-7634-0805-1

◆**介護の仕事は「聴く技術」が9割―介護現場の仕事がうまく回るようになる「傾聴スキル」入門**　中尾浩康著　ぱる出版　（New Health Care Management）
【要旨】傾聴のスキルを身につければ誰でも利用者の真のニーズに寄り添うことができる！ 介護現場の様々なシーンで聴く技術が活かせる！ 介護現場の信頼関係を一瞬で築く基本！
　　　　2017.12 191p A5 ¥1500 ①978-4-8272-1097-2

◆**介護の未来をどうするか？―ニッポン破綻を生き抜く介護論**　上阪徹著　実業之日本社
【要旨】こんな施設が日本にあったのか！ 志高き企業経営者とスタッフの奮闘を描くビジネス・ノンフィクション。
　　　　2017.8 210p B6 ¥1500 ①978-4-408-42076-9

◆**介護白書―老健施設の立場から　平成29年版**　全国老人保健施設協会編　オフィスTM, TAC 出版 発売
【目次】1 介護老人保健施設と介護保険制度を取り巻く主な動き（老健施設の現状と展望、平成30年度同時改定に向けて ほか）、2 全老健の現況（介護老人保健施設整備状況、全老健の活動）、3 図で見る介護保険の状況（高齢化の状況、介護保険制度の実施状況 ほか）、4 参考資料（関係用語解説、介護老人保健施設の療養費（給付費）の変遷 ほか）
　　　　2017.10 177p A4 ¥2381 ①978-4-8132-8973-9

◆**介護は底なし―"涙がぽろり、心がほっこり"介護の詩集**　駒坂謹美子著　（伊丹）牧歌舎、星雲社 発売
【要旨】赤ちゃん返りのお父さん!!看る側、看られる側のきもち。
　　　　2017.11 110p 19×26cm ¥1000 ①978-4-434-23960-1

◆**介護はつらいよ**　大島一洋著　小学館　（小学館文庫）
【要旨】二〇〇六年、出版社を定年退職した63歳の著者は、93歳と88歳の父母を介護するために、東京に妻子を残して単身田舎へ帰ることにした。〇八年、母、死す。一二年、父、老人ホームに入居。一三年、父、満百歳を迎える。文庫化にあたって、一五年三月、父が百一歳と六か月で天寿を全うするまでを増補。著者は、若き日の不倫を隠さず、介護のかたわらAVを楽しみ酒を飲む。そして、裸で現実に立ち向かう。男ひとりで奮闘した、壮絶だけどなぜか明るい介護実録。その上、施設への入居費から葬儀費用までを詳細に紹介。実用書としても役立つこと受け合い。2017.8 269p A6 ¥580 ①978-4-09-406441-4

◆**介護予防のためのウォーキング**　中村容一著　（名古屋）黎明書房
【要旨】日常なにげなく行っている移動手段としての「歩く」という活動も、少しやり方を変え

るだけで立派な介護予防になります。介護予防におけるウォーキングの必要性と効果、フォーム、強度、時間、頻度、ウォーキングシューズの選び方、実際に行う場合の留意点、ケガの予防と応急処置など、ウォーキングの理論から実践までを詳述します。
　　　　2017.11 79p A5 ¥1500 ①978-4-654-07658-1

◆**介護リーダーの仕事と役割がわかる！**　近藤崇之監修　ナツメ社
【要旨】リーダーの言葉、態度で、チームは変わる！ スタッフの育成、チーム力の向上など、リーダーの役割と、身につけたい知識、技術のすべて！
　　　　2018.1 215p A5 ¥1500 ①978-4-8163-6376-4

◆**介護リーダーの問題解決マップ―ズバリ解決「現場の困ったQ&A」ノート**　田中元著　ぱる出版
【要旨】今日も問題だらけの職場をちょっとだけ働きやすい環境に整える、ヒント・コツ・課題解決ノート―あなたが始める、現場改善・働きやすい職場づくりのヒント集！
　　　　2017.9 191p A5 ¥2500 ①978-4-8272-1071-2

◆**介護レベルのシニアでも超楽しくできる声出し！ お祭り体操**　斎藤道雄著　（名古屋）黎明書房
【要旨】この本は、介護現場のスタッフのみなさまが、シニアの体操をじょうずに支援するための本です。特に、シニアの集団運動をするときに、「明るく、元気な雰囲気づくり」に、大いに役立ちます。もちろん、おひとりや、少人数の体操にもおススメです。この本で最も重視するのは、「声を出して、体を動かす」ことです。年齢や体力レベルに著しい差があっても、誰にでもかんたんにできます。道具は一切不要です。朝の体操や、食事の前後、ちょっとした空き時間に、おススメ。身体レベルが低下している場合には、声を出すだけでオッケーです（ストレスの発散、心身機能の維持・向上）。
　　　　2017.7 63p B5 ¥1600 ①978-4-654-07654-3

◆**介護恋愛論―愛する心を持ち、愛する技術を磨く**　小櫻義明著　日本医療企画　（JMP選書）
【要旨】愛せば、愛され、愛しあえば、愛し続けることができる介護・地域づくりの実践家が、地域社会の視点と自らの恋愛と介護の実体験から新たな介護文化の創造と発展を考える。
　　　　2017.8 129p B6 ¥1500 ①978-4-86439-597-7

◆**介護老人施設・老人ホーム計画一覧 2017-2018　医療・介護・民間連携で2025年に挑む**　産業タイムズ社
【目次】巻頭特集（高齢者住宅・介護事業大手96社の最新動向、日本版CCRC構想のスタートと個別計画、サ高住の整備状況）、第1章 国の高齢者福祉政策と地域医療介護総合確保基金の都道府県計画（国の高齢者福祉政策、地域医療介護総合確保基金の都道府県計画）、第2章 全国介護老人施設・老人ホーム個別整備計画一覧
　　　　2017.8 443p B5 ¥13000 ①978-4-88353-260-5

◆**家族に介護が必要な人がいます―親の入院・介護のときに開く本**　西岡修著、吉野槙一監修　朝日新聞出版
【要旨】しくみを知り、制度をフル活用して「介護難民」にならない！ この過去30年の介護のプロ、特養ホーム長が教える知っていると助かる、知らないと泣く介護のあれこれ数々。
　　　　2017.3 159p B6 ¥1400 ①978-4-02-331586-0

◆**必ず役立つ介護食**　長谷剛志監修、石川県栄養士会食育グループ編著　（金沢）北國新聞社
【要旨】噛む力・飲み込む力が衰えたお年寄りに！ いつもの料理やお惣菜にひと手間加えて安心して食べられる、アイデアレシピ集!!
　　　　2017.4 87p A5 ¥1000 ①978-4-8330-2097-8

◆**感情に働きかける これからの介護レクリエーション―心の専門家がアドバイス 生きる意欲を刺激する介護レクアイデア集**　武藤清栄監修、エモーショナルな介護レク研究会編　誠文堂新光社
【要旨】"おとならしさ" と "生きがい" をキーワードに、心の専門家のアドバイスを受けて考えた、"喜び" や "楽しみ" の感情がわいてくる介護レクリエーションです。
　　　　2017.12 159p B6 ¥1500 ①978-4-416-71710-3

◆**完全図解 遊びリテーション大全集**　三好春樹監修、土居新幸編著　講談社　（介護ライブラリー）

【要旨】だれでもできる！ 必ず盛り上がる！ 楽しい介護レクの集大成。理論から実践までこれ1冊でOK。みんなで遊べてリハビリにつながる！
　　　　2017.7 319p 26×22cm ¥3500 ①978-4-06-282466-8

◆**がんばらない介護**　橋中今日子著　ダイヤモンド社
【要旨】だいじょうぶ。もっとラクなやり方、ありますよ。介護の心を軽くする36のコツ。
　　　　2017.3 230p B6 ¥1500 ①978-4-478-10171-1

◆**ケアプラン 困ったときに開く本**　佐藤ちよみ著　技術評論社
【要旨】「ケアプラン作成で困ってます！」。そんなケアマネジャーの悩み・疑問・難問に、ベテランケアマネ指導者が答えます。アセスメントから、ケアプラン作成、サービス選択、ケアプラン変更、さらには次々現れるトラブルまで。いざという時に、きっとこの本があなたを助けてくれるはずです。
　　　　2017.5 271p A5 ¥2240 ①978-4-7741-8978-9

◆**ケアマネ一年生の教科書―新人ケアマネ・咲良ゆかりの場合**　鈴村美咲漫画、後藤佳苗監修、ユーキャン学び出版ケアマネ実務研究会編　ユーキャン学び出版、自由国民社 発売　（まんがでわかる！ 介護のお仕事シリーズ）
【要旨】咲良ゆかり（33）、晴れてケアマネ試験に合格！ 憧れのケアマネになったものの、これまでとはまったく違う業務にとまどいと失敗の連続に……。やさしくも厳しい先輩、秋山智美（47）の的確なアドバイス（ケアマネ業務のコツ）＆多くの利用者・利用者に導かれながら、利用者に寄り添う仕事のやりがいを発見する、新人ケアマネ奮闘記。すぐに使えるケアマネ業務情報（コラム）も充実。
　　　　2017.10 175p B6 ¥1400 ①978-4-426-61008-1

◆**決定版 介護でやるべきことのすべて**　みんなの介護監修　水王舎
【要旨】認知症、ケアマネージャー、介護保険、介護サービスの種類、施設の選び方、かかるお金など…。介護に必要な基本情報をこの1冊に！
　　　　2017.6 191p B6 ¥1300 ①978-4-86470-076-4

◆**現場で役立つ！ ケアマネ業務ハンドブック**　中島圭一編著　ナツメ社
【要旨】介護保険の基本や各サービスの内容・費用、施設の種類と費用をコンパクトに紹介。意外と知らない社会保障制度についてもしっかりフォロー。利用者・家族への説明資料としても活躍！ よく出会う病気や薬の知識も！
　　　　2017.6 223p B5 ¥1680 ①978-4-8163-6257-6

◆**現場で役立つ！ 早引き介護用語辞典**　佐藤富士子監修　ナツメ社
【要旨】介護される人やご家族、ケースワーカー、医療関係者とのコミュニケーションに役立つ1冊！ ケアに関する用語から、疾患、薬、サービスに関する用語までわかる！
　　　　2017.4 431p 19×12cm ¥1500 ①978-4-8163-6136-4

◆**現場で役立つ 要介護認定調査員調査・判断の重要ポイント**　今田富男著　ナツメ社
【要旨】選択の際の留意点、特記事項記載の留意点を項目ごとに解説。調査員が選ぶケースを選択理由とともに数多く記載。審査会から問い合わせがあるケースには、注意書きを併記。
　　　　2017.9 271p A5 ¥1800 ①978-4-8163-6237-8

◆**高齢者介護に役立つハーブとアロマ**　林真一郎、今知美著　東京堂出版
【要旨】インフルエンザ・ノロウィルス・風邪などの感染症予防、生活臭・排泄臭の消臭、脳の活性化と認知症予防、水虫・かゆみなどの皮膚トラブル対策、イライラ・疲労などのケア―現場の悩みに役立つ植物の力。高齢者ケアや介護現場のためのハーブ38種＆精油24種の情報収載!!
　　　　2017.1 194p A5 ¥2000 ①978-4-490-20958-7

◆**高齢者介護のコミュニケーション研究―専門家と非専門家の協働のために**　石崎雅人編著　（京都）ミネルヴァ書房　（コミュニケーション・ダイナミクス 2）
【要旨】本書は、メディア・コミュニケーションからこぼれ落ちてしまう情報、なかでも現代社会がかかえる大きな課題である「介護」について考察するものである。専門家・非専門家・制度という軸を交差させることで、複数の観点が相互に関係して記述をめざす。
　　　　2017.3 271p A5 ¥5000 ①978-4-623-07872-1

◆**心を動かす介護の魔法―現場で生まれた25の感動介護ストーリー**　翔裕園・翔裕館介護で

日本を元気にするプロジェクト編　幻冬舎メディアコンサルティング，幻冬舎 発売
【目次】1 はじまりのストーリー（元ドクターの心を開くのはだれ？、「ちゃんと寝たか？」「しっかり休んだか？」「ごはん食べたか？」ほか）、2 試行錯誤のストーリー（介護拒否に特効薬はない、チームワークで壁を乗り越えるほか）、3 家族のストーリー（夫を探し続ける奥様を笑顔に、変わらない夫婦の絆ほか）、4 震災のストーリー（震災が結んだ不思議なご縁、被災者の拠り所を目指してほか）、5 旅立ちのストーリー（満開の桜と最後の言葉、最期のときに立ち会う覚悟ほか）
2017.11 159p B6 ¥1000 ①978-4-344-91466-7

◆答えは自分の中にある──終末期医療と在宅看取り介護の記録　マキプ→著　（大阪）パレード，星雲社 発売
【要旨】「拘束は嫌だ、家に帰りたい」本人の望みを叶えることが、こんなに難しいなんて─。祖父を自宅で看取ったマキプ→の奮闘記！
2017.5 183p B6 ¥925 ①978-4-434-23194-0

◆困ったときの新人ケアマネ虎の巻──対応のポイントがすぐわかる　杉山想子著　技術評論社　（ポケット介護）
【要旨】ケアマネ業務のプロセスをていねいに解説。イラストと図解でよくわかる。実務に役立つノウハウ満載。
2017.4 255p 18cm ¥1480 ①978-4-7741-8849-2

◆困りごとから探せる介護サービス利用法
東京都社会福祉協議会 改訂版
【目次】第1章 知りたいことから介護サービスをさがす、第2章 介護保険制度のしくみ、第3章 訪問型の介護サービス、第4章 通所型の介護サービス、第5章 福祉用具と住宅改修、第6章 短期入所型の介護サービス、第7章 多機能型の介護サービス、第8章 入居型の介護サービス、第9章 介護保険制度のこれまでとこれから──総合事業とは、第10章 介護保険制度活用情報、資料
2017.5 263p A5 ¥863 ①978-4-86353-252-6

◆コミュニケーション活性化で組織力向上！経営者・管理者が変える介護の現場　堀田慎一著　第一法規
【要旨】経営者・管理者がスグに実践できる！今日から使える行動基本集付き。
2017.8 148p A5 ¥2300 ①978-4-474-05881-1

◆これで安心！ケアマネが教えるはじめての親の入院・介護──あわてないための鉄則55　高岡里佳著　技術評論社
【要旨】親が突然入院したり、介護が必要になったりしても、自分の暮らしを守り、後悔しないできるためのノウハウを経験豊かなケアマネジャーがお教えします。備えあれば憂いなし「入院・介護に備えるシート」付き。
2017.9 191p A5 ¥1400 ①978-4-7741-9220-8

◆サ責一年生の教科書──新人サ責・牧野はるかの場合　鈴村美咲漫画，後藤佳苗監修　ユーキャン学び出版，自由国民社 発売　（まんがでわかる！介護のお仕事シリーズ）
【要旨】ひまわり訪問介護事業所にヘルパーとして勤務してきた牧野はるか（30才）。念願の介護福祉士試験に合格！と喜びに浸るのもつかの間、背後からしのび寄る所長の影。「サ責になって！」と懇願されて…。やさしくて頼もしい先輩、佐伯憲司（38才）の的確な指導に導かれ、多くの同僚・利用者にも励まされながら「アセスメント」「訪問介護計画書」「ヘルパーのフォローアップ」と、ひとつひとつ乗り越えて、ついには利用者に寄り添う仕事のやりがいに気づく、新人サ責の成長ストーリー。
2017.12 159p B6 ¥1400 ①978-4-426-61013-5

◆残念な介護現場を一瞬で変えるコミュニケーション練習ノート　諏訪免典子著　ぱる出版　（New Health Care Management）
【要旨】あなたがはじめる現場の「問題解決脳」の磨き方入門。「介護の仕事になんか就かなければよかった」となる前にやっておきたい、現場改善の考え方・進め方実践教科書!!
2017.10 191p A5 ¥2500 ①978-4-8272-1086-6

◆仕事と介護両立ハンドブック──コア社員の退職を防ぐ　新田香織著　日本生産性本部生産性労働情報センター　改訂増補第2版
【要旨】今後の社会保障には、さらなる「自助」が求められる。働いているからこそできるこれからの時代の介護とは？
2017 119p A5 ¥1000 ①978-4-88372-525-0

◆自宅介護で「胃ろう」をやめた日　杉浦和子著　幻冬舎メディアコンサルティング，幻冬舎 発売　改訂版
【要旨】二度目の脳梗塞で、ついに自力で食べられなくなった夫。妻は医者の勧めで、胃に直接栄養食を流し込む「胃ろう」を決断するが─。すべては夫を甦らせるために。25年にわたる介護ドキュメントが待望の文庫化。
2017.9 254p A6 ¥600 ①978-4-344-91365-3

◆知ってつながる！医療・多職種連携──ケーススタディで納得・安心　高岡里佳監修　第一法規　（仕事がはかどるケアマネ術シリーズ 5）
【目次】解説編（地域包括ケアシステムと医療・多職種連携、介護と医療の連携、ケアマネ必須の多職種連携）、ケーススタディ編（入退院時の連携（1）脳梗塞で緊急入院、リハビリ後在宅生活となる新規利用者への支援で気を付けることは？、入退院時の連携（2）介護保険利用者が入院、状態に変化のあった場合の再アセスメントで必要なことは？、認知症の本人と家族への支援に社会資源を活用するには？、難病の方を担当するときの留意点とは？、在宅看取りの連携（1）在宅看取りの可能性がある利用者と家族を支援する時に大事なことは？、在宅看取りの連携（2）独居で在宅看取りを希望する利用者を支えるには？）
2017.9 125p A5 ¥1500 ①978-4-474-05892-7

◆「終活」としての在宅医療──かかりつけ医で人生が変わる　太田秀樹著，蜂須賀裕子聞き書き　（京都）かもがわ出版
【要旨】住み慣れた自宅で死にたい。「病院でしか死ねない時代」から「在宅で看取れる地域づくり」へ。
2017.3 143p A5 ¥1500 ①978-4-7803-0905-8

◆絶望の超高齢社会──介護業界の生き地獄　中村淳彦著　小学館　（小学館新書）
【要旨】2025年の日本は、団塊の世代が後期高齢者となり、国民の5人に1人が75歳以上、3人に1人が65歳以上となる。これまで人類が経験したことがない超・超高齢社会が到来するのだ。一方で介護職は100万人足りなくなるともいわれている。現在の介護業界は、重労働の上に低賃金ということで人が集まらない。そこへ助成金を狙って暴力団が参入し、法務省の方針で元受刑者たちが介護職で働き始めている。女性介護職は貧困とストレスから売春に走り、男性介護職は虐待を繰り返すケースも少なくない。まさに崖っぷちの状況なのだ。
2017.6 222p 18cm ¥760 ①978-4-09-825282-4

◆その介護離職、おまちなさい　樋口恵子著　潮出版社　（潮新書）
【要旨】「ながら介護」「トモニ介護」のすすめ。「老老介護」「認認介護」「介護うつ」「介護離職による経済危機」「介護者・要介護者の共倒れ」「夫婦共働きの家族は？」「おひとりさまの世帯は？」「夫が妻を看る場合は？」押し寄せる介護の不安を解消！100年ライフ・大介護時代を豊かに生きるための知恵とヒント。
2017.10 214p 18cm ¥759 ①978-4-267-02107-7

◆大往生したけりゃ医療とかかわるな "介護編"─2025年の解決をめざして　中村仁一著　幻冬舎　（幻冬舎新書）
【要旨】前作から5年、後期高齢者の医師だからこそ言える、きれいごとを排した医療と介護の真実とは。世間では2025年問題を解決すべく、様々な取り組みがされているが、それは結局 "弱っても死ねない身体づくり" をしているだけ。つまり健康寿命を延ばそうとすることで要介護期間が延び、社会全体の医療費と介護費用はますます増えてしまうのだ。誰もが「ピンピンコロリ」を願うが、それは1等7億円のジャンボ宝くじに当たるよりむずかしいこと。ならば老人はどうすればいいのか？生き方、死に方についての意識が変わる、目から鱗の一冊。
2017.3 263p 18cm ¥840 ①978-4-344-98454-7

◆大切な人が病気になったとき、何ができるか考えてみました　井上由季子著　筑摩書房
【要旨】心配や、つらさにどうやって寄り添えばいいのだろう。老いた両親の入院体験で著者がしてきた、家族だけができる小さな工夫、病院が考える "やさしい対話の試み" とともに紹介します。
2017.2 181p B6 ¥1600 ①978-4-480-87891-5

◆誰でも作れておいしい やわらか介護食──やわらかさを分類で表示！フリージングを活用、介護食の幅がグンと広がる！　寺島治著　旭屋出版

◆自宅介護で「胃ろう」をやめた日（続き）
【要旨】寿司やカレーライスなどご飯もの多数掲載。手作りペーストで作るやわらか食いろいろ。リッチなスープがたくさん。缶詰を使ってひと工夫。泡のようなくちどけのたのしい料理バリエ。使える冷凍テクニックを教えます。おいしいコツが満載！
2017.11 96p B5 ¥1400 ①978-4-7511-1305-9

◆つらい介護に、さようなら──メンタルトレーニングで心ラクラク　高橋浩一著　出版文化社
【要旨】今日もついついカッとしてしまった、食事をとる時間もなかった、わーっ！となった気持ちがメンタルトレーニングですっきり。介護する側もされる側も、気持ちよく過ごせます！
2017.11 222p B6 ¥1800 ①978-4-88338-629-1

◆できることを取り戻す魔法の介護　にやりほっと探検隊著　ポプラ社
【要旨】歩けるようになった。笑顔が増えた。15分でできる実践リスト付き！NHKおはよう日本、日経新聞、天声人語等で紹介！今話題の新しい認知症ケア。
2017.5 213p B6 ¥1400 ①978-4-591-15443-4

◆東海地方で介護＆高齢者ホーム選びに困ったら最初に読む本 2017-2018 （名古屋）東海通信社，（名古屋）中日新聞 発売
【要旨】名古屋・愛知・岐阜・三重の最新情報・保存版。ニューオープン＆個性が光る高齢者ホーム。気になる疑問をすぐ解決 高齢者ホームのQ＆A。介護用語集。
2017.7 130p 29×22cm ¥920 ①978-4-8062-0729-0

◆毒舌嫁の在宅介護は今日も事件です！
山田あしゅら著　主婦と生活社
【要旨】「要介護3」と「要介護4」の老親 "同時" 介護をリアルに描く、切なくて笑えるコミックエッセイ。「部屋はクサくなって、家庭はクラくしたくない！」超高齢社会ニッポンを楽しく生き抜くための知恵が満載！
2017.8 143p A5 ¥1000 ①978-4-391-15066-7

◆床ずれケアナビ──在宅・介護施設における褥瘡対策実践ガイド　日本褥瘡学会・在宅ケア推進協会編　中央法規出版　全面改訂版
【要旨】今すぐ使える実践ノウハウが満載!!在宅の床ずれケアは病院・介護施設でも効果的です。困ったときに頼りになる、褥瘡ケアガイドの決定版！
2017.9 376p B5 ¥2400 ①978-4-8058-5575-1

◆名をなさぬ幸せ──リアル介護のフォトレポート・思い出あれこれ　武田勝利写真・文　（大阪）風詠社，星雲社 発売
【要旨】介護賛歌・支え合って生きる喜びの歌！
2017.7 127p A5 ¥1400 ①978-4-434-23734-8

◆なぜ？がわかる高齢者ケアの感染対策○と×──その「あたりまえ」が危ない！　大西尚人，吉田理香編著　（大阪）メディカ出版　（もっと納得！シリーズ）
【要旨】食事、入浴、排泄など、ケアの場面別に、ついやりがちなうっかり行動を防止！インフルエンザやノロウイルス対策も、この1冊でしっかり学べます。在宅でも使える、見てわかる感染対策。
2017.9 123p B5 ¥1900 ①978-4-8404-6192-4

◆認知症の人の「想い」からつくるケア──在宅ケア・介護施設・療養型病院編　井藤英喜監修，伊東美緒編著　インターメディカ
【要旨】優れた認知症ケアを実践する在宅、介護施設、療養型病院の現場で集めた明日のケアに活かすヒントを収載。ケアに悩むスタッフはもちろん、認知症研修や新人教育にも活用できる、役立つ1冊です。
2017.9 191p B5 ¥2200 ①978-4-89996-369-1

◆認知症の人の「想い」からつくるケア──急性期病院編　井藤英喜監修，東京都健康長寿医療センター看護部，伊東美緒，木村陽子編　インターメディカ
【要旨】東京都健康長寿医療センターでの高齢者ケアの実績を中心に急性期病院での認知症ケアの実践法を紹介。ケアに悩む病院スタッフはもちろん、認知症研修や新人教育にも活用できる、役立つ1冊です。
2017.7 193p B5 ¥2200 ①978-4-89996-368-4

◆寝たきりをつくらない介護予防運動──理論と実際　宮田重樹著　（川崎）運動と医学の出版社
【要旨】読めば、医療・介護が、そして私たちが、これからしなければならないことが見えてくる。

これからの高齢化社会で「寝たきり」「家族の介護」を少なくすることがさらに求められています。これからの時代は「平均寿命を延ばす」から「健康寿命を延ばす」に必ずシフトしていく。介護予防運動で効果を出すには、我々が理論と実際を学ばなければならない。
2017.12 161p B5 ¥2500 Ⓘ978-4-904862-29-2

◆**はじめの一歩が大切！ 高齢者虐待防止―在宅介護での兆候発見・支援のポイント** 川端伸子著 第一法規 （仕事がはかどるケアマネ術シリーズ 4）
【目次】解説編（早期発見・早期対応―ケアマネジャーの役割の重要性、高齢者虐待の具体例と背景、これって高齢者虐待？ と思ったら？、通報の後ってどうなるの？―高齢者虐待対応の流れ、高齢者虐待防止法と基本的視点）、ケーススタディ編（どんどんケアができなくなっていく…認認介護が不安です。、熱心だけど、スパルタ過ぎる…行き過ぎたリハビリが気になります。、「母親を殴ってしまいました」という連絡を受けて、言葉に詰まってしまいました…。、「これからは私がみますから」…って、本当ですか？、「いいの、いいの」って言うけれど、それは騙されていると思います…。）
2017.9 111p A5 ¥1500 Ⓘ978-4-474-05900-9

◆**「母親に、死んで欲しい」―介護殺人・当事者たちの告白** NHKスペシャル取材班著 新潮社
【要旨】老老介護、多重介護、介護離職…高齢化ニッポンを象徴するキーワードになった「介護」の末に起きた悲劇の真相とは、いかなるものだったのか―全国で起きた事件を検証し、当事者自らが語る、衝撃のルポ。NHKスペシャル『私は家族を殺した～"介護殺人"当事者たちの告白～』をベースに書き下ろし!!
2017.10 231p B6 ¥1300 Ⓘ978-4-10-405608-8

◆**一人でもだいじょうぶ 仕事を辞めずに介護する** おちとよこ著 日本評論社
【要旨】さらば！ 介護離職。チェックリストで自身の立ち位置に気づき、お役立ち情報で具体的な手立てを知る。働く人が抱える、「10大介護不安」は、こうすれば乗り切れる！
2017.9 178p B6 ¥1400 Ⓘ978-4-535-58712-0

◆**福辺流 力と意欲を引き出す介助術** 福辺節子著 中央法規出版
【要旨】介助する人、介助される人を笑顔にするために。義足の理学療法士が伝える、利用者（対象者）の能力と意欲を引き出す介助。
2017.8 196p B5 ¥2200 Ⓘ978-4-8058-5558-4

◆**訪問介護サービス提供責任者テキスト** 日本介護福祉士会編 看護の科学社 改訂版
【目次】第1章 ホームヘルプサービスの意義と役割、第2章 サービス提供責任者の業務と役割、第3章 訪問介護計画、手順書の作成およびモニタリング、第4章 ホームヘルパーの育成・研修の方法、第5章 他職種との連携およびコミュニケーション、第6章 サービス提供責任者に必要な緊急の対応および医療行為的ケア、第7章 リスクマネジメント、第8章 個別事例へのかかわり方、第9章 ホームヘルプサービスの法令上の位置づけ
2017.6 235p B5 ¥2500 Ⓘ978-4-87804-101-3

◆**まちがいだらけの老人介護―心と体に「健康」をとりかえす82の方法** 船瀬俊介著 興陽館
【要旨】その介護で、いいですか？ お年寄りのためと思って尽くしている介護が、知らないうちに、その生きる力と心を奪っている…としたら、これほど悲しいかんちがいはありません。「健康」をとりかえす。そのためには、どうしたらいいのか？ その提案として、本書をまとめました。本書の提案は、介護関係者のためだけではありません。これから、老いていくあなた自身への提案でもあります。
2017.8 365p B6 ¥1400 Ⓘ978-4-87723-216-0

◆**まったく新しい介護保険外サービスのススメ** 小濱道博著 翔泳社
【要旨】国は、団塊の世代が75歳以上となる2025年までに「地域包括ケアシステム」を整備しようとしています。ここでキーワードとなってくるのが「介護保険外サービス」。今後ますます増大する介護ニーズをすべて公的な介護保険で賄うのは到底難しく、そこで利用者の自費による保険外サービスが注目されています。介護保険サービス事業者は、3年に一度の報酬改定に振り回されますが、介護保険事業1本のみに頼ることは、経営上の大きなリスクです。別の柱となる新事業立ち上げの検討が迫られています。本書は、現在の介護保険サービスを取り巻く状況を簡単におさらいしつつ、介護サービスの新しいありかた「介護保険外サービス」について解説します。サービスの考え方、既存サービスから得られるアイデア、工夫や注意点についても盛り込んでいます。
2017.2 175p A5 ¥1980 Ⓘ978-4-7981-5036-9

◆**まんがで学ぶ！ 介護スタッフ研修ワークブック** 「まんがで学ぶ！ 介護スタッフ研修ワークブック」制作委員会編 電気書院
【目次】職業倫理―「一番大切なキーワードは『尊厳』です」、QOL（生活の質）―「できることをみつけましょう」、接遇―「よい接遇で安心アップ」、コミュニケーション―「まず、話を聞きましょう」、バイスティックの7原則―「良好な援助関係をつくるには」、レクリエーション―「楽しいレクリエーションのコツ」、リスクマネジメント―「小さな危険を見逃していませんか？」、心理面に配慮した生活支援―「気持ちのケアを忘れずに」、感染症予防―「あやしいものはシャットアウト！」、虐待防止―「その行為は相手を傷つけていませんか？」、介護記録―「苦手な記録を克服しよう！」、家族への対応―「説明力でしっかり関係づくり・クレーム対応」、認知症への対応1―「さりげない配慮が認知症の人を助けます」、認知症への対応2―「認知症の人の行動には理由があります」、認知症への対応3―「あわてず、正しい理解で対応しましょう」、ターミナルケア―「最期のときまで支える」、ストレスマネジメント―「やめない介護スタッフになるために」、キャリアデザイン―「どんな介護職になりたいですか？」
2017.3 171p B5 ¥2200 Ⓘ978-4-485-30407-5

◆**身近な人が脳梗塞・脳出血になったときの介護と対策** 鈩裕和監修 自由国民社
【要旨】治療、介護、サービス、保険…「いますぐやる」こと、「知っておくべき」こと。
2017.6 191p A5 ¥1500 Ⓘ978-4-426-12260-7

◆**見てわかるリハビリ―「活動」と「参加」につなげるコツ** 繁岡秀俊著 技術評論社 （ポケット介護）
【要旨】生活期のリハビリのノウハウが見てわかる。「できること」を見つけるヒントが満載！ リハビリの動作を基本動作別に詳しく解説。
2017.3 223p 18cm ¥1480 Ⓘ978-4-7741-8816-4

◆**みんなで作る12か月の壁面飾り―お年寄りに喜ばれるアイデア実例集** 池田書店編集部編 池田書店
【要旨】準備が簡単！ 笑顔が生まれる！ 明るく楽しい空間づくり！ カレンダーアレンジも。始める前にやる気を高める歌や話の例。作業能力に合わせて選べる手法。
2017.10 127p B5 ¥1950 Ⓘ978-4-262-14589-1

◆**やさしいぬり絵 草花の模様編―脳トレ・介護予防に役立つ** 篠原菊紀監修 世界文化社 （レクリエブックス）
【要旨】草花の模様をテーマに、高齢者の方が楽しい気持ちで取り組めます。シンプルな絵柄でぬりやすいので、達成感が得やすい！ 同じテーマで、大きなぬり絵と、小さなサイズの「絵手紙」がそれぞれに。楽しく取り組める工夫が随所に！ 草花にまつわる小話を写真と共に紹介しています。好きな色で自由にぬっても、原寸のぬり絵見本を見ながらぬってもOK！
2017.12 62p A4 ¥1000 Ⓘ978-4-418-17256-6

◆**ユニットケア・個別ケア実践Q&A―現場の疑問を即解決！** 秋葉都子著 中央法規出版
【要旨】ユニットケア入門書の決定版！ ユニットケア・個別ケアにまつわる現場の疑問、すべてに答えました！
2017.3 177p A5 ¥2000 Ⓘ978-4-8058-5488-4

◆**よくわかる高齢者デイサービス 2 デイサービスにおける機能訓練とは** 東京都社会福祉協議会東京都高齢者福祉施設協議会センター分科会デイサービス支援効果研究委員会編 東京都社会福祉協議会 （付属資料：CD-ROM1）
【目次】序章 デイサービス（通所介護）における機能訓練を学ぶ前に、第1章 デイサービス（通所介護）とは、第2章 デイサービス（通所介護）における機能訓練が目指すもの、第3章 機能訓練とICF（国際生活機能分類）、第4章 個別機能訓練計画書の作成、第5章 個別機能訓練計画書の作成後の流れ
2017 121p A4 ¥1500 Ⓘ978-4-86353-247-2

◆**利用者満足度100%を実現する 介護サービス実践マニュアル** 山田俊郎著 幻冬舎メディアコンサルティング, 幻冬舎 発売
【要旨】介護＝しあわせづくり。あなたの介護、効率ばかりを優先していませんか？「利用者・家族の満足」を追求する、ひとつ上をいく介護の極意。介護職員必携の1冊！ 実践的な介護技術と、さらに一歩進んだ運営方法についてイラストを用いてわかりやすく掲載！
2017.8 312p A5 ¥1400 Ⓘ978-4-344-91236-6

◆**60歳。だからなんなの―まだまだやりたいことがある** 秋川リサ著 さくら舎
【要旨】確執があった母、認知症になった母。その母は旅立った。次は私の番。介護施設で介護の仕事を実体験したり、終活を模索する一方、60代はまだ成長期、やりたいことは山ほど！「いい年」なんて言っていられない！ 揺れる60代！ いまを楽しみ、どう生きていくのか！
2017.9 152p B6 ¥1400 Ⓘ978-4-86581-115-5

◆**ワークシートで練習できる観察の視点を活かした介護記録の書き方** 青柳佳子著 介護労働安定センター 改訂版
【目次】第1章 記録の意義と目的（「記録すること」の必要性、「記録」はこんなことに役立つ）、第2章 読みやすい記録の書き方（記録を書くときの基本的な注意事項、読みやすく、わかりやすく書くためのポイント、何を記録したらよいのかわからない場合）、第3章 例題をもとに記録を書いてみよう（利用者を観察する、利用者との関わりを記録する、適切ではない記録の例、利用者との関わりを振り返る）、第4章 記録の開示・管理（記録の開示、記録の管理）、第5章 記録を活かすために一気になったら記録を読もう（記録を活かすために―書いた記録を見よう）
2017 89p B5 ¥1500 Ⓘ978-4-907035-41-9

◆**New！ いちばんたのしいレクリエーションゲーム** 小山混著 主婦の友社
【要旨】学校レクに、シニアの老化予防に、会社研修や国際交流に…幅広く使える楽しいレク本！ 子どもやシニアのレクリエーションを知りつくした著者が、ウケるゲームを厳選した最新版。ぜったいに盛り上がる、仲よくなれる、体も脳もイキイキ、団結力アップなど、いいことがいっぱい！
2018.1 191p A5 ¥980 Ⓘ978-4-07-428287-6

障害者

◆**おしゃべりな足指―障がい母さんのラブレター** 小山内美智子著 中央法規出版
【要旨】足指で紡いだひらがなだけのラブレターが人々の心を動かした。
2017.2 279p B6 ¥1500 Ⓘ978-4-8058-5470-9

◆**風の狭間で―「青い芝の会」・生みの親からの伝言** 高山久子著 現代書館
【目次】序章 カード―二〇〇四年（平成一六年）頃 斐 七十八歳 都内某所、第1章 大正ロマン―斐の系譜・母・祖父母、第2章 宣告―斐 二十代～五十代、第3章 父と娘――九三五年（昭和一〇年）～ 斐 幼少期、第4章 凡庸の――九八五年（昭和六〇年）～ 斐 五十九歳～、第5章 男の論理体系――九六九年（昭和四四年）～ 斐 四十代、第6章 「ただ今―」――九八五年（昭和六〇年）～ 斐 五十九歳、第7章 バベルの塔、終章 判決―二〇〇六年（平成一八年） 斐 八十歳
2017.7 125p B6 ¥1500 Ⓘ978-4-7684-3557-1

◆**考える障害者** ホーキング青山著 新潮社 （新潮新書）
【要旨】往々にして世間は障害者を汚れなき存在のように扱う。一方で、表には出てこないが、「厄介者」扱いする人もいる。そんな両極端の捉え方ってなんかヘンじゃないか―身体障害者芸人として二十余年活動してきた著者は、偽善と健前を痛烈に嗤い、矛盾と盲点を鋭く衝く。「24時間テレビ」「バリバラ」「乙武氏」「パラリンピック」から「やまゆり園事件」まで、本音度一〇〇パーセントで書き尽くした、前代未聞の障害者論。
2017.12 189p 18cm ¥720 Ⓘ978-4-10-610746-7

◆**差別されてる自覚はあるか―横田弘と青い芝の会「行動綱領」** 荒井裕樹著 現代書館
【目次】伝説・横田弘、どんな「主語」で自分を語るか、「横田弘」誕生、「青い芝の会」誕生、「行動綱領」誕生、「行動綱領」の条文を読む、

社会・文化

生き延びるために「絶望」する、「行動綱領」改訂される、「脳性マヒ」に立ち帰れ、「青い芝の会」と日本国憲法、脳性マヒ者にとって「解放」とは何か？、闘うのは「ありきたりなもの」のために、人間・横田弘

2017.1 300p B6 ¥2200 ①978-4-7684-3552-6

◆**障害者をしめ出す社会は弱くもろい**　藤井克徳著　全国障害者問題研究会出版部
【要旨】「みんなのねがい」好評連載。「この国に生まれてよかった この時代に生きてよかった」に「我が事・丸ごと」政策、災害と障害者、ターニングポイント発言録をプラス！

2017.8 143p A5 ¥1500 ①978-4-88134-595-5

◆**障害者雇用における合理的配慮**　朝日雅也、笹川俊雄、高橋賢司編　中央経済社、中央経済グループパブリッシング　発売
【要旨】事業主が差別禁止に抵触しないために、理解し実践すべき事項を明らかに。障がいの種別ごとにその特質を明確に示し、その上で、必要な配慮・支援について説明。各分野の専門家が、その知見を実践で役立ててもらえるようにかみくだいて解説。障害者雇用の先駆的な企業の実例を紹介する。

2017.4 199p A5 ¥2600 ①978-4-502-20531-6

◆**障害者雇用の実務と就労支援—「合理的配慮」のアプローチ**　眞保智子著　日本法令
【要旨】障害者雇用制度や改正障害者雇用促進法について解説。障害者雇用を行う際の募集・採用、職場定着のための「合理的配慮」提供プロセスの実践事例を掲載！

2017.1 188p A5 ¥1900 ①978-4-539-72523-8

◆**障害者とともに生きる本2500冊**　野口武悟、加部清子、生井恭子共編　日外アソシエーツ、紀伊國屋書店発売
【要旨】「障害者に関する法律」「障害者の雇用と労働」「障害者のスポーツ」「聴覚障害」「肢体不自由・重症心身障害」「発達障害」「肢体不自由・重症心身障害」など障害者への理解を深めるために重要な18項目の解説と、そのために役立つ図書2,689冊を収録。障害をテーマとして扱った概説書、体験記、エッセイ等のほか、小説、児童書、コミックなども幅広くピックアップ。収録図書の書名から引ける「書名索引」、テーマ等から引ける「事項名索引」つき。

2017.6 396p A5 ¥13000 ①978-4-8169-2665-5

◆**職場で出会うユニーク・パーソン—発達障害の人たちと働くために**　原雄二郎、鄭理香著　誠信書房
【目次】第1章 あなたの周りのユニーク・パーソン（精神科の診断とユニーク・パーソン、職場のメンタルヘルスが大切なわけ）、第2章「孤高の匠くん」「魅惑のキューピッドちゃん」（「孤高の匠くん」とは？、「孤高の匠くん」との付き合い方、「誘惑のキューピッドちゃん」とは？、「誘惑のキューピッドちゃん」との付き合い方、ユニーク・パーソンはつらいよ）、第3章 あなたの周りの「孤高の匠くん」（高学歴を鼻にかける自慢屋の「孤高の匠くん」、現場一筋、ベテランプレーヤーの「孤高の匠くん」、電話対応で固まってしまう真面目男子の「孤高の匠くん」、同僚たちのガールズトークに悩む女性の「孤高の匠くん」）、第4章 あなたの周りの「魅惑のキューピッドちゃん」（うつ病とされてしまった「魅惑のキューピッドちゃん」、リーダー格部長は「魅惑のキューピッドちゃん」?!、寝食忘れて働いて、倒れてしまった「誘惑のキューピッドちゃん」、あなたも私もドクター中、みんなまとめて「誘惑のキューピッドちゃん」?!）、第5章 ユニークが世界を救う！（職場の新し

メンタルヘルス対策、ユニーク・パーソンの自信を育もう！、ユニーク・パーソンの周りのフツー・パーソンへ、発達障害について）

2017.5 208p A5 ¥1800 ①978-4-414-80209-2

◆**対立を乗り越える心の実践—障害者差別にどのように向き合うか？**　栗田季佳、星加良司、岡原正幸著　大学出版部協会、東京大学出版会　発売
【目次】第1章 見えない偏見—障害者を取り巻く問題に現れる心の働き（偏見や差別を心の仕組みから考える、障害者差別は自然生成されたようには見えるが ほか）、第2章 バリアフリーという挑戦—「社会を変える」ことは可能か（バリア/バリアフリーについての一般的な理解、実は、「価値づけの問題」を問わねばならない ほか）、第3章 生の問題として"対立を乗り越える"を考える（なかなか変わらない社会、対立は何故なくならないか ほか）、第4章 討論—対立を乗り越える学問の挑戦（問い1 何が無力化するのか？—まなざしというディスエイブリズム、問い2 ラベリングの変更は有効か？—障害者と「障がい者」ほか）、第5章 特別討論「相模原事件」の後のこの国で—有事モード下の差別と偏見（専門家としての自分を支えてきた何かが崩れ去った、被害者も加害者も他者であるという、排除の感覚 ほか）　2017.2 78p A5 ¥1000 ①978-4-13-003153-0

◆**たった5センチのハードル 1969 - 2017**　熊篠慶彦著　ロフトブックス
【要旨】体に障害があってもセックスや恋愛を楽しみたい！ 身体障害者の「性」と「生」の解放に挑戦し続ける命懸けの奮闘記！

2017.11 245p B6 ¥1600 ①978-4-907929-24-4

◆**担当者必携 障害者雇用入門—雇用のプロセスから法的構成まで**　丹下一男著　経団連出版
【目次】第1章 障害者の位置づけ、第2章 関係するわが国各法の概要、第3章 障害者雇用促進法のあゆみ、第4章 現行促進法の主要規定、第5章 障害者雇用を支援する仕組み、第6章 雇用のプロセス、第7章 参考資料

2017.10 289p A5 ¥2800 ①978-4-8185-1705-9

◆**中途盲ろう者のコミュニケーション変容—人生の途上で「光」と「音」を失っていった人たちとの語り**　柴崎美穂著　明石書店
【目次】第1章 本書の背景と目的、第2章 研究の方法、第3章「私なんか、目も半端、耳も半端」（第1ステップ）—Aさん（弱視難聴、女性、50歳代）、第4章「盲ろう者のベースで社会が成り立ってれば」（第1ステップ）—Bさん（弱視難聴、男性、30歳代）、第5章"あたしの場合は救ってくれる人はいなくって、自分で立ち直った"（第1ステップ）—Cさん（全盲ろう、女性、50歳代）、第6章 第2ステップ：他の盲ろう当事者との語り合い、第7章 第3ステップ：福島智氏との語り合い、第8章 人生の途中で盲ろう者になるという経験、資料

2017.6 337p A5 ¥3600 ①978-4-7503-4531-4

◆**聴覚障害者、ろう・難聴者と関わる医療従事者のための手引**　アンナ・ミドルトン編、小林洋子、松藤みどり訳　明石書店
【目次】第1章 聴覚障害、神経線維腫症2型、盲聾の実態と図解（聴覚障害の概要、専門用語ほか）、第2章 ろう・難聴の来談者に対応するときに考慮すべき一般的な論点（補聴器の確認、医療サービスへの不満 ほか）、第3章 ろう・難聴の来談者とかかわる専門家の課題（医学モデルか文化モデルか、ろう・難聴、優生学、遺伝学に対する歴史的背景 ほか）、第4章 神経線維腫症2型のある来談者とかかわる専門家の課題（神経線維腫症2型の概要、神経線維腫症協会 ほか）、第5章 盲聾の来談者とかかわる専門家の課題（視力損失の影響、盲聾の来談者とのコミュニケーションの問題 ほか）

2017.1 195p A5 ¥2500 ①978-4-7503-4465-2

◆**"不自由な自由"を暮らす—ある全身性障害者の自立生活**　時岡新著　東京大学出版会
【目次】第1章 介助者という他人について、第2章 ピアカウンセリングの経験、第3章 障害当事者の主体性と非力、第4章 自立生活の手間と厄介、第5章 介助者を育てる、補論 聴きとりの背景　2017.2 326p B6 ¥3200 ①978-4-13-056111-2

◆**本書を読まずに障害者を雇用してはいけません！—障害者ユニオン書記長が本音で明かす解法**　久保修一著　労働新聞社
【要旨】障害者雇用のノウハウと役立つ解決法が満載—はたらく障害者のための労働組合「ソーシャルハートフルユニオン」書記長として、日々障害者雇用に関するあらゆるトラブル解決に奔

走している著者が経験してきた実例を交え、職場で役立つ解決法を解説している。従来の障害者雇用関連の書籍で語られる「成功例」「美談」「現実離れ」した内容ではない実務に役立つ解決法を紹介。

2017.2 181p A5 ¥1400 ①978-4-89761-646-9

◆**私たちの津久井やまゆり園事件—障害者とともに"共生社会"の明日へ**　堀利和編著　社会評論社
【要旨】2016年7月26日早朝、相模原市の障害者施設で同所の元職員によって46人が殺傷された「津久井やまゆり園事件」が起こった。この衝撃的な事件は私たち一人ひとりに何を突きつけたのか。それぞれの生きる場からの多様な発言をとおして、"共生社会"への明日を模索する問題提起の書。

2017.9 279p B6 ¥1800 ①978-4-7845-2406-8

年金・保険

◆**新しい国保のしくみと財政—都道府県単位化で何が変わるか**　神田敏史、長友薫輝著　自治体研究社
【目次】第1章 国民健康保険のしくみ（国保の基本、国保が貧困を拡大する ほか）、第2章 国保って何？—質問と回答（運営主体編—国保って国が運営しているの？、財政編—国保って、保険料で運営されているの？ ほか）、第3章1 都道府県単位化で何が変わるか（変わる市町村の財政運営、新たな財政運営の仕組み—キーワードは「納付金」と「標準保険料率」 ほか）、第3章2 新しい保険料を試算する（「高い保険料」「高い窓口負担」は解決するか（大きく変わる市町村国保特別会計、新たな財政の仕組み ほか）

2017.4 288p A5 ¥2400 ①978-4-88037-666-0

◆**いちばんわかりやすい最新介護保険**　伊藤亜記監修　成美堂出版
【目次】1 介護保険最初に知っておきたい基本の基本、2 サービスを申請して認定を受ける、3 ケアプラン（介護の計画）を立てる、4 サービス全種類簡単まとめ、5 介護サービスプラスアルファの知識、巻末特集 介護保険のしくみと活用もっと知りたい

2017.8 191p A5 ¥1400 ①978-4-415-32394-7

◆**運営協議会委員のための国民健康保険必携2017**　社会保険出版社　改訂23版
【目次】第1章 国民健康保険運営協議会、第2章 わが国の社会保障制度のあらまし、第3章 国民健康保険制度のあらまし、第4章 国民健康保険財政の仕組み、第5章 国民健康保険の保険医療の仕組み、第6章 国民健康保険事業のうごき、付録 国民健康保険制度改革に向けた状況等について　2017 210p A5 ¥1800 ①978-4-7846-0305-3

◆**介護事業所のための改正介護保険早わかり—2017・18年度施行**　田中元著　自由国民社
【要旨】2018年度からの介護保険はどう変わるか—注目の介護報酬改定はどうなるのか？ 2017・18年度施行（2017年改正法）の改正ポイントを総解説！

2017.7 128p A5 ¥1200 ①978-4-426-12295-9

◆**介護保険制度とは…—2015年度からの見直しに対応**　藤井賢一郎監修　東京都社会福祉協議会（…とはシリーズ）　改訂第13版追補
【要旨】2014年介護保険法改正のポイント—介護保険制度はどう変わった？、保険財源と加入のしくみ—誰が財源を負担してどんなしくみ？、申請からサービス開始までに—標準的なサービスの流れ、要介護認定のしくみと支給限度額—介護サービスを利用するには？、サービスの種類—どんなサービスが利用できるの？、地域支援事業と地域包括支援センター—地域包括ケアシステムとは？、契約と福祉サービス利用援助—サービス利用は「利用契約」が基本、ケアマネジメントと介護支援専門員—サービスの利用を支えるしくみは？、不服や苦情に対応するしくみと介護サービス情報の公表制度—苦情はきちんと受けとめてもらえるの？、介護人材の確保と養成—サービスの担い手はどのように育成されているの？〔ほか〕

2017.7 31p A4 ¥400 ①978-4-86353-255-7

◆**介護保険制度の強さと脆さ—2018年改正と問題点**　鏡論編著、東京自治研究センター企画　公人の友社
【目次】第1章 介護保険制度—2018年介護保険改正と問題点、第2章 地域包括ケアシステムは可能

か―総合事業と地域包括ケアの市町村対応、第3章 介護保険―これからの10年でできること、第4章 ねりま介護保険問題研究会―事業所の取り組み、第5章 共助のまちづくりシンポジウムと市民協働―経過と到達点、課題、第6章 オール西東京モデルの構築を目指して―西東京市の地域包括ケアシステム構築に向けた取り組み
　　　2017.4 296p A5 ¥2600 ①978-4-87555-699-2

◆**介護保険担当者ハンドブック　2017**　中村隆幸監修　社会保険出版社
【目次】介護保険の総則、被保険者、要介護・要支援認定、保険給付、介護支援専門員並びに事業者及び施設、介護保険事業計画、地域支援事業、費用等、社会保険診療報酬支払基金の介護保険関係業務、国民健康保険団体連合会の介護保険事業関係業務、介護給付費等審査委員会、審査請求、雑則、罰則
　　　2017.6 1255p A5 ¥4500 ①978-4-7846-0307-7

◆**介護保険六法　平成29年版**　中央法規出版社
【要旨】地域包括ケア強化法、平成29年介護報酬改定に対応。
　　　2017.8 3558p A5 ¥5800 ①978-4-8058-5535-5

◆**確定拠出年金関連法令条文集　2017年度版**　三菱UFJ信託銀行株式会社確定拠出年金業務部監修、きんざいファイナンシャル・プランナーズ・センター編　きんざい　（FPセレクション）
【目次】第1章 総則、第2章 企業型年金、第3章 個人型年金、第4章 個人別管理資産の移換、第5章 確定拠出年金についての税制上の措置等、第6章 確定拠出年金運営管理機関、第7章 雑則、第8章 罰則、附則（抄）、巻末資料
　　　2017.9 204p B5 ¥1800 ①978-4-322-13142-0

◆**金持ち定年、貧乏定年―55歳から始める得する準備と手続きのすべて**　長尾義弘、中島典子著　実務教育出版
【要旨】「知らないと損する手続き」から「知って得する裏ワザ」まで絶対後悔しないための知識が満載！55歳からのタイムスケジュールを設定し、年齢ごとに必要な準備や手続きなどを通して、いつまでに何をすればいいのか、ひと目で分かる構成でやさしく解説。
　　　2017.11 191p B6 ¥1400 ①978-4-7889-1455-1

◆**企業人事部門のための確定拠出年金ハンドブック**　JPアクチュアリーコンサルティング著　ポプラ社
【要旨】企業型確定拠出年金、個人型確定拠出年金、確定拠出年金法改正、iDeCo 対象者拡大への企業の対策、完全網羅。2016年の法改正に対応。難しい確定拠出年金の仕組みを40点を超える図解を多用してわかりやすく解説!!
　　　2017.2 102p A5 ¥1000 ①978-4-591-15445-8

◆**現役社長・役員の年金―社長・役員に説明する人事・総務・士業必携**　奥野文夫著　経営書院
【目次】プロローグ なぜ、いま、社長の年金なのか？（6つの小話）、第1章 社長の年金 請求手続き等よくある勘違い、第2章 65歳未満の社長の年金 よくある勘違い、第3章 65歳からの社長の年金 よくある勘違い、第4章 70歳からの社長の年金 よくある勘違い、第5章 社長の年金加入等に関する大きな勘違い！、第6章 徹底解説！在職老齢年金の基礎知識、コラム、第7章 社長さん、それ違法です！ 年金を不正受給しないための注意点
　　　2017.6 202p B6 ¥1800 ①978-4-86326-242-3

◆**健康保険の実務と手続き 最強ガイド**　土屋信彦監修・著、アイ社会保険労務士法人著　アニモ出版
【要旨】図解と書式でやさしくわかる！ 業務外の病気・ケガ・出産などに適用される公的医療保険制度の実務ポイントから申請書の書き方まで初めての人にもよくわかる。イザのときに役立つ実践的ハンドブック！
　　　2017.2 222p A5 ¥2200 ①978-4-89795-198-0

◆**公的年金ガイドブック　2017年度版**　金融財政事情研究会ファイナンシャル・プランニング技能士センター編著、原佳奈子著　金融財政事情研究会、きんざい 発売
【目次】公的年金制度の目的と体系、国民年金の仕組み、厚生年金保険の仕組み、受給資格、老齢年金の年金額、老齢年金の繰上げ・繰下げ、在職中の年金と雇用保険の関係、遺族給付、障害給付、併給調整・その他、裁定請求、公的年金の税制
　　　2017.7 190p A5 ¥1000 ①978-4-322-13155-0

◆**公的年金給付の総解説　2017年**　健康と年金出版社　改訂第10版
【目次】第1編 公的年金制度の種類と被保険者期間等、第2編 公的年金制度における老齢・退職給付の概要、第3編 公的年金制度における障害給付の概要、第4編 公的年金制度における遺族給付の概要、第5編 公的年金の雑則（併給調整、給付制限、審査請求等）、第6編 労働災害による補償制度、第7編 公的年金に関する通知等、第8編 資料集
　　　2017.9 455p B5 ¥4000 ①978-4-901354-68-4

◆**国保担当者ハンドブック　2017**　社会保険出版社　改訂21版
【目次】第1編 国民健康保険制度のあらまし（保険者、被保険者、保険給付 ほか）、第2編 国民健康保険の国庫補助金（療養給付費等負担金（補助金）、調整交付金、調整交付金（直営診療施設整備分）ほか）、第3編 退職者医療制度（総説、対象者、保険給付 ほか）、付録
　　　2017 954p A5 ¥4200 ①978-4-7846-0304-6

◆**個人型確定拠出年金iDeCo プロの運用教えてあげる！**　安東隆司著　秀和システム
【要旨】iDeCoのメリットがわかる！ iDeCoの得する選び方がわかる！ 金融機関のセールストークに惑わされない「本当のおカネの知識」を身につけて老後資金をお得に貯めよう！
　　　2017.11 215p A5 ¥1300 ①978-4-7980-5031-7

◆**雇用保険法関係法令集　2018年版**　労務行政研究所編　労務行政
【目次】第1 雇用保険法関係（雇用保険法、雇用保険法施行令、雇用保険法施行規則 ほか）、第2 労働保険の保険料の徴収等に関する法律関係（労働保険の保険料の徴収等に関する法律、労働保険の保険料の徴収等に関する法律施行令、労働保険の保険料の徴収等に関する法律施行規則 ほか）、第3 関係法令（職業訓練の実施等による特定求職者の就職の支援に関する法律関係、激甚災害に対処するための特別の財政援助等に関する法律関係、沖縄の復帰に伴う特別措置に関する法律関係 ほか）
　　　2017.11 1389p A5 ¥7333 ①978-4-8452-7355-3

◆**これ一冊でぜんぶわかる！ 年金のしくみともらい方　2017～2018年版**　小林労務管理事務所著　ナツメ社
【要旨】難しい制度のしくみ、ややこしい手続き方法がすっきり理解できる！ ライフプランを考えるときの基本となる1冊。最新の法改正・制度に完全対応！
　　　2017.5 287p A5 ¥1500 ①978-4-8163-6232-3

◆**これならわかる "スッキリ図解" 障害年金**　松山純子著　翔泳社
【要旨】がん、糖尿病、うつ病、統合失調症、発達障害、ケガ、難病…病気やケガで働けなくなったら？ 制度のしくみ&請求のコツをきっちり解説！ 精神障害等級判定ガイドライン（平成28年9月～）に対応！
　　　2017.2 175p A5 ¥1500 ①978-4-7981-4679-9

◆**失業保険150%トコトン活用術―辞める前に知っておきたい77の知恵！**　日向咲嗣著　同文舘出版　（DO BOOKS）　第8版
【要旨】平成29年4月施行、改正雇用保険法完全対応！ 知らずに辞めると大損する最新情報が満載！　2017.9 197p A5 ¥1500 ①978-4-495-55648-8

◆**知ったかぶりの社会保険―女性社労士の着眼力**　田島雅子著　中央経済社、中央経済グループパブリッシング 発売
【目次】第1章 まず社会保険の大まかなしくみを簡単に説明しましょう、第2章 法人と個人事業をちょっと比較してみましょう、第3章 社会保険の具体的な案件にあたってみましょう、第4章 年金の全体像をここでチェックしましょう、第5章 あまり知られていない遺族年金をここでチェックしましょう、第6章 国民年金第3号被保険者の変更期をここでチェックしましょう、第7章 社会保険の調査ってなんでしょう、第8章 社会保険料の支払いのレアケースを見てみましょう、第9章 ちょっと驚くこんなケースも知っていれば安心ですよ
　　　2017.4 166p B6 ¥1800 ①978-4-502-22701-1

◆**知って得する年金・税金・雇用・健康保険の基礎知識―「自己責任」時代を生き抜く知恵　2018年版**　榎本恵一、渡辺峰男、吉田幸司、林充之、柳綾子著　三和書籍
【要旨】2018年に配偶者控除が改正、"年収150万円" に。よく耳にするけどなかなか理解できない「配偶者控除」。いよいよ2018年、二十数年ぶ

りに改正されることになりました。ただし、社会保険の壁は変わらないため、働き方によっては世帯年収が減ってしまうこともあるので、注意が必要です。
　　　2017.10 289p A5 ¥2000 ①978-4-86251-285-7

◆**10分でわかる得する年金のもらい方**　田中章二著　WAVE出版　新版
【要旨】本書は、今まで誰も教えてくれなかった「年金の賢く有利なもらい方」「損しないもらい方」を初公開した画期的なものです。サラリーマン、OL、会社社長・役員、公務員、自営業者、主婦、遺族年金受給者、事実婚の方、障害年金受給者など、誰もが得する年金のもらい方を、わかりやすく具体的に伝授する「老後がハッピーになる」魔法のような本です。平成29年4月改正・最新版!!
　　　2017.5 143p A5 ¥1100 ①978-4-86621-070-4

◆**自分たちで考えよう 障害年金の具体的な改善策―新障害認定ガイドラインのここが問題！**　日本障害者協議会、精神障害年金研究会編　（さいたま）やどかり出版
【目次】1 障害年金とは、2 障害年金の手続きについて、3 2016から見える障害年金の認定ガイドライン、4 障害年金の診断書について、5 障害年金と就労について、6 知的障害のある人と障害年金、7 障害年金制度の課題とこれからの取り組み　2017.7 38p A4 ¥500 ①978-4-904185-41-4

◆**社会保険実務の手引き　平成29年度版**　サンライフ企画
【要旨】適用から給付内容までを網羅！ 健康保険・厚生年金保険の資格、算定基礎届、保険料からそれぞれの給付の内容までを総合的に解説しています。主な届書の記載例についても、実務に役立ちます。平成29年の改正に対応。
　　　2017.9 A4 ¥850 ①978-4-904011-70-6

◆**社会保険事務・必携　平成29年度**　（横浜）健康と年金出版社
【目次】1 標準報酬月額、2 定時決定、3 随時改定（月額変更届）、4 保険料の額と納め方、5 従業員を採用したとき、6 従業員が退職したとき、7 年金の給付、8 健康保険の給付、9 労働保険のあらまし　2017 64p A4 ¥600 ①978-4-901354-67-2

◆**社会保険の実務　平成29年度版**　広報社編　広報社
【要旨】平成29年度社会保険のうごき、社会保険の適用、健康保険の給付、年金の給付、各種申請書・届書記載例、附
　　　2017 144p B5 ¥1000 ①978-4-87952-484-3

◆**社会保険の実務相談　平成29年度**　全国社会保険労務士会連合会編　中央経済社、中央経済グループパブリッシング 発売
【要旨】社会保険制度の内容の充実とともに、その仕組みは複雑多岐にわたり、法令を十分に理解し、具体的な事例の実務上の取扱いをマスターすることは容易でなくなってきた。本書は、これらの観点をふまえ、社会保険に関する一般的なケース、問題のある特異なケースなど具体的事例を設定し、簡便でわかりやすく、実務にすぐ活用できるよう解説した実践指導書である。
　　　2017.7 303p A5 ¥4500 ①978-4-502-89752-8

◆**社会保険の手続きをするならこの1冊**　兼子惠一、山下順子著　自由国民社　第8版
【要旨】初めてでも漏れのない手続きができる。どんな時にどんな手続きが必要か、書類の様式、書き方、添付書類、届出先など、担当者が知りたい情報を1冊にまとめました！
　　　2017.9 262p A5 ¥1700 ①978-4-426-12365-9

◆**社会保険の手続きがサクサクできる本**　名南経営著　日本実業出版社
【要旨】初心者が最初の1冊として手にとる本。書類名から引ける！ だから、やらなきゃいけないことがスグわかる。つまずきやすいところを重点的に解説。事前に用意すべきものを一覧表で明記。頻繁に使う様式や重要な様式の記入例付。
　　　2017.5 262p A5 ¥1500 ①978-4-534-05492-0

◆**社会保険ブック　2017年版**　（横浜）健康と年金出版社　第12版
【目次】社会保険トピックス、序章 はじめに、第1章 国民健康保険、第2章 健康保険、第3章 後期高齢者医療制度、第4章 国民年金、第5章 厚生年金保険、第6章 労働者災害補償保険、第7章 雇用保険、第8章 介護保険、第9章 社会保険の雑則、付録
　　　2017.5 364p 18cm ¥1000 ①978-4-901354-66-0

社会・文化

◆社会保険ポイント解説　'17/'18 ―制度改定の動向としくみ　日本生産性本部生産性労働情報センター編　日本生産性本部生産性労働情報センター　改訂17版
【目次】1 社会保険の概要、2 雇用保険、3 労災保険、4 労働保険料（雇用保険・労災保険・一般拠出金）、5 健康保険、6 介護保険、7 厚生年金保険、8 児童手当、9 社会保険料（健康保険・厚生年金）、10 相談窓口・不服申立て機関
2017.8 180p A5 ¥1250 ①978-4-88372-529-8

◆社会保険マニュアルQ&A　平成29年度版　小野純著　税研情報センター
【要旨】実務のポイントがすぐわかる！ 法改正対応！ すぐに使える社内書式例つき!!
2017 80p B5 ¥500

◆社会保険労働保険の事務手続―オール図解でスッキリわかる　平成29年6月現在　五十嵐芳樹著　清文社
【要旨】社会保険・労働保険の多岐にわたる手続の「最新の内容」を「1項目1頁完結」の形式で「わかりやすく簡潔」にかつ「図表」を用いて説明。「手続や制度の窓口と添付書類」に加えて主な手続の「書式の記入例」も記載した。
2017.7 557p B5 ¥3600 ①978-4-433-65707-9

◆社会保険・労働保険の事務百科―平成29年4月改訂　社会・労働保険実務研究会編　清文社　改訂版
【目次】社会保険（健康保険、厚生年金保険）、労働保険（労働保険の適用、労働保険の給付）
2017.5 669p A5 ¥3200 ①978-4-433-65697-3

◆社会保険労務ハンドブック　平成30年版　全国社会保険労務士会連合会編　中央経済社、中央経済グループパブリッシング　発売
【要旨】労務相談に応じるための「労働法規の部」、社会保険諸法令について解説する「社会保険の部」、そしてこれらと補完的立場にある諸法令を扱った「関連法規の部」という構成のもとに、巻末に労働・保険・年金等各種手続一覧を付すなど、従来にない懇切な解説とユニークな編集。改正年金機能強化法、年金改革関連法、改正雇用保険法、改正介護保険法ほか最新法令に対応！
2017.12 773p 18×12cm ¥3600 ①978-4-502-80892-0

◆社会保険六法　平成29年度版　全国社会保険協会連合会　改訂56版
【目次】医療保険編（上巻）、医療保険編（下巻）、年金保険編（上巻）、年金保険編（中巻）、年金保険編（下巻）
2017.8 5Vols.set A5 ¥15000 ①978-4-915398-61-2

◆障害給付Q&A―平成29年9月改定（横浜）健康・年金出版社　改訂第8版
【目次】第1章 障害給付のあらまし（年金制度のあらまし、障害年金の改正〈平成26年以降法律改正〉ほか）、第2章 障害給付の受給要件と額Q&A（障害給付の受給要件、障害の程度と基準 ほか）、第3章 年金請求からの決定までQ&A（年金請求の手続き、診断書、添付書類等 ほか）、第4章 年金受給者の手続き等Q&A（障害年金受給者の届出、年金額が変更となる場合 ほか）、第5章 各部位ごとの認定基準（各部位ごとの認定基準と認定要領、精神の障害に係る等級判定ガイドライン）
2017.11 362p B5 ¥4600 ①978-4-901354-69-1

◆障害年金と診断書　平成29年7月版　―障害基礎年金・障害厚生年金 診断書を作成される医師のための　社会保険研究所企画・製作　年友企画　28版
【目次】診断書を作成される医師の皆様へ（障害基礎年金・障害厚生年金の概要、障害基礎年金・障害厚生年金と診断書、障害の認定要領と診断書 ほか）、付1 障害年金の請求（障害年金の受給要件、事後重症の障害年金、はじめて2級以上による障害年金 ほか）、付2 障害年金受給中の手続（障害年金受給者の届出、障害年金額の改定請求書、障害年金受給権者支給停止事由の消滅届）
2017.6 221p B5 ¥1800 ①978-4-8230-1020-0

◆事例解説 合算対象期間　平成29年度版　社会保険研究所企画・製作　年友企画　第7版
【目次】第1章 基礎年金制度と合算対象期間（年金制度のしくみ、老齢年金の受給資格期間と合算対象期間 ほか）、第2章 事例集（老齢基礎年金のみの事例、老齢厚生年金の事例 ほか）、第3章 通算年金制度の仕組み（通算年金制度とは、通算の対象となる制度 ほか）、第4章 通算老齢年金事例集（国年の加入期間を含めると25年、カラ期間を含めると25年 ほか）
2017.9 219p B5 ¥2000 ①978-4-823013-09-6

◆進化する確定拠出年金　野村亜紀子著　金融財政事情研究会、きんざい　発売
【要旨】「国民」的な確定拠出年金の教科書。
2017.5 147p A5 ¥1600 ①978-4-322-13079-9

◆新・年金オープン講座　平成29年度版　鈴木ひろみ監修　全国社会保険協会連合会
【目次】年金制度はどう変わったか、どんな人がどんな年金に加入するか、年金に必要な費用は、だれがどう負担するか、基礎年金と厚生年金の役割、どんなときに、どんな年金がもらえるか、国民年金、厚生年金保険でもらえる一時金、離婚時年金分割制度、被用者年金一元化のための日本年金機構における事務手続等、旧制度の適用を受ける人のために、供給調整、老齢福祉年金、年金額の改定、企業年金、国民年金基金制度、確定拠出年金、年金と税金、年金受給権者等の手続き、関係機関所在地等一覧
2017.3 229p B5 ¥2000 ①978-4-915398-59-9

◆シンプルにわかる確定拠出年金　山崎元著　KADOKAWA　（角川新書）
【要旨】2017年1月から、ほぼすべての国民が「個人型確定拠出年金」に加入できるようになった。今後の老後資金運用はこれを利用するかしないかで圧倒的な差がつく。投資家目線の辛口解説で人気の山崎元がその活用法を説く。
2017.6 209p 18cm ¥800 ①978-4-04-082125-2

◆図解 いちばん親切な年金の本　17‐18年版　清水典子監修　ナツメ社
【要旨】年金の基礎から、実際の手続きまで、この1冊で大丈夫！ いくらもらえる？ いつからもらえる？ 国民年金、厚生年金、遺族年金、障害年金、もらい方をズバリ解説。話題の個人型確定拠出年金、iDeCoも解説！ オールカラーでわかりやすい！
2017.6 191p B5 ¥1480 ①978-4-8163-6254-5

◆図解・社会保険入門の入門　平成29年版　土屋彰監修、吉田正敏著　税務研究会出版局
【要旨】社会保険実務の正しい知識は、会社運営に不可欠な要素です。本書は、複雑といわれる社会保険制度について丁寧に説明したわかりやすい入門書です。社会保険のしくみに重点をおいて、できるかぎり平易な表現で、各保険ごとのタテ割でなく、実務の流れに沿ったヨコ割りにして、届出書等の実例や図表を多用して、興味をもって読んでいただけるように解説しました。日常業務にも役立つようにしました。また、図解で制度のしくみや流れがよくわかるように工夫しました。
2017.6 284p A5 ¥1800 ①978-4-7931-2245-3

◆図解でわかる！ 確定拠出年金　風呂内亜矢著　秀和システム
【要旨】自分年金の作り方がわかる！ 入るだけで節税もできる！ どうやって入るの？ がよくわかる。商品選び→加入→運用→受給まで、手順をシンプルに解説。自営業、会社員、専業主婦…タイプ別のポイントがわかる！
2017.12 196p B6 ¥1200 ①978-4-7980-5084-3

◆図解 2018年度介護保険の改正早わかりガイド　井戸美枝著　日本実業出版社
【目次】1 介護保険の改正でなにが、どう変わるのか（2018年度改正からスタートする第7期計画―将来を見据えた新たな事業計画、介護保険制度が直面している課題―改善すべき課題も残されている、2018年改正の概要―介護保険制度の持続可能性を高める ほか）、2 知っておきたい介護保険のしくみ（なぜ「介護保険」が生まれたのか―介護保険の目的、介護保険料を払うのは誰か―介護保険の被保険者、医療保険と介護保険はどこがちがうのか―医師の診断と要介護認定 ほか）、3 介護サービスのしくみと利用のしかた（介護保険のサービスのしくみ―「介護給付」と「予防給付」、介護保険で利用できる介護サービスからの給付の種類、介護サービスを提供できる事業者―介護事業者の条件 ほか）
2017.10 134p A5 ¥1400 ①978-4-534-05526-2

◆図解わかる定年前後の手続きのすべて　2017‐2018年版　中尾幸村、中尾孝子著　新星出版社
【要旨】充実した内容で初心者にもわかりやすい解説書。初めての人にはわかりにくい制度やしくみをやさしく解説。実生活のなかで、誰もが知りたいテーマについて図解を交えて掲載。コラムを読めばさらに詳しい知識が身につく。平成29年5月現在の法律に対応。
2017.6 238p A5 ¥1500 ①978-4-405-10294-1

◆図解 わかる年金　2017‐2018年版　中尾幸村、中尾孝子著　新星出版社

◆老齢年金、障害年金、遺族年金は、いつから、いくら受け取れるか。年金の給付条件や必要な手続きなど、最新データに基づいて、わかりやすくていねいに解説。これ1冊で年金のしくみと手続きがしっかりわかる！
2017.5 254p A5 ¥1500 ①978-4-405-10289-7

◆すぐに役立つ入門図解 障害年金・遺族年金のしくみと申請手続きケース別32書式　林智之監修　三修社
【要旨】もらえるはずの年金、あきらめていませんか？ 複雑な制度や提出書類、手続きをわかりやすく解説。申請書式と作成ポイントを解説した決定版！ 障害年金や遺族年金のしくみ・受給額がわかる。支給調整・支給停止・再審査請求なども解説。「年金請求書」「病歴・就労状況等申立書」など、必要書類の書き方がわかる。その他、知りたかった疑問点もQ&A形式でわかる。
2017.4 238p A5 ¥1800 ①978-4-384-04745-5

◆相談員必携！ 年金制度・年金改革総まとめ　三宅明彦著　中央経済社、中央経済グループパブリッシング　発売
【要旨】平成28年に成立した「年金受給資格期間短縮法」（年金機能強化法の一部を改正する法律）と、「持続可能性向上法」（公的年金制度の持続可能性の向上を図るための国民年金法等の一部を改正する法律）について、年金相談労務士をはじめとする年金相談に携わる方に向けて解説するものです（第2章・第3章）。また、上記2つの法律を理解するためにも、現在の年金制度についてわかりやすくまとめて解説しています（第1章）。今回の改正で注意すべき事項を踏まえつつ、年金額の計算シミュレーションや想定される相談事例など具体的な内容も盛りだくさんで、年金相談のいろいろな場面に対応できる1冊となっています。
2017.6 129p A5 ¥1800 ①978-4-502-23071-4

◆年金をがっぽりもらうための裏マニュアル　水品山也著　ぱる出版
【要旨】えっ？ 年金って75歳になるまでもらえないの!?定年までにしておくこと、繰上げ・繰下げ受給の損得、税金・医療・介護の対策。「知らない・やらない」が一番怖すぎる。自分と家族が助かる33の裏ワザ。
2018.1 207p B6 ¥1400 ①978-4-8272-1101-6

◆年金計算トレーニングBook　平成29年度　音川敏枝著　ビジネス教育出版社　（ビジ教の年金シリーズ）
【要旨】Q&A方式の事例を多数収録、平成29年度の新情報も満載！
2017.6 261p A5 ¥1600 ①978-4-8283-0666-7

◆年金・健康保険委員必携　2017年版　全国社会保険委員会連合会監修　全国社会保険協会連合会
【目次】1 健康保険・厚生年金保険の適用、2 保険料の決め方、3 保険給付、4 国民年金の概要、5 保険給付等に関する不服申立、6 40歳～64歳の人の介護保険、7 健康保険・厚生年金等の手続、8 健康保険・厚生年金保険の保険料等早見表、9 社会保険の保健・福祉事業、10 社会保険の情報提供、相談等、11 年金・健康保険委員
2017.7 261p A6 ¥500 ①978-4-915398-60-5

◆年金口座獲得のトーク&アドバイス―声かけのタイミングと推進のための仕掛けづくり　澤山清子著　近代セールス社
【目次】第1章 公的年金振込口座獲得のための取組み（なぜ、年金振込口座獲得推進が必要なのか、年金振込口座獲得推進は攻めと防御が大切 ほか）、第2章 これだけは押さえておきたい！ 年金の手続き（事前準備としての受給資格等の確認方法、ねんきん定期便の活用方法 ほか）、第3章 口座獲得に向けた実践Q&A（なぜ公的年金の推進が必要なの？、どうしたら年金は獲得できるの？ ほか）、第4章 年金口座獲得につながるトーク（59歳を迎える女性のお客様、59歳を迎える男性のお客様 ほか）
2017.3 167p A5 ¥1500 ①978-4-7650-2069-5

◆年金制度の展望―改革への課題と論点　坪野剛司監修、年金綜合研究所編　東洋経済新報社
【要旨】日本において年金をめぐる社会環境は、一部の誤解による悪い風評が広がり、特に若い人の信頼性が著しく低い状況が続きました。日本の公的年金に不信・不安が続くことは、高齢者はもちろん若者にとってもけっして好ましいことではありません。特に、年金の持続可能性を実証し、制度の安定を確保することが最も重要です。年金制度ができて70年間を経て、どこ

に誤解があるのでしょうか。本書では、年金制度をめぐる誤解を解消するために、経済学・財政学・法学・年金数理・会計学・運用理論などの知識を融合し、日本の公的年金・企業年金の課題を分析し将来を展望します。
2017.12 310p A5 ¥3800 Ⓘ978-4-492-70147-8

◆年金相談の実務　2017年度版　鈴江一恵著　経済法令研究会
【要旨】年金の基本と実務の体系的解説書！ 照会・手続重視からアドバイス重視へと変化する年金相談に対応。
2017.7 381p A5 ¥2300 Ⓘ978-4-7668-3358-4

◆年金相談標準ハンドブック　井村丈夫, 佐竹康男共著　日本法令　17訂版
【要旨】平成29年度の数値と内容を盛り込んだ最新版！ 受給資格期間の10年短縮など年金相談のすべてに役立つ情報が満載！
2017.6 746p A5 ¥3800 Ⓘ978-4-539-72534-4

◆年金相談マニュアル　2017　原令子著　日本法令
【要旨】「ねんきん定期便」を活用した相談のポイント、年金の基礎から応用、受給資格期間の短縮などお客様の相談に的確にわかりやすく答えるための必携書！
2017.5 285p A4 ¥2900 Ⓘ978-4-539-74622-6

◆年金ポケットブック　2017　近代セールス社編　近代セールス社
【要旨】年金相談に役立つ、小さいけれど、すごいやつ。最新情報・制度改正にも対応！ お客様へのアドバイスの一助に!!
2017.5 186p 18cm ¥1100 Ⓘ978-4-7650-2072-5

◆年金保険法―基本理論と解釈・判例　堀勝洋著　(京都)法律文化社　第4版
【目次】第1編 年金保険法の基本理論(「年金」及び「保険」の意義、公的年金保険)、第2編 国民年金法及び厚生年金保険法(強制適用、保険者、被保険者、適用事業所、国際社会保障協定、標準報酬及び不服申立て、保険給付総論、保険給付各論(老齢給付、障害給付、遺族給付)、保険財政)　2017.2 671p A5 ¥7400 Ⓘ978-4-589-03812-8

◆「年金問題」は嘘ばかり―ダマされて損をしないための必須知識　高橋洋一著　PHP研究所　(PHP新書)
【要旨】「年金が危ない」と煽り立てて得をしている人々がいる！ 財務省、厚労省、金融機関がひた隠す年金の「真実」。
2017.3 222p 18cm ¥800 Ⓘ978-4-569-83550-1

◆はじめてでもスイスイわかる！ 確定拠出年金"iDeCo"入門　大竹のり子著　ナツメ社
【要旨】知らないとかなり損する。50代はもちろん30代・40代にもおすすめの"iDeCo"をていねいに解説！
2017.12 191p A5 ¥1300 Ⓘ978-4-8163-6357-3

◆ひと目でわかる労災保険給付の実務　平成29年改訂版　三信図書編　三信図書
【目次】1 労災保険の基礎知識(基礎用語、労災保険給付のQ&A、石綿健康被害救済法における特別遺族給付金、自動車事故等第三者の行為による災害、参考資料 自動車事故による後遺障害等級表 ほか)、2 全様式の解説と手続の経路図解及び記載例(未支給 様式第4号 未支給の保険給付支給請求書、療養 様式第5号 療養補償給付たる療養の給付請求書、療養 様式第6号 療養補償給付たる療養の給付を受ける指定病院等(変更)届、療養 様式第7号(1)(2)(3)(4)(5) 療養補償給付たる療養の費用請求書、休業 様式第8号 休業補償給付支給請求書 ほか)
2017.3 341p B5 ¥2300 Ⓘ978-4-87921-246-7

◆平成29年度に押えておきたい年金情報Q&A　服部営造著　ビジネス教育出版社
【目次】10年加入で年金をもらえるようになった(厚生年金だけに加入した人は、何年の加入で年金をもらえたか(平成29年7月まで)、国民年金だけ、または国民と厚生に加入した人は「25年」の加入が必要(平成29年7月まで) ほか)、年金額の改定率の決め方(年金額の改定率は、物価や賃金の変動できまるのか、年金額の改定はどのように行われてきたか ほか)、通算老齢年金のしくみ(通算老齢年金ができたいきさつ、通算老齢年金は大正15年4月1日以前生の人に支給 ほか)、資料 確認テスト(定額部分、報酬比例部分の支給年齢、年齢早見表 ほか)
2017.6 74p A5 ¥550 Ⓘ978-4-8283-0669-8

◆貧しい日本の年金の実態、これで良いのか―世界で23位 中国と韓国の間　夏野弘司, 芝宮忠美, 渡辺穎助著　本の泉社
【目次】第1章 年金制度、第2章 年金の歴史、第3章 これまでの改革の経過、第4章 政府が考える社会保障とは、第5章 日本の年金は世界で23位―中国と韓国の間、第6章 年金の財源、第7章 年金で生活できない―下流老人の例、第8章 今の年金のままで良いのか、第9章 年金改善の道はある、第10章 最低保障年金制度の創設が必要
2017.7 87p B6 ¥800 Ⓘ978-4-7807-1632-0

◆マンガで簡単！ 女性のための個人型確定拠出年金の入り方　神戸孝監修, 小久ヒロマンガ　KADOKAWA
【要旨】お金初心者の著者が、先生に教わりながら実際に「個人型確定拠出年金」に入ってみるまでを、コミックエッセイでわかりやすく説明。あなたもこれ一冊で簡単に始められます！
2017.3 125p A5 ¥1000 Ⓘ978-4-04-069067-4

◆マンガでまる分かり！ 知らないと後悔する「iDeCo(イデコ)」―確定拠出年金　中野晴啓, 井戸美枝著, 佐々木昭后漫画　幻冬舎コミックス, 幻冬舎 発売
【要旨】「今」知っておかないと絶対に後悔する！ 老後資産を作る最強の仕組み「iDeCo」のいろは!!
2017.1 1Vol. B6 ¥1300 Ⓘ978-4-344-83868-0

◆明解 年金の知識　2017年度版　小野隆璽著　経済法令研究会
【目次】第1部 高齢社会と年金(寿命の伸長と出生率の低下、人口構造の変化 ほか)、第2部 公的年金制度等の基礎知識(平成29年度の年金額と仕組み、平成29年度の国民年金保険料 ほか)、第3部 最近の主な制度改正の概要(次世代育成支援の拡充、年金時効特例法等の制定 ほか)、第4部 企業年金制度等の基礎知識(企業年金、厚生年金基金とその見直し ほか)
2017.10 187p A5 ¥1400 Ⓘ978-4-7668-3370-6

◆もらえる年金が本当にわかる本　'17～'18年版　下山智恵子, 甲斐美帆著　成美堂出版
【要旨】年金にはじめて触れる人にもわかりやすいように、法律用語をやさしい言葉で表現しています。図表やイラストを多用して「むずかしくてわかりにくい」年金のしくみを解説しています。受給金額がひと目でわかる早見表、各種届出の書式見本も収録。
2017.9 263p A5 ¥1200 Ⓘ978-4-415-32408-1

◆よくわかる年金制度のあらまし　平成29年度版　サンライフ企画
【目次】公的年金の種類と加入する制度、保険料負担のしくみ、第1号被保険者の保険料、第2号被保険者の保険料、第3号被保険者の保険料、公的年金を受けるには、受けられる給付は？、年金額の改定について、第1号被保険者の老齢年金、第1号被保険者独自の制度〔ほか〕
2017 103p A4 ¥830 Ⓘ978-4-904011-71-3

◆ライフステージにおける社会保険・労働保険　鈴木ひろみ著　全国社会保険協会連合会
【目次】入社するときに知っておくこと、社会保険料等を徴収するときのルール、キャリアアップを考えている人への助成、職場や通勤途中でけがをしたときには、病気で働けなくなったときの給与補塡(傷病手当金制度の概要)、障害になったときに受給できる年金、結婚あるいは離婚したときの手続きなど、妊娠・出産したときに利用できる制度、育児と仕事の両立のために利用できる制度、節目の年齢(40歳・65歳・70歳・75歳)になったときの制度変更〔ほか〕
2017.10 48p A4 ¥300 Ⓘ978-4-915398-67-4

◆労災保険関係法令集　平成29年版　三信図書編　三信図書
【目次】労災保険法関係、徴収法関係、整備法関係、関係法令、ILO条約関係、通達
2017.1 1225p B6 ¥5700 Ⓘ978-4-87921-243-6

◆労災保険適用事業細目の解説　平成29年版　労働新聞社編　労働新聞社
【要旨】本書は、事業の種類ごとに災害率等に応じて定められている労災保険料の「事業の種類」や「事業の種類の細目」について、行政解釈等をもとに分かりやすく解説したものです。年度更新の手続等に是非ご活用下さい。
2017.3 245p A5 ¥2000 Ⓘ978-4-89761-648-3

◆労働・社会保険の手続マニュアル―初心者にもよくわかる　川端重夫, 上出和子共著　日本法令　12訂版
【目次】第1章 公的保険とは、第2章 社員を採用したとき、第3章 社員が退職したとき、第4章 社員に異動・変動があったとき、第5章 社員が病気・ケガ・出産をしたとき、第6章 会社の定例年間事務、第7章 会社に関する変更事務、第8章 新しく会社を設立したとき、第9章 総務担当者のとっておきの術
2017 459p A5 ¥2600 Ⓘ978-4-539-72555-9

◆労働保険事務組合の実務　平成29年版　労働新聞社編　労働新聞社
【要旨】本書は、労働保険事務組合の実務担当者および中小規模事業主に必要な、労働保険に関する事務処理方法等について分かりやすく解説したものです。平成29年の雇用保険率改定に対応し、年度更新時や年度途中時における事務処理についてマイナンバー制導入による新様式、労働保険に関する制度改正の要点など必要な事項を収録しています。
2017.3 238p A5 ¥2000 Ⓘ978-4-89761-650-6

◆労働保険の手引　平成29年度版―わかりやすい年度更新の手続　三信図書編　三信図書
【目次】1 労働保険適用徴収システム、2 労働保険の適用と保険料、3 年度更新の手続、4 労働保険の諸手続、5 雇用保険の被保険者に関する諸手続、6 労災保険の保険給付及び社会復帰促進等事業、7 雇用保険の給付
2017.3 380p B5 ¥1800 Ⓘ978-4-87921-244-3

◆60歳を迎えた人の厚生年金・国民年金Q&A―繰上げ支給から在職老齢年金まで　2017年6月改訂版　服部営造著　服部年金企画, ビジネス教育出版社 発売　改訂版
【目次】特集、第1章 年金常識集、第2章 国民年金、第3章 厚生年金、第4章 繰上げ支給、第5章 在職老齢年金、第6章 障害年金、第7章 遺族年金、第8章 受給手続き
2017.6 430p A5 ¥1528 Ⓘ978-4-8283-0672-8

介護・社会福祉士参考書

◆1次試験対応 この1冊でらくらく合格！ 認知症ケア専門士テキスト&予想問題集　2017年版　長谷川侑香, 河野英子, 杉森博子著　ナツメ社　(付属資料：別冊1; 赤シート1)
【要旨】学習ポイントやキーワードがわかりやすい！ 1次試験の対策テキストの決定版！ 2次試験の概要と対策も解説！
2017.5 231p B5 ¥2800 Ⓘ978-4-8163-6185-2

◆1日30分×30日 ケアマネジャー絶対合格過去問題集　2017年版　井上善行編著　大和書房　(付属資料：別冊1)
【要旨】過去3年分の問題と解説を収録。全問題・全選択肢を詳解！ 最新の出題傾向がわかる！『七訂 介護支援専門員基本テキスト』&「試験問題出題範囲」に対応！
2017.2 335p A5 ¥1800 Ⓘ978-4-479-79567-4

◆1日45分×60日ケアマネジャー絶対合格テキスト　2017年版　井上善行編著　大和書房　(付属資料：赤シート1)
【要旨】一冊でOK。試験に頻出する項目、過去問題、予想問題を徹底紹介！『七訂 介護支援専門員基本テキスト』&「試験問題出題範囲」(厚生労働省作成)に準拠。1日45分×60日で試験範囲を集中的に学習、ケアマネジメントの基礎知識も身につく。
2017.2 335p A5 ¥1800 Ⓘ978-4-479-79566-7

◆1日45分×60日 認知症ケア専門士絶対合格テキスト　2018年版　江湖山さおり編著　大和書房　(付属資料：赤シート1)
【要旨】頻出項目・重要単語・制度を現場の先生が厳選！ 一冊でOK！ 試験に頻出する項目、重要単語、制度を集中紹介。『認知症ケア専門士テキスト』に準拠。1日45分×60日で試験範囲を集中的に学習。実際の事例とそのケア方法、アドバイスなど即戦力になる知識が身につく。
2017.12 295p A5 ¥2500 Ⓘ978-4-479-79617-6

◆いちばんわかりやすい！ 介護福祉士合格テキスト　'18年版　寺島彰監修, コンデックス情報研究所編著　成美堂出版　(付属資料：赤シート1)
【要旨】テーマごとに、重要度がひと目でわかるマークつき。学習の進度がわかるチェックボックス付き。法制度の科目もラクラク学べる。
2017.6 591p A5 ¥2200 Ⓘ978-4-415-22501-2

社会・文化

◆いちばんわかりやすい！ 社会福祉士合格テキスト　'18年版　寺島彰監修、田幡恵子著, コンデックス情報研究所編　成美堂出版　（付属資料：赤シート1）
【要旨】全19科目（共通科目＋専門科目）を1冊で網羅。重要テーマはとことん丁寧に解説。暗記ポイントを隠せる赤シートつき。
2017.8 623p A5 ¥1500 ①978-4-415-22531-9

◆外国人の介護国試合格BOOK　田村敦子著, 初貝幸江監修　テコム出版事業部
【要旨】介護福祉士をめざすあなたへ！ すべての漢字に、ふり仮名つき！ 読んで覚えて、知識が身につく「ケアリスト」！ 過去問＋模擬テストで、国家試験対策は万全！
2017.3 404p A5 ¥3200 ①978-4-86399-403-4

◆介護支援専門員過去問オールチェック　資格試験情報研究会著　一ツ橋書店 改訂版
【要旨】過去に出題された問題の中から、重要問題だけをチョイスしました。一問一答形式であなたの学習効果もスピードアップ!!
2017.3 207p A5 ¥1200 ①978-4-565-18183-1

◆介護支援専門員現任研修テキスト　第3巻 主任介護支援専門員研修　白澤政和、岡田進一、川越正平、白木裕子、福富昌城編　中央法規出版
【目次】第1章 主任介護支援専門員の役割と視点、第2章 ケアマネジメントの実践における倫理的な課題に対する支援、第3章 ターミナルケア、第4章 人材育成及び業務管理、第5章 運営管理におけるリスクマネジメント、第6章 地域援助技術、第7章 ケアマネジメントに必要な医療との連携及び多職種協働の実現、第8章 対人援助者監督指導、第9章 個別事例を通じた介護支援専門員に対する指導・支援の展開
2017.5 425p B5 ¥4000 ①978-4-8058-5415-0

◆介護支援専門員実務研修 実習ガイドブック　京都府介護支援専門員会監修, 松本善則、福富昌城編著　中央法規出版
【要旨】「実習報告書」の書き方がわかる！ 介護支援専門員実務研修ガイドラインに準拠。実習内容、習得目標、留意点、姿勢・態度、振り返りなどのポイントを整理。実習で作成する16の報告書・様式の書き方を記入例とともに解説。不安を解消し、実習を成功させるための必携書。
2018.1 165p A4 ¥2200 ①978-4-8058-5632-1

◆介護職員初任者研修テキスト　2017年度版　介護職員初任者研修テキスト編集委員会編　介護労働安定センター
【目次】第1分冊 理念と基本、第2分冊 制度の理解、第3分冊 老化・認知症・障害の理解、第4分冊 技術と実践
2017 4Vols.set A5 ¥5619 ①978-4-907035-37-2

◆介護のための『教育学』　新谷奈苗編著　（京都）あいり出版　（シリーズ・看護・介護・福祉のための「教育学」4）
【目次】1部 教育学を学ぶ（教育の原理、教育心理学について、教育評価）、2部 主要な疾患についての教育原理・教育心理を踏まえた被介護者教育指導実践の展開事例（うつ病、認知症、感染症、皮膚疾患、筋力低下と転倒の機序と症状、視覚・聴覚障害、がん）
2017.1 161p B5 ¥1900 ①978-4-86555-037-5

◆介護福祉士一問一答問題集＆要点マスター　2018年版　因利恵監修, 編集工房Q著　ナツメ社　（付属資料：赤シート1）
【要旨】平成29年4月以降に施行される介護保険法、国民健康保険法、障害者雇用率制度などの改正に対応！ 新出題範囲の医療的ケアを含む4領域11科目群の出題傾向を徹底分析し、1134問を掲載！（一問一答1124問＋長文問題8問＋総合問題2問）。
2017.5 359p 19cm ¥1400 ①978-4-8163-6216-3

◆介護福祉士をめざす人の本　'18年版　寺島彰監修, コンデックス情報研究所編著　成美堂出版
【要旨】資格と仕事がよくわかる！ 資格の取得法をモデルケース別に紹介。合格できる学習法を詳しくアドバイス。最新試験対応。筆記試験の最新出題傾向と変更後の試験制度を網羅。
2017.6 207p A5 ¥1200 ①978-4-415-22500-5

◆介護福祉士過去7年本試験問題集　2018年版　廣池利邦監修　新星出版社　（付属資料：別冊1）

【要旨】平成29年～平成23年の全問題を徹底解説。最新の制度・法律に対応。
2017.5 319p A5 ¥1500 ①978-4-405-01227-1

◆介護福祉士完全合格書き込み式ワークノート　介護福祉士試験対策研究会著　翔泳社　（福祉教科書）
【目次】第1領域 人間と社会（人間の尊厳と自立、人間関係とコミュニケーション、社会の理解）、第2領域 介護（介護の基本、コミュニケーション技術、生活支援技術、介護過程）、第3領域 こころとからだのしくみ（発達と老化の理解、認知症の理解、障害の理解、こころとからだのしくみ）、第4領域 医療的ケア
2017.9 293p B5 ¥1900 ①978-4-7981-5286-8

◆介護福祉士完全合格過去＆模擬問題集　2018年版　国際医療福祉大学医療福祉学部医療福祉・マネジメント学科著　翔泳社　（福祉教科書）
【要旨】STEP1：最新試験（第29回）を解いて弱点を把握！ STEP2：章別問題で苦手を克服！ STEP3：模擬試験（1回分）で試験前の総仕上げ！
2017.4 441p B5 ¥2500 ①978-4-7981-5129-8

◆介護福祉士完全予想模試　'18年版　亀山幸吉監修, コンデックス情報研究所編著　成美堂出版　（付属：別冊問題）
【要旨】新傾向を徹底分析！ 法改正に対応。
2017.8 1Vol. B5 ¥2600 ①978-4-415-22537-1

◆介護福祉士過去問完全解説集　2018 第27回‐第29回全問完全解説　介護福祉士国家試験受験対策研究会編　中央法規出版　（付属資料：赤シート1）
【要旨】3年分、365問を選択肢ごとに詳しく解説。最新の制度改正に対応。出題傾向がわかる科目別ポイントを収載。
2017.5 407p B5 ¥3000 ①978-4-8058-5500-3

◆介護福祉士国家試験受験ワークブック　2018 上　介護福祉士国家試験受験ワークブック編集委員会編　中央法規出版　（付属資料：赤シート1）
【目次】1 人間の尊厳と自立、2 介護の基本、3 人間関係とコミュニケーション、4 コミュニケーション技術、5 社会の理解、6 発達と老化の理解、7 認知症の理解
2017.6 325p B5 ¥2800 ①978-4-8058-5503-4

◆介護福祉士国家試験受験ワークブック　2018 下　介護福祉士国家試験受験ワークブック編集委員会編　中央法規出版　（付属資料：赤シート1）
【目次】1 生活支援技術、2 介護過程、3 障害の理解、4 こころとからだのしくみ、5 医療的ケア、6 総合問題および事例問題のポイント
2017.6 326p B5 ¥2800 ①978-4-8058-5504-1

◆介護福祉士国家試験対策 図でわかる！ 重要ポイント88　2018年　木村久枝監修　日本医療企画
【要旨】合格への最短ルート！ 国試最重要項目をまとめたポイント整理集。全ページ図式化・イラスト化。文章だけではわかりにくい格段に理解度UP！ 88項目にポイントを集約。仕事との両立で学習時間のない受験者に最適な一冊！ 穴埋め式チェックテスト。国試過去問の一問一答で知識の定着をはかる!!2018年1月国家試験対策新傾向・新情報も掲載！
2017.6 255p B5 ¥2200 ①978-4-86439-566-3

◆介護福祉士国家試験頻出問題要点チェック　2018　介護福祉士国家試験頻出問題要点チェック編集集委員会編　中央法規出版　（付属資料：赤シート1）
【要旨】＋10点をめざす！ 出やすいところを効率よく学ぶ！「医療的ケア」にも対応！ 重要項目のポイントを重点解説。得点アップのテクニックが満載。頻出問題を○×でチェック。
2017.7 287p A5 ¥1600 ①978-4-8058-5519-5

◆介護福祉士国家試験模擬問題集　2018　介護福祉士国家試験受験対策研究会編　中央法規出版
【要旨】375問＋詳しい解説。長年のノウハウで「出る」問題を精選！ 実力を上げる！ 近年の出題傾向を徹底分析。選択肢ごとにわかりやすく解説。豊富な事例問題で合格力アップ。取りはずし可能な解答編付き。
2017.6 199p B5 ¥3000 ①978-4-8058-5508-9

◆介護福祉士試験集中テキスト　'18年版　亀山幸吉監修, 介護福祉教育専門学校著　成美堂出版　（付属資料：赤シート）
【要旨】よく出る項目を凝縮！ 最新試験を徹底分析！ 短時間で要点だけをマスター。最新の法改正に対応!!最新の出題傾向がわかる!!
2017.6 303p A5 ¥1600 ①978-4-415-22505-0

◆介護福祉士重要過去問完全マスター問題集　2018年版　秋草学園福祉教育専門学校、介護福祉士テキスト作成委員会著　ナツメ社　（付属資料：赤シート1）
【要旨】この一冊で解いて覚える！ 第26回～第29回、過去4年分を全問解説！ 選択肢の詳しい解説＋関連事項の要点整理。ダブル解説で知識が定着！
2017.9 579p B5 ¥2800 ①978-4-8163-6317-7

◆介護福祉士重要項目　'18年版　寺島彰監修, コンデックス情報研究所編著　成美堂出版　（付属資料：赤シート1）
【目次】領域1 人間と社会（人間の尊厳と自立、人間関係とコミュニケーション、社会の理解）、領域2 介護（介護の基本、コミュニケーション技術、生活支援技術、介護過程）、領域3 こころとからだのしくみ（発達と老化の理解、認知症の理解、障害の理解、こころとからだのしくみ）、領域4 医療的ケア
2017.6 287p A5 ¥1600 ①978-4-415-22504-3

◆介護福祉士らくらく合格テキスト　2018年版　因利恵監修, 編集工房Q著　ナツメ社　（付属資料：赤シート1）
【要旨】平成29年4月以降に施行される介護保険法、国民健康保険法、障害者雇用率制度などの改正に対応！ 新出題範囲、医療的ケアについても徹底解説！ 試験に役立つ情報も充実！
2017.6 463p B5 ¥2100 ①978-4-8163-6217-0

◆改訂ステップアップ式 ケアマネジャー（介護支援専門員）模擬試験問題集　2017年版　古本達也著、新井仁子、生清真由美監修　厚有出版
【要旨】Step up方式で確実合格！ 再チャレンジの方にも、も手厚く対応。基本問題編・予想問題編・応用問題編をそれぞれ2段階に分類。「ミルフィーユ型模擬試験」により短時間で重点項目が理解できる。
2017.5 379p B5 ¥2685 ①978-4-906618-82-8

◆書いて覚える！ 介護福祉士国家試験合格ドリル　2018　介護福祉士国家試験合格ドリル編集委員会編　中央法規出版　（付属資料：シール; 別冊1）
【目次】人間の尊厳と自立、人間関係とコミュニケーション、社会の理解、介護の基本、コミュニケーション技術、生活支援技術、介護過程、発達と老化の理解、認知症の理解、障害の理解、こころとからだのしくみ、医療的ケア
2017.6 266p B5 ¥1800 ①978-4-8058-5522-5

◆書いて覚える！ 社会福祉士国試ナビ穴埋めチェック　2018　いとう総研資格取得支援センター編　中央法規出版　（付属資料：赤シート1）
【目次】序章 社会福祉士国家試験について、第1章 社会保障制度を理解する科目、第2章 社会の仕組みを理解する科目、第3章 利用者を理解する科目、第4章 社会福祉士の仕事を理解する科目、第5章 まとめて整理、資料編 入れ替え問題対策　2017.8 274p A5 ¥1800 ①978-4-8058-5520-1

◆書き込み式介護福祉士合格ノート　'18年版　寺島彰監修, コンデックス情報研究所編著　成美堂出版
【要旨】自分だけの最強ノートができる！ 1テーマ2ページで読みやすい！ わかりやすい！ 図表がいっぱいビジュアルでカンタン整理！ 色文字を写すだけキーワードもラクラク暗記！
2017.6 319p B5 ¥1800 ①978-4-415-22503-6

◆書き込み式ケアマネ合格ノート　'17年版　成田すみれ監修, コンデックス情報研究所編著　成美堂出版
【要旨】自分だけの最強ノートができる！ 見開き中心の構成で読みやすい！ 図表がいっぱいビジュアルでカンタン整理！ 色文字を写すだけキーワードもラクラク暗記！
2017.3 295p B5 ¥1800 ①978-4-415-22424-4

◆書きながら覚えるケアマネジャーまるわかり合格ノート　工藤英明編著　技術評論社　（付属資料：別冊1）　改訂第5版

【要旨】ステップ1：要点暗記―最重要項目は、「暗記しよう！」要点解説」で丸暗記。ステップ2：図解で覚える―理解しにくい内容は、表やグラフなどに書き込んで整理。ステップ3：書いて覚える―「書いて覚える！」「さらに理解しよう！」で知識を確実なものに。巻末にオリジナルの模擬試験を掲載。さらに、Web からも1回分のオリジナル模擬試験をダウンロードできます。2017年10月実施の最新の第20回試験の内容をいち早く盛り込みました。出題傾向や試験のポイントも解説。平成29年(2017年)改正の介護保険法に対応。
2018.1 231p B5 ¥2080 ①978-4-7741-9483-7

◆キャリアアップ介護福祉士試験対策
2018年試験用　介護労働安定センター
【目次】第1章 人間の尊厳と自立、第2章 人間関係とコミュニケーション、第3章 社会の理解、第4章 介護の基本、第5章 コミュニケーション技術、第6章 生活支援技術、第7章 介護過程、第8章 発達と老化の理解、第9章 認知症の理解、第10章 障害の理解、第11章 こころとからだのしくみ、総合問題医療のケア
2017 396p B5 ¥3619 ①978-4-907035-42-6

◆クイズで覚えるケアマネジャー試験
2017　榊原宏昌著　中央法規出版（付属資料：赤シート1）
【要旨】楽しみながら知識をモノにする！シンプルなフレーズでポイントを把握！基礎学習から最後の仕上げまで対応！要点を繰り返し学び、解答力をアップ！
2017.2 234p 18cm ¥1600 ①978-4-8058-5456-3

◆クエスチョン・バンク介護福祉士―国家試験問題解説 2018　医療情報科学研究所編
メディックメディア （付属資料：別冊1；赤色チェックシート1）　第10版
【要旨】これだけおさえる！21回～28回の8年分の過去問題から重要問題を269問厳選。効率よく学習できる！わかりやすい！約1,000点のイラスト・図表を掲載！複雑な法制度が難しい医学分野もイラストですいすい頭に入る！本番さながら！最新問題(29回)120問を模試形式で解いてみよう！
2017.4 635p B5 ¥3300 ①978-4-89632-651-2

◆クエスチョン・バンク社会福祉士国家試験問題解説 2018　医療情報科学研究所編
メディックメディア （付属資料：別冊1；赤シート1）　第9版
【要旨】この1冊に第26‐29の国試4年分を掲載！簡潔な解説で○×が即座に確認できる！赤色チェックシート付。古い法律や制度は、最新の情報を反映して掲載。別冊付録には、社会福祉の重要事項資料集や便利な年表を収録。
2017.5 677p B5 ¥3800 ①978-4-89632-661-1

◆ケアマネ過去7年本試験問題集 2017年版
廣池利邦監修　新星出版社 （付属資料：別冊1）
【要旨】平成28年～平成22年の全問題を徹底解説。 2017.2 191p A5 ¥1400 ①978-4-405-04908-6

◆ケアマネ基本テキスト集中レッスン ’17年版　コンデックス情報研究所編著　成美堂出版
【要旨】試験に出る最重要項目を厳選！難解な「介護支援分野」が充実！ポイントを隠せる便利な赤シート付き！
2017.2 335p A5 ¥1500 ①978-4-415-22427-5

◆ケアマネ試験ウラ技合格法 ’17年版　コンデックス情報研究所編著　成美堂出版
【要旨】過去6年間分の全問題・全選択肢を徹底分析。そこから導き出した、出題パターン・問題文のクセから正解を選び出すウラ技を収録。
2017.3 224p A5 ¥1300 ①978-4-415-22449-7

◆ケアマネ実務スタートブック―必携！イラストと図解でよくわかる　高室成幸著　中央法規出版
【要旨】アセスメントからチームマネジメントまでケアマネとしての仕事の基本スタイルが身につく！
2017.12 219p 24×19cm ¥2000 ①978-4-8058-5613-0

◆ケアマネジャー一問一答問題集 2017年版　島本統世著　学研プラス
【目次】第1章 介護支援分野の一問一答(ケアマネ攻略集中講座 介護問題と介護保険制度、介護問題と介護保険制度、介護保険制度の概要 ほか)、第2章 保健医療サービス分野の一問一答(ケアマネ攻略集中講座 高齢者保健医療の基礎知識、高

齢者の特徴・高齢者に起こりやすい状態、高齢者に多い疾患と治療 ほか)、第3章 福祉サービス分野の一問一答(ケアマネ攻略集中講義 高齢者福祉の基礎知識、高齢者ケアの基本理念、ソーシャルワーク ほか)
2017.5 371p B6 ¥1400 ①978-4-05-800772-3

◆ケアマネジャー一問一答問題集＆要点マスター 2017年版　後藤哲男, 遠藤寛子監修, 編集工房Q著　ナツメ社 （付属資料：赤シート1）
【要旨】七訂基本テキストに準拠、最新法改正にも対応！最短時間で合格ラインを突破できる！各分野の出題傾向を徹底的に分析！事例問題を含む頻出1076問を掲載！
2017.3 335p 19cm ¥1400 ①978-4-8163-6180-7

◆ケアマネジャー過去問解説 決定版 ’17　晶文社編集部編　晶文社
【要旨】すべての選択肢をていねいに詳しく解説。問題の頻出度、選択肢での重要度がひと目でわかる。全問題に正答へと導く「解き方アドバイス」を掲載。制度改正のあった問題は改題をほどこし最新情報に対応。姉妹誌との一体化学習で体系的・効果的に理解。
2017.2 926p B5 ¥2499 ①978-4-7949-7707-6

◆ケアマネジャー完全合格過去問題集
2018年版　ケアマネジャー試験対策研究会著　翔泳社 （福祉教科書）（付属資料：赤シート1）
【要旨】過去問6年分すべて詳しく解説！たっぷり解ける378問！
2017.12 341p B5 ¥2500 ①978-4-7981-5306-3

◆ケアマネジャー基本問題集 ’17 上巻 介護支援分野　介護支援研究会監修　晶文社
【要旨】出題傾向を徹底分析してつくられた問題内容。ていねいで分かりやすいポイント解説。ページ単位で問題演習と重要事項整理が同時にできる。携帯型に便利なサイズ・分野別上下2巻。姉妹誌との一体化学習で体系的・効果的に理解。
2017.2 283p A5 ¥1800 ①978-4-7949-7697-0

◆ケアマネジャー基本問題集 ’17 下巻 保健医療福祉サービス分野　介護支援研究会監修　晶文社
【要旨】出題傾向を徹底分析してつくられた問題内容。ていねいで分かりやすいポイント解説。ページ単位で問題演習と重要事項整理が同時にできる。携帯型に便利なサイズ・分野別上下2巻。姉妹誌との一体化学習で体系的・効果的に理解。
2017.2 331p A5 ¥1800 ①978-4-7949-7698-7

◆ケアマネジャー合格テキスト ’17　晶文社編集部編　晶文社
【要旨】基本テキスト3冊分の内容を1冊で学べる。基礎固めから応用学習にまで対応した詳しい解説。過去問のTEST&CHECKで学習進度がわかる。本書と連動したアプリで予習・復習できる。姉妹誌との一体化学習で体系的・効果的に理解。
2017.2 517p B5 ¥3800 ①978-4-7949-7672-7

◆ケアマネジャー試験 過去問一問一答パーフェクトガイド 2017　神奈川県介護支援専門員協会著　中央法規出版
【要旨】『七訂基本テキスト』対応ページを掲載!!『七訂基本テキスト』をどこから読めばよいかがわかる！どこが出る？「出題実績分布表」で出題傾向をチェック！まずはこれ！図表で覚えよう！重要ポイント。○×で鍛える！過去問「選択肢」5年分！弱点を克服！出題範囲ごとに問題を分類！
2017.3 323p B5 ¥2800 ①978-4-8058-5458-7

◆ケアマネジャー試験 過去問解説集 2017　馬淵敦士著　中央法規出版 （付属資料：赤シート1）
【要旨】5年分(第15回～第19回)の全問題・全選択肢を詳しく解説！試験の出題傾向がわかる！今の自分の実力が見える！本番前の腕試しができる！
2017.2 309p B5 ¥2800 ①978-4-8058-5455-6

◆ケアマネジャー試験対策 過去問題解説集
2017年版　野島正典監修　日本医療企画
【要旨】法・制度改正内容を過去問題に反映！最新の2016年本試験を巻頭で詳細に解説。過去7年分の本試験問題は分野・項目別に編集！各科目の「傾向と対策」で習熟度アップ！
2017.3 447p B5 ¥3800 ①978-4-86439-557-1

◆ケアマネジャー試験対策 頻出80ポイント重点解説集 2017年版　野島正典監修　日本医療企画
【要旨】本試験重要項目を厳選。出題頻出ポイントを徹底解説。基本事項がひと目でわかる図解満載。プラスαの知識を一問で！
2017.3 415p B5 ¥3500 ①978-4-86439-556-4

◆ケアマネジャー試験対策BOOK―2017年試験対応　野島正典著　介護労働安定センター （付属資料：赤シート1）
【要旨】3分野ごとにまとめて、分かりやすく解説。ポイントを絞って明記。効率的に学習して得点UP！
2017 255p B5 ¥2400 ①978-4-907035-43-3

◆ケアマネジャー試験 保健医療サービス苦手克服トレーニング 2017　益田雄一郎著　中央法規出版
【要旨】「弱み」を「強み」に変える3STEP。STEP1：問題を解く。STEP2:解説!!復習に役立つ。STEP3：正解文例で身につける。七訂基本テキスト対応。
2017.4 240p B5 ¥1800 ①978-4-8058-5461-7

◆ケアマネジャー試験模擬問題集 2017　介護支援専門員受験対策研究会編　中央法規出版 （付属資料：別冊1）
【要旨】240問＋充実解説！長年のノウハウで「出る」問題を精選！実力を上げる！
2017.3 127p B5 ¥2800 ①978-4-8058-5460-0

◆ケアマネジャー試験ワークブック 2017　介護支援専門員受験対策研究会　中央法規出版 （付属資料：赤シート1）
【要旨】合格力を身につける！介護支援分野をキッチリ覚える！保健医療福祉分野がスッキリわかる！チェックリストで理解度を確認！出題頻度ランク、プラスα、アドバイス、用語解説で合格を徹底サポート！七訂基本テキスト対応。
2017.2 431p B5 ¥2800 ①978-4-8058-5457-0

◆ケアマネジャー実戦予想問題 ’17　介護支援研究会監修　晶文社 （付属資料：別冊1）
【要旨】過去問の徹底改善で本番を予測。別冊の解答・解説集で定着学習。マークシート式解答用紙。分野別自己診断表で弱点克服。姉妹誌との一体化学習で体系的・効果的に理解。
2017.2 176p B5 ¥2600 ①978-4-7949-7677-2

◆ケアマネジャー「詳解」過去問題集
2017年版　島本統世者　学研プラス （付属資料：別冊1）
【要旨】7カ年分の過去問を収録。詳しい解答解説。復習に役立つアプリつき。新介護保険制度に対応。
2017.5 180p A5 ¥2400 ①978-4-05-800771-6

◆ケアマネジャー速習テキスト 2017年版
島本統世著　学研プラス （付属資料：別冊1）
【要旨】スラスラ読める講義調→だから、読みやすく覚えやすい!!過去の出題を徹底分析→だから、頻出傾向がよく攻略できる!!アプリつき→だから、いつでもどこでも学習できる!!
2017.5 350p A5 ¥2400 ①978-4-05-800770-9

◆ケアマネジャー・ポケット　資格試験問題研究会編　一ツ橋書店
【目次】序説 介護支援専門員（ケアマネジャー）受験ガイド、第1巻 介護保険制度と介護支援（介護保険制度の導入の背景、ケアマネジメント、居宅介護支援・介護予防支援・施設介護支援）、第2巻 介護保険制度（居宅サービス及び介護予防サービス、地域密着型サービス、介護保険施設）、第3巻 高齢者保健医療・福祉の基礎知識（高齢者保健医療の基礎知識、高齢者福祉の基礎知識）
2017.3 247p 19cm ¥850 ①978-4-565-18188-6

◆ケアマネジャー見たままそのまま丸暗記
竹原直子著　技術評論社 （らくらく突破）
【要旨】試験に出題された正答文は、「短く書かれた最良のテキスト」です。この本では、過去問題の選択肢を、すべて正答文に直して掲載しています。そして、不正解の表現を吹き出しで添えています。どんな文章で、どこをキーワードとして、どんな誤りとともに問われるかが一目瞭然。比べて理解し、見たままのまま丸暗記してすすむ！
2017.3 255p 18cm ¥1480 ①978-4-7741-8811-9

◆ケアマネジャーらくらく合格テキスト
2017年版　田中雅子監修, 編集工房Q著　ナツメ社 （付属資料：赤シート1）

社会・文化

【要旨】広い出題範囲をコンパクトに集約！ よく出る法改正のポイントを解説！ 厚労省資料を参考に丁寧に編纂！ 七訂基本テキストに対応！
2017.3 463p B5 ¥2200 ①978-4-8163-6189-0

◆ケアマネ重要項目　'17年版　コンデックス情報研究所編著　成美堂出版　（付属資料：赤シート1）
【要旨】絶対にマスターしたい最重要項目だけを徹底解説。最新出題傾向に対応。大きな文字でスラスラ読める。
2017.2 295p A5 ¥1400 ①978-4-415-22426-8

◆ケアマネ重要項目　'18年版　コンデックス情報研究所編著　成美堂出版　（付属資料：赤シート1）
【要旨】絶対にマスターしたい最重要項目だけを徹底解説。最新出題傾向に対応。大きな文字でスラスラ読める。
2018.2 295p A5 ¥1400 ①978-4-415-22644-6

◆現役講師が教えるケアマネ合格テキスト　'17年版　成田すみれ監修　コンデックス情報研究所編著　成美堂出版　（付属資料：赤シート1）
【要旨】付属の赤シートで、重要事項を隠しながら読める。1分野1章。受験資格に合わせて、勉強しやすい構成。「本試験型」の過去問・予想問題で、本番に強くなれる。
2017.2 559p A5 ¥2200 ①978-4-415-22425-1

◆言語聴覚士になるには　中島匡子著　ぺりかん社　（なるにはBOOKS）
【要旨】「言葉」「聞こえ」「食べる」機能支援のスペシャリスト！ 国家資格化が進み、近年では急速に注目度が上がっている言語聴覚士。現場で活躍する姿を紹介するとともに、仕事の特徴や、なり方についてもくわしく解説。
2017.5 157p B6 ¥1500 ①978-4-8315-1469-1

◆合格する！ 介護福祉士必勝法　'18年版　コンデックス情報研究所編著　成美堂出版
【要旨】裏ワザ解法で正解率アップ!!事例問題を完全にクリア！ よく出る項目を集中解説！ 重要項目2キーワードまる覚え。苦手分野をピンポイント攻略！ 弱点発見！ 実力判定プレテスト。学習のポイントがすぐわかる！ 第29回試験最新過去問を徹底分析！ 第29回試験新出題傾向を徹底解説！
2017.8 159p B5 ¥1000 ①978-4-415-22538-8

◆合格への近道 ケアマネジャーをめざす人の本　'18年版　コンデックス情報研究所編著　成美堂出版
【要旨】一章ではケアマネジャーとはなにかを説明し、受験手続きや受験資格を解説しています。二章ではケアマネジャー試験の合格に的を絞って効率的に学習する方法を紹介しています。三章はケアマネジャー試験で頻出の重要65項目を解説します。四章は500のチェックリストです。最終的なチェックに活用して下さい。
2018.1 207p A5 ¥1100 ①978-4-415-22618-7

◆更生保護制度―司法福祉　福祉臨床シリーズ編集委員会編、森長秀責任編集　弘文堂　（社会福祉士シリーズ 20）　第3版
【目次】更生保護と社会福祉、更生保護制度の概要、更生保護制度の担い手、更生保護制度における関係機関・団体との連携、矯正施設と福祉、医療観察制度の概要、更生保護における近年の動向と課題、国家試験対策用語集
2017.3 200p B5 ¥2500 ①978-4-335-61183-4

◆高齢者に対する支援と介護保険制度―高齢者福祉・介護福祉　福祉臨床シリーズ編集委員会編、東康祐、渡辺道代責任編集　弘文堂　（社会福祉士シリーズ 13）　第6版
【目次】高齢者福祉制度の発展過程、高齢者の特性と疾病、少子高齢社会の現状と動向・課題、高齢者の生活実態と福祉・介護ニーズ、介護の概念と介護予防、認知症ケアの概況、死と終末期ケア、介護保険制度のしくみ、介護保険制度の運営、地域包括支援センターと地域、老人福祉法と関連法、高齢者虐待と虐待予防の取り組み、高齢者に対する医療制度、高齢者を取り巻く地域と環境
2017.3 278p B5 ¥2500 ①978-4-335-61179-7

◆これだけ覚える！ 社会福祉士重要項目　'18年版　成田すみれ監修、コンデックス情報研究所編著　成美堂出版　（付属資料：赤シート1）
【要旨】19科目すべての頻出テーマを1冊に凝縮！ わかりやすいイラスト・図表で理解と記憶がス

ピードアップ。一問一答Q&Aで最終チェック。最新の法改正に完全対応！
2017.8 319p B5 ¥2200 ①978-4-415-22532-6

◆これだけ覚える福祉住環境コーディネーター検定試験2級 一問一答＋要点整理　'17年版　成田すみれ監修、コンデックス情報研究所編著　成美堂出版　（付属資料：赤シート1）
【要旨】直前対策にも最適!!出題のツボを押さえたポイント図解＋充実の一問一答問題集。東京商工会議所発行の2級公式テキスト改訂4版に完全対応！ テストでよく出るポイントを図表を交えて詳しく解説。過去問を徹底的に分析し、よく出る内容を一問一答形式で出題。大ボリューム800問収録で、解き応え抜群！ 豊富な用語説明、プラスαでワンランク上の知識が身につく。
2017.3 319p 18cm ¥1300 ①978-4-415-22463-3

◆これで合格！ 全国手話検定試験　2017　DVD付き第11回全国手話検定試験解説集　社会福祉法人全国手話研修センター編　中央法規出版　（付属資料：DVD1）
【要旨】2017（平成29）年第12回試験対応。読み取り試験や表現・会話試験の映像をDVDで学習できる。「覚えておこう！」では手話イラストでわかりやすく解説。
2017.6 172p B5 ¥3200 ①978-4-8058-5469-3

◆『七訂基本テキスト』完全対応！ ケアマネ試験法改正と完全予想模試　'17年版　コンデックス情報研究所編著　成美堂出版　（付属資料：別冊3）
2017.6 1Vol. B5 ¥1800 ①978-4-415-22514-2

◆社会福祉士過去問完全解説チェック&マスター　2018　東京アカデミー編　（名古屋）ティーエーネットワーク、七賢出版 発売
【要旨】確実に"理解すべき&覚えるべき"ポイントを厳選。視覚的にイメージがつかめる図表を豊富に掲載。第29・28回本試験300問を完全解説。オリジナル確認問題＋過去問一肢一答＝100問相当を掲載。
2017.7 327p B5 ¥2700 ①978-4-86455-339-1

◆社会福祉士 完全合格問題集　2018年版　社会福祉士試験対策研究会著　翔泳社　（福祉教科書）　（付属資料：赤シート1）
【要旨】最新の第29回問題と、過去問題（第18回〜第28回）から科目ごとに分析・精選・整理し、また予想問題も含めるなどして、重要な問題を集めた問題集です。
2017.4 465p B5 ¥3600 ①978-4-7981-5128-1

◆社会福祉士完全予想模試　'18年版　寺島彰監修、慶應義塾社会福祉士三田会、コンデックス情報研究所編著　成美堂出版　（付属資料：別冊4）
2017.8 24, 103p B5 ¥2600 ①978-4-415-22534-0

◆社会福祉士国家試験 過去問一問一答＋α　専門科目編　2018　日本ソーシャルワーク教育学校連盟監修　中央法規出版
【要旨】5年分の試験を一問一答形式に！ 即答力を鍛える！ 社会福祉士専門8科目収載。
2017.8 377p A5 ¥2600 ①978-4-8058-5516-4

◆社会福祉士国家試験過去問解説集　2018　第27回 - 第29回全問完全解説　日本ソーシャルワーク教育学校連盟編　中央法規出版　（付属資料：赤シート1）
【要旨】3年分、450問を選択肢ごとに詳しく解説。最新の制度改正に対応。出題傾向がわかる科目別ポイントを収載。
2017.5 498p B5 ¥3800 ①978-4-8058-5501-0

◆社会福祉士国家試験受験ワークブック　2018　専門科目編　社会福祉士国家試験受験ワークブック編集委員会編　中央法規出版　（付属資料：赤シート1）
【要旨】出題基準に完全対応。過去の出題傾向をふまえて、受験対策をアドバイスします。各科目の学習の要点についても詳しく解説します。受験に際して押さえておくべき知識を完全網羅。過去の出題実績と合わせた効率のよい学習ができます。特に重要な事項を、一問一答形式の問題として収載。繰り返し問題を解くことで、確実な知識が身につきます。
2017.6 461p B5 ¥3000 ①978-4-8058-5505-8

◆社会福祉士国家試験のためのレビューブック　2018　医療情報科学研究所編　メディックメディア　（付属資料：赤シート1）　第6版

【要旨】第20〜29回の10年分の国試問題をカバー！「児童福祉法」などの最新の福祉法等の改正に対応！
2017.4 975p A5 ¥4800 ①978-4-89632-662-8

◆社会福祉士国家試験模擬問題集　2018　日本ソーシャルワーク教育学校連盟編　中央法規出版　（付属資料：別冊1）
【要旨】よく出る！ 450問＋詳しい解説。近年の出題傾向を徹底分析。選択肢ごとにわかりやすく解説。豊富な事例問題で合格力アップ。
2017.7 206p B5 ¥3400 ①978-4-8058-5509-6

◆社会福祉士試験ズバリ予想問題集　2018年版　佐久山敏之著　ナツメ社
【要旨】年金、医療保険、雇用保険、介護保険、児童扶養手当、介護休業法、社会福祉士法、生活保護法…などの改正箇所がすぐわかる！ プラスα解説で頻出テーマ対策も万全！ 模擬試験を2回分収録！
2017.7 327p B5 ¥2500 ①978-4-8163-6273-6

◆社会福祉士・精神保健福祉士国家試験 過去問一問一答＋α 共通科目編　2018　日本ソーシャルワーク教育学校連盟監修　中央法規出版
【要旨】5年分の試験を一問一答形式に！ 即答力を鍛える！ 社会福祉士・精神保健福祉士共通11科目収載。
2017.8 547p A5 ¥2800 ①978-4-8058-5517-1

◆社会福祉士・精神保健福祉士国家試験受験ワークブック　2018　共通科目編　社会福祉士・精神保健福祉士国家試験受験ワークブック編集委員会編　中央法規出版　（付属資料：赤シート1）
【要旨】出題基準に完全対応。過去の出題傾向をふまえて、受験対策をアドバイスします。各科目の学習の要点についても詳しく解説します。受験に際して押さえておくべき知識を完全網羅。過去の出題実績と合わせた効率のよい学習ができます。特に重要な事項を、一問一答形式の問題として収載。繰り返し問題を解くことで、確実な知識が身につきます。
2017.6 589p B5 ¥3000 ①978-4-8058-5506-5

◆社会保障―社会保障制度・社会保障サービス　福祉臨床シリーズ編集委員会編、阿部裕二責任編集　弘文堂　（社会福祉士シリーズ 12）　第5版
【目次】社会保障と臨床の関係性、社会保障とは何か─その考え方と構造、社会保障の方法と財源構成、わが国の年金保険制度の現状と課題、わが国の医療保険制度の現状と課題、わが国の介護保険制度の現状と課題、わが国の労働保険制度の現状と課題、わが国の社会扶助の現状と課題、社会保険と民間保険、社会保障の管理および実施体制と専門職、現代社会における社会保障の現状と課題、諸外国における社会保障制度
2017.1 270p B5 ¥2500 ①978-4-335-61178-0

◆社会保障　岩田正美、大橋謙策、白澤政和監修、広井良典、山崎泰彦編著　（京都）ミネルヴァ書房　（MINERVA社会福祉士養成テキストブック 19）　第3版
【目次】社会保障とソーシャルワーカー、社会保障の理念と構造、日本の社会保障制度の現状と課題、医療保険、介護保険、所得保障、労働保険、民間保険、社会保障政策の国際的動向、少子・高齢化社会の動向と社会保障、これからの社会保障と社会福祉
2017.10 305p B5 ¥3000 ①978-4-623-08044-1

◆就労支援サービス―雇用支援・雇用政策　福祉臨床シリーズ編集委員会編、桐原宏行責任編集　弘文堂　（社会福祉士シリーズ 18）　第3版
【目次】第1章 就労の意義と就労形態、第2章 雇用・就労の動向、第3章 労働法規の概要、第4章 就労支援制度の概要、第5章 就労支援サービスの実施体制、第6章 就労支援の実践事例、国家試験対策用語集
2017.3 184p B5 ¥2400 ①978-4-335-61182-7

◆受験用 マンガ介護福祉士テキスト&問題集　東京福祉専門学校ケアワーク学部監修　西東社
【要旨】マンガと図解でわかりやすい！ 過去問を徹底検証して頻出テーマを厳選！ テーマ別の練習問題で実戦力も身につく！
2017.10 285p A5 ¥1600 ①978-4-7916-2482-9

◆詳解 介護福祉士過去5年問題集　'18年版　亀山幸吉監修、コンデックス情報研究所編著　成美堂出版　（付属資料：別冊1）

【要旨】過去5年間に実施された本試験を学習することによって試験の傾向が完全に理解できる。全ての選択肢について専門家による詳しい解説がついているので、あいまいな知識が確実なものになる。解答・解説が別冊になっており、答え合わせが効率的にできる。解答用紙を使って実戦練習ができる。
2017.6 255p A5 ¥1600 ⓘ978-4-415-22513-5

◆詳解 ケアマネ試験過去5年問題集 '17年版 コンデックス情報研究所編著 成美堂出版 （付属資料：別冊1）
【要旨】平成28年から平成24年までの過去を徹底分析。
2017.2 175p A5 ¥1300 ⓘ978-4-415-22423-7

◆詳解 社会福祉士過去4年問題集 '18年版 寺島彰監修、慶應義塾社会福祉士三田会、コンデックス情報研究所編著 成美堂出版 （付属資料：別冊1）
【要旨】すべての選択肢をわかりやすく解説。試験の攻略法を科目別にアドバイス。最新の法改正に完全対応!!
2017.8 271p A5 ¥1700 ⓘ978-4-415-22535-7

◆新・介護福祉士養成講座 2 社会と制度の理解 介護福祉士養成講座編集委員会編 中央法規出版 第6版
【目次】第1章 私たちの生活と社会福祉（生活とは、家族とは ほか）、第2章 社会保障のしくみ（社会保障の基本的な考え方、日本の社会保障制度の発達 ほか）、第3章 介護保険制度（介護保険制度創設の目的、介護保険制度のしくみ ほか）、第4章 障害者の支援を担う法制度（障害者の自立と障害者自立支援制度の目的、障害者福祉施策の動向 ほか）、第5章 介護実践にかかわる諸制度（人々の権利を擁護する諸制度、保健医療にかかわる諸施策 ほか）
2017.2 356p B5 ¥2200 ⓘ978-4-8058-5435-8

◆新・介護福祉士養成講座 4 介護の基本 2 介護福祉士養成講座編集委員会編 中央法規出版 第4版
【目次】第1章 介護福祉士とは、第2章 介護サービスと介護福祉士の働く場、第3章 介護実践における連携、第4章 介護における安全の確保とリスクマネジメント、第5章 介護に携わる人の健康管理、終章 介護福祉士を目指す皆さんへ
2017.2 267p B5 ¥2200 ⓘ978-4-8058-5436-5

◆新・介護福祉士養成講座 6 生活支援技術 1 介護福祉士養成講座編集委員会編 中央法規出版 第4版
【目次】第1章 生活支援とは何か（生活を理解する視点、生活支援の基本的な考え方、生活支援と介護予防、生活支援とリハビリテーション、生活支援と福祉用具の活用 ほか）、第2章 居住環境の整備（居住環境の整備の意義と目的、安心で快適な生活の場づくり、他職種の役割と協働 ほか）、第3章 家庭生活にかかわる基本知識（家庭生活の理解、家庭生活の営み）、第4章 家事の介護（家事の支援の意義と目的、家事支援における介護諸技術、他職種の役割と協働）、第5章 緊急時の対応（緊急時の対応について、ファーストエイド（応急手当）の実際）
2017.2 363p B5 ¥2200 ⓘ978-4-8058-5437-2

◆新・介護福祉士養成講座 16 資料編 介護福祉士養成講座編集委員会編 中央法規出版 第9版
【目次】第1章 介護福祉士について（介護福祉士制度の概要、介護福祉士についての法律・制度、日本介護福祉士会倫理綱領）、第2章 介護福祉士を取り巻く環境（人口構造、高齢者の状況、社会保障給付費と国民負担率、介護保険、障害者）、第3章 介護福祉士に関係する法律・制度（日本国憲法、社会福祉全般、高齢者福祉、障害者福祉、社会保険関係年表 ほか）
2017.2 355p B5 ¥2200 ⓘ978-4-8058-5438-9

◆新・社会福祉士養成講座 10 福祉行財政と福祉計画 社会福祉士養成講座編集委員会編 中央法規出版 第5版
【目次】第1章 福祉行政と福祉計画、第2章 福祉行政、第3章 福祉財政、第4章 福祉行政の組織・団体と専門職の役割、第5章 福祉計画の目的と意義、第6章 福祉計画の理論と技法、第7章 福祉計画の実際
2017.2 262p B5 ¥2200 ⓘ978-4-8058-5430-3

◆新・社会福祉士養成講座 11 福祉サービスの組織と経営 社会福祉士養成講座編集委員会編 中央法規出版 第5版

【目次】第1章 福祉サービスにおける組織と経営、第2章 福祉サービスにかかわる組織や団体、第3章 福祉サービスの組織と経営の基礎理論、第4章 福祉サービスの管理運営方法1 サービス管理、第5章 福祉サービスの管理運営の方法2 人事管理と労務管理、第6章 福祉サービスの管理運営の方法3 会計管理と財務管理、第7章 福祉サービスの管理運営の方法4 情報管理と戦略的広報 2017.2 281p B5 ¥2200 ⓘ978-4-8058-5431-0

◆新・社会福祉士養成講座 17 保健医療サービス 社会福祉士養成講座編集委員会編 中央法規出版 第5版
【目次】第1章 保健医療サービスの変化と社会福祉専門職の役割、第2章 保健医療サービスを提供する施設とシステム、第3章 保健医療サービスにおける医療ソーシャルワーカーの役割、第4章 保健医療サービスの提供と経済的保障、第5章 保健医療サービスにおける専門職の連携と実践、第7章 保健医療サービスにおける地域の社会資源との連携と実践
2017.2 272p B5 ¥2200 ⓘ978-4-8058-5432-7

◆新・社会福祉士養成講座 20 更生保護制度 社会福祉士養成講座編集委員会編 中央法規出版 第4版
【目次】第1章 更生保護制度の概要（刑事司法のなかの更生保護、仮釈放等 ほか）、第2章 更生保護制度の担い手（保護観察官、保護司 ほか）、第3章 更生保護における関係機関・団体との連携（裁判所とのかかわり、検察庁とのかかわり ほか）、第4章 医療観察制度の概要（医療観察法に基づく処遇制度の創設、生活環境の調査 ほか）、第5章 更生保護の実際と今後の展望（保護観察官の業務の実際、社会復帰調整官の業務の実際 ほか）
2017.2 149p B5 ¥1600 ⓘ978-4-8058-5433-4

◆新・社会福祉士養成講座 21 資料編 社会福祉士養成講座編集委員会編 中央法規出版 第9版
【目次】第1章 最近の社会福祉制度の動向、第2章 社会福祉制度の概要、第3章 宣言・憲章・条約、第4章 報告・勧告、第5章 福祉法・倫理綱領、第6章 旧法、第7章 指針（ガイドライン）・判定基準等、第8章 統計・数値
2017.2 312p B5 ¥2600 ⓘ978-4-8058-5434-1

◆新・精神保健福祉士養成講座 6 精神保健福祉に関する制度とサービス 日本精神保健福祉士養成校協会編 中央法規出版 第5版
【目次】第1章 社会保障全体からみた精神保健福祉に関する制度とサービス、第2章 精神保健福祉法の成立までの経緯と意義、その後の変化、第3章 精神障害者福祉制度の概要と福祉サービス、第4章 精神障害者等の福祉制度の概要と福祉サービス、第5章 精神障害者の経済的保障制度の概要、第6章 相談援助にかかわる組織、団体、関係機関および専門職や地域の支援者、第7章 更生保護制度の概要と精神障害者福祉との関係、第8章 医療観察法の概要と実際、第9章 社会資源の調整・開発にかかわる社会調査
2017.2 355p B5 ¥2700 ⓘ978-4-8058-5439-6

◆図解でスッキリ！ 介護福祉士テキスト 2018年版 秋草学園福祉教育専門学校介護福祉士テキスト作成委員会著 ナツメ社 （付属資料：赤シート1）
【要旨】オールカラー＆図解。だから理解しやすい！ 広い出題範囲を効率よく覚えられるよう、細かくフォロー。過去の出題傾向を徹底分析し、覚えるべき項目を厳選！ 覚えるべき言葉や項目に関して、イラストや図を豊富に使って見やすく、わかりやすくまとめています。関連する他の項目がひと目でわかります。さらに、過去の試験で出題された問題を掲載。効率よく学習できます。
2017.8 335p B5 ¥2400 ⓘ978-4-8163-6275-0

◆スピード合格！ 介護福祉士直前対策 '18年版 コンデックス情報研究所編著 成美堂出版
【要旨】医療的ケア、計算問題を完全攻略。去年も今年もココがよく出た！ 出題パターンを徹底分析！ 絶対出る75問はこれだ！ ズバリ！ マかけ大予想！ スキマ時間にサクサク解ける！ 手軽にできる最終チェック。全領域をスピード攻略！ ○×式一問一答。試験開始直前まで使える絶対押さえる頻出テーマ。超厳選！ 最重要項目をピンポイント攻略。
2017.11 143p B5 ¥1000 ⓘ978-4-415-22551-7

◆スピード合格！ ケアマネ直前対策 '17年版 コンデックス情報研究所編著 成美堂出版 （付属資料：別冊1; 赤シート1）
【目次】1 ○×問題でチェック！ 最新法改正 出るならこう出る！、2 絶対おさえる！ 領域別最強テーマ（介護支援分野の最強15テーマ、保健医療福祉サービス分野（保健医療サービスの知識等の最強12テーマ、福祉サービスの知識等の最強9テーマ））、3 ラストスパート総まとめ 狙え！ 得点UP
2017.6 119p B5 ¥1300 ⓘ978-4-415-22507-4

◆スピード合格！ 社会福祉士直前対策 '18年版 南牧生、コンデックス情報研究所編著 成美堂出版 （付属資料：赤シート1）
【目次】1 必ず役立つ解答テクニックはこれだ！（出題者の意図を読む、「1問解答→1（2）マーク」を徹底させる ほか）、2 事例問題はこう解く！「相談援助」の7つのメキ技（正解は「問題文」「事例文」の中にある、面接の場面に注意、技法に注目する ほか）、3 一問一答で確かめる！ 正誤を見極めるポイントはここだ！（人体の構造と機能及び疾病、心理学理論と心理的支援 ほか）、4 最新統計資料と法制定・改正 出るならこう出る！（最新統計資料、最新法制定・改正）、5 科目別重要人物41人（心理学理論と心理的支援、社会理論と社会システム ほか）
2017.9 135p B5 ¥1200 ⓘ978-4-415-22545-6

◆スピードチェック！ 介護福祉士一問一答問題集 '18年版 亀山幸吉監修、コンデックス情報研究所編著 成美堂出版 （付属資料：赤シート1）
【要旨】いつでも、どこでもサッと読めるポケットサイズ。まる暗記の強い味方、赤シート付。重要テーマはとことん丁寧に解説。
2017.6 294p 18cm ¥1300 ⓘ978-4-415-22506-7

◆スピードチェック！ ケアマネ一問一答問題集 '18年版 コンデックス情報研究所編著 成美堂出版 （付属資料：赤シート1）
【要旨】いつでも、どこでもサッと読めるポケットサイズ。まる暗記の強い味方赤シート付。重要テーマはとことん丁寧に解説。
2018.1 287p 18cm ¥1300 ⓘ978-4-415-22619-4

◆スピードチェック！ 社会福祉士一問一答問題集 '18年版 寺島彰監修、コンデックス情報研究所編著 成美堂出版 （付属資料：赤シート1）
【要旨】最新試験対応。気軽に読んで要点をまる暗記！ 重要テーマはとことん丁寧に解説。
2017.8 447p 18cm ¥1600 ⓘ978-4-415-22533-3

◆精神疾患とその治療─精神医学 福祉臨床シリーズ編集委員会編、寺田善弘責任編集 弘文堂 （精神保健福祉シリーズ 1） 第2版
【目次】精神医学とソーシャルワーク、精神医学・精神医療の歴史、精神現象の生物学的基盤と疾患モデル、精神疾患の分類と精神障害、精神疾患の診断プロセス、代表的な精神疾患、精神疾患の治療、精神科医療機関の治療構造、精神科リハビリテーション、精神医療と精神保健・福祉との連携、精神医療と人権の擁護、チーム医療と精神保健福祉士の役割
2017.3 242p B5 ¥2700 ⓘ978-4-335-61118-6

◆精神保健福祉援助演習（基礎）─精神保健福祉援助演習 理論編 福祉臨床シリーズ編集委員会編、坂野憲司、福冨律、森山拓也責任編集 弘文堂 （精神保健福祉シリーズ 9） 第2版
【目次】序章 精神保健福祉援助演習の進め方、第1章 人間の理解、第2章 社会的環境の理解（社会システムに関する理論とその活用）、第3章 ソーシャルワーク実践におけるコミュニケーション技術、第4章 集団援助の基礎、第5章 地域援助の基礎と他の援助活動、第6章 支援場面のロールプレイ、第7章 スーパービジョンとソーシャルワーク教育、終章 ソーシャルワーク実践の基盤と社会からの要請
2017.3 182p B5 ¥2400 ⓘ978-4-335-61121-6

◆精神保健福祉士完全合格テキスト 専門科目 精神保健福祉士試験対策研究会著 翔泳社 （福祉教科書） （付属資料：赤シート1） 第3版
【要旨】学習を助ける数々のツールをご用意。必須知識をしっかり習得していただける工夫が満載です。各節冒頭のイラストで、ポイントがつかめる！「ココが出た」アイコンで、出るところがわかる！「用語解説」「関連事項」など、補足説明が充実！ 節末の一問一答で、知識の定着度を即チェック！ →出るところを押さえて基本

を確実にモノにする!!
2017.6 421p A5 ¥3000 ①978-4-7981-5252-3

◆**精神保健福祉士国家試験過去問解説集 2018　第17回‐第19回全問完全解説**　日本ソーシャルワーク教育学校連盟編　中央法規出版　（付属資料：赤シート1）
【要旨】3年分、489問を選択肢ごとに詳しく解説。最新の制度、統計情報に対応。出題傾向と試験対策がわかる科目別ポイントを収載。
2017.5 554p B5 ¥3800 ①978-4-8058-5502-7

◆**精神保健福祉士国家試験受験ワークブック 専門科目編　2018**　日本精神保健福祉士協会編　中央法規出版　（付属資料：赤シート1）
【要旨】出題基準に完全対応。過去の出題傾向をふまえて、受験対策をアドバイスします。各科目の学習の要点についても詳しく解説します。受験に際して押さえておくべき知識を完全網羅。過去の出題実績と合わせた効率のよい学習ができます。特に重要な事項を、一問一答形式の問題として収載。繰り返し問題を解くことで、確実な知識が身につきます。
2017.6 483p B5 ¥3000 ①978-4-8058-5507-2

◆**精神保健福祉士国家試験模擬問題集 専門科目　2018**　日本ソーシャルワーク教育学校連盟　中央法規出版　（付属資料：別冊1）
【要旨】よく出る！ 160問＋一問一答！ 実力をつける！ 得点力をあげる！ 近年の出題傾向を徹底分析。選択肢ごとにわかりやすく解説。豊富な事例問題で合格力アップ。取りはずし可能な解答解説付き。
2017.8 189p A5 ¥2800 ①978-4-8058-5510-2

◆**精神保健福祉士出る！ 出る！ 一問一答 専門科目**　精神保健福祉士試験対策研究会著　翔泳社　（福祉教科書）　（付属資料：赤シート1）　第2版
【要旨】ポケットサイズだから、いつでもどこでも気軽に学習！ 充実の1096問で、実力アップ！ 赤いシートを使って重要事項を穴埋めで確認！ 精神保健福祉士完全合格テキスト専門科目第3版との併用もおすすめ。
2017.7 327p 19cm ¥2500 ①978-4-7981-5253-0

◆**精神保健福祉相談援助の基盤（専門）**　福祉臨床シリーズ編集委員会編、柳澤孝主責任編集　弘文堂　（精神保健福祉士シリーズ 4）
【目次】序章 精神保健福祉におけるソーシャルワークの視点、第1章 相談援助と感性、第2章 精神保健福祉における相談援助活動、第3章 相談援助の方法、第4章 精神障害者の相談援助における権利擁護、第5章 精神保健福祉活動における包括的なアプローチ、第6章 精神保健福祉と当事者への視座
2017.1 182p B5 ¥2400 ①978-4-335-61119-3

◆**精神保健福祉に関する制度とサービス―精神保健福祉論 サービスシステム論**　福祉臨床シリーズ編集委員会編、古屋龍太責任編集　弘文堂　（精神保健福祉士シリーズ 7）
【目次】序章 社会制度と精神保健福祉、第1章 精神保健福祉法の変遷と改正、第2章 精神障害者福祉制度の概要と福祉サービス、第3章 精神障害者に関連する社会保障制度、第4章 精神保健福祉のサービス提供者、第5章 更生保護制度、第6章 医療観察法、第7章 社会資源に関する社会調査、終章 今後の制度の動向と精神保健福祉
2017.2 246p B5 ¥2700 ①978-4-335-61120-9

◆**速習一問一答 介護福祉士国試対策　2018**　介護福祉士国家試験受験対策研究会編　中央法規出版　（付属資料：赤シート1）
【目次】人間の尊厳と自立、人間関係とコミュニケーション、社会の理解、介護の基本、コミュニケーション技術、生活支援技術、介護過程、発達と老化の理解、認知症の理解、障害の理解、こころとからだのしくみ、医療的ケア
2017.7 281p 18cm ¥1400 ①978-4-8058-5518-8

◆**ソーシャルワークの基盤と専門職**　相澤譲治監修、植戸貴子編　（岐阜）みらい　（新・社会福祉士養成課程対応ソーシャルワーカー教育シリーズ）　第2版
【目次】現代社会におけるソーシャルワーク、ソーシャルワークの定義と範囲・領域・構成要素、ソーシャルワークの形成過程、ソーシャルワーカーと自己覚知、ソーシャルワークにおける利用者理解、ソーシャルワークの価値、ソーシャルワーカーの倫理と倫理的ジレンマ、ソーシャルワーク固有の機能、ソーシャルワークと権利擁護、ソーシャルワーカーと社会福祉士・精神保健福祉士制度、福祉行政機関と民間施設・組

織におけるソーシャルワーカー、ジェネラリストの視点と総合的かつ包括的なソーシャルワーク、ソーシャルワークにおけるチームアプローチの必要性
2017.4 231p B5 ¥2300 ①978-4-86015-414-1

◆**第30回をあてるTAC直前予想 介護福祉士**　TAC介護福祉士受験対策研究会編著　TAC出版
【要旨】TAC渾身の予想問題2回分収録。
2017.8 136p B5 ¥2600 ①978-4-8132-7358-5

◆**地域福祉の理論と方法―地域福祉**　福祉臨床シリーズ編集委員会編、山本美香責任編集　弘文堂　（社会福祉士シリーズ 9）　第3版
【目次】地域福祉とは何か、コミュニティの範囲と機能、地域福祉の理論と発展過程、地域福祉の主体と対象、地域福祉における地方自治体の役割、地域福祉における民間の役割、地域福祉における専門職の役割、ネットワーキング、地域における社会資源の活用・調整・改善・開発、地域における福祉ニーズの把握方法と実際、地域包括ケアシステムの構築方法と実際―高齢者、地域包括ケアシステムの構築方法と実際―障害者、地域包括ケアシステムの構築方法と実際―児童、地域における福祉サービスの評価方法と実際
2017.2 268p B5 ¥2500 ①978-4-335-61177-3

◆**低所得者に対する支援と生活保護制度―公的扶助**　福祉臨床シリーズ編集委員会編、伊藤秀一責任編集　弘文堂　（社会福祉士シリーズ 16）　第4版
【目次】第1章 現代の貧困と公的扶助、第2章 公的扶助の歴史的展開、第3章 生活保護制度のしくみと問題点、第4章 生活保護制度の運営実施体制と他職種連携、第5章 生活保護の争訟制度と権利擁護、第6章 生活保護における相談援助活動、第7章 低所得者対策の概要と実際、国家試験対策用語集
2017.1 248p B5 ¥2500 ①978-4-335-61181-0

◆**低所得者への支援と生活保護制度―新 社会福祉士養成課程対応**　渋谷哲編　（岐阜）みらい　第4版
【目次】低所得者に対する支援の制度と方法を学ぶ前に、低所得階層の生活実態と貧困、社会保障制度と公的扶助、生活保護の実施体制、生活保護制度の原理・原則、生活保護基準と要否判定、生活保護の動向と財源、専門職の役割と相談援助活動、自立支援プログラムによる相談援助、ホームレスの生活と相談援助、低所得者の社会福祉サービス、低所得者の就労支援サービス、公的扶助制度を活用した相談援助活動（演習）
2017.9 239p B5 ¥2300 ①978-4-86015-417-2

◆**テスト式本番対策 介護福祉士 突っこみ解説付き過去試験1回＋模擬試験1回　2018年版**　介護福祉士資格取得支援研究会著　技術評論社　（らくらく突破）　（付属資料：別冊1）
【要旨】実際の試験と同じ制限時間で1回分の試験を繰り返すことで、全体のペース配分がわかり、試験の勘が身につきます。過去3年分の試験問題の設問や選択肢について、間違いやすいポイントや正誤の判断の決め手などを突っこみながら解説します。正解を推測するためのコツがわかります。1回分の模擬試験で新しい問題にチャレンジできます。今の実力の確認や学習の総仕上げとして、活用してください。
2017.5 237p B5 ¥1980 ①978-4-7741-8927-7

◆**テスト式本番対策ケアマネジャー 突っこみ解説付き過去試験2回＋模擬試験3回　2018年版**　ケアマネ資格取得支援研究会著　技術評論社　（付属資料：別冊1）
【要旨】実際の試験と同じように、120分間で1回分の試験を繰り返すことで、全体のペース配分がわかり、試験の勘が身につきます。過去2年分の試験問題の設問や選択肢について、間違いやすいポイントや正誤の判断の決め手などを突っこみながら解説します。正解を推測するためのコツがわかります。3回分の模擬試験で新しい問題にチャレンジできます。別冊『ケアマネ重要ポイント60』は取り外せるので、解答・解説の補足説明として利用したり、持ち歩いて重要ポイントを学習したりできます。
2017.1 189p B5 ¥1980 ①978-4-7741-9481-3

◆**認知症ライフパートナー検定試験2級問題集―過去問解説＋模擬問題　2017**　認知症ライフパートナー検定試験研究会、エスシーアイ発売
【目次】出題傾向と対策、第11回認知症ライフパートナー検定試験 2級、第12回認知症ライ

パートナー検定試験 2級、第13回認知症ライフパートナー検定試験 2級、試験直前に確認!!
2017.3 291p A5 ¥2600 ①978-4-908017-21-6

◆**認知症ライフパートナー検定試験3級問題集―過去問解説＋模擬問題　2017**　認知症ライフパートナー検定試験研究会　認知症ライフパートナー検定試験研究会、エスシーアイ 発売
2017.3 281p A5 ¥2200 ①978-4-908017-22-3

◆**はじめてでもよくわかる！ 社会福祉士入門テキスト　'18年版**　寺島彰監修、田幡恵子著、コンデックス情報研究所編著　成美堂出版　（付属資料：赤シート1）
【要旨】全19科目の基礎を横断的に学べる入門書。受講生絶賛の試験対策講義をベースにやさしく解説！
2017.7 295p A5 ¥1500 ①978-4-415-22526-5

◆**福祉住環境コーディネーター検定試験2級テキスト＆問題集　'17年版**　成田すみれ監修、コンデックス情報研究所編著　成美堂出版　（付属資料：赤シート1; 別冊1）
【要旨】2級公式テキスト改訂4版に完全対応！ 取り外して使える別冊重要ポイント集付。
2017.3 399p A5 ¥2000 ①978-4-415-22461-9

◆**福祉住環境コーディネーター検定試験2級過去5回問題集　'17年版**　成田すみれ監修、コンデックス情報研究所編著　成美堂出版　（付属資料：別冊1）
【要旨】過去問題の完全攻略で本試験突破！ 全ての過去問に詳しい解説がついています。問題を解く前に覚えておきたいことをまとめています。解答・解説が別冊になっていますので、効率的に学習できます。
2017.4 207p A5 ¥1400 ①978-4-415-22460-2

◆**福祉住環境コーディネーター検定試験2級重要項目　'17年版**　成田すみれ監修、コンデックス情報研究所編著　成美堂出版　（付属資料：赤シート1）
【要旨】過去問題を徹底分析して重要項目を厳選！『公式テキスト改訂4版』に完全対応！ 対応ページも明記！ 試験直前にも威力を発揮する一問一答チェック問題！ キーワードと答えが隠せる赤シート！
2017.3 295p A5 ¥1600 ①978-4-415-22462-6

◆**福祉住環境コーディネーター2級過去＆模擬問題集　2017年版**　渡辺光子著　日本能率協会マネジメントセンター
【要旨】過去問4回分全問収録（2015年7月→2016年11月）。
2017.3 343p A5 ¥2600 ①978-4-8207-5969-0

◆**福祉住環境コーディネーター3級過去＆模擬問題集　2017年版**　渡辺光子著　日本能率協会マネジメントセンター
【要旨】過去問4回分全問収録（2015年7月→2016年11月）。
2017.3 319p A5 ¥2400 ①978-4-8207-5970-6

◆**本試験型 介護福祉士問題集　'18年版**　亀山幸吉監修、コンデックス情報研究所編著　成美堂出版　（付属資料：別冊1）
【要旨】本試験をイメージした出題順・出題形式。新制度や法改正に対応した問題を収録。「医療的ケア」にも完全対応。
2017.6 183p A5 ¥1300 ①978-4-415-22502-9

◆**見て覚える！ 介護福祉士国試ナビ　2018**　いとう総研資格取得支援センター編　中央法規出版
【要旨】全体像をつかんで効率よく学ぶ。図表とイラストで理解しやすい。第25回から第29回試験の内容を分析、科目間の重複事項をなくし、「78単元」に編成し直した。
2017.7 313p 26×22cm ¥2400 ①978-4-8058-5513-3

◆**見て覚える！ 社会福祉士国試ナビ　2018**　いとう総研資格取得支援センター編　中央法規出版
【要旨】分析・整理された項目で効率よく学ぶ。図表でわかる！ 試験合格へのナビゲーション。
2017.8 368p 26×22cm ¥2800 ①978-4-8058-5514-0

◆**見て覚える！ 精神保健福祉士国試ナビ 専門科目　2018**　いとう総研資格取得支援センター編　中央法規出版
【要旨】図表でわかる！ 試験合格へのナビゲーション。分析・整理された項目で効率よく学ぶ。

全体像を把握して確実に覚える。
2017.8 235p 26×22cm ¥2600 ⑨978-4-8058-5515-7

◆みんなが欲しかった！ 介護福祉士の一問一答集 頻出テーマ厳選100 2018年版
TAC介護福祉士受験対策研究会編著　TAC出版　（付属資料：赤チェックシート1）
【要旨】要点整理＋一問一答全805問で頻出テーマ100をスピードチェック。第30回国家試験必勝のためのトレーニング集。
2017.8 291p 18cm ¥1500 ⑨978-4-8132-7035-5

◆みんなが欲しかった！ 介護福祉士の教科書 2018年版　TAC介護福祉士受験対策研究会編著、松沼記代監修　TAC出版　（付属資料：赤シート1）
【要旨】よく出る出題基準項目をフルカバー！ 国試に"出るとこだけ"をわかりやすく解説。フルカラーレイアウトで、直感的なインプットを実現。キーポイントが頭にスーッと入る要点整理と図表類を増量し、さらに例題豊富でアウトプット力も身につく。巻頭『スタートアップ講座』つき。学習範囲をパッとつかんでラクラクスタート。2017.6 533p A5 ¥2600 ⑨978-4-8132-7033-1

◆みんなが欲しかった！ 介護福祉士の問題集 2018年版　TAC介護福祉士受験対策研究会編著、松沼記代監修　TAC出版　（付属資料：別冊1; 赤シート1）
【要旨】合格点を勝ち取るために必須の過去問題を厳選。最新の第29回国家試験問題をシミュレーションのために別冊子としました（解答解説は本書巻末に掲載しています）。問題の肢ごとにていねいに解説。重要項目をまとめた「ポイントチェック」と付属の赤シート活用でインプット力を高めることができます。
2017.6 437p A5 ¥2400 ⑨978-4-8132-7034-8

◆みんなが欲しかった！ ケアマネ完全無欠の一問一答集 2017年版　TACケアマネ受験対策研究会編著　TAC出版　（付属資料：赤シート1）
【要旨】全1000問、要点整理＋過去問・予想問で、頻出テーマをスピードチェック。『七訂基本テキスト』を徹底分析。受験対策にふさわしい選択肢を過去10年分の本試験問題より厳選。出題が予想されるテーマにつき予想問題を作成。第20回出題予想解説つき。
2017.3 285p 18cm ¥1400 ⑨978-4-8132-7032-4

◆みんなが欲しかった！ ケアマネの教科書 2017年版　TACケアマネ受験対策研究会編著　TAC出版　（付属資料：赤シート1）
【要旨】第20回試験は本書から出る！『七訂基本テキスト』の"出るとこだけ"を凝縮。フルカラーレイアウトで、直感的なインプットを実現。キーポイントが頭にスーッと入る要点整理と図表類を増量、さらに例題豊富でアウトプット力も身につく。巻頭『スタートアップ講座』つき、学習範囲をパッとつかんでラクラクスタート。
2017.3 473p A5 ¥2600 ⑨978-4-8132-7030-0

◆みんなが欲しかった！ ケアマネの問題集 2017年版　TACケアマネ受験対策研究会編著　TAC出版　（付属資料：赤シート1）
【要旨】合格点を勝ち取るために必須の過去問題を厳選しました。『七訂基本テキスト』の内容をカバーする予想問題を作成しています。問題の肢ごとにていねいに解説しています。重要項目をまとめた「ポイントチェック」と付属の赤シート活用でインプット力を高めることができます。
2017.3 344p A5 ¥2400 ⑨978-4-8132-7031-7

◆みんなが欲しかった！ 社会福祉士の一問一答集 頻出テーマ厳選100 2018年版
TAC社会福祉士受験対策研究会編著　TAC出版　（付属資料：赤シート1）
【要旨】要点整理＋一問一答全882問で頻出テーマ100をスピードチェック。第30回国家試験必勝のためのトレーニング集。
2017.8 363p 18cm ¥1500 ⑨978-4-8132-7039-0

◆みんなが欲しかった！ 社会福祉士の教科書 共通科目編 2018年版　TAC社会福祉士受験対策研究会編著　TAC出版　（付属資料：赤チェックシート1）
【要旨】よく出る出題基準項目をフルカバー！ フルカラーレイアウトで、直感的なインプットを実現。キーポイントが頭にスーッと入る要点整理と図表類を満載。さらに豊富な例題でアウトプット力も身につく。巻頭『スタートアップ講座』つき。
2017.7 656p A5 ¥2800 ⑨978-4-8132-7036-2

◆みんなが欲しかった！ 社会福祉士の教科書 専門科目編 2018年版　TAC社会福祉士受験対策研究会編著　TAC出版　（付属資料：赤チェックシート1）
【要旨】よく出る出題基準項目をフルカバー！ フルカラーレイアウトで、直感的なインプットを実現。キーポイントが頭にスーッと入る要点整理と図表類を増量。さらに豊富な例題でアウトプット力も身につく。巻頭『スタートアップ講座』つき。
2017.7 521p A5 ¥2800 ⑨978-4-8132-7037-9

◆みんなが欲しかった！ 社会福祉士の問題集―試験に出る！ 厳選過去問＋予想問 2018年版　TAC社会福祉士受験対策研究会編著　TAC出版　（付属資料：別冊1; 赤チェックシート1）
【要旨】『社会福祉士の教科書』に完全準拠。得点力UPのための良問を収載。インプット力を高める『ポイントチェック』、別冊子・最新国家試験問題つき。
2017.7 588p A5 ¥2600 ⑨978-4-8132-7038-6

◆やさしい介護福祉士 筆記試験編 2019年度版　資格試験情報研究会著　一ツ橋書店
【要旨】初めての方でもすぐに始められる基本問題集。本文はすべてふりがな付きで、難しい専門用語もバッチリ！
2018.1 271p B5 ¥1800 ⑨978-4-565-19184-7

◆ユーキャンのケアマネジャー過去問完全解説 2018年版　ユーキャンケアマネジャー試験研究会編　ユーキャン学び出版, 自由国民社 発売　（付属資料：赤シート1）　第13版
【要旨】第16回から第20回まで5年分の全問題を徹底解説！ 出題傾向＆今の実力がわかる。全問に解法のコツ＆ポイントつき。役立つ資料編を収録。
2018.1 349p B5 ¥2400 ⑨978-4-426-61016-6

◆ユーキャンのケアマネジャーこれだけ！ 一問一答 2018年版　ユーキャンケアマネジャー試験研究会編　ユーキャン学び出版, 自由国民社 発売　（付属資料：赤シート1）　第12版
【要旨】精選600問。10年分の試験問題を徹底分析。知識の整理に役立つまとめページつき。2018年介護保険法改正に対応。
2018.1 237p B6 ¥1500 ⑨978-4-426-61017-3

◆らくらく暗記マスター 介護福祉士国家試験 2018　暗記マスター編集委員会編　中央法規出版　（付属資料：赤シート1）
【要旨】頻出テーマを厳選。図表で要点確認！ 暗記術でラクに覚える！ 特選問題で習得！
2017.6 209p 18×12cm ¥1400 ⑨978-4-8058-5511-9

◆らくらく暗記マスターケアマネジャー試験 2017　暗記マスター編集委員会編　中央法規出版
【要旨】頻出テーマを厳選。図表で要点確認！ 暗記術でラクに覚える！ 特選問題で習得！
2017.3 224p 18cm ¥1400 ⑨978-4-8058-5459-4

◆らくらく暗記マスター社会福祉士国家試験 2018　暗記マスター編集委員会編　中央法規出版　（付属資料：赤シート1）
【目次】デルモン仙人のらくらく人名マスター、人体・心理―ひとのからだとこころの理解、法制度・動向―福祉に関連する制度と最近の動向、社会福祉の歴史―福祉の発展過程、福祉施策や介護技法―対象別の支援、福祉と法・司法福祉―社会福祉と法のかかわり、権利擁護―権利と生活を守る視点と制度、相談援助―相談援助と実践の理解、社会理論・社会調査―社会システムや社会調査の諸理論、福祉サービス―法人と組織管理の理解
2017.7 184p 18×12cm ¥1400 ⑨978-4-8058-5512-6

◆らくらく突破 介護福祉士 過去問題集 2018年版　介護福祉士資格取得支援研究会著　技術評論社　（らくらく突破）　（付属資料：別冊2）
【要旨】出題傾向を分析して厳選した過去問題200問と予想問題22問、最新問題125問（平成28年度第29回試験）を収録。くわしい解説付きで。過去問題は100のテーマ別に分類したので、効率よくポイントが身につきます。最新問題では力試しをしながら、最新の出題傾向を把握できます。
2017.5 279p B5 ¥1980 ⑨978-4-7741-8926-0

◆らくらく突破 ケアマネジャー過去問題集 2018年版　ケアマネ取得支援研究会著　技術評論社　（付属資料：別冊1）
【要旨】過去5年分の問題を収録しました。10の分野・120のテーマ別に分類します。関連する話題をまとめて学べるので、しっかり身につきます。くわしい解説に加えて、「これが基本」「もっとくわしく」など要点まとめも充実。参考書としてもご利用になれます。最新試験（平成29年度試験）も、もちろんくわしい解説付きです。別冊「直前チェックブック」は、取り外して試験会場までもっていけます。
2018.1 303p B5 ¥2280 ⑨978-4-7741-9482-0

◆わかる！ 受かる！ 介護福祉士国家試験合格テキスト 2018　介護福祉士国家試験受験対策研究会編　中央法規出版　（付属資料：赤シート1）
【目次】人間の尊厳と自立、人間関係とコミュニケーション、社会の理解、介護の基本、コミュニケーション技術、生活支援技術、介護過程、発達と老化の理解、認知症の理解、障害の理解、こころとからだのしくみ、医療的ケア
2017.6 479p A5 ¥2600 ⑨978-4-8058-5521-8

◆U‐CANの介護福祉士書いて覚える！ ワークノート 2018年版　ユーキャン介護福祉士試験研究会編　ユーキャン学び出版, 自由国民社 発売　第4版
【要旨】書き込み式だからしっかり覚えられる！ 重要ポイントをコンパクトに解説！ 自分だけのまとめノートが完成！
2017.6 364p B5 ¥2000 ⑨978-4-426-60953-5

◆U‐CANの介護福祉士 過去3年問題集 2018年版　ユーキャン介護福祉士試験研究会編　ユーキャン学び出版, 自由国民社 発売　（付属資料：赤シート1）　第14版
【要旨】過去問題から始める国試対策！ 過去問で実力＆出題傾向をチェック！ 第27～第29回の全選択肢を徹底解説！
2017.4 429p B5 ¥3000 ⑨978-4-426-60947-4

◆U‐CANの介護福祉士これだけ！ 一問一答 2018年版　ユーキャン介護福祉士試験研究会編　ユーキャン学び出版, 自由国民社 発売　（付属資料：赤シート1）　第11版
【要旨】厳選992問で実力アップ！ 必須事項を手軽に総点検！ まとめページつき！
2017.6 321p 18cm ¥1400 ⑨978-4-426-60952-8

◆U‐CANの介護福祉士これだけ！ 要点まとめ 2018年版　ユーキャン介護福祉士試験研究会編　ユーキャン学び出版, 自由国民社 発売　第5版
【要旨】よくでるポイントを横断的に解説！ 役立つ「資料編」つき！
2017.5 230p B6 ¥1500 ⑨978-4-426-60948-1

◆U‐CANの介護福祉士 実力アップ！ 予想模試 2018年版　ユーキャン介護福祉士試験研究会編　ユーキャン学び出版, 自由国民社 発売　第4版
2017.7 134p B5 ¥2600 ⑨978-4-426-60954-2

◆U‐CANのケアマネジャー 書いて覚える！ ワークノート 2017年版　ユーキャンケアマネジャー試験研究会編　ユーキャン学び出版, 自由国民社 発売　第4版
【要旨】書き込み式だからしっかり覚えられる！ 出るところを凝縮した簡潔な解説！ 自分だけのまとめノートが完成！
2017.3 379p B5 ¥2000 ⑨978-4-426-60935-1

◆U‐CANのケアマネジャー過去5年問題集 2017年版　ユーキャンケアマネジャー試験研究会編　ユーキャン学び出版, 自由国民社 発売　（付属資料：赤シート1）　第12版
【要旨】2012～2016年の全選択肢を徹底解説！ 全問に解答のコツ＆ポイントを掲載！ 出題傾向・自分の実力がわかる！
2017.1 349p B5 ¥2600 ⑨978-4-426-60931-3

◆U‐CANのケアマネジャーこれだけ！ 一問一答 2017年版　ユーキャンケアマネジャー試験研究会編　ユーキャン学び出版, 自由国民社 発売　（付属資料：赤シート1）　第11版
【要旨】厳選1050問で実力アップ！ 必須事項を総点検！ まとめページつき！ 赤シートつき！
2017.1 317p 18cm ¥1500 ⑨978-4-426-60930-6

社会・文化

◆U‐CANのケアマネジャーこれだけ！要点まとめ　2017年版　ユーキャンケアマネジャー試験研究会編　ユーキャン学び出版, 自由国民社　発売　（付属資料：赤シート1）　第4版
【要旨】知識の整理にぴったりの一冊！よくでるポイントを横断的に解説！役立つ「資料編」つき！
2017.3 222p B6 ¥1500 ①978-4-426-60936-3

◆U‐CANのケアマネジャー速習レッスン　2017年版　ユーキャンケアマネジャー試験研究会編　ユーキャン学び出版, 自由国民社　発売　（付属資料：赤シート1）
【要旨】カラーなので要点がわかりやすい。イラスト・図表が豊富な解説！レッスンごとに確認テストつき！
2017.2 539p A5 ¥2800 ①978-4-426-60934-4

◆U‐CANのケアマネジャーはじめてレッスン　2018年版　ユーキャンケアマネジャー試験研究会編　ユーキャン学び出版, 自由国民社　発売　第5版
【要旨】試験の全体像を手軽に把握。1コマンガでイメージしやすい。やさしい文章でサクッと読める。
2017.11 196p A5 ¥1300 ①978-4-426-61012-8

◆U‐CANのケアマネジャー 2017徹底予想模試　2017年版　ユーキャンケアマネジャー試験研究会編　ユーキャン学び出版, 自由国民社　発売　（付属資料：別冊1）　第14版
【要旨】模擬試験3回（180問）＋テーマ別問題180問で総仕上げ！模試で実力チェック→間違えた＆苦手な部分をテーマ別問題で復習。
2017.4 301p B5 ¥2800 ①978-4-426-60937-5

◆U‐CANの社会福祉士 書いて覚える！ワークノート　2018年版　ユーキャン社会福祉士試験研究会編　ユーキャン学び出版, 自由国民社　発売　第2版
【要旨】書き込み式だからしっかり覚えられる！出るところを凝縮した簡潔な解説！自分だけのまとめノートが完成！
2017.6 603p B5 ¥3700 ①978-4-426-60946-7

◆U‐CANの社会福祉士これだけ！一問一答＆要点まとめ　2018年版　ユーキャン社会福祉士試験研究会編　ユーキャン学び出版, 自由国民社　発売　（付属資料：赤シート1）　第10版
【要旨】重要1462問で実力アップ！まとめページで知識を整理！出題事項を総点検！
2017.6 477p 18cm ¥2200 ①978-4-426-60950-4

◆U‐CANの社会福祉士 これだけは解いておきたい！直近3年450問＋厳選過去150問　2018年版　ユーキャン社会福祉士試験研究会編　ユーキャン学び出版, 自由国民社　発売　（付属資料：赤シート1）　第4版
【要旨】重要＆頻出過去問はこの一冊で！全問に「わかる」解説つき！実力が確実にUPする過去問の決定版。
2017.4 637p B5 ¥3800 ①978-4-426-60945-0

◆U‐CANの社会福祉士まとめてすっきり！よくでるテーマ88　2018年版　ユーキャン社会福祉士試験研究会編　ユーキャン学び出版, 自由国民社　発売　（付属資料：赤シート1）　第8版
【要旨】テーマ別に欲しい知識を一冊で！イラスト・図表が断然みやすい！ホントに「使える！」資料編つき。
2017.6 222p B6 ¥1500 ①978-4-426-60951-1

◆U‐CANの福祉住環境コーディネーター2級 これだけ！一問一答＆要点まとめ　2017年版　ユーキャン福祉住環境コーディネーター試験研究会編　ユーキャン学び出版, 自由国民社　発売　（付属資料：赤シート1）　第10版
【要旨】重要800問で実力アップ！必須事項を総点検！まとめページつき！
2017.2 301p 18cm ¥1800 ①978-4-426-60942-0

◆U‐CANの福祉住環境コーディネーター2級速習レッスン　2017年版　ユーキャン福祉住環境コーディネーター試験研究会編　ユーキャン学び出版, 自由国民社　発売　第13版
【要旨】楽しく効率的にしっかり学べる！イラスト・図表が豊富な解説！レッスンごとに確認テストつき！

◆U‐CANの福祉住環境コーディネーター2級 テーマ別過去問題＆模試　2017年版　ユーキャン福祉住環境コーディネーター試験研究会編　ユーキャン学び出版, 自由国民社　発売　（付属資料：別冊1; 赤シート1）　第10版
【要旨】わかりやすい工夫が満載!!この厳選161問で合格ライン突破！全問に出題意図を押さえた解説つき！本試験レベルの模試2回を掲載！
2017.2 251p B5 ¥2500 ①978-4-426-60941-2

◆U‐CANの福祉住環境コーディネーター3級速習レッスン　2017年版　ユーキャン福祉住環境コーディネーター試験研究会編　ユーキャン学び出版, 自由国民社　発売　第13版
【要旨】重要ポイントがサクサクわかる！イラスト・図表が豊富な解説！レッスンごとに確認テストつき！
2017.1 285p A5 ¥2200 ①978-4-426-60940-5

◆U‐CANの福祉住環境コーディネーター3級テーマ別過去問題＆模試　2017年版　ユーキャン福祉住環境コーディネーター試験研究会編　ユーキャン学び出版, 自由国民社　発売　（付属資料：別冊1）　第10版
【要旨】この厳選120問で合格ライン突破！全問に出題意図を押さえた解説つき！本試験レベルの模試2回を掲載！
2017.3 225p B5 ¥2400 ①978-4-426-60944-3

 白書・年鑑・事典・書誌

◆介護経営白書　2017‐2018年版　新しい介護文化とイノベーション―介護現場・介護ビジネス・介護概念が変わる　多田宏編集委員代表, 青木正人, 川渕孝一編集委員, ヘルスケア総合政策研究所企画・制作　日本医療企画
【要旨】価値観・意識の変革が介護を進化させる、少子高齢時代の新文化をつくりだす!!文化とは「人の幸せ」の総体であり、今を生きる私たちが紡ぎだすもの。これからの介護文化のカタチを探究する。
2017.8 180p B5 ¥4000 ①978-4-86439-582-3

◆介護福祉用語 和英・英和辞典　澤田如, 住居広士編　中央法規出版
【要旨】和英約7,000語、英和約5,300語、英文用語解説約500語を掲載。『七訂介護福祉用語辞典』、過去3回の「介護福祉士国家試験」出題用語に加え、国内外文献等から高齢者福祉、医療、看護、リハビリテーション、心理学等の多領域における用語を検証して抽出。EPAの看護師・介護福祉士候補者、外国人技能実習生、外国人留学生の学習に役立つ英文用語解説も掲載。
2017.10 233p A5 ¥3400 ①978-4-8058-5573-7

◆高齢社会白書　平成29年版　内閣府編　日経印刷
【目次】平成28年度高齢化の状況及び高齢社会対策の実施状況（高齢化の状況（高齢化の状況、高齢者の姿と取り巻く環境の現状と動向、高齢者の暮らし―経済や生活環境に関する意識）、高齢社会対策の実施の状況（高齢社会対策の基本的枠組み、分野別の施策の実施の状況）、平成29年度高齢社会対策（平成29年度の高齢社会対策、分野別の施策の推進）
2017.7 207p A4 ¥2000 ①978-4-86579-093-1

◆社会福祉法法令規則集―平成29年4月1日施行　林光行編　（大阪）実務出版
【目次】社会福祉法（総則（第一条‐第六条）、地方社会福祉審議会（第七条‐第十三条）、福祉に関する事務所（第十四条‐第十七条）ほか）、社会福祉法施行令（令第一条第二号に規定する厚生労働省令で定める障害福祉サービス事業、法第十九条第一項第五号に規定する厚生労働省令で定める者、法人が事業活動を支配する法人等 ほか）
2017.4 126p B5 ¥1111 ①978-4-906520-65-7

◆社会保険労務六法　平成30年版　全国社会保険労務士会連合会編　中央経済社, 中央経済グループパブリッシング　発売
【要旨】改正年金機能強化法、年金改革法、改正雇用保険法、改正介護保険法ほか各種法令改正に完全対応！社会保険労務士や人事労務担当者

の実務に役立つ法令を網羅！
2017.12 2Vols.set 22×17cm ¥7400 ①978-4-502-80882-1

◆社会保障統計年報　平成29年版　国立社会保障・人口問題研究所編　法研
【要旨】第1部 社会保障の体系と現状（社会保障の体系と現状、社会保険各制度の成立経過）、第2部 社会保障関係統計資料編（人口統計、社会保障給付及び再配分効果、国民所得と国民負担（率）の動向等、社会保険関係、高齢者保健（医療）福祉、医療供給と医療費、公衆衛生、福祉サービス、生活保護、恩給・戦争犠牲者援護、関連制度・関係機関、社会保障分野における人的資源の状況、財政、国際比較と比較）
2017.4 365p B5 ¥4500 ①978-4-86513-447-6

◆障害者総合支援六法　平成29年版　中央法規出版
【要旨】平成29年4月施行の多様な改正に対応。障害福祉計画・障害児福祉計画の基本指針も収録。
2017.7 2935p A5 ¥6800 ①978-4-8058-5534-8

◆障害者白書　平成29年版　内閣府編　勝美印刷
【要旨】平成28年度を中心とした障害者施策の取組（共生社会の実現に向けて、障害者支援の充実に向けた動き、障害者施策の実施状況（障害のある人に対する理解を深めるための基盤づくり、社会参加へ向けた自立の基盤づくり、日々の暮らしの基盤づくり、住みよい環境の基盤づくり、国際的な取組）
2017.7 330p A4 ¥2600 ①978-4-906955-72-5

◆発達障害白書　2018年版　特集 津久井やまゆり園事件を考える　日本発達障害連盟編　明石書店　（付属資料：CD‐ROM1）
【目次】第1部 特集 津久井やまゆり園事件を考える（事件を分析する、事件を再び起こさないために）、第2部 各分野における2016年度の動向（障害概念、医療、子ども・家族支援、教育：特別支援学校の教育、教育：小・中学校等での特別支援教育 ほか）
2017.9 200p B5 ¥3000 ①978-4-7503-4568-0

◆パラリンピック大百科　日本障がい者スポーツ協会協力, 陶山祐司監修, コンデックス情報研究所編著　清水書院
【要旨】2020年東京パラリンピックに向けて、パラリンピックの全てがわかる！全51競技を紹介！気になるパラスポーツを見つけてみよう。夏季22競技、冬季6競技のルールを徹底解説！東京パラリンピック注目の日本人選手情報も満載。
2017.9 543p B5 ¥5800 ①978-4-389-50059-7

 各国の社会・文化

◆海外で恥をかかない世界の新常識　池上彰著　集英社　（集英社文庫）
【要旨】果物のドリアンは地下鉄に持ち込み禁止（シンガポール）。「徒歩で何日」が距離感覚の基準（ティンプー）。信号機でわかる旧東・旧西のエリアの違い（ベルリン）。人口一人当たりの書店密度は世界一（レイキャビク）―。世界の街には、知らないことばかり。歴史や文化、政治に宗教…その街その街のポイントを、池上彰がナビゲート。いざという時に恥をかかないための世界の常識は、大人の常識！
2017.7 317p A6 ¥640 ①978-4-08-745616-5

◆カリブ海世界を知るための70章　国本伊代編著　明石書店　（エリア・スタディーズ 157）
【目次】1 カリブ海世界への招待、2 ヨーロッパによる破壊と「植民地」という秩序の形成、3 欧米植民地統治からの独立とその後、4 多人種・多民族が共存するカリブ海世界の姿、5 欧米における文化と混淆文化、6 融合と混交によるカリブ系社会と混交文化、7 現代カリブ海世界の政治、8 カリブ海世界の連携―経済社会開発を目指して、9 グローバル化するカリブ海世界、10 カリブ海世界と日本―相互交流の現状と未来
2017.6 346p B6 ¥2000 ①978-4-7503-4534-5

◆世界中の大富豪はなぜNZに殺到するのか!?　上 浅井隆著　第二海援隊
【要旨】『ロード・オブ・ザ・リング』『ナルニア国物語』『ラストサムライ』『戦場のメリークリスマス』。世界的大ヒットとなったこれらの映画のロケ地として雄大な風景を披露したニュージー

ランドに近年、世界中の大富豪たちが注目している。美しい自然、健全な財政、高い食料自給率、安定した税制、魅力的な不動産、徹底的な非核、そして人種差別のない友好的な人柄…。上巻ではそれらニュージーランドの魅力を徹底的に紹介する。

2017.8 269p B6 ¥1700 ①978-4-86335-175-2

◆世界中の大富豪はなぜNZに殺到するのか!?　下　浅井隆著　第二海援隊
【要旨】世界中のスーパーリッチが今、ニュージーランドに殺到している。国としての安心・安全もさることながら、資産防衛や堅実な保全・運用に適した国といえるのだ。なにしろ、主要な先進国がマイナス金利やゼロ金利である中、三・二五%の利息が付く。この国に銀行口座を持ち、不動産を持ち、仕事を得、さらには留学、移住することなど、あなたに無限の可能性を与えてくれる国だ。ニュージーランドを最大限に活用する方法を伝える。

2017.8 237p B6 ¥1600 ①978-4-86335-176-9

◆世界の国情報　2017　リブロ制作　リブロ，東京官書普及　発売
【要旨】世界196カ国の基礎情報が一目でわかる。

2017.5 76p A5 ¥648 ①978-4-903611-63-1

◆世界のタブー　阿門禮著　集英社　（集英社新書）
【要旨】タブーとは、禁止された事物や言動を意味する。それは、マナーやエチケットのような行為から、差別用語や特定の言葉、権力側が封印しておきたい歴史的・社会的問題まで、幅広い領域にわたる。アメリカ大統領が人種や宗教に関する排他的発言を繰り返しても、日本国内でも公然とヘイトスピーチが行われる現在の風潮のなかで、侮蔑的、差別的なニュアンスをともなう言動について知ることは、私たちの新たな教養とも言える。日常生活、しぐさ、性、食事など世界中のタブーについて学び、異文化への理解を深める一助となる一冊。

2017.10 254p 18cm ¥760 ①978-4-08-721002-6

◆世界のどこでも、誰とでもうまくいく!「共感」コミュニケーション　石川幸子著　同文舘出版　（DO BOOKS）
【要旨】30年以上、難民支援や開発援助に携わり、100カ国以上の人たちとコミュニケーションを取ってきた著者が、外国人の上司や同僚との付き合い、各国の大臣レベルの人たちとの交流、難民との信頼関係の構築などを通じて得た「共感」ノウハウ。

2017.5 198p B6 ¥1500 ①978-4-495-53721-0

◆毒の滴一見本にはなるが手本にはならない女の生き様。　m著　秀和システム
【要旨】アメブロの大人気北米縦日記ブログが新規描き下ろしを加え待望の書籍化!!

2017.12 142p A5 ¥1200 ①978-4-7980-5330-1

◆難民と生きる　長坂道子著　新日本出版社
【目次】1 彼らのこと（難民とは誰か、難民ハイムの住民たち、彼・彼女らを取り巻く環境、ドイツ編一「やればできる!」）、2 二十人十色の「難民と生きる」（マルティナ、アウグストとペーター、カティア、アマイ、クリストフ、ワルスラ、スザンナ、バーバラ、オブレイとサーラ）

2017.3 222p B6 ¥1500 ①978-4-406-06128-5

◆日本人だけが知らない世界の真実　池間哲郎著　育鵬社，扶桑社　発売
【要旨】我々は自虐でもなく、だからといって傲慢でもなく、静かなる誇りをもって胸を張り、そして、リアリズムをもって現代社会を見つめるべきだ。チャイナと北朝鮮の脅威に直面する日本へ、植民地支配を受けたアジアの国々からのメッセージ。沖縄で生まれ育ち、アジア各国で30年支援と交流を続ける著者だから見えた現実。

2017.12 213p B6 ¥1400 ①978-4-594-07869-0

◆日本人の9割が答えられない 世界地図の大疑問100　話題の達人倶楽部編　青春出版社　（青春文庫）
【要旨】地図を見るのが楽しくなる。ニュースのウラ側がわかるようになる。そんな世界地図の謎と不思議に迫った、世界が広がる「地図雑学」の決定版!!

2017.8 215p A6 ¥700 ①978-4-413-09676-8

◆ニューファンドランド一いちばん古くていちばん新しいカナダ　細川道久著　彩流社
【要旨】カナダ最東端、独自性と生き残りを賭けた興亡の歴史一。イギリス最古の海外植民地だった辺境の地が「カナダになる」までを追う

ことで浮かびあがる、もうひとつのカナダ史、もうひとつのイギリス帝国史!

2017.11 219p B6 ¥2400 ①978-4-7791-2395-5

◆分断するコミュニティー一オーストラリアの移民・先住民族政策　塩原良和著　法政大学出版局
【要旨】多文化社会の現実を前に問われるシティズンシップの理念。自己責任論を振りかざす新自由主義的な政策は、深い社会的分断をもたらすと現地調査に基づき警鐘を鳴らす。

2017.10 194p A5 ¥2200 ①978-4-588-67520-1

◆ますます、世界は解らないコトだらけ、なので調べてみた　阿部亮著　扶桑社　（扶桑社新書）
【要旨】血液型正確判断のルーツは？ 日本の殺人事件の件数は？ ダイヤモンドの価値？ ますます、わからないコト、全部調べてみた。人気「夕刊フジ」コラム書籍化第二弾。

2017.2 231p 18cm ¥720 ①978-4-594-07665-8

◆凛とした小国　伊藤千尋著　新日本出版社
【要旨】いま、輝いている4つの国＝中米のコスタリカ、米国を回復したキューバ、シルクロードの中心・ウズベキスタン、民主化したミャンマーにスポットを当てる!

2017.5 219p B6 ¥1600 ①978-4-406-06142-1

 ロシア

◆おもしろ日口関係散歩道一北方領土返還交渉に頑張る首相にも読んで欲しい現場ロシア論　菅野哲夫著　東京図書出版，リフレ出版 発売
【要旨】現場からみたロシアと付き合う方法。ロシア事情、日口交流、日口ビジネス、日口外交など、ロシア専門家のロシア論!

2017.3 222p B6 ¥1500 ①978-4-86641-045-6

◆極東の隣人ロシアの本質―信ずるに足る国なのか？　佐藤守男著　芙蓉書房出版
【要旨】1930年代からの日本とソ連・ロシアの間で起こったさまざまな事件の分析を通して、ロシアという国の本質に迫る! ソ連軍人の亡命事件、主要な国境紛争、日本軍の対ソ連情報活動（特に通信情報）、戦後起きた陸海空の三大悲劇…。両国はどう対応したのか。

2017.9 273p B6 ¥1700 ①978-4-8295-0718-6

◆タタールスタンファンブック―ロシア最大のテュルク系ムスリム少数民族とその民族共和国　櫻間瑛、中村瑞希、菱山湧人著　パブリブ　（連邦制マニアックス Vol.1）
【要旨】ロシア第三の都カザンに首都を置き、連邦構成主体の中で唯一権限分割条約を維持し、独自の大統領まで擁する謎の民族共和国の魅力をタタール語オリンピック優勝者達が解き明かす。

2017.12 223p B6 ¥2200 ①978-4-908468-19-3

◆プーチンの国―ある地方都市に暮らす人々の記録　アン・ギャレルズ著、築地誠子訳　原書房
【要旨】ロシア人は言う―モスクワは真のロシアではない。その言葉通り、ベテラン女性ジャーナリストがあえて地方都市を20年間定点観測の。一般住民はもちろん、ムスリム、LGBT、兵士、人権活動家他にも取材、ロシアの「今」を普通の人々の暮らしから描く。核施設爆発事故が起きた「閉鎖都市」の実態も報告。"地方"から見るロシアの本当の姿。

2017.7 306p B6 ¥2500 ①978-4-562-05419-0

◆ユーラシア研究　第55号　ユーラシア研究所，（横浜）群像社 発売
【目次】特集1 "チェルノブイリ"の30年―いま、改めて見つめる、特集2 文化遺産継承の未来を切り開く―アフガニスタンの文化を甦らせる、論文、エッセイ、連載、書評、図書紹介、ロシア語で読むニュース その21

2016.12 79p B5 ¥1500 ①978-4-903619-74-3

◆ロシア　加賀美雅弘編　朝倉書店　（世界地誌シリーズ 9）
【目次】総論―ロシアの地域形成とその特性、広大な国土と多様な自然、開発の歴史、豊かな資源、世界の穀倉地帯―ロシアとその周辺：ウクライナ、中央アジア、産業化と工業地域の形成、ハイテク化と資源依存、ポスト社会主義で変わる社会経済、発達する都市―ロシア全域、モスクワ、サンクトペテルブルク、ロシアの伝統文

化、人の暮らし、多様な民族と地域文化、日本、ロシアとの関係―ロシア極東地域、世界の中のロシア―EUとの関わり

2017.9 176p B5 ¥3400 ①978-4-254-16929-4

◆ロシア社会の信頼感　石川晃弘、佐々木正道、ニコライ・ドゥリャフロフ編　（西東京）ハーベスト社
【要旨】近くて遠い国ロシア。そのロシア社会とロシア人の意識の特徴を、日露の研究者が、「社会的信頼」という視点から徹底分析!!ロシアに関心がある・関係がある・これから関係を持つ個人や団体・企業に必読の1冊!!

2017.7 220p B6 ¥2800 ①978-4-86339-091-1

 ヨーロッパ

◆アイスランドと日本に架けた虹―島国同士の不思議な友好の物語　ソルザソン美也子著　同時代社
【要旨】北大西洋の極北に浮かぶ火山とヨーロッパ最大の氷河のある国。北国岩手県に生まれ、1969年、単身でアイスランドに渡り、今日まで首都レイキャヴィークに暮らす著者が綴る、氷・日両国にまつわる21の物語。

2017.6 162p B6 ¥1800 ①978-4-88683-819-3

◆あきれた紳士の国イギリス―ロンドンで専業主夫をやってみた　加藤雅之著　平凡社　（平凡社新書）
【要旨】通信社の国際派記者が妻の転勤にともない会社を辞め、ロンドンで家事と小学生の娘の世話に専念することに。それまでの生活から一変、娘を学校に送り迎えする日々。車に乗ればクラクションを鳴らしまくり、狭い道を飛ばすのがイギリス流。時間に遅れもネバーマインド。「紳士の国」の実態を専業主夫の目線からユーモラスに描く。

2017.3 253p B6 ¥800 ①978-4-582-85840-2

◆"アゼルバイジャン人"の創出―民族意識の形成とその基層　塩野崎信也著　（京都）京都大学学術出版会　（プリミエ・コレクション）
【要旨】民族概念は支配者による規定によって構築される、というのが一般的な学問的理解だろう。しかし、アゼルバイジャンは違う。固有のアイデンティティを持ちたいと欲した知識人達が、当時新しく発表された言語学用語を採用して民族名を名乗り、それを芸術や学術作品の中で普及する。民族意識の下からの形成現場を生き生きと描く。

2017.3 420p A5 ¥5000 ①978-4-8140-0078-4

◆アルスエレクトロニカの挑戦―なぜオーストリアの地方都市で行われるアートフェスティバルに、世界中の人々が集まるのか　鷲尾和彦著，アルスエレクトロニカ，博報堂協力　（京都）学芸出版社
【要旨】アートとテクノロジーの発想力でイノベーションに挑んだ街、リンツ。そのクリエイティブメソッドを、38年間の町の変貌と発展の軌跡に学ぶ。

2017.5 255p B6 ¥2000 ①978-4-7615-2641-2

◆イングリッシュネス―英国人のふるまいのルール　ケイト・フォックス著、北條文緒、香川由紀子訳　みすず書房　（原書第2版）
【要旨】パブで、街角で、パーティで、はたまた競馬場で…外国人には、時に奇異に、時に肩すかしにも思えるイギリス人の行動と国民性を、人気人類学者が体当たりのフィールドワークで解き明かす。

2017.11 200, 10p B6 ¥3200 ①978-4-622-08660-4

◆美しきイタリア 22の物語　池上英洋著　光文社　（光文社新書）
【要旨】イタリアの歴史上の人物たちは、どのように考え、暮らしていたのだろうか。城や宮殿は、そこに住んだ王家や貴族の歩みをどのように伝えてくれているのだろうか。イタリアが世界に誇る芸術の数々は、いかに生み出されてきたのだろうか。そして市井に暮らす普通の人々は、どのように人を生きてきたのだろうか。歴史エピソードから探る。

2017.8 224p 18cm ¥980 ①978-4-334-04303-2

◆欧州 絶望の現場を歩く―広がるBrexitの衝撃　木村正人著　ウェッジ
【要旨】押し寄せる難民、流れ込む武器、多発するテロ。政府筋、金融シティから難民テント

社会・文化

まで。在英ジャーナリストが徹底ルポ！ Brexit（英EU離脱）を機に露見した、沈みゆく欧州の姿とは。
2017.1 269p 18cm ¥1300 ①978-4-86310-174-6

◆**男の価値は年収より「お尻」!?—ドイツ人のびっくり恋愛事情**　サンドラ・ヘフェリン原作, 流水りんこ漫画　ベストセラーズ
【要旨】日本の結婚式は慌ただしすぎる!?「いつ結婚するの？」と聞かれる日本VS「いつ同棲するの？」と聞かれるドイツ。真面目で几帳面なところが似ていると言われる日本人とドイツ人。恋愛観や結婚観も似ているのかと思いきや、実はまったく違った!?ドイツ人の意外な一面や、ドイツ人からみて驚く日本の恋愛・結婚事情をたっぷり紹介！ドイツ人の知られざる恋愛観を明かす爆笑コミックエッセイ。
2017.5 122p A5 ¥1180 ①978-4-584-13789-5

◆**大人の教養としての英国貴族文化案内**　あまおかけい著　言視舎
【要旨】貴族文化の舞台「カントリー・ハウス」の内実を詳しく解説。ヴィクトリア朝から第一次大戦にかけての英国王室、貴族のキーパーソン、嫁いだアメリカ女性たちの、小説より奇なりの物語。
2017.9 254p A5 ¥2500 ①978-4-86565-102-7

◆**オランダ—水に囲まれた暮らし**　ヤコブ・フォッセスタイン著, 谷下雅義編訳（八王子）中央大学出版部　（中央大学学術図書 93）（原著第2版）
【目次】1章 外国人からみたオランダ、2章 オランダのシンボル—水に囲まれた暮らしの全体像、3章 オランダデルタの起源、4章 海がつくり出したホラント、5章「遠い」北部、6章 海面下の半島—北ホラント、7章 ゾイデル海からアイセル湖へ、8章 ホラントの中心部、9章 オランダの河川、10章 南西部の島々、11章 未来
2017.5 267p A5 ¥2700 ①978-4-8057-9210-0

◆**女も男も生きやすい国、スウェーデン**　三瓶恵子著　岩波書店　（岩波ジュニア新書）
【要旨】女性の議員や大臣も多く、父親の育休取得も当たり前の国、スウェーデン。男女平等政策の推進は、ここ30年で大きく進み、今も日々更新中だ。保育園や学校、企業や社会での取り組みをくわしく報告する。10代や子育て世代へのインタビューからもその成果が見えてくる。目指すべき未来への示唆にあふれている。
2017.1 220, 5p 18cm ¥880 ①978-4-00-500846-9

◆**クリスチャニア 自由の国に生きるデンマークの奇跡**　清水香那文, 稲岡亜里子写真　WAVE出版
【要旨】世界で一番幸福な国として注目を集めるデンマーク。その首都コペンハーゲンのど真ん中には、住民たちが創り上げた奇跡の国「クリスチャニア」があります。心を解放して、ありのままの自分で生きられる場所。幸せな未来をつくるヒントがここにあります。
2017.12 191p A5 ¥1600 ①978-4-86621-089-6

◆**芸術の都ロンドン大図鑑—英国文化遺産と建築・インテリア・デザイン**　フィリップ・デイヴィース著, デレク・ケンダル写真, 加藤耕一監訳　西村書店
【要旨】邸宅や商業施から教会堂や謎めいた地下空間まで—知られざる建築遺産とそのインテリアをおよそ1700点の写真で紹介！
2017.6 455p 28×23cm ¥6500 ①978-4-89013-769-5

◆**ケルト 再生の思想—ハロウィンからの生命循環**　鶴岡真弓著　筑摩書房　（ちくま新書）
2017.10 250p 18cm ¥840 ①978-4-480-06998-6

◆**ケルト文化事典**　木村正俊, 松村賢一編　東京堂出版
【要旨】古代から現代まで、「ケルト文化」をより深く理解できる"初の総合的事典"。歴史・社会・言語・宗教・民俗・伝承・文学・芸術などをテーマ別に収録。
2017.5 424p A5 ¥5000 ①978-4-490-10890-3

◆**最後はなぜかうまくいくイタリア人**　宮嶋勲著　日本経済新聞出版社　（日経ビジネス人文庫）
【要旨】アポの時間は努力目標。嫌なことは後回しでよい。一度に二つのことはしない。商談より食事が大切。それでも、結果が出るのはなぜ—？私たちも日本人とは対極のイタリア人の国民性を、著者が体験したエピソードとともに紹介。本書を読めば、小さな悩み事にクヨクヨするのがどうでもよくなります。
2018.1 238p A6 ¥750 ①978-4-532-19848-0

◆**"最新版" ドイツの街角から—素顔のドイツ・その文化・歴史・社会**　高橋憲著　郁文堂
【目次】プロローグ、ドイツと違う、ドイツと日本、ドイツの食文化、旅への誘い、間奏曲、ドイツ人と信仰、オーストリア事情あれこれ、ドイツのこれからの課題、そして日本、エピローグ
2017.4 190p A5 ¥1300 ①978-4-261-01265-1

◆**幸せってなんだっけ？—世界一幸福な国での「ヒュッゲ」な1年**　ヘレン・ラッセル著, 鳴海深雪訳　CCCメディアハウス
【要旨】なぜデンマーク人は世界で一番幸せなのか？デンマークにはたくさんの幸福記録がある。コペンハーゲンにある世界一のレストラン「ノーマ」、最も信頼できる国、格差を最も許さない国。「ヒュッゲ」な暮らしで、幸福が舞い降りてくる。イギリス人ジャーナリストが見つけた、北欧のシンプルで豊かな生活。
2017.3 397p B6 ¥1850 ①978-4-484-17102-9

◆**しがないサラリーマンの1930 - 32年**　武田良材著　（京都）日本独文学会京都支部, 郁文堂 発売　(Germanistenverband Kyoto)
【目次】第1章 役割を終えたロロロ叢書第1巻、第2章 ローヴォルト書店のサラリーマン、第3章 アウフバウ書店の起源、第4章 住まいでたどる『しがない男』、第5章 家計でたどる『しがない男』、第6章 イクメンのサラリーマンが主夫になる、第7章 1930 - 32年といま
2017.6 70p A5 ¥2000 ①978-4-261-07335-5

◆**知ってほしい国ドイツ**　新野守広, 飯田道子, 梅田紅子編著　高文研
【要旨】かつて2度も世界大戦を引き起こし、ヒトラーを生み、今はEU（ヨーロッパ連合）を中心にささえる"ふしぎの国" ドイツ。その過去と現在を、ありのままに伝える本！
2017.9 167p A5 ¥1700 ①978-4-87498-633-2

◆**スウェーデンが見えてくる—「ヨーロッパの中の日本」**　森元誠二著　新評論
【要旨】病院で、首相が順番待ちをする国の姿。ともに悩み、ともに考える良きパートナー。外交の現場で著者自ら撮影したカラー写真が示す、スウェーデンの彩り。
2017.5 270p B6 ¥2400 ①978-4-7948-1071-7

◆**図説 英国貴族の城館—カントリー・ハウスのすべて**　田中亮三文, 増田彰久写真　河出書房新社　（ふくろうの本）　新装版
【要旨】「ダウントン・アビー」撮影の舞台、ダイアナ妃、チャーチル、シェイクスピアゆかりの華麗なる邸宅の内部から、花咲き乱れるガーデンまで！絢爛豪華な貴族の館一挙公開！
2017.4 113p 22×17cm ¥1800 ①978-4-309-76254-8

◆**スペイン学　第19号**　京都セルバンテス懇話会編　論創社
【目次】論文 "魂" の遍歴譚として読む『ドン・キホーテ』、セルバンテス四百年忌を記念して ボルヘスと読む『ドン・キホーテ』の最終章—あるいはドン・キホーテの死（一）、南米ベネズエラから読む『ドン・キホーテ』—トゥリオ・フェブレス・コルデロ『アメリカのドン・キホーテ』を中心に、スペイン第二共和制と国際連盟—満州事変問題に対峙した知識人アサーニャ、マダリアガ、スルエタ、アソリンのパローハ評）、翻訳 ヘス・サンチェス・アダリ『ガレオン船』（二）—十七世紀のひとりのスペイン人による大西洋渡航記、著者・訳者の周辺（エミリア・パルド=バサン『ウリョーアの館』、ロサリア・デ・カストロ詩集『ガリアの岸辺で』、フワン・ラモン・サラゴサ『煙草 カリフォルニアウイルス』、ホセ・デ・カダルソ『モロッコ人の手紙 鬱夜』、『フランコ体制からの民主化—アレスの政治手法』）、書評、短信、報告、記録
2017.4 129p A5 ¥2400 ①978-4-8460-1619-7

◆**スロヴェニアを知るための60章**　柴宜弘, アンドレイ・ベケシュ, 山崎信一編著　明石書店　（エリア・スタディーズ 159）
【目次】1 スロヴェニアという国、2 歴史、3 多様な地域、4 マイノリティとディアスポラ、5 政治・経済・国際関係、6 社会・生活、7 言語・文化、8 スポーツ、9 日本・スロヴェニア関係
2017.9 360p B6 ¥2000 ①978-4-7503-4560-4

◆**世紀末ウィーンの知の光景**　西村雅樹著（諏訪）鳥影社・ロゴス企画
【要旨】奥深く、多様性をはらむ世紀末ウィーンの文化を、これまで知られている事柄はもとより、ほとんど知られていない知見を豊富に盛り込んで扱う。文学を初め、美術、音楽、建築・都市計画、そしてユダヤ系知識人の動向まで射

程に収める。
2017.10 337, 63p B6 ¥2200 ①978-4-86265-644-5

◆**世界一幸せな国、北欧デンマークのシンプルで豊かな暮らし**　芳子ビューエル著　大和書房
【要旨】デンマーク生まれの最高に居心地のいいライフスタイル。ヒュッゲに教わる、ものに囲まれずに満たされる暮らし方。
2017.10 189p B6 ¥1400 ①978-4-479-78400-5

◆**セルティック・ファンダム—グラスゴーにおけるサッカー文化と人種**　小笠原博毅著　せりか書房
【目次】第1章 ファンダムの解剖学、第2章「愛」か「純粋な憎しみ」か—基底主義的セクト主義と移行的コスモポリタニズム、第3章「フィーニアン・バースタード」—エスノグラフィの「ナーヴァス・システム」、第4章「このアタッキング・プレード！」—セルティック・ファンダムにみるサッカー美学とディアスポラ的想像力との節合、第5章 セクト主義人種差別の位相、第6章 アイデンティティ、儀礼、祈市神話、第7章 誰の偏見に抗するのか—「オールド・ファーム」における人種差別と「白人性」
2017.6 370p B6 ¥3000 ①978-4-7967-0366-6

◆**地域主権の国 ドイツの文化政策—人格の自由な発展と地方創生のために**　藤野一夫, 秋野有紀, マティアス・テーオドア・フォークト編　美学出版
【要旨】市民自らが芸術文化と社会とを批判的な視点に立って再び "架橋" する新しい社会。それを可能にする "地域主権" に根ざした現代ドイツの文化政策の全貌を明らかにする初めての試み。
2017.9 383p A5 ¥2700 ①978-4-902078-47-3

◆**チャヴ—弱者を敵視する社会**　オーウェン・ジョーンズ著, 依田卓巳訳（武蔵野）海と月社
【要旨】これが、新自由主義の悲惨な末路だ！緊縮財政、民営化、規制緩和、自己責任論など…。支配層の欺瞞を暴き、英米やEU各国で絶賛された衝撃の書！
2017.7 389p A5 ¥2400 ①978-4-903212-60-9

◆**デンマーク共同社会（サムフンズ）の歴史と思想—新たな福祉国家の生成**　小池直人著　大月書店
【要旨】「世界一仕合せな国」はいかに形成されたのか？グローバリズムと新自由主義下にあって、フレキシキュリティなどの制度革新を行いながら、共同に基づく「良好な社会」を探求しつづけるデンマーク。それを可能にした思想的背景と歴史過程を考察する本格的研究書。
2017.9 371, 5p A5 ¥4200 ①978-4-272-36090-1

◆**ドイツ通信「私の町の難民」—ヨーロッパの移民・難民の受入れと共生のこれから**　早川学著　柘植書房新社
【目次】1 ドイツの "何が" 難民を受け入れているのか、2 押し寄せる難民の波、3 パリのテロと移民、そして難民問題、4 この危機と難民問題は切り離すことはできない、5 ヨーロッパでのテロにみる共通点、6 ドイツにおける移民・難民の受け入れと共生、あとがきに代えて—今、私たちに求められていること
2017.4 206p B6 ¥1800 ①978-4-8068-0691-2

◆**ドイツで暮らそう**　細川裕史編著（京都）晃洋書房
【目次】第1部 ドイツへ行く／ドイツで暮らす（ドイツとドイツ語、留学の仕方あれこれ、留学資金のことあれこれ ほか）、第2部 ドイツでの日常生活／学校生活（ドイツでの日常生活、ドイツでの食生活、日本食にチャレンジしよう ほか）、第3部 ドイツで楽しむ／ドイツ人と楽しむ（長期滞在を乗りきるために、ドイツ人とのつきあい、パーティへ行こう！ ほか）
2017.5 153p A5 ¥1500 ①978-4-7710-2876-0

◆**ドイツに渡った日本文化**　寺澤行忠著　明石書店
【目次】序章 日独文化交流前史—第二次世界大戦まで、第1章 現代文化、第2章 伝統文化、第3章 日本美術、第4章 俳句、第5章 日本語図書、第6章 日本語教育と日本学、第7章 大学における日本学、第8章 ドイツ各地の日本文化、終章 日独文化交流の将来—東西文明・文化の融合へ
2017.10 232p B6 ¥2400 ①978-4-7503-4575-8

◆**日本の中のドイツを訪ねて**　真江村晃人, 真江村まき著　（名古屋）三恵社

社会・文化

【目次】サッポロビール博物館・札幌市、サッポロビール園・札幌市、札幌の八ンバーグ・札幌市、シュタイフ新千歳空港店とテディベア・千歳市、飯盛山の白虎隊とドイツ人・会津若松市、旧青木家那須別邸・栃木県那須塩原市、グリムの森・グリムの館・栃木県下野市、日本の子どもたちとグリム童話、市川市東山魁夷記念館・千葉県市川市、日本基督教団千葉教会・千葉市〔ほか〕
　　　　2017.2 153p A5 ¥3000 ①978-4-86487-623-0

◆パリの国連で夢を食う。　　川内有緒著　幻冬舎　（幻冬舎文庫）
【要旨】チャンスを摑んだのは31歳の時。2年間に応募した国連から突然書類審査に合格との知らせが舞い込んだ。2000倍の倍率を勝ち抜き、いざパリへ。世界一のお役所のガチガチな官僚機構とカオスな組織運営にビックリしながら、世界中から集まる野性味あふれる愉快な同僚と、個性的な生き方をする友人らに囲まれて過ごした5年半の痛快パリ滞在記。
　　　　2017.6 365p A6 ¥690 ①978-4-344-42617-7

◆パリのすてきなおじさん　　金井真紀文・絵、広岡裕児案内　柏書房
【要旨】難民問題、テロ事件、差別の歴史…。世界は混沌としていて、人生は苦い。だけどパリのおじさんは、今日も空を見上げる。軽くて、深くて、愛おしい、おじさんインタビュー＆スケッチ集。
　　　　2017.11 251p 17×12cm ¥1600 ①978-4-7601-4911-7

◆バルト海を旅する40章―7つの島の物語　　小柏葉子著　明石書店　（エリア・スタディーズ 155）
【目次】第1部 プロローグ・島々からみたバルト海域の歴史、第2部 サーレマー島―ネズの木の島、第3部 ヒーウマー島―白鳥の島、第4部 オーランド諸島―架け橋の群島、第5部 ゴットランド島―石と花の島、第6部 エーランド島―陽光の島、第7部 ボーンホルム島―風の島、第8部 リューゲン島―環の島
　　　　2017.2 289p B6 ¥2000 ①978-4-7503-4478-2

◆フィガロが選ぶパリっ子のためのオシャレにパリを楽しむ100　　アンヌ＝シャルロット・ド・ラングナ、ベルトラン・ド・ミオリスイラスト、太田佐絵子訳　原書房
【要旨】パリっ子ならではのパリの楽しみ方！フィガロ紙のパリ情報誌「フィガロ・スコープ」の「パリですべきことリスト」から選りすぐりの100項目。エスプリのきいたイラストと文章で紹介。
　　　　2017.4 203p 21×13cm ¥1800 ①978-4-562-05267-7

◆フィンランド 育ちと暮らしのダイアリー　　藤井ニエメラみどり著、髙橋睦子解説　（京都）かもがわ出版
【要旨】社会に支えられ、社会への信頼を育む。
　　　　2017.8 227p A5 ¥1800 ①978-4-7803-0920-1

◆フランスを問う―国民、市民、移民　　宮島喬著　（京都）人文書院
【要旨】移民から市民へ。差異にもとづく連帯へ…ポピュリズム、レイシズム政治の言説に惑わされないために。パリ同時テロ事件から2017年5月のマクロン大統領誕生まで。フランス社会は、移民をどう受け入れ社会に統合していくのか。国民戦線などのナショナルポピュリズムにどう抗していくのか。経済危機、失業、政治変動のなかで、フランスの統合問題が問われている。国民、市民、移民の問題を、19世紀にまでさかのぼり、さらに現在のヨーロッパの問題までを考察する。
　　　　2017.8 246p B6 ¥2800 ①978-4-409-23058-9

◆フランス人は仕事に振り回されない――流に学ぶ豊かな生き方のヒント　　船越清佳著　ヤマハミュージックエンタテインメントホールディングス
【要旨】人生を楽しむために働く。仕事もプライベートも充実させたいあなたに。
　　　　2017.9 149p B6 ¥1300 ①978-4-636-93337-6

◆フランス人は10着しか服を持たない―パリで学んだ "暮らしの質" を高める秘訣　　ジェニファー・L.神崎朗子訳【訳】・スコット著　大和書房　（だいわ文庫）
　　　　2017.5 263p A6 ¥650 ①978-4-479-30650-4

◆フランス人は10着しか服を持たない 2 今の家でもっとシックに暮らす方法　　ジェニファー・L.スコット著、神崎朗子訳　大和書房　（だいわ文庫）

【要旨】マダム・シックと離れてアメリカに戻った著者は、パリで学んだミニマムな暮らしを、カリフォルニアの自宅で実践している。出かけない日でも身ぎれいにする。やる気を出す「タイマーお片付け」。家族の団らんを「イベント」にする。他人を変えようとするのはシックじゃない。年齢を重ねるほどシックになれる。シリーズ累計100万部のベストセラー第2弾、待望の文庫化！
　　　　2017.8 262p A6 ¥650 ①978-4-479-30663-4

◆フランスはなぜショックに強いのか―持続可能なハイブリッド国家　　瀬藤澄彦著　文眞堂
【要旨】成長神話から一歩身を引き、博愛と自立に支えられた社会構築をめざすフランスモデル。フランス経済をマクロの需要管理システムとミクロの供給面の両サイドから長期トレンドで見ていくと、多くのイデオロギーを複合したハイブリッドな経済体制の姿が見えてくる。フランス経済の耐久力、ばねのある内需主導型モデルこそ私たちはもっと知る必要がある。
　　　　2017.6 293p B6 ¥2500 ①978-4-8309-4947-0

◆ブレグジット秘録―英国がEU離脱という「悪魔」を解き放つまで　　クレイグ・オリヴァー著、江口泰子訳　光文社
【要旨】キャメロン元首相の側近が英国史に残る大事件の舞台裏を政権内部から明かす！国民投票を前に展開される仁義なきメディア戦、次期首相の座をめぐる思惑―国民は何を信じたのか？ なぜ残留派はしくじったのか？
　　　　2017.9 660p B6 ¥3000 ①978-4-334-97953-9

◆ベラルーシを知るための50章　　服部倫卓、越野剛編著　明石書店　（エリア・スタディーズ 158）
【目次】1 ベラルーシの国土と歴史（ベラルーシという国のあらましとその国土―欧州の中心の平坦な国、古ルーシ諸公国とリトアニア大公国―スラヴとバルトの混交域 ほか）、2 ベラルーシの国民・文化を知る（土地の人間〔トゥティシャ〕の曖昧なアイデンティティ―ベラルーシ人ってだれ？、ベラルーシ語の起源や歴史的特徴―東スラヴ語群の一言語として ほか）、3 現代ベラルーシの政治・経済事情（国旗・国章・国歌から見えてくるベラルーシの国情―ソ連の名残をとどめる、アレクサンドル・ルカシェンコの肖像―「欧州最後の独裁者」と呼ばれて ほか）、4 日本とベラルーシの関係（ベラルーシ出身の初代駐日ロシア領事ゴシケーヴィチ―その生涯と晩年の地を訪ねて、日本とベラルーシの二国間関係―外交と経済関係 ほか）
　　　　2017.9 348p B6 ¥2000 ①978-4-7503-4549-9

◆ポルトガル物語―漁師町の春夏秋冬　　青目海著　（福岡）書肆侃侃房　（KanKan Trip Life 1）
【要旨】極楽市場に集うのは、人と花と笑う犬…ポルトガルの小さな漁師町で季節ごとに降ってきた愛しく切なく、かけがえのない日々。閉じたはずの小函からあふれでる夢のようにすぎた「青目海」の20年。
　　　　2017.6 174p A5 ¥1600 ①978-4-86385-264-8

◆マッティは今日も憂鬱―フィンランド人の不思議　　カロリーナ・コルホネン著、柳澤はるか訳　方丈社
【要旨】マッティは、典型的なフィンランド人。平穏と静けさと個人的領域を、とても大事にしています。この本を読んで、もし、共感していただけたなら。あなたの中にも、"小さなマッティ" がいるのかもしれません。
　　　　2017.4 1Vol. 16×20cm ¥1500 ①978-4-908925-12-2

◆無形文化遺産ウィーンのカフェハウス―その魅力のすべて　　沖島博美著　河出書房新社
【要旨】伝統あるカフェで優雅なひとときを。2011年、ユネスコの無形文化遺産に登録されたウィーンのカフェ文化と歴史を深く知り、愉しむための必携ガイド。カフェ・コンディトライのショップガイドも満載！
　　　　2017.10 127p A5 ¥1600 ①978-4-309-22713-9

◆女神フライアが愛した国―偉大な小国デンマークが示す未来　　佐野利男著　（平塚）東海大学出版部
【要旨】日本を映し出すデンマークという鏡。新たな視点から日本の教育・働き方改革・高齢化社会のあり方に一石を投じ、日本の将来モデルを示唆する。
　　　　2017.11 182p 21×14cm ¥2800 ①978-4-486-02162-9

◆ロンドンパブスタイル―英国パブカルチャー＆建築インテリア　　ジョージ・デイリー文、チャーリー・デイリー写真、八木恭子訳　グラフィック社

【要旨】何世紀にもわたり、パブはロンドンの文化と社会にとって欠かせない存在でありつづけている。本書に登場する歴史と伝統を持つロンドンのパブでは、ときに高名な作家がペンを取り、政治的な密談がなされ、飲み食い以外のサブカルチャーが多く生まれた。ロンドンのパブは、まさに時代を作る中心地であったといえるだろう。本書では由緒あるロンドンのパブ22軒の成り立ちや歴史、内装や外装のディテール、よく通った有名人、そこで起こった事件などのエピソードのほか、時代背景やパブカルチャーにまつわるバックストーリーなどを掲載。歩んできた歴史とともに磨きを増す、ヒストリカルで美しい豊富なインテリア写真とともに、あなたを英国パブの世界へいざなう。
　　　　2018.1 204p 25×19cm ¥2700 ①978-4-7661-3110-9

中東

◆アラブ人の世界観―激変する中東を読み解く　　水谷周著　国書刊行会
【要旨】現代アラブと中東がわかる。激変するアラブに予測困難なドナルド・トランプの登場。アラブ人の世界観にフォーカス。わかりづらい現状と未来を読み解く迫真の一冊。
　　　　2017.5 264p B6 ¥2200 ①978-4-336-06152-2

◆池上彰の講義の時間 高校生からわかるイスラム世界　　池上彰著　集英社　（集英社文庫）
【要旨】世界の4人に1人はイスラム教徒。それなのに私たちは、彼らの本当の姿をほとんど知らないのでは？ イスラム世界が経済をはじめ、世界情勢を動かしつつある今、イスラム教を知ることが不可欠ー。だから教えて、池上さん！ イスラム教の起源や戒律から、絶えない紛争の理由、そして「イスラム国」。池上彰が高校生に語った講義をわかりやすくまとめた、本当のイスラム世界を知るための必読書！
　　　　2017.10 245p A6 ¥580 ①978-4-08-745652-3

◆イスラム金融の基礎 金融市場編　　サバリア・ノルディン、ザエマ・ザイヌディン著、岡野俊介訳　日本マレーシア協会、紀伊國屋書店発売
【要旨】1 イスラム金融と銀行業（イスラムを生活様式として理解する、お金が果たす役割 ほか）、2 利率を理解する（お金の時間的価値、期待価値と利率 ほか）、3 イスラムから見たリバー（リバーの意味、リバーの禁止 ほか）、4 イスラム金融市場（イスラム短期金融市場、イスラム長期金融市場 ほか）、5 イスラム金融市場における規則（イスラム金融サービス委員会（IFSB）、国際イスラム金融市場（IIFM）ほか）
　　　　2017.5 79p 23×15cm ¥1500 ①978-4-87738-486-9

◆イスラム金融の基礎 入門編　　シャーリザ・オスマン、ザヒルディン・ガザリ、サイド・モハマド・ナイム・ガザリ著、森林高志訳　日本マレーシア協会、紀伊國屋書店 発売
【要旨】本書はイスラム金融の解説であるが、第一章ではシャーリア法に適った金融サービスの規程について述べている。シャーリア法はイスラム銀行制度設立の基礎である。第二章はシャーリアの原則とタビ（自然）の原則の違いを説明している。第三章は利益についてのイスラム教の理論を説明している。第四章はイスラム金融においてガラールとして知られているリスクと不確実性にふれている。第五章はイスラム銀行業務のもっとも重要な原則であるリバ（利子）を論じている。第六章はイスラム銀行業に関連した金融問題を説明している。
　　　　2017.5 87p 23×15cm ¥1500 ①978-4-87738-485-2

◆イスラム世界 やさしいQ&A　　岩永尚子著　講談社　（世の中への扉）
【要旨】現在、世界の4人に1人がイスラム教を信仰しています。あなたは、イスラム教を信じる人たちについて、どのくらい知っていますか？ お祈りからおもてなしまで22のQ&Aと、複雑な歴史について16のQ&Aで、イスラム世界をやさしく解説。難しく見える信仰から難民問題まで、よく分かるようになります！ 小学上級から。
　　　　2017.10 173p B6 ¥1200 ①978-4-06-287030-6

◆クルド人 国なき民族の年代記―老作家と息子が生きた時代　　福島利之著　岩波書店
【要旨】過激派組織「イスラム国」の攻勢を食い止めたことで、国際的な注目を集めるイラクの

クルド自治区。しかし、イラク・トルコ・シリア・イラン各国で苛烈な弾圧を受けてきた「国家を持たない最大の民族」クルド人の歴史はほとんど知られていない。「国民的」老作家フセイン・アーリーフと息子の通訳マツダ、マツダの親友でジャーナリストのヤヒヤ・バルザンジの語りを通して、自由と独立を求め続けるクルド人の歴史と今を生き生きと伝える。
2017.6 218p B6 ¥2200 ①978-4-00-022641-7

◆嗜好品カートとイエメン社会　大坪玲子著　法政大学出版局
【要旨】現代イエメンの経済・文化・社会に大きな影響力をもつ嗜好品カート。その生産・流通・消費をめぐる現地調査を通じて、イエメン独自のイスラーム社会を描いた民族誌的研究。商品作物としてのカートについて日本語で書かれた初の総合的モノグラフである本書は、中東世界の多様性のみならず、人類の嗜好品との関係について普遍的な理解をもたらす。地域研究を超えた人文社会科学への貢献。
2017.8 293, 45p A5 ¥6000 ①978-4-588-33601-0

◆知立国家 イスラエル　米山伸郎著　文藝春秋　(文春新書)
【要旨】ノーベル賞受賞者数、研究開発費、博士号保有者数、ベンチャー起業数…人口比で世界一の知的レベルの高さを誇るイスラエル。その強さの背景には軍のエリート選抜システム、「失敗を恐れない」教育、移民がもたらす多様性、そして不屈のフロンティア精神があった！
2017.10 259p B6 ¥860 ①978-4-16-661143-0

◆日本人だけが知らない砂漠のグローバル大国UAE　加茂佳彦著　講談社　(講談社プラスアルファ新書)
【要旨】夢とおカネが湧き出る国！UAEの実像！いま世界のビジネスマン、投資家、技術者がこぞってUAEに向かう理由とは？　波に乗り遅れる前に読む本。
2017.2 205p 18cm ¥840 ①978-4-06-272971-0

◆反核の闘士ヴァヌヌと私のイスラエル体験記　ガリコ美恵子著　論創社
【要旨】1991年、夫と共にイスラエルに移住した著者は、離婚後、さまざまな職業に就きイスラエル社会に溶け込んでいくが、2006年、ヴァヌヌとの出会いで大きくその人生の軌跡を変えることになる！
2017.1 231p B6 ¥1800 ①978-4-8460-1589-3

◆引き裂かれた道路——エルサレムの「神の道」で起きた本当のこと　ディーオン・ニッセンバウム著, 沢田博訳　三省堂
【要旨】中東エルサレムの「神の道」と呼ばれる通りには、イスラム教徒とユダヤ教徒が通りを挟んで住んでいる。「パレスチナ問題」を実際にこの地に住み、直接取材をしたアメリカ人ジャーナリストが描く。
2017.6 365p B6 ¥2700 ①978-4-385-36061-4

◆ブラック・フラッグス　上——「イスラム国」台頭の軌跡　ジョビー・ウォリック著, 伊藤真訳　白水社
【要旨】「イラクのアル=カーイダ」の創設者ザルカウィの生い立ちから「イスラム国」の指導者バグダディによるカリフ制宣言まで、疑似国家の変遷と拡大の背景を迫真の筆致で描く。中東取材20年のベテラン・ジャーナリストによる傑作ノンフィクション！ ピュリツァー賞（一般ノンフィクション部門）受賞作。
2017.8 255, 5p B6 ¥2300 ①978-4-560-09561-4

◆ブラック・フラッグス　下——「イスラム国」台頭の軌跡　ジョビー・ウォリック著, 伊藤真訳　白水社
【要旨】ヨルダン、イラク、シリア、アメリカを舞台に、政府・情報機関・軍とテロリスト・ネットワークとの間で繰り広げられる激しい攻防—。200人を超える匿名の生々しい証言と精緻な裏づけにより、混迷する中東の全体像を鮮やかに浮かび上がらせた必読の書！ ピュリツァー賞（一般ノンフィクション部門）受賞。
2017.8 264, 6p B6 ¥2300 ①978-4-560-09562-1

◆ぼくの村は壁で囲まれた——パレスチナに生きる子どもたち　高橋真樹著　現代書館
【目次】1章 壁と入植地に囲まれたぼくの村、2章「占領」とは何か？、3章 パレスチナ問題の歴史をたどる、4章 難民キャンプの子どもたち、5章 インティファーダ—ぼくは石を投げた、6章 ガザ—空爆は突然やってくる、7章 イスラエル市民はなぜ攻撃を支持するのか？、8章 非暴力

で闘うパレスチナの若者たち、9章 米国、国際社会、そして日本は何をしているのか？、10章 わたしたちにできること
2017.4 200p 18×14cm ¥1500 ①978-4-7684-5802-0

◆もっと知りたい！ イスラエル—古くて新しい国★イスラエルの旅　平岡真一郎文・写真　(府中) エフ・エル・リンク, ミルトス 発売
【目次】イスラエルという国について、エルサレム、エルサレム旧市街、エルサレム新市街、ベツレヘム、エルサレム近郊、エリコ、南部、チンの荒野、ベエルシェバ〔ほか〕
2017.8 111p A4 ¥1500 ①978-4-89586-050-5

アジア・アフリカ

◆アオザイ通信完全版　1　食と文化　西島大介著　双子のライオン堂
【要旨】ベトナムがもっと近くなる!?エッセイコミック。
2017.11 51p B5 ¥1000 ①978-4-9909283-1-5

◆アオザイ美人の仮説—おもしろまじめベトナム考　高橋伸二著　時事通信出版局, 時事通信社 発売
【要旨】なぜベトナムの女性は嫉妬深いのか!?時事通信社ハノイ支局長の熱風取材録。
2017.10 304p B6 ¥1200 ①978-4-7887-1534-9

◆アフリカ　島田周平, 上田元編　朝倉書店　(世界地誌シリーズ 8)
【目次】1 総説、2 自然、3 自然と生業、4 生業と環境利用、5 都市、6 地域紛争、7 グローバル化とフォーマル経済、8 開発・協力と地元社会
2017.9 163p B5 ¥3400 ①978-4-254-16928-7

◆「アフリカ」で生きる。—アフリカを選んだ日本人たち　ブレインワークス編著　カナリアコミュニケーションズ
【要旨】最後のフロンティアと言われるアフリカ。アフリカ大陸で働く日本人から学ぶ、どうしてアフリカだったのか？
2017.4 222p B6 ¥1400 ①978-4-7782-0380-1

◆インドへの扉—13億人の大国インドに飛び込む心構え　藤田寿仁著　カナリアコミュニケーションズ
【要旨】こんな本が欲しかった！ 13億人の大国インドの常識とは？ 価値観とは？ 一般の解説書では分かりにくい、現地でのビジネスの流儀やネットワークの活用をストーリーで紹介！
2017.12 223p B6 ¥1300 ①978-4-7782-0416-7

◆失われるシクロの下で—ベトナムの社会と歴史　橋本和孝著　(西東京) ハーベスト社
【要旨】ますます注目されている親日の国ベトナム、19年におよぶ現地調査に基づく渾身の研究成果である。日本の社会学者による日本語でのわが国で最初のまとまったベトナムの社会と歴史に関する研究であり、公共性、社会階層分析、貧困・都市分析、歴史社会学的研究、いずれもユニークな研究である。『アジアで考える地域で考える』、『シンガポール・ストリート』に続く、三部作の完成である。
2017.2 219p A5 ¥2800 ①978-4-86339-082-9

◆女たちの「謀叛」—仏典に仕込まれたインドの差別　落合誓子著　(大阪) 解放出版社
【目次】1 釈迦の悟りとうわさ、2「マヌの法典」、3 浄土三部経を読む、4 王舎城の悲劇、5「是梅陀羅」が問いかけるもの、6 大乗仏教の女性観、7 第三十五願を考える、8 反逆の砦のなかで、9 新しい教学への息吹、補論（「王舎城の悲劇」は、なぜ起きたのか？（伊勢谷功）、真俗二諦について（比後孝）
2017.12 270p B6 ¥1800 ①978-4-7592-5312-2

◆海外暮らし最強ナビ アジア編—移住者たちのリアルな声でつくった　室橋裕和, 海外移住情報研究会編　辰巳出版
【要旨】日本での人生にちょっと疲れたら…生き方を少し変えてみたいと思ったら…アジア暮らしは誰にでも簡単にできます！ タイ、ベトナム、シンガポール、インドネシア、マレーシア、台湾…仕事選びから物件、食事、トラブル対応まで、現地で生きていくためのノウハウが満載。
2017.9 223p A5 ¥1500 ①978-4-7778-1913-3

◆風のかなたのラサ—チベット学者青木文教の生涯　高本康子著　(京都) 自照社出版

【目次】第1部 おいたち（琵琶湖のほとり、京都の伝統 ほか）、第2部 はじめての冒険（海の向こうへ、ダライ・ラマ13世 ほか）、第3部 チベットの都ラサ（ラサへ、留学生として ほか）、第4部 チベット学者として（最初の試練、『西蔵遊記』ほか）
2017.8 123p A5 ¥1000 ①978-4-86566-040-1

◆ガーナは今日も平和です。　山口未夏著　カナリアコミュニケーションズ
【要旨】会宝産業の社員として、JICA民間連携ボランティア制度を利用して、憧れの地西アフリカへ。そこで待っていたのは、思うように進まないプロジェクト、文化の壁、そして、なかなか動かない現地の人々の意識のすれ違い。異国の地で突きつけられる活動の厳しさと現実。2年間のボランティア活動を余すことなく1冊に！ 海外ビジネスを目指す若者に贈る奮闘記!!
2017.10 164p B6 ¥1300 ①978-4-7782-0413-6

◆ガンディー 現代インド社会との対話—同時代人に見るその思想・運動の衝撃　内藤雅雄著　明石書店　(世界歴史叢書)
【目次】第1章 ネルーとガンディーの対話—交換書簡を通じて、第2章 ガンディーとスバース・チャンドラ・ボース——一九三九年の政治危機、第3章 ガンディーとアンベードカー—「不可触民問題」をめぐって、第4章 ガンディーとインド人企業家、第5章 ガンディーとインド農民、第6章 ガンディーと女性、第7章 インドの分離独立とガンディー暗殺、特論 日中戦争期のガンディーをめぐる日本人知識人
2017.2 407p B6 ¥4300 ①978-4-7503-4473-7

◆ガンディーの遺言—村単位の自給自足を目指して　M.K. ガンディー著, 片山佳代子訳編　(名古屋) ブイツーソリューション, 星雲社 発売
【目次】第1章 インドの課題、第2章 機械の弊害、第3章 自分で着るために作る、第4章 独立の心構え、第5章 ガンディーの経済、第6章 理想の実現に向けて、第7章 受託者制度（trusteeship）
2017.3 137p B6 ¥800 ①978-4-434-22859-9

◆カンボジア孤児院ビジネス　岩下明日香著　潮出版社
【要旨】観光客のために「孤児」を演じる孤児ではない子どもたち。その実態に斬り込んだ衝撃ルポ！ 潮アジア・太平洋ノンフィクション賞第4回受賞作!!
2017.7 196p B6 ¥1400 ①978-4-267-02091-9

◆カンボジア農村に暮らすメマーイ（寡婦たち）—貧困に陥らない社会の仕組み　佐藤奈穂著　(京都) 京都大学学術出版会　(地域研究叢書)
【要旨】寡婦の貧困は現代の深刻な問題である。しかし、東南アジアでは寡婦が特に貧困だとはいえない。реальному東南アジアには貧困を顕在化させない経済関係があったが、急速な市場化の中でそうした仕組みは消滅したとされる。にもかかわらずなぜ寡婦は貧困なのだろう。緻密なフィールドワークと女性の視点による参与的分析で、先進国では崩壊しつつある再生産の領域こそが、人々の安全を保障する核となることを示す。
2017.2 249p A5 ¥3700 ①978-4-8140-0062-3

◆現代エチオピアの女たち—社会変化とジェンダーをめぐる民族誌　石原美奈子編著　明石書店
【目次】第1部 変貌する家族（土地を獲得する女性たち—アムハラの結婚は変わるのか？、越境する女性たち—海外出稼ぎが変える家族のかたち）、第2部 グローバル言説と言う（家族計画をめぐるジレンマ—オロミア州バレ県の農村より、女性器切除と廃絶運動）、第3部 体制に挑む（戦う女性たち—エリトリア人民解放戦線と女性、キリスト教国家とムスリム聖女—スィティ・ムーミナの奇跡譚）、第4部 聖性に集う（ハドラに集う女性たち、「生活の向上」を目指す—ムスリム聖者における女性組合の試み）
2017.2 302p A5 ¥5400 ①978-4-7503-4452-2

◆現代モンゴル読本　佐々木健悦著　社会評論社　増補改訂版
【要旨】日本人のモンゴル像を一新する読本。モンゴル近現代史と同時代の知られてない諸相、長年、流布されたモンゴルについての間違った通念や俗説を覆す。モンゴル国と向き合い、モンゴル人と真撃に付き合うつもりの日本人には必読の書。
2017.11 430p A5 ¥3200 ①978-4-7845-1361-1

◆五〇年の経験を本音で語る 巨象インドの真実　武藤友治著　（川崎）出帆新社
【要旨】インドに50年…財界人・政治家・ジャーナリスト・画家など著名人との出会いの数々からインドの真実を探る。
2017.9 262p B6 ¥1800 ①978-4-86103-113-7

◆「国家英雄」が映すインドネシア　山口裕子、金子正徳、津田浩司編著　（松本）木犀社
【要旨】インドネシアの独立に最も貢献した人物をたたえる最高位の称号、「国家英雄」。1万3千もの島々に、千を超える民族集団を擁する国家として独立してから70年あまり、生まれながらの「インドネシア人」が国民の大多数を占め、民主化と地方分権化の進む今となってもなぜインドネシアは、なぜ「英雄」を生み出し続けるのか。国民創設期に誕生した国家英雄制度は、国民統合に向けて変容を重ね、高度に体系化されてきた。その歴史と認定された英雄、認定をめざす地方や民族集団の運動に光を当てる。
2017.3 333p A5 ¥4000 ①978-4-89618-066-4

◆ジェンダーとセクシュアリティで見る東アジア　瀬地山角編著　勁草書房
【要旨】東アジアの性、家族、社会。何が変わり、何が変わらなかったのか？ 2000年代以降の状況を気鋭の研究者たちが新たな視角から切り込む。
2017.11 314p A5 ¥3500 ①978-4-326-60298-8

◆ジャジューカ―モロッコの不思議な村とその魔術的音楽　ムジアーンズ編　太田出版
【要旨】世！界！初・ジャジューカ村詳細MAP付！"聴いて、行ける"徹底ガイドブック。
2017.11 143p B6 ¥2600 ①978-4-7783-1601-3

◆新・金なし、コネなし、フィリピン暮らし！―ゼロからはじめる異国生活マニュアル　志賀和民著　イカロス出版
【要旨】「危ない国」という偏見は捨ててしまおう。フィリピンは愛と笑顔あふれる楽園だ！
2017.4 405p A5 ¥1600 ①978-4-8022-0338-8

◆続・輝く瞳に会いに行こう　原田義之著　（福岡）梓書院
【目次】第1部 プロローグ、第2部 アカ族子供、今、第3部 ボランティア教師が見たもの、第4部 心にきらり、第5部 私は支えられた、第6部 奉仕に熱い本列島、第7部 奉仕の真理
2017.5 275p B6 ¥1600 ①978-4-87035-598-9

◆ソマリランドからアメリカを超える―辺境の学校で爆発する才能　ジョナサン・スター著、黒住奈央子、御舩由美子訳、高野秀行解説　KADOKAWA
【要旨】破綻国家・ソマリアの傍にある、平和な"未承認国家"、ソマリランド。平和であるにもかかわらず、国際社会からは無視されているため、援助もなく、教育機関も少なく、若者は留学もできない。その国に、一人のアメリカ人が飛び込んだ。彼が私財をなげうって挑んだのは、学校創り。それも、ハーバードやMITに進学しうるエリートを育成する学校だった。ジハード主義者の突き上げは無論のこと、学校乗っ取りを企む地元有力者まで現れて七転八倒！ しかし、イスラム教徒でもない男は、不可能とされた目標を生徒たちと実現していく!!
2017.9 326p B6 ¥1600 ①978-4-04-105566-3

◆大学生が見た素顔のモンゴル　島村一平編　（彦根）サンライズ出版
【目次】第1部 素顔の遊牧民（モンゴル遊牧民の子育て、タイガと草原に生きる遊牧民―フブスグル県のダルハド遊牧民との生活体験から、モンゴル遊牧民の馬の個体認識をめぐって―毛色を中心に）、第2部 街の素顔（モンゴル人のヘルレン（口喧嘩）の技法、幽霊譚から読み解く現代モンゴル社会、モンゴルの学校には「いじめ」がない？）、第3部 「伝統文化」の相貌（「伝統」という概念のゆらぎ―モンゴル舞踊をめぐる「伝統」観の世代間格差、演じ分けられた民族音楽―モンゴル国における2種類のカザフ民族音楽の創造）、第4部 日本とモンゴルの接点をみつめる（比較してみた日本とモンゴルの歴史教科書―元寇・ノモンハン事件・第二次世界大戦、柔道・レスリングは、モンゴル相撲の一部なのか？―ウランバートルのモンゴル相撲道場の事例から）
2017.11 304p A5 ¥3200 ①978-4-88325-632-7

◆体制転換期ネパールにおける「包摂」の諸相―言説政治・社会実践・生活世界　名和克郎編　三元社　（東洋文化研究所研究報告―東洋文化研究所叢刊 第31輯）
【要旨】多民族・多言語・多宗教・多文化性を前提とした連邦民主共和制に向けた転換期のネパー

ルを生きる人びとの歩み、その主張と実践がおりなす布置を「包摂」を梃子に明らかにすると同時に、「包摂」をめぐる現象を民族誌的状況（生活世界）の中に位置付け、「統合」から「包摂」へと転換した「民主化」のいまを概観する。
2017.3 579p A5 ¥6300 ①978-4-88303-433-8

◆台湾における「日本」イメージの変化、1945・2003―「哈日（ハーリ）現象」の展開について　李衣雲著　三元社
【要旨】台湾では、なぜ旧植民地支配者である日本の大衆文化が好感を持たれ、爆発的ブーム（「哈日現象」）を引き起こすことになったのか。台湾・日本‐中国間の関係における「日本」イメージ、「中国」イメージの変化を、「脱日本化」と「中国化」、台湾人の集合的記憶やハビトゥスなど、歴史的文脈の複雑なもつれを解きほぐし、その実態を明らかにする。
2017.10 441p A5 ¥6200 ①978-4-88303-445-1

◆台湾の表層と深層―長州人の熱情と台湾人のホンネ　福屋利信著　かざひの文庫、太陽出版発売
【要旨】親日感情を育てたのは長州人だった!?歴史からポップカルチャーまで、複眼で見たリアル台湾。
2017.2 255p B6 ¥1500 ①978-4-88469-898-0

◆東大塾 社会人のための現代アフリカ講義　遠藤貢、関谷雄一編著　東京大学出版会
【要旨】市場・最後のフロンティア、いまのアフリカを知るために。援助対象地域からビジネス・パートナー地域へと変貌したアフリカの現在を最新の研究動向を踏まえ、あらゆる角度から分析をする、現代アフリカを知る格好の入門書。東大発、社会人むけ連続講座「グレーター東大塾」の書籍化。
2017.9 249p A5 ¥3900 ①978-4-13-033074-9

◆東南アジアで働く　横山和子著　ぺりかん社（なるにはBOOKS 補巻18）
【要旨】新たな市場を発見！ 社会の経済発展を支援！ 東南アジアの新興国で、しなやかに活躍する起業家たちを紹介。起業するための要素や成功するための心構え、情報の入手方法などを詳しく解説。
2017.12 143p 19×13cm ¥1500 ①978-4-8315-1490-5

◆なぜインド人は日本が好きなのか―議論と占いで人生を決める13億の人々の秘密　マルカス著　サンガ
【要旨】不思議の国インドを知れば、未来の日本が見えてくる？ 知日派インド人が縦横無尽に語りまくる、奥深きインド！
2017.11 206p B6 ¥1400 ①978-4-86564-104-2

◆謎の独立国家ソマリランド―そして海賊国家プントランドと戦国南部ソマリア　高野秀行著　集英社（集英社文庫）
【要旨】"崩壊国家ソマリア"の中で奇跡的に平和を達成しているという謎の独立国ソマリランド。そこは「北斗の拳」か"ONE PIECE"か。それとも地上の"ラピュタ"なのか。真相を確かめるべく著者は世界で最も危険なエリアに飛び込んだ。覚醒植物に興奮し、海賊の見積りをとり、イスラム過激派に狙われながら、現代の秘境を探る衝撃のルポルタージュ。第35回講談社ノンフィクション賞、梅棹忠夫・山と探検文学賞受賞作。
2017.6 576p A6 ¥920 ①978-4-08-745595-3

◆ネパールの生活と文化―教育支援（NGO）を始めて　後恵子著　（大阪）竹林館
【要旨】身近なネパール。肌で感じたネパール滞在記。
2017.2 99p B6 ¥1500 ①978-4-86000-351-7

◆バングラデシュを知るための66章　大橋正明、村山真弓、日下部尚徳、安達淳哉編著　明石書店（エリア・スタディーズ 32）第3版
【目次】1 人・国・水、2 生活に息づく文化、3 経済・産業、4 社会開発の諸課題、5 マイクロクレジット、ソーシャル・ビジネス、NGO、ODA、6 都市・人口問題、7 地方・農村・農業、8 チッタゴン丘陵地帯・少数派の人々、9 バングラデシュと世界の関係
2017.10 434p B6 ¥2000 ①978-4-7503-4571-0

◆バンコクナイツ 潜行一千里　富田克也、相澤虎之助著　河出書房新社
【要旨】バンコクの日本人向け歓楽街・タニヤ通りを舞台にした映画を撮ろうと目論む空族は、そこで出会った娼婦や出稼ぎ労働者たちが熱狂する音楽"モーラム"や"プア・チーウィット（生きるための歌）"の存在を知る。その魅惑的

な旋律に導かれ、男たちはイサーン（タイ東北地方）の森へ、そしてメコン川を越えラオスの山岳地帯へと迷い込むのだ。次第に明らかになるベトナム戦争の陰惨な傷跡と、資本主義の下劣なる欲望。しかし、世界経済の暴力に覆い尽くされたインドシナの大地で、抵抗の音楽とともに生きる人々の姿は、その最深部にこそ"楽園"があることを示していたのであった…。映画『バンコクナイツ』に至る十年間の潜入が生み出した驚愕のドキュメント。
2017.11 301p B6 ¥1600 ①978-4-309-02631-2

◆東アジアにおける都市文化―都市・メディア・東アジア　二松學舍大学文学部中国文学科編　明徳出版社
【目次】古代中国の都市論―理念の王国から国際都市へ、中国の地方都市と三国志遺跡、中国における風景認識の展開と「図経」、杭州・西湖への旅のかたち―明代の日記を中心に、漢文訓読・日本漢文への熱いまなざし―海外の大学における漢文講義、映像と空間をめぐる関係性の現在―地図のなかの空間イメージとその技術的変容―福島第一原発事故直後のNHK報道から考え、ローカリティの「発見」をめぐる移動の物語―「ディスカバー・ジャパン」から「江古田スケッチ」まで
2017.3 155p B6 ¥1600 ①978-4-89619-944-4

◆ピープルズ―ミャンマー暮らしの日々　片桐雙觀著　（大阪）清風堂書店
【要旨】滞在する日本人が内側から見た変革が進むミャンマーの人々の社会・気質・暮らし…今後の経済協力にあたって知っておいてほしい、"ミャンマー"の今の姿。
2017.6 207p B6 ¥1400 ①978-4-88313-859-3

◆フェイクタイワン―偽りの台湾から偽りのグローバリゼーションへ　張小虹著、橋本恭子訳　東方書店（台湾学術文化研究叢書）
【要旨】グローバルな環境で製作され、グローバルにヒットした映画『グリーン・デスティニー』は「偽中国映画」か？ 真正品と奇妙な共依存関係にある偽ブランド品は悪なのか？ 絶対的な「真」と、非難・排除すべき「偽」という二項対立の外にある「偽」の真実を様々なレトリックを駆使して考察。凝り固まった常識を揺さぶる思考のダンス。
2017.5 287p A5 ¥3000 ①978-4-497-21708-0

◆ブータン―国民の幸せをめざす王国　熊谷誠慈編著　（大阪）創元社
【要旨】ブータンの国民は実際に幸福？ ブータンの仏教と王朝はどうなっている？ ブータンは戦争をしたことがない？ ブータンのめざす近代化とは？ ブータンと日本の関係は？ 知れば知るほど魅せられる国ブータンの真実の姿。
2017.7 247p B6 ¥1800 ①978-4-422-36002-7

◆ベトナムの基礎知識　古田元夫著　めこん（アジアの基礎知識 4）
【目次】1 ベトナムはどんな国か、2 地域区分、3 主要都市、4 歴史―先史からベトナム民主共和国独立まで、5 独立ベトナムの歩み1 戦争の時代、6 独立ベトナムの歩み2 ドイモイの時代、7 政治、8 経済と社会、9 隣人との関係、10 日本とベトナム
2017.12 314p A5 ¥2500 ①978-4-8396-0307-6

◆マハティール・チルドレンの国 マレーシア―日本人より武士道精神と自立心のある国を目指す　菅原明子著　成甲書房
【要旨】経済成長が著しく、活気あふれるマレーシア「仕事」「生活」「教育」「文化」の四つの視点

社会・文化

から、マレーシア起業や不動産投資を目的に移住した日本人たちや、一般的なマレーシア人家庭、一流大学の学長やそこに通う学生たち、事業で成功をおさめたマレーシアの実業家など、それぞれの人や現場を訪問しつつ、インタビューを織り交ぜながら、マレーシアへの理解を深めていきます。果たしてマレーシアの豊かさや成長の背景には、どのような秘密があるのでしょうか？　2017.9 170p B6 ¥1400 ①978-4-88086-360-3

◆南アジア系社会の周辺化された人々─下からの創発的生活実践　関根康正、鈴木晋介編著　明石書店　（叢書「排除と包摂」を超える社会理論 3）
【目次】序章 社会的排除の闇を内在的に読み替える、第1章 イギリスにおける「アジア系」市民の政治参加、第2章 ブリティッシュ・エイジアン音楽の諸実践における「代表性」と周縁化─サブ・エスニシティの観点から、第3章 インド系英語作家にみる排除と包摂─ジュンパ・ラヒリを事例に、第4章 コロニアル・インドにおける「美術」の変容─神の変容をめぐる「周辺」からの抵抗、第5章 ネパールにおけるカーストの読み替え─肉売りを担う人々の日常と名乗りのポリティクス、第6章 ネオリベラリズムと路傍の仏堂─スリランカの民衆宗教実践にみるつながりの表現、第7章 下からの創発的連結としての歩道寺院─インドの路上でネオリベラリズムを生き抜く、結章「社会的排除と包摂」論批判─ネオリベラリズムの終焉にむけて　2017.4 229p A5 ¥3800 ①978-4-7503-4510-9

◆メコンを下る　北村昌之著　めこん
【要旨】青海省、チベット自治区、雲南省、ラオス、カンボジア、ベトナム、11年をかけてメコン全流4909キロを下った。東京農業大学探検部学生・OBたちの記録。　2017.6 657p B6 ¥5500 ①978-4-8396-0235-2

◆モザンビークの誕生─サハラ以南のアフリカの実験　水谷章著　花伝社、共栄書房 発売
【要旨】数百年におよぶ植民地支配を経て、1975年に独立を果たすも、直後に内戦が勃発したモザンビーク。石炭・天然ガスの開発・発見でにわかに注目を集めるなか、内戦克服への努力を重ね、「平和定着のモデル国」とされるモザンビークの挑戦をえがく。　2017.1 227, 17p B6 ¥2000 ①978-4-7634-0802-0

◆モンゴル力士はなぜ嫌われるのか─日本人のためのモンゴル学　宮脇淳子著　ワック（WAC BUNKO）　（『朝青龍はなぜ強いのか？』改訂・改題書）
【要旨】遊牧文化のモンゴルに先輩・後輩の序列はなく、「力」がすべての社会！ トップは法をつくる人であって、守る人ではない！ 白鵬が我がもの顔で振る舞う理由。　2017.12 237p 18cm ¥920 ①978-4-89831-770-9

◆ルワンダに灯った希望の光─久美子のバナナ和紙　津田久美子著　（福岡）書肆侃侃房
【要旨】行動を起こすのに、年齢・経験は関係ない！ 捨てられていたバナナの茎から、環境に優しい方法で「国産」のバナナペーパーを作りたい─。著者がたどった、汗と涙と喜びの12年。　2017.3 239p B6 ¥1600 ①978-4-86385-251-8

◆Q&A形式で答えるチベットの基礎知識　Mmc著　（柏）暗黒通信団
2017.8 15p A5 ¥200 ①978-4-87310-102-6

韓国・北朝鮮

◆言いがかり国家「韓国」を黙らせる本　宮越秀雄著　彩図社
【要旨】本書では、「従軍慰安婦問題」「竹島問題」「靖国神社問題」「旭日旗問題」「戦後補償問題」など、頻繁に耳にする韓国の主張に対して、どのように反証すればよいのかを解説しています。執筆にあたってはなるべく感情を排し、証拠に基づいた内容になるよう心がけました。また本書の後半では、なぜ韓国が反日行動をとり続けなければならないのかといった裏事情の解説や、今後どのように付き合っていけばよいのかという考察も行っています。本書を読むことで韓国の言いがかりに対して、毅然とした態度で臨むことができるようになっていただければ幸いです。　2017.8 187p A6 ¥630 ①978-4-8013-0245-7

◆今こそ、韓国に謝ろう　百田尚樹著　飛鳥新社

【要旨】これで日韓問題は完全に解決する。楽しみながらサクサク読めて納得できる、まったく新しい「韓国大放言」。　2017.6 257p B6 ¥1296 ①978-4-86410-556-9

◆「家族」という韓国の装置─血縁社会の法的なメカニズムとその変化　岡克彦著　三省堂
【要旨】今、ゆれ動いている韓国社会を「家族制度」という視点から読み解く。「家族制度」の変遷に見る現代韓国の苦悩。　2017.5 248p B6 ¥3000 ①978-4-385-32311-4

◆韓国・韓国人の品性　古田博司著　ワック（WAC BUNKO）　（『醜いが、目をそらすな、隣国・韓国！』加筆・改訂・改題書）
【要旨】韓国人は平気でウソをつく！ 北も南も見栄っぱり！「卑劣」の意味が理解できない。「法治」もない。あるのは憎悪の反日ナショナリズムだけだ！「助けず、教えず、関わらず」非韓三原則で対処せよ！　2017.8 221p 18cm ¥920 ①978-4-89831-761-7

◆韓国済州道老人論考　西田知未著、松本誠一監修　新幹社
【要旨】韓国で幻の名著と言われる韓昌藝『済州道老人論考』（1978年）を丸ごと翻訳・収録。済州道の空・海や食事、生活習慣（済州人の生き方）が長寿の秘訣だ。済州道高齢者問題の解決の歴史には、人間の知恵があふれている。現代高齢社会の一助として日本の福祉関係者に広く読んでほしい。　2017.10 262p A5 ¥3500 ①978-4-88400-125-4

◆韓国人に生まれなくてよかった　武藤正敏著　悟空出版
【要旨】なぜいま文在寅なのか！ 開いた口がふさがらない！ 北朝鮮にすり寄り、反日を叫ぶ大統領に日本は強い決意で臨むしかない。　2017.6 235p B6 ¥1250 ①978-4-908117-36-7

◆韓国人による北韓論　シンシア・リー著　扶桑社　（扶桑社新書）
【要旨】本書は、北朝鮮を知るための本でもあるが、実は韓国を知るための本でもある。　2017.3 271p 18cm ¥760 ①978-4-594-07668-9

◆韓国人による末韓論　シンシアリー著　扶桑社　（扶桑社新書）
【要旨】「慰安婦合意」どころではない、次は「日韓基本条約」の破棄だ！ 国家の責任を放棄し、「偽善者」のふりすらやめる「自死国家」！ かくも「ひどい外交」の末路は「断交」か？ 傲慢国家の最新動向は　2017.9 247p 18cm ¥760 ①978-4-594-07790-7

◆韓国朝鮮の文化と社会　16　制度と個人（あるいは行為者）　韓国・朝鮮文化研究会編　韓国・朝鮮文化研究会、風響社 発売
【目次】特集=制度と個人（あるいは行為者）、論文、書評、視点、ひろば/マダン、エッセイ、彙報　2017.10 281p 21cm ¥2000 ①978-4-89489-966-7

◆韓国は、いつから卑しい国になったのか　豊田有恒著　祥伝社　（祥伝社新書）
【要旨】韓国の反日が止まらない。かつての反日は、併合の史実を無念に思う心理から来ていた。そこには、韓国側にも責任があるという自戒があり、パターンとしては、まず国民が下から突き上げた後、政府が重い腰を上げた。だが、このところの反日は性質が異なる。政府が主導して煽っているのだ。長年、韓国を観察し、分析してきた著者は言う。"現代の韓国人は、朝鮮王朝時代へ先祖返りしてしまった。いったん握った相手の首は、絶対に手放さない。これに対抗するためには、それが泣き所ではないと証明する以外に解決策はないのだ"　2017.4 215p 18cm ¥780 ①978-4-396-11502-9

◆韓国は消滅への道にある　李度珩著　草思社
【要旨】朴槿恵大統領を100万人ロウソクデモで弾劾罷免し、親北・反米の文在寅を新大統領に選んだ韓国。米軍の撤収、北との統合をもくろむ果てには、何が残るのか。長年の北朝鮮の工作活動によって司法、教育、メディアが乗っ取られた結果、今見えてきた韓国滅亡の未来。韓国保守論壇の重鎮が決意をもって書いた憂国の書。　2017.9 243p B6 ¥1700 ①978-4-7942-2299-2

◆韓国嫁入り日記　松田水菜子著　ポエムピース
【要旨】まさか私が韓国に嫁にくるとは！ 人生は未知の旅。隣の国なのに全然知らなかった！　2017.12 230p B6 ¥1500 ①978-4-908827-31-0

◆韓国浪漫彷徨─歴史と民俗に惹かれて　山川修平著　三一書房
【要旨】永遠の隣国、韓国、もっとも日本に近い外国。日韓、近現代の歴史とともに重ねる彷徨…韓国で出会った忘れられぬ人たち。　2017.3 188p B6 ¥1700 ①978-4-380-17000-3

◆北朝鮮を撮ってきた！─アメリカ人女性カメラマン「不思議の国」漫遊記　ウェンディ・E. シモンズ著、藤田美菜子訳　原書房
【要旨】偽物と小芝居あふれる10日間私は「素顔」の彼らを追い求めたのだ。北朝鮮の「今」がいちばんわかる本！　2017.9 302p B6 ¥1800 ①978-4-562-05426-8

◆北朝鮮人民の生活─脱北者の手記から読み解く実相　伊藤亜紗著　弘文堂
【要旨】「生き永らえる奴が英雄だ」危機にさらされながらも生き抜く、民衆の実像99編の手記を収録。　2017.5 456p A5 ¥5000 ①978-4-335-56136-8

◆開城（ケソン）工団の人々─毎日小さな統一が達成される奇跡の空間　キムジンャン、カンスンファン、イヨング、キムセラ著、塩田今日子訳　地湧社
【要旨】緊迫する北朝鮮庶民の情況がつぶさにわかる、比類無きルポルタージュ。韓国の企業を誘致して、北朝鮮国内に作られた「開城工業団地」。その企業側の代表や管理者として赴任した韓国人たちに取材をして生の声をまとめた貴重なインタビュー集。はじめは北朝鮮の労働者たちに脅え、どう接していいかわからなかった彼らだったが、つきあっていくうちに北朝鮮の人々の内側が見えてくる。お互いにはじめは相手を角の生えた鬼くらいに思っていたが、実は家族を大切にし暮らしている普通の人間だと思える過程がよく描かれている。南北朝鮮の問題だけでなく、世界の対立や紛争を「敵対」でなく「共存」へ導くための実践的な方法論。　2017.3 310p B6 ¥2000 ①978-4-88503-244-8

◆中くらいの友だち─韓くに手帖　2017 Vol. 1　韓くに手帖舎、皓星社 発売
【要旨】韓国を語らい・味わい・楽しむ雑誌、創刊号。　2017.4 119p A5 ¥1000 ①978-4-7744-0633-6

◆中くらいの友だち─韓くに手帖　2017 Vol. 2　韓くに手帖舎、皓星社 発売
【要旨】韓国を語らい・味わい・楽しむ雑誌。　2017.9 125p A5 ¥1000 ①978-4-7744-0643-5

◆超・反日 北朝鮮化する韓国　呉善花著　PHP研究所
【要旨】文在寅大統領誕生で「日韓合意」はどうなるのか？ なぜ韓国人は北朝鮮に脅威を感じないのか？ 韓国の反日デマ発信に日本はどう対抗する？ 自業自得で崩れゆく半島。　2017.7 182p 18cm ¥1100 ①978-4-569-83644-7

◆ビッグデータから見える韓国─政治と既存メディア・SNSのダイナミズムが織りなす社会　チョファンス、ハンギュソプ、キムジョンヨン、チャンスルギ著、木村幹監訳、藤原友代訳　白桃書房　（アジア発ビジョナリーシリーズ）
【要旨】ネット活用が日本以上に進む国で、民意はどう動くのか。「進歩」新興メディアと「保守」既存メディアの相克。政界へのインパクトは？ ビッグデータが可視化した、多様なケーススタディ！ 今、世界各国で注目のテーマを客観的な分析手法で読み解く。　2017.10 193p A5 ¥2600 ①978-4-561-95138-4

◆ルポ絶望の韓国　牧野愛博著　文藝春秋　（文春新書）
【要旨】朴槿恵大統領の弾劾・罷免・逮捕の過程で垣間見えた、韓国という隣人の「病理」。　2017.5 270p 18cm ¥920 ①978-4-16-661127-0

◆私のエッジから観ている風景─日本籍で、在日コリアンで　金村詩恩著　（川口）ぶなのもり
【要旨】帰化は小学1年生のとき。当時の夢は警察官になること。おばあちゃん子で育った25歳の日本籍在日コリアン3世が綴る自分や家族の日常と日本社会の交わる風景。おいしいキムチやチャンジャにしてはしゃぎ、デマサイトやヘイトピーチに憤り、沖縄や蓮舫議員や成宮寛貴に共感したり反発したり、朝鮮半島の歴史や現在のありように思いをはせる日々。多様性や寛容さが失われつつあるこの国のもうひとつの声。同タイトルの人気ブログを大幅に加筆修正して書籍化

しました。
　2017.12 189p B6 ¥1500 ①978-4-907873-03-5

中国

◆**教えて石平さん。日本はもうすでに中国にのっとられているって本当ですか?**　石平著　SBクリエイティブ　(SB新書)
【要旨】雇用も土地も政治も教育も…全部中国人にのっとられる! 実は今、私たちの知らないところで、じわじわと中国による日本ののっとりが進んでいます。「そんなバカな」と思われる方も少なくないかもしれません。しかしもはや中国には「生存空間」がなく、あふれる人口を抱えきれません。こうした「人口問題」の解決と「中華秩序」、そして「経済」の回復を目指し、中国は日本を手に入れようとしています。そのことに日本人は早く気づくべきです。
　2017.8 207p 18cm ¥800 ①978-4-7973-9292-0

◆**学生が見た合肥社会─企業活動・都市生活・農村社会**　愛知大学現代中国学部中国現地研究調査委員会編　(名古屋)愛知大学,(名古屋)あるま 発売
【目次】第1部 第18回中国現地研究調査報告(急成長を遂げる合肥社会の現状・黒河からハルビン、瀋陽、大連、北京、青島、上海、香港へと南下する旅の間、父は息子に、台湾と最も近く関係の深い「中国」を歴史から紐解き、現代中国の実相を教えていく。台湾のベストセラー、本邦初訳。材育成と消費活動にみる市民の「選択」、合肥農村社会の現状と課題に関する考察)、第2部 第18回日中大学生国際シンポジウム
　2017.3 238p B5 ¥2000 ①978-4-86333-124-2

◆**君と共に中国を歩く─ある台湾人父子の卒業旅行**　呉祥輝著,東光春訳　評言社
【要旨】大学卒業を機に父は息子に旅行をプレゼント。中国北方国境の街・黒河からハルビン、瀋陽、大連、北京、青島、上海、香港へと南下する旅の間、父は息子に、台湾と最も近く関係の深い「中国」を歴史から紐解き、現代中国の実相を教えていく。台湾のベストセラー、本邦初訳。
　2017.1 366p B6 ¥1800 ①978-4-8282-0586-1

◆**90分でまるわかり 中国─速攻マンガでまとめ!**　亀田純香著,バラマツヒトミ漫画　朝日新聞出版
【要旨】上海で日本酒を売り込む主人公・桃香。2割引きの好条件を断る店長の真意とは? グーグルのないネット環境、宴会と乾杯のオキテ、内陸部にこそチャンスがある…楽しいストーリーマンガとディープな文章・豊富な図表で中国の基礎知識がグイグイ頭に入る。
　2017.4 207p A5 ¥1200 ①978-4-02-333131-0

◆**現代中国と市民社会─普遍的"近代"の可能性**　石井知章、緒形康、鈴木賢編　勉誠出版
【要旨】グローバルな市民社会に向かう中国。そしてその不可避の動きを引き戻そうとする力。多様かつ複雑な思想史的背景をもつ中国の市民社会論を、歴史的現実を踏まえつつ理論的に再検討。日中間の社会科学者による共同作業を通し、市民社会をめぐる言説空間を構築する。
　2017.4 630,9p A5 ¥7500 ①978-4-585-23053-3

◆**現代中国入門**　光田剛編　筑摩書房　(ちくま新書)
【要旨】中国は理解しにくい。だが理解せずにすむ時代は終わった。変化が速すぎる一方で、伝統中国もまだなお残る。漢民族が圧倒的に見えても、国土は広く、民族的多様性も無視できない。中間層は増えたが地域間、社会階層間の経済格差も大きい。いったいどの中国が正しい姿なのか。専門研究者・ジャーナリストによる中国研究の最新結果を結集し、中国をバランスよく見る視座を示す。現代史、文化史、思想、社会、軍事、地域研究など分野を異にする十一人が、明快で多彩な講義を繰り広げる。
　2017.5 371,11p 18cm ¥1000 ①978-4-480-06963-4

◆**現代中国の医療行政─「統制」から「予期せぬ放任」へ**　金貝著　東京大学出版会
【目次】序章 社会問題化した中国の医療、第1章「社会主義的」医療行政の形成、第2章 経済体制移行の始動、第3章 公的医療保険制度の再編、第4章「衛生行政」の統制緩和、第5章 値下げできない医薬品市場の謎、終章 医療の「公益性」への再構築
　2017.3 316p A5 ¥9600 ①978-4-13-036261-0

◆**現代中国の中産階級─メディアと人々の相互作用**　周倩著　亜紀書房

【要旨】中国の行方を左右する人々、その実像は。中国で中産階級=中流はいつ現れたのか─新聞やSNSの詳細な分析から、メディアと中産階級の相互関係を明らかにした上で、中産階級イメージが作り出されてきたプロセスとその受容の実態に迫る。いまの中国社会を理解するための必読文献。
　2017.8 231,5p B6 ¥2600 ①978-4-7505-1512-0

◆**孔子を捨てた国─現代中国残酷物語**　福島香織著　飛鳥新社
【要旨】当代一の専門家が取材した、共産党圧政下の生き地獄。人民の敵は人民、当局もメディアも被害者に牙をむく! 月刊誌の名物連載、待望の書籍化!
　2017.2 286p 18cm ¥1204 ①978-4-86410-540-8

◆**興隆の旅─中国・山地の村々を訪ねた14年の記録**　中国・山地の人々と交流する会著　花伝社,共栄書房 発売
【要旨】日本軍・三光作戦の被害の村人は今。その被害を心と体に刻みつづける老人、学ぶ意欲に目を輝かせる子どもたち。歴史の現実を見据えて新しい友好を切りひらく。歴史と友情の発見の記録。
　2017.7 193p A5 ¥1600 ①978-4-7634-0822-8

◆**3億人の中国農民工 食いつめものブルース**　山田泰司著　日経BP社,日経BPマーケティング 発売
【要旨】貧しくても、学歴がなくても、田舎者でも、希望を胸に生きてきた。けれど繁栄から取り残された。習近平体制を揺さぶる、現代農民工たちのノンフィクション。中国版ヒルビリー・エレジー。
　2017.11 270p B6 ¥1800 ①978-4-8222-5855-9

◆**写真紀行 雲のうえの千枚ダム─中国雲南・大棚田地帯**　西谷大著・写真　社会評論社　(キオクのヒキダシ)
【目次】見える水と見えない水─雲南の棚田と千葉の二穴穴、棚田に生きる─雲南調査から(犬棒調査のはじまり、トラの棲む黒い森、七十個の魂、水と棚田、ヤオ族の歌垣、者米谷の定期市(前編)、者米谷の定期市(後編)、者米谷の食、魚を捕まると結婚できる話、国境の赤い十字架、消える棚田と残る棚田、フィールドとの邂逅)
　2017.1 271p B6 ¥1800 ①978-4-7845-1753-6

◆**上海の日本人、安倍総理はみんな嫌いだけど8割は日本文化中毒!**　山下智博著　講談社　(講談社プラスアルファ新書)
【要旨】動画再生10億回!!!中国一有名な日本人「ネットを通じ中国人は日本化されている!!」。
　2017.11 254p 18cm ¥860 ①978-4-06-291510-6

◆**儒教に支配された中国人と韓国人の悲劇**　ケント・ギルバート著　講談社　(講談社プラスアルファ新書)
【目次】序章「儒教の呪い」とは何か、第1章 沖縄も東南アジアも樺太も中国領?、第2章 キリストも孔子も韓国人?、第3章 中国・韓国の自己中心主義の裏側、第4章 日本は儒教国家ではない!、第5章 儒教の陰謀は現在進行中!
　2017.2 206p 18cm ¥840 ①978-4-06-272964-2

◆**進化できない中国人**　金文学著　祥伝社　(祥伝社黄金文庫)
【要旨】経済は発展しても、なぜ民度はずっと低いままなのか。拝金、不衛生、人権無視、虚偽─母国のモラルハザードを徹底分析!
　2017.2 259p A6 ¥650 ①978-4-396-31706-5

◆**中韓を滅ぼす儒教の呪縛**　井沢元彦著　徳間書店　(徳間文庫)　(『脱・中国で繁栄する日本』加筆・修正・改題版)
【要旨】なぜ、韓国歴代大統領は必ず不行为に手を染めるのか? なぜ、中国は自国の利益ばかり優先するのか? 日本人には理解しがたい中韓の振る舞い。その裏には、猛毒の影響があった! 国家理念として導入された儒教は、政治、経済、外交、文化など、様々な分野で悪影響を両国に及ぼし現在に至っている。日本も例外ではない。いち早く儒教の呪縛から逃れ、停滞から脱するための方法を解説!
　2017.9 262p A6 ¥700 ①978-4-19-894256-4

◆**中国雲南省少数民族から見える多元的世界─国家のはざまを生きる民**　荻野昌弘、李永祥編著　明石書店　(叢書『排除と包摂』を超える社会理論 1)
【目次】第1章 国境のなかで生きるひとびと、国境を知らざるひとびと、第2章 小盆地と山上─雲南省新平県における民族と地理、およびその

社会的変遷、第3章 ある山上の少数民族村落の変貌─竹園村1996〜2015、第4章 小盆地の都市再開発─新平県県城・戞洒と「文化」の創出、第5章 中国の民族、エスニック・グループと民族識別、第6章 錯綜する民族境界─中国雲南省のタイ族の観光化を事例として、第7章 永遠の聶耳─そのメディアとの関わり、終章 他者を見る─グローバリゼーションを超えて
　2017.4 186p A5 ¥3800 ①978-4-7503-4508-6

◆**中国社会の二元構造と「顔」の文化**　李明伍著　有信堂高文社
【目次】「顔」と社会、第1部「顔」と社会資本(二元社会構造と「潜規則」現象、社会の不確実性と信頼の構造、「人情」原理と社会資源配分)、第2部「顔」と社会規範(「関係網」の展開と家(Jia)、「公」と組織社会の編成原理)、第3部「顔」と社会価値(自己実現と「名」、「顔」社会の再生産
　2017.12 176p A5 ¥3800 ①978-4-8420-6591-5

◆**中国人の本音─日本をこう見ている**　工藤哲著　平凡社　(平凡社新書)
【要旨】日本と中国の間には歴史認識や領土問題などさまざまな問題が横たわっているが、実際のところ、中国人は日本をどう見ているのか。「抗日ドラマ」の制作現場や「抗日テーマパーク」の実態、日本に批判的なマスメディアの舞台裏など、日頃、日本ではあまり報じられない大国の姿を徹底取材。「抗日」の裏側で何が起きているか。元北京特派員が民衆の本音に肉薄したルポ。
　2017.5 270p 18cm ¥840 ①978-4-582-85845-7

◆**中国・中国人の品性**　宮崎正弘、河添恵子著　ワック　(WAC BUNKO)
【目次】はじめに「第二次朝鮮戦争」が勃発する秋(宮崎正弘)、第1章「躾」「忖度」「惻隠の情」という概念がない中国、第2章「恥の文化」「羞恥心」「愛嬌」もない中国、第3章 中国・朝鮮半島に生まれなくて良かった、第4章 中国共産党の権力闘争は酒池肉林、第5章 朝鮮半島をめぐる米中露三つ巴の裏舞台、第6章 金庫という凶器を持った超成金たち、おわりに 世界で唯一無二の"楽園"日本のこれからは?(河添恵子)
　2017.9 230p 18cm ¥920 ①978-4-89831-762-4

◆**中国では書けない中国の話**　余華著,飯塚容訳　河出書房新社
【要旨】陳情と法律、検閲、海賊版、毛沢東、PM2.5、愛国主義、文化大革命…最も過激な作家が海外で発信した知られざる真実。
　2017.8 164p B6 ¥1800 ①978-4-309-20732-2

◆**中国の高学歴化と大卒者就職の諸相**　蔣純青著　専修大学出版局
【目次】序章 中国の学歴高度化の現状と大卒者就職難問題、第1章 学歴格差社会の諸相、第2章 大卒者就職制度の変遷、第3章 大卒者就職難と「民工荒」、第4章 大卒者の就職意識と就職能力、第5章 家庭環境と大卒者の就職、第6章 新卒採用の日中比較、終章 結論
　2017.2 238p A5 ¥2800 ①978-4-88125-311-3

◆**中国の消費社会と消費者行動**　李海峰編著　(京都)晃洋書房
【要旨】高度経済成長とともにIT化とグローバルが急速に進展するなかで、これまでにない特徴的な消費社会を生み出した中国。「世界の消費市場」を実態調査に基づく分析により明らかにする。
　2017.10 239p A5 ¥4600 ①978-4-7710-2846-3

◆**中国文化事典**　中国文化事典編集委員会編　丸善出版
【目次】1 歴史、2 地理、3 思想、4 言語、5 文学、6 美術、7 芸能、8 生活、付録
　2017.4 776p 23×17cm ¥20000 ①978-4-621-30117-3

◆**中国文化論**　李徳順著,上村元顯訳　(京都)かもがわ出版
【要旨】中国を代表する哲学者が、専門の価値論をふまえて論じた中国文化論の邦訳が、大好評の英語版に続いて登場。文化を人間の労働と活動による自然と人間の人間化と捉え、中国文化を56の範疇すべてが五千年の歴史で積みあげた多重性文化として論じる。その中で科学的態度の欠落という中国の過去を反省し、民主主義と法治の必要を訴える。
　2017.10 399p A5 ¥4500 ①978-4-7803-0934-8

◆**中国民族性 第1部 中外から見た百五十年間の「中国人像」**　沙蓮香編著,津田量訳　グローバル科学文化出版

社会・文化

◆中国民族性　第2部　一九八〇年代、中国人の「自己認知」　沙蓮香著，津田量訳　グローバル科学文化出版
【要旨】中国人の民族性は、改革開放でどのように変容していったのか。前著『中国民族性1』の基礎の上に、中国の国家プロジェクトとして大規模な全国的調査を行い、それを分析することによって浮かび上がる中国人の民族性の変容。世代や社会階層により、どのように異なるのか。本書は現在に連なる1980年代の、中国人の「自己認知」である。『中国民族性』三部作の基礎となる第2部作、調査分析編。
2017.12 373p A5 ¥3980 ①978-4-86516-021-5

◆中国メディアの変容—ネット社会化が迫る報道の変革　陳雅赛著　早稲田大学出版部（早稲田大学エウプラクシス叢書 7）
【要旨】中国とメディアの関係はどう変わるのか。5つの"突発事件"（SARS事件、四川大震災、温州列車脱線事故、天津爆発事故、雷洋事件）報道から検証する。
2017.10 278p A5 ¥4000 ①978-4-657-17805-3

◆中国人観光客の財布を開く80の方法　岡部佳子著　新潮社（新潮新書）
【要旨】たとえ「爆買い」に陰りが見えても、中国人インバウンドビジネスが終わることはない。団体旅行から個人旅行にシフトしつつある訪日客の嗜好・習性・ニーズから、将来有望なリピーター獲得のノウハウ、そして困った行動の理由まで。上海で起業し、海千山千の中国人とわたり合ってきた著者が、「ポスト爆買い」時代の繁盛戦略を惜しみなく指南。販売促進、コミュニケーションに役立つ「いますぐ使える○○集」付き！
2017.1 191p 18cm ¥720 ①978-4-10-610699-6

◆なぜ中国人は財布を持たないのか　中島恵著　日本経済新聞出版社（日経プレミアシリーズ）
【要旨】爆買い、おカネ大好き、パクリ天国…。こんな「中国人」像はもはや恥ずかしい？街にはシェア自転車が走り、パワーブロガーが影響力をもつ中国社会は、私たちの想像を絶するスピードで大きな変貌を遂げている。次々と姿を変える中国を描いた衝撃のルポルタージュ。
2017.10 230p 18cm ¥850 ①978-4-532-26356-0

◆日中対訳版 日本人論説委員が見つめ続けた激動中国—中国人記者には書けない「14億人への提言」　加藤直人著　日本僑報社
【要旨】足かけ十年、激動する中国を現地で取材し続けた論説委員による"皮膚感覚"の中国コラム・論説65本を厳選！習近平政権の政治・経済動向から、香港「雨傘革命」や「偽装離婚」、「一人っ子」政策撤廃などの社会問題まで、中国人記者には書けない視点から鋭く分析したコラムは必読。さらに、中国の今後進むべき道を、日中関係についての真摯な論説・提言も収録。日中両国の未来を担う若い世代にこそ読んでほしい一冊です。中国人読者をも想定した堂々の日中対訳版で登場！
2017.4 295p B6 ¥1900 ①978-4-86185-234-3

◆日中対訳 忘れられない中国留学エピソード　段躍中編　日本僑報社（本文：日中両文）
【要旨】日本僑報社は、日中国交正常化45周年の節目の年に当たる2017年、これを記念して、日本の中国留学経験者を対象とした第1回「忘れられない中国留学エピソード」コンクールを開催しました。本書には入賞作を含め計48本を収録。いずれも経験者以外あまり知られていない中国留学の楽しさ、つらさ、意義深さ、そして中国の知られざる魅力などを紹介するユニークな作品の数々です。これをより多くの方々、特に若い世代の皆さんに伝えたいと思い、日中対訳版としてまとめました。心揺さぶる感動秘話や驚きの体験談など、リアル中国留学模様をお届けします！
2017.12 267p A5 ¥2600 ①978-4-86185-243-5

◆独りじゃダメなの—中国女性26人の言い分　呉淑平著，南雲智監・訳，宮入いずみ，鷲巣益美，土屋肇枝ほか訳　論創社
【要旨】中国独身女性の"告白"。「結婚しない女は半人前」「結婚しない娘は親不孝者」—そんな風潮のなかで生きる中国の独身女性26人へのインタビュー集。赤裸々に語られる恋愛や結婚、不倫、出産、別れ…。現代中国社会の心理や家庭問題、社会問題もクローズアップした鮮烈なドキュメンタリー。
2017.3 283p B6 ¥2200 ①978-4-8460-1588-6

◆北京を知るための52章　櫻井澄夫，人見豊，森田憲司編著　明石書店（エリア・スタディーズ 160）
【目次】1 北京と日本人、2 北京と日本人 70～90年代そして今、3 北京の歴史—史跡と町並み、4 暮らし、5 食文化、6 文化・芸能、7 社会
2017.12 366p B6 ¥2000 ①978-4-7503-4601-4

◆北京スケッチ—素顔の中国人　渡辺陽介著　明石書店
【要旨】普通の人々の暮らしと哀歓。豊富な写真を添えて、等身大の中国人を描き出す。
2017.11 178p B6 ¥1700 ①978-4-7503-4587-1

◆ほんとうの中国の話をしよう　余華著，飯塚容訳　河出書房新社（河出文庫）
【要旨】最も過激な中国作家が、10のキーワードで読み解く体験的中国論。毛沢東、文化大革命、天安門事件から、魯迅、格差、コピー品など。わずか40年で経済大国へと発展した社会の真実と矛盾をたどるユーモア溢れるエッセイ集。『兄弟』で知られるベストセラー作家による、中国国内では発禁処分の問題作。
2017.9 283p A6 ¥920 ①978-4-309-46450-3

◆村西とおるがお答えします！—ワガママな中国人とのナイスなお付き合い　村西とおる著　青林堂
【要旨】村西監督が何から何まで、包み隠さずすべてお話します。
2017.4 233p B6 ¥1400 ①978-4-7926-0584-1

◆世にも恐ろしい中国人の戦略思考　麻生川静男著　小学館（小学館新書）
【要旨】日本人が中国人と付き合う時に、時として日本人が想像もしないような行動をとられて驚くことがある。中国人には独自の論理や価値観があり、それは何千年もの過酷な歴史から培われたものだ。だからこそ、彼らの伝統的な思考法を知るには良質の歴史書が有効だ。なかでも「中国に関するケース（実例）の缶詰」のような歴史書『資治通鑑』が最適である。そこには現代の中国社会で起きている問題—政治腐敗、環境破壊、人権問題、農村問題、少数民族—の根っこともいえる戦略思考が隠されている。
2017.8 253p 18cm ¥800 ①978-4-09-825304-3

◆ラストエンペラーの居た街で—新米日本語教師の記録　建石一郎著　あけび書房
【要旨】日本と中国のかけ橋になれば。自治体職員を定年退職したシニアが旧満州国に渡り、日本語教師として奮闘。驚きと感動のドラマ。
2017.3 255p B6 ¥1600 ①978-4-87154-150-3

◆ルポ 隠された中国—習近平「一強体制」の足元　金順姫著　平凡社（平凡社新書）
【要旨】「党中央の核心」と位置づけられ、集団指導体制から「一強体制」へと政権基盤を固める習近平。人権や言論を制限しながら進む権力集中の足元で何が起きているのか。漢族との溝が深まる少数民族のウイグル族、「信仰の自由」を傷つけられるキリスト教徒、国内外からフェミニスト…。数々の現場を踏んだ朝日新聞前上海支局長が、知られざる大国の姿を描く渾身のルポ。
2017.10 199p 18cm ¥760 ①978-4-582-85855-6

 アメリカ・中南米

◆アーミッシュとフッタライト—近代化への対応と生き残り戦略　小坂幸三著　明石書店
【目次】アーミッシュ（Amish）、メノナイト（Mennonites）、フッタライト（Hutterites）はどのような人々か、旧派アーミッシュの近代化への対応と生き残り戦略—ペンシルベニア州ランカスター郡の場合、旧派アーミッシュの政府政策への対応と反対運動、アーミッシュ、メノナイト諸派の系図—ペンシルベニア州ランカスター郡の場合、旧派アーミッシュにおける福祉の概念—アメリカ社会保障制度との対立を例として、旧派アーミッシュと農地利用問題—ペンシルベニア州ランカスター郡の場合、ペンシルベニア州ランカスター郡における旧派アーミッシュの高速道路建設反対運動、旧派アーミッシュと区域規制—ペンシルベニア州ランカスター郡における事例研究、アーミッシュ・ビジネスの展開—ペンシルベニア州ランカスター郡の場合、アーミッシュ女性像の変化—ペンシルベニア州ランカスター郡の場合、旧派アーミッシュ三大定住地における観光産業の発展とその影響、アメリカ合衆国におけるアーミッシュ・スクールの確立とその展開、フッタライトと土地購入問題—カナダ、アルバータ州を例として、フッタライトとアーミッシュの類似性—忌避とゲラッセンハイトの観点から、フッタライトとアーミッシュにおけるテクノロジーの受容範囲
2017.3 352p B6 ¥5000 ①978-4-7503-4501-7

◆アメリカから"自由"が消える　堤未果著　扶桑社（扶桑社新書）　増補版
【要旨】合衆国憲法が保障するはずのプライバシーや自由、公正な選挙や手続き、権力に対し異議を唱える権利を、米国民はいつどうやって失ったのか。
2017.7 256p 18cm ¥850 ①978-4-594-07740-2

◆アメリカ人が語る日本人に隠しておけないアメリカの"崩壊"　マックス・フォン・シュラー著　ハート出版（本文：日英両文）
【要旨】トランプ政権のアメリカで、いま何が起きているのか？ 行き過ぎた権利の主張で、国家・軍・社会の弱体化が止まらない！ 日本は危険な思想侵略を食い止められるか！？姿を変えたマルクス主義。"言葉狩り"が国を滅ぼす。
2017.12 238p B6 ¥1500 ①978-4-8024-0041-1

◆アメリカ人はどうしてああなのか　テリー・イーグルトン著，大橋洋一，吉岡範武訳　河出書房新社（河出文庫、『アメリカ的、イギリス的』改題版）
【要旨】社交的であけっぴろげ、愛想がよくて好奇心旺盛、毒がなくて親切で、アイロニーと風刺を解さず、声が大きく、自己啓発に熱心で成功に固執するアメリカ人。イギリス屈指の毒舌批評家が、アメリカ人とアメリカという国、ひいては現代世界全体を鋭くえぐる。抱腹絶倒、滑稽話の波状攻撃。文庫版への新しい序文「日本の読者へ」収録。
2017.7 287p A6 ¥850 ①978-4-309-46449-7

◆アメリカのことがマンガで3時間でわかる本—超大国が変わる！　ポール室山著，飛鳥幸子マンガ　明日香出版社（アスカビジネス）　新版
【要旨】世界一の経済、3億を超える人口、圧倒的なスーパーパワーが今、変革の時を迎える。日本企業がとるべきパートナーシップとは？ ビジネスチャンスを見逃すな！
2017.9 287p B6 ¥1500 ①978-4-7569-1942-7

◆鏡像の祖国—アルゼンチンの日系人たち　田島さゆり著　（東大和）アリカ，リコシェ 発売（本文：日英両文）
2016.10 19p 18×29cm ¥2800 ①978-4-86219-148-9

◆さらば愛と憎しみのアメリカ—真珠湾攻撃からトランプ大統領まで　田原総一朗，越智道雄著　キネマ旬報社
【目次】第1章「敵国」アメリカ、第2章 ドナルド・トランプの大統領選、第3章 冷戦のはじまりとおわり、第4章 アメリカの戦争、第5章 ベトナムの泥沼、第6章 戦争とメディア
2017.6 211p B6 ¥1400 ①978-4-87376-451-1

◆宗教国家アメリカのふしぎな論理—シリーズ・企業トップが学ぶリベラルアーツ　森本あんり著　NHK出版（NHK出版新書）
【要旨】なぜ進化論を否定するのか？ なぜ「大きな政府」を嫌うのか？ なぜポピュリズムに染まるのか？ あからさまな軍事覇権主義の背景は？ 歴史をさかのぼり、かの国に根づいた奇妙な宗教性のありかたを読み解き、トランプ現象やポピュリズム蔓延の背景に鋭く迫る。ニュース解説では決して見えてこない、大国アメリカの深層。これがリベラルアーツの神髄だ！
2017.11 205p 18cm ¥780 ①978-4-14-088535-2

◆多文化理解のためのアメリカ文化入門—社会・地域・伝承　ウェルズ恵子，リサ・ギャバート著　丸善出版（本文：日英両文）
【要旨】ハロウィン、ロデオ、アメリカの都市伝説、インターネットカルチャーなど、伝統文化

社会・文化

も現代文化もカバーしたアメリカ文化入門。人種、ジェンダー、移民国家としてのアメリカを文化に読みとる。アクティブ・ラーニングのためのヒントもふくめ、英文論文の書き方や文化研究の基本についても解説。読み物としても、英語の勉強にも役立つユニークな書。多文化社会とアメリカを文化で読み解くための日英2言語ガイドブック。

2017.4 197p A5 ¥2600 ①978-4-621-30152-4

◆**地図で見るラテンアメリカハンドブック**
オリヴィエ・ダベーヌ、フレデリック・ルオー著、太田佐絵子訳、オレリー・ボワシエール地図製作　原書房
【要旨】「ラテンアメリカは、世界でもっとも不均衡がきわだっている大陸である」。喧噪のただなかにあるラテンアメリカの、社会・経済・政治の様相を発見するための120以上の地図やグラフ。

2017.12 165p A5 ¥2800 ①978-4-562-05428-2

◆**トランプ時代のアメリカを歩く**　聖教新聞外信部編　第三文明社
【要旨】米国のもつ民主主義の力が、今まさに問われている。一大統領選挙を現地で取材した記者が、トランプ大統領就任から四カ月後、再びアメリカへ。米国を東西南北の端から端へと移動し、米政治を動かす民意の底流を探った。「聖教新聞」に掲載された連載記事と、国内外の識者へのインタビュー記事を収録。

2017.9 175p B6 ¥926 ①978-4-476-03368-7

◆**日本とボリビアの架橋―日系シニア専門家としての国際貢献の記録**　郁朋社
【要旨】ボリビアの地で見た日本人の心の原風景。南米に移住した日系人の移住地の人達に対して、豊富な知識や経験を生かして支援するシニアボランティアとしてボリビアに渡った著者の貴重な体験を踏まえた教育論と文明論。

2017.4 162p B6 ¥1000 ①978-4-87302-638-1

◆**遙かなるブラジル―昭和移民日記抄**　奥島瑗得著　国書刊行会
【要旨】裸一貫でブラジル奥地に飛び込んだ男の数奇な人生録。高度経済成長期に宝石鉱山を探すべく日本を飛び出したひとりの男―ブラジル社会の驚くべき姿や、宝を求めて蠢く人間模様を克明に綴った移民日記。

2017.5 277p B6 ¥1500 ①978-4-336-06159-1

◆**ヒルビリー・エレジー―アメリカの繁栄から取り残された白人たち**　J.D.ヴァンス著、関根光宏、山田文訳　光文社
【要旨】ニューヨーク生まれの富豪で、貧困や労働者階級と接点がないトランプが、大統領選で庶民の心を摑んだのを不思議に思う人もいる。だが、政治のプロの市場調査より、自分の直感を信じるマーケティングの天才だ。長年にわたるテレビ出演や美人コンテスト運営で、大衆心理のデータを蓄積し、選挙前から活発にやってきたツイッターや予備選のラリーの反応から、「繁栄に取り残された白人労働者の不満と怒り」、そして「政治家への不信感」の大きさを嗅ぎつけたのだ。トランプ支持者の実態、アメリカ分断の深層。

2017.3 418p B6 ¥1800 ①978-4-334-03979-0

◆**ブラジルの人と社会**　田村梨花、三田千代子、拝野寿美子、渡會環共編　上智大学出版、ぎょうせい発売
【目次】序章 多種多民族社会ブラジル―ブラジル社会概観（ラテンアメリカの中のブラジル、「大陸国家」ブラジルの多様性、社会構造の起源と現在）、第1章 社会形成の歴史（住民の多人種多民族化、外国移民と「脱亜」政策、「人種民主主義」と国家統合、階級社会と人種、「人種民主主義の克服と多様性の承認」）、第2章 社会制度―宗教と家族制度（宗教と社会、家族制度の展開、今日の多様な家族形態）、第3章 社会的公正への挑戦（都市化と人口移動、民主化と社会開発、社会運動と市民の力、女性のエンパワーメントとジェンダー平等へ）、第4章 グローバル化と人の移動（ブラジル人のディアスポラ、日本におけるブラジル人）

2017.5 250p A5 ¥2100 ①978-4-324-10259-6

◆**分断されるアメリカ**　サミュエル・ハンチントン著、鈴木主税訳（集英社）集英社文庫
【要旨】この国はどこへ向かうのか？「入植者の国」として始まり、白人優位の民主化で超大国となったアメリカ合衆国。しかし、二十世紀末以降は多様性を重んじた結果、いま、国が分断される危機に陥っているのだ。再び「建国の父」らアングロ・プロテスタント（白人）文化を重要視する必要性を説く著者。その理由は？ 差

別主義、排他主義へと向かう危うさを孕む現代アメリカを問う、警告の書！

2017.1 589p A6 ¥1200 ①978-4-08-760730-7

◆**米国ポートランドの地域活性化戦略―日本の先をいく生活スタイルとその充実**　宮副謙司、内海里香著　同友館
【目次】第1部 ポートランドの地域価値―都市魅力の全体像（食と農―食べる・つくる生活スタイル、ものづくりと趣味こだわり―自分らしさにこだわる生活スタイル、スポーツと健康（自然を楽しむ・カラダを活かす生活スタイル）、環境重視とエコロジー（環境に優しい生活スタイル））、第2部 ポートランドの地域活性化マーケティング（ポートランドの地域活性化のもととなる地域資源、地域価値の創造と伝達と提供、地区別に見る地域活性化マーケティング）、第3部 地域活性化マーケティングの活発化要因（地域住民の意識と行動、各主体の地域活性化の活動と人材・資金を安定確保するマーケティング・マネジメント）、第4部 日本とポートランドの関係から構想する地域活性化（ポートランドと日本の関わりの比較、ポートランドと日本の連携・相乗での地域活性化）

2017.6 287p A5 ¥2400 ①978-4-496-05282-8

◆**ペルーの和食―やわらかな多文化主義**　柳田利夫著（横浜）慶應義塾大学教養研究センター（慶應義塾大学教養研究センター選書 16）
【目次】第1章 初期移住者の食生活（農場での和食、ペルー料理の受容と飲食店経営 ほか）、第2章 飲食業への進出と日系食（上流家庭の使用人・調理人、台所食への進出 ほか）、第3章 リマの日本料理店（初期の日本料理店、喜楽園 ほか）、第4章 日系二世とニッケイ料理（新しいペルー料理と日系二世、うま味（「味の素」）ペルー進出）、第5章 ニッケイ料理からニッケイ・フュージョン料理へ（戦後の日系社会、ニッケイ・フュージョン料理と板前修業 ほか）

2017.3 109p 19cm ¥700 ①978-4-7664-2418-8

◆**マフィア国家―メキシコ麻薬戦争を生き抜く人々**　工藤律子著　岩波書店
【要旨】メキシコ社会を震撼させる「麻薬戦争」。格差の拡大や国家の機能不全を背景に、犯罪と暴力の嵐が吹き荒れ、10年間に15万人以上の死者が生み出されている。国際的な巨大犯罪組織と化した麻薬カルテル間の抗争、それを殲滅しようとする政府軍や警察も交えた戦闘…。戦争状態に陥るメキシコの現実を、そこに生きる人々の姿を通して報告する。

2017.7 246p B6 ¥1900 ①978-4-00-024824-2

◆**マリファナも銃もバカもOKの国―USA語録 3**　町山智浩著　文藝春秋（文春文庫）
【要旨】「ハッパ（マリファナ）のためにカウボーイとヒッピーが握手する、そんなバカげたことが起こるからアメリカという国は面白い」。「イスラム国」をハリウッド的なヌード写真流出事件も、政治からサブカルまで、アメリカの「今」をメッタ斬り。

2017.10 267p A6 ¥700 ①978-4-16-790949-9

◆**ルポ 不法移民―アメリカ国境を越えた男たち**　田中研之輔著　岩波書店（岩波新書）
【要旨】「不法移民の強制送還」を唱えるトランプ政権のアメリカには、一一三〇万もの不法移民が存在する。しかし、彼らはどんな人間なのか？ その答えを知るために著者は二年間、彼らとともに働いた―強制送還される危険性におびえながら、母国への仕送りのため路上で仕事を探し、劣悪な環境でも逞しく生きる不法移民の素顔。

2017.11 188, 3p 18cm ¥820 ①978-4-00-431686-2

◆**われらの子ども―米国における機会格差の拡大**　ロバート・D.パットナム著、柴内康文訳（大阪）創元社
【要旨】"夢なき社会"を生んだ米国の貧困を、子どもの物語と社会調査で活写した、全米ベストセラー!!

2017.3 381p A5 ¥3700 ①978-4-422-36001-0

世界遺産

◆**石見銀山展―銀が世界を変えた 世界遺産登録10周年記念**　島根県立古代出雲歴史博物館、石見銀山資料館編　（出雲）島根県立古代出雲歴史博物館、（大田）石見銀山資料館、（松江）山陰中央新報社 発売

【目次】第1章 銀が世界を丸くした、第2章 富の山セロ・リコ―世界遺産ポトシ銀山、第3章 銀の山―世界遺産石見銀山、第4章 シルバーラッシュと桃山ルネサンス、第5章 鉱山王国、第6章 外国船の来航、第7章 和洋混交、第8章 徳川の平和―大江戸博覧会

2017.7 244p A4 ¥1800 ①978-4-87903-207-2

◆**きほんを学ぶ世界遺産100―世界遺産検定3級公式テキスト**　世界遺産アカデミー監修、世界遺産検定事務局著　世界遺産アカデミー、マイナビ出版 発売
【要旨】常識として知っておきたい100の遺産。日本の遺産20件と代表的な世界の遺産100件を紹介。

2017.3 171p A5 ¥1450 ①978-4-8399-6242-5

◆**くわしく学ぶ世界遺産300―世界遺産検定2級公式テキスト**　世界遺産アカデミー監修、世界遺産検定事務局著　世界遺産アカデミー、マイナビ出版 発売 第2版
【要旨】国際人になるための300の遺産。日本の遺産20件と代表的な世界の遺産300件を紹介。

2017.3 267p A5 ¥2000 ①978-4-8399-6243-2

◆**50歳から個人で行くユネスコ世界遺産の旅**　富田純明著　ロングセラーズ
【要旨】初級、中級、上級。じっくり世界一周で著者が自ら計画し、旅した経験をもとに厳選したお勧めルートをご紹介。

2017.2 183p 19cm×26cm ¥1389 ①978-4-8454-2398-9

◆**知っておきたい！ 日本の「世界遺産」がわかる本**　カルチャーランド著　メイツ出版（まなぶっく）
【要旨】調べ学習にも役立つ！ 国内にある20の文化遺産・自然遺産をわかりやすく解説。

2017.4 160p A5 ¥1630 ①978-4-7804-1872-9

◆**世界遺産ガイド―日本編 2018改訂版**　古田陽久、古田真美著、世界遺産総合研究所企画・編 （広島）シンクタンクせとうち総合研究機構（世界遺産シリーズ）
【要旨】日本の最新の世界遺産と暫定リスト記載物件を特集。最新のユネスコ世界遺産「神宿る島」宗像・沖ノ島と関連遺産群」、2018年に世界遺産登録20周年を迎える「古都奈良の文化財」、5周年の「富士山」、3周年の「明治日本の産業革命遺産」など、日本の21の世界遺産と、2018年以降の世界遺産登録をめざす「長崎と天草地方の潜伏キリシタン関連遺産」、「奄美大島、徳之島、沖縄島北部及び西表島」、「百舌鳥・古市古墳群」などの暫定リスト記載物件の概要を特集。

2017.8 208p A5 ¥2778 ①978-4-86200-211-2

◆**世界遺産検定公式問題集 1・2級 2017年度版**　世界遺産アカデミー監修、世界遺産検定事務局著　世界遺産アカデミー、マイナビ出版 発売
【要旨】1・2級合格への完全対策！ 2016年7月、12月実施の1級と3月、7月、9月、12月実施の2級の検定問題を完全収録。世界遺産検定合格のための傾向と対策を知る決定版！

2017.3 111p A5 ¥1500 ①978-4-8399-6265-4

◆**世界遺産検定公式過去問題集 3・4級 2017年度版**　世界遺産アカデミー監修、世界遺産検定事務局著　世界遺産アカデミー、マイナビ出版 発売
【要旨】3・4級合格への道を開く！ 2016年3月、7月、9月、12月実施の3級と4級の検定問題を完全収録。世界遺産検定合格のための傾向と対策を知る決定版！

2017.3 115p A5 ¥1200 ①978-4-8399-6266-1

◆**世界遺産・国宝姫路城を歩く**　中川秀昭著（神戸）神戸新聞総合出版センター
【目次】姫路城の四季、夢のありか―姫路城の魅力、世界遺産姫路城、姫路城の特徴、姫路城を歩く、城下町を巡る、城門の飾りに注目、意匠の美を探そう、姫路城の歴史、歴代の姫路城主、修理の歴史、姫路城略年表、姫路の主な祭り・行事、姫路城基礎データ、知っておきたい姫路城豆知識 2017.10 143p B6 ¥1250 ①978-4-343-00967-8

◆**世界遺産事典―1073全物件プロフィール2018**　古田陽久、古田真美著、世界遺産総合研究所企画・編 （広島）シンクタンクせとうち総合研究機構 改訂版
【要旨】ユネスコ世界遺産1073全物件のプロフィールを収録。ユネスコ世界遺産1073全物件のプロフィールを、地域別、国別、登録年順にコンパクトに整理。各物件については、正

社会・文化

◆**世界遺産データ・ブック　2018年版**　古田陽久、古田真美著、世界遺産総合研究所企画・編（広島）シンクタンクせとうち総合研究機構
【要旨】最新のユネスコ世界遺産1073件のデータを一覧。第41回世界遺産委員会クラクフ会議で、新たに「世界遺産リスト」に登録された21件を加えた最新のユネスコ世界遺産1073件（登録遺産名、遺産種類、登録基準、登録年など）を、ユネスコの地域分類別（アフリカ、アラブ諸国、アジア・太平洋、ヨーロッパ・北米、ラテンアメリカ・カリブ）、年代別（国名、首都、世界遺産の数、世界遺産条約締約年）に整理。
2017.9 176p A5 ¥2600 ①978-4-86200-212-9

◆**世界遺産への道標―事例研究・芸術都市フィレンツェの経営政策**　稲垣良典、今道友信、樺山紘一、田中英道、徳山郁夫、松田義幸著　創文社
【目次】第1部 世界遺産の背景―戦争と平和いかに考えるか（被爆七〇年の夏に思う―心の中に平和の砦を築く、世界遺産のための教養講座―異文化・異文明の相互理解に向けて）、第2部 事例研究・芸術都市フィレンツェの経営政策―美の実践による「世界美化」運動モデル（フィレンツェ・ルネサンスの形成―世俗世界の現実を写しとった詩人ダンテ、フィレンツェの芸術資本投資の理念と実際―美術修復の学際研究と先端技術の開発・蓄積）、第3部 世界遺産・心の旅―ヨーロッパ・ルネサンスの旅案内（ルネサンス研究の自分史―課題と展望―それぞれのルネサンス・ゼミ旅行、ロゲンドルフ先生の『和魂・洋魂』文献案内―上智大学クルトゥール・ハイム・サロンの時代）
2017.3 392p A5 ¥5000 ①978-4-423-10109-4

◆**世界遺産 ユネスコ精神―平泉・鎌倉・四国遍路**　五十嵐敬喜、佐藤弘弥編著　公人の友社
【要旨】日本国憲法第9条とユネスコ・世界遺産はどのように関係しているのか？今こそ、考えてみよう。
2017.12 388p B6 ¥3200 ①978-4-87555-809-5

◆**世界無形文化遺産データ・ブック　2017年版**　古田陽久、古田真美著、世界遺産総合研究所企画・編集（広島）シンクタンクせとうち総合研究機構（世界の文化シリーズ）
【要旨】ユネスコ無形文化遺産の全容を網羅するデータ・ブック。本書では、ユネスコの最新の無形文化遺産の全体像、すなわち、無形文化遺産保護条約の仕組み、無形文化遺産リスト（「緊急保護リスト」と「代表リスト」）に登録されている412件、条約の原則と目的に適った最善の実践事例である「ベスト保護プラクティス」の17件の全容を理解することにより、高齢化や後継者難などで失われゆく地方の良き伝統文化のなかにも地方の創生や再生にもつながるヒントを見出したい。
2017.3 208p A5 ¥2778 ①978-4-86200-208-2

◆**誰も知らない熊野の遺品―カラー新書**　栂嶺レイ著　筑摩書房（ちくま新書）
【要旨】世界遺産に登録後、注目を集め、往来の増え続ける熊野。熊野古道や熊野三山を観光する人は多いが、熊野の魅力はそれだけにとどまらない。聖なるもの・俗なるものが混じりあう不思議な伝説があり、古来から続く風習が残るなど、そこには失われた日本の原風景がいまも息づいている。観光では訪れることのない奥地へ自ら足を踏み入れ、語り部たちの言葉を丹念に聞き取り、これまで知られなかった歴史を探り出す。美しい写真とともに、誰も知らなかった熊野の姿をここに開陳。
2017.8 254p 18cm ¥980 ①978-4-480-06974-0

◆**はじめて学ぶ世界遺産50―世界遺産検定4級公式テキスト**　世界遺産アカデミー監修、世界遺産検定事務局著　世界遺産アカデミー、マイナビ出版 発売
【要旨】世界へはばたくための50の遺産。国際交流に役立つ「英語で説明しよう！」。
2017.3 126p A5 ¥1000 ①978-4-8399-6248-7

◆**パルミラの光彩―写真資料でよみがえる破壊された世界遺産**　山田勝久著　雄山閣 改訂版
【要旨】「イスラム国」（IS）によって破壊されたパルミラ遺跡。貴重な遺構の在りし日の姿。
2017.4 83p B5 ¥2700 ①978-4-639-02477-4

◆**ヘタリア的世界遺産　3　フランス革命から21世紀まで**　日丸屋秀和監修 幻冬舎コミックス、幻冬舎 発売　（ヘタリア Axis Powers歴史読本）
【要旨】原作り手に世界遺産の旅へ!!自由の女神、シドニー・オペラハウス、サグラダ・ファミリア、カナディアン・ロッキー、富士山などなど、全45の有名世界遺産にまつわる歴史について我々が講習を始めるぞ！
2017.3 95p A5 ¥1100 ①978-4-344-83957-1

◆**また逢えたなら**　宗像未来ガールズ絵・文（福岡）アリエスブックス
【要旨】2017年、世界文化遺産登録が決定した福岡県「沖ノ島」と「宗像」（むなかた）を舞台に繰り広げられる、切なく、心に沁みるラブストーリー。地元の歴史・文化をフィールドワークで、絵本づくりを講座で、それぞれ学んだ福岡県宗像市の中学生12名が、物語を紡ぎ、版画と切り絵の技法で作画をつくりあげた絵本『みあれ祭の日に』に続く、宗像歴史未来塾・絵本づくりプロジェクトの2作品目。祭祀（さいし）や金製指輪、銅鏡、勾玉（まがたま）など、当時の風習や装飾品・出土品も数多く登場し、沖ノ島・宗像の魅力が、中学生たちの目を通したあらたな感覚で瑞々しく描かれ、ストーリーに豊かな彩りを加えている。はるか1500年前、沖ノ島の神に金製指輪を奉納する祭祀（さいし）を終えたヨシヒトは、無事を祈る妻ツバキの元へと帰るため舟に乗りこむと、遠くには海賊の舟が。同乗する大切な妻を守るため、ヨシヒトがとった行動とは…。そしてツバキとヨシヒトは再び逢うことができるのか？過去と現在とを美しい勾玉が結ぶ、時空を超えた、愛と絆の物語。
2017.6 1Vol. A4 ¥1400 ①978-4-908447-04-4

◆**TOMIOKA世界遺産会議BOOKLET　8**　（前橋）上毛新聞社事業局出版部
【目次】「世界遺産富岡製糸場と絹産業遺産群を核とした体験と想像のネットワーク」、「カイコの品種改良に関する新技術の現状と新しい可能性」
2017.3 72p A5 ¥600 ①978-4-86352-173-5

社会思想・社会学

◆**アステイオン　086　特集 権力としての民意**　サントリー文化財団・アステイオン編集委員会編　CCCメディアハウス
【目次】特集 権力としての民意、論考、連載、世界の思潮、写真で読む研究レポート、時評、対談、地域は舞台、往復書簡correspondence、フォーラムレポート
2017.5 283p 23×15cm ¥1000 ①978-4-484-17215-6

◆**いかにして民主主義は失われていくのか―新自由主義の見えざる攻撃**　ウェンディ・ブラウン著、中井亜佐子訳　みすず書房
【要旨】いまや新自由主義は、民主主義を内側から破壊している。新自由主義は政治と市場の区別を取り払っただけでなく、あらゆる人間活動を経済の言葉に置き換えた。主体は人的資本に、交換は競争に、公共は格付けに、だが、そこで目指されているのは経済合理性ではない。新自由主義は、経済の見かけをもちながら、統治理性として機能しているのだ。その矛盾がもっとも顕著に現れるのが大学教育である。学生を人的資本とし、知識を市場価値で評価し、格付けに駆り立てられるとき、大学は階級流動の場であることをやめるだろう。民主主義は黙っていても維持できるものではない。民主主義を支える理念、民主主義を保障する制度、民主主義を育む文化はいかにして失われていくのか。新自由主義が民主主義の言葉を換えることによって、民主主義そのものを解体していく過程を明らかにする。
2017.5 269, 57p B6 ¥4200 ①978-4-622-08569-0

◆**いま、「非戦」を掲げる―西谷修対談集**　西谷修著　青土社
【要旨】混迷する日本と世界にむけて、11人の気鋭の論者らと交わされた徹底的な討議。常に透徹したヴィジョンで現代世界を読み解いてきた思想家による初の対談集。私たちはいま、いかに希望を語りうるのか。
2018.1 340p B6 ¥2600 ①978-4-7917-7033-5

◆**慨世の遠吠え　2　呪いの時代を越えて**　内田樹、鈴木邦男著　鹿砦社
【要旨】ともに思想家である内田樹と鈴木邦男が、己の頭脳と身体で語り尽くした超「対談」待望の第二弾!!
2017.2 230p B6 ¥1300 ①978-4-8463-1156-8

◆**紙芝居の歴史を生きる人たち―聞き書き『街頭紙芝居』**　畑中圭一著、子どもの文化研究所編　子どもの文化研究所、生活ジャーナル 発売　（叢書 文化の伝承と創造 2）
【要旨】路地に響く拍子木の音とともに、子どもたちに夢と笑いと涙とハラハラドキドキと元気を届けた紙芝居。「鞍馬天狗」「黄金バット」等、子どもたちを熱くした街頭紙芝居は、どのようにして生まれ、誰が育てたのでしょうか。紙芝居の歴史を生きた人たちの証言と記録で探っていきます。紙芝居の源流にも新しい光をあてた貴重な論考もあり、この生きた紙芝居文化史は紙芝居テキストの決定版です。
2017.9 178p A5 ¥1800 ①978-4-88259-165-8

◆**共産主義批判の常識**　小泉信三著　中央公論新社（中公クラシックス）
【要旨】七十年前に予見された共産主義の終焉―民主主義との相反を暴いた終戦後のベストセラーを没後五十年に復刻。
2017.8 196p 18cm ¥1600 ①978-4-12-160176-6

◆**近代民主主義の罠―論文・評論集（思想・政治・経済篇）**　矢島杜夫著　御茶の水書房
【要旨】戦後70年を経て民主主義も定着したかに見えるが、実際は様々な所で罠が待ち構え、トクヴィルやミルが警告した罠に陥ろうとしている。本書は、その罠に迫ろうとする論文・評論集である。
2017.4 327, 5p A5 ¥6400 ①978-4-275-02062-8

◆**社会思想史研究―社会思想史学会年報　No.41 2017　市場経済の思想 市場と資本主義を考える**　社会思想史学会編　藤原書店
2017.9 281p A5 ¥2600 ①978-4-86578-140-3

◆**生存権・戦争と平和―哲学的考察**　関家新助著　彩流社
【要旨】戦後70年、日本人が培ってきた平和主義・民主主義・立憲主義の理念が危機にある現在、戦争の歴史を辿り、新たな"生存権"としての平和を説く！
2017.10 261p B6 ¥2600 ①978-4-7791-2382-5

◆**全体主義と闘った男 河合栄治郎**　湯浅博著　産経新聞出版、日本工業新聞社 発売
【要旨】右にも左にも怯まなかった日本人がいた！戦前、マルクス主義の痛烈な批判者であり、軍部が台頭すると、ファシズムを果敢に批判した。河合人脈は戦後、論壇を牛耳る進歩的文化人と対峙する。産経新聞長期連載「独立不羈 河合栄治郎とその後の時代」に加筆、再構成し単行本化。
2017.2 382p B6 ¥1900 ①978-4-8191-1299-4

◆**「脱」戦後のすすめ**　佐伯啓思著　中央公論新社（中公新書ラクレ）
【要旨】文明が野蛮に転じ、嘘で動く世界にあって、日本と日本人はどこへ行くのか。本書はグローバリズムを批判し、国民経済を重視する立場から、こうした問いに正面から向き合う。東西さまざまな思想家の考えを紹介しながら、社会と人間の基本的なとらえ方について、わかりやすく、説得的に示していく。いま、日本と世界は危機のなかにある。テロ、経済問題、安全保障問題、そして価値の問題…これらを解読するための、思考のヒントがここにある！
2017.11 230p 18cm ¥780 ①978-4-12-150603-0

◆**足ることを知れ―果てしない欲望は自らを滅ぼす 人の本当の幸せとは**　山本展瑠著（大阪）風詠社、星雲社 発売
【要旨】人間の欲が争いを生み、富と利便性を求め続けた結果、地球は崩壊してしまう寸前にある。欲にとらわれた人間の心は貧しい。欲望が幸福をもたらさなくなる境界線はあるのか。人々が幸せに生きられる道。
2017.4 155p B6 ¥1000 ①978-4-434-23272-5

◆**誰が何を論じているのか―現代日本の思想と状況**　小熊英二著　新曜社
【要旨】600人を超える知識人・ジャーナリスト・政治家など書きつけた同時代の膨大な論考を読み解き、犀利に論評。地域格差、労働環境、介護、科学技術、金融緩和、グローバリズム、そして軍事問題など、現代日本の課題へ独自の解釈と対峙する。『朝日新聞』論壇委員担当時のメモ3年分を所収。
2017.8 536p B6 ¥3200 ①978-4-7885-1531-4

◆知の史的探究―社会思想史の世界　壽福眞美監修、柳啓明、千葉直美、奥谷雄一、島田昭仁編著　八千代出版
【目次】1編　社会思想史へのアプローチ（人類は生き延びていいか―社会思想からREス7Eの問いかけ（Reason ΣＥgo×Evolution×Eros×Empathy×Emotion×Eco　system×Economy）、エロスの今い―18世紀末ブリテン急進主義と人口論、ホワイトヘッドの抱握（prehension）とはなにか―事態の潜勢態をめぐって）、2編　ヘーゲルを読み直す（ヘーゲル哲学と外化―世界をトータルに把握する論理、若きヘーゲルの承認理論における外化、ヘーゲルの1820/21年『美学講義』の絵画論と歴史的展示）、3編　地域学に臨む（原発再稼働に関する意識調査―柏崎市・刈羽村からの報告、近代琉球の「境域」と政治文化―与那国郵便局成立とソーシャルワーク論の地平―自己修復の優先性と代弁的発話行為、戦後西ドイツにおける自動車中心主義の形成―その政治的根拠）、4編　社会学からの視点（他者との通路の回復―自我をめぐる社会思想、「言語法廷」あるいは「言語ゲーム」、「世界言語」構築の試み、社会学的想像力―私的体験から見える社会学の世界）
2017.3 371p A5 ¥5500 ①978-4-8429-1699-6

◆ドキュメント　新右翼―何と闘ってきたのか　山平重樹著　祥伝社新書
【要旨】一九六〇年代後半、左翼学生運動の高まりのなか、対抗すべく生まれた新右翼。彼らは既成右翼が掲げた「親米反共」「日米安全保障条約堅持」に反発し、「反米反共」を標榜、同条約と北方領土問題をもたらした「ヤルタ・ポツダム体制」の打破をめざした。本書は、新右翼の誕生から現在までを追った闘争史である。文中にはその中枢メンバーとして、いま脚光を浴びている日本会議の源流がここにある。言わば、日本会議の源流がここにある。近年、右傾化現象が叫ばれるが、その流れを歴史として知ることができる貴重な記録であり、真の保守とは何かを考えさせる一冊。
2018.1 458p 18cm ¥1100 ①978-4-396-11524-1

◆苫米地博士の「知の教室」　苫米地英人著　サイゾー
【目次】四次元、時間、瞑想、洗脳、洗脳テクニック、怒りのコントロール、縁起と因果と自己責任、引き寄せの法則、こだわりと並列化、並列化〔ほか〕
2017.8 213p B6 ¥1300 ①978-4-86625-092-2

◆苫米地英人コレクション　01　洗脳護身術　苫米地英人著　開拓社
【要旨】「洗脳」はあなたと無関係の出来事ではない。カルト、悪徳商法は言うにおよばず、国家、メディア、より身近な社会や教育、家庭が、知らず知らずのうちにあなたの脳に入り込んでいる。オウムなどカルト信者の脱洗脳体験、西洋哲学、東洋哲学、心理学、認知科学の深い造詣から編み出された洗脳のメソッドをイラスト入りで解説し、自らの意志と力で洗脳を抜け出し、自由をつかむ道を示す。現在の日本を改めて見つめ、一層高まる「洗脳護身術」の必要性について語る「特別付録」を加え、ついに復刊！
2017.10 298p B6 ¥1400 ①978-4-7589-7051-8

◆苫米地英人コレクション　02　脱・洗脳教育論　苫米地英人著　開拓社
【要旨】洗脳を解くために有効な手段も、また教育である。日本の「奴隷的教育」にメスを入れ、洗脳から解放される真の自由かへの道を示す。根強く残る儒教精神批判と新時代のリーダー育成を論じた。「復刊特別付録」付き！
2017.10 202p B6 ¥1200 ①978-4-7589-7052-5

◆ナショナリズムの正体　半藤一利、保阪正康著　文藝春秋　（文春文庫）　（『日中韓を振り回すナショナリズムの正体』改題書）
【要旨】ナショナリズムと愛国心を歪めたのは誰か？「戦争はイヤだ」としか言わない左翼、「あの戦争は正しかった」と美化する右翼、双方の知的怠慢を―軍エリートの証言を集めてきた昭和史研究の大家ふたりが、歴史的事実をもとに左右を徹底批判。ヘイトスピーチにも強引な改憲論にも屈せず、ただしく国を愛する方法がわかる。2017.9 281p A6 ¥690 ①978-4-16-790931-4

◆難破する精神―世界はなぜ反動化するのか　マーク・リラ著、会田弘継監訳、山本久美子訳　NTT出版
【要旨】「人々はなにに怒り、なにを恐れているのか!?」トランプ現象、Brexit から、イスラーム国まで全世界を席巻する「反動思想」の源泉

に迫る。
2017.9 213p B6 ¥2400 ①978-4-7571-4349-4

◆日本人が気づかない心のDNA―母系的社会の道徳心　森田勇造著　三和書籍
【目次】1　自然災害の多い日本（自然現象は知恵の根源、災害を乗り越えてきた日本人）、2　日本は地域社会の集合体（社会のあり方、日本古来の母系的社会、稲作農耕民にとっての天皇と大嘗祭、個人化より先に社会化、少年期の予防対応、地域文化の伝承と青年活動、地域の社会人が日本人）、3　心のDNA（遺伝子）、道徳心（日常的の文化のあり方、地球上の文化の違い、文化としての心情、日本的信頼社会、日本人の心、道徳心、日本の夫婦同性は信頼社会の基本）、4　文化としての繁殖戦略（動物的な繁殖戦略、文化としての性と結婚）、5　道徳心と老後の生きがい（危機管理能力としての生活文化、長寿者の生きがいと道徳心、生活文化としての正月）
2017.3 197p B6 ¥1600 ①978-4-86251-212-3

◆日本人にリベラリズムは必要ない。―「リベラル」という破壊思想　田中英道著　ベストセラーズ
【要旨】「マルクス経済学」（社会主義）から、フランクフルト学派「批判理論」、フロイト「エディプスコンプレックス」、丸山眞男の日本論「古層」まで、リベラルの欺瞞と危険性を暴く！「知の巨人」による思想論。
2017.5 229p 18cm ¥1050 ①978-4-584-13796-3

◆ファシスタたらんとした者　西部邁著　中央公論新社
【要旨】危機としての生を実践し戦後の無惨と虚無に対峙し続けてきたファシストが己の人生の全貌を剔出した最後の巨編。懐疑と省察、冒険への意志が導いた思想の堂奥とは。皇室論・信仰論を付す、長き人生と思想が紡ぎ出した最後のメッセージ。
2017.6 389p B6 ¥1850 ①978-4-12-004986-6

◆ブラックボックス化する現代―変容する潜在認知　下條信輔著　日本評論社
【要旨】相次ぐ「想定外」、偽装・盗作、横行する過激なポピュリズム―新たなリスクは潜在意識の盲点で生じる。認知科学者によるアクチュアルな社会時評集！
2017.6 300p B6 ¥1700 ①978-4-535-58710-6

◆「文明の衝突」はなぜ起きたのか―対立の煽動がテロの連鎖を生む　薬師院仁志著　晶文社　（犀の教室Liberal Arts Lab）
【要旨】9.11、シャルリー・エブド事件、パリ同時多発テロ…21世紀の世界が直面する困難は、しばしば「文明の衝突」と形容される。だが、はたしてほんとうに文明は「衝突」しているのか？誤った歴史認識や煽動のおかげで、対立が激化させられているのではないか？闘争と葛藤が繰り返されてきたヨーロッパ・中東の歴史的経緯を振り返りつつ、世界の緊張を解くための処方箋をさぐる長編論考。多様な文化や言語、宗教が存在する世界で共存していくために、いまわれわれが直視すべき現実がここに。
2017.1 229p B6 ¥1600 ①978-4-7949-6828-9

◆ユートピアの再構築―『ユートピア』出版500年に寄せて　石崎嘉彦、菊池理夫編著　（京都）晃洋書房
【要旨】終焉を喜ばれることさえもあるユートピアという概念を新たな視点から再評価し、ポストモダン社会における進歩と成長の限界や、格差社会の拡大などの問題点を前にして、ユートピア再生の意義を問う。
2018.1 169p A5 ¥2500 ①978-4-7710-2931-6

◆良いテロリストのための教科書　外山恒一著　青林堂
【要旨】くたばれポリティカル・コレクトネス！クサレバヨクも全共闘世代も一掃せよ！ファシスト外山恒一による"正しい左翼の滅ぼし方"
2017.9 217p B6 ¥1600 ①978-4-7926-0603-9

◆「利己」と他者のはざまで―近代日本における社会進化思想　松本三之介著　以文社
【要旨】進化論の基礎をなす生存の欲求という観念を手掛かりに、自然権思想を形成する可能性を社会進化論のなかから読み解く。既存の思想から新しい思想の可能性を探究する思想史研究の到達点。
2017.6 432p B6 ¥3700 ①978-4-7531-0341-6

◆我々は人間なのか？―デザインと人間をめぐる考古学的覚書き　ビアトリス・コロミーナ、マーク・ウィグリー著、牧尾晴喜訳、伊村靖子解説　ビー・エヌ・エヌ新社

【要旨】近代デザイン/建築を問い直しつつ、先史時代から現代までの人間を発掘する。本書は "are we human?"―我々は人間なのか？　今、デザインに求められるのは、この問いだ。
2017.10 319p 21×14cm ¥3000 ①978-4-8025-1077-6

社会学・社会理論

◆アイドル/メディア論講義　西兼志著　東京大学出版会
【目次】0　はじめに―なぜ "アイドル" か？、1　一九八〇/ "アイドル" のふたつのモデル、2 "スター" と "タレント"/ネオTV、3　映画の時間とテレビの時間/メディアの現象学、4　成長する "アイドル"/ "アイドル" の現象学、5　教育する "アイドル"/メディア・ハビトゥス、6　コミュニケーション文化と "アイドル"/リアル化するメディア環境、7 "キャラ" と "アイドル"/拡張されたリアリティ、8 "アイドル" の歌う "卒業"/過去志向から未来志向へ、9　ライブ時代の "アイドル"/コミュニケーション・コミュニティ、10　おわりに―それでもなお "アイドル" か!?
2017.4 228p B6 ¥3000 ①978-4-13-053024-8

◆文色（あいろ）と理方（りかた）―知識の枠組み　鷲津浩子著　南雲堂
【要旨】いま、なぜ文学なのか！　天、海、地の三つの視点から刺激的な文学研究を提案する！
2017.9 272p B6 ¥3800 ①978-4-523-29329-3

◆明日へ翔ぶ―人文社会学の新視点　4　松尾金藏記念奨学基金編　風間書房
【目次】ルカ・シニョレッリ作「フィリッピーニ祭壇画」の聖ボナヴェントゥーラ像をめぐる考察、牛島憲之と二人の画家―坂本繁二郎、ジョルジュ・スーラに通底するもの、写真のリアリティ再考―観賞における時間意識「今」の点から、パリのヴィラ＝ロポ×ー「ショーロス」から『ブラジル風バッハ』へ、ジャン・アヌイ『アンチゴヌ』における二つの変奏、ビルダングスロマン（"Bildungsroman"）としてのアメリカマイノリティ文学―サンドラ・シスネロスの『マンゴー通りの家』とエドウィッジ・ダンティカの『息吹、まなざし、記憶』、初出漢字筆記過程からみた子どもの書字習得の発達―「なぞり」と「視写」の比較による、特別支援学校における音楽アウトリーチ導入の意義と課題―重複障害児を対象に、「当事者研究」の教育方法学的意義に関する研究、高等学校国語科における表現力を育む授業づくり〔ほか〕
2017.3 456p A5 ¥8000 ①978-4-7599-2170-0

◆アステイオン創刊30周年　ベスト論文選1986‐2016―冷戦後の世界と平成　山崎正和、田所昌幸総監修　CCCメディアハウス
【目次】総目次（総目次、アステイオン・グラヴィア　ほか）、1　政治・経済　国際編（粗野な正義感と力の時代（高坂正堯）、イスラムの友から（岡崎久彦）　ほか）、2　政治・経済　国内編（責任国家・日本への選択（中谷巌）、日本はまだ「ひよわな花」か（ズビグネフ・ブレジンスキー、高坂正堯）ほか）、3　日本論・日本文化論（浄土―日本的思想の鍵（司馬遼太郎）、「国際婦人年」という黒船（目黒依子）　ほか）、4　思想・文学・社会（20世紀末の危機と希望―「市民社会」の復権（ダニエル・ベル、山崎正和）、文明を輸出するとき（伊丹敬之）　ほか）
2017.11 5Vols.set A5 ¥35000 ①978-4-484-17213-2

◆新しい力―私たちが社会を変える　共同通信編　新評論
【要旨】意識・行動力・社会影響、すべてが凄かった！　社会の閉塞感を打ち破る！　現代若者列伝。
2017.6 326p B6 ¥2400 ①978-4-7948-1072-4

◆新たなルネサンス時代をどう生きるか―開花する天才と増大する危険　イアン・ゴールディン、クリス・クターナ著、桐谷知未訳　国書刊行会
【要旨】数々の天才の偉業により世界が一変したルネサンスの時代のヨーロッパ。21世紀の現代、それとまったく同じことが起ころうとしている…。私たちはどう行動し、どう生きていくべきなのか？　過去から学び、よりよい未来を築くためのユニークな提言の書、ついに日本で出版！
2017.11 428p A5 ¥3700 ①978-4-336-06194-2

◆いい空気を一瞬でつくる―誰とでも会話がはずむ42の法則　秀島史香著　朝日新聞出版

社会・文化

【要旨】どんな場面でも相手の心をつかめる聞き方・話し方を一挙公開！ 人気DJが明かす、すぐに役立つ会話のインナーマッスルの鍛え方。
2017.3 238p B6 ¥1400 ①978-4-02-331581-5

◆生き延びる都市─新宿歌舞伎町の社会学　武岡暢著　新曜社
【要旨】数千軒の風俗店、スナック等を擁する世界有数の歓楽街はいかに存続してきたのか。住民やコミュニティに軸足を置く従来の手法を離れ、「場」としての空間の作用、「移動」する主体、その場での「活動」に焦点を合わせ、その再生産メカニズムを描く。地域社会研究からのアプローチ。地域社会研究の刷新された戦略で迫る「歌舞伎町」の構造。
2017.2 330p A5 ¥4400 ①978-4-7885-1513-0

◆イギリスはいかにして持ち家社会となったか─住宅政策の社会学　スチュアート・ロー著、祐成保志訳　（京都）ミネルヴァ書房
【要旨】本書は、ハウジングを社会政策のなかに明確に位置づけ、国際比較の観点を取り入れながら、英国の住宅政策の歴史と現在を描き出した一冊。福祉国家の変容をとらえ、その未来を構想するうえで、ハウジングを理解することがいかに重要かを説く。
2017.9 287, 22p A5 ¥5500 ①978-4-623-07910-0

◆一億総貧困時代　雨宮処凛著　集英社インターナショナル、集英社 発売
【要旨】性的虐待の果て、父親の子どもを産んだ女性。長年の介護生活の果て、両親とともに死のうと川に車で突っ込み、娘だけは助かった「利根川一家心中事件」。介護離職から路上へ、そして支援者となった男性─。奨学金、ブラック企業、性産業、そして原発事故や外国人労働者問題など、現代のこの国に潜む、あらゆる「貧困」に斬り込んだ渾身の一冊。
2017.1 254p B6 ¥1400 ①978-4-7976-7338-8

◆遺伝か、能力か、環境か、努力か、運なのか─人生は何で決まるのか　橘木俊詔著　平凡社（平凡社新書）
【要旨】学力の遺伝率55パーセント、IQ130による収入格差は僅か2.2パーセント、容姿の良し悪しによる収入格差は「男性」18パーセント、「女性」12パーセント…生まれながらの不利を、いかに乗り越えるか！？自分が置かれた五つの境遇を冷静に判断し、その能力と特性に合致した合理的な努力を積み重ねれば、順調な人生を送れる可能性が、より高まっている。
2017.12 239p 18cm ¥800 ①978-4-582-85860-0

◆いとも優雅な意地悪の教本　橋本治著　集英社（集英社新書）
【要旨】意地悪は単なる悪口や暴力とも違って、洗練を必要とする「知的かつ優雅な行為」である。だからこそ、意地悪には人間関係を円滑にし、暴力的なエネルギーを昇華させる効果がある─。他者への罵詈雑言やヘイトスピーチといった、むきだしの悪意が蔓延する現代社会。橋本治は、その処方箋を「みなが意地悪になること」だとして、古今東西の例を挙げてその技術を具体的に解説する。読めば意地悪な人になりたくなる社会・文芸評論！
2017.9 228p 18cm ¥760 ①978-4-08-720899-3

◆いのちに国境はない─多文化「共創」の実践者たち　川村千鶴子編著　慶應義塾大学出版会
【要旨】ケアの実践こそが、平和な暮らしを守る。外国人住民の受け入れ拡大や東京オリンピック・パラリンピックの開催などを契機に、日本でも多様なルーツをもつ人々がさらに増え、私たちの身近なパートナーになるでしょう。一方、こうした変化に対し、テロや犯罪の増加を心配する声もあります。しかし、教育・住居・就業・医療などライフサイクルを通じた「共創」こそが、社会的のリスクを回避するカギを握っています。いま、日本に必要なのは、多文化化のリスクを熟知し、「共創」の果実を社会に届けられる「いのちのケア」の「実践者」たちなのです。ぜひ、皆さんも本書に登場する「実践者」たちの「現場」からの声に耳を傾けてください。
2017.2 234p B6 ¥2000 ①978-4-7664-2393-8

◆異文化間を移動する子どもたち─帰国生の特性とキャリア意識　岡村郁子著　明石書店
【目次】第1部 帰国生をめぐる動向と現状（海外移動する子どもと家族、異文化間を移動する子どもたち（海外で学ぶ日本人児童生徒の教育、日本における帰国生教育）、帰国生教育研究の動向）、第2部 帰国生が異文化経験を通じて得た特性とその活用（帰国中学生の「異文化経験を活かす」ことに対する意識、帰国高校生が異文化

経験を通じて得た特性と関連要因、帰国高校生の特性の活用に対する意識と関連要因、帰国高校生が考えるキャリアとしての特性の活用、帰国大学生が異文化経験を通じて得た特性とその活用、研究結果の総括と総合的考察）
2017.2 264p A5 ¥5200 ①978-4-7503-4472-0

◆移民受入の国際社会学─選別メカニズムの比較分析　小井土彰宏編　（名古屋）名古屋大学出版会
【要旨】誰を受け入れ、誰を排除するのか。国境管理の再編と段階的選別の拡大へ─移民受入をめぐる風景を一変させた政策と実態の変化を、古典的移民国、EU諸国、後発受入国の比較により鮮明に捉え、排除と包摂のメカニズムをトータルに示す。
2017.2 369p A5 ¥5400 ①978-4-8158-0867-9

◆色と形を探究する　佐藤仁美、二河成男編著　放送大学教育振興会、NHK出版 発売　（放送大学教材）
【要旨】色と形とは、自然界の色と形1─生物の色と形のつくり、自然界の色と形2─生物の色と形の成り立ち、自然界の色と形3─地球上で観察する色と形、自然界の色と形4─宇宙で見られる色と形、日本の文様、文様の伝搬、文化と歴史の中の色と形をめぐって1─グアテマラ・マヤという世界、文化と歴史の中の色と形をめぐって2─染の世界、文化と歴史の中の色と形をめぐって3─織の世界、色と形を用いた心理臨床の世界、社会の中の色と形、社会の中の色、社会の中の形、色と形とともに
2017.3 255p A5 ¥3100 ①978-4-595-31709-5

◆岩波講座 現代 2 ポスト冷戦時代の科学/技術　中島秀人編　岩波書店
【要旨】現代社会の全体像を把握し、新たな知の基礎を築々する挑戦。
2017.2 250p A5 ¥3400 ①978-4-00-011382-3

◆間文化主義（インターカルチュラリズム）─多文化共生の新しい可能性　ジェラール・ブシャール著、丹羽卓監訳、荒木隆人、古地順一郎、小松祐子、伊達聖伸、仲村愛訳　彩流社
【要旨】世界の国々はますます進む社会の多様化を前にして困惑し、行き詰っている。そんな中で、カナダのケベックという一つの州で、長期間の試行錯誤を経て間文化主義という新しい統合理念が練り上げられ、世界に向けて発信されている。中心文化を認めないカナダの多文化主義とは異なり、中心文化とマイノリティの文化が互いを尊重しながら交流することによって、一つの新しい文化を作りあげていこうという文化主義。それは日本のように厳然とした中心文化を持つ国にこそふさわしい統合理念である。
2017.12 406p B6 ¥3000 ①978-4-7791-2431-0

◆インターカルチュラル 15 日本国際文化学会年報 2017　日本国際文化学会編　風行社
【目次】特集1 紛争と融和における文化の役割─国際関係史から学ぶ、特集2 松井賢一元会長追悼フォーラム（鼎談）「日本国際文化学会の設立15周年と今後の展望」、特集3 文化交流創成コーディネーター資格認定第2年度へ、研究論文、研究ノート、書評、各書の著書紹介、博士論文紹介、国際文化学 私の3冊
2017.3 221p A5 ¥2000 ①978-4-86258-102-0

◆うしろめたさの人類学　松村圭一郎著　ミシマ社
【要旨】市場、国家、社会…断絶した世界が、「つながり」を取り戻す。その可能性を、「構築人類学」という新しい思考手法で追求。強固な制度のなかにスキマをつくる力は、「うしろめたさ」にある！
2017.10 189p B6 ¥1700 ①978-4-903908-98-4

◆ウソつきの国　勢古浩爾著　ミシマ社
【要旨】上場ITメディア企業、通販会社、浮気男、サイコパス、新聞、週刊誌、テレビ、広告、世界中の政治家たち─ウソつきたち、ウソつき会社、ウソつきの国が急増中!?「ふつうのおじさん」の立場から、本を読み、ものを書く、34年会社に勤め、「まっとうに生きること」を問いつづけてきた著者が、この時代の「まっとうさ」を愚直に問い直す。
2017.3 253p B6 ¥1600 ①978-4-903908-90-8

◆移りゆく社会に抗して─三・一一の世紀に　村上陽一郎著　青土社
【要旨】福島の原発事故の前年まで、原子力安全・保安院に8年間参画した経験をいかに振り返るのか。そして事故後も「再稼働反対」に与しない

真意とは─。三・一一以後だから、知識人は「想定」しなければならない。終わらない震災、急速に更新される科学、文系廃止に対峙する大学、揺らぐ生と死の倫理などについて、広い歴史的視野と深い知性で、流れに抗して書き記す。
2017.7 253p B6 ¥2000 ①978-4-7917-7001-4

◆ウルリッヒ・ベックの社会理論─リスク社会を生きるということ　伊藤美登里著　勁草書房
【要旨】国家や会社や家族の保護機能が弱まり、テロ、貧困、孤立等のリスクが直接個人を襲うようになった現代社会を分析したベック理論。日本初の包括的な解説書。
2017.6 20p B6 ¥2800 ①978-4-326-65409-3

◆英国学派入門─国際社会論へのアプローチ　バリー・ブザン著、大中真、佐藤誠、池田丈伯、佐藤史郎ほか訳　日本経済評論社
【要旨】「国際社会」とは何か。アメリカの国際関係論とは異なる方法で国際社会を読み解く英国学派、その理論的最先端を紹介する必携の書。泰斗バリー・ブザンの国際社会論、待望の初邦訳。2017.5 312p A5 ¥3000 ①978-4-8188-2454-6

◆英文版 絶望の国の幸福な若者たち　古市憲寿著、ラージ・マタニ英訳 出版文化産業振興財団　（本文：英文）
【目次】1 The Rise and Fall of "Young People"、2 The Restless Young、3 The "Collapse" of "Japan"？、4 The Youths Who Stand Up for Japan、5 The Great East Japan Earthquake and the Young People Who Met Expectations、6 The Happy Youth of a Desperate Country、Supplementary Chapter A Conversation with Takeru Sato
2017.3 281p 23×16cm ¥3600 ①978-4-916055-83-5

◆老いる東京　佐々木信夫著　KADOKAWA（角川新書）
【要旨】築地市場移転や五輪施設問題ばかり話題になるが、首都・東京の生活都市としての寿命は待ったなし。待機児童、高齢者対策に加え、建設から50年以上経つ道路や橋などインフラの劣化も進んでいる。「大都市は豊かだ」時代の終えん。周縁部から限界集落化が始まるニュータウンなど、深刻化する東京の諸問題に、市政を長年見てきた著者が切り込む。
2017.3 235p 18cm ¥800 ①978-4-04-082008-8

◆沖縄らしさの社会学─多文化接触領域のエスニシティ　安井大輔著　（京都）晃洋書房
【要旨】現代世界における対立と協同を規定するエスニシティの動態に関して、横浜市鶴見区の沖縄移民のコミュニティを舞台にモデル化の実験を試みた社会学的論考。同郷組織、祭り、食実践から多文化接触領域における「恒常性」と「開放性」の交錯を考究する。
2017.2 203p A5 ¥4300 ①978-4-7710-2852-4

◆おそろしいビッグデータ─超類型化AI社会のリスク　山本龍彦著　朝日新聞出版　（朝日新書）
【要旨】ビッグデータ、AI、シンギュラリティ。なんかおかしい…。私たちは、なにか重要なものを失っているのではないか!?AIがどこまでも過去を調べ能力や適性を「決めつける」。いちど「評価」されると永遠に逃れられない─来るべき大問題を気鋭の憲法学者が斬る！
2017.11 198p 18cm ¥720 ①978-4-02-273742-7

◆オタクとは何か？　大泉実成著　草思社
【要旨】オタクは存在しない!?2006・2017。10年にわたって「オタク現場」をフィールドワークした果てに見えたものとは？ 竹熊健太郎氏、伊藤剛氏との対話集収載。
2017.4 318p B6 ¥1800 ①978-4-7942-2272-5

◆男の孤独死　長尾和宏著　ブックマン社
【要旨】男性の平均寿命は、女性よりも7歳短かく、なおかつ、孤独死の7割が男性という衝撃の事実！ 孤独死への恐怖にむしばまれていく男たち。しかし、これだけ知っておけば、あなたはきっと、孤独死しません！ 父や夫や兄弟の老後が心配な女性も必読の書！
2017.12 211p B6 ¥1300 ①978-4-89308-895-6

◆男らしさの歴史 3 男らしさの危機？─20・21世紀　ジャン＝ジャック・クルティーヌ編・監修、アラン・コルバン、ジョルジュ・ヴィガレロ監修、岑村傑監訳　藤原書店
【要旨】好評を博した『身体の歴史』（全3巻）の第2弾！ 男らしさは死滅していない！ 男らしさの歴史は男性の歴史ではない。欧米の第一線の

歴史家が、さまざまな角度から、この100年余の「男らしさ」を究明した問題作。

2017.9 748p A5 ¥8800 ①978-4-86578-131-1

◆オトナ親子の同居・近居・援助―夫婦の個人化と性別分業の間　大和礼子著　学文社

【要旨】今どきの世代間関係とは？　きょうだい数が減少し、男女平等意識が浸透する現代社会。親・義親との付き合い方も着実に変化を遂げている。「夫婦一体」型から、夫・妻それぞれが個人として、親・義親との関係を模索する時代へ―新しい世代間関係のあり様を社会学理論と調査分析から探る。

2017.9 192, 14p B6 ¥1900 ①978-4-7620-2737-6

◆大人のための社会科―未来を語るために　井手英策、宇野重規、坂井豊貴、松沢裕作著　有斐閣

【要旨】気鋭の社会科学者が、多数決、勤労、信頼、ニーズ、歴史認識、希望など12のキーワードから日本社会を解きほぐす。社会をよくしたい、すべての人のための「教科書」。

2017.9 232, 6p B6 ¥1500 ①978-4-641-14920-5

◆快の錬金術―報酬系から見た心　岡野憲一郎著　岩崎学術出版社　（脳と心のライブラリー）

【目次】第1部 報酬系が人を支配する（頭医者は不埒な夢を見る、報酬系という脳内装置がある、Cエレガンスは報酬の坂道を下っていく ほか）、第2部 報酬系の病理（射幸心という名の悪夢、嘘という名の快楽1、嘘という名の快楽2―「弱い嘘」つきは人間の本性に根ざす ほか）、第3部 報酬系と幸せ（いろいろなハイがある、フロー体験の快感、男と女の報酬系 ほか）

2017.9 234, 8p B6 ¥2500 ①978-4-7533-1124-8

◆会話分析入門　串田秀也、平本毅、林誠著　勁草書房

【要旨】人と人のやりとりを、独特の観察方法を使って厳密に分析する会話分析。そこに見えてくる、われわれのふるまいが持つある合理性とは。

2017.3 334p A5 ¥3200 ①978-4-326-60296-4

◆格差社会への対抗―新・協同組合論　杉本貴志編、全労済協会監修　日本経済評論社

【要旨】ユネスコ文化遺産に登録された協同組合は、格差社会を克服できるのか。揺らぐ「食」と「職」、そして「地域」を救う可能性を「協同」する人のつながりに見る。

2017.11 269p A5 ¥2100 ①978-4-8188-2476-8

◆学習社会学の構想　赤尾勝己編著　（京都）晃洋書房

【目次】第1部 学習社会学理論のフロンティア（「生涯発達」の社会学、「学習の可視化」の社会学、「学習組織」の社会学、「学習都市」の社会学、「学力・能力のグローバル化」をめぐる社会学）、第2部 学習社会学のケーススタディ（ライフコースにおけるジェンダー意識の変容、移動する子どもたちの文化とアイデンティティ、生涯学習政策・行政の動向と課題、シティズンシップ教育からシティズンシップへ、移民・移住者のシティズンシップの獲得をめぐって）　2017.4 218p A5 ¥2600 ①978-4-7710-2860-9

◆家族実践の社会学―標準モデルの幻想から日常生活の現実へ　デイヴィッド・H.J. モーガン著、野々山久也、片岡佳美訳　（京都）北大路書房

【目次】第1章 最初の前提、第2章 実践の位置づけ（その1）―用語の定義とその範囲、第3章 実践の位置づけ（その2）―代替的アプローチとの類比、第4章 発展と距離、第5章 時間、空間、そして家族実践、第6章 身体と家族実践、第7章 感情と家族実践、第8章 家族研究における倫理的転回、第9章 労働／家族の連接化、第10章 結論　2017.8 303, 15p A5 ¥4500 ①978-4-7628-2986-4

◆カタツムリの知恵と脱成長―貧しさと豊かさについての変奏曲　中野佳裕著　コモンズ

【目次】プロローグ 世界をケアするために、第1章 カタツムリの知恵と脱成長、第2章「貧しさ」を問い直す―マジッド・ラーネマの思想を訪ねて、第3章 精神の地域主義―セルジュ・ラトゥーシュの思想との出会い、第4章 生まれてくる生命を支える社会を創る、エピローグ そしてスイミーになる

2017.12 151p A5 ¥1400 ①978-4-86187-142-9

◆「稼得とケアの調和モデル」とは何か―「男性稼ぎ主モデル」の克服　田中弘美著　（京都）ミネルヴァ書房　（MINERVA人文・社会科学叢書）

【要旨】「男性稼ぎ主モデル」の転換は日本が直面している最重要課題の1つであり、それにとって代わる新しい社会関係を探る必要があるのではないか。日本の生活保障の諸課題と現状に鑑みながら、規範論・政策論・動態論の全領域に目配りし首尾一貫したシャフトをとおす。「男性稼ぎ主モデル」に代わる新しい社会モデル「稼得とケアの調和モデル（earner‐carer model）」の提案とその実現プロセスを、国際比較を通して検討した。本格的なジェンダー政策研究。

2017.10 196p A5 ¥6500 ①978-4-623-08131-8

◆ガバナンスとリスクの社会理論―機能分化論の視座から　正村俊之編著　勁草書房

【要旨】「ガバメントからガバナンスへの転換」と「産業社会からリスク社会への転換」。いずれも1970年代前後に起こり、しかもその転換が現代社会を近代社会から分かつ歴史的分水嶺となっている。社会理論によるその変容の検討！

2017.11 180p A5 ¥3500 ①978-4-326-60299-5

◆環境社会学研究　第22号　環境社会学会編　集委員会編　環境社会学会、有斐閣 発売

【目次】巻頭エッセイ 記録し、記述を続け、見えなくなる被害に抗う研究を、特集 環境と農業の持続可能性（有機農業運動の展開にみる"持続可能な本来農業"の探究、「個人化社会」と農業と環境の持続可能性のゆく――クオリティ・ターン以後、水辺コミュニティの水利用史からみた農業の持続性―有明海干拓農村における水田稲作農業の持続理由）、小特集 農業の多様な展開（有機農業とIPM―就農20年間と最近の変化について、有機農業の技術の組み立て方と持続可能性―果樹農家の実践から、原発事故災害を乗り越えて、多様な人がかかわる農の価値、東日本大震災に対する地域のレジリアンス―福島県二本松市旧東和町の有機農業とコミュニティを例に）、論文（焼畑先住民社会における資源利用制度の正当性をめぐる競合―インドネシア東カリマンタン州・ベシ村の事例）、研究ノート（国際的環境保全型の地域による使いこなし―綾ユネスコエコパークを事例に）

2017.2 125p A5 ¥3000 ①978-4-641-49911-9

◆観光と情報システム　中谷秀樹編著、清水久仁子共著　（龍ヶ崎）流通経済大学出版会

【要旨】本書では観光立国の推進に必須となる航空輸送事業の現状を理解し、今後の観光の発展に不可欠なGDSの現状と情報システムの役割を確認し、旅行流通システムの将来を考察します。また交通システム全体を俯瞰し、歴史を通して将来望まれる交通の仕組みを紹介いたします。

2017.4 253p A5 ¥1800 ①978-4-947553-73-7

◆監視社会とライアンの社会学―プライバシーと自由の擁護を越えて　野尻洋平著　（京都）晃洋書房

【要旨】現代社会において、監視すること/監視されることは、もはや日常生活のなかで自明な出来事となっている。監視の両義性、再身体化、ポストモダニティという三つの視点からライアンの理論を解読。「まなざし」の根源的な両義性から近代が抱え込んだアポリアをときあかす。

2017.2 188p A5 ¥2500 ①978-4-7710-2817-3

◆危機のなかの若者たち―教育とキャリアに関する5年間の追跡調査　乾彰夫、本田由紀、中村高康編　東京大学出版会

【要旨】学校から仕事へ、子どもから大人へ。現代日本社会の課題とは何か。非正規雇用の増大、日本的雇用の終焉、脱標準化・不安定化する状況のなか、若者たちはどのように生きているのか。教育、仕事、家族などさまざまな視点から若者たちの5年間を追った貴重な調査結果の集大成。　2017.11 410p A5 ¥5400 ①978-4-13-051337-1

◆"帰国子女"という日本人　品川亮著　彩流社　（フィギュール彩 94）

【要旨】"帰国子女"とは、いったいどういう人なの？"帰国子女"に関する「情報」を社会に提供し、彼らの「扱い方」について社会の側に考えてもらうことは無駄ではない。もちろん"帰国子女"の側にとっても、知っておけば少しラクになるのではないか。「日本社会に溶け込むコツ」として使える要素があるかもしれない。ペルーからの"帰国子女"の著者による、これまでなかった文化論！

2017.8 217p B6 ¥1800 ①978-4-7791-7096-6

◆基礎から学ぶ社会調査と計量分析　林雄亮、石田賢示著　北樹出版

【目次】心構え編（「研究する」ということ、研究をはじめる前に知っておくこと）、準備編（研究

テーマのみつけ方、素朴な疑問を研究上の問いにする ほか）、調査編（調査方法の設定、調査にかかるコストを見積もる ほか）、分析編（Excelで統計分析、変数・ケースとは ほか）、まとめ編（レポート・論文のまとめ方、文献の引用のしかた ほか）

2017.4 126p B5 ¥1800 ①978-4-7793-0535-1

◆基礎ゼミ 社会学　工藤保則、大山小夜、笠井賢紀編　（京都）世界思想社

【要旨】ゼミでレポート課題が出た！ 発表することになった！ やりかたは教わったけれど…具体的にどうすればいい？ 本書では、スタディスキルと社会学を一体化して学べます。自分で考えるのはもちろん、仲間と一緒に考えることも、筆者の議論から学ぶこともできる、体験的入門書！　2017.2 224p A5 ¥2100 ①978-4-7907-1692-1

◆昨日までの世界　上　一文明の源流と人類の未来　ジャレド・ダイアモンド著、倉骨彰訳　日本経済新聞出版社　（日経ビジネス人文庫）

【要旨】600万年に及ぶ人類史において、国家が成立し、文字が出現したのは5400年前、狩猟採集社会が農耕社会に移行したのも1万1000年前にすぎない。では、それ以前の「昨日までの世界」で人類は何をしてきたのか？ 大ベストセラー『銃・病原菌・鉄』著者が、身近なテーマから人類史の壮大な謎を解き明かす、全米大ベストセラー。

2017.8 510p A6 ¥1000 ①978-4-532-19828-2

◆昨日までの世界　下　一文明の源流と人類の未来　ジャレド・ダイアモンド著、倉骨彰訳　日本経済新聞出版社　（日経ビジネス人文庫）

【要旨】現代西洋社会の特徴はインターネットや飛行機といった技術や、中央政府や司法といった制度ばかりではない。オフィス労働から生まれる疾病や、宗教の役割の変化もまた、現代西洋社会の特徴である。人生の大半をニューギニアで過ごした著者が、現代西洋社会に住む私たちが学ぶべき人類の叡知を紹介する。

2017.8 479p A6 ¥1000 ①978-4-532-19829-9

◆希望の国の少数異見―同調圧力に抗する方法論　森達也著、今野哲男企画協力・討議　言視舎

【要旨】底が抜けた世界と渡り合うには何が必要か。法然の名言を補助線として現代の日本社会を根源的に読み解き希望の原理を探る。

2017.3 252p B6 ¥1600 ①978-4-86565-079-2

◆教育とキャリア　石田浩監修・編　勁草書房　（格差の連鎖と若者 1）

【要旨】格差はいつ生成され、どのように連鎖していくのか。学歴・職業的地位の達成の過程を通して「格差の連鎖・蓄積」のメカニズムを探る。　2017.3 209p A5 ¥3000 ①978-4-326-64882-5

◆教育文化の社会学　稲垣恭子編著　放送大学教育振興会、NHK出版 発売　（放送大学大学院教材）

【目次】教育文化へのアプローチ、子どもと大人の関係をどうみるか、「教育する家族」の誕生と変容、変容する家族の物語、文化装置としての学校、感情共同体としての学校、生徒文化と学校空間の変容、学生文化と教養の変容、女学生の文化と教養、"師弟関係"という文化、近代教育の表層と深層、"私淑"する文化、メディアと教養文化、努力主義と日本型メリトクラシーのゆくえ、現代日本の教育文化―まとめと課題

2017.3 220p A5 ¥2600 ①978-4-595-14085-3

◆共感のレッスン―超情報化社会を生きる　植島啓司、伊藤俊治著　集英社

【要旨】情報に囲まれるほど、人は孤絶していく―。今こそ必要なコミュニケーションの原型を探る刺激的な対論。「わたし」と「あなた」の間に在るものとは？

2017.12 195p B6 ¥1500 ①978-4-08-771127-1

社会・文化

社会・文化

植島啓司
伊藤俊治

共感のレッスン
超情報化社会を生きる

集英社

◆共生社会システム研究　Vol.11, No.1
共生社会をつくる─時代の閉塞を超えて　共生社会システム学会編　農林統計出版
【目次】巻頭言 共生の三つの次元で新たな課題を考える、記念講演 共生社会と人権─資本主義と環境を考える、共生社会システム学会設立10周年記念シンポジウム 共生社会をつくる─時代の閉塞を考える、共生社会システム学会2017年度大会企画セッション報告、特別寄稿論文 現代日本における「共生」哲学概念の解析─マルクス哲学の現代的理解から、投稿論文、短報 Financing Empowerment of Women in Nepal: A Case Study of Thankot Mahila Jagaran Saving and Credit Cooperative, Nepal、研究ノート、解題 竹村牧男著『ブッディスト・エコロジー─共生・環境・いのちの思想』、書評
　　2017.9 353p A5 ¥3700 ①978-4-89732-371-8

◆共生社会論の展開　宝月誠監修, 福留和彦, 武谷嘉之編著　（京都）晃洋書房
【要旨】「共生社会論」研究の第2弾。社会学・心理学・政治学・経済学・歴史学・地域政策学の専門家が織りなす、日本の未来を見通すための挑戦的学際研究。異なる立場のひとびとが共に生きるための知的格闘。
　　2017.3 317p A5 ¥4600 ①978-4-7710-2872-2

◆共生主義宣言─経済成長なき時代をどう生きるか　西川潤, マルク・アンベール編　コモンズ
【要旨】世界各国で3600余名が署名した共生主義宣言の全訳を収録。他者とつながり、自然を大切にし、不正と闘い、異論も尊重して、市場経済に依存せず暮らす。
　　2017.3 241p B6 ¥1800 ①978-4-86187-140-5

◆共生と共歓の世界を創る─グローバルな社会的連帯経済をめざして　丸山茂樹著　社会評論社
【要旨】絶え間ない戦争と殺戮が続き、世界の多数の人びとに貧困と格差をもたらす現代の絶望的状況のなかで、それに抗する社会運動─「共生社会」「共歓の世界」を創る試みが全世界ですでに始まっている。新しい文化・芸術、暮らし方、生き方の創造を担い、地域を、国を、世界をネットワークするソーシャル・デザイナーたちのプラットフォームをつくる営みは私たちに希望をたぐりよせる。
　　2017.10 222p A5 ¥2200 ①978-4-7845-1561-5

◆共存学　4　多文化世界の可能性　國學院大學研究開発推進センター編, 古沢広祐責任編集　弘文堂
【要旨】共存を切り口に世界の在り方の未来を探る。人間の文化と世界、共存する社会に焦点をあて、多文化世界の在り方を考究する。
　　2017.3 267p A5 ¥2500 ①978-4-335-16088-2

◆共同体のかたち─イメージと人々の存在をめぐって　菅香子著　講談社　（講談社選書メチエ）
【要旨】グローバル市場経済の秩序が政治に優先されるなか、人間は国民国家内部では表象されえず、市場の「リソース」となる。それと同期して現れる「エクスポジション」と呼ぶべきアート作品群。共同性を表象する効果を担ったイメージ（像）は失われたのか。結びつきの根拠が揺らぐ状況で、共同体はどこに見出せるのか。イメージの機能、ナンシー、アガンベンなどの思想を参照し、いまや「剥き出しの生」となった人間の存在様態を考察する。
　　2017.2 236p B6 ¥1600 ①978-4-06-258646-7

◆虚妄の「戦後」　富岡幸一郎著　論創社
【要旨】本当に「平和国家」なのか？ 崩壊する保守党、混迷する革新党、右傾化する欧米、限りないテロと紛争…真正保守を代表する批評家が「戦後」という現在を撃つ！
　　2017.9 426p B6 ¥3600 ①978-4-8460-1638-8

◆近代化のねじれと日本社会　竹村洋介著　批評社　増補新版
【要旨】「近代社会」という自明性の舞台裏を想像するためのいくつかのレッスン。学校制度、メディアと身体、フリーターと「社会的ひきこもり」、ネオ・リベラリズム、エコロジズムと政党。グローバライゼーションの進展に伴い顕在化してきた"近代化のねじれ"を歴史的に追跡し、問題の所在を明らかにするアクチュアルな提言。
　　2017.11 239p B6 ¥2500 ①978-4-8265-0670-0

◆「近代的自我」の社会学─大杉栄・辻潤・正宗白鳥と大正期　鍵本優著　インパクト出版会
【要旨】大杉栄・辻潤・正宗白鳥を「脱・自分」というキーワードで読み解き、現代社会の「消えたい」願望へもつながる、自分からの脱出や自己破壊の欲望を考察した斬新な論考。
　　2017.10 218, 10p B6 ¥2300 ①978-4-7554-0281-4

◆空間紛争としての持続的スポーツツーリズム─持続的開発が語らない地域の生活誌　村田周祐著　新曜社
【要旨】自然環境や地域生活を保ちつつ活性化させるはずの開発が、軋轢を生じせしめてしまうとき、地域ではなにが起きているのか。お遍路、トライアスロン、サーフィン、スクーバダイビングなどに立ち、持続的開発論の世界観から抜け落ちてきた人々の営みを捉える。スポーツツーリズムを在地化させる営みの創造性と限界。
　　2017.2 214, 14p B6 ¥3600 ①978-4-7885-1514-7

◆暮らしと世界のリデザイン─成長の限界とその先の未来　山本達也著　花伝社, 共栄書房発売
【要旨】イギリスのEU脱退、現実味を増す地域独立運動、収束の見えない中東情勢、そしてトランプ現象…民主主義の機能不全ともいうべき数々の現象は、化石燃料をエネルギーに経済成長を宿命づけられたEdition3時代の「終わりのはじまり」にすぎない。その先に広がるEdition4の時代を生き抜くために、本当に必要な技術、知、そして身体性とは─気鋭の論客が鮮やかに時代を射抜く、「実践的」文明論。
　　2017.4 221p B6 ¥1700 ①978-4-7634-0806-8

◆グリーンソーシャルワークとは何か─環境正義と共生社会実現　レナ・ドミネリ著, 上野谷加代子, 所めぐみ監訳　（京都）ミネルヴァ書房
【目次】序章 なぜ今グリーンソーシャルワークなのか、第1章 社会的・環境的災害の中の専門職の危機、第2章 人間にとっての産業化と都市化、第3章 産業公害と環境悪化、そして人々のレジリエンス、第4章 気候変動・再生可能エネルギーと社会的課題の解決、第5章 環境危機・社会的コンフリクト・大規模人口移動、第6章 環境劣化・自然災害と周縁化、第7章 天然資源の不足と国家間の紛争の解決、第8章 治統不可能から持続可能へ─生活環境と人々の関係を問い直す、終章 グリーンソーシャルワークとは何か
　　2017.10 319p A5 ¥5000 ①978-4-623-08054-0

◆グローバル・ガバナンス　第3号（2016年12月）　志學社
【目次】論文、研究ノート、書評論文、書評
　　2016.12 86p A5 ¥2000 ①978-4-904180-69-3

◆グローバル社会のヒューマンコミュニケーション　西田司, 小川直人, 西田順子著　八朔社
【目次】第1部 対人コミュニケーション（コミュニケーションの見方、マインドフル、不安・不確実性）、第2部 コミュニケーションに現れる個人の文化的特徴（個人主義と集団主義：内集団への帰属意識の違い、その他の文化的変異）、第3部 グローバル社会のコミュニケーション（グローバル社会の人材育成、異文化トレーニングの歴史、シミュレーションゲーム、クリティカル・インシデントと体験学習エクササイズ）
　　2017.2 134p A5 ¥2000 ①978-4-86014-083-0

◆グローバルな正義─国境を越えた分配的正義　上原賢司著　風行社
【目次】序章 グローバルな正義論の主題問題─分配的正義の空間的拡大の是非、第1章 グローバルな正義をめぐる二つの理想、第2章 国際的な援助の義務の優先性とJ. ロールズの「援助の義務」、第3章 グローバルな正義の義務と非遵守、第4章 グローバルな正義と諸国家、第5章 「国際的な」分配的正義、第6章 平等主義的な分配としての国際的な分配的正義、結論
　　2017.12 242, 3p A5 ¥4500 ①978-4-86258-116-7

◆群島と大学─冷戦ガラパゴスを超えて　石原俊著（東久留米）共和国
【要旨】冷戦終結を経てグローバリズムや国家主義に包囲され、ますます"ガラパゴス"の様相を呈する国、日本。その歴史的・空間的なしわよせが集中するさまざまな"現場"の精緻な分析を通して克服を試みる。「殺さない/殺されない」ための同時代論集。
　　2017.3 273p B6 ¥2500 ①978-4-907986-34-6

◆計画化と公共性　金子勇編著（京都）ミネルヴァ書房（講座・社会変動 第10巻）
【要旨】「講座・社会変動」全10冊の最終巻にふさわしく、21世紀日本社会システムの構造と機能を理論的に明らかにした。社会システム設計の軸を「公共性」に求め、地域社会学、災害研究、家族論、政策科学の各領域から多面的に論じた。日本と世界のゼーション現象の個別的研究を活用して、新しい社会システムを先取りする観察された事実を取り込み、それらを総合化したマクロ社会学の現代的到達点を示している。
　　2017.3 261p A5 ¥3500 ①978-4-623-08028-1

◆経済社会学会年報　Vol.39（2017）　共通論題「公共性の新しい地平」　経済社会学会編　現代書館
【目次】大会実行委員長挨拶、第52回全国大会招待講演 市民社会、政府、ガバナンス─公共哲学的考察、第52回全国大会共通論題「公共性の新しい地平」、ラウンドテーブル・セッション「社会ネットワークと非営利組織、自由論題報告（査読付き論文）、自由論題報告（要旨）、自由投稿論文（査読付き論文）、書評
　　2017.9 221p B5 ¥3500 ①978-4-7684-7096-1

◆経済的徴兵制をぶっ潰せ！─戦争と学生　雨宮処凛, 入江公康, 栗原康, 白井聡, 高橋若木ほか著　岩波書店（岩波ブックレット No. 971）
【要旨】とんでもなく高い学費。ヤミ金まがいの奨学金。稼ごうと思えばブラックバイト。勉強しようにも就活に追われ、教員の側の雇用も不安定。いま、大学・学生が直面させられている切実な問題は、すべて連動している。その先に確実に待ち受けるのは、大学の崩壊と戦争がでる国だ。気鋭の論者たちが危機に際して集い発した、熱い抵抗の声。
　　2017.8 93p A5 ¥660 ①978-4-00-270971-0

◆結婚　末井昭著　平凡社
【要旨】恋愛、不倫、金銭、性欲、エゴ、離婚、再婚…『自殺』で読者にやさしく寄り添った末井昭が、「結婚」をめぐる男と女の生き方を、誤魔化すことも、正当化することもなく、そのまま描き出す。「ウェブ平凡」人気連載、ついに書籍化！　2017.5 236p B6 ¥1600 ①978-4-582-83759-9

◆結婚差別の社会学　齋藤直子著　勁草書房
【要旨】被差別部落出身者との恋愛や結婚を、出自を理由に反対する「結婚差別」。部落出身者との結婚をめぐる家族間の対立、交渉、破局、和解などのプロセスと差別の実態を、膨大な聞き取りデータの分析から明らかにする。同時に、結婚差別の相談・支援活動の事例から「乗り越え方」のヒントを探る。
　　2017.5 283, 11p B6 ¥2500 ①978-4-326-65408-6

◆結論は出さなくていい　丸山俊一著　光文社（光文社新書）
【要旨】『ニッポンのジレンマ』、『欲望の資本主義/経済史』、『人間ってナンだ？ 超AI入門』、『英語でしゃべらナイト』『爆笑問題のニッポンの教養』…etc.NHKで異色番組を連発するプロデューサーによる、逆転の発想法。「強迫観念」「過剰適応」の時代を生き抜くヒント。わからなくていい、無理はしなくていい、番組は未完成でいい、ジレンマは解けなくていい…その真意とは??
　　2017.12 292p 18cm ¥840 ①978-4-334-04324-7

◆健康生成力SOCと人生・社会─全国代表サンプル調査と分析　山崎喜比古監修, 戸ヶ里泰典編　有信堂高文社
【要旨】大規模調査によってSOCスケールの日本における全国標準化をはかる。
　　2017.10 236p A5 ¥2500 ①978-4-8420-6590-8

◆**現代社会学理論研究　第11号**　日本社会学
理論学会編集委員会編　日本社会学理論学会,
人間の科学新社 発売
【目次】「特集」ダイバーシティ社会と社会学理
論(特集序文 ダイバーシティ社会と社会学理論、
構築された性から構築する性へ—ジェフリー・
ウィックスの理論的変容をめぐって、実在と行為
—社会学理論ができること ほか)、「論文」(図画
のわいせつ性をめぐる裁判の恣意性再考、「普
通であること」の呈示実践としてのパッシング
—ガーフィンケルのパッシング論理を再考する、
シュッツの社会科学基礎論における生の諸相—
体験次元と意味次元の統一としての主観的意味
ほか)、「書評」(松本三和夫『科学社会学の理論』
への書評・書評会をとおして—ブックの機能
を担うのか(書評対象書:松本三和夫著『科学社
会学の理論』)、公共世界と非公共世界を同時に
生きること—金野美奈子著『ロール
ズと自由な社会のジェンダー—共生への対話』)、
グローバル化とポスト近代状況の社会運動論(書
評対象書:濱西栄司著『トゥレーヌ社会学と新
しい社会運動理論』) ほか)
　　　2017.3 168p B5 ¥1905 ①978-4-8226-0327-4

◆**現代社会への多様な眼差し—社会学の第一
歩**　大關雅弘編著　(京都)晃洋書房
【目次】社会学理論—「社会」を理論によって捉
えるとは、社会調査法—誰でも、調査・アンケー
トはできますが…、産業社会学—歴史は繰り返
す?「働くこと」の社会学、家族社会学—家族
の「正しいカタチ」ってあるの?、地域社会学
—生活者の思想から地域を構想する、社会病理
学—その困難性とどう向き合うか、文化社会
学—「最近の若い者…」から見る社会、マス・
メディア論—「メディアを読み解く力」とは、社
会意識論—「当たり前のこと」の根拠を問う、教
育社会学—コミュニティ・スクールの展開、宗
教社会学—現代社会にて、現代社会を見る視点、
観光社会学—観光の原点、温泉と聖地巡礼を視
点に、異文化理解—あなたは国際社会学—トランス
み酒"を飲めますか?、国際社会学—トランス
ナショナルな想像力を鍛えよう、国際経済論—
グローバル化は人びとの幸福につながるか
　　　2017.3 251p A5 ¥2800 ①978-4-7710-2844-9

◆**現代社会論—社会的課題の分析と解決の方策**
松野弘編著　(京都)ミネルヴァ書房
【要旨】本書は、これまでの社会理論の歴史的な
俯瞰ではなく、現代社会が直面している様々な
領域の社会的課題を取り上げ、それら課題の社
会学的分析を通して、その解決の方策を示した
著作。いわば、社会的課題を分析するための社
会学的視点と課題を解決していくための
政策科学的視点とを統合化する画期的なテキス
トである。
　　　2017.3 302p A5 ¥3500 ①978-4-623-07797-7

◆**現代世界における意思決定と合理性**　キー
ス・E. スタノヴィッチ著、木島泰三訳　太田
出版
【要旨】20世紀後半の認知革命から生まれた人間
本性の探究は、人間の不合理性を次々に明らか
にしてきた。21世紀に入ると、入門書や読み物
が一挙に増え、いくつかはロングセラーとなっ
ている。だが、そもそも「意思決定」と「合理
性」という基礎概念についての、「なに・いかに・
なぜ」の共通了解を領域横断的に与えてくれる
教科書はほとんど存在しない。その不在を埋め
るべくして書かれたのが本書である。主著とし
て、心理学、(行動)経済学、ビジネス/マーケティ
ング、またおそらく哲学に関わる幅広い学習者
に有益で実践的なガイドブックとなる。意思
決定と合理性という重要テーマを堅実に整理し
る得がたい書物。初学者に配慮し詳細な訳注を
付した。
　　　2017.11 322p A5 ¥3800 ①978-4-7783-1597-9

◆**現代対話学入門—政治・経済から身体・AIま
で**　小坂貞志著　明石書店
【目次】第1章 対話に先駆けて、第2章 対話とは
何か、第3章 対話という言葉と対話の使われ方、
第4章 コミュニケーションとは対話、第5章 対話
の語用論、第6章 対話のアイデンティティ、第
7章 対話論者の対話、第8章 政治対話 中国、第
9章 政治対話 北朝鮮ほか、第10章 経済、医療、
教育対話、第11章 今後の対話のために
　　　2017.6 394p B6 ¥2700 ①978-4-7503-4536-9

◆**現代知識チートマニュアル**　山北篤著　新
紀元社
【目次】化学チート、材料工学チート、物理学
チート、電磁気学チート、軍事チー
ト、政治チート、経済チート、生活チート、農
林水産チート、工芸チート、医学チート、数

学チート、現代からの輸入チート

◆**現代ニッポン論壇事情 社会批評の30年史**
北田暁大、栗原裕一郎、後藤和智著　イースト・
プレス　(イースト新書)
【要旨】この30年、日本の論壇はどのように在
ったのか。たとえば、「若者論」。バッシング
から擁護へと大きく舵を切った「若者論」の背
景には、「若者論との共犯」で自己肯定的な「世代
論」があった。昨今のリベラル知識人のSEAL
Dsへの前のめりな評価は、そのような若者の
「政治利用」の帰結でもあるのではないか? 本
書で批判の俎上にあげられているのは、柄谷行
人、上野千鶴子、内田樹、高橋源一郎、宮台真
司、小熊英二、古市憲寿など。60年代・70年代・
80年代生まれと、世代が異なる個性的な論客3人
が現代ニッポンの言論空間を語り尽くす刺激的
な鼎談。
　　　2017.6 228p 18cm ¥861 ①978-4-7816-5085-2

◆**現代の結婚と婚礼を考える—学際的アプ
ローチ**　中矢英俊、近藤剛嗣著　(京都)ミネル
ヴァ書房　(神戸国際大学経済文化研究所叢書)
【要旨】諸領域から結婚観と結婚を読み解く。昨
今、社会状況と価値観の急激な変貌によって、伝
統的な冠婚葬祭の意味が見失われつつある。結
婚をめぐる歴史的な背景と今日的な特質を明ら
かにし、これからの結婚の理解と婚礼スタイル
の多様な可能性を展望する。
　　　2017.10 246p A5 ¥3800 ①978-4-623-08130-1

◆**現代の消費者主権—消費者は消費者市民社会
の主役となれるか**　古谷由紀子著　芙蓉書房
出版
【要旨】消費者が主役になれる社会実現のための
提言。戦後から現在までの消費者政策の変遷を
学び、これからの行政・企業・消費者団体の役
割を明らかにする。
　　　2017.5 189p A5 ¥2200 ①978-4-8295-0713-1

◆**現場から創る社会学理論—思考と方法**　鳥
越皓之、金子勇編著　(京都)ミネルヴァ書房
【要旨】現場から理論を創りあげる思考と方法が
明快に説かれた参考書。標準的調査法を学んだ
あと、独自の調査に基づいた観察事実をどう理
論化するのか。そこでの工夫とは何か。全篇で、
各方面で活躍する多様な属性の研究者が、長年
の調査体験からの理論形成の秘訣を明らかにし
た。これは社会調査方法論を超えた「社会学す
る」本である。現場で研究する苦労と面白さが
語られており、現代社会で「社会学する」の意
味と意義が分かる。
　　　2017.1 232, 56p A5 ¥2800 ①978-4-623-07819-6

◆**"郊外"の誕生と死**　小田光雄著　論創社
【要旨】ロードサイドビジネスの経験から、"郊
外"を戦後社会のキーワードとし、統計資料で
1960・90年代を俯瞰する一方、文学作品の解析
を通して日本的"郊外"を活写する!
　　　2017.5 275p B6 ¥4800 ①978-4-8460-1610-4

◆**郊外の果てへの旅/混住社会論**　小田光雄
著　論創社
【要旨】郊外論の嚆矢である『"郊外"の誕生と
死』(1997年)から20年。21世紀における"郊外/
混住社会"の行末を、欧米と日本の小説・コミッ
ク・映画を自在に横断して読み解く労作!
　　　2017.5 761p A5 ¥5800 ①978-4-8460-1623-4

◆**"交感" 自然・環境に呼応する心**　野田研
一編著　(京都)ミネルヴァ書房
【要旨】「自然—人間の関係学」への多面的アプ
ローチ。その学的展開を世に問う。
　　　2017.3 436, 4p A5 ¥7500 ①978-4-623-07993-3

◆**公共性と市民**　飯田哲也、浜岡政好編　学文
社　第2版
【目次】序章 「公共」を考える、第1章 日常生
活と公共性、第2章 中間団体と公共性—地域社
会における団体の役割、第3章 公共と地域住民
—町内会を軸にした地縁型組織の可能性、第4章
公共性と企業、第5章 公共性とセーフティネッ
ト、第6章 公共性と教育、終章 再び「公共性」
を考える—"あとがき"の覚え書き
　　　2017.3 195p A5 ¥2300 ①978-4-7620-2705-5

◆**高校生と考える人生のすてきな大問題**—桐
光学園大学訪問授業　桐光学園中学校・高等学
校編　左右社
【要旨】真剣授業20コマ。「考える」ための教科
書!　2017.4 414p A5 ¥1700 ①978-4-86528-161-3

◆**高校生の市民性の諸相—キャリア意識・規範
意識・社会参画意識を育む実践の検証**　林幸克
著　学文社　(明治大学人文科学研究所叢書)
【目次】第1部 青少年の現況(青少年の健全育成、
日本の青少年の特徴)、第2部 高校生のキャリア
意識の育成(キャリア教育に関する政策・研究基
盤、小学生との短期交流 ほか)、第3部 高校生
の規範意識の育成(規範意識に関する政策・研究
基盤、警察と連携した実践:岐阜県におけるMS
リーダーズ活動 ほか)、第4部 高校生の社会参
画意識の育成(社会参画意識を育む生徒会活動、
社会参画意識を育む社会教育施設の活用 ほか)
　　　2017.9 264p A5 ¥3600 ①978-4-7620-2740-6

◆**幸福実感社会への転進**　月尾嘉男著　(柏)
モラロジー研究所、(柏)廣池学園事業部 発売
【要旨】足元には原石が眠っている。拡大から縮
小へ。画一から多様へ。物質満足から精神満足
へ—。大転換期の今こそ「強み」と「弱み」の
自覚を!　100年先の未来を見据え、日本の可能
性を探る。
　　　2017.6 181p B6 ¥1200 ①978-4-89639-259-3

◆**故郷喪失と再生への時間—新潟県への原発
避難と支援の社会学**　松井克浩著　東信堂
【要旨】3・11から6年、今読まれるべき故郷から
避難した人びとの生活と思い。
　　　2017.8 286p A5 ¥3800 ①978-4-7989-1437-4

◆**国際結婚と多文化共生—多文化家族の支援
にむけて**　佐竹眞明、金愛慶編著　明石書店
【目次】多文化家族のあらまし、日中国際結婚夫
婦にとっての支援とは、フィリピン・日本結婚夫
婦にとっての支援とは、「ライフスタイル移民」
としての日韓国際結婚と移住女性たちのモビリ
ティ—共生する社会をどう実現するための、日中
国際結婚家庭の子どもたち—言語習得、文化継
承とアイデンティティ形成の課題、多元的主体
としてのフィリピン・ジャパニーズにおけるア
イデンティティの具体化—自らの文化的ルーツの日
常的明瞭化、日比青年教育プログラム(JFYE-
P)とフィリピン系成人女性による「ゆるやかな
つながり」の試み、多文化における多文化家
族支援政策のあり方—日韓欧米諸国の比較、韓
国の国際結婚と多文化家族支援政策の現況(ほ
か)　2017.12 315p A5 ¥3200 ①978-4-7503-4598-7

◆**5時に帰るドイツ人、5時から頑張る日本
人**　熊谷徹著、makiイラスト　SBクリエイ
ティブ　(SB新書)
【要旨】ドイツに27年住んでわかった定時に帰る
仕事術。
　　　2017.10 168p 18cm ¥800 ①978-4-7973-9086-5

◆**個人的なことと政治的なこと—ジェンダー
とアイデンティティの力学**　井川ちとせ、中山
徹編著　彩流社
【要旨】生活圏、家庭、性…私的領域と切り捨
てられてきた問題を、公的な議論の場に引きあ
げた第二波フェミニズム。その運動を象徴した
スローガンは当時の人びと、そして現在の私た
ちに何を意味するのか? 原点に立ち返って考え
る。一橋大学リレー講義「ジェンダーから世界
を読む」が見つめるもの。キャロル・ハニシュ
のエッセイ「個人的なことは政治的なこと」を
併録。
　　　2017.3 342, 3p B6 ¥2800 ①978-4-7791-2318-4

◆**戸籍と無戸籍—「日本人」の輪郭**　遠藤正敬
著　(京都)人文書院
【要旨】「日本人」とは誰なのか—近代日本にお
いて無戸籍者の存在は、家制度をはじめ徴兵、治
安、福祉などに関わる政治・社会問題であると同
時に、移民、引揚げに関わる国際問題であった。
そして現代では家族生活の多様化に伴い、戸籍
の必要性そのものが問われている。無戸籍者の
歴史的変遷を辿り「日本人」の輪郭を改めて捉
え返す労作。
　　　2017.5 380p B6 ¥4200 ①978-4-409-24117-2

◆**古代ギリシアと社会学—マルクス・ヴェー
バー・デュルケム**　ジョージ・E. マッカー
シー著、樋口辰雄、田上大輔訳　尚学社
【要旨】近代資本主義は「殻」化した社会をもた
らした。それはモダニティーがはらむ苦悩でも
ある。本書では、古代ギリシアの政治学、倫理
にまで立ち返り、あるべき未来を模索している。
　　　2017.1 320p A5 ¥3600 ①978-4-86031-145-2

◆**「子なし」のリアル**　奥平紗実著　幻冬舎メ
ディアコンサルティング、幻冬舎 発売　(経営
者新書)

社会・文化

【要旨】近年、メディアで少しずつ取り上げられるようになった「子なし」問題。たとえば、子どものいない人々を「子なし」と呼んだり、無神経な発言を浴びせたり、職場で損な役回りを押しつけられたりすることが実際に起きている。本書では、子どものいない人々と数多く向き合ってきた著者が、彼らが直面している現状を吐露。まだ多様性を尊重しているとは言いがたい日本社会に一石を投じる。

◆コミュニティ―安全と自由の戦場　ジグムント・バウマン著、奥井智之訳　筑摩書房　（ちくま学芸文庫）
【要旨】グローバル化と個人化がたゆみなく進行する世界。そのなかでコミュニティは、いかな様相を呈しているのであろうか。かつて人々は、各種のコミュニティを安定的な生活基盤としていた。いまやそれらは衰退し、人々は自分で自分の進退を選択しなければならなくなっている。「失われた楽園」に戻りたい、という願望は根強い。その際人々は、安全と自由を同時に手にすることはできないというディレンマに直面する―。原子化される世界。そのなかを彷徨する人々。この現代のディアスポラ（離散）を「社会学の巨人」が渾身の筆致で描き出す。
2017.12 250p A6 ¥1100 ①978-4-480-09825-2

◆コミュニティ事典　伊藤守、小泉秀樹、三本松政之、似田貝香門、橋本和孝、長谷部弘、日高昭夫、吉原直樹編　（横浜）春風社
【要旨】過去と現在から未来に向け、コミュニティのあるべき姿を模索する。千年に一度の大災害といわれた3.11以後、いま最も必要とされている事典!!5の大項目内に総417項目、執筆者284名による専門知・実践知の集大成。国民生活審議会報告書、GHQ民政情報教育局資料、自治体別「コミュニティ・防災担当窓口」一覧など、資料編も充実。
2017.6 1143p A5 ¥25000 ①978-4-86110-538-8

◆コミュニティ政策　15　特集　コミュニティ政策からみた都市コモンズ　コミュニティ政策学会編　東信堂
【目次】シンポジウム　コミュニティ・ベイスト・アプローチ（居住者主体の地域改善方法）の国際的展開、特集論文　コミュニティ政策からみた都市コモンズ、自由投稿論文、研究ノート、第15回大会報告プログラム、書評
2017.7 242p A5 ¥2300 ①978-4-7989-1434-3

◆孤立社会からの脱出―始めの一歩を踏み出すために　花園大学人権教育研究センター編　批評社　（花園大学人権論集）
【目次】こうして僕は世界を変えるために一歩を踏み出した、すべての命に花マルを一生きることに他者の承認はいらない、互いに知り合う防災、児童虐待一対応個別からの考察、三鷹事件一竹内景助氏の主張の変遷、沖縄の神話・伝説一本土からの南下と環太平洋からの影響、日本の宗教教団と原発
2017.3 231p B6 ¥1800 ①978-4-8265-0659-5

◆これからの子ども社会学―生物・技術・社会のネットワークとしての「子ども」　アラン・プラウト著、元森絵里子訳　新曜社
【要旨】「子ども」は、自然で文化的、生物学的で社会的、物質的で言説的な「ハイブリッド」である―。自然科学と社会科学を往還しつつ、「子ども」をめぐる近代主義的対立を乗り越える子ども研究の形を理論的に示した、これからの子ども社会学の新スタンダードの完訳。
2017.2 261、28p B6 ¥3400 ①978-4-7885-1512-3

◆コロニアルな列島ニッポン―オキナワ/オホーツク/オガサワラがてらしだす植民地主義　ましこひでのり著　三元社
【要旨】そもそも沖縄・「北方四島」・小笠原は「日本固有の領土」なのか。安保体制が日本国憲法に優越するなど列島全域が準植民地であるという経緯もふくめ、二重の意味で日本は戦後一貫して「植民地」というほかない。歴史的現実がからめをそらす防衛機制から生まれた構造的死角をあきらかにする。
2017.5 182p B6 ¥1700 ①978-4-88303-440-6

◆壊れた世界で"グッドライフ"を探して　マーク・サンディーン著、上原裕美子訳　NHK出版
【要旨】ミニマルライフやシンプルな生活は「心地いい暮らし」のことじゃない。それは現状に対する究極の実践だ。『スエロは洞穴で暮らすことにした』著者が出合った、静かな変革のタネ。　2017.9 461p B6 ¥2300 ①978-4-14-081723-0

◆混合研究法の基礎―社会・行動科学の量的・質的アプローチの統合　チャールズ・テッドリー、アッバス・タシャコリ著、土屋敦、八田太一、藤田みさお監訳　西村書店
【要旨】いかに研究の精度を高めるかは、さまざまな学術研究分野で共通する問題である。その鍵となる量的アプローチと質的アプローチの統合はいかにして実現できるのか。抽象に偏りがちな概念を整序しながら丁寧に論じる。サンプル論文も収録。
2017.10 278p B5 ¥4300 ①978-4-89013-480-9

◆コンプレックス文化論　武田砂鉄著　文藝春秋
【要旨】コンプレックスに向き合い、しつこく考え続けた評論+インタビュー。
2017.7 303p B6 ¥1500 ①978-4-16-390682-9

◆再帰的=反省社会学の地平　矢澤修次郎編著　東信堂
【要旨】単線的な進化論的近代を超え、自己反省的に己を壊し絶え間なく姿を変化させる「再帰的近代」社会が登場する。こうした流動的な近代・社会の登場は社会学界に大きな旋風となり、反省社会学―リフレクシヴ・ソシオロジー―として様々な議論が交わされてきた。本書は、グールドナー、ギデンズ、ベック、ラッシュ、ブルデュー、メルッチ、バウマン、ルーマン、アーチャーといった泰斗たちが築いた社会学理論からこれまでのリフレクシヴ・ソシオロジー論を眺望した挑戦的論集。
2017.11 241p A5 ¥2800 ①978-4-7989-1458-9

◆再起動する批評―ゲンロン批評再生塾第一期全記録　佐々木敦、東浩紀編著　朝日新聞出版
【要旨】新世代の批評家を育成する新たなシステム。　2017.4 371p B6 ¥2400 ①978-4-02-251451-6

◆在日華僑華人の現代社会学―越境者たちのライフ・ヒストリー　鍾家新著　（京都）ミネルヴァ書房
【要旨】在日華僑華人は日本と中国を生きる移民集団である。長年の参与観察と大量な聴き取り調査から、異国日本での生活の再建、二世の教育、彼らを取り巻く日中の社会福祉、親と自身の老い・死の受容を中心に、急激な社会変動が、越境する個人や家族に与えた影響を社会学的に究明し、現代における個人と国家の本質に迫る。
2017.4 270、14p A5 ¥6000 ①978-4-623-07954-4

◆ジェンダー研究を継承する　佐藤文香、伊藤るり編　（京都）人文書院　（一橋大学大学院社会学研究科先端課題研究叢書）
【要旨】ジェンダー研究の「パイオニア」たちは、どのように学問の道を志し、課題を探究してきたか。研究中の出産や研究への思い、運動や政治との関係も絡め、後続世代が先達21人に果敢に問う。世代や領域を横断する対話を通じて研究の根幹を継承し、現代的課題を見出すに至る、類例なきインタビュー集。
2017.3 298p B6 ¥3400 ①978-4-409-24119-6

◆視覚の生命力―イメージの復権　柏木博著　岩波書店
【要旨】デジタル・メディアの急速な発達と並行して、写真やイメージといった視覚にかかわるもの一般への関心も高まっている。眼に映るものだけではない。人々は見えないものも見るために工夫を凝らし、さまざまなものにそれらを投影してきたのだ。われわれは、何を、どう見ているのか一カメラ・記憶・夢を手掛かりに腑分けした「視覚の解剖図」。
2017.8 298p B6 ¥1500 ①978-4-00-061215-9

◆自己責任社会の歩き方―生きるに値する世界のために　雨宮処凛著　七つ森書館
【目次】第1章　踏みにじられるいのち（相模原事件、「保護なめんな」ジャンパー事件、あるシングルファザーの奮闘、電通過労死事件、秋葉原事件犯人の弟の自殺）、第2章　アジア大作戦（亡命者・イェダリんの大冒険、アジア反戦大作戦、カオス！奇跡のアジアマヌケ交流祭り週間!!）、第3章　いのちのとりで（エキタス（AEQUITAS）新宿街頭宣言、10年目の自由と生存のメーデー、質賃を下げろデモ！、いのちのとりで）、第4章　現場をめぐり考えた（40歳・オス、「絶滅危惧種」、有害で、役に立たない精神論、オウム事件から20年、あるアイドルのライブで、現場をめぐり考えた、年末年始にめぐった越冬現場）
2017.4 223p B6 ¥1500 ①978-4-8228-1771-8

◆自然選択による人間社会の起源　ジョナサン・H・ターナー、アレキサンドラ・マリアンスキー著、正岡寛司訳　学文社

【目次】第1章　霊長目（類）時代の概史、第2章　弱い紐帯の脆弱性、第3章　全体社会の原形質―原初ホルドの探索、第4章　強い紐帯の強さ―霊長目の連帯にとっての新たな基礎、第5章　文化の発生、第6章　人間社会の発生―狩猟・採集社会、第7章　園芸農耕の台頭、第8章　農業社会、第9章　産業社会とポスト産業社会の台頭、第10章　異様な大地に押しだされた新参者―社会文化という檻内で生活する進化した類人猿
2017.9 415p A5 ¥4300 ①978-4-7620-2734-5

◆持続可能な社会を拓く社会環境学の探究　福岡工業大学大学院社会環境学研究科10周年記念出版委員会編　学文社
【要旨】第1章　消費者による水産エコラベルMEL認証とMSC認証の選択志向―英国・シンガポールのカニ風味カマボコ消費に焦点を当てて、第2章　電力価格改定の波及効果、第3章　日本と中国におけるMFCA研究動向と競争優位戦略の分析、第4章　環境配慮型製品の技術革新―東洋製罐の金属缶およびPETボトル充填システム、第5章　日本文化環境を背負った語句の英訳―夏目漱石『心』のメレディス・マッキーン訳を資料として、第6章　持続可能な社会を構築するための実践的な環境教育の方法論―里山・ビオトープ活動と生物多様性
2017.12 144p A5 ¥3400 ①978-4-7620-2749-9

◆持続可能な世界へ―生活空間再生論序説　安村克己著　学文社
【目次】第1部　探究の輪郭（構想の見取図、資本主義経済研究、自然・生態系研究）、第2部　理想への助走（山村研究の視座、ある山村の実態、ある山村の再生）
2017.12 317p A5 ¥3300 ①978-4-7620-2751-2

◆失踪の社会学―親密性と責任をめぐる試論　中森弘樹著　慶應義塾大学出版会
【要旨】失踪とは何か。その不条理さ、不可解さ、やりきれなさは、何に由来するのか。現在でも日本国内で年間に数千件規模のペースで生じている隠れた社会問題、失踪―。失踪が惹起する実存的な問いを突きつめ、あなたや私が不ざいている、という一見自明の事態を根底から見つめなおす、気鋭の力作。
2017.10 360、2p A5 ¥4200 ①978-4-7664-2481-2

◆質的研究の「質」管理　ウヴェ・フリック監修・著、上淵寿訳　新曜社　（SAGE質的研究キット 8）
【要旨】質的研究の質をいかに評価するか。高い質を確保するために、どう研究を管理するか。質的研究には、量的研究とは異なる評価基準が求められる。質的研究の特質である多様性を管理し、研究を拡張する方法としてのトライアンギュレーションを中心に、質的研究の質を管理するにあたっての問題とその解決について丁寧に解説。どのような質的研究にせよ参照すべき、枠組みを提供。
2017.1 207p A5 ¥2400 ①978-4-7885-1508-6

◆知得流儀―スメイ　桐野豊編　（京都）白川書院
【要旨】徳島文理大学公開講座（Vol.10）知って得する独創人の思考、表現、手法、そして活かす力。　2017.4 251p B6 ¥1500 ①978-4-7867-0077-4

◆市民参加の話し合いを考える　村田和代編　ひつじ書房　（シリーズ話し合い学をつくる 1）
【目次】第1部　座談会（座談会「市民参加の話し合いを考える」）、第2部　研究報告（対話を活性化するツールをつくる、インタラクション分析に基づく科学コミュニケーションのリ・デザイン、市民参加の観点から見た裁判員制度―模擬評議に見る専門家と市民の話し合いの様相と課題、授業における話し合い―小学校社会科授業を事例として、小学校における話し合い活動の言語計量分析、社会包摂型まちづくりにおける話し合い―偏見克服のデモンストレーション、地球規模での市民参加の話し合い―「世界市民会議」とその舞台裏、オンライン熟議実験を用いたファシリテーターの機能の比較検討―再生可能エネルギー資源の利用を巡る社会的意思決定問題の例、米国オレゴン州ポートランドに見る話し合いと住民自治―全米で最も住み易いまちと言われる理由）
2017.3 224p A5 ¥2400 ①978-4-89476-849-9

◆社会疫学　上　リサ・F・バークマン、イチロー・カワチ、M・マリア・グリモール編、高尾総司、藤原武男、近藤尚司監訳　大修館書店　（原著第2版）

社会・文化

◆**社会疫学　下**　リサ・F・バークマン、イチロー・カワチ、M．マリア・グリモール編、高尾総司、藤原武男、近藤尚己監訳　大修館書店（原書第2版）
【要旨】医学と社会科学の出会いから生まれた、パブリックヘルスの新たな潮流。研究を政策につなげる行動経済学を応用した保健対策、ライフコース、生物学的メカニズム、社会を動かすアドボカシーまで。
2017.9 425p A5 ¥6000 ①978-4-469-26830-0

◆**社会科学における場の理論**　クルト・レヴィン著、猪股佐登留訳　ちとせプレス（社会的葛藤の解決と社会科学における場の理論 2）
【要旨】社会科学において理論をどのように構築していくのか。レヴィンの概念的、方法論的考察の集成。
2017.12 353p A5 ¥4500 ①978-4-908736-07-0

◆**社会科学の考え方―認識論、リサーチ・デザイン、手法**　野村康著　（名古屋）名古屋大学出版会
【要旨】学際化がすすむ社会諸学のメソドロジーをいかにして身につけるか。日本で初めて認識論から説き起こし、多様な調査研究手法を明晰に整理して、首尾一貫した研究へのアプローチを解説。社会科学を実践するための要諦をつかみ、創造的研究を生み出すための最良のガイドブック。
2017.6 352p A5 ¥3600 ①978-4-8158-0876-1

◆**社会学を学ぶ留学生のための日本語**　山口隆正、立川和美、秋山智美著　創成社
【目次】第1部 基礎演習編（高齢ドライバーの増加、自転車の危険性、航空業界の苦戦、出版業界の挑戦 ほか）、第2部 応用実践編（地方鉄道の集客への取り組み、タクシー業界の変革、美術品を運ぶ―海外の名画を日本で楽しむために、百貨店における商品展開の傾向―デパ地下の人気 ほか）
2017.4 206p B5 ¥2300 ①978-4-7944-8077-4

◆**社会学史研究　第39号　特集・社会学理論の最前線―空間**　日本社会学史学会編　いなほ書房、星雲社 発売
【目次】特集 社会学理論の最前線―空間（N．ルーマンのシステム理論における「空間」の意味―ドイツ福祉国家の再編とローカルな援助の関係変容に寄せて、G．ジンメルの「空間の社会学」―空間・都市・移動をめぐって、「社会空間」と「場」の理論から考える境界線の円環とアイデンティティ、H．マルクーゼの文化論にみる管理社会論の契機―文化と労働の問題圏に着目して
2017.6 83p A5 ¥2300 ①978-4-434-23539-9

◆**社会学者がニューヨークの地下経済に潜入してみた**　スディール・ヴェンカテッシュ著、望月衛訳　東洋経済新報社
【要旨】お金持ちのエリートと貧困層が共存し、社会階層を超えたダイナミックな動きを見せるニューヨーク。街を1つ上がれば、そこは、外からは見えないアングラ経済の巨大ネットワークだった。何不自由ない生活を送りながら売春組織を運営する女学歴セレブ、野心を持ち階級を超えてグローバル都市を生き抜こうとするドラッグの元締め、家族まで呼び寄せたのに犯罪に手を染め去っていく移民…。出る目も目的も異なる老若男女との出会いと別れを通じて、社会学者としての苦悩と成長を描いた稀有な1冊。
2017.6 458p B6 ¥2200 ①978-4-492-22377-2

◆**社会学的想像力**　C．ライト・ミルズ著、伊奈正人、中村好孝訳　筑摩書房（ちくま学芸文庫）
【要旨】社会学を学ぶ意味とは何だろうか？ たとえば、社会の変化が私たちの日常にどう影響するか、あるいは、日々遭遇する困難を根本的に解決するにはどうすればよいか。それを適切に考えるためには、日常を社会や歴史と関連づけて捉える知性が欠かせない。社会学的想像力と呼ばれるこの知性こそ、社会学の最大の効用である。だが、当の社会学者も現実を調査に夢中になるあまり、そのことを忘れつつある―こうした現状を鋭く批判し、社会学的想像力を鍛える必要となると自ら明らかに謳いあげる重要古典。今日でも全米の大学で最も多く用いられている社会学文献である本書を、みずみずしい新訳で送る。
2017.2 411p A6 ¥1400 ①978-4-480-09781-1

◆**社会学ドリル―この理不尽な世界の片隅で**　中村英代著　新曜社
【要旨】社会学の知による解放の瞬間を待つ。嵐のなかをキリッと進む13章。
2017.6 193p A5 ¥1900 ①978-4-7885-1516-1

◆**社会学入門**　盛山和夫、金明秀、佐藤哲彦、難波功士編著　（京都）ミネルヴァ書房
【要旨】本書は、これまでの社会学がいったいどのような問題関心のもとでどのような探求を展開し、何が知られ、何が未解決として残されているかを最新の知識を踏まえて説く社会学への入門の扉。さらに、社会学がいかに現実へのアクチュアリティに満ちた探究を深化させているのかも明快に示す。
2017.4 351p A5 ¥2800 ①978-4-623-07911-7

◆**社会学入門―社会とのかかわり方**　筒井淳也、前田泰樹著　有斐閣（有斐閣ストゥディア）
【要旨】誰もが経験する「人生のイベント」について、計量手法と質的研究という対照的な方法から各々の視野を示し、社会学的に考える道を立体的に解説する。いままでありそうでなかった新世代の社会学入門。
2017.10 268p A5 ¥1900 ①978-4-641-15046-1

◆**社会学のエッセンス―世の中のしくみを見ぬく**　友枝敏雄、竹沢尚一郎、正村俊之、坂本佳鶴惠著　有斐閣（有斐閣アルマ）　新版補訂版
【要旨】私とは誰で、社会はどのように成り立っているのか。他者とかかわるとはどういうことなのか。日常の疑問や行為を出発点に、16のキータームで現在の「社会」を読みとき、社会学のもつ力とおもしろさを提示する。
2017.3 298p B6 ¥2000 ①978-4-641-22098-0

◆**社会学の力―最重要概念・命題集**　友枝敏雄、浜日出夫、山田真茂留編　有斐閣
【要旨】これが、社会学です。理論を学ぶうえで最も重要な概念と命題をセレクト。社会学者の英知を結集した、新しいスタンダード。
2017.6 301p A5 ¥2500 ①978-4-641-17430-6

◆**社会学への招待**　ピーター・L．バーガー著、水野節夫、村山研一訳　筑摩書房（ちくま学芸文庫）
【要旨】社会学は、社会を研究対象とする学問だ。だが、そこで言われる「社会」は、私たちの「日常」とイコールではない。それどころか、ときに日常は、より本質的な社会問題や社会構造を隠蔽し、見えにくくしてしまう。逆に言えば、社会の根本問題は一見「当たり前」に思える物事にこそひそんでいるのであり、それをあえて疑い、執拗に探究することが重要となる。社会学とは、そうした探究を通じて社会の成り立ちを明らかにし、その構成単位である人間主体のありようをも解明しようとする試みにほかならない。世界中で長年愛されてきた、アメリカ社会学の泰斗による大定番の入門書！
2017.7 334p A6 ¥1200 ①978-4-480-09803-0

◆**社会が漂白され尽くす前に―開沼博対談集**　開沼博著　徳間書店
【要旨】私たちの日常から「不可視化」されていく現代日本の真実。北朝鮮・沖縄米軍基地・飯田新地・AV・ヤクザ・歓楽街と風営法・死刑・震災と福島…「漂白される社会」と対峙する者たちと開沼社会学、対話篇。
2017.8 300p B6 ¥1600 ①978-4-19-864458-1

◆**社会契約と性契約―近代国家はいかに成立したのか**　キャロル・ペイトマン、中村敏子訳　岩波書店
【要旨】近代国家成立の論理として社会契約論は提唱された。しかし、女性をも含んで近代国家の構造を説明するには、社会契約の前に、女性の男性への従属を定める性契約が締結されたと考える必要がある。政治理論から抜け落ちてしまった性契約に光を当て、近代国家論を描き直した名著。
2017.3 336, 4p A5 ¥7800 ①978-4-00-061190-9

◆**社会シミュレーション―世界を「見える化」する**　横幹"知の統合"シリーズ編集委員会編　東京電機大学出版局（横幹"知の統合"シリーズ）
【要旨】災害・環境・都市・グローバリゼーション…多様な要素が複雑に絡み合う問題系を如何に解決するか。現象をモデル化・可視化することで、世界のダイナミズムを分析し考察して注目を集める「社会シミュレーション」とは？ 相互に関連し合い有機的につながる社会を描き出すシリーズ第四弾。
2017.9 117p A5 ¥1800 ①978-4-501-63070-6

◆**社会秩序の起源―「なる」ことの論理**　桜井洋著　新曜社
【要旨】本書は複雑性科学、現象学、大森哲学の影響のもとで、日本語の「なる」に注目し、西欧思想の「なる」主体に代わる「なる」ことの論理の定式化をめざす。現代社会学は、構造やシステムよりも流動的なダイナミクスとして、社会を理解する方向にある。本書では複雑性理論の場field とモーフォジェネシスmorphogenesis（形態形成）の概念を用いて、個人と社会の関係（ミクロ・マクロリンク）を通して、社会秩序の起源を探求し、責任と倫理の問いに迫る。
2017.11 550p A5 ¥6500 ①978-4-7885-1547-5

◆**社会調査における非標本誤差**　吉村治正著　東信堂
【要旨】社会科学の対象認識は社会調査によって得られた成果に依存し「あてにならない」ものも多数横行していることは事実であろう。その調査結果が信頼に値するかどうかは、社会調査における人為的なミスつまり統計的に予測できない誤差の発生に由来している。本書はこの非標本誤差について総合的に考察し「あてにできる」調査になる方途を豊富な経験に基づき定式化した本格的労作である。
2017.2 227p A5 ¥3200 ①978-4-7989-1413-8

◆**社会調査の実際―統計調査の方法とデータの分析**　島崎哲彦、大竹延滋著　学文社　第12版
【目次】社会調査とは、定量的な調査の種類、定量的手法の一般的手順と調査の設計、標本抽出と推計、調査票の設計、調査の実施、集計、データ分析、調査結果の公表と報告書の構成
2017.1 435p A5 ¥3500 ①978-4-7620-2657-7

◆**社会調査ハンドブック**　林知己夫編　朝倉書店　新装版
【目次】社会調査の目的―効用と限界、社会調査の対象の決定、データ獲得法、各種の調査法とそれを行う方法、各種の調査設計、質問・質問票のつくり方、調査実施、データの質の検討、分析に入る前に、分析、データの共同利用、報告書、実際の調査例
2017.4 757p A5 ¥17000 ①978-4-254-12225-1

◆**社会的葛藤の解決**　クルト・レヴィン著、末永俊郎訳　ちとせプレス（社会的葛藤の解決と社会科学における場の理論 1）
【要旨】社会の実際問題をどのように把握し、解決の道筋を見出すことができるのか。レヴィンの実践的洞察の到達点。
2017.12 233p A5 ¥3200 ①978-4-908736-06-3

◆**社会的企業への新しい見方―社会政策のなかのサードセクター**　米澤旦著　（京都）ミネルヴァ書房（MINERVA人文・社会科学叢書 218）
【要旨】ポスト福祉多元主義の時代の社会政策研究において、サードセクター・社会的企業をどのように捉えるべきか。本書は、新制度派社会学などを活用しながら社会的企業の概念を精緻化し、労働統合型社会的企業の成立と活動の論理を実証データによって明らかにする。一次データのほか、複数の二次データを組み合わせることにより、サードセクターや労働統合型企業の輪郭を描くことを試みた作品。
2017.5 305p A5 ¥5800 ①978-4-623-08016-8

◆**社会的ネットワークと幸福感―計量社会学でみる人間関係**　原田謙著　勁草書房
【要旨】「つながり」を増やすべきか、「しがらみ」を減らすべきか？ 都市とエイジングの社会学の視角から、現代日本の人間関係を読み解く。
2017.1 186p A5 ¥3400 ①978-4-326-60295-7

◆**社会的分断を越境する―他者と出会いなおす想像力**　塩原良和、稲津秀樹編著　青弓社
【要旨】貧困や格差の拡大、テロ／人種差別といった剝き出しの暴力と排外主義の台頭、他者へのバッシング―。社会的な分断を乗り越えるための私たちの想像力をバージョンアップするアクチュアルな成果。
2017.1 281p A5 ¥3000 ①978-4-7872-3411-7

◆**社会デザインの多様性**　目白大学社会学部社会情報学科編　三弥井書店（ソシオ情報シリーズ 17）
【目次】第1章 日本医療の大革命―糖尿病とダイエット、第2章 エシカルファッション推進のために、第3章 クレーム研究とソーシャルデザイン、第4章 社会を生き抜くためのポジティブ心理

社会・文化

学、第5章 LGエレクトロニクスのグローバル・ブランド戦略、第6章 外食サービス企業の国際化における考察―東南アジア諸国を事例として、第7章 人手不足問題の行方―その社会的な影響を探る、第8章 フィンランド・デザイン その優れたデザインが創出される―フィンランド独立100周年の節目に、第9章 特色ある建築・都市空間のためのゾーニングのあり方、第10章 北村透谷の言語形成過程・富士登山の漢詩を読む
　2017.12 176p A5 ¥1800 ①978-4-8382-3327-4

◆社会と個人―どこからそしていずこへ 高橋英博著 御茶の水書房
【目次】この本の背景―昨今の日本における個人と社会、この本の目的・視点、戦前日本における個人と社会とその限界―「生産と共同」の体系の地域内部化段階における個人と社会、「地域圏外部化社会」と「先んずる個人」―戦前日本における社会の生成と個人、戦後日本における「生産と共同」の体系の外部化と共同集団の変容、「共同体外部化社会」と「浮上してくる個人」―戦後日本における社会の生成と個人、「人間外部化社会」と「危うい個人」―高度消費社会における社会と個人、地域への「まなざし」とその広がり―それが含んでいる問い、「再内部化志向社会」への道のりと「省み作る個人」―「別の」社会ネットワークへの胎動、どこからそしていずこへ―分析概念としての「社会」と「個人」へ
　2017.12 226p A5 ¥3400 ①978-4-275-02079-6

◆社会にとって趣味とは何か―文化社会学の方法規準 北田暁大、解体研編著 河出書房新社 （河出ブックス）
【要旨】マンガ、小説、ファッション、音楽、アニメ…「趣味」とひと口に言うが、それは私たちにとっていったい何なのか、どんな社会的な「場」をつくり出しているのか―気鋭の社会学者たちが、平成世代の若者文化とコミュニケーションの調査研究をつうじて、長らく見果てられなかった、文化社会学・ポピュラーカルチャー研究の新しい方法規準を提示する。ブルデューの遺産を乗り越え、今こそ「ふつうの社会学」へ！
　2017.3 356p 19×13cm ¥1800 ①978-4-309-62503-4

◆社会の社会 2 ニクラス・ルーマン著、馬場靖雄、赤堀三郎、菅原謙、高橋徹訳 法政大学出版局 （叢書・ウニベルシタス） 新装版
【目次】第1章 分化（システム分化、システム分化の諸形式、包摂と排除、環節分化、ほか）、第5章 自己記述（全体社会の到達可能性、主体でも客体でもなく、自己観察と自己記述、ヨーロッパ旧来のゼマンティク（1）―存在論、ヨーロッパ旧来のゼマンティク（2）―全体社会の自己記述としての知識、ほか）
　2017.5 1662, 33p B6 ¥9000 ①978-4-588-14041-9

◆"社会のセキュリティ"を生きる―「安全」「安心」と「幸福」との関係 春日清孝、楠秀樹、牧野修也編著 学文社
【目次】序章 「社会のセキュリティ」を生きる―「安全」「安心」と「幸福」との関係、第1章 生命のセキュリティ―社会学、進化論、優生学、エンハンスメント、第2章 幸福の社会指標化と政治―世論に基づく政治から幸福感覚の政治へ、第3章 情報通信技術がもたらす社会変動とリスク―ネット炎上を考える、第4章 地域社会の意味と存続可能性―地域社会に生きることの意味、第5章 ペットと家族と地域社会のセキュリティ、第6章 構築される貧困―生活保護バッシングと社会の範囲、第7章 親密性と関係性の再編のために―家族・教育・ジェンダーというセキュリティ　2017.4 206p A5 ¥2400 ①978-4-7620-2715-4

◆社会はどこにあるか―根源性の社会学 奥村隆著 ミネルヴァ書房
【要旨】社会学の研究対象は社会である。だが、社会とはそこに「ある」ものとしてとらえることができない。社会はいったいどこに立ち現れ、社会学はどのようにはじまるのか。本書は、根源的ともいえるこの難題と正面から向きあう、創意に満ちた知的探求。
　2017.5 351, 21p B6 ¥3500 ①978-4-623-08020-5

◆社会分業論 エミール・デュルケーム著, 田原音和訳 筑摩書房 （ちくま学芸文庫）
【要旨】近代社会はいかにして誕生したのか、社会はどのように分化・発展していくのか。そもそも人類は社会を必要としたのか。これら難問を解く手がかりが「分業」である。分業の進展が商品生産を飛躍的に向上させ、資本主義の発展に大きく寄与したことはいうまでもない。だがそれ以上に、分業は、新たなかたちで人々を結びつけ社会の礎としての役割を果たしてきた。

「機械的連帯から有機的連帯へ」というテーゼとともに語られる本書は、ヴェーバー『プロテスタンティズムの倫理と資本主義の精神』と双璧をなす社会学の原点として高く評価される。デュルケーム畢生の大著を、定評ある名訳で送る。　2017.11 798p A6 ¥1800 ①978-4-480-09831-3

◆社会変革と社会科学―時代と対峙する思想と実践 中村浩爾, 桐山孝信, 山本健慈編著 （京都）昭和堂
【目次】第1部 時代と対峙する社会科学（安保軍事同盟批判の国際法学―一九六〇年の遺産相続、民主的非軍事平和主義の展望、いわゆる「二つの法体系論」の改版の課題 ほか）、第2部 時代と対峙する思想（バーリン「二つの自由概念」の原型、歴史法学とパウンドプラグマティズム法学の試み、G.ジェイコブとイギリス法学史の二つの流れ―「各人が自分自身の弁護士」の成立をめぐって ほか）、第3部 時代と対峙する実践（恒藤恭思想の実践性とその現代的意義、移民急増にともなうロンドンでの超多様性の出現―人権という視点からの把握、第2部 日本における「前段の司法」とその担い手―一八八〇年代滋賀県彦根地検の民事判決原本にあらわれた代言人と代人をめぐって ほか）
　2017.3 417p A5 ¥5000 ①978-4-8122-1624-8

◆社会変革と民間アーカイブズ―地域の持続へ向けて 国文学研究資料館編 勉誠出版
【要旨】われわれは、最も身近にある資料群といかにつきあっていくべきか―。人びとの営みを伝える資料群として、公文書と相互補完的な関係にある「民間アーカイブズ」。家や個人、もしくは多様な民間団体が作成・授受・蓄積してきたこれらの記録群は、これまで各地域における歴史的・文化的資源として認識され、保存・活用されてきた。しかし、過疎化や市町村合併等に伴う保存管理体制の崩壊や大規模災害の発生など、近年の急激な社会構造の変動により、これらの資料群が「滅失」の危機に瀕している。地域アーカイブズを取り巻く環境、存在形態そして調査・保存に対する現実的アプローチを行い、現場の最前線からの視点で捉え返し、新たな段階を迎えた民間アーカイブズ保存・活用の論理と実践のあり方を探る。
　2017.3 347p A5 ¥8000 ①978-4-585-20054-3

◆社会問題と出会う 白石壮一郎, 椎野若菜編 古今書院 （FENICS 100万人のフィールドワーカーシリーズ 7）
【目次】1 調査から立ち上がる疑問（アフリカの動物保護をカッコいい言葉で描けるか？―現場で気づく理想と現実、アフリカの難民問題を再検討する―難民が放地での生活をはじめには問題になるのか？、アフリカの「ストリート・チルドレン」問題を複眼的に見る―支援者と調査者の交差するまなざし）、2 調査をする者からのリアクション（「政治的な正しさ」の背後にひかれたローカルな論理によりそう―商業的国際結婚と家族、ケニアにおける「妻相談」慣習の言説とフィールドで見る現実はさまざで、島根の山村で「ナラ枯れ」にむきあう―仲間と行う山仕事から見えたこと）、3 ものごとの捉え方を再設定する（アメリカのファット・アクセプタンス運動から「肥満問題」を見る、南アフリカの先住民が現れるまで―ポスト・アパルトヘイト時代のサンの挑戦）、4 人生に接する、社会・歴史に接する（あいりん地域における「日雇い」のフィールドワーク―単身高齢男性の生きづらさに向き合って、在日コリアンとの「再会」―ジモトのフィールドワークから見えてきたもの、"無念"に触れるフィールドで問い返される研究の公共性）、補章 社会問題との出会い方―アクティブ・ラーニングへの本書の利用
　2017.6 212p A5 ¥3400 ①978-4-7722-7128-8

◆集合論による社会的カテゴリー論の展開―ブール代数と質的比較分析の応用 石田淳著 勁草書房 （大阪経済大学研究叢書）
【要旨】質的研究のより体系化・基準化された記述のために。質的なカテゴリーの分析に、論理と集合に数学的なモデルであるブール代数を用いる。　2017.8 167p A5 ¥3500 ①978-4-326-60297-1

◆住宅政策に医療を、医療政策に住環境を 日本居住福祉学会編 東信堂 （居住福祉研究 23）
【目次】巻頭言 21世紀の手ごたえ、特集：住宅政策に医療を、医療政策に住環境を、居住福祉評論 避難者を一人も路頭に迷わせない―京都府・京都市が有償での住宅提供の継続へ、海外情報 第20回国際借家人連合（IUT）総会報告―各国の家賃規制の実情と新たな運動の展開について、学会活動 第14回日中韓居住問題セミナー、

釜ヶ崎と居住福祉（4）、居住福祉の本棚
　2017.4 104p A5 ¥1000 ①978-4-7989-1427-5

◆集団と組織の社会学―集合的アイデンティティのダイナミクス 山田真茂留著 （京都）世界思想社
【要旨】恋愛関係からグローバリゼーションまで。人は、集団や組織に頼らなければ生きていけない。そのことで誰もが強いプレッシャーを感じ、一方で大きな恩恵を受ける。自らの所属先と、どうつき合うべきなのか。人間関係をめぐる古典理論から最新モデルまでを平明に解説し、集団現象と組織現象が作り出すきらめきと魔力に迫る。　2017.6 211p B6 ¥2500 ①978-4-7907-1701-0

◆「縮小社会」再構築―安心して幸せにくらせる地域社会づくりのために 長瀬光市監修・著, 縮小都市研究会著 公人の友社
【目次】第1章 安心して幸せにくらせる縮小社会を築く、第2章 住み続けるための持続可能な地域づくり、第3章 行政が先導する2つの戦略デザイン、第4章 地域の自立をめざす「社会的空間」、第5章 生活の糧とくらしを豊かにする「なりわい空間」、第6章 地域空間の最適化をめざした「物理的空間」、第7章 自治体経営の未来に責任を持つ「2つの戦略デザイン」、第8章 地域からの発想が空間を変え、地域を創生する
　2017.10 278p A5 ¥2500 ①978-4-87555-806-4

◆出産・子育てのナラティブ分析―日本人女性の声にみる生き方と社会の形 秦かおり, 岡本多香子, 井出里咲子著 （吹田）大阪大学出版会
【要旨】出産・子育てにかかわる「意識」、とりまく「環境」、参与の「立場」を生の声から読み解く。　2017.1 286p A5 ¥5400 ①978-4-87259-573-4

◆主婦パートタイマーの処遇格差はなぜ再生産されるのか―スーパーマーケット産業のジェンダー分析 金英著 （京都）ミネルヴァ書房 （現代社会政策のフロンティア 11）
【要旨】日本では、パートタイム労働市場の拡大とパートタイマーの企業内定着と同時に、パートタイム労働者と正社員との賃金格差が広がり、「職務と処遇の不均衡」が拡大している。本書は、スーパーマーケット産業の事例を通じて、このような現象が起きる構造と過程を、ジェンダー視点と行為者戦略アプローチから、企業、労働組合、パートタイマー本人それぞれの行為戦略を分析する。日本のパートタイム労働市場の特徴の形成と再生産を解き明かす試み。
　2017.12 384p A5 ¥5000 ①978-4-623-08067-0

◆正直者ばかりバカを見る 池田清彦著 KADOKAWA （角川新書）
【要旨】なぜ「認知症」なる病気が急増したのか。なぜ科学的事実を装ったウソがまかり通るのか。なぜ医療用大麻の有効性が無視されるのか。過激リバタリアンを自称する著者が、弱者や正直者ばかり馬鹿を見る、世の理不尽に物申す！老い先短い気楽さで綴る、笑えて深くてためになる、秀逸なエッセイ。
　2017.8 214p 18cm ¥800 ①978-4-04-082158-0

◆情動の社会学―ポストメディア時代における"ミクロ知覚"の探求 伊藤守著 青土社
【要旨】私たちはなぜ、感情に支配されてしまうのか。多様なコミュニケーションツールがあまねく浸透したポストメディア社会。そこでは、時として真偽では測れない「情報」によって、社会全体はあらぬ方向へ駆動されていく。SNSなどのメディア・コミュニケーションの状況から、領土問題やオリンピックの政治問題まで、私たちの判断や思考を揺さぶる情動の問題系に、最新のメディア理論で挑む。
　2017.10 267, 3p B6 ¥2400 ①978-4-7917-7017-5

◆女性が拓くいのちのふるさと海と生きる未来―森里海を結ぶ 2 下村委津子, 小鮒由起子, 田中克編 （京都）昭和堂
【目次】第1部 海への想いを抱く暮らし（行き交う人のふるさと―気仙沼からハワイを旅して、故郷の海、有明海、海を懐かしくおもうわけ―京都の老舗に生まれて、ドキュメンタリー映画「赤浜ロックンロール」で描く三陸浜の心意気―海がみえunえぬえか、バカヤロー！、海女の町の観光―女将とガイドを通して、森の採譜）、第2部 環境からみえるいのちの世界（地球が生んだ「いのちの難題」と「アジアの生活の知恵」から生まれた身心一体科学―森・里・海・体・細胞をつなぐ生命の原理と人間の理、水を巡る地球環境安全保障―水・エネルギー・食料ネクサス、「つなげよう、支えよう森里川海」プロジェクトとつながろう、「森と水政策課」があるまち

一鈴鹿山脈から琵琶湖まで流域で東近江市の地域創生、環境問題の本質としてのいのち、その自然環境を守りたいという気持ちがうまれる場所）　2017.6　275p　A5　¥1800　①978-4-8122-1633-0

◆人口還流（Uターン）と過疎農山村の社会学　山本努著　学文社　増補版
【目次】第1部 過疎の現段階と過疎研究の課題（過疎農山村問題の変容と地域生活構造論の課題、市町村合併前後（1990〜2010年）にみる過疎の新段階―少子型過疎、高齢者減少型過疎の発現、過疎の現段階分析と地域の人口供給構造）、第2部 人口還流（Uターン）と定住分析（過疎農山村における人口還流と生活選択論の課題、過疎農山村研究の課題と過疎地域における定住還流（Uターン）―中国山地の過疎農山村調査から、過疎地域における中若年層の定住経歴と生活構造類型―中国山地の過疎農山村調査から）、第3部 対応、基底、方法（集落過疎化と山村環境再生の試み―「棚田オーナー」制度を事例に、社会的排除論との接点を探りつつ、E.Durkheimの自殺の社会活動論―社会の自然からの脱離（全般的都市化）をめぐって、限界集落論への疑問）、第4部 過疎農山村研究の展開にむけて（限界集落高齢者の生きがい意識―中国山地の田村調査から、都市・農村の機能的特性と過疎農山村研究の2つの重要課題―高出生率地域研究と人口還流研究の位置、過疎農山村研究ノート）
　　2017.1　259p　A5　¥2500　①978-4-7620-2695-9

◆人口論入門―歴史から未来へ　杉田菜穂著　法律文化社
【目次】人口への関心、人口論の射程、人口論の形成と展開、戦前日本の行政における人口認識、戦後日本の行政における人口認識、少子化の理論と出生力変動、少子化対策の形成と展開、女性のライフスタイルの多様化、原点としての母性保護論争、少子高齢化と社会保障〔ほか〕
　　2017.9　127p　A5　¥2100　①978-4-589-03860-9

◆新社会学研究　2017年第2号　特集 映画を読み解く社会学 公募特集 生活者の社会学　三浦耕吉郎, 小川博司, 樫田美雄, 栗田宣義, 好井裕明編　新曜社
【目次】特集 映画を読み解く社会学（ポストヒューマン時代の恋愛のゆくえ―スパイク・ジョーンズ監督『her』が問いかけるもの、映画『下妻物語』に描かれる女同士の友情―親密性をめぐる誤読の快楽と政治、核の「重さ」と「軽さ」―一九七〇年代論の手がかりとして『太陽を盗んだ男』を読み解く、被災地はどこへ消えたのか?―「ポスト震災二〇年」における震災映画の想像力、別離にもかかわらず生きる力を与えてくれた愛について―映画『冬の小鳥』を読み解く、『ひろしま』から溢れだす力を見直す一原爆映画の社会学に向けて）、連載（くまじろーのシネマ社会学（2）・太平洋の鷲・嵐・翼、そしてキスカ、映画の音楽（2）・ピアノ・レッスン―音楽とは何かを考えるレッスン、極私的社会学（1）―グループホームで父を看取る（1）―「医療行為をしない人の死」はどのように訪れるのか?、論文投稿と査読のホントのこころ（2）・海図なき海での航海」としての査読誌への投稿、ネコタロウに聞け! 社会学者スーパースター列伝（2）・マルクーゼ）、公募特集 生活者の社会学（偶有性をはらむコミュニケーション―サバイバルゲーム実践にあらわれる「生きがい」の析出、台湾人「哈日族」の生活構築にみる「日本」をめぐるファンタジー―哈日族のグッズコレクションに着目して、廃墟と描線―区画整理事例にみる、一九四〇〜五〇年代広島の戦災復興と「生活者」の語り、フェミニズムを生活者の手に取り戻すために―「性の商品化」に対する現代女性の「気分」の分析を通して、ネコタロウに聞け! 社会学者スーパースター列伝（3）・ライト・ミルズ、ネコタロウで調査をする方法（2）・ビデオの説明力過剰性を克服する仕組みとしての「異物化」、ファッション&パッション（2）・ファッション誌の乗換とファッション系統の醸成時期、同人書評、ネコタロウに聞け 異書・外伝編（2）・社会学者）
　　2017.11　222p　A5　¥1900　①978-4-7885-1550-5

◆人生と社会を変える根っこ力―政策提言・社会起業・市民活動　一新塾, 森嶋伸夫編著　一藝社
【要旨】すべての人は志を生きられる全員参加の国づくりに、ぜひ、あなたも! 1994年創設。市民発の社会を変えるプロジェクト!
　　2017.9　269p　A5　¥1667　①978-4-86359-130-1

◆新説 社会的分業論　山口憲一郎著　（松山）創風社出版
【要旨】社会的分業のすがたかたちやその受難、そしてその今日までの変遷をたどり、人間の生

存に必要不可欠なその道理を説く。
　　2017.7　291, 23p　B6　¥2000　①978-4-86037-247-7

◆新・ニッポン分断時代　速水健朗, おぐらりゅうじ著　本の雑誌社
【要旨】かつてない分断がぎっしり潜む現代社会。細分化するコミュニティ、多様化する承認欲求、カスタマーレビュー民主主義、真偽よりも感情が優先。ネットメディアに翻弄され、世界はどう変わっていくのか。欧州テロから食べログ評価まで、気になる事象を総ざらい。新しいニュース未来図、堂々の登場。
　　2017.6　247p　B6　¥1500　①978-4-86011-402-2

◆人文学の沃野　成蹊大学文学部学会編　風間書房　（成蹊大学人文叢書）
【要旨】危機と不安の時代を、しなやかに生きる人文学。
　　2017.3　269p　B6　¥2000　①978-4-7599-2179-3

◆シンボルの理論　ノルベルト・エリアス著, 大平章訳　法政大学出版局　（叢書・ウニベルシタス）
【要旨】言語はいかにして世代を超え、時代を超え伝承されてきたのか。そして言語はなぜ人間の集団形成および知識・文化形成における社会的原動力となりえたのか。主著『文明化の過程』で示された長期的相互依存の連鎖による文明化モデル、『時間について』で示された五次元の世界概念を敷衍し、シンボルとしての言語・知識・文化に関する総合的な理論を構築する。知識社会学を刷新するエリアス最晩年の重要作。
　　2017.2　330, 14p　B6　¥4200　①978-4-588-01053-8

◆人類の歩み―21世紀の分岐点　大塚友美編著　文眞堂　（AN21研究シリーズ No.6）
【要旨】豊かさと健康を希求する人間は、経済の成長と発展に努めた結果、先進国を中心にありなりにもこれを実現してきた。しかし、経済の発展は人口転換を推し進め、少子高齢化が顕在化しはじめた結果、これが経済のさらなる成長と発展の障害になりかねない状況が生じている。本書は、人類の歴史を俯瞰して、こうした問題発生の経緯を考察している。
　　2017.4　276p　A5　¥2800　①978-4-8309-4937-1

◆水曜日 東アジア 日本 1号　野村伸一, 岩松研吉郎, 金井広秋著　風響社　（風響社ブックレット）
【目次】久保覚の死後18年：借りを返すべきとき、格城家常雑記（1）、夢の思い出、わが日々が夢、近況三点、しめぢ帖・抜書：1702〜07、1号後記　2017.10　86p　A5　¥800　①978-4-89489-400-6

◆健やか生活の知恵袋　柴田泰典著　（大阪）風詠社, 星雲社 発売
【要旨】健やかな生活を送るために、健康に関する知識を高めよう。さらに幅広い知識も身につけて、知恵を働かせ、仲間とのコミュニケーションを広げ、豊かな生活に役立つ。
　　2017.12　204p　18cm　¥750　①978-4-434-24070-6

◆スタンフォードでいちばん人気の授業　佐藤智恵著　幻冬舎
【要旨】一生使える "自分を変えるヒント"、ビジネスに役立つ教養としての心理学、脳科学、経済学、豊富な事例や実験結果でわかりやすく解説。世界トップエリートの行動を変える "究極の講義" とは。
　　2017.6　374p　B6　¥1600　①978-4-344-03129-6

◆スノーデンが語る「共謀罪」後の日本―大量監視社会に抗するために　軍司泰史著　岩波書店　（岩波ブックレット）
【要旨】米国による大規模な個人情報収集の実態を告発し、世界を震撼させた元CIA職員エドワード・スノーデン。亡命中のロシア・モスクワで、共同通信記者による単独会見が実現した。スノーデンが読み解く「共謀罪」、米国の監視システムに組み込まれる日本社会の現実とは一。為政者のためではなく、市民のための自由な社会を取り戻すために、いま何をすべきかを問う。
　　2017.12　71p　A5　¥580　①978-4-00-270976-5

◆性愛論　橋爪大三郎著　河出書房新社　（河出文庫）
【要旨】ひとはなぜ、ひとを愛するのか。ひとの身体はなぜ、性愛へとさし向けられているのか。身体はなぜ、ひとりの身体を求めるのか。性愛論、性別論、性関係論から、キリスト教文明圏の性愛倫理とその日本的な展開まで。永遠の問いを原理的かつ論理的に考えてゆく社会科学の冒険。　2017.9　259p　A6　¥900　①978-4-309-41565-9

◆生活リスクマネジメント―安全・安心を実現する主体として　奈良由美子編著　放送大学教育振興会, NHK出版 発売　（放送大学大学院教材）　改訂版
【目次】リスク研究へのいざない、リスク概念、リスクの実際、リスク認知とバイアス、リスクの認知と受容、リスクのとらえかたの多様性：個体的要因と文化的・環境的要因、リスクマネジメントの基本、リスクコミュニケーションの基本、自然災害とリスク、犯罪とリスク、消費生活用製品とリスク、食品とリスク、信頼とリスク、生活者の主体性：リスクリテラシーとリスクガバナンス、安全と安心の実現にむけて
　　2017.3　293p　A5　¥3100　①978-4-595-14082-2

◆「正義」がゆがめられる時代　片田珠美著　NHK出版　（NHK出版新書）
【要旨】弱い立場にある人を意図的に傷つける人々がいる。彼らは行き過ぎた "正義" を振りかざして暴走し、後悔も反省もしない。攻撃の矛先は店員、透析患者、生活保護受給者、そして障害者にも及んだ。なぜこうなるのか? 鋭い洞察と確かな分析眼で定評ある精神科医が、現代社会を象徴する「怒り」「コスパ」「普通」からの「脱落」に着目し、ゆがんだ "正義" が流行する理由を解き明かす!
　　2017.5　222p　18cm　¥780　①978-4-14-088516-1

◆性のあり方の多様性――一人ひとりのセクシュアリティが大切にされる社会を目指して　二宮周平編　日本評論社
【要旨】セクシュアリティを大切にする社会こそ、個人を尊重する社会。課題を析出する現場からの発言、最新の国際的動向の紹介。
　　2017.8　264p　A5　¥2200　①978-4-535-52223-7

◆性表現規制の文化史　白田秀彰著　亜紀書房
【要旨】「性」は、なぜこれほどまでにタブー視されるのか? 気鋭の法学者が、性表現規制の東西の歴史を読みとき、その背後にある政治力学を鮮やかに描き出す、必読文献!
　　2017.8　232p　B6　¥1800　①978-4-7505-1518-2

◆世界を変えた6つの「気晴らし」の物語―新・人類進化史　スティーブン・ジョンソン著, 大田直子訳　朝日新聞出版
【要旨】美しい紫色を発する巻貝の価値とは? ピタゴラスが見つけた音楽とは? 銀と同じ価値があった甘い香りとは? 幻灯機で人は霊界とつながったか? サイコロは社会を揺るがせたか? 古代の居酒屋のワインは水割りだった? 思いがけない文化を生み、技術や産業を発展させた、全く新しい発想の物語。
　　2017.11　414p　B6　¥2000　①978-4-02-331632-4

◆世界と未来への架橋　文教大学国際学部叢書編集委員会編　創成社　（国際学研究叢書）
【目次】私たちの「国際学」―「知」の運動、その課題と展望、第1部 国際学の「つながり」（複数言語と「共に生きる」ために―移民/越境者をめぐる教育問題・複言語主義・異文化理解、対話と討議の信頼形成作用―市民の対話の可能性論、国連におけるsexuality概念の動向―日本語「セクシュアリティ」概念の整理のために ほか）、第2部 国際学の「交わり」（国際観光と旅行者満足、再来訪―対人サービスに焦点をあてて、日本におけるインバウンド・ツーリズムから考える「開かれた個人」―ツーリズムにかかわる人間像への試論、英国の空港民営化の動向とわが国への政策的示唆 ほか）、第3部 国際学の「関わり」（総括『東アジア共同体への道』編纂プロジェクト―学生・市民による「われわれの歴史」の紡ぎ方、Hiding Atrocity behind Violence : The Replacement of War Crimes with Formulaic Hollywood Violence : Pacific War Prisoner of War Films 1950 to 2015、キングシーザーは悲しく咆哮す―ゴジラとGodzillaにみる核・軍隊・フクシマ/オキナワ ほか）
　　2017.3　945p　A5　¥8000　①978-4-7944-7074-4

◆世界に広がる日本の職人―アジアでうけるサービス　青山玲二郎著　筑摩書房　（ちくま新書）
【要旨】流行に敏感な中間層が急速に形成されつつあるアジアのグローバル都市。日本で技術を身につけた人々が、そうした都市をめざし移住を始めている。彼らが提供する高度な技術とサービスは、現地の消費欲求に応え、徐々に都市のライフスタイルを変化させている。彼らはなぜ移住を決意したのか? どのような日本のサービスがアジアでうけるのか? 彼らを鍛え

社会・文化

た日本の仕事現場こそが、グローバルな価値を生み出しているのではないか？ 香港の寿司店、バンコクの美容室、シンガポールのバー、台北の日本語学校など、日本人海外移住者が働く現場を分析し、日本の仕事が創る価値を見つめ直す。　2017.9 248p 18cm ¥820 ⓘ978-4-480-06983-2

◆**世界標準としての世代間交流のこれから**　草野篤子、溝邊和成、内田勇人、安永正史編著（大津）三学出版　〈世代間交流の理論と実践 2〉（本文：日英両文）
【目次】第1部 世界からのメッセージ（世界標準としての世代間交流の理論と実践に関する寄稿,世代間学習とウェルビーイング,神経認知的な健康の促進と加齢に対する「世代間交流：Experience Corps」,高齢者・認知症にやさしい都市への運動：世代間交流の欠落と「世代間交流性的」機会,世代間の共感を醸成する：エイジズムを克服し,世代間理解を強化するための戦略 ほか）、第2部 メッセージ（現下の社会保障としての世代間交流―「社会」をつくる「学び」の観点から,世代間交流学とエリクソン及びヴィゴツキーの概念―「第9段階」及び「他者」概念の考察を通して,伝統文化の世代継承に対する世代間交流学からのアプローチ,都市部の新規分譲集合住宅における多世代交流プログラム導入の試み,高齢者ボランティア活動によるソーシャルキャピタル醸成に関する日米比較―REPRINTSとExperience Corpsの比較より ほか）
2017.10 266p A5 ¥3300 ⓘ978-4-908877-15-5

◆**世代の痛み―団塊ジュニアから団塊への質問状**　上野千鶴子,雨宮処凛著　中央公論新社（中公新書ラクレ）
【要旨】高度経済成長とともに年を重ねた「団塊世代」。就職氷河期のため安定した雇用に恵まれなかった「団塊ジュニア」。二つの世代間の親子関係に今、想定外の未婚・長寿・介護などの家族リスクが襲いかかっている。両世代を代表する論客の二人が、私たちを取り巻く社会・経済的な現実を、その対策について論じ合った。この時代を心豊かに生き抜くためのヒントが満載！
2017.10 262p 18cm ¥820 ⓘ978-4-12-150598-9

◆**1990年代論**　大澤聡編著　河出書房新社（河出ブックス）
【要旨】総括されない未決の問題として繰り返し浮上してくる一九九〇年代。私たちの社会と文化はいまだに「九〇年代的なもの」を引きずり続けている。いったいあの時代とはなんだったのか―政治や社会、運動、宗教から、マンガやアニメ、ゲーム、音楽にいたるまで、二〇のジャンルの論客/エッセイを、七〇年代以降生まれの気鋭の論者たちが寄稿。座談会も収録した共同討議、インタビュー、ブックガイド、年表も付す。
2017.8 327p B6 ¥1800 ⓘ978-4-309-62506-5

◆**1985‐1991 東京バブルの正体**　昼間たかし著　マイクロマガジン社（MM新書）
【要旨】空前の好景気「バブル経済」。その時、東京で起こっていた現象と実際の生活、人々の意識とは、どのような姿だったのか。
2017.5 271p 18cm ¥920 ⓘ978-4-89637-632-6

◆**「戦後」という意味空間**　伊藤公雄著　インパクト出版会
【要旨】「戦争」と「戦後平和主義」を社会学的視座からダイナミックに描く。
2017.4 364p B6 ¥2700 ⓘ978-4-7554-0277-7

◆**戦後日本資本主義の現局面 従属と貧困・格差「大国」**　鈴木春二著　大月書店〈戦後世界と日本資本主義―歴史と現状 2〉
【目次】第1部 戦後世界と日本資本主義（敗戦国日本の経済再建と冷戦下の高度経済成長の特質,戦後日本資本主義の構造把握,高度経済成長の「豊かさ」が産み出した深刻な社会労働問題,冷戦末期の戦後日本資本主義の構造,バブル経済からバブル崩壊へ,冷戦終結と対米従属下の90年代長期不況,グローバリゼーションと戦後日本経済の構造改革の帰結）、第2部 従属大国,日本（戦後日本資本主義のアジア進出と経済帝国主義,日米軍事同盟のグローバル化と戦後日本の「潜在的軍需産業」の顕在化,国家独占体制による原子力発電推進と原発の「潜在的核兵器」,現代日本資本主義と帝国主義）、第3部 貧困と格差の「大国」,日本（貧困と格差を当然とした新自由主義政策の理論的背景,現代日本の貧困と格差）
2017.1 310p A5 ¥3000 ⓘ978-4-272-10242-6

◆**戦争が終わる論理―未来のために共同性の復活を目指して**　川口精吾著　（大阪）清風堂書店

【目次】01 戦争のはじまり、02 原始の社会の考察、03 階級制社会、04 お金の考察、05 人間の意識、06 原始の社会、07 階級制社会の旅、08 愛の貨幣価値
2017.5 93p B6 ¥800 ⓘ978-4-88313-857-9

◆**戦争社会学研究 vol.1 ポスト「戦後七〇年」と戦争社会学の新展開**　戦争社会学研究会編　勉誠出版
【目次】特集 ポスト「戦後70年」と戦争社会学の新展開（ポスト「戦後七〇年」と戦争社会学の新展開―特集企画にあたって,「戦争社会学」が開く扉、感謝の発露と真北批判―ポスト「戦後七〇年」の対立軸,「特攻による活入れ」という衝撃―「記憶の継承から戦後の継承へ」モデルの批判的検討,シズメとフルイのアップデート）、特集2「空襲の記憶」の境界―時間・空間・学問を越境して（企画の趣旨、そしてそれをさらに「越える」ために―「防空」という視座―「防空」/「空襲」/「空爆」のあいだ、ダーウィン空襲の記憶―「オーストラリア国防の最前線」を語り継ぐ、軍事化に抗する「戦争の記憶」―ドレスデン「一九四五年二月一三日」協会の歩み、社会学はいかに空襲を記述できるのか？、空襲の記憶とポスト戦後、投稿論文 一九五〇年代末～七〇年代初頭のSFショート・ショート作品における核エネルギー表象）
2017.4 183p A5 ¥2000 ⓘ978-4-585-23281-0

◆**「戦争体験」とジェンダー――アメリカ在郷軍人会の第一次世界大戦戦場巡礼を読み解く**　望戸愛果著　明石書店
【目次】序章「軍事化」と「平凡化」をめぐる諸問題、第1章「戦争体験」のジェンダー化された序列、第2章 アメリカ在郷軍人会の設立過程、第3章 戦場巡礼の開始―フランス再訪から「聖地」再訪へ（一九一九年～一九二一年）、第4章 戦場巡礼の変容―「理想の絶え間ない再型化」のために（一九二二年～一九二四年）、第5章 大規模化する戦場巡礼―「聖地」創出へ（一九二五年以降）、終章「戦争体験」のジェンダー学のために　2017.1 266p A5 ¥4000 ⓘ978-4-7503-4463-8

◆**憎悪と愛の哲学**　大澤真幸著　KADOKAWA
【要旨】イスラーム過激派テロから、原爆投下の裏面史まで。縦横無尽な論証で社会学の最重要概念を更新する、「神」「資本主義」「歴史」をめぐる思考の冒険。
2017.9 223p B6 ¥1600 ⓘ978-4-04-400280-0

◆**早期留学の社会学―国境を越える韓国の子どもたち**　小林和美著　昭和堂
【要旨】小・中学/高校生の段階から海外に留学する「早期留学」。韓国では一九八〇年代後半から現れ、富裕層から一般家庭まで空前のブームとなり、教育競争の激化や家族別居など社会問題を引き起こした。あの熱狂は何だったのか。
2017.1 249p B6 ¥3000 ⓘ978-4-8122-1638-5

◆**副田義也社会学作品集 第2巻 死者とのつながり**　副田義也著　東信堂
【要旨】死者の本質は「不在」である。しかしなぜ人々は死者とのつながりを求め、死者を祀り、語りかけるのか。本書は死者とのまじわり、葬送儀礼の問題など、さまざまな視角から死の社会的・文化的意味について考察する。以前より外した注をすべて復元したり、未収録・未発表の巻末論考などすべて関連論考を収録した総合的な死の社会学的集大成。
2017.1 366p A5 ¥3700 ⓘ978-4-7989-1400-8

◆**副田義也社会学作品集 第3巻 老いとはなにか**　副田義也著　東信堂
【要旨】老いとは、他者から思いがけなく貼り付けられるラベルである。他者からのラベル付けを通して、人は自身を老人とみなすようになる。そして人々は老いに、時に抗い、時に謳歌する。本書は、老人の諸行動、老化の社会的意味考察、老人に対する社会制度の変遷などさまざまな視野を通してその本質に迫り、読者を社会と人間の関係性の奥深くへと誘う。未収録・未発表の巻末論考などすべて関連論考を収録した総合的な老いの社会学的集大成。
2017.5 426p A5 ¥3900 ⓘ978-4-7989-1432-9

◆**副田義也社会学作品集 第4巻 現代世界の子どもたち**　副田義也著　東信堂
【要旨】子どもたちの営為と現代社会の総合的考察。親がいて、子がいる。人類史に連なる世代のチェーンは、子どもたちにまでつながっている。世代継承というタテ軸と、同時代の社会状況というヨコ軸、この狭間で子どもたちは

実に多様な生育を遂げる。国内外の事例・統計分析、著者自身の経験、実地調査など多角的視野から捉えた、現代世界の子どもたちをめぐるあらゆるいとなみの鳥瞰。
2017.10 498p A5 ¥4600 ⓘ978-4-7989-1442-8

◆**組織・コミュニティデザイン**　山内裕,平本毅,杉万俊夫著　共立出版〈京都大学デザインスクール・テキストシリーズ 2〉
【目次】社会のデザイン、伝統的な組織・コミュニティのデザイン、内在的デザインとその方法論、組織の動的理解、言語と規則のデザイン、日常的実践のデザイン、コミュニティデザイン（規範の創出、規範の伝達）、コミュニティデザインの方法論、文化の視座、文化のデザインの分析、文化のデザインの方法論、終章
2017.10 240p 24×19cm ¥3500 ⓘ978-4-320-00601-0

◆**忖度社会ニッポン**　片田珠美著　KADOKAWA（角川新書）
【要旨】「森友・加計」学園問題で話題になった忖度は、相手の意向を推し量り、先回りして満たそうとすることである。忖度する人の胸中には、自己保身欲求や喪失不安、承認欲求や何らかの見返りへの期待などが潜んでいる。忖度がはびこる日本社会の根底に横たわる構造的問題をあぶり出す。
2017.9 189p 18cm ¥800 ⓘ978-4-04-082194-8

◆**忖度バカ**　鎌田實著　小学館（小学館新書）
【要旨】森友・加計問題に端を発し、急速に広まった「忖度」という言葉。これは流行語には終わらない、日本社会に深く埋め込まれた行動を表わす言葉でもある。ここでクローズアップされた官僚や政治家の忖度は「先回りの服従」というべきものだが、政治の場のみならず、会社や学校など様々な場で「忖度バカ」が生まれ、忖度疲労を起こしている。病的な忖度はなぜ生まれるのか。様々なパターンを検証し、日本に蔓延する「暗黙の空気」の正体を解き明かす。
2017.12 221p 18cm ¥800 ⓘ978-4-09-825232-9

◆**ゾンビ学**　岡本健著　（京都）人文書院
【要旨】世界初、ゾンビの総合的学術研究書。ヴードゥー教からジョージ・A.ロメロを経てアイアムアヒーローまで。フィクション、現実世界を問わず世界中で増殖を続けるゾンビとは一体何か？ この現象から何が読み取れるのか？ 映画、マンガ、アニメ、ドラマ、小説、ゲーム、音楽、キャラクターなど400以上のコンテンツを横断し、あらゆる角度からの分析に挑んだ、気鋭による記念碑的著作。
2017.4 334p B6 ¥4000 ⓘ978-4-409-24110-3

◆**大洪水が神話になるとき―人類と洪水五〇〇〇年の精神史**　庄子大亮著　河出書房新社（河出ブックス）
【要旨】旧約聖書の「ノアの洪水」をはじめ、「ギルガメシュ叙事詩」、「マヤ神話」、そして日本の神話まで、世界の神話を紐解くと、驚くほど多くの洪水神話が伝えられていることに気づく。なぜ世界中に類似した神話が残されているのか？ 神話学、歴史学、考古学、地質学などを元に、はるか古代にその地で何が起きたのかを検証し、洪水が実在したかどうかではなく、抗えない大災害と闘い、これらの神話を生み出した人類の精神史に迫る。
2017.12 198p B6 ¥1600 ⓘ978-4-309-62508-9

◆**第三空間―ポストモダンの空間論的転回**　エドワード・W.ソジャ著,加藤政洋訳　青土社 新装版
【要旨】すべての現代社会批判の理論的出発点。地理学、フェミニズム、ポストコロニアル批評などの諸分野における「空間論的転回」の動向、そして新しい文化研究の潮流を、ルフェーブル、フーコーらを効果的に引用しつつソジャー流の手つきで軽快にまとめあげた、批判的社会理論の記念碑的名著。
2017.6 416,9p A5 ¥4200 ⓘ978-4-7917-6988-9

◆**大正期の結婚相談―家と恋愛にゆらぐ人びと**　桑原桃音著　（京都）晃洋書房
【要旨】大正期の『讀賣新聞』「身の上相談」を分析。人びとは、結婚相手（配偶者）の選択にあたって、誰に配慮し、どのような条件をもとめていたのか。その葛藤の模様をあきらかにした配偶者選択の歴史社会学。
2017.3 205,12p A5 ¥3000 ⓘ978-4-7710-2866-1

◆**代替養育の社会学―施設養護から"脱家族化"を問う**　藤間公太著　晃洋書房
【要旨】施設養護に真正面から取り組んだ初の家族社会学研究。「男女共同参画・少子化に関する

研究活動の支援及びこれに関する顕彰事業」（公益社団法人程ヶ谷基金）最優秀賞論文掲載。施設養護をめぐる議論に潜む家族主義を批判するとともに、施設における集団性の下での養育をヒントに、子育ての脱家族化のあり方を論じる。結論部では、多元的なケア空間のモデルが示される。
2017.2 180p A5 ¥4000 ①978-4-7710-2843-2

◆**対論「炎上」日本のメカニズム**　佐藤健志、藤井聡著　文藝春秋（文春新書）
【要旨】「炎上」はネットの中だけの現象ではない。小泉劇場、橋下劇場、小池劇場のように、「劇場」と名の付く政治手法も、社会の炎上的な一形態である。演劇、映画がブームを迎える、典型的な炎上だ。時として社会を破壊する危険性のある炎上のメカニズムと対策を、保守の論客二人が対論形式で探る！
2017.6 232p 18cm ¥920 ①978-4-16-661128-7

◆**対話―潜在する可能性**　近畿大学日本文化研究所編　（名古屋）風媒社　（近畿大学日本文化研究所叢書）
【目次】1 時間との対話（"出会い"の可能性―サロン／ポストサロンにおける二つの時間、今敏『千年女優』と能"黒塚"試論―糸繰り車の回転と「輪廻」）、2 対話の試み（一つの対話をもたらす試み―ツェーハー、ドストエフスキーと、大拙、身を晒す対話の潜在力―現代社会が与える可能性、芸術作品との対話と人間形成―フンボルトの教養理論が目指したもの）、3 人物との対話（岡倉天心のアジアによせるおもい、長田須磨の奄美への視線）、4 市民社会をめぐる対話（山崎勉治と消費組合理論、市民社会の共進化と新自由主義の危機―「歴史戦」と「大東亜戦争」）、5 時代との対話（二つの遺品との対話―父の写真帖『追憶』と恩師の講義筆記ノート、奈良電がやってきた―昭和三年刊『沿線案内』三種に見る鉄道旅行の歴史）
2017.2 344p A5 ¥3800 ①978-4-8331-0574-3

◆**対話する社会へ**　暉峻淑子著　岩波書店（岩波新書）
【要旨】個人の成長過程で、地域で、社会で、国家間で…あらゆる局面で、今いかに「対話」が喪われ、その結果何が起きているのか。逆に「対話」が開かれば、どんなことが可能になるのか。新しい視野が開け、何年もたってから大きな解が得られる対話とは、そもそも人間にとって何なのか。豊富な事例をもとに説く、渾身の警世の書。　2017.1 253p 18cm ¥860 ①978-4-00-431640-4

◆**タクシーダンス・ホール―商業的娯楽と都市生活に関する社会学的研究**　ポール・G・クレッシー著、桑原司、石沢真貴、寺岡伸悟、高橋早苗、奥田憲昭ほか訳　（西東京）ハーベスト社（シカゴ都市社会学古典シリーズ No.4）
【目次】第1部 タクシーダンス・ホールとは何か―その実態（あるタクシーダンス・ホールの一夜、一つの類型としてのタクシーダンス・ホール）、第2部 タクシーダンサーとその世界（社会的世界の一つとしてのタクシーダンス・ホール、タクシーダンサーの家族とその社会的背景、タクシーダンサーのライフサイクル）、第3部 客とその問題（客―その実態と来訪目的、フィリピン人とタクシーダンス・ホール）、第4部 タクシーダンス・ホールの自然史と生態学的特性（タクシーダンス・ホールの起源、タクシーダンス・ホールの大衆への対応、タクシーダンス・ホール間の競争・対立・専門分化、タクシーダンス・ホールの位置）、第5部 タクシーダンス・ホールの問題（道徳的頽廃、タクシーダンス・ホールと社会改良）
2017.10 327p A5 ¥3600 ①978-4-86339-093-5

◆**宅配がなくなる日―同時性解消の社会論**　松岡真宏、山手剛人著　日本経済新聞出版社
【要旨】なぜ、ヤマト運輸・三越伊勢丹はつまずいたのか？　アマゾンの猛攻に日本企業は耐えられるのか？　「ネットで買えても欲しいときに受け取れない！」問題を業界分析の第一人者が「逆転の発想」で解き明かす。
2017.6 223p B6 ¥1500 ①978-4-532-32153-6

◆**戦う姫、働く少女**　河野真太郎著　（八王子）堀之内出版（POSSE叢書）
【要旨】ジブリの少女やディズニープリンセスは何と戦い、どう働いたのか。現代のポップカルチャーと現代社会を縦横無尽、クリアに論じる新しい文芸批評！
2017.7 237p B6 ¥1800 ①978-4-906708-98-7

◆**たとえ世界が終わっても―その先の日本を生きる君たちへ**　橋本治著　集英社（集英社新書）

◆**要旨）"イギリスのEU離脱決定"と"ドナルド・トランプのアメリカ大統領選当選"を見て、成長と拡大を求め続ける資本主義経済の終焉を確信したという橋本治。資本主義の終わりとは何か？　その後を我々はどう生きるべきなのか？「昭和の終わりと同時に日本経済は飽和した」「貿易なんて西洋人の陰謀に過ぎない」「国民はクビにできないので、企業経営感覚の政治家は容易に差別主義者になる」など、政治や経済といった枠を超えて次世代に語りかけるメッセージ。
2017.2 250p 18cm ¥760 ①978-4-08-720870-2

◆**他人をバカにしたがる男たち**　河合薫著　日本経済新聞出版社（日経プレミアシリーズ）
【要旨】駅やコンビニで暴言を吐く、上だけを見て仕事する、反論してこない人にだけ高圧的、相手の肩書き・学歴で態度で別人―こんな人、気になりませんか？　本書では、女性の中でも進む、現代人の「ジジイ化」に焦点を当て、健康社会学の視点から、わが国にはびこる「ジジイ」と「粘土層」の生態を分析。70歳現役社会で男女が輝くヒントを紹介します。
2017.8 244p 18cm ¥850 ①978-4-532-26348-5

◆**楽しい縮小社会―「小さな日本」でいいじゃないか**　森まゆみ、松久寛著　筑摩書房（筑摩選書）
【要旨】「つつましい暮らしの幸せ」が、地球を、日本を救うカギ！　作家と工学者、両極端な人生を歩んだ二人の刺激的な対話集。
2017.6 233p B6 ¥1500 ①978-4-480-01651-5

◆**多文化関係学　2016年 第13巻**　（名古屋）多文化関係学会、インターブックス 発売
【目次】論文（外国人児童生徒・少数民族の教育の選択肢に関する国際比較―日本とタイ北部の事例より、国際ボランティアの参加者は活動を通して何を学んでいるのか―実践の共同体を視点として、日本人グローバルリーダーシップの特徴に関する質的研究―中核コンピテンス、発達促進要因ならびに日本人らしさの活用、The Communication Improvement Initiative of 1990: An Ideology of Grassroots Communication）、「多文化関係学」投稿規程・執筆要領
2016 81p B6 ¥1500 ①978-4-924914-28-5

◆**食べる―慶應義塾大学教養研究センター極東証券寄附講座 生命の教養学 12**　赤江雄一編　慶應義塾大学出版会
【要旨】「生命」の意味を限りなく広く捉えていく「生命の教養学」。今回の「食べる」の各論は、ローカルとグローバリゼーションとの関係、日本における食の持続可能性とその危機、食文化の生成発展のさまざまな姿、また食と健康をめぐる東西の医学の参加者は活動を通して（革命）を語っていく。
2017.7 298p A5 ¥2400 ①978-4-7664-2432-4

◆**多様化する社会と多元化する知―「当たり前」を疑うことで見える世界**　片山悠嗣、山本達也、吉井哲編　（京都）ナカニシヤ出版
【要旨】激動する現代社会をどう理解すればいいのか。社会科学の基本的な考え方を学ぶなかで、混乱期を生き抜くための「知」の力を身につける。
2017.4 223p A5 ¥2800 ①978-4-7795-1149-3

◆**多様性社会と人間―IT社会と経営・食文化・ダイバーシティー**　澁澤健太郎、雨宮寛二、諸伏雅代共著　時潮社
【要旨】ITの急激な進歩・普及とグローバリゼーションの流れは社会構造を根底から変えようとしている。ヒト・モノ・カネが国境を越え自由に往来する時代、多様な価値観を受け入れていくことが各自に求められている。社会経済、食生活・文化における多様性とは何かを探る。
2017.3 181p A5 ¥2800 ①978-4-7888-0716-7

◆**男子劣化社会―ネットに繋がりっぱなしで繋がれない**　フィリップ・ジンバルドー、ニキータ・クーロン著、高月園子訳　晶文社
【要旨】ゲーム中毒、引きこもり、ニート…いまや記録的な数の男たちが、社会からはじかれている。学業では女子に敵わず、女性との付き合いや性関係ではしくじり、正規の職に就くことができない。世界的な不況や、社会構造の変化、そしてネットの普及が、彼らをより窮地に追い込み、ゲームやネットポルノの中に縛り付けている。本書は、行動心理学、社会学、生理学の成果などを駆使しながら今、若者たち、特に男性にどんな変化が起きているのかを検証する。そしてその現実を解明していく。社会の変化によって、「男らしさ」や「男の役割」も変更を迫られている。先進国共通の男子の問題に、解決策はあるのか？
2017.7 342p B6 ¥2000 ①978-4-7949-6968-2

◆**単身急増社会の希望―支え合う社会を構築するために**　藤森克彦著　日本経済新聞出版社
【要旨】50代男性の5人に1人が一人暮らし！　加速する未婚化と単身世帯化。「無縁社会」から「支え合う社会」へ。
2017.2 443p B6 ¥2600 ①978-4-532-35728-3

◆**"男性同性愛者"の社会史―アイデンティティの受容/クローゼットへの解放**　前川直哉著　作品社
【要旨】大正、昭和、そして戦後、同性愛が"タブー"であった時代へ、いかに彼らは自らを認識し、何を悩み、そして生きてきたのか？　秘密メディアや風俗雑誌、投稿などの肉声をもとにまとめた、初めての「近代日本の"男性同性愛者"の歴史」。
2017.4 234p B6 ¥2400 ①978-4-86182-626-9

◆**「団地族」のいま―高齢化・孤立・自治会**　小池高史著　（京都）書肆クラルテ、（大和高田）朱鷺書房 発売
【要旨】高齢化問題を抱える日本では、団地でもまた高齢化が進んでいた。「高齢者」「孤立」「自治会」をキーワードに、かつての「団地族」の変容と再生の途をさぐる。
2017.5 193p B6 ¥1900 ①978-4-88602-656-9

◆**地域活力の創生と社会的共通資本―知識資本・社会インフラ資本・ソーシャルキャピタルの効果**　國光洋二著　農林統計出版（農村工学研究叢書）
【目次】第1部 地域活力と社会的共通資本の見える化（地域活力の源泉、知識資本の動向、社会インフラ資本の動向、ソーシャルキャピタル（地域の絆））、第2部 社会的共通資本の地域活力向上効果（稲作生産性と社会的共通資本、畑作・畜産の生産性と社会的共通資本、製造業・サービス産業の生産性と社会的共通資本、知識資本と社会インフラ資本の経済効果―動学地域応用一般均衡モデルによる政策シミュレーション、ソーシャルキャピタルの生活満足度向上効果、まとめと政策的含意）、付録 動学地域応用一般均衡モデルの解説
2017.3 234p A5 ¥2600 ①978-4-89732-364-0

◆**地域共生論―300人規模のアクティブラーニング**　滋賀県立大学地域共生論運営委員会編　（彦根）サンライズ出版
【目次】地域共生論のすすめ方、地域共生とは何か、コミュニケーションが育むもの、人が人として生きていくための共生1―コミュニケーションとは、人が人として生きていくための共生2―「人と人が互いに分かり合う」コミュニケーションのために、ひとと技術の共生1―滋賀の未来のものづくり、ひとと技術の共生2―暮らしの省エネ、ひとと技術の共生3―地域社会におけるものづくり、自然と地域との共生1―未来の持続可能な社会をいかに描くか、自然と地域との共生2―建築・街・農業に里山は必要か、自然と地域との共生3―あなたたちが選ぶ2030年の社会とは、琵琶湖をめぐる共生の旅1―旅の目的、琵琶湖をめぐる共生の旅2―旅を企画する、琵琶湖をめぐる共生の旅3―プレゼンテーション、私の地域共生論―授業を通じて得た学び
2017.3 127p A4 ¥1900 ①978-4-88325-613-6

◆**地域再生の社会学**　三浦典子、横田尚俊、速水聖子編著　学文社
【目次】第1部 企業家と産業都市の地域再生（企業の社会貢献と地域再生―アートがつなぐ官民の力、企業における家族経営と地域、過疎地のアートプロジェクトと地域活性化）、第2部 地域再生の理論と自治体政策（地域再生における信頼形成の社会理論、地域再生と「場所」の可能性、市民参画と市民活動が地域再生における地域再生への展望、「協働のまちづくり」の課題と展望、災害復興と地域再生）、第3部 まちづくりの実践と地域再生（山村集落の地域再生とむらづくりのための基本認識―山村高齢者の生きがい調査から限界集落論を検討する、類縁関係に基づく移住者のコミュニティ形成、地域福祉活動と地域圏域、生活困窮者への伴走型支援とコミュニティ形成―生活構造論からの整理、子育て支援と地域ボランティア、農山村地域における育児の可能性―宮崎県五ヶ瀬町の事例から）、第4部 中国都市の現在（中国大都市における転居後の高齢者の生活状況―上海市の高齢者調査の手がかりに、中国の都市生活における主観的幸福感）　2017.3 315p A5 ¥3400 ①978-4-7620-2713-0

◆**地域資源とコミュニティ・デザイン**　三好皓一編　（京都）晃洋書房

社会・文化

【要旨】地域格差の是正、地方創生の促進は現在的な大きな問題である。都会の視点から他人事のように議論するのではなく、まさしくその地域に住む人々が、その地域にしかない固有の価値・資源を使って開発を再構築する姿を見つめなおす。
2017.3 236p A5 ¥2600 ①978-4-7710-2836-4

◆地域社会学会年報　第29集　国土のグランドデザインと地域社会：「生活圏」の危機と再発見　地域社会学会編　（西東京）ハーベスト社
【目次】特集 国土のグランドデザインと地域社会：「生活圏」の危機と再発見（大会シンポジウム解題：国土のグランドデザインと地域社会―「生活圏」の危機と再発見、都心居住とその社会的矛盾―リスケーリング戦略を現場から問いなおす、国土のグランドデザインと沖縄―振興事業の変容と生活圏への影響、国土のグランドデザインと市民活動―震災復興現場からの問題提起）、論文（中山間地域の人間関係―パーソナル・ネットワーク研究を通じて、メルボルンの高齢女性のパーソナル・ネットワークとソーシャル・サポート、商店街組合におけるコミュニティ形成機能の創出―稲毛せんげんやの祭礼灯を事例に）、自著紹介（菊池真純著『農村景観の資源化―中国村落共同体の動態的棚田保全戦略』（御茶の水書房 2016年））、書評、第10回（2016年度）地域社会学会賞の選考結果報告、地域社会学会活動の記録（2016年度）
2017.5 146p B5 ¥2300 ①978-4-86339-088-1

◆地域文化とデジタルアーカイブ　岐阜女子大学デジタルアーカイブ研究所編　樹村房
【目次】第1章 地域文化とデジタルアーカイブ、第2章 一つの資料を基点として形成される文化、第3章 複数の資料・地域間で形成される文化、第4章 地域の民俗・文化、第5章 地域のオーラルヒストリー、第6章 地域の伝統・文化遺産、第7章 博物館（野外博物館）・図書館、第8章 地域の産業・生活文化、第9章 撮影記録の系統、第10章 地域文化資料の選定評価項目、第11章 文化資料の保存と保存と利用
2017.11 177p B5 ¥2000 ①978-4-88367-288-2

◆知のスクランブル―文理的思考の挑戦　日本大学文理学部編　筑摩書房　（ちくま新書）
【要旨】タコツボ化した現代の学問は、いまやますます細分化し、アカデミズムの全体像が見えにくくなっている。だが日本大学文理学部には、文系・理系の学問をあわせ持つ知の世界が展開している。人文学（哲学・史学・国文学・中国語中国文化学・英文学・独文学）、社会科学（社会学・社会福祉学・教育学・体育学・心理学・地理学）、理学（地球科学・数学・情報科学・物理学・生命科学・化学）の領域横断的な「知」を結集。研究の最先端を紹介する。まったく新しい形の教科書。
2017.2 286p 18cm ¥880 ①978-4-480-06942-9

◆地方に生きる若者たち―インタビューからみえてくる仕事・結婚・暮らしの未来　石井まこと、宮本みち子、阿部誠編　旬報社
【要旨】衰退する地域、個人化・孤立化する若者たち。あらたな公共空間をどう創りだすのか。労働社会学、家族社会学、労働市場論、経済地理学、ジェンダー研究、教育社会学、社会教育学など異なる専門分野の研究者により10年にわたる共同研究の成果。
2017.11 323p A5 ¥1800 ①978-4-8451-1515-0

◆ちゃぶ台　Vol.3　「教育×地元」号　ミシマ社編　ミシマ社
【要旨】2017年7月末、山口県の周防大島で「サマースクール」がひっそりと開催。内田樹が知性の高め方を語り、山縣良和が「島の装いを作る」ワークショップをおこなった。8月中旬、まったく新しい学校をつくろうとしている瀬戸昌宣と会うため森田真生は高知県土佐町を訪れる。木村俊介による誠光社・堀部篤史へのインタビュー「地元的なるもの」、一挙21ページ掲載！ 小田嶋隆「幼稚園中退の真相」を初告白。猟師・千松信也の野生生活って？…ラストは、山極壽一が「森林動物である人間にとって教育とは何か」を明かす。
2017.11 181p B6 ¥1500 ①978-4-909394-00-2

◆中高年シングルが日本を動かす―人口激減社会の消費と行動　三浦展著　朝日新聞出版（朝日新書）
【要旨】総人口が激減するなか、唯一増え続ける「中高年シングル」が消費をリードする。中高年の単身世帯が増え続ける日本。その単身世帯の消費や支出の動向をつかむことは、企業の商品開発にも欠かせない。個人化の影響で、ライフスタイルはどのように変化するのか。社会全体の仕組みはどう変わるのか。日本の未来を見据えた新しい暮らし方を、消費社会マーケティングの第一人者が徹底分析。
2017.11 228p 18cm ¥760 ①978-4-02-273741-0

◆超高齢社会2.0―クラウド時代の働き方革命　檜山敦著　平凡社　平凡社新書
【要旨】加速する日本の少子高齢化。現役世代を支える力として、そしてシニア自身の健康のために、今後シニアの労働は不可欠だ。しかしその実現はまだ道半ば。ブレイクスルーのために、情報通信技術（ICT）をフル活用することが近道だ。ICTが生み出す高齢者の新しい労働スタイル「モザイク型就労」と「高齢者クラウド」の実現で、現役世代とシニアの協働も見えてきた。人生100年時代の新しい生き方、働き方。五輪後の日本を見すえた必読書。
2017.7 203p 18cm ¥780 ①978-4-582-85838-9

◆超ソロ社会―「独身大国・日本」の衝撃　荒川和久著　PHP研究所　（PHP新書）
【要旨】2035年、日本の人口の半分が独身になる！ 未婚化・非婚化に加え、離婚率の上昇や配偶者の死別による高齢単身者の増加など、確実に進行する日本のソロ社会化。高齢化や少子化ばかりが取り沙汰されているが、このソロ社会化こそ、日本が世界に先駆けて直面する課題だ。「個」の生活意識や消費意識、価値観はどのように変化していくのか―博報堂ソロ活動系男子研究プロジェクト・リーダーが問う日本の未来。
2017.1 269p 新書 ¥780 ①978-4-569-83276-0

◆直感はわりと正しい―内田樹の大市民講座　内田樹著　朝日新聞出版　（朝日文庫）
【要旨】どうしたらいいか分からない！ そんな不安や迷いに陥ったら、思いきって自分の直感力を信じてみよう。社会の価値観がブレるとき、頼りになるのは生物学的にプリミティブな感覚にほかならない。適切なときに、適切な場所で、適切なふるまいをする。「ウチダ式」発想法の原点。
2017.7 309p A6 ¥760 ①978-4-02-261908-2

◆追放と抵抗のポリティクス―戦後日本の境界と非正規移民　高谷幸著　（京都）ナカニシヤ出版
【要旨】非正規移民とは誰か。彼・彼女らを合法/不法に分割するものは何か。非正規移民をめぐる追放と抵抗のポリティクスを描き出し、戦後日本における主権の境界作用の論理と効果を明らかにする。
2017.2 264p A5 ¥3500 ①978-4-7795-1155-4

◆つくられた「少女」―「懲罰」としての病と死　渡部周子著　日本評論社
【要旨】「少女」とはなにか。様々な徴候に彩られ、確固たる存在感を示すが、いざ説明しようとすると難しい。近代医科学が教育に落とした影―それが「少女」の原型となった。その存在感の源を探るべく、女子教育が制度化される明治期まで遡り、その方針に西洋科学思想が与えた影響を考察することで、「少女」成立以前の、原型とも呼ぶべき姿を浮き彫りにする。
2017.3 231p B6 ¥2600 ①978-4-535-58697-0

◆"繋がる力"の手渡し方―離陸の思想、着地の思想　野本三吉著　現代書館
【要旨】多くの人々と交わり、繋がり、生きる力に寄り添い、故郷に帰った野本三吉75歳。いま、新しい活動が始まった。
2017.1 286p B6 ¥2300 ①978-4-7684-5799-3

◆ツーリズム・モビリティーズ―観光と移動の社会理論　遠藤英樹著　（京都）ミネルヴァ書房
【要旨】観光というモビリティに残された「痕跡」から、社会像を再構築するための視座を提示。
2017.3 178p A5 ¥2500 ①978-4-623-07878-3

◆帝国・国民・言語―辺境という視点から　平野雅博、原聖編　三元社
【要旨】帝国あるいは近代国家においても、その領域には複数の政治体やネイション（国民・民族）が暮らしており、複数の言語が話されている。ましてそれぞれの辺境地域では、より錯綜した多言語状況が存在している。統治する側は、そうした地域の多言語状況をどのように捉え、対応したのか。そしてそこに暮らす人々にどのような結果をもたらしたのか、検証していく。
2017.3 289p A5 ¥2300 ①978-4-88303-418-5

◆底辺への競争―格差放置社会ニッポンの末路　山田昌弘著　朝日新聞出版　（朝日新書）

【要旨】「パラサイト・シングル」の発見から20年、「婚活」ブームから10年―「家族形成格差」の拡大が社会を引き裂く。"アリ地獄"から抜け出すにはどうすればいいか？ 日本を覆う「怯え」の正体。
2017.10 199p 18cm ¥720 ①978-4-02-273735-9

◆出来事から学ぶカルチュラル・スタディーズ　田中東子、山本敦久、安藤丈将編著、川端浩平、二宮雅也、川村覚文、栢木清吾、竹田恵子著　（京都）ナカニシヤ出版
【目次】カルチュラル・スタディーズへの誘い、出来事、支配、抵抗、食、農、ライフスタイル、脱原発、社会運動、リスク社会、健康、予防医学、身体の管理―新たな健康のパターナリズム、キャラクター商品、消費型文化、参加型権力、ライブアイドル、共同体、ファン文化―アイドルの労働とファン・コミュニティ、第三波フェミニズム、スポーツと女性、身体表象、グローバル化、都市・都市空間、ヤンキー文化、郊外、排除と包摂―ハマータウンの野郎どもはどこへ行ったのか〔ほか〕
2017.10 259p A5 ¥2500 ①978-4-7795-1047-2

◆デジタルメディアの社会学―問題を発見し、可能性を探る　土橋臣吾、南田勝也、辻泉編著　北樹出版　第3版
【目次】環境化するデジタルメディア、第1部 問題を発見する（ウェブは本当に情報の大海か、ネットは自由な空間か管理された箱庭か、ケータイは友人関係を広げたか、ゲームでどこまで恋愛できるか ほか）、第2部 可能性を探る（オンラインで連帯する、「つながり」で社会を動かす、ケータイで都市に関わる、リアルタイムにウェブを生きる ほか）、メディア・リテラシーの新展開
2017.10 226p B6 ¥2100 ①978-4-7793-0555-9

◆「道徳自警団」がニッポンを滅ぼす　古谷経衡著　イースト・プレス　（イースト新書）
【要旨】ネット社会が生み出した現代のクレーマーである「道徳自警団」。法律ではなく、道徳的であるか否かでものごとを裁き、テレビ局やラジオ局はもとよりスポンサー企業、雑誌社、ニュースサイトの編集部、市役所や町村役場、著名人や政治家、はては無名の個人にまで電凸、メール、FAX攻撃を容赦なく浴びせる。現在ではそれに恐れをなした有名人が発言を自粛。これこそ現在の日本の「息苦しさ」の正体そのものではないか。本書では具体例をもとに、このやっかいな現代のクレーマーとどう対峙するかの道筋を提示する。
2017.12 190p 18cm ¥861 ①978-4-7816-5095-1

◆東洋学術研究　2017 第56巻 第2号　東洋哲学研究所
【目次】文明間対話 大いなる人間復興への目覚め（下）、特集 人類的課題と仏教―第32回学術大会ジャイ・世界仏教徒大学との共同シンポジウムより（仏教と平和、核兵器なき未来―仏教の平和理念からの考察、仏教に見る環境保全の精神と現代タイの生活、自然破壊に対する大乗仏教の視点―自然の価値評価の観点から）、「法華経―平和と共生のメッセージ」韓国展より（法華経―内なる海のごとく深き教え）、寄稿（中央アジア仏教文化研究者としてのオルデンブルグ、鳩摩羅什の出生年について、ギルギット・ネパール系梵文法華経写本の一考察）、書評（ジョヴァンニ・ヴェラルディ著『コインにおける仏教の受難と哀亡』）、研究覚え書き（異文化間教育―21世紀の課題、宗廟八幡と宇佐使）
2017.11 207p A5 ¥1600 ①978-4-88596-044-4

◆都市近隣組織の発展過程―コミュニティ・ガバナンスの日米比較論　大内田鶴子著　（横浜）春風社
【要旨】町会やタウンミーティングは民主主義の学校になれるか？ 日本は江戸時代の五人組から敗戦後の町内会解体までの流れに、アメリカはポートランド市のネイバーフッド・システムの実態に焦点を当て、両国を多角的に比較考察。コミュニティと民主主義の在り方を問い直す。
2017.5 414p A5 ¥5000 ①978-4-86110-527-2

◆都市のフードデザート問題―ソーシャル・キャピタルの低下が招く街なかの「食の砂漠」　岩間信之著　農林統計協会
【要旨】「買い物弱者」対策だけでは解決できない。人間関係の希薄化（ソーシャル・キャピタルの低下）が招く日本における「食の砂漠」の主要因。急速に拡大する「都市のフードデザート問題」への対処が急務。
2017.1 243p A5 ¥2800 ①978-4-541-04121-0

◆トランプ症候群―明日の世界は…　井上達夫, 香山リカ著　ぷねうま舎

【要旨】アメリカとはいったいどういう国なのか。世界を覆うアメリカナイゼーション、われわれをどこへ連れて行くのか。一個のミサイルが世界を脅えさせる明日なき時代の…、フェイク・ニュースがガセではなくなるポスト・真実の時代の…、そして何かの堰が切れて、いつでもどこでも誰でもキレる時代の…。たくましく、またしぶといリベラルの二人が、行き詰まる政治・経済から、病む社会と精神まで、トランプ現象の病理を語りながら。
2017.11 218p B6 ¥1800 ①978-4-906791-75-0

◆**9プリンシプルズ―加速する未来で勝ち残るために**　伊藤穰一、ジェフ・ハウ著、山形浩生訳　早川書房
【要旨】めまぐるしく変化する現代を生き抜くための、「9つの原理（ナイン・プリンシプルズ）」とは？ MITメディアラボ所長が贈る、21世紀のユーザーズマニュアル。
2017.9 359p B6 ¥1800 ①978-4-15-209697-5

◆**なぜ世界中が、ハローキティを愛するのか？―"カワイイ"を世界共通語にしたキャラクター**　クリスティン・ヤノ著、久美薫訳　作品社
【要旨】日本の"カワイイ"文化は世界を制覇し、"クールジャパン"を象徴する言葉となった。なぜ先頭旗手こそが"ハローキティ"である。なぜキティは、国境や文化を乗り越え、人種やジェンダーをも超えて愛され、さらにはパンクやLGBTの人々のアイコンになるまでに至ったか。本書は、サンリオの理念と戦略、海外での社会的背景の調査、そして世界のキティファンへのインタビュー等を通じて、その謎と秘密を解き明かしたものである。
2017.5 522p B6 ¥3600 ①978-4-86182-593-4

◆**なぜ保守化し、感情的な選択をしてしまうのか―人間の心の芯に巣くう虫**　シェルドン・ソロモン、ジェフ・グリーンバーグ、トム・ピジンスキー、大田直子訳　インターシフト、合同出版 発売
【要旨】なぜ私たちは自分の価値観、文化、国家を守ろうとし、そうではない相手を傷つけてしまうのか？ 偏見・差別、愛国心、テロや暴力から、集団行動のかたより―消費・セックス・健康・美しさ―まで、いま注目の「恐怖管理理論」がその心理メカニズム、陥りやすいタイプ、対処法を明かす！
2017.2 276p B6 ¥2200 ①978-4-7726-9554-1

◆**悩める日本人―「人生案内」に見る現代社会の姿**　山田昌弘著　ディスカヴァー・トゥエンティワン　（ディスカヴァー携書）
【要旨】読売新聞の名物連載「人生案内」に寄せられる悩み相談の数々。現代人を動かす潮流の深層を鋭く分析し、「パラサイト・シングル」「格差社会」「婚活」等の時代を表す概念を生み出してきた社会学者山田昌弘氏の考察によって、現代社会の悩み、そして解決策が見えてくる！
2017.8 206p 18cm ¥1800 ①978-4-7993-2163-8

◆**二十世紀研究　第17号**　二十世紀研究編集委員会編　（京都）京都大学学術出版会 発売
【目次】小特集 沖縄（沖縄現代史研究の現在、米国の東アジア戦略の変容と沖縄返還）、純文学論争における高見順の純文学観―純文学とは何か、橘樸の道教研究―その民族性をめぐる考察 正して、半村良の伝奇小説における抵抗の諸相―『産霊山秘録』を中心に、書評論文 茶道にみる日本のナショナリズム クリステン・スーラック著『茶を創り、日本を創る：実践としての文化ナショナリズム』
2016.12 130p B5 ¥2000 ①978-4-8140-0059-3

◆**二十世紀研究　第18号**　二十世紀研究編集委員会編　（京都）京都大学学術出版会 発売
【目次】特集 極東のロシア革命（ハルビンのロシア革命―1917年のハルビン、1920年代ソ連の極東政策、極東共和国とソヴィエトロシアの対日政策―ワシントン会議・大連会議・ワルシャワ会談、ロシア極東における革命と日本）、宇都宮徳馬の1961年訪中について―石橋湛山の特使として、国事行為臨時代行の制度と勅書、西ドイツ1976年共同決定法における「民主主義」―労働者代表の選出規定をめぐる論争の分析
2017.12 176p B5 ¥2000 ①978-4-8140-0133-0

◆**二十一世紀の若者論―あいまいな不安を生きる**　小谷敏編　（京都）世界思想社
【要旨】若者論は終わらない!?イデオロギー対立と経済発展が終焉した21世紀。若者たちはどう

語られてきたのか。大人たちの偏見にさらされ、生きづらさを抱えて浮遊する若者たちの姿を、言説の分析を通して浮かび上がらせる。メタ社会学的冒険の書。
2017.3 216p B6 ¥2500 ①978-4-7907-1693-8

◆**2100年へのパラダイム・シフト―日本の代表的知性50人が、世界/日本の大変動を見通す**　広井良典、大井浩一編　作品社
【要旨】資本主義の危機、ポピュリズムの台頭、宗教とテロ、覇権国家の交代…世界、そして日本はどうなるのか？ 日本を代表する50人の知性が"21世紀の歴史"の大転換を予測する。
2017.3 215p A5 ¥1800 ①978-4-86182-597-2

◆**日韓インディペンデント映画の形成と発展―映画産業に対する政府の介入**　鄭仁善著　せりか書房
【要旨】1960年代以降、日本と韓国におけるインディペンデント映画の配給構造がいかに形成されてきたかを、政府の文化政策及び産業構造・映画運動の三つの大きな視点から分析する。また従来の映像・作家研究ではなく、インディペンデント映画を支えた様々な映画運動の実践（制作・配給・上映）の複雑な様相を解明する新しい映画文化史研究である。
2017.6 242p A5 ¥3700 ①978-4-7967-0367-3

◆**ニホンという滅び行く国に生まれた若い君たちへ―15歳から学ぶ生き残るための社会学**　響堂雪乃著　（京都）白馬社
【目次】第1章「政治」が無いことを知ろう、第2章 地球から「国」が消える仕組み、第3章 新聞テレビは知能を破壊する、第4章 学校で人間は機械になる、第5章 これからニホンで起きること、第6章 なぜ大人は何も考えないのか、第7章 これから君たちが考えなくてはならないこと
2017.3 238p B6 ¥1500 ①978-4-9907472-14-4

◆**日本の課題を読み解くわたしの構想　2 中堅層へのメッセージ**　NIRA総合研究開発機構編　NIRA総合研究開発機構、時事通信社発売
【要旨】近代化を推し進めた個人主義的な見方を再考し、自らの中に公を位置付けることが必要となっている。現代社会を取り巻く課題に、五人ずつの識者を選んでインタビューを行ない、一人当たり一頁にまとめた。
2017.3 135p B5 ¥900 ①978-4-7887-1515-8

◆**日本の夜の公共圏―スナック研究序説**　谷口功一、スナック研究会編著　白水社
【要旨】スナックは、全国津々浦々どこにでもあるが、その起源・成り立ちから現状に至るまで、およそ"研究の対象"とされたことは、いままでかつて、一度もなかった。社会的にはおよそ真面目な検討の対象とはされてこなかった、このスナックという「夜の公共圏」・「やわらかい公共圏」の存在に光を当てることで、日本社会の「郊外/共同体」と「社交」のあり方を逆照射する。新たな地方創生論。都築響一、苅部直、谷口功一各氏による座談会も収録。
2017.7 216, 4p B6 ¥1900 ①978-4-560-09547-8

◆**入門家族社会学**　永田夏来、松木洋人編　新泉社
【要旨】家族社会学の面白さに接近する本は、これまでもたくさん出版されてきました。しかし、この本には、従来にはない次のような特徴があります。まず、現代的なトピックと家族社会学の成果を架橋していること。数字にもとづく「量的データ」と言葉などにもとづく「質的データ」の両方を用いていること。そして、今日でも根強く残る家族主義を批判的に検討していることです。ひと味違う現代から家族について考える。
2017.4 236p A5 ¥2300 ①978-4-7877-1704-7

◆**入門・社会調査法―2ステップで基礎から学ぶ**　轟亮、杉野勇編　（京都）法律文化社　第3版
【要旨】社会調査士資格取得カリキュラムA・B・G対応。変わり続ける社会を捉える方法。調査現場の実践知を、わかりやすく基礎と発展の2段階で示す好評のテキストが、最新の知見と読者の声をとりいれてヴァージョンアップ。
2017.3 245p A5 ¥2500 ①978-4-589-03817-3

◆**入門・社会統計学―2ステップで基礎から"Rで"学ぶ**　杉野勇著　（京都）法律文化社
【要旨】大好評『入門・社会調査法（第3版）』の姉妹本。統計分析フリーソフト"R"を用いて社会統計学の世界に誘う。サポートウェブをフル活用することで社会統計学と"R"をマスター。

社会調査士資格取得カリキュラムD・E・I対応。
2017.4 227p A5 ¥2800 ①978-4-589-03846-3

◆**N´vξ ニュクス　4**　堀之内出版
【要旨】第一特集「開かれたスコラ哲学」は古代ギリシア哲学、教父哲学、ルネサンス、近代フランス思想、ドイツ観念論、現代哲学といった諸時代の思潮とスコラ哲学の連関を各分野最前線の研究者が論じる。今回のようにルネサンス以降も含めた仕方でスコラ哲学を開かれた土俵で本格的に論じなおすのは我が国においてはほぼ初めての試みとなる。「政治」を「哲学する」とはどういうことか？ その学問的・社会的な存在意義をどこに見出せるだろうか？ 第二特集では政治哲学を多様なアプローチを含むものと捉えたうえで、各アプローチの明確化と、相互連携（あるいは対立）の可能性を探る。
2017.8 275p A5 ¥2000 ①978-4-906708-71-0

◆**ニュータウンの社会史**　金子淳著　青弓社　（青弓社ライブラリー）
【要旨】高度経済成長期、「理想」や「夢」と結び付いて人々の「憧れ」とともに注目を集めたニュータウン。50年を経て、現在は少子・高齢化や施設の老朽化の波が押し寄せている。日本最大規模の多摩ニュータウンを中心にその軌跡をたどり、地域社会の変貌を描き出す。
2017.11 254p B6 ¥1600 ①978-4-7872-3427-8

◆**根っこは何処へゆく―「尺八とスケボーから問い直す近代化と現代」**　野中亮哉著　（名古屋）人間社
【要旨】「尺八×スケートボード」この全く異なる文化の「根っこ」を見つめ直すと意外な共通点と問題点が浮かび上がり、それは現代社会が抱える問題とも複雑に絡み合っていた。果して私たちの根っこは何処へゆくのか。センスと奥義、「進化」の仰ぎ方。
2017.7 271p B6 ¥1200 ①978-4-908627-13-2

◆**ネットワークシティ―現代インフラの社会学**　田中大介編著　北樹出版
【目次】1 イントロダクション（ネットワークシティとはなにか、ネットワークシティへのアクセススキル―「モノ」を切断/接続する社会学的方法）、2 交通インフラ（道路・交差点―進み/止まる、駅・鉄道―乗り/降りる、自動車・ロードサイド―加速し/減速する）、3 空間インフラ（高層建築・昇降機―昇り/降りる、河川・橋―架け/渡る）、4 生活インフラ（水道・飲料―潤し/乾く、エアコン―暖め/冷やす、トイレ・ゴミ、病院―生まれ/死ぬ）、5 電気インフラ（電柱・電線―立て/埋める、防犯カメラ・ケータイカメラ―撮り/撮られる、エネルギー―ON/OFF、モバイルメディア―繋がり/切れる）
2017.4 253p A5 ¥2400 ①978-4-7793-0538-2

◆**年報カルチュラル・スタディーズ　05**　カルチュラル・スタディーズ学会, 創文企画 発売
【目次】特集：アメリカの終わりと日本の末路―21世紀はどんな時代か、トランプランドにおける文化政治―政権発足から最初の100日間）、投稿論文（人口問題の技術―戦間期日本における新マルサス主義、（想像できない）ユートピアへ向けて―Arthur C.Clarke、Childhood's End、三島由紀夫『美しい星』、冷戦期反ユートピア思想、D. バッキンガムにおける抑圧/自律の二元論とその学校教育論としての可能性―L. マスターマンのメディア教育論との比較から、中国現代アートとアクティビズムにおける「政治」の多義性―ポスト文革期の前衛芸術グループ「星星画会」を事例に、「文化戦争」と芸術の自由、1950年代の在日朝鮮人美術家の活動―「在日朝鮮美術会」を中心に、「ハーフ」の技芸と社会的身体―SNSを介した「出会い」の場を事例に）
2017.6 188p A5 ¥2000 ①978-4-86413-096-7

◆**破壊のあとの都市空間―ポスト・カタストロフィーの記憶**　神奈川大学人文学研究所編、熊谷謙介編著　青弓社　（神奈川大学人文学研究叢書）
【要旨】革命と内戦、蜂起と襲撃、国家間の戦争と自然の荒ぶる力にのぞんで、加害と被害、騒乱と破壊、壊滅と再生の現場としての都市空間は、「あの日のあと」=ポスト・カタストロフィーに何を残したのかを、10人の論考とアーティストたちへのインタビューを通して描き出す。災害がたえず起こり、分断が世界中に亀裂を走らせるいま、破壊の「あと」を具体的な都市表象から考察し、「都市を生きること」を問う新しい都市論。
2017.3 366p A5 ¥3400 ①978-4-7872-3412-4

社会・文化

◆バカが多いのには理由がある　橘玲著　集英社（集英社文庫）
【要旨】私たちはみんな、"直感"にとらわれた「バカ」である。日本の急激な"右傾化"も、"正義"を巡る対立も、メディアの"捏造"も、全ては物事を直感で捉える「ファスト思考」という魔物のせいだった!?嫌韓と反中、憲法改正、ブラック企業、労働問題、テロ、原発問題、STAP細胞…。政治、経済からワイドショーネタまで、超話題の著者が徹底解説。かなり不愉快、しかし納得の社会評論集!
2017.1 262p A6 ¥530 ①978-4-08-745533-5

◆バカ格差　谷本真由美著　ワニブックス（ワニブックスPLUS新書）
【要旨】日本と世界を徹底比較。あなたを苦しめる格差の正体を、新時代の論客・谷本真由美が完全解明。「お笑い! 世界のバカ格差」も収録。
2018.1 215p 18cm ¥830 ①978-4-8470-6604-7

◆はじめてのジェンダーと開発—現場の実体験から　田中由美子、甲斐田きよみ、高松香奈編著　新水社
【目次】1 政府開発援助（ODA）とジェンダー、2 住民主体の開発とジェンダー、3 男女共同参画：日本・アジアの拠点としての役割、4 人身取引対策と国際協力、5 人口・家族計画とジェンダー、6 グローバルイシューとしての女性の性教育、7 女性グループの起業支援、8 農業・農村開発とジェンダー、これからの「ジェンダーと開発」はどこに向かうのか?
2017.1 164p A5 ¥1850 ①978-4-88385-190-4

◆はじめてのジェンダー論　加藤秀一著　有斐閣（有斐閣ストゥディア）
【要旨】いまだに不当な性差別や性暴力がはびこる現代社会。何が問題で、その解決には何が必要なのか。本書はその答えを追求し、徹底して論理的に考えます。人はなぜ、女か男かという性別にこだわるのか。その"分類"をいかに意味づけ、社会制度に組み込んでいるのか。"分類"する実践に着目する今までにないジェンダー論入門。
2017.4 228p A5 ¥1800 ①978-4-641-15039-3

◆パブリック・リレーションズの歴史社会学—アメリカと日本における"企業自我"の構築　河炅珍著　岩波書店
【要旨】鉄道産業、AT&T、ニュー・ディール、GE、電通、東京電力…。パブリック・リレーションズ＝PRとは何か。広告ともプロパガンダとも違う、その独特のコミュニケーション様式は、どのような要因と背景をもち、資本主義社会における産業団体や各種企業、政府や自治体のあり方、公衆との関係に何をもたらしたのか。一九世紀～二〇世紀の米国と日本のPR事業を詳細に分析し、その意味を歴史的・理論的に跡づける労作。
2017.1 388, 78p A5 ¥10500 ①978-4-00-024483-1

◆飯場へ—暮らしと仕事を記録する　渡辺拓也著　（京都）洛北出版
【要旨】労働の共同性をどんどん切りつめていく理不尽な圧迫を、私たちは、どのように押し返せばよいのだろうか。本書は、飯場の一人ひとりの労働者が置かれた関係性に注目し、この問いに迫る。どういうルートで飯場に入るのか、どんな労働条件で仕事をするのか、どんな暮らしをおくるのか、どのような人たちと出会い、そして飯場を出て行くのかを、「僕」の飯場体験にもとづいて詳しく描き、考え抜いている。
2017.7 505p B6 ¥2600 ①978-4-903127-26-2

◆ピア・パワー—子どもの仲間集団の社会学　パトリシア・A. アドラー、ピーター・アドラー著、住田正樹監訳　（福岡）九州大学出版会
【要旨】子どもは仲間集団を通して青年へと成長していく。友情と忠誠心、仲間からの人気とグループ内の序列付け、リーダーの支配と取り巻きの追従、集団内の闘争、いじめられたり仲間はずれにされたりする子どもの悲哀、互いに反発し距離を取りながらも、やがては魅かれゆく少年と少女…。戸惑い揺れ動きながらも成長を遂げていく子どもたちの社会的世界を8年間にわたる参与観察により解明する。子ども観の変容を迫る画期的労作。
2017.9 434p A5 ¥4000 ①978-4-7985-0203-8

◆比較文明　2017 33　特集 変容する知の制度：学会・大学・ディシプリン　比較文明学会編　行人社
【目次】特集 変容する知の制度：学会・大学・ディシプリン、追悼特集 染谷臣道先生の遺されたもの、比較文明学会 第三十四回大会 公開シンポジウム1 京の都：伝統と創造の場とその心、比較文明学会 第三十四回大会 公開シンポジウム2 文化の都の古今東西、そして未来、論文 多元的宇宙の神と死後生界—W・ジェイムズの哲学に見る"彼岸"の複数性、研究ノート 偶然と必然を語るときにトインビーが語ること—トインビーの比較文明学の哲学的基礎、書評、特別寄稿 文明変革の構造—ハラリとわたし
2017.11 213p A5 ¥2500 ①978-4-905978-94-7

◆東アジア観光学—まなざし・場所・集団　金成玖、岡本亮輔、周倩編　亜紀書房
【要旨】沖縄の聖地・斎場御嶽における地元民と観光客のすれ違い。セレブタウン江南の誕生で刷新されたソウルの日本人観光。中国版Twitter「微博」によって自らの旅をアピールする中国人。欧米中心の発想を超え、日中韓気鋭の研究者が発信する、これからの観光学。
2017.3 304p B6 ¥2300 ①978-4-7505-1505-2

◆「美少女」の記号論—アンリアルな存在のリアリティ　日本記号学会編　新曜社（叢書セミオトポス 12）
【要旨】私たちの周りは今や「美少女」のイメージであふれている。実在の「美人」よりも、ヴァーチャルな「美少女」に惹かれるのはなぜか? 美少女はどこから来て、私たちをどこへ連れて行こうとしているのか? この不可思議で誘惑的な記号現象を、多面的に読み解く。
2017.8 239p A5 ¥2800 ①978-4-7885-1535-2

◆美人論　井上章一著　朝日新聞出版（朝日文庫）
【要旨】明治期の「美人罪悪論」から、戦後の美人の肯定、そして昨今の「すべての女性は美しい」まで。美人・不美人を巡るレトリックの背景にある倫理の変容とは。あえて容姿について考え抜き調べ尽くし、当時賛否両論を巻き起こした問題の書、復刊!
2017.6 333p A6 ¥740 ①978-4-02-261903-7

◆ひとまず、信じない—情報氾濫時代の生き方　押井守著　中央公論新社（中公新書ラクレ）
【要旨】世界が認める巨匠がおくる7つの幸福論。ネットが隆盛し、フェイクニュースが世界を覆う時代、何が虚構で何が真実か、その境界線は曖昧である。こういう時代だからこそ、与えられた情報をひとまず信じずに、自らの頭で考えることの重要さを著者は説く。幸せになるために成すべきこと、社会の中でポジションを得て生き抜く方法、現代日本が抱える問題についても論じた、押井哲学の集大成とも言える一冊。
2017.11 222p 18cm ¥780 ①978-4-12-150601-6

◆批判的スポーツ社会学の論理—その神話と犯罪性をつく　影山健著、自由すぽーつ研究所編　（名古屋）ゆいぽおと、KTC中央出版 発売
【要旨】体育嫌いにはワケがあった! 研究と実践の体育人が明快に解き明かす。
2017.10 214p B6 ¥2000 ①978-4-87758-467-2

◆品位ある社会—"正義の理論"から"尊重の物語"へ　アヴィシャイ・マルガリート著、森達也、鈴木将顕、金田耕一訳　風行社（ソキエタス叢書 3）
【目次】第1部 屈辱の概念（屈辱、権利 ほか）、第2部 尊重の基礎（尊重を正当化する、懐疑的な応答 ほか）、第3部 社会的概念としての品位（屈辱のパラドクス、拒絶 ほか）、第4部 社会制度を吟味する（俗物性、プライバシー ほか）、結論
2017.12 293, 5p A5 ¥3500 ①978-4-86258-031-3

◆ファッションで社会学する　藤田結子、成実弘至、辻泉編　有斐閣
【要旨】自分の好きなことで勉強しよう! 社会学の基本的な考え方や方法を、ファッションを題材にして学んでいきます。楽しく読めて、レポートや卒論にも使える画期的な入門書。
2017.7 296p B6 ¥2300 ①978-4-641-17431-3

◆不安定な自己の社会学—個人化のゆくえ　片桐雅隆著　（京都）ミネルヴァ書房（叢書現代社会のフロンティア 26）
【要旨】本書は、現代社会における自己の個人化という現象を認知社会学の視点から考察し、個人化が一様ではなく時代や社会によってさまざまな顔を呈してきたことを明らかにする。はたして個人化の拡張は社会の消失を招くか。
2017.10 249, 19p B6 ¥3000 ①978-4-623-08101-1

◆フィリピンパブ嬢の社会学　中島弘象著　新潮社（新潮新書）
【要旨】「アイシテルヨ～」の笑顔のかげに、凄まじい人生があった。フィリピンパブを研究するうちに、あるパブ嬢と付き合うようになった筆者は、その奴隷同然の暮らしを目の当たりにする。月給6万円、偽装結婚、ゴキブリ部屋に監視・休みは月に2回だけ…そしてある日、彼女に懇願されて、雇い主のヤクザのところに、なぜか乗り込む羽目に! 前代未聞、ノンフィクション系社会学。
2017.2 238p 18cm ¥780 ①978-4-10-610704-7

◆フェミニストとオタクはなぜ相性が悪いのか—「性の商品化」と「表現の自由」を再考する　香山リカ、北原みのり著　イースト・プレス
【要旨】女たちのエロスとフェミニズム。いま「問題」と感知できなくなっている性の「問題」を語る。
2017.11 247p B6 ¥1400 ①978-4-7816-1612-4

◆不寛容社会　谷本真由美著　ワニブックス（ワニブックスPLUS新書）
【要旨】ツイッターで話題騒然、元国連職員でイギリス在住。新時代の論客めいろまが「他人を叩く日本人」を斬る。
2017.4 207p 18cm ¥830 ①978-4-8470-6586-6

◆不寛容という不安　真鍋厚著　彩流社
【目次】プロローグ「生きづらさ」と「不寛容」、第1章 誰が世界を壊したのか、第2章 すべての歴史は修正を免れない、第3章 暴力と排除をこよなく愛するアイデンティティ、第4章 どんなユートピアもディストピアである、第5章 人間に永遠の命を与えるのは国家だ、第6章 "感情"という怪物が徘徊している、第7章 世界史の教科書に載らない何千万もの死者たち、第8章 居場所なき時代の絶望、または希望、エピローグ「敵」でも「味方」でもないのあの方へ
2017.10 350p B6 ¥2300 ①978-4-7791-2393-1

◆不寛容な時代のポピュリズム　森達也著　青土社
【要旨】なぜ社会はこれほどまでに感情的になったのか。フェイクが蔓延する時代に、各々は何を考え、どう行動すればいいのか。安保法制、選挙、東日本大震災から佐村河内氏に密着し話題を呼んだ『FAKE』まで、多様なジャンルの出来事に裏の裏から斬りこみ、集団化がすすむ社会を真正面から活写したドキュメンタリー。
2017.6 299p B6 ¥1700 ①978-4-7917-6994-0

◆不寛容の本質—なぜ若者を理解できないのか、なぜ年長者を許せないのか　西田亮介著　経済界（経済界新書）
【要旨】我々の社会が直面している「現実」を直視することは始まらない。現実を直視せず、精神力でなんとかするという態度こそ、この社会で幾度も繰り返されてきた悲劇ではなかったか。誰も語らなかった難問を注目の若手社会学者が解く!
2017.2 198p B6 ¥800 ①978-4-7667-2064-8

◆不協和音の宇宙へ—モンテスキューの社会学　中江桂子著　新曜社
【要旨】「理性」「進歩」を主導概念とした啓蒙主義の時代に、モンテスキューは、多様性と不協和音こそが自由の証しだと主張した。同質化し不寛容になってゆく現代の閉塞情況に、新風を吹き込む意欲作。不協和音のないところに自由はない!
2017.3 310p A5 ¥3900 ①978-4-7885-1520-8

◆復興キュレーション—語りのオーナーシップで作り伝える"くじらまち"　加藤幸治著　社会評論社（キオクのヒキダシ 2）
【要旨】震災前と今を結び直す空間づくり。町に生きる声が響き合う企画展の取り組みと、次への提言。
2017.1 254p B6 ¥2300 ①978-4-7845-1734-3

◆フリーメイソン—秘密結社の社会学　橋爪大三郎著　小学館（小学館新書）
【要旨】世界最古にして最大の友愛組織、フリーメイソン。これほど名前は有名でも、馴染みがないものも珍しい。いつできたか。どんな儀礼があるか。そもそも宗教団体なのか。ベストセラー『ふしぎなキリスト教』を世に送り出した社会学者・橋爪大三郎氏が、23の疑問にやさしく答える。フリーメイソンは人類が欧米社会を知る上で、最後のパズルである。巷の都市伝説に惑わされてはいけない。その「謎」がわかれば、きっと世界が見えてくる。
2017.8 299p 18cm ¥840 ①978-4-09-825315-9

◆文化・階級・卓越化　トニー・ベネット、マイク・サヴィジ、エリザベス・シルヴァ、アラ

ン・ワード, モデスト・ガヨ＝カルほか著, 磯直樹, 香川めい, 森田次朗, 知念渉, 相澤真一訳 青弓社　（ソシオロジー選書 4）
【要旨】「社会学の古典」であるピエール・ブルデューの『ディスタンクシオン』。1979年に刊行された原書の問題設定・理論・方法を批判的に継承し, 質問紙調査とインタビューから, 現代のイギリス社会で文化的な嗜好・趣味が資本として機能していることを立体的に照らし出す。
2017.10 556p A5 ¥6000 ①978-4-7872-3425-4

◆文学社会学とはなにか　ジゼル・サピロ著, 鈴木智之, 松下優一訳　（京都）世界思想社
【要旨】天才こそが文学を創造するのではない。作品は文化的生産の場に依存し, 作者の意図を超えて消費され, 再生産される。文学が生まれる場, 文学が描きだす社会, 文学が受容される場の質的分析を通して, 社会と対話しつづける文学の姿に迫る。
2017.7 218p B6 ¥3800 ①978-4-7907-1700-3

◆文化政策研究　第10号（2016）　『文化政策研究』編集委員会編　日本文化政策学会, 美学出版 発売
【目次】論文（公立文化施設における「平成の合併」の影響—旧町村部に立地する文化施設の全国調査を通じて,「文化力」とは何か？—東日本大震災後の「音楽の力」に関する学際研究が示唆すること, 日本のプロ・オーケストラのプログラミングに影響を及ぼす要因—統計分析を通して, アートによる多文化の包摂—日本人の外国人住民に対する「寛容な意識づくり」を目指して）, 研究ノート（文化遺産保護の国際協力体制に関する文化財, 知念—国際ア記念物遺跡会議の設立に至る議論の展開, 国際展の地域コミュニティ形成への影響—環太平洋芸術祭（金海市）を事例に）, 事例報告（浜松市の創造都市政策における市民活動支援の展望—「みんなの浜松創造プロジェクト」を中心に, 台湾における近代文化の保存と継承—公会堂を中心としたフィールドワークに基づいて, 文化フォーラム春日井を核とした創造的循環の形成）
2017.5 156p B5 ¥2800 ①978-4-902078-45-9

◆文化の遠近法—エコ・イマジネール 2　蔵持不三也, 嶋内博愛監修, 伊藤純, 藤井紘司, 山越英嗣編　言叢社
【要旨】専門化し, 多様化した問題領域を超えて立ちあがる「思考」を予望する13人の論集。
2017.3 501p A5 ¥4444 ①978-4-86209-065-2

◆分断された時代を生きる　東京大学教養学部編　白水社　（知のフィールドガイド）
【要旨】生き方が変わる！ 講義で感動したことありますか？ ミッキーマウスから「ダメ男」まで, 毎回数百人が聴講する“東大駒場”を象徴する名講義がここに。
2017.8 270p B6 ¥2200 ①978-4-560-09564-5

◆分断と対話の社会学—グローバル社会を生きるための想像力　塩原良和著　慶應義塾大学出版会
【要旨】効率化し分断され, 常に自己革新を迫られる高度資本主義社会と, 一人一人の人間が生きていくために必要な「批判的想像力」を養うための入門書。マイノリティや社会的弱者への排除に対して, 差異を持った人々が共に生きる社会というオルタナティブへの展望—それを可能にする社会への想像力をつくりだす試み。
2017.4 212p B6 ¥2500 ①978-4-7664-2423-2

◆文明は“見えない世界”がつくる　松井孝典著　岩波書店　（岩波新書）
【要旨】文明は, 科学の目が明るみに出す“見えない世界”によってつくられる。“見えない世界”の奥に潜む“見えない世界”。人間はその原理と法則をもとめて, 思考と想像の翼を広げてきた。古代から現代までの文明史を俯瞰し, 科学技術の発展とともに急速に広がる“見えない世界”の意味を問い, 文明の未来とその新たな可能性をさぐる。
2017.1 259p 18cm ¥860 ①978-4-00-431643-5

◆蛇, 鳥と夢　中邑徹寥著　近代文藝社
【要旨】カオスの今—未来への道標を, 先史に遡る旅の途中で発見する覚醒の書。
2017.4 172p B6 ¥1700 ①978-4-7733-8032-3

◆変貌するミュージアムコミュニケーション—来館者と展示空間をめぐるメディア論的想像力　光岡寿郎著　せりか書房
【要旨】従来, 学習者が集う社会教育施設として理解されてきたミュージアムを, メディア・テクノロジーによって構造化され, 多様なコミュニケーションを媒介する空間“メディアコンプレックス”として描き直す。丹念な資料調査をもとに20世紀の英米圏のミュージアム史を更新するとともに, ポスト・オーディエンス研究の道筋を描き出す労作。
2017.6 357p B6 ¥4000 ①978-4-7967-0365-9

◆変容する国際移住のリアリティ—「編入モード」の社会学　渡戸一郎編集代表, 塩原良和, 長谷部美佳, 明石純一, 宣元錫編　（西東京）ハーベスト社
【要旨】越境者たちはホスト社会にどのように「編入」されていくのか。移民を前提とする社会が目前にせまっている現在, 本書は, 東アジアにおける様々な「編入」のフェーズから, 移民や難民の受入れ過程を解き明かす。
2017.8 311p A5 ¥3400 ①978-4-86339-090-4

◆変容する社会と社会学—家族・ライフコース・地域社会　岩上真寿, 池岡義孝, 大久保孝治編著　学文社
【目次】わたしの戦争体験—ピカドンが襲いかかった日, 1部 家族・感情（未婚成人子の親子関係—ライフコースと家族の変容, 現代日本における養育問題と妊娠・子縁組一縁者から受へ, 知識と心配の道徳性—内部被ばく検査の結果報告を語ること／聞くこと）, 2部 ライフコース（戦争研究へのライフコース分析の可能性—沖縄戦サバイバーの家族との死別出来事を中心に, 炭鉱閉山と労働者・家族のライフコース—産業時間による説明の試み, 働くことの意味を探して—パネル分析からみる三〇代への移行過程, なぜ日本人シェフはフランスで開業するのか？—ガストロノミーの組織フィールドにおけるキャリアの生成）, 3部 地域社会（中山間の地域再生と区長選挙—高知県高岡郡檮原町を事例として, 喜多野清一の農村社会学への道程—初期研究の背景とその展開過程）, 補論 社会学再考—からだ・こころ・つながりの人間科学を目指して
2017.2 315p A5 ¥3500 ①978-4-7620-2706-2

◆ボウリングの社会学—“スポーツ”と“レジャー”の狭間で　笹生心太著　青弓社　（青弓社ライブラリー 91）
【要旨】子供から大人まで楽しめるボウリングは, なぜ・どのようにして日本に広まり, 定着したのだろうか。1960年代半ばから70年代初めにかけた爆発的なブームを起点にボウリングの戦後史をたどり,“スポーツ”でもあり“レジャー”でもあるボウリングの不思議な魅力を照らし出す。　2017.12 243p B6 ¥1600 ①978-4-7872-3428-5

◆ポスト“カワイイ”の文化社会学—女子たちの「新たな楽しみ」を探る　吉光正絵, 池田太臣, 西原麻里編著　（京都）ミネルヴァ書房　（叢書・現代社会のフロンティア 25）
【要旨】“カワイイ”が一般化した時代（＝ポスト“カワイイ”）の女子文化の在り方を問う。“カワイイ”は一見すると古典的な女らしさにみえるが, 実は, 伝統的な規範の圧迫から抜け出して自分らしく生きたいと願う女子たちの希望の表れでもある。現代の女子たちは, より自由さを“カワイイ”を楽しんでいるのである。本書では, いまもなお多様化と洗練化を続ける女子文化の現在について丹念な調査・分析を通じて解明する。
2017.4 297, 7p B6 ¥3500 ①978-4-623-07830-1

◆ポストモダンのメディア論2.0—ハイブリッド化するメディア・産業・文化　水野博介著　学文社
【要旨】エジソンのモダンからトランプのポストモダンへ。「電気革命」「パブリシティ」から「スマート革命」「ポストトゥルース」,「なまくら刀」「カチューシャの唄」から『君の名は。』『PPAP』まで。
2017.4 289p A5 ¥2900 ①978-4-7620-2725-3

◆ボディ・スタディーズ—性, 人種, 階級, エイジング, 健康/病の身体学への招待　マーゴ・デメッロ著, 田中洋美監訳, 兼子歩, 齋藤圭介, 竹崎一真, 平野邦輔訳　（京都）晃洋書房
【要旨】私の「身体」はいったい誰のもの？ 私たちの身体はいかに利用され, 争われ, 意味づけられてきたのか。社会において自明視されてきた自然で普遍的な「身体」が, 歴史的・文化的な営みの中でどのように形成されてきたかを知るための最適な入門書。身体とは, まさに, 終わりなき文化闘争の場である。
2017.5 251p A5 ¥2700 ①978-4-7710-2797-8

◆「ポピュラーカルチャー論」講義—時代意識の社会学　片上平二郎著　（京都）晃洋書房
【要旨】「みんな」の文化は存在するのだろうか？ インターネット/Jポップ/トレンディドラマ/少年ジャンプ/キャラクターグッズ/オカルト/フォーク・ミュージック…人々が楽しむ文化が描き出す, それぞれの時代の社会意識とは。社会学的な視点から,「みんな」の文化としてのポピュラーカルチャーを, それを支える時代意識とともに考える架空の講義録。
2017.7 270, 3p B6 ¥2000 ①978-4-7710-2898-2

◆ボーリンゲン—過去を集める冒険　ウィリアム・マガイア著, 高山宏訳　白水社　（高山宏セレクション“異貌の人文学”）
【要旨】C.G. ユングはスイスのボーリンゲン村を隠棲の地とし, 心理学・神話学・宗教学・図像学など様々な分野の知性を集めた“エラノス会議”（一九三三年開始）で中心的役割を果たした。そのユングに傾倒したアメリカの資産家ポールとメアリー・メロン夫妻は, 一九四二年にボーリンゲン基金を設立, 学術研究の支援と出版事業を開始する。“ボーリンゲン叢書”はユング著作集, エラノス講義の書籍化をはじめ, ヴィルヘルム訳『易経』, キャンベル『千の顔を持つ英雄』, ノイマン『グレート・マザー』, 鈴木大拙『禅と日本文化』, ヴァレリーやコールリッジの著作集など, 数々の名著を送り出し, 奨学金で多くの研究者や文学者の活動を支え, 考古学発掘調査に資金援助を行なった。ユング, ケレーニイ, エリアーデ, ブロッホ, パノフスキー, ショーレム, ナボコフら, ボーリンゲン・プロジェクトに集う綺羅星の如き人々, 二十世紀を変えた“知”が生成される現場を活写した人的交流の文化史。
2017.12 346, 53p B6 ¥6000 ①978-4-560-08310-9

◆マスコミと学校教育で洗脳された一般常識を疑え！　仲谷博司著　（伊丹）牧歌舎, 星雲社 発売
【要旨】あらゆる分野は相互にリンクしている。思考に行き詰まったときは, 歴史と経過を辿れ。輪廻転生とカルマの法則は無血の革命理論となる。存在できるものは「権力への意志」という「意識」のみである。人間とは「自分が死すべきもの」と知ったことをさという。人間の生きる目的は, 意識の位階に応じて異なる。手段を目的と誤解するのが人間の常である。…政治・宗教・哲学・歴史からSEXまで世の中のあらゆる一般常識を斬る！
2017.11 830p A5 ¥2500 ①978-4-434-24082-9

◆街の中の伝言板—次の地震に遭う人に, どんな伝言を残しますか　街からの伝言板プロジェクト編, 植田今日子監修　（西東京）ハーベスト社
【目次】第1部 街で生き延びる（水道が止まる, 食べものを確保する, 燃料をもとめて, ガスが止まる, 電気が停まった, 避難所百景, 繋がれていった帰路, 情報を止めないために）, 第2部 街の舞台裏で（上・下水道の復旧までに, ガスを復旧させる, 廃棄物のゆくえ, もうひとつの災害, 医療・福祉の現場で, 尊厳をもって弔うために, 思いがけない場所で）
2017.1 261p A5 ¥1600 ①978-4-86339-081-2

◆街の公共サインを点検する—外国人にはどう見えるか　本田弘之, 岩田一成, 倉林秀男著　大修館書店
【要旨】外国人ユーザーの立場に立つと問題点が見えてくる。海外の例を多数紹介しながら改善策を提案。
2017.8 204p B6 ¥1800 ①978-4-469-21365-2

◆眼差しの世界—視覚社会学の展開　北澤裕著　三和書籍
【要旨】視覚や見る行為自体に焦点を合わせ, その特性を社会学的に明らかにする。見ることが人や社会などをどのように作り上げて行くのか。
2017.6 402p A5 ¥2200 ①978-4-86251-235-2

◆見抜く力　姜尚中著　毎日新聞出版
【要旨】主体的に生きるための「姜流哲学」。
2017.8 221p 18cm ¥1000 ①978-4-620-32455-5

◆未来を拓くあなたへ—「共に生きる社会」を考えるための10章　下巻松雄著　（宇都宮）下野新聞社　（下野新聞新書）
【要旨】「共に生きる」とはどういうことか？ 社会学的・国際学的な問題意識をもとに, ホームレス, 夕張, 国際援助, 外国人労働者, 外国人児童生徒教育など多様なテーマに取り組んできた著者が語る！ 次世代へと紡ぐメッセージ。
2017.3 302p 18cm ¥1000 ①978-4-88286-664-0

社会・文化

◆ミルクと日本人―近代社会の「元気の源」
武田尚子著　中央公論新社　（中公新書）
【要旨】「こんな強烈な匂いと味なのに、お茶に入れて飲むなんて！」牛乳を飲む英国人を見た日本人の言葉である。だが明治二年、築地で牛乳が売り出され、日本人はその味に慣れていった。芥川龍之介の実家も牧場を経営し、渋沢栄一はそこから牛乳を、大正期には牛乳を加工したキャラメルが大流行した。関東大震災で緊急配布が行われ、敗戦後に児童の栄養を案ずる人々により学校給食への導入が進む。飲み物が語る近代史。
2017.6 271p 18cm ¥880 ①978-4-12-102438-1

◆見ること・聞くことのデザイン―メディア理解の相互行為分析
是永論著　新曜社
【要旨】広告が売りこむ、マンガが物語る、トーク番組が笑わせる、報道がニュースを知らせる、スポーツ中継が見どころを伝える―メディア表現に表れる無数の言葉やビジュアルデザインをどのように結び付けて「理解」へと至るのか。私たちの理解そのものを記述するメディア分析。
2017.4 224p B6 ¥2400 ①978-4-7885-1509-3

◆無謀なるものたちの共同体―コミューン主義の方へ
李珍景著、今政肇訳　インパクト出版会
【要旨】コミューン主義者たちは無謀な者たちである。コミューン主義（commune‐ism）は共産主義（communism）の、その失敗から産まれてきた。民主化・世界化以降も一貫して生が刻まれている韓国で、共に生きる知の生産を実践する思想家の横断的存在論。
2017.3 375p B6 ¥2400 ①978-4-7554-0270-8

◆目くじら社会の人間関係　佐藤直樹著　講談社　（講談社プラスアルファ新書）
【要旨】世間があるのは日本だけ！ タテ社会だけど実はヨコの圧力が強い日本―1998年を分岐点に変化した社会構造を斬る！ SNS炎上、謝罪会見、過労死…窮屈な世間を楽々と渡る技術!!
2017.9 204p 18cm ¥860 ①978-4-06-291503-8

◆模型のメディア論―時空間を媒介する「モノ」
松井広志著　青弓社
【要旨】私たちが模型を作る場合、モノと向き合っているが、それを通して向こうの「実物」に思いを馳せてもいる。このとき、模型という「モノ」は、ある種の「メディア」になっている。「モノがメディアになる」という問題意識のもと、日本社会のなかの模型について、歴史・現在・理論の三つの側面から解き明かす。
2017.8 240p A5 ¥3000 ①978-4-7872-3422-3

◆もの言えぬ時代―戦争・アメリカ・共謀罪
内田樹、加藤陽子、高村薫、半藤一利、三浦瑠麗ほか著、朝日新聞東京社会部編　朝日新聞出版　（朝日新書）
【要旨】日本の未来はどうなるのか？ 現代の知性が「この国のかたち」を問い直す！ 監視社会の到来を危惧する声が高まるなかで「共謀罪」法が施行された。北朝鮮危機を眼前に政府の説明責任は放棄され、繰り返される権力濫用、社会に蔓延する忖度と萎縮に歯止めがかからない。私たちは「いつかきた道」をたどっているのか？ 最近のわが国の「右傾化」の流れを見据えながら、精鋭論者24人が「日本の未来」を考える。
2017.10 222p 18cm ¥760 ①978-4-02-273736-6

◆モラルの起源―実験社会科学からの問い　亀田達也著　岩波書店　（岩波新書）
【要旨】私たちヒトは、うまく群れ生活を送っていけるように、その心を進化させてきた。しかし、「群れ」や「仲間」を大きく越えて人々がつながる現代、私たちが対立を乗り越え、平和で安定した社会を築くにはどうしたらよいか。「実験社会科学」という新たなアプローチで、メタモラルの可能性を文理横断的に探る意欲作。
2017.3 172, 2p 18cm ¥760 ①978-4-00-431654-1

◆モラル・ハラスメント―職場におけるみえない暴力　マリー＝フランス・イルゴイエンヌ著、大和田敢太訳　白水社　（文庫クセジュ）
【要旨】孤立させる、信用を失わせる、遂行した仕事を評価しない、強迫する、侮辱する。労働におけるハラスメントについてどのようなことが知られているだろう。個人、家族、社会に対する幸の影響は何か。そして生きていくなかでの対処法は。本書はハラスメントのメカニズム、その原因と結果、諸外国での取り組みを明らかにし、問題を浮き彫りにする。日本の現状にも言及。
2017.2 175, 7p 18cm ¥1200 ①978-4-560-51010-0

◆森のサステイナブル・エコノミー―現代日本の森林問題と経済社会学　大倉季久著　（京都）晃洋書房
【目次】第1章 ローカル・マーケットの危機としての森林問題、第2章 経済社会学の射程―森林の危機を問う新しいアプローチ、第3章 木材供給の安定的確保、第4章 「質の林業」という選択、第5章 木材市場の転換、第6章 「近くの山の木で家をつくる運動」の形成―徳島県下の森林所有者の取り組みから、第7章 ローカル・マーケットの修復における森林再生―兵庫県「かみ・裏山からの家づくり」の試みから、第8章 戦後森林政策の「意図せざる結果」としての森林の危機―グローバル化という閉塞、終章 森林の危機と経済社会学
2017.11 205p A5 ¥3200 ①978-4-7710-2938-5

◆"ヤミ市"文化論　井川充雄、石川巧、中村秀之編　ひつじ書房
【要旨】新聞、映画、文学、演劇、マンガ、カストリ雑誌、探偵小説、メロドラマ、消去される都市―"ヤミ市"を起点に広がった文化と表象を多角的に考察する。
2017.2 321p A5 ¥2800 ①978-4-89476-847-5

◆ユニオンジャックに黒はない―人種と国民をめぐる文化政治　ポール・ギルロイ著、田中東子、山本敦久、井上弘貴訳　（調布）月曜社
【要旨】人種差別とポピュリズムの結託に抗する闘いと思考―警察による過剰な取り締まりと暴動、レゲエやパンクなどの抵抗的音楽をつうじて戦後英国における人種差別の系譜を批判的に辿りながら、法と秩序、そして愛国心のもとで神話化された国民というヴェールを引き剥がす。
2017.8 574p B6 ¥3800 ①978-4-86503-049-5

◆欲望する「ことば」―「社会記号」とマーケティング　嶋浩一郎、松井剛著　集英社　（集英社新書）
【要旨】女子力、加齢臭、草食男子、婚活、美魔女、おひとりさま、イクメン、インスタ映え…。これら、どこからともなく現れて一般化した造語を、著者は「社会記号」と呼ぶ。そして、それは世界の見え方を一変させ、マーケットを支配していくという。では、「ことば」はどのように生まれ、どんなプロセスを経て社会に定着していくのか。また新しい「ことば」を求めるのか。本書は、マーケティングのプロと研究者がタッグを組んで、それぞれの視点で「社会記号」について考察。人々の潜在的欲望をあぶり出し、世の中を構築し直す「社会記号」のダイナミクスに迫る。
2017.12 221p 18cm ¥740 ①978-4-08-721011-8

◆よくわかる環境社会学　鳥越皓之、帯谷博明編著　（京都）ミネルヴァ書房　（やわらかアカデミズム・〈わかる〉シリーズ）　第2版
【目次】人間社会と環境を考える、自然保護を考える、身近な自然を考える、生活と水を考える、農と食を考える、ゴミ問題を考える、環境NPO／NGO・ボランティア・市民活動を考える、まちづくり／地域づくりと環境を考える、歴史的環境と景観を考える、公害・差別・リスクを考える、開発と資源・エネルギー問題を考える、地球環境問題を考える、フィールドワーク
2017.4 207p B5 ¥2800 ①978-4-623-07934-6

◆ライブ・エンタテインメントの社会学―イベントにおける「受け手participants」のリアリティ　中川和亮著　五絃舎
【目次】序章 社会におけるライブ・エンタテインメント（ライブ・エンタテインメントとは、ライブ・エンタテインメントにおける諸相）、第1章 ライブ・エンタテインメントにおける「受け手」の検討（「受け手」の能動性／受動性、ライブ・エンタテインメントと日常生活との関係性、余暇・自由時間における「楽しさ（enjoyment）」と「快楽（pleasure）」）、第2章 ライブ・エンタテインメントの実地（スポーツからライブ・エンタテインメントを考える、音楽からライブ・エンタテインメントを考える、演劇からライブ・エンタテインメントを考える）、第3章 結語
2017.6 183p A5 ¥2000 ①978-4-86434-069-4

◆ライフスタイルの社会学―データからみる日本社会の多様な格差　小林盾著　東京大学出版会
【要旨】美容、食事、趣味、恋愛、結婚、就職、仕事、そして幸福感。私たちが生きていく社会には、すでに「ライフスタイル格差」が存在しているのか？
2017.3 209p A5 ¥3800 ①978-4-13-056112-9

◆ライフデザインと希望　石田浩監修、佐藤香編　勁草書房　（格差の連鎖と若者 3）
【要旨】自立格差。若者たちの自立をうながす要因、阻む要因は何か。その構造を明らかにすると共に、社会にできること、すべきことを考える。
2017.3 260p A5 ¥2800 ①978-4-326-64884-9

◆リスクと生きる、死者と生きる　石戸諭著　亜紀書房
【要旨】「リスク論」からこぼれ落ちる生を探し求めて、東北、そしてチェルノブイリへ―。若き記者による渾身のノンフィクション。
2017.9 279p B6 ¥1700 ①978-4-7505-1520-5

◆理念の進化　ニクラス・ルーマン著、土方透監訳　新泉社
【要旨】近代社会を自己言及的な「全体社会システム」とするルーマンの「社会」および「近代性」に関する諸説の中枢に据えられてきた概念や定式に変更をもたらす。進化、階級、科学、合理性、そして理念史。社会学的パースペクティヴにおける理念の歴史。
2017.4 311p A5 ¥3800 ①978-4-7877-1705-4

◆隷属なき道―AIとの競争に勝つベーシックインカムと一日三時間労働　ルトガー・ブレグマン著、野中香方子訳　文藝春秋
【要旨】オランダの29歳の新星ブレグマンが、「デ・コレスポンデント」という広告を一切とらない先鋭的なウェブメディアで描いた新しい時代への処方箋は、大きな共感を呼び、全世界に広がりつつある。最大の問題は、人間がAIとロボットとの競争に負けつつあること。その結果「中流」は崩壊し、貧富の差は有史上、もっとも大きくなった。それに対する処方箋は、人々にただでお金を配ること、週の労働時間を15時間にすること、そして国境線を開放することである。それこそが、機械への「隷属なき道」となる。
2017.5 308p B6 ¥1500 ①978-4-16-390657-7

◆烈俠 外伝―加茂田組と昭和裏面史　サイゾー特別編集班編著　サイゾー
【要旨】秘蔵写真で明かされる加茂田重政と加茂田組の俠たちの生き様。これが真実の"昭和ヤクザ秘史"―
2017.5 111p B5 ¥1200 ①978-4-86625-086-1

◆ローカリズム宣言―「成長」から「定常」へ　内田樹著　デコ
【要旨】守るべきは「お金」よりも「山河」。あなたは、これからこの国で、どう生きるか？
2018.1 276p B6 ¥1600 ①978-4-906905-16-4

◆路地裏の民主主義　平川克美著　KADOKAWA　（角川新書）
【要旨】安倍政権の一強時代になり、戦後の平和主義が脅かされる、国家と国民の関係があらためて問われている。法とは何か、民主主義とは何かについてこれまでなく描きぶられる中、裏通りを歩きながら政治・経済の諸問題を思索する。
2017.5 222p 18cm ¥800 ①978-4-04-082123-8

◆ワイセツ論の政治学―走れ、エロス！　内藤陽介著　森話社　（『走れ、エロス！』増補改訂・改題書）　増補改訂版
【要旨】猥褻か？ 芸術か？ どころの騒ぎじゃない!!チャタレイ夫人、悪徳の栄え、四畳半襖の下張―、昭和の先人たちが挑んだ芸術論としての猥褻論争も今は昔。ネット社会化により混迷するワイセツ規制は、いまや「ブツ」の持つ「思考」そのものへと、その権域の拡大を試みる。海外配信から、準児童ポルノ、非実在青少年、JKリフレまで…。「ヘア」解禁が話題となっていた1994年に刊行された旧版を、大幅な加筆と註釈によりメタ的にリノベーション。弁護士であり名画座館主でもある著者が、豊富な判例をもとに実証的に描き出す。もはや現代は「見えた」か「見えない」かではない、「見られて」いるのだ!!
2017.12 281p B6 ¥2700 ①978-4-86405-123-1

◆わが子に会えない―離婚後に漂流する父親たち　西牟田靖著　PHPエディターズ・グループ、PHP研究所 発売
【要旨】彼らはなぜ子どもに会えなくなったのか？ 年間20万組超が離婚する現代―。ある日、子どもたちと会えなくなってしまった父親が急増している。彼らが抱えるそれぞれの人生を、自身も当事者であるライターが描く。
2017.2 318p B6 ¥1650 ①978-4-569-83142-8

◆「分かち合い」社会の構想―連帯と共助のために　神野直彦、井手英策、連合総合生活開発研究所編　岩波書店

社会・文化

【要旨】ポピュリズムや排外主義が世界を覆うなか、他者の痛みを分かち合い、お互いが支え合える社会はどうすれば可能か。気鋭の学者らが討議を重ね、労働、環境、生活保障、教育、地域社会、政治、財政の視点から、人間らしい社会への道筋を具体的に構想する。
2017.9 240p B6 ¥1900 ①978-4-00-061218-0

◆わすれられた歴史・文化に学ぶ　中根洋治著　(名古屋)風媒社
【要旨】現代社会が失った大切なものをもとめて、東海地域の郷土の歴史・文化を訪ねる。
2017.7 213p B6 ¥1800 ①978-4-8331-5337-9

◆私がアルビノについて調べ考えて書いた本——当事者から始める社会学　矢吹康夫著　生活書院
【要旨】私の経験を捨象し私の意に沿わない形に解釈・編集される言説があふれる中「どうすれば私は納得できるのか」。遺伝学、弱視教育、オタク文化、当事者運動などの歴史の再構成と、語意義を見出した「強い」主体の影に隠れた沈黙や語りがたさにもアプローチした、13人のアルビノ当事者のライフストーリーの検討をとおして、私も含めて誰も否定せず抑圧的ではないあり方を探索した、気鋭の社会学者、待望の単著。
2017.10 424, 18p B6 ¥2700 ①978-4-86500-073-3

◆私たちはどこから来て、どこへ行くのか　宮台真司著　幻冬舎 (幻冬舎文庫)
【要旨】進む社会の分断。台頭する排外主義とポピュリズム。基本的人権・民主主義という我々の拠って立つ価値が足元から揺らぐ今、不安と絶望を乗り越えて社会を再構築する一歩は、「私たちはどこから来たのか」を知ることから始まる——サブカルチャー、社会問題からアカデミズムまで、戦後日本の変容を鮮やかに描ききった、宮台社会学の精髄。
2017.4 499p B6 ¥800 ①978-4-344-42600-9

◆ "わたし" と "みんな" の社会学　大澤真幸著　左右社 (大澤真幸THINKING O)
【要旨】大澤真幸×見田宗介、二大社会学者の最新対談。人類の起原と未来を考える。
2017.4 157p B6 ¥1450 ①978-4-86528-167-5

◆International Migration and Wellness Innovation in the United States, Sweden, and Japan　星野和実編著　風間書房
【目次】1 International Migration and Wellness Innovation in the United States and Sweden (Cultural Identity and Intergenerational Relationships among Chinese, Japanese, and Peruvian Americans、Cultural Identity and Intergenerational Support among Asian and Hispanic Americans in the United States、Cultural Identity, Intergenerational Relationships, and Social Policies among Diverse Immigrants in Sweden)、2 International Migration and Wellness Innovation in Japan (Development of the Multigroup Ethnic Identity Measure‐Revised Japanese Version、Ethnic Identity, Intergenerational Support, and Psychosocial Development among Younger and Older Adults in Japan)、3 Future Directions (International Migration, Wellness, and Social Policies in the United States, Sweden, and Japan、Conclusions)、Appendix
2017.2 190p A5 ¥3500 ①978-4-7599-2173-1

◆MEZZANINE VOLUME 1 (SUMMER 2017)　トゥーヴァージンズ
【目次】01 LONDON (ロンドンコーリング・産業革命の発祥地で今、起こっていること——King's Cross、ショーディッチのTea-SITE——Tea Building ほか)、02 HONG KONG (懐かしい未来都市——Tai Ping Shan Street、香港アートコミュニティの社交場——DUDDELL'S ほか)、03 AUTHORITY (知識人は人の関係性の中で創られる資源、培養空間——化学反応を生み出す濃縮された場所 ほか)、04 MAYOR'S CHALLENGE (文化を生みつづけるという文化をもつまち、渋谷)、05 SHIBUYA (アーバン・カタリスト・シブヤ、ベンチャーを歓迎する渋谷というエコシステム——「超福祉展」「JAPAN BRAND FESTIVAL」 ほか)
2017.6 159p 28×22cm ¥2500 ①978-4-908406-09-6

◆NHKニッポン戦後サブカルチャー史——深掘り進化論　NHK「ニッポン戦後サブカルチャー史」制作班編著　NHK出版

【要旨】新しい表現に含まれる「毒」をいかに読み解くか。「深掘り」とは、溺れる力、あるテーマにどっぷり浸かることができる力を意味する。それは愛の力と言ってもいい。愛を突きつめることが可能になったとき、彼方に新しい地平が浮き上がることを読者は実感できるだろう。耽溺する「技」で「毒」の魅力を語る、画期的サブカルチャー論第二弾!
2017.4 223p A5 ¥1800 ①978-4-14-081686-8

◆QOLと現代社会——「生活の質」を高める条件を学際的に研究する　猪口孝監修、村山伸子、藤井誠二編著　明石書店
【目次】第1章 人々は自分たちの生活の質をどのようにとらえ評価しているのか——幸福の研究における最近の進展、第2章 食とQOL——生活の質を高めるおいしさの条件とは、第3章 健康・生活習慣とQOL——運動や健康実践と生活の質との関連性に注目して、第4章 貧困とQOL——貧困と生活の質の関連とは、第5章 家族・社会関係とQOL——生活の質を高める「人との関わり」とは、第6章 地域社会とQOL——ソーシャル・キャピタルと心の健康、第7章 住環境とQOL——生活の質を高める住環境とは、第8章 社会福祉政策とQOL——どのような社会福祉政策が生活の質を高めるか、第9章 経済政策とQOL——生活の質を高める経済成長とは、第10章 QOLを高める条件——本書からわかったこと
2017.2 288p A5 ¥3800 ①978-4-7503-4466-9

家族論

◆「移行期的混乱」以後——家族の崩壊と再生　平川克美著　晶文社 (犀の教室)
【要旨】人口減少の主要因とされる「少子化」はなぜ起きたのか? そもそも少子化は「問題」なのか? 問題であるとは、誰にとってのどのような問題なのか? 日本の家族形態の変遷を追いながら、不可避的に進む人口減少社会のあるべき未来図を描く長編評論「経済成長神話」の終焉を宣言し、大反響を呼んだ『移行期的混乱』から7年後の続編にして、グローバリズム至上主義、経済成長必須論に対する射程の長い反証。
2017.5 221p B6 ¥1600 ①978-4-7949-6829-6

◆親子白書　明治安田生活福祉研究所編　きんざい
【要旨】データが明かす親子関係に驚きの連続。これまで語られることのなかった親子の真実。親子を知るための指標がここに!
2017.6 167p A5 ¥1400 ①978-4-322-13092-8

◆ "喧嘩とセックス" 夫婦のお作法　おおたとしまさ著　イースト・プレス (イースト新書)
【要旨】結婚しただけでは、夫婦としては「仮免許」状態。セックスレス、産後クライシス、家事ハラ、夫婦喧嘩…、これらは、夫婦がどのみち「成長痛」として一度は通らなければならない道ではないか。今まさに戸惑いと葛藤の最中にいる、「仮免許」を「本免許」にしたい夫婦のための一冊。
2017.4 205p 18cm ¥861 ①978-4-7816-5083-8

◆現代日本の家族社会学を問う——多様化のなかの対話　藤崎宏子、池岡義孝編著　(京都)ミネルヴァ書房
【要旨】家族社会学研究のいまを多様なテーマと方法論の対話から提示する。
2017.9 206p A5 ¥3000 ①978-4-623-08119-6

◆子供の死を祈る親たち　押川剛著　新潮社 (新潮文庫)
【要旨】親子間の溝はますます深くなっている。自室に籠り、自殺すると脅して親を操るようになった息子。中学時代、母親の不用意な一言から人生を狂わせ、やがて覚醒剤から抜け出せなくなった娘。刃物を振り回し、毎月30万も浪費するひきこもりを作ったのは、親の強烈な学歴信仰だった…。数々の実例からどのような子育てが子供の心を潰すのかを徹底的に探る。現代日本の抱える病巣を抉る一冊。
2017.3 445p A6 ¥670 ①978-4-10-126762-3

◆祖父母であること——戦後日本の人口・家族変動のなかで　安藤究著　(名古屋)名古屋大学出版会
【要旨】「お祖父さん/お祖母さん」は「お爺さん/お婆さん」ではない——。少子化対策等の前提にもなっている、幼い孫の手をひくお年寄りとい

う姿は、もはや当たり前ではない。平均寿命の伸びや晩婚化、性別役割分業の変化などを通して、「祖父母であること」はどう変わってきたのか。ライフコースやジェンダーに着目し、そのリアルな「現在」をとらえる。
2017.8 260p A5 ¥4500 ①978-4-8158-0882-2

◆出会いと結婚　比較家族史学会監修、平井晶子、床谷文雄、山田昌弘編著　日本経済評論社 (家族研究の最前線 2)
【要旨】未婚、晩婚、離婚、再婚、国際結婚、同性婚——。ひとはどんな出会いを経て、誰と結びつくのか。現代および歴史的な日本の状況と、世界の事情から、結婚の意味を再考する。
2017.12 367p A5 ¥5200 ①978-4-8188-2471-3

◆日本の子連れ再婚家庭——再婚して幸せですか?　新川てるえ著　太郎次郎社エディタス
【要旨】根掘り葉掘り聞かれるのが面倒だから、偏見の目で見られるからと、事情を打ち明けられないステップファミリーは多く、周囲の理解も進まない。当事者119人へのアンケート調査と追跡インタビューをもとに、子連れ再婚家庭の実態を伝え、"再婚時代" の家族のかたちを考える。
2017.2 158p A5 ¥2000 ①978-4-8118-0798-0

◆母・娘・祖母が共存するために　信田さよ子著　朝日新聞出版
【要旨】それでも母が重たい娘たち、団塊女性の母であることの困難、存在感を増す祖母。娘・母・祖母の3世代と家族を射程にいれて解決の方向性をさぐる、母娘問題の第一人者による力作。
2017.12 228p B6 ¥1400 ①978-4-02-251508-7

◆比較家族史研究　第31号　特集 高野山における人口維持システム　比較家族史学会編　比較家族史学会、弘文堂 発売
【目次】特集 高野山における人口維持システム (特集によせて、高野山周辺の空き家からみる人口維持システムの変容、女人禁制の解除過程——境内地から地域社会へ、前近代における僧侶の移動——金剛峯寺諸院家析имранаを中心として)、研究動向 (家族法この10年の動向)、追悼 江守五夫先生 (江守五夫先生を偲んで)、書評 (今井昭彦著『反政府軍戦没者の慰霊』、椎野若菜編著『シングルの人類学1 境界を生きるシングルたち』『シングルの人類学2 シングルのつなぐ〈縁〉』、加藤彰彦・戸石七生・林研三編著 (比較家族史学会監修)『家族研究の最前線1 家と共同体』、文献紹介 (白井千晶編著『産み育てと助産の歴史——近代化の200年をふり返る』)
2017.3 118p A5 ¥2000 ①978-4-335-50161-6

◆両親のペアレンティングが未就園児の社会的行動に及ぼす影響——包括的理論の構築とその実証的検討　加藤邦子著　風間書房 (川口短期大学研究叢書 第1巻)
【目次】序章、第1章 本研究における課題と目的、第2章 基本概念と理論的枠組み、第3章 先行研究からみた研究の課題、第4章 方法、第5章 研究1 ペアレンティングの構造の実証的検討、第6章 研究2 両親のペアレンティングが社会的行動に及ぼす影響、第7章 考察と結論
2017.2 253p A5 ¥7500 ①978-4-7599-2172-4

社会心理学

◆英語で学ぶ社会心理学　大坪庸介、アダム・スミス著　有斐閣 (本文:日英両文)
【要旨】社会心理学のテキストでよく紹介される重要理論をセレクト。日本人にも読みやすい英語表現。英語が苦手な人のための日本語解説付き。見開き2ページの読み切りでコンパクト。
2017.12 152p A5 ¥2400 ①978-4-641-18436-7

◆エピソードでわかる社会心理学——恋愛関係・友人関係から学ぶ　谷口淳一、相馬敏彦、金政祐司、西村太志編著　北樹出版
【目次】第1章 未知から既知へ——他者を知る、第2章 親しくなる——親密さを高めるコミュニケーション、第3章 深い関係になる——親密な関係の維持と発展、第4章 親密な関係のなかの「わたし」——自己と他者との相互影響過程、第5章 親密な関係からの影響——健康と対人葛藤、第6章 親密な他者集団からの影響
2017.3 191p A5 ¥2100 ①978-4-7793-0523-8

◆火星からの侵略——パニックの心理学的研究　ハドリー・キャントリル著、高橋祥友訳、アル

社会・文化

バート・H. キャントリル解説　金剛出版
（原書新版）
【要旨】一九三八年ハロウィーンの晩、名優オーソン・ウェルズの語りによるラジオドラマは、全米百万人以上の人々を恐怖とパニックに陥れた。この放送直後に開始されて、何が集団行動の主な心理的理由と考えられるかを探るために、人々の反応について調査した研究の報告。
　　　2017.11 243p B6 ¥2200 ①978-4-7724-1585-9

◆**この国の息苦しさの正体―感情支配社会を生き抜く**　和田秀樹著　朝日新聞出版　（朝日新書）
【要旨】忖度、空気読み、炎上、バッシング―こんなに気疲れする社会、もう限界だ！有名人は不倫はおろか、ちょっとしたビッグマウスで、一億総バッシング。私たちも、とにかく波風を立てないこと、人の意の餌食にならないことに汲々。「今だけ、カネだけ、自分だけ」の世の中で不幸の損切りをするのに精いっぱいだ。感情の奴隷とならず、あなたを救う術とは。
　　　2017.7 197p 18cm ¥720 ①978-4-02-273724-3

◆**社会心理学―人と社会との相互作用の探求**　堀毛一也、竹村和久、小川一美共著　培風館　（心理学の世界 基礎編 7）
【目次】1章 社会心理学の基本的立場、2章 社会的自己、3章 社会的認知、4章 対人関係の形成と発展、5章 社会的行動と反社会的行動、6章 向社会的行動と反社会的行動、7章 態度と社会的影響、8章 集団、9章 社会の中でのコミュニケーションと意思決定
　　　2017 248p B6 ¥2400 ①978-4-563-05873-9

◆**社会心理学**　太田信夫監修、大坊郁夫編集　（京都）北大路書房　（シリーズ心理学と仕事10）
【目次】第1章 社会心理学へのいざない―社会心理学の現在とこれから、第2章 ダイナミックな対人関係、第3章 コミュニケーションで結ぶ、第4章 人を活かす社会的リレーション、第5章 マス・コミュニケーション、第6章 環境と社会
　　　2017.8 151p A5 ¥2100 ①978-4-7628-2985-7

◆**社会心理学研究入門**　安藤清志、村田光二、沼崎誠編　東京大学出版会　補訂新版
【要旨】良質な実証研究の方法を具体的にガイドする。ICTの進展をふまえ、ウェブ調査やデータベースの利用法を中心に補訂。問題の設定から、実験・観察・調査、資料収集、分析、論文（レポート）作成や事後の留意点まで、実際の研究の流れに沿って、わかりやすく解説。豊富なコラム・読書案内も収録。
　　　2017.11 254p A5 ¥2900 ①978-4-13-012112-5

◆**社会心理学・再入門―ブレークスルーを生んだ12の研究**　ジョアンヌ・R. スミス、S. アレクサンダー・ハスラム編、樋口匡貴、藤島喜嗣監訳　新曜社
【要旨】社会心理学のいくつかの重要な研究が、今も私たちの人間と社会の在り方に深い影響を与え続けている分野になる背景から生まれたのか。研究者と実際の実験の様子は？どう受け入れられ、どのような批判を受け、いかに継承されたのか？社会心理学研究の影響と魅力を改めて発見する、再入門への誘い。
　　　2017.9 228p A5 ¥2900 ①978-4-7885-1539-0

◆**社会心理学におけるリーダーシップ研究のパースペクティブ 2**　坂田桐子編　（京都）ナカニシヤ出版
【目次】リーダーシップ研究の近年の動向、第1部 リーダーシップの心理的基盤（勢力と地位、情動とリーダーシップ、個人特性とリーダーシップ）、第2部 集団内のリーダーシップ（交換関係としてのリーダーシップ、サーバント・リーダーシップ、共有されるリーダーシップ）、第3部 リーダーシップの現代的トピック（ダイバーシティとリーダーシップ、リーダーシップの倫理性と破壊性）
　　　2017.11 217p A5 ¥4500 ①978-4-7795-1215-5

◆**社会心理学のための統計学―心理尺度の構成と分析**　清水裕士、荘島宏二郎著　誠信書房　（心理学のための統計学 3）
【目次】第1章 心についての構成概念の測定―態度測定法、第2章 対人認知の構造を明らかにする―因子分析、第3章 他者への期待や信念の類型化―尺度の信頼性と妥当性、第4章 似ている人は好き？―単回帰分析、第5章 いろいろ気持ちを予測する―重回帰分析、第6章 集団への所属意識を予測するものは？―一準実験と共分散分析、第7章 リーダーシップ・スタイルの相乗効果―階層的重回帰分析と調整分析、第8章 心

の文化差を説明する―媒介効果の分析、付録
　　　2017.5 148p B5 ¥2800 ①978-4-414-30189-2

◆**メディア・オーディエンスの社会心理学**　李光鎬、渋谷明子編著、鈴木万希枝、李津娥、志岐裕子著　新曜社
【要旨】メディア研究の面白さを知り、自ら探究する手引。社会心理学の視点で行われたメディア・コミュニケーションに関するこれまでの研究成果を体系的に紹介。初学者にも研究分野の全体像がつかめると同時に、個別テーマについても十分な知識を習得できる！主要理論や方法論についてのコラムも充実。
　　　2017.4 393p A5 ¥3000 ①978-4-7885-1517-8

◆**PRE-SUASION―影響力と説得のための革命的瞬間**　ロバート・チャルディーニ著、安藤清志監訳、曽根寛樹訳　誠信書房
【要旨】著者33年ぶりの単独書き下ろし。そして今、『影響力の武器』は新たなステージへ―。説得をつかさどるものは何か、その答えは前段階にある―。米国心理学会Division8（パーソナリティ・社会心理学会）2017年図書賞受賞作!!
　　　2017.12 489p B6 ¥2700 ①978-4-414-30424-4

白書・年鑑・事典・書誌

◆**日本子ども資料年鑑　2017**　恩賜財団母子愛育会愛育研究所編　KTC中央出版　（付属資料：CD-ROM1）
【目次】1 人口動態と子ども、2 家族・家庭、3 発育・発達、4 保健・医療、5 栄養・食生活、6 子どもと家族の福祉、7 教育、8 保育・健全育成、9 子どもの生活・文化・意識と行動、10 子どもの行動問題、11 子どもをめぐる生活環境
　　　2017.2 397p B5 ¥10000 ①978-4-87758-379-8

文化人類学・民俗学

◆**愛と狂瀾のメリークリスマス―なぜ異教徒の祭典が日本化したのか**　堀井憲一郎著　講談社　（講談社現代新書）
【要旨】キリスト教伝来500年史から読み解く極上の「日本史ミステリー」。
　　　2017.10 251p 18cm ¥840 ①978-4-06-288401-3

◆**アナキスト民俗学―尊皇の官僚・柳田国男**　絓秀実、木藤亮太著　筑摩書房　（筑摩選書）
【要旨】「日本」民俗学を創始した柳田国男。その仕事は農政学、文学など多岐にわたる。夏目漱石と並び「国民的」知識人ともいうべき柳田は、吉本隆明、柄谷行人ら戦後の知識人からも熱心に論じられてきた。だが、若い時期に、アナキストたるクロポトキンから決定的な影響を受けたことは全く知られていない。これこそが、柳田の文学、農政学、民俗学をつなぐミッシングリンクであり、尊皇の国家官僚たる柳田の相貌も、そこから立ち現れてくる―本書は、まったく新しい柳田像を提示した、画期的な書である。
　　　2017.4 396、2p B6 ¥1800 ①978-4-480-01650-8

◆**暴れ牛と神さびる熊―供犠と霊送りの民俗誌**　星野紘著　国書刊行会
【要旨】ユーラシア各地に分布する動物の殺戮儀礼が意味するものとは―。農耕民、狩猟民地帯への長年のフィールドワークから得た知見をもとに、祭り、芸能、祭具・未詳神などを通して民俗儀礼のなかに見える「殺戮と豊穣」の関係を明らかにする。
　　　2017.10 260p B6 ¥2700 ①978-4-336-06213-0

◆**あやかし―宗教・伝承文化に隠された真理を明らかにする**　竹山正行著　（越谷）彩雲出版、星雲社 発売
【要旨】人類は今、自らの意識を正すべき時代を迎えている。日本民族が果たすべき重要な役目とは？
　　　2017.5 125p B6 ¥1300 ①978-4-434-23371-5

◆**荒俣宏妖怪探偵団 ニッポン見聞録 東北編**　荒俣宏、荻野慎諧、峰守ひろかず著　学研プラス
【要旨】すごいぞ！河童の妖物尻子玉って本当にあったんだ！本書にて初公開。殿様の珍品コレクションに博物学者×古生物学者×妖怪小説

家が挑戦する。
　　　2017.9 257p B6 ¥1600 ①978-4-05-406585-7

◆**衣装の語る民族文化**　今木加代子著　東京堂出版
【要旨】よそいきのエプロンってわかりますか？衣装の温故知新―衣を着る全ての人、必見です！
　　　2017.4 197p B5 ¥12000 ①978-4-490-20946-4

◆**偉人崇拝の民俗学**　及川祥平著　勉誠出版
【要旨】歴史上の人物は、共同体の記憶の中で伝説化する。人々は彼らに何を託すのか。武田信玄、徳川家康、楠木正成らを祀る神社、史蹟、祭礼から、表象の現在に迫る。
　　　2017.2 453、25p A5 ¥6200 ①978-4-585-23051-9

◆**井上円了―その哲学・思想**　竹村牧男著　春秋社
【要旨】明治時代の"知と行動の巨人"の思想に迫る！東洋大学創立者、妖怪博士、近代仏教復興の立役者…と獅子奮迅の活躍を見せた井上円了。その業績を支えた独自の世界観・人生観を原典に基づきながら解明。
　　　2017.10 271p B6 ¥2600 ①978-4-393-13598-3

◆**猪・鹿・狸**　早川孝太郎著　KADOKAWA　（角川ソフィア文庫）　改版
【要旨】九十貫を超える巨猪を撃った狩人の話。仕留めた親鹿をかつぐ後から子鹿がついてきた話。村で起きる怪しい出来事はいつも狸の仕業とされた話…。奥三河・横山で見聞・古老から聴き溜めた猪・鹿・狸の逸話が縦横に語られる。芥川龍之介・島崎藤村も絶賛した文学性の高い文章は、伝説や昔話も織り交ぜて独自の伝承世界を形づくっている。暮らしの表情を鮮やかにすくい取る感性と直観力から生まれた、民俗学の古典的名著。
　　　2017.11 254p A6 ¥1000 ①978-4-04-400278-7

◆**祈りの場の諸相**　新谷英治編著　（大阪）ユニウス　（東西学術研究所研究叢書）
【目次】聖俗の「スイッチ」としてのエビス信仰に関する考察、山宮御神幸道の復元に関する試論―富士山本宮浅間大社と山宮浅間神社を結ぶ道、小磯良平の戦中期作品における群像表現の展開―エドガー・ドガ受容との関係を中心に、五島のキリスト教衣会群と聖心イメージ、南西諸島の住まいを貫く女性原理、琉球における湧水分布と祭祀空間、ヒンドゥー教における聖地の場所性―ヴァーラーナシー概観、19世紀初期までのズィールーの基礎的検討―ヤズド州内の32枚の事例から、イスタンブルの二つの祈りの場　2017.2 261p A5 ¥2500 ①978-4-946421-50-1

◆**異貌の同時代―人類・学・の外へ**　渡辺公三、石田智恵、冨田敬大編　以文社
【要旨】同時代の世界を動かしている多様な連関（出来事や思想）を、異なるフィールド（思想/土地・場）に身を置く視点から理解することで「思考しえないものを思考する」、「異貌の同時代」を描く意欲的な試み。
　　　2017.5 643p A5 ¥4600 ①978-4-7531-0340-9

◆**「うつわ」を食らう―日本人と食事の文化**　神崎宣武著　吉川弘文館　（読みなおす日本史）
【要旨】日本人が使う食器は、中国・朝鮮や東南アジア諸国とは異なっている。日本が米飯を主食としながら、それはなぜか。碗や皿、箸の形態・材質の歴史を追い、他地域との調理法の比較から、日本の食文化の形成を現代までたどる。
　　　2017.6 232p B6 ¥2200 ①978-4-642-06726-3

◆**ウメサオタダオが語る、梅棹忠夫―アーカイブズの山を登る**　小長谷有紀著　（京都）ミネルヴァ書房　（叢書・知を究める 11）
【要旨】国立民族学博物館（みんぱく）にある梅棹アーカイブズ。梅棹忠夫が遺した膨大な資料がそこにある。なぜこれほどまで山のような資料を梅棹は遺したのか。その資料は本人のように「ウメサオタダオ」として雄弁に「梅棹忠夫」を語り始める。そして資料に遺された過去は、現在と往還し続ける。本書は、「ウメサオタダオ展」の実行委員長を務め、その過去と現在、そして未来の往還を肌で感じた著者が、梅棹忠夫その人に接近し、登頂を果たした登攀記である。
　　　2017.4 271、7p B6 ¥2800 ①978-4-623-08008-3

◆**英文版 妖怪文化入門**　小松和彦著、依田寛子、マット・アルト英訳　出版文化産業振興財団　（本文：英文）
【目次】1 AN INVITATION TO YOKAI CULTURE（What Is Yokai Culture？、Yokai Beyond Time and Borders）、2 ON THE TRAIL OF YOKAI STUDIES（Tsukimono、

Yokai、 Kappa、 Oni、 Tengu and Ya-
mauba ほか
　2017.3 195p 22×16cm ¥3900 ①978-4-916055-80-4

◆英訳付き ニッポンの名前図鑑 和服・伝統
芸能　市田ひろみ監修　（京都）淡交社　（本
文：日英両文）
【要旨】結婚式でよく見る “あの” 黒い和服の名
前は？ “しごき帯” って、どんなもの？ 身の回
りには、日本人でも意外と知らないモノだらけ。
「和服・伝統芸能」にまつわる名前が、日本語で
も英語でもわかるバイリンガルブック。
　2017.9 158p 21×13cm ¥1400 ①978-4-473-04195-1

◆江戸川柳で読み解くお茶　清博美, 谷田有史
共著　水曜社
【要旨】「水茶屋へ来ては輪を吹き日を暮し」お
茶を詠んだ川柳を通して人々と茶の関係を眺め
る。　2017.3 253p B6 ¥1800 ①978-4-88065-405-8

◆お稲荷さんと霊験譚　内藤憲吾著　洋泉社
【要旨】霊能者オダイが語る、お稲荷さんの不思
議な力。御利益は本当にあるのか!?話題作『お
稲荷さんと霊能者』の続刊。お稲荷さんの「お
かげ」採録集。
　2017.11 222p B6 ¥1800 ①978-4-8003-1357-1

◆“老い” の営みの人類学―沖縄都市部の老年
者たち　菅沼文乃著　森話社
【要旨】高齢をその起源とし、戦後は歓楽街とし
て発展・衰退をみた沖縄本島の辻地域。伝統的
な沖縄社会とは異なるこの場所で、人はどのよ
うに老いていくのか。社会が期待する高齢者像
を受けいれず、逡巡の中から自らの老いを選び
とる人びとを描くエスノグラフィー。
　2017.2 239p A5 ¥6200 ①978-4-86405-110-1

◆沖浦和光著作集　第1巻　わが青春の時代
沖浦和光著　現代書館
【要旨】18歳で敗戦、2年後東大に入学。マルク
ス主義研究に情熱を燃やし、全学連結成の中核
を担う。若き日々の旺盛な活動の記録と、政治
と文学をめぐる論考集成!!
　2017.1 390p B6 ¥4000 ①978-4-7684-7011-4

◆沖浦和光著作集　第2巻　近代日本の文化
変動と社会運動　沖浦和光著　現代書館
【要旨】幸徳秋水、田中正造、大杉栄、大石誠之
助、荒畑寒村、堺利彦、山川均、福本和夫…。大
逆事・治安警察法などの権力の横暴に反逆する
民衆を命がけで主導した強靱な精神の系譜を探
求する論考。
　2017.4 435p B6 ¥4500 ①978-4-7684-7012-1

◆沖浦和光著作集　第3巻　現代文明の危機
と人類の未来　沖浦和光著　現代書館
【要旨】現代文明の危機を自然史・人類史的視点
から探求し、西洋中心の思想史を超えようとす
る試み。昭和前期の革命家・高橋貞樹の思想の
軌跡を戦後初めて明らかにした貴重な論稿も収
録!!　2017.10 420p B6 ¥4500 ①978-4-7684-7013-8

◆沖浦和光著作集　第6巻　天皇制と被差別
民―両極のタブー　沖浦和光著　現代書館
【要旨】部落差別、先住民差別などをアジア的視
点から、天皇制を対局に置き究明する。沖浦学
に通底する基本的思想の不朽の論集!!
　2017.4 412p B6 ¥4500 ①978-4-7684-7016-2

◆陰陽師とはなにか―被差別の原像を探る　沖
浦和光著　河出書房新社　（河出文庫）（『陰
陽師の原像―民衆文化の辺界を歩く』改題書）
【要旨】安倍晴明だけが陰陽師ではない。貴族で
ない、民間の陰陽師が、占いや祈禱、巫術など
を事とし、千秋万歳・大黒舞といった予祝芸や
放浪芸にも従事し、差別された。蘆屋道満の伝
説にも結びついていった播磨の陰陽師集団・集
落などを中心に各地を調査し、その実際をつぶ
さに掘り起こした沖浦民俗学の金字塔。
　2017.2 251p A6 ¥740 ①978-4-309-41512-3

◆怪異を語る―伝承と創作のあいだで　喜多崎
親編　三元社
【要旨】民間伝承、文学、芸能、美術―あやかしを
「語る」手法の発明、継承、変容。成城学園創立
100周年記念大学文芸学部創設60周年記念シン
ポジウム報告書。
　2017.3 155p B6 ¥1400 ①978-4-88303-422-2

◆科学鑑定のエスノグラフィー―ニュージーラ
ンドにおける法科学ラボラトリーの実践　鈴木
舞著　東京大学出版会
【目次】第1章 科学鑑定を観る視座―ラボラト
リーに分け入る、第2章 科学鑑定の現場―ニュー
ジーランドの法科学研究所ESR、第3章 法科学

ラボ内の標準化―品質保証におけるマニュアル
の作用、第4章 科学の異種混合性―異なる鑑定
分野はどのように協働するか、第5章 法科学分
野間の標準化―DNA型鑑定が変える実践の形、
第6章 法科学ラボの国際的標準化―科学鑑定の
地域性への対応、第7章 法科学ラボの「科学化」―
なぜ法科学ラボの実践は標準化されるのか、第
8章 ラボラトリー研究を超えて―結びにかえて
　2017.1 257, 29p A5 ¥6200 ①978-4-13-060318-8

◆「学校芸能」の民族誌―創造される八重山芸
能　呉屋淳子著　森話社
【要旨】「古風」や「伝統」をまとったものだけ
が民俗芸能ではない。石垣島の高校生たちが地
域の人びとと出有う「学校芸能」に民俗
芸能の新しい継承形態と未来を探る。
　2017.2 301p A5 ¥6800 ①978-4-86405-109-5

◆河童駒引考―比較民族学的研究　石田英一郎
著　岩波書店　（岩波文庫）（第5刷（第1刷
1994年））　新版
【要旨】水辺の牧にあそぶ馬を河童が水中に引き
ずりこもうとして失敗するという伝説は、日本
の各地に見られる。この類話が、朝鮮半島から
ヨーロッパの諸地域まで、ユーラシア大陸の全
域に存在するという事実は何を意味するのだろ
うか。水の神と家畜をめぐる伝承から人類文化
史の復元に挑んだ、歴史民族学の古典。
　2017.9 317, 19p A6 ¥970 ①4-00-331931-1

◆カニバリズム論　中野美代子著　筑摩書房
（ちくま学芸文庫）
【要旨】カニバリズム（人肉嗜食）は人類の根源的
タブーのように思われながら、実のところその
痕跡は古来より無数に残されてきた。著者の専
門は中国でありながら、古今東西の記録・小説
を博捜し、ときに舌鋒鋭く、ときに諧謔と皮肉
をもってカニバリズムを縦横無尽に論じる。人
間の薄っぺらな皮膚を両手で思い切りめくり上
げ、曝し、目を背けたくなるようなものを直視
することで、「近代合理主義精神」なるものの虚
構を暴き、「良識」を高らかに嗤いとばす。人
肉嗜食、纏足、宦官…。血の滴るテーマで人間
の真実に迫る異色の作品。
　2017.6 321p A6 ¥1200 ①978-4-480-09802-3

◆茅葺きの民俗学―生活技術としての民家　安
藤邦廣著　はる書房　新版
【要旨】日本の各地に残る茅葺き屋根の詳細なる
実態調査をもとに、茅葺屋根の材料、形態、構
法、生産、メンテナンスシステムを総合的、体
系的に解明するとともに、わが国の民家を作り
上げた技術のあり方や、それを支えた社会的な仕
組みを明らかにしている優れた研究である（第
一回日本建築学会奨励賞受賞、一九八七年）。
　2017.9 221p A5 ¥4500 ①978-4-89984-163-0

◆環世界の人類学―南インドにおける野生・近
代・神霊祭祀　石井美保著　（京都）京都大学
学術出版会
【要旨】人間と人間ならざるものたちとの相互交
渉とその変容を「あるもの」の地平を超えて
考えていくために。人びとと野生＝神霊の力と
の交わりとせめぎあいを、生物と生そのものと
のパトス的な関係性としてとらえなおす、新し
い「環世界の人類学」の誕生。
　2017.2 502p A5 ¥6000 ①978-4-8140-0073-9

◆環太平洋文明研究　創刊号（第1号）　立命
館大学環太平洋文明研究センター編　雄山閣
【目次】論文（巨大地震・大地震は突然に起きな
い、縄文時代の人口問題の全貌を探る、縄文
時代の墓制と祭祀にみられる地域の特徴―GIS
と統計解析による地域性の数量化と可視化、モ
ンゴルにおける生業、土地利用、生態系サービス
―水位変動下における適応）、研究ノート（三方
五湖における年縞の有無と水月湖に年縞を形成
した古環境の復元―縞で採取したコアから探る、
チャンカイ「白地黒彩土器」の焼成回数に関す
る一考察）
　2017.2 115p B5 ¥2600 ①978-4-639-02466-8

◆儀式でうたうやまと歌―木簡に書き琴を奏
でる　犬飼隆著　塙書房　（はなわ新書）
【要旨】五七の句を繰り返すやまと歌は、自然に
発生したのではなく、行政が整えた儀式の音楽
として、七世紀に生まれた。日本語の歌と儀式
とのかかわりを中心として「和歌以前」の姿を
描き出す。
　2017.7 186p 18cm ¥1200 ①978-4-8273-4084-6

◆吉祥の文化史―幸福追求への祈りのかたち
池上麻由子著　グリーンキャット　（極めるシ
リーズ 3）
【要旨】なぜこの色はめでたいのか、なぜこの文
様は、縁起が良いのか、私たち日本人が知って
いるようで実は知らない吉祥のかたちを中国伝統吉
祥文化に探り解き明かすはじめての吉祥文化の
書。　2017.8 383p A5 ¥3700 ①978-4-904559-12-3

◆キマイラの原理―記憶の人類学　カルロ・セ
ヴェーリ著、水野千依訳　白水社
【要旨】文字なき社会において「記憶」はいかに継
承されるのか。西洋文化のかなたに息づく「記
憶術」から人間の「思考形式の人類学」へと未
踏の領域を切り拓くレヴィ＝ストロースの衣鉢
を継ぐ人類学者による記念碑的著作。本邦初紹
介。
　2017.7 375, 39p A5 ¥7300 ①978-4-560-09555-3

◆境域の人類学―八重山・対馬にみる「越境」
上水流久彦, 村上和弘, 西村一之編　風響社
【要旨】中央・国家の視点を避け、地域間・双方向
のベクトルに注目する時、人々の生き方や国境
の意味がリセットされる。さまざまな論理と力
学が絡み合う境界線上を一つの社会と捉え、研
究・理解に新たな視覚を探る。
　2017.4 474p A5 ¥5000 ①978-4-89489-196-8

◆儀礼のセミオティクス―メラネシア・フィ
ジーにおける神話/詩的テクストの言語人類学
的研究　浅井優一著　三元社
【要旨】メラネシア・フィジーにおいて三十年ぶ
りに開催された最高首長の即位儀礼。そして、
植民地期以来、土地と社会集団の所有関係を規
定してきた古文書。この二つの「詩的テクスト」
の記号論的繋がり―メタプラグマティクスを、
儀礼スピーチや神話的語りの緻密な記述に、分析
を通して詳らかにする言語人類学的エスノグラ
フィー。
　2017.2 496p A5 ¥5741 ①978-4-88303-423-9

◆グローバル化時代の文化・社会を学ぶ―文
化人類学/社会学の新しい基礎教養　長友淳編
（京都）世界思想社
【要旨】トランスナショナリズム時代の流動性を
読み解く。文化相対主義や贈与論など基礎的理
論から、ジェンダー論やポストコロニアル理論な
どの現代的視点までカバーする入門書。今日の
文化の動態性を学ぶ上で重要な視点が身につく。
調査法とレポートの書き方も伝授。各章ディス
カッションテーマ付。
　2017.4 173p B6 ¥1900 ①978-4-7907-1696-9

◆グローバル支援の人類学―変貌するNGO・
市民活動の現場から　信田敏宏, 白川千尋, 宇
田川妙子編　（京都）昭和堂
【要旨】グローバル支援とは、環境や人権など普
遍的でグローバルな価値や課題に基づき人々の
エンパワーメントをめざす支援活動である。本
書では、グローバル支援の行われるNGO・市民
活動の現場における問題を、人類学のミクロな
視点を活かして解明する。
　2017.3 365, 7p A5 ¥3700 ①978-4-8122-1609-5

◆毛の人類史―なぜ人には毛が必要なのか
カート・ステン著、藤井美佐子訳　太田出版
（ヒストリカル・スタディーズ 18）
【要旨】人類の進化とともに「毛」も変化を遂げ
てきた。薄毛に悩む英雄から最先端の毛根研
究、AIによるヘアカットまで毛が人間に与えて
きた影響をあらゆる角度から紐解く驚異に満ち
た物語。
　2017.2 250, 32p B6 ¥2400 ①978-4-7783-1557-3

◆現代に生きる妖怪たち　石井正己編　三弥
井書店
【要旨】「妖怪」というキャラクターが現代にど
のような姿で生きているのか。観光や地域の町
おこし、文化の創造を担う怪談や妖怪。外国と
日本の妖怪像を比較し妖怪からわかる国や民族
の持つ死生観や人生観に触れる。
　2017.7 211p A5 ¥1700 ①978-4-8382-3322-9

◆交錯と共生の人類学―オセアニアにおけるマ
イノリティと主流社会　風間計博編　（京都）
ナカニシヤ出版
【要旨】オセアニア島嶼部における移民・「混血」、
性・障害、記憶、感情の民族誌事例を提示しな
がら、錯綜した現代世界における、人類学的な
共生の論理を追究する。
　2017.3 307p A5 ¥5200 ①978-4-7795-1144-8

社会・文化

◆甲州・樫山村の歴史と民俗　2　年中行事・お筒粥・お神楽・山王権現、訂正と再考　大柴弘子著　鳥影社
【目次】第1章 樫山村の年中行事・儀礼―昭和六十年代頃までの調査資料と覚書、変遷「年中行事、農耕儀礼 ほか」、第2章 樫山村の「お筒粥」「お神楽」―伝統と現代の狭間にあって（「お筒粥」「お神楽」の覚書・資料、樫山村「お筒粥」見聞録（平成二十七、二十八年、平成二十七年））、第3章 「木のお札」から分かる樫山村の歴史―「山王権現」と「お筒粥」など（「本殿」に埋もれていた「木のお札」および品々、「木のお札」から読み取れる樫山村の歴史 ほか）、第4章「甲州・樫山村の歴史と民俗」（二〇一〇）における訂正と再考（「樫山」が地図上から消去された時期の訂正と再考、および「清里」誕生について、「弘法水」の場所の修正、および弘化二年の絵地図から ほか）
　2017.6 282p B6 ¥1800 ①978-4-86265-608-7

◆口承文芸と民俗芸能―星野岳義著作集　星野岳義著　日本評論社
【目次】真澄遊覧記にみる日本文化（菅江真澄とその異文化理解、菅江真澄の都鄙認識：補説 松前神楽予備調査報告）、菅江真澄の採集した口承文芸（菅江真澄の採集した安倍佐伝承、菅江真澄の採集した坂上田村麻呂伝承 ほか）、菅江真澄の見聞した民俗芸能（菅江真澄の見聞した神楽、菅江真澄の見聞した田楽 ほか）、各地の民俗芸能（渡辺伸夫著『椎葉神楽発掘』、鹿児島県の「将軍舞」：翻刻 若松右京『将軍舞之次第』ほか）
　2017.2 386p A5 ¥7600 ①978-4-535-58703-8

◆古代研究　2　民俗学篇　2　折口信夫著　KADOKAWA　（角川ソフィア文庫）改版
【要旨】「ともかく行ってみることだ」行って、見て、具体的に、文献の中に眠っている知識を呼び覚ませー。折口がなにより重視していたのは実践であり、その成果として代表されるのが、琉球や雪祭り、花祭りの採訪から生まれた「信太妻の話」そして「翁の発生」である。折口民俗学の中核をなす2篇をはじめ、前段となる「愛護若」「花の話」など11篇を収録。国文学と芸能研究融合の萌芽が随所に息づく。
　2017.1 311p A6 ¥920 ①978-4-04-400197-1

◆古代研究　3　民俗学篇　3　折口信夫著　KADOKAWA　（角川ソフィア文庫）改版
【要旨】「鬼の話」「はちまきの話」「ごろつきの話」という折口学のアウトラインを概観できる3篇から始まる第3巻。海・山の民が、里の生活と関わりながら、舞や踊り、文学さらには信仰にいたるまでその文化を発展させていったことなど、柳田民俗学と一線を画す論が興味深い。さらに、"みこともち"の概念にふれた「神道に表れたる民族論理」「天皇の即位儀礼に関する画期的論考「大嘗祭の本義」」も所収。
　2017.2 334p A6 ¥920 ①978-4-04-400198-8

◆古代研究　4　民俗学篇　4　折口信夫著　KADOKAWA　（角川ソフィア文庫）改版
【要旨】「日本の『神』は、昔の言葉で表せば、たまと称すべきものであった」―。霊魂、そして神について考察した「霊魂の話」や、文献に残る絵図とともに詳説した「河童の話」、折口古代学の核心に迫る「古代人の思考の基礎」など十三篇を収録。巻末には、「古代研究」に収められたそれぞれの論考の要旨の解説にくわえ、「折口学」の論理的根拠と手法について自ら分析・批判した「追い書き」も掲載。
　2017.3 350p A6 ¥920 ①978-4-04-400199-5

◆ことばだけでは伝わらない―コミュニケーションの文化人類学　西江雅之著　幻戯書房
【要旨】「伝え合い」という考え方で、言語（バーバル）と非言語（ノンバーバル）の働きを総合的に捉える。世界の無数の言語に親しんだ文化人類学者による、本質的なコミュニケーション入門。「見た目」や「伝え方」だけではない、7つの要素。　2017.9 221p B6 ¥2200 ①978-4-86488-128-9

◆子どもを産む・家族をつくる人類学―オールターナティブへの誘い　松岡悦子編　勉誠出版
【要旨】出産・家族・政策―グローバル化した現代社会において、子どもを産むこと、家族をつくることはひとつの国の中だけで完結しない、世界的な視野で考えねばならないテーマになっている。多彩なリプロダクションの現象を盛り込み、人類学的視点からリプロダクション、国家、文化、医療の関係を探る。
　2017.2 309p A5 ¥3200 ①978-4-585-23044-1

◆魚と人の文明論　秋道智彌著　（京都）臨川書店

【要旨】魚と人のかかわりのなかで、われわれ地球の文明はどのような歩みをたどり、どこへ向かおうとしているのか。古代ヨーロッパから、メソポタミア・アジア・オセアニア、近世・現代の日本まで。身近な食物資源であると同時に、物学・芸術・信仰の対象としても扱われてきた魚の多面的な歴史を、豊富な図版・写真を用い解説。自然・人文諸科学の総合的な見地から、魚・人・カミのかかわりを軸とした新たな文明像を提唱する。
　2017.12 322, 4p A5 ¥5300 ①978-4-653-04118-4

◆鮭の神・立烏帽子・歌比丘尼―伝説・縁起・ハナシを尋ねる　小林幸夫著　三弥井書店（三弥井民俗選書）
【目次】伝説を尋ねる（鮭の神の伝説、乾鮭の霊社―丹波の杵の宮伝説、白菊の琵琶―琵琶塚伝説と清音寺縁起 ほか）、縁起を辿る（鈴鹿山の立烏帽子、「田村堂」の縁起語り―鈴鹿山の立烏帽子伝承、『清水寺参詣曼荼羅』の絵解き―一休諸国物語」―典籍を有する俗伝、咄・遊び・挿絵―淡島の大蛇、歌比丘尼のハナシ ほか）
　2017.8 244p B6 ¥3000 ①978-4-8382-9094-9

◆サーヘルの環境人類学―内陸国チャドにみる貧困・紛争・砂漠化の構造　石山俊著　（京都）昭和堂
【要旨】サハラ砂漠南縁に広がるサーヘル地域。深刻な砂漠化が国際的関心事となっているこの地域にあって、とりわけ貧しさや紛争に悩み、かつてサハラ交易により繁栄したチャドが現在かかえる問題とは。「内陸国化」を軸に貧困・紛争・砂漠化の構造に切り込む。
　2017.3 221p A5 ¥4600 ①978-4-8122-1618-7

◆山怪　2　一山人が語る不思議な話　田中康弘著　山と渓谷社
【要旨】ベストセラー『山怪』第二弾、顕現!!山岳、怪談、民俗学…and more。領域を超えて拡散する「語り」の魔術。山在形のフィールドワーク！　2017.2 254p B6 ¥1200 ①978-4-635-32008-5

◆死者を弔うということ―世界の各地に葬送のかたちを訪ねる　サラ・マレー著、椰野みさと訳　草思社（草思社文庫）
【要旨】自身の父親の死を機に、フィナンシャルタイムズのベテラン記者だった著者は世界各地のさまざまな「葬送」の姿を訪ね歩いた。文化や社会によって死のとらえ方、悲しみ方、儀式のあり方はさまざまで多種多様なかたちをもつ。それらの歴史的な経緯もたどりつつ、人間にとっての「死」「死者」の意味を問う。紀行文のように綴られた文章には臨場感があり、多様な死の儀式を追体験するうちに、私たち自身の「死」のあり方を考えさせてくれる。
　2017.10 452p A6 ¥1300 ①978-4-7942-2302-9

◆死者と先祖の話　山折哲雄著　KADOKAWA　（角川選書）
【要旨】とどまることのない延命長寿化のなか、みずからや家族の死を「どのような形で迎えたらよいのか」という問いが、いま私たちを苦しめている。無葬無墓・散骨葬・寺院消滅・脱宗教―死を棚上げにする肥大化する社会現象に、解決への糸口は見つかるのだろうか。折口信夫『死者の書』と柳田国男『先祖の話』という戦時下に著された二つの書を導きに、鎮魂・供養・往生・看取り等から、日本古来の信仰や死生観を見つめ直す。
　2017.12 238p B6 ¥1600 ①978-4-04-703594-2

◆死者の書　折口信夫著　KADOKAWA　（角川ソフィア文庫）
【要旨】「した した した」水の音と共に闇の中で目覚めた死者・滋賀津彦（大津皇子）。一方、藤原南家豊成の娘・郎女は十郎写経中のある日、二上山に見た仏に誘われ女人禁制の万法蔵院に足を踏み入れる。罪を贖う間、山に葬られた滋賀津彦と彼が恋う耳面刀自の物語を聞かされた郎女の元に、「つた つた つた」滋賀津彦の亡霊が訪れー。魂の神秘的な交感を描く折口の代表的小説。詳細な注釈で物語世界が鮮やかに蘇る。挿画「山越阿弥陀図」『當麻曼陀羅』をカラー口絵で収録。
　2017.7 378p A6 ¥920 ①978-4-04-400204-6

◆自然科学の視点から考える日本民俗学　橋口公一著　幻冬舎メディアコンサルティング、幻冬舎 発売　（幻冬舎ルネッサンス新書）
【要旨】日本文化の際立った特徴（貧弱な住宅、豊かな外食産業、農業不適地、歓楽街の林立、巨大商社の誕生など）は、諸大陸から隔てられた極東の島国である地理的要素と自然災害多発・高温

多湿の地殻地勢・気候的要素に拠るという自然科学者の視点からの新奇な日本民俗学が論じられている。また、大学における理数系教官としての多様な経験に基づいて、我が国の高等教育・研究制度に潜む種々の問題に一石を投じ、新たな改善策が示されている。さらに、人生や日常の様々な事象について、生と性の問題から老い、死生観に至るまで、興味溢れる斬新な見解が展開されている。我が国のさらなる発展とよりよい私生活のための秘策満載で、若年層からシニア世代に至るまでの現代日本人必読の書である。
　2017.4 215p 18cm ¥800 ①978-4-344-91169-7

◆自然の神と環境民俗学　鳥越皓之著　岩田書院
【目次】1 民俗学にとって環境とは（環境と民俗学）、2 山の神・水の神・風の神・雷神（自然の神はどのような神々だろうか、山の神と祖霊、水の神の正体、風の神と風の三郎、雷神と天祭、樹霊と丸木舟）、3 山への信仰と花見（桜花への願い、見るから花見へ、信仰が花見見物をうながす―吉野山から考える、花見を楽しむ）、4 信仰世界と実践（斎場御嶽を男子禁制の場にできないだろうか、神の土地と学問の実践）
　2017 212p A5 ¥2200 ①978-4-86602-011-2

◆社会人類学入門―多文化共生のために　ジョイ・ヘンドリー著、桑山敬己、堀口佐知子訳　法政大学出版局　（原書第3版）増補新版
【要旨】人類学の理論と民族誌をバランスよく配置し、独学でも人類学の世界に飛び込める絶好の入門書。定評ある旧版（2002年刊行・累計3刷）に、原書第3版（2016年刊）の増補部分を大幅追加して新たに刊行！イギリス人類学の最新成果とともに、昨今の観光やフィールドワークの問題を盛り込み、異文化としての日本の民族誌の事例も豊富に取り上げた本書からは、「いまなぜ人類学が必要か」が明確に見えてくる。
　2017.7 361p A5 ¥3300 ①978-4-588-67519-5

◆社会人類学年報　Vol.43.2017　東京都立大学、首都大学東京社会人類学会編、松園万亀雄、渡邊欣雄、伊藤眞監修　弘文堂
【目次】嘘の美学―異文化を理解するとはどういうことか、過去との多様な連累の探求に向けて―インドネシア地方社会の集団的暴力をめぐる考察、ボブ老師はこう言った―内陸アラスカ・ニコライ村におけるキリスト教・信念・生存、"人と学問" 村武精一先生の文化的・象徴的秩序、「窓」のある景色、「窓」から垣間見る世界―法・観光化・政治の狭間にあるアムステルダムの移民売春春をめぐる予察、現代に生きる昔語り―青森県津軽地方にみる昔コと子どもたち、生家にとどまる既婚女性―ネパール、グルン社会における一時的な訪問婚に関する予備的考察、"研究動向" 女性の越境移動研究の展開―アジアにおける婚姻移動を中心に、"書評" PIRIE, FERNANDA The Anthropology of Law、"新刊紹介" 風戸真理著『モンゴル牧畜社会をめぐるモノの生産・流通・消費』、"新刊紹介" 大石高典『民族境界の歴史生態学―カメルーンに生きる農耕民と狩猟採集民』
　2017.11 180p A5 ¥3400 ①978-4-335-51103-5

◆「社会的なもの」の人類学―フィリピンのグローバル化と開発にみるつながりの諸相　関恒樹著　明石書店
【目次】第1部 都市における貧困とクライエンテリズム的なつながり（侵食されるアソシエーション―スラムの土地ーラム事業とクライエンテリズム的なつながり、さまざまな「人的資本への投資」―条件付現金給付政策と希求されるクライエンテリズム的なつながり）、第2部 海域社会における資源管理とコミュニティのつながり（規律化するコミュニティ―海域資源管理の制度化のプロセス、開かれるコミュニティ―海域資源管理制度の文脈化のプロセス、海域の生計を支えるコミュニティのつながり―ある漁師のライフヒストリーから）、第3部 トランスナショナルな社会的なつながりと親密なつながり（「草の根のトランスナショナリズム」と親密なつながり―ある出稼ぎ労働者の妻のライフヒストリーを中心に、差異化としての海外移住―ミドルクラス・プロフェッショナルのアイデンティティに注目して、葛藤のなかの「家族」―アメリカ合衆国におけるフィリピン系1.5世代移民のアイデンティティ、ゆるやかな連帯の可能性―ミドルクラスの両義的アイデンティティと「95年法」改正運動）
　2017.12 331p A5 ¥5200 ①978-4-7503-4602-1

◆写真で辿る折口信夫の古代　芳賀日出男著　KADOKAWA　（角川ソフィア文庫）

【要旨】民俗学者・折口信夫は「古代」を知ることに全生涯をかけていた。それは歴史的な意味ではなく、日本古来の信仰や習俗に宿る、時代を超えた精神性である。万葉びとの生活、沖縄への旅、芸能研究、そして小説へ一代表作「古代研究」『身毒丸』『死者の書』などに記された習俗祭礼はいかなるものなのか。民俗写真の第一人者が70年の歳月をかけて撮り続けた集大成。オールカラーの写真と文章で紹介する、折口学入門の決定版！
　　2017.12 269p A6 ¥1560 ①978-4-04-400327-2

◆宗教と儀礼の東アジア一交錯する儒教・仏教・道教　原田正俊編　勉誠出版　（アジア遊学）
【要旨】祖先祭祀、葬送や鎮魂、そして王権の正統化・補強…儀礼は、歴史の局面において様々に営まれ、時に人びとの救済への切実な営みとして、また時には支配・被支配の関係性の強化にも働いた。そして、その源泉には儒教・仏教・道教などの宗教があった。諸宗教の交渉がもたらす儀礼の諸相を、思想史・歴史学・文学・美術史などの視点から多面的に論じ、東アジアにおける宗教と儀礼の関係性を歴史的に位置づける画期的成果。
　　2017.3 245p A5 ¥2400 ①978-4-585-22672-7

◆昭和戦前期怪異妖怪記事資料集成　下　湯本豪一編　国書刊行会　（付属資料：CD・ROM1）
【目次】昭和11年、昭和12年、昭和13年、昭和14年、昭和15年、昭和16年、昭和17年、昭和18年、昭和19年、昭和20年、幕末：慶応4年
　　2017.2 1213, 71p 31×24cm ¥55000 ①978-4-336-06075-4

◆食をめぐる人類学一飲食実践が紡ぐ社会関係　櫻田涼子、稲澤努、三浦哲也編著　（京都）昭和堂　（東北アジア研究専書）
【要旨】「食べる」という行為を足がかりにして、各地域社会で人々がどんな社会関係を取り結んでいるか、家族・親族関係にもこだわりながら考察。また、東南アジアの諸研究を土台に東アジアやオセアニアの事例を論じた地域研究でもある。今後の食文化研究の可能性を高める意欲的な書。
　　2017.3 266, 11p A5 ¥5000 ①978-4-8122-1610-1

◆書物学　第10巻　南方熊楠生誕150年　勉誠編集部編　勉誠出版
【目次】特集 南方熊楠生誕一五〇年（南方熊楠と『エンサイクロペディア・ブリタニカ』、江戸博物学との対話一熊楠手沢本の書き込みを、まほろしの単行本構想一南方邸資料中山太郎書簡を中心に、コレクションの帰趨一オットー・ペンツィィヒ、田中長三郎、南方熊楠）、特別対談・国文学研究の国際展開一著作権・データ・図書館、書物学こと始め（書物の声を聞く書誌学入門・第十回、江戸時代の古文書の読み方・第一〇回・村議定、書籍文化史片片々・其之十・古書漁りの余得一『官版単語篇』領収書と上野尚志書状、ベストセラーと雑誌の出版史10、愛書家としての魯迅4 上海での愛書癖開花と美術書出版への傾斜（二）一ビアズリー紹介をめぐって、英国愛書家の系譜8 国王を立腹させた学者ピーター・ヘイリングの場合、西洋古書の遠近法2 最初にページ付けをした本、ベロッティ「ラテン語の豊穣の角」をめぐって）
　　2017.3 76, 17p B5 ¥1500 ①978-4-585-20710-8

◆進化する妖怪文化研究　小松和彦編　せりか書房　（妖怪文化叢書）
【要旨】国際日本文化研究センター（日文研）の共同研究「怪異・妖怪文化の伝統と創造一研究のさらなる飛躍に向けて」の研究成果報告書。
　　2017.10 499p A5 ¥4000 ①978-4-7967-0369-7

◆侵犯する身体一フェティシズム研究　3　田中雅一編　（京都）京都大学学術出版会
【要旨】身体が精神の呪縛からわたしたちを解き放つ。ヒトと身体とモノの不思議な関係を究めるシリーズ完結編。
　　2017.6 492p A5 ¥5000 ①978-4-87698-951-5

◆人類学者の人間論ノート　江原昭善著　雄山閣
【目次】第1章 自然人類学者の独り言一「人類学」が内包する自己矛盾とは、第2章 ホモ・サピエンスの稜線の彼方で一新しい人類学的人間像、第3章 自然人類学者、仏教思想に触れて、第4章「あの世」は「この世」の延長か一自然人類学者が考えたこと、第5章 人間の深層を探る、第6章「悟り」や「啓示」は宗教領域だけの概念か一自然人類学から脱皮して、第7章 哲学と自然人類学との狭間で、第8章 自然人類学の「環境」

概念を再吟味する、第9章 ホモ・サピエンスの苦渋と提言
　　2017.8 225p B6 ¥2400 ①978-4-639-02504-7

◆図説 遠野物語の世界　石井正己著、浦田穂一写真　河出書房新社　（ふくろうの本）　新装版
【要旨】河童、山男、ザシキワラシ、オシラサマ…遠野の地に語り伝えられ、柳田国男が記録にとどめた不思議な話の世界へ。豊富な写真・資料とともに一聞き書きから出版まで、不朽の名作『遠野物語』はいかにして生まれたのか？
　　2017.12 119p 22×17cm ¥1800 ①978-4-309-76266-1

◆図説 日本の妖怪　岩井宏實監修、近藤雅樹編　河出書房新社　（ふくろうの本）　新装版
【要旨】鬼、天狗、狐、河童、土蜘蛛、化け猫、付喪神、怨霊…怖いのだ、どこか愉快なものの け魑魅魍魎、百鬼夜行一めくるめく想像力の万華鏡、異界からの使者の世界へようこそ。
　　2017.5 111p 22×17cm ¥1800 ①978-4-309-76255-5

◆性・差別・民俗　赤松啓介著　河出書房新社　（河出文庫）　『非常民の民俗境界一村落社会の民俗と差別』改題書
【要旨】“境界”においてこそ、多様な階級の農民や非定住民の生活様態が顕在化する一。祭りなどの非差別民の民俗、土俗信迎と夜這いの性民俗から非常民の実像に迫る赤松の代表作。「せめて村落共同体の最末期の環境を、戦時下における抵抗と屈従の歴史を残しておきたい」というのが唯一の目標であるとする赤松民俗学の遺産。
　　2017.4 307p A6 ¥830 ①978-4-309-41527-7

◆説経一人は神仏に何を託そうとするのか　神戸女子大学古典芸能研究センター編　（大阪）和泉書院　（神戸女子大学古典芸能研究センター叢書）
【要旨】闇夜を行く境涯にも、やがて一条の光明が訪れる。「救い救われる」説経の物語は日本人の心情を捉えて離さない。その説経の魅力を生成論の立場から、国文学・歴史学・民俗学・宗教学など多方面の研究知見を結集し、研究水準を別次元に押し上げた画期的な研究成果。
　　2017.3 379p A5 ¥4500 ①978-4-7576-0831-3

◆殺生と戦争の民俗学一柳田國男と千葉徳爾　大塚英志著　KADOKAWA　（角川選書）
【要旨】柳田國男の最後の弟子、千葉徳爾。だが師の名に比して彼を知る人は少ない。徹底して自然主義を貫いた千葉は、しかしその異端さゆえに、「民俗学者」と名乗ることに抗い続けた柳田の最も正統な弟子とも言える。千葉が異端なほど固執した「殺生の快楽」、必然的に導かれる「戦争」と民俗学の密接な関わり。「公民の民俗学」として柳田が説いてきた著者が、自らの師の研究に対峙し、現代の民俗学の在り方までを問う渾身の評論。
　　2017.3 390p B6 ¥2000 ①978-4-04-703607-9

◆世礼国男と沖縄学の時代一琉球古典の探求者たち　末次智著　森話社
【要旨】アイデンティティ探求のための郷土研究が、ナショナリズムを補完してしまうという矛盾。戦前の沖縄学の研究者たちは、その矛盾を抱えながら、どのように考え、生きたのか。大正から戦時下にかけて活躍した世礼国男、島袋全発、宮城真治、比嘉盛章などの新おもろ学派を中心に、伊波普猷、小野重朗なども含め、沖縄学の軌跡を追う。
　　2017.3 289p A5 ¥5800 ①978-4-86405-113-2

◆賤民にされた人びと一非常民の民俗世界　柳田国男著　河出書房新社
【要旨】被差別民の民俗世界。常民いわゆる定着農耕民の研究に目を絞った柳田民俗学の、そうでなかった漂泊放浪の民に眼差しを向けた“非常民の民俗学”エッセイ・論考の集大成。「被差別民とはなにか」と併せるコンプリートワークス。　2017.5 251p B6 ¥2400 ①978-4-309-22701-6

◆葬儀業のエスノグラフィ　田中大介著　東京大学出版会
【目次】序章 死をめぐる儀礼と産業の結びつき、第1章 日本における葬儀業の歴史的展開、第2章 葬儀業界の動向、第3章 葬儀業界の仕事、第4章 新しいサービスの創出、第5章 ケア産業としての葬儀業、第6章 つくられる葬儀、第7章「現代の死」と葬儀
　　2017.1 261p A5 ¥5200 ①978-4-13-056310-9

◆葬送儀礼と現代社会　智山勧学会編　青史出版
【要旨】1 日本人と葬送儀礼（葬式仏教の誕生、葬儀習慣の変化と個人化、霊と肉と骨一現代日本

人の死者観念）、2 各宗における葬送儀礼（天台宗における葬儀の意義と実際、浄土宗における葬儀の意義と実際、曹洞宗における葬儀の意義と実際、日蓮宗における葬儀の意義と実際、浄土真宗における葬儀の意義と実際、3 真言宗智山派における葬送儀礼（教化からみた葬儀、葬送儀礼の事相的意義と実際）、4 まとめにかえて（生者・死者共存の文化一日本文化再考の契機）
　　2017.3 431p A5 ¥9500 ①978-4-921145-60-6

◆旅の民俗シリーズ　第1巻　生きる　旅の文化研究所編　現代書館
【要旨】放浪、探検、冒険…人はなぜ旅人になるのか？ タンカバイ、おなごいさば、海女、出稼ぎ杜氏、籠屋、箕直し。記録に残しておかなくてはならない、「旅で生きる人びと」。さまざまな分野で活躍する研究者が、新しい旅行史の体系化を目指すシリーズ。
　　2017.10 251p B6 ¥2300 ①978-4-7684-5815-0

◆旅の民俗シリーズ　第2巻　寿ぐ　旅の文化研究所編　現代書館
【要旨】放浪、探検、冒険…旅人は私たちの心になにを刻むのか？ 人形三番叟、鉢叩き、歌舞伎の旅興行、備中神楽、オナゴ相撲、ボサマ…記録に残しておかなくてはならない、「旅で寿ぐ人びと」。さまざまな分野で活躍する研究者が、新しい旅行史の体系化を目指すシリーズ。
　　2017.10 251p B6 ¥2300 ①978-4-7684-5816-7

◆旅の民俗シリーズ　第3巻　楽しむ　旅の文化研究所編　現代書館
【要旨】放浪、探検、冒険…人は旅をどう味わうのか？ 春風駘蕩、万葉歌、酒、日本脱出、夫婦の契り、ウォーキング。記録に残しておかなくてはならない、「旅で楽しむ人びと」。さまざまな分野で活躍する研究者が、新しい旅行史の体系化を目指すシリーズ。
　　2017.10 251p B6 ¥2300 ①978-4-7684-5817-4

◆魂 その原形をめぐって　狩野敏次著　雄山閣　（生活文化史選書）
【要旨】魂とはなにか？ 神話、説話、物語をめぐり探る日本人の魂（ゴースト）観！
　　2017.5 182p A5 ¥2800 ①978-4-639-02490-3

◆タラウマラ　アントナン・アルトー著、宇野邦一訳　河出書房新社　（河出文庫）
【要旨】「私は世界の最終地点の一つにたどり着いていた」一メキシコのタラウマラ族との出会い、そのペヨトル/ダンスの儀式はアルトーに決定的な啓示をあたえ、「器官なき身体」への道を開いた。巨大な岩石からなる地理とシャーマニズムの儀式をみずからの身体に打刻する苛烈な実験の衝撃をしるし、世界への新たな闘いを告げる特異なテクスト群を集成したアルトーの奇蹟の書。
　　2017.6 215p A6 ¥800 ①978-4-309-46445-9

◆男性的なもの/女性的なもの　1　差異の思考　フランソワーズ・エリチエ著、井上たか子、石田久仁子監訳、神田浩一、横山安由美訳　明石書店
【目次】社会の基礎には男女の示差的原初価が存在する？、社会的なものの論理一親族体系と象徴的表象、妊娠能力と不妊一イデオロギーの罠の中で、不妊、乾き、乾燥一身分階的思考における いくつかの不変項、精液と血液一その生成と両者の関係に関する古代の理論について、悪臭に捉えられた赤ん坊一精液と血液が母乳に与える影響について、半身像、片足裸足、片足跳び一男性性の古代形象、アリストテレスからイヌイットまで一ジェンダーの理論的構築、戦士の血と女たちの血一妊娠能力の管理と占有、さまざまな独身像一避妊、犠牲、背徳、ユピテルの太腿一新たな生殖方法についての考察、個人、生物学的なものと子を もつ権利と生殖の問題、女性が権力をもつことはありそうにない
　　2017.6 373p B6 ¥5500 ①978-4-7503-4532-1

◆地方都市の覚醒一大正昭和戦前史 博覧会篇　山路勝彦著　（西宮）関西学院大学出版会
【目次】第1部 都市、産業、娯楽：東京からの発信（鉄道と近代：柳田國男と夏目漱石、東京を見せる：大正期の二つの博覧会、国産振興博覧会への道）、第2部 郷土、観光、国際化：地方都市が燃えた昭和の時代（鉄道とラジオ：インフラ整備と博覧会、地方都市からの発信、均質化と地域特性、郷土を見て、観光を楽しむ(1)一郷土館の語り、郷土を見て、観光を楽しむ(2)一観光への誘い、名古屋市と国際博覧会：名古屋汎太平洋平和博覧会、戦場の博覧会とまぼろしの博覧会）　2017.2 392p A5 ¥4800 ①978-4-86283-232-0

社会・文化

◆地名の研究　柳田国男著　中央公論新社
（中公クラシックス）
【要旨】地名は祖先からの"手紙"である。祖先たちの生活誌であり自然観察の記録である。スリリングで知的な"手紙"を読み解く。
2017.4 333p 18cm ¥1800 ①978-4-12-160173-5

◆中世実在職業解説本 十三世紀のハローワーク　グレゴリウス山田著　一迅社
【要旨】本書では、中世ヨーロッパを中心に、かつて実在していた職業が、ゲームのユニット風に紹介されています。紹介されている職業は多岐にわたり、収録数はなんと100職以上！ 中世を愛する人、そしてファンタジーを愛する全ての人に向けて、伝説の同人誌が復活！
2017.2 294p B5 ¥2700 ①978-4-7580-3255-1

◆天災と日本人―地震・洪水・噴火の民俗学　畑中章宏著　筑摩書房　（ちくま新書）
【要旨】日本は、災害が多い国である。毎年のように、地震、津波、洪水、噴火、土砂崩れ、雪害等が起こっている。古来、日本人はそのような災害と付き合いながら生活を営み、その「復興」と「予防」の知恵を豊富に有していた。そして、それは各地の風習や伝承、記念碑として受け継がれてきたのである。本書は、日本各地の災害の記憶をたずね、掘り起こし、日本人と天災の関係を探っていく。自然に対する感性が鈍ってしまった現在において、必読の一冊！
2017.2 251p 18cm ¥820 ①978-4-480-06945-0

◆天竜川流域の鹿射ち神事―鹿射ち神事にみる「死」と「再生」　吉村睦志著　幻冬舎メディアコンサルティング，幻冬舎 発売
【要旨】知られざる神事と古き諏訪信仰から、古代人の死生観を読み解く。
2017.12 224p B6 ¥1200 ①978-4-344-91471-1

◆登録有形文化財―保存と活用からみえる新たな地域のすがた　佐滝剛弘著　勁草書房
【要旨】「登録有形文化財」って何？ あなたの近くにもある地域の宝石、その全貌を俯瞰するはじめての一般書。各地の歴史や文化と深く結びついた1万件を超える登録有形文化財。まちづくりの拠点としての役割も担う多彩な物件をジャンルごとに紹介。ユニークで奥深い世界へいざない、その魅力を余すことなく伝える。
2017.10 329, 7p B6 ¥2700 ①978-4-326-24846-9

◆都市と農村　柳田国男著　岩波書店（岩波文庫）
【要旨】昭和初期の小作争議が頻発した時代、農政官として出発した柳田は、農村の疲弊と農民の貧困を、農村内部の問題としてではなく、都市との関係でとらえた。田舎から都市への人の流入を歴史的にたどり、文化全体をみつめるなかで、具体的な希望として農民による協同組合運営や、都市町間の連携を提言。現代においても示唆に富む。初文庫化。
2017.9 299p A6 ¥840 ①978-4-00-381221-1

◆共食いの博物誌―動物から人間まで　ビル・シャット著，藤井美佐子訳　太田出版（ヒストリカル・スタディーズ 20）
【要旨】カニバリズム（共食い）はさまざまな生物間でおこなわれ、多くの動物では飢餓やストレスなど環境要因に対する自然な反応と見なされる。さらに進化論的にも理に適っている。一方、人間がカニバリズムに強い嫌悪感を抱くのはなぜだろうか。生物学的なものか、それとも文化的なものか？ 動物学者が科学的な視点から昆虫、魚、鳥、動物、そして人間までのあらゆるカニバリズムのタブーに分け入り、真実を解き明かした画期的なノンフィクション。
2017.12 366, 21p A6 ¥2900 ①978-4-7783-1606-8

◆なぜ闘う男は少年が好きなのか　黒澤はゆま著　ベストセラーズ
【要旨】歴史を支える闘う男と少年の秘密の恋。webメディア『cakes』で累計100万PVを誇る連載コラムがついに書籍化！
2017.3 311p B6 ¥1426 ①978-4-584-13785-7

◆南島植物学、民俗学の泰斗 田代安定　越護著　（鹿児島）南方新社
【目次】第1章 青年期（下級武士の長男、明治天皇の前でフランス語朗読 ほか）、第2章 八重山諸島を本格調査（困難待ち受ける調査、マラリアに罹患 ほか）、第3章 沖縄の歴史や文化と深い関わり（琉球の「ノロ」、琉球諸島の「結縄文字」 ほか）、第4章 台湾総督府時代（日清戦争に従軍、台湾総督府の初代殖産部員に ほか）
2017.3 167p A5 ¥2800 ①978-4-86124-351-6

◆21世紀の民俗学　畑中章宏著　KADOKAWA
【要旨】インターネット、スマホ、最新テクノロジーが神仏・祭り・習俗と絡みあう新世紀のリアルとは？ 新しいと思われているものが古いものに依存していて、古くさいと思われていたものが新しい流行の中にある―。柳田国男や宮本常一以来、不安定で流動的な現象の中にこそ日本人の変わらぬ本質を見てきた民俗学が、新時代に切り込む。
2017.7 238p B6 ¥1800 ①978-4-04-400205-3

◆日系アメリカ人のエスニシティ―強制収容と補償運動による変遷　竹沢泰子著　東京大学出版会　新装版
【要旨】反移民情が高まる今、日系人の経験から学ぶ。戦時中強制収容された日系二世と戦後生まれの三世。インタビューから蘇る、戦前から補償獲得までの道のり。現代世界に差別の代償を問いかける。第24回澁澤賞受賞。
2017.5 272, 22p A5 ¥4400 ①978-4-13-050191-0

◆日本人とくじら―歴史と文化　小松正之著　雄山閣（生活文化史選書）
【要旨】調査研究を目的とした捕鯨へと縮小し、また過激な保護運動についての報道は、記憶に新しい。「日本人とくじら」を改めて検証するため、全国行脚をした著者の記録。
2017.8 189p A5 ¥2800 ①978-4-639-02501-6

◆日本人は死んだらどこへ行くのか　鎌田東二著　PHP研究所（PHP新書）
【要旨】私たちは死んだらどこへ行くのか―。これは誰もが必ず直面する問いであろう。この問いは、大いなる不安を伴うものであり、ときに絶望ですらあり、いまの孤独を感じさせるものでもある。しかし古来、日本人は死についてどのように考えてきたかを知ることで、自分自身にとっての答えが見えてくる…。宮沢賢治、遠藤周作、本居宣長、柳田國男、折口信夫らの議論から、怨霊思想、和歌の生命力、アニミズム的発想、自分史的観点までをふまえつつ、「死」と「日本人」の関係を結び直し、現代の「安心」を求める意欲作。
2017.5 253p 18cm ¥860 ①978-4-569-83596-9

◆日本に暮らすロシア人女性の文化人類学―移住、国際結婚、人生作り　ゴロウィナ・クセーニヤ著　明石書店
【目次】第1章 現代女性の今―エイジェンシーの観点から見た女性移住者のライフクラフティング、第2章 現代ロシア人女性を取り巻く歴史的・社会経済的・ジェンダー的状況、第3章 地理的な観点から見たロシア人女性による移住、第4章 移住と国際結婚を背景としたロシア人女性の来日、第5章 越境した主体のライフクラフティング、第6章 彼女と彼ら―主婦関係へのクローズアップ、第7章 日本在住ロシア人女性の教育、キャリア及びライフチョイス、第8章 ロシア人女性移住者の心理状態や日常、第9章 ロシア人女性移住者の子供たち、第10章 ロシア人女性移住者の事例から見たポストモダニティにおける女性―結論と展望
2017.3 467p A5 ¥7200 ①978-4-7503-4485-0

◆日本の人類学　山極寿一，尾本恵市著　筑摩書房（ちくま新書）
【要旨】遺伝子研究を導入して人類の進化をたどってきた東大の人類学と、独自の霊長類研究を展開してきた京大の霊長学。日本の人類学は、彼らの切磋琢磨によって世界をリードしてきた。東大分子人類学の泰斗である尾本恵市と、京大霊長類学を代表する研究者である山極寿一が、人類学のこれまでの歩みと未来を語り尽くす。人類はどこからやってきたのか。ヒトはなぜユニークなのか。ユニークさゆえに生じる人間社会の問題とはなにか。新しい人類学を求める視点から鋭く論じる。
2017.11 286p 18cm ¥880 ①978-4-480-07100-2

◆日本の地霊（ゲニウス・ロキ）　鈴木博之著　KADOKAWA（角川ソフィア文庫）
【要旨】「人間の歴史は、土地の上に刻まれた営みの蓄積なのだ」近現代史を舞台に土地から探るためのキーワード「地霊」。土地、建築、街並みが語る声に耳を傾けるとき、失われた記憶や物語が浮かび上がる。国会議事堂に込められた鎮魂のデザイン、広島平和記念公園と厳島神社の意外な共通点、渋沢栄一や岩崎彌太郎がゆかりの地に寄せた想い…。優れた建築を守り伝える時代への転換をうながした建築史家の代表作。
2017.3 250p A6 ¥880 ①978-4-04-400190-2

◆日本妖怪考―百鬼夜行から水木しげるまで　マイケル・ディラン・フォスター著，廣田龍平訳　森話社
【要旨】捕まえようとすると、するりと手から逃れていく妖怪たち。日本人はその妖怪をどのように捉えてきたのか。江戸時代に編まれた百科事典や画集から、近代科学とのせめぎあい、文学や民俗学との関わり、そして現代メディアの中の妖怪像まで、妖怪文化を縦横無尽に語りつくす、「異人」による妖怪論。
2017.8 387p A5 ¥4800 ①978-4-86405-119-4

◆廃村続出の時代を生きる―南の島じまからの視点　安渓遊地編著　（鹿児島）南方新社
【要旨】今、地方に暮らす誰もが、人口減と生活基盤の崩壊への危機感を抱いている。南の島での数々の廃村研究を踏まえ、足下から未来を切り開く術を探る。
2017.3 303p A5 ¥2500 ①978-4-86124-363-9

◆廃村と過疎の風景　9　廃校廃村を訪ねて 1（関東）　浅原昭生著　HEYANEKO
【要旨】「廃校廃村を訪ねて」では、日本全国の廃校廃村（かつて学校・分校があった規模の廃村で、少数戸が残る集落＝高度過疎集落を含む）を地方別にまとめています。『廃村と過疎の風景（9）』はその第1弾の関東編で、関東18ヵ所の廃校廃村への旅行記（全12回）と、5ヵ所の廃村への旅行記（全3回）からなります。関東地方の「廃村千選リスト」を含みます。地形図14点（カラー）、写真183点（カラー176点）を掲載しています。
2017.9 100p B5 ¥1500 ①978-4-9903475-9-8

◆花祭　早川孝太郎著　KADOKAWA（角川ソフィア文庫）
【要旨】「花（花祭）」に入らずば、日本の伝統芸能は語れない」といわれる奥三河の神事芸能・花祭。悪霊を払い、神人和合や五穀豊穣・無病息災のため鎌倉時代末に始まったとされる、太陽の力の復活を願い、冬至の前後に行われる霜月神楽である。花宿の清めに始まり、稚児の舞・鬼の舞、翁などの神々の祝福、湯ばやし、神返し…滋味深い挿絵と平易な文章で花祭のすべてを伝える、柳田国男・折口信夫にも衝撃を与えた民族芸能の代表的古典。
2017.10 411p A6 ¥1400 ①978-4-04-400277-0

◆ハーフ・ブリード　今福龍太著　河出書房新社
【要旨】始原的レイプにはじまる混血児たちの物語…。
2017.10 365p B6 ¥3800 ①978-4-309-24830-1

◆東アジア世界の民俗―変容する社会・生活・文化　松尾恒一編　勉誠出版（アジア遊学 215）
【要旨】変容し続ける現代社会を、民俗学・文化人類学はどのように捉えることができるのか。文化の伝承は、どのように記録・記憶・保存され、未来に向かうのか。都市化の拡大や、民俗・民族文化の継承、発展、人と人のつながりの変化など、諸地域の社会と生活、文化を取り上げ、グローバル化が拡大する東アジアの現在を見つめなおす。
2017.10 269p A5 ¥2800 ①978-4-585-22681-9

◆東アジアで学ぶ文化人類学　上水流久彦，太田心平，尾崎孝宏，川口幸大編　（京都）昭和堂
【要旨】中国、韓国、モンゴル、そして日本など、東アジアでフィールドワークを行う研究者たちが、現地で出会った事例をもとに家族と親族、宗教、エスニシティなど文化人類学の主要テーマを解説する。東アジアを深く学びたい人にもおすすめの入門書。
2017.4 254p A5 ¥2200 ①978-4-8122-1612-5

◆東アジアの民族と文化の変貌―少数民族と漢族、中国と日本　鈴木正崇著　風響社
【要旨】中国南部の「少数民族」（トン族・ヤオ族・スイ族・トゥチャ族）と漢族との双方向的な位置を確認しつつ、中国と日本の文化の変貌まで視野に入れた、集大成的論考。
2017.8 506p A5 ¥8700 ①978-4-89489-229-3

◆英彦山の宗教民俗と文化資源　福岡大学福岡・東アジア・地域共生研究所監修，白川琢磨編　（福岡）木星舎
【要旨】神仏分離令が発せられ、山伏が山を下り、百五十年余が過ぎた。そしていま―、再び神と仏が習合し、山岳修験が復興する。霊峰・英彦山を繙く。
2017.10 400p A5 ¥4000 ①978-4-901483-97-1

◆被差別の民俗学　折口信夫著　河出書房新社

【目次】1 語り部と漂泊芸能（初春のまれびと、巡遊伶人の道－－賤民の文学、唱道文学一序説として、信太妻の話）、2 信仰と特殊技能（偶人信仰の民俗化並びに伝説化せる道、木地屋のはなし、鬼と山人と、巫女と遊女と）、3 ふるさとと海やまのあいだ（毎月帖一九月二日、三日、四日、零時日記（2）、神道の砂 その一）
2017.6 219p B6 ¥2400 ①978-4-309-22706-1

◆被差別民とはなにか－－非常民の民俗学　柳田国男著　河出書房新社
【要旨】非定住民研究の金字塔をなす初期文集を一堂に。柳田学は常民の民俗学、という定説をくつがえす七つの論考を収攬。柳田民俗学は、被差別民や漂泊放浪民への眼差しから始まった。今日でもまったく色あせない研究の成果を継承する。　2017.2 326p B6 ¥3000 ①978-4-309-22696-5

◆人と自然の生態学　掛谷誠著　（京都）京都大学学術出版会（掛谷誠著作集 第1巻）
【要旨】アフリカの焼畑農耕民社会を対象とし、自然・社会・文化の相互関係と動態を生態人類学の立場から解明してきた京都大学名誉教授・掛谷誠の著作集。日本をフィールドにした初期の研究も含め、その業績を集大成する。第1巻は日本の山村と島嶼を皮切りに、アフリカのトングウェやベンバの農村社会へフィールドを移し、生態人類学の基礎を築いていった著者の足跡をつまびらかにする。
2017.12 562p A5 ¥6000 ①978-4-8140-0127-9

◆非・場所－－スーパーモダニティの人類学に向けて　マルク・オジェ著、中川真知子訳　水声社
【要旨】インターネットを介したコミュニケーション空間、大規模スーパーマーケットにおける消費空間、空港に代表される交通空間。現代において当たり前となったこれらの空間はしかし、歴史をもたず、匿名性に満ちた空間である。歴史とアイデンティティに根ざした「場所」と対置される21世紀の「非・場所」を考察し、「いま・ここ」の新たな理論を立ち上げる。
2017.11 173p B6 ¥3700 ①978-4-8010-0287-6

◆貧困と連帯の人類学－－ブラジルの路上市場における一方的贈与　奥田若菜著　（横浜）春風社
【要旨】私は自分が要らないモノを他人にあげることはない。私にとっても重要なものだからこそ、あなたにあげる。舞台ブラジルの衛星都市、セイランジャ。その路上市場では、貧困地帯である北東部から移住してきた人々が働いている。貧乏人を自認する彼らは、ときに警察の取締りから逃れながら、働き者であることを誤り、困っている人に手を差し伸べる一路上商人たちの「正しさの規範」と「善さの規範」から、階層を越えた連帯の作法を探る。
2017.2 353p B6 ¥3700 ①978-4-86110-532-6

◆"フォーク"からの転回－－文化批判と領域史　小長谷英代著　（横浜）春風社
【要旨】「フォーク」の文化は、いかに創り出され、価値付けられてきたのか－－5つのキーワード「ヴァナキュラー」「アート」「パブリック・カルチャー」「オラリティ」「パフォーマンス」を手がかりに、19世紀から現代にいたる民俗学・文化人類学の研究動向、学術領域と社会の相互関係を掘り下げる。あらゆる芸術・文化研究の基礎に！
2017.4 224, 6p B6 ¥4300 ①978-4-86110-535-7

◆復元白沢図－－古代中国の妖怪と辟邪文化　佐々木聡著　現代書館 発売
【要旨】中国の伝説上の帝王・黄帝は、神獣・白沢の言葉を記録して、あらゆる鬼神を撃退する知識が書かれた書物『白沢図』を編纂した。この書物は、禍を避け福を招く辟邪（へきじゃ）呪術を伝えるものとして珍重されたが、今から約一千年前の北宋時代に散佚したと考えられる。本書では、この幻の奇書を、最新の研究成果をもとに復元。平易な訳と解説を付した。現代の妖怪文化の源流の一つである辟邪文化の原像を探る貴重な手がかりがここにはいされる。
2017.1 174p B6 ¥2000 ①978-4-7684-7964-3

◆「物質性」の人類学－－世界は物質の流れの中にある　古谷嘉章、関雄二、佐々木重洋編　同成社
【要旨】インターネットをはじめとするテクノロジーの革新により、仮想現実が蔓延し、世界と人間のあり方が急速に変化しているいま、物性・感覚性・存在論を包括する「物質性」というテーマに考古学・文化人類学・美術史学の論客が正面から挑む、人類学の新しい挑戦。
2017.3 244p A5 ¥5000 ①978-4-88621-755-4

◆ぶらり「観光と歴史」の旅－－日本全国心ゆたかに人生を楽しむ名所旧跡の道しるべ　高橋倭子著　歴研（歴研「旅」選書）
【目次】日本武尊が迎える伊吹山、西都原の天空を焦がす古墳まつり、遥かなる隠岐への誘い（島後篇、島前篇）、弘前ねぷた、青森ねぷた、万葉の里・鳥取国府町、常春の花の島・八丈島、万葉の旅、思い出の鞍馬口から下鴨へ、鮭の帰る城下町・村上市、頼山陽の像が迎える竹原市、人形の町・岩槻［ほか］
2017.9 221p A5 ¥1200 ①978-4-86548-060-3

◆文化遺産と生きる　飯田卓編　（京都）臨川書店
【要旨】文化遺産は誰のものなのか？ 本書姉妹編『文明史のなかの文化遺産』とともに、文化遺産学にはじめて文化人類学的視点を導入する。国立民族学博物館（みんぱく）機関研究の成果を書籍化！
2017.5 398, 5p A5 ¥4000 ①978-4-653-04361-4

◆文化を映し出す子どもの身体－－文化人類学からみた日本とニュージーランドの幼児教育　レイチェル・バーク、ジュディス・ダンカン著、七木田敦、中坪史典監訳、飯野祐樹、大野歩、田中沙織、島津礼子、松井剛太訳　福村出版
【目次】第1章 序、第2章 子どもの身体をめぐる論争、第3章 カリキュラムを身体化すること、第4章 リスクと身体、第5章 規律としての身体、第6章 自然の象徴としての身体、第7章 異なった文脈における身体
2017.3 259, 31p B6 ¥3200 ①978-4-571-11041-2

◆文化人類学－－人類を探求し、新たな人間観を創出する学問　岸上伸啓著　（札幌）風土デザイン研究所
【目次】文化とは何か、文化人類学の方法と視点、文化相対主義と多文化主義の思想、環境と文化、認識、分類、象徴、世界観と実践、家族と親族、贈与・分配、再分配、交換、エスニシティとジェンダー、文化と社会の変化、開発と文化人類学、文化人類学の変貌と将来
2017.2 100p A5 ¥1800 ①978-4-990-50248-5

◆文化人類学のレッスン－－フィールドからの出発　梅屋潔、シンジルト共編　学陽書房　新版
【目次】文化と未来－－文化人類学はどのような学問か？、フィールドワークと文化人類学－－「民族誌」とはどういうことか？、動物と人間－－霊長類は文化について何を教えてくれるのか？、環境と生活－－文化はなぜ多様なのか？、セクシュアリティとジェンダー－－「性」の多義性とは？、家族と親族－－親と子は血のつながっているものか？、民族と国家－－集団意識はどのように生まれるのか？、儀礼と分類－－人はどのように人生を区切るのか？、宗教と呪術－－世界は脱魔術化されるのか？、交換と経済－－他者とは何か？、グローバル・イシューと周辺社会－－人類学は、社会の「役に立つ」か？
2017.2 295p A5 ¥2000 ①978-4-313-34026-8

◆文明史のなかの文化遺産　飯田卓編　（京都）臨川書店
【要旨】文化遺産は誰のものなのか？ 本書姉妹編『文化遺産と生きる』とともに、文化遺産学にはじめて文化人類学的視点を導入する。国立民族学博物館（みんぱく）機関研究の成果を書籍化！
2017.5 366, 5p A5 ¥4000 ①978-4-653-04362-1

◆法印様の民俗誌－－東北地方の旧修験系宗教者　関口健著　岩田書院
【目次】序論、第1章 在地修験の形成と法印様－－葉山末派を例として（慈恩寺から金剛日寺へ－－近世初期における村山葉山の修験集団をめぐって、葉山修験再考－－近世期に展開したる「葉山末派」について、葉山縁起追考－－失われた山岳霊場の空間復元に関する試み）、第2章 山岳信仰と在地修験－－法印様の周縁（蔵王連峰の信仰と修験－－山形県村山地域の登拝口別当について、御祈禱帳にみる羽州八聖山の信仰－－祈禱所大瀧家を中心として、葉山参詣の民俗誌－－明治末期における信仰圏の分析を基礎として）、第3章 法印様の民俗誌－－旧修験系宗教者の現在（ある法印様と現代－－里修験のそれから、僧となった法印様の三類型－－調査研究ノートより、法印様と死者供養－－山形県上山市清光院の神葬信徒について）、結語
2017 400p A5 ¥8900 ①978-4-86602-005-1

◆祭りと神話と社から"聞こえる・見える"　柿園聖三著　東京図書出版、リフレ出版 発売

【要旨】サー行こう→祭りと神話の杜へ。ヘブライ語が騒ぐ。古事記がささやく。
2017.11 235p A5 ¥1500 ①978-4-86641-095-1

◆幻の黒船カレーを追え　水野仁輔著　小学館
【要旨】会社を辞め家族を残して、男は謎のルーツを探る旅に出た。4年をかけ、インド、イギリス、ドイツ、アイルランドで悪戦苦闘！ 果たして150年前の一皿は見つかるのか!?真面目×爆笑×感動、前代未聞の傑作カレーライスノンフィクション！
2017.8 269p B6 ¥1500 ①978-4-09-388569-0

◆水子供養・商品としての儀式－－近代日本のジェンダー/セクシュアリティと宗教　ヘレン・ハーデカー著、塚原久美監訳、清水邦彦監修、猪瀬優理、前川健一訳　明石書店
【要旨】米国の宗教学者による水子供養の画期的論考、待望の邦訳。史料分析と現地調査により、大衆メディアの活用、徹底的な商業化、超宗派的な儀式の性格を多面的に描き、その根底にある女性差別、胎児中心主義的イデオロギーを暴き出す。
2017.12 444p B6 ¥4000 ①978-4-7503-4599-4

◆水の不思議、水の奇跡　上平恒著　七つ森書館
【要旨】人間は水がなければ生きることはできません。長い歴史の中で水の性質を感じとってきました。29話の神話・昔話・民話の魔法の水の働きと意味を説明し、現実の水の性質を書き綴ります。
2017.9 255p B6 ¥1800 ①978-4-8228-1783-1

◆南方熊楠－－人魚の話　南方熊楠著　平凡社（STANDARD BOOKS）
【要旨】燕石を所持する人間は至福の人だということになる－－生誕150周年、全身で学問を謳歌した知の巨人、ここにあり。
2017.6 219p 19cm ¥1400 ①978-4-582-53161-9

◆南方熊楠－－開かれる巨人　河出書房新社
【目次】新展開、特別対談、新発見資料：杉村楚人冠宛書簡、熊楠発見、徹底討議、熊楠訪問記、魅力、エコロジー、対話・熊野から、資料
2017.11 183p A5 ¥1700 ①978-4-309-22716-0

◆南方熊楠と説話学　杉山和也著　平凡社（ブックレット"書物をひらく"9）
【要旨】民俗学や植物学をはじめ、南方熊楠が渉猟した学問領域は多岐にわたり、その足跡は広く深く展開している。説話学においても、南方熊楠の博学は、高木敏雄や柳田國男をリードする役割をもった。けれども南方の説話学は、彼らや芳賀矢一など、その後の学界の主流とは別の方向をめざし、別の視野を拓いている。膨大な遺存資料のなかに、南方説話学の可能性をとらえる。
2017.11 106p A5 ¥1000 ①978-4-582-36449-1

◆宮本常一コレクションガイド　宮本常一記念館編、森本孝監修　（周防大島町）みずのわ出版
【目次】1 蔵書資料－－膨大な著作、そして旅を支えた蔵書と読書、2 文書資料－－庶民の発見、ノートと原稿用紙に綴った民衆の記録、3 民具資料－－暮らしの工夫と変遷を伝えるモノ語り、4 写真資料－－カメラレンズの向こう側
2017.8 79p B6 ¥1800 ①978-4-86426-031-2

◆宮本常一 日本の葬儀と墓－－最期の人生行事　宮本常一著、田村善次郎編　八坂書房
【要旨】霊の成仏、供養、夫婦墓、兵隊墓、地蔵、墓まいり。日本全土で画一化しつつある葬送・埋葬。しかし日本各地には、さまざまなおくりの儀式は、驚くほど多種多様であり、その土地の民俗文化でもあった。二部構成で最期の人生行事を見つめる。
2017.3 332, 10p B6 ¥2600 ①978-4-89694-230-9

◆宮本常一の風景をあるく 周防大島諸島　周防大島文化交流センター編　（周防大島町）みずのわ出版
【目次】1 情島、2 沖家室島、3 浮島、小さな島々の歴史－－笠佐島・前島・立島など、付録 空からみた島々の変遷
2017.3 118p A5 ¥2500 ①978-4-86426-030-5

◆民衆史の遺産 第11巻 民間信仰　谷川健一、大和岩雄責任編集　大和書房
【要旨】日常生活の中で人びとの危機救済の手段として浸透した民間信仰。俗信・迷信から占い・禁忌・祈禱・呪術など、宗教と社会を結ぶその深

社会・文化

く広大な機能を考察。

◆民衆史の遺産　第12巻　坑夫　谷川健一，大和岩雄責任編集　大和書房
【要旨】明治以降一世紀にわたり、エネルギー供給の要望として日本経済成長の基盤となった「石炭」。それを生み出した「炭鉱」の発展と衰亡。そこに生きた人びと。坑夫・女坑夫の肉声、地底の労働とヤマの暮らしの全史。
2017.10 540p B6 ¥6000 ①978-4-479-86112-6

◆民俗学が読み解く葬儀と墓の変化　関沢まゆみ編　朝倉書店　（国立歴史民俗博物館研究叢書）
【目次】序章 民俗学が読み解くとは（葬儀と墓の変化を読み解く、葬送の習俗と儀礼の地域差を読み解く―比較研究法の活用）、第1章 葬儀と墓の構造的変化の50年（『死・葬送・墓制資料集成』にみる葬儀の変化―1960年代と1990年代と、土葬から火葬へ―地域ごとの展開、ホール葬と葬儀の変遷）、第2章 葬儀と墓の民俗と歴史（葬儀の変遷史）―民俗伝承と歴史記録から読み解く（日本民俗学は民俗伝承学、葬儀の民俗伝承の事例差とその読み解き、現代社会と葬儀の変化）、第3章 南西諸島における葬送・洗骨・墓参の変化（昭和から平成の「葬送」の変化―『死・葬送・墓制資料集成』の追跡調査から、「洗骨」の終焉と火葬への移行―鹿児島県沖永良部島・与論島の事例、「墓参」の変化と今日の実態：沖縄本島の清明祭を中心に）
2017.3 160p A5 ¥3400 ①978-4-254-53562-4

◆民俗学者が歩いて出会った人生のことば―忘れえぬ38の物語　汽水民俗研究会編著　（大阪）創元社
【要旨】人生の機微を読む、珠玉の「名言」集。
2017.10 239p B6 ¥1300 ①978-4-422-23038-2

◆民俗誌・海山の間　野本寛一　岩田書院　（野本寛一著作集 5）
【目次】1 地形環境と暮らし（遠山谷の斜面集落、磐田原台地と天竜川の河岸 ほか）、2 山を結ぶ川―サケ・マスの循環と民俗（東北地方の水系、広島県・島根県江の川水系 ほか）、3 山の力 山への眼ざし（模擬田植と見立ての山、稲作潅漑の水 ほか）、4 標高差の民俗（標高差と「囃し田」のテンポ、標高差と日植 ほか）、5 海の力 海への眼ざし（塩と潮の民俗、海と訪れ神 ほか）
2017 635p A5 ¥19800 ①978-4-86602-000-6

◆民俗文化と伝播と変容　植木行宣，樋口昭編　岩田書院
【目次】ジンヤク踊の位相―所演形態にみる羯鼓踊の受容と変容、三匹獅子舞とジンヤク踊り、「じんやく」を含む三匹獅子舞、尾張の風流獅子踊り―だんつく獅子舞の周辺、山城・丹波の風流踊（歌）―一七〇・八〇年代山城・丹波地域収録獅子舞による音楽の研究 ほか 大阪府の「太鼓踊」概観、獅子舞の伝播と展開過程の検証―旧伊賀国の事例から、両手を出した大神楽―大神楽系獅子舞の受容と変容、大和の御田行事と八乙女―近世・近代を中心として、京井後野中の田楽と荒神信仰 ほか
2017 616p A5 ¥14800 ①978-4-86602-996-2

◆メイキング―人類学・考古学・芸術・建築　ティム・インゴルド著，金子遊，水野友美子，小林耕二訳　左右社
【要旨】人間の条件と可能性を大胆に更新する人類学者インゴルド。ジャンルを越えて共感を呼んだ『ラインズ』につづく待望の邦訳。「線」から「つくること」へ！
2017.10 304, 25p B6 ¥3100 ①978-4-86528-179-8

◆モダン京都―"遊楽"の空間文化誌　加藤政洋編　（京都）ナカニシヤ出版
【要旨】漱石や虚子、谷崎らが訪れた「宿」、花街や盛り場の景観の変遷…文学作品や写真、写真などをもとにモダン京都における"遊楽"の風景を再構成する。
2017.4 240p B6 ¥2200 ①978-4-7795-1166-0

◆モノと図像から探る怪異・妖怪の東西　天理大学考古学・民俗学研究室編　勉誠出版　（天理大学考古学・民俗学シリーズ 3）
【要旨】考古学と民俗学を駆使すると、妖怪や怪獣、民間信仰や伝承、そして身体感覚の、東西の多様性と立体性が鮮やかに浮かび上がってくる。中国文明が創り出した東の龍、聖人に倒される西のドラゴン。モノと図像から怪異・妖怪を解明する三部作・完結編！
2017.3 167p A5 ¥1600 ①978-4-585-23054-0

◆柳田国男・伝承の「発見」　田中宣一著　岩田書院
【目次】第1章 伝承の「発見」、第2章 柳田国男の菅江真澄「発見」、第3章「焼小五郎が事」から昔話研究へ、第4章 柳田国男と成城学園と城端別当―民俗伝承、第5章『鬼三太妖齢記』への関心、第6章 柳田国男と『諸国叢書』、附 エッセー・柳田国男と成城の町
2017 189p A5 ¥2600 ①978-4-86602-001-3

◆山の怪奇 百物語　山村民俗の会編　河出書房新社
【要旨】里の向こう、山の中では、だれもが「なにか」を感じることがある。あるときは霊異であり、魔物であり、祟りであり、不思議である…。山にひたったひとたちが秘かに語り伝える、山という異界のものがたり。
2017.5 215p B6 ¥1200 ①978-4-309-22703-0

◆山の神・鮭の大助譚・茂吉―東北からの民俗考　村田弘著　（秋田）無明舎出版
【要旨】魚への興味から始まった「山の神とオコゼ」の民俗調査の旅。短歌を民俗から読み直し、「鮭の大助譚」の奥深さに驚き、竜女伝説や雨乞い習俗に考察を重ねる。この10年の思索の変遷を10章の論考に編んだ民俗考！
2017.4 257p B6 ¥1800 ①978-4-89544-625-9

◆闇の摩多羅神―変幻する異神の謎を追う　川村湊著　河出書房新社　新装版
【要旨】究極の絶対秘神！ 天台宗系寺院の常行堂などの「後戸」に秘められた秘仏である摩多羅神。大陸由来の秦氏と深く関わる、申楽の後戸の神であり、宿神、翁神でもある"踊る神"の謎に、文献研究とフィールド調査から本格的に迫る。
2017.12 242p B6 ¥2200 ①978-4-309-22724-5

◆遊戯の起源―遊びと遊戯具はどのようにして生まれたか　増川宏一著　平凡社
【要旨】人類はどのように、遊びを創り出し豊かにしてきたのか。社会性の形成とともに生まれた人間の遊びの起源と変化、遊戯具に秘められた多彩な知恵と活動のあとを読み解く。
2017.3 292, 11p B6 ¥3600 ①978-4-582-46821-2

◆ようこそ文化人類学へ―異文化をフィールドワークする君たちに　川口幸大著　（京都）昭和堂
【要旨】身近な出来事から考えをめぐらせ、あなたの"あたりまえ"を疑ってみよう。家族、結婚、宗教などのトピックについて、古典から最新の研究成果までを踏まえつつ、世界各地の事例から解き明かした入門書。
2017.4 184p A5 ¥2200 ①978-4-8122-1606-4

◆流感世界―パンデミックは神話か？　フレデリック・ケック著，小林徹訳　水声社　（叢書 人類学の転回）
【要旨】「種の壁」を乗り越えるインフルエンザウイルスを、香港・中国・日本・カンボジアを股にかけて追跡し、ヒトと動物種とのあいだに広がる諸関係の新たな対角線をひく。ヒトが作り上げる「社会」のあり方を、「危機」への対応という観点から問い直す。
2017.5 354p B6 ¥1200 ①978-4-8010-0259-3

◆龍宮の乙姫と浦島太郎―秘められた古代史がいま、蘇る！　小笠原孝次，七沢賢治著　和器出版
【要旨】玉手箱の中身とは一体何だったのか。箱を開けたら、なぜ浦島太郎は白髪の老人になったのか。こんなにも身近な昔話に、日本の秘史が隠されていた。小笠原孝次から七沢賢治へ、そして言継ぎされた未来へとつづく、もう一つの「龍宮の乙姫と浦島太郎」が今ここに顕れる。
2017.10 255p 20×16cm ¥2700 ①978-4-908830-09-9

◆霊能動物館　加門七海著　集英社　（集英社文庫）
【要旨】古くから人間と共生してきた動物たち。彼らは、神社の狛犬、お稲荷様の狐、神社仏閣のあちこちに彫られた竜や鳥など、日本では古くから崇められる対象でもあった。なぜ人は動物に神を見るのか。狼、狐、竜蛇、憑きもの、猫、鳥、狸といった日本に存在する「霊能動物」の起源を、丁寧にわかりやすく、著者自身の霊能体験と幅広い知識ふんだんに盛り込まれた力作。
2017.11 304p A6 ¥620 ①978-4-08-745665-3

◆レゲエという実践―ラスタファーライの文化人類学　神本秀爾著　（京都）京都大学学術出版会　（プリミエ・コレクション）

【要旨】奴隷の子孫たちが、もともとは植民者のものであったキリスト教の聖書を参照しながら、自分たちの苦難に意味を与え、救済に繋げるために作り上げてきた思想・実践の総体であるラスタファーライ（ラスタ）。レゲエは、ラスタのメッセージを広める役割を果たしてきたが、一方で、俗世間を支配する悪魔的なものと見なされることもあった。ジャマイカと日本を舞台に、ポスト・レゲエともいうべきダンスホールまで視野に置きつつ、ラスタの生活世界を描き出す。
2017.3 266p A5 ¥3900 ①978-4-8140-0087-6

◆列島語り―出雲・遠野・風土記　赤坂憲雄，三浦佑之著　青土社
【要旨】忘れられた日本列島をもとめて。出雲の歴史に古の敗者たちの声を聞き、遠野の伝承に語りのもつ意味を見つめ、風土記から忘れられた人々の息遣いを掘り起す。古代文学者と民俗学者がそれぞれの知見からくりかえし言葉を重ねて生まれた、奇跡のような対談。これはただの対談集ではない。対談のかたちをかりた、大いなる宣言の書。
2017.5 235, 3p B6 ¥2000 ①978-4-7917-6970-4

◆錬金術のイメージ・シンボル事典　リンディー・エイブラハム著，大木富訳　アルファベータブックス
【要旨】本書は、その全盛期にあたる16世紀から17世紀に流布していた錬金術文献や当時の文学的資料を中心とし、その他、年代的に幅広く、大量の文献資料を学術的に精査して、錬金術における用語や、紀元後初頭の数世紀から20世紀末までの象徴表現を網羅的に収録、集大成して、それらが持つ意味を、具体的に錬金術と文学の資料を引用しながら、専門家ではない一般読者にも分かりやすい物理的（自然科学的）観点と、秘義的すなわち哲学的観点の双方の視点から簡単に解説している錬金術事典である。
2017.10 395p A5 ¥4000 ①978-4-86598-041-7

◆忘れられた人類学者（ジャパノロジスト）―エンブリー夫妻が見た"日本の村"　田中一彦著　（福岡）忘羊社
【要旨】戦時色濃き1935年（昭和10）、熊本で最も小さな農村、須恵村にやってきた社会人類学者ジョン・エンブリー一家。戦前唯一の日本農村研究者を著し、ベネディクトの『菊と刀』やGHQの戦後改革にも多大な影響を及ぼしたエンブリーとその妻エラが、共感をもって洞察した"協同"社会の精神を未来に向けて問い直す。
2017.3 319p B6 ¥2000 ①978-4-907902-16-2

◆BIOCITY　2017 No.70　生誕150周年記念特集 南方熊楠と熊野の自然―伝説からエコロジストの実像へ　ブックエンド
【要旨】生誕150周年を迎えた南方熊楠のエコロジストとしての実像を、博物学、生態学、民俗、信仰などさまざまな分野から明らかにし、彼を生涯魅了した熊野の豊かな自然に触れる。
2017.4 127p B5 ¥2500 ①978-4-907083-41-0

 日本の民俗・習慣

◆油桐の歴史　山口隆治著　（富山）桂書房　（桂新書）
【目次】第1章 明治以前の油桐（油桐の産地、桐油の販売、桐油の用途）、第2章 明治以降の油桐
2017.5 157p 18cm ¥800 ①978-4-86627-029-6

◆いきと風流―日本人の生き方と生活の美学　尼ヶ﨑彬著　大修館書店
【要旨】日本人が美しいと思う「生き方」「生活」とは―？ みやび、数寄、婆娑羅、わび、風流、いき、などの言葉をキーワードに、古代から江戸の日本文化の考察を通して解きあかす。
2017.2 279p B6 ¥2200 ①978-4-469-22259-3

◆「イタコ」の誕生―マスメディアと宗教文化　大道晴香著　弘文堂
【要旨】死者を呼び出し、生者へのメッセージを伝える盲目の巫女イタコは、1960年代のブームで一躍全国に知られる存在となった。その半世紀後、現実のイタコが高齢化した一方で、マンガやアニメでは少女イタコがシャーマンとして活躍している。東北の民俗宗教をいかにして新しい宗教文化になり得たのか？ フィールドワークと資料の発掘、質問調査から丹念に追跡した貴重な論考。
2017.2 416p A5 ¥4500 ①978-4-335-16086-8

◆イルカと日本人─追い込み漁の歴史と民俗
中村羊一郎著　吉川弘文館
【要旨】季節を定めて寄り来るイルカの大群を、村をあげて入り江に追い込んで捕獲する─。かつて日本全国で行われていたイルカ追い込み漁の実態と歴史を、現地調査と資料を駆使して初めて体系的に分析し、追い込み漁批判に対して客観的な事実を提示して冷静な議論を求める。また、イルカ食を通じて、伝統食のありようにも、鋭く切り込む注目の作。
　　　2017.2 264, 8p B6 ¥2400 ①978-4-642-08305-8

◆岩手の民俗と民俗音楽　佐々木正太郎著
錦正社　（民俗音楽・宝の山シリーズ）
【目次】第1章 岩手の歌から（岩手の盆踊り歌、岩手の「御祝」、岩手の子守歌）、第2章 岩手の民俗から（大槌町安満澤の狼まつり、盛岡市太田民俗資料館の喪屋、盆供養のかたち、久慈市久喜浜の葬儀風習）、第3章 岩手の民俗芸能から（岩手の鹿踊り、多賀神楽江戸舞）、第4章 昭和から現代へ（郷土芸能を学ぶ子どもたち、津波の歌）
　　　2017.1 187p B6 ¥1800 ①978-4-7646-0130-7

◆英訳版 菊と刀　ルース・ベネディクト原著
IBCパブリッシング　縮約版
【目次】Assignment：Japan、The Japanese in the War、Taking One's Proper Station、The Meiji Reform、In Debt to the Past and to the World、Paying Back One‐Ten‐Thousandth、The Most Difficult Repayment、Clearing One's Name、The Circle of Human Feelings、The Dilemma of Virtue、Self‐dicipline、The Child Learns、The Japanese Since World War II
　　　2017.6 148p 21cm ¥1500 ①978-4-7946-0482-8

◆英訳付き ニッポンの名前図鑑─和食・年中行事　服部幸應監修　（京都）淡交社　（本文：日英両文）
【要旨】蕎麦湯をつぐ "あの" 容器…なんていう名前？ "曲げわっぱ" って、どんな形のモノ？ "門松" の由来を英語でも説明できる？ 身の回りには、日本人でも意外と知らないモノだらけ。「和食」「食器」「年中行事」にまつわる名前が、日本語でも英語でもわかるバイリンガルブックです。
　　　2017.5 158p 21×13cm ¥1400 ①978-4-473-04181-4

◆絵引 民具の事典─イラストでわかる日本伝統の生活道具　岩井宏實監修、工藤員功編、中林啓治作画　河出書房新社　普及版
【要旨】絵から引けて、わかりやすい！ 画期的な生活道具事典。衣食住から、生業、通信・運搬、儀礼・年中行事、娯楽・玩具まで日本の歴史・文化を学ぶすべての人へ。イラスト1,500点。
　　　2017.1 487, 36p A5 ¥3000 ①978-4-309-22692-7

◆おうち歳時記─にっぽんの四季の行事12か月 子どもといっしょが楽しい　季節の遊びを楽しむ会著　メイツ出版
【要旨】気になる「作法方法」、親子で作る「レシピ」、行事にまつわる「手作り（工作）」、「知っておきたい」あれこれ、季節ごとの「遊び」。12か月の行事を楽しむレシピを紹介。
　　　2017.2 160p A5 ¥1530 ①978-4-7804-1912-2

◆沖縄新城島民俗誌─「パナリ」その光と影　植松明石著　岩田書院
【目次】第1部 新城島（パナリ）その光と影（パナリその光と影）、第2部 上民俗誌（島の概観、島の稲作、上地の生業 ほか）、第3部 下民俗誌（島の概観、島の畑作、聖地と祭祀組織 ほか）、第4部 来訪神信仰とその儀礼（新城島の祭儀生活、来訪神儀礼の成立をめぐる考察）
　　　2017 310, 9p A5 ¥6400 ①978-4-86602-997-9

◆お呪い日和 その解説と実際　加門七海著
KADOKAWA　（幽BOOKS）
【要旨】九字を切る、ゆびきりをする、千羽鶴を折る、これらはすべて、オマジナイ。深くて広いお呪いの謎に迫る。
　　　2017.7 243p B6 ¥1400 ①978-4-04-104912-9

◆クイズで覚える日本の二十四節気＆七十二候　脳トレーニング研究会編　（名古屋）黎明書房
【要旨】日本の魅力の一つに季節の移り変わりがあります。この本は、細やかな日本の季節の移り変わりを示す「二十四節気」「七十二候」の名称はもちろん、それぞれの意味について、クイズを通して楽しみながら覚えることができます。また、節気・候の雰囲気を味わえる和歌（短歌）や俳句を分かりやすい解説付きで紹介しました。文学に触れながら知識を深めることができます。さ

らに「二十四節気」「七十二候」に関連したクロスワードパズルや漢字穴埋めクイズで、知識の定着を図ることができます。
　　　2017.7 66p B5 ¥1500 ①978-4-654-07653-6

◆くらしを楽しむ七十二候　広田千悦子著
光文社　（光文社知恵の森文庫）
【要旨】日本の四季には七十二もの季節、すなわち「七十二候」があります。それは一日一日を愛おしく、大切に、慈しみながら過ごしてきた日本人の豊かな季節感。七十二候のうつろいに寄り添いながら暮らしを楽しむ、古くて新しいくらし、はじめてみませんか。
　　　2017.5 179p A6 ¥620 ①978-4-334-78720-2

◆芸者衆に花束を。─八王子花柳界、復活　浅原須美著　風声舎
【要旨】この花街が初めて本になった。八王子の "事件" です！ 10年取材、結実のドキュメント。
　　　2017.6 167p A5 ¥1500 ①978-4-909208-00-2

◆結婚したら知っておきたい 日本のしきたりBOOK　青木牧子著　総合法令出版
【要旨】結婚して子どもが生まれたら、1年中行事がいっぱい！ 結婚から弔事まで日本に伝わる60のしきたりのコツがすぐに身につく！
　　　2017.10 147p B6 ¥1000 ①978-4-86280-574-4

◆婚姻の話　柳田国男著　岩波書店　（岩波文庫）
【要旨】人はどうやって結婚相手を見つけ、子をなすのか？ 既成の学問が問うてこなかった婚姻習俗の歴史を、柳田は積極的に論じた。「嫁入」ではなく「聟入」が長く行われたこと、娘宿・若者宿の性教育の場としての機能、仲人の役目など。結婚制度が大幅に変わった戦後直後に刊行された、興味尽きぬ読み物。
　　　2017.7 366, 6p B6 ¥970 ①978-4-00-381220-4

◆しめかざり─新年の願いを結ぶかたち　森須磨子著　工作舎
【要旨】こんどのお正月、どんな "しめかざり" を飾りますか？ 新たな年にむけてトシガミ様をお迎えしようとなにかとせわしない年末も、しめかざりを付けて準備万端。通常、紙垂、橙、譲葉、裏白などで彩られるしめかざりですが、本書では、それらの装飾を取りはずし、しめかざりの飾らない姿、藁が織る "素のかたち" に込められた土地の祈りと人々の願いを読み解きます。
　　　2017.11 197p 22×16cm ¥2500 ①978-4-87502-488-0

◆十二支読本─暦と運勢のしくみを読み解く　稲田義行著　（大阪）創元社
【要旨】中国から伝わり、今なお日本の暮らしの中に息づく干支について、発祥・発展の歴史をひもとき、年月日・時刻・方位・吉凶など様々な切り口で解説。知恵多数。基本のしくみから暦、吉凶まで十干十二支のすべてがわかる決定版。
　　　2017.9 255p B6 ¥1800 ①978-4-422-39002-4

◆昭和30～40年代 みんなの想い出アルバム　宇山あゆみ著　河出書房新社　（『少女スタイルBOOK 楽しきわが家』改題書）
【要旨】あの頃遊んだおままごとセットや、おこづかいで買った小さなおもちゃ。お姉さんの部屋には、アイドルみたいに白いギターが置いてあった。お母さんは、レース編みで応接間を飾り、お父さんは買ったばかりの一眼レフで、成長する私たちを撮り続けてくれた…忘れかけていた、想い出の暮らし大全集!!昭和30～40年代、もう一度見たいあの頃の暮らし。
　　　2017.11 127p A5 ¥1600 ①978-4-309-75028-6

◆説経節研究 物語編『三庄太夫』　説経節の会編　せりか書房
【要旨】現代表記で蘇る説経節『三庄太夫』。『説経節研究 歴史資料編』に続く第二弾・『物語編』。八王子に残る民衆芸能説経節『三庄太夫』手書き本の翻刻と、その現代表記を併載。
　　　2017.3 233p B5 ¥2000 ①978-4-7967-0364-2

◆だから、うまくいく 日本人の決まりごと─大切にしたい所作と言葉と人付き合い　広田千悦子絵・文　幻冬舎
【要旨】気づかいを形にあらわす─玄関の花、料理の出し方、贈り物の決めごと、神さまとの付き合い方。大人になったら知っておきたい所作とたしなみ。
　　　2017.2 143p 18cm ¥1100 ①978-4-344-03073-2

◆楽しき哉、島唄人生─唄者・築地俊造自伝
築地俊造著、梁川英俊聞き手・構成　（鹿児島）南方新社　（付属資料：CD1）

【要旨】奄美初の民謡日本一の唄者・築地俊造が語る島唄人生。あの頃の奄美、海外公演、唄者たちとの交流、そしてこれからの島唄を担う人たちへ─。
　　　2017.7 218p A5 ¥2500 ①978-4-86124-364-6

◆だるまちゃんと楽しむ 日本の子どものあそび読本　加古里子著　福音館書店　（福音館の単行本）
　　　2016.12 128p A5 ¥1400 ①978-4-8340-8305-7

◆伝統こけしの本　萩原健太郎著　スペースシャワーネットワーク
【要旨】東北地方でつくられる11系統の伝統こけし。その伝統を引き継ぐ現役の工人を訪ね、手仕事の美とこだわりを知るヴィジュアルブック。
　　　2017.8 159p B5 ¥2500 ①978-4-907435-99-8

◆伝統色で楽しむ日本のくらし─京都老舗絵具店・上羽絵惣の色名帖　石田結実監修　マイナビ出版
【要旨】茜、群青、萌黄、江戸紫、珊瑚、空色…古来からくらしを彩る、美しい伝統色。日本人の美の心が生み出した220色。色の職人たちが厳選した数百類の色のエピソードをイラストと紹介しています。
　　　2017.5 207p A5 ¥1530 ①978-4-8399-5893-0

◆東北のしきたり　鈴木士郎、岡島慎二著　マイクロマガジン社
【要旨】東北だから生まれた不思議な風習。冠婚葬祭からふだんの暮らしまで。
　　　2017.8 271p 18cm ¥920 ①978-4-89637-646-3

◆長浜曳山祭の過去と現在─祭礼と芸能継承のダイナミズム　市川秀之、武田俊輔編　（彦根）おうみ学術出版会、（彦根）サンライズ出版発売
【要旨】人・組織・地域の分析から時代ごとに変化しつづける都市祭礼の実相を描出。
　　　2017.3 283p B6 ¥3400 ①978-4-88325-615-0

◆ニッポンのおつきあいとしきたりの心得帖　岩下宣子監修　学研プラス
【要旨】日々のおつきあいや、冠婚葬祭の行事などで知っておきたいマナー、しきたりについて、ひとつひとつていねいに解説しました。贈答やごあいさつで思い惑ったとき、かしこまった場での礼儀作法や所作に不安を感じたときに、日本人に受け継がれてきた美しいふるまい、心得の数々にふれてみてください。老舗インタビュー付き！
　　　2017.12 255p A5 ¥1500 ①978-4-05-800847-8

◆日本人のしきたりいろは図鑑　トキオ・ナレッジ著　宝島社
【要旨】日常生活、冠婚葬祭、年中行事─知っているようで知らない「和のマナー」。
　　　2017.12 127p A5 ¥630 ①978-4-8002-7447-2

◆日本の結婚　村山丈夫著　郁朋社
【要旨】結婚の歴史から見る日本文化。古代から現代まで、時代や身分によって全く異なった結婚の概念をやさしく紐解くことで新たな日本人像を浮かび上がらせた一冊。
　　　2017.2 141p B6 ¥1000 ①978-4-87302-639-8

◆日本のしきたり 常識度テスト─60歳を過ぎたら忘れてはならない 子ども・孫に伝えたい!!風習、儀式、習わし　美しい日本語を研究する会編　コスモ21
【要旨】ど忘れ現象防止、認知症予防にも最適!!一年の年中行事、元旦から大晦日まで、誕生から結婚、葬儀まで、暮らしのなかの衣食住・神

社会・文化

事・仏事…人間関係を円滑にする日本の古き良き知恵を復習する！ 全455問、自己採点付き。
2017.2 137p B6 ¥1300 ①978-4-87795-349-2

◆日本の艪―その歴史と風土　田村勇著　大河書房
【目次】第1章 艪の歴史、第2章 艪型と技術、第3章 淡水域の艪、第4章 太平洋沿岸の艪、第5章 日本海沿岸の艪、第6章 各地の艪屋・艪大工、第7章 艪の分布とその伝播、第8章 韓国・中国の艪　2017.8 203p A5 ¥3000 ①978-4-902417-39-5

◆日本列島 南の島々の風物誌　加藤公夫著　連合出版
【目次】南の島々の概要、北海道から南の島々へ、宮古島から多良間島へ、多良間島から宮古島へ、宮古島から石垣島へ、石垣島から与那国島へ、与那国島から沖縄那覇へ、多良間島のヤシガニ、南大東島と北大東島へ、種子島と喜界島へ、奄美大島・屋久島・徳之島、沖永良部島、与論島へ、久米島から沖縄本島へ
2017.6 267p B6 ¥1800 ①978-4-89772-299-3

◆猫と暮らす七十二候　おかのきんか, 根本浩著　二見書房
【要旨】日本には七十二もの季節があり、その中で暮らす猫たちがいる。写真＆エッセイと共に綴る "猫歳時記"―
2017.5 158p A5 ¥1400 ①978-4-576-17066-4

◆日出国（ひいづるくに）の落日の大衆的文化（ポップカルチュア）　漫画おやぢ著　講談社エディトリアル
【要旨】新世紀の民俗学を模索する意欲作！「検索ワード＆クリック」だけでは手に入手できない、思いもよらぬ情報との出会いがここにある。　2017.3 428p B6 ¥1800 ①978-4-907514-73-0

◆人と植物の文化史―くらしの植物苑がみせるもの　国立歴史民俗博物館, 青木隆浩編　古今書院
【目次】第1部 くらしの中の植物たち（植物の日本史を展示するくらしの植物苑、縄文人の植物質食料と木の道具、ジャパンと呼ばれた漆器）、第2部 季節の伝統植物（伝統の桜草―レスキューさくらそう、伝統の朝顔、伝統の古典菊、菊栽培の流行と小袖模様、参勤交代と菊作りの広がり、冬の華サザンカ）、第3部 植物園の意義（植物を観賞に供する文化の誕生と発達）
2017.3 180p A5 ¥3200 ①978-4-7722-7143-1

◆百年誌 岩槻の人形　『百年誌 岩槻の人形』編集委員会編　（さいたま）さきたま出版会
【要旨】歴史と伝統を誇る「人形のまち岩槻」の文化史。
2017.2 197p B5 ¥1389 ①978-4-87891-437-9

◆福を招く旧暦生活のすすめ　白井明大著　サンマーク出版
【要旨】知っていますか？ お正月にごちそうをいただくのはなぜ？ 七五三で地元の神社にお参りするのはどうして？ 冬至の日に運気を上げる運盛りって？ ベストセラー『日本の七十二候を楽しむ』の著者がひもとく、開運や祈願成就にまつわる「いにしえの知恵」。
2017.12 229p 17x13cm ¥1400 ①978-4-7631-3669-5

◆巫者のいる日常―津軽のカミサマからスピリチュアルセラピストまで　村上晶著　（横浜）春風社
【要旨】イタコの消えゆく今日の津軽地方では、カミサマと呼ばれる霊能者が死者の口寄せを行う。「あの世」と交渉する力をもったカミサマたちのもとを今も依頼者が相談に訪れる。何が彼らの世界を成り立たせているのか。都心のスピリチュアルカウンセラーで射程に入れ、私たちの隣にいる現代日本の巫者の姿を探る。
2017.7 396p B6 ¥3500 ①978-4-86110-558-6

◆マタギ聞き書き―その狩猟民俗と怪異譚　武藤鉄城著　河出書房新社
【要旨】太古からの狩猟風俗を今に色濃く遺す秋田マタギの、狩猟の実際とその掟・禁制・風習・信仰・暮らし。貴重な生の声の聴き取りの記録。
2017.4 221p B6 ¥1800 ①978-4-309-22699-6

◆京（みやこ）のいろ　荒井和生文, 田口葉子写真　世界文化社
【要旨】繊細な心象を写した「言葉の風景」の世界へ―都びとの季節感、価値観、情景などを映した語感、音感の美しい、彩り豊かな "言の葉" を再発見！
2017.3 207p A5 ¥2400 ①978-4-418-17211-5

◆名字でわかるあなたのルーツ―佐藤、鈴木、高橋、田中、渡辺のヒミツ　森岡浩著　小学館
【要旨】佐藤―左園円府の役人になった藤原氏。鈴木―熊野の神官。語源は「藁塚」。高橋―奈良の「高い橋」に因む朝廷の料理番。田中―日本の原風景を名乗った農民たち。渡辺―水軍で知られる大阪発祥の一族…2500超の名字の謎がいま明かされる！
2017.7 223p B6 ¥1200 ①978-4-09-379892-1

◆民俗の記憶―俳諧・俳句からみる近江　篠原徹著　社会評論社（キオクのヒキダシ 3）
【要旨】芭蕉と、繋がる。蕪村に、応える。五七五のスペックに、失われた風景が刻まれる。日本人を応答させてやまない俳諧・俳句から "京の都" の立役者"近江" に迫り "都と鄙" の魅力を引き出す文化論。
2017.6 239p B6 ¥1800 ①978-4-7845-1736-7

◆八百万の神さまがミカタする！ ほんとうのお清め　久保田裕道監修　永岡書店
【要旨】民俗学から見た日本古来の開運しきたりでぜ～んぶスッキリ！
2017.1 159p B6 ¥1100 ①978-4-522-43450-5

◆屋久島・口永良部島　下野敏見著　（鹿児島）南方新社（南日本の民俗文化写真集 4）
【要旨】1960年代からの島の年中行事、信仰、衣食住などを、約1200点の写真で紹介。消えた集落の風景、暮らしがここに甦る。1200点の写真が、集落に人が生きた生を永遠に記録する。
2017.5 211p B5 ¥3500 ①978-4-86124-349-3

◆山人として生きる―8歳で山に入り、100歳で天命を全うした伝説の猟師の知恵　志田忠儀著　KADOKAWA（角川文庫）（『ラスト・マタギ 志田忠儀・98歳の生活と意見』加筆修正・改題書）
【要旨】手負いのクマが向かってきた！ 初めてのクマ狩り、朝日連峰の昔ながらの「巻き狩り」、クマ撃ちの名人の条件とは？ など、マタギとしての仕事や、渓流で食べきれないほどの岩魚を釣った話、戦争召集そして終戦、国立公園の管理人の仕事や自然保護運動など。8歳で山に入り、15歳でクマを撃ち、野生動物たちが自然になつく男・志田忠儀の生涯を紹介し、自然の中で生きるすばらしさ、厳しさを伝える貴重な1冊。
2017.3 207p A6 ¥600 ①978-4-04-105379-9

◆山と河が僕の仕事場　2　みんなを笑顔にする仕事　牧浩之著　（日野）フライの雑誌社
【要旨】狩りと釣りで5年暮らした川崎生まれの都会っ子が宮崎県高原町へ一家で移住。狩りの獲物を毛鉤にし、鳥獣被害対策で奔走する。
2017.2 189p A5 ¥1600 ①978-4-939003-69-1

◆よくわかる祝詞読本　瓜生中著　KADOKAWA（角川ソフィア文庫）
【要旨】「恐み恐み」の決まり文句以外、意味や単語すらよく理解されない人が多い祝詞。日本古来の信仰に根ざし、記紀神話の時代から奏上されてきたそれらの言葉には、どんな由来や役割があるのか。神話と神々との関係や参拝のマナーとともに、祝詞の基礎知識をていねいに解説。月次祭・節分祭などの祭祀、七五三・成人式などの人生儀礼や諸祈願ほか、24の身近な例文を現代語訳とともに掲載する、文庫オリジナルの実用読本。
2017.8 226p A6 ¥800 ①978-4-04-400253-4

◆若狭の聖水が奈良に湧く―「お水取り」「お水送り」の謎　土岐直彦著　（京都）かもがわ出版
【目次】水の道（若狭→京都「水が通っていた」、奈良とも「つながっていた」、兵庫にも「若狭の聖水」伝承）、海の道（祭神は唐人姿で降臨、海産物、朝廷に納める、外来の海の民の痕跡）、仏の道（東大寺高僧の出生系、国家関与の若狭神宮寺、東大寺への「観音道」、超自然的な鵜の役割、大和との権力関係？、八百比丘尼と「ツバキの道」、比丘尼の民俗学、塩を産出する「常世」、歴史の道（最古の鯖街道、歴史秘め、若狭を象徴する「サバ」「水」）
2017.2 95p B6 ¥800 ①978-4-7803-0908-9

 祭り

◆鹿児島ふるさとの祭り　浦野和夫著　（鹿児島）南方新社
【要旨】大隅町・岩川八幡神社の祭礼に現れる大巨人・弥五郎どんの正体は河童だった―。その

ほか「牛」「女子」「山に登った船」などをキーワードに、六月燈、太郎太郎祭りをはじめ、鹿児島県下の祭りの由来、伝説をひもとく。
2017.7 222p B6 ¥1600 ①978-4-86124-347-9

◆祇園祭の愉しみ―山鉾と御神輿をめぐる悦楽　芳賀直子著　PHP研究所
【要旨】古都最大のお祭りを見る、知る、食べる、歩く。魅力のすべてがこの1冊に！ 全山鉾の写真と解説。
2017.6 190p A5 ¥1500 ①978-4-569-83361-3

◆静岡浅間神社の稚児舞と廿日会祭―駿府城下町の魂、ここにあり！　中村羊一郎編著　（静岡）静岡新聞社
【要旨】おせんげんさんと静岡人の絆はこんなに強かった！ その芸能と歴史に秘められた静岡人のパワー再発見!!千年の歴史に秘められた稚児舞楽の謎。今こそ知りたい静岡まつりのルーツ。歴史、民俗、祭り好きな人必読。
2017.9 315p B6 ¥1700 ①978-4-7838-1087-2

◆写真文集 佐原の大祭―「ユネスコ無形文化遺産登録」「日本遺産指定」記念　佐原アカデミア編　言叢社
【要旨】佐原の町衆だけが造りあげた比類ない「大人形飾り山車」の祭礼。その成り立ちの謎、魅力をあますところなく伝えるカラー写真文集。
2017.2 192p A5 ¥2315 ①978-4-86209-063-8

◆白河踊り―奥州白河からふるさとへ伝えた盆踊り　中原正男著　（福岡）書肆侃侃房
【目次】山口県内の『白河踊り』調査開始、山口県内各地域の調査結果、全国『白河踊り』伝承地マップ、岐阜県（大垣藩）の『白河踊り』、山口県内の『白河踊り』伝承地マップ、山口県内の地域に残る『白河踊り』の由来、白河市では『白河踊り』は途絶えたことがあるのか？、誤解を生んだ原因、白河市、A氏との出会い（白河市の資料届く）、白河城攻防戦 ［ほか］
2017.12 159p B6 ¥1500 ①978-4-86385-289-1

◆知りたい、楽しみたい！ 日本の祭り　「ニッポン再発見」倶楽部編　三笠書房（知的生きかた文庫）
【要旨】日本各地の祭りを「迫力」「豪華」「華やか」「情緒」「伝統」といった観点から厳選して、美しいカラー写真で紹介。その見どころや歴史について解説する。また、祭りを楽しむための基本知識もコンパクトに掲載！
2017.7 221p A6 ¥780 ①978-4-8379-8479-5

◆世界の祭りをめぐる冒険　とくだこうじ著　タルタルーガ社, 星雲社 発売
【目次】中国・ベトナム編、シンガポール編、タイランド編、スペイン編、イタリア編、フィリピン編、ドイツ編、スリランカ編
2017.8 287p B6 ¥1500 ①978-4-434-23627-3

◆団子坂の応酬―秩父夜祭記録　神野哲郎著　（さいたま）埼玉新聞社
【目次】第1部 人事異動（人事異動内示、人事異動前の準備、秩父警察署着任申告、転居、実態把握）、第2部 団子坂の応酬（昭和51年の秩父夜祭に関する記録、昭和52年の秩父夜祭に関する記録、昭和53年以降の秩父夜祭に関する記録）
2017.11 396p B6 ¥1400 ①978-4-87889-479-4

◆東海の山車とからくり　長屋良行, 水崎薫, 田中千奈代著　（名古屋）ゆいぽおと, KTC中央出版 発売
【要旨】ユネスコ無形文化遺産登録。愛知、岐阜、三重、滋賀の「山・鉾・屋台行事」。
2017.2 118p 20x15cm ¥1500 ①978-4-87758-461-0

◆七尾青柏祭でか山徹底ガイド―ユネスコ無形文化遺産登録記念　北國新聞社編　（金沢）北國新聞社
【目次】第1章（青柏祭とは・其の一―青いカシワの葉に供物、青柏祭とは・其の二―地元に残る『猿神退治』伝説 ほか）、第2章（でか山組み立て―山蔵から車輪出し作業開始、むしろ山一本番に備えて『筵山』曳きだし ほか）、第3章（立国―能登登山1300年、主不在一わずか23年で能登国廃止 ほか）、第4章（能登の里山里海、日本遺産―能登のキリコ祭りマップ ほか）
2017.4 175p A5 ¥1389 ①978-4-8330-2100-5

◆ニッポンの奇祭　小林紀晴著　講談社（講談社現代新書）
【要旨】長野、埼玉、福島、高知、そして宮古島。古の神々を目撃する写真紀行。
2017.8 262p 18cm ¥900 ①978-4-06-288441-9

◆福岡祭事考説　佐々木哲哉著　（福岡）海鳥社

【要旨】祇園祭りや神幸祭、宮座などの祭り、そして神楽、獅子舞、流鏑馬、相撲などの神事芸能まで。丹念なフィールドワークと綿密な文献調査で祭事のメカニズムに迫り、その本質的な意味を探る。地域民俗研究60年の成果。
2017.2 288p A5 ¥5000 ①978-4-87415-996-5

◆**鉾立と細部意匠―祇園祭の鉾と山**　近藤豊著　大河出版　（『祇園祭―鉾立と細部意匠』改題書）復刻版
【目次】古都京都―京の町屋、祇園祭の起原と変遷、現在の八坂神社、現在の祇園祭、鉾山の一般構造と鉾立て、各鉾と山との略説、鉾と山の巡行、月鉾の細部、鉾の車、船鉾の鉾立と細部、大津祭の山
2017.7 190p A5 ¥4600 ①978-4-88661-902-0

◆**祭りさんぽ**　上大岡トメ, ふくもの隊著　京都造形芸術大学東北芸術工科大学出版局藝術学舎, 幻冬舎 発売
【要旨】一生に1度は行きたい日本の祭り！ふくもの隊とトメとエビスで各地のお祭りを体験取材！豪華な山車に興奮し、神輿を担ぎ、笛や太鼓で跳ね踊り、地元食に舌鼓を打ってきました。歴史や名物、縁起物など祭りを10倍楽しむ情報満載！
2017.5 142p A5 ¥1200 ①978-4-344-95322-2

アイヌ（民俗）

◆**アイヌ語・恵庭の地名をたどる**　地蔵慶護著, 永山蕙世編（札幌）響文社
2017.10 19p A5 ¥1200 ①978-4-87799-136-4

◆**アイヌ語地名と日本列島人が来た道**　筒井功著　河出書房新社
【要旨】アイヌ語地名の南限はどこか!?地名の安易なアイヌ語語源説を否定し、アイヌが暮らした東北のアイヌ語地名の南限を、「ナイ」と「ペッ」を中心に、科学的・実証的に地形などから策定する。そこから、アイヌと縄文人、蝦夷、マタギとの関連をみきわめ、"日本列島人"がどこから来たかを追求する。
2017.10 275p B6 ¥2000 ①978-4-309-22712-2

◆**アイヌ歳時記―二風谷のくらしと心**　萱野茂著　筑摩書房（ちくま学芸文庫）
【要旨】アイヌ文化とはなにか、彼らはどのようなくらしを送り、どんな世界観をもっていたのか。本書では、史上初のアイヌ出身国会議員であり、その文化の保存・継承に長年尽力してきた著者が、みずからが生まれ育った二風谷（にぶたに）の四季の生活を振りかえりながら、その模様をみずみずしく紹介していく。食文化、住まい、儀礼、神話・伝承、習俗、自然観や死生観…。それらの記述を通して浮かび上がってくるのは、自然と調和し生きようとするアイヌの心である。いまなお日本人に広く知られているとはいえない先住民族アイヌの世界。その全貌を知るための基本書となる一冊。
2017.8 239p A6 ¥1000 ①978-4-480-09813-9

◆**イランカラプテ アイヌ民族を知っていますか?―先住権・文化継承・差別の問題**　アイヌ民族に関する人権教育の会監修　明石書店
【目次】1 アイヌ民族にかかわる先住権と教育について、2 北海道の教職員に望むこと、3 アイヌ民族として学校教育に期待すること―末広小学校での実践を通して、4 アイヌ文化について、5 アイヌ民族の今、6 今こそ、「アイヌ民族の学習」をすすめよう、7 アイヌとして生きて、アイヌ文化を伝承すること、8 私の歩んできた道―ひとりのアイヌ女性として
2017.5 220p B6 ¥2000 ①978-4-7503-4519-2

◆**朝鮮人とアイヌ民族の歴史的つながり―帝国の先住民・植民地支配の重層性**　石純姫著（札幌）寿郎社
【要旨】丹念な文献調査とフィールドワーク、聞き取り調査から見えてきた朝鮮人とアイヌ民族の知られざる関わり―。"近代アイヌ史""在日コリアンの形成過程の研究"に新たな視点を提示するとともに、帝国主義下での先住民・被植民者・マイノリティの間に形成された、多様で重層的な社会の歴史をも捉えた画期的論考集。
2017.7 235p B6 ¥2200 ①978-4-902269-99-4

海外の民俗・習慣

◆**アフリカ文化探検―半世紀の歴史から未来へ**　田中二郎著（京都）京都大学学術出版会
【目次】第1部 未知の民のもとへ―初期アフリカ研究の記録（念願のアフリカ―北大探検隊の一員として、ついに未知の民と遭う―単独行のカラハリ探検 ほか）、第2部 アフリカ研究の発展（三度目のアフリカ、牧畜民から比較生態人類学へ―現地拠点の形成と研究の拡大 ほか）、第3部 変容する伝統社会に参与する（ブッシュマンの定住化と社会文化変容、開発と近代化の中でのブッシュマン研究 ほか）、第4部 アフリカは永遠に（ブッシュマンの再移住と学際的地域研究、アフリカ縦断の旅）、アフリカ人類学概説―生態人類学の誕生とその展開
2017.7 754p A5 ¥3600 ①978-4-8140-0112-5

◆**歌を掛け合う人々―東アジアの歌文化**　真下厚, 手塚恵子, 岡部隆志, 張正軍著　三弥井書店
【要旨】恋愛、祝い、祝い事、時には喧嘩など、交互に歌いコミュニケーションをとる文化の存在、そこに生きる人々、ウタシャや歌師から東アジアの現代に受け継がれる歌の世界を紹介する。
2017.8 252p B6 ¥2500 ①978-4-8382-3325-0

◆**「海に住まうこと」の民族誌―ソロモン諸島マライタ島北部における社会的動態と自然環境**　里見龍樹著　風響社
【要旨】サンゴを積み上げた人工の島に暮らす人々。悠久の昔から続く南洋の長閑な風景と見まがう。だが、ひとびとの日常に深く寄り添うと、そこには絶えざる変化と切り結ぶ日々新たな生活があった。同時代を生きる者同士として の共振から新たな民族誌を展望。
2017.2 428p A5 ¥5000 ①978-4-89489-236-1

◆**オーストラリア先住民とパフォーマンス**　佐和田敬司著　東京大学出版会
【目次】先住民のパフォーマンスと日本からの視線―映画『オーストラリア』、1部 自らの声で語る（オーストラリア先住民と映画史―語る主体の獲得、先住民の映画スターは語ることが出来るか―デヴィッド・ガルピリル論、奥地と都市をつなげるテクノロジーと身体―チューキー・ダンサーズ『Ngurrumilmarrmiriyu（ロング・スキン）』）、2部 過去と現在に対する証言（マラリンガからヒロシマ、ナガサキ、そしてフクシマへ―『ナバジ・ナバジ』、証言者としての身体―ウェズリー・イノック論、戦争の記憶とナショナリズムへの介入―『ブラック・ディッガーズ』）、3部 先住民文化への祝福（オペラと先住民、真実の物語と祝福―『サファイアーズ』、ニュージーランド演劇の半世紀と先住民―『ポフトゥカワの本』）、アボリジニと日本人の出会い―『ミス・タナカ』、資料編
2017.6 239, 25p A5 ¥7800 ①978-4-13-086053-6

◆**女たちの王国―「結婚のない母系社会」中国秘境のモソ人と暮らす**　曹恵虹著, 秋山勝訳　草思社
【要旨】ヒマラヤ東端、中国雲南省と四川省の境にある美しい「ルグ（瀘沽）湖」のほとりに、「モソ人」と呼ばれる純粋な「母系社会」を守り続ける人々がいる。国際ファンド系弁護士の職を辞した彼女は、訪れたその地にすっかり魅せられ、ついに家を建てて自身が暮らすまでになった。祖母を中心にその娘、孫娘と代々直系の女性が「家族」を形成する「家母長制社会」。「結婚」「夫」「妻」「父親」の概念が存在せず、男女は「走婚」という自由恋愛を通じて子をなし、すべての子は母系の家に暮らし、成長し、老いていく。中国でも他には存在しない、モソ人母系社会の新鮮な驚きに満ちた日々。
2017.12 263p B6 ¥1900 ①978-4-7942-2316-6

◆**響応する身体―スリランカの老人施設ヴァディヒティ・ニヴァーサの民族誌**　中村沙絵著（京都）ナカニシヤ出版
【要旨】他人でしかない人々の間に老病死を支える関係性は、いかに築かれているのか。少子高齢化の進むスリランカの老人施設が投げかける問いとは何か。よるべなき年長者たちが集う施設のエスノグラフィー。
2017.3 390p A5 ¥5600 ①978-4-7795-1019-9

◆**現代フランスを生きるジプシー―旅に住まうマヌーシュと共同性の人類学**　左地亮子著（京都）世界思想社
【要旨】なぜ彼らは旅人であり続けるのか？都市周辺の空き地に移動式住居（キャラヴァン）を とめて暮らすフランスのマヌーシュ。"住まう"という定住的かつ身体的な実践を通して、社会変化と他者の只中で共同性を紡ぐ人々の姿を描きだす。
2017.2 291p A5 ¥5200 ①978-4-7907-1694-5

◆**江南の水上居民―太湖漁民の信仰生活とその変容**　胡艶紅著　風響社
【要旨】古くから船上で暮らしてきた太湖の漁民たち。建国後の「漁業社会主義改造」により陸上定住者となった彼らの暮らしの変化とは何か。国民国家への統合プロセスを追いながら、漁民社会・信仰生活に焦点を当て、変化と持続の両面を分析。歴史民俗学の貴重な成果。
2017.2 366p A5 ¥5000 ①978-4-89489-239-2

◆**子どもたちの生きるアフリカ―伝統と開発がせめぎあう大地で**　清水貴夫, 亀井伸孝編（京都）昭和堂
【要旨】人口十億人の半数を子どもが占めるアフリカ。彼らはどんな風景を眺め、どんなふうに家族や仲間と過ごし、遊び、学び、働いているのか。フィールドワーカーが現地で出会った子どもたちを主役に描き出す。アフリカの現在を学びたい人に最適の入門書。
2017.10 275, 7p A5 ¥2700 ①978-4-8122-1636-1

◆**術としての生活と宗教―漢民族の文化システム**　渡邊欣雄著　森話社
【要旨】四千年以上の歴史を有し、世界最大の人口を誇る漢民族。組織ではなく個々人のネットワークを基盤とし、その「中和」が神や宇宙にまで求められる漢民族の文化システムを「術」という観点から読み解く。台湾、香港、大陸中国をフィールドに、四十年にわたり風水、親族組織、祭祀儀礼などを追った著者の、漢民族研究集成。
2017.12 358p A5 ¥4600 ①978-4-86405-121-7

◆**水上に住まう―中国福建・連家船漁民の民族誌**　藤川美代子著　風響社
【要旨】「住まう」という営みのインテグラルへ。水上／陸上に住まうという行為を、単に住む場所に関連させるのではなく、また被差別の問題に置き換えるのでもなく、日常の実践の総体と捉える。船に住まう人々の生きざまを描く、気鋭の民族誌。
2017.2 490p A5 ¥6000 ①978-4-89489-237-8

◆**青蔵高原東部のチャン族とチベット族―2008汶川地震後の再建と開発 論文篇・写真篇**　松岡正子著（名古屋）あるむ
【目次】論文篇（チャン族―汶川のチャン族に関する研究、汶川（ぶんせん）地震後のチャン族における貧困と移住 ほか）、四川チベット族（四川・チベット族諸集団に関する先行研究、ナミイ・チベット族 ほか）、写真篇（チャン族（茂県、理県 ほか）、四川チベット族（ギャロン・チベット族、白馬チベット族 ほか））
2017.3 2Vols.set A5 ¥16000 ①978-4-86333-127-3

◆**世界の民族衣装文化図鑑**　パトリシア・リーフ・アナワルト著, 蔵持不三也監訳　柊風舎 合本普及版
【要旨】今から約3万年から4万年前の後期旧石器時代、先史人たちは、植物の茎をうまく利用して、長くて丈夫な紐をつくることを発見した。人々は、つくり出した紐で前掛けや被り物をつくり、さらに染め織りの技術を高め、膨大で驚くほどさまざまな衣類のアイデアを生み出していく。日々の暮らしや特別な儀礼の身に付けてきた衣服や装飾品の数々を、各地域の自然環境や歴史的背景についても解説しながら、約1000点の図版とともに紹介する。
2017.9 607p 26×22cm ¥28000 ①978-4-86498-046-3

◆**台湾原住民族の生活再建と地域活性化―国民的財産としての農村文化と地域資源の継承発展そして日本が学ぶこと**　東正則, 林梓聯編著　農林統計出版
【目次】第1章 本書の目的と特徴、第2章 台湾原住民族問題、第3章 台湾における原住民族の状況、第4章 台湾原住民族の生活再建と地域活性化施策の展開、第5章 台湾原住民族の生活再建と地域活性化の試み、第6章 台湾原住民族の生活再建と地域活性化の発展方向、第7章 台湾の事例から日本の農村の活性化に向けて学ぶこと
2017.8 280p A5 ¥3000 ①978-4-89732-370-1

◆**済州島（ちぇじゅとう）海女（チャムス）の民族誌―「海畑」という生活世界**　アンミジョン著, キムスンイム訳, 小島孝之監修　アルファベータブックス（済州学研究センター済州学叢書）

【要旨】済州島出身の著者が、自ら海女になり、参与観察することによって記録した、海女たちの生きかたと、その文化・習俗に迫った労作!!
2017.11 236p A5 ¥2500 ①978-4-86598-044-8

◆中国横断(ホントワン)山脈の少数民族　田畑久夫, 金丸良子著　古今書院
【目次】序論、第1篇 研究対象地域と少数民族の性格(研究対象地域の性格、少数民族の性格)、第2篇 生業形態の比較(雲南チベット族の牧畜業、ナシ族の塩づくり、雲南チベット族の木地製作、イ族の木地製作)、付論1 ナシ族の家族構成の特徴―四川省・俄亜ナシ族を中心に、付論2 雲貴高原中部のイ族―生業形態を中心に
2017.7 407p A5 ¥8500 ①978-4-7722-5299-7

◆定本 虹の戦士―Warriors of the Rainbow　北山耕平翻案　太田出版
【要旨】アメリカ・インディアンが信じつづけてきた、帰還と再生の物語。読み継がれて20年超のロングセラー、最終決定版。好評のオリジナル版に、北山耕平による新解説を増補。
2017.2 215p 20×14cm ¥1600 ①978-4-7783-1549-8

◆伝統的社会集団の歴史的変遷―中国山西省農村の「宗族」と「社」　陳鳳著　御茶の水書房
【要旨】現代の中国で「宗族」「会」「社」と呼ばれる伝統集団が甦る。第一部では、宗族と社の成立動機、成立根拠に注視し、宗族ならびに社の結合の類型を明確化することで人々の結合の本質を突き止める。第二部では、山西省の村の事例から、村落社会における人々の血縁と地縁の結合関係の実態と変遷に迫る。
2017.9 275p A5 ¥5800 ①978-4-275-02074-1

◆「統治者なき社会」と統治―キプシギス民族の近代と前近代を中心に　小馬徹著　(横浜)神奈川大学出版会, 丸善出版 発売
【要旨】英国の手による植民地化と、ケニア独立を二つの突出した変化のピークとして展開されてきた、キプシギス社会の現代史。政治環境が激変する一連の過程で、キプシギスの人々は、国家的な中央集権政府による統治に対して頑強に抗いつつ、一方ではその統治制度を徐々に咀嚼・受容して、ついに現在の姿に至る実に大きく劇的な社会と文化の変容を導いた。では、彼らはそれをいったいどのようにして遂げたのだろうか。39年間、38次にわたって現地参与観察調査を続けてきた筆者が、錯綜する現実の諸事象から一貫性のある展望を切り開くための基盤作りを目指して、“人類学的思考”の翼を縦横無尽に羽撃かせる。
2017.4 246p A5 ¥2500 ①978-4-906279-11-1

◆東南アジアの住居―その起源・伝播・類型・変容　布野修司, 田中麻里, チャンタニー・チランタナット, ナウィット・オンサワンチャイ著　(京都)京都大学学術出版会
【要旨】鉄とコンクリートとガラスの建築が世界を席巻し、住居と都市の多様性を失わせ、画一的な景観を広げている。どうすればこの住まい方の貧困を乗り越えられるのか。人類史を遡り、今残る土着的住居を分析し、その土着性が都市の中にも垣間見えることを発見する。世界都市史の総覧図を示してきた“布野ワールド”が、居住の原点に注目する。
2017.2 531p A5 ¥7500 ①978-4-8140-0063-0

◆日系ブラジル人芸術と“食人”の思想―創造と共生の軌跡を追う　都留ドゥヴォー恵美里著　三元社
【要旨】ブラジル芸術を語る上で欠くことのできない日系人画家の存在。移民から百余年、日本ではあまり知られていない彼らの生と創造の有り様を、ブラジルという土壌に通底する「食人主義」概念―他者を食らう―に照らして辿る。日系コミュニティ内にとどまらず、ブラジル近代芸術の潮流をコンテクストに据えた、かつてない論考。オズワルド・デ・アンドラーデ『食人宣言』全文初訳掲載。
2017.3 179, 53, 10p A5 ¥4200 ①978-4-88303-424-6

◆乳がんと共に生きる女性と家族の医療人類学―韓国の「オモニ」の民族誌　澤野美智子著　明石書店
【目次】第1章 先行研究の検討、第2章 韓国の家族をめぐる変化、第3章 隠喩としての病い―現代韓国社会におけるがん、第4章「オモニ」の乳がん患者への注目、第5章 乳がんに罹るということ、第6章 病気を治すための「ハンプリ」、第7章「オモニ」のセクシュアリティ、第8章「オモニ」の「モギギ」、第9章「オモニ」と家族
2017.2 489p A5 ¥6800 ①978-4-7503-4470-6

◆ハイン 地の果ての祭典―南米フエゴ諸島先住民セルクナムの生と死　アン・チャップマン著, 大川豪司訳　新評論
【要旨】南米最南端のフエゴ諸島、そこは人間が定住した最南の地だった。白人の到来による迫害と伝染病の蔓延によって絶滅へと至った部族の社会、神話、そして部外者に秘匿されていた祭典の詳細をフエゴ諸島民の研究をライフワークにした人類学者が描く。20世紀初頭の貴重な写真約50点。
2017.4 271, 6p A5 ¥3000 ①978-4-7948-1067-0

◆フィールドワーク―中国という現場、人類学という実践　西澤治彦, 河合洋尚編　風響社
【要旨】調査が可能となって30年。変貌し続ける中国に向き合い、様々な主題を掲げ、新たな方法を模索し続けたフィールドワーカー達。老壮青それぞれの立場で描く実践の記録。
2017.6 550p A5 ¥3600 ①978-4-89489-242-2

◆風狂のうたびと―バウルの文化人類学的研究　村瀬智著　(平塚)東海大学出版部
【目次】第1部 ベンガルのバウルのライフヒストリーの記述(振り子行者、詩人バウル、元バラモン、宿なしバウル、10ルピー・バウル、グラメール・バウル、歌姫の息子)、第2部 バウルの民族誌的考察(バウルの道、もうひとつのライフスタイル、マドゥコリの暮らし、人間関係、宗教生活、ベンガル社会の近代化とバウル、現代インド文明のメッセージ、結論)
2017.3 198p A5 ¥2800 ①978-4-486-02122-3

◆文化遺産はだれのものか―トルコ・アナトリア諸文明の遺物をめぐる所有と保護　田中英資著　(横浜)春風社
【要旨】トロイ遺跡はギリシャのもの? トルコのもの? それとも人類共通の遺産? さまざまな時代と民族の遺物が重層的に残り、文化遺産の盗掘や返還の問題を抱えたトルコ。政府・研究者・メディア・コレクター・UNESCO等、遺物をめぐる国内外の主張から、“文化遺産”という概念を問い直す。
2017.3 317p A5 ¥3700 ①978-4-86110-548-7

◆もしもあなたがプリンセスになったら　今田美奈子著, 美内すずえ画　ベストセラーズ
【要旨】お城をデッサンしようと、写生旅行に来たあなた。宮殿の鏡の前に現れたお菓子を思わずかじると、たちまち18世紀の宮廷に迷い込んでしまいました。華やかなドレスに身を包み、プリンセスになったあなたが見た世界とは? アントワネット、英国王室、エリザベートのお洒落・お食事・お作法etc. 美内すずえ描き下ろしイラスト収録。
2017.5 143p A5 ¥1500 ①978-4-584-13800-7

◆装いの民族誌―中国雲南省モンの「民族衣装」をめぐる実践　宮脇千絵著　風響社
【要旨】伝統的な衣装が日常生活で着られる雲南。しかし、村々には商品経済の波が押し寄せ、伝統的衣装の多くは既製服化・工業製品化している。「民族衣装」の置かれた現実を見つめ、「装う」という人間の行為の普遍性とその現在に迫る。エスニシティへの新たな視座を呈示。
2017.2 306p A5 ¥6000 ①978-4-89489-238-5

政治

政治

◆嵐を呼ぶ少女とよばれて―市民運動という生きかた　菱山南帆子著　はるか書房, 星雲社 発売
【要旨】人には絶対譲れないものがある。担任教師の差別発言糾弾と授業ボイコット、「日の丸・君が代」拒否など、小学校全体を揺るがす闘いに立ち上がる少女。次々に繰り広げられる驚きと感動の事件、エピソードの数々。そして今、国会前行動と街宣の最前線に凛として立つ若きその勇姿。市民運動の新たな地平を拓き、民主主義を市民の手に取り戻すために送る渾身のエール。
2017.3 179p B6 ¥1600 ①978-4-434-23048-6

◆用語集政治・経済　上原行雄, 大芝亮, 山岡道男監修　清水書院　新訂第4版
【要旨】高等学校の「政治・経済」の授業に必要かつ十分な用語を選択し、具体例などをもとにしながら、できるだけ詳しく解説した。学習指導要領の配列に準じているので、授業の進度にあわせて参考書として、また、さくいんを活用して小事典として利用することも可能である。同義語・対義語・類義語まで幅広く取り扱った、必携の書!
2017.9 396p B6 ¥850 ①978-4-389-21710-5

国際政治情勢

◆悪の指導者(リーダー)論　山内昌之, 佐藤優著　小学館　(小学館新書)
【要旨】長老派の信者ゆえに神に選ばれたと思い、わが道を突き進むトランプ。兄を粛清し、核実験で世界を脅かす金正恩。かつての盟友・メドベージェフ失墜の糸を引くプーチン。オスマン帝国への憧憬を持ち、大統領の権限を強化したトルコのエルドアン。低学歴のコンプレックスを抱きながらもイランの最高指導者となったハメネイ。世界を見渡せば国家指導者は独裁的な人物ばかり。「知の巨人」二人が首脳たちの「闇」と国際情勢の「裏側」を語り尽くす!
2017.12 286p 18cm ¥840 ①978-4-09-825310-4

◆アジア太平洋の未来図―ネットワーク覇権　川口順子, 秋山昌廣編著　中央経済社, 中央経済グループパブリッシング 発売
【目次】序 アジア太平洋地域の未来図―秩序は誰がいかに担うのか、第1部 アジア太平洋の安全保障環境(国際政治の変動とアジア太平洋、オバマ政権のリバランスの功罪、中国 不安定下の安定―習近平のダモクレスの剣、中国の軍事力と戦略、転換期に入った米中関係)、第2部 相互依存の深化(相互依存と秩序形成、貿易、投資、技術の相互依存、金融の超国家ネットワーク)、第3部 結論 アジア太平洋の未来図―新秩序に向けて(ソフトパワーの意義と役割、大国の概念と役割―競争的相互浸透と複合的ヘッジングのなかで、新秩序の構想―ネットワーク覇権の姿、アジア太平洋地域の未来図と日本の役割)、刊行によせて―歴史の流れで捉えるアジア太平洋の新秩序　2017.8 303p A5 ¥2900 ①978-4-502-23311-1

◆新しい中世―相互依存の世界システム　田中明彦著　講談社　(講談社学術文庫)
【要旨】冷戦の終焉、覇権の衰退、経済相互依存の進展。激変する世界情勢は何をもたらすのか。国境が薄れた「新中世圏」、なお国民国家たらんとする「近代圏」、秩序が崩壊した「混沌圏」に国々を分類、移行期にある世界を独自の視点で鋭く分析する。ヨーロッパ中世になぞらえた「新しい中世」の概念を駆ってポスト近代の世界システムの構想に理論と実証で迫る。
2017.8 344p A6 ¥1130 ①978-4-06-292441-2

◆アメリカの核ガバナンス　菅英輝, 初瀬龍平編著　(京都)晃洋書房　(シリーズ転換期の国際政治 7)
【要旨】アメリカの核抑止政策は、日本外交の対米依存の源流をなし、中国や北朝鮮の核開発の重要な背景ともなっている。本書は、一次史料にもとづく、「核の世紀」の歴史的検証を通して、アメリカ中心の核ガバナンスがもたらした現代世界のアポリア問題を照射する試みである。
2017.11 295, 8p A5 ¥4500 ①978-4-7710-2924-8

◆アメリカの大学におけるソ連研究の編制過程　藤岡真樹著　(京都)法律文化社
【目次】序章 大学と学知から見る冷戦初期アメリカ、第1章 第二次世界大戦期の戦時機関におけるソ連研究の形成と変容、第2章 冷戦初期の大学におけるソ連研究の「再編」、第3章 冷戦初期におけるソ連研究の「停滞」―ハーヴァード大学難民聞き取り計画、第4章 冷戦の展開とソ連研究の途絶―マサチューセッツ工科大学国際問題研究センター、終章 ソ連研究の「遺産」と1950年代後半以降のアメリカ
2017.2 166p A5 ¥4000 ①978-4-589-03814-2

◆アメリカは尖閣を守るか―激変する日米中のパワーバランス　大島隆著　朝日新聞出版

【要旨】「自国第一主義」に転換したアメリカ、軍備増強・海洋進出の著しい中国。「米中衝突」シナリオの深層と日本の行方を朝日新聞記者が探る。米側数千枚の公文書や肉声の録音テープにあたり、交渉当事者への取材で描く国際ノンフィクション！
2017.6 257, 9p B6 ¥1500 ①978-4-02-251472-1

◆あやつられる難民─政府、国連、NGOはざまで　米川正子著　筑摩書房　（ちくま新書）
【要旨】難民問題が近年クローズアップされている。日本も長年関わっているが、難民問題の本質は理解されていない。難民保護を任務とする国連難民高等弁務官事務所（UNHCR）、難民支援担当の人道支援団体、難民の人権尊重を訴える人権団体、拠出国政府、受入国政府、出身国政府などそれぞれの政策のアジェンダを、マクロな視点や難民当事者の視点から批判的に分析。政府、国連、NGOの狭間で翻弄される難民の現状を、アフリカでの難民保護と支援の経験、聞き取り調査と研究をもとに報告する。
2017.2 318p 18cm ¥940 ①978-4-480-06943-6

◆安全保障は感情で動く　瀬匡人著　文藝春秋（文春新書）
【要旨】アメリカは北朝鮮を攻撃するのか!?地政学だけではわからない「明日起きる戦争」の論理。2017.5 187p 18cm ¥830 ①978-4-16-661130-0

◆池上彰のこれが「世界のルール」だ！池上彰著　文藝春秋　（文春文庫）
【要旨】何が問題なのかを解きほぐし、公開情報からホンネを読み解くことで人気の『週刊文春』連載「池上彰のそこからですか!?」。「イスラム国」、筆者自身が渦中の人となった朝日新聞問題…平和な時代が終わりを告げて、今、知っておくべき事柄を「トラブル解決法」や「組織拡大術」「歴史の勉強法」など9つのルールでまとめた一冊です。
2017.9 307p A6 ¥660 ①978-4-16-790935-2

◆池上彰の世界はどこに向かうのか　池上彰著　日本経済新聞出版社
【要旨】「トランプ大統領」はなぜ誕生したのか。イギリスが脱けたEUは、どうなる？「憲法上、日本は核を持てる」って本当？「不確実」の現代を自分の頭で読み解く。「大岡山通信」書籍化！
2017.4 244p B6 ¥1400 ①978-4-532-17619-8

◆一気にわかる！池上彰の世界情勢2017 トランプ政権誕生編　池上彰著　毎日新聞出版
【要旨】2017年も「想定外」に備えよ！池上解説でトランプと世界の次を読む！
2017.2 189p 18cm ¥1000 ①978-4-620-32432-6

◆一触即発の世界─佐藤優の地政学リスク講座佐藤優著　時事通信出版局、時事通信社　発売
【要旨】読み解くカギは宗教とインテリジェンス。トランプ、金正恩、プーチン。ならず者たちの危ないディール。
2018.1 262p 19cm ¥1200 ①978-4-7887-1540-0

◆いま"世界と日本の奥底"で起こっている本当のこと─トランプ政権はキッシンジャー政権である！この大動乱のメガチェンジを読み切る！　高島康司、副島隆彦、板垣英憲、リチャード・コシミズ、ベンジャミン・フルフォードほか　ヒカルランド
【要旨】トランプ政権に影響を与えている政治思想とは？そのキーパーソンは誰か？ロシアのプーチン、中国の習近平が戦っている本当の敵は誰か？金正男暗殺の背景には何があった？北朝鮮の利権を巡る大国の意図とは？デイヴィッド・ロックフェラー亡き後、次は誰が世界を支配するのか？…大変動の今、報道ではない本当の真実を、情報の超プロたちが徹底暴露！　2017.7 288p B6 ¥1851 ①978-4-86471-503-4

◆インクルーシブ国際社会論　森169夫著　彩流社
【要旨】ナショナリズムとコスモポリタニズムを論じたら超読者！それぞれの「違い」をお互いに認め合うインクルーシブな国際社会を実現していく必要があるという問題意識から、歴史的な視点と理論的な課題、そして個々の顕著な具体的事例を検証することによって、混迷を深める現代社会の有り様を問い、未来を展望する。
2017.9 226p A5 ¥2500 ①978-4-7791-2396-2

◆「美（うま）し国」日本の底力─理不尽な国際情勢と宗教の本質を読み解く　加瀬英明、馬渕睦夫著　ビジネス社
【要旨】世界は「論理」では変わらない！「感性」でこそ変えられる！日本人のための新しい「国

体論」!!
2017.10 223p B6 ¥1300 ①978-4-8284-1979-4

◆海の地政学─海軍提督が語る歴史と戦略ジェイムズ・スタヴリディス著、北川知子訳早川書房
【要旨】米海軍出身者初のNATO欧州連合軍最高司令官を務めたジェイムズ・スタヴリディス提督。現役時代から尊敬を集め、現在はタフツ大学フレッチャー・スクールで学長を務める元海軍大将が、歴史への深い洞察と自らの豊富な艦隊勤務の経験をもとに、今後の世界の行方を左右する海洋戦略を語る。地中海の覇権をめぐる古代ギリシャ諸国やローマの海戦、コロンブスやマゼランらによる大航海、太平洋を舞台にした日米の艦隊戦、台頭から中国や核・ミサイル開発を進める北朝鮮の動向など、古今東西の海事史に照らして現下の情勢を見定め、通商、資源、環境面にも目を配りつつ、「海」がいかに人類史を動かし、今後も重要であり続けるかを説き明かす。海軍理論家マハンの系譜を次ぐ新たな「シーパワー（海上権力）」論に、日本と世界の針路が見える。海事・貿易関係者、国際情勢に関心のある読者は必読の書。
2017.9 324p B6 ¥2200 ①978-4-15-209707-1

◆おい、マジか。池上彰の「ニュースを疑え！」池上彰著　文藝春秋
【要旨】その情報にはウラがある！もう騙されないレッスン51。
2017.9 301p B6 ¥1400 ①978-4-16-390716-1

◆外交官が読み解くトランプ以後　高岡望著　祥伝社　（祥伝社新書）
【要旨】トランプ大統領誕生には必然的要素があった。それは行き過ぎたグローバル化への反動であり、アメリカは過去100年に一度の転換点にある。そして、トランプ旋風はアメリカにとどまらず、ヨーロッパ、中東、アジアで逆巻いている。もはや二十世紀の常識は通用しない。これら歴史的大変動をわかりやすく解説、日本の選ぶべき道を示唆したのが本書である。著者はアメリカ、ヨーロッパ、中東の駐在経験と豊富な人脈を有し、前著でトランプ氏勝利を予測した外交官。トランプ後の世界はどこへ向かうのか。ますますトランプ大統領のアメリカから目が離せない─。
2017.5 287p 18cm ¥840 ①978-4-396-11504-3

◆開発援助アジェンダの政治化─先進国・途上国関係の転換か？　増島建著　（京都）晃洋書房　（シリーズ転換期の国際政治 3）
【要旨】国際政治からみる「豊かな国」と「貧しい国」。変化する関係と援助。冷戦終局から今日までの間に、先進国・途上国関係はどのような変化を遂げたのか？世界の中心的課題に対し、経済を超えて、民主主義、ガバナンス、安全保障をも包含するようになり、「政治化」した開発援助アジェンダに焦点をあて、国際関係を紐解く新たな指針の1つを提示する。国際組織（OECD）研究と対外政策（フランス）研究にも貢献する1冊。
2017.3 308p A5 ¥3800 ①978-4-7710-2794-7

◆核戦争の瀬戸際で　ウィリアム・J・ペリー著、松谷基和訳　東京堂出版
【要旨】核兵器による破滅の日は、すぐそこまで来ている！核戦争の危機は、冷戦終結とともに消滅したわけではない。60年代のキューバ危機、90年代の北朝鮮危機に深く関与した元アメリカ国防長官が、安穏と暮らす我々へ警鐘を鳴らす。
2018.1 318p B6 ¥2500 ①978-4-490-20978-5

◆核と戦争のリスク─北朝鮮・アメリカ・日本・中国 動乱の世界情勢を読む　藪中三十二、佐藤優著　朝日新聞出版　（朝日新書）
【要旨】北朝鮮の核保有容認にしろ、先制攻撃にしろ、「日米べったり」にこそ真の危険が潜んでいる！トランプの「忠実なお供」と見られている日本。安全保障の根幹に触れる国家の危機が迫る今、日本人の基礎体力と感性の低下が、より深刻な事態を招いている。大国に割って入る知恵と戦略を持つにはどうすべきか。6者協議をはじめ、北朝鮮、中国と激しい外交交渉を行った元外務事務次官と人気作家が緊急ガチンコ対談！
2017.12 221p 18cm ¥760 ①978-4-02-273745-8

◆核のない世界への提言─核物質から見た核軍縮　ハロルド・ファイブソン、アレキサンダー・グレーザー、ジア・ミアン、フランク・フォン・ヒッペル著、鈴木達治郎監訳、冨塚知子訳　（京都）法律文化社　（RECNA叢書）
【目次】第1部 核の世界はどのようにして生まれたのか　（核分裂性物質の生産、使用、在庫、核兵

器用の核分裂性物質生産の歴史、世界の核分裂性物質保有量）、第2部 核兵器製造と原子力の関係を絶つ（核分裂性物質、原子力と核拡散問題、プルトニウムの分離を終わらせる、高濃縮ウランの原子炉利用を終わらせる）、第3部 核分裂性物質をなくす（兵器用核分裂性物質の生産を終わらせる、核分裂性物質の処分）、結論：核兵器の解体から廃絶へ
2017.3 190p A5 ¥3500 ①978-4-589-03848-7

◆核兵器の拡散─終わりなき論争　スコット・セーガン、ケネス・ウォルツ著、川上高司監訳、斎藤剛訳　勁草書房
【要旨】核保有国が増えるのはなぜ望ましいと言えるのか？それに対する反論とは？本書は、核兵器の拡散に主に勢力均衡論から肯定的立場をとるウォルツと、組織論の観点から否定的立場をとるセーガンによる、それぞれの主張と反論をまとめた論争の書。理論から最近の核拡散の事例、そしてオバマの「核なき世界」演説にまで、核兵器の真髄に迫る白熱の論争を余すことなく伝える。
2017.5 182p 18cm ¥3500 ①978-4-326-30257-4

◆家族をテロリストにしないために─イスラム系セクト感化防止センターの証言　ドゥニア・ブザール著、児玉しおり訳　白水社
【要旨】多くの若者が、ネット情報を通じて過激思想に洗脳され、取り込まれていく。フランスで起きていることは他人ごとではない。
2017.10 148, 5p B6 ¥1500 ①978-4-560-09577-5

◆危機の現場に立つ　中満泉著　講談社
【要旨】国連軍縮担当事務次長であり、二人の女の子の母親である中満泉さんは、世界中の紛争地で平和活動に奮闘してきました。本書は、その生々しい難民支援交渉から、目の当たりにした不正義への憤りと正義、子育てと両立してグローバルに働く方法まで、これから国際協力の現場を目指す人に有意義なメッセージが詰まった一冊です！
2017.7 252, 3p B6 ¥1400 ①978-4-06-220629-7

◆北朝鮮がアメリカと戦争する日─最大級の国難が日本を襲う　香田洋二著　幻冬舎　（幻冬舎新書）
【要旨】核実験とミサイル発射を繰り返す北朝鮮。アメリカとは「アメリカを焦土化する」「誰も見たことがないような事態が北朝鮮で起こる」と挑発しあい、緊張はギリギリまで高まっている。北朝鮮が核保有国となれば、核兵器が世界中に拡散する核ドミノが起こる。アメリカはそれを認めるのか、交渉で北に核を放棄させられるのか、それとも─。もはやアメリカが北朝鮮を武力攻撃しない理由はない、と著者は見る。Xデーはいつなのか？そして日本への攻撃は？元自衛艦隊司令官が語るリアルにして衝撃のシナリオ。
2017.12 182p 18cm ¥780 ①978-4-344-98479-0

◆希望の日米新同盟と絶望の中朝同盟─フェイク・ニュースの裏側にある真実　藤井厳喜著　徳間書店
【要旨】自国主義と自由主義と中華主義という対立軸がわかれば、この複雑な世界がシンプルに見えてくる。脱真実の世界で本当は何が起きているのか？
2017.8 286p B6 ¥1400 ①978-4-19-864427-7

◆金正恩の黒幕はアメリカだった　菅沼光弘著　ビジネス社
【要旨】メンツをつぶされた中国、無視された韓国、バカにされている日本。「米軍が一時間で平壌制圧」は真っ赤なウソ。米国と中国が北朝鮮をつぶせない本当の理由。
2017.7 237p B6 ¥1500 ①978-4-8284-1963-3

◆頸城野近代の思想家往還　村山和夫著、石塚正英編　社会評論社
【目次】第1部 くびき野を訪れし人士済々（勝海舟─越後の勝家の祖と頸城の地、福沢諭吉─上越に二度も訪れることとなる、東郷平八郎─海将が頸城の地に残したもの ほか）、第2部 くびき野に生まれし人士済々（竹内金太郎─日本の大事件に関わった弁護士、白石元治郎─横浜に白石町の名を残した鋼管王、竹村良貞─事業新聞の先覚者、帝国通信社長 ほか）、第3部 特記二件（小林古径記念美術館設置を迎えて、会津藩士と越後高田）
2017.10 251p B6 ¥2500 ①978-4-7845-1560-8

◆グローバリズム その先の悲劇に備えよ中野剛志、柴山桂太著　集英社　（集英社新書）

政治

【要旨】国境を越えた人・モノ・カネの動きが鈍ってきた。英国EU離脱やトランプ現象、ルペンの躍進など、反グローバリズムを旗印に工業国で保護主義の嵐も吹き荒れている。グローバル化がいよいよ終わるのだ。しかし、残されたのはグローバル化によって引き裂かれた国民と社会の分断だ。そこから始まる悲劇とは？　いまだグローバル化への幻想から覚めない日本の運命は？　気鋭の論客ふたりが文明の危機の時代の本質に切り込む！
2017.6 237p 18cm ¥760 ①978-4-08-720886-3

◆グローバル・イシュー——都市難民　小泉康一著　（京都）ナカニシヤ出版
【要旨】世界中の都市へ、スラムへと逃げ込む難民をどう救うのか。辺境の農村部にある難民キャンプから、都市部へと向かう難民・避難民の実態と、その援助のあり方を包括的に models する。2017.1 194p A5 ¥3700 ①978-4-7795-1086-1

◆グローバル・ジハードのパラダイム——パリを襲ったテロの起源　ジル・ケペル, アントワーヌ・ジャルダン著, 義江真木子訳　新評論
【要旨】本書は、イスラム主義の過激な派生現象としてのジハーディズムと、移民とその子孫が構成する「フランスのイスラム教」に焦点をあて、パリを襲ったテロの「起源」を描き出す。ヨーロッパ市民として育った若いイスラム教徒や改宗者が、家族環境、社会・経済・政治状況に方向づけられつつ、「アルカイダ後のジハード」の遂行者たちが選択するプロセスのケーススタディである。ウェブ時代にあってイデオロギーの拡散に国境はない。日本人犠牲者も出た。本書を通じて浮かび上がるグローバル・ジハードのパラダイムは、ジハーディズムの今後の変転と世界の根本課題を再点検する上で、重要な示唆となろう。エマニュエル・トッド『シャルリとは誰か？』への批判的論考を含む注目作。
2017.9 438p B6 ¥3800 ①978-4-7948-1073-1

◆激動するグローバル市民社会——「慈善」から「公正」への発展と展開　重田康博著　明石書店
【目次】序章 今日のグローバル市民社会とNGOを考える——その意義と役割、第1章 欧米諸国の市民社会の誕生と発展——イギリスのチャリティの歴史と国際NGO、第2章 欧米の市民社会の人道復興支援活動の誕生と発展——NGOは国家から自由な当事者でありうるのか、第3章 欧米の市民社会の開発協力の変化・多様化・専門化——慈善から公正へ、第4章 南の市民社会の誕生から発展——アジアの市民社会の事例から、第5章 南の市民社会の巨大化と社会企業化——サルボダヤ運動の人間関係とBRACの社会企業化の事例から、第6章 日本の市民社会の誕生と発展——奈良時代から1980年代まで、第7章 日本の市民社会の発展と変化——1990年代から2016年までのNGOの活動、第8章 グローバル時代における国家と市民社会間の公共圏を考える——カンボジア政府とNGOを事例に、終章 グローバル市民社会の課題と意義——「共存・共生できる公共圏」を目指して
2017.3 318p A5 ¥2400 ①978-4-7948-4476-8

◆ケースで学ぶ国連平和維持活動——PKOの困難と挑戦の歴史　石塚勝美著　創成社
【目次】第1章 国連平和維持活動の定義、設立背景、および概念、第2章 東西冷戦時代の伝統型国連平和維持活動の実例、第3章 ポスト冷戦期の新型国連平和維持活動、第4章 伝統的国連平和維持活動のケース——国連レバノン暫定駐留軍（UNIFIL）、第5章 複合型国連平和維持活動のケース——国連東ティモール暫定統治機構（UNTAET）、第6章 武力行使型国連平和維持活動のケース——コンゴ国連活動（ONUC）、国連コンゴ民主共和国ミッション（MONUC）そして国連コンゴ民主共和国安定化ミッション（MONUSCO）、第7章 国連平和維持活動と貢献としての現在の課題——欧州諸国の「国連PKO離れ」の問題、総括（結びに代えて）
2017.4 196p A5 ¥2100 ①978-4-7944-0474-7

◆現代国際関係学叢書　第1巻　国際組織・国際制度　山本武彦, 玉井雅隆編　志學社
【目次】第1部 現代の国際組織と制度をめぐる理論（現代国際組織・制度論の理論的基礎——国際レジーム論とグローバル・ガバナンス論の接点、諸国際レジームを繋ぎ合わせる国際連合、国際機構がつくる平和——「牙」なき国際機構は無力か？）、第2部 国際連合の機能と課題（国際連合の紛争予防に向けた体制——可能性と限界——平和的解決の観点から、国連平和維持活動の役割の変化、ジュネーブ軍縮会議（CD）の成果と課題ほか）、第3部 国際制度、地域国際協力の実情と諸課題（国連とジェンダー、国際金融レジームと

IMF改革、「人間の安全保障」レジームの形成と国際機関 ほか）
2017.9 330p A5 ¥2700 ①978-4-904180-78-5

◆現代国際関係学叢書　第2巻　軍縮・軍備管理　山本武彦, 庄司真理子編　志學社
【目次】軍備管理・軍縮——核兵器禁止条約、信頼醸成措置をめぐって、第1部 核兵器と軍縮・軍備管理（「恐怖の均衡」制度化の試み——SALT・1からSALT・2まで、米ロ二国間核軍縮 ： 戦略核兵器削減条約（START）を軸にみて、核実験の禁止 ： その意義と現状 ほか）、第2部 通常兵器と軍縮・軍備管理（通常兵器軍縮の進展と展望——「変容し続ける規範」という視角から、通常兵器の拡散と国際安全保障——輸出管理の機能と役割、テロリズムと小火器・通常兵器）、第3部 国際制度、地域国際機構の実情と諸課題（化学兵器禁止体制の現状と課題、生物兵器禁止条約の役割の変化、宇宙の軍備管理）
2017.9 329p A5 ¥2700 ①978-4-904180-79-2

◆国際援助・国際協力の実践と課題　日本国際政治学会編（国立）日本国際政治学会, 有斐閣 発売（国際政治 186）
【目次】序論 SDGs時代の開発援助・国際協力の実践と課題、途上国開発における現地化の機能、自己規制イニシアティブとNGOの存在意義、紛争を経験した脆弱国をめぐる開発協力、人権に基づく転換的平和構築、アフリカの内戦における人道アクセス問題と反乱軍、JICAの平和構築支援の史的展開（一九九九・二〇一五）、日本の援助理念としての自助努力支援の国際政治論的考察、日米関係と政府開発援助、インドの国際河川における紛争防止メカニズムの比較考察、米国の対外関与のあり方を巡る論争、ウォルター・ラッセル・ミード著、寺下滝郎訳『神と黄金（上・下）』、大庭三枝著『重層的地域としてのアジア——対立と共存の構図』
2017.1 177, 15p A5 ¥2000 ①978-4-641-49910-2

◆国際関係・安全保障用語辞典　小笠原高毅, 栗栖薫子, 広瀬佳一, 宮坂直史, 森川幸一編集委員　（京都）ミネルヴァ書房　第2版
【要旨】揺れ動く現代の国際社会を、よりよく理解する待望のハンディな用語辞典。好評を博した初版を最新の情報に更新し、新たな事項も加えた待望の第2版。伝統的国家間戦争や民族紛争のみならず、テロや大量破壊兵器の拡散、地震や津波など自然災害に対する危機管理までを視野に、国際関係と安全保障の幅広い分野にわたり基礎的事項をカバー。国際関係論、政治学、安全保障論、国際経済学、国際法など諸分野の学界で活躍する気鋭の専門家が執筆。各項目末尾には類義語や関連語を多く表示し、巻末に総合索引を掲載することによって総合的かつ体系的な理解が可能。巻末資料も、国際法関係用語の概念図や主要国・機関首脳一覧、主要地域機構一覧、関係資料叢書主要国内機関ガイドなど充実。
2017.11 396p B6 ¥3000 ①978-4-623-08114-1

◆国際関係学——地球社会を理解するために　滝田賢治, 大芝亮, 都留康子編　有信堂高文社　第2版
【要旨】グローバル化する地球社会を的確にとらえる。
2017.4 275p A5 ¥3200 ①978-4-8420-5576-3

◆「国際関係」の基本が"イチから"わかる本——"知ってるつもり"から抜け出す！　坂東太郎著　日本実業出版社
【要旨】「アメリカが日本を守ってくれる」は本当か？　中国のトップは、13億人からどう選ばれるのか。国の職員は、どんな仕事をしているの？　「外交の手順」「国際法の役割」といった国と国とのかかわりについての基礎知識から、日々流れてくる世界各地のニュースの背景まで、「なぜ、そうなるのか？」「日々の生活にどう影響する？」「もっと深く知りたい！」国際関係の疑問に、イチからわかりやすく応える。
2017.7 264, 6p B6 ¥1500 ①978-4-534-05510-1

◆国際関係論の生成と展開——日本の先達との対話　初瀬龍平, 戸田真紀子, 松田哲, 市川ひろみ編　（京都）ナカニシヤ出版
【要旨】坂本義和、高坂正堯から村井吉敬、高橋進まで、平和の問題を真剣に考え続けた先達たち。時代と対話した彼らの苦闘をたどり、日本の国際関係論の内発性、土着性、自立性を問う。
2017.3 387p A5 ¥4200 ①978-4-7795-1147-9

◆国際関係論へのファーストステップ　中村都編著　（京都）法律文化社　新版

【目次】第1部 地球社会の抱える問題群（グローバル化と格差——より良き未来を探る、途上国の貧しさ・先進国の貧しさ——その原因を探る ほか）、第2部 持続可能な社会の構想（持続可能な社会をめざして、先住民と環境 ほか）、第3部 多文化共生の時代（異文化交流・理解の試み、留学と国際関係 ほか）、第4部 21世紀の潮流（人間の安全保障、進化する国際社会の平和構築の取り組み ほか）、第5部 環境と平和の世紀へ（核のない世界へ、より公正な地球社会をめざして——国際連帯税と世界社会フォーラムを中心に ほか）
2017.5 240p A5 ¥2500 ①978-4-589-03852-4

◆国際機関への就職——JPOになるために　伊藤博著　創成社
【目次】第1章 小中高時代、第2章 大学時代、第3章 大学院修士課程、第4章 教育サービス界、第5章 NGO、第6章 青年海外協力隊（パラグアイ）、第7章 大学院博士課程、第8章 ユネスコ
2017.4 226p B6 ¥1600 ①978-4-7944-4075-4

◆国際協力の誕生——開発の脱政治化を超えて　北野収著　創成社（創成社新書）　改訂版
【要旨】人道支援や開発援助は、誰の役に立っているのか？　人助けと国益のはざまで揺れる「国際協力」の核心に迫る！
2017.12 246p 18cm ¥800 ①978-4-7944-5064-7

◆国際政治研究の先端　14　日本国際政治学会編　日本国際政治学会, 有斐閣 発売（『国際政治』188号）
【目次】冷戦の変容と日米関係 一九七三・一九七五年、一九三〇年ハーグ国際法典編纂会議における「妻の国籍」問題と日本、ベトナム戦争をめぐる米比関係、総合安全保障の受容、中華民国の「アジア反共同盟」構想、日米防衛協力のための指針」策定以前における日米防衛協力の実態、「防衛計画の大綱」における基盤的防衛力構想の採用 一九七四・一九七六年、書評論文、書評
2017.3 147, 13p A5 ¥2000 ①978-4-641-49914-0

◆国際政治史における軍縮と軍備管理——19世紀から現代まで　榎本珠良編著　日本経済評論社（明治大学国際武器移転史研究所研究叢書）
【要旨】19世紀から現在までの武器移転規制と軍備の削減・制限について、経済史、帝国史、国際関係史と国際政治学を架橋し、現在の政策論議を射程に入れる新たな研究を展望する。
2017.3 294p A5 ¥4200 ①978-4-8188-2460-7

◆国際テロリズム——その戦術と実態から抑止まで　安部川元伸著　原書房
【要旨】大規模テロが他人事ではなくなった時代の必須の情報が満載！　元公安調査庁、国際テロの情報収集・分析のエキスパートによる「現代のテロ」の実際と対策。
2017.3 283p B6 ¥2500 ①978-4-562-05390-2

◆国際紛争——理論と歴史　ジュニア, ジョセフ・S. ナイ, デイヴィッド・A. ウェルチ著, 田中明彦, 村田晃嗣訳　有斐閣　原書第10版
【要旨】複雑で混乱に満ちた21世紀の「国際政治」を、どう見ればよいか。国際政治に通じたジョセフ・ナイとデイヴィッド・ウェルチが、ここに手本を提示する。国際場裏での新たな展開に対応して「現在の引火点」をまとめ、新たな議論や素材を盛り込んで改訂。2色刷。
2017.4 488p A5 ¥3000 ①978-4-641-14917-5

◆国際法で読み解く戦後史の真実——文明の近代、野蛮な現代　倉山満著　PHP研究所（PHP新書）
【要旨】第二次世界大戦後、国連をつくり戦争をなくそうとした世界で、なぜ残虐な殺戮が続いたのか？　「人類史は進歩している」と考えるのは大間違い。冷戦と革命と地域紛争と虐殺に明け暮れた戦後期は、むしろ「野蛮に退化した時代」だった。なぜか。それは文明のルールだった「国際法」が米ソが破壊したからだ。戦争根絶、民族自決、共産主義などの理想が、いかに残虐な世界を作ったか。そして、その中で日本はいかに生きていけばいいのか。本書を読めば、現代史の大きな流れと各国の思惑がよくわかる！　複雑な戦後から現代の世界情勢を一刀両断に解明する斬新な現代史。
2017.10 269p 18cm ¥880 ①978-4-569-83694-2

◆国連で学んだ修羅場のリーダーシップ　忍足謙朗著　文藝春秋
【要旨】国際支援の現場で伝説のリーダーとなった彼は、どのように77カ国のチームを率いたのか。災害・紛争地域に食糧を届ける。元国連WFPアジア地域局長、忍足流リーダーシップの極意。世

界で生きる、グローバルに働く。

◆黒海地域の国際関係　六鹿茂夫編　（名古屋）名古屋大学出版会
【要旨】西欧・ロシア・中東の狭間に位置し、歴史上つねに国際政治の焦点だった黒海。冷戦後のEU/NATOとロシアの綱引きのなか、紛争や跨境性を伴いつつトルコ、ウクライナ、ジョージア、バルカン諸国等が織りなす地域の動態を、外交・経済から宗教まで多面的に分析、その全体像を描き出す。世界政治のフォーカルポイント。
2017.2 408p A5 ¥6300 ①978-4-8158-0863-1

◆国旗で知る国際情勢　ティム・マーシャル著,田口未和訳　原書房
【要旨】歴史、政治、民族性、地理特性…「国旗」には全てが記されている。ベストセラー『恐怖の地政学』の著者による「国旗の地政学」。統合の象徴である「国旗」に表現された様々な意味と願望を読み解き、現代社会に重ね合わせていくと、世界の骨組みが見えてくる。なぜ人々は「国旗」にこれほど愛着を覚えるのか。
2017.4 325p B6 ¥2200 ①978-4-562-05397-1

◆「国境なき医師団」を見に行く　いとうせいこう著　講談社
【要旨】生きることは難しい。けれど人間には仲間がいる。大地震後のハイチで、ギリシャの難民キャンプで、マニラのスラムで、ウガンダの国境地帯で─。日本の小説家がとらえた、世界の"リアル"と人間の"希望"。
2017.11 383p B6 ¥1500 ①978-4-06-220841-3

◆この世界を知るための教養─10のキーワードですべてがわかる　佐藤優,田原総一朗責任編集　アスコム　（オフレコ！BOOKS）
【要旨】「知の武装」で未知の脅威から身を守る。ポピュリズム、ナショナリズム、新・帝国主義、非介入主義、汎ゲルマン主義、シーパワー、ユーラシア主義、ランドパワー、グローバル化、第三次世界大戦…日本と世界をズバリ先読み。
2017.3 231p 18cm ¥1500 ①978-4-7762-0943-0

◆避けられたかもしれない戦争─21世紀の紛争と平和　ジャン=マリー・ゲーノ著,庭田よう子訳　東洋経済新報社
【要旨】大国のエゴ、奪われる命。元国連PKO責任者がみた11の紛争の舞台裏。
2018.1 617, 9p B6 ¥3400 ①978-4-492-44445-0

◆佐藤優の集中講義 民族問題　佐藤優著　文藝春秋　（文春新書）
【要旨】今も世界のあちこちで民族問題の炎が噴出し続けている！テロの国際的拡散、移民・難民の増大、労働者間の国際競争、トランプ後のアメリカで台頭する白人至上主義、中東からの入国規制─。"民族オンチ"の日本人だからこそ知っておくべき、民族問題の現実と基礎理論がこの一冊に！
2017.10 221p 18cm ¥830 ①978-4-16-661142-3

◆自分とは違った人たちとどう向き合うか─難民問題から考える　ジグムント・バウマン著,伊藤茂訳　青土社
【要旨】イギリスのEU離脱から、ISによるテロ、そしてトランプというアメリカの選択…すべてが、移民や難民に代表される民族や文化や宗教の異なる人びとを排除する世界の風潮のなかで起こっている。これまでの社会や常識が壊れ、大きく変化しつつある世界をどう考えるか。分断に対抗するために。社会学の巨人が、私たちに遺した展望。
2017.3 131, 3p B6 ¥1800 ①978-4-7917-6973-5

◆習近平はトランプをどう迎え撃つか─中国の世界戦略と日本の針路　加藤嘉一著　潮出版社　（潮新書）
【要旨】暴走する北朝鮮を誰が止めるのか！そして、中台関係、南シナ海、米中の攻防に迫る。
2017.10 326p 18cm ¥907 ①978-4-267-02106-0

◆習近平vs.トランプ─世界を制するのは誰か　遠藤誉著　飛鳥新社
【要旨】新・米中蜜月─裏の巨大取引！そこに中国の代弁者キッシンジャーがいた。アメリカを操ってきた世界最大の暗部を、中国研究の第一人者がはじめて解き明かす。
2017.8 264p B6 ¥1296 ①978-4-86410-560-6

◆知らないと恥をかく世界の大問題 8 自国ファーストの行き着く先　池上彰著　KADOKAWA　（角川新書）
【要旨】イギリスのEU離脱決定からトランプ大統領誕生まで、「自国ファースト」の流れが世界を包んだ。その本質を解説しつつ、右派勢力が台頭する欧州、中東戦争の危機、暴走する北朝鮮など、世界のいまを池上彰が斬る！
2017.7 319p 18cm ¥860 ①978-4-04-082115-3

◆知られざる世界権力の仕組み 上 ロスチャイルド&ロックフェラー帝国の全貌　ユースタス・マリンズ著,天童竺丸訳　成甲書房
【要旨】この世界を真に支配しているのは誰か？金融恐慌・不況・飢饉・戦争・革命の捏造者の実名を暴く。
2017.12 401p B6 ¥1800 ①978-4-88086-363-4

◆知られざる世界権力の仕組み 下 寄生体シンジケートが富と権力を握る　ユースタス・マリンズ著,天童竺丸訳　成甲書房
【要旨】「分割して支配せよ！」の極秘メカニズム。言論弾圧パラサイト勢力に"消される"前に読むべき書。
2017.12 404p B6 ¥1800 ①978-4-88086-364-1

◆図解 いちばんやさしい地政学の本　沢辺有司著　彩図社
【要旨】この時代にもっとも必要な学問、地政学を通して世界を見れば「何が起きているのか」が驚くほどよくわかる。
2017.6 221p B6 ¥850 ①978-4-8013-0230-3

◆スノーデン 日本への警告　エドワード・スノーデン, 青木理, 井桁大介, 金昌浩, ベン・ワイズナー, マリコ・ヒロセ, 宮下紘著　集英社　（集英社新書）
【要旨】世界を震撼させた元情報局員がわかりやすく解説する超監視社会の脅威。本書では、日本人に向け、今起きている深刻な事態や権力を監視するための方途をスノーデンが明快に解説。後半はスノーデンの顧問弁護士やムスリム違法捜査を追及する弁護士、公安事件に詳しいジャーナリストら、日米の精鋭が、議論を多角的に深める。
2017.4 200, 2p 18cm ¥720 ①978-4-08-720876-4

◆スパイ大事典　ノーマン・ポルマー, トーマス・B.アレン著,熊木信太郎訳　論創社　（原書第2版）
【要旨】1900以上の項目を50音順に収録！国立公文書館、FBI、NASA出典の写真や図版の他、CIA、FBI、KGBなどの組織図も多数併録。他に類を見ない、本邦初の本格的なスパイに関する百科事典！索引完備。
2017.5 836p B5 ¥12800 ①978-4-8460-1591-6

◆政治の司法化と民主化　玉田芳史編著　（京都）晃洋書房　（シリーズ転換期の国際政治 4）
【要旨】途上国でみられる民主化と司法化の交錯。同時に可視化できるこの現象を民主主義の視点からはどのように捉えればよいのだろうか。また、立憲主義の視点からはどのように捉えられるのであろうか。一見、アンビヴァレントな関係を、制度や汚職、歴史軸などの観点から転換期の現状を明らかにしていく。
2017.3 280p A5 ¥4000 ①978-4-7710-2896-8

◆「西洋」の終わり─世界の繁栄を取り戻すために　ビル・エモット著,伏見威蕃訳　日本経済新聞出版社
【要旨】グローバル化の進展がもたらした不平等の拡大を背景に、世界中で移民排斥や孤立主義を訴える政党の支持率が上昇し、世界は急速に閉鎖的な空間になりつつある。蔓延するポピュリズムは、第二次世界大戦以降の西側先進国の「繁栄」を実現してきた「西洋」の理念─開放性と平等─を捨て去り、各国の協調関係を分断し、一国内でも断絶を引き起こすかもしれない。私たちはいま、「西洋の繁栄」の終わりの始まりにいる。それを避けるために、一人ひとりと国家が守るべき行動を提言する。
2017.7 350p B6 ¥2000 ①978-4-532-35737-5

◆世界一の会議─ダボス会議の秘密　齋藤ウィリアム浩幸著　講談社　（講談社プラスアルファ新書）
【要旨】EU危機、トランプ登場、租税回避、第4次産業革命、サイバー問題…世界の緊急課題が見えてくる！G20、G7、国連…、なぜダボスが他にはない唯一無二の場なのか？
2017.1 179p 18cm ¥840 ①978-4-06-272978-9

◆世界を裏側から見る私の手法─ロシア報道を読み解くことで真実がわかる　佐藤優著　経済界　（経済界新書）
【要旨】混乱の国際情勢を読み間違えるな！いま知るべき国際ニュースを新たな視点で読む。外交交渉のプロが完全解説！
2017.7 226p 18cm ¥800 ①978-4-7667-2065-5

◆世界を分断する「壁」─フォト・ドキュメント　アレクサンドラ・ノヴォスロフ, フランク・ネス著, 児玉しおり訳　原書房
【要旨】国を、民族を、家族を分断する「壁」は、今もなお、世界中で作られている。なぜそこに「壁」があるのか、なぜなくせないのか、世界の「壁」を見て歩き、問いかける。南北朝鮮からアメリカ、メキシコ、イスラエルまで、分断の現場を歩き続けた女性研究者による世界へ向けたルポルタージュ。
2017.6 380p A5 ¥3200 ①978-4-562-05418-3

◆世界が再び日本を見倣う日─「トランプ砲」は恐れる必要なし　長谷川慶太郎著　PHP研究所
【要旨】保護貿易を掲げるアメリカ、金融危機前夜のヨーロッパ、軍事的覇権拡大をやめない中国、一触即発の朝鮮半島…。それでも日本が安泰なのはなぜか？
2017.3 203p B6 ¥1500 ①978-4-569-83299-9

◆世界権力者図鑑 2018 政治の裏側は女がつくる！　副島隆彦責任編集,中田安彦著　ビジネス社
【要旨】世界情勢のオモテとウラが一目でわかる!!
2017.12 127p B5 ¥1500 ①978-4-8284-1991-6

◆世界国勢図会 2017/18年版　矢野恒太記念会編　矢野恒太記念会　第28版
【要旨】最新の社会・経済統計をもとに、世界の現状を表とグラフで明らかにした、学ぶ、調べるデータブックのスタンダード。
2017.9 478p A5 ¥2685 ①978-4-87549-451-5

◆世界政治 裏側の真実─忍者・佐藤優と狂犬・副島隆彦の手裏剣対談　副島隆彦, 佐藤優著　日本文芸社
【要旨】トランプ、プーチン、習近平…。世界を動かす権力者たちの共同謀議とインテリジェンスの正体とは!?緊迫する国際情勢の深部を日本最高知性の2人が縦横無尽に語る。
2017.10 253p B6 ¥1500 ①978-4-537-26173-8

◆世界の右翼─歴史別・地域別に大解剖！　グループSKIT編著　宝島社
【要旨】国際社会を揺るぶる各国の保守派、民族派。その成り立ちから台頭の内幕までを極めて"ライト"に解説！
2017.2 223p B6 ¥650 ①978-4-8002-7187-7

◆世界の黒い霧─ジョン・コールマン博士の21世紀陰謀史　ジョン・コールマン著, 本多繁邦訳　成甲書房
【要旨】目を覆われ、耳を塞がれた日本人のための国際情報。ワンワールド組織の暗殺指令によるELF放射線攻撃で生死の境をさまよいながら、世界的事象の陰の真相を追いつづける著者が、21世紀の不可解な国際的事件を果断に斬る。日本国内には決して伝えられることのない貴重な情報、世界はかくも冷酷なのか！身の毛もよだつ論考滿載。
2017.3 363p B6 ¥1800 ①978-4-88086-353-5

◆「接続性」の地政学 上 ─グローバリズムの先にある世界　パラグ・カンナ著, 尼丁千津子, 木村高子訳　原書房
【要旨】「接続性」をキーワードにすれば合理的でまったく新しい世界が見えてくる─世界経済フォーラム「若き世界のリーダー」にも選ばれた俊英『三つの帝国の時代』の著者による世界的ベストセラー上陸！
2017.1 342p B6 ¥2400 ①978-4-562-05372-8

◆「接続性」の地政学 下 ─グローバリズムの先にある世界　パラグ・カンナ著, 尼丁千津子, 木村高子訳　原書房
【目次】第3部 接続性の優位性（大洋の石蹴り遊び）、第4部 国家から結節点へ（建てさえすれば、人は集まる、地図に登場する、救済策としてのサプライチェーン）、第5部 グローバル社会へ向けて（サイバー文明とその不満、すばらしき希釈化、自然に逆らってはいけない）、終章 接続性から柔軟性へ
2017.1 291p B6 ¥2400 ①978-4-562-05373-5

政治

◆ゼロからわかる「世界の読み方」―プーチン・トランプ・金正恩　佐藤優著　文藝春秋
【要旨】北方領土問題は2018年、プーチン大統領が大きく動かす。トランプ大統領の根底にあるのはクリスチャン・シオニズムと黄禍論だ。金正男殺害事件の引き金はアメリカ大統領のツイートに怯えた金正恩。たった250ページで、あなたは国際社会を生き抜ける！
2017.9 250p B6 ¥1300 ①978-4-10-475214-0

◆ゼロデイ―米中露サイバー戦争が世界を破壊する　山田敏弘著　文藝春秋
【要旨】トランプ大統領を誕生させたのはロシアだった!?アメリカはマルウェアでイラン核燃料施設を攻撃し、中国は米メディアから情報を盗み出す。「見えない戦争」はすでに始まっている！
2017.2 303p B6 ¥1600 ①978-4-16-390521-1

◆戦場を歩いてきた―カラー写真で読み解く戦場のリアル　佐藤和孝著　ポプラ社　（ポプラ新書）
【要旨】2013年度ボーン・上田記念国際記者賞特別賞を受賞するなど世界的にも評価が高い著者。30年以上にわたって、世界各地の紛争地の最前線で取材した、生きるか死ぬかの極限状態から、たくましく生き抜く市井の人々や兵士たち。イラク・アフガニスタン・シリアなどにおけるリアルな実態を80枚以上の秘蔵写真とともに解き明かす。
2017.8 190p 18cm ¥920 ①978-4-591-15541-7

◆戦略の地政学―ランドパワーVSシーパワー　秋元千明著　ウェッジ
【要旨】アメリカやロシア、中国は地政学をどのように利用しているのか？ そして、沖縄の位置づけとは？ 覇権ゲームの時代を地政学で読み解く。地政学的な視点を持てば、日本の進むべき道が見えてくる！
2017.8 307p B6 ¥1600 ①978-4-86310-186-9

◆総力取材！ トランプ時代と分断される世界―アメリカ、EU、そして東アジア　NHK取材班著　NHK出版　（NHK出版新書）
【要旨】シリア攻撃、北朝鮮牽制の空母派遣など、予想不可能の一手を繰り出し世界を驚かせるトランプ大統領。いまホワイトハウスで何が起こっているのか？「自国第一主義」の波は、アメリカのみならず、ヨーロッパ、世界を席巻するのか？ 日米関係、米中関係は？ 世界は分断の時代、戦争の時代へと向かうのか？ 政権100日徹底取材から見えてきた“トランプ時代”のゆくえ。
2017.6 270p 18cm ¥860 ①978-4-14-088520-8

◆大国の暴走―「米・中・露」三帝国はなぜ世界を脅かすのか　渡部恒雄、近藤大介、小泉悠著　講談社
【要旨】世界を大混乱に陥れるアメリカ・中国・ロシア「三帝国」の暴走原理を、日本を代表する米中露分析のプロが徹底的に読み解く。
2017.7 255p B6 ¥1400 ①978-4-06-220639-6

◆多国間主義の展開　日本国際連合学会編　国際書院　（国連研究 第18号）
【要旨】米トランプ政権が多国間主義の撤退の動きを強めるなか、諸問題に多くの国がともに解決を目指す多国間主義、国連の活動はどう向き合うのか。若手研究者が歴史的課題に果敢に挑戦する。
2017.7 321p A5 ¥3200 ①978-4-87791-283-3

◆頼るな、備えよ―論戦2017　櫻井よしこ著　ダイヤモンド社
【要旨】いまも米国一辺倒でよいのか―。日本が「真の独立国」になるうえで不可欠な「憲法改正」を、必死で問題にする勢力の「正体」とは？ テレビ・新聞に蔓延る俗論を斬る！
2017.8 263p B6 ¥1500 ①978-4-478-10318-0

◆誰が世界戦争を始めるのか―米中サイバー・ウォーと大国日本への期待と責任　日高義樹著　徳間書店
【要旨】習近平との首脳会談のさなか、シリア空爆に踏み切ったトランプ政権。大混乱を迎えた国際社会は、常時、偶発戦争の脅威にさらされている。誰がこの危機を起こしているのか。日本の力の行使を世界は待っている―。安倍首相が国際社会に関与していく積極的な姿勢を見せていることと、中国を新しい国際社会の大国として受け入れることだろう。そして、中国寄りのオバマ体制から脱却する米国、日本との関係によって決まるのだ。
2017.4 234p B6 ¥1500 ①978-4-19-864398-0

◆地域研究と国際政治の間　日本国際政治学会編　有斐閣　（「国際政治」189号）

◆【目次】戦後のイラクで何が対立しているのか―関係性の結果としての宗派、地域の同盟構造と国際紛争、国際政治史研究におけるドイツ歴史学派の方法論――一八世紀ヨーロッパ諸国家体系の成熟過程を中心に、主権国家体系と国際規範をめぐる地域的構想――九世紀ラテンアメリカの法的地域主義、米ソ冷戦終結のプロセス―ロシア地域研究の視点から、金融危機後の改革と政治―ユーロ圏におけるドイツ、ロシアの「ユーラシア・アイデンティティ」の形成と展開―外務省局長の実務家・専門家グループを中心に、エルサレムをめぐる和平プロセスとパレスチナ人の政治―「解決困難な紛争」における交渉の政治的意味、ベトナムの安全保障―「三つのNo」の論理と実践、「安全保障」としての地域機構―ASEANとECOWASの比較検証、書評
2017.10 182, 17p A5 ¥2000 ①978-4-641-49919-5

◆「力の大真空」が世界史を変える―構図が変化し始めた国際情勢　宮家邦彦著　PHP研究所
【要旨】「地政歴史学」でシミュレートした東アジアの近未来。朝鮮半島、南シナ海で、「米中パワーゲーム」勃発！ 日本は「利害関係ある善意の部外者」として、勝ち組に残る戦略を。
2017.9 261p B6 ¥1600 ①978-4-569-83706-2

◆地政学から読むイスラム・テロ　マテュー・ギデール著　土居佳代子訳、クレール・ルヴァスール地図製作　原書房
【要旨】70以上の地図やグラフや年表で、イスラーム・テロの起源とその論理、行動様式を知る！ 世界規模のイスラーム・テロの明晰で客観的な分析のため、最先端の情報を結集した初の書。
2017.11 165p A5 ¥2000 ①978-4-562-05455-8

◆秩序の砂塵化を超えて―環太平洋パラダイムの可能性　村上勇介、帯谷知可編　（京都）京都大学学術出版会　（環太平洋研究叢書）
【要旨】格差拡大を背景にした民主主義の動揺が世界的に広がっている。クリミア併合や「イスラム国」、南シナ海問題など、第二次大戦以降世界が経験しなかった方法による版図の変更さえもが進行している。平和と安定を再構築するための新しい途はどこにあるのか？ 旧体制や「伝統」を乗り越えるという格闘する、環太平洋地域の社会の中に可能性を見る。
2017.7 284p A5 ¥3500 ①978-4-8140-0111-8

◆中国と韓国は息を吐くように嘘をつく　高山正之著　徳間書店
【要旨】儒教に呪縛された中韓のタチの悪さにようやく世界は気づいた。彼らがわめけばわめくほど、その品のなさに驚きあきれるしかない。
2017.5 262p B6 ¥1300 ①978-4-19-864406-2

◆中国に勝つ日本の大戦略―プーチン流現実主義が日本を救う　北野幸伯著　育鵬社、扶桑社 発売
【要旨】「大戦略」で最も大事なのは、「誰が敵で、誰を味方につけるか、はっきりさせること」。本書の目的は、第1に、尖閣、沖縄を守りつつ、「日中戦争（実際の戦闘）を回避すること」。第2に、やむを得ず戦争（戦闘）になっても、勝てる道を示すことです。戦後の長い平和に慣れた日本国民には、「刺激の強すぎる」本かもしれません。しかし、これから本書で皆さんが目にするのは「事実」「真実」です。
2017.3 319p B6 ¥1600 ①978-4-594-07875-1

◆“中露国境” 交渉史―国境紛争はいかに決着したのか？　井出敬二著　作品社
【要旨】2004年、中国とロシアは国境問題を最終解決させ、国境河川の中州である黒瞎子島／大ウスリー島・タラバロフ島の半分などが中国に引き渡された。これは、中国が「係争地域」として長年圧力を加え続け、プーチンが最終的に譲歩を決断したものだった。中露の国境紛争は、さかのぼれば17世紀から存在し、たび重なる武力衝突をも引き起こしてきた。にもかかわらず、最後は“交渉”によって決着するという、きわめて珍しいケースとなった。その歴史的経験から、私たちはロシアと中国を相手にするうえで何を学べるか？ ロシア・中国の日本大使館で公使を務めた現役外交官で、両国の重要文書、交渉者の証言、最新の学術研究、現地調査をもとに、交渉を再構成し、両国の歴代指導者と交渉者たちの戦略・戦術を鋭く分析する。北方領土や尖閣諸島を考えるための最重要資料となるものである。
2017.6 257p B6 ¥2800 ①978-4-86182-619-1

◆超図解 ベンジャミン・フルフォードの「世界の黒幕」タブー大図鑑　ベンジャミン・フルフォード著　宝島社

◆【要旨】これまで世界を支配してきたロスチャイルド家、ロックフェラー家を代表するダークサイド（旧体制）陣営を打破すべく、米軍はアメリカ大統領選でトランプをかついだ。米軍、ローマ法王などのニュー・エイジ勢らのダークサイド陣営殲滅作戦が始まったのだが、その最中にトランプはダークサイド陣営に引き込まれることになる…新旧「世界の支配者」による暗闘の行方は―
2017.7 125p B5 ¥900 ①978-4-8002-7102-0

◆ついに日本繁栄の時代がやって来た　日下公人著　ワック　（WAC BUNKO）
【要旨】「日本出動」は焦眉の急だ！「日本に学べない国」中国の悲哀。そして「新しいアベノミクス」論の始まり―日本が発信する世界のローカリズム。安倍首相は世界のリーダー。日本の道をゆこう。
2017.1 221p 18cm ¥920 ①978-4-89831-749-5

◆帝国の遺産と現代国際関係　納家政嗣、永野隆行編　勁草書房
【要旨】冷戦終結後、グローバリゼーションは加速し続け、さまざまなガバナンスの制度や仕組みが新たに整えられていっているように見える。しかし、これらは新たに創出されたものではなく、帝国主義の時代に作られた制度や枠組みをもとにできあがったものではないだろうか？ 各国・地域の分析を通じて、この問題を明らかにしていく。
2017.11 292p A5 ¥4000 ①978-4-326-30263-5

◆「テロとの戦い」を疑ふ―紛争地からの最新情報　西谷文和著　（京都）かもがわ出版
【要旨】9・11以降の「テロとの戦い」の正義とは。安倍政権の自衛隊南スーダン派遣の前途は。難民と子どもたちを救う手立てはあるのか。ISなど「イスラム過激派集団」の実態とは。トランプ米大統領誕生で中東問題の今後は。戦場ジャーナリストが戦火の現場から徹底検証。
2017.4 187p B6 ¥1600 ①978-4-7803-0910-2

◆独裁の宴―世界の歪みを読み解く　手嶋龍一、佐藤優著　中央公論新社　（中公新書ラクレ）
【要旨】軍事衝突の危機に加え、帝国主義化する中露の指導者は独裁者と化しつつある。グローバリゼーションの進展で、経済も政治も格段にスピードが速くなり、迅速な意思決定を求められるようになった。手間もコストもかかる民主主義に対する市民のいらだちは募るばかりだ。だからといって、民主主義は捨てられない。こんな乱世に、政治のリーダーはどうあるべきか の…。
2017.12 221p 18cm ¥820 ①978-4-12-150607-8

◆トランプ革命で甦る日本―「日米新時代」が見えてきた！　西村幸祐、ケント・ギルバート著　イースト・プレス
【要旨】日米安保破棄、米中・米ロの接近、TPP批准拒否…悲観的報道の「ウソ」を、二つの視点から再検証！
2017.1 223p B6 ¥1200 ①978-4-7816-1508-0

◆トランプ巨大旋風の奥底は“イルミナティvsプーチン”1%寡頭勢力打倒の戦いである　中丸薫著　ヒカルランド
【要旨】想定外続きの世界情勢の奥底は“日本の選択”である！ ウクライナとシリアで二度にわたって第3次世界大戦のプロセスでトランプ大統領に阻止されたイルミナティの次の一手をさらに阻むのは“トランプ大統領&平和憲法を保持する日本”である！ という情報に対してあなたはどういう反応を示すでしょうか。フェイク（偽）ニュースの中に生きる日本人への警鐘！
2017.7 268p B6 ¥1815 ①978-4-86471-532-4

◆トランプ後の世界　第2幕　最新情勢 日本、アメリカ、そして世界2017　木村太郎著　ゴマブックス
【要旨】「アメリカ」と「トランプ」の真実を解明すれば、世界が見えてくる！
2017.3 157p B6 ¥1000 ①978-4-7771-1895-3

◆トランプ後の世界秩序―激変する軍事・外交・経済　川上高司、石澤靖治編著　東洋経済新報社
【要旨】いち早く当選を予測していた第一線の専門家チームが徹底分析！ 中国・朝鮮半島・ロシア・中東・日本について、どのようなビジョン、戦略があるのか。その根底にある軍事・核・エネルギー戦略のゆくえはどうなるのか。国際政治や安全保障問題のプロフェッショナルが明らかにする。
2017.5 253p B6 ¥1500 ①978-4-492-21232-5

◆トランプ政権で進む戦争の危機―新自由主義の世界的破綻・その解決はいかに　鎌倉孝夫著　〔下関〕長周新聞社
【要旨】支離滅裂なトランプ政策はどこから来るのか！金融資本の寄生性・腐朽の解明を軸に探る
　　　　2017.6 143p A5 ¥1300 ①978-4-9909603-1-5

◆トランプ登場で激変する世界―自立した日本外交と安全保障戦略　英正道著　アートデイズ
【要旨】老練な元外交官が、大動乱の兆しを見せる世界の現実を冷厳な目で捉え、今後の日本外交のあるべき姿と独創的な安全保障戦略を論じた注目の書き下ろし!!
　　　　2017.1 386p B6 ¥1700 ①978-4-86119-258-6

◆なぜ、世界は“右傾化”するのか？　池上彰、増田ユリヤ著　ポプラ社　（ポプラ新書）
【要旨】世界に「昔はよかった」という流れが生まれている一方で、くい止めようとする力も働いている。イギリスのEU離脱やトランプ政権の混乱が続く中、仏大統領選では極右政党の代表が選ばれなかった。先が読めない時代を私たちはどのように生きていけばよいのか。現場取材をしながら独自の視点でニュースを解説する池上彰と増田ユリヤが、複雑化する世界を読み解く。
　　　　2017.6 296p 18cm ¥800 ①978-4-591-15340-6

◆難民を知るための基礎知識―政治と人権の葛藤を越えて　滝澤三郎、山田満編著　明石書店
【目次】第1部 国際政治と難民問題、第2部 難民と強制移動のダイナミズム、第3部 国際機関と難民、第4部 難民と社会統合、第5部 第三世界の難民、第6部 ヨーロッパの難民問題、第7部 米国の難民問題、第8部 日本の難民問題、第9部 難民と人間の安全保障
　　　　2017.1 371p B6 ¥2500 ①978-4-7503-4416-4

◆難民問題と人権理念の危機―国民国家体制の矛盾　駒井洋監修, 人見泰弘編著　明石書店（移民・ディアスポラ研究 6）
【目次】難民問題とゆらぐ人権理念、第1部 なぜ難民は生まれるのか―作り出される難民危機（「難民」の生まれる時代―グローバリゼーションの時代における人の移動、難民問題の原点としてのユダヤ人難民について、難民を生み出すメカニズム―南スーダンの人道危機）、第2部 難民の管理と排除の担体―アフリカ・中東・ヨーロッパ・米国（なぜ中東から移民/難民が生まれるのか―シリア・イラク・パレスチナ難民をめぐる移動の変容と意識、難民キャンプと故郷のあるスーダン青ナイル州からのある難民コミュニティの場合、難民問題の「矛盾」とトルコの政治・外交―ソフトパワー・負担・切り札、ヨーロッパの難民受け入れと保護に関する現在の課題―「難民危機」という神話を超えて、難民問題とアメリカの「人権政治」の現在）、第3部 ディアスポラとしての難民―トランスナショナルな社会空間（アフリカにおける難民・ディアスポラのトランスナショナルな活動、在来ベトナム難民とトランスナショナルな政治、「ソマリ・ディアスポラ」とソマリランド平和委員会、滞日ビルマ系難民と祖国の民政化―帰還・残留・分離の家族戦略）
　　　　2017.5 303p B6 ¥2800 ①978-4-7503-4522-2

◆21世紀国際政治の展望―現状分析と予測　滝田賢治編著　〔八王子〕中央大学出版部（中央大学政策文化総合研究所研究叢書 22）
【目次】第1章 国際秩序と米中関係、第2章 覇権循環の歴史と世界システムの将来、第3章 地政学の復活か―21世紀の国際秩序、第4章 21世紀へ向けての「国連」多国間主義―事務総長の言説から、第5章 核戦略理論の歴史・展開の系譜と未来への指標、第6章 地政学、価値観、米外交の将来、第7章「台頭」中国の国際イメージ、第8章 アジア・オセアニア地域の安全保障体系の変容と地域制度、第9章 新興国トルコの国際秩序観―その特徴と変遷
　　　　2017.3 250p A5 ¥2900 ①978-4-8057-1421-8

◆2017年から始まる！「砂上の中華帝国」大崩壊　澁谷司著　電波社
【要旨】経済破たん寸前で、中国軍大膨張！日本・世界はどうなる？摩訶不思議な中朝関係の真相。自滅・内戦・東アジア大戦争―北朝鮮・韓国・台湾・ロシア・核の行方。誰も知らない安倍政権の日本国家戦略「セキュリティ・ダイヤモンド構想」成功の秘密。
　　　　2017.2 267p B6 ¥1300 ①978-4-86490-084-3

◆2017年7月7日国連会議で採択 核兵器禁止条約の意義と課題　冨田宏治著　〔京都〕かもがわ出版
【要旨】広島、長崎への原爆投下から72年を経て、初めて核兵器を違法化する条約ができた。その意義、これまでの経緯、核廃絶までの道を第一人者が説く。条約全文（日英対照）付き。
　　　　2017.8 71, 24p A5 ¥930 ①978-4-7803-0930-0

◆日本人が知らない洗脳支配の正体―日本を見習えば世界は生き残れる　高山正之, 馬渕睦夫著　ビジネス社
【要旨】EUは崩れ、米国は混乱し、中国は倒れる。日本人は「ジャパンファースト」でキレイごとの恐怖社会から覚醒せよ！
　　　　2017.5 228p B6 ¥930 ①978-4-8284-1953-4

◆日本の外交―「戦後」を読みとく　添谷芳秀著　筑摩書房　（ちくま学芸文庫）
　　　　2017.10 240p A6 ¥1000 ①978-4-480-09829-0

◆日本の「世界史的立場」を取り戻す　西尾幹二, 中西輝政責任編集　柏塚竜一司会　祥伝社
【要旨】自主憲法を持てず、防衛のための戦争も許されない―。戦後七十年余、いまもって「敗戦国」のレッテルを貼られたまま。日本は、ずっと「普通の国家」ではなかった。しかし戦後の日本国民は、その呪縛をみずから解こうともせず、異常を異常とも思わず、ただひたすら「戦勝国」アメリカを文明の鑑としてきた。この異常が永遠に続くはずがない。アメリカが日本の手本になるような国ではないのは明らかだ。戦後に日本と米中の三国間で交わされてきた特殊な関係の破綻が露わとなったいま、日本国民はその現実を自覚し、国家が歩むべき道をみずから選択する必要に迫られている。二大保守論客が戦後日本の矛盾と危機を徹底討論！
　　　　2017.11 262p B6 ¥1500 ①978-4-396-61601-4

◆日本は再びアジアの盟主になる―トランプvs習近平！米中激突で漁夫の利を得る日本　宮崎正弘, 石平, 福島香織著　宝島社
【要旨】トランプ大統領の誕生で、“ひきこもり”化が決定的になった米国。フィリピンなど地政学的に重要な国が米国と距離を置くケースも目立つ現在、中国は対中包囲網などのアジア外交を主導し、そこに米国を引き込むことを余儀なくされている。日本が再びアジア外交の主要プレーヤーに返り咲きつつある今、どのように考え、行動すべきか。そしてアジア地域の“撹乱者”になりかねない米中と、最大の“撹乱者”である中国の前でどう立ち回るべきかを米中事情に詳しい3人が語りつくす。
　　　　2017.3 237p B6 ¥1300 ①978-4-8002-6603-3

◆人間の安全保障の挑戦　アラン・ハンター著, 佐藤裕太郎, 千葉ジェシカ訳　〔京都〕晃洋書房
【要旨】地球規模の問題に地球全体で挑む。政治的「安全保障」の枠組みを超え、地球に生きる人間一人ひとりが心配ごとなく安心して暮らせる状態を実現するために、環境問題、ビジネス、開発援助などあらゆる側面から「人間の安全保障」を提唱する。
　　　　2017.1 197, 17p A5 ¥2500 ①978-4-7710-2804-3

◆熱帯雨林コネクション―マレーシア木材マフィアを追って　ルーカス・シュトラウマン著, 鶴田由紀訳　緑風出版
【要旨】ボルネオの熱帯雨林ほど美しいものはないという。その地球上で最も豊かな生態系を、マレーシア・サラワク州の独裁政権が、乱伐し、どのように破壊していったのか？抵抗するリーダーや内部告発したものは抹殺され、先住民族の森の民はブルドーザーに追われ、伝統的な生活手段を奪われた。汚職と不正乱伐で肥え太り、マネーロンダリングで不動産投資に明け暮れる“マレーシア木材マフィア”＝タイプ帝国の驚くべき実態を暴露する。
　　　　2017.10 346p B6 ¥2800 ①978-4-8461-1719-1

◆年鑑 海外事情 2017　拓殖大学海外事情研究所編　創成社
【目次】第1部 地域別の2016年分析（アメリカ―グローバリズムからポピュリズムへ、中国―「人心の動揺」と混乱、台湾―広がる中国との距離、ロシア―プーチンが動かす世界、韓国―内憂外患の1年、北朝鮮―体制固めを続けた北朝鮮、東南アジア―年内の距離測る東南アジア、ヨーロッパ―普遍主義グローバリズムと国民国家によるコミュニタリアニズムの拮抗、中東―新局面を迎える地域紛争、アフリカ―紛争解決への遠い道のりとビジネスチャンス、日本―日本政治の課題と今後の行方）、第2部 テーマ別の2016年分析（米国大統領選挙―2016年大統領

◆選挙と米国政治、日ロ首脳会談と北方領土―交渉進展めざす、シリア紛争―ロシア、影響力拡大、プーミポン国王崩御後のタイ情勢―軍事政権と王位継承、安保法制―平和安全法制の整備とその後、南シナ海問題―米中対決の発火点、ドゥテルテ新政権のフィリピン―米中両大国の狭間で自立を模索）、第3部 資料
　　　　2017.3 266p B5 ¥2800 ①978-4-7944-4076-1

◆ハイドロポリティクス　星野智著　〔八王子〕中央大学出版部
【目次】第1部 水資源をめぐる紛争と国際流域ガバナンス（中央アジアの地政学と水資源問題、アラル海地域の水資源と環境、ユーフラテス・チグリス川の水資源をめぐる紛争とガバナンス、ナイル川流域の水資源をめぐるレジームとガバナンス、ヨルダン川流域の政治的対立と水資源問題、メコン川流域のガバナンスとレジーム）、第2部 グローバル化と水の国際ガバナンス・レジーム（グローバル化と世界の水資源、水をめぐるグローバル・ガバナンス、EUの水政策と水枠組指令（WFD）、水の国際レジーム―ヘルシンキ規則からベルリン規則へ、水に対する人権と「水の安全保障」、水資源をめぐる紛争とその平和的解決に向けて）
　　　　2017.9 371p A5 ¥3800 ①978-4-8057-1155-2

◆「日出づる国」日本のミッション―トランプ革命で神国（ニッポン）が目を覚ます　綾織次郎著　幸福の科学出版
【要旨】2025年、新世界秩序が現れる！宗教が平和と繁栄をつくる時代へ。「トランプ革命」が中国の覇権を止める。「生贄型」グローバリズムの終わり。中国の「金融覇権」を誰が止めるのか？イスラム圏の3つのイノベーション。宗教対立を解決する「許し」の原理。世界平和を創る3つの条件ほか。
　　　　2017.3 334p B6 ¥1200 ①978-4-86395-888-3

◆非核地帯―核世界に対峙するリアリズム　福島崇宏著　〔春日井〕中部大学,〔名古屋〕風媒社 発売（中部大学ブックシリーズActa 28）
【目次】第1章 非核地帯とは何か（核兵器の登場、非核地帯は核なき世界への第一歩？、非核地帯の構成要素）、第2章 非核地帯の誕生―トラテロルコ条約誕生秘話（キューバ危機とラテンアメリカ諸国、メキシコ凄腕外交官の登場、米国の介入、初の非核地帯の誕生―誕生の意義）、第3章 非核地帯は本当に役に立つのか―非核地帯の真の役割とは（核兵器の非人道性、ブラジルが核開発に固執した理由、ブラジルによる電力政策の転換、対人地雷禁止レジームの形成、非核地帯とNPT・IAEA体制）、第4章 非核地帯の拡大と深化（冷戦期の非核地帯、ポスト冷戦期の非核地帯、構想段階の非核地帯、非核地帯の残された課題）
　　　　2017.3 105p A5 ¥800 ①978-4-8331-4130-7

◆ビジネスパーソンのための世界情勢を読み解く10の視点―ベルリンの壁からメキシコの壁へ　森下伸著　ディスカヴァー・トゥエンティワン
【要旨】特派員として「ベルリンの壁」崩壊に立ち会った著者が、各国での取材体験をもとに、この混迷と激動の世界情勢の読み解き方を考察する。「ベルリンの壁」崩壊からグローバル化は加速し限りなく進んだが、いまやアメリカを筆頭として多くの国が閉鎖的になりつつある。グローバル化逆流の時代、「国家」が存在感を高め、生き残りを賭けて動き出す。世界の行方は？その中で日本はどうする？
　　　　2017.8 200p A5 ¥1800 ①978-4-7993-2165-2

◆非戦・対話・NGO―国境を越え、世代を受け継ぐ私たちの歩み　大橋正明, 谷山博史, 宇井志緒利, 金敬黙, 中村絵乃, 野川未央編　新評論
【要旨】NGO非戦ネットの有志12人が、自分史を通じて世界・私の関係性を紡ぐ。国内外の支援現場で培われた非戦の意思を、読者と共有するために。
　　　　2017.12 318p A5 ¥2600 ①978-4-7948-1081-6

◆ヒトラーの陰謀伝説―狂気の独裁者の最大タブー！「噂の真実」を究明する会著　宝島社
【目次】国際事件ジャーナリスト ベンジャミン・フルフォードが語るナチスの「異常性」とヒトラーの「狂気」、第1章 ナチスの超兵器―世界を驚かせた「最新鋭」「高性能」超技術の数々、34万件のドイツの特許情報、20万件の国際特許を「没収」ナチスの超兵器で世界覇権を手にしたアメリカ ほか）、第2章 ナチス史上最悪の殲滅戦「加州ソ砲」に隠された陰謀 戦後、イスラエルを建国し「ハルマゲドン」を起こすヒトラーはわざと負けた！、ETはナチスの科学者、UFOはナチスの兵器という暗号 アイゼンハワーを震え上がらせたヒト

政治

ラーが仕込んだ「毒」ほか）、第3章 ナチスとオカルト（悪魔に取り憑かれた独裁者のメッセージが的中 ヒトラー「最後の演説」は現代世界への予言、トゥーレ協会、ヴリル協会、ブラックサン、アーネンエルベ…ナチスの超兵器を支えた"オカルト組織"の正体 ほか）、第4章 現代のナチス（60年の年月をかけ、戦後アメリカを乗っ取ったナチス ナチス・アメリカの正体、「第四帝国」復興を目指す南米へ逃れたナチス残党たち ほか）
　2017.8 313p B6 ¥650 ①978-4-8002-7537-0

◆不法移民はいつ "不法" でなくなるのか——滞在時間から滞在権へ　ジョセフ・カレンズ著, 横濱竜也訳　白水社
【要旨】五年滞在すれば不法でなくなる？ 世界的権威による現実主義的移民論。
　2017.10 219, 5p B6 ¥2800 ①978-4-560-09581-2

◆文明の衝突 上　サミュエル・ハンチントン著, 鈴木主税訳　集英社　（集英社文庫）
【要旨】世界はどこへと向かうのか？ 各地で多発する民族紛争と文明間の軋轢の本質とは何か？ 著者は世界を、西欧・中国・日本・イスラム・ヒンドゥー・スラブ・ラテンアメリカ・アフリカの八つの文明に分け、冷戦終結後の様々な紛争をこれら異文明間の衝突ととらえた。各界に大きな衝撃を与え、侃々諤々の大議論を呼んだハンチントン仮説のインパクトは、21世紀の今も全く色褪せることがない。
　2017.8 318p A6 ¥700 ①978-4-08-760737-6

◆文明の衝突 下　サミュエル・ハンチントン著, 鈴木主税訳　集英社　（集英社文庫）
【要旨】来るべき時代には文明の衝突こそが世界平和にとって最大の脅威。つまり文明に基づいた国際秩序が世界戦争を防ぐための最も確実な安全装置であると、と著者は語る。最終章で導き出される全面戦争勃発のシナリオは、まさに圧巻。ポスト冷戦を語る上でも、これからの未来を考える上でも、避けて通れない考察がここに。激動する世界秩序の針路を指し示す羅針盤として輝き続ける国際政治論の金字塔！
　2017.8 286p A6 ¥700 ①978-4-08-760738-3

◆米中戦争前夜——新旧大国を衝突させる歴史の法則と回避のシナリオ　グレアム・アリソン著, 藤原朝子訳, 船橋洋一日本語版序文　ダイヤモンド社
【要旨】500年間の新旧対決から決定の本質を探る応用歴史学。トランプと習が試される"古典的な罠"。40年近く米国防長官顧問のハーバード・ケネディスクール初代学長が警鐘を鳴らす。
　2017.11 399p B6 ¥2000 ①978-4-478-10331-9

◆米中台 現代三国志　近藤伸二著　勉誠出版
【要旨】中国・台湾の直接交流で火花を散らした蔡英文と習近平。最高指導者になっても、静かに戦い続けている。トランプは「一つの中国」をどこまで切り崩せるか？ 積年の取材経験から、アメリカ・中国・台湾の政治状況を冷徹に分析、関係者の証言を加えて見える真剣勝負のゆくえ。
　2017.8 253p B6 ¥1500 ①978-4-585-23059-5

◆米中「二大帝国」の戦争はもう始まっている——アメリカの敗北と中国の野望、そして日本の生きる道　ベンジャミン・フルフォード著　かや書房
【要旨】1991年のソ連崩壊以降、地球上で唯一の超大国となったアメリカ。政治、経済、軍事、科学、学問、娯楽、すべてにおいて世界をリードしてきたが、ドルによる金融支配の崩壊を発端に圧倒的国家の凋落から滑り落ちた。新たな覇者を狙う中国との激突は不可避、世界を二分する戦争の火蓋がついに切られる——
　2017.9 253p B6 ¥1700 ①978-4-906124-78-7

◆米中の危険なゲームが始まった——赤い帝国中国崩壊の方程式　福島香織著　ビジネス社
【要旨】米中蜜月時代の恐怖!?日本は世界の一極を取れ！ トランプと習近平のしくじり合戦がはじまり世界は大混乱へ…。
　2017.6 238p B6 ¥1400 ①978-4-8284-1958-9

◆米中は朝鮮半島で激突する——日本はこの国難にどう対処すべきか　福山隆著　ビジネス社
【要旨】第二次朝鮮動乱が勃発か!?韓島を活用した新たな「水際以遠の国防戦略」への転換を提言！ 元陸将が読み解く土壇場の地政学。
　2017.5 226p B6 ¥1500 ①978-4-8284-1951-0

◆米中露パワーシフトと日本　三船恵美著　勁草書房
【要旨】世界からの信頼が低下するアメリカ、「一帯一路」で勢力を拡張する中国、大国復活をも

くろむロシア。日本を取り巻く安全保障環境を厳しくしている国際情勢を鳥瞰し、国際情勢を分析するための基礎的な知識を記述する。
　2017.9 274p A5 ¥2800 ①978-4-326-30255-0

◆米朝戦争をふせぐ——平和国家日本の責任　和田春樹著　青灯社
【目次】1 北朝鮮危機と平和国家日本の責任（金正男殺害事件の衝撃、北朝鮮弾道ミサイルの連射、北朝鮮が歩んできた道、冷戦終了時の北朝鮮の決断—3つのオプション ほか）、2 北朝鮮危機をめぐって著者にきく（政府の警戒広報の軽さ、無責任さ、テレビ、新聞、専門家の意見、雑誌の論調、国会の中で、野党は ほか）
　2017.10 170p B6 ¥1200 ①978-4-86228-096-1

◆米朝密約——なぜいま憲法改正、核装備か　日高義樹著　徳間書店
【要旨】開戦に踏み切れない「暗黙の密約」すべて書く。ワシントン発朝鮮有事の衝撃情報分析！
　2017.12 239p B6 ¥1500 ①978-4-19-864534-2

◆変容する世界とリーダーシップ——国際文化会館新渡戸国際塾講義録 5 Ⅰ・House Press
【目次】対話から見える二〇三〇年の世界、Rule of Law or Rule Through Law？—主要国法の域外適用の動向とグローバルスタンダード化、アジア太平洋地域における日米同盟—アメリカ海兵隊を中心に、「グローバル」に生きるということ、15年後の消費社会——途上国の可能性を見つめ続けて、Kōgei—伝統工芸が切り拓く新たな世界、突破する力、共生—和の世界を求めて、柔道の国際化から考えるリーダーシップとチームワーク、The United States, Japan, and the Asian Development Bank in Turbulent Regional Times, Rebuilding the Japanese Economy : "Tourism" as the True Driving Force, Shibusawa Eiichi : Love, Valor, and Capitalism
　2017.6 268p 22×14cm ¥1000 ①978-4-903452-27-2

◆変容する中華世界の教育とアイデンティティ　阿古智子, 大澤肇, 王雪萍編　国際書院（早稲田現代中国研究叢書）
【要旨】激しく変動する中華世界において、人々はアイデンティティをどのように形成しているのだろうか。学校、家庭、コミュニティ、サイバー空間における教育の理念と実践を、歴史と現在を見据えて分析する。
　2017.3 306p A5 ¥4800 ①978-4-87791-282-6

◆「暴走する」世界の正体——最強論客が読み解く戦争・暴力・革命　宮崎学, 佐藤優著　SBクリエイティブ（SB新書）
【要旨】北朝鮮によるミサイル発射、相変わらず続く無差別テロ、反グローバリズムの台頭、格差と貧困の問題…。世界は混乱の真っ只中にある。また、トランプ大統領のこれまでの常識とは大きく異なる発言や政策は世界を震撼させ、予測不能になっている。このような「暴走する」世界を、私たちはいかに正しく読み解いていくべきか？ これまでの常識が全く通じない"平和なき"時代を、「戦争」「革命」「暴力」をキーワードに、わが国最強の論客2人が大胆に迫る。
　2017.11 191p 18cm ¥800 ①978-4-7973-8994-4

◆ぼくは13歳、任務は自爆テロ。——テロと紛争をなくすために必要なこと　永井陽右著　合同出版
【要旨】世界最悪の紛争地ソマリアをなんとかしたい。どうしたらこの世界からテロをなくすことができるのか？ 「対話」ができないとき、ぼくらは何をすべきなのか？ 現代のテロと紛争の解決に向けた新たなアプローチ。
　2017.8 141p A5 ¥1400 ①978-4-7726-1309-5

◆ボコ・ハラム——イスラーム国を超えた「史上最悪」のテロ組織　白戸圭一著　新潮社
【要旨】1年で6644人を殺害——。（2014年）2014年4月、女子生徒集団拉致という蛮行で悪名を馳せ、同年、イスラーム国を上回る民間人犠牲者を出したボコ・ハラム。ナイジェリア北部のイスラーム反体制運動組織は、過ぎなかった彼らは、いかにしてグローバル・ジハード・テロ組織へと変貌を遂げていったのか。アフリカとイスラームの接点、英国の植民地支配がもたらした分裂、独立後の政治暴力の歴史から、現在の腐敗と格差の問題までを緻密に分析し、「史上最悪のテロ組織」の実態を重層的に炙り出す。
　2017.7 203p B6 ¥1300 ①978-4-10-351151-9

◆「ポスト・グローバル時代」の地政学　杉田弘毅著　新潮社　（新潮選書）
【要旨】互いに引かれ合うトランプとプーチンの真意、中国「一帯一路」の最終形、核兵器を抱

えた弱小国・北朝鮮が求めるもの、移民と難民に苛まれる欧州と中東…そして日本の向かう先は？ 隘路に嵌った資本経済と民主主義から生まれる人々の「怒り」をキーワードに、エゴを剥き出しに動き始めた強者の「行動原則」と、世界を見るための "8つの指標" を示す。国際報道の第一人者が現場で読み解く「現代地政学」の決定版！
　2017.11 293p B6 ¥1400 ①978-4-10-603819-8

◆曲がり角に立つ中国——トランプ政権と日中関係のゆくえ　豊田正和, 小原凡司著　NTT出版
【要旨】未来永劫の永遠の隣国、中国といかに賢く付き合うか。日本は、中国を支えるのか、たもとを分かつのか、あるいは、その中間なのか。中国経済、エネルギー・環境、安全保障を軸にして、この問いに多角的に応える。
　2017.7 286p B6 ¥1500 ①978-4-7571-4348-7

◆マスター 国際政治学　西川佳秀著　（京都）晃洋書房
【目次】第1章 21世紀国際政治の潮流、第2章 アメリカ：唯一の超大国から覇権の後退へ？、第3章 アジア：中華覇権と21世紀アジア秩序、第4章 ロシア・ユーラシア覇権の行方、第5章 ヨーロッパ：国家統合の光と影、第6章 混迷と争乱の中東・アフリカ
　2017.3 230p B5 ¥2900 ①978-4-7710-2870-8

◆ミレニアム・チャレンジの修辞学——UN・MDGs・EU　大隈宏著　国際書院
【要旨】現在進行中のSDGs（持続可能な開発目標）の前提としてのMDGs（ミレニア開発目標）における「人間開発」という人類の包括的核心をなす作業をEUの積極的関わりを通して追求した本書は人類に大きな示唆を与える。
　2017.3 471p A5 ¥6400 ①978-4-87791-281-9

◆ヤバすぎて笑うしかない狂人理論（マッドマン・セオリー）が世界を終らせる　渡邉哲也, 野口裕之著　ビジネス社
【要旨】北朝鮮報道のスクープ記者と数々の危機を予測した経済評論家が迫りくる有事勃発に警鐘を鳴らす。開戦前夜、そのとき日本はどうなる。韓国は平昌五輪を本当に開催できるのか。
　2017.11 199p B6 ¥1500 ①978-4-8284-1988-6

◆ユダヤ人問題からパレスチナ問題へ——アメリカ・シオニスト運動にみるネーションの相克と暴力連鎖の構造　池田有日子著　法政大学出版局
【要旨】1948年のイスラエル建国に至る政治過程において決定的な役割を果たしたアメリカは、民主主義・民族自決の理念に反するユダヤ人国家建設をなぜ支持するのか。系譜学的アプローチによりパレスチナ問題の根源に迫る。アメリカ人であり、ユダヤ人であり、シオニストであることの孕む矛盾のなかでイスラエル建国を実現したアメリカ・シオニスト運動の全容。
　2017.7 309, 22p A5 ¥4800 ①978-4-588-62536-7

◆冷戦変容期の国際開発援助とアジア——一九六〇年代を問う　渡辺昭一編著　（京都）ミネルヴァ書房
【要旨】戦後アジアの国際秩序はいかにつくられたか。開発援助戦略の分析を通じて、アジアにおける新国際秩序の形成過程に迫る。
　2017.7 396, 8p A5 ¥7000 ①978-4-623-07996-4

◆冷戦変容と歴史認識　菅英輝編著　（京都）晃洋書房　（シリーズ転換期の国際政治 2）
【要旨】冷戦後の世界でも、戦後日本の対外政策は日米安保体制の枠組みから容易に一歩を踏み出せない状況が続く。このため日本はアメリカの政策に追随し、従属してきたと捉える研究や論調が、近年改めて増えている。本書はその要因を探ることで、今日の日本外交が直面する諸問題について改めて熟考する機会を提供する。
　2017.2 302, 6p A5 ¥4500 ①978-4-7710-2796-1

◆歴史認識と国際政治　日本国際政治学会編（国立）日本国際政治学会, 有斐閣 発売　（国際政治 187）
【目次】序章 歴史認識と国際政治、一八九八年戦争の記憶—米・キューバ国交正常化交渉におけるプエルトリコ独立問題を事例に、第三国による歴史認識問題への介入の要因と帰結—アルメニア人虐殺へのジェノサイド認定とトルコ、中華民国の公定歴史認識と政治外交——一九五〇—一九七五年、抗日戦争をめぐる中国の歴史認識問題—扱われ方の変遷とその影響に着目した、「疑似環境」と政治—北朝鮮帰国事業における総

連と北朝鮮ロビーの役割を中心として、日比賠償問題の歴史認識—人道の規範意識と象徴的な損失補填による被害者の救済、謝罪の形成—第二次大戦後の日本とドイツを比較して、独立論文、書評論文、書評

2017.3 179p A5 ¥2000 ①978-4-641-49912-6

◆歴史の逆襲—21世紀の覇権、経済格差、大量移民、地政学の構図　ジェニファー・ウェルシュ著、秋山勝訳　朝日新聞出版
【要旨】楽観に過ぎたフランシス・フクヤマの考察、『歴史の終わり』は誤りだった！気鋭の国際政治学者が斬りこむ、21世紀の世界予測!!
2017.5 265, 11p B6 ¥2000 ①978-4-02-251471-4

◆歴史のなかの国際秩序観—「アメリカの社会科学」を超えて　葛谷彩、小川浩之、西村邦行編著　（京都）晃洋書房　（シリーズ転換期の国際政治 5）
【要旨】覇権国アメリカに各国はどのように応戦してきたか。20世紀の覇権国アメリカと対峙してきたさまざまな国や地域の国際秩序観を歴史的に検証する。
2017.6 249p A5 ¥3000 ①978-4-7710-2897-5

◆私の仕事—国連難民高等弁務官の10年と平和の構築　緒方貞子著　朝日新聞出版　（朝日文庫）
【要旨】63歳で日本人初の国連難民高等弁務官として、冷戦終結後の10年間、世界の難民支援を指揮した緒方貞子氏。彼女が当時綴った日記やエッセイ、対談などを通じ、深刻化する難民問題解決の糸口を探る。
2017.3 399p A5 ¥860 ①978-4-02-261901-3

◆hints—課題「解決」先進国をめざせ　谷口行紀監修、NIRA総合研究開発機構編　NIRA総合研究開発機構、時事通信社 発売
【要旨】先進事例から日本が学ぶべきこと。海外の課題解決ヒント集。オランダ：ワークシェアリングと福祉・雇用改革。ドイツ：3つの構造的改革による社会保障改革。デンマーク：フレキシキュリティと呼ばれる労働市場改革。カナダ：歳出削減による財政再建。イギリス：歳出削減と増税による財政健全化。
2017.3 77p A4 ¥900 ①978-4-7887-1516-5

◆NPOマネジメント　河合明宣、大橋正明編著　放送大学教育振興会、NHK出版 発売　（放送大学教材）　新訂
【目次】NPO（非営利組織）とは、NPO法とNPO法人、NPO（非営利組織）のアカウンタビリティ、事業型NPOと社会的企業、協同組合と中間支援組織、環境保全とNPO：環境ネットワーク埼玉、保健・医療・福祉の増進：NPOさやけま、地域づくり：東簸市民後見人の会、公益法人改革と公益社団法人：日本山岳会、公益財団法人：日本自然保護協会、環境の保全と社会技術：NPO地域水道支援センター、ボランティア・グループ、市民（住民）活動団体、国際協力NGO：シャプラニール、非営利組織による国際協力の意義、非営利組織の課題と展望
2017.3 303p A5 ¥3100 ①978-4-595-31730-9

ロシア

◆イラストでまなぶ！軍事大国ロシア　小泉悠、JSF、高町紫乃、関賢太郎、CRS@VDVほかテキスト　ホビージャパン　（「イラストでまなぶ！ロシア連邦軍」加筆・修正・改題書）
【要旨】知られざる軍事大国ロシアの兵器＆戦略！新型戦車「T-14」シリーズ、ステルス戦闘機「Su-57」…急拡大するロシア陸海空＆宇宙・核戦力をこの一冊に！
2017.9 240p B6 ¥1800 ①978-4-7986-1541-7

◆オリバー・ストーン オン プーチン　オリバー・ストーン著, 土方奈美訳　文藝春秋
【要旨】映画『スノーデン』を撮り終ったオリバー・ストーンは、スノーデンが亡命したロシアに密かに渡り、プーチン大統領のインタビュードキュメンタリーを撮り始める。クレムリンの大講堂で、アイスホッケー場で、ソチの避暑地で。チェチェンの独立運動を潰し、ウクライナからクリミアを強引に併合、政権に楯突くものは次々に不可解な死を遂げる。西側の報道によるそうしたイメージは、ストーンのインタビューによって揺らぎ始める。なぜ、ロシアは米国に対抗するほぼ唯一の国たりえたのか？話題のドキュメ

ンタリーを完全書籍化！
2018.1 394p B6 ¥1700 ①978-4-16-390765-9

◆国益から見たロシア入門—知られざる親日大国はアジアをめざす　藤和彦著　PHP研究所　（PHP新書）
【要旨】国際情勢が激動するなかで、ロシアは日本にとって信頼できるパートナーになり得ると著者はいう。多くの日本人が誤解しているが、ロシアにおける日本の好感度は非常に高く、神道に親近感を覚えるロシア人が多いなど、似通った国民性を持ち合わせている。日露の長きにわたる歴史を丁寧に辿り、現在の日露関係がどのように形成されたのかをひもといた上で、ロシアの等身大の姿を明らかにし、パイプラインを用いたエネルギー政策や、領土問題におけるソフトボーダーの導入など、両国にとって最適解となる道を独自の視点から分析する。日本人のロシア観を大きく覆す、ロシア入門書の決定版。
2017.4 252p 18cm ¥840 ①978-4-569-83569-3

◆スゴイぞ！プーチン—一日も早く日露平和条約の締結を　木村三浩編著　（西宮）鹿砦社
【目次】第1章 安倍・プーチン両首脳の下で、日露平和条約を締結せよ、第2章 生涯、政治家として安倍総理による北方領土問題解決・平和条約の締結を見届ける、第3章 プーチン大統領の訪日を歓迎する、第4章 クリミアの自己決定権を支持する！、第5章 日露平和条約締結のために、第6章 国内現状認識：日米地位協定を撤廃せよ 日本の「真の独立」と「象徴規定」を考え、第7章 プーチン大統領の基本認識
2017.4 182p A5 ¥1204 ①978-4-8463-1170-4

◆地図で見るロシアハンドブック　パスカル・マルシャン著、太田佐絵子訳、シリル・シュス地図制作　原書房
【要旨】今のロシアが一目瞭然でわかるアトラス！ウクライナ危機、国境の変化、北方領土、世界のあらたな均衡など、ロシア政治外全般のわかりやすい充実した図版と記述!!
2017.6 175p A5 ¥2800 ①978-4-562-05405-3

◆ポスト冷戦期におけるロシアの安全保障外交　小泉直美著　志学社
【目次】第1部（外交政策決定システム・外交アイデアと、その変遷、ロシアにおける政軍関係、プーチンの軍改革）、第2部（冷戦終結とロシアの対欧州安全保障政策、プーチンの核兵器政策、ロシアの核不拡散政策、ロシアの南の脅威と南方政策、極東地方とロシアの対中政策、ロシアの北朝鮮政策、ロシアの対日政策）
2017.9 257p A5 ¥4000 ①978-4-904180-81-5

◆まんがでわかるウラジーミル・ウラジーミロヴィチ・プーチン　トーエ・シンメ漫画、名越健郎監修　イースト・プレス
【要旨】世界を最も影響力のある男は、正体不明で面白い!!北方領土、クリミア情勢、米露冷戦、シリア危機。国際ニュースを理解するには、プーチンを知れ！
2017.9 223p B6 ¥1300 ①978-4-7816-1586-8

日ロ関係

◆記憶のなかの日露関係—日露オーラルヒストリー—日ロ歴史を記録する会編　彩流社
【要旨】日本、満州、ソ連……。戦前の暮らしから戦中、戦後へ、9名の波瀾の人生を通して語りかける記憶にとどめたい"知られざる歴史"の断面！2017.5 387p A5 ¥4000 ①978-4-7791-2328-3

◆続・日露異色の群像30—文化・相互理解に尽くした人々　長塚英雄責任編集、ロシアン・アーツ企画　生活振興ジャーナル　（ドラマチック・ロシアin japan 4）
【目次】レフ・メーチニコフ（1838-1888）西郷が呼んだロシアの革命家、ニコライ・ラッセル（1850-1930）子孫が伝える二〇世紀の世界人の記憶、黒野義文（? - 1918）東京外国語大学からペテルブルグ大学東洋語学部へ、小西増太郎（1861-1939）トルストイとスターリンに会った日本人一激動の昭和を生きた祖父小西増太郎、ニコライ・マトヴェーエフ（1865-1941）マトヴェーエフと戦後最初のロシア人観光団、徳富蘆花（1868-1927）日本におけるトルストイ受容の先駆者として、セルギイ・チホミーロフ（1871-1945）日本の府主教セルギイーその悲劇の半生、内田良平（1874-1937）「黒龍会」内田良平のロシア観、瀬沼夏葉（1875-1915）瀬沼夏葉と

チェーホフ作品の翻訳、相馬黒光（1875-1955）"アンビシャスガール"のロシア文化〔ほか〕
2017.12 531p A5 ¥2800 ①978-4-88259-166-5

◆対ロ平和的積極外交　小町恭士著　中央公論新社
【要旨】ロシアの世論は「街頭」が動かす。「街頭」とは何か？彼らを味方につける第一歩がようやく、いま始まった。オルタナティブは「北方領土」はどう動き出したのか—元外交官のメモワール。
2017.3 197p B6 ¥1800 ①978-4-12-004954-5

◆日露外交—北方領土とインテリジェンス　佐藤優著　KADOKAWA　（角川新書）
【要旨】戦後70年を過ぎたが、北方領土交渉は実際には進捗したのか、後退したのか？ソ連時代からあの国と交渉をし、いまも分析を続ける著者が交渉の実態を解説する。現役外交官時代、ソ連崩壊期に匿名で緊急出版した論稿『ソ連の「ほんとうのホント」』を特別掲載。外交分析に必要な内在的論理は、今も変わっていないのである。
2017.5 272p 18cm ¥800 ①978-4-04-082144-3

ヨーロッパ（EU）

◆エマニュエル・マクロン フランスが生んだ革命児　伴野文夫著　幻冬舎メディアコンサルティング, 幻冬舎 発売
【要旨】仏史上最年少（39歳）大統領、25歳年上の教師と大恋愛の末に結婚、ロスチャイルド銀行で金融修業…。マクロンとはいったい何者か？元NHK国際経済担当解説委員の著者が、マクロン著『Révolution（革命）』を読み解く待望の書。
2017.9 150p B6 ¥1000 ①978-4-344-97183-7

◆欧州統合は行きすぎたのか 上 "失敗"とその原因　G. マヨーネ著、庄司克宏監訳　岩波書店
【要旨】EUと単一通貨ユーロは、なぜ危機に直面したのか。統合の拡大と深化が「行きすぎた」からなのか。統合手法の誤謬とは何か。オルタナティブはどこにあるのか。EUに関する理論研究の大家が、経済学、経営学、社会学、国際政治学、法学、歴史学等にわたる深く豊富な知見にもとづき、各分野の研究成果を「統合」して全体像を示す。上巻では、主にこれまでの欧州統合における"失敗"の本質を、その歴史的経緯の分析のなかで明らかにする。
2017.10 1Vol. B6 ¥3200 ①978-4-00-061224-1

◆欧州統合は行きすぎたのか 下 国民国家との共生の条件　G. マヨーネ著、庄司克宏監訳　岩波書店
【要旨】EUと単一通貨ユーロは、なぜ危機に直面したのか。オルタナティブはどこにあるのか。EUに関する理論研究の大家が、経済学、経営学、社会学、国際政治学、法学、歴史学等にわたる深く豊富な知見にもとづき、各分野の研究成果を「統合」して全体像を示す。下巻では、主に従来の「モネ方式」に代わる統合手法の可能性を多角的に論じる。そこで前提となるのは、グローバル化や地域統合にもかかわらず依然として死活的に重要な「国民国家」の協調的競争である。
2017.10 1Vol. B6 ¥3200 ①978-4-00-061225-8

◆解体後のユーゴスラヴィア　月村太郎編著　（京都）晃洋書房　（シリーズ 転換期の国際政治 6）
【要旨】民主化に翻弄されつつ、EU加盟を目指す旧ユーゴ諸国。自由を奪われた国家に住む人びとは、「新しい国家」に住み続ける。大きな社会変動で紛争に巻き込まれた社会は、どのようなプロセスで諸問題を克服し、また残された問題に対処しているのか。
2017.11 304p A5 ¥4300 ①978-4-7710-2894-4

◆ガウク自伝—夏に訪れた冬、秋に訪れた春　ヨアヒム・ガウク著、新野守広訳　論創社
【要旨】牧師から大統領へ—2017年3月までドイツ連邦共和国大統領を務めた著者は、幼少期に敗戦を迎え、東西分断、ベルリンの壁崩壊など、激動の時代を旧東ドイツで牧師として活動したのち、再統一を経て政治家へ転身する。東西の狭間で葛藤する人々、共に統一へと道を切り開いた人々の数々のエピソードを交え、ドイツ現代史を赤裸々に語る。
2017.10 432p A5 ¥3800 ①978-4-8460-1667-8

◆北アイルランド政治論—政治的暴力とナショナリズム　南野泰義著　有信堂高文社

政治

【要旨】2つのナショナリズムが衝突する北アイルランド政治の現実を問う。政治は、共存のための術か、闘争のための手段か。19世紀以来のアイルランドにおけるナショナリスト運動の歴史と1920年以降の北アイルランドの政治過程を再考した。
2017.3 395p A5 ¥7400 ①978-4-8420-5575-6

◆ジャック・シラク フランスの正義、そしてホロコーストの記憶のために―差別とたたかい平和を願う演説集　ジャック・シラク著、松岡智子監訳、野田四郎訳　明石書店
【要旨】「フランスは、あの日、取り返しのつかないことをしました。私たちは彼らに対して、時効のない負債を負っているのです」。1942年7月、第二次大戦下のフランスでユダヤ人が大量検挙されたヴェル・ディヴ事件。国家の関与を初めて公の場で認めたのが、シラク元大統領だった。歴史と正面から向き合い、人間の自由と尊厳を訴える13篇のメッセージ。
2017.8 137p B6 ¥1800 ①978-4-7503-4554-3

◆自由・安全・正義の領域―難民・テロとEU 日本EU学会年報　第37号（2017年）　日本EU学会編　有斐閣
【目次】共通論題：自由・安全・正義の領域―難民・テロとEU（European Duties towards Refugees、EUと対外安全保障の連結、EUによる広域地域形成とその限界―対外政策としての出入国管理、地中海移民・難民対策をめぐるイタリア・EU間の論争、BREX-ITと「社会給付と自由移動」をめぐるEU政治過程―域内移民と国外直接労働を架橋する交渉力学を中心に、EUへの難民大量流入の構造的要因：積極的対外政策と難民対策との間のトレード・オフ、欧州共通庇護体制形成をめぐる国際機関間関係―EU内外の諸主体の交錯とその理論的含意）、独立論文（ポーランド経済と海外直接投資―外資企業のプレゼンスと貢献の観点で）
2017.5 218p A5 ¥3100 ①978-4-641-49915-7

◆自由なフランスを取りもどす―愛国主義か、グローバリズムか　マリーヌ・ルペン著、木村三浩編　花伝社、共栄書房 発売
【要旨】マリーヌ・ルペンは訴える。フランスで何が起こっているのか、「恐れる市民」。マリーヌ・ルペンの演説・政策の決定版。
2017.4 155p A5 ¥1200 ①978-4-7634-0812-9

◆スコットランドの選択―多層ガヴァナンスと政党政治　ウカ昌幸著　木鐸社
【目次】序章 多層ガヴァナンスと政党政治、第1章 スコットランド労働党―スコットランドにおける支配的地位の喪失、第2章 スコットランド保守党―「反スコットランド的」イメージ解消に向けた新しい戦略、第3章 スコットランド自由民主党―異なるレヴェルの連立政治に対する小政党の対応、第4章 スコットランド国民党―「柔らかいナショナリズム」を通じた安定的地位の確立、第5章 分離独立住民投票―アイルランドの分離独立とケベックによる分離独立住民投票との比較の視点から、終章 EU離脱とスコットランド政党政治
2017.2 287p A5 ¥4500 ①978-4-8332-2511-3

◆戦後フランス中央集権国家の変容―下からの分権化への道　中山洋平著　東京大学出版会
【目次】序章（課題設定：保守長期政権下における中央地方関係の変容、分析の意義 ほか）、第1部 地方インフラ整備事業をめぐる中央統制の盛衰（公的金融機関CDCの台頭と戦後集権体制の起源（地方インフラ整備事業とその担い手、戦間期の「公共サーヴィス」膨張とCDC ほか）、高度成長期における官僚制形成をめぐる国際比較（資金配分統制から都市計画へ、1970年代：包括化・市場化への道））、第2部 都市開発における自律性（地方都市の事例分析（グルノーブルとサンテティエンヌの比較：仮説の提示（サンテティエンヌ都市圏における官僚支配、グルノーブル都市圏における自律の基礎）、ブルターニュ開発の中のレンヌ都市圏：仮説の吟味（恵まれた初期条件、CDC系地域開発会社をめぐる力学 ほか）、終章（ミッテラン分権化への道、日仏比較への示唆）
2017.12 362p A5 ¥7800 ①978-4-13-036264-1

◆ドイツ研究　第51号 2017　日本ドイツ学会編集委員会編　日本ドイツ学会
【目次】シンポジウム 若者が「政治」に関わるとき（若者が「政治」に関わるとき、「怒れる市民」の抗議運動の内実とその論理―AfDとペギーダを例に、「若者の抗議」からみる戦後ドイツ―「1968年」を中心に、政治教育への期待をめぐる考察―ドイツとオーストリアの比較から、コメ

ント：“若者”が“政治”に“関わる”とき、コメント：ドイツとの比較から考える日本の「若者」の政治参加と政治教育）、論文（1976年共同決定法から見る西ドイツ政治―管理職員規定を中心に、90年連合／緑の党の安保観の変容とそのドイツ対外安全政策への主導的意味）、トピック（ドイツにおけるエネルギー協同組合の新展開、東ドイツ映画音楽実験工房―統一ドイツポピュラー文化の意外な起源、カーショー『ヒトラー』を読む、研究余滴（ドイツの少子高齢化と家族政策）、書評（「ドイツ映画零年」（渋谷哲也著）、『ユダヤ人児童の亡命と東ドイツへの帰還―キンダートランスポートの群像』（木畑和子著）、『ドイツの歌舞伎とブレヒト劇』『ナチス・ドイツと“帝国”日本美術―歴史から消された展覧会』『20世紀初頭の清朝とドイツ―多元的国際環境下の双方向性』）、学会通信
2017 183p A5 ¥3000 ①978-4-7972-8741-7

◆ドイツ都市交通行政の構造―運輸連合の形成・展開・組織機制　小林大祐著　（京都）晃洋書房
【要旨】都市交通行政をめぐる調整と協働。どうすれば国・地方自治体・民間事業者が連携する都市交通政策の仕組みをつくることができるのか？ ドイツの事例を分析することでその答えを探る。
2017.4 245p A5 ¥3700 ①978-4-7710-2823-4

◆ドイツの政治　平島健司著　東京大学出版会
【要旨】内向きの大国か、ヨーロッパの最後の砦か。グローバル化や欧州統合のなか、国家統一を経たドイツは財政赤字、失業、少子高齢化、移民・難民の受け入れといった課題にどのように向き合ってきたのか。ドイツ政治の今を読み解くための必読書。
2017.3 215p A5 ¥3600 ①978-4-13-030163-3

◆なぜローマ法王は世界を動かせるのか―インテリジェンス大国バチカンの政治力　徳安茂著　PHP研究所（PHP新書）
【要旨】2013年3月の就任以来、専用車ではなく公共バスを使う、ホームレスをバチカン宮殿に招待するなど、型破りな行動で世界的に人気を集めている法王フランシスコ。政治面においても、ウクライナ紛争をめぐって露プーチン大統領に和平実現を促すなど、米・キューバ国交正常化に貢献するなど、多大な影響力を発揮している。軍事制裁はもちろんのこと、経済制裁にも加わることがないバチカンが、なぜ世界を動かすことができるのか。フランシスコ就任時より、公使としてバチカン内部から法王を観察してきた著者が、インテリジェンス大国バチカンの知られざる政治力を明らかにする。
2017.3 245p 18cm ¥880 ①978-4-569-83268-5

◆分解するイギリス―民主主義モデルの漂流　近藤康史著　筑摩書房（ちくま新書）
【要旨】かつて世界で「民主主義のモデル」として賞賛されたイギリス政治。だがそれはいまや機能不全に陥り、ブレグジット（Brexit）＝EU離脱という事態へと立ち至った。イギリスがこのように「分解」への道をひた走っている真の原因はいったいどこにあるのか。安定→合意→対立→分解へと進んできた現代イギリス政治の流れを俯瞰し、すでにモデルたり得なくなった英国政治の現状をつぶさに考察。混迷をきわめる現代政治のシステムと民主主義モデルの、今後あるべき姿を考える。
2017.6 267p 18cm ¥860 ①978-4-480-06970-2

◆未来型国家エストニアの挑戦―電子政府がひらく世界　ラウル・アリキヴィ、前田陽二著　インプレスR&D、インプレス 発売　新版
【目次】第1章 首都タリンでの生活、第2章 エストニアの歴史、政治、ICT推進の経緯、第3章 ICTサービスを支える情報基盤、第4章 電子政府サービス、第5章 エストニアの将来ビジョン、第6章 スタートアップ国家・エストニア、第7章 マイナンバー制度への期待
2017.2 170p A5 ¥1800 ①978-4-8443-9750-2

◆ユダヤ人と自治―中東欧・ロシアにおけるディアスポラ共同体の興亡　赤尾光春、向井直己編　岩波書店
【要旨】中東欧・ロシアにおいて発達したユダヤ人の自治は、近代国家の形成とともに存亡の危機を迎えた。隷属と独立のはざまで、自治はいかに構想され、追求されたのか。国民国家の包摂／排除モデルでは捉えきれない自律の政治文化を、歴史、文学、法、教育など様々な角度から解明する。最新の学際研究。
2017.3 397p B6 ¥6500 ①978-4-00-025426-7

◆ヨーロッパ炎上 新・100年予測―動乱の地政学　ジョージ・フリードマン著、夏目大訳　早川書房（ハヤカワ・ノンフィクション文庫）（『新・100年予測 ヨーロッパ炎上』改題書）
【要旨】イギリスのEU離脱決定、ISによるテロの激化、右派の台頭…大ベストセラー『100年予測』で世界を驚かせたフリードマンが、次に注目するのはヨーロッパだ。大陸の各地にくすぶる数々の火種を理解すれば、世界の未来が見通せる。域内の大国フランスとドイツの対立の行方は？ ロシアの欧州への狙いは？ クリミア危機を見事に予言した著者による、大胆予測。
2017.4 526p A6 ¥1020 ①978-4-15-050495-3

◆EU盟主・ドイツの失墜―英国離脱後の欧州を見る鍵　手塚和彰著　中央公論新社（中公選書）
【要旨】ドイツはEU統一市場のなか、圧倒的な経済力を発揮することで欧州最強国となり、EUの運営を事実上、主導するようになった。しかし一方で軋轢も生じ、英国のEU離脱決定はそのあらわれともいえる。不透明感の漂う欧州の将来を読み解くためにも、大国ドイツの揺らぎを理解しておくことは重要である。本書はそのための知見に満ちた一冊となろう。日本への言及もふんだんに含んだ注目作。
2017.3 243p B6 ¥1850 ①978-4-12-110026-9

東ヨーロッパ

◆欧州周辺資本主義の多様性―東欧革命後の軌跡　ドロテー・ボーレ、ベーラ・グレシュコヴィッチ著、堀林巧、田中宏、林裕明、柳原剛司、高田公訳　（京都）ナカニシヤ出版
【要旨】中東欧の旧社会主義圏11カ国の体制転換を、ポランニー理論に基づいて分析する決定版。
2017.1 408p A5 ¥4800 ①978-4-7795-1127-1

中東

◆アラブ君主制国家の存立基盤　石黒大岳編　（千葉）アジア経済研究所（研究双書）
【目次】第1章 総論―アラブ君主制国家の存立基盤、第2章 クウェートの議会政治と王党派の形成、第3章 ふたつの「マジュリス」―バハレーンにおける国民の政治参加と統治体制の安定性、第4章 オマーンの統治体制の安定性における国王による行幸の役割、第5章 君主制国家と建国記念日―UAEにおける政治的正統性と忠誠の検討、第6章 モロッコ王制の安定性におけるバイア（忠誠の誓い）儀礼の役割、第7章 ヨルダン王制の安定性―国王の権威を支える諸要素、第8章 サウジアラビアの聖地管理と再開発
2017.10 172p A5 ¥2700 ①978-4-258-04630-0

◆池上彰の世界の見方 中東―混迷の本当の理由　池上彰著　小学館
【要旨】受験生、就活生、学び直しの社会人に最適。その国の根本がよくわかる、世界の国と地域を学ぶ入門シリーズ決定版！ 基礎知識から最新情報まで！ 中高生への授業がもとなのでわかりやすくスラスラ読める。
2017.8 235p B6 ¥1400 ①978-4-09-388555-3

◆イスラエル軍事史―終わりなき紛争の全貌　モルデハイ・バルオン編著、滝川義人訳　並木書房
【要旨】1つの小さな土地をめぐる2つの民族運動の戦い。現代で最も複雑な、アラブ対イスラエル悲劇の紛争全史！
2017.2 465p A5 ¥3900 ①978-4-89063-347-0

◆「イスラム国」はよみがえる　ロレッタ・ナポリオーニ著、村井章子訳、池上解説　文藝春秋（文春文庫）（『イスラム国テロリストが国家をつくる時』加筆・修正・改題書）
【要旨】地図上では勢力が弱まったかに見える「イスラム国（IS）」。だが、その思想は全世界にウイルスのごとく広がり、彼らはテロリストの盟主として空爆の廃墟からよみがえる―ISの本質が「国家建設」にあると独自の視点で看破したベストセラー『イスラム国テロリストが国家をつくる時』に、新章6章を書下ろし改題。
2018.1 295p A6 ¥900 ①978-4-16-791009-9

政治

◆近東の地政学―イスラエル、パレスチナ、近隣のアラブ諸国　アレクサンドル・ドゥフェ著, 幸田礼雅訳　白水社　（文庫クセジュ）
【要旨】本書は、中東のなかでも中心的部分であり、紛争と緊張の舞台となってきた地域―近東をとりあげる。第一部では、近東とその地域をとりまく大国の展望を分析し、第二部では、それぞれの展望から生まれる力関係と紛争について検討する。歴史・地理・宗教・社会・政治、どの側面からみても複雑なこの地域の紛争の解説を、地政学という観点から試みる。
2017.4 154, 8p 18cm ¥1200 Ⓘ978-4-560-51011-7

◆ジハード主義―アルカイダからイスラーム国へ　保坂修司著　岩波書店　（岩波現代全書）
【要旨】今も世界を席巻しつづける「ジハード」の名のもとに行われるテロや暴力。彼らは何を考えてテロを起こすのか？　世界中の若者たちが過激組織に惹きつけられるのはなぜか？　なぜカリフ制樹立を主張したのか？　残忍非道な殺害方法や奴隷制の復活など、現代社会と相容れない行動をとるのはなぜか？「ジハード主義」の基本的な考え方をわかりやすく解き明かし、そのイデオロギーのもとになった思想の誕生から現在までの歴史的な変貌の過程をたどり、現代社会の抱える病巣を探る。
2017.8 234, 8p B6 ¥2200 Ⓘ978-4-00-029206-1

◆シリア情勢―終わらない人道危機　青山弘之著　岩波書店　（岩波新書）
【要旨】「今世紀最悪の人道危機」と言われ幾多の難民を生み出しているシリア内戦。「独裁」政権、「反体制派」、イスラーム国、そして米国、ロシア…様々な思惑が入り乱れるなか、シリアはいま「終わりの始まり」を迎えようとしている。なぜ、かくも凄惨な事態が生じたのか。複雑な中東の地政学を読み解く。
2017.3 169, 15p 18cm ¥780 Ⓘ978-4-00-431651-0

◆中東・イスラーム研究概説―政治学・経済学・社会学・地域研究のテーマと理論　私市正年, 浜中新吾, 横田貴之編著　明石書店
【目次】第1部 政治的アプローチ（国家建設と崩壊国家の理論、イスラームとデモクラシーをめぐる議論 ほか）、第2部 経済的アプローチ（政治経済学の考え方、中東地域研究とレンティア国家論 ほか）、第3部 社会的アプローチ（社会運動理論、市民社会論 ほか）、第4部 歴史的・思想的アプローチ（ナショナリズム論、サラフィー主義とイスラーム主義 ほか）、第5部 地域事情と研究課題（エジプト、ヨルダン ほか）
2017.3 390p B6 ¥2800 Ⓘ978-4-7503-4494-2

◆中東研究　第528号 2016年度 Vol.3　中東調査会
【目次】特集 移動する中東（日本におけるムスリム移民・難民の現状と課題、ヨーロッパの市民権を求めて―アラブ系移民/難民の移動と受入政策の変容、シリア難民をめぐるトルコと欧州の攻防―不安定化するトルコ、右傾化する欧州、移民の「経由地」と「目的地」としてのリビア―内戦後の情勢流動化が与えた影響）、焦点 中東の経済・ビジネス・エネルギー（湾岸諸国におけるイスラーム金融の法制度とその新潮流）、最近の動向（中東に対するロシアの軍事的関与への現状と今後、チュニジアにおける『個人地位法』制定から60年目の論争―相続の男女平等と女性の配偶者選択の自由をめぐって、サウジアラビアにおける宗教界の変遷と役割、「法学者の統治」体制における政治勢力としての法学者の行方―第12期イラン大統領選挙を手がかりに）、最近の動向（「カタル危機」へと至る道―ソフト・パワー外交の展開とその反動、最近のスーダンによる対湾岸外交の概観―「周辺」からみる「中心」の動向）、書評（今井宏平『トルコ近現代史―オスマン帝国崩壊からエルドアンの時代まで』）、Holger Albrecht, Aurel Croissant, and Fred H.Lawson(eds.) Armies and Insurgencies in the Arab Spring）
2017.9 117p A5 ¥2000 Ⓘ978-4-88702-036-8

◆中東研究　第530号 2017年度 Vol.2　中東調査会
【目次】大使の見たままに―企業進出が続く穏健イスラーム国家、モロッコの現在、特集 中東の権力者（大統領、親政権民兵、ビジネス・エリート、宗教界（エルドアン大統領の歴史認識―ケマリズム史観への挑戦、シリアの親政権民兵、アラブ首長国連邦の銀行合併と取締役、サウジアラビアにおける宗教界の変遷と役割、「法学者の統治」体制における政治勢力としての法学者の行方―第12期イラン大統領選挙を手がかりに）、最近の動向（「カタル危機」へと至る道―ソフト・パワー外交の展開とその反動、最近のスーダンによる対湾岸外交の概観―「周辺」からみる「中心」の動向）、書評（今井宏平『トルコ近現代史―オスマン帝国崩壊からエルドアンの時代まで』）、Holger Albrecht, Aurel Croissant, and Fred H.Lawson(eds.) Armies and Insurgencies in the Arab Spring）

◆中東世界データ地図―歴史・宗教・民族・戦争　ダン・スミス著, 龍和子訳　原書房
【要旨】地図やグラフィックを用いて、中東世界を読み解く決定版。ヨーロッパの帝国拡大、アラブ世界のナショナリズム、アルカーイダ、「アラブの春」、ISISまで、170点以上の地図、グラフ、年表により解説する。
2017.9 177p 28×22cm ¥5800 Ⓘ978-4-562-05430-5

◆中東とISの地政学―イスラーム、アメリカ、ロシアから読む21世紀　山内昌之編著　朝日新聞出版　（朝日選書）
【要旨】混乱を極める中東はどこへ向かうのか。IS（イスラーム国）のテロはいつ終わるのか。内戦あるいは戦争が続くシリア、イラク、リビア、イエメン。テロの脅威に晒されるトルコ。岐路に立つ欧州。トランプ大統領誕生後、先行きの見えぬアメリカ。プーチンとロシアのしたたかな思惑。イラン、イスラエル、サウディアラビアの不穏な関係。グローバルに拡大する難民etc.。中東発の世界危機は深刻化し、がんじがらめの嵌合状態になっている。本書は「明治大学国際総合研究所」の研究を貴重な資料写真を交えて書籍化。多士済々の著者が、地政学の視点から、複雑に変容する国際情勢をあざやかに解き明かす。
2017.2 420, 9p B6 ¥1900 Ⓘ978-4-02-263056-8

◆バナの戦争―ツイートで世界を変えた7歳少女の物語　バナ・アベド著, 金井真弓訳　飛鳥新社
【要旨】米「タイムズ」誌が選ぶ「ネット上で最も影響力がある25人」に選出！　世界中が注目する読書好きの少女が見た戦争の姿とは？
2017.12 237p B6 ¥1400 Ⓘ978-4-86410-581-1

◆パレスチナの民族浄化―イスラエル建国の暴力　イラン・パペ著, 田浪亜央江, 早尾貴紀訳　法政大学出版局　（サピエンティア）
【要旨】なぜ彼らは殺され、故国を追われねばならなかったのか。それは「戦争のなかの偶発的な悲劇」ではなく、綿密・計画的に遂行された"目的"であった。混迷する中東情勢の原点となる戦争犯罪を問う。
2017.11 389, 32p B6 ¥3900 Ⓘ978-4-588-60350-1

 アジア・アフリカ

◆アジアの終わり―経済破局と戦争を撒き散らす5つの危機　マイケル・オースリン著, 尼丁千津子訳　徳間書店
【要旨】トランプのアジア封じ込めはこれから始まる。保守系シンクタンク気鋭の日本部長が警告する暴発寸前のアジア危機。政権発足後、アメリカで特に読まれているアジア分析！
2017.5 413p B6 ¥2000 Ⓘ978-4-19-864403-1

◆アジアの地域統合を考える―戦争をさける ために　羽場久美子編著　明石書店
【目次】「アジア地域統合を考える」講義1（アジアの地域統合と共同シンクタンク構想（羽場久美子）、アジア共同体の現状と課題（鳩山由紀夫）、アジアにおける大国間での日本の役割（藤崎一郎）、アジア地域統合と非伝統的安全保障の役割（程永華）、中国と非伝統的安全保障の役割（天児慧）、韓国とアジアの地域統合、東アジアの地域統合と朝鮮半島、アジア地域統合と知識共同体の役割、アジア地域の課題と国連、いま、なぜアジア共同体なのか、アジアの文化交流の意義）、「アジアの地域統合を考える」講義2（アジアにおけるアメリカのパワーの未来（ジョセフ・ナイ）、アジア地域主義におけるASEANの役割（スリン・ピッツワン）、アジア太平洋地域において新たに出現する二重リーダーシップ構造（趙全勝）、パネルディスカッション―アジアの未来統合（司会、青木保/北岡伸一、パクチョルヒ、天児慧、羽場久美子））
2017.3 258p B6 ¥2800 Ⓘ978-4-7503-4468-3

◆アジアの未来へ―私の提案　Vol.3　第3回アジア未来会議優秀論文集　今西淳子編　ジャパンブック
【要旨】16年9月に北九州市で「環境と共生」のテーマのもとに開催された第3回会議に向けて投稿された論文の中から選ばれた優秀論文20本を収録。
2017.4 238p 27×21cm ¥3500 Ⓘ978-4-902928-14-3

◆アジア辺境論―これが日本の生きる道　内田樹, 姜尚中著　集英社　（集英社新書）
【要旨】アメリカ、欧州で排外的な政治勢力が台頭する中、ロシア、中国の影響力が日増しに拡大している。米ソ対立の冷戦終結から四半世紀経ち、世界各地に複数の覇権の競合関係が生まれている。はたして、その狭間で日本が生き残るためには何が必要なのか？　その鍵は日・台・韓の連帯にあり。アメリカとの一方的な従属関係を見直し、中国、ロシアなど、スーパーパワー間にある中小民主主義国同士の協力関係の構築はいかにすれば可能か。世界レベルの地殻変動と戦後の平和国家的な国のあり方を踏襲する近年の日本の政策を目の前に、リベラルの重鎮ふたりがその理路を提示する。
2017.8 219p 18cm ¥740 Ⓘ978-4-08-720893-1

◆アメリカに喧嘩を売る国―フィリピン大統領ロドリゴ・ドゥテルテの政治手腕　古谷経衡著　ベストセラーズ
【要旨】「トランプ時代」の日本の道標。知られざるフィリピン苦悩の500年から、大国アメリカに物言う大統領の誕生まで。激動の東アジア情勢を左右する国の、歴史と展望をダイナミックに描く一人の日本人のためのフィリピン入門書。
2017.2 269p B6 ¥1300 Ⓘ978-4-584-13769-7

◆安定を模索するアフリカ　木田剛, 竹内幸雄編著　（京都）ミネルヴァ書房　（グローバル・サウスはいま 4）
【要旨】グローバル化の波はサハラ以南のアフリカにも押し寄せ、多くの面で変化が生じている。長期にわたる植民地時代を経験したことから、いまだ経済的・政治的に脆弱であるものの、地域統合や新たな国際関係が進展し、政治ガヴァナンスにも改善の兆しが見えはじめた。本書では、アフリカ地域の現状を知るとともに、アフリカが抱える課題と可能性を視覚化しながら、さまざまな変容の背後にあるメカニズムを分析する。
2017.3 370p A5 ¥4500 Ⓘ978-4-623-07628-4

◆インドネシアの基礎知識　加納啓良著　めこん　（アジアの基礎知識 3）
【目次】1 インドネシアはどんな国か、2 自然と地理、3 歴史、4 政治と行政―独立戦争期から最近まで、5 経済と産業、6 対外関係、7 社会と宗教、8 地域の横顔、9 一一人の正副大統領たち
2017.2 226p A5 ¥2000 Ⓘ978-4-8396-0301-4

◆インドの公共サービス　佐藤創, 太田仁志編　（千葉）アジア経済研究所　（アジ研選書 45）
【目次】序章 インドにおける公共サービス―本書の目的と背景、第1章 給水：独立以降の公共給配制度、第2章 インドにおける医薬品供給サービス、第3章 インドにおける生活用水の供給、第4章 インドにおける都市ごみ処理、第5章 公立校における義務教育―基礎教育普遍化と私立校台頭のはざまで、第6章 乳幼児の保育と教育をめぐる取組み、第7章 公益訴訟の展開と公共サービス
2017.2 259p A5 ¥3200 Ⓘ978-4-258-29045-1

◆韓国は日米に見捨てられ、北朝鮮と中国はジリ貧　宮崎正弘, 藤井厳喜著　海竜社
【要旨】世界では今まさに国際秩序が崩壊。トランプ大統領の登場と世界の警察アメリカのパワーの衰退、隣の軍事大国中国の脅威、核ミサイルで脅かす北朝鮮、有事は起こるのか。豊富な独自情報と鋭い分析眼で鋭く切り込む！
2017.8 259p 18cm ¥1200 Ⓘ978-4-7593-1556-1

◆現代日印関係入門　堀本武功編　東京大学出版会
【要旨】太平洋・アジアの広域を舞台とした、日本とインドの未来に向けて。アメリカ、中国、そして世界の構造変動に対応し、外交、貿易、核問題をめぐる政治・経済関係を通史的に描く、日本とインドの七〇年史。
2017.2 336, 7p A5 ¥3200 Ⓘ978-4-13-033081-7

◆交錯する台湾認識―見え隠れする「国家」と「人びと」　陳来幸, 北波道子, 岡野翔太編　勉誠出版　（アジア遊学）
【要旨】日本統治時代を超えて現在まで続く日台の様々なつながり、日本で生活する「華僑」の現状や葛藤などから隣国・台湾を知る。複雑な歴史と民主化・本土化に起因するナショナルアイデンティティのゆらぎ、エスニックグループや出生地、世代などによって変化する価値観やイデオロギー、そしてIT大国として、新しい民主主義国家としての変化など、台湾の過去と現在、そしてこれからの可能性を提示する。
2016.12 265p A5 ¥2800 Ⓘ978-4-585-22670-3

◆**講座 臨床政治学　第7巻　激動するアジアの政治経済**　日本臨床政治学会監修, 丹羽文生編　志學社
【目次】第1章 習近平政権下での中国共産党の党内闘争、第2章 蔡英文政権と今後の日台関係、第3章 韓国における政治体制の変化と集権型大統領制改正の動き、第4章 北朝鮮における「通常の時代」と「例外の時代」―「例外の時代」としての金正日体制、第5章 CLM諸国とタイ・ベトナムとの貿易依存関係の変化、第6章 周辺事態法から重要影響事態法へ―地域の安全保障における日本国内法の展開、第7章 インドの文化外交―ナレンドラ・モディ政権による「宗教」と「伝統」の強調、第8章 トランプ政権の対アジア外交―日本側の社説を手がかりに、第9章 安倍政権の対アジア外交
　　2017.9 301p B6 ¥2700 ①978-4-904180-80-8

◆**コンゴ動乱と国際連合の危機―米国と国連の協働介入史、1960〜1963年**　三須拓也著　(京都) ミネルヴァ書房　(国際政治・日本外交叢書 20)
【要旨】コンゴ動乱は、武力行使権限を持つ冷戦期最大の国連平和維持軍が組織され、また第2代国連事務総長ハマーショルドが謎の「事故死」を遂げるなど、国連史上最も重要な事件の一つである。それでは、米国と国連の関係に焦点を当て、国連事務局の自律性の可能性と限界、また国連平和維持活動が今日の姿となった政治過程、さらには親米独裁コンゴ国家に対する国連の介入の影響と責任の問題を浮き彫りにする。
　　2017.4 393, 35p A5 ¥7500 ①978-4-623-08017-5

◆**蔡英文自伝―台湾初の女性総統が歩んだ道**　蔡英文著, 前原志保訳　白水社
【要旨】新たな民主主義のリーダーの知られざる素顔。政治とは無縁の家庭に生まれ、日本式の教育を受けた厳格な父親に育てられた物静かな少女が、学者から官僚へ、そして台湾総統になるまでの秘められた信念と軌跡。
　　2017.2 270p B6 ¥2000 ①978-4-560-09524-9

◆**最後の超大国インド―元大使が見た親日国のすべて**　平林博著　日経BP, 日経BPマーケティング 発売
【目次】第1章 インド理解のカギ（インドの大きさと経済力、世界最大の民主主義国 ほか）、第2章 超・親日インドの淵源（インド人の日本観、日印関係の基礎を築いた偉大な先駆者たち ほか）、第3章 インドの大変貌（独立から冷戦終了まで―非同盟主義により中国・日本と疎遠に、新興国から世界の大国へ―ニュー・インドの誕生 ほか）、第4章 日印繁栄のための経済・ビジネス協力（インドで高まる日本の存在感―ODAによるインドの国造り・人づくり、日印関係の将来を作る人的交流 ほか）、第5章 インドで生活し、仕事するための心構え（極端が併存し、平均値は意味がない、インド人とどう付き合うか？ ほか）
　　2017.6 285p 21×14cm ¥1700 ①978-4-8222-5524-4

◆**赤化統一で消滅する韓国 連鎖制裁で瓦解する中国**　宮崎正弘, 室谷克実著　徳間書店
【要旨】文在寅は金正恩に韓国を売り渡す！ 激怒の米国は中国・北朝鮮を本気で潰す！ 風雲急を告げるアジアを専門家2人が完全分析。
　　2017.7 247p B6 ¥1000 ①978-4-19-864423-9

◆**高まる北朝鮮の脅威 透明欠く米中関係―年報 アジアの安全保障 2017・2018**　西原正監修, 平和・安全保障研究所編　朝雲新聞社
【要旨】定評ある情勢認識と正確な情報分析。アジアの安全保障の今を解き明かす。
　　2017.7 291p A5 ¥2250 ①978-4-7509-4039-7

◆**地政学で読み解く没落の国・中国と韓国 繁栄の国・日本**　茂木誠著　徳間書店
【要旨】朝鮮半島の内乱はなぜいつも外国を巻き込むのか。中国がいつも覇権主義と統一に走るのはなぜか。そして日本がいつも安定社会であり続ける理由は。日中韓の違いを地政学から解読する！
　　2017.5 251p 18cm ¥1000 ①978-4-19-864415-4

◆**チベット自由への闘い―ダライ・ラマ14世、ロブサン・センゲ首相との対話**　櫻井よしこ著　PHP研究所　(PHP新書)
【要旨】中国に侵略・弾圧されているチベット。宗教などの自由が厳しく抑圧され、拷問さえ横行し、人びとはとてつもない苦痛に置かれている。中国の力がますます強大になる今、日本人はチベットの真実を知らねばならない。「チベットの自由」は「日本の自由」でもあるのだから。チベット仏教の最高指導者にして、中国の弾圧から逃れチベット亡命政権を樹立したダライ・

ラマ法王14世。チベット亡命政権が置かれるインドで生まれ、ハーバード大学に進学しながら、祖国のために亡命政権の首相となった若き俊英ロブサン・センゲ氏。両指導者との対話から浮かび上がる、驚くべき真実。
　　2018.1 255p 18cm ¥880 ①978-4-569-83712-3

◆**チベット 謀略と冒険の史劇―アメリカと中国の狭間で**　倉知敬著　社会評論社
【目次】序章 二十世紀チベット史の軌跡が語るものは何か、第1章 米空軍輸送機がチベットに墜落した―その背景にある英露米中の絡み合い、第2章 米諜報局CIA密使のチベット高原縦断記録―アメリカの本格的介入が始まった、第3章 東西冷戦の孤児となったチベット―カンパ族の蜂起と冷徹な国際情勢の矛盾、第4章 チベット解放を目論むCIA諜略顛末記―ゲリラ蜂起武器空輸、米印連携ムスタンゲリラ、中印国境紛争支援、第5章 チベット支援に生涯を捧げた冒険男パターソンの物語―秘境探検行から民族抵抗の軌跡まで、その真相を語る証人、第6章 チベット民族壊滅を図った中国共産党政権の残虐行為を暴く―勇敢な英国女性が企てた、その証拠を探究する旅、第7章 モンゴル族が人民解放軍チベット侵略を先導した―最強の騎馬軍団を育てたのは満州国関東軍だった、第8章「天」の国は「夷」を選んだ―チベット民族抗争史の背景にある中国共産党政権「百年マラソン」戦略、終章 チベットの教訓
　　2017.6 357p B6 ¥2300 ①978-4-7845-1359-8

◆**中国・北朝鮮脅威論を超えて―東アジア不戦共同体の構築**　進藤榮一, 木村朗編著　(大阪) 耕文社
【要旨】中国・北朝鮮敵視外交から、対話重視と信頼醸成の外交に向かうには？ 沖縄を軍事の要から平和の要に転化し、東アジア不戦共同体を築くには？ 緊張高まる東アジア情勢の中、第一線の論者が答える。
　　2017.10 318p B6 ¥1800 ①978-4-86377-050-8

◆**東北アジア平和共同体の構築と課題―「IPCR国際セミナー2015・2016」からの提言**　世界宗教者平和会議日本委員会編, 山本俊正監修, 金永完監訳　佼成出版社　(アーユスの森新書)
【要旨】異なる社会制度、異なる発展モデル、異なる経済レベル、異なる文化の特徴が三国間の交流を豊かなものにする。東北アジア地域に平和と和解を実現するための課題は何か？ 日本・韓国・中国の宗教者および研究者28名が提案する。IPCRレポート第5弾！
　　2017.7 334, 4p B6 ¥2000 ①978-4-333-02762-0

◆**日中漂流―グローバル・パワーはどこへ向かうか**　毛里和子著　岩波書店　(岩波新書)
【要旨】国交正常化以来の友好の時代を経て、日中関係は、大きな転換期を迎えている。「反日」デモや領土・領海をめぐる衝突など政治的な緊張感を増すなかで、新たなグローバル・パワーと化した中国とどう向き合うのか。現代中国外交の実像を多角的に読み解きながら、来たるべき日中関係の未来を模索する。
　　2017.4 272p 18cm ¥860 ①978-4-00-431658-9

◆**東アジア国際関係の新展開―安全保障と市民社会の側面から見た対抗と調和の力学**　鈴木隆著　志學社
【目次】序章 交錯する分離と統合、第1章 東アジア統合構想の根拠と展開、第2章 新しい地域概念の萌芽と2つの力学の相克、第3章 安全保障と地域統合をめぐる国際社会の構図、第4章 安全保障環境の変容と東アジア国際関係の構図、第5章 マレーシア市民社会の萌芽と成熟、第6章 東アジア統合の可能性と日本外交の役割、終章 対抗と調和の力学は今どこに向かうのか
　　2017.6 240p B6 ¥1800 ①978-4-904180-74-7

◆**東アジアの平和と和解―キリスト教・NGO・市民社会の役割**　山本俊正編著, 関西学院大学キリスト教と文化研究センター編　(西宮) 関西学院大学出版会
【目次】第1部 東アジアの平和と和解（東アジアの平和―「安保法制」以降の日・中・韓関係の課題と展望、東アジアの和解とレイシズム―ヘイトスピーチを考える日本社会を問う）、第2部 キリスト教と市民社会の役割（東アジアの和解と平和―日韓キリスト教史の視点から、東アジアの和解―WCC（世界教会協議会）第10回総会（釜山・韓国）報告、平和の課題とキリスト教における宣教論の展開と展望、カトリック信徒から見たWCC（世界教会協議会）の平和と軍事力・平和力・市民力と東アジアにおける平和構築―靖国参拝と憲法九条改正も踏まえて、東アジア

の平和と憲法九条・キリスト教非暴力思想の可能性）、第3部 中国と朝鮮半島における歴史とトラウマの克服（日帝植民地期は朝鮮人の健康にどのような影響を及ぼしたか―植民地近代化論の虚と実、鄧（とう）小平理論の宗教観、トラウマ理解と平和構築―東アジアにおける歴史的トラウマの克服）
　　2017.3 218p A5 ¥2300 ①978-4-86283-235-1

◆**フィリピンにおける民主的地方政治権力誕生のダイナミクス**　東江日出郎著　(大阪) 耕文社
【要旨】従来のフィリピン研究において、地方政治は買収・脅し・汚職、理念や政権交代こそではない伝統的政治権力の相克の場として捉えられてきた。だが、1986年以降のフィリピンの国家・政治・社会構造の変容とともに、地方政治もまた変容が起きた。そのダイナミクスのなか、ミンダナオ島の中心都市であるジェネラルサントス市で、いかに伝統的政治権力によらない民主的地方政治権力が誕生したか。政策・理念・民主的正統性が選挙で意味をもつフィリピン地方政治の萌芽を捉える。
　　2017.10 276p A5 ¥3700 ①978-4-86377-049-2

◆**ベトナムの「第2のドイモイ」―第12回共産党大会の結果と展望**　石塚二葉編　(千葉) アジア経済研究所　(情勢分析レポート No.29)
【目次】序章 第12回ベトナム共産党全国代表者大会と「第2のドイモイ」、第1章 第12回ベトナム共産党大会政治報告と党・国家主要人事、第2章 ベトナムの2016〜2020年経済・社会発展の方向性、第3章 国際経済活動の新たな段階―WTO加盟から「新世代の自由貿易協定」参加へ、第4章 ベトナム社会の多様化と格差問題、第5章「協力しながら競争する」―ベトナムの対中アプローチと対外方針の変化に関する一考察
　　2017.3 153p A5 ¥1400 ①978-4-258-30029-7

◆**香港―返還20年の相克**　遊川和郎著　日本経済新聞出版社
【要旨】「一国二制度」の幻。返還は成功だったのか。あの輝きは今どうなったか。中国に翻弄される東洋の真珠・香港の深層に迫る。
　　2017.6 251p B6 ¥1800 ①978-4-532-35733-7

◆**ミャンマー権力闘争―アウンサンスーチー、新政権の攻防**　藤川大樹, 大橋洋一郎著　KADOKAWA
【要旨】ミャンマー、ノーベル平和賞受賞者のアウンサンスーチーが実権を握る新政権が誕生した国。長きにわたる軍事政権からの転換により、民主化だけでなく、東南アジア「最後のフロンティア」として経済の伸展にも目が注がれている。軍事政権の弾圧に耐え続けたアウンサンスーチーの人気は、もはや宗教的な崇拝に近い。だが、外交関係者からは「頑固」という声も漏れる。その力量は、まだベールに包まれている。日本、英国、ミャンマーで彼女の知人や友人を訪ね、知られざる素顔に迫り、国軍との「権力闘争」の行方を占う!!新たな独裁者か、偉大な改革者か!?
　　2017.2 219p B6 ¥1500 ①978-4-04-104832-0

◆**モディが変えるインド―台頭するアジア巨大国家の「静かな革命」**　笠井亮平著　白水社
【要旨】「SNSフォロワー数世界一のリーダー」といわれる第18代首相の姿を通して、現代インドの政治、経済、社会、外交を概観し、南アジア情勢と日印関係を気鋭の研究者がわかりやすく解説する。
　　2017.7 253, 7p B6 ¥2200 ①978-4-560-09554-6

◆**ヤナマール―セネガルの民衆が立ち上がるとき**　ヴュー・サヴァネ, バイ・マケベ・サル著, 真島一郎監訳, 中尾沙季子訳　勁草書房
【要旨】ヒップホップグループ「クルギ」が率いた社会運動体「ヤナマール（もううんざりだ）」。政党とは一線を画した非暴力の大規模デモで大統領の専断による憲法改悪を阻止、現在のセネガルおよびアフリカの社会運動に大きな影響を与えつづけている。ジャーナリストによる運動の記録の他、クルギのインタビュー、監訳者の解説付き。
　　2017.8 167p B6 ¥2500 ①978-4-326-65401-7

◆**ゆすり、たかりの国家**　西岡力著　ワック　(WAC BUNKO)
【要旨】核を持った反日コリアの脅威！ アジアでは冷戦は終わっていない。いま、南北コリアを起点に発生している危機は、日本を滅亡に導く恐れがある。われわれ日本人は、白村江の戦いや元寇以来の危機的状況であることを直視

しなくてはならない…。
2017.10 277p 18cm ¥926 Ⓘ978-4-89831-763-1

◆ラオス人民革命党第10回大会と「ビジョン2030」　山田紀彦編　（千葉）アジア経済研究所　（情勢分析レポート No.28）
【目次】第1章 第9回党大会以降の政治、経済状況、第2章 人民革命党の現状認識と今後の国家建設方針―政治報告分析、第3章 党と国家の新指導部―世代交代への過渡期、第4章「ビジョン2030」―達成できるか所得4倍増計画、第5章 社会開発戦略と今後の課題―「負の側面」の克服と「カイソーン・ポムヴィハーン思想」、第6章 第8期国会議員選挙と県人民議会選挙
2017.1 152p A5 ¥1400 Ⓘ978-4-258-30028-0

朝鮮半島

◆赤い韓国―危機を招く半島の真実　櫻井よしこ, 呉善花著　産経新聞出版, 日本工業新聞社 発売
【要旨】儒教・朱子学、中国・北朝鮮の工作、民族主義、日本蔑視…危機でも憎日親北、愚かさの正体。永遠に「日本は悪」迷惑な憎悪に終わりはない。
2017.5 255p 18cm ¥880 Ⓘ978-4-8191-1304-5

◆エスカレーション―北朝鮮vs. 安保理四半世紀の攻防　藤田直央著　岩波書店
【要旨】一九九二年、冷戦終結後の国際平和構築に向け、史上初の国連「安全保障理事会サミット」が開かれた。高揚感に満ちた安保理を北朝鮮の核開発疑惑が大きく揺さぶる。北朝鮮がミサイル発射・核実験を行い、安保理は制裁決議を出す―、四半世紀にわたって同じ事態が繰り返されながら、なぜ北のエスカレーションを止められないのか。「裏安保理」とも言うべき非公式協議の生々しいやりとりから浮かび上がるのは、米中ロら大国の利害衝突と試行錯誤の対応だった。国際社会は、孤立を深め核に依存する北朝鮮を包摂できるのか。
2017.12 248p B6 ¥1800 Ⓘ978-4-00-022300-3

◆韓国左派の陰謀と北朝鮮の擾乱　高永喆著　ベストセラーズ
【要旨】親北朝鮮政権誕生で、第2次朝鮮戦争勃発の可能性も!?アメリカ、中国の動向は、そして日本は…金正男暗殺で、世界の歯車が動き出す。激動する朝鮮半島情勢を日韓インテリジェンスの第一人者が分析！ その日本への影響とは…「赤化統一」で韓国消滅!?
2017.4 190p B6 ¥1100 Ⓘ978-4-584-13784-0

◆韓国新大統領文在寅とは何者か―変わる日韓関係を読む　澤田克己著　祥伝社
【要旨】朴槿恵前大統領の罷免という混乱のあと韓国民が選んだのは、果たしてどのような人物か。慰安婦問題に関する日韓合意をめぐって、冷え切った日韓関係はどこへ向かうのか。毎日新聞前ソウル支局長の著者が、豊富な取材経験と韓国の現代史から新大統領について解説する。
2017.6 270p B6 ¥1500 Ⓘ978-4-396-61608-3

◆韓国の憂鬱　峯岸博著　日本経済新聞出版社　（日経プレミアシリーズ）
【要旨】大統領と財閥企業による「政経癒着」、世襲による格差の固定、超競争社会と教育問題、世代間対立―。どれも韓国社会に深く根ざした問題ばかりだ。日本経済新聞ソウル支局長が、韓国の構造問題を、朴大統領弾劾の端緒から新政権始動までのドキュメントも交えて解明する最新レポート。
2017.8 238p 18cm ¥850 Ⓘ978-4-532-26350-8

◆韓国破産―こうして「反日国」は、政治も経済も壊滅する　勝又壽良著　アイバス出版
【要旨】サムスンも現代自動車も思い上がりで自滅する！ 韓国経済は、“がけっぷち”から“阿鼻叫喚”そして国家破滅の予兆―。
2017.3 253p B6 ¥1400 Ⓘ978-4-907322-05-2

◆韓国民主化から北朝鮮民主化へ―ある韓国人革命家の告白　金永煥著, 馬哲訳, 石丸次郎監修・解説　新幹社
【要旨】1980～90年代の韓国で「主体思想派のゴッドファーザー」と呼ばれた金永煥は、なぜ北朝鮮革命を目指すようになったのか。
2017.10 250p B6 ¥1500 Ⓘ978-4-88400-123-0

◆韓国リスク―半島危機に日本を襲う隣の現実　室谷克実, 加藤達也著　産経新聞出版, 日本工業新聞社 発売　（産経セレクト）
【要旨】「当事者意識ゼロ」に戦慄。なぜこんなに幼稚で無責任なのか？ 北の脅威に「日米韓で連携」は甘い。かの国の裏切りと実態を解き明かす。
2017.12 241p 18cm ¥880 Ⓘ978-4-8191-1329-8

◆疑獄―パククネの知られざる大罪　辺真一, 勝又壽良, 別冊宝島編集部著　宝島社
【要旨】朴正熙政権下の「ファーストレディ」時代からカルト教団の広告塔として、崔一族の私腹を肥やすことに腐心してきたパククネ。国政トップとなった後も、「巨額の金」と「国家機密」と「人事」をカルトに“献上”してきたその実態に、韓国社会はかつてない怒りと絶望を感じている。大統領府の奥の院で、いったい何が起こっていたのか、その真相に迫る。
2017.2 223p B6 ¥1100 Ⓘ978-4-8002-6679-8

◆北朝鮮恐るべき特殊機関―金正恩が最も信頼するテロ組織　宮田敦司著　潮書房光人社
【要旨】暗殺、破壊工作、サイバー攻撃…独裁国家を支える秘密組織の実体。
2017.5 166p B6 ¥1800 Ⓘ978-4-7698-1644-7

◆北朝鮮 核の資金源―「国連捜査」秘録　古川勝久著　新潮社
【要旨】なぜ北朝鮮は、「最強の制裁」を何度も受けながら、強力な核兵器や米国にまで届く弾道ミサイルを開発できたのか。国連制裁の最前線で監視を続けた日本人が、驚愕の実例とともに解き明かす。初めて明かされる非合法ネットワークの全貌。国連制裁の最前線で捜査にあたった著者が北朝鮮の急所を抉り出す。
2017.12 463p B6 ¥1700 Ⓘ978-4-10-351411-4

◆「北朝鮮」と周辺国の戦力がわかる本―北朝鮮有事勃発…その時、自衛隊はこう動く！ 日本を囲む軍事力を徹底分析！　メディアパル
【要旨】弾道ミサイルの仕組み＆迎撃方法を完全解説!!日米中韓北に加え、周辺6か国の陸海空・特殊戦力を網羅!!
2017.7 95p B5 ¥780 Ⓘ978-4-8021-1008-2

◆北朝鮮入門―金正恩体制の政治・経済・社会・国際関係　礒﨑敦仁, 澤田克己著　東洋経済新報社　新版
【要旨】弾道ミサイル発射、核実験…金正恩の真の目的とは？ 気鋭の研究者と記者が、金正恩体制、経済、社会、国際関係、核開発に至るまで、謎に包まれる北朝鮮の全体像を平易かつ網羅的に解説。用語解説、北朝鮮の憲法、関連年表、文献紹介など、資料も充実！
2017.1 305p A5 ¥2400 Ⓘ978-4-492-21229-5

◆北朝鮮の終幕―東アジア裏面史と朝露関係の真実　田中健之著　ベストセラーズ
【要旨】北の最大の敵は中国である！ 朝鮮半島危機の原因は米露の対立！ 日本の核武装を容認するアメリカの世論！ 玄洋社、黒龍会の血脈道統を継ぐ著者が観た朝鮮像。
2017.11 351p B6 ¥1296 Ⓘ978-4-584-13822-9

◆北朝鮮は「悪」じゃない　鈴木衛士著　幻冬舎メディアコンサルティング, 幻冬舎 発売　（幻冬舎ルネッサンス新書）
【要旨】拉致問題。繰り返される核実験。飛来するミサイル。悪の枢軸にして恐怖の独裁国家。何を考えているか分からない不気味な国。多くの日本人は北朝鮮をこう形容するだろう。しかし、実態はどうなのだろうか。彼らは何を考えて、どんな目的を持っているのだろう。また、日本をどう見ているのだろうか。そんな疑問に対する回答を、本書は教えてくれる。緊迫する東アジア情勢の中で日本が取るべき態度とは。今のアメリカ追従路線は本当に正しい道なのか。今こそ知らなくてはならない、北朝鮮の本当の姿を描いた一冊。
2017.12 158p 18cm ¥800 Ⓘ978-4-344-91505-3

◆北朝鮮はいま、何を考えているのか　平岩俊司著　NHK出版　（NHK出版新書）（『北朝鮮は何を考えているのか』加筆・修正・新編集・改題書）
【要旨】二〇一七年に入り、ミサイル発射と核実験を立て続けに行う北朝鮮。金正恩は本気で戦争をするつもりなのか？ そのとき、アメリカは、日本は、世界は、どう対処するのか？ 北朝鮮研究の第一人者が危機の要因を明らかにし、今後の見通しと問題解決へのシナリオを提示する。
2017.11 237p 18cm ¥820 Ⓘ978-4-14-088537-6

◆北朝鮮発 第三次世界大戦　柏原竜一著　祥伝社　（祥伝社新書）
【要旨】結論から言うと、アメリカと北朝鮮は必ず戦争を起こす。あとは、どちらが先に手を出すか。やる時は奇襲だ。周辺国でも、口先では「まず対話ありき」と言っているが、その裏では被害と戦後処理の想定が進んでいる。そんななか、信頼のおける英国王立機関の専門家が、第二次朝鮮戦争について論文を発表した。「米朝衝突の可能性を前提とした上で、わが国はどう対処すべきか」というテーマである。もはや、半島有事は東アジアだけの問題ではない。それは、米中関係はもちろん、ロシア、インド、中東、ヨーロッパを巻き込んだ世界大戦の火種となる可能性が高い。
2018.1 270p 18cm ¥840 Ⓘ978-4-396-11526-5

◆金正恩体制形成と国際危機管理―北朝鮮核・ミサイル問題で日本人が本当に考えるべきこと　大澤文護著　唯学書房, アジール・プロダクション 発売
【要旨】北朝鮮は本当に崩壊するのか？ 3つのキーワードで読み解く現代北朝鮮情勢！ (1) 軍部主導から党・国家機関主導への転換。(2) 最高指導者の権威強化。(3) 核・ミサイル外交の本格化。 2017.10 310p A5 ¥2800 Ⓘ978-4-908407-14-7

◆金正恩著作集　2　金正恩著　白峰社
【要旨】2014年2月から2016年12月までに発表された著作を収録。歴史的な朝鮮労働党第7回大会における報告を掲載。金日成・金正日主義の真髄を学ぶための格好の書。
2017.1 314p A5 ¥1800 Ⓘ978-4-938859-27-5

◆金正恩の核が北朝鮮を滅ぼす日　牧野愛博著　講談社　（講談社プラスアルファ新書）
【要旨】「いつでも核を撃てる」核大国化の一方で当局も手を焼く不正・賄賂・麻薬。荒廃する北朝鮮社会と、それでもしたたかに生きる人々を活写する。
2017.2 190p 18cm ¥840 Ⓘ978-4-06-272974-1

◆金正恩の核ミサイル―暴発する北朝鮮に日本は必ず巻き込まれる　宮崎正弘著　育鵬社, 扶桑社 発売
【要旨】目の前の危機に、日本は適切に対応できるのだろうか。
2017.6 239p B6 ¥1400 Ⓘ978-4-594-07737-2

◆さらば、自壊する韓国よ！　呉善花著　ワック　（WAC BUNKO）
【要旨】韓国は、北朝鮮に飲み込まれ崩壊への道を一直線…そして、韓国人の「反日」は死んでも治らない？
2017.3 213p 18cm ¥920 Ⓘ978-4-89831-752-5

◆粛清の王朝・北朝鮮―金正恩は、何を恐れているのか　羅鐘一著, ムーギー・キム訳　東洋経済新報社
【要旨】金王朝の婿として、金日成、金正日、金正恩と、三代の最高指導者に仕えながら、無惨な最期を遂げた張成沢。権力の中枢を知りすぎた男の人生から明らかにする、金王朝の真実！
2017.6 318p B6 ¥1800 Ⓘ978-4-492-21233-2

◆「招待所」という名の収容所―北朝鮮による拉致の真実　ロバート・S. ボイントン著, 山岡由美訳　柏書房
【要旨】最初の拉致から40年、被害者5人の返還から15年…。そこには、鉄条網と監視員に囲まれた「招待所」と呼ばれる地区があった！ いったい、日本人拉致事件とは何だったのか？ その全貌を世界に知らしめた、渾身のノンフィクション！ 2017.9 274p B6 ¥2700 Ⓘ978-4-7601-4886-8

◆だまされないための「韓国」―あの国を理解する「困難」と「重み」　浅羽祐樹, 木村幹著, 安田峰俊構成　講談社ビーシー, 講談社 発売
【要旨】激動の日韓情勢を見極めるための分析的処方箋。気鋭の政治学者2人が斬る「あの国と日本」。 2017.5 239p B6 ¥1300 Ⓘ978-4-06-220630-3

◆朝鮮半島 終焉の舞台裏　高橋洋一著　扶桑社　（扶桑社新書）
【要旨】もはや戦争は避けられない！ 話のできない。金正恩。戦争大好きドナルド・トランプ。金正恩に門前払いの習近平。空気の読めない文在寅。役者は揃った！ 外交の舞台裏と生き残りのシナリオ教えます。
2018.1 222p 18cm ¥820 Ⓘ978-4-594-07878-2

◆朝鮮半島地政学クライシス―激動を読み解く政治経済シナリオ　小倉和夫, 康仁徳, 日本経済研究センター編著　日本経済新聞出版社

政治

【要旨】北朝鮮のミサイル実験、トランプ政権、韓国の政権交代—。トリプル・リスクに直撃された朝鮮半島。当事国の北朝鮮と韓国、それに日米中ロなどの主要関係国の変化が重なり、最近では見えない大きな転機を迎えようとしている。ケント・カルダー教授、Ｙ・Ｃ・キム名誉教授はじめ主要関係国の一流の研究者が一堂に会し、緊迫の半島情勢を徹底的に分析した決定版。　2017.6 304p B6 ¥3200 ⓘ978-4-532-13472-3

◆**朝鮮半島という災厄—北朝鮮処分の全内幕**　ケント・ギルバート，遠藤誉，高永喆ほか著　宝島社
【要旨】ミサイル実験を繰り返す金正恩の北朝鮮。その北朝鮮に擦り寄る文在寅の韓国。朝鮮半島は東アジア最大の災厄の場所だ。いったいいつ暴発するのか。客論人16人が徹底分析する。　2017.8 255p B6 ¥1300 ⓘ978-4-8002-7538-7

◆**朝鮮民主主義人民共和国組織別人名簿 2017**　ラヂオプレス編　ジェイピーエムコーポレーション
【目次】朝鮮労働党、共和国国務委員会、国家機関、最高人民会議、内閣、司法機関、諸政党・団体、軍機関、経済団体・企業、対外友好団体、科学・学術機構・大学、報道・出版・文芸、地方組織、北朝鮮主要人物略歴　2017 511p B5 ¥14000 ⓘ978-4-905528-12-8

◆**独裁国家・北朝鮮の実像—核・ミサイル・金正恩体制**　平岩俊司著　平凡社
【要旨】「何をするかわからない」脅威に潜む独自の合理性と謎に迫る！ なぜ国際社会を無視して、核実験を繰り返すのか？ 瀬戸際外交を続ける理由は何か？ 幹部の粛清、脱北はなぜ止まないのか？ 金日成、金正日、金正恩3代世襲制のカギは何か？ なぜ36年ぶりに党大会が開かれたのか？「血の同盟」中国との関係はどうなっているのか？ 拉致問題に進展はあるのか？　2017.1 355p B6 ¥1800 ⓘ978-4-02-251440-0

◆**なぜ金正男（キムジョンナム）は暗殺されたのか—自滅に向かう独裁国家**　西脇真一，平野光芳著　毎日新聞出版
【要旨】暗殺実行犯「ＶＸの女」たちを追え！ フロント企業「マレーシア・コリア・パートナーズ」、特殊機関「国家保衛省」と「偵察総局」、2等書記官の謀報活動—北朝鮮による謀略の全容に迫る！　2017.10 191p 18cm ¥1000 ⓘ978-4-620-32479-1

◆**米朝開戦—金正恩・破局への道**　斎藤直樹著　論創社
【要旨】北朝鮮核保有の論理と現実。『北朝鮮「終りの始まり」2001-2015』（2016年）を著し、朝鮮半島有事の可能性を数年～数十年後とした著者が、2016-17年の金正恩とトランプ政権の動向から、2018年を「開戦前夜」と分析する！　2018.1 200p B6 ¥1600 ⓘ978-4-8460-1678-4

◆**崩韓論**　室谷克実著　飛鳥新社
【要旨】室谷韓国論の決定版！ 汚職と腐敗、身分制度と超差別構造、民主革命が従北派を利する絶望。　2017.2 229p 18cm ¥1111 ⓘ978-4-86410-546-0

◆**暴走する北朝鮮—緊迫する日米安保と司法の陥穽**　朝倉秀雄著　イースト・プレス
【要旨】北朝鮮による相次ぐミサイル発射に核実験。緊迫する朝鮮半島情勢。狂気の北の独裁者・金正恩に対峙する日米韓各国には、実は高度な政治判断である安全保障問題への司法からの介入が著しい。司法判断で違憲とされた安全保障体制でいったいこの国の安全が守れるのか!? 平和憲法を守って国を滅ぼすことほど愚かしいことはない。「北朝鮮を完全に破壊する」と国連総会で豪語したトランプ米大統領。日米安保の緊迫度は、現在、沸騰点に達している。風雲急を告げる国際政治、北朝鮮危機に日本国民の生命と財産を守るのか。永田町事情に精通するノンフィクション作家の著者が徹底分析する。　2017.11 302p B6 ¥1500 ⓘ978-4-7816-1614-8

◆**朴槿恵 心を操られた大統領**　金香清著　文藝春秋
【要旨】圧倒的な支持から弾劾罷免、前代未聞のスキャンダルに揺れる韓国青瓦台。しかし、日本の新聞報道では、この問題はわからない。事件を起こした李起龍・崔順実は「親友」ではなく、親子二代にわたって朴槿恵を洗脳し続けた「黒幕」だったのだ。現地報道と取材で読み解く、大統領洗脳の40年。　2017.4 223p B6 ¥1350 ⓘ978-4-16-390615-7

◆**朴槿恵と亡国の民**　シンシアリー著　扶桑社
【要旨】朴槿恵は「魔女」なのか？ 彼女が体現した韓国の「闇」を暴く！ 韓国憲政史上初の大統領罷免から浮かび上がる「負の群衆心理」、そして新政権の「反日政策」……歪みきった韓国の根底にある「劣等感」に迫る！　2017.4 236p B6 ¥1400 ⓘ978-4-594-07728-0

◆**朴正熙と金大中が夢見た国**　金景梓著　如月出版
【目次】第1章 巨人たちの誕生。事業家金大中と将校朴正熙、第2章 解放後の金大中と朴正熙の共産主義活動、第3章 朴正熙と金大中が経験した朝鮮戦争、第4章 朝鮮戦争後、政治家と革命の道へ、第5章 4・19革命、朴正熙と金大中の機会、第6章「5・16」革命家朴正煕対張勉内閣代弁人金大中、第7章 経済回復と政治的勝負をかけた朴正熙と金大中、第8章 朴正熙と金大中最後の勝負、第9章 終わることなき金大中の苦難、四度目の挑戦、第10章 金大中の開放型国家論と「太陽政策」、第11章 金正恩の北朝鮮と大韓民国の政治　2017.5 319p B6 ¥1852 ⓘ978-4-901850-53-7

◆**勃発！ 第二次朝鮮戦争 北朝鮮消滅シミュレーション！**　毒島刀也監修　宝島社
【要旨】口火を切る核攻撃、米軍の報復攻撃開始…北朝鮮はこうやって消滅する！　2017.8 111p B5 ¥740 ⓘ978-4-8002-7474-8

◆**拉致と日本人**　蓮池透，辛淑玉著　岩波書店
【要旨】"拉致"は日本社会をどう変えたか？ ヘイト・スピーチに抗する在日朝鮮人と、北朝鮮に拉致された弟の奪還に奔走した被害者家族との対話。　2017.6 151p B6 ¥1700 ⓘ978-4-00-002429-7

◆**拉致問題を超えて 平和的解決への提言—拉致・人権・国際社会**　江口昌樹著　社会評論社
【目次】第1章 拉致問題の現在、第2章 朝鮮の人権状況と政治体制、第3章 制裁論を超えて、第4章 日朝交渉の政治学、第5章 結論、おわりに—拉致と万景峰号の地から、資料：朝鮮国内の人権状況（要旨）—ＣＯＩ報告（外務省仮訳）より　2017.6 252p B6 ¥2300 ⓘ978-4-7845-1206-5

中国

◆**一衣帯水「平和資源」としての日中共同声明—日中間の安定的発展と未来を切り拓く四つの基本文書と2014年の合意文書**　内田雅敏編著　スペース伽耶，星雲社 発売
【目次】民間交流のレールが導いた日中国交正常化、日本国政府と中華人民共和国政府の共同声明、日本国と中華人民共和国との間の平和友好条約、平和と発展のための友好協力パートナーシップの構築に関する日中共同宣言、「戦略的互恵関係」の包括的推進に向けた日中共同声明、日中関係の改善に向けた話合い、資料、井上ひさし作「シャンハイムーン」再読 日中国交正常化四五周年と上海の魯迅、あとがきにかえて 声にだして日中共同声明を読む　2017.7 126p A5 ¥800 ⓘ978-4-434-23612-9

◆**「一帯一路」詳説—習近平主席が提唱する新しい経済圏構想**　王義桅著，川村明美訳　日本僑報社
【要旨】2017年5月、シルクロード経済圏構想「一帯一路」の初の国際会議が北京で開かれた。「一帯一路」とは具体的に何であるか？ 本書は中国の習近平国家主席が提唱する「一帯一路」について、その背景から、趣旨、もたらされるチャンスとリスク、さらには実現に向けた方法まで、「一帯一路」研究の第一人者・中国人民大学王義桅教授が多角的に解説。これからの日本及び中国と世界経済の動きをとらえる上で欠かせない1冊である。　2017.12 281p B6 ¥3600 ⓘ978-4-86185-231-2

◆**いよいよトランプが習近平を退治する！**　宮崎正弘，石平著　ワック（WAC BUNKO）
【要旨】米中の軍事対立、貿易戦争はもはや不可避。チャイナ・ウォッチャー二人の最新予測。　2017.3 227p 18cm ¥920 ⓘ978-4-89831-753-2

◆**かくて中国は民主化する—中国共産党の「不都合な真実」**　矢内筆勝著　幸福実現党，幸福の科学出版 発売
【目次】対談「中国の民主化と日本の使命」、コミック「中国共産党の『不都合な真実』」、序章

「民主化」の定義について、第1章 中国における「民主化」の起源（孫文の「三民主義」と「五・四運動」、中国建国と協商会議）、第2章 毛・鄧（とう）時代と「民主化運動」（毛沢東と「民主化」、鄧（とう）小平時代と「民主化」）、第3章「中国の民主化」とネット時代の民主化運動（共産党と「中国の民主化」、一党独裁の弊害とネット社会）、終章　2017.4 169p A5 ¥926 ⓘ978-4-86395-890-6

◆**強硬外交を反省する中国**　宮本雄二著　PHP研究所（PHP新書）
【要旨】南シナ海や尖閣諸島をめぐる動きなど、中国の強硬外交を不安視する向きも少なくないだろう。しかし習近平を最もよく知る元中国大使の著者は言う。2009年から2016年まで続いた中国の対外強硬姿勢は軌道修正された、と。実はこの方針転換は、習氏の第二期政権の幕開けを告げた第19回中国共産党大会における習氏の発言にも如実に表れていた。中国はなぜ対外強硬路線を選び、そしてなぜ転換せざるを得なくなったのか。天安門事件以降の混迷、リーマンショック後の増長、左右の内部対立まですべて踏まえ、著者だけが知り得た情報を基に中国外交の行方を明かす。　2017.11 274p 18cm ¥880 ⓘ978-4-569-83618-8

◆**経済も民心も急速に荒廃 習近平の絶対化でいま中国で起きている大破局—緊迫の現地から衝撃レポート**　福島香織著　徳間書店
【要旨】習近平の神格化と言論統制が強化され、中国社会はとんでもないカオス状態に！ 経済、社会、文化、政治など、日本人が知らない中国の「いま」を現地ジャーナリストが赤裸々に明かす。習近平の中国はまもなく暴発する！　2017.12 262p B6 ¥1400 ⓘ978-4-19-864531-1

◆**国宝の政治史—「中国」の故宮とパンダ**　家永真幸著　東京大学出版会
【目次】1 中国の近代国家建設と国宝形成（ミュージアム概念の受容—清末中国における「博物館」（一八四〇年代-一九〇〇年代）、「保護」の思想と歴史の継承—清朝皇室コレクションの「博物館」化（一九〇〇年代-一九二八）、文物の移動と「国宝」化—南京国民政府による接収と「故宮学」形成（一九二八-一九四九）、近代的シンボルの創出—南京国民政府期における「パンダ外交」の形成（一九二八-一九四九）、2 分断国家の国宝をめぐる中台関係の展開（国際冷戦体制下の文化内戦—故宮文物をめぐる国共対立の展開（一九四九-一九七二）、文化内戦の脱冷戦化と国宝レジーム化—中華人民共和国による「パンダ外交」の継承（一九五〇年代-二〇一一）、分断の解消、肯定、迂回をめぐる力学—「台湾化する台湾」における中国国宝問題（一九七二-二〇一六））　2017.8 310, 27p A5 ¥5400 ⓘ978-4-13-026156-2

◆**戸籍アパルトヘイト国家・中国の崩壊**　川島博之著　講談社（講談社プラスアルファ新書）
【要旨】経済で考えると中国の人口は4億。北部が南部を支配する中国の構造。習近平が絶対に暗殺されない理由。米価も農民工の賃金も上げぬ理由。共産党が都市住民だけ恐れるわけ。ソ連の失敗に学ばず3隻の空母を。日本の格差の原因は中国の農民工—中国3000年の歴史の必然…9億人の農民奴隷は2020年に蜂起する？　2017.10 222p 18cm ¥860 ⓘ978-4-06-291506-9

◆**習近平政権の新理念—人民を中心とする発展ビジョン**　胡鞍鋼，鄢一龍，唐嘯ほか著，日中翻訳学院本書翻訳チーム訳　日本僑報社
【要旨】保護主義の台頭や経済減速で世界が揺れる中、「一帯一路」などグローバルな政策で大国としての存在感を増す中国。2017年秋には5年に一度の党大会が開かれ、中国政治の重要課題に関する決定が行われる。注目されるのが、経済の「新常態」の下で進められる中国の新ガイドライン「六大発展理念」だ。本書は、人民を中心として推進されるこの六大理念「イノベーション、調和、グリーン、開放、わかち合い、安全」について、習近平政権ブレーンの第一人者である胡鞍鋼氏（清華大学教授）がわかりやすく解き明かす。中国のいまとこれからを知る上で必読の一冊！　2017.9 185p B6 ¥1900 ⓘ978-4-86185-233-6

◆**習近平と永楽帝—中華帝国皇帝の野望**　山本秀也著　新潮社（新潮新書）
【要旨】漢民族の最後の帝国であった明の3代目・永楽帝と習近平には、意外なほど共通点がある。

権門出身という血統のよさ、権力掌握前の苦節、正統性を証明するため、政権創設者に範を取りつつ、前任者を超える政治実績を示すことを迫られた立ち位置、「法治」を掲げた苛烈な政敵排除や国内統制、政権の威光を高めるための対外拡張とアジア秩序構築への意欲━。歴史を踏まえると見えてくる、現代中国の核心に迫る。

2017.8 223p 18cm ¥760 ①978-4-10-610730-6

◆**習近平の支配**　日本経済新聞社編著　日本経済新聞出版社
【要旨】情報統制はますます厳しくなり、国有企業では「事なかれ主義」が蔓延、若者の間では危うい排外主義が広がる━。強権、独裁の政治は中国に何をもたらし、二期目の習近平政権はどこへ向かうのか。国内外で多くの問題を抱える隣国の現状を現地記者が、多彩な角度からレポートする。

2017.11 296p B6 ¥1500 ①978-4-532-35758-0

◆**習近平の終身独裁で始まる中国の大暗黒時代**　石平著　徳間書店
【要旨】2017年10月の党人事では後継者を「チャイナ・セブン」(最高意思決定機関)に入れず、自ら終身独裁者になる野心を露わにした習近平。外資を含め企業内に中国共産党の細胞組織設置を強要し、ビットコインから株、不動産市場にまで介入、経済も言論も統制を強めている。これから中国、日本、世界に起こる大動乱を解説!

2017.11 197p 18cm ¥1000 ①978-4-19-864513-7

◆**習近平の中国━百年の夢と現実**　林望著　岩波書店　(岩波新書)
【要旨】五年に一度の党大会を前に、その一強体制を盤石にしたようにも見える習近平指導部。だが、経済成長が鈍化し、価値観が多様化するなか、十三億人を率いていくのは容易ではない。結党、建国百年への向け、習の目指す先はどこか。政権発足時から現地で取材してきた著者が、外交・内政・党内政治から、その行方を分析する。

2017.5 220, 3p 18cm ¥820 ①978-4-00-431663-3

◆**習近平の独裁強化で世界から徹底的に排除され始めた中国**　宮崎正弘著　徳間書店
【要旨】習近平の独裁体制が確立したが、世界でますます傲慢になっていく中国への反発が強まっている。各国を現地取材してきた著者が、第2期習近平政権で起きている中国の大変化と世界の「中国離れ」の現状を解説。今後の中国の行方を分析する。

2017.12 253p 18cm ¥1000 ①978-4-19-864530-4

◆**習近平の悲劇**　矢板明夫著　産経新聞出版,日本工業新聞社　発売
【要旨】習近平が中国の最高指導者であることは、日本にとっても世界にとっても中国や彼自身にとっても悲劇でしかない。軍改革の大失敗、「改革開放」の終焉、経済も政治も外交音痴で八方塞がり。この5年、彼の実績は何もない!中国当局が恐れる現役記者が、弾圧と外洋拡張しか打つ手がない無能なトップの正体をあぶり出す。

2017.12 253p B6 ¥1300 ①978-4-8191-1327-4

◆**習近平の夢━台頭する中国と米中露三角関係**　矢吹晋著　花伝社,共栄書房　発売
【要旨】米中対決か、米中提携か、取り残される日本。習近平がシルクロードにかけた夢・「一帯一路」政策、アメリカの弱みを握るロシア、毛沢東化する習近平、北朝鮮への対応、首脳会談後に連結を目指す米中、時代遅れの中国封じ込め政策に固執する安倍政権━。トランプ登場で「チャイメリカ」はどうなる?

2017.6 286p A5 ¥2500 ①978-4-7634-0820-4

◆**冗談か悪夢のような中国という災厄━習近平思想と権力闘争の行方**　石平著　ビジネス社
【要旨】習近平に仕掛けられた巧妙な罠! 内から崩れる中国は危険水域にある。

2017.10 204p B6 ¥1000 ①978-4-8284-1977-0

◆**新次元の日中関係**　高橋五郎編著　日本評論社
【目次】日中関係の三層構造とその矛盾・発展━日本のA社と中国地方政府・合作社との連携を通して、第1部 私の日中関係安定論(グローバル中国との付き合い方、日中関係の将来と現状、まず中国や日中関係に関する方法論の見直し、迷走する中国経済)、第2部 日中関係の構造的変容と課題(日中政治外交、日中経済の変容、社会貢献を通じてみる日系企業の日中関係の変容、中国農業大転換と日本、日中文化・社会相互浸透と背景)

2017.9 464p A5 ¥3700 ①978-4-535-58715-1

◆**新中国環境政策講義━現地の感覚で見た政策原理**　大和田滝惠著　駿河台出版社
【要旨】ビジネス必須の環境法条文を網羅、現地の有力学者の原文から政府の規制方向を分析、現地の感覚で中国の環境政策を掌握する必読の書! 2017.3 212p A5 ¥2500 ①978-4-411-04031-2

◆**世界を翻弄し続ける中国の狙いは何か━2014〜2015年**　濱本良一著　(京都)ミネルヴァ書房　(シリーズ・チャイナウォッチ 3)
【要旨】集団指導体制から習近平の強烈なリーダーシップによる一極支配体制へと変貌した共産党政権。「一帯一路」構想、AIIB、南シナ海問題、汚職摘発、抗日勝利七〇周年軍事パレード、香港「雨傘運動」と「新常態(ニューノーマル)」の時代へとはいった中国と東アジア情勢の変化をたどる。外交、内政、経済から現代中国の動向を追う「シリーズ・チャイナウォッチ」待望の第三巻。

2017.7 422, 22p B5 ¥4500 ①978-4-623-07974-2

◆**孫文と陳独秀━現代中国への二つの道**　横山宏章著　平凡社　(平凡社新書)
【要旨】辛亥革命の立役者となり、初代中華民国臨時大総統に就いた孫文は英雄とあがめられ、いっぽう、新文化運動・五四運動を領導し、中国共産党を創設した陳独秀は長く「裏切り者」の誹謗にさらされてきた。ほんとうは彼らは何を考え、何をしたのか? 事蹟を対照させ、中国現代史の歪曲を正す。

2017.2 286p 18cm ¥860 ①978-4-582-85837-2

◆**「大国」としての中国━どのように台頭し、どこにゆくのか**　加茂具樹編著　一藝社
【目次】第1部 リプセット仮説を乗り越えたのか━中国共産党一党支配の持続力(豊かな権威主義国家の統治能力━なぜ支配の持続を見誤ったのか、中国社会の格差と共産党の統治━歴史的視点からの分析、支配は続くのか━「取り込み」戦略の限界)、第2部 経済はどのように発展してきたのか━高度成長の原動力(中国共産党と制度選択━中央集権と創造的破壊の確立、中国共産党と民営企業家━創造的破壊を抱きしめ続けられるか)、第3部 ツキジデスの罠を克服できるのか━国際秩序への影響力(アジア太平洋には米中を受け入れる空間があるのか━協力と対立が併存するダイナミズム、中国はなぜ南シナ海へ進出するのか━中国に依拠した秩序変更の試み、中国と台湾の関係はどうなるのか━中国は台湾の民主主義という秩序を尊重するのか、台湾をめぐる中国と米国外交━「ツキジデスの罠」から脱却できるか)

2017.5 163p A5 ¥2400 ①978-4-86359-125-7

◆**地図で見る中国ハンドブック**　ティエリ・サンジュアン著,太田佐絵子訳,マドレーヌ・ブノワ=ギュリョ地図製作　原書房
【要旨】今の中国が一目瞭然でわかるアトラス! 交通、宗教、金融・産業投資などの未刊行資料を掲載。世界のあらたな秩序を判断するために必要不可欠の著書!!

2017.8 160p A5 ¥2800 ①978-4-562-05422-0

◆**中国━とっくにクライシス、なのに崩壊しない"紅い帝国"のカラクリ 在米中国人経済学者の精緻な分析で浮かび上がる**　何清漣,程暁農著,中川友訳　ワニ・プラス,ワニブックス発売　(ワニブックスPLUS新書)
【要旨】GDP世界第2位の超大国・中国の経済、政治、社会は、今後どう変容してゆき、わが国・日本と世界にいかなる影響を与えるのか? アメリカに亡命した中国人経済学者夫妻が、"紅いエリート"層の不正蓄財、一時は「世界の工場」とももてはやされた中国の没落原因、海外で"爆買い"する超富裕層と超貧困層しかいないデタラメな格差社会、統制経済下での不動産や株式市場における明らかな詐欺行為など"欺瞞に満ちた中国の暗部"を多面的に分析。壊滅寸前の中国に、我々はどう対処すべきか?

2017.5 279p 18cm ¥900 ①978-4-8470-6111-0

◆**中国、「宇宙強国」への野望**　寺門和夫著　ウェッジ
【要旨】これまで公にされてこなかった中国の宇宙開発の歴史と現状をまとめた初めての本!

2017.2 241p B6 ¥1400 ①978-4-86310-177-7

◆**中国研究論叢　第17号**　中国研究論叢編集委員会編　霞山会,明徳出版社 発売
【目次】論説 韓国の高等学校における中国理解教育━中国語科目の「文化教育」に焦点を当てて、研究ノート 中国の保障性住宅の政策転換━住宅市場の構造変化との関係を中心に、政権交代後における台湾経済への影響と課題━両岸

◆**新中国指導体制の「核心」と「七つのメカニズム」━習近平政権からの新たな展開**　胡鞍鋼,楊竺松著,安武真弓訳　日本僑報社
【要旨】中国では2012年の第18回党大会で、習近平を総書記とする新指導部が発足。その後、習近平は2016年10月の六中全会で「党中央の核心」と位置づけられた。本書では、それらの意を読み解くとともに、習体制下で強化された集団指導体制の七大メカニズムを分析する。

2017.12 171p B6 ¥1600 ①978-4-86185-245-9

◆**中国政治からみた日中関係**　国分良成著　岩波書店　(岩波現代全書)
【要旨】なぜ日中関係は悪化と改善の変動が激しいのだろうか。なぜ歴史問題をめぐる対日批判は収束と再燃を繰り返すのだろうか。その要因は中国国内の権力ゲームの帰趨にある。日中国交正常化から現在まで、中国政治体制は対日政策とどのように密接に関連しているのか、さまざまな事象と資料に基づいて明らかにする。

2017.4 271p B6 ¥2400 ①978-4-00-029201-6

◆**中国政治経済の構造的転換**　谷口洋志編著　(八王子)中央大学出版部　(中央大学経済研究所研究叢書)
【要旨】多様な角度から見た中国政治経済の構造転換。

2017.10 297p A5 ¥3800 ①978-4-8057-2265-7

◆**中国組織別人名簿　2017年版**　ラヂオプレス編　ジェイビーエム コーポレーション　第45版
【要旨】中国共産党、第十八届中央委員会、中央直属機関、中華人民共和国主席、全国人民代表大会、第十二届全国人民代表大会常務委員会、専門委員会、国務院、各部・委員会、国務院直属特設機構、国務院直属機関〔ほか〕

2016 556, 83p A5 ¥5800 ①978-4-905528-11-1

◆**中国対外行動の源泉**　加茂具樹編著　慶應義塾大学出版会　(慶應義塾大学東アジア研究所・現代中国研究シリーズ)
【要旨】中国は、自らが歩む中国外交路線を「特色ある大国外交」と定義し、大国という意識を対外行動のなかで明確に表すようになってきた。国際的要因、および統治構造による国内政治的要因からその源泉を明らかにする。

2017.3 230p A5 ¥4000 ①978-4-7664-2408-9

◆**中国朝鮮族のトランスナショナルな移動と生活**　宮島美花著　国際書院　(香川大学経済研究叢書)
【要旨】国際的な社会保障の枠組みの不在・不備を補うために国境を越えて移動先を自ら選び取り日常を生きる移動者・移民の実態を中国朝鮮族のトランスナショナルな移動と生活を通して追究する。

2017.9 246p A5 ¥3400 ①978-4-87791-284-0

◆**中国と南沙諸島紛争━問題の起源、経緯と「仲裁裁定」後の展望**　呉士存著,朱建栄訳　花伝社,共栄書房 発売
【要旨】平和的解決の道はあるか? 南シナ海を沿岸国の「共通の庭」と提言した著者の真意は? 中国の南シナ海問題の第一人者による中国の立場・見解の全容の解明。

2017.4 358p A5 ¥3500 ①978-4-7634-0807-5

◆**中国ナショナリズム━民族と愛国の近現代史**　小野寺史郎著　中央公論新社　(中公新書)
【要旨】二一世紀に入り、尖閣諸島や南沙諸島の領有問題などで中国の愛国的な力が噴出した今。なぜ、いま中国人はナショナリズムを昂揚させるのか。本書の愛国主義教育や中華思想による強固な意識統合をねらう一面。西洋列強や日本に蚕食されてきた一九世紀半ばから、日本の侵攻、さらに戦後中国が強大化するなかで中華民族にとってナショナリズムとは何であったのか。本書は、清末から現代までの一二〇年の歴史のなかで読み解く。

2017.6 262p 18cm ¥860 ①978-4-12-102437-4

◆**「中国の悪夢」を習近平が準備する**　福島香織著　徳間書店
【要旨】暗愚の独裁者が権力を握る時、世界は巨大な悲劇に巻き込まれる! 合弁・民間・海外企業にまで党に忠誠を誓わせ、尖閣、台湾、南シナ海は人民の不満をそらす恰好の的に! 鄧小平

政治

を乗り越え、毛沢東に自身を重ね合わせる"習近平の危険な挑戦"の行く末を詳細レポート。
2017.11 252p B6 ¥1400 ①978-4-19-864512-0

◆**中国の海洋侵出を抑え込む―日本の対中防衛戦略**　日本安全保障戦略研究所編著　国書刊行会
【要旨】中国の強引な覇権的拡張主義に、どう対応するか。日本の防衛戦略決定版。第一線で活躍してきた上級指揮官と、安全保障・国際法・海洋問題などに携わってきた専門家たちが英知を結集！
2017.9 372p B6 ¥2400 ①978-4-336-06196-6

◆**中国の公共性と国家権力―その歴史と現在**　小嶋華津子、島田美和編著　慶應義塾大学出版会（慶應義塾大学東アジア研究所・現代中国研究シリーズ）
【要旨】生存・生活のために築かれた多層的な「公共空間」は、近現代中国の国民国家建設の過程でいかなる役割を果たしてきたか。国家統合のかたちを探る。
2017.3 182p A5 ¥3400 ①978-4-7664-2406-5

◆**中国の国家体制をどうみるか―伝統と近代**　渡辺信一郎、西村成雄編著　汲古書院
【目次】総説 中国国家体制の多元的解読をもとめて、第1章 中国における第一次古代帝国の形成―龍山文化期から漢代にいたる聚落形態研究から、第2章 中国における国家の形成と「公私」イデオロギー、第3章 征服から専制へ―中国史上における北魏国家の形成、第4章 帝国の中世―中華帝国論のはざま、第5章 中国の国家体制とグラデーション構造、第6章 民国政治における正統性問題―政治的委任＝代表関係の新経路、第7章 近現代中国の国家・社会間関係と民意―毛沢東期を中心に
2017.3 320, 5p A5 ¥7500 ①978-4-7629-6573-9

◆**中国の進化する軍事戦略**　ジョー・マクレイノルズ編、五明睦佳監訳　原書房
【要旨】陸・海・空・宇宙・情報領域の一体化作戦（五維一体）に向けた中国の軍事戦略。通常戦から核戦争、情報戦、軍民融合など、人民解放軍の最新軍事戦略を解説・分析した決定版。
2017.5 402p A5 ¥4400 ①978-4-562-05402-2

◆**中国の大国外交への道のり―国際機関への対応をめぐって**　吉川純意著　勁草書房（現代中国地域研究叢書）
【要旨】中国はこれまでいかに国際ルールと国際秩序を認識してきたのか。また中国が国際機関によって異なる対応をとるのはなぜか。国際機関を国際ルールの形成と実施の主な担い手と位置づけ、中国の国際機関外交を実証的に分析する。
2017.3 191p A5 ¥4500 ①978-4-326-34908-1

◆**中国のフロンティア―揺れ動く境界から考える**　川島真著　岩波書店（岩波新書）
【要旨】大国として台頭し、活動をグローバルに拡大させている中国。その存在が浸透しているフロンティアでは何が起き、それがどのように語られているのか。ザンビアやマラウイなどのアフリカ諸国、中国と隣接する東南アジア、台湾と中国の狭間に位置する金門島などを訪ね歩いた研究者が、現地の目線で「ふくらむ中国」を見つめ直す。
2017.3 224p 18cm ¥820 ①978-4-00-431652-7

◆**中国はなぜ軍拡を続けるのか**　阿南友亮著　新潮社（新潮選書）
【要旨】日本がいかに誠実な対応を取ろうとも、どれだけ経済的相互依存を深めようとも、中国共産党はこれを利用するだけし、いつか武力衝突に発展する可能性がある。それはなぜか―？人民解放軍の内実を長年にわたり観察してきた気鋭の中国研究者が、一党独裁体制における政軍関係のパラドックスを構造的に解き明かし、対中政策の転換を迫る決定的著書。
2017.8 348p B6 ¥1500 ①978-4-10-603815-0

◆**中国不要論**　三橋貴明著　小学館（小学館新書）
【要旨】中国共産党政府はまさにやりたい放題だ。日本の領海や領空を侵犯したかと思えば、南沙諸島を不当に埋め立てている。日米やASEAN諸国はみんな不快な思いをしている。だが、日本の大手メディアは中国に対し、甘い。それどころか「中国なしでは日本経済は成り立たない」などとミスリードを連発している。果たして本当なのか。公式データを元に調べて見ると日本が中国に経済依存をしていないし、むしろ中国と付き合うことのリスクの方が高いことが窺える。日本経済は中国がなくともまっ

たく困らないのだ。全国民必読の書！
2017.2 222p 18cm ¥760 ①978-4-09-825283-1

◆**陳独秀文集　3　政治論集2 1930‐1942**　江田憲治、長堀祐造編訳　平凡社（東洋文庫）
【要旨】近代中国の大先導者でありながら不当にその存在意義を貶められてきた思想家の主要論説を編訳。第3巻はトロツキズム転向後から晩年まで。生涯にわたる反対派の真面目（全3巻完結）
2017.4 501p 18cm ¥3400 ①978-4-582-80881-0

◆**日中開戦2018―朝鮮半島の先にある危機**　渡邊哲也著　祥伝社
【要旨】新たな秩序と覇権を求めて、動き出す世界。北朝鮮とアメリカの対立が深刻になるなか、日中関係も無事では済まされない。「米朝開戦」は、日中開戦と同義である！日本は今、中国にどう対抗すべきか？
2017.11 225p B6 ¥1400 ①978-4-396-61630-4

◆**日中終戦と戦後アジアへの展望**　波多野澄雄、久保亨、中村元哉編　慶應義塾大学出版会（日中戦争の国際共同研究 6）
【要旨】日中終戦のグローバルなインパクトとその遺産。中国はどう変容し、どのように再建の道をたどったのか。中国周縁や東南アジアに何をもたらしたのか。日本の戦後構想や戦争収拾のプロセスは何を物語るのか。
2017.11 302p A5 ¥4200 ①978-4-7664-2486-7

◆**盗まれる大学―中国スパイと機密漏洩**　ダニエル・ゴールデン著、花田知恵訳　原書房
【要旨】ピュリッツァー賞記者が暴く諜報機関と名門大学の深い闇。孔子学院の設立などで大量の留学生をアメリカに送り込み、工作員として了メリカで人脈を広げ、また研究者を情報と合わせて高額の費用で招く一方、これに対して二重スパイのスカウトや情報工作員を大学内に送り込むCIA―日本でも他人事ではない大学の実態を、綿密な取材から明るみに出した告発の書！
2017.11 446p B6 ¥2800 ①978-4-562-05438-1

◆**紛争下における地方の自己統治と平和構築―アフガニスタンの農村社会メカニズム**　林裕著　（京都）ミネルヴァ書房（関西学院大学研究叢書 第184編―MINERVA人文社会科学叢書 219）
【要旨】アフガニスタンでは、タリバンなどの反政府勢力との紛争が今も続いている。そのなかでの平和構築はいかなる形があるのか。著者自身による現地での経験と詳細な現地聞き取り調査から本書は迫る。国土の大部分を占める農村部で行われている伝統的な自己統治が、弱い政府を支え、平和の構築に与えた影響を探る労作。
2017.11 244p A5 ¥4500 ①978-4-623-08039-7

◆**マンガで読む 嘘つき中国共産党**　辣椒著　新潮社
【要旨】習近平、激怒…！反日教育、言論弾圧、愚民化政策、拷問、洗脳、汚職…亡命漫画家が命がけで描く独裁国家の真実！中国ネット民も騒然。衝撃の問題作！
2017.1 159p B6 ¥1000 ①978-4-10-507021-2

◆**連鎖地獄―日本を買い占め世界と衝突し自爆する中国**　宮崎正弘著　ビジネス社
【要旨】習近平がひた隠す大失敗の「一帯一路」。GDP世界第5位に転落、マイナス成長、外貨準備高ゼロ。
2017.12 206p B6 ¥1100 ①978-4-8284-1994-7

 アメリカ

◆**アメリカを動かす「ホワイト・ワーキング・クラス」という人々―世界に吹き荒れるポピュリズムを支える"真・中間層"の実体**　ジョーン・C.ウィリアムズ著、山田美明、井上大剛訳　集英社
【要旨】二〇一六年、一一月、米大統領選挙で、ドナルド・トランプが勝利し、世界に衝撃を与えた。トランプ大統領誕生の原動力となったのは、ホワイト・ワーキング・クラス。かつてアメリカの製造業を支えたブルーワーカーで、一つの企業で真面目に働き上げ、家族を養うことを美徳としてきた人々が、時代の流れとともに居場所を失い、政府やメディアなどのエリート層からは軽んじられて大きな怒りと失望を抱えている。トランプの政権運営が迷走する今も、揺らぐことのない彼らの怒りはポピュリズムという形で世界に広がりつつある。
2017.8 238p B6 ¥1800 ①978-4-08-786090-0

◆**アメリカを探る―自然と作為**　斎藤眞著、古矢旬、久保文明監修　みすず書房
【要旨】アメリカ研究の第一人者がみずから編みながら遺された論集を、ここにおくる。プリマス植民地をはじめ、アメリカ建国前後の政治と宗教（制度としての政教分離と国民の心情としての政教融合）の実態からアメリカの根っこを描き、その水脈がその後の外交・戦争・大統領・議会などにどう現れてくるかが明らかになっている。転換期を迎えたアメリカを知るために、なにより建国以来現在までを貫くアメリカを理解するために、さらにアメリカの「反知性主義」の一端を学ぶために、高い学術レベルを保ちながら全体を見据えて研究してきた著者の12章の遺稿は、この国の今後のアメリカ研究にとって不可欠なものであろう。また、巻末の2編「草創期アメリカ研究の目的意識―新渡戸稲造と「米国研究」」および「日本におけるアメリカ研究―その歴史と今後の課題」は、学問・文化レベルでの日米関係史を描いた、きわめて貴重な資料でもある。
2017.10 291p A5 ¥5500 ①978-4-622-08644-4

◆**アメリカ政治**　久保文明、砂田一郎、松岡泰、森脇俊雅著　有斐閣（有斐閣アルマ）第3版
【要旨】現代民主主義の一つのあり方を示すアメリカの政治。特徴あるシステムの解説のみならず、日本人の立場から重視し、歴史、文化、社会、日米関係などを含む、さまざまな角度・側面から、その全体像を明らかにした。トランプ政権の政治的動向を知るための最新版。
2017.3 314p B6 ¥2100 ①978-4-641-22084-3

◆**アメリカ政治とシンクタンク―政治運動としての政策研究機関**　宮田智之著　東京大学出版会
【目次】問題の所在、第1部 アメリカのシンクタンクの現状・歴史的展開・比較分析（アメリカのシンクタンク、アメリカにおけるシンクタンクの歴史的展開、アメリカのシンクタンクの特異性）、第2部 シンクタンクの政治的影響力（アメリカのシンクタンクの「政治化」、ミサイル防衛と保守系シンクタンク、スクール・バウチャーと保守系シンクタンク）、政治主体としてのアメリカのシンクタンク
2017.5 244, 14p A5 ¥4500 ①978-4-13-036263-4

◆**アメリカ大統領を操る黒幕―トランプ失脚の条件**　馬渕睦夫著　小学館（小学館新書）
【要旨】アメリカ第45代大統領に就任したドナルド・トランプ氏の一挙手一投足から目が離せない。サイバー攻撃を行った相手をロシアと断定した一方、プーチン大統領との友好を模索する。その反対に中国への強硬姿勢は相変わらずで、一触即発を危ぶむ声も根強い。トランプ氏就任によって日本を含む世界情勢は混沌としている。それくらいアメリカ大統領の存在は強大なものだ。だが、その大統領でも絶対に逆らうことのできないキングメーカーが存在するのだ。
2017.9 222p B6 ¥800 ①978-4-09-825291-6

◆**アメリカ大統領図鑑―完全解析**　開発社、米国大統領研究会編著所　秀和システム
【要旨】全45代大統領のプロフィールと当時の政治・経済・事件を、わかりやすく解説！アメリカ建国から現代まで、日本との関係がよくわかる！大統領たちの知られざるエピソードも丸わかり!!
2017.5 159p A5 ¥1800 ①978-4-7980-5121-5

◆**アメリカ大統領の権限強化と新たな政策手段―温室効果ガス排出規制政策を事例に**　杉野綾子著　日本評論社
【目次】第1章 気候変動問題をめぐる政治状況、第2章 排出量取引制度、第3章 自動車排ガス規制―交渉を通じた規則制定、第4章 協働型規制の試みと限界、第5章 排出影響審査、第6章 オバマ政権における発電所排出規制の事例、結論
2017.5 256p A5 ¥5400 ①978-4-535-52262-6

◆**アメリカ大統領は分極化した議会で何ができるか**　松本俊太著　（京都）ミネルヴァ書房（MINERVA人文・社会科学叢書）
【要旨】アメリカでは、大統領が立法を通じて国をまとめる「現代大統領制」が20世紀半ばに確立されたが、今やそれが限界に達している。二大政党の分極化が進行するにつれて、大統領に期待される役割は「行政の長」から「政党の顔」へと移っているため、大統領が超党派的な立法を目指しても、かえって党派間の対立を助長してしまうのである。では、この変化に適応した大統領のあり方とは何か。過去60年にわたる大

統領の立法活動の計量分析と6本の事例研究から考察する。
2017.1 347p A5 ¥6000 ⓘ978-4-623-07827-1

◆**アメリカ帝国衰亡論・序説**　中西輝政著
幻冬舎
【要旨】移民排斥、孤立主義、日本企業批判、イスラム・北朝鮮との開戦？…トランプの絶叫は、大国の断末魔の悲鳴である。「米国なき世界」に備え、今こそ日本は自立せよ。覇権国アメリカの「終わりの始まり」8つのシナリオ。
2017.8 262p 18cm ¥1100 ⓘ978-4-344-03157-9

◆**アメリカ帝国の終焉一動乱する国際関係と多極化世界**　進藤榮一著　講談社　（講談社現代新書）
【要旨】変貌する国際関係を追跡してきた著者が、アメリカ・デトロイト、インドネシア・ジャカルタ、中国・寧夏、日本・北海道を歩きながら描き出す、グローバリズムを日本が生き抜くための知恵。
2017.2 222p 18cm ¥760 ⓘ978-4-06-288413-6

◆**アメリカで感じる静かな「パープル革命」の進行とトランプ大統領誕生の理由**　ジュンコ・グッドイヤー著　（東久留米）シャスタインターナショナル
【要旨】明日はわが身！アメリカの絶望が日本にも忍び寄る。オバマ政権下、アメリカの18州で過ごした政府の裏側を知る元・日本人が語る、本当のアメリカ。市民たちが静かに起こす「パープル革命」がトランプ政権の「希望」になる！
2017.3 233p B6 ¥1400 ⓘ978-4-908184-13-0

◆**アメリカと中国**　松尾文夫著　岩波書店
【要旨】一七八四年に中国へと辿り着いたアメリカ商船「中国皇后号」一ここから始まった二つの大国の関係は、数百年の歴史の中で、時に対立しながら世界を動かすダイナミズムを様々に生み出してきた。しかしまた、したたかな「共生」の軌跡でもあった。アメリカを知り尽くしたジャーナリストがその長い歩みに深く分け入り、政治・経済・思想まで様々な文献を渉猟するとともに現地取材も重ね描いた、唯一無二の歴史物語。
2017.1 329, 27p B6 ¥3000 ⓘ978-4-00-022095-8

◆**アメリカは世界の平和を許さない一軍事資本主義国家の正体**　大村大次郎著　ビジネス社
【要旨】世界が平和になればアメリカは破綻する！日本も連鎖破綻をまぬがれない「世界でもっとも不都合な真実」。ドル終焉の時がやってきた！世界中央銀行の設立が急務だ。ビットコインを真似しよ！世界通貨の発行が人類を救う？
2017.12 203p B6 ¥1300 ⓘ978-4-8284-1995-4

◆**アメリカ分裂一数字から読みとく大統領選挙**　井田正道著　明治大学出版会、丸善出版 発売　（明治大学リバティブックス）
【要旨】今なお世界を揺り動かしているトランプ・ショック。2000年以降の大統領選挙におけるキーワードは、「分裂」だ。階層、人種、性別…さまざまな亀裂の表面化から見えてくるアメリカの「現在」と「未来」の姿。
2017.2 196p B6 ¥1900 ⓘ978-4-906811-19-9

◆**偉大な社会を目指した大統領・リンドン・B.ジョンソン一転換期の米国**　今博喜 志著社　（戦後アメリカ大統領シリーズ 3）
【目次】第1部 リンドン・B.ジョンソン大統領（ジョンソンの生涯、若き日のジョンソン、多数派院内総務・ジョンソン、ジョンソンと1964年の大統領選挙、ジョンソンと1966年の中間選挙）、第2部 "ジョンソンの時代"（1964年の米国一偉大な社会計画・トンキン湾事件・大統領選挙、1965年の米国一偉大な社会の建設・ベトナム戦争拡大・ワッツ暴動、1966年の米国一ベトナム戦争の深刻化・ハト派の登場・中間選挙、1967年の米国一ベトナム戦争の泥沼化・反戦運動・黒人暴動、1968年の米国一ジョンソン不出馬・R.ケネディとキングの暗殺）、第3部「トンキン湾決議」とベトナム戦争の拡大（ベトナム戦争、トンキン湾決議、ベトナム戦争の教訓）、第4部 日米関係の新展開一沖縄返還の「兆し」（日米首脳会談（1965年1月12日、13日）一自主外交と沖縄返還の始動、日米首脳会談（1967年11月14日、15日）一「責任ある協力関係」を目指して）、第5部 レディ・バード・ジョンソン（若き日のレディ・バード、ファースト・レディ＝レディ・バード、社会事業家＝レディ・バード）、結語 トランプ新政権の発足
2017.11 237p B6 ¥1800 ⓘ978-4-904180-72-3

◆**美しき闘争**　タナハシ・コーツ著、奥田暁代 訳　慶應義塾大学出版会

【要旨】「いま何て言ったか聞いたか。マルコムが死んだんだ。」ブラック・ナショナリストの父ポール・コーツと、自らの身を守って生きる、息子タナハシ。クラックと銃に溢れ、一瞬にして奈落に落ちるアメリカ社会の容赦ない現実を力強く生き抜く、父と息子の物語。全米図書賞受賞作家タナハシ・コーツの衝撃のデビュー作。
2017.6 235p B6 ¥2700 ⓘ978-4-7664-2437-9

◆**オバマ大統領真珠湾平和演説**　コスモピア編集部編　コスモピア　（付属資料：CD1）
【目次】1（オバマ大統領真珠湾平和演説、安倍首相真珠湾演説一不戦の誓いと和解の力、バラク・オバマの政治的遺言一戦没者への鎮魂と核なき世界を追求するメッセージを込めて、ルーズベルト大統領 真珠湾攻撃演説、チャーチル首相 日本がアメリカを攻撃した！（抜粋）、放送が伝えた日米開戦）、2（オバマ大統領広島演説、広島と真珠湾、そして世界をつなぐオバマ大統領の視座、H.S.トルーマン 原爆投下演説（抜粋）、巻末資料集）
2017.2 137p A5 ¥1280 ⓘ978-4-86454-105-3

◆**オバマ大統領退任演説 CD BOOK**　国際情勢研究会編　国際情勢研究会　（本文：日英両文；付属資料：CD1）
【要旨】2017.1.10対訳×CD。感動の最後のスピーチを臨場感あふれるノーカット収録！
2017.2 54p A5 ¥1000 ⓘ978-4-7771-1881-6

◆**オバマ大統領退任演説 DVD BOOK**　国際情勢研究会編　ゴマブックス　（本文：日英両文；付属資料：DVD1）
【要旨】2017.1.10対訳×ライブ映像完全ノーカット収録DVD!!
2017.2 54p A5 ¥1680 ⓘ978-4-7771-1880-9

◆**完全対訳CDつき トランプ大統領就任演説**　デイビッド・セイン訳　主婦の友社　（付属資料：CD1；本文：日英両文）
【目次】1 トランプ大統領就任演説、2 トランプ大統領選挙勝利宣言、3 ビジネス英語で使えるトランプ語録、特別寄稿 ビジネス・マン・トランプの解説（財部誠一（経済ジャーナリスト））、ビジネスで役立つフレーズ
2017.5 95p A5 ¥1000 ⓘ978-4-07-422741-9

◆**結局、トランプのアメリカとは何なのか**　高濱賛著　海竜社
【要旨】毎日のニュースが面白くなる、アメリカ・トランプ政権の舞台裏。
2017.11 271p B6 ¥1500 ⓘ978-4-7593-1571-4

◆**原爆投下をめぐるアメリカ政治一開発から使用までの内政・外交分析**　山田康博著　（京都）法律文化社
【目次】第1章 原爆開発をめぐるアメリカ対外関係、第2章 ローズヴェルト大統領の原爆使用方針、第3章 新大統領トルーマンの原爆使用をめぐる検討課題一原爆の対日使用問題とその国際関係への影響、第4章 対日戦終結をめぐる国際関係と原爆一ポツダム会談前夜、第5章 ポツダムにおける米英ソ首脳外交と原爆の対日使用に向かう複雑な過程、結章 アメリカはなぜ異なった2種類の原爆を日本に対して使用したのか
2017.3 347p A5 ¥4300 ⓘ978-4-589-03829-7

◆**実況中継 トランプのアメリカ征服一言霊USA 2017**　町山智浩著　文藝春秋
【要旨】悪夢が始まった！狂乱のアメリカを現場からレポート！澤井健のイラストも完全収録。週刊文春連載「言霊USA」単行本化、第五弾！トランプ勝利に熱狂するオルタナ右翼！大統領就任式を襲撃するアナーキスト！8000本ものマリファナを路上でばら撒き！これが自由の国アメリカか…!?
2017.3 279p 19×12cm ¥1000 ⓘ978-4-16-390641-6

◆**図説 歴代アメリカ大統領百科一ジョージ・ワシントンからドナルド・トランプまで**　DK社編、大間知知子訳　原書房
【要旨】歴代の大統領44人を総解説。ファーストレディ、独立宣言などの歴史上の重要な出来事、選挙、有名なスピーチ、執務室や、大統領の乗り物なども簡潔に説明するヴィジュアル・エンサイクロペディア。
2017.5 256p 24×16cm ¥2800 ⓘ978-4-562-05401-5

◆**世界を揺るがすトランプイズム一ビジネスマン、ドナルド・トランプを読み解く**　池上彰著　ホーム社、集英社 発売
【要旨】グローバリズムの反動の波が押し寄せようとしている2017年に、ビジネスマン、ドナルド・トランプがアメリカ大統領に就任した。世界は

どこに向かおうとしているのか。そして日本人が何を理解しておかなくてはならないのか。いま一番知りたいことを池上彰が分析し解説する。
2017.2 203p B6 ¥1300 ⓘ978-4-8342-5315-3

◆**戦場一元国家安全保障担当補佐官による告発**　マイケル・フリン、マイケル・レディーン著、川村幸城訳　中央公論新社
【要旨】風雲を巻き起こす著者が、情報将校としての経歴からいままで公にされなかった軍の実情を暴露。ポリティカル・コレクトネスの下に弱体化した軍の再編、同盟国との連携策を提言。
2017.7 201p B6 ¥1800 ⓘ978-4-12-004980-4

◆**対米従属の謎一どうしたら自立できるか**　松竹伸幸著　平凡社　（平凡社新書）
【要旨】トランプ大統領誕生で、基地問題に顕著に見られる「日米関係の不平等」は、どう変わるのか。同じ同盟国でありながら、ドイツやイタリア、フィリピンと、日本の奇妙な関係を、外交、占領の歴史を手がかりに繙くとき、見えてきたのは、主体性を失い続ける「日本」の姿。自ら従属を深める日本。真の独立のために何が必要なのか。
2017.1 253p 18cm ¥800 ⓘ978-4-582-85835-8

◆**対訳 オバマ退任演説一生声CD&電子書籍版付き**　『CNN English Express』編集部編　朝日出版社　（本文：日英両文；付属資料：CD1）
【要旨】8年間の思いを込めた最後のスピーチ！就任演説（1期目）のハイライトも収録。
2017.2 95p A5 ¥926 ⓘ978-4-255-00979-7

◆**対訳 トランプ就任演説一生声CD&電子書籍版付き**　『CNN English Express』編集部編　朝日出版社　（本文：日英両文；付属資料：CD1）
【要旨】「当選後初の記者会見」―CNN記者とバトル！「就任後100日の行動計画」も収録！
2017.2 95p A5 ¥926 ⓘ978-4-255-00980-3

◆**第44代アメリカ合衆国大統領バラク・オバマ演説集**　国際情勢研究会編　ゴマブックス
【要旨】2004年の「基調演説」から2017年の「退任演説」まで世界の人々に感動を与えた名演説を全文掲載！
2017.3 222p B6 ¥1680 ⓘ978-4-7771-1893-9

◆**タフな米国を取り戻せ一アメリカを再び偉大な国家にするために**　ドナルド・トランプ著、岩下慶一訳　筑摩書房
【要旨】本書は当初、2012年の大統領選前に刊行し、2016年の大統領選直前にむけて改訂した。彼が大統領に選ばれたいま読んでみると、その姿勢はかつてとブレていないことがわかる。彼の評価するかは別として、トランプ自身の考えを知っておくには最適な本だと言えるだろう。
2017.1 253p B6 ¥1600 ⓘ978-4-480-88532-6

◆**知的機動力の本質一アメリカ海兵隊の組織論的研究**　野中郁次郎著　中央公論新社
【要旨】アメリカ的合理主義と日本的人間主義の融合。「最強の軍事組織」に学ぶ、進化しつづける組織の秘訣。21世紀の日本的経営を創り出す、旧日本軍の敗因を分析した『失敗の本質』（中公文庫）の姉妹篇。
2017.5 289p B6 ¥1800 ⓘ978-4-12-004974-3

◆**20 under 20一答えがない難問に挑むシリコンバレーの人々**　アレクサンドラ・ウルフ著、滑川海彦、高橋信夫訳　日経BP社、日経BPマーケティング 発売
【要旨】20 under 20とはシリコンバレーのカリスマ、ピーター・ティールが会長を務めるファウンダーズ・ファンドの奨学金プログラム、ティール・フェローシップ。応募条件は、起業しようと考えている20歳未満の学生であること。ただし合格者は、大学または学校からドロップアウトするのが条件だ。世界中からクレイジーな20人を選び、ひとり10万ドルの資金を与える。ハーバードやMITを蹴って参加した20歳未満の天才起業家たちは、いかにアイデアを育み、起業し、もがき苦しみ、世界を変えるのか。小惑星の採鉱、不老長寿のファンド、死の追放、銀行不要の投資システムに挑むクレイジーな若者たちの栄光と挫折の日々を追う！
2017.4 321p B6 ¥1800 ⓘ978-4-8222-5512-1

◆**ドナルド・トランプはなぜ大統領になれたのか？一アメリカを蝕むリベラル・エリートの真実**　西森マリー著　星海社、講談社 発売　（星海社新書）

政治

【要旨】2016年のアメリカ大統領選は大方の予想を裏切り、ドナルド・トランプ共和党候補が勝ちを制した。政治経験のない「実業家」が全米85%から支持された鍵は、地方に住む「良識」と「常識」を兼ね備えたアメリカ市民にあった！オバマ政権に見捨てられ、メディアが黙殺したトランプ支持者の素顔─彼らは一体何を考え、どのような希望を抱きトランプに一票を投じたのか？ 日本人が知らないトランプ支持者の素顔、アメリカを蝕むリベラル・エリートの実態を暴く。アメリカ在住ムスリムの著者だからこそ見える、トランプ大統領誕生の秘密！
2017.2 268p 18cm ¥940 ①978-4-06-138609-9

◆**トランプ革命の始動─覇権の再編**　田中宇著　花伝社、共栄書房 発売
【要旨】トランプ政権はどうなる？ 既成勢力の破壊を掲げて登場したトランプ。表と裏の激しい権力闘争。
2017.4 214p A5 ¥1400 ①978-4-7634-0810-5

◆**トランプが戦争を起こす日─悪夢は中東から始まる**　宮田律著　光文社（光文社新書）
【要旨】アメリカの歴代大統領の大きな課題の一つに、対中東戦略が挙げられる。アメリカの同盟国であるイスラエルの安全をどう守っていくのか、石油をはじめとするエネルギーをどう確保していくのか、そして近年に入って過激化するテロ集団にどう立ち向かっていくのか─トランプもまた、こうした課題に取り組まなければならない。しかし、新政権から声高に聞こえてくるのは、「イスラム・フォビア（反・嫌イスラム）」的な発現だ。イスラム世界に対する偏見やヘイトが、いかに世界を危うい方向に導く可能性があるかに着目すると同時に、これまで人類が時間をかけて築き上げてきた平和・民主主義・人権といった普遍的価値の再考を促す一冊。
2017.3 198p 18cm ¥740 ①978-4-334-03978-3

◆**トランプ家の謎─この美女たちが世界を操る！**　悟空出版編集部編　悟空出版
【要旨】才色兼備イヴァンカ、玉の輿メラニア─トランプ帝国の豪華女性キャラがまるわかり！ ホワイトハウスを彩る美魔女たちの正体！
2017.1 93p A5 ¥1100 ①978-4-908117-30-5

◆**トランプ 最強の人生戦略**　ドナルド・トランプ著、中洋翻訳　さ書房
【目次】好きでもない仕事で人生を無駄にしない、目標は高く。世間の人をあっと言わせろ、大きいことはいいことだ、強気を貫く、徹底的に研究する、お前はクビだ！、挑戦し、痛い目にあうのも勉強だ、直感にしたがう、共通項を見つける、美しいものに囲まれる〔ほか〕
2017.1 245p B6 ¥1400 ①978-4-87771-363-8

◆**「トランプ時代」の新世界秩序**　三浦瑠麗著　潮出版社（潮新書）
【要旨】大胆な経済政策で、アメリカは空前の好景気到来中!?禁欲・勤勉なトランプ・ファミリーが体現する「もう一つのアメリカ」。人種問題が主流化し、分断を極めるアメリカ社会の今。史上最もアウトサイダーな候補が大統領選を制した真の理由。トランプが繰り返し強調する「peace」（平和）の意味。アメリカは「帝国」の座から意気揚々と撤退。これからのアメリカには「いままでの経緯」が通用しない。日本は自分の頭で「考え」、自分の足で「立ち」、自分で「行動」すべき時がきた。「トランプ時代」の現実を捉える手がかりがここに！ メディア大注目の国際政治学者が読み解くアメリカ、日本、そして世界の行方。
2017.2 238p 18cm ¥759 ①978-4-267-02076-6

◆**トランプ政権を操る「黒い人脈」図鑑**　ベンジャミン・フルフォード著　扶桑社
【要旨】閣僚・補佐官等35人の経歴・繋がりから、政権の裏にいる団体・組織を図解で徹底解説！
2017.5 112p B5 ¥600 ①978-4-594-07736-5

◆**トランプ大統領就任演説 CD BOOK**　国際情勢研究会編　ゴマブックス（付属資料：CD1; 本文：日英両文）
【要旨】2017.1.20完全ノーカット収録。2016年の「指名受諾演説」「勝利演説」も全文掲載！
2017.2 77p A5 ¥1000 ①978-4-7771-1877-9

◆**トランプ大統領就任演説 DVD BOOK**　国際情勢研究会編　ゴマブックス（本文：日英両文; 付属資料：DVD1）
【要旨】2017.1.20ノーカット映像DVD!!2016年の「指名受諾演説」「勝利演説」も全文掲載！
2017.2 77p A5 ¥1680 ①978-4-7771-1876-2

◆**トランプ大統領とアメリカ議会**　中林美恵子著　日本評論社
【要旨】先が読めないのがトランプ流。アメリカ民主主義のチェック・アンド・バランス機能が働くか、それとも果てしない混乱の始まりか？
2017.6 250p B6 ¥1700 ①978-4-535-58711-3

◆**トランプのアメリカ─漂流する大国の行方**　朝日新聞アメリカ大統領選取材班著　朝日新聞出版
【要旨】大国の救世主か？ 世界を壊す怪物か？ 朝日新聞総力取材!!現場を歩いた585日。
2017.2 256p B6 ¥920 ①978-4-02-251456-1

◆**トランプの黒幕─日本人が知らない共和党保守派の正体**　渡瀬裕哉著　祥伝社
【要旨】なぜ、多くの日本人は米国大統領選において、「トランプ敗北・ヒラリー勝利」の誤ったシナリオを妄信してしまったのだろうか？ その原因は、米国共和党についての基本的知識、特に共和党保守派の重要性についての認識がなかったことにある。そして、それはトランプ大統領が就任してからも何も変わっていない。このままでは、日本は今後の対米認識と対応について、致命的なミスを犯すであろう。今、私たちはトランプに象徴されるメディアや有識者らのヒステリックな反応から距離を取って、トランプ政権の本質に迫る冷静な考察を深めるべきなのだ。
2017.4 242p B6 ¥1500 ①978-4-396-61597-0

◆**トランプは中国の膨張を許さない！─緊急発刊！ ワシントン報告「強いアメリカ」と上手につき合う日本**　古森義久著　PHP研究所
【要旨】マスコミが報じないアメリカ国民のホンネ！
2017.5 218p 18cm ¥920 ①978-4-569-83611-9

◆**なんの変哲もない取り立てて魅力もない地方都市 それがポートランドだった─「みんなが住みたい町」をつくった市民の選択**　畢滔滔著　白桃書房
【要旨】さえない地方都市、ポートランド。そんなポートランドを、成長マシンの都市としてしまうような都市開発に動きが働かず、さらに無色の町に仕立てていこうとした時、若手の議員が、都市計画者・建築家・弁護士等の専門職業人が、そして市民が、その計画に待ったをかけた。私達が望んでいるのは、そんな町ではないと。そして生まれた「住みたい町No.1のポートランド」。旧勢力との闘い、財政的な問題、様々な課題をどう切り抜けていったのか、本書はそれを丁寧にすくい取り、その都市レジームの変化の軌跡を描いていく。
2017.3 239p A5 ¥3100 ①978-4-561-96137-6

◆**破綻するアメリカ**　会田弘継著　岩波書店（岩波現代全書 110）
【要旨】アメリカの白人中間層に蔓延する絶望感。マイノリティへの逆襲。過激化するアイデンティティ・ポリティクスへの反動。「ネオコン」の衰退から「オルタナ右翼」の台頭へ。輝きを見せていたアメリカン・ドリームは萎み、一九六〇年代までに築きあげた自由・平和・民主の伝統は、自壊への道を辿りつつある。選別と排除とを真正面に掲げて「アメリカ・ファースト」を叫ぶトランプ政権は、なぜ生まれたのか。分裂・混乱・破綻の様相を呈するアメリカの「大変動」はどこから来てどこに向かうのか。政治・経済・文化・思想史の四つの角度から掘り下げて明らかにする。
2017.12 257, 14p B6 ¥2500 ①978-4-00-029210-8

◆**反グローバリゼーションとポピュリズム─「トランプ化」する世界**　神保哲生、宮台真司、渡辺靖、佐藤伸行、西山隆行、木村草太、春名幹男、石川敬史著　光文社（マル激トーク・オン・ディマンド vol.11）
【目次】はじめに トランプ現象から浮かび上がる、地球規模でのうねりを受け止める（トランプが鍵となる トランプ現象は終わらない、希代の戦略家か、ナルシストの山師かドナルド・トランプという男）、ニュース・コメンタリー01 メディアのメディアによるメディアのための大統領選挙（トランプ政権への期待とリスク）、ニュース・コメンタリー02 トランプ勝利を予想する人々が後を絶たない理由（米大統領選挙予集計問題を掘り下げる、トランプ政権を甘く見てはいけない、トランプ現象を操るオルタナ右翼の正体）、ニュース・コメンタリー03 パンドラの箱が開いたアメリカの現在を見て、おわりに 本文で語れなかったこと 意識を排除した自動機械化で社会は自壊する
2017.5 397p B6 ¥1400 ①978-4-334-97924-9

◆**ヒトラーとトランプ**　武田知弘著　祥伝社（祥伝社新書）
【要旨】この二人はどこが似て、どこが違うのか？ 移民排斥や世界経済網からの離脱、貿易赤字の相手国への執拗な攻撃など、極端な自国優遇政策を強行するトランプ大統領は、ヒトラーの再来と言われることもある。ひたすらナショナリズムを煽る彼の言動は危ない。20世紀最大の戦争犯罪人ヒトラーも、国民に待望されて登場した政治家で、当時のドイツには彼を迎え入れなければならない深刻な事情があった。ヒトラーにしろトランプにしろ、彼らを非難する人は多いが、なぜ彼ら支持を受けて出現したかを論じることが重要だと、本書は主張する。トランプにヒトラーの轍を踏ませないために、時代背景の分析が必要だ。
2017.6 232p 18cm ¥800 ①978-4-396-11509-8

◆**フォース・ターニング（第四の節目）─アメリカの今ここにある危機は予言されていた**　ウィリアム・ストラウス、ニール・ハウ著、奥山真司監訳、森孝夫訳　ビジネス社
【要旨】戦後の高揚、その次に60年代と70年代の覚醒、そして分裂の時代─この大胆かつ挑発的な本は、21世紀に何が起こるのかをわれわれに教えている。あなたは第四の節目への備えはできているだろうか？
2017.3 319p B6 ¥2000 ①978-4-8284-1943-5

◆**米国アウトサイダー大統領─世界を揺さぶる「異端」の政治家たち**　山本章子著　朝日新聞出版（朝日選書）
【要旨】2017年、米国史上初の公職経験のない大統領が誕生した。大方の予想を裏切ったトランプ政権誕生は、アメリカの政治が、日米関係が、根本から変わりうることを意味する。私たちが、これまでの日米関係にとらわれずに、いまアメリカ人が望む国益や対外政策とは何か、その背景にあるアメリカが抱える諸問題とは何かを考えるべき時期が来ているのである。本書は、ワシントンのアウトサイダーであることが国民から評価されて大統領に選ばれた6人にスポットをあてている。アイゼンハワー、カーター、レーガン、クリントン、ブッシュ（子）、トランプ…彼らの共通点、登場した時代背景、対外政策の傾向など、内政・外交を多角的に論じていく。彼らは大きな変化を求める世論が生んだ「時代の寵児」であり、彼らを知ることは、アメリカを取り巻く状況と課題の変遷を知ることになる。
2017.12 250, 7p B6 ¥1500 ①978-4-02-263068-1

◆**ペンタゴンの頭脳─世界を動かす軍事科学機関DARPA**　アニー・ジェイコブセン著、加藤万里子訳　太田出版（ヒストリカル・スタディーズ 19）
【要旨】アメリカでもっとも謎に包まれた軍事科学研究機関、国防高等研究計画局（DARPA）。1958年の創設以来、国防総省の直轄機関としてGPS、インターネット、ドローンなどを次々と生みだし、世界を変える一方、放射能や危険な毒物による大規模な環境汚染といった大きな負の遺産ものこしてきた。彼らは未来を創りだす超頭脳集団か？ それとも科学で世界を支配する恐るべき存在なのか？ 兵器開発の暗黒史、終わりなき産業戦争の実態、「スノーデン・ファイル」流出の裏側など闇に覆われてきたDARPAの事実を開示。さらに殺人マシンやロボット義手など最新研究の真価を問う出色の全米ベストセラー・ノンフィクション。
2017.4 589p B6 ¥3700 ①978-4-7783-1571-9

◆**ヘンリー・スティムソン回顧録　上**　ヘンリー・L. スティムソン、マックジョージ・バンディ著、中沢志保、藤田怜史訳　国書刊行会
【要旨】その時アメリカでは何が起こっていたのか─アメリカはいかなる問題を抱えたのか。20世紀前半の半世紀近い間、フィリピン総督、国務長官、陸軍長官など、アメリカ政府の要職に就き、原爆投下など、数々の政策決定にその中核メンバーとして参画したヘンリー・スティムソンが、その生涯を多角的に語りつくした回顧録。
2017.6 377p A5 ¥4600 ①978-4-336-06148-5

◆**ヘンリー・スティムソン回顧録　下**　ヘンリー・L. スティムソン、マックジョージ・バンディ著、中沢志保、藤田怜史訳　国書刊行会
【要旨】パールハーバーから原爆投下へ─アメリカはいかにして決断を下したのか。セオドア・ローズベルト、タフト、フランクリン・ローズベルト、トルーマンら歴代アメリカ大統領との生々しいやりとり、チャーチルやスターリン、ムッソリーニら各国要人との息詰まる駆け引き、激動する世界の渦中で分裂の危機に瀕し

たアメリカ一当事者だけが語りうる証言の数かずが歴史の舞台裏を明らかにする。
　2017.6 416, 13p A5 ¥4800 ①978-4-336-06149-2

◆暴君誕生―私たちの民主主義が壊れるまでに起こったことのすべて　マット・タイービ著、神保哲生訳・解説　ダイヤモンド社
【要旨】なぜ、絶望的なリーダーを選んでしまうのか。ローリングストーン誌の超人気辛口コラムニスト＆ベストセラー作家が、大嫌いな大統領候補の選挙活動にアメリカ全土をついて回って目撃した最悪の真実。トランプ登場前夜から、壊滅的な新事情まで。
　2017.12 450p B6 ¥1800 ①978-4-478-10294-7

◆"ポスト・トゥルース"アメリカの誕生―ウェブにハックされた大統領選　池田純一著　青土社
【要旨】"世界"を変える稀有な事件の記録。ソーシャルメディア、フェイクニュース、ハッキング、Alt‐Right…今や世界に浸透したウェブは、これまでとは異なる政治のあり方、もっといえば政権奪取のあり方まで示してしまった。ゲームのルールは確かに書き換えられたのだ。本書は、選挙後に"ポスト・トゥルース"の時代」と名付けられた現代に誕生した、今までとは異なる新たなアメリカを捕まえようとした試みである。WIRED.jpの人気連載「SUPER ELECTION ザ・大統領戦」緊急出版！
　2017.3 347p B6 ¥1800 ①978-4-7917-6972-8

◆乱流のホワイトハウス―トランプ vs. オバマ　尾形聡彦著　岩波書店
【要旨】オバマ前大統領を激しく批判し、彼の政策を次々と覆そうとするトランプ大統領。そのトランプ政権を揺るがす中「ロシア疑惑」を最初に察知し、捜査を進めていたのはオバマ政権だった―。日本人記者としてホワイトハウスに最も食い込んだジャーナリストが、二つの政権の交錯と確執からみえる最強組織の暗闘、そして大統領弾劾の行方を描き出す。
　2017.7 270p B6 ¥1900 ①978-4-00-025504-2

◆ルポ トランプ王国―もう一つのアメリカを行く　金成隆一著　岩波書店（岩波新書）
【要旨】なぜトランプなのか？ニューヨークではわからない。アパラチア山脈を越えると状況が一変した。トランプを支持する人々がいた。熱心な人もいれば、ためらいがちな人も。山あいのバー、ダイナー、床屋、時には自宅に上がり込んで、将来を案ずる動勉な人たちの声を聴く。普段は見えない、見ていない、もう一つのアメリカを見る。
　2017.2 265p 18cm ¥860 ①978-4-00-431644-2

◆ワシントン緊急報告 アメリカ大乱　吉野直也著　日経BP社, 日経BPマーケティング 発売
【要旨】「予測不能」の指導者トランプ。ベテラン政治記者がワシントンを起点に全米を歩いて総力取材した、渾身のレポート。
　2017.4 344p B6 ¥2200 ①978-4-8222-5517-6

◆CIAの秘密戦争―変貌する巨大情報機関　マーク・マゼッティ著、小谷賢監訳, 池田美紀訳　早川書房（ハヤカワ・ノンフィクション文庫）
【要旨】2001年の9・11同時多発テロは、米情報機関に一大転機をもたらした。CIA（中央情報局）はドローンを駆使して暗殺作戦を遂行する準軍事組織へと様変わりし、国防総省（ペンタゴン）は自前のスパイ組織を作り、戦場外でテロリストを狩り始める。両者は確執を深めるが―。苛烈な監視・拷問・暗殺作戦の実態に"ニューヨーク・タイムズ"の敏腕ジャーナリストが迫る。トランプ政権誕生を受けた「監訳者解説」を収録。
　2017.8 488p A6 ¥1100 ①978-4-15-050504-2

◆DJトランプは、ミニ田中角栄だ！―予測不可能な天才愛国者の悲劇　佐々木類著　アイバス出版
【目次】序章 攻めに強く守りに弱いカリスマ2人/角栄目線で予測不可能を可能にする、第1章 わたしがトランプ当選を予測した理由、第2章 トランプという男の実像、第3章 わたしの田中角栄研究、第4章 トランプが田中角栄にそっくりな点、第5章 トランプで世界はこう変わる、第6章 トランプで日本は最高のチャンスを得た、附録　2017.2 292p B6 ¥1400 ①978-4-907322-03-8

◆THE PIVOT アメリカのアジア・シフト　カート・M.キャンベル著, 村井浩紀訳　日本経済新聞出版社
【要旨】アメリカの次の一手は？「ピボット」は、トランプ新政権にも無視できない歴史的必然。米国・アジア通の著者による包括的

な戦略論。日本の対米・対中関係を展望する上で最良の書。
　2017.2 541p B6 ¥4000 ①978-4-532-17613-6

日米関係・日米摩擦

◆お金の流れでわかる日米関係―元国税調査官が「抜き差しならない関係」にガサ入れ　大村大次郎著　KADOKAWA
【要旨】戦争に負けて、経済で勝った日本―「両国の本音を「勘定」で「抜いてみよう」政治、領土、防衛、歴史…すべて「お金の出入り」でわかる。
　2017.6 239p B6 ¥1400 ①978-4-04-602010-9

◆自発的対米従属―知られざる「ワシントン拡声器」　猿田佐世著　KADOKAWA（角川新書）
【要旨】これまでの日米外交は、アメリカの少人数の「知日派」と日本の政治家やマスコミが互いに利用しあい政策を実現するという「みせかけの対米関係」によって動いてきた。トランプ大統領が出現し、いま日本は何をなすべきか。ワシントンでロビー活動に長年携わった著者による緊急報告。
　2017.3 246p 18cm ¥860 ①978-4-04-082100-9

◆トランプ時代の日米新ルール　藪中三十二著　PHP研究所（PHP新書）
【要旨】アメリカ・ファーストを掲げるトランプ大統領の就任以降、日米関係の構造は変わった。全て自分本位、そして「反オバマ」なのがトランプ流。これまでリチャード・アーミテージ氏とジョセフ・ナイ教授が作成した報告書が日本の政策に大きな影響を与えてきたが、今後日本はトランプ氏やペンス副大統領との関係を維持しつつ、新たな関係を掲げなければならない。かつて日米貿易問題や六カ国協議を担当した元外交官が、当時の経験からの教訓を交えながら日米や世界の情勢を読み解く。特に北朝鮮問題については詳述し、日本人に知っておいてもらいたい情報を提供する。
　2017.6 242p 18cm ¥860 ①978-4-569-83620-1

◆トランプ政権の米国と日本をつなぐもの　ロバート・D.エルドリッヂ, テキサス親父著　青林堂
【要旨】トランプ政権発足から約半年、新たな局面を迎えた日米関係は今後どうなる!?外交、防衛、政治、社会などについて日米の事情に通じた2人のアメリカ人が大いに語る！
　2017.7 213p B6 ¥1200 ①978-4-7926-0596-4

◆ノーマン家とライシャワー家―日本と北米の関係構築にはたした役割　高嶋幸世著　シーズ・プランニング, 星雲社 発売
【目次】序章 関連研究史の紹介と背景説明（問題の所在、ノーマン家とライシャワー家にまつわる研究史のまとめ ほか）、第1章 偉大なる父たちの影響（ダニエル・ノーマンとオーガスト・ライシャワーの略伝、農民の子どもダニエル・ノーマン ほか）、第2章 兄たちの戦いと悲劇（ハワード・ノーマンとロバート・ライシャワーの略伝、ハワード・ノーマンとロバート・ライシャワーの幼少時代 ほか）、第3章 弟たちの栄光と悲劇、そして悲運（ハーバート・ノーマンとエドウィン・ライシャワーの略伝、ハーバートとエドウィンの交友 ほか）、第4章 妻たちの人生―喜びと悲しみ（グレン・ノーマンとハル・松方・ライシャワーの略伝、グエン・プライ・ノーマン―名士の子として、児童教育の専門家として ほか）
　2016.12 259p A5 ¥2800 ①978-4-434-22906-0

中南米・カナダ・オセアニア

◆カナダの女性政策と大学　犬塚典子著　東信堂
【要旨】「女性活躍推進法」などの安倍政権が掲げる成長戦略の一つ「女性活躍社会」。果たして近年中にどこまで実現できるだろうか。たとえば大学院に進学する女性と、女性の大学教員の比率を比べると日本は極端に教員の方が少なく、OECD各国の中でも最低レベルであり、この差を埋めるのは容易ではない。本書は、国家主導の女性政策より、カナダの女性教員数を一貫して増加させているなど、カナダの実態を詳細に示し、同じく国家主導の日本に大きく示

唆する、まさに時宜を得た研究である。
　2017.2 267p A5 ¥3900 ①978-4-7989-1389-6

◆信念の女、ルシア・トポランスキー―ホセ・ムヒカ夫人激動の人生　佐藤美由紀著　双葉社
【要旨】裕福な家庭で育った双子の美少女は、なぜ、革命家になったのか―ベストセラー「世界でもっとも貧しい大統領ホセ・ムヒカの言葉」で注目!!ムヒカに多大な影響を与える妻ルシアの凛々しい生き様を描くノンフィクション!!
　2017.4 220p B6 ¥1400 ①978-4-575-31241-6

日本政治・行政

◆愛国汚職の壊憲政権　佐高信, 小林節著　七つ森書館
【要旨】愛国汚職の安倍政権は一刻も早く捨てなければならない。後は全て、私たちの賢明さに懸かっている。
　2017.7 205p B6 ¥1500 ①978-4-8228-1779-4

◆愛国論　田原総一朗, 百田尚樹著　ベストセラーズ（ワニ文庫）
【要旨】『永遠の0』の宮部久蔵、『海賊とよばれた男』の国岡鐵造に込められた国を想う気持ちとは!?大東亜戦争から戦後の自虐史観、そして嫌韓嫌中問題まで。日本を取り巻く環境が激変していく中、日本人の国への想いがどのように変化してきたのか。いまこそ問いたい「日本人はいかに日本を愛するべきか」。過激な言動で誤解されがちなベストセラー作家・百田尚樹の本心に、ジャーナリスト・田原総一朗が正面から切り込んでいく。
　2017.3 278p A6 ¥640 ①978-4-584-39393-2

◆アーツカウンシル―アームズ・レングスの現実を超えて　太下義之著　水曜社（文化とまちづくり叢書）
【要旨】アーツカウンシルの最大の特徴は「アームズ・レングスの原則」によって運営されることである。本書では、実際の組織を対象とした実証的な分析を通じ"アーム"が外部要因（政治的な状況等）によって可変的なものであることを明らかにしつつ、この「原則」をどのように実現するべきか、また日本のアーツカウンシルが、どのように成立、発展しうるかを考察する。
　2017.12 223p A5 ¥2500 ①978-4-88065-428-7

◆安倍政権 総括　高橋彬著　牧歌舎, 星雲社 発売
【要旨】「戦前回帰」へとひた走る安倍"反革命"の命運。侵略と他国占領で躍進した明治→昭和をどう総括するか。「森友学園」で露呈の「日本会議」の脆さも焦点。
　2017.6 182p B6 ¥926 ①978-4-434-23322-7

◆安倍でもわかる保守思想入門　適菜収著　ベストセラーズ
【要旨】歴史の見方ががらりと変わる！偽装保守・安倍晋三が日本を滅ぼす55の理由。バーク、福田恆存、オークショット、三島由紀夫、ニーチェ…総理に噛んで含めて教えたい「保守思想」の本質。
　2017.4 203p B6 ¥1300 ①978-4-584-13783-3

◆アベノミクスによろしく　明石順平著　集英社インターナショナル, 集英社 発売（インターナショナル新書）
【要旨】アベノミクス以降の実質GDPは、民主党政権時代の3分の1しか伸びていなかった！しかも、2014年度の国内実質消費は、戦後最大の下落率を記録。さらにGDPの数値も、算出基準改定のどさくさに紛れて異常なかさ上げが行われていた。アベノミクスが大失敗しているという事実を、多くの人は知らない。日本にとって最大のリスクであるアベノミクスの「中身」と「結果」を、政府や国際機関による公式発表データを駆使して徹底検証する。
　2017.10 221p 18cm ¥740 ①978-4-7976-8014-0

◆天川晃最終講義 戦後自治制度の形成　天川晃著　左右社（放送大学叢書）
【要旨】この国のかたちはいつ、どのようにできたのか？大胆なモデル化と緻密な史料の読み込み。戦後自治史の金字塔とも呼ぶべき、天川史学の集大成。
　2017.11 317p B6 ¥2200 ①978-4-86528-185-9

◆ある官僚の軌跡―APECの創設にいたるまで　村岡茂生著　幻冬舎メディアコンサルティング, 幻冬舎 発売

政治

【目次】生い立ち、見よう見まね（通産省重工業局）、自由貿易体制（通商局）、人事音痴（科学技術庁長官官房総務課総務係長）、新流通政策（企業局商務課）、大蔵省出向（大蔵省理財局国庫課）、予算の獲得（中小企業庁と企業第一課補佐）、消費者行政に活力を（消費経済課長）、トイレットペーパー・パニック（紙業課）、ニューヨーク（総領事館）〔ほか〕
2017.1 398p B6 ¥1300 ①978-4-344-91007-2

◆暗闘　山口敬之著　幻冬舎
【要旨】そのときトランプ、オバマは、そしてプーチン、朴槿恵は―。駆け引き、軋轢、裏切り―安倍外交の知られざる舞台裏。最も政権中枢を取材してきたジャーナリストによるスクープ・ノンフィクション第2弾!!
2017.1 203p B6 ¥1400 ①978-4-344-03063-3

◆安龍福の供述と竹島問題―知っておくべき竹島の真実　下條正男著　島根県総務部総務課、（松江）ハーベスト出版　発売
2017.2 31p A5 ¥500 ①978-4-86456-220-1

◆慰安婦像を世界中に建てる日本人たち―西早稲田発→国連経由→世界　杉田水脈著　産経新聞出版、日本工業新聞社　発売
【要旨】朝日新聞が「世紀の誤報」を認めた現在も慰安婦への謝罪と補償を求めてくる韓国。その原因は、国連で暗躍する日本人にあった！西早稲田に潜入し、国連に突撃した著者が反日勢力の実態を暴く！
2017.3 243p B6 ¥1300 ①978-4-8191-1300-7

◆イスラム唯一の希望の国 日本　宮田律著　PHP研究所　（PHP新書）
【要旨】トランプ大統領は就任式で「イスラム過激主義を根絶する」と高らかに宣言した。ドイツのいくつかの地域では、若いムスリムの失業率が約30％になると推計され、フランスではムスリム女性の服装が厳しく規制されている。中国・インドでもムスリムは迫害や差別を受けている。そんな情勢の中、日本がイスラムにとっての希望の国となっている。イスラムの人々は日本のソフトパワーや科学技術を賞賛し、日本もシリア難民を受け入れ始めている。歴史をひもとけば、日本とイランは石油取引が始まる前から貿易が盛んだった。本書では日本とイスラムの関係史を辿り、日本の役割を考える。
2017.3 268p 18cm ¥820 ①978-4-569-83589-1

◆イチからわかる！“議会答弁書”作成のコツ　林誠著　ぎょうせい
【要旨】「議会答弁成功の秘訣は事前準備にあった！」答弁者を支えるわかりやすい原稿の書き方。
2017.12 198p A5 ¥2200 ①978-4-324-10425-5

◆一刀両断　櫻井よしこ著　新潮社
【要旨】暴走する中国・北朝鮮。迷走するトランプ政権と沖縄・原発・憲法改正、そして虚構の反日史観―国を惑わす元凶を糾す！
2017.5 285p B6 ¥1500 ①978-4-10-425314-2

◆偽りの「都民ファースト」　片山善博、郷原信郎著　ワック（WAC BUNKO）
【要旨】今、東京都政はほんとうに「都民ファースト」なのか。詭弁と先送りで地方自治を弄ぶ小池都知事の政治手法を、前鳥取県知事と元検事が徹底的に検証する。
2017.6 190p 18cm ¥920 ①978-4-89831-758-7

◆今や世界5位「移民受け入れ大国」日本の末路―「移民政策のトリレンマ」が自由と安全を破壊する　三橋貴明著　徳間書店
【要旨】著者が2014年に『移民亡国論』を発表して以来、世界では移民問題が大噴出、英国のEU離脱やトランプ大統領の誕生を招くなど、その警告はことごとく的中した。だが、移民政策の危険性に極めて鈍感な国がある。それが日本だ。すでに日本はドイツ、米国、英国、韓国に次ぐ世界第5位の移民受け入れ大国となっている。これから日本に起こる経済、社会、外交、民族的な大混乱を予測し、いかに対処すべきかを問う。
2017.5 254p B6 ¥1800 ①978-4-19-864404-8

◆英文版 アジアのなかの日本　田中明彦著、ジーン・コーネル・ホフ英訳　出版文化産業振興財団　（本文：英文）
【目次】1 Asia before the End of the Cold War、2 Northeast Asia and the End of the Cold War、3 Southeast Asia and the End of the Cold War、4 "Asia - Pacific" Experiments、5 The Rise of China and the Crisis on the Korean Peninsula、6 The "History" Flare - up and Strains in Japan - China Relations、7 The Asian Financial Crisis、8

East - Asian Regionalism and Japan、9 Enter Koizumi、10 Six Prime Ministers in Six Years、11 Abe's Come - back
2017.5 440p 24×16cm ¥4450 ①978-4-916055-63-7

◆英文版 戦後政治と自衛隊　佐道明広著、野田牧人英訳　出版文化産業振興財団　（本文：英文）
【目次】1 Beginning of the Rearmament of Japan、2 The Birth and Growth of the JSDF、3 During the Second Cold War、4 The JSDF and the End of the Cold War
2017.3 374p 22×16cm ¥4500 ①978-4-916055-74-3

◆英文版 戦後70年談話の論点　21世紀構想懇談会編、タラ・キャノン英訳　出版文化産業振興財団　（本文：英文）
【目次】1 How should we view the path the world and Japan took during the 20th century？ What are the lessons we should draw from the experiences in the 20th century？、2 What is the path that Japan has taken in the 70 years since the war's end in light of the lessons learned from the 20th century？ In particular, how should the commitment to peace, economic development and international contributions by postwar Japan be evaluated？、3 Seventy years of reconciliation with the United States, Australia, and Europe、4 Seventy years of reconciliation with China, the Republic of Korea, and other Asian countries、5 What is our vision of Asia and the world of the 21st century, drawing on the lessons learned from the 20th century？ What are the contributions that Japan should make？ What are the specific measures that Japan should take on the occasion of the 70th anniversary of the end of World War 2？
2017.3 321p 23×16cm ¥3900 ①978-4-916055-85-9

◆英文版 「日中」外交戦争　読売新聞政治部著、ジョン・ロスマン英訳　出版文化産業振興財団　（本文：英文）
【目次】1 Cold War between Japan and China、2 Senkaku Turbulence、3 Japan - U.S. Alliance and Okinawa、4 Hidden War、5 Cooperation by Japan, the U.S., Australia, and ASEAN Encircling China、6 The Ruthless Economic Battle between Japan and America's TPP and China's AIIB、7 China Needs to Learn from Showa History
2017.3 269p 22×16cm ¥3600 ①978-4-916055-87-3

◆沖縄を売った男　竹中明洋著　扶桑社
【目次】序章 翁長の敗北、第1章 アイデンティティ、第2章 知事と基地、第3章 県外移設論の迷走、第4章 「アメとムチ」、第5章 中国の圧力、第6章 オスプレイ配備、第7章 決断、第8章 裏切り者と呼ばれて
2017.3 253p B6 ¥1500 ①978-4-594-07703-7

◆沖縄を本当に愛してくれるのなら県民にエサを与えないでください　惠隆之介、渡邉哲也著　ビジネス社
【要旨】右も左も金の亡者ばかり！ 深すぎるオキナワの闇。
2017.8 222p B6 ¥1300 ①978-4-8284-1969-5

◆沖縄を蝕む「補助金中毒」の真実　山城幸松著　宝島社　（宝島社新書）
【要旨】沖縄には米軍基地に対する「迷惑料」として、これまで約10兆円にのぼる公的資金が投入されている。しかし、それを担う子どもの進学率や学力水準、県民所得、完全失業率は全国ワースト。また、国による補助金なしでは成立し得ない産業構造が長く続いており、沖縄をとりまく状況は依然として変わっていない。「オール沖縄」や「沖縄21世紀ビジョン」「新基地建設反対」といった甘美な言葉で県民を惑わし続ける翁長知事や公務員、建設業者といった利権集団の罪は深い。沖縄を支えている基地経済の実態と利権集団のウソを沖縄に生まれ育った著者が糾弾する。沖縄の構造的な問題を炙り出し、沖縄が進むべき真の自立への道を提言する。
2017.3 223p 18cm ¥740 ①978-4-8002-6766-5

◆沖縄の環境・平和・自治・人権　日本環境会議沖縄大会実行委員会編　七つ森書館
【目次】総論 沖縄から未来を拓く（特別講演 日本にとって沖縄とは何か、基調講演 沖縄の環境問題、基調講演 安全保障と沖縄、基調講演 安全保障と地方自治、基調講演 国際人権と環境・文化―先住民族の視点から）、第1部 環境・平和・

自治・人権についての辺野古・高江の問い（生物の多様性豊かな辺野古・大浦湾と埋め立て問題、東村高江・国頭村安波の自然と米軍ヘリパッド建設の影響、「高江アセス」の問題点、オキナワ問題とは何か、戦後日本の立憲主義の欺瞞と沖縄が主張する自己決定権、日本の環境アセスメント、第2部 辺野古が提起する法的（国際法を含む）諸問題（米軍への提供施設・区域と環境保全、脅かされる地方自治―辺野古争訟（裁判）の検証、辺野古が問う日本の環境民主主義―オーフス条約の視点から、どの故郷にも戦争に使う土砂は一粒もない、国際社会から見た辺野古新基地建設、東アジアの平和と辺野古新基地建設）、第33回日本環境会議沖縄大会宣言
2017.3 261p B6 ¥2500 ①978-4-8228-1767-1

◆沖縄の危機！―「平和」が引き起こす暴力の現場　兼次映利加編著、ロバート・D・エルドリッヂ、宮崎政久、仲村覚、仲新城誠著　青林堂
【要旨】逮捕者続出、暴力だらけの沖縄反基地運動。背後にうごめく中国共産党と人民解放軍。反基地を煽っているのは沖縄県民ではない！
2017.1 228p B6 ¥1200 ①978-4-7926-0577-3

◆奥浩平がいた―私的覚書　齊藤政明著　社会評論社　（レッド・アーカイヴズ 03）
【要旨】1962年春、鹿児島からひとりの若者が横浜市立大学に入学した。全世界的なヌーベルバーグの奔流が、芸術・思想にあふれる時代。戦闘的学生運動の再建をとおして、新たな革命の道を模索する横浜市大生の青春群像が繰り広げられる。そして奥浩平の自殺と党派間抗争…。ひたむきに社会と政治に向き合う自己史の記録が、繰り返される歴史の今に甦る。
2017.12 317p B6 ¥2200 ①978-4-7845-9222-7

◆会計事務職員の弁償責任―会計検査院における検定制度の解説と事例　佐伯藤生編　全国会計職員協会　改訂3版
【目次】第1章 弁償責任の沿革、第2章 弁償責任の性質、第3章 出納職員の弁償責任、第4章 予算執行職員の弁償責任、第5章 物品管理職員の弁償責任、第6章 弁償責任の追及及び手続及び救済手続、第7章 弁償責任に基づく債務の消滅、第8章 懲戒処分の要求、第9章 公庫の会計事務職員の弁償責任及び懲戒処分の要求、第10章 検察庁に対する通告
2017.3 251p A5 ¥3143 ①978-4-915391-62-0

◆外交感覚―時代の終わりと長い始まり　高坂正堯著　千倉書房
【目次】第1部 外交感覚―同時代史的考察（1977、1978、1979、1980、1981、1982、1983、1984、1985）、第2部 時代の終わりのとき（1985、1986、1987、1988、1889、1990）、第3部 長い始まりの時代（1990、1991、1992、1993、1994、1995）
2017.2 654p 22×15cm ¥4500 ①978-4-8051-1094-2

◆外国人をつくりだす―戦後日本における「密航」と入国管理制度の運用　朴沙羅著　（京都）ナカニシヤ出版
【要旨】占領期、在日朝鮮人はいかにして「外国人」として登録され、入国管理の対象となったのか。日本への非正規な移住の現場を中心に、詳細な聞き取り調査と資料から明らかにする。
2017.7 288p B6 ¥5000 ①978-4-7795-1185-1

◆「核」と対峙する地域社会―巻町から柏崎刈羽、そして韓国へ　渡邊登著　リベルタ出版
【要旨】自主管理の住民投票で原発建設計画を断念させた新潟県旧巻町、低線量放射性廃棄物処理場計画を撤回させた韓国住民運動の現地での定点観測から、3・11後の原発立地地域住民の生活意識、生活構造、社会構造の変容を描く。「原発」を争点とした選挙で新潟県民はなぜ再稼働に慎重な知事を選んだのか？ その答えがここにある。
2017.3 286p B6 ¥2600 ①978-4-903724-49-2

◆核兵器と原発―日本が抱える「核」のジレンマ　鈴木達治郎著　講談社　（講談社現代新書）
【要旨】北朝鮮の「核の脅威」にどう対峙すべきか？「核の傘」は日本国民を本当に守ってくれるのか？ 世界の原子力産業は衰退期に入ったのに、なぜ自民党はその流れに「逆行」するのか？原子力委員会の元委員長代理がはじめて明かした、「核」の真実！
2017.12 214p 18cm ¥800 ①978-4-06-288458-7

◆核密約から沖縄問題へ―小笠原返還の政治史　真崎翔著　（名古屋）名古屋大学出版会

政治

【要旨】小笠原返還は戦後日米関係の小さなエピソードではない。沖縄の基地問題に影を落としたその実像をアメリカの核戦略の変容を手がかりに解明、非対称な交渉過程がもたらした沖縄問題の知られざる起源を照射する、気鋭の力作。
2017.4 201, 61p A5 ¥4500 ①978-4-8158-0871-6

◆加計学園問題の本質―"政界のお医者さん"が官の植民地化にメスを入れる！
著 伊東信久 ワニブックス（ワニブックスPLUS新書）
【要旨】"加計学園問題"から見えてきた脱官僚、天下り根絶、縦割り行政打破の必要性。
2017.10 175p 18cm ¥880 ①978-4-8470-6597-2

◆活路は共闘にあり―社会運動の力と「勝利の方程式」
五十嵐仁著 学習の友社
【目次】序章 共闘の弁証法、第1章 反転攻勢に向けての活路が見えた―16年参院選の結果と平和運動の課題、第2章「手のひら返し」の「壊憲」暴走を許さない―容易ならざる段階での憲法運動の課題、第3章 今日における社会変革の担い手は誰か―なぜ多数者革命なのか、第4章 労働組合運動はなぜ重要なのか、第5章 現代の多様な社会運動の意味、第6章 戦後70年、国民のたたかい―それを受けつぐことが、私たちの務め、終章「トランプ現象」と大衆運動
2017.2 141p B6 ¥1300 ①978-4-7617-0703-3

◆完成近し！ 強靱大国日本―選ぶのはあなたです。
室伏正083著（京都）かもがわ出版 発売
【要旨】日米安保条約、特定秘密保護法、集団的自衛権、共謀罪…そして改憲、緊急事態条項。
2017.12 63p A5 ¥800 ①978-4-903882-89-5

◆寄生難民
坂東忠信著 青林堂
【要旨】偽装難民問題や、今後激増するであろう大陸・半島からの難民について。難民を「かわいそうな人」と位置づけて疑問の指摘をタブーの扱いする時代は終わった！
2017.9 215p B6 ¥1200 ①978-4-7926-0601-5

◆共謀罪の何が問題か
高山佳奈子著 岩波書店 （岩波ブックレット No.966）
【要旨】犯罪を計画段階で処罰する「共謀罪」。危険性を指摘され、国会で三度廃案になった法案が装いを変え、「テロ等準備罪」の呼び名で新設されようとしている。しかし、この立法は犯罪対策にとって不要であるばかりでなく、市民生活に重大な制約をもたらすものだ。第一線で活躍する刑事法の研究者が数々の問題点・矛盾点を指摘する。
2017.5 71p A5 ¥800 ①978-4-00-270966-6

◆共謀罪vs国民の自由―監視社会と暴走する権力
鈴木亜美, 山田敬男編著, 小沢隆一, 小田川義和, 杉井静子, 鈴木猛, 三澤麻衣子著 学習の友社（学習の友ブックレット 26）
【目次】第1章「共謀罪」法案とは何か、なぜ危険か―反対運動にレッテルを貼って「一般人」から切り離す、第2章 共謀罪、メディア支配、右翼教育…。戦後日本を打ち砕いた安倍政権の崩壊の時を、日本を代表する、2大ジャーナリストが火花を散らしながら徹底討議！
2017.4 79p A5 ¥900 ①978-4-7617-0426-1

◆近現代日本における政党支持基盤の形成と変容―「憲政常道」から「五十五年体制」へ
手塚雄太著（京都）ミネルヴァ書房（MINERVA人文・社会科学叢書）
【要旨】本書は、昭和恐慌期から戦後高度成長初期において、政党および政党所属の代議士が社会とどう関係を構築しようとしてきたのかについて、利益団体・後援会を中心に考察するものである。戦前から戦後にかけて、何が変わって何が存続したのか。地方の声を中央でどう反映させたのか。政党政治の崩壊から再生に至る激動の時代の政党と社会の様子を、歴史学と政治学の複眼的な視座から描き出す。
2017.3 317, 13p A5 ¥7000 ①978-4-623-07906-3

◆くじらが陸にあがった日―朝倉篤郎聞き書き
木村陽治著（京都）かもがわ出版
【目次】第1章 青春時代 恋と革命（十七歳の戦争体験―土浦海軍航空隊員として、四人兄弟の末っ子―母子家庭で育つ ほか）、第2章 酪農研究者として立つ（獣医資格を失っていたことがわかり、板橋区、浅倉牧場で実践的に学びなおす、「あばれ牛の搾乳」名人」ほか）、第3章 革新都政と革新市政とを結んで（ひょんなことから小金井市議選に立候補、先

輩 西田光作議員のこと ほか）、第4章 鈴木都政下での論戦とその後（勤労福祉会館が「都立」で残った、「江戸豚」と「東京しゃも」を誰が食べたか ほか）、忘れえぬ人 朝倉篤郎の回想（名寄郵便局の青年友達同盟員 龍島君、北海道庁細胞の松浦さん ほか）
2017.1 237p B6 ¥1500 ①978-4-7803-0903-4

◆國の防人 第4号
展転社
【目次】平成の大演説会 防人の雄叫び！、南京戦の真実を追求する会議演会、時事評2、一つの戦史 第四話 昭和五年（前編）、反日慰霊祭を是正させた真実の慰霊祭、「主権線」防衛強化と「利益線」再設定を！、中国の弾圧に苦しむウイグル人、日本仏教近代史（4）、三船と萌で見る日本 2017.12 143p A5 ¥1000 ①978-4-88656-449-8

◆「軍学共同」と安倍政権
多羅尾光徳, 池内了, 山崎正勝, 西山勝夫, 河村豊, 土井真, 竹内真著 新日本出版社
【要旨】科学が戦争に荷担した歴史に学び、軍事にかかわる研究はしなかった戦後の日本の科学者と大学等の研究機関。今、予算をえさに「軍学共同」へと舵を切らせようと圧力が…。戦前の負の遺産をすて、今起きている問題と危険性を明らかにする7つの論文、日本学術会議の新・声明と報告も収録。
2017.6 254p B6 ¥2000 ①978-4-406-06089-9

◆劇場型ポピュリズムの誕生―橋下劇場と変貌する地方政治
有馬晋作著 （京都）ミネルヴァ書房
【要旨】メディアポリティクスの進展とともに、小泉政権以降、「劇場型政治」の手法を駆使するリーダーたちが地方行政を賑わせている。本書では、ポピュリズム論を参照しながら、「劇場型首長」台頭の背景を明らかにした上で、主な劇場型首長の政治を考察し、特に近年の地方行政の台風の目であった橋下徹元大阪市長の市政に焦点を当てる。
2017.2 299, 4p B6 ¥3500 ①978-4-623-07850-9

◆激論！ 安倍政権崩壊
田原総一朗, 佐高信著 河出書房新社
【要旨】改憲、共謀罪、メディア支配、右翼教育…。戦後日本を打ち砕いた安倍政権の崩壊の時を、日本を代表する、2大ジャーナリストが火花を散らしながら徹底討議！
2017.7 221p 18cm ¥900 ①978-4-309-24814-1

◆決定版・脱亜論―今こそ明治維新のリアリズムに学べ
渡辺利夫著 育鵬社, 扶桑社 発売
【要旨】福澤諭吉が現代に蘇ったら、何と言うだろうか？ 中国・朝鮮とどう付き合えばいいのか―。2018.1 254p B6 ¥1500 ①978-4-594-07864-5

◆外連の島・沖縄―基地と補助金のタブー
篠原章著 飛鳥新社
【要旨】基地反対を武器に振興予算延長！ 普天間基地維持が選ばれてしまう危険な構造、本気で辺野古移設を止める気がない法廷戦術、「国王」翁長雄志の肖像。「基地負担の見返り＝振興予算」を絶対に認めない、支配階層の矜持と歪んだ言論空間。
2017.9 263p B6 ¥1296 ①978-4-86410-557-6

◆検証アベノメディア―安倍政権のマスコミ支配
臺宏士著 緑風出版
【要旨】安倍氏が、小泉政権だった2003年9月に、わずか当選3回で自民党幹事長に抜擢され、政治の主舞台に上がってから2017年で15年目になる。本書は、その間に安倍氏とマスメディアの間で起きたことを中心に、筆者の毎日新聞記者時代からの資料や、雑誌に書いた記事を手繰りながら追加取材して、まとめ直したものである。
2017.2 276p B6 ¥2000 ①978-4-8461-1701-6

◆検証・小池都政
横田一著 緑風出版
【要旨】小池百合子知事は都民ファーストを旗印に、さまざまな政策課題を解決するのではと期待されて都知事選に勝利した。都知事に就任して早1年、小池都政は豊洲新市場移転か築地市場存続か、築地市場跡地のカジノを含む統合型リゾート問題、五輪関連事業と公共事業削減問題、待機児童問題などで大ナタを振るわないまま、漂流を始めている。安倍政権の政策変更を迫りながら「東京から日本（国政）を変える」という道を選ぶのか。あるいは共謀罪や原発再稼働などに曖昧な態度で、国政と都政を切り分け、橋下徹・前大阪市長が立ち上げた日本維新の会のように「政権補完勢力」として安倍政権を補完するのか。本書は、小池都知事に密着取材して、小池都政を検証、報告する。
2017.7 204p B6 ¥1600 ①978-4-8461-1712-2

◆検証 政治とカネ―「政治改革」20年は何だったのか 藤沢忠明著 本の泉社
【要旨】カネは政治をゆがめるだけではない。政党を堕落させ、政治家を腐らせる。金権・腐敗政治を追及してきたベテラン記者の批判論集。
2017.10 221p B6 ¥1400 ①978-4-7807-1649-8

◆現代行政学とガバナンス研究
堀雅晴著 東信堂
【要旨】21世紀、行政学が伝統的に対象としてきたヒエラルキー的なトップダウン型の統治構造-ガバメント-からの転換が求められている。つまりグローバル化が加速する今日、NGOやNPO、個人との相互作用の中で水平化した、新たな政治空間が表出しているのである。本書はこの新たな政治空間としてのノンヒエラルキー型のボトムアップ型の統治構造-ガバナンス-の理論的課題を探求し、国家の見方を根本的に立て直すことで現代行政学に一石を投じる、まさに気鋭の研究である。
2017.3 220p A5 ¥2800 ①978-4-7989-1424-4

◆現代日本の地政学―13のリスクと地経学の時代 日本再建イニシアティブ著 中央公論新社（中公新書）
【要旨】国家の行動を地理環境と結びつけて考える「地政学」が復活している。米国主導の秩序と日米同盟に守られてきた日本だが、中国の軍拡による脅威は深刻だ。さらに経済力で地政学的利益の実現を目指す中国は「地経学」時代の到来を示す。北朝鮮の核やロシアの動向のほか、エネルギー、サイバー戦争、気候変動など地球規模のリスクの影響も大きい。トランプ米政権のもと、日本がとるべき戦略を俊英13人が描く。
2017.8 306p 18cm ¥900 ①978-4-12-102450-3

◆現代の行政
森田朗著 第一法規 新版
【要旨】「行政」とは何か？ 行政の制度はどのような考え方に基づいて作られているのか？ 現実の行政活動はどのような原理に従って展開されているのか？ 基礎知識から最新の論点、学説史まで、「行政学のエッセンス」が1冊に凝縮！ 行政学の定番教科書、待望の新版発刊。行政学初学者に最適。
2017.4 227p A5 ¥2000 ①978-4-474-05719-7

◆現代版「てらこや」のススメ
大西克幸著（昭島）エコー出版
【目次】「てらこや」Vision、「てらこや」Mission、「てらこや食堂」―心の渇きを満たす、子供の未来応援国民運動（内閣府）、現代版てらこやについて、全国てらこやMAP、全国に拡がる「てらこや」運動、グッドデザイン賞2016受賞、「てらこや」運動の事例、てらこやが大切にする価値観、「てらこや」の可能性、「てらこや」にはだれでも活躍できるステージがある、目指したいのは「居場所づくり」、「てらこや」で育てて頂いた人生、私と「てらこや」、あとがき―「てらこや」をススメル理由
2017.7 63p B6 ¥500 ①978-4-904446-57-7

◆ケント＆幸洋の大放言！―中・韓・沖縄にはびこるベテン師たちの正体 ケント・ギルバート, 長谷川幸洋著 ビジネス社
【要旨】日本、そして中韓の真相に鋭く切り込む著書でベストセラー連発のケント・ギルバートと、沖縄問題の裏側に迫り話題となった「ニュース女子」の司会を務めるジャーナリストの長谷川幸洋が初対談！ この国の政治、経済、メディアに巣食う悪の本性を徹底的に暴き出す！
2017.7 231p B6 ¥1300 ①978-4-8284-1960-2

◆権力者たちの罠―共謀罪・自衛隊・安倍政権
纐纈厚著 社会評論社
【目次】第1部 共謀罪で拍車かかる監視社会への道（監視社会化する日本、拍車かかる国民動員の現実―国民保護法を中心に、国民保護法から「共謀罪」へ）、第2部 自衛隊はどうなっているのか（続幕「内部文書」は何を語っているか―露呈した自衛隊の軍事作戦計画、「新軍部」の登場へ突き進むのか―国離化する民主主義との共存、形骸化する文民統制のゆくえ―蹉跌する軍事主義の言動）、第3部 安倍政権論と改憲問題（改憲から"壊憲"へ―安倍政権の危険な位置、憲法不在の国を許せるのか―改憲の真意を読み解く、平成の「非立憲」内閣を切る―歴史から学ぶ共闘することの意義）
2017.8 271p B6 ¥2300 ①978-4-7845-2404-4

◆「小池劇場」が日本を滅ぼす 有本香著 幻冬舎
【要旨】豊洲移転問題、東京オリンピック・パラリンピック見直し、内実のない小池劇場…。ビ

政治

ジョン・政策がなく、ファクトに基づくロジックがない。ないない尽くしのワイドショー政治。"パフォーマンスの女王"小池百合子と日本は心中するのか？
2017.6 207p B6 ¥1300 ①978-4-344-03128-9

◆"小池"にはまって、さあ大変！―「希望の党」の凋落と突然の代表辞任　安積明子著
ワニブックス　（ワニブックスPLUS新書）
【要旨】"希望"を"絶望"へと追い詰めたのは小池百合子の「排外主義」と「寄ってくる男たち」だった―！前原誠司議員、細野豪志議員、若狭勝氏、玉木雄一郎議員など、"小池"にはまった男たちの悲喜劇も厳しく断罪!!
2017.12 209p B6 ¥880 ①978-4-8470-6601-6

◆小池百合子氏は流行神だったのか―これでよいのか、現状の日本　加瀬英明著　勉誠出版
（勉誠選書）
【要旨】危急存亡の日本。いったい誰が救えるのか？日本の「良識」とは何なのか？アメリカ、中国、南北朝鮮の正体を暴く。まず、わが手に日本を取り戻そう！加瀬英明が日本の現状にモノ申す！
2017.11 199p B6 ¥1300 ①978-4-585-23401-2

◆公共政策のフロンティア　山本哲三編著
成文堂　（商学双書）
【要旨】公共政策の喫緊の課題に経済学の視角から迫る!!我が国でも重要な進展が見られ、今後の改革が予想される政策分野を取り上げ、それを「公共政策のフロンティア」というタイトルで編集した。
2017.4 422p A5 ¥3200 ①978-4-7923-4262-3

◆公共部門のガバナンスとオンブズマン―行政とマネジメント　山谷清秀著　（京都）晃洋書房　（ガバナンスと評価 2）
【要旨】なぜ個別の意見をすくい上げるのか？個別の意見ほど公共サービスの改善だけでなく価値の変更にまで迫り得るところに、行政苦情救済の意味がある。多様な活動を行う世界のオンブズマンの実践から観た行政苦情救済のあり方を提示する。
2017.12 250p A5 ¥2800 ①978-4-7710-2951-4

◆交通インフラの多様性　手塚広一郎、加藤一誠編著　日本評論社
【目次】第1部 アジアにおける交通インフラ投資と日本（ODAを活用したアジアの交通インフラ整備、アジア新興国のインフラ受注競争と日本企業の可能性、アジアにおける空港整備の現状と日本の空港経営改革等、アジアにおける港湾投資と港湾間競争、中国の高速鉄道のファイナンス）、第2部 交通インフラの経営（地域公共交通への上下分離方式の適用、地域による空港経営と航空会社との関係、イギリスにおける地方空港の経営、グローバルアライアンスのJV化とグローバル・ハブ、空港会社の信用リスク調査、ローマ都市圏における複数空港民営化）
2017.3 231p A5 ¥5500 ①978-4-535-55858-8

◆高度経済成長に挑んだ男たち―この国を変えた「発想」と「知恵」　小林吉弥著　ビジネス社
【要旨】日本がいちばん燃えた日。戦後の復興過程がよくわかる！秘話・エピソード満載。リーダーシップの神髄を学ぶ。
2017.11 203p B6 ¥1300 ①978-4-8284-1985-5

◆國體の形而上學―國體・主權・國軍・自衛權
田中卓郎著　展転社
【目次】第1章 日本國體とは何か―萬世一系の天皇存在、第2章 主權とは何か、第3章 國軍とは何か、第4章 自衛權とは何か、第5章 日本國體たる萬世一系の無制約性―皇男子孫の皇位繼承は萬世一系の唯一の現象形態、第6章 日本國體と「グローバル化」
2017.11 165p B6 ¥1200 ①978-4-88656-448-1

◆国民のしつけ方　斎藤貴男著　集英社インターナショナル、集英社 発売　（インターナショナル新書）
【要旨】世界各国の「報道自由度」ランキングで日本は七二位（二〇一六年、一七年）。日本のジャーナリズムの現状に危機感を抱く著者は、政権による報道への圧力と、それ以上にメディア側の責務を放棄したかのような姿勢に原因がある指摘。その有り様は、日本のしつけるために巧妙に仕組まれているのかのようだ。ネットで常態化する記事に見かけた広告や保身に走るメディアの問題も浮き彫りにし、知る権利を守るために我々にできることを探る。
2017.6 221p 18cm ¥740 ①978-4-7976-8010-2

◆ここがおかしい！　小林節が壊憲政治を斬る！　小林節著　七つ森書館
【目次】1 自民党改憲草案を糺す（「憑き物」が落ちたように政治に興味がなくなった、あまりに多くの壁が反権力の政治参入を拒んでいる ほか）、2 改憲論のペテンを暴く（空恐ろしい自民党の憲法観、憲法に関する世論調査の読み方 ほか）、3 ここがおかしい 小林節が斬る！（細野代議士の「改憲提案」は論点がズレている、どちらも間違っている首相の改憲提案と野党の応酬―それを許す国民も ほか）、4 憲法ってなに？―子どもに分かるように話しました（子どもにもわかる「憲法ってなに？」、問題の最前線にかかわる学問が大切です ほか）
2017.10 207p 18cm ¥1100 ①978-4-8228-1786-2

◆個人情報保護法の現在と未来―世界的潮流と日本の将来像　石井夏生利著　勁草書房　新版
【要旨】2017年5月の改正個人情報保護法施行にあわせ大改訂！日々変化を続ける世界と日本の最新動向を捉え直し、個人情報保護法制の将来像を論じる。
2017.4 503p A5 ¥6000 ①978-4-326-40335-6

◆個人情報保護法・マイナンバー制度―法的リスク対策と取扱規程　渡邉雅之著　日本法令
【要旨】法令、規則、告示、ガイドライン、Q&Aに基づく詳細な解説と取扱規程、委託契約書、関連書式を収録!!この1冊で個人情報保護法&マイナンバー法の実務がわかる！
2017.4 746p A5 ¥4800 ①978-4-539-72540-5

◆国家がなぜ家族に干渉するのか―法案・政策の背後にあるもの　本田由紀、伊藤公雄編著
青弓社　（青弓社ライブラリー）
【要旨】個人の権利を制限する一方で、「家族・家庭」や「個々人の能力・資質」までも共同体や国家に組み込むような諸政策の問題点の核心はどこにあるのか。他方で、家族や子育て、性的マイノリティを支援する社会制度の設計は喫緊の課題である。国家の過度な介入を防ぎながらどう支援を実現していくのかを、家族やジェンダー、福祉、法学の専門家がそれぞれの立場から縦横に論じる。
2017.9 172p B6 ¥1600 ①978-4-7872-3421-6

◆国家の共謀　古賀茂明著　KADOKAWA
（角川新書）
【要旨】「モリ・カケ」問題で安倍政権とアベ友企業と忖度官僚のズブズブの癒着の構造が明らかになった。おいしい思いをするのは彼らの周りだけ。そしてそのツケは国民生活の質の低下として、もうすぐに現れる。元官僚の視点から日本のダメ・トライアングルを告発する緊急提言。
2017.11 285p 18cm ¥820 ①978-4-04-082193-1

◆国家の本音　田母神俊雄著　徳間書店
【要旨】東京拘置所で一生懸命考え抜いた日本をダメにする売国者たちを斬る。逮捕から14ヶ月、遂に沈黙を破った告発の書。東京拘置所で執筆した「男のジョーク集」も初掲載。
2017.6 239p B6 ¥1350 ①978-4-19-864377-5

◆国家の矛盾　高村正彦、三浦瑠麗著　新潮社
（新潮新書）
【要旨】自民党政権はなぜ集団的自衛権の行使容認に踏み切ったのか。日本外交は本当に「対米追従」なのか。外交・安保論議を一貫してリードしてきた自民党の重鎮が舞台裏を明かす。日米同盟と憲法9条に引き裂かれた戦後日本の安全保障論議に「不健全なもの」を感知する国際政治学者が、平和安全法制の「騒動」に見たものとは―。外交・安保の「現場」と「理論」の正面からぶつかり合った異色の対談。
2017.2 236p 18cm ¥780 ①978-4-10-610703-0

◆国権と島と涙―沖縄の抗う民意を探る　三山喬著　朝日新聞出版
【目次】プロローグ（二〇一五年三月）、第1章 沖縄保守の葛藤（二〇一五年四〜七月）、第2章 草の根のアイデンティティー（二〇一五年十一〜十二月）、第3章「ねじれた戦後史」をひもとく（一九四五〜七二年）、第4章 惨劇に揺れる島で（二〇一六年六〜七月）、第5章 沖縄県北部の最前線を歩く（二〇一六年七〜十一月）、終章 海原に沈みゆくもの（二〇一六年十月〜二〇一七年二月）
2017.4 301p B6 ¥1500 ①978-4-02-331592-1

◆コミュニティをエンパワメントするには何が必要か―行政との権力・公共性の共有　マリリン・テイラー著、牧里毎治、金川幸司監訳
（京都）ミネルヴァ書房

【要旨】いま求められるコミュニティ政策とは。サード・セクター論の世界的権威が社会的に排除されがちな人々を包摂しうるコミュニティ構築のための方策を提言。
2017.5 406p A5 ¥6000 ①978-4-623-07545-4

◆これが答えだ！　少子化問題　赤川学著　筑摩書房　（ちくま新書）
【要旨】人口減少がこのまま続けば「日本は即終了！」といった、絶望的な指摘をする人が少なくない。実際、四半世紀以上にわたって巨額の税金が少子化対策のために注ぎ込まれてきたが、改善の兆しはほとんど表れていない。それどころか、少子化対策に力を入れれば入れるほど効果が薄れるパラドクスが起こっているという。なぜか？いかなる理由で少子化は進むのか？すべての問いに最終的な解答を与える、少子化問題の決定版である！
2017.2 196p 18cm ¥760 ①978-4-480-06936-8

◆これでも「アベ」と心中しますか？―国民の9割を不幸にする安倍政治の落第通信簿　浜矩子著　廣済堂出版　（廣済堂新書）
【要旨】安倍政権発足から6年。各経済指標は好景気を示しているが、庶民の実感はまるでない。自民党は総選挙に圧勝したが、市民は安倍政治を支持したわけでもなく、風向きが少し変われば、政権交代が起こった可能性もあった。アベノミクスの行き着く先は、一部のエリートだけを利して、大半の庶民が損をする社会。気鋭エコノミストが、アベ政治の正体をわかりやすく検証し、鉄槌を下す！
2018.1 190p 18cm ¥850 ①978-4-331-52138-0

◆最強の生産性革命―時代遅れのルールにしばられない38の教訓　竹中平蔵、ムーギー・キム著　PHP研究所
【要旨】時代遅れの規制・既得権益構造がバレる！グローバル炎上師弟がつづる、他では絶体言えない対談！国民が賢くなりすぎて、政治家・官僚・メディアがビビる1冊。
2018.1 284p B6 ¥1500 ①978-4-569-83742-0

◆佐高信の緊急対談　バカな首相は敵より怖い　佐高信著　七つ森書館
【要旨】超辛口評論家・佐高信が、第一線で活躍する論客を迎えて、安倍自公政権と対決する！
2017.5 198p 18cm ¥1100 ①978-4-8228-1772-5

◆刷新する保守―保守政党の国際比較　阪野智一、近藤正基編　弘文堂
【要旨】"保守"とは何かを問いなおす。対抗理念である進歩主義の衰退と極右ポピュリズム政党の台頭が保守主義の存在意義をゆさぶっているなか、各国の保守政党はどのように自己刷新し、その勢いを取り戻したのか。今日における「保守」の実態をあぶり出す、8か国の比較研究。
2017.12 355p B6 ¥1600 ①978-4-335-46036-4

◆サボる政治―惰性が日本をダメにする　坂本英二著　日本経済新聞出版社
【要旨】首相や閣僚を2カ月拘束して、何も変えない予算審議。ほとんど現政権の言うは「ねじれ国会」で有害に変わる。9条堅持で「普通の国」、憲法を空洞化させる違憲派。高齢者への福祉優先で、子供の安全は後回しの自由体。4年に3回は大型選挙、政治をしている暇がない…。日本には国益を損なう制度が根雪のように残っている。経験豊富な記者が、政治が手をつけない問題の数々を鋭く追及し、解決の糸口を具体的に提示する。
2017.3 255p B6 ¥1600 ①978-4-532-17616-7

◆参議院と議院内閣制　大西祥世著　信山社出版　（立命館大学法学叢書 第20号）
【目次】第1章 国会の活動実態、第2章 国民代表議会としての参議院の誕生、第3章 議会運営との憲法慣習の形成、第4章 両院間の意思の相違と調整、第5章 内閣の国会に対する責任と二院制、第6章 国会の予備費承諾議決と財政統制権、第7章 参議院と議院内閣制、第8章「強い参議院」と緊急集会、第9章 まとめ
2017.11 322p A5 ¥8000 ①978-4-7972-2453-5

◆参謀力―元東京地検特捜部検事・政治家の闘い 官邸最高レベルに告ぐさらば「しがらみ政治」　若狭勝著　双葉社
【要旨】自民党"離党"の「真相」と権力の「不正」を全告白。小池百合子都知事と挑む！TOKYOの「巨悪」、政権中枢「利権」「圧力」、そして「日本の深い闇」を暴く!!
2017.9 271p B6 ¥1300 ①978-4-575-31287-4

◆自衛戦力と交戦権を肯定せよ　小山常実著
自由社　（自由社ブックレット）

【要旨】「ダチョウの平和」に浸る日本への緊急提言。戦後日本のタブーに挑む!!このままでは日本は滅亡する。「憲法9条」は自衛戦力も交戦権も肯定している!!
2017.10 107p B6 ¥700 ①978-4-908979-07-1

◆自治体の実例でわかるマイナンバー条例対応の実務―地域情報プラットフォーム活用から特定個人情報保護評価まで　水町雅子編著, APPLIC協力　学陽書房
【要旨】立法担当官による自治体のためのテキスト！ 2017.3 309p A5 ¥3000 ①978-4-313-16157-3

◆知ってはいけない―隠された日本支配の構造　矢部宏治著　講談社（講談社現代新書）
【要旨】この国を動かす「本当のルール」とは？ なぜ、日本は米国の意向を「拒否」できないのか？ 官邸とエリート官僚が国民に知られたくない、最高裁・検察・外務省の「裏マニュアル」とは？ 3分でわかる日本の深層！ 私たちの未来を危うくする「9つの掟」の正体。4コママンガでもわかりやすく解説。
2017.8 260p 18cm ¥840 ①978-4-06-288439-6

◆しばき隊の真実―左翼の劣化と暴力化　田中宏和著　（西宮）鹿砦社
【要旨】「3・11以降の社会運動」と自称する彼らの運動は、果たして日本の民主主義に貢献し成果を上げているのか。むしろ左翼リベラルを暴力化させ、劣化と弱体化に追い込んでいるのではないか。2012年に登場し、卑劣な暴力によって台頭して、左翼リベラルの世界を跋扈するしばき隊への大きな警鐘を！斬り込む！
2017.3 222p B6 ¥1200 ①978-4-8463-1165-0

◆「ジブリワールド」構想―宮崎駿の世界を"日本の未来"につなぐ　秋葉賢也著　ロングセラーズ
【目次】プロローグ「未来」をつくらなくていいんだろうか？（なぜ多くの大人たちが、子どもにもジブリの世界観を推薦したくなるのか、自覚させられる生命のネットワーク ほか）、1章「ジブリワールド」構想（ジブリワールドは世界の宝物、テーマパーク成功の条件 ほか）、2章「ジブリワールド」の具体的アイデア（基本構想発表！、成功へ導く四つのポイント ほか）、3章 文化を支援する政治でありたい！（未来をつくっていくのは誰か？、政治と未来である ほか） 2017.4 201p 18cm ¥926 ①978-4-8454-5017-6

◆市民政治の育てかた―新潟が吹かせたデモクラシーの風　佐々木寛著　大月書店
【要旨】「新潟の奇跡」の立役者が明かす、"市民＋野党"の勝利のメソッド。「観客民主主義」を超え、この国の政治を再生するために一市民が身につけるべき「政治の技法」を実体験から語る！
2017.11 205p B6 ¥1600 ①978-4-272-21118-0

◆市民政治20年の軌跡―市民活動と政治をつなぐ政策形成活動の試み1997‐2016　市民がつくる政策調査会編　生活社
【目次】第1部 市民がつくる政策調査会の活動記録（「市民がつくる政策調査会」の設立と取組みの概要、交通バリアフリー法 一九九九年‐二〇〇〇年、シックハウス対策法 二〇〇〇‐二〇〇二年 ほか）、第2部 市民がつくる政策調査会の活動を振り返って（市民政調二〇年おつかれさま、市民社会と政治社会をつなぐ、日本党「市民政策議員懇談会」の活動 ほか）、第3部 資料編（「市民がつくる政策調査会」設立趣意書、市民政策プロジェクトテーマ一覧、市民政策円卓会議テーマ一覧 ほか）
2017.3 119p A5 ¥2000 ①978-4-902651-40-9

◆社会運動と若者―日常と出来事を往還する政治　富永京子著　（京都）ナカニシヤ出版
【要旨】「若者」たちの語りから見えてくるものは何か。社会運動の規範や作法（＝社会運動サブカルチャー）はどのように形成されるのか。「若者」とその社会運動の特質を当事者が集合するデモなどの「出来事」と、他者との関わりの中で揺れる「日常」生活から浮き彫りにする。
2017.3 270p B6 ¥2800 ①978-4-7795-1164-6

◆自由を愛し平和を貫くために―21世紀世代への伝言　徳永正彦, 松見俊, 金子勝著, 福岡県自治体問題研究所編　自治体研究社
【目次】第1章「生活の政治」の確立をめざして―21世紀世代への伝言（立憲主義の危機、平和への脅威の増大、危機克服の方途、「生活の政治」を視座に、日本国憲法の位置と役割、希望の世紀の実現をめざして）、第2章 平和を求める自治体形成への刺激のために―一戦争の出来事を

記憶することを踏まえて（昨今の政治、社会状況、戦後70年の節目で、学徒出陣戦死者の「慰霊祭」のリクエストと学院としての歴史検証の取り組み、「靖国神社」と「慰霊」の問題、「慰霊」の拒絶―怒り、悲しみをそのままに受け止める必要性、戦争中の西南学院と戦争の関わり、西南学院の「戦後」責任、キリスト教の自己批判の必要と唯一神信仰への「意識的」誤解への反論）、第3章 日本国憲法の間接的起草者 鈴木安蔵氏―吉野作造氏の教導ありて（鈴木安蔵氏の思想と学問、日本国憲法の間接的起草者・鈴木安蔵）
2017.1 82p A5 ¥1000 ①978-4-88037-658-5

◆終活期の安倍政権―ポスト・アベ政治へのプレリュード　二宮厚美著　新日本出版社
【要旨】最後の断罪！ アベ政治とアベノミクスの急所を射ぬく！
2017.11 396p B6 ¥2300 ①978-4-406-06126-1

◆主権なき平和国家―地位協定の国際比較からみる日本の姿　伊勢﨑賢治, 布施祐仁著　集英社クリエイティブ, 集英社 発売
【要旨】オスプレイ墜落事故や米軍婦女暴行事件が起きても何もできない国、日本。日米地位協定とドイツ、イタリア、韓国、フィリピン、アフガニスタン、イラクなどの地位協定を徹底比較！
2017.10 269p B6 ¥1500 ①978-4-420-31077-2

◆首相官邸の前で　小熊英二著　集英社インターナショナル, 集英社 発売（付属資料：DVD1）
【要旨】報道から事実上黙殺された、日本における20万人を超す人々による脱原発の抗議運動を映画化。国内外で賞賛された同映画作品DVDと、対談、インタビュー、観客との対話、論文、日記などにより、世界の運動と関連づけて分析し、多角的に現代史を構成する。2016年・日本映画復興奨励賞受賞！
2017.3 269p B6 ¥2000 ①978-4-7976-9001-9

◆首長と職員―行政の責任と政治　日本行政学会編　ぎょうせい（年報行政研究 52）
【目次】特集論文（ポピュリズム型首長の行政マネジメント―橋下徹と河村たかしの事例、ポピュリズムの時代における自治体職員の行政責任、首長・職員関係の再検討―日本における専門職の責任と統制―教育行政を事例として、「多様性行政」における政治志向と行政志向―生活保護世帯における子どもの就学を中心に、書評（牧原出『「安倍一強」の謎』（朝日新聞出版社、2016年）、大森彌『自治体職員再論―人口減少時代を生き抜く』（ぎょうせい、2015年）、小田切康彦『行政‐市民間協働の効用―実証的接近』（法律文化社、2014年）、森田朗『会議の政治学3：中医協の実像』（慈学社出版、2016年）、田中嘉彦『英語の貴族院改革―ウェストミンスター・モデルと第二院』（成文堂、2015年）、大畠菜穂子『戦後日本の教育委員会―指揮監督権はどこにあったのか』（勁草書房、2015年）、山本啓『パブリック・ガバナンスの政治学』（勁草書房、2014年）、ヒジノ ケン・ビクター・レオナード（石見豊訳）『日本のローカルデモクラシー』（芦書房、2015年）、内貴滋『英国地方自治の素顔と日本―地方構造改革の全容と日英相関比較』（ぎょうせい、2016年）、村上裕『技術基準と官僚制―変容する規制空間の中で』（岩波書店、2016年）、打越綾子『日本の動物政策』（ナカニシヤ出版、2016年）、山下茂『英国の地方自治―その近現代史と特色』（第一法規、2015年））
2017.5 162p A5 ¥3056 ①978-4-324-10298-5

◆出入国管理制度ガイドブック　畠山学著　日本加除出版
【目次】1 総論、2 入国、3 在留、4 退去強制、5 その他、追補 旧・外国人登録制度、資料編
2017.8 352p B5 ¥3500 ①978-4-8178-4417-0

◆資料で学ぶ日本政治外交史　武田知己, 鈴木宏尚, 池田慎太郎, 佐道明広著　（京都）法律文化社
【目次】1 戦前編（幕藩制国家と鎖国制度の形成、幕藩制国家の動揺と明治維新、明治国家の建設、帝国への道―国際秩序への政治と外交、成熟する政治、成熟の挫折、帝国の終焉）、2 戦後編（敗戦と占領、サンフランシスコ講和、日米安から新安保へ、日ソ日中関係、日韓日朝関係、日中日台関係、沖縄返還、賠償から援助へ、経済大国化と外交、歴史認識問題、安全保障問題）
2017.2 207p A5 ¥2400 ①978-4-589-03801-2

◆新共謀罪の恐怖―危険な平成の治安維持法　平岡秀夫, 海渡雄一著　緑風出版

【要旨】「共謀罪」が「テロ等準備罪」と呼び名を変えてきた理由は何か。安倍政権は「東京オリンピック・パラリンピックに向けてのテロ対策として必要」と力説する。さがはたしてそうか？ 共謀罪は、複数の人間の「合意そのものが犯罪」になるというもので、被害が起きた犯罪を処罰することを原則とする日本の刑事法体系を覆し、盗聴・密告・自白偏重による捜査手法を助長させ、政府に都合の悪い団体を恣意的に弾圧できる平成の治安維持法といえる。本書は、「共謀罪」の成立を阻止してきた専門家による緊急出版！
2017.3 285p B6 ¥1800 ①978-4-8461-1704-7

◆人口減少時代を生き抜く自治体―希望の自治体行政学　大森彌著　第一法規
【目次】第1章 三・一一の衝撃、第2章 民主党政権から再び自民党政権へ、第3章 大都市制度としての「特別区」―「道府県特別区」と「東京都特別区」、第4章 都道府県特別区から町村、第5章 道州制推進基本法案と町村、第6章 試される首長の力量、第7章 地方議会の改革、第8章 自治体職員の課題、第9章 人口減少時代への対応
2017.3 357, 4p B6 ¥2400 ①978-4-474-05740-1

◆人生100年時代の国家戦略―小泉小委員会の500日　藤沢烈著　東洋経済新報社
【要旨】伴走し続けた著者だから書けた小泉進次郎と若手議員20人激闘の記録。
2017.12 317, 5p B6 ¥1800 ①978-4-492-21235-6

◆政治を動かすメディア　芹川洋一, 佐々木毅著　東京大学出版会
【要旨】メディアはナショナリズムやポピュリズムの防波堤たりうるか？ 新聞＝明治デモクラシーからネット・SNS＝平成デモクラシーまで、メディアと政治の関係、政治におけるジャーナリストの役割について考える。
2017.5 231, 3p B6 ¥2400 ①978-4-13-033107-4

◆政治行政入門　山梨学院大学政治行政研究会著　公人の友社
【目次】第1部 政治学（民主政治の基本原理、政治意識―政治的無関心からイデオロギー、世論まで、執政制度・政党・選挙ほか）、第2部 行政学（行政理論の発展と変容、現代行政と政府体系、二元的代表制と住民自治 ほか）、第3部 政策研究（日本の安全保障政策、国際化する日本社会―国際社会学の視点から、日本の環境政治と環境政策 ほか）
2017.9 309p A5 ¥2500 ①978-4-87555-805-7

◆政治の絵本―現役東大生のお笑い芸人が偏差値44の高校の投票率を84％にした授業　たかまつなな著　弘文堂（付属資料：カード）
【要旨】どうして、政治の本って、どれも難しいんだろう？ 絵本のような政治の本があったら良いのに…「全ページカラーだったら楽しい！」「漫画みたいなイラストがたくさんあるのってワクワクする！」「超カンタンな言葉だったら分かりやすい！」「あったら良いなぁ」という要素を全て盛り込んだ『政治の絵本』。
2017.3 143p B6 ¥1500 ①978-4-335-46035-7

◆生前退位 - 天皇制廃止 - 共和制日本へ　堀内哲編　第三書館
【要旨】いま、日本人は日本共和国に住んでいる!!杉村昌昭・絓秀実・斎藤貴男・下平尾直・堀内哲が展開する日本共和国論!!急速に浮上している「象徴天皇制」の限界を直視する。
2017.7 250p B6 ¥1500 ①978-4-8074-1717-9

◆政府・NPO関係の理論と動向―日・英・米におけるパートナーシップ政策を中心に　廣川嘉裕著　（吹田）関西大学出版部
【目次】第1章 政府‐NPO関係の基礎的枠組み―アメリカおよび日本における理論と実践を中心に（「NPO待望論」の落とし穴、政府‐NPO関係論の系譜とNPOの機能 ほか）、第2章 イギリスにおける政府‐NPO関係の展開―委託契約の浸透とその後のコンパクト策定を中心に（問題意識と研究の対象、委託（契約）ボランタリー組織への影響 ほか）、第3章 日本におけるNPOと行政の連携・協働の現状と課題―NPOへの事業委託とNPO支援のあり方を中心に（日本におけるNPOと行政の連携・協働に関する動向、協働の可能性と現時点における協働事業の問題点 ほか）、第4章 NPOの特質と「協働」論―本章の議論、NPOに関する理論 ほか）、第5章 NPOの政治的・社会的機能とその維持・発揮のための方策―「行政の下請け化」と「NPOの商業化」への対抗に向けた理論と取り組みを中心に（問題意識と本章の検討対象、NPOの政治的・社会的機能 ほか）
2017.7 145p A5 ¥1700 ①978-4-87354-659-9

政治

◆世界同時非常事態宣言—トランプ以後の激変が始まった！　三橋貴明, 渡邉哲也著　ビジネス社
【要旨】最初はブレグジットだった！ そしてトランプ大統領政権、EU解体が本格化する！ このままでは日本だけが世界のゴミ箱になる!? グローバリズムで儲けようとする右、世界の人権を擁護しようとする左、行き着く先は地獄!?
2017.4 190p B6 ¥1200 ①978-4-8284-1945-9

◆世界のパワーシフトとアジア—新しい選択が迫られる日本外交　朱建榮編著　花伝社, 共栄書房 発売
【要旨】台頭する中国に危機感を煽るだけでよいのか—？ 駐日大使や大学教授、ジャーナリストなどによる最新の報告と提言。一日中国交正常化45周年から、日中平和友好条約40周年へ新たな世界の潮流を見つめるために。
2017.12 178p B6 ¥1600 ①978-4-7634-0837-2

◆絶対わかる法令・条例実務入門　林雄介著　ぎょうせい　新版
【目次】第1章 まず法令を学ぼう、第2章 法律って何？、第3章 憲法って何？、第4章 法令にはどんな種類があるの？、第5章 内閣官房・内閣法制局の仕事、第6章 行政機関の訴訟業務、第7章 法令業務って何？、第8章 条例の作り方、第9章 このくらいの法令用語は知っておこう、第10章 議会内の仕事、第11章 仕事のスケジュール管理等　2017.3 192p B6 ¥1800 ①978-4-324-10255-8

◆尖閣だけではない 沖縄が危ない！　惠隆之介著（WAC BUNKO）
【要旨】沖縄を覆う驚愕の真実。沖縄独立への衝撃のシナリオ。それを背後で操る中国。沖縄は文化的、経済的にも中国に侵食されだした。このままだとチベットやウイグルのようになってしまう—
2017.4 237p 18cm ¥920 ①978-4-89831-754-9

◆戦後の右翼勢力　堀幸雄著　勁草書房　新装版
【要旨】右翼はなにをめざすのか。戦後における右翼の動向と実態を詳細に分析し、新たな戦略と方向性を解明する。
2017.5 361, 4p B6 ¥6000 ①978-4-326-35171-8

◆戦争がイヤなら憲法を変えなさい—米中対決と日本　古森義久著　飛鳥新社
【要旨】下り坂の日米安保を刷新できるのか、米専門家はどう見ているのか。日本のマスコミが報じない、アメリカからの改憲要求、日米同盟反対論のかつてない高まりを緊急報告！
2017.8 231p B6 ¥1300 ①978-4-86410-565-1

◆戦争の予感　上杉隆, ケン・ジョセフ著（大阪）かんよう出版
【要旨】こんなにも不吉な空気はこれまでになかった。マスコミ→独裁→戦争へ。しかし、「予感」は「杞憂」に終わらせたい。
2017.2 205p B6 ¥1500 ①978-4-906902-81-1

◆創価学会と共産党—激変する巨大組織のカネ・権力・ヒエラルキー　週刊ダイヤモンド編集部編　ダイヤモンド社
【要旨】完全保存版。タブーなしで総力取材、人気特集を加筆修正。
2017.10 189p B6 ¥1200 ①978-4-478-10438-5

◆「創共協定」とは何だったのか—社会主義と宗教との共振　村岡到著　社会評論社（SQ選書）
【要旨】1964年に創成された公明党は「人間性社会主義」を長く唱えていた。創設者の池田大作は、共産党のトップ宮本顕治との対談で「宗教とマルキシズムの共存は文明的課題だ」とまで語った。彼が主導して1974年に結ばれた「創共協定」とは何だったのか。マルクスの「宗教はアヘンだ」という非難とそれを援用したレーニンによって宗教は排斥されてきたが、"社会主義と宗教との共振"こそが求められている。
2017.11 185, 4p B6 ¥1700 ①978-4-7845-1847-0

◆対談 沖縄を生きるということ　新城郁夫, 鹿野政直著　岩波書店（岩波現代全書）
【要旨】辺野古や高江で起こっていることをふまえ、私たちはどう考え、どう行動していくのだろうか？ 容易に解決しない厳しい現実と対峙する中で育まれつつある思想があり、その根底には「沖縄戦」の経験が受け継がれている。「沖縄からの問いかけにいかに応答しうるかをめぐって、世代も専門分野も生きる場所も異なる率直に語り合うなかで、いのちの思想の息づく場としての「沖縄」が再発見されてゆく、ス

リリングな対話の記録。
2017.6 190p B6 ¥2000 ①978-4-00-029204-7

◆脱大日本主義—「成熟の時代」の国のかたち　鳩山友紀夫著　平凡社（平凡社新書）
【要旨】明治以来の大日本主義の志向は、戦後も「経済大国から政治大国へ」という夢として信じられてきた。しかし、世界における相対的地位が低下し、人口減少と低成長経済が続くなかで、日本という国はいかにあるべきか。ナショナリズムとポピュリズムが拡張している今、政治に何が必要か。
2017.6 236p 18cm ¥800 ①978-4-582-85846-4

◆誰が「都政」を殺したか？—特別対談 小池百合子東京都知事　上杉隆著　SBクリエイティブ
【要旨】今の都政の諸悪の問題とはいったい何なのか？ その問題に、小池百合子氏がどう対峙していくのか？ 果たして、都政を「伏魔殿」たらしめたのは誰なのか？ 1995年を都政迷走の原点として、その「秘史」をあぶりだす。
2017.4 187p B6 ¥1400 ①978-4-7973-9056-8

◆誰も書けなかった東京都政の真実　鈴木哲夫著　イースト・プレス
【要旨】歴代都知事の不可解な退陣劇は仕組まれていた…2020年に起こる最悪のシナリオとは？ 第一線のジャーナリストによる、都政を語る上で必読の書！
2017.1 278p B6 ¥1400 ①978-4-7816-1494-6

◆誰も語らなかった首都腐敗史—東京のデタラメは日本の諸悪の根源　森田実, 斎藤貴男著　成甲書房
【要旨】豊洲市場の移転問題、東京五輪の費用肥大化、噴出する難題に連日熱狂するメディアー劇場型都政が幻惑する伏魔殿・東京の巨大な闇に辛口の政治評論家、森田実と「反骨のジャーナリスト」斎藤貴男が舌鋒鋭く切り込む、本邦初の「都政腐敗史」対談。すべての腐敗が一目でわかる都政腐敗史年表付き。
2017.2 243p B6 ¥1600 ①978-4-88086-352-8

◆地域交通政策づくり入門—人口減少・高齢社会に立ち向かう総合政策を　土居靖範, 可児紀夫, 丹間康仁編著　自治体研究社　増補改訂
【目次】第1部 地域交通は地域づくり（誰もが生き生きと住みつづけられる地域交通政策づくりを、総合交通政策を市民参加でつくりあげた岐阜市）、第2部 地域交通の事例から学ぶ（地方自治をいかして交通政策をつくりあげた自治体、まちづくりと一体ですすめる交通政策、福祉政策と一体でつくりあげた交通システム、自動車交通の過大から地域公共交通、子どもを守り育てる通学路とスクールバス—人口減少社会における教育交通論を求めて、子どもの学習権を保障する地域づくりの方策—スクールバスの運行と多様な活動を通して）、第3部 地域交通政策づくりと運動（人口減少・高齢社会における地域交通政策、地域交通政策づくりと運動、地域交通政策への提言）
2017.7 162p A5 ¥1600 ①978-4-88037-665-3

◆地政学で考える日本の未来—中国の覇権戦略に立ち向かう　櫻井よしこ著　PHP研究所（PHP文庫）（『中国に立ち向かう覚悟』改題書）
【要旨】「100年に一度」の世界情勢の大変化と、中国の異常な軍拡に直面している日本。この未曽有の危機に立ち向かうための鍵—それは歴史を読み、地政学を把握しながら、外交戦略を考えることにある。中国の恐るべき「領土拡大」の野望、そして我が国のとるべき「対抗戦略」とは…。冴えわたる分析と、具体的提言の数々で、日本の確かな希望が見えてくる一冊。
2017.8 330p A6 ¥780 ①978-4-569-76565-5

◆「知の巨人」の人間学—評伝渡部昇一　松崎之貞著　ビジネス社
【要旨】日本人の幸福を願ってやまなかった、この人を見よ！ 祖国を愛した碩学の"全人像"に迫る、初の評伝！
2017.11 282p B6 ¥1700 ①978-4-8284-1984-8

◆中国・アジア外交秘話—あるチャイナハンドの回想　谷野作太郎著　東洋経済新報社
【要旨】日中国交正常化、平和条約締結、天皇訪中から、歴史問題、慰安婦問題、尖閣・南シナ海問題まで、元中国大使が綴る、外交の舞台裏。
2017.11 330p B6 ¥2800 ①978-4-492-44442-9

◆築地移転の謎 なぜ汚染地なのか—石原慎太郎元都知事の責任を問う　梓澤和幸, 大城聡, 水谷和子編著　花伝社, 共栄書房 発売

【要旨】なお残る最大の疑問。誰が、なぜ、いつ、汚染地を選んだのか？ 最新情報—百条委員会で何が明らかになったのか？ 長年の裁判で明らかにされたずさんな実態。石原元都知事に、578億円の損害賠償を求める！
2017.5 104, 22p A5 ¥1000 ①978-4-7634-0816-7

◆築地市場つぶしの豊洲移転を許さない　小泉義秀著　出版最前線, 星雲社 発売（最前線ブックレット No.1）
【要旨】小池知事は、権力欲のために築地をだましつづけた。絶対に移転してはならない、日本最大の汚染地豊洲。たった2週間のオリンピックのために築地をつぶすな。移転の目的は、仲卸つぶしと、公設市場の民営化。労働者の団結で、移転と民営化をとめよう。
2017.11 95p A5 ¥500 ①978-4-434-23988-5

◆徹底解剖 安倍友学園のアッキード事件　佐高信編, 木村真, 横田一, 野中大樹, 鈴木邦男, 福島みずほ著　七つ森書館
【要旨】森友事件の核心!! 籠池泰典前理事長の長男、籠池佳茂氏インタビュー収録。
2017.6 190p 18cm ¥1300 ①978-4-8228-1775-6

◆徹底検証 日本の右傾化　塚田穂高編著　筑摩書房（筑摩選書）
【要旨】日本の右傾化が進んでいると言われて久しい。実際、ヘイトスピーチや改憲潮流、日本会議など、それを示す事例には事欠かない。ならば日本社会は、全般的に右傾化が進んでいるのか？ 本書ではその全体像を明らかにすべく、ジャーナリストから研究者まで第一線の書き手が結集。「社会」「政治と市民」「国家と教育」「家族と女性」「言論と報道」「宗教」の六分野において、それぞれの実態を明らかにする。いま、もっとも包括的にして最良の「右傾化」研究の書である。
2017.3 387, 9p B6 ¥1800 ①978-4-480-01649-2

◆徹底追及 築地市場の豊洲移転—崩された「食の安全・安心」　赤旗編集局著, 日本共産党東京都議団監修　新日本出版社
【要旨】移転計画の抜本的再検討を！ 都政を動かした共産党と「しんぶん赤旗」。
2017.3 158p B6 ¥1000 ①978-4-406-06132-2

◆「テロ等準備罪」にだまされるな！—「計画罪」は「共謀罪」そのものだ　足立昌勝著　三一書房
【目次】第1部 「共謀罪」から「計画罪」・「準備罪」へ（「計画罪」・「準備罪」の登場、「共謀罪」の本質—刑法を変質させる共謀罪、二〇〇六年法務委員会での攻防、テロ等準備罪批判、「共謀罪」改め「計画罪」）、第2部 跨国組織犯罪防止条約と共謀罪（跨国組織犯罪防止条約と共謀罪、ガイドラインと共謀罪、一国主義と世界主義、むすび）、資料編「共謀罪」をめぐって国会・委員会に提出された組織的犯罪処罰法の改正法案
2017.4 175p B6 ¥1300 ①978-4-380-17001-0

◆天皇の平和 九条の平和—安倍時代の論点　小川榮太郎著　産経新聞出版, 日本工業新聞社 発売
【要旨】日本固有の平和精神と憲法九条の平和主義は何の関係もない。内外激動のいま、日本にとって平和とは何か。「約束の日」で総理を描いた著者がその時代を展望。
2017.9 297p B6 ¥1600 ①978-4-8191-1318-2

◆東京をどうする　宇都宮健児著　花伝社, 共栄書房 発売
【要旨】なぜ挑戦しつづけるのか。東京が抱える問題に、どう向きあうべきか。サンダースとパクウォンスンに学ぶ市民時代の民主主義！
2017.6 193p B6 ¥1500 ①978-4-7634-0818-1

◆東京都屋外広告物条例の解説　東京都都市整備局都市づくり政策部緑地景観課監修, 東京都屋外広告物研究会編著　大成出版社　改訂18版
【目次】解説編（屋外広告物の規制、屋外広告物法、東京都屋外広告物条例、事務処理の特例及び事務の委任）、規程編（屋外広告物法、東京都屋外広告物条例、東京都屋外広告物条例施行規則、告示関係、事務処理の特例関係、委任関係、通達（通知）、例規）
2017.12 330p B6 ¥2800 ①978-4-8028-3296-0

◆東京都庁の深層　柳ヶ瀬裕文著　小学館（小学館新書）
【要旨】東京都庁の劣化が著しい。抵抗勢力の前に屈してきた歴代知事、チェック機能の役割を

果たしていない都議会、定年後の天下りを目論む幹部職員など、お粗末で既得権益まみれの実態がある。期待が寄せられる小池百合子現知事も最大会派との二項対立が目立つばかりで「東京大改革」には程遠い。豊洲問題も宙ぶらりんだ。親小池派とも反小池派とも一線を画す現職都議が、赤裸々に答え、都政の「不都合な真実」に迫る。
2017.5 190p 18cm ¥760 ①978-4-09-825298-5

◆東京都の闇を暴く 音喜多駿著 新潮社
（新潮新書）
【要旨】都庁と都議会の癒着、意思決定のブラックボックス、巨額財政と巨大利権、無責任な歴代都職員、そしてドンなる影の権力者…。長年見過ごされてきた「東京都の闇」に今こそ光を当てなくてはいけない。「豊洲問題はなぜ起きたのか」「ドンはそんなに怖いのか」「利権や特権は本当にあるのか」「知事の権限とは」「東京五輪はうまくいくのか」など率直な疑問に現役議員が赤裸々に答え、都政の「不都合な真実」に迫る。 2017.3 196p 18cm ¥740 ①978-4-10-610710-8

◆東京の敵 猪瀬直樹著 KADOKAWA （角川新書）
【要旨】噴出する都政の問題。五輪は無事開催できるのか。新都知事は何と戦うべきなのか。副知事、そして都知事として長年都政に携わった作家が、東京という都市の特質を改めて描きながら、問題の核心を浮き彫りにする。
2017.1 249p 18cm ¥800 ①978-4-04-082128-3

◆どうなるどうする 個人情報保護がよくわかる 改正対応 富士通エフ・オー・エム著
FOM出版
【目次】第1章 個人情報とは、第2章 個人情報を取得するとき、第3章 個人情報を利用するとき、第4章 個人情報に関する問い合わせがあったとき、第5章 個人情報を管理するとき、第6章 個人情報を廃棄・消去するとき、第7章 個人情報保護の取り組み、付録 知っておきたい知識
2017.7 78p 18cm ¥700 ①978-4-86510-329-8

◆都議会、地方議会 伏魔殿を斬る！ 栗原直樹著 青志社
【要旨】石原慎太郎、猪瀬直樹、舛添要一も手に負えなかった都議会"伏魔殿"はなぜ、ここまで力を持ったのか。都議会、地方議会、その知られざる実態に迫った！
2017.4 250p B6 ¥1400 ①978-4-86590-042-2

◆都議・立石晴康の「孤高の真実」 平山一城著 悠光堂
【要旨】平成29年夏都議会議員選挙の鍵を握る立石晴康。40年来自民党一筋に自民党を愛し続けた男が、自民党改革のためにひとり闘う！ 元産経新聞論説委員の渾身の一作。
2017.3 195p B6 ¥1200 ①978-4-906873-88-3

◆ドキュメント日本会議 藤生明著 筑摩書房 （ちくま新書）
【要旨】改憲勢力の枢要な一角を占める日本会議。いまだ謎を残すこの組織は、八〇年代以降、領土や教育、靖国、国家像などに関する保守派の運動に、事あるごとに関わってきた。会員約四万人を擁し、全国各地に地方支部を築くに至ったこの組織は、どのように形成され、いかなる戦略によって国政に関与し、どこへ行こうとしているのか？ 関係者への丹念な取材と、膨大な一次資料によって、日本会議の真実に迫る！
2017.5 198p 18cm ¥760 ①978-4-480-06965-8

◆都政新報縮刷版 2016（平成28年） 都政新報社編著 都政新報社
【目次】都政、区市町村政、区政、市町村政、読者のひろば、人物欄、教育ひろば、コラム欄、各種講座 2017.2 674p A4 ¥10000 ①978-4-88614-240-5

◆土地収用裁決例集 平成27年度裁決 全国収用委員会連絡協議会編 ぎょうせい
【要旨】本書は、平成27年度に土地収用法の規定に基づき都道府県の収用委員会が行った裁決及び和解のうち、各収用委員会から送付があった裁決書及び和解調書を掲載したものです。
2017.6 969p B5 ¥38500 ①978-4-324-10351-7

◆都民ファーストから国民ファーストへ 村上啓二著 中央公論事業出版
【目次】第1章 小池百合子都知事への手紙、第2章 五輪・豊洲問題から共生社会実現へ、第3章 販売の神様神谷正太郎との出会い、第4章 新この国のかたち
2017.3 210p B6 ¥1200 ①978-4-89514-473-5

◆「豊洲市場」これからの問題点 小松正之著 マガジンランド

【目次】第1章 築地に市場ができるまで、第2章 築地市場八二年の歴史と盛衰、第3章 築地から豊洲への長い道のり、第4章 情報化・IT化が進む海外市場流通と日本の後進性、第5章 "出荷の源"漁業と卸売市場の関係はどうあるべきか、第6章 さまよえる豊洲市場のゆくえ
2017.2 143p B6 ¥1200 ①978-4-86546-141-1

◆豊洲新市場・オリンピック村開発の「不都合な真実」―東京都政が見えなくしているもの 岩見良太郎、遠藤哲人著 自治体研究社
【目次】1 土地区画整理で隠された豊洲新市場の闇に迫る（区画整理でおおわれたもう一つの闇、東京ガス、一転、新市場へ、豊洲新市場の始まり、換地で不当利得を得た東京ガス、区画整理でベールをかけられた汚染処理費用負担問題、東京ガスは汚染原因者責任を果たしたか、東京都にとってもうまい話、ツケは築地商業者と都民の肩に）、2 オリンピック村再開発で「公有地たたき売り」（オリンピック村再開発、「クレヨンしんちゃん400円」を税金で買った舛添要一都知事の時代、都民の財産・都有地を市場価格の10分の1以下で投げ売り、なぜ再開発か、ただの再開発か）、「一人芝居の大損再開発」・五つの異常、10分の1投げ売りの秘密―個人施行、全員同意型権利変換計画、デベロッパー、特定建築者が10分の1価格で仕入れる、中心点一化で都有地の売却価格は「適正な価格」ではないのか）、3 東京臨海部開発という「かつ丼の豊洲・晴海、ドーピング的都市再生、よみがえる利権の島）
2017.3 109p A5 ¥1204 ①978-4-88037-661-5

◆取り戻そう日本人の自立心―アメリカの戦後支配と日本国憲法 小西晟市著 （福岡）花乱社
【要旨】豊かさを求め、アメリカに追従してきた戦後の日本。もはや経済大国の道を歩むのではなく、独立自尊の精神に立ち返り、国民が幸福感を持ちうる文化国家を目指すべきではないだろうか。戦中・戦後の混乱期に教育を受け、高校教師期として35年間、地方の教育現場を変容する時代を見つめてきた著者が、憲法、家族・教育の変遷から、これからの日本を真摯に考え
2017.4 232p B6 ¥1700 ①978-4-905327-71-4

◆ドン―最強の敵か、最良の友か 飯島勲著 プレジデント社
【要旨】小池百合子都知事の天敵の正体。抵抗勢力と呼ばれた日本の既得権益と闘い続けた飯島が、今、なぜ、「本当は魅了されている」と、告白するのか。弓なりの日本列島を隠然たる権力で差配してきた男たちー。永田町生活40年、鮮血の足跡。
2017.6 214p B6 ¥1500 ①978-4-8334-5119-2

◆なぜ私は左翼と戦うのか 杉田水脈著 青林堂
【目次】第1章 地方自治体は共産党に支配されている！、第2章 高福祉国家の幻想―デンマークは人間に幸せな社会なのか、第3章 移民を受け入れることの危険性、第4章 蓮舫氏は働く女性の味方ではない、第5章 まやかしの人権主義にだまされるな、第6章 日本再生の鍵はこれだ、終章 現在の関心事・フランスの国民戦線
2017.4 182p B6 ¥1500 ①978-4-7926-0586-5

◆2015年安保、総がかり行動―大勢の市民、学生もママたちも学者も街に出た。 高田健著 梨の木舎 （教科書に書かれなかった戦争 Part65）
【要旨】いま歴史を動かしているものは何か？ 改憲の政治勢力だけではない、戦争する国への道に反対するもう一つのファクターがある。広範な市民の運動を追う。
2017.3 184p A5 ¥1800 ①978-4-8166-1702-7

◆日記で読む近現代日本政治史 黒沢文貴、季武嘉也編著 （京都）ミネルヴァ書房 （史料で読み解く日本史 2）
【要旨】近現代の日本人はいかなる日記を残してきたのか。とりわけ政治の舞台で活躍した政治家、官僚、軍人、知識人たちは、どのような思いで日々の出来事を記録し続けてきたのか。本書では、明治・大正・昭和の百年間における主要な日記を取り上げ、その面白さと特徴を分かりやすく紹介する。また同時代の日記についての資料を巻末に盛り込む。近現代日本史をより深く知ろうとする人には必携の一冊である。
2017.4 340, 13p A5 ¥3800 ①978-4-623-07854-7

◆「日経新聞」には絶対に載らない日本の大正解 高橋洋一著 ビジネス社
【要旨】「経済成長と少子化」「仮想通貨」「年金破綻」から「教育国債」「1票の格差」「集団的自

衛権」「核保有」、「長時間労働」「待機児童問題」「老後格差」などなど、経済、政治、ビジネスから日常生活に至るまで、どうにも腑に落ちない疑問を一刀両断！ この国の「正しい答え」がここに！
2017.7 215p B6 ¥1300 ①978-4-8284-1961-9

◆日本の戦略外交 鈴木美勝著 筑摩書房 （ちくま新書）
【要旨】日本を取り巻く外交の"戦略環境"は劇的に変化した。対外膨張を志向する中国の台頭、疲弊しながらもなおグローバル・パワーとして期待される米国の焦燥、世界最大の民主国家インドの野望、ロシアの策謀、EUにおける移民の流入や英国の離脱…。地殻変動の中、日本の外交はこれまでどう変化してきて、これからどこへ向かうのか。キーマンたちのインサイド情報を基に、日本の"戦略的リアリズム"を解剖する！
2017.2 412p 18cm ¥1100 ①978-4-480-06944-3

◆日本一やさしい「政治の教科書」できました。 木村草太、津田大介、加藤玲奈、向井地美音、茂木忍著、朝日新聞社編 朝日新聞出版
【要旨】お金のことは「自己責任」、だけど政治のことは「人任せ」…そんな国で本当にいいの？ 政治を選べる人になる！ 最高の先生にまなぶ18歳からの政治超入門！
2017.7 215p B6 ¥1100 ①978-4-02-251467-7

◆日本を再生する66の提言 日本青年会議所編 幻冬舎
【要旨】23人の論客が日本再生への道を示す！ デフレを脱却するには？ 憲法改正はすべき？ 教育の完全無償化は実現できる？ 各分野の専門家が一問一答形式で解説。経済の仕組みがわかる漫画もたっぷり収録！ 日本の未来を明るく照らすヒント。
2017.12 220p B6 ¥1400 ①978-4-344-03222-4

◆日本をダメにするリベラルの正体 山村明義著 ビジネス社
【要旨】大統領になったのにトランプバッシングを繰り返し安倍政権打倒のために「日本会議」批判に狂騒するリベラル・メディアとは何なのか。
2017.3 230p B6 ¥1400 ①978-4-8284-1939-8

◆日本が動く時―政界キーパーソンに聞く PART17 長野祐也編 世界日報社 （ViewPBOOKS）
【要旨】今、政治の真の役割を問う！ 政界キーパーソンとの対談集・第17弾。国家の緊急課題にどう対処？!北朝鮮の核・ミサイルの脅威と安全保障、憲法改正、アベノミクス、社会保障等、キーパーソンとの白熱の対談を通じて解決策と国の針路を提示する!!
2017.11 335p A5 ¥2500 ①978-4-88201-094-4

◆日本人のための平和論 ヨハン・ガルトゥング著、御立英史訳 ダイヤモンド社
【要旨】著書は本書で平和を実現するための代替案を提示する。日本が米国に対して取るべき立場について、そして東北アジア諸国―2つのチャイナ（中国と台湾）、2つのコリア（北朝鮮と韓国）、そしてロシア（極東ロシア）―との関係改善のために取り組む政策について、代替案を提示する。これは日本人のための平和論である。
2017.6 267p B6 ¥1600 ①978-4-478-10081-3

◆日本政治史―外交と権力 北岡伸一著 有斐閣 増補版
【要旨】近代国家は、国民の上に強大な力を及ぼす一方で、広範な国民の支持なしには存在できない。他方、いかなる国の内政も国際関係と切り離しては考えられず、また関係国の内政を無視した外交は成り立たない。本書において、そうした強さと脆さが複雑に入り組んだ近代国家における政治権力の形成と発展の過程は、どのようなものであったのか。幕末における西洋との出会いから、冷戦の終焉にいたる百三十年余りの日本政治を、外交と権力、すなわち対外問題とそれに対する日本の権力の対応を中心に分析・考察する。増補にあたり補章「植民地とその後」を追加。
2017.6 348p B6 ¥2000 ①978-4-641-14919-9

◆日本政治思想 米原謙著 （京都）ミネルヴァ書房 （MINERVA政治学叢書）増補版
【要旨】近世儒学の遺産を継承しつつ、近現代日本の知識人たちは直面する様々な課題にいかに応えたのか。荻生徂徠や本居宣長らの近世思想に始まり、ペリー来航から太平洋戦争や高度成長を経て冷戦終焉に至る150年間

政治

に、日本ではどのような政治思想が展開したのか。好評の初版をもとに、「「親米保守」の憂鬱」「「国際化」の時代環境」「保守主義の変貌」などの冷戦後の思想動向を加えた増補版。
2017.10 335, 13p A5 ¥3500 ①978-4-623-08132-5

◆日本政治とカウンター・デモクラシー　岩井奉信, 岩崎正洋編著　勁草書房
【要旨】現在の日本において民主主義は機能しているのか。「国会内民主主義」と「国会外民主主義」の相克を多角的に描き、カウンター・デモクラシーの現在と今後の可能性を検討する。
2017.11 290p A5 ¥3700 ①978-4-326-30261-1

◆日本第一党宣言　桜井誠著　青林堂
【要旨】桜井誠、日本第一主義を掲げて、政治の世界に斬り込む！すべての行動は日本のため。何よりも自国民を大切にする当たり前の主張で日本の未来を生み出す！
2017.5 209p B6 ¥1200 ①978-4-7926-0590-2

◆日本中枢の狂謀　古賀茂明著　講談社
【要旨】「報道ステーション」生放送中の告発の裏には、驚愕の事実が隠されていた！改革と見せかけ、「戦争国家」を作る、悪魔のシナリオを全て暴く!!
2017.5 415p B6 ¥1700 ①978-4-06-219650-5

◆日本とアジアをつなぐ―法整備支援のすすめ　鮎京正訓編　旬報社
【要旨】一九九〇年代から、日本政府は、ベトナム、ラオス、カンボジア、ミャンマー、モンゴル、ウズベキスタンなどアジアの開発途上国に対して法整備支援をしてきました。しかし、これらの国々の多くは、植民地支配を受けたり、社会主義体制や軍事政権の経験を持ってきましたので、それらの法体制の原理を知らなければなりません。また、法整備支援をおこなうためには、各国の法律家と付き合わなければなりません。法整備支援にかかわる必要な知識は何か、いっしょに考えてみましょう。
2017.7 159p B6 ¥1400 ①978-4-8451-1509-9

◆日本とフランス 「官僚国家」の戦後史　大嶽秀夫著　NHK出版　（NHK BOOKS）
【要旨】フランスと日本は、先進国の中でも、左右のイデオロギー対立が極めて長く続いたという共通性を持つ。また、共に強固な「官僚国家」であり、エリートの主導によって高度経済成長を達成した点も同様である。本書は、戦後から現在までの両国の政治過程をパラレルに追っていく。ナチスへの戦争協力と軍国主義という「負の遺産」の克服、終戦から高度経済成長までの道筋、六〇・七〇年代の「民主化」の時代から八〇年代の「自由化」の時代への転換、イデオロギー対立の終焉とグローバリズムの席巻、そして現在のポピュリズムの高まり。二つの「官僚国家」の七〇年の軌跡から、民主的な未来を見通す試み。
2017.3 219p B6 ¥1200 ①978-4-14-091245-4

◆日本の真実50問50答―わかりやすい保守のドリル　和田政宗著　青林堂
【目次】保守とは何ですか？革新とは何ですか？、憲法第9条で平和が守られたというのは本当ですか？、現行憲法は、世界で唯一の崇高な平和憲法というのは本当ですか？、現行憲法は、GHQに押しつけられたというのは本当ですか？、共産党が9条に反対していたというのは本当ですか？、中国が南シナ海を軍事制圧しようとしているのはなぜですか？、日本は尖閣諸島を守ることができるのでしょうか？、南西諸島防衛における自衛隊と中国軍の実力は？、竹島を韓国から取り戻すことはできないのですか？、北朝鮮による拉致事件はなぜ起きたのですか？　ほか
2017.6 221p B6 ¥1200 ①978-4-7926-0589-6

◆日本の政治報道はなぜ「嘘八百」なのか　潮匡人著　PHP研究所　（PHP新書）
【要旨】アメリカ合衆国大統領選挙期間中にトランプ候補に「暴言王」のレッテルを貼り、「クリントン優勢」と言い続けた日本の左派マスコミと文化人。結果が出て、自らの不明を恥じることもなく、「驚くべき番狂わせ」「土壇場の大逆転」などと報じた。一事が万事。朝鮮半島情勢、尖閣危機、沖縄基地問題などでもピント外れの解説を繰り返す。それどころか、事実すら報じようとしない。内政の問題でも、相変わらず野党に甘く、与党に厳しいが、双方の誤りと矛盾について批判する気持ちがない。いったい、なぜなのか。気鋭の論客がマスコミの政治報道の嘘を暴き、実態を読み解く。
2017.3 219p 18cm ¥800 ①978-4-569-83558-7

◆日本の敵　田母神俊雄著　ベストセラーズ

【要旨】愛国心を「金儲け」の道具にする奴は誰だ。北朝鮮のミサイルが落ちると「脅して」喜ぶ奴は誰だ。中国が尖閣諸島へ侵入しても「平和」だと笑う奴は誰だ。改革の名のもとに国民を「貧困化」させ「格差」を生んだ奴は誰だ。憲法9条で「戦争」に巻き込まれないと平気でウソをつく奴は誰だ。日本を不当に貶める奴は誰だ。我が国の自主独立を阻む「真の敵」は誰だ。敵は内にも外にもいるのだ。私たちは、果敢に、粘り強く、真実を示し続けなければならない。主張する勇気と知性を身につけ、勁き国家を創る術を説く。
2017.10 356p A6 ¥590 ①978-4-10-127232-0

◆日本の敵　櫻井よしこ著　新潮社　（新潮文庫）
【要旨】日本は今、歴史戦を挑まれている。闘いの主戦場を国連に広げ、不条理な非難を浴びせ続ける相手の主軸は中国である。だが、忘れてはならない。慰安婦問題をはじめ、日本の前に日銀法を汚す歴史非難の原因を作ったのは日本人だったということを。敵は内にも外にもいるのだ。私たちは、果敢に、粘り強く、真実を示し続けなければならない。主張する勇気と知性を身につけ、勁き国家を創る術を説く。
2017.10 356p A6 ¥590 ①978-4-10-127232-0

◆日本の発言力と対外発信―「静かなる有事」を超えて　原野城治著　（大阪）ホルス出版
【要旨】日本の対外発信の脆弱さをぶった切る！迷走を続けた国際広報に警鐘を鳴らし続けた外交ジャーナリストの渾身の提言を聞け！
2017.12 269p B6 ¥1500 ①978-4-905516-09-5

◆日本よ、咲き誇れ　安倍晋三, 百田尚樹著　ワック　（WAC BUNKO）
【目次】第1章「安倍晋三再登板待望論」に初めて応える（「近いうちに解散する」、増税の前に日銀法を改正して、二～三％のインフレ目標をほか）、第2章 取り戻すべきは何か（総裁選再出馬にほとんどの人が反対だった、本来が脅かされている状態を黙視できない ほか）、第3章『永遠の0』を問う、『海賊とよばれた男』の時代（命の大切さを伝えたい、『永遠の0』に学んだこと ほか）、第4章 安倍総理大臣で、再び日本は立ち上がる（売国民主党政権、安倍晋三論）、第5章 安倍総理大臣、熱き想いを語る一日本を守る一歩前に（追悼一知の巨人・渡部昇一 保守の神髄として、「批評するだけの人間に、価値はない」 ほか）
2017.10 222p 18cm ¥1500 ①978-4-89831-764-8

◆日本よ、もう謝るな！―歴史問題は事実に踏み込まずに解決しない　山岡鉄秀著　飛鳥新社
【要旨】朝日新聞と外務省が今も英語で発信し続けるウソ。国連を巻き込む国際世論戦で、中韓に反撃開始！
2017.8 245p B6 ¥1296 ①978-4-86410-566-8

◆日本列島創生論―地方は国家の希望なり　石破茂著　新潮社　（新潮新書）
【要旨】お任せ民主主義と決別し、地方から革命を起こさなければ、未来は切り拓けない。金融政策、財政出動のみで日本は甦らない。「補助金と企業誘致の時代は終わった」「観光はA級を目指すべし」「官僚こそ地方で汗を流せ」「里帰りに魅力を付加せよ」―地方で中央、与党と野党、政官財、老若男女の別なく一致できる「創生への道」とは。初代地方創生大臣が具体的なアイディアをもとに示す、可能性と希望に満ちた日本論。
2017.4 218p 18cm ¥760 ①978-4-10-610712-2

◆丹羽宇一郎 戦争の大問題―それでも戦争を選ぶのか。　丹羽宇一郎著　東洋経済新報社
【要旨】戦争をなくすために大事なことはまず戦争を知ることである。日本人が72年間戦争をせずにきたが、同時に長い間戦争を知ろうとせずにきた。あと10年もすれば戦争を知っている世代はいなくなるだろう。我々は戦争の語り部を失ってしまうのだ。いまが最後のチャンスである。一戦争体験者、軍事専門家に聞いてわかった、教科書では学べない真実！元中国大使、国際ビジネスマンが魂を込めた最初で最後の戦争論。
2017.8 285p B6 ¥1500 ①978-4-492-21234-9

◆ネット右翼亡国論―桜井誠と廣松渉と佐藤優の接点　山崎行太郎著　（福岡）春名書房, メディアパル 発売
【要旨】情勢論、原理論、存在論の接点。なぜ、東大教授の廣松渉と反社会集団＝在特会のリーダー桜井誠を同列に論じるのか？廣松渉と桜井誠と言えば、月とスッポンだろう。何か、共通するテーマでもあるのか？それが、あるのだ。「思想の土着化」「思想家の土着化」「思想家の存在論化」という問題である。いわゆる「存在論

の問題だ。
2017.8 250p B6 ¥1500 ①978-4-8021-3062-2

◆爆買いされる日本の領土　宮本雅史著　KADOKAWA　（角川新書）
【要旨】日本は外国人の土地取得に規制がない、世界でも稀有な国だ。対馬の韓国人による買い占めを追っていた著者は、北海道でも中国人による買収が進んでいると聞き、すぐさま現地へ向かう。風光明媚な名所や水源地、安全保障上重要な港…大規模な土地取得が進んでいた。一方で、過疎に苦しむ地域の人々の「買ってくれるなら」という声は重い。知られざる現状をレポートする。
2017.7 255p 18cm ¥800 ①978-4-04-082140-5

◆橋下徹の問題解決の授業―大炎上知事編　橋下徹著　プレジデント社
【要旨】日本のニュースが面白いほどわかる本。小池さん、舛添さん、大阪のこと、どこよりも詳しく解説します！
2017.12 199p B6 ¥1500 ①978-4-8334-5126-0

◆破綻と格差をなくす財政改革　田島代支宣著　あけび書房
【要旨】アベノミクスをケインズ金融論から徹底分析、そして、破綻と格差の現状を整理し、改革方策を提起する。
2016.12 183p B6 ¥1600 ①978-4-87154-149-7

◆ひきこもりの国民主義　酒井直樹著　岩波書店
【要旨】国民主義や植民地主義の思想はいかにして克服可能か。長年この難題と格闘してきた著者による待望の新著。過去の植民地支配・戦争犯罪を直視せず、アメリカの「下請けの帝国」の地位にしがみつく戦後「日本」。その精神構造を、恥、男性性、人種主義など、様々なファクターから解明する。世界に蔓延する自国第一主義を批判的に超えるための必読書。
2017.12 281p B6 ¥2800 ①978-4-00-024532-6

◆不安な個人、立ちすくむ国家　経済産業省若手プロジェクト著　文藝春秋
【要旨】瞬く間に150万ダウンロードされ、賛否両論を巻き起こしたレポート完全版！養老孟司、冨山和彦、東浩紀×経産省若手官僚。日本の未来を一緒に考えませんか？
2017.11 238p 21×14cm ¥1500 ①978-4-16-390747-5

◆風刺漫画 アベ政権　橋本勝絵・文　花伝社, 共栄書房 発売
【要旨】安倍暴走政治にNO！風刺は日本を変え、世界を変える。民意を無視して突っ走る安倍政権。アベちゃんに捧げる風刺画とメッセージ。怒りを込めて笑い飛ばせ！
2017.7 79p A5 ¥800 ①978-4-7634-0821-1

◆二つの政権交代―政策は変わったのか　竹中治堅編　勁草書房
【要旨】二〇〇九年に民主党に政権が交代し、二〇一二年に自民党に政権が戻った。この二つの政権交代は政策の内容やその決定過程に、どんな影響を及ぼしたのか。農業、電力・エネルギー、コーポレート・ガバナンス、社会福祉、税制、外交、防衛、法制執務の八つの政策を精査する。安倍政権と民主党政権の知られざる継続性と、政策決定過程の「集権化」が浮かび上がる。
2017.2 292, 2p B6 ¥3300 ①978-4-326-35170-1

◆文化条例政策とスポーツ条例政策　吉田勝光, 吉田隆之著　成文堂
【目次】第1編 文化条例の研究（各自治体の文化条例の比較考察、創造都市の政策に言及する文化条例の考察、文化条例の望ましい制定手法（1）―静岡県・奈良市・逗子市・さいたま市の制定過程等の調査、比較から、文化条例の望ましい制定手法（2）―京都文化芸術創生都市条例を事例に）、第2編 スポーツ条例の研究（地方自治体におけるスポーツ条例政策の視座、日本の地方自治体のスポーツ基本条例の現状と課題、韓国地方自治体でのスポーツ基本条例制定の可能性、個別条例の研究）、第3編 文化条例とスポーツ条例の比較研究（各自治体のスポーツ条例の比較考察―文化条例との対比の視点から、例規集参考）、第4編 文化条例研究資料、第5編 スポーツ条例研究資料（スポーツ条例調査、スポーツ基本法とスポーツ振興法（旧法）、スポーツ条例（全文・制定順）
2017.4 505p A5 ¥10000 ①978-4-7923-3361-4

◆分裂と統合の日本政治―統治機構改革と政党システムの変容　砂原庸介著　千倉書房
【要旨】「改革」の陥穽を衝く。90年代の統治機構改革を経た日本政治は、有権者に新たな選択

肢を提供できるのか。
2017.7 204p A5 ¥3600 ①978-4-8051-1112-3

◆平成デモクラシー史　清水真人著　筑摩書房
（ちくま新書）
【要旨】「平成デモクラシー」は、政治の風景をがらりと変えた。九〇年代に始まった一連の改革により、政権交代を懸けた与野党の競争が始まり、首相への権力の集中が進んだ。今世紀に入ると、「小泉劇場」から民主党政権を経て「安倍一強」へ。その果てに──。「平成」という時代には、どんな意味があったのか？　激動の三十年を構造的に読み解き、「平成デモクラシー」という一筋の航跡をくっきりと描きだす圧倒的な政治ドキュメント。
2018.1 401、12p 18cm ¥1100 ①978-4-480-07119-4

◆平和都市ヒロシマを暴く　神川彰infelt　幻冬舎メディアコンサルティング　幻冬舎 発売
【要旨】平和ボランティア経験者が語る、隠された真実と未来への提言。ヒロシマの裏の顔を知らずして、真の世界平和は語れない。
2017.1 239p 18cm ¥800 ①978-4-344-91076-8

◆平和の夢に支配された日本人の悲劇──「ダ チョウの平和」をむさぼるなかれ　ケント・ギルバート著　自由社（自由社ブックレット）
【要旨】国を愛さない者たちへ痛烈な一撃！　緊迫の危機に目をふさぎ、「平和」という甘い夢で日本人をミスリードする、空疎な理論を粉砕！
2017.10 139p B6 ¥700 ①978-4-908979-04-0

◆平和ボケ、お花畑を論破するリアリストの思考法　渡邉哲也者　飯塚書店
【目次】1（「平和ボケ」「お花畑」の実体、日本に「お花畑」が蔓延した理由、現実から目をそらす「お花畑」の限界、メディアの終焉と近未来予測）、2（お花畑を論破する、論破に必要なディベート術と思考法）
2017.4 191p B6 ¥1300 ①978-4-7522-6028-8

◆返還交渉　沖縄・北方領土の「光と影」　東郷和彦著　PHP研究所　（PHP新書）
【要旨】沖縄復帰はなぜ実現し、北方領土交渉はなぜ難航しているのか。本書ではまず沖縄復帰までの道筋を、二人の人物によって読み解く。外務省アメリカ局長で「表の交渉」を務めた東郷文彦氏（著者の父）と、いわゆる「沖縄密約」交渉を行なった佐藤総理の密使、若泉敬氏である。二人には共通する思いとして「沖縄愛国心」と「醒めた現実主義」があった。北方領土交渉に携わった著者は、「北方領土愛国心」の余りの過剰さが、それぞれの地点から国を思い、戦後の沖縄活動、天皇の生前退位、憲法改正、日本の政治過程を、痛惜の念を持って振り返る。二つの返還交渉に携わった人たちの思想と行動を、独自の視座から分析する一冊。
2017.3 266p 18cm ¥820 ①978-4-569-83226-5

◆変節と愛国──外交官・牛場信彦の生涯　浅海保著　文藝春秋（文春新書）
【要旨】戦前は「枢軸派」として日独伊三国同盟を強力に推進。戦後は「親米派」として外務次官、駐米大使を歴任。彼を「変節漢」と呼ぶ人もいる。しかし、本当にそうなのだろうか。激動の昭和を気概で駆け抜けた男の人生から、「愛国」の意味を考える。
2017.9 287p 18cm ¥940 ①978-4-16-661141-6

◆僕は沖縄を取り戻したい──異色の外交官・千葉一夫　宮川徹志著　岩波書店
【要旨】「千葉がいなければ、沖縄は今のような姿で日本に返還されていなかったかもしれない」自らの戦争体験から沖縄返還に情熱を捧げることを決意した異色の外交官・千葉一夫は、基地負担の削減を訴える過程に、沖縄の人びとの切実な思いと、アメリカの外交政策のリアリズムとの狭間で、何を思い、どう交渉したのか。知られざる黒衣の人物に光をあてることで、戦後日本政治史の舞台裏を明らかにし、私たちに刻印された「戦後」という時代を捉え直す。
2017.8 251p B6 ¥2400 ①978-4-00-024797-9

◆保守の真贋──保守の立場から安倍政権を批判する　西尾幹二著　徳間書店
【要旨】「国土」「憲法改正」「皇室問題」「歴史」日本はいつまで何もしないで立ちすくんでいるのか！
2017.9 315p 18cm ¥1000 ①978-4-19-864483-3

◆保守の真髄──老酔狂で語る文明の素乱　西部邁著　講談社　（講談社現代新書）
【要旨】世界恐慌や世界戦争の危機が見込まれる現在、政治や文化に関する能力を身につける必要がある！　そして、良き保守思想の発達した国家でなければ良き軍隊をもつことはでき

ないのである──まことの保守思想を語り尽くす、大思想家・ニシベ最期の書！
2017.12 265p 18cm ¥840 ①978-4-06-288455-6

◆北海道からトランプ的安倍 “強権” 政治にNOと言う　徳永エリ、紙智子、福島みずほ著、親子で憲法を学ぶ札幌の会編　（札幌）寿郎社（寿郎社ブックレット 2）
【目次】安倍政権下での憲法改悪をみんなの力で止めよう（歴史に名を刻みたい安倍総理、憲法は国民に浸透しているか、日本国憲法は押し付けではない ほか）、市民と野党の力で暴走政治に立ち向かおう（──選挙区で野党統一候補が勝利、東北、北海道こそ農業県で勝利、市民と野党の結束が財産に ほか）、暮らしの中から憲法をもう一度見直そう（「日本を取り戻す」に違和感、憲法違反の「駆けつけ警護」、もし自衛隊から戦死者が出たら ほか）
2017.2 85p A5 ¥700 ①978-4-902269-95-6

◆マッカーサーの呪い　永久革命の種──今なおアメリカの罠に嵌ったままの日本　青柳武彦著　ハート出版
【要旨】蒔かれた種は七十余年日本人の心に深く根を下ろし自律的再生産を続けた。日本人の心に戦争犯罪に対する自責の念を植え込むプログラムWGIPが果たし浸透している現代日本の実態。
2017.12 268p B6 ¥1600 ①978-4-8024-0049-7

◆マッカーサーの繁栄システム──「憲法改正」は、日本を滅ぼす　阿吽正盟著　七つ森書館
【要旨】マッカーサーに学ぶ繁栄国の作り方と、戦後改革に学ぶ現代国家の経営。
2017.7 317p B6 ¥1800 ①978-4-8228-1781-7

◆右の売国、左の亡国──2020年、日本は世界の中心で消滅する　佐藤健志著　アスペクト
【要旨】勝手にしやがれ、天下国家！　保守とリベラル、どちらの言い分も“変だ”と気づいた人のために。消滅前後の真実がわかる「政治経済用語辞典」を収録！
2017.3 269p B6 ¥1700 ①978-4-7572-2463-6

◆無言宣伝──京都・北野白梅町駅頭 月曜日のアサ　無言宣伝編　（京都）ウインかもがわ（京都）かもがわ出版 発売
【要旨】1人から始まった行動は足かけ5年、継続し、広がる共感は海を越えて…。
2017.5 199p A5 ¥1200 ①978-4-903882-85-7

◆迷走する番号制度──自治体の現場から見た課題　瀧口樹良著　時事通信出版局、時事通信社 発売
【目次】第1部 自治体としての番号制度の位置付け（番号制度の導入と自治体の変貌）、第2部 自治体としての番号制度リスク対策（自治体としての安全管理措置の位置付け、自治体としての安全管理措置の具体的な留意点、自治体としての本人確認（番号確認と身元確認）の留意点、番号制度と自治体の条例との関係）、第3部 自治体としての番号制度の活用方法（他自治体との情報連携の実施、個人番号カードの交付事務への対応と多目的利用の可能性、自治体におけるマイナポータルの対応と活用の可能性、個人番号の利用拡大の可能性）、第4部 自治体としての番号制度の展望と課題（番号制度導入後の自治体における情報資産の活用、世帯単位による個人情報の利用と保護対策、番号制度を活用した自治体の展望）
2017.3 156p B6 ¥1800 ①978-4-7887-1517-2

◆元自衛官が本気で反対する理由──安保法反対20人の声　しんぶん赤旗日曜版編集部編　新日本出版社
【要旨】「安保法反対！」日本共産党のしんぶん赤旗日曜版のインタビューに応じ、実名で発言する異色の書！
2017.1 93p B6 ¥926 ①978-4-406-06124-7

◆靖国神社──「殉国」と「平和」をめぐる戦後史　赤澤史朗著　岩波書店　（岩波現代文庫）
【要旨】「靖国問題」の根幹はどこにあるのか。敗戦後に標榜した「平和主義」が徐々に後退し、ついにはA級戦犯合祀に至った「慰霊」追悼の変遷をたどりながら、国家観・戦争観・宗教観こそが戦後一貫して靖国をめぐる最大の争点である ことを解き明かす。外交上の軋轢や政治的対立として硬直化した議論に陥りがちな「靖国問題」を、歴史的経緯を踏まえて冷静に考察するための新たな視点を提示する。
2017.7 414p ¥1420 ①978-4-00-600365-4

◆靖国神社が消える日　宮澤佳廣著　小学館
【要旨】靖国神社の“本当の敵”は誰なのか？ すべてを知る著者が、「靖国問題」の本質を問い

直す。元幹部が初めて明かす「苦難の秘史」。
2017.8 222p B6 ¥1300 ①978-4-09-379894-5

◆憂国論──戦後日本の欺瞞を撃つ　鈴木邦男、白井聡著　祥伝社（祥伝社新書）
【要旨】トランプ政権誕生以後、日本の対米追従はますます加速している。政府は、国富を犠牲にしてまでも、自己保身を図っているのだ。「堂々たる売国」である。いっぽう、戦後の日本には、真に国を憂えた人たちがいた。三島由紀夫、野村秋介、そして数多の右翼・左翼の活動家たちだ。彼らはいかに日本を変えようとしたのか。売国がまかり通る今、彼らが活動していたころよりも、はるかに時代の空気が悪くなっている。国民全体がレベルダウンしているのではないか。信念の政治活動家と気鋭の政治学者が、それぞれの地点から国を思い、戦後の政治活動、天皇の生前退位、憲法改正、日本の政治の現在と未来について語り下ろした。
2017.8 248p 18cm ¥800 ①978-4-396-11508-1

◆抑止力のことを学び抜いたら、究極の正解は「最低でも国外」　鳩山友紀夫、柳澤協二著　（京都）かもがわ出版
【要旨】2010年、普天間基地をめぐり、「学べば学ぶほど」の言葉で県内移設に回帰した元総理の鳩山氏、それを批判することで論壇に登場した元防衛官僚の柳澤氏。7年の時を経て初めて相まみえ、基地の撤去と日本の平和を両立させる道を議論しつくす。
2017.7 158p B6 ¥1200 ①978-4-7803-0922-5

◆余命三年時事日記 共謀罪と日韓断交　余命プロジェクトチーム著　青林堂
【要旨】『余命三年時事日記』シリーズ第5弾！千葉麗子との対談も収録。共謀罪と日韓断交が、日本の未来を拓く！
2017.3 206p B6 ¥1200 ①978-4-7926-0582-7

◆リベラルという病　山口真由著　新潮社（新潮新書）
【要旨】人間への信頼、平等の理念にもとづくアメリカのリベラリズムが今、危機に瀕している。政治や司法から、宗教観や家族観、性差や人種問題まで、伝統的コンサバティズムとの対立を繰り返してきた歴史をひもとき、トランプ政権下で大きく軋む社会の断層を浮き彫りにする。さらには、欧米のリベラリズムを奇妙な形で輸入・加工し続けてきた日本的リベラルの矛盾と限界をも鮮やかに解き明かす。
2017.8 221p 18cm ¥760 ①978-4-10-610729-0

◆冷戦の終焉と日本外交──鈴木・中曽根・竹下政権の外政1980〜1989年　若月秀和著　千倉書房　（叢書21世紀の国際環境と日本 006）
【要旨】経済摩擦、歴史認識問題、そして冷戦の終焉。1980年代日本外交の達成と蹉跌からいま我々は何を学ぶか──。
2017.12 722p A5 ¥7000 ①978-4-8051-1113-0

◆歴代内閣総理大臣のお仕事──政権掌握と失墜の97代150年のダイナミズム　内閣総理大臣研究会編著　（西宮）鹿砦社（鹿砦社新書）
【要旨】いまからおよそ150年前、第15代将軍徳川慶喜は朝廷に政権を返上し、急速な近代化が進められた結果、内閣制度が確立した。トップとして内閣総理大臣が誕生した。初代の伊藤博文から現代の安倍晋三まで、歴代首相の数は62人。それぞれがそれぞれに、日本国の政治の局面を切り抜けてきた。どのような人物がどのように就任し、在任時に対処し、政権の幕を引いたかは、そのまま日本の近代史に通じる。いわば各首相は歴史の主人公。主人公を知れば歴史が分かり、現在が分かる。本書は歴代総理大臣の全網羅。歴史を顧みて今を知る必携の書!!
2017.11 159p 18cm ¥600 ①978-4-8463-1204-6

◆私の保守宣言　和田秀樹著　ワック　（WAC BUNKO）
【要旨】「真の保守」とは何か？　学力にしても科学技術力にしても中国や韓国に負け始めている。そして「日本のよかった、保守すべき価値観」が崩壊寸前だ！　日本は油断してはいけない！
2017.11 223p 18cm ¥900 ①978-4-89831-766-2

◆悪だくみ──「加計学園」の悲願を叶えた総理の欺瞞　森功著　文藝春秋
【要旨】最高権力者の「腹心の友」が摑み取った52年ぶりの獣医学部新設。そのレールを誰が敷き、そこで何が起きていたのか──徹底取材で核心に迫る。
2017.12 268p B6 ¥1600 ①978-4-16-390783-3

◆**NPO・市民活動のための助成金応募ガイド 2017**　助成財団センター編　助成財団センター
【目次】第1部 助成金応募の手引き（助成財団を知ろう、助成財団を探す、応募書類の作成、助成金の選考作業、助成決定とその後の対応）、第2部 助成金募集案内（助成募集案内目次、募集案内）、第3部 助成先（決定課題）一覧（助成先一覧目次（表の見方）、助成先一覧（抜粋））
2017.3 392p B5 ¥2315 ⓘ978-4-915738-13-5

◆**「YES」と言わせる日本**　石原慎太郎, 亀井静香著　小学館　（小学館新書）
【要旨】トランプよ習近平よ金正恩よ、日本をなめるな！ 暴走老人2人が憂国の緊急対談。
2017.7 186p 18cm ¥740 ⓘ978-4-09-825309-8

政党・国会・内閣

◆**安倍政権とは何だったのか―時代への警告**　適菜収著　ベストセラーズ
【要旨】売国奴に騙されてはいけない！
2017.10 189p B6 ¥1300 ⓘ978-4-584-13816-8

◆**裏切りと嫉妬の「自民党抗争史」**　浅川博忠著　講談社　（講談社プラスアルファ文庫）
【要旨】「お前まで俺を裏切るのか!?」―古くは岸信介と佐藤栄作の兄弟対決に始まり、田中角栄と福田赳夫の「角福戦争」、竹下登の「創政会旗揚げ」、小沢一郎憎しで立ち上がったYKK、そして一強・安倍晋三に挑むのは…。政界「奥の院」の人間ドラマを膨大な取材メモを元に描いた、永田町取材歴40年の集大成。
2017.4 221p A6 ¥750 ⓘ978-4-06-281712-7

◆**国会を考える**　大石眞, 大山礼子編著　三省堂
【要旨】国会のなにが問題か？ 世界の議会を俯瞰することで日本の国会の問題点が見えてくる。
2017.5 326p B6 ¥2800 ⓘ978-4-385-32319-0

◆**佐藤優の「公明党」論**　佐藤優著　第三文明社　（本文：日英両文）
【要旨】党史『公明党50年の歩み』を深く読み解き、その本質を浮き彫りにする。全文英訳付き。
2017.3 130, 94p B6 ¥1200 ⓘ978-4-476-03360-1

◆**自民党―「一強」の実像**　中北浩爾著　中央公論新社　（中公新書）
【要旨】自民党は結党以来38年間にわたり政権を担い、2度「下野」したが、2012年に政権に復帰。一強状態にある。その間、自民党は大きな変貌を遂げた。本書は、関係者へのインタビューや数量的なデータなどを駆使し、派閥、総裁選挙、ポスト配分、政策決定プロセス、国政選挙、友好団体、地方組織、個人後援会、理念といった多様な視角から、包括的に分析。政権復帰後の自民党の特異な強さと脆さを徹底的に明らかにする。
2017.4 313p 18cm ¥880 ⓘ978-4-12-102428-2

◆**自民党に天罰を！ 公明党に仏罰を！―佐高信の緊急対談**　佐高信著　七つ森書館
【要旨】安倍自公政権の崩壊がはじまった。11人の論客と緊急対談!!
2017.10 198p 18cm ¥1100 ⓘ978-4-8228-1784-8

◆**政党政治はなぜ自滅したのか？―さかのぼり日本史**　御厨貴著　文藝春秋　（文春文庫）
【要旨】今ほど混迷する政治をじっくり見据えるときはない。国民の期待を背負って誕生した政党政治はなぜ自壊したのか？ 軍の台頭を招いた政党政治はなぜ失敗したのか？ 4つの歴史的なターニングポイントから、政党政治の失敗の原因を探りわかりやすく解説。激動の政党政治がたどってきた苦難の歴史からあるべき政治の姿を見定める。
2017.8 170p A6 ¥670 ⓘ978-4-16-790914-7

◆**野党協力の深層―戦後共産党は、いかに大転換に至ったのか**　平野貞夫著　詩想社　（詩想社新書）
【要旨】「野党共闘」はこれからどうなる!?小沢一郎の懐刀にして、共産党とも太いパイプを持つ著者が、「日本改革」と政権交代への構想について小沢一郎と対談。また、これまで明かさなかった共産党との国会秘話によって戦後・共産党の大転換に至る過程を解き明かし、野党協力の可能性、政権交代への道を探る。
2016.12 251p 18cm ¥920 ⓘ978-4-908170-11-9

選挙

◆**池上彰の中学生から考える選挙と未来**　池上彰著　文溪堂　（知っておきたい10代からの教養）
【要旨】選挙の大切さは、選挙のない社会を考えてみるとわかります。10代の中学生も、90代のおじいちゃんも、これさえ読めば選挙のことが丸わかり！
2017 167p B6 ¥1300 ⓘ978-4-7999-0201-1

◆**公職選挙法令集　平成29年版**　選挙制度研究会編　第一法規
【目次】日本國憲法、公職選挙法関係（公職選挙法、公職選挙法施行令 ほか）、政治資金規正法関係（政治資金規正法、政治資金規正法施行令 ほか）、政党助成法関係（政党助成法、政党助成法施行令 ほか）、諸法関係（最高裁判所裁判官国民審査法、最高裁判所裁判官国民審査法施行令 ほか）
2017.10 3410p A5 ¥5400 ⓘ978-4-474-06220-7

◆**災害時における選挙事務支援実例集**　清水大資, 小島勇人編　国政情報センター
【要旨】災害時の対応はマニュアル化できません。東日本大震災・新潟県中越沖地震・熊本地震など、全5災害についての支援体制を収録。災害時には支援受入が不可欠。スムーズな対応のために過去の実例から学びましょう。
2017.2 263p A5 ¥2800 ⓘ978-4-87760-267-3

◆**知っておきたい選挙制度の基礎知識―確認用問題集・ミス事例集付**　明るい選挙推進協会監修　国政情報センター
【要旨】「選挙のしくみ」から「立候補」「選挙運動」など選挙制度の知っておくべき事項を掲載。内容理解の復習に役立つ問題集、実際に起きた過去のミス事例なども収録。
2017.11 160p A5 ¥2200 ⓘ978-4-87760-275-8

◆**衆議院議員総選挙における投票事務チェックノート　平成29年改訂版**　選挙管理研究会編　第一法規
【目次】1 投票管理者、2 投票立会人、3 投票事務従事者、4 期日前投票、5 確認事項追加用用紙、6 投票所物品送付書（確認用紙）の参考例
2017.10 51p B5 ¥400 ⓘ978-4-474-06221-4

◆**衆議院選挙の手引　平成29年**　選挙制度研究会編　ぎょうせい
【目次】第1 立候補の手続等（立候補を決意するまで、事前運動の禁止 ほか）、第2 選挙運動（衆議院選挙における選挙運動の特徴、選挙運動の期間 ほか）、第3 選挙運動費用（収入・寄附・支出とは何か、出納責任者 ほか）、第4 選挙犯罪と当選無効・立候補制限・選挙権及び被選挙権の停止（おもな選挙犯罪、候補者自身の違反行為による当選無効 ほか）、附録
2017.10 527p B6 ¥2222 ⓘ978-4-324-10163-6

◆**選管事務危機管理マニュアル―管理執行上のトラブル・災害・不測の事態など**　都道府県選挙管理委員会連合会, 国政情報センター 発売
【要旨】知っているのといないのでは「対応」に差がでます。チャート形式や対応例で流れに沿って解説。適切に対応するためのチェックポイントも掲載！ 想定される57例集録！
2017.2 131p A5 ¥2500 ⓘ978-4-87760-268-0

◆**選挙ガバナンスの実態 世界編―その多様性と「民主主義の質」への影響**　大西裕編著　（京都）ミネルヴァ書房
【要旨】民主政治の根幹をなす選挙は、はたして公正・中立に行われているのか。選挙制度が選挙結果に与える影響は既に多くの研究がなされているが、選挙実務そのものがいかなる影響を及ぼしているかを、国内外の実態調査から余すところなく解明する。本書では、世界各国の選挙ガバナンスの多様性を紹介し、選挙管理制度がなぜバリエーションに富み、いかなる選挙ガバナンスが選挙管理の質、民主主義の質に良好な影響を与えるかを考察する。
2017.3 302p A5 ¥5500 ⓘ978-4-623-07943-8

◆**代表制民主主義を再考する―選挙をめぐる三つの問い**　糠塚康江編　（京都）ナカニシヤ出版
【要旨】代表制民主主義の現代的再生のために。議員と有権者を結びつけるものは何か？ 選挙区と選挙の抱える問題を多角的に問い直し、"つながりの回復"をめざす。
2017.3 332p A5 ¥4600 ⓘ978-4-7795-1145-5

◆**地方選挙実践マニュアル**　三浦博史著　第一法規　改訂版
【要旨】当選する人はココが違う！ カリスマ選挙プランナーのノウハウ書の決定版に最近の法改正を盛り込み改訂。「18歳選挙権」への対応。国会議員の選挙等の執行経費の基準に関する法律及び公職選挙法の一部を改正する法律3条・附則8条による改正（平成28年4月法律第24号）に対応。『自分でできる「外見・好感力トレーニング」』、『ネット選挙』等、役立つチェックポイントを新たに登載。
2017.2 201p A5 ¥2000 ⓘ978-4-474-05775-3

◆**地方選挙の手引　平成29年**　選挙制度研究会編　ぎょうせい
【目次】第1 立候補の手続等、第2 選挙運動、第3 選挙運動費用、第4 選挙犯罪と当選無効・立候補制限・選挙権及び被選挙権の停止、第5 当選後の問題、第6 地方選挙における政党その他の政治団体等の政治活動、第7 特別区の長及び議会の議員の選挙について
2017.4 344p B6 ¥2130 ⓘ978-4-324-10279-4

◆**地方選挙要覧　平成29年版**　選挙制度研究会監修　国政情報センター
【要旨】立候補の準備から、選挙運動、寄附の制限まで。主な罰則を一覧でまとめた"罰則集"も掲載。
2017.3 195p A5 ¥2800 ⓘ978-4-87760-269-7

◆**中高生からの選挙入門**　谷隆一著　ぺりかん社　（なるにはBOOKS 別巻）
【要旨】一人ひとりの意識が社会を変える！ 引き下げられた選挙年齢にあわせ、大切な一票を投じるための様々な知識を解りやすく紹介。
2017.5 157p B6 ¥1500 ⓘ978-4-8315-1466-0

◆**日本選挙学会年報 選挙研究　NO.32‐2 2016**　日本選挙学会編　日本選挙学会, 木鐸社 発売
【目次】特集 民族独立とレファレンダム、学会賞2015優秀報告論文、2016年度研究会シンポジウム記録 18歳選挙権実施を前にして―その影響と対応、書評論文、書評、資料 最近の選挙結果
2016.12 150p B5 ¥3500 ⓘ978-4-8332-2508-3

◆**日本のネット選挙―黎明期から18歳選挙権時代まで**　岡本哲和著　（京都）法律文化社
【目次】日本のネット選挙について、第1部 候補者・政治家とインターネット（ネット選挙の「黎明期」：2000年衆院選の分析、ネット利用の「拡大期」：2004年参院選の分析、利用拡大から「成熟」へ：2005年衆院選の分析）、第2部 有権者とインターネット（候補者によるウェブサイトは得票に影響を及ぼすか：2007年参院選データによる分析、ウェブサイトへのアクセスと投票意思決定行動との関連：2010年参院選有権者調査データを用いた分析、地方選挙における有権者とインターネット：2011年大阪市長選の分析）、第3部 ネット選挙解禁とその後（ネット選挙の「解禁」までの状況、ネット選挙解禁後の国政選挙：2013年参院選および2014年衆院選の分析、10代有権者とネット選挙：2016年参院選の分析）
2017.8 180p A5 ¥4000 ⓘ978-4-589-03863-0

◆**民俗選挙のゆくえ―津軽選挙vs甲州選挙**　杉本仁著　梟社, 新泉社 発売
【要旨】選管を制する者が、選挙を制する―津軽の激烈な民俗選挙に翻弄され、大地主の父祖累代の富を蕩尽しつくした太宰治の長兄、津島文治。一方、義理と贈与と相互扶助の甲州選挙を身をもって生きた政界のドン、金丸信。カネと盲動、中傷と謀略が渦巻く、津軽と甲州の選挙祭りが行きついた対照的な悲喜劇。そのゆくてに、ありうべきポスト近代選挙を模索する。
2017.9 348p B6 ¥2600 ⓘ978-4-7877-6332-7

◆**黙殺―報じられない"無頼系独立候補"たちの戦い**　畠山理仁著　集英社
【要旨】選挙の魔力に取り憑かれた泡沫候補（＝無頼系独立候補）たちの「独自の戦い」を追い続けた20年間の記録。2017年第15回開高健ノンフィクション賞受賞作。
2017.11 325p B6 ¥1600 ⓘ978-4-08-781651-8

◆**私たちが選挙に行く意味は本当にあるのだろうか？**　柾葉進著　（柏）暗黒通信団
2017.10 48p A5 ¥300 ⓘ978-4-87310-104-0

政治家

◆阿修羅の戦い、菩薩のこころ—「大義と共感」の百合子スタイルが日本政治を変える！
溝口慎二著　徳間書店
【要旨】「都民が決める、都民と進める」民主主義はこんなにも身近で熱いものだった！
2017.4 254p B6 ¥1200 ①978-4-19-864396-6

◆あなたは、私の夢だから。—あの日、この地で歩き始めた。—義家弘介著　協同出版
【目次】まえがきに代えて—未来を拓く新たな一歩を、皆様と共に、序章 新たなる挑戦、始まる—平成26年末、第1章〈歴史を背負い、未来に向かう—平成27年新春、いのち、地元の未来を守る—平成27年春、世界の中心で、平和を守る—平成27年夏、政治とは、国民のものである—平成27年秋、感謝が私の原動力—平成27年末〉、第2章〈日本の伝統を、世界へ発信—平成28年新春、優しさを、届ける—平成28年春、真の政治の実現に、働く—平成28年夏、変化こそ、唯一の永遠である—平成28年秋、日本を、取り戻す—平成28年年末〉、第3章〈節目の年を、皆様と共に—平成29年新春、歴史的課題と正面から向き合う覚悟—平成29年春、国は家なり。家に潤いを—平成29年夏、未来を拓く新たな一歩を、皆様と共に—平成29年秋〉、活動の記録—明日へ—2014年末〜2017年秋
2017.11 392p A5 ¥980 ①978-4-319-00301-3

◆安倍三代　青木理著　朝日新聞出版
【要旨】母方の祖父・岸信介を慕う安倍晋三首相には、もうひとつの系譜がある。反戦の政治家として軍部と闘った父方の祖父・寛。その後を継ぎ若くして政治の道に入った父・晋太郎。気鋭のジャーナリストが、誰も知らない「三代目」の姿を照らす。
2017.1 294p B6 ¥1600 ①978-4-02-331543-3

◆安倍晋三「保守」の正体—岸信介のDNAとは何か　菊池正史著　文藝春秋（文春新書）
【要旨】衆参両院で三分の二の改憲勢力を確保した安倍政権の元で、本当に「憲法改正」に向うのか。安倍総理が「受け継ぐ」と公言する祖父・岸信介の思想と、戦後日本を築き上げた「戦後保守」の思想とを検証しつつ、国民を幸せにするのはどちらの「保守」かを考える。
2017.1 254p 18cm ¥880 ①978-4-16-661115-7

◆池田勇人 ニッポンを創った男　鈴木文矢著　双葉社
【要旨】池田勇人が第58代内閣総理大臣に就任したのは、1960年（昭和35年）のことだ。以後、2回の衆院解散と2度の内閣改造を経て、1575日の間、池田は日本の首相と自民党総裁の座に君臨した。池田を指揮したこの4年半は、高度経済成長の第2期にあたる。まだ、沖縄返還（1972年）も実現しておらず、同時に前任の岸信介首相の60年安保闘争の"疲弊"が日本国内に充満していた時期だった。すでに高度経済成長は興っていたが、日本人の多くはまだ"頭打ち"になると感じており、現に中小企業の倒産が目立ち始め、経営苦から自殺する企業家も少なくなかった。そうした状況下で首相に就任した池田に課せられた使命は2つあった。1つは、陰りの見えていた経済発展を持続させること。もう1つは、閉塞した空気を打ち破り、日本国民に"明るい未来"の希望を抱かせることだった。
2017.6 287p B6 ¥1400 ①978-4-575-31268-3

◆石破茂の「日本創生」　大下英治著　河出書房新社
【要旨】今、ポスト安倍の最有力候補として注目される政治家の全軌跡。鳥取県知事を務め、銀行員として政界へデビュー。以降、田中角栄の薫陶を受け、「国防」「農政」「地方創生」のスペシャリストとして政界のキーマンであり続ける政治家の軌跡と資質に膨大な取材と証言で迫る初の本格評伝。
2017.3 337p B6 ¥1800 ①978-4-309-24806-6

◆石橋湛山—思想は人間活動の根本・動力なり　増田弘著　（京都）ミネルヴァ書房（ミネルヴァ日本評伝選）
【要旨】石橋湛山（一八八四〜一九七三）ジャーナリスト・政治家。戦前は東洋経済新報社でリベラル派の論客として活躍し、戦後は吉田内閣蔵相などを経て自民党総裁、首相となる。日中米ソの平和同盟を構想するも、病

により退陣を余儀なくされる。本書では、湛山の思想・言論・政策を丁寧に辿り、今日に改めて問いかける。
2017.7 384, 8p B6 ¥3500 ①978-4-623-08092-2

◆石原慎太郎への弔辞　佐高信著　ベストブック（ベストセレクト）
【目次】第1章 舞台責任の権化、石原慎太郎(石原慎太郎の三つの罪、芥川賞を取って舞い上がる、老残の坊ちゃんナショナリスト ほか)、第2章 橋下徹と組み、猪瀬直樹を後継指名した罪(橋下徹の手下となった石原、橋下徹大阪府知事の非常識な専制の数々、チエの無い男、橋下徹 ほか)、第3章 石原慎太郎の非人間性研究
2017.1 205p B6 ¥1300 ①978-4-8314-0212-7

◆遺書—東京五輪への覚悟　森喜朗著　幻冬舎
【目次】第1章 私と東京オリンピック—招致活動から組織委員会長へ(メダリストのパレードの陰で、JOCではオリンピック招致はできない ほか)、第2章 すべてラグビーから学んだ(スポーツと父の教え、小学生時代は野球に夢中 ほか)、第3章 ラグビーW杯の招致と期待(大西先生から手紙、非業の死 ほか)、第4章 マスコミにあれこれ書かれたけれど(かえって政治不信を拡大、国歌独唱か斉唱か ほか)、第5章 小池流「見直し」とは何だったのか(オリンピックを冒瀆してはいけない、お粗末だった上山「提言」 ほか)、緊急追記(二〇一七年三月二十六日)
2017.4 235p B6 ¥1500 ①978-4-344-03098-5

◆いつも全力。こんな議員が国会にいた—原発、金大中事件、ODA、水俣病、PKO、ロッキード事件…裏闘記　矢田部理著　梨の木舎
【要旨】ズバリ核心に！ 信念と情熱、現場へのフットワークと緻密な論理、首相も官僚も逃がさぬ腰に。
2017.10 270p A5 ¥2200 ①978-4-8166-1705-8

◆田舎に帰った青年が三バン（地盤・看板・鞄）もなく国会議員になった話　田野瀬良太郎著　主婦の友社
【要旨】市議から県議、そして国会議員へ！ 政治家として、教育者として、走り続けた40年。
2017.8 225p B6 ¥1500 ①978-4-07-425544-3

◆おい、小池！—女ファシストの正体 時代への警告　適菜収著　ベストセラーズ（時代への警告）
【要旨】「希望」という名の絶望を読み解く。
2017.11 189p B6 ¥1300 ①978-4-584-13831-1

◆小沢一郎の権力論　小塚かおる著　朝日新聞出版（朝日新書）
【要旨】権力とは何か？「安倍一人天下」の行く末は？ 権力者は、得意の絶頂にあるとき必ず転ぶ！ 自民党から2度、政権を奪取し、一方で自ら国家権力と対峙せざるを得なかった小沢一郎が、激動政局の裏側と政治の原点を語る！「貴様、何を言うか」と怒鳴った田中角栄の優しさと、すごさ。創政会旗揚げの真相。自民党が持ち続け、今の野党には欠落している政権復帰への執念。数ではなく、国民のための政策—。「日刊ゲンダイ」記者が、「剛腕」の募る熱情を聞いた！
2017.12 238p 18cm ¥760 ①978-4-02-273746-5

◆小沢鋭仁物語—政策中心の政治を目指して　大下英治著　東洋出版
【目次】序章 決断、新しい『革命』に向かって(チェ・ゲバラの霊廟で、橋下徹との会談 ほか)、第1章 山梨県甲府市に生まれて(インクの匂いが染み付く家で、ケネディ大統領暗殺の衝撃 ほか)、第2章 国会議員への道(宮澤喜一との縁、日本新党に参画 ほか)、第3章 民主党政権の葛藤(ついに実現した政権交代、環境大臣に就任 ほか)、第4章 政治家・小沢鋭仁として—政策中心の政治を目指して(憲法改正のゆくえ、維新の党、分裂 ほか)
2017.2 355p B6 ¥1800 ①978-4-8096-7863-9

◆角栄—凄みと弱さの実像　平野貞夫著　ベストセラーズ
【要旨】なぜ日本人は彼を「まつりあげ」寄ってたかって「おとしめた」のか。田中角栄が残した「功と罪」。「戦争/カネ/女性」を通して見える角栄"裏日本"民衆の怨念と解放。
2017.3 255p B6 ¥1400 ①978-4-584-13780-2

◆覚悟—さらば民進党、真の保守を目指すために　長島昭久著　ワニブックス
【要旨】民進党離党の理由、民共連携への違和感、尖閣国有化の苦悩から都知事選の舞台裏まで政界のキーパーソンがすべてを激白！
2017.7 207p B6 ¥1296 ①978-4-8470-9581-8

◆「家系図」と「お屋敷」で読み解く歴代総理大臣—昭和・平成篇　竹内正浩著　実業之日本社
【要旨】戦争に向かう内閣から終戦処理、戦後政治を経て平成の内閣へ。歴代総理はどんな家に生まれ育ち、どんな縁組をしてきたのか。通史で見えてくる、47人の総理の住み方と家族のあり方の変化。
2017.7 383p B6 ¥1900 ①978-4-408-33718-0

◆「家系図」と「お屋敷」で読み解く歴代総理大臣 明治・大正篇　竹内正浩著　実業之日本社
【要旨】伊藤博文から若槻禮次郎にいたる15人の総理大臣は、どんな家に生まれ育ち、どう縁組をして、いかに閨閥を築いたのか。そして、どんな邸宅を構え、あるいはなぜ移転を繰り返したのか。歴代総理大臣の人物形成過程と人生が見えてくる！ 圧倒的資料！ 家系図と詳細住所 親族・閨閥500人。
2017.6 285p B6 ¥1700 ①978-4-408-45639-3

◆亀井静香、天下御免！　岸川真著　河出書房新社
【要旨】まさにジェットコースター人生。暴れん坊代議士、すべてを語る！
2017.6 245p B6 ¥1600 ①978-4-309-24802-8

◆希望の政治—都民ファーストの会講義録　小池百合子編著　中央公論新社（中公新書ラクレ）
【要旨】東京、そして日本が直面する無数の課題を前にして、政治は何ができるのか。東京都知事・小池百合子が、自身の原点、予算の重要性、都市デザインの試み、そして将来のビジョンなどを語った。なぜ情報公開を進めるのか？ 旧来のどこに問題があるのか？ いかに大災害に備えるのか？ 本書は、「希望の塾」の塾生らを前に熱く語った講義をまとめたものである。彼女の肉声からは、希望にもとづく政治と構想が見えてくるだろう。
2017.8 198p 18cm ¥760 ①978-4-12-150590-3

◆九頭龍—前参議院議員・松村龍二一代記　松村龍二著　文藝春秋企画出版部, 文藝春秋 発売
【要旨】警察庁時代は現場の声に耳を傾け、国政においては、越前カニ漁やコメ作りを守り、高速交通体系を整備し、ストーカー規制法やイラク特措法等を成立に導き、司法制度改革や有害鳥獣対策に力を尽くす。
2017.9 221p B6 ¥1500 ①978-4-16-008905-1

◆苦闘する地方政治家—町議会議員を志した広告マン　北野麦酒著　彩流社
【要旨】当選したときの天国、落選したときの地獄！ 疲弊する地方都市。「人口減少問題」に切り込む寒川町(神奈川県)議会議員・横手晃の活動をとおして地方政治家の「存在意義」を問う。
2017.9 190p B6 ¥1800 ①978-4-7791-2387-0

◆小池百合子50の謎—人を惹きつける行動力の原点を探る　小池都政の政策を研究する会編　徳間書店
【要旨】政治家生活25年、経歴とその背景から見えてくる新しい日本の姿。
2017.6 188p B6 ¥1200 ①978-4-19-864420-8

◆小池百合子写真集—YURiKO KOiKE 1992-2017　鴨志田孝一撮影　双葉社
【要旨】「日本新党」の新人時代から「都知事」就任後まで、政治家としての凛とした姿を—。そして、プライベート写真では普段見せることのない、等身大の「素顔」や「生活」までを初収録。「KOIKE TOKYO」の"歴史的写真"も収められた『永久保存版写真集』。「愛犬との撮り下ろし」「エプロン姿」「スポーツ」「世界のTOKYO」までの130枚！
2017.6 1Vol. 29×22cm ¥2020 ①978-4-575-31274-4

◆小池百合子「人を動かす100の言葉」　宮地美陽子著　プレジデント社
【要旨】勇気やヒントを与える！ 戦略や覚悟が伝わる！ 人間関係を変えたい、理想のリーダーに近づきたい人に贈る。「自分も何かに挑戦したくなった」「あきらめていた夢を思い出した」「私もやる気が出てきた」相手の心を動かす、小池流の伝え方とは？
2017.6 221p B6 ¥1100 ①978-4-8334-5120-8

◆小泉進次郎と福田達夫　田崎史郎著　文藝春秋（文春新書）
【要旨】騎兵を率いて敵陣に突っ込む政界一のスターと、歩兵をまとめてそのあとを占領してゆ

政治

く仕事師一二〇一五年から取り組んだ農政改革で初めてタッグを組んだ日本の未来を担う若手政治家の二人が、総理だった父の素顔、世襲政治家の家のこと、そして自分の夢のすべてを語り合った！
2017.11 287p 18cm ¥890 ①978-4-16-661148-5

◆国会女子の忖度日記―議員秘書は、今日もイバラの道をゆく　神澤志万著　徳間書店
【要旨】キャリア20年以上の現役国会議員秘書が初めて書いた。ブラック企業も驚く、「働き方改革」お膝元の真実。
2017.7 234p B6 ¥1250 ①978-4-19-864424-6

◆佐藤栄作―最長不倒政権への道　服部龍二著　朝日新聞出版　（朝日選書）
【要旨】7年8カ月に及ぶ最長不倒政権を担った佐藤栄作。沖縄返還を成し遂げ、非核三原則でノーベル平和賞を受賞したほか、日韓国交正常化も実現している。内政ではライバルの池田勇人に対抗すべく「社会開発」を打ち出し、経済成長を持続させた。その業績は戦後屈指といえるだろう。「Sオペ」やブレーンを活用した官邸主導も、佐藤政権の新しいスタイルである。他方、密使を多用した「核密約」や「繊維密約」、日米安保体制の変質、不成功に終わった対中工作、「人事の佐藤」らしからぬミスやおごりなど、再検討すべき点も少なくない。『佐藤栄作日記』はもとより、新たに公開された「楠田實資料」や外交文書など膨大な資料をもとに、佐藤の全生涯と自民党政治を描きだす。研究者による初の本格的評伝。
2017.12 439, 14p B6 ¥1800 ①978-4-02-263066-7

◆潮谷義子聞き書き 命を愛する　一瀬文秀著（福岡）西日本新聞社
【要旨】命を愛する。人は生きているだけで価値がある。前熊本県知事、日本社会事業大理事長・潮谷義子聞き書き。
2017.6 263p A5 ¥1111 ①978-4-8167-0937-1

◆自省録―歴史法廷の被告として　中曽根康弘著　新潮社　（新潮文庫）
【要旨】首相在職日数1806日。「戦後政治の総決算」を掲げて、国鉄の分割民営化など行政改革を成し遂げ、外交では日本の存在感を発揮した、長期政権を築いた中曽根康弘。海軍での体験、若き国会議員の頃、生涯を閉めた政治行脈といえるだろう。戦後政治史を体現する元総理の「遺言」。
2017.10 430p B6 ¥1000 ①978-4-10-120781-0

◆幣原喜重郎―外交と民主主義　服部龍二著　吉田書店　（『幣原喜重郎と二十世紀の日本―外交と民主主義』増補・改題書）　増補版
【要旨】「幣原外交」とは何か。憲法9条の発案者なのか。日本を代表する外交家の足跡を丹念に追いながら、日本の栄光と挫折、そして再起をたどる。
2017.4 483p B6 ¥4000 ①978-4-905497-52-3

◆使命（MISSION）―ツルネン・マルテイの自叙伝　ツルネン・マルテイ著　皓星社
【要旨】1967年に来日、「在日」歴50年。宣教師辞任、離婚、4回の落選、お遍路…「森と湖の国」から「森と海の国」へ。青い目の元国会議員が語る「挫折と希望」のヒストリア。
2017.12 270p B6 ¥2000 ①978-4-7744-0648-0

◆進次郎メソッド―情熱を感染させる小泉流“魅せる”対話術　向谷匡史著　双葉社
【要旨】なぜ、小泉進次郎は時に喧嘩をしつつも、次々と味方を増やしてしまうのか？ 会った瞬間に相手を魅了する自己プロデュース力、利害が対立する相手すら仲間にしてしまう引き寄せ力、目上の人間に「こいつ、やるな」と認めさせるジジ殺し力…永田町の異端児が駆使する45の法則。　2017.4 220p B6 ¥1300 ①978-4-575-31245-4

◆戦後青森県の保守・革新・中道勢力―青森県選出の国会議員　藤本一美著　志學社　（みちのく政治叢書）
【目次】第1部 戦後青森県の「保守勢力」対「革新勢力」（佐藤尚武と大沢久明、笹森順造と淡谷悠蔵、苫米地義三と米内山義一郎 ほか）、第2部 戦後青森県の「保守勢力」対「中道勢力」（竹中修一と古寺宏、山崎竜男と三上隆雄、松尾官平と下田敦子 ほか）、第3部 戦後青森県の保守系および革新系国会議員（工藤鉄男と小笠原八十美、夏堀源三郎と平野善治郎、森田重次郎と三浦一雄 ほか）
2017.7 316p A5 ¥2500 ①978-4-904180-73-0

◆戦争を知っている最後の政治家―中曽根康弘の言葉　鈴木哲夫著　ブックマン社
【要旨】憲法、自衛隊、安保、外交、そして天皇制…今、激変する世界情勢の中で、日本もまた否応なく変わらざるを得ない時期を迎えている。戦後日本の繁栄の礎を築いた宰相のひとりである中曽根康弘氏は生涯政治家の矜持から今もなお発信を続ける。その言葉から、私たちの国「日本」が真の民主主義国家として進むべき道が見えてくる。
2017.8 270p B6 ¥1500 ①978-4-89308-884-0

◆総理　山口敬之著　幻冬舎　（幻冬舎文庫）
【要旨】最悪の形で総理を辞任した安倍晋三は、5年後再び政権に返り咲き、強力なリーダーシップを発揮する。この間、決断はどう下されてきたか。政治の重要な局面で、安倍、麻生、菅は何を発言し どのような行動をとったか。誰よりも権力中枢を取材してきたジャーナリストが、政治家の肉声から浮き彫りにする、官邸も騒然の内幕実名ノンフィクション。
2017.4 254p A6 ¥540 ①978-4-344-42602-3

◆総理大臣の無知と無恥―緊急出版　齋藤芳弘著　愛育出版
【要旨】安倍総理が、決して言い訳の出来ない数々の発言を正確に記録。その驚愕の人間性を炙り出し改憲と戦争へ向かう安倍政治をエピローグへと導く。
2017.6 140p B6 ¥1500 ①978-4-909080-22-6

◆総理の言葉―日本を背負ってきた男たちの名言集　遠越段著　総合法令出版
【要旨】初代（伊藤博文）から97代（安倍晋三）までの、すべての総理の言葉を収録。その人となりや、時代背景、業績などを知ることによって、明治から現代にわたる日本の歩みについても学べる。
2017.2 215p B6 ¥1300 ①978-4-86280-540-9

◆祖父 三輪寿壮―大衆と歩んだ信念の政治家　三輪建二著　鳳書房
【目次】第1章 生い立ちと学生時代――八九四年～一九二〇年、第2章 弁護士・社会運動家から政治家へ――九二〇年～一九三三年、第3章 国民と国家のはざまで――一九三二年～一九四〇年、第4章 翼賛政治と公職追放――一九四〇～一九四九年、第5章 民主社会主義と日本社会党創――一九四九年～一九五六年、第6章 出会いと交流
2017.12 501p A5 ¥5000 ①978-4-902455-39-7

◆大宏池会の逆襲―保守本流の名門派閥　大下英治著　KADOKAWA　（角川新書）
【要旨】盤石な政権基盤の保持を続ける安倍勢力に対し、自民党・宏池会（現岸田会）の動きが注目を集めている。「加藤の乱」で大分裂した保守本流は再結集するのか。名門派閥の行方とポスト安倍を安倍がある暗闘を追った。
2018.1 318p 18cm ¥840 ①978-4-04-082182-5

◆だから政治家になった。―矛盾だらけの世の中で正論を叫ぶ　中谷一馬著　幻冬舎
【要旨】母子家庭・貧困育ちの子ども少年から、上場企業の創業に参画し、元首相の秘書を経て、県政史上最少議員に当選した、中谷一馬が政治家になった理由。
2017.1 273p 18cm ¥1100 ①978-4-344-03059-6

◆田中角栄 最後のインタビュー　佐藤修著　文藝春秋　（文春新書）
【要旨】未公開インタビュー記事をもとによみがえる天才宰相の知性と魅力。
2017.5 287p 18cm ¥880 ①978-4-16-661124-9

◆田中角栄 政治家の条件―戦後日本の輝きとその体現者　小室直樹著　ビジネス社
【要旨】角栄を死に待たせたロッキード裁判は司法の自殺である！ 角栄氏との対談掲載！
2017.9 287p B6 ¥1500 ①978-4-8284-1946-6

◆田中角栄の知恵を盗め　小林吉弥著　主婦の友社　復刻版
【要旨】実際に田中角栄を取材続けた者だけが書ける「本当の田中角栄」。田中角栄の思考・ビジネススキルヲ凝縮した1冊。最短時間で田中メソッドを身につけられる。
2017.5 157p B6 ¥1000 ①978-4-07-424409-6

◆田中角栄の流儀　向谷匡史著　青志社
【要旨】ヤクザ式「権謀術数」で奪い獲った総理の座―。忘却の政治史に刻まれていたありのままの素顔！ 生誕100年「田中角栄秘録」。渾身のノンフィクションノベル。
2017.12 332p B6 ¥1500 ①978-4-86590-056-9

◆地方議員を問う―自治・地域再生を目指して　梅本清一著　論創社
【目次】序章 松村謙三に学ぶ、第1章 活動はバッジをはずして、第2章 同じ景色を眺めよう、第3章 分かれ道は地方分権制へ、第4章 議会はどこへ、第5章 扉を開けて、第6章 住民主人公の「議会・首長」代表制、第7章 地方分権の旗を振れ、終章「世間は生きている、理屈は死んでいる」2017.12 221p B6 ¥1600 ①978-4-8460-1653-1

◆定本 後藤田正晴―異色官僚政治家の軌跡　保阪正康著　筑摩書房　（ちくま文庫）
【要旨】人呼んでカミソリ後藤田。警察官僚、治安の総師として辣腕をふるい、政治家に転身して以降は、官房長官として、政治改革の中心人物として活躍。異色の政治家後藤田正晴は、如何にして生まれ、どのような信念を持ち、どんな決断をするのか。幼少期の父母との死別、戦時中「九死に一生」を得た合理的な思考、「尊敬する人物はいない」と断言する姿勢―多面的に読み解く決定版評伝。
2017.8 502, 7p A6 ¥1200 ①978-4-480-43459-3

◆都知事失格　舛添要一著　小学館
【要旨】石原都政、東京五輪、豊洲移転。何があったか、どこで誤ったか。前都知事が綴った反省と後悔と、小池知事への伝言。敗者の強弁。
2017.6 286p B6 ¥1200 ①978-4-09-389772-3

◆取り立てに怯えた少女が大臣になった　森まさこ著　海竜社
【要旨】「貧困の子ども時代」から「大臣」になるまで、あきらめずに努力し続けた半生をつづる。「困っている人を助けたい」その思いが一人の少女を弁護士・政治家の道に進ませた。
2017.9 207p B6 ¥1400 ①978-4-7593-1525-7

◆永田町アホばか列伝　足立康史著　悟空出版
【要旨】国会での痛快質疑がYouTubeで大人気！ 左から右までフルボッコ！ これぞ「足立無双」の完全論破！
2017.10 221p B6 ¥1200 ①978-4-908117-40-4

◆永田町知謀戦 2 竹下・金丸と二階俊博　大下英治著　さくら舎
【要旨】田中角栄と竹下登の暗闘、自民党政権の崩壊！ 小沢と二階が動いた新生党、新進党、自由党！ 前代未聞の乱世の時代！ 知略・謀略が沸騰！
2017.7 339p B6 ¥1800 ①978-4-86581-108-7

◆二階俊博―全身政治家　石川好著　日本僑報社
【要旨】日本のみならず、お隣の大国・中国でも極めて高い評価を受けているという二階俊博。その「全身政治家」の本質と人となり、「伝説」となった評価について鋭く迫る、最新版の本格評伝。
2017.12 307p B6 ¥2200 ①978-4-86185-251-0

◆日本改革の今昔―首相を目指した在日 新井将敬　河信基著　彩流社
【要旨】豊洲市場問題に見られる政治家・石原の無責任体質、森友学園、加計学園疑惑に対する安倍政権の対応…。二つに共通する"口利き政治"は犯罪である。矜持を忘れた政界に、第二の"新井将敬"が求められている！
2017.6 342p B6 ¥2200 ①978-4-7791-2339-9

◆原敬―政党政治のあけぼの　山本四郎著　清水書院　（新・人と歴史 拡大版 18）　新訂版
【要旨】二〇世紀初めの日本は、まさに激動の時代であった。政友会結成、日露戦争―第一次大戦、社会運動の勃興、民衆運動の頻発―と、社会は揺れ動いた。この間、藩閥とそれに連なる官僚が幅をきかせていた時代にあって、原敬の政治家としてのよみは深く、先は遠く、実行は果断であった。かれは、力で藩閥官僚政治を政党政治へ転換させた。かれこそは、この時代の政治舞台の脚本家であり、演出家であり、晩年はその主役であった。本書は、著者が新しく発見した事実を盛り込み、時代の流れに即して、政治家原敬を浮き彫りにさせることに成功した。
2017.8 235p B6 ¥1800 ①978-4-389-44118-0

◆振り子を真ん中に―私の履歴書　高村正彦著　日本経済新聞出版社
【要旨】現実的に合理的に何が国益かを考える。外交・安全保障で活躍してきた自民党副総裁が、自らの歩んだ政治の本質、37年余の議員生活を回顧。生々しい証言の数々から、政治の実相が現れる。
2017.11 208p B6 ¥1100 ①978-4-532-17628-0

◆三木武夫秘書回顧録―三角大福中時代を語る　岩野美代治著，竹内桂編　吉田書店

政治

【要旨】"バルカン政治家"三木武夫を支えた30年余。新たな証言記録による戦後政治の一断面。
2017.11 501p B6 ¥4000 ①978-4-905497-56-1

◆**私を通りすぎた政治家たち**　佐々淳行著
文藝春秋（文春文庫）
吉田茂、岸信介、佐藤栄作。そして田中角栄、小沢一郎、不破哲三。幼少期から危機管理の専門家となるまで、左右を問わず交誼を深めた政治家たちの顔、顔、顔。今日の繁栄を築いた"ステーツマン"と国益を損なう"ポリティシャン"とは何が違うのか。斬捨御免、初公開版の「佐々メモ」による、恐怖の政治家閻魔帳。
2017.3 326p A6 ¥660 ①978-4-16-790817-1

日米安全保障

◆**アメリカ太平洋軍―日米が融合する世界最強の集団**　梶原みずほ著　講談社
【要旨】北朝鮮も中国も、絶対に、日本を攻撃できない―その理由が全て本書にある!!米国防総省の中で見た日米同盟のリアル!!
2017.11 427p B6 ¥1800 ①978-4-06-220826-0

◆**永久属国論―憲法・サンフランシスコ平和条約・日本語の本質**　山田順著　さくら舎
【要旨】憲法も日米安保もサンフランシスコ平和条約に隷属！日本の戦後は日本語の正文のないSF平和条約による「米国の属国化」に規定されている！「改憲派」も「護憲派」も見誤っている歴史構造！
2017.9 265p B6 ¥1600 ①978-4-86581-117-9

◆**国際共生と広義の安全保障**　黒澤満編著
東信堂（国際共生研究所叢書 4）
【要旨】紛争が国家間から内戦・難民激増・テロなどに形態変化する中、一人一人の人間の生命、生活、居住、食糧、健康を守ることが、今日世界の喫緊の解決課題だ。そうした人間の安全保障の視点から本書は、核軍縮、憲法、平和・紛争概念そして労働、環境、教育に至るまで多くの領域にわたり、平和と公正の実現をめざす国際共生を総合的に論じる。
2017.1 201p B6 ¥2000 ①978-4-7989-1407-7

◆**在日米軍―変貌する日米安保体制**　梅林宏道著　岩波書店（岩波新書）
【要旨】「専守防衛」を謳いながら今やグローバルに展開する在日米軍の攻撃力に依存し、「唯一の被爆国」は米国の核兵器で守られる―「戦後の平和日本」の現実だ。「緊密で良好な日米関係」を目指すと言う日米同盟の内実は？自衛隊との協力の拡大により変貌する日米安保体制下の在日米軍を直視し、平和構築の道を探る。
2017.6 263, 11p 18cm ¥880 ①978-4-00-431666-4

◆**差し掛けられた傘―米国の核抑止力と日本の安全保障**　佐瀬行雄著　時事通信出版局, 時事通信社 発売
【目次】1 INF交渉を振り返る、2 防衛・安全保障政策の変遷、3 米国の拡大抑止と日本、4 安全保障と軍縮の接点、5 これからの課題、6 結びにかえて、補足 個人的な記録
2017.7 387p A5 ¥2000 ①978-4-7887-1530-1

◆**新・日米安全保障論**　柳澤協二, 伊勢崎賢治, 加藤朗著　集英社（集英社新書）
【要旨】冷戦終結後四半世紀。以来、国際情勢の変化にもかかわらず日米の安全保障体制は維持されてきた。しかし「今後も守って欲しければさらなる負担を」と訴えるトランプ政権の登場で、日本はアメリカの安全保障体制の在り方そのものを問われている。果たして日米地位協定に象徴される従属的なアメリカとの同盟関係を今後も重視する必要はあるのか？尖閣問題、対テロ戦争、北朝鮮の動向など、激変する情勢下、日本の安全保障を、歴代内閣のご意見番であった元防衛官僚、武装解除のエキスパート、安全保障の専門家が徹底的に検証する。避けては通れない国防の根本的な問題がここにある。
2017.5 254p 18cm ¥760 ①978-4-08-720884-9

◆**提言 日米同盟を組み直す―東アジアリスクと安全保障改革**　田中明彦, 日本経済研究センター編　日本経済新聞出版社
【要旨】日米同盟に大転機が訪れている。戦後一貫して自由な世界秩序を支えてきた米国で、政治理念にほとんど言及せず「米国第一」を断言するリーダーが選ばれた点で、トランプ政権誕生は冷戦終結後の世界秩序に最大の不確実性をもたらす出来事となった。本書は、日本を

代表する経済、軍備、インテリジェンス、サイバー安全保障など一堂に会し、包括的かつ長期的な日米同盟の価値と課題を論じる。日米同盟をより強固なものにするための具体的な取り組みについて、対アジア政策から防衛政策、経済政策に至るまで幅広く提言する。
2017.9 249p B6 ¥3000 ①978-4-532-17622-8

◆**内閣法制局は「憲法の番人」か？―日米安保解釈を検証する**　水野均著　並木書房
【要旨】内閣法制局の実像に迫る―歴代法制局幹部による国会答弁や政府解釈を検証し、それが今日の日米安保協力に及ぼした影響を探る！
2017.1 170p A5 ¥1800 ①978-4-89063-358-6

◆**「日米指揮権密約」の研究―自衛隊はなぜ、海外へ派兵されるのか**　末浪靖司著（大阪）創元社（「戦後再発見」双書 6）
【要旨】急速に進む日米の軍事的一体化。日本全土が軍事演習場となり、自衛隊が海外で米軍の指揮のもと戦う時代が、まもなくやってくる。
2017.10 332p B6 ¥1500 ①978-4-422-30056-6

◆**日米地位協定―その歴史と現在**　明田川融著　みすず書房
【要旨】日本は主権国家と言えるのか。沖縄への構造的差別はどう絡んでくるのか。占領期から現在まで、日本全域に影響力をもつ「不平等協定」の全貌を知る第一の書。
2017.12 320, 23p B6 ¥3600 ①978-4-622-08647-5

◆**日米同盟のリアリズム**　小川和久著　文藝春秋（文春新書）
【要旨】もし日米同盟が解消されれば、米国は世界のリーダーの座から転落する。そして東アジアで挑発を繰り返す中国と北朝鮮は、日米同盟の真の凄みを熟知しているからこそ、最後の一線を越えられない…。日米同盟が無自覚な「世界最強の同盟」の真実を徹底解説する
2017.7 230p 18cm ¥880 ①978-4-16-661135-5

◆**米国と日米安保条約改定―沖縄・基地・同盟**　山本章子著
【要旨】アメリカは安保改定にどう向き合ったのか。アイゼンハワー政権の海外基地政策のなかに安保改定問題を位置づけ、アジア太平洋を視野に入れながら日米交渉の論点を再検討する。
2017.5 263p B6 ¥4000 ①978-4-905497-53-0

◆**わたしなら日本をこう守る―半世紀 日米同盟を支えた"侍"の大戦略**　ジェームス・E.アワー著　ワニブックス（ワニブックスPLUS新書）
【要旨】外国人として初めて「正論大賞」受賞。超正論に感動と共感が止まらない。「友好のカフス」を受け継いだ青い目の"侍"が日本防衛のこれからを説く！
2017.2 189p 18cm ¥830 ①978-4-8470-6582-8

天皇制・皇室

◆**明仁天皇の言葉―平成の取材現場から読み解く「お気持ち」**　近重幸哉著　祥伝社
【要旨】平成30年の目される「上皇」への退位。幼少期から皇太子時代を経て今日に至るまでのご発言に滲み出る本当の"胸の裡"とは―
2017.5 251p B6 ¥1500 ①978-4-396-61604-5

◆**いま知っておきたい天皇と皇室**　山下晋司著　河出書房新社
【要旨】天皇の退位をめぐって議論が沸騰するなかでさまざまな立場、意見の差異が鮮明になった。そこには、皇室の明日を考えるうえでひじょうに重大なポイントが潜んでいる。素朴な疑問、興味深いトピックから掘り起こし"天皇報道"にまつわるモヤモヤを解消する！
2017.5 199p B6 ¥1400 ①978-4-309-02566-7

◆**いま、天皇を考える―再び戦争を起こさないために**　煎本増夫著　同時代社
【要旨】敗戦、そして「天皇の人間宣言」を聞いた少年時代以降、天皇に対する「不思議さ」を感じる著者。天皇がいない日本を想定できるだろうか？日本史において、天皇の存在はどのようなものだったのか。日本人の天皇への心情を歴史とともに考える。
2017.7 190p B6 ¥2000 ①978-4-88683-820-9

◆**桂宮実録　第4巻・第5巻　家仁親王実録**
吉岡眞之, 藤井讓治, 岩壁義光監修　ゆまに書

房（四親王家実録 23・24）
2017.3 2Vols.set B5 ¥50000 ①978-4-8433-5108-6

◆**桂宮実録　第6巻　公仁親王実録**　吉岡眞之, 藤井讓治, 岩壁義光監修　ゆまに書房（四親王家実録 25）
2017.3 348p B5 ¥25000 ①978-4-8433-5109-3

◆**桂宮実録　第7巻　盛仁親王実録・節仁親王実録・淑子内親王実録**　吉岡眞之, 藤井讓治, 岩壁義光監修　ゆまに書房（四親王家実録 26）
2017.3 341p B5 ¥25000 ①978-4-8433-5110-9

◆**君は天皇をどうしたいのかね？**　明石元紹, 小田部雄次著　敬文舎
【要旨】平和の象徴、皇室の未来とは？
2017.8 191p B6 ¥1200 ①978-4-906822-74-4

◆**共同研究 現行皇室法の批判的研究**　皇室法研究会編　神社新報社　増補改訂版
【目次】前篇（皇室法の沿革、現行の皇位継承法ほか）、後篇（皇室祭儀との関係、皇室典範研究）、関連法令（1）（日本国憲法（抄）、皇室典範（抄））、関連法令（2）追録（天皇の退位等に関する皇室典範特例法、皇室経済法（平成二十九年現在）ほか）、付載 関係文献・資料（復刊にあたり、皇室の祭儀礼典論―国専私事両説解釈論の間で ほか）
2017.9 341p A5 ¥2700 ①978-4-908128-13-4

◆**近代天皇論―「神聖」か、「象徴」か**　片山杜秀, 島薗進著　集英社（集英社新書）
【要旨】天皇は神の子孫たる「神聖」な権威なのか、「国民の統合」の「象徴」なのか。退位問題をきっかけに天皇とは何かについて新たな論争の火蓋が切られた。折しも資本主義が限界に達した日本。経済成長のためなら「国民の分断」もやむなしとするのが政権与党だが、「国民の統合」が危機に瀕し、民主主義の基盤が揺らぐこの時代にあるべき天皇像とはいかなるものか。この問題を国民が真に考えるためには、幕末にまで遡り、わが国固有の伝統と西欧文明との間で揺れ続けた日本の近代の中の天皇の姿と向き合わねばならない。戦前右翼思想を熟知する政治学者と国家神道研究の泰斗が、この難題に挑む画期的な対論！
2017.1 251p 18cm ¥760 ①978-4-08-720865-8

◆**皇宮警察**　久能靖著　河出書房新社
【要旨】天皇をお護りし、皇室を護衛する！その特別任務をすべて初公開！
2017.3 187p B6 ¥1500 ①978-4-309-02555-1

◆**皇后考**　原武史著　講談社（講談社学術文庫）
【要旨】血脈による正統性が保証された天皇とは異なり、人生の途中で皇室に嫁ぎ、さまざまな葛藤を克服するなかで皇后になる―。ナカツスメラミコトたらんとする貞明皇后は神功皇后や光明皇后と感応しつつ、激動の近代日本に時空を超えた「皇后」像を現出させた。天皇制の本質に斬新な切り口で迫り、秘められた扉を開いた記念碑的著作！
2017.12 653p A6 ¥1850 ①978-4-06-292473-3

◆**皇室がなくなる日―「生前退位」が突きつける皇位継承の危機**　笠原英彦著　新潮社（新潮選書）
【要旨】今世紀中に皇統は断絶する？…今、何が本当の問題か炙り出す！昨夏、国民に投げかけられた「生前退位」の意向を受け、陛下への同情論から議論が進められているようにも見えるが、実はそこには皇室制度を根本から覆す危うい問題点が潜んでいた―。有識者会議のヒアリング対象者である著者が、意見の差異を神話の時代から近世、現代まで歴史をひもとき、今一度、原点に立ち返って、その存在意義を徹底的に問うていく。
2017.2 286p B6 ¥1400 ①978-4-10-603796-2

◆**皇室制度史料 儀制 立太子　2**　宮内庁書陵部編　菊葉文化協会, 吉川弘文館 発売
2017.3 398p A5 ¥11500 ①978-4-642-01240-9

◆**皇室の祭祀と生きて―内掌典57年の日々**
高谷朝子著　河出書房新社（『宮中賢所物語―五十七年間皇居に暮らして』加筆・修正・改題版）
【要旨】内掌典と呼ばれる人たちがいる。皇室の祭祀を内から支えてきた未婚の女性たちだ。その伝統は古代から口伝でのみ受け継がれ、今も宮中三殿で起居する内掌典によって譲り続けられている。そんな神秘に満ちた皇居の奥で半世紀以上にわたり奉仕し続け、激動の時代を見てき

た著者が明かす、自らの生涯と宮中祭祀の日々とは？
2017.3 371p A6 ¥840 ①978-4-309-41518-5

◆ゴーマニズム宣言SPECIAL 天皇論平成29年　小林よしのり著　小学館　増補改訂版
【要旨】われわれに天皇を戴く資格はあるのか?!23万部突破の『天皇論』に新たに100頁超を加筆した最終決定版！
2017.3 549p A5 ¥2200 ①978-4-09-389770-9

◆肖像で見る歴代天皇125代　小田部雄次著　KADOKAWA　（角川新書）
【要旨】いくたの危機を乗り越えながら、皇室の血統と伝統を継承してきた歴代天皇。皇位はどのように受け継がれてきたのか。神武天皇から今上天皇まで、北朝5代を含む128人の全天皇の事蹟と継承の歴史について、詳細なデータとともに解説する。
2017.4 287p 18cm ¥980 ①978-4-04-082117-7

◆象徴天皇制の成立—昭和天皇と宮中の「葛藤」　茶谷誠一著　NHK出版　（NHK BOOKS）
【要旨】一九四七年五月三日、日本国憲法施行とともに象徴天皇制が誕生した。「統治権の総攬者」から国政に関する権限を持たない「象徴君主」への転換を迫られた天皇は、自らの理想とする君主像とGHQ・日本政府が要求する象徴としての役割のギャップに苦悩しつつ、側近たちと共に抵抗を試みていった—。生前退位問題をめぐって、皇室典範および象徴天皇制の在り方が注目を集めるなか、本書は敗戦直後から占領時代に焦点をあて、天皇・宮中・政府・GHQ間の複雑な力学と激しい相克の中で象徴天皇制が成立する過程を、膨大な史料を読み解きながら描き出す。
2017.5 348p B6 ¥1600 ①978-4-14-091244-7

◆昭和天皇実録　第10　自 昭和21年 至 昭和24年　宮内庁編　東京書籍
【要旨】戦後、GHQ指導のもと様々な改革がなされるなか、新憲法の制定作業が開始される。GHQとの息詰まる交渉、帝国議会・枢密院の審議をへて、日本国憲法は公布された。戦後の混乱が続くなか、天皇は、全国への巡幸を決意する。各戦争被災地を始め、戦災者・引揚者援護施設、学校、病院、工場などを精力的に巡り、慰問と激励の御言葉を繰り返す。国民は各地の奉迎場においても、天皇を熱狂的に迎えた。日本の戦後復興を天皇の御動静とともに描く。
2017.3 954p 24×18cm ¥1890 ①978-4-487-74410-7

◆昭和天皇実録　第11　自 昭和25年 至 昭和29年　宮内庁編　東京書籍
【要旨】東西冷戦が本格化するなかでの朝鮮戦争勃発。マッカーサーの突然の解任。サンフランシスコ平和条約が締結され、日本は国際社会に復帰する。日米安全保障条約も結ばれ、その後、防衛庁、自衛隊が発足する。戦後巡幸は、四国、京都・滋賀・奈良・三重と巡り、北海道におよぶ。平和と文化国家の建設を願う、昭和天皇50代前半の足跡を記す。
2017.3 778p 24×18cm ¥1890 ①978-4-487-74411-4

◆昭和天皇実録　第12　自 昭和30年 至 昭和34年　宮内庁編　東京書籍
【要旨】「もはや戦後ではない」といわれたこの時代、国際連合への加盟が承認され、東京オリンピックの開催も決定。昭和三十四年には、皇太子の御成婚もあり、日本中が祝賀の空気につつまれた。日本各地への行幸をはじめとする多忙な御公務。そして生物学の御研究として、葉山での海洋生物御採集、那須や皇居での野外観察をされる日々を記す。
2017.3 712p 24×18cm ¥1890 ①978-4-487-74412-1

◆昭和天皇実録　第13　自昭和三十五年・至昭和三十九年　宮内庁編　東京書籍
【要旨】戦後の混乱は過去となり、日本は高度経済成長時代を迎える。皇孫浩宮徳仁親王が誕生、国内は皇室に対する祝賀ムードに包まれる。池田勇人内閣により国民所得倍増計画が打ち出され、国内では急速な工業発展が進む。天皇により開会が宣言された東京オリンピックの成功は、国際社会における日本の地位を飛躍的に高めた。
2017.9 745p 24×18cm ¥1890 ①978-4-487-74413-8

◆昭和天皇実録　第14　自昭和四十年・至昭和四十四年　宮内庁編　東京書籍
【要旨】戦後20年、日本は高度経済成長の道を突き進む。新幹線御乗車、歌謡曲や歌舞伎の御鑑賞、大相撲や野球の御観覧など、天皇のお姿は、国民により身近なものとして定着していった。さらに皇太子御一家の様子や、新宮殿、皇居東御苑の一般公開などは、新しい皇室像を広く印象づけることとなった。高度経済成長の時代を国民とともに歩まれた、昭和天皇60代半ばの足跡を記す。
2017.9 743p 24×18cm ¥1890 ①978-4-487-74414-5

◆昭和天皇実録　第15　自昭和四十五年・至昭和四十八年　宮内庁編　東京書籍
【要旨】日本万国博覧会（大阪万博）が開催され、アポロ宇宙船が月面着陸した1970年代初頭。70代を迎えられた昭和天皇は、欧州七ヵ国を訪問される。昭和47年5月には悲願であった沖縄返還が実現した。よど号事件、浅間山荘事件、日中共同声明の発表など、刻々と変化する時代、昭和天皇の御在位日数は明治天皇を超え、一万七千日に達した。
2017.9 784p 24×18cm ¥1890 ①978-4-487-74415-2

◆昭和天皇実録評解　2　大元帥・昭和天皇はいかに戦ったか　小田部雄次著　敬文舎
【要旨】満州事変、5・15事件、2・26事件、そして日中戦争、アジア・太平洋戦争…。敗戦へ続く20年間の昭和天皇の苦悩とは？
2017.3 383p A5 ¥2000 ①978-4-906822-71-3

◆昭和天皇100の言葉—日本人に贈る明日のための心得　別冊宝島編集部編　宝島社　（宝島SUGOI文庫）
【要旨】昭和天皇の皇太子期のものを含むお言葉の数々を、秘蔵写真や関連するエピソードとともにたどる。苦難を乗り越える強さと優しさが湧く至言集。戦後、自らの身命より国民を案じていた昭和天皇。その切なる思いから発せられた会見でのお言葉は、占領軍総司令官・マッカーサー元帥に感銘を与え、日本への寛大な措置が決せられている。今だからこそ読みたい、すべての日本人必読の一冊。
2017.5 253p A6 ¥580 ①978-4-8002-7045-0

◆神話と天皇　大山誠一著　平凡社
【要旨】政治権力をもたない天皇が、神話によって神となり日本文化の原点となった。複雑な記紀の神話は、いつ、誰が、どのようにして創作したのか。鍵を握る藤原不比等に着目し、鮮やかに解き明かす。
2017.10 285p B6 ¥1900 ①978-4-582-46910-3

◆図説 天皇と皇室の謎と真実—神話の時代から現代まで、天皇と皇室をめぐる歴史がよくわかる!!　歴史雑学探究倶楽部編　学研プラス　（『図説天皇家の謎と真実』加筆修正・再編集・改題書）
【要旨】皇祖神・天照大神は男神だった？ 聖徳太子はなぜ即位しなかったのか？ 桓武天皇が平安京に遷都した本当の理由、後醍醐天皇と南北朝騒乱の真実、一代に一度の大祭・大嘗祭の謎、女性天皇と女系天皇の違いとは？ 新しい元号はどのようにして決まる？ 生前退位と「おことば」の衝撃…など、日本人なら知っておきたい天皇と皇室の謎と真実に迫る！
2018.1 111p B5 ¥900 ①978-4-05-406621-2

◆生前退位をめぐる安倍首相の策謀　五味洋治著　宝島社　（宝島社新書）
【要旨】形式的な有識者会議を盾に、特例法で一代限りの退位を可能にしようとする安倍政権。高齢化が進むいま、今後も同じ問題が起こる可能性が高いにもかかわらず、一代限りという形で解決を図ろうとしている。そこには生前退位問題はさっさと片付けて、本丸の憲法改正に歩を進めたいとの思惑が透けて見えてくる。はたしてそれでいいのか。これで平和への深い思いと、象徴天皇としてあるべき天皇像を追い求めてきた陛下のお気持ちを実現することになるのか。生前退位をめぐる安倍政権の思惑、陛下の生前退位にかけるお気持ち、制度上の問題と歴史など、生前退位のすべてがわかる一冊。
2017.2 253p 18cm ¥780 ①978-4-8002-6715-3

◆大嘗祭—天皇制と日本文化の源流　工藤隆著　中央公論新社　（中公新書）
【要旨】新天皇が、即位後に行う大嘗祭。「秘すべきことがはなはだ多い」とされ、謎が多い。その内容は、豊穣祈願、聖婚儀礼など様々に解釈されてきた。著者は、国家祭祀として姿を現した天武朝から、古墳時代、弥生・縄文時代へと遡って考察し、同時に広くアジアの民俗資料を収集。そのルーツが長江以南地域の古い稲作儀礼にあり、女性原理が濃厚な原初の日本文化と融合したとする。現在に至る日本的心性の基層が、浮かび上がる。
2017.11 315p 18cm ¥920 ①978-4-12-102462-6

◆男系・女系からみた皇位継承秘史　八幡和郎著　洋泉社　（歴史新書）
【要旨】「皇位継承」論議には、客観性の高い情報と脱イデオロギーが必要!!「旧十一宮家」の歴史と現在にも注目！ 旧宮家より現皇室に近い、未知の「男系」を発見！ 明治・大正・昭和天皇の「女系子孫」にも注目！
2017.7 223p 18cm ¥1000 ①978-4-8003-1286-0

◆天皇—この大いなる『幻想』　宇治琢美著　郁朋社
【要旨】天皇の「不本意な自分史」及び天皇を巡る「幻想」とその終焉を、意味の世界で探る。
2017.7 162p B6 ¥1000 ①978-4-87302-646-6

◆天皇家99の謎　歴史の謎研究会編　彩図社
【要旨】天皇家の歴史から日常まで丸わかり！
2017.10 221p A6 ¥648 ①978-4-8013-0254-9

◆天皇家のお葬式　大角修著　講談社　（講談社現代新書）
【要旨】日本で初めて火葬された天皇といえば？ 明治天皇陵をめぐる東京vs. 京都の暗闘とは？ 古代から近現代まで「2700年」をこの一冊で！
2017.10 270p 18cm ¥840 ①978-4-06-288450-1

◆天皇にとって退位とは何か　本郷和人著　イースト・プレス
【要旨】「お気持ち」の核心はどこにあるのか、そして、日本人にとって天皇とは何か、テレビで人気の歴史学者が徹底分析。皇室と日本の未来を考える上で必読の書！
2017.1 223p B6 ¥1400 ①978-4-7816-1506-6

◆天皇の祈りが世界を動かす—「平成玉音放送」の真実　矢作直樹著　扶桑社　（扶桑社新書）（『天皇』加筆修正・改訂・改題書）
【要旨】国民の幸福を祈る宮中祭祀が、なぜ皇室の「私的行事」なのか？ 教科書から抜け落ちている「天皇と戦後」の歴史。
2018.1 217p 18cm ¥850 ①978-4-594-07892-8

◆天皇の国—譲位に想う　矢作直樹著　青林堂
【要旨】「皇室のことは皇室にお決めいただくのがよろしいのです」天皇陛下のおことばから始まった譲位の報道。有識者会議は何が問題だったのか。東京大学名誉教授の矢作直樹が皇室本来のあり方を提言する。
2017.8 215p B6 ¥1200 ①978-4-7926-0599-5

◆天皇の即位儀礼と神仏　松本郁代著　吉川弘文館
【要旨】前近代の即位儀礼における皇位の正統性や権威は、いかにして創出されたのか。儀式書や聖教などを読み解き、「公の秘説」として語られる神仏の物語的機能を通じて即位儀礼の本質に迫り、その歴史的意義を解き明かす。
2017.8 294p B6 ¥2800 ①978-4-642-08321-8

◆天皇のダイニングホール—知られざる明治天皇の宮廷外交　山﨑鯛介, メアリー・レッドファーン, 今泉宜子著　（京都）思文閣出版
【要旨】現存する「明治記念館本館」は、明治天皇と皇后による宮中晩餐の舞台であった。この明治天皇が使用した宮殿建築唯一の遺構の真価と当時の宮廷外交の実情を「建築」「テーブルアート」「人物」の3つの観点から解き明かす意欲作！
2017.10 250, 4p A5 ¥2500 ①978-4-7842-1903-2

◆天皇は本当にただの象徴に堕ちたのか—変わらぬ皇統の重み　竹田恒泰著　PHP研究所　（PHP新書）
【要旨】帝国憲法下で天皇は「万能の主権者」だったのか？ 戦前に民主主義はなかったのか？ GHQは日本の政治体制をどう見ていたのか？ 戦後、天皇の役割と日本の国のあり方は大きく変わったのか？ 日本国憲法は帝国憲法と根本的に異なるのか？ 本書では、帝国憲法を丹念に読み解き、日本国憲法との比較を行いながら、タブー視された「事実」を発掘し、定説を根本から覆す。近代国家の成立以降の150年。明治、大正、昭和、平成にわたり連綿と続く「この国のかたち」を明示する渾身の作。小林節・慶應義塾大学名誉教授との「白熱対談」収録。
2018.1 382p 18cm ¥920 ①978-4-569-83728-4

◆天皇陛下の味方です—国体としての天皇リベラリズム　鈴木邦男著　バジリコ
【要旨】近現代の日本と天皇を通して考察する新しい国のかたち。新右翼と呼ばれた天皇主義者が提起する破邪顕正の新国体論！
2017.8 380p B6 ¥1800 ①978-4-86238-234-4

◆日本一やさしい天皇の講座　倉山満著　扶桑社　（扶桑社新書）
【要旨】二百年に一度の大事件。日本人として何を知るべきか？ 譲位、女系、女帝、旧皇族の皇

政治

籍復帰の是非について"先例"に基づいてすべて答える！
2017.6 189p 18cm ¥760 ⓘ978-4-594-07721-1

◆**日本人と象徴天皇**　「NHKスペシャル」取材班著　新潮社　（新潮新書）
【要旨】日本人が今では当たり前の存在として受け入れている「象徴天皇」。それは、「戦犯」と「現人神」の間で揺れ動いていた天皇の存在を、戦後社会の中に正しく位置づけるべく、関係者が苦心して「血肉化」した結果だった。戦後巡幸、欧米歴訪、沖縄への関与、そして続く鎮魂の旅―。これまで明かされなかった秘蔵資料と独自取材によって、二代の天皇と日本社会の関わりを描いた戦後七十年史。
2017.12 189p 18cm ¥720 ⓘ978-4-10-610744-3

◆**日本人なら知っておきたい皇室のしくみ**　五味洋治ほか著　宝島社
【目次】第1章 ニュースがわかる皇室の基礎の基礎、第2章 激務の天皇のお仕事、第3章 透明化されている皇室の家計簿、第4章 こんなに質素な皇室の生活と厳格な教育、第5章 厳かで清廉な皇室の伝統、第6章 宮内庁の仕事と皇室の施設、第7章 時代をつくった天皇
2017.5 127p A5 ¥800 ⓘ978-4-8002-7038-2

◆**日本人なら知っておきたい天皇論**　小林よしのり、田原総一朗著　SBクリエイティブ　（SB新書）
【要旨】生前退位、眞子さまご婚約、女系・男系、女性宮家問題、皇統断絶など、日本人ならこれだけは知っておけ。
2017.10 211p 18cm ¥800 ⓘ978-4-7973-9332-3

◆**「萬世一系」の研究　上―「皇室典範的なるもの」への視座**　奥平康弘著　岩波書店　（岩波現代文庫）
【要旨】皇室に関する事項を規定した法律である「皇室典範」。その性質の大きく異なる新（戦後）・旧（明治）二つの皇室典範の制定過程で、ともに論議の的となった「天皇の退位」「女帝」「庶出の天皇」の可否という三つの焦点を、憲法学の泰斗が法解釈学的に再吟味し、日本国憲法の下での天皇・皇室のあり方について議論を深めるための論点を提示する。上巻では、敗戦直後のGHQと日本政府の間での天皇制存続をめぐる攻防戦、それが戦後版皇室典範に反映されていく経過を臨場感をもって描き出す。
2017.3 325p A6 ¥1300 ⓘ978-4-00-600359-3

◆**「萬世一系」の研究　下―「皇室典範的なるもの」への視座**　奥平康弘著　岩波書店　（岩波現代文庫）
【要旨】新（戦後）・旧（明治）二つの皇室典範の制定過程で、ともに論議の的となった「天皇の退位」「女帝」「庶出の天皇」の可否という三つの焦点を、憲法学の泰斗が法解釈学的に再吟味し、日本国憲法の下での天皇・皇室のあり方について議論を深めるための論点を提示する。下巻では、明治期に皇室典範が形づくられた過程を、井上毅や伊藤博文らを為政者の構想、民権結社の議論や法制官僚の意見書など、多彩な資料を読み解きつつ検討する。
2017.3 294, 3p A6 ¥1280 ⓘ978-4-00-600360-9

◆**ひと目でわかる「戦前の昭和天皇と皇室」の真実**　水間政憲著　PHP研究所
【要旨】近代以前から天皇は国家・国民の「象徴」だった！ 日本人必読！ 天皇のご即位とご退位のすべて。二千数百年にわたる日本の「真の歴史」がわかるビジュアル解説本。
2017.3 151p A5 ¥1500 ⓘ978-4-569-83298-2

◆**表象としての皇族―メディアにみる地域社会の皇象徴**　河西秀哉之介著　吉川弘文館
【要旨】戦前から戦後にかけ国民と接した皇族は、どのような存在として認識されていたのか。中央・地方の諸メディアに描き出された、天皇の弟宮たちの像を、様々な視角から分析。天皇の代理/国民の代表という両義性を有した皇族像が、「現人神」言説や象徴天皇への転換など、それぞれの時代において天皇制システムの維持に果たした役割を追究する。
2017.6 306, 5p A5 ¥8500 ⓘ978-4-642-03867-6

◆**平成の天皇制とは何か―制度と個人のはざまで**　吉田裕、瀬畑源、河西秀哉編著　岩波書店
【要旨】現代の日本社会において象徴天皇制がどのような機能を有し、その制度のなかで明仁天皇はどのような役割を果たしているのだろうか。明仁天皇と美智子皇后が自らの役割と行動を通じて作りあげ体現してきた「平成流」象徴天皇制の実態やあり方を、九人の専門家たちが

分析・検証するとともに、「代替わり」後の象徴天皇制の行方を縦横に論じる。
2017.7 265p B6 ¥2000 ⓘ978-4-00-024723-8

◆**街場の天皇論**　内田樹著　東洋経済新報社
【要旨】ぼくはいかにして天皇主義者になったのか。立憲デモクラシーとの共生を考える待望のウチダ流天皇論。
2017.10 247p B6 ¥1500 ⓘ978-4-492-22378-9

◆**よくわかる皇室制度**　藤本頼生著　神社新報社
【要旨】「象徴」「譲位と退位」「元号」とは何か。皇室制度を知るための20の項目。現在および将来の「あるべき皇室制度」を考えるために。
2017.11 174p A5 ¥1200 ⓘ978-4-908128-14-1

◆**立憲君主昭和天皇　上巻**　川瀬弘至著　産経新聞出版、日本工業新聞社 発売
【要旨】青年期の欧州歴訪を経て、国民とともに歩む立憲君主たらんと志した昭和天皇。現実政治の前で悩み、君主のあるべき姿を体現した87年の生涯を、宮内庁が24年の歳月をかけて編纂した正史『昭和天皇実録』をはじめ560点に及ぶ文献をもとに描く。
2017.6 429p B6 ¥1900 ⓘ978-4-8191-1313-7

◆**立憲君主昭和天皇　下巻**　川瀬弘至著　産経新聞出版、日本工業新聞社 発売
【目次】第3部 平和のため君主はどう動いたか（泥沼の日中戦争、欧州の戦雲と三国同盟、開戦前夜、太平洋の死闘、占領下の戦い、国民とともに、永遠の昭和）
2017.6 413p B6 ¥1900 ⓘ978-4-8191-1314-4

◆**歴代天皇大全―神武天皇から今上天皇まで、125代の事跡を全紹介！**　不二龍彦著　学研プラス
【目次】01 生前退位をめぐる課題、02 神話時代の天皇、03 大和～飛鳥時代の天皇、04 奈良時代の天皇、05 平安時代の天皇、06 鎌倉時代の天皇、07 南北朝～室町時代の天皇、08 江戸時代の天皇、09 明治～現代の天皇
2017.2 247p B6 ¥580 ⓘ978-4-05-406531-4

◆**渡部先生、日本人にとって天皇はどういう存在ですか？**　渡部昇一、フォルカー・シュタンツェル著　幻冬舎
【要旨】日独「知の巨人」が退位、国体、神話、憲法を語る。同時収録：フォルカー・シュタンツェル「時を超えて二十一世紀の天皇」。
2017.10 229p 18cm ¥1200 ⓘ978-4-344-03200-2

 官公庁

◆**会計検査院ガイドブック　2017年版 前期**　経済調査会編　経済調査会
【目次】1 会計検査院の概要（地位、沿革、会計検査院の組織、会計検査事務、その他の業務、事務分掌一覧）、2 基本方針と決算検査報告（平成29年次会計検査の実態、平成27年度決算検査報告における指摘事項一覧）、3 会計検査院ガイド、職員名簿（平成29年1月1日現在）
2017.3 263p B6 ¥2500 ⓘ978-4-86374-214-7

◆**会計検査院ガイドブック　2017年版 後期**　経済調査会編　経済調査会
【目次】1 会計検査院の概要（地位、沿革、会計検査院の組織、会計検査事務、その他の業務、事務分掌一覧）、2 基本方針と決算検査報告、3 会計検査院ガイド
2017.9 229p B6 ¥2500 ⓘ978-4-86374-230-7

◆**会計検査のあらまし―平成28年会計検査院年報**　会計検査院編　アイネット
【目次】第1章 会計検査院の概要（地位及び沿革、組織、検査業務、その他の業務、各種の活動）、第2章 検査の結果（平成27年度決算検査報告、平成27年度財産検査報告、日本放送協会の平成27年度財務諸表等の検査、平成27年度特別会計財務書類の検査、平成27年度決算検査報告の内閣送付後に行われた国会及び内閣に対する報告等）、第3章 決算の概要（国の決算、政府関係機関及びその他の団体の決算）、資料
2017.3 474p A4 ¥2100 ⓘ978-4-9902239-7-7

◆**官公庁会計事典―質疑応答式**　全国会計職員協会編集部編　全国会計職員協会　改訂11版; 増補版
【目次】第1 債権、第2 歳入、第3 歳出、第4 給与、第5 旅費、第6 契約、第7 国有財産、第8 物

品、第9 帳簿・検査、第10 計算証明
2017.2 1673p A5 ¥2400 ⓘ978-4-915391-61-3

◆**経済産業省名鑑　2018年版**　米盛康正編著　時評社
【要旨】「主要経歴」を網羅。「パーソナル情報」を満載。すぐに役立つ「豊富な資料」。
2017.12 435p 19×12cm ¥4300 ⓘ978-4-88339-245-2

◆**地方公共団体における公文書管理制度の形成―現状と課題**　中京大学社会科学研究所アーカイブズ研究プロジェクト編　公職研
【目次】1 公文書管理制度の現状（日本の公文書管理制度について、地方公共団体における公文書管理条例制定の状況と特色）、2 地方自治体の制度形成のとりくみ（札幌市における公文書管理、相模原市公文書管理条例の制定、豊田市の公文書管理制度と現状）、3 地方公文書管理制度の国際比較（ドイツ、イタリア、スペイン、カナダ、台湾）
2017.4 293p A5 ¥2700 ⓘ978-4-87526-373-9

◆**文部省の研究―「理想の日本人像」を求めた百五十年**　辻田真佐憲著　文藝春秋　（文春新書）
【要旨】独立独歩で生きて行く個人（明治の初め）、天皇に奉仕する臣民（戦前の昭和）、平和と民主主義の担い手（終戦直後）、熱心に働く企業戦士（高度成長期）…。「理想の日本人像」を追い求めてきた文部省百五十年の歴史を検証すれば、私たちの未来の姿が見えてくる！
2017.4 267p 18cm ¥920 ⓘ978-4-16-661129-4

 公務員・官僚

◆**明るい公務員講座**　岡本全勝著　時事通信出版社、時事通信社 発売
【要旨】仕事は要領で決まる。「悩んだら一人で抱え込まない」「ドタバタするより工程表」「書類は半切間にまとめて探す手間を省く」―。霞が関と県庁で事務員から事務次官まで経験し、最後は前例のない仕事（震災復興）まで経験した著者が、仕事を能率的かつ効果的に進める方法をすべて伝授します。公務員38年、事務次官がすべて公開。
2017.3 246p B6 ¥1500 ⓘ978-4-7887-1493-9

◆**大手新聞・テレビが報道できない「官僚」の真実**　高橋洋一著　SBクリエイティブ　（SB新書）
【要旨】新聞やテレビの報道では、連日のように「森友学園問題」や「加計学園問題」を取り上げている。しかし、一向に真相が見えてこない。なぜか。それらは、それを知る者たちが必死で隠そうとする「不都合な真実」があるからだ。本書では、元財務官僚で霞が関を知り尽くす著者が、官僚の御用記者になってしまったマスコミでは報道できないニュースの真相を明かす。
2017.7 191p 18cm ¥800 ⓘ978-4-7973-9320-0

◆**お役所街道珍道中**　服部恵佑著　（名古屋）ブイツーソリューション、星雲社 発売
【要旨】はみだし公務員が見た、お役所波乱万丈の日々。
2017.2 287p B6 ¥720 ⓘ978-4-434-22962-6

◆**官僚制改革の条件―新制度論による日英比較**　笠京子著　勁草書房
【要旨】1970年代後半以降、多くの国々で官僚制改革の機運が高まった。では日本とイギリスではどうだったのか？ なぜイギリスではスピーディに改革が進み、日本では何十年もかかったのか？ なぜイギリスではNPM改革一色になり、日本では政治主導とNPM改革が混じり合うことになったのか？ なぜイギリスでは官僚制が大きく変化したのに、日本ではあまり変化しなかったのか？ 両国の経緯をたどりながら、4つの新制度論で明らかにする。
2017.9 298p A5 ¥4000 ⓘ978-4-326-30259-8

◆**合格面接の答え方**　ニューウェーブ昇任試験対策委員会著　東京法令出版　（ニューウェーブ昇任試験対策シリーズ）　2訂版
【目次】面接試験突破のポイント、身上関係、総務・警務、生活安全、地域、刑事、交通、警備
2017.3 187p A5 ¥1300 ⓘ978-4-8090-1357-7

◆**公務員の「異動」の教科書**　堤直規著　学陽書房

政治

【要旨】どんな部署でも必ず役立つ引継ぎ＆仕事の作法！　若手・中堅から、課長まで必読！
2017.6 191p B6 ¥1600 ①978-4-313-15087-4

◆公務員の失業者退職手当制度の手引き　退職手当制度研究会編著　学陽書房　第1次改訂版
【目次】第1編 序論（失業者の退職手当制度の概要）、第2編 本論（基本手当に相当する退職手当、高年齢求職者給付金に相当する退職手当、特例一時金に相当する退職手当、基本手当に相当する退職手当の延長給付、技能習得手当・寄宿手当・傷病手当・就業促進手当・移転費・求職活動支援費に相当する退職手当、その他）
2017.12 199p A5 ¥3500 ①978-4-313-13070-8

◆公務員のための住民も納得の窓口対応―ここが分かれ目！　窓口法務研究会編　第一法規
【目次】第1章 自治体職員の窓口対応―その特性と対応の見極め（自治体窓口の特殊性、自治体における苦情対応と市民の権利、苦情対応や市民の権利利救済に関する制度と実態、窓口対応の「分岐点」、第2章 実践！ 窓口対応（市民課・税務課関連、福祉課・医療関連、環境衛生関連、まちづくり関連、教育関連）
2017.4 141p A5 ¥1500 ①978-4-474-05701-2

◆公務員の旅費法質疑応答集　旅費法令研究会編　学陽書房　第6次改訂版
【目次】適用関係、出張、扶養親族、在勤地、旅費の支給、旅行命令等、旅行命令等に従わない旅行、旅費の種類、旅費の計算（旅行経路）、旅費の計算（旅行日数）〔ほか〕
2017.9 271p A5 ¥3200 ①978-4-313-13376-1

◆国家公務員の給与　平成29年版　―その仕組みと取扱い　公務人材開発協会人事行政研究所編　公務人材開発協会人事行政研究所
【目次】第1部 俸給関係（俸給表の種類とその適用範囲、級別標準職務及び職務の級の定数、初任給 ほか）、第2部 諸手当関係（手当の概要と支給要件、支給額及び支給方法その他、初任給 ほか）、第3部 給与の支給関係（給与の支給と給与簿、休職者の給与、派遣職員の給与 ほか）
2017.6 513p B5 ¥4300 ①978-4-908252-19-8

◆この1冊で安心!!新人公務員のメールの書き方　長野ゆか著　学陽書房
【要旨】困ったときにこの文例！ 依頼、催促、謝罪もこれならうまくいく！
2017.6 188p A5 ¥1800 ①978-4-313-15086-7

◆コンパクト昇任試験 基礎4法択一問題集　昇任試験法律問題研究会編　公職研　第1次改訂版
【要旨】この1冊で「地方自治法」「地方公務員法」「憲法」「行政法」の重点項目100問を短期集中学習。
2017.8 209p B6 ¥1600 ①978-4-87526-376-0

◆コンパクト昇任試験地方公務員法択一問題集　昇任試験法律問題研究会編　公職研
【要旨】地方公務員法の重点項目66問を短期間で効率的に学習。
2017.7 139p B6 ¥1600 ①978-4-87526-375-3

◆採点ポイントがよくわかる！ 昇任試験論文のすごい書き方　地方公務員昇任論文研究会著　学陽書房
【要旨】この1冊で合格論文がすぐ書ける！
2017.10 160p A5 ¥2200 ①978-4-313-21075-2

◆財務省が日本を滅ぼす　三橋貴明著　小学館
【要旨】「財務省の大嘘」をすべて暴く！「財政破綻するから消費増税やむなし」というロジックに騙されるな。気鋭のエコノミストが最新データを徹底分析。日本に財政破綻は起こりえないこれだけの理由。
2017.11 254p B6 ¥1400 ①978-4-09-388579-9

◆自治体職員スタートブック　新規採用研修研究会編著　学陽書房　第2次改訂版
【要旨】自治体のしくみと仕事の基本がわかる！
2017.4 281p A5 ¥2300 ①978-4-313-16612-7

◆自治体職員のための行政救済実務ハンドブック　鈴木秀洋著　第一法規
【要旨】住民の権利・利益を十分に理解しながら対応できるようになるための「思考力」を養う書。
2017.3 247p A5 ¥2800 ①978-4-474-05738-8

◆自治体職員のための憲法判例INDEX　ぎょうせい編　ぎょうせい　（「判例地方自治」別冊）

【要旨】重要判例60件余を憲法の条文ごとに分類、配列し、概要・コメント付きで紹介。一自治体実務と憲法との関わりがすぐ分かる！「憲法から離れて地方自治はない」元最高裁判事・園部逸夫氏のインタビューを掲載。
2017.5 301p B5 ¥2700 ①978-4-324-10340-1

◆自治体職員のための図解でわかる外部委託・民営化事務ハンドブック　松村享著　第一法規
【要旨】行政サービス・事務の外部化に必要な情報がこの一冊に！
2017.6 246p B6 ¥2400 ①978-4-474-05890-3

◆自治体職員のためのQ＆A住民監査請求ハンドブック　奥田泰章著　ぎょうせい
【要旨】住民監査請求に基づく手続のイロハを学び、　実践できる!!実際の監査実務に携わった元自治体職員が書いた、　実務で生ずる疑問に応える待望の解説書。解説のほかに、　手続のフローや書式例などの「Chart（チャート）」や解説の予備知識となる「Column（コラム）」を随所に掲載。
2017.6 254p A5 ¥2700 ①978-4-324-10339-5

◆実務論文の書き方　ニューウェーブ昇任試験対策委員会著　地方自治法令出版　（ニューウェーブ昇任試験対策シリーズ）　5訂版
【目次】実務論文作成のポイント、総務・警務、生活安全、地域、刑事、交通、警備
2017.1 267p A5 ¥1500 ①978-4-8090-1356-0

◆重点ポイント昇任試験時事問題　2017年度版　昇任試験研究会編　公職研
【要旨】直近時事を徹底マーク。今年の試験に出る！ 時事問題100問。
2017.8 207p B6 ¥1950 ①978-4-87526-377-7

◆昇任試験 受かる人と落ちる人の面接回答例　地方公務員面接研究会著　学陽書房
【目次】第1章 受験者本人に関する頻出問答例10、第2章 「係長試験面接」の頻出問答例25、第3章「管理職試験面接」の頻出問答例20、第4章 タイプ別質問の傾向と対策、第5章 経験・熱意が伝わる回答のコツ、第6章 昇任面接の基本マナー
2017.10 175p B6 ¥1900 ①978-4-313-21077-6

◆昇任試験合格論文の絶対ルール　地方公務員論文研究会編著　学陽書房
【要旨】完成論文が満載！ 外してはいけないポイントが論文ごとにわかる！
2017.7 203p A5 ¥2200 ①978-4-313-21076-9

◆諸手当質疑応答集　公務人材開発協会人事行政研究所編　学陽書房　第13次全訂版
【目次】扶養手当、住居手当、通勤手当、単身赴任手当、俸給の調整額、特殊勤務手当、俸給の特別調整額、管理職員特別勤務手当、本府省業務調整手当、専門スタッフ職調整手当〔ほか〕
2017.7 412p A5 ¥4000 ①978-4-313-13354-9

◆事例で学べる行政判断 課長編―自治体課長の職場対応力が楽しく身につく厳選70ケース　自治体行政判断研究会編　公職研
【要旨】職場で起こる様々なトラブルをどう解決するか。5肢択一形式で楽しみながら学べる、昇任試験「行政判断」唯一の対策書。
2017.8 209p A5 ¥1900 ①978-4-87526-371-5

◆人事課のシゴト　鵜養幸雄著　ぎょうせい　（自治体の仕事シリーズ）
【要旨】人事課のトリセツ。人事課に配属になった！ 何をするんだろう？ そんな疑問に答える1冊です。
2017.5 208p A5 ¥1900 ①978-4-324-10297-8

◆「新書」から考える公務員の地域創生力―公共の仕事の視点を変える力　三宅正伸著　（京都）市民科学研究所，（京都）晃洋書房 発売
【要旨】学生との同僚性において地域に学ぶ、第1章 公民に必要な地域創生基礎知識、第2章 人口減少で地域は本当に消滅するのか、第3章 人口減少社会への対応、第5章 本当の地域創生にはどうすればよいか、終章 地域創生のどこに問題があるのか
2017.4 85p A5 ¥1000 ①978-4-7710-2905-7

◆絶対スキルアップする公務員の勉強法　林雄介著　学陽書房　新版
【目次】第1章 なぜ、スキルアップが必要なのか、第2章 健康管理とコミュニケーション力！、第3章 総合力を身につける、第4章 絶対トップになる昇進＆資格試験対策と英語の勉強、第5章 コミュニケーション・スキルの鍛え方、第6章 公

務員の必読書、第7章 パワーアップ！ 教養経済学入門、第8章 パワーアップ！ ストレス・ケア
2017.3 225p B6 ¥1800 ①978-4-324-10267-1

◆地方公務員制度講義　猪野積著　第一法規　第6版
【目次】第1章 地方公務員制度の概要、第2章 地方公務員の任用と離職、第3章 公務秩序の維持、第4章 公務能率の維持・向上、第5章 勤務条件、第6章 職員の利益の保護、第7章 地方公務員の労働基本権、参考資料
2017.11 341p A5 ¥3000 ①978-4-474-06176-7

◆地方公務員年金制度の解説　平成29年版　地方公務員年金制度研究会編　ぎょうせい
【目次】地方公務員の年金制度を取り巻く状況、総則的事項、厚生年金保険給付、経過的職域加算額、年金払い退職給付（退職等年金給付）、年金の併給調整、年金の給付制限、在職老齢年金、離婚時等の年金分割制度、脱退一時金、既給一時金の返還、基礎年金制度
2017.8 119p B6 ¥1750 ①978-4-324-10363-0

◆地方公務員の"新"勤務時間・休日・休暇　小川友次、澤田千秋編著　学陽書房　第2次改訂版
【要旨】勤務時間制度の解釈・運用がわかる！ 勤務時間の短縮、時間外勤務代休時間、育児・介護を行う職員の勤務時間の弾力化など最新の改正を盛り込む！
2017.3 546p A5 ¥6800 ①978-4-313-13173-6

◆地方公務員フレッシャーズブック　自治研修研究会編集　ぎょうせい　第4次改訂版
【要旨】地方公務員になられたばかりの皆さんが必要な基礎知識を学ぶための入門書として編集したものであり、地方公務員として仕事を始めるに当たりまず知っておくべきことをまとめたもの。また、最近の地方分権改革の動向や、昨今の社会経済情勢を踏まえた行政の課題についてもできるだけ触れるように心掛けた。
2017.12 310p A5 ¥2300 ①978-4-324-10412-5

◆地方自治法101問　地方公務員昇任試験問題研究会編　学陽書房　（頻出ランク付・昇任試験シリーズ 2）　第6次改訂版
【要旨】平成28年施行の大改正に対応！
2017.4 203p B6 ¥1900 ①978-4-313-20726-5

◆徴収職員のための 滞納法の基本と実務　吉田智彦著　第一法規
【要旨】社会保険料の徴収実務の経験豊富な著者が、滞納法の実務をわかりやすく解説。民法・国税徴収法・民事執行法など、徴収実務に直結する法知識を網羅的に解説。判例の複雑な事案関係を読み解く豊富な事案解説。
2017.8 966p A5 ¥7000 ①978-4-474-05851-4

◆東京都主任級職選考 "論文"対策 新出題形式主任論文の書き方・考え方　「4ウェイ方式」論文通信添削研究会著　公人の友社
【目次】第1章 改正の内容（平成29年度主任級職選考の出題構成等の見直しについて、主任級職選考の論文について）、第2章 対策のポイント（「都政問題」対策、「職場問題」対策）、第3章 論文作成の注意点（論文作成・形式上の注意点、論文作成・内容上の注意点、論文作成・時間配分に注意、効果的な勉強方法）、第4章 練習問題と解答例（「都政に関する出題」A1類のみ、「職場に関する出題」A1類、A2類共通）
2017.2 127p A5 ¥3000 ①978-4-87555-694-7

◆東京都主任試験「統計データ分析」択一問題集　昇任・昇格試験アドバイス会著　公人の友社
【目次】1 統計の役割（統計の定義と公的統計の役割、統計の種類、統計の利用）、2 統計データのまとめ方（統計表、統計用語、統計グラフ）、3 統計データの分析（代表値、分散度、相関比、回帰分析、相関関係）
2017.2 157p A5 ¥3000 ①978-4-87555-695-4

◆東京都主任試験「都政実務」択一問題集―職員ハンドブック2017対応　昇任・昇格試験アドバイス会著　公人の友社
【目次】第1編 東京（東京の現状、都政の基本方針）、第2編 地方自治制度と都の行財政（地方自治制度、地方分権の推進、都行政の仕組み、地方財政と都財政）、第3編 組織と仕事（人事、文書、財務、都民と都政、都市のIT化の推進、仕事の進め方、人権、接遇）
2017.5 411p A5 ¥3600 ①978-4-87555-802-6

◆東京都主任試験ハンドブック　都政新報社出版部編　都政新報社　第27版

【要旨】択一・論文の出題改正に対応。
2017.6 256p A5 ¥2500 ①978-4-88614-241-2

◆**特別区主任主事・昇任試験職員ハンドブック 2017年版 完全対応問題集** 昇任・昇格試験アドバイス会著 公人の友社
【目次】第1編 特別区と区政（問題省略、東京23区の現況、区民のくらしと区政、人権）、第2編 自治制度と特別区（地方自治制度、地方分権、特別区制度の沿革）、第3編 組織と仕事（組織と職員、区政の運営、人事、財務、文書）
2017.5 535p A5 ¥3600 ①978-4-87555-700-5

◆**特別区職員ハンドブック 2017 図解・要点整理** 昇任・昇格試験アドバイス会著 公人の友社
【目次】第1編 特別区と区政（23区のすがた（省略）、東京23区の現況、区民のくらしと区政、人権）、第2編 自治制度と特別区（地方自治制度、地方税財政制度、地方分権、特別区制度の沿革）、第3編 組織と仕事（組織と職員、区政の運営、人事、財務、文書）
2017.6 480p B5 ¥3800 ①978-4-87555-801-9

◆**どんな場面も切り抜ける！ 公務員の議会答弁術** 森下寿著 学陽書房
【要旨】間違った答弁をしてしまったらどうしよう？ そんな不安を取り除く1冊！ 慌てず焦らず、そつなく答弁をこなすポイントとは？ キホンから奥の手まで、ノウハウを伝授！
2017.8 167p A5 ¥2200 ①978-4-313-18056-7

◆**はじめて学ぶ地方公務員法** 圓生和之,大谷基道著 学陽書房
【目次】第1章 地方公務員法の目的と体系をつかむ、第2章 人事機関の組織と権限を知る、第3章 職員に適用される基準と任用のルールを押さえる、第4章 法が定める働き方のルールを理解する、第5章 地方公務員に課せられた「服務」を覚える、第6章 職員の福祉と利益保護の規定を学ぶ、第7章 その他の規定と制度改革を確認する
2017.9 155p A5 ¥1900 ①978-4-313-20525-3

◆**必携自治体職員ハンドブック** 公職研編集部編 公職研 第3次改訂版
【目次】第1編 地方行政の動向と課題（地方分権、地方行財政の現状と課題、少子高齢化社会、電子自治体の推進、環境行政、国際化社会、教育行政、地域づくりと地域活性化・地域振興、危機管理、情報公開制度と個人情報の保護、行政手続、人権、政策形成過程）、第2編 地方自治の諸制度（地方自治制度、地方財政制度、地方公務員制度）
2017.4 465p A5 ¥2300 ①978-4-87526-372-2

◆**文書事務研修の手引―市町村職員研修のための講義マニュアル** 瀬口至著 夢の友出版
【要旨】新採用職員等を対象に自庁内で文書事務の講義を行う場合の講師用のマニュアル（種本）
2017.9 145p B5 ¥1600 ①978-4-906767-02-1

◆**別冊・国家公務員の給与 平成29年版―主要俸給表の基準と沿革** 公務人材開発協会人事行政研究所編 公務人材開発協会人事行政研究所
【目次】第1部 俸給関係（行政職俸給表（一）関係、行政職俸給表（二）関係、研究職俸給表関係、医療職俸給表（一）関係、医療職俸給表（二）関係、医療職俸給表（三）関係）、第2部 俸給関係参考資料（現行俸給表、過去の経緯等、給与勧告等の概要と実施状況（平成17年度～平成28年度）
2017.6 511p B5 ¥4000 ①978-4-908252-20-4

◆**文部科学省は解体せよ** 有元秀文著 扶桑社
【目次】第1章 文部科学省のどこがおかしいか―私がこの目で見てきた文科省、第2章 二〇二〇年、公教育の崩壊が始まる、第3章 小学校にも中学校にも精神疾患教師が多いわけ、第4章 天下りに不正…ついに開いたパンドラの匣、第5章 文部科学省をどうやって解体するか、第6章 文部科学省の支配から、どうすれば逃れられるのか、第7章 教師たちよ、言いなり教育からの脱却を！
2017.10 198p B6 ¥1500 ①978-4-594-07827-0

◆**よくわかる国家公務員の医療・年金ガイドブック 平成29年度版** 工藤哲史著 共済組合連盟 改訂第11版
【目次】第1章 医療・年金保険制度の基本体系（共済組合、組合員資格の得喪及び適用の範囲、標準報酬等）、第2章 短期給付制度のしくみ（国共済短期給付の概要、国共済短期給付の内容、その他の医療制度）、第3章 年金一元化の国家公務員の年金制度（厚生年金保険給付の概要、退職

等年金給付（新3階付給）の概要、経過的職域加算額（旧3階給付）の概要、施行日前に受給権の生じた年金（既裁定年金）の取扱い、基礎年金の概要、年金と税金）
2017.4 236p A5 ¥1019 ①978-4-908329-02-9

◆**読めば差がつく！ 若手公務員の作法** 高嶋直人著 ぎょうせい
【要旨】公務員ならではの暗黙のルール、仕事の対処法、上司との付き合い方…現場のリアルな悩みに答える！ 悩めるすべての若手公務員に捧げる55の処世術!!
2017.8 187p B6 ¥1500 ①978-4-324-10299-2

◆**わかりやすい計算証明―逐条解説** 長岡尚志編 全国会計職員協会 第2次新版
【目次】第1編 序説（計算証明の目的、計算証明の位置付け、計算証明の電子化への対応 ほか）、第2編 計算証明規則 逐条解説（総則、国の会計を処理する機関の計算証明、国庫金及び有価証券を取り扱う日本銀行の計算証明（第66条の3・第68条の3）ほか）、第3編 計算証明の電子化に関する基準（基準の趣旨、定義、電子情報処理組織の使用による計算証明 ほか）
2017.11 430p A5 ¥6600 ①978-4-915391-63-7

◆**KOKKO 第18号 特集 公務員酷書** 日本国家公務員労働組合連合会,（八王子）堀之内出版 発売
【目次】特集「公務員酷書」、新連載 KANちゃんの職場訪問記 第1回 沖縄合同事務局開発建設部の巻、連載 国家公務員の労働条件Q&Aきほんの「き」から 第6回 職場のパワハラをなくしたい、リレー連載 運動のヌーヴェルヴァーグ エキタス9 労働組合から見た市民運動としてのエキタス、連載 スクリーンに息づく愛しき人びと 第17作 トランプ時代の『トランボ』観賞、書評 第14回 ジョナサン・ハイト著『社会はなぜ左と右にわかれるのか―対立を超えるための道徳心理学』
2017.2 83p A5 ¥500 ①978-4-906708-64-2

◆**KOKKO 第24号 特集 公務員「私物化」の裏側** 日本国家公務員労働組合連合会,（八王子）堀之内出版 発売
【目次】特集 公務員「私物化」の裏側、対談 国家公務員を私物化し腐敗する安倍政権―加計・森友奉仕の官僚つくる内閣人事局、資料「全体の奉仕者」にふさわしい公務の公正・中立性の確立を―「加計学園」問題等の疑惑の徹底解明と制度の見直しを求める（談話）、国家公務員の再就職と「天下り」問題の現状、単発 2017年度予算定員の分析、リレー連載 運動のヌーヴェルヴァーグ 家賃下げデモ（3）反貧困運動から見た住宅運動の展開―大衆運動としての再構成を目指して、連載 国家公務員の労働条件Q&Aきほんの「き」から 第12回 内部文書と守秘義務の関係、連載 スクリーンに息づく愛しき人びと 第23作 小林多喜二をめぐって―『母・小林多喜二の母の物語』、書評 第20回 テオ・コステル著『アンネ、わたしたちは老人になるまで生き延びられた。』
2017.8 73p A5 ¥500 ①978-4-909237-02-6

◆**KOKKO 第25号 特集 日本の科学技術は軍事に飲み込まれるのか？** 日本国家公務員労働組合連合会,（八王子）堀之内出版 発売
【目次】特集 日本の科学技術は軍事に飲み込まれるのか？、科学・技術の危機と研究社の社会的責任―退潮する日本、軍事研究とトランス・サイエンスに向き合う、急進展する軍事研究の取材最前線―研究者むしばむ軍事依存、「国立研究開発機関2017年個人アンケート」結果について、リレー連載 運動のヌーヴェルヴァーグ 家賃下げデモ（3）誰もが生きられる社会のために―改めて、住宅の反貧困運動へ、連載 国家公務員の労働条件Q&Aきほんの「き」から 第13回 残業代の計算方法について、連載 スクリーンに息づく愛しき人びと 第24作 夜間保育が映すこの社会の在地は一『夜間もやってる保育園』、書評 第21回 ラファエル・A・カルヴァ、ドリアン・ピーターズ著『ウェルビーイングの設計論―人がよりよく生きるための情報技術』
2017.9 89p A5 ¥500 ①978-4-909237-03-3

◆**KOKKO 別冊発行号 特集「2017年人事院勧告」** 日本国家公務員労働組合連合会,（八王子）堀之内出版 発売
【目次】特集 2017年人事院勧告（日本の公務員は賃金も人数もOECD諸国で最低、2017年人事院勧告の分析と批判―4年連続プラス勧告も現給保障の終了で多くが賃下げに）、現給保障の終了で多くが賃下げ・労働基本権制約の代償としての責務を放棄する職員の声、明・談話、2016年人事院勧告の取扱い等に関する要求書、2017年人事院勧告、人事院勧告関連

資料、人事院勧告の歴史的変遷）
2017.10 189p B5 ¥1000 ①978-4-909237-04-0

◆**KOKKO 第26号 特集 "官から民" への代償** 日本国家公務員労働組合連合会,（八王子）堀之内出版 発売
【目次】特集 "官から民" への代償（国家戦略特区の何が問題なのか？―加計学園問題とかかわって、独立行政法人改革とは何だったのか―独立行政法人制度の問題点、市民町村の窓口業務をアウトソーシングする地方独立行政法人―住民の基本的人権を守るために窓口業務は直営で充実すべき、「公共サービスを取り戻す」という世界の流れ）、リレー連載 運動のヌーヴェルヴァーグ 家賃下げデモ（5）家賃下げデモを主催した理由―デモを通じて学んだことと生活を圧迫する家賃問題、連載 国家公務員の労働条件Q&Aきほんの「き」から 第14回 独立行政法人の労働条件決定について、連載 スクリーンに息づく愛しき人びと 第25作 A・ワイダの遺したもの『残像』/『カティンの森』、書評 第22回 三中信宏著『思考の体系学―分類と系統から見たダイアグラム論』
2017.11 49p A5 ¥500 ①978-4-909237-05-7

◆**KOKKO 第27号 特集 誰のための公務員？** 日本国家公務員労働組合連合会,（八王子）堀之内出版 発売
【目次】特集 誰のための公務員？（公正で民主的な公務員制度の確立にむけて、加計・森友のロンダリングと国家公務員を「下僕化」する安倍政権―「全体奉仕者」の役割問われる国家公務員、税金を払えるようにする福祉国家スウェーデン、米朝核・ミサイル危機とその打開へ―日本の立場と役割は、2017年再任用職員実態調査アンケートの結果について―誰もが安心して働ける高齢期雇用をめざして）、リレー連載 運動のヌーヴェルヴァーグ 家賃下げデモ（6）「理想の住まい」ではなく「ふつうの住まい」を、連載 国家公務員の労働条件Q&Aきほんの「き」から 第15回 どんな職務命令にも従う義務がある？、連載 スクリーンに息づく愛しき人びと 第26作 転落するアン・ハサウェイ、同期する怪獣『シンクロナイズドモンスター』、書評 第23回 ジェニファー・ダウドナ、サミュエル・スターンバーグ著『CRISPR 究極の遺伝子編集技術の発見』
2017.12 49p A5 ¥500 ①978-4-909237-06-4

◆**KOKKO 第28号 特集 東京オリンピック** 日本国家公務員労働組合連合会,（八王子）堀之内出版 発売
【目次】特集 東京オリンピック（東京オリンピック開催準備で見えてきた建設業の過重労働について、東京オリンピックはインフラと労働者・国民の安全に何をもたらすか、東京オリンピック・パラリンピックに向けた情報通信行政の当面の課題について）、単発 2018年版「税制改革の提言」―応能負担の原則で国民本位の税財政及び行政の確立を、連載 国家公務員の労働条件Q&Aきほんの「き」から 第16回 退職手当引き下げは何が問題か？、連載 スクリーンに息づく愛しき人びと 第27作「頑張れ！」の届く地点はどこに『夜空はいつでも最高密度の青色だ』/『川の底からこんにちわ』、書評 第24回 吉野源三郎原作、羽賀翔一漫画『漫画 君たちはどう生きるか』
2017.12 49p A5 ¥500 ①978-4-909237-07-1

◆**Q&A 地方公務員の分限処分、懲戒処分の実務** 鵜養幸雄著 ぎょうせい
【目次】第1章 人事評価制度と分限処分、懲戒処分（人事評価制度の意義、分限処分、懲戒処分という仕組み ほか）、第2章 分限処分の法的ポイント（分限処分の趣旨、分限処分の種類と要件 ほか）、第3章 懲戒処分の法的ポイント（懲戒処分の趣旨、懲戒処分の種類 ほか）、第4章 分限処分、懲戒処分の実際と判断基準（手続、様式等、分限処分の実際と判断基準 ほか）、第5章 処分後に関する仕組みと参照すべき判例等（不利益処分に対する保障の仕組み、分限処分に関する司法判断 ほか）、資料編
2017.12 293p A5 ¥3000 ①978-4-324-10345-6

◆**Q&A 地方公務員の臨時・非常勤職員制度改正のポイント** 地方公務員法制研究会編 ぎょうせい
【要旨】会計年度任用職員制度の導入等に向けた事務処理マニュアル収録！
2017.11 171, 18p A4 ¥2200 ①978-4-324-10369-2

警察・消防

政治

◆**経験して学んだ刑事の哲学―塊世代の捜査日記**　深沢敬次郎著　元就出版社
【目次】一月―皇太子殿下の警備に当たる、二月―緬羊の窃盗事件、三月―農協の窃盗事件、四月―詐欺事件の捜査、五月―警察学校で現任教養の受講始まる、六月―多額の金属窃盗犯を検挙、七月―張り込みは修業の為、八月―盗犯捜査化月間、九月―心中に見せかけた殺人事件、十月―若い署長とベテランの確執、多発する窃盗事件、年末の夜警や警ら
2017.3　254p　B6　¥1600　①978-4-86106-254-4

◆**警察官実務六法　平成29年版**　警察政策学会監修　東京法令出版
【目次】第1編 基本法令、第2編 警務、第3編 生活安全、第4編 刑事、第5編 交通、第6編 警備、第7編 情報通信
2017.1　2964p　B6　¥3500　①978-4-8090-1355-9

◆**警察政策　第19巻（2017）**　警察政策学会編　警察政策学会、立花書房　発売
【目次】第19回シンポジウム・人口急減時代における安全安心の確保と警察の課題、論説（フランスにおけるジハーディストの「過激化」とムスリム移民の統合等に関する一考察―フランス議会報告書の検討を中心に、「ハワラ」の問題と規制上の課題、「暴力団」という呼称について（大正末期～昭和戦前期）、セーフコミュニティ国際認証5年を顧みて―今、求められる「地域力と絆の再生」のために、少年警察活動の展開と現在の課題、いわゆる「JKビジネス」の現状と対策、東日本大震災後の電気通信事業者の災害対策、警察情報通信の発注者エンジニアリング―ターゲット発見システムの実現に向けて）
2017.3　274p　A5　¥2400　①978-4-8037-0033-6

◆**警察手帳**　古野まほろ著　新潮社　（新潮新書）
【要旨】警察ほどおもしろい組織はない―三〇万人もの警察職員はどのような仕事をしているのか？ 刑事とはどんな人か？ 警察手帳の中身は？ ドラマとの違いは何？ そもそも警察官になるには？ 待遇や昇進の条件は？ 警察庁とは何か？ キャリアとノンキャリアの関係は？ 警察キャリア出身の作家だからこそここまで書けた、徹底的にリアルな巨大組織の掟と人間学。
2017.3　254p　18cm　¥800　①978-4-10-610707-8

◆**警視庁 生きものがかり**　福原秀一郎著　講談社
【要旨】警視庁にそんな部署あったのか!?「動物愛」あればこそ、仕事に燃える「生きものがかり」の大活躍を描く、笑いあり、怒りあり、涙もちょっぴりありの感動必至のノンフィクション！　2017.8　215p　B6　¥1300　①978-4-06-220683-9

◆**警視庁監察係**　今井良著　小学館（小学館新書）
【要旨】警察官からもっとも嫌われる警察官。それは警務部人事一課監察係に所属する警察官たちである。不祥事を犯した職員に気付かれないよう、密かにそして速やかに証拠となる事実関係を裏付けていき、対象者の処分を行い、組織の綱紀粛正を図る。それも、できるだけマスコミの目に触れないように。つまり、組織防衛が最大の任務なのだ。監察に目を付けられたら最後、出世の道を閉ざされるどころか、警察を追われる羽目となる。メディアの知られにも減多に応じない監察係の姿を生々しくリポートする。
2017.12　222p　18cm　¥800　①978-4-09-825294-7

◆**最新消防模擬問題全書**　消防実務研究会編著　東京法令出版　10訂版
【目次】憲法、行政法、刑法・刑事訴訟法、地方公務員法・地方自治法、消防組織法、消防法、防災、警防、作防、救急、機械、記述式、その他
2017.5　573p　A5　¥2200　①978-4-8090-2434-4

◆**自己保身の警察ワールド―巡査から警察庁長官を超えて 司法制度から日本国憲法まで**　宇野博幸著　（株）風詠社、星雲社 発売
【要旨】自己保身ゆえ誰も気付かない、気付かせこうともしない。たとえ気付かれたとしても言わない、言えない、言おうもしない。でも、人として当たり前の話を―。40年以上、街頭犯罪と戦った元サムライ警察官の激白メッセージ！　2017.9　347p　B6　¥1500　①978-4-434-23752-2

◆**写真でわかる世界の防犯―遺跡・デザイン・まちづくり 驚きのアイデアで犯罪を「あきらめさせる」**　小宮信夫著　小学館
【要旨】世界92カ国の史跡・建築・文化や学校・公園などを徹底分析！ 安全のポイントが直感的に伝わる、世界初の防犯写真集。
2017.4　128p　B5　¥1800　①978-4-09-840178-9

◆**消防昇任試験1000題**　消防昇任試験問題研究会編　近代消防社　4訂
【目次】第1章 消防組織（消防組織法関係）、第2章 予防行政（消防法関係、消防用設備等関係、防炎関係 ほか）、第3章 警防（消防活動関係、救急活動関係 ほか）、第4章 防災・災害対策（防災・震災対策関係、国民保護法関係 ほか）、第5章 行政関係法規（憲法関係、地方自治法関係 ほか）、試験問題解答
2017.12　394p　B5　¥2900　①978-4-421-00905-7

◆**消防団員実務必携**　消防学校消防団員教育研究会編著　東京法令出版　12訂版
【目次】第1編 総説、第2編 消防機械、第3編 火災防ぎょ、第4編 救助機械、第5編 救急、第6編 救急、第7編 安全管理、第8編 火災予防、第9編 防災対策
2017.6　184p　A4　¥1500　①978-4-8090-2432-0

◆**消防白書　平成28年版**　消防庁編　勝美印刷
【目次】特集1 熊本地震の被害と対応、特集2 平成28年8月の台風等の被害と対応、特集3 消防を中核とした地域防災力の充実強化、特集4 消防における女性消防吏員の活躍推進、特集5 伊勢志摩サミットにおける消防特別警戒の実施、第1章 災害の現況と課題、第2章 消防防災の組織、第3章 国民保護への対応、第4章 自主的な防火防災活動と災害に強い地域づくり、第5章 国際的課題への対応、第6章 消防防災の科学技術の研究・開発
2016.12　338p　A4　¥2900　①978-4-906955-64-0

◆**消防白書　平成29年版**　消防庁編　勝美印刷
【目次】平成29年7月九州北部豪雨の被害と対応、糸魚川市大規模火災を踏まえた今後の消防のあり方、埼玉県三芳町倉庫火災を踏まえた対応、消防の連携・協力の推進～第28次消防審議会答申を踏まえ、消防団を中核とした地域防災力の充実強化、女性消防吏員の更なる活躍の推進、消防本部におけるハラスメント等への対応策、救急体制の充実、災害時等における高齢者、障害者及び外国人の方々への情報支援等の充実強化、全国瞬時警報システム（Jアラート）による情報伝達における課題と対応、第1章 災害の現況と課題、第2章 消防防災の組織と活動、第3章 国民保護への対応、第4章 自主的な防災活動と災害に強い地域づくり、第5章 国際的課題への対応、第6章 消防防災に科学技術の研究・開発
2017.12　369p　A4　¥2900　①978-4-906955-77-0

◆**消防表彰事務の手引**　消防表彰事務研究会編　東京法令出版　4訂版
【目次】第1章 叙位、第2章 叙勲、第3章 褒章、第4章 消防庁長官表彰、第5章 退職消防団員報償、第6章 総務大臣表彰、第7章 勲章の伝達等、第8章 都道府県消防防災関係事務従事職員表彰、第9章 消防庁で実施しているその他の表彰、参考
2017.6　347p　B5　¥2900　①978-4-8090-2435-1

◆**消防メンタル―タフな心をつくる技術**　鎌田修広著　イカロス出版
【要旨】精神論や根性論では、メンタルはコントロールできない。闘う消防官のメンタルは、どうやって鍛えればいいのか？
2017.9　231p　B5　¥1500　①978-4-8022-0372-2

◆**双頭の頂―元警察官僚四方八彩自叙伝**　四方彩著　幻冬舎メディアコンサルティング、幻冬舎 発売
【目次】第1章 幼少期から大学時代まで、第2章 警察庁採用からの三年間（見習無き三年間）、第3章 警察官僚の始まり、第4章 初めての警察庁勤務、第5章 大阪府警察へ戻る、第6章 茨城県、交通局審議官、次いで愛知県、大阪府警察本部へ、第7章 第二の人生を民間で、と決意す、補遺 僕の主張
2017.9　458p　B6　¥1500　①978-4-344-91361-5

◆**そこが知りたい！ 日本の警察組織のしくみ**　古谷謙一監修　朝日新聞出版
【要旨】話題の刑事ドラマ・警察小説がグンと面白くなる！「なんとなくわかる」を卒業できる警察組織の本です。
2017.7　159p　A5　¥1000　①978-4-02-333090-0

◆**注解 消防関係法規集　2017年版**　近代消防社編集局編　近代消防社

【目次】消防組織法、緊急消防援助隊に関する政令、消防法、消防法施行令、消防法施行規則、危険物の規制に関する政令、危険物の規制に関する規則、危険物の試験及び性状に関する省令、消防法第17条第1項及び同条別表第2の総務省令で定める物質及び数量を指定する省令、危険物の規制に関する技術上の基準の細目を定める告示〔ほか〕
2017.1　2129p　A5　¥2037　①978-4-421-00889-0

◆**デジタル鑑識の基礎　上**　保安通信協会編　東京法令出版
【目次】1 デジタル鑑識の概要（デジタル・フォレンジックとは、デジタル・フォレンジックが注目される理由、デジタル・フォレンジックの目的 ほか）、2 デジタルデータの基礎（デジタルデータの特徴、デジタルデータとは何なのか、数値表現方法の種類と変換 ほか）、3 コンピュータの基礎（コンピュータの種類、コンピュータの5大装置、コンピュータの内部構造 ほか）
2017.3　44p　A4　¥556　①978-4-8090-1358-4

◆**テロVS.日本の警察―標的はどこか？**　今井良著　光文社（光文社新書）
【要旨】いま、ヨーロッパを中心に世界中でテロが頻発している。二〇一五年から二〇一六年にかけて大規模なテロが相次ぎ、現在に至るまで、その勢いは衰えていない。また、過激派の教義に感染した、「ローンウルフ（一匹オオカミ）型」のテロリストが世界で広がっている。二〇二〇年に東京五輪を控える日本も、テロと決して無縁ではない。首都・東京の治安を守る警視庁で狙われやすい場所とは？ テロに遭遇したときの対処法とは？ サイバーテロを防ぐには？ 民放テレビ局で警視庁担当記者を務めた著者が、日本の警察によるテロ捜査の最前線と「目の前に迫る危機」を描く。
2017.10　230p　18cm　¥760　①978-4-334-04315-5

◆**犯罪捜査科学―捜査・取調・法医・虚偽自白・無罪判決の考証**　菱田繁監修、山村武彦、木下博之著
【要旨】戦後、第一次捜査権が負託された警察捜査機関は、犯罪に関わる科学知識ならびに科学技術を導入した客観的・合理的な捜査活動の推進を実践してきた。近年、精密司法の徹底と裁判員制度の実施に伴い、犯罪と犯罪者の対応に新たなる視点からの科学的手法に基づく犯罪現象の究明が一層指向されなければならないこととなっている。本書は、こうした犯罪および犯罪者への理解と解釈について、捜査・取調・虚偽自白・無罪判決といった犯罪捜査活動の変遷を実証的に考証したものである。犯罪捜査科学の成り立ちにはじまり、犯罪捜査に欠かせない法医学の発展について、これまでの歴史を辿り、写真、血液型、筆跡、DNAなど個人を識別する技術の発展を中心に犯罪科学の歩みを解説する。続く各章では、中世からの取調方法の変遷と現代における各方法の比較とその運用の実際が詳述され、虚偽自白について、その客観的真実性を判断することの重要性が示される。最後に刑事裁判・無罪判決・再審について、多数の事例を通して問題点が述べられた上で、精密な科学的捜査の必要性が説かれる。裁判官・検察官・弁護士をはじめとして、犯罪捜査の研究教育に携わる法律の専門家、捜査活動に従事する実務家、さらにはこれらの活動への参画を意図している篤学の士に向けた実践的基盤となる一冊である。
2017.9　289p　B5　¥10000　①978-4-7724-1569-9

◆**不当逮捕―築地警察交通取締りの罠**　林克明著　同時代社
【要旨】こうして、警察は冤罪をでっち上げる―。駐車違反をめぐる警察官とのささいな口論から、夫は公務執行妨害で逮捕、19日間の勾留。妻は真実を明らかにするために目撃探しに奔走する―。突然、「犯罪者」にでっち上げられた夫と無念を晴そうとする妻が、9年余りにおよぶ国家賠償訴訟で真実を勝ち取るまでのドキュメント。
2017.12　263p　B6　¥1800　①978-4-88683-829-2

◆**見えない不祥事―北海道の警察沙汰も、ひき逃げしてもクビにならない**　小笠原淳著　リーダーズノート出版
【要旨】北海道警「未発表非違事案」年間100件超の暗然。
2017.9　222p　B6　¥1500　①978-4-903722-73-3

◆**目で見る消防活動マニュアル**　東京消防庁監修　東京連合防火協会、東京法令出版　3訂版
【目次】吸水器具、放水器具、可搬式はしご、救助ロープ、発煙器具、照明器具、破壊器具、救

助器具、保安器具、化学災害用資器材、機関運用、水損防止用資器材、資器材展示
2017.4 254p B5 ¥2700 ①978-4-8090-2430-6

 地方自治

◆空家法施行と自治体空き家対策―空家法実施上の論点・条例対応と実践実務　北村喜宣編　地域科学研究会　（まちづくり資料シリーズ 28―地方分権 巻12‐4)
【目次】第1章 空家法の法的論点と法律施行上の課題・対応（空家法施行における法的論点、空家法実施の現状といくつかの法的論点・対応、資料・空家特措法及び法制定後の自治体空き家条例集（15例））、第2章 実践報告―空家法施行と自治体の空き家対策（東京・青梅市―青梅市の空き家実態調査、群馬・前橋市―前橋市の空き家対策、兵庫・明石市―空家特措法に基づく行政代執行（略式代執行）による空き家の除却）
2017.9 178p A4 ¥4950 ①978-4-925069-03-8

◆1万人が愛したはじめての自治体法務テキスト　森幸二著　第一法規
【要旨】忙しい自治体職員のための、通勤時間、休み時間に読める超入門書！ 実務に法律を当てはめ、解釈するための基本から、自治体法務に必要な基礎知識までイラスト・図表を用いて解説。
2017.3 218p A5 ¥2400 ①978-4-474-05583-4

◆一般財源の縮小時代に機能する自治体予算編成の実務―技術向上、新たな試み、政策形成としての総合力強化　松木茂弘著　学陽書房
【目次】第1章 予算編成の現状と課題（予算制度の現状、予算制度の課題）、第2章 予算編成に必要な情報と技術（国の制度の捉え方、住民ニーズの捉え方 ほか）、第3章 新たな予算編成の試み（総合計画を重視した予算編成、包括予算制度 ほか）、第4章 新たな予算編成の課題と展望（組織体制のあり方、総合計画と予算の連動 ほか）
2017.6 190p A5 ¥2400 ①978-4-313-12116-4

◆合併しなかった自治体の実際―非合併小規模自治体の現在と未来　木佐茂男監修、原田晃樹、杉岡秀紀編著　公人の友社
【目次】第1部 合併しなかった自治体の実際―研究視点を中心に（小規模自治体の独立性、小規模山村自治体の合併と財政、地域活性化の条件と論点―未合併小規模町村の優位性 ほか）、第2部 合併しなかった自治体の実際―住民視点を中心に（小さな自治体のよいところの洗い出し、村民アンケートからみた小規模自治体の合併の意義、「ちいさいからこそ」できる自治体創造―自治体職員の地域熟知を活かす ほか）、第3部「合併しなかった自治体の将来を考えるシンポジウム」の記録（資料編）（合併しなかった自治体の将来を考えるシンポジウム実施概要、産山宣言）2017.11 174p A5 ¥1900 ①978-4-87555-808-8

◆監査委員事務局のシゴト　吉野貴雄著　ぎょうせい　（自治体の仕事シリーズ）
【要旨】監査委員事務局のトリセツ。監査委員事務局に配属になった！ 何をするんだろう？ そんな疑問に答える1冊です。
2017.12 204p A5 ¥2000 ①978-4-324-10418-7

◆完全整理 図表でわかる地方自治法　地方公務員昇任試験問題研究会編著　学陽書房 第4次改訂版
【要旨】行服法抜本改正に伴う自治法大改正に対応！ 歴代合格者が薦める参考書の決定版！
2017.5 213p A5 ¥2400 ①978-4-313-20474-4

◆議会事務局のシゴト　清水克士著　ぎょうせい　（自治体の仕事シリーズ）
【要旨】議会事務局に配属になった！ 何をするんだろう？ そんな疑問に答える1冊です。
2017.7 206p A5 ¥2000 ①978-4-324-10355-5

◆現代地方自治論　橋本行史編著　（京都）ミネルヴァ書房 新版
【要旨】地方自治体は何をするところなのか。地方分権、協働、財政再建といったキーワードを念頭に、制度と政策が連携する重要性を読み解く。最新動向をおさえて内容をアップデート。
2017.4 279p A5 ¥2800 ①978-4-623-07990-2

◆公共施設マネジメントのススメ―悩める地方自治体職員のために　小松幸大、堤洋樹、池澤龍三著　建築資料研究社　（早稲田大学理工研叢書シリーズ）

【要旨】公共施設マネジメントの成果はそれを実行するマネージャーの力量に左右される！ 未来の姿を想い描いて、そこに至る道筋を考える。公共施設マネジメントを実行するために必要なことを一挙に解説。
2017.3 245p A5 ¥2300 ①978-4-86358-494-5

◆神戸百年の大計と未来　広原盛明、川島龍一、髙田富三、出口俊一著　（京都）晃洋書房
【要旨】神戸開港150年を記念する神戸市政総括の書。神戸市が直面する医療産業都市、神戸空港、長田南再開発の3大プロジェクトに関する現状分析と課題提起、及び大正以降の神戸市都市計画の特質を解明し、人口縮小時代の新たな計画コンセプトを提起する。
2017.8 353p A5 ¥2800 ①978-4-7710-2914-9

◆「ごみ屋敷条例」に学ぶ条例づくり教室　板垣勝彦著　ぎょうせい
【要旨】実効性のある条例策定のポイントを解説！ 2017.8 177p A5 ¥2800 ①978-4-324-10368-5

◆これで万全！ 自治体情報セキュリティー―攻めるなら守ってみせよう情報資産　大山水帆著　日本加除出版
【要旨】セキュリティ対策は、まったなし！ 近年では、官公庁や自治体をターゲットとしたサイバー攻撃が多数発生!!地方公共団体の情報セキュリティ・情報システム・研修の担当者必見!!
2017.4 242p A5 ¥2200 ①978-4-8178-4381-4

◆これでもやるの？ 大阪カジノ万博―賭博は「いいなん！ 夢洲はあぶない！　カジノ問題を考える大阪ネットワーク編　（大阪）日本機関紙出版センター
【目次】第1章「健康長寿万博でカジノ？」（夢洲とはどんなところなのか、万博にかこつけてカジノ？、万博と賭博場（カジノ）のコラボレーション??、南港（咲洲）・舞洲・夢洲の開発物語）、第2章 カジノ合法化法とギャンブル依存対策（カジノ合法化法案の提出とその後の経過、カジノ合法化法の内容と特徴、カジノ合法化法の問題点、求められる問題ギャンブル対策、ギャンブル依存対策とカジノ合法化法）、第3章 夢洲開発は危険でムダ―南海トラフ巨大地震による夢洲が予想される被害（南海トラフ巨大地震と津波の高さ、「夢洲」は津波にのみ込まれる、護岸沈下を想定すべき、強い揺れと長時間の揺れが被害を大きくする、液状化は発生する、必ず生じる長周期地震動とは、避けがたい津波火災）
2017.2 87p A5 ¥900 ①978-4-88900-943-9

◆財政課のシゴト　林誠著　ぎょうせい　（自治体の仕事シリーズ）
【要旨】財政課のトリセツ。財政課に配属になった！ 何をするんだろう？ そんな疑問に答える1冊です。
2017.5 192p A5 ¥2000 ①978-4-324-10341-8

◆自治制度の抜本的改革―分権改革の成果を踏まえて　阿部昌樹、田中孝男、嶋田暁文編（京都）法律文化社
【目次】第1部 自治制度の現在（「平成の大合併」からみる分権改革、平成の市町村合併後の都道府県の機能・事務、変革期における大都市制度改革の課題と今後の展望―第30次地方制度調査会とその周辺動向を踏まえて ほか）、第2部 自治制度の抜本的再検討（自治体に対する国からの訴訟についての再検討―辺野古争訟における国からの不作為の違法確認訴訟を素材に、地方自治の保障について―事務区分論から手続論へ、地方自治法各論の構想―自治体公企業法を例に）、第3部 自治制度の抜本的改革（地方公共団体を巡る法治国家の貫徹、地方議会の構成の抜本的改革試論、自治体の財源保障と抜本的地方財政制度の改正 ほか）
2017.11 317p A5 ¥6500 ①978-4-589-03874-6

◆自治体間協力の必要性と可能性　其田寿一著　講談社エディトリアル
【目次】序章 地方自治とは（「地方自治とはなにか」から考える、補完性の原理、ミルと日本国憲法、問いからの導き）、第1章 日本の自治体のいま（日本の市町村合併政策の始まり、住民の意思がうまく反映されていた昭和の大合併、住民が取り残された平成の大合併、住民という存在を取り戻した地方自治のいま）、第2章 自治体間連携としての自治体間協力（自治体間協力とはなにか、日本における自治体間協力の制度、歴史 ほか）、第3章 他国から学びとれる自治体間協力（コミューンからはじまる広域連携―フランスの事例、戦略的行政庁の総合調整という概念、パートナーシップ―イギリスの事例、自治体間協力の可能性を拡げるには）、終章 これからの

日本の自治体間協力のかたち（広域連合という制度の見直しを検討、広域連合の実態―隠岐広域連合の事例を検討する、空間的機能的に日本の地方自治をみる）
2017.11 75p A5 ¥1500 ①978-4-907514-98-3

◆自治体議員の政策づくり入門―「政策に強い議会」をつくる　礒崎初仁著　イマジン出版　（Copa Books―自治体議会政策学会叢書）
【要旨】人口減少期だからこそ自治体議会に求められる大きな使命。政策とは何か・政策の評価は・政策の見方、つくり方を学ぶ。議員マニフェストから首長マニフェストへの対応は。議員の政策づくり入門書。
2017.7 169p A5 ¥1500 ①978-4-87299-763-7

◆自治体経営の新展開　岩崎忠著　一藝社
【目次】第1章 組織経営の新たな展開（自治体経営を分析する視点―環境の変化に柔軟な組織、行政改革と新しい公共経営（New Public Management）、指定管理者制度導入と利用料金制度 ほか）、第2章 自治体政策の新たな展開（自治体政策を考察する視点―自治体と住民の新しい関係、自治体における公共施設マネジメント、市民と自治体が協働するまちづくり―千葉市における「ガバメント2.0」の挑戦 ほか）、第3章 政策法務の新たな展開（自治体政策法務、企画部局が関わる条例の成立と展開、実践自治体法務 ほか）
2017.3 189p A5 ¥2200 ①978-4-86359-120-2

◆自治体経営リスクと政策再生　宮脇淳編著、佐々木央、東宣行、若生幸也著　東洋経済新報社
【要旨】見過ごされてきた債務やリスクが自治体経営に迫る。組織改革、政策・施策・事務事業の再生を実現する考え方と手法を実践的な視点で解説。すぐに使えるハンドブック。
2017.4 252p A5 ¥3000 ①978-4-492-21231-8

◆自治体コンプライアンスの基礎　岡田博史著、北村喜宣、山口道昭、出石稔編　有斐閣　（地方自治・実務入門シリーズ）
【要旨】自治体職員に求められるコンプライアンスとは。著者の長年にわたる経験に裏打ちされたコンプライアンスの理論と実践の最前線を解説。自治体職員にとって判断と行動の基礎となるコンプライアンスを学ぶ必読書。
2017.9 296, 7p B6 ¥2600 ①978-4-641-22732-3

◆自治体政策法務の理論と課題別実践―鈴木庸夫先生古稀記念　北村喜宣、山口道昭、礒崎初仁、出石稔、田中孝男編　第一法規
【要旨】現代わが国の自治行政の課題解決を図るための法的・政策的手法を政策法務の知恵と工夫から提案する実践的指南書。
2017.12 418p A5 ¥3200 ①978-4-474-05991-7

◆自治体担当者のための公会計の統一的な基準による財務書類の作成実務　落合幸隆著　落合公認会計士事務所、はる書房 発売
【目次】第1部 新地方公会計制度について、第2部 財務書類の基礎知識、第3部 財務書類の勘定科目の説明、第4部 固定資産台帳整備の手引き、第5部 官庁会計・企業会計から統一的な基準の財務書類を作成、第6部 一般会計等・全体・連結財務書類の作り方、第7部 新地方公会計制度の今後の活用
2017.4 369p A5 ¥3200 ①978-4-324-80088-1

◆自治体の政策形成マネジメント入門　矢代隆嗣著　公人の友社
【目次】第1編 政策形成実践への入門（求められる自治体職員の政策形成能力、政策形成で重視すべきこと、政策形成の進め方、政策形成と住民参画・協働、自治体職員に求められる政策形成をマネジメントする能力）、第2編 政策形成をマネジメントするためのスキル・手法（問題を解決するスキル、問題分析、課題設定に活かす手法、対策立案に活かす手法、ステークホルダーをマネジメントするスキル、ステークホルダーマネジメントに活かす手法）、第3編 政策形成の基礎知識（政策形成に関する知識、政策形成マネジメントに活かす知識、地域主体の政策形成に関する知識、政策形成における課題）
2017.3 288p A5 ¥2700 ①978-4-87555-696-1

◆自治体法務検定公式テキスト 基本法務編―平成29年度検定対応　自治体法務検定委員会編　第一法規
【目次】序章 基本法務を学ぶにあたって、第1章 憲法、第2章 行政法、第3章 地方自治法、第4章 民法、第5章 刑法
2017.2 430p B5 ¥2800 ①978-4-474-05742-5

政治

◆自治体法務検定公式テキスト 政策法務編
—平成29年度検定対応　自治体法務検定委員
会編　第一法規
【目次】第1章 自治体法務とは、第2章 立法法務
の基礎、第3章 解釈運用法務の基礎、第4章 評
価・争訟法務、第5章 自治制度の改革、第6章 市
民参加と市民協働、第7章 情報公開と個人情報
保護、第8章 公共政策と自治体法務
2017.2 346p B5 ¥2800 ①978-4-474-05743-2

◆自治体法務検定問題集 平成29年度版
自治体法務検定委員会編著　第一法規
【目次】第1章 自治体法務検定基本法務(平成29
年度)、第2章 自治体法務検定政策法務(平成29
年度)
2017.12 96p B5 ¥1000 ①978-4-474-06235-1

◆自治体法務の基礎と実践—法に明るい職員
をめざして　森幸二著　ぎょうせい
【目次】第1部 入門編(〇〇法や××条例を学ぶ
前に(法的な考え方)、法の解釈適用—理論と実
践)、第2部 基礎編(契約と行政処分のしくみ、
行政指導のしくみ、条例・規則・要綱のしくみ
ほか)、第3部 実践編(財産管理のしくみ、指定
管理者制度のしくみ—委託の方式・制度と委託
できる範囲、指定管理者制度の指定手続 ほか)
2017.2 222p A5 ¥2300 ①978-4-324-10252-7

◆「質問力」でつくる政策議会　土山希美枝
著　公人の友社
【目次】第1部 政策と議会—政策議会と一般質問
(都市型社会の「政策議会」、「議会改革」の潮
流と本質、政策と一般質問)、第2部 一般質問の
質問力を高める(一般質問の機能としくみ、一般
質問の現状と課題、質問力をあげる(1)論点を
みがく ほか)、第3部 政策議会と自治のすがた
(質問力から議会力へ、政策議会の政策資源、市
民の政府としての政策議会)
2017.8 288p A5 ¥2500 ①978-4-87555-803-3

◆縮小ニッポンの衝撃　NHKスペシャル取材
班著　講談社　(講談社現代新書)
【目次】第1章 東京を蝕む一極集中の未来—23区
なのに消滅の危機(東京都・豊島区)、第2章 破
綻の街の撤退戦1—財政破綻した自治体の過酷な
リストラ(北海道・夕張市)、第3章 破綻の街の
撤退戦2—全国最年少市長が迫られた「究極の選
択」(北海道・夕張市)、第4章 当たり前の公共
サービスが受けられない!—住民自治組織に委
ねられた「地域の未来」(島根県・雲南市)、第
5章 地域社会崩壊集落が消えていく—「農村撤
退」という選択(島根県・益田市、京都府・京丹
後市)、エピローグ—東京郊外で始まった「死の
一極集中」(神奈川県・横須賀市)
2017.7 198p 18cm ¥740 ①978-4-06-288436-5

◆初歩から分かる総合区・特別区・合区　冨
田宏治、梶哲教、柏原誠、森裕之著、大阪自治体
問題研究所編　自治体研究社
【目次】第1章 都構想をめぐる問題の本質—「維
新政治」は大阪に何をもたらしたか(不寛容なポ
ピュリズムと市民の分断、モンスター的集票マ
シンと化した大阪維新の会、新自由主義的改革
の絵に描いたような大阪)、第2章 特別区・総合
区とは何か(特別区とは何か—特別区と「都」構
想、総合区とは何か、総合区は自治区とは何か)、第
3章 合区の意味と問題点(合区と総合区は異次元
です、大阪市の区役所の現状は?、大阪市の8区
総合区「区割り案」とは?、大阪市の区の移り
変わり、合区の論点と今後の検討のプロセス)、
第4章 住民自治を発展させるために—いま問われ
ていること(副首都推進局による「説明」の問
題点、政治と行政による「刷り込み」、区政会議
との矛盾、大阪市とコミュニティ、住民自治の
発展を)
2017.7 88p A5 ¥926 ①978-4-88037-670-7

◆新(図表)地方自治法・公務員法　大城純男
著　東京法令出版　14訂版
【目次】地方自治法(総則、地方公共団体の区域
ほか)、地方公務員法(総則、人事機関 ほか)、
地方公営企業(地方公営企業法の適用関係、地
方公営企業管理者と地方公共団体の長の権限 ほ
か)、行政法(行政立法の類型、行政行為の類型
ほか)
2017.2 291p A5 ¥2400 ①978-4-8090-4069-6

◆図解 よくわかる自治体公会計のしくみ
柏木恵、天川竜治著　学陽書房
【要旨】会計の考え方や会計に携わる際の心構え、
公会計の特徴、職員の業務がラクになる自動仕
訳、公会計情報の活用方法を示した本です。公
会計の担当になって、その複雑さに悩んでいる
方や、新卒や異動で、初めて公会計の担当になっ

た方を主な読者対象としています。
2017.12 152p A5 ¥2500 ①978-4-313-16681-3

◆図解 よくわかる地方自治のしくみ　今井
照著　学陽書房　第5次改訂版
【要旨】全体像が見える! 一気にわかる!
2017.1 213p A5 ¥1900 ①978-4-313-16505-2

◆杉並区長日記—地方自治の先駆者・新居格
新居格著　(富士宮)虹霓社
【要旨】敗戦後の廃墟と混沌の中、日本一の文化
村を目指して杉並区の初代公選区長に就任、政
治・行政の旧弊打破に挑み、小地域からの民主
主義を掲げた破天荒でユニークな"アナキスト
区長"新居格。彼が任の目指した理想の地方自治と
は、区長を任わずか1年、苦闘の記録が復刊。忘
れられた文筆家・新居を、地方自治・地方行政、
まちづくりの視点から復権を試みた小松隆二氏
(慶応大名誉教授)による渾身の書き下ろし小伝と、
ユートピアンであった新居の知られざる一
面を当事者が綴った大澤正道氏によるエッセイ
を合わせて収録。
2017.10 268p B6 ¥1600 ①978-4-9909252-0-8

◆税務課のシゴト　地方税事務研究会編著
ぎょうせい　(自治体の仕事シリーズ)
【要旨】税務課のトリセツ。税務課に配属になっ
た! 何をするんだろう? そんな疑問に答える
1冊です。
2017.5 192p A5 ¥2000 ①978-4-324-10342-5

◆総務課のシゴト　うつのみやし総務事務研究
会編著　ぎょうせい　(自治体の仕事シリー
ズ)
【要旨】総務課に配属になった! 何をするんだ
ろう? そんな疑問に答える1冊です。
2017.7 170p A5 ¥2000 ①978-4-324-10354-8

◆地域活性化の情報戦略　安藤明之編著、森岡
宏行、川又実、牛山佳菜代著　芙蓉書房出版
【要旨】2040年までに全国の自治体の半分が消滅
する? 大都市優位の流れの中で地域創生・地域
活性化をどう図るか。各地の事例を紹介し、ICT
などの情報の戦略的活用にこそその道があるこ
とを明らかにする。
2017.2 151p A5 ¥2000 ①978-4-8295-0706-3

◆地域分権時代の町内会・自治会　中田実著
自治体研究社　新版
【目次】町内会とはどういう組織か、町内会を
うみるか—立ち位置によって見え方が違う町内
会、町内会における自治の二側面—住民自治の
諸相、地域での共同の暮らしの組織—機能の包
括性の意味、町内会と自治体行政との関係、地域
生活の変化と住民組織の主体性、地域課題の拡
大とコミュニティづくり、町内会の下部組織と
上部組織、町内会とNPOの協働、町内会・自治
会脱退の自由の意味、地方自治の運営の刷新、町内
会の活動の刷新、行政からの自立と協働、地域
内分権と住民代表性—地域自治区を考える、地
縁型住民組織の可能性
2017.5 187p A5 ¥1852 ①978-4-88037-663-9

◆知事と権力—神奈川から拓く自治体政権の可
能性　磯崎初仁著　東信堂
【要旨】知事ブレーンがみた神奈川・松沢県政8
年のすべて! 2003年にマニフェストを掲げて当
選した松沢成文知事(現・参議院議員)。県政
の厳しい攻撃に直面しながら、日本で初めての
受動喫煙防止条例など、先進的な政策を実現で
きたのはなぜか。マニフェストは県政をどう変
えたか。3選確実といわれながら、松沢氏はなぜ
退陣にいたったのか。「自治体政権」の視点から
"生きた地方政治"を描く。
2017.10 510p A5 ¥3800 ①978-4-7989-1461-9

◆地方議員のための役所を動かす質問のしか
た　川本達志著　学陽書房
【要旨】数々の質問を受けてきた元副市長が伝え
る質問のコツ! あなたの質問で議会は変わる!
2017.7 183p A5 ¥2000 ①978-4-313-18055-0

◆地方議会を再生する　相川俊英著　集英社
(集英社新書)
【要旨】各地で相次ぐ政務活動費不正使用や、東
京都に象徴される首長と議会の「対立」など、い
ま、地方政治は国政以上に重要なトピックになっ
ている。そんな中、一服の清涼剤ともなるのが、
長野県飯綱町だ。財政破綻寸前の状態に陥った
同町は、「住民参加」「首長に妥協しない議会」
を旗印に議会改革に着手。その成果が認め
られ、全国の自治体から視察団が殺到する「日
本一有名な町議会」となった。本書は、この町
の「政治再生のプロセス」を描く。具体的な事
例に基づいた地方政治の処方箋であり、「地域

再生」への挑戦を綴った感動的なドキュメント
でもある。
2017.3 206p 18cm ¥720 ①978-4-08-720873-3

◆地方議会議員ハンドブック　全国市議会議
長会著　ぎょうせい　改訂版
【要旨】地方自治法や会議規則で定められている
議会のルールについて、"読みやすい2色刷り"で
わかりやすくまとめた1冊。
2017.7 221p A5 ¥1750 ①978-4-324-10336-4

◆地方自治講義　今井照著　筑摩書房　(ちく
ま新書)
【要旨】一九四七年五月三日、日本国憲法が施行
された日に地方自治法も施行された。それは偶
然ではない。憲法の施行には、地方自治法の施
行が欠かせなかったのだ。それから七〇年。地
方自治や地方分権は当たり前の考え方になった
が、果たして自治体は私たちのものになったの
か。人口減少やコミュニティ、憲法問題なども
交え、地方自治のしくみや原理、歴史、現在の
課題をわかりやすく解説。深いところから基礎
を知り、自治体を使いこなしたい市民のための、
これまでにない地方自治入門講義。
2017.2 284p 18cm ¥880 ①978-4-480-06946-7

◆地方自治小六法 平成30年版　地方自治制
度研究会監修, 学陽書房編集部編　学陽書房
30年版
【要旨】自治法の大幅改正等を収録! 内部統制
の策定や監査制度の充実強化、首長や職員等の
損害賠償責任の見直し等の自治法の改正や地方
公務員法、地方独立行政法人法、民法の改正を
盛り込む! 平成29年の通常国会までの主要な
改正法令を反映。2色刷・3段対照形式でわかりや
すい!
2017.9 2511p B6 ¥4000 ①978-4-313-00193-0

◆地方自治体の内部統制—少子高齢化と新た
なリスクへの対応　石川恵子著　中央経済社,
中央経済グループパブリッシング 発売
【要旨】2017年改正地方自治法に対応して地方自
治体が持続可能なサービスを維持しつづけるた
めに行うべき内部統制の整備・運用のあり方を
提示。
2017.11 170p A5 ¥2400 ①978-4-502-24381-3

◆地方自治のあり方と原子力　反原発運動全
国連絡会編　七つ森書館
【要旨】多くの地方自治体が、住民の生命と生
活・環境を守るため、脱原発の動きを始めまし
た。国と地方自治体は本来「対等」です。各地
の動きや取り組み、今後の展望と提案をレポー
ト。
2017.7 252p B6 ¥2000 ①978-4-8228-1768-8

◆地方自治の基礎　藤井浩司, 中村祐司編著
一藝社
【目次】地方自治の理念、戦前戦後の地方自治、
地方分権改革、都道府県と市区町村、地方議会
と選挙、自治体の首長と執行機関、自治体の行
政組織、地方公務員制度、自治体の財政、条例と
政策法務、協働と安全・安心、住民参加とコミュ
ニティ、自治体行政に対する統制、自治体改革、
福祉政策、教育政策、まちづくり政策、地域活
性政策、自治体間連携、自治体経営の課題と展
望
2017.7 225p A5 ¥2400 ①978-4-86359-126-4

◆地方自治の再発見—不安と混迷の時代に　加
茂利男著　自治体研究社　(現代自治選書)
【要旨】何が起こるかわからない時代、地域から
世界をながめ、地域から自治を再発見する。戦
争の危機、グローバル資本主義の混迷、人口減
少社会—激流のなかに地方自治の新しい可能性
を発見する。
2017.5 197p A5 ¥2200 ①978-4-88037-664-6

◆地方自治法概説　宇賀克也著　有斐閣　第7
版
【要旨】動きの著しい最新の立法・判例に対応。
各章の冒頭にその章で学ぶべきポイントを明示。
読者の理解度・目的に応じた2段構成。身近な時
事問題等を解説したコラム。
2017.3 455p A5 ¥3100 ①978-4-641-22722-4

◆地方自治法への招待　白藤博行著　自治体研
究社
【要旨】明日に向かう地方自治法と対話しよう!
地方自治は、憲法が保障する民主主義の梯子の
ひとつです。地方自治法は、憲法が保障する基
本的人権を具体化する法律です。近くの人権だ
けでなく、遠くの人権保障へのまなざしを忘れ
ず、憲法で地方自治法を、地方自治法で憲法を
考えましょう。
2017.7 140p A5 ¥1500 ①978-4-88037-669-1

◆**地方自治論―2つの自律性のはざまで**　北村亘, 青木栄一, 平野淳一著　有斐閣　（有斐閣ストゥディア）
【要旨】地方政府は、中央政府と住民に対して、いかに「自律性」を確保しているのか。本書は、「自律性」をキーワードに、地方自治を読み解く入門書。首長・議会・地方公務員・住民がおりなす地方政治の実態、地方行財政などの地方自治にかかわる制度、また、地方政府が供給する行政サービスの例として教育・福祉を取り上げ、解説する。
2017.12 240p A5 ¥1900 Ⓘ978-4-641-15048-5

◆**「地方創生」と地方における自治体の役割**　日本地方財政学会編　勁草書房　（日本地方財政学会研究叢書 第24号）
【目次】第1部 シンポジウム（シンポジウム1「人口減少時代の『地方創生』と地方における自治体の役割」、シンポジウム2「大震災と防災・減災に向けた政府間関係の再構築―自助・公助・共助のあり方と地域連携」）、第2部 現代日本地方財政の課題（付加価値税としての企業課税―地方企業課税に関する日米比較研究、東日本大震災被災自治体の財政に関する分析）、第3部 査読付研究論文（地方公務員の汚職と給与の関係、合併自治体の財政調整基金に関する実証分析、ふるさと納税（寄付）のインセンティブに関する分析―個別自治体の寄付受け入れデータによる実証分析）、第4部 書評（武田公子『ドイツ・ハルツ改革における政府間行財政関係』、関口智編著『地方財政・公会計制度の国際比較』）、第5部 学会報告（第16回日本地方財政学会佐藤賞選考結果、学会記事、投稿論文募集のお知らせ、原稿執筆・提出要項）
2017.2 200p A5 ¥4500 Ⓘ978-4-326-50434-3

◆**新潟県知事選では、どうして大逆転がおこったのか。―原発再稼働の是非**　横田一著　七つ森書館
【目次】第1章「新潟県知事選」奇跡の逆転勝利（福島避難者の思いを代弁した米山隆一知事、元経産官僚の古賀茂明氏の勝因分析、「大物族議員」「寝業師」の異名を持つ二階幹事長が新潟入り）、第2章 原子力防災の第一人者、泉田裕彦知事の存在感（自民党県議と県紙の知事降ろしキャンペーン、不出馬表明について語る泉田知事、原子力防災の第一者への道）、第3章“米山流原発選挙”で与党敗北（「原発争点化なら与党敗北」と予言した小泉元首相、新潟県知事選に乗り遅れた民進党の迷走と課題、新潟県知事選を活かさない民進党執行部、「シン・ゴジラ」の“決死隊”がいない原子力防災の欠陥）、第4章 新潟県知事選は「勝利の方程式」（全国各地に飛び火する“米山流原発選挙”、市民参加型（脱政党主導）選挙の小池百合子知事の異変、米山知事と世耕弘成・経産大臣や東電トップとの初面談）
2017.2 223p B6 ¥1800 Ⓘ978-4-8228-1766-4

◆**2017年地方自治法改正―実務への影響と対応のポイント**　宇賀克也編著, 板垣勝彦, 大橋真由美, 提中富和, 南條友之著　第一法規
【要旨】2017年地方自治法改正、地方独立行政法人法改正をわかりやすく解説。具体的な対応策を検討するための必読書。自治体実務への影響とは？
2017.12 232p A5 ¥2200 Ⓘ978-4-474-06173-6

◆**2000年代の市町村財政―「平成の大合併」と「三位一体の改革」の影響の検証**　伊藤敏安著　（東広島）広島大学出版会
【目次】第1章 研究の趣旨と方法、第2章 市町村間の財政格差とその要因、第3章 歳入と地方交付税の肥大化の状況、第4章 職員数の変化と市町村財政への影響、第5章 議員定数と議員報酬の変化、第6章 財政力指数と経常収支比率の変化
2017.3 197p A5 ¥2500 Ⓘ978-4-903068-41-1

◆**日本地方自治の群像　第8巻**　佐藤俊一著　成文堂　（成文堂選書 61）
【要旨】戦前から現在に至る日本地方自治の思想と実践に大きな足跡を残した人物の再発掘シリーズ第8巻。日本の地方自治に関するこれまでの文献の論述・分析をより豊かなものにする、注目の書である。
2017.12 362p B6 ¥3700 Ⓘ978-4-7923-3367-6

◆**「はみだし」市長の宝塚日記**　中川智子著　（京都）かもがわ出版
【要旨】市長選にかけた想い、宝塚の魅力、元衆院議員としての手腕をふるい、おこなったかずかずの行政改革。そして市民の目線にたってめざした「いのちと暮らしが守られる政治」。魅力溢れる宝塚市をリードする中川智子市長の「宝塚日記」。おばちゃん市長がゆく！
2017.1 94p A5 ¥700 Ⓘ978-4-7803-0892-1

◆**二つの自治体再編戦略―地方創生と国家戦略特区、そして小池都政**　安達智則, 石橋映二, 川上哲著　東京自治問題研究所
【目次】第1章 変貌する国家・自治体、そして都政の行方―安倍政権と小池都政の今をどう読み解くか、第2章 地域金融を動員した地方創生と東京膨張政策の実像―「産・官・学・金・言・労・民・士」の地域総動員体制づくり、第3章 改革を巡る都・23区の現状と対抗の課題、あとがき―自治権拡充と生活保障された地域づくりを目指したい
2017.4 95p A5 ¥741 Ⓘ978-4-902483-14-7

◆**よくわかる「自治体監査」の実務入門**　村井直志著　日本実業出版社
【要旨】財務書類の基礎知識から、残高管理の業務フロー、内部統制制度の設計プロセス、CAAT（コンピュータ利用監査技法）、これから求められる監査基準のイメージまで、あるべき「財務監査」と実務を、自治体職員向け研修の人気講師としても知られる著者が、自治体監査に従事している担当者向けにわかりやすく解説。
2018.1 230p A5 ¥2800 Ⓘ978-4-534-05553-8

◆**よくわかる条例審査のポイント―新版市町村条例クリニック**　田島信威, 高久泰文著　ぎょうせい　新版
【目次】第1編 総論（条例概説、条例の効力、条例起案の基本的心得）、第2編 条例クリニック（阿波谷町普通河川管理条例、愛川町飲料容器の散乱防止に関する条例、天越村草木・石材・砂利等の持ち出しを禁止する条例、嬉野町鉱、植物の保護育成に関する条例、鰐淵市市道の交通規制に関する条例 ほか）
2017.12 249p A5 ¥2300 Ⓘ978-4-324-10423-1

◆**連携アプローチによるローカルガバナンス―地域レジリエンス論の構築にむけて**　白石克孝, 的場信敬, 阿部大輔編, 龍谷大学地域公共人材・政策開発リサーチセンター企画　日本評論社　（地域公共人材叢書 第4期）
【目次】連携アプローチから考察するローカルガバナンスと地域レジリエンス、第1部 自治体連携アプローチ―地域資源の最適化を図る（都市圏ガバナンスの昨今―アメリカのグローバル化に対峙するNew Regionalis、ツインシティズ都市圏におけるガバナンス―Metropolitan Council を中心に、アメリカにおける広域都市圏の形成と役割、EUにおける都市政策の多様化と計画対象の広域化、イギリス大都市圏の広域自治体―シェフィールド・シティ・シージョンを事例として、地域資源の最適化を図る―東三河地域におけるマルチ・レベル・ガバナンスの様相）、第2部 パートナーシップアプローチ―地域アクターの有機的な連携を図る（英国の「パートナーシップ文化」のゆくえ―「ビッグ・ソサエティ」概念の考察から、持続可能な次世代地方都市のかたち―地域力再生に向けた地方都市ネットワーク「スロー・シティ連合」、野洲川地域における流域ガバナンスと地域間連携、再生可能エネルギー事業にみる官民・民民連携―地元企業・市民団体・大学イニシアティブの事例から、大学と地域の連携による「学びのコミュニティ」の形成―京都発人材育成モデル「地域公共政策士」の取組から）、第3部 新たな時代の地域を構想する―地域資源の顕在化を図る（イギリスの社会的投資市場―金融仲介機関を中心として、コミュニティ・ファンドを通じた新たな地域の連携、広域的な地理情報システムの利用による新たな自治体間連携の可能性）、地域のレジリエンスを高める
2017.5 256p A5 ¥3500 Ⓘ978-4-535-58702-1

地域開発・まちづくり

◆**出でよ、地方創生のフロントランナーたち！―城下町から日本を変えるヒント**　嚢宮武夫著　PHP研究所
【目次】第1章 江戸の原型は小田原だ！、第2章 偉人・二宮尊徳の真髄、第3章 市民―志民へのマインドシフト、第4章「健康価値」向上策、第5章「環境価値」向上策、第6章「教育価値」向上策、第7章「文化的価値」向上策
2017.5 317p B6 ¥1500 Ⓘ978-4-569-83824-3

◆**田舎の力が未来をつくる！―ヒト・カネ・コトが持続するローカルからの変革**　金丸弘美著　合同出版
【要旨】地元の歴史や文化、技術などの総合力を結集し、優れたインバウンド戦略、海外流通を視野に入れた市場開拓をおこなっている国内外の「田舎」を紹介。
2017.11 231p B6 ¥1600 Ⓘ978-4-7726-1324-8

◆**異和共生のまちづくり―暮らしても、遊んでも、働いても面白いまちへ再変革**　筋原章博著　セルバ出版, 創英社/三省堂書店 発売
【要旨】「大阪の地で花咲いた沖縄文化」と「大阪文化」。「新興勢力」と「既存勢力」。「変えていきたい人たち」と「変わる必要を感じない人たち」との対立―。この対立が、まちの衰退に歯止めをかける新しい動きが始まることを阻害。対立関係も、「異和共生」の考え方に立ち解消。本書では、大正区長7年間の取組みを踏まえて、「異和共生」の考え方を様々な分野に適応した結果、どのようにまちが変わっていったか、まちを衰退させないためにはどういう手順でどのような状態を目指すべきかがわかる。
2017.10 183p B6 ¥1600 Ⓘ978-4-86367-371-7

◆**驚きの地方創生「日本遺産・させぼの底力」―多様性と寛容性が交じり合う魅力**　蒲田正樹著　扶桑社　（扶桑社新書）
【目次】序章 なんでもありの「多様性」が魅力の街・佐世保、第1章 手つかずでいたからこそ、さまざまな価値を有する九十九島、第2章 海軍さんと佐世保の街、第3章 チャレンジする商店街、第4章 平戸藩の御用窯だった四〇〇年の歴史をもつ三川内、第5章 ジャパネットたかた＆ハウステンボスと佐世保、佐世保に移住したいと思ったら…、五〇音順に佐世保の魅力を綴ります 佐世保あいうえお、巻末付録 杉浦さやかのさせぼであそぼ
2017.3 207p 18cm ¥800 Ⓘ978-4-594-07697-9

◆**海洋高校生たちのまちおこし―コンブとサカナで地方創生**　渡邊憲一著　成山堂書店
【要旨】海洋高校の生徒たちが、実習を通して地元糸魚川に元気を与えていく。マコンブを使ったうどん、ヒラメを燻製にした生ハム、シロサケから抽出した魚醤油。高校生たちは、自分たちで育てた海産物から、多くの人気商品を開発し、地域に大きな利益をもたらしている。「海の力で地域を元気に！」をテーマに、地元企業や自治体の協力を得ながら、笑顔あふれる高校生たちのまちおこしの様子をいきいきと描く。
2017.6 184p A5 ¥1800 Ⓘ978-4-425-88701-9

◆**「型」からスラスラ書けるあなたのまちの政策条例**　牧瀬稔著　第一法規
【要旨】自治体の職員や議員が条例を作るための手順・ポイントを平易に解説。用例（規定）を「型」と称し、代表的な38種を紹介した。
2017.3 260p A5 ¥2000 Ⓘ978-4-474-05798-2

◆**観光交通ビジネス**　塩見英治, 堀雅通, 島川崇, 小島克巳編著　成山堂書店
【要旨】観光の基本的要素である交通（陸・海・空）について、ビジネス、サービスの視点で解説。新たな観光のスタイル、観光需要を増やすためのマーケティングや人材育成、まちづくりといった業界の理論と実務、現状と展望も紹介する。
2017.6 291p A5 ¥2800 Ⓘ978-4-425-92881-1

◆**観光で繋ぐ！ みんなが主役！「観光地域づくり」の教科書―日本版DMOによる成功するマネジメント**　清水愼一監修, 大正大学地域構想研究所編　大正大学出版会　（『地域人』別冊）
【目次】清水愼一教授が解説！ 日本版DMOによる観光地域づくり、観光庁原田参事官インタビュー 地方創生の柱「観光」に今、求められていること、柏木千春教授が教える！ DMOの基礎講座、日本版DMOの概要、先進的な取り組みを行う地域に注目！ 5つの最新実例から学ぶ「日本版DMO」、さまざまなバックグラウンドを持ちながら地域で活躍する人をピックアップ キーマンに聞く！「観光地域づくりに大切なこと」
2017.6 120p A4 ¥2300 Ⓘ978-4-909099-04-4

◆**観光都市中心部の再構築―滋賀県長浜市の事例研究**　大橋松貴著　（彦根）サンライズ出版
【目次】序章 本研究の目的と考察視点、第1章 長浜市中心市街地の現状と活性化に向けた取り組み、第2章 観光資源の類型化とその特徴、第3章 長浜市中心部における地域ネットワーク、第4章 NPO法人まちづくり役場の現状と経営課題、第5章 まちづくり役場の組織運営ネットワーク、第6章 地域経済活性化を担う長浜まちづくり（株）の概要とその取り組みに関する考察、終章 本研究のまとめと課題
2017.6 197p A5 ¥2800 Ⓘ978-4-88325-611-2

政治

◆観光ビジネス・エコノミクス概論―地方における新たな市場創出に向けて　伊藤昭男著　批評社
【要旨】地方の観光ビジネス・経済の振興とこれからの関連産業の展開に関して、「モノ」を主体とした経済活動から「人」が中心である観光ビジネス・経済への転換に必要となる複数のロジックを取り上げ、その統合的考察から観光イノベーションの創造力を牽引力とした地方観光ビジネス・経済の変革戦略を探究し、関係諸科学を横断する。
　2017.8 185p A5 ¥2200 ①978-4-8265-0667-0

◆"喜平さ"がつくった奇跡の村　峰竜太著　幻冬舎
【要旨】"ワンマンで強権、しばしば理不尽"な村長・伊藤喜平。52歳で胃がんを思い、胃の4分の3をカット。「おれの命は残ったも同然だ」と、村の改革に乗り出した。子育て世代への村営マンションづくり、役場職員の意識改革とスリム化、村人たちの手による道路づくり…。過疎の村から「子どもの声が響く村」へ導いた村長の奮闘記。　2017.4 151p B6 ¥1200 ①978-4-344-03212-5

◆クルマを捨ててこそ地方は甦る　藤井聡著　PHP研究所　（PHP新書）
【要旨】日本人のほとんどが、田舎ではクルマなしには生きていけないと考えている。ゆえに、日本の地方都市は「クルマ」が前提になってできあがっている。しかし、今地方が「疲弊」している最大の原因は、まさにこの、地方社会が「クルマに依存しきっている」という点にある、という「真実」は、ほとんど知られていない。本書では、そうした「クルマ依存」がもたらす弊害を理論的に明らかにした上で、富山市のLRT（ライト・レイル・トランジット）導入を中心とした「交通まちづくり」の例や、川越の歩行者天国、京都市の「歩くまち京都」などの事例などを参考に、「脱クルマ」を通して地方を活性化していくという驚くべき手法を紹介する。
　2017.10 216p 18cm ¥860 ①978-4-569-83695-9

◆ケーススタディ 地域活性化の理論と現実　高橋徳行編著　同友館
【要旨】第1部 地域振興とアントレプレナーシップ（地域主義とアントレプレナーシップ、地域におけるアントレプレナーシップの現状、残したいものを考えるために）、第2部 ケーススタディ 地域活性化の取り組み（日常と住民が主役になる新しい観光への挑戦―「シマ博」（鹿児島県奄美群島）、廃墟寸前の施設と地域資源の融合―株式会社ククルリゾート沖縄（沖縄県読谷村）、観光と教育の間で揺れ続けた「少年」の奮闘―公益社団法人トンボと自然を考える会（高知県四万十市）、カリスマと自治体が協働するワインづくり―有限会社都農ワイン（宮崎県都農町）、行政のアントレプレナーによる面で広がるインキュベーション事業―滋賀県産業支援プラザ（滋賀県大津市））
　2017.3 272p A5 ¥2500 ①978-4-496-05268-2

◆公民館を創る―地域に民主主義を紡ぐ学び　上田幸夫著　国土社
【目次】なぜ、公民館なのか、第1部 戦後の地域の学びこと公民館の成立（戦後改革と公民館の創設、公民館構想と寺中作雄、公民館主事の成立）、第2部 公民館主事の原理と教育実践（公民館主事の歴史的探究、教育専門職としての公民館主事論、公民館の学びとしての自分史学習）、第3部 公民館の原理とその思想（公民館と社会教育の核としての公民館、公民館の学習論の基礎、公民館学習論の理念とその史的展開）、第4部 変わりゆく公民館の現在とその課題（今日の公民館の実態、公民館の再編の構図と設置減少の核心、東日本大震災後の公民館の再構築―分館公民館・自治公民館をもとに、これからの公民館の構想）
　2017.3 217p A5 ¥2300 ①978-4-337-50629-9

◆公民館必携　平成29年版　全国公民館連合会編　第一法規
【目次】第1部 公民館関係法令及び施行通達等（教育基本法（平成18年12月22日 法律第120号）、社会教育法（昭和24年6月10日 法律第207号）ほか）、第2部 公民館に関する通知・通達等（公民館の設置運営について（昭和21年7月5日 発社第122号 各地方長官あて文部次官）、公民館運営の促進に関し協力方依頼の件（昭和21年8月16日 発社第154号 都道府県教育委員会長あて文部省社会教育局長）ほか）、第3部 公民館に関する答申等（社会教育振興方策について（抄）（昭和23年4月1日 教育刷新委員会建議）、社会教育施設の整備について（抄）（昭和29年2月16日 社会教育審議会建議）ほか）、第4部 基礎データ（設置別公民館数、公民館の職員数 ほか）
　2017.4 456p B5 ¥3000 ①978-4-474-05845-3

◆コミュニティ3.0―地域バージョンアップの論理　中庭光彦著　水曜社　（文化とまちづくり叢書）
【要旨】大都市の周縁部で、新たな動きが生まれている。その共同体をコミュニティ3.0と呼ぶ。これまでと何が違うのか。
　2017.6 197p A5 ¥2500 ①978-4-88065-413-3

◆これからの地域再生　飯田泰之編　晶文社　（犀の教室）
【要旨】中規模都市の繁盛が、日本経済を活性化させる！ 人と人が出会い、アイデアを生みだし、働いて住みたくなる、稼げるエリアはどう作るのか。建物の時間と場所のシェア、ナイトタイムエコノミー、地元農業と都市の共存…未来のヒントが詰まった試論集。
　2017.6 275p B6 ¥1600 ①978-4-7949-6830-2

◆魚で、まちづくり！―大分県臼杵市が取り組んだ3年間の軌跡　行河真也著　海文堂出版
【目次】第1章 大分県臼杵市について、第2章 臼杵産の魚を気軽に購入できる取り組み、第3章 特産魚カマガリの取り組み向上の取り組み、第4章 タチウオで地域振興、第5章 他の魚への取り組み―小さい取り組みを重ねる、第6章 産地ブランド力を高める、第7章 市内中心部に魚食レストランをつくる、第8章 農村で魚を活かす―うすき100年弁当ができるまで（寄稿・小金丸麻子）
　2017.6 108p A5 ¥1500 ①978-4-303-56330-1

◆シティプロモーション：地域創生とまちづくり―その論理と実践　田中道雄、テイラー雅子、和田聡子編著　同文舘出版
【要旨】地域の魅力をいかにアピールし活性化を図るか？ そのコミュニケーション手法とは？ 14人の専門家が事例を交えて解き明かす！
　2017.5 221p A5 ¥2500 ①978-4-495-64891-6

◆市民自治の息づくまちへ―デモクラシーのまちづくり　早川鉦二著　（名古屋）風媒社
【要旨】市民への向き合い方を変えることが、この国の民主主義を一歩も二歩も前進させる。「市民主体」のまちづくりを進める先進的な自治体を取材し、全国に広がる"市民自治"の思想と実例を紹介。
　2017.7 180p B6 ¥1600 ①978-4-8331-1120-1

◆社会文化研究　第19号　地域アイデンティティとまちづくり　『社会文化研究』編集委員会編　（羽曳野）社会文化学会、（京都）晃洋書房 発売
【目次】特集 地域アイデンティティとまちづくり（「地方創生」時代の自治体間競争における団体自治と住民自治の弁証法、「地域にすむ時代」のニュータウン―京都南部向向ニュータウンのまちづくりを事例に、洛西ニュータウンにおけるコミュニティ創生推進は可能か）、論説（「王様の教訓」の教訓―ウィリアム・モリスの思想における文化の位置、承認される文化の境界線―アメリカ・ヘッドスタートの多文化主義）、研究ノート（産業界が求める人材と地域大学生との特性の乖離の考察―「何事もほどほどに」大学生活を送るという点に着目して）、紹介（バイエルンへの夏の旅（二〇一五年））
　2017.1 154p A5 ¥1800 ①978-4-7710-2839-5

◆商店街機能とまちづくり―地域社会の持続ある発展に向けて　小川雅人編著　創風社
【目次】商店街機能と地域商業活性化、商店街の経済的機能と社会的機能、商店街の内部組織の突出と外部組織の連携、商店街組織と外部組織連携事例、地域商業に求められる社会性と経済性―地域住民が主役となった持続性のある共同売店を主体に、ここに星ふちのべ商店街の活性化事例、商店街における小型専門店のあり方、クラスター化による地域資源の活性の位置、承認される文化の境界線―千曲川ワインバレーの活動事例から、地方都市における産業ネットワークという考え方―松本市の事例を中心として、商店街活性化における自治体の役割―神奈川県の事例に基づく、商店街活動におけるリーダーシップとマネジメント、商店街の自己組織化の要としてのリーダーの役割―墨田区向島橘銀座商店街の活動とリーダー育成、今日の商店街とまちづくり政策の限界と方向―商店街機能強化のための政策と実践活動の決意
　2017.4 333p A5 ¥2400 ①978-4-88352-237-8

◆情熱都市YMM21―まちづくりの美学と力学　情熱都市YMM21編集委員会編著　鹿島出版会
【要旨】都市デザインを常にリードするヨコハマのまちづくり"みなとみらい21"！ 事業着手から35年を超えた現在までの軌跡と今後の展望を

探る。
　2017.2 251p A5 ¥2700 ①978-4-306-07332-6

◆商売は地域とともに―神田百年企業の足跡　神田学会、東京大学都市デザイン研究室編　東京堂出版
【要旨】なぜ神田に百年企業が多いのか。その答えをさがすなかに人とまちが"共に咲く"ためのヒントがある。神田に根ざし、地域に学び、地域を創る。NPO法人神田学会の40年余のまちづくり勉強会の記録や「百年企業のれん三代記」をもとに老舗とまちの結びつきを都市工学の確かな目線から繙く。
　2017.5 222p A5 ¥2800 ①978-4-490-20947-1

◆職業は忍者―激動の現代を生き抜く術、日本（ここ）にあり　甚川浩志著　新評論
【要旨】日本文化の神髄は「忍術」にあり！ 現代に活かす忍術が、組織を変え、地方を変え、世界の未来を変える。
　2017.8 242p B6 ¥2000 ①978-4-7948-1076-2

◆すごい立地戦略―街は、ビジネスヒントの宝庫だった　榎本篤史著　PHP研究所　（PHPビジネス新書）
【要旨】店舗経営者や店舗開発担当者のみならず、営業職や、街歩きが好きなビジネスパーソンにおすすめの一冊。ただの移動や散歩が、戦略図を読み解くビジネスヒント探しの旅に変わる感覚を体験できる。「セブンイレブンは○○角を狙う」「港区と足立区ではどっちが儲かる？」「なぜ大阪と京都の立地戦略は難しいのか」等、3万件の調査実績をもつ店舗開発のプロフェッショナルが語り尽くす「初めてでも絶対ハマる」立地戦略の話。
　2017.3 231p 18cm ¥870 ①978-4-569-83230-2

◆スポーツ新考―わがまちを熱く！ 晴れの国・岡山からの発信　山陽新聞社編　（岡山）山陽新聞社
【要旨】地方だからこそできることがある!!スポーツでまちはどう変わるのか―。そのヒントの数々を岡山からリポート。スポーツの力を地域の課題解決にどうつなげていくかを問う。ミズノスポーツライター賞最優秀賞受賞。
　2017.11 190p A5 ¥1500 ①978-4-88197-753-8

◆住みたい街を自分でつくる―ニューヨーク州イサカの医療・食農・省エネ住宅　リズ・ウォーカー著、三輪妙子訳　築地書館
【要旨】ファーマーズ・マーケット、教育、ゴミゼロから省エネ住宅まで。世界の注目を集める実験的なコミュニティで実践されてきたアイデアを次々と事業化し、地域の中で経済を回す。誰もが医療を受けられ、より少ないエネルギーで豊かに暮らせる街―ニューヨーク州にある人口3万人の自然豊かな小さな街イサカで、住民たちが創り出している持続可能な暮らしを、"エコビレッジ・イサカ"の創始者が具体的に紹介。日本の地域社会創生のヒントがあふれている。
　2017.8 242p A5 ¥2400 ①978-4-8067-1544-3

◆住み継がれる集落をつくる―交流・移住・通いで生き抜く知恵　山崎義人、佐久間康富編著　（京都）学芸出版社
【要旨】外部との交流や連携によって地域の暮らし、仕事、コミュニティ、歴史文化、風景を次世代に継承している各地の試みから、農山漁村が生き抜くための方策を探る。
　2017.8 230p A5 ¥2400 ①978-4-7615-2651-1

◆世界の地方創生―辺境のスタートアップたち　松永安光、徳田光弘編著、中橋恵、鈴木裕一、宮部浩幸、漆原弘、鷹野敦著　（京都）学芸出版社
【要旨】最先端は辺境にあり。ローカルビジネスに挑む起業家や自治体。
　2017.6 217, 3p B6 ¥2000 ①978-4-7615-2645-0

◆外から見た静岡　井林たつのり著　ワニブックス　（ワニブックスPLUS新書）
【要旨】人口減少、若年層の流出、働き手の不足、そして地震と津波への不安…いえいえ。なかなか気づかない静岡の強み、一緒に探しませんか？ 住みやすい温暖な気候、美味しいお米とお茶、新幹線・空港・高速道路、ものづくり王国としての技術！ 県外の政治家に聞いてわかった静岡の魅力、再発見!!
　2017.5 175p 18cm ¥800 ①978-4-8470-6588-0

◆それぞれの地方創生 課題と展望―愛知・三河を中心に静岡・東京　林正雄、伊藤利男、梶村太市、松井光広編　日本加除出版

◆【目次】東愛知豊橋における地方創生―愛知大学川井伸一学長と高井和伸弁護士が対談、人口減少時代の地域政策と東三河、地方都市の再生に向けた夢想、高度一万メートルからみた三遠南信、巨大都市・東京の自治制度像を論じる、「地方創生」と広域連合―東三河広域連合の可能性、東三河広域連合会議会初年度を迎え、山・川・海の広域連携を考える、設楽町における今後の課題、東栄町における今後の課題、豊根村における今後の課題〔ほか〕
　2017.5 255p B6 ¥1800 ①978-4-8178-4396-8

◆黄昏て、道険し―それでも秋田再生主義 私の秋田ノート　あゆかわのぼる著　（横手）イズミヤ出版
【要旨】あゆかわ渾身の「ふるさと蘇生」総点検！ここをこうすれば人と地域が生き返る！
　2017.1 245p B6 ¥1500 ①978-4-904374-29-0

◆旅する街づくり―若き都市計画家の欧米都市見聞録　伊藤滋著　万来舎
【要旨】若き都市計画の第一人者、伊藤滋が単身飛び込んだ欧米の都市計画の現場。そこには戦災による瓦礫の街からの復興と、新時代の都市づくりの息吹があった。最先端の都市を進めながら長い視察旅行を重ねた著者が、肌身に感じた都市計画の実態と思想を記録し、多数の貴重な資料とともに掲載。これからの都市計画に携わる実務者や、研究者に大きな示唆を与える一冊。
　2018.1 443p A4 ¥4000 ①978-4-908493-22-5

◆地域運営組織の課題と模索　山浦陽一著、小田切徳美監修　筑波書房　（JC総研ブックレット）
【目次】1 RMOの性格と行政の関与、2 RMOの成果と課題、3 課題克服に向けた模索
　2017.4 62p A5 ¥750 ①978-4-8119-0508-2

◆地域活性化のための観光みやげマーケティング―熊本のケーススタディ　荒木長照、辻本法子、田口順等、朝田康禎著　（堺）大阪公立大学共同出版会
【目次】第1部 観光と土産（観光の経済波及効果―ご当地キャラクターおよび地域イベントを事例に、ご当地キャラクターと地域活性化―キャラクター開発のための属性的地域、消費者の観光土産の選択基準）、第2部 熊本の研究事例（熊本県の観光戦略での現状と課題、事業者の観光土産開発の現状と課題、熊本事業者のケーススタディ
　2017.1 1800 A5 ¥1800 ①978-4-907209-64-3

◆地域再生と町内会・自治会　中田実、山崎丈夫、小木曽洋司著　自治体研究社　改訂新版
【目次】第1章 町内会・自治会をどう見るか（現代はどういう時代か、現代社会の激流にさらされてきた町内会・自治会 ほか）、第2章 どのような活動に取り組んでいるか―問題解決に挑む住民自治（神社祭礼や祭事をどう見るか、子育て、高齢者・障害者の暮らしを支える ほか）、第3章 町内会・自治会のしくみ（町内会の定義と組織原則、町内会の組織構造と会員 ほか）、第4章 地域総合力で地域再生に向かう町内会・自治会（町内会と未加入者の問題、町村行政と町内会 ほか）、第5章 東日本大震災から何を学ぶか―町内会・自治会の視点から（避難所の設置と自主組織による運営、仮設住宅への入居と自治活動 ほか）、資料
　2017.11 167p A5 ¥1600 ①978-4-88037-673-8

◆地域しごとづくりへの挑戦　地域しごと創生会議編　中央公論新社
【要旨】油津商店街（宮崎県）。ながと物産合同会社（山口県）。佐井村のヒラメの養殖事業（青森県）。お野菜カフェ（青森県）。西栗倉村の「100年の森林構想」（岡山県）。とかち・イノベーション・プログラム（北海道）。Visit Napa Valley（アメリカ）。坂ノ途中（京都府）ほか。全国各地元気が出る事例一覧マップつき。解決のカギを読み解くケース・スタディ。
　2017.3 229p B6 ¥1400 ①978-4-12-004973-6

◆地域商業の底力を探る―商業近代化からまちづくりへ　矢作敏行、川野訓志、三橋重昭編著　白桃書房
【要旨】地域商業の文化表現力をいかした新しい「まちづくり」の方向性を問う！ 東京と首都圏6都市の現地調査から、商店街整備に終始した商業近代化政策から脱却し、市民との連携やまちなか再生、地域商業との協働などのまちづくりを目指す地域商業の動きを分析。地域商業とまちの存続のための問題点を抽出する。
　2017.3 244p A5 ¥3400 ①978-4-561-66222-8

◆地域振興論―新しいまちづくりの実践　秋山義継編著　創成社
【要旨】地方を元気にする提言！
　2017.10 249p B6 ¥1800 ①978-4-7944-3183-7

◆地域づくりのコミュニケーション研究―まちの価値を創造するために　田中秀幸編著　（京都）ミネルヴァ書房　（コミュニケーション・ダイナミクス 1）
【要旨】経済活動のグローバル化と人口の減少および高齢化を迎えている日本において、地域に根ざして活動する人々がつながり、地域の資源をうまく活用すればよいのか。本書は、自律的で持続可能な発展に向けて連携し協働する具体例から、地域の資源を活用して魅力を引き出す方途を考える。
　2017.3 240p A5 ¥5000 ①978-4-623-07847-9

◆地域創生を成功させた20の方法―どん底自治体が甦る！　牧瀬稔著　秀和システム
【要旨】活気がある！ 魅力がある！ 将来性がある！ そんな地方、地域にするための成功の秘策とは!?
　2017.12 399p B6 ¥1800 ①978-4-7980-5207-6

◆地域創生実践人財論―真心・恕・志ある汗かき人たち　木村俊昭著　ぎょうせい
【要旨】木村流グローカル「ヒューマン」デザイン。「まち」を変える「ひと」育てのすべてがココに！
　2017.7 215p A5 ¥2200 ①978-4-324-10376-0

◆地域デザイン　No.1　特集 地域革新と地域デザイン　地域デザイン学会編　地域デザイン学会、（高松）瀬戸内人 発売　新装版
【要旨】地域の新たな魅力を創生する。その仕組みとヒントがここにあります。地域デザイン学会は、グローバル時代における「地域」の可能性を「コンテンツからコンテクストへ」という視点から学際的に研究する団体。本書は同学会が年2回発行する研究論集。創刊号の特集は「地域革新と地域デザイン」。原田保（同学会理事長）ら研究者による論文と研究ノート、また明治大学野生の科学研究所所長・中沢新一の講演「地域のアースダイバー」などを収録。
　2017.3 233p A5 ¥2500 ①978-4-908875-11-3

◆地域デザイン　No.2　特集 地域ブランドと地域の価値創造　地域デザイン学会編　地域デザイン学会、（高松）瀬戸内人 発売　新装版
【要旨】地域の新たな魅力を創生する。その仕組みとヒントがここにあります。地域デザイン学会は、グローバル時代における「地域」の可能性を「コンテンツからコンテクストへ」という視点から学際的に研究する団体。本書は同学会が年2回発行する研究論集。今号の特集は「地域ブランドと地域の価値創造」。原田保（同学会理事長）ら研究者による論文と研究ノート、また明治大学文学部教授・佐藤義雄の講演「人に意識された空間としての都市を探る」などを収録。
　2017.3 1Vol. A5 ¥2500 ①978-4-908875-12-0

◆地域デザイン　No.3　特集 地域経済と観光ビジネス　地域デザイン学会編　地域デザイン学会、（高松）瀬戸内人 発売　新装版
【要旨】地域の新たな魅力を創生する。その仕組みとヒントがここにあります。地域デザイン学会は、グローバル時代における「地域」の可能性を「コンテンツからコンテクストへ」という視点から学際的に研究する団体。本書は同学会が年2回発行する研究論集。今号の特集は「地域経済と観光ビジネス」。原田保（同学会理事長）ら研究者による論文と研究ノート、またシンポジウム、フォーラム、講演の記録などを収録。
　2017.3 1Vol. A5 ¥2500 ①978-4-908875-13-7

◆地域デザイン　No.4　特集 地域デザインのコンテクスト転換　地域デザイン学会編　地域デザイン学会、（高松）瀬戸内人 発売　新装版
【要旨】地域の新たな魅力を創生する。その仕組みとヒントがここにあります。地域デザイン学会は、グローバル時代における「地域」の可能性を「コンテンツからコンテクストへ」という視点から学際的に研究する団体。本書は同学会が年2回発行する研究論集。今号の特集は「地域デザインのコンテクスト転換」。原田保（同学会理事長）ら研究者による論文と研究ノート、また研究会やフォーラムの記録などを収録。
　2017.3 251p A5 ¥2500 ①978-4-908875-14-4

◆地域デザイン　No.9　特集 地域コミュニティと地域デザイン　糸長浩司監修　地域デザイン学会、（高松）瀬戸内人 発売

【要旨】地域の新たな魅力を創生する。その仕組みとヒントがここにあります。地域デザイン学会は、グローバル時代における「地域」の可能性を「コンテンツからコンテクストへ」という視点から学際的に研究する団体。本書は同学会が年2回発行する研究論集。今号の特集は「地域コミュニティと地域デザイン」。原田保（同学会理事長）ら研究者による論文と研究ノート、また研究会やフォーラムの記録などを収録。
　2017.3 267p A5 ¥2500 ①978-4-908875-15-1

◆地域デザイン　No.10　特集 ゾーンとトポスの共創デザイン　地域デザイン学会著　地域デザイン学会、（高松）瀬戸内人 発売
【要旨】地域の新たな魅力を創生する。その仕組みとヒントがここにあります。地域デザイン学会は、グローバル時代における「地域」の可能性を「コンテンツからコンテクストへ」という視点から学際的に研究する団体。本書は同学会が年2回発行する研究論集。今号の特集は「ゾーンとトポスの共創デザイン」。原田保（同学会理事長）ら研究者による論文と研究ノート、また研究会やフォーラムの記録などを収録。
　2017.9 255p A5 ¥2500 ①978-4-908875-18-2

◆地域ブランド政策論―地域冠政策方式による都市の魅力創造　初谷勇著　日本評論社
【目次】「地域ブランド政策」を問い直す、第1部 地域ブランド政策の構図（地域ブランド政策デザインの視点、地域政策のブランド化：「地域冠政策方式」の創造と展開、自治体の地域ブランド政策方式」―全国調査で俯瞰する実像と傾向）、第2部 地域ブランド政策の展開（釜石復興支援と現代の家守：地域ブランド政策の「点と点」、アニメのまちづくり：地域ブランド政策の「点と面」）、第3部 地域政策ブランド：地域冠政策方式の可能性（鳥取方式：「校庭芝生化」と社会的企業―こどもを育み、地域を元気に、熊本方式：「小児救急医療」―いのちを守り、地域に生きる、大分・安心院方式：「農泊・グリーンツーリズム」―知縁をつむぐ房づくり）、地域ブランド政策―さらなる進化に向けて、参考資料
　2017.7 307p A5 ¥5200 ①978-4-535-55869-4

◆地方イノベーション―強い地方こそが日本の明日を創る　池田弘著　日経BP社、日経BPマーケティング 発売
【要旨】新潟発、地方創生実践論。強い思いで挑戦する人を支えよう！
　2017.2 247p B6 ¥1400 ①978-4-8222-5503-9

◆地方創生―これから何をなすべきか　橋本行史編著　創成社
【目次】地方創生の取組と展望―成長モデルから定常モデルへ、防災・減災の観点から見た人口対策と移住―長岡京市を例として、空き家問題と移住―NPO法人尾道空き家再生プロジェクトの活動を例として、歴史的構造物の保存と活用―朝来市竹田城を例として、文化（アニメ）による活性化―「聖地巡礼」現象の第二フェーズに向けて、地域の歴史を活かしたまちづくり―大阪北梅田地区：茶屋町・鶴野町を例として、神戸の地域創生策としての起業家支援―神戸の事例から、国家戦略特区域特区と地方創生―養父市中山間農業改革特区、低補助金社会の実現―吹田くわい栽培農家の地域活性化・社会貢献活動を中心にして、地域活性化としてのふるさと納税―全国の特徴ある事例から、地方創生における人材育成―宮津青年会議所の地域で輝く人づくり、地域社会における組織学習―鹿児島県長島町における地域おこし協力隊の活動事例から
　2017.9 247p A5 ¥2500 ①978-4-7944-3182-0

◆地方創生 逆転の一打―「公助」の異次元改革のススメ　玉田樹著　ぎょうせい
【目次】序章 地方創生とは、第1章 努力が報われる財源配分、第2章 "自己雇用"の仕組みづくり、第3章 ライフスタイル改革、第4章 兼業・兼居社会がはじまる、第5章 「公助」の実践プロジェクト提案、終章 地方創生と「公助」
　2017.1 222p B6 ¥1600 ①978-4-324-10264-0

◆「地方創生」時代の中小都市の挑戦―産業集積の先駆モデル・岩手県北上市の現場から　関満博著　新評論
【要旨】「北上モデル」を支える工業立市への熱い思いの地方圏の中小都市の中ではほとんど唯一、人口を維持し、活発な産業活動で注目される岩手県北上市。人びとの懸命な思いで出来た産業集積都市の成果と課題に、真の内発的「地方創生」への道筋を学ぶ。訪問自治体約70。行政関係者・企業人必携の産業集積研究。
　2017.4 416p A5 ¥6000 ①978-4-7948-1063-2

政治

◆地方創生の切り札LBT—アフリカから学ぶまちづくり工法　徳永達己著　大空出版
【要旨】あの"奇跡の村"長野県・下條村の秘密の一端もLBTにあった！地方が抱える問題の構図は、途上国と同じ。アフリカで開発プロジェクトに長年関わった著者が見つけた地方創生への処方箋。「住民参加型のインフラ整備手法」が、地方を救う！
2017.4 263p B6 ¥1500 ①978-4-903175-70-6

◆地方創生の総合政策論—"DWCM" 地域の人々の幸せを高めるための仕組み、ルール、マネジメント　矢尾板俊平著　勁草書房　（淑徳大学研究叢書）
【要旨】地域創生のカギは"DWCM"だ。地方創生関係者必携！地方創生を失敗させないために必要なこととは何か!?地域経済を再生させ、成長させるために必要な処方箋。地域に住む人々が幸せを感じられるような地域を作るための仕組みとマネジメント。地方創生を経済政策、人口と都市政策、地域づくりの3つの視点から、その答えを考える。
2017.3 206p A5 ¥3000 ①978-4-326-50436-7

◆地方創生のビジョンと戦略　佐久間信夫, 井上善博, 伊藤忠治編著　創成社
【目次】まち・ひと・しごと創生戦略、地方創生とまちづくり、地方銀行と地方創生、地方創生と中小企業経営、おもてなしと地域興し、医療ツーリズムの現状と課題、地場産業の力強さ、アメリカに学ぶCCRCの街づくり、江戸時代の地方創生戦略、伝統とテクノロジーの融合—京都型ビジネスモデル、地域に根差した行政とNPOの活動、地方創生と都市の社会貢献、阪神・淡路大震災からの都市復興、東北地方の復興—被災3県における農業・水産業の復興と課題、地方創生戦略と日本経済
2017.10 309p A5 ¥3000 ①978-4-7944-3184-4

◆地方創生は日本を救うか—KPIランキングで読み解く日本の未来　小川克彦, 山口信弥編著　NTT出版
【要旨】"マクロ"な視点からの新しいアプローチ、KPI（重要業績指標）とは？地方での創業件数、UIJターンの就職者数、男性の育児休業取得率など、地方活性化の現状や将来の目標を分かりやすく伝えるための指標。
2017.8 197p A5 ¥2000 ①978-4-7571-2364-9

◆長寿社会を生きる—地域の健康づくりをめざして　愛知東邦大学地域創造研究所編　唯学書房, アジール・プロダクション 発売　（地域創造研究叢書 No.27）
【目次】第1章 運動教室に参加している高齢者の健康状況、第2章 健康食品・サプリメントの功罪—高齢者と大学生の調査をとおして、第3章 健康に生きる鍵—胃内環境の現状、第4章 地域在住高齢者の心の健康支援—地域活動に「ふまねっと運動」を実施して、第5章 高齢者の健康維持と運動、第6章 指導者がもつ健康づくり指導上の位置づけ—高齢者と青少年対象の指導者の事例をとおして
2017.3 118p A5 ¥2000 ①978-4-908407-08-6

◆「つくる生活」がおもしろい—小さなことから始める地域おこし、まちづくり　牧野篤著　さくら舎
【要旨】いま生き心地のいい小さな社会が続々と各地で生まれている！人が戻りたくなる居場所をつくる！早い坂社会のただなかにいても、人が心地よく暮らせる社会、地域をつくるための模索が全国各地でなされている。その最前線をサポートする著者が示す、これからの生き方！
2017.1 209p B6 ¥1400 ①978-4-86581-085-1

◆データで読み解く被災地観光の可能性　長谷川明彦著　（吹田）大阪大学出版会
【目次】第1章 はじめに（問題意識、研究の目的と方法、研究アプローチの整理、本書の構成）、第2章 観光地域の選別化（近代観光産業の芽生え、戦後政策と観光地域開発、バブル崩壊と新たなる観光のうねり）、第3章 東日本大震災と観光産業（産業間ネットワークの考察、石巻市の観光資源、観光経済額推計、石巻市の観光施策と効率性評価）、第4章 余暇活動と観光ニーズ（余暇活動と国内観光需要の動向、潜層化意思決定法（AHP分析）に基づく余暇活動ニーズの解析、観光地の魅力とテキストマイニング（共分散構造分析、石巻市観光における北上葦原の価値、コンジョイント分析による石巻復興応援ツアー）、第5章 観光振興に向けて（震災の記憶とコンテンツ化、終わりに）
2017.3 185p A5 ¥3700 ①978-4-87259-568-0

◆転換日本—地域創成の展望　月尾嘉男著　東京大学出版会
【要旨】見慣れたものを宝物に変えた「いろどり」、人口一人の集落から蘇生した「小原集落」、若手の育成によって蘇った「鹿渡島定置」、B級グルメのヤキソバを地域のブランド品に発展させた「富士宮市」—政府の規制に関係なく、政府の補助に依存せず、独自の発想で地域を元気にしてきた16の成功事例を紹介。
2017.12 191p B6 ¥2600 ①978-4-13-053026-2

◆東京郊外の生存競争が始まった—一静かな住宅地から仕事と娯楽のある都市へ　三浦展著　光文社　（光文社新書）
【要旨】どんな街が生き残るか？東洋経済オンラインで累計350万PVを記録し、所沢市議会でも取り上げられた、首都圏人口争奪と「郊外格差」の実態。働き方改革は住まい方改革であるべきだ！
2017.6 258p 18cm ¥840 ①978-4-334-03995-0

◆東京創生—江戸区の「逆襲」　小久保晴行著　イースト・プレス
【要旨】「消滅区」の予測も出るほど格差が広がり、「超・高齢化」「世界一災害に弱い都市」との共通課題も突き付けられている東京。未来につながる改革や生き残りのヒントは、住民の変化に最も敏感な「行政と行政」、それも長年「区民第一」「区民本位」の旗を掲げて幾多の困難に立ち向かってきた江戸川区の挑戦のなかにある！キーワードは「地域力」「協働」「共育」—異色の区長、監査委員がさまざまな角度からレポートする。
2017.12 331p B6 ¥1800 ①978-4-7816-1593-6

◆どこまでやるか、町内会　紙屋高雪著　ポプラ社　（ポプラ新書）
【要旨】町内会・自治会の課題を解決し、快適にご近所づきあいするために一winters災害が起こるたびに人々の結びつきが注目される、町内会の存在がクローズアップされる。一方で、高齢化で担い手がいない現実や、子育て世代にとって負担の多い活動が、ご近所トラブルのもとになることも。町内会と行政の関係や新興の町内会のあり方を通して、町内会に関わるすべての人の疑問や思いにこたえる1冊。
2017.2 259p 18cm ¥840 ①978-4-591-15339-8

◆都市環境から考えるこれからのまちづくり　都市環境学教材編集委員会編　森北出版
【要旨】大災害、少子高齢化、環境問題。多くの問題を抱える都市。これからのまちづくりは、こうした都市の問題を抜きにしては語れない。都市環境の視点として重要な、安全面、健康面、効率面、快適面からまちづくりを考える。
2017.7 153p A5 ¥2600 ①978-4-627-55341-5

◆都市計画とまちづくりがわかる本　伊藤雅春, 小林郁雄, 澤田雅浩, 野澤千絵, 真野洋介ほか編著　彰国社　第二版
【要旨】古代から現代まで、西洋と日本の都市計画の歴史を横断しつつ都市計画の基礎的な必須項目と諸外国の制度。現代都市のあらたな課題を生みだす、超高齢社会、人口減少社会、マネジメント、交通、復興・復興、防犯、環境、環境共生、緑・水という10のまちづくりを50項目でカバー。6人の編著が、すぐれた都市空間、まちづくりの現場を紹介。
2017.7 247p A5 ¥2400 ①978-4-395-32093-6

◆都市と堤防—水辺の暮らしを守るまちづくり　難波匡甫著　水曜社　（文化とまちづくり叢書）
【要旨】東京下町低地の高潮対策と大阪の水辺活用に主眼をおき、水辺の特性を都市の活力に生かすまちづくりとは：治水や水辺活用に関する地域の状況や時代の要請に応え得る、適切な高潮対策の技術とは何か。この疑問に答える。
2017.3 190p A5 ¥2600 ①978-4-88065-407-2

◆都市の憧れ、山村の戸惑い—京都府美山町という「夢」　田中滋編著　（京都）晃洋書房
【目次】山村と近代、山村とポストモダン、第1部「都市の収奪」に抗して—山村と近代との出会い（「異質なるもの」との出会いと受容—吉生・なめこ生産組合と美山町・グリーンツーリズムへ、心情ある専門人たちの憂鬱—美山町職員達の目から見た町おこし、茅葺きの民俗の変化と「観光」、Iターン移住とその仲介者たち—美山町における観光村おこしの出発点、村おこしとエイジズムの問題—過疎地域における「老い」の意味、山村の内発的発展を支えるリーダーたち—リーダーシップ論の革新のために）、第2部

◆「都市の憧れ」と山村の戸惑い—山村とポストモダンとの出会い（新たな観光とIターン者—美山町における町おこしを例として、「原生林」の誕生—「自然」の社会的定義をめぐって、「ふるさと」のまなざし—美山町Iターン者と観光開発を事例に、「日本の原風景」と文化ナショナリズム—故郷を消費する都市、故郷を創造する農山村）、第3部「都市の論理」と記憶の中の美山町（平成の大合併—美山町から南丹市へ、巧み語りと記憶の力—高齢者たちの日常世界を読み解く）
2017.5 298, 8p A5 ¥3000 ①978-4-7710-2888-3

◆都市の包容力—セーフティネットシティを構想する　水内俊雄, 福本拓編　（京都）法律文化社　（URP先端的都市研究シリーズ 9）
【目次】第1章「跳ねるベッド」から「安楽ベッド」への変身—大阪市西成区、第2章 脱路上生活および地域移行のセーフティネット—台湾・台北市、第3章 最後の居住セーフティネット、チョッパンの存続条件—韓国・ソウル市、第4章 外国人労働者の就労・生活空間の光と影—シンガポール・リトルインディア、第5章 郊外空間の形成と再生への手がかり—フランス・プレーン・サン・ドニ地域、第6章 移民地区とボランティア団体の包容力—イギリス・ロンドン、第7章 在日朝鮮人集住地区の歴史的ダイナミズム—大阪市生野区
2017.3 76p A5 ¥800 ①978-4-589-03847-0

◆日本一のりんごの里づくり—青森県板柳町の軌跡　舘岡一郎著　高木書房
【目次】キャリアの形成、ふるさとセンターの建設、町政の混乱—議会紛糾、町長選挙に挑戦、国際交流、町民海外派遣研修、「アップルモール」の整備、りんごの里アンバサダー、無登録農薬問題、「りんごまるかじり条例」制定、市町村合併問題、「読書のまち」宣言、最後の議会
2017.6 207p B5 ¥1852 ①978-4-88471-452-9

◆日本版CCRCがわかる本—ピンチをチャンスに変える生涯活躍のまち　松田智弘著　法研
【要旨】元気な時から介護時まで安心して暮らせるコミュニティCCRC（Continuing Care Retirement Community）が、政府の地方創生の主要政策として注目されている。全国で約230の地方自治体が日本版CCRCの推進意向を示し、前向きな移住やセカンドライフの理想的なモデルが生まれつつあります。本書は、地方創生、都市の高齢化、企業の新ビジネスそしてセカンドライフのあり方を考える。地方自治体職員やビジネスマン、大学や研究機関、アクティブシニアとその予備群が「自分ごとで考えられるわかりやすさ」を特徴としています。
2017.2 257p A5 ¥2500 ①978-4-86513-380-6

◆博覧会と観光—復興と地域創生のための観光戦略　桑田政美著　日本評論社
【目次】国際博覧会の分類と日本との関わり、日本における博覧会の分類と系譜、日本における災害と観光復興、復興記念横浜大博覧会と交通観光館—復興事例1、戦災復興とモデルシティ—大阪における復興大博覧会と観光館—復興博事例2、戦災と自然災害からの復興—地方都市における復興博覧会—復興博事例3・4、80年代の「地方自治博覧会」—地方自治と市制100周年記念事業としての博覧会、90年代の博覧会—国による地域再生への取り組みとしてのジャパンエキスポの試み、阪神・淡路大震災と90年代末の復興イベント・神戸ルミナリエと淡路花博の定量的評価—脱インフラ・アート活用の21世紀型博覧会手法による地域・都市観光再生1、アートイベントを活用した地域活性化の経済効果モデル脱インフラ・アート活用の21世紀型博覧会手法による地域・都市観光再生2
2017.7 282p A5 ¥4500 ①978-4-535-55871-7

◆はじめよう、お金の地産地消—地域の課題を「お金と人のエコシステム」で解決する　木村真樹著　英治出版
【要旨】子育て、介護、環境…地域づくりに取り組むみんなで応援する仕組みをつくろう。著者たちが始め、金融機関、自治体、企業、大学、そして多くの個人を巻き込んで広がる「地域のお金を動かす」挑戦。
2017.7 243p B6 ¥1600 ①978-4-86276-167-5

◆場所でつながる／場所とつながる—移動する時代のクリエイティブなまちづくり　田所承己著　弘文堂
【要旨】アニメ聖地巡礼も大河ドラマ観光も。まちの「テーマ化」が、創造都市を生みだす。シャッター商店街、限界集落…、人口減少時代にひとが集まり、対流する"場所"はいかにして生ま

政治

れるのか。特産品や文化遺産のないまちをブランド化する、コンテンツマーケティング時代のアートなまちづくり。
2017.3 211p A5 ¥2200 ①978-4-335-55187-1

◆花いっぱい―みんなで育てた花いっぱいの心　発祥の地松本から未来へ　第57回全日本花いっぱい松本大会実行委員会編　（松本）第57回全日本花いっぱい松本大会実行委員会
【目次】巻頭グラフ（ようこそ私の「花の庭」へ、「市民が主役」花壇づくり、競い合ってより美しく花を楽しく美しく、花いっぱい全国大会松本大会過去5回の記録、モノクロ写真で見る草創期からの花いっぱい運動）、菅谷昭松本市長インタビュー、「花いっぱいの歌」CD化、花いっぱい運動の理念 小松一三夢のたどった道、運動の資料で振り返る花いっぱい運動、信濃毎日新聞の報道が伝えた花いっぱい運動、花いっぱい運動65のあゆみ
2017.6 79p A4 ¥1000 ①978-4-7840-8815-7

◆阪神間から伝えたい一人・まち・文化　阪神文化交游会編　（神戸）阪神文化交游会、（神戸）神戸新聞総合出版センター 発売
【要旨】文化とは何だろうか？ 私たちの文化論を阪神間から伝えたい「モダニズムの系譜」。
2017.12 316p B6 ¥1600 ①978-4-343-00973-9

◆ふだん着の地域づくりワークショップ―根をもつことと翼をもつこと　平井太郎著、小田切徳美監修　筑波書房（JC総研ブックレット No.21）
【目次】1 今、なぜワークショップなのか？、2 立ち上げ期のワークショップ：体験共有ワークショップ、3 事業期のワークショップ：KJ法とロードマッピング、4 経験知の共有にむけて：クロスロード、「私の読み方」農山村再生のプロセスデザインと新しいワークショップ
2017.9 62p A5 ¥750 ①978-4-8119-0517-4

◆文化の居場所のつくり方―久留米シティプラザからの地方創生　久留米シティプラザ記念誌編集チーム編、槻橋修監修　文遊堂新光社
【要旨】地方創生の武器は文化と賑わい。その革新的な方法、大解剖！ 行政、市民、各種団体、専門家。オール久留米で都市を再生する物語、完全収録。
2017.5 206p A5 ¥2000 ①978-4-416-61627-7

◆平成の大合併と財政効率―市町村の適正規模は存在するか？　増田知也著　（奈良）金壽堂出版
【目次】序章 平成の大合併と適正規模、第1章 適正規模を決めるのか？一住民自治と適正規模、第2章 適正規模は何によって決まるのか？一適正規模論の理論的検討、第3章 スケールメリット論の何が問題なのか？一最小効率規模論とその限界、第4章 合併の効果はどの程度か？一分析モデルの転換、第5章 最小効率規模を求めることはできるか？一人口と面積が歳出額に与える影響、第6章 合併前後で歳出構造はどう変わったか？一最小効率規模の時系列比較、終章 最小効率規模から適正規模へ
2017.9 156p A5 ¥1500 ①978-4-903762-17-3

◆北陸地方創生と国際化・イノベーション　丸屋豊二郎、浜口伸明、熊谷聡、白又秀治編著　日本評論社
【目次】序章 グローバル時代における地域活性化の在り方一空間経済学の視点から、第1章 北陸の人口変動と地方創生一北陸、地方圏と都市圏の比較分析から、第2章 北陸製造企業の国際化の現状一全国9地域間比較の観点から、第3章 北陸製造企業のパフォーマンスと生産性一国際化・非国際化企業間比較の観点から、第4章 北陸企業の海外展開とイノベーション一北陸企業へのアンケート調査結果の分析、第5章 北陸3県における産業集積の外部性、第6章 北陸地域における産学官連携・研究開発の効果と課題一計量分析と聞き取り調査から、第7章 企業の国際化に対する地域要因、第8章 生産性が高い企業のグローバルサプライチェーンへの参加、第9章 北陸企業のグローバル化とFTA利用一対ASEAN国際化戦略を中心に、第10章 北陸3港湾利便性改善の経済効果
2017.9 226p A5 ¥3700 ①978-4-535-55886-1

◆ボーダーツーリズム―観光で地域をつくる　岩下明裕編著　（札幌）北海道大学出版会
【目次】序章 誕生秘話、第1章 福岡・対馬と釜山をつなぐ、第2章 サハリン・稚内からオホーツクを結ぶ、第3章 沖縄・八重山と台湾への挑戦、第4章 小笠原断章一国境を想像する、第5章 ボーダーツーリズムが問いかけるもの、座談会

一旅づくりの舞台裏
2017.12 250p B6 ¥2400 ①978-4-8329-3397-2

◆ほっとかない郊外―ニュータウンを次世代につなぐ　泉北ほっとかない郊外編集委員会著　（堺）大阪公立大学共同出版会
【要旨】団地再生／地域レストラン／空き家活用／シェアハウス／自宅ショップ／リノベ暮らし学校／健康体操／配食サービス／高齢者支援住宅／ロコモ講座／認知症カフェ。食、リハビリ、リノベーションの専門家たちと住民、NPOらが連携し、奮闘する大阪・泉北ニュータウンの記録。ニュータウン再生の"リアル"がわかる6章。
2017.10 272p B6 ¥1900 ①978-4-907209-76-6

◆ポートランド・メイカーズ―クリエイティブコミュニティのつくり方　山崎満広編著　（京都）学芸出版
【要旨】クリエイション、スポーツ、オーガニックフード、クラフト、コーヒー、スタートアップ。6人のプレイヤーによる街をクリエイティブにする方法論。
2017.5 206p B6 ¥2000 ①978-4-7615-2642-9

◆滅びゆく日本の処方箋―千葉県旭市議・有田恵子の提言　有田恵子著　幻冬舎メディアコンサルティング、幻冬舎 発売
【要旨】アベノミクスで財政再建は不可能。脱原発は国家の自殺行為。憲法改正は当たり前。民主政治はポピュリズム。生活保護を不正利用する極悪人がいる。人口減少は加速する。コメは有力な輸出商品なのに。一現役市議が告発！ 黒い市議会に見る政治のデタラメ。
2017.3 189p B6 ¥1300 ①978-4-344-91148-2

◆マイパブリックとグランドレベル―今日からはじめるまちづくり　田中元子著　晶文社
【要旨】グランドレベルは、パブリックとプライベートの交差点。そこが活性化すると、まちは面白く元気になる。欲しい「公共」は、マイパブリックの精神で自分でつくっちゃおう。あたらしい「まちづくり」のバイブル誕生。まちを元気にするアイデア満載。コペンハーゲン、ポートランド、台北など「グランドレベル先進都市」の事例も多数紹介。「建築コミュニケーター」の、新感覚まちづくり奮戦記。
2017.12 242p B6 ¥1800 ①978-4-7949-6982-8

◆まちを創る青少年―地域と学校・協働のまちづくり参画のすすめ　大田順子、福留強共著、全国生涯学習まちづくり協会監修　（松戸）東京創作出版
【要旨】生涯学習の持続可能性を実現させる地域と学校・協働のまちづくり参画のすすめ。全国の青少年によるまちづくり最前線を豊富な事例で紹介！
2017.12 225p A5 ¥2000 ①978-4-903927-28-2

◆まちをひらく技術―建物・暮らし・なりわい地域資源の一斉公開　オープンシティ研究会、岡村祐、野原卓、田中暁子著　（京都）学芸出版社
【要旨】オーナー、企画者、行政、ボランティア、参加者…町ぐるみで取組む、オープンシティ・プログラム。22事例の企画・運営ノウハウと創意工夫。
2017.9 223p A5 ¥2500 ①978-4-7615-2656-6

◆まちづくりからの小さな公共性―城下町村上の挑戦　矢野敬一著　（京都）ナカニシヤ出版
【要旨】開かれたつながりを生み出すまちづくりとは。地域資源を基盤として展開してきた文化資源化の多様なフェーズを取り上げ、解説する。
2017.8 241p B6 ¥2600 ①978-4-7795-1199-8

◆まちづくり教書　佐藤滋、饗庭伸、内田奈芳美編　鹿島出版会
【要旨】地域力／防災／復興／ツーリズム／市民事業／人口減少…これからの30年で、課題を解決できる都市と地域をつくるには？ 知恵の宝庫、日本のまちづくりから学ぶ。
2017.2 310p A5 ¥3200 ①978-4-306-07333-3

◆都市（まち）づくり道楽のすすめ　てつじんニアム著　アーストリビューン社、（武蔵野）さんが出版 発売
【要旨】世界恒久平和とすべての人々の幸せを確実に実現できるノウハウ満載！ NPO法人ミレニアムシティによる奇跡のまちづくりの軌跡。
2017.3 337p 19cm ¥1850 ①978-4-88096-334-1

◆まちづくりとしての地域包活ケアシステム―持続可能な地域共生社会をめざして　辻哲夫監修、田城孝雄、内田要編　東京大学出版会
【要旨】少子高齢・人口減少社会における総合的なまちづくり。産業、医療、交通、住宅、コミュニティ。
2017.12 254p A5 ¥3500 ①978-4-13-051142-1

◆まちとミュージアムが織りなす文化―過去から未来へ　高階秀爾、建畠晢、水沢勉、蓑豊編　現代企画室
【要旨】ミュージアムやアートプロジェクトは地域発の文化創造にいかに貢献するのか。東京オリンピック・パラリンピック開催を見据え、文化の果たす役割を議論した2日間の記録。
2017.9 243p A5 ¥2000 ①978-4-7738-1723-2

◆街直し屋―まちとひとを再生させる仕事　リパブリック・イニシアティブ編　晶文社
【要旨】人が出会い、交流し、学び、それを仕事に結びつけるために都市が機能している。しかし同時に、人々の衣食住を支える、田畑や海や山林などの豊かな地域がなければ、私たちの生活は基盤そのものが危ういものとなってしまう。都市と地域を再び結び、そのいずれにも人々が生き生きと暮らすために、現代社会の「パブリック」を問い、再構築する10人の「街直し屋」の仕事を多数紹介。まちとひとの再生に取り組み、行動しようとする人々にとって、新たな発想を生み出すためのヒントに満ちた、リパブリック・イニシアティブ初の単行本。具体事例31件を収録！ 2017.5 185p A5 ¥1800 ①978-4-7949-6961-3

◆まったく新しい働き方の実践―「IT前提経営」による「地方創生」　高柳寛樹著　（西東京）ハーベスト社
【目次】1章「ネティズン」たちが革命を起こす、2章ウェブインパクトにおけるノマド・ワーキング制度の導入、3章 ノマド制度と地方創生、4章 地方における産学官連携、5章 ノマド・ワーキング制度の副次的効果と「IT前提経営」の今後、巻末特別対談 高柳寛樹×水田早枝子（TCK Workshop 代表）―「場」に縛られないために教育にモビリティを
2017.3 153p B6 ¥1200 ①978-4-86339-086-7

◆学びあいの場が育てる地域創生―産官学民の協働実践　遠野みらい創りカレッジ編、樋口邦史、柴山美樹著　水曜社（文化とまちづくり叢書）
【要旨】本書で描かれる「人間ネットワーク」の実践モデルは地域の生活者、地域行政、企業・大学などの研究機関との交流、そして交流を通じた学習から共通価値を見いだし、多くの地域リーダーを輩出する可能性を示している。設立過程や利活用した技術、グランドデザインとプログラム、協働価値とさらなる展望を示した。
2017.4 163p A5 ¥2500 ①978-4-88065-412-6

◆みなかみイノベーション―群馬県みなかみ町に見る農泊を核とした観光まちづくり　鈴木誠二著　あさ出版
【要旨】農水省が取り上げた"先進地域の取組"をロールモデルとして紹介！
2017.10 162p A5 ¥1500 ①978-4-86667-009-6

◆「みんな」でつくる地域の未来　京都府立大学京都政策研究センター編著　公人の友社（京都政策研究センターブックレット No.5）
【目次】第1章 若者によるビジョンづくりから奇跡の復活を遂げた街―チャタヌーガ、第2章 地域の未来は「みんな」で描く―高知県佐川町を事例として、第3章 地域のことは地域で治める―島根県雲南市の地域自主組織の挑戦、第4章 暮らしを支える地域協働システムを―三和地域協議会がめざすもの、第5章 住民の自治と協働のまちづくりの検証―京都府京丹後市を事例に
2017.3 95p A5 ¥1000 ①978-4-87555-697-8

◆みんなでつくるフェノロジーカレンダー―地域おこしに役立つ！　日本エコツーリズム協会フェノロジーカレンダー研究会著　旬報社
【要旨】フェノロジーカレンダー―地域の自然と人の営みを表した生活季節暦。まちおこし・観光・学習など、さまざまな活用できる今注目のツールです。まちづくりに取り組む地域の人々、学生、観光ガイド必読！ やさしい図解でよくわかる！ 国内外の制作事例が満載！
2018.1 127p B5 ¥2300 ①978-4-8451-1523-5

◆無形学へ―かたちになる前の思考 まちづくりを俯瞰する5つの視座　後藤春彦編著　水曜社（文化とまちづくり叢書）

政治

【要旨】無数の生命体が集散を繰り返して大きな生命体のように振舞っている。うごめいている。浮かび上がってきたいくつかの系統。かたちになる前の思考—無形学へ。

2017.4 252p A5 ¥3000 ①978-4-88065-406-5

◆**よくわかる公民館のしごと**　全国公民館連合会編著　第一法規　新訂
【目次】第1章 公民館入門（初歩からの公民館、基礎から学ぶ公民館—公民館へようこそ、イメージでつかむ！ 公民館の仕事、行列のできる講座のつくりかた、館長について、公民館サークル活性化への提言—地域文化の拠点として）、第2章 困ったときの公民館Q&A（公民館の事業と運営—社会教育法第23条をあらためてみる、困ったときの公民館Q&A）、第3章 公民館を考える（住民がアクターとなる「学び」の場—公民館の新しい役割、新しい公民館像を作ろう—理論的三段論法から実践的三段論法へ、地域づくりの拠点としての国土計画のエッセンスとして分水嶺としての社会教育、公民館「的なもの」の可能性—自治と分権を発明し続けるために）、資料編

2017.4 275p A5 ¥4000 ①978-4-474-05843-9

◆**リニア新世紀 名古屋の挑戦**　奥野信宏、黒田昌義著、名古屋都市センター編　ディスカヴァー・トゥエンティワン（ディスカヴァー携書）
【要旨】2027年、東京・名古屋間を40分で結ぶリニア新幹線が開業。沿線圏域7000万人に上る巨大な広域都市圏「スーパー・メガリージョン」誕生への第一歩だ。今世紀の日本の活力の要となる国土計画のエッセンスとしてのDMO、海外と日本の先進事例を踏まえて紹介。そして、今後の都市のあり方と再生の道筋とは？

2017.7 239p 18cm ¥1100 ①978-4-7993-2101-0

◆**歴史と文化のまち臼杵の地方創生**　石原俊彦監修、日廻文明、井上直樹編著　（西宮）関西学院大学出版会（CIPFA Japan Textbook No.3）
【目次】第1章 「歴史と文化のまち臼杵」から紐解く地方創生、第2章 臼杵キリシタンの歴史遺産活用と地方創生—まちの魅力による交流人口拡大、第3章 歴史遺産を活用した地方創生—臼杵城と九州戦国歴史ロマン、第4章 文化財を活用した臼杵市の観光戦略と地方創生—地域への視点と広域圏域への視点から、第5章 臼杵の食育文化を基礎とした地域ブランド創出—土づくりから展開する有機農業振興施策を中心に、第6章 組織間連携と臼杵ブランドによる産業の促進—地域資源を活かした地方創生、第7章 臼杵市の結婚・出産・子育て支援と地方創生—一八歳までの包括支援、第8章 臼杵市における地域包括ケアシステムの構築と地方創生—多様な組織間連携と地域包括ケアの充実、第9章 臼杵市の地方創生における人口移住・定住施策—人口減少問題への対処、第10章 臼杵の地方創生における「まちづくり基本条例」と「協働」—住民の力なくして地方創生なし

2017.12 273p B6 ¥2000 ①978-4-86283-249-8

◆**DMO 観光地経営のイノベーション**　高橋一夫著　（京都）学芸出版社
【要旨】観光地域づくりの舵取り役としてマーケティングとマネジメントに取り組む組織、DMO（Destination Management/Marketing Organization）。DMOの研究と実践に取り組んできた著者が、観光地経営のプロ組織としてのDMOを、海外と日本の先進事例を踏まえて紹介。地方創生に向けた観光振興の中心施策として続々と誕生する日本版DMOの確立・運営のポイントを導く。

2017.6 214p A5 ¥2400 ①978-4-7615-2646-7

◆**ESDの地域創生力—持続可能な社会づくり・人づくり9つの実践**　阿部治編　合同出版
【要旨】都市も地方も、自律して地域を創りあげていくことが持続可能な社会づくりにつながる。価値創造型で、社会に変化をもたらすソーシャルイノベーションとしても極めて価値ある取り組み。

2017.3 207p A5 ¥2000 ①978-4-7726-1315-6

◆**KEIO SFC JOURNAL Vol.16 No.2（2016）特集 新・地方創生**　（藤沢）慶應義塾大学湘南藤沢学会、紀伊國屋書店 発売
【目次】特集 新・地方創生（「田園回帰」の実相、まちづくりの持続可能性を支えるもの、「ご近所イノベーション学校」のプラットフォームデザイン—地方創生に向けたこれからの都心型コミュニティのありかた、大学と地域現場における（キャリア教育）のあり方—成城大学と群馬県明和町の連携事例を中心に）、自由論題（労働争議処理手続き

の制度化にみる中国共産党の適応能力、自分の生き方に自信のない母親—規定要因と考察、A Systematic Review and Meta - analysis of the Effects of Probiotics on Children with Atopic Dermatitis，An Analysis Based on Intersubjective Communication in Psychoanalytic Psychotherapy—Toward the Discovery of the‘Preemptive Guilt’in the Context of Japanese Culture，Millennials Coming to the Neighborhoods—Are They Gentrifiers or Improvers？）

2017.3 189p A5 ¥2000 ①978-4-87738-496-8

◆**TOKYO+（プラス）ひときわ輝く商店街**—東京オリンピックに向けた、インバウンド対応からIT導入、空き店舗対策　商店街研究会編著　同友館
【要旨】商店街活性化の秘策—中小企業診断士が提案する16の取組み。

2017.9 198p B6 ¥1500 ①978-4-496-05293-4

地方分権・首都移転

◆**地方分権と政策評価**　西垣泰幸編著　日本経済評論社（龍谷大学社会科学研究所叢書 第112巻）
【要旨】財政赤字が深刻さを増すなか、公共サービスの持続可能性をいかに考えるべきか。行政の効率化と地域間競争、住民本位の政策評価の必要性を、新しい地方公共経済学の視点から提示。

2017.2 229p A5 ¥4200 ①978-4-8188-2461-4

軍事・防衛

◆**朝雲 縮刷版 2016**　朝雲新聞社編集部編　朝雲新聞社
【目次】1月、2月、3月、4月、5月、6月、7月、8月、9月、10月、11月、12月

2017.2 438p 29×21cm ¥2800 ①978-4-7509-9116-0

◆**アメリカ海軍大学の全貌**　下平拓哉著　海竜社
【要旨】自衛隊から派遣された著者が見た、「米海軍の知的中枢」海軍大学の貴重な報告。本書を読めば、その全貌が分かる！

2017.11 235p B6 ¥2500 ①978-4-7593-1568-4

◆**アメリカ海軍SEALのサバイバル・マニュアル—極限を生き抜く精鋭たちが学んでいること**　クリント・エマーソン著、小林朋子訳　三笠書房
【要旨】全詳細！ ミッションの準備から、情報収集、ターゲットの追跡、任務の遂行、ピンチの脱出法まで…。

2017.3 253p A5 ¥1500 ①978-4-8379-5776-8

◆**ある諜報員の見た日本の防衛**　河合恭伸著　ルネッサンス・アイ、白順社 発売
【要旨】戦争の本質を知り、全ての国民が「自分が祖国を守る」と意識すれば戦争は防げます。「再び戦場に子どもを送るな」でなく「日本を再び戦場にしない」ため、何をすべきかが、いま痛切に問われています。

2017.11 254p B6 ¥1600 ①978-4-8344-0222-3

◆**海上阻止活動の法的諸相—公海上における特定物資輸送の国際法的規制**　吉田靖之著　（吹田）大阪大学出版会
【目次】第1部 既存の国際法枠組みにおける船舶の阻止と海上阻止活動の先駆的事例（公海上における臨検の制度、平時の緊急状態における海洋状態の擬制による船舶の阻止）、第2部 海上阻止のための規則の構築—海上阻止活動の系譜（海上阻止活動のプロトタイプ：安保理事会決議による今そこにある危機への対応—国連海上阻止活動、大量破壊兵器拡散対抗のための予防的展開、テロ攻撃未然防止のための予防的展開—テロ対策海上阻止活動）

2016.12 452p A5 ¥5700 ①978-4-87259-575-8

◆**海上保安レポート 2017**　海上保安庁編　日経印刷、全国官報販売協同組合 発売
【要旨】尖閣諸島周辺海域における外国公船、排他的経済水域での違法操業への対応、アジア海上保安機関との連携強化など…海上保安庁の1年をこの一冊に完全収録！

2017.5 151p A4 ¥900 ①978-4-86579-075-7

◆**「軍事研究」の戦後史—科学者はどう向きあってきたか**　杉山滋郎著　（京都）ミネルヴァ書房
【要旨】「軍事研究に手を染めない」としてきた日本の学術界がいま揺らいでいる。防衛のための軍事研究は必要との主張が出てきたからだ。宇宙開発や、人工知能、バイオテクノロジーなど最先端の科学技術は、軍事にも民生にも役立つ（デュアルユース）、だからこれまでの方針は足かせになるという意見もある。これに対し本書は「軍事研究に手を染めない」方針がどのように確立し機能してきたのか、無理や限界がなかったのかを歴史に問い、新たな情況下で初心を生かす道を探る。

2017.1 298, 8p B6 ¥3000 ①978-4-623-07862-2

◆**軍事史学 第52巻第4号（通巻208号）特集 作戦と戦闘**　軍事史学会編　錦正社
【目次】特別寄稿 ヴェルダン—戦いとその神話、日本陸軍の「上陸作戦」原型の確立、離島奪回作戦の事例研究—ガダルカナル緒戦における教訓、専守防衛作戦の可能性と限界—冬戦争と中越戦争の戦例からの考察、戦跡探訪 硫黄島の戦い、自由論題 占領期における第二復員省職員の政治的動向と役割—公職への留任状況を中心に、書評 今井宏昌『暴力の経験史—第一次世界大戦後ドイツの義勇軍経験1918～1923』、文献紹介、軍事史関係史料館探訪83 防衛省防衛研究所戦史研究センター史料室

2017.3 178p A5 ¥2000 ①978-4-7646-1208-2

◆**軍事史学 第53巻第1号（通巻209号）特集 戦争と文学考**　軍事史学会編　錦正社
【目次】特集 戦争と文学考（『日本戦史 関原役』における「補伝」の意義、戦争から遡及する歴史「物語」、「戦争と文学」を考える歴史、日本陸軍・海軍の慰問雑誌『陣中倶樂部』『戦線文庫』研究序説、GHQに「没収指定」された水戸反射炉関係書籍、研究ノート（軍艦「清輝」の欧州派遣、朝鮮水軍の変遷と倭の水軍の対応）、戦跡探訪 クレタ島スダ湾（ギリシア）、書評

2017.6 180p A5 ¥2000 ①978-4-7646-1209-9

◆**軍事史学 第53巻第2号（通巻210号）特集 日中戦争八〇周年**　軍事史学会編　錦正社
【目次】特集 日中戦争八〇周年（巻頭言「日中戦争史研究の新段階」、日中戦争拡大過程の再検証—盧溝橋事件から第二次上海事変を中心に、日中戦争と国際連盟—プロパガンダ戦の限界、日中戦争長期化の政策決定過程における対ソ連要因の虚実—蔣介石との私文書に基づく中国側の対応の考察を中心に、蔣介石による戦時外交の展開—中国IPRへの領導と年中の復興・領土回復の模索 ほか）、研究ノート 日中戦争における戦いの特性、自由論題 東学の日本陸軍支援—第三代教主孫秉熙の日本亡命期（一九〇一～〇六）を中心に、書評 稲葉千晴『バルチック艦隊ヲ捕捉セヨ—海軍情報部の日露戦争』、文献紹介

2017.9 224p A5 ¥2000 ①978-4-7646-1210-5

◆**軍備の政治学—軍制約のダイナミクスと米国の政策選択**　齊藤孝祐著　白桃書房
【要旨】ソ連の脅威が後退し、さらに厳しい財政制約にさらされる中、米国は冷戦終焉をまたいでなぜ、いかにして先端技術への投資を進めていったのか。そしてその意図は、軍備をめぐる冷戦後の政策にどのような形で反映されていったのか。技術発展と政治的意思の共変を理論的、実証的に明らかにする。

2017.5 330p A5 ¥3700 ①978-4-561-96135-2

◆**軍法会議のない「軍隊」—自衛隊に軍法会議は不要か**　霞信彦著　慶應義塾大学出版会
【要旨】常に負のイメージで語られる軍法会議。またこれをもたない「軍隊」自衛隊。当然のごとく認識されている状況は果たして正しいのか？ そもそも「軍法会議」とはどのような制度なのか？ われわれは軍法会議、軍の司法制度の正確な知識をもっているだろうか？ 憲法改正が議論される現在にこそ、すでに忘れ去られ葬り去られようとしている軍の司法制度に関しても、いずれにも偏ることのない客観的かつ正確な情報を提示し、軍と司法の関係を問う。

2017.8 184p B6 ¥2000 ①978-4-7664-2453-9

◆**契約価格、原価、利益—管理会計の視点による防衛装備品の効率的・効果的な開発と生産**　櫻井通晴著　同文舘出版
【要旨】国と民間企業の契約に基づく原価の見積方法について、防衛装備品のケースを中心に両者にとってウィン・ウィンになるよりよい方法

をロジカルに探究した著者渾身の野心作！
2017.11 355p A5 ¥4800 ①978-4-495-20671-0

◆検証 危機の25年―日本の安全保障を真剣に考える　勝股秀通著　並木書房
【要旨】「米国第一」を掲げるトランプ大統領の登場で、世界は混沌とし始めている。米国が通商問題で中国と手を結び、尖閣や南シナ海など安全保障問題に譲歩することも絵空事ではない。中国と北朝鮮という脅威に直面する日本は、さらなる日米同盟の深化を探るが、その先行きには不安が拭えなくなる。だが、展望する鍵はある。日本がたどってきた冷戦終結から25年の道程を検証することだ。本書は国の骨幹である安全保障を真剣に考えるための入門書である。
2017.2 352p B6 ¥1900 ①978-4-89063-360-9

◆航空部隊の戦う技術―空を制する者が戦場を制する　かのよしのり著　SBクリエイティブ（サイエンス・アイ新書）
【要旨】航空機をもち、航空作戦を行うのは空軍だけではない。陸軍も海軍も航空機をもっている。潜水艦を探して攻撃する対潜哨戒機が海軍に所属しているのは当然のことで、陸軍がヘリボーン用のヘリコプターをもっているのも当然。陸軍や海軍が空軍に「命令」はできない。「命令」で動かせる航空戦力が必要なのだ。軍隊をどのような組織にするにせよ、現代戦に航空戦力は不可欠。その航空戦力というものの本質を解説。
2017.6 190p 18cm ¥1000 ①978-4-7973-8905-0

◆国際航空海上捜索救助マニュアル　第3巻　移動施設　海上保安庁警備救難部救難課監修、海上保安協会編　海文堂出版（国際航空海上捜索救助手引書 第3巻）（本文：日英両文）第4版
【目次】第1節 概要、第2節 援助の提供、第3節 現場における調整、第4節 船舶および航空機の緊急事態、第5節 複数の航空機の捜索救助活動、付録
2017.4 1Vol. A5 ¥5800 ①978-4-303-38913-0

◆情報化時代の戦闘の科学 増補 軍事OR入門　飯田耕司著（名古屋）三恵社　増補版
【目次】序章 国家安全保障の諸問題、第1章 ORの理論研究と応用研究、第2章 軍事ORの概要、第3章 英米の軍事ORの発展史、第4章 我が国の軍事ORの展開と現状、第5章 捜索理論の概要、第6章 射撃理論の概要、第7章 交戦理論の概要、第8章 軍事ORの専門書の紹介、付録1 第2次世界大戦後の世界の紛争、付録2 連合軍総司令部の日本占領政策、付録3「日本国憲法」の問題点
2017.12 371p A5 ¥2700 ①978-4-86487-764-0

◆真説・国防論　苫米地英人著　TAC出版
【要旨】未来を決する真実とは？ 平和ボケした日本人を覚醒させる革命の書。日本の命運を握るビジョンとは？ 究極のプランを収載。
2017.12 275p B6 ¥1500 ①978-4-8132-7455-1

◆全図解 アメリカ海軍SEALのサバイバル・マニュアル 災害・アウトドア編―日常のトラブルから絶体絶命のピンチまで　クリント・エマーソン著、竹花秀春訳　三笠書房
【要旨】過酷な最前線でも力強く生き延びる「究極の知恵」が凝縮！
2017.12 262p A5 ¥1500 ①978-4-8379-5785-0

◆誰でもわかる防衛論―日本が生き残るための国家戦略の提言　黒川雄三著　芙蓉書房出版
【要旨】戦争の形態が変わり、さまざまな新しい脅威が生まれている今、「何も知らない、何もわからない」では生き残れない！ いま起きていることを正しく知り、どうすれば日本が生き残れるかを、わかりやすく具体的に提言する。
2017.6 270p A5 ¥2300 ①978-4-8295-0714-8

◆電子装備の最新技術　防衛技術ジャーナル編集協会　（防衛技術選書―新・兵器と防衛技術シリーズ 2）
【目次】第1章 情報システム技術（情報システム、C4IからNCWへ、情報セキュリティ技術、戦術画像処理技術）、第2章 通信システム技術（防衛通信システム、ソフトウェア無線機とコグニティブ無線機）、第3章 センシングシステム技術（センシングシステムの技術動向、レーダ技術、MIMOレーダ技術、電波ステルス技術、光波センシング技術、光波デバイス技術）、第4章 電子戦技術（通信電子戦技術、電波電子戦技術、光波電子戦技術）、第5章 指向性エネルギー技術（指向性エネルギー兵器）
2017.6 221p A5 ¥2700 ①978-4-908802-12-6

◆東京と神戸に核ミサイルが落ちたとき所沢と大阪はどうなる　兵頭二十八著　講談社（講談社プラスアルファ新書）

【要旨】本書は、二一世紀のこれからあり得る「対日核攻撃」のケースについて、改めていくつか検討を加え、特にこれまで人々を欺いてきた「核戦争の神話」のいくつかを正そうと試みます。現実的な損害についての、過不足のない「予期」を多くの国民が日常から共有しておくことで、あらゆる「敵国」との付き合い方を自国の政治家が誤らぬよう、私たちが平時から監督したり督励したりすることが可能になるでしょう。また私たちが、核戦争の災害を局限するために実施可能な都市政策がどのくらいあるのかを知っておくことは、日本国民の命を、きっと安全で豊かで健康なものとしてくれるはずです。
2017.10 204p 18cm ¥840 ①978-4-06-291508-3

◆日米対等―トランプで変わる日本の国防・外交・経済　藤井厳喜著　祥伝社（祥伝社新書）
【要旨】2017年1月20日、アメリカではトランプ大統領が誕生した。世間がヒラリー当選を予想する中で、一貫してトランプ当選を確信していた著者は、アメリカは力強く復活すると断言。そしてそれは、日本にもチャンスだと説く。また、今後の日米関係や、閣僚人事から見たアメリカの政策について詳述し、それをふまえて日本がこれからどういう方向に進むべきかを国防、外交、経済の点から鋭く考察した。はたして日本は、アメリカと対等につきあえる、自立した国になれるのだろうか。
2017.2 208p 18cm ¥780 ①978-4-396-11497-8

◆日本と中国、もし戦わば―中国の野望を阻止する「新・日本防衛論」　樋口譲次編著　SBクリエイティブ（SB新書）
【要旨】日本vs中国、その現実味と詳細な予測―中国が海洋拡張政策を続け、アメリカの覇権に挑む姿勢を取る限り、アメリカはこれを受けて強硬策に出る。米中戦争の危険も高まっている。また中国が本気で尖閣、さらに沖縄を含む南西諸島をとりにきた場合、日本は勝てるのか？ トランプ政権のアメリカは本当に助けてくれるのか、自衛隊の戦力で太刀打ちできるのか―誰しも気になる疑問に、元・陸上自衛隊幹部学校長らが答える。
2017.5 221p 18cm ¥800 ①978-4-7973-9075-9

◆日本の武器で滅びる中華人民共和国　兵頭二十八著　講談社（講談社プラスアルファ新書）
【要旨】日本国が、自衛隊の最新の戦闘機や艦艇をいくら増やそうとしたところで、中央の領土的な野望が消えてなくなることはありません。核武装国の中共が日本に降伏することもあり得ません。しかし、マレーシア、ベトナム、フィリピン等、地政学的に中共の味方とはなり得ない国々に対して、わが国から「機雷敷設専用の超小型潜航艇」を武器援助するならば、日本の有権者は、驚くほど廉価な負担で、東アジアから侵略的な専制政体を除去し、世界の平和に貢献することができます。これが、「日本の武器で中華人民共和国が滅びる」という意味です。
2017.1 206p 18cm ¥840 ①978-4-06-272975-8

◆日本の防衛―防衛白書 平成29年版　防衛省編　日経印刷、全国官報販売協同組合 発売
【目次】巻頭特集（防衛省移行10周年 省移行後の10年間の歩み、防衛この1年 ほか）、第1部 わが国を取り巻く安全保障環境（概観、諸外国の防衛政策など ほか）、第2部 わが国の安全保障・防衛政策と日米同盟（わが国の安全保障と防衛の基本的考え方、統合機動防衛力の構築に向けて ほか）、第3部 国民の生命・財産と領土・領海・領空を守り抜くための取組（わが国の防衛を担う組織と実効的な抑止及び対処、安全保障協力の積極的な推進 ほか）
2017.8 562p A4 ¥1270 ①978-4-86579-099-3

◆フクシマは核戦争の訓練場にされた―東日本大震災「トモダチ作戦」の真実と5年後のいま　石井康敬著　旬報社
【要旨】アメリカ放射線部隊、秘匿された被曝データ、9.11後初の危機管理シナリオ。これまで報道されなかった真実が、いま明かされる。
2017.2 200p B6 ¥1500 ①978-4-8451-1493-1

◆兵士を救え！ マル珍軍事研究　メアリー・ローチ著、村井理子訳　亜紀書房
【要旨】チキン砲、悪臭爆弾、死体からのペニス移植！？ クソ真面目なのになぜか笑える、軍事サイエンスの試行錯誤を、「全米でいちばん愉快なサイエンスライター」が、空気を読まず突撃取材！
2017.10 355p B6 ¥2300 ①978-4-7505-1516-8

◆兵士に聞け 最終章　杉山隆男著　新潮社

【要旨】自衛隊とは何か、そして日本人とは何かを問う渾身のルポルタージュ！ 取材開始から24年。現場の声を拾い続け、自衛隊への意識を一変させた「兵士シリーズ」ついに完結！
2017.9 239p B6 ¥1600 ①978-4-10-406207-2

◆防衛政策の真実―知らなきゃヤバい！　田村重信著　育鵬社、扶桑社 発売
【要旨】安全保障のエキスパートが緊急提言！ 国民は自分の命と憲法9条のどちらを守るか決断を迫られている!!
2017.6 215p B6 ¥1500 ①978-4-594-07771-6

◆防衛ハンドブック 平成29年版　朝雲新聞社出版業務部編著　朝雲新聞社
【目次】日本の防衛計画、組織・編成、人事、教育訓練、災害派遣・民生協力、予算、装備、施設、日米安全保障体制、米軍関係、諸外国の防衛体制、防衛に関する政府見解、国際貢献・邦人輸送、その他
2017.3 927p A5 ¥1600 ①978-4-7509-2038-2

◆亡国の武器輸出―防衛装備移転三原則は何をもたらすか　池内了、青井未帆、杉原浩司編　合同出版
【要旨】戦後70年「戦争をしない国」を築き上げてきた日本。政府も「武器輸出三原則」を「平和国家であること」の基本原則と宣言してきた。ところが「防衛装備移転三原則」により軍需産業強化の政策が進められ、軍産学複合体が動き出している。「武器輸出大国」への進行を食い止めるために、いま何をなすべきか！ 危機を超えて平和国家への道を探る。
2017.9 247p B6 ¥1650 ①978-4-7726-1307-1

◆マンガ世界のミリメシ　ミリメシ研究会著　宝島社
【要旨】自衛隊の野外炊具1号から米海兵隊のMREまで！ 世界の兵士の食と戦闘エピソード！
2017.5 223p B6 ¥556 ①978-4-8002-7041-2

◆ミリタリー・パッチ図鑑―人気の自衛隊と米軍のパッチ、エンブレムが2300点！　石原肇著　イカロス出版　増補改訂版
【要旨】制式パッチ、サブパッチ、戦競パッチ、演習パッチ、記念パッチ、そして海外展開パッチまで…。伝説の名著が装いも新たに登場！
2017.6 241p A5 ¥2593 ①978-4-8022-0386-9

◆元機動戦術部隊員に学ぶ危機管理トレーニング 2　田村忠嗣、長田賢治著　ベースボール・マガジン社
【要旨】エスカレートする凶悪事件・テロから身を守れ！ 国内最高水準の危機管理サバイバル術。
2017.6 127p A5 ¥1500 ①978-4-583-11106-3

◆CIA極秘分析マニュアル「HEAD」―武器としてのインテリジェンス　フィリップ・マッド著、池田美紀訳　早川書房
【要旨】世界最強の情報機関CIAのアナリストは、困難な課題にいかに取り組み、最適解を導き出すのか？ テロ対策分野で20年以上のキャリアを持つ情報のプロが、現場で鍛え上げた情報分析＆意思決定版「HEAD」＝High Efficiency Analytic Decision‐Making（超効率的かつ分析的な意思決定）の極意を伝授する。車選びから投資先の選択まで、ビジネスや日常生活などあらゆる場面で応用できる実践型ガイド。
2017.6 334p B6 ¥1600 ①978-4-15-209693-7

◆East Asian Strategic Review　2017　防衛省防衛研究所編　ジャパンタイムズ（本文：英文）
【要旨】英語版・東アジア戦略概観2017年版。
2017.6 264p A5 ¥3500 ①978-4-7890-1674-2

自衛隊

◆えほん 自衛隊ってなあに？　そのだはる作・絵　明成社
【要旨】自衛官が感動！ 自衛隊を伝え、自衛隊を応援する絵本！「自衛隊ってなあに？」全国のお父さん、お母さん、そうお子さんに聞かれたら、なんと答えますか？ 自衛隊とは何か？ 普段なにをしているのか？ 何のために存在しているのか？ 心あたたまる感動の1冊。プレゼントにもおすすめです。
2017.2 32p 18×19cm ¥700 ①978-4-905410-41-6

◆海自オタがうっかり「中の人」と結婚した件。 2　たいらさおりまんが　秀和システム

政治

【要旨】やこさんが教育隊へ異動！天職とも言えるその指導とは…。家族も増えてますます賑やか！おやつの時間はヒトゴマルマル!?家で、外で、教育隊で、やこさんの熱血は止まらない。巻末に教育隊＆観艦式レポ、インタビューも収録！　2017.3 127p A5 ¥925 ①978-4-7980-4969-4

◆海上自衛官が南極観測船「しらせ」で学んだきつい仕事に潰されない人のルール　泊太郎著　秀和システム
【要旨】自分だけの逃げ場を確保する。雑務には「ついで」の心で取り組む。空気を読みすぎない。人の仕事を美わない。簡単に片付く仕事を休前日に回す。できないことにこだわらず、考え方を変える…などなど、仕事に役立つヒントが満載！　2017.7 271p B6 ¥1500 ①978-4-7980-5119-2

◆「軍」としての自衛隊──PSI参加と日本の安全保障政策　津山謙著　慶應義塾大学出版会
【要旨】自衛隊を戦わせる準備だったのか？日本の安全保障政策が根本的に転換されようとしている今、その契機となったPSI（アメリカ主導の大量破壊兵器拡散への対抗枠組）への参加過程と、そこでの自衛隊の活動の実態を初めて明らかにする、改憲論議にあたり必読の重要文献。
2017.10 432p A5 ¥5400 ①978-4-7664-2467-6

◆航空自衛隊「装備」のすべて──「槍の穂先」として日本の空を守り抜く　赤塚聡著　SBクリエイティブ（サイエンス・アイ新書）
【要旨】近年、我が国を取り巻く安全保障環境は、様々な問題や不安定要素が顕在化・複雑化してきています。2016年度の緊急発進（スクランブル）回数は1,168回を数え、1958年に対領空侵犯措置の開始以来、過去最多となりました。このうち、中国機に対するものが70%を超え、南西地域では中国の動きが活発化しています。本書ではそんな「槍の穂先」として防空任務に就く航空自衛隊の、様々な最新装備を解説します。
2017.5 190p 18cm ¥1600 ①978-4-7973-8327-0

◆自衛官の心意気──そのとき、彼らは何を思い、どう動いたか　桜林美佐著　PHP研究所
【要旨】「自分が盾になって撃たれるつもりだった」ベストセラー『日本に自衛隊がいてよかった』に続く感動の自衛隊ノンフィクション。
2017.6 217p B6 ¥1600 ①978-4-569-82681-3

◆自衛隊現況　2017年版　防衛日報社
【目次】防衛省の機構および業務内容一覧（防衛省の任務、防衛省と自衛隊との関係 ほか）、自衛隊戦力勢力（陸・海・空各自衛隊編成表等、広報業務概要）、平成29年度概算要求の概要、防衛省・自衛隊主要人事（防衛大臣、内部部局等、防衛監察本部 ほか）、部機関等所在地一覧（陸上自衛隊、海上自衛隊 ほか）
2017.7 122p B5 ¥7000 ①

◆自衛隊最前線の現場に学ぶ最強のリーダーシップ──普通の若者を劇的に成長させる組織術　松村五郎著　WAVE出版
【要旨】イラク派遣で、東日本大震災で、逆境を克服したチーム力は、いかに生み出されたのか？陸上自衛隊の人材育成の責任者が「現場」の経験をふまえて具体的に説く、普通の若者を劇的に成長させる組織術。
2017.9 191p B6 ¥1600 ①978-4-86621-073-5

◆自衛隊「自主防衛化」計画　毒島刀也監修　宝島社
【要旨】「専守防衛」の限界！アメリカの「補完軍事力」からの脱却！トランプ政権誕生─在日米軍撤退。日本の自主防衛にはこれだけの戦力が必要だ！
2017.2 111p 23×19cm ¥740 ①978-4-8002-6728-3

◆自衛隊装備年鑑　2017－2018　朝雲新聞社出版業務部編　朝雲新聞社
【目次】陸上自衛隊編、海上自衛隊編、航空自衛隊編、資料編、総合索引
2017.7 522p A5 ¥3800 ①978-4-7509-1038-3

◆自衛隊に学ぶ「最強の仕事術」実践ノウハウ─ミスをなくし、成果を上げる　久保光俊、松尾喬著　三笠書房
【要旨】あなたも、あなたのビジネスも劇的に成長する。極限までシンプルに、かつ、プラグマティックに洗練されたサバイバル・ノウハウ！この先、何が起きてもあなたは活躍できる！
2017.5 227p B6 ¥1400 ①978-4-8379-2689-4

◆自衛隊年鑑　2016～2017年版　防衛日報社

【目次】1 総括篇、2 防衛省の機構・編成篇、3 機関等篇、4 予算篇、5 装備篇、6 人事篇
2016.12 752p B6 ¥7000 ①978-4-938467-27-2

◆自衛隊年鑑　2018年版　防衛日報社
【目次】1 総括篇、2 防衛省の機構・編成篇、3 機関等篇、4 予算篇、5 装備篇、6 人事篇
2017.12 755p B6 ¥7000 ①978-4-938467-28-9

◆自衛隊の島嶼戦争──資料集・陸自「教範」で読むその作戦　小西誠編著　社会批評社
【要旨】メディアが報じない先島─南西諸島の急激な要塞化。その琉球列島弧の海峡戦争の全貌が、バクロされる！小西誠著『オキナワ島嶼戦争─自衛隊の海峡封鎖作戦』で執筆された貴重の公開！大改定された陸自最高教範『野外令』『離島の作戦』『地対艦ミサイル連隊』『機動展開能力』など、教科書や作戦研究書に明記する島嶼戦争の全容！
2017.11 351p A5 ¥2800 ①978-4-907127-23-7

◆ジャーナリスト桜林美佐が迫る自衛隊（陸・海・空）の実像──自衛隊24万人の覚悟を問う　桜林美佐著　テーミス
【要旨】第1章 自衛隊と共に「国防」を考える、第2章 知られざる陸・海・空自衛隊の実態、第3章 自衛官24万人の覚悟を問う、第4章 北朝鮮・中国・ロシアの脅威に備える、第5章 自衛隊の国際貢献と米軍の実態を知る、第6章 わが国の平和はわが国で守る
2017.7 267p 18cm ¥1000 ①978-4-901331-31-9

◆女性自衛官すっぴん物語──日本を守る！　ちーぱか著　扶桑社
【要旨】陸海空・自衛隊女子の恋愛、結婚、そしてお仕事！現役自衛官を直撃インタビュー。さまざまな階級、職種で活躍する“彼女たち”27人のリアル。
2017.4 138p A5 ¥1000 ①978-4-594-07704-4

◆図解でわかる自衛隊のすべて　自衛隊の謎研究会著　宝島社
【要旨】最新組織図から最先端装備、自衛官の日常生活まで！自衛隊のすべてがゼロからわかる！
2017.5 223p B6 ¥556 ①978-4-8002-7043-6

◆徹底解剖 自衛隊のヒト・カネ・組織　福好昌治著　コモンズ
【要旨】賛成の人も反対の人もそのリアルな姿を知らない。自衛隊のすべてに精通した著者が、隊員の素顔や待遇、組織や任務実態、本当の能力、養成システム、歴史などをQ&Aで正確に記述。
2017.2 151p A5 ¥1000 ①978-4-86187-138-2

◆日本の軍事力──自衛隊の本当の実力　中村秀樹著　ベストセラーズ（ベスト新書）
【要旨】米原潜に演習で18勝1敗1分、訓練では世界一強い自衛隊。本当は戦えるこれだけの理由！！何が問題なのか？を潜水艦長が詳らかにする！
2017.7 253p 18cm ¥815 ①978-4-584-12557-1

◆米中激戦！いまの「自衛隊」で日本を守れるか　藤井厳喜、飯柴智亮著　ベストセラーズ
【要旨】朝鮮半島、台湾、南シナ海……地政学、政治学、軍事作戦から、日本の防衛を考察。日本は「危機」にどう対処すべきか。
2017.6 251p B6 ¥1300 ①978-4-584-13798-7

◆防衛実務小六法　平成29年版　内外出版
【目次】第1章 基本法令、第2章 組織・定員、第3章 人事、第4章 給与、第5章 経理・装備、第6章 施設管理・補償等、第7章 秘密保護、第8章 沖縄、第9章 国際協力、第10章 条約
2017.3 1668, 1059, 5, 4p A5 ¥6700 ①978-4-905285-70-0

◆陸上自衛隊機甲科全史──戦後日本の戦車部隊65年の道程　菊池征男著　イカロス出版
【目次】陸上自衛隊機甲部隊グラフィティ、第1章 機甲科前史─ゼロから始まった戦車部隊、第2章 機甲師団の誕生─「特車」から「戦車」へ、第3章 冷戦の終焉と新体制─戦車大削減の時代へ、第4章 機甲部隊の教育組織──「戦車兵」を育てる教育機関、第5章 歴代戦車のメカニズム─M24から10式まで機甲部隊を支えた主役たち、第6章 戦車部隊を支える支援車両─戦車回収車（ARV）/戦車橋（AVLB）
2017.5 256p A5 ¥1759 ①978-4-8022-0339-5

◆WAC（ワック）の星─ひよっこ女性自衛官奮闘記 入隊篇　シロハト桜著　潮書房光人社
【要旨】バブルに浮かれる昭和の終わり、「変わった仕事がしてみたい」とWAC＝陸上自衛隊女性自衛官に応募した18歳の“ちびっこ”女子が放り込まれた想定外の別世界。タカラヅカも真っ

青の男前班長の下、猛訓練が始まる。新人自衛官の熱血青春譜！
2017.3 245p B6 ¥1800 ①978-4-7698-1640-9

◆WACの星　2　ひよっこ女性自衛官奮闘記 配属篇　シロハト桜著　潮書房光人新社
【要旨】女性自衛官の秘密、教えちゃいます。教育期間を終え、会計科隊員として駐屯地の会計隊に配属となったシロハト2士。同期や班長と別れ、たどり着いたのは悲しいくらいの田舎町。不安で一杯のシロハトに先輩からいきなりの「洗礼」が！自衛隊─のちびっこ女子、部隊デビュー篇。月刊「丸」の大人気連載、書籍化第2弾！
2018.1 247p B6 ¥1800 ①978-4-7698-1655-3

軍事・戦争関連

◆1日1つ、なしとげる！─米海軍特殊部隊SEALsの教え　ウィリアム・H・マクレイヴン著、斎藤栄一郎訳　講談社
【要旨】胸を張って生きるために、世界をより良くするために、毎朝1つ、「小さなこと」を完璧にやろう。Amazon.com レビュー数1000超！「スティーブ・ジョブズから生まれた感動スピーチから生まれた10の教訓。
2017.10 153p B6 ¥1300 ①978-4-06-220817-8

◆イラストでまなぶ！現代のスナイパー 実戦編　ホビージャパン
【要旨】実戦に基づく“狙撃”のテクニックをイラストとコミックで解説。実戦を戦うテクニック─弾道修正・目標選定・脱出etc…元アメリカ陸軍将校がスナイパーの技術・戦術を完全解説！
2017.2 160p B6 ¥1800 ①978-4-7986-1392-5

◆機動の理論─勝ち目をとことん追求する柔軟な思考　木元寛明著　SBクリエイティブ（サイエンス・アイ新書）
【要旨】第1次大戦では、連合軍もドイツ軍も正面から突破に固執して膨大な死傷者を出し、塹壕戦が長期に及びました。これを打開するために生まれたのが戦車で、その運用方法が「機動戦理論」です。機動戦理論は英陸軍退役将校J.F.C.フラーが生み出し、第2次大戦でドイツ軍、ソ連軍が確立し、大戦後にイスラエル軍、米陸軍、米海兵隊が発展させ、現代に受け継がれています。本書は、陸上自衛隊で第71戦車連隊長、陸将補を務めた著者が、豊富な図版やイラストを用いて機動戦理論の本質を解説。
2017.11 190p 18cm ¥1000 ①978-4-7973-9140-4

◆クラウゼヴィッツ語録──『戦争論』のエッセンス　加藤秀治郎編訳　一藝社
【目次】戦争とは何か、絶対戦争と現実の戦争、戦争と政治、戦争の本質、戦争理論の意義と限界、戦史検証の意義、指揮官の条件、指揮官の精神力、勝敗を分かつもの、戦場の物・摩擦・賭け、国民戦争の出現、敵の「重心」への攻撃、戦略と戦術、攻撃と防御、軍事行動の中断、戦争と時間、戦争と同盟
2017.12 209p B6 ¥1500 ①978-4-86359-131-8

◆クラウゼヴィッツの「正しい読み方」──『戦争論』入門　ベアトリス・ホイザー著、奥山真司、中谷寛士訳　芙蓉書房出版
【要旨】『戦争論』解釈に一石を投じた話題の入門書。戦略論の古典的名著の誤まった読まれ方、避けられ方、正しい読み方のポイントを教える。21世紀の国際情勢理解に役立つクラウゼヴィッツの読み方入門。
2017.1 391p A5 ¥2900 ①978-4-8295-0703-2

◆軍事史とは何か　トーマス・キューネ、ベンヤミン・ツィーマン編著、中島浩貴、今井宏昌、柳原伸洋、伊藤智央、小堤盾ほか訳　原書房
【要旨】いかにして「軍事史」は成立し、意義を持つのか。歴史学、社会学、政治、作戦史、総力戦、ジェンダー…。第一線の研究者たちが「軍事史」をめぐるさまざまな観点を分析し、その存在と意義について問う論集。
2017.3 472p A5 ¥3500 ①978-4-562-05380-3

◆軍事のリアル　冨澤暉著　新潮社（新潮新書）
【要旨】現代の軍隊は「戦争の道具」ではなく、世界の繁栄と平和を守るための基盤である。一国平和主義によって世界の現実に目を閉ざした日本は、その「常識」を共有できない。今こそ自衛隊を正しく「軍隊」と位置づけ、過剰な期待も過剰なアレルギーも排し、何ができるのかを

冷静に見極めよ─。陸上自衛隊トップの幕僚長を務めた著者が、自衛隊の現場の視点から語った超リアルな軍事論。
2017.11 223p 18cm ¥760 ①978-4-10-610742-9

◆**軍縮研究　第7号**　日本軍縮学会編　日本軍縮学会, 信山社 発売
【目次】特集 生物兵器禁止条約第8回運用検討会議に向けて（生物兵器禁止条約における条約遵守確保の取組み、生命科学のデュアルユース論議と機能獲得研究の現状、バイオセキュリティのランドスケープ─公衆衛生と安全保障の視点から、生物兵器禁止条約における信頼醸成措置の現代的意義）、研究論文（生物兵器禁止条約（BWC）2016年第8回運用検討会議に向けた条約強化の検討─2014年専門家会合におけるロシア提案の分析を中心に、未発効条約の実効性確保─CTBTを事例として）、特別寄稿 オバマ大統領の広島訪問を振り返る─核軍縮・不拡散上の意義を中心に、書評
2017.3 143p A5 ¥1700 ①978-4-7972-8737-0

◆**決戦！ 日米VS中国軍─フルカラーCGマンガシミュレーション！**　別冊宝島編集部編　宝島社
【目次】1 中国民兵が尖閣・魚釣島に侵攻開始！（時系列シミュレーション3DCG日米VS中国軍─尖閣防衛戦で日米が共同軍事作戦を開始！日米VS中国軍─中国民兵が尖閣・魚釣島に侵攻開始！）、2 中国が日本に宣戦布告！（時系列シミュレーション3DCG日米VS中国軍─日中双方の軍隊が尖閣諸島に集結中！、フルカラーCGマンガシミュレーション決戦！日米VS中国軍─中国が日本に宣戦布告！）、3 自衛隊の飽和攻撃で中国空母機動艦隊壊滅！（時系列シミュレーション3DCG日米VS中国軍─午後1時、中国が宣戦布告 自衛隊ついに反撃開始！、フルカラーCGマンガシミュレーション決戦！日米VS中国軍─自衛隊の飽和攻撃で中国空母機動艦隊壊滅！）、4 魚釣島奪還作戦─アメリカ参戦と中国本土攻撃！（時系列シミュレーション3DCG日米VS中国軍─日米安保発動！アメリカが参戦！、フルカラーCGマンガシミュレーション決戦！日米VS中国軍─魚釣島奪還作戦～アメリカと中国本土攻撃！）、日米VS中国軍事力・兵器比較リポート
2017.7 127p B5 ¥740 ①978-4-8002-7261-4

◆**ジョミニの戦略理論─『戦争術概論』新訳と解説**　今村伸哉編著　芙蓉書房出版
【要旨】孫子、クラウゼヴィッツ同様著名な戦略思想家ジョミニは正しく読まれてきたのか？ 不変の戦略原則を見つけ出したジョミニの主著『戦争術概論』の画期的新訳とジョミニ戦略理論の詳細な解説。フランス語版原著から翻訳された初めての訳書。
2017.12 410p A5 ¥3500 ①978-4-8295-0729-2

◆**図解 第二次大戦各国軍装**　上田信作画　新紀元社
【目次】海外ミリタリーイベントで見られる各国兵士の軍装、アメリカ軍、イギリス軍、ソ連軍、フランス軍、その他の連合軍、ドイツ軍、日本軍、イタリア軍、その他の枢軸軍、各国のその他の部隊及び装備
2017.12 239p B5 ¥3300 ①978-4-7753-1551-4

◆**図説戦う巨人 アメリカ陸軍─覚醒する冷戦時代の超長寿兵器**　河津幸英著　アリアドネ企画, 三修社 発売
【目次】兵力100万の総合戦力陸軍：ランドパワー。トランプが切る最後のカード！
2017.12 457p A5 ¥2700 ①978-4-384-04771-4

◆**スペツナズ─ロシア特殊部隊の全貌**　マーク・ガレオッティ著, 小泉悠監訳, 茂木作茂訳　並木書房
【要旨】ロシア最強の特殊部隊「スペツナズ」。高度な戦闘力と残忍さ、そして高い技術で名声を轟かせている。だが、その詳細を知る人は少なく、存在は神格化されている。スペツナズはクレムリンが軍事介入する際には「槍の穂先」として常に戦地におもむいた。隠密裏に参戦したスペイン内戦、第2次世界大戦におけるパルチザン運動、1968年のチェコスロヴァキアと1979年のアフガニスタンでは先頭に立った。ソ連崩壊後はチェチェン、最近の例では2014年からウクライナで戦った。第一級のロシア軍研究者が部隊の誕生から組織・装備までスペツナズの実像に迫る！
2017.10 138p B6 ¥1800 ①978-4-89063-367-8

◆**戦術の本質─戦いには不変の原理・原則がある**　木元寛明著　SBクリエイティブ（サイエンス・アイ新書）
【要旨】リアリズムが支配する現代の戦場で、軍隊の指揮官はどのように作戦を立案し、どう部隊を指揮・運用し、敵を撃破して、勝利を収めるのでしょうか？ 戦場における戦いに必勝の「原理・原則」や「方程式」はあるのでしょうか？ そこで本書では、陸上自衛隊で第71戦車連隊長、陸将補を務めた著者が、豊富な図表やイラスト、写真を用いて戦術を体系的に解説し、その本質に迫ります。
2017.4 190p 18cm ¥1000 ①978-4-7973-8947-0

◆**戦争と農業**　藤原辰史著　集英社インターナショナル, 集英社 発売（インターナショナル新書）
【要旨】農作業を効率的にしたい。その思いが二十世紀の農業を飛躍的に発展させ、同時に、その技術が戦争のあり方をも変えた。トラクターは戦車に、化学肥料は火薬になった。逆に毒ガスは平和利用の名のもと、農薬に転用される。本来人間の命を豊かにするはずのテクノロジーの発展が、現実には人々の争いを加速させ、飽食と飢餓が共存する世界をつくった。この不条理な状況を変えるために、わたしたちにできることを考える。
2017.10 205p 18cm ¥720 ①978-4-7976-8015-7

◆**戦争と平和のテクノロジー**　齋藤勝裕著（新潟）シーアンドアール研究所（SUPERサイエンス）
【要旨】テクノロジーは人類の歴史の発展と共に進歩する！ 兵器の能力を向上させるテクノロジーは、軍事や民生を問わず、次々と開発されています。毒物や爆薬の研究は、医薬品を発展させ、移動手段の向上は、車やロケットなどの開発につながり、コンピュータ技術がスマートフォンや人工知能開発を飛躍的に進化させる。戦争の歴史と共に人類が手にしたテクノロジーに迫ります。
2017.7 287p B6 ¥1820 ①978-4-86354-221-1

◆**戦争にチャンスを与えよ**　エドワード・ルトワック著, 奥山真司訳　文藝春秋（文春新書）
【要旨】国連やNGOや他国による中途半端な「人道介入」が、戦争を終わらせないのではなく、戦争を長引かせる。戦争に停戦させても、紛争の原因たる「火種」を凍結するだけだ。本当の平和は、徹底的に戦った後でなければ訪れない。
2017.4 220p 18cm ¥760 ①978-4-16-661120-1

◆**『戦争論』入門─クラウゼヴィッツに学ぶ戦略・戦術・兵站**　清水多吉著　中央公論新社
【要旨】敗者の考察である『戦争論』への理解なくして、現代の戦争を論じることはできない。原典の訳者が対話形式で名著を読み解く、最善の副読本。
2017.9 317p B6 ¥2200 ①978-4-12-005002-2

◆**日本の兵器が世界を救う─武器輸出より武器援助を！**　兵頭二十八著　徳間書店
【要旨】世界最高レベルの日本製武器の供与で、日本に害を為そうとする某国を包囲・殲滅せよ！『そうりゅう』型潜水艦の事例など、俄かに盛り上がる日本の武器輸出。しかし、武器ビジネスはヤワな商売ではない。防衛利権に群がる各国兵器メーカーとは違う日本独自の軍事技術立国を提案する。
2017.2 341p B6 ¥1700 ①978-4-19-864350-8

◆**米陸軍戦略大学校テキスト 孫子とクラウゼヴィッツ**　マイケル・I.ハンデル著, 杉之尾宜生, 西田陽一訳　日本経済新聞出版社（日経ビジネス人文庫）
【要旨】戦略と戦争を論じた最も重要な書『孫子』と『戦争論』。スタイルも分量も真逆な両書をいったいどのように比較するのか？ 本書は、統率、インテリジェンスなどトピックスごとに両書の極め付けの言葉を取り上げて解説した米陸軍戦略大学校のテキスト。不可能と思われてきた両者の比較を大胆に行い、矛盾点、類似点、補完関係を明らかにします。
2017.9 279p A6 ¥900 ①978-4-532-19835-0

◆**北欧空戦史─なぜフィンランド空軍は大国ソ連空軍に勝てたのか**　中山雅洋著　ホビージャパン（HOBBY JAPAN軍事選書）
【要旨】1939年11月からソ連とフィンランドとの間で戦われた「冬戦争」と1941年からの「継続戦争」におけるフィンランド空軍戦闘機の驚くべき大活躍を紹介した古典ともいえる航空戦記。ソ連の大兵力に対し、貧弱な軍備しか持たないフィンランド。バッファローをはじめとす

る"二流"戦闘機を駆る奇跡のエース達はいかにして戦い抜き、森と湖の小国は独立を守り通したのか。伝説的名著ここに復活!!
2017.8 491p B6 ¥1600 ①978-4-7986-1495-3

◆**マハン海戦論**　アルフレッド・セイヤー・マハン著, アラン・ウェストコット編, 矢吹啓訳　原書房
【要旨】本書はマハンの著作のうち13冊からの抜粋集である。戦争戦略・戦術、海軍史、海軍政策、地政学的分析、時事評論など多岐にわたる論考を3部に分類し、全体を41章に整理している。一九一八年の刊行から第二次世界大戦まで、米軍の海軍士官教育に利用された教科書の完全新訳。詳細な注釈付き。
2017.10 485p B6 ¥3600 ①978-4-562-05436-7

◆**もう一つの戦略教科書『戦争論』**　守屋淳著　中央公論新社（中公新書ラクレ）
【要旨】『孫子』と並ぶ歴史上最高の戦略教科書、それが『戦争論』だ。プロイセンの軍人クラウゼヴィッツが記したその内容は、レーニンや毛沢東はもちろん、アメリカをはじめとする各国軍事に影響を与え、現代もなお輝きを失わない。そこで内外の戦略書に精通する著者が、自著『わかる・使えるクラウゼヴィッツの戦略』をベースに『戦争論』のエッセンスを抽出。この本には、すべての「勝ち方の本質」が書かれている。
2017.7 289p 18cm ¥840 ①978-4-12-150588-0

◆**4000人の原爆ドーム─原爆ドーム合作絵画文集**　山﨑理恵子編著　幻冬舎メディアコンサルティング, 幻冬舎 発売
【要旨】多国籍・異宗教・老若男女が描いた原爆ドーム画文集。
2017.7 31p 24×19cm ¥1400 ①978-4-344-91266-3

◆**レッド・プラトーン─14時間の死闘**　クリントン・ロメシャ著, 伏見威蕃訳　早川書房
【要旨】アフガニスタン北東部の山岳地帯に位置するアメリカ陸軍の戦闘前哨（COP）キーティング。この小規模な米軍陣地は、急峻な山々に囲まれた深い谷底にあり、敵の攻撃に対してきわめて脆弱な「死の罠」だった。2009年10月3日の早朝、前哨に駐留していたレッド小隊を含む黒騎士中隊の兵士50人は、四方からにわかに沸き起こった猛烈な銃火器の発射音に眠りを破られた。キーティングは、300人を超えるタリバン部隊による、かつてない規模の奇襲を受けたのだ。綿密に練られた襲撃計画、隙をつく包囲網、絶え間なく降りそそぐ銃砲火を前に、友軍のアフガニスタン国軍は敵前逃走、米兵たちは次々と斃れていく。そのとき、無線機から切迫した声が響いた。「敵兵が鉄条網内に侵入！」孤立無援の兵士たちに、絶体絶命の危機が迫る。一方、ロメシャ二等軍曹率いるレッド小隊の生き残りは、ひそかに反撃の機をうかがっていた─。苛烈な戦闘を生き延びた兵士が語る、息詰まる攻防の全記録。
2017.10 431p B6 ¥2500 ①978-4-15-209716-3

◆**F-14トップガンデイズ─最強の海軍戦闘機部隊**　デイブ・バラネック著, 茂木作太郎訳　並木書房
【要旨】F-14トムキャット戦闘機のエリートパイロットを集め、鍛え上げるトップガン─同期生四五一人の中で初のトップガンの教官となり、トム・クルーズ主演映画『トップガン』の撮影にも協力・出演した伝説の海軍航空士官が、可変翼を駆使した空中戦闘、緊迫の空母離着艦と直後の緊急脱出、ソ連偵察機の接近阻止など米ソ冷戦の最前線を明かす。さらに神秘のベールに包まれたエリート養成校『トップガン』の実像も初公開！ 映画『トップガン2』の製作も予定され、ふたたびトップガンの時代が始まる─。
2017.6 343p B6 ¥2000 ①978-4-89063-363-0

◆**SAS・特殊部隊式 実戦メンタル強化マニュアル**　クリス・マクナブ著, 角敦子訳　原書房
【要旨】身体と同じく精神を積極的に鍛えれば、緊迫した場面も特殊部隊の兵士のように、沈着冷静になんなく切り抜ける。著者が提案するメンタル強化プログラムで、性格的な弱さは消滅し、新たな強さが現れるだろう。
2017.11 199p B6 ¥1800 ①978-4-562-05441-1

 兵器・戦闘機

◆**アメリカ海軍F-14トムキャット飛行隊 不朽の自由作戦編**　トニー・ホームズ著, 平

政治

田光夫訳　大日本絵画　（オスプレイエアコンバットシリーズ スペシャルエディション 4）
【要旨】2001年9月から、最後のアフガニスタン上空哨戒を終えた2003年11月まで、「不朽の自由」作戦における対テロ世界戦争の最前線アフガニスタンで、最初の有人航空攻撃の先陣を切ったF-14部隊を中心にその知られざる活躍を描く。アメリカ海軍航空隊員自身が撮影した貴重な前線写真多数と、LGB攻撃、地上掃射、FAG(A)任務、TA-RPS偵察、爆撃機/輸送機護衛任務を実施した30名以上のパイロットと迎撃士官による戦闘体験談を収録。
2017.8 95p A4 ¥3500 Ⓘ978-4-499-23219-7

◆アルキームの風―仮想共和国アルキーム連邦 第二次大戦軍用機集 2　野村瀬解説・イラスト　イカロス出版
【要旨】枢軸陣営の一角として第二次大戦に参戦した架空の島国 "アルキーム連邦" の大型軍用機を中心に、関連技術史、人物、戦闘記録を網羅。架空国家の軍備と活躍を描く "仮想航空技術戦史" 第二弾。
2017.3 206p B5 ¥1852 Ⓘ978-4-8022-0319-7

◆イギリス海軍戦艦ドレッドノート―弩級・超弩級戦艦たちの栄光1906-1916 オーナーズ・ワークショップ・マニュアル　クリス・マクナブ著、平田光夫訳　大日本絵画
【要旨】20世紀初頭に現れた画期的な単一巨砲搭載甲鉄戦艦たち。その設計、建造、運用、戦歴から終幕まで。「単一巨砲搭載艦」として1906年に就役するや、一夜にして既成戦艦たちを旧式化させ、全世界の関係者たちに大きな衝撃を与えたイギリス海軍戦艦「ドレッドノート」。20世紀前半に恐竜的進化を遂げたド級戦艦や超ド級戦艦たちの姿を、その基点となったドレッドノートの設計概念、機構、理念、そして実戦について軸に、230点を超す写真、設計図、図解を通して紹介する。
2017.11 143p 26×21cm ¥3900 Ⓘ978-4-499-23226-5

◆イタリアの豆戦車写真集―I Carri Veloci Italiani CV33, 35&38 1933-1945　吉川和篤著　イカロス出版
【要旨】CV33系列を、著者が長年蒐集した写真を中心に詳細に解説。各型の相違点や車体外観・内部のディテールが良く分かる写真や、戦場や演習場で躍動するCVたちの写真をふんだんに掲載している。珍しい派生型や、他国で運用されたCV33系列の写真も多数収録。本国イタリアでも類を見ない、イタリア豆戦車に関する資料書の決定版。
2017.11 110p A4 ¥2315 Ⓘ978-4-8022-0448-4

◆大洗戦車博物館　下田信夫絵・文　廣済堂出版
【要旨】ガールズ＆パンツァーの大洗にバカでっかい博物館を作る!?史上最大の "戦車捕獲大作戦" 始動！
2017.3 31p 30×22cm ¥1500 Ⓘ978-4-331-52093-2

◆完全版 最強世界の潜水艦図鑑　坂本明イラスト・解説　学研プラス
【要旨】イラスト・写真450点!!カラー特大折込2点＆世界の潜水艦ファイルを収録！構造、乗員、戦闘法…"沈黙の狩人" のすべて！
2017.11 279p B6 ¥600 Ⓘ978-4-05-406603-8

◆完全版 最強世界の戦闘車両図鑑　坂本明イラスト・解説　学研プラス
【要旨】イラスト・写真500点!!戦車、歩兵戦闘車、自走砲、装甲列車…"戦場を駆けるクルマ" を徹底解説！オールカラー。
2017.3 260p B6 ¥600 Ⓘ978-4-05-406548-2

◆巨大艦船物語―船の大きさで歴史はかわるのか　大内建二著　潮書房光人社　（光人社NF文庫）
【要旨】ヴィクトリー号からドレッドノート、そして "大和" にいたる近代艦船の登場と衰退。新しい海の覇者となった超巨大航空母艦の未来は？船の巨大化をめぐる努力と工夫の航跡をたどる。
2018.1 276p A6 ¥800 Ⓘ978-4-7698-3046-7

◆空軍大戦略わーるどわいど☆ぅぃんぐす　松田未来著　イカロス出版
【要旨】航空機に詳しい九尾の妖狐くおん様が、新たな弟子となった天狗娘なごみに第二次大戦期に活躍した世界各国の戦闘機をレクチャー。"宿命のライバルBf109vsスピットファイア"、"最後の複葉戦闘機対決" グラディエイターvsCR.42、といった対決形式をメインにWW2戦闘機の基礎知識を紹介していく。マンガ・イラストではケモノのもののけ少女たちが各国の代表と

して登場し、解説記事では機体図面や写真を交えながら、各機種の開発経緯から特徴的なメカニズム、戦歴、派生型などをしっかり解説。単行本描き下ろしとして、軍用機設計者の紹介マンガやフィンランドの戦いも収録する。
2017.7 202p A5 ¥1574 Ⓘ978-4-8022-0389-0

◆空想軍艦物語―冒険小説に登場した最強を夢見た未来兵器　瀬名堯彦著　潮書房光人社　（光人社NF文庫）
【要旨】怪力線砲で群がる敵機を撃墜、超エネルギー機関を搭載した排水量10万トンの巨大潜水島！ジュール・ヴェルヌ、海野十三…少年たちが憧れた未来小説の主役として活躍する、奇想天外な兵器をイラストとともに紹介する！
2017.11 228p A6 ¥750 Ⓘ978-4-7698-3036-8

◆現代軍用機入門―軍用機知識の基礎から応用まで　青木謙知著　イカロス出版　（ミリタリー選書 1）増補改訂版
【目次】第1章 軍用機の基礎知識（軍用機の種類、軍用機の仕組み ほか）、第2章 ウエポンとミッション（ミサイル―空対地ミサイル、ミサイル―空対空ミサイル ほか）、第3章 軍用ヘリコプター（ヘリコプターの仕組み、武装ヘリコプター ほか）、第4章 無人機（ドローンの持つ可能性、軍用無人航空機の種類 ほか）、第5章 スペックを読む（スペック―軍用機の能力を表す数値、スペック―数値以外の項目からわかる能力 ほか）
2017.6 297p A5 ¥1667 Ⓘ978-4-8022-0371-5

◆最強 世界の空母・艦載機図鑑　坂本明著　学研プラス
【要旨】人類が生み出した "最強の戦闘システム" の秘密に迫る！300点以上のイラスト・写真で、空母と艦載機を詳解！
2017.9 223p B6 ¥580 Ⓘ978-4-05-406588-8

◆最新ミサイルがよーくわかる本　井上孝司著　秀和システム　（図解入門）
【要旨】各種ミサイルの機能・動作・長短所を知る。システムの構成要素から種類・運用方式・開発まで、専門用語とメカニズムがすぐわかる！
2017.9 265p A5 ¥1800 Ⓘ978-4-7980-5268-7

◆私家版戦車入門 2 戦車の始まりドイツ・フランス編　モリナガヨウ著　大日本絵画
【要旨】第一次世界大戦で、"タンク" 第一号の栄誉をイギリスに奪われたかたちとなったフランスとドイツ。本書では、両国で始まる装甲戦闘車両開発の悪戦苦闘ぶりを紹介する。また、戦車誕生以前における歴史をさかのぼる図解を巻末に収録。
2017.10 72p 26×22cm ¥2600 Ⓘ978-4-499-23224-1

◆写真集 BT-42突撃砲 完全版　齋木伸生著　イカロス出版
【要旨】著者が1990年に撮影した展示車両の写真を中心に掲載。今ではもう見られないBT-42の姿を細部に至るまで明らかにする。BT-42が戦闘に参加した継続戦争についても詳細に解説。
2017.11 73p A4 ¥2750 Ⓘ978-4-8022-0462-0

◆人類史上最強ナノ兵器―その誕生から未来まで　ルイス・A.デルモンテ著、黒木章人訳　原書房
【要旨】元IBM開発リーダーが緊急提言。ナノテクノロジーを利用した兵器がもたらす未曾有の戦争とは。そのサイズはナノメートル（10億分の1メートル）。最先端ナノテクノロジー×人工知能（AI）の進化が可能にしたのはわずか10日で世界を滅亡させる極悪ナノ兵器だった！
2017.11 253, 8p B6 ¥2000 Ⓘ978-4-562-05443-5

◆"図解" 第二次大戦ドイツ戦車　上田信作画　新紀元社
【目次】英仏の後塵を排した初期の戦車開発 第二次大戦のドイツ戦車、第一次大戦後の量産型戦車 1号戦車と派生型、2cm砲を搭載した本格的軽戦車 2号戦車と派生型、チェコスロバキア生まれの傑作軽戦車38(t)戦車と派生型、第二次大戦前期のドイツ主力戦車 3号戦車と派生型、第二次大戦でもっとも活躍したドイツ戦車 4号戦車と派生型、第二次大戦最優秀戦車 パンター戦車と派生型、連合軍を恐怖に陥れた最強戦車 ティーガー1と派生型、第二次大戦最強戦車 ティーガー2と派生型、マジノ線攻略の秘密兵器から無線誘導戦車両まで その他の装軌式戦闘車両、ドイツ戦車技術の集大成 計画戦車、ドイツ装甲部隊を制した外国製戦車 鹵獲戦車、第二次大戦時の最高水準を誇る ドイツ戦車の火力と防御力、鉄馬を駆る黒騎士―ドイツ戦車兵、ドイツ戦車vs.連合軍戦車 主戦場概要図
2017.10 191p B5 ¥2800 Ⓘ978-4-7753-1550-7

◆世界戦略兵器体系　宇田川敬介著　青林堂
【要旨】ドローンやステルス戦機はどのように生まれたか！計画と失敗を繰り返し、重要兵器へ。軍事・兵器の歴史と展望を紐解きながら、サイバー兵器を始め、未来の戦略兵器の恐るべき威力と実現性を徹底検証する！
2017.2 220p B6 ¥1200 Ⓘ978-7926-0580-3

◆世界の駄っ作機 1　岡部ださく著　大日本絵画　増補改訂版
【要旨】駄っ作機界にその名を馳せる有名機たち、18年振りに復活!!月刊『モデルグラフィックス』掲載の長寿人気コラム『世界の駄っ作機』の第1巻がリニューアル、"増補改訂版" となって新装問市です。ウェルキンが、デファイアントがアルバコアが、ロングバージョンになって再登場!!
2017.6 227p B6 ¥2700 Ⓘ978-4-499-23211-1

◆世界の駄っ作機 8　岡部ださく著　大日本絵画
【要旨】月刊『モデルグラフィックス』掲載の大人気コラム『世界の駄っ作機』もついに連載20年を突破！20年以上休むことなく毎月書き続けていても、駄作機はまだまだ尽きることがありません。この第8巻には、連載分32編に加え、書き下ろし3編を収録。∞に続くぞ駄っ作機!!無限大の大空に舞うダメな飛行機たち！
2017.8 227p B6 ¥2700 Ⓘ978-4-499-23217-3

◆世界の銘艦ヒストリア―エッセイとデジタル着彩でよみがえる有名艦たち　白石光著　大日本絵画
【要旨】武勲に恵まれた幸運艦…わだつみに散った不運艦…史上に燦然とその名を残す銘艦たちの魅力を、本邦初のスタイルである読みやすいエッセイとデジタル着彩写真のワンセットでわかりやすく解説！艦船史に興味あるかたも、艦船模型に興味あるかたも、どちらもお楽しみいただける類書なき1冊、ここに堂々刊行！
2017.6 96p A4 ¥3700 Ⓘ978-4-499-23209-8

◆戦場に現われなかった爆撃機―計画・試作機で終わった爆撃機、攻撃機、偵察機　大内建二著　潮書房光人社　（光人社NF文庫）
【要旨】長距離大型爆撃機の開発に必要不可欠な条件は強力なエンジンである。そして、強力なエンジンの開発に苦しんだのが、日本とドイツ、ソ連であった。これらの国は、大戦中に大型戦略爆撃機の開発を進めたが、いずれも未完におわっている。その最大の原因は強力なエンジン開発に手間取り、未完に終わったためであった。
2017.3 325p A6 ¥850 Ⓘ978-4-7698-2996-6

◆ソ連・ロシア軍装甲戦闘車両クロニクル―"兵器超大国" が開発した戦車・自走砲・装甲車の全ヒストリー　ホビージャパン
【要旨】1919年から現在まで、主力戦車、重戦車からミサイル戦車、水陸両用戦車、各種自走砲、装甲車、歩兵戦闘車、試作戦車―ソ連・ロシア軍のあらゆるAFVを全網羅！140両以上の車種を歴史的ビジュアルとともに詳細解説。
2017.10 157p B5 ¥2600 Ⓘ978-4-7986-1554-7

◆第一次大戦小火器図鑑1914〜1918―SMALL ARMS of the WORLD WAR 1　白石光著　イカロス出版
【要旨】今から百余年前、欧州で勃発した戦争は瞬く間に世界各地へ広がり、世界大戦争（World War）、大戦争（Great War）と呼ばれる戦いへと発展した。欧州をはじめとする戦場では血で血を洗うような陸上戦闘が展開され、その中で各国軍は様々な小火器類を使用している。拳銃、小銃、機関銃といった既に存在していた小火器のみならず、短機関銃、自動小銃、対戦車ライフルが実質的な "初陣" を迎え、世界大戦で使用された。これらの小火器類は現代の戦場においても、姿形を変えながら本質は変わらず運用されている。本書では、現代小火器体系の根本が形成された百年前の戦争、第一次世界大戦（World War 1）における各国小火器を網羅する。
2017.4 152p A5 ¥2759 Ⓘ978-4-8022-0349-4

◆第二次世界大戦 最強の兵器図鑑　別冊宝島編集部著　宝島社
【要旨】第二次世界大戦で使用された独・英・米・仏・ソ・日ほかの陸・海・空の最強兵器が3DCGで甦る！
2017.7 111p A4 ¥700 Ⓘ978-4-8002-7213-3

◆超駆逐艦 標的艦 航空機搭載艦―艦艇学入門講座/軍艦の起源とその発展　石橋孝夫著　潮書房光人社　（光人社NF文庫）
【要旨】水雷艇の駆逐から発達し、万能型戦闘艦となった超駆逐艦の変遷。正確な砲術のための

異色艦種と空母確立までの黎明期を詳解。
2017.5 312p A6 ¥850 ①978-4-7698-3006-1

◆ツウになる！ 戦闘機の教本―戦闘機好きとの会話が盛り上がる！ 青木謙知著 秀和システム
【要旨】発展型と派生型を見分けるコツは？ F-35がF-22に負けている部分は？ 自衛隊パイロットは1日をどう過ごす？ 新ネタとツウCheckテストで戦闘機ツウの仲間入り‼
2017.3 183p A5 ¥1500 ①978-4-7980-5007-2

◆ドイツ重駆逐戦車ディテール写真集　新紀元社
【目次】解説 最強の戦闘車両ドイツ重駆逐戦車、博物館のフェルディナント/エレファント、フェルディナントのディテール、エレファントのディテール、博物館のヤークトパンター、ヤークトパンターのディテール、博物館のヤークトティーガー、ヤークトティーガーのディテール
2017.6 80p A4 ¥3000 ①978-4-7753-1511-8

◆ドイツの最強レシプロ戦闘機―Fw190D&Ta152の全貌　野原茂著 潮書房光人社
【要旨】究極の戦闘機を徹底解剖。図面、写真、データ等によりドイツ空軍最後の単発レシプロ戦闘機の詳細を明らかにする。クルト・タンク博士は大戦終末ぎりぎりに心血を注いで完成させた高性能レシプロ戦闘機の驚異の実力。
2017.2 175p A5 ¥2000 ①978-4-7698-1637-9

◆東部戦線のソ連製車両―塗装ガイド1935-1945　アーマーモデリング編集部編, アーマーモデリング編集部編 大日本絵画
【要旨】模型製作のインスピレーションを引き出すことができる180以上のカラーイラスト満載。車輌に描かれているスローガンなどの解説を含み、AFV模型塗装の参考に最適な塗装ガイド。
2017.3 79p A4 ¥3100 ①978-4-499-23207-4

◆届かなかった手紙―原爆開発「マンハッタン計画」科学者たちの叫び　大平一枝著 KADOKAWA
【要旨】1945年、投下に反対した70名の科学者たち。彼らは他でもない、開発の当事者たちだった―。
2017.10 321p B6 ¥1900 ①978-4-04-105814-5

◆ねいばるインスティテュート 世界の戦艦と海軍史　宮永忠将文, 栗橋伸祐マンガ・イラスト　イカロス出版
【要旨】マンガとイラストで世界の戦艦と海軍史が分かる！
2017.1 301p A5 ¥1657 ①978-4-8022-0310-4

◆ハインケルHe111爆撃機戦場写真集　広田厚司著 潮書房光人社
【要旨】第二次大戦を戦い抜いた主力爆撃機の激戦場。総生産数7000機を越え、改良をかさねたかずかずの派生型を生み出し、最前線に投入した重爆任務を遂行したHe111の戦場風景。臨場感あふれる透逸フォトで構築された決定版写真集。
2017.4 164p A5 ¥2300 ①978-4-7698-1641-6

◆ビジュアルブック フレンチタンクス&アーマードビークルズ1914-1940　フランソワ・ヴォヴィリエ著, 宮永忠将訳 大日本絵画
2018.1 168p A4 ¥4200 ①978-4-499-23218-6

◆10(ヒトマル)式戦車テクニカルファイル―必須サプリメント100　浪江俊明著 大日本絵画
【要旨】10式戦車を100個のパーツに分解⁉理解が深まる補足情報の処方箋。戦車砲やエンジンから、装甲モジュール、射撃統制装置、乗員に至るまでを100項目に分類。各項に対応する写真を添えて解明した。調達年度による細部の仕様変更、運用時の作法など、間近で見続けた者ならではの詳細情報が満載。
2017.8 127p A4 ¥3900 ①978-4-499-23216-6

◆萌えよ！ 戦車学校 戦後編1型―アメリカ戦車VS.ソ連/ロシア戦車　田村尚也文, 野上武志イラスト イカロス出版
【要旨】秋山教官と美少女戦車兵たちがWW2後の各国戦車を戦い倒す戦後編第1弾！資本主義世界の盟主アメリカからはM46/47/48/60パットン中戦車、軽戦車M41やM551、未成戦車MBT70、最強戦車M1エイブラムスなどが登場。戦車王国ソ連/ロシアからはT-55、T-62、T-64、T-72、T-80、T-90という歴代主力戦車や最新鋭のT-14"アルマータ"までが登場。さらに核戦争に対応した米ソの戦術やソ連軍の縦深突

破作戦と作戦機動部隊、アメリカ軍のエアランド・バトルなど戦車戦術の変遷も詳細に解説する。描き下ろし記事では「戦車以外」の戦闘車両や対戦車兵器の歴史についても網羅。戦後の米ソ戦車と戦術がすべて分かる一冊！
2017.9 255p A5 ¥1713 ①978-4-8022-0419-4

◆もしも☆WEAPON 世界の計画・試作兵器 完全版　桜井英樹著, 小貫健太郎イラスト イカロス出版
【要旨】第二次大戦期の日本やドイツを中心に、世界各国で計画・試作されながら戦場に現れることなく終わった超兵器・秘密兵器の数々。あるものは巨大すぎて、あるものは先進的すぎる発想ゆえに、歴史の闇に消えていった。本書はそんな兵器たちの開発背景やメカニズムを、図面や写真を多数交えながら紹介。さらに、それらの兵器が"もしも実用化されて戦場で大暴れしたら…"というifシチュエーションに基づく仮想戦記やイラストで、ありえたかもしれない活躍を再現していく。かつて刊行された単行本の内容に、未収録の兵器20種以上を追加、さらに大判でイラストも見やすくなった"完全版"‼
2017.10 177p B5 ¥2000 ①978-4-8022-0445-3

◆蘇る翼F2-B―津波被災からの復活　小峯隆生著, 柿谷哲也撮影 並木書房
【要旨】2011年3月11日、宮城県石巻湾に面した松島基地を襲った大津波は全18機のF-2Bを押し流した。精密機器の塊である戦闘機の修復は難しいと思われたが、複座型F-2Bはパイロットを養成するために、なくてはならない機体だった。ただちに「チーム松島」が結成され、"海水漬け"状態からの修復作業が始まり、13機の復活が決まった。この前代未聞のプロジェクトはいかにして成功したのか？ 知られざる奇跡の舞台裏を政治、自衛隊、民間企業のキーマンたちが明かす！
2017.6 214p B6 ¥1500 ①978-4-89063-362-3

◆4号戦車 A-F型　遠藤慧画 新紀元社
（ミリタリーディテールイラストレーション）
【目次】4号戦車A型―第1装甲師団第2戦車連隊434号車、4号戦車A型―第1装甲師団812号車、4号戦車B型―第3装甲師団413号車、4号戦車B型―第1装甲師団第1戦車連隊423号車、4号戦車C型―第7装甲師団第25戦車連隊313号車、4号戦車C型―所属部隊不明623号車、4号戦車C型―第9装甲師団第33戦車連隊623号車、4号戦車C型―第12装甲師団第29戦車連隊623号車、4号戦車C型―第6装甲師団第11戦車連隊621号車、4号戦車C型―第6装甲師団第11戦車連隊423号車〔ほか〕
2017.4 80p A4 ¥3000 ①978-4-7753-1493-7

◆ラスト・オブ・カンプフグルッペ 5　高橋慶史著 大日本絵画
【要旨】大きな戦争の狭間に埋もれた小戦闘や、歴史に埋もれた奇妙な物語をたんねんに掘り起こした異色の戦闘記録シリーズの第5巻。本書では、敵戦車撃破数168両を記録したドイツ軍最高の戦車エースを扱う1章を収録。筆者の愛する弱者の奮闘を鮮やかに浮き出させる。200枚以上の写真、具体的な戦力を図示した詳細な編成図、物語に登場する各部隊のマークも掲載。
2017.5 342p A5 ¥4300 ①978-4-499-23210-4

◆陸上装備の最新技術　防衛技術ジャーナル編集部編 防衛技術協会 （防衛技術選書―新・兵器と防衛技術シリーズ 3）
【目次】第1章 戦闘車両技術（戦闘車両技術概論、車体技術 ほか）、第2章 装甲および耐弾防護技術（耐弾性能評価技術、脆弱性解析技術 ほか）、第3章 火器・弾薬技術（火砲計測技術、小火器技術 ほか）、第4章 施設器材（施設器材技術 ほか）、第5章 CBRN技術（CBRN脅威評価システム、CBRN検知技術 ほか）
2017.12 159p A5 ¥2700 ①978-4-908802-19-5

◆CGフルカラー！ 日本陸海軍戦闘機大図鑑　別冊宝島編集部編 宝島社
【要旨】零式艦上戦闘機、紫電改、一式戦闘機隼、五式戦闘機、十七試艦上戦闘機烈風…精彩フルカラー化写真で全機体完全網羅。綴じこみポスター01・完全透視図解（零戦・飛燕・秋水）、綴じこみポスター02・主要戦闘機系譜図。
2017.8 127p B5 ¥1500 ①978-4-8002-7465-6

◆F-14トムキャット写真集―BYE-BYE, BABY…！　デイヴ・パーソンズ, ジョージ・ホール編, ボブ・ローソン編, 平田光夫訳 大日本絵画
【要旨】2006年のF-14トムキャット退役に伴って刊行された"伝説的"写真集。アメリカ海軍機ファンや、現用戦闘機ファン待望の邦訳版。航

空母艦上での発艦シーンや、空を切り裂いて飛翔するトムキャットの姿を航空写真家による美麗な写真で一挙掲載。35年分のF-14トムキャットの豪華絢爛なガッツと栄光。
2017.8 200p A4 ¥3900 ①978-4-499-23215-9

◆F-14Aトムキャットを楽しむ本―タミヤ1/48トムキャット製作ガイド　ホビージャパン
【要旨】キット筆塗りとエアブラシ、ストレート組みと改造、ステップバイステップとディテールアップ、ウェザリングなど、さまざまな趣向の作例を掲載。実施写真やキット周辺情報なども充実、究極のトムキャットを楽しみ尽くす製作ガイドブック！
2017.3 71p A4 ¥2000 ①978-4-7986-1420-5

◆F-15完全マニュアル―豊富な写真と図解、データで解き明かすF-15のすべて　スティーブ・デイビス, ダグ・ディルディ著, 佐藤敏行訳 イカロス出版
【目次】第1章 イーグル物語、第2章 戦うイーグル、第3章 ストライク・イーグル解剖、第4章 プラット&ホイットニーF100-PW-229、第5章 整備士から見たF-15、第6章 イーグルの整備―メカニズムから見たF-15
2017.6 158p 27×21cm ¥3700 ①978-4-8022-0387-6

◆KV重戦車　グルツェゴルツ・ヤコウスキ画, ブシェミスワフ・スクルネ著 新紀元社 （ミリタリーカラーリング&マーキングコレクション）
【要旨】KV重戦車の開発と派生型（KV-1重戦車、KV-2重戦車、KV-1S重戦車、KV-85重戦車、KV火焔放射戦車、SU-152重自走砲）、KV重戦車の塗装とマーキング、KV重戦車戦場写真 2017.11 96p A4 ¥3600 ①978-4-7753-1557-6

◆M16ライフル―米軍制式小銃のすべて　ゴードン・ロットマン著, 床井雅美監訳, 加藤喬訳 並木書房
【要旨】1958年、新型の5.56mm口径ライフルが発表された。プラスチックとアルミニウムで作られた斬新なM16ライフルは、登場後60年間、数多くの改良が重ねられ、M4カービンに発展し、現在に至っている。同時に、これまで制式化された小火器の中で最も意見の分かれる銃として、その信頼性と性能をめぐる論争に悩まされてきた。ベトナム戦争に従軍した米陸軍特殊部隊グリーンベレーの元隊員で、兵器専門家である著者がM16ライフルの多難な開発史を詳細に分析し、戦場で実際に使用した将兵の体験を総括する。2017.10 190p B6 ¥3000 ①978-4-89063-366-1

◆MiG-29フルクラムディテール写真集　新紀元社
【目次】解説 軽量戦闘機からマルチロールファイターへと進化した現代の高性能戦闘機MiG-29フルクラム、MiG-29試作機、MiG-29（9.12）フルクラムA、MiG-29（9.13）フルクラムC、MiG-29SMTフルクラムE、MiG-29UB（9.51）フルクラムB、MiG-29M/M2フルクラムE/F、MiG-35フルクラムF、MiG-29KフルクラムD、MiG-29の搭載兵装
2017.8 96p A4 ¥3200 ①978-4-7753-1538-5

◆MITSUBISHI T-2/F-1―T-2/F-1写真集　ホビージャパン
【要旨】航空自衛隊最初の超音速練習機T-2と支援戦闘機F-1のすべて。
2017.3 112p A4 ¥2700 ①978-4-7986-1419-9

◆Su-27/30/33/34/35フランカープロファイル写真集　ホビージャパン （HJ AERO PROFILE Vol.2）
【要旨】世界各国のスホーイSu-27フランカーシリーズを写真&イラストにより200機体以上収録！ ソ連/ロシアのみならず、旧ソ連邦、アフリカ、アジア、南北米諸国が運用するスホーイSu-27/30/33/34/35各バリエーションの塗装とマーキングを多数の実機写真とカラーイラストにより詳しく解説する。
2017.8 95p A4 ¥2700 ①978-4-7986-1494-6

◆T-1/T-3/T-4/T-7写真集　石原肇監修 ホビージャパン
【要旨】航空自衛隊最初の国産練習機T-1から最新鋭T-7まで、空自練習機を紹介。
2017.12 112p A4 ¥2700 ①978-4-7986-1588-2

◆WW2戦車塗装図集　田村紀雄作図 イカロス出版
【要旨】第二次世界大戦の戦車・自走砲カラー塗装図300点超を収録！ ドイツ、ソ連、日本、ア

政治

メリカ、イギリス、フランス、イタリア、フィンランドのほか、第一次大戦期も含めた戦車の塗装・マーキングを紹介するオールカラー図版集。　2017.12 117p B5 ¥2593 ⓘ978-4-8022-0476-7

旧日本軍

◆紫電写真集—水上機王国 川西航空機の挑戦　吉野泰貴解説　大日本絵画　(The Imperial Japanese Navy Interceptor Shiden N1K1 - J Series)
【要旨】傑作機九四式水上偵察機や、九七式飛行艇や二式飛行艇など、世界に誇る四発大型飛行艇を手がけ、かつて水上機王国とまで呼ばれた川西航空機が、自社で開発している水上戦闘機「強風」を陸上戦闘機化する案を日本海軍へ売り込んで見事試作を取り付けたのが「仮称一号局地戦闘機」こと「紫電」でした。実機が4機も現存する後身の「紫電改」に比べ、1,000機以上生産されながら実機が現存していない本機については いまだに解明されざる部分が多いのですが、その構造やディテールに迫る1冊です。
　2017.2 128p 26×21cm ¥3700 ⓘ978-4-499-23206-7

◆写真で見る大正の軍装　藤田昌雄著　潮書房光人社
【要旨】秀逸フォトで辿る日本陸軍軍装の変遷。極寒の地シベリアで装着した防寒服、灼熱の地で使用された防暑被服など、美麗フォトにより細部まで再現した写真陸軍軍装史 "大正篇"。未発表フォト多数、カラーで描かれた勲章・徽章・階級章までも網羅した決定版。
　2017.6 365p A5 ¥3000 ⓘ978-4-7698-1645-4

◆戦艦大和—2016年深海撮影調査プロジェクト　戸高一成監修、呉市海事歴史科学館(大和ミュージアム)協力　PHP研究所　(付属資料：DVD1)
【要旨】新発見・未発表の「戦艦武蔵の艦上写真」から、大和型戦艦の不明部分判明。2016年5月に行われた、GPS連動の潜水撮影で、詳細な海底配置が明らかに。崩壊が進む「戦艦大和」の貴重な映像資料を満載。
　2017.5 199p A5 ¥2700 ⓘ978-4-569-83273-9

◆「日本軍」はなぜ世界から尊敬されているのか　熊谷充晃著　ベストセラーズ
【要旨】「日本軍」は "絶対悪" ではない！独立派朝鮮人を手助けした「日本軍」。「日本軍」の "マナー" を世界に轟かせた「日清戦争」。有色人種に自信を持たせた「日露戦争」の勝利！「ロシア革命」を日本人諜報員がお膳立て。「日本軍」のイギリス艦隊撃破にインド人が奮起！外国人が感服する、「日本軍」の勇姿とは？
　2017.8 237p 18cm ¥1100 ⓘ978-4-584-13811-3

◆まけた側の良兵器集　3　こがしゅうと著　イカロス出版
【要旨】季刊「ミリタリー・クラシックス」で大好評連載された兵器解説記事「まけた側の良兵器集」を一挙18編収録、さらに描き下ろしも多数掲載！
　2017.6 127p 26×21cm ¥1806 ⓘ978-4-8022-0385-2

米軍基地問題

◆あま世へ—沖縄戦後史の自立にむけて　森宣雄、冨山一郎、戸邉秀明編　法政大学出版局
【目次】戦後沖縄の地下水脈、第1部 沖縄の党(ポスト「島ぐるみ闘争」の思想戦、「沖縄の党」とあま世の連帯、戦後の沖縄戦を生きる)、第2部 帝国へ/帝国から 国場幸太郎における民族主義と「島」、沖縄史の日本史からの自立—傷みの歴史から「あま世」の希望)、第3部 座談会・歴史の自立をめぐって
　2017.3 278p A5 ¥2700 ⓘ978-4-588-32708-7

◆沖縄 抗う高江の森—なぜ世界の宝を壊すのだ！　山城博明写真、伊波義安解説　高文研
【要旨】「暴走する権力」のヘリパッド建設強行で、切り裂かれる森、生き物、人々の実相を伝える写真記録！
　2017.1 93p A5 ¥1600 ⓘ978-4-87498-611-0

◆沖縄からの報告　瀬長亀次郎著　岩波書店　(岩波新書)　(第15刷)(第1刷1959年))
【要旨】アメリカ統治下におかれた沖縄で「不屈」の精神を貫き、圧政に抵抗し続けた人物がいた。その名は瀬長亀次郎(一九〇一・二〇〇一)。祖国への復帰と平和を求め、ジャーナリストとして、那覇市長として、国会議員として、民衆とともに闘った男は、沖縄の「戦後」をどのように見つめていたのか。現代によみがえる一級のレポート。アンコール復刊。
　2017.11 323, 7p 18cm ¥980 ⓘ978-4-00-411101-6

◆沖縄と国家　辺見庸、目取真俊著　KADOKAWA　(角川新書)
【要旨】太平洋戦争中、地上戦で20万人以上の犠牲者を出した沖縄。本土復帰しても広大な基地は残され、米軍の起こす事故は後を絶たない。この連綿と続く構造的沖縄差別のルーツを解き明かし、本土の視線にひそむ欺瞞を仮借なく暴くことで、この国の歴史と現在を照らし出す。
　2017.8 190p 18cm ¥800 ⓘ978-4-04-082161-0

◆沖縄にみる性暴力と軍事主義　富坂キリスト教センター編　御茶の水書房
【要旨】女の「性」の尊厳を踏みにじる軍事化と排他的ナショナリズムに抵抗する。近代日本から現在につづく性暴力の現実について、沖縄と軍事的支配に焦点をあてて検証し、戦争責任と戦後責任を問い直す。
　2017.9 201p A5 ¥2200 ⓘ978-4-275-02075-8

◆沖縄のアイデンティティー—「うちなーんちゅ」とは何者か 続沖縄の自己決定権　新垣毅著　高文研
【要旨】日本人とは何か—沖縄人とは何か—沖縄人にとって「日本国民になることであること」はいかなる意味を持つのか!?
　2017.12 284p B6 ¥1600 ⓘ978-4-87498-642-4

◆沖縄の基地の間違ったうわさ—検証34個の疑問　佐藤学、屋良朝博編　岩波書店　(岩波ブックレット)
【要旨】沖縄の米軍基地問題、ホントのところはどうなんだ!?ネットからテレビまで、しつこくはびこるウソ、デマ、フェイクを1つずつ、事実と数字で撲滅します！基地を巡る「ホントの話」を、ズバリ答えます。
　2017.11 79p A5 ¥580 ⓘ978-4-00-270962-8

◆沖縄の米軍基地過重負担と土地所有権—辺野古の海の光を観る　阿波連正一著　日本評論社
【目次】序章 土地所有権序説—近代民主国家の核心的権利としての土地所有権、第1章 総説、第2章 米軍基地過重負担の土地所有権構成、第3章 米軍基地沖縄経済発展阻害論の証明、第4章 高裁判決と米軍基地過重負担、第5章 沖縄県民の上告受理申立理由由書と米軍基地過重負担、第6章 最高裁判決と米軍基地過重負担、第7章 最高裁判決後の沖縄県の法的対応案、第8章 総括
　2017.9 268p A5 ¥3500 ⓘ978-4-535-52303-6

◆「沖縄・普天間」究極の処方箋　橋本晃和著　潮出版社　(潮新書)
【要旨】トランプ登場で「普天間」はどうなる!?トランプ政権の沖縄に対する姿勢は？「辺野古が唯一の解決策」は本当か？ 普天間の県外移設は抑止力を低下させる？ 普天間問題をめぐる疑問にすべて答える！
　2017.3 205p 18cm ¥824 ⓘ978-4-267-02078-0

◆沖縄謀叛　鳩山友紀夫、大田昌秀、松島泰勝、木村朗編著　(京都)かもがわ出版
【目次】第1部 座談会 「構造的沖縄差別」に抗して「構造的沖縄差別」の発生と現状、差別の起源としての沖縄戦略、琉球処分、構造的差別とメディア、司法の責任、日米同盟強化と沖縄の新基地建設強行および抗議運動参加者への不当逮捕・長期勾留に強く抗議する、第一回シンポジウム(2016年9月11日 琉球大学文学部)、第二回シンポジウム(2016年10月5日 神奈川大学横浜キャンパス)
　2017.8 269p B6 ¥2000 ⓘ978-4-7803-0923-2

◆沖縄問題—リアリズムの視点から　高良倉吉編著　中央公論新社　(中公新書)
【要旨】米軍海兵隊の普天間飛行場の移設をめぐる国と沖縄県の対立は根深い。保守と革新の単純化した構図でとらえられることの多い沖縄問題をどう考えればよいのか。本書では琉球処分、沖縄戦から米国統治、そして日本復帰という近代以降の歴史を踏まえ、特に沖縄県の行政に注目し、経済振興と米軍基地問題という二大課題への取り組みを追う。理想と現実のはざまで苦闘しつつも、リアリズムに徹する沖縄の論理を示す。
　2017.1 231p 18cm ¥820 ⓘ978-4-12-102418-3

◆風(かじ)かたかた—「標的の島」撮影記　三上智恵著　大月書店
【要旨】知事が訪米直訴して何が悪い？—地方自治の崇高な理念、戦世は終わらず—戦後70年怒りと決意の慰霊の日、「戦争をする国ニッポン」の最前線にならないために—古謝美佐子さんが歌う捕虜哀歌、墜落事故から11年、ヘリが落ちた日の空は、標的の島—宮古島要塞化計画、軍備が引き寄せる戦場—本土にもおよぶ危機、沖縄と本土メディアの隔たり—翁長知事、埋め立て承認取り消し、不死鳥・山城博治、復活、丸い虹が見えていますか—沖縄、国と全面対決へ、警視庁機動隊vs沖縄県民の闘い〔ほか〕
　2017.3 267p B6 ¥1500 ⓘ978-4-272-33090-4

◆基地反対運動は嫌いでも、沖縄のことは嫌いにならないでください　知念章著　ワニブックス(ワニブックスPLUS新書)
【要旨】安倍首相？ 日本政府？ アメリカ軍？ オスプレイ？ 沖縄を本当に破壊しているのは誰だ!?地元の有志が実名で報じる「洗脳の島オキナワ」で暗躍する特定勢力の正体！
　2017.3 255p 18cm ¥880 ⓘ978-4-8470-6584-2

◆誤解だらけの沖縄基地—これってホント!?　沖縄タイムス社編集局編著　高文研
【要旨】基地がなければ沖縄経済は破綻？ 基地の地主は年収何千万円？「辺野古」反対運動は日当制？ 普天間飛行場はほんのわずか？ 沖縄の基地問題、よくわからない人、必読。
　2017.3 236p B6 ¥1700 ⓘ978-4-87498-612-7

◆これだけは知っておきたい沖縄フェイク(偽)の見破り方　琉球新報社編集局編著　高文研
【要旨】「一匹の妖怪が世界中を徘徊している。「フェイク(偽)ニュース」という妖怪が—」沖縄基地をめぐる虚構、虚像、実像を地元紙が総力で検証する！
　2017.10 190p B5 ¥1500 ⓘ978-4-87498-636-3

◆辺野古問題をどう解決するか—新基地をつくらせないための提言　新外交イニシアティブ編　岩波書店
【要旨】沖縄の強い反発にもかかわらず、辺野古移設計画が強行されようとしている。日本政府は米海兵隊の抑止力を根拠に計画を「唯一の選択肢」とするが、はたして本当か。筆者らは、米政府や軍関係者らを取材し、米海兵隊の運用実態などを緻密に検証。日本と沖縄の歴史、自衛隊や在沖米軍の活動の変容などを明らかにしながら、新基地を建設させない具体的な政策を提言する。
　2017.6 190p B6 ¥1800 ⓘ978-4-00-024722-1

◆偏向の沖縄で「第三の新聞」を発行する　仲新城誠著　産経新聞出版、日本工業新聞社発売
【要旨】石垣島のローカル紙、八重山日報が2017年4月、「沖縄本島版」の発行を始めた。沖縄本島での日刊紙の発行は実に50年ぶり。わずか2カ月で2000部超の読者を獲得し、新聞受けには「一緒に沖縄を変えましょう」のエールが。一方で「八重山日報の配達は禁止」という沖縄タイムス名の文書がネットに出回って…。
　2017.8 268p B6 ¥1300 ⓘ978-4-8191-1316-8

◆ルポ 沖縄国家の暴力—現場記者が見た「高江165日」の真実　阿部岳著　朝日新聞出版
【要旨】人口140人ほどの「沖縄・高江」。自然豊かな小さな集落を取り囲むように、「米軍ヘリパッド」の建設が計画された。建設に抗議する市民に、政府は日本の機動隊約500人を派遣。排除のため、むき出しの暴力が市民に牙を剥く。「静かな普通の暮らし」を求める沖縄の声を、強権発動してまでも抑えつける政府。記者の目に映ったのは、この国の危機の縮図であり、あすの本土の姿だった。本土では伝えられない、沖縄の山奥で起きた「165日間」に迫る。
　2017.8 207p B6 ¥1400 ⓘ978-4-02-251481-3

政治学・政治史

◆アジェンダ・選択肢・公共政策―政策はどのように決まるのか　ジョン・キングダン著，笠京子訳　勁草書房　（ポリティカル・サイエンス・クラシックス 12）（原書第2版）
【要旨】混沌とした政策決定の実態を解き明かした画期的名著をついに完訳！ 世の中にはもっと大事な問題があるのに、なぜそのための政策は実行されないのか？ 公共政策の決定過程を、問題・解決策・政治という3つの流れが合流して「政策の窓」が開くプロセスとして描きだす。
　　　　2017.8 357p A5 ¥4800 ①978-4-326-30258-1

◆移動する人々と国民国家―ポスト・グローバル化時代における市民社会の変容　杉村美紀編著　明石書店
【目次】序章 人の国際移動と多文化社会の変容、第1章 ドイツの歴史教育における国民国家像の変容、第2章 ベルリン・ノイケルンにおける移民統合の試み、第3章 マレーシアの「複合社会」と移動する人々―マイグレーションとしての外国人労働者・留学生に対峙する国民国家、第4章 フランスにおける外国籍児童生徒と移民の子ども―学業達成と職業参入にみる課題、第5章 フランスにおける社会統合と女性移民の地区外逃避―リヨン市郊外にみる女性移民の成功モデル、第6章 ラテンアメリカ人移民の変容と国家―在外コミュニティの動向と政策から、第7章 ブラジルにおける外国人移民と教育課題―サンパウロを中心に、第8章 移民と社会を橋渡しするドイツのNPO、終章 多文化共生をめぐる「国民国家の新たなかたち」と移動する人々
　　　　2017.9 204p A5 ¥2700 ①978-4-7503-4567-3

◆イブン・タイミーヤ政治論集　イブン・タイミーヤ著，中田考編・訳・解説　作品社
【要旨】“ジハード”とは何か？ 西洋近代とは異なる「政治」の要諦。本書は、イスラーム国法学と政治の一般理論と、原理主義反体制武装闘争派の革命論に理論的基礎を与えたファトワー（教義回答）が、現代中東政治を読み解くための最良の古典である。
　　　　2017.12 325p B6 ¥3800 ①978-4-86182-674-0

◆カウンター・デモクラシー―不信の時代の政治　ピエール・ロザンヴァロン著，嶋崎正樹訳　岩波書店
【要旨】なぜ政治は信用されないのか？ いま多くの人々は、自分の言葉が政治に届いていないと感じている。階層や社会集団が崩れた現在、政党が社会を代表することはますます難しくなっているからだ。民主主義を担保するのは、選挙によって代表を送り込む「信任」と政治への監視・否定・審判という「不信」の二元性である。デモや集会、SNS、そしてメディアの機能など、代表制を補完し、支える「松葉杖」としての対抗民主主義を歴史的に論じた画期的著作。
　　　　2017.3 323p B6 ¥3200 ①978-4-00-061193-0

◆核の恐怖全史―核イメージは現実政治にいかなる影響を与えたか　スペンサー・R.ワート著，山本昭宏訳　（京都）人文書院
【要旨】X線の発見からフクシマまで、核のイメージは、いかに思考を左右し、政治を動かしたか。アメリカを代表する科学史家が、膨大な資料探索と広範な知見をもとに、フィクションから国際政治まで含め、壮大なスケールで描き出す核表象の歴史。福島第一原発事故とその後の動きを踏まえ、全面的に改稿された決定版。
　　　　2017.7 432p A5 ¥6800 ①978-4-409-24114-1

◆語りつぐトクヴィル―再生のための「デモクラシー」考　中谷猛著　（奈良）萌書房　（叢書“語りつぐ政治思想”）
【要旨】フランス革命後の世代に属し、建国間もないアメリカへの視察での見聞をまとめた『アメリカのデモクラシー』（第1巻）で一躍時の人となった若き青年貴族アレクシ・ド・トクヴィル。本書は、その思想のエッセンスを、今日その普遍的価値が揺らぐ「デモクラシー」を積極的かつ肯定的に捉え返そうとする視点から初学者向けにやさしく語りかける政治思想への誘い書。　2017.11 157p B6 ¥1600 ①978-4-86065-114-5

◆悲しいサヨクにご用心！―「あさま山荘」は終わっていない　倉山満，杉田水脈，千葉麗子著　ビジネス社
【要旨】かつて一世を風靡した左翼という存在。それは、今やマスゴミとさえ言われている新聞

テレビの業界をいまだに支配している。それがどんなに危険なことなのか!?原発反対運動でその真相に触れたチバレイ、市役所職員として組合運動の実態を覗いた杉田水脈が警鐘を鳴らす。なぜ日本のサヨクがダメなのか？ 倉山満が摘出する！
　　　　2017.9 207p B6 ¥1300 ①978-4-8284-1974-9

◆競争的権威主義の安定性と不安定性　日本比較政治学会編　（京都）ミネルヴァ書房　（日本比較政治学会年報 第19号）
【要旨】競争的権威主義の下では、複数政党や公職者の選挙が存在する一方で、選挙の方法や結果に関する操作などにより特定の政治勢力の権力独占が続く。このような政治体制は安定しているのか、不安定なのか。そもそも独自の特徴を示す体制カテゴリと考えるべきか。
　　　　2017.6 288p A5 ¥3500 ①978-4-623-08046-5

◆“際”からの探究：つながりへの途　広島市立大学国際学部“際”研究フォーラム編　文眞堂　（広島市立大学国際学部叢書）
【要旨】グローバリゼーションは進化しへと進むのだろうか。あらためて“際”を問うことが求められている。“際”は接するところであり、出会うところである。それは、つながりにもなるし、摩擦を引き起こすことにもなる。本書は、この“際”をめぐって、国際関係、政治、言語、ビジネス、教育、スポーツなど、さまざまな視座から探究した論考で編まれている。
　　　　2017.3 221p A5 ¥3400 ①978-4-8309-4945-6

◆グローバル化時代の広域連携―仏米の広域制度からの示唆　木村俊介著　第一法規
【要旨】フランス（法人型広域連携手法）とアメリカ（契約型広域連携手法）の広域連携の制度について、実務上の工夫点を詳しく紹介。日本における新たな広域連携の手法を提言する！
　　　　2017.2 489p A5 ¥4000 ①978-4-474-05741-8

◆グローバル・ガバナンス論講義　鈴木基史著　東京大学出版会
【要旨】「グローバル・ガバナンス」とは何か。世界政府の存在しない国際社会において、人権や難民、通貨・貿易、環境など、諸問題はいかにして解決されるのか。実証・思想の両面からグローバル・ガバナンスの歴史と現在を概観し、その課題を考察する。
　　　　2017.10 250p B6 ¥2900 ①978-4-13-032226-3

◆君主論　ニッコロ・マキャヴェッリ著，森川辰文訳　光文社　（光文社古典新訳文庫）
【要旨】傭兵ではなく自前の軍隊をもち、人民を味方につけ、ときには悪をもためらわない。フィレンツェ共和国の官僚で外交軍事の実務を担ったマキャヴェッリが、君主に必要な力量（徳）を示し、キリスト教的モラルから脱却した新しい君主像を提言した主著。近代政治学における最重要古典の一つ。
　　　　2017.9 272p A6 ¥860 ①978-4-334-75361-0

◆軍人が政治家になってはいけない本当の理由―政軍関係を考える　廣中雅之著　文藝春秋　（文春新書）
【要旨】田母神空幕長解任事案はなぜ起きたのか。マッカーサー元帥はなぜ米軍人から嫌われたのか。湾岸戦争でのパウエル統合参謀本部議長の判断は正しかったのか―国内外の豊富な事例から、民主主義国家における政治と軍事の関係はどうあるべきかを探った画期的な試み。
　　　　2017.10 289p 18cm ¥860 ①978-4-16-661144-7

◆権威主義体制と政治制度―「民主化」の時代におけるエジプトの一党優位の実証分析　今井真士著　勁草書房
【要旨】権威主義体制の一党優位はどのような条件で確立するのか？ 一党優位の政党システムは与野党間、与党勢力内、そして野党勢力内でどのような角逐と協力が見られ、その振る舞いはどのような制度に規定されるのか？ 第一共和政前後のエジプトに主に注目し、「アラブの春」以後も射程に入れて、中東地域を比較政治学上の俎上に載せる。
　　　　2017.10 345p A5 ¥4800 ①978-4-326-30260-4

◆憲法パトリオティズム　ヤン＝ヴェルナー・ミュラー著，斎藤一久，田畑真一，小池洋平監訳，安藤陽平，根田恵多，菅沼博子訳　法政大学出版局　（叢書・ウニベルシタス）
【要旨】憲法とともにある批判理論。市民の相互信頼と連帯意識が稀薄する分断社会や、諸権利を「国益」と称する利益の下で侵害するようなナショナリズムに直面する状況においても、自由や平等など、憲法に含まれる普遍的原理に根

ざした社会統合を構想する実践的な批判理論を提唱する。
　　　　2017.9 218, 24p B6 ¥2700 ①978-4-588-01067-5

◆玄洋社とは何者か　浦辺登著　（福岡）弦書房
【要旨】戦後、GHQによって「戦争犯罪の一翼をになったテロリスト集団」と決めつけられた、その虚像を、「玄洋社は自由民権団体であった」という実像へ修正。近代史の穴・玄洋社の素顔に迫る。
　　　　2017.7 246p B6 ¥2000 ①978-4-86329-154-6

◆言論の覚悟 脱右翼篇　鈴木邦男著　創出版
【要旨】「右傾化」と言われる日本の状況に鈴木邦男が斬り込んだ。ネトウヨと右翼の違い、日本会議についてなど、「新右翼の論客」と言われてきた著者だからこそ書ける真実！
　　　　2017.9 302p B6 ¥1500 ①978-4-904795-48-4

◆公共政策　御厨貴編著　放送大学教育振興会，NHK出版 発売　（放送大学大学院教材）
【目次】政観・安全安心論、史観・開発政治論、史観・国土計画論、鳥取県知事として―現場主義と公正で透明な行政、総務大臣として―官僚主導から政治主導へ、公共政策と自治体のこれから、東日本大震災からの復興と政策形成、社会保障と税の一体改革、地方創生とは何か、公共政策と統計―証拠に基づく政策をめぐって、政策の調査立案―「原案」は7分の利、利害調整として政策形成―政策は「会議室」で決まっている？、公共政策の手法（1）―政府の介入、公共政策の手法（2）―市場をつくる、縮小する国家―公共政策の現在・未来
　　　　2017.3 282p A5 ¥2800 ①978-4-595-14089-1

◆公共部門における評価と統制　橋本圭多著　（京都）晃洋書房　（ガバナンスと評価 1）
【目次】序章 評価の氾濫と混乱、第1章 行政における管理評価の主流化、第2章 評価と監査、第3章 男女共同参画政策の評価、第4章 沖縄振興予算の評価、第5章 評価研究における定量的手法と定性的手法、第6章 参加型評価の可能性、終章 評価の展望と課題
　　　　2017.7 196p A5 ¥2600 ①978-4-7710-2907-1

◆国際規範はどう実現されるか―複合化するグローバル・ガバナンスの動態　西谷真規子編著　（京都）ミネルヴァ書房　（MINERVA人文・社会科学叢書）
【要旨】複雑で複合的な現代の国際規範の実相を的確に捉えるにはどうすればよいか。本書は、国際関係論の最新の理論的知見と多様な事例研究を用いて、この問いに多角的に答えようとするものである。とりわけ、コンストラクティヴィズム（構成主義）とグローバル・ガバナンス論を継承しながら、複雑化する国際秩序の実態を、規範の観点からより多面的に捉える視座を提供することを目的とする。
　　　　2017.8 377p A5 ¥6000 ①978-4-623-08005-2

◆国際コミュニケーションの政治学　本多周爾著　（横浜）春風社
【目次】第1章 国民国家の想像と創造、第2章 ナショナル・アイデンティティの現在、第3章 ナショナリズムの諸相、第4章 開発コミュニケーションのパラダイム、第5章 文化帝国主義の言説、第6章 情報コミュニケーション秩序をめぐる国際政治、第7章 グローバル化という現象、第8章 国際情報環境の変容、第9章 戦争をめぐる報道とプロパガンダ
　　　　2017.6 321p B6 ¥3000 ①978-4-86110-552-4

◆国際政治―恐怖と希望　高坂正堯著　中央公論新社　（中公新書）改版
【要旨】世界平和を実現するために人類は古くから叡智を傾けたが、戦いは繰り返された。戦争の危機はなぜ去らないのか―この問いに答える書物は少ない。国際関係を単純に図式化・理想化することなく、また「複雑怪奇」といって正確な認識を諦めることもなく追い求める著者が、軍縮、経済交流、国際機構などを具体的に検討しながら、国家利益やイデオロギーがからみあう現実世界を分析し、組織的に論じた国際政治の入門書。
　　　　2017.10 233p 18cm ¥760 ①978-4-12-180108-1

◆国際政治学―主権国家体制とヨーロッパ政治外交　清水聡著　（京都）法律文化社
【要旨】ヨーロッパにおける国際関係の展開に焦点を当てながら、国際政治の仕組みについて簡潔にまとめた入門書である。国際政治学に関わる1.構造分析、2.歴史分析さらに3.情勢分析を通じて、ヨーロッパを中心とした国際政治の展開について、総合的な基礎知識が獲得できる

政治

ようにまとめられている。
2017.12 226p B6 ¥2500 ⓘ978-4-589-03885-2

◆**国際政治理論の射程と限界―分析ツールの理解に向けて**　今井宏平著　（八王子）中央大学出版部
【目次】第1部 前提（主権国家と主権国家体系、国際政治理論の「4つ」の論争）、第2部 国際政治理論の射程（古典的リアリズム、構造的リアリズム、リベラリズム ほか）、第3部 真の国際政治理論を目指して（対外政策分析、歴史社会学、非西洋の国際関係理論）
2017.9 152p A5 ¥1400 ⓘ978-4-8057-1154-5

◆**国土政策論　上　産業基盤整備編**　矢田俊文著　原書房　（矢田俊文著作集 第3巻）
【目次】第1編 産業基盤の整備――一九五〇・六〇年代（国土計画策定の構図―下河辺証言から読み解く、国土総合開発法と特定地域総合開発計画、特定地域総合開発計画の実態、全国総合開発計画とその検証、企業の立地合理性とコンビナートの形成、工業基盤の整備と新産業都市の形成、首都圏の新しい臨海工業地帯・京葉コンビナート）
2017.3 486p A5 ¥5500 ⓘ978-4-562-09208-6

◆**国民国家のリアリズム**　三浦瑠麗、猪瀬直樹著　KADOKAWA　（角川新書）
【要旨】国家の将来のビジョンを描いた上での国防や国益の議論がなされていない中、注目を集める国際政治学者とナショナリズムをテーマにした作品を世に送り出してきた作家が、トランプ時代の日本の針路を考える。
2017.9 247p 18cm ¥840 ⓘ978-4-04-082169-6

◆**国民再統合の政治―福祉国家とリベラル・ナショナリズムの間**　新川敏光編　（京都）ナカニシヤ出版
【要旨】各国で移民問題が深刻化し排外主義が台頭するなか、新たな統合の枠組として、リベラル・ナショナリズムが提唱されている。国民統合戦略の移行のなかで、福祉国家の弱体化、極右政党の台頭、多文化主義の実態を、各国の事例をもとに分析する。
2017.8 300p A5 ¥3600 ⓘ978-4-7795-1190-5

◆**ここから始める政治理論**　田村哲樹、松元雅和、乙部延剛、山崎望著　有斐閣　（有斐閣ストゥディア）
【要旨】「どのような政治が望ましいのか？」「それによって実現される、あるべき社会の姿とは？」「そもそも政治とは何か？」。政治理論とは、こうした問いに答えるために、自由、正義、民主主義、ナショナリズムといったテーマについて深く考えてきた政治学の一分野です。本書は、身近な話題を切り口に、政治理論の考え方を基礎的なレベルからやさしく説いていきます。
2017.4 242p A5 ¥1900 ⓘ978-4-641-15042-3

◆**国家の危機管理**　森本敏、浜谷英博著　海竜社
【要旨】大規模自然災害、在外邦人テロ被害、北朝鮮の核・ミサイル攻撃、中国の海洋進出―。日本の危機管理が、なぜ遅れてきたのか。後世に残すべき「危機管理・安全保障」の決定版。
2017.12 469p B6 ¥3200 ⓘ978-4-7593-1537-0

◆**国家論序説**　中谷義和著　御茶の水書房
【目次】序章 国家論の基礎概念、第1章「国家」への視座、第2章 国家権力への視座、第3章 国民国家とナショナリズム、第4章 国家とネオポピュリズム、第5章 国民国家の政治的輪郭：日米比較、終章 グローバル化と現代国家
2017.7 195p A5 ¥3500 ⓘ978-4-275-02070-3

◆**ことばと暴力―政治的なものとは何か**　中村研一著　（札幌）北海道大学出版会　（北海道大学大学院法学研究科研究選書 8）
【目次】第1部 人間文化の問題性（暴力、ことば、価値、共存─政治入門）、第2部 ことばと暴力の臨界域（強制権力、紛争、国家の暴力、テロリズム─思想の劇場 9・11事件、ツインタワーの表象、攻撃手法─シェイク・モハメドの航空機攻撃、標的の選択）、第4部 統治の言語的構成（制度、儀礼、主権、ユートピア）　2017.3 641p A5 ¥7500 ⓘ978-4-8329-6738-0

◆**壊れゆく資本主義をどう生きるか―人種・国民・階級2.0**　若森章孝、植村邦彦著　唯学書房、アジール・プロダクション 発売
【要旨】深刻化する世界的な分断と排除の根源にはナショナリズム／レイシズム／階級問題がある。
2017.11 395p B6 ¥3200 ⓘ978-4-908407-12-3

◆**向坂逸郎評伝　上巻　1897～1950**　石河康尚著　社会評論社
【要旨】東京帝大助手から社会主義諸派の論戦渦中のドイツに留学しマルクシズムを研鑽。九州帝大に職を得て間もなく「赤化教授」として追われ、世界初の『マルクス・エンゲルス全集』を編纂。論壇での活躍は、マルクシズムが知識人を圧倒した時代の息吹を感じさせる。人民戦線事件で獄に繋がれ戦時下を馬鈴薯で生き抜いた。櫛田民蔵、山川均、猪俣津南雄、大森義太郎、山田盛太郎、宇野弘蔵との切磋琢磨の記述は意気盛んな若き群像を活写し、自由主義論争は暗い時代のインテリの空気をそうかがわせる。戦後は『資本論』翻訳とマルクス経済学の彫琢に傾注しつつ、山川、鈴木茂三郎、荒畑寒村らの激動期の模索に関与。社会党揺籃期の秘史でもある。
2018.1 430p A5 ¥4000 ⓘ978-4-7845-1848-7

◆**参加と交渉の政治学―ドイツが脱原発を決めるまで**　本田宏著　大月書店出版局
【目次】序章 本書の問題意識とドイツの政治体制、第1章 原発建設はなぜ全て止まったのか 1955～1982年、第2章 高速増殖炉はなぜ稼働できなかったのか 1966～1991年、第3章 労働組合はなぜ脱原発に転換したのか 1975～1987年、第4章 核燃料工場と核廃棄物政権の誕生 1960～1995年、第5章 脱原発はどのようにして法律になったのか 1986～2016年、終章 民主政治のシステムの変化と脱原発
2017.8 238p A5 ¥2600 ⓘ978-4-588-62537-4

◆**「自民党型政治」の形成・確立・展開―分権的組織と県連の多様性**　笹部真理子著　木鐸社
【目次】第1章 理論の検討、第2章 自民党における組織化の方針の展開、第3章 自民党の党中央組織における「変容」、第4章 1970年代初頭における国会議員役職人事の変容、第5章 県連の組織構造の類型化、第6章 県連ネットワーク型県連、第7章 代議士系列型県連、第8章 組織積み上げ型県連、第9章 知事選にみる県連、第10章 第3期以降の自民党組織
2017.10 274p A5 ¥3500 ⓘ978-4-8332-2516-8

◆**社会資本（ソーシャル・キャピタル）の政治学―民主主義を編む**　河田潤一著　（京都）法律文化社
【目次】第1部 市民教育論（アメリカにおける学校改革、アメリカにおけるコミュニティ関与と学校改革）、第2部 政治的エンパワーメント論（アメリカにおける黒人行動主義の変容、アメリカにおけるデモクラシー、アメリカにおける草の根民主主義の実践）、第3部 市民社会論（社会資本と信頼の比較政治学、震災復興・減災の政治社会学、民主主義の賦活にむけて）
2017.4 191p A5 ¥4000 ⓘ978-4-589-03843-2

◆**人口減少と公共施設の展望―「公共施設等総合管理計画」への対応**　中山徹著　自治体研究社
【目次】1章 新自由主義による国土と地域の再編（高度経済成長期に取り組まれた国土と地域の再編、新たに始まった国土と地域の再編 ほか）、2章 公共施設等総合管理計画の内容（公共施設等総合管理計画の背景、公共施設等総合管理計画の概要）、3章 公共施設等総合管理計画で示された削減目標の問題点（公共施設等総合管理計画の2タイプ、削減型自治体の特徴 ほか）、4章 公共施設のあり方を考える―公共施設を考える三つの視点（公共施設の長寿命化が基本、公共施設と生活圏との関係―「利用者の減少→統廃合」はなぜ誤りなのか ほか）
2017.2 99p A5 ¥1100 ⓘ978-4-88037-660-8

◆**シンプルな政府―"規制"をいかにデザインするか**　キャス・サンスティーン、田総恵子訳　NTT出版
【要旨】積極的に経済活動に介入する「大きな政府」か、個人や企業の自由な競争に任せる「小さな政府」か。一世紀のあいだで揺れ続けてきたアメリカ議会を仲裁すべく、オバマ政権第1期で、情報・規制問題室長に抜擢された著者が、ナッジ（行動経済学）的アプローチで、第三の道を探る。実践と思索を行き来する、痛快社会科学エッセー。
2017.11 378p B6 ¥2800 ⓘ978-4-7571-2366-3

◆**スパイクマン地政学―「世界政治と米国の戦略」**　ニコラス・J.スパイクマン著、渡邉公太訳　芙蓉書房出版
【要旨】地政学、国際政治学の祖スパイクマンの主著の初邦訳版。日本の真珠湾攻撃の3カ月後に出版された本書は、刊行と同時に米国で高く評価された。世界地図と該博な地理の知識を駆使して戦後の世界情勢を予見した本書は、75年前

の著作でありながら、現代の国際情勢を考えるための重要な示唆を与えてくれる。
2017.1 242p A5 ¥2500 ⓘ978-4-8295-0704-9

◆**正義・平等・責任―平等主義的正義論の新たなる展開**　井上彰著　岩波書店
【要旨】先鋭化する格差・貧困問題を背景に、今日の政治哲学や法哲学においては、「平等」の問題を軸に正義論が展開されている。英米圏における分析的平等論を批判的に検討し、平等の価値理念と責任構想を織り込んだ新しい平等主義的正義論の構築をめざす、画期的論考。
2017.6 230, 6p A5 ¥4800 ⓘ978-4-00-061200-5

◆**政策学講義―決定の合理性**　武智秀之著　（八王子）中央大学出版部　第2版
【目次】公共政策の制度設計、福祉国家の形成と再編、福祉国家の存在構造、公共財、地方公共財、外部性、政策の手段、政策の評価、政策過程のミクロ理論、政策過程の行為者〔ほか〕
2017.2 335p A5 ¥2900 ⓘ978-4-8057-1153-8

◆**政治概念の歴史的展開　第10巻　「まつりごと」から「市民」まで**　米原謙編　（京都）晃洋書房
【要旨】古代に使われた「まつりごと」の考えが現代政治をも拘束していることや、「経済」が中国古典に起源をもつこと、また現在使われている「市民」が、明治以後、大きな意味の変容を経つつ現代政治に定着してきたことなど、日本政治のキーワードの歴史的意味変化を解明する。
2017.1 240, 4p A5 ¥3400 ⓘ978-4-7710-2789-3

◆**政治学**　新川敏光、大西裕、大矢根聡、田村哲樹著　有斐閣
【要旨】「政治」についてより深く考えるために。政治をめぐる多様な見方を示しながら、その矛盾や対立の構図を明らかにし、読者に考えるヒントを提供する。
2017.12 315p B6 ¥2000 ⓘ978-4-641-14922-9

◆**政治学の批判的構想―ジェンダーからの接近**　衛藤幹子著　法政大学出版局
【要旨】男性優位の主流政治学が見落としてきたものとはなにか。叛骨の精神が組み込まれたジェンダー概念を用い、リベラリズムとデモクラシーに内在する不平等を解明する。
2017.7 301, 7p A5 ¥4500 ⓘ978-4-588-62535-0

◆**政治思想研究における「方法」**　政治思想学会編　風行社　（「政治思想研究」第17号）
【目次】特集（精神史から存在論へ─初期ハイデガーの思索の道から、シュトラウスとファーラービーの政治、丸山眞男は役に立つのか─"三・一一"を素材として、規範研究における実証研究の役立て方─反照的均衡を中心に、松下圭一における「計画」と「政治思想」、韓国政治思想学会からの寄稿 大韓民国憲法前文と大韓民国の正統性に関する議論、公募論文（マリアンヌ・ヴェーバー、「社会倫理」批判と倫理的主体の構築─性をめぐる倫理/法/自然の関係、オーストロ・ファシズム確立過程の「合法性」と「正統性」─アドルフ・メルクル、ロベルト・ヘヒト、エーリッヒ・フェーゲリン、ハンナ・アーレントにおける「政治」と「責任」─全体主義体制下における普通のドイツ人の責任について、ジョン・ロックにおける所有とシティズンシップ─政治共同体の内なる境界について、ルソーの市民宗教論における寛容─近代寛容論への批判と発展、大ブリテン構想と古典古代解釈─E・A・フリーマンとアルフレッド・ジマーンのギリシア愛好主義、「革命」という持続と断絶─「始まり」の思想のハンナ・アーレント、無関係な人びとの間の平等主義的正義は何を意味するのか─運の平等主義の批判的検討、戦時期恒藤恭における民族認識の特質と展開─一九三〇年代後半期を中心に）、書評、二〇一六年度学会研究会報告、海外研究者招聘講演 ジェイムズ・タリー教授「批判的営為としての政治哲学─新しい公共哲学の構想」
2017.5 525p A5 ¥5000 ⓘ978-4-86258-107-5

◆**政治的義務感と投票参加―有権者の社会関係資本と政治的エピソード記憶**　岡田陽介著　木鐸社
【目次】序章 目的と構成、第1章 外的要因としての社会関係資本、第2章 内的要因としての政治的エピソード記憶、第3章 仮説、第4章 投票義務感に対する外的要因の効果、第5章 投票義務感に対する内的要因の効果、第6章 外的要因・内的要因によるパネル・データ分析、終章 結論、補遺　2017.2 243p A5 ¥3500 ⓘ978-4-8332-2509-0

政治

◆政治と言語　大石紘一郎, 荒木義修編　愛育出版
【要旨】今こそ政治の再生のとき！ あらゆる角度から新たな政治を構築する。
2017.7 342p B6 ¥2800 ⓘ978-4-909080-17-2

◆政治の本質　マックス・ヴェーバー, カール・シュミット著, 清水幾太郎訳　中央公論新社（中公文庫プレミアム）
【要旨】政治の本質とは何か。第一次大戦後からナチ台頭期にかけて、この問いに挑んだM.ヴェーバー「職業としての政治」とC.シュミット「政治的なるものの概念」。この二者を鋭敏な時代感覚によっていち早く日本に紹介した歴史的な訳業。巻末に清水幾太郎の関連論考を付す。
2017.10 275p A6 ¥900 ⓘ978-4-12-206470-6

◆政治の理論―リベラルな共和主義のために　稲葉振一郎著　中央公論新社（中公叢書）
【要旨】民主主義と自由主義は両立するのか。現代政治学の焦点の一つから、今日的な「政治」の意味が浮かび上がる。すべてが「資本」として流動化していく世界で、いかに資本主義と折り合いをつけ、どのように公共世界と私有財産を構築・維持していくか。これが「リベラルな共和主義」にとっての基本課題である。本書では、考察に必要な概念や論点に、歴史的・理論的な吟味を加える。まずは、フーコーとアレントの理論を足がかりに、そして、経済学、社会学の最新の知見を踏まえながら、実感の伴う政治の理解を目指す。
2017.1 318p B6 ¥1700 ⓘ978-4-12-004935-4

◆政党政治の制度分析―マルチレベルの政治競争における政党組織　建林正彦著　千倉書房
【要旨】政治不信→政党不信→代議制民主主義不信。負のスパイラルから脱するための思考実験。
2017.9 261p A5 ¥4600 ⓘ978-4-8051-1119-2

◆政府の政治理論―思想と実践　菊池理夫, 有賀誠, 田上孝一編著（京都）晃洋書房
【要旨】多角的視点から「政府」のあり方を探求。欧米の主要な政治思想・政治理論は、「政府」をどのように理解しているのか。またグローバリゼーションや多文化の共存といった現代世界の重要課題と「政府」は、どのように関係しているのか。こうした問いに応答しつつ、「政府」の新たな可能性を探る。
2017.3 240p A5 ¥2900 ⓘ978-4-7710-2821-0

◆世界正義の時代―格差削減をあきらめない　マリー・ドゥリュ＝ベラ著, 林昌宏訳　吉田書店
【要旨】グローバリゼーションと格差の関係を探究。極貧、世界格差、環境破壊…。我々には生存可能な世界を打ち立てる責任がある。巻末には、「解題―グローバル正義論に関する覚書」（井上彰）を掲載！
2017.3 197p B6 ¥2300 ⓘ978-4-905497-46-2

◆赤軍―草創から粛清まで　エーリヒ・ヴォレンベルク著, 島谷逸夫, 大木貞一訳　風塵社（復刊ライブラリー）　復刊
【要旨】日本など16カ国に包囲された革命は、赤軍を創設し窮地を脱する。しかし、戦時共産主義が維持されたため自由は扼殺され、赤いナポレオン・トゥハチェフスキーの銃殺刑へといたった。
2017.8 235p B6 ¥2500 ⓘ978-4-7763-0070-0

◆戦間期国際政治とE.H.カー　山中仁美著　岩波書店
【要旨】二〇世紀を通じて外交官、国際政治学者、歴史学研究者等として活躍し、『危機の二十年』をはじめとする数々の名著を残したE.H.カー。カーとは果たして何者なのか。あたかも複数の「カー」が並存するかのような学問状況を超えて、複雑で魅力あるその思想体系に挑み、知的巨人カーの実像に迫る。
2017.11 164, 2p A5 ¥3200 ⓘ978-4-00-061232-6

◆戦後の「平和国家」日本の理念と現実　星野昭信著　同文舘出版
【要旨】「平和国家」日本の在り方が大転換期を迎えている！ 新しい資料や事実から、敗戦後の「平和国家」日本が歩んできた具体的な歴史過程そのものを詳細に描くことではなく、「平和国家」日本の在り方および平和問題を認識し、描き、説明し、これからを予測していく場合の概念的枠組みを提示する。
2017.11 296p A5 ¥3200 ⓘ978-4-495-86681-5

◆戦争と戦争のはざまで―E.H.カーと世界大戦　山中仁美著, 佐々木雄太監訳, 吉留公太, 山本健, 三牧聖子, 板橋拓己, 浜由樹子訳（京都）ナカニシヤ出版

◆総合政策学入門　徳島文理大学大学院総合政策学研究科編（京都）晃洋書房
【目次】第1章「共生社会」政策と障害者基本法―公共・法政策論入門、第2章 政策過程論2.0、第3章 IoT時代の法的インフラとその課題―破産管財人の責任をめぐって、第4章 選挙文化と政治文化、第5章 金融取引と金融市場、第6章 経済学における政府の役割、第7章 少子高齢化と経済学、第8章「第三の道」をめぐる英国政策事情―ブレア労働党政権10年史（1997‐2007年）、第9章 大企業と中小企業のステイクホルダー政策の相違、第10章 商品と総合政策学、第11章 不寛容社会における社会関係資本の意義
2017.11 207p A5 ¥4600 ⓘ978-4-7710-2937-8

◆続ヴェーバー講義 政治経済篇　小林純著　唯学書房, アジール・プロダクション 発売
【要旨】ヴェーバーの思想を社会科学の地平で描く！ 西洋合理化が創る近代国家と資本主義の実像、そこでの「自由」はどのように可能なのか。
2016.12 361, 4p B6 ¥3000 ⓘ978-4-908407-06-2

◆大都市圏郊外の新しい政治・行政地理学―米軍基地・環境・ジェンダー　新井智一著　日本評論社
【目次】戦後日本の政治地理学・行政地理学、第1部 グローバル化をめぐる大都市圏郊外の議会と行政（グローバル化がもたらした郊外の市合併―東京都旧田無市・保谷市、東京大都市圏郊外周辺部における最後の「開発型合併」―東京都あきる野市）、第2部 米軍基地をめぐる大都市圏郊外の議会と行政（郊外の在日米軍基地所在都市における文化と政治―東京都福生市、騒音と補助金―郊外の「基地公害」をめぐる政治）、第3部 大都市圏郊外の政治・行政をめぐる新しい論点―環境・ジェンダー（郊外の新ごみ処理場建設場所をめぐる「環境正義」―東京都小金井市、地下水をめぐる「ポリティカル・エコロジー」―山梨県北杜市白州町、40年にわたる郊外の女性運動からみえる市政と「ジェンダー」―旧田無市・保谷市の「どんぐり会」）
2017.3 223p A5 ¥5200 ⓘ978-4-535-58709-0

◆代表の概念　ハンナ・ピトキン著, 早川誠訳（名古屋）名古屋大学出版会
【要旨】政治における代表とは何か。選挙で選ばれたことか、権威を有することか、説明責任を果たすことか、それとも国民の構成を反映していることか。「代表（representation）」の語義に立ち戻り、ホッブズの議論から自由主義まで、思想の土台より政治的代表の意味を徹底的に検討し、代表論の古典となった名著、待望の翻訳。
2017.12 348, 70p A5 ¥5400 ⓘ978-4-8158-0892-1

◆妥協の政治学―イギリス議会政治の思想空間　遠山隆淑著　風行社（選書「風のビブリオ」5）
【要旨】だが、民主主義が隘路にある今、頭数を数えるだけで済むなら、政治とはなんと楽な営みであろうか。“多様性の維持”にこそ政治の要諦を見出したイギリスの思想家たち（ウィッグ）の場合は――。
2017.7 185, 5p B6 ¥1900 ⓘ978-4-86258-109-9

◆脱新自由主義の時代？―新しい政治経済秩収の模索　仙石学編（京都）京都大学学術出版会（地域研究のフロンティア 6）
【要旨】経済システムの崩壊とハイパーインフレを緊急に克服するという意味では、ネオリベラリズムは一部の地域、特に南米と東欧で一定の成功を示した。しかし、その苛烈な副作用としての格差の拡大固定、民主主義の形骸化と人間的な社会関係の喪失は、強く批判されている。ネオリベラリズムとは世界史にとって何だったのか。現場から検討する。
2017.3 196p A5 ¥3200 ⓘ978-4-8140-0103-3

◆地政学入門―外交戦略の政治学　曽村保信著　中央公論新社（中公新書）　改版
【要旨】地政学とは地球全体を常に一つの単位と見て、その動向をリアル・タイムでつかみ、そこから現在の政策に必要な判断の材料を引き出そうとする学問である。誤解されがちだが、観念論でも宿命論でもない。本書は現代の地政学の開祖マッキンダー、ドイツ地政学を代表する

ハウスホーファー、そしてマハンらによるアメリカ地政学を取り上げ、その歴史と考え方を紹介する。地図と地球儀を傍らに、激動の国際関係を読み解いていく。
2017.7 226p 18cm ¥740 ⓘ978-4-12-180721-2

◆テキストブック 政府経営論　ヤン＝エリック・レーン著, 稲継裕昭訳　勁草書房
【要旨】ニュー・パブリック・マネジメントが登場して以来、伝統的な行政学では十分にはカバーできない公共サービスが増えてきた。本書は、公共経営や行政管理のさまざまなモデルやアプローチを政府経営の観点から概説する画期的な教科書。行政学や公共政策を学ぶ学生、中央政府や地方自治体に務める公務員、そしてNPOや公的企業で働く人々にぴったりの内容です。
2017.4 238p A5 ¥2700 ⓘ978-4-326-30256-7

◆デモクラシーとは何か　チャールズ・E.メリアム著, 森眞砂子訳　志學社
【目次】第1章 デモクラシーとは何か、第2章 数々の誤解、第3章 デモクラシーと平等、第4章 デモクラシーと自由、第5章 デモクラシーを機能させる
2017.9 105p B6 ¥1800 ⓘ978-4-904180-77-8

◆転回期の政治　宮沢俊義著書　岩波書店（岩波文庫）
【要旨】民主政治が、なぜどのようにナチ独裁にとって代わられたのか。憲法学の泰斗・宮沢俊義は1930年代初めフランス、ドイツに留学。ナチスの台頭、ヴァイマル憲法の「死滅」をその同時代に目にし、独裁政治の本質を見抜いた論考を立て続けに発表した。民主主義、立憲主義を果敢に説いた宮沢の、戦前における注目の書。
2017.4 386p A6 ¥1010 ⓘ978-4-00-381211-2

◆トマス・ホッブズの母権論―国家の権力 家族の権力　中村敏子著　法政大学出版局
【目次】第1章 神の概念および神の秩序、第2章 キリスト教における男女の関係と性の問題、第3章 神の秩序と「リヴァイアサン」、第4章 ホッブズの母権論と「ファミリー」、第5章「ファミリー」とローマ法における「ファミリア」、第6章 王権の起源と形態、第7章 コモン・ローユの夫の権力とその起源、第8章 自由主義国家の構造と政治理論、第9章 夫婦の権力・国家の権力
2017.2 304, 13p A5 ¥4800 ⓘ978-4-588-62533-6

◆内乱の政治哲学―忘却と制圧　神崎繁著　講談社
【要旨】プラトン、ホッブズ、シュミット、ハイデガー…政治と哲学の臨界。哲学はどこまで政治を語りうるか。その臨界点に立って、最期の際まで思考した碩学の遺稿！ 中畑正志「「解題」のかわりに」、熊野純彦「思想史家としての神崎繁」を付す！
2017.10 330p B6 ¥2000 ⓘ978-4-06-220829-1

◆中川原徳仁著作集　第1巻 帝国主義論・国家論　中川原徳仁著　ミヤオビパブリッシング, （京都）宮帯出版社 発売
【要旨】半世紀以上にわたって、政治学の分野に鋭い論法で切り込んだ異端のリベラル派。その業績を再認識する。
2017.10 460, 5p A5 ¥5400 ⓘ978-4-8016-0125-3

◆なぜリーダーはウソをつくのか―国際政治で使われる5つの「戦略的なウソ」　ジョン・J.ミアシャイマー著, 奥山真司訳　中央公論新社（中公選書）
【要旨】ビスマルク、ヒトラーから、ケネディ、ジョンソン、カーター、ブッシュまで。国際政治で使われる戦略的なウソの種類を「国家間のウソ」「恐怖の煽動」「戦略的隠蔽」「ナショナリスト的な神話」「リベラルなウソ」の五つに分類、世界史を動かせた数々の実例から、当時の国際情勢とリーダーたちの思惑と意図を分析する。
2017.12 229p A6 ¥920 ⓘ978-4-12-206503-1

◆日本政治思想史　原武史著　放送大学教育振興会, NHK出版 発売（放送大学教材）
【目次】総論1・日本政治思想史とは何か、総論2・空間と政治、総論3・時間と政治、各論1・徳川政治体制のとらえ方―朝鮮と比較して、各論2・復古神道、各論3・明治維新と天皇、各論4・街道から鉄道へ―交通から見た政治思想、各論5・近世、近代日本の公共圏と公共空間、各論6・東京と大阪、各論7・シャーマンとしての女性、各論8・超国家主義と「国体」、各論9・異端的論点と政治、各論10・戦後の「アメリカ史」、各論11・戦後の「ソ連化」、各論12・象徴天皇制と戦後政治
2017.3 273p A5 ¥2800 ⓘ978-4-595-31729-3

政治

◆日本リベラル派の頽落―徐京植評論集　3
徐京植著　高文研
【要旨】「頽落」という言葉がある。頽廃しつつ転落するさまである。反動の時代に生きる日本リベラル派知識人の責任とは何か？―およそ30年にわたる思索の軌跡。
2017.11 437p B6 ¥3000 ①978-4-87498-641-7

◆入門　公共政策学―社会問題を解決する「新しい知」　秋吉貴雄著　中央公論新社　（中公新書）
【要旨】社会問題はますます複雑になり、既存の学問では十分な解決策を提示できない―そうした意識から生まれた「公共政策学」。政治学や行政学、経済学など多分野の知識を総合化した新しい学問だ。専門家のみならず、市民の「知」も取り入れるなど、問題解決に役立つ学問へと進化している。本書は、少子高齢化、シャッター商店街、生活保護、学力低下など、日本の課題を例に取り、公共政策学のエッセンスを伝える入門書である。
2017.6 228p 18cm ¥800 ①978-4-12-102439-8

◆バーク読本―「保守主義の父」再考のために
中澤信彦、桑島秀樹編　（京都）昭和堂
【目次】第1部 バーク研究の基本問題（受容史・解釈史のなかのバーク、アメリカ革命とフランス革命、インド論）、第2部 初期バークの基本問題（崇高・趣味・想像力、アイリッシュ・コネクション、歴史叙述）、第3部 バーク経済思想の基本問題（経済思想（1）―制度と秩序の政治経済学、経済思想（2）―財産の原理と公信用）、第4部 バーク法思想・政治思想の基本問題（自然法・自然権・社会契約、国家・古来の国制・文明社会、戦争・帝国・国際関係）
2017.8 293, 21p A5 ¥3200 ①978-4-8122-1626-2

◆はじめての政治学　佐藤史郎、上野友也、松村博行著　（京都）法律文化社　第2版
【目次】政治とは何か、国家と権力、政治意識と政治文化、市民革命と民主主義、現代の民主主義、現代の国民国家、現代の政治体制、選挙、世論とマス・メディア、国会と立法、内閣と行政、政党、利益団体、地方自治、現代日本の政治
2017.4 149p A5 ¥1900 ①978-4-589-03832-6

◆比較国体論　里見岸雄著　（武蔵野）日本国体学会、展転社 発売　（『日本国体学』第7巻）
【目次】第1篇 比較国体論概説（比較国体論の性格及び範囲、比較国体論一般）、第2篇 支那の国体論（支那の帝王観及び王道論、支那の君民関係と臣道論）、第3篇 印度の国体論（総論、印度の帝王観及び王道論、仏教の君臣関係と臣道論）、第4篇 西洋の国体論（帝王観及び王道論、西洋の人民道、結びの言葉）
2017.7 663p A5 ¥8000 ①978-4-88656-443-6

◆光の子と闇の子―デモクラシーの批判と擁護
ラインホールド・ニーバー著、武田清子訳　晶文社　新版
【要旨】"キリスト教的現実主義"の立場から、ジミー・カーター、ブッシュ父子、バラク・オバマらアメリカの政治家たちに大きな影響を与えてきたラインホールド・ニーバーの古典的名著を復刊。第二次大戦末期に刊行され、デモクラシー社会が内包する脆弱性を指摘しながらも、その原理の正当性を擁護したまさに、デモクラシーの危機が叫ばれる今こそ必読のテキスト。2017.10 253p B6 ¥2200 ①978-4-7949-6967-5

◆フェミニストたちの政治史―参政権、リブ、平等法　大嶽秀夫著　東京大学出版会
【要旨】女性たちの闘争は、行きづまったのか？「定着による拡散」と「バックラッシュ」の現在、保守政権によって推進される「積極的女性政策」、一方でなお消滅しない身体・家庭の政治、"ガラスの天井"―近代政治史のなかのフェミニズムの意味をいま把握する。
2017.2 276, 8p B6 ¥3200 ①978-4-13-033106-7

◆不平等を考える―政治理論入門　齋藤純一著
筑摩書房　（ちくま新書）
【要旨】この二〇年あまり、多くの国で格差の拡大が進んだ。経済は停滞し、国家の再分配政策も機能していない。そうしたなか、所得の低下に苦しむ人々の不安や怒りが、政治を大きく動かし、社会の分断をさらに深めている。いま、この不平等の問題を克服するためにどう考えればいいのか。本書では、私たちが尊重すべき「平等な関係」とは何かを根底からみなおし、そうした社会を可能にするための制度を構想する。カント、ロールズ、セン、ハーバーマスらの議論を糸口に、現代の最難問にいどむ、政治思想の新たな基本書。
2017.3 284p 18cm ¥880 ①978-4-480-06949-8

◆ポピュリズム―世界を覆い尽くす「魔物」の正体　薬師院仁志著　新潮社　（新潮新書）
【要旨】アメリカ、フィリピン、ヨーロッパ…。社会の分断を煽動する政治家が、至る所で熱い支持を集めている。エリートとインテリを敵視し、人民の側に立つと称するその「思想」は、なぜ世界を席巻するか。ポピュリズムは民主主義にへばりついた「ヤヌスの裏の顔」であり、簡単に駆逐することはできない。橋下徹氏と対決した経験を持つ社会学者が、起源にまでさかのぼってその本質をえぐり出す。
2017.3 235p 18cm ¥780 ①978-4-10-610709-2

◆ポピュリズムとは何か　ヤン=ヴェルナー・ミュラー著、板橋拓己訳　岩波書店
【要旨】現代世界を席巻している「ポピュリズム」。だが、そもそもポピュリズムとは何を意味するのか。民主主義とどのように区別できるのか。気鋭の政治思想史家が、古今の様々なポピュリズム現象やポピュリズムの論理を緻密に分析し、「人民を代表するのは自分たちだけだ」という反多元主義的な語りに注目して明確な定義づけを試みる。ポピュリズムへの対処法に関しても示唆に富む一冊。
2017.4 140, 23p B6 ¥1800 ①978-4-00-024796-2

◆ポピュリズムと「民意」の政治学―3・11以後の民主主義　木下ちがや著　大月書店
【要旨】あの日から現在まで。わたしたちが格闘してきた"状況"を摑み取る、路上からの政治・思想分析。
2017.7 268p B6 ¥2400 ①978-4-272-21117-3

◆ポピュリズムのグローバル化を問う―揺らぐ民主主義のゆくえ　中谷義和、川村仁子、高橋進、松下冽編　（京都）法律文化社　（立命館大学人文科学研究所研究叢書）
【目次】第1部 ポピュリズムとは何か（ポピュリズムの政治空間、デモクラシーの影のなかに―グローバル・ポピュリズムの可能性）、第2部 ポピュリズムと民主主義の危機（南欧におけるポピュリズムの展開とデモクラシーの危機―イタリアを中心に、フランスのポピュリズム―統合と排除の狭間で、合意型民主主義におけるポピュリズム政党の成功―ベルギーを事例に、北欧ポピュリズム―反福祉から反移民へ、国境を守るのは誰か？―アメリカ合衆国の移民管理とポピュリズム）、第3部 民主化とポピュリズムの台頭（ロシアにおけるポピュリズムの展開、現代ラテンアメリカのポピュリズム―新自由主義とグローバル化を共鳴板として、東南アジアのポピュリズム―フィリピンとタイにおけるポピュリズムと政治的包摂、復活する地方アイデンティティ：統合と分離―インドネシア・バリ州におけるポピュリズムの考察、日本のポピュリズム―政治的基盤）
2017.3 265p A5 ¥4800 ①978-4-589-03839-5

◆マキャベリの「君主論」　ニッコロ・マキャベリ著、夏川賀央訳　ウェッジ　（今度こそ読み通せる名著）
【要旨】慎重であるより、果敢であれ！ 時の流れに従って自分を変えなければ、運命は変わらない。原典を大切にしながら、読みやすさを追求しました。
2017.6 211p B6 ¥1300 ①978-4-86310-183-8

◆松田正久と政党政治の発展―原敬・星亨との連携と競合　西山由理花著　（京都）ミネルヴァ書房　（MINERVA日本史ライブラリー29）
【要旨】自由党や政友会の最高幹部として活躍した政党政治家・松田正久。自由民権運動から生まれた政党が、政権を担うまでに成長する過程において、「党人派の代表」として草創期の日本の政党政治確立のために、星亨や原敬らとともに奔走したその実像とはいかなるものか。本書では、松田に関わった政治家・官僚などの一次史料や新聞・雑誌での松田の発言や論説などの新史料をもとに、その人物像を初めて描く。
2017.3 284, 8p A5 ¥6500 ①978-4-623-07831-8

◆丸山眞男講義録　別冊1　日本政治思想史1956/59　丸山眞男著　東京大学出版会
【要旨】日本の思想的伝統を剔抉。戦後10年の問題状況を背景とした50年代後半の講義を復元する。古代へと視野を広げた講義は、記紀神話、仏教、武士道を論じ、近代日本の国体思想の源流を求めて壮大な通史を描く。国民精神のトータルな変革をめざした丸山思想史学の新たな出発。
2017.10 261, 4p A5 ¥3800 ①978-4-13-034208-7

◆丸山眞男講義録　別冊2　日本政治思想史1957/58　丸山眞男著　東京大学出版会

◆【要旨】「開国」の思想史的意味を問う。"closed society" と "open society" が併存する日本の社会構造に対して「開国」がもたらした変革とは。文化接触としてのキリシタン伝道、「正統」と「異端」など、新たな分析視角を導入した丸山思想史学の挑戦。
2017.9 332, 5p A5 ¥3800 ①978-4-13-034209-4

◆丸山眞男の憂鬱　橋爪大三郎著　講談社（講談社選書メチエ）
【要旨】多くの弟子と信奉者を生み出した丸山眞男（一九一四 - 九六年）は今日に至るまで、まだ真に読まれていない。主著『日本政治思想史研究』を精緻に読解するとき、山崎闇斎とその学派こそが丸山の蹉跌となったことが露呈する。『憂鬱』に陥り立ち止まった丸山の先を歩んだのは、『現人神の創作者たち』を発表した山本七平だった。近代日本が犯した失敗を繰り返さないために、今や丸山眞男に決着をつけなければならない。2017.9 299p B6 ¥1800 ①978-4-06-258662-7

◆御厨政治史学とは何か　東京大学先端科学技術研究センター御厨貴研究室、吉田書店企画・編集　吉田書店
【目次】実験室と共同体―シンポジウム「御厨政治史学とは何か」を企画して、ぶれる人―書評会「『明治史論集』を南大沢で読む」を企画して、1 御厨政治史学とは何か―21世紀への「お宝」たりうるのか？（明治史学の「お宝」探し、戦後史学の「お宝」探し）、2 御厨政治史学の真髄（地方の明治、首都の明治―『明治史論集』を読む、物語と実証―『明治国家の完成』を中心に、危機・ざわめき・再発見をめぐる革新、「危機の一〇年」の記録として、「第二保守党」論の変容）2017.12 147p B6 ¥1800 ①978-4-905497-60-8

◆三つの革命―ドゥルーズ=ガタリの政治哲学
佐藤嘉幸、廣瀬純著　講談社（講談社選書メチエ）
【要旨】『アンチ・オイディプス』（一九七二年）、『千のプラトー』（一九八〇年）、そして『哲学とは何か』（一九九一年）。哲学者ジル・ドゥルーズは、人々を震撼せしめた『差異と反復』と『意味の論理学』を経て、なぜ精神科医フェリックス・ガタリとの共同作業に取り組んだのか？ドゥルーズ=ガタリ名義で書かれた三部作に通底するテーマを精緻な分析と大胆な読解によって明らかにする。今こそ読み返すべき20世紀の古典！
2017.12 347p B6 ¥2000 ①978-4-06-258667-2

◆無神論と国家―コジェーヴの政治哲学に向けて　坂井礼文著　（京都）ナカニシヤ出版
【要旨】哲学者は"神"となりうるのか。現代思想に多大な影響を与えた哲学者にして、官僚としてヨーロッパ共同体創設への道を切り開いたアレクサンドル・コジェーヴ。その政治哲学を解明する本邦初の本格的研究書。
2017.1 294p A5 ¥4400 ①978-4-7795-1121-9

◆唯物論と現代　57（2017.6）　戦争法と憲法をめぐる政治　関西唯物論研究会編　（京都）文理閣
【目次】特集 戦争法と憲法をめぐる政治（安倍政権下におけるネオ絶対主義を考える―二〇一六年参院選の結果を踏まえつつ、参議院選挙結果分析と次期総選挙の課題）、論文（アイスランド海賊党の挑戦―市民と政党の新しい関係性、成熟社会における市民運動と革新運動、グラムシと「レーニンの遺産」―『獄中ノート』におけるレーニン関連草稿の諸相）、研究ノート（マルク・ミーチンの来日（一九五九年）をめぐって、社会哲学と経済学批判―同名の拙著を中心に）、書評
2017.6 112p A5 ¥1400 ①978-4-89259-811-1

◆ラカニアン・レフト―ラカン派精神分析と政治理論　ヤニス・スタヴラカキス著、山本圭、松本卓也訳　岩波書店
【要旨】民主主義を享楽せよ！ ラカンの精緻な読みから導き出された「享楽の政治学」が、ポスト・デモクラシーとポピュリズムの時代における「政治的なもの」を読み解く。
2017.4 368, 72p A5 ¥6600 ①978-4-00-002428-0

◆両極激論、愛国か、亡国か。―坪井＆ヤマケン『新・世直しのツボ』　坪井一宇、山本健治、前川佳子著　第三書館
【要旨】大阪都構想からカジノ、再度の万博、安倍晋三小学校までどれが愛国？ どれが亡国？
2017.4 217p 18cm ¥1000 ①978-4-8074-1700-1

◆ロールズの政治哲学―差異の神義論＝正義論
田中将人著　風行社

【目次】序論、第1章 宗教的コミュニティと"諸目的の国"、第2章 政治的リベラリズムへの移行期におけるカント的・ホッブズ的契機の結合、第3章 政治的リベラリズムにおける善の観念―共通善と基本財、第4章 "財産所有制デモクラシー"と"自由のリベラリズム"、第5章 公共的理性と宗教、終章 現実主義的ユートピア
　　2017.3 352, 7p A5 ¥4500 ①978-4-86258-106-8

国家主義・社会主義・共産主義・アナキズム

◆いかに世界を変革するか―マルクスとマルクス主義の200年
エリック・ホブズボーム著, 水田洋監訳, 伊藤誠, 太田仁樹, 中村勝己, 千葉伸明訳　作品社
【要旨】今から200年前、その後の歴史を変えてしまう人物が誕生した。マルクスである。彼の思想は、世界の人々の変革への意志を呼び起こし、20世紀の世界地図を変えていった。その夢は色褪せたかに見えたが、21世紀の現在、グローバル資本主義の矛盾の拡大のなかで、再び世界的な注目を集めている。本書は、マルクスの壮大なる思想が、いかに人々の夢と理想を突き動かしつづけてきたか。その20世紀最大の歴史的実験と挫折、そして21世紀への夢を、かの歴史家ホブズボームが、晩年のライフワークとしてまとめあげた大著である。
　　2017.11 615p B6 ¥3800 ①978-4-86182-529-3

◆革マル派五十年の軌跡　第5巻　革命的共産主義運動の歩み―"年表"と"写真"
政治組織局編　あかね図書販売
【要旨】黒田寛一「わが党派闘争の完勝」。大年表―日本階級闘争史1956～2013。写真で見る革命的左翼の闘い。
　　2017.6 590p A5 ¥5500 ①978-4-89989-105-5

◆上島武追悼論文集 社会主義へのそれぞれの想い
山本恒人, 村岡到編　ロゴス
【目次】資本主義・社会主義・市場経済、そして民主主義、上島の社会主義理念論、ソ連邦崩壊直後の労働生活―現地compile調査の記録、中国の『資本論』研究概況とそこから考えたこと、レーニンと「国家哲学でもある党建学」、「うっとり」社会主義者の追憶、社会主義における"分配問題"―森岡真史氏の提起について、「社会主義の主体的要件」について考える、上島武さんを偲ぶ会 呼びかけ、上島武さんを偲ぶ会開かれる、集会での追悼の言葉 上島武先生を送る、集会での追悼の言葉 上島武さんの想い出、上島武さんを偲ぶ会に寄せられた追悼の言葉、上島武先生の略歴と業績目録
　　2017.10 60p B5 ¥700 ①978-4-904350-45-4

◆基礎から学ぶマルクス主義―『空想より科学へ』解説
岩本勲著　（京都）晃洋書房
【要旨】2018年マルクス生誕200周年。2017年『資本論』刊行150周年、ロシア革命100周年。再び問われているマルクス主義。その原理を『空想より科学へ』を導きの糸として学ぶ。宗教改革、英・仏の市民革命を経て、マルクス主義へと結実してゆく豊かな思想史的背景をコンパクトに記述。
　　2017.12 193, 14p B6 ¥2200 ①978-4-7710-2962-0

◆共産主義の誤謬―保守政党人からの警鐘
福冨健一著　中央公論新社
【要旨】「批判の論点」を思想の根源から検証。河合栄治郎・関嘉彦の流れをくむ学識から政治思想史を概観。民社・民主・自民への所属経験から日本共産党の綱領を解読。
　　2017.3 230p B6 ¥1400 ①978-4-12-004970-5

◆愚劣の軌跡―「共産主義の時代」に振り回された大学人たち
小野寺龍太著　（福岡）春吉書房, メディアパル 発売
【要旨】1968年6月、九州大学に米軍ジェット機が墜落。「機体の引き渡し」「米軍基地撤去」をめぐる国・大学・学生たちの熾烈な戦いの顛末。
　　2017.9 213p B6 ¥1500 ①978-4-8021-3068-4

◆黒田寛一読書ノート　第11巻　一九五三年四月・七月
黒田寛一著　こぶし書房
【要旨】唯物論的主体性論確立の一助としてヤスパース「実存」哲学との悪戦苦闘。梅本克己「人間論」を読み、自著「ヘーゲルとマルクス」の欠陥を痛感。同時に梅本理論の限界をつかみ出し、「マルクス理論の形成史的把握」に向かう。
　　2017.4 176, 4p B6 ¥2000 ①978-4-87559-329-4

◆黒田寛一読書ノート　第12巻　一九五三年七月・十二月
黒田寛一著　こぶし書房
【要旨】ソヴェト型唯物論の欠陥を見事に暴き出したヴェッター神父と反共主義者・猪木正道。彼らの著作と対決し、そこから生けるものを貪欲に吸収し、現代唯物論の俗流化に抗する思想的拠点の肥やしに転化。初めて参加した民科での活き活きとした記録！
　　2017.4 194p B6 ¥2000 ①978-4-87559-330-0

◆黒田寛一読書ノート　第13巻　1954年1月・4月
黒田寛一著　こぶし書房
【要旨】われわれのアタマでわれわれの現実のきびしさをつきやぶってゆかねばならぬ―日本再軍備のただ中で、青年黒田は平和・民族問題と格闘し、民科で「平和・民族・階級」を発表。日本民族解放と平和のための統一戦線結成を叫ぶ黒田。
　　2017.9 166, 7p B6 ¥2000 ①978-4-87559-336-2

◆黒田寛一読書ノート　第14巻　1954年5月・8月
黒田寛一著　こぶし書房
【要旨】正統派マルクス主義の客観主義と教条主義の泥沼に幻滅した青年黒田。梯明秀や上山春平らの新鮮な呼びかけにこたえ、哲学者としての任務を再び自らに呼び覚ます。集中して行われたルカーチのリアリズム論や三浦言語論への考察を含む。
　　2017.9 174, 5p B6 ¥2000 ①978-4-87559-337-9

◆黒田寛一読書ノート　第15巻　1954年8月・1955年11月
黒田寛一著　こぶし書房
【要旨】視力を喪う…。しかし協力者との"読書"がはじまる。小宮山量平氏からの要請に応え、"新しい社会観"をまとめ「民衆のためになる良い本」を書こうと努力するさなかに、失明の危機に襲われる。しかし友人の音読による「音読書」をあみだし、思想的格闘はつづく。
　　2017.12 148, 5p B6 ¥2000 ①978-4-87559-339-3

◆初期社會主義研究　第27号　特集 ロシア革命100年
初期社会主義研究会編　初期社会主義研究会, ぱる出版 発売
【目次】特集 ロシア革命百年（現代アナーキズムから見たロシア革命、初期社会主義から見たロシア革命―レーニンと大杉との対話、ロシア革命からみた石川三四郎における「土民生活」について、人民の犯罪を煽動せよ―マフノ猿軍団、サンジカリストのロシア革命観―入露したサンジカリストたち ほか）、小特集・権森直之著『初期社会主義の地形学』めぐって（初期社会主義の地形図、"測量"、地形学と思想史）、森岡永治と明治社会主義、平出修における「知識階級」としての読者―ロシア文学と大逆事件、堺利彦と荒畑寒村の神戸訪問をめぐって〔ほか〕
　　2017.12 250p A5 ¥3000 ①978-4-8272-1106-1

◆赤軍の形成
レーニン, トロツキー, ベルクマン, スミルガ, ソコリニコフほか著, 革命軍事論研究会編訳　風塵社　（復刊ライブラリー）
【要旨】建軍を巡る闊達な論議の渦中、防衛と労働の結合をトロツキーは構想する。武装せる共産主義人民を目指す党内論争ドキュメント
　　2017.9 222p B6 ¥2500 ①978-4-7763-0071-7

◆テロルの真犯人―日本を変えようとするものの正体
加藤紘一著　講談社　（講談社プラスアルファ文庫）
【要旨】2006年8月15日、加藤紘一の地元・鶴岡の自宅事務所が焼き討ちに遭った。犯人は右翼団体の65歳になる幹部。しかし彼を突き動かしたものは一体何だったのか？ それを自ら探っていくうちにわかってきた日本を変えようとするものたちの正体。刊行から10年、ますます同時代性を帯びてきた、最強のリベラリストが遺した言葉。
　　2017.1 237p A6 ¥700 ①978-4-06-281711-0

◆はじまりのレーニン
中沢新一著　岩波書店　（岩波現代文庫）　新版
【要旨】レーニンの笑いの底に潜む、生の律動に触れる思想とは何だったのか？ ヘーゲルの弁証法から、古代ギリシャの「はじまりの哲学者たち」、ベーメの三位一体論まで、レーニンの思想構造を考古学的に探求する。革命の原点を形成した「哲学ノート」に見られるレーニンの思想の特徴を鮮やかに浮かび上がらせた名著の新版。ロシア革命一〇〇年後の現代における本書の意味を記した「革命の源泉としての唯物論」「唯物論の未来」を増補。新版刊行に際してのまえがきを付す。
　　2017.10 271p A6 ¥1140 ①978-4-00-600368-5

◆僕らの社会主義
國分功一郎, 山崎亮著　筑摩書房　（ちくま新書）

【要旨】社会が危機に瀕した時代にはいつも、大きな原則「グランド・セオリー」が必要とされてきた。ならば今こそ、それが語られるべきなのではないか？ 二一世紀現代にも似た一九世紀イギリスでは、数々の社会改革運動が起こった。当時の社会運動家たちが思い描いたのは、有産階級以外の人々も美的に豊かな生活を送れる社会だ。そこにもとめたのはマルクス主義一辺倒になる前の「あったかもしれない社会主義」だ。「豊かな生活」とは何を意味していたのか。自らがアクティヴィストでもある気鋭の若手論客二人が語り合い、今の自分たちが描くことのできるグランド・デザインを提言する。
　　2017.7 231p 18cm ¥800 ①978-4-480-06973-3

◆マルクス主義哲学の再生―ソ連崩壊後のパラダイム転換試論
渡部正示著　合同フォレスト, 合同出版 発売
【要旨】格差と貧困の深まりに伴い、国内外で「トランプ現象」が席捲している。この状況を打開する対抗勢力形成として、いま、パラダイム転換によるマルクス主義哲学の再生が求められている。
　　2017.3 316p B6 ¥2400 ①978-4-7726-6085-3

◆マルクスと商品語
井上康, 崎山政毅著　社会評論社
【要旨】初版からドイツ語第二版、フランス語版、マルクスが没した直後のエンゲルスの手によるドイツ語第三版、1890年のエンゲルス編集第1巻―現行版の冒頭商品語を舐めるように原文を比較検討しながら読み進め、繰り返し考察を加えた。
　　2017.11 583p A5 ¥6500 ①978-4-7845-1846-3

◆マルクスと21世紀社会
社会主義理論学会編　本の泉社
【目次】第1部 マルクスと現代資本主義（『資本論』の株式会社論―社会的所有への過渡といえるか、非物質的代謝による生産＝情報財の生産について―マルクスを現代に、現代をマルクスにつなぐ一助に、マルクス主義と民族理論・民族政策、「成熟社会論」に関する諸論点、子どもが安心してインターネットを使える社会として―民権型社会主義―インターネット上の少女タレント・春名風花とその周辺の観察から、現代社会主義が内包する不経済と不道徳）、第2部 現実社会主義の諸問題（経済システムのトリアーデと社会主義、ネップ（NEP）、ノップ（NOP）、ネオーノップ（NE-ONEP）―中国のマルクス主義学者・余斌氏の講演を聞いて、中国経済と国有企業試論―社会主義理論研究の観点から、現実社会主義をめぐる対話）
　　2017.3 255p A5 ¥2000 ①978-4-7807-1606-1

◆民主制の下での社会主義的変革
紅林進著　ロゴス
【要旨】近年話題の「ベーシックインカム」やスペインのモンドラゴン協同組合の教訓を解明。選挙制度の民主的改善についても提案。
　　2017.12 170p B6 ¥1600 ①978-4-904350-46-1

◇　◇　◇　◇

◆獄中十八年
徳田球一, 志賀義雄著　講談社　（講談社文芸文庫）
【要旨】かつて、共産党はたしかに輝いて見えた。しかも道徳的な優位性をもって。国家の弾圧に抗して信念を貫きとおした非転向の「アカ」。その代表選手たる徳田と志賀の、ふしぎに明るい語り口は、過去のあやまちを悔いるあまりにも眩しく、新しい日本に希望を抱く者には自信を与えた。敗戦直後という時代の息吹を伝えるベストセラー。
　　2017.12 189p A6 ¥1500 ①978-4-06-290368-4

◆『資本論』刊行150年に寄せて
不破哲三著　日本共産党中央委員会出版局
【目次】現代に光るマルクスの資本主義批判（「祭りが終わってから…」、結束して「社会的バリケード」を、恐慌の"秘密"を解く、搾取と支配が社会全域に）、資本主義は人類史の過渡的一段階（物質的生産力の高度な発展、「世界市場」の形成、自由と民主主義の獲得）、マルクスの未来社会論（未来社会論をめぐるレーニンの誤解をただす、輝かしい未来像―人類社会の「本史」、過渡期の研究、「社会主義をめざす」国をどう見るか）、革命家マルクスの決断（反共攻撃には一大打撃を、国際運動に本気で取り組む）
　　2017.9 75p B6 ¥463 ①978-4-530-04414-7

◆たたかいの記録―三つの覇権主義
不破哲三著　新日本出版社　新版

政
治

【目次】ソ連共産党とたたかって三〇年（日本共産党の存亡をかけた闘争（一九九一年一二月）、ゴルバチョフ時代の覇権主義（一九九一年一二月））、中国覇権主義とのたたかい（一九六六年一日中両党会談（一九九二年一月）、開始された干渉と反撃（一九九二年二月～三月））、北朝鮮野蛮な覇権主義への反撃（干渉と攻撃の前史──一九六八年（一九九二年四月）、干渉の拡大から断絶へ（一九九二年一〇月））、一九九八年の日中両党関係正常化─報告と記録（両党関係正常化の合意について（記者会見、一九九八年六月）、日中両党関係の正常化と首脳会談についての報告（日本共産党創立七六周年の記念講演から、一九九八年七月））
　　　2017.1 333p B6 ¥1800 ①978-4-406-06120-9

◆わかりやすい極左・右翼・日本共産党用語集　警備研究会著　立花書房　5訂版
【要旨】日本共産党、極左及び右翼がよく使用する言葉や用語、人物、事件等を解説。
　　　2017.2 281p B6 ¥1900 ①978-4-8037-1541-5

◆ワタナベ・コウの日本共産党発見!!　ワタナベコウ著　新日本出版社
【要旨】無党派のワタシがゼロから知った日本共産党。
　　　2017.12 171p A5 ¥1500 ①978-4-406-06184-1

白書・職員録・要覧・書誌

◆外交青書　2017（平成29年版）　外務省編　日経印刷、全国官報販売協同組合　発売
【要旨】2016年の国際情勢と日本外交について、写真や図表を効果的に活用し、分かりやすく記述。第1章を「2016年の国際情勢と日本外交の展開」と題し、2016年の日本外交について、大きな世界の動向の中に位置付けて分析。「地球儀を俯瞰する外交」や「国益と世界全体の利益を増進する外交」などについて2016年の国際情勢や日本外交の実績を詳細に説明。重要課題を解説した特集や親しみやすいコラムも多数掲載。日本外交と国際社会の動きが一目で分かる「国際社会及び日本の主な動き」と「要人往来」、専門的な略語等の理解に便利な「索引」や「略語表及び略語索引」も掲載。
　　　2017.6 339p B5 ¥2000 ①978-4-86579-084-9

◆ガイドブック厚生労働省　平成29年4月版　厚生行政出版会　第82版
【目次】大臣官房、医政局、健康局、医薬・生活衛生局、労働基準局、職業安定局、職業能力開発局、雇用均等・児童家庭局、社会・援護局、老健局〔ほか〕
　　　2017.4 310p B6 ¥1900 ①978-4-907476-07-6

◆ガイドブック厚生労働省　平成29年8月版　厚生行政出版会　第83版
【目次】大臣官房、医政局、健康局、医薬・生活衛生局、労働基準局、安全衛生部局、職業安定局、雇用開発部局、雇用環境・均等局、子ども家庭局〔ほか〕
　　　2017.8 311p B6 ¥1900 ①978-4-907476-08-3

◆環境省名鑑　2018年版　米盛康正編著　時評社
【要旨】「主要経歴」を網羅。「パーソナル情報」を満載。すぐに役立つ「豊富な資料」。
　　　2018.1 266p 19×12cm ¥3300 ①978-4-88339-246-9

◆官報総索引　2016　平成28年1月4日～平成28年12月28日　官報調査会編　文化図書
【目次】国会関係、内閣府関係、防衛省関係、総務省関係、法務省関係、外務省関係、財務省関係、文部科学省関係、厚生労働省関係、農林水産省関係、経済産業省関係、国土交通省関係、環境省関係、裁判所関係、都道府県関係、公告関係　2017.1 736p B5 ¥26000 ①978-4-906800-71-1

◆行政機構図　平成29年度版　行政管理研究センター
【目次】わが国の統治機構、内閣、内閣府、復興庁、総務省、法務省、外務省、財務省、文部科学省、厚生労働省〔ほか〕
　　　2017 312p 21×30cm ¥2500

◆行政機構図　平成29年度版　行政管理研究センター
【目次】内閣、内閣府、復興庁、総務省、法務省、外務省、財務省、文部科学省、厚生労働省、農林水産省〔ほか〕
　　　2017 312p 22×30cm ¥2500

◆警察白書　平成29年版　特集 交通安全対策の歩みと展望　国家公安委員会・警察庁編　日経印刷
【目次】第1部 特集・トピックス（特集 交通安全対策の歩みと展望、トピックス1 サイバー犯罪・サイバー攻撃への被害防止対策、トピックス2 ストーカー規制法の改正を踏まえたストーカー事案への対応について、トピックス3 特殊詐欺の手口の変遷と警察の取組、トピックス4 六代目山口組・神戸山口組対策について、国際テロ情勢と警察の取組─2020年東京オリンピック・パラリンピック競技大会に向けて）、第2部 本編（警察の組織と公安委員会制度、犯罪防止活動、犯罪捜査活動、サイバー空間の安全の確保、組織犯罪対策、公安の維持と災害対策、警察活動の支え）
　　　2017.7 227p 27×21cm ¥1500 ①978-4-86579-088-7

◆厚生労働白書　平成29年版　─社会保障と経済成長　厚生労働省編　日経印刷、全国官報販売協同組合　発売
【目次】第1部 社会保障と経済成長（我が国経済社会の中の社会保障、国民生活と社会保障、成長という視点から見た社会保障）、第2部 現下の政策課題への対応（子どもを産み育てやすい環境づくり、働き方改革の推進などを通じた労働環境の整備など、女性、若者、高齢者等の多様な働き手の参画、自立した生活の実現と暮らしの安心確保、国民が安心できる年金制度の確立、医療関連イノベーションの推進、国民が安心できる持続可能な医療・介護の実現、健康で安全な生活の確保、障害者支援の総合的な推進、国際社会への貢献）
　　　2017.11 449p A4 ¥3150 ①978-4-86579-104-4

◆公民連携白書　2017～2018 イノベーションとPPP　東洋大学PPP研究センター編著　時事通信出版局、時事通信社　発売
【要旨】人口減少時代のまちづくりには、大胆なイノベーションが必要だ。
　　　2017.12 186p B5 ¥2500 ①978-4-7887-1537-0

◆公務員白書　平成29年版　人事院編　日経印刷、全国官報販売協同組合　発売
【目次】第1編 人事行政（人事行政この1年の主な動き、魅力ある公務職場の実現を目指して、平成28年度業務状況）、第2編 国家公務員倫理審査会の業務
　　　2017.6 261p A4 ¥2750 ①978-4-86579-087-8

◆国政選挙総覧─1947-2016　日外アソシエーツ編　日外アソシエーツ、紀伊國屋書店　発売
【要旨】戦後70年間の国政動向を知るための基礎資料。国政選挙の候補者と当落結果を都道府県別に一覧にできる。各県の選挙結果を実施年順に並べ、候補者氏名・当落結果・党派・得票数を明記。調査しづらい補欠選挙の結果も網羅。全候補者延べ約4万人を五十音順で引ける「候補者氏名索引」付き。
　　　2017.7 674p B5 ¥19000 ①978-4-8169-2674-7

国政選挙総覧 1947-2016

◆国土交通省会計実務要覧　平成29年度版　ぎょうせい編　ぎょうせい
【目次】第1編 財政会計総則、第2編 債権及び収入、第3編 支出負担行為・支出及び出納、第4編 契約、第5編 物品、第6編 国有財産、第7編 計算証明等、第8編 受託、第9編 旅費、第10編 その他　2017.9 1458p A5 ¥4300 ①978-4-324-10356-2

◆国土交通省職員録　運輸振興協会、建設広報協会、国土計画協会、北海道開発協会編　運輸振興協会、建設広報協会、国土計画協会、北海道開発協会

【目次】本省、外局、派遣職員、国立研究開発法人、独立行政法人、参考、特殊法人等、連絡先一覧
　　　2016 739p A4 ¥3333

◆国土交通白書　2017　平成28年度年次報告　国土交通省編　日経印刷
【目次】第1部 イノベーションが切り拓く新時代と国土交通行政（我が国の発展とイノベーション、イノベーションの創出と社会実装に向けた現在の取組みと課題、イノベーションから産まれる未来への展望）、第2部 国土交通行政の動向（東日本大震災からの復旧・復興に向けた取組み、時代の要請にこたえた国土交通行政の展開、観光先進国の実現と美しい国づくり、地域活性化の推進、心地よい生活空間の創生 ほか）、参考資料編
　　　2017.7 466p A4 ¥3250 ①978-4-86579-086-3

◆国土交通白書2017の読み方　堀与志男、西村隆司著、日経コンストラクション編　日経BP社、日経BPマーケティング　発売
【要旨】施策の動向から出題テーマを予測。選択科目ごとにポイントを整理。択一式の想定問題を記述式にも活用。論文の作成方法から解答例まで。
　　　2017.11 278p 28×21cm ¥12000 ①978-4-8222-5873-3

◆國會議員要覧　平成29年2月版　国政情報センター（付属資料：別冊2）　第81版
【要旨】選挙区毎の区割・有権者数・投票率、全候補者の得票数・得票率掲載。略歴に勤続年数、初当選年を掲載。黨派明記（党役職も含む）＝ゴシック書体表記。議員名、党派、選挙区と政策・第1・参拝書名、および直通電話・FAX番号。議員会館、国会議事堂（本館・別館・分館）案内図掲載。主要省庁、部、課の夜間ダイヤル掲載。国会議事堂、霞が関周辺地下鉄出入口のご案内。
　　　2017.2 422p 18cm ¥2720 ①978-4-87760-236-9

◆國會議員要覧　平成29年11月版　国政情報センター（付属資料：別冊2）　第83版
【目次】国会周辺地図、国会の勢力分野、国会関係所在地電話番号一覧、大臣・秘書官・副大臣・政務官・事務次官一覧、衆・参院常任・特別委員長名一覧、衆議院議員・秘書名一覧、衆議院議員会館案内図、衆議院議員写真・略歴、宿所一覧、衆議院小選挙区区割り詳細、衆議院常任・特別委員名一覧〔ほか〕
　　　2017.11 424p 18×10cm ¥2720 ①978-4-87760-290-1

◆国会便覧　平成29年2月新版　シュハリ・イニシアティブ　141版
【要旨】第193回通常国会。国会議員の最新プロフィールをカラー紹介。
　　　2017.3 461p 18cm ¥2714 ①978-4-908325-12-0

◆国会便覧　平成29年8月新版　シュハリ・イニシアティブ　142版
【要旨】第3次安倍第3次改造内閣。国会議員の最新プロフィールをカラー紹介。
　　　2017.9 461p B6 ¥2714 ①978-4-908325-13-7

◆国会便覧　平成29年11月臨時版　シュハリ・イニシアティブ　143版
【要旨】第48回衆議院議員総選挙。国会議員の最新プロフィールをカラー紹介。
　　　2017.12 461p 18cm ¥2714 ①978-4-908325-14-4

◆國會要覧　平成29年2月版　国政情報センター（付属資料：別冊1）　第五十八版; 限定版
【目次】国会関係所在地電話番号一覧、大臣・秘書官・副大臣・政務官・事務次官一覧、衆・参両院常任・特別委員長名一覧、衆議院議員・秘書名一覧、衆議院議員会館案内図、衆議院議員写真・略歴、宿所一覧、衆議院小選挙区区割り詳細、衆議院常任・特別委員名一覧、参議院議員・秘書名一覧、参議院議員会館案内図、参議院議員写真・略歴、宿所一覧、参議院議員選挙 選挙区別当日有権者数・投票者数・投票率、参議院常任・特別委員名一覧、衆政党役員一覧、2005年以降の主な政党の変遷、衆政党議員勤続年数・当選回数一覧表、衆政党議員勤続年数・当選回数別国会議員一覧、自由民主党内派閥一覧、衆議院議員プロフィール、参議院議員プロフィール、衆議院議員親族一覧、参議院議員親族一覧、第3次安倍第2次改造内閣大臣・副大臣政務官履歴一覧、衆・参議院本館、議院会館地下案内図、ドント方式による比例代表選挙当選順位
　　　2017.2 447p 18cm ¥2839 ①978-4-87760-237-6

◆國會要覧　平成29年11月版　国政情報センター（付属資料：別冊2）　第六十版; 限定版
【目次】大臣顔写真、国会の勢力分野、国会関係所在地電話番号一覧、大臣・秘書官・副大臣・政

務官・事務次官一覧、衆・参両院常任・特別委員長名一覧、衆議院議員・秘書名一覧、衆議院議員会館案内図、衆議院議員写真・略歴・宿所一覧、衆議院小選挙区区割り詳細、衆議院常任・特別委員名一覧〔ほか〕
2017.12 447p 18×10cm ¥2839 ①978-4-87760-291-8

◆子供・若者白書 平成29年版 内閣府編
日経印刷
【目次】特集 若者にとっての人とのつながり、第1章 子供・若者育成支援施策の総合的な推進、第2章 全ての子供・若者の健やかな育成、第3章 困難を有する子供・若者やその家族の支援、第4章 子供・若者の成長のための社会環境の整備、第5章 子供・若者の成長を支える担い手の養成、第6章 創造的な未来を切り拓く子供・若者の応援、第7章 施策の推進体制等、参考資料
2017.7 265p A4 ¥2200 ①978-4-86579-091-7

◆財務省名鑑 2018年版 米盛康正編著 時評社
【要旨】「主要経歴」を網羅。「パーソナル情報」を満載。すぐに役立つ「豊富な資料」。
2018.1 378p 19×12cm ¥4300 ①978-4-88339-249-0

◆自殺対策白書 平成29年版 厚生労働省編
日経印刷
【目次】第1章 自殺の現状（自殺者数の推移、自殺死亡率の推移、年齢階級別の自殺者数の推移 ほか）、第2章 自殺対策の基本的な枠組みと動向（自殺対策の基本的な枠組み、平成28年10月実施自殺対策に関する意識調査について、諸外国における自殺の現状）、第3章 平成28年度の自殺対策の実施状況（自殺の実態を明らかにする取組、国民一人ひとりの気づきと見守りを促す取組、早期対応の中心的役割を果たす人材を養成する取組 ほか）
2017.7 189p A4 ¥3300 ①978-4-86579-083-2

◆市町村役場便覧 平成30年版 日本加除出版
版編集部編 日本加除出版
【要旨】「窓口目線」で進化し続けるデータブック!!前年版発刊以降に生じた約300の変更・追加情報に対応。
2017.10 607p A5 ¥3700 ①978-4-8178-4423-1

◆住民基本台帳人口要覧 平成29年版 ─市区町村別の男女・年齢階級別人口、世帯数、人口動態 国土地理協会
【目次】1（住民基本台帳人口要覧の概要、平成29年住民基本台帳人口・世帯数（平成29年1月1日現在）、平成28年住民基本台帳人口動態（平成28年1月1日から同年12月31日まで）、平成29年住民基本台帳年齢階級別人口（平成29年1月1日現在））、2（平成29年住民基本台帳人口・世帯数（平成29年1月1日現在）、平成28年住民基本台帳人口動態（平成28年1月1日から同年12月31日まで）、平成29年住民基本台帳年齢階級別人口（平成29年1月1日現在）
2017 2Vols.set A4 ¥8000 ①978-4-87552-948-4

◆少子化社会対策白書 平成29年版 内閣府編 日経印刷
【目次】第1部 少子化対策の現状（少子化をめぐる現状、少子化対策の取組）、第2部 少子化社会対策の具体的な施策状況（重点課題、きめ細かな少子化対策の推進）、参考 平成29年度少子化社会対策関係予算、付録
2017.7 252p A4 ¥2200 ①978-4-86579-092-4

◆食育白書 平成29年版 「食」の知識と選択する力を養う食育を目指して 農林水産省編 日経印刷
【目次】第1部 食育推進施策をめぐる状況（食をめぐる生産や消費、食生活の動向と食育の推進、食育推進計画の「今」、第2部 食育推進施策の具体的な食育の推進、学校、保育所等における食育の推進、地域における食育の推進、食育推進運動の展開、生産者と消費者との交流の促進、環境と調和のとれた農林漁業の活性化等、食文化の継承のための活動、食品の安全性・栄養等に関する情報提供の推進、調査、研究その他の施策の推進）、第3部 食育推進施策の目標と現状に関する評価、資料編
2017.6 217p A4 ¥1900 ①978-4-86579-089-4

◆審議会総覧 平成28年版 行政管理研究センター
【目次】内閣府、金融庁、消費者庁、復興庁、総務省、消防庁、法務省、外務省、財務省、国税庁〔ほか〕 2017 462p A5 ¥1667

◆政官要覧 平成29年秋号 政官要覧社

【要旨】正確なデータ・最大の情報量。決定版！政界官界人事情報。
2017.8 1223p 17×12cm ¥3800 ①978-4-915324-85-7

◆全国市町村要覧 平成29年版 市町村要覧編集委員会編 第一法規
【目次】北海道、青森県、岩手県、宮城県、秋田県、山形県、福島県、茨城県、栃木県、群馬県〔ほか〕
2017.11 732, 26p B5 ¥4000 ①978-4-474-05894-1

◆総務省名鑑 2018年版 米盛康正編著 時評社
【要旨】「主要経歴」を網羅。「パーソナル情報」を満載。すぐに役立つ「豊富な資料」。
2017.11 173p 19cm ¥3300 ①978-4-88339-244-5

◆男女共同参画白書 平成29年版 男で○、女で○、共同作業で◎。 内閣府編 勝美印刷
【目次】1 平成28年度男女共同参画社会の形成の状況（女性活躍推進による女性活躍の加速・拡大に向けて、政策・方針決定過程への女性の参画、就業分野における男女共同参画 ほか）、2 男女共同参画社会の形成の促進に関する施策（平成28年度に講じた男女共同参画社会の形成の促進に関する施策（男女共同参画社会に向けた施策の総合的な推進、男性中心型労働慣行等の変革と女性の活躍、政策・方針決定過程への女性の参画拡大 ほか）、平成29年度に講じようとする男女共同参画社会の形成の促進に関する施策（男女共同参画社会に向けた施策の総合的な推進、男性中心型労働慣行等の変革と女性の活躍、政策・方針決定過程への女性の参画拡大 ほか））
2017.6 204p A4 ¥1950 ①978-4-906955-67-1

◆都市問題・地方自治調査研究文献要覧 1 明治－1945 後藤・安田記念東京都市研究所市政専門図書館監修 日外アソシエーツ, 紀伊國屋書店 発売
【要旨】市政専門図書館が長年にわたって独自に収集してきた都市問題・地方自治に関する書籍・研究論文・調査報告等を体系的に収録した文献目録。明治から1945年に日本国内で発表された文献のうち、図書22, 962点、雑誌記事37, 312点を一覧できる。図書、一般誌、紀要の雑誌文献だけでなく、官公庁や審議会資料、調査報告書等も収録。「事項名索引」「著者名索引」「収録誌名一覧」付き。
2017.5 928p B5 ¥43000 ①978-4-8169-2660-0

◆土地白書 平成29年版 国土交通省編 勝美印刷, 全国官報販売協同組合 発売
【目次】第1部 土地に関する動向（平成28年度の地価・土地取引等の動向、成長分野による新たな土地需要を踏まえた土地・不動産の最適活用、空き地等の創造的な活用による地域価値の維持・向上）、第2部 平成28年度土地に関して講じた基本的施策（土地に関する基本理念の普及等、土地に関する情報の整備、取組の総合的かつ的確な把握等 ほか）、第3部 平成29年度土地に関する基本的施策、資料編（地価、土地取引の動向、不動産投資判断 ほか）
2017.11 283p A4 ¥2600 ①978-4-906955-76-3

◆日本国勢図会 2017/18 矢野恒太記念会編 矢野恒太記念会 第75版
【要旨】厳選した最新のデータをもとに、日本の社会・経済情勢を表とグラフでわかりやすく解説したデータブック。
2017.6 526p A5 ¥2685 ①978-4-87549-148-4

◆白書の白書 2017年版 木本書店・編集部編 木本書店
【要旨】現代の日本を統計で見る本！政府白書41冊のうち基本的なデータ約700種を厳選して収録。新聞・テレビでは報道されにくい日本の現状を、客観的に分析したい方に最適！
2017.5 703p A4 ¥3800 ①978-4-904808-19-1

◆犯罪被害者白書 平成29年版 国家公安委員会・警察庁編 日経印刷
【目次】第1章 損害回復・経済的支援等への取組、第2章 精神的・身体的被害の回復・防止への取組、第3章 刑事手続への関与拡充への取組、第4章 支援等のための体制整備への取組、第5章 国民の理解の増進と配慮・協力の確保への取組、犯罪被害者等施策に関する基礎資料
2017.7 194p A4 ¥3700 ①978-4-86579-087-0

◆復興庁名鑑 2018年版 米盛康正編著 時評社
【要旨】「主要経歴」を網羅。「パーソナル情報」を満載。すぐに役立つ「豊富な資料」。
2017.11 219p 19cm ¥3500 ①978-4-88339-243-8

◆防衛白書 英語版 2017年版 防衛省編
アーバン・コネクションズ （本文：英文）
【目次】1 Security Environment Surrounding Japan(Overview,Defense Policies of Countries、Issues in the International Community)、2 Japan's Security and Defense Policy and the Japan - U.S.Alliance (Basic Concepts of Japan's Securityand Defense、Building a Dynamic Joint Defense Force、Development of Legislation for Peace and Security and the SDF Activities Since Legislation's Enforcement ほか)、3 Initiatives to Protect the Lives and Property of the People as well as Securing the Territorial Land、Water and Airspace (Organizations Responsible for the Defense of Japan、and Effective Deterrence and Handling、Active Promotion of Security Cooperation、Human Foundation and Organization that Supports the Defense Force、and Active Participation of Female SDF Personnel ほか)
2017.10 529p A4 ¥6000 ①978-4-904486-55-9

◆文部科学関係法人名鑑 平成29年度版 官庁通信社 限定版
【目次】公益社団法人、公益財団法人、一般社団法人、一般財団法人、国立大学病院一般財団法人、国立研究開発法人・独立行政法人等、その他関係団体、解散法人 2017 745p A5 ¥7500

◆文部科学白書 平成28年度 リオデジャネイロの軌跡 子供たちの未来を育む豊かな体験活動の充実 文部科学省編 日経印刷, 全国官報販売協同組合 発売
【目次】第1部 特集（巻頭写真 リオデジャネイロの軌跡、特集 子供たちの未来を育む豊かな体験活動の充実）、第2部 文教・科学技術施策の動向と展開（教育再生の着実な実現、東日本大震災からの復興・創生の進展、生涯学習社会の実現、初等中等教育の充実、高等教育の充実 ほか）
2017.7 473p A4 ¥1950 ①978-4-86579-090-0

◆労働行政関係職員録 平成29年版 労働新聞社編 労働新聞社
【要旨】厚生労働省・都道府県労働局・その他関係団体等、平成29年8月10日現在（一部調整あり）の労働行政関係団体の所在地、電話番号、職員の肩書き、名前を掲載しています。
2017.10 457, 116p A5 ¥3200 ①978-4-89761-674-2

国家試験参考書・予想問題

◆国立大学法人等職員採用試験攻略ブック 29年度 受験ジャーナル編集部編 実務教育出版 （別冊「受験ジャーナル」）
【目次】1 これが私の仕事です（室蘭工業大学経理課、秋田大学図書館・情報推進課 ほか）、2 こんな試験が行われる！（採用までのプロセス、28年度一次試験実施結果 ほか）、3 過去問を解いてみよう！（政治、法律 ほか）、4 29年度予想問題（予想問題、正答と解説）
2017.2 307, 15p B5 ¥2000 ①978-4-7889-5535-6

公務員試験参考書・予想問題

◆海上保安大学校 海上保安学校への道 平成29年版 海上保安協会監修, 海上保安受験研究会編 成山堂書店
【要旨】本書は、海上保安官になるための海上保安大学校、海上保安学校の入学案内、教育内容を、また海上保安庁の機構や特殊性を分かりやすく解説したガイドブックです。28年度採用試験問題収録。
2017.2 42, 100p B5 ¥1800 ①978-4-425-97025-4

◆学校事務公務員試験早わかりブック 2019年度版 資格試験研究会編 実務教育出版 （付属資料：別冊1）
【要旨】どうやってなるの？ どんな試験？ どんな問題？ 疑問をすべて解決します！ 実際の試験をリアルに体験、過去問模試つき。
2017.11 203p A5 ¥1400 ①978-4-7889-7461-6

◆建築職公務員試験 専門問題と解答 実践問題集編 米田昌弘著 （岡山）大学教育出版
【目次】構造力学、構造設計、建築材料、一般構造、建築施工、環境工学、建築計画各論、都市と

建築家、建築設備、住環境と省エネルギー、建築関連法規、建築史
2017.5 163p B5 ¥2000 ⓘ978-4-86429-453-9

◆高卒 全国市役所職員採用試験 実戦テスト 2019年度版　公務員試験情報研究会編著　一ツ橋書店
【要旨】"限られた時間の中で解く"という本番さながらの実戦テスト。これらの問題と類似したものが本番で何問かは出る！
2017.12 260p A5 ¥1400 ⓘ978-4-565-19440-4

◆高卒程度公務員直前必勝ゼミ 29年度　受験ジャーナル編集部編　実務教育出版　（別冊「受験ジャーナル」）
【目次】試験インフォメーション、巻頭企画 29年度試験直前対策のポイント、1 時事問題の総まとめ、2 基礎能力・教養試験頻出項目の直前チェック、3 29年度直前予想問題、4 作文・面接試験の完全対策
2017.6 163p B5 ¥1200 ⓘ978-4-7889-5542-4

◆高・大卒程度併用全国市役所職員採用試験 2019年度版　公務員試験情報研究会編著　一ツ橋書店　（公務員採用試験シリーズ）
【要旨】待望の市役所受験問題集。過去10数年の実問の中から最頻出問題を厳選し、詳細な解説を加えた。
2017.12 279p B6 ¥1200 ⓘ978-4-565-19439-8

◆公務員をめざす人の本 '19年版　一合格への近道　北里敏明監修, コンデックス情報研究所編著　成美堂出版
【要旨】公務員の種類と仕事の内容について、民間企業との違いやその利点などを詳しく説明してあります。採用後の給与、福利厚生、公務員を長くつとめることで取れる資格についても言及しています。公務員試験の受験資格から、試験の難易度、科目ごとの出題傾向の分析、記述問題の解答の仕方、論作文試験の対策、面接試験の準備方法まで説明してあります。合格を確実にするために、絶対必須の併願の方法、予備校・模擬試験の活用法など、知っておくと必ず得する情報を紹介しています。
2017.11 207p A5 ¥1400 ⓘ978-4-415-22557-9

◆公務員試験 受かる勉強法 落ちる勉強法─これが「最速受験術」だ！　2019年度版　「合格への道」研究会編著　洋泉社
【要旨】使うと合格する本、落ちる本80冊以上を徹底紹介！ 近年、使用が急増中のSPI・SCOAにも対応！ 予備校いらずの勉強法がここにある！
2017.11 286p B6 ¥1400 ⓘ978-4-8003-1338-6

◆公務員試験オールガイド 2018年度版　資格試験研究会編　実務教育出版
【要旨】幅広い仕事内容、給料や福利厚生などの待遇、筆記をはじめとした各試験の傾向・しくみなど、あらゆるニーズに応える公務員試験ガイドブックの決定版！ 試験制度の変更など新時代のトレンドに完全対応。知りたい情報がすぐ見つかる誌面構成。
2017.2 431p A5 ¥1500 ⓘ978-4-7889-7575-0

◆公務員試験 学習スタートブック30年度試験対応　実務教育出版　（受験ジャーナル特別企画1）
【要旨】あらゆる疑問を解決するガイド＋過去問模試試験別入門書！
2017.6 151p B5 ¥1500 ⓘ978-4-7889-5543-1

◆公務員試験過去問新クイックマスター 1 数的推理・資料解釈　LEC東京リーガルマインド編著　東京リーガルマインド　第7版
【要旨】LECの講義でも使用。専任講師陣の総力を挙げて作成！ 必修問題から応用問題まで段階的にステップアップ！ 重要項目をまとめた「インプット」の活用により、解答できる力がつく！ 豊富な図表と2色刷りによるわかりやすい解説で、ポイントをおさえた効率的な学習ができる！
2017.10 592p A5 ¥1600 ⓘ978-4-8449-0595-0

◆公務員試験過去問新クイックマスター 2 判断推理・図形　LEC東京リーガルマインド編著　東京リーガルマインド　（付属資料：目隠しシート1）
【要旨】最新の平成29年問題を掲載。
2017.11 663p A5 ¥1600 ⓘ978-4-8449-0596-7

◆公務員試験過去問新クイックマスター 3 文章理解　LEC東京リーガルマインド編著　東京リーガルマインド　第7版
【要旨】2017年に実施された公務員の本試験問題を掲載しています。なかなか入手できない地方上級の問題を数多く収録しています。類似の過去問を繰り返し解くことで知識の定着と解法パターンの習得を図れる。必ずマスターすべき「必修問題」と、基本と応用の2つのレベルがある「実践問題」により、無理なくステップアップできる構成になっています。「出題傾向分析」、「インプット（講義ページ）」、直前期に復習すべき問題をピックアップした「直前復習」など、メリハリをつけて必要事項をマスターするための工夫が満載です。
2017.12 637p A5 ¥1600 ⓘ978-4-8449-0597-4

◆公務員試験過去問新クイックマスター 4 社会科学　LEC東京リーガルマインド編著　東京リーガルマインド　第7版
【要旨】2017年に実施された公務員の本試験問題を掲載しています。なかなか入手できない地方上級の問題を数多く収録しています。必ずマスターすべき「必修問題」と、基本と応用の2つのレベルがある「実践問題」により、無理なくステップアップできる構成になっています。「出題傾向分析」、「インプット（講義ページ）」、直前期に復習すべき問題をピックアップした「直前復習」など、メリハリをつけて必要事項をマスターするための工夫が満載です。
2017.10 767p A5 ¥1600 ⓘ978-4-8449-0598-1

◆公務員試験過去問新クイックマスター 5 人文科学1 日本史・世界史　LEC東京リーガルマインド編著　東京リーガルマインド　第7版
【要旨】2017年に実施された公務員の本試験問題を掲載。なかなか入手できない地方上級の問題を数多く収録。類似の過去問を繰り返し解くことで知識の定着と解法パターンの習得を図れる。必ずマスターすべき「必修問題」と、基本と応用の2つのレベルがある「実践問題」により、無理なくステップアップできる構成になっています。「出題傾向分析」、「インプット（講義ページ）」、直前期に復習すべき問題をピックアップした「直前復習」など、メリハリをつけて必要事項をマスターするための工夫が満載。
2017.11 529p A5 ¥1600 ⓘ978-4-8449-0599-8

◆公務員試験過去問新クイックマスター 6 人文科学　2　LEC東京リーガルマインド編著　東京リーガルマインド　第7版
【要旨】2017年に実施された公務員の本試験問題を掲載しています。なかなか入手できない地方上級の問題を数多く収録しています。類似の過去問を繰り返し解くことで知識の定着と解法パターンの習得を図れます。必ずマスターすべき「必修問題」と、基本と応用の2つのレベルがある「実践問題」により、無理なくステップアップできる構成になっています。「出題傾向分析」、「インプット（講義ページ）」、直前期に復習すべき問題をピックアップした「直前復習」など、メリハリをつけて必要事項をマスターするための工夫が満載です。
2017.12 550p A5 ¥1600 ⓘ978-4-8449-0641-4

◆公務員試験過去問新クイックマスター 7 自然科学　1　LEC東京リーガルマインド編著　東京リーガルマインド　第7版
【要旨】2017年に実施された公務員の本試験問題を掲載しています。なかなか入手できない地方上級の問題を数多く収録しています。類似の過去問を繰り返し解くことで知識の定着と解法パターンの習得を図れます。必ずマスターすべき「必修問題」と、基本と応用の2つのレベルがある「実践問題」により、無理なくステップアップできる構成になっています。「出題傾向分析」、「インプット（講義ページ）」、直前期に復習すべき問題をピックアップした「直前復習」など、メリハリをつけて必要事項をマスターするための工夫が満載です。
2017.11 460p A5 ¥1600 ⓘ978-4-8449-0643-8

◆公務員試験過去問新クイックマスター 8 自然科学　2　LEC東京リーガルマインド編著　東京リーガルマインド　第7版
【要旨】2017年に実施された公務員の本試験問題を掲載しています。なかなか入手できない地方上級の問題を数多く収録しています。類似の過去問を繰り返し解くことで知識の定着と解法パターンの習得を図れます。必ずマスターすべき「必修問題」と、基本と応用の2つのレベルがある「実践問題」により、無理なくステップアップできる構成になっています。「出題傾向分析」、「インプット（講義ページ）」、直前期に復習すべき問題をピックアップした「直前復習」など、メリハリをつけて必要事項をマスターするための工夫が満載です。
2017.12 403p A5 ¥1600 ⓘ978-4-8449-0644-5

◆公務員試験過去問新クイックマスター 9 憲法　LEC東京リーガルマインド編著　東京リーガルマインド　第7版
【要旨】最新の平成29年問題を掲載。
2017.11 701p A5 ¥1600 ⓘ978-4-8449-0645-2

◆公務員試験過去問新クイックマスター 10 民法 1　LEC東京リーガルマインド編著　東京リーガルマインド　第7版
【要旨】2017年に実施された公務員の本試験問題を掲載しています。なかなか入手できない地方上級の問題を数多く収録しています。類似の過去問を繰り返し解くことで知識の定着と解法パターンの習得を図れます。必ずマスターすべき「必修問題」と、基本と応用の2つのレベルがある「実践問題」により、無理なくステップアップできる構成になっています。「出題傾向分析」、「インプット（講義ページ）」、直前期に復習すべき問題をピックアップした「直前復習」など、メリハリをつけて必要事項をマスターするための工夫が満載です。
2017.11 720p A5 ¥1600 ⓘ978-4-8449-0646-9

◆公務員試験過去問新クイックマスター 11 民法 2　LEC東京リーガルマインド編著　東京リーガルマインド　第7版
【要旨】2017年に実施された公務員の本試験問題を掲載しています。なかなか入手できない地方上級の問題を数多く収録しています。類似の過去問を繰り返し解くことで知識の定着と解法パターンの習得を図れます。必ずマスターすべき「必修問題」と、基本と応用の2つのレベルがある「実践問題」により、無理なくステップアップできる構成になっています。「出題傾向分析」、「インプット（講義ページ）」、直前期に復習すべき問題をピックアップした「直前復習」など、メリハリをつけて必要事項をマスターするための工夫が満載です。
2017.11 777p A5 ¥1600 ⓘ978-4-8449-0647-6

◆公務員試験過去問新クイックマスター 12 行政法　LEC東京リーガルマインド編著　東京リーガルマインド　第7版
【要旨】2017年に実施された公務員の本試験問題を掲載しています。なかなか入手できない地方上級の問題を数多く収録しています。類似の過去問を繰り返し解くことで知識の定着と解法パターンの習得を図れます。必ずマスターすべき「必修問題」と、基本と応用の2つのレベルがある「実践問題」により、無理なくステップアップできる構成になっています。「出題傾向分析」、「インプット（講義ページ）」、直前期に復習すべき問題をピックアップした「直前復習」など、メリハリをつけて必要事項をマスターするための工夫が満載です。
2017.11 747p A5 ¥1600 ⓘ978-4-8449-0648-3

◆公務員試験過去問新クイックマスター 13 ミクロ経済学　LEC東京リーガルマインド編著　東京リーガルマインド　第7版
【要旨】2017年に実施された公務員の本試験問題を掲載。なかなか入手できない地方上級の問題を数多く収録。類似の過去問を繰り返し解くことで知識の定着と解法パターンの習得を図れる。必ずマスターすべき「必修問題」と、基本と応用の2つのレベルがある「実践問題」により、無理なくステップアップできる構成になっている。「出題傾向分析」、「インプット（講義ページ）」、直前期に復習すべき問題をピックアップした「直前復習」など、メリハリをつけて必要事項をマスターするための工夫が満載。
2017.11 557p A5 ¥1600 ⓘ978-4-8449-0649-0

◆公務員試験過去問新クイックマスター 14 マクロ経済学　LEC東京リーガルマインド編著　東京リーガルマインド　第7版
【要旨】2017年に実施された公務員の本試験問題を掲載しています。なかなか入手できない地方上級の問題を数多く収録しています。類似の過去問を繰り返し解くことで知識の定着と解法パターンの習得を図れます。必ずマスターすべき「必修問題」と、基本と応用の2つのレベルがある「実践問題」により、無理なくステップアップできる構成になっています。「出題傾向分析」、「インプット（講義ページ）」、直前期に復習すべき問題をピックアップした「直前復習」など、メリハリをつけて必要事項をマスターするための工夫が満載です。
2017.11 481p A5 ¥1600 ⓘ978-4-8449-0651-3

◆公務員試験過去問新クイックマスター 15　LEC東京リーガルマインド編著　東京リーガルマインド　第7版

【要旨】2017年に実施された公務員の本試験問題を掲載しています。なかなか入手できない地方上級の問題を数多く収録しています。類似の過去問を繰り返し解くことで知識の定着と解法パターンの習得を図れます。必ずマスターすべき「必修問題」と、基本と応用の2つのレベルがある「実践問題」により、無理なくステップアップできる構成になっています。「出題傾向分析」、「インプット（講義ページ）」、直前期に復習すべき問題をピックアップした「直前復習」など、メリハリをつけて必要事項をマスターするための工夫が満載です。
　2017.11 619p A5 ¥1600 ①978-4-8449-0652-0

◆公務員試験過去問新クイックマスター
16　行政学 LEC東京リーガルマインド編著
東京リーガルマインド　第7版
【要旨】2017年に実施された公務員の本試験問題を掲載しています。なかなか入手できない地方上級の問題を数多く収録しています。類似の過去問を繰り返し解くことで知識の定着と解法パターンの習得を図れます。必ずマスターすべき「必修問題」と、基本と応用の2つのレベルがある「実践問題」により、無理なくステップアップできる構成になっています。「出題傾向分析」、「インプット（講義ページ）」、直前期に復習すべき問題をピックアップした「直前復習」など、メリハリをつけて必要事項をマスターするための工夫が満載です。
　2017.12 599p A5 ¥1600 ①978-4-8449-0653-7

◆公務員試験過去問新クイックマスター
17　社会学 LEC東京リーガルマインド編著
東京リーガルマインド　第7版
【要旨】2017年に実施された公務員の本試験問題を掲載しています。なかなか入手できない地方上級の問題を数多く収録しています。類似の過去問を繰り返し解くことで知識の定着と解法パターンの習得を図れます。必ずマスターすべき「必修問題」と、基本と応用の2つのレベルがある「実践問題」により、無理なくステップアップできる構成になっています。「出題傾向分析」、「インプット（講義ページ）」、直前期に復習すべき問題をピックアップした「直前復習」など、メリハリをつけて必要事項をマスターするための工夫が満載です。
　2017.11 611p A5 ¥1600 ①978-4-8449-0654-4

◆公務員試験過去問新クイックマスター
18　財政学 LEC東京リーガルマインド編著
東京リーガルマインド　第7版
【要旨】最新の平成29年問題を掲載。
　2017.12 399p A5 ¥1600 ①978-4-8449-0655-1

◆公務員試験 技術系最新過去問 工学に関する基礎（数学・物理）2019年度版　資格試験研究会編　実務教育出版
【要旨】国家総合職・一般職、地方上級の平成27〜29年度の問題を収録！ 土木、建築、機械、電気・電子、化学などの必須科目。
　2017.12 258p A5 ¥2400 ①978-4-7889-3669-0

◆公務員試験 現職採点官が教える！ 合格面接術 2018年度版　春日文生著　実務教育出版
【要旨】マンガでスパッとつかめる面接場面！ リアルな採点基準をしっかり押さえる！
　2017.4 255p A5 ¥1200 ①978-4-7889-7578-1

◆公務員試験 現職採点官が教える！ 合格論文術 2018年度版　春日文生著　実務教育出版
【要旨】公務員試験ならではの「キホン」を身につけよう！ リアルな採点基準をしっかり押さえます！
　2017.3 247p A5 ¥1200 ①978-4-7889-7576-7

◆公務員試験 現職人事が書いた「公務員になりたい人へ」の本 2019年度版　大賀英徳編著　実務教育出版
【要旨】いろいろな公務員の仕事と待遇、公務員試験の仕組みから対処法までを本音でわかりやすく教える！ 目からウロコの公務員&公務員試験ガイド。
　2017.7 223, 32p A5 ¥1100 ①978-4-7889-7581-1

◆公務員試験 現職人事が書いた「自己PR・志望動機・提出書類」の本 2019年度版　大賀英徳著　実務教育出版
【要旨】みなさん！ 筆記試験は3割くらい間違えても合格点さえ取れればクリアできますが、受験申込書でのミスはちょっとしたことが命取りになりかねません！ また、筆記試験の成績ではほかの受験生に負けていても提出書類や

面接でうまくアピールして面接官に「おおっ！」と思わせることができれば一発逆転も十分可能です！ なのに！ なのに！ 大半の受験生はほとんど準備をしていない！ まずは本書を読んで、自己PRと志望動機の練り方を学んでください！ そして受験申込書や面接カードなどの提出書類のポイントをつかんでください！
　2017.12 262p A5 ¥1200 ①978-4-7889-7583-5

◆公務員試験 現職人事が書いた「面接試験・官庁訪問」の本 2018年度版　大賀英徳著　実務教育出版
【要旨】質問と回答のポイントを本音で解説！ 面接官のチェックポイントがわかる！
　2017.4 253p A5 ¥1200 ①978-4-7889-7573-6

◆公務員試験 現職人事が答える公務員試験で受験生が気になること 2019年度版
大賀英徳編著　実務教育出版
【要旨】民間企業を「御社」って呼ぶけど、官公庁の場合は？ 御県？ 御市？ 御省？ 御局？ 筆記試験はどこを見ているの？ なんかの科目が0点だと採用されないって本当？ 採用側の本音満載のQ&A360本！
　2017.9 327p A5 ¥1200 ①978-4-7889-7582-8

◆公務員試験 国家総合職教養試験問題集 2019年度版　資格試験研究会編　実務教育出版
【要旨】15科目296問のオリジナル問題。教養・法務区分の出題内訳表を掲載。実力アップに最適な予想問題。基礎能力試験に完全対応！
　2017.10 300p A5 ¥1800 ①978-4-7889-7252-0

◆公務員試験 時事コレ1冊！ 2018年度採用版　TAC公務員講座編著　TAC出版
【要旨】公務員試験に強い資格の学校TACの時事対策が本になりました！ 必見の出題予想最重要テーマベスト10！ 掲載。
　2017.1 185p A5 ¥1100 ①978-4-8132-6956-4

◆公務員試験 時事ザ・ベスト 2018 The BEST制作委員会編著　エクシア出版
【要旨】単なる暗記本ではない！―それぞれの出来事の背景にまで及んで丁寧に解説すること、流れを掴んで学習することができるようにしました。図やグラフを豊富に掲載！―資料としての データを可能な限り掲載しました。キャラクター大活躍！―ザ・ベストシリーズの人気キャラクターに加え、オリジナルのキャラクターが皆さんを応援してくれます。万全のアフターフォロー！―本書の特典として、執筆陣による無料のWEB講義を配信します。本書が出版されたあとの時事や試験別の勉強方法など、最後の最後までしっかりフォローしています。
　2017.2 189p A5 ¥1000 ①978-4-908804-15-1

◆公務員試験 自然科学ザ・ベストプラス
荒井義明著　エクシア出版
【要旨】頻出項目を理解、的を絞って暗記、実践！ 良問演習。物理・化学・生物・地学は難しくない！ 豊富な図解、ていねいな解説で苦手意識を吹きとばす！ 1点でも多くもぎ取る！
　2017.5 317p A5 ¥1500 ①978-4-908804-19-9

◆公務員試験社会人基礎試験 "早わかり" 問題集 2018年度版　資格試験研究会編　実務教育出版　（付属資料：別冊1）
【要旨】地方自治体の「経験者・社会人採用試験」に出現した、新タイプの試験問題を受験生の情報から復元。
　2017.4 181p A5 ¥1500 ①978-4-7889-7580-4

◆公務員試験新スーパー過去問ゼミ 5 民法 1　資格試験研究会編　実務教育出版
【要旨】頻出度&難易度がひと目でわかる。過去問をコンパクトに整理。出題のPOINTをコンパクトに整理。平成27〜29年度問題を増補して「4」から「5」へ全面改訂。合格者の信頼も厚い公務員試験対策のトップブランド。
　2017.10 428p A5 ¥1800 ①978-4-7889-4875-4

◆公務員試験 新スーパー過去問ゼミ 5 民法 2　資格試験研究会編　実務教育出版
【要旨】頻出度&難易度がひと目でわかる。過去問を厳選！ わかりやすい解説つき。出題のPOINTをコンパクトに整理。受験生の圧倒的支持を集める過去問演習の超定番シリーズ。
　2017.10 379p A5 ¥1800 ①978-4-7889-4876-1

◆公務員試験 新スーパー過去問ゼミ 5 文章理解・資料解釈　資格試験研究会編　実務教育出版
【要旨】頻出度&難易度がひと目でわかる。過去問を厳選！ わかりやすい解説つき。出題のPO-

INTをコンパクトに整理。
　2017.9 493p A5 ¥1800 ①978-4-7889-4872-3

◆公務員試験 新スーパー過去問ゼミ 5 数的推理　資格試験研究会編　実務教育出版
【要旨】頻出度&難易度がひと目でわかる。過去問をコンパクトに整理。
　2017.9 451p A5 ¥1800 ①978-4-7889-4871-6

◆公務員試験 新スーパー過去問ゼミ 5 判断推理　資格試験研究会編　実務教育出版
【要旨】頻出度&難易度がひと目がわかる。過去問を厳選！ わかりやすい解説つき。出題のPOINTをコンパクトに整理。
　2017.9 471p A5 ¥1800 ①978-4-7889-4870-9

◆公務員試験 新スーパー過去問ゼミ 5 自然科学　資格試験研究会編　実務教育出版
【要旨】頻出度&難易度がひと目でわかる。過去問を厳選！ わかりやすい解説つき。出題のPOINTをコンパクトに整理。
　2017.9 511p A5 ¥1800 ①978-4-7889-4869-3

◆公務員試験 新スーパー過去問ゼミ 5 社会科学　資格試験研究会編　実務教育出版
【要旨】頻出度&難易度がひと目でわかる。過去問を厳選！ わかりやすい解説つき。出題のPOINTをコンパクトに整理。
　2017.9 481p A5 ¥1800 ①978-4-7889-4867-9

◆公務員試験 新スーパー過去問ゼミ 5 人文科学　資格試験研究会編　実務教育出版
【要旨】頻出度&難易度がひと目でわかる。過去問を厳選！ わかりやすい解説つき。出題のPOINTをコンパクトに整理。
　2017.9 507p A5 ¥1800 ①978-4-7889-4868-6

◆公務員試験 新スーパー過去問ゼミ 5 憲法　資格試験研究会編　実務教育出版
【要旨】頻出度&難易度がひと目でわかる。過去問を厳選！ わかりやすい解説つき。出題のPOINTをコンパクトに整理。平成27〜29年度問題を増補して厚い公務員試験対策のトップブランド。
　2017.10 476p A5 ¥1800 ①978-4-7889-4873-0

◆公務員試験新スーパー過去問ゼミ 5 行政法　資格試験研究会編　実務教育出版
【要旨】頻出度&難易度がひと目でわかる。過去問を厳選！ わかりやすい解説つき。出題のPOINTをコンパクトに整理。平成27〜29年度問題を増補して「4」から「5」へ全面改訂。合格者の信頼も厚い公務員試験対策のトップブランド。
　2017.10 456p A5 ¥1800 ①978-4-7889-4874-7

◆公務員試験新スーパー過去問ゼミ 5 ミクロ経済学　資格試験研究会編　実務教育出版
【要旨】頻出度&難易度がひと目でわかる。過去問を厳選！ わかりやすい解説つき。出題のPOINTをコンパクトに整理。平成27〜29年度問題を増補して「4」から「5」へ全面改訂。合格者の信頼も厚い公務員試験対策のトップブランド。
　2017.10 456p A5 ¥1800 ①978-4-7889-4883-9

◆公務員試験新スーパー過去問ゼミ 5 マクロ経済学　資格試験研究会編　実務教育出版
【要旨】頻出度&難易度がひと目でわかる。過去問を厳選！ わかりやすい解説つき。出題のPOINTをコンパクトに整理。平成27〜29年度問題を増補して「4」から「5」へ全面改訂。合格者の信頼も厚い公務員試験対策のトップブランド。
　2017.10 429p A5 ¥1800 ①978-4-7889-4884-6

◆公務員試験新スーパー過去問ゼミ 5 経営学　資格試験研究会編　実務教育出版
【要旨】頻出度&難易度がひと目でわかる。過去問を厳選！ わかりやすい解説つき。出題のPOINTをコンパクトに整理。受験生の圧倒的支持を集める過去問演習の超定番シリーズ。
　2017.10 397p A5 ¥1800 ①978-4-7889-4886-0

◆公務員試験 新スーパー過去問ゼミ 5 社会学　資格試験研究会編　実務教育出版
【要旨】効率よく学べる良問を厳選。1行解説でスッキリわかる。反復演習に最適な構成。平成27〜29年度問題を増補して全面改訂。
　2017.11 333p A5 ¥1700 ①978-4-7889-4881-5

◆公務員試験 新スーパー過去問ゼミ 5 会計学　資格試験研究会編　実務教育出版
【要旨】頻出度&難易度がひと目でわかる。過去問を厳選！ わかりやすい解説つき。出題のPO-

政治

INTをコンパクトに整理。平成27～29年度問題を増補、全面改訂。合格者の信頼も厚い公務員試験対策のトップブランド。
2017.11 387p A5 ¥1700 ①978-4-7889-4887-7

◆公務員試験 新スーパー過去問ゼミ 5 刑法　資格試験研究会編　実務教育出版
【要旨】頻出度＆難易度がひと目でわかる。過去問を厳選！ わかりやすい解説つき。出題のPOINTをコンパクトに整理。
2017.11 352p A5 ¥1700 ①978-4-7889-4877-8

◆公務員試験 新スーパー過去問ゼミ 5 国際関係　資格試験研究会編　実務教育出版
【要旨】効率よく学べる良問を厳選、1行解説でスッキリわかる、反復演習に最適な構成。平成27～29年度問題を増補して「4」から「5」へ全面改訂。合格者の信頼も厚い公務員試験対策のトップブランド。
2017.11 382p A5 ¥1700 ①978-4-7889-4882-2

◆公務員試験 新スーパー過去問ゼミ 5 教育学・心理学　資格試験研究会編　実務教育出版
【要旨】効率よく学べる良問を厳選、1行解説でスッキリわかる、反復演習に最適な構成。平成27～29年度問題を増補して「4」から「5」へ全面改訂。合格者の信頼も厚い公務員試験対策のトップブランド。
2017.12 460p A5 ¥1800 ①978-4-7889-4888-4

◆公務員試験 新スーパー過去問ゼミ 5 労働法　資格試験研究会編　実務教育出版
【要旨】頻出度＆難易度がひと目でわかる。過去問を厳選！ わかりやすい解説つき。出題のPOINTをコンパクトに整理。
2018.1 345p A5 ¥1700 ①978-4-7889-4878-5

◆公務員試験 新谷一郎の行政法まるごと講義生中継　新谷一郎執筆、TAC公務員講座編著　TAC出版　（まるごと講義生中継シリーズ）　第4版
【要旨】行政法を得意科目に！ 具体的イメージと、全体像がつかめる！ 国家一般職・地方上級・国税専門官レベル対応。
2017.12 319p A5 ¥1600 ①978-4-8132-7416-2

◆公務員試験 人文科学2 ザ・ベスト プラス　―地理・思想・文学芸術　The BEST制作委員会編著　エクシア出版
【要旨】大きな流れを理解。効率的に暗記。挑戦！ 良問演習。地理・思想・文学芸術でライバルに差をつけろ！ 完全対策All in 1テキスト。
2017.2 315p A5 ¥1500 ①978-4-908804-14-4

◆公務員試験スピード解説 国際関係　資格試験研究会編、高瀬淳一執筆　実務教育出版
【要旨】「早解き×早回し」で短期攻略！ ライト感覚で取り組める基本問題中心の過去問トレーニング集。
2017.8 237p A5 ¥1500 ①978-4-7889-4185-4

◆公務員試験 スピード解説 マクロ経済学　資格試験研究会編、村尾英俊執筆　実務教育出版
【要旨】地方上級・市役所試験をメインによく出る基本問題を厳選。素早く正答を見抜くポイントをわかりやすく説明。サラッとこなせて何度も復習できる。学習スタート期の導入にも直前期の追い込みにも最適！
2017.12 249p A5 ¥1500 ①978-4-7889-4187-8

◆公務員試験 スピード解説 ミクロ経済学　資格試験研究会編、村尾英俊執筆　実務教育出版
【要旨】地方上級・市役所試験をメインによく出る基本問題を厳選。素早く正答を見抜くポイントをわかりやすく説明。サラッとこなせて何度も復習できる。学習スタート期の導入にも直前期の追い込みにも最適！
2017.12 271p A5 ¥1500 ①978-4-7889-4186-1

◆公務員試験 速攻の英語 2018年度版　資格試験研究会編　実務教育出版
【要旨】単語・イディオムから長文読解までこれ1冊でOK！ 時事英語対策も「予想テーマベスト5」でバッチリ！ 国税専門官の「商業英語」もフォロー！
2017.3 191p A5 ¥1100 ①978-4-7889-4583-8

◆公務員試験 速攻の時事―平成29年度試験完全対応　資格試験研究会編　実務教育出版
【要旨】試験に出る白書・統計・施策・動向を凝縮。選択肢を想定した「出る文」で実戦力を増

強！ 各章末に「出る文穴埋めチェック」付き！
2017.2 176p A5 ¥1000 ①978-4-7889-4581-4

◆公務員試験 速攻の時事 実戦トレーニング編―平成29年度試験完全対応　資格試験研究会編　実務教育出版
【要旨】「暗記お助け」には必修用語を400語収録！「問題演習」には予想問題を70問収録！
2017.2 143p A5 ¥900 ①978-4-7889-4582-1

◆公務員試験 速攻の自然科学 2018年度版　資格試験研究会編　実務教育出版
【要旨】数学、物理、化学、生物、地学をあきらめる前の最後の切り札。難しい問題は気にせずやさしい問題で得点を稼ぐ！
2017.3 175p A5 ¥1100 ①978-4-7889-4584-5

◆公務員試験 出るとこ過去問 政治学 セレクト100　TAC出版編集部編　TAC出版　（公務員試験過去問セレクトシリーズ）　第2版
【要旨】まだそんなにたくさん過去問を解くの？ 公務員試験の過去問はもうこれだけで大丈夫！
2017.7 227p A5 ¥1500 ①978-4-8132-6967-0

◆公務員試験 独学で合格する人の勉強法 2019年度版　鶴田秀樹編著　実務教育出版
【要旨】「新スーパー過去問ゼミ」の著者が、正しい使い方をアドバイスします！ 受験生の知りたい18の疑問にズバリ答えます！
2017.9 241p A5 ¥1200 ①978-4-7889-7585-9

◆公務員試験 畑中敦子×津田秀樹の「数的推理」勝者の解き方敗者の落とし穴NEO　畑中敦子, 津田秀樹著　洋泉社　第2版
【目次】整数、平面図形、場合の数、確率、立体図形、速さ、比と割合、集合算、数列、仕事算、ニュートン算、濃度、n 進法、流水算、旅人算・通過算
2017.11 347p A5 ¥1600 ①978-4-8003-1339-3

◆公務員試験 畑中敦子×津田秀樹の「判断推理」勝者の解き方敗者の落とし穴NEO　畑中敦子, 津田秀樹著　洋泉社　第2版
【目次】順序関係、対応関係、位置関係、試合、図形の分割と構成、数量推理、軌跡・移動、発言と真偽、命題と論理、正多面体と展開図、パズル、位相とサイコロ、操作・手順、暗号、立体の切断 2017.11 387p A5 ¥1600 ①978-4-8003-1341-6

◆公務員試験 畑中敦子の「数的推理」合格トレーニング　畑中敦子著　洋泉社
【要旨】初学者にも親切なアウトプット本。最新の本試験で出た順に構成。タイプ別の分析と豊富な練習問題。例題はキャラクターの会話でわかりやすく。公式や法則・ポイントも楽しくフォロー。
2017.2 366p A5 ¥1600 ①978-4-8003-1030-9

◆公務員試験 本試験過去問題集 国家一般職（大卒程度・行政） 2019年度採用版　TAC公務員講座編著　TAC出版　（付属資料：別冊3）
【要旨】平成27年度～平成29年度問題収載。本番そのままの問題配列！ 問題取り外し式だから、実戦的！ 時間配分の感覚が身につく！ 超便利！ 解きやすく、復習もしやすい！
2017.12 284p B5 ¥3400 ①978-4-8132-7177-2

◆公務員試験 本試験過去問題集 裁判所職員一般職（大卒程度） 2019年度採用版　TAC公務員講座編著　TAC出版
【要旨】平成27年度～平成29年度問題収載。
2017.10 182p B5 ¥2800 ①978-4-8132-7180-2

◆公務員試験本試験過去問題集 東京都1類B（行政・一般方式） 2019年度採用版　TAC公務員講座編著　TAC出版
【要旨】平成27年度～平成29年度問題収載。本番そのままの問題配列！ 問題取り外し式だから、実戦的！ 時間配分の感覚が身につく！ 超便利！ 解きやすく、復習もしやすい！
2017.10 1Vol. B5 ¥2200 ①978-4-8132-7181-9

◆公務員試験 無敵の文章理解メソッド　鈴木鋭智著　実務教育出版
【要旨】スピードと正答率を両立させる！ やってはいけない「コツコツ、じっくり」出題者の手の内を知れば「サクッ」と解ける！
2017.4 231p A5 ¥1400 ①978-4-7889-7759-4

◆公務員試験 面接・官庁訪問 攻略の秘策 2019年度採用版　市岡雅史執筆、TAC公務員講座編著　TAC出版

【要旨】特別区職員として第一線で活躍し、部課長の立場で各分野の施策を広く担当してきた著者が、多くの受験生に伝えている内容をまとめました！
2017.10 165p A5 ¥1100 ①978-4-8132-7359-2

◆公務員試験 面接・官庁訪問の秘伝 2018年度採用版　山下純一執筆、TAC公務員講座編著　TAC出版
【要旨】官庁訪問に臨んだTAC受講生3,734人の情報を徹底分析し公開！ どんな質問にも冷静に対応できる、自分なりの考えが固まる！ 官庁訪問のためのノウハウを最小限の時間で身につけられる！
2017.1 259p A5 ¥1100 ①978-4-8132-6959-5

◆公務員試験 論文・面接で問われる行政課題・政策論のポイント 2018年度版　高瀬淳一編著　実務教育出版
【要旨】幅広く活用できるノウハウを満載。一般の論文試験、集団討論、面接・官庁訪問、政策論文、政策課題討議、専門記述式「公共政策」まで。「デキる人材」「即戦力」であることをアピールできる!!
2017.3 174p A5 ¥1300 ①978-4-7889-4585-2

◆公務員受験 適性試験 15日間スピード学習 2019年度版　公務員試験情報研究会編　一ツ橋書店　（公務員採用試験シリーズ）
【要旨】これだけはナレmas#て！15日間という短期間に十分な実力養成ができる。入門コース、実戦コースに分け、自己採点表付。
2017.12 282p B6 ¥900 ①978-4-565-19443-5

◆公務員用一般常識 '19　上野法律セミナー編著　高橋書店
【要旨】教養試験の頻出問題ばかりを収録。いつでもどこでもスピーディに学習できる。解説やキーワードをコンパクトに収録。みるみる知識が身につく。必ず出る重要項目・用語を巻末に整理。試験直前の総チェックにも役立つ。受験者必携の一冊。
2017.3 159p B6 ¥750 ①978-4-471-46000-6

◆国家一般職「高卒・社会人」"教養試験" 過去問350 2018年度版　資格試験研究会編　実務教育出版　（公務員試験合格の350シリーズ）
【要旨】平成19～28年度の問題を収録！
2017.4 357p B5 ¥1700 ①978-4-7889-6431-0

◆国家一般職「大卒」"教養試験" 過去問500 2018年度版　資格試験研究会編　実務教育出版　（公務員試験合格の500シリーズ）
【要旨】平成17～28年度の問題を収録！
2017.1 88, 719p B5 ¥2600 ①978-4-7889-6423-5

◆国家一般職「大卒」"専門試験" 過去問500 2018年度版　資格試験研究会編　実務教育出版　（公務員試験合格の500シリーズ）
【要旨】平成22～28年度の問題を収録！
2017.1 160, 763p B5 ¥2600 ①978-4-7889-6424-2

◆国家専門職「大卒」"教養・専門試験" 過去問500 2018年度版　資格試験研究会編　実務教育出版　（公務員試験合格の500シリーズ）
【要旨】平成25～28年度の問題を収録！
2017.1 750p B5 ¥3200 ①978-4-7889-6425-9

◆国家総合職 "教養試験" 過去問500 2019年度版　資格試験研究会編　実務教育出版　（公務員試験合格の500シリーズ）
【要旨】平成15～29年度の問題を収録！
2017.11 799p B5 ¥3200 ①978-4-7889-6434-1

◆国家総合職 "専門試験" 過去問500 2019年度版　資格試験研究会編　実務教育出版　（公務員試験合格の500シリーズ）
【要旨】平成26～29年度の問題を収録！
2017.11 846p B5 ¥3200 ①978-4-7889-6435-8

◆これだけ！ 教養試験要点まとめ＆一問一答 '19　上野法律セミナー著　高橋書店　（付属資料：赤シート1）
【要旨】効率よく合格を目指す！ 最強の要点まとめ集。長年の過去問分析から、必ず押さえるべき頻出項目を厳選収録。要点まとめ＋一問一答で覚えた知識をすぐにチェック！ 赤チェックシートで繰り返し確認できる。
2017.3 287p B6 ¥1100 ①978-4-471-46005-1

◆最終面接官が教える！ 公務員面接突破術 '19　田村一夫著、公務員試験必勝倶楽部協力　高橋書店

【要旨】採用側から見た合格ポイント、すべて教えます。元最終面接官によるリアルで正確な対策と解説。
2017.4 191p A5 ¥1100 ①978-4-471-46007-5

◆30年度国立大学法人等職員採用試験攻略ブック　受験ジャーナル編集部編　実務教育出版　（「別冊受験ジャーナル」）
【要旨】統一試験の過去問（教養試験）＆機関別二次試験情報大公開！
2017.12 315p B5 ¥2000 ①978-4-7889-5546-2

◆試験攻略入門塾 速習！経済学 過去問トレーニング（公務員対策・ミクロ）　石川秀樹著　中央経済社、中央経済グループパブリッシング 発売
【要旨】ゼロからはじめてイッキに合格!!最近の出題傾向がリアルにわかるように、3年間に公表された全問を掲載し、そのすべての問題を無料の動画講義でも解説！『速習！ミクロ経済学』とリンクしているので、過去問を解いても、よくわからない箇所は、テキストの解説や、その動画講義を見ることで、すぐに弱点を克服することができます！
2017.7 255p A5 ¥2000 ①978-4-502-22661-8

◆公務員試験時事予想一平成29年度試験対応　公務員試験専門喜治塾著　公務員試験専門喜治塾、週刊住宅新聞社 発売
【要旨】2月中旬までの時事を完全網羅！トランプ大統領就任、小池知事の新予算案など！択一・論文・面接までこの一冊で完璧。出題予想ランキングを明確に表示。巻末付録択一・的中予想問題。
2017.3 199p A5 ¥1000 ①978-4-7848-7706-5

◆社会人が受けられる公務員試験早わかりブック　2019年度版　資格試験研究会編　実務教育出版　（付属資料：別冊1）
【要旨】フリーターOK、30歳以上OK、転職者OK。『社会人試験』『経験者採用試験』など年齢制限の高い試験に対応！実際の試験をリアルに体験、過去問模試つき。
2017.11 193p A5 ¥1500 ①978-4-7889-7462-3

◆市役所試験早わかりブック　2019年度版　資格試験研究会編　実務教育出版　（付属資料：別冊1）
【要旨】どんな問題？どんな試験？どうすれば合格する？疑問をすべて解決します！実際の試験をリアルに体験、過去問模試つき。
2017.11 193p A5 ¥1500 ①978-4-7889-7458-6

◆市役所上・中級 "教養・専門試験" 過去問500　2018年度版　資格試験研究会編　実務教育出版　（公務員試験合格の500シリーズ 9）
【要旨】平成8〜28年度の問題を収録！
2017.3 507, 15p B5 ¥2400 ①978-4-7889-6429-7

◆上・中級公務員試験過去問ダイレクトナビ 政治・経済　2019年度版　資格試験研究会編　実務教育出版　（付属資料：セルシート1）
【要旨】誤っている箇所を赤字で修正済み！余白多めの見開き展開！赤字が消えるセルシート付き！
2017.11 233p A5 ¥1300 ①978-4-7889-4687-3

◆上・中級公務員試験過去問ダイレクトナビ 生物・地学　2019年度版　資格試験研究会編　実務教育出版　（付属資料：セルシート1）
【要旨】誤っている箇所を赤字で修正済み！余白多めの見開き展開！赤字が消えるセルシート付き！
2017.11 233p A5 ¥1300 ①978-4-7889-4692-7

◆上・中級公務員試験過去問ダイレクトナビ 世界史　2019年度版　資格試験研究会編　実務教育出版
【目次】世界史（中国史（古代〜清）、第二次世界大戦後の世界、絶対主義国家の展開、近代社会の成長、ティマ別通史ほか）、思想、文学・芸術（西洋思想（近代思想、現代思想、古代ギリシア思想）、東洋思想（諸子百家）、世界の文学、西洋美術、西洋音楽）
2017.11 263p A5 ¥1300 ①978-4-7889-4689-7

◆上・中級公務員試験過去問ダイレクトナビ 地理　2019年度版　資格試験研究会編　実務教育出版　（付属資料：赤シート1）
【目次】世界の気候と土壌、世界の農林水産業、世界の地形、世界のエネルギー資源・鉱工業、人種・民族・宗教、日本の地理、中国・韓国、東南アジア・南アジアの国々、ヨーロッパの国々、

旧ソビエト連邦の国々〔ほか〕
2017.11 229p A5 ¥1300 ①978-4-7889-4690-3

◆上・中級公務員試験過去問ダイレクトナビ 日本史　2019年度版　資格試験研究会編　実務教育出版
【目次】日本史（幕藩体制、近代国家の成立、鎌倉時代、律令国家、外交史 ほか）、思想、文学・芸術（東洋思想（日本の思想家））、日本古典文学、日本近現代文学、日本の美術・芸能）
2017.11 263p A5 ¥1300 ①978-4-7889-4688-0

◆上・中級公務員試験過去問ダイレクトナビ 物理・化学　2019年度版　資格試験研究会編　実務教育出版　（付属資料：セルシート1）
【要旨】誤っている箇所を赤字で修正済み！余白多めの見開き展開！赤字が消えるセルシート付き！
2017.11 233p A5 ¥1300 ①978-4-7889-4691-0

◆上・中級公務員試験 新・光速マスター 自然科学　資格試験研究会編　実務教育出版　（付属資料：赤シート1）　改訂版
【要旨】「新スーパー過去問ゼミ」シリーズに準拠したテーマ構成で効果的に覚えられる。出るところがパッとわかる要点整理集。
2017.12 266p B6 ¥1200 ①978-4-7889-4645-3

◆上・中級公務員試験 新・光速マスター 社会科学　資格試験研究会編　実務教育出版　（付属資料：赤シート1）　改訂版
【要旨】「新スーパー過去問ゼミ」シリーズに準拠したテーマ構成で効果的に覚えられる。出るところがパッとわかる要点整理集。
2017.12 260p B6 ¥1200 ①978-4-7889-4643-9

◆上・中級公務員試験 新・光速マスター 人文科学　資格試験研究会編　実務教育出版　（付属資料：赤シート1）　改訂版
【要旨】「新スーパー過去問ゼミ」シリーズに準拠したテーマ構成で効果的に覚えられる。出るところがパッとわかる要点整理集。
2017.12 264p B6 ¥1200 ①978-4-7889-4644-6

◆初級中級土木職員 公務員採用試験問題と解説　土木職員試験問題研究会編　理工図書
【目次】1章 土木基礎力学、2章 水理学、3章 土質力学、4章 測量、5章 土木施工、6章 土木構造設計、7章 社会基盤工学、8章 情報技術基礎、9章 数学、10章 物理、東京都土木職員3類問題
2017.7 239p A5 ¥3200 ①978-4-8446-0866-0

◆成功する！公務員の面接採用試験　'19年版　成美堂出版編集部編著　成美堂出版
【要旨】何をきかれ、どこをみられるか？合否を決める面接の話し方と聞き方。
2017.11 167p A5 ¥900 ①978-4-415-22564-7

◆絶対決める！公務員の適性試験完全対策問題集　2019年度版　L&L総合研究所編著　新星出版社
【要旨】計算・照合・置換・分類・図形把握の各問題を繰り返し練習。合否で差が出る複合問題を徹底的に演習。
2017.11 239p A5 ¥1100 ①978-4-405-01948-5

◆絶対決める！実戦添削例から学ぶ公務員試験論文・作文　2019年度版　石井秀明著　新星出版社
【要旨】たった7日で完全マスター！試験で出やすいテーマ別に書き方を伝授。豊富な文例＋添削形式の解説。
2017.11 191p A5 ¥1100 ①978-4-405-01942-3

◆絶対決める！数的推理・判断推理公務員試験合格問題集　2019年度版　受験研究会編　新星出版社
【要旨】3ステップ式でスピードマスター！STEP1：例題＋。STEP2：解法解説で基本の徹底。STEP3：特訓問題で応用力が身につく。
2017.11 255p A5 ¥1200 ①978-4-405-01940-9

◆速効チャージ！公務員時事直前対策　'19　CSS公務員セミナー著　高橋書店
【要旨】過去問分析結果から導きだした出題予想。面接・論文にも使えるニュースの着眼点。平成29年度試験対応。
2017.3 189p A5 ¥1000 ①978-4-471-46006-8

◆大卒警察官・消防官・市役所上級・国家公務員・地方上級過去問精選問題集 出たDATA問 1 一般知能 基礎編 2019年度　東京アカデミー編　（名古屋）ティーエー

ネットワーク、七賢出版 発売　（オープンセサミシリーズ）　（付属資料：別冊1）
【要旨】公務員試験対策の決定版！掲載総数363問、過去20年分の本試験問題から精選。地方公務員などの非公表問題も多数掲載。
2017.12 313p A5 ¥1000 ①978-4-86455-341-4

◆大卒警察官・消防官・市役所上級・国家公務員・地方上級過去問精選問題集 出たDATA問 2 社会科学 基礎編 2019年度　東京アカデミー編　（名古屋）ティーエーネットワーク、七賢出版 発売　（オープンセサミシリーズ）　（付属資料：別冊1）
【要旨】公務員試験対策の決定版！掲載総数272問、過去20年分の本試験問題から精選。地方公務員などの非公表問題も多数掲載。
2017.12 255p A5 ¥1000 ①978-4-86455-342-1

◆大卒警察官・消防官・市役所上級・国家公務員・地方上級過去問精選問題集 出たDATA問 3 人文科学 基礎編 2019年度　東京アカデミー編　（名古屋）ティーエーネットワーク、七賢出版 発売　（オープンセサミシリーズ）　（付属資料：別冊1）
【要旨】公務員試験対策の決定版！掲載総数373問、過去20年分の本試験問題から精選。地方公務員などの非公表問題も多数掲載。
2017.12 353p A5 ¥1000 ①978-4-86455-343-8

◆大卒警察官・消防官・市役所上級・国家公務員・地方上級過去問精選問題集 出たDATA問 4 自然科学 基礎編 2019年度　東京アカデミー編　（名古屋）ティーエーネットワーク、七賢出版 発売　（オープンセサミシリーズ）　（付属資料：別冊1）
【要旨】公務員試験対策の決定版！掲載総数295問、過去20年分の本試験問題から精選。地方公務員などの非公表問題も多数掲載。
2017.12 282p A5 ¥1000 ①978-4-86455-344-5

◆大卒警察官・消防官・市役所上級・国家公務員・地方上級過去問精選問題集 出たDATA問 5 文章理解 基礎編 2019年度　東京アカデミー編　（名古屋）ティーエーネットワーク、七賢出版 発売　（オープンセサミシリーズ）　（付属資料：別冊1）
【要旨】公務員試験対策の決定版！掲載総数192問、過去20年分の本試験問題から精選。地方公務員などの非公表問題も多数掲載。
2017.12 173p A5 ¥1000 ①978-4-86455-345-2

◆大卒全国市役所職員採用試験実戦テスト 2018年度版　公務員試験情報研究会編著　一ツ橋書店
【要旨】"限られた時間の中で解く" という本番さながらの実戦テスト。これらの問題と類似したものが本番で何問かは出る！
2017.1 331p A5 ¥1600 ①978-4-565-18441-2

◆大卒 全国市役所職員採用試験 実戦テスト 2019年度版　公務員試験情報研究会編著　一ツ橋書店
【要旨】"限られた時間の中で解く" という本番さながらの実戦テスト。これらの問題と類似したものが本番で何問かは出る！
2017.12 331p A5 ¥1600 ①978-4-565-19441-1

◆大卒程度公務員面接対策ハンドブック 2018年度版　資格試験研究会編　実務教育出版
【要旨】公務員面接の特徴は？ここが聞かれる「ジャンル別面接問答集」直前チェックポイント…etc. 公務員面接の徹底準備と必ず聞かれる68のQ&A。
2017.4 175p B6 ¥1100 ①978-4-7889-7579-8

◆地方公務員をめざす本　'19年版　一合格への近道　成美堂出版編集部編著　成美堂出版
【要旨】地方公務員の仕事を、職域・職種別に紹介しています。都道府県庁、市町村役場、警察官・消防官を中心に、それぞれの職場の組織や仕事の内容、異動や昇進、勤務のタイムスケジュールの例などもあげて、わかりやすく解説しています。給与・休暇や福利厚生、研修制度などを、具体的なデータに基づいて紹介しています。試験の種類や試験内容、試験科目、最近の出題例や出題傾向、競争率など、公務員採用試験について総合的に述べています。
2017.11 159p A5 ¥900 ①978-4-415-22565-4

◆地方公務員試験 東京都・特別区のパーフェクト時事 平成29年度版　コンテンツ編著　コンテンツ、星雲社 発売

政治

【要旨】東京都と特別区の出題傾向に100%準拠した1冊！だから…試験に出る時事のみを重点掲載！ムダな学習を避け、即効性のある学習が可能！時事全問正解をフルサポート！
2017.2 191p A5 ¥1500 ①978-4-434-22880-3

◆**地方公務員試験（都道府県・政令指定都市・東京23区）早わかりブック　2019年度版**　資格試験研究会編　実務教育出版
【目次】1 地方公務員になるには？早わかりガイド（地方公務員ってどんな仕事をしているの？、地方公務員になるための近道ってあるの？、2 どんなところが出る？教養・専門試験の攻略法（教養試験・専門試験ってどんな科目が出るの？、「全国型」とか「関東型」って何のこと？　ほか）、3 キミは解けるか？過去問の徹底研究（教養・専門試験って実際にどんな問題が出るの？）、4 これで受かる？実用判定＆学習法アドバイス
2017.2 285p A5 ¥1500 ①978-4-7889-7457-9

◆**地方上級・国家一般職・国税専門官対策公務員Vテキスト　20　社会科学**　TAC公務員講座編　TAC出版　第12版
【要旨】簡潔な解説だからわかりやすい！豊富な図表と2色印刷で見やすさバツグン！公務員試験テキストの決定版！
2017.5 396p A5 ¥2000 ①978-4-8132-7137-6

◆**地方上級・国家一般職（大卒）市役所上・中級 論文試験頻出テーマのまとめ方　2018年度版**　吉岡友治著　実務教育出版
【目次】最新のトピック 国際化と日本社会、28年度・自治体別出題例一覧、論文試験頻出テーマ21（情報化と未来、情報公開と住民参加、高齢化、少子化と人口減少、行政の役割、住民サービス、青少年と教育問題、災害対策、コンパクトシティ、資源とゴミ、貧困と生活保護、リスク社会と管理、地域おこし、男女共同参画社会、社会と貢献とNPO、科学技術と人間、抽象課題、グラフ・データ問題）
2017.3 285p A5 ¥1400 ①978-4-7889-7577-4

◆**寺本康之の民法　2　ザ・ベストプラス 債権・家族**　寺本康之著　エクシア出版
【要旨】難解で膨大な「債権・家族」を効率よく学習。最新過去問を掲載。図を駆使した分かりやすい解説。改正民法のポイントも掲載。
2017.7 279p A5 ¥1400 ①978-4-908804-22-9

◆**寺本康之の民法1 ザ・ベスト プラス（総則・物権）**　寺本康之著　エクシア出版
【要旨】講義形式＆図を用いた丁寧な解説。民法改正にも対応！最新過去問を掲載。国家総合職を目指す人にもおすすめ。出題ポイントを徹底分析した内容！
2017.3 261p A5 ¥1400 ①978-4-908804-16-8

◆**得点を伸ばす！教養試験直前チェック '19**　上野法律セミナー著　高橋書店　（付属資料：赤シート1）
【要旨】過去問のよく出る正答選択肢を収録。読むだけで効率的な試験対策ができる！赤チェックシートで繰り返し確認。重要な単語をスッキリ整理！用語集つき。大事なとこだけ！シンプルな正答選択肢集。
2017.3 207p A5 ¥1100 ①978-4-471-46008-2

◆**土木職公務員試験 専門問題と解答―選択科目編**　米田昌弘著　（岡山）大学教育出版　第3版
【目次】第1章 土木材料学、第2章 橋梁工学、第3章 耐震工学、第4章 測量、第5章 衛生工学、第6章 衛生工学、第7章 環境工学、第8章 河川・港湾および海岸工学、第9章 計画、第10章 建設一般
2017.5 258p B5 ¥2800 ①978-4-86429-445-4

◆**土木職公務員試験専門問題と解答 実践問題集 必修・選択科目編**　米田昌弘著　（岡山）大学教育出版　第3版
【目次】第1章 構造力学、第2章 水理学、第3章 土質力学、第4章 選択科目
2017.6 240p B5 ¥2700 ①978-4-86429-454-6

◆**畑中敦子の数的推理入門テキスト―大卒程度公務員試験対策**　畑中敦子著　エクシア出版
【要旨】基礎力を養う問題を厳選！ビジュアル的に見やすい解説！算数・数学の基礎から解説。
2017.9 313p A5 ¥1500 ①978-4-908804-23-6

◆**畑中敦子の判断推理・数的推理頻出24テーマ速習book　2019**　畑中敦子著　エクシア出版

◆**畑中敦子の「判断推理・数的推理」頻出24テーマ速習book　2018**　畑中敦子著　エクシア出版
【目次】順序関係、仕事算とニュートン算、うそつき問題、整数問題、平面図形の構成、場合の数、対応関係、平面図形の計量、命題と論理、確率〔ほか〕
2017.12 187p A5 ¥1000 ①978-4-908804-27-4

◆**畑中敦子の判断推理入門テキスト**　畑中敦子著　エクシア出版
【要旨】基礎力を養う問題を厳選！ビジュアル的に見やすい解説！わかりやすさは宇宙一！
2017.12 313p A5 ¥1500 ①978-4-908804-18-2

◆**文系女子のための公務員試験数的推理 音声付きテキスト＋トコトン問題集（公務員試験）**　西川マキ著　インプレス
【目次】第1章 ペアで学習シリーズ、第2章 割合シリーズ、第3章 速さシリーズ、第4章 整数シリーズ、第5章 平面図形シリーズ、第6章 実践問題、第7章 復習コーナー
2017.7 431p A5 ¥1600 ①978-4-295-00195-9

◆**文系女子のための公務員試験判断推理 音声付きテキスト＋トコトン問題集（公務員試験）**　西川マキ著　インプレス
【目次】第1章 表や図を作ろうシリーズ（基本編）、第2章 表や図を作ろうシリーズ（応用編）、第3章 手順を踏もうシリーズ、第4章 推理しようシリーズ、第5章 どんどん書こうシリーズ、第6章 立体図形シリーズ、第7章 実践問題
2017.7 351p A5 ¥1600 ①978-4-295-00196-6

教養・一般知識

◆**合格公務員！教養試験実戦問題集　2019年度版**　高橋書店編集部編　高橋書店
【要旨】解答・解説が見やすい―問題から解答・解説まで見開き完結。答え合わせしやすく、使い勝手もGOOD！本試験に沿った5肢択一式―実際の試験を想定して学習できる。充実した解説で実力アップ間違いなし。「よく出るマーク」つき―頻出問題がひと目でわかる。さらに、ジャンルごとに重要度順を掲載。
2017.3 207p A5 ¥1000 ①978-4-471-46001-3

◆**絶対決める！公務員の基礎能力試験（教養試験）完全対策問題集　2019年度版**　受験研究会編　新星出版社
【要旨】頻出問題を徹底攻略。合否で差が出る知識分野の得点力大幅UP！
2017.11 319p A5 ¥1200 ①978-4-405-01941-6

国家1種・地方上級

◆**公務員試験 市役所上・中級採用試験問題集　2019年度版**　資格試験研究会編　実務教育出版
【要旨】全科目を一気に攻略！教養210問、専門158問を収録。科目別の出題傾向と対策。適性試験2回分つき。
2017.9 328p A5 ¥1600 ①978-4-7889-7255-1

◆**公務員試験地方上級　'19年版**　成美堂出版編集部編著　成美堂出版
【要旨】過去5年間の問題を徹底整理して出題傾向を分析。本試験で応用がきくように、プロセスを重視したわかりやすい構成。問題は左、解説は右の構成で、疑問点がすぐ解決。不正解でも、なぜ間違いなのかを知ることができ、効率的な学習が進められる。
2017.12 301p B6 ¥1000 ①978-4-415-22581-4

◆**公務員試験 地方上級教養試験問題集　2019年度版**　資格試験研究会編　実務教育出版
【要旨】17科目575問のオリジナル問題。科目別の出題傾向と対策。各自治体の教養択一式試験に対応。
2017.10 380p A5 ¥1600 ①978-4-7889-7253-7

◆**公務員試験 出るとこ過去問 行政学 セレクト70**　TAC出版編集部編　TAC出版　（公務員試験過去問セレクトシリーズ）　第2版
【目次】第1章 行政学の発展、第2章 組織論、第3章 行政の管理、第4章 日本の行政組織、第5章 官僚制・行政組織の意思決定、第6章 行政の責任と統制、第7章 地方自治
2017.3 160p A5 ¥1500 ①978-4-8132-6968-7

◆**公務員試験 出るとこ過去問 社会科学 セレクト55**　TAC出版編集部編　TAC出版　（公務員試験過去問セレクトシリーズ）　第2版
【目次】第1章 政治・法律（国家機能の変遷、法の支配、社会契約説 ほか）、第2章 経済（経済学説、需要曲線・供給曲線、フローとストック ほか）、第3章 社会（社会集団、防衛機制、戦後の女性の地位の変化 ほか）
2017.3 236p A5 ¥1500 ①978-4-8132-6973-1

◆**公務員本試験過去問題集 特別区1類（事務）　2019年度採用版**　TAC公務員講座編　TAC出版
【要旨】平成27年度～平成29年度問題収載。本番そのままの問題配列！問題取り外し式だから、実戦的！時間配分の感覚が身につく！超便利！解きやすく、復習もしやすい！
2017.10 1Vol. B5 ¥2200 ①978-4-8132-7182-6

◆**公務員 論文試験の秘伝　2019年度採用版**　山下純一著　TAC出版
【要旨】人気講師が教える秘伝の論文対策。論文試験の最新の傾向を徹底分析して厳選テーマを収載！テーマごとの解答のポイントを山ちゃんがスムーズに誘導！気がつけば問題意識に富んだ「チョット賢い受験生」に！
2017.12 288p A5 ¥1200 ①978-4-8132-7283-0

◆**公務員Vテキスト　10　政治学―地方上級・国家一般職・国税専門官対策**　TAC公務員講座編　TAC出版　第11版
【要旨】簡潔な解説だからわかりやすい！豊富な図表と2色印刷で見やすさバツグン！公務員試験テキストの決定版！
2017.4 228p A5 ¥1600 ①978-4-8132-7135-2

◆**国家公務員・地方上級過去問精選問題集 出たDATA問　6　一般知能 実践編　2019年度**　東京アカデミー編　（名古屋）ティーエーネットワーク, 七賢出版 発売（オープンセサミシリーズ）　（付属資料：別冊1）
【要旨】公務員試験対策の決定版！掲載総数330問、過去20年分の本試験問題から精選。地方公務員などの非公表問題も多数掲載。
2017.12 306p A5 ¥1500 ①978-4-86455-346-9

◆**国家公務員・地方上級過去問精選問題集 出たDATA問　7　社会科学 実践編　2019年度**　東京アカデミー編　（名古屋）ティーエーネットワーク, 七賢出版 発売（オープンセサミシリーズ）　（付属資料：別冊1）
【要旨】公務員試験対策の決定版！掲載総数226問、過去20年分の本試験問題から精選。地方公務員などの非公表問題も多数掲載。
2017.12 215p A5 ¥1500 ①978-4-86455-347-6

◆**国家公務員・地方上級過去問精選問題集 出たDATA問　8　人文科学 実践編　2019年度**　東京アカデミー編　（名古屋）ティーエーネットワーク, 七賢出版 発売（オープンセサミシリーズ）　（付属資料：別冊1）
【要旨】公務員試験対策の決定版！掲載総数338問、過去20年分の本試験問題から精選。地方公務員などの非公表問題も多数掲載。
2017.12 327p A5 ¥1500 ①978-4-86455-348-3

◆**国家公務員・地方上級過去問精選問題集 出たDATA問　9　自然科学 実践編　2019年度**　東京アカデミー編　（名古屋）ティーエーネットワーク, 七賢出版 発売（オープンセサミシリーズ）　（付属資料：別冊1）
【要旨】公務員試験対策の決定版！掲載総数295問、過去20年分の本試験問題から精選。地方公務員などの非公表問題も多数掲載。
2017.12 288p A5 ¥1200 ①978-4-86455-349-0

◆**国家公務員・地方上級過去問精選問題集 出たDATA問　10　文章理解 実践編**

2019年度 東京アカデミー編 （名古屋）ティーエーネットワーク, 七賢出版 発売 （オープンセサミシリーズ） （付属資料：別冊1）
【要旨】公務員試験対策の決定版！ 掲載総数229問、過去20年分の本試験問題から精選。地方公務員などの非公表問題も多数掲載。
　　　　2017.12 213p A5 ¥1200 ⓘ978-4-86455-350-6

◆**国家公務員・地方上級過去問精選問題集 出たDATA問 11 憲法 2019年度** 東京アカデミー編 （名古屋）ティーエーネットワーク, 七賢出版 発売 （オープンセサミシリーズ） （付属資料：別冊1）
【要旨】公務員試験対策の決定版！ 掲載総数307問、過去20年分の本試験問題から精選。地方公務員などの非公表問題も多数掲載。
　　　　2017.12 303p A5 ¥1500 ⓘ978-4-86455-351-3

◆**国家公務員・地方上級過去問精選問題集 出たDATA問 12 民法 2019年度** 東京アカデミー編 （名古屋）ティーエーネットワーク, 七賢出版 発売 （オープンセサミシリーズ） （付属資料：別冊1）
【要旨】公務員試験対策の決定版！ 掲載総数326問、過去20年分の本試験問題から精選。地方公務員などの非公表問題も多数掲載。
　　　　2017.12 313p A5 ¥1500 ⓘ978-4-86455-352-0

◆**国家公務員・地方上級過去問精選問題集 出たDATA問 13 行政法 2019年度** 東京アカデミー編 （名古屋）ティーエーネットワーク, 七賢出版 発売 （オープンセサミシリーズ） （付属資料：別冊1）
【要旨】公務員試験対策の決定版！ 掲載総数312問、過去20年分の本試験問題から精選。地方公務員などの非公表問題も多数掲載。
　　　　2017.12 303p A5 ¥1500 ⓘ978-4-86455-353-7

◆**国家公務員・地方上級過去問精選問題集 出たDATA問 14 経済学 2019年度** 東京アカデミー編 （名古屋）ティーエーネットワーク, 七賢出版 発売 （オープンセサミシリーズ） （付属資料：別冊1）
【要旨】公務員試験対策の決定版！ 掲載総数315問、過去20年分の本試験問題から精選。地方公務員などの非公表問題も多数掲載。
　　　　2017.12 303p A5 ¥1500 ⓘ978-4-86455-354-4

◆**国家公務員・地方上級過去問精選問題集 出たDATA問 15 政治学 2019年度** 東京アカデミー編 （名古屋）ティーエーネットワーク, 七賢出版 発売 （オープンセサミシリーズ） （付属資料：別冊1）
【要旨】公務員試験対策の決定版！ 掲載総数236問、過去20年分の本試験問題から精選。地方公務員などの非公表問題も多数掲載。
　　　　2017.12 231p A5 ¥1500 ⓘ978-4-86455-355-1

◆**国家公務員・地方上級過去問精選問題集 出たDATA問 16 行政学 2019年度** 東京アカデミー編 （名古屋）ティーエーネットワーク, 七賢出版 発売 （オープンセサミシリーズ） （付属資料：別冊1）
【要旨】公務員試験対策の決定版！ 掲載総数211問、過去20年分の本試験問題から精選。地方公務員などの非公表問題も多数掲載。
　　　　2017.12 207p A5 ¥1500 ⓘ978-4-86455-356-8

◆**最新最強の地方公務員試験 上級 '19年版** 東京工学院専門学校監修 成美堂出版 （付属資料：赤シート1）
【要旨】最近の試験に頻出する事項・内容を絞り込み、わかりやすく解説しています。また、短時間でも身につく学習が行えるように、各科目の例題をテーマごとに盛り込み、各科目の最終チェック用として試験によく出る練習問題も豊富に掲載しています。
　　　　2017.12 367p A5 ¥1500 ⓘ978-4-415-22579-1

◆**絶対決める！ 地方上級・国家一般職（大卒程度）公務員試験総合問題集 2019年度版** L&L総合研究所編著 新星出版社 （付属資料：赤シート1）
【要旨】過去問を徹底的に分析。本試験型の出題＋くわしい解説。専門試験の問題を徹底演習。
　　　　2017.11 335p A5 ¥1300 ⓘ978-4-405-01946-1

◆**地方上級 "教養試験" 過去問500 2018年度版** 資格試験研究会編 実務教育出版 （公務員試験合格の500シリーズ 6）

【要旨】平成5〜28年度の問題を収録！
　　　　2017.3 63, 530p B5 ¥2600 ⓘ978-4-7889-6426-6

◆**地方上級 "専門試験" 過去問500 2018年度版** 資格試験研究会編 実務教育出版 （公務員試験合格の500シリーズ 7）
【要旨】平成7〜28年度の問題を収録！
　　　　2017.3 48, 503p B5 ¥2600 ⓘ978-4-7889-6427-3

◆**超重要！ 公務員試験過去問題集（地方上級）'19年版** 北里敏明監修, コンデックス情報研究所編著 成美堂出版 （付属資料：別冊1; 赤シート1）
【要旨】再出題が予想される本試験問題を285問厳選！ 最新の法改正・白書・統計・社会情勢に完全対応！
　　　　2017.11 199p A5 ¥1400 ⓘ978-4-415-22559-3

◆**東京都・特別区（1類）"教養・専門試験" 過去問500 2018年度版** 資格試験研究会編 実務教育出版 （公務員試験合格の500シリーズ 8）
【要旨】平成21〜28年度の問題を収録！
　　　　2017.3 207, 447p B5 ¥2600 ⓘ978-4-7889-6428-0

◆**東京都・特別区（1類）"教養・専門試験" 過去問500 2019年度版** 資格試験研究会編 実務教育出版 （公務員試験合格の500シリーズ 9）
【要旨】平成22〜29年度の問題を収録！
　　　　2017.11 429p B5 ¥2600 ⓘ978-4-7889-6441-9

◆**無敵の地方公務員 "上級" 過去問クリア問題集 2019年度版** 喜治塾編著 高橋書店
【要旨】過去問をまるごと掲載！ 出題傾向がつかめる―公務員試験は、試験問題の要所を押さえることが合格への近道。本書では、実際に出た試験問題が解けるので、実戦に即した学習が可能です。問題→頻出ポイント→解説のサイクルで応用力が身につく―公務員試験で問われるのは、知識の暗記量ではなく、応用力。本書では、理解するという点を重視し一問一問丁寧に解説。問題をこなすにつれ、着実にレベルアップできます。数的推理が苦手―これも克服できる―合否に大きく影響し、かつ多くの受験生が苦手とする数的推理。本書では、長年の指導実績に基づく、時間短縮できて確実に正解できるメソッドをまるごと伝授します。
　　　　2017.3 303p A5 ¥1400 ⓘ978-4-471-46003-7

◆**無敵の地方公務員 "上級" 過去問徹底分析 2019年度版** 家坂圭一著 高橋書店
【要旨】リアリティーある過去問で出題傾向がつかめる―公務員試験は、試験問題の要所を押さえることが合格への近道。本書では、過去に出た試験問題を徹底的に分析し、分野別にまとめました。欄外のプラス情報で理解が深まる―本文中の重要語句や関連情報をピックアップ。知識を補充でき、学習がはかどります。分野ごとに復習し練習問題で成果をチェックできる―練習問題もテキストに沿って過去問で構成。効率的な復習で苦手分野も克服できます。
　　　　2017.3 303p A5 ¥1400 ⓘ978-4-471-46009-9

国家2種・地方中級

◆**公務員試験 地方中級採用試験問題集 2019年度版** 資格試験研究会編 実務教育出版
【要旨】地方自治体の短大卒程度試験（事務系・技術系）資格・免許職試験の対策に！ 教養試験問題（全職種共通）、専門試験問題（事務系）。栄養士、保育士、看護師などの教養試験に完全対応。
　　　　2017.9 16, 382p A5 ¥1500 ⓘ978-4-7889-7254-4

国家3種・地方初級

◆**公務員試験 新・初級スーパー過去問ゼミ 自然科学** 資格試験研究会編 実務教育出版 改訂版
【要旨】高校卒業程度・社会人向け公務員試験対策の王道。最新の出題傾向にそった「過去問」をわかりやすく、ていねいに解説！
　　　　2017.3 262p A5 ¥1400 ⓘ978-4-7889-6891-2

◆**公務員試験 新・初級スーパー過去問ゼミ 社会科学** 資格試験研究会編 実務教育出版 改訂版
【要旨】高校卒業程度・社会人向け公務員試験対策の王道。最新の出題傾向にそった「過去問」をわかりやすく、ていねいに解説！
　　　　2017.3 254p A5 ¥1400 ⓘ978-4-7889-6889-9

◆**公務員試験 新・初級スーパー過去問ゼミ 人文科学** 資格試験研究会編 実務教育出版 改訂版
【要旨】高校卒業程度・社会人向け公務員試験対策の王道。最新の出題傾向にそった「過去問」をわかりやすく、ていねいに解説！
　　　　2017.3 275p A5 ¥1400 ⓘ978-4-7889-6890-5

◆**公務員試験 新・初級スーパー過去問ゼミ 数的推理** 資格試験研究会編 実務教育出版 改訂版
【要旨】高校卒業程度・社会人向け公務員試験対策の王道。最新の出題傾向にそった「過去問」をわかりやすく、ていねいに解説！
　　　　2017.3 239p A5 ¥1400 ⓘ978-4-7889-6893-6

◆**公務員試験 新・初級スーパー過去問ゼミ 適性試験** 資格試験研究会編 実務教育出版 改訂版
【要旨】高校卒業程度・社会人向け公務員試験対策の王道。最新の出題傾向にそった「過去問」をわかりやすく、ていねいに解説！
　　　　2017.3 275p A5 ¥1300 ⓘ978-4-7889-6895-0

◆**公務員試験 新・初級スーパー過去問ゼミ 判断推理** 資格試験研究会編 実務教育出版 改訂版
【要旨】高校卒業程度・社会人向け公務員試験対策の王道。最新の出題傾向にそった「過去問」をわかりやすく、ていねいに解説！
　　　　2017.3 239p A5 ¥1400 ⓘ978-4-7889-6892-9

◆**公務員試験 新・初級スーパー過去問ゼミ 文章理解・資料解釈** 資格試験研究会編 実務教育出版 改訂版
【要旨】高校卒業程度・社会人向け公務員試験対策の王道。最新の出題傾向にそった「過去問」をわかりやすく、ていねいに解説！
　　　　2017.3 275p A5 ¥1400 ⓘ978-4-7889-6894-3

◆**公務員試験 すばやく解ける数的推理・判断推理・資料解釈 2019年度版** 中村一樹, 河野裕之著 新星出版社
【目次】命題は対偶をとって解こう、ベン図は、作成・合成・読み取りの3ステップ、暗号に隠された規則性を見つけよう、対応表は条件を埋めて推論する、順序は図示して条件を整理する、勝敗表は、○×をつけて順位を出す、ウソツキは、比べて矛盾をつけ、方位の問題は位置"関係"の組み合わせ、最短距離の問題は足し算で、軌跡の基本は中心・半径・終点〔ほか〕
　　　　2017.11 191p B6 ¥1200 ⓘ978-4-405-01950-8

◆**公務員試験地方初級 '19年版** 成美堂出版編集部編著 成美堂出版
【要旨】過去5年間の問題を徹底整理して出題傾向を分析。本試験で応用がきくように、プロセスを重視したわかりやすい解説。問題は左、解説は右の構成で、疑問点がすぐ解決。不正解でも、なぜ間違いなのかを知ることができ、効率的な学習が進められる。
　　　　2017.12 252p B6 ¥900 ⓘ978-4-415-22580-7

◆**公務員試験 地方初級・国家一般職（高卒者）テキスト 国語・文章理解** TAC出版編集部編 TAC出版 （付属資料：別冊1） 第2版
【要旨】基礎から段階ごとに学習できる高卒者レベル対象テキストの決定版！
　　　　2017.2 303p B5 ¥2300 ⓘ978-4-8132-7073-7

◆**公務員試験 地方初級・国家一般職（高卒者）テキスト 自然科学** TAC出版編集部編 TAC出版 （付属資料：別冊1） 第2版
【要旨】基礎から段階ごとに学習できる高卒者レベル対象テキストの決定版！
　　　　2017.2 302p B5 ¥2300 ⓘ978-4-8132-7076-8

◆**公務員試験 地方初級・国家一般職（高卒者）テキスト 社会科学** TAC出版編集部編 TAC出版 （付属資料：別冊1） 第2版
【要旨】基礎から段階ごとに学習できる高卒者レベル対象テキストの決定版！
　　　　2017.2 274p B5 ¥2300 ⓘ978-4-8132-7074-4

政治

◆公務員試験 地方初級・国家一般職（高卒者）テキスト 人文科学　TAC出版編集部編　TAC出版　（付属資料：別冊2）　第2版
【要旨】基礎から段階ごとに学習できる高卒者レベル対象テキストの決定版！
2017.2 364p B5 ¥2300 ⓘ978-4-8132-7075-1

◆公務員試験 地方初級・国家一般職（高卒者）テキスト 数学・数的推理　TAC出版編集部編　TAC出版　（付属資料：別冊1）　第2版
【要旨】基礎から段階ごとに学習できる高卒者レベル対象テキストの決定版！
2017.2 421p B5 ¥2300 ⓘ978-4-8132-7071-3

◆公務員試験 地方初級・国家一般職（高卒者）テキスト 判断推理・資料解釈　TAC出版編集部編　TAC出版　（付属資料：別冊1）　第2版
【要旨】基礎から段階ごとに学習できる高卒者レベル対象テキストの決定版！
2017.2 429p B5 ¥2300 ⓘ978-4-8132-7072-1

◆公務員試験 地方初級・国家一般職（高卒者）問題集 国語・文章理解　TAC出版編集部編　TAC出版　（付属資料：別冊1）　第2版
【要旨】本試験レベルにマッチした問題をバランスよく収載した問題集の決定版！
2017.2 244p B5 ¥1500 ⓘ978-4-8132-7079-9

◆公務員試験 地方初級・国家一般職（高卒者）問題集 自然科学　TAC出版編集部編　TAC出版　（付属資料：別冊1）　第2版
【要旨】本試験レベルにマッチした問題をバランスよく収載した問題集の決定版！
2017.2 163p B5 ¥1500 ⓘ978-4-8132-7082-9

◆公務員試験 地方初級・国家一般職（高卒者）問題集 社会科学　TAC出版編集部編　TAC出版　（付属資料：別冊1）　第2版
【要旨】本試験レベルにマッチした問題をバランスよく収載した問題集の決定版！
2017.2 146p B5 ¥1500 ⓘ978-4-8132-7080-5

◆公務員試験 地方初級・国家一般職（高卒者）問題集 人文科学　TAC出版編集部編　TAC出版　（付属資料：別冊1）　第2版
【要旨】本試験レベルにマッチした問題をバランスよく収載した問題集の決定版！
2017.2 146p B5 ¥1500 ⓘ978-4-8132-7081-2

◆公務員試験 地方初級・国家一般職（高卒者）問題集 数学・数的推理　TAC出版編集部編　TAC出版　（付属資料：別冊1）　第2版
【要旨】本試験レベルにマッチした問題をバランスよく収載した問題集の決定版！
2017.2 154p B5 ¥1500 ⓘ978-4-8132-7077-5

◆公務員試験 地方初級・国家一般職（高卒者）問題集 判断推理・資料解釈　TAC出版編集部編　TAC出版　（付属資料：別冊1）　第2版
【要旨】本試験レベルにマッチした問題をバランスよく収載した問題集の決定版！
2017.2 193p B5 ¥1500 ⓘ978-4-8132-7078-2

◆公務員試験 地方初級テキスト&問題集 2019年度版　L&L総合研究所編著　新星出版社　（付属資料：赤シート1）
【要旨】最新の出題傾向を徹底分析。万全の科目別試験対策でよく出る内容を集中レッスン。学習時間の短縮を実現。ポイント解説と頻出問題で合格力をGet！
2017.11 303p A5 ¥1300 ⓘ978-4-405-01949-2

◆国家一般職 "高卒"・地方初級公務員 一般知能試験問題集 2018年度版　資格試験研究会編　実務教育出版
【要旨】高卒程度&社会人対象の公務員試験に対応！問題のパターン別に解き方を完全マスター。すべての問題にくわしい解説つき。
2017.3 241p A5 ¥1000 ⓘ978-4-7889-7250-6

◆国家一般職 "高卒"・地方初級公務員 適性試験問題集 2018年度版　資格試験研究会編　実務教育出版
【要旨】高卒程度&社会人対象の公務員試験に対応！基本編で各種の問題を徹底的に練習。応用編では実際試験と同形式で実戦演習。
2017.3 250p A5 ¥1000 ⓘ978-4-7889-7249-0

◆国家公務員・地方初級 1 政治・経済・社会 2019年度　東京アカデミー編　（名古屋）ティーエーネットワーク，七賢出版 発売　（オープンセサミシリーズ）
【目次】第1編 政治（民主主義の基本原理と制度、日本国憲法の基本原理と基本的人権、日本国憲法の統治機構、政治の諸問題、国際政治、最近制定・改正された法律）、第2編 経済（市場経済、国民経済の流れ、日本経済の発展、国際経済の動向と国際協力）、第3編 社会（労働問題と消費者問題、社会保障制度のあゆみ、人口問題、地球環境問題、現代社会と人間の特質）
2017.12 321p A5 ¥1500 ⓘ978-4-86455-357-5

◆国家公務員・地方初級 2 日本史・世界史・地理・思想 2019年度　東京アカデミー編　（名古屋）ティーエーネットワーク，七賢出版 発売　（オープンセサミシリーズ）　（付属資料：別冊1）
【目次】第1編 日本史（原始・古代の社会と文化、中世の社会と文化、近世の社会と文化、近・現代の社会と文化）、第2編 世界史（西洋史、中国史、インド史・イスラーム史、現代）、第3編 地理（地図情報、人間と環境、生活と産業、世界の諸地域）、第4編 思想（現代に生きる倫理）
2017.12 350p A5 ¥1500 ⓘ978-4-86455-358-2

◆国家公務員・地方初級 4 数学・理科　東京アカデミー編　（名古屋）ティーエーネットワーク，七賢出版 発売　（オープンセサミシリーズ）　第3版
【目次】第1編 数学（数と式、2次関数・2次方程式 ほか）、第2編 物理（速度・加速度、落体の運動 ほか）、第3編 化学（物質の構成、化学の基礎 ほか）、第4編 生物（細胞、酵素 ほか）、第5編 地学（地球の概観、地殻の構成物質 ほか）
2017.12 453p A5 ¥1500 ⓘ978-4-86455-359-9

◆最新最強の地方公務員問題集 初級 '19版　東京工学院専門学校監修　成美堂出版　（付属資料：赤シート）
【要旨】科目ごとに、最新情報、効果的な対策法、解法のポイントを詳解。最近の出題傾向、出題パターンを紹介。知っておきたいワンポイントアドバイスや重要語解説を併載。各科目の最終チェック用として試験で頻出する練習問題を多数掲載。
2017.12 335p A5 ¥1400 ⓘ978-4-415-22578-4

◆初級公務員試験 早わかりブック 2018年度版　資格試験研究会編　実務教育出版　（付属資料：別冊1）
【要旨】どんな問題？ どんな試験？ どうすれば合格する？ 知りたいことがすぐわかる！ 高卒警察官、高卒消防官にも対応!!実際の試験をリアルに体験。過去問模試つき。
2017.4 171p A5 ¥1200 ⓘ978-4-7889-7456-2

◆初級公務員総合実戦問題集 2018年度版　資格試験研究会編　実務教育出版
【要旨】高卒程度&社会人対象の公務員試験に対応！科目ごとに出題傾向と学習方法をアドバイス。「ココがポイント→基礎問題→実戦問題」の3段階学習。
2017.3 326p A5 ¥1300 ⓘ978-4-7889-7248-3

◆初級地方公務員予想問題 2019年度版　新星出版社編集部編　新星出版社
【要旨】傾向がつかめる演習問題+教養試験の頻出ポイントまるわかり。
2017.11 222p A5 ¥1000 ⓘ978-4-405-01938-6

◆絶対決める！ 地方初級・国家一般職（高卒者）公務員試験総合問題集 2019年度版　L&L総合研究所編著　新星出版社　（付属資料：赤シート1）
【要旨】過去問を徹底的に分析。知識分野・知能分野の得点力大幅UP！ 本試験型の出題+くわしい解説。
2017.11 247p A5 ¥1200 ⓘ978-4-405-01947-8

◆地方公務員 初級 2019年度版　受験研究会編　新星出版社
【要旨】教養試験の頻出ポイントまるわかり+模擬試験3回で対策万全。
2017.11 302p A5 ¥1000 ⓘ978-4-405-01939-3

◆地方初級 "教養試験" 過去問350 2018年度版　資格試験研究会編　実務教育出版　（公務員試験過去問350シリーズ）
【要旨】平成10〜28年度の問題を収録！
2017.4 351p B5 ¥1700 ⓘ978-4-7889-6432-7

◆超重要！ 公務員試験過去問題集（地方初級）'19年版　北里敏明監修，コンデックス情報研究所編著　成美堂出版　（付属資料：別冊1；赤シート1）
【要旨】再出題が予想される本試験問題を198問厳選！ 最新の法改正・白書・統計・社会情勢に完全対応！
2017.11 135p A5 ¥1300 ⓘ978-4-415-22558-6

◆三日で合格！ 誰も書けなかった 公務員試験マル秘裏ワザ大全—国家一般職（高卒・社会人）/地方初級 2018年度版　津田秀樹著　洋泉社
【要旨】正攻法で解けない問題は裏ワザで解ける！ 最新問題にも対応。
2017.3 1Vol. A5 ¥1500 ⓘ978-4-8003-1187-0

◆無敵の地方公務員 "初級" 過去問クリア問題集 2019年度版　喜治塾著者　高橋書店
【要旨】過去問をまるごと掲載！ 出題傾向がつかめる—公務員試験は、試験問題の要所を押さえることが合格への近道。本書では、実際に出た試験問題が解けるので、実戦に即した学習が可能です。頻出ポイント→解説のサイクルで応用力が身につく—公務員試験で問われるのは、知識の暗記量ではなく、応用力。本書では、理解するという点を重視し一問一問丁寧に解説。問題をこなすにつれ、着実にレベルアップできます。数的推理が苦手…も克服できる—合否に大きく影響し、かつ多くの受験生が苦手とする数理推理。本書では、長年の指導実績に基づく、時間短縮できて確実に正解できるメソッドをまるごと伝授します。
2017.3 239p A5 ¥1200 ⓘ978-4-471-46004-4

◆無敵の地方公務員 "初級" 過去問徹底分析 2019年度版　家坂圭一著　高橋書店
【要旨】リアリティーある過去問で出題傾向がつかめる—公務員試験は、試験問題の要所を押さえることが合格への近道。本書では、過去に出た試験問題を徹底的に分析し、分野別にまとめました。欄外のプラス情報で理解が深まる—本文中の重要語句や関連情報をピックアップ。知識を補充でき、学習がはかどります。分野ごとに復習し練習問題で成果をチェックできる—練習問題もテキストに沿って過去問で構成。効率的な復習で苦手分野も克服できます。
2017.3 239p A5 ¥1200 ⓘ978-4-471-46010-5

外交・国税・労働関係職員

◆公務員試験 本試験過去問題集 国税専門官 2019年度採用版　TAC公務員講座編著　TAC出版　（付属資料：別冊3）
【要旨】平成27年度〜平成29年度問題収載。本番そのままの問題配列！ 問題取り外し式。
2017.11 246p B5 ¥3200 ⓘ978-4-8132-7178-9

◆公務員試験 本試験過去問題集 労働基準監督官A 2019年度採用版　TAC公務員講座編著　TAC出版　（付属資料：別冊3）
【要旨】平成27年度〜平成29年度問題収載。本番そのままの問題配列！ 問題取り外し式。
2017.11 198p B5 ¥3500 ⓘ978-4-8132-7179-6

◆国税専門官対策 公務員Vテキスト 16 会計学　TAC公務員講座編　TAC出版　第11版
【要旨】簡潔な解説だからわかりやすい！ 豊富な図表と2色印刷で見やすさバツグン！ 公務員試験テキストの決定版！
2017.11 336p A5 ¥2000 ⓘ978-4-8132-7431-5

警察官・消防士採用試験参考書

◆警察官1類・A過去問題集 '19年版　成美堂出版編集部編著　成美堂出版　（付属資料：赤シート1）
【要旨】再出題の予想される過去問をピックアップ。重要度を★印でランク分け。合格するための標準解答時間を設定。社会科学・人文科学・自然科学・一般知能・国語・論文を完全整理。最新の白書・法改正、社会情勢に対応！ 最速の解答法がわかる！
2017.11 255p A5 ¥1200 ⓘ978-4-415-22566-1

◆警察官1類・A合格テキスト '19年版　コンデックス情報研究所編著　成美堂出版　（付属資料：赤シート1）

【要旨】最新の白書・法改正、社会情勢に対応！最速の解法がわかる！
　2018.1 303p A5 ¥1400 ①978-4-415-22570-8

◆警察官3類・B過去問題集　'19年版　成美堂出版編集部編著　成美堂出版　（付属資料：赤シート1）
【要旨】最新の重要過去問もピックアップ。社会科学・人文科学・自然科学・一般知能・国語の全分野を収録。解説ではプラスαの知識までフォロー。高得点が取れる作文の書き方を伝授。白書・法改正など最新情報で解説。
　2017.11 231p A5 ¥1200 ①978-4-415-22567-8

◆警察官3類・B合格テキスト　'19年版　コンデックス情報研究所編著　成美堂出版　（付属資料：赤シート1）
【要旨】最新の白書・法改正、社会情勢に対応！最速の解法がわかる！
　2018.1 263p A5 ¥1300 ①978-4-415-22571-5

◆警察官試験早わかりブック　2019年度版　資格試験研究会編　実務教育出版　（付属資料：別冊1）
【目次】1 警察官になるには？　早わかりガイド（警察官になるにはどうすればいいの？、警察官ってどんな仕事をしているの？　ほか）、2 どんなところが出る？　教養試験の攻略法（教養試験ってどんな科目が出るの？、教養試験ではどこが大事なの？、教養試験の攻略法　ほか）、3 キミは解けるか？　過去問の徹底研究（教養試験って実際にどんな問題が出るの？）、4 これで受かる？　実力判定＆学習法アドバイス、付録 警視庁の受験者は要注意！国語試験
　2017.9 213p A5 ¥1400 ①978-4-7889-7459-3

◆高卒警察官 "教養試験" 過去問350　2018年度版　資格試験研究会編　実務教育出版　（公務員試験合格の350シリーズ）
【要旨】平成7～28年度の問題を収録！
　2017.4 371p B5 ¥1700 ①978-4-7889-6433-4

◆高卒（3類・B）警察官採用試験実戦テスト　2019年度版　公務員試験情報研究会編著　一ツ橋書店
【要旨】"限られた時間の中で解く" という本番さながらの実戦テスト。これらの問題と類似したものが本番で何問かは出る！
　2017.11 267p A5 ¥1400 ①978-4-565-19135-9

◆高卒消防官採用試験実戦テスト　2019年度版　公務員試験情報研究会編著　一ツ橋書店
【要旨】"限られた時間の中で解く" という本番さながらの実戦テスト。これらの問題と類似したものが本番で何問かは出る！
　2017.11 261p A5 ¥1400 ①978-4-565-19137-3

◆"高卒程度" 警察官採用試験問題集　2018年度版　資格試験研究会編　実務教育出版
【要旨】重要事項のまとめと練習問題290問。実例つき作文・面接試験。
　2017.3 277p A5 ¥1000 ①978-4-7889-7251-3

◆公務員試験 大卒程度警察官採用試験問題集　2019年度版　資格試験研究会編　実務教育出版
【要旨】重要事項のまとめとオリジナル問題274問。警察の組織と仕事、試験ガイド。模範例文つき・論文試験対策。
　2017.10 301p A5 ¥1500 ①978-4-7889-7256-8

◆公務員試験 本試験過去問題集 警視庁警察官1類　2019年度採用版　TAC公務員講座編著　TAC出版
【要旨】過去8回分の問題を収録。
　2017.11 304, 261p B5 ¥2000 ①978-4-8132-7183-3

◆公務員試験 本試験過去問題集 東京消防庁1類　2019年度採用版　TAC公務員講座編著　TAC出版　（付属資料：別冊6）
【要旨】平成26～29年、過去6回分の問題を収載。本番そのままの問題配列！　問題取り外し式。
　2017.11 200p B5 ¥2000 ①978-4-8132-7184-0

◆コンパクト昇任試験地方自治法択一問題集　昇任試験法律問題研究会編　公職研
【要旨】この1冊で地方自治法の重点項目77問を短期間で効率的に学習できる。
　2017.6 163p B6 ¥1700 ①978-4-87526-374-6

◆消防官1類・A過去問題集　'19年版　成美堂出版編集部編著　成美堂出版　（付属資料：赤シート1）

【要旨】最新の重要過去問もピックアップ。社会科学・人文科学・自然科学・一般知能の全分野を収録。解説ではプラスαの知識までフォロー。高得点が取れる作文の書き方を伝授。白書・法改正など最新情報で解説。
　2017.11 255p A5 ¥1200 ①978-4-415-22568-5

◆消防官3類・B過去問題集　'19年版　成美堂出版編集部編著　成美堂出版　（付属資料：赤シート1）
【要旨】最新の重要過去問もピックアップ。社会科学・人文科学・自然科学・一般知能の全分野を収録。解説ではプラスαの知識までフォロー。高得点が取れる作文の書き方を伝授。白書・法改正など最新情報で解説。
　2017.11 231p A5 ¥1200 ①978-4-415-22569-2

◆消防官試験早わかりブック　2019年度版　資格試験研究会編　実務教育出版　（付属資料：別冊1）
【目次】1 消防官になるには？　早わかりガイド（消防官ってハードな仕事と聞きますが？、消防官になるための方法ってなに？　ほか）、2 どんなところが出る？　教養試験の攻略法（教養試験ってどんな科目が出るの？、「A日程」とか「B日程」とかって何のこと？　ほか）、3 キミは解けるか？　過去問の徹底研究（教養試験って実際にどんな問題が出るの？）、4 これで受かる？　実力判定＆学習法アドバイス
　2017.9 175p A5 ¥1400 ①978-4-7889-7460-9

◆絶対決める！　警察官（高卒程度）採用試験総合問題集　2019年度版　L&L総合研究所編著　新星出版社　（付属資料：赤シート1）
【要旨】過去問を徹底的に分析。要チェック頻出予想問題を豊富に掲載。知識分野・知能分野の得点力大幅UP！
　2017.11 311p A5 ¥1200 ①978-4-405-01944-7

◆絶対決める！　警察官（大卒程度）採用試験総合問題集　2019年度版　L&L総合研究所編著　新星出版社　（付属資料：赤シート1）
【要旨】過去問を徹底的に分析。要チェック頻出予想問題を豊富に掲載。知識分野・知能分野の得点力大幅UP！
　2017.11 303p A5 ¥1200 ①978-4-405-01943-0

◆絶対決める！　消防官（高卒程度）採用試験総合問題集　2019年度版　L&L総合研究所編著　新星出版社　（付属資料：赤シート1）
【要旨】過去問を徹底的に分析。要チェック頻出予想問題を豊富に掲載。知能分野の問題を徹底演習。
　2017.11 327p A5 ¥1200 ①978-4-405-01945-4

◆大卒警察官 "教養試験" 過去問350　2018年度版　資格試験研究会編　実務教育出版　（公務員試験合格の500シリーズ 10）
【要旨】平成10～28年度の問題を収録！
　2017.3 48, 375p B5 ¥1800 ①978-4-7889-6430-3

◆大卒消防官面接試験　2019年度版　公務員試験情報研究会編著　一ツ橋書店　（付属資料：カード47）
【要旨】警察官と同様、筆記試験に合格して、面接試験で落ちる受験者が続出!!面接試験は万全の態勢で臨もう。
　2017.12 140p A5 ¥1100 ①978-4-565-19139-7

◆"大卒程度" 警察官・消防官採用試験マル秘攻略法　津田秀樹著　洋泉社
【要旨】直前でもOK！選択肢だけで答えがわかる決めワザ大公開！
　2017.2 1Vol. A5 ¥1500 ①978-4-8003-0925-9

◆大卒程度警察官面接試験　2018年度版　公務員試験情報研究会編著　一ツ橋書店　（付属資料：カード47）
【目次】1 面接試験虎の巻、2 ケチなんかつけさせない、3 テーマ別実戦面接 "志望動機"、4 テーマ別実戦面接 "職業観"、5 テーマ別実戦面接 "自己PR"、6 テーマ別実戦面接 "警察官特有の質問"、7 テーマ別実戦面接 "学生生活・友人"、8 テーマ別実戦面接 "日常生活"、9 テーマ別実戦面接 "一般常識・時事問題"
　2017.1 140p A5 ¥1100 ①978-4-565-18134-3

◆大卒程度警察官面接試験　2019年度版　公務員試験情報研究会編著　一ツ橋書店　（付属資料：カード47）
【目次】1 面接試験虎の巻、2 ケチなんかつけさせない、3 テーマ別実戦面接 "志望動機"、4 テーマ別実戦面接 "職業観"、5 テーマ別実戦面接 "自己PR"、6 テーマ別実戦面接 "警察官特有の質問"、

7 テーマ別実戦面接 "学生生活・友人"、8 テーマ別実戦面接 "日常生活"、9 テーマ別実戦面接 "一般常識・時事問題"
　2017.12 140p A5 ¥1100 ①978-4-565-19134-2

 自衛官採用試験参考書

◆完全ガイド 自衛官への道　平成29年版　防衛協力会編　成山堂書店
【目次】日本を守ろう、自衛隊の現況、自衛官についての知識、自衛隊の教育・訓練、インタビュー、自衛官になるには、募集・再就職等の資料
　2017.4 132p B5 ¥1800 ①978-4-425-97555-6

◆最近5か年 自衛官採用試験問題解答集　3 航空学生―平成24年～28年実施試験収録　防衛協力会編　成山堂書店
【要旨】自衛官採用試験を忠実に再現した唯一の問題集！「受験シミュレーター」の決定版。「自衛官採用試験問題集」実績No.1。平成24年～平成28年計5回実施試験収録。
　2017.7 341p B5 ¥3000 ①978-4-425-97451-1

◆最近5か年 自衛官採用試験問題解答集　6 一般幹部候補生―平成24年～28年実施試験収録　防衛協力会編　成山堂書店
【要旨】自衛官採用試験を忠実に再現した唯一の問題集！「受験シミュレーター」の決定版。「自衛官採用試験問題集」実績No.1。平成24年～平成28年計5回実施試験収録。
　2017.7 346p B5 ¥3600 ①978-4-425-97433-7

◆最近5か年 自衛官採用試験問題解答集　7 高等工科学校―平成25年～29年実施試験収録　防衛協力会編　成山堂書店
【要旨】自衛官採用試験を忠実に再現した唯一の問題集！「受験シミュレーター」の決定版。「自衛官採用試験問題集」実績No.1。平成25年～平成29年計5回実施試験収録。
　2017.7 330p B5 ¥2800 ①978-4-425-97561-7

◆最近10か年 自衛官採用試験問題解答集　8 自衛官候補生―平成19年～28年実施試験収録　防衛協力会編　成山堂書店
【要旨】自衛官採用試験を忠実に再現した唯一の問題集！「受験シミュレーター」の決定版。「自衛官採用試験問題集」実績No.1。平成19年～平成28年計10回実施試験＋5回練習問題。
　2017.7 171p B5 ¥1700 ①978-4-425-97535-8

◆最近4か年 自衛官採用試験問題解答集　5 看護学生―平成25年～28年実施試験収録　防衛協力会編　成山堂書店
【要旨】自衛官採用試験を忠実に再現した唯一の問題集！「受験シミュレーター」の決定版。「自衛官採用試験問題集」実績No.1。平成25年～平成28年計4回実施試験収録。
　2017.7 309p B5 ¥3000 ①978-4-425-97518-1

◆自衛官採用試験問題解答集　1 総合版 平成29年版　防衛協力会編　成山堂書店
【要旨】自衛官採用試験を忠実に再現した唯一の問題集！「受験シミュレーター」の決定版。「自衛官採用試験問題集」実績No.1。平成28年度実施試験収録。
　2017.7 414p B5 ¥4600 ①978-4-425-97499-3

◆自衛官採用試験問題解答集　4 "最近7か年" 一般曹候補生　平成29年版　駿台法律経済＆ビジネス専門学校監修, 防衛協力会編　成山堂書店
【要旨】平成22年～平成28年計9回実施試験収録。
　2017.4 308p B5 ¥1700 ①978-4-425-97399-6

◆自衛隊一般曹候補生過去8回問題集　'18年版　コンデックス情報研究所編著　成美堂出版　（付属資料：別冊2; 赤シート）
【要旨】平成28年度9月A・B～平成25年度9月A・B、全368問を完全収録！携帯に便利な別冊の暗記ブック、暗記に便利な赤シート、学習に便利な別冊の正答・解説。
　2017.6 199p A5 ¥1500 ①978-4-415-22512-8

◆自衛隊一般曹候補生採用試験　2019年度版　公務員試験情報研究会編著　一ツ橋書店
【目次】一般曹候補生受験ガイダンス（一般曹候補生とは何か、受付期間 ほか）、1 国語（漢字の読み、漢字の書き取り ほか）、2 数学（式の加法・減法＆乗法・除法、式の公式＆因数分解 ほか）、3 英語（発音、アクセント ほか）
　2017.12 284p A5 ¥1400 ①978-4-565-19284-4

法律

法律

◆自衛隊一般曹候補生採用試験 英語　2019年度版　公務員試験情報研究会編著　一ツ橋書店
【要旨】Part1の実力養成編は、基礎的な知識や本試験と同じレベルの問題を掲載。Part2の模擬テスト編は本試験と同じ出題形式で、同じレベルの問題を掲載。
2017.12 251p A5 ¥1400 ①978-4-565-19287-5

◆自衛隊一般曹候補生採用試験 国語　2019年度版　公務員試験情報研究会編著　一ツ橋書店
【要旨】実力養成編と模擬テスト編の2部構成。試験によく出る漢字、対義語、四字熟語、ことわざ・慣用句、文学作品などを厳選。
2017.12 251p A5 ¥1400 ①978-4-565-19286-8

◆自衛隊一般曹候補生採用試験 数学　2019年度版　公務員試験情報研究会編著　一ツ橋書店
【要旨】数学の苦手な人は例題からチャレンジ。過去の出題傾向から、頻出問題を掲載。豊富な問題で、確実に実力アップ。
2017.12 244p A5 ¥1400 ①978-4-565-19285-1

◆自衛隊一般曹候補生採用面接試験対策　2019年度版　公務員試験情報研究会編著　一ツ橋書店　（付属資料：カード47）
【目次】1 面接試験虎の巻、2 ケチなんかつけさせない、3 テーマ別実戦面接“志望動機”、4 テーマ別実戦面接“職業観”、5 テーマ別実戦面接“自己PR”、6 テーマ別実戦面接“自衛隊特有の質問”、7 テーマ別実戦面接“学校生活・友人”、8 テーマ別実戦面接“日常生活”、9 テーマ別実戦面接“一般常識・時事問題”
2017.12 138p A5 ¥1100 ①978-4-565-19283-7

◆自衛隊 自衛官候補生 過去5回問題集　'18年版　コンデックス情報研究所編著　成美堂出版　（付属資料：別冊2；赤シート1）
【要旨】平成28年〜平成24年の各年1回分、全155問を完全収録！
2017.5 87p A5 ¥1000 ①978-4-415-22511-1

◆自衛隊 自衛官候補生採用試験　2018年度版　公務員試験情報研究会編著　一ツ橋書店
【目次】自衛官候補生受験ガイダンス、1 国語（漢字の読み、漢字の書き取り、同音・同訓の漢字ほか）、2 数学（式の加法・減法&乗法・除法、乗法の公式&因数分解、平方根 ほか）、3 社会（政治/経済、社会事情 ほか）
2017.1 284p A5 ¥1400 ①978-4-565-18282-1

◆自衛隊自衛官候補生採用試験 これだけはやっとこう　2018年度版　公務員試験情報研究会編著　一ツ橋書店
【目次】受験ガイダンス（自衛官候補生採用試験の概要、試験対策Q&A）、問題（国語、数学、社会）、実力診断・模擬試験
2017.1 256p B6 ¥1100 ①978-4-565-18281-4

◆自衛隊 自衛官候補生採用試験これだけはやっとこう　2019年度版　公務員試験情報研究会編著　一ツ橋書店
【目次】受験ガイダンス（自衛官候補生採用試験の概要、試験対策Q&A）、問題（国語、数学、社会）、実力診断・模擬試験
2017.12 256p B6 ¥1100 ①978-4-565-19281-3

◆自衛隊 予備自衛官補採用試験　2018年度版　公務員試験情報研究会編著　一ツ橋書店　（付属資料：面接カード）
【目次】1 受験ガイダンス、2 面接試験（口述試験）（これだけは覚えておこう、面接試験の形式と評価方法、面接の心得7か条）、3 適性検査、4 一般教養試験（一般教養試験の対策、国語、数学、英語、社会、理科）、5 作文・小論文試験（ここがポイント、作文・小論文を作成する際の心得）
2017.1 252p A5 ¥1400 ①978-4-565-18280-7

◆自衛隊予備自衛官補採用試験　2019年度版　公務員試験情報研究会編著　一ツ橋書店　（付属資料：カード47）
【目次】1 受験ガイダンス（予備自衛官補とは何か、受付期間と受験資格 ほか）、2 面接試験（口述試験）（これだけは覚えておこう、面接試験の形式と評価方法 ほか）、3 適性検査（適性検査1、適性検査2）、4 一般教養試験（一般教養試験の対策、国語 ほか）、5 作文・小論文試験（ここがポイント、作文・小論文を作成する際の心得）
2017.12 252p A5 ¥1400 ①978-4-565-19280-6

◆インターネット新時代の法律実務Q&A　田島正広監修・編集代表・編著　日本加除出版　第3版
【要旨】経験豊富な著者陣によるネット分野についての解説書。仮想通貨やIoT、改正個人情報保護法など最新情報を盛り込んだ分かりやすく丁寧な解説の125問！
2017.2 387p A5 ¥3500 ①978-4-8178-4368-5

◆打消し表示の実態と景品表示法の考え方―調査報告書と要点解説　大元慎二編著　商事法務
【要旨】適切な広告表示に必要な打消し表示の論点を網羅した1冊。
2017.12 245p A5 ¥2800 ①978-4-7857-2576-1

◆会計監査六法　平成29年版　日本公認会計士協会、企業会計基準委員会共編　日本公認会計士協会出版局
【目次】法規関係、会社法関係、基本基準関係、監査基準関係、四半期・中間財務諸表関係、連結財務諸表関係、組織再編関係、固定資産関係、リース取引関係、研究開発費関係〔ほか〕
2017.3 3033p B5 ¥6200 ①978-4-904901-66-3

◆改正個人情報保護法対応版 個人情報キチッと管理　社労士・税理士・司法書士個人情報等実務研究会、バルク編、伊藤博昭、池本優子、中野光恵監修　労働新聞社
【要旨】本書は、改正個人情報保護法の内容を解説し、会社や事業所等が知っておきたい情報管理や責任等、さらにはその手段としてのPマークやISMSについて簡潔に紹介しています。また、より身近な問題として捉えていただくために、情報漏えい等による詐欺事例と予防策を掲載。情報管理の重要性を説く啓蒙活動にも役立ちます。
2017.6 90p A5 ¥750 ①978-4-89761-662-9

◆改正個人情報保護法と企業実務―2017年5月全面施行の改正法に対応　影島広泰著　清文社
【要旨】ガイドラインQ&A、金融分野ガイドライン等の必要情報を網羅！EUのGDPR、米国におけるプライバシー保護法制への実務対応も解説！匿名加工情報作成マニュアル、匿名加工情報の事務局レポートに対応！
2017.6 605p A5 ¥4000 ①978-4-433-64297-6

◆改正消費者契約法対応 Q&A消費者取引トラブル解決の手引　名古屋消費者問題研究会編　（名古屋）新日本法規出版
【目次】1 はじめに（消費者契約法の目的と内容（平成28年改正含む）、問題点、消費者団体訴訟（差止請求制度）、消費者団体訴訟制度（被害回復制度）、改正特定商取引法の概要）、2 契約類型別の事例紹介（教育・教養関係、美容・医療・福祉関係、旅行・レジャー・会員権関係、金融・保険サービス関係、レンタル・リース関係 ほか）
2017.5 330p A5 ¥3800 ①978-4-7882-8290-2

◆改正著作権法がよくわかる本　加藤晋介監修, コンデックス情報研究所編著　成美堂出版
【要旨】知らなかったでは済まされない！無断使用で損害賠償請求・逮捕されないためには、何をすべきか？
2017.9 223p A5 ¥1500 ①978-4-415-32332-9

◆解説 悪臭防止法 上　村頭秀人著　慧文社
【要旨】悪臭防止法による悪臭の規制内容や悪臭に関する裁判例の分析を中心として、悪臭に関する紛争の解決のために必要な知識を集約！弁護士や紛争の当事者、地方公共団体の公害苦情相談担当者も必携！上巻では、においと嗅覚の基礎的な化学の知識、悪臭防止法やその他の

法令について解説。
2017.10 385p A5 ¥5000 ①978-4-86330-186-3

◆解説 悪臭防止法 下　村頭秀人著　慧文社
【要旨】悪臭防止法による悪臭の規制内容や悪臭に関する裁判例の分析を中心として、悪臭に関する紛争の解決のために必要な知識を集約！下巻では悪臭に関する判例を詳細に分析する。
2017.11 305p A5 ¥4500 ①978-4-86330-187-0

◆解説 森林法　森林・林業基本政策研究会編著　大成出版社　改訂版
【要旨】改正のポイント：共有者不確知森林制度の創設、森林所有者等による伐採後の造林の状況報告、要間伐森林制度の見直し、特定保安林制度の見直し、市町村による林地台帳の作成、違法な森林地開発に係る罰則強化…等。改正森林法平成29年4月1日施行対応。
2017.9 554p A5 ¥4700 ①978-4-8028-3298-4

◆学習六法―憲法・民法・刑法　日本評論社編集部編　日本評論社　第9版
【要旨】法律の初学者が初めて出会うふりがな付き法令集。難読文字にはふりがなを付記。条文に重要度別のマーク付き。民法（債権法）改正は新旧対照で収録、刑法（性犯罪の厳罰化）等を反映。
2017.9 268p B6 ¥1000 ①978-4-535-52297-8

◆家事事件における保全処分の実務と書式　佐藤裕義編著　（名古屋）新日本法規出版
【目次】第1編 解説（Q&A）（総論、各論）、第2編 文例（成年後見等、成年被後見等、相続・遺言等、DV・ストーカー行為等）
2017.8 367p A5 ¥4400 ①978-4-7882-8317-6

◆学校法人会計監査六法　平成29年版　日本公認会計士協会編　日本公認会計士協会出版局
【要旨】平成29年1月改正学校法人の設置する認可保育所に係る会計処理に関するQ&A。最新情報を収録！
2017.3 1240p B5 ¥5000 ①978-4-904901-68-7

◆カップルのための「親愛信託」―理想・希望通りの財産管理を実現する！　松尾陽子著　日本法令
【要旨】熟年再婚、事実婚、同性婚、国際結婚。今まであきらめていた願い・想いを「親愛信託」で実現!?多種多様なカップルの、財産の管理・承継に関する悩みを解決し、願い・想いを実現に導くためのメソッドが満載！
2017.11 239p A5 ¥2300 ①978-4-539-72565-8

◆環境六法　平成29年版　中央法規出版　（付属資料：CD・ROM1）
【目次】1（環境一般、大気汚染・悪臭、騒音・振動、水質汚濁・地盤沈下、土壌汚染・農薬、化学物質、被害救済・紛争処理・費用負担・助成、法解説）、2（地球環境、廃棄物・リサイクル、自然保護、国土利用、関係法令、法解説）
2017.3 2Vols.set A5 ¥7200 ①978-4-8058-5478-5

◆完全対応 新個人情報保護法―Q&Aと書式例　第二東京弁護士会情報公開・個人情報保護委員会編　（名古屋）新日本法規出版
【目次】第1章 新個人情報保護法の全体像、第2章 個人情報の定義の明確化、第3章 個人情報取扱事業者の義務（個人情報等の有用性を確保するための規律）（一般的な個人情報取扱事業者、匿名加工情報取扱事業者、民間団体による個人情報の保護の推進）、第4章 個人情報保護委員会、第5章 個人情報の取扱いのグローバル化、第6章 罰則、関連書式
2017.3 312p A5 ¥3400 ①978-4-7882-8230-8

◆議員立法の実際―議員立法はどのように行われてきたか　茅野千江子著　第一法規
【要旨】実務者の立場から議員立法をめぐる変化をデータや多くの立法例を基に分析・解説!!
2017.11 306p A5 ¥3000 ①978-4-474-05911-5

◆危険物六法　平成29年新版　危険物法令研究会編　東京法令出版
【目次】基本法令（消防法、消防法第十一条の五第一項又は第二項等の規定により命令をした場合の標識を定める件、危険物の規制に関する政令、危険物の規制に関する規則、危険物の試験及び性状に関する省令 ほか）、参考法令（危険物保安技術協会に関する省令、危険物保安技術協会の財務及び会計に関する省令、石油パイプライン事業法（抄）、石油コンビナート等災害防止法（抄）、火災予防条例例（例）（抄））
2017.3 1028, 91p A5 ¥2500 ①978-4-8090-2427-6

◆給与小六法　平成30年版　公務人材開発協会人事行政研究会編　学陽書房

【目次】第1編 基本法、第2編 俸給、第3編 調整額及び諸手当、第4編 給与の支給、第5編 各種職員、第6編 その他、附録
2017.7 2096p B6 ¥6100 ①978-4-313-00393-4

◆共済小六法　平成30年版　共済組合連盟編
学陽書房
【目次】第1編 基本法令（国共済関係、他共済関係、その他）、第2編 関係法令（服務・身分・給与関係、社会保険関係、恩給・旧法令関係、その他）
2017.12 2271p A5 ¥6700 ①978-4-313-00593-8

◆金融会計監査六法　平成29年版　日本公認会計士協会、企業会計基準委員会共編　日本公認会計士協会出版局
【目次】1 法規関係、2 銀行関係、3 信用金庫関係、4 保険関係、5 証券関係、6 資産運用関係、7 金融商品関係、8 その他
2017.3 2084p B5 ¥5800 ①978-4-904901-67-0

◆金融商品取引法概説　山下友信, 神田秀樹編　有斐閣　第2版
【要旨】平成29年改正に対応。金融資本市場の法規整を読み解く。
2017.7 516p A5 ¥4000 ①978-4-641-13701-1

◆金融取引小六法―判例・約款付　2018年版
神田秀樹編集代表　経済法令研究会
【要旨】「銀行法」「信用金庫法」「金融商品取引法」「外国為替及び外国貿易法」「個人情報の保護に関する法律施行令」「特許法」等21法令の改正を収録。金融関連重要法令79収録。金融関連重要判例1195収録。検索に便利な事項索引・判例索引付。
2017.12 1238, 20p 22×16cm ¥3000 ①978-4-7668-2410-0

◆金融六法　平成29年版　金融法規研究会編　学陽書房
【目次】第1編 金融機関（日本銀行、銀行 ほか）、第2編 金融（収益の移転防止、金融商品及び投資信託 ほか）、第3編 政策金融（株式会社日本政策金融公庫、住宅金融 ほか）、第4編 参考法令（財政投融資、郵政事業 ほか）
2017.3 2Vols.set A5 ¥17500 ①978-4-313-00691-1

◆景品表示法　大元慎二編著　商事法務　第5版
【要旨】課徴金制度の内閣府令、ガイドライン等をふまえ解説する。Q&Aを追加し解説。
2017.4 513p A5 ¥4000 ①978-4-7857-2515-0

◆景品表示法の理論と実務―審決・命令・警告 徹底整理　林秀弥, 村田恭介, 野村英雄著　中央経済社, 中央経済グループパブリッシング発売
【要旨】本書では、研究者と実務家が協力して、景品表示法の位置づけや行動経済学の視点からの検討といった理論的側面から、主要な判例・命令・警告の分析まで、幅広い視点から解説を行っている。第2部では、表形式で270の審決・命令・警告の要旨を概説している。簡潔ながら、判断の要旨を明らかにしており、可能な限り網羅的に、過去の事案から実務上の指針を読み解こうとするものである。
2017.8 466p A5 ¥5000 ①978-4-502-20301-5

◆契約法　中田裕康著　有斐閣
【要旨】現行法、2017年民法（債権関係）改正後の新法、それぞれの規律を精確に描写。
2017.9 620p A5 ¥4800 ①978-4-641-13731-8

◆契約法講義　後藤巻則著　弘文堂　第4版
【要旨】民法改正の全てを盛り込んだ「もう一つの民法入門」！契約の成立から終了までの流れに沿って、民法典の体系の中に分断されている個々の法制度や概念を集約し、わかりやすく解説。契約に関する基本的な知識のすべてを修得でき、具体的な事例にあてはめる応用力も養成できる。改正前後の条文を比較し、趣旨を確実に伝える改正対応版。
2017.11 451p A5 ¥4800 ①978-4-335-35702-2

◆ケース別 農地の権利移動・転用可否判断の手引　都市農地活用支援センター編　（名古屋）新日本法規出版
【要旨】農地の権利移動・転用に当たって、その可否の判断の基準を示す解説書。法律等の解説から出発するのではなく、はじめに具体的なケースを想定した上で、農地法等の許可の要否や許可の判断を「○」「×」「△」で表し、その後に当該判断に必要な情報を示した。
2017.4 282p A5 ¥3600 ①978-4-7882-8233-9

◆現行自治六法　平成30年版　自治法規実務研究会編　第一法規

【要旨】平成29年第193回国会制定法に対応。「地方自治法」に加え、「民法」「行政手続法」「行政事件訴訟法」「国家賠償法」「公職選挙法」等主要10法令に参照条文・判例・通知・実例を付けています。
2017.11 2Vols.set B6 ¥3333 ①978-4-474-06190-3

◆現代法律実務の諸問題　平成28年度研修版　日本弁護士連合会編　第一法規　（日弁連研修叢書）
【目次】民事法関係、商事法関係、民事手続法関係、家事法関係、刑事法関係、行政法関係、労働法関係、税務関係、弁護士倫理関係、弁護士業務関係 2017.7 1096p A5 ¥6500 ①978-4-474-05821-7

◆講座 実務家事事件手続法 上　金子修, 山本和彦, 松原正明編著　日本加除出版
【要旨】新時代の黎明期に編まれる、関係者必読の本格的2巻組講座。
2017.12 662p A5 ¥6500 ①978-4-8178-4445-3

◆講座 実務家事事件手続法 下　金子修, 山本和彦, 松原正明編著　日本加除出版
【目次】後見（成年後見、未成年後見、保佐、補助、任意後見）に関する審判事件、成年後見制度の手続と運用、財産の管理に関する審判事件、面会交流事件に関する諸問題、面会交流事件に関する諸問題、子の引渡しをめぐる家事事件、子の引渡しをめぐる家事事件、児童の虐待をめぐる諸問題、児童の虐待をめぐる諸問題、推定相続人の廃除〔ほか〕
2017.12 536p A5 ¥6500 ①978-4-8178-4446-0

◆港湾小六法　平成29年版　国土交通省港湾局監修　東京法令出版
【要旨】港湾、公有水面埋立・運河、海岸、災害対策等、環境、国土利用、都市計画、バリアフリー、海上交通の安全、保安、諸法、行政組織
2017.8 2827p A5 ¥15000 ①978-4-8090-5114-2

◆国土交通六法（社会資本整備編）　平成29年版　国土交通省大臣官房総務課監修　東京法令出版
【目次】日本国憲法、社会資本整備重点計画関係、都市計画関係、水管理関係、道路関係、住宅建築関係、災害・防災関係、土地関係、建設業関係、特別会計関係、諸法
2017.8 3546p A5 ¥9700 ①978-4-8090-5115-9

◆個人再生の手引　鹿子木康, 島岡大雄, 舘内比佐志, 堀田次郎編　判例タイムズ社　（付属資料：CD・ROM1）　第2版
【目次】第1 個人再生手続全般、第2 申立てから開始決定まで、第3 開始決定の効力、第4 開始決定後の関係者の役割、第5 再生債権の調査及び確定、第6 財産目録及び清算価値の算定、第7 別除権、一般優先債権、共益債権、第8 再生計画案、第9 住宅資金特別条項、第10 給与所得者等再生、第11 再生手続の終了等、書式編
2017.6 616p A5 ¥6000 ①978-4-89186-195-7

◆個人情報・プライバシーの実務ガイド―パーソナルデータの保護と管理　EYアドバイザリー・アンド・コンサルティング編　同文舘出版
【要旨】改正個人情報保護法、マイナンバー法、EU一般データ保護規則（GDPR）等への、企業の実務対応を丁寧に解説！
2017.9 224p A5 ¥1900 ①978-4-495-39007-5

◆個人情報保護ハンドブック　情報サービス産業協会　（JISAブックレッツ 12）
【目次】1 導入編 個人情報保護とは（情報を取り巻く背景、個人情報保護法とは、個人情報とプライバシー）、2 実践編 個人情報の取扱いに関する注意事項（取扱いサイクル別の注意点、日常業務における注意点）、3 対策編 個人情報漏えい事故への備え（個人情報漏えい事故が身の回りで起きてしまったら？）、資料編（個人情報の保護に関する法律）
2017.4 62p A5 ¥800 ①978-4-905169-06-2

◆個人情報保護法　水野雅子著　労務行政
（1冊でわかる！ 改正早わかりシリーズ）
【要旨】変わった箇所が一目でわかる、新旧対比付き。改正内容と個人情報保護法の要点を、図解を交えて分かりやすく解説。実務でよくありそうな疑問点を解消。確認・見直すべき事項がわかるよう、ポイントをしぼって紹介。
2017.5 207p A5 ¥1800 ①978-4-8452-7292-1

◆個人情報保護法　岡村久道著　商事法務
第3版

【要旨】新政省令、規則、指針等に対応。最新の個人情報保護法を詳説する。
2017.6 685p A5 ¥7900 ①978-4-7857-2534-1

◆個人情報保護法制と実務対応　太田洋, 柴田寛子, 石川智也編著　商事法務
【目次】第1編 個人情報保護法の立法・改正経緯（個人情報保護法制定の経緯と制定時における基本的考え方、プライバシーと個人情報―近時の個人情報法制の動向を踏まえつつ論じる）、第2編 改正法の内容と実務対応（個人情報概念の明確化、「要配慮個人情報」の新設 ほか）、第3編 個人情報保護法の枠外における本人の保護と新しい「権利」（個人情報漏洩とその民事上の責任、忘れられる権利 ほか）、第4編 海外のプライバシー保護法制と我が国企業の実務対応（総論、EU ほか）
2017.12 492p A5 ¥6000 ①978-4-7857-2573-0

◆個人情報保護法相談標準ハンドブック　個人情報保護編集委員会編　日本法令
【要旨】平成29年5月30日施行の改正法に完全対応！対応上のポイントを270のQ&Aでわかりやすく解説！
2017.7 915p A5 ¥5500 ①978-4-539-72548-1

◆個人情報保護法のしくみ　日置巴美, 板倉陽一郎著　商事法務
【要旨】最新の法律・政令・規則とガイドラインに対応！新しい個人情報保護法の全体像を示す。
2017.4 207p A5 ¥2300 ①978-4-7857-2509-9

◆個人情報保護法の知識　岡村久道著　日本経済新聞出版社　（日経文庫）　第4版
【要旨】大改正された個人情報保護法が、2017年5月、全面施行。関連する政令や規則なども出そろいました。それらや指針類などの内容も新たに記載し、日々の企業活動で個人情報を取り扱う際に必ず知っておきたいルールを解説します。
2017.5 273p 18cm ¥1000 ①978-4-532-11376-6

◆個人情報保護法の法律相談　三宅弘, 小町谷育子著　青林書院　（最新青林法律相談 15）
【要旨】2015年改正法の全面施行に対応！匿名加工情報、要配慮個人情報、国境を越えるデータ提供、名簿業者に対する規制などの新設規定を詳述。既存の条文も丁寧に解説し、施行令・規則・ガイドラインを網羅。
2017.7 396p A5 ¥5000 ①978-4-417-01715-8

◆これで安心！ 個人情報保護・マイナンバー　影島広泰監修, 日本経済新聞出版社編　日本経済新聞出版社
【目次】第1章 これで安心！個人情報保護（そもそも個人情報とは？、保護すべき情報とは何を指す？ ほか）、第2章 これで安心！マイナンバー（個人情報とマイナンバー法の関係、マイナンバーはどう役立つ？ ほか）、第3章 これで安心！個人情報保護とマイナンバー身近なQ&A（企業は個人情報を変なことに使わない？、マイナンバーを他人に知られたらどうなる？ ほか）、第4章 個人情報保護法・マイナンバー確認テスト（個人情報保護確認テスト初級編個人情報保護確認テスト中級編 ほか）、第5章 巻末資料（個人情報保護法とマイナンバー法のガイドラインの違い、個人情報の保護に関する法律（抄）ほか）
2017.6 92p 18×12cm ¥500 ①978-4-532-32152-9

◆困難事例にみる用地取得・損失補償の実務　中嶋静夫編著　（名古屋）新日本法規出版
【要旨】本書は、用地取得や損失補償において解決が困難な事例を取り上げ、対応方法や具体的な手順、実務上の留意点について解説するものです。
2017.5 368p A5 ¥4500 ①978-4-7882-8281-0

◆コンパクト倒産・再生再編六法　2018
伊藤眞, 多比羅誠, 須藤英章編集代表, 土岐敦司, 武井一浩, 中村慈美, 須賀一也, 三上徹編集委員　民事法研究会
【要旨】判例要旨358件、最新法令・ガイドラインに加え、民法は現行法と債権関係改正後とも収録！
2018.1 734p A5 ¥3600 ①978-4-86556-195-1

◆最新判例にみるインターネット上のプライバシー・個人情報保護の理論と実務　松尾剛行著　勁草書房　（勁草法律実務シリーズ）
【要旨】2008年以降のインターネット上のプライバシーおよびプライバシー侵害類型としての個人情報保護問題に関する膨大な裁判例を収集・分類・分析したうえで、実務での判断基準、法律上の要件、紛争類型毎の相違等を想定事例に落とし込んで解説。「名誉毀損」に続く好評シリー

法律

ズ第2弾！
2017.7 349p A5 ¥3700 ①978-4-326-40338-7

◆財政小六法　平成30年版　財政会計法規編
集室編　学陽書房
【目次】憲法、財政及び会計通則、債権及び収入、支出負担行為及び支払、契約、現金出納及び保管金、資金、特別会計、物品及び有価証券、国有財産、会計検査、地方財政、諸法、附録
2017.9 1038p B6 ¥4800 ①978-4-313-00293-7

◆三省堂基本六法　2018（平成30年版）　三省堂基本六法編修所編　三省堂
【要旨】百年の時を超えて成立した民法改正・刑法改正の今年、厳選された39法令を大きな文字、広い行間で読みやすく掲載。
2017.10 1004p A5 ¥1850 ①978-4-385-15436-7

◆事業者必携　抵当・保証の法律と担保をめぐるトラブル解決法　松岡慶子監修　三修社
【要旨】不動産、機械、商品在庫の担保の取り方から連帯保証、物上保証まで解説！リスクを回避し、迅速、確実に回収する方法満載。時効、保証、債権譲渡、弁済、相殺など、平成29年の民法改正に完全対応。
2017.12 255p A5 ¥1900 ①978-4-384-04776-9

◆士業のための改正個人情報保護法の法律相談　松尾剛行著　学陽書房
【要旨】士業の「相談準備」のために―。厳選した実務上の要点をQ&A形式で解説！プライバシーポリシー・個人情報取扱規程のひな形を収録！政令・規則・ガイドライン等の重要資料もカバー！平成29年5月施行の改正法対応。
2017.6 286p A5 ¥2600 ①978-4-313-51162-0

◆自治六法　平成30年版　地方自治法令研究会編　ぎょうせい
【要旨】第193回国会で成立した、改正地方自治法、改正公職選挙法、改正地方公務員法などに完全対応。情報化社会に必須の官民データ活用推進基本法を新規収録。
2017.8 4535p A5 ¥4000 ①978-4-324-10375-3

◆実践知的財産法―制度と戦略入門　木棚照一編、浅野卓、石田正泰、中山真里、菱沼剛著　（京都）法律文化社
【目次】知的財産法概説、特許法（1）：客体、特許要件、特許法（2）：発明者（職務発明を含む）、出願手続、審査・審判、特許法（3）：特許権侵害、特許法（4）：ライセンス、独占禁止法、営業秘密、意匠法、商標法（1）：概説、登録要件、登録手続、商標法（2）：商標権の効力、商標および商品・役務の類似の基準、侵害および活用、不正競争防止法、著作権法（1）：目的・構造、著作物、著作者の権利、著作権法（2）：著作者、著作権者の権利の侵害、著作権法（3）：著作隣接権、著作権法以外の保護、農林水産業と知的財産：種苗法、地理的表示法、知的財産と国際関係、ブランド戦略、知財戦略（1）：保護対象と存続期間の戦略、知財戦略（2）：収益機会の戦略　2017.7 259p A5 ¥4000 ①978-4-589-03858-6

◆実務解説　資金決済法　堀天子著　商事法務　第3版
【要旨】平成29年の改正法施行により、ますます注目度が高まる仮想通貨交換業。実務担当者のとるべき対応のポイントと、資金決済法の全体像をわかりやすく解説した必携書。内閣府令・事務ガイドライン完全対応。
2017.8 412p A5 ¥4100 ①978-4-7857-2540-2

◆実用六法　平成30年版　加藤晋介監修　成美堂出版
【要旨】改正部分がひと目でわかる！ひらがな表記で読みやすい！改正民法（債権関係）も追加収録!!
2017.11 943p B6 ¥1600 ①978-4-415-22556-2

◆18歳からはじめる情報法　米丸恒治編　（京都）法律文化社
【目次】情報や通信は憲法とどのようにかかわっているのだろうか、知的財産はどのような場合に法的に保護されるのだろうか、情報通信はどのような法的仕組みで保障されるのだろうか、サイバースペースにおける表現規制はどのようにされているのだろうか、ネット上の名誉毀損や営業妨害にはどのような特徴があるのだろうか、ネット上の著作物やドメイン名の使用はどのような規制があるのだろうか、プロバイダは法的にどのような義務を負っているのだろうか、サイバースペースでの商取引にはどんな法律が適用されているのだろうか、電子データの真正性・完全性はどうやって証明されるのだろうか、個人情報の保護と利活用はどのように保障されて

いるのだろうか、承諾なく送られた商業メール（スパムメール）はどのような法規則があるのだろうか、ネットのセキュリティはどのように法制化されているのだろうか？、行政手続のオンライン化はどのように法規制されているのだろうか、民間の電子化に関する法制度はどこまで進んでいるのだろうか、行政情報の公開と利活用はどのように保障されているのだろうか
2017.4 91p B5 ¥2300 ①978-4-589-03833-3

◆住民基本台帳六法　平成29年度　市町村自治研究会監修、日本加除出版株式会社編集部編　日本加除出版
【目次】法令編（憲法、基本法、関係法、参考）、通知・実例編（事務処理要領等、通知カード・個人番号カード、法令施行等、公的個人認証、印鑑、住居表示）
2017.10 2Vols.set A5 ¥7400 ①978-4-8178-4434-7

◆渉外家族法実務からみた在留外国人の身分登録　日本司法書士会連合会渉外身分登録検討委員会編　民事法研究会
【要旨】相続事件における相続人の確定、公的扶助・税務等で前提となる世帯や扶養関係の確認、入管法上の在留資格の取得・更新などにおいて必要不可欠な身分登録情報をいかに入手するか―外国人登録が廃止され外国人住民票となった現在、その問題点を明らかにし、中国・台湾・韓国・北朝鮮を本国法とする人を手がかりにした実務経験からの対応方法を示す！
2017.11 324p A5 ¥3300 ①978-4-86556-189-0

◆条解　信託法　道垣内弘人編著　弘文堂
【要旨】第一線の研究者の綿密な議論により誕生した、待望の逐条解説書！超少子高齢化時代の問題に対処する手段としても活用が期待される信託制度。詳細な検討を経た解説により疑問や問題の解決、法運用のヒントにも資する、研究者・実務家必携の注釈書。
2017.12 1030p 23×17cm ¥15000 ①978-4-335-35707-4

◆小規模宅地等の特例　適用可否の分岐点　岩下忠吾著　日本法令
【要旨】特定居住用・特定事業用等・貸付事業用の具体的設例による適用可否判定から、相続税申告書の作成例まで。適用ミス防止のためのポイントを、事例をベースに徹底解説！
2018.1 287p A5 ¥2400 ①978-4-539-72577-1

◆詳説　犯罪収益移転防止法・外為法　中崎隆、小堀靖弘著　中央経済社、中央経済グループパブリッシング　発売　第2版
【要旨】改正相次ぐ「犯収法」と国際的な資金移動の取締りの重要な役割を果たす「外為法」を中心に、為替取引・貿易取引において重要な規制を詳細に解説する。用語の定義から明快に説き起こし、わかりやすさを重視した丁寧な説明は本書の特徴となっている。コラム欄「もう一歩前へ」では、実務上の疑問・注意事項に行き届いた目配りがあり、この点も是非ご一読いただきたい重要なポイントである。
2017.9 295p A5 ¥4500 ①978-4-502-24491-9

◆消費者法実務ハンドブック―消費者契約法・特定商取引法・割賦販売法の実務と書式　安達敏男、吉川樹士著　日本加除出版
【要旨】実務に使える書式と記載例を収録！複雑・難解な法体系を図表を用いて分かりやすく整理！関連する裁判例も豊富に掲載し実務のポイントをおさえる！
2017.9 263p A5 ¥2700 ①978-4-8178-4424-8

◆消費者六法―判例・約款付　2017年版　甲斐道太郎、松本恒雄、木村達也編集代表　民事法研究会
【要旨】平成28年改正までを織り込み、重要法令については政省令・通達・ガイドラインを収録！最新の判例を含む888件の判例を収録した判例編や、各種約款・約定書、書式、実務に至便な資料を掲載！
2017.9 1581p A5 ¥5200 ①978-4-86556-139-5

◆商標の法律相談　1　小野昌延、小松陽一郎、三山峻司編　青林書院　（最新青林法律相談16）
【要旨】基礎知識から難度の高い実務問題まで幅広くレクチャーした『商標の法律相談』の最新作!!『商標』の重要問題114を厳選。1巻は全59問を扱う!!第一線の研究者・弁護士・弁理士総勢113名が実務に役立つ最新情報をもとに卓越した回答を提供!!
2017.9 513p A5 ¥6000 ①978-4-417-01721-9

◆商標の法律相談　2　小野昌延、小松陽一郎、三山峻司編　青林書院　（最新青林法律相談17）
【要旨】基礎知識から難度の高い実務問題まで幅広くレクチャーした『商標の法律相談』の最新作!!『商標』の重要問題114を厳選。2巻は全55問を扱う!!第一線の研究者・弁護士・弁理士総勢113名が実務に役立つ最新情報をもとに卓越した回答を提供!!
2017.9 432p A5 ¥5200 ①978-4-417-01722-6

◆消防基本六法　平成29年新版　―平成29年2月8日内容現在　消防法規研究会編　東京法令出版
【目次】消防組織（消防組織法、緊急消防援助隊に関する政令、消防力の整備指針 ほか）、消防行政（消防法、消防法施行令、消防法施行規則 ほか）、その他（民法（抄）、失火ノ責任ニ関スル法律、保険法（抄） ほか）
2017.3 1717, 30p A5 ¥2000 ①978-4-8090-2426-9

◆初任者のための新戸籍読本　上　新谷雄彦著　テイハン
【目次】第1 はじめに、第2 戸籍事務と関わりのある法律等、第3 戸籍の記載手続・記載事項等、第4 戸籍法施行規則附録6号戸籍の記載のひな形から学べること、第5 戸籍記載例の変遷、第6 戸籍に記載する文字、第7 戸籍記載の移記、第8 戸籍記載の連続性、第9 届書の審査方法、第10 戸籍記載の嘱託
2017.8 488p A5 ¥5900 ①978-4-86096-093-3

◆初任者のための新戸籍読本　下　新谷雄彦著　テイハン
【目次】第11 戸籍訂正・追完（戸籍訂正とは、届出の追完とは、戸籍訂正と届出の追完及び届書の補正、戸籍訂正の方法（紙戸籍とコンピュータ戸籍の訂正方法の違い）、戸籍訂正手続、戸籍訂正の及ぶ範囲、確定判決の反射的効果が及ぶ戸籍訂正、具体的な戸籍訂正申請、追完届）
2017.8 327p A5 ¥5900 ①978-4-86096-094-0

◆知らぬは恥だが役に立つ法律知識　萩谷麻衣子著　小学館　（小学館新書）
【要旨】痴漢えん罪は「名刺を渡せば逮捕されない」ってホント？離婚裁判で勝手に集めた証拠は通用しないの？上司への悪口が「名誉毀損」になる？法律は我が身と権利を守ってくれる心強いもの。でも、適切にアピールしなかったり、法律があることすら知らなかったりすると、大損する場合がある。2017年、大幅に改正された民法と刑法のエッセンスを紹介しながら、「知らなかった！」とホゾを噛まないで済む法律の勘所を、テレビでもおなじみの萩谷麻衣子弁護士が丁寧に解説していく。
2017.10 222p 18cm ¥780 ①978-4-09-825302-9

◆事例にみる外国人の法的支援ハンドブック　神奈川青年司法書士協議会人権擁護委員会編　民事法研究会
【目次】第1章 外国人のリーガルニーズに応えるための基礎知識（在留外国人をめぐる状況と本書の狙い、司法書士に必要な在留資格の基礎知識、法テラスその他機関の利用）、第2章 外国人の相談における確認事項と留意点（外国人の相談にあたって、確認事項と留意点）、第3章 事例にみる外国人の法的支援（外国人の日本における会社設立（ベトナム人の事例を中心に）、外国人の不動産売買（中国人の事例を中心に）、外国人の帰化申請（中国人の事例を中心に）、外国人の相続登記（韓国人の事例を中心に）、外国人との離婚（相手方がフィリピン人の事例を中心に）、外国人の債務整理（在日韓国人の事例を中心に）、外国人に対する滞納賃料請求への対応（フィリピン人の事例を中心に）、外国人労働者の未払賃金請求（中国人の事例を中心に））
2017.3 273p A5 ¥2700 ①978-4-86556-144-9

◆人事小六法　平成30年版　人事法制研究会編　学陽書房
【目次】通則、中央人事行政機関、採用試験・任免、給与、人事評価、研修、能率、分限・懲戒・保障、服務、退職管理、職員団体、その他
2017.9 2247p B6 ¥6000 ①978-4-313-01393-3

◆審判例にみる家事事件における事情変更　平田厚著　（名古屋）新日本法規出版
【目次】第1章 総論、第2章 婚姻費用分担に関する事情変更、第3章 面会交流に関する事情変更、第4章 養育費に関する事情変更、第5章 親権に関する事情変更、第6章 扶養に関する事情変更、第7章 相続に関する事情変更
2017.7 352p A5 ¥4100 ①978-4-7882-8304-6

◆図解いちばんよくわかる最新個人情報保護法　辻畑泰喬著　日本実業出版社
【要旨】改正個人情報保護法の重要ポイントとは？ 何が個人情報や要配慮個人情報に？ 取得、管理、利用、提供、開示…各場面での注意点とは？ 第三者提供時の確認、記録をやらなくてもよい場合は？ 匿名加工情報として利活用するためにはどうする？ どのような罰則があるの？… 個人情報についての実務上のルールを、基本からやさしく解説！ 政令・規則のほか、実務で重要な解釈指針等も解説。
2017.6 190p A5 ¥1800 ①978-4-534-05502-6

◆図解 超早わかり国民投票法入門　南部義典著　（新潟）シーアンドアール研究所
【要旨】いつ始まっても不思議でない国民投票法を学ぶのは今です！ 国民投票法について憲法改正の全体像や手続きの流れに沿ってQ&A形式で解説！
2017.2 215p B6 ¥1630 ①978-4-86354-212-9

◆図解で早わかり 消費者契約法・特定商取引法・割賦販売法のしくみ　藤田裕司監修　三修社　改訂新版
【要旨】消費者、事業者が共に知っておきたい基本事項や実務上のポイントをわかりやすく解説。通常の契約に関する原則からネットや電話、通信販売をめぐる問題まで幅広くフォロー。消費者契約法の「過量契約の取消権」や、特定商取引法の「指定権利の制度の廃止」など、新しい法改正事項に対応。「定型約款」など、平成29年に改正された民法改正にも対応。「クーリング・オフ」の仕方、内容証明郵便の書き方などもわかる。消費者安全法、リコール、割賦販売法、景表法、個人情報保護法など、消費者関連法にも対応。豊富な図解と欄外用語が理解をサポート。
2017.11 255p A5 ¥1800 ①978-4-384-04770-7

◆すぐに役立つ これならわかる 入門図解 任意売却と債務整理のしくみと手続き　松岡慶子監修　三修社
【要旨】競売や任意売却はどのように利用したらよいのかがわかる。任意売却のための交渉や手続きの流れがわかる。強制執行や担保権の実行の手続きもわかる。任意売却後の上手な債務整理の仕方についても解説。任意売買脱出の突破口！「任意売却制度」のしくみをわかりやすく解説。住宅ローンや不動産を所有する多重債務者必携の書。任意売却、競売売却から自己破産、個人民事再生まで1冊でわかる！
2017.2 223p A5 ¥1800 ①978-4-384-04740-0

◆すぐに役立つ 図解とQ&Aでわかる最新 個人情報保護法と秘密保持契約をめぐる法律問題とセキュリティ対策　千葉伸幸監修　三修社
【要旨】ビジネスの基本はセキュリティ対策から！ 最新の法改正、ガイドラインに対応。情報管理、利用、情報漏えい対策、トラブル解決まで。個人情報や機密情報を守るための重要ポイントがQ&A形式でよくわかる！ 条文やガイドラインを読むのが苦手な人に必携の力作。
2017.11 255p A5 ¥1800 ①978-4-384-04767-7

◆すぐに役立つ入門図解 強制執行のしくみと手続き―ケース別実践書式33　梅原ゆかり監修　三修社
【要旨】不動産から給与債権、預金債権、貴金属や有価証券などの動産まで。様々な財産の差押えに対応！ 強制執行の申立手続きに不可欠な書式を多数掲載。売掛金回収や養育費不払い対策など、活用自在。
2017.3 255p A5 ¥1800 ①978-4-384-04742-4

◆すぐに役立つ法律書式の作成全集　石原豊昭編　自由国民社　第4版
【要旨】解決手段と必要書式を紛争ごとに網羅。豊富な書式例で記載のしかたがすぐわかる。図解によって解決法や手続きを明解に解説。相談先・情報入手先も収めた情報集典。
2017.2 431p A5 ¥3000 ①978-4-426-12251-5

◆進め方がよくわかる 私的整理手続と実務　多比羅誠編著　第一法規
【要旨】依頼を受けた弁護士の思考過程や留意点。解説とモデルケースで、私的整理の「選び方」「手続の進め方」「実務」がわかる。各手続の特徴、手続選択から再生計画案作成までが詳しくわかる。 2017.7 377p A5 ¥3900 ①978-4-474-05078-5

◆ストーリーとQ&Aで学ぶ改正個人情報保護法―取得、管理、利用、提供、漏えい、開示請求、越境移転、匿名加工情報、通信の秘密、位置情報、AI　関原秀行著　日本加除出版

【要旨】法律、政令、規則、ガイドライン、Q&A、事務局レポート等、多数の法令・資料を参考にしなければならない、今回の改正個人情報保護法。企業が対応すべき実務上のポイントについて、わかりやすく解説。個人情報の利活用の実務について、基本から応用まで全部がわかる決定版！
2017.5 440p A5 ¥4200 ①978-4-8178-4397-5

◆生活安全小六法　平成29年版　生活安全警察研究会編　東京法令出版
【目次】第1編 通則、第2編 防犯その他生活安全、第3編 地域、第4編 少年、第5編 保安、第6編 生活経済、第7編 サイバー犯罪対策
2017.5 2954p B6 ¥4000 ①978-4-8090-1363-8

◆設例農地法解説　宮崎直己著　大成出版社
【目次】第1章 許可の対象となる権利（総論、物権、債権）、第2章 許可の要否（許可を要する行為、許可を要しない行為）
2017.11 333p A5 ¥3000 ①978-4-8028-3299-1

◆タテマエ・ホンネ論で法を読む　柴田光蔵著　現代人文社、大学図書 発売
【要旨】法治⇔人治、訴訟⇔和解、本籍⇔現住所、無罪推定⇔有罪推定、実刑判決⇔執行猶予など快刀乱麻、法の世界に挑む。日常生活でもビジネス世界でも役立つタテマエ・ホンネの知恵。
2017.4 223p A5 ¥3200 ①978-4-87798-674-2

◆建物明渡請求　東京弁護士会法友全期会業務委員会編　創耕舎、大学図書 発売　（はじめての事件シリーズ）
【要旨】新人弁護士、中西君が活躍するはじめての事件シリーズ第1弾!!建物明渡請求事件の受任から終結までをイラスト・書式を多数織り込みながらわかりやすく解説!!実務に直結した詳細な事件のポイントとチェック項目を掲載。
2017.2 210p B5 ¥3200 ①978-4-908621-02-4

◆逐条解説 墓地、埋葬等に関する法律　生活衛生法規研究会監修　第一法規　新訂第3版
【目次】解説編（総則、埋葬、火葬及び改葬、墓地、納骨堂及び火葬場 ほか）、通知編（墓地の新設に関する件（昭和21年発警第85号）、墓地、埋葬等に関する法律の施行に関する件（昭和23年厚生省発衛第9号）、墓地、埋葬等に関する法律の疑義の回答依頼について（昭和26年衛環第108号）ほか）、資料編（現行法令、廃止法令、助成措置等 ほか）
2017.3 385p A5 ¥3800 ①978-4-474-05756-2

◆逐条解説 マイナンバー法　水町雅子著　商事法務
【要旨】立案担当者が、網羅的に解説を行い、個人情報保護法制の全体像を把握。
2017.11 506p A5 ¥6500 ①978-4-7857-2567-9

◆逐条地方自治法　松本英昭著　学陽書房　新版; 第9次改訂版
【要旨】平成29年の自治法改正（内部統制の策定や監査制度の充実強化、首長や職員等の損害賠償責任の見直しなど）及び関係法令の改正等を加え、解説を一層充実した大幅な改訂版。第6・7次地方分権改革推進一括法の成立、農業委員会等に関する法律の改正、地方公共団体の物品等又は役務の調達手続の特例を定める政令の改正、民法の改正、地方公務員法の改正、地方財政法の改正等を反映。今後の改正動向を盛込む。
2017.10 1758p 23×17cm ¥15000 ①978-4-313-07129-2

◆知財実務ガイドブック―知財の活用とトラブル対策　三山峻司編著　青林書院
【要旨】最前線の現場から知財実務の実際を案内!! 知財の戦略的な活用から、リスク管理、紛争解決まで、法的実務の注意点と創意工夫を紹介。知財を手がける弁護士、弁理士、企業の知財部員が、糸口を見つけるのにすぐに役立つ実践の書。
2017.11 459p A5 ¥5500 ①978-4-417-01726-4

◆知的財産関係条約基本解説　奥田百子著　法学書院
【要旨】弁理士試験対策をはじめ、知財関係の実務家にも有用な条約解説書。各条約の基本・重要事項を丁寧に、分かりやすく解説。条約の確認に役立つ弁理士試験過去問を使用したチェック問題も収録！
2017.1 306p A5 ¥2500 ①978-4-587-56350-9

◆知的財産権法文集　PATECH企画出版部編　PATECH企画　第24版
【要旨】主な改正（平成29年6月30日外務告示第225号）「特許協力条約に基づく規則の修正」、（平成29年7月7日省令第51号）「特許法等の改正に伴う

関係省令を整備する省令」など、知財実務に必要な法律・省政令・条約を網羅。
2017.8 1154p A6 ¥2800 ①978-4-908922-03-9

◆知的財産権法文集　平成28年改正　一平成29年4月1日施行版　発明推進協会編　発明推進協会
【目次】工業所有権（産業財産権）等に関する法律条文（特許法、実用新案法、意匠法 ほか）、工業所有権（産業財産権）以外の知的財産権に関する法律等条文（知的財産基本法、不正競争防止法、弁理士法 ほか）、知的財産権関係条約（パリ条約、特許協力条約、知的所有権の貿易関連の側面に関する協定（TRIP-S協定）ほか）
2017.2 1185p A6 ¥2223 ①978-4-8271-1281-8

◆知的財産法　角田政芳、辰巳直彦著　有斐閣（有斐閣アルマ）　第8版
【要旨】知的財産法の世界へ。知的財産法全体の概要をコンパクトに収めたテキスト。学習者が理解しにくい概念等を重点的に解説し、わかりやすさを工夫した。職務発明にかかる特許法改正など直近の法改正に対応、重要新判例も豊富に盛り込んだ。
2017.3 545p B6 ¥2900 ①978-4-641-22090-4

◆知的財産法　ビジネス法体系研究会編、田中浩之著　レクシスネクシス・ジャパン（ビジネス法体系）
【目次】第1編 ビジネスと知的財産法総論、第2編 ブランドの保護、第3編 技術の保護、第4編 デザインの保護、第5編 著作権法による表現の保護、第6編 その他の不正競争行為等およびパブリシティ権、第7編 知的財産の国際的側面
2017.4 401p A5 ¥5000 ①978-4-908069-65-9

◆知的財産法演習ノート―知的財産法を楽しむ23問　小泉直樹、駒田泰土編著　弘文堂　第4版
【要旨】新作問題3問＋最新の動向に完全対応！ 23問の設問について丁寧に解答を作成し、解説・解答例を読むと、基礎知識が着実に定着し、運用する力が身につく演習書。設問に対応した「解答例」、進んだ学習のための「関連問題」付き。
2017.3 403p A5 ¥3000 ①978-4-335-35694-0

◆知的財産法入門　茶園成樹編　有斐閣　第2版
【要旨】「麺がのびないカップラーメンの製造方法を思いついた」「ブログの記事の一部を無断で雑誌に掲載された」など身近な15のケースから、特許法、著作権法、意匠法、商標法、不正競争防止法という知的財産法制度全体の基本事項をわかりやすく解説。また、知的財産法をより楽しく学ぶためのさまざまな工夫が盛りだくさんの1冊。
2017.3 294p A5 ¥2000 ①978-4-641-14498-9

◆地方公務員共済六法　平成29年版　地方公務員共済組合制度研究会編　第一法規
【目次】第1編 基本法令（基本法関係、その他）、第2編 関係法令（国共法関係、社会保険関係、その他）、附録
2017.1 5005, 19p 22×17cm ¥4500 ①978-4-474-05703-6

◆地方公務員共済六法　平成30年版　地方公務員共済組合制度研究会編　第一法規
【目次】第1編 基本法令、第2編 関係法令
2018.1 5005, 19p 22×17cm ¥4500 ①978-4-474-05896-5

◆地方自治ポケット六法　平成30年版　地方自治制度研究会監修, 学陽書房編集部編　学陽書房
【目次】日本国憲法、地方自治法、地方自治法施行令、地方公務員法、行政手続法、行政手続法施行令、行政機関の保有する情報の公開に関する法律、行政機関の保有する情報の公開に関する法律施行令、行政不服審査法、行政事件訴訟法、行政代執行法、請願法、国家賠償法
2017.11 691p B6 ¥2200 ①978-4-313-02130-3

◆注解 自動車六法　平成29年版　国土交通省自動車局監修　第一法規
【目次】道路運送法関係、貨物利用運送事業法関係、道路運送車両法関係、自動車損害賠償保障法関係、自動車ターミナル法関係、バリアフリー法関係、地域公共交通の活性化及び再生に関する法律関係、道路・施設法関係、道路交通法関係、税法関係、その他
2017.11 4454p B6 ¥5200 ①978-4-474-05965-8

◆注解・判例 出入国管理実務六法　平成30年版　出入国管理法令研究会編　日本加除出版

法律

【目次】第1編 法令・詔令（出入国管理関係、その他）、第2編 条約（日本国との平和条約（抄）、世界人権宣言、経済的、社会的及び文化的権利に関する国際規約（A規約）、市民的及び政治的権利に関する国際規約（B規約）、難民の地位に関する条約 ほか）
2017.11 1547p A5 ¥5600 ⓘ978-4-8178-4436-1

◆**仲裁法の論点** 中村達也著 成文堂
【目次】【要旨】仲裁と仲裁法上の争訟、仲裁と仲裁鑑定、独占禁止法と仲裁─仲裁可能性（仲裁適格）と仲裁判断の実体的公序審査、知財関係仲裁─特許有効性の仲裁可能性、仲裁合意と特定承継、仲裁合意の効力の人的範囲、多層的紛争解決条項の効力、交渉、調停前置会の確定性、仲裁機関による仲裁人の確認、仲裁人の忌避に関する諸問題、仲裁権限をめぐる紛争の解決、仲裁合意と相殺の抗弁の許否、仲裁と破産手続、仲裁費用、仲裁判断取消しの裁量棄却について、渉外仲裁における仲裁法附則3条、4条の適用、外国裁判所で取り消された仲裁判断の内国での効力─ニューヨーク条約5条1項(e)に基づく承認・執行の可否、国際商事仲裁におけるウィーン売買条約の適用、投資協定仲裁とニューヨーク条約 2017.5 510p A5 ¥7000 ⓘ978-4-7923-2703-3

◆**著作権研究 43（2016）** 著作権法学会編 著作権法学会, 有斐閣 発売
【目次】シンポジウム 応用美術と著作権─保護と限界（ドイツにおける段階理論の放棄と日本法解釈論への示唆、応用美術─それはカテゴリーではなく、利用方法のことである、イギリスにおける応用美術の保護について、アメリカ法─著作権法における応用美術の保護と限界、日本著作権法における応用美術─区別説（類型的除外説）の立場から、応用美術と著作権について（日本の観点から）、討論）、判例研究（マンション設計図の著作物性、神獄のヴァルハラゲート事件、ピクトグラム（大阪市観光案内）事件、「子連れ狼」実写映画化事件、著作権保護期間終了後の美術作品の写真利用─錦絵写真事件）
2017.3 256p A5 ¥3900 ⓘ978-4-641-49913-3

◆**著作権法入門 2017-2018** 文化庁編著 著作権情報センター
【要旨】1 知的財産権について、2 著作権制度の沿革、3 著作権制度の概要、4 著作者の権利、5 著作隣接権、6 外国の著作物の保護、7 他人の著作物を「利用」する方法、8 著作物等の「例外的な無断利用」ができる場合、9 著作権が「侵害」された場合の対抗措置、10 登録制度について
2017 146, 270p A5 ¥2200 ⓘ978-4-88526-085-8

◆**デイリー六法 2018（平成30年版）** 鎌田薫編修代表 三省堂
【要旨】収録法令241件。民法（債権法）大改正に充実対応！ 新条文施行前の規定を注記・枠囲みで併載。施行規則などの下位・関連法規を参照法令として抜粋。中型六法にも匹敵する機能性を実現。直感的に引きやすく、関連事項と論点が一目でわかる。商法・労働契約法・労働基準法にも参照条文。膨大な会社法の定義を準用先・関連法規を示し、学習性向上を実現。基本法のキーワードを中心として、初学者にも使いやすい簡便な索引を実現。
2017.10 2008p B6 ¥1850 ⓘ978-4-385-15961-4

◆**電力小六法 平成30年版** 経済産業省資源エネルギー庁 電力・ガス事業部政策課, 経済産業省産業保安グループ電力安全課監修 エネルギーフォーラム
【目次】第1編 法令（電気事業法、電源立地、原子力、環境、エネルギー一般 ほか）、第2編 電気事業関係通達等（会計及び財務、保安、その他）
2017.12 3092p A5 ¥16000 ⓘ978-4-88555-486-5

◆**道路法解説** 道路法令研究会編著 大成出版社 改訂5版
【目次】第1部 総論（道路の本質と道路に関する法制、道路に関する法制の沿革、道路に関する法制 ほか）、第2部 逐条解説（総則、一般国道等の意義並びに路線の指定及び認定、道路の管理 ほか）、第3部 参考法令（制定時の道路法、道路法（昭二七・六・一〇・法律一八〇号）、道路法施行法（昭二七・六・一〇・法律一八一号）ほか） 2017.9 1076p A5 ¥7100 ⓘ978-4-8028-3233-5

◆**都市法概説** 安本典夫著 法律文化社 第3版
【目次】第1部 国土と都市の計画（国土法制と都市法制、都市計画法制の展開と構造（抄）、第2部 都市空間の規律（土地利用規制、開発許可制度（抄）、第3部 都市空間の形成と整備（国際の建設、区画整理と再開発事業 ほか）、第4部 市市行政の手法と紛争処理（都市のルール、都市行

政の仕組みと手法 ほか）
2017.9 409p A5 ¥3800 ⓘ978-4-589-03866-1

◆**都政六法 平成30年版** 学陽書房編集部編 学陽書房
【目次】第1類 都政一般、第2類 人事、第3類 財務、第4類 都民生活、第5類 教育文化・青少年、第6類 市市整備、第7類 公営企業、第8類 安全
2017.12 1561p B6 ¥6400 ⓘ978-4-313-00994-3

◆**なるほど図解 著作権法のしくみ** 奥田百子著 中央経済社, 中央経済グループパブリッシング 発売 （CK BOOKS） 第3版
【要旨】インターネット社会の進歩によって、自宅にいながら音楽や映画などが手に入るようになりました。しかし、こうした著作物は著作権法という法律で保護されており、これに違反すると罰則を受けることもあります。本書は、身近ではあってもむずかしい法律である著作権法を、判例を中心にわかりやすく解説しています。
2017.9 303p A5 ¥1800 ⓘ978-4-502-23661-7

◆**難民認定実務マニュアル** 日本弁護士連合会人権擁護委員会編 現代人文社, 大学図書 発売 第2版
【目次】第1章 日本の難民認定手続の概要、第2章 難民の定義・難民該当性判断の方法、第3章 難民認定申請、第4章 審査請求、第5章 難民申請者の法的地位、第6章 難民認定、在留資格に係る許可、難民認定の取消、第7章 難民関係訴訟、第8章 資料
2017.8 295p A5 ¥3500 ⓘ978-4-87798-654-4

◆**日米欧個人情報保護・データプロテクションの国際実務** 森大樹編集代表, 藤原総一郎、塚本宏遠、鈴木明美編著 商事法務 （「別冊NBL」No.162）
【目次】第1部 日米欧の法制度（個人情報保護法の概要（日本）、EU一般データ保護規制（GDPR）の概要（欧州）、個人情報保護に関する法規制の概要（米国）、日米欧の比較）、第2部 日米欧の実務上の留意点（個人情報保護法に関する実務上の留意点（日本）、GDPRに関する実務上の留意点（欧州）、個人情報保護に関する実務上の留意点（米国））、第3部 ケーススタディ（クラウドサービスを利用して個人データを保管・管理する際に、どのような規制が適用されますか。また、実務上はどのような点に留意すべきでしょうか。モバイルアプリを通じて個人データを取得する場合に、どのような規制が適用されますか。また、実務上はどのような点に留意すべきでしょうか。ウェブサイト上で行動ターゲティング広告を行う場合にどのような規制が適用されますか。また、実務上はどのような点に留意すべきでしょうか。ほか）
2017.10 324p B5 ¥4200 ⓘ978-4-7857-7134-8

◆**入門 交通行政処分への対処法** 高山俊吉著 現代人文社, 大学図書 発売
【要旨】交通違反を重ねると免許の停止・取消し、事故を起こしても行政処分。道交法違反等に基づく行政処分は驚くほど基準どおりに行われている。基準は画一的で、処分内容に幅がない。交通行政処分事件の弁護実務の手引書。
2017.9 243p A5 ¥2500 ⓘ978-4-87798-676-6

◆**破産申立代理人の地位と責任** 全国倒産処理弁護士ネットワーク編 金融財政事情研究会, きんざい 発売
【要旨】弁護士はどのように行動することが期待されるのか。それは単に望ましい行動に過ぎないのか、それとも法的義務なのか。法的義務となるのはどのような場合か。法的義務となる根拠は契約責任か、不法行為責任か。それは誰に対する責任で、誰がその権利を行使できるのか一。破産申立代理人とは何か？ その法的地位と責任を探求する。
2017.11 365p A5 ¥3800 ⓘ978-4-322-13226-7

◆**はじめて学ぶ下請法** 鎌田明編著 商事法務
【要旨】事例を用い、公取委運用実務で解説した入門書。取引の流れに沿い、図を多く用いてポイントを解説。
2017.11 222p A5 ¥2500 ⓘ978-4-7857-2569-3

◆**判例付き知的財産権六法 2017（平成29年版）** 角田政芳編 三省堂
【要旨】比類のない学習機能が満載！ 判例要旨─知的財産権の体系に従って配列。判例学習と確認はこれ1冊でOK！ 参照条文一四法対照に相当する機能を実装！ 条文中注記一準用先規定のひき直し不要！
2017.3 536p B6 ¥2800 ⓘ978-4-385-15934-8

◆**非営利法人会計監査六法 平成29年版** 日本公認会計士協会編 日本公認会計士協会出版局
【要旨】改正社会福祉法・施行令・施行規則に準用条文も新規掲載。公益法人、社会福祉法人、医療法人等非営利分野の法規・実務指針・税法等収録！
2017.3 1476p B5 ¥5500 ⓘ978-4-904901-69-4

◆**ビジネスシーンから考える 改正個人情報保護法** 日置巴美著 経団連出版
【目次】第1章 企業が取り扱う情報と個人情報保護法（個人情報保護法のスコープ、個人情報保護法が保護対象とする情報とは）、第2章 個人情報取扱事業者と匿名加工情報取扱事業者の義務（利用目的に関する規律、適正な手段による取得、適切な安全管理と従業者、委託先の監督、個人データの第三者提供、本人からの請求等、その他の個人情報の適切な取扱い、匿名加工情報制度）、第3章 中小規模事業者（中小規模事業者への配慮、主な個人情報の取扱い場面と適切性の担保）、第4章 認定個人情報保護団体、第5章 個人情報保護法違反と行政・司法（行政規制としての個人情報保護法、司法判断と個人情報保護法）
2017.6 133p A5 ¥1300 ⓘ978-4-8185-1701-1

◆**プライバシーなんていらない!?─情報社会における自由と安全** ダニエル・J.ソロブ著, 大島義則、松尾剛行、成原慧、赤坂亮太訳 勁草書房
【要旨】「やましいことがないのであれば、安全のために、あなたのプライバシーを制約するのは問題ないのでは？」この問いを基点として、プライバシーの価値、安全との関係、憲法上の権利としてのプライバシーの性格、新しい技術との関係・対応について、豊富な具体例を通して詳細に論じる。
2017.4 243, 25p B6 ¥2800 ⓘ978-4-326-45110-4

◆**紛争事例に学ぶ、ITユーザの心得─契約・費用・法律編** 細川義洋著 翔泳社 オンデマンド印刷版
【要旨】民法改正でITの請負開発はどう変わる？ ベンダが勝手に機能を追加した！ それでも費用を払うべき？ ソフトウェアの著作権は誰のもの？ 2017.9 136p A5 ¥2000 ⓘ978-4-7981-5436-7

◆**紛争事例に学ぶ、ITユーザの心得─提案・開発・プロジェクト管理編** 細川義洋著 翔泳社 オンデマンド印刷版
【要旨】頓挫したプロジェクトの責任はどちらにある？ 要件追加でプロジェクトを中断させないためには？ そもそも「ソフトウェアの不具合」って許されるの？
2017.9 124p A5 ¥2000 ⓘ978-4-7981-5435-0

◆**平成28年改正 知的財産権法法文集─平成29年5月30日施行版** 発明推進協会編 発明推進協会
【目次】工業所有権（産業財産権）等に関する法律条文（特許法、実用新案法 ほか）、工業所有権（産業財産権）以外の知的財産権に関する法律等条文（知的財産基本法、不正競争防止法 ほか）、知的財産権関係条約（パリ条約、特許協力条約 ほか）、付録（特定農林水産物等の名称の保護に関する法律、民法の一部を改正する法律の施行に伴う関係法律の整備等に関する法律（抄）ほか）
2017.9 1169p A6 ¥2223 ⓘ978-4-8271-1295-5

◆**弁護士が教えるIT契約の教科書** 上山浩著, 日経コンピュータ編 日経BP社, 日経BPマーケティング 発売 （トンデモ"IT契約"に騙されるな）加筆・修正・改題書
【要旨】2017年5月成立改正民法対応！ トンデモ契約書にだまされない！ システム開発トラブルを防ぐ85のチェックポイント。
2017.9 294p A5 ¥2700 ⓘ978-4-8222-5965-5

◆**弁護士・事務職員のための破産管財の税務と手続** 横田寛著 日本加除出版 新版
【要旨】著者の管財税務遂行上の経験、管財人である弁護士との会話、事務職員からの質問等を基にした「管財人が気になる論点」を解説。税法・タックスアンサーなど根拠を明確にした信頼できる内容。申告書の書き方とポイントがわかる記載例も多数収録。
2017.9 337p A5 ¥3200 ⓘ978-4-8178-4429-3

◆**弁護士と税理士の相互質疑応答集** 近畿弁護士会連合会税務委員会, 近畿税理士会調査研究部編著 清文社
【要旨】相続や会社経営の実務において、税理士が悩む法律問題と弁護士が悩む税務問題を丁寧

に整理・解説！

2017.1 278p A5 ¥2200 ①978-4-433-63676-0

◆**法務・法律ビジネス英和大辞典**　菊地義明編　日外アソシエーツ、紀伊國屋書店 発売

【要旨】業務・社会生活上必要かつ、外交、国際政治、安全保障、国際取引とも関連の深い法律用語と文例・訳例を収録。法律上の専門的英語文献、英文公的文書、契約書、報道を読み解く上で必要とされる法律用語の理解と適切な利用を導くための大型専門辞典。司法、立法、行政各分野の法律関連用語60,000語（見出し語10,000語+付随する関連語句50,000語）と文例・訳例16,000件を収録。ネイティブが使っている文例にプロ翻訳者が適切な日本語訳を付与。見出し語に対し、解説、同意語なども記載。

2017.8 1297p B5 ¥25000 ①978-4-8169-2677-8

◆**法律家・消費者のための住宅地盤Q&A**　地盤工学会関東支部地盤リスクと法・訴訟等の社会システムに関する事例研究委員会 編　民事法研究会

【要旨】第1編 "総論" 日本の地盤の特徴と戸建て住宅における地盤評価の現状と課題（地盤に関する法制度と裁判、地盤評価と住宅、自然災害による地盤事故、残された課題）、第2編 "各論" 地盤と基礎のQ&A（地盤と基礎共通、土地選び、スウェーデン式サウンディング（SWS）試験、基礎（告示第1347号）、地盤の長期許容応力度の算定（告示第1113号）、その他）、第3編 "資料編"（宅地情報シート（戸建て住宅用）、地盤と基礎にかかわる主な解説書の改編、昭和46年建設省告示第111号（抄）、平成12年建設省告示第1347号（抄）、平成13年7月2日国土交通省告示第1113号（抄）、地盤に関する用語解説）

2017.5 169p A5 ¥2300 ①978-4-86556-159-3

◆**法律って意外とおもしろい 法律トリビア大集合**　第一法規法律トリビア研究会編著　第一法規

【要旨】「すいか」は「メロン」？ 国民は、看護師に感謝する義務がある？ こんな言葉も出てくるの!?そんなことまで決められていたんだ!!法律な決まりや言葉の不思議な魅力を大公開。法律が、あなたの身近な存在に！

2017.3 190p 18cm ¥1800 ①978-4-474-05776-0

◆**法律トラブルを解決するならこの1冊**　石原豊昭編著、國部徹補訂　自由国民社　（はじめの一歩）

【要旨】あなたの紛争にどんな法律がかかわるかがわかる！ ケースごとにトラブル解決法と解決手続きがわかる！ さまざまな紛争解決機関や相談先がわかる！ 専門家の上手な活用法と費用がわかる！

2017.3 239p A5 ¥1800 ①978-4-426-12261-4

◆**法令実務基礎講座**　外山秀行著　同文舘出版

【要旨】知っていますか？ 法令の読み方や書き方のルール…。法令というのは、一体どこにどのような形で存在するのか。法体系とは何か。それはいかなる理由で重要なのか？ など、法律、条例、規則などの解釈・運用や立案を誤りなく行うための基礎を、法律ができる仕組みとともに、わかりやすく解説。

2017.3 234p A5 ¥2400 ①978-4-495-46551-3

◆**ポケット版 実用六法 平成30年版**　上妻博明監修、コンデックス情報研究所編著　成美堂出版

【要旨】日常生活をはじめとしてビジネス、学習に不可欠な法令・条文を厳選。過去一年間に成立した法律のうち話題性の高いものを収録。カタカナ表記は読みやすい「ひらがな表記」に変更。改正条文がひと目でわかる白ヌキ表示。改正部分の右横にライン表示。

2017.12 895p 16×11cm ¥1400 ①978-4-415-22582-1

◆**ホットラインのすべて―立上げ・運用全マニュアル**　中島茂、原正雄、寺田寛著　商事法務　（別冊商事法務）No.424)

【目次】1「価値ある企業づくり」を目指して、2 制度の概要、3 ホットライン立上げマニュアル、4 ホットライン運用マニュアル、5 類型別ケーススタディー、6 ホットライン周知マニュアル、7 ホットライン改善マニュアル、8 付録

2017.9 249p B5 ¥3600 ①978-4-7857-5258-3

◆**身近な法律問題Q&A**　愛知学院大学法学部同窓会編　成文堂

【目次】男女問題、遺言・高齢者、相続、交通事故、労働問題、消費者問題、賃貸借、貸金請求・過払い・債務整理、刑事、近隣・学校、インターネット問題、税金

2017.1 101p A5 ¥1000 ①978-4-7923-9262-8

◆**身分―法における垂直関係と、水平関係**　中野雅和編著　国際書院　（法文化（歴史・比較・情報）叢書）

【目次】序 身分：法における垂直関係と水平関係、第1章 近世自由身分における家族身分の平等化：親権の内容と帰属に関する議論を中心として、第2章 平等理念と身分：政治と法の相克、第3章 スウェーデン航海法構想をめぐる「諸身分」の関係：スウェーデン王国議会商務代表団の活動かを中心、第4章 改革直前期のプロイセン将校団に："年功序列制"の実態、第5章 国際裁判における少数者に対する文化的考慮：米州人権裁判所判例モアワナ共同体事件を中心、第6章 近世の百姓身分と捺印、第7章「市民」という「身分」について

2017.12 196p A5 ¥3600 ①978-4-87791-285-7

◆**模範小六法 2018（平成30年版）**　判例六法編修委員会 編　三省堂

【要旨】明治31年公布以来120年ぶりの民法（債権法）大改正!!現行民法のみの全文も大活字で別途掲載。刑法重要改正（性犯罪）、組織犯罪処罰法改正（共謀罪）、天皇退位特例法制定。収録法令：153件、判例：1万4,087件。

2017.11 2398p B6 ¥2600 ①978-4-385-15979-9

◆**模範六法 2018（平成30年版）**　判例六法編修委員会 編　三省堂

【要旨】民法（債権法）大改正!!現行民法のみの全文も大活字で別途掲載。収録法令：419件、判例：1万4,254件。刑法重要改正（性犯罪）、組織犯罪処罰法改正（共謀罪）、天皇退位特例法制定。

2017.11 3606p 23×17cm ¥5400 ①978-4-385-15970-6

◆**有斐閣判例六法Professional 平成30年版（2018)**　山下友信、中田裕康、宇賀克也、中里実、長谷部恭男編集代表　有斐閣　（付属資料：別冊1)

【要旨】判例件数約13,300件、法令件数391件。民法（債権関係）大改正、判例要約も改正後の条文に完全対応。民法現行規定も収録。民法改正条款対照表付き。独禁法・商法・会社法・刑法・金融商品取引法等の重要改正に対応。

2017.11 2Vols.set A5 ¥5500 ①978-4-641-00418-4

◆**よくわかる教科書 電波法大綱**　情報通信振興会編　情報通信振興会　第21版

【目次】第1章 総論、第2章 無線局の免許、第3章 無線設備、第4章 無線従事者、第5章 無線局の運用、第6章 監督等、第7章 雑則

2017.3 258p A5 ¥2350 ①978-4-8076-0838-6

◆**よくわかる入管手続―基礎知識・申請実務と相談事例**　佐野秀雄、佐野誠著　日本加除出版　第5版

【要旨】初任者がまず読むべき一冊！ 実務経験者が基本に立ち戻る際にも有用な必備書！ 法律や関係省令などの解釈・解説はもちろん、申請手続や依頼者に対する対応などの実務ポイントまでを具体的に解説。在留資格ごとに概要や必要書類、よくある事例等を図表を交えて解説。相談事例をもとにした具体的Q&A112問も収録。

2017.7 370p A5 ¥3600 ①978-4-8178-4411-8

◆**よくわかる入管法**　山田鐐一、黒木忠正、高宅茂著　有斐閣　第4版

【要旨】新たな在留資格「高度専門職」「介護」を創設するなどの入管法改正のほか、新しくできた技能実習法にも対応。入管法はもちろん、その施行規則から行政ガイドラインまで、国際私法の第一人者と入管行政・入管法の専門家がわかりやすく解説。

2017.5 339p A5 ¥2400 ①978-4-641-22713-2

◆**リーガルテック**　佐々木隆仁著　アスコム

【要旨】ついに日本上陸！ 法律ビジネスの未来を変える新技術。IoTフォレンジック、AI弁護士、e ディスカバリ、第4次産業革命、国際訴訟…。いま注目のキーワードがこの1冊ですべてわかる。

2017.12 167p 18cm ¥1200 ①978-4-7762-0972-0

◆**旅費法詳解**　旅費法令研究会編　学陽書房　第8次改訂版

【要旨】「国家公務員等の旅費に関する法律」の解説書。これまでの旅費制度を取り巻く諸規定の改正も踏まえた。

2017.9 290p A5 ¥3300 ①978-4-313-13368-6

◆**労災保険・民事損害賠償判例ハンドブック**　太田恒久、石井妙子編　青林書院

【要旨】紛争を予防し拡大を防ぐには？ 安全配慮義務の具体的内容とは？ 上司から部下への適切な指導とは？ 52の最新重要判例を厳選！

2017.8 331p A5 ¥4100 ①978-4-417-01713-4

◆**六法全書 平成29年版**　山下友信、山口厚編集代表　有斐閣

【要旨】民法（債権関係）改正法案織込み条文収録。新収録：ヘイトスピーチ対策法、教育機会確保法、休眠預金活用法など11件。重要改正：消費税法、民法、刑事訴訟法、通信傍受法、国民年金法。条名の傍線で改正条がひと目でわかる！ 昨年末までの改正を織り込んだ最新内容。収録法令853件。

2017.3 2Vols.set 23×17cm ¥12000 ①978-4-641-10477-8

◆**論点解説 個人情報保護法と取扱実務**　宇賀克也、遠藤信一郎、和田洋一、石井純一共著　日本法令

【要旨】中小企業、開業医、弁護士、自治会・町内会等……これまで適用を受けなかった企業・団体も対応必須に！ 平成29年5月改正法施行！ ガイドライン、Q&Aまで対応！

2017.7 358p A5 ¥2800 ①978-4-539-72546-7

◆**わかって使える商標法**　亀井弘泰代表執筆、近藤美智子、松澤邦典、鈴木元執筆、北村行夫監修・執筆　太田出版　（ユニ知的所有権ブックス NO.21)

【要旨】商標実務の核心は「商標的使用とは何か」にある！ 知っているつもりだった商標へのまったく新しいアプローチ。この本に書かれた「考え方の基本」を理解すれば商標実務は驚くほどわかりやすく、あらゆるケースに対応できるようになる！ 具体的疑問に答える「実務者必携の手引」！

2017.7 263p A5 ¥3500 ①978-4-7783-1552-8

◆**LGBT法律相談対応ガイド**　東京弁護士会LGBT法務研究部編著　第一法規

【要旨】LGBTの現状と動向の基本的な理解を押さえたうえで、法律相談対応事例をQ&Aでわかりやすく解説。

2017.2 258p A5 ¥2900 ①978-4-474-05670-1

◆**Q&A 空き家に関する法律相談―空き家の予防から、管理・処分、利活用まで**　日本司法書士会連合会編著　日本加除出版

【要旨】実際の事例に基づいた相談元ごとのQ&A。本人・相談人・成年後見人・地域・地権者・近隣関係・自治体などからのQ&Aを収録！「特定空家」だけでなく、空き家の予防から管理・処分、利活用まで、空き家に関する様々な法律相談に対応できる！ 全81問。

2017.7 319p A5 ¥3200 ①978-4-8178-4412-5

◆**Q&A 改正個人情報保護法と企業対応のポイント**　三浦悠太、金丸祐子、北山昇共著（名古屋）新日本法規出版

【目次】第1章 改正個人情報保護法の概要、第2章 法令の適用範囲、第3章 取得に際しての問題、第4章 利用に際しての問題、第5章 管理に際しての問題、第6章 本人との関係における問題、第7章 緊急時対応における問題、第8章 個人番号（マイナンバー）の取扱い、第9章 その他

2017.5 338p A5 ¥3600 ①978-4-7882-8289-6

◆**Q&A個人情報保護法の法律相談―最新法制度の理解から実務対応まで**　岡村久道編　民事法研究会

【要旨】平成29年5月30日完全施行の平成27・28年改正法、施行令、規則、ガイドライン、Q&Aに完全対応！ 気鋭の研究者、弁護士による平易な解説により、誰にでも保護法対応がわかる！ 弁護士をはじめ、企業や各種団体担当者必携！

2017.7 351p A5 ¥3600 ①978-4-86556-164-7

◆**Q&A 士業のための改正個人情報保護法とマイナンバー法の対応と接点**　鈴木涼介、斉藤圭太著　清文社

【要旨】すべての事業者が個人情報保護法の適用対象に！ 事務所の運営や顧客へのアドバイスのための個人情報の基礎知識、マイナンバーとの関連を解説!!

2017.4 292p A5 ¥2600 ①978-4-433-64317-1

◆**Q&A 市民のための特定商取引法**　村千鶴子著　中央経済社、中央経済グループパブリッシング 発売　（『Q&A これで安心！ 改正特定商取引のすべて』改訂・改題書）　改題新版

【要旨】悪質業者にだまされない！ 消費者トラブルから身を守るための基礎知識。2016年改正もポイントにしぼって解説。

2017.4 233p A5 ¥2400 ①978-4-502-22831-5

法律

◆Q&A住宅紛争解決ハンドブック―改正民法・品確法対応　第二東京弁護士会住宅紛争審査会運営委員会編著　ぎょうせい
【要旨】タイプ別60のQ&Aであらゆる紛争を網羅。買う人、売る人、造る人、そして相談に乗る人。住まいのトラブルこれにて一件落着！ "契約重視" の改正民法施行に備えて必読の一冊。
2017.9 295p A5 ¥3700 ①978-4-324-10384-5

◆Q&A 親族・同族・株主間資産譲渡の法務と税務　山田&パートナーズ編著　ぎょうせい　三訂版
【要旨】多発するトラブル&リスクの防止には、正しい処方箋が必要です！ 親族・同族間の取引を徹底分析。
2017.7 255p A5 ¥2800 ①978-4-324-10353-1

◆Q&Aで理解する！ パーソナルデータの匿名加工と利活用　大角良太、高橋克巳著　清文社
【要旨】ビッグデータの有効活用のために！ その基礎となる個人情報の匿名化と利用のルールをわかりやすく解説。平成29年5月30日改正法施行！
2017.6 181p A5 ¥2200 ①978-4-433-64337-9

◆Q&Aで分かる法律事務職員実践ガイド　第二東京弁護士会弁護士業務センター編著　第一法規　（東弁協叢書）
【要旨】法律事務職員になったら最初に読む1冊！ 来客・電話応答等の日常的な業務から法律事務に必要な専門知識まで、すぐに活かせるノウハウが満載。
2017.2 231p B5 ¥2400 ①978-4-474-05692-3

暮らしと法律

◆イラストと図解でよくわかる！ 前向き離婚の教科書　森元みのり監修　日本文芸社
【要旨】お金の不安の解消方法、失敗しない離婚の手続き、子どもの未来の守り方、新生活の手続きの仕方。もう悩まない、もう落ち込まない。気持ちがラクになる4つの準備。
2017.9 175p A5 ¥1300 ①978-4-537-21499-4

◆男の離婚ケイカク―クソ嫁からは逃げたもん勝ち なる早で!!!!!　露木幸彦著　主婦と生活社
【要旨】驚愕の実例に学ぶ！ 男性が陥りやすい離婚トラブル対処法。
2017.12 271p B6 ¥1500 ①978-4-391-15109-1

◆外国人のための国際結婚手続マニュアル　佐野誠、宮川真史著　日本加除出版　改訂版
【要旨】国際結婚手続をトータルサポート！ 改正入管法に完全対応！ その他、各種届書、申請書のサンプル及び記載例等も掲載！
2017.11 316p A5 ¥2900 ①978-4-8178-4439-2

◆クレジットカード用語事典　末藤高義著　民事法研究会　第4版
【要旨】第4版では、変化の速いクレジット・IT分野にあって、徹底した用語の精選を行い、50音順収録に改め、読者の検索性・利便性に資するよう配慮！ 解説文を大幅に見直し、業界関係者・法律実務家のみならず一般の方にも理解しやすいよう大幅改訂！
2017.3 240p A5 ¥2700 ①978-4-86556-142-5

◆こころをつなぐ離婚調停の実践　飯田邦男著　民事法研究会
【要旨】面会交流事件を含め、調停の流れ一つひとつに分析を加え、調停担当者の進め方と役割を具体的・実際的に詳説！ 若林昌子氏・片山登志子氏推薦！
2017.5 193p A5 ¥2100 ①978-4-86556-149-4

◆死後離婚　吉川美津子、芹澤健介、中村麻美著　洋泉社（新書y）
【要旨】急増する「死後離婚」とはいったいなにか？「夫と同じ墓に入りたくない！」「姑の世話はしたくない！」「義実家と縁を切りたい！」「元の姓に戻したい！」…こうした妻たちの密かな願いをたった1枚の書類でたちどころに可能にする「死後離婚」。本書では実際に「死後離婚」に踏み切った体験者の声から、密接に絡み合う「お墓の問題」、「死後離婚」の予備軍とも考えられる現代の離婚事情について、そして、配偶者の死後の手続きや相続、「死後離婚」を考える上で起こりうるトラブルについてなど、多面的に迫る。　2017.2 188p 18cm ¥900 ①978-4-8003-1152-8

◆新法令解釈・作成の常識　吉田利宏著　日本評論社
【要旨】法を学ぶ者、法を使う者必携！ 名著・林修三『法令解釈の常識』『法令作成の常識』を半世紀21世紀の常識を新たに解説。新法令用語の常識、新法令解釈・作成の常識。
2017.4 253p B6 ¥1500 ①978-4-535-52246-6

◆生活実用法律事典―面白い！ 役に立つ！　石原豊昭監修　自由国民社　第4版
【要旨】なんで法律だとこうなるんだ!?法律の上手な利用のしかたと危険な落とし穴がわかります。
2017.6 367p 18cm ¥1500 ①978-4-426-12290-4

◆男性のための離婚の法律相談　本橋美智子著　学陽書房
【要旨】男性が不利にならないための実務のポイントを網羅！ 育児・家事の分担が普通となった共働き時代の離婚相談。
2017.3 216p A5 ¥2700 ①978-4-313-31410-8

◆どうなってるんだろう？ 子どもの法律―一人で悩まないで！　山下敏雅、渡辺雅之編著　高文研
【要旨】部活動の連帯責任って?!「クビだ、明日から来るな」とバイト先から言われた、路上ライブを警察に止められた、など、未成年の子どもたちをめぐる36の質問に子どもの味方の弁護士が答える。
2017.4 197p A5 ¥2000 ①978-4-87498-614-1

◆撮ってはいけない―知らないとあなたも犯罪者に!?スマホ時代のルールとマナー　飯野たから著、紺野礼央監修　自由国民社
【要旨】その写真、大丈夫ですか？ スマホ・SNS時代だから起こる本当に怖いトラブルを事例で紹介！「一瞬のシャッターチャンス」を「一生の後悔」に。だれもが知っておきたい著作権のコワイ話満載！
2017.11 239p B6 ¥1300 ①978-4-426-12375-8

◆隣り近所の法律知識　自由国民社　第5版
【要旨】日照・眺望・違法建築・騒音・振動・悪臭/ゴミ問題/住環境悪化/境界/堺/通行権/道路/隣地の利用/ペット/アパート・マンション問題/プライバシー侵害/名誉毀損/人権侵害/身の回りの損害賠償…など隣り近所をめぐるさまざまな問題をQ&A形式でわかりやすく解決！
2017.9 263p A5 ¥2100 ①978-4-426-12364-2

◆不倫の教科書―既婚男女の危機管理術　長谷川裕美著　イースト・プレス
【目次】第1章 他人事ではない！ こんなに怖い不倫トラブル（秘密がバレるSNS不倫、ドロ沼化になるタイミング、リスクも2倍のW不倫、リベンジポルノの災禍、愛の結晶か、火種の実か、禁断の果実が招いた修羅場）、第2章 人には聞けない不倫のリスクマネジメント（職業と地位に比例する危険度、不倫をしていなくても、巻き込まれるリスク、甘い罠が犯罪の落とし穴になるとき、不倫がバレない究極の方法はあるのか、法律は不倫に厳しいのか）、第3章 それでも不倫をしてしまう人への7箇条（記録は残さない、生活スタイルを壊す、配偶者を大切に、不倫相手も大切に、避妊は絶対、断ち切る勇気を持つ、もめない「終わらせ方」を習得する）
2017.4 205p B6 ¥1300 ①978-4-7816-1529-5

家庭・家族法

◆男のけじめ―実例で知る賢い離婚術　露木幸彦著　ベストブック（ベストセレクト）
【要旨】不倫の代償、ITツール偽装工作、DNA鑑定、養育費、熟年離婚…修羅場を有利に導くには!?現代の離婚を実例で紹介！
2017.10 191p B6 ¥1200 ①978-4-8314-0219-6

◆家族法―民法を学ぶ　窪田充見著　有斐閣　第3版
【要旨】「法的ルールとしての家族法」の理解形成をめざし、その法理論を丁寧かつユーモラスに解説。親族法・相続法の基礎を、26回の講義で学ぶ。非嫡出子相続分違憲決定、再婚禁止期間違憲判決、預金債権大法廷決定などの重要判例を織り込みアップデート。
2017.3 607p A5 ¥4100 ①978-4-641-13759-2

◆家族法　半田吉信, 鹿野菜穂子, 佐藤啓子, 青竹美佳著　法律文化社（ハイブリッド民法 5）　第2版補訂
【目次】序 家族法を学ぶにあたって、第1章 親族法総説、第2章 婚姻、第3章 親子、第4章 親権、第5章 後見、保佐、補助および扶養、第6章 相続法総説および相続人、第7章 相続の効力、第8章 相続の承認、放棄および相続財産の清算、第9章 遺言、第10章 遺留分
2017.4 383p A5 ¥3200 ①978-4-589-03831-9

◆心の問題と家族の法律相談―離婚・親権・面会交流・DV・モラハラ・虐待・ストーカー　森公任、森元みのり著、酒田素子医事監修　日本加除出版
【要旨】家族や男女関係に関するトラブル、その背後にある「心の問題」―弁護士と精神科医の視点による解決の指針。
2017.11 322p A5 ¥3000 ①978-4-8178-4444-6

◆こんなところでつまずかない！ 離婚事件21のメソッド　東京弁護士会親和全期会編著　第一法規
【要旨】先生！ こんな条件じゃ納得できません!! 先輩弁護士の成功・失敗談から学んで、もうつまずかない！
2017.2 195p A5 ¥2500 ①978-4-474-05684-8

◆逐条解説 国際家族法―重要判例と学説の動向　木棚照一著　日本加除出版
【要旨】第1部 国際家族法序論（わが国における国際家族法の展開、国際家族法における抵触規定の構造、家族関係事件における国際裁判管轄権及び外国裁判の承認 ほか）、第2部 親族（婚姻成立の準拠法、婚姻の効力、夫婦財産制 ほか）、第3部 相続（相続に関する国際私法原則概観、相続準拠法の決定と適用、遺言）
2017.6 657p A5 ¥9000 ①978-4-8178-4395-1

◆超早わかり・「標準算定表」だけでは導けない婚姻費用・養育費等計算事例集（中・上級編）　婚姻費用養育費問題研究会編　婚姻費用養育費問題研究会　新装版
【目次】収入認定、婚姻費用、養育費、その他、財産分与、参考資料
2017.4 87p A4 ¥1389 ①978-4-9909755-0-0

◆東アジア家族法における当時者間の合意を考える―歴史的背景から子の最善の利益をめざす家事調停まで　稲田龍樹編著　勁草書房（学習院大学東洋文化研究叢書）
【要旨】当事者の合意による紛争解決から「子の最善の利益」をめざす家事調停まで。東アジア家事調停制度では合意を中核とする協議による紛争解決がなされているが、離婚紛争で合意に至る協議のプロセスを「子の最善の利益」に焦点を当て解明する。
2017.10 264p A5 ¥3500 ①978-4-326-40343-1

◆臨床実務家のための家族法コンメンタール 民法相続編　大塚正之著　勁草書房（勁草法律実務シリーズ）
【要旨】なぜこの条文はそこにあるのか。紛争の場面でどのように用いればよいのか。実務の現場で条文を使いこなせるようになることを目的として、実際にどのように条文が活用されているのかを明らかにしつつ、丁寧に逐条解説を施す。既刊の民法親族編に続く第2弾。
2017.1 337p A5 ¥3700 ①978-4-326-40329-5

遺言・相続・贈与

◆遺産承継の実務と書式　日本財産管理協会編　民事法研究会
【要旨】委任契約に基づく遺産承継の実務指針を示すとともに、受任、相続人・相続財産の調査、遺産分割協議、遺産承継手続、終了報告までを具体的・実践的に解説！
2017.12 201p A5 ¥2500 ①978-4-86556-190-6

◆遺産分割のことならこの1冊　石原豊昭、内海徹、真田親義著　自由国民社（はじめの一歩）　第4版
【要旨】不毛な争いを避けられるノウハウを満載。実際例で上手な分割協議のやり方がわかる。自分が受け取れる額の計算がすぐにできる。自分に不利な遺言・生前贈与への対処法がわかる。遺留分、寄与分など難しいしくみが簡単にわかる。
2017.6 199p A5 ¥1600 ①978-4-426-12298-0

◆一番正確で一番わかりやすい相続と遺言と相続税の法律案内　久恒三平著　幻冬舎メディアコンサルティング,幻冬舎 発売
【要旨】あなたも必ず経験する相続のキホンの"キ"。相続人全員の合意がなくては、銀行預金が引き出せない？ 事前にやっておくべき相続税対策は？ 相続法改正試案等の最新情報も満載。2016年12月の最高裁決定を踏まえて、現役弁護士が解説する改訂版。
2017.4 144p B6 ¥1000 ①978-4-344-91285-4

◆円満相続をかなえる本　石川宗态,森田努,島根猛,佐藤良久,近藤俊之ほか著　幻冬舎メディアコンサルティング,幻冬舎 発売
【要旨】相続登記と遺言を行なうメリットとは？ 相続した不動産、売る？ 売らない？ 信頼できる税理士の見極め方は？ 不動産価格を巡って意見が分かれている。蔵から掛軸が！ 誰に相談する？ 会社を任せられる後継者がいない…「対策が難しい相続」に悩む人に向けてプロフェッショナルが事例とともに分かりやすく解説。
2017.9 204p B6 ¥1000 ①978-4-344-91363-9

◆家族が認知症になる前に準備する相続の本　鈴木和宏著　ファーストプレス
【要旨】もしも認知症になったら、財産の運用・管理、相続贈与、遺言や、最近注目されている家族信託などを活用した財産贈与の対策を打つことができなくなります。善は急げということで、認知症になる前に、頭がすっきりしている元気なうちに行動することが重要です。
2018.1 133p B6 ¥1600 ①978-4-86648-004-6

◆家族信託契約──遺言相続、後見に代替する信託の実務　遠藤英嗣著　日本加除出版
【要旨】信託もどき事例と危険な事例を多数紹介。依頼者からの相談に対する説明の要点、想定外の課税を避けるためのヒント、金融機関におけるチェックポイント、リーガルチェックを行う者に求められる専門的知識、任意後見契約との併用の留意点－などについても紹介。
2017.10 327p A5 ¥3800 ①978-4-8178-4428-6

◆家庭裁判所における遺産分割・遺留分の実務　片岡武,管野眞一編著　日本加除出版
第3版
【要旨】判例が変わる。実務も変わる。預貯金の相続・遺産分割の対象性につき詳解した待望の第三版。紛争を解決へ導く確かな指針がここにある。
2017.11 595p A5 ¥4400 ①978-4-8178-4419-4

◆カンタンだけど法的効力もばっちり！ 90分で遺言書──9マスのまんだらで人生をすっきり整理する　塩原匡浩著　ダイヤモンド社
【要旨】9マスを埋めるだけで相続のトラブルが避けられる。大切な人に想いが伝わる。不安な気持ちがすっきり解消！
2017.9 126p A5 ¥1400 ①978-4-478-10384-5

◆公正証書ア・ラ・カ・ル・ト──遺言　藤原勇喜著（草加）朝陽会　（Gleam Books）
【目次】遺言書には、何を書いてもいいのですか？、人知れず、ひそかに遺言書を作成しておきたいのですか？。子どもたちのうち、長女にのみ建築資金の援助をしている場合の遺言はどう考えればいいですか。病弱な妻の面倒を長男にみてもらい、不動産の全部を長男にという遺言をしたいのですが。遺言を作成するときには、遺言を執行する人を指定するのですか？。日本に住んでいる外国人ですが、日本で遺言書を作成できますか。正業に就かず、浪費癖のある息子には相続させたくないのですが、遺言でできますか。遺留分に違反する遺言は無効ですか。「全財産を私に包括して遺贈する」旨の遺言があったのですが、私はその人の相続人になるのですか。子どもの認知は遺言によってもできるのですか。未婚の外国人女性の胎児を遺言で父親が認知することができますか。義父から全財産の3分の1を遺贈する旨の遺言があったが、受けたくないのですか。亡父が遺言で示した相続割合と異なった割合で相続したいのですが、事業に失敗し破産した私に、土地をやるという亡叔父の遺言がみつかったのですが、相続登記をした後に遺言書がみつかりました。どうすればよいでしょうか、私の亡父に「全財産を相続させる」旨の義父の遺言があったのですが、私の子が代襲相続できますか。
2017.12 429p A5 ¥1000 ①978-4-903059-49-5

◆高齢期を安心して過ごすための「生前契約書＋遺言書」作成のすすめ　後東博著,上川順一,村松由紀子監修　日本法令

◆遺言書だけで本当に安心ですか？ 財産管理等委任契約書、任意後見契約書、尊厳死宣言書、死後事務委任契約書＋遺言書。4つの生前契約書で「自身の最期」を思い通りにコーディネート！
2017.2 222p A5 ¥1800 ①978-4-539-72518-4

◆国際相続とエステート・プランニング─世界の相続専門弁護士・税理士による　中田朋子,水谷猛雄,withersworldwideほか著　税務経理協会
【要旨】本邦初！ 米国・英国・香港・シンガポール・スイス・日本の専門家のノウハウが結集。
2017.12 525p A5 ¥5000 ①978-4-419-06476-1

◆裁判例からみた相続人不存在の場合における特別縁故者への相続財産分与審判の実務　梶村太市著　日本加除出版
【要旨】公表された「特別縁故者」に関係する197裁判例を掲載。「特別縁故者」の判断基準に指針を示す一冊。
2017.3 526p A5 ¥5000 ①978-4-8178-4374-6

◆資産5000万円以下のふつうの家族が、なぜ相続でもめるのか？　梶野雅章著　クロスメディア・パブリッシング,インプレス 発売
【要旨】残された家族に迷惑をかけないことが親としての最後のつとめ。「税理士、弁護士に任せればいい」は大きな間違い！ 数々の案件を見てきた相続のプロが教える「身近な相続対策」。
2017.12 207p B6 ¥1200 ①978-4-295-40139-1

◆知って役立つ！ 家族の法律─相続・遺言・親子関係・成年後見　長橋晴男著,浅野則明監修（京都）クリエイツかもがわ
【要旨】家族のための身近な法律をわかりやすく解説！「普通の市民」が、「普通の生活」をする上で、知っておきたい「家族法」の基礎知識が満載！ 日常生活に密接に関係した法律。でも案外、知られていない、誤解も多い。「知りたいこと」「わからないこと」がよくわかる本！
2017.12 224p A5 ¥1800 ①978-4-86342-224-7

◆自分でする相続放棄　碓井孝介著　日本加除出版
【要旨】このまま相続しても平気？ 借金のある相続ってどうしたらいいの？ 借金や負債が多い気がする…。借金を相続しないための方法を教えます。
2017.5 166p A5 ¥1800 ①978-4-8178-4391-3

◆終活にまつわる法律相談──遺言・相続・相続税　安達敏男,吉川樹士著　日本加除出版　改訂版
【要旨】終活・相続の相談さらに増加につき、待望の改訂版刊行。葬祭や死後事務等からはじまり、遺言・相続・遺産分割・相続税までの流れで発生する現代型相談問題をQ&A形式で分かりやすく解説。2017年4月施行、税制改正対応。
2017.4 313p A5 ¥2800 ①978-4-8178-4383-8

◆事例でわかる 戦前・戦後の新旧民法が交差する相続に関する法律と実務─家督相続人不選定・家附の継子の相続登記、家督相続、遺産相続、絶家、隠居　末光祐一著　日本加除出版
【要旨】事例と図表で「誰が、どのように相続するか」がわかる！ 全94事例。
2017.9 294p A5 ¥3500 ①978-4-8178-4420-0

◆審判では解決しがたい遺産分割の付随問題への対応─使途不明金・葬儀費用・祭祀承継・遺産収益分配等　遺言・相続実務問題研究会編（名古屋）新日本法規出版
【目次】序章 遺産分割審判では解決し難い付随問題の集い、第1章 使途不明金、第2章 葬儀費用・墓地埋葬関連費用、第3章 祭祀承継、第4章 遺産管理費用の清算、第5章 遺産収益の分配、第6章 相続債務の整理・分配、第7章 相続人固有の財産・持分、第8章 同族会社の経営権、第9章 遺産土地の境界・通行、第10章 老親の扶養・介護
2017.4 334p A5 ¥4100 ①978-4-7882-8231-5

◆相続財産取得のパターン別申告手続き等の留意点Q&A　遠山敏之著　大蔵財務協会
【目次】第1編 相続財産取得のパターンごとの留意点Q&A（納税義務者と納税義務の範囲、非居住者等、国外転出（相続）時適用課税制度の対象者、相続時精算課税適用者（特定納税義務者）、遺産承認申述者、相続人（相続）と受遺者（遺贈）、相続税額加算の対象者、相続放棄（相続人不存在））、第2編 相続税の計算（相続税の課税方式と相続計算の概要、各相続人等の課税価格の計算、課税遺

産総額の計算、相続税の総額の計算と各相続人等の税額の計算、各相続人等の算出税額に加算する税額の計算（相続税額の加算）、第3編 民法の基礎知識（親族法関係、相続法関係）
2017.11 220p A5 ¥1852 ①978-4-7547-4445-8

◆相続税を考慮した遺言書作成マニュアル─弁護士×税理士がアドバイス！　坪多聡美,坪多晶子共著　日本法令
【要旨】もめない相続だけでなく相続税の節税・納税もきちんと考慮した遺言書作成のポイントを解説！ 相続と相続税の原則をしっかり踏まえ、遺言書の作成や書き直しに必要なさまざまな知恵を数多く盛り込んで事例別に幸せな相続となるための遺言書の書き方のポイントをわかりやすく解説する。
2017.12 299p A5 ¥2400 ①978-4-539-72571-9

◆相続対策イノベーション！ 家族信託に強い弁護士になる本　弁護士法人Martial Arts編著,堀鉄平執筆代表,木村祐司監修　日本法令
【要旨】相続業務参入の好機到来！ 家族信託による全く新しい相続とは？
2017.6 478p A5 ¥3000 ①978-4-539-72538-2

◆相続手続が簡単に法定相続情報証明制度の利用の仕方　碓井孝介著　日本加除出版
【目次】第1章 相続手続は、「法定相続情報証明制度」でこう変わる、第2章 まずは「法定相続制度」について知ろう、第3章 申出に必要な書類を集めよう、第4章「戸籍の見方」を徹底解説、第5章 申出書類（申出書、一覧図）を作成しよう、第6章 制度の利用申出と申出後の一覧図の写しの交付、第7章「法定相続情報一覧図の写し」再交付の申出の仕方、参考資料
2017.6 136p A5 ¥1800 ①978-4-8178-4400-2

◆相続に活かす養子縁組　森田茂夫,榎本誉,田中智美,村本拓哉共著　日本法令
【要旨】養子縁組にまつわる法的問題＆制度活用のポイントを解説。
2018.1 336p A5 ¥2600 ①978-4-539-72572-6

◆相続・認知症で困らない 家族信託まるわかり読本　宮田浩志著　近代セールス社
【要旨】豊富な事例と50の質問Q&A形式の回答で読み解く、超高齢社会の財産管理・資産承継の最先端手法！ 認知症による資産凍結対策・共有不動産の紛争予防・争族対策・空き家対策・障害児の親なきあと問題…遺言・後見制度に代わり様々なニーズに効果的に活用できる！
2017.2 195p A5 ¥1800 ①978-4-7650-2055-8

◆大切な人に想いをつなぐリレーションノート　山口里美著　日本法令
【要旨】見やすい！ 書きやすい！ もしものときに備えて、あなたの情報や想いを書いてみましょう。あなたから大切な人に想いをつなぐことができます。
2017 63p B5 ¥1000 ①978-4-539-72564-1

◆トップクラスの専門家集団が教える相続、贈与、譲渡、法律完全攻略"続編"　法律・税金・経営を学ぶ会編　明日香出版社（アスカビジネス）
【要旨】発生する前から行う相続税対策とは？ 相続したらまずするべきこととは？ 地主・経営者なら知っておきたい節税の知識とは？ 税理士・弁護士・不動産鑑定士など、相続に特化した専門家が丁寧に解説！
2017.8 303p A5 ¥2500 ①978-4-7569-1920-5

◆2分の1ルールだけでは解決できない財産分与額算定・処理事例集　森公任,森元みのり編著（名古屋）新日本法規出版
【目次】第1章 総論、第2章 分与対象財産の確定、第3章 分与対象財産別の評価、第4章 分与割合、第5章 具体的分与方法、第6章 周辺事情と財産分与　2017.7 310p A5 ¥3500 ①978-4-7882-8305-3

◆はじめての親族相続　尾崎哲夫著　自由国民社（3日でわかる法律入門）第9版
【要旨】はじめの一歩はこの1冊から！ 語りかける解説＋黒板メモ式のわかりやすい法律入門です。
2017.12 165p B6 ¥1300 ①978-4-426-12224-9

◆はじめての相続・遺言100問100答　税理士法人レガシィ編著,天野隆,天野大輔著　明日香出版社（アスカビジネス）改訂版
【要旨】マイナンバーで相続はどう変わる？ 遺言って3種類もあるの？ 遺言は絶対に守らなきゃダメ？ 税金を抑えるには？ 相続の手続きは何をすればいい？ 新税法対応！ 相続実績No.1の

法律

著者が教える円満な相続のし方・され方。
2017.2 235p B6 ¥1600 ①978-4-7569-1884-0

◆ひとりでできる実家の相続登記　安井大樹，森健彦著　日本能率協会マネジメントセンター
【要旨】パターンが決まればうまくいく！ 手続の流れをやさしくナビゲート。必要書類の「読み方・書き方・取り方」サンプルを収録。
2017.6 205p A5 ¥1600 ①978-4-8207-5977-5

◆ファイナンシャルプランナーが教える終活デザインブック　安藤信平著　合同フォレスト，合同出版 発売
【要旨】エンディングノート、老後資金、医療・介護、相続、葬儀・埋葬…"終活"入門書の決定版。健康と同様に、終活も「予防と早期発見」が大切。
2017.12 230p B6 ¥1400 ①978-4-7726-6098-3

◆民法 6 親族・相続　前田陽一，本山敦，浦野由紀子著　有斐閣　第4版
【要旨】親族法・相続法の基本概念・知識の体系的習得とともに、解釈論上の問題についても考え方の違いが理解できるよう、随所に工夫を凝らした定評のテキスト。預金債権に関する最高裁大法廷平成28年決定をはじめ、最新の重要判例や相続法改正中間試案の方向性を反映した、待望の第4版。
2017.3 466p A5 ¥2700 ①978-4-641-17931-8

◆もしもの時の手続きガイド　山口朝重監修
（名古屋）リベラル社，星雲社 発売
【目次】1章 すぐに行うこと（死亡診断書（死体検案書）を受け取る、死亡届の提出 ほか）、2章 14日以内に行うこと（健康保険に関する手続、年金に関する手続 ほか）、3章 落ち着いたら行うこと（解約（名義変更・返却など）に関する手続き）、4章 相続に関する手続き（相続とは、遺言書をさがす ほか）、5章 こんなときには？（さまざまな制度を利用する、こんなときには）
2017.9 173p 18cm ¥1400 ①978-4-434-23830-7

◆遺言条項例300＆ケース別文例集　遺言・相続リーガルネットワーク編著　日本加除出版　改訂
【要旨】条項例がさらに充実！ 遺言書作成のための必携書。遺言の目的ごとの条項例を網羅的に収録！作成時に配慮すべき事項も新たに収録！
2017.1 324p A5 ¥3100 ①978-4-8178-4370-8

◆遺言書の書き方と生前贈与 しくみと対策
一すぐに役立つ入門図解 記載例つき　松岡慶子監修　三修社
【要旨】無用なトラブルを防ぐ遺言書記載例を71例掲載。法律（遺言、相続のルール）から税金（相続税、贈与税）、登記申請まで、わかりやすく解説。遺言書の正しい書き方や財産分けのルールがわかる。相続対策や事業承継のための相続税・贈与税の知識も解説。贈与・死因贈与、遺贈の登記申請手続きを解説。書式も解説。遺産分割など手続きの流れも解説。遺言制度の見直しなど、相続に関する民法改正（中間試案）もポイント解説。
2017.7 255p A5 ¥1800 ①978-4-384-04753-0

◆わかりやすい家族への信託―認知症になる前に財産管理・相続の悩みをスッキリ解決！
酒井俊行著　すばる舎
【要旨】オーダーメイドで家族に合った方法が見つかる。ランニングコストが安くムダな出費を抑える。通常の相続ではできなかった承継も可能に。
2017.8 190p B6 ¥1400 ①978-4-7991-0638-9

◆わかる！相続法改正―すべての人が知る相続ルールの変更を司法書士がやさしく解説
日本司法書士会連合会編　中央経済社，中央経済グループパブリッシング 発売
【目次】1 相続ってどんなもの？／相続法改正の動き（民法の編成、相続法の意義、相続法の変遷 ほか）、2 どこが変わる？ ここが変わる！（配偶者の居住権を保護するための方策、短期居住権、長期居住権 ほか）、3 あるべき相続法制にむけて（相続人がいない、空き家と相続、現在の制度をフル活用しよう）
2017.1 79p A5 ¥1000 ①978-4-502-21041-9

 不動産

◆空き家大国ニッポン　水谷秀志著　（大阪）せせらぎ出版

【要旨】えっ！住宅の7軒に1軒は空き家⁉これだけは知っておきたい、空き家活用と除去の基礎知識。
2017.2 169p B6 ¥1500 ①978-4-88416-252-8

◆空き家対策の処方箋―利・活用で地域・都市は甦る！　玉木賢明著　日本地域社会研究所（コミュニティ・ブックス）
【要旨】過疎化や高齢化などで全国的に増える空き家。地域の資源として有効に使い、予防・再生・復活するために専門の弁護士が法律問題だけでなく先進事例や新しい取り組みなども紹介！
2017.10 155p B6 ¥1680 ①978-4-89022-201-8

◆共有不動産の紛争解決の実務　三平聡史著　民事法研究会
【要旨】共有不動産の管理、他の共有者や第三者に対する明渡請求・金銭請求、共有関係解消のための共有物分割・共有持分買取り、共有持分放棄などを事例に即して詳解！実務で使用する通知書・合意書・訴状などの書式、知っておくべき判例を多数収録！
2017.2 321p A5 ¥3400 ①978-4-86556-135-7

◆事業者必携 不動産契約基本フォーマット実践書式80　松岡慶子監修　三修社
【要旨】売買、賃貸、譲渡、管理委託、担保まで。さまざまな取引に使える契約書式を1冊に集約。通知書や合意書、登記申請書も掲載。
2017.6 255p A5 ¥1900 ①978-4-384-04750-9

◆所有者の所在の把握が難しい土地に関する探索・利活用のためのガイドライン―所有者の所在の把握が難しい土地への対応方策に関する検討会　日本加除出版　第2版
【目次】第1章 一般的な所有者情報の調査方法、第2章 個別制度の詳細、第3章 土地の状況別の所有者情報調査の方法と土地所有者が把握できなかった場合の解決方法、第4章 事業別の所有者情報の調査方法と土地所有者が把握できなかった場合の解決方法、第5章 東日本大震災の被災地における用地取得等迅速化の取組、第6章 所有者の探索や制度活用に係る費用と相談窓口等について、第7章 所有者の所在の把握が難しい土地を増加させないための取組
2017.5 1Vol. B5 ¥2200 ①978-4-8178-4392-0

◆所有者不明の土地取得の手引―売買・相続・登記手続　東京弁護士会法友全会編　青林書院
【要旨】全国に点在する所有者不明土地。手続上の諸問題につき、相続、売買、登記、税務等の実務上の論点を整理した手引の決定版！取得したい土地の所有者の相続人が多数の場合や相続人の中に外国人がいる場合の対策についても解説。
2017.5 291p A5 ¥4000 ①978-4-417-01709-7

◆図解 最新不動産の法律と手続きがわかる事典　木島康雄監修　三修社
【要旨】建築・売買・マンション管理・賃貸から道路・境界・近隣問題まで。最新の土地・建物の法律問題がわかる！トラブル予防にも役立つ！契約や法的手段・執行まで網羅。
2017.4 255p A5 ¥1800 ①978-4-384-04746-2

◆図解で早わかり 最新賃貸借のしくみとルール　木島康雄監修　三修社
【要旨】契約締結から、更新、終了まで。賃料・敷金・立退料など、お金の問題がわかる。「敷金規定の新設」など、平成29年民法改正に完全対応。トラブル解決に不可欠な借地借家法のしくみがわかる。
2017.12 255p A5 ¥1800 ①978-4-384-04774-5

◆すぐに役立つ 売却、賃貸、民泊、税金対策まで 入門図解 実家の空き家をめぐる法律問題と対策実践マニュアル　服部真和監修　三修社
【要旨】ベストな解決方法は必ずある！売却、賃貸経営、民泊、相続対策など。知っておきたい法律、税金の知識を網羅。
2017.6 239p A5 ¥1800 ①978-4-384-04749-3

◆徹底解説 不動産契約書Q＆A　杉本幸雄，官澤里美，小向俊和，浅倉稔雅，太田響著　清文社　新版
【要旨】契約書の読み方/作り方を実務に則してわかりやすく説明！民法改正を解説する最新版！不動産契約書を読み解く！
2017.10 452p A5 ¥3000 ①978-4-433-67527-1

◆土地家屋の法律知識―実務に必携　自由国民社　改訂2版
【要旨】第一線の実務家が責任共同執筆。最新の法令・判例・実務にもとづいて解説。具体的で

わかりやすいQ＆A形式。リアルな実例に即して実戦的に回答。豊富な図解で仕組みや流れが誰にもわかる。
2017.4 719p A5 ¥3700 ①978-4-426-12022-1

◆不動産取引のここが変わる!!早わかり民法改正　深沢綜合法律事務所編著、柴田龍太郎監修，大桐代真子責任編集　大成出版社
【目次】改正の要点（民法改正の経緯、民法改正の目的、民法改正のポイント）、売買編（契約文言、特約重視、インスペクションが利用される3つの理由、旧法の「瑕疵担保責任」と新法の「契約不適合責任」）、賃貸編（個人保証による極度額を設定、元本確定事由、知らせる義務 ほか）
2017.7 49p A4 ¥1000 ①978-4-8028-3295-3

◆不動産の法律知識　鎌野邦樹著　日本経済新聞出版社（日経文庫）　第2版
【要旨】民法など様々な法改正に対応！不動産の取引、賃貸借からマンション建替えまで、資格試験受験者、実務家の必須知識を網羅。ロングセラーの待望の改訂版。
2017.10 205p 18cm ¥1000 ①978-4-532-11348-3

◆不動産売買の紛争類型と事案分析の手法
岡本正治，宇仁美咲著　大成出版社
【要旨】不動産売買の紛争類型ごとに事案分析の手法をわかりやすく解説！豊富な実務経験を踏まえて、事情聴取・証拠収集の仕方、主張立証・法律構成の検討、解決方針など、戦略的・実践的に解説！不動産売買に関する最新の裁判例を掲載、民法（債権法）改正とそれに伴う商法・宅建業法への影響についても言及！若手弁護士に向けて専門性の修得と民事実務能力を鍛える方法について助言！
2017.12 546p A5 ¥4800 ①978-4-8028-3293-9

◆マンション法案内　鎌野邦樹著　勁草書房（勁草法学案内シリーズ）　第2版
【要旨】購入から維持・管理、大規模修繕、建替えに至るマンションのライフサイクルに即し具体的にわかりやすく解説。民法、被災マンション法、建替え等円滑化法、標準管理規約の改正、新たな重要判例、最新の統計資料を盛り込んだ7年ぶりの改訂。
2017.11 315p B6 ¥2300 ①978-4-326-49936-6

◆マンション法の判例解説　鎌野邦樹，花房博文，山野目章夫編　勁草書房
【目次】総則：管理組合と区分所有者等の権利の調整、マンションの専有部分・共用部分、共用部分および敷地をめぐる法律関係、管理者、規約、集会、管理組合法人、義務違反者に対する措置、復旧および建替え、その他（マンションの購入・欠陥・近隣紛争・居住者間トラブル・保険等）
2017.2 205p B5 ¥3500 ①978-4-326-40331-8

◆わかりやすい不動産登記簿の見方・読み方
日本法令不動産登記研究会編　日本法令　4訂版
【要旨】登記簿（登記事項証明書）の記録内容から何がわかるのか、多数の記録例をもとに事項別に解説。待望の4訂版！
2017.8 366p A5 ¥2600 ①978-4-539-72552-8

定期借地権と法律

◆"お困り借地権"をトラブルゼロで優良資産に変える方法　マーキュリー　幻冬舎メディアコンサルティング，幻冬舎 発売
【要旨】地主との交渉を成功させて、"塩漬け借地権"を有効活用する秘訣。「借地に住んでいる人」必読！売却、底地との等価交換、所有権化、運用―4つの手法で"お困り借地権"をトラブルなく優良資産に変えよう！
2017.9 190, 6p B6 ¥1500 ①978-4-344-91229-8

◆「個人・法人/地主・借地人」の取引主体で解きほぐす借地権の税務判断　小林磨寿美著　清文社
【要旨】複雑な実務をスッキリ解説！借地権の設定から契約終了までの課税関係、民法上の使用貸借や定期借地権への税務対応を豊富な裁判例・裁決例で読み解く！
2017.8 318p A5 ¥3000 ①978-4-433-63267-0

◆実務裁判例 借地借家契約における正当事由・立退料　伊藤秀城著　日本加除出版
【要旨】不動産に関する和解・調停、訴訟等に備えて!!昭和56年建築基準法に基づく耐震基準等

を満たさない建物の更新拒絶・解約、2020年東京オリンピックに向けての土地の整備等→増加傾向にある土地・建物の明渡請求。「正当事由」「立退料」「正当事由以外の終了事由」に関する実務につきにいきる裁判例を多数掲載し、「借地借家法」「借家法」「借地法」等の不動産実務に資する明解な解説！
2017.7 211p B5 ¥2700 ①978-4-8178-4405-7

◆借地借家法案内　内田勝一著　勁草書房
（勁草法学案内シリーズ）
【要旨】借地借家法の全体像をこの1冊で！法制度の趣旨、背景等の本質的なしくみに重きを置き、法が織りなす全体像を縦糸（歴史的沿革）と横糸（比較法、社会の実践）から立体的にわかりやすく説きほぐす。
2017.2 313p B6 ¥2600 ①978-4-326-49935-9

◆借地・借家の知識とQ&A　西田穣着　法学書院　第2版
【要旨】更新料は支払わなければならないか？賃料を値下げ（値上げ）するには？空き家の管理責任は誰にある？民法大改正に対応！
2017.9 195p A5 ¥1700 ①978-4-587-21921-5

◆スペシャリストが教える借地権の悩み ベストな解決法—事例でわかる！　住友林業レジデンシャル編著　現代書林
【要旨】売買・相続対策から難問解決ウルトラCまで、借地権円満解決へのポイント。もめない、失敗しないそのコツ。
2018.1 190p A5 ¥1500 ①978-4-7745-1675-2

◆定期借地権・借家権基礎のキソ　江口正夫著、大嶽あさみ画　住宅新報社（図解不動産業）改訂版
【要旨】貸主・借主双方にメリットが多く、土地・建物の有効活用法として普及している定期借地権・借家権の基礎知識をマンガで楽しく解説。トラブルを未然に防ぐための契約のポイントが理解でき、地主さんや大家さんへ"定借"を提案するためのコンサルタント能力が身につく。
2017.9 236p A5 ¥1700 ①978-4-7892-3872-4

◆どんな場合にいくら払う!?立退料の決め方　横山正夫、小野寺昭夫著　自由国民社　第4版
【要旨】借地・借家の立退料の事例を多数紹介。Q&Aと判例で算定方法がわかる。熟練弁護士による実践的で丁寧な解説。
2017.5 271p A5 ¥1800 ①978-4-426-12283-6

◆Q&A 借地借家の法律と実務　安達敏男監修、古谷野賢一、酒井雅男、井原千恵、宅見誠著　日本加除出版　第3版
【要旨】民法（債権関係）改正に対応！約120年ぶりとなる債権法の大改正、及び近時の判例・実務動向も踏まえて、新たに6問を追加した好評実務の第3版。借地借家法の基礎から実務への応用までを、具体的なQ&Aで分かりやすく解説。
2017.6 379p A5 ¥3800 ①978-4-8178-4390-6

◆Q&A 誰も書かなかった！事業用借地権のすべて　都市問題実務研究会編　民事法研究会　全訂三版
【要旨】増加する活用を踏まえた最新実務！契約・登記・税務・鑑定の第一線で活躍する専門家が他の定期借地権にも適宜触れつつ平易に解説!!登記申請書の記載や、登記申請書の作成だけでなく、利回りの考え方等を図表等で紹介!!
2017.4 411p A5 ¥3700 ①978-4-86556-146-3

ビジネスと法律

◆インターネット訴訟　森・濱田松本法律事務所編、上村哲史、山内洋嗣、上田雅大著　中央経済社、中央経済グループパブリッシング 発売（企業訴訟実務問題シリーズ）
【要旨】インターネット関連サービスの発達により様々なインターネット・情報関連の紛争に関するテーマについて解説しています。裁判例を読み解くことで、訴訟戦略の理解はもちろん、訴訟を見据えた平時対応や、情報漏えい発生後の損害填補のあり方まで理解ができます。
2017.3 207p A5 ¥2500 ①978-4-502-21241-3

◆営業秘密防衛Q&A—内部不正による情報漏洩リスクへの実践的アプローチ　田中勇気著　経団連出版
【目次】第1章 営業秘密保護法制の動向と改正の背景（営業秘密保護法制をめぐる背景事情、営業

秘密保護法制の動向）、第2章 退職者の情報漏えいに対する防衛策（退職者の情報漏えいに関する法規制の概要、転職元の実務対応、転職先の実務対応）、第3章 取引先の情報漏えい等に対する防衛策（取引先の情報漏えいに対する防衛策、取引先の情報の混入に対する防衛策）、第4章 営業秘密防衛策実現のポイント、第5章 資料
2017.1 114p A5 ¥1300 ①978-4-8185-1609-0

◆エンターテインメント法務Q&A—権利・契約・トラブル対応・関係法律・海外取引　エンターテインメント・ロイヤーズ・ネットワーク編　民事法研究会
【要旨】映像・出版・スポーツ・ゲームからインターネット、イベント、プロダクションをめぐる実務対応を解説！権利の保護対象・契約等利用形態、事故・トラブル対応から関係法律の知識、海外取引の留意点まで、平易に解説した手引書！弁護士や法律実務家、エンタメ業界関係者の必読書！
2017.5 344p A5 ¥3600 ①978-4-86556-165-4

◆オーラルヒストリー企業法務　平田政和著　商事法務
【要旨】企業法務を45年間幅広く経験したベテラン企業法務マンがその経験から得られた知見、知識、知恵、心得を披露する。
2017.3 290p A5 ¥2400 ①978-4-7857-2505-1

◆会社非訟事件の実務　上田純子、松嶋隆弘編著　三協法規出版
【要旨】争訟的色彩が希薄なものから、逆に争訟そのものといってもいいほど様々である会社非訟事件について、実務的利便の観点から全体像を概観するとともに、事件ごとに必要とされる法的知識を提供して法律実務家の利便に供する実務書。会社法学の観点から、会社非訟事件を「ファイナンスに関する規制」「ガバナンスに関する規制」「その他の規制」と区別し、個々について解説を行う。争訟的色彩が希薄なものについては、申立てを中心とした手続にあたって必要となる実務上のポイントを詳しく解説し、争訟的色彩が濃厚なものについては理論的事項についても解説する。
2017.4 333p A5 ¥4000 ①978-4-88260-277-4

◆合併の法務　谷口明史著　中央経済社、中央経済グループパブリッシング 発売
【要旨】本書は、多数の合併案件を経験している方から初めて合併を担当する方までを対象とし、合併に関する会社法等の関連法令の条文・判例・実務上の一般的な取扱いについて、丁寧に解説しています。また、必要となる書式の記載例を豊富に掲載しているほか、合併のスケジュールについても類型別に解説。会計・税務上の問題についても、平成29年度税制改正を踏まえて説明しています。
2017.9 274p A5 ¥3400 ①978-4-502-23791-1

◆環境訴訟　森・濱田松本法律事務所編、山崎良太、川端健太、長谷川慧著　中央経済社、中央経済グループパブリッシング 発売（企業訴訟実務問題シリーズ）
【要旨】本書は、住民等から提起される環境関連の損害賠償請求や差止請求について、企業側の視点から紛争類型ごとに留意点を解説しています。訴訟時はもちろん、事業に伴うリスク分析にも役立てることができます。
2017.4 169p A5 ¥3400 ①978-4-502-22321-1

◆企業訴訟総論　森・濱田松本法律事務所編、難波孝一、稲生隆浩、横田真一朗、金丸祐子著　中央経済社、中央経済グループパブリッシング 発売（企業訴訟実務問題シリーズ）
【要旨】本書は、「企業訴訟実務問題シリーズ」全体の総論として、企業訴訟一般において企業訴訟担当者・訴訟代理人が知っておくべきポイントを、法的手続前の準備から訴訟の提起・終了まで時系列に沿って解説しています。
2017.2 160p A5 ¥3400 ①978-4-502-20901-7

◆企業法とコンプライアンス—"法令遵守"から"社会的要請への適応"へ　郷原信郎編著　東洋経済新報社　第3版
【要旨】「法令遵守」を否定することは決して「法令」を軽視することではない。企業が「社会的要請」を把握し、コンプライアンス方針を明確化するためには、法の趣旨・目的と社会の価値観との関係を表となって認識する必要があり、そのためには、企業活動に関する法を体系的に理解することが不可欠である。企業にとって重要な法律ないし法分野として、会社法、独占禁止法、金融商品取引法、知的財産法、労働法の5つを取り上げ、「企業法としての体系」を重視しつつ、

趣旨・目的との関係を中心に解説する。
2017.10 342p A5 ¥3800 ①978-4-492-53396-3

◆業務委託契約の基本と書式　長谷川俊明編著、荒木洋幸、中山創、藤田浩貴著　中央経済社、中央経済グループパブリッシング 発売
【要旨】個人情報流出などのトラブルの原因となるポイントに留意して解説。契約の基礎知識と各条項の意義を明らかにする。債権法改正にも随所で言及！
2017.10 200p A5 ¥2400 ①978-4-502-23861-1

◆経営権争奪紛争の法律と実務Q&A　経営紛争研究会編　日本加除出版
【要旨】経営権をめぐる紛争に備える！〜「予防」から「解決」まで。具体的な場面を想定した事例に対し、必要な法律知識・実務対応について詳説。医療法人や宗教法人等、会社以外の特殊法人についても言及。実務に役立つ書式例も収録。
2017.5 346p A5 ¥3500 ①978-4-8178-4394-4

◆契約業務の実用知識　堀江泰夫著　商事法務　第2版
【要旨】最新の実務をふまえた第2版！債権法改正の契約実務への影響もコンパクトに整理。
2017.9 296p A5 ¥3000 ①978-4-7857-2549-5

◆契約書式の作成全集—デスクに1冊　自由国民社　改訂新版
【要旨】標準モデルから最新の契約書まで、あらゆる書式例を網羅。389書式収録。「基本書式+応用書式」の2段構成で自在に活用できる。「作成の要点」で書き方のコツがわかる。
2017.6 975p A5 ¥3400 ①978-4-426-12042-9

◆ケースで学ぶ 国際企業法務のエッセンス　森下哲朗、平野温郎、森口聡、山本卓著　有斐閣
【要旨】実務を体感し、基礎を学ぶ。国際企業法務に関わることになったらDay1に読む入門書。リアルな事例を題材に、第一線の研究者・弁護士・法務部員が理論と実務のエッセンスを惜しげなく伝授する。
2017.9 476p A5 ¥3700 ①978-4-641-04679-5

◆現役法務と顧問弁護士が実践しているビジネス契約書の読み方・書き方・直し方　長瀬佑志、長瀬威志、母壁明日香著　日本能率協会マネジメントセンター
【要旨】東証1部上場企業、4大法律事務所。思い通りの契約書式にカスタマイズできるプロのノウハウが詰まった「契約の実践書」。
2017.6 495p A5 ¥3700 ①978-4-8207-5983-6

◆広告法　電通法務マネジメント局編、永江禎、中西剛、長谷川雅典編集代表　商事法務
【要旨】あなたの会社の広告を適切かつ適法に打つための必携書！電通法務担当者が、景品表示法から道路交通法まで、広告にかかわる法律を整理し実務を解説。
2017.10 383p A5 ¥3600 ①978-4-7857-2558-7

◆コードに対応したコーポレート・ガバナンス報告書の記載事例の分析 平成28年版　森・濱田松本法律事務所編　商事法務（別冊商事法務No.416）
【目次】1 開示の状況（集計方法、集計結果（単純集計）、集計結果（クロス集計）、相関分析）、2 ガバナンス報告書（実施しない理由、各原則に基づく開示の形式、各原則に基づく開示事項（必要的開示）、各原則に基づく開示事項（任意的開示）、3 コーポレートガバナンス・ガイドライン（背景・趣旨、コーポレートガバナンス・ガイドラインにおける記載項目、実施事例）、4 その他（CG報告書以外の開示）（ガバナンス報告書以外の開示・公表書類による開示、ホームページ、株主総会の招集通知、その他）
2017.1 522p B5 ¥4800 ①978-4-7857-5250-7

◆コードに対応したコーポレート・ガバナンス報告書の記載事例の分析 平成29年版　森・濱田松本法律事務所編　商事法務（「別冊商事法務」No.427）
【目次】1 開示の状況、2 ガバナンス報告書（実施しない理由、各原則に基づく開示の形式、各原則に基づく開示事項（必要的開示）、各原則に基づく開示事項（任意的開示））、3 コーポレートガバナンス・ガイドライン、4 その他（CG報告書以外の開示）
2017.12 537p B5 ¥4800 ①978-4-7857-5261-3

◆コンプライアンスの知識　高巖著　日本経済新聞出版社（日経文庫）　第3版

【要旨】企業不祥事は行政処分を受けるということだけでなく、会社の存亡にかかわるリスクとなります。本書は「なぜコンプライアンスが求められるのか」というところから始まり、具体的な体制の組み方など、基本から解説をしています。日本企業がますますグローバル化する中、「反競争的行為」「海外腐敗行為」の防止が大きな課題となってきました。本改訂版では、この点に多くのページを割きました。

2017.10 265p 18cm ¥1000 ①978-4-532-11381-0

◆**サイト・サーバー管理者のための削除・開示請求法的対策マニュアル**　渡辺泰央著　中央経済社, 中央経済グループパブリッシング 発売

【要旨】インターネット上の法的請求に関し、サイト管理者・サーバ管理者がどのように予防・対応すべきかについて解説した書。

2017.3 176p A5 ¥2400 ①978-4-502-21701-2

◆**事業者必携 建設業から風俗営業、産廃、入管業務まで 許認可手続きと申請書類の書き方**　服部真和監修　三修社　改訂新版

【要旨】ビジネスに不可欠！ 複雑な許認可申請業務の基本を解説。独立開業者、企業の許認可担当者、若手行政書士必携の書。

2017.12 255p A5 ¥1900 ①978-4-384-04775-2

◆**資金調達ハンドブック**　武井一浩, 郡谷大輔, 濃川耕平, 有吉尚哉, 高木弘明編著　商事法務　第2版

【要旨】企業の資金調達に関する実務の全体像を示した待望の改訂版。会社法、金商法の改正やCGコードの導入などによる制度・実務の変化に対応。Fin-Techを利用した新たなスキームについても解説。2017.12 376p A5 ¥5400 ①978-4-7857-2574-7

◆**仕事でよく使う・すぐに応用できる ビジネス契約書作成ガイド**　仲谷栄一郎, 赤川圭, 上田潤一著　清文社

【要旨】個別のビジネスシーンを想定しきった、真に"使える"1冊。「正解」の無い契約の世界で、最大限自らを有利にするための手がかりを条件ごとに徹底解説。

2017.7 294p A5 ¥2600 ①978-4-433-65307-1

◆**システム開発訴訟**　森・濱田松本法律事務所編, 飯田耕一郎, 田中浩之著　中央経済社, 中央経済グループパブリッシング 発売　（企業訴訟実務問題シリーズ）

【要旨】主要論点がわかる重要裁判例を48に厳選し、目次とともに紹介。紛争の各段階で必要となる判断のポイントを、時系列に沿って具体的に解説し、民法改正の影響を検討した書。

2017.6 195p A5 ¥2600 ①978-4-502-23081-3

◆**実践‼契約書審査の実務─修正の着眼点から社内調整のヒントまで**　出澤総合法律事務所編　学陽書房

【要旨】現場が直面したケースをもとに思考のプロセスと実務の勘所を示す！

2017.8 276p A5 ¥3300 ①978-4-313-51164-4

◆**ジョイント・ベンチャー契約の実務と理論**　金丸和弘, 棚橋元, 奈良輝久, 清水建成, 日下部真治編著　金融財政事情研究会, きんざい 発売　新訂版

【目次】実務編（合弁契約の実務─全体像の俯瞰、合弁事業のストラクチャー、株式譲渡制限等に関する合弁契約の条項、合弁契約と知的財産、合弁契約と労働法上の検討事項、ジョイント・ベンチャーにおける紛争対応、合弁契約の終了）、理論編（合弁契約における株主間の合意とその効力─取締役選任・解任と拒否権に関する合意について、合弁事業における取締役の義務と利益衝突、株式譲渡制限等に関する合弁契約の効力、合弁契約と付随契約、合弁事業の終了と継続的契約関係─共同子会社間取引の合弁契約解消時の処理、ジョイント・ベンチャーの一方当事者の他方当事者に対する損害賠償請求等を念頭に置いて、ジョイント・ベンチャー契約と倒産、ジョイント・ベンチャーと独占禁止法、合弁契約に関する裁判例の検討）

2017.7 473p A5 ¥5500 ①978-4-322-13060-7

◆**詳解 個人情報保護法と企業法務─収集・取得・利用から管理・開示までの実践的対応策**　菅原貴与志著　民事法研究会　第7版

【要旨】匿名加工情報の作成、購買履歴等の匿名加工等、ビッグデータ活用時の留意点。第三者提供に際してのトレーサビリティの確保と確認・記録義務の有無。クラウドサービスの利用。漏えい事案発生時の対応など。改正法全面施行後

の実務に完全対応！ 改正政令、個人情報保護委員会規則、新ガイドライン・Q&Aを織り込み、実務の変更点を踏まえて、大幅改訂！

2017.5 364p A5 ¥3800 ①978-4-86556-158-6

◆**証券訴訟─虚偽記載**　森・濱田松本法律事務所編, 藤原総一郎, 矢田悠, 金丸由美, 飯野悠介著　中央経済社, 中央経済グループパブリッシング 発売　（企業訴訟実務問題シリーズ）

【要旨】近年多発する開示書類の虚偽記載に基づく投資家から損害賠償請求訴訟について、訴訟提起される発行会社の視点から、企業の法務担当者・弁護士が留意すべき点を解説しています。

2017.2 240p A5 ¥2800 ①978-4-502-20461-6

◆**消費者契約訴訟─約款関連**　森・濱田松本法律事務所編, 荒井正ဩ, 松田知丈, 増田慧著　中央経済社, 中央経済グループパブリッシング 発売　（企業訴訟実務問題シリーズ）

【要旨】消費者庁の創設、消費者裁判手続特例法の施行など、消費者法制が大きく変わる中で、事業者にとって消費者紛争対応の重要性はますます高まっています。本書は、そうした消費者紛争の中から、約款に基づく定型的な取引にスポットを当てて、不当条項の効力をめぐる訴訟への対応について解説しています。手続の流れや代表的な争点ごとの留意点を解説し、過去の重要な裁判例をインデックスとしてまとめています。2017.6 279p A5 ¥3200 ①978-4-502-22981-7

◆**ショートストーリーでらくらく学べるコンプライアンス─緑山優子のコンプライアンス事件簿**　橋本愛理作, 煮たか作画, 中村葉志生編, 上村剛, 小堀光一, 野中信孝法律監修　第一法規

【目次】1 会社（コンプライアンスと内部通報）、2 職場（労働契約と従業員の義務、適切な労働時間管理 ほか）、3 仕事（カルテルとは、不公正な取引方法─差別対価等 ほか）、4 情報（情報の適切な管理、営業秘密の管理 ほか）、5 社会（景品についての規制、消費者契約とは ほか）

2017.9 252p A5 ¥1800 ①978-4-474-05641-1

◆**税務訴訟**　森・濱田松本法律事務所編, 大石篤史, 小島冬樹, 飯島隆博著　中央経済社, 中央経済グループパブリッシング 発売　（企業訴訟実務問題シリーズ）

【要旨】企業の法務担当者・税務担当者や弁護士・税理士向けに、税務調査等に関する実践的な手続対応から近時の裁判例等を踏まえた訴訟戦略の検討まで、幅広く解説をしています。裁判例や論点を理解することで、訴訟戦略に活かせるだけでなく、平時のプランニング・税務調査の段階から訴訟を見据えた対策を行うことができます。

2017.3 294p A5 ¥3400 ①978-4-502-21141-6

◆**小さな会社・お店の新・個人情報保護法とマイナンバーの実務**　影島広泰著　日本経済新聞出版社

【要旨】知らなきゃダメ！ 基礎知識から対応策までを総務・人事・経理・システム部門の視点でやさしく解説！

2017.2 191p B6 ¥1300 ①978-4-532-20930-1

◆**内部通報・内部告発対応実務マニュアル─リスク管理体制の構築と人事労務対応策Q&A**　阿部・井窪・片山法律事務所編, 石嵜・山中総合法律事務所編　民事法研究会　（リスク管理実務マニュアルシリーズ）

【要旨】社内（社外）通報制度の導入、利用しやすいしくみを豊富な書式例とともに明示！ 中小企業を対象にした「内部通報制度の規程例」を大企業などを想定した一般的な例とともに掲げ、規定条項と多数の添付関連書書式を収録！ 消費者庁の民間事業者向け新ガイドラインに対応した最新版！ 不正の早期発見、自浄作用のための窓口設置・通報方法、事情聴取・証拠収集、通報者の保護、人事労務の措置など、具体的な事例による解説！

2017.11 240p A5 ¥2800 ①978-4-86556-187-6

◆**破産管財PRACTICE─留意点と具体的処理事例**　中森亘, 野村剛司監修, 破産管財実務研究会編　民事法研究会

【要旨】業種別（第1部）と実務の場面ごと（第2部）に、事務処理上の留意点や直面する悩みへの着眼点、知恵・工夫を網羅！

2017.2 305p A5 ¥3400 ①978-4-86556-137-1

◆**はじめてのビジネス法**　池島真策, 橋谷聡一編著　（京都）晃洋書房

【目次】第1章 民法（民法の構造、人─権利能力・意思能力・行為能力の意義 ほか）、第2章 商法・

会社法（会社法の構造、株式会社と持分会社─会社形態 ほか）、第3章 知的財産法（知的財産法の構造、特許法─技術的アイデアについての独占権 ほか）、第4章 税法（税法の構造、租税の種類 ほか）、第5章 労働法（労働法の構造、労働基準法 ほか）

2017.5 133p A5 ¥1700 ①978-4-7710-2824-1

◆**初めての人のためのビジネス著作権法**　牧野和夫著　中央経済社, 中央経済グループパブリッシング 発売

【要旨】安易なコピペは違法の可能性あり！ あなたの会社は大丈夫ですか？ プレゼンや研修の資料作成で陥りがちな著作権法違反の罠。もっとも身近な法律スキマかも知れません。あれもダメ、これもダメとなりがちな著作権の利用について、適切に対応するための基本となる考え方を明らかにします。さらに、AIと著作権などの最新の話題にも言及し、社内研修のテキストに最適。

2017.1 183p A5 ¥2400 ①978-4-502-21071-6

◆**判例法理から読み解く企業間取引訴訟**　加藤新太郎編集代表, 金丸和弘, 清水建成, 奈良輝久, 日下部真治編　第一法規

【要旨】第一線で活躍するビジネスロイヤーが企業間取引における「契約締結時の法的リスク最小化」とあるべき「訴訟戦略の樹立と訴訟追行」を判例法理から徹底解明！

2018.1 644p A5 ¥5800 ①978-4-474-05819-4

◆**ヒアリングシートを使った中小企業の法律相談マニュアル─信頼につながる基礎知識とヒアリングのノウハウ**　大阪弁護士会中小企業支援センター編　民事法研究会

【要旨】初回相談で依頼者の信頼をつかむ！ 相談時間（30分）の中で質の高いヒアリングをするための知識・ノウハウ、ヒアリングシートの効果的な利用方法などを解説！ 相談の多い契約書、債権回収、労務や海外展開、事業再生などの分野ごとに、必須のヒアリング事項をまとめたヒアリングシートを収録！

2017.4 258p A5 ¥2600 ①978-4-86556-154-8

◆**ビジネス常識としての法律**　堀龍兒, 淵邊善彦著　日本経済新聞出版社　（日経文庫）　第2版

【要旨】ビジネスパーソンにとって最低限の法律を知っておくことは、自分の身を守るためにも必要です。本書は、ビジネスのうえで常識として押さえておきたい法律知識を、コンパクトかつ実務に役立つようにまとめた入門書です。著者は商社や大手法律事務所で、ビジネス法務に長年携わってきた第一人者たちです。ビジネスの実際の状況を踏まえ解説します。改訂にあたり、民法や会社法、個人情報保護法など重要法令の改正内容を盛り込みました。法務部門に配属された人や日常的に法務・契約と密接に関わる業務の人をはじめ、ビジネス法務の大枠を押さえておきたい人にお勧めです。

2017.12 314p 18cm ¥1000 ①978-4-532-11384-1

◆**ビジネスパーソンのための法律を変える教科書**　別所直哉著　ディスカヴァー・トゥエンティワン

【要旨】不合理・時代遅れな法律、条例、規格が壁になっていませんか？ 法律を変えるという問題解決法。ヤフー執行役員が自ら経験した豊富な事例とともに具体的なプロセスを解説。

2017.12 357p B6 ¥2000 ①978-4-7993-2202-4

◆**ビジネス法概論**　ビジネス法体系研究会編, 川﨑政司, 山﨑良太, 奥山健志代表著者　レクシスネクシス・ジャパン　（ビジネス法体系）

【目次】第1編 ビジネス法の基礎（ビジネスと法、ビジネス法の意義・範囲・特色、ビジネス法の体系化、ビジネス法の主要分野の概観）、第2編 ビジネス法の体系と法の適用（ビジネス法の全体像と体系の解説、ビジネスの主体に関する法、ビジネス活動〔事業活動・取引〕に関する法、納税その他公的規制に関する法、正常なビジネスからの逸脱〔有事〕に関する法─不祥事・紛争・倒産）

2017.5 375p A5 ¥5000 ①978-4-908069-64-2

◆**ビジネス法体系 企業取引法**　ビジネス法体系研究会編, 塚本英巨, 中﨑尚代表著者　第一法規

【目次】第1編 総論「企業取引」と「企業取引法」、第2編 商事売買、第3編 消費者取引、第4編 フランチャイズ取引、第5編 金融取引、第6編 電子商取引　2017.12 428p A5 ¥5000 ①978-4-474-06172-9

◆**ビジネス法入門** 中村信男, 和田宗久著 中央経済社, 中央経済グループパブリッシング 発売 第2版
【要旨】変化の激しいビジネス法分野。2年半ぶりの改訂となる第2版では、民法の改正法案提出やコーポレートガバナンス・コード、スチュワードシップ・コードの公表といった最新動向をフォロー。また、取り上げる内容については大幅に見直しを行い、法学部生でない読者の方にとってもより理解しやすいものとなるよう、ブラッシュアップを図っています。
2017.3 232p A5 ¥2600 ①978-4-502-22021-0

◆**ビジネスマンのための六法全書の読み方を徹底理解！** 加藤英男監修, リーガルスキルサポート研究会著 アイバス出版 （100分完全マスターコース）
【要旨】読み方さえわかれば、ビジネスの大きな武器になる！ 問題解決の糸口となる条文の探し方から、読み方、事例へのあてはめ方までスッキリ解説。
2017.7 205p B6 ¥1200 ①978-4-907322-15-1

◆**一晩でわかる経営者の法律知識** 大山滋郎著 双葉社
【要旨】わかりやすい図解が満載！ 今まで "触れられなかった" "本当は知りたかった" 法律知識を一冊に集約。
2017.8 199p B6 ¥1400 ①978-4-575-31307-9

◆**部門担当者もケースでわかる企業法務ハンドブック** みらい総合法律事務所著 日本能率協会マネジメントセンター
【要旨】12部門、34分野、93ケース。社内のインシデントに対して即座に的確なファーストアクションを確認できる。
2017.2 369p A5 ¥3000 ①978-4-8207-5955-3

◆**平成27・28年の政策保有株式の比較——コーポレートガバナンス・コードが及ぼした影響** 後藤晃輔著 商事法務 （別冊商事法務No.417）
【目次】1 はじめに、2 背景、3 分析データと方法、4 分析結果、5 まとめ、6 政策保有の方針と保有株式数等の変化の関係
2017.1 591p B5 ¥5100 ①978-4-7857-5251-4

◆**ベーシックな事例で学ぶ企業法務の仕事——まずはここから！** 河村寛治著 第一法規
【要旨】総論編では、法務部門の組織のあり方を含め、法務部門に求められる役割やその人材の養成等について、また各論編では、法務部門の守備範囲や諸業務の概要を解説。法務部門で働くための入門として、企業法務の業務内容を、グローバル面も含め、ほぼ網羅的に触れている。
2017.10 361p A5 ¥2800 ①978-4-474-05839-2

◆**弁護士が教える実は危ない契約書——実践的リーガルチェックのすすめ** 櫻井喜久司著 清文社
【要旨】その一語が、命取り!? 危険な契約書が、ひと目でわかる！
2017.2 206p A5 ¥2000 ①978-4-433-65226-5

◆**弁護士が教える！ 小さな会社の法律トラブル対応** アディーレ法律事務所著 あさ出版
【要旨】会社を守る必要知識はこれ1冊でOK。Q&A方式であなたの会社の悩みを解決します。最新！ 改正民法の解説付き。社長必携本。
2017.8 199p B6 ¥1400 ①978-4-86063-999-0

◆**弁護士はBARにいる——悩める社長の法律トラブル対策** 前岨博著 イースト・プレス
【要旨】小さな会社の社長必読！ 現役弁護士が「日常的な法律相談」「紛争問題」をストーリー仕立てで解説!!顧問弁護士に聞きにくい事例満載！必要知識が1時間でわかる。
2017.11 198p 18cm ¥1100 ①978-4-7816-1596-7

◆**法務の技法——OJT編** 芦原一郎編著 中央経済社, 中央経済グループパブリッシング 発売
【要旨】各著者が所属する企業（等）における業務上の重要事項を題材にした「事例」を設定。社内弁護士の仕事の "リアル" がわかる！ それぞれの業界で話題になっている最新法務事情も把握できる。事例をもとに（1）検討のポイント（2）実体法的な視点（3）組織法・手続法的な視点（4）留意点など複眼的に解説。それぞれの事例に対応した「演習問題」とそのヒントを収録。基礎から応用まで実務がより深く学べる！
2017.5 294p A5 ¥3200 ①978-4-502-22561-1

◆**要件事実マニュアル 3 商事・手形・執行・破産・保険・金融・知的財産** 岡口基一著 ぎょうせい 第5版
【要旨】元祖・要件事実の "辞書" 全面改訂版!!訴訟類型ごとの要件事実と必須知識をコンパクトにまとめた法書のためのバイブル。
2017.4 701p A5 ¥5100 ①978-4-324-10168-1

◆**ライセンス契約の基本と書式** 長谷川俊明編著, 荒木洋介, 中山創, 藤田浩貴著 中央経済社, 中央経済グループパブリッシング 発売
【要旨】ライセンシーとライセンサー双方の立場から契約の考え方を解説。契約の基本知識と各条項の意義を明らかにする。債権法改正にも随所で言及！
2017.10 220p A5 ¥2600 ①978-4-502-23871-0

◆**BEPSの実務 1** BEPS実務研究会著 商事法務 （成長戦略と企業法制）
【要旨】グローバル税制の隙間・抜け穴を塞ぐBEPS（税源浸食・利益移転）プロジェクト。企業が知っておくべき新税制のポイントをわかりやすく紹介。
2017.5 184p A5 ¥2500 ①978-4-7857-2526-6

◆**D&O保険の先端 1** D&O保険実務研究会編 商事法務 （成長戦略と企業法制）
【要旨】ガバナンス改革で重要性と関心が高まるD&O保険。実務と理論の先端を学界・実務界のコラボで紹介。
2017.5 181p A5 ¥2500 ①978-4-7857-2527-3

◆**Japan Corporation Law Guide** 荒木源徳, 斎藤三美著 第一法規 （本文：日英両文） 3rd Ed
【目次】1 日本の会社関係法令、2 事業体の構成、3 株式会社のファイナンス、4 取締役及びその他の役員等、5 会計、6 株式会社の会計・開示、7 M&A、8 株式会社の解散・清算、9 各種書式
2017.3 583p 27×16cm ¥5200 ①978-4-474-05726-5

◆**Q&Aとチェックリストでよくわかる！ 改正個人情報保護法対応ブック** 影島広泰著 ぎょうせい
【要旨】すべての企業が対象となります。この1冊で万全の対応を！ 改正法のツボがわかる著者の解説動画付！
2017.6 138p A5 ¥1600 ①978-4-324-10347-0

 商法

◆**金融商品取引法アウトライン** 中村聡著 商事法務
【要旨】金融商品取引法の全体像を図表を多く用いてわかりやすく解説。法科大学院生やこれから実務に携わる企業法務担当者に最適の書。
2017.5 342p A5 ¥3700 ①978-4-7857-2524-2

◆**サマリー商法総則・商行為法** 楠元純一郎著 中央経済社, 中央経済グループパブリッシング 発売
【目次】第1部 商法総則（商法の意義、商人の概念、商人資格の得喪、商業登記 ほか）、第2部 商行為法（商行為法の意義、商行為の概念、商行為の通則、有価証券 ほか）
2017.4 159p A5 ¥2200 ①978-4-502-22211-5

◆**商事法論集 2 金融法論集 上 ——金融・銀行** 岩原紳作著 商事法務
【要旨】決済・銀行業務、顧客の保護、預金取引、金融監督規制等に関する15編の論考を収録。理論的な検討を通じ、商事法研究に重要な示唆を与える。
2017.9 515p A5 ¥10000 ①978-4-7857-2557-0

◆**招集通知・議案の記載事例 平成29年版** プロネクサスディスクロージャー研究部編 商事法務 （別冊商事法務 No.419）
【目次】1 株主総会と議決権、2 招集通知の作成・発信、3 招集通知と議決権行使の電子化、4 狭義の招集通知、5 参考書類（標題部・通則）、6 参考書類（各議案）の記載、7 招集通知の「修正」への対応、7 招集通知の「修正」
2017.2 708p B5 ¥5200 ①978-4-7857-5253-8

◆**商法判例集** 山下友信, 神田秀樹編 有斐閣 第7版
【要旨】商法分野の学習に必要不可欠な裁判例を厳選し、一冊に収めた好評の基本判例教材。事案と判旨を的確にまとめ、簡潔なコメントや設

間を通じて判例の理解を促す。収録判例を見直すとともに最新重要判例を追加し、ますます充実の第7版。
2017.10 565p A5 ¥3200 ①978-4-641-13783-7

◆**適格機関投資家等特例業務の実務——平成27年改正金商法対応** 後藤慎吾著 中央経済社, 中央経済グループパブリッシング 発売
【要旨】複雑な法規制の全体像を示した、実務家必携の書。平成27年改正金商法・関係改正政省令を中心に法規制を基本からわかりやすく解説。実務で重要となるパブリックコメントで示された金融庁の考え方も体系的・横断的に紹介。
2017.4 305p A5 ¥4000 ①978-4-502-21691-6

◆**はじめての商法総則・商行為** 尾崎哲夫著 自由国民社 （3日でわかる法律入門） 第8版
【要旨】はじめの一歩はこの1冊から！ 語りかける解説＋黒板メモ式のわかりやすい法律入門書です。特色は、語りかける講義口調で読みやすい。開いてすぐポイントを見つけやすい。コンパクトなサイズに原条文も掲載。基本を確認できるチェック問題つき。
2017.3 160p B6 ¥1200 ①978-4-426-12206-5

◆**Law Practice 商法** 黒沼悦郎編著, 中東正文, 福島洋尚, 松井秀征, 行澤一人著 商事法務 第3版
【要旨】判例を基礎に事例解決の思考プロセスを平易に示す演習書！ 法学部生、法科大学院未修者・既修者試験受験生などが基礎知識を確認し、実践的な応用力を身につける自学自習用教材として必携の書！
2017.2 369p A5 ¥3200 ①978-4-7857-2497-9

 会社法

◆**アタック会社法** 木俣由美著 中央経済社, 中央経済グループパブリッシング 発売
【要旨】ランダム社（架空）をめぐるキャラクターとともに、会社法の世界に参加しよう。複雑な機関設計のパターンも、わかりづらい概念も、イラストと本質を突いた解説が理解へ導く！
2017.9 331p A5 ¥3300 ①978-4-502-23801-7

◆**新しい役員責任の実務** 澤口実, 奥山健志編著, 小islandsデータ, 近澤諒, 金村公樹著 商事法務 第3版
【要旨】役員責任に関する司法判断の分析を通じ実務上の行為規範、評価規範を示す。上場企業のコーポレート・ガバナンスが変革期にある中で、役員が適切な経営判断を行うための実務指針を解説する。
2017.7 497p A5 ¥5200 ①978-4-7857-2532-7

◆**会計法計算書類の実務——作成・開示の総合解説** PwCあらた有限責任監査法人編 中央経済社, 中央経済グループパブリッシング 発売 第9版
【要旨】平成29年3月期以降の本決算必携！ 実務に合った解説で迷いやすい事項も解決！ 連結計算書類の開示例がさらに充実。
2017.2 614p A5 ¥5500 ①978-4-502-21431-8

◆**会社事業承継の実務と理論——会社法・相続法・租税法・労働法・信託法の交錯** 山下眞弘著 （京都） 法律文化社
【要旨】団塊の世代が直面する事業承継を円滑に進めるための留意点とは？ 法律家・弁護士として第一線で活躍する著者の手になる本格的な理論実務書。会社と家族の視点を掲げ、実務上の留意点を簡潔に示す。会社法、相続法、租税法、労働法、信託法等の多分野にまたがる会社事業承継問題を縦横に論じる。弁護士、司法書士、行政書士、会計士、税理士、社労士、企業法務部にとって重要な判例・学説を漏れなく解説する。
2017.2 181p A5 ¥3000 ①978-4-589-03811-1

◆**会社分割の法務** 対木和夫編著, 黒田裕, 辻畑泰伸, 大沼真著 中央経済社, 中央経済グループパブリッシング 発売
【要旨】企業の組織再編行為の中でも特に利用の頻度が高い会社分割について解説。会社分割は、幅広く使えるというメリットがある反面、実務上複雑な問題を生じさせやすいという特徴を持っています。切出し対象の選別作業、承継にあたっての手続、関連する裁判例、具体的なスケジュール、吸収分割契約・新設分割計画の作り方、事業売却・買収の場面での留意点など、実体法上・手続法上の問題を実務的な観点から解説してい

法律

ます。
2017.6 328p A5 ¥3800 ①978-4-502-22751-6

◆**会社法**　神田秀樹著　弘文堂　（法律学講座双書）　第十九版
【要旨】全体像をコンパクトにわかりやすく解説! 平成28年末までの動向を盛り込んだ基本書の最新版。民法（債権法）改正法案による会社法への影響、直近の重要判例まで言及。会社法の現在を学ぶための必読書。
2017.3 428p A5 ¥2500 ①978-4-335-30477-4

◆**会社法**　黒沼悦郎著　商事法務
【要旨】金商法の制度との関係も織り込み、会社法の基礎を通読して理解できるように解説。会社法制の全体像の把握に最適の書。
2017.8 394p A5 ¥3500 ①978-4-7857-2541-9

◆**会社法概論**　國友順市編著　（京都）嵯峨野書院
【目次】第1章 会社制度、第2章 会社法総論、第3章 株式会社の設立、第4章 株主および株式、第5章 株式会社の機関、第6章 株式会社の資金調達と支配権の維持、第7章 株式会社の計算、第8章 組織再編、第9章 解散・清算
2017.3 295p A5 ¥2600 ①978-4-7823-0566-9

◆**会社法計算書類作成ハンドブック**　トーマツ編　中央経済社, 中央経済グループパブリッシング 発売　第11版
【要旨】本書は、会社法の下での計算書類等の概要、決算スケジュールをはじめ、計算書類（貸借対照表、損益計算書、株主資本等変動計算書及び個別注記表）、計算書類の附属明細書、連結計算書類（連結貸借対照表、連結損益計算書、連結株主資本等変動計算書及び連結注記表）、臨時計算書類、監査報告書についての解説を行っています。また、実務の参考になるように、実際の記載事例を多数示しています。第11版では、新たに適用開始となった会計制度の改正について要点を解説するとともに、平成28年3月期において適用が開始された新制度に係るものを中心に、記載事項の更新を行っています。
2017.3 711p A5 ¥7000 ①978-4-502-21461-5

◆**会社法決算書作成の手引―平成29年3月期決算対応**　東陽監査法人編　清文社
【要旨】会社法決算書の基礎からその作成手続まで、作業分担やスケジュールも盛り込みわかりやすく解説!
2017.2 311p B5 ¥3500 ①978-4-433-66557-9

◆**会社法決算書作成ハンドブック　2017年版**　太田達也著　商事法務
【要旨】2017年版では、2016年12月31日現在の法令等に基づき記述をアップデート。2016年3月期の適用事例を多数盛り込んだほか、平成28年度税制改正や会計基準等の改正に基づき、企業会計上の最新論点を網羅した。
2017.3 690p A5 ¥6000 ①978-4-7857-2496-2

◆**会社法決算の実務―計算書類等の作成方法と開示例**　あずさ監査法人編　中央経済社, 中央経済グループパブリッシング 発売　第11版
【要旨】平成29年3月期からの本決算に対応。招集通知から公告まで一連の実務の重要事項を解説。上場企業の最新開示事例を厳選して掲載。「標準文例」「チェック項目」などで作成を徹底サポート。会計基準等の改正や開示制度の動向などもフォロー。会計基準適用時期一覧表、決算関係用語集付き。
2017.3 880p A5 ¥6800 ①978-4-502-20941-3

◆**会社法実務大系**　成和明哲法律事務所編　民事法研究会
【要旨】企業活動における「会社法」の使い方を解説! 企業法務の最前線で活躍する弁護士が会社法の構造、制度、各手続について実際の事例を提示しつつ、実践的に解説! 金商法、証券取引所規則、会社計算規則ほか会計・税務、登記実務にも配慮し豊富な図表によって視覚的理解を促す!
2017.9 610p A5 ¥5800 ①978-4-86556-180-7

◆**会社法実務マニュアル　1　設立・解散・清算―株式会社運営の実務と書式**　会社法実務研究会編, 本井克樹著　ぎょうせい　第2版
【要旨】会社運営に関わる方々に会社法を使いこなす方法を伝授!! 株式会社の始まり（設立）から終わり（解散・清算）まで、様々な場面で登場する会社法手続をわかりやすく解説。豊富な図表、書式を駆使し、視覚的な側面から手助け。実務に役立つ書式がダウンロード可能なWEBサービス付。
2017.1 331p B5 ¥4500 ①978-4-324-10242-8

◆**会社法実務マニュアル　2　株主総会・取締役・監査役―株式会社運営の実務と書式**　会社法実務研究会編, 深山徹著　ぎょうせい　第2版
【要旨】会社運営に関わる方々に会社法を使いこなす方法を伝授!! 会社法の現代化に伴い変わりつつある取締役・監査役等の役割について、わかりやすく解説。豊富な図表、書式を駆使し、視覚的な側面から手助け。実務に役立つ書式がダウンロード可能なWEBサービス付。
2017.1 228p B5 ¥4500 ①978-4-324-10243-5

◆**会社法実務マニュアル　3　株式・種類株式・新株予約権―株式会社運営の実務と書式**　会社法実務研究会編, 田伏岳人, 勝又祐一, 深山徹, 本井克樹著　ぎょうせい　第2版
【要旨】会社運営に関わる方々に会社法を使いこなす方法を伝授!! 種類株式の具体的な株式の流通、新株・新株予約権の発行など、様々な場面で登場する会社法手続をわかりやすく解説。豊富な図表、書式を駆使し、視覚的な側面から手助け。実務に役立つ書式がダウンロード可能なWEBサービス付。
2017.1 291p B5 ¥4500 ①978-4-324-10244-2

◆**会社法実務マニュアル　4　組織再編・事業承継―株式会社運営の実務と書式**　会社法実務研究会編, 青木荘太郎, 池田浩一郎, 鈴木貴泰著　ぎょうせい　第2版
【要旨】会社運営に関わる方々に会社法を使いこなす方法を伝授!! 組織再編に伴う親子会社の関係や、事業承継のその後の展開等について、わかりやすく解説。豊富な図表、書式を駆使し、視覚的な側面から手助け。実務に役立つ書式がダウンロード可能なWEBサービス付。
2017.1 324p B5 ¥4500 ①978-4-324-10245-9

◆**会社法実務マニュアル　5　株式会社運営の実務と書式―コンプライアンス・リスク対策**　会社法実務研究会編　ぎょうせい　第2版
【要旨】会社運営に関わる方々に会社法を使いこなす方法を伝授!! 新たに「コンプライアンス」を掲載し、リスク回避の重要性を、また、会社法関係のトラブル事例をQ&Aにまとめ、わかりやすく解説。図表、書式を駆使し、視覚的な側面から手助け。実務に役立つ書式がダウンロード可能なWEBサービス付。
2017.7 260p B5 ¥4500 ①978-4-324-10246-6

◆**会社法実務問答集　1 上**　大阪株式懇談会編, 前田雅弘, 北村雅史著　商事法務
【要旨】法規研究分科会における平成19年から平成21年の成果を平成26年改正会社法にも対応したかたちで解説する。
2017.3 371p A5 ¥4500 ①978-4-7857-2502-0

◆**会社法実務問答集　1 下**　大阪株式懇談会編, 前田雅弘, 北村雅史著　商事法務
【要旨】法規研究分科会における平成19年から平成21年の成果を平成26年改正会社法にも対応したかたちで解説する。
2017.3 293p A5 ¥3500 ①978-4-7857-2503-7

◆**会社法訴訟―株主代表訴訟・株式価格決定**　森・濱田松本法律事務所編, 井上愛朗, 渡辺邦広, 河島勇太, 小林雄介著　中央経済社, 中央経済グループパブリッシング 発売　（企業訴訟実務問題シリーズ）
【要旨】本書は、会社法に関する争訟のうち、近時特に企業の関心が高い株主代表訴訟と株式価格決定申立てを対象としています。第1章では、コンプライアンスやコーポレート・ガバナンスに関する社会的な意識の高まりでますます注目が高まる株主代表訴訟について、手続法上・実体法上の留意点を解説します。第2章では、企業によるM&Aやグループ内組織再編などが増加する中で、近時重要裁判例が集積している株式価格決定申立てについて、手続や裁判所による判断の枠組みについて解説しています。
2017.6 158p A5 ¥4500 ①978-4-502-23191-9

◆**会社法大要**　龍田節, 前田雅弘著　有斐閣　第2版
【要旨】会社法における最良の基本書。平成26年会社法改正およびその後の進展に対応! 制度それぞれの存在理由および相互関係の理解に役立つ。学生・実務家・企業の法務担当者など、会社法にかかわるすべての人にとっての必携の一冊。
2017.5 583p A5 ¥4500 ①978-4-641-13750-9

◆**会社法入門**　葭田英人著　同文舘出版　第五版
【要旨】改正会社法に対応したビジュアル図解の最新版! 通説および現実問題を明解に解説し、

◆**会社法実務マニュアル** （右欄続き）
最新の理論水準を保った基本書。
2017.6 301p A5 ¥4500 ①978-4-495-46385-4

◆**会社法の知識と実務―ガバナンス・不祥事対応・役員の義務と責任**　東京弁護士会弁護士研修センター運営委員会編　ぎょうせい　（弁護士専門研修講座）
【要旨】会社法・金融商品取引法その他ガバナンスに関する知識を詳細に解説。さらには不祥事対応・役員の義務と責任など、社外役員、顧問を務める弁護士に必要とされる高度な専門知識をテーマごとに解説。
2017.7 327p A5 ¥3800 ①978-4-324-10337-1

◆**会社法のファイナンスとM&A**　畠田公明著　（京都）法律文化社
【目次】第1章 コーポレート・ファイナンス、第2章 株式、第3章 募集株式の発行等、第4章 新株予約権の発行、第5章 社債の発行、第6章 組織再編、第7章 企業買収（M&A）
2017.10 250p A5 ¥4500 ①978-4-589-03869-2

◆**会社法判例の読み方―判例分析の第一歩**　飯田秀総, 白井正和, 松中学著　有斐閣
【要旨】解釈論や立法、実務に強く影響を与えた判例36件を厳選。事案の検討、判決のロジックを追うための行間の言語化、判決がもたらす社会への影響に関する機能的な分析など、それぞれの判決に適したアプローチを用いて解説。
2017.6 406p A5 ¥3100 ①978-4-641-13775-2

◆**株式会社法**　江頭憲治郎著　有斐閣　第7版
【要旨】会社法実務の必携書!! 実務において重要な、中小企業・閉鎖型企業をめぐる問題に記述の重点を置いた。定款自治の限界、会社関係の契約に盛り込むべき条項などを具体的に示しつつ、ビジネス・プランニングに資することを目指した。会計制度・税制・外国法など、会社法を取り巻く制度の基本的な枠組みについても解説した。実務家を中心に絶大な信頼を得る決定版体系書の最新版。平成29年の民法（債権関係）改正、税制改正（スピンオフ税制の導入、組織再編税制の改正）を織り込み、コーポレートガバナンス・コード、スチュワードシップ・コード等のソフト・ローにも対応した。
2017.11 1010, 29p A5 ¥5600 ①978-4-641-13786-8

◆**株式譲渡と株主権行使**　山本爲三郎著　慶應義塾大学法学研究会, 慶應義塾大学出版会 発売　（慶應義塾大学法学研究会叢書）
【要旨】会社に対する株主権行使を制約する制度原理を徹底分析。株主名簿、株券、振替株式、譲渡制限株式、基準日、各制度における株主名簿法理と有価証券法理の交錯を一貫した論理で説き明かす。激動する法状況の下で、基礎理論の重要性を唱える著者30年来の論考も収録。
2017.5 462p A5 ¥6700 ①978-4-7664-2431-7

◆**企業組織法―会社法等**　福原紀彦著　文眞堂　（企業法要綱 3）
【目次】企業組織総論（企業組織と法）、会社法総論・総則等（会社と法、会社法総則等）、会社法各論（株式会社法総論、株式会社法各論、企業再編、持分会社・組織変更、外国会社、罰則）、企業組織法の現代的諸相（企業組織の多様化と法的規律の展開）
2017.5 393, 9p B5 ¥3300 ①978-4-8309-4892-3

◆**基本がわかる会社法**　葭田英人著　三省堂
【要旨】ひとめでポイントがわかる会社法の入門書! 2017.2 236p B6 ¥2200 ①978-4-385-32279-7

◆**金融から学ぶ会社法入門**　大垣尚司著　勁草書房
【要旨】企業のライフサイクルに即して、設問・資料・図表を駆使して高度な内容を分かりやすく説明。会社法理解に必須のファイナンス理論や経営知識も盛り込んだ、金融パーソン・金融ローヤーのための会社法教科書。『金融から学ぶ民事法入門』の姉妹書『金融と法』の続編。
2017.6 716p A5 ¥4000 ①978-4-326-40327-1

◆**ケース別株式会社・有限会社の役員変更登記の手続**　永沼圭一著　日本法令　改訂版
【要旨】中小企業（株式会社「取締役会設置/非設置」、特例有限会社）の役員変更（取締役・代表取締役・監査役）のケースごとに、すべての登記申請書及び添付書面等を示した、申請者にとってわかりやすい構成!
2017.5 497p A5 ¥3100 ①978-4-539-72541-2

◆**検証 判例会社法**　石山卓磨監修　財経詳報社

【要旨】会社法制定以来10年における重要会社法判例の詳解。経済社会の激しい変化のなか「永遠に未完の法」と評される会社法にかかる重要な裁判例・決定例を分析。学説と判例の間に立って実務は如何に対応すべきか、その判断資料となる判例解説集。
2017.11 640p A5 ¥3800 ①978-4-88177-444-1

◆ここだけ押さえる！ 会社法のきほん　神田秀樹監修　ナツメ社
【要旨】身近な言葉でスイスイわかる！ 会社への理解がグッと深まる！ 株式の基本から取締役会、TOB、M&Aまで大事なところをギュッとまとめました！ 平成27年施行改正会社法対応。
2017.3 223p A5 ¥1400 ①978-4-8163-6175-3

◆国家試験受験のためのよくわかる会社法　神余博史著　自由国民社　第6版
【要旨】各頁の記述を2段組にし、本文では、会社法・商法を理解するための「幹」となる部分をていねいに解説し、多少細かい事項であっても本文を理解するのに有益な事項、必須の法律用語などは右の段に記述してあります。会社法・商法全体を効率的に理解できるよう、会社法・商法の体系的な配列にこだわらず、記述を最も適切と思われる位置に配置しました。各講の末尾に、行政書士試験、司法書士試験、公認会計士試験に出題された過去問を収録してあります。
2017.6 406p A5 ¥2500 ①978-4-426-12293-5

◆コンメンタール会社計算規則・商法施行規則　弥永真生著　商事法務　第3版
【要旨】難解な法律・会計上の論点について、判例・実務を踏まえ、理論的観点から逐条で解説する待望の最新版！ 実務家・専門家必携の1冊。
2017.2 737p A5 ¥10000 ①978-4-7857-2492-4

◆執行役員制度―運用のための理論と実務　浜辺陽一郎著　東洋経済新報社　第五版
【要旨】平成26年会社法改正、コーポレートガバナンス・コード等を反映し全面改訂！ わかりやすく豊富な事例解説、Q&A、規程集を収録、役員制度改革や執行役員制度の運営に必携。
2017.3 746, 5p A5 ¥6800 ①978-4-492-27059-2

◆実務の視点から考える会社法　高橋均著　中央経済社, 中央経済グループパブリッシング 発売
【要旨】実務のために理解すべき、重要事項を丁寧に解説。理論と実践のかけ橋として、著者独自の整理と事例で、会社法を具体的に考える。
2017.4 307p A5 ¥3000 ①978-4-502-22231-3

◆図解 会社法 平成29年版　大坪和敏監修　大蔵財務協会
【目次】第1編 株式会社（株式会社の設立、株式、新株予約権、株式会社の機関、計算、社債、定款の変更、組織再編、解散、清算・特別清算）、第2編 持分会社・外国会社（持分会社、外国会社）
2017.10 426p B5 ¥2963 ①978-4-7547-2437-5

◆図解による 会社法・商法のしくみ　神田将著　自由国民社　第6版
【要旨】会社法を中心に商法及び商法関連法について図解入りでやさしく解説。設立や運営・商取引など会社がどのように運営され、どのような営利活動の規制があるかなど、法制度がわかります。
2017.4 303p A5 ¥1800 ①978-4-426-12220-1

◆総務・法務担当者のための会社法入門　金子登志雄著　中央経済社, 中央経済グループパブリッシング 発売
【要旨】社会人生活で生涯役立つ、会社法の「ものの見方、考え方、捉え方」を学ぶ。定時株主総会とは？ など、全75項目の基礎レッスン。どこから読んでも"生きた会社法"が身につく。法律専門家と対等に話せる全社会人の会社法「実務」入門。
2017.11 250p A5 ¥2600 ①978-4-502-24611-1

◆楽しく使う会社法　木俣由美著　自由国民社　第3版
【要旨】（1）語呂合わせ＆イラストで条文の意味を理解。（2）わかりやすい注釈で会社法を使いこなす!!面白くて役に立つ！ と大好評の条文解説書。
2017.3 542p A5 ¥2500 ①978-4-426-12236-2

◆テキストブック会社法　末永敏和, 中村美紀子著　中央経済社, 中央経済グループパブリッシング 発売　第2版
【要旨】大学で、はじめて会社法を学ぶ方のための入門書として執筆されたテキストです。重要判例・法的論点について検討されるべき事項に

は、可能な限り言及することにより、国家資格試験受験者にも有用な内容となっています。第2版では、平成26年の改正等をフォローし、記述も全面的に見直しを行いました。
2017.4 265p A5 ¥2800 ①978-4-502-22811-7

◆倒産処理プレーヤーの役割―担い手の理論化とグローバル化への試み　佐藤鉄男, 中西正編著　民事法研究会
【要旨】倒産処理の担い手の役割から手続のあり方を論究！ 炯眼・気鋭の研究者が債権者（機関）・債務者・裁判所・管財人・事業再生支援団体等のプレーヤーの役割を歴史的変遷と比較法的視点から基礎づけることで、倒産処理手続のあるべき方向性を示す！
2017.3 495p A5 ¥5800 ①978-4-86556-147-0

◆日本一読みやすい会社六法―関連政省令付き条文集　浜田道代監修　三省堂
【目次】第1編 総則、第2編 株式会社、第3編 持分会社、第4編 社債、第5編 組織変更、合併、会社分割、株式交換及び株式移転、第6編 外国会社、第7編 雑則、第8編 罰則
2017.5 651p A5 ¥2400 ①978-4-385-15952-2

◆入門講義 会社法　鈴木千佳子著　慶應義塾大学出版会　第2版
【要旨】基本的枠組みを学ぶ新スタンダード・テキスト第2版！ 平成26年会社法改正に対応。条文の趣旨にそって、重要な論点を丁寧にわかりやすく解説。
2017.4 301p A5 ¥2800 ①978-4-7664-2427-0

◆判例から考えるグループ会社の役員責任　川西拓人, 吉田桂公, 小林敬正, 高松遼著　中央経済社, 中央経済グループパブリッシング 発売
【要旨】子会社の不祥事が会社の存続を揺るがす時代！ 責任追及の事例として、主要判例のポイントを明快に解説。自己と会社のリスクを理解したい会社役員必読の書。
2017.6 201p A5 ¥2600 ①978-4-502-22571-0

◆判例・裁決例にみる 関連会社・役員との取引をめぐる税務判断　山本守之編著　（名古屋）新日本法規出版
【目次】第1章 会社・関連会社間取引で争われた事例（商品の販売、土地・建物の取得、譲渡、株式の取得、譲渡、金銭貸借、土地・建物の賃貸借、業務委託、経費負担、債権放棄・債務免除、資金援助）、第2章 会社・役員間取引で争われた事例（土地・建物の取得、譲渡、株式の取得、譲渡、金銭貸借、その他）
2017.5 326p A5 ¥3900 ①978-4-7882-8292-6

◆平成26年会社法改正後のキャッシュ・アウト法制　金融商品取引法研究会編　日本証券経済研究所　（金融商品取引法研究会研究記録 第59号）
【目次】1 序論、2 キャッシュ・アウト手法の利用状況、3 二段階取引における株式交換の利用、4 対象会社の取締役の義務、5 トップ・アップ・オプション、6 結語、討議、報告者レジュメ、資料　2017.1 119p B5 ¥500 ①978-4-89032-675-4

◆持分会社の登記実務―合名・合資・合同会社の設立から清算結了まで　青山修著　民事法研究会　補訂版
【要旨】番号利用法施行に伴う商業登記法・規則改正等を踏まえて増補！ 持分会社の設立から社員の変更・代表者の変更、清算・清算結了、組織変更、種類変更までの登記手続を豊富な図表と140を超える書式・記載例で詳解！
2017.3 334p A5 ¥3400 ①978-4-86556-143-2

◆論文演習会社法 上巻　上田純子, 松嶋隆弘編　勁草書房
【要旨】司法試験過去問、予備試験過去問、オリジナル問題×若手実務家（模範答案）×研究者（コメント・解説）。実用性と信頼性を兼ね備えた会社法論文演習書。平成28年度過去問まで収録。 2017.2 325p A5 ¥3500 ①978-4-326-40332-5

◆論文演習会社法 下巻　上田純子, 松嶋隆弘編　勁草書房
【要旨】司法試験過去問、予備試験過去問、オリジナル問題×若手実務家（模範答案）×研究者（コメント・解説）。実用性と信頼性を兼ね備えた会社法論文演習書。平成28年度過去問まで収録。 2017.2 267p A5 ¥3200 ①978-4-326-40333-2

憲法

◆アジアの中の日本国憲法―日韓関係と改憲論　李京柱著　勁草書房
【要旨】日本国憲法は日本のものでもあるが、9条の先駆性からすれば世界のもの、不戦の誓いという歴史性を考えればアジアのものとも言える。アジア、とくに韓国では9条をめぐる時事的なことについてどう考えられているのか。アジアにおける日本国憲法の意義について論じる。
2017.7 315, 11p A5 ¥4700 ①978-4-326-40340-0

◆違憲審査―その焦点の定め方　千葉勝美著　有斐閣
【要旨】最高裁多数意見にみる司法の立ち位置―裁判官出身の最高裁判事として、最高裁判例における多数意見の形成に寄与した著者が、自身の補足意見を手がかりに、司法の立ち位置を考察する。
2017.5 198, 6p B6 ¥2500 ①978-4-641-22724-8

◆いちばんやさしい憲法入門　初宿正典, 高橋正俊, 米沢広一, 棟居快行著　有斐閣　（有斐閣アルマ）　第5版
【要旨】ようこそ、憲法の世界へ！ 映画、マンガ、小説、新聞記事から22のテーマを選び、「対話」方式や「ゼミナール」方式、そして大胆な「たとえ話」などを使いこなして、思いきりおもしろく解説。やさしい・おもしろい・あきないテキストの最新版。マイナンバー制度、女性の再婚禁止期間の改正、安保法制などの新情報を盛り込み、Materialや関連情報も入れ替えるなど、大幅にアップデート！
2017.4 258p B6 ¥1600 ①978-4-641-22091-1

◆伊藤塾試験対策問題集：予備試験論文 9 憲法　伊藤真監修, 伊藤塾著　弘文堂
【要旨】29年度の予備試験論文問題を含む全年度の答案例、収録！ この1冊で論文対策は完成。予備試験合格者数5年連続圧倒的実績の伊藤塾が贈る論文問題集の決定版。過去問と伊藤塾オリジナル問題を使って合格への最短コースを示す。
2017.12 235p B6 ¥2800 ①978-4-335-30368-5

◆伊藤真の憲法入門―講義再現版　伊藤真著　日本評論社　第6版
【要旨】近時の憲法的論点に言及し、施行70年の節目に新版化!!「憲法を活かすために」という視点から近時の出来事（安保関連法、特定秘密保護法、共謀罪や沖縄辺野古新基地問題など）に言及した「本物の憲法入門書」の最新版。
2017.9 248p A5 ¥1700 ①978-4-535-52304-3

◆伊藤真の日本一やさしい「憲法」の授業　伊藤真著　KADOKAWA
【要旨】日本国憲法誕生の過程からその基本原理、改憲案の問題点に至るまで、司法試験界のカリスマ・伊藤真の解説で「憲法」についての基本知識が1冊ですべてわかります！「安保法制」「特定秘密保護法」など時事トピックも解説。
2017.4 247p A5 ¥1400 ①978-4-04-601993-6

◆絵本で感じる憲法―ありのままのあなたが大切　山崎翠著　大月書店
【目次】1章 一人ひとりが大切―13条（『ピース・ブック』、『わたしとなかよし』、『かみさまからのおくりもの』 ほか）、2章 一人ひとりを大切にする社会―14条、19条、21条、22条、23条、24条、25条、26条、27条、29条、31条（『てるちゃんのかお』、『おんぶはこりごり』、『その子に1本の苗木を』 ほか）、3章 すべてのいのちが大切―9条、前文（『おとうさんだいすき』、『せかいでいちばんつよい国』、『ヤクーバとライオン』 ほか）
2017.10 143p B6 ¥1300 ①978-4-272-41251-8

◆大阪弁訳 あたらしい憲法のはなし―民主主義の憲法やで！　紀藤正樹訳　データハウス
【目次】1 憲法、2 民主主義とは、3 国際平和主義、4 主権在民主義、5 天皇陛下、6 戦争の放棄、7 基本的人権、8 国会、9 政党、10 内閣、11 司法、12 財政、13 地方自治、14 改正、15 最高法規　2017.2 92p A5 ¥1000 ①978-4-7817-0225-4

◆お笑い自民党改憲案　ピーコ, 谷口真由美, 佐高信著　金曜日
【要旨】笑った後で恐くなる。異色トリオが放つ護憲爆弾!!
2017.5 191p B6 ¥1000 ①978-4-86572-019-8

◆**音大生のための憲法講義15講**　築瀬進著　共栄書房
【要旨】これだけは知っておきたい、憲法の精神と3大原則。最新のトピックからよみとく、憲法の直面する課題。コラムで納得、意外と深い憲法と音楽の関係。
2017.2 156p A5 ¥1500 ①978-4-7634-1075-7

◆**改憲 どう考える緊急事態条項・九条自衛隊明記―ありふれた日常と共存する独裁と戦争**　梓澤和幸著　同時代社
【目次】第1章 警戒せよ改憲―緊急事態条項の創設、第2章 自民党改憲案の衝撃と差し迫る国家緊急権、第3章 国家緊急権はいらない、第4章 緊急事態条項を憲法に書き込んだときなにが起こるか、第5章 ワイマール憲法下でなぜナチス独裁が実現したか―歴史と憲法の陥穽、第6章 安倍改憲―九条自衛隊明記、資料編
2017.8 262p B6 ¥1800 ①978-4-88683-822-3

◆**基礎からわかる憲法**　武居一正編著, 長谷川史明, 桧垣伸次, 玉蟲由樹, 森克己, 中野明人著　(京都)嵯峨野書院　第2版
【目次】憲法の概念、日本憲法史概説、国民主権と象徴天皇、平和主義、基本的人権総論、包括的基本権、平等権、精神的自由権、経済的自由権、身体的自由権、参政権、受益権、社会権、国会、内閣、裁判所、財政、地方自治、憲法改正
2017.3 338p A5 ¥2800 ①978-4-7823-0567-6

◆**基礎日本国憲法**　長谷川日出世著　成文堂　改訂版
【目次】憲法の基礎概念、日本の憲法史、国民主権と天皇制、平和主義、人権の総論、包括的基本権と法の下の平等、精神的自由、経済的自由、人身の自由、社会権〔ほか〕
2017.3 350p A5 ¥2500 ①978-4-7923-0607-6

◆**基本憲法 1 基本的人権**　木下智史, 伊藤建著　日本評論社
【要旨】憲法事例問題を解くために最も実践的なテキスト、遂に完成！『事例研究憲法』の木下教授と、大人気ブログ「憲法の流儀」の伊藤弁護士の最強コラボ。判例の示す「規範」とは何か。それをどう事例に当てはめるのか。各権利・自由につき、意義、内容、判断枠組み、具体的問題、そして「演習問題」という構成で明快に解説。　2017.2 355p A5 ¥3000 ①978-4-535-52137-7

◆**緊急事態条項で暮らし・社会はどうなるか―「お試し改憲」を許すな**　清末愛砂, 飯島滋明, 石川裕一郎, 榎澤幸広編著　現代人文社
【要旨】安倍首相は憲法9条の改正のハードルが高いと見て、緊急事態条項の「加憲」からはじめようとしている。憲法に緊急事態条項は、本当に必要か。
2017.5 165p A5 ¥1800 ①978-4-87798-672-8

◆**クローズアップ憲法**　小沢隆一編, 中里見博, 清水雅彦, 塚田哲之, 多田一路, 植松健一著　(京都)法律文化社　第3版
【目次】憲法とは何か、日本国憲法の成立、平和主義、人権総論(1)―公と私、人権総論(2)―安全と自由、人権総論(3)―平等、精神的自由権(1)―思想・良心の自由、精神的自由権(2)―信教の自由と政教分離、精神的自由権(3)―表現の自由、人身の自由と刑事手続、生存権、労働に関する権利、教育を受ける権利、国民主権と国民代表制、議会制民主主義―国会と内閣、司法、地方自治、憲法改正と改憲問題
2017.5 277p A5 ¥2500 ①978-4-589-03851-7

◆**グローバル化と憲法―超国家的法秩序との緊張と調整**　山田哲史著　弘文堂　(憲法研究叢書)
【要旨】国際法学とのあいだに橋を架け、グローバル化時代の憲法学を拓く。グローバルな法規範の絶え間ない流入によって国内法秩序の民主的正統性がゆらぐ「民主主義の赤字」に対し、グローバルな法規範への国内議会関与、および国内裁判所によるグローバルな法規範の適用に関するドイツ・アメリカの議論を丹念に跡付けることで憲法学からの応答を試みる。新時代の礎となる、本格的研究。
2017.2 496p A5 ¥5800 ①978-4-335-30335-7

◆**ケースで学ぶ憲法ナビ**　大林啓吾, 小林祐紀編著　(岐阜)みらい　(ファーストステップ教養講座)
【目次】憲法を学ぶ前に、第1編 日常生活から憲法を考えてみよう(学校生活と憲法、プライベートと憲法、友達、家族や恋人との関係、働くことと未来)、第2編 国を動かす政治の主人公として(選挙から国会・内閣へ、裁判と裁判所、世界の平和に貢献するために、財政と地方自治)、第3編 憲法の基本的な考え方―さらに深く学びたい人へ(憲法の歴史と立憲主義、天皇と国民主権)
2017.3 204p B5 ¥2000 ①978-4-86015-408-0

◆**決定版 白熱講義！ 憲法改正**　小林節著　ベストセラーズ　(ワニ文庫)
【要旨】"憲法改正"が現実味を帯びてきた。「国民投票法」が平成19年に制定され、22年に施行された。そして、平成24年に、自民党が2度目の「日本国憲法改正草案」を発表した。さらに、竹島や尖閣諸島をはじめとする「領土問題」が緊迫化し、国民の国防に対する意識が変化してきている。「現憲法で、日本の領土を守れるのか？」と、各メディアで論議されている。このような状況下で、第2次安倍が誕生し(平成24年末)、平成28年夏の参院選で、いわゆる「改憲勢力」が2/3を超えた。立憲主義、国防軍、天皇制、首相公選制、愛国心等、国民生活に直結する憲法改正の諸問題を気鋭の憲法学者が語り尽くす。
2017.4 292p A6 ¥665 ①978-4-584-39396-3

◆**現代憲法入門講義**　加藤一彦, 植村勝慶編著　北樹出版　新5版
【目次】憲法とはそもそも何か、日本憲法史と日本国憲法の3大原則、人権総論、外国人の人権と人権の国際化、法の下の平等、内面の精神的自由―思想・良心・信教・学問の自由、表現の自由、経済活動の自由―職業選択の自由と財産権の保障、人身の自由、社会権(生存権と環境権、教育権と労働権)〔ほか〕
2017.3 351p A5 ¥2800 ①978-4-7793-0517-7

◆**現代の理論 2017秋号(通巻38号) 変える変えないは私たち国民が決める―特集 憲法改正国民投票を考える**　現代の理論・社会フォーラム編　現代の理論・社会フォーラム, 同時代社 発売
【目次】特集1 憲法改正国民投票を考える(加憲論は九条を死文化し壊憲する、国民投票法―公正なルールと運用が必要、棄教者の覚悟―護憲的改憲論の立場から、憲法改正国民投票条項はどのようにして誕生したか、ナチズムへの敗北の教訓―国民投票を封印した、昨年イタリアの経験―プレビシット化した国民投票 ほか)、特集2 ロシア革命から100年(古儀式派とロシア革命の再構成、ロシア革命と麻生久と友愛会、生活のアソシエーション社会構想)
2017.10 159p A5 ¥1200 ①978-4-88683-826-1

◆**原文で読む日本国憲法**　ぎょうせい編　ぎょうせい
【目次】日本国憲法(憲法原文・憲法現代文・英文憲法)、大日本帝国憲法、インタビュー「日本国憲法とともに歩んだ七十年」―元内閣法制局長官・弁護士・大森政輔氏
2017.5 204p A5 ¥1111 ①978-4-324-10343-2

◆**憲法**　齋藤康輝, 高畑英一郎編　弘文堂　(Next教科書シリーズ)　第2版
【目次】憲法の意義と立憲主義、日本憲法史、天皇制、平和主義、基本的人権の原理、基本的人権の保障と限界、包括的人権、平等、精神的自由、人身の自由、経済的自由、社会権、国務請求権・参政権、人権と統治の融合、国会、内閣、裁判所、違憲審査制、地方自治、憲法の最高法規性、世界の憲法、日本国憲法の将来
2017.4 280p A5 ¥2100 ①978-4-335-00225-0

◆**憲法**　渋谷秀樹著　有斐閣　第3版
【要旨】憲法に関心をもつすべての人々へ。憲法教育・憲法実践の場で必要な日本国憲法の体系的理解のために、立憲主義の思想に沿い、論点を網羅的に解説。叙述・構成と収録裁判例の再精査、法令の改廃・制定への対応を施した最新版！　2017.4 803p A5 ¥5900 ①978-4-641-22723-1

◆**憲法**　加藤一彦著　(京都)法律文化社　第三版
【目次】憲法国家、憲法略史、基本的人権の原理、基本的人権の射程、基本的人権保障の支柱、法の下の平等、精神的自由権(1)、精神的自由権(2)表現の自由、経済的自由権、人身の自由と刑事手続〔ほか〕
2017.10 346p A5 ¥3400 ①978-4-589-03868-5

◆**憲法 1 総論・統治**　毛利透, 小泉良幸, 淺野博宣, 松本哲治著　有斐閣　(LEGAL QUEST)　第2版
【要旨】判例・実務や学界の通説・多数説を網羅し、重要な論点についても詳しく説明している好評のテキスト。初版刊行時以降の判例・学説の進展を織り込み、憲法の現在の姿をより明らかにした最新版。
2017.4 405p A5 ¥2700 ①978-4-641-17929-5

◆**憲法 2 人権**　毛利透, 小泉良幸, 淺野博宣, 松本哲治著　有斐閣　(LEGAL QUEST)　第2版
【要旨】判例・実務や学界の通説・多数説を網羅し、重要な論点についても詳しく説明している好評のテキスト。初版刊行時以降の判例・学説の進展を織り込み、憲法の現在の姿をより明らかにした最新版。
2017.5 440p A5 ¥2900 ①978-4-641-17932-5

◆**憲法を百年いかす**　半藤一利, 保阪正康著　筑摩書房
【目次】第1話「日本国憲法七十年」に思うこと(わたしの立場、わたしの日本国憲法 ほか)、第2話 近代日本と軍事(五日市憲法ふたたび、明治憲法とは何だったのか ほか)、第3話 戦後と軍事と自民党(明治憲法の問題点、改憲論者がのぞむもの ほか)、第4話 新憲法はいかにして生まれたか(歴代首相は憲法をどう語ったか、憲法の長さ ほか)、第5話 九条を明日につなげるために(安倍総理は戦後全否定か、井上達夫氏の九条削除論 ほか)
2017.12 270p B6 ¥1600 ①978-4-480-84315-9

◆**憲法を学ぶ**　岩井和由著　(京都)嵯峨野書院　改訂版
【目次】第1編 憲法総論(憲法の意味と歴史、憲法前文、天皇、平和主義)、第2編 権利の保障(基本的人権総説、包括的権利と基本原則、義務、精神的自由権、経済的自由権、人身の自由、受益権、参政権、社会権)、第3編 統治機構(国会、内閣、司法、財政、地方自治、憲法改正)
2017.10 242p A5 ¥2300 ①978-4-7823-0572-0

◆**憲法及び皇室典範論―日本の危機は「憲法学」が作った 二人の公民教科書代表執筆者が熱く語る**　杉原誠四郎, 小山常実著　自由社
【目次】第1章「日本国憲法」無効論に立って公民教科書は作れるか、第2章 現行憲法に対する有効論と無効論の系譜、第3章 劣悪な憲法解釈の蔓延、第4章 現行憲法でよくなっているところ、第5章 公民教科書をいかにして作ったか、第6章 突如提案された安倍首相の第九条改正案、第7章 皇室典範と「天皇のお言葉」
2017.12 277p B6 ¥2500 ①978-4-908979-08-8

◆**憲法が危ない！**　鈴木邦男著　祥伝社　(祥伝社新書)
【要旨】国会議員の数の上では、いつでも憲法改正が可能になった。今しかない、と政権はアクセルを噴かす。「日本を愛するのは当然だ」「日本を評価して何が悪い」と、前のめりだ。けれどもそこに陥穽はないか？ なぜ、そんなに急ぐのか？ かつて憲法改正に半生を捧げた著者が問う。"強い国家、強い体制ばかりが求められ、国民の自由や権利が蔑ろになって、憲法に無理難題を押し付けている！"その考えの下、著者は、改正を目論む真の目的を探り、「憲法を利用するな！ 憲法に期待するな！」と声を上げた。改正に向かうこの国の危うさを指敵した、警世の書！
2017.3 220p 18cm ¥780 ①978-4-396-11499-2

◆**憲法改正―自民党への三つの質問三つの提案**　平岡諦著　(京都)ウインかもがわ, (京都)かもがわ出版 発売
【要旨】「民主」主義から「自民主」主義への改憲は許せない。
2017.11 278p A5 ¥1800 ①978-4-903882-87-1

◆**憲法改正限界論のイデオロギー性**　大塚滋著　成文堂　(新基礎法学叢書)
【要旨】憲法学よ、心配はいらない。憲法が法であることの証明など誰にもできないのだから。
2017.9 226p A5 ¥4500 ①978-4-7923-0619-9

◆**憲法改正とは何だろうか**　高見勝利著　岩波書店　(岩波新書)
【要旨】憲法改正とは最高法規である憲法を変更する最高の権力作用だ。改正による体制転換のシナリオの考察からその帰結を抉り出す。現憲法の改正規定第九六条の成立過程をたどり、歴代首相の封印を解いた戦後六〇年の「改正手続法」の問題点と、安倍首相の憲法観の危うさまでを論じる。およそ憲法改正を議論するには必読の書。
2017.2 219p 18cm ¥820 ①978-4-00-431645-9

◆**憲法概説**　松浦一夫, 奥村公輔編著　成文堂
【目次】憲法総論、日本国憲法の制定過程、国民主権と天皇、人権総論、違憲審査基準論、包括的人権、平等権、思想・良心の自由、信教の自

由と政教分離、表現の自由〔ほか〕
2017.10 450p A5 ¥3000 ①978-4-7923-0620-5

◆**憲法学からみた最高裁判所裁判官—70年の軌跡**　渡辺康行, 木下智史, 尾形健編　日本評論社
【要旨】最高裁70年の歴史を、その担い手から描き出す。最高裁判例をより深く読み解くために、それを生み出した裁判官個人に焦点をあてて研究。最高裁発足から70年、これまでの最高裁を振り返り、これからの違憲審査制度のあり方を考える。『法律時報』連載の単行本化。
2017.8 386p A5 ¥4600 ①978-4-535-52263-3

◆**憲法学の創造的展開　上巻**　一戸波江二先生古稀記念　工藤達朗, 西原博史, 鈴木秀美, 小山剛, 毛利透ほか編　信山社
【要旨】日本社会における憲法学の意義と創造的な展開の可能性。ドイツの議論を中心に、比較法的視座から検討。国内外から、上・下巻で計60本の論稿を掲載。上巻は「基礎理論」「基本権論」。
2017.12 767p A5 ¥17500 ①978-4-7972-8072-2

◆**憲法学の創造的展開　下巻**　一戸波江二先生古稀記念　工藤達朗, 西原博史, 鈴木秀美, 小山剛, 毛利透ほか編　信山社
【要旨】日本社会における憲法学の意義と創造的な展開の可能性。ドイツの議論を中心に、比較法的視座から検討。国内外から、上・下巻で計60本の論稿を掲載。下巻は「国際化」「統治と憲法訴訟」。
2017.12 710p A5 ¥17500 ①978-4-7972-8073-9

◆**憲法がヤバい**　白川敬裕著　ディスカヴァー・トゥエンティワン　（ディスカヴァー携書）　改訂版
【要旨】憲法の改正はどうあるべきか、国民一人ひとりの判断に、この国の未来がかかっている。何がヤバくて、何がヤバくないのか。憲法を語る前に知っておかなければならない1つの本質と3つの基本。
2017.7 222, 31p 18cm ¥1000 ①978-4-7993-2126-3

◆**憲法関係答弁例集（第9条・憲法解釈関係）—（平成28年9月）内閣法制局執務資料**　内閣法制局情報公開資料出所　信山社（信山社ブックス—憲法関係答弁例集シリーズ 1）
【要旨】検索に便利な項目細目次を付した、内閣法制局情報公開資料の復刻。
2017.1 549p A5 ¥6000 ①978-4-7972-8652-6

◆**憲法関係答弁例集（第9条・憲法解釈関係）**　西修解説　内外出版
【目次】憲法第9条と自衛権（自衛隊の合憲性）、武力の行使、武力の行使の三要件、憲法第9条の下で自衛のための「武力の行使」が許されるとする考え方、「武力の行使」の憲法上の根拠（憲法解釈）と国際法上の根拠（違法性阻却事由）との関係、集団的自衛権一般（いわゆるフルセットの集団的自衛権）、武力の行使に当たらない「武器の使用」等、他国の武力の行使との一体化、憲法第9条第2項の「戦力」の意味と自衛力の限界（自衛隊の保有し得る兵器）、交戦権、集団安全保障等と憲法
2017.2 549, 39p A5 ¥2800 ①978-4-905285-71-7

◆**憲法起案演習—司法試験編**　渋谷秀樹著　弘文堂
【要旨】判例を精読し、3つのストーリーを書き分ける。司法試験の出題問題（平成18年度～平成29年度）を素材として、人権の権利を多角的に分析するための思考様式を習得し、優れた起案作成能力を身につけるための演習書。実践的な書き下ろしの起案例付き。
2017.12 480p A5 ¥3400 ①978-4-335-35717-6

◆**憲法9条改正、これでいいのか—詩人が解明言葉の奥の危ない思想**　谷内修三著　ポエムピース
【要旨】権力者を縛る憲法が、国民を縛る憲法に…。　2017.8 55p B6 ¥750 ①978-4-908827-27-3

◆**憲法研究　創刊第1号　特集 憲法70年と国民主権・象徴天皇制**　辻村みよ子責任編集　信山社
【要旨】憲法学の新地平を拓く。憲法変動に対峙する理論の再構築。
2017.11 177p A5 ¥2900 ①978-4-7972-6521-7

◆**憲法サバイバル—「憲法・戦争・天皇」をめぐる四つの対談**　ちくま新書編集部著　筑摩書房　（ちくま新書）

【要旨】いま、憲法は様々な視点から議論されている。すでに時代状況にあわなくなったから改正すべきという動きがある一方で、平和憲法としての価値をまもり続けるべきだという意見もある。日本国憲法はその成立過程を考えると、「戦争」とどうしても切り離すことはできない。また、「憲法」と「戦争」をつなぐものとして、天皇制も議論の俎上にあがっている。時代の節目に立たされている私たちがこれらの問題について考えるための対談を収録した一冊。
2017.4 218p 18cm ¥780 ⑪978-4-480-06953-5

◆**憲法事例演習**　大沢秀介, 大林啓吾編　成文堂
【要旨】基本的論点や基本判例を覚えながら（インプット）、それがどこまでどのように使われるのか（アウトプット）を、そのまま身に着けられる演習書。67の事例を収録。
2017.7 486p A5 ¥3500 ①978-4-7923-0615-1

◆**憲法第九条**　小林直樹著　岩波書店　（岩波新書）　（第34刷（第1刷1982年））
【要旨】「陸海空軍その他の戦力は、これを保持しない」。惨憺たる戦争体験の後に生まれた平和憲法、その中核なる非武装規定は、戦後の軍事力強化の波に翻弄され続けてきた。だが、そこに凝縮された思想こそ、今日、世界に向かって鮮やかな光を放つ。第九条誕生の背景と空洞化の跡をたどり、新しい平和保障の構想を具体的に提起する。
2017.9 224p 18cm ¥820 ①4-00-420196-9

◆**憲法体制と実定憲法—秩序と統合**　ルドルフ・スメント著, 永井健晴訳　風行社
【目次】第1部 国家理論的基礎づけ（国家学の危機、方法的諸基礎、実在的意思団体としての国家 ほか）、第2部 憲法理論的諸推論（憲法の本質、国家諸機関、国家諸機能（職務）ほか）、第3部 実定憲法的諸推論（全体としての憲法の解釈、憲法に即した諸機関の法によせて、国家諸機能の法によせて ほか）
2017.11 380, 3p A5 ¥5500 ①978-4-86258-115-0

◆**憲法逐条注解**　村上尚文著　立花書房　補訂版
【目次】第1章 天皇、第2章 戦争の放棄、第3章 国民の権利及び義務、第4章 国会、第5章 内閣、第6章 司法、第7章 財政、第8章 地方自治、第9章 改正、第10章 最高法規、第11章 補則
2017.3 421p A5 ¥1800 ①978-4-8037-2120-1

◆**憲法と世論—戦後日本人は憲法とどう向き合ってきたのか**　境家史郎著　筑摩書房　（筑摩選書）
【要旨】過去70年にわたる世論調査のデータを徹底分析、戦後日本人の憲法観の変容を明らかにし、通説を覆す。改憲論議が高まるいま、必読の書！
2017.10 318p B6 ¥1700 ①978-4-480-01656-0

◆**憲法の裏側—明日の日本は…**　井上達夫, 香山リカ著　ぷねうま舎
【要旨】最高規範とは何か。法の支配とはどういうことか。自由、平和、民主主義…戦後の価値のために闘う憲法改正構想とは。憲法論争の裏側をえぐり、あらゆる負の回路を明るみに出す。
2017.12 207p B6 ¥1800 ①978-4-906791-76-7

◆**憲法の規範力と行政**　ドイツ憲法判例研究会編, 鵜崎健太郎編集代表　信山社　（講座 憲法の規範力 第5巻）
【目次】法治国家論の展開—法の支配との共通の理念を踏まえて、行政裁量と憲法構造—スメント学派の国家委託と職務国家の理論、憲法の民主主義原理と行政計画の「受容」、行政に対する基本権上の保護請求権、行政訴訟と基本権保護—「訴訟法の留保」は解消されるか、「警察」概念と憲法、警察による意図的救助銃撃の憲法的統制—ドイツにおける警察法に対する憲法の規範力の一側面、国家に対峙する「個人」の尊厳からの協働原則批判—環境行政法への憲法の規範力、ドイツ再生可能エネルギーの2016年改正でみる法律の留保の範囲、財政への憲法の規範力—「違憲な起債」の制約可能性を手がかりとして、青少年メディア保護州際協定における「規制された自主規制」—テレビ番組「I want a famous face」をめぐる2011年3月23日のバイエルン上級行政裁判所判決の分析を中心として
2017.3 287p A5 ¥6800 ①978-4-7972-1235-8

◆**憲法の急所—権利論を組み立てる**　木村草太著　羽鳥書店　第2版
【要旨】判例ベースの主要論点を網羅した演習問題を素材に、具体的な議論の組み立て方を説明し、著者による論証例を付す。法科大学院生・

学部上級生に必携の演習書。
2017.3 414p A5 ¥3200 ①978-4-904702-65-9

◆**憲法の視点から見る条例立案の教科書**　松村享著　第一法規
【目次】第1章 法の基礎を学ぶ、第2章 自治体立法、第3章 条例等の制定・改正の手続と基本構成、第4章 法律・条例による権利・利益の調整の仕組み、第5章 自治立法の限界、第6章 憲法基本理念と条例制定権、第7章 条例の憲法適合性についての審査基準、第8章 条例制定権と法律、第9章 条例立案の流れ、第10章 実践編—具体的な課題を考える
2017.3 174p A5 ¥2800 ①978-4-474-05791-3

◆**憲法の尊厳—奥平憲法学の継承と展開**　樋口陽一, 中島徹, 長谷部恭男編　日本評論社
【要旨】奥平康弘先生の知的遺産の継承を目指し奥平憲法学の核心に肉迫する魂魄の論文集。
2017.5 562p A5 ¥5800 ①978-4-535-52269-5

◆**憲法の論理**　長谷部恭男著　有斐閣
【目次】1 法と道徳の間（権利の機能序説、法の不整合、道徳の不整合—バーナード・ウィリアムズの道徳観に寄せて、憲法96条の「改正」、個人の尊厳、普遍的道徳と人格形成の間、嘘をつく権利？—カントと方法の世界、絆としてのプライバシー、漠然性の故に有効）、2 憲法の限界（主権のヌキ身の常駐について—Of sovereignty, standing and denuded、非常事態の法理に関する覚書、モーリス・オーリウ国家論序説、判例の遡及効の限定について、砂川事件判決における「統治行為」論、大日本帝国憲法の制定—君主制原理の生成と展開）
2017.5 233p A5 ¥4500 ①978-4-641-22716-3

◆**憲法判例の射程**　横大道聡編著　弘文堂
【要旨】判例相互を有機的に関連づけるとはどういう作業なのか、判例を踏まえた検討とはどのような作業なのか。判例の理解を深める決定版！
2017.4 301p A5 ¥2700 ①978-4-335-35706-0

◆**憲法問題　28（2017）**　全国憲法研究会編　三省堂
【目次】特集 憲法変動の理論的研究（憲法変動の理論的研究—日本の憲法学の展開をつうじて（憲法典の改正と憲法秩序変動の諸相、学問・政治・憲法—佐藤功を手がかりに）、憲法変動の理論的研究—比較法的検討の視点から（アメリカにおける『人民主権』論と憲法変動、ドイツの憲法変動論—欧州統合と憲法変遷の関係を事例として、カナダにおける憲法変動とカナダ最高裁判所の役割、憲法変動の法理論のために—現代フランス憲法が提供する事例を用いて）、2016年憲法記念講演会（ヒトラーと現代ドイツ、集団的自衛権の三国志演義）
2017.5 149p A5 ¥2600 ①978-4-385-41537-6

◆**憲法問題学習資料集　7　憲法70年—改憲を許さず、戦争法の廃止を**　憲法会議, 労働者教育協会編　学習の友社
【目次】資料解説、1 日本国憲法と自民党改憲草案（「日本国憲法改正草案」および同Q&A対照一覧表、2 安倍政権がすすめる戦争法（安保関連法制）実行準備、3 戦争法廃止、立憲主義回復のたたかい、4 現代版治安維持法である「共謀罪」を国会提出を許さず、5 辺野古新基地建設反対—福岡高裁那覇支部判決・最高裁判決、6 はね返そう！教育に対する攻撃、7 その他
2017.2 88p B5 ¥400 ①978-4-7617-0704-0

◆**合格水準 教職のための憲法**　志田陽子編著, 岩切大地, 奥山亜喜子, 中村安菜, 伊藤純子, 比良友佳理著　（京都）法律文化社
【目次】国民主権と立憲主義—国家の骨格、参政権と国務請求権—国家の車輪システム、精神的自由権（1）—表現の自由、精神的自由権（2）—思想・良心の自由、信教の自由、学問の自由、人身の自由と法の適正手続—人権の足元、経済的自由—小さいと個人、知的財産—教育現場のリテラシー、社会権—人間らしい生存のために、教育を受ける権利と児童の権利—教育者の使命とは、幸福追求権と新しい人権—「公共の福祉」と人権〔ほか〕
2017.11 297p A5 ¥2500 ①978-4-589-03865-4

◆**高校生のための憲法入門**　斎藤一久編著　三省堂
【要旨】男女交際禁止は違憲？ 少年事件の実名報道は？ 消費税アップも憲法違反？ 実例からわかる憲法のすべて!!
2017.5 143p 19×13cm ¥1200 ①978-4-385-36075-1

◆**心さわぐ憲法9条—護憲派が問われている**　大塚茂樹著　花伝社, 共栄書房 発売

【要旨】安倍政権9条改憲をどう見るのか。どう抗っていけるのか。9条は無傷ではない。護憲派は一枚岩ではない。一自衛隊員への共感力が勝敗の分岐点。
2017.12 216p B6 ¥1500 Ⓘ978-4-7634-0836-5

◆国家試験受験のためのよくわかる憲法—憲法・基礎法学をやさしく学びたい人のために 中谷彰吾著 自由国民社 第6版
【要旨】各頁の記述を2段組にし、本文では、憲法・基礎法学を理解するための「幹」となる部分をていねいに解説し、多少細かい事項であっても本文を理解するのに有益な事項、必須の法律用語などは右の段に記述してあります。憲法・基礎法学全体を効率的に理解できるよう、体系的な配列にこだわらず、記述を最も適切と思われる位置に配置しました。各講の末尾に、行政書士試験、公務員試験等に出題された過去問および練習問題を収録してあります。
2017.3 299p A5 ¥2000 Ⓘ978-4-426-12284-3

◆財産権の憲法的保障 平良小百合著 尚学社 (現代憲法研究 5)
【目次】序章 日本の財産権論の問題状況、第1章 ドイツにおける「憲法と私法」論—財産権の憲法的保障の基礎理論、第2章 基本法下における財産権保障の概要、第3章 憲法上の財産権概念、第4章 連邦憲法裁判所による財産権保障の展開、第5章 財産権の審査枠組みの理論的分析、第6章 財産権の現存保障、終章 日本における財産権の憲法的保障
2017.12 273p A5 ¥6150 Ⓘ978-4-86031-148-3

◆さらば、民主主義—憲法と日本社会を問いなおす 佐伯啓思著 朝日新聞出版 (朝日新書)
【要旨】ポピュリズムや戦前復古の嵐が吹いているという。民主主義と自由、平和があぶないという。しかし「守れ」と言っているだけでは、守れない。かりに民主主義や平和を大切に思うならばこそ、いま私たちに必要なことは、もういちど諸価値の根源を掘り下げ、一人ひとりが自分なりに考え抜くことではないだろうか。稀代の思想家が現代日本の欺瞞を撃つ!
2017.5 238p 18cm ¥760 Ⓘ978-4-02-273717-5

◆司法と憲法9条—自衛隊違憲判決と安全保障 永井靖二著 日本評論社
【要旨】ただ一度だけ、自衛隊を違憲とする判決が出された。長沼一審判決が出された1970年代の世相と法曹界、政界の動向を追えば、憲法や安全保障に絡むさまざまな事象はこの時代に端を発することに気づく。丹念な取材と証言から日本国憲法9条と安全保障政策のいまと未来がみえる。朝日新聞好評連載「新聞と9条」の単行本化!! 2017.5 332p B6 ¥1900 Ⓘ978-4-535-52258-9

◆13歳からの日本国憲法 上田勝美監修 (京都)かもがわ出版
【目次】第1部 憲法はこうして生まれた(国民に主権がなかった時代から憲法ができるまで、日本に憲法ができるまで ほか)、第2部 すみからすみまで国民主権(みんなで日本をつくり上げる!国民主権、議会制民主主義ってどんなもの? ほか)、第3部 権力から人権を守るために—自由権(憲法の目的は人権を守ること、心はだれにも操れない—精神的自由権 ほか)、第4部 人間らしい暮らしのために—社会権(人間らしい暮らしを求めて、自由でも貧困では意味がない—生存権 ほか)、第5部 世界にほこる平和主義(戦争のない世界へむけて、平和主義の理由と目標 ほか)
2017.3 159p A5 ¥1600 Ⓘ978-4-7803-0891-4

◆情報公開と憲法—知る権利はどう使う 三木由希子, 保坂展人語り手, 荻上チキ聞き手, 佐藤あずさ司会 白順社 (リベ研BOOKLET)
【目次】第1部 保坂区長と語り合う、市民参加と情報公開(きっかけは震災直後の放射線—情報公開から区民参加へ、ワイワイやって結論を出す—民主主義という意志決定プロセス、記者会見をオープンにしたら—区の職員も意識変革、市民が情報コンシェルジュに—知恵を出し合うまちづくりを)、第2部 三木さん御指南! 開示請求“はじめの一歩”(情報公開クリアリングハウスとは?—権利獲得から改革の実現へ、情報は権利があっても出てこない—どんどん開示請求していこう、行政の“秘匿レトリック”に騙されるな—その生態は「責められるより知らぬふり」、情報公開と公文書管理の危ういカンケイ—“無いこと”になってしまったファイルたち、30年後の開示では遅すぎる—救われない人生があってはならない、公文書の恐るべき大量破棄が!—これが役人も絶句の調査結果だ、公文書管理法はパラダイム・シフトをもたらすか—情報を市民の手に取り戻す、“黒塗り批判”ばかりでいいの?—情報は具体的開示請求で引き出せ、開示請求に消極的な議員も—「利益共同体」を打ち砕こう、誰でもできる公文書管理ウォッチ—今日から私もセミプロ・ウォッチャー、通報者を支える仕組みを—情報漏洩が公益になるとき)
2017.5 61p A5 ¥600 Ⓘ978-4-8344-0210-0

◆新・エッセンス憲法 安藤高行編 (京都)法律文化社
【目次】日本国憲法の成立、第1部 基本的人権(人権の保障をめぐる基本問題、幸福追求権と平等権、精神的自由権、経済的自由権、人身の自由、受益権と社会権、参政権、国民の義務)、第2部 統治機構(天皇、平和主義—憲法9条、国会、内閣、裁判所、財政、地方自治、憲法の改正)
2017.4 273p A5 ¥2500 Ⓘ978-4-589-03826-5

◆新解説世界憲法集 初宿正典, 辻村みよ子編 三省堂 第4版
【要旨】今こそ、世界の憲法を読もう! 最新の世界情勢を反映した待望の第4版! 解説つき世界憲法集の決定版!
2017.6 448p B6 ¥2500 Ⓘ978-4-385-31309-2

◆人権入門—憲法/人権/マイノリティ 横藤田誠, 中坂恵美子著 (京都)法律文化社 第3版
【目次】1 人権とは何か(人権を護る砦—憲法、「臣民の権利」と「基本的人権」—明治憲法から日本国憲法へ、人権は無制限?—人権制約の原理、国家対個人の問題に国際社会は関係ない?—国際人権保障)、2 日本国憲法の人権(近代人権思想の根本原理—個人の尊厳と平等、ドラえもんのポケット?—幸福追求権、心の自由は渡さない!!—精神的自由権、人間らしく生きたい—生存権、知らないでいると損をする!—労働者の権利、誤って逮捕されて有罪になったらたまらない—刑事手続における人権)、3 マイノリティの人権(女と男—セックスとジェンダーをめぐる人権、子どもは人権の主体? 保護の対象?—子どもの人権、障害があっても自分らしく生きたい—障害者の人権、路上に生きる—ホームレスの人権、人権を保障されるのは日本だけ?—外国人の人権、移動を強いられた人々—増加する難民・避難民の保護、グローバリゼーションの時代—ビジネスと人権・少数民族等の権利)
2017.3 237p A5 ¥2100 Ⓘ978-4-589-03825-8

◆新憲法四重奏 大津浩, 大藤紀子, 高佐智美, 長谷川憲著 有信堂高文社 第二版
【目次】私たちはどこまで自由か?—幸福追求権と人権の限界、個性的に、かつ対等に生きるということ、心の中は誰にも支配されない、伝えたいことがあるんだ、市場経済の中で生きる、セーフティ・ネットのある社会、“罪”と“罰”の狭間で、「憲法上の権利」としての基本的人権—ロースクール時代を踏まえた人権論の行方、共に生きる社会をめざして、私たちが真の主権者であるために、国会と内閣の適切な関係を求めて、裁判所、憲法違反の法律を無効にする、地域の未来は住民が決める、世界の誰もが平和に生きる権利をもつ、なぜ憲法は論争の的とならねばならないのか?
2017.4 333p A5 ¥3000 Ⓘ978-4-8420-1080-9

◆政府の憲法九条解釈—内閣法制局資料と解説 浦田一郎編 信山社出版 第2版
【要旨】『憲法関係答弁例集(第9条・憲法解釈関係)』(内閣法制局作成、平成28年9月)では、集団的自衛権の限定容認解釈をめぐる国会論戦を詳細に収録し、憲法9条解釈変更の経緯をフォローするのに至便。1952年(昭和27年)から2016年(平成28年)に至る政府の9条解釈を網羅。編者による解説・索引付き。
2017.2 544p A5 ¥7600 Ⓘ978-4-7972-2763-5

◆世界一非常識な日本国憲法 長尾一紘著 育鵬社, 扶桑社 発売 (扶桑社新書)
【要旨】こんな非常識な憲法は日本だけ! 国民の生命と財産を守れない。GHQを忖度して作成。トンデモ学説の憲法学者。「外国人参政権合憲説」を撤回した著者だから書けた憲法の欺瞞。
2017.9 245p 18cm ¥820 Ⓘ978-4-594-07778-5

◆増量 日本国憲法を口語訳してみたら 塚田薫著, 長峯信彦監修 幻冬舎 (幻冬舎文庫)
【要旨】憲法改正論議が、またもや再燃しそうな気配。「日本人として一度は日本国憲法を読んでおくべきだと思うけど、意味わかんなそうだし!」というあなたに朗報。「上から目線」の憲法を、思わず笑い転げそうになる口語訳にしてみました。知らないと国民として損することもあるから要注意。エライ法学部教授もチェックしてるから、内容もお墨付き!
2017.4 211p A6 ¥460 Ⓘ978-4-344-42596-5

◆体系 憲法訴訟 高橋和之著 岩波書店
【要旨】憲法訴訟をテーマにした概説書。権力を統制し、権利保護を実現するには緻密な手続論が不可欠との考えから、憲法訴訟論の体系化をめざし、膨大な判例と学説を検討、訴訟技術上の諸問題を解明する。
2017.4 405p A5 ¥3800 Ⓘ978-4-00-061179-4

◆代表における等質性と多様性 只野雅人著 信山社 (学術選書 153—憲法)
【要旨】法的構成原理(等質性)と社会学的原理(多様性)との間の緊張が際だって現れたフランスの議会システムを精緻に分析し、日本における政党システム、選挙制度、議会をめぐる法制度や慣行などを今日の民主主義制度の原点に立ち返りながら検討。
2017.3 502p A5 ¥12000 Ⓘ978-4-7972-6753-2

◆多元的行政の憲法理論—ドイツにおける行政の民主的正当化論 高橋雅人著 (京都)法律文化社
【目次】現代国家をめぐる認識、第1部 方法(現代国家をめぐる“認識”、統治を支える規範、ガバナンスと憲法理論)、第2部 理論(民主的正当化論、参加と受容)、第3部 組織・構造(国家の権力独占(民営化)、行政の統一性、改めて民主的正当化論から)、民主的正当化に基づく憲法理論 2017.3 269p A5 ¥6000 Ⓘ978-4-589-03834-0

◆誰も知らない憲法9条 潮匡人著 新潮社 (新潮新書)
【要旨】本当に憲法9条を読んだことがありますか? それは本物の憲法9条ですか? はっきり言いましょう。そんなはず、ありません—挑発的な文章から始まる本書は、これまで論じられなかった視点を提起する。「日本国憲法は平和主義なのか」「教科書はどのように偏向しているか」「自衛官はどう考えているか」等、護憲派も改憲派も、総理も共産党も目からウロコ間違いなし。まったく新しい「9条」入門の誕生。
2017.7 239p 18cm ¥780 Ⓘ978-4-10-610725-2

◆注釈日本国憲法 2 国民の権利及び義務 1 長谷部恭男編, 川岸令和, 駒村圭吾, 阪口正二郎, 宍戸常寿, 土井真一著 有斐閣
【要旨】条文の成り立ちから最近の判例・学説の動向に至るまでを各条に即して注釈。重要判例について独立項目を設けて詳述。本巻は、第1回配本として、国民の権利及び義務に関する日本国憲法第3章の前半を収録。
2017.1 538p A5 ¥6300 Ⓘ978-4-641-01797-9

◆テキスト日本国憲法 中西俊二著 (岡山)大学教育出版 第4版
【目次】法と立憲主義、憲法の最高法規性、自由主義的民主制と平和主義、憲法の私人間効力、新しい人権、法の下の平等、思想・良心の自由、信教の自由、学問の自由、表現の自由、経済的自由、人身の自由、生存権、国務請求権と参政権、裁判員制度
2017.4 203p A5 ¥1600 Ⓘ978-4-86429-452-2

◆テキストブック 憲法 澤野義一, 小林直三編 (京都)法律文化社 第2版
【目次】第1部 憲法総論(憲法とは何か、日本国憲法成立の歴史、日本国憲法の基本原理と特色)、第2部 統治制度(国会と財政、内閣、裁判所、地方自治)、第3部 基本的人権(人権総論、包括的人権と平等権、思想・良心の自由と信教の自由、表現の自由、人身の自由、生存権と環境権、経済的自由権と労働者の権利、教育を受ける権利と学問の自由、参政権)
2017.2 200p A5 ¥2200 Ⓘ978-4-589-03824-1

◆内閣憲法調査会の軌跡—渡米調査と二つの「報告書」に焦点をあてて 廣田直美著 日本評論社 (青山学院大学法学叢書 第5巻)
【目次】第1章 憲法調査会法の成立、第2章 憲法調査会の発足、第3章 小委員会の設置と渡米調査前に「高柳が描いた制定史」、第4章 渡米調査に向けての準備、第5章 渡米調査の成果と「高柳が描いた制定史」、第6章 『小委員会報告書』の作成、第7章 『最終報告書』の作成と憲法調査会活動の影響
2017.3 239p A5 ¥5300 Ⓘ978-4-535-52247-3

◆なぜ「表現の自由」か 奥平康弘著 東京大学出版会 新装版
【目次】第1部 なぜ「表現の自由」か、第2部 現代社会における表現の自由の展開(税関検査の「検閲」性と「表現の自由」、選挙運動の自由と憲法—アメリカ合衆国のばあい、選挙運動の自由と憲法—日本のばあい、国家が読む自由を奪

うとき―未決在監者の新聞閲読の自由、法廷に出席し傍聴しメモをとる権利―憲法体系からの一考察、法廷内「メモ採取の自由」をめぐって―東京地方裁判所判決（一九八七年二月）コメント）、第3部 現代社会における知る権利の展開―アメリカの経験（政府保有情報の開示請求権をめぐる論議―アメリカ合衆国のばあい）
　2017.5 362, 7p A5 ¥7200 ①978-4-13-031187-8

◆なぜ表現の自由か―理論的視座と現状への問い　阪口正二郎、毛利透、愛敬浩二編　（京都）法律文化社
【目次】1部 表現の自由論の現在―憲法学の成果と課題（表現の自由はなぜ大切か―表現の自由の「優越的地位」を考える、表現の自由と民主政―萎縮効果論に着目して、表現の自由に対する「規制」方法、表現内容に基づく規制―わいせつ表現・差別的表現を中心に、表現の自由と名誉権・プライバシー権 ほか）、2部 表現の自由の問題状況―ヘイト・スピーチ（在特会の問題を含む）と表現の自由、ろくでなし子裁判と性表現規制、NHK問題と表現の自由、特定秘密保護法と表現の自由、公選法の規制と表現の自由 ほか）　2017.6 256p A5 ¥3000 ①978-4-589-03855-5

◆日本国憲法　藤田尚則著　北樹出版　3改訂版
【目次】第1部 総論（憲法とは何か、日本憲法史、平和主義の原理）、第2部 基本的人権（基本的人権の原理、包括的基本権と法の下の平等、精神的自由権 ほか）、第3部 統治機構（国民、天皇、国会 ほか）
　2017.4 272, 5p A5 ¥2800 ①978-4-7793-0537-5

◆日本国憲法を改正できない8つの理由　倉山満著　PHP研究所（PHP文庫）「間違いだらけの憲法改正論」加筆・修正・改題書）
【要旨】「改憲」で日本は変われるのか？「護憲」で日本を守れるのか？―いまの憲法改正をめぐる論議は、現実を無視した“条文ごっこ”が延々と繰り広げられている。本書は、気鋭の憲政史研究者が「あるべき天皇の規定」「あるべき人権」「あるべき議会」など8つの着眼点から、“真にリアル”な憲法論議とは何かを解説する。改憲派・護憲派双方の矛盾点を鋭く衝く！
　2017.4 274p A6 ¥660 ①978-4-569-76638-6

◆日本国憲法の核心―改憲ではなく、憲法を活かすために　法学館憲法研究所編　日本評論社
【目次】序章 対談/日本国憲法の核心をみる、第1章「国民が国の主権者である」とはどういうことか、第2章 憲法九条の深意とは何か―平和主義の「積極化」と「現実化」、第3章 沖縄の自治への闘争から考える立憲地方自治、第4章 特定秘密保護法と表現の自由、第5章 憲法「改正」と軍事裁判所、第6章 憲法「改正」問題への基本的視点、第7章「天皇は、象徴である」という憲法規定の核心的意味、終章 主権者が主権者として権利を行使するとき
　2017.5 206p A5 ¥1700 ①978-4-535-52245-9

◆日本国憲法の現代的意義 法の科学 第48号 2017　民主主義科学者協会法律部会編　日本評論社
【目次】巻頭言「働き方改革」を批判する、シンポジウム＝日本国憲法の現代的意義、コロキウム＝「日米核軍事同盟」を問う―平和実現に向けた法理論の課題、ミニシンポジウム＝法学研究者と法と社会（その2）―「法学者声明」を手掛かりとして、ミニ・シンポジウム2＝警察による市民監視と表現の自由・プライバシー―大垣警察市民監視事件の法的検討、ミニ・シンポジウム3―ハンセン病問題と法律家の役割―最高裁の「特別法廷」謝罪を受けて
　2017.9 181p A5 ¥2500 ①978-4-535-05048-8

◆日本国憲法の真価と改憲論の正体―施行70年、希望の活憲民主主義を　上脇博之著　（大阪）日本機関紙出版センター
【要旨】この国は憲法の要請する国になっているか？ 改憲論のまやかしを暴き、憲法の真価を活かす希望の道を提言する！
　2017.4 288p B6 ¥1500 ①978-4-88900-944-6

◆日本国憲法の制定過程―大友一郎講義録　庄司克宏編　千倉書房
【目次】序論―日本国憲法制定過程の性格、ポツダム宣言と日本国憲法、ポツダム宣言発出の背景（一）―連合国の戦後処理政策、ポツダム宣言発出の背景（二）―第一次世界大戦における戦後処理政策、ポツダム宣言発出の背景（三）―第二次世界大戦における戦後処理政策、ポツダム宣言発出の背景（四）―無条件降伏方式、ポツダム宣言発出の背景（五）―日本に対する無条件降伏方式の緩和、ポツダム宣言発出の背景（六）―天

皇制をめぐる問題、ポツダム宣言に対する日本の対応、ポツダム宣言の受諾によって生じた状態と法的意義 ［ほか］
　2017.9 314p B6 ¥2500 ①978-4-8051-1120-8

◆日本国憲法の誕生　古関彰一著　岩波書店（岩波現代文庫）増補改訂版
【要旨】現憲法制定過程で何が起きたか。第九条制定の背景にはいかなる事情が存在していたのか。GHQ側、日本側の動向を徹底的に検証して定評ある叙述が、新資料に基づく知見を加えてさらに充実。戦後の平和主義の原点を再照射する論点を明確にすべく、大幅な増補をしつつ、全面的に改訂された本書は、私たちの同時代に対する視点も更新する。施行から七〇年を経て、「改正」問題が課題になるなか、憲法をめぐる議論の必読書である。
　2017.4 499, 22p A6 ¥1720 ①978-4-00-600361-6

◆日本国憲法はこうして生まれた―施行70年の歴史の原点を検証する　川村俊夫著　本の泉社
【目次】1 ポツダム宣言受諾、明治憲法「改正」へ（ポツダム宣言受諾へ、「国体護持」を至上命令として ほか）、2 広がった明治憲法改正の動き（民間・政党・政府の憲法改正の動き、憲法問題調査委員会における論議 ほか）、3 日本政府とGHQのせめぎあい―「おしつけ憲法論」はなぜ生まれたか（改正案の作成を急ぎだしたマッカーサー、流れを変えた「毎日」スクープの衝撃 ほか）、4 憲法発展の歴史の中で―中間的まとめとして（日米の「法文化」の衝突か、近代憲法から現憲法への流れの中で）、5 日本国憲法の仕上げに向けて（憲法改正草案の発議権をめぐる攻防、帝国議会に先立つ枢密院の審議 ほか）
　2017.3 143p A5 ¥1250 ①978-4-7807-1616-0

◆日本国国憲案の研究―植木枝盛憲法案における軍事と人権　中村克明著　（横浜）関東学院大学出版会、丸善出版 発売
【目次】第1部 研究（日本国国憲案の防衛構想に関する考察、日本国国憲案の人権保障に関する考察）、第2部 資料（校訂・日本国国憲案、植木枝盛関連図書目録）
　2017.3 175p A5 ¥2200 ①978-4-901734-65-3

◆はじめて学ぶ人のための憲法　藤川信夫著　文眞堂
【目次】第1部 憲法総論（憲法と立憲主義、明治憲法から日本国憲法へ、日本国憲法の有する基本原理―国民主権原理と天皇制）、第2部 基本的人権（基本的人権の原理と限界、包括的基本権ならびに法の下の平等、精神的自由権、経済的自由権、人身の自由、国務請求権ならびに参政権、社会権）、第3部 統治機構（国会、内閣、裁判所、財政と地方自治、憲法保障）
　2017.3 237p A5 ¥2150 ①978-4-8309-4925-8

◆八法亭みややっこの世界が変わる憲法噺　飯田美弥子著　花伝社、共栄書房 発売
【要旨】目からうろこの憲法噺、暮らしのなかに息づく憲法、縦横無尽に語ります。
　2017.5 94p A5 ¥800 ①978-4-7634-0815-0

◆平等権と社会的排除―人権と差別禁止法理の過去・現在・未来　浅倉むつ子、西原博史編著　成文堂　（シリーズ：人権問題としての排除・剥奪）
【目次】序：平等の権利と社会的排除、第1部 現代国家における平等権の課題と間接差別禁止法理の意義（包括的差別禁止立法の検討課題―雇用分野に限定して、社会的排除と差別―剥奪センシティヴな人権理論に向けて、間接性差別禁止法理の形成と「平等」・「差別」概念の発展―EU法における展開を素材として、間接差別の認定―日本における夫婦同氏事件およびカナダにおける立候補に際して学歴要件を課した事件を中心に、障害差別禁止法理と間接差別禁止法―アメリカの議論を参考に、イギリス障害差別禁止法理における合理的配慮義務と社会的排除の関係）、第2部 社会的排除の問題と間接差別禁止法理の射程（厳格審査基準と人種中立的な規定の審査手法―アメリカにおける差別的意図の「燻り出し」に関する考察、良心・信仰への間接的な制約と保護―法義務免除の可能性と平等、米連邦最高裁の宗教条項判決―Smith判決とLukumi判決を素材として、社会保障からの排除と法―フィンランドにおける議論から、「平等な個人」概念の再確立における親奴隷制論と反奴隷制論の対立―アメリカ合衆国における奴隷の地位をめぐる法的相違）
　2017.2 262p A5 ¥4500 ①978-4-7923-0606-9

◆ピンポイントでわかる自衛隊明文改憲の論点―だまされるな！ 怪しい明文改憲　清末愛

砂, 飯島滋明, 高良沙哉, 池田賢太編　現代人文社, 大学図書 発売　（GENJINブックレット）
【要旨】国民は積極的に自衛隊明記を求めているのか？ 自民党改憲4項目にだまされるな！
　2017.12 71p A5 ¥900 ①978-4-87798-686-5

◆米国人弁護士だから見抜けた日本国憲法の正体　ケント・ギルバート著　KADOKAWA（角川新書）
【要旨】安倍首相がロードマップを引いたことで、憲法改正は国民にとって最大の争点となるだろう。日本人よりも日本の歴史と政情に精通した米国人の日本国憲法の出生秘話や世界の憲法事情を踏まえて改憲論争の核心を語る。
　2017.6 229p 18cm ¥820 ①978-4-04-082163-4

◆ヘイト・スピーチ規制の憲法学的考察―表現の自由のジレンマ　桧垣伸次著　（京都）法律文化社
【目次】第1章 ヘイト・スピーチ規制論における批判的人種理論、第2章 ヘイト・クライム規制をめぐる憲法上の諸問題、第3章 批判的人種理論（Critical Race Theory）の含意、第4章 連邦最高裁と表現の自由―アメリカの「特殊性」、第5章 ヘイト・スピーチ規制論と表現の自由の原理論、終章 日本の現状と課題
　2017.2 234p A5 ¥4800 ①978-4-589-03822-7

◆平和の憲法政策論　水島朝穂著　日本評論社
【要旨】憲法政策論の軸は、日本国憲法の基本原理に置かれるべきである。憲法の平和主義の領域においては、軍事的合理性を前面に押し出して「軍事的なるもの」が肥大化していく現実がある。それを憲法規範の側に漸次的に引き戻していく憲法政策論的課題を明らかにしつつ、「軍事的なるもの」の持続可能な統制の必要性と可能性を探る「平和のための憲法政策論」。
　2017.7 450p A5 ¥6400 ①978-4-535-52007-3

◆平和への道―憲法九条は仏の願い　山崎龍明著　樹心社、星雲社 発売
【要旨】あらゆる戦争を放棄し、交戦権をも否定した憲法第九条は仏の志願―今、日本が向かっていると危惧されている戦争への道を、次世代のためにも閉ざし、この濁世の闇をも破って、全てのいのちが輝く平和への道を模索する著者の熱き書!!
　2017.6 261p B6 ¥1700 ①978-4-434-23523-8

◆ベーシックテキスト 憲法　君塚正臣編　（京都）法律文化社　第3版
【目次】第1部 憲法総論（憲法の基本概念、各国憲法史、日本憲法史、平和主義）、第2部 基本的人権（人権総論、包括的基本権および生命・身体的自由、精神的自由、経済的自由、社会権、国務請求権・手続的権利、参政権）、第3部 統治機構（統治機構総論、国会、内閣、裁判所、地方自治、天皇、憲法改正）
　2017.4 337p A5 ¥2600 ①978-4-589-03849-4

◆ほんとうの憲法―戦後日本憲法学批判　篠田英朗著　筑摩書房（ちくま新書）
【要旨】日本の憲法学では「国民が権力を制限することが立憲主義だ」とされ、「抵抗」を英雄視する物語が延々と語られている。あたかも憲法9条が国際法をも超越した存在であるかのようなロマン主義を流布しつつ、自衛隊や日米安保を否定し、安全保障問題を語ってはいけない異事情であるかのように扱ってきた。なぜこのような憲法学がまかり通るようになったのか。その歴史的経緯を解明し、日本が国際社会の一員として国際協調主義を採り、真に立憲主義国家になるための道筋を指し示す。
　2017.7 265p 18cm ¥860 ①978-4-480-06978-8

◆本当は怖い自民党改憲草案　伊地知紀子, 新ヶ江章友著　（京都）法律文化社
【要旨】いまこそ、しっかり見ておこう！ “改憲”で自由と平和が脅かされる社会を。
　2017.7 234p B6 ¥2000 ①978-4-589-03859-3

◆右も左も誤解だらけの立憲主義　倉山満著　徳間書店
【要旨】護憲派はもちろん、改憲派も大間違い！ 条文にこだわればこだわるほど、法の精神から離れていく。パヨクから保守まで一無知で不毛な日本の憲法論議に終止符を打つ決定版憲法論！
　2017.9 204p B6 ¥1200 ①978-4-19-864482-6

◆目覚めよ日本―憲法改正今こそ実現を　田久保忠衛著　明成社
【要旨】混迷続く世界に日本はどう向き合えばよいのか？ 日本会議会長がいま全国民に訴える。
　2017.12 220p B6 ¥1500 ①978-4-905410-47-8

◆**メディアに操作される憲法改正国民投票**
本間龍著　岩波書店　（岩波ブックレット No. 972）
【要旨】国民投票の帰趨を左右するのは広告宣伝、ここで改憲派は圧倒的に有利な状況にある。投票運動期間中のメディア規制がほとんどないのをいいことに、豊富な資金力をもとに巨大広告代理店が一手に作成するテレビCMを大量投入できるのだ。国の将来を決める局面で、国民は、果たして公正な判断ができるのか？
2017.9 52, 12p A5 ¥520 ①978-4-00-270972-7

◆**やさしいことばで日本国憲法**　池田香代子訳, C. ダグラス・ラミス監修・解説　マガジンハウス　新装版
【要旨】国民主権、世界平和、基本的人権…憲法のもっとも大切な条文（前文、1、9条、3、9、10章）を英文憲法をもとに中学生でも理解できるよう新たに訳出。
2017.3 109p B6 ¥1000 ①978-4-8387-2921-0

◆**抑止力としての憲法―再び立憲主義について**
樋口陽一著　岩波書店
【要旨】選挙での勝利＝「民意」を盾にして進められる強引な政治に抗する原理として、「立憲主義」が注目されている。1973年に刊行した最初の著書で、戦後憲法学に「近代立憲主義」を復権させた著者が、自説に寄せられた批判に答えつつ、再び「近代」の構成原理への思索を突き詰め、憲法学のあり方と立憲主義と民主主義の関係などを問い直す。著者の立憲主義論の到達点。　2017.12 241p A5 ¥4400 ①978-4-00-025470-0

◆**立憲主義と日本国憲法**　高橋和之著　有斐閣　第4版
【要旨】立憲主義に立ち返って考える―日本国憲法の基本を丁寧に伝える良書。議員定数不均衡違憲訴訟、婚外子相続分違憲訴訟、非嫡出期間違憲訴訟など、近年の重要判例に対応したことはもちろん、保安法制、特定秘密保護法、ヘイトスピーチなど、憲法をめぐる最新の議論を踏まえてアップデート。
2017.3 481p A5 ¥3100 ①978-4-641-22725-5

◆**立法過程と立法行為―憲法の理論と判例**
新正幸著　信山社　（学術選書 48―憲法）
【要旨】「立法行為」はどのように観念されるか。憲法学の見地から立法過程を規範的かつ動態的に考察。
2017.2 303p A5 ¥6800 ①978-4-7972-5448-8

◆**歴史から読み解く日本国憲法**　倉持孝司編　（京都）法律文化社　第2版
【目次】第1部 日本国憲法の仕組み（憲法の総論的考察、人権、統治）、第2部 戦後史のなかの日本国憲法（第1期（1945～1960年）敗戦・占領・民主化、第2期（1960～1979年）高度成長とその歪み、第3期（1980～1989年）行革と国家観・個人像の転換、第4期（1990～1999年）冷戦終結、政治社会構造の変動、第5期（2000年～現在）グローバル化と変革）
2017.4 243p A5 ¥2600 ①978-4-589-03841-8

◆**六訂 憲法入門**　樋口陽一著　勁草書房
【要旨】40年前、「立憲主義」の語を処女作（小社刊）の書名に選んだ著者が、安保法制・改憲論議を見すえての加筆・改訂。日本国憲法を、人類社会のなかの流れのタテ糸（歴史）とヨコ糸（比較）の交差のなかに位置づける。憲法のあるべき姿と本質を示す決定版入門書。
2017.2 218, 3p B6 ¥1800 ①978-4-326-45109-8

◆**ロバーツコートの立憲主義**　大林啓吾, 溜箭将之編　成文堂
【目次】総論（ロバーツの裁判官像、ロバーツコートの裁判官たち）、各論（平等―ケネディ裁判官の影響力の増加、ロバーツコートの中絶判例、信教の自由―法律による信仰保護と漂流する政教樹立禁止条項、表現の自由―修正1条絶対主義？、刑事手続―保守的なコート？、統治分野に関する諸判例）、終論（ロバーツコートのゆくえ―スカリア裁判官の遺産（の危機？）、補論）
2017.4 384p A5 ¥6000 ①978-4-7923-0604-5

◆**論究憲法―憲法の過去から未来へ**　長谷部恭男編　有斐閣
【要旨】日本国憲法の成立から今日に至る重要な動きを第一線で活躍する研究者・実務家が独自の視点で検証する。
2017.5 457p A5 ¥3800 ①978-4-641-22728-6

◆**私にとっての憲法**　岩波書店編集部編　岩波書店
【要旨】施行から70年。私たちはこの憲法をどれだけ使いこなし、その理念を自分たちのものに

することができたのか。自身の憲法体験、自らの憲法観、憲法を活用するためのヒント、改憲をはじめとする憲法論議への提言、憲法をめぐる深い洞察等々、さまざまなジャンルで活躍する53人の発言。巻末には日本国憲法全文を収録。
2017.4 266p B6 ¥1700 ①978-4-00-061199-2

◆**「私らしく生きる自由」と憲法・社会保障**
日野秀逸著　新日本出版社
【目次】第1章 私らしく生きることと憲法・社会保障、第2章 社会保障とは何か、から考える、第3章 社会保障政策は戦後史の中でどう変わってきた、第4章 安倍政権が進める違憲の「社会保障政策」、第5章 社会保障財源をどこに求めるべきか、第6章 アベノミクスの破綻と国民の暮らし　2017.2 190p A5 ¥1600 ①978-4-406-06127-8

◆**S式生講義 入門憲法**　柴田孝之著　自由国民社　第5版
【要旨】最新判例の動向を反映！ スーパー講義をこの1冊に収録。憲法があなたの得意科目になる！　2017.9 323p A5 ¥2600 ①978-4-426-12003-0

 行政法

◆**機関争訟の「法律上の争訟」性**　西上治著　有斐閣
【目次】第1章 問題の抽出（概念の整理、判例の分析、学説の分析、小括）、第2章 国家法人税の再検討（問題の整理、国家法人格と不浸透性ドグマ、国家法人格の相対化、国家法人格の否定？、小括）、第3章 機関争訟論の展開（議論の概観、権利不要型、利益承認型、利益不要型、小括）
2017.9 443p A5 ¥8300 ①978-4-641-22730-9

◆**企業法務担当者のための行政法ガイド―行政規制がわかる**　宇佐見方宏, 鈴木庸夫, 田中良弘編著　第一法規
【要旨】企業活動から見た行政法を、実際の事例を踏まえ、具体的に解説。行政規制にどう対処すべきか、そのヒント！
2017.3 267p A5 ¥2800 ①978-4-474-05736-4

◆**義務付け訴訟の機能**　横田明美著　弘文堂　（行政法研究双書）
【要旨】よりよい社会を築いていくための市民・行政・司法の協働をめざし、平成16年行訴法改正で創設された義務付け訴訟が果たすべき役割を、裁判例・実務運用の展開を丹念に跡付けることによって検証し、法と政策の関係をダイナミックに問う、刮目すべき論攷。
2017.1 361p A5 ¥5300 ①978-4-335-31507-7

◆**行政上の処罰概念と法治国家**　田中良弘著　弘文堂　（行政法研究双書）
【要旨】「人はなぜ罰せられるのか」という根源的な問いへのアプローチ。行政上の処罰概念について論じるとともに、行政上の処罰規定の理論的基礎と判断枠組みを提示する貴重な論文集。
2017.2 217p A5 ¥4800 ①978-4-335-31508-4

◆**行政訴訟の活発化と国民の権利重視の行政へ―滝井繁男先生追悼論集**　佐藤幸治, 泉徳治編　日本評論社
【目次】巻頭論文・座談会・インタビュー（巻頭論文「国民の司法」のさらなる発展を求めて―滝井繁男氏を偲びつつ、座談会 司法改革の継続と行政訴訟性化への道―滝井繁男先生を偲んで、インタビュー 滝井繁男先生に聞く―行政事件を中心に）、論稿編（憲法、行政法、税法、環境法、民事法）、資料編
2017.7 522p A5 ¥10000 ①978-4-535-52216-9

◆**行政不服審査法の逐条解説**　宇賀克也著　有斐閣　第2版
【要旨】行政不服審査の意義と内容を第一線の研究者が理論的・網羅的に解説。政省令に対応、解説も充実の改訂最新版。
2017.2 385p A5 ¥3000 ①978-4-641-22721-7

◆**行政法**　野呂充, 野口貴公美, 飯島淳子, 湊二郎著　有斐閣　（有斐閣ストゥディア）
【要旨】はじめて行政法を学ぶ人に向けた新しいテキスト。基本的な制度や理論をわかりやすく説明から理解し、具体例・判例をもとに実際の法の役割を学ぶ。
2017.2 284p A5 ¥2000 ①978-4-641-15038-6

◆**行政法**　池村正道編　弘文堂　（Next教科書シリーズ）　第3版

【目次】行政と法、行政法の法源、行政活動の担い手、行政過程と法、行政行為、行政立法（行政基準）、行政計画、行政指導、行政契約、行政上の義務履行確保の手段、行政不服申立て、行政事件訴訟、国家賠償、損失補償
2017.2 345p A5 ¥2800 ①978-4-335-00229-8

◆**行政法**　下山憲治, 友岡史仁, 筑紫圭一著　日本評論社　（日評ベーシック・シリーズ）
【要旨】本当にわかりやすく、かつ大切なことをしっかり伝える入門書、遂に完成！ つかみにくい行政法の全体像を、基本的な制度、通説・判例の考え方を、やさしい文章で、具体的にイメージできるように丁寧に解説。図表やコラムも充実。まずはこの1冊からスタートすれば、迷うことなく進めます。
2017.3 228p A5 ¥1800 ①978-4-535-80678-8

◆**行政法概説 1 行政法総論**　宇賀克也著　有斐閣　第6版
【要旨】本書は、著者が東京大学法学部において行ってきた行政法第1の講義ノートに加筆してまとめたものである。基本的には、学部学生や一般市民の方が行政法を初めて学ぶことを前提として、まず基礎的概念を説明し、それを理解した上で、次の段階に無理なく進むことができるようにした。
2017.12 498p A5 ¥3500 ①978-4-641-22738-5

◆**行政法研究 第16号**　宇賀克也責任編集　信山社
【目次】1 道路建設と史跡保護―協議会の機能に関する一考察（紛争をめぐる事実関係、協議会の仕組み（概論）、公益の確認、前提条件の確認、前提条件の柔軟化、複数案提示方式、利益衡量過程、協議会方式の意義）、2 災害と国家賠償―津波警報の適法性と地方公共団体による避難誘導（災害と行政の責務、本件訴訟（盛岡地判平成27年2月20日、仙台高判平成28年4月15日、上告中）の概要、地裁、高裁判決、判決の検討、判決から見る災害と行政の責務―津波災害関係訴訟、本件訴訟と他の判例の比較）、3 東アジア行政法学会国際学術大会（第12回大会）（「オープンデータの法制度と課題」および「リスク社会と行政訴訟」、日本におけるオープンデータ法制の構築と課題、リスク制御と行政訴訟制度―日本における司法審査と救済機能について）
2017.1 134p A5 ¥2800 ①978-4-7972-6546-0

◆**行政法研究 第18号**　宇賀克也責任編集　信山社
【目次】特集 環境分野の市民参加と司法の役割（参加原則と日本・アジア、SDG目標16に関する国際的なベストプラクティスの適用―リオ宣言第10原則に関するUNEPバリガイドライン、第10原則と司法アクセス、参加型水管理モデル―サンフランシスコ川流域委員会（CBHS-F）の経験から、コロラド川に関する意思決定過程における法の支配と市民参加―1944年米墨水条約におけるIBWC・NGO・司法、非特定源汚染管理とパブリックエンゲージメント―ミシシッピ河流域の事例調査、ユッカ・マウンテン核貯蔵施設に対するネバダ州による抵抗の成功、ゴアレーベンの高レベル核廃棄物と合意形成、環境政策におけるNGO・コミュニティの参加の役割、中国における企業の環境信用評価システム―力強い実施への道筋、ドイツ環境政策における行政手続および司法アクセスに関する市民・NGOの役割、EIAおよびSEAに関する参加のための指標づくり―若干の論点、リオ宣言原則10の実施とその進捗をはかる指標―国連人権指標と持続可能な発展目標指標からの示唆、公衆参加からみたわが国の環境影響評価制度―その制度化と形態、インドにおける市民参加とEIAプロセス、メコン地域諸国における環境アセスメントに係る参加ガイドライン、ラテンアメリカ諸国の環境影響評価における情報と市民参加、タイ移行期下の環境保護における司法の対応、特別裁判所による環境裁判―スウェーデンの土地・環境裁判所）
2017.3 284p A5 ¥3900 ①978-4-7972-6548-4

◆**行政法研究 第20号 特集 行政法の課題**
宇賀克也責任編集　信山社
【目次】グローバル化の課題、行政立法の課題、行政手続の課題、情報法制の課題―情報法三法の課題、行政の実効性確保の課題、行政不服審査法の課題、行政訴訟の課題、国家補償法の課題、行政組織法の課題、公務員法の課題―職務命令に対する服従義務について、公物法の課題、地方自治の課題―自治体の組織編成、特に二元代表制をめぐって、環境法の課題、社会保障にお

ける行政法の課題、経済行政法の課題、消費者行政法の課題─行政法理論への10の挑戦
2017.10 244p 23×16cm ¥3600 ①978-4-7972-6550-7

◆**行政法講義**　岩本章吾著　成文堂　第2版
【目次】行政法とは何か、第1編 行政法の基礎理論（行政とは行政法、法律による行政の原理─行政法の基本原則、国と地方の行政組織 ほか）、第2編 行政活動の具体的展開（行政活動に関する総論、行政活動の企画立案、行政活動の実施 ほか）、第3編 行政活動に関する私人の救済（序説、行政活動と私人の救済、損失補償と国家賠償 ほか）　2017.9 499p A5 ¥4800 ①978-4-7923-0616-8

◆**行政法の基本─重要判例からのアプローチ**
北村和生、佐伯彰洋、佐藤英世、高橋明男著（京都）法律文化社　第6版
【要旨】行政法の全体像を概観できるよう分かり易く解説。第6版では、2014年6月に改正または制定された行政不服審査法、行政不服審査法の施行に伴う関係法律の整備等に関する法律および行政手続法に合わせ、関連する項目について加筆修正した。第5版刊行後の法令の制定改廃を反映させ、最新判例の追加を行うとともに、各章の冒頭にあるイントロダクションや判例についても、リニューアルや差し替えを行っている。
2017.4 360p A5 ¥2700 ①978-4-589-03830-2

◆**グラフィック行政法入門**　原田大樹著　新世社, サイエンス社 発売　（グラフィック法学 6）
【要旨】ビジュアルで読みやすい新世代の入門テキスト。行政法が手に取るようにわかる!!豊富な図解により私たちの市民生活を支える法の「見える化」を実現。公務員試験をはじめ各種試験対策にも好適!!
2017.5 278p A5 ¥2400 ①978-4-88384-253-7

◆**現代行政法**　橋本博之著　岩波書店
【要旨】「憲法の定める基本的価値を具体化する法の体系」として行政法を捉え直し、その全体像を骨太に叙述した最新のテキスト。行政活動を法によってどのように規律・統制するか。その拡充・強化を思考軸に据えて、現代社会に適合的な新しい行政法の姿を鮮やかに描き出す。
2017.9 294p A5 ¥2600 ①978-4-00-061216-6

◆**公共事業裁判の研究─技術基準論**　田畑琢己著　志學社
【要旨】行政の行った公共事業に対して司法がどのような役割を果たしてきたのか。4つの技術基準が争点となった裁判例を分析・検討した。公共事業裁判研究3部作の、『公共事業裁判の研究─需要予測論と比較考量論』に続く第二弾。
2017.10 269p A5 ¥2600 ①978-4-904180-82-2

◆**公務員制度の法理論─日仏比較公務員法研究**
下井康史著　弘文堂　（行政法研究双書）
【要旨】日本とフランスの公務員法を、「公務員の勤務条件決定システム」「身分保障」「多様な公務員と公務員制度の射程」という3つの視点から詳細に比較・分析した本格的研究書。日仏比較がもたらす示唆を明らかにし、公務員制度改革の今後のあり方を探る。行政法と労働法を架橋する、公務員法研究の集大成。
2017.2 527p A5 ¥5200 ①978-4-335-31506-0

◆**これ一冊で即対応 平成29年施行改正個人情報保護法 Q&Aと誰でもつくれる規程集**　渡邉雅之著　第一法規　増補版
【要旨】個人情報を扱うほぼすべての事業者が法規制対象に拡大。いまから対応の企業ご担当者様必読！この本だけで大丈夫！「Q&A」と「クイズ」で改正ポイントを一から理解。
2017.5 353p A5 ¥2700 ①978-4-474-05895-8

◆**自治体が原告となる訴訟の手引き 福祉教育債権編**　東京弁護士会自治体等法務研究部福祉教育債権班著　日本加除出版
【目次】第1章 生活保護費返還金等、第2章 国民健康保険に関する請求権、第3章 事業者に対する介護報酬返還請求、第4章 老人福祉施設利用に伴う費用、第5章 指定障害福祉サービス事業者に対する過払金返還請求、第6章 保育料、延長保育料等、第7章 私立保育所に対する委託費の返還請求、第8章 学童保育クラブの利用料、第9章 奨学金、第10章 学校給食費関係
2017.8 334p A5 ¥3200 ①978-4-8178-4415-6

◆**自治体職員のための ようこそ行政法**　高橋信行著　第一法規
【要旨】身近な事例をもとに行政法の基本的な考え方や法制度のしくみを学ぶ入門書。演習問題付き。
2017.3 226p A5 ¥2200 ①978-4-474-05774-6

◆**自治体訴訟事件事例ハンドブック**　特別区人事・厚生事務組合法務部編著　第一法規　改訂版
【要旨】実際の訴訟担当者によるリアルな事例解説、待望の改訂版！新規事例や事項・判例索引登載で、更に使いやすく！証拠収集、準備書面作成、条文解釈、事実認定など、自治体職員として正義ある勘所をつかめる実例集。
2017.3 437p B6 ¥1800 ①978-4-474-05799-9

◆**社会とつながる行政法入門**　大橋洋一著　有斐閣
【要旨】社会と行政法の結びつきに気づくこと。それが行政法開眼の秘訣。各講が具体的事件をテーマとして展開し、読み進むなかで、行政法の基礎を踏み固めながら、全体を一望できるよう工夫している。
2017.10 176p A5 ¥1800 ①978-4-641-22733-0

◆**住宅市場と行政法─耐震偽装、まちづくり、住宅セーフティネットと法**　板垣勝彦著　第一法規
【要旨】1 総論（住宅市場における行政法の役割、保障国家の見取図としての行政計画─住生活基本計画を例に）、2 耐震偽装と行政法（指定確認検査機関と国家賠償、制裁的な不利益処分における理由の提示、行政による情報提供─媒介行政）、3 まちづくりと行政法（景観利益の私法上の保護と公法的規制、景観利益と原告適格、マンション建設と自治体行政─国家賠償、住民訴訟、長への求償権、建築確認の取消訴訟において建築安全条例に基づく安全認定の違法を主張することの可否─違法性の承継）、4 住宅セーフティネットと行政法（公営住宅法の課題、災害公営住宅と被災者の生活復興─過去の大規模災害から学ぶ法政策）
2017.3 432p A5 ¥4500 ①978-4-474-05759-3

◆**住民監査請求制度がよくわかる本─平成29年改正**　田中孝男著　公人の友社
【目次】第1章 住民監査請求制度の概要（住民監査請求制度の略史及び制度の目的、住民監査請求制度の要点 ほか）、第2章 住民監査請求の運用状況（住民監査請求・住民訴訟の状況、住民監査請求・住民訴訟の運用の特色）、第3章 住民監査請求の監査事例（請求の受付・監査実施の決定、監査の実施 ほか）、第4章 住民監査請求・住民訴訟制度の課題（平成二九年自治法改正の住民監査請求への影響、改元と懲戒免除（賠償免除）の可能性 ほか）
2017.11 123p A5 ¥1800 ①978-4-87555-807-1

◆**条解 行政手続法**　高木光、常岡孝好、須田守著　弘文堂　第2版
【要旨】17年ぶり、待望の全面改訂！2000年の初版刊行後、命令等制定手続の追加、行政不服審査制度の改革に関連して追加された新たな仕組みに対応して全面改訂を施す。研究・実務双方のニーズに応える必携書！
2017.9 657p A5 ¥10000 ①978-4-335-35708-4

◆**事例で考える行政法**　横山信二、廣瀬馨編著（京都）嵯峨野書院　改訂新版
【目次】第1章 行政法の基本、第2章 行政法の基本原理、第3章 行政の過程と法、第4章 行政組織に関する法、第5章 行政作用に関する法、第6章 行政救済、第7章 行政の義務履行確保手段、第8章 行政救済に関する法（国家補償法、行政争訟）　2017.11 367p A5 ¥3000 ①978-4-7823-0573-7

◆**新・応用行政法**　村上武則監修、横山信二編　有信堂高文社
【要旨】『新・基本行政法』の姉妹編。現代日本の行政、行政法の特色を叙述。とりわけ、行政関係、権利・義務関係を軸に考察した。総論と各論の間に中間行政法を措定する意欲的教科書の最新版。
2017.9 353p A5 ¥3500 ①978-4-8420-1520-0

◆**地域自治の行政法─地域と住民でつくる自治体法**　兼子仁著　北樹出版
【要旨】地方自治から「地域自治」へ─国主導の「地方創生」ではない、根づき始めた「地域」の自治力をいかす法制と税財政の変革が必要とされる現在、地域自治の確立と住民協働による市町自治の多角度づくりを軸に、新しい「地域自治法」の一国多制度の理論的な進展への具体的道筋を示す。2017.7 180p B6 ¥1900 ①978-4-7793-0546-7

◆**つかむ・つかえる行政法**　吉田利宏著（京都）法律文化社　第2版
【目次】1 行政法学編（行政法とは/学ぶ意味とは─ガイダンス1、行政法になれる/読みこなす─ガイダンス2、公務員─行政を支える人と組織

1、国や自治体の組織─行政を支える人と組織2、行政立法─行政行為論1 ほか）、2 行政救済法編（行政法の全体像─ガイダンス3、行政不服審査法の全部改正のポイント─行政不服審査法1、不服申立ての対象・結果─行政不服審査法2、不服申立ての手続─行政不服審査法3、行政事件訴訟概論─行政事件訴訟法1 ほか）
2017.10 233p A5 ¥2600 ①978-4-589-03877-7

◆**判例行政法入門**　芝池義一、大田直史、山下竜一、北村和生編　有斐閣　第6版
【要旨】行政法の概説と判例が融合した入門書の決定版。最重要判例を本文に収録。その他の判例も全て見直した。
2017.12 265p A5 ¥2000 ①978-4-641-22734-7

◆**ブリッジブック行政法**　宇賀克也編　信山社出版　（信山社ブリッジブックシリーズ）第3版
【要旨】広大な行政法の中からキー概念を厳選。根拠に遡り、行政法の基本的な考え方を伝え、多様な説明事例から基本的な判例までをおさめる。
2017.3 307, 19p B6 ¥2500 ①978-4-7972-2357-6

◆**論点体系 判例行政法　1　行政活動の基本的な仕組み 行政上の手続・調査・情報取扱い**　小早川光郎、栁𡧜馨編著　第一法規
【要旨】論点ごとの裁判所の判断が瞬時にわかる！行政法の実務上の争点を把握するための必携書！現在の裁判実務を判例・判例理論を用いて体系的に整理。行政法分野の第一線で活躍する研究者・裁判官・実務家が執筆。
2017.4 593p A5 ¥4800 ①978-4-474-10337-5

◆**論点体系 判例行政法　2　行政訴訟**　小早川光郎、青柳馨編著　第一法規
【要旨】論点ごとの裁判所の判断が瞬時にわかる！行政法の実務上の争点を把握するための必携書！現在の裁判実務を判例・判例理論を用いて体系的に整理。行政法分野の第一線で活躍する研究者・裁判官・実務家が執筆。
2017.2 653p A5 ¥4800 ①978-4-474-10338-2

 民法・民事法

◆**一問一答 民法改正と金融実務**　亀井洋一編著　経済法令研究会
【要旨】民法（債権関係）大改正の概要を簡潔に解説。金融実務との関連・影響を具体的に解説。改正内容が一目でわかる一問一答形式。
2017.8 270p A5 ¥2400 ①978-4-7668-2406-3

◆**一刀両断！ 平成29年民法大改正完全解説 全条文付**　山本浩司著　早稲田経営出版
【目次】第1章 改正民法の基本思想（契約重視主義）、第2章 債権（債務不履行と解除に関する論点、債権者代位権・許害行為取消権、多数当事者の債権債務関係、債権譲渡と債務引受、債権の消滅 ほか）、第3章 総則（無効と取消し、意思表示、代理、条件、時効）、第4章 付録
2017.6 145p A5 ¥2800 ①978-4-8471-4096-9

◆**伊藤真の民法入門─講義再現版**　伊藤真著　日本評論社　第6版
【要旨】2017年成立の改正民法を反映して新版化!!改正民法の内容と簡潔に解説し、民法の全体像と改正の要点・内容があわせて理解できる入門書の最新版。
2017.9 193p A5 ¥1700 ①978-4-535-52305-0

◆**親の財産を守る 最新成年後見・民事信託利用のしかた**　山田猛司監修、コンデックス情報研究所編著　成美堂出版
【要旨】法定後見？ 任意後見？ 任意代理？ 信託？ 後見人と保佐人と補助人はどう違う？ 誰がなる？「どの書類」に「何を」記入する？ 費用は？ 判断能力別チャートで、最適の制度が選べる！
2017.7 207p A5 ¥1500 ①978-4-415-32349-7

◆**改訂 設題解説戸籍実務の処理　15　戸籍訂正 各論編5 養子離縁**　木村三男編著　日本加除出版　（REGISTRAR BOOKS）改訂版
【要旨】コンピュータ戸籍の「訂正記載例」を充実！基本から応用までを網羅した定番シリーズの改訂版。各事例の具体的処理方法を根拠に基づき詳細に解説。実務に役立つ戸籍訂正申請書の記載例も事例ごとに収録。
2017.11 283p A5 ¥3400 ①978-4-8178-4440-8

法律

◆ガイドブック成年後見制度─そのしくみと利用法　成年後見センター・リーガルサポート監修，清水敏晶著　法学書院　第3版
【要旨】ある家族に起こる事件を素材に，成年後見制度をやさしく解説！　認知症になっても私の気持ちを尊重してもらえるの？　いくらあれば任意後見制度がつかえるの？　後見登記費用や申立書添付書類の変更に対応。付録：成年後見ノート。　2017.10 208p A5 ¥1700 ①978-4-587-21622-1

◆家事事件の申立書式と手続　長山義彦，篠原久夫，浦川登志夫，西野留吉，岡和雄共著（名古屋）新日本法規出版　新版補訂
【目次】第1編 家事事件概説，第2編 家事審判申立書，第3編 家事調停申立書，第4編 家事抗告提起等申立書，第5編 民事再審申立書，第6編 家事雑事件，第7編 立件を要しない申立書等
2017.5 994p A5 ¥6500 ①978-4-7882-8288-9

◆家事法の理論・実務・判例　1　道垣内弘人，松原正明編　勁草書房
【要旨】研究者，裁判官，弁護士が家事法の当面する問題を分析，実務と法理論との架橋を確かなものとし，将来の法制度を展望する，年報創刊。　2017.10 321p A5 ¥3700 ①978-4-326-44964-4

◆家族と国籍─国際化の安定のなかで　奥田安弘著　日本加除出版
【要旨】国籍裁判やニュースを分かりやすく解説し，各国の立法動向も紹介する。二重国籍の容認など，これからの国籍法のあり方を考える。　2017.7 255p B6 ¥2500 ①978-4-7503-4544-4

◆学校事故の責任法理　2　奥野久雄著　（京都）法律文化社
【目次】第1編 日本法（学校社会をめぐる法律問題，学校事故等の判例研究），第2編 外国法（フランス法，スイス法）
2017.5 346p A5 ¥6500 ①978-4-589-03856-2

◆過払金返還請求・全論点網羅　2017　名古屋消費者信用問題研究会監修，瀧康暢編著　民事法研究会　（付属資料：CD-ROM1）
【要旨】旧版（2013）以降に出された裁判例を踏まえて新たな論点も網羅的に取り上げ，訴訟で即活用できるように実践的に詳解！　好評の付録CD-ROMには，新たな公刊物未登載判例も数多く収録。　2017.7 631p A5 ¥5800 ①978-4-86556-174-6

◆かんたん記入式 成年後見人のための管理手帳　成年後見センター・リーガルサポート編著　日本加除出版　第3版
【目次】準備編（被後見人＝「本人」＝「後見を受ける方」の情報，後見人として気をつけることほか），記録編（各サービスの記録・記入例，収支の記録・後見の記録・フリーページ），報告編（家庭裁判所または監督人への報告書の作り方），情報・資料編（お金が戻ってくる，還付手続きをお忘れなく，関係機関 ほか）
2017.12 112p B5 ¥1600 ①978-4-8178-4447-7

◆基本演習 民法　赤松秀岳著　法学書院
【要旨】民法の体系に沿った，学部生から法科大学院生まで使える演習書。三段階の難易度からなる問題を掲げ，答案を書く前に求められる前提知識と出題趣旨，問題の事例に即した具体的な解説を掲載。具体的にどのように答案の形にまとめるかを示した「解答例」も収録。　2017.4 277p A5 ¥2500 ①978-4-587-04140-3

◆クルツブーフ 民事執行法 非金銭執行編　斎藤和夫著　信山社出版
【要旨】「クリアー（明快），コンサイス（簡潔），コンクリート（具体的）」な解説に徹したクルツブーフ，次代の要請に応える「非金銭執行」に関する唯一の単行「解説書」として，遂にここに登場する。　2017.1 222p A5 ¥2500 ①978-4-7972-2762-8

◆契約責任の多元的制御　笠井修著　勁草書房
【要旨】多元主義の立場から契約責任の基本論点に挑戦。アメリカ契約法との比較を手掛かりに，契約法理論の新しい発展の可能性を展望。　2017.12 271p A5 ¥6000 ①978-4-326-40346-2

◆ケースブック 保全・執行のための不動産の調査─仮差押え・差押えに活かす評価・調査・評価の実務　曽我一郎著　民事法研究会
【要旨】相手方不動産の探索・調査から価値把握までの手続を詳解！　訴訟等の法律実務で重要な鑑定評価の基礎知識から各種不動産の調査上の留意点までを142のケースにして多様なノウハウをわかりやすく解説！　2017.8 438p A5 ¥4200 ①978-4-86556-175-3

◆決定版・民法がこんなに変わる！　中里妃沙子監修，「民法がこんなに変わる！」執筆委員会著　自由国民社
【要旨】各解説の冒頭に改正の「ポイント」を列挙。図表の多用による視覚的な体裁。新民法条文が一目でわかるように掲載。　2017.9 343p A5 ¥2700 ①978-4-426-12363-5

◆現行法との比較でわかる改正民法の変更点と対応　熊谷則一著　中央経済社，中央経済グループパブリッシング 発売
【要旨】改正条文を示しつつ，"改正後の法律関係"現民法との比較"という二本柱で，改正による変更点を具体的，実務的に解説。　2017.7 408p A5 ¥4200 ①978-4-502-16011-0

◆現代民事手続の法理─上野泰男先生古稀記念論文集　加藤哲夫，本間靖規，高田昌宏編　弘文堂
【目次】第1編 民事訴訟の担い手，第2編 各種の民事訴訟，第3編 民事訴訟の審理，第4編 判決の効力，第5編 上訴・再審，第6編 執行・倒産，第7編 仲裁・ADR
2017.4 801p A5 ¥14000 ①978-4-335-35705-3

◆ここが変わった！ 民法改正の要点がわかる本　有吉尚哉著　翔泳社
【要旨】120年ぶりの大改正による実務のポイント早わかり！　「債権管理」「契約実務」など，改正のポイントが「わかる」！　実務家として知っておきたい消滅時効，法定利率，保証，債権譲渡など，知りたいことを解説。　2017.6 267p A5 ¥2300 ①978-4-7981-4195-4

◆戸籍実務研修講義　澤田省三著　テイハン
【目次】戸籍事務の高度の専門性について，法的なものの考え方について（リーガルマインド，親子関係と出生届（1）─出生届処理に必要な法令，親子関係と出生届（2）─出生と国籍，親子関係と出生届（3）─嫡出子，親子関係と出生届（4）─嫡出でない子，出生届の処理をめぐって（1）─出生届の審査のポイント，出生届の処理をめぐって（2）─管轄局から受否の指示を求める必要のある届出，出生届の処理をめぐって（3）─嫡出子の出生届書の「父母との続き柄」の記載等がされていない場合の取扱いについて，出生届の処理をめぐって（4）─嫡出でない子の戸籍における父母との続柄の記載の更正及び訂正並びに申出による戸籍の再製について〔ほか〕
2017.12 409p A5 ¥4600 ①978-4-86096-097-1

◆戸籍実務六法　平成30年版　日本加除出版法令編纂室編　日本加除出版
2017.10 1651, 117p 22×17cm ¥4000 ①978-4-8178-4413-2

◆戸籍のことならこの1冊　石原豊昭，國部徹，飯野たから著　自由国民社　（はじめの一歩）第4版
【要旨】戸籍は財産相続や結婚・離婚で必須のもの。その取り方・読み方から，先祖の探索法まで戸籍を最大限に活用するための知識を満載！　2017.3 163p A5 ¥1600 ①978-4-426-12264-5

◆戸籍のためのQ&A「婚姻届」のすべて─届書の記載の仕方及びその解説　荒木文明著　日本加除出版　改訂版
【目次】第1 概説，第2 婚姻の実質的成立要件，第3 婚姻の形式的成立要件，第4 婚姻届出の受理万は不受理，第5 婚姻の効果，第6 婚姻の無効・取消し，第7 婚姻による戸籍の変動，第8 渉外婚姻の報告的届出，第9 戸籍の処理，第10 婚姻届書の記載方法，事例
2017.5 382p A5 ¥3400 ①978-4-8178-4426-2

◆戸籍のためのQ&A「離婚届」のすべて─届書の記載の仕方及びその解説　荒木文明，菅弘美著　日本加除出版　改訂版
【目次】第1 概説，第2 協議離婚，第3 裁判離婚，第4 離婚届出の受理又は不受理，第5 離婚の効果，第6 離婚の無効・取消し，第7 離婚による戸籍の変動，第8 渉外離婚の届出，第9 戸籍の処理，第10 離婚届書の記載方法，第11 離婚の際に称していた氏を称する届（戸籍法77条の2の届），事例（創設的離婚届，報告的離婚届）
2017.3 386p A5 ¥3700 ①978-4-8178-4378-4

◆戸籍六法　平成30年版　テイハン法令編纂部戸籍実務研究会編　テイハン
【目次】第1部 現行法（日本国憲法，元号法 ほか），第2部 旧法（旧国籍法，旧国籍法施行規則 ほか），第3部 外国法（大韓民国国際私法，大韓民国国籍法 ほか），戸籍主要通達（総則，戸籍簿

（ほか），附録
2017.11 1684p A5 ¥4000 ①978-4-86096-095-7

◆この1冊でわかる！「改正民法」要点のすべて　早稲田リーガルコモンズ法律事務所著　日本実業出版社
【要旨】民事の基本ルールということは，すなわち日常生活やビジネス全般の土台ですから，今回の改正はあらゆる取引や契約等の実務に大きな影響を及ぼします。民法の何がどう変わったのか，どんな影響があるのか，本書を読めばわかります！　2017.8 173p A5 ¥1500 ①978-4-534-05512-5

◆最新版 図解 民法（総則・物権）　澤田和也監修，大坪和敏著　大蔵財務協会
【目次】第1編 総則（通則，人，法人，物，法律行為，期間の計算，時効），第2編 物権（物権，担保物権）
2017.3 344p B5 ¥2870 ①978-4-7547-2410-8

◆債務整理事件処理の手引─生活再建支援に向けて　日本司法書士会連合会編　民事法研究会（『クレサラ・ヤミ金事件処理の手引』改題書）
【要旨】相談受付けから手続選択までの流れ，各債務整理手続において事件処理の基本となる法律，依頼者に説明すべき事項，貸金業者への対応を書式を織り込みわかりやすく解説するとともに，生活再建を念頭に置いた社会保障制度の利用方法にも言及！　司法書士の代理権の範囲，執務にあたっての倫理の考え方を具体的に示し，債務整理事件処理の指針を明示！　2017.11 310p A5 ¥3500 ①978-4-86556-169-2

◆3時間でわかる！ 図解民法改正　熊谷則一著　日本経済新聞出版社
【要旨】改正内容はルール？　判例法理を条文化するもの？　法定利率，消滅時効，保証，契約不適合…。見開き2ページで完結で直観的に理解。多岐にわたる改正のポイントを85個に凝縮！　2017.6 191p A5 ¥1500 ①978-4-532-32135-2

◆事実認定体系 民法総則編　1　村田渉編著　第一法規
【要旨】債権法改正に対応。改正の趣旨，要件・効果の変更点を明示，最高裁から地裁まで裁判例1,200件を整理・分析，民事裁判実務の第一線で活躍する裁判官が執筆，法律相談や裁判における主張立証方針の検討に必携・必読。民法の条文ごとに事実認定のポイント・判断基準がわかる唯一の書。　2017.11 413p A5 ¥4500 ①978-4-474-05433-2

◆実務解説 民法改正　大阪弁護士会民法改正問題特別委員会編　民事法研究会
【要旨】120年振りの改正に伴い何が変わったのか，どう対応すべきなのか，Q&Aで解説！　改正議論が始まった当初から新たな法制度，実務のあり方の検証をいち早くスタートした弁護士らの10年に及ぶ研究の到達点！　法律実務家，裁判官ほか法務に携わる方々の羅針盤となる1冊！　2017.7 395p A5 ¥3500 ①978-4-86556-167-8

◆事務管理の構造・機能を考える　平田健治著　（吹田）大阪大学出版会
【目次】第1部 ヨーロッパ大陸における事務管理法（近時のドイツ判例の動向と学説の反応，ドイツ民法の起草過程，ヨーロッパ事務管理法の提案と学説の反応），第2部 英米法における事務管理に対応する機能（救助義務の可否─法と経済学からの政策的検討，アメリカ回復法リスティトメント（第三次）（2011）─事務管理及び支出利得類型の比較統的設定），第3部 日本の事務管理法（第三者弁済─介入の促進と本人保護の要請との調整，救助行為，行政代執行，支出利得，日本法の課題）
2017.3 386p A5 ¥6400 ①978-4-87259-577-2

◆18歳からはじめる民法　潮見佳男，中田邦博，松岡久和編　（京都）法律文化社　第3版
【目次】バイクで人身事故を起こしたら，インターネット上で中傷されたら，買った自動車が故障していたら，スーパーで食品を買ったら，英会話教室に通ったら，インターネット通販で靴を買ったら，友人に貸した自転車を取り戻したい，入学するときにお金を借りたら，自分のクレジットカードを作ったら，ある友達との「結婚」，親が離婚したら，祖母が認知症になったら，祖父が亡くなったら，アパートを借りたら，相続の世界を考える　2017.4 100p B5 ¥2200 ①978-4-589-03827-2

◆書式告訴・告発の実務─企業活動をめぐる犯罪対応の理論と書式　経営刑事法研究会編　民

事法研究会　（裁判事務手続講座 第14巻）　第五版
【要旨】最新の法令、実務の動向、社会情勢、判例を収録し、7年ぶりに大幅改訂！ 基礎知識から実践的対応までを犯罪の具体的態様や犯罪成立要件などの刑事法上の理論を踏まえて書式と実務を一体として詳解した待望の書！ 法律実務家や企業法務担当者必携の実践的手引書！
2017.11 430p A5 ¥4100 ①978-4-86556-186-9

◆事例に学ぶ契約関係事件入門―事件対応の思考と実務　契約関係事件研究会編　民事法研究会
【要旨】典型契約・非典型契約をめぐる成立の存否、解約の有効性、当事者の義務等の事件対応を解説！ 売買、消費貸借、賃貸借、請負、寄託等の典型契約から連帯保証、競業避止義務、下請、フランチャイズ等非典型契約関係事件も収録！ 弁護士、司法書士、企業法務関係者等の羅針盤となる1冊！
2017.5 365p A5 ¥3300 ①978-4-86556-161-6

◆事例に学ぶ成年後見入門―権利擁護の思考と実務　大澤美穂子著　民事法研究会　（事例に学ぶシリーズ）　第2版
【要旨】最新の家庭裁判所の運用、改正民法、家事事件手続法、成年後見制度利用促進法等に対応し改訂！ 施設入所手続、医療同意、居住用不動産の売却、対立親族への対応、養護者の虐待、死後事務、財産管理、後見監督人等豊富な事例を網羅！
2017.4 240p A5 ¥2300 ①978-4-86556-153-1

◆新基本民法　1　総則編―基本原則と基本概念の法　大村敦志著　有斐閣
【要旨】債権法改正にも対応。民法総則を、実質的な意味での契約法をなす「契約一般の法」と捉えるとともに、「基本原則と基本概念の法」として把握する。
2017.4 265p A5 ¥1900 ①978-4-641-13770-7

◆新基本民法　8　相続編―遺産管理の法　大村敦志著　有斐閣
【要旨】相続法が財産法と家族法の交点に位置づけられることから、これを「遺産管理の法」として把握する。相続法改正に関する議論にも触れた。相続法改正法案にも対応。シリーズリニューアル第7弾！
2017.3 212p A5 ¥1800 ①978-4-641-13763-9

◆親権・監護権をめぐる法律と実務　渋谷元宏, 渋谷麻衣子著　清文社　改訂増補版
【要旨】児童福祉法・児童虐待防止法の平成28年・29年改正、ハーグ条約の適切な手続について加筆。親権・監護権に関する問題・手続を、裁判例とともに解説。
2017.11 267p A5 ¥2400 ①978-4-433-65427-6

◆新 実務家のための税務相談 民法編　三木義一監修, 本山敦, 伊川正樹編　有斐閣
【要旨】「知らなかった」ではすまされません！ 実務上ふと気になる問題をハンディに知ることができる！ 民法と税法の関連をわかりやすく解説。
2017.6 399p A5 ¥3200 ①978-4-641-13197-2

◆新成年後見制度の解説　小林昭彦, 大門匡, 岩井伸晃編著, 福本修也, 岡田伸太, 原司, 西岡慶記著　金融財政事情研究会, きんざい 発売　改訂版
【要旨】立案担当者による最も詳細な立法解説書を18年ぶりに全面改訂して最新の実務を加筆し、数次の民法の改正や家事事件手続法・成年後見制度利用促進法の制定等を反映。
2017.12 632p A5 ¥6500 ①978-4-322-13219-0

◆信託法―現代民法 別巻　道垣内弘人著　有斐閣
【要旨】平成18年制定の現行信託法について、厳密な解釈論を提示。信託法の本質を解明する。
2017.5 450p A5 ¥3300 ①978-4-641-13765-3

◆新注釈民法　17　親族　二宮周平編, 大村敦志, 道垣内弘人, 山本敬三編集代表　有斐閣
【要旨】信頼と伝統を受け継ぎ判例・学説の現在の到達点を示す新時代のコンメンタール。本巻は、民法第4編親族「第1章総則」「第2章婚姻」および「第3章親子第1節実子」を扱う。
2017.10 786p A5 ¥8200 ①978-4-641-01752-8

◆新版 証書の作成と文例―家事関係編　日本公証人連合会編著　立花書房　改訂版
【目次】離婚給付等（一般）、養育費・その1（毎月払）、養育費・その2（その他）、面会交流、離婚慰謝料、財産分与（ローン付不動産の分与）、

財産分与（金銭、不動産以外の分与）、婚姻費用分担、内縁関係解消に伴う給付契約、婚約不履行による損害賠償〔ほか〕
2017.3 274p A5 ¥2300 ①978-4-8037-2618-3

◆新類型の信託ハンドブック―セキュリティ・トラスト/自己信託/受益証券発行信託/限定責任信託/信託社債/事業の信託/受益者の定めのない信託/遺言代用信託/後継ぎ遺贈型受益者連続信託　田中和明編著　日本加除出版
【要旨】信託法で創設された新しい類型の信託を中心に、創設の経緯、理論・実務上の問題提起とその対応を詳説。スキーム図も豊富に掲載。本書で新類型の信託がさまざまな形で活用できる。
2017.6 354p A5 ¥3400 ①978-4-8178-4398-2

◆図解で早わかり 債権法改正に対応！ 民法"財産法"のしくみ　木島康雄監修　三修社
【要旨】総則、物権、債権、事務管理、不当利得、不法行為まで解説。膨大な民法（財産法）の基本と新しい契約ルールが本書1冊で学べる。120年ぶりに変わった！ 債権法改正に完全対応。
2017.9 255p A5 ¥1800 ①978-4-384-04761-5

◆図解で早わかり 民法改正で変わる！ 最新契約のしくみとルール　梅原ゆかり監修　三修社
【要旨】契約実務の基本、契約書の記載事項、公正証書の作成などを解説。ビジネスから日常生活まではさまざまな契約の仕組みが本書1冊で学べる。定型約款、個人保証の制限、契約不適合責任など、改正民法に完全対応。
2017.11 255p A5 ¥1800 ①978-4-384-04766-0

◆図解 民法（親族・相続）平成29年版　田中千草ほか監修　大蔵財務協会
【目次】第1編 親族法（親族、婚姻、離婚、親子ほか）、第2編 相続法（相続の開始等、相続人、相続の効力、相続の承認及び放棄 ほか）
2017.9 482p B5 ¥3056 ①978-4-7547-2436-8

◆成年後見制度のソリューション 法人後見のてびき―利用促進の原動力「地域連携ネットワーク・中核機関」の構築運営に向けて　齋藤修一監修, 全国地域生活支援機構, 金原利也, 尾川宏豪著　日本加除出版
【要旨】法人後見の受任を目指す市民団体や、社会福祉協議会の担当者必読の書！
2017.9 195p A5 ¥1800 ①978-4-8178-4427-9

◆成年後見のことならこの1冊　堀川末子, 石黒清子監修　自由国民社　（はじめの一歩）第4版
【要旨】法定後見・任意後見・関連制度の活用例を23のケーススタディで紹介！ 成年後見事務の円滑化法・成年後見制度利用促進法に対応！
2017.7 197p A5 ¥1800 ①978-4-426-12225-6

◆税理士だからサポートできる！ 成年後見ハンドブック　全国女性税理士連盟編著　清文社
【要旨】顧問先の相談対応から後見人の就任まで、成年後見を経験した税理士がわかりやすくQ&Aで解説！
2017.3 217p A5 ¥2400 ①978-4-433-63247-2

◆設題解説 戸籍実務の処理　13　戸籍訂正各論編　3　認知　木村三男編著　日本加除出版　（レジストラー・ブックス 148）
【要旨】コンピュータ戸籍の「訂正記載例」を充実！ 基本から応用までを網羅した定番シリーズの改訂版。実務に役立つ戸籍訂正申請書の記載例も事例ごとに収録。
2017.5 385p A5 ¥4400 ①978-4-8178-4389-0

◆設題解説 戸籍実務の処理　14　戸籍訂正各論編　4　木村三男編著　日本加除出版　（レジストラー・ブックス 149）改訂版
【要旨】コンピュータ戸籍の「訂正記載例」を充実！ 基本から応用までを網羅した定番シリーズの改訂版。各事例の具体的処理方法を根拠に基づき詳細に解説。実務に役立つ戸籍訂正申請書の記載例も事例ごとに収録。
2017.8 371p A5 ¥4200 ①978-4-8178-4414-9

◆捜査のための民法　鶴岡文人著　東京法令出版　第3版
【要旨】捜査官向けに特化した構成。刑法の擬律判断に役立つ民法の主要な制度を解説。必要最低限の考え方を権力分かりやすく説明。第1章を全面的に改めるとともに、「民法改正案One

Point 解説」を随所に登載！
2017.5 177p A5 ¥1200 ①978-4-8090-1369-0

◆続・民法学の展開　前田達明著　成文堂　（民法研究 第3巻）
【目次】第1章 法解釈方法論（法解釈方法論序説、法解釈の方法について、『法解釈入門』の入門ほか）、第2章 証明責任論（証明責任について―主張責任と証明責任を中心にして、権威への挑戦、続・権威への挑戦 ほか）、第3章 ドイツ民法史論（民法典の体系について、ドイツ損害賠償法）
2017.9 338, 17p A5 ¥6000 ①978-4-7923-2705-7

◆逐条 破産法・民事再生法の読み方　岡伸浩, 神原千郷, 佐々木英人編著　商事法務
【要旨】条文・基本事項・論点解説・より深く学ぶ・判例・文献―三次元軸の多層構造で理解する卓上注釈書。
2018.1 914p A5 ¥8600 ①978-4-7857-2586-0

◆中間試案後に追加された民法（相続関係）等の改正に関する試案（追加試案）　商事法務編　商事法務　（別冊NBL No.163）
【目次】「中間試案後に追加された民法（相続関係）等の改正に関する試案（追加試案）」の概要、中間試案後に追加された民法（相続関係）等の改正に関する試案（追加試案）、中間試案後に追加された民法（相続関係）等の改正に関する試案（追加試案）の補足説明、参考資料 民法（相続関係）部会資料23・1 要綱案のたたき台（2）
2017.9 101p A5 ¥1900 ①978-4-7857-7135-5

◆売買・請負における履行・追完義務　原田剛著　成文堂
【目次】第1部 ドイツ民法における売主の追完義務の射程（問題の所在、追完における買主の使用利益返還問題、瑕疵ある物を給付した売主の追完義務の射程―取次および取付け義務）、第2部 瑕疵ある建物に対する不法行為責任（瑕疵ある建物の「権利侵害」責任、設計・監理を請け負った一級建築士の責任）、第3部 請負における履行上の問題（仕事完成前の注文者の解除、履行の遅延・費用の増加）
2017.11 396, 6p A5 ¥8000 ①978-4-7923-2707-1

◆はじめての民法総則　尾崎哲夫著　自由国民社　（3日でわかる法律入門）第10版
【要旨】はじめの一歩はこの1冊から！ 語りかける解説＋黒板メモ式のわかりやすい法律入門書です。
2017.4 161p B6 ¥1200 ①978-4-426-12214-0

◆"判旨"から読み解く民法　水野謙, 古積健三郎, 石田剛著　有斐閣　（法学教室LIBRARY）
【要旨】法学教室の好評連載「逆引き民法★24の判旨」の単行本化。単行本化にあたり6判例を追加。財産法および家族法の好評判例30件を解説。事案を丁寧にひもとき、関連する判例や学説から鋭く分析。民法（債権法）改正などが対象判例に与える影響もフォロー。
2017.5 511p A5 ¥3900 ①978-4-641-13771-4

◆判例による不貞慰謝料請求の実務―主張・立証編　中里和伸, 野口英一郎著　弁護士会館ブックセンター出版部LABO, 大学図書 発売
【目次】序章 不貞行為の普遍性、第1章 不貞慰謝料請求訴訟の提起から終結に至るまでの時系列の流れ、第2章 不貞慰謝料請求訴訟における典型的な主張と反論の構造、第3章 民事訴訟における事実認定、第4章 不貞慰謝料請求の証拠の入手方法と裁判例、第5章 不貞慰謝料請求訴訟と渉外問題、第6章 不貞慰謝料請求訴訟と弁護士職務基本規程（旧弁護士倫理）
2017.3 261p A5 ¥3800 ①978-4-904497-33-3

◆一人暮らしで生きていくための任意後見入門　大野益通著　弓立社
【目次】はじめに 一人暮らし高齢者の「見守りびと」として、ケース1 末期がん患者、一人暮らしのAさん、ケース2 夫をなくして独りになったBさん、ケース3 年金で施設に暮らす高齢男性Cさん、ケース4 がん切除手術をうけるDさんを支援する医療ソーシャルワーカー、ケース5 低額の老人施設入所のEさん、ケース6 自宅で介護を受けて生活したいFさん、まとめ ひとめでわかる高齢者みまもりガイド、終わりに 日本版CCRC構想 終生を暮らしつづけられる日光宇都宮メディカルヴィレッジ
2017.10 203p A5 ¥1500 ①978-4-89667-992-2

◆広がる民法　1　入門編―法の扉を開く　大村敦志著　有斐閣

【要旨】おおもとがわかるとわかる！ 契約・所有・家族・責任から民法のルーツを探る、第2の法学入門。
2017.3 200p A5 ¥2300 ①978-4-641-13761-5

◆**紛争類型別 事実認定の考え方と実務**　田中豊著　民事法研究会
【要旨】裁判官のなすべき正確な事実認定と訴訟代理人の主張・立証活動のあり方を解説！ 売買・消費貸借・賃貸借の契約事件類型、土地の所有権や相続をめぐる紛争類型でのポイントを具体的に分析・解説！ 裁判官・弁護士・司法書士等法律実務家にはスキルの向上を、司法修習生・法科大学院生には、思考方法を提示する1冊！
2017.5 298p A5 ¥3800 ①978-4-89628-509-9

◆**平成29年大改正 新・民法全条文集 重要旧条文併記**　早稲田経営出版編集部編　早稲田経営出版
【要旨】改正民法の全条文を掲載。改正条文はゴシック体。改正文言には色の背景。重要な旧条文、削除条文を併記。新設条文を明示。
2017.6 276p A5 ¥4000 ①978-4-8471-4097-6

◆**平成29年大改正！ 民法の全条文**　三省堂編修所編　三省堂
【要旨】（明治31年施行以来）120年ぶりの債権法大改正、ここに成る。新旧条文併載、対応条項註記・旧新対照表付きで、改正内容が一目瞭然！
2017.7 198p A5 ¥1000 ①978-4-385-32251-3

◆**包括的担保法の諸問題**　佐藤岩昭著　有斐閣　（上智大学法学叢書）
【目次】第1部 研究論文（包括的担保法の理論、債権者代位権に関する基礎的考察―解釈試論のための理論的基礎付けを求めて、詐害行為取消権の成立要件に関する一考察―詐権法的視点から見た弁済の詐害性に関する問題点、詐害行為取消権の沿革及び判例の検討―民法424条～426条、詐害行為取消権の主体―詐害行為概念と法的行為概念との比較を手がかりとして）、第2部 判例研究（任意整理、民事再生手続と詐害行為取消権、債権譲渡・契約上の地位の譲渡と詐害行為取消権、詐害行為取消権における原状回復方法、詐害行為取消権の法的性質および民法425条論、詐害行為取消権のその他の問題）、第3部 学会報告・論文紹介（学会報告（付・後記）、論文紹介―アメリカにおける権利一詐害的譲渡防止法）
2017.5 350p A5 ¥5700 ①978-4-641-13767-7

◆**マンガでわかる！ 民法の大改正―契約法関係の改正内容を建築・不動産取引で理解する**　黒松百亜著，しまだいさお画　建築資料研究社
【要旨】飲食店のツケ「1年」→「5年」で時効。アパートの敷金→明渡しが完了したら大家さんはすぐ返金。法定利率「5％固定」→「3％変動」。インターネット通販の約款→消費者に不利な条項は無効。事業資金の保証人→第三者の個人は公証人が意思確認etc…2020年6月までに施行予定の改正法をやさしく「わかる」！ とある建設・不動産会社で巻き起こる法律トラブルを、弁護士モモエ先生が民法改正という視点で解決。
2017.6 149p A5 ¥1800 ①978-4-86358-509-6

◆**民事月報　Vol.72 No.2**　法務省民事局編　法曹会
【目次】巻頭言 得意技を活かす、特集、論説・解説、法令、告知板、法務局だより、法務局ひろば 魔法のプリン、通達・回答
2017.3 117p A5 ¥1713

◆**民事月報　Vol.72 No.3**　法務省民事局編　法曹会
【目次】巻頭言 カナリア、特集、論説・解説、法令、告知板、法務局だより、法務局ひろば キラキラ、通達・回答
2017.11 260p A5 ¥1250

◆**民事月報　Vol.72 No.10**　法務省民事局編　法曹会
【目次】巻頭言（続）新たなドア、論説・解説、民法（債権法）改正の解説（1）、法令（公証）公証人法第7条ノ2第1項の規定による公証人の指定について（平成29.9.1法務省告示417）、資料 中華人民共和国における身分関係法制調査研究、告知板、法務局だより、法務局ひろば、通達・回答
2017.12 426p A5 ¥5000 ①978-4-7857-2571-6

◆**民事再生の実務**　森純子，川畑正文編著　商事法務
【要旨】裁判官・書記官らが最新の運用方針を示す。民事通常再生事件の実務上の重要論点30項目をカバー。大阪地裁第6民事部（倒産部）における申立書等の書式を多数紹介した、実務家必携の1冊！
2017.12 426p A5 ¥5000 ①978-4-7857-2571-6

◆**民事執行法の改正に関する中間試案**　きんざい編　金融財政事情研究会，きんざい 発売
【目次】「民事執行法の改正に関する中間試案」の概要、民事執行法の改正に関する中間試案、民事執行法の改正に関する中間試案の補足説明
2017.11 81p A5 ¥1500 ①978-4-322-13235-9

◆**民事執行・保全法**　上原敏夫，長谷部由起子，山本和彦著　有斐閣　（有斐閣アルマ）　第5版
【要旨】金融機能と密接な関わりを持つ民事執行制度を手堅面で支える民事執行法と民事保全法。その全体像がこの一冊で体系的かつ正確に理解できる。民事執行・保全法のスタンダードテキスト。法改正、新判例、最新実務動向を織り込んだ、最新版！
2017.3 368p B6 ¥2000 ①978-4-641-22085-0

◆**民事信託受託者の実務**　民事信託活用支援機構編　日本加除出版
【要旨】受託者になったら何をする？ 法的立場は？ どんな契約が必要？ 債権債務はどう変わる？ 権利・義務、資産管理、運営、決算報告、諸手続等。
2017.10 371p A5 ¥3500 ①978-4-539-72563-4

◆**民事信託の実務と書式―信託準備から信託終了までの受託者支援**　渋谷陽一郎著　民事法研究会　（『民事信託における受託者支援の実務と書式』増補・改題書）
【要旨】受託者の信託事務（財産管理事務）を支援する資格者専門職に必須となる知識と実践的対応を書式と一体として詳解！
2017.9 483p A5 ¥4800 ①978-4-86556-181-4

◆**民事手続法の現代的課題と理論的解明―徳田和幸先生古稀祝賀論文集**　山本克己，笠井正俊，山田文編　弘文堂
【要旨】学理的に強固な基盤の上に現代的課題の解決への道筋をայす！ 民事手続法分野の多岐にわたる手続について数々の秀でた業績を残してこられた徳田和幸先生の古稀を祝し、わが国を代表する第一線の研究者46名が、批判的精神をもって真摯に現代的課題に迫る。
2017.2 882p A5 ¥15000 ①978-4-335-35686-5

◆**民事判例　14―2016年後期**　現代民事判例研究会編　日本評論社
【目次】第1部 最新民事裁判例の動向（取引裁判例の動向、担保裁判例の動向、不動産裁判例の動向 ほか）、第2部 最新専門領域裁判例の動向（環境裁判例の動向、医事裁判例の動向、労働裁判例の動向 ほか）、第3部 注目裁判例研究（取引1―別荘地管理契約の法性決定と任意解除の可否（東京高判平28・1・19）、取引2―情報システムのパッケージソフトの導入請負契約における報酬支払請求（東京高判平26・11・26）、担保―不動産の賃貸借契約と買戻特約付売買契約が譲渡担保契約であるとされた事例（東京地判平27・7・14）ほか）
2017.4 134p B5 ¥2800 ①978-4-535-00242-5

◆**民事判例　15（2017年前期）**　現代民事判例研究会編　日本評論社
【目次】第1部 最新民事裁判例の動向（取引裁判例の動向、担保裁判例の動向、不動産裁判例の動向 ほか）、第2部 最新専門領域裁判例の動向（環境裁判例の動向、労働裁判例の動向、知財裁判例の動向 ほか）、第3部 注目裁判例研究（取引1―主債務者が中小企業者の実体を有しないことが判明した場合における信用保証契約についての錯誤、取引2―不特定多数の消費者に向けた働きかけと消費者契約法の「勧誘」要件、担保―債権の売買と再売買が譲渡担保であるとして金銭消費貸借に準じる取引に利息制限法を類推適用した事例 ほか）
2017.10 134p B5 ¥2800 ①978-4-535-00243-2

◆**民事法学の基礎的課題―植木哲先生古稀記念論文集**　高森八四郎，小賀野晶一編集代表　勁草書房
【目次】信義則の考察―クレジット事件を素材として、約款と異なる個別合意の効力、消費者契約法と代理構造、リスク取引における瑕疵・契約適合性、オンラインゲームをめぐる契約に関する消費者紛争と未成年者法理、賃借建物の火災の場合における賃料減額と修補―火災保険が付されている場合におけるドイツ民法との比較の調査、保険会社における保険金支払いの誠実調査・誠実審査義務、マンションの防災・減災（耐震化）と私権の調整に関する現代法制をめぐる課題、区分所有、不法行為法の現代化と寄与度論 〔ほか〕
2017.10 494p A5 ¥12000 ①978-4-326-40344-8

◆**民事法入門**　野村豊弘著　有斐閣　（有斐閣アルマ）　第7版
【要旨】特定の法律科目を学ぶ際には、その分野の概括的な知識を得ることが望ましい。民法を中心に、商法・民事訴訟法にも言及して、民事全体の骨組みを明快・コンパクトに示した入門書。はじめて民事法を学ぶ人に最適。
2017.12 239p B6 ¥1800 ①978-4-641-22105-5

◆**民事法律扶助活用マニュアル**　民事法律扶助研究会著　現代人文社，大学図書 発売　第2版
【目次】1 民事法律扶助契約（法テラスとの間で基本契約を締結しようと思いますが、どうすればよいでしょうか。民事法律扶助等の申請の書類が変わったということですが、どのように変わったのでしょうか。ほか）、2 法律相談援助の利用の仕方（総論・費用・要件 ほか）、3 代理援助の利用の仕方（手続、多重債務事件 ほか）、4 事件終了後、辞任・解任の手続（報告義務と報酬、費用の精算等 ほか）、5 日弁連委託援助（日弁連委託援助事業とは何ですか。日弁連委託援助事業を利用できる要件はどのようなものですか。ほか）
2017.6 142p B5 ¥2000 ①978-4-87798-675-9

◆**民法**　円谷峻，武川幸嗣著　放送大学教育振興会，NHK出版 発売　（放送大学教材）　新訂
【目次】市民生活と民法、権利の主体（民法の担い手）、法律行為、代理による法律行為、取引の対象（物と権利）、物を占有、所有する権利、売買と法、契約違反と救済、不動産利用と法、担保、時効による権利取得・権利行使の制限、不法行為、特殊不法行為と特別法における不法行為責任、家族と法、相続と法
2017.3 297p A5 ¥2900 ①978-4-595-31726-2

◆**民法　7 親族・相続**　高橋朋子，床谷文雄，棚村政行著　有斐閣　第5版
【要旨】家族法の定番テキスト最新版。家族法をとりまく最新の法状況を反映。最高裁大法廷における再婚禁止期間規定の一部違憲判決や預金債権を遺産分割の対象とする決定等、最新の判例を的確にフォロー。信頼と充実の第5版！
2017.9 461p B6 ¥2400 ①978-4-641-22104-8

◆**民法改正―民法の基礎から学ぶ**　山本敬三著　岩波書店
【要旨】今回の民法改正に求められていたのは、「制定以来の社会・経済の変化への対応」をはかることと、「国民一般に分かりやすいもの」とすること。法制審議会で改正作業に携わった著者が、「民法とは何か」から始め、改正の背景、ポイントをわかりやすく丁寧に解説。
2017.9 171p A5 ¥1200 ①978-4-00-024885-3

◆**民法改正が住宅・建築・土木・設計・建材業界に与える影響**　匠総合法律事務所編著　大成出版社
【目次】第1部 民法改正を学ぶことは取引ルールを学ぶことにつながる（民法改正とは、民法改正は、消費者保護を目的とした法改正なのか？ ほか）、第2部 住宅・建築業界にもたらす影響（民法改正の概要（請負/瑕疵担保責任）、追完請求権の創設 ほか）、第3部 住建築部材メーカー・建材流通業界にもたらす影響（売買契約における債務不履行が発生した場合、改正で、保証制度が変わる ほか）、第4部 設計業界にもたらす影響（設計業務委託契約は請負契約か委任契約か、民法改正における設計者の責任 ほか）、第5部 土木業界にもたらす影響（工事発注者のコンプライアンス（発注者責任）、工期遅延の原因が注文者の指図にある場合 ほか）
2017.8 91p A5 ¥1300 ①978-4-8028-3303-5

◆**民法改正がわかった**　田中嗣久，大島一悟著　法学書院
【要旨】「なるほど、こういう目的で、ここがこう変わったのか！」と納得できるわかりやすい解説！「旧条文がどう変更されたのか？」百聞は一見に如かず、本書で一目瞭然！『民法がわかった』同様に、よりやさしく、よりわかりやすく丁寧に解説された、民法改正の重要ポイントが理解できる一冊。
2017.8 349p A5 ¥2300 ①978-4-587-53548-3

◆**民法改正で変わる！ 契約実務チェックポイント**　野村豊弘監修，虎ノ門南法律事務所編著　日本加除出版
【要旨】120年ぶりの改正に向けて、企業がいま準備すべきこと。民法改正前に締結された契約書の修正点も一目で分かる！ 民法改正後にその

まま使える契約書式例を多数掲載。

◆**民法改正と請負契約 建設請負業者への影響―100年振りの改正**　升田純著　大成出版社
【要旨】現行法の下における請負契約に関する規定、その解釈・運用、実務の判例・裁判例を踏まえつつ、改正法の内容、意義を解説するとともに、判例、裁判例から改正法の下における実用性についても分析・検討。
2017.10 179p A5 ¥3800 ①978-4-8028-3307-3

◆**民法改正と金融実務Q&A―債権法・預金取扱・保証実務が変わる**　岩田合同法律事務所編、本村健、村上雅哉、佐藤修二、柏木健佑編著　銀行研修社
【目次】第1章 民法改正の概要、第2章 預金取引に生じる影響、第3章 融資取引に生じる影響、第4章 保証契約に生じる影響、第5章 金融商品販売やその他付随業務に生じる影響、第6章 協同組織金融機関への影響、第7章 その他重要な改正　2017.6 204p A5 ¥1759 ①978-4-7657-4553-6

◆**民法改正と不動産取引**　吉田修平著　金融財政事情研究会、きんざい 発売
【要旨】改正民法と現行法を4段表で比較解説。賃貸借の存続期間・賃貸人の地位の移転・賃借人の修繕権・敷金など新たな賃貸借と、瑕疵担保責任・買主の追完請求権・買主の代金減額請求権など売買を重点解説。賃貸住宅標準契約書をどのように修正すべきかも分析。不動産取引事業者の虎の巻！
2017.12 173p A5 ¥1500 ①978-4-322-13224-3

◆**民法改正の解説―不動産関係者必携本！**　渡辺晋著　住宅新報社
【要旨】不動産取引に必要な項目を集中掲載。何がどう変わったか、実務への影響もわかりやすい！　2017.6 424p A5 ¥2400 ①978-4-7892-3792-5

◆**民法改正のポイントと実務対応**　冨岡孝幸、吉野彰、前田直哉著　（川崎）ジェネシスビジネス出版
【要旨】120年ぶりの民法（債権法）大改正を、「実務に与える影響の視点」から重要項目を取り上げ、わかりやすく解説。
2017.10 241p A5 ¥2800 ①978-4-909213-01-3

◆**民法概論 1 民法総則**　山野目章夫著　有斐閣
【要旨】平成29年民法（債権関係）改正後の条文に基づいて講述。山野目教授の手に成る、民法財産編全体を概説するシリーズの第一弾。簡潔な体系的構成を基調としつつ、民法への関心を高めることに資する題材を展開する。また、社会的実態に関わる問題や、訴訟上の攻撃防御の有り方にも触れている。
2017.12 377p A5 ¥3200 ①978-4-641-13778-3

◆**民法から考える民事執行法・民事保全法**　高須順一著　第2版　民事法務
【要旨】債権法改正をふまえた執行法・保全法の理解のために！「解いて」「見て」「読んで」流れを把握する。
2017.10 387p A5 ¥3200 ①978-4-7857-2556-3

◆**民法（債権関係）部会資料集 第3集 第3巻 第80回会議議事録と部会資料**　商事法務編　商事法務
【要旨】実録・法制審議会民法（債権関係）部会第80回会議、議事録と部会資料を高い一覧性の下に完全収録。
2017.3 1057p A5 ¥12000 ①978-4-7857-2504-4

◆**民法（債権関係）部会資料集 第3集 第4巻 第81回～第85回会議議事録と部会資料**　商事法務編　商事法務
【要旨】実録・法制審議会民法（債権関係）部会第81回～第85回会議。議事録と部会資料を高い一覧性の下に完全収録。
2017.7 619p A5 ¥8000 ①978-4-7857-2533-4

◆**民法（債権関係）部会資料集 第3集 第5巻 第86回～第92回会議議事録と部会資料**　商事法務編　商事法務
【要旨】実録・法制審議会民法（債権関係）部会第86回～第92回会議議事録と部会資料を高い一覧性の下に完全収録。
2017.8 673p A5 ¥8800 ①978-4-7857-2551-8

◆**民法（債権法）大改正 要点解説―改正理由から読み込む重要ポイント**　阿部泰久、川嶋茂治、篠浦雅幸著　清文社

【要旨】なぜ、民法（債権法）は120年ぶりに大改正されるのか!?企業の取引活動に重大な影響を与える新たな『契約法』が平成29年6月2日いよいよ公布!!
2017.7 572p A5 ¥4800 ①978-4-433-64997-5

◆**民法条文100選―100ヵ条で学ぶ民法**　加賀山茂著　信山社
【要旨】裁判所による適用頻度という客観的な基準に基づいて、民法の中で学習し、暗記すべきは、「民法条文・適用頻度ベスト10」であることを明らかにする。それが学習できたかどうかは、学習到達度チェック問題1～5や議論課題1～5に挑戦してみればよい。それらの問題を通じて、学習の最初のレベルに到達できる。その後、「民法条文・適用頻度ベスト100」を「ベスト20」、「ベスト30」に重点を置き、総合練習問題で学習することによって、自然に次のレベルに到達することができる。
2017.2 257p A5 ¥2600 ①978-4-7972-7048-8

◆**民法成年年齢引下げが与える重大な影響**　辺見紀男、武井洋一、山田美代子編集代表　清文社
【要旨】18歳、19歳の若者、小中高校・大学などの教育関係者、自治体等各種の行政機関職員や地域の民生委員、若年者を雇用する企業人などなど国民みんなで考える！民法成年年齢改正に深い問題意識をもつ弁護士、税理士、公認会計士13名が結集して詳解！
2017.6 260p A5 ¥2800 ①978-4-433-64957-9

◆**民法（全）**　潮見佳男著　有斐閣
【要旨】これ1冊で民法がわかる！好評の『入門民法（全）』をさらに使いやすく一新。総則・財産法はもちろん、親族・相続法まで民法全分野を網羅。平成29年民法（債権関係）改正に対応した最新版。
2017.6 698p A5 ¥4500 ①978-4-641-13766-0

◆**民法総則**　平野裕之著　日本評論社
【要旨】初めてでも通読できる「基本書」、平成29年改正に完全対応！学力の向上に合わせ段階的に学習ができるよう、構成内容・レイアウトともに意識。詳細ながらも、読みやすい充実の1冊。　2017.9 490p A5 ¥4500 ①978-4-535-52159-9

◆**民法総則**　原田昌和、寺川永、吉永一行著　日本評論社（日本評論社ベーシック・シリーズ）
【要旨】民法改正に対応した新時代の"読める"教科書！「意思表示」や「法律行為」、「代理」、「時効」といった民法総則の重要概念も、より明快に、より基礎基本に徹して解説。
2017.9 228p A5 ¥1800 ①978-4-535-80679-5

◆**民法 総則・物権**　山野目章夫著　有斐閣（有斐閣アルマ）　第6版
【要旨】民法は、試験科目としてだけでなく、自分の周りや社会のあり方を考える上での"大切な武器"になる。社会生活を送る上で不可欠の存在である民法をわかりやすく、かつおもしろく解説する。民法（債権法）改正織り込み済！
2017.7 260p B6 A5 ¥1800 ①978-4-641-22089-8

◆**民法入門**　生田敏康、畑中久彌、道山治延、蓑輪靖博、柳景子著　（京都）法律文化社
【目次】序論、総則（1）自然人・法人、総則（2）法律行為・代理・時効、物権（1）物権の意義と種類・所有権の内容、物権（2）物権変動、物権（3）担保物権、債権総論（1）債権の目的・債権の効力、債権総論（2）責任財産の保全・多数当事者の債権債務関係、債権総論（3）債権譲渡・債権の引受けと契約上の地位の移転・債権の消滅、債権各論（1）契約総論、債権各論（2）契約各論、債権各論（3）不法行為その他、親族、相続
2017.8 190p A5 ¥2000 ①978-4-589-03862-3

◆**民法 Visual Materials**　池田真朗編著　有斐閣　第2版
【要旨】民法を理解し、使いこなすための入門書。珍しい写真や新聞記事、各種様式や登記記載例、様々な契約書や約款などを満載し、社会で行われる取引や紛争など民法をリアリティをもって学べる。
2017.4 174p B5 ¥2000 ①978-4-641-13774-5

◆**名誉毀損の法律実務**　佃克彦著　弘文堂　第3版
【要旨】ネット時代に完全対応の全面改訂版！成立要件、免責要件から報道被害対策まで名誉毀損に関する訴訟実務の全てが1冊に。新判例・論点を盛り込んだ充実の最新版！
2017.6 653p A5 ¥5800 ①978-4-335-35689-6

◆**面会交流支援の方法と課題―別居・離婚後の親子へのサポートを目指して**　二宮周平編　（京都）法律文化社
【目次】第1部 別居・離婚後の面会交流（面会交流とは何か、家庭裁判所はどのように対応しているか、合意形成と履行の支援）、第2部 面会交流支援（援助）団体の取組み（支援（援助）団体の取組み―面会交流支援団体フォーラム2015より、支援（援助）団体アンケート、面会交流援助者（支援者）へ、事例研究―困難ケースへの対応）、第3部 サポートの新たな展開（離れて暮らす親子のための情報提供パンフレット、子どもへの情報提供ハンドブック、出口の見える支援へ向けて―新しい試み、子どもたちのピアサポート、基礎自治体による面会交流支援）
2017.2 230p A5 ¥3200 ①978-4-589-03835-7

◆**面会交流と養育費の実務と展望―子どもの幸せのために**　棚村政行編著　日本加除出版　第2版
【要旨】待望の改訂版！最新判例と実務運用の実績をフォロー。この1冊で、司法・民間・行政の実務がわかる！家庭裁判所での手続・運用・実務、弁護士の具体的実務の実情と手続、FPICにおける援助や養育費相談支援センターでの支援、行政の取組（東京都）が分かる。各現場のエキスパートが、実情・実践を踏まえて再び解説!!示唆に富む海外の制度も、要点を絞って紹介！最新情報へ更新！
2017.9 326p A5 ¥3200 ①978-4-8178-4418-7

◆**面会交流はこう交渉する―元家裁調査官が提案する 事前交渉から調停段階までポイントは早期解決と子の福祉の視点**　小泉道子著　民事法研究会
【要旨】別居親、同居親それぞれの代理人に向けて、面会交流事件の早期解決のための交渉術を示す。特徴別、子の年齢別の具体的な面会交流の方法や、同居親や子どもの拒否といった事例での交渉や対応の方法。
2017.12 200p A5 ¥2300 ①978-4-86556-192-0

◆**養育費・婚姻費用の新算定表マニュアル―具体事例と活用方法**　日本弁護士連合会両性の平等に関する委員会編　日本加除出版
【要旨】根拠を明示しながら、本当に寄り添うわかりやすい解説。複雑・困難事例にも、裁判例と豊富な関係図で対応。現行の算定方式・算定表における取扱いも整理。担当する事件ですぐに使える「主張書面案」つき。
2017.7 330p A5 ¥3300 ①978-4-8178-4406-4

◆**要件事実・事実認定ハンドブック―ダイアグラムで紐解く法的思考のヒント**　河村浩、中島克巳著　日本評論社　第2版
【要旨】民法（債権法）改正対応の第2版！初版時に好評を得た、図解・書式やCoffee Break も益々充実。民法改正後も動じることなく、民事裁判理論を根本から理解するための必携書。
2017.9 618p A5 ¥5000 ①978-4-535-52283-1

◆**要件事実マニュアル 4 過払金・消費者保護・行政・労働**　岡口基一著　ぎょうせい　第5版
【要旨】元祖・要件事実の"辞書"全面改訂版!!訴訟類型ごとの要件事実と必須知識をコンパクトにまとめた法曹のためのバイブル。
2017.6 699p A5 ¥5100 ①978-4-324-10169-8

◆**要件事実マニュアル 5 家事事件・人事訴訟**　岡口基一著　ぎょうせい　第5版
【要旨】元祖・要件事実の"辞書"全面改訂版!!訴訟類型ごとの要件事実と必須知識をコンパクトにまとめた法曹のためのバイブル。
2017.6 735p A5 ¥5100 ①978-4-324-10170-4

◆**要件事実民法 5-1 契約 1**　大江忠著　第一法規　第4版
【目次】第3編 債権（契約（総則、贈与"第549条-554条"、売買、交換"第586条"、消費貸借"第587条-592条"、利息制限法、リース契約、使用貸借"第593条-600条"））
2017.2 827p A5 ¥9200 ①978-4-474-05663-3

◆**要件事実民法 5-2 契約 2**　大江忠著　第一法規　第4版
【目次】第3編 債権（契約（賃貸借、借地借家法、雇用"第623条-631条"、労働契約法、労働基準法
2017.2 827p A5 ¥9200 ①978-4-474-05664-0

◆**よくわかる改正民法と金融取引Q&A**　堀総合法律事務所編　金融財政事情研究会、きんざい 発売

法律

◆利益相反の先例・判例と実務　中村均著　金融財政事情研究会、きんざい 発売　全訂第4版
【要旨】債権法の抜本見直しが預貯金、融資、管理・回収の業務慣行をかえる！金融機関行職員が知っておくべきポイントを解説。
2017.6 64p B5 ¥1000 ①978-4-322-12696-9

◆利益相反の先例・判例と実務　中村均著　金融財政事情研究会、きんざい 発売　全訂第4版
【要旨】先例・裁判例を見直し、より実務で使いやすく！会社法595条（持分会社と業務執行社員）に関する章を追加！付録として、利益相反取引承認の取締役会議事録の記載例を新たに収録！
2017.7 561, 7p A5 ¥5800 ①978-4-322-13042-3

◆リーガルベイシス民法入門　道垣内弘人著　日本経済新聞出版社　2版
【要旨】本書は、初めて民法あるいは法を学ぶ方のために書かれたものです。初学者のための入門書ですが、レベルを維持しつつ本質を理解できるように、さまざまな工夫をしています。債権法改正に対応、親族法・相続法を増補。民法全体を1冊で網羅。「なぜそうなっているのか」を日常の言葉で徹底して解説。
2017.6 746p A5 ¥4500 ①978-4-532-13468-6

◆若手法律家のための和解のコツ　廣田尚久著　学陽書房
【要旨】事件を丸く収める紛争解決力養成講座。
2017.2 199p A5 ¥2200 ①978-4-313-31414-6

◆早稲田民法学の現在―浦川道太郎先生・内田勝一先生・鎌田薫先生古稀記念論文集　浦川道太郎先生・内田勝一先生・鎌田薫先生古稀記念論文集編集委員会編　成文堂
【目次】総論（両性の本質的平等と民法、学校のいじめ―裁判例の現状と問題 ほか）、不動産（不動産所有権の二重契約における生存利益の保護―ドイツ物権能行為論の展開を手がかりとして、居住者の高齢化と高経年マンション―法はどう向き合うか ほか）、金融（担保物権法における居住の保護―抵当権に劣後する建物賃借人の居住は保護されているのか、ABLと生活利益 ほか）、契約（市場の力、携帯電話利用契約にみる民法と消費者法―中途解約金条項の有効性をめぐって ほか）、不法行為（慰謝料―生存・生命を考えながら、災害応急対策における避難行動と、居住者の注意義務―東日本大震災津波訴訟の示唆 ほか）、家族（生殖補助医療と民法、困難な面会交流事案の調停・調整技法 ほか）
2017.7 783p A5 ¥19000 ①978-4-7923-2704-0

◆Before/After民法改正　潮見佳男、北居功、高須順一、赫高規、中込一洋ほか編著　弘文堂
【要旨】改正の前後で、民法の解釈・適用にどのような違いが生じるのか？ 232のシンプルなCaseをもとに、「改正前での処理はどうだったか」（Before）「改正後での処理はどうなるか」（After）に分け、解説。根拠条文・要件効果の違いがわかり、学習にも実務にも最適！
2017.9 484p A5 ¥3300 ①978-4-335-35709-1

◆Law Practice民法　1　総則・物権編　千葉恵美子、潮見佳男、片山直也編　商事法務　第3版
【要旨】判例を基礎に事例解決の思考プロセスを平易に示す演習書！
2017.3 359p A5 ¥3200 ①978-4-7857-2498-6

◆Q&A消費者からみた改正民法　日本弁護士連合会消費者問題対策委員会編　民事法研究会　第2版
【要旨】民法がどう変わるのかについて、消費者に関係する25のテーマを厳選してわかりやすく解説！内容を詳細した改正後、新旧法適対照で解説したQを新設し、国会の議論等を踏まえた解釈を示して改訂！
2018.1 130p A5 ¥1600 ①978-4-86556-200-2

◆Q&A「成年後見」実務ハンドブック―平成28年12月改訂　田中亮一著　セルバ出版、創英社/三省堂書店 発売　改訂3版
【要旨】成年後見制度が基礎からわかるQ&A。成年後見人等の実務処理ポイントがわかるQ&A。成年後見制度の知識と実務はこの一冊でOK！
2017.3 483p A5 ¥3800 ①978-4-86367-310-6

◆Q&A民法改正の要点―企業契約の新法対応50のツボ　松尾博憲編著　日本経済新聞出版社
【要旨】契約書は大丈夫か？ 定型約款規定の新設、売買の瑕疵担保責任制度の改正、保証人保護方策の充実、債権譲渡禁止特約の見直し…実務に影響のある改正点を抽出してQ&A形式で解説。
2017.9 286p A5 ¥2800 ①978-4-532-35661-3

◆START UP民法　1　総則 判例30！　原田昌和、秋山靖浩、山口敬介著　有斐閣
【要旨】最重要判例30件を厳選。まずはここからはじめてみよう！いままでとは違う新しい判例教材。
2017.12 112p B5 ¥1600 ①978-4-641-13782-0

◆START UP民法　5　親族・相続 判例30！　青竹美佳、金子敬明、幡野弘樹著　有斐閣
【要旨】これを読めばワカル!!を徹底サポート。最重要判例30件を厳選。家族法判例学習の第一歩！いままでとは違う新しい判例教材。
2017.12 115p B5 ¥1600 ①978-4-641-13784-4

債権・物権法

◆新しい債権法を読みとく　山野目章夫著　商事法務
【要旨】120年ぶりの民法大改正。身近な事案を交えて改正事項の全般をわかりやすく解説し、経過措置や関係法律の整備等にも言及する。
2017.6 282p A5 ¥2800 ①978-4-7857-2531-0

◆解説 民法（債権法）改正のポイント　大村敦志、道垣内弘人編　有斐閣
【要旨】現行制度から改正法の内容まで、この1冊で！改正論議の過程で審議・調査に関わった研究者・立案担当者が丁寧に解説。改正の経緯と改正法が社会に及ぼす影響もおさえることができる。
2017.10 540p B6 ¥3200 ①978-4-641-13735-6

◆基本講義 債権各論　1　契約法・事務管理・不当利得　潮見佳男著　新世社、サイエンス社 発売　（ライブラリ法学基本講義 6-1）第3版
【要旨】法制審議会民法（債権関係）部会において審議に携わった著者が、審議内容を踏まえ、また従前の学説・判例の議論を再確認した上で、改正後の契約・事務管理・不当利得の領域における基本的考え方を解説。第2版刊行後に出された新判例への解説を加えたほか、論点をクローズアップしたコラムを多数掲載し、読者のより深い理解を配慮。
2017.6 390p A5 ¥2980 ①978-4-88384-228-5

◆基本講義 債権各論　2　不法行為法　潮見佳男著　新世社、サイエンス社 発売　（ライブラリ法学基本講義 6-2）第3版
【要旨】債権法改正に含まれる、不法行為に関する時効期間の規定や改正利率に関する見直し等、重要な変更をわかりやすく解説。第2版増補版刊行以降に出された関連重要判例にも対応。法科大学院生・司法試験受験者に必要な解説を適宜追加。好評の1巻第3版に組体裁を揃え2巻を併用し易いよう配慮。
2017.12 256p A5 ¥2450 ①978-4-88384-268-1

◆契約法―セカンドステージ債権法　1　野澤正充著　日本評論社　（法セミLAW CLASSシリーズ）第2版
【要旨】民法改正案もフォローする全面改訂！知識・思考力・論述力を育てる契約法テキストの決定版。
2017.4 305p A5 ¥2500 ①978-4-535-52200-8

◆コア・テキスト 民法　4　債権総論　平野裕之著　新世社、サイエンス社 発売　（ライブラリ民法コア・テキスト 4）第2版
【要旨】民法学修の「コア」を明快に説き、初学者から司法試験受験生まで幅広く好評を得ている「ライブラリ民法コア・テキスト」を2017年の民法（債権関係）改正に合わせて、内容を刷新・拡充！図表を大幅に追加し、各巻のクロスリファレンスのリファリングも行って、新しい民法を一層理解しやすいものとした。
2017.10 369p A5 ¥2400 ①978-4-88384-260-5

◆講義 債権法改正　中田裕康、大村敦志、道垣内弘人、沖野眞已著　商事法務
【要旨】債権法改正を“語る”決定版。法制審議会メンバーの4人が要点を概説。民法典公布以来120年ぶりの改正・新・民法を学びたいすべての人に贈る待望の1冊。
2017.12 311p A5 ¥3000 ①978-4-7857-2581-5

◆債権回収基本のき　権田修一著　商事法務　第4版

◆債権法改正をふまえた第4版！やさしい解説で実務の基本を押さえよう。実務に使える書式も豊富に掲載。
2017.10 265p A5 ¥3200 ①978-4-7857-2563-1

◆債権各論　2　不法行為法　前田陽一著　弘文堂　（弘文堂NOMIKA）第3版
【要旨】債権法改正に対応し、7年ぶり、待望の改訂版！新旧両法に対応するとともに、理論と実務、双方の動向に目配りをした多角的な説明を加え、不法行為法の現在の到達点を示す最新版。
2017.9 242p A5 ¥2700 ①978-4-335-30320-3

◆債権譲渡法制に関する民法改正と事業再生　事業再生研究機構編　商事法務　（事業再生研究叢書）
【要旨】民法（債権法）改正において最も実務に影響を与える債権譲渡法制について、譲渡禁止債権を対象とした資金調達の可能性に焦点を当てて実務家と研究者が徹底討議・分析。
2017.9 181p A5 ¥3600 ①978-4-7857-2554-9

◆債権総論　平野裕之著　日本評論社
【要旨】初めてでも通読できる「基本書」、平成29年改正に完全対応！学力の向上に合わせ段階的に学習ができるよう、構成内容・レイアウトともに意識。詳細ながらも、読みやすい充実の1冊。
2017.9 487p A5 ¥4500 ①978-4-535-52242-8

◆債権総論―セカンドステージ債権法　2　野澤正充著　日本評論社　（法セミLAW CLASSシリーズ）第2版
【要旨】民法改正案もフォローする全面改訂！判例と通説を踏まえた解説で、債権法の体系を明らかにする。
2017.3 355p A5 ¥2800 ①978-4-535-52201-5

◆債権法改正を読む―改正論から学ぶ新民法　松尾弘著　慶應義塾大学出版会
【要旨】新民法は何が変わったのか？改正の内容は多岐にわたり、形式的な文言の修正・補充から、規定の実質的変更、改正前民法になかった規定の創設、そして民法の基本思想に関わる修正も含む。民法改正の流れを追うことにより、改正点・改正趣旨を「理解」し、民法をより深く「学ぶ」決定版！
2017.10 322p A5 ¥2700 ①978-4-7664-2474-4

◆債権法改正 事例にみる契約ルールの改正ポイント　東京弁護士会法制委員会民事部会編　（名古屋）新日本法規出版
【目次】第1章 契約総論における改正の影響と契約実務対応のポイント（特定物引渡しの場合の注意義務等、債務不履行による損害賠償、契約の解除、危険負担等、意思表示、代理 ほか）、第2章 契約各論における改正の影響と契約実務対応のポイント（売買契約、消費貸借契約、賃貸借契約、請負契約、委任契約 ほか）、資料（経過措置に関する一覧表）
2017.7 367p A5 ¥3704 ①978-4-7882-8307-7

◆債権法改正法案と要件事実―法科大学院要件事実教育研究所報　第15号　伊藤滋夫編　日本評論社
【目次】債権法改正法案と要件事実・講演会 議事録（売買・贈与・消費貸借・使用貸借・賃貸借・雇用・請負・寄託・保証（構想される新しい契約規範と訴訟における攻撃防御）、債権法改正と訴訟実務）、講演レジュメ（売買・贈与・消費貸借・使用貸借・賃貸借・雇用・請負・寄託・保証（構想される新しい契約規範と訴訟における攻撃防御）、債権法改正と訴訟実務）、コメント、要件事実論・事実認定関連文献 2016年版（要件事実論、事実認定論）
2017.3 150p A5 ¥2400 ①978-4-535-52265-7

◆債権法改正まるごとひとつかみ　藤井幹晴著　（名古屋）新日本法規出版
【目次】第1 はじめに（なぜ民法は改正されたのか、民法のどこが改正されたのか ほか）、第2 法律行為及び（消滅）時効のルールが変わる（公序良俗の文言が変わる、意思能力に関する規定が新設される ほか）、第3 債権の発生・消滅等のルールが変わる（法定利率が大きく変わる、債務不履行による損害賠償はどうなるか ほか）、第4 契約の基本的なルールが変わる（契約自由の原則が明文化される、原始的に不能な契約も有効になる ほか）、第5 各種契約のルールが変わる（売買の（瑕疵）担保責任が変わる（要件、効果）、その他の売買の変更点 ほか）
2017.7 155p B5 ¥1389 ①978-4-7882-8308-4

◆事実認定体系 物権編　村田渉編著　第一法規

【要旨】民法の条文ごとに事実認定のポイント・判断基準がわかる唯一の一冊。最高裁から地裁まで裁判例800件を整理・分析。民事裁判実務の第一線で活躍する裁判官が執筆。意義・法律要件・法律効果をコンパクトに収録。法律相談や裁判における主張立証方針の検討に必携・必読。
2017.9 611p A5 ¥5800 ⓘ978-4-474-05434-9

◆執行手続による債権回収─強制執行手続・担保権実行・強制競売　虎門中央法律事務所編　民事法研究会　（現代債権回収実務マニュアル 3）
【要旨】理論・実務を手続の流れに沿って関係書式・記載例と一体として詳解したシリーズの第3巻！強制執行手続や競売手続を活用した債権回収について、基礎知識から実務の指針・留意点までを詳解！豊富な経験と実績を有する虎門中央法律事務所が、終局的な権利実現手段である執行手続の実践的なノウハウを約80の書式・記載例とともに開示！
2017.1 298p A5 ¥3400 ⓘ978-4-86556-128-9

◆実務解説 改正債権法　日本弁護士連合会編　弘文堂
【要旨】今回の民法改正作業において大きな役割を果たしてきた日弁連・民法（債権関係）部会バックアップチームの執筆陣による解説。改正法の条文の後に、新旧対照を容易にするため、改正前民法も掲載。「背景」には改正の経緯を、「趣旨」には条文の内容を、「実務への影響」には今後の実務上の注意点を、わかりやすく解説。関連する判例・裁判例を「参考判例」として、ピックアップ。今後の改正を見据え「改正から除外された重要論点」についても言及。有機的な理解を可能にするクロス・リファレンス。弁護士、司法書士、行政書士、税理士、公認会計士などの実務家、そして、多くの市民にとって役立つ必携必備の逐条解説書。
2017.7 545p A5 ¥4000 ⓘ978-4-335-35649-0

◆事務管理・不当利得・不法行為─セカンドステージ債権法 3　野澤正充著　日本評論社　（法セミLAW CLASSシリーズ）　第2版
【要旨】民法改正案をフォローする解説を加えた第2版！近年の重要判例も踏まえた解説で、体系的な理解へ導く。
2017.4 319p A5 ¥2800 ⓘ978-4-535-52202-2

◆詳説 改正債権法　債権法研究会編、田原睦夫座長　金融財政事情研究会、きんざい 発売
【要旨】120年ぶりの大改正。金融実務に関連する改正項目を重点解説。
2017.7 514p A5 ¥6000 ⓘ978-4-322-13096-6

◆新旧対照でわかる改正債権法の逐条解説　第一東京弁護士会司法制度調査委員会編　（名古屋）新日本法規出版
【目次】条文解説（総則、物権、債権、相続 ほか）、旧新条数対照表
2017.8 394p B5 ¥4000 ⓘ978-4-7882-8316-9

◆新債権法下の債権管理回収実務Q&A　本多善文、大野徹也、鈴木正人、荒井隆男、高橋泰史、著　金融財政事情研究会、きんざい 発売
【要旨】改正民法で債権管理回収実務が変わる！消滅時効、債務不履行、債権者代位、詐害行為取消権、保証、債権譲渡、債務引受、相殺など、改正により影響のある部分をピックアップ。改正前の規定内容と改正後の規定内容、変わる点と変わらない点、経過措置等を示しながら、実務上の留意点を46のQ&Aで解説。改訂・追加が必要となる契約や特約の条項例等、実務上参考になる書式を掲載。
2017.11 265p A5 ¥3500 ⓘ978-4-322-13227-4

◆新注釈民法 15 債権 8　窪田充見編、大村敦志、道垣内弘人、山本敬三編集代表　有斐閣
【要旨】本巻は、民法第3編債権「第3章事務管理」および「第5章不法行為」中一般不法行為を扱う。信頼と伝統を受け継ぎ、判例・学説の現在の到達点を示す新時代のコンメンタール。
2017.2 970p 23×17cm ¥10000 ⓘ978-4-641-01751-1

◆新民法（債権関係）の要件事実 1 改正条文と関係条文の徹底解説　伊藤滋夫編著　青林書院
【要旨】新民法（債権関係）改正条文及び関係条文の要件事実について、法制審議会や国会の審議状況、関係判例・学説等の詳細な検討を踏まえて、具体的な事例の検討を行いながら徹底的に解説した、法律実務家必携の書!!
2017.12 354p A5 ¥4300 ⓘ978-4-417-01729-5

◆新民法（債権関係）の要件事実 2 改正条文と関係条文の徹底解説　伊藤滋夫編著　青林書院
【要旨】新民法（債権関係）改正条文及び関係条文の要件事実について、法制審議会や国会の審議状況、関係判例・学説等の詳細な検討を踏まえて、具体的な事例の検討を行いながら徹底的に解説した、法律実務家必携の書。
2017.12 649p A5 ¥3800 ⓘ978-4-417-01730-1

◆図解 債権譲渡判例集─裁判例からみる債権回収の実務　吉国document智彦、笹川豪介著　日本加除出版
【要旨】分かりやすい図解で、債権譲渡の裁判例がすぐ見て分かる！債権回収担当者必読の書。
2017.12 357p B5 ¥4100 ⓘ978-4-8178-4443-9

◆図解でわかる新民法「債権法」　浜辺陽一郎著　清文社
【要旨】改正ポイントを網羅的にとらえることから、「民法」の基本がわかる！いまいちど、民法のしくみを基礎から学びたい人にピッタリの1冊。
2017.11 255p A5 ¥2200 ⓘ978-4-433-65047-6

◆図解 民法改正対応！ 最新債権回収のしくみがわかる事典　木島康雄監修　三修社
【要旨】とるべき対策や手段を知り、回収効率を高める！「法定金利」「短期消滅時効」「個人保証」「相殺」など、民法改正で変わった実務ポイントを平易に解説。貸金・売掛金・手形・賠償金請求、担保、保証、弁済まで網羅。
2017.11 255p A5 ¥1800 ⓘ978-4-384-04768-4

◆図解 民法（債権） 最新版　澤田和也監修、大坪和敏編著　大蔵財務協会
【目次】第1章 債権総則（債権の目的、債権の効力、多数当事者の債権及び債務 ほか）、第2章 契約（総則、贈与、売買 ほか）、第3章 事務管理・不当利得・不法行為 ほか
2017.7 380p B5 ¥2963 ⓘ978-4-7547-2452-8

◆すぐに役立つ入門図解 民法（債権法）大改正　木島康雄監修　三修社
【要旨】120年ぶりの大改正で契約ルールやビジネスが変わる！改正ポイントを図解や事例を盛り込み平易に解説。
2017.8 255p A5 ¥1800 ⓘ978-4-384-04754-7

◆スタートライン債権法　池田真朗著　日本評論社　第6版
【要旨】コラム「ルール創りの観点から」を50項目以上新設。キャンパスの四季にのせて綴る。伝統のトランプマークでグレード別解説。
2017.3 348p A5 ¥3300 ⓘ978-4-535-52082-0

◆担保物権法　平野裕之著　日本評論社
【要旨】初めてでも通読できる「基本書」。学力の向上に合わせ段階的に学習ができるよう、構成内容・レイアウトともに意識。詳細ながらも、読みやすい充実の1冊。
2017.3 316p A5 ¥3400 ⓘ978-4-535-52241-1

◆担保物権法　松岡久和著　日本評論社　（法セミLAW CLASSシリーズ）
【要旨】担保物権法の諸問題を俯瞰し、著者の思考を明快に伝える。具体的な制度やルールの目的から考え、紛争の局面を確認した上で定義や原則に抽象化して理解する。基本設例で具体的なイメージを獲得し、考え方によって結論が分かれる問題にも応用設例でチャレンジする。事実と争点との関係や訴訟の帰結に留意して判例を紹介し、時間的な先後関係や議論の展開を意識して学説を解説する。好奇心を深める視点を大切に、新たな問題をも大胆に追究する。
2017.3 423p A5 ¥3300 ⓘ978-4-535-52185-8

◆担保物権法─現代民法 3　道垣内弘人著　有斐閣　第4版
【要旨】担保物権法テキストの決定版。最新の実務を視野に入れた精緻な理論。明晰な思考が全篇を貫く。9年半ぶりの改訂。債権法改正にも対応。
2017.6 399p A5 ¥3300 ⓘ978-4-641-13776-9

◆倒産債権の届出・調査・確定・弁済・配当マニュアル　縣俊介、石川宣康、田川淳一、内藤滋、野村剛司編著、豊岡月島会著　三協法規出版
【要旨】法的倒産手続・私的整理手続における債権届出・調査・確定・弁済・配当の手続について最新の動向をふまえて縦断的・網羅的に解説。各実務に携わる金融機関・債権者・弁護士等の実務家を主な対象とし、実務上問題となる論点を整理。全国の実務を視野に入れ、その違いを意識した解説をしている。
2017.6 408p A5 ¥4300 ⓘ978-4-88260-278-1

◆破産管財人の債権調査・配当　岡伸浩、小畑英一、島岡大雄、進士肇、三森仁編著　商事法務
【要旨】好評の「財産換価」の続編。債権調査と配当をめぐる実務と学理の結晶がここに在る。
2017.6 626p A5 ¥6000 ⓘ978-4-7857-2535-8

◆はじめての債権総論　尾崎哲夫著　自由国民社　（3日でわかる法律入門）　第10版
【要旨】この本の特色は、語りかける講義口調で読みやすい。開いてすぐやポイントを見つけやすい。コンパクトなサイズに重要条文も掲載。細部まで見直し、より適切な解説に。読みやすくわかりやすい法律の超・入門書。大事なことだけをコンパクトにまとめた。
2017.11 158p B6 ¥1200 ⓘ978-4-426-12229-4

◆はじめての物権法　尾崎哲夫著　自由国民社　（3日でわかる法律入門）　第9版
【要旨】語りかける講義口調で読みやすい。開いてすぐポイントを見つけやすい。コンパクトなサイズにも重要条文も掲載。基本を確認できるチェック問題つき。
2017.11 150p B6 ¥1300 ⓘ978-4-426-12275-1

◆100問100答 改正債権法でわかる金融実務　TMI総合法律事務所編、高山崇彦編著　金融財政事情研究会、きんざい 発売
【要旨】金融機関の業務分野ごとに設問を精選。この1冊で改正債権法に完全対応！現行民法の規律と改正内容とを対比した記述により、実務上の留意点を解説！改正法への準備のために重要な論点をコンパクトかつ丁寧に紹介！事務系統括、法務、融資、管理、各部門における金融機関の担当者必読の1冊！
2017.9 426p A5 ¥3800 ⓘ978-4-322-13210-6

◆物権法　松井宏興著　成文堂　（民法講義 2）
【要旨】LS及び法学部生のための物権法の最新の教科書。設例を設け、具体的な事例を通してわかり易く解説。
2017.12 277p A5 ¥2700 ⓘ978-4-7923-2698-2

◆物権法　松岡久和著　成文堂　（法学叢書）
【要旨】諸問題を明快に解説。基本設例により具体的なイメージを持つ。補足やコラムにより知的刺激をアップ。
2017.3 311p A5 ¥2800 ⓘ978-4-7923-2700-2

◆弁護士が弁護士のために説く債権法改正事例編　東京弁護士会法友全期会債権法改正特別委員会編著　第一法規
【要旨】債権法改正に関連する問題を具体的な事例に即して解説！弁護士が自身のケースにあてはめる際の一助となる一冊！
2017.2 248p A5 ¥2900 ⓘ978-4-474-05665-7

◆民法 2 物権　淡路剛久、鎌田薫、原田純孝、生熊長幸著　有斐閣　（有斐閣Sシリーズ）　第4版
【要旨】最も定評あるスタンダード・テキストの最新版。平成29年民法改正、最新の裁判例などに対応。コンパクトな体裁の中に、必要かつ充分な情報を網羅。叙述に濃淡をつけ、重要部分を明示してくれる好著。
2017.10 378p B6 ¥1900 ⓘ978-4-641-15947-1

◆民法 2 物権　石田剛、武川幸嗣、占部洋之、田高寛貴、秋山靖浩著　有斐閣　（LEGAL QUEST）
【要旨】物権の基本的な概念・知識から具体的事例へ応用可能な理解までを得られるよう分析・解説したテキスト。物権法を取り巻く最新の動向や新判例を織り込んだ第2版。平成29年民法改正にも対応。
2017.12 420p A5 ¥2800 ⓘ978-4-641-17934-9

◆民法 4 債権各論判例30！　中原太郎、幡野弘樹、丸山絵美子、吉永一行著　有斐閣　（START UP）
【要旨】初めて学ぶ人にまず理解して欲しい判例・30件を厳選。いままでとは違う新しい判例教材でワカル！！鑑賞サポート。
2017.11 125p B5 ¥1600 ⓘ978-4-641-13779-0

◆民法（債権関係）改正と司法書士実務─改正のポイントから登記・裁判・契約への影響まで　日本司法書士会連合会編　民事法研究会
【要旨】施行されてからでは遅い！登記原因証明情報はどう変わるか？要件事実、主張立証責任は？契約条項で変わり得る点は？司法書士がまず知っておくべき改正点を厳選して、重点

解説！

2017.7 380p A5 ¥3500 ①978-4-86556-172-2

◆民法（債権関係）改正法新旧対照条文　商事法務編　商事法務
【要旨】121年ぶりの民法の大改正。改正後の民法財産編の全体像が見える形の新旧対照条文集。

2017.7 197p A5 ¥1000 ①978-4-7857-2536-5

◆民法（債権関係）改正法の概要　潮見佳男著
金融財政事情研究会、きんざい 発売　（『民法（債権関係）改正法案の概要』増補・改訂・改題書）
【要旨】債権法が抜本改正！平成29年5月26日に成立した改正債権法について、法制審議会民法（債権関係）部会の幹事である著者が、部会審議や部会資料に沿って客観的にかつわかりやすく解説。好評既刊を増補改訂。信頼かつ定評のある解説をさらに充実させて刊行！

2017.8 354p A5 ¥3200 ①978-4-322-13209-0

◆民法（債権関係）部会資料集　第3集 第6巻　第93回〜第96回会議 議事録と部会資料　商事法務編　商事法務
【要旨】実録・法制審議会民法（債権関係）部会第93回〜第96回会議、議事録と部会資料を高い一覧性の下に完全収録。

2017.12 640p A5 ¥8800 ①978-4-7857-2583-9

◆民法（債権関係）部会資料集　第3集 第7巻　第97回〜第99回会議 議事録と部会資料　商事法務編　商事法務
【要旨】実録・法制審議会民法（債権関係）部会第97回〜第99回会議、議事録と部会資料を高い一覧性の下に完全収録。

2017.12 550p A5 ¥7800 ①978-4-7857-2584-6

◆民法（債権関係）改正の概要と要件事実　小賀野晶一、松嶋隆弘編著　三協法規出版
【要旨】徹底して「実務家目線」にこだわった民法（債権法）改正解説書。「改正のポイント」「解説」「要件事実」の3部構成で、必要に応じた利用が可能。民法（債権法）改正の下における要件事実についても、明確に言及。

2017.8 470p A5 ¥5000 ①978-4-88260-279-8

◆民法要論　2　物権法　石口修著　成文堂
【目次】第1章 物権法総論（物権の意義と目的、物権の効力）、第2章 物権の変動（物権変動と第三者に対する対抗要件、物権変動を目的とする法律行為—第176条論 ほか）、第3章 占有権（占有権の意義と社会的作用、占有の種類 ほか）、第4章 所有権（総説、所有権の内容 ほか）、第5章 用益物権（総説、地上権 ほか）

2017.4 488p A5 ¥4000 ①978-4-7923-2702-6

◆Law Practice 民法　2　債権編　千葉恵美子、潮見佳男、片山直也編　商事法務　第3版
【要旨】判例を基礎に事例解決の思考プロセスを平易に示す演習書！法学部生、法科大学院未修者・既修者試験受験生などが基礎知識を確認し、実践的な応用力を身につける自学自習用教材として必携の書！

2017.3 348p A5 ¥3200 ①978-4-7857-2499-3

◆Q&Aポイント整理 改正債権法　髙須順一、佐藤和樹、嶋材那生、赫高規、中込一洋、丸山祐一編著　弘文堂
【要旨】改正債権法のポイントが、厳選した60のQ&Aで1日で理解できる。日弁連法制審議会部会幹事、現行員による信頼の解説！

2017.7 201p A5 ¥1800 ①978-4-335-35648-3

◆START UP 民法　2　物権 判例30！　水津太郎、鳥山泰志、藤澤治奈著　有斐閣
【要旨】いままでとは違う新しい判例教材で、ワカル!!を徹底サポート。物権・担保物権に関する最重要判例30件を厳選。まずはここから！

2017.12 122p B5 ¥1600 ①978-4-641-13785-1

◆START UP 民法　3　債権総論判例30！　田高寛貴、白石大、山城一真著　有斐閣
【要旨】これを読めばワカル!!を徹底サポート。最重要判例30件を厳選。判例を学ぶ面白さを体感しよう！

2017.11 130p B5 ¥1600 ①978-4-641-13777-6

登記法

◆改正対応 公益法人・一般法人の登記 完全版　伊藤文秀著　全国公益法人協会　（付属資料：CD‐ROM1）　改訂版
【目次】第1章 総説、第2章 一般社団法人の設立登記、第3章 一般社団法人の変更登記、第4章 一般社団法人の解散・清算人等に関する登記、第5章 一般財団法人の設立登記、第6章 一般財団法人の変更登記、第7章 一般財団法人の解散・清算人等に関する登記、第8章 合併の登記、第9章 公益社団・財団法人の登記

2017.6 508p A5 ¥6389 ①978-4-915668-59-3

◆基礎からわかる表示登記　横山亘著　金融財政事情研究会、きんざい 発売
【要旨】「登記することができる土地・建物とは」「実地調査とは」など、表示登記制度の全体像を俯瞰し、土地・建物の登記事項について詳説。登記申請情報の作成から登記添付情報・登記識別情報までを豊富な書式をふまえて詳細に解説。初学者には信頼できる研修教材として、土地家屋調査士など実務家には頼りになるハンドブックとして最適の書。

2017.3 379p A5 ¥3200 ①978-4-322-13032-4

◆ケースブック 不動産登記実務の重要論点解説—問題解決のための思考回路と実務指針　林勝等博編、大崎晴由監修　民事法研究会　（『不動産登記トラブルの上手な対処法』改題書）第2版
【要旨】新不動産登記法下の最新の理論上、実務上で判断の難しい事例に対して、高度な専門家である司法書士、土地家屋調査士は、いかにして結論を導き出すべきか、160ケースにわたり論及！国民の負託に応えていくための専門家としての理論的思考能力、実務的解決能力をいかにして磨き揺るぎなき有用性を高めるべきか！

2017.9 469p A5 ¥4300 ①978-4-86556-173-9

◆詳細 登記六法　平成30年版　山野目章夫、筧康生、鈴木龍介編集代表　金融財政事情研究会、きんざい 発売
【要旨】別冊・商業登記関係先例編の構成を改め、参照の利便性を向上。読みやすいユニバーサルデザインフォント。

2017.11　3Vols.set 20×14cm ¥5600 ①978-4-322-13207-6

◆設問解説 判決による登記　幸良秋夫著　日本加除出版　改訂補訂版
【目次】第1章 序説、第2章 判決による登記、第3章 登記手続請求訴訟と登記手続、第4章 判決による登記の申請手続、第5章 判決による所有権の保存の登記、第6章 処分禁止の仮処分に関する登記、付録 判決による登記に関する登記申請の書式

2017.4 481p A5 ¥4600 ①978-4-8178-4387-6

◆先例から読み解く！ 土地の表示に関する登記の実務　後藤浩平、宇山聡著　日本加除出版
【目次】第1節 総論、第2節 各論、第3節 特殊登記、第4節 河川法による登記、第5節 震災関係、第6節 土地台帳関係

2017.3 490p A5 ¥6700 ①978-4-8178-4448-4

◆建物表示登記の実務—資料調査・建物認定・構造判定・床面積算定　内野篤著　日本加除出版
【要旨】建物表示登記に関し、建物認定、構造判定、床面積算定などを実務実践的に解説。実務に有益な見本、書式も収録。建物表示登記26事例（登記申請書、建物図面及び各階平面図、調査報告情報等）を収録。

2017.6 285p B5 ¥2900 ①978-4-8178-4385-2

◆根抵当権の法律と登記　青山修著　（名古屋）新日本法規出版　三訂版
【目次】第1 根抵当権の設定、第2 根抵当権の変更、第3 相続・合併・会社分割、第4 根抵当権の譲渡、第5 根抵当権の処分、第6 賃借権者に対する根抵当権者の同意の登記、第7 根抵当権の確定、第8 根抵当権の消滅、第9 根抵当権の仮登記および本登記、第10 その他

2017.5 544p A5 ¥5000 ①978-4-7882-8291-9

◆筆界特定事例集　3　大阪法務局不動産登記部門地図整備・筆界特定室編著　日本加除出版

【要旨】大阪の事例を収録！長期未済事件を解消するための「処理の迅速化」「筆界特定書のコンパクト化」の方法がわかる！筆界特定登記官が作成する理由の要旨には、原則として、結論（特定した筆界）の根拠とした主要な事情だけを記載。申請者が筆界特定登記官の判断した筆界の正当性を示す事実を理解できる程度に簡潔に記載。

2017.9 219p B5 ¥2600 ①978-4-8178-4430-9

◆必要書類の集め方から申請手続きまで これならわかる相続登記　河合星児著　日本実業出版社
【要旨】遺産の中でもっとも高価なモノは、不動産ではありませんか!?相続税がかかる人もかからない人も、遺産分割でモメている人もモメていない人も、一番面倒な手続きが不動産です！亡くなった人名義の権利証は紙切れ同然!?不動産の名義をそのままにしていませんか？登記をしないと数々の権利証はもらえません！遺言、遺留分、未成年者、不在者、etc…。さまざまな相続登記に対応！相続人の範囲、遺産分割協議書など相続の基本も解説している。

2017.6 206p A5 ¥1600 ①978-4-534-05499-9

◆不動産登記記録例集　テイハン
【目次】表示に関する登記（土地の表示に関する登記、建物の表示に関する登記）、権利に関する登記（所有権に関する登記、地上権に関する登記、永小作権に関する登記、地役権に関する登記、賃借権に関する登記 ほか）

2017.2 465p A5 ¥6000 ①978-4-86096-091-9

◆不動産登記実務の視点　6　登記研究編集室編　テイハン
【目次】第18章 所有権の移転の登記（その2）（特定承継による所有権の移転の登記（総説、売買による所有権の移転の登記、買戻しの登記（買戻権の行使による所有権の移転の登記を含む。）、贈与による所有権の移転の登記、遺贈による所有権の移転の登記、共有物分割による所有権の移転の登記、所有権の一部移転及び共有持分の所有権の移転の登記、真正なる登記名義の回復による所有権の移転の登記、委任の終了による所有権の移転の登記、時効取得による所有権の移転の登記、その他の原因による所有権の移転の登記、所有権の登記の更正及び抹消の登記、所有権に関する登記の登録免許税））

2017.6 402p A5 ¥4750 ①978-4-86096-092-6

◆法人登記書式精義　第1巻　登記研究編集室編　テイハン　改訂版
【目次】第1編 法人登記総論（総説、各種の証明の申請）、第2編 一般社団法人・一般財団法人の登記（一般社団法人の登記、一般財団法人の登記）、第3編 合併の登記（合併手続、登記手続）、第4編 其他法人に関する経過措置

2017.10 655p A5 ¥8500 ①978-4-86096-096-4

◆抹消登記申請MEMO　青山修著　（名古屋）新日本法規出版
【要旨】抹消登記において登記識別情報が提供できないとき、所有権の抹消登記、買戻特約の抹消登記、抵当権の抹消登記、根抵当権の抹消登記、仮登記の抹消登記、賃借権の抹消登記、地上権の抹消登記、地役権の抹消登記、永小作権の抹消登記、先取特権の抹消登記、表題部の登記における抹消登記、商業登記における抹消登記

2017.6 244p A5 ¥2900 ①978-4-7882-8302-2

◆元登記官からみた登記原因証明情報—文例と実務解説　青木登著　（名古屋）新日本法規出版
【目次】第1編 総論（登記原因証明情報の意義、登記原因証明情報の提供の目的、登記原因証明情報の有する機能、複数の情報の組合せによる登記原因証明情報、登記原因証明情報の証明力の根拠と形式 ほか）、第2編 各論（所有権に関する登記、地上権、賃借権に関する登記、先取特権、質権に関する登記、抵当権に関する登記、根抵当権に関する登記 ほか）

2017.6 346p A5 ¥3800 ①978-4-7882-8301-5

◆利益相反行為の登記実務　青山修著　（名古屋）新日本法規出版　補訂版
【目次】第1章 制限行為能力者と保護機関、第2章 未成年者と親権者、第3章 未成年者と未成年後見人・未成年後見監督人、第4章 成年被後見人と成年後見人、第5章 被保佐人と保佐人、第6章 株式会社と取締役等との利益相反取引、第7章 株式会社と取締役等との利益相反取引、第8章 持分会社と社員との利益相反取引、第9章 各種法人における利益相反行為

2017.5 306p A5 ¥3300 ①978-4-7882-8287-2

◆論点解説 商業登記法コンメンタール　神﨑満治郎, 金子登志雄, 鈴木龍介編著　金融財政事情研究会, きんざい 発売
【要旨】最新の会社法に対応！ 実務の最前線で活躍する執筆陣が、実務上疑問となる論点を中心に詳細に解説。
2017.2 545p A5 ¥6000 ①978-4-322-13059-1

◆わかりやすい不動産登記の申請手続　日本法令不動産登記研究会編　日本法令 4訂版
【要旨】登記実務のすべてを詳解した決定版！ 実際の事例をもとに、申請書の書き方、添付書類を丁寧に解説した実務に欠かせない1冊。会社法人番号制度対応。
2017.2 452p A5 ¥2500 ①978-4-539-72527-6

◆Q&A法人登記の実務 医療法人　山中正登著　日本加除出版　第2版
【目次】第1章 総説、第2章 所轄庁への事務手続、第3章 登記申請の方法、第4章 設立の登記、第5章 変更の登記、第6章 事務所の移転等の登記、第7章 解散及び清算人・清算結了の登記、第8章 合併の登記、第9章 分割の登記、第10章 更正の登記
2017.3 316p A5 ¥2900 ①978-4-8178-4380-7

◆Q&A法人登記の実務 社会福祉法人　山中正登著　日本加除出版　第2版
【目次】第1章 総説、第2章 登記申請の方法、第3章 設立の登記、第4章 定款変更の登記、第5章 事務所の移転の登記、第6章 理事長の変更登記、第7章 資産の総額の変更登記、第8章 解散及び清算人・清算結了の登記、第9章 合併の登記、第10章 その他の登記
2017.10 339p A5 ¥3200 ①978-4-8178-4433-0

刑法・刑事法

◆新しい視点で考える犯罪と刑事政策—国際的・比較文化的アプローチ　鮎川潤著　（京都）昭和堂
【要旨】近代社会として類似に見える日本社会と西欧社会との違いについて、著者の体験・経験とともにその淵源をたどっていく。その過程で見えてくる新しい視点をとおして犯罪と刑事政策を学ぶ。
2017.3 258p B6 ¥2200 ①978-4-8122-1615-6

◆イギリスの刑事責任年齢　増田義幸著　成文堂
【目次】第1章 古代・中世イギリスにおける刑事責任年齢の捉え方、第2章 年齢区分及び刑事責任年齢に関する中世・近世の学説、第3章 児童を取り巻く環境と刑事司法制度、第4章 20世紀前半における児童の環境と刑事責任年齢の議論、第5章 戦後における児童の社会的環境とサブカルチャーの出現、第6章 1963年の児童少年法の議論、第7章「法と秩序」という基軸、第8章 現代における刑事責任の理論、第9章 20世紀末の刑事責任年齢—社会の動揺と児童、第10章 スコットランド及び北アイルランドの刑事責任年齢、そして国連の評価、第11章 刑事責任年齢に関する将来的展望
2017.10 291p A5 ¥7000 ①978-4-7923-5221-9

◆伊藤真の刑法入門—講義再現版　伊藤真著　日本評論社　第6版
【要旨】2017年の改正の内容を反映し第5版以降の新しい議論も踏まえて新版化!!「刑法の理論と構造が1冊でわかる」と高い支持を得ている入門書の最新版！
2017.12 227p A5 ¥1700 ①978-4-535-52342-5

◆海外刑法の旅　森下忠著　成文堂
【目次】第1部 ヨーロッパ（ギロチンの起源、ロッカービー裁判 ほか）、第2部 アジア（アジア諸国との刑事司法協力、インドの刑事司法 ほか）、第3部 ハワイと中南米（ハワイの昔と今、中南米のモデル刑法典 ほか）、第4部 イスラムの国（アイヒマン裁判とテルアヴィヴ空港事件、イスラエルの刑事司法 ほか）、第5部 法律随想（宗教と法律、キリスト教と法思想）
2017.10 454p B6 ¥4500 ①978-4-7923-7107-4

◆外事犯罪捜査ハンドブック　桑名仁監修、西谷隆、植村誠、石島正貴、市原久幸、鵜野澤亮編著　立花書房
【目次】第1編 外事犯罪 総論（外国人犯罪の現状と対策、外国人の出入国管理制度、外事事件の一般的捜査事項 ほか）、第2編 外事犯罪 各論（出入国管理及び難民認定法違反の罪、出入国管理及び難民認定法違反以外の罪、外国人の氏名の表記方法）
2017.4 295p A5 ¥2000 ①978-4-8037-4277-0

◆改訂 ストーカー 被害に悩むあなたにできること—リスクと法的対処　長谷川京子, 山脇絵里子著　日本加除出版　改訂版
【目次】第1章 ストーカーの定義と規制法の生い立ち、第2章 ストーカーとDVについて、第3章 ストーカー、わけてもDVストーキングから被害者を保護する制度、第4章 悩んでいるあなたにできること、第5章 家族・友人・学校・職場にできること、第6章 警察と行政の取組、第7章 今後の課題、補章 ストーカーを生み出さない社会づくり
2017.6 190, 29p A5 ¥1800 ①978-4-8178-4401-9

◆可視化・盗聴・司法取引を問う　村井敏邦, 海渡雄一編　日本評論社
【要旨】日本の刑事司法はどう変わるのか？ 2016年の刑事訴訟法等の改正で、えん罪を防ぐことはできるのか。改正の内容と功罪をわかりやすく検証し、改革の原点に立ち戻って、"真の" 新しい刑事司法の姿を問う。
2017.3 275p B6 ¥2400 ①978-4-535-52218-3

◆仮釈放の理論—矯正・保護の連携と再犯防止　太田達也著　慶應義塾大学出版会
【要旨】仮釈放の原理や正当化根拠に立ち返り、仮釈放と保護観察の制度を理論的に考察。将来に亘って妥当性を有する仮釈放制度の理論的支柱を構築する。
2017.12 402p A5 ¥5200 ①978-4-7664-2485-0

◆企業犯罪と司法取引　琴平綜合法律事務所監修、朝山道央編著　金融財政事情研究会、きんざい 発売（KINZAIバリュー叢書）
【要旨】「司法取引」導入で変わる企業リスク管理とコンプライアンス対応！ 平成28年刑事訴訟法改正で平成30年6月までに運用開始される新制度を、元検事、弁護士、元公正取引委員会審査局長がやさしく解説。贈収賄を題材にしたケーススタディ方式で、企業の具体的対応策を伝授。金融機関・企業の役員、法務・コンプライアンス担当者必携書。
2017.2 157p B6 ¥1500 ①978-4-322-13053-9

◆基礎から学ぶ刑事法　井田良著　有斐閣（有斐閣アルマ）第6版
【要旨】刑法・刑事訴訟法・刑事政策…広く奥深い刑事法の世界を見渡そう。ていねいな記述とキーワード・コラム・コメント等豊富なツールで学びやすさを徹底追求。第一歩を踏み出す人のための親切な用語ガイドマップ！ 刑事訴訟法の改正など近時の動向を織り込むと同時に全体を見直し、よりわかりやすくなって再登場。

◆供述をめぐる問題　浜田寿美男著　岩波書店（シリーズ刑事司法を考える 第1巻）
【要旨】事件の被疑者・被告人の自白や、被害者・目撃者たちの証言、いわゆる「供述証拠」は、裁判の有力な決め手となる一方、数々の冤罪を惹き起こす温床にもなってきた。いま、「取調べの可視化」が進み、裁判員裁判も行われるなかで、どのような課題が生じているか。従来の法実務の到達点と限界を見据えたうえで、心理学の知見も入れながら、具体的なケースに即して「供述の問題」を考える。
2017.3 291p A5 ¥3600 ①978-4-00-026501-0

◆矯正講座 第36号（2016年）　龍谷大学矯正・保護課程委員会編　（京都）龍谷大学矯正・保護課程委員会, 成文堂 発売
【目次】特別企画 坂東知之先生卒寿記念インタビュー—龍谷大学矯正・保護課程に関わる人々へ（前編）、論説 矯正を開いた女性その2—「愛は理解なり」三原スエ氏について、講師研究会（私が遭遇した事案から考察した刑事施設の現状と課題、処遇制度について）、矯正施設参観記 2016年度「矯正・保護課程」共同研究・施設参観報告、研究ノート 滋賀県東近市の更生保護3者協働、実践 博引旁証によるリベラルアーツの醸成を目指して—「矯正社会学」講義雑考、活動報告
2017.3 118p A5 ¥1500 ①978-4-7923-3359-1

◆矯正職員のための動機づけ面接　青木治, 中村英司編　矯正協会（付属資料：DVD1）
【目次】第1章 矯正施設における動機づけ面接について、第2章 動機づけ面接とは何か、第3章 行動変容について、第4章 動機づけ面接のスピリット（精神）、第5章 面接における4つのプロセス、第6章 MIの中核スキル〜OARS、第7章 チェンジトークと維持トーク、第8章 不協和と維持トークへの対応、第9章 集団に対する動機づけ面接、第10章 事例紹介 処遇現場におけるMIの実際
2017 164p A5 ¥1200 ①978-4-87387-017-5

◆「共謀罪」を問う—法の解釈・運用をめぐる問題点　松宮孝明著　（京都）法律文化社
【要旨】1「テロ等準備罪」=「共謀罪」の内容、2 提案の背景、3 TOC条約の求めるもの、4 国際協力のネックとしての「死刑」、5「共謀罪」の真の立法理由、6「共謀罪」の解釈、7 テロの脅威は「対テロ戦争」への参戦から、8 監視社会の構築による市民的自由の窒息
2017.9 96p A5 ¥926 ①978-4-589-03867-8

◆共謀罪は廃止できる　海渡雄一著　緑風出版
【要旨】2017年6月15日、市民の強い反対を無視して共謀罪法が成立しました。そして全国で気がかりな動きが表面化しています。共謀罪に反対した市民団体が警察から「どうして反対した」などと問い合わせを受けたり、共謀罪制定による萎縮効果が仕掛けられています。いま必要なのは、デジタル監視社会の下でプライバシーを守る闘いの重要性を共有し、萎縮しないで市民活動をやりきることを誓い合うことです。本書は、共謀罪法のすべてをわかりやすく解説し、問題点を明らかにして、その廃止に向けた運動のためのテキストとして書き下ろされた書です。
2017.10 158p B6 ¥1200 ①978-4-8461-1718-4

◆緊急提言！ 刑事再審法改正と国会の責任　九州再審弁護団連絡会出版委員会編　日本評論社
【目次】第1部 刑事再審の現在（刑事再審の歴史と現在、飯塚事件—再審法制の不備について ほか）、第2部 刑事再審の比較法研究（諸外国における再審法制を比較する意義、フランス ほか）、第3部 刑事再審法改正の提案（はじめに、再審法制の歴史と理念 ほか）、第4部 残された課題（上訴、証拠開示 ほか）
2017.8 355p A5 ¥4000 ①978-4-535-52289-3

◆近代国家と組織犯罪—近代ドイツ・日本における歴史的考察を通じて　岡本洋一著　成文堂（熊本大学法学会叢書）
【要旨】刑事法学における歴史的視点から「近代国家と組織犯罪処罰」との相関関係あるいは「近代国家における組織犯罪処罰」が意味するものを明らかにする。19世紀ドイツと、明治維新から現在までの近代日本における団体・結社などに対する刑事法的規制の構造と、社会・経済そして政治などとの関連を歴史的に考察した。
2017.7 284p A5 ¥5000 ①978-4-7923-5211-0

◆経済刑法—実務と理論　芝原邦爾, 古田佑紀, 佐伯仁志編著　商事法務
【要旨】我が国の経済刑法の最新の姿を描き出す。社会の経済活動を反映して変遷を遂げる経済刑法について、実務家・研究者らが理論的に分析し、今後の在り方を示す。
2017.6 680p A5 ¥8000 ①978-4-7857-2528-0

◆警察官のための充実・犯罪事実記載例—刑法犯　小川賢一編著　立花書房　第4版
【目次】第1編 犯罪事実の記載方法概説、第2編 刑法総則関係の犯罪事実記載方法（法令の改正された場合（刑法6条関係）、誤想防衛、誤想過剰防衛（刑法第36条第2項）、心神耗弱（刑法39条第2項）、中止未遂（刑法第43条ただし書）、併合罪、観念的競合、牽連犯（刑法第45条、第54条）ほか）、第3編 刑法各論関係の犯罪事実記載方法（公務の執行を妨害する罪、逃走の罪、犯人蔵匿・証拠隠滅の罪、放火及び失火の罪、往来を妨害する罪 ほか）、付録 犯罪の情状等に関する意見の記載方法
2017.12 453p A5 ¥2800 ①978-4-8037-4279-4

◆刑事司法への問い　指宿信, 木谷明, 後藤昭, 佐藤博史, 浜井浩一, 浜田寿美男編　岩波書店（シリーズ刑事司法を考える 第0巻）
【要旨】いま、日本の刑事司法は大きく変わりつつある。真の課題はどのようなもので、どのような改革が必要か。シリーズ刊行開始にあたって、特別編となる本巻は、さまざまな立場で刑事司法にかかわった人たちによる、刑事司法の課題についての自由な発言を集めた。編集委員による座談会やこれまでの刑事司法の改革の動きが分々草する姿も収録。
2017.2 230, 4p A5 ¥2800 ①978-4-00-026500-4

◆刑事手続におけるプライバシー保護—熟議による適正手続の実現を目指して　稲谷龍彦著　弘文堂
【要旨】GPS最高裁大法廷判決への分析を盛り込むエキサイティングかつ先鋭的な論文集！ GPS

最高裁大法廷判決（平29年3月15日）に影響を及ぼしたとされる注目の判例論文を、上記大法廷判決を受けて大幅改稿し、深く言及した必読の論文集！　現在の刑訴法解釈論の基礎をなす憲法論・刑事政策論を根源に遡って再考し、刑訴法解釈論に根本的変革を促す挑戦的論攷！
2017.12 345p A5 ¥5400 ①978-4-335-35688-9

◆**刑事手続の新展開　上**　三井誠, 渡邉一弘, 岡慎一, 植村立郎編　成文堂
【目次】第1編 総論（刑事手続の新展開、裁判員裁判、犯罪被害者と刑事手続、少年の刑事事件、医療観察事件 ほか）、第2編 捜査・弁護（強制捜査と任意捜査、職務質問・所持品検査、被疑者及び参考人の取調べ、被疑者の身体拘束、捜索・差押え、デジタル情報と捜査、科学的捜査、新たな捜査手法、捜査段階における弁護活動、接見交通）
2017.9 572p A5 ¥6500 ①978-4-7923-5214-1

◆**刑事手続の新展開　下**　三井誠, 渡邉一弘, 岡慎一, 植村立郎編　成文堂
【目次】第3編 公訴・公判（検察官の訴追裁量、公判前整理手続（争点整理等、証拠開示）、訴因の特定・変更 ほか）、第4編 証拠（証拠調べの在り方、証人尋問・被告人質問と供述調書、精神鑑定 ほか）、第5編 裁判・上訴・再審（評議、量刑、上訴審 ほか）
2017.6 657p A5 ¥6500 ①978-4-7923-5215-8

◆**刑事弁護の理論**　辻本典央著　成文堂
【目次】第1編 刑事弁護人の法的地位（問題の所在、ドイツにおける刑事弁護人の法的地位論、日本法下での刑事弁護人の法的地位、小括）、第2編 刑事弁護人の義務（誠実義務、真実義務、刑事弁護人の公判在廷義務、弁護活動と刑事制裁）、第3編 弁護権の実質的保障（被疑者・被告人の弁護権、捜査手続における弁護人の関与、接見交通権の課題と展望、国選弁護制度の現状と課題、弁護活動における瑕疵の被疑者・被告人への帰属、弁護人数の制限）、第4編 ドイツ刑事弁護（ドイツの刑事弁護の沿革と実態、参審裁判における弁護人の最終弁論）
2017.3 300p A5 ¥6000 ①978-4-7923-5212-7

◆**刑事法入門**　大谷實著　有斐閣　第8版
【要旨】刑法、刑事訴訟法、刑事学を個別に学習するまえに、刑事法全体を俯瞰したうえで、個々の科目を掘り下げて学習するほうが効果的です。本書は、はじめて法律に接する人にも刑事法に関する基本的知識・考え方を身につけることができるように工夫された入門書。
2017.11 239p A5 ¥2200 ①978-4-641-13927-5

◆**刑事法の要点**　前田雅英著　東京法令出版
【目次】1 刑事法の特徴（刑事法解釈、日本の刑事法、社会状況の変化と刑事法解釈、刑事法理論の変化）、2 刑法理論（犯罪と刑罰の考え方、刑罰の考え方、戦後の犯罪状況と刑法理論、客観的構成要件の理解、故意と過失、正当化事由・責任阻却事由、共犯論、刑法各論の重要論点）、3 刑事訴訟法理論（刑事手続の現状、日本の刑事訴訟の考え方の基礎、捜査の適法性、逮捕・勾留と捜索・差押え、公判廷での審理、証拠法）
2017.10 126p A5 ¥1080 ①978-4-8090-1374-4

◆**携帯刑事弁護六法　2017年版**　携帯刑事弁護六法編修委員会編　現代人文社, 大学図書 発売
【要旨】組織犯罪処罰法改正（共謀罪）、性犯罪規定の刑法改正に対応。2016年刑事訴訟法改正の未施行部分は新旧併記。接見の現場で必要な法令、条約を厳選して掲載。「公訴時効期間の改正経過」を資料として掲載。
2017.8 549p A5 ¥3200 ①978-4-87798-673-5

◆**刑罰制度改革の前に考えておくべきこと**　本庄武, 武内謙治編著　日本評論社
【要旨】広範囲にわたって議する刑罰制度改革の議論。その下地となるべき理論的到達点を提示する！
2017.12 231p A5 ¥4200 ①978-4-535-52294-7

◆**刑法演習ノート―刑法を楽しむ21問**　只木誠編著　弘文堂　第2版
【要旨】21問の設問について解答を作成し、解説を読むと、裁判知識が着実に定着し、運用する能力が身につく演習書。具体的な出来上がりのイメージを示した「解答例」付き。新作問題4問＋最新動向に完全対応！
2017.3 427p A5 ¥3000 ①978-4-335-35693-3

◆**刑法概説**　裁判所職員総合研修所監修　司法協会　八訂版
【目次】序説、第1編 犯罪（犯罪の成立要件、構成要件、違法性、責任、未遂、共犯、罪数、個

人的法益に対する罪）、第2編 刑罰（刑罰の意義及び種類、刑罰の適用、刑罰の執行、刑罰権の消滅）
2017 173p A5 ¥2096 ①978-4-906929-55-9

◆**刑法各論**　橋本正博著　新世社, サイエンス社 発売　（法学叢書）
【目次】序編（刑法各論の課題）、第1編 個人的法益に対する罪（殺人の罪、堕胎の罪、遺棄の罪 ほか）、第2編 社会的法益に対する罪（騒乱の罪、放火および失火の罪、出水・水利に関する罪 ほか）、第3編 国家的法益に対する罪（国家の存立に対する罪・国交に対する罪、公務執行妨害の罪、国の司法作用に対する罪 ほか）
2017.2 522p A5 ¥3600 ①978-4-88384-247-6

◆**刑法各論**　沼野輝彦, 設楽裕文編　弘文堂（Next教科書シリーズ）
【目次】第1編 個人的法益に対する罪（生命・身体に対する罪、自由に対する罪、私的領域に関する罪、名誉に対する罪、信用および業務に対する罪、財産に対する罪）、第2編 社会的法益に対する罪（公共の安全に対する罪、偽造およびその周辺の罪、風俗に対する罪）、第3編 国家的法益に対する罪（国家の存立に対する罪、国家・地方公共団体の作用に対する罪）
2017.4 290p A5 ¥2800 ①978-4-335-00227-4

◆**刑法各論**　呉明植著　弘文堂　（伊藤塾呉明植基礎本シリーズ 2）　第3版
【要旨】基礎が身につく入門書、第3版！
2017.11 421p A5 ¥3500 ①978-4-335-31430-8

◆**刑法各論**　井田良, 佐藤拓磨著　弘文堂（新・論点講義シリーズ 2）　第3版
【要旨】それぞれの犯罪類型に関する基礎的な事項を詳細に説明した入門的な学習書。旧版以降の法改正や重要判例・裁判例を織り込み、内容を刷新・拡充。判例・裁判例において各犯罪の成立が認められた実例を多数引用。刑法各論の内容を大幅に取り入れ、各論と総論の融合を図る。刑事政策、特別刑法、外国法へも目を向けた立体的学習法を伝授。用語説明、具体例、判例解説、改正点など役立つ情報満載。法科大学院で学ぶべきことがわかる「補講」付き。
2017.12 293p B5 ¥2800 ①978-4-335-31241-0

◆**刑法からみた企業法務―会社法・金融商品取引法の諸論点**　佐久間修著　中央経済社, 中央経済グループパブリッシング 発売
【要旨】本書は、会社経営に伴う刑事規制を概観することで、有用な基本知識を提示する。実務的に関心の高い、紛争事件における司法判断のポイントを明示しつつ、会社法・金融商品取引法における処罰規定を解説する。
2017.3 221p A5 ¥2600 ①978-4-502-22091-3

◆**刑法がわかった**　船山泰範著　法学書院　改訂第6版
【要旨】刑法を理解するための基本・重要テーマ191項目を収録。事例・判例・図表を多用して基礎からやさしく解説。2色刷りで、楽しくビジュアルな内容・レイアウト。司法書士試験、公務員試験の受験参考書として最適。
2017.4 587p A5 ¥2800 ①978-4-587-53821-7

◆**刑法総論**　呉明植著　弘文堂　（伊藤塾呉明植基礎本シリーズ 1）　第3版
【目次】第1編 刑法の基本原理（刑法の意義、刑法理論―刑罰と刑罰に関する基礎理論、罪刑法定主義 ほか）、第2編 犯罪（犯罪の成立要件概説、構成要件総論、実行行為 ほか）、第3編 刑罰（刑罰の種類、刑罰の適用、刑罰の執行）
2017.2 356p A5 ¥2800 ①978-4-335-31429-2

◆**刑法総論**　松原芳博著　日本評論社　（法セミLAW CLASSシリーズ）　第2版
【要旨】基本原理から出発し、筋の通った思考で刑法総論の世界に読者を誘う。判例／通説を正確に理解し、豊富な具体例を用いて知識の応用、定着をはかる。「なぜそのように考えるのか」といった疑問を大切に、考え方の分岐を丁寧に説明し、検索ニーズに応える。「刑の適用」「刑法の適用範囲」を追加して刑法総論全領域を網羅。
2017.3 519p A5 ¥3300 ①978-4-535-52257-2

◆**刑法総論講義**　松宮孝明著　成文堂　第5版
【要旨】最新の改正を織り込んで、体系的思考と問題的思考の融合をはかり、日本刑法学の到達点を示す待望の総論教科書。
2017.3 386p A5 ¥2900 ①978-4-7923-5196-0

◆**刑法・特別法 犯罪事実記載例集**　土本武司著　東京法令出版　九訂版

【目次】第1編 犯罪事実の書き方（犯罪事実、犯罪事実の記載方法）、第2編 刑法（公務の執行を妨害する罪、逃走の罪、犯人蔵匿及び証拠隠滅の罪 ほか）、第3編 特別法（刑事、生活安全、警備、交通）
2017.3 370p B6 ¥2100 ①978-4-8090-1362-1

◆**ケーススタディ 被害者参加制度 損害賠償命令制度―被害者に寄り添った活動の実践のために**　犯罪被害者支援弁護士フォーラム（VSフォーラム）編著　東京法令出版　2訂版
【目次】第1部 問題点と解決法（参加人と参加弁護士との関係、検察官の説明権と検察官の説明義務、国選被害者参加弁護士、在廷権、証拠調べ一般 ほか）、第2部 ケーススタディ（強盗殺人事件1（松戸女子大生殺害事件）、強盗殺人事件2（娘の元交際相手による犯行）、強盗殺人事件3（連続通り魔強盗事件）、強盗殺人事件4（被害者参加制度施行直後の事件）、強盗殺人事件5（コンビニ強盗）ほか）
2017.9 297p A5 ¥3300 ①978-4-8090-1368-3

◆**ケースブック刑法**　岩間康夫, 塩見淳, 小田直樹, 橋田久, 高山佳奈子, 安田拓人, 齊藤彰子, 小島陽介著　有斐閣　第3版
【要旨】法科大学院生に求められる知識の定着、理論の理解を図るために必要な判例を厳選して紹介し、その意義と位置づけが明らかになるよう、事実と判旨を必要十分な範囲で引用。判例の背後にある考え方や、関連判例を深く理解できるよう、「Questions」欄では様々な角度から質問を投げかける。充実した文献紹介は、より進んだ学習への足がかりに。
2017.3 372p 24×17cm ¥3900 ①978-4-641-13919-0

◆**憲法的刑事弁護―弁護士高野隆の実践**　木谷明編集代表, 趙誠峰, 吉田京子, 高山巌編　日本評論社
【要旨】Best Defense for All.―すべての人に、最高の弁護を。弁護士高野「高野隆」の実践を記し、刑事弁護の真髄を探究する。
2017.7 375p A5 ¥4200 ①978-4-535-52253-4

◆**講義 刑法各論**　関哲夫著　成文堂
【目次】ガイダンス、殺人の罪、堕胎の罪、遺棄の罪、傷害の罪、過失傷害の罪、脅迫の罪、逮捕・監禁の罪、略取、誘拐及び人身売買の罪、性的自由に対する罪〔ほか〕
2017.10 700p A5 ¥4900 ①978-4-7923-5227-1

◆**勾留準抗告に取り組む―99事例からみる傾向と対策**　愛知県弁護士会刑事弁護委員会編　現代人文社, 大学図書 発売　（GENJIN刑事弁護シリーズ 22）
【要旨】裁判所の考え方を知り、説得的な弁護活動に役立てる。勾留裁判に影響を与えた最決平26・11・17前後の決定例等を収録。決定例等を弁護の論点から分析し、検討を加えた。
2017.12 342p A5 ¥3500 ①978-4-87798-683-4

◆**財産犯バトルロイヤル―絶望しないための財産序説**　高橋則夫, 田山聡美, 内田幸隆, 杉本一敏著　日本評論社　（法セミLAW CLASSシリーズ）
【要旨】財産犯が複数成立し得るような事例問題をどのように処理すべきかを伝授しよう！「基本ツールのチェック」「規範と事実のブリッジ」「事実を処理するメソッド」3つの視点から解説。
2017.5 330p A5 ¥3200 ①978-4-535-52266-4

◆**最新重要判例250 刑法**　前田雅英著　弘文堂　第11版
【要旨】「現在の判例が結論を導く際に用いる規範＝生きた基準」がひと目でわかる2色刷り。解説をコンパクトに付した法学部生・法科大学院生必須の判例ガイドの決定版。法曹を目指す者が学ぶべき重要論点に関する判例264件を単独著者が徹底的にわかりやすく解説！
2017.2 276p B5 ¥2500 ①978-4-335-30123-0

◆**サクラサイト被害救済の実務**　サクラサイト被害全国連絡協議会編　民事法研究会
【要旨】法的知識から交渉・訴訟等の具体的な対処方法までを被害救済に取り組み、研究・実践を続けてきた弁護士が詳しく解説！ サイト運営事業者や決済代行事業者等に対する通知書例を登載！
2017.11 194p A5 ¥2500 ①978-4-86556-191-3

◆**死刑 その哲学的考察**　萱野稔人著　筑摩書房　（ちくま新書）
2017.10 318p 18cm ¥940 ①978-4-480-06987-0

◆**実践刑事証拠法**　太田茂著　成文堂
【要旨】理論と実務を架橋する刑事証拠法講義の決定版！ 検事としての豊富な捜査・公判の経験を踏まえ、早稲田大学法科大学院で教鞭をとった著者の長年オリジナル事例に基づく刑事証拠法講義の集大成。
2017.9 429p B5 ¥3900 ①978-4-7923-5216-5

◆**実践！ 刑事証人尋問技術　part2　事例から学ぶ尋問のダイヤモンドルール**　ダイヤモンドルール研究会ワーキンググループ編著　現代人文社, 大学図書 発売　（GENJIN刑事弁護シリーズ 20）
【要旨】成果をあげた尋問を分析して、「誰にでも伝承可能なルール＝ダイヤモンドルール」を抽出するシリーズ第2弾。
2017.9 342p A5 ¥3500 ①978-4-87798-680-3

◆**実例中心捜査法解説―捜査手続から証拠法・公判手続入門まで**　幕田英雄著　東京法令出版　第3版補訂版
【要旨】判例を素材にした、分かりやすく、かつ、実践的な設問・解説。書式実例も随所に登載。実務で直面する疑問点も、アドバイス欄で踏み込んで解説。巻末付録では、平成28年6月3日公布の刑事訴訟法改正を、段階的施行の区分を明確にして詳細に解説。公判手続入門も解説。この一冊で刑事訴訟法全体をカバー。
2017.11 756p A5 ¥4800 ①978-4-8090-1376-8

◆**終末期医療と刑法**　甲斐克則著　成文堂　（医事刑法研究 第7巻）
【目次】安楽死・尊厳死をめぐる法と倫理、終末期医療・尊厳死と医師の刑事責任―川崎協同病院事件第1審判決に寄せて、尊厳死問題における患者の自己決定のアポリア―河見誠教授の批判に答える、ドイツにおける終末期医療をめぐる法的・倫理的論議の最近の動向、終末期医療と尊厳死―日本刑法学会ワークショップから、終末期医療における病者の自己決定の意義と法的限界、自殺幇助と患者の「死ぬ権利」:難病患者の「死ぬ権利」を否定した事例―プリティ判決(Pretty v.the United Kingdom, 29 April 2002, Reports 2002 - 3)、終末期医療のルール化と法的課題、ドイツにおける延命治療中止に関するBGH無罪判決―プッツ事件、終末期医療と臨床倫理、ベネルクス3国の安楽死法の比較検討、オランダの安楽死の現状と課題、イギリスにおける人工延命措置の差控え・中止(尊厳死)問題、PEG施行について―患者の事前指示と家族の希望が異なる場合どうするか―法律家の立場から、人工延命措置の差控え・中止(尊厳死)問題の「解決」モデル、終末期の意思決定と自殺幇助―各国の動向分析
2017.11 285p A5 ¥2900 ①978-4-7923-5228-8

◆**新 刑法犯・特別法犯 犯罪事実記載要領**　高森高徳編著　立花書房　改訂第4版
【目次】刑法犯編(刑法総則関係、公務の執行を妨害する罪、逃走の罪、犯人蔵匿及び証拠隠滅の罪、放火の罪 ほか)、特別法犯編(あへん法、医師法、医薬品、医療機器等の品質、有効性及び安全性に関する法律、印紙犯罪処罰法、インターネット異性紹介事業を利用して児童を誘引する行為の規制等に関する法律 ほか)
2017.2 340p A5 ¥2300 ①978-4-8037-4276-3

◆**新時代の刑事弁護**　浦功編著　成文堂
【目次】取調べの可視化と黙秘権―新時代の刑事弁護の展望、座談会 日本の刑事弁護の到達点と課題、弁護技術の向上―裁判員裁判を中心にして、取調べの可視化法制時代の弁護活動―黙秘権の行使とその解除を中心として、弁護人の接見技術―面接における聞き取り技術について、GPS捜査と弁護活動、裁判員裁判と身体拘束からの解放、証拠開示論の21世紀的展開、弁護人の予定主張明示義務と予定主張のあり方、数字的刑事弁護―検察官の誤謬に打ち克つ
2017.9 689p A5 ¥7000 ①978-4-7923-5218-9

◆**図解で早わかり 最新刑法のしくみ**　木島康雄監修　三修社
【要旨】犯罪全般に共通する成立要件や犯罪類型の基本がわかる。性犯罪の厳罰化など最新の刑法改正に対応！ 刑事訴訟法や裁判員制度、少年事件、平成29年成立のテロ等準備罪まで。刑法関連法律も本書1冊で学べる。
2017.11 223p A5 ¥1800 ①978-4-384-04769-1

◆**性犯罪加害者家族のケアと人権―尊厳の回復と個人の幸福を目指して**　阿部恭子編著　現代人文社, 大学図書 発売
【要旨】夫が、恋人が、父が、息子が…。魂の殺人と呼ばれる性犯罪。好奇の目に晒され、嘲笑の的となり、声を上げることができない性犯罪

「加害者」家族。性犯罪加害者家族支援の理論と現状を踏まえ、支援の実践例を通して効果的な支援のあり方を提案する。
2017.10 167p A5 ¥2500 ①978-4-87798-679-7

◆**捜査と弁護**　佐藤博史責任編集　岩波書店　（シリーズ刑事司法を考える 第2巻）
【要旨】犯罪捜査は、真犯人の逮捕・起訴を目的とするが、人権侵害が起きやすい過程でもある。「真実」と「人権」をどう両立させるか。進展著しい科学捜査や新しいタイプの事件から生じている現代的課題について、最新の研究や実務経験にもとづく貴重な知見をもとに検討、あるべき姿を考察する。
2017.8 381p A5 ¥2500 ①978-4-00-026502-7

◆**逮捕手続の実務―疑問解消110事例**　東山太郎編著, 吉野太人, 津田敬三, 松本貴一朗, 相原健一, 髙橋理恵著　立花書房
【目次】第1 緊急逮捕(緊急逮捕の要件、緊急逮捕をめぐる諸問題)、第2 現行犯逮捕(現行犯逮捕、準現行犯逮捕、現行犯逮捕をめぐる諸問題)、第3 通常逮捕(逮捕状の請求、逮捕状の発付、逮捕状の執行、引致、逮捕後の手続)、第4 その他(逮捕に関する諸問題)
2017.8 265p A5 ¥2100 ①978-4-8037-2487-5

◆**たのしい刑法　1　総論**　島伸一編、山本輝之、只木誠、大島良子、髙山佳奈子著　弘文堂　第2版
【要旨】法学部・法科大学院で刑法を初めて学ぶ人たち、裁判員候補者に最適のテキスト、待望の最新版。チャートや図表、イラストやコーヒー・ブレイク、ケース・スタディなど楽しく学ぶための工夫満載。
2017.3 338p A5 ¥3300 ①978-4-335-35695-7

◆**たのしい刑法　2　各論**　島伸一編著　弘文堂　第2版
【要旨】各論も楽しく学ぼう！ 法学部・法科大学院で刑法を初めて学ぶ人たち、裁判員候補者となる一般市民に最適なテキスト。図表、イラスト、ケース・スタディなど工夫満載。性犯罪に関する法改正等も盛り込んだ最新版！
2017.10 396p A5 ¥3300 ①978-4-335-35710-7

◆**逐条解説 刑事収容施設法**　林眞琴, 北村篤, 名取俊也著　有斐閣　第3版
【要旨】「刑事収容施設及び被収容者等の処遇に関する法律」の信頼できる解説書。これまでに積み上げられてきた議論を踏まえ、各条を理論的に解説するとともに、重要な訓令・通達の内容に触れながら、矯正実務における運用を具体的に明らかにする。改訂版では行刑後の本法改正及び数度にわたる施行規則、訓令・通達の改正にともなう改訂を加えた。実務に携わる矯正職員、行刑法の研究者の必携書。
2017.11 975, 69p A5 ¥9000 ①978-4-641-01845-7

◆**テキスト 司法・犯罪心理学**　越智啓太, 桐生正幸編著　北大路書房
【要旨】人間のダークサイドの多面的な理解がなければ犯罪は理解できない。科学的知見を総合してまとめられた、本邦初の画期的で本格的な犯罪心理学のテキスト。
2017.7 614p A5 ¥5800 ①978-4-7628-2975-8

◆**適法・違法捜査ハンドブック**　伊丹俊彦監修　立花書房
【目次】第1章 サイバー犯罪関連、第2章 職務質問、自動車検問、所持品検査、第3章 保護、避難の措置、第4章 職務及び制止、立入、武器の使用、第4章 任意捜査、第5章 逮捕、勾留、第6章 捜索、差押え、検証、第7章 被疑者の防御、第8章 先行手続の違法と証拠能力、第9章 その他
2017.5 405p A5 ¥2400 ①978-4-8037-2486-8

◆**手錠腰縄による人身拘束―人間の尊厳の確保の視点から**　山下潔著　日本評論社
【目次】第1章 監獄法・刑事収容施設法と手錠腰縄、第2章 代用監獄制度と国際自由権規約(条約)の問題、第3章 「市中引廻し」の路上における手錠腰縄の人身拘束、第4章 検察官室における手錠をかけたままの被疑者の取調べ、第5章 病院施設内の手錠腰縄の連行、第6章 裁判員裁判における手錠腰縄、第7章 手錠腰縄問題の憲法理論、第8章 国際自由権規約に基づく法理論、第9章 法廷における手錠腰縄の違憲性と人権条約違反、第10章 法廷における手錠腰縄の諸問題
2017.7 202p A5 ¥2400 ①978-4-535-52279-4

◆**テロ等準備罪―目の前にある危機にいかに立ち向かうか 国会38の論点**　赤澤亮正著　グッドブックス

【目次】序章 早わかり「テロ等準備罪」、1 テロ等準備罪が生まれた国際的背景(国際組織犯罪防止条約(いわゆるTOC条約)、国際的なテロ等の組織的犯罪の実態、諸外国におけるテロの取締りの動向 ほか)、2 テロ等準備罪の成立要件・効果等(テロ等準備罪はテロ対策に有効なの？、居酒屋で上司を殴ることを話し合ったら犯罪になるの？、一般人が捜査や処罰の対象になることもあるの？ ほか)、3 テロ等準備罪以外の改正内容と今後の検討課題等(司法妨害への対処はなぜ必要なの？、日本でのテロ資金規制の枠組み、国外犯処罰規定の整備はなぜ必要なの？ ほか)、資料編
2017.11 261p B6 ¥1500 ①978-4-907461-14-0

◆**西田典之先生献呈論文集**　山口厚, 佐伯仁志, 今井猛嘉, 橋爪隆編　有斐閣
【目次】犯罪論における「構成要件の重なり合い」の規範的・機能的分析、実行行為概念について、西田教授の身分犯論、犯罪の成立要件と非刑罰法令―特に要保護性について、欺きによる殺人罪(刑法199条)成否の判断―法益関係的錯誤説について、業務上過失・自動車運転過失の加重根拠、中止の共犯について―真摯な努力とその任意性、過失共同正犯再考、絶滅危惧種としての教唆犯、刑法理論から見た死刑存廃論〔ほか〕
2017.3 578p A5 ¥14000 ①978-4-641-13918-3

◆**入門刑事手続法**　三井誠, 酒巻匡著　有斐閣　第7版
【要旨】2016年の法改正に対応、書式を全面改訂。最新の統計、判例・実務の動向を浮彫りに付。
2017.3 404p A5 ¥3200 ①978-4-641-13924-4

◆**入門刑事法**　三井誠, 曽根威彦, 瀬川晃編　有斐閣　第6版
【要旨】刑事法の「森」をみてみよう！ 刑法・刑事訴訟法・刑事学のエッセンスが学べるロングセラー。最新の実態、立法・実務の動きを適確に反映。読者を実務の世界へ誘うinvitation コーナー！
2017.3 324p A5 ¥2500 ①978-4-641-13923-7

◆**白熱・刑事事実認定―冤罪防止のハンドブック**　門野博著　青林書院
【目次】第1講 有罪認定の基準―合理的な疑いとは、第2講 情況証拠(その1)―最高裁が示した有罪認定のルール、第3講 情況証拠(その2)―総合的な事実認定の在り方を考える、第4講 科学的証拠―DNA型鑑定を等身大に見る、第5講 黙秘権の行使―黙秘権行使は被告人に不利か、第6講 類似事実による証拠―「予断」と「偏見」を排除する、第7講 被害者の供述―信用性吟味の困難性、第8講 自白の信用性(その1)―信用性判断の注意則とは何か、第9講 自白の信用性(その2)―信用性判断の新たな展開、第10講 共犯者の自白―危険な証拠にいかに対処するか
2017.10 266p A5 ¥3600 ①978-4-417-01720-2

◆**はじめての刑法総論**　尾﨑哲夫著　自由国民社　（3日でわかる法律入門）第10版
【要旨】語りかける講義口調で読みやすい。開いてすぐポイントを見つけやすい。コンパクトなサイズに原文も掲載。基本を確認できるチェック問題つき。
2017.6 142p B6 ¥1200 ①978-4-426-12244-7

◆**犯罪をどう防ぐか**　浜井浩一責任編集　岩波書店　（シリーズ刑事司法を考える 第6巻）
【要旨】刑事司法は刑の執行で終わりではない。裁判の終結から刑の執行、さらにその先まで、犯罪者をどう処遇すれば再犯防止につながるのか。そして、厳罰化は有効なのか。日本の犯罪と刑罰を事実に基づいて分析し、少年非行、障害者や高齢者の犯罪、薬物依存などに光を当てて、犯罪者の立ち直り支援や犯罪予防、それらを支える社会のあり方を考える。
2017.6 342p A5 ¥3600 ①978-4-00-026506-5

◆**犯罪学リテラシー**　岡本英生, 松原英世, 岡邊健著　（京都）法律文化社
【要旨】第1部 犯罪の歴史、第1部 犯罪の原因(社会学的要因、心理学的要因、生物学的要因)、第2部 犯罪の統制(犯罪対策の基礎、犯罪発生の防止、再犯の防止)、第3部 犯罪学の研究方法(犯罪の測定、実証的研究方法、統計学の活用)
2017.8 202p A5 ¥2400 ①978-4-589-03861-6

◆**犯罪と刑罰　第26号　特集 性犯罪規定の改正**　（京都）刑法読書会, 成文堂 発売
【目次】特集(性犯罪規定改正案に至る経緯と当面の私見―本特集の意図、法益論から見た強姦罪等の改正案、性刑法の改革と課題、強姦罪等の非親告罪化)、論説(刑の一部の執行猶予をめ

法
律

ぐる議論と実務、少年法適用年齢引き下げに関する議論の在り方）、雑報
2017.3 154p A5 ¥1800 ①978-4-7923-5203-5

◆犯罪被害者支援実務ハンドブック─被害者参加、損害賠償命令を中心に　第一東京弁護士会犯罪被害者に関する委員会編著　東京法令出版
【目次】第1章 よりよい相談のために、第2章 刑事手続の流れにおける支援活動の基礎知識、第3章 被害者参加制度、第4章 損害賠償命令制度等の被害回復の手段、第5章 情報の入手方法、第6章 特別な対応を要する類型、第7章 被害者に対する経済的支援、第8章 マスコミ対策、第9章 関係機関との連携、書式等
2017.7 289p A5 ¥2500 ①978-4-8090-1370-6

◆犯罪被害者と刑事司法　指宿信責任編集　岩波書店　（シリーズ刑事司法を考える 第4巻）
【要旨】犯罪被害者や遺族の声を刑事司法のプロセスに取り込むにはどうすればいいか。被害者の支援・保護はどうあるべきか。そして加害者家族への支援はどう進められるべきか。被害者参加制度、性犯罪の厳罰化を規定した改正刑法などを踏まえ、社会的・政治的にも、また、法的・心理的にも複雑で込み入った文脈に分け入り、「犯罪被害者問題」を多面的に考察する。
2017.3 301p A5 ¥3600 ①978-4-00-026504-1

◆被害者学研究　第27号　日本被害者学会編　成文堂
【目次】巻頭言 被害者学の活性化に向けて、基調講演 被害者学・被害者支援の現状と課題、論説（いじめ等の民事判例における請求人及び被請求人の拡大化、社会消滅時効への被害者学的アプローチ─児童期の性的虐待被害の回復を阻害しない時効論の構築のために、取調べの録音・録画制度と犯罪被害者の保護─記録媒体の証拠調べに係る問題を中心に）、シリーズ・被害者学各論（第20回）新時代の刑事手続と犯罪被害者、シンポジウム：性犯罪被害者の支援─法整備と支援体制の強化（シンポジウムの趣旨、警察の性犯罪捜査について、24時間ホットラインの現場から─支援体制の強化と法整備の必要性、弁護士による性犯罪被害者支援、性犯罪に関する刑法改正）
2017.3 112p B5 ¥1800 ①978-4-7923-5210-3

◆「被害者問題」からみた死刑　菊田幸一監訳　日本評論社
【要旨】本書は、死刑廃止・存置のいずれの立場にせよ「人間の尊厳」とは何であるかを考えるうえで核心となる示唆を提供している。
2017.9 325p A5 ¥4500 ①978-4-535-52288-6

◆比較犯罪学研究序説　朴元奎著　成文堂
【目次】序章 グローバル化時代における比較犯罪学の課題と展望、第1章 比較犯罪学の方法論的諸問題、第2章 公式犯罪統計の日米比較、第3章 戦後日本における殺人犯罪率の推移、第4章 日本における社会学的犯罪学の特色、第5章 犯罪学・刑事司法教育の日米比較、第6章 ジェフリーのCP-TED理論の進展と変容
2017.5 278p A5 ¥6500 ①978-4-7923-5205-9

◆ビギナーズ刑事政策　守山正、安部哲夫編著　成文堂　第3版
【目次】刑事政策の概念、刑事政策の歴史、刑事政策の動向、犯罪予防、刑事制裁（刑罰と処分）、刑事司法・少年司法機関の役割、犯罪被害者の支援と法的地位、死刑、自由刑、財産刑、保安処分をめぐる問題、犯罪者の処遇、施設内処遇、社会内処遇、わが国の犯罪情勢、個別犯罪と対策（交通犯罪、薬物犯罪、来日外国人犯罪、組織犯罪、高齢者犯罪、企業犯罪、性犯罪、家庭内・近親者犯罪、少年非行）
2017.7 464p A5 ¥3000 ①978-4-7923-5199-1

◆ビジネスが危ない！ 共謀罪の真実　共謀罪案に反対するビジネスロイヤーの会編（川崎）ジェネシスビジネス出版
【要旨】節税のための打ち合わせも犯罪に？ 税理士・会計士・弁護士・経営者・会社員、すべてのビジネスパーソン必読の1冊。
2017.7 203p B6 ¥2000 ①978-4-909213-00-6

◆不当要求等対処ハンドブック　篠崎・進士法律事務所編　立花書房
【目次】第1編 実態編（総論、反社会的勢力の実態 ほか）、第2編 法令編（総論、暴力団対策法 ほか）、第3編 実務対応編（総論、市民生活における不当要求・クレーム ほか）、第4編 資料編（表明・確約書、暴力団排除条項 ほか）
2017.5 208p A5 ¥1800 ①978-4-8037-4278-7

◆ホーンブック 新刑法総論　船山泰範編著　北樹出版　改訂2版
【目次】第1章 刑法の役割と基本原則、第2章 刑法の歴史、第3章 刑罰の内容、第4章 犯罪の成立要件、第5章 構成要件該当性、第6章 違法性、第7章 有責性、第8章 故意、第9章 過失、第10章 未遂犯、第11章 共犯、第12章 刑の適用と執行
2017.4 234p A5 ¥2600 ①978-4-7793-0533-7

◆マンガでわかる刑法入門─試験に出る刑法の基本がやさしくわかる　伊藤真監修　ナツメ社
【要旨】マンガだからやさしく入門！ なじみのない刑法の概念も体系的にスッキリ解説！ 法律用語もKey Wordで理解できる！
2017.10 215p A5 ¥1380 ①978-4-8163-6310-8

◆息子が人を殺しました─加害者家族の真実　阿部恭子著　幻冬舎　（幻冬舎新書）
【要旨】連日のように耳にする殺人事件。当然ながら犯人には家族がいる。本人は逮捕されれば塀の中だが、犯罪者の家族はそうではない。ネットで名前や住所がさらされ、マンションや会社から追い出されるなど、人生は180度変わる。また犯罪者は「どこにでもいそうな、いい人（子）」であることも少なくない。厳しくというと子どもが人を殺したり、おしどり夫婦の夫が性犯罪を犯すことも。突然地獄に突き落とされた家族は、その後どのような人生を送るのか？ 日本で初めて加害者家族支援のNPO法人を立ち上げた著者が、その実態を赤裸々に語る。
2017.11 189p 18cm ¥800 ①978-4-344-98473-8

◆龍谷大学矯正・保護総合センター研究年報　第6号 2016年　龍谷大学矯正・保護総合センター編　現代人文社 発売
【目次】特集 團藤文庫を用いた研究の可能性（峰山事件の最高裁事件記録から─調査官新告書と調査官解説、瀧川事件異聞─團藤重光宛書簡3通から、1940年代後半における監獄法改正作業の解明に向けて─矯正図書館所蔵資料および團藤文庫を用いて、團藤文庫における勝本文庫の位置づけ─勝本勘三郎とベッカリーア、ロンブローゾ、團藤日記について─全体構造と史料紹介）、個別研究（認知症者による「不可抗力」の事件と障害者差別解消法の合理的配慮、地域生活定着支援センターの刑事政策的課題─支援担当員に対する意識調査より、「保護司になっていく」という─34年間保護司在任者の生活史を中心に、性加害行為のあった知的障がい者への支援担当者の課題と研修について─障がい者福祉事業所の支援者へのアンケート調査より、ノルウェー社会における「やさしさ」を問う─保育施設でのフィールドワークを通じて）
2017.1 150p B5 ¥3000 ①978-4-87798-657-5

◆理論刑法学の探究 10　川端博、浅田和茂、山口厚、井田良編　成文堂
【要旨】論文（過失犯における「因果経過の予見可能性」について─渋谷温泉施設爆発事故最高裁決定をてがかりとして、過失不作為犯における不作為主体の限定、過失の競合に関する一考察─過失不作為犯の競合を手がかりとして、予見可能性の判断枠組みについて、社会構造の変容と犯罪論における危険犯論・放火罪の意義、現住建造物等放火罪に関する諸問題、不能犯論・覚書─末道選書評を契機として）、書評、外国論文紹介 フランスにおけるジェンダー刑法学の展開と限界
2017.7 290p A5 ¥4000 ①978-4-7923-5206-6

◆Law Practice 刑法　佐久間修、高橋則夫、松澤伸、安田拓人著　商事法務　第3版
【要旨】判例を基礎に事例解決の思考プロセスを平易に示す演習書！ 法学部生、法科大学院をめざす受験生などが基礎知識を確認し、実践的な応用力を身につける自学自習用教材として必携の書！
2017.10 314p A5 ¥3000 ①978-4-7857-2561-7

◆NEWトライアングル学習 刑法　受験対策研究会編著　東京法令出版　補訂版
【要旨】平成29年7月13日施行の刑法の一部改正に対応！
2017.11 231p 18cm ¥1100 ①978-4-8090-1377-5

◆Q&A 詐欺・悪徳商法 相談対応ハンドブック　村千鶴子著　ぎょうせい
【要旨】「契約トラブル」の対応に必要な基礎知識を解説する入門書。相談の多い「契約問題」を取り扱う場合の基本的なポイントを解説。相談者への助言、解決に必要な法律の基礎的な仕組みや概要、手続を解説。
2017.1 245p A5 ¥2600 ①978-4-324-10237-4

◆Q&A実例交通事件捜査における現場の疑問　城祐一郎著　立花書房　第2版

【目次】第1編 飲酒運転及び薬物使用・過労運転等に関連する疑問（アルコール体内保有量に関する諸問題、ウィドマーク式の計算方法、ウィドマーク式の根拠 ほか）、第2編 運転殺人や危険運転致死傷等に関連する疑問（危険運転致死傷事件における故意の立証等、限界旋回速度、進行を制御することが困難な高速度 ほか）、第3編 その他の交通現場の疑問（ドア開扉事故の適用罪名と不救護の罪責、駐車車両による業務上過失致死傷罪をめぐる諸問題、急ハンドル操作による結果回避義務の認定 ほか）
2017.10 612p A5 ¥2700 ①978-4-8037-4413-2

◆START UP刑法各論判例50！　十河太朗、豊田兼彦、松尾誠紀、森永真綱著　有斐閣
【要旨】いろいろな犯罪があるけれど…この50件でひとつずつ、基礎をマスター！ いままでとは違う新しい判例教材。
2017.12 139p B5 ¥1800 ①978-4-641-13926-8

民事・刑事訴訟法・少年法

◆伊藤真が選んだ短答式一問一答1000 刑事訴訟法　伊藤真監修　法学書院　第3版
【要旨】厳選した伊藤塾オリジナル問題を中心に、司法試験の過去問も見極条に配列した一問一答集！ 問題・解説を見開き形式で掲載。見やすいレイアウト。全解説に主要基本書の参照ページを表記。頻出項目がひと目でわかる。
2017.7 297p B6 ¥2300 ①978-4-587-22292-5

◆エビデンスに基づくインターネット青少年保護政策─情報化社会におけるリテラシー育成と環境整備　齋藤長行著　明石書店
【目次】第1部 青少年インターネット環境整備の構図、第1章 青少年のインターネットリテラシー指標の開発と運用（青少年のインターネット利用環境と保護政策、青少年保護政策を最適化させるための意思決定、青少年のインターネットリテラシー指標開発のコンセプト、青少年のインターネットリテラシー指標の開発と評価、指標を基にした青少年のインターネットリテラシーの分析と評価）、第2部 ILASを基にしたインターネットリテラシーの調査研究（青少年のインターネットリテラシーの縦断的調査、青少年と保護者のインターネットリテラシーの比較分析）、第3部 青少年と保護者に対する意識調査研究（青少年のインターネットの安全利用に対する意識に関する調査、保護者の啓発教育経験と家庭での安全対策実施との関係性）
2017.12 288p A5 ¥5500 ①978-4-7503-4611-3

◆応用刑事訴訟法　太田茂著　成文堂
【要旨】刑事訴訟法の理論と実践を、法制史・比較法の視点も踏まえて考える。検事としての豊富な捜査・公判の経験を踏まえ、早稲田大学法学部で教鞭をとった著者が、刑事訴訟法の実践的理論から具体的捜査の経験談、諸外国の刑事司法制度に至るまで、広い視野に立って行った講義の集大成。
2017.9 337p B5 ¥3500 ①978-4-7923-5217-2

◆会社訴訟ハンドブック　中村直人編著　商事法務
【要旨】会社訴訟における会社側・役員側の実務対応を網羅的に解説する決定版！ 総務・法務担当者が提訴を知ったときから解決までの一貫した対応を示す。実体法上の論点の解説に加え、担当者のとるべき細やかな実務対応のあり方を検討する。
2017.6 653p A5 ¥7500 ①978-4-7857-2520-4

◆警察官のための刑事訴訟法講義　津田隆好著　東京法令出版　第三版
【要旨】刑事訴訟法等の一部改正に伴う取調べの録音・録画の試行指針、通信傍受の合理化等、平成28年12月までの実務・判例の動向を補正した最新版！ 警察大学校特捜研の入校生等、第一線捜査経験者の意見を集約し、実務・昇任試験に直結する基礎知識を精選。
2017.3 284p A5 ¥2100 ①978-4-8090-1361-4

◆刑事司法を担う人々　後藤昭責任編集　岩波書店　（シリーズ刑事司法を考える 第3巻）
【要旨】今日の日本の刑事司法はどのような人たちが動かしているのか。そして、もしも被疑者や裁判員になったら、どのような経験をするのか。警察官、検察官、裁判官、弁護士はもとよ

り、被疑者・被告人、裁判員、通訳、鑑定人、ジャーナリストなど法律家以外の担い手の役割も見るながら、専門家と非専門家との役割分担を考える。

2017.4　276p　A5　¥3600　ⓘ978-4-00-026503-4

◆**刑事司法改革と刑事訴訟法学の課題**　川崎英明著　日本評論社　(関西学院大学研究叢書)
【目次】序章 刑事司法の改革課題(戦後刑事司法と刑事司法改革の課題、司法改革(司法制度改革審議会)と刑事司法改革、誤判と刑事司法改革)、第1章 裁判員制度と刑事司法改革(裁判員制度の課題、裁判員制度と事実認定論、裁判員裁判の審理のあり方)、第2章 検察制度改革と刑事司法改革(検察制度改革の視点、検察官の役割と行為規範、強制起訴制度と検察審査会制度の改革課題、(補論)犯罪被害者と刑事手続)、第3章「新時代の刑事司法制度」と刑事司法改革(「新時代の刑事司法制度」と刑事司法改革の原点、「新時代の刑事司法制度」の審議経過、盗聴法「改正」の問題点、盗聴法「改正」の経緯)、終章 刑事訴訟法学の課題(刑事司法改革と刑事訴訟法学、憲法的刑事手続と刑事訴訟法学、刑事弁護の自由と接見交通権ほか)

2017.3　265p　A5　¥5400　ⓘ978-4-535-52224-4

◆**刑事訴訟実務の基礎 記録篇・解説篇**　前田雅英編、青木英憲、藤井俊郎、丸山哲巳、峰ひろみ著　弘文堂　第3版
【目次】記録篇(事件の経過、公判記録、公判未提出記録、発展課題用事例)、解説篇(基本的な視点・考え方、証拠はどのようにして集められるか、公判手続に向けた準備、当事者の訴訟活動はどのように行われるか、裁判所の判断、被害者保護、法律基本科目と刑事訴訟実務の基礎)

2017.3　2Vols.set　A5　¥3400　ⓘ978-4-335-35703-9

◆**刑事訴訟における片面的構成─事実認定と上訴をめぐって**　平田元著　成文堂　(熊本大学法学会叢書)
【目次】第1章 刑事訴訟における片面的構成(片面的構成による自由心証主義のコントロール、刑事訴訟における片面的構成の理論的基礎─厳格な証明、弾効証拠を中心に)、第2章 イギリスにおける刑事上訴(イギリスにおける刑事陪審と上訴制度─「内在的疑い(lurking doubt)」を中心に、一九九五年イギリス刑事訴訟法ほか)、第3章 刑事事実認定論(救済の観点からみた事実認定論、間接事実の立証 ほか)、第4章 控訴審・上告審論の展望(控訴審・上告審論の展望、無罪推定を基調とした捜査・証拠評価を一板橋強制わいせつ事件/最判平成元年一〇月二六日ほか)

2017.9　307p　A5　¥5000　ⓘ978-4-7923-5213-4

◆**刑事訴訟法**　伊藤真著　弘文堂　(伊藤真試験対策講座 10)　第5版
【要旨】伊藤メソッドで刑事訴訟法を学ぼう!!フローチャート・図表の多用と2色刷ですべての重要論点をわかりやすく解説、論証カードで答案の書き方も学べる。内容はより充実、分量はスリムに平成28年改正に完全対応の最新版。

2017.2　598p　B5　¥4200　ⓘ978-4-335-30491-0

◆**刑事訴訟法**　白取祐司著　日本評論社　第9版
【要旨】2016年刑訴法改正を踏まえ、最新判例、あらたな学説の動向も織り込み、全面的に改訂!

2017.3　553p　A5　¥3900　ⓘ978-4-535-52249-7

◆**刑事訴訟法**　長沼範良、田中開、寺崎嘉博著　有斐閣　(有斐閣アルマ)　第5版
【要旨】刑事訴訟法がよくわかる。コンパクトかつ、必要十分な内容を盛り込んだロングセラーの最新版。取調べの録音録画制度、刑事免責制度の創設、通信傍受の対象事件の範囲拡大など にかかる法改正に対応。重要判例ももれなく収録。　2017.3　425p　B6　¥2300　ⓘ978-4-641-22050-8

◆**刑事訴訟法**　田口守一著　弘文堂　(法律学講義シリーズ)　第7版
【要旨】広汎なる平成28年改正に完全対応、新たな段階に歩を進めたわが国の刑事司法制度の全体像を詳細かつ丁寧に解説した基本書の最新版。法改正、重要判例、学説の動きを網羅。

2017.4　529p　A5　¥3700　ⓘ978-4-335-31366-0

◆**刑事訴訟法**　呉明植著　弘文堂　(伊藤塾呉明植基礎本シリーズ 3)　第2版
【目次】第1編 刑事訴訟法総論(刑事訴訟法の目的と無罪推定の原則、刑事事件の全体像ほか)、第2編 捜査(捜査法総論、捜査のはじまり ほか)、第3編 公訴(公訴提起の基本原則、公訴提起の手続ほか)、第4編 公判手続(公判の諸原則、公判廷の構成 ほか)、第5編 救済手続(上訴総論、控訴・上告 ほか)

◆**刑事訴訟法演習**　峰ひろみ著　法学書院
【要旨】刑事訴訟法を使いこなし論文の実戦的な力が身につく演習書! 長文事例問題から、条文・判例の運用について実戦的な考え方が学べる。「答案例」の記述の横に、構成要素や留意点を示した。巻頭に「刑事訴訟法論文答案の書き方」を収録。

2017.5　445p　A5　¥3300　ⓘ978-4-587-03640-9

◆**刑事訴訟法講義**　安冨潔著　慶應義塾大学出版会　第4版
【要旨】初学者が刑訴法を理解するスタンダード・テキスト第4版。刑訴法の基本・ポイントが学びやすく平成28年刑訴法改正、最新判例に対応した最新版!

2017.4　466p　A5　¥3400　ⓘ978-4-7664-2429-4

◆**刑事訴訟法入門**　緑大輔著　日本評論社　(法セミLAW CLASSシリーズ)　第2版
【要旨】基礎から応用まで、学習の強い味方。シンプルな事例をもとに、論点・学説・判例をわかりやすく整理。基本から発展的問題まで丁寧に解説する、学習のステップアップに最適のテキスト。判例・学説の展開と法改正を反映した待望の改訂版。

2017.9　362p　A5　¥2800　ⓘ978-4-535-52203-9

◆**ケース演習 民事訴訟実務と法的思考**　瀬木比呂志著　日本評論社
【要旨】定評あるケース演習書を全面的にリニューアル! すべてのケースの設問に解答を示し、大幅な加筆により「解答および解説」欄を徹底的に掘り下げて、独習書としての使いやすさを図った。民事訴訟実務を確実に理解し、法的思考力を飛躍的に伸ばすために最強の演習書。

2017.3　543p　A5　¥5800　ⓘ978-4-535-52178-0

◆**ケースから読み解く少年事件─実務の技**　河原俊也編著　青林書院
【要旨】調査官はどのような点に留意して調査をするのか? 裁判官はどのような事実を重視して事実を認定し処遇を選択するのか? 少年矯正・保護担当者はどのような教育的働き掛けを行い、少年は更生するのか? 現在の少年事件実務家の知恵と技法! ひとつのストーリーを軸とした解説で、外からは見えにくい少年事件の実際と実情を分かりやすく詳解!

2017.7　339p　A5　¥4200　ⓘ978-4-417-01714-1

◆**現代訴訟法─液状化する司法**　町村泰貴著　放送大学教育振興会、NHK出版 発売　(放送大学大学院教材)
【目次】イマドキの裁判制度、裁判を動かすのは誰だ?、私たちのもめごとはこうやって裁かれる、現代の裁判官は科学者か、政治家か、たくさんの人たちが1つの訴訟に現れるカオス、法は家庭に入らず、という でもちょっとひょっとした家族のもめごと、今すぐ何とかしてほしいときの頼れる仕組み、裁判は民営化できるか?、ある日突然給料が差し押えられたら、家から追い出されたら、借金で首が回らなくなったら、裁判所が何とかしてくれる?、航空会社が破綻しても飛行機は飛び続ける、犯罪者を捕まえて罰を与えるための道筋、刑事裁判にエイリアンがやってきた、裁判所が政府・国会に物申す、液状化する司法制度

2017.3　307p　A5　¥2800　ⓘ978-4-14590-7

◆**子どもの法律入門─臨床実務家のための少年法手引き**　廣瀬健二著　金剛出版　第3版
【要旨】子ども、とりわけ非行少年にかかわることの多い臨床実務家のために、子どもに関する法・制度の概要を、元裁判官で、少年法改正にもかかわる著者がわかりやすく解説。今回の改訂では、平成26年の改正等はもちろん、今後の少年法の行方だけでなく、海外における少年法の実態調査なども記載。法律家だけでなく、家裁調査官や児童相談所相談員などをはじめとする司法関係者や警察官、社会福祉職、医師、学校教師、スクールカウンセラーなどの臨床実務家必携の1冊!

2017.9　197p　B6　¥2600　ⓘ978-4-7724-1575-0

◆**コンパクト刑事訴訟法**　廣瀬健二著　新世社、サイエンス社 発売　(コンパクト法学ライブラリ 12)　第2版
【要旨】平成28年の大幅な法改正に対応し改訂。取調べの可視化、合意・刑事免責等の新制度や被疑者国選弁護、通信傍受の拡大等の解説を盛り込み、最新の裁判例も追加した。

2017.3　346p　B6　¥2480　ⓘ978-4-88384-251-3

◆**コンメンタール可視化法─改正刑訴法301条の2の解説と実践**　大阪弁護士会取調べへの可視化大阪本部編　現代人文社、大学図書 発売　(GENJIN刑事弁護シリーズ 19)
【要旨】取調べを変える、取調べが変わる。改正刑訴法対応。施行前と施行後に、弁護人が何をすべきかがわかる!

2017.2　157p　A5　¥2000　ⓘ978-4-87798-660-5

◆**裁判官が説く民事裁判実務の重要論点 契約編**　加藤新太郎、松田典浩編　第一法規
【要旨】裁判官の視点で、弁護士の適切かつスピーディーな訴訟活動をナビゲート! 訴訟遂行上の問題発見のための必読書!

2017.2　336p　A5　¥3900　ⓘ978-4-474-05534-6

◆**裁判官! 当職そこが知りたかったのです。─民事訴訟がはかどる本**　岡口基一、中村真著　学陽書房
【要旨】書面の作成、証拠提出、証人尋問、和解、判決、そして控訴に至るまで、さらに民事訴訟の知識にとどまらず、裁判所内部の実態、具体的には、合議の進め方、起案の仕方、裁判官の人間関係にまで触れています。裁判官が考える訴訟戦略のポイントから、知られざる裁判所内部の様子まで、目から鱗の情報が満載。

2017.12　187p　A5　¥2600　ⓘ978-4-313-51165-1

◆**裁判例コンメンタール刑事訴訟法　第2巻**　井上正仁監修、河村博、酒巻匡、原田國男、廣瀬健二編集代表、大島隆明、三浦守編集委員　立花書房
【要旨】刑事手続法定主義の理念を踏まえつつ、裁判例を研究して全条の意義、要件等を究明した画期的コンメンタール。気鋭の裁判官、検察官、研究者等約50名による詳解は、刑事訴訟法の適正な運用及び現実の事象に即した理解に役立つ。第2巻は、平成28年改正の解説を付録として収録し、GPS捜査に関する最高裁判決にも触れる。

2017.6　681p　A5　¥7600　ⓘ978-4-8037-2476-9

◆**詐害行為取消訴訟**　飯原一乗著　日本評論社　第2版;新装版
【要旨】700件を超える判例を網羅。平成27年までの判例を補強し、アメリカ詐害譲渡取消訴訟を随所に挿入。60年の裁判官・弁護士の実務経験に基づく到達点。新装版として刊行。

2017.8　631p　A5　¥6000　ⓘ978-4-535-52298-5

◆**執行関係訴訟の実務─基礎知識と手続の全体像の把握**　園部厚著　青林書院
【要旨】法律実務家にとって理解が必須の、権利の実現化の方法としての民事執行に関する訴訟手続。裁判官が、執行関係訴訟の基本と重要な論点、手続の全体の流れを平易に解説!!執行関係訴訟の法的性質等をどのように考えるのか? 執行関係訴訟の手続上の問題をどのように考え訴訟を進行していくのか? 訴状、申立書等の記載例、判決主文など掲載。

2017.2　215p　A5　¥2900　ⓘ978-4-417-01706-6

◆**実践! 弁護側立証**　大阪弁護側立証研究会編　成文堂
【要旨】刑事弁護にまつわる情報収集、証拠収集、立証活動。全てを網羅した初の実践書!

2017.6　224p　B5　¥2800　ⓘ978-4-7923-5198-4

◆**失敗してもいいんだよ─子ども文化と少年司法**　竹原幸太著　本の泉社
【目次】1章 少年事件に見る思春期の発達困難(「残虐さ」の裏にある育ちの「未熟さ」、「自分づくり」のもがきと歪み、少年非行の増加・凶悪化は本当か?─統計データに見る「非行の実態」)、2章 子どもの育ちを支える少年司法の仕組みと専門職の仕事(少年法今昔物語─少年法の歩み、子どもの「悪さ」をどのように見るか?─非行・いじめ問題対応に迫われる学校、家裁調査官に学ぶ非行克服の視点、少年院・児童自立支援施設の「育て直し」と「矯正教育」と「共生教育」、地域社会での経過観察を担う保護観察所)、3章 当事者による非行克服過程の発信とその課題(「非行」と向き合う親たちの会「新しいコミュニティ」、少年院出院者によるピアサポート活動─セカンドチャンスへ投げかけるもの、元少年A著「絶歌」をどう見るか?─当事者の少年事件の公開をめぐって)、4章 少年司法の行方と展望(国連子どもの権利条約と少年法「改正」問題、国際的に注目される修復的司法─被害者と加害者との対話、学校の「修復的実践」を通じて修復的司法を理解する)、終章「悪さ」・「つまずき」・「失敗」を「育ちの栄養素」に変え

法律

る「子ども文化」と「甦育」の視点（多様な視点から解明される子どもの「悪さ」「悪さ」対策の「健全育成」ではなく「野性味あふれる子ども文化」の復権へ、「つまずき」や「失敗」を「育ちの栄養素」に変える営みとなる「甦育」、寄稿 失敗する権利・やり直す権利・立ち直る権利―「子ども司法」と "健全育成"
2017.5 159p A5 ¥1200 ①978-4-7807-1625-2

◆**実務 相続関係訴訟―遺産分割の前提問題等に係る民事訴訟実務マニュアル** 田村洋三, 小坏眞史編著 日本加除出版 補訂版
【要旨】最高裁平成28年12月19日大法廷決定を踏まえて解説。他に類のない、地裁実務に特化した必備書。
2017.4 458p A5 ¥4400 ①978-4-8178-4384-5

◆**実務に学ぶ執行訴訟の論点** 滝澤孝臣編著 青林書院 （論点・裁判実務series 3）
【要旨】執行事件の基本を確認し、数多くの裁判例から、確定された権利・義務の実現を強制する民事執行手続の特殊性と生きた実務を学ぶための必読書！裁判官が幅広い実務経験に基づき平易に解説。
2017.6 358p A5 ¥4500 ①978-4-417-01712-7

◆**証拠収集実務マニュアル** 東京弁護士会法友全期会民事訴訟実務研究会 ぎょうせい 第3版
【要旨】必要最低限の書証はもとより、想定できる限りの証拠について、入手先・入手方法や留意点等を事件類型別に幅広く詳細に解説。法改正や最新の動向に対応した8年ぶりの改訂版！
2017.2 305p A5 ¥3300 ①978-4-324-10266-4

◆**証拠に基づく少年司法制度構築のための手引き** ジェームズ・C. ハウエル, マーク・W. リプシィ, ジョン・J. ウィルソン著、中野目善則訳 （八王子）中央大学出版部 （日本比較法研究所翻訳叢書）
【目次】第1章 はじめに、第2章 少年司法実務に重要な意味を持つリサーチ、第3章 証拠に基づく少年司法実務のための包括戦略、第4章 少年犯行者に対する証拠に基づく効果的な予防と介入プログラム、第5章 標準化されたプログラム評価手続、第6章 証拠に基づく実務の開始と証拠に基づく実務の維持、第7章 証拠に基づくプログラムの作成を支援する八つの枢要な運用上のツール、第8章 結論
2017.5 292p A5 ¥3700 ①978-4-8057-0379-3

◆**少年審判通訳ハンドブック 英語** 最高裁判所事務総局家庭局監修 法曹会 改訂補訂版
【目次】第1編 少年審判の概要（少年審判の意義と基本原理、少年審判手続の流れ）、第2編 通訳に当たっての注意事項（一般的な注意事項、具体的注意事項）、第3編 定型文言の対訳（観護措置決定手続、調査手続、審判手続、非行事実の告知、決定などの告知及びその説明、書式例）、第4編 用語の対訳（法律関係用語、調査関係用語、官庁等諸機関名、法令名、罪名）
2017.11 110p A5 ¥2500 ①978-4-908108-74-7

◆**少年審判通訳ハンドブック 韓国語** 最高裁判所事務総局家庭局監修 法曹会 改訂版
【目次】第1編 少年審判の概要（少年審判の意義と基本原理、少年審判手続の流れ）、第2編 通訳に当たっての注意事項（一般的な注意事項、具体的注意事項）、第3編 定型文言の対訳（観護措置決定手続、調査手続、審判手続、非行事実の告知、決定などの告知及びその説明、書式例）、第4編 用語の対訳（法律関係用語、調査関係用語、官庁等諸機関名、法令名、罪名）
2017.11 107p A5 ¥2500 ①978-4-908108-76-1

◆**少年審判通訳ハンドブック スペイン語** 最高裁判所事務総局家庭局監修 法曹会 改訂版
【目次】第1編 少年審判の概要（少年審判の意義と基本原理、少年審判手続の流れ）、第2編 通訳に当たっての注意事項（一般的な注意事項、具体的注意事項）、第3編 定型文言の対訳（観護措置決定手続、調査手続、審判手続、非行事実の告知、決定などの告知及びその説明、書式例）、第4編 用語の対訳（法律関係用語、調査関係用語、官庁等諸機関名、法令名、罪名）
2017.11 110p A5 ¥2500 ①978-4-908108-78-5

◆**少年審判通訳ハンドブック タイ語** 最高裁判所事務総局家庭局監修 法曹会 改訂版
【目次】第1編 少年審判の概要（少年審判の意義と基本原理、少年審判手続の流れ）、第2編 通訳に当たっての注意事項（一般的な注意事項、具体的注意事項）、第3編 定型文言の対訳（観護措置決定手続、調査手続、審判手続、非行事実の告知、

決定などの告知及びその説明、書式例）、第4編 用語の対訳（法律関係用語、調査関係用語、官庁等諸機関名、法令名、罪名）
2017.11 109p A5 ¥2500 ①978-4-908108-81-5

◆**少年審判通訳ハンドブック 中国語** 最高裁判所事務総局家庭局監修 法曹会 改訂版
【目次】第1編 少年審判の概要（少年審判の意義と基本原理、少年審判手続の流れ）、第2編 通訳に当たっての注意事項（一般的な注意事項、具体的注意事項）、第3編 定型文言の対訳（観護措置決定手続、調査手続、審判手続、非行事実の告知、決定などの告知及びその説明、書式例）、第4編 用語の対訳（法律関係用語、調査関係用語、官庁等諸機関名、法令名、罪名）
2017.11 109p A5 ¥2500 ①978-4-908108-75-4

◆**少年審判通訳ハンドブック フィリピノ（タガログ）語** 最高裁判所事務総局家庭局監修 法曹会 改訂版
【目次】第1編 少年審判の概要（少年審判の意義と基本原理、少年審判手続の流れ）、第2編 通訳に当たっての注意事項（一般的な注意事項、具体的注意事項）、第3編 定型文言の対訳（観護措置決定手続、調査手続、審判手続、非行事実の告知、決定などの告知及びその説明、書式例）、第4編 用語の対訳（法律関係用語、調査関係用語、官庁等諸機関名、法令名、罪名）
2017.11 108p A5 ¥2500 ①978-4-908108-79-2

◆**少年審判通訳ハンドブック ベトナム語** 最高裁判所事務総局家庭局監修 法曹会 改訂版
【目次】第1編 少年審判の概要（少年審判の意義と基本原理、少年審判手続の流れ）、第2編 通訳に当たっての注意事項（一般的な注意事項、具体的注意事項）、第3編 定型文言の対訳（観護措置決定手続、調査手続、審判手続、非行事実の告知、決定などの告知及びその説明、書式例）、第4編 用語の対訳（法律関係用語、調査関係用語、官庁等諸機関名、法令名、罪名）
2017.11 111p A5 ¥2500 ①978-4-908108-80-8

◆**少年審判通訳ハンドブック ポルトガル語** 最高裁判所事務総局家庭局監修 法曹会 改訂版
【目次】第1編 少年審判の概要（少年審判の意義と基本原理、少年審判手続の流れ）、第2編 通訳に当たっての注意事項（一般的な注意事項、具体的注意事項）、第3編 定型文言の対訳（観護措置決定手続、調査手続、審判手続、非行事実の告知、決定などの告知及びその説明、書式例）、第4編 用語の対訳（法律関係用語、調査関係用語、官庁等諸機関名、法令名、罪名）
2017.11 111p A5 ¥2500 ①978-4-908108-77-8

◆**少年法実務講義案** 裁判所職員総合研修所監修 司法協会 三訂版
【目次】少年法の沿革概要、少年法の概念及び法源、少年法の適用される事件、少年審判の機能、少年審判の基本原理、審判に付すべき少年、審判の対象、事件の関係人、被害者への配慮、事件の受理、観護の措置、調査、呼出し及び同行、審判手続、試験観察、終局決定、審判調書、準少年保護事件、抗告及び抗告受理の申立て、少年審判雑事件
2017 391p B5 ¥3905 ①978-4-906929-53-5

◆**証明軽減論と武器対等の原則―要件事実論批判・証明責任分配論と共に** 松本博之著 日本加除出版
【要旨】民事訴訟における当事者間の武器対等の原則の観点から証明軽減（証明度の引下げ・表見証明・証明妨害）を論じる意欲作!!併せて、証明責任の分配と「要件事実論」の関係についても詳論し、「要件事実論」の問題点を指摘する注目の書。
2017.7 407p A5 ¥7500 ①978-4-8178-4407-1

◆**書式民事訴訟の実務―訴え提起から訴訟終了までの書式と理論** 大島明著 民事法研究会 （裁判事務手続講座 第4巻） 全訂10版
【要旨】改正民法（債権法）を織り込みさらに実務の深化を図る最新版を施し改訂！民事訴訟の基礎知識から各種訴訟類型における理論・実務と書式を一体として解説したロングセラー！弁護士・司法書士、裁判所関係者の日々の実務において知識・経験を補完し思い込みを払拭する必携書！ 2017.6 548p A5 ¥5200 ①978-4-86556-170-8

◆**人事訴訟の要件事実と手続―訴訟類型別にみる当事者適格から請求原因・抗弁まで** 岩井俊著 日本加除出版
【要旨】人事訴訟の理論と実務の全てがここに！裁判官・法科大学院教授をつとめた著者の豊富

な経験と知識に基づいた実務家必携の書。「離婚訴訟」「協議離婚の無効確認訴訟」「認知訴訟」「離縁訴訟」「親子関係存否確認訴訟」等の実務上重要な訴訟類型について、精細に解説！
2017.6 683p A5 ¥6600 ①978-4-8178-4403-3

◆**新時代の比較少年法** 山口直也編著 成文堂
【目次】第1章 米国少年司法の史的展開と現代的意義、第2章 英国少年法の展開と現状、第3章 オーストラリア少年司法における Restorative Justice の現代的意義、第4章 カナダの少年司法政策の変遷、第5章 ドイツ少年司法の展開と課題、第6章 フランス少年法制の現代的変容、第7章 スウェーデン少年法制における司法と福祉、第8章 検察官先議主義下における少年事件の変遷と課題、第9章 日本の少年司法―その現状と課題
2017.3 263p A5 ¥5000 ①978-4-7923-5197-7

◆**図解で早わかり 最新 刑事訴訟法のしくみ** 木島康雄監修 三修社
【要旨】はじめての人にはイメージしにくい「刑事訴訟」の全体像を基本事項をやさしく解説。刑事訴訟法の基本原則から捜査、逮捕・勾留、取調べ、公訴提起、公判、判決まで網羅。「取調べの可視化」「通信傍受」など平成28年5月成立の刑事訴訟法改正に完全対応！「裁判員制度」「犯罪被害者保護」「法廷通訳」などの実務的な内容もフォロー。「憲法上の刑事手続きの規定」「少年事件の手続き」についてもわかる。
2017.5 223p A5 ¥1500 ①978-4-384-04747-9

◆**大コンメンタール刑事訴訟法 第11巻 刑事訴訟特別法** 河上和雄, 中山善房, 古田佑紀, 原田國男, 河村博ほか編 青林書院 第2版
【要旨】初版完結から10年余、この間の判例、学説を取り入れて増補。実務の動向を踏まえ、客観的な法解釈とその稿渋を詳細に解説。全8巻を全11巻に改編し、更に実務的・学問的充実度を高める。
2017.10 844p A5 ¥12000 ①978-4-417-01724-0

◆**注釈少年法** 田宮裕, 廣瀬健二編 有斐閣 第4版
【要旨】少年法注釈書、待望の第4版!!平成26年の少年法改正・少年院法全面改正・少年鑑別所法制定に対応。最新の実務の到達点を明らかにし、少年事件手続の正確な理解と運用の実情把握に資する必携の書。
2017.9 701p A5 ¥5600 ①978-4-641-13922-0

◆**注釈民事訴訟法 第4巻 第一審の訴訟手続 2** 高田裕成, 三木浩一, 山本克己, 山本和彦編 有斐閣
【要旨】学説・判例の到達した理論水準を踏まえ、実務を視野に入れた、新時代のコンメンタール。基礎理論と判例を重視しつつ、各論の解釈運用上の問題を正確に解説。現時点での理論の到達点を明らかにするとともに、急速に進展した理論と実務との融合に対応。本第2編は「第一審の訴訟手続」の第4章「証拠」から第8章「簡易裁判所の訴訟手続に関する特則」までの逐条解説を収める。
2017.7 1512p 22×14cm ¥18000 ①978-4-641-01794-8

◆**ドイツ刑事訴訟法演習―君の知識を試そう** クラウス・ロクシン, ハンス・アッヘンバッハ原著, 光藤景皎, 吉田宣之訳 成文堂
【目次】導入問題、第1章 準備手続（捜査手続）、第2章 中間手続、第3章 公判手続、第4章 通常の法的救済手続（上訴）、第5章 確定力、執行、再審、第6章 特別の手続形式
2017.3 414p B6 ¥5000 ①978-4-7923-5204-2

◆**当事者訴訟の機能と展開―その歴史と行訴法改正以降の利用場面** 春日修著 （京都）晃洋書房
【要旨】当事者訴訟という訴訟類型の存在意義を提示する挑戦的な研究。2004年行訴法改正以降の確認訴訟（当事者訴訟）の裁判例を中心に分析し、現代の行政救済において、当事者訴訟に期待される役割とその際に問題となる論点について検討する。
2017.9 230p A5 ¥3800 ①978-4-7710-2916-3

◆**2016年改正刑事訴訟法・通信傍受法 条文解析** 川崎英明, 三島聡, 渕野貴生編著 日本評論社
【要旨】改正刑事訴訟法の重要条文を解析し、防御権保障を支える実践的な解釈を導く。実務を見据えた批判的解析・共同研究を集積。
2017.2 282p A5 ¥3400 ①978-4-535-52174-2

◆**入管訴訟マニュアル**　東京弁護士会外国人の権利に関する委員会行政訴訟研究部会編著　現代人文社，大学図書　発売　第2版
【目次】退去強制手続の概要，入管出張相談，面会，受任，身体拘束からの解放を目指して，訴え提起と執行停止，第1回口頭弁論期日，第1回期日以降の準備，尋問準備〜尋問期日，上訴審，再審情報，裁決撤回義務付け訴訟，事案類型ごとのポイント，書式・資料・参考文献
2017.3 214p A5 ¥2200 ①978-4-87798-668-1

◆**ビギナーズ少年法**　守山正，後藤弘子編著　成文堂　第3版
【要旨】少年法の理念，少年法の誕生，少年非行の現状，少年法の改正，少年事件と犯罪被害者，非行少年の発見，捜査・予防活動，家庭裁判所の役割，社会調査，少年審判，少年の権利保障，逆送と刑事裁判，非行少年の処遇，少年の福祉を害する犯罪，少年事件と報道，世界の少年法
2017.10 445p A5 ¥2900 ①978-4-7923-5209-7

◆**プライマリー刑事訴訟法**　椎橋隆幸編　不磨書房，信山社　発売　（はじめて学ぶ法律入門シリーズ）　第6版
【要旨】刑事訴訟法の基礎。多岐に亘る平成28年改正法を反映しアップデート。
2017.3 373p A5 ¥2200 ①978-4-7972-8626-7

◆**骨太刑事訴訟法講義**　植村立郎著　法曹会（骨太シリーズ 2）
【要旨】実務家の視点から刑事訴訟法の理論と実務を詳解，手続の流れに沿って基本的な事項の着実な理解をめざしたテキストです。刑事訴訟規則・犯罪捜査規範も踏まえて解説し，手続の形成に寄与した重要な判例も収録しました。刑法改正（平成28年）・刑事訴訟法改正（平成28年）にも対応しております。
2017.10 538p A5 ¥3611 ①978-4-908108-83-9

◆**未決拘禁とその代替処分**　水谷規男著　日本評論社
【目次】序章 人身の自由と司法制度，第1章 わが国における未決拘禁制度――その歴史と現在，第2章 国際人権法から見た未決拘禁制度，第3章 フランスの未決拘禁制度とその代替処分，第4章 わが国における未決拘禁制度の改革課題，終章 未決拘禁制度改革試案
2017.3 256p A5 ¥4800 ①978-4-535-52264-0

◆**ミランダと自己負罪拒否特権**　小早川義則著　成文堂（証拠法研究 第4巻）
【目次】序章，第1章 わが国の問題状況，第2章 アメリカ法の概要，第3章 不任意自白とデュー・プロセス，第4章 ミランダ判決（一九六六年），第5章 州最高裁ミランダ再有罪判決（一九六九年），第6章 ミランダ以降の合衆国最高裁，第7章 問題点の検討，終章
2017.5 336, 10p A5 ¥7000 ①978-4-7923-5207-3

◆**民事控訴審の判決と審理**　井上繁規著　第一法規　第3版
【要旨】裁判官，弁護士，研究者，民事訴訟に携わるすべての方々に！ 民事控訴審の理論と実務について，全分野にわたり体系的に研究した基本書。具体的事例研究を通して分析し，解決指針を提示！ 控訴審の訴訟運営に関わる実務と理論の架け橋！ 文献情報を全面的に見直し，重要な最高裁判例を収録。必要的共同訴訟の項目を拡充しました。
2017.9 499p A5 ¥4600 ①978-4-474-05924-5

◆**民事再生の手引**　鹿子木康編著　商事法務（裁判実務シリーズ 4）　第2版
【要旨】民事再生法等の関連法の改正や，東京地裁破産再生部における最新の手続等実務の運用をふまえた改訂版。法曹実務家必携の1冊。
2017.12 529p A5 ¥5000 ①978-4-7857-2582-2

◆**民事訴訟による集合的権利保護の立法と理論**　三木浩一著　有斐閣
【目次】第1編 消費者団体訴訟制度の立法と評価，第2編 暴力団連鎖店訴訟制度の立法と評価，第3編 諸外国における集合訴訟制度，第4編 消費者集合訴訟制度の立法，第5編 消費者集合訴訟の評価，第6編 総括
2017.12 355p A5 ¥8000 ①978-4-641-13743-1

◆**民事訴訟の現在位置――利用しやすい民事訴訟に向けた法・理論・制度・実務からの再確認**　福田剛久他著　日本評論社
【要旨】争点整理手続の形骸化，「協同進行主義」の低迷，審理期間の長期化――。国民にとって真に利用しやすい民事訴訟とするための解決策をどこに見出せばよいのだろうか。わが国の民事

訴訟が現在抱える問題に向き合うためには「民事訴訟の現在位置」を再確認することがその第一歩である。膨大な文献資料・緻密なデータ解析に基づき，21世紀の民事訴訟はどうあるべきなのか，現行民訴法の制定にかかわった著者が旧法を知らない世代に向けて放つ渾身の作。
2017.8 410p A5 ¥7000 ①978-4-535-52268-8

◆**民事訴訟判例 読み方の基本**　田中豊著　日本評論社
【要旨】判例の射程とは？ 主論と傍論とは？ 判例の種類とは？ 50の主要判例と320の関連判例に即して解説する法律実務家のための本格的な「読み方」のテキスト。生きている民事訴訟の全体像を明らかにし，未来を展望する。
2017.9 579p A5 ¥4700 ①978-4-535-52222-0

◆**民事訴訟法**　長谷部由起子著　岩波書店　新版
【要旨】民事訴訟法を楽しく学べるように工夫されたレイアウト，読みやすい文章で，好評を博したスタンダード・テキストを3年ぶりに改訂。初版以後の新判例や論点を補充したほか，初版を実際の講義で使用した経験を踏まえて説明を詳しくしたり，叙述を工夫。近く予定される民法改正への対応も行い，ますます充実。
2017.2 468p A5 ¥3400 ①978-4-00-024882-2

◆**民事訴訟法**　上原敏夫，池田辰夫，山本和彦著　有斐閣（有斐閣Sシリーズ）　第7版
【要旨】民事訴訟法その他関連法令の改正に対応し，新たな判例・学説・実務の進展を織り込む改訂。民事訴訟法スタンダードテキスト決定版！
2017.3 342p B6 ¥1700 ①978-4-641-15946-4

◆**民事訴訟法講義――理論と演習**　稲葉一人著　法学書院
【要旨】予備試験論文式と法律実務基礎科目（民事）の，答案構成と参考答案を追加！ 司法試験・予備試験の受験対策にはこの一冊！
2017.5 663p A5 ¥4800 ①978-4-587-03616-4

◆**明解 民事訴訟法**　小林秀之，山本浩美著　法学書院　第3版
【要旨】最新の判例や学説を踏まえて，全体を見直すと共に大幅に加筆。新たに「裁判所」の講を収録。改正民法にも対応！
2017.8 614p A5 ¥4600 ①978-4-587-03947-9

◆**Law Practice 民事訴訟法**　山本和彦編著，安西明子，杉山悦子，畑宏樹，山田文著　商事法務　第3版
【要旨】判例を基礎に事例解決の思考プロセスを平易に示す演習書！ 法学部生，法科大学院未修者・既修者試験受験生をはじめ，実務家が基礎知識を確認し，実践的な応用力を身につける自学自習用教材として必携の書！
2018.1 411p A5 ¥3200 ①978-4-7857-2587-7

交通事故・自動車保険

◆**交通事故 2 損害論**　藤村和夫著　信山社（判例総合解説）　第2版
【要旨】日々積み重ねられた裁判例の中から，交通事故による「損害概念」を明らかにし，損害のメインストリーム・方向蛇を指し示す。実務に役立つ理論の創造。
2017.11 492p B5 ¥5000 ①978-4-7972-5670-3

◆**交通事故過失割合の研究**　藤村和夫編　日本評論社
【目次】序章 交通事故過失割合の研究 序章，第1章 交通事故過失割合研究の目的と意義，第2章 過失相殺の歴史的意義，第3章 過失相殺と過失割合をめぐる理論と課題，第4章 日本における過失相殺実務処理の現状，第5章 工学的発想の必要性――過失との関わりをどのように意識しているか，第6章 過失割合基準と交通事故の予防，第7章 過失割合と交通事故の予防，第8章 過失割合の判断要素――新たな構想の可能性，座談会/交通事故過失割合の学際的研究を目指して――工学・法学・保険実務の立場から，資料/交通事故過失割合研究会定例会議各回要約
2017.2 361p A5 ¥6700 ①978-4-535-51741-7

◆**交通事故裁定例集 34（平成27年度）**　交通事故紛争処理センター編　ぎょうせい
【目次】損害賠償額一覧（責任要件，損害賠償の範囲と損害額の算定），被害類型一覧（傷害事故，死亡事故，物損事故），後遺障害類型一覧，裁定書
2017.3 678p A5 ¥5550 ①978-4-324-10270-1

◆**交通事故事件処理マニュアル**　永塚良知編（名古屋）新日本法規出版　補訂版
【要旨】補訂にあたり，判例等の入替えや修正を行い，刑法改正及び自動車の運転により人を死傷させる行為等の処罰に関する法律（いわゆる自動車運転処罰法）の施行によりあらためて整理し，要望があった行政手続にも言及した。
2017.8 ¥7882-8232-2 ①978-4-7882-8232-2

◆**交通事故・事件捜査実務必携――過失認定と実見実分，交通捜査の王道**　交通事故・事件捜査実務研究会編　立花書房
【目次】総論編，過失運転編（交差点関係，道路横断関係，信号機関係，追突・進路変更・居眠り関係，その他の関係），危険運転等編，発覚免脱編，道交法編，資料編
2017.7 658p A5 ¥3100 ①978-4-8037-4410-1

◆**交通事故捜査と過失の認定――基礎から分かる**　互敦史著　東京法令出版　二訂版
【要旨】二訂版では，初版本の補正や新裁判例の追加に加え，アルコール又は薬物，病気の影響による危険運転致死傷罪についての解説を充実させたほか，高速度走行型，通行妨害型及び赤色信号殊更無視型の危険運転致死傷罪（自動車運転死傷処罰法2条2号，4号，5号）に関する解説を追加した。
2017.3 340p A5 ¥2200 ①978-4-8090-1367-6

◆**交通事故統計年報 平成28年版**　交通事故総合分析センター
【目次】第1編 交通事故の推移（交通事故・自動車台数の推移，都道府県別交通事故発生状況の推移 ほか），第2編 平成28年中の交通事故（都道府県（方面）別交通事故発生状況，都道府県（方面）別死亡事故発生状況 ほか），第3編 交通取締り・交通規制・運転免許関係（道路交通関係法令違反取締り状況，交通事故事件の捜査 ほか），第4編 参考資料（都道府県別・道路種類別実延長，都道府県別・面積・人口・道路・自動車保有台数 ほか），第5編 特集（全国市区町村別交通事故件数・死亡事故件数・死者数・死傷者数）
2017 366p A4 ¥3000

◆**交通事故の損害賠償と解決――知りたい事がすぐわかる**　薄金孝太郎著　新星出版社　改訂第4版
【要旨】だれにいくら損害賠償を請求できるのか。被害にあってから円満な解決に至るまで。事故直後の対処の仕方…典型的に見られる例や，一般的に起きてくることについて，1項目2ページで解説。
2017.7 239p A5 ¥1400 ①978-4-405-10303-0

◆**交通事故被害者の生活支援――医療ソーシャルワーカーのための基礎知識**　日本医療社会福祉協会編（京都）晃洋書房　改訂版
【目次】第1部 交通事故被害者とソーシャルワーカー（医療ソーシャルワーカーと交通事故被害者，交通事故の現状と被害者保護制度 ほか），第2部 交通事故被害者の基礎知識（遷延性意識障害の基礎知識，交通事故による高次脳機能障害の評価と対応――受傷から社会復帰まで ほか），第3部 交通事故被害者が利用できる社会資源（交通事故被害者が利用できる社会資源，交通事故発生から生活の再建までの節目で活用したい社会資源 ほか），第4部 医療ソーシャルワーカーの支援事例（支援事例1 遷延性意識障害となった患者の退院支援，支援事例2 怒りを抱えた家族を支えるために――必要な知識についての学び ほか）
2017.2 155p B5 ¥2000 ①978-4-7710-2831-9

◆**交通事故物的損害の認定の実際――理論と裁判例**　園部厚著　青林書院
【要旨】物損はいかに認定・判断されているのか？ 裁判官が，弁護士費用補償特約付自動車保険の普及で今後ますます増加しうる論点がある物損被害の損害賠償請求事件の裁判例について，争点項目を細分化してよりわかりやすく整理。最新裁判例を加えますます充実，交通事故事件に携わる者に有用な1冊！
2017.10 294p A5 ¥3300 ①978-4-417-01725-7

◆**交通賠償実務の最前線――公益財団法人日弁連交通事故相談センター設立50周年記念出版**　日弁連交通事故相談センター編　ぎょうせい
【要旨】交通事故損害賠償実務の真理を追究した実務解説書。学界・実務界の第一線で活躍する論者による交通賠償における因果関係に関する座談会，近時の判例・下級審裁判例を題材とした全52項目の論点解説，交通事故に関する2つの研究論文等を収録し，最新の情報やノウハウを豊富に提供。実務上の視点から理論及び近時の

裁判例の傾向まで丁寧に解説した民事交通事故損害賠償における実務書の決定版。
2017.9 476p B5 ¥5200 ①978-4-324-10296-1

◆**三段対照式 交通実務六法　平成30年版**
交通警察実務研究会編　東京法令出版
【目次】第1編 道路交通、第2編 交通安全対策、第3編 道路及び交通施設、第4編 道路運送車両、第5編 自動車損害賠償保障、第6編 道路運送事業、第7編 軌道、第8編 環境保全、第9編 条約、第10編 関係法令、第11編 参考資料
2017.12 2406p 22×18cm ¥4200 ①978-4-8090-1375-1

◆**事業用自動車の事故と責任**　藤村和夫編著
三協法規出版
【要旨】総論において、自動車事故の責任をめぐる判例、学説上の議論を簡潔に概説。各論において、トラック、タクシー、バスという事業用自動車ならびに代行運転自動車が加害車となった場合の責任について、民事・刑事の両側面から裁判例を中心に詳細に検討するとともに、事故を起こした被用者に対する懲戒処分の妥当性如何についても検討を加えた。加害車両たる事業自動車自体の損害と求償をめぐる近時の議論についても言及する。
2017.2 423p A5 ¥4500 ①978-4-88260-276-7

◆**実務 交通事故訴訟大系**　藤村和夫、伊藤文夫、高野真人、森冨義明編　ぎょうせい
【目次】第1巻 総論（交通事故損害賠償総論、保険論、交通事故訴訟の現場）、第2巻 責任と保険（責任論各論、保険）、第3巻 損害と保険（損害総論、積極損害、消極損害、慰謝料、物損 ほか）
2017.11 3Vols.set A5 ¥18000 ①978-4-324-10417-0

◆**実務精選100 交通事故判例解説**　森嶌昭夫監修、新美育文、加藤新太郎編　第一法規
【目次】1 自賠法3条の要件、2 不法行為、3 損害賠償額の算定、4 損害賠償額の調整、5 債権の消滅、6 自賠責保険をめぐる問題、7 複数の責任主体、8 消滅時効、9 政府保障事業、10 任意保険、11 紛争解決
2018.1 252p B5 ¥3200 ①978-4-474-05816-3

◆**実務セレクト 交通警察110判例**　江原伸一著　東京法令出版
【目次】第1 交通事犯の取締り（速度違反の取締り、オービスによる取締り ほか）、第2 交通事故事件の捜査−過失致死傷事犯（ひき逃げ事件、交差点事故 ほか）、第3 危険運転致死傷事犯（アルコール影響型、薬物影響型 ほか）、第4 交通警察の諸問題（故意犯罪とされた交通事故事犯、保険金詐欺事犯 ほか）
2017.8 236p A5 ¥2000 ①978-4-8090-1373-7

◆**自動車損害賠償保障法60年**　日本交通法学会編　有斐閣　（交通法研究 第45号）
【目次】シンポジウム 自動車損害賠償保障法60年（立法趣旨、自然災害、運行起因性）、個別報告（自動運転にまつわる法的課題、過失相殺基準の現状と課題）、学会関連資料（日本交通法学会第47回定期総会における業務報告、日本交通法学会設立趣意書、書籍「交通法研究」「人身賠償・補償研究」のご案内、日本交通法学会の研究助成について、日本交通法学会研究（個人・団体）助成内容一覧、日本交通法学会規約、日本交通法学会役員名簿（平成28年度）、「日本交通法学会」入会案内）
2017.2 169p A5 ¥2100 ①978-4-641-13772-1

◆**自動車保険実務の重要判例—事例に学ぶ33のポイント**　丸山一朗著　保険毎日新聞社
【要旨】実務担当者の必読の目線で、自動車保険実務に直結する重要判例を徹底的にわかりやすく解説！ 運行、他人性、共同不法行為の過失相殺、逸失利益・扶養利益の算定、遅延損害金、素因減額、社会保険給付と損益相殺など、33のテーマ（論点）を設定。各項では、「イントロダクション」「まとめ」を設けて、法的問題点とともに実務のポイント、対応方針などを解説。2017年5月の債権法改正の動きをキャッチアップ。
2017.10 473p A5 ¥4500 ①978-4-89293-289-2

◆**図解わかる 交通事故の損害賠償**　堀哲郎、沼尻隆一監修　新星出版社　改訂版
【要旨】もし事故が起きたら、示談交渉、過失割合、損害賠償額の算定など、交通事故の損害賠償について被害者側からも加害者側からもわかるようやさしく解説。交通事故のすばやく解決したい人のための手引書です。実際のケースで役立つ、幅広い場面を想定。
2017.11 278p A5 ¥1400 ①978-4-405-10298-9

◆**捜査官のための交通事故解析**　牧野隆編著
立花書房　第3版

【目次】第1章 事故現場と交通事故解析の関係（事故現場の路上痕跡、衝突地点の特定 ほか）、第2章 自動車の性能と事故解析（基本単位、制動距離と制動開始時の速度の関係 ほか）、第3章 衝突速度の解析（衝突に関する法則、車体変形量と有効衝突速度（バリア換算速度）の関係 ほか）、第4章 交通事故解析ファイルの活用（交通事故解析ファイルの起動・操作方法、スリップ痕と速度 ほか）
2017.6 291p A5 ¥3400 ①978-4-8037-4412-5

◆**地域交通安全活動推進委員の手引　平成29年版**　交通関係法令研究会編　大成出版社
【目次】第1章 推進委員制度の概要（推進委員制度の趣旨、推進委員の活動 ほか）、第2章 活動要領（推進委員の活動、協議会の運営）、第3章 道路交通に関する知識（道路交通を取り巻く環境、平成28年中の交通事故発生状況 ほか）、第4章 道路交通関係法令等の基礎的な知識（主な道路交通関係法令等の概要、交通安全対策の歴史 ほか）
2017.5 114p B5 ¥667 ①978-4-8028-3290-8

◆**逐条解説 自動車損害賠償保障法**　北河隆之、中西茂、小賀野晶一、八島宏平著　弘文堂　第2版
【要旨】法改正と判例の蓄積をふまえた最新かつコンパクトな逐条解説書。関連する最高裁判例を網羅的に引用。重要判例については事実関係も含め詳細に紹介・検討。自賠責保険の実務がよくわかり現場で役立つ内容。裁判官・弁護士・研究者・自賠責保険実務家4名による共同討議の成果。自動車事故損害賠償の実務と研究にとって必携必携。
2017.2 289p A5 ¥3700 ①978-4-335-35701-5

◆**駐車監視員資格者必携—違法駐車取締りに携わるすべての人のために**　駐車対策研究会著　東京法令出版　六訂版
【目次】駐車対策に取り組む交通警察、違法駐車取締りのための仕組み—駐車監視員の仕事の意義、放置車両の確認に必要な基礎知識（道路・車両・交通規制、駐車のルール）、放置車両の確認・標章取付けの実施要領、駐車監視員の責任
2017.7 322p A5 ¥2100 ①978-4-8090-1372-0

◆**つながれつながれいのち—生きてきた生きていくわたし**　鈴木共子著　青娥書房
【要旨】「危険運転致死傷罪」成立の原動力となった心の叫び、心の模様！ 理不尽に「生命」を奪われた人たちの声が聞こえる。被害者も加害者も生まない世界を目指して！
2017.11 143p A5 ¥1400 ①978-4-7906-0351-1

◆**判例からみた労働能力喪失率の認定**　宮崎直己著　（名古屋）新日本法規出版
【目次】第1章 労働能力喪失率の認定（労働能力喪失率の認定方法、収録判例からみた労働能力喪失率の認定傾向）、第2章 等級別・労働能力喪失率の判例（第1級の判例、第2級の判例、第3級の判例、第4級の判例、第5級の判例、第6級の判例、第7級の判例、第8級の判例、第9級の判例、第10級の判例、第11級の判例、第12級の判例、第13級の判例、第14級の判例、非該当の判例）
2017.4 380p A5 ¥4800 ①978-4-7882-8282-7

◆**必携 自動車事故・危険運転重要判例要旨集**　自動車事故判例研究会編著　立花書房　第2版
【目次】第1編 過失運転致死傷罪（自動車運転過失致死傷罪、業務上過失致死傷罪）—事故態様ごとの注意義務（交差点における車両対車両の事故、交差点における車両対車両・歩行者の事故、道路上の歩行者、横断者等と衝突した事故、追従中に先行車あるいは歩行者等と衝突した事故、駐車、停車後に発進・進行する際の事故 ほか）、第2編 危険運転致死傷罪（自動車運転致死傷行為処罰法2条類型、旧刑法208条の2を含む）、自動車運転死傷行為処罰法3条関係、自動車運転死傷行為処罰法4条関係）
2017.5 544p A5 ¥2700 ①978-4-8037-4411-8

◆**Q&A交通事故加害者の賠償実務—被害者からの過剰請求対応**　愛知総合法律事務所編　第一法規
【目次】事例、ポイント、考え方、調べるべきこと・情報の提供を求めるべきこと、想定問答、裁判例、用語の解説—1項目で分かる・使える実践例を多数収録！ 加害者側の立場に立った唯一の解説書！
2017.1 292p A5 ¥2800 ①978-4-474-05709-8

国際法

◆**国際債権契約と回避条項**　寺井里沙著　信山社　（学術選書 156—国際私法）
【要旨】一貫した政策目的の上に成り立つ、回避条項の適用基準とは。いかなる場合に、法適用通則法第8条2項の「推定」は覆され、回避条項の効力が生じるのか。ドイツ国際私法を参考に精緻に検討。
2017.10 290p A5 ¥7200 ①978-4-7972-6756-3

◆**国際条約集 2017**　岩沢雄司編集代表　有斐閣
【要旨】正確で読みやすい翻訳。激動する国際情勢の理解と学習に。総件数363件。内容現在2017年1月1日。
2017.3 996p B6 ¥2800 ①978-4-641-00150-3

◆**国際取引法講義**　久保田隆著　中央経済社，中央経済グループパブリッシング 発売
【要旨】国際的なビジネスの舞台で活躍するために！ 基礎知識から最新の動向までを徹底解説。
2017.10 294p A5 ¥2800 ①978-4-502-23841-3

◆**国際不法行為法の研究**　種村佑介著　成文堂
【目次】第1部 イングランド国際不法行為法の生成と展開（イングランド国際不法行為法における「二重の規則」の成立、ダイシーの国際私法理論、イングランドにおける既得権説の克服—ダイシーからモリスへ、「不法行為のプロパー・ロー」理論、国際私法のプロパー・ロー理論の展開、イングランド国際不法行為法における成文国際私法への対応）、第2部 国際不法行為法における解釈論上の諸問題（英法の通則法二二条の適用について、裁判管轄権の制限に関する「モザンビーク・ルール」について、知的財産権侵害と国際不法行為法—イングランドにおける取扱いに焦点をあてて、国際法違反の不法行為と国際私法）
2017.10 384, 8p A5 ¥6000 ①978-4-7923-3365-2

◆**国際法**　玉田大、水島朋則、山田卓平著　有斐閣　有斐閣ストゥディア
【要旨】国際法の教科書を読んでみると、「何か、考えていたことと違う」などと、思う。そんなつまづきを「わかった！」にかえる画期的のテキスト。ふと疑問に思う国際法のトピックを多数コラムとして掲載！
2017.9 206p A5 ¥1800 ①978-4-641-15045-4

◆**国際法研究 5**　岩沢雄司、中谷和弘責任編集　信山社
【目次】近代国際法の生成母体と法史的展開に関する一考察、国家責任条文における対抗措置と対イラン独自制裁—相互依存の義務の違反をめぐって、国際社会のグローバル化と国際法形成過程の現代的側面に関する一考察—非国家的行為主体による「基準設定」の検討を中心として、IMFの融資におけるコンディショナリティの法的性格、パリ協定成立の背景、日本の国家承認実務、海上を経由する不法移民に関する移送協定と国際人権法、公憲を理由とした貿易規制の動物保護への有用性—ECアザラシ製品輸入禁止事件を手掛かりに、判例研究 判決主文の射程の同定手法と既判力原則—延伸大陸棚境界画定事件（ニカラグア対コロンビア）先決的抗弁判決（国際司法裁判所2016年3月17日）
2017.3 236p A5 ¥4000 ①978-4-7972-6565-1

◆**人権条約の解釈と適用**　坂元茂樹著　信山社　（学術選書 012—国際人権法）
【要旨】条約解釈は、国家意思からどれほど自由でいられるか。条約実施機関の解釈権能と解釈手法、日本の国内裁判所の解釈実践を考究。
2017.10 364p A5 ¥7600 ①978-4-7972-5412-9

◆**世界の人権保障**　中村睦男、佐々木雅寿、寺島壽一編著　三省堂
【要旨】「人権」について改めて考えるために。主要国の人権保障のあり方を俯瞰することで、日本の人権保障のあるべき姿が見えてくる。本邦初の「比較人権論」のテキスト。
2017.9 260p A5 ¥2800 ①978-4-385-32149-3

◆**1972年国際海上衝突予防規則の解説**　A. N. Cockcroft, J.N.F. Lameijer著、松井孝之、赤地茂、久古弘幸共訳　成山堂書店　第7版
【目次】A部 総則、B部 操船規則及び航行規則（あらゆる視界の状態における船舶の航法、互いに他の船舶の視野の内にある船舶の航法、視界が制限されている状態における船舶の航法）、

C部 灯火及び形象物、D部 音響信号及び発光信号、E部 免除
2017.12 237, 21p A5 ¥6000 ①978-4-425-29013-0

◆ビジュアルテキスト国際法 加藤信行, 植木俊哉, 森川幸一, 真山全, 酒井啓亘, 立松美也子編著 有斐閣
【要旨】国際社会の共通言語＝『国際法』を学ぼう。初学者の目線に立った、わかりやすく親しみやすい、しかもコンパクトな解説。写真・地図、その他の図表など、ビジュアルな素材が満載。見て、読んで、国際法の全体像がイメージできる教科書。
2017.4 178p B5 ¥2400 ①978-4-641-04678-8

◆文化多様性と国際法―人権と開発を視点として 北村泰三, 西海真樹編著 (八王子)中央大学出版部 (日本比較法研究所研究叢書)
【目次】第1部 人権と文化多様性(国際法・国際人権法における文化多様性、文化的権利の保障と文化多様性、ヨーロッパ人権条約における多様性の尊重と人種・民族差別の規制―差別事由の階層化と「評価の余地」理論を手掛かりとして)、第2部 開発、環境と文化多様性(文化多様性条約における持続可能な開発、公正な国際社会における文化の定位―エマニュエル・トゥルム＝ジュアネによる「承認の国際法」構想を手掛かりに、文化多様性条約における途上国への特恵待遇、国際法における景観概念の近年の発展―文化多様性を支える包括的な概念として)、第3部 ジェンダーと文化多様性(生殖補助医療における「国際人権規範」と「文化の多様性」―ヨーロッパ人権裁判所メネッソン(Mennesson)対フランス判決における私生活および家族生活の尊重、LGBT/SOGIの人権と文化多様性、文化多様性の尊重と女性の権利の保護―ヨーロッパのイスラム服装規制を例として)、第4部 司法と文化多様性(「普遍的正義」か「地域的秩序」か?―「国際刑事裁判所(ICC)」とアフリカ連合(AU)の対立、国内裁判所における国際人権訴訟の可能性―国際的な企業活動に関するアメリカの外国人不法行為法(ATS)判例を中心に、ヨーロッパ人権条約と英国最高裁判所)
2017.3 374p A5 ¥4900 ①978-4-8057-0812-5

◆ベーシック条約集 2017年版 薬師寺公夫, 坂元茂樹, 浅田正彦編集代表 東信堂
【要旨】大きな活字で読みやすい学習至便の最新2017年版。各章ごとに収録文書を原則として節分けした使いやすい編成。各章冒頭には、収録文書の相互位置付けと章テーマの包括的理解に最適な「本章の構成」を収録。一部既存文書の訳については改訂を加え、目次・索引は調べやすいよう簡略化。基本的な国際文書と共に、各章末等に関連する国内法を多数収録。巻末17章の資料は全面最新情報に改訂(2017年2月現在)。
2017.3 1329p B6 ¥2600 ①978-4-7989-1423-7

外国の法律

◆アメリカ・インディアン法研究 3 部族の財産権 藤田尚則著 北樹出版
【要旨】自治を担保する部族の財産権の行方。合衆国の強要に基づく土地譲渡から代替地(保留地)再編への流れの中で、数多の連邦法はどう機能したのか。部族の争訟の軌跡をたどりインディアン法の現在を探る。
2017.7 770p A5 ¥9500 ①978-4-7793-0545-0

◆アメリカ行政法 リチャード・J., Jr. ピアース著, 正木宏長訳 勁草書房 (原書第2版)
【要旨】アメリカ行政法学の権威が法体系全体をコンパクトに解説。判例や諸法理の概要と結論を容易に把握することができる、最上の羅針盤。
2017.6 250p A5 ¥5200 ①978-4-326-40339-4

◆アメリカ憲法と公教育 大沢秀介, 大林啓吾編著 成文堂 (アメリカ憲法叢書 2)
【目次】第1部 教育内容と憲法(最高裁は創造説を排除できるのか?、公教育における男女別学の可能性)、第2部 教育と政教分離(公立学校と十戒、教材貸与と政教分離、リベラルで民主的な社会に対するアーミッシュの問いかけ、スクール・バイチャー制と政教分離原則)、第3部 学校における表現の自由(学校図書館の本の除籍と表現の自由、州立大学教員の忠誠心調査と修正1条、公立学校教員の表現の自由、公立学校と「黒い腕章」、違法薬物使用の唱道と生徒の表現の自由、公立学校での生徒の言論)、第4部 学校と子供の権利(公立学校における身体検査等、親の子どもの教育方法と子どもの保護、正式な入国書類を持たない子どもと無償公教育、公教育の助成と教育を受ける権利)
2017.3 562p A5 ¥7500 ①978-4-7923-0603-8

◆アメリカ代理法 樋口範雄著 弘文堂 (アメリカ法ベーシックス 7) 第2版
【要旨】ビジネスから日常生活まで、応用範囲の広い代理法の基礎を具体的な事例をもとに説明した概説書。高齢化に伴う諸問題に対処するための成年後見制度とは違う新しい法制度のあり方を探るヒントとなる一冊。
2017.12 277p A5 ¥3300 ①978-4-335-30381-4

◆アメリカの刑事判例 1 2003年10月開廷期から2007年10月開廷期まで 田中利彦編 成文堂
【目次】序説(連邦最高裁素描、連邦最高裁の刑事関係判決の事案 ほか)、第1章 2003年10月開廷期(逮捕、捜索・押収、自己負罪拒否特権 ほか)、第2章 2004年10月開廷期(逮捕、捜索・押収、弁護 ほか)、第3章 2005年10月開廷期(逮捕、捜索・押収、弁護 ほか)、第4章 2006年10月開廷期(逮捕、捜索・押収、弁護 ほか)、第5章 2007年10月開廷期(逮捕、捜索・押序、弁護 ほか)
2017.11 244p A5 ¥4500 ①978-4-7923-5224-0

◆イギリス会社法―解説と条文 イギリス会社法制研究会編 成文堂
【目次】通則、会社の設立、会社の定款等、会社の能力および関連事項、社名、会社の登記営業所、会社の種類の変更方法としての再登記、会社の社員、社員の権利の行使、会社の取締役〔ほか〕
2017.12 951p A5 ¥9800 ①978-4-7923-2706-4

◆イギリス性犯罪法論 横山潔著 成文堂
【目次】イギリス「二〇〇三年性犯罪法」について、「二〇〇三年性犯罪法」における「強姦」「膣又はアヌスへの挿入による暴行」「性的暴行」「同意を得ないで人に対し性的行為を行うように強制する罪」について、「二〇〇三年性犯罪法」における対児童性犯罪について―「一三歳未満の児童を対象とする強姦及びその他の罪」と「児童性犯罪」を中心にして、「二〇〇三年性犯罪法」における「信用ある地位の濫用」の罪について―児童接触業務への就業不適切者名簿の作成および「信用ある地位の濫用」の罪、「二〇〇三年性犯罪法」における家庭内性犯罪について―「家庭内の児童性犯罪」と「親族関係にある成年者との性交」を中心にして、「二〇〇三年性犯罪法」における対精神障害者性犯罪について、「二〇〇三年性犯罪法」における児童を対象とする品位を欠く写真の撮影等について―「一九七八年児童保護法」と「一九八八年刑事司法法」関係条項の改正、「二〇〇三年性犯罪法」における売春および人身売買の罪について―「二〇〇三年性犯罪法」と関係法律・関係提言との対比、「二〇〇三年性犯罪法」における「予備的犯罪」および「その他の罪」について、性犯罪前暦者に対する性犯罪の再犯防止に向けた取組み―我が国の新旧通達による性犯罪前歴者確認措置とイギリス「二〇〇三年性犯罪法」による性犯罪前歴者届出要求〔ほか〕
2017.11 463p A5 ¥10000 ①978-4-7923-5225-7

◆イギリス二〇〇三年性犯罪法 横山潔編訳 成文堂
【目次】第1章 性犯罪(強姦、暴行、同意を得ないで性的行為を強制する罪、一三歳未満の児童を対象とする強姦及びその他の罪、児童性犯罪 ほか)、第2章 届出及び命令(届出要求、確認のための情報、釈放又は移送についての情報、届出命令、性犯罪防止命令 ほか)、第3章 通則
2017.11 210p A5 ¥5000 ①978-4-7923-5226-4

◆イギリス犯罪学研究 2 守山正著 成文堂
【目次】第1部 犯罪学一般(1990年代ケンブリッジ大学犯罪学研究所、シグナル犯罪と犯罪不安感、「社会空間犯罪学」の展開)、第2部 警察研究(警察コミッショナーの導入―警察の民主性と政治性、リストラティブ・ジャスティス(RJ)の問題点―1998年犯罪・秩序違反法をめぐる論争、ストーキングの実態と対策)、第3部 犯罪者の処遇(犯罪者処遇の機関連携―シームレスな刑罰の執行、問題解決型裁判所の行方―2つの地域司法センターの評価をめぐって、施設内自死の状況 ほか)
2017.11 307p A5 ¥6500 ①978-4-7923-5229-5

◆インドネシア法務ハンドブック 田原直子, 岩井久美子, 金子広行著 中央経済社, 中央経済グループパブリッシング 発売 第2版
【要旨】2016年外資規制の緩和をフォロー。インドネシア法務の基本事項を詳説。急速に制度の整備が進むなか、現地と密接な関係を有する専門家が明らかにする最新の進出実務。
2017.7 243p A5 ¥2800 ①978-4-502-23461-3

◆近代ドイツの法と国制 西村清貴著 成文堂
【目次】緒論 先行研究の概観と本書の課題(先行研究の概観、本書の課題と編成)、第1章 歴史法学とC.F.v. ゲルバー(実証主義をめぐる諸学説、サヴィニーにおける実定法、ゲルバーと法の実定性)、第2章 C.F.v. ゲルバーにおける法と国制(国家有機体論、国家法人論)、第3章 パウル・ラーバントにおける法と国制(ラーバントの『国法講義』、『国法講義』における国家論、『国法講義』における法思想、『国法講義』における国制論、権利論)、第4章 オットー・フォン・ギールケにおける法と国制(ギールケをめぐる二つの理解、ギールケの国制史理解、ゲルマンイデオロギーと『私法の社会的任務』、ギールケの法観念、ギールケの国法学)
2017.8 256p A5 ¥6000 ①978-4-7923-0617-5

◆現代中国の法治と寛容―国家主義と人権憲政のはざまで 鈴木敬夫編訳 成文堂 (アジア法叢書 34)
【目次】緒論 社会至上の法治国を建設しよう、第1部 いま、なぜ人権憲政か(人権の普遍性と人権文化についての解析、中国における農民の権利―無差別の原則と人間の尊厳、少数民族教育の民族性と教育を受ける権利)、第2部 法治における不寛容を問う(寛容と自由の張力について、現代の制度における寛容の機能について―現代の制度における寛容の本性と自由な秩序の形成、政治的寛容の憲政実現メカニズム、法律上の寛容とはどういうことか、寛容：宗教の自由及び宗教間対話の前提、寛容の思想と思想の寛容―儒学思想と寛容な憲政)、第3部 中国のC. シュミット旋風と党国体制論批判(中国的文脈におけるシュミット問題、ここ十年における中国国家主義思潮の批判、政治憲法学の興起と発展)、第4部 中国における法治の軌跡と曲線(中国の農村土地収用に関する憲法の窮境、憲政における梁啓超の人権思想、司法の広場化から司法の劇場化へ―記号学の視点から、中国法治の30年―その軌跡と曲線)、結論 現代法の精神についての論考
2017.5 416p A5 ¥8000 ①978-4-7923-0612-0

◆国際ビジネスのための英米法入門―英米法と国際取引法のエッセンス50講 植田淳著 (京都)法律文化社 第3版
【目次】第1部 英米法(英米法を学ぶ意義、英米法と大陸法、イギリスの裁判制度、アメリカの連邦制 ほか)、第2部 国際取引法(国際ビジネスと国際取引法、貿易取引の全体像(信用状なし取引、信用状付き取引)、英文契約書(英文契約書の構成、説明条項と禁反言の法理、当事者と会社の機関)、国連物品売買条約 ほか)
2017.3 301p A5 ¥2900 ①978-4-589-03828-9

◆衆議のかたち 2 アメリカ連邦最高裁判所判例研究(2005～2013) 藤倉皓一郎, 小杉丈夫編 羽鳥書店
【目次】1 序説―アメリカ連邦最高裁判所の衆議のかたち(2005・2013年)レーンクイストコートからロバーツコートへ(アメリカ最高裁裁判官の任命の政治性、ロバーツコートと司法積極主義、ロバーツコートの意見分布、ロバーツコートを構成する裁判官像、ロバーツコートの評価)、2 アメリカ連邦最高裁判所の判例分析(信教・表現・言論・結社の自由、平等原則、刑事手続と人権、連邦と州、主権・政治問題、課税・歳出権、知的財産法・経済法、民事法・社会法)
2017.7 360p A5 ¥6200 ①978-4-904702-66-6

◆渉外戸籍のための各国法律と要件 4 各論(掲載国50音順"サ行・ス"スーダン～"ナ行・ニ"ニジェール) 木村三男監修, 篠崎哲夫, 竹澤雅二郎, 野崎昌利編著 日本加除出版 全訂新版
【目次】第2編 各論(スーダン、ニジェール)
2017.3 938p A5 ¥8000 ①978-4-8178-4373-9

◆渉外戸籍のための各国法律と要件 5 木村三男監修, 篠崎哲夫, 竹澤雅二郎, 野崎昌利編著 日本加除出版 全訂新版
【要旨】各論(掲載国50音順ナ行・ニ(ニュージーランド)～ハ行・ヘ(ベリーズ))。
2017.8 895p A5 ¥8000 ①978-4-8178-4409-5

◆渉外戸籍のための各国法律と要件 6 各論 木村三男監修, 篠崎哲夫, 竹澤雅二郎, 野崎昌利編著 日本加除出版 全訂新版
【目次】ペルー、ベルギー、ボスニア・ヘルツェゴビナ、ボツワナ、ポーランド、ボリビア、ポルトガル、ホンジュラス、マケドニア旧ユーゴ

法律

法律

スラビア共和国、マーシャル〔ほか〕
2017.11 944p A5 ¥8000 ①978-4-8178-4437-8

◆中国契約法　王利明著、小口彦太監訳、胡光輝、但見亮、長友昭、文元春訳　早稲田大学出版部
【目次】契約および契約法概説、契約の成立、契約の内容および形式、契約の効力、契約の履行、契約の保全、契約の変更と譲渡、契約上の権利義務の終了、違約責任、契約の解釈〔ほか〕
2017.11 587p A5 ¥5000 ①978-4-657-17011-8

◆中国契約法の研究―日中民事法学の対話　小口彦太編著、瀬川信久、松岡久和、渡辺達徳、韓世遠、王成著　成文堂
【目次】第1部 本書の概要、第2部 中国契約法の研究(一般規定、契約の締結、契約の効力、履行の抗弁、債権の保全(1)―債権者代位権、債権の保全(2)―債権者取消権、事情変更原則、危険負担、債権譲渡、契約の解除、違約責任)
2017.3 520p A5 ¥9000 ①978-4-7923-3358-4

◆中国の法と社会と歴史―小口彦太先生古稀記念論文集　但見亮、胡光輝、長友昭、文元春編集委員会　成文堂
【目次】第1部 中国法の歴史(思想から見る近・現代中国における近代的法の受容―法の受容と伝統、律疏不応為箇記、清代前期の丈量―康煕末年浙江省天台県の事例を中心として、秦・漢における里の編成と里正・里典・父老―岳麓書院蔵秦簡「秦律令」を手がかりとして)、第2部 現代中国政治(「周辺外交」から「一帯一路」へ―習近平時代の中国外交)、第3部 現代中国法(司法制度、刑事法、民商事法)
2017.5 527p A5 ¥15000 ①978-4-7923-3362-1

◆中国ビジネス法体系―部門別・場面別　藤本豪著　日本評論社　第2版
【要旨】中国法実務の必携書、待望の改訂版！2016年12月までの法改正と近時の実務動向に対応。外商投資企業の設立・変更手続、外貨管理規制、ビザ制度、インターネットビジネス関連規制等。「まず法律ありき」ではなく「まずビジネスありき」の部門別・場面別構成。企業の法務担当者など、実務家に必携の書。
2017.2 655p A5 ¥5000 ①978-4-535-52255-8

◆白夜の刑法―ソビエト刑法とその周辺　上田寛、上野達弥共著　成文堂
【目次】1 帝政期のロシア刑法学(啓蒙主義刑法思想とロシア、帝政末期ロシアにおける刑事人類学派の軌跡(ある)、2「移行期」の苦痛(ある刑法学者の肖像―ミロリューボフ教授とハルビン法学部、帝政ロシア時代の刑法学者・タガンツェフについて)、3 ソビエト刑法の振幅(いわゆる「反革命犯罪」をめぐって、ソビエトにおける集団犯罪)、4 非ソビエト化への模索あるいは伝統への回帰(ロシア刑法における犯罪体系について、ロシアにおける法人の刑事責任 ほか)
2017.10 352p A5 ¥8000 ①978-4-7923-5219-6

◆米国反トラスト法実務講座　植村幸也著　公正取引協会
【目次】総論―米国反トラスト法の全体像、米国反トラスト法の執行機関、カルテル(実体面、手続面・リニエンシー含む)、民事訴訟、カルテル以外の共同行為―事業提携・情報交換等、企業結合(実体面、手続面)、垂直的制限、単独行為、域外適用・通用除外・規制産業・その他、知的財産権と反トラスト法
2017.11 393p A5 ¥4000 ①978-4-87622-017-5

◆ベトナム法務ハンドブック　栗津卓郎、岩井久美子、金子広行、レ・トラン・トゥ・ガー著　中央経済社、中央経済グループパブリッシング発売　第2版
【要旨】2017年施行民法に対応、ベトナム進出の実務対応を重点解説。急速に制度の整備が進むなか、現地と密接な関係を有する専門家が明らかにする最新の進出実務。
2017.7 191p A5 ¥2600 ①978-4-502-23921-2

◆北欧法律事情―中年元裁判官のスウェーデン等留記　萩原金美著　(八王子)中央大学出版部
【目次】スウェーデンの一般的な社会事情等、弁護士会の調査結果からみたスウェーデンにおける弁護士の実態、スウェーデンの執行官事務所kronofogdemyndighet、スウェーデンにおける日本の若者たちなど、ノルウェーにおける裁判所と民事訴訟、スウェーデン法における婚約、スウェーデン法における離婚、スウェーデン法における婚姻外の子の父性確定とその法的地位、スウェーデン証拠法の一問題―証人の事前面接について、

英国民事訴訟見聞記―準備手続にかんする一つの覚書、ノルウェー型法曹一元について―再びノルウェーの司法制度と民事訴訟について、フィンランド法断章、デンマークの司法制度および民事訴訟意見、スウェーデン司法の近況、わが国における北欧法の研究
2017.6 190p A5 ¥1800 ①978-4-8057-0735-7

◆ミャンマー法務最前線―理論と実務　武川丈士、眞鍋佳奈、井上淳著　商事法務　第2版
【要旨】ミャンマー法実務の最先端の解説書・待望の第2版。新投資法および新会社法の改正動向にも対応。
2017.9 371p A5 ¥4400 ①978-4-7857-2560-0

◆要説 中国法　高見澤磨、鈴木賢編　東京大学出版会
【要旨】法制と理論を体系的に提示。中国法の最前線を歴史も踏まえて詳しく解説、学生から実務家まで幅広く役立つ最適のガイド。主要領域の到達点と課題を学び、ステップアップへ。
2017.9 375p A5 ¥4600 ①978-4-13-031190-8

◆ヨーロッパ私法への道―現代大陸法への歴史的入門　五十嵐清著　日本評論社サービスセンター、日本評論社 発売　新装版
【目次】第1章 序説、第2章 大陸法の基礎、第3章 ローマ法の継受、第4章 近世自然法と法典編纂、第5章 フランス民法典の成立とその影響、第6章 19世紀以降におけるフランス私法の発展、第7章 19世紀におけるドイツ私法学の発展、第8章 ドイツ・スイス民法典の成立、第9章 20世紀前半におけるドイツ法の発展―ドイツを中心に、第10章 第2次世界大戦後におけるヨーロッパ私法の発展―西ドイツを中心に
2017.8 249p A5 ¥3500 ①978-4-535-52299-2

◆ロシア・ビジネスとロシア法　松嶋希会著　商事法務
【目次】第1章 ロシア企業について調べる、第2章 ロシア企業と契約する、第3章 ロシア企業への取引債権を保全する、第4章 ロシアに進出する、第5章 ロシア会社を運営する、第6章 ロシア従業員を解雇する、第7章 ロシアに日本人を派遣する、第8章 ロシア企業との紛争を予防・解決する
2017.9 173p A5 ¥2800 ①978-4-7857-2555-6

法学・法制史・法と社会

◆アーキテクチャと法―法学のアーキテクチュアルな転回？　松尾陽編　弘文堂
【要旨】"設計" "構築" "技術"の高度化がもたらす社会は"不可視の権力"が台頭するディストピアか、人間の可能性と自由を拡げるユートピアか。法学におけるアーキテクチャ論の"居場所"を定位し近未来の法と法学の転回を予期する、衝撃の論集。
2017.2 265p B6 ¥2500 ①978-4-335-35691-9

◆アプローチ法学入門　山川一陽、根田正樹、和知賢太郎編　弘文堂
【要旨】もっともやさしい法学入門！初めて法学を学ぶ学生のために、入門と専門のかけ橋として最高のテキスト！
2017.2 269p A5 ¥2500 ①978-4-335-35697-1

◆アメリカにおける証拠開示制度・ディスカバリーの実際　樋口和彦著　花伝社、共栄書房 発売
【要旨】刑事訴訟法の改正にともない、日本でも導入の始まった証拠開示制度。今後の発展の範となるアメリカのディスカバリーが台頭するディスカバリー制度を、現地研究員として実務的観点から検証し、証拠開示のあるべき姿を提示する。アメリカ法制度のエッセンスを紹介する。
2017.12 139, 49p B6 ¥1500 ①978-4-7634-0838-9

◆伊藤真の法学入門 講義再現版　伊藤真著　日本評論社　補訂版
【要旨】憲法教育、法教育に情熱を注ぐ著者が「法」とは何か、「法の学び方」を語る。好評入門書の最新補訂版!!
2017.2 200p A5 ¥1500 ①978-4-535-52259-6

◆今、私たちに差し迫る問題を考える Vol.2 関東学院大学大学院法学研究科からの発信　藤田潤一郎、田中綾一編、徳永江利子、本田直志、三原園子、宮本弘典、吉田仁美執筆　(横浜)関東学院大学出版会、丸善出版 発売

【目次】第1部 日本国内の視点から(社会変動と家族法規定―非嫡出子法定相続分規定違憲決定を素材として、「移民」の権利、ニホン刑事司法の古層―刑事裁判(官)のアニムス・アニマ、2014年改正会社法上の監査等委員会設置会社の検討)、第2部 世界の視点から(WTO紛争解決制度の意義と課題、Grexit とBrexit―国民投票が揺るがすヨーロッパ、教皇フランシスコとローマカトリック教会)
2017.2 274p B6 ¥2000 ①978-4-901734-63-9

◆依頼者見舞金―国際的未来志向的視野で考える　森際康友、高中正彦編　ぎょうせい
【要旨】話題の『依頼者見舞金制度』スタート―弁護士会における依頼者保護はどうあるべきか―「法曹倫理国際シンポジウム2014年」における研究報告記録を、最新の情報分析を交えて書籍化。欧米諸国を含む依頼者保護制度の現状と課題を分析・検討し、今後のあり方を考える。
2017.4 249p A5 ¥3500 ①978-4-324-10295-4

◆医療法律相談室―医療現場の悩みに答える　川西譲、川西絵理著　(京都)法律文化社
【要旨】病院での患者とのトラブルや医療事故・倫理問題…現場の悩みに役立つ実践的な医事法指南書。
2017.8 222p A5 ¥2500 ①978-4-589-03810-4

◆イングランド法学の形成と展開―コモン・ロー法学史論　深尾裕造著　(西宮)関西学院大学出版会　(関西学院大学研究叢書)
【目次】第1編 コモン・ロー法学史の起点を求めて、第2編 コモン・ロー法学の成長過程、第3編 コモン・ロー法学の発展、第4編 コモン・ロー法学教育の組織化、第5編 ルネサンス期コモン・ロー法学の展開、第6編 不文法学的立法解釈論の系譜を求めて、第7編 近代自然法学とコモン・ロー法学―二つの不文法学、エピローグにかえて―法学教育解体期にむけて
2017.3 802p A5 ¥9600 ①978-4-86283-237-5

◆越境犯罪の国際的規制　石井由梨佳著　有斐閣
【目次】序論 越境犯罪と国際法(越境犯罪規制の三分類、嘱託の意義と限界、一方的法執行を巡る国際紛争とその収斂、刑事共助における私人の地位を巡る学説状況)、第1部 国際法が直接規律しない越境犯罪(競争法違反の罪、経済制裁法違反の罪、証券犯罪、租税犯罪)、第2部 国内法に共通する越境犯罪(薬物犯罪と組織犯罪、外国公務員贈賄罪)、第3部 国際法益を害する越境犯罪(テロ犯罪、資金洗浄罪・テロ資金供与罪)、結論
2017.8 516p A5 ¥8000 ①978-4-641-04680-1

◆親子関係の決定―血縁と意思　新・アジア家族法三国会議編　日本加除出版
【目次】第1章 日本の親子関係の決定―血縁と意思(日本の現状と特色、日本における親子関係事件の裁判実務、日本法の立法と課題)、第2章 韓国の親子関係の決定―血縁と意思(親子関係の決定に関する韓国法の特徴及び規定、親子関係の決定と実務上の争点、親子関係の決定は血縁から一立法の課題と展望)、第3章 台湾の親子関係の決定―血縁と意思(親子関係の確定と血縁の真実―台湾法の現況及び特色、親子関係の決定―嫡出推定と認知の比較から見た血縁と意思の相剋に関する一考察、親子関係の決定は血縁か、意思か―台湾における立法の課題と展望)、総括、サマリ
2017.8 168p A5 ¥3000 ①978-4-8178-4416-3

◆オントロジー法学　津野義堂編著　(八王子)中央大学出版部　(日本比較法研究所研究叢書)
【目次】第1章「法務官法上の所有権」のオントロジー、第2章 古典期ローマ法において非所有者から二重に売られて二重に引渡された物がウースーカピオによって所有権取得される場合―ウースーカピオ占有中に失われた占有がプーブリキアーナによって回復される法理のオントロジー、第3章 usucapio pro suo のオントロジー、第4章 usucapio libertatis のオントロジー、第5章 ヨーロッパ近世自然法の二重讓渡における売買と所有権の移転―グロティウス『戦争と平和の法』2巻12章15節2項およびプーフェンドルフ『自然法と万民法』5巻5章5節、第6章 近世自然法論におけるusucapio のオントロジー―グロチウスからカントまでの取得時効論、資料：学説彙纂6巻2章 プーブリキアーナ対物訴訟について
2017.3 437p A5 ¥5400 ①978-4-8057-0813-2

◆改憲的護憲論　松竹伸幸著　集英社　(集英社新書)
【要旨】二〇一七年一〇月の衆議院選挙で争点となった改憲。しかし政権与党が提示する、憲法

九条に自衛隊を付記する加憲案をめぐって、国民、メディアの間で、その狙いや問題点に関する議論はどれほど深まっただろうか。自衛隊を付記しようという加憲案と付記を許さない護憲派。護憲派が従来の立場からいかなる論を展開しても、改憲派と護憲派の争いの焦点が、自衛隊を認めるかどうかにあると目に映るとすれば、圧倒的多数が自衛隊に共感を持っている今、護憲派は見放されるのではないか。だとしたら、護憲派はどんな論点を提示できるのか──。著者が深い危機感からたどりついた「改憲的護憲論」を世に問う一冊。

2017.12 222p 18cm ¥740 ①978-4-08-721014-9

◆改正個人情報保護法の実務対応マニュアル──平成29年5月施行 影島広泰著 大蔵財務協会
【要旨】法改正で中小零細を含むすべての企業が個人情報保護法の対象に。改正法への対応を5つのポイントに分けてコンパクトに紹介。個人情報取扱規程のサンプル等も収録。

2017.3 217p A5 ¥1667 ①978-4-7547-4428-1

◆改正 市制町村制正解 附 施行諸規則（明治四十五年第七版） 福井淳著 信山社 （日本立法資料全集 別巻1025─地方自治法研究復刊大系 第215巻） 復刻版
2017.1 1Vol. A5 ¥36000 ①978-4-7972-6991-8

◆ガイドブック法学 生駒正文、髙田富男編著 （京都）嵯峨野書院
【目次】第1章 法学の基礎知識、第2章 国家と法律の基礎知識1─統治機構、第3章 国家と法律の基礎知識2─基本的人権の尊重、第4章 国家と法律の基礎知識3─平和主義、第5章 国家と法律の基礎知識4─犯罪と法、第6章 民法学の基礎知識1─総則、第7章 民法学の基礎知識2─財産法、第8章 家族法の基礎知識、第9章 労働法学の基礎知識、第10章 割賦販売・訪問販売等の基礎知識
2017.6 196, 5p B5 ¥2450 ①978-4-7823-0570-6

◆家事事件における保全・執行・履行確保の実務 日本弁護士連合会家事法制委員会編 日本加除出版
【要旨】家事事件における保全・執行・履行確保につき、豊富な解説とQ&Aで詳説！ 多様化する家族をめぐる紛争の解決に向けた最適な手続選択を行うために。

2017.2 389p A5 ¥4000 ①978-4-8178-4364-7

◆企業法研究の序曲 5 筑波大学大学院ビジネス科学研究科企業法学専攻編 同友館 （企業法学論集 第5号）
【目次】保険契約における告知義務違反の効果─オーストラリア法、イギリス法との比較分析を踏まえて（わが国における告知義務保険制度、オーストラリアにおける告知義務制度 ほか）、孤児著作物の利用を促進する制度に関する研究（孤児著作物を巡る現状と課題、孤児著作物問題と国際条約 ほか）、キャッシュ・マネジメント・システム（CMS）への参加に関する子会社取締役の責任（はじめに、欧州におけるCMS及び企業結合法制をめぐる議論 ほか）、相続税と贈与税の一体化についての考察─累積的取得税の検討（贈与税の沿革、贈与税の性質 ほか）
2017.1 290p A5 ¥2300 ①978-4-496-05254-5

◆企業法制の将来展望─資本市場制度の改革への提言 2017年度版 神作裕之責任編集、資本市場研究会編 資本市場研究会、財経詳報社発売
【目次】第1部 日本の資本・金融市場および会社法（「グローバルな機関投資家等の株主総会への出席に関するガイドライン」の解説、上場企業と投資家の対話促進を図る開示制度の改革─情報通信技術の進展に伴う金融規制の変容─金融グループの「経営管理」に関するスケッチ、「平成27年度証券取引に関する全国調査」の概要について、取締役の責任と補償）、第2部 グローバルな資本・金融市場の規制（EUにおける議決権行使助言会社の規律、EUの目論見書ルールの見直し─資本市場同盟（CMU）構築に向けたアクション・プランの一翼、グローバル金融規制の最新展開─米国ドッド＝フランク法の最新展開やオフショア金融センターの利用など、再燃する欧州金融機関のリスクと金融規制の関係整理─クレジット市場への影響という観点で捉え る）
2016.12 285p A5 ¥3000 ①978-4-8177-764-0

◆企業法制の将来展望─資本市場制度の改革への提言 2018年度版 神作裕之責任編集、資本市場研究会編 資本市場研究会、財経詳報社発売

【目次】第1部 資本市場法・金融制度法の展開（2017年金融商品取引法改正について─フェア・ディスクロージャー・ルールを中心に、開示一元化に向けた課題と考えられるアプローチ、監査制度の見直し、欧州銀行資本性証券に関するクレジット市場からの考察、EUにおける市場濫用規制について、トランプ政権下の米国金融規制改革の展開）、第2部 会社法改正の論点（株主提案権の濫用的な行使と会社法改正、監査役設置会社における取締役会の役割・責務と決議事項の関係について、取締役会の責任制限に関する立法論的検討、会社補償実務研究会「会社補償実務指針案」について、新しい社債管理機関について）、第3部 株主権を通じたコーポレート・ガバナンス（多様な投資家、多様なガバナンス効果─パッシブ運用の拡大が意味するもの）
2017.12 447p A5 ¥3000 ①978-4-88177-767-1

◆企業法の進路─江頭憲治郎先生古稀記念 黒沼悦郎、藤田友敬編 有斐閣
【目次】企業組織法（法人格否認の法理の原構成、上場会社のパラドックス─流動性が長期志向を生む仕組み、韓国における企業活力向上のための特別法の制定とその意義─韓国版企業競争力強化法の制定とその意義 ほか）、企業取引法（取引法におけるケース・スタディの方法について─2013年運送取引実態調査の経験から、民事仲立人と消費者保護─不動産売買の民事仲立を中心として、鉄道車両ファイナンスに関する法ルールの歴史と展望─クーポンヨン条約ルクセンブルク議定書の理論的分析 ほか）、金融・証券法（FinTech時代の金融法のあり方に関する序説的検討、「分散型台帳」（ブロックチェーン）を契機として、流通市場の投資家による発行会社に対する証券訴訟の実態 ほか）
2017.1 1065p A5 ¥23000 ①978-4-641-13757-8

◆技能実習法の実務 山脇康嗣著 日本加除出版
【要旨】平成29年11月1日「技能実習法」施行。新法下において弁護士、行政書士、社会保険労務士等の法律家が果たすべき役割は極めて重要！ 技能実習法（外国人の技能実習の適正な実施及び技能実習生の保護に関する法律）は出入国管理及び難民認定法を条文数で大幅に超える大型立法で、技能実習制度を拡充する一方、不正行為に対するペナルティ等が非常に重いことが特徴。法律家が的確な助言指導業務や法的対応業務及び監理団体による適正な監理事業に必要な知識を、入管関連実務に精通した著者が丁寧に解説。
2017.9 341p A5 ¥3200 ①978-4-8178-4422-4

◆基本権・環境法・国際法─ディートリッヒ・ムルスヴィーク論文集 ディートリッヒ・ムルスヴィーク著、畑尻剛編訳 （八王子）中央大学出版部 （日本比較法研究所翻訳叢書）
【目次】第1部 基本権（基本権保護義務の環境保護にとっての意義について、配分参与権としての基本権、社会的基本権介入としてのドイツ国家による警告、価値評価、批判─国家の情報提供行為を通じた経済・意見誘導、連邦憲法裁判所と間接的基本権介入としてのドグマティーク─2002年6月26日のグリコール裁判とオショー裁判について、基本権ドグマーティクの転換点？）、第2部 環境法（環境法における自由と自主性─より少ない規制によるより多くの環境保護？、科学技術の発展に対する行政法による対処、資源利用料─賦課金による環境保護の法的問題、損害回避・リスク処理・資源管理─環境法原則としての保護原則、事前配慮原則および持続可能性原則の関係について）、第3部 国家組織/国際法/諸原則（国家法原理としての主権国家性の原則、訴訟代理人の見地からのドイツ連邦憲法裁判所のリスボン判決─欧州における民主主義と主権についての考察、憲法を保護する憲法上の行為義務）
2017.3 522p A5 ¥6400 ①978-4-8057-0378-6

◆基本権の展開 石村修著 尚学社、大学図書発売
【目次】1 基本権の意義と体系（憲法と基本権、基本権の特性、基本権の体系、（主観的）権利及び客観法としての基本権─基本権と私法上の公的主体）、2 基本権と生命権（基本権の体系における胎児の法律上の地位、基本権における胎児の生命権─第1次妊娠中絶論争）、3 国家目標と基本権（国家目標としてのスポーツ、生きる権利と動物・環境、基本権の可能性 ほか）、4 終章 基本権の展望─改憲論との対抗（憲法における生命権の位相、憲法の改正と基本権、基本権の実現と発展、基本権と国家）、補論 法科大学院において憲法判例を学ぶ意義（憲法規範の特性、憲法裁判の特

性、法科大学院時代の憲法判例）
2017.2 207p A5 ¥5000 ①978-4-86031-146-9

◆教会・基本権・公経済法─エーラース教授名誉学位授与記念講演集 ディルク・エーラース著、松原光宏編訳 （八王子）中央大学出版部 （日本比較法研究所翻訳叢書）
【目次】1 ドイツにおける国家的共同体・宗教的共同体─相互関係と発展、2 国家行政に対する私人の情報請求権、3 ヨーロッパ連合における補助金規制、4 土地および環境の使用にかかる財産権保護、社会的拘束と公用収用、5 憲法と行政法、6 基本法140条
2017.3 277p A5 ¥3400 ①978-4-8057-0377-9

◆矯正職員のための法律講座 西田博編著 東京法令出版 二訂版
【目次】第1章 刑法総論（罪刑法定主義、犯罪の成立要件 ほか）、第2章 刑法各論（公務の執行を妨害する罪─公務執行妨害等、逃走の罪 ほか）、第3章 刑事訴訟法（刑訴法の目的、刑事手続の流れ ほか）、第4章 その他関係法令（少年法、更生保護法 ほか）
2017.2 383p A5 ¥2800 ①978-4-8090-5112-8

◆行政の裁判統制と司法審査─行政裁判の理論と制度 横山信二著 有信堂高文社
【要旨】行政裁判を統治システムの中に科学的に位置づける。
2017.3 247p A5 ¥5800 ①978-4-8420-1521-7

◆ケアの法 ケアからの法─法哲学年報 2016 日本法哲学会編 有斐閣
【目次】発題（統一テーマ「ケアの法 ケアからの法」について）、論説・コメント（ケアへの敬意─倫理からの制度へ、池田報告へのコメント─ヴァルネラビリティ論への観点から ほか）、論争する法哲学（書評）（間接化する権力とは、アーキテクチャ論的の行方─大屋雄裕会員への応答 ほか）、ワークショップ概要（人工知能（AI）/ロボットとは、高齢化社会と世代間正義 ほか）、投稿論文（誤解された法律家ヘルマン・イザイ、運の平等・遺族年金・現状の固定化─ジョン・ローマーの「機会の平等」論の再検討と平等論のオルタナティブ ほか）
2017.11 226p A5 ¥4000 ①978-4-641-12598-8

◆警察法の理論と法治主義 島田茂著 信山社 （学術選書 154─警察法）
【要旨】日独における警察法理論の展開と構造分析から再構築へ。ワイマール期～第2次大戦後の全体像から、戦後、警察の情報処理活動の法的統制まで多角的視点からの比較法的理論分析を試みる。
2017.11 440, 6p 22×16cm ¥10000 ①978-4-7972-6754-9

◆原子力損害賠償法改正の動向と課題 桐蔭横浜大学法科大学院原子力損害と公共政策研究センター編 大成出版社
【要旨】福島原発事故を踏まえて、新たな時代における原子力損害賠償制度を分析・検討。公共政策との関係も視野に入れた関係者必読の書。
2017.5 167p A5 ¥3000 ①978-4-8028-3279-3

◆現代危機管理論─現代の危機の諸相と対策 前田雅英編集代表、公共政策調査会編 立花書房
【目次】第1部 危機管理総論、第2部 国家・社会の危機管理（国際テロリズムの変遷と日本、テロ対策と技術、CBRNテロ、テロ防止のための捜査法、自然災害の危機管理、サイバー空間における危機管理─リスクと危機の「総量抑制」に向けて、シナリオ：新感染症パンデミック、テロ、災害時の緊急医療、災害時等の危機的状況における精神科的緊急医療）、第3部 企業の危機管理（事件、事故対応、現代社会の企業危機管理─コンプライアンスの視点から、反社会的勢力との関係、危機管理のためのナレッジ・マネジメント）、第4部 地域社会・個人の危機管理（地域社会の安全─科学的理論に基づく地域防犯活動、女性、子どもの安全）、第5部 危機管理法制の必要性
2017.6 464p A5 ¥2500 ①978-4-8037-6503-8

◆現代実定法入門─人と法と社会をつなぐ 原田大樹著 弘文堂
【要旨】条文の背景にある各法分野に共通の基本的な考え方をわかりやすく解説。図表やイラスト、コラム、学習の復習など楽しく学べる工夫満載。法の世界の全体像が見えてくる、基礎から学べる骨太な法学入門！
2017.4 299p A5 ¥2500 ①978-4-335-35704-6

◆**現代私法規律の構造―伊藤進先生傘寿記念論文集**　「伊藤進先生傘寿記念論文集」編集委員会編　第一法規
【目次】ボアソナードの合意論と多数当事者間契約論、契約上の義務概念の拡張と債権関係構造―ドイツ民法理論を素材にして、契約成立場面における約因理論の規範的位置づけ、消費者契約の成立法理の構造と課題―結婚式場契約の成立問題の検討を通して、民法改正における定型約款の組入要件と内容規制、改正民法における売買の追完規定の検討―フランス法における「契約規範」の多層的構造という観点から、わが国における要物契約条項の継受と今日までの展開―消費貸借における議論を中心として、委任契約の終了と善処義務―「契約の終了」規律の一斑、民法における動物の地位―フランスにおける議論を中心に、民法典における不動産規定（86条1項）の規律構造、第三者所有権留置における留保所有権の対抗要件―買主の倒産手続における取り扱いを中心に、原則的な時効期間概念の変遷、贈与法と相続法―債権法改正と相続法の関係、相続法の規律構造、私法と行動規制―ドイツにおける規制と私法論を参考に
2017.12 440p A5 ¥12000 ①978-4-474-05682-4

◆**現代 消費者法 No.34 特集 検証 改正消費者契約法**　民事法研究会
【目次】特集 検証 改正消費者契約法（平成28年改正消費者契約法の成果と残された課題、改正消費者契約法による被害救済、消費者契約法のさらなる見直しへ向けて）、論説・解説（エレベーター事故の原因究明をめぐって―東京地裁刑事判決と消費者庁の事故等原因調査報告書を読む、EUデジタル単一市場戦略における新たな展開―オンライン売買指令案の分析と評価、提携リースに対する消費者法規制の動向）、判例研究（保証人が主たる債務者に対して取得した求償権の消滅時効の中断事由がある場合における共同保証人間の求償権の消滅時効中断の有無（最判平27・11・19）、デート商法に基づく投資用不動産の購入と融資銀行の責任（東京高判平27・5・26））、連載
2017.3 152p B5 ¥2400 ①978-4-86556-150-0

◆**現代情報社会におけるプライバシー・個人情報の保護**　村上康二郎著　日本評論社
【目次】プライバシー・個人情報保護の基本動向と課題、第1部 情報プライバシー権の基礎理論―日米比較法研究（情報プライバシー権をめぐる我が国における議論状況、情報プライバシー権の初期の学説、情報プライバシー権に関するプロパティライツ理論の意義と限界、情報プライバシー権と表現の自由の関係、情報プライバシー権の基礎理論に関する考察）、第2部 プライバシー・個人情報保護の現代的課題（クラウド・コンピューティングにおける個人情報の保護、バイオメトリクス認証におけるプライバシー・個人情報の保護、ビッグデータ時代におけるプライバシー・個人情報の保護、プライバシー影響評価（PIA）に関する国際的動向と我が国における課題）
2017.9 207p A5 ¥5000 ①978-4-535-52261-9

◆**公共調達と競争政策の法的構造**　楠茂樹著　上智大学出版、ぎょうせい 発売　第2版
【目次】第1部 歴史―公共調達と競争政策の交錯（出発点としての「大津判決」、会計法令と実態の乖離、問題の単純化と一連の改革 ほか）、第2部 公共調達制度における競争の構造（準備作業―公共調達分野における競争とその規律の構造、競争入札と随意契約、最低価格自動落札方式と総合評価落札方式 ほか）、第3部 公共調達と独占禁止法（総論、入札談合、排除行為 ほか）
2017.11 239p A5 ¥2000 ①978-4-324-10330-2

◆**合理的配慮義務の横断的検討―差別・格差等をめぐる裁判例の考察を中心に**　九州弁護士会連合会、大分県弁護士会編　現代人文社
【要旨】障害者法制における合理的配慮の現状と課題を確認し、その合理的配慮の視点から、その他の法分野についての裁判例を分析・検討したチャレンジングな試み。
2017.10 356p A5 ¥3600 ①978-4-87798-682-7

◆**国籍法違憲判決と日本の司法**　秋葉丈志著　信山社 （学術選書 167―法社会学）
【要旨】「積極的な司法」を切り拓いた国籍確認訴訟。「マイノリティ」の権利を守る画期的な判決はどのようにもたらされたのか。法を動かす「人」に焦点を当てるダイナミックな司法論！
2017.11 231p 22×16cm ¥6800 ①978-4-7972-6767-9

◆**古代ローマ法における特示命令の研究**　佐々木健著　日本評論社

【目次】第1章 序論：古代ローマ特示命令研究動向（古代ローマ法における特示命令、特示命令研究の諸動向概観、行政を巡る法制史としての特示命令研究の一潮流、小括）、第2章「ルーケリア碑文」に見る共和政中期ローマ世界における宗教法制の一断面（「ルーケリア碑文」試訳、研究史素描、分析と考察、小括）、第3章 古代ローマ特示命令行政（道路行政、特示命令による行政）、第4章 古代ローマにおける相続法制と遺言提示特示命令（「文書提示に関する特示命令」―Ulp.D.43, 5, 3, 14の史料文言分析、訴訟ないし手続法を巡る先行研究との関連、史料の再検討と古代ローマ裁判制度研究、混乱した議論状況、結語）
2017.3 216p A5 ¥5300 ①978-4-535-52248-0

◆**国家の哲学―政治的責務から地球共和国へ**　瀧川裕英著　東京大学出版会
【要旨】個人の責務への問いを起点に世界秩序構想を辿る思想の旅。ソクラテス、ホッブズ、カント、ロールズ、サンデルなど古今の思想を渉猟し、国家と法をめぐる根本問題に挑む。
2017.8 363p A5 ¥4500 ①978-4-13-031189-2

◆**子どもの法定年齢の比較法研究**　山口直也編著　成文堂
【目次】第1章 米国における子どもの法定年齢（アメリカ合衆国の連邦制度と公法分野の法定最低年齢、米国における医療への同意年齢に関する考察、米国における少年法適用年齢及び刑事裁判所年齢の意義）、第2章 英国における子どもの法定年齢（イギリス公法における年齢―選挙権年齢を中心に、「子ども」の権利と能力―私法上の年齢設定、英国における刑事・少年司法の年齢設定）、第3章 ドイツにおける子どもの法定年齢（ドイツ公法における年齢―選挙年齢とその他の法定年齢との連関性の検討を軸に、ドイツ私法での成年年齢と子の成長に応じた年齢規定、少年刑法通用の上限年齢に関する争い―青年の扱いを中心に）、第4章 フランスにおける子どもの法定年齢（フランス公法における年齢設定、フランス民法における子どもの保護と自立、フランス少年司法における年齢設定）、第5章 韓国における子どもの法定年齢（韓国公法における「年齢制限」に関する考察―「選挙権年齢」をめぐる憲法裁判所の決定例を素材に、韓国における民法上の成年年齢―19歳成年年齢の意義、韓国における少年の法定年齢と少年法の課題）
2017.2 388p A5 ¥6000 ①978-4-7923-5195-3

◆**雇用社会と法**　道幸哲也著　放送大学教育振興会、NHK出版 発売 （放送大学教材）
【目次】労働条件はどう決まっているか、権利実現の仕組みと仕方、労働契約の締結、業務命令権、賃金の確保、労働時間の規制、職場の人間関係と法、私的領域の確保、女子労働問題、パワハラの法律問題、労働災害・安全配慮義務の法理、雇用終了・解雇の法理、退職・有期雇用の法理、労働組合法の世界、権利実現のためのワークルール教育
2017.3 241p A5 ¥2600 ①978-4-595-31728-6

◆**雇用政策とキャリア権―キャリア法学への模索**　諏訪康雄著　弘文堂
【要旨】職業上のキャリアの生涯にわたる形成と展開を基礎づける法概念＝キャリア権。この提唱者である著者が、20世紀末から21世紀初頭にかけ雇用環境が激変する過渡期のなか、人々のキャリアをめぐる主題に沿って労働政策的な視点から考察を試みた画期的論文集。
2017.2 343p A5 ¥4500 ①978-4-335-35454-0

◆**裁判例から考えるシステム開発紛争の法律実務**　難波修一、中谷浩一、松尾剛行、尾城亮輔著　商事法務
【要旨】150の裁判例の分析と著者の豊富な経験から導かれた明快な実務を提示する1冊。法律家・企業担当者が判断に迷った際の考え方と対処法のポイントを、システム開発紛争における争点ごとに体系的に解説。
2017.3 360p A5 ¥4600 ①978-4-7857-2493-1

◆**士業資格の可能性と求められる法学教育**　立正大学法学部、立正大学法制研究所編　成文堂 （グリーンブックレット 13）
【目次】基調講演、パネルディスカッション（税理士、社会保険労務士、聴衆からの質問と回答、行政書士、コメント、志を持つこと）、おわりに
2017.7 64p A5 ¥800 ①978-4-7923-9266-6

◆**市町村制問答詳解 全 附 理由書（明治二十九年改正再販）**　島村文耕校閲、福井淳著　信山社 （日本立法資料全集 別巻1024―地方

自治法研究復刊大系 第214巻）　復刻版
2017.1 1Vol. A5 ¥54000 ①978-4-7972-6990-1

◆**司法福祉**　日本司法福祉学会編　生活書院　改訂新版
【要旨】司法と福祉の関係のあり方を考察する「司法福祉」。その全体像を学ぶために日本司法福祉学会編により企画・執筆された定評あるテキストブック。新少年院法の施行など法律・制度の改正を踏まえ、刊行6年目にして待望の改訂新版ここに刊行！
2017.3 238p A5 ¥2000 ①978-4-86500-066-5

◆**司法福祉―罪を犯した人への支援の理論と実践**　加藤幸雄、前田忠弘監修、藤原正範、古川隆司編 （京都）法律文化社　第2版
【目次】第1部 罪を犯した人びとの現状（知的障害者、精神障害者、高齢者、子どもと非行、その他の支援を要する人びと）、第2部 刑事司法と社会福祉の制度（成人の刑事司法の過程、少年の司法制度、精神障害者・精神疾患のある人に対する制度、支援・処遇の機関・団体と専門職、犯罪に関する民間の活動と担い手、社会福祉における取りくみと専門職の役割）
2017.8 235p A5 ¥3000 ①978-4-589-03854-8

◆**司法福祉学研究 17**　日本司法福祉学会編 （稲城）日本司法福祉学会、生活書院 発売
【目次】巻頭言 司法福祉の学としての確立を目指して―2人の「さちお」先生、自由研究（論文）（児童自立支援施設入所経験のある児童自立支援施設入所児童の記述調査の質的分析、犯罪を起こした知的障がい者へのインタビューにもとづく犯罪行動傾向の関連要因に関する研究―ライフ・ライン・メソッドを用いた解析の試み、刑事施設の取り組みに対する一般国民の認識に係る一考察（第二報告））、日本司法福祉学会第17回大会―司法福祉学のこれから（大会シンポジウム 再び少年法を考える―司法福祉学の原点から、プレシンポジウム企画「司法福祉学会の歩み、第1分科会 児童養護施設における児童間性暴力対応プロトコルに関する研究―実践知・経験知のプログラム化に関する取り組み、第2分科会 司法と福祉の支援のギャップを洗い出す―罪に問われた人の"自立"に焦点化して、第3分科会 学校、児童相談所、児童福祉施設は何ができるのか―子どもの「自立」をめぐって果たすべき役割を問う、第4分科会 受刑者を親にもつ子どもへの法的支援、第5分科会 犯罪加害者家族支援の現状と課題―NPO法人スキマサポートセンターの取り組みから、第6分科会 子どもを地域社会に支える取り組み―子どもの福祉の基盤としての地域活動）、司法福祉学会第16回大会分科会報告（第2分科会 地域生活定着促進事業の現状と課題―事業開始からの6年を振り返って、第4分科会 何が非行に追い立て、何が立ち直る力になるのか―非行克服支援センターの調査研究から）、書評
2017.7 140p A5 ¥2000 ①978-4-86500-069-6

◆**市民社会論―理論と実証の最前線**　坂本治也編 （京都）法律文化社
【目次】第1部 市民社会の理論枠組（熟議民主主義論―熟議の場としての市民社会、社会運動論―国家に対抗する市民社会、非営利組織経営論―経営管理と戦略の重要性、利益団体論―市民社会の政治的側面、ソーシャル・キャピタル論―ネットワーク・信頼・協力の重要性）、第2部 市民社会を左右する諸要因（ボランティアと寄付―市民社会を支える資源、政治文化としての価値観―政治と市民社会をつなぐもの、協働―官民関係は何を生み出すのか、政治変容―新自由主義と市民社会、法制度―市民社会に対する規定力とその変容、宗教―市民社会における存在感と宗教法人制度）、第3部 市民社会の帰結（ローカル・ガバナンス―地域コミュニティと行政、国際社会における市民社会組織―世界政府なき政治の最前線、公共サービスと市民社会―準市場を中心に、排外主義の台頭―市民社会の負の側面）
2017.2 338p A5 ¥3200 ①978-4-589-03813-5

◆**市民生活と現代法理論―三谷忠之先生古稀祝賀**　小田敬美、籠地信宏、佐藤優希、柴田潤子編集委員　成文堂
【目次】第1部 私法編（将来の給付の訴えと確認の訴え―ドイツ民事訴訟法における見解の紹介、提訴前の情報証拠収集制度とドイツの独立証拠調べ手続、既判力の客観的範囲と権利関係の分裂の防止 ほか）、第2部 公法編（所有と労働の比較―近代イギリス法思想の展開を中心に、憲法訴訟と法科大学院、ドイツ環境法における原告適格の新展開―オーフス条約9条3項からの

影響）、第3部 刑事法編（プリペイド携帯電話機の不正取得と詐欺罪―第三者への譲渡目的の秘匿が問題になった東京高判平成24年12月13日を素材にして、強制執行関係売却妨害罪における「公正を害すべき行為」―最決平成10・7・14刑集52巻5号343頁を素材として、児童虐待再発防止の現状と課題―香川県における多機関連携の取組みを中心に ほか）
　　　　2017.3 502p A5 ¥15000 ①978-4-7923-2701-9

◆市民立法の研究　勝田美穂著　（京都）法律文化社　（岐阜経済大学研究叢書 18）
【目次】序章 市民立法とは、第1章 市民立法の動向―国会審議の場から、第2章 児童虐待防止法の立法過程―唱道連携フレームワークからの分析、第3章 性同一性障害者特例法の立法過程―政策起業家の輩出条件から、第4章 発達障害者支援法の立法過程―市民の役割と影響力の観点から、第5章 自殺対策基本法の立法過程―政策の窓モデルによる分析、第6章 民営化改正（ダンス規制緩和）の立法過程―多元主義アプローチによる分析、終章 市民立法を進める要因
　　　　2017.2 180p A5 ¥4300 ①978-4-589-03821-0

◆社会権―人権を実現するもの　竹内章郎、吉崎祥司著　大月書店
【要旨】生存、教育、労働を保障する憲法をもちながら、格差や不平等が広がり、貧困や福祉が実現しないのは何故なのか？ 社会権を軽視してきた日本の法学・社会理論を批判的に検討し、市民的自由権の限界を明らかにし、社会権再生の意義とその展望を示す。
　　　　2017.3 361p B6 ¥3600 ①978-4-272-43100-7

◆自由の秩序―リベラリズムの法哲学講義　井上達夫著　岩波書店　（岩波現代文庫）
【要旨】リベラリズムや自由が危機に瀕しているといわれるいま、「自由」とは何かを理解するためには自由を可能にする原理と制度構想を考えなくてはならない、という立場から著者は「自由の秩序」について講義する。「自由」や「リベラリズム」の法哲学的意味とは何か？「自由」と「正義」との関わりとは？ 井上教授の熱血講義に対し、聴講生たちが具体的な事例も交えた鋭い質問で迫る、対話形式の刺激的な議論も収載。
　　　　2017.3 196, 3p A6 ¥960 ①978-4-00-600358-6

◆消費者法研究　第2号　河上正二責任編集　信山社
【目次】論説（人間の「能力」と未成年者、若年成人に対する支援・保護について、「能力」法理の縮減と再生・契約法理の変容、成年年齢引下げと消費者取引における若年成年者の保護、成年年齢の引下げに伴う若年者の契約締結における適合性の配慮について、消費者被害救済法理としての未成年者取消権の法的論点、我が国の威圧型不当勧誘論に関する解釈論的考察、スマホゲームに関する未成年者のトラブルの現状と課題―いわゆる電子くじ（ガチャ）を中心として）、海外事情「弱い消費者」に関する海外の認識と対応）、立法の動向（民法の成年年齢引下げについて（2017年1月10日現在））
　　　　2017.1 326p A5 ¥3200 ①978-4-7972-6682-5

◆消費者法研究　第4号　特集 消費者法における規制の多様性　河上正二責任編集　信山社
【目次】論説（消費者被害の抑止と民事責任、取締法規と民事責任―割賦販売法の改正を手がかりとした「システム化」への視点、消費者庁移管後の景品法裁判例の検討、消費者契約の解消と原状回復、美容診療における消費者問題―多面的な状況に依存する特殊な消費者をどう保護するか、通信販売仲介者（プラットフォーム運営業者）の法的規律に係る日本法の現状と課題）、資料 消費者被害の救済と抑止の手法の多様性（文部科学省科学研究費補助金平成28年度報告書2017年3月）独立行政法人国民生活センター比較消費者法研究会編
　　　　2017.11 287p 23×16cm ¥3200 ①978-4-7972-6684-9

◆情報法のリーガル・マインド　林紘一郎著　勁草書房
【要旨】ドローンや自動運転車が起こした事故の責任ははたして誰がとるのか？ 情報通信の現場を率い、法学と経済学を収めた著者ならではの知見を駆使し、情報法の俯瞰図を描く。「営業秘密は知的財産としてではなく、秘密として管理すべき」「ヒトがデータを所有するのではなく、データがヒトと帰属関係を持つに過ぎない。あくまでも主体はデータ」情報流通の不可逆性を前提にすれば、事前と削除命令などの法的な正義実現の重要性が増す」など、情報法に特有の法的現象を摘出したリーガル・マインドを提示する

◆新・いのちの法と倫理　葛生栄二郎、河見誠、伊佐智子著　（京都）法律文化社　（法律文化ベーシック・ブックス）改訂版
【目次】序章 自己決定権と人間の尊厳―生命倫理の原点から、第1章 人工生殖―生命の神秘への挑戦、第2章 人間のクローン―コピーされる「いのち」、第3章 人工妊娠中絶―産まない権利か、生まれる権利か、第4章 医療の法と倫理―患者を支える医療と看護、第5章 安楽死・尊厳死―生命の尊重と人間の尊厳、第6章 脳死・臓器移植―生と死のはざま
　　　　2017.11 268p B6 ¥2600 ①978-4-589-03818-0

◆信託法制の新時代―信託の現代的展開と将来展望　能見善久、樋口範雄、神田秀樹編　弘文堂
【要旨】改正信託法施行後10年。新しい活用方法、担い手、新たな概念の登場で、あらためて注目されている「信託」。第一線で活躍する研究者が、多角的な視点から信託制度の現在に迫り、将来への展望を示す。
　　　　2017.11 402p A5 ¥4000 ①978-4-335-35716-9

◆スポーツの法律相談　菅原哲朗、森川貞夫、浦川道太郎、望月浩一郎監修　青林書院　（最新青林法律相談 14）
【要旨】被害救済や予防をいかに実践するか？ 競技者・指導者、団体関係者、行政関係者の3つの視点から、事例を元に具体的なQを掲げ、実務を短刻的に解説！
　　　　2017.4 328p A5 ¥3900 ①978-4-417-01708-0

◆政治、社会の変化に法はいかに対応しているか　横山信二、井上嘉仁、西村裕三、横藤田誠、手塚貴大著　成文堂　（広島大学公開講座）
【目次】開講 社会と法、政治と法、第1講 公法の基本原理と社会の変化、第2講 内閣総理大臣の指導力は憲法で統制できるか、第3講 憲法の解釈と時代の変化―民法改正と法の下の平等、第4講 不利な立場の人々と憲法の人権保障、第5講 福祉国家と租税法―消費税制の動向と課題
　　　　2017.6 213p B6 ¥2200 ①978-4-7923-0614-4

◆政党政治の法構造―明治・大正期憲法改革の地下水流　白井誠著　信山社　（学術選書 164―政党政治）
【要旨】政党政治を貫く地下水流を辿り、帝国議会制度の法的・歴史的な重みを探る。
　　　　2017.11 252p 22×16cm ¥6800 ①978-4-7972-6764-8

◆性暴力と修復的司法―対話の先にあるもの　小松原織香著　成文堂　（RJ叢書）
【目次】第1章 RJとは何か（RJとは何か、被害者の視点から見たRJ）、第2章「対話する主体」とRJ（「人称の視点」と「対話する主体」、刑事司法とRJにおける人称の問題、「コミュニティに内包される自己」と「対話する主体」、「対話」によって実現される正義、「対話する主体」とジェンダー）、第3章「対話する主体」と性暴力（性暴力被害者のトラウマ「沈黙」、性暴力被害者の「回復」と「語る主体」、性暴力被害者の「告発」と「語る主体」、「対話する主体」の是非をめぐって、性暴力被害者の主体の三項関係）、第4章「対話する主体」と性暴力における RJ（性暴力事例におけるRJ実践の展開、「回復する主体」「告発する主体」から「対話する主体」へ、性暴力被害者はなぜ「対話」を望むのか）、第5章「対話」の後に何が起きるのか（「修復的対話」と「解体的対話」、「赦し」とコミュニティの役割）
　　　　2017.10 191p A5 ¥4500 ①978-4-7923-5222-6

◆セクシュアリティと法―身体・社会・言説との交錯　谷口洋幸、綾部六郎、池田弘乃編　（京都）法律文化社
【目次】第1部 人間身体と法（性別―法的性別の根拠は？、性同一性障がい―性別違和をもつ当事者に法は応答できているか？、性行法―誰をどのように守るべきものであるべきか？）、第2部 社会関係と法（親子―性的マイノリティは親になれるのか？、婚姻―カップルの特別扱いに合理性はあるか？、暴力―DVは異性間だけの問題か？ほか）、第3部 言説空間と法（人権―誰のどのような人権か？、ノルム―平等が解放か？、クィア―クィアな視点は法の中に何をもたらすか？ほか）
　　　　2017.10 177p A5 ¥2500 ①978-4-589-03872-2

◆「世間」という観念の呪縛―同調を促すシステム　篠崎勝著　（京都）ウインかもがわ、（京都）かもがわ出版 発売
【要旨】国家の圧力の下、メディアが誘導する「風向き」に追随する日本社会。戦後最大の岐路に

立つ今こそ、求められる、ポピュリズムに対峙する民衆思想の興隆？
　　　　2017.2 299p A5 ¥1800 ①978-4-903882-80-2

◆増訂農村自治之研究（大正2年第8版）　山崎延吉著　信山社　（日本立法資料全集 別巻1047―地方自治法研究復刊大系 第237巻）復刻版
【目次】第1章 農村、第2章 農村の自治、第3章 農村自治の型式、第4章 自治団体の本質、第5章 農村自治の機関、第6章 農村自治の手段、第7章 農村自治の信條、第8章 自治の障礙、第9章 村格
　　　　2017.11 690p 24×17cm ¥74000 ①978-4-7972-7647-3

◆争点整理と要件事実―法的三段論法の技術　永島賢也著　青林書院
【要旨】法的三段論法がなされる以前の段階にあって判決結果に対して決定的な影響を及ぼす法的な思考過程を着目し、争点整理手続において何を口頭でやり取りすべきかについて圧倒的な筆致で綴る訴訟実務家による意欲作!!
　　　　2017.3 293p A5 ¥3200 ①978-4-417-01707-3

◆第三者効の研究―第三者規律の基層　巽智彦著　有斐閣
【目次】第1部 形成概念と第三者効（第三者効と第三者再審、形成訴訟論と対世効、形成力の意義）、第2部 紛争解決と第三者効（ドイツにおける行政紛争解決、対世効による紛争解決、我が国における行政紛争解決）
　　　　2017.9 396p A5 ¥8000 ①978-4-641-22729-3

◆治安維持法と共謀罪　内田博文著　岩波書店　（岩波新書）
【要旨】いま戦前回帰の企てが顕著になっている。治安維持法は市民刑法から治安刑法への転換の象徴であった。戦後、法の廃止に逆行し、治安維持法下の諸制度は「戦時の衣」を「平時の衣」に切り替え、例外から原則の制度に逆転し、拡大されることになった。共謀罪が創設され、いま大きく変容しつつある日本の刑事法を問う。
　　　　2017.12 242p 18cm ¥840 ①978-4-00-431689-3

◆知財の正義　ロバート・P.マージェス著、山根崇邦、前田健、泉卓也訳　勁草書房
【目次】1 基盤（ロック、カント、分配的正義と知的財産）、2 原理（知的財産法の中層的原理、比例性原理）、3 諸問題（職業創作者、企業所有、取引費用、デジタル時代の財産権、開発途上諸国の特許と医薬品、結論―財産権の未来）
　　　　2017.12 484p A5 ¥6800 ①978-4-326-40347-9

◆仲裁とADR　第12号　仲裁ADR法学会編　商事法務
【目次】論説、実務の潮流、ケース研究、海外文献紹介、ADR機関便り、個別報告、シンポジウム、紹介
　　　　2017.5 127p B5 ¥2800 ①978-4-7857-2529-7

◆駐車場事故の法律実務―過失相殺・駐車場管理者の責任　中込一洋、末次弘明、岸郁子、植草桂子著　学陽書房
【要旨】責任の有無や過失相殺が大きな争いとなり、解決に時間がかかると言われる駐車場事故。その解決のための指針を示すはじめての実務書。
　　　　2017.4 220p A5 ¥3200 ①978-4-313-31411-5

◆東京大学法科大学院ローレビュー　Vol.12　東京大学法科大学院ローレビュー編集委員会編　商事法務
【目次】投稿論稿（錯誤に関する法制度の経済分析、児童虐待の処罰に関する一考察）、寄稿論稿（上訴審における刑事弁護について、e スポーツと景品表示法、Japan's ADR System for Resolving Nuclear Power・Related Damage Disputes）、特集：座談会 海外ロースクール事情
　　　　2017.11 147p B5 ¥3400 ①978-4-7857-2572-3

◆東大ロースクール 実戦から学ぶ企業法務　淵邊善彦編著　日経BP社、日経BPマーケティング 発売
【要旨】コーポレートガバナンス、内部統制、知財戦略、グローバル対応…。かつてないほどに重要性が増しているビジネス法務の現場にフォーカスし、実務家との対論を通じてタイムリーかつリアルな課題に迫る。
　　　　2017.12 219p A5 ¥1800 ①978-4-8222-5526-8

◆ドローン・ビジネスと法規制　森・濱田松本法律事務所ロボット法研究会編、戸嶋浩二、林浩美、岡田淳編集代表　清文社
【要旨】ドローンをめぐる法規制等の最新動向！改正航空法、無人機規制法、道路交通法、河川

法、電波法、個人情報保護法、民法、刑法、各種条例、その他の法律…etc. 飛行ルールから許可・申請までをわかりやすく解説！
2017.5 247p A5 ¥2800 ①978-4-433-67257-7

◆**日中の土地収用制度の比較法的研究―公益事業認定・収用手続・損失補償の理論的および実務的検討** 楊官鵬著　プログレス
【目次】第1章 各国の土地収用に関わる「公共利益」、第2章 中国の土地収用用制度における公共利益認定の制度と学説に関する比較法的考察、第3章 日本の土地収用における事業認定の制度と学説、第4章 土地収用手続の日中法制度の比較考察、第5章 土地収用における損失補償と救済の比較的考察、第6章 補論：家屋収用補償に係る中国司法救済の現状と課題―最高法院が公表した典型的な裁判例を中心に
2017.11 217p A5 ¥3000 ①978-4-905366-70-6

◆**日本の法** 緒方桂子, 豊島明子, 長谷河亜希子編　日本評論社
【要旨】豊富な法分野をカバーし、その考え方を解説。見開き2頁のKey Word で簡潔に分かりやすく記述。コラム、図表、写真などで楽しく、より深く学べる。
2017.4 248p A5 ¥1800 ①978-4-535-52113-1

◆**はじめての法律学―HとJの物語** 松井茂記, 松宮孝明, 曽野裕夫著　有斐閣　（有斐閣アルマ）第5版
【要旨】Hの不注意で起きた自動車事故。被害者はJ…。一瞬のできごとによってHとJ、そしてその周辺は法はどうなるのか？ 2人の大学生の物語をもとに法律の世界を案内。取調べの可視化や司法取引の導入といった、刑事訴訟法の重要改正、再婚禁止期間に対する最高裁判決など、最新の動向を採り入れ、ますます充実！
2017.4 277p B6 ¥1700 ①978-4-641-22092-8

◆**バーリンとロマン主義** 濱真一郎著　成文堂　（新基礎法学叢書）
【要旨】20世紀自由論の古典とその原型。バーリンの自由論は、その三つのロマン主義の原型を有する。自由を熱烈に擁護したルソーやヘーゲルを、バーリンが自由の敵とみなすのはなぜなのか。
2017.9 225p A5 ¥4200 ①978-4-7923-0618-2

◆**判例の読み方―シッシー＆ワッシーと学ぶ** 青木人志著　有斐閣
【要旨】判例学習は、こわくない。
2017.4 141p B6 ¥800 ①978-4-641-12595-7

◆**比較法研究　第3巻　法文化の諸形相** 山内惟介著（八王子）中央大学出版部（日本比較法研究所研究叢書 111）
【目次】第1部 歌謡に化体された法文化（問題の所在、わが国の歌謡に現れた社会的行為規範の諸形相）、第2部 橋梁に化体された法文化（法文化のシンボルとしての橋、法文化―橋のイメージ、ドイツと日本との架け橋、私的体験、課題と展望）、第3部 法学教育の方法に関する法文化（学修の新たなる技法）
2017.2 344p A5 ¥4300 ①978-4-8057-0811-8

◆**標準テキスト スポーツ法学** 日本スポーツ法学会監修, 浦川道太郎, 吉田勝光, 石堂典秀, 松本泰介, 入澤充編著　エイデル研究所　第2版
【目次】第1編 スポーツ法学の入り口、第2編 公法とスポーツ、第3編 刑事法とスポーツ、第4編 民事法とスポーツ、第5編 紛争解決法とスポーツ、第6編 国際法とスポーツ
2017.9 369p B5 ¥2500 ①978-4-87168-608-2

◆**ファーザー・アンド・チャイルド・リユニオン―共同親権と司法の男性差別** ワレン・ファレル著, 久米泰介訳　社会評論社
【目次】第1部 父親がいないとき何がなくなるか？（なぜ父親は重要か、正確に、父親が子どもにすることは母親と何が異なるのだろうか？、父親はより虐待しやすい？、父親の育児参加を妨げるものは何だろうか？、全ての人の最善の利益に向けて）、第2部 父親を家庭に戻す政治学（男性のABCの権利、離婚は女性を貧しくし男性を豊かにするのだろうか？、養育費は家族を助けているのかそれとも傷つけているのだろうか？、犯罪としての「訪問権（visitation）」、「虐待」のカードをきる、父親を無視するための政治的結果、結論：子どものリユニオンに向け）
2017.9 328p A5 ¥3200 ①978-4-7845-2405-1

◆**不法行為責任内容論序説** 長野史寛著　有斐閣
【目次】第1章 ドイツ不法行為法・損害賠償法の基本構造、第2章 ドイツ民法典249条―原状回復、

第3章 ドイツ民法典251条―補償、第4章 各規範の適用関係、第5章 ドイツ法の総括と補足、第6章 日本法へのフィードバック
2017.3 323p A5 ¥5400 ①978-4-641-13768-4

◆**不法行為法** 吉村良一著　有斐閣　第5版
【要旨】激動する不法行為法学の「今」を平易に伝える。改訂のポイント→不法行為に関し近年相次いだ重要な最高裁判例や、新しい学説の動きに対応。東日本大震災による福島第一原発事故の救済をめぐって問われる損害賠償のあり方をめぐり、状況整理のための項目を新設。
2017.2 343p A5 ¥2700 ①978-4-641-13764-6

◆**プラクティス法学実践教室　2　憲法編** 高乗正臣, 奥村文男編著　成文堂　第4版
【目次】第1章 憲法（憲法、立憲主義と法の支配ほか）、第2章 日本憲法略史（帝国憲法の特色と運用、日本国憲法の制定）、第3章 日本国憲法の基本原理（憲法前文と基本原理、国民主権主義ほか）、第4章 基本的人権（人権とは何か、人権の分類 ほか）、第5章 統治機構（天皇、国会 ほか）
2017.3 279p A5 ¥1900 ①978-4-7923-0610-6

◆**プレップ法学を学ぶ前に** 道垣内弘人著　弘文堂　（プレップシリーズ）第2版
【要旨】学び始めでつまづかないために。法学の世界ではなぜなぞのような議論をするのかがわかり、講義や教科書が前提としている基礎知識をやさしく解説。法学を学ぶ準備がととのう「真」の入門書、民法改正に対応。各章末に確認問題付き。
2017.11 138p B6 ¥1000 ①978-4-335-31326-4

◆**変革期における法学・政治学のフロンティア** 西南学院大学法学部創設50周年記念論文集編集委員会編　日本評論社
【目次】第1編 法律学科（大学の自治制度の後退―学校教育法「改正」の政策的観点からの検討、合併と分町・分村、ドイツが参考にしたスイス憲法の公債ブレーキ・ルール、持続可能なエネルギー政策と環境法―ドイツ・エネルギーシフト政策における環境構造改革、フランスにおける権利質権の諸相 ほか）、第2編 国際関係法学科（開発の国際法の新展開―フランス語圏における議論を手がかりに、ハーグ証拠収集条約アップデート2017、都市化・都市成長の潮流に関する一考察、JAPAN AND THE UNSUCCESSFUL TRANS-PACIFIC PARTNERSHIP AGREEMENT (TPP)―THE STORY OF JAPANESE INVOLVEMENT、イギリスと北朝鮮承認問題―法的義務と国益のあいだで揺れる外政務省、1972～77年 ほか）
2017.11 373p A5 ¥7000 ①978-4-535-52312-8

◆**弁護士のための保険相談対応Q&A** 茨城県弁護士会編　ぎょうせい
【要旨】弁護士業務に関わる「保険」の問題に役立つ問答解説書!!400を超える設問は、実務家が知っておくべきエッセンスが満載。若手からベテランまで、実務で生じる疑問にすばやく対応できる実践書。
2017.9 421p A5 ¥4800 ①978-4-324-10390-6

◆**変動する社会と格闘する判例・法の動き―渡辺咲子先生古稀記念** 京藤哲久, 神田安積編集代表　信山社
【要旨】刑事法領域の法現象を核としつつ、判例法理の中に時代が要請する新しい息吹を感じ、変動する社会を凝視・考究。法曹三者・研究者・司法修習生が執筆。
2017.3 336p A5 ¥8000 ①978-4-7972-3233-2

◆**変貌する法科大学院と弁護士過剰社会** 森山文昭著　花伝社, 共栄書房 発売
【要旨】激震！ 弁護士大増員政策はどうなる？「法科大学院は、東大、京大、一橋大、神戸大、慶應大、早稲田大、中央大、プラスで良い」とする、文科省の新しい方針「エル・エル・セブン」構想とは何か？ 弁護士業界の構造的不況を解き明かす！ 法曹関係者、法学研究者、法科大学院生、法学部生、必読の本。
2017.10 327p A5 ¥2200 ①978-4-7634-0831-0

◆**変容するテロリズムと法―各国における"自由と安全"法制の動向** 大沢秀介, 新井誠, 横大道聡編著　弘文堂
【要旨】「自由」と「安全」はトレードオフか―変容し続けるテロリズムに対峙する主要各国の実践と葛藤のなかからテロ対策法制の現代的課題をあぶり出し、これからの議論のためのベースラインを示す。市民生活の自由と安全にかかわるすべての人々に必読の書。
2017.10 490p A5 ¥5800 ①978-4-335-35711-4

◆**法を学ぶパートナー** 武藤眞朗, 多田英明, 宮木康博著　成文堂　（付属資料：別冊1）第3版
【要旨】法学の学習に求められる技術を一冊に集約。確固たる基礎を築くための新型テキスト！
2017.3 246p A5 ¥2200 ①978-4-7923-0611-3

◆**"法"を見る** 日本法社会学会編　有斐閣　（法社会学 第83号）
【目次】全体シンポジウム「"法"を見る」、企画関連ミニシンポジウム1「"法"を見るための"理論"」、企画関連ミニシンポジウム2「"法"を見るための"方法"」、論説、調査報告、書評
2017.3 305p A5 ¥4900 ①978-4-641-12594-0

◆**法学** 高橋雅夫編　弘文堂　（Next教科書シリーズ）第2版
【目次】法の学び方、法の概念、法の目的・機能、法の存在形式（法源論）、法の分類、法の解釈と適用、日本国憲法（人権）、日本国憲法（統治）、家族と法、労働と法、犯罪と刑罰、企業と法、雇用と法、裁判と法、行政と法、情報と法
2017.1 287p A5 ¥2200 ①978-4-335-00226-7

◆**法学―法の世界に学ぶ** 中山政義, 土屋茂, 長谷川日出世, 高岸直樹著　成文堂
【目次】第1章 法の世界、第2章 憲法の世界、第3章 民法の世界、第4章 刑法の世界、第5章 ビジネスと法の世界、第6章 消費者保護と法の世界（欠陥商品に対する法）、第7章 知的財産と法の世界
2017.3 190p A5 ¥2000 ①978-4-7923-0608-3

◆**法学入門** 永井和之編　中央経済社, 中央経済グループパブリッシング 発売　第2版
【要旨】本書は、これから法学の世界へ進んでいく初学者のための入門書です。その後の専門的な学習に入る前におさえておきたい、法学の全体像や、法学全般・公法・私法・刑事法の基礎知識を、シンプルに、そしてわかりやすく解説しています。
2017.4 215p A5 ¥1800 ①978-4-502-21961-0

◆**法学入門** 五十嵐清著　日本評論社　第4版;新装版
【要旨】「法とは何か」を規範性、法源、解釈、歴史などの様々な角度から比較法的知見を交え、平易かつ深く掘り下げて解説する究極の「法学入門書」。いまなお読み継がれる「基礎理論」の名著が新装版として刊行！
2017.10 261, 17p B6 ¥2500 ①978-4-535-52318-0

◆**法学部入門―はじめて法律を学ぶ人のための道案内** 吉永一行編　（京都）法律文化社　第2版
【目次】第1部 法の世界（「社会」について考えよう、社会と紛争と法、紛争を法的に解決する、民法―契約法・不法行為法、刑法―刑罰と刑罰、行政活動と法―民法と刑法でなぜ足りないのか？、裁判制度の仕組み、法と正義）、第2部 法学部で学ぶ（法学部でどう学ぶ？、定期試験・レポート試験を受ける、法学部生の1日）
2017.10 175p A5 ¥2100 ①978-4-589-03873-9

◆**法化社会のグローバル化と理論的実務的対応** 伊藤壽英編　（八王子）中央大学出版部　（中央大学学術シンポジウム研究叢書）
【目次】第1章 基調講演、第2章 裁判規範の国際的平準化、第3章 サイバースペースの法的課題と実務的対応、第4章 環境規制のグローバル化と実務的対応、第5章 生命倫理規範のグローバル化と実務的対応、第6章 決済取引のグローバル化と実務的対応、第7章 リーガルサービスのグローバル化と弁護士法、第8章 総括
2017.11 410p A5 ¥4000 ①978-4-8057-6190-8

◆**法・情報・公共空間―近代日本における法情報の構築と変容** 郭薇著　日本評論社
【目次】序章 情報としての法的コミュニケーション（問題の設定、「正しい法情報」の限界―近時の厳罰化運動を素材に、法的情報実践としての法的コミュニケーション―本研究の方法、本書の構成）、第1章 情報としての法―法的コミュニケーションの研究（法情報とコミュニケーション、日本における法的コミュニケーション論の状況、法的コミュニケーション論の再考）、第1部 メディア主導の法情報（マス・メディアにおける法的問題の構築―新聞を素材として、雑誌における法的問題の構築―『法律時報』を素材として）、第2部 ユーザー主導の法情報（「世論」という情報、立法と法情報―2010年公訴時効改正を素材として）、終章 法情報の変容（法情報の

類型、法情報の構造とその効果、「情報としての法」に向けて」

2017.12 259p A5 ¥5700 ①978-4-535-52307-4

◆**法制史研究　66**　田口正樹編集代表　法制史學會、成文堂 発売（法制史學會年報 2016 年）
【目次】論説（平安期の死刑停止について、南京国民政府時期における刑事訴訟法改正と自訴制度、一六五四年「帝国宮内法院令」の成立）、学界動向 東南アジア法史研究回顧、シンポジウム 法制史研究の新しい方法、書評、会報、追悼の辞、平成二七年法制史文献目録

2017.3 516, 91p A5 ¥10000 ①978-4-7923-9263-5

◆**法哲学と法哲学の対話**　安藤馨、大屋雄裕著　有斐閣
【要旨】法哲学者ふたりは私たちに「思考」という営為の、鳥肌が立つほどの凄まじさを見せつけるだろう。激しい応酬のさなかに、ときに遊びながらに。でも幸福な越境か、さては狡猾な侵犯か。一境界を越える、学問領域のその内に／外に。

2017.4 349p B6 ¥2500 ①978-4-641-12593-3

◆**法と実務　13**　日弁連法務研究財団編　商事法務
【目次】地域連携と司法ソーシャルワーク（データ概要とケース紹介、分析）、弁護士費用保険をめぐる諸問題についての比較法的検討（フランスにおける権利保護保険、ベルギーにおける権利保護保険、カナダ連邦ケベック州における権利保護保険 ほか）、英国視察報告書（2）「イギリスにおける入管収容施設・庇護申請者収容施設並びに入管収容・保釈制度の現状と難民認定制度に関する研究」（入管収容施設（その1：Brook House IRC）、入管収容施設（その2：Tinsley House IRC）、視察機関（英国刑事施設視察委員会＝HMIP）ほか）

2017.5 416p A5 ¥4800 ①978-4-7857-2522-8

◆**法の世界―PHILOSOPHY・SOCIETY・CULTURE**　角田猛之著　（京都）晃洋書房　第3版
【目次】はじめに 法と法律（"広義の法"と"狭義の法"―法>法律、広義の法の3つの事例―国旗・国歌、ビジネスの慣習、不行為による損害賠償）、序 "実定法学と基礎法学"（法を構成する3つのファクター―"法の三層構造"、「法学」の語源と起源―ローマの"iuris prudentia"、"実定法学と基礎法学"）、1 "LAW AND PHILOSOPHY"「LAW AND PHILOSOPHY"BASICS―法哲学とは？、"LAW AND PHILOSOPHY"TOPICS―法によってモラルを強制することはできるか？）、2 "LAW AND SOCIETY"（"LAW AND SOCIETY"BASICS―法社会学とは？、"LAW AND SOCIETY"TOPICS―日本社会における"法の生成のプロセス"）、3 "LAW AND CULTURE"（"LAW AND CULTURE"BASICS―法文化学とは？、"LAW AND CULTURE"TOPICS―日本におけるマイナスの法文化）　2017.4 152p A5 ¥1800 ①978-4-7710-2822-7

◆**法の世界へ**　池田真朗、犬伏由子、野川忍、大塚英明、長谷部由起子著　有斐閣（有斐閣アルマ）　第7版
【要旨】初めて法律学を学ぶ方へ最適のテキスト。最新の判例や立法の動向（嫡出でない子の相続分についての民法改正、再婚禁止期間についての民法改正、個人情報保護法の改正など）を織り込むとともに、全体を見直した。意外に身近な「法の世界」。よりわかりやすくなった最新版！

2017.3 293p B6 ¥1700 ①978-4-641-22088-1

◆**法の理論　35　特集 例外状況と法**　竹下賢、長谷川晃、酒匂一郎、河見誠編　成文堂
【目次】特集 例外状況と法（例外状態に関する思考実験としての「トロリー問題」、論証と緊急救助、例外状態と緊急事態条項―二〇一二年自民党改憲草案の法理論的検討、例外状況と秩序―カール・シュミットの実証主義批判を中心として）、論文（ドイツにおける「裁判官による法の継続（？）形成」についての覚書き、法道具礼の再考）、前巻特集へのコメントとリプライ（創る法と成る法をめぐるイギリス法思想―コメント、宇佐美コメントへのリプライ、近代英米法思想史と「創る法」「成る法」再考―宇佐美コメントへのリプライ）、反論と意見（書評・山田秀『ヨハネス・メスナーの自然法思想』、メスナー自然法思想の理解のために―河見誠教授の書評への応答）

2017.3 264p A5 ¥3800 ①978-4-7923-0605-2

◆**法への根源的視座**　笹倉秀夫著　（京都）北大路書房
【要旨】法/法学のインターディシプリナリーな問題群を、その根源から鋭利に剔抉する。

2017.11 299p A5 ¥6000 ①978-4-7628-3000-6

◆**法律学概要**　大西斎著　（岡山）大学教育出版
【目次】第1章 法律学習の基礎（法律が必要な理由、法の分類と種類）、第2章 国家と国民の法（日本国憲法の基礎知識、統治機構）、第3章 日常の中の法（民法の基本原理、契約と法、不法行為）、第4章 家族と法（夫婦をめぐる法律関係、相続をめぐる法律関係）、第5章 犯罪と法（刑法とは、犯罪の成立要件）

2017.4 153p A5 ¥1800 ①978-4-86429-450-8

◆**法倫理学探究―道徳的実在論/個別主義/汎心論/自由意志論のトポス**　増田豊著　勁草書房
【要旨】現代的な視点から法哲学と法理論の融合を試みる「法倫理学」。「規範倫理学」も「メタ倫理学」も視野に入れる法倫理学アプローチの重要性が高まり始めた。法と道徳との関係を批判的に捉え直すことで正義論や人権論などの基礎理論の再検討を意識的に対象化する。

2017.8 384, 9p A5 ¥7400 ①978-4-326-40337-0

◆**まちづくりと法―都市計画、自動車、自転車、土地、地下水、住宅、借地借家**　阿部泰隆著　信山社
【要旨】普通の住模が普通に努力すれば、お腹にいる時から老いる時まで（さらには亡くなる時まで）、それなりに環境に優しく、安全で、高額の法システムに挑戦。健全なまちづくりのための法制度の改善策。

2017.10 456p A5 ¥8000 ①978-4-7972-3648-4

◆**明治憲法における「国務」と「統帥」―統帥権の憲法史的研究**　荒邦啓介著　成文堂
【目次】「国務」と「統帥」との分立及びロンドン海軍軍縮条約問題、第1部 歴史的展開（日本近代軍制史と軍令機関の設置―明治憲法制定まで、明治憲法第一一条・第一二条の制定過程、国務大臣の責任制度形成過程―大臣責任における「割拠」と「統合」、統帥権事件史点描）、第2部 理論史的検討（統帥権理論の諸相、有賀長雄の統帥権理論、中野登美雄の統帥権理論）、第3部 「国務」と「統帥」との間―昭和二〇年の前と後（国防国家における「国務」と「統帥」）、終章 自衛隊第七条の日本国憲法第七二条との整合性―「最高の」を鍵とした自衛隊法第七条制定過程の再検討

2017.11 434, 3p A5 ¥7400 ①978-4-7923-0621-2

◆**明治初年の裁判―垂直的手続構造から水平的手続構造へ**　橋本誠一著　（京都）晃洋書房
【目次】第1章 明治初年の聴訟事務―民部官・民部省を中心に（聴訟事務所管官衙の変遷、聴訟事務体制の整備―明治二年を中心に ほか）、第2章 明治初年松江藩の聴訟事務―松江藩郡奉行所文書を手がかりに（明治初年松江藩の裁判組織、田地売買差益一件（明治三年）ほか）、第3章 ある代言人の業務日誌―千葉県立中央図書館所蔵「市原郡村々民事争件諸用留」（先行研究について、本資料の概要）、第4章 静岡裁判所の刑事司法手続―治罪法施行以前の刑事事案を中心に（司法警察、犯罪認知と捜査 ほか）、第5章 下田区裁判所の刑事司法手続―治罪法施行以前を中心に（区裁判所の刑事司法手続、公判手続 ほか）

2017.3 313, 2p A5 ¥6800 ①978-4-7710-2834-0

◆**目的犯の研究序説**　伊藤亮吉著　成文堂
【目次】第1章 序論、第2章 目的の内容に関する総論的考察（目的犯の体系的潮流―ドイツにおける判例学説の状況、判例学説の状況とその評価としての目的の分類）、第3章 目的の内容に関する各論的考察（ドイツにおける不法領得的、奪取罪における不法領得の意思、横領罪における不法領得の意思、背任罪における図和加害目的、価値中立行為と目的犯―迷惑防止条例における客待ち規定を中心として）、第4章 目的犯と共犯、第5章 結論

2017.2 362p A5 ¥6500 ①978-4-7923-5194-6

◆**山中敬一先生古稀祝賀論文集　上巻**　井田良、川口浩一、葛原力三、塩見淳、山口厚、京子編集委員　成文堂
【目次】社会安全と刑事法の混融、刑法全面改正への一段階刑罰類型と法定刑について、ギュンター・ヤコブスの刑法理論と日本刑法学、称賛的帰属と非難的（特に処罰的）帰属におけるultra posse nemo obligatur 命題の役割について、ドイツにおける団体刑法典草案と刑事制裁論、具体的危険犯の危険概念、因果関係についての一考

◆察―同時傷害の特例の視角から、inus 条件論の刑法的意義、刑事製造物責任における作為義務の根拠と企業組織体における義務の個別化、不法の二重の評価〔ほか〕

2017.4 676p A5 ¥20000 ①978-4-7923-5201-1

◆**山中敬一先生古稀祝賀論文集　下巻**　井田良、川口浩一、葛原力三、塩見淳、山口厚、山名京子編集委員　成文堂
【目次】生命の刑法的保護―未生の生命と臨死状態の生命について、臨死介助に関する刑法問題、積極的安楽死と緩和医療、自殺関与と行為の不法構造における生命保持義務とその例外的解除―ドイツ刑法217条の新設を契機とした一考察、同時傷害の特例の存在根拠とその適用範囲について―最高裁平成28年3月24日決定・刑集70巻3号1頁の批判的検討、保護責任者不保護罪における救命可能性の要否とその認識、強制わいせつ罪における"性的意図"について、盗撮画像に対する刑事規制、犯罪の偽装（ドイツ刑法第145条d）の保護法益、人格的法益と財産的法益との排他性・流動性〔ほか〕

2017.4 724p A5 ¥20000 ①978-4-7923-5202-8

◆**ライフステージと法**　副田隆重、浜村彰、棚村政行、武田万里子著　有斐閣（有斐閣アルマ）　第7版
【要旨】働く者として、消費者として、恋愛と結婚、親として子として、女性として―法律が生きかたを変える、生きかたが法律を変える。

2017.7 305p B6 ¥1900 ①978-4-641-22101-7

◆**リバタリアニズムを問い直す―右派/左派対立の先へ**　福原明雄著　（京都）ナカニシヤ出版
【要旨】自由主義経済の擁護か平等主義的な再分配政策か。右派左派に引き裂かれたリバタリアニズムの議論状況を整理し、擁護されるべき「自由」とは何かを根底から問い直す。

2017.4 260p B6 ¥3500 ①978-4-7795-1156-1

◆**ローマの法学と居住の保護**　森光著　（八王子）中央大学出版部（日本比較法研究所研究叢書）
【目次】第1部 所有者（総説、対物訴権 ほか）、第2部 用益権者・使用権者（総説、用益権者の権限 ほか）、第3部 賃借居住人（総説、賃貸人訴権、賃借人訴権 ほか）、第4部 無償居住者（住居の遺贈、住居の無償提供 ほか）

2017.2 549p A5 ¥6700 ①978-4-8057-0810-1

◆**ローマ法案内―現代の法律家のために**　木庭顕著　勁草書房　新版
【要旨】初版を大幅に書き換え、木庭入門の教科書、ついに新版へ登場。歴史学を基礎として、近代法の淵源ローマ法の"姿"を彫りだす。法学に留まらず、現代社会を捉え直すために必須の教養書。

2017.10 225p A5 ¥3400 ①978-4-326-40342-4

◆**笑うケースメソッド　2　現代日本公法の基礎を問う**　木庭顕著　勁草書房
【要旨】笑うケースメソッド第2弾！今度は公法篇だ！一癖も二癖もある学生たちが、かの占有教授相手に、意外な角度から公法の基礎を打ち起こした。憲法や行政法の授業で見知った有名判例が、目からウロコの姿となって現れる。

2017.2 328p A5 ¥3000 ①978-4-326-40328-8

◆**AIビジネスの法律実務**　人工知能法務研究会編　日本加除出版
【要旨】業務改革・労働・自動運転・教育・医療・投資・企業統治・学習用データや知的財産権との関係・憲法・軍事規制…人工知能が造る社会の問題点に、気鋭の法律家たちが鋭く切り込む！

2017.11 228p A5 ¥2400 ①978-4-8178-4442-2

◆**Comparative Legal Education from Asian Perspective**　KEIGLAD編　KEIGLAD、慶應義塾大学出版会 発売（Programs for Asian Global Legal Professions Series 1）
【目次】INTRODUCTION WHY AND HOW SHOULD COMPARATIVE LEGAL EDUCATION BE PROMOTED IN AN ASIAN CONTEXT？、COUNTRY REPORTS（CURRENT LEGAL EDUCATION IN HANOI LAW UNIVERSITY : Its Challenges and Prospects, LEGAL EDUCATION IN JAPAN AND VIETNAM : A Comparative Approach, LEGAL EDUCATION AT UNIVERSITY IN VIETNAM, CAMBODIAN LEGAL SYSTEM AND LEGAL EDUCATION, LEGAL EDUCATIO-

法律

N AT THE FACULTY OF LAW AND PO-LITICAL SCIENCE, NATIONAL UNIVER-SITY OF LAOS ほか）、COMMENT（AN-ALYTICAL VERSUS SUBSTANTIVE AP-PROACHES IN AMERICAN AND JAPA-NESE LAW SCHOOLS）、ON‐SITE REPO-RT（FROM LAW CLASSROOMS IN ASIA-N UNIVERSITIES:Short Report on The Col-laboration Program in Vietnam and Cambo-dia）、MATERIAL
2017.8 183p 24×16cm ¥1800 ⓘ978-4-7664-2463-8

◆IoT・AIの法律と戦略 福岡真之介編著、桑田寛史、料屋恵美著 商事法務
【要旨】IoT・AIでどんな法律問題が起こるか知っていますか？ IoT・AIシステムの構築、パーソナルデータ・ビッグデータの取扱い、AIによる事故の対応などに必要となる法律をわかりやすく解説した初の体系書！
2017.4 299p A5 ¥3000 ⓘ978-4-7857-2521-1

◆Qからはじめる法学入門 榎澤幸広、小川由美子編著 （岐阜）みらい
【目次】法とはなにか（第1編 大学生活に関する法的問題（ひとり暮らしと法、スマートフォン・インターネットと法 ほか）、第2編 おとなへのステップ（おとなになる証拠？—お酒は20歳から、子どもの人権とは？）、第3編 社会人の世界（はじめての就職、理想の結婚と離婚の現実ほか）、第4編 今後の人生のために（もし生活にいきづまったら、老後の生活とリスク ほか）
2017.9 193p B5 ¥2000 ⓘ978-4-86015-416-5

◆Q&Aでわかる日本版「司法取引」への企業対応—新たな協議・合意制度とその対応 山口幹生、名取俊也他著 同文舘出版
【要旨】万が一の不祥事対応のために…新たに導入された制度をQ&A形式でやさしく解説！ コンプライアンス意識が高まっている今日、企業にとって重要な課題である適切な不祥事対応に向けて、効果的なツールの1つである協議・合意制度のポイントを解説する。
2017.10 181p A5 ¥2300 ⓘ978-4-495-46571-1

 法学史料

◆いかさま、騙しの技法—詐欺賭博の研究 井上馨著 国書刊行会
【要旨】本書は、明治から昭和前期までの詐欺賭博についての警察による本格的な研究である。花札やサイコロ賭博、熟練を要するテーブルマジックのような技法を使うものから、仕掛けカラクリを用いたもの、人間心理を巧みについたものまで、工夫を凝らした「騙し」のテクニックを多数の図版とともに紹介する。
2017.10 261p A5 ¥4600 ⓘ978-4-336-06218-5

◆改正 府県制郡制註釈（明治三十二年第二版）福井淳著 信山社 （日本立法資料全集 別巻1028—地方自治法研究復刊大系 第218巻）復刻版
【目次】府縣制講義（總則、府縣會、府縣參事會、府縣行政、府縣ノ財務、府縣行政ノ監督、附則）、郡制講義（總則、郡會、郡參事會、郡行政、郡ノ財務、郡組合、郡行政ノ監督、附則）
2017.3 281p A5 ¥34000 ⓘ978-4-7972-6994-9

◆改正民法講義 總則編 物權編 債權編 親族編 相續編 施行法 明治三十四年訂正第十版 細井重久註釈 信山社出版 （日本立法資料全集 別巻1172）復刻版
【目次】第1編 總則（人、法人 ほか）、第2編 物權（總則、占有權 ほか）、第3編 債權（總則、契約）、第4編 親族（總則、戸主及ヒ家族 ほか）、第5編 相續（家督相續、遺産相續 ほか）
2017.11 1Vol.A5 24×17cm ¥80000 ⓘ978-4-7972-7285-7

◆各國ノ政黨 第1分冊 外務省欧米局編 信山社出版 （日本立法資料全集 別巻1145）復刻版
【目次】亞米利加合衆國ノ政黨、亞爾然丁國ノ政黨、伊太利國ノ政黨、英吉利國ノ政黨、埃及國ノ政黨、濠地利利聯邦ノ政黨、墺地利國ノ政黨、和蘭國ノ政黨、加奈陀聯邦ノ政黨、希臘國ノ政黨〔ほか〕
2017.2 558p A5 ¥70000 ⓘ978-4-7972-7253-6

◆各國ノ政黨 第2分冊 外務省欧米局編 信山社出版 （日本立法資料全集 別巻1146）復刻版 2017.2 1Vol.A5 ¥70000 ⓘ978-4-7972-7254-3

◆刑事訴訟法要義 全 山崎惠純閲、西垣爲吉著 信山社出版 （日本立法資料全集 別巻1142）復刻版
2017.1 363p A5 ¥40000 ⓘ978-4-7972-7250-5
【目次】第1編 訴權、第2編 裁判所、第3編 捜査及起訴、第4編 豫審、第5編 公判、第6編 上訴附故障、第7編 執行

◆現行商法實用 明治廿八年發行 平川橘太郎編 信山社出版 （日本立法資料全集 別巻1171）復刻版
2017.10 319p 24×17cm ¥40000 ⓘ978-4-7972-7284-0

◆採證學 ハンス・グロース原著、設樂勇雄、向軍治共訳 信山社出版 （日本立法資料全集 別巻1141）復刻版
【目次】總論（豫審判事論、訊問、現場臨檢、出張先執務の用意）、各論（鑑定人及び其の利用、裁判上に於ける盜賊の研究）
2017.1 644p A5 ¥70000 ⓘ978-4-7972-7249-9

◆参照比較市町村制註釈 完—附問管理由（明治二十二年第二版）山中兵吉著 信山社 （日本立法資料全集 別巻1027—地方自治法研究復刊大系 第217巻）
【目次】町村制（總則、町村會、町村行政、町村有財産ノ管理、町村各部ノ行政、町村組合、町村行政ノ監督、附則）、市制（總則、市會、市行政、市有財産ノ管理、特別ノ財産ヲ有スル市區ノ行政特別ノ財産ヲ有スル市區ノ行政、市行政ノ監督、附則）
2017.2 49p A5 ¥28000 ⓘ978-4-7972-6993-2

◆参照比較 市町村制註釈 附問管理由（明治三十二年第十版）山中兵吉著述 信山社 （日本立法資料全集 別巻1029—地方自治法研究復刊大系 第219巻）復刻版
【目次】町村制（總則、町村會、町村行政、町村有財産ノ管理、町村各部ノ行政、町村組合、町村行政ノ監督、附則）、市制（總則、市會、市行政、市有財産ノ管理、特別ノ財産ヲ有スル市區ノ行政、市行政ノ監督、附則）
2017.3 166, 49, 10p A5 ¥28000 ⓘ978-4-7972-6995-6

◆市制町村制義解 附理由（明治二十一年初版）三谷軌秀、馬袋鶴之助著 信山社 （地方自治法研究復刊大系 第236巻—日本立法資料全集 別巻1046）復刻版
【目次】市制（總則、市會、市行政、市有財産ノ管理、特別ノ財産ヲ有スル市區ノ行政、市行政ノ監督、附則）、町村制（總則、町村會、町村行政、町村有財産ノ管理、町村各部ノ行政、町村組合、町村行政ノ監督、附則）、附録 市制町村制理由
2017.10 514, 71p 24×17cm ¥60000 ⓘ978-4-7972-7646-6

◆市制町村制 並理由書（明治二十一年初版）萬字堂編 信山社 （地方自治法研究復刊大系 第235巻—日本立法資料全集 別巻1045）復刻版
2017.10 107p 24×17cm ¥20000 ⓘ978-4-7972-7645-9

◆昭和年間 法令全書 第26巻‐39 昭和27年 印刷庁編 原書房
2017.2 1Vol.28×20cm ¥16000 ⓘ978-4-562-05239-4

◆昭和年間 法令全書 第26巻‐40 昭和27年 印刷庁編 原書房
2017.2 1Vol.28×20cm ¥16000 ⓘ978-4-562-05240-0

◆昭和年間 法令全書 第26巻‐41 昭和27年 印刷庁編 原書房
2017.3 1Vol.B5 ¥16000 ⓘ978-4-562-05241-7

◆昭和年間 法令全書 第26巻‐42 昭和27年 印刷庁編 原書房
2017.3 1Vol.B5 ¥16000 ⓘ978-4-562-05242-4

◆昭和年間 法令全書 第26巻‐43 昭和27年 印刷庁編 原書房
2017.4 1Vol.B5 ¥16000 ⓘ978-4-562-05243-1

◆昭和年間 法令全書 第26巻‐44 昭和27年 印刷庁編 原書房
2017.4 1Vol.B5 ¥16000 ⓘ978-4-562-05244-8

◆昭和年間 法令全書 第26巻‐45 昭和27年 印刷庁編 原書房
2017.5 1Vol.B5 ¥16000 ⓘ978-4-562-05245-5

◆昭和年間 法令全書 第26巻‐46 昭和27年 印刷庁編 原書房
2017.5 1Vol.B5 ¥16000 ⓘ978-4-562-05246-2

◆昭和年間 法令全書 第26巻‐47 昭和27年 印刷庁編 原書房
2017.6 1Vol.B5 ¥16000 ⓘ978-4-562-05447-3

◆昭和年間 法令全書 第26巻‐48 昭和27年 印刷庁編 原書房
2017.6 1Vol.B5 ¥16000 ⓘ978-4-562-05448-0

◆昭和年間 法令全書 第26巻‐49 昭和27年 印刷庁編 原書房
2017.7 1Vol.B5 ¥16000 ⓘ978-4-562-05449-7

◆昭和年間 法令全書 第26巻‐50 昭和27年 印刷庁編 原書房
2017.7 1Vol.B5 ¥16000 ⓘ978-4-562-05450-3

◆昭和年間 法令全書 第26巻‐51 昭和27年 印刷庁編 原書房
2017.8 1Vol.B5 ¥16000 ⓘ978-4-562-05451-0

◆昭和年間 法令全書 第26巻‐52 昭和27年 印刷庁編 原書房
2017.8 1Vol.B5 ¥16000 ⓘ978-4-562-05452-7

◆昭和年間 法令全書 第27巻‐1 昭和28年 印刷庁編 原書房
2017.9 1Vol.B5 ¥16000 ⓘ978-4-562-05501-2

◆昭和年間 法令全書 第27巻‐2 昭和28年 印刷庁編 原書房
2017.9 1Vol.B5 ¥16000 ⓘ978-4-562-05502-9

◆昭和年間 法令全書 第27巻‐5 昭和28年 印刷庁編 原書房
2017.11 1Vol.B5 ¥16000 ⓘ978-4-562-05505-0

◆昭和年間 法令全書 第27巻‐6 昭和28年 印刷庁編 原書房
2017.11 1Vol.B5 ¥16000 ⓘ978-4-562-05506-7

◆昭和年間 法令全書 第27巻‐7 昭和28年 印刷庁編 原書房
2017.12 1Vol.B5 ¥16000 ⓘ978-4-562-05507-4

◆昭和年間 法令全書 第27巻‐8 昭和28年 印刷庁編 原書房
2017.12 1Vol.B5 ¥16000 ⓘ978-4-562-05508-1

◆昭和年間 法令全書 第27巻‐9 昭和28年 印刷庁編 原書房
2018.1 1Vol.B5 ¥16000 ⓘ978-4-562-05509-8

◆昭和年間 法令全書 第27巻‐10 昭和28年 印刷庁編 原書房
2018.1 1Vol.B5 ¥16000 ⓘ978-4-562-05510-4

◆戦争放棄編—参議院事務局編『帝国憲法改正審議録 戦争放棄編』抜粋（1952年）寺島俊穂抜粋・解説 三和書籍 復刻版
【要旨】日本国憲法の原点がここにある！ 押し付け憲法に幣原喜重郎・吉田茂が反論！ 敗戦後の日本には憲法9条はどうしても必要だった！
2017.11 399p A5 ¥3500 ⓘ978-4-86251-284-0

◆日本監獄法 佐藤信安著 信山社出版 （日本立法資料全集1143）
【目次】第1編 緒論（監獄制度の概念、日本監獄制度の沿革）、第2編 日本監獄法（總論、監獄則、監獄則施行細則、在監人行状散査及び賞與規定、被懲治者假出場規則 ほか）
2017.1 296, 8p A5 ¥35000 ⓘ978-4-7972-7251-2

◆日本国憲法制定資料全集 19 貴族院議事録 4 芦部信喜、高橋和之、高見勝利、日比野勤編著 信山社出版 （日本立法資料全集 89）
【目次】第2部 議会議事録—貴族院（4）（貴族院帝国憲法改正案特別委員会議事速記録第二〇号（昭和二一年九月二三日）、貴族院帝国憲法改正案特別委員会議事速記録第二一号（昭和二一年九月二五日）、貴族院帝国憲法改正案特別委員会議事速記録第二二号（昭和二一年九月二六日）、貴族院帝国憲法改正案特別委員会議事速記録第二三号（昭和二一年九月二八日）、貴族院帝国憲法改正案特別委員会小委員会筆記要旨第一回（昭和二一年九月二八日）、貴族院帝国憲法改正案特別委員会小委員会筆記要旨第二回（昭和二一年九月三〇日）、貴族院帝国憲法改正案特別委員会小委員会筆記要旨第三回（昭和二一年一〇月一日）、貴族院帝国憲法改正案特別委員小委員会筆記要旨第四回（昭和二一年一〇月二日）、貴族院帝国憲法改正案特別委員小委員会議事速記録第一号（昭和二一年一〇月二日）、貴族院帝国憲法改正

案特別委員会議事速記録第二四号（昭和二一年一〇月三日）ほか
2017.10 480p 24×17cm ¥54000 ⓘ978-4-7972-2076-6

◆**法律格言釋義**　大日本新法典講習會編　信山社出版　（日本立法資料全集 別巻1144）　復刻版
【目次】第1章 國法門、第2章 私法門、第3章 刑制門、第4章 訴訟門、第5章 國際法門、第6章 解釋門、第7章 立法門
2017.2 247, 4p A5 ¥30000 ⓘ978-4-7972-7252-9

◆**民事訴訟法提要 全 明治廿四年再版**　齋藤孝治, 綾鹿實彰合著　信山社出版　（日本立法資料全集初巻1173）　復刻版
【目次】第1編 總說、第2編 第一審訴訟手續、第3編 上訴、第4編 再審、第5編 證書訴訟及替訴訟、第6編 強制執行、第7編 公示催告手續、第8編 仲裁手續
2017.11 325, 164p 24×17cm ¥53000 ⓘ978-4-7972-7286-4

◆**民法學説彙纂 物權編 大正五年三版　第1分冊**　三藤卓堂編　信山社出版　（日本立法資料全集 別巻1169）　復刻版
【目次】第1編 總論、第2編 占有權、第3編 所有權、第4編 地上權、第5編 永小作權、第6編 地役權、第7編 留置權、第8編 先取特權、第9編 質權、第10編 抵當權
2017.10 778p 24×17cm ¥85000 ⓘ978-4-7972-7281-7

◆**民法學説彙纂 物權編 大正五年三版　第2分冊**　三藤卓堂編　信山社出版　（日本立法資料全集 別巻1170）　復刻版
2017.10 1Vol.24×17cm ¥85000 ⓘ978-4-7972-7282-6

◆**四版増訂 市制町村制註釈(明治二十一年第四版)附 市制町村制理由**　坪谷善四郎著　信山社　（日本立法資料全集 別巻1026—地方自治法研究復刊大系 第216巻）　復刻版
2017.2 380p A5 ¥42000 ⓘ978-4-7972-6992-5

司法・裁判・法律家

◆**一歩前へ出る司法—泉德治元最高裁判事に聞く**　泉德治, 渡辺康行, 山元一著, 新村とわ聞き手　日本評論社
【要旨】裁判所が日本社会を動かす歯車の一つになるように一。裁判所の要職を歴任した元最高裁判事が、憲法学者を聞き手に、戦後の司法を語りつくす。次の世代に渡すべき日本の姿を語る言葉から、いま裁判所が果たすべき役割が鮮やかに浮かぶ。
2017.1 344p B6 ¥2700 ⓘ978-4-535-52219-0

◆**会社訴訟・紛争実務の基礎—ケースで学ぶ実務対応**　三笘裕, 荒井紀充, 中野智仁編著　有斐閣
【要旨】弁護士は現場でどのように考え、どのような手法をとるのか。12のケースを素材に会社訴訟・紛争実務への対応を学ぶ。
2017.3 234p A5 ¥2400 ⓘ978-4-641-13762-2

◆**家裁調査官研究紀要　第23号**　裁判所職員総合研修所監修　法曹会
【目次】論説 認知行動療法—実習を通して学ぶ、研究 集団型保護的措置におけるアクセプタンス＆コミットメント・セラピー（ACT）の活用—「万引き被害を考える講習」を対象として
2017.12 68p B5 ¥2400 ⓘ978-4-908108-89-1

◆**家事調停委員の回想—漂流する家族に伴走して**　中島信子著　冨山房インターナショナル
【要旨】家事調停委員はどのように問題を解決しているのか。家庭裁判所、簡易裁判所、地方裁判所で調停委員として29年、さまざまな調停事件にかかわってきた著者が、その役割と調停の内容をわかりやすく語る。
2017.7 253p B6 ¥1800 ⓘ978-4-86600-035-0

◆**基礎から学ぶ簡易裁判所の諸手続—判事が語る実務のポイント**　岩田和壽著　日本評論社
【要旨】簡裁が扱う手続の基本を裁判官が解説！民事訴訟法だけでなく、関連する民法、非訟事件手続法、民事調停法等の法規や判例もわかる実践的な実務書。
2017.5 211p A5 ¥2300 ⓘ978-4-535-52260-2

◆**車いす弁護士奮闘記**　髙田知己著　金融財政事情研究会、きんざい 発売
【要旨】苦難を乗り越えた車いす弁護士の奮闘記。読むとあなたも元気になれる！弁護士を目指す高校生・大学生・ロースクール生・司法修習生、苦難に負けそうな方にお薦めの1冊！
2017.1 191p B6 ¥1500 ⓘ978-4-322-13055-3

◆**現代の裁判**　市川正人, 酒巻匡, 山本和彦著　有斐閣　（有斐閣アルマ）　第7版
【要旨】日本の裁判の現在—司法制度改革実現後の、その検証・見直しが続く司法制度。その動きをフォローし、統計数値も一新。司法・裁判の最新の状況を、多面的かつ客観的に明らかにする。
2017.3 328p B6 ¥1700 ⓘ978-4-641-22095-9

◆**建築訴訟**　齋藤繁道編著　青林書院　（最新裁判実務大系 6）
【要旨】建築訴訟に携わる全ての実務家にとっての必携書！最も解決困難な訴訟類型の一つである建築訴訟。その主要な論点について東京地裁で建築訴訟を担当する裁判官らが、実務的経験を踏まえ、最新の判例、学説、建築技術に関する知見や理解の到達点に配慮しつつ、分かりやすく解説。迅速で質の高い解決を目指し切磋琢磨してきた東京地裁民事第22部所属の裁判官らの英知を結集！
2017.11 582p A5 ¥6800 ⓘ978-4-417-01728-8

◆**恋の法廷式**　北尾トロ著　朝日新聞出版　（朝日文庫）
【要旨】前科2犯の女に法廷で求婚する元夫。出会い系で会った男たちから、次々と金を騙し取る超地味な女。ひと目惚れすると、スカートに手が伸びる痴漢男。フラれた相手に定期的に脅迫状を送り続ける派遣社員の女。愛のカタチは十人十色。恋愛裁判だけを集めた異色の裁判傍聴記。2017.8 279p A6 ¥680 ⓘ978-4-02-261910-5

◆**後遺障害等級認定と裁判実務—訴訟上の争点と実務の視点**　髙野真人編著, 古笛恵子, 松居英二, 高木宏行, 北澤龍也著　（名古屋）新日本法規出版　改訂版
【目次】第1編 総論（障害等級認定のしくみ、障害等級認定の構造、障害（系列）別後遺障害認定の実務（精神・神経の障害、眼の障害、耳の障害、鼻の障害、口の障害 ほか）
2017.8 631p A5 ¥6500 ⓘ978-4-7882-8306-0

◆**高葛藤紛争における子の監護権—弁護士実務の視角から法的課題を問う**　渡辺義弘著　（弘前）弘前大学出版会
【要旨】いま、求める。"面会交流の法運用"
2017.2 289p A5 ¥2600 ⓘ978-4-907192-45-7

◆**高等裁判所刑事裁判速報集　平成28年**　法務省大臣官房司法法制部編　法曹会
【目次】東京高等裁判所、大阪高等裁判所、名古屋高等裁判所、広島高等裁判所、福岡高等裁判所、仙台高等裁判所、札幌高等裁判所、高松高等裁判所
2017.11 312p A5 ¥4491 ⓘ978-4-908108-82-2

◆**国際司法裁判所判決と意見　第5巻　2011-16年**　横田洋三, 東壽太郎, 森喜憲編著　国際書院
【要旨】1999年刊行を開始し、いまや国際法研究者必読の書として親しまれている。第5巻は2011-16年までの国際司法裁判所の判決および勧告的意見を取上げ、事件概要・事実・判決・研究を紹介する。
2018.1 538p A5 ¥6000 ⓘ978-4-87791-286-4

◆**国立景観裁判・ドキュメント17年—私は「上原公子」**　上原公子, 小川ひろみ, 窪田之喜, 田中隆編　自治体研究社
【目次】第1章 国立の景観を守り・育てた市民自治の歴史的リアルな誇り（国立景観裁判のはじまり、不思議な街くにたち ほか）、第2章 憲法、地方自治と国立景観裁判—自治の姿をみる（景観破壊をたたかった「オール国立」の住民自治、四つの裁判、住民自治の悪用に立ち向かう ほか）、第3章 国立景観求償訴訟—問われたもの、裁けなかったもの（二つの前史、第一審・東京地裁での審理と判決 ほか）、第4章「上原景観基金1万人」運動—4556万2926円完全弁済への道のり（高裁の「支払命令」から「くにたち大学通り景観市民の会」の活動、最高裁へのアピール行動と市民陳情 ほか）、第5章 国立景観裁判と「私」（最高裁長官への「市民陳情」—最高裁判所長官・寺田逸郎殿、地域からの声 ほか）
2017.12 133p A5 ¥1300 ⓘ978-4-88037-675-2

◆**誤判—「オオバ」の犯罪**　宮原裕志著　人間の科学新社
【要旨】白昼堂々3億2000万余詐欺事件の真相！日本は法治国家なのか。
2017.6 231p B6 ¥1400 ⓘ978-4-8226-0330-4

◆**これって非弁提携？ 弁護士のための非弁対策Q&A**　深澤諭史著　第一法規
【要旨】「非弁行為」に加担しない、「非弁提携」を持ちかけられない弁護士になる！弁護士と他士業・事務職員との業務の境界線を理解し、安心して弁護士業務を行うための一冊。
2018.1 207p A5 ¥2700 ⓘ978-4-474-05964-1

◆**こんなにおもしろい弁護士の仕事**　千原曜, 日野慎司著　中央経済社、中央経済グループパブリッシング 発売
【目次】第1章 弁護士という職業のメリット・デメリット、第2章 弁護士の1週間（パートナー編）、第3章 弁護士の業務内容、第4章 弁護士になるまで、第5章 法律事務所、第6章 若手弁護士の1週間（アソシエイト編）、第7章 若手弁護士のいる職場
2017.8 141p A5 ¥1800 ⓘ978-4-502-24211-3

◆**裁判官はこう考える 弁護士はこう実践する 民事裁判手続**　柴﨑哲夫, 牧田謙太郎著　学陽書房
【要旨】ホンネで交わす、民事裁判手続談義。互いの仕事に忌憚なき意見交換！具体的なテクニックも、互いの胸の内も満載！
2017.9 241p A5 ¥2800 ⓘ978-4-313-51163-7

◆**裁判実務フロンティア家事事件手続**　矢尾和子, 大坪和敏編, 秋山里絵, 木下真由美, 倉持政勝, 国分貴之, 本多智子, 町田健一著　有斐閣
【要旨】典型的な離婚・遺産分割関係の審判・調停事件の解決をめざす、裁判所、当事者、調停委員会の具体的なやりとりと、書式を再現。4つの架空のエピソードを通して制度の解説もまじえつつ、非公開で実施される手続を紹介する。
2017.7 353p A5 ¥3300 ⓘ978-4-641-13753-0

◆**裁判所の正体—法服を着た役人たち**　瀬木比呂志, 清水潔著　新潮社
【要旨】裁判所には「正義」も「良心」もなかった！良心と憲法と法律に従って判決を下す「正義の府」。権力の暴走を監視する「憲法の番人」。しかし実は嘘っぱちだったのだ！最高裁を頂点とした官僚機構によって強力に統制され、政治への忖度で判決を下す裁判官たちの驚愕の役者を暴きだす。
2017.5 366p B6 ¥1500 ⓘ978-4-10-440503-9

◆**裁判所は何を判断するか**　木谷明責任編集　岩波書店　（シリーズ刑事司法を考える 第5巻）
【要旨】裁判員制度が導入されたことで、刑事裁判にどのような変化が生じ、どのような課題が見えてきたか。事実認定・量刑のあり方などの基本問題から、少年事件、性犯罪をめぐる課題、上訴、再審制度など、さまざまな視点から現行システムを問い直し、「あるべき刑事裁判」の姿を探求する。
2017.5 298, 9p A5 ¥3600 ⓘ978-4-00-026505-8

◆**裁判の非情と人情**　原田國男著　岩波書店　（岩波新書）
【要旨】裁かれるのも「人」なら、裁くのも「人」のはず。しかし、私たちにとって裁判と裁判官は、いまだ遠い存在だ。有罪率99％といわれる日本の刑事裁判で、二〇件以上の無罪判決を言い渡した元東京高裁判事が、現場の笑いを誘う法廷での一コマから、裁判員制度、冤罪、死刑にいたるまで、その知られざる仕事と胸のうちを綴る。
2017.2 187p 18cm ¥760 ⓘ978-4-00-431646-6

◆**時代と学問と人間と—追想のなかの恩師・知友たち**　樋口陽一著　青林書院
【要旨】自己形成の道ゆきでの導き手との出会い。憲法学者が回想する故人の群像。
2017.6 195, 8p B6 ¥2500 ⓘ978-4-417-01711-0

◆**示談・調停・和解の手続と条項作成の実務**　園部厚著　青林書院
【要旨】裁判官の目から見た、より良い合意・和解とはどのようなものか？紛争解決までの一連の手続と書式を明示。調停・示談・和解条項作成の留意点と実際の記載例を多数掲載。
2017.11 252p A5 ¥3300 ⓘ978-4-417-01705-9

◆**実例 弁護士が悩む高齢者に関する法律相談—専門弁護士による実践的解決のノウハウ**　第一東京弁護士会法律相談運営委員会編著　日本加除出版

【要旨】専門弁護士は何を考え、どのように事件を解決するのか？ 事件解決を導く実践的手引書。弁護士が直面しやすい問題や疑問に対する具体的方策を提示。
2017.11 368p A5 ¥3600 ①978-4-8178-4432-3

◆司法書士白書 2017年版 日本司法書士会連合会編著 日本加除出版
【目次】特集1 座談会・日本司法支援センター法テラス10周年、特集2 平成28(2016)年度司法書士実態調査集計結果―公益的な活動に関するアンケート、第1章 身近に存在する司法書士、第2章 経済活動を支援する司法書士、第3章 よりよい紛争解決を目指す司法書士、第4章 市民の権利を擁護する司法書士、第5章 公共財としての司法書士、第6章 自律/自立する司法書士、第7章 日本の司法書士
2017.10 211p A4 ¥2100 ①978-4-8178-4408-8

◆司法保護事業概説 森山武市郎著 慧文社 (日本の司法福祉の源流をたずねて 5)
【要旨】戦前日本の司法保護の法的基盤を整え、戦後に築かれた現在の更生保護制度につなげた森山武市郎の集大成ともいうべき名著！ 罪を犯した者、または罪を犯すおそれがある者を保護するにはどうすればいいのか。司法保護事業法や思想犯保護観察法などを立案した森山が、様々なデータや具体例も示しながら、犯罪少年、触法少年、虞犯少年、起訴猶予者、刑執行猶予者、刑執行停止者、刑執行免除者、仮釈放者、満期釈放者、そして思想犯の保護について詳しく論じる。戦前・戦中の、そして今日の更生保護や司法福祉について論じる際に外せない必須文献！
2017.2 251p A5 ¥7000 ①978-4-86330-166-5

◆社会の中の新たな弁護士・弁護士会の在り方 司法改革研究会編著 商事法務 (JLF叢書 vol.23)
【目次】第1章 総論(弁護士とは何か―時代を超えて伝承されるべき弁護士の使命・役割、日本弁護士史序論―戦前弁護士の誕生・発達史から何が学び取れるか、市民社会と弁護士、資本主義市場経済社会と弁護士(試論)、変革し多様化する新たな弁護士像 ほか)、第2章 各論(司法アクセスと弁護士、弁護士の活動領域の拡大、民事司法改革と弁護士、裁判官制度改革と弁護士の役割、"インタビュー" フロントランナーたち)
2018.1 407p A5 ¥7000 ①978-4-7857-2589-1

◆自由を奪われた精神障害者のための弁護士実務―刑事・医療観察法から精神保健福祉法まで 姜文江, 辻川圭乃編 現代人文社, 大学図書 発売
【目次】精神障害者をめぐる状況、精神疾患を知る、刑事手続、心神喪失者等医療観察法、精神保健福祉法、当事者の特性と支援者・支援制度
2017.12 230p A5 ¥2700 ①978-4-87798-688-9

◆守柔―現代の護民官を志して 守屋克彦著, 石塚章夫, 武内謙治インタビュアー 刑事司法及び少年司法に関する教育・学術研究推進センター, 日本評論社 発売 (ERCJ選書)
【要旨】日本国憲法の下で裁判官として生き抜く！ 刑事司法、少年司法に誠実に取り組み、「司法の危機」の時代には信念を貫き、「国民のための裁判官」を目指し続けた一法曹の軌跡。
2017.5 281p B6 ¥1400 ①978-4-535-52277-0

◆主文例からみた請求の趣旨記載例集 弁護士法人佐野総合編 日本加除出版
【要旨】弁護士実務の視点から、主文例に即した様々な「請求の趣旨」の記載例を提示。訴訟類型・事件類型ごとに、訴訟要件や留意点も併せて整理された、民事訴訟実務に必携の一冊。
2017.11 542p A5 ¥5500 ①978-4-8178-4438-5

◆証人尋問ノート―30問30答 実例付 大塚武一著 東京図書出版, リフレ出版 発売 第3版
【要旨】誰もが裁判員となりうる今日、目前で展開される「証人尋問」を実例で解説。経験の中でのみ語られ、文字化を拒み、体系化が困難であった「証人尋問」のメソッド。
2017.7 194p B6 ¥1300 ①978-4-86641-083-8

◆書式 意思表示の公示送達・公示催告・証拠保全の実務―申立てから手続終了までの書式と理論 園部厚著 民事法研究会 (裁判事務手続講座 第16巻) 第七版
【要旨】改正民法(債権法)の解説を加え、最新の法令や実務の動向を踏まえて書式等を見直し改訂！ 第七版では、独立行政法人通則法の一部を改正する法律の施行や郵便料金の改定に伴う最新の実務等にいち早く対応！
2018.1 317p A5 ¥3200 ①978-4-86556-198-2

◆新生検察官論―国民の司法参加と検察官の役割 加藤康榮著 北樹出版
【目次】第1章 刑事司法における検察官の役割(刑事法制発展の歴史から学ぶべきこと、検察官の地位・役割、管見の整序、総括)、第2章 起訴基準見直し論に対する一考察(検察官の公訴権行使の在り方、起訴基準見直しへの展開)、第3章 検察官の適正な公訴権行使と司法取引(司法取引導入の必要性と課題、公訴権とその運用の歴史、アメリカ・ドイツにおける司法取引、司法取引導入の問題点とその検討、総括)、第4章「取調べ可視化」の限界について(取調べの適正確保とその可視化問題)、第5章「検察と警察の関係」について(戦前までの検察と警察の関係史、現行法の検察と警察の関係、刑事手続の警察化、新しい検察官の役割と準司法官論、総括)
2017.2 334p A5 ¥3800 ①978-4-7793-0522-1

◆図解 弁護士だけが知っている反論する技術反論されない技術 木山泰嗣著 ディスカヴァー・トゥエンティワン ハンディ版
【要旨】「そもそも何なのか」を訊く、もう一度説明してもらう、勝手に話をまとめる、話をするりと切り替える、あえて反論しないで沈黙する、回答の時間をかせぐ、矛盾を見つけて指摘する、単純ミスを指摘する、難しい専門用語を使う、キーワードを繰り返す、統計データを示す、権威を引用して話すetc. 実践スキル満載！ こう言われたらこう返せ！ 気鋭の弁護士が、裁判で磨いた極意を公開！
2017.7 198p B6 ¥1300 ①978-4-7993-2128-7

◆成功するシステム開発は裁判に学べ！―契約・要件定義・検収・下請け・著作権・情報漏えいで失敗しないためのハンドブック 細川義洋著 技術評論社
【要旨】難しい判例を読み解き、現場で使える実践ノウハウをやさしく解説。トラブル多発の6テーマをしっかり押さえ、あなたのプロジェクトを成功に導く。
2017.3 222p 21×13cm ¥1980 ①978-4-7741-8794-5

◆青年市長は"司法の闇"と闘った―美濃加茂市長事件における驚愕の展開 郷原信郎著 KADOKAWA
【要旨】全国最年少市長・藤井浩人氏を襲った、身に覚えのない「浄水プラント収賄疑惑」。何ら証拠もないのに二審で逆転有罪判決が下る。市長とともに検察の闇に挑んだ弁護士の熱き記録。
2017.12 240p B6 ¥1500 ①978-4-04-105813-8

◆先輩に聞いてみよう！ 弁護士の仕事図鑑 鬼頭政人編 中央経済社, 中央経済グループパブリッシング 発売
【要旨】どこで働く？ どんなことをしている？ 憧れの弁護士13人にOB・OG訪問しました!!学生・若手社会人のための働き方ガイド。
2017.12 143p A5 ¥1500 ①978-4-502-24681-4

◆訴訟における裁判所手数料の算定―訴額算定の理論と実務 松本博之著 日本加除出版
【要旨】提訴手数料・上訴手数料、金銭請求訴訟を除く各種の訴訟における裁判所手数料はどうあるべきか？ 算定の基礎となる訴額(訴訟対象の価額)の算定基準が最高裁判所の事務通知によって事実上決められている現状の問題性を指摘し、判決効を含む訴訟法理論を踏まえたあるべき算定基準を追求する!!
2017.4 545p A5 ¥8400 ①978-4-8178-4388-3

◆田母神裁判傍聴記 瀬戸弘幸著 青林堂
【要旨】誰が何のために田母神俊雄氏を追い込んだのか？ 横領罪では不起訴となった田母神事件、これは仕組まれたものだったのか!?チャンネル桜の真意から検察の思惑まで、法廷の現場からその全容を読み解く！
2017.5 203p B6 ¥1200 ①978-4-7926-0591-9

◆頼りがいのある司法を目指して―信頼される弁護士会・弁護士であるために 2017(平成29)年度 法友会政策要綱 東京弁護士会法友会著 現代人文社
【目次】第1部 司法制度改革の到達点と新たな課題、第2部 弁護士をめぐる司法制度の現状と展望、第3部 弁護士業務改革と活動領域拡充に向けた現状と展望、第4部 刑事司法の現状と課題、第5部 民事・商事・行政事件の法制度改革の現状と課題、第6部 憲法と平和をめぐる現状と課題、第7部 東日本大震災等の大規模災害と弁護士、第8部 人権保障制度の現状と課題、第9部 弁護士会の機構と運営をめぐる現状と展望
2017.1 384p A4 ¥3500 ①978-4-87798-666-7

◆"地域密着型"モデルで勝ち抜く 実践！法律事務所経営マニュアル 松本常広著 ぎょうせい
【要旨】弁護士の競争激化なんて怖くない！ 地縁なし、コネなし、資金が潤沢でなくてもここまでできた!!地域でオンリーワンを目指し、売上1000万円でも経営していける新たなマチ弁モデルとは？ マッピングによる商圏分析から、物件選択、内装・レイアウトのアドバイス、営業・広告宣伝の様々なアイディアまで―著者の実体験に基づいたノウハウは、即座に実践できます。
2017.11 206p A5 ¥2500 ①978-4-324-10421-7

◆なんで、「あんな奴ら」の弁護ができるのか？ アビー・スミス, モンロー・H. フリードマン編著, 村岡啓一監訳 現代人文社, 大学図書 発売
【要旨】「なんで、あんな奴らの弁護ができるのか？」という質問に対する回答を集めた初めての集大成。執筆者は、経験豊富で思慮深い刑事弁護人および教育者たちである―老いも若きも、女性も男性も、白人も黒人も交じっている。執筆者は、簡潔にかつ力強く、各自が「あんな奴ら」を弁護する理由を語る。
2017.8 303p A5 ¥3200 ①978-4-87798-669-8

◆日本株式会社の顧問弁護士―村瀬二郎の「二つの祖国」 児玉博著 文藝春秋 (文春新書)
【要旨】彼は、最も善良な米国人であると同時に、最も美しき日本人でもあった―戦争前夜と言われた日米通商摩擦で、日本を救ってくれたのは、日系二世の米国人弁護士だった。大和魂とアメリカン・スピリッツの両方を体現した男の感動の人生！
2017.8 198p 18cm ¥860 ①978-4-16-661131-7

◆日本の裁判官論―民事裁判の実相とその改革 大隅乙郎著 創英社/三省堂書店
【要旨】民事裁判の活性化の起爆剤ここにあり!!体制内における裁判官制度改革運動は挫折した。それならば、どうしたら改革が実現できるのか。その解は本書にある。裁判官から弁護士に転身し、法曹経験五〇年を超える著者が明かにする。
2017.7 207p 18cm ¥1000 ①978-4-88142-138-3

◆破天荒弁護士クボリ伝 久保利英明, 磯山友幸著 日経BP社, 日経BPマーケティング 発売
【要旨】かつて人気弁護士ランキングのトップを独走した男が、企業と国の「ガバナンス」を問い続ける理由とは？ 原発被害賠償請求で東電を相手にし、1票の格差訴訟で国と戦う特異な弁護士の物語。
2017.11 258p B6 ¥1700 ①978-4-8222-5548-0

◆不条理な真実―ある落選市議の裁判記録 岩倉幹良著 幻冬舎メディアコンサルティング, 幻冬舎 発売
【要旨】不条理な結果を覆すために起こした裁判の記録。あの落選が、すべての闘いの始まりだった。日本の裁判制度に警鐘を鳴らす、衝撃のノンフィクション。
2017.12 209p B6 ¥1200 ①978-4-344-91479-7

◆紛争解決のための合意・和解条項作成の弁護士実務―裁判官の視点を加えて 滝澤孝臣, 大坪和敏編著 青林書院
【要旨】弁護士・裁判官が、適切な合意書・和解条項作成のための技術を提示!!弁護士が紛争類型別のよくある事案について合意書案を提示+裁判官が訴訟外の合意書の有用性を前提とした債務名義取得のための留意点を指摘。
2017.8 340p A5 ¥4100 ①978-4-417-01716-5

◆弁護士事件簿から学ぶ「人間力」の伸ばし方―志は高く、まなざしは優しく、義理人情に厚く 萬年浩雄著 民事法研究会
【要旨】「嘘はつかない、約束は守る」を人生のモットーにして、何事にもおもねず、自らの司法哲学と信念に基づき、真摯に事件と向き合い人生を闘い抜いてきた生き様は、ビジネスや社員教育のテキストとしても格好の書！ 理不尽なことには烈火の如く怒り、世の中の矛盾に悲憤慷慨し、弱者の境遇に涙し、依頼者の苦しみ悲しみに寄り添い、共に闘い喜び笑った「喧嘩萬年」35年の弁護士人生は、若き法曹人に多くの指針を教示！
2017.8 312p A5 ¥3000 ①978-4-86556-177-7

◆弁護士職務便覧 平成29年度版 東京弁護士会, 第一東京弁護士会, 第二東京弁護士会編 日本加除出版
【目次】各種貼用印紙額、手数料、訴状・控訴状・上告状・支払督促・借地非訟・調停申立・調停

差額、弁護士会、裁判所からのお知らせ、要望事項等、裁判所庁舎案内、最高・高等・地方裁判所、検察庁一覧表（平成29年6月1日現在）、警察署・拘置所等一覧表（平成29年6月1日現在）、法務局、支局、出張所一覧表（平成29年6月1日現在）、役所等一覧表（平成29年6月1日現在）、その他

2017.7 351p B5 ¥2100 ①978-4-8178-4399-9

◆弁護士っておもしろい！　石田武臣、寺町東子編著　日本評論社
【要旨】今日もどこかで、誰かのために奮闘する「マチ弁」たちの、さまざまな実践の記録。「苦しくきつい面もある、でも創造的でおもしろい！」

2017.10 304p B6 ¥2300 ①978-4-535-52286-2

◆弁護士日記 タンポポ―幸せな時代を生きて　四宮章夫著　民事法研究会
【目次】コスモス法律事務所開設1周年（2015年4月1日（水））、イスラム国（IS）爆撃の下に（2015年4月2日（木））、後藤健二氏の死亡（2015年4月3日（金））、ルワンダ虐殺の悲劇（2015年4月4日（土））、市民だけのための欧米の民主主義（2015年4月6日（月））、中国経済の若い担い手（2015年4月7日（火））、南京大虐殺記念館（2015年4月8日（水））、民主的選挙がイスラム社会にもたらすもの（2015年4月9日（木））、戦前の斉藤隆夫議員の特別予防演説（2015年4月10日（金））、私の高校時代（2015年4月11日（土））ほか

2017.10 244p A5 ¥1300 ①978-4-86556-184-5

◆弁護士の格差　秋山謙一郎著　朝日新聞出版（朝日新書）
【要旨】弁護士の価値が軽くなったという。かつてこそ"プラチナ"資格といわれたものの、今や"シルバー"、なかには"銅"とまでいう向きもある。スキル格差、費用格差、経済格差に意識格差、これらのさまざまな格差はいかにして生まれたのか？政治と同じく、日常生活に密接に繋がっている司法に対し、今こそ真正面から向き合うべき時だ―。

2018.1 207p 18cm ¥720 ①978-4-02-273748-9

◆弁護士の経営戦略―「営業力」が信用・信頼をつなぐ　高井伸夫著　民事法研究会
【要旨】競争激化のいまこそ、ビジネスチャンス！依頼者の記憶に残る営業の方法、事務所経営のポイント、仕事を楽しく回すコツなど、AI時代にこそ必須の日々使える手順・ノウハウがここにある！

2017.5 176p B6 ¥1700 ①978-4-86556-162-3

◆弁護士のためのマーケティングマニュアル 2 分野別実践編　船井総合研究所法律事務所コンサルティンググループ著　第一法規　新訂版
【要旨】需要創造のためのマーケティング活用！実践の記録を参考に、新規分野へ挑戦する第一歩を！業務分野別にマーケティングポイントを簡潔に解説！

2017.3 172p A5 ¥2500 ①978-4-474-05642-8

◆弁護士の紛争解決力―元裁判官による実践的ケースで学ぶ　高世三郎著　有斐閣
【要旨】民事訴訟実務に必須の能力とは。筆者の経験を「実践的ケース」に昇華させ、若手・中堅弁護士の力を涵養する「糧」として提供！紛争を妥当な解決へと導くために、さらなるレベルアップを図るために―その第一歩を踏み出す道しるべとなる1冊。

2017.1 196p A5 ¥2200 ①978-4-641-12592-6

◆法のデザイン―創造性とイノベーションは法によって加速する　水野祐著　フィルムアート社
【要旨】音楽、出版、アート、写真、ゲーム、ファッション、二次創作から、不動産、金融、家族、政治まで。アフターインターネット時代の文化を駆動するあたらしい法の設計。クリエイターの「自由」を守り、表現を加速させる気鋭の弁護士の初の著書。

2017.2 341p B6 ¥2200 ①978-4-8459-1605-4

◆民事書記官事務の解説―第一審訴訟記録に基づいて 記録編　裁判所職員総合研修所監修　司法協会　三訂補訂版

2017 1Vol. B5 ¥1500 ①978-4-906929-66-5

◆民事書記官事務の解説―第一審訴訟記録に基づいて 解説編　裁判所職員総合研修所監修　司法協会　三訂補訂版
【目次】第1章 訴訟手続の解説（訴訟の開始、訴状審査、第1回口頭弁論期日実施に向けた事務、口頭弁論、弁論準備手続―争点及び証拠の整理、証拠調べ、和解成立―訴訟の終了、訴訟終了後の手続）、第2章 訴訟記録の解説（記録冒頭部分、

第1分類（弁論関係書類）、第2分類、第3分類）

2017 89p B5 ¥1800 ①978-4-906929-65-8

◆略式手続　裁判所職員総合研修所監修　司法協会　七訂第二補訂版
【目次】第1章 総説、第2章 略式命令の請求、第3章 略式命令請求に対する裁判所の措置、第4章 正式裁判の請求、第5章 正式裁判請求の取下げ、第6章 正式裁判請求権回復の請求、第7章 略式命令の効力

2017 124p B5 ¥2096 ①978-4-906929-64-1

◆若手弁護士のための初動対応の実務　長瀬佑志、長瀬威志、母壁明日香著　日本能率協会マネジメントセンター　新版
【要旨】急な依頼や、初めてのケース…「そもそも最初に何をすればよいの？」そんな疑問に応える常備書がリニューアル！全7分野（7つのポイント/法律相談の「型」を整理。「相談カード」の内容をチェックすれば初動対応は万全！

2017.12 477p A5 ¥3200 ①978-4-8207-2633-3

◆私の愛すべき依頼者たち―10のエピソード　野島梨恵著　LABO、大学図書 発売
【要旨】弁護士に弱みを見せるな。弁護士のアタマの中がよくわかる。弁護士の交渉過程がリアルにわかる。

2017.6 243p B6 ¥1700 ①978-4-904497-35-7

◆EM菌 擁護者と批判者の闘い―ドキュメント スラップ名誉毀損裁判　左巻健男著　（柏）暗黒通信団

2017.8 16p A5 ¥200 ①978-4-87310-099-9

裁判員

◆裁判員裁判のいま―市民参加の裁判員制度7年経過の検証　濱田邦夫、小池振一郎、牧野茂編著　成文堂
【目次】裁判員制度と刑事司法―人間を扱う裁判と受刑者の処遇（矯正から共生へ）、第1部 裁判員裁判の展開（裁判官から見た裁判員裁判、裁判員裁判の仕組み、裁判員裁判体験の共有と裁判員への対応）、第2部 臨床心理士とカウンセリング（臨床心理士から見た裁判員裁判、刑事裁判とカウンセリング）、第3部 刑事所改革と量刑の在り方―裁判員裁判と量刑を考えるために（裁判員裁判による変化、日本の刑事拘禁施設、ヨーロッパの施設を見て、日本の行刑改革の方向、裁判員裁判と量刑の在り方）、第4部 裁判員裁判の成果と課題（裁判員裁判の成果、裁判員裁判の課題、裁判員制度から見た刑事司法改革、裁判員制度の課題解決の立法提言）

2017.5 227p A5 ¥2500 ①978-4-7923-5208-0

◆裁判員裁判の量刑 2 罪名（犯罪類型）別一覧表CDつき　日本弁護士連合会刑事弁護センター編　現代人文社、大学図書 発売（GENJIN刑事弁護シリーズ 21）　（付属資料：CD・ROM1）
【要旨】裁判員裁判の量刑判断は、従来の裁判官裁判のそれとどう違うのか。前著から5年の間の蓄積も踏まえ、罪種別に分析・検討し、いかなる弁護活動が必要とされるかを提示する。

2017.10 213p A5 ¥3300 ①978-4-87798-677-3

◆聴覚障害者と裁判員裁判―DVD教材で学ぶ法廷手話　渡辺修、水野真木子、林智樹著　松柏社　（付属資料：DVD1）
【要旨】聴覚障害者に、健常者と同等の公正且つ適切な裁判を受ける権利を!!その為には「質の高い手話通訳者」の育成を目的とした研修が不可欠である。本書では、「動画で学ぶ模擬裁判（DVD）」で「実践的な場面」が展開される。

2017.10 345p A5 ¥2200 ①978-4-7754-0239-9

法令集

◆ガス事業法令集　経済産業省、資源エネルギー庁ガス市場整備室、産業保安グループガス安全室、産業保安グループ製品安全課、電力・ガス取引監視等委員会事務局総務課監修、日本ガス協会編　改訂九版
【目次】ガス事業法関係（ガス事業法、ガス事業法施行令、ガス事業法施行規則 ほか）、特定ガス

消費機器の設置工事の監督に関する法律関係（特定ガス消費機器の設置工事の監督に関する法律、特定ガス消費機器の設置工事の監督に関する法律施行令、特定ガス消費機器の設置工事の監督に関する法律施行規則 ほか）、ガス生産動態統計調査関係（ガス事業生産動態統計調査規則、ガス事業生産動態統計の調査票の様式等を定める件以外の使用について承認、ガス事業生産動態統計調査票の様式等を定める件 ほか）、参考資料

2017.11 1890p B6 ¥4500 ①978-4-8090-5113-5

◆共済組合法関係法令集　平成29年版　財経詳報社編　財経詳報社
【目次】1 基本法令（国家公務員共済組合法、国家公務員共済組合法施行規則）、2 関係法令等（国家公務員共済組合法による再評価率の改定等に関する政令、東日本大震災に対処するための特別の財政援助及び助成に関する法律（抄）、東日本大震災に対処するための特別の財政援助及び助成に関する法律第二十六条第一項第二号の給付を定める政令、東日本大震災に対処するための国家公務員共済組合法の特例等に関する省令 ほか）

2017.7 850p A4 ¥4000 ①978-4-88177-542-4

◆国土交通省 機構関係法令集　平成29年版　国土交通省大臣官房総務課監修　ぎょうせい
【目次】第1章 組織関係（設置法等、施設等機関、特別の機関、地方支分部局、審議会等、外局、独立行政法人、その他）、第2章 定員関係、第3章 文書管理関係、参考資料

2017.10 833p A5 ¥3700 ①978-4-324-10359-3

◆三段対照 廃棄物処理法法令集　平成29年版　廃棄物処理法令研究会監修　ぎょうせい
【目次】1 廃棄物の処理及び清掃に関する法律、2 廃棄物の処理及び清掃に関する法律施行令、3 廃棄物の処理及び清掃に関する法律施行規則

2017.5 776p B5 ¥4000 ①978-4-324-10338-8

◆三段表形式 酒税法関係法令集―平成29年10月1日現在　法令出版編集部編　法令出版
【目次】酒税法等の改正の概要、酒税法関係法令三段表、酒税法、酒税の保全及び酒類業組合等に関する法律、租税特別措置法（抄）、沖縄の復帰に伴う特別措置に関する法律（抄）、構造改革特別区域法

2017.3 185p B5 ¥1852 ①978-4-9199-96-7

◆住民基本台帳法令・通知集　平成29年版 付 印鑑登録証明事務処理要領・実例　市町村自治研究会編　ぎょうせい
【目次】法令（住民基本台帳法、住民基本台帳法施行令、住民基本台帳の一部の写しの閲覧及び住民票の写し等の交付に関する省令、戸籍の附票の写しの交付に関する省令、住民基本台帳法施行規則 ほか）、住民基本台帳関係、公的個人認証関係、印鑑登録証明事務関係

2017.10 655, 1369p A5 ¥6400 ①978-4-324-10374-6

◆道路法令総覧　平成30年版　道路法令研究会編　ぎょうせい
【目次】第1編 基本法令（道路法、通知等、高速道路 ほか）、第2編 道路関係法令（交通安全対策基本法、道路交通、軌道 ほか）、第3編 参考法令（地域開発、土地利用計画、環境 ほか）

2017.10 2343p A5 ¥5300 ①978-4-324-10357-9

◆都市計画法令要覧　平成30年版　国土交通省都市局都市計画課監修　ぎょうせい
【目次】第1章 基本法、第2章 土地利用、第3章 都市施設、第4章 市街地開発事業、第5章 国土計画・地方計画、第6章 農地・農林業、第7章 参考法規・都市計画資料

2017.10 4715p A5 ¥5800 ①978-4-324-10360-9

◆文部科学法令要覧　平成29年版　文部科学法令研究会監修　ぎょうせい
【目次】教育基本、生涯学習、学校教育、社会教育、スポーツ・保健・給食、教職員、教育財政、科学技術・学術、文化・宗教・国際関係、行政組織等・独立行政法人等、その他

2017.1 4376p A5 ¥5600 ①978-4-324-10236-7

判例集

◆交通事故民事裁判例集　第48巻 第6号 平成27年11月・12月　不法行為法研究会編　ぎょうせい

【目次】地方裁判所、補遺
2017.1 1Vol. A5 ¥2800 ⓘ978-4-324-10101-8

◆**交通事故民事裁判例集　第49巻 第1号**
平成28年1月・2月 不法行為法研究会編
ぎょうせい
【目次】大阪地裁（平成二八年一月一四日）、神戸地裁（一月八日）、神戸地裁（一月二〇日）、京都地裁（一月二一日）、東京地裁（一月二二日）、名古屋地裁（一月二二日）、京都地裁（一月二六日）、神戸地裁（一月二八日）、名古屋地裁（一月二九日）、東京地裁（二月五日）〔ほか〕
2017.3 302p A5 ¥2800 ⓘ978-4-324-10272-5

◆**交通事故民事裁判例集　第49巻 第2号**
平成28年3月・4月 不法行為法研究会編
ぎょうせい
【目次】最高裁判所（最高裁（二小）平成二八年三月四日）、地方裁判所（大阪地裁三月一日、横浜地裁三月三日、名古屋地裁三月九日、名古屋地裁三月一五日、東京地裁三月一六日 ほか）
2017.5 582p A5 ¥2800 ⓘ978-4-324-10273-2

◆**交通事故民事裁判例集　第49巻 第5号**
不法行為法研究会編 名古屋地裁 平成二八年九月五日、東京地裁 九月六日、東京地裁 九月七日、東京地裁（一月三一日）、横浜地裁（一月三一日）
2017.11 1Vol. A5 ¥2800 ⓘ978-4-324-10276-3

◆**最高裁判所判例解説 刑事篇 平成26年度**
法曹会編　法曹会
【目次】日本国憲法、刑法、刑事訴訟法、刑事訴訟規則、諸法令（インターネット異性紹介事業を利用して児童を誘引する行為の規制等に関する法律、関税法、少年法）
2017.2 368p A5 ¥3935 ⓘ978-4-908108-68-6

◆**最高裁判所判例解説刑事篇 平成27年度**
法曹会編　法曹会
【目次】日本国憲法（昭和21年11月3日）、刑法（明治40年法勻第45号）、刑事訴訟法（昭和23年法律第131号）、刑事訴訟規則（昭和23年最高裁規則第32号）、金融商品取引法（昭和23年法律第25号）、刑事確定訴訟記録法（昭和62年法律第64号）、刑法及び刑事訴訟法の一部を改正する法律（平成22年法律第26号）、刑法等の一部を改正する法律（平成16年法律第156号）、裁判官の参加する刑事裁判に関する法律（平成16年法律第63号）、裁判所法（昭和22年法律第59号）、所得税法（昭和40年法律第33号）、組織的な犯罪の処罰及び犯罪収益の規制等に関する法律（平成11年法律第136号）、補助金等に係る予算の執行の適正化に関する法律（昭和30年法律第179号）、民事訴訟法（平成8年法律第109号）
2017.12 320p A5 ¥3889 ⓘ978-4-908108-88-4

◆**消費者法判例インデックス** 松本恒雄、後藤巻則編　商事法務
【要旨】見開き2頁、判例のエッセンスをコンパクトに整理。133の消費者法判例を概観する。
2017.3 274p A5 ¥3400 ⓘ978-4-7857-2491-7

 資格・試験問題集

◆**全国統一適性試験対策ロースクール適性試験パーフェクト―分析＆とき方本　2018年**
入学者向け　辰已法律研究所、小柴大輔著　辰已法律研究所
【要旨】業界唯一の適性試験過去問完全解説書。2016（第1回・第2回）2015（第1回・第2回）全問完全掲載・完全解説。正答率データで難易度を客観的に把握。
2017.4 492p B5 ¥3000 ⓘ978-4-86466-325-0

◆**法学検定試験過去問集アドバンスト"上級"コース　2017年** 法学検定試験委員会編　商事法務
【要旨】学習の進んでいる法学部3年次生～法学部修了程度。企業・官公署等の法律実務担当や法曹を目指す方、法科大学院生の力試しにも最適。 2017.3 465p A5 ¥3500 ⓘ978-4-7857-2513-6

◆**法学検定試験問題集スタンダード"中級"コース　2017年** 法学検定試験委員会編　商事法務
【要旨】法学部2年次生～標準的な3年次生程度。公務員試験や各種資格試験の基礎固めに、就職活動の際の自己アピールに最適。
2017.3 963p A5 ¥3800 ⓘ978-4-7857-2512-9

◆**法学検定試験問題集ベーシック"基礎"コース　2017年** 法学検定試験委員会編　商事法務
【要旨】法学部1年次生～2年次生程度。基本法の基礎知識・能力を身につける法学学習のスタートに最適。
2017.3 396p A5 ¥2200 ⓘ978-4-7857-2511-2

◆**法科大学院試験六法　2018年度入試対応版** 第一法規編集部編　第一法規
【目次】日本国憲法、行政手続法、行政不服審査法、行政事件訴訟法、行政代執行法、国家賠償法、行政機関の保有する情報の公開に関する法律、民法、借地借家法、商法、会社法、手形法、小切手法、民事訴訟法、民事訴訟規則、民事執行法、刑法、刑事訴訟法、刑事訴訟規則
2017.7 601p A5 ¥1200 ⓘ978-4-474-05909-2

◆**マイナンバー実務検定1級合格ガイド** 古川飛祐著　翔泳社（法務教科書）（付属資料：赤シート1）
【要旨】出題傾向を徹底分析！ 効率的な学習で最短合格できる！ 銀行員・証券会社社員など金融業必携の資格に。模擬問題をWebで提供。
2017.3 257p A5 ¥2400 ⓘ978-4-7981-5155-7

 司法試験

◆**肢別本　1　公法系憲法　平成29年度版**
辰已法律研究所著　辰已法律研究所
【要旨】全1341肢。1問1答→知識キッチリ定着。体系順配列→系統的学習。重要問題に★マーク。解説に絶対の自信あり＆学習に最適な文献情報セレクト。もちろん判例索引付。
2017.11 595, 5p B6 ¥3300 ⓘ978-4-86466-359-5

◆**肢別本　2　公法系行政法　平成29年度版**
辰已法律研究所著　辰已法律研究所
【要旨】1問1答→知識キッチリ定着。体系順配列→系統的学習。重要問題に★マーク。解説に絶対の自信あり＆学習に最適な文献情報セレクト。もちろん判例索引付。
2017.11 597, 5p B6 ¥3300 ⓘ978-4-86466-360-1

◆**肢別本　3　民事系民法1　平成29年度版**
辰已法律研究所著　辰已法律研究所
【要旨】全1237肢。平成29年改正民法に関係する肢に29改正マーク掲載。1問1答→知識キッチリ定着。体系順配列→系統的学習。重要問題に★マーク。解説に絶対の自信あり＆学習に最適な文献情報セレクト。もちろん判例索引付。
2017.11 533, 11p B6 ¥3300 ⓘ978-4-86466-361-8

◆**肢別本　4　民事系民法2　平成29年度版**
辰已法律研究所著　辰已法律研究所
【要旨】全1750肢。平成29年改正民法に関係する肢に29改正マーク掲載。1問1答→知識キッチリ定着。体系順配列→系統的学習。重要問題に★マーク。解説に絶対の自信あり＆学習に最適な文献情報セレクト。もちろん判例索引付。
2017.11 1283, 11p B6 ¥3300 ⓘ978-4-86466-362-5

◆**肢別本　5　民事系商法　平成29年度版**
辰已法律研究所著　辰已法律研究所
【要旨】平成29年改正会社法・商法に関係する肢に29改正マーク掲載。1問1答→知識キッチリ定着。体系順配列→系統的学習。重要問題に★マーク。解説に絶対の自信あり＆学習に最適な文献情報セレクト。もちろん判例索引付。
2017.11 643, 5p B6 ¥3300 ⓘ978-4-86466-363-2

◆**肢別本　6　民事系民訴　平成29年度版**
辰已法律研究所著　辰已法律研究所
【要旨】1問1答→知識キッチリ定着。体系順配列→系統的学習。重要問題に★マーク。解説に絶対の自信あり＆学習に最適な文献情報セレクト。もちろん判例索引付。
2017.11 689, 5p B6 ¥3300 ⓘ978-4-86466-364-9

◆**肢別本　7　刑事系刑法　平成29年度版**
辰已法律研究所著　辰已法律研究所
【要旨】全1313肢。平成29年改正刑法対応。1問1答→知識キッチリ定着。体系順配列→系統的学習。重要問題に★マーク。解説に絶対の自信あり＆学習に最適な文献情報セレクト。もちろん判例索引付。
2017.11 537, 8p B6 ¥3300 ⓘ978-4-86466-365-6

◆**肢別本　8　刑事系刑訴　平成29年度版**
辰已法律研究所著　辰已法律研究所

平成30年本試験出題範囲に関する平成28年改正刑訴法、平成29年改正刑訴法対応。1問1答→知識キッチリ定着。体系順配列→系統的学習。重要問題に★マーク。解説に絶対の自信あり＆学習に最適な文献情報セレクト。もちろん判例索引付。
2017.11 539, 5p B6 ¥3500 ⓘ978-4-86466-366-3

◆**伊藤塾試験対策問題集：予備試験論文　6**
民法 伊藤真監修、伊藤塾著　弘文堂
【要旨】論文試験初学者、法科大学院入試対策にも役立つ基礎編問題と本試験に直結する応用編問題、全30問で出題必須論点を網羅。予備試験での出題可能性が高い問題を収録。全年度の本試験過去問を徹底的に分析。「優秀答案」のすべてが、予備試験A評価の答案。合格者の「思考過程」がわかると、答案の組み立て方もわかる。答案作成のノウハウ満載。司法試験対策の導入にも最適。
2017.1 229p B5 ¥2800 ⓘ978-4-335-30365-4

◆**伊藤塾試験対策問題集：予備試験論文　7**
商法 伊藤真監修　弘文堂
【要旨】28年度の予備試験論文問題を含む全年度の答案例、収録！ 予備試験合格者数5年連続圧倒的実績の伊藤塾が贈る論文問題集の決定版。過去問と伊藤塾オリジナル問題を使って合格への最短コースを示す。
2017.2 233p B5 ¥2800 ⓘ978-4-335-30366-1

◆**伊藤塾試験対策問題集 予備試験論文　8**
行政法 伊藤真監修、伊藤塾著　弘文堂
【要旨】29年度の予備試験論文問題を含む全年度の答案例、収録！ 過去問と伊藤塾オリジナル問題を使って合格への最短コースを示す。
2017.10 242p B5 ¥2800 ⓘ978-4-335-30367-8

◆**伊藤真が選んだ短答式一問一答1000 刑法**
伊藤真監修　法学書院　第3版
【要旨】厳選した伊藤塾オリジナル問題を中心に、新司法試験の過去問も加え体系別に配列した一問一答集！ 問題・解説を見開き形式で掲載。見やすいレイアウト。全解説に主要基本書の参照ページを表記。「節」ごとに「伊藤真の速習短答過去問」の対応番号と過去問の年番号を表記。頻出項目がひと目でわかる。
2017.8 407p B6 ¥2800 ⓘ978-4-587-22277-2

◆**合格（うか）る判例　1　行政法** 辰已法律研究所著　辰已法律研究所
【要旨】試験に本当に必要な59判例。最新司法試験合格者（予備合格＆有名LS卒）が厳選。事案（図解付）・争点・判旨・判例の射程・参考論証・合格者アドバイス。試験に出る判例ランキング。
2017.4 328p A5 ¥2300 ⓘ978-4-86466-327-4

◆**合格（うか）る判例　2　商法** 辰已法律研究所著　辰已法律研究所
【要旨】試験に本当に必要な66判例。最新司法試験合格者（予備合格＆有名LS卒）が厳選。事案（図解付）・争点・判旨・判例の射程・参考論証・合格者アドバイス。試験に出る判例ランキング。
2017.4 327p A5 ¥2300 ⓘ978-4-86466-328-1

◆**合格（うか）る判例　3　民訴** 辰已法律研究所著　辰已法律研究所
【要旨】試験に本当に必要な59判例。最新司法試験合格者（予備合格＆有名LS卒）が厳選。事案（図解付）・争点・判旨・判例の射程・参考論証・合格者アドバイス。試験に出る判例ランキング。
2017.4 191p A5 ¥2300 ⓘ978-4-86466-329-8

◆**合格（うか）る判例　4　刑訴** 辰已法律研究所著　辰已法律研究所
【要旨】試験に本当に必要な59判例。最新司法試験合格者（予備合格＆有名LS卒）が厳選。事案（図解付）・争点・判旨・判例の射程・参考論証・合格者アドバイス。試験に出る判例ランキング。
2017.4 289p A5 ¥2200 ⓘ978-4-86466-330-4

◆**司法試験＆予備試験 完全整理択一六法 行政法　2018年版** LEC東京リーガルマインド編著　東京リーガルマインド（司法試験＆予備試験対策シリーズ）　第9版
【要旨】平成29年6月までの最新重要判例・法改正に対応。行政法分野の法令をこれ一冊に整理・集約。平成29年までの司法試験＆予備試験の短答式試験の出題箇所を過去問マークで明示。短答式試験突破のためのバイブル。
2017.9 526p B6 ¥2400 ⓘ978-4-8449-7470-3

◆**司法試験＆予備試験 完全整理択一六法 刑事訴訟法　2018年版** LEC東京リーガルマインド編著　東京リーガルマインド（司法試験＆予備試験対策シリーズ）　第9版

【要旨】平成28年改正刑事訴訟法に対応。平成29年6月までの最新重要判例・法改正に対応。最新の刑訴法判例百選（第10版）に対応。平成29年までの司法試験＆予備試験の短答式試験の出題箇所を過去問マークで明示。
2017.9 619p B6 ¥2400 ①978-4-8449-6470-4

◆司法試験＆予備試験 完全整理択一六法 商法 2018年版　LEC東京リーガルマインド編著　東京リーガルマインド　（司法試験＆予備試験対策シリーズ）　第12版
【目次】会社法（総則、株式会社 ほか）、商法（総則、商行為）、手形法（為替手形、約束手形）、小切手法（小切手の振出及び方式、譲渡 ほか）
2017.9 774p B6 ¥3100 ①978-4-8449-4470-6

◆司法試験＆予備試験 完全整理択一六法 民事訴訟法 2018年版　LEC東京リーガルマインド編著　東京リーガルマインド　（司法試験＆予備試験対策シリーズ）　第9版
【要旨】平成29年6月までの最新重要判例・法改正に対応。民事執行法・民事保全法もこれ一冊に整理・集約。平成29年までの司法試験＆予備試験の短答式試験の出題箇所を過去問マークで明示。
2017.9 580p B6 ¥2400 ①978-4-8449-5470-5

◆司法試験＆予備試験 完全整理択一六法 民法 2018年版　LEC東京リーガルマインド編著　東京リーガルマインド　（司法試験＆予備試験対策シリーズ）　第19版
【要旨】平成29年6月までの最新重要判例に対応。重要な条文の趣旨・判例をコンパクトに掲載。平成29年までの司法試験＆予備試験の短答式試験の出題箇所を過去問マークで明示。
2017.9 697p B6 ¥2900 ①978-4-8449-2470-8

◆司法試験＆予備試験 短答過去問題集（法律科目）　平成29年度　LEC東京リーガルマインド編著　東京リーガルマインド
【要旨】平成29年度の司法試験と予備試験で出題された、法律基本科目（全7科目）全ての問題を掲載。
2017.7 433p A5 ¥2400 ①978-4-8449-7113-9

◆司法試験＆予備試験 短答過去問パーフェクト 1 公法系憲法　平成29年版　辰已法律研究所
【要旨】司法試験H18 - 29全問、予備固有H23 - 29全問。本試験問題はこれで全部・完璧！業界最大規模の出口調査Data による肢別解答率→危ない肢が分かる。出題頻度の高いテーマが一目で分かる。
2017.10 798p A5 ¥3700 ①978-4-86466-338-0

◆司法試験＆予備試験 短答過去問パーフェクト 2 公法系行政法　平成29年版　辰已法律研究所著　辰已法律研究所
【要旨】司法試験H18 - 26全問、予備固有H23 - 29全問。
2017.9 717p A5 ¥3600 ①978-4-86466-339-7

◆司法試験＆予備試験 短答過去問パーフェクト 3 民事系民法1　平成29年版　辰已法律研究所著　辰已法律研究所
【要旨】司法試験H18 - 29全問／予備固有H23 - 29全問。本試験問題はこれで全部・完璧！業界最大規模の出口調査Data による肢別解答率→危ない肢が分かる。出題頻度の高いテーマが一目で分かる。平成29年改正民法情報掲載。
2017.10 1Vol. A5 ¥3500 ①978-4-86466-340-3

◆司法試験＆予備試験 短答過去問パーフェクト 4 民事系民法2　平成29年版　辰已法律研究所著　辰已法律研究所
【要旨】司法試験H18 - 29全問／予備固有H23 - 29全問。本試験問題はこれで全部・完璧！業界最大規模の出口調査Data による肢別解答率→危ない肢が分かる。出題頻度の高いテーマが一目で分かる。平成29年改正民法情報掲載。
2017.10 1Vol. A4 ¥3700 ①978-4-86466-341-0

◆司法試験＆予備試験 短答過去問パーフェクト 5 民事系商法　平成29年版　辰已法律研究所著　辰已法律研究所
【要旨】司法試験H18 - 26全問、予備固有H23 - 29全問。
2017.9 789p A5 ¥3700 ①978-4-86466-342-7

◆司法試験＆予備試験 短答過去問パーフェクト 6 民事系民訴　平成29年版　辰已法律研究所著　辰已法律研究所

【要旨】司法試験H18 - 26全問、予備固有H23 - 29全問。
2017.9 798p A5 ¥3700 ①978-4-86466-343-4

◆司法試験＆予備試験 短答過去問パーフェクト 7 刑事系刑法　平成29年版　辰已法律研究所
【要旨】司法試験H18 - 29全問、予備固有H23 - 29全問。本試験問題はこれで全部・完璧！業界最大規模の出口調査Data による肢別解答率→危ない肢が分かる。出題頻度の高いテーマが一目で分かる。
2017.10 892p A5 ¥3700 ①978-4-86466-344-1

◆司法試験＆予備試験 短答過去問パーフェクト 8 刑事系刑訴　平成29年版　辰已法律研究所著　辰已法律研究所
【要旨】司法試験H18 - 26全問、予備固有H23 - 29全問。
2017.9 830p A5 ¥3700 ①978-4-86466-345-8

◆司法試験＆予備試験平成28年論文過去問再現答案から出題趣旨を読み解く。　LEC東京リーガルマインド編著　東京リーガルマインド
【要旨】司法試験論文式試験の必須7科目の再現答案各4通と予備試験論文式試験の全9科目の再現答案各4通を掲載。バランス良く収録した両試験の再現答案集。出題趣旨と採点実感に基づいて各再現答案を分析し、その結果を余すことなくサイドコメントとして掲載。本書を読むことで、各再現答案の評価が分かれた理由を知ることができ、出題趣旨が想定する評価の高い答案の姿が摑めるようになる。
2017.3 421p B5 ¥2900 ①978-4-8449-7112-2

◆司法試験 合格体験記と講師が教える学習法　受験新報編集部編　法学書院
【目次】第1部 講師が教える学習法（勉強法総論、短答式試験対策編、論文式試験対策編）、第2部 合格者に学ぶ実践学習法（法科大学院ルート編、予備試験ルート編）
2017.4 195p B6 ¥1400 ①978-4-587-23292-4

◆司法試験短答式問題と解説　平成29年度　中央大学真法会編　法学書院
【要旨】憲法・民法・刑法全77問に、解答と充実した解説を収録。解説は、肢のどの箇所が誤りなのかが一目瞭然！付録として、出題項目・論点分布表を収録。
2017.7 155p B5 ¥4000 ①978-4-587-99996-4

◆司法試験短答詳解 単年版　平成29年　辰已法律研究所著　辰已法律研究所
【要旨】憲法全20問、民法全37問、刑法全20問。辰已独自の詳細な解説。全問につき業界最大2,353人の再現データを分析・公開。
2017.8 310p B5 ¥2600 ①978-4-86466-336-6

◆司法試験用六法　平成29年版　第一法規
【目次】公法系科目、民事系科目、刑事系科目、倒産法、租税法、経済法、知的財産法、労働法、環境法、国際関係法、国際関係法（私法系）
2017.4 2534p A5 ¥6000 ①978-4-474-05848-4

◆司法試験・予備試験 伊藤真の速習短答過去問 刑法　伊藤真監修　法学書院
【要旨】合格のためには絶対落とせない問題を、速攻で習得できる短答式過去問題集、通称「ソクタン」!!受験生の8割が正解した問題を体系的に配列。項目ごとに受験生の6割以上が正解した選択肢を基本知識として整理。項目ごとの重要事項をまとめた図表や比較表を豊富に掲載。
2017.5 379p A5 ¥2700 ①978-4-587-22675-6

◆司法試験・予備試験 伊藤真の速習短答過去問 憲法　伊藤真監修　法学書院
【要旨】合格のためには絶対落とせない問題を、速攻で習得できる短答式過去問題集、通称「ソクタン」!!受験生の8割が正解した問題を体系的に配列。項目ごとに受験生の6割以上が正解した選択肢を基本知識として整理。項目ごとの重要事項をまとめた図表や比較表を豊富に掲載。
2017.4 250p A5 ¥1800 ①978-4-587-22665-7

◆司法試験・予備試験 伊藤真の速習短答過去問 商法　伊藤真監修　法学書院
【要旨】合格水準である7割を得点するために、司法試験受験生の80%、予備試験受験生の65%が正解した問題を体系的に配列。論文式試験のみならず大学・ロースクールの講義の復習にも役立つ重要事項を整理した図表や比較表を豊富に掲載。
2017.12 204p A5 ¥1600 ①978-4-587-22680-0

◆司法試験・予備試験 伊藤真の速習短答過去問 民事訴訟法　伊藤真監修　法学書院
【要旨】合格のためには絶対落とせない問題を、速攻で習得できる短答式過去問題集、通称「ソクタン」!!合格水準である7割を得点するために、司法試験受験生の80%、予備試験受験生の65%が正解した問題を体系的に配列。論文式試験のみならず大学・ロースクールの講義の復習にも役立つ重要事項を整理した図表や比較表を豊富に掲載。
2017.10 236p A5 ¥1800 ①978-4-587-22685-5

◆司法試験・予備試験 伊藤真の速習短答過去問 民法　伊藤真監修　法学書院
【要旨】受験生の8割が正解した問題を体系的に配列。項目ごとに受験生の6割以上が正解した選択肢を基本知識として整理。項目ごとの重要事項をまとめた図表や比較表を豊富に掲載。
2017.4 500p A5 ¥3200 ①978-4-587-22670-1

◆司法試験＆予備試験完全整理択一六法 刑法 2018年版　LEC東京リーガルマインド編著　東京リーガルマインド　（司法試験＆予備試験対策シリーズ）　第19版
【要旨】短答式試験突破のためのバイブル。平成29年改正刑法に対応。条文知識のマスターに最適な逐条形式。平成29年までの司法試験＆予備試験の短答式試験の出題箇所を過去問マークで明示。
2017.9 532p B6 ¥2400 ①978-4-8449-3470-7

◆司法試験＆予備試験完全整理択一六法 憲法 2018年版　LEC東京リーガルマインド編著　東京リーガルマインド　（司法試験＆予備試験対策シリーズ）　第19版
【要旨】短答式試験突破のためのバイブル。平成29年6月までの最新重要判例・法改正に対応。条文知識のマスターに最適な逐条形式。平成29年までの司法試験＆予備試験の短答式試験の出題箇所を過去問マークで明示。
2017.8 564p B6 ¥2400 ①978-4-8449-1470-9

◆司法試験予備試験 新・論文の森 商法　LEC東京リーガルマインド著　東京リーガルマインド　第2版
【要旨】平成26年改正会社法に対応した最新版。「参考答案」・「論点解説」もさらに充実。平成23～28年までの論文式試験問題、出題趣旨＆参考答案を巻末に収録。全50問であらゆる出題パターンに対応できる能力を養成。全50通の参考答案で合格答案のイメージを具体化。
2017.11 523p A5 ¥3800 ①978-4-8449-4199-6

◆司法試験・予備試験 体系別短答過去問 刑法　平成30年版　受験新報編集部編　法学書院
【要旨】平成29年までの司法試験・予備試験問題を体系別に収録!!問題の正誤の根拠である条文と判例を明確に記載し、コンパクトでわかりやすい解説を掲載。短答の知識を論文に応用できる論文リンクを掲載。誤りの根拠となる問題文の該当部分を表示し、条文知識だけで解ける問題は、適宜関連条文を掲載。
2017.9 660p A5 ¥3200 ①978-4-587-23565-9

◆司法試験・予備試験 体系別短答過去問 憲法　平成30年版　受験新報編集部編　法学書院
【要旨】平成29年までの司法試験・予備試験問題を体系別に収録!!問題の正誤の根拠である条文と判例を明確に記載し、コンパクトでわかりやすい解説を掲載。短答の知識を論文に応用できる論文リンクを掲載。誤りの根拠となる問題文の該当部分を表示し、条文知識だけで解ける問題は、適宜関連条文を掲載。
2017.9 688p A5 ¥3200 ①978-4-587-23550-5

◆司法試験・予備試験 体系別短答過去問 民法 1 総則・物権・親族・相続　平成30年版　受験新報編集部編　法学書院
【要旨】平成29年までの司法試験・予備試験問題を体系別に収録!!問題の正誤の根拠である条文と判例を明確に記載し、コンパクトでわかりやすい解説を掲載。必要に応じて理解の助けとなる重要項目のまとめを掲載。誤りの根拠となる問題文の該当部分を表示し、条文知識だけで解ける問題は、適宜関連条文を掲載。
2017.9 595p A5 ¥3000 ①978-4-587-23555-0

◆司法試験・予備試験体系別短答過去問 民法 2 債権総論・債権各論・総合問題　平成30年版　受験新報編集部編　法学書院
【要旨】平成29年までの司法試験・予備試験問題を体系別に収録!!問題の正誤の根拠である条文と

法律

判例を明確に記載し、コンパクトでわかりやすい解説を掲載。誤りの根拠となる問題文の該当部分を表示し、条文知識だけで解ける問題は、適宜関連条文を掲載。

◆司法試験・予備試験 体系別短答式過去問集 1 憲法 2018年版　早稲田経営出版編集部編　早稲田経営出版
【要旨】平成18年〜29年の司法試験短答式問題および、平成23年〜29年の予備試験短答式問題を体系別に収録。全問について、簡潔でわかりやすい解説を掲載。各問の難易度を4段階に分けて表示。
2017.9 575p A5 ¥2800 ①978-4-8471-4341-0

◆司法試験・予備試験 体系別短答式過去問集 2 民法 2018年版　早稲田経営出版編集部編　早稲田経営出版
【要旨】平成18年〜29年の司法試験短答式問題および、平成23年〜29年の予備試験短答式問題を体系別に収録。全問について、簡潔でわかりやすい解説を掲載。各問の難易度を4段階に分けて表示。
2017.9 1013p A5 ¥3600 ①978-4-8471-4342-7

◆司法試験・予備試験 体系別短答式過去問集 3 刑法 2018年版　早稲田経営出版編集部編　早稲田経営出版
【要旨】平成18年〜29年の司法試験短答式問題および、平成23年〜29年の予備試験短答式問題を体系別に収録。全問について、簡潔でわかりやすい解説を掲載。各問の難易度を4段階に分けて表示。
2017.9 641p A5 ¥3000 ①978-4-8471-4343-4

◆司法試験・予備試験 体系別短答式過去問集 4 行政法 2018年版　早稲田経営出版編集部編　早稲田経営出版
【要旨】平成18年〜26年の司法試験短答式問題および、平成23年〜29年の予備試験短答式問題を体系別に収録。全問について、簡潔でわかりやすい解説を掲載。各問の難易度を4段階に分けて表示。
2017.9 515p A5 ¥2800 ①978-4-8471-4344-1

◆司法試験・予備試験 体系別短答式過去問集 5 商法 2018年版　早稲田経営出版編集部編　早稲田経営出版
【要旨】平成18年〜26年の司法試験短答式問題および、平成23年〜29年の予備試験短答式問題を体系別に収録。全問について、簡潔でわかりやすい解説を掲載。各問の難易度を4段階に分けて表示。
2017.9 519p A5 ¥2800 ①978-4-8471-4345-8

◆司法試験・予備試験 体系別短答式過去問集 6 民事訴訟法 2018年版　早稲田経営出版編集部編　早稲田経営出版
【要旨】平成18年〜26年の司法試験短答式問題および平成23年〜29年の予備試験短答式問題を体系別に収録。各問の難易度を4段階に分けて表示。2017.9 485p A5 ¥2800 ①978-4-8471-4346-5

◆司法試験・予備試験体系別 短答式過去問集 7 刑事訴訟法 2018年版　早稲田経営出版編集部編　早稲田経営出版
【要旨】平成18年〜26年の司法試験短答式問題および、平成23年〜29年の予備試験短答式問題を体系別に収録。全問について、簡潔でわかりやすい解説を掲載。各問の難易度を4段階に分けて表示。2017.9 519p A5 ¥2800 ①978-4-8471-4347-2

◆司法試験予備試験短答過去問詳解 平成29年単年版　辰已法律研究所編　辰已法律研究所
【要旨】平成29年民法・刑法改正情報掲載。1959件の解答再現DATAに基づく解析・肢別解答率。問題と解説は表裏一体型。充実のデータ分析。
2017.8 482p B5 ¥2700 ①978-4-86466-335-9

◆司法試験 予備試験 短答式問題と解説 平成29年度　受験新報編集部編　法学書院
【要旨】法律基本科目は全問に難易度・充実した解説を、一般教養科目は明快な解説を付けた!!傾向と対策も掲載。
2017.7 205p B5 ¥1800 ①978-4-587-23526-0

◆司法試験・予備試験逐条テキスト 1 憲法 2018年版　早稲田経営出版編集部編　早稲田経営出版

◆司法試験・予備試験逐条テキスト 2 民法 2018年版　早稲田経営出版編集部編　早稲田経営出版
【要旨】司法試験・予備試験の頻出事項を条文順に総まとめ！「論文マテリアル」「論文合格ナビ」等、充実の情報量！
2017.8 566, 8p A5 ¥2600 ①978-4-8471-4334-2

◆司法試験・予備試験逐条テキスト 2 民法 2018年版　早稲田経営出版編集部編　早稲田経営出版
【要旨】司法試験・予備試験の頻出事項を条文順に総まとめ！「論文マテリアル」「論文合格ナビ」等、充実の情報量！
2017.8 509, 14p A5 ¥2600 ①978-4-8471-4335-9

◆司法試験・予備試験逐条テキスト 3 刑法 2018年版　早稲田経営出版編集部編　早稲田経営出版
【要旨】司法試験・予備試験の頻出事項を条文順に総まとめ！「論文マテリアル」「論文合格ナビ」等、充実の情報量！
2017.8 334, 10p A5 ¥2200 ①978-4-8471-4336-6

◆司法試験・予備試験逐条テキスト 4 行政法 2018年版　早稲田経営出版編集部編　早稲田経営出版
【要旨】司法試験・予備試験の頻出事項を条文順に総まとめ！「論文マテリアル」「論文合格ナビ」等、充実の情報量！ 論文式試験対策には本書を使いこなせ！
2017.8 392, 7p A5 ¥2400 ①978-4-8471-4337-3

◆司法試験・予備試験逐条テキスト 5 商法 2018年版　早稲田経営出版編集部編　早稲田経営出版
【要旨】司法試験・予備試験の頻出事項を条文順に総まとめ！「論文マテリアル」「論文合格ナビ」等、充実の情報量！ 論文式試験対策には本書を使いこなせ!!
2017.8 564, 7p A5 ¥2800 ①978-4-8471-4338-0

◆司法試験・予備試験逐条テキスト 6 民事訴訟法 2018年版　早稲田経営出版編集部編　早稲田経営出版
【要旨】司法試験・予備試験の頻出事項を条文順に総まとめ！「論文マテリアル」「論文合格ナビ」等、充実の情報量！ 論文式試験対策には本書を使いこなせ!!
2017.8 371, 9p A5 ¥2400 ①978-4-8471-4339-7

◆司法試験・予備試験逐条テキスト 7 刑事訴訟法 2018年版　早稲田経営出版編集部編　早稲田経営出版
【要旨】司法試験・予備試験の頻出事項を条文順に総まとめ！「論文マテリアル」「論文合格ナビ」等、充実の情報量！ 論文式試験対策には本書を使いこなせ!!
2017.8 425, 7p A5 ¥2400 ①978-4-8471-4340-3

◆司法試験予備試験に独学合格する方法　鬼頭政人著　中央経済社, 中央経済グループパブリッシング 発売
【要旨】「予備試験ルート」で夢の法曹へ！勉強法に精通した著者が、50の合格メソッドを伝授します！
2017.12 141p A5 ¥1600 ①978-4-502-25001-9

◆司法試験・予備試験論文合格答案集 スタンダード100 1 憲法 2018年版　早稲田経営出版編集部編　早稲田経営出版
【要旨】新司法試験論文試験および予備試験論文試験の問題と参考答案を完全収録！ 旧司法試験論文試験の問題と参考答案も厳選収録！ 合格者が書いた実戦答案で、論文の組み立て方がわかる！
2017.10 779p A5 ¥3500 ①978-4-8471-4348-9

◆司法試験・予備試験論文合格答案集 スタンダード100 2 民法 2018年版　早稲田経営出版編集部編　早稲田経営出版
【要旨】新司法試験論文試験および予備試験論文試験の問題と参考答案を完全収録！ 旧司法試験論文試験の問題と参考答案も厳選収録！ 合格者が書いた実戦答案で、論文の組み立て方がわかる！
2017.10 905p A5 ¥3700 ①978-4-8471-4349-6

◆司法試験・予備試験論文合格答案集 スタンダード100 3 刑法 2018年版　早稲田経営出版編集部編　早稲田経営出版
【要旨】新司法試験論文試験および予備試験論文試験の問題と参考答案を完全収録！ 旧司法試験論文試験の問題と参考答案も厳選収録！ 合格者が書いた実戦答案で、論文の組み立て方がわかる！
2017.10 785p A5 ¥3500 ①978-4-8471-4350-2

◆司法試験・予備試験論文合格答案集 スタンダード100 4 行政法（2018年版）　早稲田経営出版編集部編　早稲田経営出版
【要旨】新司法試験論文試験および予備試験論文試験の問題や新作問題も多数収録！ 合格者が書いた実戦答案で、論文の組み立て方がわかる！
2017.10 675p A5 ¥2900 ①978-4-8471-4351-9

◆司法試験・予備試験論文合格答案集 スタンダード100 5 商法（2018年版）　早稲田経営出版編集部編　早稲田経営出版
【要旨】新司法試験論文試験および予備試験論文試験の問題と参考答案を完全収録！ 旧司法試験論文試験の問題と参考答案も厳選収録！ 合格者が書いた実戦答案で、論文の組み立て方がわかる！
2017.10 803p A5 ¥3500 ①978-4-8471-4352-6

◆司法試験・予備試験論文合格答案集 スタンダード100 6 民事訴訟法 2018年版　早稲田経営出版編集部編　早稲田経営出版
【要旨】新司法試験論文試験および予備試験論文試験の問題と参考答案を完全収録！ 旧司法試験論文試験の問題と参考答案も厳選収録！ 合格者が書いた実戦答案で、論文の組み立て方がわかる！
2017.10 895p A5 ¥3700 ①978-4-8471-4353-3

◆司法試験・予備試験論文合格答案集 スタンダード100 7 刑事訴訟法 2018年版　早稲田経営出版編集部編　早稲田経営出版
【要旨】新司法試験論文試験および予備試験論文試験の問題と参考答案を完全収録！ 旧司法試験論文試験の問題と参考答案も厳選収録！ 合格者が書いた実戦答案で、論文の組み立て方がわかる！
2017.10 863p A5 ¥3700 ①978-4-8471-4354-0

◆司法試験 予備試験 論文式問題と解説 平成29年度　受験新報編集部編　法学書院
【要旨】法律基本科目（憲法・行政法、民法・商法・民事訴訟法、刑法・刑事訴訟法）、法律実務基礎科目（民事・刑事）、一般教養科目の解説と答案例を収録。
2017.9 121p B5 ¥1600 ①978-4-587-23536-9

◆司法試験予備試験論文式3か年問題と解説（法律基本科目・法律実務基礎科目）平成26〜28年度　受験新報編集部編　法学書院
【要旨】法律基本科目（憲法・行政法、民法・商法・民事訴訟法、刑法・刑事訴訟法）、法律実務基礎科目（民事・刑事）の解説と答案例を収録。
2017.10 217p B5 ¥1600 ①978-4-587-23303-7

◆司法試験予備試験 論文本試験 科目別・A答案再現＆ぶんせき本 平成28年　辰已法律研究所編　辰已法律研究所
【目次】上位合格者答案横読み、憲法、行政法、民法、商法、民事訴訟法、刑法、刑事訴訟法、法律実務基礎科目（民事）、法律実務基礎科目（刑事）、一般教養科目
2017.3 319p A5 ¥2750 ①978-4-86466-321-2

◆司法試験 論文解説と合格答案 平成28年　中央大学真法会編　法学書院
【要旨】出題趣旨を踏まえた大学教授の解説。上位・中位合格者の再現答案・答案・構成・試験現場での思考過程を収録。
2017.1 431p B5 ¥3600 ①978-4-587-23545-1

◆司法試験論文過去問 LIVE解説講義本 末永敏和商法　末永敏和著　辰已法律研究所（新Professorシリーズ）改訂版
【要旨】平成28年〜18年全11年の過去問収録。コンパクトかつ必要十分な事案分析と答案講評、再現答案＆模範答案付。
2017.4 394p A5 ¥2700 ①978-4-86466-326-7

◆司法試験論文対策 1冊だけで労働法　辰已法律研究所著　辰已法律研究所 改訂版
【目次】第1部 合格答案作成ガイド（出題形式、総論、各論、判例の重要性、学習の仕方）、第2部 趣旨・規範ハンドブック（労働契約の意義・特色、労働者の概念、労働契約上の権利・義務、就業規則、労働関係の基本原則 ほか）、第3部 過去問（平成18年〜平成28年）、第4部 論点表
2017.3 368p A5 ¥2700 ①978-4-86466-322-9

◆趣旨・規範ハンドブック 1 公法系 平成29年度版　辰已法律研究所著　辰已法律研究所
【要旨】論文まとめノートのベスト。直近5年の出題趣旨・採点実感を要約して該当箇所に収録 こ

れは便利！ 最新の本試験情報・判例情報もキッチリ。
2017.12 287p A5 ¥3200 ①978-4-86466-367-0

◆趣旨・規範ハンドブック 2 民事系 平成29年度版　辰已法律研究所著　辰已法律研究所
【要旨】論文まとめノートのベスト。直近5年の出題趣旨・採点実感を要約して該当箇所に収録 これは便利！ 最新の本試験情報・判例情報もキッチリ。平成29年民法（債権関係）・会社法・商法改正に関する巻末資料付。
2017.12 623p A5 ¥3800 ①978-4-86466-368-7

◆趣旨・規範ハンドブック 3 刑事系 平成29年度版　辰已法律研究所著　辰已法律研究所
【要旨】論文まとめノートのベスト。直近5年の出題趣旨・採点実感を要約して該当箇所に収録 これは便利！ 最新の本試験情報・判例情報もキッチリ。直近の刑法・刑訴改正に関する巻末資料付。
2017.12 371p A5 ¥3500 ①978-4-86466-369-4

◆西口竜司の論文の書き方革命本 刑法 共犯・詐欺横領背任編　西口竜司著　辰已法律研究所　改訂版
【要旨】刑法の頻出論点を基本から最新の議論までしっかりフォロー。受験生が本当に知りたいメソッド大公開！ 司H28過去問解説追加+内容の全体的な見直しを。
2017.2 312p B6 ¥2300 ①978-4-86466-317-5

◆平成28年司法試験 論文過去問答案パーフェクト ぶんせき本　西口竜司, 柏谷周希, 原孝至監修, 辰已法律研究所著　辰已法律研究所
【要旨】7問・延70通の再現答案を掲載。超上位合格答案、平均的答案、不合格答案を網羅的に掲載・徹底検討。出題趣旨・採点実感等に即した答案分析。
2017.4 505p B5 ¥3900 ①978-4-86466-324-3

◆読み解く合格思考 商法—予備試験・司法試験短期合格者本　冨永勇樹著　辰已法律研究所
【要旨】たった「これだけ」で合格答案!? 当たり前のことを当たり前のように書く秘訣。分からない問題にくらいつく方法とは。司法試験直近3年分1周目の解説・2周目の解説。論点集&判例ランク付。
2017.3 189p A5 ¥2200 ①978-4-86466-323-6

◆私の司法試験合格作戦 2018年版　エール出版社編　エール出版社
【要旨】こうすればあなたも合格する・体験手記集。
2018.1 195p B6 ¥1500 ①978-4-7539-3411-9

 司法書士試験

◆うかる！ 司法書士記述式答案構成力 商業登記 基礎トレーニング編　山村拓也, 伊藤塾編　日本経済新聞出版社
【要旨】記述式対策の決定版が基礎レベルと実戦レベルでリニューアル！ 合格者が学んだ最強メソッドで思考過程をビルドアップ。
2017.12 205p A5 ¥2800 ①978-4-532-40943-2

◆うかる！ 司法書士記述式答案構成力 不動産登記 基礎トレーニング編　山村拓也, 伊藤塾編　日本経済新聞出版社
【要旨】記述式対策の決定版が基礎レベルと実戦レベルでリニューアル！ 合格者が学んだ最強メソッドで苦手意識を克服。
2017.12 245p A5 ¥2800 ①978-4-532-40942-5

◆ケータイ司法書士 1 民法　森山和正著　三省堂　（付属資料：暗記シート1）　第3版
【目次】第1章 総則、第2章 物権、第3章 担保物権、第4章 債権総論、第5章 債権各論、第6章 親族、第7章 相続、第8章 横断学習
2017.7 305p 19cm ¥1600 ①978-4-385-32416-6

◆ケータイ司法書士 2 不登法・供託法・司法書士法　森山和正著　三省堂　（付属資料：暗記シート1）
【目次】第1章 不動産登記法（所有権保存登記（1）：総論・74条1項1号前段、所有権保存登記（2）：74条1項後段・2号 ほか）、第2章 供託法（供託物・供託所、管轄、供託当事者 ほか）、第3章 司法書士法（資格、登録、登録の変更 ほか）
2017.7 257p 19cm ¥1600 ①978-4-385-32417-3

◆ケータイ司法書士 3 商法・会社法・商登法　森山和正著　三省堂　（付属資料：暗記シート1）　第3版
【目次】第1章 株式会社（設立（1）：発起人・定款、設立（2）：変態設立事項 ほか）、第2章 その他の会社・法人（持分会社（1）：総論、持分会社（2）：管理 ほか）、第3章 各会社共通の事項（社債、事業譲渡等、執行文 ほか）、第4章 商法総則・商行為（商法総則、商行為）、第5章 商業登記総論（商号の登記、未成年者の登記 ほか）
2017.7 297p 19cm ¥1600 ①978-4-385-32418-0

◆ケータイ司法書士 4 民訴系3法・憲法・刑法　森山和正著　三省堂　（付属資料：暗記シート1）
【目次】第1章 民事訴訟法（管轄（1）：調査・事物管轄、管轄（2）：土地管轄 ほか）、第2章 民事執行法（債務名義、執行文 ほか）、第3章 民事保全法（保全命令、不服申立て ほか）、第4章 憲法（前文、国民主権 ほか）、第5章 刑法（罪刑法定主義、刑法の適用範囲 ほか）
2017.7 285p 19cm ¥1600 ①978-4-385-32419-7

◆ケータイ司法書士 5 記述式・不動産登記　森山和正著　三省堂　（付属資料：暗記シート1）
【目次】第1章 所有権に関する登記（所有権保存登記（1項1号保存）、所有権保存登記（1項1号・共有・保存行為）ほか）、第2章 抵当権に関する登記（抵当権設定（基本）、抵当権設定（債権の一部）ほか）、第3章 根抵当権に関する登記（根抵当権設定、共同根抵当権設定 ほか）、第4章 仮登記に関する登記（1号仮登記、2号仮登記 ほか）
2017.7 249p 19cm ¥1600 ①978-4-385-32420-3

◆ケータイ司法書士 6 記述式・商業登記　森山和正著　三省堂　（付属資料：暗記シート1）　第3版
【目次】第0章 学習を効率化する各種便覧、第1章 目的・商号・公告方法等に関する変更の登記、第2章 株式・新株予約権に関する登記、第3章 計算に関する登記、第4章 機関・役員等に関する登記、第5章 本店・支店・支配人に関する登記、第6章 解散・清算等に関する登記、第7章 組織再編等に関する登記、第8章 その他の登記
2017.7 265p 19cm ¥1600 ①978-4-385-32421-0

◆合格率3%の司法書士試験に中卒・フリーター・現役大学生が下克上合格　LEC東京リーガルマインド編著　東京リーガルマインド
【要旨】司法書士試験は「天才」ではなく、努力した「凡人」が合格できる「最高」の資格。今の自分に満足していない、でも何をしたらいいんだろ…勉強嫌いからスタートした三人の合格までの軌跡。
2017.3 169p A5 ¥1000 ①978-4-8449-8058-2

◆司法試験予備試験 新・論文の森 行政法　LEC東京リーガルマインド著　東京リーガルマインド　第3版
【要旨】平成23〜28年までの予備試験の論文式試験問題、出題趣旨&参考答案を巻末に収録。全50問であらゆる出題パターンに対応できる能力を養成、全50通の参考答案で合格答案のイメージを具体化。解説の「思考のプロセス」・「学習のポイント」等）の明示により答案の自己分析が可能。
2017.11 609p A5 ¥3800 ①978-4-8449-7195-5

◆司法書士一問一答 合格の肢 1 民法1総則・物権 2018年版　竹下貴浩編著　日本評論社
【要旨】司法書士試験択一式試験の過去問から問題の選択肢ごとに関係法令の条文と対応させ、一問一答の形で知識と理解力を問う、合格のために必携の問題集。
2017.10 345p B6 ¥1900 ①978-4-535-52320-3

◆司法書士一問一答 合格の肢 2 民法2債権・親族・相続 2018年版　竹下貴浩編著　日本評論社サービスセンター, 日本評論社 発売
【要旨】司法書士試験択一式試験の過去問から問題の選択肢ごとに関係法令の条文と対応させ、一問一答の形で知識と理解力を問う、合格のために必携の問題集。
2017.10 291p B6 ¥1700 ①978-4-535-52321-0

◆司法書士一問一答 合格の肢 3 不動産登記法 2018年版　竹下貴浩編著　日本評論社サービスセンター, 日本評論社 発売
【要旨】司法書士試験択一式試験の過去問から問題の選択肢ごとに関係法令の条文と対応させ、一問一答の形で知識と理解力を問う、合格のため

に必携の問題集。
2017.10 427p B6 ¥2000 ①978-4-535-52322-7

◆司法書士一問一答 合格の肢 4 会社法/商法/商業登記法 2018年版　竹下貴浩編著　日本評論社サービスセンター, 日本評論社発売
【要旨】司法書士試験択一式試験の過去問から問題の選択肢ごとに関係法令の条文と対応させ、一問一答の形で知識と理解力を問う、合格のために必携の問題集。
2017.10 429p B6 ¥2000 ①978-4-535-52323-4

◆司法書士一問一答 合格の肢 5 民事訴訟法/民事執行法/民事保全法/司法書士法 2018年版　竹下貴浩編著　日本評論社サービスセンター, 日本評論社 発売
【要旨】司法書士試験択一式試験の過去問から問題の選択肢ごとに関係法令の条文と対応させ、一問一答の形で知識と理解力を問う、合格のために必携の問題集。
2017.10 249p B6 ¥1700 ①978-4-535-52324-1

◆司法書士一問一答 合格の肢 6 憲法/刑法/供託法 2018年版　竹下貴浩編著　日本評論社サービスセンター, 日本評論社 発売
【要旨】司法書士試験択一式試験の過去問から問題の選択肢ごとに関係法令の条文と対応させ、一問一答の形で知識と理解力を問う、合格のために必携の問題集。
2017.10 287p B6 ¥1700 ①978-4-535-52325-8

◆司法書士過去問—憲法・刑法・民訴法・民執法・民保法・供託法 司法書士　法学書院　（伊藤塾セレクション2）　第10版
【要旨】最新出題傾向に合致した問題を厳選。最新の法改正、通達に沿って問題を修正。解説の冒頭に、解答のテクニック等を掲載。全問題、難易度ランク・出題テーマ付き。合格に必要な全論点を選び抜かれた250問で無駄なく学習。
2017.11 616p A5 ¥3600 ①978-4-587-42289-9

◆司法書士過去問 不動産登記法　伊藤塾編　法学書院　（伊藤塾セレクション4）　第10版
【要旨】最新出題傾向に合致した問題を厳選。最新の法改正、通達に沿って問題を修正。解説の冒頭に、解答のテクニック等を掲載。全問題、難易度ランク・出題テーマ付き。
2017.12 614p A5 ¥3600 ①978-4-587-42299-8

◆司法書士過去問 民法　伊藤塾編　法学書院　（伊藤塾セレクション3）　第10版
【要旨】合格に必要な全論点を、選び抜かれた250問で無駄なく学習。最新出題傾向に合致した問題を厳選。最新の法改正、通達に沿って問題を修正。解説の冒頭に、解答のテクニック等を掲載。全問題、難易度ランク・出題テーマ付き。
2017.10 604p A5 ¥3600 ①978-4-587-42284-4

◆司法書士完全整理 最強の民事訴訟法・民事執行法・民事保全法・司法書士法　東京法経学院編集部編　東京法経学院　（付属資料：赤シート1）
【要旨】合格のために必要不可欠な情報を徹底的に図表により整理。司法書士試験に必要となる知識を10のテーマに分けて整理している！
2017.4 121p A5 ¥1800 ①978-4-8089-1602-2

◆司法書士裁判実務大系 第1巻 職務編　日本司法書士会連合会編　民事法研究会
【要旨】本人訴訟支援・簡裁代理の理論を探究し、司法書士による裁判実務の指針を示す！ 司法制度における司法書士制度の位置づけ、法律相談・法律判断・司法書士倫理等の論点、業務範囲をめぐる学説・裁判例にも論及！
2017.6 400p A5 ¥4000 ①978-4-86556-160-9

◆司法書士試験 暗記の力技100　森山和正著　中央経済社, 中央経済グループパブリッシング 発売
【目次】第1章 語呂合わせの力技（民法—胎児の権利能力、民法—代理権の消滅事由 ほか）、第2章 まとめて覚える力技（民法—検察官ができるものできないもの、科目横断—条文に出てくる年齢の整理 ほか）、第3章 数字を覚える力技（民法—民法上の時効期間、民法—条文上の期間 ほか）、第4章 混同しやすい知識を覚える力技（民法—相続における放棄の比較、民法—出生届の効力 ほか）、第5章 法律が変わると結論が変わるもの（科目横断—代理権消滅の特則、科目横断—留置権 ほか）
2017.11 233p A5 ¥2200 ①978-4-502-24401-8

法律

◆司法書士試験合格ゾーン過去問題集　平成29年度　LEC東京リーガルマインド編著　東京リーガルマインド
【要旨】平成29年度の択一・記述問題を詳細に解説。受験生の解答データに基づき本試験を徹底分析。
2017.8 380p A5 ¥1900 ①978-4-8449-8060-5

◆司法書士試験合格ゾーン記述式過去問題集　商業登記法　2018年版　LEC東京リーガルマインド編著　東京リーガルマインド　第6版
【要旨】近年の出題傾向の把握に最適な直近10年分（平成20年～平成29年）を掲載！可能な限り再現した書式により本番をシミュレート！豊富な図表と詳細な解説により出題論点の深い理解が可能！
2017.12 719p A5 ¥2200 ①978-4-8449-8071-1

◆司法書士試験合格ゾーン記述式過去問題集　不動産登記法　2018年版　LEC東京リーガルマインド編著　東京リーガルマインド　第6版
【要旨】近年の出題傾向の把握に最適な直近10年分（平成20年～平成29年）を掲載！可能な限り再現した書式により本番をシミュレート！豊富な図表と詳細な解説により出題論点の深い理解が可能！
2017.11 495p A5 ¥2200 ①978-4-8449-8070-4

◆司法書士試験合格ゾーン 択一式過去問題集 会社法・商法　2018年版　LEC東京リーガルマインド編著　東京リーガルマインド　第22版
【要旨】法改正に対応、要点をおさえた詳細な解説！37年分（昭和56年～平成29年）の本試験問題を収録！
2017.10 906p A5 ¥4500 ①978-4-8449-8066-7

◆司法書士試験合格ゾーン択一式過去問題集　憲法・刑法・供託法・司法書士法　2018年版　LEC東京リーガルマインド編著　東京リーガルマインド　第22版
【要旨】法改正に対応、要点をおさえた詳細な解説！最大38年分（刑法は昭和55年から38年分、供託法は昭和57年から36年分、憲法・司法書士法は平成15年から15年分）の本試験問題を収録！
2017.11 902p A5 ¥3800 ①978-4-8449-8069-8

◆司法書士試験合格ゾーン択一式過去問題集　商業登記法　2018年版　LEC東京リーガルマインド編著　東京リーガルマインド　第22版
【要旨】法改正に対応、要点をおさえた詳細な解説！36年分（昭和57年～平成29年）の本試験問題を収録！
2017.11 734p A5 ¥3500 ①978-4-8449-8067-4

◆司法書士試験合格ゾーン 択一式過去問題集 不動産登記法　2018年版 上　LEC東京リーガルマインド編著　東京リーガルマインド　第22版
【要旨】法改正に対応、要点をおさえた詳細な解説！36年分（昭和57年～平成29年）の本試験問題を収録！
2017.10 739p A5 ¥3500 ①978-4-8449-8064-3

◆司法書士試験合格ゾーン 択一式過去問題集 不動産登記法　2018年版 下　LEC東京リーガルマインド編著　東京リーガルマインド　第22版
【要旨】法改正に対応、要点をおさえた詳細な解説！36年分（昭和57年～平成29年）の本試験問題を収録！
2017.10 814p A5 ¥3200 ①978-4-8449-8065-0

◆司法書士試験合格ゾーン択一式過去問題集　民事訴訟法・民事執行法・民事保全法　2018年版　LEC東京リーガルマインド編著　東京リーガルマインド　第21版
【要旨】法改正に対応、要点をおさえた詳細な解説！36年分（昭和57年～平成29年）の本試験問題を収録！
2017.10 630p A5 ¥2300 ①978-4-8449-8068-1

◆司法書士試験合格ゾーン択一式過去問題集　民法　2018年版 上　LEC東京リーガルマインド編著　東京リーガルマインド　第23版
【要旨】法改正に対応、要点をおさえた詳細な解説！36年分（昭和57年～平成29年）の本試験問題を収録！
2017.9 338p A5 ¥1500 ①978-4-8449-8061-2

◆司法書士試験合格ゾーン択一式過去問題集　民法　2018年版 中　LEC東京リーガルマインド編著　東京リーガルマインド　第23版
【要旨】法改正に対応、要点をおさえた詳細な解説！36年分（昭和57年～平成29年）の本試験問題を収録！
2017.10 867p A5 ¥3500 ①978-4-8449-8062-9

◆司法書士試験合格ゾーン 択一式過去問題集 民法　2018年版 下　LEC東京リーガルマインド編著　東京リーガルマインド　第23版
【要旨】法改正に対応、要点をおさえた詳細な解説！36年分（昭和57年～平成29年）の本試験問題を収録！
2017.10 865p A5 ¥3800 ①978-4-8449-8063-6

◆司法書士試験実戦択一カード 不動産登記法　LEC東京リーガルマインド編著　東京リーガルマインド　（司法書士試験シリーズ）（付属資料：チェックシート1）　第2版
【要旨】合格への近道は論点整理にあり！重要知識を効率的かつ徹底的に習得！試験直前期のサブノートとして威力を発揮！最新判例・先例を追加しバージョンアップ！「会社法人等番号」の改正に対応！
2017.4 311p A5 ¥2500 ①978-4-8449-8059-0

◆司法書士試験 新教科書5ヶ月合格法 リアリスティック 4 不動産登記法 1　松本雅典著　辰已法律研究所
【目次】第1編 不動産登記法の世界（総論1）（不動産登記の目的、登記の効力、登場人物・機関、不動産登記の構造、登記の流れ（申請～完了）、添付情報、登録免許税）、第2編 所有権に関する登記（各論1）（所有権の保存の登記、所有権の移転の登記、所有権の変更の登記（共有物分割禁止の定め）、所有権の更正の登記、所有権の抹消の登記、買戻しの登記）、第3編 担保物権の登記（各論2）（抵当権の登記）
2017.7 543p A5 ¥2800 ①978-4-86466-333-5

◆司法書士試験 新教科書5ヶ月合格法 リアリスティック 5 不動産登記法 2　松本雅典著　辰已法律研究所
【目次】第3編 担保物権の登記（各論2）（根抵当権の登記、先取特権の登記 ほか）、第4編 利用権の登記（各論3）（地上権の登記、永小作権の登記 ほか）、第5編 信託の登記（各論4）（信託とは？、信託の登記 ほか）、第6編 全登記に関係する登記（総論2）（仮登記、名変登記 ほか）、第7編 純粋な総論手続（総論3）（取下げ・却下・審査請求、再使用証明 ほか）
2017.7 488p A5 ¥2600 ①978-4-86466-334-2

◆司法書士試験択一過去問本 4 商法・会社法 平成29年度版　辰已法律研究所著
【要旨】平成の全過去問：平成過去問は完全制覇・体系別254問＋活きてる昭和の厳選肢：知識重複いっさいなし・出る肢ベスト115肢。
2017.10 607p B6 ¥2100 ①978-4-86466-349-6

◆司法書士試験択一過去問本 5 不動産登記法1 平成29年度版　辰已法律研究所著
【要旨】平成の全過去問：平成過去問は完全制覇・体系別253問＋活きてる昭和の厳選肢：知識重複いっさいなし・出る肢ベスト70肢。
2017.10 582p B6 ¥2100 ①978-4-86466-350-2

◆司法書士試験択一過去問本 6 不動産登記法2 平成29年度版　辰已法律研究所著
【要旨】平成の全過去問：平成過去問は完全制覇・体系別209問＋活きてる昭和の厳選肢：知識重複いっさいなし・出る肢ベスト60肢。
2017.10 497p B6 ¥1950 ①978-4-86466-351-9

◆司法書士試験択一過去問本 7 商業登記法 平成29年度版　辰已法律研究所著 辰已法律研究所
【要旨】平成の全過去問：平成過去問は完全制覇・体系別201問＋活きてる昭和の厳選肢：知識重複いっさいなし・出る肢ベスト79肢。
2017.10 478p B6 ¥1900 ①978-4-86466-352-6

◆司法書士試験択一過去問本 8 憲法・刑法・司法書士法 平成29年度版　辰已法律研究所著 辰已法律研究所
【要旨】平成の全過去問：平成過去問は完全制覇・体系別180問＋活きてる昭和の厳選肢：知識重複いっさいなし・出る肢ベスト101肢。
2017.10 478p B6 ¥1950 ①978-4-86466-353-3

◆司法書士試験択一過去問本 1 民法1 平成29年度版　辰已法律研究所著　辰已法律研究所
【要旨】平成の全過去問：平成過去問は完全制覇・体系別104問＋活きてる昭和の厳選肢：知識重複いっさいなし・出る肢ベスト35肢。
2017.10 245p B6 ¥1350 ①978-4-86466-346-5

◆司法書士試験択一過去問本 1 民法2 平成29年度版　辰已法律研究所著　辰已法律研究所
【要旨】平成の全過去問：平成過去問は完全制覇・体系別262問＋活きてる昭和の厳選肢：知識重複いっさいなし・出る肢ベスト91肢。
2017.10 632p B6 ¥2200 ①978-4-86466-347-2

◆司法書士試験択一過去問本 3 民法3 平成29年度版　辰已法律研究所著　辰已法律研究所
【要旨】平成の全過去問：平成過去問は完全制覇・体系別251問＋活きてる昭和の厳選肢：知識重複いっさいなし・出る肢ベスト105肢。
2017.10 635p B6 ¥2200 ①978-4-86466-348-9

◆司法書士試験択一過去問本 9 民事訴訟法・民事保全法・民事執行法・供託法 平成29年度版　辰已法律研究所著　辰已法律研究所
【要旨】平成の全過去問：平成過去問は完全制覇・体系別297問＋活きてる昭和の厳選肢：知識重複いっさいなし・出る肢ベスト136肢。
2017.10 703p B6 ¥2200 ①978-4-86466-354-0

◆司法書士 試験にデル判例・先例一問一答式過去問集　西村和彦編著　自由国民社（付属資料：赤シート1）
【要旨】判例集「司法書士試験にデル判例・先例」の姉妹書。合格に必要な判例861問・先例378問を収録。類似の問題をまとめて掲載。難易度を3段階で表示。民法（債権法）改正に対応した「民法改正と判例」を掲載。
2017.10 733p B6 ¥3000 ①978-4-426-12359-8

◆司法書士試験雛形コレクション266 商業登記法　海野禎子執筆、LEC東京リーガルマインド編著　東京リーガルマインド　第3版
【要旨】266個の頻出雛形を網羅。「株主リスト」の改正に対応した最新版！司法書士受験業界の第一線で活躍する海野講師が執筆。すべての雛形に海野講師のコメント付き。
2017.11 480p A5 ¥2700 ①978-4-8449-8080-3

◆司法書士試験本試験問題＆解説Newスタンダード本 平成29年単年度版　辰已法律研究所著　辰已法律研究所
【要旨】最も正確で必要十分な分量の解説。342件の出口調査に基づく肢別解答率掲載。平成29年民法改正情報掲載。
2017.8 302p B5 ¥1250 ①978-4-86466-337-3

◆司法書士択一・記述ブリッジ 商業登記法 実践編　竹下貴浩著　早稲田経営出版　第5版
【要旨】デュープロセスの到達点である良質の演習問題19問を収録！理論編とのリンクや関連事項、確認事項を掲載した詳細な解説！平成28年10月1日施行の商業登記規則の一部改正に対応！
2017.3 364p A5 ¥3500 ①978-4-8471-4161-4

◆司法書士択一・記述ブリッジ 商業登記法 理論編　竹下貴浩著　早稲田経営出版　第5版
【要旨】択一式と記述式、実体法と手続法の関係が理解できる！択一式の問題をテーマにした書式例・登記記録例を99パターン収録！平成28年10月1日施行の商業登記規則の一部改正に対応！
2017.3 374p A5 ¥3400 ①978-4-8471-4160-7

◆司法書士 竹下流過去問攻略分析＆演習1（午前の部）2018年度版　竹下貴浩著　早稲田経営出版
【要旨】"第1部" 出題傾向の分析。過去10年分の本試験問題分析し、出題傾向を読み解く→科目別に頻出論点を把握できる。"第2部" 過去問と解説。問題は年度別に5年分を収録。本番さながらの実戦演習ができる。時間配分を確認できる→総合力で「解く力」が身につく。
2017.10 421p A5 ¥2200 ①978-4-8471-4365-6

◆司法書士 竹下流過去問攻略分析＆演習2（午後の部）2018年度版　竹下貴浩著　早稲田経営出版（付属資料：別冊1）
【要旨】"第1部" 出題傾向の分析。過去10年分の本試験問題分析し、出題傾向を読み解く→科目別に頻出論点を把握できる。"第2部" 過去問と解説。問題は年度別に5年分を収録。本番さなが

らの実戦演習ができる。時間配分を確認できる
→総合力で「解く力」が身につく。
　　　2017.10 749p A5 ¥3400 ①978-4-8471-4366-3

◆司法書士直前チェック必修論点総まとめ
　1　民法1総則・債権　竹下貴浩著　早稲田
　経営出版
【要旨】過去に出題された論点と今後出題されそ
うな必修論点を網羅！ Q&A形式のトレーニング
で知識が定着！論点ごとの出題実績もわかる！
　　　2017.10 338p A5 ¥2600 ①978-4-8471-4367-0

◆司法書士直前チェック必修論点総まとめ
　2　民法2物権　竹下貴浩著　早稲田経営出版
【要旨】過去に出題された論点と今後出題されそ
うな必修論点を網羅！ Q&A形式のトレーニング
で知識が定着！論点ごとの出題実績もわかる！
　　　2017.10 294p A5 ¥2400 ①978-4-8471-4368-7

◆司法書士直前チェック必修論点総まとめ
　3　民法3親族・相続　竹下貴浩著　早稲田
　経営出版
【要旨】過去に出題された論点と今後出題されそ
うな必修論点を網羅！ Q&A形式のトレーニング
で知識が定着！論点ごとの出題実績もわかる！
　　　2017.10 229p A5 ¥2000 ①978-4-8471-4369-4

◆司法書士直前チェック必修論点総まとめ
　4　不動産登記法　竹下貴浩著　早稲田経営
　出版
【要旨】過去に出題された論点と今後出題されそ
うな必修論点を網羅！ Q&A形式のトレーニング
で知識が定着！論点ごとの出題実績もわかる！
　　　2017.10 471p A5 ¥3400 ①978-4-8471-4370-0

◆司法書士直前チェック必修論点総まとめ
　5　会社法・商法・商業登記法　竹下貴浩著
　早稲田経営出版
【要旨】過去に出題された論点と今後出題されそ
うな必修論点を網羅！ Q&A形式のトレーニング
で知識が定着！論点ごとの出題実績もわかる！
合格の王道はここにあり！この1冊に知識を集
約して最強の合格アイテムに！
　　　2017.11 508p A5 ¥3600 ①978-4-8471-4371-7

◆司法書士直前チェック必修論点総まとめ
　6　民事訴訟法・民事執行法・民事保全法
　竹下貴浩著　早稲田経営出版
【要旨】過去に出題された論点と今後出題されそ
うな必修論点を網羅！ Q&A形式のトレーニング
で知識が定着！論点ごとの出題実績もわかる！
合格の王道はここにあり！この1冊に知識を集
約して最強の合格アイテムに！
　　　2017.11 329p A5 ¥2600 ①978-4-8471-4372-4

◆司法書士直前チェック必修論点総まとめ
　7　憲法・刑法　竹下貴浩著　早稲田経営出版
【要旨】過去に出題された論点と今後出題されそ
うな必修論点を網羅！ Q&A形式のトレーニング
で知識が定着！論点ごとの出題実績もわかる！
合格の王道はここにあり！この1冊に知識を集
約して最強の合格アイテムに！
　　　2017.11 336p A5 ¥2800 ①978-4-8471-4373-1

◆司法書士直前チェック必修論点総まとめ
　8　供託法・司法書士法　竹下貴浩著　早稲
　田経営出版
【要旨】過去に出題された論点と今後出題されそ
うな必修論点を網羅！ Q&A形式のトレーニング
で知識が定着！論点ごとの出題実績もわかる！
合格の王道はここにあり！この1冊に知識を集
約して最強の合格アイテムに！
　　　2017.11 209p A5 ¥1600 ①978-4-8471-4374-8

◆司法書士デュープロセス　7　刑法　竹下
　貴浩著　早稲田経営出版　第3版
【目次】第1部 刑法総論（刑法の基礎理論、犯罪
の成立要件、未遂犯、共犯、罪数ほか）、第2部
刑法各論（個人的法益に対する罪、社会的法益に
対する罪、国家的法益に対する罪）
　　　2017.9 262p, 5p A5 ¥2600 ①978-4-8471-4364-9

◆司法書士年度別過去問　平成24～28年度
　伊藤塾, 高城真之介編著　法学書院
【要旨】平成28年度本試験成績診断データ＋本試
験5年分でシミュレート。高城真之介の過去問分
析と学習指針を知って、出題傾向、レベル、バ
ランスを確認し、"穴"をなくす！平成28年10
月1日施行の商業登記規則改正「株主リスト」に
完全対応！
　　　2017.11 1189p A5 ¥5300 ①978-4-8471-42124-3

◆司法書士のためのマーケティングマニュア
　ル　船井総合研究所, 司法書士事務所コンサル
　ティンググループ著　第一法規　新訂版

【要旨】顧客に支持される事務所になる！数多
くの事務所を業績アップに導いてきた執筆陣が、
すぐに行動に移せるマーケティングのノウハウ
を提示！
　　　2017.7 193p A5 ¥2500 ①978-4-474-05643-5

◆司法書士ハイレベル問題集　1　択一式 民
　法　2018年度版　Wセミナー司法書士講座
　編　早稲田経営出版　（司法書士スタンダード
　システム）
【要旨】合格はここから生まれる。Wセミナー答
案練習会の問題から、本試験レベルの良問を厳
選！　2017.8 364p A5 ¥2600 ①978-4-8471-4328-1

◆司法書士ハイレベル問題集　2　択一式 不
　動産登記法　2018年度版　Wセミナー司法
　書士講座編　早稲田経営出版　（司法書士スタ
　ンダードシステム）
【要旨】合格はここから生まれる。Wセミナー答
案練習会の問題から、本試験レベルの良問を厳
選！　2017.8 264p A5 ¥2600 ①978-4-8471-4329-8

◆司法書士ハイレベル問題集　3　択一式 商
　法・会社法・商業登記法　2018年度版
　Wセミナー司法書士講座編　早稲田経営出版
　（司法書士スタンダードシステム）
【要旨】合格はここから生まれる。Wセミナー答
案練習会の問題から、本試験レベルの良問を厳
選！　2017.8 328p A5 ¥2400 ①978-4-8471-4330-4

◆司法書士ハイレベル問題集　4　択一式 民
　事訴訟法・民事執行法・民事保全法・供託
　法・司法書士法・刑法・憲法　2018年度
　版　Wセミナー司法書士講座編　早稲田経営
　出版　（司法書士スタンダードシステム）
【要旨】合格はここから生まれる。Wセミナー答
案練習会の問題から、本試験レベルの良問を厳
選！　2017.8 307p A5 ¥2400 ①978-4-8471-4331-1

◆司法書士ハイレベル問題集　5　記述式 不
　動産登記法　2018年度版　Wセミナー司法
　書士講座編　早稲田経営出版　（司法書士スタ
　ンダードシステム）
【要旨】合格はここから生まれる。Wセミナー答
案練習会の問題から、本試験レベルの良問を厳
選！　2017.8 368p A5 ¥2400 ①978-4-8471-4332-8

◆司法書士ハイレベル問題集　6　記述式 商
　業登記法（2018年度版）　Wセミナー司法書
　士講座編　早稲田経営出版　（司法書士スタン
　ダードシステム）
【要旨】合格はここから生まれる。Wセミナー答
案練習会の問題から、本試験レベルの良問を厳
選！　2017.8 309p A5 ¥2400 ①978-4-8471-4333-5

◆司法書士パーフェクト過去問題集　1　択
　一式民法（総則・債権）　2018年度版　W
　セミナー司法書士講座編　早稲田経営出版
　（司法書士スタンダードシステム）
【要旨】合格のカギは過去問にある。Wセミナー
講師陣が本試験を徹底攻略。
　　　2017.9 609p A5 ¥3000 ①978-4-8471-4296-3

◆司法書士パーフェクト過去問題集　2　択
　一式民法（物権・担保物権）　2018年度版
　Wセミナー司法書士講座編　早稲田経営出版
　（司法書士スタンダードシステム）
【要旨】合格のカギは過去問にある。Wセミナー
講師陣が本試験を徹底攻略。
　　　2017.9 708p A5 ¥3200 ①978-4-8471-4297-0

◆司法書士パーフェクト過去問題集　3　択
　一式民法（親族・相続）　2018年度版　W
　セミナー司法書士講座編　早稲田経営出版
　（司法書士スタンダードシステム）
【要旨】合格のカギは過去問にある。Wセミナー
講師陣が本試験を徹底攻略。
　　　2017.9 346p A5 ¥2000 ①978-4-8471-4298-7

◆司法書士パーフェクト過去問題集　4　択
　一式 不動産登記法1　2018年度版　Wセ
　ミナー司法書士講座編　早稲田経営出版　（司
　法書士スタンダードシステム）
【要旨】平成29年度までの本試験問題をテーマ別
に収録しました。無駄を省いたコンパクトな解
説で重要な箇所がマスターできます。出題の意
図、問題を解く上でキーとなる知識、正解不正
解をわけるポイント等が一目でわかります。
　　　2017.9 627p A5 ¥3000 ①978-4-8471-4299-4

◆司法書士パーフェクト過去問題集　5　択
　一式 不動産登記法2　2018年度版　Wセ

ミナー司法書士講座編　早稲田経営出版　（司
法書士スタンダードシステム）
【要旨】平成29年度までの本試験問題をテーマ別
に収録しました。無駄を省いたコンパクトな解
説で重要な箇所がマスターできます。出題の意
図、問題を解く上でキーとなる知識、正解不正
解をわけるポイント等が一目でわかります。
　　　2017.9 528p A5 ¥2600 ①978-4-8471-4300-7

◆司法書士パーフェクト過去問題集　6　択
　一式 商法・会社法　2018年度版　Wセミ
　ナー司法書士講座編　早稲田経営出版　（司法
　書士スタンダードシステム）
【要旨】平成29年度までの本試験問題をテーマ別
に収録しました。無駄を省いたコンパクトな解
説で重要な箇所がマスターできます。出題の意
図、問題を解く上でキーとなる知識、正解不正
解をわけるポイント等が一目でわかります。
　　　2017.9 525p A5 ¥3200 ①978-4-8471-4301-4

◆司法書士パーフェクト過去問題集　7　択
　一式 商業登記法　2018年度版　Wセミ
　ナー司法書士講座編　早稲田経営出版　（司法
　書士スタンダードシステム）
【要旨】平成29年度までの本試験問題をテーマ別
に収録しました。無駄を省いたコンパクトな解
説で重要な箇所がマスターできます。出題の意
図、問題を解く上でキーとなる知識、正解不正
解をわけるポイント等が一目でわかります。
　　　2017.9 538p A5 ¥2600 ①978-4-8471-4302-1

◆司法書士パーフェクト過去問題集　8　択
　一式 民事訴訟法・民事執行法・民事保全
　法　2018年度版　Wセミナー司法書士講座
　編　早稲田経営出版　（司法書士スタンダード
　システム）
【要旨】合格のカギは過去問にある。Wセミナー
講師陣が本試験を徹底攻略。
　　　2017.10 498p A5 ¥2400 ①978-4-8471-4303-8

◆司法書士パーフェクト過去問題集　9　択
　一式 供託法・司法書士法　2018年度版　W
　セミナー司法書士講座編　早稲田経営出版
　（司法書士スタンダードシステム）
【要旨】合格のカギは過去問にある。Wセミナー
講師陣が本試験を徹底攻略。
　　　2017.10 328p A5 ¥2000 ①978-4-8471-4304-5

◆司法書士パーフェクト過去問題集　10
　択一式 刑法・憲法　2018年度版　Wセミ
　ナー司法書士講座編　早稲田経営出版　（司法
　書士スタンダードシステム）
【要旨】合格のカギは過去問にある。Wセミナー
講師陣が本試験を徹底攻略。
　　　2017.10 491p A5 ¥2400 ①978-4-8471-4305-2

◆司法書士パーフェクト過去問題集　11
　記述式 不動産登記法　2018年度版　Wセ
　ミナー司法書士講座編　早稲田経営出版　（司
　法書士スタンダードシステム）
【要旨】合格のカギは過去問にある。Wセミナー
講師陣が本試験を徹底攻略。過去問題集の決定
版！
　　　2017.10 599p A5 ¥2800 ①978-4-8471-4306-9

◆司法書士パーフェクト過去問題集　12
　記述式 商業登記法　2018年度版　Wセミ
　ナー司法書士講座編　早稲田経営出版　（司法
　書士スタンダードシステム）
【要旨】合格のカギは過去問にある。Wセミナー
講師陣が本試験を徹底攻略。過去問題集の決定
版！平成29年度（改題）～平成18年度（改題）ま
での問題を収録。
　　　2017.10 500p A5 ¥2800 ①978-4-8471-4307-6

◆司法書士 法務アシスト読本―地域と生きる
　法律実務家の職務と責任　大崎晴由著　民事法
　研究会　第9版
【要旨】司法書士が担う職務全般にわたり執務の
基本知識から執務のあり方、ノウハウまでを、著
者の50年にわたる経験を通してわかりやすく
教示するロングセラー。改正民法、相続証明制
度などの最新法令や実務、判例の動向を織り込
み全体を点検・見直し、併せて内容の凝縮を図
りつつ、7年ぶりに大幅改訂を施した。
　　　2017.12 390p A5 ¥3300 ①978-4-86556-194-4

◆司法書士本試験問題と詳細解説　平成29
　年度　東京法経学院編集部著　東京法経学院
【要旨】択一式70問と記述式2問のポイント解説。
　　　2017.9 262p B5 ¥926 ①978-4-8089-1605-3

◆**司法書士 みるみるわかる！ 商業登記法**
山本浩司著　早稲田経営出版　第6版
【要旨】イラスト入りで初学者にも商業登記法がわかりやすく理解できる。楽しく学んで商業登記の基礎を覚えよう！
　　　　2017.3 256, 5p A5 ¥1800 ①978-4-8471-4289-5

◆**司法書士 山本浩司のオートマシステム　1　民法1**　山本浩司著　早稲田経営出版　第6版
【要旨】わかりやすい言葉で解説しているので、まずは本書を一読してください。理解できたところから、そこに掲載されている「参考問題」にチャレンジしてください。正解しない問題があったら、本書の該当箇所を理解できるまで熟読してください。あとは、どこに何が書いてあるかイメージできるくらいなりましょう。
　　　　2017.11 336, 3p A5 ¥2200 ①978-4-8471-4388-5

◆**司法書士 山本浩司のオートマシステム　2　民法2**　山本浩司著　早稲田経営出版　第6版
【要旨】わかりやすい言葉で解説しているので、まずは本書を一読してください。理解できたところから、そこに掲載されている「参考問題」にチャレンジしてください。正解しない問題があったら、本書の該当箇所を理解できるまで熟読してください。あとは、どこに何が書いてあるかイメージできるくらいなりましょう。
　　　　2017.11 355, 4p A5 ¥2200 ①978-4-8471-4389-2

◆**司法書士 山本浩司のオートマシステム　3　民法3**　山本浩司著　早稲田経営出版　第6版
【要旨】わかりやすい言葉で解説しているので、まずは本書を一読してください。理解できたところから、そこに掲載されている「参考問題」にチャレンジしてください。正解しない問題があったら、本書の該当箇所を理解できるまで熟読してください。あとは、どこに何が書いてあるかイメージできるくらいなりましょう。
　　　　2017.11 466, 6p A5 ¥2900 ①978-4-8471-4390-8

◆**司法書士 山本浩司のオートマシステム　6　会社法・商法・商業登記法　1**　山本浩司著　早稲田経営出版　第4版
【要旨】目で見てわかる図解充実。大事なポイントをよりわかりやすく。
　　　　2017.2 545, 5p A5 ¥3000 ①978-4-8471-4284-0

◆**司法書士 山本浩司のオートマシステム　7　会社法・商法・商業登記法　2**　山本浩司著　早稲田経営出版　第4版
【要旨】目で見てわかる図解充実。大事なポイントをよりわかりやすく。
　　　　2017.2 559, 6p A5 ¥3000 ①978-4-8471-4285-7

◆**司法書士 山本浩司のオートマシステム　8　民事訴訟法・民事執行法・民事保全法**　山本浩司著　早稲田経営出版　第4版
【要旨】わかりやすい言葉で解説しているので、まずは本書を一読してください。理解できたところから、そこに掲載されている「参考問題」にチャレンジしてください。正解しない問題があったら、本書の該当箇所を理解できるまで熟読してください。あとは、どこに何が書いてあるかイメージできるくらいなりましょう。
　　　　2017.11 445, 7p A5 ¥2800 ①978-4-8471-4395-3

◆**司法書士 山本浩司のオートマシステム　9　供託法・司法書士法**　山本浩司著　早稲田経営出版
【要旨】わかりやすい言葉で解説しているので、まずは本書を一読してください。理解できたところから、そこに掲載されている「参考問題」にチャレンジしてください。正解しない問題があったら、本書の該当箇所を理解できるまで熟読してください。あとは、どこに何が書いてあるかイメージできるくらいなりましょう。
　　　　2017.11 259, 3p A5 ¥1800 ①978-4-8471-4396-0

◆**司法書士 山本浩司のオートマシステム オートマ過去問　1　民法1　2018年度版**
山本浩司著　早稲田経営出版
【要旨】本書の構成：肢別問題：簡潔・明解な解説→合格知識があっという間に身につく。問題ごとのセット・比較・条文・基本などの表示→学習効果を最大限に高める。総合問題：本試験問題を厳選掲載→一切のムダなし。間違えたら再トライから肢別問題へ戻れる→学習効果を実感できる。
　　　　2017.10 483p A5 ¥2800 ①978-4-8471-4355-7

◆**司法書士 山本浩司のオートマシステム オートマ過去問　3　不動産登記法1　2018年度版**　山本浩司著　早稲田経営出版

【要旨】肢別問題：簡潔・明解な解説→合格知識があっという間に身につく。問題ごとのセット、比較、条文、基本などの表示→学習効果を最大限に高める。総合問題：本試験問題を厳選掲載→一切のムダなし。間違えたら再トライから肢別問題へ戻れる→学習効果を実感できる。
　　　　2017.11 361p A5 ¥2400 ①978-4-8471-4357-1

◆**司法書士 山本浩司のオートマシステム オートマ過去問　4　不動産登記法2　2018年度版**　山本浩司著　早稲田経営出版
【要旨】肢別問題：簡潔・明解な解説→合格知識があっという間に身につく。問題ごとのセット、比較、条文、基本などの表示→学習効果を最大限に高める。総合問題：本試験問題を厳選掲載→一切のムダなし。間違えたら再トライから肢別問題へ戻れる→学習効果を実感できる。
　　　　2017.11 333p A5 ¥2400 ①978-4-8471-4358-8

◆**司法書士 山本浩司のオートマシステム オートマ過去問　5　会社法・商法　2018年度版**　山本浩司著　早稲田経営出版
【要旨】肢別問題は簡潔・明解な解説で合格知識があっという間に身につく。問題ごとのセット、比較、条文、基本などの表示で、学習効果を最大限に高める。総合問題は本試験問題を厳選掲載。間違えたら再トライから肢別問題へ戻れ、学習効果を実感できる。
　　　　2017.11 443p A5 ¥2400 ①978-4-8471-4359-5

◆**司法書士 山本浩司のオートマシステム オートマ過去問　6　商業登記法　2018年度版**　山本浩司著　早稲田経営出版
【要旨】肢別問題は簡潔・明解な解説で合格知識があっという間に身につく。問題ごとのセット、比較、条文、基本などの表示で、学習効果を最大限に高める。総合問題は本試験問題を厳選掲載。間違えたら再トライから肢別問題へ戻れ、学習効果を実感できる。
　　　　2017.11 297p A5 ¥2000 ①978-4-8471-4360-1

◆**司法書士 山本浩司のオートマシステム オートマ過去問　7　民事訴訟法・民事執行法・民事保全法　2018年度版**　山本浩司著　早稲田経営出版
【要旨】肢別問題は簡潔・明解な解説で合格知識があっという間に身につく。問題ごとのセット、比較、条文、基本などの表示で、学習効果を最大限に高める。総合問題は本試験問題を厳選掲載。間違えたら再トライから肢別問題へ戻れ、学習効果を実感できる。
　　　　2017.11 251p A5 ¥2000 ①978-4-8471-4362-5

◆**司法書士 山本浩司のオートマシステム オートマ過去問　8　憲法・刑法　2018年度版**　山本浩司著　早稲田経営出版
【要旨】肢別問題は簡潔・明解な解説で合格知識があっという間に身につく。問題ごとのセット、比較、条文、基本などの表示で、学習効果を最大限に高める。"総合問題"は本試験問題を厳選掲載。間違えたら再トライから肢別問題へ戻れ、学習効果を実感できる。
　　　　2017.11 197p A5 ¥2000 ①978-4-8471-4363-2

◆**司法書士 山本浩司のオートマシステム この男、司法書士。**　山本浩司監修、栗原庸介執筆　早稲田経営出版
【要旨】オートマの効果的な使い方がバッチリわかる、オートマシリーズ初の公式ガイドブック。司試験合格から独立開業までの、他ではなかなか聞けない情報が満載！ 借金300万から全国3位合格を成し遂げた男の伝記を、付録として楽しめる！
　　　　2017.5 180p A5 ¥1600 ①978-4-8471-4315-1

◆**司法書士 山本浩司のオートマシステム 商業登記法 "記述式"**　山本浩司著　早稲田経営出版　第4版
【要旨】商業登記法 "記述式試験" に特化した、問題形式のテキスト！ 最新の法改正、出題傾向に対応!!
　　　　2017.3 439, 2p A5 ¥2800 ①978-4-8471-4287-1

◆**司法書士 山本浩司のオートマシステム 新・でるトコ一問一答＋要点整理　1　民法**　山本浩司著　早稲田経営出版　第2版
【目次】1 民法総則、2 物権、3 担保物権、4 債権、5・1 親族、5・2 相続
　　　　2017.10 499p A5 ¥2800 ①978-4-8471-4401-1

◆**司法書士 山本浩司のオートマシステム総集編 短期合格のツボ　2018年版**　山本浩司編著　早稲田経営出版
【要旨】まず最初に短期合格の基本原理を学びましょう。次に基礎とは何か「学説問題の解法」や「時間の配分」を覚えましょう。最後に本試験の問題を解き、合格点がとれるようになりましょう。
　　　　2017.10 481p A5 ¥3000 ①978-4-8471-4387-8

◆**司法書士 山本浩司のオートマシステムプレミア　4　会社法・商法・商業登記法　1**　山本浩司著　早稲田経営出版　第4版
【要旨】本書は、司法書士試験の11科目を一渡り学習した方を対象としております。まずは各法律の基礎を作りましょう。次のステップとして、科目間の内部での多角的な物の見方を身につけましょう。そして、科目間の横断学習をすることにより、合格に充分な実力を養成しましょう。
　　　　2017.4 327, 2p B6 ¥2000 ①978-4-8471-4294-9

◆**司法書士 山本浩司のオートマシステムプレミア　5　会社法・商法・商業登記法　2**　山本浩司著　早稲田経営出版　第4版
【要旨】本書は、司法書士試験の11科目を一渡り学習した方を対象としております。まずは各法律の基礎を作りましょう。次のステップとして、科目間の内部での多角的な物の見方を身につけましょう。そして、科目間の横断学習をすることにより、合格に充分な実力を養成しましょう。
　　　　2017.4 261, 1p B6 ¥2000 ①978-4-8471-4295-6

◆**スマホで暗記司法書士 不動産登記法　1**
LEC東京リーガルマインド編、海野禎子著　東京リーガルマインド
【目次】第1章 不動産登記申請に関する前提知識、第2章 所有権に関する登記（所有権保存、所有権移転、所有権変更、所有権抹消、所有権抹消、買戻し）、第3章 抵当権に関する登記（抵当権設定、抵当権移転、抵当権変更、抵当権更正、順位変更、抵当権抹消、抵当証券）、第4章 根抵当権に関する登記（根抵当権設定、根抵当権移転、根抵当権変更、根抵当権抹消）
　　　　2018.1 357p A5 ¥1600 ①978-4-8449-8074-2

◆**スマホで暗記司法書士 不動産登記法　2**
海野禎子著、LEC東京リーガルマインド編　東京リーガルマインド
【目次】第1章 何登記、第2章 更正・抹消登記以外の是正登記、第3章 抵当権・何登記担保以外の担保権、第4章 用益権に関する登記、第5章 信託に関する登記・区分建物に関する登記、第6章 不動産登記択一編（総論）
　　　　2018.1 247p A5 ¥1600 ①978-4-8449-8075-9

◆**スマホで暗記司法書士 民法　1**　海野禎子著、LEC東京リーガルマインド編　東京リーガルマインド
【要旨】ステップ1：テキストとして使う！ ステップ2：スマホ連動で重要論点問題集に！ ステップ3：ハイレベル問題集にカスタマイズも！ 3ステップで効率学習！
　　　　2017.10 319p A5 ¥1600 ①978-4-8449-8072-8

◆**スマホで暗記司法書士 民法　2**　海野禎子著、LEC東京リーガルマインド編　東京リーガルマインド
【要旨】ステップ1：テキストとして使う！ ステップ2：スマホ連動で重要論点問題集に！ ステップ3：ハイレベル問題集にカスタマイズも！ 3ステップで効率学習！
　　　　2017.10 330p A5 ¥1600 ①978-4-8449-8073-5

◆**だからあなたを合格（うか）らせたい！ 司法書士一発合格法**　田端恵子著　すばる舎
【要旨】根性論だけではなく方法論で組んだ「学習計画」。苦手な記述を克服した「超短期記述対策法」。合格が遠いくものは全部捨てる「気持ち」etc……ぜ～んぶお伝えします！
　　　　2017.9 274p A5 ¥1800 ①978-4-7991-0644-0

◆**竹下貴浩の攻略！ 平成29年改正民法 逐条解説─司法書士試験**　竹下貴浩著　早稲田経営出版
【要旨】すべての司法書士受験生のための法改正講義！ 試験に関係する改正のポイントがよくわかる！ 改正点の理解度がチェックできる「確認

問題」入り！
2017.6 251p A5 ¥2200 ①978-4-8471-4185-0

◆**超速解 司法書士試験 記述式 平成28年度版**　小玉真義著　辰已法律研究所
【要旨】これ1冊で不動産登記法&商業登記法。時間不足の方、アナタに足りないものはコレです。無駄のない情報抽出力と答案作成力の習得。記述対策の革命！ 答案構成用紙は、使いません。時系列に関する図表も、描きません。登記記録・役員に関する図表も、描きません。問題文にちょっと工夫したメモを書くだけ。これだけで速く解ける・正解が書ける。
2017.1 332p A5 ¥2500 ①978-4-86466-316-8

◆**通勤時間で攻める！ 司法書士スタートアップテキスト**　山田巨樹著　中央経済社, 中央経済グループパブリッシング 発売
【要旨】全11科目を一気に攻略！ 範囲が広い司法書士試験の全体像を超速で把握。1テーマ見開き2ページ。通勤・スキマ時間に最適。設例を挙げながらやさしく解説。法律初学者も安心。
2017.6 289p A5 ¥2600 ①978-4-502-22671-7

◆**ベーシック問題集 3 択一式 商法・会社法・商業登記法**　Wセミナー司法書士講座編　早稲田経営出版　（司法書士スタンダードシステム）
【要旨】合格のための基礎、ここに完成。基礎レベルのオリジナル問題。『スタンダード合格テキスト』準拠。
2017.5 303p A5 ¥2500 ①978-4-8471-4006-8

◆**無敵の司法書士――2017年本試験予想論点表**　早稲田経営出版編集部編著　早稲田経営出版
【目次】午前の部（憲法、民法（総則）、民法（物権）、民法（担保物権）、民法（債権）、民法（親族・相続）、刑法、商法・会社法）、午後の部（民事訴訟法・民事執行法・民事保全法、供託法、司法書士法、不動産登記法（択一）、商業登記法（択一）、不動産登記法（記述）、商業登記法（記述））　2017.1 147p B5 ¥1500 ①978-4-8471-4280-2

◆**無敵の司法書士――2017年本試験予想問題集**　早稲田経営出版編集部編著　早稲田経営出版　（付属資料：別冊1）
【要旨】午前の部択一式：35問、午後の部択一式：35問、記述式：2問。Wセミナー講師陣の出題予想に基づく最新クオリティの問題を収載。
2017.2 246p B5 ¥1500 ①978-4-8471-4281-9

◆**私の司法書士試験合格作戦 '17年版**　エール出版社編　エール出版社
【要旨】私たちはこうして合格した・体験手記集。法律を初めて学ぶ人でも合格できる、短期合格のノウハウ公開！
2017.3 162p B6 ¥1500 ①978-4-7539-3380-8

行政書士試験

◆**一発合格！ 行政書士トレーニング問題集 2 民法 2017年度版**　資格の大原行政書士講座編著　大原出版　第9版
【要旨】過去問のほか、行政書士試験対策に必要な司法試験、公認会計士試験、司法書士試験、宅建試験、公務員試験から厳選して収載！
2017.2 531p A5 ¥1500 ①978-4-86486-423-7

◆**一発合格！ 行政書士トレーニング問題集 3 多肢選択式 2017年度版**　資格の大原行政書士講座編著　大原出版
【要旨】過去問のほか、行政書士試験対策に必要なオリジナル問題を収載！
2017.2 509p A5 ¥1500 ①978-4-86486-424-1

◆**一発合格！ 行政書士トレーニング問題集 4 行政法（2017年度版）**　資格の大原行政書士講座編著　大原出版　第9版
【要旨】過去問のほか、行政書士試験対策に必要なオリジナル問題を収載！
2017.5 607p A5 ¥1500 ①978-4-86486-425-1

◆**一発合格！ 行政書士トレーニング問題集 5 商法・会社法 2017年度版**　資格の大原行政書士講座編著　大原出版　第9版
【要旨】過去問のほか、行政書士試験対策に必要なオリジナル問題を収載！
2017.7 211p A5 ¥1200 ①978-4-86486-426-8

◆**うかる！ 行政書士総合テキスト 2018年版**　伊藤塾編　日本経済新聞出版社　（付属資料：別冊1）
【目次】1 憲法、2 民法、3 商法、4 行政法、5 基礎法学、6 一般知識等
2017.12 814p A5 ¥3000 ①978-4-532-40948-7

◆**うかる！ 行政書士総合問題集 2017年度版**　伊藤塾編　日本経済新聞出版社　（付属資料：別冊1）
【要旨】過去問&オリジナル問題で重要項目をカバー。平成28年度試験問題+解答・解説を収載。
2017.1 735p A5 ¥2500 ①978-4-532-40919-7

◆**うかる！ 行政書士直前模試 2017年度版**　伊藤塾編　日本経済新聞出版社　（付属資料：別冊1）
【要旨】第1回模擬試験解答・解説、第2回模擬試験解答・解説、巻末特集 合格への特別講義（憲法、民法、商法、行政法、基礎法学、多肢選択式、記述式、一般知識等科目）
2017.4 163p B5 ¥1400 ①978-4-532-40923-4

◆**うかる！ 行政書士入門ゼミ 2018年度版**　伊藤塾編　日本経済新聞出版社
【目次】ガイダンス、1 憲法入門、2 民法入門、3 商法入門、4 行政法入門、5 基礎法学入門、6 一般知識等入門
2017.11 251p A5 ¥1600 ①978-4-532-40944-9

◆**うかる！ 行政書士必修項目100 2017年度版**　伊藤塾編　日本経済新聞出版社　（付属資料; 赤シート1）
【要旨】平成29年度出題予想カードBest21収録。頻出テーマをカード形式で総整理。
2017.2 319p B6 ¥1500 ①978-4-532-40920-3

◆**うかる！ 行政書士 民法・行政法解法スキル完全マスター**　平林勉、伊藤塾編　日本経済新聞出版社
【要旨】主要2科目188点総取りの鉄則大公開。
2017.8 370p A5 ¥2200 ①978-4-532-40931-9

◆**うかるぞ行政書士の問題集All in One 2017年版**　資格スクエア編著　週刊住宅新聞社　改訂第29版
【要旨】過去問+オリジナル問題。この1冊でOUTPUT完結！ これが資格スクエアの解法メソッド！ 平成28年度問題も全問収載！
2017.3 683p A5 ¥2600 ①978-4-7848-7511-5

◆**うかるぞ行政書士 40字記述式問題集 2017年版**　嶋崎英昭、白井崇史共著　週刊住宅新聞社
【要旨】合格する解法のテクニックが満載！ 本試験レベルの記述式を収載！ 多肢選択式も解いて総合力UP！
2017.2 271p A5 ¥1500 ①978-4-7848-7513-9

◆**行政書士過去問マスターDX 2017年版**　東京法経学院編集部編　東京法経学院
【要旨】過去5年（平成28年まで）の本試験問題を法律別・項目別に収録！ 多肢選択式・記述式については、過去11年分を掲載。
2017.5 713p A5 ¥3000 ①978-4-8089-6550-1

◆**行政書士合格ナビゲーション基本テキスト 1 業務法令 上 基礎法学/憲法/行政法 2017年版**　東京法経学院編集部編　東京法経学院
【要旨】基本テキストの決定版！ 豊富な記述内容により広範囲に及ぶ行政書士試験に対応！
2017.2 707p A5 ¥3000 ①978-4-8089-6745-1

◆**行政書士合格ナビゲーション基本テキスト 2 業務法令 下 一般知識 2017年版**　東京法経学院編集部編　東京法経学院
【要旨】基本テキストの決定版！ 豊富な記述内容により広範囲に及ぶ行政書士試験に対応！
2017.3 774p A5 ¥3200 ①978-4-8089-6746-8

◆**行政書士最強の模試 2017**　東京法経学院編集部編　東京法経学院
【要旨】東京法経学院の答練から厳選された良問を再編成して収載！
2017.7 348p B5 ¥1500 ①978-4-8089-6551-8

◆**行政書士試験 見るだけ過去問 行政法**　横溝慎一郎著　中央経済社, 中央経済グループパブリッシング 発売
【要旨】過去問は解くものではなく「見るもの」です！ 横溝メソッド大公開!!
2017.7 309p A5 ¥2800 ①978-4-502-23291-6

◆**行政書士試験 見るだけ過去問 民法**　横溝慎一郎著　中央経済社, 中央経済グループパブリッシング 発売
【要旨】過去問は解くものではなく「見るもの」です！ 横溝メソッド大公開!!
2017.7 189p A5 ¥2000 ①978-4-502-23421-7

◆**行政書士試験 らくらく解けるゴールデンルール50**　豊村慶太著　中央経済社, 中央経済グループパブリッシング 発売
【目次】第1章 正誤問題の解き方、第2章 組合せ問題の解き方、第3章 個数問題の解き方、第4章 空欄補充問題の解き方、第5章 判例引用問題の解き方、第6章 事例問題の解き方、第7章 仲間はずれを探す問題の解き方、第8章 多肢選択式問題の解き方、第9章 記述式問題の解き方、第10章 時事問題の解き方
2017.11 148p A5 ¥1500 ①978-4-502-24601-2

◆**行政書士試験六法 2018年度版**　行政書士試験研究会編著　早稲田経営出版
【要旨】個人情報関連法の改正に完全対応。条文ごとに判例・過去問がリンク。学習に便利な準用条文見出し付き。最新の法改正情報はWebで公開。
2017.12 1140, 9p A5 ¥3400 ①978-4-8471-4327-4

◆**行政書士受験必携六法 2018年版**　東京法経学院編集部編　東京法経学院
【要旨】個人情報保護法、地方自治法等の改正に対応！ One Point Advice、本試験出題履歴、重要フレーズの太字付き！
2018.1 1021p A5 ¥3300 ①978-4-8089-6747-5

◆**行政書士受験六法 平成30年対応版 ――国家資格取得のための**　行政書士六法編集委員会編　東京法令出版
【要旨】29法令+7つの法理論で出題分野を幅広くカバー。「個人情報保護法」等の最新改正に対応！ 平成28年度試験問題・解答例を追加。条文読解+直前学習、受験六法で「条文を読む」試験で通用する本物の解答力。行政書士試験対策に特化した六法です！
2017.11 1215p A5 ¥3400 ①978-4-8090-3183-0

◆**行政書士出るとこ予想究極のファイナルチェック 2017年度版 ――1週間で仕上げる**　TAC行政書士講座編著　TAC出版　（付属資料：チェックシート1）
【要旨】試験直前はこれだけ覚える！ よく出る論点60を見開きのシートで整理。最新の法改正に対応。
2017.5 127p B5 ¥1000 ①978-4-8132-6933-5

◆**行政書士トレーニング問題集 1 基礎法学・憲法 2018年対策**　資格の大原行政書士講座編著　大原出版　第10版
【要旨】平成12年～28年までの本試験問題を掲載。厳選した他資格試験やオリジナル問題も多数収録、最新の試験傾向に対応！
2017.9 316p A5 ¥1500 ①978-4-86486-503-6

◆**行政書士トレーニング問題集 2 民法 2018年対策**　資格の大原行政書士講座編著　大原出版　第10版
【要旨】平成12年～28年までの本試験問題を掲載（平成29年の本試験はPDFでダウンロード提供）。厳選した他資格試験やオリジナル問題も多数収録、最新の試験傾向に対応！
2017.10 525p A5 ¥1500 ①978-4-86486-504-3

◆**行政書士2017年法改正と完全予想模試**　織田博子監修, コンデックス情報研究所編著　成美堂出版　（付属資料：別冊3）
2017.6 135p B5 ¥1600 ①978-4-415-22510-4

◆**行政書士年度別過去問 平成24～28年度**　伊藤塾編　法学書院
【要旨】現行法に完全対応！ 受験者必携！ 新試験制度下の全過去問で実力アップ！
2017.1 616p A5 ¥2500 ①978-4-587-53187-4

◆**行政書士の業務展開―早稲田大学GEC校友会支援講座「行政書士実務概論」講義案**　田村達久, 早稲田大学校友会行政書士稲門会編著　成文堂
【要旨】早稲田大学行政書士稲門会は現在、早稲田大学グローバルエデュケーションセンターにおいて、早稲田大学校友会支援講座の一つである「行政書士実務概論」の授業科目を開講し、当該講座を運営している。本書は、その「講義案」。
2017.9 267p A5 ¥2800 ①978-4-7923-9268-0

法律

法律

◆行政書士の実務 帰化・永住・在留許可申請業務 木本博之著 法学書院 第3版
【要旨】申請書の書き方や手順、手続きを具体的にわかりやすく解説！ 申請業務の基本がわかる！
2017.7 197p A5 ¥2600 ①978-4-587-53326-7

◆行政書士の実務 建設業許可申請業務 木本博之著 法学書院 第3版
【要旨】申請書の書き方を、書式例を用いて、一から手順を追いわかりやすく解説！ 申請業務の基本がわかる！
2017.6 231p A5 ¥2600 ①978-4-587-53337-3

◆行政書士の繁栄講座 坂本廣身著 愛育出版 新版
【要旨】弁護士業界の仕事の半分は、弁護士法72条とは無関係である。弁護士業界の凋落という良質の人脈を作り、六法全書を持った街の便利屋になって稼ぐのか！ を解説した。第二編、第五篇、第八篇・共に都民の皆さんへの奉仕の充実を（他四項目）他、弁護士法七二条解説等を初版に追加！
2017.4 459p A5 ¥1852 ①978-4-909080-15-8

◆行政書士ハイレベル過去問＋予想問 1 憲法・基礎法学 2017年度版 行政書士試験研究会編著 早稲田経営出版
【要旨】「合格革命行政書士基本テキスト」とのリンクページを記載。最新5年分を中心に本試験問題を体系別に収録！ 未出題論点はオリジナル予想問題で対応！ 合格に必要十分な知識を網羅し、簡潔に解説！
2017.1 229p A5 ¥1800 ①978-4-8471-4230-7

◆行政書士ハイレベル過去問＋予想問 2 行政法 2017年度版 行政書士試験研究会編著 早稲田経営出版
【要旨】「合格革命行政書士基本テキスト」とのリンクページを記載。最新5年分を中心に本試験問題を体系別に収録！ 未出題論点はオリジナル予想問題で対応！ 合格に必要十分な知識を網羅し、簡潔に解説！
2017.1 461p A5 ¥2800 ①978-4-8471-4231-4

◆行政書士ハイレベル過去問＋予想問 3 民法・商法 2017年度版 行政書士試験研究会編 早稲田経営出版
【要旨】「合格革命行政書士基本テキスト」とのリンクページを記載。最新5年分を中心に本試験問題を体系別に収録！ 未出題論点はオリジナル予想問題で対応！ 合格に必要十分な知識を網羅し、簡潔に解説！
2017.1 327p A5 ¥2200 ①978-4-8471-4232-1

◆行政書士ハイレベル過去問＋予想問 4 一般知識 2017年度版 行政書士試験研究会編著 早稲田経営出版
【要旨】「合格革命行政書士基本テキスト」とのリンクページを記載。最新5年分を中心に本試験問題を体系別に収録！ 未出題論点はオリジナル予想問題で対応！ 合格に必要十分な知識を網羅し、簡潔に解説！
2017.1 261p A5 ¥2000 ①978-4-8471-4233-8

◆行政書士法コンメンタール 兼子仁著 北樹出版 新8版
【目次】1 序説（行政書士とは、行政書士法の成立と改正の沿革、行政書士法コンメンタールとしての本書の意図）、2 行政書士法の逐条研究（総則、行政書士試験、登録 ほか）、3 資料編（行政書士法施行規則（現総務省令）、組合等登記令（政令）・抄、行政書士法の施行に関する定め（自治省・総務省告示）ほか
2017.6 226p A5 ¥2400 ①978-4-7793-0540-5

◆行政書士40字記述式過去問＋予想問題集 '17年版 織田博子監修、コンデックス情報研究所編著 成美堂出版 （付属資料：赤シート1）
【目次】第1部 記述式問題（民法、行政法）、第2部 多肢選択式問題（憲法、行政法）
2017.3 255p A5 ¥1500 ①978-4-415-22434-3

◆行政法判例50！ 大橋真由美、北島周作、野口貴公美著 有斐閣 （START UP）
【要旨】行政法最重要判例50件を厳選！ 総論・救済法これ一冊でOK！
2017.11 162p B5 ¥1800 ①978-4-641-22736-1

◆ケータイ行政書士 2018 学習初日から試験当日まで 水田嘉美著 三省堂 （付属資料：暗記シート1）

【要旨】たったコレだけ！ 100課200ページ！ 暗記シート付き。
2017.11 209p 19cm ¥1300 ①978-4-385-32415-9

◆ケータイ行政書士 一般知識 2017 水田嘉美著 三省堂 （付属資料：暗記シート1）
【要旨】足切りラインをらくらく突破！ 6問クリア、たったコレだけ！ 法改正対応！
2017.7 117p 19cm ¥900 ①978-4-385-32407-4

◆ケータイ行政書士公式ガイド 2018 水田嘉美著 三省堂
【要旨】条文が読める！ 判例がわかる！ 過去問が解ける！！
2017.11 590p 19cm ¥2200 ①978-4-385-32412-8

◆ケータイ行政書士 ミニマム六法 2018 水田嘉美編 三省堂
【要旨】超絶コンパクト。バツグンに読みやすい！ 条文知識が合否を分ける！
2017.11 318p 19×12cm ¥1600 ①978-4-385-32414-2

◆ケータイ行政書士 40字記述―過去問から予想問まで 2017 水田嘉美著 三省堂 （付属資料：暗記シート1）
【要旨】"元祖" の知識を40字で書く訓練！ 法改正対応！
2017.7 119p 19cm ¥900 ①978-4-385-32406-7

◆合格革命 合格革命行政書士肢別過去問集 2018年度版 行政書士試験研究会編著 早稲田経営出版
【要旨】オリジナル予想問題で民法の難化傾向に対応！ 左頁に問題肢、右頁に肢の正誤と詳細な解説を掲載！ 最新平成29年度の本試験問題も収録！
2017.12 877p B6 ¥3800 ①978-4-8471-4319-4

◆合格革命 行政書士 一問一答で出るとこ千問ノック 2017年度版 行政書士試験研究会編 早稲田経営出版 （付属資料：赤シート1）
【要旨】一問一答○×式で一気に確認！ 基本テキストの重要ポイントを1000問のオリジナル問題で総チェック。
2017.1 451p B6 ¥1800 ①978-4-8471-4227-7

◆合格革命 行政書士基本テキスト 2018年度版 行政書士試験研究会編著 早稲田経営出版
【要旨】過去10年間の出題傾向を徹底分析！ 合格に必要な知識を網羅。豊富な図表に加え、側注にも工夫が満載！
2017.12 1451p A5 ¥3000 ①978-4-8471-4317-5

◆合格革命 行政書士基本問題集 2018年度版 行政書士試験研究会編著 早稲田経営出版
【要旨】精選350問で合格力アップ！ 過去問＋オリジナル問題で重要論点を完全マスター。
2017.12 750p A5 ¥2600 ①978-4-8471-4318-2

◆合格革命 行政書士スタートダッシュ 2018年度版 行政書士試験研究会編著 早稲田経営出版
【要旨】過去10年間の出題傾向を徹底分析！ 高頻出のテーマのみを収録！
2017.10 248p A5 ¥1600 ①978-4-8471-4316-8

◆合格革命 行政書士 法改正と直前予想模試 2017年度版 行政書士試験研究会編著 早稲田経営出版 （付属資料：別冊3）
【要旨】最新の法改正に対応！ 3回分収録！
2017.4 186p B5 ¥1600 ①978-4-8471-4229-1

◆合格革命 行政書士40字記述式・多肢選択式問題集 2017年度版 行政書士試験研究会編 早稲田経営出版
【要旨】基礎編：条文・判例を確認。応用編：事例形式のオリジナル問題。2段階で記述式対策は万全！
2017.2 249p A5 ¥1600 ①978-4-8471-4228-4

◆今年こそ行政書士！ 試験にデル判例 2018年版 西村和彦編著 自由国民社
【要旨】過去問と本試験を徹底分析しデル判例を厳選！ 基本判例＋関連判例＋チェック判例、試験に必要な要素判例を厳選！ 初学者でも理解できる丁寧な解説。全項目、図解付き。判例ベストテン、民法改正と判例を収録！ 民法債権法改正に対応！
2017.12 671p B6 ¥2800 ①978-4-426-12390-1

◆ゴロ合わせ行政書士―電車で覚える30日 資格スクエア編、宇塚悠介、大内俊孝著 中央経済社、中央経済グループパブリッシング 発売
【要旨】行政書士試験に必要なものは「重要事項の絞り込み」×「記憶の定着」！ 本書は、「受験生のムダを省いてあげたい」「もっと迷わずピンポイントに重要事項を記憶できるようにしてあげたい」との思いから作ったものです。朝の電車内で1テーマ、帰りの電車内でもう1テーマと30日間続けていただければ、確実に得点アップできるはずです!!
2017.1 136p B6 ¥1600 ①978-4-502-20691-7

◆最新版 行政書士試験これ一冊だけで合格 レベル到達本 1 基礎法学・憲法・行政法 山田斉明、村瀬仁彦監修 辰已法律研究所
【要旨】試験に出にくい分野は大胆にカット。試験に出た箇所（過去10年分）を表示。テーマごとに一番大事なポイントを明示。見ておくべき過去問をすぐに復習。わかりやすい知識まとめ表が随所に。ワンポイントアドバイス付き。
2017.5 462p A5 ¥2500 ①978-4-86466-331-1

◆最新版 行政書士試験これ一冊だけで合格 レベル到達本 2 民法・商法 山田斉明、竹内千佳監修 辰已法律研究所
【要旨】試験に出にくい分野は大胆にカット。試験に出た箇所（過去10年分）を表示。テーマごとに一番大事なポイントを明示。見ておくべき過去問をすぐに復習。わかりやすい知識まとめ表が随所に。ワンポイントアドバイス付き。
2017.5 517p A5 ¥2500 ①978-4-86466-332-8

◆詳解 行政書士過去5年問題集 '17年版 織田博子監修、コンデックス情報研究所編著 成美堂出版 （付属資料1）
【要旨】平成28〜24年までの過去問を完全収録し、全選択肢の正誤とその根拠を明示。出題後の最新法改正にも完全対応！ 平成29年4月1日（出題法令基準日）までの最新法改正をブログで完全フォロー！ 直前期にも威力を発揮する年度別編集。本試験が体感できる解答用紙つき。
2017.3 263p A5 ¥1700 ①978-4-415-22453-4

◆スッキリ覚える行政書士 完全無欠の直前対策 2017年度版 TAC行政書士講座編著 TAC出版 （スッキリ行政書士シリーズ） （付属資料：赤シート1）
【要旨】最短最速の要点整理。試験に出るポイントが一目瞭然！
2017.5 254p A5 ¥1800 ①978-4-8132-6936-6

◆スッキリとける行政書士 頻出過去問演習 2017年度版 TAC行政書士講座編著 TAC出版 （スッキリ行政書士シリーズ）
【要旨】コレだけマスターすれば合格に近づく161問。頻出論点・重要論点をモレなくカバー、徹底的にていねいな解説！
2017.1 454p A5 ¥2000 ①978-4-8132-6935-9

◆スッキリわかる行政書士 2018年度版 TAC行政書士講座編著 TAC出版 （スッキリ行政書士シリーズ） （付属資料：別冊1; 赤シート1）
【要旨】図表とイラストで楽しく読める！ 試験に出るとこだけを極限に絞り込んだ最強の基本テキスト。
2017.12 561p A5 ¥3000 ①978-4-8132-7194-9

◆出る順行政書士ウォーク問過去問題集 1 法令編 2017年版 LEC東京リーガルマインド編著 東京リーガルマインド （出る順行政書士シリーズ） 第24版
【要旨】2007〜2016年度の過去問を体系別に分類！
2017.2 1146p B6 ¥2200 ①978-4-8449-5802-4

◆出る順行政書士ウォーク問過去問題集 2 一般知識編 2017年版 LEC東京リーガルマインド編著 東京リーガルマインド （出る順行政書士シリーズ） 第24版
【要旨】2007〜2016年度の過去問を体系別に分類！
2017.2 364p B6 ¥1700 ①978-4-8449-5803-1

◆出る順行政書士合格基本書 2018年版 LEC東京リーガルマインド編著 東京リーガルマインド （出る順行政書士シリーズ） 第11版
【要旨】図表を豊富に用いて基礎から解説。項目ごとの見開きで効率よく学習。最新の法改正などの情報にも対応。初学者も無理なく力を高め

られる。
2018.1 814p A5 ¥3000 ①978-4-8449-5806-2

◆**出る順行政書士重要事項総まとめ 2017年版** LEC東京リーガルマインド編著　東京リーガルマインド　（出る順行政書士シリーズ）（付属資料：チェックシート1）　第17版
【要旨】豊富な図表で直前期の知識の整理にも最適！ チェックシートでキーワードを確認しよう！ 最新の法改正等の情報も簡潔に整理！ 持ち運びやすいサイズに情報を集約！
2017.5 356p B6 ¥1500 ①978-4-8449-5804-8

◆**出る順行政書士直前予想模試 2017年版** LEC東京リーガルマインド著　東京リーガルマインド　（出る順行政書士シリーズ）（付属資料：別冊）　第19版
【要旨】本試験と同形式の問題を3回分収録！ 出題が予想される問題を厳選して収録！ 1回分ごとに問題が分割できる「問題セパレート方式」。答案用紙も付いているので本試験の臨場感を体感できる。復習の優先順位が一目でわかる重要度・正答率を掲載。1問につき1ページの充実した解説でじっくり復習。
2017.4 186p B5 ¥1500 ①978-4-8449-5805-5

◆**2017本試験をあてるTAC直前予想 行政書士** TAC行政書士講座編著　TAC出版（付属資料：問題冊子）
【要旨】予想模試3回分収録。
2017.4 170p B5 ¥1500 ①978-4-8132-6932-8

◆**はじめてでもよくわかる！ 行政書士入門テキスト '18年版** 織田博子監修、中澤功史, コンデックス情報研究所編　成美堂出版（付属資料：シート1）
【要旨】法律のしくみや用語の意味をイチからやさしく解説！ 赤シートで「多肢選択式」もラクラク攻略！ 一発合格者の勉強法を元試験委員が監修！ 本書編集後から平成30年4月1日（出題法令基準日）までの最新法改正もブログで完全フォロー！
2018.1 255p A5 ¥1400 ①978-4-415-22605-7

◆**パーフェクト行政書士 過去問題集 平成29年版** 住宅新報社編　住宅新報社
【要旨】わかりやすい解説と出題のキーポイントを抽出。300問収録過去5年分。
2017.1 661p A5 ¥2500 ①978-4-7892-3814-4

◆**パーフェクト行政書士判例問題集 平成29年版** 西村和彦著　住宅新報社
【要旨】出題判例60件以上の本試験に対応できる唯一無二の問題集！ 的中多数！ 判例予想問題集の宝庫！ 重要判例集とのリンクで万全の判例対策！ 2017.1 241p A5 ¥2500 ①978-4-7892-3816-8

◆**パーフェクト行政書士 40字記述式問題集 平成29年版** 西村和彦著　住宅新報社
【目次】記述式問題の傾向と対策、受験ガイド、本書の利用法、基礎知識編、本試験問題編、予想問題編
2017.2 287p A5 ¥1600 ①978-4-7892-3815-1

◆**副業としての週末行政書士Q&A60** 鈴木重光著　中央経済社, 中央経済グループパブリッシング 発売
【要旨】平日は会社員×土日は士業。パラレルキャリアで新しい人生が始まる！ 自分でできる「働き方」改革。
2017.5 133p A5 ¥1600 ①978-4-502-22721-9

◆**まる覚え行政書士 一般知識○×チェック 2017年版** 大室英幸編著　週刊住宅新聞社改訂第9版
【要旨】記憶に直結！ 56点攻略に効くオリジナル問題をセレクト！ よく出るテーマ別「知識のまとめ」が入っています！ もちろん最新の時事ネタも！ 全400問！ 解説も充実！ 単なる○×式問題集じゃありません！ これ1冊で直前期まで使えます！
2017.2 276p 19cm ¥1600 ①978-4-7848-7515-3

◆**みんなが欲しかった！ 行政書士の肢別問題集 2017年度版** TAC行政書士講座編著　TAC出版（みんなが欲しかった！ 行政書士シリーズ）
【要旨】一問一答式で法令科目を攻略！ 肢ごとに重要度・復習ポイントを掲載。どこで肢を切るのか一目瞭然！
2017.2 629p B6 ¥2200 ①978-4-8132-6930-4

◆**みんなが欲しかった！ 行政書士の教科書 2017年度版** TAC行政書士講座編著, 滝澤な

み編集協力　TAC出版（みんなが欲しかった！ 行政書士シリーズ）
【要旨】独学者のことを徹底的に考えた、最強にわかりやすい教科書。こだわりのフルカラーの図表でイメージをつかみやすい！ 持ち運びラクラク、4冊に分解できる！
2017.2 944p A5 ¥3000 ①978-4-8132-6925-0

◆**みんなが欲しかった！ 行政書士の教科書 2018年版** TAC行政書士講座編著, 滝澤なみ編集協力　TAC出版（みんなが欲しかった！ 行政書士シリーズ）（付属資料：別冊5）
【要旨】独学者のことを徹底的に考えた、最強にわかりやすい教科書。
2017.12 1Vol. A5 ¥3000 ①978-4-8132-7185-7

◆**みんなが欲しかった！ 行政書士の5年過去問題集 2017年度版** TAC行政書士講座編　TAC出版（みんなが欲しかった！ 行政書士シリーズ）（付属資料：別冊1）
【要旨】平成24年度から28年度の本試験問題を新しい年度順に収録＋問題編と解答解説編の2分冊で使いやすい。
2017.2 1Vol. A5 ¥2400 ①978-4-8132-6927-4

◆**みんなが欲しかった！ 行政書士の最重要論点150 2017年度版** TAC行政書士講座編著　TAC出版（みんなが欲しかった！ 行政書士シリーズ）（付属資料：赤シート1）
【要旨】試験によく出る論点を図表で整理！ 見開き2ページで1論点なので覚えやすい！ ＋直前期の総まとめにも使える！
2017.2 311p B6 ¥1500 ①978-4-8132-6929-8

◆**みんなが欲しかった！ 行政書士の判例集 2017年度版** TAC行政書士講座編著　TAC出版（みんなが欲しかった！ 行政書士シリーズ）
【要旨】試験によく出る重要判例を網羅！ 重要判例は関係図でイメージがつかみやすい。憲法・民法・行政法・商法の判例を収録。
2017.2 809p B6 ¥2600 ①978-4-8132-6928-1

◆**みんなが欲しかった！ 行政書士の問題集 2017年度版** TAC行政書士講座編著　TAC出版（みんなが欲しかった！ 行政書士シリーズ）
【要旨】得点力をアップする良問を厳選！ 出題可能性の高い過去問題を収録。TAC講師渾身のオリジナル問題！
2017.2 606p A5 ¥2600 ①978-4-8132-6926-7

◆**みんなが欲しかった！ 行政書士の問題集 2018年版** TAC行政書士講座編著　TAC出版（みんなが欲しかった！ 行政書士シリーズ）（付属資料：赤シート1）
【要旨】得点力をアップする300問を厳選！ 出題可能性の高い過去問題を収録。TAC講師渾身のオリジナル問題！
2017.12 617p A5 ¥2600 ①978-4-8132-7186-4

◆**みんなが欲しかった！ 行政書士の40字記述式問題集 2017年度版** TAC行政書士講座編著　TAC出版（みんなが欲しかった！ 行政書士シリーズ）
【目次】第1章 記述式問題・解法マニュアル（記述式問題ってなに???―記述式問題は行政書士試験攻略のキーポイント！、記述式問題の対策をしよう！、記述式問題・解法マニュアル）、第2章 問題類型別解法テクニック―過去問を素材に（内容面からの類型化、形式面からの類型化）、第3章 "実戦編" 行政法（行政法出題履歴一覧表、"行政法" 過去問の分析による傾向と対策）、第4章 "実践編" 民法（民法出題履歴一覧表、"民法" 過去問の分析による傾向と対策）、第5章 多肢選択式問題
2017.3 369p A5 ¥1600 ①978-4-8132-6931-1

◆**6日で攻略！ 行政書士出題予想ポイント60 '17年版** 織田博子監修, コンデックス情報研究所編著　成美堂出版（付属資料：赤シート1）
【目次】攻略1日目！ 基礎法学・憲法（人権・統治）・行政法（総論）、攻略2日目！ 行政手続法・行政不服審査法・行政事件訴訟法・国賠法、攻略3日目！ 民法（総則）、攻略4日目！ 民法（総則・物権・債権・親族）・商法（商法総則・商行為）・会社法（設立）、攻略5日目！ 会社法（株式・機関・資金の調達）・多肢選択式（憲法・民法）・記述式（行政法・民法）、攻略6日目！ 一般知識等（政治・経済・社会・個人情報保護・情報通信・文章理解）　2017.6 127p B5 ¥1000 ①978-4-415-22509-8

◆**無敵の行政書士 2017年試験直前対策** TAC出版編集部編著　TAC出版（付属資料：別冊1）
【目次】TAC全国縦断 講師のマル秘予想を大公開！―記述式＆多肢選択式、完全合格100日カレンダー―本試験までのスケジュールはこれでカンペキ！、科目別合格術―勉強法と重要ポイント、TAC秘伝公開 平成28年度本試験5肢択一式解き方講義、法令科目Must Check！ 100―必ずおさえておきたい珠玉の100問、必見！ 重要判例はこれだ！―試験で問われる32判例を厳選、最新！ 重要法改正情報―再婚禁止期間と選挙年齢が改正、多肢選択式解き方講座―解き方講義と実戦訓練で対策は万全！、記述式解法テクニック―論点発見と部分点の積み重ね！、個人情報保護・情報通信重要項目総まとめ―この分野は満点がとれる！
2017.7 128p B5 ¥1500 ①978-4-8132-6937-3

◆**明快！ これで合格 行政書士 1 基礎法学・憲法・行政法 2018年版** 東京法経学院編集部編　東京法経学院（「行政書士合格ナビゲーション基本テキスト(1)」改題書）
【要旨】基本テキストの決定版！ 豊富な記述内容により広範囲に及ぶ行政書士試験に対応！
2018.2 726p A5 ¥3200 ①978-4-8089-6748-2

◆**6カ月で行政書士 本当は教えたくない究極の行政書士合格メソッド 2018年版** 福澤繁樹著　フォーサイト, サンクチュアリ出版 発売（最短合格シリーズ）
【要旨】本書にある行政書士合格メソッドはこれだ!!徹底攻略する1冊を厳選。こうやって勉強すれば合格できる！ 必読！ 記述式問題の攻略法。
2018.1 158p B6 ¥463 ①978-4-86113-576-7

◆**Analyze行政書士 過去問＋予想問題 1 法令1 基礎法学/憲法/行政法** 辰已法律研究所著　辰已法律研究所
【要旨】5年分の全過去問（H28〜H24）。全ての問題に全国受験生の解答データ付。
2017.3 487p A5 ¥1400 ①978-4-86466-318-2

◆**Analyze行政書士 過去問＋予想問題 2 法令2 民法/商法** 辰已法律研究所著　辰已法律研究所
【要旨】5年分の全過去問（H28〜H24）。全ての問題に全国受験生の解答データ付。
2017.3 287p A5 ¥1300 ①978-4-86466-319-9

◆**Analyze行政書士 過去問＋予想問題 3 一般知識** 辰已法律研究所著　辰已法律研究所
【要旨】5年分の全過去問（H28〜H24）。全ての問題に全国受験生の解答データ付。
2017.3 225p A5 ¥1200 ①978-4-86466-320-5

◆**U‐CANの行政書士過去＆予想問題集 2017年版** ユーキャン行政書士試験研究会編　ユーキャン学び出版, 自由国民社 発売（付属資料：別冊1）　第9版
【要旨】平成28年度試験まで徹底分析して厳選した問題を収録。すべての問題形式を網羅して、ていねいに解説！ 基本書『速レッスン』へのリンクつきで学習しやすい。予想模擬試験で本試験のシミュレーション＆実力確認。
2017.1 836p A5 ¥3000 ①978-4-426-60917-7

◆**U‐CANの行政書士これだけ！ 一問一答集 2017年版** ユーキャン行政書士試験研究会編　ユーキャン学び出版, 自由国民社 発売（付属資料：赤シート1）　第8版
【要旨】1000問の○×形式問題で、試験直前まで学習をサポート。解説ページは「穴埋め問題集」としても活用可能。重要事項を図表で整理した「POINTマスター」、憲法の「判例まとめ」など横断まとめも充実。暗記に最適な赤シート付き。
2017.1 448p 18cm ¥2200 ①978-4-426-60918-4

◆**U‐CANの行政書士 これだけ！ 一問一答集 2018年版** ユーキャン行政書士試験研究会編　ユーキャン学び出版, 自由国民社 発売（付属資料：赤シート1）　第9版
【要旨】これだけ押さえればバッチリ！ 「1000問の○×形式問題」で、試験直前まで学習をサポート。解説ページは「穴埋め問題集」としても活用可能。重要事項を図表で整理した「POINTマスター」、憲法の「判例まとめ」など横断まとめも充実。
2017.12 447p 18cm ¥2200 ①978-4-426-61007-4

◆**U‐CANの行政書士 はじめてレッスン 2018年版** ユーキャン行政書士試験研究会編　ユーキャン学び出版, 自由国民社 発売　第8版

法律

【要旨】試験に必要な法律の基礎知識をわかりや
すく解説した入門書の決定版！ イラスト・図表
や具体例をたっぷり用いて、スラスラ読み進め
られます！ わかりにくい法律用語やルールは、
やさしくていねいに解説！
2017.10 219p A5 ¥1600 ①978-4-426-60997-9

経済 242

日本経済事情 242
　地域経済（日本） 245
　日本と国際経済 246
　経済協力・経済援助 247
国際経済事情 247
　アジア 249
　ヨーロッパ 252
　EU 253
　ロシア・東欧 253
　アメリカ・カナダ・オースト
　　ラリア 253
　その他の国々 254
経済学 254
統計法・人口統計・資源統計 269
財政学・財政事情 271
書誌・事典 271

ビジネス・経営 274

　地球環境とビジネス 300
企業と経営 300
　中小企業と経営 300
　企業動向 303
　経営者群像 306
　企業革新・人材開発 308
　CI戦略・企業買収戦略 311
　海外進出・海外投資 312
企業会計・会計理論 314
　経営診断・経営分析 320
　財務管理 320
　簿記 320
　財務諸表 321
　税務会計 322
経営管理 325
　株主総会・会社継承・取締役会 327
人事・労務管理 329
　就業規則・人事制度 332
　秘書 332
セールス・営業管理 332
マーケティング 334
商品開発 339
広告・宣伝 339
　商用デザイン 340
ビジネスライフ 340
経営学・経営理論 369
　独占禁止法 375
会社年鑑・企業ダイレクトリー 375

金融・マネー・税金 375

金融・通貨 376
　証券・金融市場 381
　銀行 382
　銀行業務・金融業務 383
　保険 385
財テク・マネープラン 387
　株式投資・投資信託 392
　外国為替証拠金取引（FX） 397
節税対策 397
税法 398

産業 414

　報告・便覧・統計 415
　産業史・遺産 417
流通・物流産業 417
不動産業 418
　地価・土地問題 420
　不動産投資・評価 420
　アパート・ビル経営 423
サービス業・小売業 424
　スーパー・百貨店・チェーン
　　ストア 425
　中小専門店 426
　店舗・販売管理・POSシステム 426
　レジャー産業 427
　ホテル業 427
　外食産業 427
　アパレル・ファッション産業 428
交通 429
製造・加工業 438
資源・エネルギー産業 438
電気・電子産業 439
建設・住宅産業 440
自動車・機械産業 441
鉱業・鉄鋼・化学産業 443
食品産業 444
農業 445
畜産業 455
　畜産学・獣医学 456
林業 456
造園業 457
水産業 457
　水産学 458

労働 458

資格・試験問題集 469

旅行主任者試験 469
客室乗務員（CA）試験 470
秘書検定 470
簿記検定 470
　工業簿記問題集 475
銀行・金融業務検定 475
中小企業診断士 486
税理士・公認会計士 488
建設業経理事務士 493
不動産資格 494
　宅地建物取引主任者 496
　土地家屋調査士試験 500
社会保険労務士 500
販売士 503
その他の資格・試験問題集 504

経済・産業・労働

経済

◆いまさら聞けない！「経済」のギモン、ぶっちゃけてもいいですか？　高橋洋一著　実務教育出版
【要旨】ニュースで気になっても恥ずかしくて人に聞けない…、ネットで検索しても正しい情報かどうか判別できない…、そんな「経済のギモン」に経済数量学者の高橋洋一がズバッと答える！
2017.8 237p B6 ¥1300 ①978-4-7889-1294-6

◆仮想通貨革命で働き方が変わる―「働き方改革」よりも大切なこと　野口悠紀雄著　ダイヤモンド社
【要旨】フリーランサーを活用すれば人も企業もパフォーマンスが上がる。もう会社がすべてではない！
2017.10 263p B6 ¥1500 ①978-4-478-10405-7

◆経済を見る眼―ビジネス現場で役立つ　伊丹敬之著　東洋経済新報社
【要旨】経済学とは人間の学問である。本書では、難しい数式は一切出てこない。経済を見る眼を養うためのもっとも素朴なポイントは、人間の行動やその動機、また多くの人間の間の相互作用を考えることである。人間臭い「経済を見る眼」を提示する。経営学の第一人者が書き下ろした、実践的な経済入門書。
2017.1 311p B6 ¥1800 ①978-4-492-31494-4

◆経済指標の読み方―予測の達人が教える　新家義貴著　日本経済新聞出版社
【要旨】景気の先行きを知るには、どんな経済指標を、どう読みこなせばいいのか？ 経済指標どうしはどうつながっているのか？ どうすれば、経済予測ができるようになるのか？ 空前の実績を誇るエコノミストが初めて明かす経済データの実践的な政策。景気の先行きを正確に捉えるための勘どころをズバッと解説！
2017.10 317p B6 ¥1800 ①978-4-532-35703-0

◆経済ニュースの「なぜ？」を読み解く11の転換点―教養としてのバブル熱狂と閉塞感の裏側　田村賢司著　日経BP社、日経BPマーケティング 発売
【要旨】今を正しく理解するため過去の転換点を深く知る。バブル経済、デフレ、人口減少社会…。ビジネスの現場で役立つ使うわりには深くないキーワード。学校で体系的に教わらない知識の盲点です。教養として知らないと恥ずかしいだけではありません。日本経済の過去への理解が浅ければ現状認識を誤り、仕事の成否に関わります。そんな11のキーワードをテーマ別年表と豊富な図説とともに、歴史の転換点を探りつつ整理します。
2017.6 222p B6 ¥1500 ①978-4-8222-3738-7

◆高校生からの経済入門　中央大学経済学部編　(八王子)中央大学出版部
【目次】第1章 どうして大学へ行くの？―大学進学のコスト・ベネフィット、第2章 それでもあなたは子どもをもちますか？―日本の少子化、第3章 女子が「働く」って「ツラい」こと？―現代日本の労働環境、第4章 お金って何だろう？―貨幣と金融、第5章 えっ？ 高校生って国の借金払ってるの？―財政赤字と民主主義、第6章 経済ってどうやって測るの？―GDPと物価、第7章 食料自給率と日本農業、第8章 そのスマホ、メイドイン何？―自由貿易の利益、第9章 爆買いから見える日系企業の成功とは？―日中経済のかかわり、第10章 課題山積みの日本が、途上国に協力する必要ってあるの？―途上国の貧困と環境問題
2017.8 181p B6 ¥900 ①978-4-8057-2710-2

◆ここからはじめる観光学―楽しさから知的好奇心へ　大橋昭一、山田良治、神田孝治編　(京都)ナカニシヤ出版
【要旨】観光学の基礎を、経営、地域再生、文化の観点からわかりやすく紹介。
2016.12 226p A5 ¥2600 ①978-4-7795-1123-3

◆小宮一慶の「日経新聞」深読み講座 2018年版　小宮一慶著　日本経済新聞出版社
【要旨】限られた時間で、効率良く！ 仕事に活きる正しい読み方。日本経済、世界経済の先が見える。
2017.10 233p B6 ¥1200 ①978-4-532-35746-7

◆15歳から身につける経済リテラシー　岡野進著　朝日学生新聞社

【要旨】経済の仕組みや日本と世界のいまを、プロのエコノミストが丁寧に解説。高校生から大人まで、世の中を賢く生きるための一冊！
2017.4 171p B6 ¥1100 ①978-4-907150-90-7

◆小学生でもわかるお金にまつわるそもそも事典　吹田朝子、合田菜実子、水野圭子、峯村創一著　(新潟)シーアンドアール研究所
【要旨】わかっていそうで実はよく知らないお金や株、クレジットカード、税金、銀行、経済の仕組みなどお金に関する知っておきたい基礎知識をわかりやすくQ&Aで図解。
2017.6 103p 24×19cm ¥1530 ①978-4-86354-220-4

◆図解 エネルギー・経済データの読み方入門　日本エネルギー経済研究所計量分析ユニット編 省エネルギーセンター　改訂4版
【要旨】2011年の東日本大震災以後のエネルギー・環境分野の動向を完全網羅。電力・ガス自由化時代に必携!!豊富な図表（約290点）でビジュアルに解説。エネルギー源別需給編に新章を追加。『エネルギー・経済統計要覧』の姉妹編。
2017.1 385p A5 ¥3200 ①978-4-87973-459-4

◆スマートコントラクト本格入門―FinTechとブロックチェーンが作り出す近未来がわかる　鳥谷部昭寛、加世田敏宏、林田駿弥著　技術評論社
【要旨】FinTech の中でも、特に大きなインパクトをもたらすと言われるスマートコントラクトにフォーカス。スマートコントラクトの成り立ちから仕組み、最新事例まで、豊富な図解をまじてわかりやすく整理。「Ethereum「Solidity」を例に、スマートコントラクトの開発を始める&実践するための情報もしっかり掲載。
2017.3 239p A5 ¥2180 ①978-4-7741-8746-4

◆政府の隠れ資産　ダグ・デッター, ステファン・フォルスター著、小坂恵理訳　東洋経済新報社
【要旨】世界の公共資産は公的債務だけでなく世界のGDPの総額をも上回る！ 各国の成功例・失敗例から公共資産のガバナンスの実態とあり方を示す画期的な書。
2017.2 307, 16p B6 ¥2800 ①978-4-492-21230-1

◆世界を動かす巨人たち 経済人編　池上彰著　集英社　(集英社新書)
【要旨】この11人の大富豪こそ、真の「実力者」。池上彰が、歴史を動かす「個人」から現代世界を読み解く人気シリーズ最新刊！
2017.7 250p 18cm ¥760 ①978-4-08-720889-4

◆ダーティ・シークレット―タックス・ヘイブンが経済を破壊する　リチャード・マーフィー著, 鬼澤忍訳　岩波書店
【要旨】タックス・ヘイブンでの秘密取引による公正な競争の阻害が非効率を生み、経済発展を損なわせる。脱税より恐ろしい秘密主義の弊害が本書で今や明らかに。パナマ文書の暴露を受け、課税当局の動きもある中、独自調査による秘密度指数ランキング、金融資本主義の実態を見据えた提言は必見。
2017.10 190, 23p B6 ¥1500 ①978-4-00-022642-4

◆投資・運用必須！ 金融・証券データ徹底読みこなし 日本経済新聞の歩き方 2017―金融・経済のしくみがおもしろいようにわかる15の連想ゲーム　角川総一著　ビジネス教育出版社
【要旨】トランプ新政権のもとで予想されるいくつかのシナリオを、フローチャートに即して注目すべき点を取り上げながら、その背景を説明。
2017.3 127p B5 ¥1100 ①978-4-8283-0642-1

◆未来を変える通貨―ビットコイン改革論　斉藤賢爾著　インプレスR&D、インプレス 発売　新版
【要旨】デジタル通貨の研究者がビットコインの仕組みからその課題までを解説。お金が変われば社会が変わる。
2017.2 193p A5 ¥1800 ①978-4-8443-9752-6

◆森卓77言―超格差社会を生き抜くための経済の見方　森永卓郎著　プレジデント社
【要旨】ほんの数分時間が空いたときに、経済や社会のテーマがさっと読める！
2017.9 231p B6 ¥1200 ①978-4-8334-2246-8

◆有事資産防衛 金か？ ダイヤか？　浅井隆著　第二海援隊
【要旨】北朝鮮有事、国家破産、預金封鎖でも、財産を保全できる究極のノウハウとは!?ダイヤ

モンドを安く買って有事をしっかり生き残る。
2017.12 230p B6 ¥1600 ①978-4-86335-184-4

日本経済事情

◆あなたはアベノミクスで幸せになれるか？　市川眞一著　日本経済新聞出版社
【要旨】行く着く先はインフレタックスという究極の増税策!?総選挙を経て、再び安倍内閣に託したこの国の経済。その処方箋が間違っているとすれば、最後にツケを払うのは、われわれ国民なのかもしれない。日本経済の将来に関して1つのシナリオを提示。そのなかで、戦前、世界恐慌から日本経済を立て直した高橋是清の政策を振り返り、アベノミクスとの比較を試みる。
2017.11 297p B6 ¥1600 ①978-4-532-35755-9

◆アベノミクスと日本経済のゆくえ　中野英夫編著　専修大学出版局
【目次】第1章 アベノミクスと日本の財政の将来、第2章「介護離職ゼロ」の実現にどのような施策が必要か、第3章「働き方改革」は何をめざしているのか、第4章 金融政策はこれでよいか―大量資産購入とマイナス金利政策、第5章 人口減少と経済成長―少子化の影響と対策、第6章 日本の企業・産業はどうなる―東芝、シャープ危機後の課題と展望
2017.4 249p B6 ¥1700 ①978-4-88125-317-5

◆「アベノミクス」の正体―政治の手段に貶められた日本経済　相沢幸悦著　日本経済評論社
【要旨】経済政策で支持率アップ、「改憲」へ!? 強いられたマーケットの「国家統制」を甘受する日銀、金融緩和による円安誘導「アベノミクス」が五輪後にもたらすものは？
2017.5 193p B6 ¥2000 ①978-4-8188-2457-7

◆異端の試み―日本経済史研究を読み解く　武田晴人著　日本経済評論社
【目次】近代編（幕末開港と資本主義への移行―芝原拓自『日本近代化の世界史的位置』と石井寛治『近代日本とイギリス資本』、自由民権運動の歴史的な位置―大石嘉一郎『日本地方財行政史序説』ほか）、戦間期編（帝国主義の経済構造について、財閥をめぐる研究―柴垣和夫『日本金融資本分析』ほか）、産業史の方法（産業史分析の方法、国際的視点とコスト分析―山崎広明『日本綿業構造論』を手掛かりに）、番外編（『日本産銅業史』の先に見えてきたもの―私的研究史の方法的な回顧、夢をそだてる―退職記念報告）
2017.10 564p A5 ¥6500 ①978-4-8188-2475-1

◆一番わかりやすい日本経済入門　塚崎公義著　河出書房新社
【要旨】世にあふれる経済ニュースの核心を理解するために最低限知っておきたい知識をコンパクトに解説。複雑に絡み合っている経済の動きが私たちの暮らしにどのように関わっているか、1日1項目ずつ、1か月で手に取るようにわかる！
2018.1 261p 18cm ¥820 ①978-4-309-24841-7

◆伊藤元重が警告する日本の未来　伊藤元重著　東洋経済新報社
【要旨】AI、IoTが生み出す勝者と敗者、保護主義の拡大、日米FTAの行方、働き方改革、生産性をどう引き上げるか、穏やかなインフレで財政再建できるか―団塊世代が後期高齢化する2025年へ向けた課題を読み解く。
2017.6 280p B6 ¥1500 ①978-4-492-44443-6

◆今そこにあるバブル　滝田洋一著　日本経済新聞出版社　(日経プレミアシリーズ)
【要旨】長引くデフレの先に待っているのは、再びのバブルなのか？ タワーマンションやアパート投資に向かう節税マネー、訪日客人気で過熱する大阪ミナミの地価、半年で3倍になったビットコイン相場…。不動産から、ドットコム銘柄、AIまで、日経編集委員が新たなバブル現象を読み解く。
2017.8 228p 18cm ¥850 ①978-4-532-26346-1

◆インバウンド観光入門―世界が訪れたくなる日本をつくるための政策・ビジネス・地域の取組み　矢ケ崎紀子著　(京都)晃洋書房
【要旨】訪日外国人旅行者は、2020年に4,000万人の政府目標のもと、国、自治体、産業界・ビジネス、地域がそれぞれ対応に取り組んでいます。本書はインバウンド市場の動向や特徴、それに対する政府や地域の取組みも紹介しつつ今後の課題を提示する、日本の「インバウンド観

光」を体系的にとらえたはじめての入門書です。今、インバウンド観光の現場で何がおこっているのか、一緒に学んでいきましょう。
2017.11 212p A5 ¥2200 ①978-4-7710-2928-6

◆インバウンドの罠―脱「観光消費」の時代
姫田小夏著　時事通信出版局, 時事通信社 発売
【要旨】日本のインバウンドは「爆買い」に翻弄された。その影の部分をえぐり、ゆがめられたインバウンドを正す。「経済効果」一辺倒の「おもてなし」は長続きしない。訪日客に寄り添い、持続可能なインバウンドとは何か？
2017.8 294p B6 ¥1500 ①978-4-7887-1532-5

◆「失われた二〇年」からの逆照射―戦後日本経済分析
涌井秀行著　八朔社
【目次】第1章「失われた二〇年」とは何か、第2章 日本歴史における土地所有と変革の画期、第3章 戦前の日本資本主義の構造、第4章 戦後日本資本主義の基盤の生成と"外生循環構造"の成立、第5章 幻の内生循環経済の構築―バブル経済とはなんだったのか、第6章"外生循環構造"の機能不全の発症―国外「第四層」の形成と産業空洞化、第7章「失われた二〇年」外生循環構造"の機能不全と、第8章「失われた二〇年」の表象としての限界集積―"外生循環構造"の帰結・表象その一、第9章「失われた二〇年」と過労死・非正規労働―"外生循環構造"の帰結・表象その二
2017.8 227p B6 ¥2400 ①978-4-86014-085-4

◆逆説の日本経済論　斎藤史郎編著　PHP研究所
【要旨】世間にいつの間にか浸透しているのが常識論。誰もが、まあそんなところかな、と思うのが俗論。誰も否定したいに思い及ばないのが通念。背後に広がっているのは時代の空気に流されて、深く考えることを忘れた知的退嬰での企業人からはアニマルスピリットが失われ、政治家からは覚悟が消えている。本書『逆説の日本経済論』は、日本経済を巡るこうした常識や俗論、通念に挑戦する激しさを秘めた一級の識者たちによる言説の書である。
2017.10 358p B6 ¥1900 ①978-4-569-83692-8

◆99%の日本人がわかっていない国債の真実　高橋洋一著　あさ出版
【要旨】国債暴落、財政破綻…「情報操作」に踊らされるな！　国債から見えてくる日本経済「本当の実力」。
2017.7 223p B6 ¥1300 ①978-4-86063-994-5

◆空洞化と属国化―日本経済グローバル化の顛末　坂本雅子著　新日本出版社
【要旨】崩れと変容、建前と思惑。現実の奥にある闇に迫る。
2017.9 776p A5 ¥5600 ①978-4-406-06161-2

◆くらべる値段　おかべたかし文, 山出高士写真　東京書籍
【要旨】¥270と¥1,000の「海苔」、¥500と¥2,000の「コーヒー豆」、¥9,000と¥20,000の「包丁」「椎茸」から「サッカーボール」「胡蝶蘭」まで、34の値段の違いを写真に撮った！
2017.8 175p 15×20cm ¥1300 ①978-4-487-81058-1

◆グローバリズムの終焉―「日本再発見」講座2　馬渕睦夫著　ベストセラーズ
【要旨】「壁」をなくして、私たちは幸せになったのか？　世界中に混乱をもたらした、「グローバリズム」の危険性にやっと人々が気がついた―。複雑怪奇な国際情勢を解説し日本の役割を再確認する一冊。「市場」社会から「調和」社会へ。
2017.4 221p B6 ¥1200 ①978-4-584-13795-6

◆グローバル化のなかの日本再考　青木一能編　芦書房
【要旨】グローバル化の光と影。世界の複合的変化への日本の対応。
2017.4 236p B6 ¥1200 ①978-4-7556-1284-8

◆慶應三田会の人脈と実力　田中幾太郎著　宝島社（宝島社新書）
【要旨】日本で最も力のある学閥は慶應の「三田会」。そもそも東大にしろ、早大にしろ、日大一社長を輩出している日大にしろ、OB会は学閥ではなく同窓会でしかない。東大閥や早大閥などは確かにある。しかし、日本全体を牛耳る力を持つのは、三田会のみだ。トヨタの豊田社長もサントリーの佐治会長も慶應出身である。その三田会の姿を徹底取材。政財界人脈、日本を動かす三田会の実力、そしてその会内部の人事抗争。さらには慶應のなかでも別格の存在の「幼稚舎」、

三田会が抱える問題点と闇まで。日本の『スカル＆ボーンズ』と呼ばれる三田会に迫る。
2017.2 204p 18cm ¥700 ①978-4-8002-6451-0

◆経済成長なき幸福国家論―下り坂ニッポンの生き方　平田オリザ, 藻谷浩介著　毎日新聞出版
【要旨】下山の時代を、より"おもしろく"。
2017.9 187p 18cm ¥1000 ①978-4-620-32449-4

◆限界国家―人口減少で日本が迫られる最終選択　毛受敏浩著　朝日新聞出版（朝日新書）
【要旨】すでに介護・農漁業・工業分野は人手不足に陥っている。やがて4000万人が減って地方は消滅をむかえ、若者はいい仕事を探して海外移民を目指す時代となるだろう。すでに遅いと言われるが、ドイツ、カナダなどをヒントに丁寧な移民受け入れ政策をとれば、まだなんとか間に合う。
2017.6 271p 18cm ¥780 ①978-4-02-273720-5

◆現代日本経済演習　飯野敏夫, 秋保親成, 百瀬優, 田村太一著　（龍ヶ崎）流通経済大学出版会
【要旨】大学で経済学を初めて学ぶ学生を対象にした入門書。日本経済や経済学を専門的に学んでいくにあたって必要となる基礎的な知識の習得と論理的な思考方法を習得。高校時代に「失われた10年」が不十分であった経済現象や経済学の考え方の基礎を復習し、大学における経済学の学びのハードルを低くする。
2017.9 121p B5 ¥1200 ①978-4-947553-75-1

◆「国富」喪失―グローバル資本による日本収奪と、それに手を貸す人々　植草一秀著　詩想社, 星雲社 発売
【要旨】年金資金の運用で巨額損失が発生、外貨準備金では四年半で五〇兆円の損失…。国民のためではなく、グローバル資本のための政治を推進する政府により、日本国民が戦後、コツコツと蓄えてきた富が、いま流出している。日本収奪を狙うハゲタカ外貨と、それに手を貸す政治家、財界人、官僚、メディア。金融資産のみならず、日本の農業から医療、雇用、国土と環境、伝統、文化にいたるまで、あらゆる国民の「富」が危機に瀕している現状を暴き警鐘を鳴らす。
2017.3 349p 19cm ¥920 ①978-4-434-22513-0

◆「国富」喪失―グローバル資本による日本収奪と、それに手を貸す人々　植草一秀著　詩想社（詩想社新書）
【要旨】年金資金の運用で巨額損失が発生、外貨準備金では四年半で五〇兆円の損失…国民のためではなく、グローバル資本のための政治を推進する政府により、日本国民が戦後、コツコツと蓄えてきた富が、いま流出している。日本収奪を狙うハゲタカ外貨と、それに手を貸す政治家、財界人、官僚、メディア。金融資産のみならず、日本の農業から医療、雇用、国土と環境、伝統、文化にいたるまで、あらゆる国民の「富」が危機に瀕している現状を暴き警鐘を鳴らす。
2017.3 255p 18cm ¥920 ①978-4-908170-12-6

◆財政破綻からAI産業革命へ―日本経済、これから10年のビッグ・シフト　吉田繁治著　PHP研究所
【要旨】2018年から2021年、経済の勝者となる生涯に一度のチャンスを逃すな！　そして、2022年ごろからのAI産業革命に備えよ！　そのために、何が起きるか、何をすべきかを、具体的数字から示した驚愕の書。
2017.2 410p B6 ¥1900 ①978-4-569-83263-0

◆消費税は下げられる！―借金1000兆円の大嘘を暴く　森永卓郎著　KADOKAWA（角川新書）
【要旨】本書で強調したいことはたった一つ、「日本の財政は世界一健全」ということ。財政が健全なのだから、今こそ消費税率を引き下げるべきなのだ。財務省主導の増税路線の誤りを正し、日本経済の進むべき道を説く。
2017.3 181p 18cm ¥800 ①978-4-04-082124-5

◆消費低迷と日本経済　小野善康著　朝日新聞出版（朝日新書）
【要旨】「物」への欲望を失ったこの国の未来―株価や地価は高騰し、景気はよく見えるのに、なぜかGDPも賃金も増えない。さらには格差、年金問題、国債累積…。実は、こうした深刻な日本の実態はすべて「リアルな物よりもバーチャルな富こそ愛おしい」という人々の欲望が引き起こしていた。「経済学の常識」が通用しない成熟社会で、データと徹底した論理で示すこの国の処方箋。
2017.11 209p 18cm ¥760 ①978-4-02-273739-7

◆助成財団 研究者のための助成金応募ガイド 2017　助成財団センター編　助成財団センター
【要旨】研究助成／奨学金募集案内。
2017.2 453p B5 ¥500 ①978-4-915738-12-8

◆数字でみる観光 2017年度版　日本観光振興協会編　日本観光振興協会
【目次】1 日本の国内観光の動向、2 観光資源、3 観光施設、4 旅行業、5 輸送、6 国民生活と余暇、7 世界の観光、8 日本の国際観光の動向、資料編
2017.11 134p 18×11cm ¥600 ①978-4-88894-184-6

◆図解 わかる！ トクする！ 現役東大生が書いた日本経済の教科書　東京大学株式投資クラブAgents著　PHP研究所
【要旨】儲かる会社、伸びるビジネス、話題の新技術一最新の「40キーワード」を、図やデータを用いてわかりやすく解説。
2017.6 95p B5 ¥850 ①978-4-569-83575-4

◆生産性向上だけを考えれば日本経済は大復活する―シンギュラリティの時代へ　三橋貴明著　彩図社
【要旨】大逆転の経済論。
2017.6 255p B6 ¥1400 ①978-4-8013-0227-3

◆政府調達における我が国の施策と実績―世界に開かれた政府調達へ 平成28年度版　内閣官房著　ブルーホップ
【目次】第1編 我が国の政府調達に関する規定と政府調達に関する自主的措置の経緯（我が国の政府調達に関する規定、政府調達に関する自主的措置の経緯 ほか）、第2編 平成27年における政府調達（総額及び総件数、物品・サービス別、契約形態別の調達割合 ほか）、第3編 政府調達を巡る最近の動向（WTO政府調達協定における関連措置、経済連携協定の関連規定 ほか）、第4編 平成27年における調達実績一覧（物品一般及びサービス、電気通信機器及びサービス ほか）
2017.11 136p B5 ¥15000 ①978-4-9908787-8-8

◆世界一訪れたい日本のつくりかた―新・観光立国論 "実践編"　デービッド・アトキンソン著　東洋経済新報社
【要旨】「6000万人」の外国人を呼び、「15兆円」使ってもらう具体的な方法が、この一冊ですべてわかる。渾身のデータ分析と現場での実践が明らかにした「日本が進むべき道」。
2017.7 321p B6 ¥1500 ①978-4-492-50290-7

◆世界が喰いつくす日本経済―なぜ東芝はアメリカに嵌められたのか　大村大次郎著　ビジネス社
【要旨】東芝、タカタ、シャープ…アメリカに嵌められ、中国に盗まれる日本企業の末路。日本企業は世界戦略をなぜ見誤ったのか？　貿易黒字に固執した日本の敗因とはなにか？　今の日本に必要なのは経済成長ではなく、経済循環である！
2017.9 223p B6 ¥1300 ①978-4-8284-1973-2

◆絶滅危惧種「日本人」―少子化・老齢化などによる国力低下をどう回復させるか　藤城博著　セルバ出版, 創英社／三省堂書店 発売
【要旨】出生数減少の原因は、若者の収入減や未婚率増加、共働き、女性の高学歴化、晩婚化、高齢出産、不妊夫婦の増加など、様々考えられる。しかし、少子化の究極の要因は、「精子数の減少」ということがわかってきた。精子数減少の主な原因は、牛乳・乳製品にあるという、今までの常識を覆すような驚くべき事実が発見された。本書は、少子化・老齢化などによる国力低下をどう回復させるかを解説。
2017.10 159p B6 ¥1500 ①978-4-86367-372-4

◆第4次産業革命！ 日本経済をこう変える。　竹中平蔵著　PHP研究所（PHPビジネス新書）
【要旨】AI、ロボット、IoT、ビッグデータ、シェアリング・エコノミー。製造業や金融業、サービス業における個別の動きを解説する本は多いが、社会を変革するムーブメントの本質に触れているものは少ない。本書では、UberやAirbnb、アマゾンやグーグル、テスラやヤマト運輸など、世界の最先端ビジネスの進化の実態を紹介。さらに、周回遅れになっている日本経済を大きく変えるための4つの提言を力強く説く。
2017.3 195p 18cm ¥850 ①978-4-569-83264-7

◆税金恐怖政治（タックス・テロリズム）が資産家層を追い詰める　副島隆彦著　幻冬舎
【要旨】税金官僚の"徴税テロ"にどう対処するか。それでも税務署から逃れ生き延びる20箇条。
2017.3 255p B6 ¥1700 ①978-4-344-03079-4

経済・産業・労働

◆超高齢社会だから急成長する日本経済—2030年にGDP700兆円のニッポン　鈴木将之著　講談社　（講談社プラスアルファ新書）
【要旨】旅行、グルメ、住宅…、新高齢者は1000兆円の金融資産を遣って走る！　2016年の日本の個人金融資産は1800兆円！　その約6割を持つ60歳超が経済を引っ張る。
2017.5 190p 18cm ¥840 ①978-4-06-272991-8

◆ついにあなたの賃金上昇が始まる！—2018～世界と日本経済の真実　高橋洋一著　悟空出版
【要旨】日本をダメにしたいフェイク報道に騙されるな！　元スーパー官僚・総理の御意見番が読み解く日本の真実。
2017.10 237p B6 ¥1200 ①978-4-908117-41-1

◆「強い経済」の正体—中間層再生への道を探る　蜂谷隆著　同時代社
【要旨】消費低迷、賃金の低所得化と貧困、上がらない賃金…。「デフレからの脱却」という呪文と異次元緩和の失敗…。「名目GDP600兆円達成」という「成長神話」によらない、中間層の底上げ戦略を提示する。
2017.3 205p B6 ¥1500 ①978-4-88683-814-8

◆提言！　次世代活性化プロジェクト—BEYOND 2020　JAPIC（日本プロジェクト産業協議会）編　産経新聞出版
【要旨】危機を打破し、美しく豊かで力強い日本の再生を果たすプロジェクトを、産学民を結集したJAPICの総力を挙げて検討し、提言。日本を再生する多彩あふれる先導のインフラストラクチャープロジェクト。
2017.11 230p A4 ¥1800 ①978-4-86306-128-6

◆データブック　格差で読む日本経済　みずほ総合研究所編　岩波書店
【要旨】所得、資産、男女、正社員・非正社員、世代間、都市と地方、…多様な切り口、豊富なデータで「格差」の実像を浮かび上がらせる。「格差」問題を考えるための基本書。
2017.3 201p A5 ¥1900 ①978-4-00-061183-1

◆デービッド・アトキンソン　日本再生は、生産性向上しかない！　デービッド・アトキンソン著　飛鳥新社　（ASUKA SHINSHA双書）
【要旨】二階俊博自民党幹事長、エイドリアン・ゼッカー氏（アマンリゾーツ創業者）との対論も収録！　決めたことを実行できない、他人の時間を盗む、ことなかれ主義、論理的思考が苦手、クレームに弱い—企業経営と政策提案の現場で得た「日本病」克服集。
2017.6 222p B6 ¥1296 ①978-4-86410-548-4

◆アホノミクスの断末魔　浜矩子著　KADOKAWA
【要旨】安倍政権が推し進めるアベノミクスはもはや破たん寸前、断末魔の叫びを上げている。「2020年度までにプライマリーバランスを黒字化」という財政再建を放り出し、強い国家創りに邁進する暴走アホノミクスに巻き込まれてはいけない。
2017.6 202p 18cm ¥800 ①978-4-04-082110-8

◆アホノミクスよ、お前はもう死んでいる—一大メディアだけが気付かない　佐高信、浜矩子著　（講談社プラスアルファ新書）
【要旨】真っ当な日本と日本経済を取り戻せ！『アホノミクスの正体』のタッグ再び。安倍政権に疑問を感じ始めたすべての日本人に贈る最も過激な「教養の書」。
2017.9 253p B6 ¥840 ①978-4-06-291502-1

◆東京五輪の日本経済—元日銀審議委員だから言える　白井さゆり著　小学館
【要旨】東京五輪の宴の後で、日本経済にいったい何が起こるのか？　元日銀政策委員会審議委員として、日本経済の表も裏も知り尽くした著者が、今、静かに語り始める…。
2017.9 222p B6 ¥1296 ①978-4-09-388570-6

◆どうする？　どうなる？　ニッポンの大問題—少子「超」高齢化編　石破茂、弘兼憲史著　ワニブックス
【要旨】"団塊の世代"の「老後の生き方」を提案し続ける弘兼憲史と、日本復活のために「地方創生の重要性」を唱える石破茂が、それぞれの立場から、日本のこれからと私たちの在り方を提案する！
2017.9 222p B6 ¥1296 ①978-4-8470-9580-1

◆中原さん、経済オンチの私に日本の未来を教えてください　中原圭介著　SBクリエイティブ
【要旨】経済学のセオリーが通用しない時代、政府の御用エコノミストには語れない日本経済のこれから、本当の危険度！　イノベーションが雇用を奪う10年以上も先も生存するために！
2017.11 223p B6 ¥1400 ①978-4-7973-9459-7

◆なぜ日本だけがこの理不尽な世界で勝者になれるのか　高橋洋一著　KADOKAWA
【要旨】かつての常識が無意味化する世界で、日本だけが際立って安定しているのはなぜか？　そこで蔓延る批判ありきの悲観論を一刀両断。これが数値で証明された日本の地を本当デ！
2017.4 221p B6 ¥1300 ①978-4-04-601940-0

◆2018年　戦争へ向かう世界—日本経済のラストチャンス　三橋貴明著　徳間書店
【要旨】北朝鮮暴発、中国の侵略加速、欧米動乱…世界秩序は完全崩壊、新たな国難が日本を襲う。繁栄か没落か、日本最大の分岐点がやってくる！
2017.11 287p B6 ¥1500 ①978-4-19-864510-6

◆2040年の日本—データでしめす、日本の人口再増加　平野まつじ著　幻冬舎メディアコンサルティング、幻冬舎　発売
【要旨】日本人口はいずれ1億人を下回る—。そんな定説に異議を唱え、国の発表する統計データを分析。意外な未来を予測した衝撃の予言集。
2017.10 229p B6 ¥1000 ①978-4-344-91379-0

◆日銀を知れば経済がわかる　池上彰著　平凡社　（平凡社新書）　改訂新版
【要旨】リーマン・ショックで世界の金融界が大混乱した二〇〇八年秋。その後、日本では二〇一七、八年が過ぎ、日銀総裁の交代に加え、黒田東彦が日銀総裁に就任。デフレ脱却のための「異次元緩和」や「マイナス金利」導入など、強力な金融緩和政策を推し進める日銀の動向に注目が集まっている。そこで、データを最新のものに更新し、この間の日銀の動きを加筆。改めて、日本銀行の仕事を知ることで、金融・経済の仕組みを見る目を養おう。
2017.5 251p 18cm ¥800 ①978-4-582-85844-0

◆日銀と政治—暗闘の20年史　鯨岡仁著　朝日新聞出版
【要旨】なぜ日銀は二〇一二年一二月の総選挙で、「インフレ目標政策」と「異次元の金融緩和」の導入に追い込まれることになったのか。政治家たちの日銀に対する非難は本当に正しかったのか。そして、本当にこのまま「異次元の金融緩和」を続けて大丈夫なのか—。本書は「日銀と政治」のせめぎ合いをドキュメントで綴りながら、こうした疑問に答えていこうという試みである。
2017.10 445p B6 ¥2000 ①978-4-02-331628-7

◆日本経済　2016・2017　好循環の拡大に向けた展望　内閣府政策統括官編　日経印刷、全国官報販売協同組合　発売
【要旨】第1章 日本経済の現状とデフレ脱却に向けた動き（日本経済の現状、デフレ脱却に向けた動き、人口減少・少子高齢化の中での労働市場の変化）、第2章 新たな産業変化への対応（第4次産業革命のインパクト、新たな産業革命に対応するための課題）
2017.2 172p A5 ¥1143 ①978-4-86579-072-6

◆日本経済最後の戦略—債務と成長のジレンマを超えて　田代毅著　日本経済新聞出版社
【要旨】あらゆる手段を総動員し、長期停滞から脱出する。この国を、ふたたび上昇気流に乗せるには、いま何をすべきか。若手エコノミストがタブーを恐れず、具体的な政策を提言する。
2017.5 310p B6 ¥2000 ①978-4-532-35722-1

◆日本経済再生 25年の計　池尾和人、幸田博人編著　日本経済新聞出版社
【要旨】未曾有の領域が"常態化"する金融・財政、成長戦略の要ガバナンス改革とイノベーション—経済の実相を知り、先を読む軸をつくる必読書。
2017.6 303p B6 ¥1800 ①978-4-532-35732-0

◆日本経済と警備業—ゼロから3兆円産業への軌跡　遠藤保雄著　農林統計出版
【目次】序章 警備業：ゼロから3兆円産業へ（警備業とは：社会の安全・安心の確保の役割を担うビジネスセクター、警備業の役割・機能：警察・消防との不即不離の関係 ほか）、第1章 日本経済の成長発展と警備業の創生・発展・成熟の

概観（1962年から72年（高度経済成長期）、1970年代はじめから80年代末（経済安定成長期）ほか）、第2章 主要警備業務の展開と日本経済（施設警備とその経済効果、保安警備の拡大・深化 ほか）、第3章 新しい警備ニーズへの対応（テロ対策、サイバー攻撃への対応 ほか）、第4章 警備業の直面する課題と挑戦—警備業の社会経済的評価とその健全な産業としての育成（警備業の産業構造の再編、警備員の労働環境の改善と良質な警備員の確保 ほか）
2017.4 236p A5 ¥2800 ①978-4-89732-366-4

◆日本経済入門　野口悠紀雄著　講談社　（講談社現代新書）
【要旨】日本経済のしくみと課題が平易にわかる入門書の決定版。
2017.3 236p 18cm ¥800 ①978-4-06-288416-7

◆日本経済の新しい見方　会田卓司、榊原可人著　金融財政事情研究会、きんざい 発売
【目次】実践的な金融市場・経済の分析とマクロ経済学、日本経済の最優先課題は何か、日本の財政問題は「問題」なのか、財政政策に効果はないのか、貯蓄投資バランスでみる日本経済の現状、財政に絡む議論のゆがみ、高齢化論や人口動態論と経済情勢、金融政策の現状と中央銀行の独立性、為替レートや貿易収支をどうみるか、日本の生産性は低いのか、マクロ分析とデフレ脱却の道筋
2017.12 405p B6 ¥2400 ①978-4-322-13229-8

◆日本経済の軌跡と飛躍　八田英二、廣江満郎編著　（京都）晃洋書房
【目次】第1章 GDPでみる日本経済—構造、成長および変動、第2章 国民生活のゆくえ—家計行動の変貌、第3章 経済環境の変化と産業—日本の産業構造の変遷、第4章 日本経済と企業の行動—市場の仕組みと経営戦略、第5章 金融市場と金融政策—金融システムの変遷、第6章 財政活動と財政の健全化—財政運営のあり方、第7章 少子高齢化の進展と公的年金—制度の持続可能性、第8章 世界経済の歩みと日本経済—対外経済関係の変遷とグローバル化、第9章 資本主義市場経済と経済政策—公共部門の役割とは
2017.6 251p A5 ¥2800 ①978-4-7710-2899-9

◆日本経済の再建築—経済学・経営学からの提言　影山僖一著　同友館
【目次】本書主張のポイント—産業共特化による経済発展、第1部 高度経済成長の経済理論、経営理論、第2部 日本経済の発展と停滞要因、第3部 日本的経営の定義と経済構造、第4部 日本型経営者の実績、第5部 日本的経営の環境変化と危機、結論と課題—日本的経営の環境変化と対応策
2017.4 313p A5 ¥3300 ①978-4-496-05265-1

◆日本経済はなぜ最高の時代を迎えるのか？—一大新聞・テレビが明かさないマネーの真実19　村上尚己著　ダイヤモンド社
【要旨】まだまだ続く、株高＆円安。「トランプなのに好景気!?」の真相とは？「トランプ相場到来」をめざさせる外資系金融マンが「ニュースのウソ」を斬る！
2017.2 207p 18cm ¥1000 ①978-4-478-10190-2

◆日本経済論　古川徹也著　培風館　（経済学教室 11）
【目次】本書を読むための準備、日本経済の大きさ：GDPの概念、GDPの決定理論、インフレーション・デフレーションと失業、日本経済における金融の役割、貨幣と日本銀行の役割、バブル経済からアベノミクスまでの金融政策、日本の財政、日本の社会保障制度、国債と租税、世界の中の日本経済
2017.11 238p A5 ¥3300 ①978-4-563-06261-3

◆日本経済論　宮川努、細野薫、細谷圭、川上淳之著　中央経済社, 中央経済グループパブリッシング 発売　（ベーシック+）
【要旨】日本経済の歩み、労働市場の特徴と所得格差、中小・ベンチャー企業の役割、産業構造、環境・エネルギー問題、金融システムの特徴、財政維持可能性、地域経済、社会保障、対外的な課題、アベノミクスの経緯と成果等の各トピックスを基礎的な経済理論として解説。
2017.4 264p A5 ¥2400 ①978-4-502-21891-0

◆日本経済論講義—ビジネスパーソンの「たしなみ」としての　小峰隆夫著　日経BP社, 日経BPマーケティング 発売
【要旨】「人口減少」でも国内市場は縮まない？　働き方改革はなぜ必要？「正しい知識」が身につき経済のニュースが分かる！　図版を使ったシンプルで分かりやすい解説。
2017.3 237p B6 ¥1500 ①978-4-8222-3688-5

◆日本の正しい未来―世界一豊かになる条件
村上尚己著　講談社　（講談社プラスアルファ新書）
【要旨】人口減少でも財政赤字でも一人当たりGDPは1位に！「ゼロ成長の日本」衝撃のラストシーンを回避せよ！ 日本経済の超基本認識が変わる。
　　　　2017.11 165p 18cm ¥800 ①978-4-06-272999-4

◆はばたけ！ 観光立国―インバウンド4000万人時代の国、地方、空港　山内弘隆監修　時評社
【目次】国の取り組み（国土交通省航空局―「明日の日本を支える観光ビジョン」について、観光庁―「観光先進国」の実現に向けて）、特別座談会 真の観光立国実現のために、全国空港の機能強化を―空港を拠点に、地域全体に資する産業化の構築を目指す、知事が語る観光による地方創生（「北海道ブランド」を武器に観光客500万人を実現―空港の一括民営化にも期待、地域住民の声をしっかりと受け止め、地域に支えられた成田空港に ほか）、観光の新たな潮流（真の観光立国実現のために、戦略的なマーケティングとメディア連携によって、セントラル・ジャパン（中央日本）ブランドを創り出す ほか）、空港の取り組み（成田国際空港株式会社―日本観光のゲート」へ、中部国際空港株式会社―中部地域の顔となる魅力的な空港へ ほか）、企業の取り組み（ANA―「インバウンド」と「第三国需要」を拡大、日本電信電話株式会社（NTT）―先端ICT技術で空港をユニバーサルデザイン化 ほか）
　　　　2017.10 237p A5 ¥1500 ①978-4-88339-242-1

◆ビジュアル解説 日本経済時事ドリル　日本経済新聞社編　日本経済新聞出版社
【要旨】トランプ新政権、子供の貧困、VR、天皇の退位問題、キュレーションサイト…就活に！ レポートに！ ビジネスに！ 最新ニュースの全てがわかる！
　　　　2017.2 159p A5 ¥1000 ①978-4-532-22811-8

◆フィンテック革命の衝撃―日本の産業、金融、株式市場はどう変わるか　藤田勉著　平凡社　（平凡社新書）
【要旨】IoT、ビッグデータ、ディープラーニングなど、AI革命の中核をなす技術の進歩によって、フィンテックは大きな発展を遂げようとしている。あらゆる金融サービスにおける革新的な高度化に加え、他業種からの新規参入が加速することによって、日本の産業そのものが大きく変わろうとしているのだ。フィンテックが世の中に与える衝撃と、日本株復活への道筋を探る。　2017.4 195p 18cm ¥780 ①978-4-582-85843-3

◆プライマリー・バランス亡国論―日本を滅ぼす「国の借金」を巡るウソ　藤井聡著　育鵬社、扶桑社 発売
【要旨】プライマリー・バランス（財政の収支）のための増税と予算カットで財政は貧困化し、財政はかえって悪化する。今こそ、積極財政で日本の危機を救え!!
　　　　2017.5 273p B6 ¥1600 ①978-4-594-07732-7

◆本当は世界がうらやむ最強の日本経済―データで読む、好都合な近未来！ イェスパー・コール著　プレジデント社
【要旨】日本在住歴30年のエコノミストが断言！ 日本型デフレ、少子化…実は、すべて経済学的には超イケてるんです！
　　　　2017.3 199p B6 ¥1500 ①978-4-8334-5115-4

◆3つの用意―破綻後、経済を立て直す具体策
福永博建築研究所著　（福岡）海鳥社
【要旨】田んぼの発電所、マンションの無料建て替え、シルバータウンの3つで63兆円の特需。
　　　　2017.9 143p B5 ¥2000 ①978-4-86656-011-3

◆未来の年表―人口減少日本でこれから起きること　河合雅司著　講談社　（講談社現代新書）
【要旨】2035年、首都圏も高齢者が激増！「日本を救う処方箋」も本書で提言。
　　　　2017.6 206p 18cm ¥760 ①978-4-06-288431-0

◆勇敢な日本経済論　髙橋洋一、ぐっちーさん著　講談社　（講談社現代新書）
【要旨】日本経済の「大問題」を徹底討論もう情報のバイアスに騙されない！ 3時間読むだけで、これからのおカネのことがスッキリ見えてくる自己防衛の人生指南書。
　　　　2017.4 286p 18cm ¥840 ①978-4-06-288423-5

◆甦れ！ 経済再生の最強戦略本部―経済企画庁の栄光と挫折からその条件を探る　塩谷隆英著　（京都）かもがわ出版
【目次】第1章「戦後問題研究会」に集結した復興の志士たち、第2章 泣く子も黙る「あんぽん」、第3章 官庁エコノミストが命を懸けた経済白書、第4章 市場経済下の経済計画、第5章 行政の先駆け役を果たした国民生活局、第6章 見果てぬ夢を追い求めた総合開発局、第7章 国際経済の荒波に翻弄された70〜80年代、第8章 戦後最悪の不況の修羅場、終章 経済企画庁が戦後日本経済に果たした役割
　　　　2017.12 399p B6 ¥2700 ①978-4-7803-0938-6

◆「歴史×経済」で読み解く世界と日本の未来　井沢元彦、中原圭介著　PHPエディターズ・グループ、PHP研究所 発売
【要旨】日本の進むべき道、その答えは歴史が教えてくれる。
　　　　2017.9 269p B6 ¥1500 ①978-4-569-83629-4

◆我が国の経済外交　2017　外務省経済局編
日本経済評論社
【目次】第1章 総論：我が国の経済外交の基本戦略（日本を巡る情勢と経済外交、日本の経済外交戦略 ほか）、第2章 特集：最近の経済外交の主要テーマ（環太平洋パートナーシップ（TPP）協定、G7伊勢志摩サミット ほか）、第3章 分野別政策（自由で開かれた国際経済システムを強化するためのルールメイキング、官民連携の推進による日本企業の海外展開支援 ほか）、第4章 資料集（G7伊勢志摩首脳宣言（骨子）、G7伊勢志摩首脳宣言 ほか）
　　　　2017.1 223p B5 ¥2700 ①978-4-8188-2456-0

◆**Japan and the World　2017/18** 英文国際比較統計集　経済広報センター　（本文：英文）
【目次】1 Economic and Financial Indicators（国内総生産、GDP成長率 ほか）、2 Populations and Labor Markets（人口、人口（15 － 64歳） ほか）、3 Trade and Investment（経常収支、貿易収支（日本） ほか）、4 Education and People Exchange（外国人訪問者数、訪日外客数 ほか）、5 Government Budget, Tax and Other Data（一般政府支出（対GDP比）、財政収支（対GDP比） ほか）
　　　　2017.12 115p 19cm ¥1000 ①978-4-87605-049-9

◆Q&A日本経済のニュースがわかる！ 2018年版　日本経済新聞社編　日本経済新聞出版社
【要旨】これだけは知っておきたい時事ネタを厳選。日経記者がQ&A形式でわかりやすく解明。1項目4ページの読み切りスタイルで、どこからでも読める。重要部分にはマーカーがあるので、すぐに要点をつかめる。ニュースを読み解く重要キーワード20を収録。巻頭には人気の「業界地図」、イラストや図表で一目で把握できる。
　　　　2017.9 223p A5 ¥1500 ①978-4-532-35745-0

◆TPP・FTAと公共政策の変質―問われる国民主権、地方自治、公共サービス　岡田知弘、自治体問題研究所編　自治体研究社　（地域と自治体 第38集）
【目次】第1部 メガFTAの政治と経済（メガFTAの現実―メガFTAの行方とあるべき貿易ルールへの模索、米韓FTAその現実、TPP・FTA推進の政治経済学と地方自治）、第2部 TPP・FTAと国民主権・地方自治（国民・住民主権を侵害するISDS条項、インフラ・国有企業の解体とビジネス化―TPP国有企業審査の事例を通じて考える、経済連携協定で狙われる年金・共済・生命保険、消費者安全行政の危機、国民の生命を守る行政の危機、自由貿易協定と労働）
　　　　2017.9 213p A5 ¥2300 ①978-4-88037-672-1

地域経済（日本）

◆熱海温泉誌―市制施行八〇周年記念　熱海市、出版文化社 発売
【目次】中世―走湯と熱海郷に広がる温泉場の形成（中世社会における「熱海」、浄土信仰と伊豆山経塚 ほか）、近世―大湯をめぐる社会・空間・文化（近世熱海村の社会と温泉―大場と湯戸、村方・浜方・湯場、近世熱海の空間イメージと建築 ほか）、近代―温泉観光地としての開発と発展（写真で見る明治の熱海温泉―イメージとその普及、明治・大正期における湯戸・湯株・大湯の変容 ほか）、戦後―繁栄を支えた人・もの・

組織（米軍占領期の温泉地と熱海、熱海の旅館経営を支えた女性たち ほか）、熱海の温泉再発見―資源・効果・集客（地球科学的にみた熱海温泉―その生成機構、熱海の温泉資源の経年変化について ほか）
　　　　2017.4 383p A4 ¥3000 ①978-4-88338-614-7

◆金沢ブランド100　金沢ブランド100企画　（金沢）北國新聞社
【要旨】どこに行くか。何を観るか。それだけじゃ、もの足りない。金沢をどう観るか？ 金沢美術工芸大学出身の8名が「金沢ブランド」をデザイナーの視点で大解剖。
　　　　2017.11 102p 25×19cm ¥2500 ①978-4-8330-2123-4

◆近代中国東北地域の綿業―奉天市の中国人綿織物業を中心として　張暁紅著　（岡山）大学教育出版　（香川大学経済研究叢書）
【要旨】「満洲国」が中国東北地域の在来産業の発展に与えた影響とはなにか。「収奪による停滞」状況におかれながらも柔軟に経済活動を続ける中国人商工業者の姿を明らかにする。
　　　　2017.3 227p A5 ¥2500 ①978-4-86429-444-7

◆現代地方都市の構造再編と住民生活―広島県呉市と庄原市を事例として　西村雄郎、田中里美、杉本久未子編　（西東京）ハーベスト社
【要旨】人口減少・高齢化、そしてグローバル化のなか、地方都市はどこへ向かうのか。
　　　　2017.3 240p A5 ¥2800 ①978-4-86339-087-4

◆雇用創出と地域―地域経済・福祉・国際視点からのアプローチ　難波利光、坂本毅啓編著　（岡山）大学教育出版
【目次】第1部 地域経済視点の雇用・就労（中小企業の経営力向上と地域の雇用創出、「起業」を取り巻く環境と資金調達の法制度、企業の立地からみる雇用創出と地域、住民目線による観光まちづくり―魅力あるまちづくりと起業創出、いわゆる「ごみ屋敷」対策条例―法と「福祉」の新たな連携可能性、分権化社会における補助金制度改革の展望）、第2部 福祉視点の雇用・就労（社会保障が支える地域―地域経済、高齢化した社会における福祉ニーズと地方の雇用創出、子どもの福祉の追求と地域の福祉の活性化、障害者福祉におけるNPOの役割と可能性）、第3部 国際視点の雇用・就労（企業活動のグローバル化と世界の労働・雇用、中国人大卒者の急増と非正規就業の拡大、韓国社会と若者の就労事情、地方における外国人留学生の就労問題―日本で学び、日本で働く）
　　　　2017.7 230p A5 ¥2400 ①978-4-86429-460-7

◆コンパクトシティと都市居住の経済分析
香澤隆司著　日本評論社
【要旨】都市消滅の危機を救うコンパクトシティ実現の方策を、多面的に探る。
　　　　2017.4 185p A5 ¥4000 ①978-4-535-55825-0

◆魚屋がない商店街は危ない―東京23区の商店街と地域格差　荒井禎雄著　マイクロマガジン社　（MM新書）
【要旨】商店街の衰退は街の格差を生む。繁盛している商店街は住民の教養が高い。では、商店街が廃れた地域の住民は…？
　　　　2017.9 271p 18cm ¥920 ①978-4-89637-643-2

◆人材枯渇時代を生き抜く地域戦略―2017年版九州経済白書　（福岡）九州経済調査協会
【目次】第1章 人材不足の実態と九州経済にもたらす影響、第2章 経済活動を支える新たなプレイヤー、第3章 人材育成の役割を担う教育機関の取組、第4章 人材枯渇時代に対応する九州企業の事業戦略、第5章 人材枯渇時代を生き抜く地域戦略、参考資料1 九州経済白書アンケート調査について、参考資料2 職業安定所の管轄区域
　　　　2017 143p A4 ¥3000 ①978-4-903775-28-9

◆信州はエネルギーシフトする―環境先進国・ドイツをめざす長野県　田中信一郎著　築地書館
【要旨】地産地消を超える環境先進県として脚光を浴びる長野県。「燃費のいい家」に代表される、地元で新しい仕事を次々に生み出す、地域経済がうるおうエネルギー政策は、どのように生まれ、実行されているか。5年にわたって長野県の政策担当者として実務を担った著者が、政策の内実をていねいに解説し、成功への鍵を示す。あわせて、県内の行政、企業、市民ネットワークの担い手を紹介して、信州エネルギーシフトの全貌を示す。
　　　　2018.1 218p B6 ¥1600 ①978-4-8067-1551-1

◆図説九州経済　2018　（福岡）九州経済調査協会

【目次】解説編（九州経済サマリー、主要分野の解説（人口、都市・地域構造、所得・家計、産業、交通、国際化・貿易、行財政））、統計編（九州経済現勢主要指標、全国ブロック別主要経済指標、都市別主要経済指標、海外主要経済指標、人口・労働力 ほか）
2017 114p A4 ¥2500 ①978-4-903775-31-9

◆**成功する里山ビジネス—ダウンシフトという選択**　神山典士著　KADOKAWA　（角川新書）
【要旨】現代は下り坂の時代。モノ消費からコト消費へ。投網漁型から一本釣り型へ。中央集権型から地方密着型へ。時代の変化とともに独自のスタイルで歩み始めた人々の、暮らし、仕事、想い。次の時代の生き方がここにある。
2017.7 254p 18cm ¥800 ①978-4-04-082151-1

◆**世界イノベーション都市宣言—「愛知が起こす成長革命2」グローバル編 時代は"国家"から"地域"へ**　大村秀章著　PHPエディターズ・グループ、PHP研究所 発売
【要旨】世界各地の先進都市へ精力的に足を運び、「成長の秘密」を肌で学び取った大村知事。魅力ある愛知を創造するために必要なものは何か？そのすべてを本書で明らかにする！
2017.6 215p B6 ¥1300 ①978-4-569-83626-3

◆**そばによる地域創生—そばの生産・流通と6次産業化・農商工連携**　内藤重之、坂井教郎編　筑波書房　（日本農業市場学会研究叢書）
【要旨】ソバの需給や流通の実態および生産振興施策について把握するとともに、そばによる地域創生に取り組む先進事例の実態や課題を明らかにし、今後におけるソバ産地の展開方策について検討に供するように編集する。
2017.7 217p A5 ¥2500 ①978-4-8119-0513-6

◆**地域経済を強化する企業立地—中国地域白書　2017**　中国電力エナルギア総合研究所監修、中国地方総合研究センター編　（広島）中国地方総合研究センター
【目次】第1章 企業立地の動向（工場立地の動向、潮流変化に伴う企業立地の新たな動き、企業立地分析の視点）、第2章 企業の立地意向・ニーズ（わが国の企業立地意向・ニーズ、中国地域企業の立地意向・ニーズ）、第3章 自治体の企業立地支援施策（全国自治体の企業立地支援施策、中国地域自治体の企業立地支援施策）、第4章 企業立地を通じた地域経済・産業振興の海外事例（都市・都市圏レベルの取り組み、広域自治体レベルの取り組み、地方ブロックレベルの取り組み）、第5章 地域経済を強化する企業立地（中国地域の「経済圏」を対象とした地域経済分析、地域経済強化に向けた企業立地の促進）
2017 167p A4 ¥1800 ①978-4-925216-18-0

◆**地域経済活性化とふるさと納税制度**　安田信之助編著　創成社
【目次】第1章 ふるさと納税に関する租税原則からの検討、第2章 ふるさと納税制度の発展政策、第3章 ふるさと納税に関するアンケート調査、第4章 地域経済の活性化とふるさと納税制度—宮崎県都城市、第5章 地域経済の活性化とふるさと納税制度—高知県須崎市の発展戦略、第6章 地域経済の活性化とふるさと納税制度—埼玉県北本市の発展戦略、第7章 地域経済の活性化とふるさと納税制度—千葉県大網白里市の発展戦略、第9章 地域経済の活性化とふるさと納税制度—北海道上士幌町（かみしほろちょう）の発展戦略、第10章 地域経済の活性化とふるさと納税制度—北海道夕張市の再生戦略
2017.8 182p A5 ¥2000 ①978-4-7944-3178-3

◆**地域産業の「現場」を行く—誇りと希望と勇気の30話　第10集　新たなステージに向かう**　関満博著　新評論
【要旨】「失われた25年」のなかで成熟・持続性重視の集積と取組みを検証する「現場」（全10集・300事例）から、地域産業・中小企業の未来が見えてくる。
2017.12 238p B6 ¥2400 ①978-4-7948-1082-3

◆**地の経済　2017　地域の「稼ぐ力」を高める**　内閣府政策統括官編　日経印刷、全国官報販売協同組合 発売
【目次】第1章 地域別にみた経済の歩み（消費の動向、企業の動向、雇用・労働市場の動向）、第2章 地域の「稼ぐ力」を高める（「稼ぐ力」の中身、「地域ブランド」の経済分析、「稼ぐ力」を高める）、補論（東日本大震災からの復旧・復興、熊本地震からの復旧・復興）
2017.10 127p A4 ¥3200 ①978-4-86579-102-0

◆**地域の持続可能性—下関からの発信**　難波利光編著　学文社
【目次】第1部 地域経済と地域発展（下関市財政の近年の変遷と特徴—ニーズ変化への市の対応と困難、下関市を中心とする山口県の金融経済、下関市の人口動態と連携中枢都市圏による医療・福祉への影響 ほか）、第2部 大学教育と住民参加（下関市立大学の財政構造—法人化以前とそれ以降、下関市による「開かれた学校づくり」から「地域とともにある学校づくり」への進展、下関市立大学における外国研修とその教育的効果—中国語の学習 ほか）、第3部 20世紀初頭における「下関英国領事館報告」を通してみた下関の経済社会文化事情（イギリス国立文書館について、英国領事館下関設置の経緯とその後の展開、日本側史料からみた下関英国領事館設置と下関 ほか）
2017.3 341p A5 ¥5000 ①978-4-7620-2716-1

◆**地域の力を引き出す企業—グローバル・ニッチトップ企業が示す未来**　細谷祐二著　筑摩書房　（ちくま新書）
【要旨】日本各地で今、「小さな世界企業」が宝石のきらめきを放っている。ニッチな分野で世界のトップに立つ「グローバル・ニッチトップ（GNT）」企業である。GNT企業を全国に訪ね、調査してきた著者が、地域に存在するすぐれた中小企業の実態を紹介すると共に、後に続く企業を国や自治体が政策的に支援する方法を、様々に考察する。真の地域の内発的発展を促すためには、安易に補助金を配るだけでは十分でない。ドイツなどの成功例でも、地域における知恵を育むための地域経済活性化策を提唱する。
2017.7 284p 18cm ¥880 ①978-4-480-06972-6

◆**都道府県格差**　橘木俊詔監修、造事務所著　日本経済新聞出版社　（日経プレミアシリーズ）
【要旨】子どもの学力は東京より秋田のほうが高い、1人あたりの所得7位は愛知県、広島の大学進学率が高い理由、長野と青森の間にある寿命格差—県民所得、労働時間、婚姻率、平均寿命、病院率等、統計データをひもとけば、わが国の意外な真実、隠された課題が見えてくる。第一人者の監修のもと、日本の見えざる格差の実態を浮き彫りにする。
2017.9 203p 18cm ¥850 ①978-4-532-26354-6

◆**なぜそんなに熱いのか—中国地域で輝いている人たち**　中国地方総合研究センター編、中国電力監修　（広島）中国地方総合研究センター　（中国総研地域再発見BOOKS 7）
【目次】第1章 まちづくりと人（新しい時代を拓く人たち、つながりと人づくり ほか）、第2章 中国地域の輝く人々（鳥取県、島根県、岡山県、広島県、山口県）、第3章 中国地域と輝き人
2017.4 257p B6 ¥1800 ①978-4-925216-17-3

◆**新潟の逆襲—ピンチをチャンスに変えるリアルな提案**　田村秀著　言視舎
【要旨】米、酒、新幹線、人口…。大丈夫か、新潟？でも心配無用！地方自治と食の専門家が、膨大なデータを駆使して愛すべき新潟の課題を分析。隠れたお宝を次々に発掘し、説得力抜群の具体策を提案する。
2017.7 207p B6 ¥1500 ①978-4-86565-097-6

◆**バイオビジネス　15　地域企業による商品開発とブランド形成**　東京農業大学国際バイオビジネス学科、畑中勝守、新部昭夫、木原高治編著　世音社
【目次】第1章 お茶とともに生きる掛川中央茶業株式会社とかねじょうグループの強み（はじめに、日本のお茶の生産・消費動向、掛川中央茶業の経営の概観、掛川中央茶業株式会社の経営的特徴、今後の展開と新たな挑戦、考察：掛川中央茶業とかねじょうグループの競争優位性）、第2章 供給責任という経営コンセプトとそれを支え新たな商品を生み出す醸造技術八海醸造株式会社代表取締役南雲二郎氏の挑戦（はじめに、清酒製造業をめぐる環境の変化と日本酒の種類、清酒製造業と杜氏の役割、八海醸造株式会社の経営史と経営組織の特色、新製品の開発「あまさけ」の事例、地域への貢献、おわりに）
2017.3 75p B5 ¥1500 ①978-4-921012-19-9

◆**東三河の経済と社会　第8輯**　愛知大学中部地方産業研究所編　（豊橋）愛知大学中部地方産業研究所
【目次】1 地域行政（東三河地域の広域連携、平成合併による東三河の行政・地域の変化 ほか）、2 地域経済（東三河の経済および社会構造、東三河の土地利用とその変化 ほか）、3 地域産業（東三河の農林漁業の動き、東三河の工業動向 ほか）、4 地域社会・文化（東三河の地域社会、東三河の医療・福祉 ほか）
2017.3 657p A5 ¥3000 ①978-4-901786-43-0

◆**まちゼミ—さあ、商いを楽しもう！**　松井洋一郎著、山本明文取材・構成　商業界
【要旨】全国47都道府県、約300地域で、静かな革命が進行中！
2017.2 302p B6 ¥1600 ①978-4-7855-0518-9

◆**よみがえる飛騨の匠—地場産業を復活させる6つの改革**　岡田贊三著　幻冬舎メディアコンサルティング、幻冬舎 発売
【要旨】時代の変遷とともに、衰退の一途を辿る地場産業—。そんな中、地方ならではの強みを活かし、安定成長を続ける老舗木工家具メーカーがある。廃業寸前の赤字企業からV字回復を果たした経営者が明かす「稼ぐ企業」になるための改革とは。
2017.7 221p B6 ¥1400 ①978-4-344-91324-0

◆**ローカル認証—地域が創る流通の仕組み**　大元鈴子著　清水弘文堂書房
【目次】いま、求められる「地域が創る食の流通」、第1部 認証制度総論（認証がもつ意味、新たな流通の仕組みとしてのローカル認証）、第2部 制度としてのローカル認証（問題を価値として縫いあわせる—米国コロンビア川流域の「サーモン・セーフ」、多様な産業を認めあう町—宮崎県綾町の「自然生態系農業」、農業者が創りだすコウノトリの餌場—兵庫県豊岡市の「コウノトリの舞」）、第3部 地域から生産・消費を循環させる食品会社と運動（漁業者へ通信簿を渡す企業—株式会社井ゲタ竹内によるモズクでサンゴ再生、希少リンゴの現代的価値を醸造する—株式会社サンクゼールと地域の関係、水産物の地域化の試み—スローフィッシュ運動）、地域が創る新しい生産流通の形—ローカル認証の可能性と課題　2017.9 262p B6 ¥2000 ①978-4-87950-628-3

◆**BIOCITY　2017 No.71　特集 瀬戸内海のサステイナブル・ツーリズム—地域資源を活かした文化圏構想へ**　ブックエンド
【目次】特集 瀬戸内海のサステイナブル・ツーリズム—地域資源を活かした文化圏構想へ（巻頭言 圏域としての瀬戸内海と「海の道」の観光、南イタリアの新しい観光に学ぶ—瀬戸内ツーリズムの可能性、歴史文化を伝えるサステイナブル・ツーリズム、基調論文 社会システムを変えるエコツーリズム—「保護の倫理」から賢明な利活用へ、尾道の歴史的景観を守るために—住民運動から持続可能な観光へ、海辺の集落を活かす島おこし—瀬戸内海・離島のコミュニティ・ビジネス、鞆の浦の景観と住民の保全運動、朝鮮通信使がたどった海の道—世界遺産登録を目指して、小早川隆景と村上水軍の史跡—瀬戸内の歴史資源を訪ねて）、ミニ連載（ヴィンテージ・アナログの世界 レコード・レーベルの黄金期（13）、世尊寺家の書（1）藤原定実筆古今和歌集（元永本））、連載（動物たちの文化誌（18）瀬戸の動物たち、ランドスケープデザイン学科通信（6）人生100年時代に何を学ぶか、社会を動かすアートの新潮流（2）住民の要望を実現するアーティストの挑戦）
2017.7 127p B5 ¥2500 ①978-4-907083-42-7

 日本と国際経済

◆**開発協力白書　2016年版　日本の国際協力**　外務省編　佐伯印刷
【目次】第1部 G7伊勢志摩サミットと開発協力大綱（G7議長国としての日本の取組、開発協力大綱の下での一年を振り返る）、第2部 2016年の開発協力（実績から見た日本の政府開発援助、日本の開発協力の具体的取組）、第3部 資料編（日本の政府開発援助予算、日本の政府開発援助実績、二国間援助案件リスト、国際機関に対する政府開発援助実績、政府開発援助に関する主な資料、参考 諸外国の政府開発援助）
2017.4 263, 17p A4 ¥2362 ①978-4-905428-70-1

◆**世界はどうなる？　日本の行方 平和への道は**　宮川東一著　（鎌会）かまくら春秋社
【要旨】これだけは伝えておきたい。中国革命の父・孫文の孫が、日本の行方、そして世界の平和への道を万感の思いを乗せて提言する。経営コンサルタントとしての40年におよぶ経験をも

とに、昨今の北朝鮮をめぐる世界情勢の元凶ともいえる資本主義と社会主義の対立を超えた新しい道を示す。
2017.9 117p 18cm ¥1000 ①978-4-7740-0734-2

◆**日モ関係の歴史、現状と展望―21世紀東アジア新秩序の構築にむけて**　ボルジギン・フスレ編　風響社
【目次】日モ関係の歴史、21世紀東アジア新秩序の構築に向けて、挨拶、日本人モンゴル問題の再検討:基本的文書史料の紹介、満洲国人のソ連抑留と中国への引揚げについての考察:溥儀を中心に、日本・モンゴル関係における捕虜問題、モンゴル・日本関係の発展にアカデミー会員 Ts. ダムディンスレンが果たした役割、満洲・モンゴルのstatus quo（現状）、ソ連、英国、米国首脳による1945年のヤルタ会談とモンゴルのstatus quo（現状）、構造転換の世界経済と新興経済、そして周辺経済、新たな段階に入ったモンゴル・日本の経済協力、ポスト社会主義モンゴル国牧畜部門における開発プロジェクトと土地改革、次代のリーダーはどの国か?―モンゴルからみたアジアの将来予測、モンゴル・日本における民間交流についての一考察、B. ヤボーホランによる俳句について
2017.3 216p A5 ¥3500 ①978-4-89489-807-3

 ## 経済協力・経済援助

◆**世界が、それを許さない。**　大西健丞著　岩波書店
【要旨】1996年に設立のNPO「ピースウィンズ・ジャパン（PWJ）」。海外紛争地域などでの人道援助をしてきた団体だが、近年では犬の「殺処分ゼロ」をめざすプロジェクトに取り組むむ「ピースワンコ・ジャパン」の活動や、過疎地域の再生事業、国内災害の被災者支援でも脚光をあびている。創設者、大西健丞がPWJの20年間をレポート。
2017.12 191p B6 ¥1700 ①978-4-00-061238-8

◆**タイの新しい地平を拓いた挑戦―東部臨海開発計画とテクノクラート群像**　下村恭民著　佐伯印刷
【要旨】1980年代初頭、農産物・鉱産物以外に輸出品目を持たないタイ経済は出口の見えない閉塞感に覆われたいた。苦境から脱却し、タイの工業化・近代化に道を拓いたのが、隠れたともいわれた「東部臨海開発計画」だった。実際、その道のりは遠く険しかった。世界銀行の反対、クーデター、反日運動、様々な政治的圧力…。それらを乗り越え、"東洋のデトロイト"と称される大規模臨海工業地帯を創出させたのは、名もなきテクノクラートたちの叡智と決断であった。これまで知られてこなかった国家的プロジェクトの形成を、タイの開発に精通する著者が明らかにする。
2017.10 135p B6 ¥1500 ①978-4-905428-77-0

 ## 国際経済事情

◆**アジア太平洋地域のメガ市場統合**　長谷川聰哲編著　（八王子）中央大学出版部　（中央大学経済研究所研究叢書）
【要旨】アジア太平洋地域市場で進む、制度的統合の課題を検討。
2017.9 208p A5 ¥2600 ①978-4-8057-2263-3

◆**あなたの資産が倍になる―金融胎動に打ち勝つ「常勝投資術」**　植草一秀著　ビジネス社
【要旨】年8%リターン×9年＝資産倍増! 日本経済の行く末、習近平一強体制の中国問題、そしてトランプ政治の大決算まで、2018年、投資戦略のポイント＆落とし穴を徹底解説!
2017.11 239p B6 ¥1500 ①978-4-8284-1990-9

◆**アメリカと中国が世界をぶっ壊す**　福島香織、高山正之著　徳間書店
【要旨】トランプがゲームを変える! 掟破りのルールなき世界で、日本はいい子ぶりっこをやめて、米中の腹黒さを見習ったほうがいい。
2017.1 223p B6 ¥1300 ①978-4-19-864323-2

◆**炎上する世界経済―日本人だけが知らない国際金融の残酷な現実**　鈴木啓功著　イースト・プレス

【要旨】「震災→恐慌→五輪→戦争」繰り返す悪夢のシナリオ。世界は「90年×2=180年」サイクルで動く!「大東亜戦争＝日本の属国化」の歴史が、再び始まる!
2017.8 399p B6 ¥1700 ①978-4-7816-1572-1

◆**環太平洋パートナーシップ（TPP）協定**　内閣官房TPP政府対策本部、外務省経済局監修　日本国際問題研究所　（本文:日英両文）
【目次】冒頭の規定及び一般的定義、内国民待遇及び物品の市場アクセス、原産地規則及び原産地手続、繊維及び繊維製品、税関当局及び貿易円滑化、貿易上の救済、衛生植物検疫措置、貿易の技術的障害、投資、国境を越えるサービスの貿易〔ほか〕
2017.3 1946p A5 ¥14000 ①978-4-8193-0028-5

◆**グローバル・エコノミーの論点―世界経済の変化を読む**　馬田啓一、小野田欣也、西孝編著　文眞堂
【要旨】激変の世界経済! 現状と課題、そして展望! 英国のEU離脱（Brexit）や米国のトランプ・リスクなど様々な不安要素を抱え、先行きに不透明感が漂う世界経済。今後の世界経済秩序の変化のカギを握る米中の危うい関係、いま起きている世界経済の変化をどう読み解くか。本書では、グローバル・エコノミーの最新かつ重要な問題を取り上げ、その現状と課題、今後の展望について考察。
2017.2 211p A5 ¥2800 ①978-4-8309-4931-9

◆**グローバル化により変容する中国・米国間の金融経済**　苗金芳著　五絃舎
【目次】第1章 世界経済グローバル化で台頭した中国経済、第2章 アジア域内生産ネットワーク進化からみた中米貿易不均衡問題、第3章 世界グローバル化に変容した中米経済、第4章 グローバル・インバランスと中国の経済・金融体制、第5章 グローバル・インバランスを背景に巨大化した中国の外貨準備高、第6章 実務的な観点から分析した中国の適正外貨準備水準、第7章 外貨準備の巨大化を背景に対米国債への運用、第8章 総括と展望
2017.7 168p A5 ¥2200 ①978-4-86434-063-2

◆**経済は地理から学べ!**　宮路秀作著　ダイヤモンド社
【要旨】「土地」と「資源」の奪い合いから経済が見える! 農業、工業、貿易、人口が一目でわかる。地図で読み解く44の視点。経済ニュースの「なぜ?」「どうして?」は、地理がわかればもっとわかる!
2017.2 269p B6 ¥1500 ①978-4-478-06868-7

◆**結局、勝ち続けるアメリカ経済 一人負けする中国経済**　武者陵司著　講談社　（講談社プラスアルファ新書）
【要旨】中国をいかに封じ込めるか―それはトランプ政権の最優先課題となっています。世界の技術、市場、資本のただ乗り「フリー・ライド」によって目を見張る成長を遂げた中国は、アメリカによってこのフリー・ライドを禁止され、成長が期待できなくなるでしょう。こうして、フリー・ライドを前提とした中国経済とそのビジネスモデルは一気に機能を停止し、経済成長が止まる「中進国の罠」に陥ることは確実です。現代版シルクロードである一帯一路構想、海のシルクロードである真珠の首飾り戦略、AIIB（アジアインフラ投資銀行）などは、歴史上の大言壮語として記録されることになるでしょう。こうした環境のもと、日本には、歴史的な追い風が吹いてきます。
2017.8 218p 18cm ¥840 ①978-4-06-220728-7

◆**決裂する世界で始まる金融制裁戦争―米中朝の衝突で急変するアジア**　共謀罪・マイナンバーで叩き潰される者たち　渡邉哲也著　徳間書店
【要旨】北朝鮮問題に何ら対処せず、ICBMの開発を許した中国に対して、米国はついに金融制裁を発動! 朝鮮・アジア情勢は今後、新局面へと突入する。一方、日本はテロ等準備罪が成立し、パレルモ条約締結にようやくこぎつけた。これでマイナンバー、テロ3法と合わせて、中国・北朝鮮とつながる反日過激派テロリストが炙り出されることになる。激変する世界のなかで進む「金融制裁戦争」の行方とは!?
2017.7 222p B6 ¥1200 ①978-4-19-864438-3

◆**元号が変わると恐慌と戦争がやってくる!?**　浅井隆著　第二海援隊
【要旨】明治維新以降、元号が新しいものに変わると、必ず日本経済や世界情勢が変調に襲われるという歴史的事実がある。二〇一九年、今上

天皇が退位され皇太子殿下が即位されると元号も「平成」から新しいものに変わる。その時、一体何が起きるのか? 世界経済のトレンドを見ると、二〇二〇年頃「世界大恐慌」が、そしてその前後には北朝鮮がらみの「戦争」が起こりそうなことがわかる。近々やってくるであろう大変動に備え生き残るためには、どうしたらいいのか。本書にこの答えがある。
2017.11 214p B6 ¥1600 ①978-4-86335-183-7

◆**この1冊でわかる世界経済の新常識　2018**　熊谷亮丸監修、大和総研著　日経BP社、日経BPマーケティング 発売
【要旨】世界経済のいまを知り、あすを読みとくための知識ベース。米国:トランプ政権2年目の経済課題と景気の行方。欧州:Brexitと難民問題に苦悩する英国・EU経済。中国:共産党大会が示唆した「30年間の強国構想」。
2017.12 255p A5 ¥1500 ①978-4-8222-5543-5

◆**ザ・トランポノミクス―日本はアメリカ復活の波に乗れるか**　安達誠司著　朝日新聞出版
【要旨】トランプ大統領の誕生は、日本が長年苦しんできた経済の長期停滞を打ち破るきっかけになるかもしれない。失業率はリーマンショック前の水準まで上がる? トランプの経済政策は最新の経済学の流れと一致。イギリス経済リスクは杞憂、欧州は「分裂」へ。割を食うのは中国とメキシコ。原油価格はさらに下落する? 中国の対外強硬路線が「ブラック・スワン」。日本は防衛産業で経済成長へ? 米再金融緩和でドル安へ? 米TPP離脱は悲観する必要なし? 日本はデフレ脱却、製造業復活へ? 人気エコノミストが鋭く予測する!
2017.1 231p B6 ¥1500 ①978-4-02-331576-1

◆**持続可能な開発目標（SDGs）と開発資金―開発援助レジームの変容の中で**　浜名弘明著　文眞堂
【要旨】2015年9月に国連総会で持続可能な開発目標（SDGs）が採択されたが、その原資となる開発資金についてはどのような議論がなされているのか? ODAといった公的資金のみならず民間資金を広く動員する必要性が指摘されるが、多くのステークホルダーが複雑である。最近の開発資金についての動向を解明するとともに、本書を通して開発援助レジームの変容について検討したい。
2017.6 223p A5 ¥3600 ①978-4-8309-4953-1

◆**実証から学ぶ国際経済**　清田耕造、神事直人著　有斐閣
【要旨】リカードの比較優位説の誕生から200年―。新しい理論の構築と実証分析による検証を積み重ね、発展し続ける国際経済学の面白さを伝えたい。理論が現実と一致する瞬間の感動を学べる、新しい教科書の誕生!
2017.12 330p A5 ¥2000 ①978-4-641-16517-5

◆**自由貿易は私たちを幸せにするのか?**　上村雄彦、首藤信彦、内田聖子ほか著　コモンズ
【要旨】トランプのアメリカ、EU離脱のイギリス…問題の本質は「自由貿易vs保護貿易」という対立ではない。環境や人権を守り貧困・格差を是正する新たな貿易ルールが求められている。内外の研究者やNGOリーダーによる分析と提案。
2017.2 167p B6 ¥1500 ①978-4-86187-139-9

◆**図表でみる世界の社会問題　4　OECD社会指標―貧困・不平等・社会的排除の国際比較**　OECD編著、高木郁朗監訳、麻生裕子訳　明石書店
【要旨】本書は『図表でみる世界の社会問題（Society at a Glance）』の第7版であり、OECD社会指標の概要である。この報告はOECD加盟国の社会の福祉およびその傾向にかんする定量的な証明にたいして高まっている要望に応えることをめざしている。これは2001年から刊行している以前の版のなかに含まれる指標のうち、いくつかを更新し、新しい指標もくわえている。この版は合計して25の指標よりなる。本書は34のOECD加盟国と、可能な場合には主要なパートナー（ブラジル、中国、ロシア、南アフリカ）と他のG20諸国（アルゼンチン、サウジアラビア）のデータを含んでいる。この報告は最近の経済危機の社会的影響にかんする特別な章（第1章）に特徴があり、またOECD社会指標の構造を読者が理解できるようにするための解説を含んでいる（第2章）。すべての指標はOECDライブラリーにおけるウェブブック、eブックとして利用できる。
2017.7 158p B5 ¥3000 ①978-4-7503-4545-1

◆**世界が地獄を見る時**　門田隆将、石平著　ビジネス社

【要旨】間近に迫る中国の武力侵攻を食い止めよ。2017年から始まる経済戦争がラストチャンス。
2017.3 252p B6 ¥1400 ①978-4-8284-1940-4

◆世界 “経済” 全史 「51の転換点」で現在と未来が読み解ける 宮崎正勝著 日本実業出版社
【要旨】「51の転換点」で経済を動かした出来事がわかる！「経済を読むPOINT」で出来事の背景がわかる！「わかりやすい解説」で国々の思惑がわかる！バブルや停滞はなぜ起こるのか？国々の経済戦略はどんな影響を与えるのか？今、世界はどの方向に向かっているのか？ を的確に読むための基礎教養。
2017.8 394, 4p B6 ¥1600 ①978-4-534-05513-2

◆世界経済の「大激流」―混迷の時代をどう生き抜くか 浜矩子著 PHP研究所（PHPビジネス新書）
【要旨】激転―激しく転換するさま。著者が世界を見渡し頭に浮かんだその言葉は、辞書にはない。既存の転換という言葉にはない激動さや暴力性を孕む、目まぐるしい変化。今起きているのは、そんな変化だ。各地で踊り始めた自国第一主義の妖怪たちが世界を席巻すれば、その先には1930年代のような世界が待っているかもしれない。暗黒のるつぼに向かう「大激転」せ阻むため、歴史に問い、事象の本質を見極める「知」という武器を授ける1冊。
2017.6 222p 18cm ¥850 ①978-4-569-83279-1

◆世界経済の潮流 2016年 2 2016年下半期 世界経済報告―先進国の低金利・低インフレ 中国の地域間格差 内閣府政策統括官室編 日経印刷、全国官報販売協同組合 発売
【目次】第1章 先進国における低金利・低インフレ（低金利・低インフレとは、マクロ経済政策に関する昨今の議論のサーベイ、金融政策の評価に関する実証分析）、第2章 主要地域の経済動向と構造変化（世界の経済動向と課題、アメリカ経済、ヨーロッパ経済、アジア経済、国際金融資本市場と商品市場の概況）
2017.2 196p B5 ¥1400 ①978-4-86579-073-3

◆世界経済の潮流 2017年 1 2017年上半期世界経済報告 内閣府政策統括官室（経済財政分析担当）編 日経印刷、全国官報販売協同組合 発売
【目次】第1章 グローバル化と経済成長・雇用（グローバル化の状況、グローバル化と格差の理論、アメリカ・ドイツにおけるグローバル化と製造業）、第2章 主要地域の経済動向と構造変化（世界の経済動向と課題、アメリカ経済、ヨーロッパ経済、アジア経済、2017年以降の国際金融市場・商品先物市場の動向）
2017.2 205p B5 ¥1400 ①978-4-86579-101-3

◆大転換―長谷川慶太郎の大局を読む 緊急版 長谷川慶太郎著 李白社、徳間書店 発売
【要旨】トランプの政策が見えてきた！経済・軍事・保護貿易・外交・エネルギー…まず、ヨーロッパ大衆の反難民感情はますます高まり、右派勢力が自国ノ政権を奪取。さらに銀行の不良債権問題がそれに拍車をかけて保護貿易に走り、EUは崩壊の道をたどり始める。EU崩壊の影響を一番受けるロシアも完全に青息吐息状態に陥る。中国は世界的な保護貿易の高まりで「安かろう悪かろう」の製品が売れずがたがたに―。世界はいやがうえにも大恐慌の道を進む。しかし、この大恐慌は長く続くまい。
2017.1 210p B6 ¥1500 ①978-4-19-864333-1

◆地図でみる世界の地域格差OECD地域指標 2016年版 都市集中と地域発展の国際比較 OECD編著、中澤高志監訳、神谷浩夫、久保倫子、鍬塚賢太郎、由井義通、久木元美琴訳 明石書店
【要旨】本書は、国の経済成長と福祉に地域や都市がどのように貢献しているのかを示している。2016年版では、国内における地域間格差と過去15年間のその変化を調べるために40以上の地域別指標を新しいものに更新した。本書はOECD加盟国をすべて網羅しているだけでなく、データが入手可能な場合には、ブラジル、中国、コロンビア、インド、ラトビア、リトアニア、ロシア、南アフリカも対象としている。
2017.5 ¥5500 ①978-4-7503-4488-1

◆ビアホノミクスとトラバノミクス―どっちも「アホ」たる30の理由 浜矩子著 毎日新聞出版
【要旨】「強い日本」「偉大なアメリカ」の危険な正体。ブレない経済学者がぶった斬る！
2017.4 174p 18cm ¥1000 ①978-4-620-32443-2

◆閉じてゆく帝国と逆説の21世紀経済 水野和夫著 集英社（集英社新書）
【要旨】資本主義の終焉によって、世界経済の「常識」が逆転した。経済成長を追求すると、企業は巨大な損失を被り、国家は秩序を失う時代になったのだ。生き残るのは、「閉じた経済圏」を確立した「帝国」だけである。「長い21世紀」という五百年ぶりの大転換期に始まる、新しい「帝国」システム。そのもとで、米英・欧州・中露の経済はどう変わるのか？ 日本を救い出す方策とは何か？ ベストセラー『資本主義の終焉と歴史の危機』で高い評価を受けたエコノミストが描く、瞳目の近未来図！
2017.5 270p 18cm ¥780 ①978-4-08-720883-2

◆トランプが中国の夢を終わらせる―プーチンとの最強タッグが創生する新世界秩序 河添恵子著 ワニブックス
【目次】序章 トランプ政権とプーチンが世界を動かす、第1章 トランプが敬愛した “赤狩り” 弁護士とハリウッドの憂鬱、第2章 メディア王と中国人前妻デンとトランプ家、第3章 米中灰色の癒着―“紅く黒い” クリントン夫妻、新しい第4章 客家の女傑たちの親米反日のDNA、第5章 中国共産党の “下半身” と権力闘争
2017.4 256p B6 ¥1296 ①978-4-8470-9556-6

◆トランプドルの衝撃―新生アメリカはロシアとの白人同盟を目指す ベンジャミン・フルフォード著 成甲書房
【要旨】世界再編のこれが最終デザイン!!「闇の支配者」から通貨発行権を取り戻し復活するアメリカと日本！
2017.4 261p B6 ¥1700 ①978-4-88086-355-9

◆トランプノミクス―日本再生、米国・ロシア復活、中国・EU沈没 宮崎正弘著 海竜社
【要旨】トランプ大統領は日本再生のチャンス！トランプノミクスとアベノミクスの両輪で、日経ダウ=22000円、円安=120円回復、GDP600兆円は目の前になる!?現地取材による最新レポート。大転換する世界の基軸を読み解く。
2017.1 236p 18cm ¥1000 ①978-4-7593-1518-9

◆21世紀国際社会を考える―多層的な世界を読み解く38章 渋谷淳一、本田量久編著 旬報社
【要旨】グローバル化、移民・難民、経済危機、開発、環境問題、開発援助、安全保障、テロ…。遠く離れた国や地域の出来事も、じつは私たちの日々の生活と深いかかわりがある。
2017.11 391p B6 ¥2700 ①978-4-8451-1516-7

◆2017年度、動乱の世界情勢を読む―緊急出版！日経大予測 日本経済新聞社編 日本経済新聞出版社
【要旨】猛威をふるうトランプ旋風。分断の危機に瀕したEU。秩序破壊を狙うロシア。地政学リスクが変えるビジネス。編集委員&海外特派員、コメンテーターが大胆に斬る！
2017.4 157p B6 ¥1200 ①978-4-532-22851-4

◆日・米・中IoT最終戦争―日本はセンサーとロボットで勝つ 泉谷渉著 東洋経済新報社
【要旨】ソニー、東芝は大復活する！ 人工知能（AI）や自動車をめぐる世界覇権競争の最新動向。米中の戦略と日本の対抗策。
2017.2 277p B6 ¥1500 ①978-4-492-76232-5

◆日本の自由貿易協定（FTA）の貿易創出効果 山ノ内健太著 三菱経済研究所
【目次】第1章 本書の概要と意義、第2章 日本のFTA、第3章 データ・基本統計量、第4章 FTAに関する研究のレビュー、第5章 グラビティモデル、第6章 推定方法、第7章 分析結果、第8章 結論 2017.3 175p A5 ¥2800 ①978-4-943852-61-2

◆長谷川慶太郎の大局を読む 2018 長谷川慶太郎著 李白社、徳間書店 発売
【要旨】3人のアナクロニストと1人の核信者によって引っ掻き回される世界秩序。
2017.10 228p B6 ¥1500 ①978-4-19-864501-4

◆長谷川慶太郎の「投資の王道」 トランプ幻想に翻弄される日本 長谷川慶太郎著 李白社、徳間書店 発売
【要旨】第1章 二大不安は「北朝鮮」「EU銀行倒産」（仏・韓大統領選・トランプ政権の変化・円相場の行方・セキュリティ関連株等、緊迫化してきた北朝鮮情勢・脱デフレはイリュージョン・建設株とカルビー株 ほか）、第2章 戦争への道へ突っ走る保護貿易主義（米国防費の大幅増額・北朝鮮ミサイルの標的は在日米軍・ヤマト株等、金正男氏の殺害・サムスントップの逮捕・豊洲

と石原元知事・日立株等 ほか）、第3章 注目したいトランプ大統領の経済政策（トランプ政権の閣僚人事・日本でIRが成功する可能性・日米株価の動向、自由貿易システムであるEUの崩壊・日本郵船株と東芝株への投資 ほか）、第4章 注視したい日本のフィンテック投信（OPECの原油減産合意・三菱重工の今後・LINE株等への投資、長期金利の操作へと踏み込んだ日銀・日本精密株と日露交渉関連相場 ほか）
2017.5 183p B6 ¥1000 ①978-4-19-864411-6

◆複合危機―ゆれるグローバル経済 牧野裕、紺井博則、上川孝夫編著 日本経済評論社
【要旨】リーマンショック以降のギリシャ危機、難民危機、英国のEU離脱、トランプ誕生と激動する世界経済の構図を、危機の相互に絡み合う「複合危機」の視点から分析、展望。
2017.12 323p A5 ¥4800 ①978-4-8188-2482-9

◆米中開戦 躍進する日本―新秩序で変わる世界経済の行方 渡邉哲也著 徳間書店
【要旨】世界的に脱グローバリズムが進むなか、トランプ新大統領はアメリカの金融支配を復活させ、中国を崩壊に導く！ そして日本は戦後脱却、アジア新時代を切り拓く。新たな世界秩序の行方を完全分析！
2017.1 220p B6 ¥1200 ①978-4-19-864325-6

◆「米中経済戦争」の内実を読み解く 津上俊哉著 PHP研究所（PHP新書）
【要旨】中国経済の的確な見立てに定評のある著者が、「中国は『経済核爆弾』を使えない」などの見通しをともに両国の今後を読み解く。さらに、「今の中国経済は、90年代の日本と似た状況にある」「中央財政赤字も急増しているという衝撃」など中国経済を明晰に分析。
2017.7 248p 18cm ¥860 ①978-4-569-83651-5

◆米中激突―戦争（ウォー）か取引（ディール）か 陳破空著、山田智美訳 文藝春秋（文春新書）
【要旨】予測不能なトランプ外交に翻弄される習近平。ロシア疑惑で窮地に立つトランプ。「君子」でも「紳士」でもない二人の間には、「戦争」か「取引」しかない。米中間で何が起こるのか？ その結果、日本と東アジアはどうなるのか？
2017.7 253p 18cm ¥880 ①978-4-16-661137-9

◆米中地獄の道行き 大国主義の悲惨な末路 増田悦佐著 ビジネス社
【要旨】アメリカには無意味な軍事覇権だけが残り、資源浪費バブルで中国は失速。2017年、大変革の時代が始まる。そして日本は復活する!!
2017.2 245p B6 ¥1500 ①978-4-8284-1935-0

◆貿易政策と国際経済関係 秋山憲治著 同文舘出版
【要旨】近年のわが国の貿易政策と企業の直接投資によるグローバルな展開の事例を提示し、国際貿易の政策的視点や国家間の経済関係の基本的枠組みを明らかにした新著作。
2017.6 169p A5 ¥2300 ①978-4-495-46561-2

◆マネーはこれからどこへ向かうか―「グローバル経済VS国家主義」がもたらす危機 大前研一著 KADOKAWA
【要旨】アメリカは本当に「衰退」したのか。「世界最適化モデル」が成立しない世界。「トランプ後」、日本企業に起こること。予測不能な日本・世界を斬る！ 大前流「ニュースで学べない」最新経済論。
2017.6 223p B6 ¥1600 ①978-4-04-602031-4

◆未来からの警告 2 トランプの破壊経済がはじまる 塚澤健二著 集英社
【要旨】この秋、経済は大転換。第二のリーマン・ショックを警告。グローバル経済の常識を打破し、自国中心主義を進めるアメリカ。アジアで、中東で、ヨーロッパで…次々に起こる衝突や政治リスク。今後の世界経済はどうなる？ 日本株の動向を決める意外な事実とは？ トランプ大統領誕生を当てた著者が、次なる世界経済危機を予測！
2017.6 237p B6 ¥1500 ①978-4-08-786083-2

◆躍動・陸のASEAN、南部経済回廊の潜在力―メコン経済圏の新展開 浦田秀次郎、牛山隆一編著 文眞堂
【要旨】日本企業の進出先として一段と注目されるASEANのメコン圏。そのなかで最も大きな発展潜在力を秘めると言われる南部経済回廊を取り上げ、タイやベトナム、ミャンマー、カンボジアからの視点、日本企業の展開例など様々

な面から、我が国を代表する専門家が南部経済回廊を徹底分析！
　　2017.2 264p A5 ¥3500 ⓘ978-4-8309-4915-9

◆揺らぐ国際システムの中の日本　柳田辰雄編著　東信堂
【要旨】歴史認識問題、領土問題、そして頭上を飛ぶミサイル―わが国の行く末はどこか。中韓との関係改善に光が見えないまま、ついに北朝鮮から日本上空を通過するミサイルが発射されるなど、わが国を取り巻く東アジア情勢は戦後最大の緊張感に包まれている。本書は、政治学や経済学、社会学といった社会科学の英知の学融合的―トランスディシプリナリー―なアプローチにより、揺れ動く今日の国際システムの全体を俯瞰し行く末を考える、挑戦的労作である。　2017.10 210p B6 ¥2000 ⓘ978-4-7989-1451-0

◆錬金術の終わり―貨幣、銀行、世界経済の未来　マーヴィン・キング著、遠藤真美訳　日本経済新聞出版社
【要旨】このままでは、金融危機の再来は防げない！前イングランド銀行総裁が放つ、現代経済学への痛烈な批判。現代の貨幣・銀行システムの欠陥を豊かな歴史的洞察をもとに追究。巨大な危機の発生を回避する処方箋を強い警告を込めて示した話題作。
　　2017.5 490p B6 ¥3200 ⓘ978-4-532-35731-3

アジア

◆アジア キーパーソンで読む未来　日本経済新聞社編
【目次】1章 リーダーは闘う、2章 経営者が挑む、3章 改革者が起つ、4章 表現者が拓く、5章 競技者が翔る、6章 起業家が興す、7章 異邦人が変える、8章 社会派が動かす、9章 知though派が紡ぐ
　　2017.11 273p B6 ¥1700 ⓘ978-4-532-32184-0

◆アジア国際産業連関表の作成―基礎と延長　桑森啓、玉村千治編著　（千葉）アジア経済研究所（研究双書）
【目次】序章 本書のねらい、第1章 アジア国際産業連関表の概要―作成手順と特徴、第2章 アジア国際産業連関表の共通部門分類の設定―考え方と方法、第3章 各国産業連関表の延長推計の方法、第4章 輸入財需要先調査を通じた国別輸入表の作成、第5章 アジア国際産業連関表の簡易延長推計
　　2017.11 204p A5 ¥3200 ⓘ978-4-258-04632-4

◆アジア産業論―経済の高度化と統合　河合明宜、朽木昭文編著　放送大学教育振興会、NHK出版 発売　（放送大学教材）
【目次】東アジア経済圏の成長、マクロ経済と産業連関表から見たアジア経済、空間経済学と産業クラスター、「アジア成長トライアングル」の形成、アジアの成長戦略、中国の産業政策、インドの産業政策と産業構造転換、チャイナプラスワンのベトナム産業政策、アジア経済の現状と課題、アジアの農・食品産業―日本の食品産業の動向と食糧消費の変化、アジアの食料消費市場―アジアの所得階層と食料消費の変化、アジアの地域統合、アジアにおける日本の農産物輸出入、アジアの産業化と社会転換：日本の開発経験の教訓、発展する21世紀の成長センター・アジア　2017.3 278p A5 ¥3000 ⓘ978-4-258-31735-4

◆アジア動向年報　2017　アジア経済研究所編　（千葉）アジア経済研究所
【目次】主要トピックス（アメリカとアジア―オバマ政権のアジア重視政策の政治的遺産とトランプ旋風、ロシアのアジア政策―対中関係強化の一方、対日関係は改善）、各国・地域の動向（大韓民国―大統領弾劾訴追で増す不透明感、朝鮮民主主義人民共和国―核兵器・ミサイル開発の進展とその代償、モンゴル―人民党が総選挙圧勝、単独政権で経済難に挑む、中国―習近平を党中央の「核心」として集権化が進む、香港特別行政区―独立論をめぐる対立の激化 ほか）
　　2017.5 620p A5 ¥6300 ⓘ978-4-258-01017-2

◆アジアのコングロマリット―新興国市場と超多角化戦略　藤田貴之著　創成社
【目次】第1章 アジアのコングロマリットと超多角化戦略、第2章 韓国の食品飲料系コングロマリット―ロッテ・グループの事例を中心にして、第3章 フィリピンのコングロマリットと多角化戦略―JGサミット・グループとサンミゲル・グループを中心にして、第4章 タイの食品飲料系コングロマリットの形成と発展、第5章 インド

ネシアのコングロマリット―サリム・グループとウィングス・グループを中心にして、第6章 シンガポール・マレーシアのコングロマリット―財閥の多角化戦略と継承をめぐって、第7章 インド FMCG型コングロマリットと財閥の分裂・継承―財閥の多角化戦略と継承をめぐって
　　2017.10 239p A5 ¥2500 ⓘ978-4-7944-3185-1

◆アジアの産業と企業　原口俊道監修、張慧珍、廖筱亦林、李建霖編著　五絃舎（亜東経済国際学会研究叢書）
【目次】第1編 アジアの産業（中国人観光客を受け入れる日本旅行業の競争優位、訪日観光消費者のライフスタイルと観光モチベーションと観光消費行動の三者の関連性について―台湾人の日本観光を例として、日本におけるエコ購買態度への影響要因―有効性評価、独自性、デザイン性の分析を中心として、中国における日系コンビニエンスストアの展開）、第2編 アジアの企業（『孫子の兵法』の戦略思想と我が国企業の経営戦略、中国における日系サービス業の競争力、中国日系電機製造業の競争戦略と競争優位―タイ日系電機製造業との比較、台湾観光ホテルのマーケティング戦略―戦略の各要素の内部関係を中心に）、第3編 アジアの産業と企業（英文）（A Research Study on the Effect of e‐store and Entrepreneurial Personality Traits, Competition Scenario and Strategic Alliance―the Case of Taiwan Transformer Industry, The Japanese Management Boom in Post‐1978 Mainland China ―Its Origin, Features and Long Term Impacts, The concept of trust in the company‐network―the case of automobile industries, The influence of commodity knowledge to healthy food purchase decisions of e‐store―A case study of Taiwan consumers）
　　2017.11 237p A5 ¥2593 ⓘ978-4-86434-077-9

◆アジアのフロンティア諸国と経済・金融　アジア資本市場研究会編　日本証券経済研究所
【要旨】カンボジア、ラオス、ミャンマーなど、アジアのフロンティア諸国の金融資本市場の現状と展望を解説。
　　2017.3 226p A5 ¥2000 ⓘ978-4-89032-053-0

◆アジアのまち再生―社会遺産を力に　山家京子、重村力、内田青蔵、曽我部昌史、中井邦夫、鄭一止編著　鹿島出版会　（神奈川大学アジア研究センター叢書 3）
【要旨】中国：武漢、哈爾賓/台湾：台北/日本：横浜、松山、前橋/韓国：仁川、大邱、釜山/インドネシア：アチェ、ジョグジャカルタ/フィリピン：ケソン/インド：プネ―近現代史の負の記憶が関与してできた問題地区が、逆に魅力的な地域空間の社会遺産へと変貌していく。
　　2017.3 310p A5 ¥2700 ⓘ978-4-306-04648-1

◆「イノベーション大国」次世代への布石―異次元の成長を遂げたシンガポールの未来戦略と日本の活路　日経BP総合研究所編　日経BP社、日経BPマーケティング 発売
【要旨】シンガポールは「規制の砂場」。三菱重工業、NEC、パナソニック、日立製作所、三菱電機、中外製薬、富士ゼロックス、デンカ、コニカミノルタ、ポッカサッポロ、コーエーテクモ、キッコーマン、シマノ、昭和電工、牧野フライス製作所、セイコーインスツル。日本企業16社の試みを詳細リポート！
　　2017.2 261p B6 ¥1500 ⓘ978-4-8222-3683-0

◆インド　ARC国別情勢研究会編　ARC国別情勢研究会　（ARCレポート 2017・18年版）
【目次】政治・社会情勢、経済動向、貿易・投資動向、経済・貿易政策と制度、対日関係、産業動向、市場環境、基礎データ
　　2017.2 164p B5 ¥12000 ⓘ978-4-907366-78-0

◆インドネシア　ARC国別情勢研究会編　ARC国別情勢研究会　（ARCレポート 2017・18年版）
【目次】政治・社会情勢、経済動向、貿易・投資動向、経済・貿易政策と制度、対日関係、産業動向、市場環境、基礎データ
　　2017.2 174p B5 ¥12000 ⓘ978-4-907366-79-7

◆インドネシア経済関連法令集　2　カルティニ・ムルヤディ法律事務所、柳田茂紀訳　エヌ・エヌ・エー
【目次】新労働法変更版、外国人利用手続きに関する労働大臣令、BKPM長官令、代理店・販売店登録書発行手続きに関する商業大臣令、外資製造会社国内販売規則に関する政令、商品流通

に関する商業大臣令、対外債務報告に関する中銀通達、銀行外企業の対外債務管理への注意原則適用に関する中央銀行令、ルピア使用義務に関する中央銀行令、所得税計算の為の負債資本比率に関する財務大臣令（ほか）
　　2017.7 458p B5 ¥15000 ⓘ978-4-86341-033-6

◆インドネシアの経済発展と所得格差―日本の経験と比較分析　本台進、中村和敏著　日本評論社
【目次】第1章 研究課題と分析の視点、第2章 インドネシアの経済発展と地域経済、第3章 労働過剰と労働分配率―分析フレーム、第4章 賃金率と貧困ラインの変化、第5章 賃金形態と雇用吸収メカニズム、第6章 貧困世帯比率と貧困世帯の分布、第7章 農業・非農業間の労働移動、第8章 農業における賃金率と労働の限界生産力、第9章 経済発展と労働分配率の変化、第10章 労働分配率と所得格差の推移、第11章 結論
　　2017.1 226p A5 ¥7400 ⓘ978-4-535-55870-0

◆活中論―巨大化＆混迷化の中国と日本のチャンス　近藤大介著　講談社
【要旨】トランプ政権発足とともに、ますます内向きになるアメリカ。失速しながらも、さらに巨大化する中国経済。権力集中や、覇権主義が進む一方で、脱政治、日本製品、日本文化を欲する「新しい中国人」が増加。日本を巡る状況が激変するいま、日本に必要なのは、どのように「中国に対抗」するかではなく、どのように「中国を活用」するかの戦略だ！日本がしたたかに生きるための、これからの中国論。
　　2017.2 255p B6 ¥1300 ⓘ978-4-06-220490-3

◆変わる北東アジアの経済地図―新秩序への連携と競争　伊集院敦、日本経済研究センター編　文眞堂
【要旨】一帯一路とAIIBで新たな地域経済圏づくりを仕掛ける中国に、東方シフトを強めるロシア。韓国・北朝鮮やモンゴルを含め、北東アジアの新経済秩序をにらんだ関係国の連携と競争が始まった。エネルギー、物流、金融などの分野で現れた新たなうねりに、日本はどう対応すべきか。変わりゆく北東アジアの経済地図を第一線の専門家が最新情報をもとに分析した必読書。
　　2017.7 255p A5 ¥3500 ⓘ978-4-8309-4916-6

◆韓国経済 大崩壊の全内幕　辺真一、勝又壽良、松崎隆司、別冊宝島編集部著　宝島社
【要旨】今の経済状況を「危険」と答えた韓国人の割合―90.4％。溶けていく朝鮮半島。
　　2017.3 223p B6 ¥1200 ⓘ978-4-8002-6683-5

◆韓国コンテンツ産業動向　2014‐2015　DACO IRI著　（伊豆）ビスタ ピー・エス（「韓国の産業と市場」別冊）
【目次】1 韓国コンテンツ産業の現状と展望（2015年韓国コンテンツ産業の現状と課題、2014年韓国コンテンツ産業の分野別現況と2015年の展望、韓国コンテンツ産業の主な動向及び成果）、2 コンテンツ産業育成政策動向及び戦略（第2次コンテンツ産業振興基本計画（2014〜2016）、2015年度コンテンツ産業施行計画、実態型コンテンツの未来成長動力化戦略）、3 コンテンツ関連産業育成戦略と政策動向（ゲーム産業振興中長期計画（2015〜2019）、eスポーツ振興中長期計画（2015〜2019）、スマートメディア産業育成計画（2015〜2020）、放送産業発展総合計画（2013〜2017））
　　2017 343p B5 ¥40000 ⓘ978-4-907379-14-8

◆韓国石油産業と全民済―朝鮮・韓国・北朝鮮石油産業の経路　李光宰著　柏書房新社
【要旨】（1910年→2000年代）“植民地朝鮮→韓国＋北朝鮮”における石油産業の全容。
　　2017.4 260p A5 ¥4000 ⓘ978-4-8068-0689-9

◆韓国の産業と市場―産業概況及び市場動向データブック　2016　DACO IRI編　（伊豆）ビスタピー・エス
【目次】第1次産業、エネルギー・電力・ガス産業、鉄・非鉄金属産業、輸送機械、機械工業、電子・情報通信産業、石油化学工業、精密化学工業、繊維・衣類・雑貨、食品産業、その他製造業、建設・住宅、環境産業、運輸業、流通・金融産業、観光・レジャー産業
　　2017 846p B5 ¥50000 ⓘ978-4-907379-15-5

◆90分でまるわかり ベトナム―速攻マンガでまとめ！　池田浩明著、現津みかみ漫画　朝日新聞出版
【目次】プロローグ ベトナムってどんな国？（ベトナムの基礎知識）、第1章 成長の続く国の行方

（政治・経済の動向、中所得国のわな、インフラの課題）、第2章 ベトナム人との仕事のコツ（ベトナム人との交渉、ベトナム人の仕事観、ベトナム人の気質）、第3章 ベトナムでの仕事A to Z（ベトナム進出の形、スタッフとのトラブル、ビジネス習慣のギャップ）、第4章 ベトナムでの生活基礎知識（住まいと病院、ネット・交通・食、生活の充実）

2017.12 207p A5 ¥1500 ①978-4-02-333132-7

◆**クリーンダッカ・プロジェクト――ゴミ問題への取り組みがもたらした社会変容の記録** 石井明男, 眞田明子著 佐伯印刷
【要旨】新興経済国「NEXT11」の一つに数えられ、経済発展と人口増加が進むバングラデシュの首都ダッカ。発展の影で深刻になっていたのがゴミ問題だった。開発途上国におけるゴミ問題には、社会、宗教、人々の習慣が色濃く反映される。収集車両や処理施設が整備されただけでは解決しない。都市によって異なる状況を丁寧に解いて、行政と住民と民間の役割と意識と行動を変えていく、社会全体の変革を求める包括的アプローチが解決のカギを握る。この難問に真正面から向き合い、試行錯誤しながらも、クリーンダッカの実現に取り組んだ日本の専門家たちがいた。

2017.7 178p B6 ¥1500 ①978-4-905428-73-2

◆**経済統合とアジアの針路** 大庭三枝, 石川幸一, 菅原淳一, 奥田聡, 遊川和郎著 （武蔵野）亜細亜大学アジア研究所, 亜細亜大学購買部ブックセンター 発売 （アジア研究所叢書 31）
【目次】アジアにおける地域統合の全体像：過去・現在・未来、ASEAN経済共同体の創設と課題、TPPの概要と日本への影響――TPPへの期待と不安、踊り場に立つ韓国のFTA戦略――「FTAフロンティア」の消尽とメガFTAへの対応、中国：異質の経済圏構想――「一帯一路」と新秩序

2017.3 163p B6 ¥1200 ①978-4-900521-31-9

◆**検証・アジア経済――深化する相互依存と経済連携** 石川幸一, 馬田啓一, 清水一史編著 文眞堂
【要旨】アジアは今、どのような構造的課題に直面しているのか。トランプ・ショックはアジアの新たなリスクをるのか。深化する相互依存と地域協力、経済連携に潜むアジアの死角は何か。今後のアジア経済の変化をどう読み解くべきか。本書は、アジア経済の現状と課題、今後の展望について、マクロ経済、貿易・投資、通貨・金融、経済連携の視点から徹底検証する。

2017.3 280p A5 ¥2800 ①978-4-8309-4944-9

◆**現代アジア学入門――多様性と共生のアジア理解に向けて** 鈴木隆, 西野真由編 芦書房
【要旨】国際社会でアジアの存在感は日々増しているが、歴史や領土をめぐる軋轢により、アジア諸国とわが国の協力発展は、なお多くの課題を抱えている。だが日本の将来は、アジアのなかの日本として、アジア太平洋の発展をめざす道にこそある。歴史学、歴史学、法学、国際関係論、経済学、経営学などの視点から、中国、台湾、東南アジア、中央アジア、その他新興国の歴史と現状をとりあげ、現代アジア研究の概説書として未来を展望する。

2017.4 220p B6 ¥1800 ①978-4-7556-1285-5

◆**現代アジアの企業経営――多様化するビジネスモデルの実態** 中川涼司, 高久保豊編著 （京都）ミネルヴァ書房 （MINERVA TEXT LIBRARY）
【要旨】現代の東アジアは、世界経済の成長センターとなっている。本書は、国別の視点と職能別の視点というマトリクス的な視座から、経済発展を支える各国企業の実態を的確に、理解を深める一冊。各国の体制や経営学の基本を踏まえつつ、用語解説やコラム、推薦図書も豊富に掲載。種々の共通点を持ちつつ、多様な形で展開するビジネスモデルを分析し、東アジア経済の今後を考察する。

2017.9 279p A5 ¥3200 ①978-4-623-08078-6

◆**現代中国経営者列伝** 高口康太著 星海社, 講談社 発売 （星海社新書）
【要旨】鄧（とう）小平による改革開放政策の開始から30年あまり。中国経済は驚異的なスピードで成長を続け、ついに日本を追い抜き、世界第2位の経済体へと発展を遂げた。経済の近代化が遅れていた中国にとって、「明治維新と高度成長が一斉にやってきた」騒然の時代一そ一その中から「改革開放の風雲児」ともいうべき起業家たちが現れる。本書では、世界一のPCメーカーとなったレノボの柳伝志、孫正義さえも伝説的資金調達でも知られるアリババの馬雲ら伝

物8人の人生を通じて、現代中国経済の発展をたどっていく。風雲児たちの破天荒なエピソードの数々は、長期低迷にあえぐ日本人が忘れてしまった「経済成長の楽しさ」を教えてくれるだろう。

2017.4 251p 18cm ¥900 ①978-4-06-138613-6

◆**現代中国のICT多国籍企業** 夏目啓二, 陸云江著 文眞堂
【要旨】本書は、現代中国のパソコン企業のレノボ社、通信機器企業のファーウェイ社、インターネット企業のアリババ社など、世界最大、かつ、グローバル化する現代中国のICT多国籍企業を分析。少数だが巨大な中国ICT多国籍企業がいつ誕生し、なぜ、どのように海外進出したのか、その目的はなにかを分析する最新の研究成果。 2017.2 182p A5 ¥3000 ①978-4-8309-4921-0

◆**現代朝鮮経済――挫折と再生への歩み** 三村光弘著 日本評論社 （ERINA北東アジア研究叢書）
【目次】第1章 北朝鮮経済を理解するために、第2章 現代朝鮮経済史：東西冷戦下の社会主義経済としての北朝鮮経済、第3章 北朝鮮の産業、第4章 北朝鮮の対外経済関係、第5章 東西冷戦の終了と新たな国際秩序の中での北朝鮮経済、第6章 朝鮮経済の現状と未来

2017.9 206p A5 ¥4700 ①978-4-535-55884-7

◆**現代東アジア経済論** 三重野文晴, 深川由起子編著 （京都）ミネルヴァ書房 （シリーズ・現代の世界経済 5）
【要旨】成長の成熟へ。奇跡とも呼ばれた東アジアの発展はどこに行くのか、成長メカニズムと課題をわかりやすく解説。朝鮮半島やASEAN諸国などを中心とした東アジア地域の経済を学ぶためのテキスト。開発独裁や雁行形態など、歴史的背景を押さえつつ、経済モデルを用いながら数式に頼らずわかりやすく解説する。

2017.10 314p A5 ¥3500 ①978-4-623-08079-3

◆**国際制裁と朝鮮社会主義経済** 中川雅彦編（千葉）アジア経済研究所 （情勢分析レポート No.30）
【目次】序章 朝鮮制裁と北朝鮮崩壊論、第1章 国連安保理制裁と独自制裁、第2章 金正恩体制の政治思想、第3章 核戦略の変遷、第4章 マクロ経済の動向、第5章 生産部門の経営における変容――社会主義企業責任管理制と圃田担当責任制、第6章 対外経済政策における3つの制約、第7章 中国の対朝鮮政策、第8章 ロシアの対朝鮮経済関係 2017.8 146p A5 ¥1400 ①978-4-258-30030-3

◆**これから5年をこう攻める 中国ビジネス戦略シナリオ――主要20業種の構造変化と日本企業の対応** みずほ銀行産業調査部, みずほ総合研究所編 日本経済新聞出版社
【要旨】無用な競争は回避せよ。脅威と機会を明快に解説。サプライサイド構造改革で激変する中国ビジネス。エネルギー・資源・素材からものづくり、生活産業まで、主要20業種の現況と日本企業の選択肢を提示。豊富なデータを駆使してビジュアルに解明。

2017.4 258p A5 ¥2400 ①978-4-532-32140-6

◆**最新 タイのビジネス法務** Chandler MHM Limited, 森・濱田松本法律事務所バンコクオフィス編 商事法務
【要旨】日系企業がタイにおいて遭遇するであろうビジネスローの重要論点について概説。最新の法改正・実務情報も盛り込んだ。

2017.4 318p A5 ¥4000 ①978-4-7857-2523-5

◆**社会調査からみる途上国開発――アジア6カ国の社会変容の実像** 稲田十一著 明石書店
【要旨】成長著しいアジアの開発途上国・地域において、いかなる変革が進められてきたのか。カンボジア、東ティモール、ベトナム、フィリピン・南ミンダナオ、パキスタン、スリランカでの詳細な現地調査をもとに、経済社会の変化や社会制度改革の実像を紹介。途上国への理解とともに、外部からの援助と制度改革支援の経済社会的なインパクトを分析・検証し直す。

◆**習近平が隠す本当は世界3位の中国経済** 上念司著 講談社 （講談社プラスアルファ新書）
【要旨】中華思想で統計も水増し！中国GDPは437兆円以下!!3つのケースで正確にシミュレーション!!日本のGDP522兆円に次ぎ中国は依然3位。 2017.6 219p 18cm ¥840 ①978-4-06-272993-2

◆**消費大陸アジア――巨大市場を読みとく** 川端基夫著 筑摩書房 （ちくま新書）

【要旨】増加する訪日観光客、喧伝される中間層の増加、進出が続く日本のメーカーや飲食店…アジアの市場・消費が注目されてから久しいが、その重要性はますます高まってきている。中国、台湾、タイ、ベトナム、インドネシアなどアジア各国で長年調査してきた著者が、各地に進出した日本企業の成功と失敗の豊富な事例から、その成否を左右するアジア市場固有の論理を読みとく。日本企業の海外展開や訪日観光客誘致のポイントを知りたい人はもちろん、アジアの地理や文化に関心がある人も必読の一冊！

2017.9 222p 18cm ¥780 ①978-4-480-06984-9

◆**シンガポール** ARC国別情勢研究会編 ARC国別情勢研究会 （ARCレポート 2017・18年版）
【目次】政治・社会情勢、経済動向、貿易・投資動向、経済・貿易政策と制度、対日関係、産業動向、市場環境、基礎データ

2017.8 152p B5 ¥12000 ①978-4-907366-89-6

◆**シンガポールの奇跡――発展の秘訣と新たな課題** 坂口可奈著 早稲田大学出版部 （早稲田大学エウプラクシス叢書）
【目次】序章 なぜ今、シンガポールなのか、第1章 シンガポールという国、第2章 多民族国家シンガポール、第3章 能力主義国家シンガポール、第4章 能力主義のメダルの裏側――シンガポールの社会保障体制、第5章 移民とシンガポール、第6章 これからのシンガポール

2017.3 256p A5 ¥3500 ①978-4-657-17801-5

◆**人民元 2 進む国際化戦略** 中国人民大学国際通貨研究所著, 石橋春男, 橋口宏行監修, 岩谷貴久子訳 科学出版社東京
【目次】第1章 人民元国際化指数（RII）、第2章 人民元の国際化の現状、第3章 シルクロード：過去から未来へ、第4章 「一帯一路」と人民元の国際化：相互促進のヒント、第5章 「一帯一路」主要貿易品とインボイス通貨の選択、第6章「一帯一路」インフラ融資における人民元、第7章 工業団地による人民元国際化の推進、第8章 人民元国際化を支える電子商取引、第9章 結論と提言

2017.3 374p A5 ¥4500 ①978-4-907051-18-1

◆**人民元の興亡――毛沢東・鄧小平・習近平が見た夢** 吉岡桂子著 小学館
【要旨】毛沢東が統一の"象徴"として産み落とし、鄧小平が"改革開放"のために育み、習近平が"世界制覇"の足がかりとした。人民元の正史を巡りつつ戦前、「反日通貨」としてばらまかれ、戦後、「円」の盛衰を反面教師にしてきた裏面史も明らかにする。

2017.5 395p B6 ¥1800 ①978-4-09-389771-6

◆**世界から見た中国経済の転換** 中條誠一, 唐成編著 （八王子）中央大学出版部 （中央大学経済研究所研究叢書 70）
【要旨】「新常態」への転換期にある中国経済の実情と展望。

2017.10 225p A5 ¥2900 ①978-4-8057-2264-0

◆**世界の物流を変える中国の挑戦** 小島末夫著 創土社
【要旨】中国と欧州を結ぶ巨大な広域経済圏「一帯一路」構想が世界の注目を集めている。現代版「陸と海のシルクロード」とも呼ばれるこの構想の根幹をなるのが、中国の物流産業だ。本書はこの分野を長年専門にウォッチしてきた著者が、陸運・海運・空運の部門別の発展状況を検証し、その問題点を指摘し、将来性を展望する。2017.10 284p B6 ¥1800 ①978-4-7988-0231-2

◆**台頭する「ポスト華南経済圏」――"脱・経済"を目指す中国改革開放の新たな地平** 森一道著 芙蓉書房出版
【要旨】中国華南（広東省・香港）から始まった新たな改革開放政策「華南政策」を詳細に論じ、将来展望を明らかにする！

2017.4 407p A5 ¥3500 ①978-4-8295-0710-0

◆**タイ・プラス・ワンの企業戦略** 石田正美, 梅崎創, 山田康博編著 勁草書房 （ERIA=TCER アジア経済統合叢書 第6巻）
【要旨】東アジアの新しい工程間分業「タイ・プラス・ワン」とは。タイを中心とするASEANの発展はどこまでのように進むのか。世界にその存在感を大きく増してきている産業集積地としてのタイの発展、CLMV諸国に進出している企業の現状および企業の立地戦略、進出対象のひとつである国境開発の現状と課題、イ

ンフラ開発の一手段であるPPP等から分析していく。

2017.4 277p A5 ¥4500 ①978-4-326-50438-1

◆**中国 新たな経済大革命―「改革」の終わり、「成長」への転換**　肖敏捷著　日本経済新聞出版社
【要旨】2017年秋の共産党大会で権力の頂点に上り詰めた習近平総書紀にとって、「新たな経済大革命」を起こす環境が整った。習近平時代の革命は、経済成長というパイを、公平かつ効率よく分配することに軸足をおく。それは、スケールの大きさやグローバル経済へのインパクトの強さにおいて、いずれも鄧(とう)小平時代の革命を凌ぐものとなる。だが、実現へのハードルは高い。深刻化する社会矛盾を解消し、国民に目に見えるような「獲得感」を与えられなければ、習近平政権の失速は避けられない。中国経済ウォッチャーとしての長年の経験、広範な文献調査、経済分析、観察をもとに、長期的な視点、歴史的な視点から、中国経済の可能性とリスクを冷静に解き明かす。

2017.12 306p B6 ¥2000 ①978-4-532-35751-1

◆**中国がいつまでたっても崩壊しない7つの理由―世界が見誤った習近平の冷徹な野望**　富坂聰著　ビジネス社
【要旨】ご都合主義の中国論が、この国をますますダメにする！ 人気チャイナウォッチャーが、現地徹底取材で鋭くえぐり出す紅い帝国の実態と日本の進むべき道！ 話題の本を読み解く！ 大国の行く末もいち早く分析！「崩壊か覇権か？」という不毛な二元論を超えた知られざる隣国の知られたくない真相を徹底解説!!

2017.6 223p B6 ¥1300 ①978-4-8284-1955-8

◆**中国がトランプに完全に敗れる6つの理由―日本がアジアの前面に登場するときが来た**　日高義樹著　PHP研究所
【要旨】中国は北朝鮮の暴走を止める力があるのか？ 急速な都市化で露わになる中国の脆弱さとは？ 習近平による南シナ海侵略は失敗に終わる？ ワシントン情報から読み解く東アジア情勢の大変化。

2017.8 238p B6 ¥1600 ①978-4-569-83631-7

◆**中国経済を読み解く―誤解しないための8つの章**　室井秀太郎著　文眞堂
【要旨】元経済紙記者の中国経済論。

2017.1 154p B6 ¥1600 ①978-4-8309-4928-9

◆**中国経済データハンドブック　2017年版**　日中経済協会
【目次】1 概況、2 政治体制、3 2016年の経済、4 2017年の経済、5 第13次五ヵ年計画他、6 国内経済、7 地域経済、8 対外経済、9 日中経済、10 法制度、11 巻末

2017.11 175p A4 ¥4000 ①978-4-88880-250-5

◆**中国経済の新時代―成長パターンの転換と日中連携**　金堅敏編著　文眞堂
【要旨】「新時代」の中国は、共産党第19回大会で提示された「現代化した社会主義国」構築という国家目標を果たして2035年までに実現できるのか。そのカギは、目下進行中の経済成長パターンの転換、産業高度化・イノベーションの成否にある。日中産業の補完・連携の動向・行方もまた注目される。本書は日中の第一線の研究者陣による最新の研究成果である。

2017.11 334p A5 ¥3050 ①978-4-8309-4971-5

◆**中国経済崩壊のシナリオ**　フィスコ世界経済・金融シナリオ分析会議、中村孝也、中川博貴、白井一成著　実業之日本社
【要旨】中国を待ち受ける4つのシナリオとは？ ベースシナリオ/ソ連崩壊型シナリオ/新中国誕生シナリオ/内戦シナリオ。崩壊へのカウントダウン！ 日本、世界が震撼!!アナリスト集団フィスコが分析する世界経済予測！

2017.11 239p B6 ¥1600 ①978-4-408-11216-9

◆**中国経済六法　2017年増補版**　射手矢好雄編集代表　日本国際貿易促進協会
【要旨】本書と2016年版（総合版）で、中国の主要法令が全て日本語で読める！ 2015年11月1日～2016年10月31日公布の52法令を掲載。

2017.1 422p A5 ¥5000 ①978-4-930867-76-6

◆**中国工業化の歴史―化学の視点から**　峰毅著　日本僑報社
【目次】第1部 戦前（清朝末期、中華民国、満州国 ほか）、第2部 計画経済時代（日本敗戦後の中国東北地方、経済復興と第1次5ヵ年計画、小型化と石油化学技術開発の失敗 ほか）、第3部 改

革開放後（大規模な西側技術投入、国家財政の破綻、政策の転換 ほか）

2017.12 214p A5 ¥3600 ①978-4-86185-250-3

◆**中国債券取引の実務―急成長する発行・流通市場へのアプローチ**　みずほフィナンシャルグループ編著　金融財政事情研究会、きんざい発売
【要旨】人民元のSDR入りをはじめ、国際化が進展する中国。債券市場も経済成長を上回る急激なスピードで拡大、いまや米・日に続く世界第3位に躍り出た。中国当局が資本市場の門戸開放に舵を切るなか、投資先として、そして本邦企業の資金調達ソースとして熱い注目を集める中国債券取引のA to Zをはじめて解説！

2017.3 207p A5 ¥2400 ①978-4-322-13048-5

◆**中国市場経済化の政治経済学**　森田憲著　多賀出版（広島修道大学学術選書）
【目次】第1部 中国のバブルの政治経済学（中国のバブル現象の政治経済学、中国におけるバブルと経路依存性、中国の国家資本主義とバブル現象、体制移行とバブル現象の政治経済学）、第2部 中国の国際化の政治経済学（中国の対外直接投資の政治経済学、長江デルタ地域と中国地方の地域統合の政治経済学、地域統合と体制移行の政治経済学、日米関係・米中関係の政治経済学）　2017.3 283p A5 ¥4000 ①978-4-8115-7941-2

◆**中国：市場経済と対外開放**　曽培炎著、日中翻訳学院訳　日本経済新聞出版社
【要旨】本書は、国務院副総理として、長年中国の経済発展と改革・対外開放の歴史的大転換の過程にすべて携わってきた曽培炎が、電子工業部、機械電子工業部副部長、国家計画委員会副主任、中央財経指導グループ副秘書長兼弁公室主任、国務院副総理などを歴任した期間（1987年5月～2008年3月）、中国の経済社会発展と改革の重大な問題に関して論述し、経済理論、発展戦略と計画、マクロ調整、構造調整、民生改善、体制改革、対外開放、産業発展、資源環境、重大プロジェクトなど10の分野に分類し編纂した『曽培炎、発展と改革を論ず）（全3巻）のなかから、特に重要な講話・文章など74篇を選び、一冊にまとめたものである。海外の有識者が中国の市場経済と対外開放を理解するうえで欠かせない一書であり、日中経済に関わる文章も多く含む。

2017.11 541p B6 ¥4000 ①978-4-532-13475-4

◆**中国・社会主義市場経済と国有企業の研究―鉱工業部門についての考察**　村上裕春著　八朔社
【目次】序章 課題と方法、第1章 中国の社会主義市場経済についての諸見解の検討、第2章 国有企業の地位の再評価―鉱工業部門に関する考察、第3章 国有企業の企業統治―所有者・経営者・労働者に関する考察、第4章 国有企業の利潤分配に関する考察、第5章 国有企業の労働生産性と資本の効率に関する考察、終章 中国経済の総括と見通し

2017.2 401p A5 ¥6500 ①978-4-86014-081-6

◆**中国情報ハンドブック　2017年版**　21世紀中国総研編（町田）蒼蒼社
【目次】特集1 中国共産党第19回大会人事を読む基礎知識、特集2 トランプ米新政権の通商政策と中国の対応、特集3 北朝鮮核問題の根本的解決は統一朝鮮にある、特集4 「インターネット＋」社会の光と影、第1部 中国及び中国人、第2部 中国の政治、第3部 中国の国民経済、第4部 中国の地方経済、第5部 中国の対外経済、第6部 日中の経済関係

2017.7 421p A5 ¥3000 ①978-4-88360-134-9

◆**中国人消費者の行動分析―「面子」、原産国イメージとグローバル・ブランド消費**　李玲著　文眞堂
【要旨】「世界の工場」から「世界の市場」へと転換を果たした中国は消費市場としての魅力が高まる一方である。中国人消費者がブランドに付与する「意味」を理解することはビジネスの成功を勝ち取るのに必要不可欠である。グローバル・ブランド消費における原産国イメージと、とりわけ中国人の価値観の中核をなす「面子」による影響を精緻な分析によって明らかにする。

2017.3 160p A5 ¥3500 ①978-4-8309-4948-7

◆**中国「絶望」家族―「一人っ子政策」は中国をどう変えたか**　メイ・フォン著、小谷まさ代訳　草思社
【要旨】急激な高齢化、歪んだ男女関係、人身売買と1300万人の無戸籍者、家族も蓄えも失った

老人の群れ…残酷な社会実験がもたらした疲弊・格差・苦悩。「中国最大のアキレス腱」をピューリッツァー賞受賞記者が活写！

2017.9 367p B6 ¥2400 ①978-4-7942-2297-8

◆**中国対外経済戦略のリアリティー**　梶田幸雄、江原規由、露口洋介、江利紅著　（柏）麗澤大学出版会、（柏）廣池学園事業部 発売
【目次】第1部 対外直接投資戦略の意義と政策体系（"走出去"戦略の意義と効果、「一帯一路」構想と「夥伴関係」の構築、人民元の国際化、中国における対外投資プロジェクト管理制度及びその発展）、第2部 対外投資戦略のリアリティー（対外投資戦略の中国経済への効果、対外投資戦略の課題―受入国・企業とのコンフリクト）、第3部 対外投資戦略の展望（開放型経済の新体制は描けるか―"中国の夢"の誤り、対外投資戦略成功のための要件、今後の展望、対日直接投資戦略と日本政府・日本企業）

2017.3 245p A5 ¥2700 ①978-4-89205-638-3

◆**中国賃金決定法の構造―社会主義秩序と市場経済秩序の交錯**　森下之博著　早稲田大学出版部（早稲田大学エウプラクシス叢書 8）
【要旨】社会主義の賃金決定原則「労働に応じた分配」が市場経済でどのように継続しているのか。中国の政労使、そして中国進出している日本企業にとって重要な賃金決定の仕組みを歴史・制度分析により明らかにする。

2017.12 316p A5 ¥4000 ①978-4-657-17806-0

◆**中国年鑑　2017　特集 党大会と巨竜の行方**　中国研究所編　中国研究所、明石書店 発売
【目次】特集 党大会と巨竜の行方（総論―「核心」習近平が率いるグローバル大国の課題、習近平の懊悩一中国が目指す権力集中 ほか）、動向（政治、台湾・香港・マカオ・華僑 ほか）、要覧・統計（国土と自然、人口 ほか）、資料（統計公報、重要文献 ほか）

2017.5 495p B5 ¥18000 ①978-4-7503-4513-0

◆**中国のことがマンガで3時間でわかる本**　筧武雄、馬成三、遠藤誠著、飛鳥幸子漫画　明日香出版社（アスカビジネス）改訂増補版
【要旨】世界市場を席巻する中国企業、押し寄せる「爆買い」。世界一の経済大国を狙う圧倒的な「勢い」と「スピード」成長の余地はまだ大いにある。中国経済の今と未来、問題と攻略法をプロが解説。

2017.9 221p A5 ¥1600 ①978-4-7569-1926-7

◆**中国の上場会社と大株主の影響力―構造と実態**　董光哲著　文眞堂
【要旨】中国は株式会社制度を導入して既に二十数年が経っている。中国の上場会社にはどのような特徴が見られるのか、また上場会社の不祥事の主な原因はどこにあるのか。本書は、これらの問題を解明するために、上場会社に関する豊富なデータを用いて、株式所有構造、取締役会、監査役会の実態を分析した最新の研究成果である。

2017.9 203p A5 ¥2700 ①978-4-8309-4959-3

◆**中国の日系企業のニーズとビジネス日本語教育**　余耀輝著　郵研社
【要旨】日中のビジネスドラマを活用した敬語表現の分析や、謝罪表現の対照研究を通して、今後の「日本人材」育成を提言する。

2017.8 191p A5 ¥3700 ①978-4-907126-09-4

◆**中国バブルはなぜつぶれないのか**　朱寧著、森山文弥生訳　日本経済新聞出版社
【要旨】気鋭の中国人経済学者が、中央政府が主導し、地方政府、国有銀行、国有企業、業界も加わった、経済成長を最大の目標とし、バブルの形成・維持を「暗黙に保証」する仕組みこそ、中国のバブルの元凶であることを鮮やかに分析。バブルは「暗黙の保証」によってセットされた時限爆弾であり、「暗黙の保証」をやめ、市場を経済の中心に据える改革こそ行なわなければ、強靭な「剛性」バブルは最終的には崩壊せざるをえない、それは時間の問題だ、と警告する。

2017.7 373p B6 ¥3000 ①978-4-532-35734-4

◆**低成長時代を迎えた韓国**　安倍誠編（千葉）アジア経済研究所（アジ研選書）
【目次】序章 低成長時代を迎えた韓国―その要因と社会経済的課題、第1章 韓国の輸出主導成長とその変容、第2章 IT産業の環境変化と韓国企業の競争力、第3章 重化学工業の競争力と構造調整の課題、第4章 高齢化と所得格差・貧困・再分配、第5章 非正規雇用労働者の動向と労働条件、第6章 低成長・高齢化時代における社会

経済・産業・労働

保障制度の現状と今後のあり方
2017.12 203p A5 ¥2500 ①978-4-258-29046-8

◆**2017 産業統合のチャイナ・エンジン**　中国M&A公会監修、尉立東、柏堡ほか著、中出了真、陳亮、的陽訳　明日堂書店
【目次】第1部 産業統合の歴史概要（産業統合の歴史、中国産業統合の起動 ほか）、第2部 産業M&Aのチャンス（金融業：インターネット金融がM&Aの起爆剤となる、インターネットM&Aの趨勢と反復 ほか）、第3部 産業M&Aのプラットフォームとツール（企業買収ファンド、「上場会社+PE」モデルのM&Aファンド解説 ほか）、第4部 M&A個別賞受賞ケース選集（中国M&A公会の紹介、公認M&Aディーラー紹介 ほか）
2017.8 271p B6 ¥3500 ①978-4-903145-57-0

◆**日本の省エネルギー技術の中国地域暖房への活用**　中国地域暖房省エネルギー研究会編著、吉野博監修　（仙台）東北大学出版会　（本文：日中両文）
【目次】1章 地域暖房団地の現場実測に基づいた省エネルギー対策と課題（中国における地域暖房の現状と課題、地域暖房住宅のエネルギー消費量と室内環境 ほか）、2章 瀋陽市の地域暖房システムの省エネルギー対策と課題（地域暖房プラントの熱効率の実態、エネルギー管理システム導入による省エネルギー効果 ほか）、3章 エネルギー管理システム（BEMS）の導入による省エネルギー効果（BEMS導入による地域暖房プラント管理の評価、プラントのエネルギー効率の簡易計測に基づくBEMS導入効果 ほか）、4章 日本の省エネルギー技術の中国地域暖房での展開と評価（日本の省エネルギー技術の中国地域暖房への適用可能性、開発区への省エネルギー型地域暖房の整備計画 ほか）
2017.9 268p A5 ¥2500 ①978-4-86163-283-9

◆**バブルで衰退する中国 技術力で復活する日本**　勝又壽良監修　アイバス出版
【要旨】歴史に記録されたバブル崩壊において、中国の抱え込んでいる債務残高は空前の規模に膨らんでいる。バブル後遺症の期間は日本の比であるまい。日本が「失われた20年」であれば、中国は「失われた30年」という停滞局面を覚悟する必要があろう。バブル後遺症を癒やすという特効薬はないのだ。
2017.8 301p B6 ¥1400 ①978-4-907322-16-8

◆**バリと観光開発――民主化・地方分権化のインパクト**　井澤友美著　ナカニシヤ出版
【要旨】スハルト以後のレフォルマシ（改革）は、「神々の島」にどのような影響を与えたのか。インドネシアのバリ州を事例に民主化・地方分権化以降の観光開発の特徴および地域社会の変容を明らかにする。
2017.6 291p A5 ¥3200 ①978-4-7795-1176-9

◆**東アジアの社会大変動――人口センサスが語る世界**　末廣昭、大泉啓一郎編著　（名古屋）名古屋大学出版会
【要旨】少子化と高齢化の同時進行、メガリージョンの形成、労働者の越境など――アジアは今、大変動の真っただ中にある。各国最大の統計分析により急速な変貌を浮き彫りにするとともに、調査の実施方法や人口センサスでは捉えきれない問題にも光を当て、東アジアの現在を丸ごと捉える。
2017.9 343p A5 ¥5400 ①978-4-8158-0884-6

◆**東アジアの多文化共生――過去/現在との対話からみる共生社会の理念と実態**　権寧俊編著　明石書店
【目次】第1部 多文化共生をめぐる過去/現在との対話（日本植民地時代の韓国人留学生--多文化共生のために生かす「植民体験」、在日朝鮮人の文化表象と多文化共生の倫理、宮部一雄の小説にみる多文化共生、地方・地域から考える多文化共生社会--文化人類学的アプローチ）、第2部 多文化共生社会の実態と課題（多文化共生と外国人の権利、玄界灘はさんで「EUの卵」が創れないか--在留外国人の地方参政権付与をめぐって、韓国「多文化政策」の実態と課題、華僑社会からみる多文化共生社会--日本と韓国の華僑を中心に）
2017.2 228p A5 ¥2800 ①978-4-7503-4471-3

◆**東アジア連携の道をひらく――脱炭素社会・エネルギー・食料**　進藤榮一、朽木昭文、松下和夫共編、国際アジア共同体学会編集協力　花伝社、共栄書房 発売
【要旨】アジアに環境・エネルギー・食料の共同体をつくる。トランプ政権下のアメリカが、温室効果ガス規制協定やTPPから離脱した今、

すでにアジアは民間・政府レベルで共通問題へと取り組み、連帯へと向かっている。ASEAN、RCEP、AIIB、「一帯一路」、アジアスーパーグリッド--専門家、ジャーナリストによる最新状況の報告と展望。多数のコラム収録。
2017.9 332p B6 ¥1800 ①978-4-7634-0830-3

◆**必読！いま中国が面白い Vol.11 一帯一路・技術立国・中国の夢…いま中国の真実は中国が解る40編**　而立会訳、三潴正道監訳　日本僑報社
【要旨】一帯一路、農村ビジネス、インターネット+、環境、一人っ子政策の終焉など、旬の話題を満載。イノベーションに邁進する中国の最新情報から古い文化や習俗への深い愛惜まで。一駅で一話。すきま時間で最新知識にアップデート！中国を代表する新聞「人民日報」から、最新の情報や用語を含む最近一年間の記事を厳選し邦訳、監訳者の解説つきで中国の最新情報を紹介。
2017.7 189p B6 ¥1900 ①978-4-86185-244-2

◆**フィリピン――急成長する若き「大国」**　井出穣治著　中央公論新社（中公新書）
【要旨】かつて「アジアの病人」と呼ばれたフィリピン。近年、サービス業主導で急成長し、経済規模は10年強で3倍となった。人口は1億人を突破し、国民の平均年齢は25歳。「アジアの希望の星」との声さえ聞かれる。一方、貧富の格差はなおお深刻で、インフラも不十分。ドゥテルテ大統領の暴言や強権的手法は世界から危惧されている。経済成長著しい島国の魅力と課題に、IMFでフィリピン担当を務めたエコノミストが迫る。
2017.2 220p A5 新書 ¥800 ①978-4-12-102420-6

◆**米国混乱の隙に覇権を狙う中国は必ず滅ぼされる――保護主義化する世界で高まる「中華帝国」への敵意と嫌悪**　宮崎正弘著　徳間書店
【要旨】中国はトランプ政権での米国の混乱と国際的影響力の低下を見越して、海外への軍事的・経済的影響力増大、領土拡張を目論み、世界のリーダーになるとまで公言している。だが、保護主義化する世界では、中国の増長と傍若無人ぶりが沸騰、各国で中国排除が加速している！現地取材を重ねてきた著者が、「トランプ大統領」以後の世界の対中姿勢の変化を示し、中国の今後を読む！
2017.3 238p B6 ¥1000 ①978-4-19-864366-9

◆**ベトナムインターネット資源レポート 2015**　ベトナムインターネットネットワーク情報センター（VNNIC）著　（伊豆）ビスタ ピー・エス
【目次】トップレベルドメイン名ASCII".VN"国コード、ベトナム語の国際化ドメイン名（IDN".VN"）、ベトナムにおいて使われている国際化ドメイン名、ベトナムインタープロトコルアドレス（IP）及び自律システムナンバー（ASN）、".VN"ドメイン名システム（DNS）、ベトナム国家インターネットエクスチェンジ・VNIX、ベトナムのインターネット利用統計
2017 89p B5 ¥6900 ①978-4-907379-16-2

◆**ベトナム情報通信レポート 2015**　情報通信省著、ビスタ ピー・エス訳　（伊豆）ビスタ ピー・エス
【目次】第1部 レポート作成過程、第2部 2015年のベトナムにおける情報通信技術の開発と導入に関する実績データ（概況（一般データ、情報セキュリティの実態）、オープンソフトウェア導入実態）、対象グループの実績データ（省、省レベル機関、政府機関、省（地方）および中央直轄市、市中銀行、経済グループ、大企業）、第3部 2015年のベトナムのICT指標の評価とランキング（省・省機関、政府機関、省（地方）・中央直轄市、市中銀行、経済グループ、株式会社）
2017 89p B5 ¥6900 ①978-4-907379-17-9

◆**ベトナムの「専業村」――経済発展と農村工業化のダイナミクス**　坂田正三著　（千葉）アジア経済研究所（アジア経済双書）
【目次】序章 専業村とは何か、第1章 統計データにみる専業村の労働力と家内企業の実態、第2章 鉄鋼専業村の発展--ドイモイと農村工業化、第3章 鉄鋼専業村の労働者たち、第4章 螺鈿細工村の「伝統」の変容、第5章 木工専業村における技術移転、第6章 誰が家内企業で働いているのか--専業村近隣農村の労働市場、終章「工業化・近代化」のなかの専業村
2017.3 179p A5 ¥2200 ①978-4-258-04628-7

◆**変容するベトナムの社会構造――ドイモイ後の発展と課題**　佐藤康一郎編　専修大学出版局

（専修大学社会科学研究所社会科学研究叢書19）
【目次】第1章 グローバル資本主義の変容とベトナム工業化、第2章 消費市場としてのベトナムの可能性と課題、第3章 ベトナム社会の人口変動と持続可能な発展への影響、第4章 ボランタリー・アソシエーションからみたベトナム農村における社会的空間構造、第5章 変貌するベトナムの葬送文化、第6章 ベトナムの都市化と居住環境構築--ドラスティックな変容の実相を読み解く視角、第7章 ベトナムの教育改革--教育内容・方法改革とインクルーシブ教育導入を中心に、第8章 ドイツのベトナム人旧東ドイツの契約労働者たちの軌跡
2017.3 247p A5 ¥3200 ①978-4-88125-313-7

◆**香港**　ARC国別情勢研究会編　ARC国別情勢研究会（ARCレポート 2017・18年版）
【目次】政治・社会情勢、経済動向、貿易・投資動向、経済・貿易政策と制度、対日関係、産業動向、市場環境、基礎データ
2017.10 140p B5 ¥12000 ①978-4-907366-92-6

◆**マレーシア**　ARC国別情勢研究会編　ARC国別情勢研究会 発売　（ARCレポート 2017・18年版）
【目次】政治・社会情勢、経済動向、貿易・投資動向、経済・貿易政策と制度、対日関係、産業動向、市場環境、基礎データ
2017.11 146p B5 ¥12000 ①978-4-907366-93-3

◆**ミャンマー経済の基礎知識**　水谷俊博、堀間洋平編著　日本貿易振興機構
【目次】第1章 ミャンマーを知るための基礎知識--高い潜在性、第2章 1988年以降の政治概況--華々しい国造りに向けて、第3章 民主化の進展で活性化する経済--経済、産業、市場の動向、第4章 ミャンマーの貿易動向、第5章 ミャンマーの投資動向、第6章 進出方法に関する基礎知識、第7章 労働・雇用制度に関する基礎知識、第8章 産業に関する基礎知識、第9章 ビジネス開始、投資決定の前に知るべきリスク
2017.8 232p A5 ¥2000 ①978-4-8224-1164-0

◆**遊牧の経済学――モンゴル国遊牧地域に見るもうひとつの「農村部門」**　湊邦生著　（京都）晃洋書房
【要旨】豊富な鉱物資源により注目され発展するモンゴル国だが、その経済の「基層」には今も遊牧が存在している。本書は、人類にとって農耕と並ぶ生産経済でありながらその理論的枠組みが著しく等しかった遊牧について、モンゴル国でのフィールド・スタディの成果を中心にその生産経済メカニズムを分析。遊牧地域のための新たな経済開発の枠組みを提供する。
2017.2 184p A5 ¥5200 ①978-4-7710-2862-3

◆**ワンアジア財団7年のあゆみ――2009~2016**　ワンアジア財団7年のあゆみ編纂委員会編　ワンアジア財団、芦書房 発売　（付属資料：CD-ROM1）
【要旨】夢と希望を未来へ。次世代の主役たちと新しい価値観、世界観を創造する。
2017.8 302p A5 ¥2000 ①978-4-7556-1288-6

◆**ワンアジア財団7年のあゆみ――2009~2016 資料編**　ワンアジア財団7年のあゆみ編纂委員会編　ワンアジア財団、芦書房 発売
【要旨】アジア共同体の創成へ。ネットワーク化する「アジア共同体講座」「ワンアジアコンベンション」の記録。
2017.8 626p A5 ¥4000 ①978-4-7556-1289-3

◆**ASEANの統合と開発――インクルーシヴな南南アジアを目指して**　石戸光編・著　作品社
【要旨】東南アジアの未来は？政治経済的・社会的な地域統合を進めるASEAN（東南アジア諸国連合）が重要視している「インクルーシヴな」東南アジアと公正な社会のあり方についての最新研究成果。
2017.3 117p B6 ¥2400 ①978-4-86182-628-3

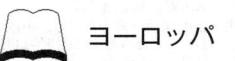

ヨーロッパ

◆**アイルランドとEUの租税紛争――背景にある企業誘致政策と優遇税制**　髙久隆太著　泉文堂
【目次】1 アイルランドの概要および税務行政（アイルランドの概要、租税政策と税務行政 ほか）、2 租税制度（沿革、租税法の法源 ほか）、3 国際租税（国際租税戦略、租税条約 ほか）、4 アイル

ランド進出の現状と課題（アイルランドでの法人設立、アイルランドの優位性 ほか）、5 アイルランドを利用した租税スキームに係るEUとの租税紛争（EUの機能に関する条約、EUが問題視した事例 ほか）
2017.10 228p A5 ¥3000 ①978-4-7930-0459-9

◆**イギリスの都市再生とサイエンスパーク**
鈴木茂著　日本経済評論社
【要旨】70年代の石油危機を契機に顕在化した英国産業の国際競争力と都市の衰退に対応した都市再生政策、知識経済化を担う知的クラスターであるサイエンスパーク整備の意義を解明。
2017.3 292p A5 ¥4800 ①978-4-8188-2463-8

◆**池上彰の世界の見方 ドイツとEU—理想と現実のギャップ**　池上彰著　小学館
【要旨】EUの今後を読み取る。世界の国と地域を学ぶ入門シリーズ決定版！ 基礎知識から最新情報まで！ 中高生への授業がもとなのでわかりやすくスラスラ読める！
2017.11 233p B6 ¥1400 ①978-4-09-388580-5

◆**英国**　ARC国別情勢研究会編　ARC国別情勢研究会（ARCレポート 2017・18年版）
【目次】政治・社会情勢、経済動向、貿易・投資動向、経済・貿易政策と制度、対日関係、産業動向、市場環境、基礎データ
2017.10 152p B5 ¥12000 ①978-4-907366-91-9

◆**欧州危機と反グローバリズム—破綻と分断の現場を歩く**　星野眞三雄著　講談社（講談社プラスアルファ新書）
【要旨】英国EU離脱とトランプ現象に共通するものは何か？ 格差が人々の怒りに火を付けた。EU26ヵ国を取材した第一線記者の緊急報告！
2017.1 213p 18cm ¥860 ①978-4-06-272973-4

◆**スイス**　ARC国別情勢研究会編　ARC国別情勢研究会（ARCレポート 2017・18年版）
【目次】政治・社会情勢、経済動向、貿易・投資動向、経済・貿易政策と制度、対日関係、産業動向、市場環境、基礎データ
2017.3 150p B5 ¥12000 ①978-4-907366-80-3

◆**スウェーデン**　ARC国別情勢研究会編　ARC国別情勢研究会（ARCレポート 2017・18年版）
【目次】政治・社会情勢、経済動向、貿易・投資動向、経済・貿易政策と制度、対日関係、産業動向、市場環境、基礎データ
2017.9 148p B5 ¥12000 ①978-4-907366-90-2

◆**チェコ**　ARC国別情勢研究会編　ARC国別情勢研究会（ARCレポート 2017/18年版）
【目次】政治・社会情勢、経済動向、貿易・投資動向、経済・貿易政策と制度、対日関係、産業動向、市場環境、基礎データ
2017.6 144p B5 ¥12000 ①978-4-907366-76-6

◆**東ドイツ工業管理史論**　白川欽哉著（札幌）北海道大学出版会
【目次】序章、第1章 戦後東ドイツの出発条件、第2章 東ドイツ工業における計画経済の創出、第3章 経済改革の「第一の波」、第4章 相対的安定から経済危機へ、第5章 経済計算制改革の限界、終章
2017.1 365, 37p A5 ¥7500 ①978-4-8329-6828-8

◆**フランス**　ARC国別情勢研究会編　ARC国別情勢研究会（ARCレポート 2017/18年版）
【目次】政治・社会情勢、経済動向、貿易・投資動向、経済・貿易政策と制度、対日関係、産業動向、市場環境、基礎データ
2017.6 156p B5 ¥12000 ①978-4-907366-77-3

◆**ポピュリズムと欧州動乱—フランスはEU崩壊の引き金を引くのか**　国末憲人著　講談社（講談社プラスアルファ新書）
【要旨】トランプ—ルペン—プーチン枢軸が塗り替える世界地図。民主主義からポピュリズムが生まれ、ポピュリズムから民主主義の否定へ。
2017.4 219p 18cm ¥860 ①978-4-06-272992-5

◆**ポーランド**　ARC国別情勢研究会編　ARC国別情勢研究会（ARCレポート 2017・18年版）
【目次】政治・社会情勢、経済動向、貿易・投資動向、経済・貿易政策と制度、対日関係、産業動向、市場環境、基礎データ
2017.4 166p B5 ¥12000 ①978-4-907366-83-4

◆**ポルトガル**　ARC国別情勢研究会編　ARC国別情勢研究会（ARCレポート 2017/18年版）

【目次】政治・社会情勢、経済動向、貿易・投資動向、経済・貿易政策と制度、対日関係、産業動向、市場環境、基礎データ
2016.12 150p B5 ¥12000 ①978-4-907366-74-2

◆**ユニオンジャックの矢—大英帝国のネットワーク戦略**　寺島実郎著　NHK出版
【要旨】「英国」という視座から世界潮流を展望する。日本の未来戦略は「沈まぬ帝国」のネットワークに学べ！ 著者40年の英国観察の集大成！
2017.7 237p B6 ¥1600 ①978-4-14-081717-9

◆**労働者階級の反乱—地べたから見た英国EU離脱**　ブレイディみかこ著　光文社（光文社新書）
【要旨】良くも悪くも先を行く国イギリスの誇り高き労働者階級の歴史と今を学べ！
2017.10 284p 17cm ¥820 ①978-4-334-04318-6

◆**ECB欧州中央銀行—組織、戦略から銀行監督まで**　唐鎌大輔著　東洋経済新報社
【要旨】欧州経済の命運を握る「司令塔」のすべてがわかる。日本No.1のECBウォッチャーによる本格的解説書。
2017.11 332p A5 ¥3600 ①978-4-492-65482-8

 EU

◆**欧州ビジネスのためのEU税制—付加価値税・移転価格税制・PE問題**　池田良一著　税務経理協会　改訂版
【要旨】在欧日系企業の関係者がクロスボーダー取引に係る税務の問題に対応するための基礎を解説。
2017.8 427p A5 ¥5000 ①978-4-419-06458-7

◆**ギリシャ危機と揺らぐ欧州民主主義—緊縮政策がもたらすEUの亀裂**　尾上修embed悟著　明石書店
【要旨】英国のEU離脱、ポピュリズムの台頭…すべてはギリシャ危機が予兆していた。反緊縮と反権力の運動が吹き荒れる欧州情勢を予告していたかのようなギリシャの経済・社会・政治危機を精緻に分析し、欧州の統合と民主主義の真のあり方を問う。脆くも崩れつつある「民主主義的な欧州建設」を再び取り戻すための道を探る。
2017.3 352p B6 ¥2800 ①978-4-7503-4483-6

◆**激動の欧州連合（EU）の移民政策—多文化・多民族共生の限界とイスラム過激派組織によるテロリズムの脅威**　大泉常長著（京都）晃洋書房
【要旨】日本の移民労働、セキュリティについて提言！ 深刻化する不法移民・難民問題テロの脅威に欧州全土は震えている。多文化主義、同化主義の政策にもかかわらず、人種差別と極右の台頭、排斥運動からホームグロウンテロリストを生んだ欧州の移民政策の現実。
2017.2 206, 4p A5 ¥2600 ①978-4-7710-2810-4

◆**地域活性化政策とイノベーション—EU主要国の事例研究**　法政大学地域研究センター、岡本義行編　芙蓉書房出版
【要旨】ヨーロッパでは地域活性化にどのように取り組んでいるのか？ 地域振興政策づくりには、地域活性化のメカニズムの理論的理解が不可欠。地域活性化の成功事例や、産業クラスターの創出・育成、これからの課題などを議論。
2017.4 283p A5 ¥2500 ①978-4-8295-0709-4

◆**揺れる欧州統合 英国離脱の衝撃**　聖教新聞外信部編　第三文明社
【要旨】世界が驚いた「Brexit（英国のEU離脱）」—あのとき、現地では、何が起こっていたのか？「聖教新聞」に掲載された連載記事と、国内外の識者へのインタビュー記事を収録。
2017.1 174p B6 ¥926 ①978-4-476-03364-9

◆**EUの危機と再生—中東欧小国の視点**　小山洋司著　文眞堂
【要旨】ユーロ危機は南欧諸国vs.EUコア諸国という構図で論じられることが多いが、本書は中東欧新規EU加盟国の視点から考察する。なかでも、自立的な経済発展の戦略をとったスロヴェニアの経験に光を当てる。移動の自由を保証するだけで貧しい加盟国で雇用を増やすことができないEUの政策は破綻したと主張し、財政連邦主義への前進が必要と説く。
2017.8 205p B6 ¥2200 ①978-4-8309-4956-2

◆**EU崩壊—秩序ある脱＝世界化への道**
ジャック・サピール著、坂口明義訳　藤原書店
【要旨】「ユーロ解体」こそがヨーロッパを救う。ドイツの極端な一人勝ち、英国の離脱と、EUの動揺が続く中、もう一つの大国フランスこそが果たせる役割とは？ グローバリズムと「自由貿易」神話で焼け野原と化したEUの現状に対し、フランスが主導するユーロ離脱と新たな「欧州通貨圏」構想により、各国の経済政策のコントロール奪回を訴える。ブレグジット、米トランプ政権、仏大統領選をふまえた最新論考を「日本語版序文」として収録！「保護主義」論客による最大の問題作。
2017.8 289p B6 ¥2800 ①978-4-86578-133-5

 ロシア・東欧

◆**新市場「ロシア」—その現状とリスクマネジメント**　梅津哲也編著　日本貿易振興機構
【目次】第1部 ロシアの現状とビジネス環境の変化（ロシアの政治・経済概況とビジネス環境、外国企業の活動と市場としてのロシアへの見方）、第2部 ロシアのリスクをどう捉えるか（カントリーリスク、オペレーショナルリスク、セキュリティーリスク）
2017.4 166p A5 ¥1600 ①978-4-8224-1163-3

◆**ロシア連邦貿易通関統計 2015年度**　ロシア連邦税関局編　ジャパン・プレス・ユー
【目次】ロシア連邦の貿易総計、ロシア連邦の国グループ別貿易額、2015年ロシア連邦の貿易指数、ロシア連邦の別貿易動額、ロシア連邦の輸出入商品構造（対すべての外国）、ロシア連邦の輸出入商品構造（対旧ソ連邦加盟国を除く諸国）、ロシア連邦の輸出入商品構造（対CIS諸国）、2015年ロシア連邦の輸出商品構造の平均価格指数及び物理量指数、2015年ロシア連邦の輸入商品構造の平均価格指数及び物理量指数、ロシア連邦の商品グループ別輸出入額（対すべての外国）〔ほか〕
2017 362p A4 ¥28000 ①978-4-915598-44-9

 アメリカ・カナダ・オーストラリア

◆**アメリカ経済政策入門—建国から現在まで**　スティーブン.S. コーエン、J. ブラッドフォード・デロング著、上原裕美子訳　みすず書房
【要旨】成長は、市場ではなく、政府が生みだした。高関税、補助金、インフラ、軍事…。したたか、かつプラグマティックな政策史を具体的な読み解き、今後とるべき戦略を提示する。
2017.3 190, 17p B6 ¥2800 ①978-4-622-08583-6

◆**カナダ**　ARC国別情勢研究会編　ARC国別情勢研究会（ARCレポート 2017・18年版）
【目次】政治・社会情勢、経済動向、貿易・投資動向、経済・貿易政策と制度、対日関係、産業動向、市場環境、基礎データ
2017.6 148p B5 ¥12000 ①978-4-907366-87-2

◆**現代カリフォルニア州財政と直接民主主義—「納税者の反乱」は何をもたらしたのか**　小泉和重著（京都）ミネルヴァ書房（MINERVA現代経済学叢書）
【要旨】1978年にカリフォルニア州の住民が住民投票を通じて行った減税運動「納税者の反乱」はなぜ起こったのか。本書はその政治経済的背景を考察し、後のカリフォルニア財政への影響を検討する。カリフォルニア州は政府規模を抑制し高い経済成長を達成していたのか、それとも政府規模の縮小により公共サーヴィスの劣化が発生したのか—直接民主主義を通じて、住民が地方政府と財政をどのように変えうるのかを探る。
2017.3 308p A5 ¥8000 ①978-4-623-07999-5

◆**現代資本主義の終焉とアメリカ民主主義—アソシエーション、プラグマティズム、左翼社会運動**　永井務著　創風社
【目次】第1章 アメリカ社会と近代知識人、第2章 アメリカ批判理論、第3章 アソシエーション、プラグマティズム、現象学的マルクス主義、「新しい社会運動」、第4章 2008年アメリカ—リーマン・ショック、第5章 正義論とカジノ金融資本主義、第6章 新保守主義知識人と左翼知識人—D. ベルとN. チョムスキー、第7章 アメリカ大統領（予備）選挙—2016年のアメリカ、第8章 現代資本主義の終焉とアメリカ民主主義—理論的検

討、付論
2017.3 286p A5 ¥2400 ①978-4-88352-230-9

◆**資産家たちはなぜ今、テキサスを買い始めたのか？**　倉石灯、角内創著　ぱる出版
【要旨】目ざといお金持ちたちがテキサスへの投資を始めている理由とは？「アメリカ買い」の中でも、テキサス州が特別に注目されるのは、なぜ？ トランプ大統領就任でアメリカはどう変わる？　2017.4 191p B6 ¥1500 ①978-4-8272-1051-4

◆**ダーク・マネー――巧妙に洗脳される米国民**　ジェイン・メイヤー著、伏見威蕃訳　東洋経済新報社
【要旨】メディア、大学、シンクタンク、慈善団体を操作！ 反抗するものには尾行し、盗聴し、脅迫し、でっちあげる。これはもはや思想戦争だ！ カネで政治を動かす億万長者の正体を、実力派ジャーナリストが徹底取材により明らかにした渾身の調査報道。
2017.2 597, 67p B6 ¥3600 ①978-4-492-44441-2

◆**超一極集中社会アメリカの暴走**　小林由美著　新潮社
【要旨】0.1%の超富裕層がすべての富を収奪する現状と絶望的未来。『超・格差社会アメリカの真実』から10年。米軍36年のトップアナリストが、豊富なエビデンスで読み解く。
2017.3 239p B6 ¥1500 ①978-4-10-350871-7

◆**トランプ政権とアメリカ経済――危機に瀕する『中間層重視の経済政策』**　萩原伸次郎著　学習の友社
【目次】第1章 なぜ、ドナルド・トランプは、大統領になれたのか――トランプ政権誕生史の歴史的背景（世界経済危機とオバマ政権の経済政策、オバマ政権の経済政策と「財政の崖」、オバマ政権による「中間層重視の経済政策」の提起、オバマ政権の対外政策）、第2章 トランプ政権の政治経済政策（トランプ政権誕生とアメリカ国民、トランプ政権の政治経済政策の特徴、トランプ政権の対外政策）、第3章 アメリカ経済の現局面（2016年のアメリカ経済、アメリカ経済の格差はなぜ深刻なのか）、まとめにかえて――トランプ政権の経済政策をどう見るか
2017.8 158p A5 ¥1500 ①978-4-7617-0706-4

◆**引き裂かれたアメリカ――富の集中、経済危機と金権政治**　高田太久吉著　大月書店
【要旨】アメリカ社会で今、何が起きているのか。事前予想を覆すトランプ大統領の登場は、アメリカ社会を蝕む深刻な病を浮き彫りにした。一握りのカネの富の集中と、その経済的・社会的な帰結、そしてカネに支配された政治の実態を、豊富なデータから明らかにする。
2017.6 270, 9p B6 ¥2500 ①978-4-272-15043-4

◆**米国経済白書　2016**　萩原伸次郎監修、『米国経済白書』翻訳研究会訳　蒼天社出版
【要旨】オバマ政権8年の経済政策を振り返る。米国民はなぜ次期大統領にドナルド・トランプを選んだのか。
2017.2 352p B5 ¥2600 ①978-4-901916-51-6

◆**米州の貿易・開発と地域統合――新自由主義とポスト新自由主義を巡る相克**　所康弘著　(京都) 法律文化社
【目次】米州地域の貿易と開発の史的過程と歴史的特質、第1部 北・中米編（NAFTA下の米国の貿易と製造業、NAFTA下のメキシコの貿易と農業、メキシコの新自由主義的開発と製造業）、第2部 南米編（米州貿易秩序の展開と地域主義（リージョナリズム）、ポスト新自由主義下の「資源採掘型」開発と貿易、新自由主義とポスト新自由主義の相克）、米州からアジア太平洋地域へ――アジア進出の橋頭堡：TPP
2017.9 270p A5 ¥3000 ①978-4-589-03864-7

◆**ポスト冷戦期アメリカの通商政策――自由貿易論と公正貿易論をめぐる対立**　藤木剛康著　(京都) ミネルヴァ書房　(MINERVA現代経済学叢書 119)
【要旨】現代の世界経済を左右するアメリカの通商政策はいかに形成されるのか。本書では、第2期クリントン政権、すなわちGATTウルグアイラウンドとNAFTA以後、第2期オバマ政権にかけて確立したポスト冷戦期アメリカの通商政策枠組みの形成過程を、多国間FTAによる新たな国際合意の形成と貿易自由化に向けた国内合意の困難さとの相互作用という観点から分析し、その特徴を明らかにする。
2017.3 316p A5 ¥6000 ①978-4-623-08006-9

その他の国々

◆**アラブ首長国連邦**　ARC国別情勢研究会編　ARC国別情勢研究会　(ARCレポート 2017・18年版)
【目次】政治・社会情勢、経済動向、貿易・投資動向、経済・貿易政策と制度、対日関係、産業動向、市場環境、基礎データ
2017.5 154p B5 ¥12000 ①978-4-907366-84-1

◆**イスラエル**　ARC国別情勢研究会編　ARC国別情勢研究会　(ARCレポート 2017・18年版)
【目次】政治・社会情勢、経済動向、貿易・投資動向、経済・貿易政策と制度、対日関係、産業動向、市場環境、基礎データ
2017.5 154p B5 ¥12000 ①978-4-907366-85-8

◆**グローバル・イスラーム金融論**　吉田悦章著　(京都) ナカニシヤ出版
【要旨】急激にグローバル化・高度化するイスラーム金融を実証的に分析。その発展史から、地域の特性、金融商品の内容、イスラーム法との関係まで、イスラーム金融を総合的に知る上で必読の一冊。
2017.2 214p A5 ¥4200 ①978-4-7795-1119-6

◆**ケニア**　ARC国別情勢研究会編　ARC国別情勢研究会　(ARCレポート 2017/18年版)
【目次】政治・社会情勢、経済動向、貿易・投資動向、経済・貿易政策と制度、対日関係、産業動向、市場環境、基礎データ
2016.12 148p B5 ¥12000 ①978-4-907366-75-9

◆**現代アフリカの土地と権力**　武内進一編　(千葉) アジア経済研究所　(研究双書)
【目次】序章 アフリカにおける土地政策の新展開と農村変容、第1章 シエラレオネにおける慣習的土地保有と大規模土地取得――土地改革で何が変わり、何が変わらないか、第2章 ザンビアの土地政策と慣習地におけるチーフの土地行政、第3章 農村部を領域化する国家――エチオピア・アムハラ州農村社会の土地制度の事例、第4章 南アフリカにおける慣習的土地保有権改革をめぐる争点と課題、第5章 現代タンザニア土地政策の構図――「慣習的」土地権と国土利用計画、第6章 モザンビークにおける土地法の運用と政治力学、第7章 土地関連法制度改革を通じた紛争抑止の試みとその限界――ケニアの事例から、第8章 土地政策と農村変容――ルワンダ、ブルンジ、コンゴ民主共和国西部、終章 近年のアフリカにおける土地改革と農村変容をどうとらえるか
2017.11 315p A5 ¥9000 ①978-4-258-04631-7

◆**コロンビア　2017・18年版**　ARC国別情勢研究会編　ARC国別情勢研究会　(ARCレポート)
【目次】政治・社会情勢、経済動向、貿易・投資動向、経済・貿易政策と制度、対日関係、産業動向、市場環境、基礎データ
2017.4 148p B5 ¥12000 ①978-4-907366-82-7

◆**ナイジェリア**　ARC国別情勢研究会編　ARC国別情勢研究会　(ARCレポート 2017・18年版)
【目次】政治・社会情勢、経済動向、貿易・投資動向、経済・貿易政策と制度、対日関係、産業動向、市場環境、基礎データ
2017.3 144p B5 ¥12000 ①978-4-907366-81-0

◆**ブラジル**　ARC国別情勢研究会編　ARC国別情勢研究会　(ARCレポート 2017・18年版)
【目次】政治・社会情勢、経済動向、貿易・投資動向、経済・貿易政策と制度、対日関係、産業動向、市場環境、基礎データ
2017.7 156p B5 ¥12000 ①978-4-907366-88-9

◆**南アフリカ**　ARC国別情勢研究会編　ARC国別情勢研究会　(ARCレポート 2017・18年版)
【目次】政治・社会情勢、経済動向、貿易・投資動向、経済・貿易政策と制度、対日関係、産業動向、市場環境、基礎データ
2017.6 150p B5 ¥12000 ①978-4-907366-86-5

◆**ラテンアメリカ・レポート　2017 Vol.33 No.2**　『ラテンアメリカ・レポート』編集委員会編　(千葉) アジア経済研究所
【目次】フォーラム（グアナファトとその周辺の自動車産業についての考察）、論稿（コモディティ・

ブーム後のブラジル経済――課題と展望、右派への支持が集中した2016年ペルー大統領選挙、先住民の教育と「インターカルチュラルな状況」の出現――メキシコの事例）、現地調査報告（メキシコ：日系企業の進出が労働市場に及ぼすインパクト）、学会報告（日本のラテンアメリカ研究を振り返る――アメリカ合衆国と中国の学術会合に参加して）、資料紹介
2017.1 72p B5 ¥1200 ①0910-3317

経済学

◆**アイデンティティ経済学と共稼ぎ夫婦の家事労働行動――理論、実証、政策**　安藤潤著　文眞堂
【要旨】日本の共稼ぎ夫婦の妻になぜ家事労働は偏るのか？ ノーベル経済学賞受賞者アカロフがクラントンとともに提唱するアイデンティティ経済学を理論的フレームワークとして様々なアンケート調査から得られた個票データを用いた実証分析によりジェンダー・ディスプレイ仮説を検証し、その要因を解明して政策的インプリケーションを導出する。
2017.2 135p A5 ¥2400 ①978-4-8309-4924-1

◆**愛と怒りの行動経済学――賢い人は感情で決める**　エヤル・ヴィンター著、青木創訳　早川書房
【要旨】行動経済学は行動主体たる人間の感情の役割をクローズアップしたがために注目を浴びた。しかし本書の著者はこう言う一行動経済学のこれまでの成果は往々にして、愛や怒り、妬みといった感情をもっぱら合理的な意思決定から人を遠ざけるものとばかり位置づけてきたが、それは悲観的に過ぎるというものだ。感情は合理的な側面もそなえていて、われわれにさまざまな利益をもたらしてくれるのだ。ゲーム理論と進化論とに注目し、「意外と賢い感情」の実例を多様な実験と、自らのコミュニティーでの出来事とを照らし合わせることにより、ビビッドに描き明かす。ケネス・アロー、ロバート・ルーカス、アルヴィン・ロスら歴代ノーベル経済学賞受賞者が絶賛する、行動経済学の新たな収穫。
2017.3 307p B6 ¥2000 ①978-4-15-209676-0

◆**あなたの人生は「選ばなかったこと」で決まる――不選択の経済学**　竹内健蔵著　日本経済新聞出版社　(日経ビジネス人文庫)
【要旨】「失恋の痛みからの抜け出し方」「接待を成功させる方法」といったことから、金利決定のメカニズム、大規模交通インフラなどの社会資本整備の理解まで、経済学の「機会費用」という考え方を切り口にわかりやすく解明。身近なテーマから世の中のカラクリを読み解く知的レッスン。
2017.3 255p A6 ¥850 ①978-4-532-19815-2

◆**アマルティア・セン講義 グローバリゼーションと人間の安全保障**　アマルティア・セン著、加藤幹雄訳　筑摩書房　(ちくま学芸文庫)
【要旨】21世紀に入ってもなお、世界中に蔓延しつづける貧困、飢餓、不平等。それらが是正されない理由としてしばしば檜舞に挙げられるのが「グローバリゼーション」である。だが、諸文明の交流の歴史を辿るなかで見えてくるのは、グローバリゼーションは決して新しい現象でもなければ、西洋的価値の単純な押し付けでもないという最新たる事実だ。現代のグローバル化を歴史的に位置づけ、「人間の安全保障」という観点から個人の生や自由を確保する重要性を日本人に向けて説く。真に公正な世界をどうつくるか。ノーベル賞経済学者センの射程の長さがうかがえる来日講演集。
2017.9 181p A6 ¥1000 ①978-4-480-09819-1

◆**アメリカに振り回される日本の貿易政策**　山田正次著　日本経済評論社　(21世紀南山の経済学 7)
【要旨】「アメリカの国益」が優先されるのはなぜか？ 日本の経済政策は、アメリカの意向を反映させたものになっている。それはなぜか。また、いつのころからそうなってしまったのか。本書は、戦後日本の通商政策・貿易政策を年代を追ってたどりながら、その教授を明らかにする。
2017.1 79p A5 ¥700 ①978-4-8188-2452-2

◆**アリエリー教授の「行動経済学」入門**　ダン・アリエリー著、NHK白熱教室制作チーム訳　早川書房　(ハヤカワ・ノンフィクション文庫)　(『お金と感情と意思決定の白熱教室』改題書)

【要旨】行動経済学ブームの火つけ役の名講義のようこそ。太るとわかっているのに食べてしまう、解約したい有料チャンネルの契約をいつまでも続ける、恋は「吊り橋」でよく実る、報酬が時にやる気を削ぐ…人のふるまいに潜む不合理をユニークな実験とケーススタディで解き明かし、生活やビジネスへの活かし方を受講者とともに考える。
2017.7 205p A6 ¥660 ①978-4-15-050501-1

◆池上彰の「経済学」講義 1 歴史編─戦後70年 世界経済の歩み　池上彰著
KADOKAWA　（角川文庫）
【要旨】テレビの放送でも話題になった池上彰の愛知学院大学・2014年「経済学」講義を文庫化。その第1巻・歴史編。戦後社会の歴史と仕組みを経済の視点から読み解く。戦後の資本主義VS社会主義、東西冷戦、日本の敗戦からの復興・高度経済成長・バブル経済、社会主義の失敗などを池上解説。いまの日本と世界の状況をよりよく理解するためには、その前にさかのぼってみることが大切。歴史を学ぶことで未来が見えてくる。2017.3 421p A6 ¥880 ①978-4-04-104892-4

◆池上彰の「経済学」講義 2 ニュース編─覇権をめぐりお金が武器に　池上彰著
KADOKAWA　（角川文庫）
【要旨】テレビの放送でも話題になった池上彰の愛知学院大学・2014年「経済学」講義を文庫化。その第2巻・ニュース編。世界のニュースを経済の視点から読み解く。お金を武器に覇権を争ってきた戦後世界。東西冷戦終結後の資本主義の暴走、原油価格の乱高下と地政学、イスラム過激派勢力の台頭などで注目を浴びる宗教と経済の関係、出口戦略が問われるアメリカの金融政策─などから、21世紀の世界を考える。
2017.3 414p A6 ¥880 ①978-4-04-104893-1

◆1分間で経済学習─経済に強い自分になる200のキーワード　ニーアル・キシテイニー著、望月衛訳　ダイヤモンド社
【要旨】新聞やテレビで見かける経済ニュース、ネットで飛び交う経済政策の議論、経済学の授業で学んだはずのあの理論…経済がわかりにくい原因は、わかりにくくてややこしい経済学の「単語」にあった！ 200のキーワードを「見開き1ページ+図解」で学べる、最強の経済学入門書、誕生！
2017.12 439p 15×15cm ¥1600 ①978-4-478-06687-4

◆偽りの経済政策─格差と停滞のアベノミクス　服部茂幸著　岩波書店　（岩波新書）
【要旨】なぜ今も経済の停滞が続くのか、本当に雇用は回復したのか、金融緩和でデフレからの脱却は成功したのか、格差は広がっているのか…安倍政権と黒田日銀による経済政策を徹底検証。まやかしの「成果」のからくりを暴き、アベノミクスを鋭く批判する。その先に、経済学が果たすべき役割が見えてくる。
2017.5 208p 18cm ¥820 ①978-4-00-431661-9

◆田舎のパン屋が見つけた「腐る経済」─タルマーリー発、新しい働き方と暮らし　渡邉格著　講談社　（講談社プラスアルファ文庫）
【要旨】「気づけば定職にもつかぬまま、30歳になろうとしていた。どんな小さなことでもいいから『ほんとうのこと』がしたい。初めて自分の心の奥底から出発した、その声に従い、僕はパン屋になることを決めた」マルクスと天然麹菌に導かれ、「田舎のパン屋」へ。そこで実践する、人と、地域の人に還元する経済と暮らしが、いま徐々に日本社会に広がっていく。ビール造りの場を求め、さらに鳥取・智頭町へ。新たな挑戦を綴った「文庫版あとがき」も収録。
2017.3 270p A6 ¥790 ①978-4-06-281714-1

◆命の価値─規制国家に人間味を　キャス・サンスティーン著、山形浩生訳　勁草書房
【要旨】費用便益分析は命を値踏みする！?元ホワイトハウス高官が丁寧に解説する規制行政と費用便益分析の実際。
2017.12 270、62p B6 ¥2700 ①978-4-326-55079-1

◆いま生きる「資本論」　佐藤優著　新潮社　（新潮文庫）
【要旨】ソビエト崩壊後、貨幣代わりに流通したマルボロから「一般的等価物」を語り、大使館にカジノ代をたかる外遊議員が提示したキックバックに「金貸し資本」のありようを見る。『資本論』の主要概念を、浩瀚な資料と自身の社会体験に沿わせ読み解きながら、人間と社会を規定する資本主義の本質に迫る。過労死や薄給のリスクに日々晒される我々の生と心を守る、白熱のレクチャーにして、知の処方箋。
2017.2 334p A6 ¥550 ①978-4-10-133178-2

◆今こそ『資本論』─資本主義の終焉を生き抜くために　フランシス・ウィーン著、中山元訳　ポプラ社　ポプラ新書
【要旨】『資本論』は「革命の書」ではなく、資本主義というシステムの本質をえがきだした書である。本書は世界を変えた一冊の本を、マルクスの哲学や思想、先行研究、世界でどのように解釈されたかなどの観点から読み解く。豊かな経済活動とともに、格差を伴う資本主義というシステムに飲み込まれないための杖となる一冊。2017.7 253p 18cm ¥820 ①978-4-591-15539-4

◆意味がわかる経済学　南英世著　ベレ出版
【要旨】大学教養レベルまでの知識を凝縮した経済学の入門書。実際の経済状況や経済政策と結びつけて解説しているので、毎日の経済ニュースも本質から理解できるようになる一冊。
2017.5 335p B6 ¥1600 ①978-4-86064-509-0

◆移民の政治経済学　ジョージ・ボージャス著、岩本正明訳　白水社
【要旨】移民は商品ではない、生身の人間だ。労働市場に与えるインパクトから財政への影響まで、キューバ移民でハーバード教授が移民をめぐる通説を根本から覆す記念碑的著作。
2018.1 227、12p B6 ¥2200 ①978-4-560-09591-1

◆インバウンドと地域創生　大藪多可志、山本真嗣、工藤泰子、佐野浩祥共著　海文堂出版
【目次】第1章 日本のインバウンドの傾向と地方の課題、第2章 北陸新幹線開業による温泉旅館宿泊者数の変化、第3章 Webを活用した観光情報の発信と誘客、第4章 携帯電話の位置情報データから何がわかるのか、第5章 松江の文化資源としての小泉八雲、第6章 地方都市から茶文化を発信、第7章 飛騨高山のユニバーサルツーリズム、第8章 金沢クリエイティブツーリズムの試み
2017.8 179p A5 ¥2200 ①978-4-303-56325-7

◆インフラPPPの経済学　エドアルド・エンゲル、ロナルド・D・フィッシャー、アレキサンダー・ガレトビッチ著、安間匡明訳　金融財政事情研究会、きんざい 発売
【要旨】いかなる条件のもとでPPPは真に有効なインフラ整備のツールとなりうるのか。通説を批判的に検討しPPP本来の有効性と限界を明らかにする！
2017.12 245p A5 ¥2700 ①978-4-322-13216-8

◆演習ミクロ経済学　武隈愼一著　新世社、サイエンス社 発売　（演習新経済学ライブラリ 1）第2版
【要旨】要点解説+例題+練習問題という構成により効率的かつ確実な理解を図る。読みやすいレイアウト、2色刷。初版に対し例題数75→105、練習問題数98→133と大幅にボリュームアップし、ミクロ経済学のほぼ全領域をカバー。公務員試験・大学院入試など各種試験対策に最適。
2017.12 290p A5 ¥2700 ①978-4-88384-249-0

◆欧州統合と社会経済イノベーション─地域を基礎にした政策の進化　八木紀一郎、清水耕一、徳丸宜穂編著　日本経済評論社
【要旨】統合の支え手が問われている欧州。地域を基礎にした雇用政策・競争力政策・エネルギー政策などを詳細に検討し、統合の現在の姿を浮き彫りにする。
2017.1 472p A5 ¥5600 ①978-4-8188-2449-2

◆応用経済学研究　第10巻（2016年）　日本応用経済学会編　勁草書房
【目次】論文（Optimal Innovation Policy with Taxation and Minimum Quality Standards (Kiyoshi Arakawa)、Comparing Regulation and Fiscal Incentives for the Promotion of Electric Vehicles (Kiyoshi Arakawa)、外部効果をもつ土地開発に対する規制誘導策に関する研究（役重道明、前川俊一）、チャネル間における価格=数量競争：需要関数の一般化（成生達彦、鈴木浩孝）、企業内におけるタスクデザイン─情報収集業務と実行業務の統合と分離（熊谷啓希）、研究と途上国開発に関する国際環境協定─繰り返しゲームによる分析（高島伸幸）、研究ノート（不完全雇用下における賃金変化の効果について（田中淳平）
2017.3 143p B5 ¥4700 ①978-4-326-54709-8

◆お金ってなんだろう？─あなたと考えたいこれからの経済　長岡慎介著　平凡社　（中学生の質問箱）
【要旨】今の経済、どうなってるの？ シンプルな資本主義のしくみを知れば、びっくりするほどよくわかる！ そして21世紀注目度No.1のイスラーム経済に、危機を防ぐ知恵があった！ イスラーム世界で始まっている、お金持ちも貧しい人も一緒に豊かになる絶妙なしくみとは？「目からウロコ」のイスラーム経済の、資本主義にはない特徴って？
2017.5 223p B6 ¥1400 ①978-4-582-83753-7

◆お金2.0─新しい経済のルールと生き方　佐藤航陽著　幻冬舎
【要旨】「資本主義」を革命的に書き換える「お金2.0」とは何か。2.0のサービスは、概念そのものを作り出そうとするものが多いので、既存の金融知識が豊富な人ほど理解に苦しみます。その典型がビットコインです。あまりにも既存社会の常識とは違うので「今の経済」のメインストリームにいる人たちにとっては懐疑や不安の対象になりやすいといった特徴もあります。そして、それこそが全く新しいパラダイムであることの証でもあります。本書ではお金や経済の仕組みから、テクノロジーの進化によって生まれた「新しい経済」のカタチ、最後に私たちの生活がいかに変わるか、の順番に解体していきます。
2017.11 263p B6 ¥1500 ①978-4-344-03215-6

◆お金の悪魔─フェおばさんの経済学レクチャー　H.M.エンツェンスベルガー著、丘沢静也、小野寺舞訳　晶文社
【要旨】この世の中では、いつもお金がついて回る。お金は便利な発明だけど、お金の問題には危険や罠もひそんでいる。お金でだまされない、お金に振り回されないためには、経済や金融のことを、知らないでは済まされない。大金持ちのフェおばさんと3人の子どもたちのおしゃべりを通して、お金の歴史をひもとき、現代の世界経済を観察しよう。お金の悪魔が大いばりでのし歩く世界で、お金と人生について考えるための経済学レクチャー。
2017.5 206p A5 ¥1600 ①978-4-7949-6962-0

◆お金持ちの行動学　橘木俊詔著　宝島社
【要旨】国立大より私立大、ベンツよりトヨタ！住居、教育、趣味、金銭感覚…成功者特有の思考法とは？ 格差論の専門家が大富豪50名の傾向を徹底解析！
2017.3 286p B6 ¥1400 ①978-4-8002-4923-4

◆会社に入る前に知っておきたい これだけ経済学　坪井賢一著　ダイヤモンド社
【要旨】元・経済誌編集長が厳選！ これ一冊で、経済学の基本から仕事への応用、ニュースの見方、そして、戦後の日本経済の流れまでわかる。社会人必須の知識ベスト30。
2017.2 263p A5 ¥1500 ①978-4-478-10133-9

◆会社入門　上田泰、時岡規夫、山崎由香里著　多賀出版　（経済経営セメスターシリーズ）第3版
【目次】第1章 会社とは何だろう、第2章 株式会社とは何だろう、第3章 会社の中身を覗こう、第4章 会社を統治するのは誰だろう、第5章 会社は必要なお金をどのようにして集めているのか、第6章 会社員としての人生、第7章 財務諸表は会社の健康診断書、第8章 会社の調べ方、第9章 ライバルに勝つには、第10章 会社間関係：会社のグループ化、第11章 経営学を学ぼう
2017.3 180p A5 ¥2000 ①978-4-8115-6823-2

◆開発経済学─貧困削減へのアプローチ　黒崎卓、山形辰史著　日本経済評論社　増補改訂版
【要旨】定番テキスト、待望の改訂！ RCTや行動経済学的実験など、進展著しいミクロ実証手法の解説章をはじめ、最新トピックを加えた決定版。
2017.4 268p A5 ¥2700 ①978-4-535-55853-3

◆かくて行動経済学は生まれり　マイケル・ルイス著、渡会圭子訳　文藝春秋
【要旨】データ分析を武器に、貧乏球団を常勝軍団に作り変えたメジャーリーグチームGMを描いた『マネー・ボール』は、スポーツやビジネス界に「データ革命」を巻き起こした。刊行後、同書には数多くの反響が寄せられたが、その中である一つの批判的な書評が著者の目に止まった。「専門家の判断がなぜ彼らの頭の中で歪められてしまうのか、それは何も前に二人の心理学者によって既に説明されている。それをこの著者は知らないのか」この指摘に衝撃を受けた著者は、その二人のユダヤ人心理学者、ダニエル・カーネマンとエイモス・トヴェルスキーの足跡を追いはじめた。
2017.7 429p B6 ¥1800 ①978-4-16-390683-6

◆家計の経済学　橘木俊詔著　岩波書店

経済・産業・労働

経済・産業・労働

【要旨】一国のマクロ経済における総需要の6割から7割を占める家計消費。景気や経済成長を論じることにはこの家計の動向が鍵を握る。この本では日本人の人口動態、家族形態の変遷から起こし、人びとの働き方、所得分配、消費・貯蓄動向を分析することによって、明治時代から現代まで日本人がどのような家計行動をしてきたかを示す。格差、貧困、労働経済など多岐に亘る著者の研究成果ここにまとまる。

2017.1 357p A5 ¥4800 ①978-4-00-061165-7

◆**価値と資本：資本主義の理論的基礎**　飯田和人著　桜井書店　（明治大学社会科学研究所叢書）
【要旨】マルクス経済学のバージョン・アップを企図して、価値および資本概念の現代化に挑む！キーワードは"抽象的労働説"。

2017.9 254p A5 ¥3000 ①978-4-905261-36-0

◆**ガバナンスの機構―経済組織の学際的研究**　オリバー・E. ウィリアムソン著、石田光男、山田健介訳　（京都）ミネルヴァ書房
【要旨】ノーベル賞経済学者O・E・ウィリアムソンの代表三部作の三作目。「取引コストの経済学」を、旧制度経済学、新古典派経済学、組織論、社会学、法学との真摯な対話的考察を通じて精緻化し、新たな組織の科学への飛躍を画した渾身の力作。この組織をガバナンスの機構と捉えることで、組織と制度を首尾一貫した記述で解析。経営学がややもすれば心理研究に傾斜する近年の風潮に対する真正面からの学問的警鐘の書。

2017.7 347p A5 ¥6500 ①978-4-623-08051-9

◆**貨幣・勤労・代理人―経済文明論**　坂井素思著　左右社　（放送大学叢書）
【要旨】油田を掘り当てた人物は安宿で死に、ビジネスマンたちは掘らずに巨万の富を築いた。産業vsビジネス、それが19・21世紀の歴史だった―。46の名著も学べる経済と人類の歴史。

2017.8 237p B6 ¥1850 ①978-4-86528-181-1

◆**貨幣論**　フェルディナンド・ガリアーニ著、黒須純一郎訳　（京都）京都大学学術出版会　（近代社会思想コレクション 21）
【要旨】なぜ金属の貨幣が存在するのか、貨幣とは何であるのか、貨幣はどのような価値を有するのか―ナポリの啓蒙主義者ガリアーニの先駆的な名著。

2017.8 640p B6 ¥5600 ①978-4-8140-0114-9

◆**彼氏にフラれ仕事もクビ。人生詰んだので「成功の経済学」で運命変えることにした。**　柊りおん著　主婦の友インフォス、主婦の友社発売
【要旨】プロのジャズピアニストを目指す真理は、派遣社員として働きながら米国の音楽の名門「バークリー音楽大学」への留学を夢見ています。しかし、ある日、ラウンジでピアノを弾く仕事を突然クビになったのをきっかけに、アラサーを前に夢を追う自信が揺らぎ始めます。そこに現れたのが、投資系金融マンであるエグゼクティブコーチとして活躍する蘭里（ランディ）。行動経済学をベースにした彼の指導のもと、怒り・不安・どうにもならない運命と闘いながら、25歳の女性が自分で未来を切り開いていく物語です。

2017.4 223p B6 ¥1400 ①978-4-07-419897-9

◆**環境外部性と課税政策―成長モデルによる分析**　平澤誠著　勁草書房　（中京大学経済学研究叢書 第25輯）
【目次】第1章 環境問題と経済学（経済成長モデルと環境外部性、経済成長と環境保全：課税による財源調達 ほか）、第2章 経済成長モデルと環境外部性（Gradus and Smulders（1993）のモデル、無限時間視野モデルと環境外部性、無限時間視野モデルによる環境外部性の研究 ほか）、第3章 排出費用、企業行動と経済成長（モデル、企業に対する社会からの圧力と成長率の関係 ほか）、第4章 人的資本蓄積と環境外部性―課税政策の成長効果（モデル、動学体系はか）、第5章 排出削減の負担配分と経済成長―Hirazawa, Saito and Yakita (2011) の議論

2017.3 134p A5 ¥4700 ①978-4-326-54964-1

◆**環境経済学入門講義**　浜本光紹著　創成社　改訂版
【目次】第1章 環境経済学とはどのような学問か、第2章 市場メカニズムと環境問題、第3章 費用便益分析と環境問題、第4章 環境評価手法、第5章 環境管理のためのアプローチ、第6章 環境政策の理論、第7章 環境政策の実際、第8章 地球温暖化と国際協調、第9章 環境・エネルギーと

経済をめぐる諸課題

2017.2 166p A5 ¥1900 ①978-4-7944-3176-9

◆**環境経済学のフロンティア**　有村俊秀、片山東、松本茂編著　日本評論社
【目次】第1部 産業活動と環境問題（環境保全技術の評価、企業の自主的な環境取り組みの実証分析、電力・エネルギー経済学のフロンティア、非対称情報下での環境政策）、第2部 消費活動と環境問題（廃棄物・リサイクルの実証分析、家計部門の環境負荷と環境配慮行動、交通と環境の経済学）、第3部 資本主義と資源（環境問題（環境と貿易、気候変動の経済分析、国際的な自然資源管理）、第4部 途上国と資源管理（発展途上国の環境問題、生物多様性保全政策の設計と評価―米国の事例に則して、コモンプールリソースの管理と制度の選択）

2017.9 327p A5 ¥3400 ①978-4-535-55857-1

◆**観光学入門**　中尾清、浦達雄編著　（京都）晃洋書房　第3版
【目次】旅行事業概論、宿泊概論、国際観光概論、航空概論、サービス産業概論、観光交通論、観光ガイド論、ニューツーリズム論、自然環境保護とツーリズム、観光政策・行政論、観光文化論、観光福祉論、観光地理学

2017.3 161p A5 ¥2000 ①978-4-7710-2858-6

◆**観光経済学の基礎講義**　中平千彦、薮田雅弘編著　（福岡）九州大学出版会
【目次】観光の現状と課題、第1部 マクロ経済学と観光（SNAと観光統計、消費理論と観光、投資理論と観光、産業連関表と観光）、第2部 ミクロ経済学と観光（消費者行動と観光、観光需要、観光サービスの供給、観光市場の機能、観光市場の失敗）、第3部 経済学の応用と観光（開放経済と観光、経済成長と観光、貧困と観光）、第4部 観光経済学の事例分析（文化財と観光政策、世界遺産と観光、エコツーリズム、離島の観光、観光の課題と将来）

2017.7 334p A5 ¥2900 ①978-4-7985-0204-5

◆**観光のインパクト―現在、そして近未来**　横浜商科大学公開講座委員会編　南窓社　（横浜商科大学公開講座 33）
【目次】産業と観光、民俗と観光、言語と観光、商店街と観光―「観光資源化」に着目した商店街再生の考察、地域と観光、知識社会と観光―新たな観光を紡ぎ出すために

2017.3 125p B6 ¥2000 ①978-4-8165-0437-2

◆**観光立国論―交通政策から見た観光大国への論点**　戸崎肇著　現代書館
【要旨】世界と日本をつなぐ"国のかたち"を考える。

2017.8 197p B6 ¥1800 ①978-4-7684-5807-5

◆**観光MICE―集いツーリズム入門**　田部井正次郎著　古今書院
【要旨】Meeting（企業などの会議）、Incentive（企業の報奨旅行や行事）、Convention（学会、協会の大会）、Exhibition / Event（展示会、スポーツ大会、文化行事）。国際会議や展示会の誘致と開催の経験をもとにMICEビジネスの全体像を具体的に語る本！

2017.12 257p A5 ¥2500 ①978-4-7722-3187-9

◆**感じる経済学―コンビニでコーヒーが成功して、ドーナツがダメな理由**　加谷珪一著　SBクリエイティブ
【要旨】1人カラオケの普及が新たにもたらしたものは？ 日本のケータイ電話料金って高い？ 経済の主役は誰だ？ モノの値段は何で決まる？ たくさん稼ぐにはどうすればよい？ 身近な疑問からわかる経済の本！ きちんとおさらいできる「ポイント＆用語」解説つき!!

2017.5 255p B6 ¥1300 ①978-4-7973-9039-1

◆**基本観光学**　岸本浩司、島和俊、浅野清彦、立原繁、片岡勲人、服部泰、小澤孝人著　（平塚）東海大学出版部
【目次】第1章 躍進する観光産業と金融システム、第2章 観光行動と日本経済、第3章 サービス・マネジメント、第4章 日本におけるメディカルツーリズムの可能性、第5章 観光とコンテンツビジネス、第6章 観光文化のための批判的諸理論、第7章 オリンピックというイベントと観光・ツーリズム政策―2012年ロンドン大会のレガシー戦略から2020年東京大会への視点を探る

2017.3 182p A5 ¥2700 ①978-4-486-02142-1

◆**キャッシュフリー経済―日本活性化のFinTech戦略**　淵田康之著　日本経済新聞出版社

【要旨】コスト削減、生産性向上、地下経済縮小など様々なメリットを生み出す脱現金化。実現のための具体的戦略、脱現金化の先端事例、金融政策への影響などを詳細解説。

2017.6 290p A5 ¥2800 ①978-4-532-13473-0

◆**給料を2倍にするための真・経済入門**　武田邦彦著　ベストセラーズ　（ベスト新書）
【要旨】本屋に行くと「経済」の本が所狭しと並んでいますが、私たちにはあまり関係がありません。その理由は、それらの本には「日本政府はどうするべきか」「日銀は金融を緩和するべきか」など、私たちの生活に直接は関係のない高遠なことが書かれているからです。でも、私たちの関心事は、「今年は給料が上がるかな？」「うまい投資先はないかな？」といった「個人」の問題です。極端に言えば、アベノミクスはどうでもいいのです。日銀の黒田総裁が元気であっても元気でなくてもどうでもいいのです―。政治家、官僚、マスコミ、経済学者の大ウソを斬る！ 工学博士が整理する、給料を2倍にするための異色の経済入門書。

2017.9 254p 18cm ¥824 ①978-4-584-12562-5

◆**競争社会の歩き方―自分の「強み」を見つけるには**　大竹文雄著　中央公論新社　（中公新書）
【目次】プロローグ 競争で強みを見つける、第1章 身近にある価格戦略、第2章 落語と小説の経済学、第3章 感情と経済、第4章 競争社会で生きてゆく、第5章 格差社会の真実、エピローグ イノベーションは、若者の特権か

2017.8 235p 18cm ¥820 ①978-4-12-102447-3

◆**共通善の経済学―人間性重視の社会経済学・二百年の伝統**　マーク・A. ルッツ著、馬場真光訳　（京都）晃洋書房
【要旨】人間にとっての共通の善の存在を認め、人間の尊厳と真の幸福の実現をめざす「社会経済学」。主流派理論の欠陥を哲学的な次元から改める、過去2世紀のあいだ日陰にあった、個人主義でもマルクス主義でもない"第三の経済学派"の歴史と思想を21世紀への提言とともに説く、理論経済学出身の碩学による書。渾身の意欲作。

2017.12 372, 69p A5 ¥6400 ①978-4-7710-2815-9

◆**「今日よりいい明日はない」という生き方―低成長時代を豊かに楽しむ知恵**　榊原英資著　東洋経済新報社
【要旨】もはや世界的にも高成長は見込めない。でも、日本史上、今ほど豊かな時代はないのだから―経済成長に囚われず、今日をエンジョイしよう！ 量的拡大ではなく、世界がうらやむ環境・安全・健康など「日本力」を追求することで、国と個人が"本当の豊かさ"を得られることを示す。社会が成熟化した現在では、政府の成長目標2％の達成は無理であることをわかりやすく解説。

2017.8 190p B6 ¥1300 ①978-4-492-39636-0

◆**極値問題の理論**　A.D. イオッフェ、V.M. ティコミロフ著、細矢祐誉、虞朝聞訳　知泉書館　（数理経済学叢書 7）
【要旨】本書は、バナッハ空間における微分法と凸解析を基礎に、最適性の必要条件の一般原理であるラグランジュの原理を定式化する。最初の六つの章と第10章は極値理論の基礎と最適性の必要条件を扱い、ことに10章では自然科学、工学、経済学、幾何学、解析学、近似理論に登場する異なる極値問題を統一的な手法で考察する。残りの章では、最適性の十分条件と解の存在、凸解析の展開を考察する。特に17世紀にベルヌーイが開発した変分法は物理学や力学などに貢献したが、第二次世界大戦直前から経済学や工学により提起された問題から、フォン・ノイマンやカントロビッチらにより数理経済学の基礎が作られ、数理計画法、ORなどが誕生し、さらに産業・技術活動を制御する最適制御理論へと展開した。今後、数理科学の主要な分析手法の基礎文献として必読書となろう。

2017.3 602p A5 ¥9000 ①978-4-86285-251-9

◆**居住の貧困と「賃貸世代」―国際比較でみる住宅政策**　小玉徹著　明石書店
【目次】序章 いまなぜ住宅手当の不当か―新しい社会リスクと日本、第1章 閉塞化する若者のライフ・トランジション、第2章 無視されている子どものアフォーダビリティ、第3章 「終の住み処」をどう再構築するのか、第4章 住宅政策としての住宅手当の不在―日本型デュアリスト・モデル、第5章 ゆきづまる持家の「大衆化」とその再編―イギリスの動向、終章 閉塞社会からの脱却―「重層的な住宅セーフティネット」を超えて、補章

ジェントリフィケーションと住宅手当―ニューヨークの動向
2017.4 290p A5 ¥3000 ①978-4-7503-4504-8

◆近代経営の基礎―企業経済学序説　三浦隆之著　創成社　第4版
【目次】第1章 渦巻としての企業概念、第2章 近代経営の夜明け前―低価格と高賃金の経済へのスタート・ボタンは押されたが、第3章 管理の源流としての分業の原理、第4章 企業所有の価値と機能、第5章「規模の経済」戦略への胎動―T型車時代のフォード社の企業経営を基軸にして、第6章 近代経営の確立に向けて―コスト節減の近代的方法とは?、近代経営の昨日・今日・明日―エピローグ
2017.5 500p A5 ¥4100 ①978-4-7944-2507-2

◆近代経済学の再検討―批判的展望　宇沢弘文著　岩波書店　(岩波新書)　(第18刷(第1刷1977年))
【要旨】インフレーションや寡占といった経済現象、または、環境破壊や公害、人間疎外など社会問題に、現代の経済学は有効に対処できているだろうか。いわゆる近代経済学の理論的な支柱をなす古典派経済理論の検討からはじめて、ケインズ理論の意義と限界を考察し、今日の経済学が当面する危機を乗りこえる方途をさぐる。
2017.8 232p A5 ¥2300 ①4-00-420004-0

◆金融革新と不安定性の経済学　植田宏文著　中央経済社, 中央経済グループパブリッシング発売
【要旨】金融革新は、経済成長をもたらすのか? それとも、金融不安を助長するのか?
2017.4 266p A5 ¥3200 ①978-4-502-21631-2

◆金融変数と実体経済の因果性―VARモデルによる実証研究　南波浩史著　(京都)晃洋書房
【目次】序章 近年の金融政策運営、第1章 貨幣の中立性、第2章 k%ルールと裁量的金融政策、第3章 金融政策の波及経路―四半期データによる分析、第4章 マネタリーベース・短期金利と実体経済、第5章 マネー・クレジットと為替レートの波及効果、第6章 金融政策運営の操作目標・中間目標と最終目標
2017.7 140p A5 ¥2500 ①978-4-7710-2904-0

◆金利と経済―高まるリスクと残された処方箋　翁邦雄著　ダイヤモンド社
【要旨】日銀金融研究所長などを歴任した第一人者が生きた題材をもとに景気、成長と金利の関係を検証。
2017.2 262p B6 ¥1800 ①978-4-478-10168-1

◆グリーンスパンの隠し絵　上　―中央銀行制の成熟と限界　村井明彦著　(名古屋)名古屋大学出版会
【要旨】揺れ動く金融政策。何が正しいのか。前人未到の長期安定を実現したアメリカ中央銀行総裁が中央銀行制を嫌っていたのは何故か。神話の陰に隠れたその思想と行動を初めて経済学的に解明、現代経済学の枠組みを再設定する画期的作作。上巻では、若き日の遍歴から「大平準」までをたどる。
2017.3 315p A5 ¥3600 ①978-4-8158-0869-3

◆グリーンスパンの隠し絵　下　―中央銀行制の成熟と限界　村井明彦著　(名古屋)名古屋大学出版会
【要旨】未曾有の長期安定の後、ITバブルとサブプライム・ローン危機により、非難の的となったグリーンスパン。その成功と失敗から何を学び取れるのか。下巻では、大恐慌の再解釈に踏み込みみつつ、予言的な講説から現在までをたどす渾身作の完結編。現代経済学と中央銀行制を根底から問い直す渾身作の完結編。
2017.3 565, 31p A5 ¥3600 ①978-4-8158-0870-9

◆クルーグマン国際経済学 理論と政策　上　貿易編　P.R. クルーグマン, M. オブストフェルド, M.J. メリッツ著, 山形浩生, 守岡桜訳　丸善出版　(原書第10版)
【要旨】ノーベル経済学賞受賞者・クルーグマンらによる世界で最も使われている国際経済学のテキスト。基礎から最先端までを網羅。懇切丁寧な説明とグラフの多用による明快な解説で、ミクロ経済・マクロ経済・経済数学の基礎知識がなくても十分に理解できる内容。この原書第10版では、メリッツ教授も執筆者に加わり、日本のアベノミクス、2008年リーマンショックにはじまる通貨危機、その後のユーロ危機をめぐる解説や、新たなグローバル金融秩序構築の方向性なども最先端理論をもとに平易に説明されて

いる。
2017.1 350, 9, 16p A5 ¥4000 ①978-4-621-30057-2

◆クルーグマン国際経済学 理論と政策　下　金融編　P.R. クルーグマン, M. オブストフェルド, M.J. メリッツ著, 山形浩生, 守岡桜訳　丸善出版　(原書第10版)
【要旨】ノーベル経済学賞受賞者・クルーグマンらによる世界で最も使われている国際経済学のテキスト。基礎から最先端までを網羅。懇切丁寧な説明とグラフの多用による明快な解説で、ミクロ経済・マクロ経済・経済数学の基礎知識がなくても十分に理解できる内容。この原書第10版では、メリッツ教授も執筆者に加わり、日本のアベノミクス、2008年リーマンショックにはじまる通貨危機、その後のユーロ危機をめぐる解説や、新たなグローバル金融秩序構築の方向性なども最先端理論をもとに平易に説明されている。
2017.1 352 - 794p A5 ¥5000 ①978-4-621-30058-9

◆クルーグマン ミクロ経済学　ポール・クルーグマン, ロビン・ウェルス著, 大山道広, 石橋孝次, 塩澤修平, 白井義昌, 大東一郎, 玉田康成, 蓬田守弘訳　東洋経済新報社　(原書第3版)　第2版
【要旨】豊富な事例、とくに現実のビジネスにそくしたエピソード満載。アカデミックエンターテインメント。第2版では各章にビジネス・ケースが豊富に登場。第9章「個人と企業の意思決定」に行動経済学についての節を新たに追加。第18章「福祉国家の経済学」では格差・貧困問題についても解説。
2017.4 788p B5 ¥5000 ①978-4-492-31482-1

◆グローカル時代の地域研究―伊東維年教授退職記念論集　伊東維年編著　日本経済評論社
【要旨】日本の地域経済を活性化させるにはどうしたらいいのか? グローバルな観点とローカルな視点から具体的事例を検討し、問題解決の糸口を探る。
2017.2 375p A5 ¥5600 ①978-4-8188-2450-8

◆グローバリゼーションがわかる　池尾愛子著　創成社
【目次】グローバル化、ネットワーク社会、市場と政府、西洋の歴史観、グローバル化への対応、国際連合(UN)、国際通貨基金(IMF)、世界銀行と国連開発機関、世界貿易機関(WTO)と関税及び貿易に関する一般協定(GATT)、経済協力開発機構(OECD)、欧州連合(EU)、エネルギー対策、地球環境問題、貿易摩擦と日本、アメリカと金融危機、単一通貨の問題、東南アジア諸国連合(ASEAN)、東アジアの国際フォーラム、東アジアと国際金融史、自由貿易とルール
2017.5 244p B6 ¥1600 ①978-4-7944-3179-0

◆グローバル資金管理と直接投資　小西宏美著　日本経済評論社
【要旨】米国多国籍企業のグローバル・キャッシュマネジメント・システムの導入は、直接投資の構造を大きく変えた。10億分の1秒単位で資本が移動する時代における、多国籍企業の新たな支配構造を明らかにする。
2017.1 244p A5 ¥4200 ①978-4-8188-2453-9

◆グローバル資本主義と"放逐"の論理―不可視化されゆく人々と空間　サスキア・サッセン著, 伊藤茂訳　明石書店
【要旨】進行する不平等、難民、環境破壊の世界的な規模拡大、これらはもはや既存の尺度ではとらえきれない。かつてない規模で生じている貧困、難民、環境破壊―。これらの背景に潜むのは人・モノ・場を社会システムから「放逐(expulsion)」する論理の出現であり、それは各国の政治体制や領土といった既存のカテゴリーを横断する共通したダイナミクスとして各地で働いている。新たな段階に入った高度資本主義の支配的論理を実証的・概念的に可視化しようとする試み。グローバリゼーション研究の第一人者による現代社会への警鐘の書。
2017.4 333p B6 ¥3800 ①978-4-7503-4502-4

◆経営の経済学　丸山雅祥編　有斐閣　第3版
【要旨】デジタル・エコノミー時代に必読の新章「産業の境界とイノベーション」を追加した最新版、登場! ビジネス・エコノミクスの最前線を一気に学べる!
2017.2 346p A5 ¥3000 ①978-4-641-16495-6

◆経済学を学ぶためのはじめての微分法　浦田健二, 神谷論一, 古屋核著　同文舘出版　第2版
【要旨】数学が苦手な人も、経済学を学ぶうえで不可欠な微分法の要点がスッキリ、わかる! 幾

何学的な理解を重視し、図やグラフ、演習問題の扱いも絞っているよ。気軽に読めて、微分法もやさしく感じることができるよ。さあ、チャレンジしてみよう!
2017.8 203p B5 ¥2400 ①978-4-495-44092-3

◆経済学が世界を殺す―「成長の限界」を無視した倫理なき資本主義　谷口正次著　扶桑社　(扶桑社新書)
【要旨】経済成長という"宗教"から抜け出せない主流派経済学は、"害悪"でしかない!!このまま信じていたら人類は滅亡する!
2017.5 199p 18cm ¥780 ①978-4-594-07711-2

◆経済学講義　飯田泰之著　筑摩書房　(ちくま新書)
【要旨】経済学はビジネスや生活、あらゆる局面に応用可能な学問です。その一方で、わかりづらい学問でもあります。「何にでも応用できる」ために、「何に使えるのかがわからない」のです。本書は、初学者が経済学を学ぶにあたって必要な基礎知識をざっくりと解説しています。ミクロ経済学、マクロ経済学、計量経済学の主要三分野を一望し、その要点を一挙に学べるガイドブックです。
2017.9 232, 4p 18cm ¥830 ①978-4-480-06985-6

◆経済学混迷脱出への処方箋―経済学パラダイム転換のすすめ　天下大平著　丸善プラネット, 丸善出版 発売　改訂版
【要旨】本書は、集団視点を前面に据えることにより社会集団を大きな一つの生命体と捉える「人間生命論パラダイム」に則って、「経済活動は社会の分業集団が原単位」とする視点を「社会構成生命体論を基礎とする新しい経済社会原理視点」として提案するとともに、この視点に基づいて、既存経済学の書き換え、再構築を企図したものである。
2017.5 242p A5 ¥2500 ①978-4-86345-331-9

◆経済学史への招待　柳沢哲哉著　社会評論社
【目次】経済学誕生以前、前期重商主義の経済思想、後期重商主義の経済思想、重農主義の経済思想、市場社会論の系譜、古典派経済学の成立、古典派経済学の展開、歴史学派の経済学、マルクスの経済思想、限界革命、ワルラスの経済学、ケンブリッジ学派の経済学、1930年代の経済学、ケインズの経済学
2017.4 221p A5 ¥2300 ①978-4-7845-1843-2

◆経済学入門　奥野正寛著　日本評論社　(日評ベーシック・シリーズ)
【要旨】ミクロ経済学とマクロ経済学をこの1冊で学ぶ。経済学の基本にあたる概念の定義や論理をきちんと理解できる。経済学を初めて学ぶ大学1年生向けのテキスト。
2017.3 250p A5 ¥2000 ①978-4-535-80609-2

◆経済学入門　中村保, 大内田康徳編著　(京都)ミネルヴァ書房　(MINERVAスタートアップ経済学 2)
【要旨】私たちが平均的に見れば豊かな生活を実現している。それをもたらした原因とそれを支えている仕組みを体系的に整理しまとめたのが経済学。経済学の基礎を学ぶためには、中学校レベルの数学と、学ぶべきポイントを整理したこの教科書だけで十分。
2017.3 280p A5 ¥2600 ①978-4-623-07919-3

◆経済学の考え方　福岡正夫著　泉文堂　新版
【要旨】現代の経済学はどのような考え方に立脚しているのか? 現代の経済学に登場してくる仮定や理論の意味づけ、方法論的な意義など、その思想のもつ基礎構造をきわめてわかりやすく解説。
2017.7 306p B6 ¥2900 ①978-4-7930-0150-5

◆経済学の基礎 価格理論―Elements of Price Theory　竹野太三著　東京大学出版会
【要旨】東京大学で開かれている講義をテキスト化。経済学の基本的な考え方である価格理論について解説する。数学と英語に重点を置き、経済学を継続的に学んでいくことに耐えうる強固な基礎を築くことを目的とする。
2017.9 303p A5 ¥3200 ①978-4-13-042146-1

◆経済学部は理系である!?　井堀利宏著　オーム社
【目次】経済学部はなぜ理系でないのか、経済学で数学はどう使われているか、家計の最適化行動、企業行動と完全競争市場、不完全競争市場、市場の失敗と公的介入、マクロ経済(短期の分析、長期の分析)、マクロ・ダイナミクス、世

代と経済学、経済学の将来
2017.11 306p B6 ¥2800 ①978-4-274-22136-1

◆**経済からみた国家と社会** 西部忠編 岩波書店 （リーディングス戦後日本の思想水脈 8）
【要旨】戦後復興から経済成長、バブルの膨張と崩壊を経て現在の長期不況に至る日本経済の戦後史―重化学工業から情報・サービス産業へと向かう産業構造の変動は、社会の様相を変え、「モノ」から「コト」へ、価値と行動の規範を揺るがしてきた。共同体の破綻を予感させるグローバル金融資本主義社会を迎える今、思想の可能性はどこにあるのか。資本主義と社会主義、貨幣と市場、国家と市民など、様々な切り口からその系譜を辿りながら、「経済思想」の希望を探る18篇。
2017.11 351p A5 ¥4800 ①978-4-00-027040-3

◆**経済がわかる論点50　2018** みずほ総合研究所著 東洋経済新報社
【要旨】戦後最長の景気回復を実現できる？ 米国政治の混迷はどう影響する？ 世界的な株価の上昇基調は維持される？ 働き方改革は日本経済の成長の底上げする？ 新総裁を迎える日銀の金融緩和策はどうなる？ 2018年問題で大学の選別が本格化する？ 国内外の動きをいっきに先読み！
2017.12 241p A5 ¥1600 ①978-4-492-39637-7

◆**経済・経営統計入門** 稲葉三男、稲葉敏夫、稲葉和夫著 共立出版 第4版
【目次】第1章 統計データの読み方と作成（統計データを読む、統計データを工夫して読む）、第2章 統計データの整理（統計調査、統計資料の整理、統計図表）、第3章 統計データの特性値（代表値、散布度、相関関係）、第4章 標本と確率分布（標本調査、確率の考え方と性質、離散型確率分布、連続型確率分布）、第5章 標本分布と推定（標本分布、母数推定）、第6章 統計的検定（統計的検定の考え方、統計的検定、回帰分析と統計的検定）
2017.3 198p A5 ¥2300 ①978-4-320-11131-8

◆**経済現象の調和解析** 丸山徹著 知泉書館 （数理経済学叢書）
【目次】Hilbert 空間上のFourier 級数、古典的Fourier 級数の収束、Fourier 変換、総和核とスペクトル合成、測度のFourier 変換、ユニタリ作用素のスペクトル表現、定常確率過程の調和解析、概周期関数と弱定常確率過程、Fredholm 作用素、Hopf の分岐定理、指数函数、函数解析からの補足、超函数論からの補足
2017.11 460p 23×16cm ¥9800 ①978-4-86285-262-5

◆**経済産業六法　2016** 経済産業省編 東洋法規出版、東京官書普及 発売
【目次】経済産業一般、商業、情報、技術・標準、知的財産、貿易・通商、製造産業、地域経済、中小企業、環境、資源・エネルギー、産業保安、行政組織機構、その他
2017.3 3436p 22×16cm ¥10600 ①978-4-88600-820-6

◆**経済指標のウソ―世界を動かす数字のデタラメな真実** ザカリー・カラベル著、北川知子訳 ダイヤモンド社
【要旨】ときに政治家のクビを飛ばすほど重視されるGDPや失業率などの「経済指標」はもはや実態を反映していない―。2008年の国連による国民経済計算の改定のため、これまでGDPでは「費用」とみなされてきた「研究開発費」が「投資」として計上されるようになった。その結果、アメリカのGDPは約4000億ドル、日本のGDPは約16兆円、一気に上乗せされることになった―。今や世界を動かす「経済指標」の歴史、理論、実態に迫る！
2017.3 396p B6 ¥1800 ①978-4-478-02835-3

◆**経済社会の歴史―生活からの経済史入門** 中西聡編 名古屋大学出版会
【要旨】暮らしの中からみえてくる。家族、災害、健康、教育や娯楽など、身近な生活環境を手がかりにやさしく解説、私たちの生活と経済の歴史の深いつながりを、実感とともに学べる入門テキスト。
2017.12 339p A5 ¥2700 ①978-4-8158-0893-8

◆**経済人類学―人間の経済に向けて** クリス・ハン、キース・ハート著、深田淳太郎、上村淳志訳 水声社
【要旨】広い世界史的な文脈から人類諸社会の経済を俯瞰し、人類学と経済学さらに諸研究分野とのあいだのつながりを探り、20世紀後半の世界の経済状況を詳細に分析しつつ、現代社会のなかで「経済人類学」が何をなしえるのかを深

く考察しながら、「人間の経済」とは何か、その本質と展望をえがく。
2017.11 302p B6 ¥2800 ①978-4-8010-0311-8

◆**経済数学入門―初歩から一歩ずつ** 丹野忠晋著 日本評論社
【要旨】抽象的で難解になりがちな経済数学の基礎を、身近な例と豊富な図解で、直感的にわかりやすく解説。一歩ずつ、数学の基礎からじっくり学ぶ！
2017.9 220p B5 ¥2700 ①978-4-535-55846-5

◆**経済制裁の研究―経済制裁の政治経済学的位置づけ** 臼井実稲子、奥迫元、山本武彦編 志學社
【目次】第1部 経済制裁の理論と方法（グローバル化時代における経済制裁をめぐる理論的再検討―経済制裁のグローバル・ガバナンスを求めて、「民」の経済制裁、EC・EU制裁政策とEU機能条約第346条、イラン核開発を巡る米国経済制裁の国際法上の合法性）、第2部 なぜ経済制裁を行うのか（マイノリティと制裁、国連制裁と和平交渉―補完的関係に発展する可能性、国家間関係における水制裁の展望―マレーシア・シンガポール間の事例から）、第3部 経済制裁の主体と方法の関連（国連の対北朝鮮経済制裁はなぜ成功しないか 国連経済制裁の限界に関する一研究、国連制裁政策の課題―国連による保護する責任からカウンター・テロリズムへ、国連によるスマート・サンクション、ソ連の対中制裁―核分有体制の蹉跌（1955‐60年））
2017.3 253p A5 ¥3800 ①978-4-904180-71-6

◆**経済政策―不確実性に取り組む** 松原隆一郎著 放送大学教育振興会、NHK出版 発売 （放送大学大学院教材）
【目次】第1部 市場を活用するための条件（「効率・公正」モデルから「不確実性・社会的規制」モデルへ、市場と共有資本―社会・自然・文化、市場と競争、市場と参加）、第2部 市場社会を補完する制度（社会保障、公共財、外部性、企業と倫理）、第3部 平時と危機、財政と金融（財政と金融、金融政策、危機における財政政策、国際経済政策）、第4部 市場社会の変容と再生（市場と経済構造、農業のゆくえ、地方財政政策）
2017.3 276p A5 ¥3000 ①978-4-595-14088-4

◆**経済成長主義への訣別** 佐伯啓思著 新潮社 （新潮選書）
【要旨】私たちは実に大きな「誤解」をしている。経済成長が人々を幸福にする―という思い込みだ。すでに到達してしまった豊かな社会で、このまま成長至上主義をやめなければ、人々の「ふつうの生活」は破壊され続けるだけなのだ。日本を代表する社会思想家が、「人間にとって経済とは何か」「豊かさとは何か」を根本からとらえ直した圧倒的論考。
2017.5 381p B6 ¥1400 ①978-4-10-603802-0

◆**経済成長という呪い―欲望と進歩の人類史** ダニエル・コーエン著、林昌宏訳 東洋経済新報社
【要旨】私たちは無限の欲望という「呪い」から逃れられるのか。経済成長なき産業革命の時代でも進歩はありうるのか。人類史という壮大なアプローチから、"閉じてゆく"21世紀世界を読み解く。
2017.9 206, 16p B6 ¥2000 ①978-4-492-31502-6

◆**経済超入門―ゼロからわかる経済学&世界経済の未来** ニューズウィーク日本版編集部編 CCCメディアハウス （ニューズウィーク日本版ペーパーバックス）
【要旨】ゼロからわかる経済学&世界経済の未来。図解&解説入り！ 図解と用語解説で経済学がもっと身近になる。
2017.6 212p B6 ¥1200 ①978-4-484-17239-2

◆**経済ってこうなってるんだ教室** 海老原嗣生著、飯田泰之解説 プレジデント社
【要旨】小学校の算数と国語の力があればわかる経済・金融の超入門書！
2017.5 182p B6 ¥1400 ①978-4-8334-2231-4

◆**経済統計の見方マンガで見る経済解析室の経済指標入門** 経済産業省大臣官房調査統計グループ経済解析室編 経済産業調査会 （現代産業選書）
【目次】マンガ「就職にも使える！3次産業指数」、マンガ「ビジネス環境分析にも使える！鉱工業指数（IIP）」、概論、サービス産業（第3次産業）活動指数編、鉱工業指数編、加工指標編
2017.8 174, 52p A5 ¥2500 ①978-4-8065-2998-9

◆**経済統合と通商秩序の構築** 川島哲也著 （京都）晃洋書房
【目次】序章 経済連携とメガFTA、第1章 インドシナ諸国の変貌にみるメガFTA及び国際通商秩序、第2章 東アジア共同体構想からみたASEAN諸国の紐帯、第3章 東アジアの地域連携からみる日本の戦略的政策、第4章 ASEAN経済共同体（AEC）からみた東南アジアの将来的方向性、第5章 メコン川流域開発（GMS）からみたASEAN経済共同体（AEC）構想及び、インドシナにおける経済連携構想、第6章 ASEAN経済共同体（AEC）の発足からみたメコン川流域の越境、第7章 ASEAN経済共同体（AEC）発足に伴う経済連携の現在と今後の潮流と課題、第8章 WTOとFTA・EPA及びメガFTA、補論 メコン川流域開発と北陸企業
2017.3 180p A5 ¥3000 ①978-4-7710-2826-5

◆**経済と国民―フリードリヒ・リストに学ぶ** 中野剛志著 朝日新聞出版 （朝日新書）
【要旨】長期停滞の根本原因とは？ 真に経済成長をもたらすものは？ リストの理論は、世代を超えた「作業継続」こそが経済成長の原動力となるというものであった。日本の未来のために問う、渾身の書き下ろし！
2017.10 268p 18cm ¥780 ①978-4-02-273734-2

◆**経済と人間の旅** 宇沢弘文著 日本経済新聞出版社 （日経ビジネス人文庫）
【要旨】「私は経済学者として半世紀を生きてきた。本来は人間の幸せに貢献するはずの経済学が、実はマイナスの役割しか果たしてこなかったのではないかと思うに至り、愕然とした。経済学は、人間を考えるところから始めなければいけない。そう確信するようになった」―。弱者への思いから新古典派経済学に反旗を翻し、人間の幸福とは何かを追求し続けた、行動する経済学者の唯一の自伝。
2017.10 301p A6 ¥1000 ①978-4-532-19837-4

◆**経済分析入門** 村上英吾、井尻直彦、大澤秀雄著 （松戸）梓出版社
【目次】1 Excel の基本操作、2 データ特性の表し方（基本統計量）、3 時系列データの分析、4 多変数データの関係、5 単回帰分析、6 重回帰分析、7 社会調査の基礎、8 アンケート調査の集計と分析
2017.4 98p B5 ¥1600 ①978-4-87262-441-0

◆**経済法の現代的課題―舟田正之先生古稀祝賀** 金井貴嗣、土田和博、東條吉純編 有斐閣
【目次】総論、カルテル、私的独占・市場支配的地位の濫用、企業結合、不公正な取引方法、域外適用、エンフォースメント、政府規制
2017.5 701p A5 ¥17000 ①978-4-641-14491-0

◆**経済暴論―誰も言わなかった「社会とマネー」の奇怪な正体** 塚崎公義著 河出書房新社
【要旨】教科書はもちろんのことニュースや新聞でも知ることができない"経済の裏のウラの真実"とは？ 日本の財政・景気の本当の読み方から身近な金融の意外な儲けのカラクリまで斬新な視点から切り込み、その本質を解説！
2017.8 238p B6 ¥1400 ①978-4-309-24815-8

◆**経済理論・応用・実証分析の新展開** 松本昭夫編著 （八王子）中央大学出版部 （中央大学経済研究所研究叢書）
【要旨】伝統的経済理論を基礎に現代の景気安定化や環境問題等を読み解く。
2017.11 319p A5 ¥4100 ①978-4-8057-2266-4

◆**経済論叢　第191巻 第1号** 堀和生教授記念號 京都大学経済学会編 （京都）京都大学経済学会、（京都）京都大学学術出版会 発売
【目次】献辞、論文（18世紀中葉〜19世紀初頭のイングランド社会の結婚パターンとその思想史的意義―ハードウィック結婚法をめぐるパークとマルサスの見解を手がかりにして、日本統治期台湾における市場社会の変容―工業化は如何にして生じたか、1950年代韓国における人絹織物業の再編、領台初期におけるサトウキビの品種改良、日中戦争期世界の外資導入工作―日本経済連盟会対外委員会、日本帝国下の満洲・朝鮮間鉄道貨物輸送―安東・新義州ルートの場合、アメリカの自由貿易戦略と貿易調整援助）
2017.3 141p B5 ¥2380 ①978-4-8140-0091-3

◆**経済論叢　第191巻 第2号** 植田和弘教授記念號 京都大学経済学会編 （京都）京都大学経済学会、（京都）京都大学学術出版会 発売
【目次】グッズとバッズの経済学―循環型社会構築に向けて、東アジアの持続可能な低炭素経済モデル、環境問題の因果関係と動態性、中小企業

の環境経営イノベーションに対する環境コミュニケーション型支援の役割、東アジアの地域環境ガバナンス─到達点と課題、再生可能エネルギー政策における都道府県の役割─長野県と大分県を事例として、原子力発電と会計制度─原子力の「私的コスト」計算における過小評価の可能性、中国環境行財政システムと政策執行へのインパクト、気候変動政策とイノベーション─低炭素技術イノベーションの役割と促進のための視点、わが国地方債市場における信用リスク─起債自由化改革・夕張ショックが与えた影響、鉱害・金属リサイクル・理想鉱山都市─秋田県小坂鉱山と久原房之介の思想・行動
　　2017.4 217p B5 ¥2380 ①978-4-8140-0092-0

◆**経済論叢　第191巻 第3号**　京都大学経済学会編　京都大学経済学会、(京都)京都大学学術出版会 発売
【目次】論文 貨幣の起源と物々交換(2)─ロー、マルクス、メンガー、査読付き論文「マンデヴィルの社会秩序─政治家の役割、ストック・オプション費用の収益・費用対応への影響、投資力指数による政府の合併と分裂の分析、雇用保険の財政運営─対象の多様化と国庫負担問題を中心に、ジョブ・クラフティングにおける能力変化の意味性」
　　2017.8 99p B5 ¥2380 ①978-4-8140-0119-4

◆**経済論叢　第191巻 第4号**　京都大学経済学会編　京都大学経済学会、(京都)京都大学学術出版会 発売
【目次】論文 ロッキード事件とトライスター旅客機計画(1968-1981年)、査読付き論文「エドマンド・バーク『フランス革命の省察』における熱狂と政治社会─プライス受容と批判の分析から、CMSネッティングのメカニズムと課題、不公平回避的な個人による3人協力ゲームのコア、風紀改良協会とマンデヴィルの論争関係─ウッドワードの分析を中心に」
　　2017.11 94p B5 ¥2380 ①978-4-8140-0126-2

◆**計量経済学の使い方　上　基礎編─実践的ガイド**　A.H. スタッデンバーグ著、高橋青天監訳　(京都)ミネルヴァ書房　(原書6版)
【要旨】数学や統計の高度な訓練を受けていない米国の学部生の教育にたずさわってきた著者が、長年の経験をもとに書き上げた、計量経済学テキストのベストセラーを上下2巻分冊に翻訳。基本概念を豊富な図と事例で説明、必要最低限の数式で計量分析の基礎から応用までを学ぶ。また収録された多数のデータセットを使用し、学習者自身が手軽に実証分析を行うことができる(EViewsをはじめとする各種計量分析ソフトに対応)。
　　2017.6 247p A5 ¥2800 ①978-4-623-07997-1

◆**「原因と結果」の経済学─データから真実を見抜く思考法**　中室牧子、津川友介著　ダイヤモンド社
【要旨】メタボ健診を受けていれば長生きできる、テレビを見る子どもの学力が下がる、偏差値の高い大学へ行けば収入が上がる。そう言われて、否定する人はほとんどいないだろう。しかし、経済学の有力な研究はこれらをすべて否定している。本書で紹介する「因果関係を証明する方法」がわかれば、「根拠のない通説」にだまされなくなる。
　　2017.2 204p B6 ¥1600 ①978-4-478-03947-2

◆**現実の経済と経済学の現実─社会科学のコペルニクス革命**　上田寛意著　(名古屋)ブイツーソリューション、星雲社 発売
【要旨】経済とは何か？ 経済の意義とは？ 何故人類は豊かになったのか？ 貨幣とは？ 国家とは？ 政治と市場経済の関係性とは？ 失業が起こるのはなぜか？ グローバル化の意味する事は何か？ 現実の経済を扱った世界の経済科学。
　　2017.5 154p A5 ¥1800 ①978-4-434-23270-1

◆**現代経済学の潮流　2017**　井伊雅子、原千秋、細野薫、松島斉編　東洋経済新報社
【要旨】多様な分野で経済学を政策に生かす新たな可能性を探る。各分野の最先端を行く5本の論文と、パネル討論「TPPと日本経済」「働き方改革と女性のエンパワメント」「政策立案、政策評価と政策研究」を掲載。
　　2017.8 309p A5 ¥3500 ①978-4-492-31501-9

◆**現代経済学のヘーゲル的転回─社会科学の制度論的基礎**　カーステン・ヘルマン＝ピラート、イヴァン・ボルディレフ著、岡本裕一朗、瀧澤弘和訳　NTT出版
【要旨】ヘーゲルが経済学を進化させる。鬼才ヘルマン＝ピラートと若き哲学者ボルディレフが

ヘーゲル哲学によって現代経済学の諸領域を拡大する試み。
　　2017.6 405p A5 ¥5500 ①978-4-7571-2340-3

◆**現代経済社会の諸課題**　河口和幸著　東信堂
【要旨】格差・貧困問題、環境問題、企業の不正問題、金融問題など、本書で扱われるこれらの課題は、目先の経済成長に固執し社会全体の成熟を怠った人間の欺瞞によって生じたものである。日銀職員から銀行頭取、大学教授という経歴を辿った著者が、格差・貧困・脱成長・地球温暖化・企業倫理・通貨・地方銀行をキーワードとした多角的視点から、脱成長社会の構築に向けた方策を指南する。
　　2017.6 260p A5 ¥2400 ①978-4-7989-1436-7

◆**現代経済の解読─グローバル資本主義と日本経済**　SGCIME編　御茶の水書房　第3版
【目次】グローバル資本主義の現局面、第1部 世界経済の現状(世界経済の歩み、アメリカ発のグローバル金融危機とパックス・アメリカーナの変質、戦後ヨーロッパ経済の歴史と現状─EUへの道程とその危機 ほか)、資本主義経済の歴史的展開─戦間期までの概観、第2部 日本経済の現状(日本経済の歩み、金融システムの変容と金融の再編、現代財政の課題と日本の特徴 ほか)、第3部 現代経済と政策(社会の情報化と経済・社会の変容、エネルギー問題─石油を中心にして、日本の税・社会保障制度と生活保障システム ほか)
　　2017.9 415p A5 ¥2500 ①978-4-275-02077-2

◆**コア・テキスト計量経済学**　大森裕浩著
新世社、サイエンス社 発売　(ライブラリ経済学コア・テキスト＆最先端 15)
【目次】1 統計学の復習、2 単回帰分析、3 重回帰分析、4 回帰の診断、5 パネルデータの分析、6 選択行動の分析、7 さまざまなミクロ計量経済モデル、8 同時方程式モデル、9 時系列モデル・分布ラグモデル
　　2017.12 362p A5 ¥2800 ①978-4-88384-264-3

◆**コア・テキスト マクロ経済学**　宮尾龍蔵著
新世社、サイエンス社 発売　(ライブラリ経済学コア・テキスト＆最先端 2)　第2版
【目次】1 マクロ経済学の基本的な考え方、2 GDPと物価、3 消費の決定、4 投資の決定、5 貨幣の需給関係、6 経済の供給サイドと総需要・総供給分析、7 国際マクロ経済と為替レート、8 景気循環と経済成長、9 マクロ経済の金融的側面、10 マクロ経済政策の役割、11 日本のマクロ経済政策
　　2017.6 365p A5 ¥2800 ①978-4-88384-254-4

◆**「公益」資本主義─英米型資本主義の終焉**
原丈人著　文藝春秋　(文春新書)
【要旨】「会社は株主のもの」という英米流株主資本主義の「短期利益」重視と「中長期投資」軽視で、株主だけが潤い、会社は資金と研究開発力を奪われ、従業員の賃金は下げられる。米国で米国流ビジネスの限界を学んだ最強のベンチャー事業投資家が、「会社は社会の公器」という日本発の21世紀型資本主義を提唱する！
　　2017.3 246p 18cm ¥820 ①978-4-16-661104-1

◆**公共経済学研究　6**　白井正敏、釜田公良、古川章好編著　中京大学経済学部(中京大学経済学部附属経済研究所研究叢書)
【目次】第1章 知識偏重型公教育と社会的排除、第2章 公的教育支出と企業研究開発支出の最適配分、第3章 金融政策の復権─条件と見通し、第4章 世代間所得再分配とトランスファー問題─国内所得分配が国際援助の厚生効果に与える影響、第5章 公的年金と家族の居住地、第6章 自発的継続公共財供給ゲーム、第7章 市町村人口規模と歳出構造
　　2017.3 152p A5 ¥4200 ①978-4-326-54974-0

◆**公共経済学で日本を考える**　奥野信宏、八木匡、小川光編著　中央経済社、中央経済グループパブリッシング 発売
【目次】第1部 少子社会のマクロ経済と公共政策(子育て政策─出生率反転と男女間賃金格差是正に向けて、公教育政策─出生率回復のための教育改革、国債管理政策─財政・経済・人口の持続可能性のために、公共投資政策─厚生を高める社会資本整備のあり方)、第2部 経済のグローバル化と公共政策(税務行政─国境を越えた租税回避に対峙する、排出量取引制度─排出枠の政治的影響を回避する、競争力強化の公共政策─創造経済における価値源泉の創出、地域政策─小さな地域の優位性を発揮する)、第3部 都市と地方の公共政策(ユニバーサル・サービス政策─地域間公平性と効率性の両立、地域コミュニティ政策─市場・行政との連携、ふるさと納税

─新たな寄付税制による地域活性化、産学官連携─商品開発を通した地域活性化、日本における「共感」と市場経済)
　　2017.3 215p A5 ¥2700 ①978-4-502-21081-5

◆**公共政策入門─ミクロ経済学的アプローチ**
伊藤隆敏著　日本評論社
【要旨】経済学という道具をどのように応用するのか。公共政策問題を考えるための分かりやすい教科書。
　　2017.7 287p A5 ¥2400 ①978-4-535-55875-5

◆**公共選択　第67号(2017)**　公共選択学会編　木鐸社
【目次】論文(市町村歳出と人口規模の実証分析、都道府県レベルの要因が県内市町村の人事行政に与える影響：階層線形モデルによる給与水準抑制の波及効果に関する実証分析)、特集1 数理モデルとデータ分析(アメリカ政治学における数理モデルの衰退と実験の隆盛─因果効果の概念に着目して、理論的貢献と実証的貢献のトレードオフ：数理政治学の視点から、交渉ゲーム理論の実証的側面)、特集2 選挙区定数をめぐる諸問題(衆院選における一票の格差の変遷─αβ イバージェンスを用いて、権威主義体制における一票の格差と財政配分：マレーシアを事例に、県議選1人区における無投票選挙区)、書評、報告
　　2017.1 172p A5 ¥3000 ①978-4-8332-2510-6

◆**構造と主体─政策の可能性と不可能性**　清水習著　(京都)晃洋書房
【要旨】我々は世界をどの程度変えることができるか。「構造と主体」の問題を主軸に、政治学・経済学・言語社会学における最新の理論を取り入れ、政策の「可能性と不可能性」を明確にする大局的分析アプローチを提示する。
　　2017.4 237p A5 ¥4500 ①978-4-7710-2877-7

◆**行動経済学入門**　筒井義郎、佐々木俊一郎、山根承子、グレッグ・マルデワ著　東洋経済新報社
【要旨】人間の非合理な感情や行動を体系的に解き明かす！ 行動ファイナンス、幸福の経済学、実践的な内容まで、幅広く網羅した、日本初の入門テキスト！
　　2017.5 204p A5 ¥2400 ①978-4-492-31497-5

◆**「幸福な日本」の経済学**　石見徹著　講談社　(講談社選書メチエ)
【要旨】格差と貧困、行き詰まる社会。新自由主義の失敗を乗り越え、経済成長と社会保障を実現する方策とは。
　　2017.11 220p B6 ¥1550 ①978-4-06-258666-5

◆**幸福の「資本」論─あなたの未来を決める「3つの資本」と「8つの人生パターン」**　橘玲著　ダイヤモンド社
【要旨】ひとは幸福になるために生きているけれど、幸福になるようにデザインされているわけではない。「金融資本」「人的資本」「社会資本」という3つの資本から、「幸福に生きるための土台(インフラストラクチャー)」の設計を提案。超充、リア充、旦那、金持ち、退職者、ソロ充、プア充、貧困の8つの人生パターンから「幸福」のカタチを選択するヒント。
　　2017.6 276p B6 ¥1500 ①978-4-478-10248-0

◆**高齢社会の政治経済学─日本の高齢者福祉政策を中心に**　尹文九著　(京都)ミネルヴァ書房　(新・MINERVA福祉ライブラリー)
【要旨】少子・超高齢社会を迎えたわが国の高齢者をめぐる諸政策はどのように決定されてきたのか─。本書は、戦後日本における高齢者政策に焦点を当てながら、福祉制度における大きな変化をもたらした5つの政策を事例として取り上げ、それらの政策決定過程を「日本型政策形式」と特徴づけて、精細に分析する。
　　2017.10 391p A5 ¥3500 ①978-4-623-08148-6

◆**国際開発学研究　第16巻 第2号**　拓殖大学国際開発研究所編　勁草書房
【目次】国際移民理論の整理と展望─フィリピンからの国際移民を事例として、改革開放初期の中国における外国技術の導入過程─障害者リハビリテーション技術導入を事例として、経済成長と労働吸収、モンゴルの国際収支と貿易構造分析、占領期における高校入試の社会科─1949-1952年、開発主義に関する新たな歴史的展望─技術的発展の経路と持続可能性の観点から、大規模災害における「制度化された連結者」の制定過程と運用形態─自衛隊の連絡官・法務官・政策補佐官を中心に、福井市の水害に対する対応は万全か、奥六郡安倍氏と鳥海柵、東アジアにおける通貨統合の可能性─ユーロ危機からの教訓、わが国の海外旅

行の拡大要因、The New Concept and Application for Green Supply Chain for the Sustainable Future Growth of Mongolia from Productivity Perspectives

2017.3 240p B5 ¥1389 ①978-4-326-91161-5

◆**国際技術移転の理論** 石本眞八著 （京都）晃洋書房 （神戸学院大学経済学研究叢書）
【目次】技術移転の基本的問題、Findlay・Grubert 定理の一般化について、一般化されたFindlay・Grubert 定理について一特殊要素モデルの場合、Localized Technical Progress と技術移転、資本体化型技術移転の一般均衡分析、適正技術移転、内生的技術移転と貿易パターンの逆転、技術移転のパラドックスについて一不完全特化の下での可能性、EPZにおける外国資本流入の経済効果について、技術移転のキャッチアップ理論、企業の技術開発と動学的参入阻止政策、技術普及がある場合の複占市場における技術開発

2017.2 175p A5 ¥2800 ①978-4-7710-2818-0

◆**国際金融論入門** 佐々木百合著 新世社、サイエンス社 発売 （経済学叢書Introductory）
【要旨】国際金融論の基礎をスムーズに理解できる入門テキスト。貿易の基礎知識や外国為替取引などのトピックから始め、具体的なイメージをもって国際金融の役割が理解できるように配慮。オープンマクロ経済学の基本的解説を中心に構成し、近年の国際金融における新たな問題も紹介した。2色刷とコンパクトな分量によって、初学者でも無理なく読み通せる書となった。

2017.2 193p A5 ¥2000 ①978-4-88384-250-6

◆**国際貿易交渉と政府内対立—2レベルゲーム分析** 石黒馨著 勁草書房 （神戸大学経済学叢書 第24輯）
【目次】第1部 貿易交渉と国内対立（貿易交渉と政府内対立—議会の拒否権、省庁官僚主導の貿易交渉—APECとEVSL交渉、官邸主導の貿易交渉—TPP交渉）、第2部 制度改革と貿易交渉（農政改革と貿易交渉—価格保障から所得補償へ、構造改革と貿易交渉—3国モデル、制裁の威嚇と貿易交渉—通商法301条）、第3部 日本のFTA/EPA交渉（産業協力と貿易交渉のリンケージ—JMEP-A交渉、貿易交渉の産業間リンケージ—JTEP-A交渉、国内政策と貿易交渉のリンケージ—JP-EPA交渉）

2017.12 248p A5 ¥4200 ①978-4-326-54646-6

◆**国境を越える市民社会 地域に根ざす市民社会—現代政治経済学論集** 八木紀一郎著 桜井書店
【要旨】統合された世界から地域へ！ 進化的政治経済学の視野から市民社会論を再定位。

2017.9 309p A5 ¥3000 ①978-4-905261-35-3

◆**コトラー マーケティングの未来と日本—時代に先回りする戦略をどう創るか** フィリップ・コトラー著、鳥山正博監訳・解説、大野和基訳 KADOKAWA
【要旨】「近代マーケティングの父」はなぜ、日本人に向けた本を書いたのか？ 最新理論「マーケティング4.0」から新しい富の行方、資本主義の未来、日本の価値を最大化する戦略まで、世界最高の知性がすべてを語り尽くす。

2017.3 253p B6 ¥1800 ①978-4-04-601874-8

◆**コミュニティー・キャピタル論—近江商人、温州企業、トヨタ、長期繁栄の秘密** 西口敏宏、辻田素子著 （光文社新書）
【要旨】本書では、最新の社会ネットワーク理論と綿密なフィールド調査に基づき、特定のコミュニティーにおけるメンバー間の「同一尺度の信頼」がもたらす "つながり力" に着目する。「売り手よし、買い手よし、世間よし」の「三方よし」で知られた近江商人、近年、国際的に大活躍する温州人企業家のネットワーク、さらに、高い競争力を維持するトヨタのサプライチェーンなど、優れたパフォーマンスを示すコミュニティーの特徴とは？ その経済繁栄はいかにして生まれ、長く維持されるのか。ビジネスのヒントを探る一冊。

2017.12 334p 18cm ¥860 ①978-4-334-04327-8

◆**雇用と結婚・出産・子育て支援の経済学—女性のワーク・ライフ・バランス** 足立泰美著 （吹田）大阪大学出版会
【要旨】仕事か結婚か？ 出産か仕事か？ 女性がライフイベントを経ながら就業を実現させる環境をととのえるための要因を明らかにし、望ましい「働き方改革」を説く！

2017.3 247p A5 ¥4800 ①978-4-87259-584-0

◆**これがすべてを変える—資本主義vs.気候変動 上** ナオミ・クライン著、幾島幸子、荒井雅子訳 岩波書店
【要旨】許容される気温上昇「2℃未満」のドアが閉じる寸前、「ゼロの10年」が始まろうとする今、私たちは何をなすべきか。闘う相手は資本主義だ！『ショック・ドクトリン』で世界を驚愕させたジャーナリストによる、地球と人類の未来を語る上で必読の書。

2017.8 309, 55p B6 ¥2700 ①978-4-00-022956-2

◆**これがすべてを変える—資本主義vs.気候変動 下** ナオミ・クライン著、幾島幸子、荒井雅子訳 岩波書店
【要旨】圧倒的な迫力の下巻では、化石燃料を基盤にした経済・社会のあり方そのものにノーを突きつける草の根抵抗運動が世界各地で展開、拡大しつつあることを現地取材により明らかにし、さらに化石燃料企業から投資を撤退するダイベストメント運動が急速に広がっている（自らもその先頭に立っている）ことなど、明るい展望も取り上げている。壊滅的な気候変動を回避するために残された時間はあとわずかしかない。しかも本書刊行後に発足した米トランプ政権は二〇一七年六月、パリ協定離脱を表明しており、本格的な気候変動対策がますます遅れることが懸念される。一方で、異常高温、干ばつ、山火事、巨大ハリケーン、洪水、日本でこれまでに経験したことのない集中豪雨など、世界中で温暖化の影響と思われる異常気象や極端な現象が頻発している。地球が私たちの子孫、そのまた子孫の代まで持続可能であるために今、何をなすべきか。その突きつける問いは重く、また誰ひとりその問いを逃れることはできない。

2017.8 629, 77p B6 ¥2700 ①978-4-00-022957-9

◆**コレクションと資本主義—「美術と蒐集」を知れば経済の核心がわかる** 水野和夫、山本豊津著 KADOKAWA （角川新書）
【要旨】水野史観の中心概念である「コレクション」。資本主義の誕生と終焉を知るためには、コレクションの本質を理解する必要がある。美術とコレクションの歴史を知悉した画商、山本氏が水野氏の思考を刺激しながら展開される、日本と世界のこれから。

2017.9 260p 18cm ¥840 ①978-4-04-082184-9

◆**コンテンポラリー 経済学入門** 小淵洋一、大水善寛編著、栁下正和、江良亮、庭田文近、川端実美著 中央経済社、中央経済グループパブリッシング 発売
【要旨】経済問題を理解するためにミクロとマクロの基礎理論を各7章構成でわかりやすく解説。

2017.4 205p A5 ¥3000 ①978-4-502-21881-1

◆**コンパクト経済学** 井堀利宏著 新世社、サイエンス社 発売 （コンパクト経済学ライブラリ 1） 第2版
【要旨】経済学の基礎をコンパクトにまとめた好評入門書の最新版。基本経済用語についての解説をより手厚くし、統計データをアップデート、さらに今日の日本経済における重要トピックについても紹介した。2色刷・完全見開き形式とし、左頁の本文では経済学の基本理論をむずかしい数式を使わず明快に解説し、右頁には本文のトピックに関連する図やコラムを配して、読者の理解に配慮した。

2017.2 199p B6 ¥1650 ①978-4-88384-252-0

◆**財政と民主主義—ポピュリズムは債務危機への道か** 加藤創太、小林慶一郎編著 日本経済新聞出版社
【要旨】日本はもとより、いま、多くの先進民主主義国が財政赤字問題に苦しんでいる。民主主義は、財政規律を守ることができるのだろうか。民主主義は、減税・バラマキなどの財政ポピュリズムを招き、やがて債務危機へとつながるのではないか。国内外の研究成果や歴史的経験を踏まえつつ、執筆者それぞれが政策実務の現場で得た知見を生かして分析を行い、具体的な対応策を提示する。

2017.3 311p B6 ¥2000 ①978-4-532-35693-4

◆**サヴェジ・システム試論—統計的決定理論の公理化と期待効用の最大化** 園信太郎著 内田老鶴圃
【目次】第1章 サヴェジ・システム（規範的接近に関する多義的注意、理文の二分法のある問題点、想像上の実験、事物論理 ほか）、第2章 補遺一文献など（緑本（みどりぼん）、サヴェジ基礎論、ある効用関数、サヴェジ決定にこだわるの ほか）

2017.5 65p A5 ¥1500 ①978-4-7536-0122-6

◆**佐藤隆三著作集 第7巻 Symmetry and Economic Invariance** 佐藤隆三著 日本評論社

2017.1 288p A5 ¥12000 ①978-4-535-06757-8

◆**幸せとお金の経済学** ロバート・H.フランク著、金森重樹監修 フォレスト出版
【要旨】収入が増えない時代のコスパ最強の金銭感覚。他人と比べたとき、あなたは中流から下流へ落ちていく—。世界の幸福学に影響を与え、NYタイムズ紙で話題のお金の話。

2017.11 253p B6 ¥1700 ①978-4-89451-777-6

◆**ジェイン・オースティンに学ぶゲーム理論—恋愛と結婚をめぐる戦略的思考** マイケル・S・Y.チェ著、川越敏司訳 NTT出版
【要旨】恋愛小説はゲーム理論の最良の教科書である。19世紀英国の国民的作家オースティンの小説に、ゲーム理論の基礎から最先端を凌駕する知見まで読み解く、驚きの書。政治、経済、文学研究まで幅広く影響をもたらす野心的な成果。

2017.12 425, 20p A5 ¥4600 ①978-4-7571-2332-8

◆**試験対応 新・らくらくミクロ・マクロ経済学入門 計算問題編** 茂木喜久雄著 週刊住宅新聞社
【要旨】難解な計算は不要！ グラフで攻略！ 入門問題から応用問題まで段階的に無理なくマスター。『新・らくらくマクロ経済学入門』『新・らくらくミクロ経済学入門』に完全準拠！

2017.11 237p B5 ¥2200 ①978-4-8003-1314-0

◆**市場を織る一商人と契約：ラオスの農村手織物業** 大野昭彦著 （京都）京都大学学術出版会 （地域研究叢書）
【要旨】経済理論の教科書に商人は登場しない。ことほど左様に現代経済学は、完全競争市場の虚構に落ち込んでいる。実際には、情報は不完全で取引費用もかかる。そのような条件や財の特性に応じて、どのような商人がいかなる作法で市場を形成しているのかを論じられない。真の経済は論じられない。タイの地場織物産業に参与観察し、市場形成のダイナミズムを見る。

2017.3 562p A5 ¥5800 ①978-4-8140-0075-3

◆**持続可能な資本主義—「いい会社」に投資し日本一をとった鎌倉投信がみつけた信頼と共感で成り立つ経済のしくみ** 新井和宏著 ディスカヴァー・トゥエンティワン
【要旨】「短期・分断」の資本主義から「長期・つながり」の資本主義へ！ 人と社会を犠牲にする「効率至上主義経済」の代案は、すでに日本企業が示している—。経済性と社会性を両立する「いい会社」を訪ね、投信で国内投信日本一に輝いた鎌倉投信・ファンドマネージャーが出した結論。

2017.3 213p B6 ¥1500 ①978-4-7993-2049-5

◆**資本** 岡田清著 （大阪）風詠社、星雲社 発売
【要旨】マルクスの「プラン」に沿った「経済学体系」の具体化を追究し、グローバリゼーションと「資本制生産様式」の動向を要説する。

2017.2 159p A5 ¥1300 ①978-4-434-23050-0

◆**資本主義の限界とオルタナティブ** 伊藤誠著 岩波書店
【要旨】戦後の高度経済成長が破綻したのちに、資本主義諸国は新自由主義に舵を切った。それによる一連の改革は成果をあげてきたか。サブプライム恐慌の大津波が生じ、世界的に格差が再拡大するなかで、ハーヴェイやピケティらの新自由主義批判が関心を集めている。資本主義の限界を見据え、その先を展望する、新たなる"経済学批判"の試み。

2017.2 201p A5 ¥5800 ①978-4-00-061184-0

◆**資本主義の終焉—資本の17の矛盾とグローバル経済の未来** デヴィッド・ハーヴェイ著、大屋定晴、中村好孝、新井田智幸、色摩泰匡訳 作品社
【要旨】資本主義は、20世紀において、1929年の世界恐慌、1971年のドルショックなど、いくつもの危機に見舞われながらも、ヴァージョンアップし、さらなる発展を遂げてきた。そして21世紀、資本主義は新たに危機に直面している。資本の動きをめぐる矛盾を17種に整理して、原理的・歴史的に分析。それをもって21世紀資本主義の未来について考察する。

2017.11 426p B6 ¥2800 ①978-4-86182-667-2

◆**資本主義はどう終わるのか** ヴォルフガング・シュトレーク著、村澤真保呂、信友建志訳 河出書房新社
【要旨】これから資本主義は長期にわたって苦しみながら朽ちてゆく—これまでの危機理論を検

証しながら、民主政治の解体と資本主義の変容を洞察する。『時間かせぎの資本主義』の著者による資本主義終焉論の決定版。
2017.11 359p B6 ¥4200 ①978-4-309-24831-8

◆資本蓄積論 第2篇 問題の歴史的叙述
ローザ・ルクセンブルク著、小林勝訳、『ローザ・ルクセンブルク選集』編集委員会編 御茶の水書房
【目次】第2篇 問題の歴史的叙述（シスモンディ・マルサス対セイ・リカードゥ・マカロックの論争（シスモンディの再生産理論、マカロック対シスモンディ、リカードゥ対シスモンディ、セイ対シスモンディ）、ロートベルトゥスとフォン・キルヒマンとの間の論争（フォン・キルヒマンの再生産論、ロートベルトゥスの古典学派批判、ロートベルトゥスの再生産の分析）、ストゥルーヴェ・ブルガコフ・トゥガン＝バラノフスキー対ヴォロンツォフ・ニコライ＝オン（装いを新たにした問題ヴォロンツォフ氏と彼の論文「過剰」、ニコライ＝オン、ストゥルーヴェの「第三者」と世界の三大国、ブルガコフと彼によるマルクスの分析の補足、トゥガン＝バラノフスキー氏の「不均衡」説、ロシアの「合法的」マルクス主義者の終焉）
2017.6 219, 31p A5 ¥5600 ①978-4-275-02064-2

◆『資本論』と変革の哲学—人間らしい社会をめざして 牧野広義著 学習の友社
【目次】第1章 『資本論』と変革の哲学—産みの苦しみを短くし、やわらげる、第2章 マルクスの唯物論と弁証法—現実の肯定的理解と否定的理解、第3章 商品、貨幣と人間労働—物神崇拝、物件と人格、第4章 資本と労働—主体としての資本、第5章 労働時間をめぐる階級闘争—工場法は「マグナ・カルタ」、第6章 資本主義的生産様式の発展—資本の生産力、第7章 機械制大工業と労働者の人間の発達、人間と自然との物質代謝、第8章 賃金・利潤・地代—本質と現象形態、第9章 資本主義社会の矛盾—富の蓄積と貧困の蓄積、第10章 資本主義社会の変革と将来社会—個人の自由な発達
2017.6 258p A5 ¥1800 ①978-4-7617-1443-7

◆資本論の経済学 （岩波新書）
宇野弘蔵著 岩波書店
【要旨】「私にとって経済学といえばマルクス経済学である」と語る著者が、長年にわたり『資本論』から学び、自ら追求してきた経済学の理論を概説したもの。資本主義の経済法則、経済学と唯物史観など、マルクス経済学の基本的理論を説き、レーニンの『帝国主義論』やスターリン論文などを批判し発展しつつ独自の理論を展開する。アンコール復刊。
2017.6 192p 18cm ¥760 ④4-00-411067-X

◆社会を読む文法としての経済学—9つのキーコンセプトでやさしくわかる 西孝著 日本実業出版社
【要旨】現実の経験を一貫したストーリーとして理解し、自ら考えるために。9つのキーコンセプトで経済をつかむ！
2017.3 310p B6 ¥1600 ①978-4-534-05482-1

◆社会福祉法人会計簿記テキスト 上級（簿記編）—「会計基準省令」準拠 総合福祉研究会監修、会計簿記テキスト上級（簿記編）作成委員会編著 総合福祉研究会,（大阪）実務出版 発売 五訂版
【目次】社会福祉法人の歴史と会計処理基準の変遷、社会福祉法人会計の基礎、社会福祉法人会計基準、会計の区分方法、社会福祉法人の計算書類、流動資産・流動負債の会計処理、減価償却、純資産の会計処理、施設整備等に係わる会計処理、固定資産の売却・評価・移管に係わる会計処理〔ほか〕
2017.10 286, 43p A4 ¥3400 ①978-4-906520-71-8

◆集積の経済学—都市、産業立地、グローバル化 藤田昌久、ジャック・F・ティス著, 徳永澄憲, 太田充訳 東洋経済新報社 （原書第2版）
【要旨】なぜ経済活動の空間的分布はますます不均等になっているのか？ 高い生産性を持った大都市を出現させる力とは何か？ 最先端の経済学の知見から集積のメカニズムを解き明かす。
2017.2 578p B6 ¥6000 ①978-4-492-31493-7

◆消費者契約の法と行動経済学 オレン・バー＝ギル著, 太田勝造監訳, 谷みどり, 新堂明子, 沖野眞已共訳 木鐸社
【目次】第1章 消費者契約の法学、経済学、および心理学（消費者契約の行動経済学、社会厚生への影響 ほか）、第2章 クレジット・カード（クレジット・カード市場、クレジット・カード契約

ほか）、第3章 サブプライム住宅担保ローン（サブプライム住宅担保ローン市場、サブプライム住宅担保ローン契約 ほか）、第4章 携帯電話（携帯電話および携帯電話サーヴィス市場、携帯電話サーヴィス契約 ほか）、全体の結論
2017.1 372p A5 ¥4500 ①978-4-8332-2498-7

◆情報と秩序—原子から経済までを動かす根本原理を求めて セザー・ヒダルゴ著, 千葉敏生訳 早川書房
【要旨】混迷の時代、「経済成長とはいったい何なのか？」とあらためて問われることが少なくない。MITメディアラボで先端科学の幅広い試みに従事するヒダルゴは、「経済成長とはそもそも情報成長のひとつの表われにほかならない」という一歩高い立場から、経済現象の本質的な解説をしてのける。経済成長の著しい場所は、ほうっておけば混沌が支配するはずの物理世界で情報が結集し、秩序が形成されるポイント—著者が開発した「経済複雑性指標」で注目を浴び、WIRED誌上で「世界を変える50人」に数えられた若き旗手が熱く説き語る、ハイエク図書賞最終候補の先端経済/科学解説。
2017.4 286p B6 ¥2500 ①978-4-15-209683-8

◆職業の経済学 阿部正浩, 菅万理, 勇上和史編著 中央経済社, 中央経済グループパブリッシング 発売
【要旨】さまざまな職業について、仕事の中身やどのようなスキル（技能）が必要なのか、賃金はどう決まるのかなどを紹介しています。身近な職業でも、知らなかったことや新たな発見があるかもしれません。
2017.10 235p A5 ¥2400 ①978-4-502-23821-5

◆「所得増税」の経済分析—日本における財政再建と格差縮小 下野恵子著 （京都）ミネルヴァ書房
【要旨】日本の政治債務は一二〇〇兆円に迫る。この赤字の原因はよく言われる社会保障費の増加や不必要な歳出のためだろうか。本書では、その原因が所得税収を半減させた九〇年代半ば以降の大規模な所得減税政策にあることを明らかにする。そのうえで国内外の経済データ分析により、公正な「所得増税」が社会保障の維持・拡充、格差の縮小を可能とすることを示し、その結果としての家計消費の活発化＝内需主導の経済成長の可能性を論じる。
2017.3 309, 7p B6 ¥3500 ①978-4-623-07916-2

◆シルバー民主主義の政治経済学—世代間対立克服への戦略 島澤諭著 日本経済新聞出版社
【要旨】公的債務の累増により、孫の世代は祖父母の世代に比べて1億円も損をするといわれるほど、日本の世代間格差は深刻さを増している。深刻な世代間格差の原因の一つとして指摘されるのが、シルバー民主主義だ。孫世代や将来世代の生活を生まれる前から実質的に破綻させている莫大な債務を送付し止め、かつ世代間戦争を回避するには、生半可な政策では実現困難だ。本書は、シルバー民主主義の実像について、ファクトとデータそしてロジックによって分析し、民意の高齢化を是正、民意の遮断、年齢にかかわらず働ける「エイジフリー社会」の実現などの解決策を大胆に提言する。
2017.11 279p B6 ¥2400 ①978-4-532-35754-2

◆シンギュラリティの経済学 鈴木貴博著 （名古屋）ブイツーソリューション, 星雲社 発売 第二版
【要旨】2045年、ロボットと人工知能の進化は人類の能力と同等に達し、やがてすぐにそれを超えると予想されている。この日を境に、これまでの人類の常識はすべてくつがえされる。われわれ人類の仕事の大半がロボットに奪われる日。そのような未来においてわれわれはどのように、これまでのような幸福な社会を継続していけるのだろうか？ 未来をいち早く予測し、経済学的観点からあるべき新しいルールを提言した意欲作。 2017.3 254p 18cm ¥860 ①978-4-434-23089-9

◆人口減少時代の都市システムと地域政策 森川洋著 古今書院
【目次】1 人口減少時代の到来と都市システムの構造（市町村の現状と将来、人口移動からみたわが国の都市システム、市町村間の年齢階級別人口移動、わが国の地方中小都市の課題—ドイツとの比較において）、2 人口減少時代における地域政策構想と市町村行政の現状（全国総合開発計画から国土形成計画、地方創生戦略へ、国土計画に対する新たな発想とその問題点、集落維

持活動やインフラ施設の現状）、3 最近の地域政策（定住自立圏構想と圏域設置の問題点、連携中枢都市圏構想とその問題点、地方中小都市の振興—ドイツとの比較において、著者の都市圏設定、圏外地域や多自然居住地域、過疎地域の諸問題、小規模町村のかかえる問題）
2017.4 239p A5 ¥7200 ①978-4-7722-4202-8

◆「人口減少社会」とは何か—人口問題を考える12章 友寄英隆著 学習の友社
【目次】日本の人口減少をめぐる二つの話題、第1部 現代日本の人口減少（人口減少の影響—じわりじわりと日本社会に広がりはじめている、将来推計人口—それは、現代社会の矛盾を拡大して示す、日本の人口減少の特徴—「人口の減少モメンタム」が長く続く ほか）、第2部 現代日本の人口政策（日本の「少子化」対策の失敗—政府、財界、社会のトリプル・エラー、「人口減少社会」は、AIやIoTで乗り越えられるか、「人口減少社会」は、移民の受け入れで乗り越えられるか ほか）、第3部 人口問題の基礎理論（人口変動の基礎知識—「人口学のイロハ」、マルクス、エンゲルスと人口問題）
2017.7 193p A5 ¥1600 ①978-4-7617-0705-7

◆新興国と世界経済の行方—貿易・金融・開発の視点 日本国際経済学会編 日本国際経済学会, （京都）松香堂書店 発売 （国際経済 第67巻—日本国際経済学会研究年報 2016）
【目次】第74回全国大会共通題 新興国と世界経済の行方—貿易・金融・開発の視点（自由市場国と国家資本主義国の衝突と貿易摩擦、先進国金融政策の新興国への影響—国際資本移動に伴うリスクと規制の課題、アジア新興国と中所得国の罠）、投稿論文（自由貿易協定における厚生改善的な原産地規則の分析：域内最終財生産企業による買い手独占のケース、2015年のジャパン・プレミアム：円投/ドル転スワップを利用したドル調達の構造的脆弱性に関する考察）
2016.10 197p A5 ¥1900 ①978-4-87974-724-2

◆新説 土地価格の経済学—地代と地価の関係であるPo＝r/iが不成立の解明 山本一清著 住宅新報社
【要旨】土地価格をどのようにとらえればよいのかを解き明かした、実務者、研究者必読の書!!
2017.3 443p A5 ¥2600 ①978-4-7892-3836-6

◆新・贈与論—お金との付き合い方で社会が変わる 林公則著 コモンズ
【要旨】お金を増やせば私たちは幸せになれるのか？ お金を社会のために役立たせるには、どうすればよいか？ ドイツの社会的金融機関GLSグループを詳しく紹介・考察し、日本での可能性を探る。
2017.9 222p B6 ¥1900 ①978-4-86187-143-6

◆新テキスト経済数学—数学と経済理論の体系を同時に学ぶ 水野勝之, 南部和香, 安藤詩緒, 井草剛著 中央経済社, 中央経済グループパブリッシング 発売
【要旨】経済数学は、経済理論と独立に内容を決めるものではなく、数学と経済理論の体系を同時に学ぶ内容となることが必要である。そのため本書では、付録としてミクロ経済学、マクロ経済学をまとめると同時に、数学の説明箇所の例にもそれらを取り上げ、数学も経済理論も同時に体系的に学べるように工夫した。
2017.3 297p A5 ¥3200 ①978-4-502-20291-9

◆信用機構の政治経済学—商人的機構の歴史と論理 田中英路著 経済評論社
【要旨】中世ヨーロッパの取引に端を発する決済・信用機構の歴史的展開を概観し、その基盤をなす商人的機構の論理を明らかにする。
2017.2 290p A5 ¥4000 ①978-4-8188-2455-3

◆新・らくらくマクロ経済学入門—試験対応 茂木喜久雄著 洋泉社
【要旨】グラフの活用で『読んでわかる』から『見てわかる』。身近な事例で解説するから理解しやすい。学習項目ごとに各種資格試験予想出題率を表示。用語解説・補足説明・試験情報も充実。著者のオリジナル指導法で「難しい」を「簡単に」。確認問題や練習問題、例題で実力チェック！
2017.10 262p B5 ¥2200 ①978-4-8003-1310-2

◆新・らくらくミクロ経済学入門—試験対応 茂木喜久雄著 洋泉社
【要旨】グラフの活用で『読んでわかる』から『見てわかる』。身近な事例で解説するから理解しやすい。学習項目ごとに各種資格試験予想出題率

を表示。用語解説・補足説明・試験情報も充実。著者のオリジナル指導法で『難しい』を『簡単に』。確認問題や練習問題、例題で実力チェック！
2017.10 242p B5 ¥2200 ⓘ978-4-8003-1312-6

◆**人類の未来―AI、経済、民主主義** ノーム・チョムスキー、レイ・カーツワイル、マーティン・ウルフ、ビャルケ・インゲルス、フリーマン・ダイソン著, 吉成真由美インタビュー・編 NHK出版 （NHK出版新書）
【要旨】トランプ政権と民主主義のゆくえは？ EUの将来は？ 世界経済は今後どう変わるのか？ シンギュラリティとはそもそも何か？ 国際情勢、AIと人間、気候問題、都市とライフスタイルの未来像…。データとファクト重視、冷徹な現状分析を旨とする大御所たちに、「都市を変えるアイディア」を実践している若き知性を加えた計5人にズバリ斬り込み、今いちばん知りたいことに明確なビジョンを示す大興奮の一冊。
2017.4 316p 18cm ¥940 ⓘ978-4-14-088513-0

◆**スチュアート・ホール―イギリス新自由主義への文化論的批判** 牛渡亮著 東信堂
【要旨】混迷の戦後イギリスを生きたホールの文化政治論―新自由主義を掲げ英国病からの脱却をめざしたサッチャリズムや、貧困との戦いを宣言して第三の道を歩んだ新しい労働党は、戦後のイギリス社会を救えたか。グローバリズムにより複雑化するイギリスは、EU離脱へと舵を切ったことでさらに混迷の度を加えている。本書は、戦後のイギリスを生きたスチュアート・ホールの新自由主義論を軸に、混迷とする現代イギリス社会のゆくえを読み解く新進気鋭の労作である。
2017.5 240p B6 ¥2600 ⓘ978-4-7989-1363-6

◆**スティグリッツのラーニング・ソサイエティ―生産性を上昇させる社会** ジョセフ・E.スティグリッツ, ブルース・C.グリーンウォルド著, 藪下史郎監訳, 岩本千晴訳 東洋経済新報社
【要旨】ラーニングは私たちの生活をどう変えたのか？ ラーニングはどのような環境で生まれるのか？ 個人・企業・社会のラーニングを促進するものは何か？ なぜ途上国では幼稚産業保護が必要なのか？ なぜ金融自由化や貿易自由化でラーニングが阻害されるのか？ ノーベル賞経済学者のスティグリッツ教授が、生産性を高め社会の厚生を改善させるラーニング・ソサイエティを構築するための政策を提言する。
2017.9 451, 41p A5 ¥3200 ⓘ978-4-492-44444-3

◆**スマートグリッド・エコノミクス―フィールド実験・行動経済学・ビッグデータが拓くエビデンス政策** 依田高典, 田中誠, 伊藤公一朗著 有斐閣
【要旨】電力改革の実証実験に携わった著者らが、日本に「エビデンスに基づく政策」を根付かせるために、フィールド実験の成果と意義を行動経済学の知見に基づきわかりやすく解説。政策担当者必読の書。
2017.5 212p A5 ¥2800 ⓘ978-4-641-16505-2

◆**スマートフォンの環境経済学** 吉田文和著 日本評論社
【要旨】スマホは人と環境にやさしいのか？ スマートフォンの生産・使用・廃棄の過程で人間や環境に及ぼされる影響を、グローバルな視点から分析。
2017.8 158, 27p B6 ¥2000 ⓘ978-4-535-55885-4

◆**成功する人は偶然を味方にする―運と成功の経済学** ロバート・H.フランク著, 月沢李歌子訳 日本経済新聞出版社
【要旨】「努力と才能は報われる」という幻想。ニューヨーク・タイムズで人気の経済学者が、さまざまな事例をもとに「成功」にまつわる誤解を暴き、偶然による幸せな付き合うことで、社会全体の幸福度を上げるにはどうするべきかを明快に解き明かす！
2017.3 245p B6 ¥1600 ⓘ978-4-532-35723-8

◆**政治経済の生態学―スウェーデン・日本・米国の進化と適応** スヴェン・スタインモ著, 山崎由希子訳 岩波書店
【要旨】国際経済競争、人口動態変化といった圧力に対し、各国はどう適応したのか。国家システムが抱える問題を、社会政治的・制度的進化から解き明かす。
2017.8 278, 30p B6 ¥3800 ⓘ978-4-00-024724-5

◆**生命・人間・経済学―科学者の疑義** 宇沢弘文, 渡辺格著 日本経済新聞出版社

【要旨】経済性優先、教育、人間性、国家の役割、弱者、新しい科学…。我々はどう臨めば良いのか？ 行動する経済学者と生命科学の第一人者が経済社会の問題点を縦横無尽に議論し、格差、高齢化社会、ビッグデータ、遺伝子組み換えなど、21世紀の日本人が直面している問題をいち早く指摘し、警鐘を鳴らした幻の対談。
2017.3 258p B6 ¥2500 ⓘ978-4-532-35721-4

◆**セオリー＆プラクティス経済政策** 柳川隆, 永合位行, 藤岡秀英編 有斐閣 （有斐閣コンパクト）
【要旨】理論を学び、現実を読み解く！ 経済政策を理解する初めの一歩。
2017.3 259p B6 ¥2100 ⓘ978-4-641-16499-4

◆**世界がもし100人の村だったら お金篇―たった1人の大金持ちと50人の貧しい村人たち** 池田香代子著, C.ダグラス・ラミス対訳 マガジンハウス
【要旨】貧しさのために5秒に1人子どもが死んでいます。―この現実も、あなたが今いる世界の一部。「お金」を糸口にすれば、よりリアルな世界が見えてきます。
2017.9 191p B6 ¥1000 ⓘ978-4-8387-2902-9

◆**世界から格差がなくならない本当の理由** 池上彰著 SBクリエイティブ（SB新書）
【要旨】生まれた環境で、人生が決まってしまう社会―格差はいろいろな原因によって起きています。「原因はこれだ」「こうすれば解決できる」とは一概に言えません。たまたま生まれた家がお金持ちだったからいい教育を受けられる、あるいは貧しかったから教育を受けられないということになれば、どんな子供もスタートは同じにする。その後は、本人の努力によってそれなりの差が出るのは仕方がない。でも、まずはスタートを同じにする。そのために、私たちができること・やるべきことを本書で一緒に考えたい。
2017.3 211p 18cm ¥800 ⓘ978-4-7973-8952-4

◆**世界で最も美しい問題解決法―賢く生きるための行動経済学、正しく判断するための統計学** リチャード・E.ニスベット著, 小野木明恵訳 青土社
【要旨】上がった株と下がった株、どちらを売るべきか。つまらない映画は最後まで見るべきか…。世界的な心理学者が、経済学から哲学まで、ありとあらゆるジャンルを横断し、発見した賢い問題解決のための100の方法。日常生活やビジネスの現場におよぶ意思決定をスマートにし、最高の結果を導くための新しい教科書、待望の邦訳。
2018.1 438, 10p B6 ¥2600 ⓘ978-4-7917-7038-0

◆**石油の呪い―国家の発展経路はいかに決定されるか** マイケル・L.ロス著, 松尾昌樹, 浜中新吾共訳 吉田書店
【目次】第1章 諸国民の富の逆説、第2章 石油収入にまつわる問題、第3章 石油の増加、民主主義の後退、第4章 石油は家父長制を永続させる、第5章 石油が引き起こす暴力、第6章 石油、経済成長、政治制度、第7章 石油に関するよい知らせと悪い知らせ
2017.2 343p A5 ¥3600 ⓘ978-4-905497-49-3

◆**潜在能力アプローチ―倫理と経済** 後藤玲子著 岩波書店 （一橋大学経済研究叢書 64）
【要旨】アマルティア・センが潜在能力（ケイパビリティ）アプローチを提唱してから三十余年。彼の「経済学と倫理学」の核心であるこのアプローチの経済学的定式化を試み、「自由の価値」の平等についての経済哲学的な考察を行う。潜在能力アプローチの最も基本書であり、その意義と可能性を追究し理論的展開を試みた研究書でもある。
2017.3 244p A5 ¥5600 ⓘ978-4-00-009925-7

◆**戦争と平和の経済学―世界は今、500年に1度の大転換期だ** 増田悦佐著 PHP研究所
【要旨】現代人に最も役に立つ「世界史の読み方」！ 資本主義社会の行き詰まりが、世界的な混乱を引き起こしている。文明の変化を、戦争史と経済学の視点から説き明かす、画期的論考。
2017.5 332p B6 ¥1800 ⓘ978-4-569-83581-5

◆**選択しないという選択―ビッグデータで変わる「自由」のかたち** キャス・サンスティーン著, 伊達尚美訳 勁草書房
【要旨】ビッグデータが活用されるようになり、企業や政府はあなたに合った商品やサービスのデフォルト（初期設定）を簡単に設定できるようになってきた。だがそれだと、私たちの「選択する自由」はなくなってしまうのではないか？

いつのまにか誰かに操られ、自分の頭で考えなくなってしまうのではないか？ 自分と同じ意見しか目にしなくなり、視野が狭くなってしまうのではないか？ ビッグデータ時代にふさわしい自由と選択を追い求め、いま注目のリバタリアン・パターナリズムをさらに進化させる！
2017.1 237, 23p B6 ¥2700 ⓘ978-4-326-55077-7

◆**大過剰―ヒト・モノ・カネ・エネルギーが世界を飲み込む** 中島厚志著 日本経済新聞出版社
【要旨】リーマン・ショックを機に過剰供給に転じた「ヒト、モノ、カネ、エネルギー」。不足を前提とした従来の経済の議論はもう通じない。「過剰の時代」を踏まえないと、新興国の失速、イギリスのEU離脱、トランプ政権誕生など世界経済の波乱要因をストーリーとして理解できないのだ。日本にどのような逆転のチャンスがあるかも解明する新しい経済論。
2017.3 243p B6 ¥1800 ⓘ978-4-532-35724-5

◆**大都市圏ガバナンスの検証―大阪・アジアにみる統治システムと住民自治** 重森曉, 柏原誠, 桑原武志編著 （京都）ミネルヴァ書房 （大阪経済大学研究叢書）
【要旨】グローバル化と都市間競争の激化、少子高齢化と貧困・格差の拡大など、都市の成熟と変貌に伴い、様々な問題が生じている。それに対応するための、新たな大都市圏ガバナンスとは何か。本書は、日韓の第二都市・大阪と釜山を主な対象として、ガバナンスの内部構造、統治システムと住民自治、そして周辺都市・農村との交流・発展までを視野に入れ、共同研究の成果をまとめた一冊である。
2017.2 266p A5 ¥5500 ⓘ978-4-623-07914-8

◆**大不平等―エレファントカーブが予測する未来** ブランコ・ミラノヴィッチ著, 立木勝訳 みすず書房
【要旨】新理論と実証で、所得分布の大変動を描きだす、新しい経済学。2016年『エコノミスト』『フィナンシャル・タイムズ』ベストブック。
2017.6 244, 41p B6 ¥3200 ⓘ978-4-622-08613-0

◆**タダより高いものはない** 上念司著 イースト・プレス（イースト新書）
【要旨】教育や医療がタダになる、「国の借金」がゼロになる、補助金で生活が豊かになる…そういった政策を唱えている政治家に投票すれば、みなさんの将来不安はゼロになるだろう。だが、それらは絵空事だ。往々にして財務省の意を酌んだ耳当たりのよい甘言にすぎない。経済学的に思考すれば、回りまわって国民負担の増大という結果に終わる。無料で、あるいは安価で何かを提供してくれるという話には、必ず小さな文字で但書がついている。「知らなかった」「聞いてなかった」と後悔したときには手遅れなのだ。賢明なる日本国民よ、この不都合な現実を直視せよ。
2017.3 255p 18cm ¥861 ⓘ978-4-7816-5088-3

◆**多文化時代の観光学―フィールドワークからのアプローチ** 高山陽子編著 （京都）ミネルヴァ書房
【要旨】その地域の文化的文脈において歴史的建造物や風景、歌や音楽などを理解するための「観光リテラシー」を身につけるためのテキスト。刷り込まれた西洋的価値観を自覚し、脱却するための効果的な方法として従来の観光だけではないさまざまな方法を取り上げる。現代の多文化社会を生きる人びとにむけて、本質的な多文化共生とは何かを訴えかけ、そこで生きる自分自身を見つめなおすための一歩となる書である。
2017.6 232p A5 ¥2800 ⓘ978-4-623-07866-0

◆**地域が生まれる、資源が育てる―エリアケイパビリティーの実践** 石川智士, 渡辺一生編 勉誠出版
【要旨】地域の潜在能力を高め、豊かな循環を生み出す。新しい地域資源の発見が新しい地域コミュニティを作り出し、より良いヒトと自然の関係性を構築していく。自然とヒトの好循環を創り出すAC（エリアケイパビリティー）の発想法を、事例を通しながら描く。ACの達成を紹介する実践編。
2017.3 276p B6 ¥2800 ⓘ978-4-585-26001-1

◆**地域間ヤードスティック競争の経済学** 西垣泰幸著 日本経済評論社
【要旨】地方財政の最新理論モデルを用い、地方分権下の政策競争による公共財供給、財政格差は正や、地方税のあり方を考察。日本財政が悪化し続けるいま、既存の理論を刷新する試み。
2017.12 284p A5 ¥5200 ⓘ978-4-8188-2484-3

経済・産業・労働

◆**地域経済政策学入門** 山川充夫編著　八朔社
【目次】地域経済政策学への道、フランスにおける地域経済政策の誕生―「単一にして不可分な共和国」における「国家」と「地域」の関係、「都会」と「田舎」の歴史、社会関係資本と地域経済政策、公共政策と地域経済政策、地方創生への道―「一村一品運動」「ふるさと創生」そして「地方創生」へ、農業政策の推移と現段階―直接支払いの意義と限界を中心に、地域経済に果たす中小企業・ベンチャー企業の役割、地方都市再生と商業まちづくり、地域経済と観光産業、観光地域振興と地域経済政策、企業会計と地域経済政策、産業連関分析と地域経済政策、地理情報と地域経済政策、NPOと地域経済政策、地域経済政策と人材養成教育
2017.5 318p A5 ¥2800 ①978-4-86014-084-7

◆**地域公共交通の活性化・再生と公共交通条例** 香川正俊著　日本評論社
【目次】第1部 地域公共交通の衰退と国の補助制度（地域公共交通をめぐる環境および現状、交通政策基本法の意義と移動権、交通政策基本法の成立と「移動権」の取り扱い、法的拘束力に関わる交通政策基本法の限界、交通政策基本計画と地域公共交通の活性化及び再生を保障する法律の改正、国の補助制度）、第2部「公共交通条例」の内容と意義および諸課題（金沢市における公共交通の利用の促進に関する条例、公共交通空白地等及び移動制約者に係る生活交通の確保に関する条例、加賀市地域交通基本条例、新潟市公共交通と自転車で移動しやすく快適に歩けるまちづくり条例、熊本市公共交通基本条例、奈良県公共交通条例、高松市公共交通利用促進条例、長岡京市公共交通に関する条例）、資料
2017.2 217p A5 ¥3600 ①978-4-535-55874-8

◆**地域社会の創生と生活経済**―これからのひと・まち・しごと　生活経済学会編　（京都）ミネルヴァ書房
【要旨】少子・高齢化、グローバル化・市場経済化が進展する中、地域社会創生への取組みの重要性はますます高まっている。本書では、生活者の立場から現状を分析、主要な政策の再検討を行い、各分野における最新の理論と視点を紹介。現代の生活と経済は、これまで以上に地域社会の動向・趨勢と密接に関係していることを明らかにし、地域社会における新しい働き方と暮らし方を探る。
2017.3 206p A5 ¥2600 ①978-4-623-07917-9

◆**地域と対話するサイエンス**―エリアケイパビリティー論　石川智士、渡辺一生編　勉誠出版
【要旨】地域資源を再発見し、ヒトと自然の望ましい将来を考える。AC（エリアケイパビリティー）とはどのような考え方なのか？ それによって、地域の自然環境にどのような好影響があり、そこで暮らす人々にどのような社会的・経済的恩恵があるのか？ ACの可能性を追究する理論編。
2017.3 327, 23p B6 ¥3200 ①978-4-585-26000-4

◆**致富の鍵** 大倉喜八郎述、菊池暁訂、東京経済大学史料委員会編　（国分寺）東京経済大学、日本経済評論社 発売
【目次】第1編 奮闘積când生の生涯、第2編 国民致富策、第3編 商戦必勝法、第4編 積富立身策、第5編 立身出世策、第6編 処世の要道、第7編 人物の偉力、第8編 国富と国力、第9編 経済界振興策、付録
2017.5 289p A5 ¥3000 ①978-4-8188-2469-0

◆**地方創生と労働経済論** 木村武雄著　五絃舎
【目次】第1部 地方創生（愛媛県と今治市のタオル業、大分県と日田市の大山町農協、岐阜県と郡上市の小水力発電 ほか）、第2部 経済思潮（経済思潮史概論、ケネーと重農主義、アダム・スミスと英国古典派 ほか）、第3部 労働経済論（労働経済学とは何かとM字カーヴ、労働供給とバック・ベンド、労働需要と完全競争市場 ほか）、巻末付録
2017.10 302p A5 ¥2900 ①978-4-86434-076-2

◆**中高の教科書でわかる経済学 マクロ篇**　菅原晃著　河出書房新社
【要旨】未来が現在を決定する！ 現代経済学の新しいモデルまで、しっかり解説！ 難解なマクロ経済学を、中高の教科書の用語を使い丁寧に解説した決定版。この1冊でばっちり！ 教科書だけではわからない「なぜ、そうなるか」を理解できる。
2017.6 406p B6 ¥1900 ①978-4-309-24787-8

◆**中高の教科書でわかる経済学 ミクロ篇**　菅原晃著　河出書房新社

【要旨】教科書だけではわからない「なぜ、そうなるか」を理解できる決定版。中学「公民科」高校「現代社会・政治経済」の教科書・資料集に出てくる経済用語を使い現象と理論を結びつけ、じっくり解説。
2017.3 303p B6 ¥1600 ①978-4-309-24788-5

◆**中小企業診断士のための経済学入門** 三枝元著　同友館
【要旨】経済学の基本を学び、日常の仕事や生活にも役立つ、生きた経済の知識を身につける！ 診断士試験受験者にも最適な入門書！
2017.12 221p A5 ¥1900 ①978-4-496-05326-9

◆**中東欧体制移行諸国における金融システムの構築**―銀行民営化と外国銀行の役割を中心に　高田公著　時潮社
【要旨】ペレストロイカから東欧革命を経て中東欧の社会主義諸国は資本主義体制へと変貌をとげた。体制移行に伴い、金融システムはこれら中東欧諸国にどのような変化をもたらしたのか。民営化、外国銀行の参入、EU加盟、2008‐2009年の金融危機にどう対応したのかを中心に鋭く分析・考察した一冊！
2017.1 258p A5 ¥6000 ①978-4-7888-0714-3

◆**超入門 資本論** 木暮太一著　日本経済新聞出版社 （日経ビジネス人文庫）
【要旨】「30分でつくったカレーと3日煮込んだカレーの違いとは？」…難解な経済理論をやさしく解説する手腕に定評のある著者が、身近な話題をもとに『資本論』を案内。20世紀以降の世界に多大な影響を与えたマルクスのエッセンスが楽しくわかる超訳本の決定版。
2017.7 265p A6 ¥850 ①978-4-532-19823-7

◆**テキスト国際経済学** 大矢野栄次著　同文舘出版
【要旨】新しい「国際経済学」を構築するための基礎的な知識を提供する！ 国内経済の資源配分と所得分配の問題で、国と国との間における財とサービスの取引の影響を考える「国際経済学」を学ぶために重要な項目だけに絞り、コンパクトにまとめられた入門書！
2017.9 136p 21×14cm ¥1700 ①978-4-495-44271-2

◆**テキスト都市地理学**―都市システム論の視点　藤本典嗣著　中央経済社、中央経済グループパブリッシング 発売
【要旨】企業や行政機関の立地や配置はどのように決まるのか。都市のつくりに行政や制度はどのような役割を果たしているのか。
2017.5 247p A5 ¥2800 ①978-4-502-22741-7

◆**デジタルエコノミーはいかにして道を誤るか**―労働力余剰と人類の富　ライアン・エイヴェント著、月谷真紀訳　東洋経済新報社
【要旨】デジタル革命による自動化、グローバリゼーション、スキルの高い少数の人間の生産性向上により、労働力が余る時代となった。私たちはどのように働けばいいのか？ 子どもの教育はどうすればいいのか？ なぜソーシャル・キャピタルの重要性が高まっているのか？ 現場取材と、最新のデータと、テクノロジーの大転換の歴史を踏まえ、気鋭の論客が21世紀の働き方、政治、富の分配を追究する意欲作。
2017.11 345, 17p B6 ¥1800 ①978-4-492-65480-4

◆**統計学15講** 山本庸平著　新世社、サイエンス社 発売 （ライブラリ経済学15講BASIC編11）
【要旨】経済学を学び、データ分析を行っていこうとする際に必要不可欠な統計学の基礎知識を15講構成の自助テキスト。統計学特有の初学者が戸惑いやすい概念については解説の後に必ず例を入れ、事例を通しての学びを重視。また、実際の分析についてはExcel 利用を前提とし、操作やコマンドを紹介しつつ、収載データについてダウンロードできる形としている。さらに、理解の確実な定着を配慮して各講の末尾に確認問題やレポート課題例を挿入し、豊富な練習問題を設けている。見やすい2色刷。
2017.12 244p A5 ¥2000 ①978-4-88384-267-4

◆**島嶼学への誘い**―沖縄からみる「島」の社会経済学　嘉数啓著　岩波書店
【要旨】地球面積の7%を占める「島」はいま、グローバル化の中で、かつての弱点が利点に反転する、大きな可能性をはらんでいる。地理、文化人類学、経済学など異分野の研究を集結して、学際的に「島」の多様性および将来を議論する島嶼学。その成果を経済学的視点から整理し、島嶼学の「発祥の地」である琉球の島々を主な対

象に、島嶼の分類・特質、持続可能性、島嶼技術、ネットワーク、自立経済構築に向けた政治経済的アプローチなどを分析するユニークな入門書。
2017.2 203p A5 ¥2800 ①978-4-00-061171-8

◆**東大生がつくった マンガ やさしい経済学入門** 東大まんがくらぶ著、飯田泰之監修、松本勇祐マンガ　宝島社
【要旨】異世界の若き女君主が経済学で国を救う!?東大式難しい経済学が1時間でわかる！ マンガと図解で経済の仕組みがバッチリ！
2017.3 191p B6 ¥980 ①978-4-8002-6283-7

◆**都市空間と商業集積の形成と変容** 千葉昭彦著　原書房
【目次】第1章 序論、第2章 大規模宅地開発の展開と商業集積の変化、第3章 仙台大都市圏における大規模宅地開発の展開、第4章 盛岡都市圏における大規模宅地地開発の展開、第5章 都市空間の拡大と商業集積の変容―鶴岡市・白河市の事例、第6章 青森市における商業立地環境の変化、第7章 仙台大都市圏での商業集積の変化とまちづくり、第8章 中小都市の地域変化に対する商店街の対応と消費者の反応、第9章 結論
2017.5 249p A5 ¥2800 ①978-4-562-10127-6

◆**都市と森林** 三俣学、新澤秀則編著　（京都）晃洋書房
【要旨】六甲山系の現場に即して森林生態とそれが生み出す価値や文化、都市住民による利用、管理・保全の実態を浮きぼりに、未来に向けた都市近郊林を活かし守るための財政・法制、政策について試論する。
2017.3 254p A5 ¥3800 ①978-4-7710-2879-1

◆**凸解析の基礎**―凸錐・凸集合・凸関数　W.フェンヒェル著、小宮英敏訳　知泉書館 （数理経済学叢書）
【要旨】凸集合の基本的性質を詳細に解説し、凸関数がもつ興味深い多くの性質を明らかにしている。それは幾何学者として培った蘊蓄を活用しながら、幾何と解析の融合を展開し現代的な凸解析研究の嚆矢となる古典的な文献である。第1章はユークリッドベクトル空間における凸錐の基本性格を、第2章はアフィン空間における凸集合を、第3章はアフィン空間における凸関数の研究を扱う。ここには幾何学者の発想だが、通常の凸解析の書物では触れられない、独自の凸集合論に対する視点が生きされており、数学や経済学など数理科学に関わる読者が凸解析理論の意義と起源を知るうえでの必読文献となろう。
2017.1 127p A5 ¥4800 ①978-4-86285-246-5

◆**独禁法審判決の法と経済学**―事例で読み解く日本の競争政策　岡田羊祐、川濱昇、林秀弥編　東京大学出版会
【要旨】独禁法審判決の法と経済学―意義と課題、1 談合・カルテル（入札談合と基本合意―多摩談合事件、自動認可運賃と監督官庁による指導―新潟タクシー価格協定事件）、2 企業結合（水平合併における競争の実質的制限と問題解消措置―新日鐵・住友金属合併事件、市場の確定と供給能力の調整―BHPビリトン及びリオ・ティントJV型統合事件、垂直統合による市場閉鎖―ASML・サイマー統合事件）、3 私的独占・不公正な取引方法（音楽放送業者の低料金設定による競争者の顧客奪取―有線ブロードネットワークス事件、マージンスクイーズによる排除―NTT東日本事件、包括徴収による排除―JASRAC事件、プラットフォームにおける取引妨害―DeNA事件、再販売価格の拘束と公正競争阻害性―ハマナカ事件・アディダス事件）、4 優越的地位の濫用（優越的地位濫用の規制趣旨と要件該当性―トイザらス事件、フランチャイズ契約における優越的地位の濫用―セブン・イレブン事件）、本書の達成と今後の展望
2017.1 315p A5 ¥5200 ①978-4-13-040279-8

◆**中江兆民と財政民主主義** 渡瀬義男著　日本経済評論社
【要旨】自由民権運動の理論家・中江兆民は、財政民主主義の先駆者でもあった。生誕170年の節目に当たり、危殆に瀕する財政民主主義の視点から新たな兆民像を提示する。
2017.4 182p B6 ¥2100 ①978-4-8188-2465-2

◆**なめらかなお金がめぐる社会。一あるいは、なぜあなたが小さな経済圏で生きられるのか。** 家入一真著　ディスカヴァー・トゥエンティワン
【要旨】「お金がすべて」の社会のその先に。クラウドファンディング、恩送りの社会。資本主義のアップデートが始まる。今、家入一真が伝

えたい、新しいお金、経済の姿。
2017.8 199p B6 ¥500 ①978-4-7993-2159-1

◆「逃げ恥」にみる結婚の経済学　白河桃子,
是枝俊悟著　毎日新聞出版
【要旨】年収600万円未満の夫は専業主婦の妻に「好きの搾取」をしている!?「逃げ恥」が見せた"因数分解"で結婚の経済価値が明らかに！「婚活」ブームの生みの親×イクメン・エコノミストが語る現代日本の「結婚」「お金」「夫婦の形」。
2017.10 235p 18cm ¥1000 ①978-4-620-32477-7

◆2時間でわかる 図解オムニチャネル入門
角井亮一著　あさ出版
【要旨】いちばん簡単！やさしい！最初の一冊！意外と知らない、あんなコト、こんなコト。私たちの生活、ビジネスは何が、どう変わる？
2017.1 174p A5 ¥1500 ①978-4-86063-949-5

◆21世紀資本主義世界のフロンティア—経済・環境・文化・言語による重層的分析　五味久壽, 元木靖, 苑志佳, 北原克宣編著　批評社
【目次】総論—現代世界の基本問題（アジア・中国の世紀における中国巨大資本主義、環境と経済の間の近代の文明史的研究）、現代資本主義の転換と経済学の課題（資本主義論の諸問題、情報技術革命の現局面と人類史的意味—情報データ分析による自動化・ロボット化の進行過程や、マルクス経済学の現代的課題）、新興国経済の台頭—中国とブラジル（中国資本主義に関する論考—「複合型資本主義」の様相、人民元の為替相場制度の変遷、経済グローバル化時代における発展途上国の経済発展と政府の役割—ブラジル自動車産業の事例を基に）、現代社会の変容—環境倫理・メディア言語・漢字文化（儒教における環境倫理思想—人間と動植物の同質性および仁の限界をめぐって、新聞メディアの社会言語学的アプローチ—批判的ディスコース分析（CDA）の一考察、情報処理をめぐる漢字の現状と未来）
2017.4 264p A5 ¥3500 ①978-4-8265-0660-1

◆21世紀に『資本論』をどう生かすか　鎌倉孝夫, 佐藤優著　金曜日
【要旨】いまの社会問題の根本がどこにあるかを考えるために、マルクスの『資本論』は最強の武器であり続けている。ただし、『資本論』は革命の手引き書ではない。一般向けの講義をまとめた本書は、資本主義の内在論理をあきらかにするとともに、『資本論』の誤読されやすい部分をていねいに説き起こす。
2017.10 286p B6 ¥1500 ①978-4-86572-023-5

◆2018年資本主義の崩壊が始まる　野田聖二著　かんき出版
【要旨】本書では、なぜ技術革新によっても生産性が上がらないのか、その謎を解きました。謎を解くための手掛かりとなったのが「エントロピー」です。さらに歴史を俯瞰して、近代の資本主義がどのような時代背景のなかから生まれてきたのかを探り、資本主義を最終的に崩壊する運命を辿らざるをえないことを、歴史の文脈から読み解きました。
2018.1 223p B6 ¥1500 ①978-4-7612-7311-8

◆日本を救う最強の経済論—バブル失政の検証と後遺症からの脱却　高橋洋一著　育鵬社, 扶桑社 発売
【要旨】間違いだらけの経済論を論破する！1980年代後半のバブル崩壊は、税制の抜け穴によって起こった。それを日銀は、金融緩和によって起こったと勘違いし、まったく無意味な金融引き締めを続け、デフレ不況は20年を超えた。バブル崩壊後に本来行うべき金融政策は、金融緩和であったにもかかわらずだ。著者の提言に基づいた金融緩和政策により、景気と雇用は劇的に回復した。日本のさらなる成長戦略を明かし、希望の未来図を描いた渾身の一冊！
2017.9 217p B6 ¥1400 ①978-4-594-07788-4

◆日本経済史　石川里枝, 橋口勝利編著　（京都）ミネルヴァ書房　（MINERVAスタートアップ経済学 5）
【要旨】経済を通して、日本の歴史を俯瞰すると見えてくる景色とは何か。江戸時代の経済の仕組みから、開港、産業革命、2つの大戦、戦後復興、そして高度経済成長から現代日本へのダイナミズムをわかりやすく解説する。高等学校の歴史学習からの架け橋となるべく、学ぶべきポイントを整理。初学者がはじめに読む日本経済史の入門書。
2017.4 338p A5 ¥2800 ①978-4-623-07948-3

◆日本経済のデータ分析と経済予測　小林慎哉著　文眞堂　第2版

【要旨】本書は、経済統計の基礎から応用、座学から実践までをトータルで学ぶよう設計された。大学のテキストとして書かれたため、主たる読者は経済学部の学生を想定しているが、社会人の方々にも十分ご活用いただける内容であると確信している。
2017.1 174p A5 ¥2100 ①978-4-8309-4929-6

◆日本経済論・入門—戦後復興からアベノミクスまで　八代尚宏著　有斐閣　新版
【要旨】経済の長期停滞、所得格差、現代日本の抱える問題を考えるために、過去の経済問題との相違点、経済成長屈折の共通点を探る。データを最新のものにし、アベノミクス、成長戦略、人口が減っていく経済、近刊の安倍政権とTPP協定をめぐる動向等を盛り込んだ好評入門書の最新版。
2017.3 235p B6 ¥1900 ①978-4-641-16503-8

◆日本国際経済法年報　第26号 投資紛争解決制度の再考察 国際カルテルと東アジア競争法の域外適用　日本国際経済法学会, （京都）法律文化社 発売
【目次】共通論題（投資紛争解決制度の再考察—WTO紛争解決・国際商事仲裁との比較が与える示唆、国際カルテルと東アジア競争法の域外適用）、自由論題（サービス貿易規律における最恵国待遇原則、DPA（Deferred Prosecution Agreement）（訴追延期協定）、いわゆる交渉による企業犯罪の解決について—英米の制度比較 ほか）、文献紹介（Jürgen Kurtz, The WTO and International Investment Law : Converging Systems, Shawkat Alam, Sumudu Atapattu, Carmen G.Gonzalez and Jona Razzaque (eds.), International Environmental Law and the Global South ほか）、2016年貿易・投資紛争事例の概況（WTO紛争事例、投資仲裁決定）
2017.10 297p A5 ¥4200 ①978-4-589-03878-4

◆日本人と資本主義の精神　田中修著　筑摩書房　（ちくま新書）
【要旨】一九八〇年代に、世界中から礼賛された日本型資本主義だったが、バブル崩壊、さらにその後の二〇年以上に及ぶ停滞を見るにつけ、すでに終焉を迎えたと言わざるを得ない。大蔵官僚、財務省高官として、日本経済の中心で働き続けてきた著者が、日本人の精神の根幹から、日本型資本主義の誕生、歩み、衰退の流れを様々な資料をもとに丹念に読み解いていく。その上で「日本型資本主義」とは何だったのか、その再構築には何が必要かを分析する意欲作。
2017.8 230p 18cm ¥800 ①978-4-480-06981-8

◆日本の観光 きのう・いま・あす—現場からみた観光論　須田寛著　交通新聞社 （交通新聞社新書）
【要旨】経済波及効果の大きい観光は、地域社会発展のための大きな手段の一つでもあり、日本の力強い経済成長を取り戻すための重要な成長分野と考えられる。日本においても「2020年に訪日外国人観光客数4000万人」という目標を掲げている。本書は、「産業観光」等の新しい観光を提唱し、商工会議所、日本観光振興協会などで、永年、観光の仕事に携わってきた著者が、日本の観光の「きのう・いま・あす」を探る。観光客も観光地側もお互いが「観光するこころ」をもって一体化する、それが今後の地域づくり、「観光立国」の基盤と強調。
2017.2 262p 18cm ¥800 ①978-4-330-76117-6

◆日本の経済統制—戦時・戦後の経験と教訓　中村隆英著　筑摩書房 （ちくま学芸文庫）
【要旨】統制とは、市場の価格機構に何らかの方法で干渉し、その機能を制限することである。日本における経済統制は、世界恐慌による危機的状況への企業の対応から生まれた。やがて、日中戦争（日華事変）の勃発、太平洋戦争への突入と戦争が全面化するにつれ、性格を変貌させていく。国家による軍需生産への集中とそれ以外の生産物への介入拡大という、統制が統制を呼ぶ事態のなか、戦局へと突き進む日本。昭和12年（1937）から昭和25年（1950）までの国家統制の動きについて全体像を提示する。戦後の出発を決定づけた戦時中の経験とは何であり、現代に何を教えるのか。
2017.6 235p A6 ¥1000 ①978-4-480-09804-7

◆日本の産業立地と地域構造—「国土のグランドデザイン2050」に向けて　門川和男著　多賀出版
【目次】第1章 日本の国土計画の歴史、第2章 戦後日本経済の動向、第3章 工業立地の動向、第

4章 立地調査の概要、第5章 立地調査の結果と分析、第6章 地域間ネットワークの分析、第7章 企業内ネットワークの分析、第8章 GD2050に向けて、補論 ネットワーク分析の手法
2017.12 406p A5 ¥6500 ①978-4-8115-7951-1

◆日本の労働市場—経済学者の視点　川口大司編　有斐閣
【要旨】労働経済学研究への最良の招待状。第一線の研究者が、重要な研究をバランスよく紹介したうえでまだ明らかになっていない問題を提示し、政策対応を模索する。働くことの未来を考えるためのヒントに満ちた一冊。
2017.11 415p A5 ¥3600 ①978-4-641-16512-0

◆入門 オークション—市場をデザインする経済学　ティモシー・P. ハバード, ハリー・J. バーシュ著, 安田洋祐監訳, 山形浩生訳　NTT出版
【要旨】ローマ帝国からオンライン広告まで。経済を動かす「オークション」の理論と実際！「数式が一切登場しないにもかかわらず内容に富んだ、理想的なオークションのテキスト！」（安田洋祐氏）。
2017.4 280p B6 ¥2400 ①978-4-7571-2361-8

◆入門書を読む前の経済学入門　中矢俊博, 上口晃著　同文舘出版　第四版
【要旨】貯蓄は美徳？ 景気は気から！ 日本はすでに火の車、インフレが良いかデフレが良いか、東日本大震災、バブル崩壊と失われた20年etc. 数式などを使った、難解な経済学入門書を断念した読者待望の一冊!!
2017.3 230p A5 ¥2000 ①978-4-495-43624-7

◆人間性と経済学—社会科学の新しいパラダイムをめざして　岡部光明著　日本評論社
【目次】第1部 経済学の多様な展開と特徴、課題（多様な展開をみせる現代経済学、主流派経済学の「強さ」と「弱さ」、経済政策論からみた経済学の課題、主流派経済学の課題とその対応方向）、第2部 社会科学の新しいあり方（1）：方法論の革新（総合政策学の意図：必要性、理論的基礎、方法論、人間の幸福度への着目：幸福の構成要素、人間を幸福にする要因：結果追求よりも原因指向の対応）、第3部 社会科学の新しいあり方（2）：人間の行動動機の多様性認識（利他主義の動機、成立構造、効果、黄金律の起源、発展、意義、コミュニティの機能：その組織的特徴と力の源泉）、第4部 社会科学の新しいあり方（3）：人間の生き方の探求（個人と組織のインテグリティ：その意義と社会的機能、個人の幸福追求と社会の発展：その関連性、個人の幸福実現と社会発展を統合する実践哲学）
2017.2 473p A5 ¥6400 ①978-4-535-55867-0

◆働き方改革の経済学—少子高齢化社会の人事管理　八代尚宏著　日本評論社
【要旨】既存の働き方の枠組みを抜本的に変えなければいけない。この覚悟がどこまであるだろうか？
2017.9 168p B6 ¥1700 ①978-4-535-55887-8

◆ハッパノミクス—麻薬カルテルの経済学　トム・ウェインライト著, 千葉敏生訳　みすず書房
【要旨】『エコノミスト』エディターが、アンデスのコカ畑から、中米の監獄まで、麻薬の「聖地」をくまなく取材。M&A、CSR、サプライチェーン管理、オフショアリング…巨大カルテルの多国籍企業顔負けの経営戦略を解き明かす！
2017.12 280, 10p B6 ¥4000 ①978-4-622-08663-5

◆パニック経済—経済政策の詭弁を見破る　逢沢明著　平凡社 （平凡社新書）
【要旨】政府・日銀が「偽りの論理」を用いて、持続不可能な「異次元」異常・無理矢理経済を再生させ続けようとすれば、ある期間、経済は改善の兆しを見せるかもしれない。しかし早晩、様々な矛盾と不自然な軋みが生じ、大きな報いを受けるだろう。その時、煮え湯を飲まされるのは、私たち国民に他ならない。本書では、歴史の諸事実と、普遍の科学という視点を交えながら、経済政策の詭弁を見破り、日本経済の現状に警鐘を鳴らす。
2017.1 204p 18cm ¥780 ①978-4-582-85833-4

◆バランスシート効果と政策の有効性について　平智裕著　三菱経済研究所
【目次】第1章 はじめに、第2章 モデル、第3章 バランスシート効果の性質（情報が完全なケース、情報が非対称なケース）、第4章 政策合意：資産再分配政策の有効性、第5章 結論
2017.3 34p A5 ¥1000 ①978-4-943852-60-5

◆東アジア教養人のための日中韓経済論　岡山大学グローバル・パートナーズキャンパス・アジア事務局企画、田口雅弘、金美徳編著（岡山）ふくろう出版　（キャンパス・アジア共通教科書）
【目次】第1章 グローバル化と東アジア、第2章 東アジアの経済連携―アジアと日本の知恵を生かす、第3章 日本経済の発展と構造変化、第4章 日本経済が直面する様々な課題について、第5章 戦後中国の経済発展の歩みと内外構造の変化、第6章 中国経済の現状と課題、第7章 中国の辺境経済圏の諸相―「一帯一路」戦略とAIIBの動向を踏まえて、第8章 韓国経済の現状と課題、第9章 東アジア政治経済関係と経済協力の課題―日中関係を中心に
2017.2 270p A5 ¥2100 ①978-4-86186-691-3

◆ビジュアル 図でわかる経済学　川越敏司著　日本経済新聞出版社　（日経文庫）
【要旨】本書は、経済学の全体像を、65個のキーワードとともに、イラストや図解を用いてわかりやすく解説した入門書の決定版です。基礎であるミクロ経済学とマクロ経済学の両方を同時に学ぶことができ、ゲーム理論や経済成長論など、さらにはマーケット・デザインや実験経済学といった最新の話題も入門！「都会のコーヒーはなぜ高い？」「どうしたら失業をなくせるの？」「ネットオークションに必勝法はあるの？」といった身近な疑問を出発点にして、経済学の重要トピックを解説します。
2017.6 151p 18cm ¥1000 ①978-4-532-11934-8

◆標準マクロ経済学 第2版　笹倉和幸著　東洋経済新報社
【要旨】短期・中期・長期のマクロ経済学をコンパクトにまとめた定番テキスト。さらにわかりやすく、学びやすく改訂。
2017.4 335p A5 ¥2800 ①978-4-492-31496-8

◆貧困と飢饉　アマルティア・セン著、黒崎卓、山崎幸治訳　岩波書店　（岩波現代文庫）
【要旨】二〇世紀に世界各地で発生した「大飢饉」の原因とは、何だったのか。本書は、それが一国レベルの食料総供給量の不足によるものであるという通説を否定し、人々が十分な食料を手に入れる権原（能力や資格）が損なわれた結果であるということを実証的に解明している。開発経済学に新たな地平を切り拓き、後の「不平等理論」にも影響を与えた画期的な書。原書刊行後の研究成果をまとめた講演「飢饉撲滅のための公共行動」も併録。一九九八年ノーベル経済学賞受賞者の主著の一つ。
2017.7 348、56p A6 ¥1540 ①978-4-00-600366-1

◆貧困と闘う知―教育、医療、金融、ガバナンス　エステル・デュフロ著、峯陽一、コザ・アリーン訳　みすず書房
【要旨】開発経済学の最前線をコンパクトに紹介。ランダム化比較実験（RCT）を駆使した実証により、常識を覆し、貧困削減の具体的な政策を提示する。
2017.2 197、11p B6 ¥2700 ①978-4-622-07983-5

◆武器としての経済学―知識がなければ、戦えない。　大前研一著　小学館
【要旨】あなたはビジネスに使える「経済の教養」が身に付いているか？ 2020年の経済が見える、25の新しい視点。
2017.9 221p B6 ¥1400 ①978-4-09-389769-3

◆福田徳三著作集 第3巻 国民経済講話 1　福田徳三研究会、江夏由樹編　信山社
【要旨】20世紀初頭に、一般読者を対象に、政治・経済・社会の現実的視点から時代を論じ、国民の日常生活に関わる経済学を分かりやすく説いた入門書。
2017.1 440、12p A5 ¥7500 ①978-4-7972-8083-8

◆福田徳三著作集 第1巻 経済学講義　福田徳三、福田徳三研究会編、西沢保編・解題　信山社
【要旨】貨幣尺度ではなく「生」の充実こそ善であり富である。経済学の黎明期を画する「新たな講義」は、経済理論からみた生存権を熱く語り、貫く。
2017.10 556、41p 23×17cm ¥8800 ①978-4-7972-8081-4

◆不道徳な見えざる手―自由市場は人間の弱みにつけ込む　ジョージ・A.アカロフ、ロバート・J.シラー著、山形浩生訳　東洋経済新報社
【要旨】結婚式、お葬式、新車購入、住宅購入、金融商品、医薬品、選挙、広告、ポテトチップス、たばこ、お酒…知らずにみんな釣られている。賢いはずのあの人が、なぜカモられてしまうのか？ ノーベル賞受賞者による衝撃作！ 経済とは、釣り師とカモの永遠の闘いである。
2017.5 322、75p B6 ¥2000 ①978-4-492-31498-2

◆不平等―誰もが知っておくべきこと　ジェームス・K.ガルブレイス著、塚原康博、馬場正弘、加藤篤行、鑓田亨、鈴木賢志訳　明石書店
【要旨】「テキサス大学不平等プロジェクト」で格差・貧困を分析。経済的不平等の入門書。
2017.6 263p B6 ¥2200 ①978-4-7503-4538-3

◆ブルデュー国家資本論―象徴資本/官僚界/国家思考　山本哲士著　文化科学高等研究院出版局
【要旨】『国家について』のブルデュー講義を徹底解読し、「王の家」から官僚制の出現を国家生成として把捉した歴史考証をふまえ、その基本理論から、国家アクト/国家資本の国家論を、政治資本・象徴権力の再考をもって開く。マルクス=レーニン主義的国家論を脱出した画期的な論述。山本国家論の第3弾。
2017.3 628p 21×14cm ¥4500 ①978-4-938710-19-4

◆ブロックチェーン・エコノミクス―分散と自動化による新しい経済のかたち　高木聡一郎著　翔泳社　オンデマンド印刷版
【目次】第1部 ブロックチェーンのインパクト（ブロックチェーンは次世代のインターネットになるか、ブロックチェーンはなぜ"破壊的"なのか―3つの要素から考えるビジネス活用、ブロックチェーンは"スーパースター経済"の終焉をもたらすか？、ブロックチェーンの落とし穴―3つの苦手領域とビジネスチャンス）、第2部 ブロックチェーンの基本的な仕組み（ブロックチェーン技術とは、暗号の基本的な仕組み、ブロックチェーンの構造）、第3部 ブロックチェーンはビジネスや経済をどう変えるか…（IoTとスマート・コントラクトが作る"超自動化社会"とは？、デジタル通貨で始まるマネーの終焉？、中央銀行デジタル通過は何をもたらすか、ブロックチェーンの応用分野として有望なIoT、ブロックチェーンを活用したICO（Initial Coin Offering）のメリットと懸念）、第4部 まとめ（ブロックチェーンは「分散型社会」をもたらすか、ブロックチェーン・エコノミクスの展望）
2017.4 120p A5 ¥2600 ①978-4-7981-5303-2

◆文化資本―クリエーティブ・ブリテンの盛衰　ロバート・ヒューイソン著、小林真理訳　美学出版
【要旨】新自由主義の時代に、世界的に見て最も成功した政策のひとつと評価されるクリエイティブ・ブリテンがもたらした黄金時代の顛末とは。クール・ジャパン、アーツ・カウンシル、オリンピック・パラリンピック、レガシー…。日本は、英国の経験から何を学びとるのか。
2017.11 323p 21×15cm ¥2500 ①978-4-902078-48-0

◆文化ストック経済論―フロー文化からの転換　寺岡寛著　信山社出版
【要旨】「アートによる町おこし」は可能か？ 地域社会の活性化には、「文化」の活用が大きな鍵を握る。文化とは共通性や類似性よりもむしろ異質性や多様性への寛容さである。この視点は地域・地方文化の振興に重要である。
2017.11 230、13p A5 ¥3600 ①978-4-7972-2769-7

◆ヘンテコノミクス―行動経済学まんが　佐藤雅彦、菅俊一原作、高橋秀明画　マガジンハウス
【要旨】人は、なぜオレを買うのか。安いから、質がいいから。そんなまっとうな理由だけで、人は行動しない。そこには、より人間的で、深い原理が横たわっている。この本には、その原理が描かれている。漫画という娯楽の形を借りて。
2017.11 159p 24×18cm ¥1500 ①978-4-8387-2972-2

◆保険経済の根本問題―理論と実証　押尾直志著　（京都）ミネルヴァ書房
【要旨】保険のあるべき姿とは何か。歴史的・理論的検証を行い、保険・共済事業の課題と今後目指すべき方向について提言する。
2017.1 373p A5 ¥7500 ①978-4-623-07849-3

◆星健孝の地域文化論　星健孝著　幻冬舎メディアコンサルティング, 幻冬舎 発売
【要旨】無数のケーススタディから導き出された地域活性化の必須条件とは？ 斬新な視点、明確な指針。37年間、日本政策投資銀行で地域文化発展に取り組んだ著者の貴重なレポート、資料を一冊に集約。
2017.9 217p B6 ¥1200 ①978-4-344-91277-9

◆ポスト「アベノミクス」の経済学―転換期における異議申し立て　金子勝、松尾匡著、立命館大学社会システム研究所編　（京都）かもがわ出版
【要旨】アベノミクスを検証し、もう一つの市民的経済成長ビジョンを提言。構想力に富む物経済学者と新進気鋭の経済学者による、刺激的な対論。
2017.6 174p A5 ¥1700 ①978-4-7803-0917-1

◆「ポスト爆買い」時代のインバウンド戦略―日本人が知らない外国人観光客の本音　中村正人著　扶桑社
【要旨】翻訳ソフトで意味不明の外国語案内が氾濫！ 中国人のいない渋谷で「銀聯カードキャンペーン」!?"クールジャパン"は内輪ウケ!?客室不足は誰のせい？ それでも5人に4人はアジア人観光客。外国人観光客をめぐるストレスと葛藤の解決策が満載！
2017.3 255p B6 ¥1300 ①978-4-594-07623-8

◆ポンジースキームとしてのバブル　前川淳著　三菱経済研究所
【目次】第1章 ポンジースキーム（ポンジースキームとは何か？、ポンジースキームの理論的解説、均衡としてのポンジースキームとバブル）、第2章 バブル経済学/ポンジースキーム（基本モデル、Bailout、Money in OLG）、第3章 金融バブル（担保付きローンモデル、証券化技術の導入、2世代モデル、多世代モデル）、第4章 おわりに
2017.6 63p A5 ¥1200 ①978-4-943852-63-6

◆マクロ経済学　吉川洋著　岩波書店　（現代経済学入門）　第4版
【要旨】経済学の基礎であるマクロ経済学を、ケインズ経済学を中心に新古典派経済学の理論もあわせて学ぶ。マクロ経済学を理解するために必要な、基本的な概念と用語、基礎的な知識、関連した統計を丁寧に説明し、急速に変化する現実経済を読み解く力をつけることを目標とする、初学者のためのテキスト。
2017.3 283p A5 ¥2800 ①978-4-00-026656-7

◆マクロ経済学　二神孝一、堀敬一著　有斐閣　第2版
【要旨】好評の本格テキスト、待望の「リマスター版」完成。最新の経済情勢や経済成果に合わせて内容をアップデートし、「金融危機とマクロ経済学」などの新しい章を追加した最新版。
2017.4 466p A5 ¥3200 ①978-4-641-16502-1

◆マクロ経済学　オルラ・オルソン原著、石山健一、加藤将貴、黒岩直、中岡俊介、永冨隆司訳　成文堂
【目次】第1部 長期（Malthus 的な世界、Solow 成長モデル、内生的成長理論、世代重複モデル）、第2部 短期・中期（均衡景気循環、金融危機、消費と貯蓄、投資と資産市場、失業と労働市場）、第3部 マクロ経済政策（IS‐MP、総需要、総供給、財政と財政政策、インフレーションと金融政策、開放経済、数学付録）
2017.4 244p A5 ¥2400 ①978-4-7923-4263-0

◆マクロ経済学入門　二神孝一著　日本評論社　（シリーズ・新エコノミクス）　第3版
【要旨】今回の改訂では、日本銀行が安倍政権誕生以降に行っている金融政策について説明。データの刷新とともに、国際収支統計の定義の見直しも反映させた。財政赤字の問題に関して経済成長率と利子率の関係についても言及している。
2017.4 229p A5 ¥2200 ①978-4-535-04124-0

◆マクロ経済学の核心　飯田泰之著　光文社　（光文社新書）
【要旨】経済学は決して浮世離れした理論ではない。情勢を冷静に分析し、未来を予測するために拠って立つ礎となる。景気のトレンド、国の政策の是非、勤めている会社や業界の先行き、賃金は適正か、貯蓄か投資かなど、自分で判断し正しく行動するには、マクロ経済学の知識が不可欠だ。注目を集める著者独自のナビゲートで、現代を生き抜く知性の力を手に入れろ！
2017.6 253p 18cm ¥850 ①978-4-334-03983-7

◆マクロ経済分析の地平　岡田義昭著　成文堂
【目次】序 本書の課題と構成・概要、第1章 金融政策の為替レートへの伝達メカニズム、第2章 非伝統的金融緩和政策の有効性、第3章 デフレ期における日本の金融政策、第4章 不完全競争労働市場と賃金の硬直性、第5章 東アジア経済の通貨金融分析、第6章 東アジア経済圏の国際通貨制度、第7章 東アジア新興市場への国際資本流入、第8章 ユーロ圏と最適政策スキーム
2017.1 301p A5 ¥6000 ①978-4-7923-4261-6

経済・産業・労働

経済・産業・労働

◆マンキュー マクロ経済学　1　入門篇　N.
グレゴリー・マンキュー著, 足立英之, 地主敏
樹, 中谷武, 柳川隆訳　東洋経済新報社　（原著
第9版）　第4版
【要旨】マクロ経済学における超スタンダードな
ロングセラー・テキスト最新改訂版。
　　　　　2017.11 533p A5 ¥3800 ①978-4-492-31504-0

◆ミクロ経済学入門の入門　坂井豊貴著　岩
波書店（岩波新書）
【要旨】ミクロ経済学はシンプルで前提知識を要
しない, 非常に学びやすい学問だ。無差別曲線
や limits費用などの基本から, 標準的な均衡理論,
ITサービスの理解に欠かせないネットワーク外
部性まで。数式でなくコンパクトな図で説明す
る。「入門の入門」。これからミクロを学び始める
人, ミクロが分からなくて困っている人に最適
の一冊。
　　　　　2017.4 149, 3p 18cm ¥740 ①978-4-00-431657-2

◆ミクロ経済学の基礎　浅田統一郎著　中央経
済社, 中央経済グループパブリッシング　発売
第2版
【目次】第1章 歴史的背景, 第2章 消費者行動の
理論, 第3章 無差別曲線分析の応用, 第4章 生産
者行動の理論, 第5章 完全競争市場の部分均衡
分析, 第6章 不完全競争の理論, 第7章 一般均衡
理論と厚生経済学, 第8章 公共政策のミクロ経
済学の基礎, 第9章 ミクロ経済学のための数学
入門　2017.10 354p A5 ¥4200 ①978-4-502-23641-9

◆昔話の戦略思考　梶井厚志著　日本経済新聞
出版社（日経プレミアシリーズ）
【要旨】昔話, 落語に秘められた「戦略」を読み
解く！「桃太郎が圧勝したわけとは？」「浦島太
郎は幸か不幸か？」「かぐや姫の断り戦術」など,
よく知られた物語も, 視点を変えれば違った教
訓が見えてきます。京都大学教授が, 経済学を
楽しくわかりやすく解き明かす, 興味深い一冊
です。
　　　　　2017.6 228p 18cm ¥850 ①978-4-532-26343-0

◆無知と文明のパラドクス―複雑系人間社会
へのハイエク・アプローチ　小山和伸著（京
都）晃洋書房（神奈川大学経済貿易研究叢書
第28号）
【目次】第1章 文明の発達プロセス, 第2章 危機
がもたらす文明の変革, 第3章 コスモスとタク
シス, 第4章 計画経済と自由競争の限界, 第5章
自由主義と企業家精神, 終章 天才が文明をつく
るのではない
　　　　　2017.1 188p A5 ¥2000 ①978-4-7710-2808-1

◆モラル・エコノミー―インセンティブか善き
市民か　サミュエル・ボウルズ著, 植村博恭,
磯谷明徳, 遠山弘徳訳　NTT出版
【要旨】インセンティブと「法」だけでは, 繁栄
は築けない。善き「徳」に導かれた人々が不可
欠である。アリストテレス, マキャベリ, ヒュー
ムといった思想史の系譜と, 実証研究, ミクロ・
モデルをふまえた, きわめてアクチュアルな経
済思想を展開。リベラル経済学宣言！ ボウルズ
の経済思想の到達点。
　　　　　2017.3 276p A5 ¥3000 ①978-4-7571-2358-8

◆盛り合わせを選んだらお店のカモ！ 大人
の経済学常識　トキオ・ナレッジ著　宝島社
（宝島SUGOI文庫）
【要旨】『正しいブスのほめ方』『正しい太鼓のも
ち方』など, 独自の視点で人間を操る"クリエ
イティブ・ユニット"トキオ・ナレッジの大人の
常識シリーズの文庫化第2弾。「おトクに見える
盛り合わせメニューは損だった!!」「ランチブッ
フェはもとが取れない」などの経済学の視点か
ら見た常識を, イラストや図版でわかりやすく
解説。読んだらすぐに実生活で活かせる経済学
常識ネタが満載。
　　　　　2017.4 315p A6 ¥580 ①978-4-8002-6998-0

◆やさしい行動経済学　日本経済新聞社編　日
本経済新聞出版社（日経ビジネス人文庫）
（『こころ動かす経済学』改題書）
【要旨】人の行動を左右するこころの機微を, 経
済学はどこまで解明できているのか？ 本書は,
国民性の違い, 倫理観・価値観, 差別と偏見, 幸
メンタルヘルス, 約束, 男女の意思決定の違い, 幸
福, 希望の役割など様々な角度からこころを動
かす謎を解明。人は何によって判断し, 動くの
か謎を展開。ノーベル経済学賞で話題の理論を面白く解
説。　2017.12 260p A6 ¥800 ①978-4-532-19847-3

◆ヤバい行動経済学―絶対に損をしない方法
橋本之克監修　日本文芸社

【目次】1章 STEP1 行動経済学で見る人間の本質
（人間らしさに目を向けた"行動経済学", 人は損
を異常に避けたがる生き物 ほか）, 2章 STEP2
もっと行動経済学で見る人間の本質（「1日の保
険料たったの100円」本当に安い？, 「日常の雑
貨品」はケチっても, 「旅先でのお土産」は惜
しまない ほか）, 3章 STEP3 行動経済学を使った
「売り手の戦略」を見抜く（家電量販店に行っ
ても手ぶらで帰宅？, 同じ値段なら得するもの
が多いほうを選ぶ？ ほか）, 4章 STEP4 行動
経済学を使った「売り手の戦略」をもっと見抜
く（直感で判断した答えが正しいとは限らない,
目の前で当選した人を見たら, つい試したくな
る ほか）, 5章 STEP5 日常生活に潜む行動経済
学のワナ（インターネットの商品レビューを信
じていいのか？, 「気に入らなかったら返品可
能」に隠された心理的な仕組み ほか）
　　　　　2017.7 159p 18cm ¥700 ①978-4-537-26171-4

◆「やらせ」の政治経済学―発見から破綻まで
後藤玲子, 玉井雅隆, 宮脇昇編著（京都）ミネ
ルヴァ書房
【要旨】「やらせ」の発生原因とその影響。いか
にやらせが発生し, 成功を収め, 発覚するのか。
やらせの発見から破綻までの過程を多角的に考
える。　2017.3 191p A5 ¥2800 ①978-4-623-07561-4

◆有資源国の経済学―アフリカのいま　中臣久
著　日本評論社
【目次】アフリカ経済を考える上でなぜ資源が重
要か, 第1部 アフリカ経済の何が問題か（アフリ
カはどのように成長したか, アフリカで資本は
どのように蓄積されたのか, アフリカの労働の
何が問題か―なぜ雇はアフリカまで飛ばないの
か ほか）, 第2部 どうしたら資源を有効活用で
きるか（アフリカはどのような資源をもってい
るのか, 資源の優先を決める要因は何か, どう
いう国が資源を有効活用できたか ほか）, 第3部
どうしたらアフリカと良好な関係を築けるのか
（欧米諸国はアフリカとどう付き合ってきたか,
アジア諸国はアフリカとどう付き合ってきたか）
　　　　　2017.9 507p A5 ¥5900 ①978-4-535-55883-0

◆豊かさの価値評価―新国富指標の構築　馬奈
木俊介編著　中央経済社, 中央経済グループパ
ブリッシング　発売
【要旨】GDPでは計れない真の豊かさ, 持続可能
性を計測する事ができる新たな指標「新国富指
標」とは？ この新指標をわかりやすく理解する
ために, 日本の現状を測定し, 今日の日本の豊か
さ, 持続可能性を明らかにするとともに, 持
続可能性の向上のために今後何をすればよいの
かを提言する。
　　　　　2017.5 344p A5 ¥3700 ①978-4-502-22551-2

◆「夜遊び」の経済学―世界が注目する「ナイ
トタイムエコノミー」　木曽崇著　光文社
（光文社新書）
【要旨】ナイトタイムエコノミーは, 昼間に行わ
れる一般的な経済活動に対し, 陽が落ちた以降,
すなわち夜から翌朝までの間に行われる経済活
動の総称である。これまで「夜の経済活動」と
いうのは必ずしも社会から正当な評価を受けて
来なかった。しかし近年, 諸産業におけるナイ
トタイムエコノミー振興の必要性が世界的に重
要視され始めており, 日本においてもその手法
に注目が集まっている。盛り場での消費や, 夜
の街歩き・ショッピング, 定着したハロウィン,
統合型リゾートの導入…。ナイトタイムエコノ
ミーは具体的にどう日本の経済に影響を与える
のか？ 豊富な実例を交えながら「夜」の新たな
経済成長戦略を探る。
　　　　　2017.6 226p 18cm ¥740 ①978-4-334-03992-9

◆欲望の資本主義―ルールが変わる時　丸山俊
一, NHK「欲望の資本主義」制作班著, 安田
祐ナビゲーター　東洋経済新報社
【要旨】この星は欲望でつながっている―。世界
の知性が新しい経済を問い直す。大反響！ 異色
のNHK経済教養ドキュメント待望の書籍化！ 未
放送インタビューも多数収録した拡大版。
　　　　　2017.4 243p B6 ¥1500 ①978-4-492-37119-0

◆ライブ・経済史入門―経済学と歴史学を架橋
する　小田中直樹　勁草書房
【要旨】ようこそ, 経済と歴史が, そして経済学
と歴史学が, 交錯する世界へ。経済史入門書の,
新しいスタンダード。
　　　　　2017.3 228, 9p B6 ¥2500 ①978-4-326-55078-4

◆ライフ・プロジェクト―7万人の一生からわ
かったこと　ヘレン・ピアソン著, 大田直子訳
みすず書房

◆理念経済学が日本を救う―長期不況に打ち
克つ3つの条件　鈴木真実哉著（長生
村）HSU出版会, 幸福の科学出版　発売（幸福
の科学大学シリーズ）
【要旨】なぜ「愛国心」「向上心」「信仰心」が日
本復活の鍵なのか。宮沢・橋本・安倍自民・三
大改革が日本を滅ぼす。著者待望の最新論考。
　　　　　2017.1 189p B6 ¥1100 ①978-4-86395-870-8

◆例外時代―高度成長はいかに特殊であったの
か　マルク・レヴィンソン著, 松本裕訳　みす
ず書房
【要旨】戦後ブーム期をとらえ直す, これまでに
ない経済史。長期的, 世界的潮流から, 政治の経
済的不能を描きだした『ワシントンポスト』紙
ベスト経済書。
　　　　　2017.11 315, 43p B6 ¥3800 ①978-4-622-08653-6

◆レヴィット ミクロ経済学 基礎編　ス
ティーヴン・レヴィット, オースタン・グール
ズビー, チャド・サイヴァーソン著, 安田洋祐
監訳, 高遠裕子訳　東洋経済新報社
【要旨】読みやすいのに本格的なミクロ経済学の
分析ツールが身につく。理論を説明するだけで
なく, その活用法と現実のデータも示す。グラフ
や数値を使った説明が豊富。数学が苦手な学生
でもわかるように懇切丁寧に説明。コラム「ヤ
バい経済学」で, 経済学の面白さと幅広さを体
感できる。
　　　　　2017.5 581p A5 ¥3200 ①978-4-492-31495-1

◆歴史としての大衆消費社会―高度成長とは
何だったのか？　寺西重郎著　慶應義塾大学
出版会（総合研究 現代日本経済分析 第2期）
【要旨】敗戦の瓦礫のなか, 日本は生活文化の全
面的な西洋化・アメリカ化を「さしあたって」決
意した。大衆消費社会, 分厚い中間層と高度成
長はそこから生まれ, その後の経済停滞はこうし
た歴史理解の取り違えから生じた。そして現在,
われわれの生活文化感覚は着実に伝統回帰しつ
つある。21世紀日本のあり方を考えるには, 鎌
倉時代に始まり江戸時代に完成した日本伝統の
資本主義が育んだ文化と精神を再評価し, 1000
年の歴史のなかで戦後70年の意味を問い直さな
ければならない。戦後70年, 高度成長の「呪縛」
を乗り越え日本再構築に向けた針路を示す！
　　　　　2017.8 377p A5 ¥4500 ①978-4-7664-2447-8

◆レクチャー＆エクササイズ 経済学入門
上村敏之著　新世社, サイエンス社　発売（ラ
イブラリ経済学レクチャー＆エクササイズ 1）
【要旨】経済学初学者のためにやさしく書かれた
入門書。「予習→講義→復習→練習」というサイ
クルに沿って学ぶことにより, 「経済学的な考
え方」が自ずと身につく。直観的にも理解しや
すいように, 多くの図表を用いている。
　　　　　2017.7 227p A5 ¥2050 ①978-4-88384-256-8

◆労働経済学―理論と実証をつなぐ　川口大司
著　有斐閣
【要旨】理論と実証が有機的につながった科学と
しての経済学のアプローチを, 身近な題材と非
常に豊富なデータを扱う労働経済学を通じて学
ぶ。人間の行動モデルをベースとした実証分析
を駆使することで, ある現象の相関関係ではな
く, 因果関係を明らかにする。この一冊で, 社
会科学的なセンスと作法がしっかり身につく？
　　　　　2017.12 326p A5 ¥2800 ①978-4-641-16507-6

◆労働と雇用の経済学　永野仁著　中央経済
社, 中央経済グループパブリッシング　発売
【要旨】賃金の決まり方, 労働時間, 人を育てる
こと, 多様な働き方, 高齢者, 外国人労働etc. 労
働と雇用の現実の問題がわかる数式を最小限に
抑え, 経済学の知識がない人でもわかるよう解
説した労働経済学の入門書。
　　　　　2017.3 185p A5 ¥2400 ①978-4-502-21111-9

◆An ever‐normal granary and J.M.
Keynes's economic philosophy―
Cognition Expectation and Economic
fluctuations　三宅康久著（岡山）大学教育
出版（本文：英文）
【目次】1 Relevance theory and J.M.Keynes's
general theory, 2 Cognition, Expecta-
tion and Economic fluctuations, 3 Storage
and Economic Stabilization Policy, 4 Cogni-

tion and new economics of J.M.Keynes, 5 Subjective probability and relevance theory, 6 Expectation, Deep structure and Economic fluctuation
2017.4 113p A5 ¥2000 ⓘ978-4-86429-437-9

◆ASEAN経済共同体の成立―比較地域統合の可能性　市川顕編著　中央経済社、中央経済グループパブリッシング 発売　（関西学院大学産研叢書）
【要旨】本書は、2015年12月に発足したASEAN経済共同体の成立要件と実態を解明するために、経済共同体の先進事例であるEUと比較地域統合論（ディシプリンからのEU - ASEAN比較）および比較地域統合政策論（個別政策におけるEU - ASEAN比較）というアプローチから多面的な考察を行っている。両地域統合体は、歴史的、社会経済的伝統、政治風土、さらに地域統合の歴史・深度で大きく異にしている。両者を多面的な比較の視点からその類似点と相違点を明らかにすることで、両地域統合体の性格や特徴をよりクリアに描き出している。
2017.3 204p A5 ¥4000 ⓘ978-4-502-22201-6

◆BEPSとグローバル経済活動　中里実、太田洋、伊藤剛志編著　有斐閣　（西村高等法務研究所理論と実務の架橋シリーズ）
【要旨】2015年に最終報告書が公表されたBEPS（税源浸食と利益移転）プロジェクト。我が国の租税制度・実務への影響と、今後の課題について、理論と実務の両面から研究を行ってきた成果をまとめた。
2017.11 328p A5 ¥5400 ⓘ978-4-641-22727-9

◆ERE（経済学検定試験）問題集　2017年7月受験用　経済法令研究会編　経済法令研究会
【目次】2015年7月（第28回）（ミクロ経済学、マクロ経済学、財政学、金融論、国際経済、統計学）、2015年12月（第29回）、2016年7月（第30回）、2016年12月（第31回）
2017.3 286p A5 ¥1900 ⓘ978-4-7668-5944-7

◆ERE（経済学検定試験）問題集　2017年12月受験用　経済法令研究会編　経済法令研究会
【目次】2015年12月（第29回）（ミクロ経済学、マクロ経済学、財政学、金融論、国際経済、統計学）、2016年7月（第30回）、2016年12月（第31回）、2017年7月（第32回）
2017.3 286p A5 ¥1900 ⓘ978-4-7668-5945-4

◆ESG投資―新しい資本主義のかたち　水口剛著　日本経済新聞出版社
【要旨】持続可能な経済へ世界は動き始めた！気候変動、人権問題、経済的不平等―投資家が企業を見る視点が変わる。新しい関係が生まれる。
2017.9 238p B6 ¥2200 ⓘ978-4-532-35744-3

◆GDP統計を知る―大きく変わった国民経済計算　中村洋一著　日本統計協会
【目次】第1章 SNAの基本、第2章 生産と所得の発生、第3章 所得の分配と使用、第4章 資産の蓄積とバランスシート、第5章 供給・使用表と産業連関表、第6章 支出側からみる国内総生産、第7章 海外取引、第8章 実質値とデフレーター、第9章 四半期別GDP速報
2017 166p A5 ¥2000 ⓘ978-4-8223-3944-9

◆ODAの終焉―機能主義的開発援助の勧め　浅沼信嗣、小浜裕久著　勁草書房
【要旨】長年開発援助に関わってきた二人の著者によるODA批判と再構築論。途上国の主体性を取り戻し、MDGsやSDGsに替わって、途上国が経済成長と貧困削減を達成する過程で現れる諸々のギャップ（技術や資源や政策・制度等々）を埋める「機能主義的ODA」を提唱。
2017.9 234p A5 ¥3200 ⓘ978-4-326-50440-4

◆The Relationship between Financial Intermediations and Firm Performance―An Empirical Study on Financial Constraints of Chinese Firms　Dongyang Zhang著　（京都）晃洋書房　（本文：英文）
【目次】1 Introduction、2 Determinants of the Capital Structure of Chinese Non - listed Firms、3 Financial Constraints and Firm Productivity in China : Is Trade Credit Efficient?、4 Working capital management and Chinese firms' performance、5 Financing Innovation and Financial Constraints of Chinese Firms : Internal and External financing, formal and In-

formal Financing、6 Financing Innovation and Financial Constraints of Chinese Privately Owned Firms : Government Business Associations vs.Corrupting、7 Conclusions 2017.3 208p A5 ¥3000 ⓘ978-4-7710-2903-3

 経済思想・経済学説

◆アダム・スミス―競争と共感、そして自由な社会へ　高哲男著　講談社　（講談社選書メチエ）
【要旨】なぜ今、アダム・スミスなのか―。自由競争の理念を掲げ豊かさを追求する社会を論じる『国富論』と他者への「共感」が社会形成にもたらす作用を説く『道徳感情論』。彼が残した二冊の著作を一貫した思想としてとらえ、両書の流れと呼応を俯瞰することで見えてくる、その思想の全体像。原典の新たな読み直しにより、誤解されてきた『近代経済学の父』の真の姿を明らかにし、閉塞する現代社会を超克する指針をしめす！
2017.5 285p B6 ¥1750 ⓘ978-4-06-258651-1

◆アダム・スミスの影　根井雅稔著　日本経済評論社
【要旨】「経済学の父」アダム・スミスは、もっとも誤解され利用されてきた経済学者でもある。「市場原理主義」ではないスミスの真の姿をとおして、現代経済学への含意を考える。
2017.8 174p B6 ¥2600 ⓘ978-4-8188-2473-7

◆「新しい働き方」の経済学―アダム・スミス『国富論』を読み直す　井上義朗著　現代書館　（いま読む！名著）
【要旨】『国富論』を「21世紀の貧困論」として読む。こんな大胆な試みで見えてくる市場経済の理想と現実。その矛盾の中で私たちは誰と何を争い競争しているのか。日々追いかけられる日常のなかで勇気を持って立ち止まり「新しい働き方」を実現させるための「新しい企業」の姿を考えてみる。
2017.10 229p B6 ¥2200 ⓘ978-4-7684-1011-0

◆宇野理論と現代株式会社―法人企業四百年ものがたり　河西勝著　社会評論社
【要旨】株式会社論の展開を基軸に一次大戦以後の世界分析の方法的難点を検証する。一次大戦以後を現状分析の対象とするとする正しい方法論と原理論と段階論が内容上重大な難点を含むという「方法と内容のねじれ」に徹底的にメスをいれる。
2017.12 421p A5 ¥7000 ⓘ978-4-7845-1850-0

◆オーストリア学派―市場の秩序と起業家の創造精神　ヘスース・ウエルタ・デ・ソト著、蔵研也訳　春秋社
【要旨】現代の主流派経済学には何が欠けているか。人間行為の根源から経済のありようを見据えるアクチュアルな視座。歴史と伝統を誇るオーストリア経済学一つの本質的な特徴と今日的意義を知るための格好の入門書。
2017.7 226, 22p B6 ¥2500 ⓘ978-4-393-61115-9

◆禁欲と改善―近代資本主義形成の精神的支柱　山本通著　（京都）晃洋書房　（神奈川大学経済貿易研究叢書）
【要旨】イギリス企業家たちの職業倫理の形成と不断の改善を促す精神的支柱を歴史的に考察。近代資本主義についてのヴェーバー「倫理」テーゼを歴史学の視座から批判し、資本革命時代のイギリス資本主義形成期の企業家の「禁欲的職業倫理」「革新的企業家精神」そして「産業的啓蒙」という3本の精神的支柱を論じる。
2017.3 336p A5 ¥4000 ⓘ978-4-7710-2814-2

◆『空想から科学へ』と資本主義の基本矛盾―難読箇所をどう読むか　資本論150年　川上則道著　本の泉社
【目次】第1部『空想から科学へ』第3章と難読箇所（『空想から科学へ』第3章を読む、「基本矛盾」定式の叙述における難読箇所、「難読箇所」と「基本矛盾」の否定論との関連）、第2部 社会科学古典の難読箇所と「文章の読み方」（経済学・哲学手稿」の難読文章と堀江氏の読解を吟味する、『資本論』の「難読箇所」の幾つかを読む、社会科学古典における「文章の読み方」の勘所）2017.10 220p A5 ¥1500 ⓘ978-4-7807-1654-2

◆経済思想の歴史―ケネーからシュンペーターまで　小沼宗一著　創成社

【目次】第1章 ケネーの経済思想、第2章 アダム・スミスの経済思想、第3章 マルサスの経済思想、第4章 リカードウの経済思想、第5章 J.S.ミルの経済思想、第6章 マーシャルの経済思想、第7章 ケインズの経済思想、第8章 シュンペーターの経済思想
2017.2 240p B6 ¥1800 ⓘ978-4-7944-3175-2

◆ケインズ―最も偉大な経済学者の激動の生涯　ピーター・クラーク著、関谷喜三郎、石橋春男訳　中央経済社、中央経済グループパブリッシング 発売
【要旨】世界の政治と経済が混乱する時代に、ケインズは、何を考えどう生きたのか。彼の多彩な交流や、人間的側面も交え、『貨幣論』から『一般理論』へと昇華したケインズ経済学形成の過程を読み解く。イギリス史の泰斗ピーター・クラークが描き出す、巨星ケインズの新たな伝記！2017.5 296p B6 ¥2400 ⓘ978-4-502-21251-2

◆ケインズを読み直す―入門現代経済思想　根井雅弘著　白水社
【要旨】これを生き抜くための経済学入門の決定版！英語原文でケインズに触れるコラムや関係する経済学者列伝も収録。
2017.6 207, 2p B6 ¥2200 ⓘ978-4-560-09557-7

◆ケインズとケンブリッジのケインジアン―未完の「経済学革命」　ルイージ・L.パシネッティ著、渡会勝義監訳、内藤敦之、黒木龍三、笠松学訳　日本経済評論社　（ポスト・ケインジアン叢書）
【要旨】20世紀最大の経済学者ケインズが巻き起こした「革命」は、未完に終わった。本書は、ケインズとその意思を継いだ人々の姿を浮き彫りにし、20世紀の経済学を再考する。
2017.11 353p A5 ¥5500 ⓘ978-4-8188-2481-2

◆ケインズとその時代を読む―危機の時代の経済学ブックガイド　大瀧雅之、加藤晋編　東京大学出版会
【要旨】“現代の危機”に向かいあい、ふたつの時代を重ねて読みとく。
2017.7 263p A5 ¥3000 ⓘ978-4-13-043038-8

◆穀物の経済思想史　服部正治著　知泉書館
【目次】序章 小麦パンの地位、第1章 自由貿易論における穀物―アダム・スミス、第2章 経済発展における地代―トマス・ロバート・マルサス、第3章 穀物の価値と経済発展―デイヴィッド・リカードウ、第4章 大陸諸国の穀物輸出価格と国内農業改良、第5章 食料安全保障と帝国、第6章 穀物輸入の急増と経済学における「限界革命」、第7章 穀物自給率の低落と関税改革論争、第8章 第一次世界大戦における穀物、第9章 第二次世界大戦における穀物、第10章 EC加盟と小麦の自給化、終章 穀物安定供給
2017.10 476p A5 ¥6500 ⓘ978-4-86285-263-2

◆『資本論』を読むための年表―世界と日本の資本主義発達史　友寄英隆著　学習の友社
【目次】序章 資本主義発達史の年表を作成する、第1章 世界の資本主義の生成と発展の歴史（資本主義はいつから始まったのか、商品生産の発展、世界市場の形成 ほか）、第2章 日本資本主義発達史の165年を年表でみる（「戦前の日本資本主義」の特徴、戦敗から「戦後改革」へ ほか）、第3章 20世紀末～21世紀初頭の変革期（世界（自然・環境、科学・技術、生産力「資本の生産力」）の発展、資本・再生産・国家 ほか）、日本（経済―「いわゆる“失われた20年”」の時代の激動、政治―激しい政治的変動の時代 ほか）、第4章 マルクスとエンゲルスは、『資本論』を、いつどのように公刊されてきたか（マルクスとエンゲルスの生涯と理論活動、『資本論』の執筆・出版、20世紀―マルクス、エンゲルスの遺稿の公刊、旧MEGA、Werke（ヴェルケ）版全集 ほか）
2017.4 115p A4 ¥1800 ⓘ978-4-7617-1442-0

◆資本論五十年　上　宇野弘蔵著　法政大学出版局　（HUPセレクション）改装版
【要旨】経済学の学問的確立をめざし、独自な視角から『資本論』研究一筋に歩んできた著者の研究史的自伝。上巻では、学生時代、大原社研、ベルリン留学、東北大学教授時代、労農派教授グループ事件までを取り上げ、『資本論』との出会いから「経済政策論」体系化までの研究生活、著者の人と思想が語られる。
2017.5 541p B6 ¥6200 ⓘ978-4-588-64106-0

◆資本論五十年　下　宇野弘蔵著　法政大学出版局　（HUPセレクション）改装版
【要旨】下巻では、東大社研時代から法大教授を去るまでの人と生活、学問と思索が語られ、著者

の『資本論』研究の成果をなす『経済原論』をめぐってその成立過程と問題点がつぶさに回顧・検討される。宇野理論の形成・発展のプロセスがここに初めて明らかになると同時に、マルクス経済学の根本問題に論究する。

2017.5 1087p B6 ¥6200 ①978-4-588-64107-7

◆スコットランド啓蒙における商業社会の理念　クリストファー・ベリー著，田中秀夫監訳（京都）ミネルヴァ書房　（MINERVA人文・社会科学叢書）
【要旨】本書は、アダム・スミス『国富論』が描写した「商業社会」の理念が、スコットランド啓蒙思想家に共通の理念であったことを詳細に描き出すものである。啓蒙と商業が不可分の関係にあり、富と自由をもたらすとしても、繁栄の陰に生じる貧困をいかに解決するか、政治と徳の次元における腐敗の可能性にいかに対処すべきかといった問題に対する、スコットランド啓蒙思想家の根源的な取り組みを浮かび上がらせている。それは市場社会に生きる我々現代人が顧みるべき遺産である。

2017.9 510, 15p A5 ¥6500 ①978-4-623-07900-1

◆世界宗教の経済倫理─比較宗教社会学の試み　序論・中間考察　マックス・ウェーバー著，中山元訳　日経BP社，日経BPマーケティング 発売　（日経BPクラシックス）
【要旨】儒教、ヒンドゥー教、仏教、キリスト教、イスラーム教、ユダヤ教の経済倫理と担い手の社会層から宗教を動かす起動力を類型化したウェーバー宗教社会学の真髄。

2017.1 217p 20×12cm ¥1800 ①978-4-8222-5500-8

◆組織の限界　ケネス・J・アロー著，村上泰亮訳　筑摩書房　（ちくま学芸文庫）
【要旨】「アローの不可能性定理」で知られ、社会的選択理論の確立に大きく貢献したケネス・J・アロー（1972年ノーベル経済学賞受賞）。本書は、その彼が組織について経済学的考察を行った先駆的な講演集である。各章は個人を前提とした価格システムとしてのみ経済を捉える弊害を指摘し、「組織」という観点を導入する重要性を指摘する。だが、組織は価格システムを補完し、経済活動の向上に寄与する一方、ときに硬直化や不服従など別の問題も引き起こす。組織はいかに機能し、なぜ失敗するか。その弊害を乗り越えるにはどうすればよいか─20世紀後半を代表する経済学者による不朽の組織論講義。

2017.3 174p A6 ¥1000 ①978-4-480-09776-7

◆人間の経済　宇沢弘文著　新潮社　（新潮新書）
【要旨】富を求めるのは、道を開くため─それが、経済학者と社会を変わらない姿勢だった。「自由」と「利益」を求めて暴走する市場原理主義の歴史的背景をひもとき、人間社会の営みに不可欠な医療や教育から、都市と農村、自然環境にいたるまで、「社会的共通資本」をめぐって縦横に語る。人間と経済のあるべき関係を追求し続けた経済思想の巨人が、自らの軌跡とともに語った、未来へのラスト・メッセージ。

2017.4 182p 18cm ¥720 ①978-4-10-610713-9

◆呪われた部分─全般経済学試論・蕩尽　ジョルジュ・バタイユ著，酒井健訳　筑摩書房　（ちくま学芸文庫）
【要旨】「全般経済学」とは、生産よりも富の"消費"（つまり"蕩尽"）のほうを、重要な対象とする経済学のことである。」経済合理性の範疇に収まらない蕩尽・祝祭・宗教・エロス・芸術は、人間の喜びの本質が有用性の原理に拠って立つ生産・蓄積過程にあるのではなく、消費・蕩尽にあることを示す。本書は人間が不可避的に内包せざるを得なかった「過剰」を考察の対象にして人間存在の根源に迫り、生を真に充実させるために、蕩尽・神聖・恍惚に代表されるこの「呪われた部分」の再考を鋭く強く促す。意識の「コペルニクス的転回」に賭けたバタイユ作品の新訳。巻末に先駆的重要論文「消費の概念」を収録。2018.1 372p A6 ¥1300 ①978-4-480-09840-5

◆分配的正義の歴史　サミュエル・フライシャッカー著，中井大介訳　（京都）晃洋書房
【要旨】貧困に対する認識の変化の決定的局面とは？すべての人間が、一定の財やサービスの分け前に値する。このような認識は、いつどのように誕生したのか。本書は、「分配的正義」を手掛かりとして経済・政治哲学の歴史を再構成することで、貧者や貧困にたいする価値観の変化を鮮明に描き出した傑作である。

2017.3 250, 25p B6 ¥3500 ①978-4-7710-2773-2

◆変革の時代と『資本論』─マルクスのすすめ　『経済』編集部編　新日本出版社
【要旨】『資本論』刊行150年。貧困と格差、矛盾深める資本主義を解明。マルクス経済学入門のベストセレクション。

2017.1 222p A5 ¥1500 ①978-4-406-06115-5

◆ポスト・ケインズ派経済学─マクロ経済学の革新を求めて　鍋島直樹著　（名古屋）名古屋大学出版会
【要旨】資本主義経済の不安定性を解明したミンスキーなど、近年あらためて注目を集めるポスト・ケインズ派。その核心をなす貨幣・金融理論の着想源や展開過程を解き明かし、最新の動向を踏まえて学派の全体像に迫るとともに、新自由主義に代わる経済政策を展望する挑戦の書。

2017.3 344p A5 ¥5400 ①978-4-8158-0862-4

◆マルクスを再読する─主要著作の現代的意義　的場昭弘著　KADOKAWA　（角川ソフィア文庫）
【要旨】資本主義国家が外部から収奪できなくなったとき、資本主義はどうなるのか？この問題意識から、日本を代表するマルクス研究者が主要著作を読み解いた講義録。「グローバリゼーションが社会を上位均衡化させる」は、幻想だった。実際に起こったのは中産階級の崩壊であり、下位均衡化（下の方で貧しくなる事）だ。"帝国"以後の時代を考えるなら、資本主義後の世界を考えたマルクスを再読する必要がある。

2017.3 397p A5 ¥1000 ①978-4-04-105368-3

◆ミル・マルクス・現代　武田信照著　ロゴス
【要旨】ミル・マルクス関係を再検証。マルクスのミル批判の問題点を摘出し、両者の社会思想の特徴を対比的に検出しその今日的意味を探るとともに、ミル停止状態論の視角から成長至上主義的な現代世界の情況を俯瞰する。あわせてミル・マルクス関係の考察に大きな足跡を残した杉原四郎の研究の軌跡を辿る。

2017.8 250p B6 ¥2300 ①978-4-904350-44-7

◆名作が踊る『資本論』の世界─シェイクスピア、ダンテ、セルバンテス、シラー、ハイネ…　川上重人著　本の泉社
【目次】第1章 シラー「鐘によせる歌」（詩）、第2章 シェイクスピアの六つの作品、第3章 ダニエル・デフォー『ロビンソン・クルーソー』、第4章 ハイネ『ハインリヒ』（詩）、第5章 セルバンテス『ドン・キホーテ』、第6章 ディケンズ『オリヴァ・ツイスト』、第7章 ダンテ『神曲』

2017.3 263p B6 ¥1700 ①978-4-7807-1613-9

◆唯物論的社会契約論概論─資本主義を支える神話との訣別　石田力著　（大阪）清風堂書店
【要旨】数百年、すべての人々を欺いてきた虚構がここに暴かれる。あなたの常識は崩壊する。

2018.1 191p 18cm ¥1000 ①978-4-88313-872-2

◆ロック入門講義─イギリス経験論の原点　冨田恭彦著　筑摩書房　（ちくま学芸文庫）
【要旨】「人間の知識の起源と確実性を探求し、あわせて信念や意見の根拠を探求することが私の目的である」。ジョン・ロックは、近代哲学の基盤というべき「認識論」において、最初のアプローチを試みた一人である。しかし、その仕事に対しては誤読が重ねられ、真意は充分に捉えられてこなかった。例えば、ロックは心の直接的対象を観念と設定したため世界へのアプローチを不可能にしてしまったという批判等だ。イギリス経験論の原点となったロックの思想の真意とはどのようなものだったのか？社会思想・政治哲学でも知られるロックの形而上学的真価に迫る。平明な筆致による、書下ろし学芸文庫オリジナル。

2017.12 340p A6 ¥1200 ①978-4-480-09833-7

経済史

◆岩波講座 日本経済の歴史 1 中世─11世紀から16世紀後半　深尾京司，中村尚史，中林真幸編　岩波書店
【要旨】近代化を準備したといわれる「近世」よりもさらに以前の日本社会において経済活動は活発に行われていた。一律令制と中央集権的な古代国家から、荘園制と分権的な社会が起こった「中世」において本格的な市場経済社会が起こった。そして、戦国期、持続的な成長が始まる。多彩で地道な実証研究の成果と、新たに推定されたGDPをはじめとする農業生産・人口・

物価・賃金等の数値を用いて、中世経済の立体像を示す。

2017.7 301p A5 ¥3800 ①978-4-00-011401-1

◆岩波講座 日本経済の歴史 2 近世─16世紀末から19世紀前半　深尾京司，中村尚史，中林真幸編，寺西重郎，宮本又郎，阿部武司，坂根嘉弘，川口大司編集協力　岩波書店
【要旨】中世に始まった市場経済社会は、戦国時代に構造的にも制度的にも大きく変革されて近世に引き継がれた。その後約2世紀半の間に、市場の統合と分業の深化による「アダム・スミス的」成長が始まり、1人あたり国内総生産（GDP）は18世紀後半には中国を追い抜き、19世紀半ばにはヨーロッパ諸国の末尾に並ぶ。日本の「スミス的」成長にはどのような特徴があり、19世紀後半に始まる日本の近代化を準備したのだろうか。新たに推定されたGDPをはじめとする生産・人口・物価・賃金などの各種経済指標を用いて、近世の経済社会を読み解いていく。

2017.8 306p A5 ¥3800 ①978-4-00-011402-8

◆岩波講座 日本経済の歴史 3 近代1─19世紀後半から第一次世界大戦前（1913）　深尾京司，中村尚史，中林真幸編　岩波書店
【要旨】市場の統合と分業の深化による「アダム・スミス的成長」を経験し、1人あたり国内総生産（GDP）が欧州でもっとも貧しかった諸国と並んだ19世紀半ば、1859年日本は開港した。第一のグローバル化時代、統合された自由な国際市場に組み込まれながらも、「スミス的成長」の基礎の上に、欧米先進諸国の技術や制度を積極的に導入した明治の日本社会は、非欧米諸国で初めて「産業革命」を体現する。その過程を新推定の各種経済指標を用いて明らかにする。

2017.9 295p A5 ¥3800 ①978-4-00-011403-5

◆岩波講座 日本経済の歴史 4 近代2─第一次世界大戦期から日中戦争前（1914-1936）　深尾京司，中村尚史，中林真幸編，寺西重郎，宮本又郎，阿部武司，坂根嘉弘，川口大司編集協力　岩波書店
【要旨】国際収支危機にあった日本は、第一次世界大戦によって債務国から債権国へと転換するとともに、輸入代替化が重化学工業の発展を促し、先進国へのキャッチアップの足がかりを得ることができた。戦後反動恐慌から金融恐慌・昭和恐慌と、相次ぐ恐慌によって落ち込んだ1920年代の日本経済は、30年代前半には大幅な円安と政府需要によって急速に回復し、1人あたりGDP成長率では欧米先進国を凌駕するにいたる。

2017.11 298p A5 ¥3800 ①978-4-00-011404-2

◆エコノミックス─マンガで読む経済の歴史　マイケル・グッドウィン著，ダン・E・バー画，脇山美伸訳　みすず書房
【要旨】世界の経済をマンガで語る、初の試み─それが『エコノミックス』。「債務」が生じるのはなぜ？経済はまだ成長する？「完全雇用」って何？新しい世代の暮らしぶりは、前より良くなる？どうして不況が続くの？ウォール街占拠運動の発端は？いまだかつて誰も描かなかった経済マンガ、350年にわたる歴史と今を語る『エコノミックス』。ユーモラスなコマを追えば、経済の実態が一目瞭然。経済理論を考えた古代の学者たち、グローバル化、財政赤字、景気回復、戦争、気候変動、エネルギー問題と経済の関係など。『エコノミックス』を読んで考えよう、これからの経済と僕たちの未来を。

2017.3 311p 26×18cm ¥1800 ①978-4-622-08597-3

◆概説世界経済史　北川勝彦，北原聡，西村雄志，熊谷幸久，柏原宏紀編　（京都）昭和堂
【要旨】経済史を学ぶための理論と方法から、日本・欧米・アジア・アフリカの各地域の経済史まで、バランスよく、かつコンパクトにまとめた入門書。経済学を初めて学ぶ学生はもちろん、世界全体および各地域の経済史をおさらいしたい社会人にも最適。

2017.5 291p A5 ¥3300 ①978-4-8122-1628-6

◆経済史から考える─発展と停滞の論理　岡崎哲二著　日本経済新聞出版社
【要旨】何が発展と停滞をもたらすのか？経済学の枠組みと第一次史料・マイクロデータの分析をもとに日本の経済発展を一貫して研究してきた経済史の第一人者が、広範にわたる歴史的イベント、人物などのエピソードを交え、経済発展の筋道、長期停滞脱出のための条件を浮き彫りにする。アベノミクスの柱の一つ、高橋是清財政をモデルとして打ち出された異次元緩和、マクロ経済政策、産業政策の妥当性から、企業・国家のガバナンス、立憲主義の考え方などまで、日本の経済・社会の歴史をふまえ、未来を見通

す視点を提供する。

2017.11 280p B6 ¥2200 ①978-4-532-35757-3

◆経済史の種　1　児島秀樹著　学文社
【目次】第1編 古代経済史（古代の技術、氏族制度、領域と奴隷制、古代の公共建築物、硬貨の誕生、贈与と交換、中世経済史（中世の技術、地縁共同体と世帯家族の成立、身分と役割、中世の地域主権、金属貨幣と紙幣、中世商人の世界）

2017.3 204p B6 ¥1800 ①978-4-7620-2717-8

◆経済史の種　2　児島秀樹著　学文社
【目次】近世・近現代の経済史、第3編 近世経済史（熟練から知識へ、家族と所有権、特権・規制から自由・競争へ、名望家の公益事業、銀行券の誕生と投資制度、商業の解放から独占へ）、第4編 近現代経済史（大量生産の技術、消費の現場、資本主義的経営、公益事業、金属貨幣から信用貨幣へ、帝国主義）

2017.9 180p B6 ¥1800 ①978-4-7620-2732-1

◆経済成長の日本史―古代から近世の超長期GDP推計730‐1874　高島正憲著　（名古屋）名古屋大学出版会
【要旨】先進経済への1200年の軌跡。奈良時代～近代初頭にいたる列島経済の展開を一望、最賃国水準を抜け出し、1人あたりGDPが着実な上昇に転じていく過程を、災害・飢饉・環境・都市化なども視野に解明。はじめて日本の超長期GDP推計を実現し、日本史の新たな扉を開く。

2017.11 339p 22×16cm ¥5400 ①978-4-8158-0890-7

◆現代アメリカ経済史―「問題大国」の出現　谷口明丈、須藤功編　有斐閣
【要旨】いま、現代アメリカ史が問い直されている。本書はそのための豊富な視点と序説、そして材料を提供する。充実した巻末の統計資料、年表、索引は、現代アメリカ経済を読み解くための手引きとして有用。

2017.5 553p A5 ¥3800 ①978-4-641-16492-5

◆新ヨーロッパ経済史　1　牧夫・イヌ・ヒツジ　中川洋一郎著　学文社
【目次】第1部 先史時代（肉食化と狩猟採集生活―森から草原へ出て、ヒトになった（およそ400万年前）、ムギの栽培化―西アジアにおけるイネ科植物の馴化（およそ1万年前）、西アジアにおけるヤギ・ヒツジの家畜化（およそ8000年前）―群居性草食動物の家畜化（1）ほか）、第2部 ヨーロッパ文明の地下水脈としての遊牧（遊牧“社会”の成立―三階級構造というヨーロッパ文明に固有の組織編成原理、その歴史的起源、「ヒツジ」化という、牧夫天性の行動様式―動物の管理から、ヒト・自然・世界の征服・支配へ、“仲介者”という、組織編成史上最大の革新―去勢ヒツジか、イヌか。それが問題だ ほか）、第3部 古代（都市国家の形成と崩壊―メソポタミアにおける潅漑農耕（前5000年～前1500年）、古典国家の成立―古代ギリシャ・ローマにおけるポリス・植民地・奴隷（前8世紀～後2世紀）、ゲルマン人の来襲と征服―インド・ヨーロッパ語族民の出現からガリア侵入・定着まで（前4千年紀～後1千年紀））

2017.9 243p A5 ¥2800 ①978-4-7620-2741-3

◆新ヨーロッパ経済史　2　資本・市場・石炭　中川洋一郎著　学文社
【目次】第4部 中世（中世前期における古典荘園の形成―牧畜世界の中で、穀物農耕定着の兆し（4～9世紀）、「中世温暖期」における農業発展―ヨーロッパ中世の技術革新（10～13世紀）、中世盛期における領域国家の成立―ヨーロッパ中世における分権社会の誕生（11～13世紀）、中世末期における領主制の危機―森林・環境破壊と人口減少（14～15世紀））、第5部 近代（16世紀：ヨーロッパによる“新大陸”の征服と“価格革命”―“金の卵を生む鶏”の獲得と市場経済化への胎動、17世紀：“小氷期”による経済後退と大西洋システムの形成―ヨーロッパ史上最大の危機と「近代化」というその対応、18世紀：イギリス・最初の工業国家への道―収穫逓減法則が機能した高度有機経済、交換の全面化による市場社会の形成―規制下の市場から自由な市場へ）、第6部 現代（石炭社会への大転換と現代資本主義の成立―18世紀末、鉱物起源エネルギーの大規模資源化、コンドラチエフの長期波動と19世紀・20世紀における景気の四つの「うねり」、19世紀前半：産業革命コンドラチエフ―綿紡織・石炭・蒸気機関1780年代～1840年代、19世紀後半：ブルジョワコンドラチエフ―鉄道・製鉄・大不況1840年代～1896年、20世紀前半：帝国主義コンドラチエフ―電気・化学・内燃機関1896年～1950年代、20世紀後半：大量生産コンドラチエフ―石油・半導体・耐久消費財1950年代～2005年？）、自然は“ヒツジ”化できない―ヨー

ロッパ牧畜文明の栄光と破綻

2017.10 293p A5 ¥2900 ①978-4-7620-2748-2

◆鈴木商店の経営破綻―横浜正金銀行から見た一側面　武田晴人著　日本経済評論社
【要旨】今から百年前、日本経済に大きな波乱を捲き起こした巨大商社・鈴木商店。ベールに覆われた経営実態と破綻に至る経緯について、銀行資料を手掛かりに迫る。

2017.9 218p A5 ¥4800 ①978-4-8188-2472-0

◆先生も知らない経済の世界史　玉木俊明著　日本経済新聞出版社　（日経プレミアシリーズ）
【要旨】アジアは先進地域でヨーロッパは後進地域だった！日本で教えられている経済史の多くは「アジアは後進地域」というマルクスの考えに基づいていますが、アジアは本当に後進だったのです。本書は、世界では通用しなくなった経済の歴史のとらえ方をただし、最新の事実と最先端の考え方を解説します。

2017.9 205p 18cm ¥850 ①978-4-532-26355-3

◆日英経済関係史研究1860～1940　杉山伸也著　慶應義塾大学出版会
【要旨】日英関係のある歴史の教訓。幕末から第2次大戦までの日英関係を広くグローバル・ヒストリーのなかに位置づけ、アジアを舞台として英国への依存から自立、協調と競争、対立、そして戦争へ向う近代日本の姿を克明に描き出した珠玉の一冊。

2017.6 436p A5 ¥4000 ①978-4-7664-2399-0

◆日本経済史 1600‐2015―歴史に読む現代　浜野潔、井奥成彦、中村宗悦、岸田真、永江雅和、牛島利明著　慶應義塾大学出版会
【要旨】好評を得た教科書の増補改訂版！太閤検地、幕藩経済、近代産業社会化、そして高度成長と経済の成熟。17世紀から現代へ、歴史に学ぶ日本経済社会の読み方（詳細な年表付）。

2017.4 367p A5 ¥2800 ①978-4-7664-2335-8

統計法・人口統計・資源統計

◆海外在留邦人数調査統計　平成29年版　平成28年（2016年）10月1日現在　外務省領事局政策課編　日経印刷、全国官報販売協同組合 発売
【目次】第1章 統計の目的、調査方法及び用語の定義等、第2章 在留邦人の動向（全般、海外在留邦人数推移、地域別在留邦人数推移 ほか）、第3章 日系企業の動向（全般、日系企業（拠点）数推移、地域別日系企業（拠点）数推移 ほか）、第4章 統計表（在留邦人）（アジア、大洋州、北米ほか）、第5章 統計表（日系企業）

2017.10 309p A4 ¥2500 ①978-4-86579-103-7

◆観光の実態と志向　平成28年度版　第35回国民の観光に関する動向調査　日本観光振興協会編　日本観光振興協会
【目次】第1編 調査の計画概要（調査目的、調査項目、調査の設計、調査担当、回収結果、調査対象の特性）、第2編（特集 観光旅行とSNS―国内宿泊観光旅行におけるSNS利用実態、平成28年度調査結果のポイント）、第3編 調査結果の分析（過去1年間の宿泊旅行・宿泊観光旅行の実態、今後の旅行に関して―今後1年間の国内宿泊観光旅行の希望）、第4編 国内観光旅行の時系列把握（グラフ編、集計表編）、付1 集計結果表（標本構成、旅行全般、過去1年間の宿泊旅行・宿泊観光レクリエーション旅行（国内）の実態、今後1年間の国内観光旅行の希望）、付2 調査設計と詳細（標本抽出法、調査票）

2017 256p A4 ¥5800 ①978-4-888941-83-9

◆ケースで身につく統計学　張南著　中央経済社、中央経済グループパブリッシング 発売　第2版
【要旨】統計的思考力・判断力・表現力を鍛える！不確実な中でも、適切な意思決定を行う「力」が身につく入門テキスト。

2017.3 232p A4 ¥2800 ①978-4-502-22011-1

◆国勢調査地図シリーズ 我が国の人口集中地区―人口集中地区別人口・境界図　平成27年　総務省統計局編　日本統計協会
【目次】人口集中地区（全国、市部、郡部別人口集中地区及び人口集中地区以外の地区の人口、面積及び人口密度―昭和35年～平成27年、都道府県別人口集中地区及び人口集中地区以外の地区の人口―昭和35年～平成27年、都道府県別人口

集中地区及び人口集中地区以外の地区の面積―昭和35年～平成27年、都道府県別人口集中地区及び人口集中地区以外の地区の人口密度―昭和35年～平成27年、都道府県別人口集中地区設定市町村数及び人口集中地区数―昭和35年～平成27年、都道府県別人口集中地区及び人口集中地区以外の地区の人口増減数及び増減率―昭和35年～平成27年、平成27年国勢調査時における人口集中地区人口が10万以上の市の人口集中地区人口及び面積―平成22年、27年、東京・大阪・名古屋を中心とした半径50キロメートル圏内の人口集中地区別人口、面積、人口密度及び前回調査との比較―平成22年、27年）、準人口集中地区（都道府県別準人口集中地区設定市町村数、数、人口、面積及び割合―平成27年、準人口集中地区別人口、面積及び人口密度―平成27年）

2017 1Vol. A4 ¥33000 ①978-4-8223-3925-8

◆国勢調査報告　第1巻　人口・世帯総数　平成27年　総務省統計局　日本統計協会
（本文）、付属資料：CD‐ROM1）
【目次】第1部 統計図表（人口及び人口増減率の推移―全国（大正9年～平成27年）、人口密度の推移―全国（大正9年～平成27年）、人口及び人口増減率―都道府県（平成22年、27年）ほか）、第2部 統計表（人口、人口増減、面積、人口密度―全国（大正9年～平成27年）、人口及び人口の割合―全国、全国市部・郡部（大正9年～平成27年）、面積、面積の割合及び人口密度―全国、全国市部・郡部（大正9年～平成27年）ほか）、付表（人口順位及び世帯総数―市町村（平成27年）、人口増減順位―市町村（平成22年～27年）、市区町村数の推移―全国、都道府県（大正9年～平成27年）ほか）

2017 807p A4 ¥8800 ①978-4-8223-3922-7

◆個人所得指標　2017年版　ゼンリンジオインテリジェンス編　ゼンリンジオインテリジェンス
【要旨】全国一七四一市区町村別個人所得分析による。

2017.1 149p B5 ¥12000 ①978-4-9909326-0-2

◆実践ベイズモデリング―解析技法と認知モデル　豊田秀樹編著　朝倉書店
【要旨】ベイズ的アプローチを利用し、汎用的に有用な解析技法と個別の認知モデルという、一ал あい反する事柄を紹介。

2017.1 208p A5 ¥3200 ①978-4-254-12220-6

◆少子高齢社会総合統計年報　2018　三冬社
【要旨】使えるデータ満載!!学児と子育てが社会環境の充実を考えるための幅広いデータ集。

2017.12 342p A4 ¥14800 ①978-4-86563-031-2

◆商社―グローバルな価値創造に向けて　日本貿易会　（商社ハンドブック 2017）
【目次】第1章 商社とは（商社の強み、商社のビジネスモデル）、第2章 世界で活躍する商社（グローバルな社会的課題の解決に向けて、商社の役割）、第3章 商社の社会貢献（商社の社会貢献活動、国際社会貢献センター（ABIC））、第4章 日本貿易会の紹介

2017.4 37p A4 ¥463 ①978-4-931574-22-9

◆人口推計資料　No.89　人口推計 国勢調査結果による補間補正人口　総務省統計局編　日本統計協会
【目次】結果の概要、統計表（全国、都道府県）、参考表、付1「人口推計による人口の補間補正の方法、付2 既刊の人口推計資料

2017 90p A4 ¥1500 ①978-4-8223-3940-1

◆人口推計資料　No.90　―平成28年10月1日現在　総務省統計局編　日本統計協会
【目次】結果の概要、統計表（全国、都道府県）、参考表 2017 102p A4 ¥1800 ①978-4-8223-3950-2

◆図表でみる世界の主要統計OECDファクトブック―経済、環境、社会に関する統計資料 2015‐2016年版　経済協力開発機構（OECD）編著　明石書店
【目次】人口と移住、生産、家計所得と資産、グローバリゼーション、価格、エネルギーと輸送、労働、環境と科学、教育、政府、健康

2017.4 219p B5 ¥8200 ①978-4-7503-4503-1

◆世界の統計　2017　総務省統計局編　日本統計協会
【目次】地理・気象、人口、国民経済計算、農林水産業、鉱工業、エネルギー、科学技術・情報通信、運輸・観光、貿易、国際収支・金融・財政、国際開発援助、労働・賃金、物価・家計、国

経済・産業・労働

民生活・社会保障、教育・文化、環境
2017 304p A5 ¥1850 ①978-4-8223-3938-8

◆**全国消費実態調査報告　第4巻　分析編　平成26年**　総務省統計局編　日本統計協会
（本文：日英両文; CD‐ROM1）
【目次】1 世帯分布（二人以上の世帯、単身世帯ほか）、2 個人的な収支（1世帯当たり1か月間の個人的な収入と支出、1人当たり1か月間の個人的な収入と支出 ほか）、4 変動係数及び推定値の標準誤差率（二人以上の世帯、単身世帯）、5 ジニ係数（二人以上の世帯、単身世帯）、6 所得分布（二人以上の世帯、総世帯）、7 準調査世帯（二人以上の世帯、単身世帯）
2017 975p B5 ¥8600 ①978-4-8223-3924-1

◆**統計学の7原則―人びとが築いた知恵の支柱**
スティーブン・M.スティグラー著、森谷博之、熊谷善彰、山田隆志訳　パンローリング
【目次】第1章 集計：表と平均から最小二乗法まで、第2章 情報：その測定と変化の割合、第3章 尤度：確率尺度のキャリブレーション、第4章 相互比較：基準としての標準内変動、第5章 回帰：多変量解析、ベイズ推定、因果推定 ほか、第6章 計画：実験計画と無作為化の法則、第7章 残差：科学的論理、モデルの比較、そして診断の方法、結論　2017.1 188p A5 ¥2800 ①978-4-7759-4168-3

◆**"統計から読み解く"都道府県ランキングvol.2　消費・行動編**　久保哲朗著　（長野）新建新聞社
【要旨】地域マーケティングに役立つ1冊!!さまざまなデータから見えてくる47都道府県の個性。各自治体の現在の傾向を知り、ビジネスの即戦力として役立つ県別ランキング。
2017.1 303p B5 ¥2500 ①978-4-86527-067-9

◆**統計データの理論と実際**　総務省統計研究研修所編　日本統計協会
【目次】第1章 標本と母集団（標本データの意味、相対度数と度数分布 ほか）、第2章 分布とは（正規分布の意味―誤差の分布、正規分布の実例―体格や年齢ごとの人数・割合 ほか）、第3章 様々な分布とその応用（一様分布―乱数の値、二項分布―コインの表の出現率 ほか）、第4章 標本調査と母集団推定（標本誤差と非標本誤差、標本抽出 ほか）、第5章 公的統計の実際（母集団の作り方、標本抽出の実務 ほか）
2017 248p A5 ¥1800 ①978-4-8223-3947-0

◆**統計でみる都道府県のすがた　2017**　総務省統計局編　日本統計協会
【目次】1 社会生活統計指標（人口・世帯、自然環境、経済基盤、行政基盤、教育 ほか）、2 指標計算式、3 基礎データの説明（人口・世帯、自然環境、経済基盤、行政基盤、教育 ほか）、参考1 社会・人口統計体系の概要、参考2 「統計でみる都道府県のすがた2017」のデータ掲載変更項目一覧　2017.7 264p A4 ¥2500 ①978-4-8223-3919-7

◆**統計でみる日本　2017**　日本統計協会編　日本統計協会
【目次】1 国土・人口・社会（国土・自然環境、人口、家族・世帯、地域社会）、2 国民生活（家計と暮らし、物価・地価、生活一般、健康・医療、社会保障・福祉、教育、文化・芸術、余暇活動、国民経済、国際経済・貿易、労働・賃金、企業活動、食料・農林水産業、資源・エネルギー・水、建設、製造業、サービス業、交通・運輸、情報・通信、商業、金融・保険、研究・開発、財政、公務）、付録
2016 364p A5 ¥2200 ①978-4-8223-3909-8

◆**都道府県Data Book　2017**　日本食糧新聞社
【要旨】歴史、特色、グルメ…47都道府県をギュッと凝縮。あなたの県は何番目!?怒涛の130ランキング。
2017.4 343p 19cm ¥926 ①978-4-88927-262-8

◆**日本統計年鑑　第67回（平成30年）**　総務省統計局編　毎日新聞出版
（付属資料：CD‐ROM1）
【目次】1部 地理・人口、2部 マクロ経済活動、3部 企業・事業所、4部 労働・物価・住宅・家計、5部 社会、6部 国際
2017 747p B5 ¥14500 ①978-4-8223-3980-7

◆**日本の統計　2017**　総務省統計局編　日本統計協会
【目次】グラフでみる日本の統計、1部 地理・人口（国土・気象、人口・世帯 ほか）、2部 マクロ経済活動（国民経済計算、通貨・資金循環、財政、貿易・国際収支・国際協力）、3部 企業・事業所（企

業活動、農林水産業、鉱工業、建設業、エネルギー・情報通信、運輸・観光、卸売業・小売業・サービス産業、金融・保険、環境、科学技術）、4部 労働・物価・住宅・家計（労働・賃金、物価・地価、住宅・土地、家計）、5部 社会（社会保障、保健衛生、教育、文化、公務員・選挙、司法・警察、災害・事故）
2017 276p A5 ¥1850 ①978-4-8223-3920-3

◆**平成27年国勢調査―ライフステージでみる日本の人口・世帯**　総務省統計局編　日本統計協会
【目次】1 人口―社会のみえない変化、2 ライフステージ―家族構成の変化（出生―次世代の担い手は？、教育―人生の節目"卒業"にも変化あり？、転出・転入―若者はどこへ、通勤・通学―電車？車？それとも…？、労働力―働く人びと、産業・職業―どんな仕事をしている？、結婚―結婚、共働きの状況は？、家族―おひとりさまが増加中？、住宅―夢はマイホーム？、高齢化―長寿の国日本）、参考 平成27年国勢調査におけるオンライン調査の実施状況、付録
2017 54p A4 ¥1850 ①978-4-8223-3921-0

◆**平成27年国勢調査報告　第2巻　人口等基本集計結果その1　全国編**　総務省統計局編　日本統計協会　（本文：日英両文; 付属資料：CD‐ROM1）
【目次】第1部 結果の要約・概要、第2部 統計表（総人口・総世帯数、男女・年齢・配偶関係、世帯数・世帯人員、世帯の家族類型・世帯主との続き柄、夫婦の年齢、住居の状態、高齢世帯員のいる世帯、高齢夫婦世帯、外国人）
2017 417p A4 ¥7200 ①978-4-8223-3923-4

◆**平成27年国勢調査報告　第3巻　その1　就業状態等基本集計結果―全国編**　総務省統計局編　日本統計協会　（本文：日英両文; 付属資料：CD‐ROM1）
【目次】第1部 結果の概要（年齢別人口、労働力人口、従業上の地位 ほか）、第2部 統計表（労働力状態・産業・職業・従業上の地位、世帯主との続き柄・労働力状態、世帯の家族類型・労働力状態 ほか）、参考（平成27年国勢調査の概要、用語の解説、平成27年国勢調査の報告書等一覧 ほか）　2017 513p A4 ¥7600 ①978-4-8223-3969-2

◆**平成27年国勢調査報告　第6巻第1部　従業地・通学地による人口・就業状態等集計結果―その1　全国編**　総務省統計局編　日本統計協会　（付属資料：CD‐ROM1）
【目次】第1部 結果の概要（年齢別人口、従業地・通学地別人口、昼夜間人口比率）、第2部 統計表（人口、産業、職業、付表）
2017 359p A4 ¥7900 ①978-4-8223-3973-9

◆**平成27年国勢調査報告　第6巻第1部　従業地・通学地による人口・就業状態等集計結果―その2　都道府県・市区町村編1 北海道・東北**　総務省統計局編　日本統計協会　（付属資料：CD‐ROM1）
2017 1Vol. A4 ¥8100 ①978-4-8223-3974-6

◆**平成27年国勢調査報告　第6巻第1部　従業地・通学地による人口・就業状態等集計結果―その2　都道府県・市区町村編3 中部**　総務省統計局編　日本統計協会　（付属資料：CD‐ROM1）
2017 1Vol. A4 ¥9000 ①978-4-8223-3976-0

◆**平成27年国勢調査報告　第6巻第1部　従業地・通学地による人口・就業状態等集計結果―その2　都道府県・市区町村編4 近畿**　総務省統計局編　日本統計協会　（付属資料：CD‐ROM1）
2017 1Vol. A4 ¥9300 ①978-4-8223-3977-7

◆**平成27年国勢調査報告　第6巻第1部　従業地・通学地による人口・就業状態等集計結果―その2　都道府県・市区町村編6 九州・沖縄**　総務省統計局編　日本統計協会　（付属資料：CD‐ROM1）
2017 1Vol. A4 ¥8400 ①978-4-8223-3979-1

◆**平成27年国勢調査報告　第6巻第1部　従業地・通学地による人口・就業状態等集計結果―その2　都道府県・市区町村編5 中国・四国**　総務省統計局編　日本統計協会　（付属資料：CD‐ROM1）
2017 1Vol. A4 ¥8600 ①978-4-8223-3978-4

◆**平成27年国勢調査報告　第6巻第1部　従業地・通学地による人口・就業状態等集計**

結果―その2　都道府県・市区町村編2 関東
総務省統計局編　日本統計協会　（付属資料：CD‐ROM1）
2017 1Vol. A4 ¥10200 ①978-4-8223-3975-3

◆**平成27年国勢調査報告　第7巻　人口移動集計結果（その1）全国編**　総務省統計局編　日本統計協会　（付属資料：CD‐ROM1; 本文：日英両文）
【目次】第1部 結果の概要、第2部 統計表（移動人口の男女・年齢、外国人の人口移動、移動人口の労働力状態・産業・職業・従業上の地位）
2017 171p A4 ¥8400 ①978-4-8223-3981-4

◆**平成27年国勢調査報告　第7巻　人口移動集計結果（その2）都道府県・市区町村編1 北海道・東北**　総務省統計局編　日本統計協会　（付属資料：CD‐ROM1; 本文：日英両文）
【目次】統計表（北海道、青森県、岩手県、宮城県、秋田県、山形県、福島県）、参考
2017 1Vol. A4 ¥9100 ①978-4-8223-3982-1

◆**平成27年国勢調査報告　第7巻　人口移動集計結果（その2）都道府県・市区町村編2 関東**　総務省統計局編　日本統計協会　（付属資料：CD‐ROM1; 本文：日英両文）
【目次】統計表（茨城県、栃木県、群馬県、埼玉県、千葉県、東京都、神奈川県）、参考
2017 1Vol. A4 ¥9600 ①978-4-8223-3983-8

◆**平成27年国勢調査報告　第7巻　人口移動集計結果（その2）都道府県・市区町村編3 中部**　総務省統計局編　日本統計協会　（付属資料：CD‐ROM1; 本文：日英両文）
【目次】統計表（新潟県、富山県、石川県、福井県、山梨県、長野県、岐阜県、静岡県、愛知県、三重県）、参考
2017 1Vol. A4 ¥9300 ①978-4-8223-3984-5

◆**平成27年国勢調査報告　第7巻　人口移動集計結果（その2）都道府県・市区町村編4 近畿**　総務省統計局編　日本統計協会　（付属資料：CD‐ROM1; 本文：日英両文）
【目次】統計表（滋賀県、京都府、大阪府、兵庫県、奈良県、和歌山県）、参考
2017 1Vol. A4 ¥9000 ①978-4-8223-3985-2

◆**平成27年国勢調査報告　第7巻　人口移動集計結果（その2）都道府県・市区町村編5 中国・四国**　総務省統計局編　日本統計協会　（付属資料：CD‐ROM1; 本文：日英両文）
【目次】統計表（鳥取県、島根県、岡山県、広島県、山口県、徳島県、香川県、愛媛県、高知県）、参考
2017 1Vol. A4 ¥9200 ①978-4-8223-3986-9

◆**平成27年国勢調査報告　第7巻　人口移動集計結果（その2）都道府県・市区町村編6 九州・沖縄**　総務省統計局編　日本統計協会　（付属資料：CD‐ROM1; 本文：日英両文）
【目次】統計表（福岡県、佐賀県、長崎県、熊本県、大分県、宮崎県、鹿児島県、沖縄県）、参考
2017 1Vol. A4 ¥9100 ①978-4-8223-3987-6

◆**法人企業統計季報　平成29年4～6月**　財務省財務総合政策研究所編　中和印刷
【目次】法人企業統計季報（平成29年4～6月期）の概況、調査方法の概要、統計（財務・営業比率累期比較、全産業、規模別資産・負債・純資産及び損益、製造業、規模別資産・負債・純資産及び損益、非製造業、規模別資産・負債・純資産及び損益、全産業（金融業、保険業を含む）規模別資産・負債・純資産及び損益 ほか）
2017.9 138p A4 ¥4100 ①978-4-908910-10-4

◆**法人企業統計季報　平成28年7～9月**　財務省財務総合政策研究所編　中和印刷
【目次】財務・営業比率期別比較、全産業、規模別資産・負債・純資産及び損益、製造業、規模別資産・負債・純資産及び損益、非製造業、規模別資産・負債・純資産及び損益、全産業（金融業、保険業を含む）規模別資産・負債・純資産及び損益、金融業、保険業 規模別資産・負債・純資産及び損益 業種別、資産・負債・純資産及び損益期別比較、全産業、規模別固定資産増減、製造業、規模別固定資産増減、非製造業、規模別固定資産増減〔ほか〕
2016.12 138p A4 ¥2350 ①978-4-924447-58-5

◆**離島統計年報 CD‐ROM版　2015**　日本離島センター編　日本離島センター　（付属資料：CD‐ROM1）
2017.3 18p A4 ¥6600 ①978-4-931230-35-4

◆**The Economist世界統計年鑑　2018**
英『エコノミスト』誌編　ディスカヴァー・トゥエンティワン
【要旨】世界の「今」が見える最強のデータブック。地理、経済、ビジネス、政治、社会、健康、文化…多種多様な側面から200項目以上のランキングを収録。
2017.11 255p 19×11cm ¥1700 ①978-4-7993-2187-4

 財政学・財政事情

◆**最新 過疎・辺地債ハンドブック**　地方財政調査研究会編　ぎょうせい　改訂版
【目次】第1章 過疎及び辺地対策の概要（過疎対策の概要、辺地対策の概要）、第2章 過疎対策事業債の解説（一般的事項、過疎対策事業債の対象事業等）、第3章 辺地対策事業債の解説（一般的事項、辺地対策事業債の対象事業等）、第4章 過疎債・辺地債に係るQ&A、参考資料（過疎対策関係、辺地対策関係、その他）
2017.12 295p A5 ¥3400 ①978-4-324-10436-1

◆**財政学**　小西砂千夫著　日本評論社　（日評ベーシック・シリーズ）
【要旨】財政学の魅力がここにあります。租税論と予算論を伝統的な柱として、財政学にしかない問題意識による展開を試みた古くてとっても新しいテキスト。
2017.4 204p A5 ¥2000 ①978-4-535-80608-5

◆**財政から読みとく日本社会―君たちの未来のために**　井手英策著　岩波書店　（岩波ジュニア新書）
【要旨】日本ではなぜ教育にお金がかかるのだろう、なぜ働く人への社会保障は少ないのだろう、どうしてこんなに税金がいやなんだろう…、財政のなりたちをわかりやすく解説し、新しい社会への選択肢を考えます。弱者を生まず、誰もが安心してくらせる社会をつくるためにできることは？ いまを生き、未来を変える君たちへのメッセージ。
2017.3 224p 18cm ¥880 ①978-4-00-500848-3

◆**自治体議員が知っておくべき新地方公会計の基礎知識―財政マネジメントで人口減少時代を生き抜くために**　宮澤正泰著　第一法規
【要旨】公会計の基礎がわかる。地方公会計のプロによる、議員のための公会計入門書。決定版!!
2017.7 241p A5 ¥2700 ①978-4-474-05822-4

◆**自治体破綻の財政学―米国デトロイトの経験と日本への教訓**　犬丸淳著　日本経済評論社
【要旨】アメリカ史上最大の自治体破綻という衝撃を与えたデトロイト市。同市を中心に米国自治体の財政破綻から再建までの道筋を詳細に分析。夕張市の再建事例とも比較し、日本への教訓を探る。
2017.10 486p A5 ¥5200 ①978-4-8188-2477-5

◆**実践財政学―基礎・理論・政策を学ぶ**　赤井伸郎編　有斐閣
【目次】第1部 財政の仕組み（政府の役割と財政、財政赤字とマクロ経済、政府間財政移転と地方財政、自治体運営（再編・競争）と財政）、第2部 歳出（社会資本と公共事業、教育と政府の役割、少子高齢化と社会保障財政）、第3部 歳入（労働と税金、暮らしと税金、経済のグローバル化と企業課税・金融課税）
2017.4 354p A5 ¥2700 ①978-4-641-16504-5

◆**図説 日本の財政　平成29年度版**　宇波弘貴編著　東洋経済新報社
【要旨】PB黒字化、「経済・財政一体改革」を推進する平成29年度予算を図解! 豊富な図表とコラムを活用してわかりやすく解説。
2017.10 460p A5 ¥2000 ①978-4-492-03196-4

◆**全国都市財政年報―全国791都市・23特別区　2016年度決算**　日本経済新聞社編　日本経済新聞出版社 発売
【目次】基本データ、財政比率、全国ランキング、類似都市グループ別ランキング、総括編、地方債借入先状況
2017.12 577p A4 ¥32000 ①978-4-532-66032-1

◆**地方財政を学ぶ**　沼尾波子、池上岳彦、木村佳弘、高端正幸著　有斐閣　（有斐閣ブックス）
【要旨】地方財政をはじめて学ぶ人に。都道府県、市町村など、私たちに身近な地方自治体の経済活動をわかりやすく解説。
2017.5 284p B5 ¥2400 ①978-4-641-18435-0

◆**地方財政を学ぶ**　水谷守男、菊池裕子、宮野俊明、菊地裕幸著　勁草書房
【要旨】「地方創生」政策の始動など大きく変化した環境を見据え、地方財政の現状を明らかにした、簡潔でより理解しやすいように工夫した最新の教科書。
2017.6 204p A5 ¥2500 ①978-4-326-50437-4

◆**地方財政改革の検証**　橋本恭之、鈴木善充、木村真、小川亮、吉田素教著　清文社
【目次】地方分権改革の潮流、第1部 地方税改革（地方税改革の概要、三位一体の改革の税源移譲と地域間税収格差、ふるさと納税制度の検証）、第2部 地方交付税改革（地方交付税改革の概要、交付税改革の検証、交付税改革が夕張市財政に与えた影響について）、第3部 補助金改革（国庫支出金改革の概要、国庫支出金の構造変化について）、第4部 財政再建（地方財政健全化法の事例、夕張市の財政再建、夕張市の財政再建と税収への影響、地方財政運営の持続可能性）
2017.4 317p A5 ¥3400 ①978-4-433-63887-0

◆**テキストブック地方財政**　篠原正博、大澤俊一、山下耕治編著　創成社
【目次】第1章 地方財政改革の動向、第2章 地方制度と地方財政、第3章 地方財政の運営、第4章 地方財政の経費と財政指標、第5章 地方税、第6章 地方交付税、第7章 補助金・負担金・交付金、第8章 地方債、第9章 社会保障、第10章 公共事業と地域活性化、第11章 公営事業
2017.6 230p A5 ¥2500 ①978-4-7944-3180-6

◆**習うより慣れろの市町村財政分析―基礎からステップアップまで**　大和田一紘、石山雄貫著　自治体研究社　四訂版
【要旨】「地方財政状況調査表」に基づいて大幅改訂。一話完結・図表中心の53講で段階的に理解できる。巻末の分析表に書き込めば、わがまちの財政がわかる。パソコンさえあれば、財政資料が手に入る。自治体広報から決算カード、決算統計、予算書まで読みこなせる。各地の市民による手づくり「財政白書」の成果を紹介。
2017.3 158p B5 ¥2500 ①978-4-88037-662-2

◆**日本国債の膨張と崩壊―日本の財政金融政策**　代田純著　文眞堂
【要旨】主要先進国では、最も累積した日本の国債。日本の国債は、現在、3つのリスクに直面している。3つのリスクとは、国債市場における流動性の低下、国債先物市場における海外投資家のシェア上昇と売り越し、日銀トレードによる日銀の損失累積である。本書では、戦後の財政法制定まで遡り、日本国債が膨張した軌跡をあとづけ、国債崩壊のリスクを検討する。
2017.2 196p B6 ¥2200 ①978-4-8309-4934-0

◆**日本地方財政史―制度の背景と文脈をとらえる**　小西砂千夫著　有斐閣
【要旨】地方財政の制度運営の内在的論理を初めて解き明かす一複雑な成り立ちをもつ地方財政が歩んできた道を明らかにし、いままで誰も見てこなかった日本の地方財政制度に塗り込まれた統治の知恵を浮き彫りにする得望作。各テーマに沿って、財政制度の生成と発展の論理を丹念に分析し、その背後にある文脈を追究していく。
2017.5 440p A5 ¥4400 ①978-4-641-16498-7

◆**日本の財政を考える**　馬場義久、横山彰、堀場勇夫、牛丸聡著　有斐閣
【要旨】課題を明らかにし、論点を提示! 国と地方の財政を一体的な視点から捉え、「学ぶ主体」としての実力を養う。
2017.12 270p A5 ¥2600 ①978-4-641-16518-2

◆**入門 財政学**　土居丈朗著　日本評論社
【要旨】日本の財政は本当に持続可能なのか? 日本の財政制度について学びつつ、経済学の視点で、これからの日本の財政について考える。
2017.4 341p A5 ¥2800 ①978-4-535-04119-4

◆**貧困を考える―人生前半の社会保障と財政**　日本財政学会編　日本財政学会, 有斐閣 発売　（財政研究 第13巻）
【要旨】日本財政学会2016年次の知的営為の集大成。第73回大会シンポジウム「貧困を考える一人生前半の社会保障と財政」、招待講演論文 "Policy Insights from a Tax - Systems Perspective"、代表的な財政学者による学界の最先端と課題を指し示す特別寄稿論文、選りすぐりの投稿論文を収め、財政と財政学の今日的課題を明らかにする。
2017.10 238p A5 ¥5000 ①978-4-641-49920-1

◆**平成財政史 平成元～12年度　7　国際金融・対外関係事務・関税行政**　財務省財務総合政策研究所財政史室編　白峰社
【目次】第1部 国際金融・対外関係事項（バブル崩壊と国際化の進展：平成元～6年度、世界金融危機と地域協力の模索：平成7～12年度）、第2部 関税行政（平成元年度から平成4年度の関税行政、平成5年度から平成8年度の関税行政、平成9年度から平成12年度の関税行政）
2017.3 545p A5 ¥8241 ①978-4-938859-28-2

◆**予算の見方・つくり方　平成29年版**　小笠原春夫著　学陽書房
【要旨】地方財政対策を中心に、地方交付税、地方債、地方税及び国庫補助負担金の各制度の動向などについて最新情報を盛り込み加筆。歳入科目の予算計上科目ごとに最新の係数データを盛り込み、制度改正事項については直近の情報を収録。また、歳入歳出科目の全体にわたり、細部の見直しを図った。
2017.7 746p A5 ¥7000 ①978-4-313-12186-7

◆**Q&A 補助金等適正化法**　門馬圭一編　大蔵財務協会
【目次】総論、第2条関係、第3条関係、第4条関係、第5条関係、第6条関係、第7条関係、第8条関係、第9条関係、第10条関係〔ほか〕
2017.8 280p A5 ¥2315 ①978-4-7547-2454-2

 書誌・事典

◆**アジア太平洋と関西―関西経済白書　2017**　アジア太平洋研究所編　丸善プラネット, 丸善出版 発売
【目次】1 アジア太平洋の政治パラダイムと経済（一国至上主義の影響を受けるアジア太平洋、アジア太平洋の各国・地域事情、変貌するアジア経済と日本）、2 関西経済が目指す方向性（日本・関西経済の回顧と予測、関西経済の課題と展望、関西GRP100兆円を目指して）、3 資料編
2017.10 205p A4 ¥2500 ①978-4-86345-350-0

◆**開発協力白書 英語版　2016年版 Japan's International Cooperation**　外務省編　佐伯印刷　（本文:英文）
【目次】2 Development Cooperation in 2016 (Japan's Official Development Assistance in Terms of Disbursement, Specific Initiatives of Japan's Development Cooperation), 3 Statistics and Reference Materials (Japan's ODA Budget, Japan's ODA Disbursements, List of Bilateral Assistance Projects, ODA Disbursements through Multilateral Institutions, Reference Materials on Japan's ODA, (Reference) Other Countries' ODA Disbursements)
2017.8 263, 4p A4 ¥4676 ①978-4-905428-75-6

◆**家計消費状況調査年報 平成28年**　総務省統計局編　日本統計協会
【目次】2016年結果の概況、統計表（インターネットを利用した1世帯当たり1か月間の支出、電子マネーの利用状況、特定の商品・サービスの1世帯当たり1か月間の支出、インターネットを利用した購入状況（注）、世帯分布、支出世帯1世帯当たり1か月間の支出金額及び支出世帯の割合）、家計消費状況調査の概要
2017 169p A4 ¥2600 ①978-4-8223-3952-4

◆**家計調査年報　1　家計収支編　平成28年**　総務省統計局編　日本統計協会
【目次】平成28年（2016年）家計の概要（家計収支の概況（二人以上の世帯）、世帯属性別の家計収支（二人以上の世帯）、総世帯及び単身世帯の家計収支、最近の家計消費の特徴（二人以上の世帯））、統計表（二人以上の世帯（用途分類―1世帯当たり1か月間の収入と支出、品目分類―1世帯当たり年間の品目別支出金額、購入数量及び平均価格、世帯分布）、総世帯、単身世帯）
2017 479p B5 ¥2600 ①978-4-8223-3945-6

◆**家計調査年報　2　貯蓄・負債編　平成28年**　総務省統計局編　日本統計協会
【目次】平成28年（2016年）貯蓄・負債の概要、統計表（用途分類：1世帯当たり1か月平均1か月間の収入と支出、貯蓄及び負債の年平均1世帯当たり現在高、持家世帯：貯蓄及び負債の年平均1世帯当たり現在高、負債保有世帯：貯蓄及び負債の年平均1世帯当たり現在高、各種世帯属性別世帯

分布（10万分比）〕、付表、家計調査（貯蓄・負債編）の概要、付録
2017 336p A4 ¥4800 ①978-4-8223-3967-8

◆**観光白書 平成29年版** 国土交通省観光庁編
昭和情報プロセス、全国官報販売協同組合 発売
【目次】第1部 平成28年観光の動向（世界の観光の動向、日本の観光の動向）、第2部 持続可能な賑わいを有する観光地づくりに向けて（国内観光地を取り巻く環境の変化、長期的に賑わいを維持してきた観光地の取組 ほか）、第3部 平成28年度に講じた施策（観光資源の魅力を革新し、「地方創生」の礎に、観光産業を革新し、国際競争力を高め、我が国の基幹産業に ほか）、第4部 平成29年度に講じようとする施策（観光資源の魅力を極め、「地方創生」の礎に、観光産業を革新し、国際競争力を高め、我が国の基幹産業に ほか）、資料編
2017.9 264p A4 ¥1852 ①978-4-907343-11-8

◆**観光白書（コンパクト版） 平成29年版**
国土交通省観光庁編　昭和情報プロセス、全国官報販売協同組合 発売
【目次】第1部 平成28年観光の動向（世界の観光の動向、日本の観光の動向）、第2部 持続可能な賑わいを有する観光地づくりに向けて（国内観光地を取り巻く環境の変化、長期的に賑わいを維持してきた観光地の取組 ほか）、第3部 平成28年度に講じた施策（観光資源の魅力を革新し、「地方創生」の礎に、観光産業を革新し、国際競争力を高め、我が国の基幹産業に ほか）、第4部 平成29年度に講じようとする施策（観光資源の魅力を極め、「地方創生」の礎に、観光産業を革新し、国際競争力を高め、我が国の基幹産業に ほか）、資料編
2017.9 264p A5 ¥1667 ①978-4-907343-12-5

◆**観光ビジネス未来白書――統計に見る実態・分析から見える未来戦略 2017年版** 加藤弘治編著　同友館
【要旨】これから期待される観光ビジネスは、これだ！ まちづくり関連観光ビジネス、レジャー関連観光ビジネス、飲食・土産関連観光ビジネス、教育・文化関連観光ビジネス、ニューツーリズムビジネス、注目の観光ビジネス…観光ビジネスの全体像を分類し、統計的数値をもとに実態をビジュアルに示して、その方向性と未来戦略を提示する。
2017.4 170p B5 ¥2500 ①978-4-496-05271-2

◆**企業活動基本調査報告書 第1巻 総合統計表 平成27年** 経済産業統計協会編 経済産業統計協会
【目次】総括表、資産・負債及び純資産並びに固定資産の取得・除却、剰余金処分に関する表、事業内容に関する表、設立年別及び事業組織に関する表、事業組織１別研究開発に関する表、技術の所有及び取引状況に関する表、企業経営の方向に関する表、外資系企業に関する表、地域に関する表
2017.3 506p A4 ¥27000 ①978-4-86499-108-7

◆**企業活動基本調査報告書 第2巻 事業多角化等統計表 平成27年** 経済産業統計協会編 経済産業統計協会
【目次】総括表、事業の多角化に関する表、企業間の関連及び海外取引に関する表、貿易活動を行う企業に関する表、子会社・関連会社の状況に関する表、業務の外部委託に関する表
2017.3 358p A4 ¥15500 ①978-4-86499-109-4

◆**企業活動基本調査報告書 第3巻 子会社等統計表 平成27年** 経済産業統計協会編 経済産業統計協会
【目次】総括表、子会社・関連会社の状況に関する表、親会社を有する企業に関する表
2017.3 500p A4 ¥19700 ①978-4-86499-110-0

◆**企業活動基本調査報告書 第1巻 総合統計表 平成28年** 経済産業統計協会編 経済産業統計協会
【目次】総括表、資産・負債及び純資産並びに固定資産の取得・除却、剰余金処分に関する表、事業内容に関する表、設立年別及び事業組織に関する表、事業組織別研究開発に関する表、技術の所有及び取引状況に関する表、企業経営の方向に関する表、外資系企業に関する表、地域に関する表
2017.11 484p A4 ¥27000 ①978-4-86499-121-6

◆**企業活動基本調査報告書 第2巻 事業多角化等統計表 平成28年** 経済産業統計協会編 経済産業統計協会
【目次】総括表、事業の多角化に関する表、企業間の関連及び海外取引に関する表、貿易活動を行う企業に関する表、子会社・関連会社の状況に関する表、業務の外部委託に関する表
2017.11 358p A4 ¥15500 ①978-4-86499-122-3

◆**企業活動基本調査報告書 第3巻 子会社等統計表 平成28年** 経済産業統計協会編 経済産業統計協会
【目次】総括表、子会社・関連会社の状況に関する表、親会社を有する企業に関する表
2017.11 504p A4 ¥19700 ①978-4-86499-123-0

◆**企業戦略白書 2016年版 ゼロベースの時代――日本企業の転換課題40を洗い出す** 藤田英夫編著 （大阪）日本ビジネス開発
（JBD企業・ビジネス白書シリーズ）
【目次】1 ゼロベースの時代―日本企業の転換課題40を洗い出す、2 業種・業態別のパラダイム変革＆トップ企業の長期計画・ビジョン（建設・住宅・不動産、食品、繊維、化学・製薬・石油・素材（セメント・硝子・電線・塩ビ管・ゴム・塗料）、鉄鋼、精密・機械、重機・重電・造船、電機・家電、通信・放送・IT、自動車）
2017.2 248p A4 ¥3800 ①978-4-908813-04-7

◆**寄付白書 2017** 日本ファンドレイジング協会編 日本ファンドレイジング協会
【要旨】寄付者・ファンドレイザー・研究者・メディア・行政の方の必携の書。最先端の寄付研究の知見を加え、日本の寄付市場をもっと深読み！ 日本初！「寄付を科学する」を読み解いた実践書。2010年以降の日本の寄付市場を網羅。
2017.11 158p A4 ¥3000 ①978-4-907431-11-2

◆**景気予報 2017年度夏号（当年度予報）――内外経済の動静と中小企業経営** 商工中金経済研究所　（別冊「商工ジャーナル」）
【目次】第1章 海外景気（米国経済、中国経済、EU（欧州連合）経済）、第2章 米国の通商動向（相手先別、品目別（農畜産物、化学品、鉄鋼、電機、自動車）、北米自由貿易協定（NAFTA））、第3章 国内景気（概況、輸出入、生産、設備投資、雇用・所得、個人消費、住宅投資）、第4章 国内中小企業（景況判断、売上高、業況判断）
2017.6 111p A4 ¥640 ①978-4-904735-31-2

◆**経済財政白書 平成29年版 技術革新と働き方改革がもたらす新たな成長** 内閣府編　日経印刷、全国官報販売協同組合 発売
【目次】第1章 緩やかな回復が続く日本経済の現状（今次景気回復局面の特徴、最近の消費動向の検証と消費喚起に向けた展望、財政金融政策の動向、まとめ）、第2章 働き方の変化と経済・国民生活への影響（働き方改革が求められる労働市場の課題、働き方改革が生産活動に及ぼす影響、働き方改革が国民生活に与える影響、働き方改革を進めるために）、第3章 技術革新への対応とその影響（技術革新が生産性に与える影響、技術革新が経済社会・国民生活に与える影響）
2017.8 278, 5p A4 ¥2100 ①978-4-86579-097-9

◆**経済財政白書 平成29年版 技術革新と働き方改革がもたらす新たな成長** 内閣府編　日経印刷、全国官報販売協同組合 発売 縮刷版
【目次】第1章 緩やかな回復が続く日本経済の現状（今次景気回復局面の特徴、最近の消費動向の検証と消費喚起に向けた展望、財政金融政策の動向、まとめ）、第2章 働き方の変化と経済・国民生活への影響（働き方改革が求められる労働市場の課題、働き方改革が生産活動に及ぼす影響、働き方改革が国民生活に与える影響、働き方改革を進めるために）、第3章 技術革新への対応とその影響（技術革新が生産性に与える影響、技術革新が経済社会・国民生活に与える影響）
2017.8 278, 5p A5 A4 ¥1700 ①978-4-86579-098-6

◆**経済産業省生産動態統計年報 化学工業統計編 平成28年** 経済産業調査会編 経済産業調査会
【目次】1 生産・出荷・在庫統計（製品年表、製品統計表（時系列）、化粧品生産金額）、2 原料統計、3 労務統計、4 生産能力統計
2017.7 214p A4 ¥6500 ①978-4-8065-1911-9

◆**経済産業省生産動態統計年報 機械統計編 平成28年** 経済産業調査会編 経済産業調査会
【目次】1 生産・出荷・在庫統計（はん用・生産用・業務用機械、電気・電子デバイス・情報通信機械、輸送機械）、2 労務統計、3 生産能力指数
2017.10 470p A4 ¥6500 ①978-4-8065-1910-2

◆**経済産業ハンドブック 2018** 経済産業省職員録・主要団体名簿 商工会館編 商工会館

【目次】大臣官房、経済産業政策局、地域経済産業グループ、通商政策局、貿易経済協力局、産業技術環境局、製造産業局、商務情報政策局、商務・サービスグループ、産業保安グループ〔ほか〕
2017.12 858, 42p B6 ¥6019 ①978-4-915106-21-7

◆**現行輸入制度一覧 平成29年度版** 経済産業調査会編 経済産業調査会
【目次】動物（生きているものに限る。）及び動物性生産品、植物性生産品、動物性又は植物性の油脂及びその分解生産物、調製食用脂並びに動物性又は植物性のろう、調製食料品、飲料、アルコール、食酢、たばこ及び製造たばこ代用品、鉱物性生産品、化学工業（類似の工業を含む。）の生産品、プラスチック及びゴム並びにこれらの製品、皮革及び毛皮並びにこれらの製品、動物用装着具並びに旅行用具、ハンドバッグその他これらに類する容器並びに腸の製品、木材及びその製品、木炭、コルク及びその製品並びにわら、エスパルトその他の組物材料の製品並びにかご細工物及び枝条細工物、木材パルプ、繊維素繊維を原料とするその他のパルプ、古紙並びに紙及び板紙並びにこれらの製品〔ほか〕
2017.8 691p 27×21cm ¥23000 ①978-4-8065-1915-7

◆**県民経済計算年報 平成29年版** 内閣府経済社会総合研究所国民経済計算課編 メディアランド （付属資料：CD-ROM1）
【目次】1 総括表（平成13～26年度）（県内総生産（名目）、県内総生産（生産則、実質：連鎖方式）―平成17暦年連鎖価格、県内総生産（生産則、デフレーター：連鎖方式）、県内純生産（要素費用表示）、県民所得 ほか）、2 主要系列表（平成13～26年度）（経済活動別県内総生産（名目）、経済活動別県内総生産（実質：連鎖方式）―平成17暦年連鎖価格、県民所得、県内総生産（支出側、名目）、県内総生産（支出側、実質：固定基準年方式）―平成17暦年基準）、3 付表（平成26年度）（経済活動別県内総生産及び要素所得（名目））
2017 592p A4 ¥4300 ①978-4-904208-55-7

◆**公正取引委員会年次報告（独占禁止白書） 平成29年版** 公正取引委員会編 公正取引協会
【目次】第1部 総論、第2部 各論（独占禁止法制等の動き、違反被疑事件の審査及び処理、審判、訴訟、競争環境の整備、競争政策に関する理論的・実証的基盤の強化、株式取得、合併等に関する業務、不公正な取引方法への取組、下請法に関する業務、消費税転嫁対策特別措置法に関する業務、国際関係業務、広報・広聴等に関する業務、景品表示法に関する業務、相談その他の業務）
2017 346p A4 ¥2200 ①978-4-87622-016-8

◆**国債統計年報 平成28年度** 財務省理財局編 山浦印刷
【目次】第1部 総括統計、第2部 国債、第3部 借入金・一時借入金、第4部 政府短期証券、第5部 政府保証債務、第6部 国債整理基金、第7部 国債の発行要項・政府保証債務の保証要項
2017.11 405p A4 ¥4100 ①978-4-906756-07-0

◆**国際連合 世界人口予測1960→2060 2017年改訂版** 国際連合経済社会情報・政策分析局人口部編 原書房 （世界人口年鑑 別巻）
【目次】第1分冊（人口学的プロフィール（主要地域、地域、および特別グループ別人口学的プロフィール、国・属領別人口学的プロフィール）、人口学的主要指標（人口規模およびその増加、出生、死亡、年齢別人口構成および従属人口指数））、第2分冊（世界、主要地域、地域、および特別グループ別男女・年齢別人口：推計および中位、高位ならびに低位予測値、1960-2060年、国・属領別男女・年齢別人口：推計および中位、高位ならびに低位予測値、1960-2060年）
2017.9 2Vols.set A4 ¥48000 ①978-4-562-05431-2

◆**国民経済計算年報――CD-ROM付 平成27年度** 内閣府経済社会総合研究所国民経済計算部編 メディアランド （付属資料：CD-ROM1）
【目次】第1部 フロー編（年次計数）（年度計数―カラーページ、暦年計数、付表）、第2部 ストック編（年次計数）（統合勘定、制度部門別勘定、付表、参考表）
2017 566p A4 ¥6500 ①978-4-904208-53-3

◆**個人企業経済調査報告（構造編） 平成28年** 総務省統計局編 日本統計協会
【目次】営業状況（産業大分類、年別営業状況、産業特殊中分類別営業状況、産業大分類、従業者

規模別営業状況 ほか）、営業上の資産・負債（営業大分類、年別営業上の資産・負債、産業特殊中分類別営業上の資産・負債、産業大分類、従業者規模別営業上の資産・負債 ほか）、事業所分布（産業大分類、年、営業利益率階級別事業所分布、産業特殊中分類、営業利益率階級別事業所分布、産業大分類、従業者規模、営業利益率階級別事業所分布 ほか）、付録
2017 221p A4 ¥2900 ⓘ978-4-8223-3972-2

◆個人企業経済調査報告（動向編）—平成29年1～3月期及び平成28年度 総務省統計局編 日本統計協会
【目次】平成29年1～3月期結果（業況判断、営業状況）、平成28年度結果（営業状況）、付録
2017 136p A4 ¥2400 ⓘ978-4-8223-3949-4

◆コールセンター白書 2017 コールセンタージャパン編集部編 リックテレコム
【目次】第1章 コールセンターを取り巻く環境とマネジメント課題（センターマネジメントの現状と課題、コールセンター/CRM関連IT市場動向 ほか）、第2章 国内コールセンターの実態（基礎データ、運営 ほか）、第3章 コールセンター利用者調査（消費者調査と業種比較、通信販売 ほか）、第4章 コールセンター/CRMアウトソーシング市場検証（アウトソーシング市場動向、国内主要アウトソーサー一覧）、第5章 全国自治体のコールセンター誘致・進出状況調査（自治体誘致施策とセンターの地方展開状況、地方自治体のコールセンター支援制度・助成促進費一覧 ほか）
2017.10 287p 29×21cm ¥12000 ⓘ978-4-86594-109-8

◆社会生活統計指標 2017 都道府県の指標 総務省統計協会 （付属資料：CD‐ROM1；本文：英文）
【目次】1 社会生活統計指標（人口・世帯、自然環境 ほか）、2 基礎データ（人口・世帯、自然環境 ほか）、3 基礎データの説明（人口・世帯、自然環境 ほか）、4 指標の説明（人口・世帯、自然環境 ほか）
2017 527p A4 ¥8000 ⓘ978-4-8223-3918-0

◆住民基本台帳人口移動報告年報 平成28年 総務省統計局編 日本統計協会 （付属資料：CD‐ROM1）
【目次】統計表（日本人移動者）（男女別移動者数、都道府県内移動者数及び都道府県間移動者数の推移—全国（昭和29年～平成28年）、月、男女別移動者数—全国（平成27年、平成28年）、都道府県内移動者数—全国（平成27年、平成28年）、男女別都道府県内移動者数及び転入超過数の推移—全国、21大都市（平成11年～平成28年）、男女別都道府県内移動者数及び都道府県内の転出者数—全国、都道府県、21大都市（平成28年）、都道府県内移動者数、他都道府県からの転入者数及び他土津府県への転出者数—全国、都道府県、21大都市（平成28年）、都道府県内移動者数及び他土津府県への転出者数—全国、都道府県、21大都市（平成28年） ほか）、付表（移動者（外国人含む））（男女別都道府県内移動者数及び他都道府県への転出者数—全国、都道府県、21大都市（平成28年））
2017 164p A4 ¥3700 ⓘ978-4-8223-3951-7

◆首都圏白書 平成29年版 国土交通省編 勝美印刷
【目次】第1章 首都圏をめぐる最近の動向（首都圏の今の現状と将来、社会のペースを活用した生産性の向上、産業分野における労働生産性の向上、首都圏における労働力の強化・生産向上に向けた取組）、第2章 首都圏整備の状況（人口・居住環境・産業機能の状況、確固たる安全、安心の実現に向けた基礎的防災力の強化、面的な対流を創出する社会システムの質の向上、国際競争力の強化、環境との共生、首都圏整備の推進）、資料 首都圏整備に関する各種データ
2017.7 104p A4 ¥2500 ⓘ978-4-906955-69-5

◆少子化・高齢化ビジネス白書 2017年版 変わる時代—少子化・高齢化「変わる時代」のビジネスチャンス 藤田英夫編著 （大阪）日本ビジネス開発 （JBD企業・ビジネス白書シリーズ）
【目次】1 変わる時代—少子化・高齢化「変わる時代」のビジネスチャンス、2 少子化ビジネス・高齢化ビジネス企画のためのマクロデータ、3 少子化ビジネス（結婚・未婚・非婚ビジネス、出産支援ビジネス、育児・子育て支援ビジネス）、4 高齢化ビジネス（衣料・生活・身の回りの市場、食市場、老人ホーム・住宅・住居市場 ほか）
2017.3 214p A4 ¥38000 ⓘ978-4-908813-05-4

◆消費者白書 平成29年版 消費者庁編 勝美印刷
【目次】第1部 消費者意識・行動と消費者問題の動向（消費者事故等に関する情報の集約及び分析の取りまとめ結果等、消費者を取り巻く社会経済情勢と消費者意識・行動、特集 若者の消費）、第2部 消費者政策の実施の状況（消費者庁における主な消費者政策、消費者政策の実施の状況の詳細）、資料編
2017.7 388p A4 ¥3678 ⓘ978-4-906955-71-8

◆世界年鑑 2017 共同通信社編著 共同通信社
【要旨】国連機関と主要国際機構、国際会議、非政府組織（NGO）やシンクタンクの構成と動き。政治、外交、軍事、財政、社会、文化…。各国の国名と閣僚名簿を、カタカナと欧文（または漢字）表記で掲載。主要統計、世界の大企業、空港・航空会社、内外外交公館…ほか、充実の資料集。各分野における世界のキーパーソンを一挙掲載。2016年の主な海外物故者も収録。世界の「今」を網羅する、総合国際年鑑の決定版。
2017.3 742p B5 ¥6800 ⓘ978-4-7641-0695-6

◆地方財政白書 平成29年版 総務省編 日経印刷、全国官報販売協同組合 発売
【目次】第1部 平成27年度の地方財政の状況（地方財政の役割、地方財政の概況、地方財源の状況 ほか）、第2部 平成28年度及び平成29年度の地方財政（平成28年度の地方財政、平成29年度の地方財政）、第3部 最近の地方財政をめぐる諸課題への対応（一億総活躍社会の実現と地方創生の推進、地方行政サービス改革の推進等、財政マネジメントの強化等 ほか）
2017.4 212, 194, 9p A4 ¥3175 ⓘ978-4-86579-074-0

◆中国地域経済の概況 2017 中国電力エネルギア総合研究所監修, 中国地方総合研究センター編 中国地方総合研究センター
【目次】1 経済の概況（2016年の中国地域経済、中国地域経済の特徴）、2 分野別の概況（人口、産業構造 ほか）、3 地域開発の概況（都市機能整備、インフラ整備 ほか）、4 データ（中国地域の主要指標、ブロック別の主要指標 ほか）
2017 93p A4 ¥3000 ⓘ978-4-925216-19-7

◆通商白書 2017 自由貿易、イノベーション、包摂的成長を支える新しい通商政策へ 経済産業省編 勝美印刷
【目次】第1部 世界経済編（世界経済動向、欧米経済動向 ほか）、第2部 分析編（世界編、日本編）、第3部 施策編（国際政策協調、通商協定をはじめとしたルール形成、新興国戦略 ほか）
2017.8 373p A4 ¥3614 ⓘ978-4-906955-74-9

◆データセンター調査報告書 2017 クラウド時代におけるデータセンター事業者の戦略と今後の展望 クラウド＆データセンター完全ガイド監修, インプレス総合研究所編 インプレス （新産業調査レポートシリーズ） （付属資料：CD‐ROM1）
【目次】第1章 市場概況（ビジネストレンド、テクノロジー・トレンド）、第2章 データセンターサービス概況（基本スペック、提供サービス ほか）、第3章 データセンター事業に関する意向調査（クラウドへの取組状況、今後の事業や投資への意向）、第4章 利用企業動向調査（データセンターの利用状況、月額料金 ほか）、第5章 データセンターへ見積依頼・資料請求した担当者への調査（資料請求・見積依頼後のデータセンターの採用状況、データセンター利用経験別の採用状況 ほか）、第6章 データセンターサービス一覧 2017.10 371p A4 ¥170000 ⓘ978-4-295-00250-5

◆データブックオブ・ザ・ワールド—世界各国要覧と最新統計 2018年版 二宮書店編集部編 二宮書店
【要旨】世界のすべての独立国・地域の最新dataを網羅!!統計資料編（系統的）と世界各国編（国別）の立体的2部構成!!激動する世界情勢をコンパクトに集成!!
2018.1 479p A5 ¥680 ⓘ978-4-8176-0428-6

◆東奥年鑑 2018（平成30年版） 東奥日報社編（青森）東奥日報社
【目次】記録編（選挙の記録、青森県この1年、市町村の姿）、名簿編（青森県政治家名鑑、青森県庁、地方独立行政法人 ほか）、便覧（青森県近代史年表、むつ小川原開発・核燃サイクルの経緯、整備新幹線の経緯 ほか）
2017.9 783p B5 ¥5000 ⓘ978-4-88561-245-9

◆統計でみる市区町村のすがた 2017 総務省統計局編 日本統計協会
【目次】1 市区町村編（人口・世帯、自然環境、経済基盤、行政基盤、教育、労働、文化・スポーツ、居住、健康・医療、福祉・社会保障）、2 基礎データの説明、参考
2017 306p A4 ¥4400 ⓘ978-4-8223-3948-7

◆ドローンビジネス調査報告書 海外動向編 2018 春原久徳監修・著, 田中亘, インプレス総合研究所著 インプレス （新産業調査レポートシリーズ） （付属資料：CD‐ROM1）
【目次】第1章 海外のドローン市場概況（ドローンの定義、ドローンビジネスに関わるプレイヤー、海外の市場規模と販売台数の予測 ほか）、第2章 注目すべき海外最先端企業の最新動向（注目企業について、ハードウェア、サービス ほか）、第3章 ドローンビジネスの課題と展望（ハードウェア、オペレーション、ソフトウェア／クラウドサービス ほか）
2017.12 165p A4 ¥95000 ⓘ978-4-295-00286-4

◆日本都市年鑑 平成29年版 全国市長会編 第一法規
【目次】概説、市域・人口、市政、財政、都市計画・住宅土地、生活環境、社会福祉・社会保険、教育・文化、公営企業、交通、災害・事故、産業・経済
2017.12 750p B5 ¥7600 ⓘ978-4-474-06188-0

◆日本立地総覧 2017年版 日本立地ニュース社編 日本立地ニュース社
【目次】第1章 工業立地の現況と展望（工場立地動向、都道府県別企業立地リスト）、第2章 立地計画の展開（物流施設の建設動向、食品関連産業の立地計画、最近のプラント建設動向）、第3章 地域開発プロジェクト（地域別企業立地計画、国内立地促進事業）、第4章 全国工業団地と立地企業
2017.6 564p B5 ¥20000

◆ニュービジネス白書 2016年版 ゼロベースの時代—東京五輪とニュービジネス（4）東京五輪ゼロベースのビジネスチャンス 藤田英夫編著 （大阪）日本ビジネス開発 （JBD企業・ビジネス白書シリーズ）
【目次】1 ゼロベースの時代—東京五輪とニュービジネス（4）東京五輪ゼロベースのビジネスチャンス、2 ニュービジネス事例（ニューレジャー・ニュースポーツ、ニューサービス・販売、ニュー健康・医療、ニューセグメンテーション・ニューターゲット、ニューリサイクル・環境、新潮流・ニューソフト、ニューテクノ）
2016.12 207p A4 ¥38000 ⓘ978-4-908813-02-3

◆ニュービジネス白書 2017年版 変わる時代—東京五輪とニュービジネス 5 藤田英夫編著 （大阪）日本ビジネス開発 （JBD企業・ビジネス白書シリーズ）
【目次】1 変わる時代—東京五輪とニュービジネス（5）五輪が変えるニュービジネス、2 ニュービジネス事例（ニューレジャー、ニューサービス・販売、ニュー情報・コミュニケーション、ニュー健康・医療、ニューセグメンテーション・ニューターゲット、ニューリサイクル・環境、ニューアメニティ、趣味、新潮流・ニューソフト、ニューテクノ、災害・防災・防災 ほか）
2017.7 200p A4 ¥38000 ⓘ978-4-908813-08-5

◆人間らしい働き方の実現—2017～2018年度経済情勢報告 連合総合生活開発研究所編 連合総合生活開発研究所, コンポーズ・ユニ発売
【目次】第1部 賃上げによる暮らしの底上げ（将来不安が解消されない家計、改善が続く雇用情勢と実質賃金の伸び悩み）、第2部 人間らしい働き方の実現—非正規雇用の見直しと時間主権の確立（非正規雇用の見直し、勤労者の生活時間の確保に向けた課題）
2017.10 119p A4 ¥1482 ⓘ978-4-906697-33-5

◆能力開発基本調査 平成28年度 厚生労働省職業能力開発局総務課基盤整備室編 労務行政
【目次】1 調査の概要（調査の目的、調査の範囲及び対象、調査事項 ほか）、2 調査結果の概要（企業調査、事業所調査、個人調査）、3 統計表、4 調査票等
2017.8 279p A4 ¥6000 ⓘ978-4-8452-7321-8

◆白書統計索引 2016 日外アソシエーツ編 日外アソシエーツ, 紀伊國屋書店 発売
【要旨】最新の白書に掲載された統計資料をキーワードから探せる総索引！2016年刊行の白書118

経済・産業・労働

種に収載された統計資料16,806点を収録。必要な統計資料を収録している白書名とその掲載頁が一目でわかる。白書名がわからなくてもキーワードから検索できる。
2017.2 941p A5 ¥27500 ①978-4-8169-2645-7

◆**物価指数年報　2017年**　日本銀行調査統計局編　サンパートナーズ、ときわ総合サービス発売　（本文：日英両文）
【目次】各物価指数の動き（概要）、企業物価指数（2015年基準）、企業向けサービス価格指数（2010年基準）、製造業部門別投入・産出物価指数（2011年基準）、各物価指数の解説、参考資料
2017.9 269p A4 ¥1333 ①978-4-88786-071-1

◆**平成26年全国消費実態調査報告　第1巻　家計収支編（その1）用途分類**　総務省統計局編　日本統計協会　（付属資料：CD-ROM1；本文：日英両文）
【目次】1 用途分類（1世帯当たり1か月間の収入と支出（二人以上の世帯、単身世帯、総世帯））、付録　2017 883p B5 ¥8300 ①978-4-8223-3913-5

◆**平成26年全国消費実態調査報告　第1巻　家計収支編（その2）用途分類―特定世帯及び高齢者世帯等**　総務省統計局編　日本統計協会　（付属資料：CD-ROM1；本文：日英両文）
【目次】1 用途分類（1世帯当たり1か月間の収入と支出（夫婦共働き世帯（世帯主が勤労者でその配偶者も勤労者である世帯）、借家・借間世帯、仕事を探している非就業者のいる世帯、国・公立大学生のいる世帯、私立大学生のいる世帯、自動車保有世帯）、1世帯当たり1か月間の支出（公的年金・恩給、企業年金・個人年金を受給している世帯、主な年間収入の種類が公的年金・恩給、企業年金・個人年金である世帯、夫婦のみの世帯で夫の年齢が60歳以上の世帯、夫が65歳以上で妻が60歳以上の夫婦、65歳以上の夫婦のみの世帯）、1世帯当たり10日間の支出（二人以上の世帯、単身世帯、夫婦共働き世帯（世帯主が勤労者でその配偶者も勤労者である世帯））、1世帯当たり1か月間のエネルギー費目への支出（二人以上の世帯、単身世帯））、付録
2017 1028p B5 ¥8700 ①978-4-8223-3914-2

◆**平成26年全国消費実態調査報告　第1巻　家計収支編（その3）品目及び購入先・購入地域等**　総務省統計局編　日本統計協会　（付属資料：CD-ROM1；本文：日英両文）
【目次】2 品目分類（品目別1世帯当たり1か月間の支出（二人以上の世帯、単身世帯 ほか）、CO-ICOP分類（品目別1世帯当たり1か月間の支出）（二人以上の世帯、単身世帯 ほか））、3 年間収入（1世帯当たり年間収入（二人以上の世帯、夫婦共働き世帯（世帯主が勤労者でその配偶者が有業者である世帯）ほか）、付録
2017 818p B5 ¥8000 ①978-4-8223-3915-9

◆**平成26年全国消費実態調査報告　第2巻　家計資産編**　日本統計協会　（付属資料：CD-ROM1）
【目次】1 資産（1000世帯当たり主要耐久消費財の所有数量（二人以上の世帯、単身世帯、総世帯）、主要耐久消費財の普及率、1世帯当たり貯蓄・負債の現在高と保有率、1世帯当たり資産額（純資産）
2016 1077p B5 ¥8800 ①978-4-8223-3908-1

◆**平成26年全国消費実態調査報告　第3巻　地域編**　総務省統計局編　日本統計協会　（付属資料：CD-ROM1；本文：日英両文）
【目次】統計表（都道府県（1世帯当たり1か月間の収入と支出（用途分類）、品目別1世帯当たり1か月間の支出、1000世帯当たり主要耐久消費財の所有数量及び普及率、1世帯当たり貯蓄・負債の現在高と保有率、1世帯当たり資産額（純資産）、世帯分布）
2017 945p B5 ¥8600 ①978-4-8223-3917-3

◆**ベンチャー企業白書―ゼロベースの時代　ベンチャー企業・ビジネス潜在力のゼロベース点検　2016年版**　藤田英夫編著　（大阪）日本ビジネス開発　（JBD企業・ビジネス白書シリーズ）
【目次】1 ベンチャー動向の総括、2 ベンチャー企業参入年表&動向（製造ベンチャー、流通ベンチャー、食ベンチャー、住ベンチャー、金融・投資ベンチャー）、3 ベンチャー企業関連資料　2016.12 213p A4 ¥38000 ①978-4-908813-03-0

◆**ベンチャー企業白書　2017年版　変わる時代―「起業小国日本」日本型ベンチャー変**

化・前進の一手　藤田英夫編著　（大阪）日本ビジネス開発　（JBD企業・ビジネス白書シリーズ）
【目次】1 ベンチャー動向の総括（変わる時代―「起業小国日本」日本型ベンチャー変化・前進の一手1、ベンチャー類型と動向&“日本型ベンチャー”変化・前進の一手2）、2 ベンチャー企業参入年表&動向（製造ベンチャー、流通ベンチャー、食ベンチャー、住ベンチャー、金融・投資ベンチャー）、3 ベンチャー企業関連資料　2017.11 240p A4 ¥38000 ①978-4-908813-10-8

◆**ベンチャー白書　2017　ベンチャービジネスに関する年次報告**　ベンチャーエンタープライズセンター編　ベンチャーエンタープライズセンター
【目次】分析編（日本のベンチャーキャピタルによる投資の動向、海外のベンチャーキャピタルによる投資の動向、ベンチャー企業と大企業とのコラボレーション、ベンチャー企業向けアンケート調査、付録）、データ編（ベンチャー投資動向調査について、ベンチャーキャピタル投資動向調査、ベンチャーキャピタル等ファンド状況調査、回答企業一覧）
2017.11 182, 130p A4 ¥5000 ①978-4-908965-02-9

◆**ものづくり白書　2017年版**　経済産業省、厚生労働省,文部科学省編　経済産業調査会
【目次】第1部 ものづくり基盤技術の現状と課題（我が国ものづくり産業が直面する課題と展望、ものづくり産業における人材の確保と育成に関する課題と対応、ものづくりの基盤を支える教育・研究開発）、第2部 平成28年度においてものづくり基盤技術の振興に関して講じた施策（ものづくり基盤技術の研究開発に関する事項、ものづくり労働者の確保等に関する事項、ものづくり基盤産業の育成に関する事項、ものづくり基盤技術に係る学習の振興に関する事項、その他ものづくり基盤技術の振興に関し必要な事項、東日本大震災に係るものづくり基盤技術振興対策、熊本地震に係るものづくり基盤技術振興対策、ものづくり分野に関係する主な表彰等制度）
2017.7 285p A4 ¥2333 ①978-4-8065-2995-8

◆**レジャー白書　2017　余暇の現状と産業・市場の動向**　日本生産性本部編　日本生産性本部、生産性出版 発売
【目次】第1章 日本人の余暇の現状（日本人の余暇をめぐる環境、2016年の余暇活動、余暇活動の時系列分析、2016年のトピックス）、第2章 2016年の余暇関連産業・市場の動向（スポーツ部門、趣味・創作部門、娯楽部門、観光・行楽部門、図表 余暇市場の推移）
2017.8 127p A4 ¥7000 ①978-4-8201-2069-8

◆**JNTO 日本の国際観光統計　2016年版**　日本政府観光局（JNTO）編著　国際観光サービスセンター
【目次】1 2016年の日本の国際観光動向（2016年訪日外客数・出国日本人数、2016年訪日外客数・出国日本人数の動向（解説）ほか）、2 訪日外客の動向（国・地域/月別訪日外客数（平成28年/2016年）、国・地域/月別訪日外客数（平成28年/2016年）ほか）、3 出国日本人の動向（年/月別出国日本人数、出国港/月別出国日本人数（平成28年/2016年）ほか）、4 国際観光の動向（主要国・地域の入国者数、アジア各国・地域への国籍別訪問者数 ほか）
2017 112p A4 ¥3426 ①978-4-903269-47-4

◆**OECD国民経済計算　2015**　経済協力開発機構、秋山裕訳　柊風舎
【要旨】OECD加盟34ヵ国の主要統計を網羅した基礎的資料。Vol.1では、国際比較、国内総生産（支出側）国内総生産（生産側および所得側）、可処分所得および貯蓄、国内総貸出/純借入、純人口、産業別就業者数および労働時間を掲載。Vol.2では、主要統計に加えて、家計最終消費支出（名目値）、家計最終消費支出（2010年価格評価実質値）、一般政府勘定（簡易表）、家計およびNPISHの非金融勘定（簡易表）、企業の非金融勘定（簡易表）など詳細データを掲載。
2017.12 2Vols.set B5 ¥38000 ①978-4-86498-054-8

◆**STATISTICAL HANDBOOK OF JAPAN　2017**　日本統計協会　（本文：英文）
【目次】Land and Climate、Population、Economy、Finance、Agriculture, Forestry and Fisheries、Manufacturing and Construction、Energy、Science and Technology / Information and Communication、Transport、Com-

---

merce〔ほか〕
2017.11〕197p A5 ¥2200 ①978-4-822339-68-5

◆**VEC YEARBOOK 2016 Annual Report on Japanese Startup Businesses**　ベンチャーエンタープライズセンター　（本文：英文）
【目次】1 Japanese Venture Capital Investment Trends（Venture Capital Investment Trends in FY 2015, New Venture Capital Funds Launched, Status of Investment Exits ほか）、2 Collaboration between startup companies and large enterprises（Collaboration between startup companies and large enterprises―How to collaborate）、3 Japanese Startup Business Survey（Outline of 2016 Survey, Profiles of Responding Startup Companies, Status of Business Development ほか）
2017.3 89, 135p A4 ¥20000 ①978-4-908965-01-2

ビジネス・経営

◆**アイコン的組織論―超一流のコンサルタントたちが説く「能力の好循環」**　ザビエ・ベカルト、フィリス・ヨンク、ヤン・ラース、フェボ・ウィベンス著、稲垣みどり訳　フィルムアート社
【目次】第1章 アイコン的組織の魔法を解き明かす、第2章 人材、第3章 チーム、第4章 時間、第5章 アイコン的能力の循環を体系化する、第6章 好循環はどのようにして始まるのか、第7章 企業のアイコン、第8章 情報時代のアイコン的能力　2017.10 265p B6 ¥2000 ①978-4-8459-1635-1

◆**愛蔵版「今、ここ」を生きる―こころを伝える7通の手紙**　片山源治郎著　方丈社
【要旨】想いをチカラに。今ここに生きていることを、身体とこころで、十分に百パーセント楽しみましょう。子ども、主婦、外国人…。さまざまな友に伝えたい「こころ」のメッセージ。
2017.9 189p B6 ¥1400 ①978-4-908925-19-1

◆**アイデア大全―創造力とブレイクスルーを生み出す42のツール**　読書猿著　フォレスト出版
【要旨】科学技術、芸術、文学、哲学、心理療法、宗教、呪術など、多くの分野・古今東西から渉猟した発想の泉。
2017.2 335p 21×14cm ¥1700 ①978-4-89451-745-5

◆**空き家3割時代到来！　激変する既存住宅ビジネスと税制活用**　榊原渉、大野貴史、長岡栄二、井関久美子著　清文社
【要旨】先細る日本の住宅市場、どうすれば活性化できるのか!?除却・減築、用途転換、二地域・多地域居住、リフォーム・リノベーション、買取再販事業。既存住宅活用のヒントがたくさん詰まった本。既存住宅に関連する各種税制と活用のポイントをわかりやすく解説。
2017.5 208p A5 ¥2400 ①978-4-433-67387-1

◆**足立流 ど根性幸福論**　足立雄三著　ほんの木
【要旨】54歳、ゼロからの起業。15年で年商15億、100名の企業グループを作る！
2017.9 217p B6 ¥1200 ①978-4-7752-0103-9

◆**頭の中を「言葉」にしてうまく伝える。**　山口謠司著　ワニブックス

◆「なんて言えばいいんだろう…」がなくなる！ 思考の『可視化』『言語化』『伝え方』の3ポイントがわかれば、"話"も"文章"も、言いたいことが伝わる一結果が変わり、社会人としての評価が格段に上がる。
　　2017.10 199p B6 ¥1400 ①978-4-8470-9616-7

◆あと3ヵ月でどうにかお金を稼ぎたいと思ったらスモールビジネス戦略だ！　中村裕昭著　こう書房
【要旨】起業でも副業でも、ごく普通の人間が、知識も経験もお金もない状態からでも一失敗の見分け方、危機回避のポイント、結果を出す具体的な手法を大公開！
　　2017.5 206p B6 ¥1500 ①978-4-7696-1161-5

◆あなたのいるところが仕事場になる一「経営」「ワークスタイル」「地域社会」が一変するテレワーク社会の到来　森本登志男著　大和書房
【要旨】「働き方」を変えれば、人が動く。会社が変わる。地域社会が生まれ変わる。「オフィス」中心から、「人」中心の働き方へ一近い将来、働き方が大きく変わります。それも想像以上のスピードで。佐賀県庁4000人のワークスタイルを変えた地域創生スペシャリストが導き出す「働き方の未来形」。
　　2017.7 286p B6 ¥1700 ①978-4-479-79605-3

◆あなたのオンライン秘書リザーブストック公式ガイド一起業家・個人事業者の強い味方!!　西宮佑紀監修、白川かおり著　秀和システム
【要旨】見込み客リストがどんどん集まる！ 電子前払いでドタキャン防止！ 領収書もオンライン発行。各種メールを自動で配信！ 起業家、個人事業者のために開発されたシステム。
　　2017.7 167p A5 ¥1800 ①978-4-7980-5030-0

◆あなたの会社、「次世代」大丈夫ですか？　山崎修一著　幻冬舎メディアコンサルティング, 幻冬舎 発売
【要旨】「次世代」の「価値づくり」「人づくり」「しくみづくり」とは？ 経営陣、次世代リーダー群が、一丸となって「壁」を乗り越え飛躍するための具体的手法が、ここにある！
　　2017.11 258p 18cm ¥800 ①978-4-344-91454-4

◆あの会社はこうして潰れた　藤森徹著　日本経済新聞出版社　（日経プレミアシリーズ）
【要旨】77億円を集めた人気ファンド、創業400年の老舗菓子店、名医が経営する病院一。あの企業はなぜ破綻したのか？ 一型の判断ミス、無謀な投資、同族企業の事業承継失敗、不正、詐欺など、ウラで起きていたことをつぶさに見てきた倒産調査マンが明かす。倒産の裏側にはドラマがある！ 日経電子版好評連載！
　　2017.4 234p 18cm ¥850 ①978-4-532-26337-9

◆あの同族企業はなぜすごい　中沢康彦著　日本経済新聞出版社　（日経プレミアシリーズ）
【要旨】事業を長期的な視点から見られるメリットがある一方、親族の不仲から泥沼の「お家騒動」が起こることもある同族経営。経営者や後継者をめぐるリアルなストーリーと最新のアカデミズムの知見により、同族経営の「本当の強さ」と課題を明らかにする。
　　2017.11 252p 18cm ¥850 ①978-4-532-26358-4

◆アメーバ経営の進化一理論と実践　アメーバ経営学術研究会編　中央経済社, 中央経済グループパブリッシング 発売
【要旨】「アメーバ経営」は、京セラ創業者の稲盛和夫氏が考案した経営システムで、京セラを小さな町工場から世界的企業に飛躍させる原動力になり、1990年代以降、実務家の注目を集めるようになった。近年、アメーバ経営は、経営再建を果たしたJALでの実践や、医療介護や教育機関の場で利用できるようにカスタマイズされるなど、サービス業界における導入が進んでいる。本書は、管理会計、経営管理、組織文化、経営哲学の領域における研究者による、アメーバ経営研究の成果である。
　　2017.3 316p A5 ¥2800 ①978-4-502-21301-4

◆ありえないレベルで人を大切にしたら23年連続黒字になった仕組み　近藤宣之著　ダイヤモンド社
【要旨】10年以上離職率ほぼゼロ！「2・6・2」の下位20%は宝！ 社員のモチベーションが10割！「7度の崖っぷち」に遭いながらも、ひたすら前進して運をたぐり寄せた秘密！
　　2017.3 263p B6 ¥1500 ①978-4-478-10159-9

◆アルバイトが辞めない職場の作り方一サービス業界の正しい働き方改革　平賀充記, 上林

時久著　クロスメディア・マーケティング, インプレス 発売
【要旨】会社に愛着を持つことでアルバイトが戦力化する仕組みを徹底解説！ この本を読めばあなたの職場にいる「辞められ店長」がたちまち激減!!
　　2017.10 208p B6 ¥1380 ①978-4-295-40126-1

◆「いい会社」ってどんな会社ですか？一社員の幸せについて語り合おう　塚越寛著　日経BP社, 日経BPマーケティング 発売
【要旨】長野県伊那市の小さな会社に年間35万人、大企業トップ役員もベンチャー起業家も教えを乞う知る人ぞ知るカリスマ経営者が、若きベンチャー起業家と考える「経営と幸福」の深い関係。
　　2017.8 215p B6 ¥1500 ①978-4-8222-5954-9

◆いい人材が集まる、性格のいい会社　佐藤雄佑著　クロスメディア・パブリッシング, インプレス 発売
【要旨】性格の悪い会社は、人材獲得競争のスタートにも立てない時代。外見で勝てないなら、性格で勝負するしかない！
　　2017.2 255p B6 ¥1480 ①978-4-295-40045-5

◆生かされている哲学一勇心酒造・徳山孝の革新経営　大平浩二著（京都）PHP研究所
【要旨】「企業は遺伝子のない生命体」老醐酒造会社、大変貌の奇跡。微生物と米が世界を変える　2017.12 227p B6 ¥1500 ①978-4-569-83876-2

◆イキイキさせ屋一増収増益を続ける会社のビジネスモデル　小田吉彦著　出版文化社
【目次】第1章 FCビジネスの歴史一「製販分離」はFCの原点（注目を集めるオンリーワンのFCモデル、「製造」と「販売」の役割分担で始まったFCビジネス ほか）、第2章 ダイキチカバーオールのFCビジネスができるまで（大学に行かず、家業の土木建設会社を手伝い始める、営業の醍醐味を知ることになった工場の落札 ほか）、第3章 本来のFCは生きがい提供業（悩んで行き着いた定義は「イキイキさせ屋」、FCビジネスに限界はあるか？ ほか）、第4章 営業を支える本部のイキイキ社員たち（オンリーワンモデルを支えるFC本部の営業活動、科学的な営業手法で属人性を排除 ほか）、第5章 進化し続けるダイキチカバーオール（エリアを拡大するのではなく、深化させる、シナジー効果をねらい、不動産事業に進出 ほか）
　　2017.8 186p B6 ¥1500 ①978-4-88338-615-4

◆生き方をつくり直すたった一つの考え方ゼロポイント　天野雅博著　秀和システム
【要旨】混沌とした世の中だからこそ自分の軸、つまり「ゼロポイント」を持つことが大事なのだ。自分の人生は誰かのものじゃない。自分の人生を100%の力で生きてみよ！ 伝説のカリスマ経営者が指南する「本当の生き方」。
　　2017.2 201p B6 ¥1500 ①978-4-7980-4907-6

◆生き方の極意一優しく温かくそして強く　松岡浩著　ごま書房新社
【要旨】日本一の"知恵工場"をめざす企業創業者の志。
　　2017.3 221p B6 ¥1500 ①978-4-341-08665-7

◆活きる力　稲盛和夫著, 鹿児島大学稲盛アカデミー編　プレジデント社
【要旨】母校の鹿児島大学に設立された「稲盛アカデミー」の学生たちに熱く語った講演を再現。稲盛和夫の熱中教室ライブ！
　　2017.9 255p B6 ¥1600 ①978-4-8334-2244-4

◆行こう、どこにもなかった方法で　寺尾玄著　新潮社
【要旨】ロックスターになりたかった若者が、創業。夢の扇風機や感動のトースターを生み出し、人々を魅了し続けるバルミューダの原点。ワイルドサイドを疾走する男の波乱に満ちたストーリー！
　　2017.4 253p B6 ¥1600 ①978-4-10-350941-7

◆急いでデジタルクリエイティブの本当の話をします。　小霜和也著　宣伝会議
【要旨】広告主にほめられる新時代Web 動画の教科書。
　　2017.7 305p B6 ¥1800 ①978-4-88335-405-4

◆1からのアントレプレナーシップ　山田幸三, 江島由裕編著　碩学舎, 中央経済グループパブリッシング 発売
【要旨】アントレプレナーシップとは何か。アントレプレナーとはどんな人々か。これからの日本社会のキーワードを体系的に学ぶ。
　　2017.4 237p A5 ¥2400 ①978-4-502-22281-8

◆「一見さんお断り」の勝ち残り経営一京都花街お茶屋を350年繁栄させてきた手法に学ぶ　高橋秀彰著　ぱる出版
【要旨】「顧客満足」を突き詰めると、「一見さんお断り」に行き当たる。その差は、オーダーメイドの個別受注生産での対応が可能。リピート客が上質な新規顧客のみを紹介するシステム。薄利多売・価格競争・広告宣伝とは無縁の永続経営。　2017.4 238p B6 ¥1500 ①978-4-8272-1050-7

◆一人前社員の新ルール　黒川勇二著　明日香出版社（アスカビジネス）改訂増補
【要旨】役員になる人もいれば、地雷を踏む人（ヤツ）もいる。ともに入社したスタートラインは同じだったのだ…。着実にステップアップするための104のルール。はやく一人前になりたい人へ。はやく一人前にさせたい人へ。その秘訣、教えます。
　　2017.3 243p B6 ¥1300 ①978-4-7569-1890-1

◆1年目からうまくいく！ セミナー講師超入門　大岩俊之著　実務教育出版
【要旨】講師経験がない人でも、どんなに話し下手な人でも、本書の順番通りに準備して本番当日の進行を行なえば、参加者にちゃんと満足してもらえる。そのためのノウハウをすべて公開しました。
　　2017.9 279p B6 ¥1500 ①978-4-7889-1340-0

◆一流家電メーカー「特殊対応」社員の告白　笹島健治著　ディスカヴァー・トゥエンティワン（ディスカヴァー携書）
【要旨】その会社のパソコン事業部には、秘密裏に働く「特殊対応」担当がいた。一重クレーマー、暴力団、新宗教、海外VIP、利害関係者…「厄介な顧客」たちの、理不尽な要求の数々。知られざる「特殊対応」社員の悪戦苦闘の業務記録！
　　2017.11 173p 18cm ¥1000 ①978-4-7993-2195-9

◆一流の人に学ぶ心の磨き方一悩みが消え迷いがなくなる70の心得　永松茂久著　かんき出版
【要旨】人の背中を追い続けるか。自分の道を見つけるか。自分の道を切り開き、人生を変える11の原則。
　　2017.9 190p B6 ¥1300 ①978-4-7612-7288-3

◆一流の人に学ぶ「思考を現実」にする方法　ヴィック・ジョンソン著, 弓場隆訳　かんき出版
【要旨】成功とは、明確な原理を学んで適切な方法で実行した結果だ。本書で紹介するのは、一流の人が手にして実践している13の成功の秘訣である。
　　2017.5 239p B6 ¥1500 ①978-4-7612-7257-9

◆一流の人は小さな「ご縁」を大切にしている　高井伸夫著　かんき出版
【要旨】「気を入れて、相手に接する」を意識していないと、漠然とコミュニケーションしてしまう結果になります。しかし、その意識を持った人と接すると、その日はたとえ挨拶一つで終わったとしても、自分の心にも、相手の心にも、「縁の種」がしっかり蒔かれるのです。
　　2017.5 205p B6 ¥1300 ①978-4-7612-7259-3

◆一流の磨き方　浜野安宏著　ダイヤモンド社
【要旨】「本物」を知る人だけが本物になれる。人間関係・仕事・運・お金・生き方。1位になる生き方ではなく、今のベストを尽くす生き方を選べ。
　　2017.7 170p B6 ¥1300 ①978-4-478-06847-2

◆一心　横山和之著　幻冬舎メディアコンサルティング, 幻冬舎 発売
【要旨】これは『出会い』が生んだ成功の記録である！ 1983年に創業してから彼はひたむきに、一心に会社経営に取り組んだ。その背景には多くの人との出会い、そして乗り越えるべき課題があった。どれか一つでも欠けていたら、人生を賭けた経営の成果はきっと違ってしまっていたのだろう。ブランディングとヒット商品の企画で企業を蘇生、横山和之がこだわり続けた34年間一。
　　2017.4 229p B6 ¥1400 ①978-4-344-91174-1

◆稲盛和夫の実践アメーバ経営一全社員が自ら採算をつくる　稲盛和夫, 京セラコミュニケーションシステム編著　日本経済新聞出版社

経済・産業・労働

【要旨】ひとりひとりが持てる力を最大限発揮する。日本航空を再生させた「全員参加経営」の極意。
2017.9 216p B6 ¥1600 ①978-4-532-32161-1

◆イノベーションを起こす組織—革新的サービス成功の本質 野中郁次郎、西原文乃著 日経BP社、日経BPマーケティング 発売
【要旨】思い、出会い、気づき、挑戦、創意工夫、そして実現。—全国各地でユニークなサービスを生み育てたリーダーと組織の「等身大の物語り」から見えてくる、実践可能なイノベーションのあり方。
2017.7 307p B6 ¥1800 ①978-4-8222-5506-0

◆イノベーション・マネジメント入門 一橋大学イノベーション研究センター編 日本経済新聞出版社 （マネジメント・テキスト） 第2版
【要旨】創造的破壊の全プロセスを解説。価値獲得にどのように結びつけるかを重視して、ロングセラーテキストを全面改訂。
2017.10 485p B6 ¥3600 ①978-4-532-13474-7

◆今すぐ社長の給料を半分に下げなさい 西浦雅人著 リンダパブリッシャーズ、泰文堂 発売
【要旨】年商5000万以下の会社は絶対に得をする、非常識なお金の残し方。
2017.1 159p B6 ¥1400 ①978-4-8030-0988-0

◆「今の自分」からはじめよう 田中裕輔著 KADOKAWA
【要旨】マッキンゼーMBAを経て破綻寸前のロコンドへ。黒字化、上場までの2000日記録！ 37億円の赤字を解消する「逆転思考」とは!?
2017.3 263p B6 ¥1300 ①978-4-04-601667-6

◆イラスト 顧客満足（CS）の心得 中井嘉樹、木之下尚令共著 経営書院
【目次】第1章 企業にとって大切なこと、第2章 お客さまに会う前の準備とチェック、第3章 CSを実現するコミュニケーションのポイント、第4章 気付かず見えない顧客不満足、第5章 適切な苦情対応によるCSの実現、第6章 ワンランクアップのCSを目指す
2017.9 94p B5 ¥1200 ①978-4-86326-247-8

◆インバウンド実務論—インバウンドを1から学ぶ14章 安田亘宏著 全日本情報学習振興協会、泰文堂 発売
【目次】インバウンドの現状、インバウンドの歴史と業務、インバウンドの動向、インバウンドと関連事項、インバウンドと消費、インバウンドと免税制度、インバウンドとビジネス・ツーリズム、インバウンドとビジネス—関連ビジネス、訪日外国人旅行者の理解—ベスト3ヶ国・地域の旅行者、訪日外国人旅行者の理解—主要国・地域と増加する訪日外国人旅行者への対応、インバウンドの集客、インバウンドとニューツーリズム、インバウンドと観光まちづくり
2017.9 355p A5 ¥1800 ①978-4-8030-1115-9

◆インバウンドビジネス集客講座 村山慶輔、やまとごころ編集部著 翔泳社
【要旨】訪日外国人観光客は2016年に2,400万人を超え、現在は2020年に4,000万人という目標に向け、観光促進の取り組みが行われています。そんななか、積極的な施策で外国人観光客を集めている施設や地域と、そうでないところに大きな差が生まれ始めています。本書では、インバウンドの集客にまつわるさまざまな施策を解説しています。予算ゼロからできるネット施策から、クチコミ対策、広告出稿、地域全体で取り組む大規模施策まで、規模や段階に合わせてチョイスできます。多くの外国人観光客が集まる施設を目指して、是非本書に取り組みます。
2017.6 239p A5 ¥1800 ①978-4-7981-4969-1

◆インベスター・リレーションズの現状と課題—企業情報開示における時間軸と外部評価の視点から 姜理恵著 同文舘出版
【要旨】大きな変革のうねりが押し寄せる資本市場で企業と投資家の建設的な「目的を持った対話（エンゲージメント）」が求められる今、「IR」の重要性はますます高まっている！ 日本企業のIR活動を分析し次なる課題を提示する！
2017.3 210p A5 ¥3200 ①978-4-495-20571-3

◆ウィナーズ—勝利をつかむ思考 アラスター・キャンベル著, 池村千秋訳 三賢社
【要旨】イギリス労働党の敏腕ストラテジストが、政治・ビジネス・スポーツ界の傑物に学んだ、人生に役立つ「勝利」のエッセンス！「サ

ンデー・タイムズ」No.1ベストセラー！
2017.10 495p B6 ¥2000 ①978-4-908655-08-1

◆「内なるグローバル化」による新成長戦略と商社—世界人材・企業と拓く新生ジャパン 猿山純夫監修, 日本貿易会「内なるグローバル化と商社の役割」特別研究会著 文眞堂
【要旨】海外に向けてのグローバル化を推進してきた日本。しかし、国内のグローバル化は遅れている。新興国や先端IT（情報通信）産業が経済成長の先陣を切る時代には、海外の知恵や発想、それを体現する外国人材や企業を招き入れることが不可欠だ。日本を新たな挑戦や革新を促し、価値創造を育む場とするために何が必要か、商社はどんな貢献ができるか—国内に新風を吹き込む「21世紀の開国」を提言する。
2017.10 289p B6 ¥2200 ①978-4-8309-4964-7

◆運命転換思考——生かかっても身につけたい5つの「働き方」改革 江上治著 経済界
【要旨】その人はなぜ、運命を変えられたのか？ 年収1億円超の顧客を50人以上抱えるカリスマFPが教える、運命を変えた人の「思考」「言葉」「行動」「習慣」「性格」を徹底研究。
2017.3 251p B6 ¥1400 ①978-4-7667-8609-5

◆営業秘密管理実務マニュアル—管理体制の構築と漏えい時対応のすべて 服部誠, 小林誠, 岡田大輔, 泉修二著 民事法研究会
【要旨】実務に直結した営業秘密の適切な管理手法を解説！ 基礎知識から自社の情報が第三者により侵害されたときの対応、特に重要な情報の漏えい・流出リスクの極小化、企業秘密が漏えい・流出した場合の対応、他社の情報の侵害者と疑われないようにする体制について、豊富に図表を織り込み丁寧に解説！
2017.2 269p A5 ¥2800 ①978-4-86556-138-8

◆エグゼクティブ・コーチング—誤解される日本人 山久瀬洋二著 IBCパブリッシング
【目次】第1章 日本語とはこんなに違う英語によるコミュニケーション（英語で海外の人と交流を深めるためのコツがあれば、教えてください。—日本人とアメリカ人とのコミュニケーション文化の違いが、実際に誤解の原因になることはあるのですか？ ほか）、第2章 日本人が陥りやすい小さくて深い穴（スピーチのとき、英語の拙さへのおわびはよく使う言葉ですか？—日本人のおわびの文化には、本当に問題があるのですか？ ほか）、第3章 日本流英語表現がもたらす誤解のプロセス（英語で問題点を指摘するとき、「We have a little bit of problem.」と言ってよいですか？、欧米人への提案や意見を断るとき、「I think it is difficult.」と言ってはいけませんか？ ほか）、第4章 会議やプレゼンで陥りやすいワナ（アメリカとの交渉術について、特に知っておくべきことを教えてください。英語でプレゼンテーションをするとき、一般的な話題からはじめてよいですか？ ほか）
2017.9 147p B6 ¥1500 ①978-4-7946-0500-9

◆エゴを抑える技術—賢者の視点を手にいれる ライアン・ホリデイ著, 金井啓太訳 パンローリング （フェニックスシリーズ 49）
【目次】1 夢（沈黙は力、偉くなるべきか、務めをなすべきか、学ぶ心を忘れない ほか）、2 成功（いつまでも学ぶ心を忘れない、物語を語らない、君にとって重要なものは何？ ほか）、3 失敗（生きた時間を生きるか、死んだ時間を生きるか、己の務めを果たせば十分だ、ファイト・クラブ・モーメント ほか）
2017.1 305p B6 ¥1500 ①978-4-7759-4169-0

◆エンジニアの成長戦略——一生食べていけるキャリアをつくる 匠習作著 日本実業出版社
【要旨】理系、技術者がキャリアを積むためのノウハウを、エンジニアのキャリアプラン・独立の助言も行なう「現役技術士」が解説。文系とのコミュニケーション、知識と経験のバランス、アイディア発想やプレゼンのコツ、知的財産権への対策、MOT（技術経営）の視点、etc. 自らを「成長」させて、エンジニアとして生き残る方法を教える一冊です!!
2017.4 229p B6 ¥1500 ①978-4-534-05493-7

◆エンタテインメント・ビジネス・マネジメント講義録 2 芸術・観光編 湯山茂徳編著 朝日出版社 （京都大学経営管理大学院）
【要旨】国策としての観光に果たす芸術の役割とは？ 世界で活躍する芸術家たちが語る藝術の本質。
2017.1 184p B6 ¥1500 ①978-4-255-00971-1

◆黄金の国家—心の文化から目指す未来像 木立順一著 （名古屋）ブイツーソリューション, 星雲社 発売

【要旨】激動の時代に必要な心構えとは何か？「偉大な生き方」・「産業・財政などの国家問題」・「少子高齢化・刑法・貧困などの社会問題」・「時代が求める姿」など今の世を生きる為に逃げてはならないテーマを徹底的に追究！
2017.6 368p B6 ¥1500 ①978-4-434-23426-2

◆王道経営—勝ち残る企業だけがやっていること 新将命著 ダイヤモンド社
【要旨】プロフェッショナル経営者として外資系トップを歴任した第一人者が伝授！ 経営に正解はない。だが、進むべき正しい道はある。経営の"原理原則"を理解し、実行し続ける企業の「黄金のループ」とは？
2017.3 300p B6 ¥1600 ①978-4-478-10165-0

◆大前研一 アイドルエコノミーで稼げ！ 大前研一著 プレジデント社 （「BBT×プレジデント」エグゼクティブセミナー選書）
【目次】第1章 アイドルエコノミーで、新しいビジネスを創造せよ（大前研一）（時代は所有からシェアそしてアイドルエコノミーへ、さまざまな業界に広がるアイドルエコノミーを利用した新ビジネス ほか）、第2章 ネスレ日本のイノベーション（高岡浩三）（成長著しいネスレ日本、「ネスカフェゴールドブレンド バリスタ」がヒットした理由 ほか）、第3章 日本交通のスマホアプリ戦略（川鍋一朗）（日本交通のスマホアプリ戦略、タクシーになる ほか）、第4章 印刷業界を変えるアイドルエコノミー（松本恭攝）（ラクスルを立ち上げた理由、ラクスルはなぜ安い1. 印刷機の非稼働時間を利用 ほか）
2017.2 157p B6 ¥1500 ①978-4-8334-2218-5

◆お金を稼ぐ人は何を学んでいるのか？ 稲村徹也著 きずな出版
【要旨】最高のインプットは、最強の武器になる。自己投資に2億円以上使い、世界の一流たちと一緒の舞台に立つようになった著者が教える、自分を成長させる学び方の極意。
2017.6 229p B6 ¥1500 ①978-4-86663-000-7

◆お金が貯まる「スマホ副業」の稼ぎ方入門 泉澤義明著 ぱる出版
【要旨】年商6000万円のすご腕「ネット古物商」のブログが教える、1日10分10万円の超らくちん生活!!スマホがあってメールができれば誰でも「メルカリで稼げる」超入門。上手に売るための、プロが教える副業の裏技マル秘テクニック集。
2017.10 191p B6 ¥1400 ①978-4-8272-1082-8

◆「お客様をやめさせない」スクール＆教室運営の仕組み 水藤英司著 同文舘出版 （DO BOOKS）
【要旨】会員が「いつまでも通い続けたくなる」スクール運営の秘訣、教えます！
2017.3 198p B6 ¥1500 ①978-4-495-53621-3

◆大人が読みたいエジソンの話—発明王にはネタ本があった!? 石川憲二著 日刊工業新聞社 （B&Tブックス）
【要旨】孤高の天才にあらず、抜群のセンスで発明とビジネスを直結!!
2017.3 142p B6 ¥1200 ①978-4-526-07698-5

◆オーナー社長の後継者育成読本 久保道晴著 幻冬舎メディアコンサルティング, 幻冬舎 発売 （経営者新書）
【要旨】後継者は出現を待つものではない。自ら育てるものだ！ 経営者の高齢化が進むなかで、後を任せられる人材がいないと嘆くオーナー社長が増えている。しかし、いつか「白馬の王子様」のように後継者が颯爽と現れることは期待できない。一日も早く後進を育て、企業のさらなる成長を次代に託すために必要なこととは。数々の企業で後継者育成をサポートしてきた著者が、具体的なノウハウを徹底解説。
2017.10 291p 18cm ¥800 ①978-4-344-91396-7

◆オープンイノベーションの最強手法 コーポレートアクセラレーター 村上恭一監修, 鈴木規文編著 中央経済社, 中央経済グループパブリッシング 発売
【要旨】日本版CAPの前提知識、進め方・準備の仕方、テーマの決め方などを解説した実務の教科書。大企業とベンチャー企業のイノベーションを加速させる。
2017.9 185p A5 ¥2000 ①978-4-502-24071-3

◆オープン化戦略—境界を越えるイノベーション 安本雅典, 真鍋誠司編 有斐閣
【要旨】オープン・イノベーション、ビジネス・エコシステム、プラットフォーム、国際標準化…

「オープン化戦略」をテーマに掲げ、17人の執筆者による論考を収録。近年盛んな、企業の従来の枠組みを超えた取組みに戦略とマネジメントの視角から迫る。
2017.12 377p A5 ¥3900 ①978-4-641-16465-9

◆面白くて仕事に役立つ数学　柳谷晃著　SBクリエイティブ
【要旨】株価を判断する、成長を予測する、最適利益を見つける一できる人は数学的に考える！データ、比率、統計、平均と分散…数学嫌いのあなたも、この1冊で完全にわかる。
2017.8 206p B6 ¥1500 ①978-4-7973-8083-5

◆親会社が気づいていない中国子会社のリスクとそのマネジメント—リスク事例から学ぶ事前予防・事後対策　小堀光一、彭涛監修・著　第一法規
【要旨】中国現地法人といかに関わるべきか？ 7の法律事務所、9人の日中弁護士による46のQ&A。
2017.3 257p A5 ¥3600 ①978-4-474-05639-8

◆オリジナリティ—全員に好かれることを目指す時代は終わった　本田直之著　日経BP社, 日経BPマーケティング 発売
【要旨】鮨にいきとん、新政酒造、よろにく…超人気店がやっている、閉塞感から抜け出すための51の信条。批判上等！
2017.11 356p B6 ¥1500 ①978-4-8222-5552-7

◆オンリーワン差別化戦略—圧倒的な強さを築く　ウィリアム・C. テイラー著, 北川知子訳　ダイヤモンド社
【要旨】成功物語には、共通項がある。イノベーティブな試みで高業績を上げられるのは、なにもシリコンバレーの企業だけじゃない。「ファストカンパニー」「ハーバード・ビジネス・レビュー」—米有名誌の凄腕エディター/コラムニストが取材しまくって見つけた、最高のケーススタディ。
2017.4 238p B6 ¥1800 ①978-4-478-10042-4

◆外国人・外資系企業の日本進出支援実務Q&A　汐留パートナーズグループ著　日本法令
【要旨】日本進出時のあらゆる疑問点・問題点に明快に回答！
2017.8 277p A5 ¥2400 ①978-4-539-72558-0

◆会社を辞めずに朝晩30分からはじめる起業　新井一著　明日香出版社（アスカビジネス）
【要旨】「時間」も「お金」も最小限のリスクで始めよう！ 会社員はもちろん、主婦にもおすすめの起業法。会社に知られたくない人へ「マイナンバー対策」収録！
2017.5 249p B6 ¥1500 ①978-4-7569-1900-7

◆カイシャの3バカ—会議好き、規則好き、数字好き　榎本博明著　朝日新聞出版（朝日新書）
【要旨】あの上司、この同僚—すぐに顔が浮かぶ職場の「困り者」。どうしたら彼らから身を守れるか!?組織にはさまざまなタイプの「バカ」がはびこる。とくに厄介なのが「会議」「規則」「数字」好き。反論しにくいこの「3バカ」と、どう接するべきか？ 人気博士が心理メカニズムを解明し、痛快な対処法を示す。小気味よい解説で、日頃のストレスが、スッキリ解消！
2017.6 227p 18cm ¥760 ①978-4-02-273722-9

◆会社の成長とIPO—次なるステージを目指す経営者のための本　みらいコンサルティンググループ著　同文舘出版
【要旨】中長期的成長のために会社がとるべき次の一手とは？ 会社が次なるステージに進むために、「資金調達」「組織づくり」「人事・労務管理」「ガバナンス」といった中長期的施策が重要となる。IPOを一つの手段として、会社の成長のために考えるべきことをわかりやすく解説。
2017.2 175p A5 ¥1900 ①978-4-495-38751-8

◆改正法対応 社会福祉法人会計基準のすべて　中村厚著　ぎょうせい
【要旨】第1章 改正社会福祉法の概要と社会福祉法人会計、第2章 総則、第3章 計算書類、第4章 勘定科目、第5章 附属明細書、第6章 財産目録、第7章 社会福祉法人に特有な会計処理等、第8章 新たな会計手法の導入、第9章 会計監査人制度の導入、第10章 社会福祉充実計画、第11章 会計実務における実務上の留意点
2017.3 460p B5 ¥4800 ①978-4-324-10238-1

◆確実に稼げるminneハンドメイド副業入門　大嵜幸子著　ソーテック社

【要旨】レビューを貰えるポイントは？ リピーターはどう増やす？ 実店舗へ販路拡大の方法は？ 人気作家はみんな知ってる成功の方法！ 楽しく作って、賢く売る好きなこと副業。「minne」で成功するコツとポイント！
2017.2 253p B6 ¥1480 ①978-4-8007-3004-6

◆「学習する組織」入門—自分・チーム・会社が変わる持続的成長の技術と実践　小田理一郎著　英治出版
【要旨】ますます激しく変動し、不確実性を増す今日の事業環境。変化への適応力をもち、常に進化し続けるには、高度な「学習能力」を身につけなければならない。自己との向き合い方、本質を見抜く思考法、広く柔軟な視座、対話する力、理念や価値観の共有…「人と組織」のあらゆる課題に奥深い洞察をもたらす組織開発メソッド「学習する組織」の要諦を、ストーリーと演習を交えてわかりやすく解説する。
2017.6 397p 21×14cm ¥1900 ①978-4-86276-210-8

◆革新的な会社の質問力　河田真誠著　日経BP社, 日経BPマーケティング 発売
【要旨】経営環境が激変するいまの時代、昨日まで通用していた「正解」が今日も明日も通用するとは限らない。求められているのは過去の成功体験や常識にとらわれない、いま通用する「答え」。良質な質問を投げかけられると、脳は自動的に自分の「内側」にある答えを探し始めます。その結果、あなた自身、革新的アイデアが生まれ、閉塞感を打破する力となります。
2017.4 213p B6 ¥1400 ①978-4-8222-5520-6

◆稼ぐ技術！—なぜ、儲からないと言われる仕事ほど儲かるのか　吉松良平著　セルバ出版, 創英社/三省堂書店 発売
【要旨】本書は、過去3Kと言われた職種をカッコいい・稼げる・新しさに誇れる"新しい3K"にするため、実戦経験と実践済みノウハウを公開した1冊。
2017.4 167p B6 ¥1500 ①978-4-86367-332-8

◆稼げる！ 自分に合った副業が必ず見つかる！ 副業図鑑　戸田充広著　総合法令出版
【要旨】本業が忙しい人、とにかくお金が欲しい人、資格を活かしたい人、今の副業からもっと稼げる副業に"副業の転職"をしたい人。どんな人でもやりたい副業が見つかる！
2017.11 271p B6 ¥1400 ①978-4-86280-579-9

◆家族ではじめる、小さなカフェ—夫婦・親子で開業した18のカフェ　渡部和泉著　旭屋出版
【要旨】夫婦・親子で起業をしたい方、個人カフェを開業したい方、仕事やパートナーとの関係に悩んでいる方。家族でカフェをはじめたオーナーからの経験談や具体的なアドバイス、関係を続けるためのテクニックがたっぷり詰まっています。読み終わった頃には大切な人に素直な気持ちを伝えたくなる、そんな1冊になっています。
2017.9 144p B6 ¥1500 ①978-4-7511-1299-1

◆勝ち続ける会社をつくる起業の教科書—資金30万円から100億円企業をつくった社長が教える　野坂英吾著　日本実業出版社
【要旨】創業以来20年連続増収企業のトップが明かす、誰でも実践できるシンプルな成功原則。
2017.6 254p B6 ¥1500 ①978-4-534-05497-5

◆勝ち続ける会社の「事業計画」のつくり方　園山征夫著　マネジメントクラブ, インプレス発売
【目次】成長拡大に導く「事業計画」のコンセプト、なぜ「事業計画」が必要なのか、「事業計画書」に盛り込む「3つの構成」、「事業計画書」の骨子のつくり方、自社の成長拡大を決定する「八大戦略」、「事業計画」から「戦術」への展開方法、社長のヴィジョンを戦略目標数値で表す、B to B事業における「事業計画書」の考え方、B to C事業における「事業計画書」の考え方、攻めの財務戦略、「事業計画書」の浸透を図る、「資金繰り」と「会社の危機」に強くなる、「オーナー経営」を貫く
2016.12 405p A5 ¥9500 ①978-4-295-40052-3

◆勝ち続ける会社の目標達成の仕組み　林大吾著　クロスメディア・パブリッシング, インプレス発売
【要旨】9割の経営者が悩む7つの課題が一気に片づく21世紀型目標管理システム。
2017.2 263p B6 ¥1480 ①978-4-295-40047-9

◆勝ち続ける技術—これからは自分で稼げる人しか生き残れない　夏目五郎著　信長出版, サンクチュアリ出版 発売
【要旨】30歳で年収3000万円を突破。しかし、彼の人生も順風満帆だったわけではない。主戦場はパチスロ。そこで身につけた絶対負けない勝ち続ける技術を余すところなくご紹介したいと思う。
2017.8 180p B6 ¥1300 ①978-4-86113-179-0

◆勝ち続ける「仕組み」をつくる 獺祭の口ぐせ　桜井博志著　KADOKAWA
【要旨】ヒットメーカーは「見えないところ」で何をしているのか？ 潰れかけた酒蔵から「売上日本一」を実現したV字回復の法則。
2017.5 238p B6 ¥1400 ①978-4-04-601844-1

◆ガチでやったら、年商5億になった件　庄野智治著　CCCメディアハウス
【要旨】原価率50%でも、利益は生み出せる。国内外9店舗を展開する「MENSHO」流ガチンコ仕事術。ラーメンバカが日本一SNS映えする創作麺で世界へ飛び出した！ 500を超える話題の創作麺を生み出し続ける男の発想法。
〔17.10〕195p B6 ¥1400 ①978-4-484-17229-3

◆課長・部長のための知っておきたいビジネス常識と教養　フレアビジネス研究会著　マイナビ出版
【要旨】幅広い知識が求められる課長・部長のための1冊。世界情勢から国内外の政治経済、コンプライアンスとガバナンス、文化教育と変革する業界まで、現代を生きるビジネスマンが知っておきたいトピックを網羅。管理職だからこそ知っておきたいビジネスに役立つ常識と教養を身につけよう！
2017.1 219p B6 ¥1580 ①978-4-8399-5891-6

◆カップは満たされてる？　ハワード・ビーハー著, 川添節子訳　東洋館出版社
【要旨】スターバックスの「人」をつくりあげ、世界一の企業へと成長させた元社長が綴るビジネスファンタジー。
2017.12 225p B6 ¥1400 ①978-4-491-03422-5

◆カテゴリーキングAirbnb、Google、Uberは、なぜ世界のトップに立てたのか　アル・ラマダン、デイブ・ピーターソン、クリストファー・ロックヘッド、ケビン・メイニー著, 長谷川圭訳　集英社
【要旨】多くのスタートアップ企業が淘汰され消えていく中で、画期的なイノベーションを実現して大成功を収める会社の違いは何？ エルヴィス・プレスリーは単なるキングではなく、「カテゴリーキング」なのは、なぜ？ 彼らはみな、製品やサービスの新たなカテゴリーを創造し、発展させ、そして支配し続けてきたのだ。シリコンバレーのコンサルタント会社「プレイ・ビガー」の3人は、起業家、企業幹部、アドバイザーなどとして活躍してきたなかで、様々な成功と失敗を経験し、多くの企業にインタビューをして「カテゴリー」というコンセプトに行き着いた。よい製品やサービスを作り出すだけではなく、「新しいカテゴリーを打ち立てる」とは何なのか。
2017.9 397p B6 ¥2000 ①978-4-08-786085-6

◆カーネギーとジョブズの人生を拓く天国の対談—アドラー哲学を実践して得た100の金言　永江誠司著　講談社（講談社プラスアルファ新書）
【要旨】この本は、自己啓発の技法開発者デール・カーネギーとアップルの創業者スティーブ・ジョブズの対論を、二人の発言をもとに、バーチャルリアリティとして再現するものだ。ではなぜ、カーネギーとジョブズの教えを比べてみようと考えたか。自己啓発者として知られるカーネギーの教えには、心理学者で精神科医のアルフレッド・アドラーの影響が色濃く反映されている1冊。人間関係に悩む現代人は「人の悩みはすべて対人関係の悩みである」とするアドラーの教えに共感を覚える。そして、新しいライフスタイルを世界に広げたスティーブ・ジョブズの教えにも、アドラーとカーネギーとの関連性があるのだ。
2017.4 206p 18cm ¥840 ①978-4-06-272989-5

◆ガバナンス改革 先を行く経営 先を行く投資家　『山を動かす』研究会編　日本経済新聞出版社
【要旨】資本生産性向上の「峠」を越える具体例とロードマップ。経営、運用の実務家のための福音の書。
2017.9 297p B6 ¥2000 ①978-4-532-32174-1

◆ガバナンス革命の新たなロードマップ―2
つのコードの高度化による企業価値向上の実現
　北川哲雄編著　東洋経済新報社
【要旨】スチュワードシップとコーポレートガバナンスの2つのコードの制定は、資本市場に正負のスパイラル現象を引き起こしている。コードの改革に、インベストメント・チェーンの各プレイヤー "企業・アナリスト・機関投資家・アセットオーナー" はいかに対応をするべきか。企業価値向上の好循環の流れを持続させるための、「統合報告書」「議決権行使」「新アナリスト規制」「フェア・ディスクロージャー・ルール」「PRI（責任投資原則）署名」「ESG投資」「エンゲージメント」等による改革の方向を示す。
2017.7 309p A5 ¥3600 ①978-4-492-53391-8

◆株主優待ガイド　2018年版　大和インベスター・リレーションズ著　ソシム
【要旨】株主優待実施企業1,368社の優待内容・会社概要・株式情報を完全網羅。さらに詳しく掲載、優待積極企業ライブラリー89社。
2017.11 416p A4 ¥762 ①978-4-8026-1129-9

◆カラー版 マンガでわかる事業計画書のつくり方　渡辺政之監修　西東社
【目次】第1章 事業計画書の基本の知識、第2章 アイデア・コンセプトの考え方、第3章 商品・サービスの具体化の仕方、第4章 ビジネスモデルとマーケティング、第5章 収支の仕組みと収益化、第6章 先を見据えた行動計画の立て方、第7章 実践」事業計画書のまとめ方
2017.6 255p A5 ¥1700 ①978-4-7916-2510-9

◆借りたら返すな！―いちばん得する！ 儲かる会社に変わるお金の借り方・残し方　大久保圭太著　ダイヤモンド社
【要旨】赤字でも、仕事がなくなっても、顧客に逃げられても、現預金があれば会社は生き残る！ とことん借りて、儲かる会社に変わる！ 企業再生に命を賭した著者による、「お金の調達力」を上げる方法。
2017.7 197p B6 ¥1500 ①978-4-478-10324-1

◆カルビーお客様相談室―クレーム客をファンに変える仕組み　カルビーお客様相談室著　日本実業出版社
【要旨】クレーム客の再購入率95%を実現！ クレーム客をファンに変える仕組み。マニュアルを超えるお客様対応のすべて。
2017.10 206p B6 ¥1500 ①978-4-534-05531-6

◆「かわいい」のわざが世界を変える―フィールウェアという発想　下川眞木子著　彩流社
【要旨】日本発の「かわいい」に挑む匠たち、ワクワク流・感性ものづくりへの挑戦。「中小企業のキラリと光る技術をビジネスに変える」という使命感を胸に、周囲の反対を押し切って、準備ゼロで起業した女性の半生記。
2017.6 137p A5 ¥1400 ①978-4-7791-2322-1

◆「考える」で人生は変わる―日本一予約がとれない美容師になれた理由　三科光平著　宝島社
【要旨】28歳にして原宿の人気美容室の代表を務める若きカリスマ、三科光平の頭の中すべて。
2017.6 137p A5 ¥1400 ①978-4-8002-6045-1

◆「感謝！」言うてたら、ホンマに儲かりまっせ！　横山信治著　実業之日本社
【要旨】お金を引き寄せる "ポジティブワード"。ドン底の40代で「言葉づかい」を変えてみたら強運も引き寄せて、人生大逆転！
2017.12 237p B6 ¥1500 ①978-4-408-42080-6

◆感動は心の喜び　河内徳丸著　東洋出版
【要旨】無関心だったら身近に起こった事でも心に残らない。物事を心で見ると感動することが実に多い。人生を豊かにするためにも、心を振り向ける習慣がつけば感動が一層高まる。53年の会社経営で学んだ事は「感動は心の喜び」だった。　2017.8 270p B6 ¥900 ①978-4-8096-7878-3

◆感動は人生の成功を呼ぶ　神谷光徳著　ロングセラーズ
【要旨】神谷会長のように、明るく、前向きな行動力、感謝する心、世のため人のためを考える生き方は、良い遺伝子を目覚めさせる！
2017.8 241p B6 ¥1389 ①978-4-8454-5033-6

◆頑張れ、日本のデジタル革命―社長が知らないITの真相　2　楠真著　日経BP社、日経BPマーケティング発売
【要旨】世界を飲み込むデジタル革命、日本が危ない！「行動するITのご意見番」が根本原因を

打開策を解き明かす待望の書。
2017.12 391p B6 ¥1800 ①978-4-8222-5823-8

◆管理しない会社がうまくいくワケ―自分の小さな「箱」から脱出する方法 ビジネス編　アービンジャー・インスティチュート著、中西真雄美訳　大和書房
【要旨】問題は「人材」ではなく「リーダー」である。「自分から動く部下」は管理型マネジメントでは生まれない。自分の利益だけを考える業績は行き詰まる。人は、自分を正当化して道を間違えていく。赤字の会社で「いい報告」しか出てこないワケ。業績回復の3つのステップ。数々の企業が研修に採用した世界150万部のベストセラー、待望の新刊!!
2017.9 238p B6 ¥1600 ①978-4-479-79608-4

◆"危機感" のない人にチャンスは来ない！―トランプ大統領周辺ニュースにも更驚かない！ 目からウロコの経営・資産運用発想法　阿部重利著　セルバ出版、創英社/三省堂書店発売
【要旨】トランプ大統領就任後に想定される「危機」や「脅威」とは何か。いかに資産運用・資産防衛・会社や仕事を守るか、その対応策は。本書では、想定される「危機」や「脅威」を挙げた上で、その対応策について解説。
2017.6 255p B6 ¥1800 ①978-4-86367-342-7

◆起業家の経営革命ノート―TKP式成長メソッドの秘密　河野貴輝著　ダイヤモンド社
【要旨】創業12年で、東証マザーズ上場、時価総額700億円を実現！ TKPの「持たざる経営」とは何か!?創業社長・河野貴輝が、起業の原点から成長プロセス、時代に応じた変化対応ノウハウ、そして、未来のビジョンまで、すべてを語り明かす。起業家はもちろん、ビジネスマンの必読書！
2017.8 203p B6 ¥1300 ①978-4-478-10243-5

◆企業危機とコントローリング　深山明著（西宮）関西学院大学出版会
【目次】第1部 企業危機をめぐる問題（企業危機と危機マネジメント、企業危機と管理の失敗、戦略的危機マネジメントの事例）、第2部 コントローリングをめぐる問題（企業危機におけるコントローリング、企業危機におけるコントローリングの基礎）、第3部 補論（生産・原価理論の歴史、グーテンベルク生産論の意義）
2017.2 205p A5 ¥3200 ①978-4-86283-234-4

◆企業再建ADRの仕組みと活用法―新たな金融調整協同組合（CRC）中小企業経営再建紛争解決センター著　銀行研修社
【要旨】「企業再建ADR（正式名称は中小企業経営再建紛争解決センター）」は2017年2月に法務省から認証されたばかりの、まったく新しい組織の名称なのだ！ 中小企業再生支援協議会などの公的団体や、特定調停などの法的仕組みを担っている簡易裁判所などを補完し、かつそれらと協調するための民間団体の一つとなります。この企業再建ADRは、他の機関になる特性を幾つか有しており、さらに併用できる周辺の制度を有効に活用することで、従来は実現できなかった金融調整方法を作り出すことができるため、結果としてまったく新たな中小企業支援が可能となるのです。
2017.12 175p A5 ¥1667 ①978-4-7657-4560-4

◆"起業" という幻想―アメリカン・ドリームの現実　スコット・A．シェーン著、谷口功一、中野剛志、柴山桂太訳　白水社　新版
【要旨】失業率やGDPをはじめ各種統計から浮かび上がる起業家大国アメリカ。
2017.9 247, 42p B6 ¥2900 ①978-4-560-09571-3

◆企業統治　吉村典久、田中一弘、伊藤博之、稲葉祐之著　中央経済社、中央経済グループパブリッシング発売　（ベーシック＋）
【要旨】企業経営が目指すべき「よいこと」とは。株主、従業員、そして顧客など、多様な利害関係者とのかかわりを、企業、そして企業経営は、いかに構築していくのか。その本質を学ぶ。
2017.6 231p A5 ¥2400 ①978-4-502-22511-6

◆起業の科学スタートアップサイエンス　田所雅之著　日経BP社、日経BPマーケティング発売
【要旨】起業家が必ず直面する課題と対策を、時系列に整理。だから「今、自分が何をすべきか」が、すぐ分かる！ 成功を夢見る前に、ありがちな失敗を必ず潰す、ありそうでなかった「起業

の教科書」。
2017.11 279p B5 ¥2300 ①978-4-8222-5975-4

◆企業の成長戦略が10時間でわかる本―MBA式起業からIPO（株式上場）まで、ベンチャー企業を3000社以上指導してきた投資家が教える成功法則　木嶋豊著　あさ出版
【要旨】工学博士でもあり、文系理系ともに詳しい、ベンチャーの目利きが初めて著す、理論と経験にもとづく実務的な教科書です。なるべく図解や図表をまじえながら以下の2つを、たった1冊、10時間で同時に学べます！ 最重要な成長戦略の、必須項目だけを厳選一著者自身が数多くの失敗や成功から学んだ実務経験をもとに、真に役立つ企業の成長戦略と起業からIPOまでの最短の道筋を余すことなく紹介。上場できるような成長企業と、いつまでたっても成長できない企業の違いを明確にし、多忙を極めるベンチャー・中堅企業の経営者にとってもっとも重要な項目だけを、ピックアップ！ MBAのエッセンスも、同時に学べる―ハーバード大学、スタンフォード大学をはじめ、欧米の有名大学で教えるMBAの授業内容とほぼ一致。欧米の大学院でMBAをとるのには、2年以上の歳月と2,000万円から3,000万円の費用がかかるが、普段の生活を変えることなく習得できる。
2017.1 207p A5 ¥1600 ①978-4-86063-962-4

◆起業のツボとコツがゼッタイにわかる本―最初からそう教えてくれればいいのに！　西條由貴男著　秀和システム
【要旨】起業は勢いじゃない!?起業後のトラブルって？ 起業する前に知っておくことって？ どんな準備が必要？ この説明ならわかりやすい！ プランニングシート作成を通して抜けのないビジネスプランを作ることができる。
2017.3 263p A5 ¥1600 ①978-4-7980-5005-8

◆企業のリスクを可視化する事業性評価のフレームワーク　山内基弘、土田篤著　金融財政事情研究会、きんざい発売
【要旨】M&Aや事業再生などコンサルティングの現場で培ったビジネス・デュー・ディリジェンスの方法論を敷衍して、地域金融機関の法人渉外担当者が企業の事業性を見極めるための勘所を明示。金融機関や事業会社のセミナーで人気のトップコンサルタントが、実践的な目利き力向上策について具体例を示しながら丁寧に解説。
2017.3 116p A5 ¥1200 ①978-4-322-13051-5

◆企業不祥事はなぜ起きるのか―ソーシャル・キャピタルから読み解く組織風土　稲葉陽二著　中央公論新社（中公新書）
【要旨】東芝の不正会計や三菱自工のリコール隠しなど、企業の存続をゆるがす不祥事が続発している。なぜこのような問題が起きるのか。東証一部場の百社以上と三菱自工の百社以上と三菱自工の「不祥事を起こしやすい会社」をモデル化した著者は、トップの暴走とおさえられない社内風土＝企業内のソーシャル・キャピタルに原因があるとする。「強いリーダーシップ」や「各部門のサイロ化」が危ないなど、意外な知見も。あなたの会社は大丈夫か？
2017.3 203p 18cm ¥800 ①978-4-12-102426-8

◆企業変革を実現する "リアルパートナー" アビームコンサルティング　日経BPコンサルティング企業研究会編著　日経BPコンサルティング、日経BPマーケティング発売（企業研究BOOK 2018）
【要旨】グローバルに活躍するコンサルタントの仕事が分かる！ 企業の世界進出を支援するコンサルファームを徹底取材！ 仕事内容から社員育成制度まで、知っておきたい情報満載。
2017.4 183p A5 ¥1200 ①978-4-86443-122-4

◆企業倫理：信頼に投資する　アンドレアス・ズーハネク著、柴田明、岡本丈彦訳　同文舘出版
【要旨】お互いのメリットのための社会的協力の条件に投資せよ！ 経済と企業の新しい倫理学を目指したドイツを代表する経済倫理学・企業倫理学の第一人者による画期的な試みの書の翻訳版！ 本書は、これまでの規範のみ、あるいは経験のみを語る経済倫理・企業倫理ではなく、どのような状況下において人は、そして企業は非倫理的な行動をとってしまうのかを理論的に明らかにしています。
2017.4 309p A5 ¥3700 ①978-4-495-38801-0

◆ギグ・エコノミー―人生100年時代を幸せに暮らす最強の働き方　ダイアン・マルケイ著、門脇弘典訳　日経BP社、日経BPマーケティング発売

【要旨】職から働きへ、ギグ・エコノミーが働き方・生き方革命を起こす！自分なりの成功をイメージする。仕事を分散させる。所有ではなくアクセスで経済的な負担を減らす。終身雇用ではなく「ギグ（単発の仕事）」を基盤とした新しい働き方「ギグ・エコノミー」。思い描いたとおりの成功を収め、充実感に満ちた人生を送るための10の法則を解説。
2017.9 278p B6 ¥1800 ①978-4-8222-5540-4

◆喜劇としての国際ビジネス―私が出会った"一流"という名の怪優たち　ダニエル・レヴィン著、松田和也訳　（大阪）創元社
【要旨】斬新な金融プログラムを引っ提げ、ドバイ・国連・アンゴラ・セネガル・ロシア・中国など、文字通り世界中を股にかけて活躍する謎の法律家レヴィン。その彼が過去20年間に経験した笑撃の実話集。権力者やその取り巻きの肥大した虚像が剥がされ、"一流"を自認するビジネス・エリートのペテン師ぶりがあらわになる、爆笑ノンフィクション。激しい競争や闘争の中、まともな感覚を保つとはいったいどういうことかを知るためにも最適な、異色の国際ビジネス入門。
2017.12 311p B6 ¥1800 ①978-4-422-34001-2

◆危険な二人　見城徹, 松浦勝人著　幻冬舎（幻冬舎文庫）
【要旨】男だったら人生血だらけにならないと認めないという見城徹と、相手がどんな大物であっても真っ向からやり合う松浦勝人。そんな出版界と音楽界の"危険なヒットメーカー"が仕事やセックス、人生について語り尽くした「過激な人生のススメ」。アバウト、うわべ、その場しのぎを憎んで、正面突破すれば、仕事も人生ももっとうまくいく！
2017.4 251p A6 ¥580 ①978-4-344-42591-0

◆技術経営　原拓志, 宮尾学編著　中央経済社, 中央経済グループパブリッシング 発売 （ベーシック＋（プラス））
【要旨】MOT入門テキストの決定版!!IoTやAIで、ますます重要になる技術やイノベーションを有効にマネジメントするための基本と、戦略・組織・管理のあり方を解説!!
2017.2 ¥2400 ①978-4-502-22521-5

◆机上論のおもてなし不要論　棚村健司著　平成出版, 星雲社 発売
【要旨】低迷するケータイショップ約50店舗を1ヶ月で業績向上させた怒濤の77のコトバ！
2017.11 191p B6 ¥1300 ①978-4-434-23915-1

◆北浦和のパチンコ店が1000億円企業になった―埼玉・ガーデングループの小さな奇跡　野地秩嘉著　プレジデント社
【目次】パチンコ博物館、有楽会館、変化のあと、生き残るための改革、開店資金の調達、二号店オープン、一〇〇〇億円企業へ、大型店、その日のこと、パチンコホールはどうすれば成長するのか〔ほか〕
2016.12 268p B6 ¥1500 ①978-4-8334-2205-5

◆喜微にふれる一人に喜ばれてこそ会社は発展する－"食と健康の革新企業"グリーンハウスを貫く創業の精神　宮本恵理子著　日経BP社, 日経BPマーケティング 発売
【要旨】「新宿さぼてん」「ホテルグランバッハ」を擁するコントラクトフードサービスの雄が幾度もの転機を勝機に変えた「社是の心」とは？
2017.11 217p B6 ¥1500 ①978-4-8222-3677-9

◆基本・スポーツマネジメント　畑攻, 小野里真弓編著　大修館書店
【目次】第1章 スポーツマネジメントの基本視点（スポーツマネジメントがめざすもの、スポーツマネジメントの方法）、第2章 マネジメントの基本理論―コンセプチュアルレベル（マネジメント組織の理念、マネジメントと製品論 ほか）、第3章 マネジメント理論とスポーツマネジメント（アクチュアルレベル）（スポーツプロダクト、スポーツ事業論と運動生活 ほか）、第4章 生きたスポーツマネジメントに向けて―トピックスへのマネジメントアプローチ（スポーツの普及・振興をめざして、スポーツビジネスの発展をめざして ほか）
2017.11 126p B5 ¥1800 ①978-4-469-26832-4

◆逆境の法則　西成活裕著　新潮社 （新潮選書）
【要旨】経済が縮小傾向にあると、人はつい短期的な思考に陥りがちだ。目先の利益を優先させるあまり技術の蓄積が疎かになり、次世代を支えるような長期プロジェクトも立てにくくなる。

10年前に渋滞学を世に問うた気鋭の数理物理学者が、「長期的思考」がいかに価値あるかを多くのロジックで証明。ビジネスマン、経営者、研究者など必読の書！
2017.5 208p B6 ¥1300 ①978-4-10-603809-9

◆キャリア・マネジメントの未来図―ダイバーシティとインクルージョンの視点からの展望　二神枝保, 村木厚子編著　八千代出版
【目次】第1章 キャリア・マネジメント、第2章 キャリア・マネジメントの課題と展望、第3章 女性のキャリア・マネジメント―国際比較の視点から、第4章 ANAのキャリア・マネジメント―ダイバーシティの視点から、第5章 サイボウズのキャリア・マネジメント―ワークスタイル変革の視点から、第6章 ギャップジャパンのキャリア・マネジメント―バウンダリレス・キャリアの視点から、第7章 障がい者のキャリア・マネジメント―インクルージョンの視点から
2017.10 173p A5 ¥1800 ①978-4-8429-1712-2

◆究極の"非効率化社会" 日本の大恐慌 サラリーマンは3割減る！―あなたは7割に生き残れるか？　塚澤健二著　ヒカルランド
【要旨】労働人口の9割超がサラリーマンのこの国の人々を待ち受ける超ショッキングな未来とは！予測的中率No.1の経済アナリストが教えてくれる崩壊の時代の中のサバイバル・テクニック。
2017.1 208p B6 ¥1500 ①978-4-86471-451-8

◆究極のホスピタリティを実現する「共感力」の鍛え方　安東徳子著　コスモ21
【要旨】共感力を使う技術は人にしかできない。共感に至るには5つのステップが必要（「キャッチ」→「分析」→「普遍化」→「置き換え」→「トレース」）。AI時代のホスピタリティ理論。
2017.9 171p B6 ¥1400 ①978-4-87795-357-7

◆99%の会社も社員も得をする給料革命―節税を越える最強会計スキーム　大村大次郎著　ビジネス社
【要旨】支払方法を変えるだけ！会社収益も給料も3割増える！「給料オプション制」の導入を！
2017.11 199p B6 ¥1100 ①978-4-8284-1982-4

◆90秒にかけた男　高田明著, 木ノ内敏久聞き手　日本経済新聞出版社 （日経プレミアシリーズ）
【要旨】長崎の一介のカメラ店主だった高田明氏。わずか10年ほどで、「TV通販王」として一世を風靡するように。なぜ通販の常識をくつがえし、拡大し続けてこられたのか。なぜ最短90秒という枠の中で、同じメッセージを発信し続けてきたのか。その経営の神髄がここにある！
2017.11 228p 18cm ¥850 ①978-4-532-26361-4

◆強運は「行動する人」だけが手に入れる　信長著　学研プラス
【要旨】人とお金を引き寄せる！歌舞伎町No.1ホストが教える運の鍛え方。

◆業界地図の見方が変わる！無名でもすごい超優良企業　田宮寛之著　講談社 （講談社プラスアルファ新書）
【要旨】世の中の最先端の動きを反映した斬新な業界分類で約240社の活躍と好況を紹介！ベストセラー『みんなが知らない超優良企業』シリーズ第2弾！
2017.5 204p 18cm ¥840 ①978-4-06-272983-3

◆協会ビジネスでゼロをイチにする新しい起業のかたち！　上妻英夫, 経営アイデア倶楽部研究著　秀和システム
【要旨】協会ビジネスの事例をもとに、ビジネスを成功させる秘訣を伝授！新規（事業・プロジェクト）、街おこし、副業から起業に使える新しい発想法!!
2017.3 283p B6 ¥1500 ①978-4-7980-5000-3

◆今日からヒラ社員のオレが会社を動かします。―伝説の中国古典「鬼谷子」に学ぶ最強の人心操縦術　高橋健太郎著　草思社
【要旨】ある日突然、会社が乗っ取られた！新興企業に吸収合併された老舗の小さな出版社。一変した社風、通らない企画、やる気を失う社員たち。理不尽な現状を変えるにはどうしたらいいのか？悩む入社5年目の編集部員「チョウギ」は、あるとき偶然出会った謎の老人から一冊の古典を授けられる。そこに書かれていたのは、「言葉の力で人を動かし、天下をも動かす術」だった―。
2017.3 263p B6 ¥1400 ①978-4-7942-2264-0

◆共感PR―心をくすぐり世の中を動かす最強法則　上岡正明著　朝日新聞出版
【要旨】「ほしい」「したい」の先にある「言いたい」「見せたい」をくすぐれ！共感の連鎖がブームをつくる！ジャポニカ学習帳「昆虫がいなくなった」をバズらせた仕掛人が予算ほぼゼロで3億円の効果を生み出す方法を明かす。
2017.1 247p B6 ¥1500 ①978-4-02-331570-9

◆行政書士のための運送業許可申請のはじめ方　川合智司著　税務経理協会
【要旨】基本知識、各種書類の作成手順から申請受付後にすべきことまで、運送業許可申請の実務をわかりやすく解説。申請書類の記載例とともに、作成のポイントを一つひとつ掲載。
2017.3 179p A5 ¥2400 ①978-4-419-06397-9

◆郷土を愛する心―社会奉仕に生涯を　斎藤文夫著　（横浜）神奈川新聞社 （わが人生 13）
【目次】郷土愛に観光あり、第1章 川崎に生まれ育つ、第2章 県政へ そして国政へ、第3章 わが愛するまちとふるさと、第4章 浮世絵を人生の友として、第5章 郷土愛に支えられ、第6章 追憶を記す、第7章 日本人の心
2017.3 225p B6 ¥1000 ①978-4-87645-564-5

◆巨大企業は税金から逃げ切れるか？―パナマ文書以後の国際租税回避　深見浩一郎著　光文社 （光文社新書）
【要旨】超富裕層やグローバル企業に富が偏在する現代。私たちは国際的租税回避問題とどう向き合うべきなのか。事件の本質、EUと多国籍企業の税金を巡る争い、反発、近未来の金融、そしてサイバー空間での国際課税のあり方などを検討しながら、そのヒントを探る。
2017.4 206p 18cm ¥740 ①978-4-334-03981-3

◆銀座の流儀―「クラブ稲葉」ママの心得帖　白坂亜紀著　時事通信出版局, 時事通信社 発売
【要旨】早稲田大学在学中に女子大生ママとなり、銀座に4店舗を経営する著者がビジネスノウハウを初公開！ママとして20年間、多くの人々と出会い、ときには叱られ、ときには励まされ…。著者だからこそ聞きだせたエグゼクティブの流儀とは!?「人の心のつかみ方」「本物のおもてなしとは」「女子力の鍛え方」「粋と野暮」「男の品格」について、豊富なエピソードで語る。
2017.3 185p B6 ¥1300 ①978-4-7887-1514-1

◆クラウドファンディング革命―日本最大級Makuakeが仕掛ける！面白いアイデアに1億円集まる時代　中山亮太郎著　PHP研究所
【要旨】時価総額1兆円を目指せる仕組み。
2017.10 206p B6 ¥1500 ①978-4-569-83691-1

◆グラフをつくる前に読む本―一瞬で伝わる表現はどのように生まれたのか　松本健太郎著　技術評論社
【要旨】「このグラフどう見ればいいの？」「このグラフ何かが間違ってる気がする…」いままで雰囲気でグラフを作成してきたあなたは、こんな場面に出会ったことはないでしょうか。それもそのはず、エクセルやパワーポイントでなんとなく操作すれば簡単にグラフは作成できてしまいます。本書では、棒グラフ、折れ線グラフ、円グラフ、レーダーチャート、ヒートマップ、散布図などの主要なグラフの見せ方を歴史から丁寧に解説します。グラフの発明者たちは、どんなことを考えてデータをグラフにしたのでしょうか？学校では教えてくれなかった正しいグラフの選択、わかりやすいグラフ表現の基礎を学び直しましょう。
2017.9 238p B6 ¥1600 ①978-4-7741-9219-2

◆クレイジー・ジーニアス―世界を変える天才は君の中にいる　ランディ・ゲイジ著, 白井準訳　早川書房
【要旨】リスクこそが安全！君は凡人ではない！「群れの思考」から抜け出せ！激動の時代に効果絶大！成功哲学の第一人者が贈るビジネスパーソンへのメッセージ。
2017.2 285p B6 ¥1600 ①978-4-15-209672-2

◆クレジットのすべてがわかる！図解カードビジネスの実務　本田元著　中央経済社, 中央経済グループパブリッシング 発売　第2版
【要旨】ApplePayの影響、AI（人工知能）活用等、激変するクレジットの実務をわかりやすく解説！2020年オリンピック＆インバウンド対応で決済のグローバルスタンダード化はまったなし！受付、審査、カード発行、オーソリゼーション、売上、請求、督促、回収の流れと法務実務・業務システムをこの1冊でカバー。付録：人工知能とカードビジネスを収録！900項目の

経済・産業・労働

最新業界用語索引付きハンドブックとしても便利！　252p B6 ¥2500 ①978-4-502-22401-0

◆クレーマーズレポート　ZAITEN編集部著　財界展望新社
【要旨】他社のクレーム対応はどうなっているのか…60以上の個別事例と各企業の実際の対応を収録。クレーム対応「実践」の一冊！
2017.6 367p B6 ¥2000 ①978-4-87934-026-9

◆グローバル企業の移転価格文書の作り方─BEPS Transfer Pricing Documentation in Japan　PwC税理士法人編　中央経済社，中央経済グループパブリッシング　発売
【要旨】規定への対応とグループ経営・税務コンプライアンスの管理に役立つ情報を満載！　海外子会社との意思疎通に便利な英語の対訳。文書化の様式と記載の仕方がひと目でわかる。
2017.8 325p B5 ¥4000 ①978-4-502-23171-1

◆グローバルポジションを獲りにいく─世界と戦える日本人リーダーの育成　マネジメントサービスセンター著　東洋経済新報社
【要旨】日本人がグローバルポジションに就けないのはなぜか？　VUCAの時代、日本企業が生き残っていくには、世界と戦えるリーダーの育成急務。
2017.12 253p B6 ¥1600 ①978-4-492-96137-7

◆グローバルCMS導入ガイド　松尾美枝監修，岡部武著　中央経済社，中央経済グループパブリッシング　発売　第2版
【要旨】基本的な考え方から有効なスキームの設計・導入まで。AIやRPAを活用した財務業務の効率化、ブロックチェーンの企業決済への適用等を追記。豊富な事例や図表でCMSの進め方がわかる!!
2017.10 241p B6 ¥2600 ①978-4-502-24221-2

◆経営を強くする戦略経営企画　日本総合研究所著　日本能率協会マネジメントセンター
【要旨】戦略的な経営企画担当者になるための視点。中期経営企画、新規事業開発、M&A…現場で活かせる実務。増益傾向企業から読み解く…不確実性の時代に必要な力。目まぐるしい変化が起こる現在の事業環境を勝ち抜いていくうえで、ほんとうに知っておくべきこと。
2017.12 220p A5 ¥1800 ①978-4-8207-2625-8

◆経営を強くする戦略総務　豊田健一著　日本能率協会マネジメントセンター
【要旨】戦略的な総務担当者になるための視点。働き方、生産性向上…企業を強くするスキル。戦略総務で会社を変えた担当者の実践事例。目まぐるしい変化が起こる現在の事業環境を勝ち抜いていくうえで、ほんとうに知っておくべきこと。
2017.12 241p B6 ¥1800 ①978-4-8207-2626-5

◆経営改善の勘どころ─活力を生む経営60のヒント　志村和次郎著　TKC出版
【要旨】IoT・AI時代に対応し、いかに経営改善を行い、企業に活力を注入するか、その課題を見つけ、新シナリオで挑戦する。経営改善計画・経営戦略・マネジメント・マーケティング・プロダクション・人的資源管理の6分野での実践ヒント60例を収録。
2017.11 235p B6 ¥1800 ①978-4-905467-41-0

◆経営計画策定・実行の教科書　内海康文著　あさ出版
【要旨】経営計画で経営戦略を実行に落とし込む、「外向き（＝顧客）」の戦略と「内向き（＝従業員）」のPDCAを回す、4つのレバーで従業員のあるべき行動を引き出す。行動を変えて会社を変える！
2017.5 231p A5 ¥1800 ①978-4-86063-938-9

◆経営者に贈る5つの質問　P.F.ドラッカー著，上田惇生訳　ダイヤモンド社　第2版
【要旨】あなたの仕事でいちばん大事な問いは何か。ドラッカーが開発した、最もシンプルで奥深い自己評価法。
2017.9 156p B6 ¥1500 ①978-4-478-06756-7

◆経営者の教科書─成功するリーダーになるための考え方と行動　小宮一慶著　ダイヤモンド社　（『社長の教科書』加筆・修正・改題書）
【要旨】経営とは、（1）企業の方向づけ、（2）資源の最適配分、（3）人を動かす、の三つを実行すること。リーダーとして成功したければ、素直な心で経営の本質を、正しい努力を積み重ねること一。これまで数百社の経営に関わってきた人気コンサルタントが、20年超の経験をも

とに集大成としてまとめた良い経営・良いリーダーになるための教科書。
2017.6 341p B6 ¥1500 ①978-4-478-10276-3

◆経営者のための実践コーポレートガバナンス入門─稼ぐ力を取り戻す！　深澤寛晴著　東洋経済新報社
【要旨】コーポレートガバナンスの強化が日本の「稼ぐ力」を高める！　日本の強みは健在なのに、「稼ぐ力」がなぜ低い？　強みを稼ぐ力につなげるために、日本企業は財務活動と資金配分に対する意識を高め、稼げる事業の現場に効率的に資金を配分することが求められる。
2017.5 234p B6 ¥1600 ①978-4-492-96131-5

◆経営者のための人手不足解消戦略　大和一雄著　税務経理協会
【要旨】労働人口は半減!!迫り来る企業消滅の危機!!経営必須の実践対策を明示！　人手不足に悩む経営者のためにも、これからの考え方と、人が辞めない魅力ある組織造りを、成功事例で示す実践処方の書!!
2017.11 191p B6 ¥1700 ①978-4-419-06488-4

◆経営者は遊び心を持て─空飛ぶ怪鳥・松本謙一の人間学　村上毅著　日刊工業新聞社
【目次】第1章 見極めるカ─サーステナビリティーの本質、第2章 判断するカ─日本市場を守った"競争"と"協業"、第3章 活かすカ─"新"市場を見て、感じる、第4章 成長するカ─未来に咲く"真"のヘルスケア企業へ、第5章 共有するカ─業界の利益は皆のためになる、終章
2017.11 196p B6 ¥1600 ①978-4-526-07771-5

◆経営の思いがけないコツ　一倉定著　日本経営合理化協会出版局　（一倉定の社長学 第10巻）　新装版
【目次】第1章 事業経営とは「市場活動」である、第2章 事業の成果はお客様から得られる、第3章 環境整備という強力な武器、第4章 社長は現場で活かせる人である、第5章 経営計画をたてる、第6章 資金に強くなる、第7章 販売戦略の決め手、第8章 会社内部の最小限管理、第9章 コンピュータに使われるな
2017.7 616p A5 ¥13000 ①978-4-89101-393-6

◆経営の座標軸　柴山文夫著　致知出版社
【要旨】業界平均15倍の回転数！　結婚式場、日本一の稼働率はどうして生まれたのか？
2017.8 200p A5 ¥1400 ①978-4-8009-1155-1

◆経営の針路─世界の転換期で日本企業はどこを目指すか　平野正雄著　ダイヤモンド社
【要旨】変われない真因、変えるべき道筋。世界経済を独自の視点から分析し、日本企業の課題を鋭く切り出す。マッキンゼー支社長、カーライル共同代表を務めた著者による渾身の企業経営論。
2017.7 236p B6 ¥1600 ①978-4-478-10311-1

◆経営のルネサンス─グローバリズムからポストグローバリズムへ　鈴木秀一，細萱伸子，出見世信之，水村典弘編著　文眞堂
【要旨】グローバリゼーションの転換期をむかえた今、経営学と企業マネジメントがはたすべき役割は何か。また、グローバリズムの影響を受けた日本企業について、戦略と組織、人材マネジメント、経営哲学、CSRなどの立場から考察を行い、「よい企業のマネジメントで大切にしたいこと」を明らかにしようとしている。
2017.6 325p A5 ¥3400 ①978-4-8309-4938-3

◆経営理念を活かしたグローバル創造経営─現地に根付く日系企業の挑戦　井手芳美著　水曜社
【要旨】4つのキーワード、日本的経営・経営理念・グローバル経営・創造的経営を軸に経営の現地化に光をあて、新モデルを捉え直す。
2017.9 249p A5 ¥2000 ①978-4-88065-427-0

◆敬天愛人の経営　明石恒重著　PHP研究所
【要旨】「論語」に学び「敬天愛人」の教えを実践。51年、一期を除き黒字を続けてきた経営観。
2017.6 197p A5 ¥1600 ①978-4-408-45647-8

◆激わかる！　実例つきビジネス統計学　石井俊全監修，造事務所編著　実業之日本社
【要旨】Excel 統計マスターになる！　データを活かせる！　数字がわかる！　「現場」で本当に役立つマーケティングテクニック。
2017.6 197p A5 ¥1600 ①978-4-408-45647-8

◆ケースから考える内部統制システムの構築　中村直人著　商事法務

とに集大成としてまとめた良い経営・良いリーダーになるための教科書。

【要旨】最新実務に対応。第一人者が主要な判例を検討しながら備えるべき具体策を明らかにする。
2017.12 212p A5 ¥2800 ①978-4-7857-2580-8

◆桁外れの結果を導く 一流の演出力　五十嵐かほる著　日本能率協会マネジメントセンター
【要旨】富裕層専属スタイリストが教える、戦略的印象マネジメント。稼ぐ男はもう始めている！　自分を格上げするスーツ、人を魅了する所作、ファンを増やす言語心理。
2017.12 180p B6 ¥1500 ①978-4-8207-1977-9

◆決定版！　趣味起業の教科書─ほかでは教えてくれない楽しい起業のはじめかた　戸田充広著　マガジンランド
【要旨】起業も副業ももうやるなら楽しいほうのやり方で!!楽しみながら「輝き」と「収入」を手に入れるそれが『趣味起業』です。
2017.4 204p B6 ¥1389 ①978-4-86546-150-3

◆決定版！　「調達・購買」戦略の教科書　坂口孝則著　日刊工業新聞社　（B&Tブックス）
【目次】第1章 調達戦略の考え方、第2章 自社理念と調達戦略の深掘り、第3章 全体戦略、第4章 品種戦略、第5章 組織戦略、第6章 問題分析、第7章 発酵、第8章 解決策創発、第9章 補講
2017.8 179p A5 ¥2200 ①978-4-526-07739-5

◆月曜日の朝が待ち遠しくてワクワクする職場の話─心が温かくて泣ける19のほんとうの物語　角田識之著　あさ出版
【要旨】プロレスおたくの仲間のために披露宴でリングをつくって試合をしちゃう職場って…。人がやめない会社はみ〜んな大家族主義経営だった！　口あんぐり、そしてほろりのすごいエピソード。
2017.10 221p B6 ¥1600 ①978-4-86667-007-2

◆現役法務と顧問弁護士が書いた契約実務ハンドブック　長瀬佑志，長瀬威志著　日本能率協会マネジメントセンター
【要旨】企業法務のリアルを知り尽くしたプロによるビジネスパーソンのための「契約の教科書」。ビジネスを有利に進める契約書"戦略と実践"の決定版。
2017.3 349p A5 ¥2800 ①978-4-8207-5974-4

◆健康ビジネスで成功を手にする方法　ポール・ゼイン・ピルツァー著，白幡憲之訳　英治出版
【要旨】誰にとっても大切な「健康」。ビジネス規模は、120兆円に！　健康保険破綻に先手を打ち、巨大市場で利益を手にする方法とは!?
2017.3 406p B6 ¥1800 ①978-4-901234-26-9

◆現代語訳 学問のすすめ　河野英太郎著　SBクリエイティブ
【目次】学んだ人から出世する、個人と組織は対等、全員が当事者意識を持つチームは強い、まずは自分を変わりなさい、一人ひとりが「独立心」を持つ、ルールを守る、全員がメンバーでありリーダー、他人を尊重し自分も自由になる、お金のためだけに働かない、現状に満足しない、無意味な上下関係はいらない、学んだら行動に移す、人の自由を奪わない、失敗を生かす、疑問を持つ、他人の価値観に惑わされない、自分ブランドをつくれ
2017.3 247p B6 ¥1500 ①978-4-7973-8447-5

◆現場から見上げる企業戦略論─デジタル時代にも日本に勝機はある　藤本隆宏著　KADOKAWA　（角川新書）
【要旨】IoTやインダストリー4.0の波に日本は呑み込まれるのか？「現場から見上げて」みれば、俗論と違うこの国の強みが見えてくる。壮大な歴史観、緻密な理論、実証経営学から導かれる、どこにもない企業戦略論。
2017.7 318p 18cm ¥920 ①978-4-04-082152-8

◆講師・インストラクターハンドブック─効果的な学びをつくる参加者主体の研修デザイン　中村文子，ボブ・パイク著　日本能率協会マネジメントセンター
【要旨】インストラクショナルデザイン＋デリバリースキル＋ファシリテーションスキル。退屈な研修が実践的な学びに変わる！　世界30カ国で実践される参加者の意欲を引き出す研修手法のエッセンス。
2017.3 333p A5 ¥2800 ①978-4-8207-5963-8

◆好調を続ける企業の経営者は、いま、何を考えているのか？─新進リーダーたちが狙う次の一手　鈴木博毅著　秀和システム
【要旨】企業の成長力を維持するには、戦略が必要です。いま好調だからといって、それが続く

保証はない時代です。日本は人口減少の時代を迎え、製品もサービスも飽和状態。明るい未来は描けないといった悲観論も耳にします。しかし、厳しい現状でも、驚くほどの高成長を続けている企業があるのです。彼らはいったい何を目指して、何をしているのか。8人のCEOの話から、二つの「業態変革」について分析します。　2017.4 254p B6 ¥1500 ①978-4-7980-5089-8

◆効率とコンプライアンスを高める e‐文書法電子化早わかり―平成27・28年度改正対応　日本文書情報マネジメント協会法務委員会編編　日本文書情報マネジメント協会
【要旨】国税庁通達（趣旨説明）、電子帳簿保存法（スキャナ保存・電子取引）、電子署名・タイムスタンプ、スキャナ保存の承認申請書、適正事務処理規程/電子化保存規程、スマートフォン撮影社内規程見本、各省庁関連ガイドライン/その他資料満載。
　2017.10 1Vol. B5 ¥2500 ①978-4-88961-017-8

◆顧客をつくり利益が上がるコールセンターの上手な運営法　安藤栄一著　同文舘出版
（DO BOOKS）
【要旨】コールセンターの困難な課題を克服するための方策を「8つのメソッド」にまとめて解説します。
　2017.4 260p B6 ¥1600 ①978-4-495-53681-7

◆顧客視点の企業戦略―アンバサダープログラム的思考　藤崎実、徳力基彦著　宣伝会議
【要旨】今、求められている、顧客視点をビジネス全体や経営戦略的な視点で捉えて、様々なケースに応用できるメソッド。
　2017.6 B6 ¥1800 ①978-4-88335-392-7

◆古教心を照らす　北尾吉孝著　経済界
【要旨】「知は行の始めなり。行は知の成るなり」知と行とが一体になる「知行合一」でなくして生きた学問にならない。中国古典の叡智に学ぶカリスマ経営者が思索を綴ったブログ書籍化第十弾！
　2017.11 180p B6 ¥1500 ①978-4-7667-8615-6

◆国際競争力を高める企業の直接投資戦略と貿易　法政大学比較経済研究所、田村晶子編　日本評論社　（法政大学比較経済研究所研究シリーズ 31）
【目次】第1部 企業の意思決定と国際競争力（イノベーションマネジメント―不完備契約分析、日本企業の競争力と開発設計段階のコストマネジメント、企業の投資戦略と直接投資の選択、赤字事業への投資からみた大手電機メーカーの盛衰）、第2部 国際金融市場と企業の投資戦略（為替変動の不確実性と研究開発投資―日本の企業データによる実証分析、日本の自動車の海外現地生産化と地域内金融取引の増加が国際的な株価の連動性に与える影響）、第3部 貿易・直接投資とマクロの国際競争力（自由貿易と国際競争力の推移、地域貿易協定における原産地規則と直接投資、FDIを考慮したDSGEモデル、海外直接投資および金融市場の発展と経済成長の関係）
　2017.3 245p A5 ¥4000 ①978-4-535-55876-2

◆コグニティブ競争戦略―経営者の認識と業界内部の構造変化のメカニズム　宮元万菜美著　千倉書房
【要旨】経営環境の激変を読み企業の未来像を描く。鍵は「経営者の認識」とは？
　2017.10 204p A5 ¥3800 ①978-4-8051-1117-8

◆心と生き方―稲盛和夫・KCCS実践経営講座　稲盛和夫述、京セラコミュニケーションシステム編　PHP研究所
【要旨】「心のあり方」「考え方」次第で、人生や仕事の結果を大きく変えられる！ 特別講話『私を支えた人生哲学―振り向けばいつも西郷南洲翁の教えが』収録。
　2017.11 283p B6 ¥1600 ①978-4-569-83607-2

◆こころのこと　長谷川房生著　小学館
【要旨】傷つけたり、傷つけられたりするのはもう終わりにして、大きな優しさに帰ろう。思いを深く耕そう。祈りの老舗「はせがわ」の会長による「現代こころの養生訓」。
　2017.12 191p 16×14cm ¥1111 ①978-4-09-388591-1

◆個人事業を会社にするメリット・デメリットがぜんぶわかる本　関根俊輔著　新星出版社　改訂新版
【要旨】どっちがお得！? 違いを徹底比較！ 法人成りで失敗しない！ 記入例付届け出サンプル満載。この1冊で会社の設立手続きもOK！
　2017.7 207p A5 ¥1500 ①978-4-405-10299-6

◆個人事業と株式会社のメリット・デメリットがぜんぶわかる本―独立するならどっち!?　関根俊輔著　新星出版社　改訂新版
【要旨】個人の開業も、会社の設立手続きもできる！ 税金、経費、経理、決算、信用、社会保険など、違いを徹底比較！ 独立開業で失敗しない！ 記入例付届け出サンプル満載。
　2017.11 207p A5 ¥1400 ①978-4-405-10300-9

◆個人事業主や中小企業にも適用！ 改正個人情報保護法がわかる本　太田雅幸監修、コンデックス情報研究所編著　成美堂出版
【要旨】どこからが「個人情報」？「取得」する際の注意点は？「管理」方法は？ 他人に「提供」する際のルールは？ 経理・人事・法務担当者はもちろんNPO法人・町内会・PTA・サークルの代表者も必読！
　2017.4 207p A5 ¥1400 ①978-4-415-32265-0

◆個人事業の教科書1年生 オールカラー版―イラスト解説だから、はじめてでもスグできる　宇田川敏正監修　新星出版社　改訂版
【目次】1 個人事業を始めよう（独立開業について考える、まずは個人事業から始めてみる ほか）、2 事業を成功に導くために…（ライフプランを現実のものにする、事業計画書は個人事業のプロフィール ほか）、3 開業にあたっての各種届出（個人事業を始めるときの届出や手続き、会社を辞めて個人事業を始めるときの手続き ほか）、4 経理と確定申告のキホン（経理のキホン1 経理はなぜ必要なのか？、経理のキホン2 売上を得るために必要な費用とは？ ほか）
　2017.8 159p A5 ¥1400 ①978-4-405-10286-5

◆答えのない世界―グローバルリーダーになるための未来への選択　大前研一、ビジネス・ブレークスルー出版事務局編著　ビジネス・ブレークスルー出版、日販アイ・ピー・エス 発売　（大前研一通信・特別保存版 Part.10）
【要旨】Brexit（英国のEU離脱）、トランプ米大統領就任、保護主義、益々、先の読めないグローバル社会で、何を学ぶべきか？
　2017.3 195p B6 ¥1300 ①978-4-9902118-8-2

◆5年で売上1億円を達成した社労士が助成金で顧客をどんどん増やす方法を教えます　伊藤泰人著　日本法令
【要旨】新規顧客獲得、顧問先の活性化につながる「助成金ビジネス」で成功する営業手法、提案のポイントを伝授！ 今「使える」助成金の提案から申請・手続までを網羅！
　2017.9 374p A5 ¥2800 ①978-4-539-72561-0

◆この1冊ですべてがわかる経営者のためのIPOバイブル　IPO Forum編　中央経済社、中央経済グループパブリッシング 発売
【要旨】経営者がIPOについて知らなければいけないポイントがこの1冊を読めばわかる。Q&Aで知りたいことがわかる。章末にある「ここは大事！ チェックポイント」で押さえておくべき留意点がわかりやすい。
　2017.9 167p A5 ¥2000 ①978-4-502-24151-2

◆この1冊ですべてがわかる！ 健康経営実務必携　稲田耕平、阿藤通明、坂野祐輔共著　日本法令
【要旨】健康経営に関するQ&A、取組み事例、規定例を収録！ 実務経験豊富な社労士が基礎知識やメリットを解説。企業アピールにつながる認定の取得についてアドバイス！
　2017.12 274p A5 ¥2500 ①978-4-539-72569-6

◆コーポレート・ガバナンス「本当にそうなのか？」―大量データからみる真実　円谷昭一編著　同文舘出版
【要旨】コーポレート・ガバナンスをめぐって、通説とは異なる真実、これまで決して光が当たらなかった現実、こうした盲点を大量データからあぶり出す！
　2017.12 168p 21×14cm ¥1800 ①978-4-495-20621-5

◆コーポレートベンチャーキャピタルの実務　倉林陽著　中央経済社、中央経済グループパブリッシング 発売
【要旨】日本のCVCはなぜ上手くいかないのか。日米の第一線で活躍し、実務経験豊富な著者が、CVCやオープンイノベーション成功の秘訣を説く!!　2017.10 173p A5 ¥2200 ①978-4-502-23851-2

◆雇用関係助成金申請・手続マニュアル―最新情報を網羅！　深石圭介、岩本浩一共著　日本法令　7訂版
【要旨】人材開発支援助成金、65歳超雇用推進助成金、両立支援等助成金など、助成金の活用ポ

イントを詳細解説！
　2017.10 660p B5 ¥4200 ①978-4-539-72566-5

◆これ1冊でぜんぶわかる！ 輸入ビジネス完全版　大須賀祐著　あさ出版
【要旨】6ステップで商品発掘、交渉、契約、販売まで、すべてを網羅！ これ1冊あればもう怖くない！ 商談&契約で役立つ頻出英語フレーズつき。
　2017.11 237p B6 ¥1500 ①978-4-86667-018-8

◆これからの内部通報システム　中原健太、結城大輔、横瀬大輝著　金融財政事情研究会、きんざい 発売
【要旨】平成28年12月公表の『民間事業者向け改正ガイドライン』を、作成関係者のインタビューも交え、詳細に解説・提言。通報窓口を受託している民間事業者や先進的企業の取組みも紹介。
　2017.7 242p A5 ¥2600 ①978-4-322-13090-4

◆これだけ押さえればOK！ 印鑑・印紙・契約書の基本がわかる本　齋藤健一郎著　自由国民社
【要旨】知らないではすまされないすべての社会人必読の書！ 契約は、契約書を作って初めて有効になるので、口約束だと意味がない？ ハンコが押されていない領収書は無効？ 実印は、署名と一部重なるようにして押すのが正解？ 文書の題名が契約書であれば、収入印紙は必ず貼らなければいけない？ 収入印紙を貼ったときは、必ず印紙にハンコを押さなければならない？ この本は、こんな疑問に答えます！
　2017.3 215p B6 ¥1500 ①978-4-426-12241-6

◆これですべてがわかる内部統制の実務―上級IPO・内部統制実務士資格公式テキスト　日本経営調査士協会編　中央経済社、中央経済グループパブリッシング 発売　第3版
【要旨】コーポレートガバナンス・コード等を踏まえて内容をアップデート。上級内部統制実務士試験の最新試験問題を収録。
　2017.4 381p A5 ¥1500 ①978-4-502-22391-4

◆コンテンツビジネスの経営戦略　情報通信学会コンテンツビジネス研究会編　中央経済社、中央経済グループパブリッシング 発売
【要旨】大きな経済的可能性を秘めるコンテンツ産業には多種多様なビジネスモデルと課題が存在します。本書では、テレビ放送、映画、アニメ、音楽、出版、ゲームなど、従来の縦割り型メディア業界を横断し、そこで展開されるコンテンツの価値を最大化する戦略とは一体どのようなものかという点に着目しています。インターネットや海外市場にどう対応するのか、ブランドやキャラクターをどう活用するのか、制作システムや人材育成をどう管理するのかなど、取り組むべき諸課題をあぶり出し、研究者・実務家が議論を展開します。コンテンツビジネスの現状を考察・理解するとともに、今後の方向性と未来像を一緒に考えてみましょう。
　2017.6 225p A5 ¥2800 ①978-4-502-22991-6

◆「こんなもの誰が買うの？」がブランドになる―共感から始まる顧客価値創造　阪本啓一著　日本経済新聞出版社
【要旨】「ブランドって何？」と問われて、誰もが思い浮かべるのは、iPhone、トヨタ、Google、ユニクロ、セブン・イレブンなどの大企業が提供する商品やサービスでしょう。しかし、どこにでもある、なんでもないもの、とてもブランドになんかなりそうもないものでも、ブランドにすることは可能です。軍手、タオル、キャンドル、印鑑、クリーニング店、保育園…。本書には書名の通り「こんなもの誰が買うの？」と言いたくなるような、ごくフツーの商品やサービスが、確かなブランドに育っていく過程が紹介されます。
　2017.9 233p B6 ¥1600 ①978-4-532-32168-0

◆最強の経営を実現する「予材管理」のすべて―目標を必ず達成させる「材料2倍」の法則　横山信弘著　日本実業出版社
【要旨】なぜ「目標未達成」で終わる企業が多いのか？ ベストセラー「絶対達成」シリーズの著者による、2万人が実践して結果を出した経営ノウハウをはじめて公開！ NTTドコモ、ソフトバンク、サントリー、野村證券も導入。大中小200社の7割を3年連続で目標達成させた驚異の仕組み。
　2017.12 245p A5 ¥1600 ①978-4-534-05547-7

◆最強の効果を生みだす新しいSEOの教科書　野澤洋介著　技術評論社
【要旨】あなたのWebサイトに確実に人が集まる！ この本があれば、最新の知識とテクニック

経済・産業・労働

が身につく！ 正しいサイト設計で検索上位に表示される！ ツールを使いこなし効果を継続できる！ はじめてSEOに取り組む人にも最適！
2017.10 287p A5 ¥1980 ①978-4-7741-9178-2

◆**最強のネーミング―すべてのビジネスは名前から始まる**　岩永嘉弘著　日本実業出版社
【要旨】名付けビジネスの第一人者による買わせる名前秘中の秘。
2017.9 237p B6 ¥1600 ①978-4-534-05522-4

◆**最新健康ビジネスの動向とカラクリがよーくわかる本**　川上清市著　秀和システム
（図解入門業界研究）　第2版
【要旨】業界人、就職、転職に役立つ情報満載。躍進市場のトレンドと関連企業の最新動向を探る！ 2017.6 201p A5 ¥1300 ①978-4-7980-5172-7

◆**最新組織改革の基本と実践がよーくわかる本**　加藤丈博、荒川和久著　秀和システム
（図解入門業界研究）
【要旨】見たいようにしか見ない思い込みの壁！ 「後でやればいい」行動変化拒絶の壁！ 上下・部署間にまたがる意思疎通の壁！ マネージャーが問題解決力を上げるには？ 予防管理行動で変わる！ 組織の一体感を醸成するカギとは？ 24の事例に見る「壁」を壊して成長する方法。
2017.9 171p A5 ¥1600 ①978-4-7980-5299-1

◆**最新版 はじめて講師を頼まれたら読む本**　大谷由里子著　KADOKAWA
【要旨】5分ネタをたくさん作る、ツカミはフルコースの前菜、使える「3ポイント式アンチョコ」…聞き手を飽きさせない「伝え方」の決定版。準備から当日やることまで1冊ですべてわかる！ 2017.9 239p B6 ¥1400 ①978-4-04-602130-4

◆**齋藤孝の知の整理力**　齋藤孝著　かんき出版
【要旨】数万冊分の言葉をストックして、知的アウトプットにつなげる“頭の整理法”。
2017.8 238p B6 ¥1400 ①978-4-7612-7275-3

◆**斎藤一人お金の神様に好かれる人のスゴい口ぐせ**　斎藤一人著　宝島社
【要旨】いいことが面白いほど起こるから。お金と健康と幸せが舞い込む「33」のスイッチ。
2017.12 157p B6 ¥1300 ①978-4-8002-7827-2

◆**斎藤一人 人間力――人さんと二人で語った480分**　信長著　信長出版、サンクチュアリ出版 発売
【要旨】お金も仕事も人生も人間関係も、答えはこんなに簡単だった！ 豊かな人生を生きるための成功への鍵25。一人さんが歌舞伎町カリスマホストに語った生き方の美学。
2017.6 219p B6 ¥1400 ①978-4-86113-178-3

◆**斎藤一人の「勝手に人が育つ」経営の極意**　尾形幸弘著　サンマーク出版
【要旨】「一人さんの教え」を“経営”に活かしたら？ 「良いことは強制」しながらも社員を「変えない」で「育てる」ノウハウを、業績を上げるための仕組みづくりから大公開！ 一人さんからの特別寄稿「これからの経営者へ」付き。
2017.9 207p B6 ¥1500 ①978-4-7631-3649-7

◆**サイバー攻撃に勝つ経営―先進企業にみるCISの挑戦**　山本直樹著　日経BP社、日経BPマーケティング 発売
【要旨】防御の体制は？ 全社員をどう巻き込む？ 指揮をとるリーダーの人選は？ セキュリティ人材の育成は？ 経営陣との連携は？ 最新情報の入手は？ 防御技術の利用は？ 製品やサービスの価値を高めるには？ …etc. 中部電力／ホンダ／みずほ／Sansan／参天製薬。戦略から実行、人材育成まで5社のリーダーが語る。
2017.10 190p B6 ¥1400 ①978-4-8222-5960-0

◆**差異力―知らないことは武器になる**　伊藤嘉明著　総合法令出版
【目次】第1章 予測不能の時代よそ者、若者、ばか者が時代を切り拓く（予測不能の時代、それを「VUCAの時代」と呼ぶ、いま、漠然とした不安、不満を持っているならば、動く ほか）、第2章 若者よ、よそ者であれ一世で言われた就職、転職の極意は嘘だ（会社を探すな、職を選べ、AIが普及する時代の向かい方とは ほか）、第3章 よそ者が持つ差異力―成果、実績、評価にこだわりすぎな（他人が下す評価に振り回されない、マイケル・ジャクソン『THIS IS IT』230万枚出荷の常識破り ほか）、第4章 分岐点に立ったとき、生き方が見える―過去を振り返らず、姿勢を正す（自分の進むべき道は自分でコン

トロールする、人生の分岐点は、いつだって目の前にある ほか）、第5章 自己覚醒、日本覚醒、そしてアジアへの貢献―VUCAの時代を生き抜く差異力（5年後、10年後も自分自身の人生をコントロールするために、選択肢を多く持つために、「働き方改革」を利用する ほか）
2017.11 221p B6 ¥1500 ①978-4-86280-582-9

◆**笹川流**　笹川能孝著　竹書房
【要旨】笹川第三世代による帝王学。一時代錯誤、男尊女卑、あらゆる批判も覚悟の上だ―笹川良一を大伯父に持ち、政治・経済・芸術あらゆる分野の一流の怪物たちから様々な教えを受けて育った「笹川第三世代」のスポークスマンによる、現代日本男児への提言。
2017.8 226p B6 ¥1800 ①978-4-8019-1155-0

◆**サバイバル！ 炎上アイドル三姉妹がゆく―マンガで学ぶデジタル時代の「人を動かす」**　D・カーネギー協会原作、たかうま創漫画　（大阪）創元社
【要旨】炎上→解散危機のアイドル3人組がカーネギーの教えで生まれ変わる！ ネット・SNS時代の人間関係のコツをマンガでレクチャー。
2017.4 189p B6 ¥1000 ①978-4-422-10118-7

◆**サービスイノベーションの海外展開―日本企業の成功事例とその要因分析**　伊丹敬之、高橋克徳、西野和美、藤原雅俊、岸本太一著　東洋経済新報社
【要旨】無印良品、大戸屋、セコム、公文…“低生産性” ニッポンのサービス業で、日本発のイノベーションが生まれ、世界でウケた理由。
2017.9 238p A5 ¥1800 ①978-4-492-50294-5

◆**サービスデザインの教科書―共創するビジネスのつくりかた**　武山政直著　NTT出版
【要旨】“顧客志向”から“価値共創”へ。「与えるものとしてのサービス」を「共につくるものとしてのサービス」ととらえなおすことがビジネスに小さな革命をもたらす。
2017.9 277p A5 ¥2700 ①978-4-7571-2365-6

◆**サービスのためのIoTプロダクトのつくり方――“IoTジャーニー”の一歩を踏み出す本**　野々上仁著　日経BP社、日経BPマーケティング 発売
【要旨】これから挑戦する全ての人へ。IoTプロダクトを成功に導くポイントは何か。プロジェクトデザイン、チーム編成、ハード／ソフト開発、デザイン…実際にモノとサービスを世に送り出した先駆者が伝授。
2017.8 219p B6 ¥1800 ①978-4-8222-5931-0

◆**サービソロジーへの招待―価値共創によるサービス・イノベーション**　村上輝康、新井民夫、JST社会技術研究開発センター編著　東京大学出版会
【要旨】医療、介護、技術教育、金融、観光、日本型クリエイティブ―サービス産業をいかに革新するか。科学や工学、マネジメントやデザインなども包括した、サービスに関する総合研究の入門。
2017.6 270p A5 ¥3900 ①978-4-13-042145-4

◆**ザ・ビリオネア・テンプレート―500億を動かす成功者がやっているたった1つの法則**　泉忠司、佐藤文昭著　あさ出版　（付属資料：DVD1）
【要旨】ひょんなことから、僕が手に入れてしまったものがある。それ自体は、何の変哲もない、一枚の紙切れだ。しかし、その紙には「すべてを手に入れる秘密」が書かれていた。人生の成功者たちが明かしたたった1つの成功法則とは？ 2017.9 269p B6 ¥1600 ①978-4-86667-010-2

◆**サプライ・チェーンの設計と管理―コンセプト・戦略・事例**　D. スミチ・レビ、P. カミンスキ、E. スミチ・レビ著、久保幹雄監修、伊佐田文彦、佐藤泰現、田熊博志、宮本裕一郎訳　朝倉書店　普及版
【目次】サプライ・チェーン・マネジメントへの招待、ロジスティクス・ネットワークの構成、在庫管理とリスク共同管理、情報の価値、サプライチェーン戦略、戦略的提携、国際的なサプライ・チェーン・マネジメントの課題、製品設計とサプライ・チェーン設計の統合、顧客価値とサプライ・チェーン・マネジメント、サプライ・チェーン・マネジメントのための情報技術、サプライ・チェーン・マネジメントのための意思決定支援システム
2017.4 390p A5 ¥4800 ①978-4-254-27023-5

◆**サロネーゼのためのおうち教室の教科書**　桔梗有香子著　ソーテック社
【要旨】予約でいっぱいのサロネーゼがしていること全部教えちゃいます！ あなたの「集客」の悩み、「運営」の悩みを解決します！ 集客の基本の「き」からWEBメディアを使った戦略まで、今日からあなたの教室も満室に！
2017.2 229p A5 ¥1480 ①978-4-8007-3003-9

◆**残酷すぎる成功法則―9割まちがえる「その常識」を科学する**　エリック・バーカー著、橘玲監訳、竹中てる実訳　飛鳥新社
【要旨】今すぐ「思考」と「行動」をアップデートせよ！ 目標達成のために不可欠な要素として世間一般で広く信じられてきたことの多くは、手堅くて正論だが、今や完全に間違っている。そうした神話の長所、次いで反論や矛盾を取り上げる。裁判の公判という賛否両論を検証、最もプラスになる結論を導きだしていく。
2017.11 366, 33p B6 ¥1500 ①978-4-86410-575-0

◆**30代で年収1000万になる人、一生400万のままの人―1万人のキャリア支援をしてわかった**　夏目俊希著　日本実業出版社
【要旨】年収が上がり続ける人は何が違うのか？ その「仕事術」「コミュニケーション術」「時間術」「思考法」を初公開！ 誰からも評価される人の51の習慣。
2017.12 230p B6 ¥1400 ①978-4-534-05543-9

◆**3000億円の事業を生み出す「ビジネスプロデュース」成功への道**　三宅孝之、島崎崇著　PHP研究所
【要旨】数千億円規模の事業創造型プロジェクトを多数手掛けてきたドリームインキュベータ（DI）が日本の大企業が直面している「事業創造のジレンマ」とその突破法を徹底解説。
2017.5 333p B6 ¥1800 ①978-4-569-83606-5

◆**3年後に結果を出すための最速成長**　赤羽雄二著　ベストセラーズ（ベスト新書）
【要旨】マッキンゼーで14年活躍。最先端を走るビジネスコンサルタントが描く衝撃の10年後。時代に乗り遅れないための成長戦略。
2017.6 287p 18cm ¥824 ①978-4-584-12552-6

◆**残念な経営者 誇れる経営者**　山田修著　ぱる出版
【要旨】9割の日本の社長は「経営戦略」を勘違いしている！ 外資4社と日系2社で社長を歴任し、不調業績をすべて回復させて「企業再生経営者」と評される著者が、日本企業22社・22人を一刀両断！ 2017.4 191p B6 ¥1500 ①978-4-8272-1058-3

◆**360度思考で生涯現役一続 楽しくダイナミックに！**　下條武男著　日刊工業新聞社
【要旨】「運・根・鈍」と既成概念にとらわれない発想と思想、社会に貢献する姿勢で、上場を実現させた起業家の豊かな精神、大きな志。ベンチャー企業の創業・経営と「紆余曲折」の人生が同時に語られている。
2017.3 219p B6 ¥1500 ①978-4-526-07700-5

◆**三方よしに学ぶ 人に好かれる会社**　田中宏司、水尾順一編著　（彦根）サンライズ出版　新装版
【要旨】本書では「人に好かれる会社」をめざす実践チェックリスト40を提案。経営理念・ミッション・組織統治、人権・労働、環境、消費者・取引先、公正な取引慣行、コミュニティーについての40項目をチェックすることで自社の姿が総合的に把握でき、さらに「人に好かれる会社」の経営者が持つ特徴を「経営トップのリーダーシップ10か条」としてまとめた。
2017.10 216p B6 ¥1600 ①978-4-88325-631-0

◆**「三方よし」の経営学―廣池千九郎の教え99選**　廣池千九郎著、廣池幹堂編　PHP研究所
【要旨】「品性を第一資本とし、金を第二資本とす」道徳経済一体思想を説いた偉人の箴言集。
[17.10]229p A6 ¥1000 ①978-4-569-83870-0

◆**幸せの種をまく人生―福井発「59歳の起業」と「夢への挑戦」**　野坂弦司著　PHP研究所
【要旨】喜びと幸せをもたらす「十方良し」の経営とは？ 定年後にコインパーキングの会社を創業し、日本有数の企業へと成長させた軌跡。
2017.2 191p B6 ¥1400 ①978-4-569-83488-7

◆**シェアリングエコノミーまるわかり**　野口功一著　日本経済新聞出版社　（日経文庫）
【要旨】企業がモノを作って消費者が買う。そのようなモデルが崩れて新しい「共有」モデルが出現しています。これからのビジネス・社会を語

る上で欠かせない仕組みをやさしく解説します。著者所属のPwCでは、シェアリングエコノミーの調査を進めており、著者は日本法人の第一人者です。シェアリングエコノミーのメカニズムから、ビジネス・社会への影響まで、体系的に理解できます。図も豊富に使い、イメージがしやすいように工夫しています。シェアリングエコノミーを自身のビジネスに取り込もうとしている人はもちろん、その仕組みを知って賢く使いたい人まで、幅広い読者を想定しています。
2017.12 191p 18cm ¥860 ①978-4-532-11383-4

◆しがらみ経営―価値を生み出す「関係性」のマネジメント　木村雄治, 徳岡晃一郎著　日本経済新聞出版社
【目次】第1章 企業価値を損ねる「しがらみ」、第2章 その慣習は、しがらみか、レガシーか、第3章 「しがらみ」を分析し、これと向き合う、第4章 「しがらみ」をマネジメントする、第5章 しがらみマネジメントの実践―しがらみをマネジメントすることで企業の潜在力を顕在化―ポラリス・キャピタル・グループでの実践例、第6章 「しがらみマネジメント」の時代が来た
2017.1 213p B6 ¥1600 ①978-4-532-32108-6

◆士業を極める技術―すべての案件を高額報酬に変える高難度業務　横須賀輝尚著, 菰田泰隆監修　日本能率協会マネジメントセンター
【要旨】営業不要で依頼殺到！ 法律を極める道を選ぶ。資格を超えた道を選ぶ。めざせ！ 高難度業務型コンサルタント。
2017.10 206p B6 ¥1500 ①978-4-8207-1978-6

◆事業計画を実現するKPIマネジメントの実務―PDCAを回す目標必達の技術　大工舎宏著　日本能率協会マネジメントセンター
【要旨】KPIマネジメントで「誰が」「いつ」「なにを」するか。運用ルールを定め,KPIでしっかりとPDCAを回す。事業の戦略マップ作成と、必達の戦略目標の設定。指標管理を越えた目標達成力のある組織をつくる。一多くの支援事例から築いたKPI設定・活用の「10ステップ」を公開。2017.12 211p A5 ¥2000 ①978-4-8207-2632-6

◆事業再生読本　高橋隆明著　ファーストプレス
【要旨】事業再生の先駆者としての20年に及ぶ経験と、不動産鑑定士・税理士としての専門知識の集大成!!債権者と債務者、さらには債権者と債権者の「対立ではなく協調によるプラスサムの事業再生を成功させる」ためのノウハウを具体的に伝授した書下ろし新版。債務者だけでなく債権者の立場にも配慮しつつ、事業再生を成功させるための全知識を網羅した渾身の力作。
2017.10 517p A5 ¥4400 ①978-4-86648-001-5

◆事業性評価・ローカルベンチマーク活用事例集　中村中, マネジメントパートナーズ共著　ビジネス教育出版社
【要旨】地域金融機関融資担当者の稟議書作成に役立ち、経営者や税理士等専門家には交渉や対話の参考になる事例を満載し、わかりやすく解説。2017.2 269p A5 ¥2800 ①978-4-8283-0643-8

◆事業大躍進に挑む経営者のための「クライシスマネジメント」　林祐著　セルバ出版, 創英社/三省堂書店 発売
【要旨】危機管理とは、何か起こったときのための計画をつくり、専門の部門を設けて備えることではない。クライシスマネジメントは、まず基礎体力の鍛成から始まる。つまり、企業が長期に復り存続し、事業を成長させる仕組みの定着から始まるのだ。基礎体力のない会社に危機を乗り切ることができるはずはないからだ。
2017.10 231p B6 ¥1800 ①978-4-86367-366-3

◆事業に失敗しないための起業家宣言―顧客ゼロから起業10年で売上高20億円の起業戦略論　小室雄大著　こう書房
【要旨】生き残るのは20社中1社。その5%に入るためのビジネスモデル構築法と精神力の鍛え方！ 器づくりだけの起業プロセス・ノウハウではなく、実践から導き出した解決策とモチベーションのバイブル！
2017.2 244p B6 ¥1400 ①978-4-7696-1159-2

◆事業の発想力 実践編　事業構想大学院大学出版部編　日本教育研究団事業構想大学院大学出版部, 宣伝会議 発売　（事業構想研究シリーズ 1）
【目次】構想力1 発想・着任・想像の力（林野宏氏・クレディセゾン代表取締役社長―業界再編の事業も、実踏視点の発想で実現させる編、原研哉氏・日本デザインセンター代表取締役社長―日

本の持つ可能性、日本らしい美意識 ほか）、構想力2 アイデアを練る力（大崎洋氏・吉本興業代表取締役社長―新しい事業のひらめきはいつも頭の中に、藤田晋氏・サイバーエージェント代表取締役社長―レッドオーシャンで、ITの新規事業を立ち上げる ほか）、構想力3 洞察・リサーチの力（出口治明氏・ライフネット生命保険創業者―世界を正しく理解し、保険業界に革新を起こす、御立尚資氏・ボストンコンサルティンググループシニア・パートナー・アンド・マネージング・ディレクター―世界俯瞰の洞察と未来思考でシナリオを描く ほか）、構想力4 アイデアから計画へ落とし込む力（出雲充氏・ユーグレナ代表取締役社長―「ユーグレナ」を多業種素材として事業展開、一瀬邦夫氏・ペッパーフードサービス代表取締役―常識を覆す独創的なアイデアで新たなビジネスモデルを ほか）、構想力5 コミュニケーションの力（小林哲也氏・帝国ホテル代表取締役会長―100年超えた、人とのつながりがブランドを強くする、野本弘文氏・東京急行電鉄取締役社長―社内外の組織力を高めるビジョンと心得 ほか）
2017.8 177p A5 ¥1800 ①978-4-88335-410-8

◆しくじる会社の法則　高嶋健夫著　日本経済新聞出版社　（日経プレミアシリーズ）
【要旨】35年以上の取材歴、会った社長も約1000人。経験豊富な企業ウォッチャーだから語れる、財務データではわからない会社の見分け方。「社長の“愛車”を見れば会社の行方を予測する」「凋落のシグナルはバックヤードでわかる」「清掃員やタクシー運転手の評価は鉄板」…。豊富な事例から「しくじる会社」と「伸びる会社」の特徴をシンプルに解き明かす。
2017.5 222p 18cm ¥850 ①978-4-532-26334-8

◆自己資金ゼロ・ローリスクで儲かるクリニックを開業する方法　市川直樹著, 幻冬舎メディアコンサルティング, 幻冬舎 発売
【要旨】儲かるクリニックをつくるためには、医師が医業に専念する環境を整えること！ クリニックの土地選び、集患の方法、患者満足度をあげるテクニック、スタッフの育成…すべてストレスなく実現可能！ 成功事例をもとに徹底解説。
2017.1 232p B6 ¥1500 ①978-4-344-91187-1

◆仕事（ワーク）がワクワクに変わる笑顔の法則―顧客満足度98.5%の逆転経営術　鴨居弘樹著　明窓出版
【要旨】カリスマ不在の小さな会社ほど取り組める！ 原点回帰の逆転経営術。
2017.9 158p B6 ¥1390 ①978-4-89634-376-2

◆仕事は男のロマンである―高い目標が仕事を面白くする　堀井章著　アートデイズ
【要旨】驚くほど幅広い豊かな経験から語られた、ビジネスマンのための仕事バイブル!!
2017.1 434p B6 ¥1500 ①978-4-86119-260-9

◆システムを「外注」するときに読む本　細川義洋著　ダイヤモンド社
【要旨】ITコンサル＆トラブル解決のプロが教える、成功率を3割から9割に上げたスキルと知識。納期遅れ・予算オーバー・使い勝手の悪いシステム…膨大な失敗プロジェクトから成功のポイントをあぶり出す7つのストーリー。本当に大切な、最低限のこと。
2017.6 350p 21×14cm ¥1980 ①978-4-478-06579-2

◆施設のリスクマネジメントハンドブック　NTTファシリティーズ総合研究所EHS&S研究センター編著　日経BPコンサルティング, 日経BPマーケティング 発売
【要旨】地震、台風、豪雪、噴火、エネルギー・環境問題、パンデミック、そして施設保全一。私たちの生活や企業活動は、さまざまなリスクと課題にさらされています。そうしたリスクが発現しないよう管理し、発現しても損失を最小限に抑え迅速な回復を図るのが、ファシリティマネジャーの役割。本書は、そんなファシリティマネジャー必読のリスク対応ガイドです。
2017.7 215p A5 ¥2000 ①978-4-86443-125-5

◆下請法ガイドブック―下請取引の公正化・下請事業者の利益保護を目的とする法律をやさしく解説した研修用テキスト　公正取引協会編　公正取引協会　改訂版
【目次】1 はじめに、2 下請法の適用範囲、3 親事業者の義務、4 親事業者の禁止事項、5 下請法違反行為に対する措置、資料編
2017 78p B6 ¥300

◆実践 ガバナンス経営　海永修司著　日本経済新聞出版社

【要旨】内部監査の概念を変える「価値創造監査」を紹介！ 制度が整っても、不祥事が続くのか？ あらゆる組織の統治機能をチェックし、企業価値を高める新しい経営管理手法を解説する。
2017.1 314p B6 ¥2800 ①978-4-532-32126-0

◆実践 国際取引業務ハンドブック―IBAT国際取引業務検定Advanced Level公式テキスト　国際取引業務検定協会編, 貿易アドバイザー協会（AIBA）監修　（名古屋）三恵社
【目次】1 企業の海外展開の枠組み（激変する国際取引環境、海外進出とF/Sのやり方、対外投資と国際M&A、海外拠点マーケティング）、2 国際取引の最新動向（新しい国際取引の流れ、輸出入実務と国際輸送の最新動向、通商新秩序とメガFTA、リスクマネジメント、グローバルSCMの再構築、グローバル競争におけるマーケティング）、3 国際取引に重要な専門知識（安全保障貿易管理、国際ビジネス・ファイナンスの基礎知識、国際取引の税務、国際取引の法務、国際ビジネス英語）
2017.10 261p B5 ¥5000 ①978-4-86487-758-9

◆実践するオープンイノベーション　トーマツベンチャーサポート著　日経BP社, 日経BPマーケティング 発売
【要旨】アップルやアマゾンのような既存市場を変えるルールチェンジャーが次々に登場する「破壊的イノベーション」の時代。日本企業には、細かい改善・改良だけでなく、社外のアイデアを取り入れる「オープンイノベーション」が求められている。にもかかわらず、多くの企業は、内向きの発想を変えられずに悩む。本書は、先進企業のインタビューも多数交え、オープンイノベーションの実践に悩む企業への処方箋となる。
2017.5 286p B6 ¥1800 ①978-4-8222-3588-8

◆「失敗」からひも解くシティプロモーション―なにが「成否」をわけたのか　河井孝仁著　第一法規
【目次】第1章 これまでのシティプロモーションのあり方と限界（シティプロモーションとは何だろう、シティプロモーションはもう疲労困憊なのか）、第2章 シティプロモーションが「失敗」する（シティプロモーションにおいての「成功」とは？、少子高齢化は悲観なのか ほか）、第3章 この戦略なら成功する（戦略は明文化するといい、目的を設定する ほか）、第4章 国の外から見えるもの（ポートランド、ニューカッスル・アポン・タインとゲーツヘッド ほか）
2017.10 206p B6 ¥2100 ①978-4-474-05976-4

◆失敗の研究―巨大組織が崩れるとき　金田信一郎著　日本経済新聞出版社　（日経ビジネス人文庫）
【要旨】「研究不正」を生んだ理研、不敗のビジネスモデルが暗転したマクドナルド、オンリーワンを生かし切れなかったベネッセ一。なぜ、21世紀に入って行き詰まるのか。巨大組織が陥る「6つの病」（肥満化、迷宮化、官僚化、ムラ化、独善化、恐竜化）。長年、経済事件を追い続けてきた記者が多くの失敗事例から組織崩壊のメカニズムを解明する。
2017.12 348p A6 ¥800 ①978-4-532-19844-2

◆失敗の法則―日本人はなぜ同じ間違いを繰り返すのか　池田信夫著　KADOKAWA
【要旨】なぜ現場は優秀なのに無能なトップが多いのか、どうして日本人の働き方は非効率なのか…。名著「失敗の本質」がパターン化できなかった「失敗の法則」について、稀代の評論家が「日本人の決め方」を分析しながら8つの類型に。東芝崩壊、電通事件、豊洲移転問題から原発事故まで…経済学をはじめ膨大な知識に裏打ちされたどこにもない「日本人の誕生」。
2017.7 222p B6 ¥1400 ①978-4-04-601941-7

◆実はおもしろい経営戦略の話　野田稔著　SBクリエイティブ　（SB新書）
【要旨】「経営戦略」なんて経営者だけに必要な話、自分には関係ない小難しい理屈ばかりだ―たしかに、そういう面はあるものの、どんなビジネスマンであれ、いや学生だって、主婦だって、経営戦略の理論は、かなり役立つ。そこで「経営戦略」のプロフェッショナルが、ライバルを圧倒する経営戦略の本質をざっくりと教えてくれる。小難しい話をわかりやすく、わかりやすい話を深掘りして、面白く学べる―実はおもしろい経営戦略の話。
2017.6 206p 18cm ¥800 ①978-4-7973-8960-9

◆実例 耐用年数総覧　安間昭雄, 坂元左, 廣川昭廣共著　税務研究会出版局　改訂第9版

経済・産業・労働

【要旨】耐用年数表の構成・使い方・適用の仕方を323の質疑応答でわかりやすく解説（平成29年1月現在までの改正に対応）。届出書等の様式と記載方法も収録。
2017.4 632p A5 ¥4800 ①978-4-7931-2220-0

◆実録・交渉の達人―国際標準化戦争秘録　原田節雄著　日経BP社，日経BPマーケティング　発売
【要旨】日の丸規格の国際標準化で欧米相手に連戦連勝。ソニーの天才交渉人の痛快ビジネスノンフィクション。JR東日本・ソニーのSuica（フェリカ）、デンソーのQRコード、東京電力の超高圧標準電圧UHV、この標準化を勝ち取った男は、交渉の舞台裏で何をしたのか？
2017.6 335p B6 ¥1800 ①978-4-8222-5523-7

◆「自動運転」ビジネス勝利の法則―レベル3をめぐる新たな攻防　井熊均，井上岳一編著　日刊工業新聞社　（B&Tブックス）
【要旨】自動車メーカーVS電機/IT企業の一騎打ちか。下剋上を狙う部品サプライヤー、はたまた群雄割拠のベンチャー企業か…コミュニティモビリティが主戦場になる！
2017.6 160p A5 ¥1800 ①978-4-526-07723-4

◆シニア人材という希望　中原千明著　幻冬舎メディアコンサルティング　幻冬舎　発売
【要旨】超高齢社会の到来とともに日本人の働き方は大きく変わる―。都市銀行でマネジメント職を歴任。定年後に起業し、多数のシニア人材を雇用する経営者が語る"新しい労働の在り方"とは？
2017.5 187p 18cm ¥800 ①978-4-344-91241-0

◆シブサワ・コウ 0から1を創造する力　シブサワ・コウ著　PHP研究所
【要旨】『信長の野望』は熱き野心と1台のパソコンから生まれた。伝説のゲームクリエイターが初めて明かす大ヒットを連発する発想術！
2017.4 207p B6 ¥1500 ①978-4-569-83462-7

◆自分を高く売る技術―なぜ「値上げ」をしてもお客さまが離れないのか？　島田弘道著　ぱる出版
【要旨】儲けたかったら、「一番高い価格」で勝負しなさい！「個人事業」「コンサルタント」「コーチ」「士業」"売れない・暇がない・忙しいだけ"の群れから抜け出す秘策を、当代随一のフリーランス救世主が伝授する！
2017.2 214p B6 ¥1400 ①978-4-8272-1044-6

◆自分たちでつくろうNPO法人！　堀田力監修，名越修一著　学陽書房　新版；第一次改訂版
【要旨】どうやったらNPO法人がつくれるのか、認証・登記から税務・保険、認定NPO法人や特例認定まで、これ1冊あれば、なんでもわかる設立完全マニュアル！ NPO法人設立に必要なすべての書類の記入例を一挙掲載！ 申請を通すために必要な情報やノウハウを完全網羅！
2017.8 319p A5 ¥3200 ①978-4-313-81526-1

◆自分と会社を成長させる7つの力（パワー）　新将命著　アルファポリス，星雲社　発売
【要旨】己の成長なくして会社の成長なし。あらゆるトップに必要な要諦を解く!!
2017.9 247p B6 ¥1600 ①978-4-434-23781-2

◆自分もクライアントも幸せになるカウンセラーのはじめ方―月10万円から！　中村博著　同文舘出版　（DO BOOKS）
【要旨】あなた独自の強みを発揮してWIN・WINの関係を築いていく！ クライアントから「ありがとう」と感謝してもらえる"幸せカウンセラー"になる方法。
2017.2 253p B6 ¥1500 ①978-4-495-53651-0

◆社員ゼロ！ 会社は「1人」で経営しなさい　山本憲明著　明日香出版社　（アスカビジネス）
【要旨】「小さい会社」の時代が到来。正社員はいらない！「大きくしない」「小さくする」が正解！ すでに独立している人も、これから起業する人も必読。
2017.11 206p B6 ¥1500 ①978-4-7569-1935-9

◆社会を変えた強力磁石の発明・事業化物語　岡本篤樹著　アグネ技術センター
【要旨】ネオジム磁石。ノーベル賞候補、佐川眞人の発想と経営者の英断。
2017.10 289p B6 ¥1800 ①978-4-901496-90-2

◆社会を変える防犯カメラ　賀来泉幸著　幻冬舎メディアコンサルティング，幻冬舎　発売

【要旨】日本の犯罪件数はこの15年で「戦後最多」から「戦後最少」へと急激に改善した（2002年→2016年）。その要因に挙げられるのが防犯カメラの急増だ。『犯罪は人目の届かぬところで行われる、ならばテクノロジーで死角をなくし世の中の犯罪をゼロにし社会に貢献する！』と心に誓った著者が、防犯カメラに対する人々の意識を「見張られている」から「見守られている」に変えた奮闘記。
2017.3 194p B6 ¥1200 ①978-4-344-91119-2

◆社歌の研究―もうひとつの日本企業史　寺岡寛著　同文舘出版
【要旨】「社歌」とは、自分たちと自分たちの属する組織のある種のセルフアイデンティティー（自画像）を体現させたものである。本書にもう1つの副題をつけるとすれば、「社歌の経営社会学」となるだろう（本書「はしがき」より）。
2017.10 231p A5 ¥3500 ①978-4-495-39013-6

◆若年経営者が語る私の革新　6　「商工ジャーナル」編集部編　商工中金経済研究所
【目次】喜多川光世氏・光工業（株）代表取締役社長―当たり前を愚直に続けることで土木・建築業界の半歩先を走る、近藤益幸氏・（株）琴平グランドホテル代表取締役社長―ハードとソフトの同時改革で観光旅館の試練の時代を乗り切る、小林公一氏・西山工業（株）代表取締役社長＆CEO―食分野の冷温熱機器に経営資源を集中し、自立創造型企業を目指す、杉本真一郎・大東精機（株）代表取締役社長―バブル後に営業を立て直し成長軌道に乗る鋼材加工機メーカー、今井久師氏・今井産業（株）代表取締役社長―時代を読んで公共工事から民需へ、島根を拠点に事業を広域展開、岡部克三氏・（株）アレクシード代表取締役社長―人も仕事もなくなった会社を継ぎ、システム開発を軸に事業を再構築、松田多水氏・資源リサイクル業界（株）松田商店代表取締役社長―リサイクル業界の激変に対応し、テーマパーク運営で地域貢献、丹藤昭文氏・（株）丹藤代表取締役社長―閉塞感漂う会社を再建し、SS複合化で"自分の会社"を創る、三崎順一氏・三信鉱工（株）代表取締役社長―化粧用粗雲母で世界トップシェア、研究開発で高付加価値化を図る、澁澤善武氏・東邦自動車（株）代表取締役社長―自動車ディーラーを核に不動産、ITへ多角展開、経営改革に挑む〔ほか〕
2017.9 254p 18cm ¥450 ①978-4-904735-32-9

◆社長、ウチにもCTOが必要です―ストーリーで分かるトップ企業が持つCTO思考　日経BP総研クリーンテック研究所編，ドリームインキュベータ監修　日経BP社，日経BPマーケティング　発売
【目次】経営者の危機感、ほらを吹け、顧客の言うことは聞かない、理系と文系に分けない、「やれそう」「やるべき」「やりたい」、虎の子の技術、逆T字型、知っている人は知っている、最初の顧客が鍵、失敗率90%、それを失敗とは言わない、上司は自分、時代の流れを感じる、リーダーは七転び八起き
2017.5 309p B6 ¥1600 ①978-4-8222-3548-2

◆社長が3か月不在でも、仕組みで稼ぐ、年商10億円ビジネスのつくり方　矢田祐二著　セルバ出版，創英社/三省堂書店　発売
【要旨】本書は、「ビジネスを年商10億以上にしたい」、「会社を次のステージにアップしたい」、「スピードを持ってビジネスを展開したい」、「属人的でなく、もっと仕組みで稼ぎたい」と、本気で望んでいる方のための本。本書の最大の特徴は、「年商10億円ビジネスの条件と全体像」を解き明かした点。年商10億円の条件を、「集客」や「内部の仕組み」、「社員教育」などすべてを、1つのビジネスモデルとして捉え、つくり上げる必要がある。
2017.3 183p B6 ¥1600 ①978-4-86367-325-0

◆社長からの給与レター―20年間、給与明細に同封し続けた社員への思い　西田康郎著　ワニ・プラス，ワニブックス　発売　（ワニブックスPLUS新書）
【要旨】上場企業でもなく一般にはほとんど知られていませんが、「かためる（塊成化）」技術ではオンリーワン&ナンバーワンの企業が、京都に本社をおく「ケイハン」です。同社の社長である著者は、20年間にわたって、社員に渡す給与明細に、自分の事業に対する思いや社員への励まし、従業員一同で共有したいことなどを600字程度の文章にまとめ、給与レターという形で同封してきました。そのレターのエッセンスを一冊にまとめた本書は、ビジネスヒントと日々の気づきにあふれています。
2017.9 255p 18cm ¥900 ①978-4-8470-6121-9

◆社長の基本―1000人の経営者を救ってきたコンサルタントが教える　三條慶八著　かんき出版
【要旨】自らも140億円の負債から復活！ 会社をつぶさずに安定経営するための原理原則。
2017.12 221p B6 ¥1500 ①978-4-7612-7307-1

◆社長の失敗―は、蜜の味!?　日本ベンチャー大學パブリッシング，星雲社　発売
【要旨】社長の失敗話は、苦労話より、成功話より、あまくて、おいしい。
2017.7 311p B6 ¥1500 ①978-4-434-23576-4

◆社長の「まわり」の仕事術　上阪徹著　インプレス　（しごとのわ）
【要旨】スピードや無茶ぶりに臆さない！…すごいトップを支え、動かす、13人のスキルと思考。
2017.11 253p B6 ¥1600 ①978-4-295-00261-1

◆社長は、会社を変える人間を命がけで採りなさい　佐藤文男著　クロスメディア・パブリッシング，インプレス　発売
【要旨】中小・ベンチャー企業必見。即戦力、幹部候補の見抜き方、口説き方。
2017.8 238p B6 ¥1480 ①978-4-295-40114-8

◆ジャンプ！―常に先だけを見つめて　赤池鎮著　サンライズパブリッシング，星雲社　発売
【要旨】成功者のマインドと行動基準。努力（走力）を結果に結びつけるためのジャンプテクニックとは？ スゴイ人との出会いを自分の成功に結び付ける"赤池流"ジャンプの秘密。
2017.4 201p B6 ¥1400 ①978-4-434-23036-3

◆集客の新理論―レバレッジ経営が生き残りのカギ！　西河豊著　（名古屋）三惠社　（経営者勉強シリーズ 3）
【目次】第1部 新集客論、第2部 商品コンテンツ開発の手法、第3部 集客資産とショップ論、第4部 新時代の財務管理、第5部 中小企業施策との関係性、第6部 ケーススタディとSTOR-Y
2017.12 175p A5 ¥600 ①978-4-86487-763-3

◆修造部長―もし松岡修造があなたの上司になったら　松岡修造監修　宝島社
【要旨】「ミスしたらガッツポーズ！」理想の上司No.1が贈る"やる気"が湧く自己啓発書。松岡修造が業績不振メーカーの立て直しに奔走！ あなたを励ますメッセージ満載の感動ストーリー。
2017.11 254p B6 ¥1300 ①978-4-8002-6741-2

◆12のストーリーで高めるバンカーの教養　武村和正著　幻冬舎メディアコンサルティング，幻冬舎　発売
【要旨】AIなんかに負けない！ レジリエント・バンカーとしてあなた自身の"競争優位"の確立とそのために必要な"差別化"ノウハウを集約。
2017.11 164p B6 ¥1200 ①978-4-344-91490-2

◆10年後の働き方―「こんな仕事、聞いたことない！」からイノベーションの予兆をつかむ　曽我浩太郎，宮川麻衣子著　インプレス　（できるビジネス）
【要旨】食糧危機を救う培養肉マイスター、一生着られる服を作るバイオ衣装デザイナー、どこにでも家を建てる3Dプリント建築家―世界を変える新ビジネス50の事例。
2017.7 238p B6 ¥1500 ①978-4-295-00192-8

◆14歳ホステスから年商10億のIT社長へ　久田真紀子著　PHP研究所
【要旨】両親の離婚、極貧生活、いじめ、非行、14歳で家を出され銀座・歌舞伎町で№1ホステスへ。幸せを求めて結婚するも、命からがらの離婚。運命の出会いに導かれ奮起し、知識ゼロからIT会社を起業、業界十指に入る優良企業へ育て上げた、波瀾万丈人生！
2018.1 212p B6 ¥1500 ①978-4-569-83880-9

◆小規模事業者補助金獲得法―あなたの計画に裏付けはあるのか？　飯田順著　税務経理協会
【要旨】補助金のチャレンジは、公募が出てからでは遅すぎる！ ライバルの先を行く行動が、成功のカギとなる！ 経営革新・補助金の鬼、飯田プロデュース。採択に繋がる「計画書の記入内容」と「審査の観点と対応」の秘伝書。
2017.10 136p B6 ¥1600 ①978-4-419-06485-3

◆少数株主　牛島信著　幻冬舎
【要旨】同族会社の少数株は凍りつき、放置されている。「俺がそいつを解凍してやる」伝説のバ

ブルの英雄が叫び、友人の弁護士が手を組んだ。そして、日本解凍が始まった！　株を自由に売り買いされない法律をいいことに、やりたい放題のオーナー経営者。圧倒的な理不尽に追いやられる、少数株主を救済する…。
　2017.12 256p B6 ¥1600 ①978-4-344-03214-9

◆湘南なぎさ物語―信念を貫き、頑張っている人たちへ　野沢俊喜　（藤沢）湘南社、星雲社 発売
【要旨】赤字経営から2年間で2億円もの黒字経営に。オリンピック開催に向けて、なぜ社長は解任に…？　アイデア豊かな経営再建と、江の島を舞台にした神奈川県との詰まる攻防。
　2017.6 191p B6 ¥1200 ①978-4-434-23544-3

◆情報通信社会における企業経営　上　ストラテジ・マネジメント編　久保田正道、卜部正夫、本田実、中田典規、亀山浩文、宮下雄治著　日科技連出版社　第2版
【目次】第1章 情報通信技術の変化と企業経営（情報通信技術の変化、情報通信技術の変化に伴う社会の変化と経営の変化）、第2章 企業経営（企業活動と経営管理、業務分析と問題解決、企業法務、経営戦略）、第3章 ビジネスモデルとビジネスシステム（ビジネスモデルとマーケティング、ビジネスシステム）、第4章 情報化マネジメント（プロジェクトマネジメント、IT統制と情報セキュリティマネジメント、システム監査）、第5章 人材育成（情報化人材の育成）
　2017.3 172p A5 ¥1600 ①978-4-8171-9617-0

◆情報通信社会における企業経営　下　テクノロジ編　久保田正道、卜部正夫、本田実、中田典規、亀山浩文、宮下雄治著　日科技連出版社　第2版
【目次】第1章 情報システム技術（コンピュータシステム、ハードウェア、ソフトウェア、ヒューマンインタフェース、マルチメディア、データベース、ネットワーク、情報セキュリティ）、第2章 情報システム戦略と開発技術（情報システム戦略、ソフトウェア開発管理技術、サービスマネジメント）、第3章 情報の基礎理論（情報理論、アルゴリズム、プログラミング・プログラム言語）　2017.3 182p A5 ¥2700 ①978-4-8171-9618-7

◆シリコンバレー式 よい休息　アレックス・スジョン・キム・バン著、野中香方子訳　日経BP社、日経BPマーケティング 発売
【要旨】『よい休息』を理解し、活用するための4原則―原則1 労働と休息はパートナーである。原則2 休息は活動である。原則3 休息は技術である。原則4 戦略的休息は、創造性を刺激し、維持する。　2017.5 349p B6 ¥1600 ①978-4-8222-5521-3

◆而立―決意と誇りのシステム統合プロジェクト　AJS設立三〇周年書籍編集委員会著　ダイヤモンド・ビジネス企画、ダイヤモンド社 発売
【目次】序章 システム統合は、一人の涙から始まった、第1章 脱・旭化成、ぬるま湯からの脱却、第2章 社運を懸けた一〇〇億円プロジェクト、第3章 経営における新たなシステムであるために、第4章 裏で下されたさまざまな決断、第5章 新風吹く、終章 AJSという新たな個性
　2017.2 197p B6 ¥1500 ①978-4-478-08410-6

◆自立へのキャリアデザイン―地域で働く人になりたいみなさんへ　旦まゆみ著　（京都）ナカニシヤ出版
【目次】1 キャリアデザインへのアプローチ―自分の将来を考えてキャリアデザインを始めよう（どんな学生生活を送るのか、自分はどんな人？、なぜ働くのか、ワーク・ライフ・バランス（Work Life Balance））、2 働く社会について学び考える―社会を知ることから自分のキャリアを考える（雇用環境、働き方と経営、労働法の基礎知識、日本の雇用慣行、福利厚生制度）、3 人生の選択肢―自分のシゴトを創りだす（人生の展開、職業の分野、地域で働く）、4 自分に近づくために―自分の強みを磨いていこう（求められる能力とスキル、学生時代の過ごし方、とにかく前進！ Think globally, act locally！）
　2017.9 94p B5 ¥1800 ①978-4-7795-1203-2

◆事例にみる信用取引トラブル解決集　リスクモンスターデータ工場著　商事法務
【目次】国内取引編（取引実績の過信による貸倒れ発生事例（過信）、競合他社の与信を過信した粉飾事故発生事例（過信、粉飾）、競合他社の与信追随による親子粉飾事故発生事例（追随、粉飾）、販売拡大のための与信判断軽視によるスピード倒産事例（販売偏重）、取引不適格先との取引推進による貸倒れ発生事例（販売偏重）、海外取引編（海外取引における調査不足による貸倒れ発生事例（遠隔地、調査不足）、貿易取引の代金決済代行における損失発生事例（決済代行）、担保に依存した介入取引での粉飾倒産事例（担保依存、粉飾）、消品瑕疵による仕入代金返還請求事例（商品瑕疵責任）、債権保有企業の営業権取得による回収事例（事業譲渡）ほか
　2017.3 182p A5 ¥2600 ①978-4-7857-2510-5

◆新規事業ワークブック　石川明著　総合法令出版
【要旨】「国語」「算数」「理科」「社会」で考えれば、新規事業のチャンスをどんどん見つけることができる！ 元リクルート新規事業開発室マネジャー、All About 創業メンバーによる、ゼロから新規ビジネスを考えて社内承認を得るためのメソッド！
　2017.4 243p A5 ¥1500 ①978-4-86280-548-5

◆新事業創出のための "言えない大事"　多喜義彦著　日経BP社、日経BPマーケティング 発売
【要旨】開発の鉄人が伝授！ 全77話。
　2017.2 339p B6 ¥1800 ①978-4-8222-3733-2

◆新・実学への道―人生の応援歌　松永美弘著　学文社
【目次】第1章 実学への道―私の45年間の歩み、第2章 人間の行動メカニズムと経営資源の活用、第3章 未来志向型戦略の周辺、第4章 仕事と労働と人生、第5章 実学アラカルト、第6章 経営者能力論、第7章 私の人生の応援歌
　2017.1 206p 18cm ¥760 ①978-4-7620-2693-5

◆人生を変えるヒントはある　前田勝利著　（大阪）風詠社、星雲社 発売
【要旨】社会に起こる出来事のカラクリ、罠、裏事情、本質とは…経験から得た相場に関する門外不出の極意を明かす。米国同時多発テロ（9.11）時の実態を数字で表した内容にも注目。対処要領（5つの視点）、基本スタンス（いつ買うか、どこで売るか）、心構え、逆エネルギー指数効果、儲かる人の特色など、相場の世界で実践に役立つヒントが満載。
　2017.3 182p B6 ¥1200 ①978-4-434-23503-0

◆人生が輝く選択力―意思決定入門　印南一路著　中央公論新社　（中公新書ラクレ）
【要旨】就職・転職に買い物、さらには恋人選びなど「よりよい選択をしたい」と思いつつ「間違えた」「後悔をしている」という経験は誰にでもあること。そこで意思決定論の権威が、悩みがちな場面で限りなくベストな選択をするための技法を伝授！ 完璧な選択肢が無いときにどう選ぶ？ 膨大な情報が入手できる昨今、必要なものを瞬時に選ぶには？ 集団の意思決定を掌握する方法とは？ 人生は「意思決定」の連続だ！
　2017.10 206p 18cm ¥760 ①978-4-12-150596-5

◆人生、今日が始まり―「良い品、良い人、良い会社つくり」への挑戦　森光孝雅著　PHP研究所
【要旨】倒産の危機を乗り越え、真の経営者として成長する軌跡を辿る！
　2017.9 219p B6 ¥760 ①978-4-569-83857-1

◆人生と経営のヒント―理想が人間を磨き、器を大きくしてくれる　牛尾治朗著　致知出版社
【目次】第1章 人物に学ぶ（気品の漂う人になれ、而学の心で活力を取り戻す ほか）、第2章 経営者心得（経営は職人芸である、選択と集中 ほか）、第3章 経営のヒント（日本企業の強さの原点を忘れるな、新世紀の潮流を掴め ほか）、第4章 未来をひらく道（厳よりして寛なるべし、治に居て乱を忘れず ほか）、第5章 私を今日に導いた人（父の死を受け、図らずも経営の道へ、人生は信じるに足る ほか）
　2017.12 160p 19cm×12cm ¥1200 ①978-4-8009-1167-4

◆人生とビジネスを変える自分メディアの育て方―夢を叶えるブログの作り方、教えます　月野るな、戸田美紀著　マガジンランド
【目次】第1章 ブログで本当にできてしまう、人脈と集客、第2章 夢を叶える自分メディアの土台を作ろう、第3章 ブログ初心者でも知っておきたい文章の基本、第4章 ブログが活きる！ ブログならではの文章術とは、第5章 共感を生む、シェアされる自分メディア、第6章 自分メディアを育てるときの注意点、第7章 自分メディアをあなたの財産にするために
　2017.4 190p B6 ¥1296 ①978-4-86546-149-7

◆人生に無駄な経験などひとつもない―「難有り」を「有難い」に変える「志」の力　上甲晃著　明日香出版社　（アスカビジネス）

【要旨】逃げてはいないか？ ふやけた贅沢病と別れよ！ 松下幸之助に学ぶ逆境を生き抜く発想！
　2017.6 203p B6 ¥1500 ①978-4-7569-1918-2

◆人生はワンダフル！―Life is Wonderful！　金川顕教、モコと愉快な仲間たち著　サンライズパブリッシング、星雲社 発売
【要旨】性格は簡単に変わらないが、行動は一瞬で変えられる。とにかく3ヶ月、死に物狂いで！ 無駄なことは、断る・捨てる・離れる。嫌われることを恐れない。嫌われろ！ お金を払って、本物の情報を手に入れよう。仕事帰りに飲んでいる人は成功から遠ざかる…独立5年で年商10億、若きカリスマが明かす「成功する思考と行動」112。
　2017.11 1Vol. B6 ¥1500 ①978-4-434-23944-1

◆真説・企業論―ビジネススクールが教えない経営学　中野剛志著　講談社　（講談社現代新書）
【要旨】アメリカに学んではいけない。アメリカの開業率は30年間で半減、シリコンバレーの成功は強力な軍事産業のおかげ、ベンチャー・キャピタルは少数例しか役に立たない、官僚主導のアメリカ型コーポレート・ガバナンス改革が日本企業を短期主義化させた、日本経済の長期停滞はアメリカ型の企業改革・金融構造改革が本当の原因。最強の論客による経営の本質論。　2017.5 247p 18cm ¥800 ①978-4-06-288425-9

◆神速スモール起業　小山竜央著　大和書房
【要旨】90分でこの本を読み終え、24時間以内に自分のビジネスが立ち上がり、30日後成功を手にする。ロバート・キヨサキ氏をはじめ、世界の成功者たちのセミナーをプロデュースする著者が送る、全員「副業」時代のバイブル爆誕！ 延べ5万人を指導してきた「超具体的ステップ」をそのままなぞるだけでOK。
　2017.8 231p B6 ¥1400 ①978-4-479-79607-7

◆新・独学術―外資系コンサルの世界で磨き抜いた合理的方法　侍留啓介著　ダイヤモンド社
【要旨】思考力・論理力・知識力・英語力・議論力…要求水準の高いビジネスの現場で優れたパフォーマンスを実現するための最も効果的な方法。
　2017.6 249, 6p B6 ¥1600 ①978-4-478-06564-8

◆新ヒットの方程式―ソーシャルメディア時代は「モノ」を売るな「共感」を売れ！　物延秀著　宝島社
【要旨】SNS分析の第一人者が解き明かす、ヒットの仕掛け方。SNSで話題をつくりたい方必見の、ヒットのお手本が満載！ 知っておきたい用語もわかる！
　2017.12 223p B6 ¥1300 ①978-4-8002-7495-3

◆信頼の原則―最高の組織をつくる10のルール　ジョエル・ピーターソン、デイビッド・A.カプラン著、田辺希久子訳　ダイヤモンド社
【要旨】3000万ドルの損失を出した「最悪の事故」から復活を遂げ、北米No.1になったジェットブルー航空。なぜ顧客や従業員は離れなかったのか？　2017.8 190p B6 ¥1600 ①978-4-478-10143-8

◆数字は人格―できる人はどんな数字を見て、どこまで数字で判断しているか　小山昇著　ダイヤモンド社
【要旨】経営は現金に始まり、現金に終わる！ 9割の社長が見ないB/Sの中に宝がある！ 危険シグナルはこう見抜け！ お金がどんどん増える数字の使い方！ 銀行は "3点セット" で無担保・無保証！ 人を育てる数字・ダメにする数字一挙公開！ お金を持っている社長だけが "人格者"、全51社の事例を収録！
　2017.12 251p B6 ¥1500 ①978-4-478-10241-1

◆図解 企業の戦略マネジメント・コントロール―ICT時代の実践的マネジメント論　小松原聡著　言視舎
【要旨】顧客価値を実現する経営戦略には、どのようなマネジメントが必要なのか。マネジメントをめぐるさまざまな理論と実践をわかりやすく解説。
　2017.11 287p A5 ¥2000 ①978-4-86565-110-2

◆図解 斎藤一人 天が味方する「引き寄せの法則」　柴村恵美子著　PHP研究所
【要旨】与えたものは必ず返ってくる＝原因と結果の法則。「斎藤一人流」相手が不機嫌なときの対処法。問題や困難がやって来たら「修行が来

たな」と考える。天にお任せで、勝手に人生が良くなる方法を超図解化！
2017.12 95p 29×21cm ¥850 ⓘ978-4-569-83738-3

◆図解「ザ・マネーゲーム」から脱出する法　ロバート・シャインフェルド, 本田健著　SBクリエイティブ
【要旨】お金が貯まらない、収入が低い、ストレスがたまると散財してしまう、「お金持ち」になれないと思っている一1つでも当てはまる人は、無意識のうちに「マネーゲーム」の苦しみを味わっています。巧妙に仕組まれた「お金の幻想」から一生自由になる法。
2017.11 111p A5 ¥1300 ⓘ978-4-7973-8710-0

◆図解でわかる経営の基本 いちばん最初に読む本　六角明雄著　アニモ出版
【要旨】会社における企業・事業・経営の3つの役割とは？ 組織の有効性、能率とはどういうこと？ 社内カンパニー、子会社はどこが違うの？ 経営理念、経営戦略、事業計画の役割の違いは？ 会社を成長させる戦略と、競争に勝つための戦略とは？ マーケティング手法の高度化とITの関係とは？ 経営理論の基礎、経営者の役割から経営管理の手法、実践的なマーケティングまでやさしく理解！
2017.3 174p A5 ¥1600 ⓘ978-4-89795-199-7

◆図解フロー・カンパニー―結果がほしければ、心をマネジメント！　辻秀一著　ビジネス社
【要旨】プレッシャーや成果主義では、いい結果は出せない。結果がほしければ、まず心のマネジメントに注力する。"フロー＝機嫌よく快に生きれば"、人も組織もうまくいく！ 一流アスリート、アーティスト、有名企業も取り入れられ目でわかる「イケてるマネジメント法」。
2017.12 135p A5 ¥1300 ⓘ978-4-8284-1993-0

◆図解・やるべきことがよくわかるドラッカー式マネジメント入門　竹石健編著　イースト・プレス
【要旨】働き方改革、生産性向上、モチベーション改善…変化の激しい時代に "結果" を出す人の羅針盤。新入社員から経営者まで一生使えるドラッカー入門書。
2018.1 263p B6 ¥1500 ⓘ978-4-7816-1634-6

◆図解リーン・スタートアップ成長戦略　アッシュ・マウリャ著, 角征典訳　日経BP社, 日経BPマーケティング 発売
【要旨】リーン・スタートアップの次の成長に向けてのGO・LEAN戦略を図解で詳述。
2017.10 284p A5 ¥2200 ⓘ978-4-8222-5545-9

◆図解 FinTechが変えるカード決済ビジネス―使えるテクノロジーはこれだ！　本田元著　中央経済社, 中央経済グループパブリッシング 発売
【要旨】決済にかかわるFinTech が次々と生まれています。最新のテクノロジーには、日本の法制度や市場に合っていないソリューションも多く含まれているため注意が必要です。決済の基本的なしくみとトレンド、主要なFinTech がわかるようコンパクトに解説します。
2017.2 200p A5 ¥2200 ⓘ978-4-502-20921-5

◆図解「ROEって何？」という人のための経営指標の教科書　小宮一慶著　PHP研究所　(『「ROEって何？」という人のための経営指標の教科書』加筆・修正・改題書)
【要旨】ROE、ROA、EVA、EBITDA倍率、フリーキャッシュ・フロー、自己資本比率…日経新聞やビジネス書でよく見かける「経営指標」。ビジネスパーソンが最低限おさえておくべき重要な指標を厳選し、分かりやすく解説！
2017.6 301p B6 ¥1400 ⓘ978-4-569-83649-2

◆スカウト教育の復権―地域のトップリーダーを育む　諸熊建次著　(京都)晃洋書房
【目次】第1章「教育」の定義、考え方、第2章 ノン・フォーマル教育としての「スカウト運動」、第3章 日本におけるスカウト運動、第4章 スカウト教育(スカウティング)の原動力と組織、第5章 日本における運動の課題と展望、第6章「見える化」(Visualization)によるスカウト教育(Scouting)の復権
2017.3 187p A5 ¥1800 ⓘ978-4-7710-2827-2

◆"好き" を一歩踏み出そう「メイクを教える」仕事で独立する方法　村上妙香里著　同文舘出版　(DO BOOKS)
【要旨】キレイになりたければ、人をキレイにせよ。"普段のメイク" をレクチャーする「メイ

レッスンアーティスト」になろう！ 名刺とSNSで生徒を増やしてきた著者が、レッスン運営の秘訣とコツを丸ごと公開。
2017.8 220p B6 ¥1500 ⓘ978-4-495-53761-6

◆「好き」な「スキマ」で楽しく稼ぐ「新」副業・起業術―バドミントン好きサラリーマンが見つけた50の方法　須田祥充著　秀和システム
【要旨】「好き」が高じて年商1億円！ 48か月を超えて成長し続ける「スキマーケット」ビジネスの秘密。
2017.6 238p B6 ¥1400 ⓘ978-4-7980-4937-3

◆好きな場所で、好きな時間に、愛される仕事を手に入れる本　大東めぐみ著　ぱる出版
【要旨】Web マーケティングであなたのファンを自然に増やす！「自分ブランディング」起業でらくらく稼ぐ！
2017.6 238p B6 ¥1400 ⓘ978-4-8272-1077-4

◆すごい効率化―最小の時間と労力で最大限の成果を出すための14日間　金川顕教著　KADOKAWA
【要旨】PDCAはもう古い！ 爆速で結果が出るCAPDメソッドを公開。やらないことを決めるだけで全てがうまく回り出す。最強の「働き方改革」を一人で実践できる1冊。
2017.6 207p B6 ¥1300 ⓘ978-4-04-601981-3

◆すごい！ ビジネスモデル　内田雅章著　万来舎
【要旨】成長企業発掘人が選ぶ「すごい！ ビジネスモデル」10社。
2017.9 205p B6 ¥1400 ⓘ978-4-908493-15-7

◆"図説"B2B事業のプライシング戦略―50のチェックリスト　水島温夫著　言視舎
【要旨】朗報！ この50項目の総点検で、利益が10%アップする！
2017.10 63p B5 ¥1200 ⓘ978-4-86565-105-8

◆スタートアップで働くということ―起業家ではなく参加者(ジョイナー)として会社を立ち上げる　ジェフリー・バスギャング著, 田中保政訳　ダイヤモンド社
【要旨】数多くの起業家を輩出したハーバード・ビジネス・スクールの人気講座の講師が語る急激に成長する組織で働くことのリアル。転職者も新卒者も人材採用に困っているスタートアップ経営者にも！ スタートアップで働くことを真剣に考えるすべての人の問いに答えます。
2017.12 349p B6 ¥1500 ⓘ978-4-478-10447-7

◆スタートアップ・バブル―愚かな投資家と幼稚な起業家　ダン・ライオンズ著, 長澤あかね訳　講談社
【要旨】『ニューヨーク・タイムズ』ベストセラー！ キラキラの内幕は、ぶっちゃけちゃ。自由を合い言葉に人件費を削減。「意識高い系」の若者は安くて便利な消耗品。累積赤字が1億ドルでも株価は爆アゲ。『ニューズウィーク』をリストラされた毒舌おじさんが、スタートアップ企業に就職。内部から赤裸々に綴る、「シリコンバレー」のIPO狂騒曲。
2017.6 384p B6 ¥1800 ⓘ978-4-06-220588-7

◆スタートアップ・ビジネス―起業のプランニングから起業後のマネジメントまで　石井宏宗著　創成社
【要旨】第1章 起業の動機と経営者の本分(なぜ起業するのか―経営者の本分を考えてみる、起業は社会経済の礎である)、第2章 起業のプランニング(起業に必要なものは何か？、MBAのフレームワークを実践してみる、会社を登記する)、第3章 起業後のマネジメント(起業家と企業家は同義語か？、どのような経営管理をすれば良いのか？、企業家精神の宿る会社へ)
2017.10 101p B6 ¥1200 ⓘ978-4-7944-2514-0

◆「スタバが怖い！」がわからない人はマーケターをやめなさい！！　錦野宇志郎, スターバックス研究会議著　秀和システム
【要旨】会社のシステムになじめない人は多い！ 新規顧客獲得をジャマする「常連感」。いま最もアツいのは日本産チェーンだ！ これに気づいていない人は、すでに周回遅れでは？！
2017.3 175p B6 ¥1300 ⓘ978-4-7980-4918-2

◆スーツを脱げ、タイツを着ろ！―非常識な社長が成功させた経営改革　江上剛朗著　ダイヤモンド社
【要旨】父の後を継ぎ自動車学校の社長となった私は全身タイツを着るとともに大胆な経営改

を断行した―。「地方」「斜陽産業」「事業承継」。経営の難題に真っ向から取り組み、青年社長が見出した新たなビジネスモデルとは。
2017.5 294p B6 ¥1500 ⓘ978-4-478-10265-7

◆スピード経理で会社が儲かる―たった1年で利益が1億円アップする生産性革命　前田康二郎著　ダイヤモンド社
【要旨】数字を速く出す。これが超スピード経営の特効薬だ。初期投資ゼロ。今すぐ効く50の施策。
2017.1 223p B6 ¥1500 ⓘ978-4-478-10086-8

◆スピリチュアリティによる地域価値発現戦略　地域デザイン学会監修, 原田保, 立川丈夫, 西田小百合編著　学文社　(地域デザイン学会叢書 4)
【目次】第1部 スピリチュアルゾーンデザインに関する理論形成(スピリチュアルゾーンデザイン研究の視角、スピリチュアルゾーンデザインの理論フレーム)、第2部 "神秘" による「スピリチュアルゾーンデザイン」(事例1＝「伊勢神宮」と「伊勢市」、事例2＝「厳島神社」と「宮島町(旧)」、事例3＝「秩父三社」と「秩父市」、事例4＝「白山神社」と「白山市」)、第3部 "秘教" による「スピリチュアルゾーンデザイン」(事例1＝「身延山久遠寺」と「身延町」、事例2＝「高尾山」と「八王子市」、事例3＝「石鎚山」と「西条市」、事例4＝「熊野三山(熊野本宮大社・熊野速玉大社・熊野那智大社)」と「田辺市・那智勝浦市・新宮市」)、第4部 "神話" による「スピリチュアルゾーンデザイン」(事例1＝「出雲大社」と「出雲市」、事例2＝「天岩戸」と「高千穂町」、事例3＝「高天彦神社」と「御所市」、事例4＝「宮崎神宮」と「宮崎市」)、第5部 総括編(スピリチュアルゾーンブランドのコンテクスト転換、スピリチュアルゾーンデザインの発展方向)
2017.1 298p A5 ¥3500 ⓘ978-4-7620-2690-4

◆スマホでできる！ かんたん記帳のはじめ方―Excelアプリの活用で経理の基本をマスター　本田忠彦著　オーム社
【目次】1章 帳簿の準備、2章 関数と数式の設定、3章 記帳の基礎、4章 機能の活用、5章 記帳のポイント、付録 参照決算書
2017.11 146p B6 ¥1600 ⓘ978-4-274-22154-5

◆スモールビジネスの創造とマネジメント　東洋大学経営力創成研究センター編　学文社
【目次】第1章 スモールビジネスとCSR、第2章 スモールビジネスの組織文化、第3章 スモールビジネスの系列化と系列の慣性、第4章 スモールビジネスにおける経営財務指標と資本コスト、第5章 不確実性下の投資基準、第6章 スモールビジネスのイノベーション、第7章 ファミリービジネス研究の史的展開―3つの主要テーマを中心として、第8章 企業家と地域の関係―ソーシャルキャピタルの観点から、第9章 企業者行動による「衰退」産業の再生―台湾自転車・部品メーカーの挑戦、資料
2017.2 186p A5 ¥2600 ⓘ978-4-7620-2711-6

◆3Mで学んだニューロマネジメント―脳科学を活用して組織・人のモチベーションを高める実践方法！　大久保孝俊著　日経BP社, 日経BPマーケティング 発売
【要旨】数々のイノベーションで広く知られる3Mにおいて、著者である大久保孝俊氏が体得したイノベーション創出のためのマネジメント手法を具体的に紹介します。同氏は、自身で幾つものイノベーションを実現しただけでなく、多くの部下のイノベーションをマネジャーとして成功に導きました。その "秘伝" をお教えします！
2017.9 446p B6 ¥2500 ⓘ978-4-8222-5958-7

◆3ステップで実現するデジタルトランスフォーメーションの実際　ベイカレント・コンサルティング著　日経BP社, 日経BPマーケティング 発売
【要旨】日米の先行事例を徹底分析！ デジタル化の落とし穴と成功への具体策を示す。
2017.12 215p B6 ¥1800 ⓘ978-4-8222-5755-2

◆成功企業に潜むビジネスモデルのルール―見えないところに競争力の秘密がある　山田英夫著　ダイヤモンド社
【要旨】早大ビジネススクール教授が綿密なケース取材からビジネスモデルの謎に迫る。
2017.11 259p B6 ¥1500 ⓘ978-4-478-02574-1

◆成功した、あの人達のお話―絶対にマネしたくなる　土屋光正著　エクシア出版

【要旨】「繁盛の神様」が見た、成功者16名の軌跡。成功する鉄則12箇条＆成功タイプ診断を収録。　2017.4 205p B6 ¥1500 ①978-4-908804-17-5

◆**成功者が実践する「小さなコンセプト」**
野地秩嘉著　光文社　（光文社新書）
【要旨】「何者か」になった人は常に「自分との約束」を貫いた。売れた物を毎日記録した柳井正、客を見ることを忘れない新浪剛史、「地方」で戦い続けた田村潤、一日も休まずコラムを綴る松本大、作詞のために酒をやめた秋元康、日々撮影への準備を怠らなかった高倉健…。稀代のインタビュアーが引き出す、成功者たちの血肉の言葉。次のステージを目指す若手必携のハンドブック。
　2017.10 261p 17cm ¥820 ①978-4-334-04314-8

◆**成功者が残した引き寄せの言葉─夢を叶えた偉人64名の生き方、考え方、引き寄せ方**
パイインターナショナル
【目次】明確なイメージは実現する（ウォルト・ディズニー、エイブラハム・リンカーン ほか）、あなたはあなたがつくる（ヘルマン・ヘッセ、アルフレッド・アドラー ほか）、思考を行動化せよ（ウィリアム・シェイクスピア、ウォーレン・バフェット ほか）、あきらめない夢は叶う（J.W.V.ゲーテ、トーマス・エジソン ほか）
　2017.3 141p B6 ¥1300 ①978-4-7562-4867-1

◆**成功者はなぜ、帝王學を学ぶのか**　中野博著　現代書林　（信和義塾シリーズ 6）
【要旨】失われた叡智がいま明らかに…。学ぶを成功に導く学問一大実業家・渋沢栄一の「成功の法則」が現代に甦る。
　2017.5 187p B6 ¥1500 ①978-4-7745-1633-2

◆**成功する起業家はこう考える─マインド、マーケティング、モチベーションの原則**　伊藤健太著　中央経済社, 中央経済グループパブリッシング 発売
【要旨】国内屈指の起業支援家が語る起業の心得。女性・学生・連続起業家、起業支援のプロ…5人の起業家との対談も収録！
　2017.4 191p A5 ¥1600 ①978-4-502-23211-4

◆**成功するチームの作り方─オーケストラに学ぶプロジェクトマネジメント**　増田智明著　秀和システム
【要旨】メンバーの才能を引き出し、優れた製品を生み出す、これからの開発スタイル。
　2017.4 239p B6 ¥1400 ①978-4-7980-5002-7

◆**成功する人だけが知っている 本当の「引き寄せの法則」**　ワタナベ薫著　扶桑社
【要旨】「引き寄せがうまくいかない」と感じたお金、美、人間関係、恋人・結婚、成功を手に入れる実践的アドバイス。正しい引き寄せを理解して、幸せの扉を開けましょう。思考、行動、習慣のちょっとした転換で思い通りの人生は作れる！
　2017.6 239p B6 ¥1400 ①978-4-594-07674-0

◆**成功法則大全─最速で人生が変わる 完全まとめ版**　高田晋一著　WAVE出版
【要旨】平凡でも一流になれる成功法則、知らないままではもったいない！ 世界で2億人に読まれた賢人たちの「成功のコツ」が一気に手に入る！ イラストでよくわかる！
　2017.6 254p B6 ¥1600 ①978-4-86621-062-9

◆**税理士だからわかる 起業して3年以内に絶対つぶれない会社のつくり方**　伊藤圭太著　セルバ出版, 創英社/三省堂書店 発売
【要旨】起業ブーム。だが、起業しても成長する企業とつぶれる企業がある。双方の違いは何か？ 低成長時代の今だからこそ、儲かる会社にするためにすべきことがある。著者は税理士として起業10年。売上高は10年連続増収。経営者としての経験を通じて学んだこと、また多くの社長をお金の面から見て気づいたことを織り込む。
　2017.5 167p B6 ¥1500 ①978-4-86367-339-7

◆**正論で経営せよ─技術立国ニッポン復活へ、54の提言**　坂本幸雄著　ウェッジ
【要旨】産業界に大きな衝撃を与えたエルピーダメモリの不本意な「敗戦」は、5年前のことだった─。シャープ、東芝など、その後も次々と明るみに出る、国内電機メーカーの経営不振。マネジメントの立場からその原因と解決策を提示する。
　2017.3 237p B6 ¥1700 ①978-4-86310-181-4

◆**世界一打たれ強い働き方─8カ国の超わがままエグゼクティブに学んだ**　フラナガン裕美子著　実務教育出版
【要旨】超一流のモンスターボスたちをサポートしてわかった、上に行ける人、行けない人の決定的な違いとは？「伝説の秘書」が明かす、心が折れない働き方のヒント。
　2017.4 236p B6 ¥1400 ①978-4-7889-1135-2

◆**世界一の生産性バカが1年間、命がけで試してわかった25のこと**　クリス・ベイリー著, 服部京子訳　TAC出版
【要旨】「生産性」にどっぷり漬かった漢が教える、「時間」「集中力」「活力」のかしこい使い方。4コマまんがと教訓、てんこもり！
　2017.9 294p B6 ¥1600 ①978-4-8132-7148-2

◆**世界一ハードルが低い！ 1日1時間らくらく起業術**　清水和希著　ぱる出版
【要旨】商品アイデアの出し方やヒットを生み出すリサーチ法といった企画から、ブログ記事の書き方やリストの取り方を教える集客、セールスレターの書き方やステップメールを使った販売まで、誰でも気軽にゼロからできるネット起業ノウハウを伝授。
　2017.10 207p B6 ¥1400 ①978-4-8272-1081-1

◆**世界一やさしい経営戦略立案講座**　芦田博著　幻冬舎メディアコンサルティング, 幻冬舎発売　（経営者新書）
【要旨】多岐にわたるテーマの経営本、経営コンサルタントたち…。経営に関する知識は世に溢れていますが、それらを生かして抜本的な経営改善に成功したという声は聞かれません。なぜ、そうなってしまうのか。それは、経営戦略立案のための根本的な基礎を誰も知らないからです。1000社以上の企業の業績を向上させた著者が、奏功する経営戦略を立てる「本当の基礎知識」をわかりやすく解説します。
　2017.4 295p 18cm ¥800 ①978-4-344-91219-9

◆**世界一わかりやすいリスクマネジメント集中講座**　ニュートン・コンサルティング監修, 勝俣良介著　オーム社
【要旨】世界一面白く、世界一わかりやすく、世界一短時間で身につく。個人・家庭・組織、すべてに活用できるリスクマネジメントバイブル！
　2017.11 250p A5 ¥2200 ①978-4-274-22138-5

◆**世界を変える「デザイン」の誕生─シリコンバレーと工業デザインの歴史**　バリー・M.カッツ著, 高増春代訳　CCCメディアハウス
【要旨】世界中のデザイナーたちが「工業デザインの聖地」シリコンバレーを目指したのはなぜか？ ポケット関数電卓機「HP・35」からiPhone、Kindle、そして社会起業まで歴史を変えた「デザイン」とその歴史を世界的デザインコンサルティング会社IDEO所属の著者がひもとく。
　2017.3 253p A5 ¥2600 ①978-4-484-17101-2

◆**世界が称賛する日本の経営**　伊勢雅臣著　育鵬社, 扶桑社 発売
【要旨】欧米の優良企業が取り入れ、成功している日本の伝統的マネジメント。グローバルな時代だからこそ、足元を見つめ直す。
　2017.3 237p B6 ¥1400 ①978-4-594-07685-6

◆**世界基準の働き方─海外勤務を拒み続けた私が超巨大グローバル企業の幹部になれた理由**　高岡浩三著　PHP研究所
【要旨】スイス本社も驚く右肩上がりの成長を続けるネスレ日本のトップが明かす。日本にいながら世界のエリートに勝ち続ける仕事術。
　2017.5 232p B6 ¥1500 ①978-4-569-83573-0

◆**世界の一流企業は「ゲーム理論」で決めている─ビジネスパーソンのための戦略思考の教科書**　デビッド・マクアダムス著, 上原裕美子訳　ダイヤモンド社
【要旨】トップスクールMBAの伝説の授業、ついに書籍化！ この1冊で、ビジネスに使えるゲーム理論がぜんぶ身につく！ アップル、GM、P&G、マイクロソフト…勝ち続ける企業は、どんな戦略をとっているのか？
　2017.11 376p B6 ¥1800 ①978-4-478-02611-3

◆**世界のエリートが実践している 目のつけどころ ものの考え方**　相川秀希著　キノブックス
【要旨】この本を読めば、土壇場に強くなる、想定外のことにも柔軟に対応できる、心が折れにくくなる、何が起こっても動揺しない、何事も楽しめる余裕ができるなど、生きていく上で重要なことをたくさん得ることができます。アッ

プル、グーグル、スタンフォード…世界で活躍する超一流たちと仕事を共にしてきた著者だからこそわかる、彼らのすごさの真髄とは？
　2017.3 191p B6 ¥1300 ①978-4-908059-66-7

◆**世界のエリートは10冊しか本を読まない**　鳩山玲人著　SBクリエイティブ
【要旨】ハーバードで学んだ世界最強の読書術。速読も多読も、もういらない。読んだら必ず桁外れな結果が出せる究極メソッド！
　2017.8 191p B6 ¥1300 ①978-4-7973-8951-7

◆**世界は自分一人から変えられる─貧困と環境破壊をビジネスで解決した男の物語**　阪口竜也著　大和書房
【要旨】大量生産、大量消費への疑問。解決されない貧困と環境破壊。100年後も地球を残すために一人の男が立ち上がった。読んだらやる気がわいてくるノンフィクション。
　2017.8 223p B6 ¥1400 ①978-4-479-79609-1

◆**絶対会社を潰さない社長の口ぐせ**　小山昇著　KADOKAWA
【要旨】本書で紹介する「社長の（小山昇）口ぐせ」は、失敗を重ね、七転八倒しながら著者がつかんだ教訓であり、経営の原理原則です。実体験から体得した真理です。会社は、社長が発する言葉どおりになっていきます。なぜなら、口ぐせは、その人の考え方が習慣化したものだからです。会社を変えたいなら、今と同じ考え方を捨てること。それはつまり、口ぐせを変えることです。15年連続増収！ "常勝"へ導く50の金言。
　2017.9 229p B6 ¥1500 ①978-4-04-602059-8

◆**絶望への処方箋─2人の障がい者社長が語る**　佐藤仙務, 恩田聖敬著　左右社
【目次】処方箋1 障がいに対して（人生の延長戦を生きている、妻がいたから乗り越えられた ほか）、処方箋2 起業に対して（働かない選択肢はなかった、真剣になれば主張も出てくる ほか）、処方箋3 会社に対して（自分をうつ覚悟、経営はスピードが大事 ほか）、処方箋4 人生に対して（いつか会社を上場させる、辞めるのは絶対に許さない！ ほか）、2人の障がい者社長を語る
　2017.11 141p B6 ¥1500 ①978-4-86528-183-5

◆**セル生産システムの自律化と統合化─トヨタの開発試作工場の試み**　信夫千佳子著　文眞堂
【要旨】トヨタの開発試作工場にはもう一つのリーン生産システムの姿があった。工場責任者が試みたセル生産システムの構築を通じて、生産システムの自律化と統合化を解明した。技術開発やマザー工場機能の高度化が求められる日本の製造企業には成長のヒントとなろう。著者20余年にわたるセル生産システムの研究から、日本のモノづくりの明日が見える。
　2017.9 216p A5 ¥2700 ①978-4-8309-4955-5

◆**ゼロから外貨を稼ぎ続ける eBay中古輸出**　久利生和彦著　セルバ出版, 創英社/三省堂書店 発売
【要旨】中古は一物一価のオンリーワン商品。だから、価格競争もなく高利益！ 日本の中古品だから世界で高く売れる。ヤフオク・メルカリ活用の成功法則も掲載。英語が苦手でも安心の英語例文集を収録！！
　2017.4 183p B6 ¥1600 ①978-4-86367-333-5

◆**0（ゼロ）でも億万長者─非常識な3つの稼ぎ方**　坂本好隆著　アイバス出版
【要旨】学歴、資格、財産、コネ…なにもかもゼロ。それでも私は億万長者になった。なぜ、私は成功できたのか？ メディアなどで話題沸騰！！ 人生大逆転の法則。
　2017.1 189p B6 ¥1300 ①978-4-907322-00-7

◆**0 to 100 会社を育てる戦略地図**　山口豪志著　ポプラ社
【要旨】今の課題がクリアになる！ 現場で役立つトラブルシューティング！ クックパッド上場、ランサーズ急進を実現した戦略を公開！
　2017.11 253p B6 ¥1400 ①978-4-591-15613-1

◆**全員経営─ハイパフォーマンスを生む現場13のケーススタディ**　野中郁次郎, 勝見明著　日本経済新聞出版社　（日経ビジネス人文庫）（『全員経営 自律分散イノベーション企業 成功の本質』改題書）
【要旨】JAL─稲盛経営に「全員経営」の神髄を見る。ヤマト運輸─企業の全体と部分が相似形になる。セブン＆アイ─セブン流の「型」の徹底がヒットを生む。良品計画─「仕組みで動く

経済・産業・労働

風土」に変革して復活。V字回復・高収益企業の共通点は、社員1人ひとりの自律的思考にあった。「ハイパフォーマンスを生む現場」13例から成功の本質を学ぶ。
2017.11 362p A6 ¥880 ①978-4-532-19840-4

◆全社的リスクマネジメント―ミドルマネージャーがこれだけはやっておきたい8つの実施事項　吉野太郎著　中央経済社, 中央経済グループパブリッシング 発売
【要旨】難しい理屈・理論はさておき、ミドルマネージャーがやるべきことを解説！
2017.9 192p A5 ¥2400 ①978-4-502-24041-6

◆1400人を成功に導いた起業塾のカリスマが教える！「ひとり会社」の起こし方・育て方　波多野卓司著　ぱる出版
【要旨】「何歳から」でも「初めて」でも「競わない」でも大丈夫！スロー・スモール・ローカルで、無理なく悠々と生きるための、"失敗しない"継続させる"商売の始め方。
2017.8 191p B6 ¥1500 ①978-4-8272-1074-3

◆戦略研究　20　特集 戦略とガバナンス　戦略研究学会編　芙蓉書房出版
【目次】論文 清酒製造企業の成長戦略と税務戦略、論文 観光地ブランドを創出するのは誰か―ガバナンス主導と戦略主導との比較考察、論文 中小企業の海外展開に関する考察―経営資源の制約と外部資源の活用、論文 米国海兵隊の水陸両用作戦概念の変化―湾岸戦争後の機動戦略思想と作戦レベル構想の適用、論文 警察予備隊創設をめぐる吉田茂の機略―システム論からのアプローチ、書評論文 軍備管理の理論と実際について―岩田修一郎著『21世紀の軍備管理論』、書評論文 現代ロシアの戦略文化「多極世界」をめぐる対米覇権認識―小泉悠著『軍事大国ロシア 新たな世界戦略と行動原理』、書評（名和高司著『CSV経営戦略』、火箱芳文著『即動必遂―東日本大震災陸上幕僚長の全記録』）
2017.3 164p A5 ¥2000 ①978-4-8295-0711-7

◆戦略研究　21　特集 戦略はどう決まるのか　戦略研究学会編　芙蓉書房出版
【目次】特集 戦略はどう決まるのか（論文 イランの安全保障政策の推移―アラブの春後の核交渉過程とイラク・シリア政策を中心に、論文 ソ連の対日軍事戦略―1941年秋〜1942年春、論文 単極体系における同盟の機能―日米同盟による地域安定化の論理と中国、論文 日本企業のグループシナジーの創造―黒瀬水産と日本水産の養殖事業イノベーションのコラボレーション、論文 私鉄企業のグループ温泉地の連結経営）、論文 公共財供給者としてのハプスブルク帝国―欧米列強を見据えたアジア・太平洋政策 大井知範著『世界とつながるハプスブルク帝国―海軍・科学・植民地主義の連動』）、書評（ウォード・ウィルソン著、黒澤満監訳『核兵器をめぐる5つの神話』、野村佳正著『『大東亜共栄圏』の形成過程とその構造―陸軍の占領地軍政と軍事作戦の葛藤』、書評・寄贈図書紹介、計報（戦略研究学会初代会長土門周平氏ご逝去、初代会長土門周平先生の御逝去を悼む）
2017.11 271p A5 ¥2000 ①978-4-8295-0728-5

◆戦略の本質―相手を知り、動きを読み、弱みを突く　堀紘一著　PHP研究所
【要旨】ガリバー企業を脅かす「異業種」の奇襲。時間はかかるが守りに強い「ロールアウト」作戦。超、実践的！今すぐ、ビジネスと経営に応用できる。経営コンサルタント歴35年間の、著者実体験に基づく叡智を結集した決定版！
2017.7 219p B6 ¥1700 ①978-4-569-83632-4

◆戦略PR　世の中を動かす新しい6つの法則　本田哲也著　ディスカヴァー・トゥエンティワン
【要旨】なぜ、インドで洗濯洗剤「アリエール」が広まったのか？なぜ、「片づけの魔法」は米国でベストセラーとなったのか？インスタグラマーはどれだけ影響力を持っているのか？「空気づくり」の戦略的手法を、国内外の最新事例に学ぶ。従来の社会常識に挑み、「買う理由」をつくりだす6つの黄金律。
2017.6 279p B6 ¥1600 ①978-4-7993-2058-7

◆創業者のためのスタートアップマニュアル―あなたの夢をかなえよう！　安田勝也著　同友館
【目次】第1章 創業するってどういうこと？、第2章 経営戦略と事業コンセプト、第3章 マーケティングで売れる仕組みをつくる、第4章 資金計画・収支計画で数字を味方につける、第5章 プレゼンテーションで思いを伝える、第6章 開業

の形態と手続き―個人でいくか、法人にするか、第7章 補助金だけじゃない！創業支援制度の概要、第8章 事業に関する会計処理―決算や納税ってどうやるの？、第9章 人材をどう集め、どう育てるか、第10章 ITを効果的に活用する
2017.3 196p A5 ¥2000 ①978-4-496-05264-4

◆総合商社―その「強さ」と、日本企業の「次」を探る　田中隆之著　祥伝社（祥伝社新書）
【要旨】日本独自の業態として戦後復興期や高度成長期の日本経済を牽引、オイルショック・バブル崩壊・リーマンショックに衰微することなく、諸外国の研究により育成された同業他社にも勝利した総合商社。本書は、その「強さ」に迫り、日本企業の「次」を探るものである。具体的には、一九七〇年代より問われている「総合商社とは何か」「なぜ日本にだけ存在するのか」を考察し、二〇〇〇年代以降の「投資会社化」や「今後も存続するのか」「どこへ向かうか」を明らかにしていく。総合商社が今世紀はじめに復活を遂げるにあたって行なった経営改革とビジネスモデルの変革は、多くの日本企業に"気づき"を与える契機に。
2017.3 273p 18cm ¥820 ①978-4-396-11498-5

◆創造する会社―成功する"身の丈イノベーション"の進め方　日経デザイン編　日経BP社, 日経BPマーケティング 発売
【要旨】自社の資金力や人に応じ、ちょっとした知恵と発想で、ちょっとだけ新しいものを創る。会社の「身の丈」に合ったプロジェクトスタイルが大きな成果を生む。大手も中小も実践し始めた、「ちょっとしたイノベーション」とは？実践企業38社の発想法を掲載。人が集まる、ヒットが生まれる、商品・売り場・ネーミングetc.
2017.11 223p A5 ¥2000 ①978-4-8222-3594-9

◆創造性教育とモノづくり―工業高校発、製品開発によるイノベーションの方法論　山田啓次著　（京都）ナカニシヤ出版
【要旨】「足し算型イノベーション」から「割り算型イノベーション」へ。工業高校における40近い発明発見の経験から編み出された骨太の方法論。
2017.9 227p A5 ¥3000 ①978-4-7795-1213-1

◆そうだ神さまに訊こう！―京都の神社仏閣に学ぶビジネスの極意　蒲田春樹著　扶桑社（扶桑社新書）
【要旨】世界遺産の下鴨神社、上賀茂神社、清水寺をはじめ有名無名の神社仏閣33の極意をご紹介。次元をはるかに超えるおもしろさ、役立つビジネスヒント満載！1000年超えの神社仏閣が守り続けているものとは？京都パワーを解き明かす一冊！
2017.5 231p 18cm ¥820 ①978-4-594-07691-7

◆続・企業再生へのプロローグ―復興支援の現場から　岩崎雄司著　（名古屋）ブイツーソリューション, 星雲社 発売
【要旨】元銀行員の事業再生コンサルタントが語る「熊本地震を経て、我々は何を学ぶか」。
2017.11 151p B6 ¥926 ①978-4-434-23854-3

◆即時業績向上法―「つき」を呼ぶ原則経営のすすめ　舩井幸雄著, 谷口千里解説　ビジネス社（新装版）
【要旨】「つき」が成功や幸せの決め手である！舩井流経営の神髄がここにある！いまでも有効なビジネススキル満載！
2017.10 215p B6 ¥1300 ①978-4-8284-1978-7

◆続・なぜ、企業は不祥事を繰り返すのか―重大事件から学ぶ失敗の教訓　樋口晴彦著　日刊工業新聞社（B&Tブックス）
【要旨】東芝の不正会計事件。ペヤングソースやきそばのネット炎上事件。東洋ゴム工業の免震ゴム性能偽装事件など、最新事例から過去の大事件まで、危機管理のスペシャリストが、不祥事の原因メカニズムを徹底解説。好評書籍の第2弾。
2017.11 238p A5 ¥1800 ①978-4-526-07768-5

◆「組織が結果を出す」非常識でシンプルなしくみ　田島弘継, 久野和禎著　開拓社
【要旨】会社、NPO、スポーツetc.あらゆる組織に役立つリーダーのためのコーチング小説。認知科学に基づく最新理論「コーポレートコーチング」であなたと、あなたのチームがみるみる変わる！
2017.8 223p B6 ¥1400 ①978-4-7589-7018-1

◆組織と個人のリスクセンスを鍛える―リスクセンス検定テキスト オフィスワーク編　リスクセンス研究会編著　化学工業日報社

【要旨】事務ミス、クレーム、トラブルは組織の力で防ぐ。社会問題視される一オフィスの「ブラック企業」化、違法残業、不正取引、問題隠ぺい等を未然に防ぐ、組織の健康診断！
2017.3 202p A5 ¥2400 ①978-4-87326-680-0

◆組織の毒薬―サイバーエージェント副社長の社員にあてたコラム　日高裕介著　幻冬舎
【要旨】自分の力を180パーセント引き出す66のメッセージ。3,000人の社員を熱狂させた伝説の社内向けコラムを書籍化!!
2017.8 262p B6 ¥1500 ①978-4-344-03165-4

◆組織は人―元ヤン農業法人の鬼アツ経営論　田中健二著　洋泉社
【要旨】タトゥーOK、パンチパーマ優遇！元ヤンキー大募集!?「ヤンキー魂」は「ベンチャーズスピリット」だ！強い個性をまとめ上げる型破りマネジメント。
2017.11 191p B6 ¥1400 ①978-4-8003-1169-6

◆その時役立つ！危機管理とコンプライアンスのための実践ハンドブック　金重凱之著　方丈社
【要旨】企業の「リスク・危機」にどう対処するか。コンプライアンス違反から災害や緊急事態の対処まで。被害の最小化・企業体質強化のために―。
2017.2 261p B6 ¥1600 ①978-4-908925-09-2

◆その辺の男には負けないわ　曽根香子著　幻冬舎メディアコンサルティング, 幻冬舎 発売
【要旨】仕事まみれの"じゃじゃ馬"元電通アジアネットワーク部長曽根香子が電通時代に教示を受けた8人の師匠を紹介。
2017.4 197p 18cm ¥900 ①978-4-344-91159-8

◆そもそものつながりに気付くと未来が見える―Everything is connected to everything else.　西きょうじ著　新潮社
【要旨】カリスマ講師30年の精髄。知の奇人が縦横無尽に語る最先端の教養＋無敵の雑談力！新書・専門書・数十冊分のエッセンスを集約！
2017.4 188p 19×13cm ¥1000 ①978-4-10-350891-5

◆それ、売りますか？貸しますか？運用しますか？無料という手もありますよ。―「稼ぐ力」を身につけた9人のビジネスストーリー　泉正人著　朝日新聞出版
【要旨】「強み」を見極めて「稼げる自分」になるためのヒントが満載！40万人超が受けた「お金の教養」講座の副業・ひとり起業版。AERAの短期集中連載に大幅加筆した完全版。
2017.3 191p B6 ¥1200 ①978-4-02-331605-8

◆それでも1人の営業マンが起業を成功させたわけ―コインランドリー投資をブームにした男の物語　三原淳孝著　JPS, 太陽出版 発売
【要旨】マンマチャオ創業秘話―泣いて、転んで、つまずいて。爆発的に増え続ける大型コインランドリー、mammaciao 躍進の舞台裏。
2017.9 159p B6 ¥1200 ①978-4-88469-914-1

◆「忖度」の構造―空気を読みすぎる部下、責任を取らない上司　榎本博明著　イースト・プレス（イースト新書）
【要旨】行政による許認可事業での総理大臣への「忖度」の有無が国会で議論されるなど、どこに原因があるのか究明の難しい社会問題が続発している。そこに共通するのは、「上」の人間の顔色をうかがう「下」の人間が、「上」の人間が指示していないことまで実行してしまうという構造的問題である。それを逆用する「上」の人間までいるからややこしい。ビジネスの世界でも、だれの指示でもみんなが仕事やっていると思ってしたことで責められる場面がよくあるのではないか。社会心理学の第一人者が、「日本型社会」に蔓延する病理を分析。
2017.12 207p 18cm ¥861 ①978-4-7816-5094-4

◆ゾーンマネジメント―破壊的な変化の中で生き残る策と手順　ジェフリー・A.ムーア著, 栗原潔訳　日経BP社, 日経BPマーケティング 発売
【目次】第1章 プライオリティの危機、第2章 四つのゾーン、第3章 パフォーマンス・ゾーン、第4章 プロダクティビティ・ゾーン、第5章 インキュベーション・ゾーン、第6章 トランスフォーメーション・ゾーン、第7章 ゾーンマネジメントの導入、第8章 セールスフォースとマイクロソフトにおけるゾーンマネジメント
2017.7 222p B6 ¥1500 ①978-4-8222-3695-3

◆大学発ベンチャー起業家の「熟達」研究—瀧和男のライフヒストリー　高瀬進著　中央経済社，中央経済グループパブリッシング　発売
【要旨】研究者が起業するプロセスとは？　大学発ベンチャーの先駆的事例が示し，研究と起業の両方で“熟達”を促進する要因を明らかにする。
2017.4 350p A5 ¥4800 ①978-4-502-21621-3

◆第3世代のサービスイノベーション　小坂満隆編，第3世代のサービスイノベーション研究会著　社会評論社
【目次】1 第3世代のサービスイノベーション，2 サービス理論の新しい展開，3 サービス価値創造を変革する新しい情報技術，4 新たなビジネスと価値共創リスク，5 共創プロセス方法論，6 新たな分野へのサービス概念の応用と価値共創モデル，7 新しい情報技術の応用研究
2017.10 237p B6 ¥1900 ①978-4-88335-412-2

◆第三創業の時代—成熟に打ち克つ事業構想力　関山正勝著　事業構想大学院大学出版部，宣伝会議　発売　（事業構想研究シリーズ 2）
【要旨】停滞を打ち破り，次なる成長へ向けて。自ら「事業構想修士」を取得した経営者が語る，飛躍の秘訣。
2017.10 237p B6 ¥1900 ①978-4-88335-412-2

◆「大数の法則」がわかれば、世の中のすべてがわかる！　冨島佑允著　ウェッジ
【要旨】不確かなことばかりの人生や仕事も，「大数の法則」を理解すれば攻略できる—。資産運用のプロによるビジネス教養書！
2017.3 208p B6 ¥1400 ①978-4-86310-179-1

◆対デジタル・ディスラプター戦略—既存企業の戦い方　ジェフ・ルークス，ジェイムズ・マコーレー，アンディ・ノロニャ著，根来龍之監訳，武藤陽生，デジタルビジネス・イノベーションセンター訳　日本経済新聞出版社
【目次】「破壊者」ではなく「破壊の力学」に注目する，1 デジタル・ボルテックス（デジタル・ディスラプションの破壊力，デジタルが可能にしたビジネスモデル，バリューバンパイアが市場の利益を飲み干す，ディスラプターとどう戦うか—4つの対応戦略），2 デジタルビジネス・アジリティ（アジリティを高める3つの組織能力，これまで手に入らなかった情報を集める—ハイパーアウェアネス，解析力を高めてバリューを見抜く—情報にもとづく意思決定力，リソースとプロセスを動的にする—迅速な実行力），いかにして競争力を高めるか
2017.10 408p B6 ¥2000 ①978-4-532-32165-9

◆ダイバーシティ経営と人材活用—多様な働き方を支援する企業の取り組み　佐藤博樹，武石恵美子編　東京大学出版会
【目次】ダイバーシティ経営と人材活用—働き方と人事管理システムの改革，1 新しい課題としての転勤問題（ダイバーシティ推進と転勤政策の課題—社員の納得性を高めるために，転勤が総合職の人材育成・開発に与える効果—育成効果のある転勤のあり方，転勤と人事管理—「変革の必要性」と「変革の波及性」），2 女性活躍支援の課題　両立支援から活躍支援へ（企業における女性活躍推進の変遷—3つの時代の教訓を次につなげる，男女共同参画社会の昇進意欲—持続と変化，短時間勤務制度利用者のキャリア形成—効果的な制度活用のあり方を考える，女性が役員になるための成長の要因—女性役員の「一皮むける」経験の分析），3 働き方改革—ワーク・ライフ・バランス管理職と男性の子育て参画（ワーク・ライフ・バランス管理職と組織の支援—変化する管理職，ワーク・ライフ・バランス管理職の育成—研修方法と効果，4 仕事と介護・療養との両立（仕事と介護における「両立のかたち」—企業に求められる支援，従業員への介護情報提供と就業継続意識—「介入」による実証実験，長期在宅介護に対応した仕事と仕事の両立支援—介護離職を防ぐ労働時間管理と健康管理，ケアマネジャーによる仕事と介護の両立支援—両立支援ケアマネジャーの育成が課題に，仕事とがん治療の両立—新たなWLB支援課題としての視点から）
2017.1 347p A5 ¥4400 ①978-4-13-051140-7

◆楕円思考で考える経営の哲学　常盤文克著　日本能率協会マネジメントセンター
【要旨】これからの「よき経営」とは？　米国流の「カネ重視のROE」の理解に，日本流の「ココロのROE」という軸を置く。自分と対極の両方を含めて全体を見る「楕円思考」なら，新しい発見，思わぬ気づきが湧いてくる。
2017.3 193p B6 ¥1500 ①978-4-8207-1964-9

◆ただのサラリーマンから財布を18個まで増やしたお金のルールチェンジ　北川賢一著　朝日新聞出版
【要旨】iPhone 一つで，収入源18個，年収1億，世界を旅する生活を実現した著者が教える，人生100年時代のお金の増やし方・守り方。「財布1個＝会社の給料」だけが一番のリスク！
2017.9 198p B6 ¥1300 ①978-4-02-331618-8

◆脱サラ作家の国際人論　後山茂著　（岡山）ふくろう出版
【要旨】ボーダレス化に直面する日本のビジネス社会に求められるリーダー像は？　日本と欧米の比較から求められる人材の違いとは？　日本のビジネス社会を形成する教育制度とは？　選挙で選んでも任期を全うさせない，でも政権交代の途を選ばない日本の世論って？　日本人が「国際人」となるための思考や行動についての提言。
2017.5 194p B6 ¥800 ①978-4-86186-684-5

◆たった1つの選択で日本は変えられる—インバイロワン工法の秘密　臼井明，守屋進，秋野公造著　総合法令出版
【目次】1 崩壊しつつある社会インフラ—重防食塗装への塗り替えで日本を守る（高度経済成長期に造られたインフラが老朽化，崩壊や事故は既に起きている ほか），2 塗り替え工事に潜んでいた罠—古い塗料に含まれるさまざまな有害物質が含まれていた（古い塗料に含まれるさまざまな有害物質，塗膜の除去方法（はがし方）が問題 ほか），3「インバイロワン工法」という選択—なぜ，はく離剤なのか（インバイロワン工法とは，24時間でじわじわと浸透 ほか），4 “インバイロワン”開発ストーリー—開発に携わった二人の技術者の想い（もともとはアメリカ軍の技術，長年にわたるはく離剤の研究開発 ほか），5 行政も期待する技術—PCB被害を二度と起こさないために（3人の想いが一致，橋を50年持たせるために開発 ほか）
2017.11 198p B6 ¥1500 ①978-4-86280-581-2

◆たった7坪のテーマパーク　志賀瞳著　KADOKAWA
【要旨】客引き勧誘なし，ビラ配りなし…このお店がどうしてナンバーワン・メイドカフェなのか？　ミッキーマウスになりたかった女の子はやがて秋葉原で，独自のテーマパークを作った。そこはいつ行っても心安らぐ“夢の国”ならぬ“アットホームな国”だった。バイトから社長に駆け上がったカリスマ・メイドが初めて明かすたった7坪から5店舗を構える有名店に成長し年間40万人強が訪れるようになった秘密!?
2017.3 183p B6 ¥1400 ①978-4-04-895995-7

◆脱皮成長する経営—無競争志向がもたらす前川製作所の価値創造　恩藏直人，永井竜之介著　千倉書房
【要旨】徹底取材によって浮かび上がってきた，常識を超える企業論。無競争志向がもたらす前川製作所の価値創造。
2017.12 219p B6 ¥2400 ①978-4-8051-1128-4

◆玉響（たまゆら）　大浦溥著　丸善プラネット，丸善出版　発売
【要旨】若人へのメッセージ—富士通のDNAとアドバンテスト経営を，そして人生を語る。
2017.9 268p B6 ¥1300 ①978-4-86345-343-2

◆誰が世界を変えるのか？—日本企業の未来予想図　西野嘉之著　産業能率大学出版部
【要旨】IoT・AI時代を切り拓く企業を，Ph.D. 西野が大胆予測！　大躍進するのはトヨタ？　Panasonic？　Softbank？　それとも急成長のベンチャーか？　2017.6 207p B6 ¥1800 ①978-4-382-05748-7

◆誰も知らない社長の汗と涙の塩（CEO）味物語　西川世一著　電波社
【要旨】社長は会社の顔であり，多くの責任と悩みを抱えながら，どんなときでも，毅然としていなければいけない。あきらめなかったからこそ，今がある！　8人の経営者たちの波乱万丈人生！
2017.4 225p B6 ¥1300 ①978-4-86490-093-8

◆担当になったら知っておきたい「プロジェクトマネジメント」実践講座　伊藤大輔著　日本実業出版社
【要旨】企業や組織は，目標を自ら設定し，計画し，コスト，リソース，スケジュールなどを自らコントロールして仕事を進められる人物，つまり「プロジェクトマネジメント」を遂行，実践できる人物を求めている！　「目標設定」「計画」「実行」の3つの視点と豊富な図で，どこよりもやさしく解説する！
2017.2 293p A5 ¥2200 ①978-4-534-05469-2

◆小さな一歩が会社を変える　マーガレット・ヘファナン著，鈴木あかね訳　朝日出版社（TEDブックス）
【要旨】会社を変えるのは「公正な文化」。まず会社を超えて衝突覚悟で発見を言い合う。部署を超えて衝突覚悟で発見を言い合う。コーヒーブレイクを社内で一斉に取る。「静かな時間」で一人の作業に集中する。オフィスを飛び出て友人や家族と話す。ほんの小さな変化が，劇的な効果をもたらす。組織は創造的に利益を生み出し，仕事の満足度も上がる。数値に表せない，そんなアイデアこそがリーダーだ。世界中の企業を見てきた起業家が，成功と失敗の豊富なケーススタディをもとに，組織と個人との風通しの良い関係を探る。
2017.10 214p B6 ¥1750 ①978-4-255-01022-9

◆知恵を磨く方法—時代をリードし続けた研究者の思考の技術　林周二著　ダイヤモンド社
【要旨】領域の壁を軽々と跳び越え，ベストセラー・名著を送り出してきた90歳博学の東大名誉教授がついに明かす「自分で考える力」の鍛え方。「知恵」を語り尽くした一冊。
2017.3 297p B6 ¥1500 ①978-4-478-10125-4

◆チェンジ・ワーキング—イノベーションを生み出す組織をつくる　平山信彦著　翔泳社
【要旨】多くの企業が「働き方変革」に取り組んでいますが，実は多くは単なる「時短労働」や「会議の短縮」に止まっており，イノベーションを生むという究極的な目標を果たせていません。本書は働き方変革を進めたいリーダー層向けの内容となっています。社内で新規に立ち上げるプロジェクトメンバーの選び方にはじまり，マネージャ層を巻き込む方法や，トップとして関与すべき範囲に至るまで成功に導く手法を事細かに解説します。
2017.11 255p 21×14cm ¥1800 ①978-4-7981-5492-3

◆地球と共生するビジネスの先駆者たち—いま、悲鳴をあげる地球に、元気と未来を届ける！　ブレインワークス編著　カナリアコミュニケーションズ
【要旨】大切な地球の資源を守り，自然の摂理に反しないビジネス。日本の英知たちが生んだ，いま世界で注目される10のビジネスを紹介する。
2017.6 195p B6 ¥1300 ①978-4-7782-0406-8

◆チームの一体感を高める“社内運動会”の仕掛け　米ін隆明著　クロスメディア・パブリッシング，インプレス　発売
【要旨】組織活性化ソリューション＝運動会。会社，地域，組織，部署，そして世界！　運動会は，「チームのモチベーション」を上げる！
2017.10 223p B6 ¥1380 ①978-4-295-40137-7

◆チームV字経営　酒井英之著　日本経営合理化協会出版局
【要旨】先代が超えられなかったカベを打ち破り，最高益を実現した後継者チームが続出！
2017.3 433p B6 ¥13500 ①978-4-89101-383-7

◆昼職未経験のキャバ嬢が月商2億の社長に育つまで—キラキラ社長・愛沢えみりの起業術　愛沢えみり著　ダナリーデラックス，主婦の友社　発売
【要旨】必要なのは好きって気持ちと諦めの悪さ！　学生時代のあだ名は「爆弾」，キャバ嬢時代は「回転ずし」。「テキトー」「わかんない」「ウケる」が口ぐせで，昼のルールも「社長」の仕事内容も知らない。周りの「絶対うまくいかない！」という予想を裏切って日本一のキラキラ社長に進化した超マイペースな女のコのガムシャラ成長記。
2017.4 176p B6 ¥1400 ①978-4-07-421368-9

◆超・検証力—その仮説は本当に成果を出せるのか？　高野研一著　すばる舎
【要旨】一流の経営者が成功している秘密は検証力にある。仮説だけではダメな仕事は「検証」で差がつく！　時代の転換点において“見えないメカニズム”を解明する！
2017.8 206p B6 ¥1400 ①978-4-479-79603-9

◆長寿企業のリスクマネジメント—一生残るためのDNA　後藤俊夫監修　第一法規
【要旨】長寿企業大国日本！　「人事リスク」「事業リスク」「天災リスク」「倫理リスク」の危機対応に学ぶ日本の宝，長寿企業の「くめども尽きぬ教訓」を公開！
2017.3 198p A5 ¥2000 ①978-4-474-05778-4

◆超図解！　新規事業立ち上げ入門　木下雄介著　幻冬舎メディアコンサルティング，幻冬舎　発売

【要旨】7つのステップで理論～実践まで重要ポイントを完全網羅。知識ゼロの担当者必読！
2017.4 169p 18cm ¥800 ①978-4-344-91225-0

◆**超なんでやねん**　西川雅夫著　（福岡）書肆侃侃房
【要旨】「なんでやねん」「新なんでやねん」に続き第三弾。セキセイがめざすのは「出会い、ふれあい、語り合い」。フィンランドとの出会い、そしてオバマ元大統領にお持ち帰りいただいた輪島塗ボールペンの自信作から、また一つ、新たなステージへ。西川雅夫の発想の秘密が詰まった1冊。
2017.12 222p B6 ¥1500 ①978-4-86385-286-0

◆**超日本製品論 SUPER JAPAN PRODUCT—これから来るスーパージャパン時代の基礎データ＆マーケティング入門**　木戸良彦著　日経BP社、日経BPマーケティング発売
【要旨】外国人に「本当にアピールすべきこと」とは？ 世界37都市の調査でわかった新常識！
2017.11 223p B6 ¥1500 ①978-4-8222-5537-4

◆**伝え導く経営—Conduct（コンダクト）**　松原照明著　（福岡）梓書院
【目次】第1章 生まれ育まれた福岡、第2章 出会いそして誕生、第3章 暗中模索の経営、第4章 情けは人のためならず、第5章 人知で計り知れないこと、第6章 伝え導く経営
2017.11 216p A5 ¥2000 ①978-4-87035-615-3

◆**伝えることから始めよう**　高田明著　東洋経済新報社
【要旨】家業のカメラ店の手伝いで観光写真を撮っていた時代から年商1700億円超の日本一有名な通販会社をつくり、「卒業」するまで。そして、今伝えたい一番大切なこと。
2017.12 271p B6 ¥1400 ①978-4-492-04590-9

◆**ディズニー キズナの神様が教えてくれたこと**　鎌田洋著　SBクリエイティブ
【要旨】いったいなぜ、ディズニーには「人と人を結びつける力」があるのか？ その秘密を知っているのが、ディズニーの"キズナの神様"だった。小・中学生からビジネスパーソン、主婦まで読んだ人の9割が涙した…人生で大切なことに気づく3つの物語。
2017.3 225p B6 ¥1100 ①978-4-7973-9036-0

◆**ディズニーのすごい集客**　嶋田亘克著　フォレスト出版
【要旨】元ディズニーの敏腕マーケッターがあらゆる業種で使える絶対集客メソッドを初公開！ 年間集客3000万人超を生み出す秘訣とは？
2017.4 253p B6 ¥1400 ①978-4-89451-753-0

◆**手堅く・長期的な利益を得るコインランドリービジネス新常識**　鈴木國夫著　幻冬舎メディアコンサルティング, 幻冬舎 発売
【要旨】業界一筋37年。全国に約2万台のランドリー機器をリースする老舗企業の社長が、コインランドリー投資ブームの今だからこそ伝えたい、ビジネスの裏側や歴史、長期的な成功の秘訣を紹介。
2017.1 178p B6 ¥1200 ①978-4-344-91072-0

◆**適時開示実務入門**　鈴木広樹著　同文舘出版　第2版
【要旨】実務上の重要ポイントを解説！ 投資家に対する最初の重要情報の開示であり、有価証券の価格形成に影響を及ぼす適時開示についてやさしく説明する。
2017.6 171p A5 ¥2000 ①978-4-495-19982-1

◆**テクノロジー・スタートアップが未来を創る—テック起業家をめざせ**　鎌田富久著　東京大学出版会
【要旨】東京大学の人気講座・アントレプレナー道場の看板講師であり、自らも学生時代にAC-CESSを共同創業し、現在はエンジェル投資家でもある著者が豊富な経験から指南する大学発ベンチャーのススメ。
2017.12 252p B6 ¥1600 ①978-4-13-043040-1

◆**デザインの次に来るもの—これからの商品は「意味」を考える**　安西洋之, 八重樫文著　クロスメディア・パブリッシング, インプレス 発売
【要旨】ヨーロッパ注目の経営戦略「意味のイノベーション」とは何か？ 9割の会社は「技術」より「意味」を突き詰める！ ロウソクは、なぜ今も売れ続けるのか？ 欧州が一歩先をゆく経営戦略「意味のイノベーション」の全貌。「デザイン思考」は万能ではない。「問題解決」だけでなく

「意味」を変えることで、商品の価値を飛躍的に高める、イタリア発の「デザイン・ドリブン・イノベーション」。その考え方と実践を一冊に。
2017.5 207p B6 ¥1680 ①978-4-295-40080-6

◆**デジタルインサイドセールス—最新テクノロジーによる法人営業改革の実践**　吉田融正著　ダイヤモンド社
【要旨】本格導入が加速するインサイドセールスを、AIを中心としたデジタルテクノロジーで、更に強靭化する。人材不足が深刻化する中の営業戦略。
2017.12 221p B6 ¥1500 ①978-4-478-10417-0

◆**デジタル時代の基礎知識 リサーチ—多彩なデータから顧客の「すべて」を知る新しいルール**　石渡佑矢著　翔泳社　（MarkeZine BOOKS）
【要旨】誰でもリサーチできる時代だから、本当に知っておくべきことを教えます。
2017.12 191p B6 ¥1680 ①978-4-7981-5406-0

◆**デジタルトランスフォーメーション経営—生産性世界一と働き方改革の同時達成に向けて**　レイヤーズ・コンサルティング編著　ダイヤモンド・ビジネス社 発売
【目次】第1章 業界の四賢人が語るデジタルトランスフォーメーションの衝撃（経営者が"新たな常識"にしっかりと向き合えるか？ デジタルトランスフォーメーションはそこから始まる—オリックスシニア・チェアマン 宮内義彦、デジタルトランスフォーメーションによる"モノづくり"変革の要諦とは？—日野自動車特任顧問 蛇川忠暉 ほか）、第2章 圧倒的生産性が求められているデジタルトランスフォーメーション時代（「生産性世界一」を実現するための前提条件、デジタルトランスフォーメーションを生産性向上のエンジンとする ほか）、第3章 日本におけるサービス業の生産性は低すぎる（製造業に求められる「モノだけづくり」企業からの脱却、「デジタルトランスフォーメーションへの適応」がサービス業にもたらす衝撃 ほか）、第4章 ビジネスモデル変革とデジタル化戦略で日本の製造業を"超"効率経営に変える（急速に変化する製造業を取り巻く環境を把握する、メーカーからプロダクトサービスプロバイダーへ ほか）、第5章 日本のホワイトカラーの生産性を五倍にする（日本企業には「やる気のない社員」が七〇％もいる、正しい目標設定で社員の意欲を引き出す ほか）
2017.9 307p B6 ¥1800 ①978-4-478-08418-2

◆**デジタルCFO—これが新時代のリーダー像だ！**　高見陽一郎, 青柳喜三郎監修、EYアドバイザリー・アンド・コンサルティング著　東洋経済新報社
【目次】1 総論（CFOの武器としてのデジタルテクノロジー、デジタル時代のCFO及びファイナンス組織）、2 CFOの武器としてのデジタルテクノロジー（次世代ERP、RPA、人工知能、ブロックチェーン、クラウド、ビッグデータ）、3 デジタル時代のCFO及びファイナンス組織（デジタル時代に変革が求められる4つの領域、デジタル時代に求められるCFO及びファイナンス部門の姿）
2017.6 256p B6 ¥1600 ①978-4-492-96132-2

◆**手作り屋台が生んだ「やりすぎ」飲食店経営—19歳、借金1億円からの大逆転**　大西慎也著　ダイヤモンド・ビジネス企画、ダイヤモンド社 発売
【要旨】味のブレ、安売り、手作り店舗。異端だらけの「やりすぎ」経営で売れる本番へ。屋台創業から23年。今や県下33店舗の飲食チェーンへ成長。体当たりで学んだ「らーめん八角」の経営のノウハウとは？
2017.1 227p B6 ¥1500 ①978-4-478-08408-3

◆**データ分析の力 因果関係に迫る思考法**　伊藤公一朗著　光文社　（光文社新書）
【要旨】ビッグデータが存在する世界では、「因果関係」の見極めはできない。データの扱い、分析、解釈においては、人間の判断が重要な役割を担うか。本書では「広告が売り上げに影響したのか？」「ある政策を行ったことが本当に良い影響をもたらしたのか？」といった、因果関係分析に焦点を当てたデータ分析の入門を展開していきます。序章では、なぜ因果関係を見極めることがビジネスや政策の成功の鍵を握るのか、様々な実例を使いながら解説します。第2章以降では、ランダム化比較試験、RDデザイン、パネル・データ分析など、因果関係に迫る最先端のデータ分析手法について、数式を使わず、具体

例とビジュアルな描写を用いて解説していきます。
2017.4 284p 18cm ¥780 ①978-4-334-03986-8

◆**電子契約の教科書—基礎から導入事例まで**　宮内宏編著　日本法令
【要旨】仕組みやメリットをわかりやすく解説！ 関連する法律や技術的な内容までを網羅した電子契約の入門書！
2017.3 148p A5 ¥1800 ①978-4-539-72524-5

◆**転売ビジネス成功法則—月25万円をコンスタントに稼ぐ基本メソッド**　小野里肇著　マネジメント社
【目次】1 ダメな社員なりの処世術—こうして人は飼い慣らされる（辞めたくても辞められない…サラリーマンの悲哀、普通のサラリーマンを地獄に突き落とすわ転職の罠、起業は吉と出るか凶と出るか、運命の女神はどん底のときに微笑む）、2 ネットビジネス成功の法則—事例に学ぶ稼ぐコツ（素直な人が成功する、転売ビジネスの本質を知り、取り組み方を間違えない、成功事例に学ぶ転売ビジネスの要諦）、3 本番を迎えるネットビジネス（初心者、素人でも稼げる時代になった！、ネットビジネスの未来を占う新インフラサイトの爆発力）、4 転売で確実に稼げる5つのメソッド（メソッド1「仕入」—転売で儲かる商品、儲からない商品、メソッド2「出品」、メソッド3「リサーチ」—一時に価格を調べる習慣をつける、メソッド4「外注化」—クラウドソウシングで仕事を依頼する、メソッド5「ツール」—アプリの別のツールを有効活用）、5 ネットビジネスで学んだ顧客志向のセオリー（徹底して顧客志向になる）
2017.1 189p B6 ¥1300 ①978-4-8378-0478-9

◆**天命**　伊庭淳二著　テーミス　復刻版
【目次】天命（たった一冊の書、人生の黄金律 ほか）、「今」、読書日記（「河合栄治郎全集」その一、「中国の赤い星」 ほか）、忘れ得ぬ人々（小泉信三先生、難波田春夫先生 ほか）、美しき晩年のために
2017.9 230p 18cm ¥1000 ①978-4-901331-32-6

◆**10 RULES—最高のキャリアを作る10のルール**　アリッサ・マストロモナコ著, 三輪美矢子訳　ポプラ社
【要旨】名門大学に落ち、人脈もなかった女性が「ニューヨーク・タイムズ」で「オバマ陣営の陰の立役者」と言われるまでになった。自分で想像できる以上のことを成し遂げたように感じるという著者が、ユーモアある語り口で明かす、仕事と人生で大切にしている10のルール。
2017.10 293p B6 ¥1400 ①978-4-591-15577-6

◆**東芝不正会計事件の研究—不正を正当化する心理と組織**　樋口晴彦著　白桃書房
【要旨】なぜ、あの東芝が歪んでしまったのか。なぜ、監査法人は不正を看過したのか。企業不祥事研究の第一人者が、不正行為を生み出すメカニズムを解明。
2017.12 290p A5 ¥3300 ①978-4-561-26693-8

◆**投資レジェンドが教えるヤバい会社**　藤野英人著　日本経済新聞出版社　（日経ビジネス人文庫）
【要旨】30年近くにわたり企業調査を続け、6500人以上の社長に会い、成長企業を発掘してきたファンドマネジャーが明かす「68の法則」。社長の話し方、SNSでの発信、社長室の調度の選び方や置き方、役員構成、決算説明会の資料の変化…など、細部から「会社の本質」を見抜くヒントが満載だ。
2017.6 278p A6 ¥800 ①978-4-532-19822-0

◆**東洋経済INNOVATIVE OKB大垣共立銀行特集 ニッポンの中心で革新を叫ぶ**　東洋経済新報社編　東洋経済新報社
【目次】特集1 企業価値を変えるINNOVATION（社会と暮らしを変えるOKBの革新的サービス、異業種研修がもたらした人材イノベーション、地域とのつながりがサービスを生み出す、産学官が創造する未来型ビジネス最前線、脱・銀行を標榜したOKBのブランド戦略、細やかな商品でお客様目線を極める！、銀行はサービス業であり、エンターテインメントだ！）、特集2 IN-NOVATIONが生まれる企業のDNA
2017.6 79p A4 ¥800 ①978-4-492-96125-4

◆**督促OL コールセンターお仕事ガイド**　榎本まみ著　リックテレコム
【要旨】ようこそ！ あなたの知らないコールセンターの世界へ！ 新人オペレータがタメ口でお客様と意気投合しちゃったり、さびしくてつい電話をしちゃう高齢のお客様の応対に四苦八苦したり—さまざまな人が電話という一本の線で

つながるコールセンターを、マンガとエッセイで描きました。
2017.2 211p B6 ¥1200 ①978-4-86594-076-3

◆独立自尊を生きて　福澤武著　慶應義塾大学出版会
【要旨】結核との闘病に打ち勝ち、三菱地所社長として丸ビル建て替えなど「丸の内再構築」の足がかりを築いた経営者の「私の履歴書」を書籍化。他に曽孫として福澤諭吉を語った講演等を収録。
2017.10 194p B6 ¥1800 ①978-4-7664-2477-5

◆トップ企業が明かすデジタル時代の経営戦略―「絶対的価値」を生み出すエグゼクティブCIOの挑戦　國領二郎、三谷慶一郎、価値創造フォーラム21編　日経BP社, 日経BPマーケティング 発売
【要旨】三井物産、東京海上ホールディングス、資生堂、JFEスチール…全8社の経営陣が語る、AI、IoT時代を勝ち抜く次の一手とは？
2017.3 255p B6 ¥2000 ①978-4-8222-3937-4

◆扉を開けろ―小西忠雄の突破力　高久多美男著　フーガブックス
【要旨】日本人で初めてリッツで働き、超一流のレストランで修業した男が、なぜ幼稚園の経営をしているのか。
2017.1 257p A5 ¥1800 ①978-4-902487-27-5

◆トーマス・エジソン　神の仕事力―一生涯、心の糧となる105の名語録　桑原晃弥著　電波社
【要旨】あなたが何も持っていないのなら小学校を3か月で中退したエジソンに学べ！
2017.6 254p B6 ¥1500 ①978-4-86490-097-3

◆トラスト・ファクター―最強の組織をつくる新しいマネジメント　ポール・J. ザック著, 白川部君江訳, 石川善樹解説　キノブックス
【要旨】チームビルディングに「信頼」を取り入れることで、企業は成功する！ TEDやNHKドキュメンタリーなどで注目を集める神経科学者が明らかにした社員の生産性を高め、企業の競争力をつける「信頼」の科学。
2017.12 366, 19p B6 ¥1800 ①978-4-908059-84-1

◆ドラッカーが教える最強の経営チームのつくり方　山下淳一郎著　同友館
【要旨】経営チーム専門のトップマネジメントコンサルタントが一枚岩の経営チームをつくるポイントを徹底解説！
2017.6 279p B6 ¥1600 ①978-4-496-05280-4

◆ドローンビジネス参入ガイド　関口大介、岩崎覚史著　翔泳社
【要旨】本書は、ドローンを利用したビジネスを考えている方に向けて、各分野におけるドローン活用の実態、市場参入に必要となる様々な知識、ドローン関連機材を含めたコストの考え方、法令関連の知識について解説します。ビジネス用途のドローンのカタログ情報や、基礎知識も網羅しています。また各分野で著名な企業や自治体の方へのインタビューも掲載。実際の活用事例を確認できます。さらにドローンによるプロジェクトを立ち上げる時に役立つ企画書テンプレートをダウンロードできます。
2017.8 303p A5 ¥1980 ①978-4-7981-5198-4

◆どんどん集客が楽しくなる！ ISDロジックビジネス　椋本庄治著, 服部磨早人監修　ごま書房新社
【要旨】「どう感じ、どう考え、どう行動するか」顧客の個性を把握、理解した“販促理論”と“ノウハウ”によって面白いように反応率をアップできる。「八方美人的」「誰にも刺さらない」DM・チラシよ、サヨナラ！「個性」重視！ 高反応を叩きだす新技法。
2017.7 218p B6 ¥1300 ①978-4-341-08673-2

◆どんなクレームも絶対解決できる！　津田卓也著　あさ出版（『どんなクレームもゼッタイ解決できる本』加筆・修正・改題書）
【要旨】一般クレームから特殊クレームや悪意クレームまでその対応を網羅！ 鉄道、不動産、飲食、金融、IT、官公庁…あらゆる業界のクレーム研修でリピート率100%の講師が教える、“こじらせない”対応術。
2017.3 215p B6 ¥1400 ①978-4-86063-971-6

◆どんな不況もチャンスに変える黒字経営9の鉄則　石原豊彦　幻冬舎メディアコンサルティング, 幻冬舎 発売

【要旨】1万社以上の企業を診断・指導・審査してきた経営コンサルが明かす万年赤字→黒字を実現するための行動規範とは―
2017.3 230p B6 ¥1300 ①978-4-344-91193-2

◆なぜ、あなたのサロンは流行らないのか―リピート率100%の美容サロン経営法　麦倉実, 久田篤著　セルバ出版, 創英社/三省堂書店 発売
【要旨】新規店の90%が3年以内に潰れるという美容業界。出店ラッシュに沸く業界、しかしその裏でヒシヒシと感じている危機感。今までとおりのやり方では、お客様はどんどん流出していく世の中。先を見ることができるサロンだけが儲かる。
2017.1 255p B6 ¥1800 ①978-4-86367-314-4

◆なぜ、エグゼクティブはゴルフをするのか？―一読むだけで、仕事と人生の業績がUPするショートストーリー　パコ・ムーロ著, 坂東智子訳　ゴマブックス　特別版
【要旨】人生、ビジネスの原理原則を、短いけど深い13の物語に凝縮。仕事、人生で起こる問題がこれで解決!!
2017.5 174p B6 ¥1200 ①978-4-7771-1900-4

◆なぜか即日即断してしまう105人連続契約の秘密　林佳範著　ダイヤモンド社
【要旨】劇的な成果をあげ続けるセールスコンサルタントが明かす営業・セールスの全技術。
2017.8 206p B6 ¥1300 ①978-4-478-10136-0

◆なぜスターバックスは日本で成功できたのか　草地真著　ぱる出版
【要旨】たった一度のスタバ体験が一生忘れられないストーリーに変わる！ 世界一の最強カフェが守り続けているシンプルな習慣。
2017.2 223p B6 ¥1400 ①978-4-8272-1036-1

◆なぜ、成功する人は神棚と神社を大切にするのか？　窪寺伸浩著　あさ出版
【要旨】神棚は、会社や家庭の中の小さな神社であり、神様と私たちをつなぐ、直通電話ならあるホットラインです。このホットラインで、神様と何を話すのか―それが成功をするうえで、極めて大切なポイントです。
2017.3 183p B6 ¥1500 ①978-4-86063-977-8

◆なぜ、身のたけ起業で幸せになれるのか？―億総スマイル社会の実現に向けて　鈴木隼人著　マキノ出版
【要旨】「組織の論理」も「理不尽な上司」も「定年後の不安」もサヨナラ！ お金をかけずに成功する秘訣。テレビで大活躍！ 注目の若手国会議員の新提案！
2017.9 183p B6 ¥1350 ①978-4-8376-7293-1

◆何がベンチャーを急成長させるのか―経営チームのダイナミズム　小林英夫著　中央経済社, 中央経済グループパブリッシング 発売
【要旨】史上最短で東証一部に上場した企業に創業メンバーとして参加した経験をもとに、草創期の舞台裏をエスノグラフィで解明しつつ、ベンチャー参画によるキャリア形成も探究。
2017.9 215p B6 ¥3000 ①978-4-502-23581-8

◆24歳で起業した社長 “快進撃の裏側”―1000人以上のサラリーマンを不動産投資家に変えた！ 設立6年で売上高100億円の超えた会社の新メソッド　鶴蒔靖夫著　IN通信社
【要旨】人生で勝ちたいなら、弁護士、税理士、そしてベルテックスを友人に持て！ 驚異的な成長率で躍進する不動産投資会社から学ぶ、人生で成功する生き方。
2017.9 254p B6 ¥1800 ①978-4-87218-437-2

◆2050年への人創り・国創り―分断する社会と世界を繋ぎとめるために　フォーラム21・梅下村塾30期生著　丸善プラネット, 丸善出版 発売
【目次】序章「かつてない日本」を創る覚悟を（大いなる危機に直面する日本、われわれが考える日本のありたい姿）、第1章 既定路線と決別し、意識改革から始めよう（いまのままではイノベーションは生まれない、日本再生のキーパーソンを求めて、日本経済復活へのシナリオ、2050年、産業・社会の未来予想図を見てみよう）、第2章 教育を変える 日本は変わる（いま必要とされる「人創り」、非認知能力の向上こそが、時代を生き抜く人を育てる、2050年、“人創り先進国”を目指して）、第3章 世界に日本の存在感を示せる人物を創る（リーダー教育へのわれわれの想い、教育目標、教育内容）、第4章 国創り―人を支える「国のかたち」（日本が抱える課題の

根底には憲法問題がある、日本国憲法新前文案をつくる、最重要論点から逐条改正を行う）、参考 日本の価値を探る旅
2017.10 281p B6 ¥1500 ①978-4-86345-346-3

◆2000社の赤字会社を黒字にした社長の「不確実な未来」を生きる術　長谷川和廣著　かんき出版
【要旨】仕事で「おやっ」と思ったことを、27歳から書き留め、社長になってからも書き続けたOYATTO NOTE（おやっとノート）。2000社の赤字会社を再生させた「プロの仕事術」をこの一冊に完全収録！ 利益出せる人、出せない人の違いとは？ プロフェッショナルになるための134の仕事術。
2017.10 191p B6 ¥1300 ①978-4-7612-7293-7

◆日本を飛び出して世界で見つけた僕らが本当にやりたかったこと―海外で成功した日本人20人の働き方　森実知典著　実務教育出版
【要旨】北米、欧州、アジア、オセアニア…現地取材で集めた働く選択肢に「世界」が必要な理由！
2017.6 269p B6 ¥1500 ①978-4-7889-1325-7

◆日本型経営とコーポレート・ガバナンス　中邑賢隆著　日本生産性本部生産性労働情報センター
【目次】序、江戸時代の商家・商人に見る「経営」、明治維新と大規模工業化、明治から昭和戦前の日本的経営、第二次世界大戦と戦後の企業経営、高度成長期の日本の雇用システム、安定成長期からバブル崩壊、平成不況における日本的経営の見直し、デフレ経済からの脱却と日本的経営、日本の課題と日本的経営〔ほか〕
2017.9 239p B6 ¥1300 ①978-4-88372-531-1

◆日本が誇るビジネス大賞　2017年度版　ミスター・パートナー出版編集部編　ミスター・パートナー, 星雲社 発売
【要旨】あらゆるジャンルから今の日本がわかる優良企業を紹介。今、話題の商品・企業・人物の真相に迫る一冊。約280社を収録！
2017.5 271p A5 ¥1500 ①978-4-434-23251-0

◆日本企業が社員に「希望」を与えた時代　立石泰則著　七つ森書館
【要旨】就活生のインタビューに始まり、ソニー、松下電器（現パナソニック）、富士通を検証して人材育成の重要性を訴える。
2017.6 237p B6 ¥1800 ①978-4-8228-1774-9

◆日本企業がシリコンバレーのスピードを身につける方法　ロッシェル・カップ, 到津守男, スティーブ・マギー著　クロスメディア・パブリッシング, インプレス 発売
【要旨】激化する市場競争の中で生き残るための道筋がここに！
2017.7 239p B6 ¥1680 ①978-4-295-40105-6

◆日本企業の戦略とガバナンス―「選択と集中」による多角化の実証分析　青木英孝著　中央経済社, 中央経済グループパブリッシング 発売
【要旨】コーポレート・ガバナンスが経営戦略に与える影響を定量的に検証。日本企業のガバナンス構造が大きく変わった1990年以降を対象に、22年間に及ぶ日本企業の多角化戦略の変遷を分析。
2017.5 199p A5 ¥2800 ①978-4-502-21821-7

◆日本企業 CEOの覚悟　安藤宏基著　中央公論新社（中公文庫）
【要旨】オリンピックイヤーである二〇二〇年に、「時価総額―兆円企業になる」。日清食品ホールディングスが五か年中期経営計画に掲げた経営目標である。株価に左右される時価総額を、なぜ、経営目標としたのか？ CEOが自らの職を賭して決断した本意と、実現へ向けてのロードマップを披瀝する。
2017.11 190p A6 ¥540 ①978-4-12-206487-4

◆日本経済を滅ぼす「高学歴社員」という病　上念司著　PHP研究所（PHP文庫）（「高学歴社員が組織を滅ぼす」改題書）
【要旨】東芝、朝日新聞、財務省―繰り返される組織の不祥事は、なぜ起こるのか？ そこには、一流大学卒のエリート経営者にもかかわらず、コンプライアンスよりも自己保身を優先させる「高学歴社員」の体質があった。彼らの行動原理は、一体どういうものなのか、組織を崩壊させないマネジメントとは？ 戦場のような現代のビジネス環境で生き残るためには必読の書。
2017.6 251p A6 ¥640 ①978-4-569-76728-4

経済・産業・労働

◆**日本人になったユダヤ人―「フェイラー」ブランド創業者の哲学**　大江舜著　アートデイズ
【要旨】50歳の時、それまでの生活をすべて捨てスーツケースひとつで羽田空港に降り立った男、アーロン・メロン。彼は、その後わずか数年で、日本女性の心を虜にする「フェイラー」ブランドを創りあげ、日本人「山川阿倫」になった。何が彼を大成功に導いたのか？　その波瀾万丈の物語！
2017.11 213p B6 ¥1400 ①978-4-86119-269-2

◆**日本電産永守重信が社員に言い続けた仕事の勝ち方**　田村賢司著　日経BP社、日経BPマーケティング 発売
【要旨】人を動かし、物事を前に進める力は、ほぼ普遍のものであり、それは天才にしかできないような難しいものではない―。迷いが晴れ、人生が開ける！　パワフル経営者・永守重信氏の仕事道。
2017.11 263p B6 ¥1500 ①978-4-8222-5896-2

◆**日本の"こだわり"が世界を魅了する―熱烈なファンを生むブランドの構築**　長沢伸也編　海文堂出版
【目次】はじめに―開会にあたって、第1部 基調講演「ブランディングの要となる"こだわり"（自己紹介」、「こだわり」の辞書的意味、「こだわり」を基点とするブランド構築ほか）、第2部 登壇企業・組織の取り組み（レクサスの取り組み（澤良宏（Lexus International Executive Vice President））、スノーピークの取り組み（山井太（株式会社スノーピーク代表取締役社長））、能作の取り組み（能作克治（株式会社能作代表取締役社長））ほか）、第3部 トークセッション「世界を魅了する、日本の"こだわり"」（世界から見た日本のこだわりの見え方・評価、日本に向けてチャンスか？、日本の企業／ブランドは、どうすれば"こだわり"を生み出せるか？ ほか）、おわりに―閉会挨拶
2017.7 157p B6 ¥1500 ①978-4-303-72388-0

◆**日本の人口動向とこれからの社会―人口潮流が変える日本と世界**　森田朗監修、国立社会保障・人口問題研究所編　東京大学出版会
【目次】人口潮流が変える世界と日本、1 日本の人口動向―日本社会の地殻変動（日本の人口動向と社会、人口学的視点から見た地域人口の変化と将来像、世帯の動向と将来像、人口動向と社会保障）、2 生き方の変化―新たな健康・共生社会へ（長寿化とその影響、少子化とその影響、ライフコースと家族―その実践と意識の変化、ライフコースの変化と社会保障）、3 世界の人口動向―1国では生きられない（東アジアの低出産・高齢化問題、世界の国際人口移動―データ統一化に関わる課題、世界の人口と開発―人口転換論を通して）、4 将来社会の展望―人口から考える設計図（仮想的人口シミュレーションとその政策議論への応用）、人口変動の時代を越えて―社会経済との相互作用とその帰結
2017.5 314p A5 ¥4800 ①978-4-13-051139-1

◆**日本の優れたサービス―選ばれ続ける6つのポイント**　松井拓己、樋口陽平著、サービス産業生産性協議会協力　生産性出版
【要旨】あらゆる産業がサービス化し、サービスで競争優位を築くことが不可欠な時代―サービス向上を進めるうえで、ぶつかる「壁」。壁を乗り越え、優れたサービスを実現するための「次の一手」を見出します。業界・ジャンルを越えて、すべてのサービスに使えるヒント。
2017.5 265p B6 ¥1800 ①978-4-8201-2065-0

◆**日本への遺言―地域再生の神様"豊重哲郎"が起こした奇跡**　出町譲著　幻冬舎
【要旨】サツマイモに焼酎、唐辛子を世界で売る？　補助金に頼らず、自主財源で稼ぐ奇跡の村"やねだん"。人口三〇〇人の限界集落はなぜ、ひとりの公民館長の手で生まれ変わったのか―。地域再生の神様と呼ばれる豊重哲郎さんの20年間の闘いとその軌跡を追る。
2017.5 152p 18cm ¥1100 ①978-4-344-03109-8

◆**日本流イノベーション―日本企業の特性を活かす成功方程式**　吉村慎吾著　ダイヤモンド・ビジネス企画、ダイヤモンド社 発売
【要旨】課題先進国ニッポンを救うイノベーションの教科書！　イノベーター経営者・吉村慎吾第2弾登場！
2017.1 254p B6 ¥1500 ①978-4-478-08404-5

◆**入門 社債のすべて―発行プロセスから分析・投資手法と倒産時の対応まで**　土屋剛俊著　ダイヤモンド社
【要旨】信用リスクに投資して「結果」を出すための分析方法、銘柄選び、投資タイミング、損失を避ける注意点の実践的ノウハウを、現場歴25年のプロフェッショナルが詳述。買い時・売り時が学べるケーススタディ満載！　デフォルト対応も詳述。
2017.3 222p A5 ¥2200 ①978-4-478-10167-4

◇**ニュースリリース大全集**　山見博康著　日本能率協会マネジメントセンター
【要旨】用途別に分類された210の推奨ニュースリリースを、事典的に活用可能。多種多様な分野の「本物のニュースリリース」を見ることで、今までとは異なった観点から学ぶことができる。50以上のメディア幹部から直接要望＆アドバイスを得ることができる。最新実例210を一挙紹介！　2017.3 669p A5 ¥3800 ①978-4-8207-5973-7

◇**任正非の競争のセオリー―ファーウェイ成功の秘密**　Zhang Yu, Jeffrey Yao著、日中翻訳学院訳　日本僑報社
【要旨】奇跡的な成長を遂げ、世界が注目するファーウェイ。その誕生と発展の秘密を創業者の半生から探る。
2017.11 121p B6 ¥1600 ①978-4-86185-246-6

◆**ネット時代の「取材学」―真実を見抜き、他人とつながるコミュニケーション力の育て方**　藤井誠二著　IBCパブリッシング
【要旨】「取材」はマスコミ専門職のための技術ではなく、子どもでも大人でも使える「学びの方法」であり、「人と関わるための技術」である。
2017.10 269p B6 ¥1400 ①978-4-7946-0503-0

◆**ねてもさめてもとくし丸―移動スーパーここにあり**　水口美穂著　（吹田）西日本出版社
【要旨】テレビ・新聞・雑誌などのメディアで話題のとくし丸。おばあちゃん、おじいちゃんのお買い物を助け、会話がはずむ場所にもなり、時にはおつかいまでしてしまう。そんな移動スーパーの日常をつづる、涙と笑いとちょっと冷や汗奮闘記。起業を考えている人にもおすすめです。
2017.4 235p B6 ¥1300 ①978-4-908443-15-2

◇**寝ながら稼ぐ121の方法**　ジェームス・スキナー著　KADOKAWA
【要旨】あなたは働き過ぎている。そろそろ、楽に行こう…2000億円を動かした賢者の知恵を全て学べる一冊！！　起業・不動産・株式・ブログ・FB・著作権・Airbnb・作曲・MLMなど、必ずあなたに合う不労所得がある。
2017.7 365p B6 ¥1700 ①978-4-04-602043-7

◇**伸びてる会社の意外な共通点―弁護士・税理士・上場企業取締役だから分かった**　三谷淳著　合同フォレスト、合同出版 発売
【要旨】社員愛がスゴい、細かい経理、仕事の任せ方が上手い、ちゃんと目標がある、知識プラス実践、すべての責任は社長―成長している会社の共通点！
2017.2 206p B6 ¥1400 ①978-4-7726-6083-9

◇**バカ売れ法則大全**　行列研究所著　SBクリエイティブ
【要旨】なぜあの商品は大ヒットした？　その舞台裏！　売れまくりの秘密とヒントが満載！　54例、その理由とノウハウを読み解く！
2017.10 351p B6 ¥1500 ①978-4-7973-9454-2

◇**バカは最強の法則―まんがでわかる「ウシジマくん×ホリエモン」負けない働き方**　堀江貴文著、真鍋昌平原案、松本勇祐作画　小学館
【要旨】このまんがを読むだけで仕事と人生が変わる！　主人公は銀行に勤める新人OL。仕事に悩むも謎のビジネスマンから「バカは最強」の助言を受け…!?ビジネス、マネー、人間関係、SNS、思考法など、誰もがすぐに実践できるホリエ流「成功メソッド」を、「ウシジマくん」とのコラボまんがで楽しく解説！
2017.7 169p B6 ¥900 ①978-4-09-388565-2

◇**はじめて社長になるときに読む本**　中村健一郎著　エーエスユー、星雲社 発売　四訂版
【要旨】税金・融資・出資のQ&A。はじめて起業・会社設立、その後の会社運営をする人・している人、現在、社長の方も必読。
2017.9 225p A5 ¥1500 ①978-4-434-23768-3

◇**はじめての経営計画100問100答**　小笠原士郎著　明日香出版社（アスカビジネス）改訂版
【要旨】こんなとき、どう考えればいいの？　どうすれば実現できるの？　中小企業の経営者が、はじめて中期経営計画・年度実行計画を作るための分析方法を、現場歴のプロが詳述。

きぶつかる100の疑問にひとつひとつ答えます。小さくても強い会社にしたい。内外が一体となる計画を立てたい。達成まで推進できるしくみがほしい。そんな社長を助ける一冊です。
2017.8 254p B6 ¥1800 ①978-4-7569-1921-2

◆**はじめての便利屋さん成功バイブル**　武藤謙太著　リンダパブリッシャーズ、徳間書店 発売
【要旨】いまや「遠い親戚より、近くの便利屋さん」の時代！　高齢化社会では「お助けビジネス」が伸びる！
2017.3 254p B6 ¥1600 ①978-4-19-864371-3

◇**はじめてのNPO論**　澤村明、田中敬文、黒田かをり、西出優子著　有斐閣（有斐閣ストゥディア）
【要旨】存在意義、法・制度からCSR・社会的企業やマネジメントまで、事例を多く織り込みつつ、バランスよく解説。コンパクトながら、幅広い領域を網羅した待望のスタンダード・テキストです。ワークショップの仕方も示して、アクティブ・ラーニングにも対応しています。
2017.4 236p A5 ¥1900 ①978-4-641-15041-6

◆**パーソナルプロジェクトマネジメント―PMでONでもOFFでも結果を出す**　パーソナルPMコミュニティ、冨永章編著　日経BP社、日経BPマーケティング 発売　増補改訂版
【要旨】資料作り、催事、試験、引っ越し、減量…一人ですぐできる10の原則。PMの第一人者が伝授。仕事も生活も趣味も人生も"マイプロジェクト"。PMはゴールを定め、段取りし、協力を得て、納期を守る手法。身に付ければ自信を持ってプロジェクトに挑戦できる。
2017.5 255p B6 ¥1700 ①978-4-8222-3740-0

◇**「働きがい」の伝え方―わかってはいるけど、上手く言えない大切なこと。**　海野忍著　クロスメディア・パブリッシング、インプレス 発売
【要旨】入社1年目から経営者まで、誰にでもできない仕事の原則。上司、部下、会社―仕事が楽しく充実する方法。
2017.12 253p B6 ¥1380 ①978-4-295-40151-3

◇**働き方改革の担い手 キャリアコンサルタント―自分らしい生き方の支援者**　田中稔哉著　日本マンパワー
【要旨】経験への意味づけがキャリアを創る。20人のキャリアコンサルタントからのメッセージ。
2017.3 278p B6 ¥1800 ①978-4-8220-0256-5

◇**働きのうちは働きたい人のためのキャリアの教科書**　木村勝著　朝日新聞出版
【要旨】4つのシナリオの「収入面」「やりがい」「リスク」「安定度」「年齢にかかわらず働けるか」「専門性向上のチャンス」を人事の超プロがリアルにわかりやすく解説！
2017.5 270p B6 ¥1600 ①978-4-02-331598-3

◆**白血病社長―意志あるところに道はある**　松井理悦著　セルバ出版、創英社／三省堂書店 発売
【要旨】どのようにして会社経営と両立しながら白血病と闘い、乗り越えていったのかを記録。
2017.6 199p B6 ¥1600 ①978-4-86367-343-4

◆**母の教え 4 人格は3歳までに決まる。**　『財界』編集部著　財界研究所
【要旨】日本を引っ張る20人のリーダーが教わったこと。
2017.6 206p B6 ¥1500 ①978-4-87932-125-1

◆**バフェットの成功習慣―お金を引き寄せる世界一の投資家**　桑原晃弥著　洋泉社
【要旨】成功者には行動原則がある。世界で最も尊敬される投資家・ウォーレン・バフェット。お金の増やし方から、仕事術、偉大な企業やすぐれた経営者の見極め方まで、41の行動原則から、バフェットの成功の秘密に迫る。
2017.5 206p B6 ¥1400 ①978-4-8003-1247-1

◆**パラノイアだけが生き残る―時代の転換点をきみはどう見極め、乗り切るのか**　アンドリュー・S.グローブ著、佐々木かをり訳、小澤隆生日本語版序文　日経BP社、日経BPマーケティング 発売
【要旨】産業を変え、企業をも飲み込んでしまう「戦略転換点」は必ずやってくる。これを見過ごしたら、企業にとって命とりだ。バグで4億7500万ドルの損失計上、日本メーカーの攻勢で決断した主力メモリー事業からの撤退など、数々の修羅場を乗り越えたパラノイアである著者が、「戦略転

換点」を見極め、予測不可能な世界でしぶとく生き残る方法を教える。
2017.9 269p B6 ¥1800 ⓘ978-4-8222-5534-3

◆繁栄の条件　ロジャー・W.バブソン著、住友進訳　きこ書房
【要旨】トヨタやイオンの社長を輩出。23年連続でアントレプレナーシップ教育部門大学ランキング全米1位に輝くバブソン大学。51%の人が誠実であれば、投資は安泰である―1929年のアメリカ大恐慌を予言した創立者、ロジャー・W.バブソンという伝説の経営哲学者、初邦訳。
2017.8 103p B6 ¥1200 ⓘ978-4-87771-374-4

◆日出づる国の富国へのキックオフ―歴史随想 ボールを蹴った造船業、受けて走った電子工業　山崎祖昭著　中央公論事業出版
【要旨】戦後日本の再出発。「富国」の達成までの経過を辿り、新しい日本の建設を目指した先人の志を次世代に伝える。
2017.6 365p A6 ¥926 ⓘ978-4-89514-476-6

◆非営利団体の資金調達ハンドブック―ファンドレイジングに成功するポイントのすべて　徳永洋子著　時事通信出版局 発売
【要旨】寄付・会費・イベント収益増の具体的方法が満載。すぐに使えるメール文案、イベントチェックリストを収録。受講者1万人超の人気セミナー講師、ノウハウを初公開！
2017.3 238p A5 ¥2400 ⓘ978-4-7887-1510-3

◆ビジネス・アイ　廣瀬幹好監修・著、G-BEL編　文眞堂　第2版
【要旨】社会はいま、イノベーター（革新者）を求めている。リスクに大胆に挑戦するイノベーター。現代ビジネスの革新者になるために、日常の中に溢れているチャンスをつかむ、ビジネス・アイを磨こう。
2017.3 123p B5 ¥1700 ⓘ978-4-8309-4935-7

◆ビジネス価値を最大化する思考法―世の中に役立つヒットアイデアのつくり方　井上裕一郎著　現代書林
【要旨】「お困りごと」はピンチではありません。共感されるビジネスを生み出すチャンスです。世の中に役立つヒットアイデアのつくり方。
2017.6 159p B6 ¥1400 ⓘ978-4-7745-1640-0

◆ビジネス基礎問題集　実教出版編修部編　実教出版　（付属資料）　新訂版
【目次】第1章 商業の学習ガイダンス、第2章 経済と流通の基礎、第3章 ビジネスの担い手、第4章 企業活動の基本、第5章 ビジネスと売買取引、第6章 売買に関する計算、第7章 ビジネスとコミュニケーション
2017.1 127p B5 ¥620 ⓘ978-4-407-33804-1

◆ビジネス契約書式150例　飛翔法律事務所監修 経済産業調査会　（現代産業選書―企業法務シリーズ）（付属資料：CD-ROM1）改訂2版
【要旨】企業活動に必要な契約書式150例を収載。民法改正のポイント。全書式のWordデータを付録CD-ROMに収録。
2017.2 635p A5 ¥5500 ⓘ978-4-8065-2992-7

◆ビジネス現場の担当者が読むべき、IoTプロジェクトを成功に導くための本　白井和康,大黒健二著　秀和システム
【要旨】アイデア発想から戦略策定、課題解決のヒント、価値検証まで。押さえておきたい視点や手順、方法論を詳しく解説！「日立の技術に関する知見」×「IT人財育成会社ならではのノウハウ」を持つ日立インフォメーションアカデミーが、分かりやすくお伝えします。
2017.10 271p A5 ¥1800 ⓘ978-4-7980-5170-3

◆ビジネスコミュニケーション―グローバル社会におけるビジネス基礎力と運用能力　堀眞由美著（八王子）中央大学出版部
【目次】第1章 社会人の基本、第2章 身だしなみの基本、第3章 挨拶・言葉遣いの基本、第4章 来客応対の基本、第5章 電話応対の基本、第6章 社内でのコミュニケーション、第7章 プレゼンテーション、第8章 訪問と接待のマナー、第9章 プロトコール（国際儀礼）・テーブルマナー、第10章 ビジネスメール・ビジネス文書の基本と遠隔会議・テレワークの心得、第11章 冠婚葬祭のマナー
2017.3 178p A5 ¥1400 ⓘ978-4-8057-6189-2

◆ビジネスで勝つ方法はゲームから学びなさい　中山基盛著　セルバ出版、創英社/三省堂書店 発売
【要旨】なぜ私たちは夢を叶えることができないのか。「実践する機会がない」からだ。本書は、

「成功に必要なスキルを積む場」として、ボードゲームを提唱。ボードゲームをただ楽しむのではなく、人生成功のエキスまで吸収することを可能にした本。
2017.10 175p B6 ¥1500 ⓘ978-4-86367-368-7

◆ビジネスヒットチャート　2017年度版　ミスター・パートナー出版部編　ミスター・パートナー、星雲社 発売
【要旨】今、話題の商品、企業を約320社紹介！
2017.9 271p A5 ¥1500 ⓘ978-4-434-23655-6

◆ビジネス名著大全　橋本忠明著　日本経済新聞出版社
【要旨】ビジネスエリートたちに支持され、30年間ビジネス書を厳選し、紹介し続けてきた著者によるベスト・オブ・ベスト。
2017.11 485p A5 ¥2500 ⓘ978-4-532-32186-4

◆ビジネスモデル症候群―なぜ、スタートアップの失敗は繰り返されるのか？　和波俊久著　技術評論社
【要旨】「アイディアという「バイアス」が仮説検証をダメにする」「アイディアが"本物"かどうかがわからない」「アイディアより先に稼ぐことが破綻する」「手段の目的化が加速する」「失敗のループから抜け出せなくなる」二度の起業経験を持ち、スタートアップのコンサルティングやメンタリングで活躍する著者が、これまでの常識を覆す視点から、スタートアップが失敗するメカニズムと対策を豊富な図解とともに解説。
2017.9 221p B6 ¥1680 ⓘ978-4-7741-9216-1

◆ビジネスモデルデザインの道具箱―14のフレームワークでイノベーションを生む　白井和康著　翔泳社　オンデマンド版
【目次】第1章 基礎編（ビジネスをデザインする時代の到来（イントロダクション）、ビジネスモデルキャンバス―顧客価値を創造し、金銭を獲得する仕組みを描く、顧客ジョブマップ―顧客の真のニーズを知り、自社だけの市場を創る、価値提案キャンバス―顧客が本当に欲しいと思う価値提案をデザインする、IoTキャンバス―巨大なポテンシャルを秘めたIoTのアイディアを描く、顧客ジャーニーマップ―顧客とサービスの交流を結び付けるプロセスを描く、サービスブループリント―顧客サービスを構成する内部プロセスをデザインする、価値交換マップ―多様な利害関係者の間で交換される価値を描く、リバース財務ツリー―ビジネスモデルの収支の仮説を検証/シミュレーションする、戦略キャンバス―競合のいない未開拓の市場を見つけ出す、事業環境マップ―ビジネスモデルに影響を与える外部/内部要因を評価する、シナリオマトリクス―不確実かつ重要な外部要因を見極め、将来に備える、進捗ボード―ビジネスモデルに関するアイディアと仮説をテスト/検証する、ユーザーストーリーマップ―顧客のジョブと行動に沿ったプロダクトやサービスの要件を整理する、スクラムボード―アジャイル開発のプロジェクトを管理する）、第2章 演習編（もし、プロ野球球団の運営を任されたら？（ビジネスモデルを理解し、イノベーションの基点を見つける）、もし、近未来のキッチンのプロデュースを頼まれたら？（テクノロジーを新しい顧客価値に活かす）、もし、トイレットペーパーのサブスクリプションサービスを始めるとしたら？（利益に影響を与える重要な変数の仮説を組み立てる）、もし、健康をテーマとするクックパッドのようなサイトを思いついたら？（ビジネスエコシステムと収益モデルを探る））
2017.11 263p 19×26cm ¥2800 ⓘ978-4-7981-5142-7

◆ビジネスモデル for Teams―組織のためのビジネスモデル設計書　ティム・クラーク著,ブルース・ヘイゼン共著,今津美樹訳　翔泳社
【要旨】世界的ベストセラーの決定版、ついに登場!!ビジネスを変えるには、人の「行動」を変える必要があります。人の行動を変えるためには、「考え方」を変える必要があります。組織やビジネスのビジネスモデルだけを検討しても、「個人の考え方」が変わらないと、組織のイノベーションは実現できません。本書は「組織」と、その組織を構成する「個人」のビジネスモデルを、同じキャンバスで可視化します。それにより、組織における個人の役割を最適化し、組織にイノベーションを起こすのです。さあ、「あなた」と「あなたたち」のビジネスを改革するチャンスです。
2017.10 263p 19×26cm ¥2800 ⓘ978-4-7981-5200-4

◆ビジネスリノベーションの教科書―最小のリスクで最大の効果を上げるヒケツ　西村佳隆著　自由国民社

【目次】第1章 ビジネスリノベーションとは何か（リノベーションの破壊力、漸減傾向の主力業態の派生として生まれた次期主力業態、チェキもすごい！ほか）、第2章 ビジネスリノベーションの進め方（価値について、コンセプトについて、クリエイティブは子ども心から ほか）、第3章 人生に活かす！リノベーション（これからの社会で求められる素養、ビジネス以外にもリノベーションを、エピローグ）
2017.2 217p B6 ¥1500 ⓘ978-4-426-12139-6

◆ビッグデータという独裁者―「便利」とひきかえに「自由」を奪う　マルク・デュガン,クリストフ・ラベ著,鳥取絹子訳　筑摩書房
【要旨】すでに現実はオーウェルの小説『1984年』を超えた。私たちは常に監視され、あらゆる情報を利用される。彼らが望むのは私たちのすべてを把握し、コントロールし、24時間を消費に結びつけることだ。自立した個人は純粋な消費者へと変貌し、自由も尊厳も国家も不要となる。フランスのベストセラー、待望の上陸！
2017.3 220p B6 ¥1500 ⓘ978-4-480-86449-9

◆人を動かす「仕掛け」―あなたはもうシカケにかかっている　松村真宏著　PHP研究所
【要旨】仕掛けは、人の意識や行動を変えるキッカケのこと。企画、発明、マーケティング…ビジネスにも応用できるシカケが満載！
2017.6 143p B6 ¥1400 ⓘ978-4-569-83818-2

◆人助け起業（ミリオネア・メッセンジャー）―1人で1億円稼いで感謝される暮らし　ブレンドン・バーチャード著、山崎拓巳監修、田坂源二訳　ヒカルランド　新装版
【要旨】「人助け」と「お金儲け」がいっぺんにできる！世界最高のビジネス・トレーナーが、その驚きの仕組みを初公開！！
2017.10 346p B6 ¥1750 ⓘ978-4-86471-529-4

◆ひと手間カンパニー―岩手の端っこで"南部どり"を育て続ける会社のはなし　甘竹秀企著　ダイヤモンド・ビジネス企画,ダイヤモンド社 発売
【要旨】「南部どり」や「サラダチキン」で人気のアマタケ。みんなが知っている、あの美味しさの向こうには、被災地で織りなされた喪失と再生の物語があった！
2017.12 235p A5 ¥1500 ⓘ978-4-478-08432-8

◆人の心を動かす使える質問―デキる人が使っている　日小田正人、松田充弘著　朝日新聞出版
【要旨】相手も自分も変わる「よい質問」。仕事力・雑談力・好感度が上がる！「気づき」をあたえる超質問358。
2017.6 191p B6 ¥1000 ⓘ978-4-02-333156-3

◆人の和で幸せを広げるおかげさま経営　新井敏之著　とりい書房
【要旨】介護事業に新風を吹き込む元気社長の挑戦。
2017.2 177p B6 ¥1300 ⓘ978-4-86334-098-5

◆人見知りで出不精だったOLがコミュニティの女王になった理由　中村薫著　大和書房
【要旨】自分が苦手なことはやらない。みんなでやる儀式で一体感を作る。下火になったコミュニティの盛り上げ方。セミナーでリピーターを増やす3つのコツ。食事会、セミナー、イベント…ビジネスにつながる超実践的なノウハウが詰まった唯一の本！
2017.5 254p B6 ¥1400 ⓘ978-4-479-78378-7

◆ひとりから始める「市民起業家」という生き方　川口和正著　同友館
【要旨】いま、ここにないのなら、自分で作る。誰もやっていないのなら、自分が始める。人と地域と社会を支える31人の仕事と働き方。
2017.4 288p B6 ¥1800 ⓘ978-4-496-04788-6

◆一人でつくれる契約書・内容証明郵便の文例集―サンプル書式ダウンロード特典付き　安達敏男,吉川樹士著　日本加除出版　第2版
【目次】第1章 契約書作成の基本的知識、第2章 賃貸借契約、第3章 売買・贈与・業務委託・債権譲渡・債務引受契約関係、第4章 金銭貸借契約、第5章 内容証明郵便、第6章 労務契約関係、第7章 知的財産権（特許権を中心として）、第8章 離婚に伴う給付等の契約、第9章 遺言書・遺産分割書関係
2017.10 349p A5 ¥3500 ⓘ978-4-8178-4435-4

◆ひとりの力を信じよう―「今あるもの」で人と地球の未来をつくる　立花貴著　英治出版

【要旨】ひとりでも、やる。ひとりから、動かす。ビジョンも計画もなかった。ただ自分にできることをやり続けたー。各地の個人・企業・行政を「目の前のひとりから」動かしてきた起業家が語る、新しい地域づくりとゼロからの変化の起こし方。
2017.1 222p B6 ¥1500 ①978-4-86276-239-9

◆**100人以下の会社のためのiDeCo＆企業型DC楽々活用法**　山中伸枝著　日本法令
【要旨】使わなきゃもったいない！知らないでは済まされない！小さな会社こそ、今すぐ確定拠出年金を活用してください！
2017.8 200p A5 ¥1800 ①978-4-539-72559-7

◆**100年先も勝ち続けるための成功経営術**　平野宏著　幻冬舎メディアコンサルティング、幻冬舎 発売
【要旨】単なる売り上げ拡大より、100年続く企業づくりを！創業43年1万6000社以上の契約実績!!この低成長時代において、前年比125％の拡大を続けるベルウェールグループ。顧客からの支持もなければ、社員がやりがいを持って永く働ける会社経営の秘訣とは？
2017.3 202p B6 ¥1200 ①978-4-344-91144-4

◆**100年続く企業の「ちょっと、いい話」**　「いい話」プロジェクトメンバー一同著　クロスメディア・マーケティング、インプレス 発売
【要旨】金沢にある老舗企業でほんとうにあった心温まる仕事のショート・ストーリー。生死が交錯する病院内の感動の言葉。
2017.3 166p B6 ¥1380 ①978-4-295-40030-1

◆**100年働く仕事の哲学**　長沼博之著　ソシム
【要旨】退職なき時代のキャリア進化論。
2017.8 215p B6 ¥1800 ①978-4-8026-1106-0

◆**ヒューリックドリーム―企業の成長と社員のやりがい、トップは会社を変えられる**　西浦三郎著、日経不動産マーケット情報編、菅健彦解説　日経BP社、日経BPマーケティング 発売
【要旨】上場以来8年で時価総額10倍、経常利益5倍、配当8倍、従業員の年収2倍。この不動産会社の成功を、人は「ヒューリックドリーム」と呼ぶ。
2017.4 190p B6 ¥1400 ①978-4-8222-3931-2

◆**美容院と1000円カットでは、どちらが儲かるか？**　林總著　日本経済新聞出版社（日経ビジネス人文庫）
【要旨】「儲かる会社は、いったい何が違うのか」ー。公認会計士の著者が、会計のテキストには書かれない「儲けを生み出す仕組み」と「会計システムの落とし穴」を伝授。実話をもとにした小説を読み進めるだけで、経営や会計、税務のポイントが身につき、企業継続の本質的な理解ができる。
2017.12 269p A6 ¥750 ①978-4-532-19842-8

◆**ひらめきを生み出すカオスの法則**　ティム・ハーフォード著、児島修訳　TAC出版
【要旨】なぜ、できる人の机は汚いのか？デヴィッド・ボウイ、キング牧師、ジェフ・ベゾスはみんな「アクシデント」「アドリブ」「混沌」を活用していた！
2017.12 319p B6 ¥1600 ①978-4-8132-7151-2

◆**不合理を活かすマネジメント―人まねの呪縛から逃れるために**　中森孝文著　経済産業調査会
【要旨】常識にあえて逆らう…一徹社長の不合理な経営判断にこそ成功がある。多数の学術分析、インタビューから不合理経営の真髄に迫る！
2017.11 346p B6 ¥4000 ①978-4-8065-3006-0

◆**ふしぎな総合商社**　小林敬幸著　講談社（講談社プラスα新書）
【要旨】売上ゼロでもボーナスが良い営業部って!?実は隠れた高収益・高成長業界だった！新聞を読んでもよくわからない商社ビジネスの組み。
2017.9 205p 18cm ¥840 ①978-4-06-291504-5

◆**普通のサラリーマンでもできる！「週末コンサル」の教科書**　鈴木誠一郎著　PHP研究所
【要旨】会社を辞めずに週末だけ活動する3ステップで独立をめざす！コンサルタント志望の会社員を250人以上指導してきた著者が、自分の「強み」の見つけ方から、サービス・メニューの開発法、「刺さる営業ツール」の作り方、顧客獲得法まで、徹底解説！
2017.2 206p B6 ¥1400 ①978-4-569-83278-4

◆**普通の女子がフリーランスで年収1000万円稼ぐ本―「好き」を「お金」に変える夢のワクワク・ライフ**　鈴木絢子著　大和出版
【要旨】「好きなこと」が頑張る力になる！20代でフリーの美容家に転身、30代でフリーランス1000人超が所属するエージェンシーを設立…、フリーランスの表も裏も知り尽くしたスペシャリストが明かす成功へのセルフブランディングの方法。
2017.11 187p B6 ¥1400 ①978-4-8047-0544-6

◆**不変の成功法則をつかめ！―「信頼と支援」でグローバルに絆を創造する理念経営**　市来晃次著　カナリアコミュニケーションズ
【要旨】国境を越えた「グローバル社会」において、リーダーとなる『経営者』たちは何を考え、どのように行動する必要があるのか？理念の実践が多くの信頼と絆を生み、グローバル企業群としての輪が形成されていく。それこそが、未来永劫の成功につながる。
2017.5 176p B6 ¥1300 ①978-4-7782-0401-3

◆**プラットフォームの教科書―超速成長ネットワーク効果の基本と応用**　根来龍之著　日経BP社、日経BPマーケティング 発売
【要旨】デジタルエコノミーの勝者と敗者を分けるもの。理論とカラクリを3時間で学ぶ。
2017.5 223p A5 ¥1700 ①978-4-8222-5509-1

◆**ブランディングと成長実感―成長する企業のブランド戦略**　日経BP総研編著　日経BPコンサルティング、日経BPマーケティング 発売
【要旨】社員が成長を実感できる仕組みづくりが企業ブランドを生み出す。大競争・大変革の時代、いかに優秀な人材を集め、いかに人材を育成し戦力化していくのかが、企業の成長を左右する。ブランディングの真の目的は、社員にとって顧客にとっての魅力的な企業になることである。あらゆるステークホルダーを魅了し、何よりも優秀な人材が集う会社こそが、これからの世界を勝ち残ることができるのだ。
2017.7 191p B6 ¥1300 ①978-4-86443-120-0

◆**ブランディング7つの原則―成長企業の世界標準ノウハウ**　インターブランドジャパン編著　日本経済新聞出版社　改訂版; 2版
【要旨】ブランディングこそがビジネスの成長をドライブする。世界最大のブランディング会社Interbrand が最先端ブランディングのリアルノウハウを解き明かす。
2017.7 304p A5 ¥1800 ①978-4-532-32158-1

◆**ブランド力―今、企業や自治体に求められている大切な価値**　関野吉記著　日経BPコンサルティング、日経BPマーケティング 発売
【目次】1 なぜ、今ブランド力が必要なのか（付加価値を提供できる企業がお客様から選ばれる、ブランディングとは良いイメージを持ってもらうための活動である ほか）、2 企業ブランドは社員がつくる（企業のイメージを想起させるのは社員、ごまかせないのが人、企業カルチャーが定着していれば、社員はどう動くか分かる ほか）、3 世界で勝ち抜くためのブランド力（グローバルで勝つための条件、ブランド構築は一気通貫で行う ほか）、4 地域ブランディングを成功させる条件（地域ブランディングの問題点、地域ブランディングは周囲を巻き込み気持ちのベクトルを合わせる ほか）
2017.4 207p B6 ¥1300 ①978-4-86443-119-4

◆**ブレーン 特別編集合本―地域を変える、アイデアとクリエイティブ！読本**　ブレーン編集部編、100万社のマーケティング協力　宣伝会議
【要旨】自治体×住民×企業×クリエイター、地域を活性化する76のアイデア。
2017.12 145p 28×21cm ¥1850 ①978-4-88335-422-1

◆**ブロックチェーン入門**　森川夢佑斗著　ベストセラーズ（ベスト新書）
【要旨】金融サービスが一気に変わる！最先端のインターネット・テクノロジーが巻き起こす第4次産業革命。
2017.5 215p 18cm ¥824 ①978-4-584-12555-7

◆**文画サンド版 巨富を築く13の条件**　ナポレオン・ヒル著、ナポレオン・ヒル財団アジア太平洋本部編、田中孝顕訳　きこ書房
【要旨】世界中に億万長者を輩出した歴史的名著が、マンガと文章でよくわかる！
2017.11 492p 16×11cm ¥900 ①978-4-87771-378-2

◆**平均思考は捨てなさい―出る杭は伸ばす個の科学**　トッド・ローズ著、小坂恵理訳　早川書房
【要旨】平均身長、平均点、平均年収、平均層…私たちのものの考え方や価値観には、「平均」を基準に据えるという手続きがデフォルトによりにしみついている。しかし、この「平均思考」が害をなすとしたらどうだろう？ハーバード教育大学院で"個性学"プログラムを推進するローズは、この「平均思考」がいかに大きな障害となりうるかを歴史的経緯と最新研究、具体的な事例をもって説く。そして平均思考を排して成功した実際の学校や企業の例を通じ、自己のユニークネスを理解し、個性を存分に発揮することで人生で優位に立つヒントとなる3つの原理、すなわちバラツキの原理、コンテクストの原理、迂回路の原理を紹介する。「個性を生かす」ことは建前ではなく現実に今も生き残るうえで必須であると納得できる啓発の書。
2017.5 292p B6 ¥2200 ①978-4-15-209690-6

◆**別府式 湯一園地大作戦―地域のために情熱を注ぐすべての人たちへ**　長野恭紘、清川進也共著　TC出版、万来舎 発売
【要旨】動画で公約、クラウドファンディングで資金調達！たった4日で100万回再生を達成。資金約9000万円を集めた長野別府市長の真の目的は？日本中が沸いた「遊〜園地」の全貌を公開!!
2017.12 197p B6 ¥1400 ①978-4-908493-20-1

◆**変革期のモノづくり革新―工業経営研究の課題**　風間信隆、廣瀬幹好編著　中央経済社、中央経済グループパブリッシング 発売
【要旨】IoT、ビッグデータ、ロボット、人工知能（AI）等による技術革新が、従来にないスピードとインパクトで進行するなか、わが国のGDPはほとんど増加しておらず、世界に占める比率も15％から6％へと減少する一方である。同時に、「フォーチュン」誌のグローバル500社の売上高ランキングを見ても、日本企業の退潮傾向は明らかである。今はまさに変革期であり、革新がとりわけモノづくり革新が、わが国企業に強く求められているのである。本書は、転換期に立つ日本の工業経営の現状を分析し、モノづくり革新の可能性を探る。
2017.9 189p A5 ¥3400 ①978-4-502-23571-9

◆**変革の軌跡―世界で戦える会社に変わる"アジャイル・DevOps"導入の原則**　ゲイリー・グルーバー、トミー・マウザー著、吉羽龍太郎、原田騎郎訳　技術評論社
【要旨】市場の変化に素早く対応できない、変更しにくいソフトウェアに苦悩する企業は多い。HPのエンタープライズ向けプリンタでのファームウェア開発における変革の事例をもとに、アジャイル・DevOpsを適用する効果的な方法を解説した1冊。
2017.2 147p B6 ¥1980 ①978-4-7741-8663-4

◆**ベンチャーコミュニティを巡って―起業家と投資家の世界**　秦信行著　（武蔵野）武蔵野デジタル出版、星雲社 発売
【要旨】起業家と投資家との出会いの場（コミュニティ）を通じて、リーマンショックからトランプ誕生によって変化し続けるベンチャー動向を探る。
2017.3 231p B6 ¥2000 ①978-4-434-23147-6

◆**ベンチャービジネス研究 2 深化するベンチャービジネス経営―CSR・情報・金融機関連携**　追手門学院大学ベンチャービジネス研究所編、枊尾安伸、池田信寛、金森喜久男、小牧義昭、水野浩児著　（茨木）追手門学院大学出版会、丸善出版 発売
【要旨】1.ベンチャービジネスの重要性、2.企業経営におけるおもてなし精神とコンプライアンス、3.企業における情報セキュリティ概論、4.ベンチャービジネスと信用金庫―大学と信用金庫の連携による地域活性化への展開〜、5.ベンチャービジネスと事業性評価について5人の実務家と研究者が、ベンチャービジネス経営を実践的な観点から役立つテーマについて論じたものであり、研究成果が起業を目指す人々に資するものと確信しています。
2017.3 119p B6 ¥1300 ①978-4-907574-16-1

◆**変な経営論―澤田秀雄インタビュー**　桐山秀樹、丸本忠之聞き手　講談社（講談社現代新書）
【要旨】ハウステンボス再生、変なホテル成功！未来を読み、必ず結果を出す経営者が今、力を注ぐ4分野とは何か。
2017.11 200p 18cm ¥780 ①978-4-06-288448-8

◆ポイント図解 損益分岐点の実務が面白いほどわかる本　天明茂著　KADOKAWA
（『「損益分岐点」の実務が面白いほどわかる本』加筆・再編集・改題書）
【要旨】収支・採算から販売計画までコスト分析の基本34。「赤字」を「黒字」に転換させる社長思考がこの1冊でつかめる！ 豊富な「実例」で解説！
2017.8 159p B6 ¥1300 ①978-4-04-602049-9

◆僕はミドリムシで世界を救うことに決めた。　出雲充著　小学館（小学館新書）
（『僕はミドリムシで世界を救うことに決めました。』改題書）
【要旨】「世界から飢餓をなくしたい」一大学時代、バングラデシュで深刻な貧困に衝撃を受けた出雲充は心に誓った。"魔法の食べ物"を探す中で着目したのが、ミドリムシ。植物と動物の性質と59種の栄養素をもつハイブリッドな生物だ。'05年バイオベンチャー「ユーグレナ」を設立した出雲は挫折と逆風を乗り越え、世界初の屋外大量培養に成功。「どんなくだらないことでもNo.1を目指せ」と言う若き起業家の情熱と奮闘の軌跡を追う。『僕はミドリムシで世界を救うことに決めました。』（ダイヤモンド社）を新書化。
2017.2 254p 18cm ¥780 ①978-4-09-825290-9

◆「誇り」となる会社の作り方　蓬台浩明著　現代書林
【要旨】地方の中小企業が、なぜ国連に認められたのか？ 地域に愛されなければ会社はもう生き残れない。競い合い、奪い合う経営から、利他的経営へのターニングポイント。
2017.3 246p B6 ¥1500 ①978-4-7745-1622-6

◆ポスト平成のキャリア戦略　塩野誠, 佐々木紀彦著　幻冬舎
【要旨】「仕事ができる人」の定義が根底から変わった―。"20代・30代・40代以降"世代別キャリア戦略の決定版！ ハングリー＆ノーブルなリーダーになるための最強指南書。
2017.12 261p B6 ¥1500 ①978-4-344-03237-8

◆ホワイト・ブック―自分探し…様々な会社、そこでの様々な仕事…　南方紙一著（名古屋）ブイツーソリューション, 星雲社 発売
【要旨】大学一年生が就職について、最低限知っておくこと、やっておくこと。また、三、四年生の実践的就活、そしてそのノウハウ…。
2017.3 214p 18cm ¥1000 ①978-4-434-23005-9

◆本業支援と企業価値向上のための事業性評価入門　フロンティア・マネジメント編　金融財政事情研究会, きんざい 発売
【要旨】「財務と非財務の融合」に基づく事業性評価のAtoZ。企業価値評価結果を活用した融資判断と顧客満足のフィードバックを丁寧に解説。法人営業現場担当者育成の実践的教科書。
2017.9 59p B5 ¥1000 ①978-4-322-13214-4

◆本郷孔洋の経営ノート 2017 大航海時代のビジネスチャンス　本郷孔洋著　東峰書房
【目次】第1章 過去の経営ノートを懺悔する（GDPの予測間違い、芸能プロダクション型組織の構築 ほか）、第2章 大航海時代のビジネスチャンス（大航海時代の到来か？、ビジネスチャンスは、場所を選ばず ほか）、第3章 二〇一七年、ビジネスのキーワード（市場が変わった、スマホ化（PCは効率、スマホはまったり）ほか）、第4章 では、勝つために何をすべきか（スマホ対応、インターネット広告費はもはや広報宣伝費ではない ほか）、第5章 次に来るもの（ストックビジネスとフロービジネス、ビッグバン・イノベーション ほか）
2017.3 165p B6 ¥1400 ①978-4-88592-186-5

◆凡々たる非凡―松下幸之助とは何か　江口克彦著　エイチアンドアイ
【要旨】秘書として23年間、松下幸之助から全身全霊の薫陶を受け、全身全霊で師事した筆者が万感の思いを込めて綴る、凡々たる非凡の人・松下の成功の素顔。
2017.6 273p B6 ¥1600 ①978-4-908110-07-8

◆本物の思考力　出口治明著　小学館（小学館新書）
【要旨】「日本は大学進学率が高い」「侘び・寂びが日本の伝統文化だ」「日本では夫婦同姓が当たり前」…。常識のように語られていることも、「数字・ファクト・ロジック」で考えれば、思い込みや固定観念によるものだということがわかる。ゴシップや流言飛語に惑わされず、物事を正しく判断するにはどうすればいいのか。「人・本・

旅」から情報を収集する、物事をゼロから捉え直すetc. 著者が実践する「腹に落ちるまで考え抜く」方法を徹底的に解説する。
2017.4 254p 18cm ¥800 ①978-4-09-825279-4

◆負けない英文契約書―不利な条項への対応術　熊木明著　清文社
【要旨】ドラフトをそのまま受け入れていませんか？ 文例多数収録。条文に潜む"リスク"を見抜く！ どう修正すればいいかがわかる！ 現実的な落としどころを探る！
2018.1 278p A5 ¥1500 ①978-4-433-65357-6

◆増田のブログ―CCCの社長が、社員だけに語った言葉　増田宗昭著　CCCメディアハウス
【目次】第1章 経営哲学（創業シリーズ1 LOFTのスタート、創業シリーズ2 TSUTAYA一号店の物件開発と本の調達 ほか）、第2章 組織論（7人乗りのボート、成長の副作用―ピーターの出現 ほか）、第3章 企画（カンヌ映画祭とケインズ、最近思うこと「未来は、過去の延長線上にはない」ということ ほか）、第4章 価値観（信用？、菅沼くんとヤスくん ほか）、第5章 心象風景（オヤジの法事、日販さんとCCC ほか）
2017.4 425p 24×17cm ¥2500 ①978-4-484-17210-1

◆町工場の全社員が残業ゼロで年収600万円以上もらえる理由　吉原博著　ポプラ社
【要旨】NHK『クローズアップ現代+』『おはよう日本』で取り組みを紹介！ 残業はなくなった、売上と利益は増えた、社員の給料も増えた！「接待ゼロ」「大口顧客ゼロ」「特殊技術ゼロ」それでも社員も会社も儲かる仕組み。
2017.12 205p B6 ¥1500 ①978-4-591-15631-5

◆町工場の宮沢賢治になりたい　山元証著（鹿児島）ラグーナ出版
【目次】第1部 洗練された心をもつ人々が集う場所（ヨシズミプレス 自然体や親子経営者を支えるしなやかさと強さ―下町の町工場を支える女性、堀江金属研磨工業 諦めない生き方を貫く―生き抜くということの意味、I精工 被災が繋いだ精神的キズナが独自の経営を支える）、第2部 思い出の欠片を掌のなかで温める（人生の瑕瑾は繰り返す、母の涙、幽霊でもいいから、も一度会いたい人、せな七福さん、アサギマダラ ほか）
2017.5 174p B6 ¥1200 ①978-4-904380-62-8

◆松下幸之助 生き抜く力―仕事と人生の成功哲学を学ぶ　PHP研究所編　PHP研究所（PHP文庫）（『松下幸之助の見方・考え方』再編集・改題書）
【要旨】思い描く未来を実現するために必要なものといえば学歴、お金、人脈…。そのいずれももたず、ただ何が正しいかを考え抜いて、成功を収めた人物―それが松下幸之助だ。本書は、その波瀾万丈の人生から仕事術やマネジメントまで、現代を生きるうえで必要なエッセンスを、豊富な言葉とともに紹介。仕事だけでなく、人生のヒントも与えてくれる1冊。
2017.5 285p A6 ¥600 ①978-4-569-76712-3

◆松下幸之助に学ぶ判断力　佐藤悌二郎, 青木仁志著　アチーブメント出版
【要旨】世界的な企業を生み出した"意思決定の原点"とは？ 松下哲学研究の第一人者と理念経営の実践経営者が、経営の神様による「決断の極意」を読み解く！
2017.10 170p B6 ¥1500 ①978-4-86643-016-4

◆松下幸之助の経営論―経営成功特論　石見泰介編著（長生村）HSU出版会, 幸福の科学出版 発売（HSUテキスト 20）
【要旨】経営は「思い」からはじまる―。経営の神様から学ぶ信仰経営の遺伝子。
2017.6 292p A5 ¥1500 ①978-4-86395-911-8

◆松下幸之助はなぜ成功したのか―人を活かす、経営を伸ばす　江口克彦著　東洋経済新報社
【要旨】元側近の著者が解き明かす、史上最高の経営者に学ぶ、最強のリーダー論。
2017.1 357p B6 ¥1500 ①978-4-492-50288-4

◆松下幸之助 ものづくりの哲学―どんな時にも、道はある　谷井昭雄著　PHP研究所
【要旨】松下流・製品開発力と「人づくり」の真髄。技術者出身のパナソニック元社長が語り尽くす。
2017.6 204p B6 ¥1800 ①978-4-569-83621-8

◆マネー・コネクション―あなたのビジネスを加速させる「戦略」の見つけ方　ジェイ・エイブラハム著, 島藤真澄監訳　KADOKAWA
【要旨】10,000社以上の経営者を成功に導いた原理原則とは？
2017.5 287p B6 ¥1500 ①978-4-04-105674-5

◆マネジャーの教科書―ハーバード・ビジネス・レビューマネジャー論文ベスト11　ハーバード・ビジネス・レビュー編集部編, DIAMONDハーバード・ビジネス・レビュー編集部訳　ダイヤモンド社
【要旨】上司・部下のコミュニケーション円滑化、生産性向上、働き方改革を推進していくため、マネジャーにとって価値の高いベスト論文11選。
2017.9 248p B6 ¥1500 ①978-4-478-10337-1

◆マネジャーの最も大切な仕事―95%の人が見過ごす「小さな進捗」の力　テレサ・アマビール, スティーブン・クレイマー著, 中竹竜二監訳, 樋口武志訳　英治出版
【要旨】3業界、7企業、26チームへの1万2000の日記調査から、「やりがいのある仕事が進捗するよう支援する」ことでチームやメンバーの創造性と生産性が高まることが判明。しかし、669人のマネジャーへの調査で衝撃の事実が明らかに。「進捗の支援」が大切だと答えた人は、わずか5%だった―。私たちは、マネジメントを誤解してきたのかもしれない。1万組の日誌分析、669人のマネジャー調査…ハーバード教授と心理学者が35年の研究でついに解明。生産性と創造性は、こうすれば高まる。
2017.1 385p 21×14cm ¥1900 ①978-4-86276-240-5

◆マネタイズ戦略―顧客価値提案にイノベーションを起こす新しい発想　川上昌直著　ダイヤモンド社
【要旨】なぜ、あの会社は尖っているのか？ マネタイズ視点でビジネスはさらに進化する。8つのケースで学ぶ顧客満足と利益を両立させるビジネスのしくみ。
2017.12 213p A5 ¥1600 ①978-4-478-10297-8

◆魔法をかける編集　藤本智士著　インプレス（しごとのわ）
【要旨】一過性で終わるイベント、伝わらない商品、ビジョンのないまちづくり…足りないのは、編集です！ マイナスをプラスに、忘れられていたものを人気商品に、ローカルから全国へ発信する…etc. 誰もが使えるその技術を、「Re：S」「のんびり」編集長がすべて公開！
2017.7 237p B6 ¥1500 ①978-4-295-00198-0

◆ママ起業家これだけ知っておけば十分 税金＋社会保険＆経営の便利ブック　岡京子著　セルバ出版, 創英社/三省堂書店 発売
【要旨】本書は、ママ起業家がよくわからずにモヤモヤしているお金まわりの問題に答える解説書。
2017.1 175p B6 ¥1500 ①978-4-86367-307-6

◆迷いの先に―仕事と人生の羅針盤　中鉢良治著　日経BP社, 日経BPマーケティング 発売
【要旨】経営者としてソニーを率いた中鉢良治氏。現在は、産業技術総合研究所理事長として、研究者の育成を推し、国立研究機関の指揮を執る中鉢氏が、多様な経験を通じて培ってきた日本の産業や社会に対する見方、一人の職業人としての人生への思いなどを描く。
2017.10 286p B6 ¥1500 ①978-4-8222-5985-3

◆マルカン大食堂の奇跡―岩手・花巻発！ 昭和のデパート大食堂復活までの市民とファンの1年間　北山公路著　双葉社
【要旨】花巻市の老舗「マルカン百貨店」が老朽化のため昨年6月に閉店。そのニュースは市民をはじめ全国のファンにも激震が走った。580席のキャパを持つ「マルカン大食堂」を愛してやまない市民が存続を模索し始め、先頭を切って署名活動を始めたのは、人気メニュー「25cm 特大ソフトクリーム（180円）」をこよなく愛す地元高校生たちだった。そこに地元若手ベンチャー企業家も立ち上がり、周囲の若者を巻き込み、その活動は大きなうねりとなって大食堂は再オープン。本書はこの若者たちの草の根的な運動を1冊の本にまとめたノンフィクション。
2017.5 189p B6 ¥1500 ①978-4-575-31254-6

◆マレーシア大富豪の教え　小西史彦著　ダイヤモンド社
【要旨】「お金」も「コネ」も「才能」もない青年は、なぜ、わずか24歳で日本を飛び出し、アジア有数の「ミリオネア」になれたのか？ お金・仕事・信頼・交渉・人脈・幸運など、「無一文」

から「大富豪」になる25のシンプルな教え。
2017.4 303p B6 ¥1600 ①978-4-478-02834-6

◆マンガでやさしくわかる学習する組織　小田理一郎著、松尾陽子漫画　日本能率協会マネジメントセンター
【要旨】とある不祥事をきっかけに、組織変革の必要に迫られるびんかん飲料。主人公の永倉由香は、経営企画部の一員として会社の新たな体制・方針をT工場で説明することができず、思わぬ猛反発に遭う。会社の立て直しのためにも、現場の社員たちの納得を得たい由香。そんな時、「学習する組織」と出会う一人と組織が成長し続ける！マネジメントの常識を変えた世界的ベストセラーの要点を2時間で学ぶ。
2017.6 293p B6 ¥1600 ①978-4-8207-1971-7

◆マンガでやさしくわかるCSR　足立辰雄著、田中裕久シナリオ制作、浜之こうし作画　日本能率協会マネジメントセンター
【要旨】「企業の社会的責任」とは何かをストーリーで体験×納得。日本企業を正しい方向へ成長させるCSRがわかる！実践できる!!
2017.12 247p B6 ¥1500 ①978-4-8207-1981-6

◆マンガでわかる稲盛和夫のアメーバ経営　京セラコミュニケーションシステム監修、綾瀬てるマイナビ出版
【要旨】カリスマ経営者の利益を生み出す「強い組織」のつくり方。
2017.11 189p B6 ¥1330 ①978-4-8399-6181-7

◆マンガでわかるサミュエル・スマイルズの自助論―成功する「考え方」と「習慣」　金谷俊一郎監修、くろにゃこ。マンガ　マイナビ出版
【要旨】「天は自ら助くる者を助く」。「悩み」が「推進力」に！人は変われる!!
2017.2 191p B6 ¥1330 ①978-4-8399-6019-3

◆まんがでわかるデザイン思考　小田ビンチシナリオ・記事、坂元勲まんが、田村大監修　小学館
【要旨】カフェチェーン最悪の赤字店の店長を命じられた3年目社員・三島雄介。デザイン思考に精通する老人の教えを受け、店のイノベーションに立ち向かう。デザイン思考の3つのプロセス「着想」「発案」「実現」を具体的なノウハウ満載で、シミュレーションコミック化！
2017.10 207p B6 ¥1500 ①978-4-09-388576-8

◆マンガでわかる！ハーバード式経営戦略　名和高司著、星井博文、松村バウシナリオ制作、松浦まどか作画　宝島社
【要旨】地方の零細タオル業者が「ハーバードの経営戦略」で大変身!?ハーバードのMBAコースの経営・ビジネス戦略がこの一冊でよくわかる！あのマイケル・ポーターの経営戦略も丸わかり！
2017.5 203p B6 ¥1600 ①978-4-8002-4801-2

◆まんがでわかるランチェスター　2　弱者の戦略　矢野新一著、佐藤けんいち漫画　（新潟）シーアンドアール研究所
【要旨】多くの企業で成果を上げているランチェスター戦略は販売実績の向上、セールス活動の見直し、同業他社の完全把握など山積みされた企業課題を理論的に解決する最大の武器だ。その難解と思われてきた理論と法則をマンガにて完全マスター可能にしたビジネスコミックシリーズ。
2018.1 174p A5 ¥2320 ①978-4-86354-796-4

◆「万年自転車操業」の会社を「万年安定経営」の会社に変える方法　小林優一著　幻冬舎メディアコンサルティング, 幻冬舎　発売（経営者新書）
【要旨】数字で弱い零細企業社長を黒字化に導いた、中小企業認定支援機関の認定コンサルタントが教える、費用ゼロで赤字会社を再生する秘訣。
2017.9 179p 18cm ¥800 ①978-4-344-91203-8

◆「見えない資産」経営―企業価値と利益の源泉　三冨正博著　東方通信社, ティ・エー・シー企画　発売
【目次】第1章 企業価値を創造する5つの資産、第2章 企業の価値創造を見える化するバリュートライアングル、第3章 文化と戦略を成果につなげるフレームワーク「3つの輪」、第4章 顧客資産のマネジメント、第5章 人的資産のマネジメント、第6章 章両学
2017.5 262p A5 ¥1600 ①978-4-924508-23-1

◆道をひらく―オーディオブック付　松下幸之助著　PHP研究所

【目次】運命を切りひらくために、日々を新鮮な心で迎えるために、ともによりよく生きるために、みずから決断を下すときに、困難にぶつかったときに、自信を失ったときに、仕事をより向上させるために、事業をよりよく伸ばすために、自主独立の信念をもつために、生きがいある人生のために、国の道をひらくために
2017.3 271p A6 ¥1500 ①978-4-569-83277-7

◆緑のトマト―デジタル時代の経営者へのメッセージ　本間洋著　日経BP社, 日経BPマーケティング　発売
【要旨】事例で語る、現場力で実現する「攻めのIT」の真髄。
2017.5 199p B6 ¥1600 ①978-4-8222-6196-2

◆未来を動かす　バシャール, 安藤美冬著　ヴォイス
【要旨】ワクワクする仕事、十分な豊かさ、運命のパートナー…完璧に変容の時代に突入する2017年、バシャールが新たに語る、「最高の人生」にシフトする方法。
2017.7 189p B6 ¥1600 ①978-4-89976-465-6

◆ミライを変えるモノづくりベンチャーのはじめ方　丸幸弘著　実務教育出版
【要旨】先端技術を、宝の持ち腐れで終わらせるか、あるいは当たり前の世界を作れるか、すべてはやり方次第です。ミドリムシで上場のバイオベンチャー、ユーグレナの仕掛け人による、モノづくりベンチャーの成功ルール！起業したい人、投資したい人、（VC、事業会社、銀行、エンジェルなど）必読の書！
2017.9 246p B6 ¥1600 ①978-4-7889-1445-2

◆ミレニアル起業家の新モノづくり論　仲暁子著　光文社　（光文社新書）
【要旨】いまや世界の時価総額ランキングの上位はほとんどがアメリカ系。かつて世界に名を馳せた日本企業はすっかり存在感を失ってしまった。原因は何か。答えはシンプル。IT系の高付加価値な産業への転換に遅れているから。ではどうすれば、インターネットを駆使した生産性の高いスタートアップが生まれる環境をつくれるのか。それは、なるべくモノを持たないが自らのスタイルに合うものには投資を惜しまず、カネではなく志義で動く「ミレニアル世代」の行動原理を掴むことから始まる。「共通の価値」でつながる人々の「トライブ」というキーワードを軸に、日本最大のビジネスSNSを運営する新鋭社長が、これからの働き方と幸福の形を提示する。
2017.9 253p 18cm ¥900 ①978-4-334-04311-7

◆無意識と対話する方法―あなたと世界の難問を解決に導く「ダイアローグ」のすごい力　前野隆司, 保井俊之著　ワニ・プラス, ワニブックス　発売
【要旨】ひらめき！問題解決！イノベーション！協創＆幸福！無意識研究の第一人者と、在米の社会システム研究者がやさしく解き明かす、新しい時代のコミュニケーション。
2017.2 221p B6 ¥1400 ①978-4-8470-9537-5

◆無理せず楽に楽しく、好きな仕事で自立する方法―"あなたらしさ"を出せば、自然と行列ができる！　中尾亜由美著　つた書房, 創英社/三省堂書店　発売
【要旨】商品やサービスではなく、自分をブランド化。"あなたらしさ"で自分をブランド化させることによって、『あなたから買いたい』『あなただから受けたい』と言われるようになれば、もう周りを気にすることなく、あなたに合ったお客様だけを集客できるようになります。お客様が自然と集まる秘訣がわかります！
2017.4 239p 20×19cm ¥1500 ①978-4-905084-21-1

◆メガトレンド―世界の終わりと始まり　川口盛之助著　日経BP社, 日経BPマーケティング　発売
【要旨】9つの潮流、50の新ビジネス。圧倒的な情報収集力と分析力で描き出す未来社会。そこで躍動するビジネス。激動の本質を示唆する渾身の大予測。
2017.8 261p B6 ¥1800 ①978-4-8222-3897-1

◆メディアをつくって社会をデザインする仕事―プロジェクトの種を求めて　大塚泰造, 松本健太郎監修　（京都）ナカニシヤ出版
【目次】第1部 メディアをつくって教育現場を変える（科学をわかりやすく伝えたい だからリバネスをつくる、教育をめぐる格差をどうにかしたい だからアオイゼミをつくる、子どもたちに未来を考えるきっかけを届けたい だからカタリ

バをつくる）、第2部 メディアをつくって地域社会を変える（復興をめぐる文脈を変えたい だから東北復興新聞をつくる、生産の裏側にあるリアルを届けたい だから東北食べる通信をつくる、経済合理性で割りきれないことを考えて欲しい だからローカル鉄道・地域づくり大学をつくる）、第3部 メディアをつくって現代文化を変える（もっとファンたちに物語を体感してほしい だからPKシアターをつくる、スポーツにエンターテイメントをもちこみたい だから琉球ゴールデンキングスをつくる）、第4部 プロジェクトから考える大学と社会（日本のポップカルチャーに関するアーカイブ調査ワークショップ―東京大学サマープログラム「メディアミックス」（二〇一四年）の事例から、コミュニケーションの産出―JCA関東支部研究会における議論を起点として、大学教育の現場におけるPBLの可能性を再考する―「学生映画コンテストin 瀬底島」を事例として）
2017.5 152p B6 ¥1900 ①978-4-7795-1065-6

◆儲かりたいならパート社員を武器にしなさい　小山昇著　ベストセラーズ　（ベスト新書）
【要旨】主婦・シニア・学生の働きぶりが見違える！「儲かる会社」のすごいしくみ。
2017.6 251p 18cm ¥800 ①978-4-584-12551-9

◆儲かりまっか？の経営道―客をガッチリ喜ばせる23の人気沸騰術　上泉雄一著　日経BP社, 日経BPマーケティング　発売
【要旨】「うまい日本酒を飲ませたい」と日本酒のビルをつくった男、土俵際に追い詰められた老舗豆腐店がまさかの復活、ソフトクリームのシェアNo.1「日世」の飽くなき挑戦、コスト削減とおもてなしを両立させたスーパーホテル、行列ができる塩昆布店「神沢」の超こだわり…ナニワ的独創性で元気な会社のヒミツ！
2017.5 263p B6 ¥1500 ①978-4-8222-3599-4

◆儲かるインバウンドビジネス10の鉄則―未来を読む「世界の国・地域分析」と「47都道府県別の稼ぎ方」　中村好明著　日経BP社, 日経BPマーケティング　発売
【要旨】なぜ今、香川県の外国人旅行客数がダントツで伸びているのか？世界の国・地域にどのようにアプローチしていくべきか？都道府県別の稼ぎ方がひと目でわかるデータ、約70点掲載！
2017.12 371p B6 ¥1800 ①978-4-8222-5869-6

◆儲かる会社は人が1割、仕組みが9割―今いる社員で利益を2倍にする驚きの方法　児島保彦著　ダイヤモンド社
【目次】序章「人材」の幻想を捨てなさい、第1章 人材に頼らない組織に変える、第2章 全員がやらざるをえない仕組みをつくる、第3章 有益な情報を引き出す2つの仕掛け、第4章「利益をこぼさない」を追求すれば、収益は倍増する、第5章 さらに利益を漏らさない3つのポイント、第6章「人材に頼らない経営」は何を生み出したのか　2017.3 269p B6 ¥1600 ①978-4-478-10146-9

◆儲かる10億円ヒット商品をつくる！カテゴリーキラー戦略　村松勝, 吉田隆太著　セルバ出版, 創英社/三省堂書店　発売
【要旨】本書は、売る商品・サービス・事業そのものを強くし、長期的な事業成長をするために必要な「カテゴリーキラーのつくり方と具体的な活用方法」について、事例を交えながらわかりやすく解説。
2017.8 330p B6 ¥1700 ①978-4-86367-357-1

◆儲かる「商社ポジション経営」のやり方―なぜ、年商10億円・50億円の社長たちが導入したがるのか　北上弘明著　セルバ出版, 創英社/三省堂書店　発売
【要旨】本書は、「現在の事業を高収益事業に変えたい」、「価格競争や下請事業から脱したい」、「安定した業績を上げられるような事業にしたい」、「社長がいなくても業績が回るような事業にしたい」、「狙った会社の業績を上げられる実力をつけたい」などと、願っている経営者必読の書。
2017.6 199p B6 ¥1600 ①978-4-86367-341-0

◆儲けのしくみ―50万円からできるビジネスモデル50　酒井威津善著　自由国民社
【要旨】全国400万人の中小企業経営者、個人事業主の方へ。1日15分！50個の公式に当てはめるだけであなたの会社は爆発的に儲かりだす！読むだけで「勝ち組の仕事」がどんどん生まれる！ 2017.4 255p B6 ¥1500 ①978-4-426-12190-7

◆燃えない電池に挑む！―69歳からの起業家・吉田博一　竹田忍著　日本経済新聞出版社

【要旨】定置用蓄電システム、二輪車始動用バッテリー、電気自動車―安全な蓄電池に思いを託し、69歳でエリーパワーを創業した元バンカーの物語。

2017.1 225p B6 ¥1700 ①978-4-532-32128-4

◆もしアキバのメイドが成功法則を学んだら　水谷俊雄原作、桜卯さらん漫画　サンライズパブリッシング、星雲社 発売

【要旨】メイドカフェのストーリーに沿って100の成功法則、名著のエッセンスがわかる、使える。　2017.12 179p B6 ¥1300 ①978-4-434-24050-8

◆もしアドラーが上司だったら　小倉広著　プレジデント社

【要旨】広告代理店で営業マンとして働く「ボク」は、仕事がうまく行かず、毎日モヤモヤしている。そんなボクの前に、アメリカの大学院でアドラー心理学を修めたドラさんが、上司の課長としてやってきた―。「働く理由」「仕事の楽しさ」を見つける、アドラー心理学の実践ストーリー！

2017.3 271p B6 ¥1200 ①978-4-8334-5112-3

◆モチベーション革命―稼ぐために働きたくない世代の解体書　尾原和啓著　幻冬舎

【要旨】なぜ、あなたは稼ぐために頑張れないのか？　あなたは「上の世代」と違い、生まれたころから何もかもが揃っていたので、金や物や地位などのために頑張ることができません。埋めるべき空白が、そもそもない「乾けない世代」なのです。しかし、仕事がなくなっていく時代には、この「乾けない世代」こそが希望になります。　2017.9 246p B6 ¥1300 ①978-4-344-03182-1

◆元自衛官の自分でも社長になれた　佐藤堅一著　学研プラス

【要旨】「困っているところにビジネスチャンスがある!!」元陸上自衛隊三等陸曹が語る！　革新的ビジネスモデルのヒント！

2017.10 195p A5 ¥1200 ①978-4-05-406569-7

◆モノづくりを変える17の気付き―PLM開発の悩みを解消！　加藤幸司著　（名古屋）ブイツーソリューション, 星雲社 発売

【要旨】目標達成に必要な手順と手法、情報と処理の成果につなぐノウハウを紹介。

2017.12 186p A5 ¥2800 ①978-4-434-24031-7

◆ものづくり改善入門　藤本隆宏監修, ものづくり改善ネットワーク編　中央経済社, 中央経済グループパブリッシング 発売

【目次】第1章 ものづくりの基礎概念、第2章 ものづくりの競争力、第3章 プロセス分析、第4章 コストと生産性、第5章 納期と工程・在庫管理、第6章 品質管理、第7章 フレキシビリティ

2017.5 223p B5 ¥2400 ①978-4-502-22931-2

◆モノづくり×モノづかいのデザインサイエンス―経営戦略に新価値をもたらす10の知恵　松岡由幸著　近代科学社　（日本語・英語バイリンガル・ブック）（本文：日英両文）

【要旨】AI・IoT時代、「感動のメカニズム」を経営戦略に活かせ！

2017.12 167p 21×14cm ¥2200 ①978-4-7649-0525-2

◆モノポリーで学ぶビジネスの基礎　林徹著　中央経済社, 中央経済グループパブリッシング 発売

【要旨】モノポリーをプレイすると、交渉や取引に必要な知識・技能・マナーの基礎を身に付けることができる！

2017.6 206p A5 ¥2600 ①978-4-502-23241-1

◆模倣の経営学 実践プログラム版―NEW COMBINATIONS模倣を創造に変えるイノベーションの王道　井上達彦著　日経BP社, 日経BPマーケティング 発売

【要旨】偉大な企業の「パクリ伝説」をもとに、ビジネスモデルとテクノロジーを革新する、新結合の手法を体系化。企業の競争力と創造に関するパラドクスを解明したベストセラーが、実践解説を大幅に増補して新登場！

2017.3 381p B6 ¥2000 ①978-4-8222-5508-4

◆役員になれる人の「読書力」鍛え方の流儀　鉢嶺登著　明日香出版社　（アスカビジネス）

【要旨】どんなに多忙でも、経営者や役員が欠かさず本を読むわけはこの本で明かされる！　あるべき姿を定め、実践に落とし込み、アレンジを加え改善する！　PDCA読書で成果を確実に上げる！　2017.6 224p B6 ¥1500 ①978-4-7569-1906-9

◆ヤクザは自分を20倍高く売る　向谷匡史著　悟空出版

【要旨】相手に一目置かせることさえできれば、交渉や人間関係で劣勢に立たされることはない。「自己演出術の達人」ヤクザたちが培ってきたノウハウをベストセラー『ヤクザの実戦心理術』『ヤクザは人を5秒で9割見抜く』の著者が書き下ろした「自分の価値を高める人間関係術」。

2017.1 223p 18cm ¥900 ①978-4-908117-32-9

◆躍進するコンテンツ、淘汰されるメディア―メディア大再編　角川歴彦著　毎日新聞出版

【要旨】21世紀、私たちはどのような分岐点に立っているのか。コンテンツのデジタル化、ITイノベーション、「黒船」来襲―メディア変遷の世界的動向とニッポン事情の詳細を果敢に読み解き、打ち立てた、全産業「再定義」立国論！闘う各産業人の渾身作！

2017.6 238p 18cm ¥1100 ①978-4-620-32374-9

◆優しいのに無敵―弱肉強食社会のなか、あなたのままで成功する行動メソッド34　スティーブン・トルドー著, 藤原加構成・訳　上ノ空, サンクチュアリ出版 発売

【要旨】広がる不寛容社会のなか、優しいままで成功する勇気とは。世界中の経営者、ハリウッドセレブ、一流スポーツ選手を顧客に持つ全米トップ臨床心理学者が、ほんとうの幸せ、真の成功を説く！

2017.4 253p 18×13cm ¥1200 ①978-4-86113-694-8

◆安売りしない会社はどこで努力しているか？　村尾隆介著　大和書房　（だいわ文庫）

【要旨】「価格」を上げずに「価値」を上げる。今日から使える「プライシングの教科書」！　飛躍的に伸びた会社の実例をたっぷり紹介！　ベストセラー待望の文庫化！

2017.12 217p A6 ¥680 ①978-4-479-30683-2

◆安売りするな！「価値」を売れ！　藤村正宏著　日本経済新聞出版社　新版

【要旨】ロングセラーが全面改訂。「売れる商品」はない。「売れる売り方」があるだけ。これからの時代、あなたの会社が選んでもらう理由、それは「関係性」なんです。販促物、店舗運営、SNSの発信…すべてを「関係性」というキーワードで考えてみましょう。

2017.7 220p B6 ¥1400 ①978-4-532-32157-4

◆やっぱり気になる「住まいと暮らしビジネス」―社会課題を解決に導く5つのアプローチ　山本剛史著, タナベ経営住まいと暮らしビジネスコンサルティングチーム編　ダイヤモンド社　（ファーストコールカンパニーシリーズ）

【要旨】人口の減少、空き家の増加、進む高齢化―。このビジネス市場を勝ち残るために、企業が打つべき手とは!?

2017.3 197p B6 ¥1600 ①978-4-478-10093-6

◆やりたいことを3年後にビジネスにする―とっておきの秘策　田中直子著　セルバ出版, 創英社/三省堂書店 発売

【要旨】「本当にやりたいこと」に気づいたら、「ビジネス」として実現も可能。「ビジネス」にするには「ルール」を知らないとお金をいただくことはできない。本書では、「やりたいことを見つけてビジネスにする」ため、これまで実際にお客様が成果を出された方法や、事例をご紹介。

2017.6 199p B6 ¥1600 ①978-4-86367-346-5

◆やりたいことがある人は未来食堂に来てください―「始める」「続ける」「伝える」の最適解を導く方法　小林せかい著　祥伝社

【要旨】東京にあるカウンター12席の小さな食堂。なぜ、この食堂を手伝うと夢がかなうのか？　超合理的経営システムで注目！元エンジニア店主が初めて明かす、「壁」を乗り越える行動と考え方。　2017.4 251p B6 ¥1600 ①978-4-396-61598-7

◆融資を引き出す創業計画書のつくり方・活かし方　西内孝文監修, 創業・起業を支援する税理士の会著, エッサム編集協力　あさ出版

【要旨】ビジネスのスタートアップを成功に導く。創業融資に強い計画書のポイントをプロが伝授。

2017.8 219p B6 ¥1600 ①978-4-86667-001-0

◆ユーザーインタビューをはじめよう―UXリサーチのための「聞くこと」入門　スティーブ・ポーチガル著, 安藤貴子翻訳　ビー・エヌ・エヌ新社

【要旨】顧客インサイトを獲得するためのノウハウ。インタビューの準備～実施～活用方法まで。未経験者にも専門家にも役立つ現場のノウハウ

が満載。

◆ユダヤから学んだモノの売り方　立川光昭著　秀和システム

【要旨】高校中退、所持金1500円だった著者が、億単位で稼げるようになった秘密を全公開！他業種出版可能！目からウロコの「すごい売り方」満載！

2017.4 206p B6 ¥1500 ①978-4-7980-4933-5

◆ユダヤ 知的創造のルーツ―超一流を育てる不屈の精神＋究極の習慣　石角完爾著　大和書房

【要旨】なぜ、ユダヤ人はHigh Innovationを考えつくのか？起業家時代、ローカル発想の日本人だけが知らないあらゆる分野で成功を手にする成功術。

2017.10 326p B6 ¥1600 ①978-4-479-79599-5

◆よくわかる 株式会社のつくり方と運営―設立の手順と運営のコツがズバリわかる！　'17～'18年版　小谷羊太, 板倉はるみ, 佐藤善恵, 岡本和弘共著　成美堂出版

【要旨】最新の届出書式に完全対応!!法令・税率・各種手続きももちろん最新版！

2017.7 255p A5 ¥1300 ①978-4-415-32345-9

◆予測の技術―微分・積分と確率・統計でビジネスの未来を読む　内山力著　SBクリエイティブ　（サイエンス・アイ新書）

【要旨】ビジネスではあらゆる場面で不透明な未来を「予測」することが求められます。そこで本書では、「商品開発の未来」「生産の未来」「販売の未来」「顧客の未来」「ライバルの未来」という、ビジネス（商売）の各段階でよく求められる予測のシーンを想定し、微分・積分、確率・統計を応用して、「本当に信じるに値する予測」を行う技術を解説します。

2017.3 206p 18cm ¥1000 ①978-4-7973-8900-5

◆40歳が社長になる日　岡島悦子著　幻冬舎

【要旨】デジタルネイティブに会社を任せろ！大企業でも既に始まっている30歳からの社長選抜。15年間、毎年200人以上の経営者のリーダーシップ開発をハンズオンで支援してきた著者が明かす、破壊的イノベーションを担う社長輩出の全ノウハウ。

2017.7 231p B6 ¥1500 ①978-4-344-03148-7

◆ライセンスビジネスの戦略と実務―キャラクター＆ブランド活用マネジメント　草間文彦著　白桃書房　第2版

【要旨】キャラクターやブランドのライセンスビジネスについて、その発生から歴史、法務から戦略立案までを、体系的かつわかりやすく紹介するプロパティ活用のための決定版。ライセンスビジネスがさらに脚光を浴び始めたこの数年の変化を受けて、業界状況の最新の各種データ等を収録し改訂！

2017.4 258p A5 ¥3000 ①978-4-561-24694-7

◆らくらく個人事業と株式会社 「どっちがトク？」がすべてわかる本　山端康幸編著, 東京シティ税理士事務所著　あさ出版　改訂2版

【要旨】税金、税率、節税策、運転資金、取引、社会保険、事務処理、申告等を徹底比較！検討後の開業・設立・法人成りの手続きも詳しく解説。税制など最新制度に完全対応！

2017.8 252p B6 ¥1400 ①978-4-86667-008-9

◆リクルート流イノベーション研修全技法―次世代リーダーを育て、新規事業を生み出す　井上功著　ディスカヴァー・トゥエンティワン

【要旨】経済産業省などリクルート（当時）の共同事業を契機に生まれた“イノベーション研究モデル”に基づく、組織の中からイノベーションをおこさせる最強の研修メソッド。

2017.8 198p A5 ¥1400 ①978-4-7993-2157-7

◆理想の会社をつくるたった7つの方法だ―日本でいちばん大切にしたい会社・サーベイ編　坂本光司, 渡辺尚著　あさ出版

【要旨】6カ年で膨大なデータを集積！分析の結果わかった、「良い会社」への変わり方。

2017.11 209p B6 ¥1400 ①978-4-86667-027-0

◆礼道の「かたち」―人間道、八〇年のあゆみ　佐久間進著　PHP研究所

【目次】プロローグ 道を歩んで―若き日々、第1章 感謝の哲学―悩むな。感謝すれば道は開ける、第2章 生かされて生きる―これからの使命、第3章 導かれて―師との出会い、第4章 ことばに

経済・産業・労働

代えて一感謝の一七条、第5章 与えられた日々一健康とのつきあい方
2017.10 369p B6 ¥2000 ⓘ978-4-569-83883-0

◆**60分でわかる！ 機械学習＆ディープラーニング超入門**　機械学習研究会著、安達章浩、青木健児監修　技術評論社
【要旨】機械学習が変えるビジネスの新常識を徹底解説！ 基礎知識や用語からビジネス活用まで解説。豊富な事例で機械学習の「今」がわかる。ビジネス導入のためのヒントが満載。機械学習注目企業リスト掲載。
2017.4 159p B6 ¥980 ⓘ978-4-7741-8879-9

◆**60分でわかる！ FinTechフィンテック最前線**　FinTechビジネス研究会著　技術評論社
【要旨】金融業界の大激震で未来はどう変わるのか？ 今すぐつかめ！ FinTech がもたらすビジネスチャンス。金融×ITの最新情報を解説！ 企業や家庭での活用方法を紹介！ 最新IT技術の知識がわかる！ FinTech 関連企業リスト付き。
2017.4 159p B6 ¥980 ⓘ978-4-7741-8880-5

◆**「わか者、ばか者、よそ者」はいちばん役に立つ―AI時代の創造的思考**　木村尚義著　創英社/三省堂書店
【要旨】読むだけで、視点が変わる！「創造的思考」の使い方。
2017.7 230p 18cm ¥1300 ⓘ978-4-88142-958-7

◆**わかる！ イベント・プロデュース**　宮地克昌著　戎光祥出版
【要旨】イベントに魅せられ、イベントを生業とした著者による企画・構想から実施・運営までのイベントプロデュースの完全マニュアル。様々なイベントの形態やコンテンツを紹介。ビジネスや地方創生にイベントを賢く活かす知識やノウハウを伝授。さらに、イベントの歴史やリスクマネジメントについても網羅した渾身の一書。人口減少社会、デジタル化社会における新しいイベントの活用についても考察。巻末には就活にも参考になる著者回想録「イベントに魅せられた人生」、イベントで未来をデザインするための「イベント周年未来カレンダー」、さらに「イベント用語事典」、「イベント歴史年表」なども収録。
2017.4 325p B6 ¥2600 ⓘ978-4-86403-233-9

◆**ワクワクだけで年商30億円―たった5年でパリコレ進出＆30億円企業の夢を叶えたワケ**　LICA著、高坂ゆう香マンガ　小学館
【要旨】「願い」が先、「現実」は後。「自分に才能がある」「成功する」と信じてることです。信じきって行動する。これが「意識の魔法」です。この「意識の魔法」は、ちょっとしたコツさえつかめば誰でも使えるようになります。この本を最後まで読んでもらえれば、そのちょっとしたコツがわかります!!やりたいことだけして奇跡をつかむ!!痛快実録コミックエッセイ。
2017.9 175p A5 ¥1300 ⓘ978-4-09-388560-7

◆**私が偏差値27から年商10億円の社長になれた理由**　菅沼勇基著　ダイヤモンド社
【要旨】やる気で夢はかなう！ 偏差値27から国公立大学へ。大手上場企業内定率100%を達成し、住友不動産に就職。エリート街道を捨て27歳で独立。30歳で年商10億円に。未経験でもやる気のある若手を多く採用し、企業規模を拡大し続ける著者からのメッセージ。夢をもって働いてみないか！
2017.1 231p B6 ¥1500 ⓘ978-4-478-10072-1

◆**ワールド・カフェをやろう―会話がつながり、世界がつながる**　香取一昭、大川恒著　日本経済新聞出版社　新版
【要旨】誰もが楽しく語り出す！ あなたはもう体験しましたか？ 会社、コミュニティ、病院、大学、読書会―。静かなブーム続く画期的な対話手法！
2017.4 236p B6 ¥1600 ⓘ978-4-532-32141-3

◆**われわれはいかに働きどう生きるべきか―ドラッカーが語りかける毎日の心得、そしてハウツー**　P.F. ドラッカー述、上田惇生訳　ダイヤモンド社
【要旨】寿命が延びたからこそ生じる、仕事、キャリア、生きがいの問題―すぐれたマネジャーがどのように考え・行動しているかのみならず、いかにしてよき人生を生きるか、その指針を示してくれる。ドラッカー教授の幻の研修テープ、初の活字化。
2017.1 155p 19cm ¥1300 ⓘ978-4-478-02753-0

◆**A3一枚でつくる事業計画の教科書**　三浦太著　あさ出版
【要旨】著者自らが開発した「A3事業計画」の骨格を最初にしっかりシンプルにつくれば必要に応じて詳細な計画をいくらでも付け加えることができる。分厚くもできる！ 小気味よく、さまざまな事業計画を策定しよう！
2017.6 239p A5 ¥1800 ⓘ978-4-86063-975-4

◆**AI経営で会社は甦る**　冨山和彦著　文藝春秋
【要旨】AI時代のビジネスを理解するためのキーワードとは？ パラダイムシフトによる千載一遇のチャンスを生かせ！ いかにAIを利用し、儲けるか。日本復活、勝利のシナリオ、カギはLとSにあり！ 企業再生の第一人者が伝授するAI時代の経営論。
2017.3 237p B6 ¥1500 ⓘ978-4-16-390624-9

◆**AI時代に生き残る企業、淘汰される企業―シェアリング・エコノミー、フィンテック、IoTが作る未来**　加谷珪一著　宝島社
【要旨】2025年までに20兆円市場となるAI市場。これまでAIを基盤とする業界は話題先行だったが、状況は大きく変わりつつある。このテクノロジーにどう対峙するかによって、今後の人生は大きく変わることは必至。本書は、AI、シェアリング・エコノミー、フィンテック、IoTという4つの新しいテクノロジーについて解説していく。また、AIが今後どの産業に影響を及ぼし、どの企業の業績が拡大あるいは消滅の危機に瀕するのかについてひもといていく。
2017.3 234p B6 ¥1300 ⓘ978-4-8002-6587-6

◆**Airbnb Story―大胆なアイデアを生み、困難を乗り越え、超人気サービスをつくる方法**　リー・ギャラガー著、関美和訳　日経BP社、日経BPマーケティング 発売
【要旨】3人の若き創業者は厚かましく奇妙なアイデアをいかに猛スピードで3兆円企業にしたのか？ 世界3万4000都市を超える宿泊ネットワークを築いたエアビーアンドビーに迫る初のノンフィクション。
2017.5 350p B6 ¥1800 ⓘ978-4-8222-5519-0

◆**B7S（ビーセブンエス）ブランディング7ステップ―ブランディング戦略・戦術の構築手法**　宇佐美清、佐藤浩志著　（広島）ザメディアジョン
【目次】第1章 ブランディング7ステップ概論、第2章 1B5Cを理解する、第3章 ブランディング7ステップ各論、第4章 第5章 ブランディング・アイデアからクリエイティブ・アイデアへ、第6章 ブランディング戦術
2017.8 151p B6 ¥1400 ⓘ978-4-86250-505-7

◆**BCGが読む経営の論点2018**　ボストンコンサルティンググループ著　日本経済新聞出版社
【要旨】「グローバリゼーション」の新フェーズとは「デジタルトランスフォーメーション」の成功手法とは競争戦略としての「ダイバーシティ」とは「アジャイル」による働き方改革とは―BCGのコンサルタントが「13テーマ」を解説！
2017.11 294p B6 ¥1600 ⓘ978-4-532-32182-6

◆**CRMベストプラクティス白書　2016**　CRM協議会、日販アイ・ピー・エス 発売
【目次】「2016CRMベストプラクティス賞」受賞企業・団体一覧、「2016CRMベストプラクティス賞」受賞理由の要約、特別寄稿論文、「2016CRMベストプラクティス賞」事例紹介（継続賞、フジサンケイビジネスアイ賞）、「2016CRM奨励賞」受賞
2017.3 272p A4 ¥8000 ⓘ978-4-86505-103-2

◆**CSV経営とSDGs政策の両立事例―"共通価値の創出"パターン分類と異なる"社会的包摂"への提案**　近藤久美子著　（京都）ナカニシヤ出版
【要旨】CSV経営から捉える、国連SDGs（持続可能な開発目標）の実践事例。
2017.10 102p A5 ¥1000 ⓘ978-4-7795-1202-5

◆**CVCコーポレートベンチャーキャピタル―グローバルビジネスを勝ち抜く新たな経営戦略**　アンドリュー・ロマンス著、増島雅和、松本守祥監訳　ダイヤモンド・ビジネス企画、ダイヤモンド社 発売
【要旨】世界を代表するグローバル企業は、なぜCVCを設立するのか？
2017.10 299p A5 ¥2200 ⓘ978-4-478-08421-2

◆**ECサイト×ブランディング**　フラクタ著　宣伝会議
【要旨】ECサイトの売上に悩むプロジェクトリーダーのための、結果につながる実践ブランディング入門。ECサイトを基点にした、顧客に選ばれ信頼されるブランド構築のありかた。
2017.11 205p B6 ¥1600 ⓘ978-4-88335-414-6

◆**ESG経営 ケーススタディ20**　日経エコロジー編著　日経BP社、日経BPマーケティング発売
【要旨】ESG、SDGs、CO2削減、社会課題解決、自然資本経営。環境経営の先進20社の事例を徹底取材。
2017.6 223p A5 ¥2200 ⓘ978-4-8222-3697-7

◆**Fintechのビジネス戦略と法務**　渥美坂井法律事務所・外国法共同事業Fintechチーム、松田克信、新倉理人、高橋淳編著　金融財政事情研究会、きんざい 発売
【要旨】平成29年銀行法改正案に対応！ Fintech 関連の各種ビジネスについて検討しつつ、サービスの多様化・進化による金融機関経営の変化や、平成28年銀行法・資金決済法・割賦販売法の改正等を含む法務についても解説。技術論から脱却し、Fintech をビジネスの視点で考えるプラクティカルガイド。
2017.5 381p A5 ¥2800 ⓘ978-4-322-13076-8

◆**FT（フィナンシャル・タイムズ）元東京副支局長が教える 世界で成功する5つの力**　中元三千代著　大和書房
【要旨】世界に通用する日本人とまったく相手にされない日本人の「違い」とは？ 小さな1歩で、あなたの世界は大きく変わる―その具体的解決法とは？
2017.12 253p B6 ¥1400 ⓘ978-4-479-79619-0

◆**IDEA FACTORY―頭をアイデア工場にする20のステップ**　アンドリー・セドニエフ著、弓場隆訳　ディスカヴァー・トゥエンティワン
【要旨】アイデアを生みだす練習は、チェスやピアノ、バイオリンの練習よりもやさしい。練習すればするほど、すぐれたビジネスのアイデアを思いつく時間が短縮され、そのプロセスは楽しくなる。しばらくすると、すぐれたアイデアがいくらでも浮かんでくるようになる。ジョブズ、エジソン、ディズニー、ダイソン…世界を変えた天才たちの「創造プロセス」とは？ シンプルで一生役立つアイデア発想の基本。
2017.4 175p B6 ¥1400 ⓘ978-4-7993-2056-3

◆**IFRSプロフェッショナルマニュアル**　間島雄吾、石橋武昭、志目健二著　中央経済社、中央経済グループパブリッシング 発売
【要旨】豊富な設例と図表による、実務家のための必携マニュアル。最新のリース・収益・金融商品基準まで完全網羅。経理担当者の目線での「会計処理のポイント」を解説。監査対応上の勘どころをアドバイス。より深い内容等を「論点」として展開。日本基準との比較により差異を明確化。基準のリファレンスを丁寧に付記。
2017.2 442p A5 ¥4500 ⓘ978-4-502-21061-7

◆**IoTで変わるのは製造業だけじゃない―農業・医療・金融・サービス・教育分野で産まれる新ビジネス**　吉川良三編著、日韓IT経営協会著　日刊工業新聞社　（B&Tブックス）
【要旨】第4次産業革命は、社会そのものが変化しようとしている。時代の潮目の変化でどう生き残るか。IoTや第4次産業革命をはずみとして、製造業、農林水産業、サービス業などの垣根を越えた新しい産業が産まれる。
2017.5 191p B6 ¥1600 ⓘ978-4-526-07717-3

◆**IoTの基本・仕組み・重要事項が全部わかる教科書**　八子知礼監修・著　SBクリエイティブ
【要旨】本書は、これまで分断されてきたさまざまな技術領域を統合的に扱い、IoTシステム構築の基礎的な考え方と要素技術、アプローチや目指す姿を全体的に隙間なくすくすることで網羅。センサーなどのデバイスからIoTプラットフォームまで、構築から運用、セキュリティ、そしてサービス創出までを網羅しています。
2017.11 274p A5 ¥2300 ⓘ978-4-7973-9243-2

◆**IoTの教科書―IoTの全てを網羅した決定版**　伊本貴士監修・執筆、IoT検定テキスト制作委員会執筆　日経BP社、日経BPマーケティング発売

【要旨】IoT検定の公式テキスト。
2017.8 375p A5 ¥2700 ①978-4-8222-5947-1

◆**IoTは"三河屋さん"である―IoTビジネスの教科書** 児玉哲彦著　マイナビ出版（マイナビ新書）
【要旨】「モノのインターネット」と呼ばれ、話題のIoTですが、概念はいまだに漠然としていて、正しく理解されているとはいえません。本書ではIoTについて、わかりやすい説明とともに、私達の生活にどのような変化をもたらし、ビジネスパーソンを中心とした読者の関わるビジネスに、どのように影響するのか、どのような戦略を構築すればよいかを説明します。そして、その戦略を知ることで、今後IoTが破壊・創造する市場の中で、新たなビジネスを構築できるポイントについて解説します。
2017.8 218p 18cm ¥850 ①978-4-8399-6305-7

◆**IoT、AIを活用した'超スマート社会'実現への道―世界各国の政策と社会基盤技術の最新動向**　電子情報技術産業協会ソフトウェア事業委員会スマート社会ソフトウェア専門委員会著　インプレス　（インプレスSmart Grid フォーラム―インプレス新産業技術レポートシリーズ）（付属資料：CD・ROM1）
【目次】第1章 超スマート社会とは（超スマート社会の定義、超スマート社会の市場規模・経済価値 ほか）、第2章 超スマート社会に関するグローバル動向（米国の動向、EUの動向 ほか）、第3章 超スマート社会を支える基盤の最新動向と展望（情報処理基盤、データ基盤 ほか）、第4章 超スマート社会の普及・進展に向けた課題（超スマート社会実現に向けた取り組みの方向性、超スマート社会実現に向けた課題）
2017.6 195p A4 ¥95000 ①978-4-295-00143-0

◆**IRベーシックブック―IRオフィサーのための基礎情報 2017・18年版**　佐藤淑子監修、日本IR協議会編著　日経事業出版センター
【目次】Focus（転換期を迎えるIR、改善点を探る―「IRカウンセリング」から ほか）、1 IRの基本と概論―IR担当者になったあなたに（IRの基本と課題、IR活動の現状を知る―「IR活動の実態調査結果」から ほか）、2 IR実務情報―ステップアップのためのIR実務情報（IR活動の実行メニュー、経営とIRとIR実行のポイント―IR行動意章「実行の手引き」から）、3 IR優良企業を目指して（IR優良企業の表彰とその傾向）、Data IR関連情報のデータ集（アナリストランキング、国内証券会社リスト ほか）
2017.9 231p A5 ¥2500 ①978-4-905157-17-5

◆**ISOは経営をダメにする**　萩原睦幸著　幻冬舎メディアコンサルティング、幻冬舎 発売
【要旨】「業務効率化が図れる」「社内が活性化する」「会社の信頼感が増す」…これらは全て思い違い!効果が詳しく解説。誰も知らない「ISO」のオモテとウラ。
2017.6 200p 18cm ¥800 ①978-4-344-91250-2

◆**KPIマネジメント―人と組織を効果的に動かす**　楠本和矢著　すばる舎
【要旨】ムダなく行動するために、集中すべき点を明確にする? 多すぎるKPIによって、真に必要なアクションに時間を割けない状況は本末転倒。事業成功の決め手となる"攻略点"はセオリーではなく、徹底した現場寄りの思考から「どういう状態になれば目的につながるのか」「その状態を作るために、どんなアクションが考えられるか」。具体的な活動が業績指標へとつながっていく"筋のいいストーリー"を創る。
2017.10 219p A5 ¥2000 ①978-4-7991-0610-5

◆**MBA生産性をあげる100の基本**　グロービス著、嶋田毅執筆　東洋経済新報社
【要旨】ビジネススクールの2年間で学ぶ武器としてのスキルセットが「1フレーズ」ですっきりわかる。
2017.12 300p B6 ¥1500 ①978-4-492-04620-3

◆**Microsoft Projectで実践する失敗しないプロジェクトマネジメント―Project 2016/2013/2010対応**　大石守栄著　日経BP社, 日経BPマーケティング 発売
【要旨】実際のPMの流れに沿ったケーススタディでProjectの使い方を解説。もうExcelには戻れない! Projectの真価がわかる実践活用術。
2017.3 333p A5 ¥2700 ①978-4-8222-9895-1

◆**NEXTOKYO―「ポスト2020」の東京が世界で最も輝く都市に変わるために**　梅澤高

明, 楠本修二郎著　日経BP社, 日経BPマーケティング 発売
【要旨】2020年東京五輪・パラリンピックは日本経済、最大の起爆剤!!! 自動車、電機、通信、物流、医療、小売り、警備、観光、エンタメ、外食、obč, 不動産、ロボット、AI、ドローン…全企業のビジネスチャンス総ざらい!「ポスト2020」キーパーソン12人がNEXTOKYOの全体像を初めて明かす。
2017.11 309p A5 ¥2300 ①978-4-8222-7930-1

◆**NPO、そしてソーシャルビジネス―進化する企業の社会貢献**　坂本恒夫, 丹野安子, 菅井徹郎編著　文眞堂
【要旨】これまでの米、英、日に加え、オランダ、ドイツ、韓国のNPOを取り上げ、国際比較の視野を拡大。理論的側面だけでなく、実際のNPOの進化、ソーシャルビジネスの活動から、その将来、企業への影響にも切り込む。株式会社の営業価値、株主価値に加え社会的価値も紹介し、企業価値の課題と進化の課題を提起して、株式会社、NPOの将来像を説く。
2017.4 172p A5 ¥2300 ①978-4-8309-4946-3

◆**PMBOKが教えない成功の法則―「手探りプロジェクト」を賢く乗り切る**　本園明史著　日経BP社, 日経BPマーケティング 発売
【要旨】「手探りプロジェクト」を生き抜くノウハウを実例を基に伝授。
2017.7 358p A5 ¥2500 ①978-4-8222-5930-3

◆**POWERS OF TWO 二人で一人の天才**　ジョシュア・ウルフ・シェンク著、矢羽野薫訳　英治出版
【要旨】一人では何もできない。二人なら何でもできる。アップルもグーグルもソニーも、なぜ二人で起業? あらゆるイノベーションは、二人組から生まれる? クリエイティブ・ペアに学ぶ、創造性のシンプルな本質。
2017.4 382p B6 ¥2300 ①978-4-86276-205-4

◆**PROOF MARKETING―ギネス世界記録の市場突破力**　岩崎慕了著、ギネスワールドレコーズジャパン協力　宣伝会議
【要旨】プルーフマーケティングとは、商品やブランドに関する、驚きのある事実を、客観的に証明することで、消費者とのコミュニケーションを円滑にし、行動を促すマーケティング手法です。中でも「ナンバーワン」という事実は、瞬時に、そして強烈に消費者の心を捉えられます。本書では、ギネス世界記録を活用しながらプルーフマーケティングを実践し、新たに需要をつくっていく方法を探っていきます。
2017.2 176p B6 ¥1600 ①978-4-88335-377-4

◆**ROE経営と見えない価値―高付加価値経営をめざして**　柳良平編著　日本経済新聞社, 中央経済グループパブリッシング 発売
【要旨】ROEによる経済的価値創造と、企業の社会的責任を認識した社会的価値（環境や統治）創造は、これからの経営の両輪。TOTO、オリエンタルランド、旭化成、パナソニック、スペンサー・ハンデルスバンケン銀行のケースを掘り下げ、高付加価値経営の具体的なすがたを描き出す。　2017.3 222p A5 ¥2600 ①978-4-502-21871-2

◆**ROIC経営―稼ぐ力の創造と戦略的対話**　KPMG FAS, あずさ監査法人編　日本経済新聞出版社
【要旨】ROIC＝投下資本利益率の活用法を徹底解説。
2017.11 193p A5 ¥2000 ①978-4-532-32185-7

◆**RPAの威力―ロボットと共に生きる働き方改革**　安部慶喜, 金弘潤一郎共著　日経BP社, 日経BPマーケティング 発売
【要旨】RPAのソフトウエアロボットによる業務の自動化。RPAの革新力に気づいた先進企業8社の事例を収録。
2017.11 203p B6 ¥1800 ①978-4-8222-5827-6

◆**SALES GROWTH―世界のセールス・エグゼクティブが伝える5つの実績のある戦略**　トーマス・バウムガルトナー、オマユーン・アタミ、マリア・ヴァルディヴィエソ著、門脇弘典訳、倉本由香利, 柿元雄太郎日本語翻訳版監修　TAC出版（原書第2版）
【要旨】マッキンゼーの最新の知見が満載! 今、営業に必要な成長戦略を凝縮した1冊が用語解説付きでついに邦訳!!
2017.12 429p B6 ¥1800 ①978-4-8132-7150-5

◆**SDGsとESG時代の生物多様性・自然資本経営**　藤田香著　日経BP社, 日経BPマーケティング 発売
【要旨】トヨタ自動車から花王、ユニリーバ、グーグルまで企業事例を満載。環境や人権・労働に配慮した「持続可能な調達」や開催迫る2020年東京五輪への対応、ESG情報開示も詳しく解説。SDGsに貢献しESG投資を呼び込む「自然資本経営」はこれだ!
2017.10 254p A5 ¥2200 ①978-4-8222-5932-7

◆**SHOE DOG―靴にすべてを。**　フィル・ナイト著, 大田黒奉之訳　東洋経済新報社
【要旨】世界最高のブランド、ナイキを創った男。
2017.11 548p B6 ¥1800 ①978-4-492-04617-3

◆**STARTUP（スタートアップ）起業家のリアル**　村山恵一著　日本経済新聞出版社
【要旨】「普通」の私が挑戦した日本発の「ユニコーン予備軍」を徹底解剖!
2017.11 255p B6 ¥1400 ①978-4-532-32167-3

◆**STARTUP スタートアップ―アイデアから利益を生みだす組織マネジメント**　ダイアナ・キャンダー著、牧野洋訳　新潮社
【要旨】コンサル会社を辞め、念願の起業を果たしたオーエン。事業計画に自信、優秀な社長を雇い、ブランディングやマーケティングにも力を入れた。だが事業はある日突然、失敗。膨大な借金を抱え、もはや破産を待つだけに。そんな時、女性起業家サムに出会ったことで、オーエンの運命が変わりはじめる。なぜ彼の事業は失敗したのか? 彼がおかした致命的なミスとは? 起死回生の一手はあるのか? 起業家の挫折と逆転の物語をハラハラしながら読み進むうちに、大企業も注目する新しい時代の経営を「体験」できる。新規事業立ち上げ・新商品開発のための必読書。
2017.8 350p B6 ¥1700 ①978-4-10-507041-0

◆**STARTUP STUDIO―連続してイノベーションを生む「ハリウッド型」プロ集団**　アッティラ・シゲティ著, 露久保由美子訳、＼QUANTUM.inc監修　日経BP社, 日経BPマーケティング 発売
【要旨】これはまるで、企画、撮影、キャスティングなど、さまざまなプロフェッショナルが集結して世界的な大作をつくり上げる、ハリウッドの映画スタジオのようだ。革新的なスタートアップや新規事業を次々に育成・量産する全く新しい組織が今、世界を席巻しようとしている。その全容を網羅した初の解説書!
2017.10 345p B6 ¥2200 ①978-4-8222-5539-8

◆**SUPER‐HUBS―世界最強人脈の知られざる裏側**　サンドラ・ナビディ著, 石原薫訳　TAC出版
【要旨】金融エリート人脈を持つ国際金融コンサルタントが、彼らの「正体」に内側から鋭く迫る!
2017.9 374, 14p B6 ¥2000 ①978-4-8132-7147-5

◆**THE END OF JOBS僕たちの20年戦略**　テイラー・ピアソン著, 児島修訳　TAC出版
【要旨】この先、生き残るためのリアルがここにある!「世界中でパラダイムシフトが起きている現実」と「未来への歩み方」を提示!
2017.12 314, 8p B6 ¥1600 ①978-4-8132-7152-9

◆**THE KINFOLK ENTREPRENEUR : IDEAS for MEANINGFUL WORK**　ネイサン・ウィリアムス著　ネコ・パブリッシング
【要旨】有意義な働き方のアイデア集。株式売買をするスニーカー専門ブロガー。菓子職人へ転職した下着デザイナー。企業の未来を予測するのを手伝うコンサルタント。現代のクリエイティブなアントレプレナーたちによる仕事のスタイルを探求。建築、デザイン、サービス、印刷、小売業などを営む40人以上の起業家が、仕事の意義と情熱の追求や失望と敗北の経験が、ビジネスの成功とQOL（生活の質）の向上に与える影響について語っている。
2017.10 367p 29×21cm ¥4167 ①978-4-7770-5418-3

◆**THINK WILD あなたの成功を阻むすべての難問を解決する**　リンダ・ロッテンバーグ著, 江口泰子訳　ダイヤモンド社
【要旨】もしあなたが誰にも言えないアイデアを抱えて悩んでいるなら、この本を読んでほしい。1997年の創業以来、27の国、45を超える都市に拠点を置き、600社、1000人超の起業家を支援し

てきた伝説の非営利ベンチャーキャピタルの創業者にしてCEOが初めて明かす、最初の1歩を踏みだし、成功をつかむまでに必要なことすべて。　2017.5 422p B6 ¥1800 ①978-4-478-06686-7

◆**TIME TALENT ENERGY—組織の生産性を最大化するマネジメント**　マイケル・マンキンス、エリック・ガートン著、石川順也、西脇文彦、堀之内順至監訳・解説、斎藤栄一郎訳　プレジデント社
【要旨】「働き方改革」では組織の生産性は上がらない。アウトプット最大化の鍵は「Aクラス人材」の配置である。カネ余りの時代において、真の希少資源は「TIME（時間）」「TALENT（人材）」「ENERGY（意欲）」である。その戦略的配分による究極の組織アウトプットの最大化戦略。
　2017.10 317p B6 ¥2400 ①978-4-8334-2243-7

◆**Transform 未来への道標（みちしるべ）—テクノロジー、人財、働き方で未来を考える**　JBCCホールディングスLink編集室編著　日経BPコンサルティング、日経BPマーケティング発売
【要旨】AI技術の発展や人材育成、働き方改革などにより今、私たちの社会やビジネス環境は大きな変化を遂げようとしている。激動の時代において、私たちはどのように考え行動し、未来に備える必要があるのか。本書では「テクノロジー」「人財」「働き方」をキーワードに未来のあるべき姿を考える。
　2017.6 217p B6 ¥1500 ①978-4-86443-123-1

◆**UPSTARTS—UberとAirbnbはケタ違いの成功をこう手に入れた**　ブラッド・ストーン著、井口耕二訳　日経BP社、日経BPマーケティング 発売
【要旨】製品がめちゃくちゃ優れていれば、ユーザーが味方してくれる。どんどん成長できる。ときとして冷徹に。場合によっては倫理を犠牲にしながら、帝国を建設してきた。こうしてエアビーアンドビーは2008年、ウーバーは2009年に設立され、2社合わせた会社評価額は10兆円を超えた。彼らはたった8年でケタ違いの成功をつかんだのだ。シリコンバレー発、とんでもない破壊者たち闘争と熱狂の全軌跡。
　2018.1 494p B6 ¥1900 ①978-4-8222-5559-6

◆**VR（仮想現実）ビジネス成功の法則**　日経産業新聞編　日本経済新聞出版社
【要旨】エンタメを超えて広がる新技術。虚構と現実の境目が消える。「VR絶望世代」のカベを打ち破れる。「百円玉ビジネス」から脱却せよ！あえて「ネタバレ」することで効果が高まる。現実は初歩に勝てない。本質は「トレーニング領域」ほか。キーパーソンの「生の声」を収録！
　2017.4 215p B6 ¥1600 ①978-4-532-32132-1

◆**VR for BUSINESS—売り方、人の育て方、伝え方の常識が変わる**　アマナVRチーム著　インプレス　（できるビジネス）
【要旨】VRブームはなぜ起こったのか？ VRに向いていること、向いてないこと。VRコンテンツが「つまずく」一番の理由は？ これまでのコンテがVRで通用しない理由。VRの体験価値を下げる8つの要因。VRのビジネスソリューション事例。基礎知識から企画のノウハウまで。VRプランニングの第一人者が解説。
　2017.3 191p B6 ¥1600 ①978-4-295-00093-8

地球環境とビジネス

◆**環境経営入門—理論と実践**　金原達夫著　創成社　改訂版
【目次】第1章 持続可能な社会の構築（環境経営の構造、地球環境問題 ほか）、第2章 環境経営の展開（環境経営の課題、環境経営の発展 ほか）、第3章 環境ビジネスと経済発展（環境ビジネス、リサイクル事業 ほか）、第4章 環境政策（環境政策のあり方、環境法 ほか）
　2017.3 162p A5 ¥1800 ①978-4-7944-2502-7

◆**環境ビジネス白書 2017年版 変わる時代—環境「新時代ビジネス」を吟味する**　藤田英夫編著　（大阪）日本ビジネス開発　（JBD企業・ビジネス白書シリーズ）
【目次】1 環境ビジネス2017年版の総括、2 ビジネス事例＆市場・ビジネスデータ（自動車・再生可能エネルギー＆新電力・ガスビジネス、温暖化防止・大気汚染防止・空気浄化・異常気象ビジネス、海洋・深海環境ビジネス、水資源・水処

理ビジネス、水質汚濁防止ビジネス、地中・地下環境ビジネス、産業廃棄物ビジネス、グリーンビジネス、災害・防災・原発関連ビジネス）
　2017.5 210p A4 ¥38000 ①978-4-908813-07-8

◆**企業の環境部門担当者のための環境・エネルギーがサクッとわかる本**　日刊工業出版プロダクション編　日刊工業新聞社　（シリーズ環境ソリューション企業総覧）
【目次】特別企画 世界と日本の環境・エネルギー対策から—COP21とFIT最前線（インタビュー 東京大学・有馬純氏に聞くCOP21パリ協定からの今後：環境からみた世界における日本の役割—先進国、途上国二分法がもたらした悩ましい道、再生可能エネルギーの普及を促進させるFIT法と基幹電源化に向けた改正、FIT改正から太陽光発電の便益を考える）、特別編集 2020東京オリンピック・パラリンピックを見据えた環境・エネルギー対策（東京2020大会持続可能性に環境配慮温室効果ガス排出削減及び暑さ対策に挑む、生物多様性は東京2020大会になぜ欠かせないのか、水素エネルギーを社会インフラにどう取り込んでいくか—期待される東京2020大会や東京都での利活用 ほか）、環境ソリューション企業紹介（総合ソリューション、環境関連ソフトサービス、住・生活環境対策 ほか）、資料 環境事業関連企業一覧
　2017.11 235p B5 ¥2000 ①978-4-526-07770-8

◆**グリーン・イノベーション**　植田和弘責任編集・編著、國部克彦責任編集、島本実編著　中央経済社、中央経済グループパブリッシング発売　（環境経営イノベーション 10）
【要旨】環境配慮から環境重視のイノベーションへ。世界各国の国策ともなったグリーン・イノベーションを経済学・経営学の視点から理論的に検証。
　2017.9 327p A5 ¥4200 ①978-4-502-20701-3

企業と経営

◆**「今はまだ小さな会社」が進化するための101の手がかり**　大西雅幸著　合同フォレスト、合同出版 発売
【要旨】全ての経営資源が不足している「今はまだ小さな会社」の経営者たちは、「ゼロ」を「∞（無限）」に換えた冒険者たち、サム・ウォルトン、豊田喜一郎、スティーブ・ジョブズから何を学ぶのか！
　2017.12 246p B6 ¥1500 ①978-4-7726-6100-3

◆**決定版！ 知識ゼロ・経験ゼロでも儲かる飲食店経営**　渡辺大河著　幻冬舎メディアコンサルティング、幻冬舎 発売
【要旨】開店後2年で5割が廃業する飲食業界で年間営業利益3億円も夢じゃ無い！ メニューづくり、広報戦略、立地選び、接客サービス…初めての飲食店経営でも確実に利益が上がる仕組みを徹底解説。
　2017.6 204p B6 ¥1400 ①978-4-344-91318-8

◆**じわじわ死ぬ会社 蘇る会社 上 —企業変革物語 環境整備編**　NTTラーニングシステムズマネジメントコンサルティングチーム著　ファーストプレス　（マネジメントあるある 2）
【要旨】じわじわと進む減収を止められない東洋テクノロジー。次の社長交代の機会を逃せば、会社の立て直しは手遅れになってしまう。保守的な経営陣、変化を拒むミドル、アンコントローラブルな現場…東洋再生を志す世良の前に、変革を拒む壁が立ちはだかる。リーダー世良修三は、いかにして変革への道筋をつけたのか。ビジョンに関心を持たない現場組織に信念に立ち戻り打ち出した一手とは。
　2017.6 366p B6 ¥1500 ①978-4-86648-000-8

◆**じわじわ死ぬ会社 蘇る会社 下 —企業変革物語 変革活動編**　NTTラーニングシステムズマネジメントコンサルティングチーム著　ファーストプレス　（マネジメントあるある 3）
【要旨】経営者藤堂孝志は、いかにして会社を蘇らせたのか。面従腹背の幹部、動かないミドル、そして「現場という名のモンスター」。挫折の果てに辿り着いた答えとは？
　2017.10 424p B6 ¥1500 ①978-4-86648-003-9

◆**三菱財閥 最強の秘密**　田中健太郎著　宝島社　（宝島社新書）
【要旨】日本最大のコングロマリット、三菱財閥。スリーダイヤが築く経済規模は200兆円超ともい

われ、二大巨頭の三井、住友を凌駕する。まさに世界を席巻する最強エリート集団である。国産旅客機MRJの納入遅延やリコール隠しなどの不祥事で凋落説がささやかれたこともあったが、その圧倒的な"財閥力"と堅固な"結束力"で逆境を乗り越えてきた。その強さの秘密はどこにあるのか—？ 最高意思決定機関「金曜会」や「総資産300兆円」といわれる三菱金融グループの実態、三菱自動車の行方など、さまざまな視点から徹底解剖。日本のトップを疾走する企業集団の実像と虚像に迫る。
　2017.7 205p 18cm ¥700 ①978-4-8002-7168-6

中小企業と経営

◆**赤字経営でも驚異の高値で売れる 中小企業の再生型M&A**　田中繁明著　幻冬舎メディアコンサルティング、幻冬舎 発売
【要旨】なぜ、"現在価値ゼロ"の会社が2年後に数億円で売れるのか。企業の経営改善から売却に至るまでを一貫してコンサルティングする著者が企業価値を高め、M&Aを成功させるプロセスを徹底解説。
　2017.7 233p B6 ¥1400 ①978-4-344-91328-8

◆**あの会社に問題社員がいない理由（わけ）—採用難時代を生き抜く中小企業の知恵**　相川泰一著　第一法規
【要旨】セクハラ social 社員、能力不足の社員、コミュニケーションがとれない社員。あなたの会社にこんな社員いませんか？ 人事のプロが問題社員を生まない方法教えます！
　2017.4 205p B6 ¥1800 ①978-4-474-05695-4

◆**いまさら人に聞けない非公開中小会社の「決算書作成」実務Q&A**　辰巳八栄子著　セルバ出版、創英社/三省堂書店 発売　（基礎知識と実務がマスターできるいまさらシリーズ）
【要旨】本書は、非公開中小会社の決算に当たって、決算書作成から決算にかかわる準備や手続が盛り込まれた、これさえあれば決算手続の処理は万全という1冊。
　2017.9 311p A5 ¥2800 ①978-4-86387-334-2

◆**今すぐできる！ 中小企業の介護離職防止対策と制度づくり—事例から学ぶ働き盛り社員を離職させないための本**　小林包美著　第一法規
【要旨】大事な社員を介護で離職させない！ 事例や学ぶ解決法。中小企業の重要な問題として、今、現場で介護離職の事案が起こった場合、どのような方策を用いて社員の離職をとどめ、仕事と両立させることができるかといった実務的な対策を解説。著者が実際に相談を受け、対応した介護離職防止事例や、人事制度の観点から中小企業の介護離職防止を支援するための情報を提供する。
　2017.10 195p A5 ¥2407 ①978-4-474-05901-6

◆**インダストリー4.0時代を生き残る！ 中小企業のためのIoTとAIの教科書**　島崎浩一著　総合法令出版
【要旨】知識ゼロからでも、今すぐはじめられる生産管理と製品開発！ デジタル革命は中小製造業にこそビッグチャンス！ ものづくりの現場を熟知するスペシャリストが、基本的知識から具体的な導入プロジェクトの進め方まで、実例を交えてわかりやすく解説！
　2017.7 220p B6 ¥1500 ①978-4-86280-562-1

◆**英文版 世界に冠たる中小企業**　黒崎誠著、ラーリ・グリーンバーグ英訳　出版文化産業振興財団　（本文：英文）
【目次】1 World Leaders Employing Traditional Technologies Five Companies—"We're Not Trying to Be Toyota"、2 Specialization is the Key to Success A Look at Five Companies："We Won't Go as Far as Discounting Prices Just toMake a Sale"、3 Four Companies Taking on the World with Highly‐Advanced Technologies Undaunted by Domestic Harassment、4 Controlling Niche Markets Inaccessible to Big Firms Six Companies—"No Need for an Administrative Department"、5 Winning with "Business Category Changes" that Capitalize on Expertise Four Companies, Including One that "Will Not Move the Operational Core to China"
　2017.3 169p 22×16cm ¥3300 ①978-4-916055-81-1

◆借りない資金繰り―企業経営者や金融機関に知ってもらいたい現状を変えるための知識　古尾谷未央著　同友館
【要旨】重視するのは拡大より継続。資金繰り計画の作成により、金融機関頼みの現状から脱却し、自立した永続企業に生まれ変わる！
　　2017.10 184p A5 ¥1800 ①978-4-496-05308-5

◆奇跡の澤井珈琲　澤井理惠著　宝島社
【要旨】鳥取の小さな珈琲屋さんが、ネットショップだけで年商20億を実現し、1番になった舞台裏。ネットで売れる珈琲屋さんが明かす、ネットショップ成功の秘密。
　　2017.6 221p B6 ¥1300 ①978-4-8002-7203-4

◆9割が結果を出す！ 小さな会社の脱零細マニュアル　飯島彰仁、会計事務所経営支援塾著　あさ出版
【要旨】「数字がわかる」「改善点が見つかる」「会社が変わる」小さな会社が成長し続けるための必須ノウハウが満載！
　　2017.11 205p A5 ¥1600 ①978-4-86667-019-5

◆業界メガ再編で変わる10年後の日本―中堅・中小企業M&Aが再編の主役だ　渡部恒郎著　東洋経済新報社
【要旨】来る「大廃業時代」「人口減少時代」業界・部署・技術の境界線がなくなる時代へ。業界再編成5つの法則とは。
　　2017.12 262p B6 ¥1400 ①978-4-492-96136-0

◆現代中小企業の経営戦略と地域・社会との共生―「知足型経営」を考える　池田潔著（京都）ミネルヴァ書房　（MINERVA現代経営学叢書）
【要旨】地域との関わりが深い中小企業は、立地する地域社会が抱える様々な課題に向き合うことができる。自律した中小企業が地域と共生する実際を、企業へのアンケート/ヒアリング調査によって明らかにし、その共生のスタイルを探る。　2018.1 372p A5 ¥3600 ①978-4-623-08126-4

◆現代中小企業のソーシャル・イノベーション　佐竹隆幸編著　同友館
【目次】中小企業の存立とソーシャル・イノベーション、地域中小企業の存立とソーシャル・イノベーション―企業の社会的責任・企業倫理・地域活性化、世界をつなぐソーシャル・イノベーション、事業の仕組みから見た中小企業、地域経済の振興とソーシャル・イノベーション―地域商社「ばうむ合同会社」による地域経済活性化の挑戦、イノベーションの価値の持続―中小企業の競争力維持戦略、社会的事業を создう中小企業に関する一考察、中小企業の社会的責任によるソーシャル・イノベーション、東日本大震災被災中小企業の復興とソーシャル・イノベーション―宮城県南三陸町の事例から、地域中小企業の存立維持とグローバル化に関する一考察―中小製造業の海外事業展開を中心に、ベンチャー型中小企業のソーシャル・イノベーション創出―地域資源を活かした市場創造形成プロセス、地域中小企業の経営革新によるソーシャル・イノベーション、顧客価値創造経営を実効するソーシャル・イノベーション、地域中小企業によるソーシャル・イノベーションへの展望
　　2017.4 350p A5 ¥2800 ①978-4-496-05269-9

◆顧客をしっかり囲い込む！ 小さな会社の販売チャネル戦略　佐藤和明著　マイナビ出版
【要旨】オムニチャネル、O2O、越境EC…販売チャネルを増やし、生活者との接点を多様化して、新規顧客の開拓と既存顧客の拡充を狙おう！ 小さな会社、ショップでも実行できる戦略の基本から実践まで。
　　2017.4 215p A5 ¥2280 ①978-4-8399-5903-6

◆小規模企業白書　2017年版　成長の芽を次世代へ繋ぐ　中小企業庁編　日経印刷
【目次】第1部 平成28年度（2016年度）の小規模企業の動向（小規模企業の現状、中小企業・小規模事業者のライフサイクルと生産性、中小企業・小規模事業者の雇用環境と人手不足の現状）、第2部 小規模事業者のライフサイクル（起業・創業、事業の承継、売上拡大に向けた取組）
　　2017.6 369p A4 ¥2600 ①978-4-86579-081-8

◆情報技術と中小企業のイノベーション　小川正博著　御茶の水書房　（比較地域研究所研究叢書 第16巻）
【目次】第1章 ものづくりパラダイムの転換、第2章 中小企業の情報技術活用の課題、第3章 製品アーキテクチャの変化とものづくりネットワー

ク、第4章 自律分散型ものづくりと中小企業、第5章 情報技術の進展と事業イノベーション、第6章 顧客価値基準による事業イノベーション、第7章 ものづくりイノベーションの視点、終章 規模の経済性から情報価値の時代へ
　　2017.3 223p A5 ¥3800 ①978-4-275-02063-5

◆事例でみる中堅企業の成長戦略―ダイナミック・ケイパビリティで突破する「成長の壁」　土屋勉男、金山権、原田節雄、高橋義郎著　同文舘出版
【要旨】革新的中小企業の「成長の壁」を突破し、中堅企業に飛躍した9社の事例を紹介！ 新たな競争優位の獲得に成功した企業の事例から、持続的成長戦略や、競争優位獲得の方法、収益化に向けた資源・能力の新結合戦略のヒントを導き出す！
　　2017.11 228p A5 ¥2300 ①978-4-495-39011-2

◆図解要説 中小企業白書を読む　2017年度対応版　安田武彦監修、東洋大学経済学部・白書研究会編　同友館
【目次】第1部 平成28年度（2016年度）の中小企業の動向（中小企業の現状、中小企業のライフサイクルと生産性、中小企業の雇用環境と人手不足の現状）、第2部 中小企業のライフサイクル（起業・創業、事業の承継、新事業展開の促進 ほか）、付録 2017年版小規模企業白書一抄（第1部 小規模企業の現状、第3章 売上拡大に向けた取組）
　　2017.7 201p A5 ¥1600 ①978-4-496-05292-7

◆スコアリングモデルの基礎知識―中小企業融資における見方・使い方　尾木研三著　金融財政事情研究会, きんざい 発売
【要旨】AI（人工知能）は融資審査に取って代わってしまうのか。かつてのスコアリング融資失敗は何が原因だったのか。そして、新時代のバンカーに必要な知識とは。「文系でも分かる」をキーワードに金融機関の第一線で活躍する著者がおくる、スコアリングモデルの新しい入門書。
　　2017.5 217p A5 ¥2400 ①978-4-322-13083-6

◆図説 日本の中小企業　2017　商工総合研究所編　商工総合研究所
【目次】第1章 中小企業の地位（企業数からみた地位、従業者数からみた地位 ほか）、第2章 最近の中小企業動向（景況、生産・出荷・在庫 ほか）、第3章 トピックス（中小卸小売業の現状）、巻末統計（主要経済金融統計、企業数（産業別規模別：民営） ほか）
　　2017.8 139p A5 ¥1000 ①978-4-901731-26-3

◆税理士のための "中小企業の補助金" 申請支援マニュアル―採択率を上げる申請書・事業計画の作成支援から、アフターフォローまで　水谷翠著　第一法規
【要旨】補助金支援のすべてがわかる。税理士だからできる支援とは？ 採択率を上げるには？ 顧問契約につながるって、ほんと？ バッチリお答えします。
　　2017.5 195p B5 ¥2400 ①978-4-474-05780-7

◆小さくても勝てます　さかはらあつし著　ダイヤモンド社
【要旨】西新宿の小さな理容室「ザンギリ」が行列店に変わった実話に基づくストーリー。小さな組織に必要なのは、お金やなくて考え方なんや！ 経営コンサルタントが教える逆転するための25の戦略。
　　2017.12 319p B6 ¥1500 ①978-4-478-10386-9

◆小さなお店・会社が一人勝ちできるお金をかけない販促の反則技33　石橋拓也著　現代書林
【要旨】広告を出したけど、チラシをつくったけど、SNSをやってみたけど、売上が上がらなかった人が読む本。お金をかけないで、集客できる、すごい仕組み。
　　2017.9 182p B6 ¥1500 ①978-4-7745-1662-2

◆小さな会社が大手企業と戦う極意―チーズビジネスで学んだ経営のヒント　久田寿男著　日経BPコンサルティング, 日経BPマーケティング 発売
【要旨】人気チーズ店「チーズ王国」「フロマジュリー・ヒサダ」の創業者が語る、起業と小さな会社のビジネス戦略の極意。大手企業が追随できない品揃えの裏には、独自のぶれない経営理論がある。それは、起業したいすべての人への熱いメッセージ。
　　2017.7 173p B6 ¥1500 ①978-4-86443-118-7

◆"小さな会社" 逆襲の広報PR術　野澤直人著　すばる舎

【要旨】小さいからこそ実践できる！ "低コスト" かつ "高確率" にマスコミ露出を連鎖させる、常識破りのメディア戦略、教えます!!
　　2017.6 291p A5 ¥2200 ①978-4-7991-0624-2

◆小さな会社だからできる求人大作戦！　精谷芳孝著　自由国民社
【要旨】募集・採用・雇用条件でチャレンジする全33テーマ。「働き方改革」を先回してさらなる優良会社になりましょう！
　　2017.11 246p B6 ¥1800 ①978-4-426-12240-9

◆小さな会社ではじめて管理職になった人の教科書　門脇竜一著　秀和システム
【要旨】管理職とは、周りを動かす仕事である。管理職とは、部下との信頼関係を重視。管理職は、数字の意味が説明できる。出世に差がつく、管理職1年目のマネジメント入門。
　　2017.7 215p B6 ¥1300 ①978-4-7980-5152-9

◆小さな会社でぼくは育つ　神吉直人著　インプレス　（しごとのわ）
【要旨】小さいからこそ身につく「働く力」！ 日本の99.7%を占める小さな企業で働く、すべての人へ。自分と周りを活かす「仕事の基本」。経営学の先生がやさしく教えてくれました！
　　2017.2 220p B6 ¥1500 ①978-4-295-00064-8

◆小さな会社 ネット通販億超えのルール　西村公児著　すばる舎
【要旨】大手企業だけが知っている3つの指標、強力な差別化を実現する商品開発、ブランディングにも使えるUVPのつくり方、儲かる仕組みの構築法、MR改善法、眠れる強みの発見法、反応率の高いDMの送り方etc…大戦略から今日にも使える小ワザまで役立つノウハウがてんこ盛り！
　　2017.12 316p A5 ¥2200 ①978-4-7991-0656-3

◆小さな会社の給与計算と社会保険の事務がわかる本　'17～'18年版　池本修監修、鹿田淳子, 吉岡奈美, 三原秀幸著　成美堂出版
【要旨】採用・退職から源泉徴収・年末調整までを網羅。総務担当者必携！ 具体的な記載例のある最新の書式サンプルで届け出はスムーズ。日常業務に役立つ給与計算・社会保険事務の年間スケジュール付。
　　2017.9 271p A5 ¥1300 ①978-4-415-32409-8

◆小さな会社の総務・労務・経理―基本と実務がよくわかる　17・18年版　池田陽介監修　ナツメ社
【要旨】最新の法改正に対応！ 毎日の業務から不定期の業務まで、ていねいに解説。書類の書き方も掲載。
　　2017.8 271p A5 ¥1300 ①978-4-8163-6290-3

◆小さな会社のための新しい退職金・企業年金入門―会社の負担が減って、社員のやる気も出る仕組み　山崎俊輔著　ダイヤモンド社
【要旨】今の時代、退職金制度は、福利厚生制度＝「お疲れ様」といった意味合いではなく、「人事制度の一環として機能」が求められています。退職金の機能のベースは3つのR―R（リクルート）…優秀な人材の採用に役立つ！ R（リテンション）…解雇時の条件により、不祥事、短期離職の抑制ができる！ R（リペア）…増額などを行い、定年前の退職をうながす。退職金、企業年金制度を使って、会社の経営戦略を考えていきましょう！
　　2017.1 259p B6 ¥1500 ①978-4-478-10140-7

◆小さな会社のはじめてのブランドの教科書―これ一冊でぜんぶわかる！　高橋克典著　ダイヤモンド社
【要旨】お金はいらない！ いまの人材で大丈夫！ 広告宣伝をせずに売上を2倍にする法。世界の小さな会社を知り尽くした著者が語る一番わかりやすい小さな会社のためのブランディング入門。
　　2017.1 238p B6 ¥1500 ①978-4-478-10002-8

◆小さな会社の儲かる整頓　小山昇著　日経BP社, 日経BPマーケティング 発売
【要旨】写真がたっぷり。5万人視察の現場をパクる！ 現場を強くしてきた、武蔵野流整理、整頓、清掃の3S。
　　2017.3 231p B6 ¥1600 ①978-4-8222-3591-8

◆小さな会社は経営計画で人を育てなさい！ CD・ROM付　山元浩二著　あさ出版　（付属資料：CD・ROM1）
【要旨】「つくって終わり」になっていませんか？ 作成法だけでなく、運用の仕組み、30分ででき

経済・産業・労働

る戦略構築法、人材育成の仕組みが載っているから、経営計画を推進できる！ 成果があがる！ 社員が成長する！
2017.10 261p A5 ¥1600 Ⓘ978-4-86063-998-3

◆**小さな企業が生き残る**―地域×技術×デザイン　金谷勉著　日経BP社、日経BPマーケティング 発売
【要旨】「小さな会社でも「強み」は必ずある!!」下請けのピンチを切り抜けるための処方箋。
2017.12 239p B6 ¥1600 Ⓘ978-4-8222-5757-6

◆**小さな建設業の脱！ どんぶり勘定**―事例でわかる「儲かる経営の仕組み」　服部正雄著　合同フォレスト、合同出版 発売
【要旨】計数管理と利益意識の向上が、会社経営を救う！自社の数字を理解し、利益を必ず確保するという意識を高めて、粗利益率や債務超過を改善！ 中小建設業ならではの資金繰り・利益計画など、儲けるための考え方を、実例を使ってわかりやすく大公開!!
2017.7 189p B6 ¥1400 Ⓘ978-4-7726-6092-1

◆**知識ゼロからの小さな会社の始め方**　アディーレ会計事務所、アディーレ法律事務所著　幻冬舎
【要旨】個人より、会社にすると何が得？ 貯金がないなら、借りればいい？ 創業計画から、資金調達、設立登記、会社運営まで、起業のすべてが、漫画と図解でよくわかる。疑問や不安を解決！ ケーススタディ。
2017.3 159p A5 ¥1300 Ⓘ978-4-344-90323-4

◆「**地方創生**」と**中小企業**―地域企業の役割と自治体行政の役割　日本中小企業学会編　同友館（日本中小企業学会論集 36）
【要旨】統一論題：「地方創生」と中小企業―地域企業の役割と自治体行政の役割（地方創生における地域中小企業の役割と自治体支援―島根県浜田市の事例から、自治体による地域中小企業への研究開発助成―地域間格差とその要因）、自由論題（国内合板工業における階層分化とその要因―「寡占と分散の競争」理論の視点から、地域活性化時代の協同組合組織の実態―組合の枠を超えた利益追求の実状、地方中小企業における後継者の能力形成―地域金融機関における後継者育成のケーススタディ ほか）、報告要旨（国内ウメ産業における和歌山県への一極集中過程の要因分析―和歌山県と群馬県のウメ産業の比較研究、陶磁器産地再生に関する一考察―四日市萬古焼メーカーの実態及び弱点について、鯖江における眼鏡枠産地からサプラン精密加工技術集積地域への展開―産地構造分析から動態的産地システム研究へ ほか）
2017.7 171p A5 ¥2800 Ⓘ978-4-496-05290-3

◆**中堅中小企業の経営改革**―成長し続ける会社が実践している3つのこと　山本孝光、奥村亮祐著　カナリアコミュニケーションズ
【要旨】中堅中小企業が成長には、必ず押さえたい経営の本質がある！ これまでに数多くの経営改革を主導する中で、実際に効果の出た事例・事象を結晶化！
2017.5 261p B6 ¥1500 Ⓘ978-4-7782-0378-8

◆**中小企業M&A実務必携**―M&A概論編　M&Aシニアエキスパート養成スクール事務局編　きんざい
【要旨】事業承継で悩む経営者の相談に応える！ファーストコールを導くための信頼醸成へ向け、事業承継型M&A等の必須知識を要点整理。M&Aシニアエキスパート養成スクールの骨子も盛り込んだコンサルティング業務担当者向け実務必携書。
2017.6 199p A5 ¥2500 Ⓘ978-4-322-12868-0

◆**中小企業を強くする連携・組織活動**―中小企業組織活動懸賞レポートにみる成功事例　商工総合研究所編　商工総合研究所
【要旨】第1章 中小企業の組織化と連携組織・支援機関（組織化と中小企業政策、法制度面からみた連携組織の類型、中小企業組合、団地組合、商店街、異業種連携組織、支援機関、商工中金）、第2章 中小企業組織活動懸賞レポートにみる連携・組織活動（論文からレポートへ、受賞作品の全体像、年度別にみた年度別受賞作品の概要、受賞作品に登場した連携組織の動向）、第3章 連携・組織活動の意義と新たな可能性（連携・組織活動の意義、連携・組織活動の新たな可能性）、資料 中小企業組織活動懸賞レポート受賞作品一覧（1997年度～2016年度）
2017.12 210p B6 ¥1429 Ⓘ978-4-901731-27-0

◆**中小企業が主役の地域活性化**　商工総合研究所編　商工総合研究所

【目次】第1章 地域経済の生産・就業構造（地域が生み出す付加価値、地域における雇用の動向 ほか）、第2章 産業クラスターの構築による地域活性化（従来型の産業集積と産業クラスター、企業立地促進法の基本計画にみる日本の産業集積 ほか）、第3章 中小サービス業の経営革新による地域活性化（地域中小サービス業に求められる生産性の向上、中小サービス業の経営革新 ほか）、第4章 中小企業組合による地域活性化（団地組合の取り組み、LLPの活用 ほか）、参考 欧州にみる地域活性化のための中小企業政策（EUの中小企業政策、地域中小企業に関するEUの政策理念と実施体制 ほか）
2017.2 223p B6 ¥1429 Ⓘ978-4-901731-25-6

◆**中小企業が大企業に勝つ秘策 100%成果が出るウェブ集客の成功法則**　神山有史著　セルバ出版、創英社/三省堂書店 発売
【要旨】本書は、中小企業を対象に、ウェブを活用して理想的な見込客を継続的に獲得するための、成果に直結するノウハウを解説。
2017.8 183p B6 ¥1600 Ⓘ978-4-86367-358-8

◆**中小企業がIoTをやってみた**―試行錯誤で獲得したIoTノウハウ　岩本晃一、井上雄介編著　日刊工業新聞社
【目次】第1章 中小企業へのIoT導入の難しさ（中小企業が持つ6つのハードル、中堅・中小企業へのIoT導入成功事例に見る共通要因）、第2章 中小企業がIoTをやってみた（IoTで経営課題に挑戦―株式会社日東電機製作所、サービス向上に向けたIoT化への取組み―株式会社東京電機 ほか）、第3章 IoTでここまでできる（中小企業でIoTを導入するために、画像解析技術の応用 ほか）、第4章 中小企業がIoTを導入・活用するために（中小企業のIoT導入を促す対策、IoT導入におけるデザインの重要性 ほか）
2017.9 194p A5 ¥2000 Ⓘ978-4-526-07744-9

◆**中小企業の会計監査制度の探究**―特別目的の財務諸表に対する保証業務　浦崎直浩編著　同文舘出版
【要旨】研究対象と中小企業に対する規制緩和、第1部 特別目的の財務報告の枠組みに関する基礎理論（特別目的の財務諸表に対する保証業務に関する研究の意味、日本における中小企業の財務諸表に対する保証の現状と課題―「経営者保証に関するガイドライン」を題材として、融資判断における特別目的の財務諸表等の利用と監査、金融機関等の融資判断等における特別目的の財務諸表等の利用と監査と人による保証業務―現状と課題、キャッシュ・フロー計算書のニーズ分析、わが国中小企業のキャッシュ・フロー計算書に関するアンケート調査分析、中小企業の内部統制の特質、日本における中小企業の監査の質―監査の実証的分析による証拠、中小企業におけるサステナビリティ情報の必要性―ステークホルダーの視点から）、第2部 米国における特別目的の財務諸表に対する保証業務（中小企業に関する特別目的の財務報告の枠組み―AICPAのFRF for SMEsを中心として、特別目的の財務諸表の表示、特別目的の財務諸表にかかるその他の包括的会計基準、特別目的の財務諸表に対する保証業務の構図、米国における中小企業の財務諸表に対する信頼性付与―SSARS第21号を題材として）、第3部 その他諸外国における中小企業の会計監査制度（英国の中小企業の会計・監査制度、北欧諸国の小企業監査、カナダ小企業の財務諸表に対する監査の基礎理論、研究の総括）
2017.7 301p A5 ¥3600 Ⓘ978-4-495-20601-7

◆**中小企業の「後継社長」が知っておくべき会社引継ぎ50の鉄則**　蕪竹理江著　幻冬舎メディアコンサルティング、幻冬舎 発売
【要旨】事業を継続する、取引先との関係を維持する、従業員の生活を守る―。新社長にのしかかる重圧をはねのけ経営を成功へと導く鉄則とは。すべての若き「後継社長」へ―。先代を超えて業績を伸ばすための必読書。
2017.1 201p B6 ¥1300 Ⓘ978-4-344-91052-2

◆**中小企業の事業承継**　中村廉平編著　有斐閣
【要旨】法律の解説および事例紹介等の中で、承継対象相手（家族・親族であるか、従業員であるか、第三者であるか）や事業承継の発生前後のそれぞれ時期による手法・対策の相違を可能な限り意識しつつ説明することにより、事業承継に必要な法的知識を理論的・体系的に理解するようにした。必携の1冊。
2017.3 337p A5 ¥3000 Ⓘ978-4-641-13738-7

◆**中小企業の事業承継戦略**―相続税・贈与税・事業承継税制の活用の仕方から事業承継計画の

作り方、M&Aの考え方まで　今仲清、増山英和、大山修著　TKC出版 第3版
【要旨】新税制を活用した中小企業の事業承継対策の道しるべ。実務経験豊富な執筆陣が、納税猶予制度の仕組みや活用法、成功する事業承継計画づくり、後継者育成法まで、徹底解説！ 経営者、後継予定者だけでなく、税理士・公認会計士必携。
2017.9 392p A5 ¥2500 Ⓘ978-4-905467-40-3

◆**中小企業の事業性を向上させる税理士の経営支援**　吉永茂著　日刊建設工業新聞社、東洋出版 発売
【目次】第1章 税理士とタッグを組んで経営力向上に取り組む、第2章 自社の経営管理体制を整備する、第3章 金融機関に信頼される企業になる、第4章 社長としてリーダーシップを発揮する、第5章 自社の現状を理解する、第6章 経営力向上計画を立てる、第7章 想定外のリスクの現状を知る、第8章 コミュニケーションと人材育成に目を配る、第9章 業績評価と改善策の決定を定例経営会議で行う、第10章 内部監査員監査の進め方
2017.4 135p A5 ¥1200 Ⓘ978-4-930737-51-9

◆**中小企業の3D進化論**―義肢装具会社に見るデジタル化を迫られる日本のものづくりの現場　荒山元秀、島村雅徳、森永浩介著　（京都）ライティング、星雲社 発売
【要旨】日本のものづくり技術＋最先端のデジタル技術で情報社会に適合した新しい義肢装具製作現場を構築せよ!!
2017.12 167p B6 ¥1500 Ⓘ978-4-434-24027-0

◆**中小企業のための国税書類のスキャナ保存入門**　袖山喜久造、坂本真一郎共著、新経済連盟デジタルファースト推進PT監修　大蔵財務協会
【要旨】27年度、28年度税制改正で大幅な見直しが行われたスキャナ保存制度について、中小・零細企業にも配慮して図表を多用し、やさしく解説したスキャナ保存の入門書。29年7月に改訂された国税庁の電子帳簿保存法Q&Aに対応!!会計ソフト会社が提供するスマホ撮影に対応した製品等も紹介。
2017.9 187p A5 ¥1667 Ⓘ978-4-7547-4438-0

◆**中小企業のための事業承継の実務**―誰に何を引き継ぐかがわかれば事業継承は成功する！　大野正道編著　中央経済社、中央経済グループパブリッシング 発売
【要旨】企業経営の維持・発展という継続企業にとって欠かせない視点からすると、中小企業にとっての最重要課題は事業承継にあるといっても過言ではない。本書は、これまで主に法務や税務の観点から論じられてきた事業承継問題を、経営サイドから考察するとともに、その留意点を明らかにする。すなわち「誰に何を承継させるか」という視点である。また、やむを得ず「廃業」という選択を迫られた場合の企業内実務対応についても触れる。
2017.9 214p A5 ¥2600 Ⓘ978-4-502-23351-7

◆**中小企業のための組織再編・資本等取引の会計と税務**　佐藤信祐、長谷川太郎著　清文社
【要旨】中小企業に必要な知識のみを重点解説。個人株主から法人に対する現物出資、法人から個人株主への現物配当、会社合併法人と被合併法人の兼任役員への退職慰労金支給など、中小企業特有の論点にも触れ、豊富な図、法人税確定申告書のひな型を付して分かりやすく説明しています。平成29年度税制改正対応。
2017.8 337p A5 ¥3000 Ⓘ978-4-433-61047-0

◆**中小企業のための「超経理」**　加藤弘之著　幻冬舎メディアコンサルティング、幻冬舎 発売（経営者新書）
【要旨】「会社全体の数字が集まるハブ的な部門」であり、会社のカネを管理する重要な部署、経理部。ところが実際、中小企業の経理部は数字の集計に忙殺されて、カネの「管理」にまで意識が回っていないことが少なくありません。様々な経営リスクを回避し、確かな経営管理のもとに会社を成長させる、経理を超えた「超経理」部門の整え方を解説していきます。
2017.11 209p 18cm ¥800 Ⓘ978-4-344-91393-6

◆**中小企業のための補助金・助成金徹底活用ガイド 2017・2018年版**　経士会監修、経士会中小企業診断士チーム、経士会社会保険労務士チーム編著、ゼロプラス、リブウェル、タスクールPlus協力　同友館

【要旨】中小企業診断士・社会保険労務士65名のノウハウを凝縮！補助金・助成金をがっちり！利用する方法。
2017.9 404p A5 ¥3600 ①978-4-496-05296-5

◆中小企業白書　2017年版　中小企業のライフサイクル―次世代への継承　中小企業庁編　日経印刷
【目次】第1部 平成28年度（2016年度）の中小企業の動向（中小企業の現状、中小企業のライフサイクルと生産性、中小企業の雇用環境と人手不足の現状）、第2部 中小企業のライフサイクル（起業・創業、事業の承継、新事業展開の促進、人材不足の克服）
2017.6 569p A4 ¥2900 ①978-4-86579-080-1

◆中小企業法務のすべて　日本弁護士連合会　日弁連中小企業法律支援センター編　商事法務
【要旨】中小企業支援において必要不可欠な法務に関し、経験豊富な弁護士により詳細かつ網羅的に解説した実務家必読の書。
2017.3 321p A5 ¥4000 ①978-4-7857-2495-5

◆テレワークで生き残る！―中小企業のためのテレワーク導入・活用術　田澤由利著　商工中金経済研究所
【目次】第1章 中小企業が次の時代を生き抜くために、第2章 中小企業こそテレワーク！の理由、第3章 まずはテレワークを正しく知ることから、第4章 中小企業のテレワーク導入9のポイント、第5章 中小企業の導入事例に学ぶ、第6章 中小企業のテレワークが進む道
2017.3 79p A5 ¥600 ①978-4-904735-30-5

◆どうする？借金・廃業・その後―零細法人・自営業者のための　志村次郎著, リスクコントロール情報室編　アテネ出版社
【要旨】相談相手も金もない零細事業者のできること。経費削減・保証人対策・滞納対策・法律対策。廃業後の生活からローリスク事業まで提案。諦める前の裏ワザ入れ知恵―経営に行き詰まった零細事業者のマニュアルBook。
2017.5 189p B6 ¥1600 ①978-4-908342-05-9

◆同族会社・中小企業のための会社経営をめぐる実務一切　東京弁護士会親和全期会著　自由国民社　第2版
【要旨】オーナー経営者、法書関係者必携！平成26年会社法改正に対応。事業承継、株式譲渡、従業員持株制度、株主総会の運営、会社役員のトラブル―中小企業経営において起こりがちな会社支配権をめぐる問題と対応策を、事例形式で丁寧に解説。
2017.1 349p A5 ¥3500 ①978-4-426-12235-5

◆21世紀中小企業のネットワーク組織―ケース・スタディからみるネットワークの多様性　関智宏編著、平野哲也、大貝健三、山本篤民、堀潔、池田潔著　同友館
【目次】第1章 企業のネットワーク組織とその特質、第2章 ものづくり中小企業のネットワーキングの目的・成果・進化―アドック神戸のケース、第3章 中小企業のネットワーク組織における企業発展と学びのネットワーク―京都試作ネットのケース、第4章 地場産業産地でのネットワーク組織の意義と限界―播州・播磨ネットシンジケートのケース、第5章 地場産業における中小企業の産学官連携―仏壇塗と新融合イン滋賀研究会のケース、第6章 産学官連携によるイノベーションと人材育成―オランダにおけるRDM Campusのケース、第7章 農商工連携による価値創造―北海道十勝地域の小麦ネットワーク組織のケース、第8章 中小企業ネットワーク組織による社会的価値の創出―ネクストステージ大阪LLPのケース、第9章 ソーシャル・ビジネスにおけるヒューマン・ネットワーク―買物弱者支援事業を行う企業のケース、第10章 中小企業ネットワーク組織の実態、第11章（補論）ネットワーク組織の理論
2017.6 204p A5 ¥2200 ①978-4-496-05287-3

◆日本の中小企業―少子高齢化時代の起業・経営・承継　関満博著　中央公論新社（中公新書）
【要旨】高度経済成長を支え、高い技術力を賞賛された日本の中小企業。だが、近年は急激な人口減少や中国・アジアとの競争力のなかで、苦しい状況にある。既存の企業は後継者不足に悩み、起業の件数も激減している。一九八六年に約八七万あった製造業者数は、いまほぼ半減した。こうした状況に突破口はあるのか。現場主義を貫く経営学者が、豊富な事例を通して、課題と今後の展望を論じる。
2017.12 216p 18cm ¥800 ①978-4-12-102468-8

◆伸びる中堅・中小企業のためのCSR実践法　湊信明著　第一法規
【要旨】過労うつの社員への冷たい仕打ち、女性社員へのセクハラ、はたまた陰湿なおとなのいじめ―こうした問題がきっかけで奈落の底に落ちた3つの会社は、はたして再生することができるのか？CSR＝コンプライアンス＋愛。ストーリーと解説で学ぶCSRの具体策！
2017.12 234p A5 ¥2700 ①978-4-474-05932-0

◆平成27年調査中小企業実態基本調査に基づく中小企業の財務指標　中小企業診断協会編　同友館
【目次】第1部「財務指標」の概要（「中小企業実態基本調査」の概要、「財務指標」の内容、「財務指標」活用上の留意点）、第2部 大分類12業種（全産業平均を含む）（全産業平均、建設業、製造業 ほか）、第3部 中分類66業種（建設業、製造業、情報通信業 ほか）
2017.5 434p B5 ¥4000 ①978-4-496-05281-1

◆私の中小企業論―挑む社長の応援歌！　宮内義彦著　日経BP社、日経BPマーケティング発売
【要旨】オーナー経営実践28ヵ条。
2017.5 189p A5 ¥1600 ①978-4-8222-3693-9

◆Q&A 中小企業の「退職金の見直し・設計・運用」の実務―平成29年1月改訂　川島孝一著　セルバ出版、創英社/三省堂書店 発売　改訂版
【要旨】本書は、これから退職金制度の導入を検討しようという会社にも、さまざまな退職金制度の特徴や作成方法、退職金制度を維持していく上での必要な資金準備の手法までも説明している。昨今では、退職者をめぐるトラブルも増えている。本書ではいざというときに会社を守れる退職金規程の記述方法を事例をもとに紹介している。「退職金制度は一度とところ変更しない」会社も一読の価値がある。改訂版では、マイナンバー（個人番号）の扱い方、パートの退職金などについて追加。
2017.2 199p A5 ¥2200 ①978-4-86367-317-5

◆Q&Aで理解する！個人情報の取扱いと保護―中小企業のための基本ルール　遠藤信一郎、和田洋一著　清文社
【要旨】すべての事業者が法律の対象に！個人事業主、NPO法人、町内会、同窓会も!!個人情報の取得・利用・保管・提供など取扱いのポイントをわかりやすく解説。
2017.6 279p A5 ¥2400 ①978-4-433-64327-0

企業動向

◆アサヒビール 30年目の逆襲　永井隆著　日本経済新聞出版社
【要旨】連続ヒットは、こうして実現した―全社一丸の大変革ドラマ。
2017.4 221p B6 ¥1500 ①978-4-532-32145-1

◆アマゾンが描く2022年の世界―すべての業界を震撼させる「ベゾスの大戦略」　田中道昭著　PHP研究所（PHPビジネス新書）
【要旨】小売り・流通に変革をもたらしてきたECの巨人・アマゾン。近年は、リアル店舗への進出にとどまらず、クラウド、宇宙事業、AI、ビッグデータなどの分野へも展開、米国ではアマゾンに顧客と利益を奪われることを意味する「アマゾンされる」という言葉が生まれるほど、その勢いを増している。本書は、大学教授、上場企業の取締役、コンサルタントという3つの顔を持つ著者が、膨大な資料と独自のメソッドで、「アマゾンの大戦略」を読み解く一冊。
2017.12 301p 18cm ¥910 ①978-4-569-83733-8

◆生きる職場―小さなエビ工場の人を縛らない働き方　武藤北斗著　イースト・プレス
【要旨】「出勤・退勤時間は自由」「嫌いな作業はやらなくてよい」など、非常識とも思える数々の取り組みが、いま大きな共感を呼んでいる。そして、その先にあったのは思いもしなかった利益を生むプラスの連鎖だった。2011年3月11日14時46分、東日本大震災。石巻のエビ工場と店舗は津波ですべて流された。追い打ちをかけるような福島第一原発事故。ジレンマのなか工場の大阪移転を決意する。債務総額1億4000万円からの再起。そんななかで考え出したのが「フリースケジュール」という自分の生活を大事にした働き方。好きな日に出勤でき、欠勤を会社

へ連絡する必要もない。そもそも当日欠勤という概念すらない。これは「縛り」「疑い」「争う」ことに抗い始めた小さなエビ工場の新しい働き方への挑戦の記録。
2017.4 213p B6 ¥1500 ①978-4-7816-1520-2

◆外資系企業の動向　第49回　平成27年外資系企業動向調査（平成26年度実績）　経済産業統計協会編　経済産業統計協会
【目次】1「第49回外資系企業動向調査」の概要（調査の概要、利用上の注意）、2「第49回外資系企業動向調査」の概況（分布状況、新規参入企業の状況 ほか）、3「第49回外資系企業動向調査」の集計結果表（操業状況別回収企業数、集計企業数（母国籍別）ほか）、4 参考資料（調査票、調査記入の手引）
2017.2 227p A4 ¥7700 ①978-4-86499-107-0

◆がっちりマンデー!!知られざる40社の儲けの秘密　がっちりマンデー!!制作委員会編　KADOKAWA
【要旨】過去約3年の放送から厳選！ビジネスアイデア40選！
2017.5 189p B6 ¥1300 ①978-4-04-895941-4

◆企業成長と価格行動―キリンビールのマーケティング戦略　後藤一郎著　千倉書房（大阪経済大学研究叢書）
【目次】第1部 価格競争の展開（流通過程における価格競争への一視角、アメリカ小売商業における競争の変容、日本における価格競争の展開）、第2部 キリンビールの価格行動の軌跡（キリンビールの誕生―創成期における元売問屋との取引関係、一手販売契約の解消―マーケティング・チャネルの再編、昭和戦前期の価格競争の諸相―明治屋との比較で、戦時統制経済下のマーケティング）、第3部 管理価格への途（戦後における マーケティングの胎動―戦後卸店組織の再編過程、管理価格への途、決済制度の変更、ビール空き容器回収への進出、ビール空き容器回収方式の完成）
2017.6 304p A5 ¥3800 ①978-4-8051-1111-6

◆技術屋の王国―ホンダの不思議力　片山修著　東洋経済新報社
【要旨】シビック＋翼―空飛ぶ自動車に30年以上前に挑戦したホンダ。バイク世界首位、F1レース、ロボット、ジェット機開発…数々の奇跡を引き起こす不可思議力に迫る。
2017.9 391p B6 ¥2000 ①978-4-492-50293-8

◆業界分析ハンドブック―経営戦略が評価される企業75　みずほ証券エクイティ調査部編著　東洋経済新報社
【要旨】中長期的な企業分析と株式投資が求められている。日米アナリスト・ランキングで4年連続1位のみずほ証券アナリストが分析（2014年から2017年：『日経ヴェリタス』およびInstitutional Investor誌）。
2017.9 300p A5 ¥2000 ①978-4-492-76236-3

◆巨大倒産―「絶対潰れない会社」を潰した社長たち　有森隆著　さくら舎
【要旨】絶頂から奈落へ、優良大企業はなぜ潰れたか！一世を風靡した「絶対潰れない会社」が、倒産、解体へと追い込まれた。一時代を築いた社長たちは、いかに時代と切り結び、どこで道を誤ったのか。成功への道はそれぞれ異なるが、奈落の底に落ちる典型は、いつの世も変わらない。巨大倒産9ケースから読み取る"失敗する社長の本質"！
2017.10 318p B6 ¥1600 ①978-4-86581-120-9

◆巨大ブラック企業　佐高信著　河出書房新社
【要旨】日本を代表する5大企業の底知れぬ闇を、すべて暴く。
2017.9 201p B6 ¥1700 ①978-4-309-24823-3

◆空前絶後★ベンチャー企業は宇宙的発想で!!　早川和宏著　三和書籍
【要旨】暗号通貨「アロハコイン」上陸！すごい会社「日南グループ」とは？世界一の「東海バネ工業」…"注目のベンチャー"12の物語。
2017.9 339p B6 ¥1500 ①978-4-86251-279-6

◆クラッシュ 2 ―ワコールHD社長兄妹の「ご乱心」　丸山昇著　第三書館
【要旨】「大企業」ワコールHD社長塚本能交が、長年の自社顧問弁護士を妹洋子と兄夢社長林みのるの離婚訴訟代理人として送り込んだ。結果は、惨憺たる「ご乱心裁判」と化して古都の大繁盛する。京都経済界を二分する「忖度合戦」の虚々実々が白日の下に展開。
2017.9 283p B6 ¥1500 ①978-4-8074-1727-8

経済・産業・労働

◆原価企画とトヨタのエンジニアたち　小林英幸著　中央経済社、中央経済グループパブリッシング 発売　（メルコ学術振興財団研究叢書 10）
【要旨】本書は、原価企画を実践するエンジニアの発想を理解しようとした初の試みである。インタビューとアンケートの結果、理詰めの目標が与えられれば、エンジニアは「良品廉価」の実現に向けての努力を惜しまなかった。
2017.11 242p A5 ¥4000 ①978-4-502-24781-1

◆最強のデータ分析組織―なぜ大阪ガスは成功したのか　河本薫著　日経BP社、日経BPマーケティング 発売
【要旨】日本一有名な「データサイエンティスト」が知られざる分析組織の全貌を大公開。
2017.11 308p B6 ¥1600 ①978-4-8222-5891-7

◆佐賀の注目21社―志ある誠実な経営力で地元を守り立てる　永島順子著　ダイヤモンド社
【要旨】使命感と誇りを胸に、揺るぎない信念で歩んできた佐賀の“情熱経営者”21人の道程。
2017.1 231p B6 ¥1500 ①978-4-478-10066-0

◆ザ・ファースト・カンパニー　2017　―創造と革新を求め続ける企業　ダイヤモンド経営者倶楽部編　ダイヤモンド社
【要旨】業界をリードする“独創性”と“こだわり”のナンバーワン企業を一挙公開！
2017.3 211p B6 ¥1800 ①978-4-478-10199-5

◆静岡発 人を大切にするいい会社見つけました―人も、より良く変われる!!　坂本光司監修、リッチフィールド・ビジネスソリューション企画・編　（静岡）静岡新聞社
【目次】誰もがいい人生を送るために「人も、会社も、より良く変われる」、静岡には人を大切にするいい会社がある。本書の狙い、人を大切にする静岡のいい会社を見つけました、製造業、三興商事株式会社―社員と家族、取引先を大切に、日本一の販売実績を誇る会社、学校法人榛原学園―先生たちが日本一「ありがとう」を大切にする幼稚園・保育園、農業生産法人 株式会社ザ・ネクストワン―有名ハンバーグ店のおいしさをこだわり抜いた野菜で支えている会社、有限会社トシズ―日本一の水道屋を目指して「利他」を実践する会社、いい会社はどんな企業でも、誰でも目指すことができる
2017.8 307p B6 ¥1500 ①978-4-7838-2258-5

◆社員をサーフィンに行かせよう―パタゴニア経営のすべて　イヴォン・シュイナード著、井口耕二訳　ダイヤモンド社　新版
【要旨】最高の製品を作り、環境に与える不必要な悪影響を最小限に抑える。そして、ビジネスを手段として環境危機に警鐘を鳴らし、解決に向けて実行する。ビジネスの常識にとらわれない、時代の先を行くパタゴニアは何を考え、行動してきたか。フルカラー愛蔵版。大幅加筆/全面新訳/写真満載。
2017.6 414p B6 ¥2000 ①978-4-478-06972-1

◆シャープの中からの風景―シャープ社員がブログに綴った3年間　元シャープ社員A著　宝島社
【要旨】誇るべき我が社が足元から崩れていく。その時現場は何を思ったのか？ 大反撃を呼んだ話題のブログを書籍化！ 社員が書き続けたシャープ経営危機1311日。
2017.3 255p B6 ¥1200 ①978-4-8002-6778-8

◆「白い恋人」奇跡の復活物語　石水創著　宝島社
【要旨】なぜ、私たちは「白い恋人」を買ってしまうのか。賞味期限偽装、社長の辞任、会社の危機、10年前のどん底から日本一人気のお土産菓子に―。当事者が語る復活の舞台裏。
2017.3 230p B6 ¥1300 ①978-4-8002-6477-0

◆信州を元気にする注目企業15社　第一企画編　ダイヤモンド社
【目次】長野県知事インタビュー 信州の元気な企業とともに地方創生のフロントランナーを目指して、亜細亜印刷株式会社（印刷業）―世界に誇る「正確な組版技術」と最新印刷技術が融合し高品質を、株式会社飯田ケーブルテレビ（情報通信業）―放送と通信の垣根を越えて、情報サービスの新たな価値を創造する、大井建設工業株式会社（建設業）―ハウス・オブ・ザ・イヤー・イン・エナジー2016優秀賞に輝く子育て世代を応援、サンニクス株式会社（製造業）―自社開発の軽量、低価格の樹脂製熱交換器

でエネルギー問題解決に挑戦、株式会社シナノ（製造業）―磨き続けたボール加工技術で「人」を支える製品づくり、株式会社タカギセイコー（製造業）―世界中で信頼される眼科医療機器を製造、有限会社トップリバー（農業）―「儲かる農業」を広め、日本の農業を活性化する農業経営者を育てる、株式会社土木管理総合試験所（土木建築サービス業）―土木・建設関連の多様な調査・試験・分析をワンストップで提供、長野都市計画株式会社（不動産業）―長野のまちづくりに貢献する地元密着の不動産業を展開〔ほか〕
2017.5 197p B6 ¥1500 ①978-4-478-10215-2

◆すごか！ 九州―なぜ地方企業が日本を代表する味と技術を育てたか　産経新聞九州総局著　産経新聞出版
【要旨】「黒キリ」、めんたいこ…最高の味と技術はこうして生まれた！ 日本の1割の経済圏を舞台に食と生産技術を極める熱き企業人たちの物語。
2017.9 253p B6 ¥1500 ①978-4-8191-8636-127-9

◆住友グループの研究―“結束力”を誇った企業集団　菊地浩之著　洋泉社　（歴史新書）
【要旨】合併・再編、主要企業のグループ離脱―“結束の住友”が迎える新局面とは？ 江戸時代以来の富商・住友家は、明治維新後も徹底した「番頭政治」と、製造業に基盤を置いた経営で財閥へと成長した。戦前までは、三井・三菱との差は歴然であったが、戦時中は軍需産業の増大、戦後は高度経済成長による波に乗ることができた。戦後の躍進の要因となったのは、住友銀行の豊富な資金を活かし、非財閥の有力企業をグループの周辺に囲い込む「外延的膨張」戦略だった。バブル経済の崩壊以降は、競争力の維持のため三井グループとの合併再編を選択する。本書では、住友の創業から住友財閥、企業集団・住友グループの歩みをたどりつつ、代表的なグループ企業の歴史と現在を明らかにする。
2017.11 207p 18cm ¥900 ①978-4-8003-1354-6

◆セガvs.任天堂 上　―ゲームの未来を変えた覇権戦争　ブレイク・J.ハリス著、仲達志訳　早川書房
【要旨】弱小企業セガは、巨人・任天堂をいかにして打ち破ったのか？ ソニー・ピクチャーズ映画化予定の傑作ビジネス・ノンフィクション！ 1990年、任天堂はアメリカにおける家庭用ゲーム機市場の90%超を握る圧倒的な存在だった。一方、セガは大いなる野心を秘めた注目株だったものの、アーケードゲーム専門の中小メーカーにすぎなかった。だが、トム・カリンスキーがセガ・オブ・アメリカのCEOに就任したのを機に、潮目が変わりはじめる―。「チーム・カリンスキー」が次々に繰り出す常識破りの奇策は、セガと任天堂の間に真たる「仁義なき戦い」を引き起こした。ソニックとマリオ、日本とアメリカが火花を散らし、家庭から米連邦議会に至るまで、あらゆる戦場で繰り広げられた激闘の行方は？ 600億ドル産業を生み出した企業戦争の内幕に、200人を超える取材で迫る痛快群像ノンフィクション。
2017.3 398p B6 ¥2300 ①978-4-15-209677-7

◆セガvs.任天堂 下　―ゲームの未来を変えた覇権戦争　ブレイク・J.ハリス著、仲達志訳　早川書房
【要旨】絶対王者・任天堂からシェアをもぎ取ったセガは、なぜ転落していったのか？ 圧倒的筆力で描き切るゲーム界「三国志」！ カリンスキーたちの大胆な戦略が功を奏し、セガはアメリカ市場で任天堂からシェアを奪い、業界トップに躍り出る。だが、両社が死闘を演じている間に、彼らはオンライン激突の対立に苦しんでいた。セガ・オブ・アメリカと日本のセガ本社の間で起きつつあった内紛で、やがて想像を絶する「お家騒動」へとエスカレートしていく。革命的なゲーム機「ジェネシス（メガドライブ）」で市場を席巻する風雲児セガ、「SNES（スーパーファミコン）」と人気ソフトで巻き返しを図る巨大帝国・任天堂、そして、次世代機「プレイステーション」で参入の機をうかがう新星ソニー―三つ巴のゲーム界「三国志」を制し、覇者となるのは誰か？ 個性あふれる登場人物、熾烈な駆け引き、息をもつかせぬ展開で、隆盛期のゲーム業界に集った人々の栄光と挫折を描く壮大なサーガ。
2017.3 442p B6 ¥2300 ①978-4-15-209678-4

◆セコム　長田貴仁、宮本惇夫、久野康成著　出版文化社　（リーディング・カンパニーシリーズ）
【要旨】創立55周年を迎えたIoTの先駆者・セコム。トップ独占取材、2030年ビジョン、経営戦略を収録。経営学者ら気鋭専門家が警備業界首

位の実像に迫る。写真65点図表40点。
2017.9 229p 18×13cm ¥1800 ①978-4-88338-626-0

◆セブン・イレブン金の法則―ヒット商品は「ど真ん中」をねらえ　吉岡秀子著　朝日新聞出版　（朝日新書）
【要旨】モノが売れないといわれる時代に、最高益を更新し続けるセブン・イレブン。その商品開発の舞台裏を、関係者の証言を追いながら描くドキュメント。業界の常識を覆し、年間売上10億杯に達した挽きたてコーヒー、「全部変えよう」の一言から始まった「シュークリームプロジェクト」、そして「街の本屋さん」から「社会のインフラ」へ―シェアを奪うのではなく、マーケットを生み出す！ セブン・イレブンが歩む「商いの王道」を一挙公開。
2018.1 230p 18cm ¥711 ①978-4-02-273750-2

◆ゼロへの道のり―株式会社ふくしねっと工房の挑戦　友野剛行著　ルネッサンス・アイ、白順社 発売
【要旨】居場所を失った人やさまざまな困りごとを抱えた人たちが、いきいきと生きられる場所がある。地域の障害者福祉を担ってきた著者は、「会社法」施行の1週間後に「株式会社ふくしねっと工房」を設立。その後10年で10を超える法人数から成り立つ「ぐらすグループ」へと事業を発展させていった。障害者とその家族たちに寄り添い、優れたリーダーシップを発揮してきた著者だからこそ書ける、福祉とは何か、家族とは何か、そして地域とは何か。
2017.3 283p B6 ¥1300 ①978-4-8344-0204-9

◆創業100年企業の経営理念　3　マスメディアが見た老舗の流儀　入野和生著　（岡山）吉備人出版
【要旨】老舗企業から学ぶ永続の“流儀”。時代の変化を読み取り、イノベーションを繰り返してきた企業だけが、100年の歴史を刻んでいく！ （一財）岡山経済研究所発行『マンスリーリポート』の人気連載『創業100年企業―NEXT100年どう生きる』で紹介された岡山・香川・愛媛、広島県備後地区の27社を掲載！
2017.4 243p A5 ¥1600 ①978-4-86069-501-9

◆ソニーはなぜ不動産業を始めたのか？―不動産流通革命に挑む改革者たち　茂木俊輔著　日経BP社、日経BPマーケティング 発売　増補改訂版
【要旨】他社の査定が2000万円台だった中古マンションがなぜ3600万円で売れたのか。実際に利用したお客様への調査で9割を超える人が「満足」と答えたソニー不動産の秘密とは！
2017.11 207p B6 ¥1600 ①978-4-8222-5973-0

◆大学を出て仕事もせずにダメだった僕を生かしたリクルートの組織風土　長崎哲也著　カナリアコミュニケーションズ
【要旨】たまたまアルバイトで入ったリクルートで20年勤続し、部長を務めた著者が、人を最大限に生かす組織づくりのあり方を徹底解説!!
2017.5 169p B6 ¥1500 ①978-4-7782-0402-0

◆第50回 外資系企業の動向―平成28年外資系企業動向調査 平成27年度実績　経済産業統計協会編　経済産業統計協会
【目次】1 「第50回外資系企業動向調査」の概要（調査の概要、利用上の注意）、2 「第50回外資系企業動向調査」の概況（今回調査のポイント、分布状況 ほか）、3 「第50回外資系企業動向調査」の集計結果表（操業状況別回収企業数、集計企業数（母国籍別） ほか）、4 参考資料（調査票、調査票記入の手引）
2017.8 227p A4 ¥7700 ①978-4-86499-120-9

◆デジタル新時代を勝ち抜く明朗経営―明豊ファシリティワークスの挑戦　茂木俊輔著　日経BP社、日経BPマーケティング 発売
【要旨】見える化、働き方改革、フェアネス…業界の異端から主流へ！ CM方式の経営改革。知られざる先進企業の全貌!!CM（コンストラクションマネジメント）とは建設プロジェクトにおける発注者への支援を行う仕事。本書では、その全容を解説します。
2017.10 223p B6 ¥1600 ①978-4-8222-5968-6

◆電通巨大利権―東京五輪で搾取される国民　本間龍著　サイゾー
【要旨】五輪エンブレム盗作騒動、ネット広告費不正請求、東大卒女性社員の過労自殺。不祥事続出のブラック広告代理店・電通。それでも巨大利権を掌握し、肥大化が止まらない…。洗脳広告支配から脱出せよ！ 巨大イベントで大儲

けの仕組み。東京五輪ボランティアに参加していけないという理由がわかる。
2017.10 237p B6 ¥1300 ①978-4-86625-093-9

◆**電通と博報堂は何をしているのか**　中川淳一郎著　星海社，講談社 発売　（星海社新書）
【要旨】五輪エンブレム騒動、若手女子社員過労自殺…。いま、広告代理店に逆風が吹いている。ネット上には、「パワハラ・セクハラは日常茶飯事」「社員はコネ入社で使えない人間ばかり」など、虚実入り交じった悪評が連日書き込まれている。なぜ電通・博報堂はこんなにも嫌われているのか。それは彼らが高利益をあげ、高い給料を得ている（とされている）にもかかわらず「何をしているかわからない」からである。長らく広告業界は、敢えて自分たちの仕事内容を開示せず、クライアントとの情報の非対称を利用して仕事を進めてきた。そのツケがいま、きている。本書は、博報堂出身の筆者がおくる真実の会社案内であり、業界案内である。
2017.3 222p 18cm ¥900 ①978-4-06-138608-2

◆**東芝解体 電機メーカーが消える日**　大西康之著　講談社　（講談社現代新書）
【目次】序章 日本の電機が負け続ける「本当の理由」─電機メーカーを長年支え続けた"本業"の正体、1 東芝「電力ファミリーの正妻」は解体へ─待ちうける"廃炉会社"への道、2 NEC「電電ファミリーの長兄」も墜落寸前─通信自由化時代30年を無策で過ごしたツケ、3 シャープ 台湾・ホンハイ傘下で再浮上─知られざる経済産業省との「暗闘」、4 ソニー 平井改革の正念場─脱エレクトロニクスで、かすかに見えてきた光明、5 パナソニック 立ちすくむ巨人─「車載電池」の次に目指すもの、6 日立製作所 エリート野武士集団の死角─「技術の日立」を過信し、消費者を軽んじた、7 三菱電機 実は構造改革の優等生？─「逃げながら」「歩み続ける」経営力、8 富士通 コンピューターの雄も今は昔─進取の気性を失い、既得権にしがみつく
2017.5 270p 18cm ¥800 ①978-4-06-288426-6

◆**東芝 原子力敗戦**　大西康之著　文藝春秋
【要旨】二〇〇六年、米原発メーカー・ウェスチングハウス買収をきっかけに、解体へと追い込まれた東芝。経産省の思惑、国策にすがる幹部、暴走する原子力事業部員の姿を、社内極秘資料を元にあますところなく描く。『日経ビジネス』在籍時代からスクープを連発した、第一人者によるノンフィクション決定版。
2017.6 263p B6 ¥1600 ①978-4-16-390674-4

◆**東芝消滅**　今沢真著　毎日新聞出版
【要旨】年も押し迫った2016年12月27日の夜6時。東京・浜松町の東芝本社で、綱川智社長の緊急記者会見が開かれた。綱川社長が発表したのは、「原子力事業で数千億円の損失が発生する可能性がある」という、衝撃の内容だった…。史上空前の規模の巨大損失を発表した東芝。解体、そして"消滅"の危機に直面した背景や現状をレポートする。
2017.4 161p 18cm ¥1000 ①978-4-620-32444-9

◆**東芝大裏面史**　FACTA編集部著　文藝春秋
【要旨】経済産業省は原子力産業を輸出することによって国を繁栄させる「原発ルネッサンス」という政策を省是とした。東芝は、その大きな政策の流れの中、米国の原子力大手、ウェスチングハウスを三菱重工業が提示した額を遥かに上回る54億ドルで買収する。しかし、3・11の福島原発事故で、東芝が作った3号機もメルトダウン。それを機に原発事業は先進国のみならず、新興国でも存亡の瀬戸に立たされる。すでに死んでいるはずの東芝が、まだ生き長らえているのはなぜか？ そこには、日本の核燃料サイクルを継続させるための経産省の深謀がある。東芝幹部が回し読みしていたという会員制情報誌による徹底調査。
2017.5 263p B6 ¥1500 ①978-4-16-390658-4

◆**東芝の悲劇**　大鹿靖明著　幻冬舎
【要旨】虚栄。嫉妬。紛飾。責任逃れ。社員20万人を繁栄する名門企業の、かくも無様なトップたち。調査報道、ノンフィクション東芝崩壊の全真相。
2017.9 367p B6 ¥1600 ①978-4-344-03175-3

◆**東芝崩壊─19万人の巨艦企業を沈めた真犯人**　松崎隆司著　宝島社
【要旨】大企業は嘘をつく！ 失敗の全内幕を明かす。離反する名門法人、隠ぺい体質、派閥意識、不正会計の闇、原発の罠。切り売りされる6兆円企業─。奈落の底に落とした戦犯たちを炙り出す！
2017.7 255p B6 ¥1300 ①978-4-8002-7229-4

◆**トヨタ・グローバル10─三河から世界へ**　柴浦雅爾著　小学館スクウェア
【目次】1 トヨタ・グローバル10の軌跡（豊田英二社長の目標、排ガス規制 ほか）、2 三河の風土─質実剛健の人が生まれた（中世から三河は政治・経済の要衝だった、商業・海運業・工業に携わる人が出入りしていた ほか）、3 トヨタの風土─飽くことなき挑戦・改良・改善（豊田家の事業意欲、トヨタグループの意識 ほか）、4 会社方針の管理─TQCでトヨタグループの基礎が固まった（会社方針はなぜ生まれたか、社長年頭挨拶 ほか）、5 経営管理能力向上プログラム（管プロのニーズ、管プロの内容 ほか）
2017.9 221p B6 ¥1100 ①978-4-7979-8826-0

◆**トヨタの現場力─生産性を上げる組織マネジメント**　OJTソリューションズ著　KADOKAWA
【要旨】「理論やデータだけでは『現実の組織』は動かない」組織の成長を「しくみ化」するトヨタの実践手法。概念ではなく現場での実践のために必要な取り組みのステップを、順を追って記載。よくある落とし穴や企業の現場での実例も豊富に織り込んだ。
2017.11 279p A5 ¥2400 ①978-4-04-601960-8

◆**どんな問題も「チーム」で解決するANAの口ぐせ**　ANAビジネスソリューション著　KADOKAWA　（中経の文庫）
【要旨】9・11、リーマンショック、東日本大震災…幾度もの経営危機からV字回復を成し遂げてきたANA。「自分以外はお客様」「あれっ大丈夫？」「小さいことほど丁寧に、当たり前のことほど真剣に」─復活の原動力は、先輩から後輩へと受け継がれる「口ぐせ」にある。チームは一人から始められる、チームで成果を出す35の方法。2017.7 221p A6 ¥600 ①978-4-04-601849-6

◆**ナゴヤが生んだ「名」企業**　日本経済新聞社編　日本経済新聞出版社
【要旨】創業348年の専門商社・岡谷鋼機。売上高では京セラに匹敵するセラミックス企業集団「森村グループ」。トヨタを支える世界最大級の自動車部品メーカー・デンソー。全国・海外へと展開する「食」の企業、ミッカン、カゴメ、壱番屋、コメダー。時代の変化を乗り越えてきた多種多様なナゴヤ企業約60社の強みと今後の課題を紹介する。
2017.11 330p B6 ¥1700 ①978-4-532-32179-6

◆**日新電機**　京都産業学研究シリーズ企業研究第四巻編集委員会編　（京都）龍谷大学・京都産業学センター，（京都）晃洋書房 発売　（京都産業学研究シリーズ・ブックレット 企業研究 第4巻）
【目次】第1章 日新電機の理念と沿革、第2章 日新電機の技術と経営戦略、第3章 日新電機の情報システム、第4章 日新電機と協力企業、第5章 日新電機の人事労務制度、第6章 日新電機の国際展開、資料
2017.6 128p A5 ¥800 ①978-4-7710-2920-0

◆**日本一働きたい会社のつくりかた─社員が夢中になれる企業、ライブルの人事は何をしているのか？**　羽田幸広著　PHP研究所
【要旨】12年かけて日本一働きたい会社をつくったライブル人事部が、社員と共に「こつこつ、本気で」歩んだ全過程、全施策を公開。組織変革はこうして実現する！
2017.4 238p B6 ¥1500 ①978-4-569-83293-7

◆**日本企業初のCFOが振り返るソニー財務戦略史**　伊庭保著　日経事業出版センター
【要旨】先駆的なNYSE上場、海外進出、画期的な製品誕生の背景には、数多くの財務・会計イノベーションがあった。ファイナンスからグローバル経営をとらえ直す！
2017.11 255p A5 ¥2500 ①978-4-905157-18-2

◆**日本と世界が注目する 戦略成長企業 STRATEGY GROWTH COMPANY**　ジーアップキャリアセンター，ブレインワークス編著　カナリアコミュニケーションズ　（企業研究シリーズ）
【要旨】企業のトップから見る、見えてくる、企業の本当の「カタチ」。企業のトップである経営者の思考から確かめられる、経営理念の由来や、人材の抜擢・活用方法、将来的な「戦略」、「成長」する理由─企業を深く知るための企業研究シリーズ第1弾。
2017.4 89p A4 ¥1000 ①978-4-7782-0379-5

◆**日本の「いい会社」─地域に生きる会社力**　坂本光司，法政大学大学院坂本光司研究室著

（京都）ミネルヴァ書房　（シリーズ・ニッポン再発見 6）
【要旨】地域をささえる、魅力ある会社。「日本でいちばん大切にしたい会社」のすばらしい取り組み20！
2017.4 246p A5 ¥2000 ①978-4-623-08038-0

◆**日本のモノづくりを支える九州の元気企業45社**　日刊工業新聞特別取材班編　日刊工業新聞社
【目次】第1章 福岡 （株）大阪精密─自動車産業を救う金型ドクター、大塚精工（株）─プロ集団が生み出す一品一様のセラミックス部品、（株）カミキーメイド・イン・ジャパンの真骨頂 ほか、第2章 佐賀・長崎（佐賀（神埼工業（株）─国内シェア70％ 造船に欠かせない曲げ加工を佐賀から、田口電機工業（株）─ナノ加工技術を有するめっき加工の多国籍企業のプロフェッショナル、（株）中村電機製作所─防爆技術一筋で安全・防災に貢献するJ ほか、長崎（滲透工業（株）─金属表面改質技術で世界の企業の問題を解決する、宮本電機（株）─FAシステムで培った技術を農水産業へ展開）、第3章 大分・熊本・熊本・大分（（株）池永セメント工業所─ニッチトップを目指し新事業創出、（株）宇佐ランタン─みんなのちんぐりで障がい者雇用の道照らす、佐伯印刷（株）─印刷技術を武器にソリューション・プロバイダー ほか、鹿児島（株）アーダン─奄美産シルクで世界中の美と健康を追求、熊本（株）オジックテクノロジーズ─表面処理を進化させる、（株）熊防メタル─表面処理技術を通じて地域産業の発展と社会貢献を実現、金剛（株）─安心で先進で「空間づくり」から「価値づくり」へ ほか）
2017.4 191p B6 ¥2000 ①978-4-526-07707-4

◆**遙かな海路─巨大商社・鈴木商店が残したもの力**　神戸新聞社編，辰巳会・鈴木商店記念館協力　（神戸）神戸新聞総合出版センター
【要旨】売上日本一を誇った鈴木商店の成功と失敗に、いま、何を学ぶか。伝説の番頭・金子直吉が率いた幻の総合商社の、波乱の軌跡をたどる。ゆかりの地のガイドも収録。
2017.6 295p B6 ¥1700 ①978-4-343-00952-4

◆**人もチームもすぐ動く ANAの教え方**　ANAビジネスソリューション著　KADOKAWA
【要旨】「あなたはどう思う？」指示を質問に変えると、人が動く。創業以来60年受け継がれてきた後輩が自然に育つ、35のコツ。
2017.2 219p B6 ¥1400 ①978-4-04-601749-9

◆**ファーウェイの技術と経営**　今道幸夫編著　白桃書房
【要旨】第1章 通信機器市場の変化─垂直統合から水平分業へ、第2章 通信技術の変化─アナログからデジタルへ、第3章 ファーウェイの発展史─輸入代理店から多国籍企業へ、第4章 製・販融合型研究開発体制の確立、第5章 経営理念と人事労務管理、第6章 中国通信機器産業の確立
2017.10 248p A5 ¥3300 ①978-4-561-26701-0

◆**「富士そば」は、なぜアルバイトにボーナスを出すのか**　丹道夫著　集英社　（集英社新書）
【要旨】日本全体が短期的な利益追求に走り、ブラック企業がはびこる中で、首都圏を中心に一三〇店舗以上を展開する立ち食いそばチェーン「富士そば」は真逆を行く。アルバイトにもボーナスや有給休暇を支給し、社員には年間一〇〇万円を超える報奨金や、さらには海外旅行までもが用意されているのだ。富士そばが、ここまで従業員を大切にする理由はいったい何なのか？ 創業以来四〇年以上の歴史を持ち、現在も成長を続ける老舗チェーン店の「ふしぎ」な仕組みと経営哲学の全貌を、創業者自らが明かした驚きの一冊。
2017.11 222p 18cm ¥740 ①978-4-08-721008-8

◆**富士フイルムの『変える力』**　伊藤公介著　ぱる出版
【要旨】華麗なる方向転換ができた、すごい技術の秘密。変われる会社はリーダーが違う！ 風土が違う!!技術が違う！
2017.7 190p B6 ¥1400 ①978-4-8272-1060-6

◆**本当は中国で勝っている日本企業─なぜこの会社は成功しているのか？**　谷崎光著　集英社
【要旨】「爆売れ」するには理由がある！ ネオ中流層とグローバル中国企業を狙え！ 現地日本人

経済・産業・労働

ビジネスマンたちの熱き挑戦。
2017.8 239p B6 ¥1400 ①978-4-08-786088-7

◆**三井グループの研究** 菊地浩之著 洋泉社
（歴史新書）
【要旨】「大胆な抜擢」「大幅な権限委譲」—名門財閥・三井の強みは、現代に生かされるのか？江戸時代以来の富商・三井は、明治期以降も日本最大の財閥として君臨し続けた。俊敏なヤリ手を採用し、大胆な権限移譲で知略の限りを尽くし、集団戦よりも個人戦を得意とする一匹狼の群れ、それが三井だった。しかし、戦後はその強さを発揮できずに斜陽化の道をたどる。高度成長期の旧財閥系企業集団は、グループ企業が結集し排他的な取引網を形成するものだ。それは、いかにしてグループとして勝つかということだ。三井には不得手な役割である。年功序列の日本的経営が崩壊しつつある現在は、三井にとってチャンスとなるか。本書では、三井の創業から三井財閥、企業集団・三井グループの移りをたどりつつ、代表的なグループ企業の歴史と現在も明らかにする。
2017.10 223p 18cm ¥900 ①978-4-8003-1330-0

◆**三井物産の組織デザイン—総合商社の国際競争力** 武石奈緒子著 日本評論社
【目次】第1章 綿花事業の組織改革、第2章 綿花事業における生産制度—地域重視への傾斜、第3章 石炭事業の商品取引と組織、第4章 部制度への戦略転換と総合商社の成立、第5章 部制度による事業基盤の拡大、第6章 総合商社の安定的事業基盤の確立、第7章 三井物産のグローバル競争傾向化、補論 海外ネットワークの補完体制 2017.8 241p A5 ¥2800 ①978-4-535-55877-9

◆**三菱グループの研究** 菊地浩之著 洋泉社
（歴史新書）
【要旨】三菱グループは、「三菱」という商号、「スリーダイヤ」の商標の信用をひたすら守り、他社と容易に合従連衡しない孤高の企業集団として存在し、近年再びクローズアップされている。三菱グループの強さの源泉は、戦前の三菱財閥に遡ることができる。企業集団・三菱グループは、三菱財閥を母体として戦後再編成されたものだが、なぜ、財閥から企業集団に変わらなければならなかったのか。本書では、その歴史的な背景をたどりながら、どのように再編されていったのかを明らかにしていく。また、代表的なグループ企業の歴史と現在を明らかにする。
2017.5 206p 18cm ¥900 ①978-4-8003-1052-1

◆**未来にきらめく京都・滋賀個性派企業70社** 日刊工業新聞特別取材班編 日刊工業新聞社
【目次】第1章 機械・金属（小型エアー式ポンプ市場でニッチトップとして存在感—アクアシステム、計量から箱詰めまで安全・安心、自動化・省力化に貢献—イシダ ほか）、第2章 電機・電子（検査用LED照明機器を柱に—イマック、アモルファス変圧器で省エネ社会を—栄幸 ほか）、第3章 医療・化学（微細な「孔（あな）」で医薬精製—エマオス京都、独自の化学技術で社会に貢献—互応化学工業 ほか）、第4章 繊維・食品/生活・その他（繊維・食品（伝統工芸からインテリアまで高級な西陣織技術で展開—川島織物セルコン、酒類事業で新市場を次々とつくり出す—宝ホールディングス ほか）、（生活・その他（イノベーションハブとして京都発の産業創出を支援—京都リサーチパーク、包装ソリューションで産業を支える—一甘賀高分子（※業種：石油化学） ほか）））
2017.4 392p B6 ¥2000 ①978-4-526-07706-7

◆**未来にはばたく！ 兵庫の個性派企業103社—モノづくり県が誇るオンリーワン企業** 日刊工業新聞特別取材班編 日刊工業新聞社
【目次】第1章 機械・金属（真空技術を基盤にした製造装置開発で「とんがり」続ける存在にアユミ工業、高品質で多様なステンレス製圧力容器を迅速に省力生産 今井鉄工所 ほか）、第2章 電機・情報（中小企業から先端技術研究施設まで安心サポート アイクラフト、モーター内蔵のコンベヤ用ローラで産業界に革命を起す 伊東/電機 ほか）、第3章 化学・食品（精密樹脂成形加工で軽量化ニーズを開拓 明石プラスチック工業、IC半導体のトップシェア企業 石原ケミカル ほか）、第4章 環境・サービス（開発から宣伝までデザインと3D技術でサポートする複合サービス企業 ケイテック、全国チェーン店のメンテナンス要望に、24時間365日対応 三機サービス ほか）、第5章 その他（神戸発、グローバルスポーツ用品メーカー アシックス、ばね利用して作業をアシストする「パワースーツ」で労働者を応援 アトリエケー ほか）
2017.9 330p B6 ¥2000 ①978-4-526-07745-6

◆**みんながまだ気づいていない これから伸びる企業77** 小宮一慶著 宝島社
【要旨】知られざる成長企業の戦略を大解剖。伸びる企業は決算書だけでは見抜けない！ 投資、ビジネスチャンス、就・転職にこの1冊。
2017.7 191p B6 ¥1000 ①978-4-8002-7223-2

◆**無印良品の業務標準化委員会—働く人が仕事を変え、オフィスを変え、会社を変える** 良品計画著 誠文堂新光社
【要旨】「業務標準化委員会」は2007年に発足した社内組織。「あいさつ」「定時退社」「デッドライン」「清掃」「整理整頓」といった業務の基本中の基本の重要性を社員に丁寧に呼びかけ、思想と風土を根付かせていった。会社といえども誰もが同じに働くのではなく、個々が自発的・自主的に自分の働く場所や仕事を考え、変えられる環境を整えることにある。2015年に始まった大規模なオフィスリノベーション。
2017.12 155p 21×19cm ¥1500 ①978-4-416-91776-3

◆**無印良品のPDCA—一冊の手帳で常勝経営を仕組み化する！** 松井忠三著 毎日新聞出版
【要旨】良品計画元トップが語る実行100％の組織をつくる最強のサイクル。どん底からのV字回復、勝てる仕組みづくりと改善、風土改革まで…。そのときトップは手帳に何を刻んだのか？
2017.11 211p B6 ¥1400 ①978-4-620-32474-6

◆**ムダのカイゼン、カイゼンのムダ—トヨタ生産システムの"浸透"と現代社会の"変容"** 伊原亮司著 こぶし書房
【要旨】トヨタ生産システム（TPS）で、私たちはどのように働かされるのか。「ムダ」排除が社会に広がることの意味を、現場から問う。
2017.6 341, 4p B6 ¥3600 ①978-4-87559-331-7

◆**森部好樹が選ぶ続・日本のベストベンチャー15社** 森部好樹著 日経BP社, 日経BPマーケティング 発売
【要旨】80社のベンチャー企業と大企業をつなぐ元興銀マンが「起業するならこの会社を真似ればいい」と選び抜いた15社を紹介。
2017.7 213p B6 ¥1500 ①978-4-8222-3735-6

◆**野蛮な来訪者 上 —RJRナビスコの陥落** ブライアン・バロー, ジョン・ヘルヤー著, 鈴田敦之訳 パンローリング （ウィザードブックシリーズ 255） 新版
【要旨】大手タバコメーカーRJレイノルズが、食品大手ナビスコを買収して成立した巨大企業RJRナビスコ。1988年、CEOジョンソンは自社株買い、いわばLBOを検討する。ジョンソン率いる経営者チームほか2チームによる、買収劇がここに始まった。
2017.11 507p B6 ¥2800 ①978-4-7759-7223-6

◆**野蛮な来訪者 下 —RJRナビスコの陥落** ブライアン・バロー, ジョン・ヘルヤー著, 鈴田敦之訳 パンローリング （ウィザードブックシリーズ 256） 新版
【要旨】チームの離合集散やうちわもめなど、虚々実々の駆け引きが展開される中、買収劇はいよいよクライマックスへ。最高値を付けて買収に勝利するのは、どのチームか。当事者への綿密な取材によって、史上最大のM&Aのすべてが明らかになる。
2017.11 500p B6 ¥2800 ①978-4-7759-7224-3

◆**山一證券の失敗** 石井茂著 日本経済新聞出版社 （日経ビジネス人文庫）　『決断なき経営』加筆・改題版
【要旨】名門・山一證券破綻の背景には深刻な組織風土の病があった。経営企画室に勤務し、山一の最期を見届け、その後、ソニー銀行の創業経営者となった著者が、山一自主廃業までの顛末をたどり、日本企業に共通する「失敗の本質」を抉る。文庫化に伴い、「二十年目の後日談」を加筆。
2017.6 260p A6 ¥800 ①978-4-532-19821-3

◆**ユニクロ潜入一年** 横田増生著 文藝春秋
【要旨】ワンマン経営に疲弊する現場！ サービス残業、人手不足、パワハラ、無理なシフト、出勤調整で人件費抑制—「うちの会社で働いてもらって、どういう企業なのかをぜひ体験してもらいたい」。柳井正社長の言葉に応じ、ユニクロの店舗で一年以上にわたり働いたジャーナリストが克明に描いた潜入ルポルタージュの傑作！
2017.12 309p B6 ¥1500 ①978-4-16-390724-6

◆**よかばい九州！—とどけ世界の街に人の心に弱点を逆転せよ！ はばたく企業5社の物語** TKC九州会企画 PILAR PRESS

◆**責任感と誇りを胸に自分を信じて歩いてきた情熱事業家5人。**
2017.5 167p B6 ¥1500 ①978-4-86194-173-3

◆**リクルートのすごい構"創"カ—アイデアを事業に仕上げる9メソッド** 杉田浩章著 日本経済新聞出版社
【要旨】計画を練り続けるばかりで、先に進まない、一度決めた計画を変えられない、時間をかけて計画を立てる割に、ツメが甘い、当事者も、経営陣も本気で成功すると思っていない、うまくいかなくなっても、撤退の決断ができない。こんな"症状"に効果があります！
2017.5 253p B6 ¥1600 ①978-4-532-32147-5

◆**レガシー・カンパニー 3 世代を超える永続企業 その「伝統と革新」のドラマ** ダイヤモンド経営者倶楽部編 ダイヤモンド社
【要旨】時代の先を読み「Legacy＝受け継ぐべきもの」を体現する、日本有数の永続企業たち！
2017.10 205p B6 ¥1700 ①978-4-478-10415-6

◆**CSR活動実例集 2017年版 「会社が継続発展するには」—社会に貢献しつつ発展するための手引書** くらしのリサーチセンター編 くらしのリサーチセンター
【目次】第1部 企業の部（50音順）（大阪ガス株式会社、大塚製薬株式会社、小田急電鉄株式会社、関西電力株式会社、九州電力株式会社 ほか）、第2部 行政の部（石川裕子（経済産業省・経済産業政策局・企業会計室係長）「CSR政策について」）、第3部 労働組合の部（UAゼンセン「労働組合からみたCSR」）、第4部 学識者の部（井出亜夫（JCMS・日中管理学院・アジア交流塾塾長・地球産業文化研究所理事）「私たちは今何処にいるのだろうか」）、第5部 国際の部（Corporate Social Responsibility of Vietnam Military Telecommunications Group）
2017.11 313p 26×21cm ¥3000 ①978-4-87691-038-0

◆**DeNAと万引きメディアの大罪** 別冊宝島編集部編 宝島社
【要旨】南場智子会長はなぜ、取材拒否するのか？ 徹底検証！ 10サイトの大量集団盗用事件。ユーザー・広告主・株主を欺いた脱法ビジネスの全手法！
2017.3 239p B6 ¥1200 ①978-4-8002-6844-0

◆**Hit Refresh—マイクロソフト再興とテクノロジーの未来** サティア・ナデラ著, 山田美明, 江戸伸禎訳 日経BP社, 日経BPマーケティング 発売
【要旨】本書は、変革をテーマにしている。私の心の中や、マイクロソフトの中で現在起きている変革、さらには、近い将来押し寄せる、革新的なテクノロジーの波によって日常生活に起こる変革である。その時、私たちは、どう「リフレッシュ」ボタンを押せばいいのか。オーストリアの詩人、リルケの言葉は、ある真実を教えてくれる。行く手に待ち受けているものは私たちの中にあり、一人ひとりが現在取る進路によって決まる—その進路決定に至る決断こそ、本書で記そうとしたことである。
2017.11 350p B6 ¥1800 ①978-4-8222-5533-6

◆**YKKの流儀—世界のトップランナーであり続けるために** 吉田忠裕著, 出町譲取材・構成 PHP研究所
【要旨】全世界でファスナーの年間出荷数87億本のファスニング事業、欧州にR&D拠点を新設し、新たな価値を生み出し続けるAP（建材）事業、グローバル企業でありながら、本社機能の一部を富山に移転—その経営の根幹には、企業精神「善の巡環」がある。
2017.9 220p B6 ¥1400 ①978-4-569-83656-0

 経営者群像

◆**あしたのリーダーたち—なぜこの会社に人は集まるのか** 高橋恭介, 枡田絵理奈編著 クロスメディア・パブリッシング, インプレス 発売
【要旨】そのとき、リーダーたちは、何を考え、どう動き、いかに決断したのか。あしたを担う10人の経営観・人材観・人生観に迫る。
2017.12 191p B6 ¥1200 ①978-4-295-40142-1

◆**安藤百福—世界的な新産業を創造したイノベーター** 榊原清則著 PHP研究所 （PHP経営叢書—日本の企業家 11）

【要旨】チキンラーメン、カップヌードルは、なぜ国境を越えて飛翔しえたのか！ 稀代の独創的発明家にして起業家、優れた経営者でもある多彩な人物像—その核心を経営学的に解き明かす。

◆異端児—稀代のリーダー平成建設・秋元久雄の生き方　松下隆一著　PHP研究所
【要旨】東大生・京大生が「大工になりたい」と志願する建設会社、日本一の大工集団をめざす平成建設をつくった男。
2017.11 301p B6 ¥2400 ①978-4-569-83431-3

◆一流トップ15人の経営ビジョン　日本能率協会マネジメントセンター編、『人材教育』編集部協力　日本能率協会マネジメントセンター
【要旨】人づくりが会社を強くする。人が活きるリーダーシップ。
2017.11 229p B6 ¥1500 ①978-4-8207-1979-3

◆一流になる人の20代はどこが違うのか
致知編集部編　致知出版社
【要旨】一流になる人、二流で終わる人、その分かれ目はここにある。各界トップ35人が語る。
2017.5 230p B6 ¥1400 ①978-4-8009-1146-9

◆井深大—人間の幸福を求めた創造と挑戦　一條和生著、宮本又郎、加護野忠男編集委員　PHP研究所　（PHP経営叢書—日本の企業家8）
【要旨】「自由闊達にして愉快なる理想工場の建設」—その言葉に秘められた願い、思想、哲学を読み解く。
2017.8 282p B6 ¥2400 ①978-4-569-83428-3

◆英文版 渋沢栄一社会企業家の先駆者　島田昌和著、ポール・ネルム英訳　出版文化産業振興財団（本文：英文）
【目次】1 From Farm Boy to Shogunate Vassal： Seeking an Outlet for His Talents,2 Leader of the Meiji Business World: Developing the Mechanisms for an Open Economy, 3 Shibusawa's Personal Network, 4 Politics for the Benefit of the Private Sector, 5 Contribution to Nation Building through Social and Public Enterprises
2017.3 186p 23×16cm ¥3300 ①978-4-916055-79-8

◆江崎利一——菓子産業に新しい地平を拓いた天性のマーケター　宮本又郎著　PHP研究所（PHP経営叢書—日本の企業家 12）
【要旨】常識の壁を破る絶対的努力、創意工夫の連続—日々の経営の中で「事業奉仕即幸福」の信念を貫いたその実業家に、松下幸之助も心惹かれた！ 江崎グリコ創業者による企業家活動の真価を、広範な視野から捉え直す。
2018.1 354p B6 ¥2400 ①978-4-569-83432-0

◆江副浩正　馬場マコト, 土屋洋著　日経BP社、日経BPマーケティング 発売
【要旨】なぜ彼にだけ見えたのか。なぜ彼にだけできたのか。そして、なぜ彼は裁かれたのか。眩く、影深き稀代の起業家。その孤影を蒼穹に追う。2017.12 493p B6 ¥2200 ①978-4-8222-5868-9

◆大原孫三郎—地域創生を果たした社会事業家の魁　阿部武司編著　PHP研究所（PHP経営叢書—日本の企業家 10）
【要旨】天職に生き、みずからの才と財を社会事業に捧げきった実業家は、「同心戮力」を具現し、衆知を活かす卓越した経営者でもあった。倉敷紡績の経営を礎とし、地方の興隆に寄与した企業家の多彩な生涯！
2017.9 341p B6 ¥2400 ①978-4-569-83430-6

◆輝く女性起業家16人　ブレインワークス編著　カナリアコミュニケーションズ
【要旨】私がどうありたいのかは自分で決める！ 起業は特別なことじゃない。社会で活躍する「女性起業家」16名！ 自分と社会と時間と仕事に向き合った結果のストーリー。そんな女性たちの働き方、生き方の選択は、なぜ起業だったのか？ 起業している方、起業したい方へ、選択のタイミングを逃していませんか？
2017.11 189p B6 ¥1300 ①978-4-7782-0412-9

◆久保田権四郎—国産化の夢に挑んだ関西発の職人魂　沢井実著　PHP研究所（PHP経営叢書—日本の企業家 4）
【要旨】やってできないことがあるものか—。松下幸之助も「お師匠さん」と敬意を表したクボタ創業者の、不撓不屈の精神と事業建設の軌跡。練達の経営史家が広範な歴史資料を基にし

て、叩き上げの企業家の実像を紐解く！
2017.2 270p B6 ¥2400 ①978-4-569-83424-5

◆コカ・コーラで5兆円市場を創った男—「黒いジュース」を日本一にした怪物 高梨仁三郎　市川覚峯監修、太田猛著　WAVE出版
【要旨】時は敗戦後の混乱期。清涼飲料の市場など、ないに等しいほど小さい日本では、コカ・コーラは日本人にとって、「おいしくない黒いジュース」としか映らなかった。しかしだが一人、鋭い先見力でその商品力、事業性、成長性、さらに雇用などの高い壁、圧力に挑み続けた男がいる。「日本におけるコカ・コーラ創業の父」と呼ばれる高梨仁三郎である。「怪物」ともいわれた高梨仁三郎が、ヒト、モノ、カネ、情報にどのように接してどう経営していたのか？ ビジネスマン必読の一冊。
2017.11 182p B6 ¥1500 ①978-4-86621-047-6

◆小林一三—都市型第三次産業の先駆的創造者　老川慶喜著　PHP研究所（PHP経営叢書—日本の企業家 5）
【要旨】革新と創造の底流に流れる、揺らがなかった成功の法則とは！「大衆」のために次々と日本で初めての事業を確立した、稀代の実業家の軌跡と分析。
2017.3 333p B6 ¥2400 ①978-4-569-83425-2

◆小林一三—天才実業家と言われた男　小堺昭三著　ロングセラーズ（『小林一三 価千金の言葉』改訂・改題書）
【要旨】無名の銀行マンだった小林一三が、「私鉄経営の祖」「再建王」と冠されるようになった。その一歩先を読む想像力、不退転の行動力はどこからきたのか？
2017.11 268p 18cm ¥1000 ①978-4-8454-5040-4

◆これぞジャック・マーだ　陳偉著、光吉さくら、ワンチャイ訳　大樟樹出版社、インターブックス 発売
【要旨】巨大企業「アリババ」創業者ジャック・マーの側近が綴った、ジャック・マーの半生。リアルかつ身近な視点から素顔を明らかにする。「ユーモアいっぱいのジャック」「起業家としてのジャック」など、冷静にジャック・マーの人となりを細やかに、かつ多岐にわたって綴る。
2017.11 346p A5 ¥2700 ①978-4-909089-09-0

◆佐治敬三と開高健 最強のふたり 上　北康利著　講談社（講談社プラスアルファ文庫）
【要旨】真の経営者とはなにか。そしてほんとうの友情とはなにか—日本が奇跡の復興へとむかう高度成長期。やんちゃな経営者と作家が友情で結ばれ、たぐいまれなタッグを組んで、次々とヒットを飛ばす。サントリーがまだ寿屋と呼ばれていた時代、貧困のどん底から開高健を拾い上げ、活躍の場を与えたのが、世界一のウイスキーをつくった男・佐治敬三であった。開高は佐治を必要としたが、佐治もまた開高を必要とした。二人は経営者と社員という枠を超えた友情で結ばれていく。2017.10 325p A6 ¥790 ①978-4-06-281730-1

◆佐治敬三と開高健 最強のふたり 下　北康利著　講談社（講談社プラスアルファ文庫）
【要旨】真の経営者とはなにか。真の小説家とはなにか。そしてほんとうの友情とはなにか—開高はコピーライターとしての才能を花開かせ、在職中に芥川賞を受賞する。佐治が身を置いていたビジネスの世界は、経営者が生命を懸けた戦いの場だが、昭和三十六年（一九六一）のビール事業進出、ビールの巨人三社（キリン、サッポロ、アサヒ）による寡占への無謀な挑戦は、まさに「ビール戦争」と言っていいものであった。経営者の姿を自分に重ねあわせ、作家・開高も戦場に向かう。彼はアメリカが正義を旗印に介入した「ベトナム戦争」の渦中に身を投じるのだ—。
2017.10 309p A6 ¥790 ①978-4-06-281731-8

◆時代を超えた経営者たち　井奥成彦編著　日本経済評論社
【要旨】進取に富み革新的な経営を行った人物や、これまであまり紹介されることがなかった古くからの家業を継承、発展させていった経営者を取り上げ、それぞれの特徴を平易に描く。
2017.3 336p A5 ¥2800 ①978-4-8188-2462-1

◆社会的課題に挑戦する若き起業家たち—ソーシャルイノベーションの胎動　関西中小企業研究所、小松史朗編　（京都）晃洋書房
【目次】序章 社会的課題と若手社会起業家への期待—「新たな二重構造問題」を超えて、第1章 日

本農業の再生を実業サイドから発信する—「農」を使ったサービス業の開拓、第2章 廃業されていた未利用魚を食卓に—20年後の漁業を見据えて、第3章 中小企業のネットワークこそ強み—試作ネットワークで京都のモノづくりを再興、第4章 総合便利業で世の中に貢献—働くお母さんたちを「何でも屋」として支えた、第5章 伝統産業を現代に活かす—文化ビジネスコーディネートという仕事、第6章 ひきこもりから学生起業家のチャンピオンへ—故郷和歌山を「輝かせる」、第7章 柔軟な働き方と豊かな子育てを創り出す—総合的キャリアプランニング事業でできること、第8章 ビジネスの手法でホームレス問題に挑戦する—社会的包摂のための自助と自立の支援、第9章 日本初のがん患者専用美容室—がんでもキレイに。がんでも自分らしく。第10章 バリアバリューで障害者も健常者も暮らしやすい社会へ、終章 ソーシャル・イノベーションの胎動
2017.7 265p B6 ¥1800 ①978-4-7710-2925-5

◆『シャープを創った男 早川徳次伝』＋『わらく』合本復刻　平野隆彰著　（丹波）あうん社　（手のひらの宇宙BOOKs 第16号）普及版
【要旨】真の企業家魂と不屈の精神が、ここにある。丁稚奉公から身を立て、関東大震災で妻子と工場を失い、新天地・大阪で再起。福祉事業にも心を砕いた波乱和楽の生涯。
2017.8 406p B6 ¥2000 ①978-4-908115-14-1

◆人生を切り拓く人のチャンスのつかみ方　東京カレンダー編　東京カレンダー, サンクチュアリ出版 発売
【要旨】ビジネス書籍では語られることの少ない幼少期や社会人としての原体験をクローズアップし、成功の秘訣を紐解く。リーダーを目指したい人必読の一冊！
2017.11 311p B6 ¥1300 ①978-4-86113-048-9

◆スティーブ・ジョブズ 2 アップル3とリサの蹉跌　脇英世著　東京電機大学出版局
【目次】リサ・ニコール・ブレナンの生まれた土地、スティーブ・ジョブズを取り巻く女性達、ビジカルクと意外なアップル2の大成功、悲運のアップル3、ゼロックスとパロアルト研究所、アラン・ケイ、ALTOの誕生、スティーブ・ジョブズのPARC訪問、リサの開発と悲劇、マッキントッシュの開発の始まり、マッキントッシュの開発の本格化、マーケッティング部門の組織化
2017.4 425, 14p B6 ¥2500 ①978-4-501-55530-6

◆スティーブ・ジョブズ 3 マッキントッシュの栄光と悲惨　脇英世著　東京電機大学出版局
【目次】第13章 新社長ジョン・スカリー、第14章 アップル・コンピュータのデザイン戦略、第15章 マッキントッシュの売り込み、第16章 一九八四年、第17章 マッキントッシュの売上げ低下、第18章 レーザーライターとDTP、第19章 アップルブックとマッキントッシュ・オフィス、第20章 スティーブ・ジョブズの楽園追放、終章
2017.4 329, 12p B6 ¥2500 ①978-4-501-55540-5

◆創業家に生まれて—一定食・大戸屋をつくった男とその家族　三森智仁著　日経BP社, 日経BPマーケティング 発売
【要旨】「絶対不可能」と言われた食堂の多店化は、なぜ成功したのか。カリスマの息子が明かす、日本初・定食チェーンの誕生秘話。
2017.6 254p B6 ¥1500 ①978-4-822-3739-4

◆孫正義 300年王国への野望　杉本貴司著　日本経済新聞出版社
【要旨】巨額買収。後継者との別れ。規制への挑戦。裏切り、内部分裂—これまで語られなかった「舞台裏」に迫る！
2017.6 557p B6 ¥1800 ①978-4-532-32136-9

◆作らずに創れ！—イノベーションを背負った男、リコー会長・近藤史朗　大塚英樹著　講談社
【要旨】「試作レス」「コスト半分」「未来を売る」モノ作りの常識を変えた！「imagio MF200」で世界を席巻した伝説の技術系経営者が語る、「モノを売らずに儲ける」新時代の成功方程式!!
2017.1 227p B6 ¥1500 ①978-4-06-220441-5

◆定本 本田宗一郎伝—飽くなき挑戦 大いなる勇気　中部博著　三樹書房　三訂版
【要旨】叩き上げの職人親方である本田宗一郎氏は仕事となれば、朝から晩まで猪突猛進で打ち

経済・産業・労働

込む。全力で汗と油にまみれて働く。それが毎日つづく。行動し考えることを停止しないから、アイデアが湧水のごとくわいてくる。失敗を恐れず、成功するまでやめないという仕事のやり方だ。
　2017.7　439p　B6　¥2400　①978-4-89522-669-1

◆電卓四兄弟―カシオ「創造」の60年　樫尾幸雄著，佐々木達也聞き手　中央公論新社
【要旨】個性融合、町工場から世界へ―計算機開発の試行錯誤、ゴルフ三昧による経営危機、そして、電卓を家庭に普及させた大ヒット…。ものづくりに打ち込んだ樫尾家の四男が、波乱万丈の歩みを振り返る。読売新聞「時代の証言者」に大幅加筆をほどこして書籍化。
　2017.3　187p　B6　¥1300　①978-4-12-004969-9

◆土光敏夫―ビジョンとバイタリティをあわせ持つ改革者　橘川武郎著　PHP研究所（PHP経営叢書―日本の企業家 3）
【要旨】今こそ学ぶべき、「財界名医」の手腕、リーダー像、そして経営思想！「メザシの土光さん」として国民的人気を持つ、その魅力と本質を再発見する新たな考察。
　2017.1　289p　B6　¥2400　①978-4-569-83423-8

◆中内功―理想に燃えた流通革命の先導者　石井淳蔵著　PHP研究所（PHP経営叢書―日本の企業家 6）
【要旨】よい品をどんどん安く―一軒のドラッグストアから、その挑戦は始まった。時代を駆け抜けた企業家の理念と情熱と事業展開の足跡。マーケティング研究の第一人者が展開する新たな経営者論！
　2017.5　341p　B6　¥2400　①978-4-569-83426-9

◆難題が飛び込む男　土光敏夫　伊丹敬之著　日本経済新聞出版社
【要旨】石川島重工（現IHI）、東芝の再建に挑み、ついには日本の行政の立て直しまで任された土光敏夫。そのきらびやかな経歴とは対照的な修行僧にも似たその背中に、多くの人は畏敬の念すらもつ。これらの難題をそれぞれにきちんとこなして、最後の再建仕事の臨調会長として国民的英雄にまでなった彼は、どんな人間だったのか。なぜ三つの再建が可能だったのか。マネジメントを熱知した戦略研究者が明らかにする稀代の経営者の軌跡。
　2017.9　270p　B6　¥1800　①978-4-532-32164-2

◆逃げ切る力―逆境を生かす考え方　馬英華著　日本経済新聞出版社
【要旨】男尊女卑の壁、外国人の壁そして文化や規制の壁…閉鎖社会に挑んできた中国人女性社長の物語。
　2017.12　299p　B6　¥1600　①978-4-532-32160-4

◆日産の創業者　鮎川義介　宇田川勝著　吉川弘文館
【要旨】大正・昭和の技術者、実業家。社会公益に役立つ未開拓分野の先駆者を目指し、自動車産業などを開拓。戦後は社会企業家として活動した。日産コンツェルンや満業経営にも説き及び、「革新」企業家の波瀾の生涯を辿る。
　2017.3　246p　B6　¥2400　①978-4-642-08312-6

◆百円の男―ダイソー矢野博丈　大下英治著　さくら舎
【要旨】ダイソーは「潰れる！潰れる！」といわれ、今日の成功がある！利益一円でも売る100均商法で不可能を可能にしたダイソー社長！初めて書かれる、誰も思いつかなかった新ビジネスモデルをつくった商売秘話！
　2017.10　294p　B6　¥1600　①978-4-86581-122-3

◆本田宗一郎―夢を追い続けた知的バーバリアン　野中郁次郎著　PHP研究所（PHP経営叢書　日本の企業家 7）
【要旨】「身体の人」だからこその発想と創造―知識創造理論の権威が読み解く、全く新しい核心。
　2017.6　302p　B6　¥2400　①978-4-569-83427-6

◆本田宗一郎100の言葉―伝説の経営者が残した人生の羅針盤　別冊宝島編集部編　宝島社（宝島SUGOI文庫）
【要旨】誰もが認める「名経営者」のひとりである本田宗一郎。戦後日本の経済復興をリードし、「ものづくり」に生涯を捧げた。一人の企画にも頼らず、技術屋として活動もエリートではなく、その生き様は豪放磊落。バイクレースには死にかけ、自家用飛行機で墜落も経験。「野人経営者」と呼ばれながらも、常に本音を貫き、好きなことに没頭し、自分の言葉で語り続けた。祀り上げられることをとことん嫌った男の本当の言葉を贈ろう。
　2017.4　212p　A6　¥580　①978-4-8002-7056-6

◆丸田芳郎―たゆまざる革新を貫いた第二の創業者　佐々木聡著　PHP研究所（PHP研究叢書―日本の企業家 9）
【要旨】研究者からスタートし、経営者として己を高め続け、日常生活を大きく変える製品を出し続けた全軌跡。花王を飛躍的に成長させた中興の祖に学ぶ経営と哲学！
　2017.6　353p　B6　¥2400　①978-4-569-83429-0

◆まんがでわかる稲盛和夫フィロソフィ　稲盛和夫監修，小山風梨子漫画　宝島社
【要旨】「可愛ければ儲かる」という噂を聞きつけ、容姿に自信のある夏実は、ドーム球場でビールの売り子のアルバイトを開始。だが、思うように成績は伸びず、仕事を甘く見ていたことを痛感。仕事＝生き方であると説く「稲盛フィロソフィ」を教えられ、夏実の仕事が変わり始める―。ビールの売り子が仕事と人生の“法則”を学ぶ物語！『生き方』『考え方』など6冊のエッセンスをまんがで読む！
　2017.12　175p　B6　¥1200　①978-4-8002-7739-8

◆名経営者との対話―コーポレートガバナンスの実践と理論　牛島信著　日経BP社，日経BPマーケティング
【要旨】会社、経済成長、そして資本主義とは何なのか。日本企業にふさわしいガバナンスのかたちが見えてくる。
　2017.1　391p　B6　¥1800　①978-4-8222-3673-1

◆明治　なりわいの魁―日本に産業革命をおこした男たち　植松三十里著　ウェッジ
【要旨】高島秋帆、江川坦庵、片岡平蔵、鍋島直正、本木昌造、堤確右衛門、上田寅吉、大島高任、尾高惇忠、ファン・ドールン、加唐為重、油屋熊八、竹鶴政孝、松永安左エ門。幕末から明治の暴風の中、理想の日本をつくるべく未来を見据え、最善を尽くした十四人の男たちの物語。貴重な写真を多数収録。
　2017.2　192p　A5　¥1800　①978-4-86310-176-0

◆ヤマト正伝―小倉昌男が遺したもの　日経ビジネス編　日経BP社，日経BPマーケティング発売
【要旨】歴代経営者5人が明かした守るべきもの、変えてゆくもの。ヤマト、正念場！試される小倉イズム。
　2017.8　301p　B6　¥1600　①978-4-8222-3687-8

◆History　暮らしを変えた立役者―戦後流通5人のレジェンド　日経MJ編　日本経済新聞出版社
【要旨】ファッション最強の百貨店を育てた伊勢丹の小柴和正氏、日本にファミリーレストランを根付かせた、すかいらーく創業者の1人、横川竟氏、テレビ通販の不況知らずのジャパネットたかの高田明氏、西日本最大のスーパーグループを作り上げ、不況知らずのイズミを立ち上げた山西義政氏、そして立ち食い文化を広めた富士そば創業者の丹道夫氏。ビジョンとミッションを世に示し、市場を創造したリーダーたちの軌跡を追う。
　2017.10　255p　B6　¥1600　①978-4-532-32178-9

企業革新・人材開発

◆新たな“プロ”の育て方―なぜ左官屋で若者と女性が活躍できるのか　原田宗亮著　クロスメディア・マーケティング，インプレス発売
【要旨】人が育たないと悩む経営者・管理職の皆さん。若者のせいではなく教え方が問題では？若者に「見て覚えろ」は通用しない。教え方があれば、若者は頑張ることができる。教え方を標準化する。「モデリング」で初めて仕事の面白さを教える。育成スケジュールは、1年度計画に組み込む。製造・飲食・運送・介護…あらゆる仕事で応用できる即戦力の育成法。
　2017.2　191p　B6　¥1600　①978-4-295-40062-2

◆あらゆる職場ですぐに使える　人為ミスの未然防止手法A‐KOMIK―人為ミスゼロ実現のための考え方と手法　冨澤祐子，中山賢一著　日科技連出版社
【要旨】品質を重視する企業にとって、人為ミスゼロの実現は究極の目標です。しかし、人為ミスは、いつでも、誰でも起こす可能性があります。これを限りなくゼロに近づけるためには、まずその作業のやり方を作業者の心理面から見直し、まったく新しいやり方を再設計する視点が求められます。人為ミスの未然防止活動は、監督者の日常管理活動そのものなのです。その日常管理活動のための手法がA‐KOMI-Kです。本書では、製造業だけでなく、保守サービス、メンテナンス、清掃サービス、物流といったいわゆる職場分散型のサービス業務のA‐KOMIKについても解説しています。
　2017.3　118p　B6　¥1800　①978-4-8171-9610-1

◆育児＆介護を乗り切るダイバーシティ・マネジメント イクボスの教科書　日経DUAL編　日経BP社，日経BPマーケティング　発売
【要旨】チームの残業時間は減り、生産性もアップ、なぜかチームがうまく回り出す、「イクボス式」というマネジメント術があるという。一体、「イクボス式」って何なんだ！？
　2017.6　110p　B5　¥1300　①978-4-8222-3892-6

◆英語と日本語で学ぶビジネスの第一歩　明治大学商学部編　同文舘出版（明治大学商学部グローバル人材育成シリーズ 1）
【要旨】スーパーグローバル大学である明治大学の商学部では、新たな試みとして英語の資料と日本語の資料によるハイブリッド授業を開講している。その講義を元に、商学の専門知識のエッセンスをわかりやすく解説。
　2017.3　174p　A5　¥1500　①978-4-495-64881-7

◆大前研一デジタルネイティブ人材の育て方　大前研一編著　プレジデント社（「BBT×プレジデント」エグゼクティブセミナー選書）
【目次】第1章 日本企業の「二一世紀型」人材戦略―大前研一（Do more better やFaster 型の人材価値はほとんどなくなる、ディレクター、パートナークラスは自分の時間の最低一〇％は採用に割り当てよ ほか）、第2章 日産自動車のダイバーシティを推進する人財マネジメント―志賀俊之（イノベーションで後れをとる日本、グローバル企業とインターナショナル企業の違い ほか）、第3章 サイバーエージェントデジタルネイティブ経営者の育て方―曽山哲人（サイバーエージェントとは、どんな会社か、売上の八割以上が、スマートフォン関連 ほか）、第4章 超エリートIT人材を蕾出する工科技大学の育て方―ウダイ・B・デサイ（インターネット出現後の教師の役割、インドの高等教育システム ほか）
　2017.9　196p　B6　¥1600　①978-4-8334-2248-2

◆御社の働き方改革、ここが間違ってます！―残業削減で伸びるすごい会社　白河桃子著　PHP研究所（PHP新書）
【要旨】政府の働き方改革実現会議で有識者議員を務めた著者は、真の働き方改革とは言わば「会社の魅力化プロジェクト」と説く。本書で取り上げた働き方改革で有名経営者は、改革を経て、低迷商品の売上V字回復、制約社員の活躍、職場の雰囲気改善などの成果が出ている。また、働き方改革は社会も変える。女性活躍・少子化改善・地方創生にも効果を発揮することが分かってきた。第一人者による、新しい働き方の理論とノウハウを徹底解説した1冊。
　2017.7　269p　18cm　¥880　①978-4-569-83152-7

◆外資系コンサル流・「残業だらけ職場」の劇的改善術―「個人の働き方」も「組織の体質」も変わる7つのポイント　清水久三子著　PHP研究所
【要旨】Before―働き方改革とか言ってもうちの会社は変わらないよ…。After―仕事って、こんなに早く終わるんですね!!日本企業でも成功事例多数！古い体質の会社はこう変える！
　2017.9　235p　B6　¥1400　①978-4-569-83684-3

◆稼ぐ人財のつくり方―生産性を2倍にする「攻めの人事」　山極毅著　日本経済新聞出版社
【要旨】9割の人事部はほんとうの仕事ができていない！日産でのカルロス・ゴーン氏の教えを独自に発展させた競争優位を生み出す戦略人事の方程式。
　2017.2　200p　B6　¥1600　①978-4-532-32131-4

◆完全残業ゼロの働き方改革　米津步，上原梓著　プチ・レトル
【要旨】ホワイト企業アワードを受賞した元ブラックIT企業が明かす。残業ゼロの仕組みは、驚くほどシンプルだった!!全企業・全ビジネスパーソンの重要課題。長時間労働に終止符を打つ1冊。覚悟とやり方次第で完全残業ゼロは実現できる。
　2017.10　206p　B6　¥1500　①978-4-907278-65-6

◆企業が生まれ変わるための「働き方改革」実践ガイド　山﨑紅著　日経BP社，日経BPマーケティング　発売
【要旨】生産性向上，多様な人材活用，リスク対応力強化（BCP），ワーク・ライフ・バランス実現をわかりやすく解説！　実務担当部門および担当者必携の1冊。
2017.6 121p B5 ¥1500 ①978-4-8222-5327-1

◆企業が生まれ変わるための「働き方改革」事例集　山﨑紅著　日経BP社，日経BPマーケティング　発売
【要旨】企業が取り組んだ数々の具体策。突き当たった壁の乗り越え方，改革を推進するさまざまな工夫をわかりやすく解説！　成果を出す新しい働き方の施策を多数掲載!!
2017.10 107p B5 ¥1500 ①978-4-8222-5338-7

◆企業の価値を向上させる実効的な内部通報制度　山口利昭著　経済産業調査会　（現代産業選書―企業法務シリーズ）
【要旨】不祥事は必ず起きる―内部通報・内部告発の実態を知り，早期発見・早期対応の仕組み作りでリスクに備える！
2017.11 268p A5 ¥2500 ①978-4-8065-3009-1

◆グローバル人材獲得戦略ハンドブック―成果を挙げる人材を見極める「究極の質問」
ルー・アドラー著，菱垣裕介，中川徹，野澤夏子訳，大滝令嗣解説　東洋経済新報社
【要旨】質問1：過去の最も重要な業績を問う。質問2：現実の問題を解決する方法を確かめる。欧米，インド，ロシアなどのマネジャー1万人以上が学んだ「パフォーマンス採用」のバイブル。
2017.6 221p A5 ¥2500 ①978-4-7569-1904-8

◆グローバル展開企業の人材マネジメント―これだけはそろえておきたい英文テンプレート
鈴木孝嗣著　経団連出版
【目次】第1章 グローバル人材マネジメントの展開（日本企業の課題，「日本型」グローバル人材マネジメントの展望，グローバル人材マネジメントの必要条件），第2章 グローバル人材マネジメントの標準装備（Talent Managementに用いるテンプレート，Vision, Mission&Valueの策定，Governance―ルールとガバナンス），第3章 異文化理解とコミュニケーションスキル（異文化理解とアイデンティティ確立，コミュニケーションスキルとしての英語力，Terminology―「専門用語」の理解），第4章 役立つ人事労務用語・電子メールフレーズ（人事労務用語，外来用語，経済用語，英文メールのフレーズと文例）
2017.7 126p A5 ¥1600 ①978-4-8185-1702-8

◆経営者が知らない人材不足解消法　山本法史著　幻冬舎メディアコンサルティング，幻冬舎 発売　（経営者新書）
【要旨】人材が集まらない，採用しても能力が足りない，いい人材ほどすぐに辞め，既存社員はますます業務に追われる…。「採用と離職のスパイラル」に陥り，慢性的な人材不足に悩む中小企業経営者があとを絶たない。資金力，ブランド力，知名度のない中小企業が熾烈な生存競争を生き抜くために，コストも人手もかけず人材不足を解消し，社員定着率と生産性を向上させる究極の方法とは。
2017.7 197p 18cm ¥800 ①978-4-344-91206-9

◆最高の職場をつくる働くルール　坂上和芳著　ぱる出版
【要旨】幸せな未来を手に入れるには「職場のルール」が必須です！　過労で死なないために，考え職場を変えて人間らしく働く現場の問題解決入門!!
2017.8 175p B6 ¥1400 ①978-4-8272-1076-7

◆最新トヨタ生産方式の基本と実践がよ～くわかる本　石川秀男，石川颯馬著　秀和システム　（図解入門ビジネス）
【要旨】異業種へのTPS改善実践プログラム。ムダの排除と人づくりでモノづくりを強化する！　管理・改善の基盤づくりがわかる！　標準化とムダ取り改善がわかる！　整流化と仕組みの改善がわかる！　ジャスト・イン・タイムがよくわかる！　日常管理と見える化がわかる！
2017.6 219p A5 ¥1500 ①978-4-7980-5041-6

◆ザ・ビジネスモデルイノベーション―成功企業にみる事業革新の流儀　村上幸一著，タナベ経営ビジネスモデルイノベーションコンサルティングチーム編　ダイヤモンド社　（ファーストコールカンパニーシリーズ）

◆サービスの生産性を3倍高めるお客様行動学―猫酒場『はちわれ』を科学で救え！　東條裕一著　税務経理協会
【要旨】中小企業庁長官賞受賞レポート。サービス業に「再現性」と「創造性」をもたらす科学的メソッドが遂に書籍化!!日本のサービスが変わる?!　2017.3 116p A5 ¥1700 ①978-4-419-06424-2

◆「残業しないチーム」と「残業だらけチーム」の習慣―毎日遅くまで残っていたチームが早く帰れるようになった理由　石川和男著　明日香出版社　（アスカビジネス）
【要旨】「仕事が多くて早く帰ることができない！」「メンバーが毎日遅くまで働いている！」そんな悩みを抱えているリーダー，管理職の皆さんへ。いつもの習慣を少し変えるだけで残業はなくなります！　「量」ではなく，「質」で勝負しましょう
2017.10 235p B6 ¥1500 ①978-4-7569-1929-8

◆事業再生のイノベーションモデル―製品設計と生産技術の一体的革新　吉田朋正，田辺孝二著　言視舎
【要旨】事業再生はどのような発想と戦略でなされるべきか？　日立製作所および日立国際電気において，著者が46年間取り組んできた事例を紹介し，イノベーションモデルとして提案する。
2017.11 150p A5 ¥1800 ①978-4-86565-108-9

◆仕事を任せたくなる人の条件―社長から見た特性と行動　平松陽一著　産業能率大学出版部
【要旨】『アイツに頼めば大丈夫！』トップが仕事を頼みたい人の実像に迫る。仕事はできるほうだと自負しているのに重要な仕事を任せてもらえない―そんな悩みを持つビジネスパーソンにおくる，「仕事を任せたい！」と思わせる人の5つの特性・13の行動をわかりやすく解説。
2017.10 223p B6 ¥1800 ①978-4-382-05750-0

◆仕事の生産性が上がるトヨタの習慣　OJTソリューションズ著　KADOKAWA
【要旨】「作業」で終わるな，「価値」を上げろ。仕事は3つに分けて，「単位」を変える，「1枚」で伝える，チームは「大部屋」で動かす―「効率」のためにトヨタが365日してること。
2017.6 222p B6 ¥1400 ①978-4-04-601957-8

◆次世代経営人財育成のすすめ―業績を上げながら人を育てる企業の戦略・人財・仕掛け　みらいコンサルティンググループ編　同文舘出版
【要旨】今なぜ戦略⇔人財⇔仕掛けの3点セットが必要なのか？　様々な不安定・不確実・複雑・曖昧な環境に直面する中で，企業では中長期的な次世代経営人財の育成が喫緊の課題である。次世代リーダーを育てるための，戦略・人財育成・人事設計のノウハウを解説する。
2017.7 180p A5 ¥1900 ①978-4-495-39006-8

◆実践 人財開発―HRプロフェッショナルの仕事と未来　下山博志著　日本能率協会マネジメントセンター
【目次】第1章 人財開発の実務とは―どのように人財開発を行うのか，第2章 内製化について考える―人財開発を内製化するとは，第3章 人財開発の進め方―ビジネスに貢献する人財開発，第4章 人財開発の専門家を育てる―何を学べば専門家と言えるのか，第5章 現状を考察する―人財開発の潮流と課題，第6章 近未来の人財開発―人財開発の未来を創造する
2017.9 254p A5 ¥2000 ①978-4-8207-5996-6

◆社員の力で最高のチームをつくる―1分間エンパワーメント　ケン・ブランチャード，ジョン・P.カルロス，アラン・ランドルフ著，星野佳路訳，御立英史訳　ダイヤモンド社
【要旨】社員の力が解放され，企業が直面する課題へと向けられたとき，もたらされる結果はまさに驚異的。組織がエンパワーされ，意欲あふれる社員の存在によって企業の柔軟性が増し，すぐの顧客ニーズ対応，イノベーション，財務の健全化が実現する。
2017.2 206p B6 ¥1300 ①978-4-478-10067-7

◆社史・周年史が会社を変える！―企業の未来を戦略的に設計する秘訣　大塚葉著　日経BPコンサルティング，日経BPマーケティング　発売
【目次】第1章 戦略的につくろう！会社を変える社史・周年史（社史・周年史の担当者の悩み，社史・周年史制作は企業の経営戦略である ほか），第2章 発想を変えよう！常識をくつがえす社史・周年史（いきなり「未来」を語ってもいい，楽しみながらつくってもいい ほか），第3章 8つの実例で見る社史・周年史（記念誌 エーデルワイス―上質感のある記念誌で企業理念を伝える，雑誌 AIU保険会社―社員が主役の「未来志向マガジン」を制作 ほか），第4章 パートナーとつくる社史・周年史制作のプロセス（“制作の準備”委員会をつくりパートナーを探す，“企画の検討”チェックシートでイメージを固める ほか），付録 覚えておきたい編集・制作用語集
2017.1 166p 18cm ¥800 ①978-4-86443-117-0

◆「社内講師力」トレーニング―自信を高める10のテクニック　濱野康二三，藤本剛士，窪田晃和著　生産性出版
【要旨】競争優位性を高める，コア技術の継承，人が育つ風土の醸成。「研修内製化」の3つの効果！　15年間人事・営業研修で1000社以上，10万人以上に実施してきた人気プロ講師の運営ノウハウ。
2017.2 227p B6 ¥1600 ①978-4-8201-2038-4

◆シリコンバレー式 最強の育て方―人材マネジメントの新しい常識 1 on 1ミーティング　世古詞一著　かんき出版
【要旨】月30分の対話で社員が自分から動く，やる気が続く，いきなり辞めない。業績が伸びている会社では，既に当たり前。「働きがいのある会社」3年連続1位の会社で実証した著者のノウハウを公開！
2017.9 223p B6 ¥1400 ①978-4-7612-7286-9

◆自律型社員を育てる「ABAマネジメント」―部下を動かし，モチベーションを上げて，業績もアップ！　榎本あつし著　アニモ出版
【要旨】古いマネジメントから脱却し，「行動」に直接働きかける次世代マネジメントを実践しよう！
2017.12 221p A5 ¥2000 ①978-4-89795-208-6

◆人材育成ハンドブック―いま知っておくべき100のテーマ　眞崎大輔監修，トーマツイノベーション編著　ダイヤモンド社
【要旨】いま，人材育成担当者が知っておくべき100のテーマを「理論編」「制度・手法編」「経営テーマ編」「研修編」に分類し，コンパクトに解説！
2017.10 404p A5 ¥3800 ①978-4-478-10242-8

◆人材を逃さない面接質問50　キャロル・マーティン著，岡村桂訳　ディスカヴァー・トゥエンティワン　新版
【要旨】「いままでしてきた質問は間違いだらけ!?」伸びる人・伸びない人を見分けるキラークエスチョンを厳選！
2017.2 175p B6 ¥1600 ①978-4-7993-2037-2

◆人材開発研究大全　中原淳編　東京大学出版会
【要旨】人は城，人は石垣，人は堀，それは現代だって変わらない。人材開発の「知の技法」，その最前線。組織社会化，面接，OJT，メンタリング，プロアクティブ行動，トランジション，アクティブラーニング，リーダーシップ開発，エンゲージメント，インターンシップ，リアリティショック，経験学習，Off・JT／研修，組織市民行動，ゲーム研修，組織再社会化，経営理念，管理職育成，越境学習，リフレクション，チームワーク，変容的学習…人材開発（＝人的資源開発）に関連する研究論文や研究論考を収録した，日本で初めての研究論文集（ハンドブック）。
2017.4 870p A5 ¥9200 ①978-4-13-040280-4

◆新卒がすぐに辞めない採用方法　白根敦子著　経営書院
【要旨】グループディスカッションの活用で人材の発掘・育成。
2017.12 212p B6 ¥1700 ①978-4-86326-253-9

◆図解 開発・事業化プロジェクト・マネジメント入門―企業内起業によりイノベーションを実現するための方法論　出川通著　言視舎
【要旨】新商品・新規事業を創りイノベーションを実現する方法とは？　そして企業内起業の事例

経済・産業・労働

は？　実践的に解説。
　2017.12 113p B5 ¥1200 ⓘ978-4-86565-112-6

◆図解版 ANAが大切にしている習慣
　ANAビジネスソリューション著　扶桑社
【要旨】多数の企業から続々と講演依頼！　なぜ雑談が習慣化すると業績がUPするのか？　4年連続でSKYTRAXランキングで日本唯一の「5スター」を獲得し、2007・2013年にはエアライン・オブ・ザ・イヤーを受賞した、日本が世界に誇る航空会社ANA。世界トップクラスと評されるこの会社ではいったい何が行われているのか。その秘密のノウハウを公開！　ベストセラー『ANAが大切にしている習慣』の内容が、イラスト＆チャートでひとめでわかる！
　2017.2 99p B5 ¥1000 ⓘ978-4-594-07555-2

◆すごい！研修50選 2017年版 最短で結果が出せる研修はこれだ！　ブレインワークス編著　カナリアコミュニケーション
【要旨】スピード経営の現代で、組織も個人も「学習し続ける」こと、そして企業の教育は最短で最大の効果が求められます。しかし、社内のみでその教育と能力向上のスキームを作り上げることは難しいもの。企業経営における心強い味方となる効果的な『研修サービス』をここに、ご紹介します。
　2017.1 111p A4 ¥1000 ⓘ978-4-7782-0376-4

◆ストレスオフ組織のつくり方　恒吉明美著　扶桑社
【要旨】社員が戻れる“複数の居場所”作りこそが、互いを認め、逆境を乗り越える唯一の鍵だった!?　フリーターから80億円企業を作った筆者が語る、ストレスオフ組織のつくり方を一挙公開！　ストレスマネジメントのヒント満載。部下を持つあなたへの必読の一冊。
　2017.4 199p B6 ¥1400 ⓘ978-4-594-07733-4

◆成長への企業変革—ケイパビリティに基づくコスト削減と経営資源の最適化　ヴィネイ・クート、ジョン・プランスキー、デニス・キャグラー著、PwC Strategy&訳　ダイヤモンド社
【要旨】競争優位を確立するケイパビリティ（組織能力）を選別して経営資源をそこに集中投資し戦略を実現することで、高収益を持続する企業変革の実践ガイドブック。
　2017.11 419p B6 ¥2500 ⓘ978-4-478-10264-0

◆全社員生産性10倍計画　本間卓哉著　クロスメディア・パブリッシング、インプレス 発売
【要旨】「残業が多いのに儲からない」「マーケティングが弱くて売れない」「いまの管理で顧客の情報が漏れないかすごく不安」など、どこから手をつけていいかわからない…。そんな会社をIT活用で変える具体的方法、教えます！　いま御社に必要な経営戦略を示す一冊！
　2017.6 222p B6 ¥1480 ⓘ978-4-295-40089-9

◆組織を動かす働き方改革—いますぐスタートできる！効果的な目的・施策・導入プロセス　立花則子、本合暁詩、リクルートマネジメントソリューションズ経営企画部編著　中央経済社、中央経済グループパブリッシング 発売
【要旨】リクルートグループの人事コンサルティングファームが自ら実践しているノウハウを初公開。
　2017.11 212p A5 ¥2200 ⓘ978-4-502-24421-6

◆組織は変われるか—経営トップから始まる「組織開発」　加藤雅則著　英治出版
【要旨】2兆円企業から中堅、外資まで。17年の実践が生んだ日本企業のための変革。
　2017.12 237p B6 ¥1800 ⓘ978-4-86276-253-5

◆チームの生産性をあげる。—業務改善士が教える68の具体策　沢渡あまね著　ダイヤモンド社
【要旨】問題を引き起こす「隠れ業務」をあぶりだす。「定常業務」の割合を把握して減らす。3大「ネガティブワード」からムダを発見。形容詞・副詞が出てきたら「数字」に変換。仕事を遅らせる「4つの時間」を見抜く。イヤな仕事こそ「標準化」して仕組みで回す。横入りを可視化する「インシデント管理簿」。共有化を進める「インシデント会議」。3段階で「やめる」基準を決める…効率化×プロセス改善で生産性向上を実現！　仕事の進め方を変えて、アウトプットを最大化する8ステップ。
　2017.7 324p B6 ¥1600 ⓘ978-4-478-10253-4

◆チームの力で社員は伸びる！　澤井雅明著　秀和システム

【要旨】アクションラーニングとは？　現実の問題をチームで検討して解決策を立案し、実際に実行し、振り返りとともに、そのプロセスを繰り返すことで、チームに参加する社員の問題解決力と実行力を育成！　本当に強い企業が使っているアクションラーニングの衝撃!!
　2017.3 270p B6 ¥1400 ⓘ978-4-7980-5042-3

◆超採用力　廣田さえ子著　リンダパブリッシャーズ、泰文堂 発売
【要旨】超売り手市場でもすごい人材は絶対に採用できる！　トップパートナー2000人の中で7期連続No.1の著者が伝えるすごい採用術。
　2017.3 203p B6 ¥1400 ⓘ978-4-8030-1007-7

◆抵抗勢力との向き合い方—働き方改革、業務改革を阻む壁を乗り越えろ　榊巻亮著　日経BP社、日経BPマーケティング 発売
【要旨】抵抗には「4段階」の強さがある。「隠れた抵抗」を見逃すな。業務改革のプロが対処法を指南—プロジェクトの局面ごとによく出る抵抗の例、マズい対処の仕方、良い対処の仕方などを体系立てて、かつ、実例を交えて解説。実際にプロジェクトで使って効果が高かった方法論だけを、変革プロジェクトを推進する立場にあるプロジェクトリーダーの視点でまとめた。
　2017.5 174p A5 ¥1600 ⓘ978-4-8222-3848-3

◆どうやって社員が会社を変えたのか—企業変革ドキュメンタリー　柴田昌治、金井壽宏著　日本経済新聞出版社（日経ビジネス人文庫）
【要旨】現実の企業改革は成功談のようには進まない！　倒産寸前にまで追い込まれた名門企業は、どのようにして復活したのか？　ベストセラー『なぜ会社は変われないのか』でも明かせなかった改革のリアルな実像を、実際に関わった人たちが語る、「現場」発の変革ドキュメンタリー。
　2017.6 309p A5 ¥850 ⓘ978-4-532-19825-1

◆トヨタ語の“力”—部下を変える一言、現場を動かす一言　桑原晃弥著　大和出版
【要旨】繰り返されてきた「言葉」には“改善”が凝縮されている。「知恵を出して働く人」を育て、みんなの知恵がついた「最強の現場」をつくり上げる。世界No.1企業の「人づくり・仕組みづくり」。
　2017.7 190p 19cm ¥1000 ⓘ978-4-8047-1836-1

◆トランジションマネジメント—組織の転機を活かすために　ウィリアム・ブリッジズ、スーザン・ブリッジズ著、井上麻衣訳　パンローリング（フェニックスシリーズ）
【要旨】人員整理、予算削減、方針転換、経営陣の交代、合併・買収・統合…。転機を乗り越え、新しい組織へと生まれ変わるための実践的ガイド。　2017.12 292p B6 ¥1500 ⓘ978-4-7759-4185-0

◆なぜあの会社の社員は、「生産性」が高いのか？—社員の「行動習慣」を飛躍的に変革させる仕組み　望月禎彦、高橋恭介著　フォレスト出版
【要旨】いい人材が採れない時代の最強の切り札、登場。部下や社員の能力を最大限に引き出し、行動を変える方法を完全公開。今いる人材で、「生産性」を上げる仕組みを徹底伝授！
　2017.7 280p B6 ¥1500 ⓘ978-4-89451-766-0

◆なぜ弱さを見せあえる組織が強いのか—すべての人が自己変革に取り組む「発達指向型組織」をつくる　ロバート・キーガン、リサ・ラスコウ・レイヒー著、中土井僚監訳、池村千秋訳　英治出版
【要旨】ほとんどのビジネスパーソンが「自分の弱さを隠す仕事」に多大な労力を費やしている—。ハーバードの発達心理学と教育学の権威が見出した、激しい変化に適応し、成長し続ける組織の原則とは。
　2017.8 397p A5 ¥2500 ⓘ978-4-86276-220-7

◆能力開発・教育体系ハンドブック—人事・教育担当者のための　海瀬章、市ノ川一夫著　日本能率協会マネジメントセンター
【要旨】能力開発・教育体系6つの構成要素。人財育成・教育方針、期待する人材像、期待する役割と能力一覧。教育活動内容、教育体系図、教育計画書。人材育成に必要な羅針盤・設計図の作り方。
　2017.12 284p A5 ¥3200 ⓘ978-4-8207-2624-1

◆伸びる会社は「これ」をやらない！　安藤広大著　すばる舎
【要旨】「話のわかる上司」「いい社長」こそが組織をダメにする!?　組織パフォーマンスを最大化

するマネジメント手法。
　2017.1 221p B6 ¥1500 ⓘ978-4-7991-0586-3

◆はじめてのリーダーのための 実践！フィードバック—耳の痛いことを伝えて部下と職場を立て直す「全技術」　中原淳著　PHP研究所
【要旨】図やイラストを多数収録！　部下指導で役立つ会話例・フレーズが満載！　今注目の新たな人材育成法「フィードバック」を世界一わかりやすく徹底解説！　これからマネジャーになる人から経験豊富なベテラン管理職まで役立つ、言いにくいことを上手に伝えて職場とチームの生産性を上げる技術！
　2017.11 202p A5 ¥1600 ⓘ978-4-569-83682-9

◆働き方改革 個を活かすマネジメント　大久保幸夫、皆月みゆき著　日本経済新聞出版社
【要旨】悩めるマネジャーのための新しい教科書。業務効率を高めるジョブアサイン、多様な人材を活かすインクルージョン、そして進化するテクノロジー—部下全員を輝かせ、成果を出す実際。　2017.11 278p B6 ¥1800 ⓘ978-4-532-32176-5

◆働く人改革—イヤイヤが減って、職場が輝く！ほんとうの「働き方改革」　沢渡あまね著　インプレス（できるビジネス）
【要旨】みんなが「最高！」って職場がいいよね。オフィスに工場に、リアルな改革事例を紹介！　ヤフー、ヤマハ発動機、興津螺旋、ナムコなど10社の改革も公開。
　2017.6 238p B6 ¥1500 ⓘ978-4-295-00127-0

◆ポイント図解 5Sの基本が面白いほど身につく本　大西農夫明著　KADOKAWA（改訂版）
【要旨】生産性が高い現場に変わる！　強い会社が実行している「人づくり」のポイント34。
　2017.12 159p B6 ¥1000 ⓘ978-4-04-602075-8

◆防衛大で学んだ無敵のチームマネジメント—今いる部下を「一流」にする、人を動かすリーダーシップ　濱潟好古著　日本実業出版社
【要旨】ビジネスに必要なあらゆることは、すべて、この日本一過激な大学が教えてくれた。一枚岩のチームを作り上げる、極秘のノウハウを公開します。
　2017.3 230p B6 ¥1400 ⓘ978-4-534-05475-3

◆ホワイトカラーの業務改善—効率化30%を実現する　中田崇著　日本能率協会マネジメントセンター
【要旨】働き方改革を応援する実践手法。50年にわたり多くの企業で実践してきたノウハウ！　具体的な帳票と改善着眼が満載！
　2017.11 278p A5 ¥2400 ⓘ978-4-8207-2623-4

◆マネージャー心得帖—成功と成長7つの原則　鈴木一正著　WAVE出版
【要旨】ブレない！　これからのリーダーに贈るマネージメントの基軸。世界のDENSOで学んだ普遍的人材育成論。
　2017.11 191p B6 ¥1500 ⓘ978-4-86621-086-5

◆魔法の人材教育　森田晃子著　幻冬舎メディアコンサルティング、幻冬舎 発売（経営者新書）
【要旨】「研修が成果につながらない」と嘆く教育担当者は多い。成果をあげるには、単発型で与え過ぎの研修ではなく、教育全体を長期的にデザインすべきである。教育に「インストラクショナルデザイン」の考え方を導入すれば、自律的な社員の成長を促すことができる。企業内教育デザインの実務家である著者が、ゴール設定・評価方法から研修実施のコツ・現場上司の巻き込み方までを徹底解説。
　2017.4 259p 18cm ¥800 ⓘ978-4-344-91217-5

◆マンガでわかる！ トヨタのJKK式PDCA　佐々木眞一監修　宝島社
【要旨】自工程完結（JKK）の考え方を応用したまったく新しいJKK式PDCA。8つのポイントと43のノウハウを詳細解説。
　2017.11 222p B6 ¥1200 ⓘ978-4-8002-7453-3

◆3日で変わるディズニー流の育て方　櫻井恵里子著　サンクチュアリ出版
【目次】1 どんな職場でも取り入れられる、ディズニー流の育てるしくみ—準備編（マニュアルは、暗記させなくていい、守るべきことは、4つ以内に抑える、目に触れるものは、すべてが“ショー”である ほか）、2 褒める、叱るだけじゃない、気持ちが通じる伝え方—コミュニケーション編（「おはよう」「お疲れさま」以外の言葉をか

ける、頼みごとをする時は、理由も添える、メンバー全員に、すべての商品を使ってもらうほか）、3「魔法の教え方」で、人もチームも自立できる―チームビルディング編（メンバー一人ひとりにマイクを向けてみる、それぞれが持つ価値に気づかせる、想像と共感で、メンバーにとっての「恩師」になる ほか）

2017.3 205p B6 ¥1300 ①978-4-8014-0039-9

◆ムダ取りの実践―7つのムダをこうつぶす　細谷克也監修、香川博昭著　日科技連出版社
【要旨】ムダはどうすれば見つけられるのか、見つけたムダはどう取り除けばいいのか、ムダを見つける着眼点と、ムダ取りの実践方法について、作業（動作・運搬）のムダ、作業者間（手待ち・つくり過ぎ・在庫）のムダ、つくり方（不良をつくる・加工そのもの）のムダの3つに分類して、豊富な事例とともにやさしく、ていねいに解説。

2017.11 155p A5 ¥2000 ①978-4-8171-9600-2

◆問題社員を一掃する劇的！組織改革　中島敦著　幻冬舎メディアコンサルティング、幻冬舎 発売
【要旨】組織改革のカギは、問題社員の改革と不正社員の一掃！不当解雇・パワハラの訴えに屈するな―。中小企業経営者よ、恐れることなく非情に毅然と、無駄な人員を削減せよ。

2017.1 209p B6 ¥1500 ①978-4-344-91089-8

◆ヤフーの1on1―部下を成長させるコミュニケーションの技法　本間浩輔著　ダイヤモンド社
【要旨】週に1回、30分の「部下のための時間」が人を育て、組織の力を強くする。1on1によって経験学習を促進させ、才能と情熱を解き放つことで、社員は大きく成長する。

2017.3 240p A5 ¥1600 ①978-4-478-06978-3

◆利益を3倍にするたった5つの方法―経営のプロが教える企業再生の奥義　大久保恒夫著　ビジネス社　新装版
【要旨】「働き方」「生産性」「売れない」問題を即解決！無印良品、ユニクロ、成城石井が躍進した49のスゴイ仕組み。

2017.8 223p B6 ¥1300 ①978-4-8284-1967-1

◆6時だよ 全員退社！―生産性を上げる黄金ルール　田中健彦著　日本経済新聞出版社
【要旨】経営トップとマネジャーが本気で取り組めば、必ず職場は変わり、社員は「自ら考えて効率化する」強い集団になることができる。国内と海外で、ヒラから社長までのすべての役職を経験、日本・欧米双方の働き方の違いをつぶさに見てきた著者が、無駄を徹底してなくし、効率を高め、価値ある仕事を生み出す「働き方改革」の考え方・進め方を解説。

2017.8 284p B6 ¥1600 ①978-4-532-32154-3

◆Action！―トヨタの現場の「やりきる力」　原マサヒコ著　プレジデント社
【要旨】1行動力2振る舞い3作用4カイゼン。変化に対応できる人が実践している4つのアクションとは。

2017.12 196p B6 ¥1500 ①978-4-8334-2259-8

◆EXTREME TEAMS（エクストリーム・チームズ）―アップル、グーグルに続く次世代最先端企業の成功の秘訣　ロバート・ブルース・ショー著、上原裕美子訳　すばる舎
【目次】はじめに 働き方に革命を、第1章 成果と人間関係の両立―大きなリスクに挑むチームだけが、大きく前進できる、第2章 執着心の共有―ビジネスは人、カルト未満、第3章 能力より適性―最高の人材を探そうとするな。ふさわしい人材を選べ、第4章 焦点を絞る。焦点を広げる―「何をしないべきか」を知ることだ、第5章 ハードかつソフトな企業文化―すべての偉大な文化は、矛盾を孕んでいる、第6章 気まずさを恐れない―私が聞きたくないであろうことも、聞かせてちょうだい、第7章 エクストリーム・チームを作る―冒険なきチームは衰退する

2017.11 303, 28p B6 ¥1800 ①978-4-7991-0669-3

◆Google Cloudを使い倒せ！―ゲームチェンジ時代の企業改革　加藤昌樹著　幻冬舎メディアコンサルティング、幻冬舎 発売
【要旨】国内トップのGoogle Cloud Platformパートナーが断言！「Google を知れば未来へのヒントが見えてくる」ITの進化で競争環境が激変するークラウドサービスで「劇的な業務効率化」と「新しいビジネス創造」を実現せよ。

2017.10 234p B6 ¥1500 ①978-4-344-91390-5

◆SCSKのシゴト革命―業務クオリティ向上への取り組み　日経BP総研イノベーションICT研究所著、SCSK SE+センター取材協力　日経BP社、日経BPマーケティング 発売
【目次】第1章 働き方改革はなぜ実現できたのか、第2章 大規模SI向けの体制整備を急げ、第3章 なくならない問題案件、第4章 定着しないSE+、第5章 社員の専門能力を見える化、第6章 戦略分野にリソースを差し向ける、第7章「ニアショア1000人体制」確立へ、第8章 パートナー関係をWin‐Winへ、第9章 SE+を定着させろ、第10章「一流企業」への挑戦

2017.11 199p B6 ¥1500 ①978-4-8222-5959-4

ＣＩ戦略・企業買収戦略

◆大前研一「100日」で結果を出すM&A入門―日本企業への処方箋　大前研一編著　プレジデント社（「BBT×プレジデント」エグゼクティブセミナー選書）
【要旨】日本企業はこれからM&Aを積極的に仕掛けていくべきだ。JT、旭硝子、ブリヂストン、日本電産、イオン、ソフトバンクなど買う側の論理、買われる側の対応がわかる！

2017.7 196p B6 ¥1500 ①978-4-8334-2236-9

◆会社合併実務必携　日本税理士会連合会編、朝長英樹、竹内陽一著　法令出版　第3版
【目次】第1部 合併の検討（組織再編成の目的・合併と他の組織再編成との比較 ほか）、第2部 合併の法務（会社法における合併の概要、合併契約 ほか）、第3部 合併の税務（合併税制の概要、適格合併 ほか）、第4部 処理例（兄弟会社の無対価合併、個人株主の会社の合併で特定資産譲渡等損失額がある場合 ほか）、第5部 ヤフー事件最高裁判決文

2017.3 197p A5 ¥4000 ①978-4-938419-94-3

◆企業買収の実務プロセス　木俣貴光著　中央経済社、中央経済グループパブリッシング 発売　第2版
【要旨】本書は、買い手企業の担当者がディールを遂行する上でのポイントを時系列で解説しています。第2版では、平成26年会社法改正や平成29年度税制改正等、M&A実務に影響のある法律・会計・税務面の重要な制度改正をフォローしました。また、M&Aを取り巻く環境変化や裁判例等を踏まえ、最新の実務を反映すべく、ストラクチャリングに関わる部分を中心に、大幅な加筆・修正を行っています。

2017.4 384p A5 ¥3800 ①978-4-502-21971-9

◆継がない子、残したい親のM&A戦略　小川潤也著　幻冬舎メディアコンサルティング、幻冬舎 発売
【要旨】従業員や家族を守り、会社を残す「事業承継型M&A」入門書。

2017.10 220p B6 ¥1200 ①978-4-344-91364-6

◆どこと組むかを考える「成長戦略型M&A」―「売る・買う」の思考からの脱却と「ミニIPO」の実現　竹内直樹著　プレジデント社
【要旨】買って地区大会で戦うか、売って全国大会へ行くか。いまやビジネスは業種の垣根を越えた「異種格闘技戦」。

2017.9 197p B6 ¥1500 ①978-4-8334-5122-2

◆取引ステップで考える実践的M&A入門　三宅卓、玉井裕子、滝川佳代編著　商事法務
【要旨】7つの事例で問題解決するM&A実務。ストーリーを追いながら楽しくM&Aの手法を学べる。若手の法務担当者・法律実務家に最適の入門書。

2017.10 235p A5 ¥3200 ①978-4-7857-2565-5

◆日本一わかりやすい海外M&A入門　杉山仁著　金融財政事情研究会、きんざい 発売（KINZAIバリュー叢書）
【要旨】経験四〇年の実務家が伝える海外M&Aの全体像と成功のコツ。海外M&Aの知識はこの一冊で十分だ。みんな実践あるのみ。これから日本の時代だ。世界が日本企業を待っている。

2017.3 158p B6 ¥1250 ①978-4-322-13068-3

◆まんがでわかる オーナー社長のM&A　大山敬義著、八木ふたろううまんが　すばる舎リンケージ、すばる舎 発売
【要旨】社長・家族・社員が幸せになる！中小企業M&A成功の秘訣が、まんがでわかる！後継者不在、相続問題、事業承継、個人保証…これ

らの悩みがイッキに解決！オーナー社長が本当に知りたいM&Aのポイントと全体像が、この1冊でザックリわかる！

2017.2 169p B6 ¥1500 ①978-4-7991-0516-0

◆M&Aアドバイザー―企業買収と事業承継の舞台裏　山本貴之著　エネルギーフォーラム（エネルギーフォーラム新書）
【要旨】飛躍的に拡大するM&A（企業買収）。その成功率を高める鍵は何か。事実に基づく「海外企業買収」「事業承継」「MBO」の各ケースを通じ「M&Aアドバイザー」として交渉の全過程を追体験することで、成功に至るメカニズムを鮮やかに検証する。企業経営者をはじめ一般の読者も舞台裏からM&Aの真髄に迫ることができる平易で実践的なM&A戦略論の決定版。

2017.12 235p 18cm ¥900 ①978-4-88555-488-9

◆M&Aこれだけ18のポイント　辻・本郷税理士法人編著　東峰書房
【目次】M&Aの進め方（全体像）、中小企業における事業承継の選択肢、中小企業におけるM&A、M&Aによる事業承継のメリット・デメリット、近年のM&Aの動向と現状、M&Aアドバイザーの選定、M&Aアドバイザーの役割、買い手（売り手）候補の見つけ方、M&Aにおける企業価値評価、トップ面談と意向表明〔ほか〕

2017.8 23p B6 ¥1500 ①978-4-88592-189-6

◆M&A・組織再編スキーム 発想の着眼点50　宮口徹著　中央経済社、中央経済グループパブリッシング 発売　第2版
【要旨】スピンオフ税制の創設やスクイーズアウト税制の整備、非上場株式の評価方法などの大改正に対応した最新版。金融機関のアドバイザーや企業の経営企画担当者、税理士や会計士、弁護士などの実務家向けに「M&Aや経営統合等、目の前の経営課題に対してどういったアプローチでスキームを考えて行けばよいか、より実務に即して簡潔に紹介」することを念頭に解説。解説にあたっては法人税の取扱いはもとより、企業オーナーの個人所得税や相続・贈与税の取扱いについても言及。上場大企業のみならず、非公開ベンチャー企業や中堅企業の実務においても活用可能。

2017.8 261p A5 ¥3000 ①978-4-502-23911-3

◆M&Aという選択　畑野幸治著　プレジデント社
【要旨】少年時代、山一証券自主廃業により、人生が変わった著者が初告白。どのように交渉を進めるか、企業価値をどのように算定するか、買収方法や資金調達のストラクチャーをどう組むか、ターゲットが海外の場合はどうするか…。知りたいことのすべてがここにある！

2017.12 205p B6 ¥1500 ①978-4-8334-2247-5

◆M&Aと組織再編のすべて　ドナルド・デパンフィリス著、KPMG FAS訳　金融財政事情研究会、きんざい 発売（原書第7版）
【要旨】ターゲットをどう探すか、どのように交渉を進めるか、企業価値をどのように算定するか、買収方法や資金調達のストラクチャーをどう組むか、ターゲットが海外の場合はどうするか…。知りたいことのすべてがここにある！

2017.3 855p A5 ¥10000 ①978-4-322-12636-5

◆M&Aの理論と実際　佐久間信夫、中村公一、文堂弘之編著　文眞堂
【要旨】経営学に関するさまざまな分野の研究者が、M&Aを多面的に分析し、理論的な説明だけではなく、事例も取り入れることによって、M&Aの実態について分かりやすく解説。M&Aに関する知識を勉強したい初学者でも理解しやすく、経営学の視点によるM&A研究の全体像とともに、個別の論点についても理解できる。

2017.10 244p A5 ¥2700 ①978-4-8309-4952-4

◆M&Aは地域活性化のソリューション―企業の価値を未来へつなぐ地域金融機関　日本M&Aセンター著　きんざい
【目次】第1章 地域金融機関の新しいビジネスモデル「コントリビューション・バンキング」、第2章 地域活性化と中小企業支援における地域金融機関の役割“TOP鼎談”、第3章 地域金融機関TOP鼎談からみえたこと、第4章 地域金融機関の営業戦略（パネルディスカッション）、第5章 地域金融機関のM&A人材育成、第6章 支店長のM&A成功事例、第7章 M&Aは究極の事業性評価

2017.6 151p 28×21cm ¥900 ①978-4-322-13080-5

経済・産業・労働

海外進出・海外投資

◆**今、備えておくべき！ 海外赴任社員のメンタルヘルス対策** 淵上美恵著　第一法規
【要旨】「海外赴任中のストレスとは？」を知るための実務ノウハウ集。海外赴任社員が直面する仕事・生活面の様々なストレス要因と、必要なメンタルヘルスケアを、具体事例で解説！
2017.3 203p A5 ¥1500 ①978-4-474-05627-5

◆**インドネシア進出実務ガイド―事業開始・赴任の手続から会社法・会計・税務・労務まで** 中村正英著　中央経済社, 中央経済グループパブリッシング 発売
【要旨】経済の堅調さが各国から注目されているインドネシアは、日本からの直接投資額も増加しており、海外進出を検討している企業としては、選択肢の一つです。特に、投資先としてインドネシアの最大の魅力は、世界第4位の人口を背景とする消費市場としての潜在能力の一言に尽きます。しかし、その潜在能力はあるものの、第三次産業の人口の、第二次産業の発展もままならない（インフラのキャパシティ不足や労働者の教育訓練不足）状況であり、潜在能力を活かせる第三次産業へとその産業のフェーズを押し上げる枠組み（政策や教育、国民意識など）が確立されていない状況は最大の課題です。このような魅力と課題の混在するインドネシアに進出するにあたり、投資インセンティブの活用方法をはじめ、インドネシア新規進出にかかわる多くの専門情報を体系的にまとめています。
2017.4 205p A5 ¥2600 ①978-4-502-22241-2

◆**インドの会計・税務・法務Q&A** 新日本有限責任監査法人編　税務経理協会（海外進出の実務シリーズ）第3版
【要旨】進出した日本企業から実際に寄せられた質問のうち、重要なものを厳選して解説。インド税務史上最大の改革といわれる物品・サービス税（GST）の最新情報を織り込んだ第3版。
2017.10 376p B6 ¥3400 ①978-4-419-06491-4

◆**海外事業を成功に導く仕事術** 小林元著　ぎょうせい
【目次】序章 今大きな転換点に差しかかっている日本の海外事業、第1章 イタリアのNo.1中堅企業と評価されるまでに二十五年かけて東レが育て上げる―オープン・アーキテクチャー化に成功した先駆的事例、第2章 発展途上国で会社経営に当たる一凄まじい階級格差と相互不信の壁にぶつかるが、何とか会社の中に共通の場を作り出し、第3章 発展途上国における会社整理の三つの事例、第4章 私を精神的に支えてくれたもの、第5章 日本の海外事業一今まで歩んできた道と将来への展望
2017.1 228p B6 ¥1852 ①978-4-324-80086-7

◆**海外赴任ガイド―赴任準備から家族帯同まで、この1冊でOK! 2017** JCM編・監修　丸善プラネット, 丸善出版 発売　第30版
【目次】巻頭付録（海外赴任準備チャート、海外赴任準備チャートチェックリスト）、巻頭特集（日本人、世界に住む、私の海外赴任、海外安全基礎知識）、第1章 赴任の準備、第2章 引越し、第3章 住宅、第4章 子どもの教育、第5章 医療と健康、第6章 現地のくらし、第7章 巻末付録
2017.2 210p A5 ¥1500 ①978-4-86345-319-7

◆**海外赴任者の危機管理対策マニュアル** 名南経営コンサルティング, 名南経営編　中央経済社, 中央経済グループパブリッシング 発売
【要旨】災害、交通事故、風習・現地ルール、賄賂などの違反行為、健康管理、異性とのトラブル…etc. 本社はどのように予防し、対応すべきか。
2017.6 253p A5 ¥3000 ①978-4-502-22951-0

◆**新興国投資戦略―中国リスクとアジアの潜在成長力を読むヒント** みずほ証券投資情報部著　東洋経済新報社
【要旨】中国、インド、ASEAN等の国力は日本をしのぐ可能性を秘める。悲観的に捉えている場合はない。国際分散投資が未来へのカギだ！ 新興国市場の解説ブック。
2017.3 277p B6 ¥1600 ①978-4-492-96120-9

◆**スタートアップ大国イスラエルの秘密―アップル、グーグルが欲しがるイノベーション力** 加藤清司著　洋泉社
【要旨】アップル、グーグル、アマゾン、インテル、マイクロソフト…グローバル企業が次々に進出!!世界から年1兆円集める起業大国の技術力、頭脳、エコシステムに学べ!!
2017.2 198p B6 ¥1500 ①978-4-8003-1144-3

◆**図表でわかる 中国進出企業の合弁解消プランニング―多難な中国事業の撤退・縮小をスムーズに行うために** 簗瀬正人, 趙雪巍共著　第一法規
【要旨】困難を極める中国事業の撤退・縮小を企図する際に、業務課題の洗い出しとロードマップ作成の一助となる実践ハンドブック。フローチャート等の図表を用いて分かりやすく解説！ 中国会社法等の最新改正に対応。関連重要規定の抜粋翻訳等の資料も登載。
2017.2 330p A5 ¥3200 ①978-4-474-05779-1

◆**成功に導く中小製造企業のアジア戦略** 櫻井敬三, 高橋文行, 黄八洙, 安田知絵著　文眞堂
【要旨】大きく変貌しつつある日本国内の企業経営環境の中、縮小する日本市場にとどまるか？ それとも、アジア新興国・開発途上国への事業を展開するか？ 本書は、アジアの10カ国・地域への現地調査と、進出中小製造企業100社以上のインタビューや現地からになった知見を基に、多様な観点から中小製造企業の成長を導くためのアジア戦略を検証する。
2017.9 196p A5 ¥3400 ①978-4-8309-4962-3

◆**「攻め」と「守り」で成功する 中国事業の経営管理** 原田太郎著　中央経済社, 中央経済グループパブリッシング 発売
【要旨】日本企業が中国市場で勝つためには、「強み」をきちんと発揮することが要諦。抑えるべき「攻め」と「守り」の要点を網羅的に解説。
2017.2 241p A5 ¥2800 ①978-4-502-21151-5

◆**タイ・シンガポール・インドネシア・ベトナム駐在員の選任・赴任から帰任まで完全ガイド** 藤井恵著　清文社　三訂版
【要旨】ASEANの中で目覚ましい経済発展のタイ・シンガポール・インドネシア・ベトナムに進出・進出予定の企業の実務担当者及び駐在員必読！ Q&Aで要点解説。
2017.5 335p A5 ¥2600 ①978-4-433-65827-4

◆**第46回我が国企業の海外事業活動―平成28年海外事業活動基本調査 平成27年度実績** 経済産業統計協会編　経済産業統計協会
【目次】1 第46回海外事業活動基本調査の概要（調査の概要、回収状況 ほか）、2 第46回海外事業活動基本調査の概況（現地法人分布の状況、現地法人の経営活動の状況 ほか）、3 第46回海外事業活動基本調査の集計結果（本社企業に関する集計表、現地法人に関する集計表 ほか）、4 調査票及び調査票記入の手引（調査票（本社企業、現地法人）、調査票記入の手引 ほか）
2017.7 236p A4 ¥7500 ①978-4-864991-15-5

◆**多国籍企業とグローバルビジネス** 林倬史, 古井仁編著　税務経理協会　改訂版
【目次】グローバル・ビジネスと多国籍企業、現代多国籍企業の戦略と展開―従来の理論の意義と限界、多国籍企業の組織と知識移転、多国籍企業と知識創造論の系譜と展望、多国籍企業とイノベーション、暗黙的知識の国際的メカニズムとダイナミック・ケイパビリティ―花王、P&G, Unileverの比較分析を中心として、グローバルビジネスと国際標準、技術戦略と業界標準、グローバルビジネスと戦略的提携、グローバルビジネスと異文化マネジメント、多国籍企業のBOP戦略とソーシャル・ビジネス―多国籍企業のBOP戦略は発展途上国の貧困問題を解消できるか、多国籍企業の現地化―市場開拓と競争優位
2017.4 300p A5 ¥3000 ①978-4-419-06425-9

◆**中国とビジネスをするための鉄則55** 吉村章著　アルク
【要旨】中国人と付き合う現場での実践ノウハウがこの1冊でサクッとわかる！ よりよい人間関係を築くテクニックなどをQ&A形式でコンパクトに解説！
2017.3 226p B6 ¥1600 ①978-4-7574-2853-9

◆**「隣の国はパートナー」になれるか―日本人経営者19年間の駐韓回顧録** 高杉暢也著　アジア・ユーラシア総合研究所
【要旨】「近くて遠い隣人」韓国とどう付き合うのか。ソウル在勤19年の、韓国富士ゼロックス元会長高杉暢也氏、迫真の韓国ビジネスドキュメント！
2017.9 181p A5 ¥2200 ①978-4-904794-88-3

◆**日系小売企業のアジア展開―東アジアと東南アジアの小売動態** 柳純, 鳥羽達郎編著　中央経済社, 中央経済グループパブリッシング 発売
【要旨】日系小売企業のアジアにおける出店行動を国・地域別に分析！ アジアの流通構造と競争関係について詳しく解説。グローカリゼーションの視点から小売分野を捉える。
2017.10 257p A5 ¥3000 ①978-4-502-23381-4

◆**日本企業のアジア進出総覧 2017** 重化学工業通信社編　重化学工業通信社
【目次】第1章 総論編（アジア経済の今と日本企業の進出状況、日本企業によるアジア投資・事業動向、インフラ整備計画と受注動向）、第2部 データ編／日本企業の国別・業種別進出状況（2016年4月〜2017年3月）（中国、韓国、台湾、タイ、マレーシア ほか）
2017.7 431p B5 ¥18000 ①978-4-88053-177-9

◆**日本・台湾産業連携とイノベーション** 佐土井有里編著　創成社
【目次】第1章 台湾と日本の産業連携推進の現状、第2章 台湾と三重県の台日産業連携推進の現状、第3章 日台アライアンスにおける総合商社の役割、第4章 台湾の食品系コングロマリットと日本企業のアライアンス、第5章 提携からアライアンスまで―電子・半導体産業における日台連携形態の変化、第6章 台湾EV部品産業における技術イノベーション
2017.6 181p A5 ¥3000 ①978-4-7944-3177-6

◆**一目でわかる 中国進出企業地図 2017-2018年版** 21世紀中国総研編　（町田）蒼蒼社
【目次】序章 転型期における対中ビジネス（中国の行政区画と1級行政区、量の成長から質の成長への転換 ほか）、第1部 中国における外資企業ブランド戦略（中国における日本ブランド・ランキング、食品・日用品ブランドTOP3 ほか）、第2部 モータリゼーションのビジネス・トレンド（中国市場に殺到する世界の自動車メーカー、独米韓系自動車メーカーの対中ビジネス ほか）、第3部 都市化の時代のビジネス・トレンド（日本小売業の対中ビジネス、日本7大総合商社の対中先端ビジネス ほか）、終章 中国撤退企業一覧（2015〜2017年）
2017.10 204p B5 ¥3200 ①978-4-88360-135-6

◆**フィリピンの投資・M&A・会社法・会計税務・労務** 久野康成公認会計士事務所, 東京コンサルティングファーム著, 久野康成監修　TCG出版, 出版文化社 発売　第2版
【目次】1 基礎知識、2 投資環境、3 設立、4 M&A、5 会社法、6 会計、7 税務、8 労務
2017.9 466p A5 ¥3600 ①978-4-88338-625-3

◆**ベトナム地方都市進出完全ガイド** ブレインワークス編著　カナリアコミュニケーションズ
【要旨】なぜベトナムの地方都市が注目されるのか？ アジアでは、首都への一極集中が顕著であるなか、2大都市を抱えるベトナムでは、他にはない、ひろがりを見せている！ 生産拠点としてだけでなく、消費地としての魅力も上昇する中、地方の底上げが経済発展の潤滑液となる！ ベトナムビジネスでの成功は、地方が握る！ 地方への参入が成功への近道だ！
2017.6 143p A5 ¥2000 ①978-4-7782-0404-4

◆**漫画でわかる！ 海外駐在の極意** 堀江徹著, 重松延寿漫画　幻冬舎メディアコンサルティング, 幻冬舎 発売
【要旨】なぜ、日本では「有能」なのに、海外では「無能」になるのか？ 日本人はグローバルリーダーにはなれない!?中国、シンガポール、タイ、イギリスに駐在し、世界各国の人材と仕事をした筆者が教える、「世界」相手の仕事の流儀。
2017.12 205p B6 ¥1100 ①978-4-344-91487-2

◆**ラオス進出・展開・撤退の実務―投資・労働法務、会計税務** 薮本雄登編著, 弁護士法人One Asia編　同文舘出版
【要旨】さらなる海外進出先として、ラオスへの企業進出が増加している。進出段階から設立後の実務手続き、撤退に至るまで解説！ ラオスの最新の法改正にも対応。
2017.5 211p A5 ¥2800 ①978-4-495-20541-6

◆**落第社長のロシア貿易奮戦記** 岩佐毅著　展望社
【要旨】ロシア、ウクライナに体当たり。旧ソ連でビジネスを展開した一匹狼、半生の記録。
2017.3 286p B6 ¥1900 ①978-4-88546-325-9

◆ASEAN進出化学企業ビジネスハンドブック─化学品サプライチェーン　化学工業日報社

【要旨】開発→調達→生産→流通→販売・サービス。ASEANに生産拠点をおく日系化学企業サプライチェーン。セットメーカー向け化学品供給ガイド、サプライヤー向け商品カタログ、ユーザー向けサプライヤーガイドとする商取引用ハンドブックなど、多面的に活用できる1冊。

2017.2 284p B5 ¥8000 ①978-4-87326-679-4

◆Q&A海外出張・出向・外国人の税務─よくある疑問を徹底解説　徳山義晃, 森村元著　税務経理協会

【要旨】赴任から帰任まで一中国・北米等での実務経験を踏まえて実務の勘所を詳解！ 企業担当者が「実際に寄せられた質問」をもとに判断に迷う処理を重点的に解説。基本的考え方から実際の手続まで丁寧に紐解く実務家必携書。

2017.12 216p A5 ¥2500 ①978-4-419-06494-5

◆The Global Leader 日本企業は中国企業にアジアで勝てるのか？　海野惠一著　日本ビジネスプラン

【要旨】日本企業はこれからアジアで戦っていかなければならない。そのためには中国企業と戦うための武器が必要である。その最たる武器が「孫子の兵法」である。この小説はその武器を縦横無尽に駆使して中国企業を打ち負かす内容である。勝つということは孫子において必ずしも戦うことではない。戦わずして勝つのが孫子の兵法だ。

2017.2 252p B6 ¥1500 ①978-4-86114-476-9

📖 貿易実務・売買契約

◆外国為替・貿易小六法　平成29年版　外国為替研究協会編　外国為替研究協会

【目次】第1編 外国為替及び外国為替法関係（法令、告示、通達等、その他）、第2編 外国為替資金特別会計関係、第3編 その他関係法令（金融商品取引関係法令、金管理法関係法令、税法等関係法令、その他）

2017.3 1581p A5 ¥10000 ①978-4-905637-43-1

◆関税関係基本通達集　平成29年度版　日本関税協会

【目次】上巻（関税法基本通達、関税定率法基本通達、関税暫定措置法基本通達、特例法基本通達、とん税法及び特別とん税法基本通達、外国貨物等に関する統計基本通達、通関業法基本通達、条約等基本通達）、下巻（税関様式関係通達）

2017.8 2Vols.set A5 ¥9300 ①978-4-88895-417-4

◆関税関係個別通達集　平成29年度版　日本関税協会

【目次】関税法、関税定率法、税関関係諸特例法、内国消費税法、歳入徴収関係、外国為替及び外国貿易関係、その他

2017.8 1004p A5 ¥6200 ①978-4-88895-418-1

◆関税六法　平成29年度版　日本関税協会

【目次】憲法、第1部 関税法関係法規、第2部 関税定率法関係法規、第3部 関税暫定措置法関係法規、第4部 特例法関係法規、第5部 内国消費税法関係法規、第6部 外国為替及び外国貿易法関係法規、第7部 関連法規、第8部 条約

2017.8 2620p A5 ¥9000 ①978-4-88895-416-7

◆グローバルロジスティクスと貿易　小林潔司, 古市正彦編著　ウェイツ

【目次】第1編 グローバルロジスティクスを俯瞰する（貿易と国際物流の仕組み、関税・通関等の国境を越える手続き、国際海上輸送を俯瞰する、国際航空貨物輸送を俯瞰する）、第2編 収益力を高めるサプライチェーン（ロジスティクスの観点から見た物流改革、海外通販起業指南、アパレル企業の取り組み、電子タグによる在庫管理と生産性の向上、食品物流（低温物流））、第3編 貿易・国際物流ネットワークの基盤（グローバルサプライチェーンの中の港湾、コンテナターミナルオペレーターの役割と事業環境、倉庫業の役割と事業環境、航空貨物のグローバルネットワーク戦略、高付加価値航空貨物輸送）、第4編 世界経済の潮流と将来のグローバルロジスティクス（経済学の視点から見た海運・航空サービス貿易費用と経済パフォーマンス、世界規模の海運ネットワークと国際陸上輸送ネットワーク、コンテナ船の大型化による規模の経済・不経済）

2017.3 303p A5 ¥2000 ①978-4-904979-25-9

◆ジェトロ貿易ハンドブック　2017　日本貿易振興機構編　日本貿易振興機構

【目次】第1章 貿易の基礎知識（貿易実務の流れ、貿易制度、契約まで）、第2章 貿易実務用語集、第3章 各国の事情（世界の国・地域一覧、世界の主要経済圏とFTA締結国一覧、アジア主要都市・地域投資関連コスト比較）、第4章 国際ビジネス関連機関一覧（ジェトロの国内・海外ネットワーク、官公庁および出先機関、検査機関等）、付録 海外ビジネス情報はジェトロのウェブサイトにて

2017.9 229p B5 ¥1500 ①978-4-8224-1162-6

◆実行関税率表　2017　一付・輸入統計品目表　日本関税協会　（本文：日英両文）

【目次】動物（生きているものに限る。）及び動物性生産品、植物性生産品、動物性又は植物性の油脂及びその分解生産物、調製食用脂並びに動物性又は植物性のろう、調製食料品、飲料、アルコール、食酢、たばこ及び製造たばこ代用品、鉱物性生産品、化学工業（類似の工業を含む。）の生産品、プラスチック及びゴム並びにこれらの製品、皮革及び毛皮並びにこれらの製品、動物用装身具並びに旅行用具、ハンドバッグその他これらに類する容器並びに腸の製品、木材及びその製品、木炭、コルク及びその製品並びにわら、エスパルトその他の組物材料の製品並びにかご細工用及び枝条細工用、木材パルプ、繊維素繊維を原料とするその他のパルプ、古紙並びに紙及び板紙並びにこれらの製品〔ほか〕

2017.4 899, 372p A4 ¥24000 ①978-4-88895-408-2

◆実行関税率表　2017年度版（追補）　2018年輸入統計品目表改正対応　日本関税協会

【目次】実行関税率表2017年度版（追補）、2018年輸入統計品目表新旧対照表

2017.12 18p A4 ¥260 ①978-4-88895-420-4

◆図解 貿易実務ハンドブック ベーシック版─「貿易実務検定」C級オフィシャルテキスト　日本貿易実務検定協会編　日本能率協会マネジメントセンター　第6版

【要旨】国際取引の基本を学ぶ。多岐にわたる貿易実務のすべてを、取引の流れに沿って解説。実務者の基礎スキルになる英文ビジネスレター／文書の手ほども も充実。

2017.9 540p A5 ¥3400 ①978-4-8207-5995-9

◆すらすら図解 貿易・為替のしくみ　後藤守孝, 軽森雄二, 粥川泰洋著　中央経済社, 中央経済グループパブリッシング 発売

【要旨】複雑・多様化する貿易・為替の全体像をつかもう！ 海外との取引に必須の知識がよくわかる！

2017.4 187p A5 ¥2200 ①978-4-502-22341-9

◆日中貿易必携　2017年版　中国ビジネスの実用ガイドブック　日本国際貿易促進協会　第47版

【目次】特集 中国産業の高度化と「中国製造2025」を読む、第1部 日中経済関係、第2部 中国の国家機関及び在日の中国公館・中国企業、第3部 在中の日本公館・企業及び日中関係企業、第4部 日中貿易関係略年表・中国経済データ、第5部 資料、付録

2017.4 268p 19cm ¥3500 ①978-4-930867-78-0

◆日本貿易の現状 Foreign Trade　2017　日本貿易会

【要旨】原油安の影響を受けて6年ぶり貿易黒字。米国が4年連続で最大の輸出相手国。

2017.4 165p A5 ¥463 ①978-4-931574-21-2

◆はじめての貿易取引も安心 輸出入実務完全バイブル─「小さな会社」でもすぐ役立つ　中矢一虎著　すばる舎リンケージ, すばる舎発売

【要旨】自社で貿易業務を行うのは難しいことではありません。世界にマーケットを広げる方法を、貿易のエキスパートが微に入り細にわたって徹底指南！ 交渉、契約、決裁がスムーズに進む！ 取引先の信用調査や条件設定、信用状取引などの具体的なやり方。国際輸送や通関業務の手順がわかる！ 多岐にわたる物流や必要書類、最新の通関知識まで。リスクやトラブルへの備えも万全！ 必ず入るべき保険は？ 為替変動への対応策は？ 貿易業務の流れ、単語、この1冊ですべてわかります！

2017.9 438p A5 ¥3700 ①978-4-7991-0647-1

◆不公正貿易報告書　2017年版　WTO協定及び経済連携協定・投資協定から見た主要国の貿易政策─産業構造審議会レポート

経済産業省通商政策局編　ブルーホップ, 全国官報販売協同組合 発売

【目次】第1部 各国・地域別政策・措置（中国、米国 ほか）、第2部 WTO協定と主要ケース（WTO協定の概要、最恵国待遇 ほか）、第3部 経済連携協定・投資協定（経済連携協定に向けた規律の策定、投資協定、資料編〔ドーハ開発アジェンダの動向、WTO加盟交渉の現状 ほか）

2017.9 964p B5 ¥3700 ①978-4-9908787-9-5

◆貿易実務ガイドライン 初級編　寺尾秀雄著　文真堂　第2版

【要旨】実務経験5～6年以下の社会人から大学生などの初学者を対象。なるべく難しい表現は避け平易な文章で丁寧に説明。イメージし易いよう、図表、イラスト、写真等を多く掲載。世界共通の国際ルール、書類等を網羅。基本のマスター、さらに初級貿易実務試験にも対応。

2017.5 591p A5 ¥3200 ①978-4-8309-4951-7

◆貿易実務の基礎がわかる本　曽我しのぶ著　（新潟）シーアンドアール研究所　（貿易実務シリーズ）　改訂3版

【要旨】貿易実務の仕組みから実践まですべてわかる。2009年改定の「新貨物海上保険証券」（新ICC）に対応！ 貿易実務検定C級・B級に対応。

2017.4 415p A5 ¥3420 ①978-4-86354-215-0

◆貿易実務の基本と仕組みがよ～くわかる本　布施克彦著　秀和システム　（図解入門ビジネス）　第4版

【目次】1 貿易取引の概念を掴もう、2 貿易商談の進め方、3 受渡し条件と決済条件、4 輸出の実務、5 輸入の実務、6 国際物流と主要貿易国の動き、7 世界貿易の動向、資料

2017.8 243p A5 ¥1500 ①978-4-7980-5185-7

◆貿易書類の基本と仕組みがよ～くわかる本　布施克彦著　秀和システム　（図解入門ビジネス）　第4版

【目次】1 貿易の流れと書類の種類、2 商談から契約までの主な書類、3 輸出準備にかかわる主な書類、4 輸出手続きにかかわる主な書類、5 輸入の準備と手続きにかかわる主な書類、6 特殊なケースで必要な書類、7 貿易にかかわる各機関や企業の役割、巻末資料

2017.9 231p A5 ¥1500 ①978-4-7980-5186-4

◆貿易入門─世界と日本が見えてくる　小林尚朗, 篠原敏彦, 所康弘編　大月書店　（大学生の学びをつくる）

【要旨】貿易なくして、今日の経済は成り立たない。理論も実務も、歴史も現状も、基本をまるごと押さえたテキスト。

2017.4 269p A5 ¥2300 ①978-4-272-15042-7

◆マンガでやさしくわかる貿易実務 輸入編　片山立志著, 葛城かえで シナリオ制作, 大舞キリコ作画　日本能率協会マネジメントセンター

【要旨】突然まかされた新規事業の輸入販売の仕事にウキウキの瀬戸瑞希は早速ヨーロッパへと渡り、日本で売る商品を探しに街へと繰り出す。しかし、まったくもって輸入の仕方などを知らずに業務をしていることに気づいて上司に泣きつくが、上司はすでに輸入コンサルタントを適当に用意していた。その輸入コンサルタントと公園で待ち合わせると、そこにいたのは、容姿もあやしい日本かぶれの変な外国人、マイク・デービスだった！ 取引のしくみと手続きをマスター！ 契約のリスク、輸送のリスク、経済的リスク。3つのリスクを減らす輸入の仕事の基本がいっきにわかる！

2017.3 214p B6 ¥1500 ①978-4-8207-1965-6

◆めざせ！ 貿易実務検定 要点解説&過去問題　日本貿易実務検定協会編　日本能率協会マネジメントセンター　改訂11版

【要旨】これ1冊で貿易実務検定の試験対策ができる。貿易実務と貿易英語の要点をわかりやすく解説。C級・B級の過去問題と解答・解説を収録。

2017.6 341p A5 ¥2200 ①978-4-8207-5984-3

◆輸出統計品目表　2018　日本関税協会　（本文：日英両文）

【目次】動物（生きているものに限る。）及び動物性生産品、植物性生産品、動物性又は植物性の油脂及びその分解生産物、調製食用脂並びに動物性又は植物性のろう、調製食料品、飲料、アルコール、食酢、たばこ及び製造たばこ代用品、鉱物性生産品、化学工業（類似の工業を含む。）の生産品、プラスチック及びゴム並びにこれらの製品、皮革及び毛皮並びにこれらの製品、動物用装身具並びに旅行用具、ハンドバッグその

他これらに類する容器並びに腸の製品、木材及びその製品、木炭、コルク及びその製品並びにわら、エスパルトその他の組物材料の製品並びにかご細工物及び枝条細工物、木材パルプ、繊維素繊維を原料とするその他のパルプ、古紙並びに紙及び板紙並びにこれらの製品〔ほか〕
2017.12 630, 29p B5 ¥9800 ①978-4-88895-419-8

◆よくわかる貿易実務入門　片山立志著　日本能率協会マネジメントセンター　（実務入門）改訂3版
【要旨】貿易取引の「しくみ」と「流れ」がよくわかる！はじめてでもゼロから学べて、実務で使える入門書！「貿易の流れ」「輸入」「輸出」の3つの視点から学べる。図解つきのやさしい解説と、一課ごとの見開きで、おさらいにも使いやすい。
2017.1 221p A5 ¥1500 ①978-4-8207-5951-5

企業会計・会計理論

◆悪の会計学　大村大次郎著　双葉社　（双葉文庫）
【要旨】過去に300社を超える企業の決算書を読み解いてきた著者が、自らの経験を元に、裏ワザ作りや、会計操作、利益隠しなど、日本の中小企業で実際に行われている"キレイゴトではない会計"を紹介。もちろん初心者でもわかる超入門書。"会計"を知れば、社会の裏側が見えてくる。2017.7 197p A6 ¥537 ①978-4-575-71469-2

◆新しい株式報酬制度の設計と活用―有償ストック・オプション&リストリクテッド・ストックの考え方　中村慎二著　中央経済社、中央経済グループパブリッシング　発売
【要旨】企業の規模や業界を問わず、経営者の経営努力に対する意欲を高め、企業価値の向上という成果を経営者と株主・投資家との間で適切に分け合うための株式報酬制度の重要性は、近年ますます高まりつつあります。この高まりを受け注目をされているのが、日本版リストリクテッド・ストック（特定譲渡制限付株式）と有償ストック・オプションです。しかし、長所が多いといわれ魅力的なこれらの株式報酬制度には、短所はないのでしょうか。本書は、株式報酬制度全般を概説したうえで、日本版リストリクテッド・ストックおよび有償ストック・オプションの仕組み、評価、設計上の留意点について、長所・短所を含め的明快に解説しています。
2017.7 231p A5 ¥2700 ①978-4-502-22051-7

◆忙しい社長を救う経理改革の教科書　日臣生、普川真如著　幻冬舎メディアコンサルティング、幻冬舎　発売　（経営者新書）
【要旨】マネジメントからお金の管理、現場での実務など、様々な業務を抱える中小企業の経営者にとって、本来の「経営」に費やす時間が足りないというのは切実な問題だ。そんな悩みから経営者を救うのが、本書で取り上げる「クラウド経理」である。予算の限られている中小企業でも専門性の高い経理システムを確保できる「クラウド会計」の導入方法から管理・運営方法まで網羅的に解説している。
2017.7 219p 18cm ¥800 ①978-4-344-91316-5

◆1分間決算書　木村俊治著　クロスメディア・パブリッシング、インプレス　発売
【要旨】決算書を"つくる"のなら長い時間をかけた勉強が必要ですが、決算書を"読む"のならこの本でコツをおさえるだけですぐできます！実践しながら仕組みを理解する即効の1冊！
2017.6 263p B6 ¥1380 ①978-4-295-40086-8

◆いまさら人に聞けない「月次決算」の実務Q&A―平成29年7月改訂　福田尚之著　セルバ出版、創英社/三省堂書店　発売　（基礎知識と実務がマスターできるいまさらシリーズ）
【要旨】本書が類書と異なる点は、月次決算における数々のテーマを実際の業務を行うライで役立つポイントを順番に1冊にまとめたところにあります。改訂版では、製造業と卸小売業の月次決算のポイントと、最近注目のクラウド会計の月次決算への活用について追加。
2017.7 263p A5 ¥2300 ①978-4-86367-351-9

◆インセンティブ報酬の法務・税務・会計―株式報酬・業績連動型報酬の実務詳解　松尾拓也、西村美智子、中島礼子、土屋光邦編著　中央経済社、中央経済グループパブリッシング　発売
【要旨】コーポレートガバナンス・コードの公表等を契機に、近時、インセンティブ報酬の導入・拡張に注目が集まっている。業績連動型報酬や株式報酬の導入・拡張を後押しするような法改正やガイドライン・報告書等が立て続けに公表されており、特に特定譲渡制限付株式（いわゆる日本版リストリクテッド・ストック）に係る損金算入を可能にした平成28年度税制改正や、さらなる役員報酬の損金算入に係る大幅な整備が行われた平成29年度税制改正への注目度は高く、上場会社における役員報酬の設計・選択に大きな影響を及ぼしている。本書では、インセンティブ報酬について、導入時の選択肢とその比較、選択する際のポイントを示すとともに、主要な報酬類型ごとに、法務・税務・会計上の手続や留意点を詳解している。また、実務上悩ましい問題に突き当たることが多い海外で国外が絡む場合の留意点についても言及している。
2017.11 531p A5 ¥5400 ①978-4-502-21261-1

◆英文会計のコミュニケーション　新日本有限責任監査法人監修　同文舘出版　第2版
【要旨】第2版の特徴：（1）初版以降に公表された企業会計基準適用指針第26号（繰越税金資産の回収可能性に関する適用指針）、および2016年12月末までに改正・修正されたIFRSおよび米国基準（主として、リース会計及び収益認識の会計基準）を本書の内容に反映させた。（2）実務的なコミュニケーションを1つの章にまとめ、会計処理に関する英文コミュニケーションに加えて、内部統制改善提案書の英文例を掲載した。（3）巻末に、コミュニケーションツールとして有用な英文財務諸表の作成実務を取り上げた。
2017.3 350p A5 ¥3900 ①978-4-495-20252-1

◆エクセル帳簿CD‐ROM付 個人事業の経理　村形聡監修　新星出版社　（付属資料：CD‐ROM1）
【要旨】必要な経理の知識、帳簿づけがすべてわかります！フリーランス、小売業、飲食業、サービス業、不動産業、サイドビジネスなど、すべての方へ。
2017.11 223p A5 ¥1500 ①978-4-405-10302-3

◆エッセンシャル連結会計　山地範明著　中央経済社、中央経済グループパブリッシング　発売
【要旨】仕訳・計算の背景にある基本的な考え方まで解説。豊富な章末問題（択一式・計算・論述）により理解度が確認できる。応用論点までコラムで解説して、公認会計士試験レベルまでカバー。
2017.6 195p A5 ¥2500 ①978-4-502-23331-9

◆会計学の基礎　岩崎功著　五絃舎
【目次】会計学の意味を学ぶ、貸借対照表の構成と基本的前提を学ぶ、貸借対照表をより具体的に学ぶ、貸借対照表の「資産」を学ぶ、貸借対照表の「負債」を学ぶ、貸借対照表の「純資産（資本）」を学ぶ、貸借対照表項目の「増減変化」と「損益の計算」を学ぶ、主要な記録システムを学ぶ、「損益計算書」の構成と「収益」を学ぶ、「費用」と「損益計算書」を学ぶ、「資産」と「費用」との関係を学ぶ、「キャッシュ・フロー計算書」を学ぶ、「製造業」の財務諸表を学ぶ、「グループ企業の財務諸表」を学ぶ、「財務諸表の分析」を学ぶ、財務諸表の「監査」と企業の「税務」を学ぶ
2017.4 178p B5 ¥2400 ①978-4-86434-067-0

◆会計学の誕生―複式簿記が変えた世界　渡邉泉著　岩波書店　（岩波新書）
【要旨】会計は一現代の必須スキルの一つと言われながらもついつい敬遠してしまう。本書は中世イタリアの商人たちの帳簿、近世オランダや近代イギリスの簿記著を紹介しながら、財務諸表の誕生とその本質を探る。複式簿記から、貸借対照表、損益計算書、キャッシュ・フロー計算書に至るまで、八〇〇年にわたる会計の世界。
2017.11 213p 18cm ¥780 ①978-4-00-431687-9

◆会計学・簿記入門　新田忠誓、佐々木隆志、石原裕也、溝上達也、神納樹史、西山一弘、西舘司、吉田智也、中村英点、松下真也、金子善行、塚原慎、坂内慧著　白桃書房　第13版
【目次】第1部 個別企業の会計（簿記による会計の理論と実践）（簿記学とはどんな学問か、収益費用の計算基準とこれにともなう資産負債の決定（中級）、本支店会計、資金調達の会計―株主資本ならびに負債と繰越資産（上級）、キャッシュ・フロー計算書（上級）、貸借対照表観と企業会計の見方―会計理論学習のために、会計数値（財務諸表）の見方―財務諸表分析（中級））、第2部 企業集団の会計（上級）（連結財務諸表）、練習問題および解答・解説
2017.10 331p A5 ¥2800 ①978-4-561-35214-3

◆会計監査六法 Lite版　平成29年　日本公認会計士協会、企業会計基準委員会共編　日本公認会計士協会出版局　（付属資料：DVD‐ROM）
【要旨】携帯性・実用性を追求した！携帯版「会計監査六法」。平成29年8月末日までの関連法規を掲載。
2017.10 1277p A5 ¥4500 ①978-4-904901-75-5

◆会計規則集　日本公認会計士協会、企業会計基準委員会共編　日本公認会計士協会出版局
【要旨】受験学習に原文の力。
2017.5 478p A5 ¥4500 ①978-4-904901-70-0

◆会計職業倫理―会計士（監査人）の倫理 税理士の倫理　田中恒夫著　創成社　第2版
【目次】第1部 倫理学の基礎（序論、義務論、功利主義、徳倫理学、正義論、メタ倫理学、応用倫理学、規範倫理学の応用倫理学への適用）、第2部 会計職業倫理 会計士・税理士の倫理（会計士（監査人）倫理、税理士倫理）、附録
2017.11 152p B6 ¥1600 ①978-4-7944-1516-5

◆会計制度と法人税制―課税の公平から見た会計の役割についての研究　田中里美著　唯学書房、アジール・プロダクション　発売
【目次】本書のねらいと構成、第1部 会計制度と法人税制（戦前における法人税制と会計制度の関係、企業会計原則の設定とトライアングル体制の確立、会計制度の国際化）、第2部 課税の公平と会計制度（課税原則と会計の公平、法人課税の実態、法人税制と企業会計原則、法人税制による会計のゆがみ）、第3部 会計コンバージェンスと近年の税制改革（公正価値会計へのコンバージェンスと新会社法、中小会社会計をめぐる議論、近年の税制改革と実態分析）、わが国における会計制度と法人税制
2017.4 224p A5 ¥3200 ①978-4-908407-10-9

◆会計全書　平成29年度　金子宏、斎藤静樹監修　中央経済社、中央経済グループパブリッシング　発売
【要旨】「一億総活躍社会」実現に向けて、「働き方改革」を前面に押し出した平成29年度税制改正を網羅。配偶者控除・配偶者特別控除の見直し、所得拡大促進税制・研究開発税制の拡充、スピンオフ促進の組織再編税制の整備、BEPS対応、事業承継税制の緩和などの平成29年3月の税制改正のほか、消費税率の延期に関する措置を施した平成28年11月の税制改正、税効果会計基準関係の整備を中心とした会計基準、会計法規をフォローアップ。
2017.7 3Vols.set 23×18cm ¥16000 ①978-4-502-89002-4

◆会計と社会―公共会計学論考　黒川行治著　慶應義塾大学商学会、慶應義塾大学出版会　発売　（慶應義塾大学商学会商学研究叢書 21）
【要旨】経済のグローバリゼーション、金融資本主義の蔓延、勤労者の地位低下・富の偏在、地球環境への負荷増大、政府財政破綻の危機に直面し、会計は、どのように対処してきたのか、どのような役割を果たすべきなのか。本書は、公共哲学、社会政策論などの知見を踏まえ、「社会と会計」「市場と会計」「個人・組織と会計」「環境と会計」「公共・政府と会計」という5つの視点から、この問いに挑む。それはまた、会計制度・政策設計の第一線で「あるべき会計」を探究し続けてきた一研究者の思索と討論の軌跡でもある。
2017.10 721p A5 ¥4700 ①978-4-7664-2468-3

◆会計の基礎ハンドブック　柳田仁編著　創成社　第3版
【目次】第1部 会計学ABC―会計学とはどのような学問か、第2部 外部会計―主に外部利害関係者のための会計（簿記論、財務諸表論、工業簿記・原価計算論、会計監査論、税務会計論）、第3部 内部会計―主に経営管理者のための会計（管理会計論、経営分析論、内部監査論）、第4部 新しい会計学の領域（国際会計、環境経営会計―社会関連経営会計―の構成要素として、会計情報システム論―コンピュータを用いた会計、その他の特殊会計）、第5部 さらに進んだ勉強のための会計学文献案内
2017.4 330p A5 ¥2775 ①978-4-7944-1513-4

◆会計は一粒のチョコレートの中に　林總著　総合法令出版
【要旨】アメリカのトップビジネススクールで最優秀学生賞を取り、一流コンサルティングファームの内定を取りつけながら、妹の頼みで日本の中堅菓子メーカーの取締役に就任した南浩介。し

かし、就任早々、現社長の陰謀にはまり、赤字子会社の再建を押しつけられる。いきなりの試練に苦慮する浩介だったが、大学時代の恩師のアドバイスで次第に再建の糸口をつかむようになる。そこで見えてきたのが、数字の裏に隠された会計のマジックと、会計はマーケティングや戦略などと深く結びついているという事実だった…。ストーリー形式で、「ビジネスに使える会計知識」を楽しく身につけられる一冊！

2017.7 235p B6 ¥1400 ①978-4-86280-554-6

◆**会計法規集**　中央経済社編　中央経済社, 中央経済グループパブリッシング　発売　新版第9版
【要旨】平成29年3月1日現在の会計関連法規。退職給付会計基準、企業内容等開示府令、財務諸表等規則等の改正を収録。緊急巻末収録・企業会計基準27号・法人税等会計基準（3/16公表）、実務対応報告18号・在外子会社等の会計処理の改正（3/29公表）。

2017.5 1398p A5 ¥2100 ①978-4-502-22841-4

◆**会計理論研究の方法と基本思考**　上野清貴著　中央経済社, 中央経済グループパブリッシング　発売
【要旨】会計を理論的に究明せずに会計規則を論じ、実証を行うことは、会計の進展のためには望ましいことではない。本書は、会計理論研究の方法を提示することを第1の目的とし、そして、そのようにして構築される会計理論および、これまで構築されてきた会計の基本思考に照らして論理的に説明し、再構築することを第2の目的としている。

2017.7 297p A5 ¥5600 ①978-4-502-23591-7

◆**「解散・清算の実務」完全解説―法律・会計・税務のすべて**　太田達也著　税務研究会出版局　第3版
【要旨】大ヒットの前版をリニューアルした待望の最新版!!税率、利子割の廃止、特別償却、税額控除等の前版以後の税制改正を織り込み最新の様式で完全解説!!

2017.8 303p B5 ¥2800 ①978-4-7931-2260-6

◆**開示不正―その実態と防止策**　八田進二編著　白桃書房
【目次】開示不正とアカウンタビリティ、第1部開示不正事案（ミートホープ株式会社―食品偽装表示事案、九州電力株式会社―いわゆる「やらせメール問題」、株式会社木曽路―銘柄牛偽装提供事案、株式会社阪急阪神ホテルズ―メニューの不適切な表示と不祥事対応のまずさ、三井住友建設株式会社・旭化成建材株式会社―マンション杭基礎工事における施工データの不正、東洋ゴム工業株式会社―当局への開示不正と不正対応の未徹底、一般財団法人化学及血清療法研究所―専門家の驕りがもたらした事件、三菱自動車工業株式会社―燃費不正問題と企業風土改革の難しさ、フォルクスワーゲン（Volkswagen AG）―排ガス規制偽装事件）、第2部不正事案（オリンパス株式会社―歴代3社長が関与した粉飾事件、大王製紙株式会社―元会長への不当な貸付事件、株式会社東芝―経営トップへの組織的関与による不適切会計）、結論

2017.6 278p A5 ¥4600 ①978-4-561-46180-7

◆**会社のお金は通帳だけでやりくりしなさい―お金が残る「どんぶり勘定」のススメ**　神田知宜著　あさ出版
【要旨】超シンプルにお金を残す方法。決算書は必要ありません！誰も教えてくれなかった通帳の使い方。

2017.2 149p A5 ¥1200 ①978-4-86063-936-5

◆**書いて身につく 公益法人会計「解説&問題集」―公益法人会計検定試験準拠**　遠藤敏行編著　全国公益法人協会　増補改訂版
【要旨】新たに過去問を追加し4年分収録!!個別の仕訳から財務諸表の作成まで、わかりやすい解説で完全マスター!!

2017.3 424p B5 ¥4259 ①978-4-915668-57-9

◆**書き込み式で経理実務が身につく本**　豊島正治著　TAC出版　第14版
【要旨】やることがすぐつかめる2部構成。"何を、いつ"やればいいかがわかる、年間スケジュール別編。"業務ごとの仕事内容"がわかる、業務別編。

2017.2 233p B5 ¥1600 ①978-4-8132-6658-7

◆**学校法人会計要覧 平成29年版**　学校経理研究会編　学校経理研究会, 霞出版社　発売
【目次】1 私立学校振興助成法第14条第3項の規定に基づく監査（学校法人会計基準、財務制度、学校法人会計基準の実施、私立学校振興助成法

監査の取扱い、会計処理基準と監査上の取扱い、知事所轄学校法人、子ども・子育て支援新制度）、2 有価証券発行学校法人の財務諸表、3 寄附行為等（変更）認可申請の監査、4 財務情報の公開、5 参考法令

2017.3 1093p A5 ¥4800 ①978-4-87602-611-1

◆**監査実務ハンドブック 平成30年版**　日本公認会計士協会編　日本公認会計士会出版局
【要旨】公認会計士、監査実務担当者、必備の書！監査法人の組織的な運営に関する原則（監査法人のガバナンス・コード）を掲載。

2017.9 2109p B5 ¥6000 ①978-4-904901-72-4

◆**監査と哲学―会計プロフェッションの懐疑心**　任章著　同文舘出版
【要旨】現代監査規範の展開と相克。哲学的懐疑主義を探訪しつつ、会計不正の温床となる政治的環境を考察。トランプ政権に至るアメリカは、果たして真の監査先進国で居続けていけるのか？

2017.3 233p A5 ¥3300 ①978-4-495-20561-4

◆**監査役監査の基本がわかる本**　新日本有限責任監査法人編　日本経済新聞出版社　第3版
【要旨】監査役監査の基礎知識と具体的実務を解説！監査役の役割や心構え、公認会計士監査の知識と連携のポイント、内部統制やコーポレート・ガバナンスへの対応、不正・企業不祥事への対応、株式上場の際の注意点など、さまざまな問題についてやさしく解説！

2017.10 254p A5 ¥2700 ①978-4-495-19903-6

◆**監査論を学ぶ**　蟹江章, 藤岡英治, 髙原利栄子著　税務経理協会　（わしづかみシリーズ）第2版
【要旨】「公認会計士」とか「会計監査」という言葉を見たり聞いたりしたことがあると思います。経済活動が活発に行われているところでは、資金の調達や運用がスムーズに行われるように「会計」という仕組み・技法が使われています。本書は、この「会計の仕組み」を「監査」という立場から分かりやすく紹介したものです。

2017.2 205p B5 ¥2000 ①978-4-419-06355-9

◆**管理会計・入門―戦略経営のためのマネジリアル・アカウンティング**　浅田孝幸, 頼誠, 鈴木研一, 中川優, 佐々木郁子著　有斐閣（有斐閣アルマ）第4版
【要旨】管理会計は、企業における意思決定への情報提供システムであり、計画・管理のみならず、戦略立案のためのツールとしても有用である。進化を続けるその理論と手法を、経営の現場を踏まえた豊富な事例を用いてわかりやすく解説した、魅力的な入門テキスト。

2017.5 401p B6 ¥3000 ①978-4-641-22096-6

◆**管理会計の基本**　加登豊, 梶原武久著　日本経済新聞出版社（日経文庫）第2版
【要旨】会計数字によるマネジメント・コントロール、コスト・マネジメントの実際を第一人者たちが解説。コストが見える！仕事に活かせる！「経営のための会計」待望の改訂版！

2017.6 288p 18cm ¥1000 ①978-4-532-11369-8

◆**「管理会計の基本」がすべてわかる本**　金子智朗著　秀和システム　第2版
【要旨】本書は、「管理会計とはマネジメント（＝仕事）に役立つ仕事」という明確なスタンスの下、「管理会計の基本」を可能な限り網羅した本です。本書の基になっているのは、人気講師でもある著者が数多くのセミナー、企業研修、またはビジネススクールで行っている内容です。本書に登場するベテラン経営コンサルタント・神山なおとは著者の分身であり、若手コンサルタント・相澤さんとの言葉やリアクションは受講者の言葉やリアクションそのものです。読者の皆さんも、きっと相澤さんに親近感を覚えることでしょう。是非、相澤さんと共に「管理会計力」を高めていってください。

2017.8 275p A5 ¥1500 ①978-4-7980-5217-5

◆**管理会計論**　上總康行著　新世社, サイエンス社　発売（新経営学ライブラリ 9）第2版
【目次】1 管理会計の基礎（企業管理と企業会計、管理会計の歴史―アメリカ管理会計史序説、わが国の戦後管理会計史、管理会計の体系）、2 戦略的計画設定のための会計（中期利益計画、戦略分析会計、中期経営計画―個別戦略の実行を支援する会計、資本予算）、3 総合管理のための会計（短期利益計画、限界利益による予算管理―直接原価計算の展開、事業部制会計、プロフィットセンターの利益管理）、4 現業統制のための会計（購買管理会計、生産管理会計、販売管理会計）

2017.8 378p A5 ¥3100 ①978-4-88384-255-1

◆**企業会計システムの現状と展望―会計記号論を視野に入れつつ**　高橋和幸編著　五絃舎
【目次】プロローグ（企業会計システムのパラダイム―「期間損益の2重計算」と「貸借対照表と損益計算書の連携」）、1 会計基準設定システム（会計基準設定システムと会計記号論、グローバルな財務報告基準設定の現状と展望、わが国における中小企業会計基準の発展、財務戦略の高度化に対応する法制度の在り方―MSCB利用の資金調達最適化システム）、2 企業会計システムの歴史（19世紀米国における会計的認識と利益計算構造の歴史的考察―C.C.Marsh の簿記理論を手がかりとして、九州日田の金融業と帳簿の構造―天領日田の広瀬家の「積書」を中心として、明治以降の簿記教科書にみる帳簿決算史の変遷）、3 企業会計システムの諸相（病院の経営管理指標の課題、財務諸表の体系と複式簿記システム、非貨幣的組織会計に関する課題、認識論・測定論の動向と課題、経営意思決定のための損益構造分析―会計記号の解説の一局面として）、エピローグ（会計記号論の現状と課題）

2017.3 192p A5 ¥2200 ①978-4-86434-065-6

◆**企業会計におけるリスクマネジメント―金融機関と不正会計をめぐって**　星野一郎著　中央経済社, 中央経済グループパブリッシング　発売
【要旨】個別具体的なケースを中心に考察することによって会計の本質に迫る一般理論を探究、究明そして導出。リスクとリターンの会計的対応―資金調達から企業会計を再検討してよりよい会計理論・制度や実務の構築と運用の可能性を模索。

2017.3 361p A5 ¥4600 ①978-4-502-21811-8

◆**企業グループの管理会計**　園田智昭編著　中央経済社, 中央経済グループパブリッシング　発売
【要旨】純粋持株会社の設立、シェアードサービスの普及、連結財務諸表への移行、組織再編や海外関連会社の進展などにより、日本の企業は、親会社を中心とした経営から、企業グループ全体を視野に入れた企業グループ・マネジメントにシフトしている。しかし、管理会計の多くの研究は、個別企業での適用を前提としており、企業グループ全体で適用した場合の議論が不足している。本書では、企業グループのマネジメントについて、以下の3つの視点を設定し、1つまたは複数の視点より、各章で設定した問題領域について訪問調査と質問票調査による研究を行っている。

2017.12 226p A5 ¥2800 ①978-4-502-24671-5

◆**企業と会計の道しるべ**　水口剛, 平井裕久, 後藤晃範著　中央経済社, 中央経済グループパブリッシング　発売
【要旨】本書は、企業と会計の全体像を把握するため、株式会社制度や資本市場の役割、財務会計と簿記、会計情報を利用するための経営分析や管理会計、さらに税制から企業の社会的責任まで、企業と会計に関わる内容を幅広くとり上げて、そのエッセンスを学習する道案内をしていきます。

2017.2 196p A5 ¥2200 ①978-4-502-21271-0

◆**基礎 財務会計**　五十嵐邦正著　森山書店　第17版
【要旨】新しい動向をすべて盛り込み、わが国の会計制度の理解をさらに深めるために、異なる考え方にも随所に触れて学習上の便を図り、第17版として改訂。最新の会計制度をフォローしたテキスト！

2017.4 323, 9p A5 ¥3200 ①978-4-8394-2167-0

◆**キャッシュフロー会計の軌跡**　鎌田信夫著　森山書店
【目次】第1章 会計の定義と概念フレームワーク、第2章 発生主義会計による利益の適合性、第3章 支払能力、流動性および財務弾力性、第4章 資産の評価、第5章 キャッシュフロー会計、第6章 実現キャッシュフローの流動性分析、第7章 財務諸表の連携―IFRS 10に関連して、第8章 財務諸表の連携の検証―IFRS 10に関連して

2017.11 163p A5 ¥3200 ①978-4-8394-2169-4

◆**給与所得者の必要経費**　小池和彰著　税務経理協会　増補改訂版
【目次】序章、第1章 給与所得の意義と必要経費、第2章 給与所得控除の性格、第3章 税法における費用収益対応の原則、第4章 給与所得者の必要経費の判断基準、第5章 給与所得者の通勤費の必要経費性、第6章 給与所得者の旅費の必要経費性、第7章 給与所得者の被服費の必要経費

経済・産業・労働

性、第8章 給与所得者の教育費の必要経費性、第9章 給与所得者の交際費の必要経費性、終章
2017.6 226p A5 ¥3000 ①978-4-419-06438-9

◆キーワードでわかるリースの法律・会計・税務　井上雅彦著　税務研究会出版局　第5版
【要旨】国際会計基準（IFRS）の新しい基準の解説、新たなリース取引の展望を紹介！ 2016年1月に公表された国際会計基準（IFRS）の新しい基準（IFFS第16号「リース」／平成20年4月1日以降開始事業年度より適用している最新の会計基準／平成19年度税制改正後の最新のリース税制、等をわかりやすくまとめて解説!!
2017.2 588p A5 ¥3400 ①978-4-7931-2230-9

◆「クラウド会計革命」―次世代会計事務所へのモデルチェンジ　アクタス税理士法人監修, TMSエデュケーション著　泰文堂
【要旨】会計士・税理士の皆様と顧問先企業がリアルタイムに「つながる」新しい会計環境クラウド会計「奉行Jクラウド」。会計人必読の一冊。
2017.2 167p A5 ¥1600 ①978-4-8030-0997-2

◆経営会計―経営者に必要な本物の「会計力」。星野雄滋著　ロギカ書房
【要旨】会社の持続的成長と不正防止に導く会計リテラシーがここにある！
2017.11 220p A5 ¥2600 ①978-4-909090-08-9

◆経済社会環境の変化と企業会計　若杉明著　ビジネス教育出版社
【目次】第1部 企業会計制度の変遷（経済社会環境の変化と企業のアカウンタビリティ、分析の方法と基礎概念の変遷、資産評価基準の変遷、繰延資産会計の変遷、引当経理の変遷、資本会計の変遷、財務諸表体系の変遷、企業会計原則、その現代的意義）、第2部 人的資源、企業価値、のれん、長時間労働（資産負債観と収益費用観、その背景にあるもの―財務情報の信憑性と実態開示、企業価値と "のれん"、人的資源と人材評価―有能な経営者の質的特性の認識、人的コスト説と人間資産説、長時間労働と企業経営）
2017.10 271p A5 ¥3000 ①978-4-8283-0682-7

◆経理の力で会社の課題がわかる本―利益最大化×EXCEL　小栗勇人著　翔泳社
【要旨】本書は経理担当者のスキルとキャリアを鍛える本です。1つ上の経理担当者に必要なのは、会社の数字を読み解き課題を「見える化」して現場を動かすスキルです。数字の強さとは、会社の状態や事象について数字で語れることを指します。ただし、これは経理のみに求められるスキルではなく、すべてのビジネスパーソンに求められる能力です。そこで、経理にはさらに一歩先の「情報収集」「情報管理」「情報提供」といった能力が求められます。本書では、経営側と現場側で起こりがちな数字についての認識のかい離を埋めるために、経理として必要になるスキルを解説していきます。本書で1ランク上の経理のスキルを身に付けてください。
2017.9 282p A5 ¥1680 ①978-4-7981-5267-7

◆経理の知識ゼロでも決算書が読めるようになる本　岩谷誠治著　フォレスト出版
（フォレスト2545新書）
【要旨】「会計ブロック」と「決算書の似顔絵分析」で計算・暗記が苦手、数字嫌いの社会人でも小学6年生の単純な算数の知識で簡単に読める。「お金」のことをよく知らずに社会人になってしまった人のための1冊です。
2018.1 237p 18cm ¥900 ①978-4-89451-975-6

◆激わかる！ 実例つき管理会計　渡辺康夫監修　実業之日本社
【要旨】さまざまなビジネスシーンでカギを握る管理会計―もう、マネジメントで迷わない！ 会社を活かす意思決定ができる！ 製品の価格決定、コストの削減、不採算事業からの撤退…経営コンサルタントとも対等に話せる思考力が身につく。
2017.8 199p A5 ¥1600 ①978-4-408-45648-5

◆ケース管理会計　櫻井通晴, 伊藤和憲編著　中央経済社, 中央経済グループパブリッシング 発売
【要旨】本書では、管理会計の基礎をわかりやすく、かみ砕いて解説するとともに、拡大展開する管理会計の活用を数多く取り上げて、大学のテキストとして、またビジネスパーソンの手引書として使えるように工夫・構成している。
2017.11 304p A5 ¥3000 ①978-4-502-24641-8

◆決定版 COSO不正リスク管理ガイド　八田進二, 神林比洋雄, 橋本尚監訳, 日本内部統制

研究学会・不正リスク研究会訳　日本公認会計士協会出版局
【目次】第1章 不正リスクのガバナンス、第2章 不正リスク評価、第3章 不正統制活動、第4章 不正調査および是正措置、第5章 不正リスク管理モニタリング活動、付録（用語集、不正リスク管理 役割と責任、中小規模の事業体に関する不正リスク管理の検討、参照文献、データ解析と不正リスク管理 ほか）
2017.10 186p B5 ¥3600 ①978-4-904901-74-8

◆建設業の会計実務　あずさ監査法人編　中央経済社, 中央経済グループパブリッシング 発売
（業種別アカウンティング・シリーズ 1）　第2版
【要旨】本書では、建設業の特徴や、内部管理の特徴（予算管理・原価管理）、会計処理、内部統制上の留意点、そして監査上のポイント等について、図表・設例を多用して解説しています。第2版では、実施工を担うサブコンの特徴・会計処理を新たに解説、環境規制、海外における受注取引の留意事項、海外進出に際してのカントリーリスク・コンプライアンスリスク等を加筆するとともに、内部統制や会計上の見積りの検討を行う際の重要ポイントを「監査人はここを見る!!」として解説しています。また、ITに関する内部統制、ITを利用した異常点の抽出方法の具体的な手法についても新たに解説しています。
2017.4 412p A5 ¥4000 ①978-4-502-21981-8

◆現代財務会計のエッセンス　郡司健著　中央経済社, パブリッシング 発売
【要旨】変貌する財務会計を徹底理解。「現行の混合会計」（基礎）と「IFRS公正価値会計対応」（応用）のポイントを解説。
2017.2 207p A5 ¥2600 ①978-4-502-21091-4

◆現代の内部監査　齋藤正章, 蟹江章著　放送大学教育振興会, NHK出版 発売　（放送大学教材）
【要旨】内部監査の重要性の高まり、内部監査の歴史と変遷、内部監査と法定監査、内部統制と内部監査、内部監査とリスク・マネジメント、内部監査基準と内部監査の要件、内部監査のプロセス、内部監査のケーススタディ（1）―ローカル企業編、内部監査のケーススタディ（2）―グローバル企業編、中小企業における内部監査、非営利組織における内部監査（1）、非営利組織における内部監査（2）―非営利組織における内部監査、内部監査の将来像
2017.3 208p A5 ¥2500 ①978-4-595-31731-6

◆現場で使える原価計算システム　勝本宗男著　中央経済社, 中央経済グループパブリッシング 発売
【要旨】原価計算のやり方は、自社の経営環境や製造工程、生産体制を考慮して最適な方法を選んでいます。その考え方は1つのノウハウなのですが、同時に、独自性の強い計算方法を採用することも見うけられます。また業種は同じでも、計算方法は異なる事例も多くなります。企業がシステム化において、パッケージソフトの導入を困難にし、おびただしい数のカスタマイズが必要になり、その結果、システムが複雑化して原価計算システムを動かす人も、そこで作られた資料を使う人も、計算結果に不安を抱いているというのが現状です。こうした困難に対して、本書は、どのようにしてシステムの企画と開発導入を進めていくべきかを50の留意点にまとめて解説しました。
2017.12 251p A5 ¥3200 ①978-4-502-24451-3

◆公益・一般法人のモデル会計処理規程　亀岡保夫著　全国公益法人協会
【目次】第1部 公益法人編（公益法人における予算の果たす役割とその必要性、新公益法人移行後に必要な損益収支予算の作成方法、法人ガバナンスのためになぜ資金収支予算が有用なのか、資金収支予算書等作成のための会計処理規程の作成方法、会計間の利益の振り替え）、第2部 一般法人編（一般法人における予算管理の必要性、資金収支予算ベース又は損益計算ベースの予算作成のための会計処理規程、資金収支予算書等及び同内訳表等作成のための会計処理規程の作成上の留意点、資金収支予算又は損益計算書の適用の選択について）、第3部 資料編（公益法人会計基準について、公益法人会計基準の運用指針、公益法人会計における内部管理事項について）
2017.9 147p A5 ¥2315 ①978-4-915668-61-6

◆公益法人・一般法人の会計・税務―平成29年2月改訂　新日本有限責任監査法人編　清文社

【要旨】豊富な仕訳例、具体的な記載例でわかりやすい！ 平成28年12月22日改正に完全対応。公益法人会計基準に関する実務指針に対応した会計処理はこの一冊でつかめる。
2017.3 186p B5 ¥3200 ①978-4-433-66906-5

◆公益法人・一般法人のQ&A―運営・会計・税務　稲葉威雄, 鳥飼重和, 中田ちず子監修　大蔵財務協会　全訂版
【目次】第1章 公益法人・一般法人の法務・ガバナンス（制度概要・設立・公益認定、理事・理事会等）、第2章 行政庁への提出書類・届出書類等（公益法人の定期提出書類、移行法人の定期提出書類）、第3章 会計と監査（計算書類等、会計基準等）、第4章 公益法人の税制（公益法人の税制、一般法人の税制 ほか）
2017.3 527p A5 ¥3611 ①978-4-7547-2411-5

◆公益法人会計の実務ガイド　あずさ監査法人パブリックセクター本部編　中央経済社, 中央経済グループパブリッシング 発売　第4版
【要旨】平成28年12月改正対応？過年度遡及修正会計基準や偶発債務、賃貸等不動産の時価開示等、新たに対応が必要となった会計処理等をフォローした最新版！ 実務上の論点Q&A付。
2017.4 311p A5 ¥3800 ①978-4-502-23121-6

◆国際会計の実像―会計基準のコンバージェンスとIFRSsアドプション　杉本徳栄著　同文舘出版
【要旨】「世界金融危機」と会計基準との国内外に及ぶ結び付き、政策や制度形成に及ぼした影響を解き明かした大作！ 膨大な第一次資料を読み解き、詳細な検証とともにその実像を描き出す…漂流する時代の中、会計基準の「単一で高品質な国際基準」の策定とともに、コンバージェンスとIFRSsアドプションに関わるこれまでの航跡を的確に理解し、いかなる方向が進むべき道を探るうえでの「コンパス（羅針盤）」となることを目指す！
2017.3 1280p A5 ¥13000 ①978-4-495-19871-8

★これならわかる決算書キホン50！ 2018年版　木村直人著　中央経済社, 中央経済グループパブリッシング 発売
【要旨】スバル（vs マツダ）の決算書で読み方の実践を学ぼう！ 裏表紙からの分析レクチャーで大塚家具やJR3社などの最新の決算書をもとに考えてみよう！
2017.8 178p B5 ¥980 ①978-4-502-24341-7

★最強の会計力―会社四季報から始める企業分析 会計的思考で企業経営は生まれ変わる　東洋経済新報社編　東洋経済新報社
【要旨】先進企業は会計をどう経営に生かしているのか？ ソフトバンクグループ、ニトリホールディングス、花王、サイバーエージェント、HOYA、ビジョンetc.ROE、ROA、ROIC、EBITDA、WACCも徹底解説。各社KPI調査データ掲載。会社四季報だからできるデータ、ランキング満載。
2017.11 112p B5 ¥1200 ①978-4-492-97028-7

★最新 アメリカの会計原則　PwCあらた有限責任監査法人編著　東洋経済新報社　第2版
【要旨】収益認識・リース・金融商品・連結・株式報酬などの基準改正を反映し改訂！ 最新制度の概略から実務対応まで設例でわかりやすく解説。
2017.10 421p A5 ¥4600 ①978-4-492-60226-3

★最新・会計処理ガイドブック　平成29年7月改訂　清陽監査法人編著　清文社　第26版
【要旨】各勘定科目について、会計処理、税務、会社法、金商法、中小企業指針等の具体的な会計処理とその考え方、及び関連する税務処理について、実務上のポイントを詳解！
2017.7 788p B5 ¥3200 ①978-4-433-66137-3

★最新改正対応！ 給与計算標準ハンドブック　永井知子著　日本法令
【目次】給与計算とは、給与計算の基礎知識、給与計算ソフト、給与計算の手順、ケース別処理方法、賞与、退職金、年末調整、海外勤務従業員の給与、外国人従業員の給与、知っておきたい豆知識
2018.1 407p A5 ¥2700 ①978-4-539-72579-5

★最新リース取引の基本と仕組みがよーくわかる本　加藤建治著　秀和システム　（図解入門ビジネス）　第7版
【要旨】仕組みからメリット、実務、活用政策まで。IFRS、民法改正、新リース取引を徹底解説！ 国際会計基準IFRSの動向がわかる！ 民法

改正とリース、消費税率アップ。新制度とリースの税務、会計、法務。リース取引の現状、今後の展開・課題。実務にすぐ役立つ関連資料を収録！ 2017.7 261p A5 ¥1600 ⓘ978-4-7980-5112-3

◆**財務会計** 平野秀輔著 白桃書房 第5版
【要旨】職業会計人の経験を活かした財務会計テキストの決定版!!ポイントごとに設例をもうけ理解しやすく工夫。第5版では、繰延税金資産の改訂に加え、第4版の内容を全面的に見直し、必要とされる加筆・修正を行った。とくに各章において、注としてきめ細かな説明を追加。また、本文には出来るだけ根拠となる会計基準や法規を明示した。
2017.5 324p A5 ¥3300 ⓘ978-4-561-35213-6

◆**財務会計講義** 桜井久勝著 中央経済社、中央経済グループパブリッシング 発売 第18版
【要旨】「第18版」においては、法人税等会計基準の新設等の改正をフォローするだけでなく、本文の内容もわかりやすくなるよう見直している。巻末の財務諸表の実例を、新しいものに差替えて、財務会計の全体像を明解に解説した。
2017.3 444p A5 ¥3800 ⓘ978-4-502-22781-3

◆**財務会計・入門—企業活動を描き出す会計情報とその活用法** 桜井久勝、須田一幸著 有斐閣（有斐閣アルマ）第11版
【要旨】最新の理論動向と手法にも触れながら、企業が営む主要な活動に焦点を当てつつ、財務会計の基本的な考え方とプロセスが理解できるよう工夫された最新テキスト。第11版では、個別財務諸表（第10章）と連結財務諸表（第11章）の解説の相互関係を見直し、再編成するとともに、掲載データを全面的にアップデート。
2017.3 298p B6 ¥1800 ⓘ978-4-641-22097-3

◆**財務会計論 1 基本論点編** 佐藤信彦、河崎照行、齋藤真哉、柴健次、高須教夫、松本敏史編著 中央経済社、中央経済グループパブリッシング 発売（スタンダードテキスト）第10版
【要旨】会計基準等の解説だけでなくその基礎にある考え方を明らかにすることに重点を置いています。すなわち、「論点整理」が明解です。また設例、仕訳を示し、理解しやすく解説しています。会計法規との有機的関連を図っています。文中に出てきた内容がどの基準のどこに記されているか等を明記し、確認しやすいようにしています。"基本論点編"では、基礎概念から個別財務諸表を詳述しています。第10版では、修正国際基準等の制度改正をフォローするとともに、第9版まで2・応用論点編に収録されていた「複式簿記の基本論点」を、「本支店会計」として1・基本論点編に収録し、またこれまで1に収録されていた「連結財務諸表（1）〜（3）」を2に収録するなどの体系の見直しも行っています。
2017.5 492p A5 ¥4800 ⓘ978-4-502-23101-8

◆**財務会計論 2 応用論点編** 佐藤信彦、河崎照行、齋藤真哉、柴健次、高須教夫、松本敏史編著 中央経済社、中央経済グループパブリッシング 発売（スタンダードテキスト）第10版
【要旨】会計基準等の解説だけでなくその基礎にある考え方を明らかにすることに重点を置いています。すなわち、「論点整理」が明解です。また設例、仕訳を示し、理解しやすく解説しています。会計法規との有機的関連を図っています。文中に出てきた内容がどの基準のどこに記されているか等を明記し、確認しやすいようにしています。"応用論点編"では、固定資産の減損、退職給付、新株予約権、デリバティブ、組織再編、連結財務諸表などを詳述しています。第10版では、繰延税金資産回収可能性適用指針等の制度改正をフォローするとともに、第9版まで1・基本論点編に収録されていた「連結財務諸表（1）〜（3）」を2・応用論点編に収録し、これまで2に収録していた「複式簿記の基本論点」を、「本支店会計」として1・基本論点編に収録するなどの体系の見直しも行っています。
2017.5 510p A5 ¥4800 ⓘ978-4-502-23111-7

◆**財務報告論** 矢部孝太郎編著 中央経済社、中央経済グループパブリッシング 発売
【要旨】"財務情報が読める"＝できるビジネスパーソンになるための必須スキル！財務情報をどう使いこなすかの視点から企業会計と企業分析の基礎が学べるテキスト。基本理論・基礎知識のコンセプトとエッセンスを、コンパクトにまとめ、適切な図表や数値例を効果的に使って、ビジュアルかつわかりやすく解説。各章に「会計と倫理」という項を設けて、企業

会計に関係する倫理上の問題などについて説明している。
2017.3 258p A5 ¥2800 ⓘ978-4-502-21791-3

◆**自治体職員のための民事保全法・民事訴訟法・民事執行法** 中村健人著、櫻井孝一監修 第一法規
【要旨】2つの仮想事例に即して実務のポイントをわかりやすく解説。手続の参考となる書式例を豊富に解説。
2017.3 199p A5 ¥2600 ⓘ978-4-474-05750-0

◆**実践トレーニング！ 会計＆ファイナンス** 日沖健著 中央経済社、中央経済グループパブリッシング 発売
【要旨】意思決定に必要な事項に絞り、会計・ファイナンスの重要事項を1冊で学ぶ構成です。理論・技法を適切な場面で適切に使いこなすことを目的に、77問の演習と解答・解説という形式にしています。実際に手を動かすことで現場で使える実践的な知識・スキルを身に付けることができます。
2017.5 191p A5 ¥3300 ⓘ978-4-502-22261-0

◆**実践 IT監査ガイドブック—フレームワークからD&A・サイバーセキュリティ監査まで** 岩下廣美著 中央経済社、中央経済グループパブリッシング 発売
【要旨】COBIT5やNISTのCSFなど最新の規準等をフォロー。IT監査に長年従事してきた著者の経験を踏まえ、最新の公表されたIT関連の基準等の内容を盛り込みながら、財務報告に係るIT監査を含むIT監査の基本、および、応用編としてのSAPに対するIT監査、データベースの監査、最新のトピックであるサイバーセキュリティ監査について解説。最近急速に関心が高まりつつある財務報告に係る監査でのD&Aの利用についても最新の動向を記載している。
2017.11 433p A5 ¥4800 ⓘ978-4-502-24191-8

◆**実務事例 会計不正と粉飾決算の発見と調査** 松澤綜合会計事務所編著 日本加除出版
【目次】第1章 会計不正を発見できない理由を探る（会計不正の特性をみる、不正調査における都市伝説と不正発見のヒント）、第2章 フォレンジック会計士が遭遇した会計不正の事例考察（水産ビジネスに潜む罠、新規事業に手を出した老舗企業に潜む罠 ほか）、第3章 会計不正の調査と対応（初動調査が重要、実態調査は仮説検証アプローチで ほか）、第4章 再発防止策の実践（経営者のコミットが土台倒れに有効である、部門横断的にプロジェクトチームを組成する ほか）、第5章 おわりに（「どうやったら不正がなくなる。」か）、巻末付録
2017.7 361p A5 ¥3400 ⓘ978-4-8178-4410-1

◆**実務入門 IFRSの新保険契約** PwCあらた有限責任監査法人編 中央経済社、中央経済グループパブリッシング 発売
【要旨】本書は、保険契約を発行している企業にとって重要なIFRS第17号の保険契約の全体像と、IFRS第17号の適用の影響を明らかにすることを目的としており、その目的に沿って、以下の方針で執筆されています。多数の図表の利用により、経理・財務担当者のみならず、商品開発部門、保険数理部門および経営管理部門などのその他の関係者にとって容易に理解できる内容。特に、設例においては具体的な仕訳例も含めて解説。認識・認識の会計基準の適用に加え、具体的な財政状態計算書および包括利益計算書の雛形を記載し、基準の要求事項の具体的なイメージを把握できる内容。IFRS第17号の適用における実務上の課題についても解説。財務諸表の作成者および利用者がどのように財務諸表を利用するかという観点から、IFRS第17号を適用した場合における主要な業績指標につ

いて最新の動向を記載している。
2017.11 311p A5 ¥3800 ⓘ978-4-502-23881-9

◆**社外監査役の手引き** 野口葉子、春馬学、松井知行、花村総一郎著 商事法務
【要旨】はじめて学ぶ人も実務に携わる人も社外監査役の実務がわかる。
2017.8 225p A5 ¥2800 ⓘ978-4-7857-2544-0

◆**社会福祉法人会計の実務 第1編 経理規程・経理実務編—平成29年4月施行省令会計基準対応** 宮内忍、宮内眞木子著 東京都社会福祉協議会 改訂第2版
【要旨】経験豊かな公認会計士、税理士が社会福祉法人の新会計基準の実務をわかりやすく解説。会計初心者からベテランまで、会計担当者の疑問を解消し知りたいことを詳述。
2017.8 156p A4 ¥2000 ⓘ978-4-863532-57-1

◆**社会福祉法人会計の実務 第2編 会計基準の体系と具体的取扱編—平成29年4月施行省令会計基準対応** 宮内忍、宮内眞木子著 東京都社会福祉協議会 改訂第2版
【要旨】経験豊かな公認会計士、税理士が社会福祉法人の新会計基準の実務をわかりやすく解説。会計初心者からベテランまで、会計担当者の疑問を解消し知りたいことを詳述。
2017.8 284p A4 ¥3100 ⓘ978-4-863532-58-8

◆**社会福祉法人会計の実務 第3編 運営費運用指導と月次処理編—平成29年4月施行省令会計基準対応** 宮内忍、宮内眞木子著 東京都社会福祉協議会 改訂第2版
【要旨】経験豊かな公認会計士、税理士が社会福祉法人の新会計基準の実務をわかりやすく解説。会計初心者からベテランまで、会計担当者の疑問を解消し知りたいことを詳述。
2017.8 282p A4 ¥2400 ⓘ978-4-863532-59-5

◆**社会福祉法人会計簿記テキスト 中級編—『会計基準省令』準拠** 総合福祉研究会監修、社会福祉法人会計簿記テキスト中級編作成委員会編著 総合福祉研究会、（大阪）実務出版 発売 五訂版
【目次】社会福祉法人会計簿記の基礎、社会福祉法人会計簿記、社会福祉法人会計の計算書類、附属明細書と財産目録、勘定科目、支払資金と流動資産・流動負債、資産の会計処理、負債の会計処理、引当金の会計処理、純資産の会計処理、リース取引の会計処理：職員給料に係る源泉徴収票等の実務、財務管理、総合演習問題
2017.7 231、52p A4 ¥2963 ⓘ978-4-906520-68-8

◆**社会福祉法人に公認会計士がやってきた—会計士監査の法定化** 西村勝秀監修、And B Accounting Firm共著 法令出版
【目次】1 会計士監査が法定化される！、2 監査の目的、3 会計士監査の年間スケジュール、4 会計士のおシゴト、5 会計士監査にはどう対応すればよいの？、6 指導監査とはどう違うの？、7 監事の監査とはどう違うの？、8 会計士監査を法人運営に活かしたい！、9 新たな会計手法に対する会計士監査の目とは？、10 監査人の独立性とは？、11 会計士と税理士の違いってナニ？
2017.2 162p A5 ¥1500 ⓘ978-4-938419-90-5

◆**社長さん！ 経理はプロに任せなさい！** 中小企業を応援するお客様、クラウド経理支援協会著、広瀬元義著・監修 あさ出版
【要旨】今までの経理のやり方が、会社の成長を妨げる！黒字倒産、経理担当の不正、資金繰りの悪化、社長業に専念できないetc「まさか…」を防ぐ、プロが教える即実践したい技とは？
2017.7 222p B6 ¥1500 ⓘ978-4-86063-997-6

◆**収益認識の契約法務—契約法と会計基準の解釈・適用** 片山智裕著 中央経済社、中央経済グループパブリッシング 発売
【要旨】収益の「認識」に影響する法規定や論点を整理し、契約条項の解釈や作り方を詳解。法務担当者、弁護士、財務担当者、会計監査人、必読！ 2017.5 404p A5 ¥4600 ⓘ978-4-502-22061-6

◆**詳解 組織再編会計Q&A** 布施伸章著 清文社 第3版
【要旨】豊富な事例で、あらゆる組織再編スキームを網羅！会計処理の基本パターンを示し、体系的に整理。図表や仕訳を多用した、わかりやすい解説。組織再編会計の決定版!!
2017.6 544p A5 ¥4400 ⓘ978-4-433-66247-9

◆**「数字」が読めると本当に儲かるんですか？—数字オンチのための「儲かる会計」が肌感覚でわかる本** 古屋悟司著、田中靖浩案内人 日本実業出版社
【要旨】これまで、どの会計の本を読んでも理解できなかったのが、スゴ腕の税理士さんに教わったら、V字回復して黒字が続いてます。限界利益でも、胸キュン、になります。「今いくら儲かっているか？」「いくら売れば黒字になるか？」「いくらまで値引きしても儲かるか？」…がわかる魔法のメガネ。
2017.4 251p B6 ¥1400 ⓘ978-4-534-05489-0

◆**図解 知らないとヤバい！ 領収書・経費精算の話** 梅田泰宏著 PHP研究所（「新「領収書・経費精算」の常識」加筆・修正・再編集・改題書）
【要旨】これってダメなの？ 誰も教えてくれない47のギモンに答える！
2017.2 95p 29×21cm ¥800 ⓘ978-4-569-83271-5

経済・産業・労働

◆図解！ 製造業の管理会計入門　吉川武文
著, 王子経営研究会編著　日刊工業新聞社
【目次】1 管理会計とは何か？（今、何をすべきかわかりますか？―一気は大切、でもそれだけで事業は黒字にならない、会社がやばい！―管理会計がどうしても必要な理由 ほか）、2 変動費の管理…儲けの最大化（かせぐ）（コストと戦うなら、毎日、差異をチェックせよ！―標準値管理をしないものは「変動費」と呼ばない、戦場は、工場の中だけじゃない！―無駄なく強固なサプライチェーンを構築するほか）、3 固定費の管理…生産性の最大化（わける）（あなたが目指すのは体重ゼロですか？―固定費の管理はダイエットに似ている、どちらが大飯喰らい？配賦を巡る不毛な騒動―固定費の原則は配賦しないこと ほか）、4 キャッシュフロー経営（黒字倒産とキャッシュフロー経営―財務会計のP/Lが当てにならないので作られたC/F、三つのキャッシュフロー経営の変化に注目！―営業活動の変化、投資活動の変化、財務活動の変化 ほか）、5 新しいビジネスモデル編（株主利益ゼロは損益分岐点ではなかった！―これでは株価も上がらない…、今はどうやって運転？ 粉飾よりもはるかに深刻―どう見せるかは大人の世界、でも自分にも見えなかったら ほか）
2017.9 172p A5 ¥1900 ①978-4-526-07746-3

◆図解でわかる！ 経理　小野恵孝　秀和システム
【要旨】会社のお金の流れがわかる、コストカットや節税方法がわかる、決算書の読み方がわかる一経営の視点から「経理の役割」や「経理の生かし方」を解説。会社員なら知っておきたい「会社の数字」のポイントを厳選。
2017.3 171p B6 ¥1600 ①978-4-7980-4855-0

◆スタートガイド会計学　小栗崇資, 森田佳宏, 石川祐二, 北口りえ著　中央経済社, 中央経済グループパブリッシング 発売
【要旨】初心者のための会計学の入門テキスト。会計の歴史、複式簿記、会計制度、財務会計、経営分析、原価計算、管理会計、監査、税務会計の入門的な項目がコンパクトにまとめられ、各章の冒頭にある「学習のポイント」で、それぞれのテーマの要点をつかむことができる。
2017.4 171p A5 ¥2200 ①978-4-502-21771-5

◆スタンダード管理会計　小林啓孝, 伊藤嘉博, 清水孝, 長谷川惠一著　東洋経済新報社　第2版
【要旨】公認会計士試験の出題範囲の改定に完全対応！ 早稲田管理会計のカリキュラムにもとづき、伝統的論点から最新の論点まで、基礎・応用・実務のすべてを網羅。
2017.4 519p A5 ¥4800 ①978-4-492-60225-6

◆すらすら金融商品会計　岡本修著　中央経済社, 中央経済グループパブリッシング 発売
【要旨】金融商品そのものを理解することで、難解な会計処理もわかる。金融商品会計を最初から順番に解説するのではなく、有価証券、金銭債権債務、デリバティブ、その他の分野別にまとめ直し、それぞれのポイントを解説。実際の金融商品も解説する。
2018.1 210p A5 ¥2200 ①978-4-502-25191-7

◆セルフ・イノベーションの管理会計―社会変革に対応した業績評価のあり方　八島雄士著　中央経済社, 中央経済グループパブリッシング 発売
【要旨】マネジメントのための情報を総合的に整理する枠組みとして、バランスト・スコアカード（BSC）やその考え方をどのように利活用できるのかについて、パークマネジメント、ツーリズム、スポーツビジネス、企業の社会的責任（CSR）活動を事例に議論する。
2017.12 204p A5 ¥4000 ①978-4-502-24461-2

◆退職給付会計のしくみ　新日本有限責任監査法人編　中央経済社, 中央経済グループパブリッシング 発売　（図解でざっくり会計シリーズ 2）
【要旨】一目でわかるビジュアルガイド。リスク分担型企業年金の会計処理等もフォロー。
2017.3 161p A5 ¥1900 ①978-4-502-21381-6

◆退職給付会計の実務マニュアル―基本・応用・IFRS対応　PwCあらた有限責任監査法人編　中央経済社, 中央経済グループパブリッシング 発売　第2版
【要旨】退職給付の実務対応が難しい理由とそのポイントをまとめ、読者の方々が理解したい論点から読み進められるように工夫。第2版では、2017年1月から導入されたリスク分担型企業

年金の会計上の取扱いや、債券の利回りがマイナスとなる場合の取扱いなどを含め、全般的に見直しを行っています。図解・設例・コラムで難しいポイントもすっきりわかる！
2017.9 325p A5 ¥3500 ①978-4-502-24251-9

◆楽しい管理会計 問題集　桑原知之著　ネットスクール出版　（付属資料：別冊1）
【要旨】全商会計実務検定対応。丁寧な解説でよくわかる。ポイント（まとめテキスト）付で復習にも便利！ 正誤問題付で理解度チェック！ 攻略マップ（記入式学習スケジュール表）付！ 出題傾向分析シート付！
2017.8 119p B5 ¥1200 ①978-4-7810-0010-7

◆中小企業金融における会計の役割　坂本孝司, 加藤恵一郎編著　中央経済社, 中央経済グループパブリッシング 発売
【要旨】中小企業と金融機関の架け橋となる会計の機能を理論的・体系的に解明。『融資（貸出）』『決算書の信頼性』『経営改善』の視点から検討するとともに地域金融機関・中小企業・職業会計人（税理士・会計士等）の役割期待も提示。
2017.7 316p A5 ¥3300 ①978-4-502-23041-7

◆使える財務会計2 問題集　桑原知之著　ネットスクール出版　（付属資料：別冊1）
【要旨】全商会計実務検定対応。丁寧な解説でよくわかる。ポイント（まとめテキスト）付で復習にも便利！ 日商2級範囲にも対応！ 攻略マップ（記入式学習スケジュール表）付！ 出題傾向分析シート付！
2017.7 231p B5 ¥1200 ①978-4-7810-0009-1

◆デリバティブ投資戦略の会計実務　岡本修著　中央経済社, 中央経済グループパブリッシング 発売
【要旨】本書は、「プロフェッショナルのための高度な投資戦略と企業会計」を扱う専門実務書です。「巨額の資金を保有する機関投資家の投資実務にできるだけ即した実務解説書」という観点から、今回は「会計上のデリバティブ」をテーマに、横串で会計処理を議論します。その際、具体的なデリバティブの使い方や経済的な効果、さらに実務上重要となる金融規制についても、現時点でわかる限り、できるだけ詳しく触れています。
2017.9 295p A5 ¥3500 ①978-4-502-24061-4

◆電力業　新日本有限責任監査法人電力・ガスセクター編　第一法規　（業種別会計シリーズ）　改訂版
【要旨】電力システム改革に対応した業界動向、会計・監査・内部統制・税務等の実務のポイントを詳解！電力業特有の会計処理・税務、監査上の重要ポイント、内部統制制度の留意点等を詳解。豊富な設例・図表を収録。
2017.4 297p A5 ¥3500 ①978-4-474-05716-6

◆取締役・経営幹部のための戦略会計入門―キャッシュフロー計算書から財務戦略がわかる　飯田真悟著　日本能率協会マネジメントセンター
【要旨】戦略的な意思決定のために財務諸表から経営を「診る」。取締役・経営幹部のビジネス・アカウンティング＆ファイナンス能力向上。コーポレートガバナンス・コードへの対応力強化。中期計画の策定推進による業績責任の完遂。
2017.2 231p A5 ¥2500 ①978-4-8207-5957-7

◆取引事例に見る「新たな収益認識基準」実務対応　山本史枝著　清文社
【要旨】現行基準と新基準の相違点、実務上の問題点及び解決策を、豊富な取引事例や仕訳を交えて分かりやすく解説！
2017.6 290p A5 ¥3200 ①978-4-433-66497-8

◆日本的管理会計の深層　吉田栄介編著, 福島一矩, 妹尾剛好, 徐智銘著　中央経済社, 中央経済グループパブリッシング 発売
【要旨】戦後、欧米から管理会計技法として、標準原価管理やCVP分析が導入され、日本発祥の管理会計技法として、原価企画、JIT、原価改善、ミニ・プロフィットセンターなどが開発された。また、最近は活動基準原価計算/管理やバランスト・スコアカードなどがある。これらの管理会計技法は、企業ではどのように導入され、利用されているのであろうか。本書は、前回調査（2009年）から5年後の2014年調査をベースに、管理会計実践の変化を把握し、その深層にある日本企業の管理会計像を探究するものである。
2017.7 222p A5 ¥3800 ①978-4-502-23491-0

◆入門財務会計　藤井秀樹著　中央経済社, 中央経済グループパブリッシング 発売　第2版
【要旨】会計の仕組みと考え方を最も深いところで支えているエッセンスを掘り起こし、それをわかりやすくかつ正確に解説。静態論から動態論へ、収益費用アプローチから資産負債アプローチへと、その足場を移行させてきたその意味を、対立概念の比較をとおして解説している。連結財務諸表に関する会計基準等の改正にともなって導入された連結損益計算書の新区分についての解説を拡充。
2017.3 304p A5 ¥3400 ①978-4-502-22001-2

◆はじめてまなぶ監査論　盛田良久, 百合野正博, 朴大栄編著　中央経済社, 中央経済グループパブリッシング 発売
【要旨】はじめて監査論をまなぶ人を対象に、わかりやすく、ビジュアルに解説しています。既存の監査論のテキストと異なり、制度の解説を本当に必要な内容に限定にして、監査の全体像とイメージが把握できるように工夫しています。株式会社の監査だけでなく、それ以外の重要な監査である、会計検査院の検査、地方公共団体の監査、非営利組織の監査をもとり上げています。章末に練習問題を掲載して、内容の理解度がチェックできるようにしています。公認会計士試験の入門テキストとしても最適です。
2017.3 195p A5 ¥2300 ①978-4-502-22041-8

◆はじめて学ぶ社外取締役・社外監査役の役割　松山遙著　商事法務
【要旨】多様な企業で社外役員を務める著者による実務入門。社外役員のエッセンスを凝縮。果たすべき役割、注意すべきポイントが基礎からわかる。
2017.11 273p A5 ¥3000 ①978-4-7857-2566-2

◆判断に迷う仕訳を起こせる会計術―5つの視点で実務力アップ！　山岡信一郎著　清文社
【要旨】どの業種にも共通するような基本的な取引・仕訳について、実務上大切な5つの思考方法や判断について、多くの仕訳例を用いて詳しく解説。
2017.9 261p A5 ¥2000 ①978-4-433-66427-5

◆ファンド投資戦略の会計と税務　岡本修著　中央経済社, 中央経済グループパブリッシング 発売
【要旨】一人私募、J・REIT、信託…マイナス金利時代のいま、ポートフォリオの多様化に必須の実務知識を網羅!!機関投資家必携！
2017.4 275p A5 ¥3300 ①978-4-502-22311-2

◆武器としての会計思考力―会社の数字をどのように戦略に活用するか？　矢部謙介著　日本実業出版社
【要旨】外資系コンサルティング・ファーム出身の現役ビジネススクール人気講師が、ビジネスの現場ですぐに使える会計思考力を伝授。決算書を読み解く基礎教養から会計を経営課題の解決に結びつける実践ノウハウまでを豊富な実例を交えて解説します。
2017.11 242p B6 ¥1700 ①978-4-534-05532-3

◆不動産リースの会計処理Q&A―IFRS・米国基準の新しい実務　金子康則編著, 石井広行著　中央経済社, 中央経済グループパブリッシング 発売
【要旨】新リース基準に基づき実務上の急所を詳解。フローチャート満載。B/Sへの影響を意識した契約交渉にも役立つ。
2017.9 581p A5 ¥6200 ①978-4-502-23561-0

◆プラクティカル管理会計　園田智昭著　中央経済社, 中央経済グループパブリッシング 発売
【要旨】本書は、管理会計の入門的な教科書であり、読者としては、初めて学習する学生と社会人の両者を対象としています。本書では、理論を説明するだけではなく、学習した理論を実務に役立てられるように、理論と実務の橋渡しを意識した補足的な説明を行い、また実務にヒントを得た問題を作成しました。
2017.7 147p B5 ¥3300 ①978-4-502-23481-1

◆プラクティスIFRS　PwCあらた有限責任監査法人編　中央経済社, 中央経済グループパブリッシング 発売
【要旨】近年、日本においてもIFRS適用が広がっていますが、適切な適用・実務にあたっては困難や課題も多いと思われます。本書は、IFRSの実務に関与する読者に、わかりやすくIFRSの趣旨と本質を伝えることを主眼としています。そ

のため、本書では、各章冒頭に、見開きで重要ポイントの概説を行うとともに、図表などを多用し、本質や重要な点が伝わるよう、工夫をしています。また、各章では日本基準との主要な差異や実務上の留意点なども解説し、IFRS適用実務上、一般的に重要な項目を重点的に記載しつつも、詳細な要求事項についての説明や実務に関係の薄い記述はできるだけ簡潔にしています。
2017.7 329p A5 ¥4000 ①978-4-502-22771-4

◆**フリーランス＆個人事業主 いちばんラクする！ 経理のさばき方**　和田茂夫著, 久保豊子監修　技術評論社
【目次】PROLOGUE 経理をカンタンにさばく方法、あります、1 さあ、経理を始めましょう、2 帳簿、伝票、領収書のカンタンなさばき方、3「現金出納帳」に入力しましょう、4「預金出納帳」の入力と領収書などの整理、5 年に一度、「決算」をしましょう、6 始める前にこれだけはしておくこと、EPILOGUE「確定申告」をしましょう
2017.10 207p A5 ¥1580 ①978-4-7741-9287-1

◆**フリーランスとひとり社長のための経理をエクセルでトコトン楽にする本**　井ノ上陽一著　ソシム
【要旨】覚える機能は2割で充分！ 経理処理・売上集計・売上推移グラフ、決算予測など。「操作スピードを数倍アップする」「面倒な集計を素早くする」テクも満載！
2017.9 294p B6 ¥1600 ①978-4-8026-1084-1

◆**粉飾決算VS会計基準**　細野祐二著　日経BP社, 日経BPマーケティング 発売
【要旨】有罪から一転、10年経って逆転無罪となった"長銀、日債銀粉飾決算事件"、著者が冤罪と見る"ライブドア事件"、投資の含み損の"飛ばし"に端を発した長期にわたる"オリンパス粉飾決算事件"、原発企業ウエスチングハウス買収が巨額損失隠しにつながった"東芝粉飾決算"。元公認会計士が、犯罪会計学を駆使して5大粉飾事件の深層を解明！
2017.9 362p A5 ¥2400 ①978-4-8222-5538-1

◆**粉飾発見に役立つ やさしい決算書の読み方—会計知識のない人の入門書**　井端和男著　税務経理協会
【要旨】会計知識のない人のため、筆者唱道の法則と常識による決算書概観など20のポイントのチェックにより粉飾などの異常を探り出し、企業財務の実態を掴んで正しい評価に導く分析法を詳述。
2017.4 159p A5 ¥1700 ①978-4-419-06439-6

◆**ヘッジ会計の実務詳解Q&A**　新日本有限責任監査法人編　中央経済社, 中央経済グループパブリッシング 発売
【要旨】本書では、ヘッジ会計の実務上の論点を、Q&Aにより分かりやすく解説しています。基本的な取扱いから、企業結合や複合金融商品、税効果会計とヘッジ会計の関係等、さまざまな論点まで網羅しています。さらに税務上の取扱いやIFRSについても言及しています。
2017.4 405p A5 ¥4400 ①978-4-502-22221-4

◆**ベテラン税理士だけが知っている自動経理の成功パターン**　堂上孝生著　合同フォレスト, 合同出版 発売
【要旨】小規模企業の経理の悩みはクラウド会計ソフトで解決！ いつでも・誰でも・どこからでもできる仕組みがこれからの働き方を変える！
2017.4 205p B6 ¥1400 ①978-4-7726-6082-2

◆**マクロとミクロの実証会計**　中野誠編著　中央経済社, 中央経済グループパブリッシング 発売
【要旨】マクロ実証会計では個別企業の財務データをアグリゲートしてマクロ指標との関連を分析。ミクロ実証会計では金融業も分析対象とした野心作。
2017.4 302p A5 ¥4400 ①978-4-502-21311-3

◆**マンガで学ぶ 会計学スタートアップ！**　建宮努編著, 階戸照雄著, 野広実由作画　中央経済社, 中央経済グループパブリッシング 発売
【要旨】ビジネスのプロが厳選したキーワード50＋αをいろいろなアプローチで解説。各章末の確認テストで理解度をチェックしながら、実際にビジネスで使える知識として学ぶことができる。後半では、ビジネス系検定・資格の類似問題を織り交ぜながら、具体的な財務分析の方法を紹介。短時間で会計学の基本が身につく一冊。
2017.8 215p A5 ¥1900 ①978-4-502-22961-9

◆**見方、示し方がつかめる公益法人会計の基本**　新日本有限責任監査法人編　清文社
【要旨】必要なところだけだからわかりやすい！ 頻出事項を厳選し、記載例を掲載。どう判断するか・どのように示すかがつかめる！
2018.1 324p A5 ¥3200 ①978-4-433-66087-1

◆**「見積る」「測る」将来会計の実務**　ZECOOパートナーズ編, 岩田悦之, 平井裕久著　同文舘出版
【要旨】企業経営への会計情報利用の大きな可能性が見えてくる！ 将来の会計数値の合理性、その「見積り」と検証方法に加え、「見積り」をもとに企業価値を「測る」方法と注意点、さらには「見積り」の不確実性を反映した評価方法などをわかりやすく解説する。
2017.11 180p A5 ¥1900 ①978-4-495-20611-6

◆**みてわかる給与計算マニュアル**　吉田正敏著　経営書院　改訂21版
【要旨】給与明細書の見方から、具体的な計算事務のステップを解説！
2017.8 261p B6 ¥1300 ①978-4-86326-246-1

◆**ヤバい決算書**　長谷川正人著　日本経済新聞出版社
【要旨】破綻、倒産、粉飾…「ヤバい」企業の決算を使った過去の事例。東芝、シャープ、ソフトバンク、三菱商事、三井物産など、すべて実名で登場します。危ない会社の見分けかたから、最新のキーワードまでをざっくり紹介。明日から決算書の見方が変わります！
2017.4 230p B6 ¥1600 ①978-4-532-32142-0

◆**よくわかる公会計制度—創設の歴史と現行制度の活用や改革の方向まで**　亀井孝文著　イマジン出版
【要旨】公会計とはなにか。その活用と役立つ改革とは。自治体財政の理解に役立ち、日本への導入の歴史を紐解く。おもしろくてためになり、自治体の成り立ちと会計がわかる。自治会計の第一人者（元南山大学教授・元国際公会計学会会長）が平易に著した現行制度と世界の流れが見渡せる著作。
2017.1 262p A5 ¥2200 ①978-4-87299-749-1

◆**よくわかる国立大学法人会計基準—実践詳解**　新日本有限責任監査法人編　白桃書房　第8版
【要旨】国立大学法人における会計の役割と会計処理の考え方を解説。平成28年4月の「基準」「注解」「実務指針」の改訂を踏まえた加筆修正のほか、最新のQ&Aの追加見直しと、実務上の諸論点についての解説を行っている。
2017.11 631p B5 ¥5800 ①978-4-561-34217-5

◆**よくわかる独立行政法人会計基準—実践詳解**　新日本有限責任監査法人編　白桃書房　改訂第4版
【要旨】独立行政法人会計基準解説の決定版！ 複式簿記や発生主義の基本から独立行政法人会計基準の全容理解までを1冊でカバー。基準の考え方や実務指針、具体的な会計処理を図や例題でわかりやすく解説。平成28年2月までの会計基準等の改定内容を盛り込む。独立行政法人の役員・職員、独立行政法人制度に携わる実務者必携!!
2017.7 565p B5 ¥3400 ①978-4-561-34216-8

◆**リース会計実務の手引き—取引実務と法務・会計・税務 新形態のリースに対応**　井上雅彦著　税務経理協会　第2版
【要旨】IFRSに関する解説が充実した改訂版！ 転リースや不動産リース、ソフトウエアリース、組合リース、SPCの活用等、多様なリース取引に言及。借手側・貸手側双方の処理や実務上の留意点を解説。会計面ではIFRS、税務面では消費税の解説を追加する等、大幅に加筆した改訂版。
2017.6 386p A5 ¥3400 ①978-4-419-06463-1

◆**連結手続における未実現利益・取引消去の実務**　新日本有限責任監査法人編　中央経済社, 中央経済グループパブリッシング 発売
【要旨】基本的な取扱いから、取引別・資産別の会計処理、さらに決算期ズレの取扱いやセグメント情報との関係等、実務で判断に迷う事項まで、75の設例により詳説！ 差異調整の勘所や連結パッケージにおける情報収集等にも言及。
2017.4 313p A5 ¥3700 ①978-4-502-22071-5

◆**IFRS会計学基本テキスト**　橋本尚, 山田善隆著　中央経済社, 中央経済グループパブリッシング 発売　第5版
【要旨】初めて学ぶ人のために全体像をわかりやすく解説。練習問題＆くわしい解答・解説で習

熟度がUP！ 第5版では、IFRS財団の定款の修正やIFRS16「リース」などの最新動向をフォロー。第2章の第1節と第3章の第8節の記述を全面的に見直した。
2017.3 402p A5 ¥3400 ①978-4-502-22791-2

◆**IFRS基準 2017**　IFRS財団企業会計基準委員会編, 財務会計基準機構監訳　中央経済社, 中央経済グループパブリッシング 発売
【要旨】「財務報告の概念フレームワーク及び要求事項」と「付属文書」を2分冊で収録。
2017.10 2Vols.set B5 ¥16000 ①978-4-502-23701-0

◆**IFRS「新収益認識」の実務—影響と対応**　新日本有限責任監査法人編, 河野明史, 下村昌子著　中央経済社, 中央経済グループパブリッシング 発売　（Building a better working world）
【要旨】豊富な設例を用いて分かりやすく説明。影響が生じうる取引の類型や業種特有の取引を例示。日本基準（現行・公開草案）及び米国基準との比較表付。
2017.10 339p A5 ¥3800 ①978-4-502-24111-6

◆**IFRS適用のエフェクト研究**　小津稚加子編著　中央経済社, 中央経済グループパブリッシング 発売
【要旨】グローバル・スタンダードIFRSはわが国にどのような影響をもたらすのか？ IFRS適用の問いかけに、わが国のCFOがどう答えたかを分析し、IFRS適用先行国の調査を加え、多面的アプローチから検討する。
2017.8 240p A5 ¥4400 ①978-4-502-23011-0

◆**Introduction to Japanese "Accounting and Finance" Practices—'Keiri Zaimu' saves the world**　金児昭監修, 石田正編著　税務経理協会　（本文：英文）
【要旨】日本の経理業務のスタンダードを英語で学ぶ！ 好評書『「経理・財務」実務マニュアル』のエッセンスを分かりやすい英訳版で刊行。
2017.12 130p A5 ¥2000 ①978-4-419-06503-4

◆**JA公認会計士監査Q&A**　JA監査研究会編著　全国共同出版
【目次】1 公認会計士監査とは（公認会計士監査の目的は何ですか、公認会計士監査の対象はどのような法人ですか ほか）、2 公認会計士監査導入の背景（JAの監査の証明は、今後、どうなりますか、なぜ公認会計士監査の導入が義務づけられたのですか ほか）、3 総合農協か、専門農協か、問われる選択（農協の信用事業の代理店化の狙いはどこにありますか、信用事業譲渡とはどういうことですか ほか）、4 公認会計士監査への移行にかかる動向と課題（全中監査機構からJAの監査を受監する配慮規定により設立される監査法人はどのようになりますか、JAの監査を受監する監査法人はどのような組織になりますか ほか）
2017.4 43p B6 ¥700 ①978-4-7934-1702-3

◆**MBAより簡単で英語より大切な決算を読む習慣—シリコンバレーの起業家が教える世界で通じる最強のビジネス教養**　シバタナオキ著　日経BP社, 日経BPマーケティング 発売
【要旨】ファイナンス・リテラシーは一生モノの仕事力。東大、スタンフォード、楽天、シリコンバレー。結果を出し続けてきた著者が続けてきた、膨大な数字から「未来を先読む」すごいやり方。大学でも会社でも教えてくれない実務に役立つ決算分析法。
2017.7 299p A5 ¥1800 ①978-4-8222-5527-5

◆**The FASB 財務会計基準審議会—その政治的メカニズム**　Paul B.W. Miller, Paul R. Bahnson, Rodney J. Redding著, 髙橋治彦訳　同文舘出版　（原著第5版）　新版
【要旨】本書がもたらす、3つの疑問に対する衝撃の答え！ FASBのこれまでの会計基準、概念枠組がいかにご都合主義的なものであり、まったくもって何の役にも立たないものであったのはなぜか？ IFRSを自国の会計基準として採用することが、いかに馬鹿げたことであるのはなぜか？ 会計基準及びそれを支える会計理論は、いかにあるべきか？
2017.6 336p A5 ¥3600 ①978-4-495-20591-1

経営診断・経営分析

◆**グローバル企業の財務報告分析**　西澤茂, 上西順子著　中央経済社, 中央経済グループパブリッシング 発売
【要旨】近年、グローバルに事業展開をしている日本企業では、適用する会計基準を日本基準からIFRS（国際会計基準）にシフトする動きが急速に進んでいます。本書では、日本の代表的なグローバル企業で、IFRSを適用している（株）ファーストリテイリング（ユニクロ）の有価証券報告書の財務情報を中心に、IFRSおよび日本基準の主要論点を解説しています。
2017.9 231p A5 ¥2800 ①978-4-502-21671-8

◆**経営力と経営分析**　坂本恒夫, 鳥居陽介編, 現代財務管理論研究会著　税務経理協会
【要旨】成長力、信用力、収益力、株式市場評価力、社会的評価力などの分析手法を明らかにし、事例をふんだんに紹介した、本格的経営分析の決定版！
2017.5 237p A5 ¥2700 ①978-4-419-06451-8

◆**税理士必携！ 顧問先企業の財務データ分析・指導マニュアル**　Triple Win編, 堀江國明, 堀江亮佑共著　日本法令
【要旨】クラウド会計、AIに負けない税理士になるための教科書！
2018.1 301p A5 ¥2200 ①978-4-539-72578-8

財務管理

◆**いまさら人に聞けない「減価償却」の会計・税務 Q&A―平成29年8月改訂**　ブレイン編著　セルバ出版, 創英社/三省堂書店 発売　（基礎知識と実務がマスターできるいまさらシリーズ）　改訂2版
【要旨】本書では、減価償却を行う目的である固定資産に注目し、その性質から本来どうあるべきかを明確に定義するとともに、税法上の最低限の知識を解説するとともに、企業会計の中で固定資産や減価償却の役割が何であるか、またどのように処理すべきかをできるだけ平易に解説。改訂版では、平成19年以降の税制改正をすべて考慮して整理しています。疑問や悩みに対する答をQ&A形式でわかりやすく解説。
2017.9 207p A5 ¥2200 ①978-4-86367-365-6

◆**具体例でわかりやすい 耐用年数表の仕組みと見方**　前原真一著　税務研究会出版局　第2版
【目次】第1章 耐用年数の基本的考え方（法定耐用年数とは、耐用年数の算定方式 ほか）、第2章 耐用年数表の構成と適用の方法（建物関係、建物附属設備関係 ほか）、第3章 中古資産の耐用年数の見積方法（見積りの簡便法、取得後用途変更した場合の見積り ほか）、第4章 耐用年数の短縮（承認申請の対象となる特別の事由、短縮の承認申請書の記載例 ほか）、耐用年数表、耐用年数の適用等に関する取扱通達
2017.12 345p A5 ¥2000 ①978-4-7931-2263-7

◆**原価計算**　清水孝著　税務経理協会　改訂版
【要旨】最新の事例を取り入れ、図表を多用し分かりやすく解説。理論から実務まで、コンパクトにかつシンプルに収録。国際化の流れの中、多様化する会計の役割が重視される今、基本に立ち戻りしっかり学ぶためのプリンシプルシリーズ！ 第7章の部門別原価計算、単一基準配賦法と複数基準配賦法、活動基準原価計算の考え方、第9章の仕損費・減損費の処理に関する非度外視法について簡単な説明を加えた改訂版。
2017.7 257p A5 ¥2800 ①978-4-419-06455-6

◆**減価償却資産の耐用年数表　平成29年版**　納税協会連合会編集部編　（大阪）納税協会連合会, （大阪）清文社 発売
【目次】平成29年度減価償却関係法令の主要改正事項とその適用時期、減価償却資産の耐用年数等に関する省令、減価償却資産の耐用年数・償却率表（機械及び装置以外の有形減価償却資産の耐用年数表、機械及び装置の耐用年数表、無形減価償却資産の耐用年数表、生物の耐用年数表、公害防止用減価償却資産の耐用年数表、開発研究用減価償却資産の耐用年数表、平成19年3月31日以前に取得をされた減価償却資産の定額法の償却率表、平成19年4月1日以後に取得をされた減価償却資産の定額法の償却率表、平成19年4月1日から平成24年3月31日までの間に取得をされた減価償却資産の定率法の償却率、改定償却率及び保証率の表、平成19年3月31日以前に取得をされた減価償却資産の残存割合表）、付録（耐用年数の適用等に関する取扱通達、減価償却資産の償却費の計算及びその償却の方法（法人税法第31条）関係法令、法人税基本通達（減価償却関係）、連結納税基本通達（減価償却関係）、特別償却の指定告示、減価償却関係書類の様式）
2017.6 325p B5 ¥2200 ①978-4-433-60027-3

◆**減価償却資産の耐用年数表　平成29年改訂新版**　税務研究会編　税務研究会出版局
【目次】第1章 減価償却制度の概要（減価償却制度、減価償却の方法、耐用年数 ほか）、第2章 耐用年数省令及び関連通達―付・償却率・改定償却率・保証率表、残存割合表（減価償却資産の耐用年数等に関する省令、別表第一・機械及び装置以外の有形減価償却資産の耐用年数表、別表第二・機械及び装置の耐用年数表 ほか）、第3章 特別償却・特別税額控除制度について（エネルギー環境負荷低減推進設備等を取得した場合の特別償却又は税額控除、中小企業者等が機械等を取得した場合の特別償却又は税額控除、地方活力向上地域において特定建物等を取得した場合の特別償却又は税額控除 ほか）
2017.9 365p A5 ¥2100 ①978-4-7931-2264-4

◆**減価償却資産の耐用年数表とその使い方　29年改正版**　日本法令編　日本法令
【要旨】省令で定める各種耐用年数表とその項目別使用法、償却計算方式および取扱いのすべてを解説。
2017.9 246p A5 ¥2400 ①978-4-539-74626-4

◆**減価償却実務問答集―平成29年11月改訂**　上願敏来編　（大阪）納税協会連合会, （大阪）清文社 発売
【目次】第1章 普通償却関係（減価償却資産の範囲等、減価償却資産の取得価額、少額の減価償却資産の取得価額の損金算入 ほか）、第2章 特別償却関係（共通事項、エネルギー環境負荷低減推進設備等を取得した場合の特別償却等、中小企業者等の特定機械装置等の特別償却 ほか）、第3章 耐用年数関係（共通事項、建物、建物附属設備 ほか）
2017.12 615p A5 ¥3000 ①978-4-433-60037-2

◆**財務管理の基礎知識―財務諸表の見方から経営分析、管理会計まで**　平野秀輔著　白桃書房　第3版
【目次】本書の構成及び学習の進め方、財務諸表の考え方、経営分析の基礎、収益性の分析、付加価値の分析、財務安定性の分析、損益分岐点の分析及びCVP分析、キャッシュ・フローの分析、管理会計の基礎概念、経営計画と予算、意思決定会計、企業価値の算定方法
2017.5 178p A5 ¥2100 ①978-4-561-35215-0

◆**図解でわかる！ 減価償却**　小野恵著　秀和システム
【要旨】資産の種類と処理の違い。仕訳のしかたや頻出パターン。決算書にはどう載せる？ 取得価額、耐用年数、仕訳など、ポイントを順に解説！ 資産の購入時・売却時…ケース別減価償却の方法がわかる。
2017.10 207p B6 ¥1200 ①978-4-7980-5216-8

◆**小さな会社の財務コレだけ！―ダントツ人気の会計士が社長に伝えたい！**　古田圡満著　日経BP社, 日経BPマーケティング 発売
【要旨】続ければ必ず「結果＝利益」が出る！ 経営計画と月次決算づくりの秘訣。「人を大切にする財務」の要点整理。
2017.2 279p B6 ¥1500 ①978-4-8222-3595-6

◆**特別償却対象特定設備等便覧　平成28年度版**　経済産業省経済産業政策局企業行動課編　経済産業調査会
【目次】1 生産性向上設備投資促進税制、2 中小企業投資促進税制、3 地方拠点強化税制、4 エネルギー環境負荷低減推進税制（グリーン投資減税）、5 商業・サービス業・農林水産業活性化税制、6 中心市街地活性化税制、7 減価償却資産の耐用年数等
2017.4 88p A5 ¥1000 ①978-4-8065-1908-9

◆**特別償却対象特定設備等便覧　平成29年度版**　経済産業省経済産業政策局企業行動課編　経済産業調査会
【目次】1 中小企業経営強化税制、2 中小企業投資促進税制、3 商業・サービス業・農林水産業活性化税制、4 地方拠点強化税制、5 地域未来投資促進税制、6 エネルギー環境負荷低減推進税制（グリーン投資減税）、7 減価償却資産の耐用年数等
2017.11 88p A5 ¥1000 ①978-4-8065-1917-1

簿記

◆**いちばんわかりやすいはじめての簿記入門**　柴山政行著　成美堂出版
【要旨】帳簿のつけ方から決算まで、簿記の流れがマンガと図解で一気にわかる！
2018.1 207p A5 ¥1000 ①978-4-415-32330-5

◆**イントロダクション簿記**　大野智弘編著　創成社　（付属資料：別冊1）
【目次】簿記の基礎、取引と仕訳、転記、試算表の原理、精算表の仕組み―6桁精算表、損益計算書と貸借対照表の構成、元帳の締切り―英米式決算法、当座預金等と当座借越、現金と現金過不足、商品売買〔ほか〕
2017.4 208p B5 ¥2200 ①978-4-7944-1510-3

◆**エッセンス簿記会計―初歩から納税申告書作成・財務諸表分析まで**　新田忠誓編著　森山書店　第13版
【要旨】商業簿記を対象として、簿記の初歩的学習から始めて、企業の計数管理の技能および、企業をみるための財務諸表分析能力の習得、納税申告書作成のための技能を習得。
2017.4 382p A5 ¥2800 ①978-4-8394-2165-6

◆**勘定科目・仕訳事典**　日本簿記学会監修, 新田忠誓編集代表, 横山和夫, 菊谷正人, 尾畑裕, 岩崎健久編　中央経済社, 中央経済グループパブリッシング 発売　第2版
【要旨】勘定科目や仕訳は簿記・会計の基本である。本事典は、主勘定575項目を五十音順で配列し、簿記学・会計学の観点からとくに"設例"として仕訳に重点を置いた解説を行う。第2版では、初版の収録項目を再検討して更に充実を図るとともに、会計諸基準や会計諸規則の改正に対応して修正を施している。
2017.8 354p A5 ¥3600 ①978-4-502-21991-7

◆**基本簿記論**　関西学院大学会計学研究室編　中央経済社, 中央経済グループパブリッシング 発売　新版第3版
【目次】第1部 複式簿記の基礎（簿記の基礎、簿記の基礎概念、取引と勘定、仕訳と転記、仕訳帳と総勘定元帳、試算表と精算表、決算）、第2部 勘定科目（商品売買の処理、現金・預金の処理、手形の処理、その他の債権・債務の処理、有価証券の処理、固定資産の処理、その他（資本金と引出金・営業費・訂正仕訳・税金）の処理）、第3部 決算と財務諸表（決算1（概要と現金過不足・売上原価の計算）、決算2（貸倒・減価償却）、決算3（経過勘定・消耗品・引出金）、精算表、帳簿の締切と財務諸表の作成、伝票会計）
2017.2 243p B5 ¥2800 ①978-4-502-21411-0

◆**行列簿記の現代的意義―歴史的経緯と構造の視点から**　礒本光広著　創成社
【目次】問題意識と論理構成、第1部 行列簿記の起源（行列簿記の萌芽と生成、行列簿記の構造と種類）、第2部 意思決定と経営分析（行列簿記と意思決定、行列簿記表と経営分析）、第3部 記帳の効率化とデータ保持（記帳の効率化、DBMSと複式簿記）、成果と今後の展望
2018.1 274p A5 ¥3000 ①978-4-7944-1517-2

◆**現代企業簿記の基礎**　松本康一郎, 大原昌明著　同文舘出版　（付属資料：別冊解答）　第3版
【要旨】まったくの初歩から、トコトン学習したい人のために！ 簿記の初級レベルから株式会社簿記を含む中級レベルまで、簿記教育のベテランが図表を多用しながら丹念に解説する！ 日商簿記検定試験の範囲変更に合わせて練習問題を一新！
2017.3 374p A5 ¥3600 ①978-4-495-19453-6

◆**現場で使える簿記・会計**　上野清貴編　中央経済社, 中央経済グループパブリッシング 発売
【要旨】勉強した知識を実務で使えるものにバージョンアップ。簿記検定合格者が次に読む本。
2017.4 215p A5 ¥2700 ①978-4-502-21861-3

◆**工業簿記・原価計算の基礎―理論と計算**　上埜進編著　税務経理協会　第4版
【目次】工業簿記・原価計算の基礎、材料費の計算、労務費の計算、経費の計算、製造間接費の

計算、部門別計算、個別原価計算、総合原価計算、工業経営における財務諸表、本社・工場会計、標準原価計算、直接原価計算

2017.5 286p B5 ¥2800 ①978-4-419-06437-2

◆**公式簿記会計仕訳ハンドブック—全国経理教育協会**　上野清貴, 吉田智也編著　創成社
【要旨】全経簿記能力検定試験29年度新出題範囲に対応。2色刷だから読みやすく、持ち運びしやすいハンディサイズ！
2017.8 263p A6 ¥1200 ①978-4-7944-1514-1

◆**自治体職員のための複式簿記入門—図解地方公会計対応**　菅原正明公認会計士・税理士事務所編著　ぎょうせい
【目次】第1章 基本のコトバとルールを知ろう！（簿記の基本、決算の基本、自治体の会計）、第2章 実際に仕訳をしてみよう！（仕訳の手順基礎編（支出、収入）、応用編（支出、非資金取引—お金が動かない取引））、第3章 練習してみよう！（仕訳、仕訳と合計残高試算表、財務書類4表の作成、総合問題）
2017.3 206p A5 ¥2200 ①978-4-324-10294-7

◆**知る・わかる・うかるはじめての簿記入門—平成29年2月改訂**　倉島進著　セルバ出版, 創英社／三省堂書店 発売　改訂3版
【要旨】ほどよい長さの説明で知る。はじめて簿記を学ぶ人向けにやさしく丁寧にまとめています。だからスッキリわかる。会社の1事業年度の取引の仕訳処理と決算処理、次年度への繰越までの流れがつかめ、処理のポイントなど実務がわかります。丁寧なので1行書き足すためにガッチリうなる。日商3級が受かる程度の簿記の知識がマスターできます。
2017.3 263p A5 ¥1700 ①978-4-86367-283-3

◆**新簿記ワークブック**　実教出版編修部編　実教出版　（付属資料：別冊1）　新訂版
【目次】簿記の基礎、取引の記帳、決算、会計帳簿と帳簿組織、仕訳帳の分割、本支店会計、株式会社の取引
2017 94p B5 ¥550 ①978-4-407-33806-5

◆**日本における農業簿記の研究—戦後の諸展開とその問題点について**　戸田龍介著　中央経済社, 中央経済グループパブリッシング 発売　（神奈川大学経済貿易研究叢書 第30号）
【要旨】本書は、日本においてこれまで展開されてきた農業簿記が、なぜ農業経営の発展や競争力強化に資することができなかったのかを問うものである。これまでの農業簿記は、なぜ、TPP等のいわば外圧がかかる以前に、簿記を前提とするならば当然行き着くはずである農業の問題等を契機に、競争力強化という新たな視座を、内生的・自発的に日本の農業界に持ち込むことができなかったのであろうか。本書ではこの疑問に対して、ヒアリング調査・文献調査を通じて、戦後における農業簿記を3つに分類したうえで、日本においてこれまで展開されてきた農業簿記の問題点を浮き彫りにしている。
2017.3 183p A5 ¥4400 ①978-4-502-21751-7

◆**はじめてでもわかる簿記と経理の仕事 '17-'18年版**　堀江國明, 島田一種, 原義彦著　成美堂出版
【要旨】数字が苦手でもスラスラ読めるオール図解。基礎の基礎からわかりやすく解説。実務に役立つ実践ノウハウが満載。雇用保険料率の改定、マイナンバー制度による各種書式変更など最新制度に完全対応！
2017.4 179p B5 ¥1200 ①978-4-415-32348-0

◆**ビジュアル版 入門簿記講義**　大塚宗春, 清水孝, 長谷川惠一, 広瀬義州著　中央経済社, 中央経済グループパブリッシング 発売　（付属資料：別冊1）　改訂版
【要旨】日商簿記3級レベルの内容をコンパクトにまとめた最新版。
2017.4 179p B5 ¥2800 ①978-4-502-22431-7

◆**簿記概論**　大塚宗春, 川村義則, 粕谷和生, 古野利勝, 高橋司ほか著　実教出版　（First Stageシリーズ）
【目次】簿記の基礎、取引の記帳と決算、帳簿と伝票、本支店の会計、複合仕訳帳制、発展編 株式会社の記帳
2017.3 333p B5 ¥2300 ①978-4-407-34065-5

◆**簿記学**　矢部孝太郎編著, 原田保秀, 吉岡一郎, 松脇昌美, 梶原太一著　税務経理協会　第2版
【目次】第1部 複式簿記の原理（簿記の意義、複式簿記の基礎概念、借方・貸方と貸借増減ルール）、第2部 企業の基本取引の会計処理（商品、

現金預金、手形 ほか）、第3部 決算と財務諸表（決算予備手続、決算本手続と決算報告手続）
2017.11 373p B5 ¥2900 ①978-4-419-06490-7

◆**簿記原理—日商簿記3級**　城冬彦著　税務経理協会　第4版
【目次】簿記の基礎、資産・負債・純資産および貸借対照表、収益・費用および損益計算書、取引と勘定、仕訳と転記、仕訳帳と総勘定元帳、簿記一巡、決算、現金・預金、商品売買取引、売掛金・買掛金、手形取引、その他の債権・債務、有価証券、固定資産、資本金と引出金、個人企業の税金、費用・収益の繰り延べと見越し、伝票
2017.3 74, 4p B5 ¥2400 ①978-4-419-07030-4

◆**簿記原理概論**　金井繁雅, 高橋円香, 柴野宏行著　創成社
【目次】第1編 簿記の基礎原理（簿記の意義、企業の財政状態と貸借対照表、企業の経営成績と損益計算書、勘定、仕訳帳と総勘定元帳、試算表と精算表、決算手続）、第2編 主要科目の取引と記帳（現金・預金、商品売買、売掛金と買掛金、手形、その他の債権債務、有価証券、有形固定資産、資本金と税金、収益と費用、伝票、決算）
2017.4 195p B5 ¥2000 ①978-4-7944-1511-0

◆**簿記システムの基礎**　関西大学会計学研究室編　国元書房　第5版
【目次】複式簿記の意義、貸借対照表、損益計算書、記帳のルールと帳簿、簿記一巡の手続き、現金・預金取引の記帳、商品売買取引の記帳、信用取引の記録、手形取引の記帳、有価証券と固定資産取引の記帳、その他の債権・債務取引の記帳、決算の予備手続き、決算の本手続き、伝票会計制度
2017.3 142p B5 ¥2800 ①978-4-7658-0035-8

◆**簿記入門テキスト**　伊藤龍峰, 長吉眞一, 工藤栄一郎, 青木康一, 仲尾次洋子著　中央経済社, 中央経済グループパブリッシング 発売　第2版
【要旨】コンパクトにかつ簿記の全体像を理解できるように編集しました。初めて簿記を学ぶ学生や社会人を対象に、学習の過程で戸惑ったりつまずいたりしやすい箇所を押さえて説明しています。各章末に「練習問題」を配置しました。実際にペンを取り、電卓を打ちながら繰り返しチャレンジすることで理解が深まります。
2017.2 169p A5 ¥2200 ①978-4-502-21921-4

◆**簿記の考え方・学び方**　中村忠著　税務経理協会　五訂版; オンデマンド版
【要旨】本書は簿記の教科書でもないし研究書でもないが、著者の40数年に及ぶ研究・教育の経験をもとに、具体的な題材を材料にして簿記の要点を教えてくれる。読んで楽しい本である。全体は2部から成り、第1部がエッセイ風な簿記の話、第2部が簿記の基本原理や会計学との関係など第1部で述べられていることのもとになっている著者の考え方を示している。初学者だけでなく中級以上の方々にも是非お薦めしたい「読み物」である。
2017.3 239p A5 ¥2900 ①978-4-419-07203-2

◆**簿記の技法とシステム**　上江洲由正, 大城建夫編著　同文舘出版　第4版
【目次】1部 簿記の基礎（簿記の基礎概念、資産・負債・純資産と貸借対照表、収益・費用と損益計算書、簿記の記入法則 ほか）、2部 簿記の応用（有価証券の特殊取引、収益・費用の計上、特殊な取引の記帳、リース取引の会計 ほか）
2017.3 239p A5 ¥2500 ①978-4-495-18154-3

◆**ポキノコ先生のマンガでわかる簿記入門**　ポキノコ先生著　国元書房
【要旨】すぐに読み終える、たのしくかわいく簿記を学ぼう。
2017.3 58p 19cm ¥500 ①978-4-7658-0036-5

◆**簿記のしくみが一番やさしくわかる本**　高下淳子著　日本実業出版社
【要旨】簿記のしくみがわかればビジネスで扱う「数字」の意味がこれまで以上に理解できます！ 経理担当者、経営幹部、営業担当者、個人事業主、学生etc 簿記を勉強したいすべての人に役立つ本です。
2017.4 222p A5 ¥1400 ①978-4-534-05490-6

◆**明解簿記講義**　塩原一郎編著　創成社　（付属資料：別冊1）　七訂版
【目次】第1部 簿記の基礎（企業会計の意義、貸借対照表による損益計算、損益計算書による損益計算 ほか）、第2部 期中取引の処理（現金・小口現金、商品売買、当座預金 ほか）、第3部 決算整理と財務諸表の作成（商品売買損益の計算、

貸倒引当金、減価償却 ほか）
2017.4 248p B5 ¥2400 ①978-4-7944-1512-7

◆**練習問題でしっかり身につく！ 挫折しない簿記入門**　松田修著　清文社
【目次】第1章 簿記の基本をマスターしよう、第2章 簿記の大前提、「勘定科目」の意味を徹底理解しよう、第3章 苦手意識を持たずに仕訳ができる「簡単仕訳法」、第4章 出納帳・伝票の記入、転記、試算表、補助簿をマスターしよう、第5章 決算業務（1）売上原価の計算方法、減価償却をマスターしよう、第6章 決算業務（2）精算表、貸借対照表（B/S）、損益計算書（P/L）を作成しよう、第7章 決算書の読み方
2017.12 193p A5 ¥1800 ①978-4-433-66357-5

財務諸表

◆**会社法決算書の読み方・作り方—計算書類の分析と記載例**　新日本有限責任監査法人編　中央経済社, 中央経済グループパブリッシング 発売　第11版
【要旨】リスク分担型企業年金実務対応報告、税効果会計の新適用指針、税制改正に係る減価償却方法変更に関する取扱い等をフォローした最新版。主要企業100社の開示実態分析から産み出された豊富でスタンダードな事例をベースに、主要な項目「趣旨」「記載事項」「留意事項」「開示状況」「記載例」別に整理されたわかりやすい解説が煩雑な決算実務を強力サポートします。知りたい記載例がすぐ引ける「記載事例総覧」付き。2017年3月期決算に対応。
2017.3 873p A5 ¥6800 ①978-4-502-21601-5

◆**決算書はここだけ読もう 2018年版**　矢島雅己著　弘文堂
【要旨】LINEとDeNA、パナソニックと三菱電機…経営の明暗は決算書に表れる？ ライザップ、ニトリ、ANA他、話題企業12社の決算書がカンタン図解で読めるようになる。決算書を読み解く力は、生き抜くための武器になる！
2017.8 194p B5 ¥950 ①978-4-335-45057-0

◆**ここだけ読めば決算書はわかる！ 2018年版**　佐々木理恵著　新星出版社
【要旨】有名企業の決算書をつかって解説。日本郵政／ヤマト運輸／ミクシィ／JR九州／スカパー／三菱自動車／パイオニア／三越伊勢丹／かっぱ寿司など。だからこそ、読み方が身につく！
2017.9 127p B5 ¥1400 ①978-4-405-10304-7

◆**コンサルティング機能強化のための個人事業主の決算書の見方・読み方 2017年度版**　中田隼人著　経済法令研究会
【要旨】中小企業経営強化税制や固定資産税の特例措置などを新たに記載。青色申告決算書、確定申告書を理解することにより、個人事業主に様々な提案を導くことができる。図解を使いわかりやすく徹底解説。
2017.5 191p A5 ¥1500 ①978-4-7668-3348-5

◆**最新キャッシュフロー計算書がよーくわかる本**　金井正義著　秀和システム　（図解入門ビジネス）　第3版
【要旨】売上や利益とはどのように違うのか？ 決算書のどの数字を使って作るのか？ 何が important であってどう読み取るのか？ どう改善して経営に活かせばよいか？ 国際会計基準（IFRS）に対応するには？ 実例でわかる、良い会社の見分けかた！
2017.9 199p A5 ¥1400 ①978-4-7980-5079-9

◆**最新決算書がよーくわかる本 2017年版**　奥村佳史著　秀和システム　（ポケット図解mini）
【要旨】会社の健康状態がチェックできる！ 悪い黒字と良い赤字がよくわかる！ 経営分析の基礎がすぐ身につく！ 簿記の仕組みと見方がよくわかる！ 会社の姿を一目で見抜く力がつく！ 日本一わかりやすい決算書入門！ 財政状態と経営成績の読み解き方を完全図解！
2017.2 135p B6 ¥750 ①978-4-7980-4941-0

◆**財務諸表分析**　桜井久勝著　中央経済社, 中央経済グループパブリッシング 発売　第7版
【要旨】収益性、生産性、安全性、不確実性、成長性の5つの側面から「企業の実力」を見極める。2016年3月期から施行されている、新しい表示様式による連結損益計算書の「当期純利益」へ対応。第7版では、シチズン時計株式会社の連結財

経済・産業・労働

務諸表を例示に用い、最新の資料と最新の制度をフォローし、大幅改訂をしている。
2017.3 353p A5 ¥3400 ①978-4-502-22351-8

◆**財務諸表分析の実務**　牧野明弘著　経済法令研究会
【目次】第1編 財務諸表の基礎（財務会計の意義、会計制度、財務会計の基礎概念）、第2編 会計基準と財務諸表（資産総論、流動資産、有形固定資産、無形固定資産および投資その他の資産、繰延資産、負債総論、流動負債と固定負債、純資産、損益総論、収益と費用）、第3編 連結財務諸表等（財務諸表、キャッシュ・フロー計算書、連結財務諸表の基礎概念、連結貸借対照表、連結損益計算書、連結株主資本等変動計算書、連結キャッシュ・フロー計算書、注記事項、四半期財務諸表）、第4編 ケース・スタディ
2017.11 302p A5 ¥2300 ①978-4-7668-3369-0

◆**実践財務諸表分析**　新田忠誓、善積康夫、辻峰男、木村晃久、中村亮介ほか著　中央経済社、中央経済グループ出版発売 第2版
【要旨】会計理論と日本基準・国際基準の財務諸表の解説から分析の実践例まで。
2017.3 144p B5 ¥2400 ①978-4-502-21931-3

◆**ズバリわかる！ 決算書の読み方・使い方 2017年版**　沼恵一編著　成美堂出版（付属資料：赤シート1）
【要旨】財務三表の読み方＋各種分析法を徹底ビジュアル解説!!
2017.3 159p B5 ¥1000 ①978-4-415-32235-3

◆**世界一やさしい決算書の教科書 1年生**　小宮一慶著　ソーテック社
【要旨】決算書をスッキリ分解。1番やさしいところからトコトン解説。だからカンタン！ 会社の数字が読める。会社の未来が読める。決算書の入門書！ 有名企業の決算書を事例に5分で読めるポイントを企業別、業界別に徹底解説！
2017.10 205p A5 ¥1380 ①978-4-8007-2047-4

◆**的確な実務判断を可能にするIFRSの本質 第1巻**　山田辰己著　税務経理協会
【要旨】基準の設定の背景を含めた詳細な解説によって明らかにする。それぞれのIFRS規定が、どのような目的のために作成されたのか？ IFRSに施された改訂は、どのような不都合を解消するためであったのか？
2017.9 426p A5 ¥5400 ①978-4-419-06415-0

◆**的確な実務判断を可能にするIFRSの本質 第2巻**　山田辰己著　税務経理協会
【要旨】基準の設定の背景を含めた詳細な解説によって明らかにする。それぞれのIFRS規定が、どのような目的のために作成されたのか？ IFRSに施された改訂は、どのような不都合を解消するためであったのか？
2017.9 383p A5 ¥5200 ①978-4-419-06416-7

◆**東大式スゴい決算書の読み方**　大熊将八著　扶桑社
【要旨】東芝、DeNA、ソフトバンクetc.危ない企業・超優良企業を「決算書」から読み解く！
2017.3 190p B6 ¥1400 ①978-4-594-07679-5

◆**ノート 財務諸表監査における懐疑**　鳥羽至英著　国元書房（早稲田大学会計研究所・会計研究叢書）
【目次】第1章 なぜ監査上の懐疑を考えることが重要なのか（問題の所在、監査論におけるaudit skepticism の展開、監査実務におけるskepticism の議論）、第2章 財務諸表監査における監査判断の概念と監査認識プロセス（判断とは、監査認識プロセスと監査判断、監査判断のミス、監査判断・職業的専門家としての正しさと職業的懐疑心）、第3章 財務諸表監査上の懐疑に関連する基礎概念（監査の失敗、監査の質）、第4章 監査上の懐疑の二重構造（懐疑の認識方法と懐疑心（財務諸表監査に構造的に組み込まれている監査認識上の罠─確証傾向、監査上の懐疑─監査認識のあり方（懐疑の幅）、監査上の懐疑心を働かせる程度（懐疑の深度））、第5章 監査上の懐疑概念と監査人の認識プロセス（監査上の懐疑─定義、監査人の認識プロセスで果たす監査上の懐疑、監査上の懐疑の枠組みと懐疑のシフト）
2017.3 103p A5 ¥2500 ①978-4-7658-0567-4

◆**秒速で読む決算書**　澤田和明著　総合法令出版
【要旨】数字オンチでもこれだけわかれば十分！ B/SもP/Lも、キャッシュベースで読める！ 決算書はこんなに速く読める！ トヨタ自動車、ドンキホーテ、ユニクロ、東宝、シャープ…話題

の企業の決算書を解説！
2017.3 221p B6 ¥1200 ①978-4-86280-543-0

◆**レクチャー財務諸表論**　岩﨑健久、平石智紀著　中央経済社、中央経済グループパブリッシング 発売
【要旨】本書は、財務諸表論を学ぼうとする人たちのために、多くの設例を用いながら、財務諸表論についてわかりやすく解説したテキストである。各章ごとに、その章で取り扱うテーマの意義や制度の導入の経緯、具体的な会計処理、さらには貸借対照表/損益計算書の表示等についてできるだけコンパクトに整理・解説している。本書は、財務諸表論を初めて学ぶ方から、基礎的な理論を勉強したうえで、より深く学びたい方など、幅広い読者を対象としている。各種検定試験をはじめとして、税理士試験や公認会計士試験等にチャレンジしている方々の参考書としてもおすすめである。
2017.2 284p A5 ¥3000 ①978-4-502-21221-5

◆**IFRS財務諸表への組替仕訳ハンドブック**　長谷川茂男著　中央経済社、中央経済グループパブリッシング 発売
【要旨】IFRSを適用している、または適用を決定した企業は120社を超え、さらに検討している企業も増えてきています。本書は、日本企業がIFRS適用に際し、日本基準からIFRSに準拠した財務諸表を作成する際に必要となる組替作業を解説しています。「組替株式会社」という架空の日本企業を設定し、日本基準からの組替について個別の科目ごとに仕訳を示し、試算表を経て完成後の連結財務諸表まで明示しています。
2017.1 254p A5 ¥3200 ①978-4-502-21101-0

 税務会計

◆**アジア進出企業の会計・税務─事業展開における実務マニュアル**　大久保昭平編著　清文社
【要旨】進出支援・M&A・国際税務の経験豊富なプロが詳細解説！ 事業展開のフェーズごとに、かつ日本親会社・海外子会社の視点別に、事例も多数収録。移転価格・外国子会社合算税制につきH28・29年度改正内容を収録。BEPS対応。
2017.11 341p A5 ¥3400 ①978-4-433-66787-0

◆**移転価格対応と国際税務ガバナンス**　山川博樹編著　中央経済社、中央経済グループパブリッシング 発売
【要旨】BEPSプロジェクトが実施段階に入ったいま、日本企業が移転価格の重要性をどう意識し、どのように位置づけ、実践していくべきか。第一線で活躍している気鋭の著者陣による実務解説書。
2017.9 431p A5 ¥4600 ①978-4-502-23531-3

◆**オーナーのための自社株の税務＆実務─売買・保有・評価**　辻・本郷税理士法人　税務経理協会 十訂版
【要旨】最新の「評価通達の見直し」を反映。株価の再計算・事業承継プランの再構築に、最適な自社株対策のバイブル！ 自社株対策の基礎知識をやさしく解説。実際の評価明細書の記載例を掲載。実務上判断に迷う事例をQ&A形式で収録。
2017.11 355p A5 ¥3700 ①978-4-419-06487-7

◆**お役立ち会計事務所 全国100選 税理士選定ガイド 2017**　実務経営サービス編　三和書籍
【要旨】中小企業経営者の参謀役となる全国100の会計事務所。起業、経営計画、資金調達、業種特化、事業承継…経営者が抱えるさまざまな問題の解決をサポートする会計事務所を全国から選定。
2017.1 207p A5 ¥2000 ①978-4-86251-210-9

◆**海外税務ケース・スタディ─実務で役立つ**　太陽グラントソントン税理士法人編著　税務研究会出版局 改訂版
【要旨】米国、中国、シンガポール、タイ、インドネシア、ベトナム、インド、フィリピン、英国、オランダの10か国の税制概要を掲載。海外拠点の設立、配当、組織再編など14のケースについて各国別の留意点や日本における課税関係を詳細解説！
2017.11 907p A5 ¥5500 ①978-4-7931-2253-8

◆**会計税務便覧 平成29年度版**　日本公認会計士協会東京会編　清文社

【要旨】受験生から第一線の実務家まで、必要な情報をコンパクトに解説！ 所得税、相続税、贈与税等を収録！
2017.9 740p B6 ¥4600 ①978-4-433-63407-0

◆**会計と税務の相違・申告調整実務─会計・税務担当者が必ずおさえておきたい**　至誠清新監査法人、至誠清新税理士法人編著　清文社 新版
【要旨】この本さえ読めば、個別ケースの実務対応に困らない!!税理士・中小企業の税務経理担当者必携！ 実務で頻出する会計処理・税務処理を明解な流れで具体的に解説。平成28年度税制改正「移転価格ドキュメンテーション」の内容を収録。組織再編成の見極めや手法、外国子会社合算税制など平成29年度税制改正に対応。
2017.8 377p A5 ¥3200 ①978-4-433-66217-2

◆**会社税務マニュアルシリーズ 3 組織再編**　大沼長清、井上久彌、磯邊和男編、寺西尚人著　ぎょうせい 第九次改訂版
【要旨】株式交換や現物出資など、多様化する組織再編の手法を踏まえた税制改正に対応！ 全面リニューアル！
2017.11 545p B5 ¥5500 ①978-4-324-10394-4

◆**企業再生・コーポレートガバナンス**　大沼長清、井上久彌、磯邊和男編、柳澤義一、椿本雅朗、井ノ上正男、額田一著　ぎょうせい（会社税務マニュアルシリーズ 4）　第9次改訂版
【要旨】再建型・倒産型の見極めや手続、経営強化や税務に役立つ、コーポレートガバナンス満載！ 全面リニューアル。
2017.11 317p A5 ¥4000 ①978-4-324-10395-1

◆**基本がわかる合併・連結の会計と税務─子会社化から合併まで**　小林正和著　税務経理協会（『はじめて読む合併・連結の会計と税務』改訂・改題書）　第2版
【要旨】子会社化＞追加取得＞合併or 株式売却。支配の獲得から、合併または資本関係の解消までを、一連の流れで解説した本書。『はじめて読む合併・連結の会計と税務』がリニューアル。繰越欠損金の取扱いを解説が充実したほか、税効果会計の会計基準改訂を反映。
2017.4 167p A5 ¥2500 ①978-4-419-06442-6

◆**居住用財産に係る税務の徹底解説─取得・保有・賃貸・譲渡・相続及び贈与について**　平川忠雄編著、中島孝一、西野道之助、若山寿裕共著　税務研究会出版局
【要旨】空き家の譲渡に係る3,000万円控除の特例も解説！
2017.12 379p A5 ¥2200 ①978-4-7931-2272-9

◆**金融資産・信託財産の課税と理論**　水野恵子著　中央経済社、中央経済グループパブリッシング 発売
【目次】第1編 金融資産の課税と理論（金融資産所得と所得概念、金融資産の課税の分類と各種の所得・1─利子所得、配当所得を中心に、金融資産所得の分類と各種の所得・2─有価証券の値上益（キャピタル・ゲイン）を中心に、金融資産所得課税の一体化をめぐる問題─利子所得を中心に、デリバティブの課税─出国税制度導入と含み益課税、デット・エクイティ・スワップの課税─現物出資債権の時価を中心に）、第2編 信託財産と課税の理論（個別的課税と理論を示す事例、集団投資信託の課税─法人段階での課税と課税繰延べとの関係を中心として）、補論 有価証券の時価評価と課税─企業会計が課税に与える影響
2017.4 329p A5 ¥6400 ①978-4-502-22191-0

◆**経費で落とす！ 領収書がわかる本**　鎌倉圭著　自由国民社
【目次】第1章 必要経費のキホンがわかれば税金対策も怖くない（個人事業主・フリーランスの節税のキホンは経費の積み上げ、節税したつもりが浪費になることもある ほか）、第2章 実例・攻めの領収書術（1）キホンの経費は確実に落とす（攻めの領収書術でビジネスを拡大しよう、家電は経費で落とせる？ ほか）、第3章 実例・攻めの領収書術（2）上手に使えば「交際費」も節税に効果的（交際費に上限はあるの？、ライブや舞台のチケットも経費で落とせる？ ほか）、第4章 実例・攻めの領収書術（3）備品はどこまで経費になるの？（備品はどこまで経費で買える？、パソコン代は経費で落とせる？ ほか）、第5章 実例・攻めの領収書術（4）見落としがちな経費もしっかり計上しよう（税金だって経費で落とせる！、支払い利息も経費で落とせる？ ほか）
2017.12 169p B6 ¥1400 ①978-4-426-12289-8

◆決算・税務申告対策の手引─平成30年3月期決算法人対応　太田達也著　税務研究会出版局
【要旨】決算に必要なポイントを完全網羅！
2017.12 303p A5 ¥2200 ⓘ978-4-7931-2279-8

◆公益法人・一般法人の税務実務─会計・税務と申告書作成　出塚清治編著　公益法人協会　第2版
【要旨】「会計」「税務」「計算例」の3部構成会計と連動した解説で、税の理解をより深く。大好評、3年ぶりの大改訂！会計から始まり、税務について詳解、申告書作成に役立つ。税務申告書の作成事例は、法人のパターン別に3種類掲載。「会計」はスリム化、「税務」を全面加筆修正、「計算例」が豊富に収録。法人税、消費税・地方消費税、その他の税金、寄附税制は最新内容とし詳述。公益法人、非営利型一般法人、非営利型以外の一般法人に分けて、財務諸表の作成方法や法人税額等の計算等について、丁寧に説明。
2017.3 409p B5 ¥3800 ⓘ978-4-906173-82-2

◆国外財産の移転・管理と税務マネジメント─「パナマ文書以後」に対応する　佐藤臣夫、清水鏡雄著　清文社
【要旨】税務スキームをどう見直し、再構築するか？迫りくる課税強化網に備える！国際課税の基本から財産・所有形態別の税務マネジメントの要点、失敗事例まで徹底解説。
2017.11 400p A5 ¥4000 ⓘ978-4-433-62907-6

◆国際税務ハンドブック　PwC税理士法人編　中央経済社、中央経済グループパブリッシング発売　第4版
【要旨】BEPS、最新の税制改正に対応!!基本からしっかり理解したい実務家・専門家に。定番の税制から、外国子会社合算税制の大幅改正、移転価格税制の文書化、国外財産の資産課税の見直しなど、最新の論点までカバー！
2017.12 521p A5 ¥5600 ⓘ978-4-502-24811-5

◆今年の税務・法務まるわかり！税理士・会計士・FP必携 税務・法務モバイルブック2017　辻・本郷税理士法人編著　東峰書房
【要旨】29年度改正後の最新の所得税制、相続・贈与税制、法人税制、金融証券税制の情報をはじめ、実務に役立つ情報・データをこの1冊に集約。税理士・会計士・フィナンシャルプランナーが実務に必要なデータをいつでもどこでも、取り出せる！
2017.5 271p 18cm ¥1400 ⓘ978-4-88592-187-2

◆顧問先の休廃業・解散にかかる税務と手続きQ&A　長谷部光哉、佐藤増彦著　税研情報センター
【目次】第1章 概説（廃業とは、株式会社の解散から清算結了までの流れ ほか）、第2章 会社の解散～清算結了までの法務と税務（廃業までの大まかな注意事項、清算会社の機関設計と清算人の職務 ほか）、第3章 解散と役員・従業員の税務（役員退任の法務と税務、その他）、第4章 解散～清算結了までの株主の税務（解散後に株主に生じる税金、金銭分配に係る税金の具体的計算 ほか）、第5章 個人事業主の廃業─自主廃業と死亡廃業（廃業年の所得計算、退職金と税金）、記載例（異動届出書（解散届）、欠損金の繰戻しによる還付請求書 ほか）　2017 118p B5 ¥1000

◆これだけ！組織再編成税制　佐藤信祐、長谷川太郎著　中央経済社、中央経済グループパブリッシング発売
【要旨】平成29年度税制改正対応。実務であまり遭遇しないケースを外し、最低限押さえておくべきことだけを取り出して解説。
2017.7 167p A5 ¥2400 ⓘ978-4-502-23151-3

◆これだけは押さえておこう 国際税務のよくあるケース50　佐和周著　中央経済社、中央経済グループパブリッシング発売　第2版
【要旨】本書は国際税務のキホンをケースで解説。国際税務の相談を受ける中で、よく寄せられる質問は、大きく4つのタイプ"普通に海外事業を行う"、"損得を考えてみる"、"節税策を考えてみる"、"よくあるトラブルに対処する"に分けられる。この4タイプの質問をもとに、50のケースを解説。税務上の留意点を説明している。第2版では、平成28年度税制改正後の移転価格文書化制度、平成29年度税制改正で大きく変わったタックス・ヘイブン対策税制等をフォローするとともに、最近多く見られる「海外子会社を持つ日本企業を買収する」ケースを追加するなど、ケースの見直しを行っている。
2017.12 173p A5 ¥2200 ⓘ978-4-502-24851-1

◆最新企業会計と法人税申告調整の実務─公認会計士による徹底解説　日本公認会計士協会東京会編　日本公認会計士協会出版局　三訂版
【要旨】会計・税務の専門家公認会計士による税務シリーズ待望の三訂版！税額控除・海外との取引も加わりさらに充実。
2017.8 446p A5 ¥3200 ⓘ978-4-904901-71-7

◆寺院法務の実務と書式　横浜国内法律事務所編、庄司道弘、本間久雄、粟津大慧著　民事法研究会
【要旨】最新の寺院事情やノウハウが満載！寺院を運営・管理していくうえで必要となる多様な知識やノウハウを、関連書式と一体として法律に疎い方でも容易に理解できるよう、懇切・丁寧にわかりやすく解説した関係者待望の体系書がついに完成！著者は日頃、僧侶としても職務を遂行していますが、檀信徒・寺院関係者をはじめ、地域住民、行政や税務当局などとのトラブルの未然防止や解決策についても具体例を示して実践的に教示！
2018.1 451p A5 ¥4500 ⓘ978-4-86556-201-9

◆自己株式実務ハンドブック─税務・会社法・会計の取扱い　齋藤雅俊著、税務研究会税研情報センター編　税務研究会税研情報センター　第2版
【目次】第1章 純資産の部の税務、第2章 自己株式に関する取扱いの変遷、第3章 自己株式の取得（1 発行法人の処理）、第4章 自己株式の取得（2 発行法人にその株式を譲渡した株主の処理）、第5章 自己株式の消却、第6章 自己株式の処分、第7章 時価と乖離した取引とその課税関係、自己株式取得の書式ひな型（特定の株主から取得する場合）
2016 64p B5 ¥600

◆資産の交換・買換えの課税理論　阿部雪子著　中央経済社、中央経済グループパブリッシング発売
【目次】第1章 所得概念の展開と課税のタイミングの問題、第2章 課税繰延べ規定の基礎理論、第3章 固定資産の交換の場合の譲渡所得の特例、第4章 特定の事業用資産の買換えの場合の特例、第5章 収用等に伴い代替資産を取得した場合の譲渡所得の特例、第6章 特定の居住用財産の買換えの場合の譲渡所得の特例、第7章 平成21年および平成22年に土地等の先行取得をした場合の譲渡所得の特例、第8章 企業税制
2017.3 555p A5 ¥9000 ⓘ978-4-502-99820-1

◆実践ガイド 企業組織再編成税制　朝長英樹、竹内陽一、中尾健著　清文社　改訂増補版
【要旨】中小企業経営者必読！最新の情報とノウハウを提供する、実務のプロによる実践ガイド
2017.12 454p A5 ¥3600 ⓘ978-4-433-61307-5

◆実務家とFP必携！保険税務Q&A　保険税務事例研究グループ編　税研情報センター、税務研究会出版局 発売　八訂版
【要旨】第1章 法人契約の生命保険1 保険料等、第2章 法人契約の生命保険2 配当金、転換・契約変更等、第3章 法人契約の生命保険3 保険金、給付金等、第4章 個人事業主契約の生命保険1 保険料等、第5章 個人事業主契約の生命保険2 配当金等、第6章 個人事業主契約の生命保険3 保険金、給付金等、第7章 個人契約の生命保険1 保険料等、第8章 個人契約の生命保険2 転換・契約変更等、第9章 個人契約の生命保険3 保険金、給付金等、第10章 損害保険、参考
2017.3 589p B5 ¥4000 ⓘ978-4-7931-2232-3

◆資本戦略　大沼昌清、井上久彌、磯邊和男編、今西浩之著　ぎょうせい　（会社税務マニュアルシリーズ 2）　第9次改訂版
【要旨】増資・減資だけでなく近年広がる資本戦略の手法について徹底解説！全面リニューアル。
2017.11 237p A5 ¥4000 ⓘ978-4-324-10393-7

◆宗教法人の経理と税務─実務担当者のための　治田秀夫著　丸善プラネット、丸善出版 発売　改訂版
【目次】宗教法人法（宗教法人とは、宗教法人の設立手続き）、宗教法人の管理運営（宗教法人の管理運営及び機関、宗教法人の会計及び財産管理、宗教法人の経理の流れ、宗教法人の勘定科目、財産目録、賃借対照表、収支計算書の役割、備え付けるべき書類と帳簿の種類、所轄庁、税務署への提出、信者その他の利害関係人の閲覧、予算管理、経理規程の例、帳簿組織）、宗教法人の税務（宗教法人の源泉所得税、宗教法人の収益事業に対する法人税、宗教法人に対する寄附金）、労務管理と社会保険
2017.4 266p A5 ¥2000 ⓘ978-4-86345-322-7

◆修繕費・改良費及び増改築費用の税務─平成29年改訂版　小林磨寿美著　大蔵財務協会
【要旨】固定資産、リース資産、資本的支出、リフォーム、事故・災害、メンテナンス費用…難解な税務判定をQ&A方式でわかりやすく解説！
2017.10 251p A5 ¥1852 ⓘ978-4-7547-4443-4

◆小規模社会福祉法人のための法人運営と財務管理　総合福祉研究会税務経営委員会編　清文社
【要旨】経営組織のガバナンスの強化とは。事業経営の透明性確保とは。制度や会計基準を簡潔にポイント解説！適切な運営と説明責任を果たすための実務や留意点がわかりやすい。法令遵守チェックリストで検討ルールが洗い出せる。理事・監事・評議員・施設長・事務長必携！
2018.1 209p B5 ¥2400 ⓘ978-4-433-64837-4

◆新株予約権の税・会計・法律の実務Q&A　山田&パートナーズ、山田ビジネスコンサルティング編著　中央経済社、中央経済グループパブリッシング 発売　第7版
【要旨】新株予約権の実務全般を網羅した1冊！発行・行使・処分から活用方法まで、実例や発行関係書類モデルを交え解説。平成29年度税制改正の役員給与に対応！
2017.10 637p A5 ¥5200 ⓘ978-4-502-24261-8

◆信託の法制度と税制　莇田英人著　税務経理協会
【要旨】類似制度と比較し、判例も参考にしながら複雑な信託の仕組みを法制・税制の両面から解説。新しい活用方法・今後の課題まで含め、信託の全体像を把握する。活用機会が増大する「民事信託」対応のための実務家必携書。
2017.1 151p A5 ¥2100 ⓘ978-4-419-06417-4

◆図解+ケースでわかるM&A・組織再編の会計と税務　小林正和著　中央経済社、中央経済グループパブリッシング 発売　第2版
【要旨】スピン・オフなどの平成29年度税制改正による組織再編税制の見直しに対応。スキームの違いやポイントを比較しやすいように、付録として「主要なスキームの比較表」を掲載。のれん、負ののれん、段階取得、追加取得、一部売却などの複雑な実務を130のケースを用いながらわかりやすく解説。難解なM&A・組織再編の会計・税務から、税効果会計までを具体的に詳述。
2017.9 601p A5 ¥6400 ⓘ978-4-502-24231-1

◆スピンオフの税務と法務 平成29年版 新制度活用のための重要事例80問による分割・株式分配・スクイーズアウト・現物分配・事業譲渡収録　櫻井光照著　大蔵財務協会
【目次】第1章 スピンオフ（単独新設分割型分割）（スピンオフ（単独新設分割型分割）に係る制度創設の趣旨、スピンオフ（単独新設分割型分割）の概要 ほか）、第2章 スピンオフ（株式分配）（スピンオフ（株式分配）に係る制度創設の趣旨、株式分配の定義について ほか）、第3章 スクイーズアウト（株式交換）（全部取得条項付種類株式によるスクイーズアウトの改正、株式併合によるスクイーズアウトの改正 ほか）、第4章 現物分配（100%グループ内の法人間の現物配当の考え方、現物分配の意義 ほか）、第5章 事業譲渡（営業譲渡）（事業譲渡をした法人の税務取扱い、事業譲渡と合併の納税義務の承継の相違点について ほか）
2017.11 396p A5 ¥3426 ⓘ978-4-7547-2477-1

◆税効果会計入門　鈴木一水著　同文舘出版
【要旨】簿記・会計の初歩の知識があれば、「税効果会計」の"しくみ"や"計算方法"は理解できる！図表や仕訳例を豊富に駆使して、なぜの疑問に答えた超入門書。
2017.10 180p A5 ¥2300 ⓘ978-4-495-20661-1

◆税務会計学辞典　成道秀雄編著　中央経済社、中央経済グループパブリッシング 発売　新版
【要旨】毎年変化する税制をふまえ最新の税務会計学を凝縮！研究、実務に欠かせない1300余の見出し語を収録。詳細な和文・欧文索引から、引きたい用語を一発検索。
2017.10 493p B5 ¥5200 ⓘ978-4-502-20961-1

◆税務会計要論　中田信正著　同文舘出版 新訂第3版
【要旨】基礎知識修得に最適！超ロングセラーの最新コンパクト版！益金・損金についての仕訳例・計算例を豊富に掲載！税額の計算方法と申告手続きについて詳細解説！国際税務や企業集団税制に至るまで幅広く言及！
2017.3 248p A5 ¥2900 ⓘ978-4-495-16888-9

◆税務経理ハンドブック　平成29年度版
日本税理士会連合会編　中央経済社、中央経済グループパブリッシング 発売　（付属資料：別冊1）
【要旨】あらゆる税務の法令・通達を項目ごとに整理。29年度改正までフォローした最新版。充実の内容とコンパクトなサイズで使いやすい。「税法編綜合索引」で見たい項目がすぐわかる。別冊「主要税制改正一覧表」付。
2017.7 1051, 31p 18×12cm ¥4000 ①978-4-502-89012-3

◆税務コストをへらす組織再編のストラクチャー選択　佐藤信祐著　中央経済社、中央経済グループパブリッシング 発売
【要旨】M&Aが日常的に行われるようになり、また、組織再編税制を使った節税や事業承継等も増えています。組織再編は、M&Aや事業承継等を目的とした道具です。それぞれの目的・場面に応じて、いかに税務コストを抑えるかという点が非常に重要になります。本書は、M&A、グループ内再編、事業再生、事業承継等、組織再編を行う場面ごとに、税務上、どのような点を比較・検討してストラクチャーを選択すればよいかについて解説しています。平成29年度税制改正に対応。
2017.6 191p A5 ¥2600 ①978-4-502-23161-2

◆税務重要裁決事例55選―元審判官が解説！税理士が誤りやすいポイント　成松洋一著　第一法規
【要旨】元国税不服審判所審判官が独自の目線で選び抜き解説した、税理士が押さえておくべき重要裁決事例55選！豊富な経験者による、プロのための裁決事例解説。実務に重要な裁決事例だけを精選。「ポイント解説」と「留意点」で、裁決事例の内容と誤りやすいポイントを把握！裁決から裁判に発展したものや類似する参考判例がある場合は、その事件番号を記載。
2017.11 349p A5 ¥3200 ①978-4-474-05897-2

◆税務ハンドブック　平成29年度版　宮口定雄編、杉田宗久著　（大阪）コントロール社
【目次】平成29年度税法主要改正点とその適用期日等、税理士への損害賠償の主な事例、国税関係（国税の通則等に関する事項、法人税、所得税、消費税、相続税・贈与税・その他の国税）、地方税関係
2017.6 280p A5 ¥2400 ①978-4-902717-29-7

◆税務・労務ハンドブック　平成29年度版　井村登、馬詰政美、菊地弘、佐竹康男、井村佐都美著　清文社
【要旨】平成29年度税制改正等、最新法令に対応！ 税務・労務・社会保険の幅広い知識が、この一冊でわかる!!所得税の配偶者控除・配偶者特別控除の見直し、中小企業向け優遇税制関連、育児・介護休業法等の改正など、重要な改正項目を収録。
2017.6 711p B6 ¥3600 ①978-4-433-63117-8

◆税理士を悩ませる『財産評価』の算定と税務の要点　黒沢泰著　清文社
【要旨】実務に直結！税理士が判断に迷う各種事例を豊富に挙げ、詳解。評価額算定のための前提をめぐる微妙な判断、解釈上のグレーゾーンの存在、現実に発生する相続案件の複雑化、etc…。財産評価基本通達改正対応！「地積規模の大きな宅地の評価」の要点掲載。
2017.10 373p A5 ¥3400 ①978-4-433-62817-8

◆税理士のための介護事業所の会計・税務・経営サポート　藤尾智之著　第一法規
【要旨】介護事業所にはもっと税理士のサポートが必要です！介護業界出身の著者が基本的事項からやさしく解説。介護業界に強みを持ちたい税理士の必読書！
2017.9 263p A5 ¥2500 ①978-4-474-05871-2

◆税理士のためのケーススタディ 役員給与課税の心得帳　小林俊道著　ぎょうせい
【要旨】イラストと会話で綴るコンパクトな36ケーススタディで、役員給与の「困った」をすっきり解決します！
2017.8 161p A5 ¥2000 ①978-4-324-10377-7

◆税理士の坊さんが書いた宗教法人の税務と会計入門　上田二郎著　国書刊行会　第2版
【要旨】第二版では、宗教法人も取扱事業者となるマイナンバー制度の運用が基本の「キ」と法定調査について解説。現役の僧侶兼税理士（元国税査察官）が教える、初心者でも「ホントウにできる」宗教法人会計入門。
2017.5 222p A5 ¥2200 ①978-4-336-06174-4

◆税理士必携 誤りやすい申告税務詳解Q&A　吉川保弘監修　清文社　新版
【要旨】課税実務に長年携わってきた租税のプロが、税務処理判断＝誤りやすい申告事案について、所得税、源泉税、資産税、法人税、消費税、印紙税・酒税等各税目について、ポイントをわかりやすく解説!!
2017.12 732p A5 ¥4000 ①978-4-433-63067-6

◆設立・解散　大沼長清、井上久彌、磯邊和男編、坂本一、平山昇著　ぎょうせい　（会社税務マニュアルシリーズ 1）　第9次改訂版
【要旨】本書は、設立と解散という会社にとって最初と最後の、ともに一回限りの局面について、その税務上の取扱いを中心に解説するものである。ただし、設立・解散という会社の諸手続、会計処理等も併せて、実務上必要なマニュアルとして総合的な解説を試みています。法人実効税率の引下げ、国税・地方税の新様式に対応した最新版！
2017.11 276p B5 ¥4000 ①978-4-324-10392-0

◆設例で理解する 税務難問事例の捉え方と対処法　JPコンサルタンツ編、JPコンサルタンツ・グループ著　清文社
【要旨】軽微と思われても奥深い疑問から、税法に明定されていない問題を。主要税目の誤りやすい問題点を、元国税調査官らが簡潔に解説！
2017.12 369p A5 ¥3200 ①978-4-433-41537-2

◆組織再編・資本等取引をめぐる税務の基礎　牧口晴一、齋藤孝一著　中央経済社、中央経済グループパブリッシング 発売　第3版
【要旨】組織再編は主要な法的なところが目立ち、不慣れなことも手伝って、なかなか自信をもった対応がしにくいようです。しかし、本書は、本質的なところを大づかみに理解できるよう「基礎＝基粗」の信念のもと、難易度を明らかにした上で、著者オリジナルの図表を駆使して、わかりやすく解説しています。
2017.11 615p A5 ¥5600 ①978-4-502-24821-4

◆組織再編における繰越欠損金の税務詳解　佐藤信祐著　中央経済社、中央経済グループパブリッシング 発売　第5版
【要旨】本書は、組織再編を行うにあたり、重要性が高く、また金額的なインパクトの大きい繰越欠損金および特定資産譲渡等損失額について、税務申告書作成上の留意点・記載例まで詳細に解説しています。改訂にあたっては、特定資産の定義・除外規定の見直し等が行われた平成29年度税制改正をフォローするとともに、ヤフー事件の最高裁判決にも言及しています。
2017.3 330p A5 ¥4000 ①978-4-502-24821-4

◆租税回避をめぐる税務リスク対策―行為計算否認に備えた実務対応について　入谷淳著　清文社
【要旨】「不当性要件」とは何か？ IBM事件、ヤフー事件、IDCF事件の判示内容を詳述！ 行為計算否認規定の適用に関するQ&Aを満載！
2017.2 281p A5 ¥3600 ①978-4-433-63326-4

◆同族会社の税務トラブルを防止する！ 社内規程等の作成と改定　熊谷事務所編著　清文社
【要旨】税務トラブルの要因、そして疎明資料ともなる社内規程等を税務の視点から徹底整備！ 税務トラブル事例→問題点→解説→サンプル規程の構成でトラブル防止のポイントがスッキリわかる！
2017.2 256p A5 ¥2400 ①978-4-433-64246-4

◆入門 税務会計　谷川喜美江著　税務経理協会　第3版
【目次】会計の目的と租税の目的、租税の体系、確定決算主義と税務会計、税務根拠、納税義務者、課税所得、事業年度・納税地・申告・納税、課税所得金額の計算、益金の額・収益計上時期、益金の額・益金不算入、棚卸資産、減価償却〔ほか〕
2017.5 105p A5 ¥1500 ①978-4-419-06452-5

◆非公開株式譲渡の法務・税務　牧口晴一、齋藤孝一著　中央経済社、中央経済グループパブリッシング 発売　第5版
【要旨】日本経済を支える中小企業の事業承継問題が、注目を集めています。相続の税金に関する制度面の見直しも進んでいますが、本書では、事業承継の安全である譲渡制限株式の取扱いについて、法務・税務の両面から光を当てています。最新の情報に準拠しながら、従来の制度の斬新な活用を提言していますが、執筆に当たってはわかりやすい図表を多用するなど、オリジナリ

ティーあふれる一冊となっています。
2017.6 574p A5 ¥4800 ①978-4-502-23611-2

◆非上場株式の税務―譲渡・贈与・相続・遺贈への対応　中島茂幸著　中央経済社、中央経済グループパブリッシング 発売
【要旨】本書は、非上場株式の取引を行うに当たって、「個人」と「法人」における売買取引、低価譲渡、無償譲渡、相続などの取引に対する所得税、法人税及び相続税・贈与税にまたがるクロスセクションの課税関係を明らかにしました。第2版では、平成29年度税制改正および財産評価基本通達の見直しをフォローしています。また、重要な用語について、各章で説明するとともに、付録として用語解説を掲載しています。
2017.9 212p A5 ¥2600 ①978-4-502-23991-5

◆明解税務 税務資料　平成29年度版　三菱UFJリサーチ&コンサルティング
【目次】平成29年度税制改正「所得税法等の一部を改正する法律案」のポイント、個人の税金（所得税、個人住民税と個人事業税、相続税と贈与税、マイホームとアパート経営に関する税金、法人の税金（法人税、グループ法人税制（「完全支配関係」がある法人の間の取引等）、企業組織再編の税制の概略、連結納税制度の概略、法人税（国税）と法人住民税等（地方税）の概略）、法人と個人に共通の税金（消費税と地方消費税、復興特別税、その他の税金）
2017 330p B5 ¥1800 ①978-4-905278-28-3

◆役員の税務と法務―重要実務事例400問による 平成29年改訂版　櫻井光照著　大蔵財務協会　改訂版
【要旨】役員給与・役員退職給与・株式報酬・新株予約権収録。
2017.9 1497p A5 ¥5185 ①978-4-7547-2460-3

◆よくある疑問・誤解を解決！ Q&A 公益法人・一般法人の会計と税務　岡部正義著　清文社
【要旨】実務でまちがいやすいポイントを正しく理解！公益法人では区分経理が必須ですか？「収益事業等」を行っている法人は法人税の申告義務がありますか？ 有価証券を売却した場合、消費税計算上は不利になりますか？「公益法人等」に該当すれば、寄附を受けた場合に課税されませんか？ etc…。
2017.5 199p A5 ¥2400 ①978-4-433-66867-9

◆連結納税の組織再編税制ケーススタディ　足立好幸著　中央経済社、中央経済グループパブリッシング 発売
【要旨】連結納税特有の税務と組織再編税制が同時に適用される。不利益を受けないスキームは？ 再編は連結納税の開始前か開始後か？ 具体例で理解できる実践テキスト！
2018.1 369p A5 ¥4000 ①978-4-502-24541-1

◆BEPS移転価格文書の最終チェックQ&A100―税務ガバナンスの構築に向けて　角田伸広著　中央経済社、中央経済グループパブリッシング 発売
【要旨】税務当局の関心事項と移転価格調査につながる可能性のある記載事項を中心に、主要国の動向や税務リスク管理、記載上の落とし穴などを解説。
2017.12 264p A5 ¥3000 ①978-4-502-24891-7

◆EU付加価値税の実務　溝口史子著　中央経済社、中央経済グループパブリッシング 発売
【要旨】EU28カ国のVAT税制を解説した決定版！課税の基本構造から契約上の留意点、誤りやすい事例まで詳説。
2017.4 315p A5 ¥3800 ①978-4-502-21211-6

◆Q&A 医療機関の税務相談事例集　益子良一、松本重明共著　大蔵財務協会　4訂版
【要旨】開業医、勤務医が抱く税務上の関心事項を会話形式で分かりやすく解説。最新の医療法を始めとする関係諸法及び税制改正を網羅。医療法人のガバナンスの強化及び持分の放棄等について解説。医療機関に対する税務調査における対応のポイントを更に充実。医療機関特有の源泉所得税のポイントを収録。
2017.12 687p B5 ¥3148 ①978-4-7547-2491-7

◆Q&A 海外勤務者に係る税務―出入国・相続贈与・海外投資　川田剛著　税務経理協会　第3版
【要旨】出国税の創設等に従い情報をアップデート！ 保険・年金関係の章を新設！ 出国、勤務中、帰国後といったプロセスに沿い、時系列で

解説。

2017.2 457p A5 ¥4200 ①978-4-419-06423-5

◆Q&A協同組合の会計と税務—平成29年7月改訂　ひびき監査法人編著　清文社　改訂版
【要旨】事業協同組合の設立から運営（解散）、税務申告までの実務を、設例にもとづく120超のQ&Aでやさしく解説したロングセラー。

2017.7 381p A5 ¥3400 ①978-4-433-63557-2

◆Q&A 経理担当者のための税務知識のポイント　松田修著　清文社　第3版
【要旨】経理担当者が日々直面する税務処理を仕訳の例示や豊富な具体例を交えて基礎からわかりやすく解説！役員給与（定期同額給与、事前確定届出給与、利益連動給与）の取扱い、法人税の軽減など、近年の改正事項をカバーしてリニューアル。

2017.5 303p A5 ¥2200 ①978-4-433-63567-7

◆Q&A 実務減価償却　岸田光正著　大蔵財務協会　四訂版
【目次】第1 減価償却資産の範囲等、第2 減価償却資産の取得価額、第3 少額減価償却資産の損金算入、第4 減価償却費、第5 償却限度額等、第6 除却損失、第7 資本的支出と修繕費の区分、第8 耐用年数、第9 特別償却制度

2017.2 348p A5 ¥2000 ①978-4-7547-2398-9

◆Q&A社会福祉法人制度改革対応ガイド—弁護士・公認会計士・税理士の実務　鳥飼総合法律事務所, OAG税理士法人, OAG監査法人共著　清文社
【要旨】法務×会計×税務の視点から、新制度の実務をアドバイス。

2017.3 303p A5 ¥3200 ①978-4-324-10285-5

◆Q&A 事例にみる医療・介護事業者の『営業経費』の税務判断　佐藤謙一, 遠藤克博著　清文社
【要旨】医療法人はもちろん、個人で病院や介護事業等を営む者、医療法人の理事・役員注目の1冊！『営業経費』『必要経費』について税務上の取扱いをわかりやすく解説。汎用性の高い『営業経費』『必要経費』の項目（家事関連費・事業専従者給与・交際費・入会金・理事等の報酬・学資金等）について、多数のQ&Aを掲載。

2017.2 149p A5 ¥2000 ①978-4-433-63576-3

◆Q&Aで基礎からわかる固定資産をめぐる会計・税務　松田修著　清文社　四訂版
【要旨】固定資産の取引にかかる複雑な会計・税務処理を、Q&A形式でやさしく解説。「建物附属設備や構築物の減価償却方法」や「少額減価償却資産の特例制度」に関する改正にも対応。美術品等についての減価償却資産の判定等通達関連の改正もカバー。租税特別措置法による特別償却や割増償却について、最新のデータを掲載。

2017.5 290p A5 ¥2400 ①978-4-433-66387-2

経営管理

◆アジア・オセアニアにおける災害・経営リスクのマネジメント　上田和勇編著　白桃書房　（専修大学商学研究所叢書）
【目次】第1章 災害リスクと経営リスクに対するレジリエンス、第2章 タイ大洪水と事業継続計画、第3章 タイの防災政策の課題と日本の国際協力—2011年のタイの大洪水を事例に、第4章 自然災害リスクのリスク・ファイナンス—アジア太平洋地域の新興国における現状と課題、第5章 海外における自然災害リスクのマネジメント—韓国の実態分析から見た事前対策システムの重要性、第6章 ロシアにおける環境リスクの現状と対応—安全教育を中心に

2017.3 168p A5 ¥2600 ①978-4-561-26691-4

◆異動・出向・組織再編—適正な対応と実務　高仲幸雄, 中山達夫, 池邊祐子著　労務行政
【要旨】異動・出向・組織再編に際し、どのような手続きをとるべきか。対象者に確認すべき事項は何か。労働条件の変更が問題となるのは、どのような場合か。異動や出向・転籍、組織再編をめぐる背景やこれら留意すべき点を網羅し、契約内容や労働条件の見直し等を確実に行えるよう懇切丁寧に解説。検討手順が分かるチェックリストやフローチャートのほか、わかりやすいQ&A、実務に使える書式例付き。

2017.9 268p A5 ¥3600 ①978-4-8452-7331-7

◆映画に学ぶ経営管理論　松山一紀著　中央経済社, 中央経済グループパブリッシング 発売　第2版
【要旨】な～んだ、私でもわかるやん！「言葉だけでなくストーリーで理解できる！」関西有名私大の大人気講義を書籍化。

2017.1 248p A5 ¥2800 ①978-4-502-21371-7

◆海外子会社のリスク管理と監査実務　長谷川俊明著　中央経済社, 中央経済グループパブリッシング 発売
【要旨】グローバルなグループ経営の重要課題に対応する！内部統制・ガバナンス・監査・チェックリスト、現地従業員向けアンケート、海外事業監査項目を収録。

2017.3 236p A5 ¥2800 ①978-4-502-21121-8

◆会社の"終活"読本 社長のリタイア"売却・廃業"ガイド　内藤博, 金子一徳, 戸田正弘著　日刊工業新聞社
【要旨】会社をきっちり片づけ、第二の人生へ。家族・従業員に迷惑かけずに引退する方法を、中小企業診断士が分かりやすく解説します。

2017.12 147p A5 ¥1500 ①978-4-526-07780-7

◆各種法人関係議事録モデル文例集　内藤卓, 岡田高起, 日高啓太郎共著　（名古屋）新日本法規出版　改訂版
【目次】第1章 一般社団法人・公益社団法人、第2章 一般財団法人・公益財団法人、第3章 医療法人、第4章 社会福祉法人、第5章 宗教法人、第6章 事業協同組合、第7章 学校法人、第8章 特定非営利活動法人

2017.5 404p B5 ¥4300 ①978-4-7882-8283-4

◆課長・部長のための予算作成と目標達成の基本　フレイビジネス研究会著　マイナビ出版
【要旨】予算作成のための現状分析と計算方法、成功に導くポイント、戦略実行のための予算管理、予実管理をわかりやすく解説。予算作成とその目標達成に悩んでいるすべてのマネジャーに贈る。

2017.7 219p B6 ¥1580 ①978-4-8399-6247-0

◆間接材購買戦略—会社のコストを利益に変える　谷口健太郎著　東洋経済新報社
【要旨】ソフトバンクで2300億円のコストを削減した驚異のノウハウを完全解説！

2017.8 244p B6 ¥2800 ①978-4-492-53395-6

◆企業の個人情報対策と規程・書式—やさしくわかる！ すぐできる！　齋藤義浩, 鈴木雅人共著　第一法規
【要旨】情報の棚卸しから社員研修まで、ガイドラインを踏まえた「最短距離」での実務対応を解説。平成29年5月施行の改正個人情報保護法対応。個人情報取扱規程、データ管理規程、業務委託契約書等、規程、書式例も豊富に掲載。

2017.3 403p A5 ¥2800 ①978-4-539-72526-9

◆議事録作成の実務と実践　鈴木龍介編著, 稲垣裕行, 西岡祐輔, 早川将和, 平石悠亮著　第一法規
【要旨】登記にも対応した高品質で失敗のない議事録が作成できる！英文議事録の記載例も収録。

2017.11 263p A5 ¥3000 ①978-4-474-06217-7

◆今日からはじめる無期転換ルールの実務対応—多様な社員の活かし方　牛嶋勉, 藤津文子, 吉永大樹著　第一法規
【要旨】無期転換ルールとはどのようなもので、無期転換者はどのような条件で生じるのか、無期転換者の発生に備えて事前にどのような準備をすればよいのか、無期転換者を活用するためにはどのような人事諸制度を用意すればよいのか等、平成30年4月に向けて、企業にとって必要な知識と対応策について。対応しなかったらどうなるのか？から、無期転換ルールの疑問のすべてに答える！

2017.5 157p A5 ¥2200 ①978-4-474-05846-0

◆グローバル・コスト削減の実務　大内大輔著　中央経済社, 中央経済グループパブリッシング 発売
【要旨】原材料費、人件費、広告宣伝費、ITシステム費、不動産費、その他の管理費、資金調達費用、税務費用などの費目別で検討。関連する会計・リスク管理・税務の基礎知識からプロジェクト・マネジメントの進め方までを解説した海外事業担当者の必携書。海外ビジネス、海外M&A後の再構築に役立つ。

2017.6 215p A5 ¥2500 ①978-4-502-23271-8

◆経営計画は利益を最初に決めなさい！　古田土満著　あさ出版
【要旨】社長しかできない2つの落とし込み—会社の使命感・理念を盛り込む、商品別販売計画で利益を確保する。

2017.2 239p B6 ¥1500 ①978-4-86063-964-8

◆契約書の見方・つくり方　淵邊善彦著　日本経済新聞出版社　（日経文庫）第2版
【要旨】リスクを避け、ビジネスを有利に進めるうえで、これだけは知っておきたい勘どころを第一線で活躍する弁護士が伝授。民法改正などで契約書がどう変わるのかを盛り込み新版化。

2017.7 243p 18cm ¥1000 ①978-4-532-11374-2

◆限定正社員制度導入ガイドブック—無期契約への転換対応から戦略的活用術まで　みらいコンサルティンググループ編　同文舘出版
【要旨】労働人口が減少する中、「働き方改革」ができない企業では人材不足を招き、ビジネスそのものが行えなくなる時代となってきました。優秀な人材の獲得・定着の解決策として、「限定正社員」制度が注目されています。本書では限定正社員制度導入に伴う人材獲得戦略・要員管理の見直しから、自社の給与・就業・育成の制度設計・運用の実務まで幅広く解説します。

2017.4 197p A5 ¥2300 ①978-4-495-39004-4

◆公益社団法人・公益財団法人・一般社団法人・一般財団法人の機関と運営　渋谷幸夫著　全国公益法人協会　（付属資料：CD-ROM1）増補改訂版（第5版）
【要旨】公益法人制度改革、一般社団法人、一般財団法人、公益法人、社員、社員総会、評議員・評議員会、理事、理事会、監事、会計監査人〔ほか〕

2017.9 1254p A5 ¥6700 ①978-4-915668-60-9

◆公益法人・一般法人によくある質問—機関運営編　公益法人協会相談室編著　公益法人協会
【目次】1 社員・社員総会、2 評議員・評議員会、3 理事、4 代表理事・業務執行理事、5 理事会、6 監事・会計監査人、7 定款等、8 諸報酬、9 利益相反・損害賠償・責任限定契約、10 その他

2017.3 417p A5 ¥3200 ①978-4-906173-81-5

◆コーポレートガバナンス・コードのすべて　中村慎二, 塚本英巨, 中野常道著　商事法務
【要旨】コーポレートガバナンス・コード全73原則の基本的な意味を開示例を交えながら解説し、ガバナンスを取り巻く個々の実務への影響を分析。すべての上場企業の役員・実務担当者が必読すべきコード解説の決定版！

2017.5 376p A5 ¥3500 ①978-4-7857-2530-3

◆コーポレートガバナンスハンドブック　中村直人編著　商事法務
【要旨】第一人者の執筆陣が、近年の多様な論point・論点を整理し、コーポレートガバナンスの理念を平易に骨太に解説。社内役員、社外役員、企業担当者がそれぞれに取り組むべき実務を章ごとに具体的に解説。

2017.5 650p A5 ¥7500 ①978-4-7857-2519-8

◆これだけは知りたい！ 一般社団・財団法人の設立について　公益法人協会　（KOHOKYO Library 1）第2版
【要旨】法人設立・選択のねらいにあわせて、法人設立のプランニングから有し、やさしく解説。練達の公益法人協会相談室の専門委員が、相談事例や実際のニーズをもとにくわしく執筆。社団（普通事業設置型・簡易型）と財団の3類型別の定款例と設立登記関連資料をそれぞれ掲載。

2017.7 165p A5 ¥1200 ①978-4-906173-83-9

◆コンサルタントの経営数字の教科書—1年間報酬3000万円超えが10年続く　和仁達也著　かんき出版
【要旨】決算書を見なくても、答えは見える。クライアントのお金の悩みを1枚の図で一気に解決！重要な経営判断に直接関わる「特別なコンサルタント」への道、教えます！

2017.9 351p B6 ¥2200 ①978-4-7612-7287-6

◆最新/組織再編の法律・会計・税務ハンドブック　山田ビジネスコンサルティング, 山田&パートナーズ, 優成監査法人編著　日本法令　7訂版
【要旨】H29大改正対応。スピンオフ税制の導入、企業グループ内の分割型分割に係る適格要件の見直し、スクイーズアウト税制の整備。実務上のポイントをQ&A形式で網羅。

2017.8 521p A5 ¥2600 ①978-4-539-72529-0

経済・産業・労働

◆事業資金調達の教科書—基本的な考え方から具体的な活用方法まで　金森亨著　中央経済社, 中央経済グループパブリッシング　発売
【要旨】投下した資金が果実を伴って返ってくるようにするためには, 事業を立ち上げる際に, その事業に「事業として成り立つ素質」があるかどうかを吟味し, 資金をどこに使えばその素質を発揮させることができるかを考えておく必要があります。常に, どうすれば資金を事業に活かすことができるかという問いかけが必要なのです。それは, 事業を大切に思い, 事業に打ち込みたいという企業経営者の思いそのものではないでしょうか。そういった事業の思いに寄り添い, 金融機関など資金を供給する側のあるべき姿にも言及しつつ, その問いかけの答えを見つけていくのが本書です。前半で資金調達に臨む姿勢や考え方を検討し, その考え方に基づいて資金調達手段を活用する方法を後半で述べる構成としています。
2017.9　337p　A5　¥3700　①978-4-502-24031-7

◆実践フォーラム 破産実務—手続選択から申立て・管財まで　野村剛司編著　青林書院
【要旨】感覚の共有と協働・連携を！ こんなときどうする？ どうなる？ 誰もが遭遇する素朴疑問から難問まで実務の解決指針, 実務を語り尽くす圧倒的なライブ感。どこを読んでも面白い, ためになる。倒産処理弁護士の魂の伝承。弁護士, 裁判官, 金融機関担当者等, 破産事件関係者必読の書。
2017.11　183p　A5　¥2500　①978-4-561-24697-8

◆シャイン博士が語る組織開発と人的資源管理の進め方—プロセス・コンサルテーション技法の用い方　エドガー・H. シャイン, 尾川丈一, 石川大雅著, 松本美央, 小沼勢矢訳　白桃書房
【要旨】いま, なぜHRMは変わらなければならないのか。HRMの役割変化を理解し, 今まで組織変革へと導く方法とは！ シャイン博士による, 組織開発に際してのプロセス・コンサルテーションの実際の運用方法を伝授。
2017.4　107p　A5　¥1850　①978-4-561-24697-8

◆社会福祉法人の運営とリスク管理—どうなる!? どうする!?　外岡潤著　中央経済社, 中央経済グループパブリッシング　発売
【要旨】改正社会福祉法による運営が本格スタート！ 中小法人はサバイバル期に入るって本当？ 評議員を頼まれたけど今までと変わらない？ 法的なリスク管理上のポイントとは？ 介護福祉に特化した弁護士としての知見をもとに, 改正により生じるリスクを多方面から検証し, 対策と生き残りのための指針を示す。「現場でしなければならないことは何か」について, 会話やコラムを織り交ぜながら, わかりやすく解説した。
2017.3　183p　A5　¥2500　①978-4-502-21711-1

◆種類株式ハンドブック　太田洋, 松尾拓也編著　商事法務
【要旨】上場会社・非上場会社における種類株式の活用事例や制度設計を詳説。法解釈上・運用上の諸論点への実務対応を, 場面別に, 実例を用いてわかりやすく説明。
2017.9　454p　A5　¥6200　①978-4-7857-2547-1

◆詳細解説IFRS開示ガイドブック　あずさ監査法人　中央経済社, 中央経済グループパブリッシング　発売
【要旨】我が国におけるIFRSの任意適用企業は拡大しており, これに伴い, 近年, IFRSが要求する開示情報の意義やそれに関連する解釈, 具体的な開示方法についての相談を受けることが多くなっている。本書では, こうしたニーズに対応するため, 主要な項目ごとにIFRSの開示要求事項に関する考え方を整理し, 図解や設例等により具体的に解説している。定説がない場合には, 必要に応じて法人の見解を示している。また, 実際の開示事例の紹介はもちろん, 開示事例の分析結果についても記載している。さらに, IFRSに準拠した財務諸表を作成する際に役立つよう, 架空の企業を想定した財務諸表の開示例を巻末に掲載している。
2017.7　603, 215p　A5　¥8600　①978-4-502-20871-3

◆新経営管理論　秋山義継著　創成社
【目次】企業と経営, 企業形態, 経営管理と経営管理思想の発展, 経営組織, 経営計画と経営コントロール, 経営戦略, 生産管理, マーケティング管理, 経営労務管理, 経営財務管理, リーダーシップと動機付け, 経営意思決定と経営情報, 日本的経営と企業の国際化
2017.1　246p　A5　¥2600　①978-4-7944-2493-8

◆人材派遣・紹介業許可申請・設立運営ハンドブック　小岩広宣著　日本法令　改訂版
【要旨】平成27年の派遣法大改正に完全準拠！ 申請・届出・契約書式や各種規程を網羅した, 起業と運営のための決定版！
2017.2　523p　A5　¥3200　①978-4-539-72530-6

◆図解でわかる販売・物流管理の進め方—顧客満足度を高め, 競争力を強化する　石川和幸著　日本実業出版社
【要旨】「売ること」と「届けること」は表裏一体。ビジネスモデルの再確認から始まる。物流の流れとモノの調達・生産方法を検討する。商談プロセスとパイプライン管理は必須。アフターサービスで顧客を囲い込む。IoTも視野に！ 豊富な事例を交えながら, 販売・物流管理のフレームワークをステップごとに解説！
2017.4　254p　A5　¥1800　①978-4-534-05485-2

◆世界史を創ったビジネスモデル　野口悠雄著　新潮社　(新潮選書)
【要旨】歴史上の国家を「企業」, その活動を“ビジネス”として理解すれば, 新たな視点が得られる。ローマ帝国の盛衰, 大航海時代の競争, さらには現代のAT&T, グーグル, 人工知能についても…。人類が経験してきた「成功」と「失敗」の数々から導き出される「歴史法則」が, 停滞する日本社会を打破する「フロンティア」がここにある。
2017.5　455p　B6　¥1700　①978-4-10-603804-4

◆攻めの経営を可能にする本当のリスク管理をするための本　吉成英紀著　日本経済新聞出版社
【目次】第1章 イントロダクション—3つの基本概念を知らずにリスクは取れない, 第2章 リスク管理の本質, 第3章 リスクコントロールのSTEP1—リスクの発見, 第4章 リスクコントロールのSTEP2—リスクの測定, 第5章 リスクコントロールのSTEP3—リスクへの対応, 第6章 演習問題, 第7章 攻めの経営に転じるためのリスク管理
2017.6　244p　A5　¥1700　①978-4-532-32138-3

◆組織再編税制をあらためて読み解く—立法趣旨と保護法益からの検討　白井一馬, 関根稔編著　中央経済社, 中央経済グループパブリッシング　発売
【目次】第1章 理屈を取り戻した組織再編税制, 第2章 多様な再編手法を取り上げてみる, 第3章 過去の要件, 第4章 再編時の要件, 第5章 未来の要件, 第6章 含み損の利用制限の解除, 第7章 グループ法人税制を位置づける, 第8章 100%親子会社間における資産移動, 巻末 8名の実務家による座談会
2017.12　216p　A5　¥2800　①978-4-502-25011-8

◆組織再編における税制適格要件の実務Q&A　佐藤信祐著　中央経済社, 中央経済グループパブリッシング　発売　第4版
【要旨】組織再編に関する税務上の取扱いを検討するうえで, 税制適格要件を満たすか否かは非常に重要といえる。本書では, 合併, 会社分割, 現物出資, 株式交換・移転, スクイーズアウト, 現物分配に係わる税制適格要件について, 183のQ&Aで詳細に解説しています。第4版では, 平成29年度税制改正によるスピンオフ税制の導入や多段階組織再編成の見直し, 支配関係継続要件・金銭等不交付要件等の見直し, スクイーズアウト税制の見直しなどをフォローしています。
2017.9　337p　A5　¥3800　①978-4-502-23941-0

◆多様化する事業再生　野村剛司編集代表　商事法務
【要旨】よりよい事業再生の実現のために。実務をリードする弁護士および裁判官からすべての関係者に贈る珠玉のメッセージ!!
2017.9　400p　A5　¥4600　①978-4-7857-2552-5

◆使える！ 資金繰り表の作り方—“起業・成長・衰退・再生” 会社のステージに合わせた経営管理　大森雅美著　旬報社
【要旨】経営陣にとっては, 会社の資金計画を明確にして, 事業を継続・拡大するための最大の武器となり, 投資家・銀行, 取引先に対しては第一義的なエビデンスとなるものが「資金繰り表」だ！ これなら直感的にかつ客観的にわかる！
2017.5　103p　A5　¥1300　①978-4-8451-1504-4

◆同族会社のための「合併・分割」完全解説　太田達也著　税務研究会出版局
【要旨】同族会社の合併・分割に焦点を当て, 必要事項を網羅的に解説！ 事例と具体的処理 (仕訳, 別表記載) を豊富に掲載！ 平成29年度税制

改正 (政省令含む) に対応。
2017.7　300p　A5　¥2800　①978-4-7931-2251-4

◆初めてでも分かる・使える会社分割の実務ハンドブック　山田&パートナーズ編著　中央経済社, 中央経済グループパブリッシング　発売　第2版
【要旨】会社分割の法務手続・会計処理・税務上の取扱いをQ&Aで解説。具体的な手続きの流れや必要書類の記載方法で実務上の留意点がわかる！ スピンオフ等の税制改正に対応！
2017.9　253p　A5　¥3000　①978-4-502-23961-8

◆初めてでも分かる・使える合併の実務ハンドブック　山田&パートナーズ編著　中央経済社, 中央経済グループパブリッシング　発売　第2版
【要旨】合併の法務手続・会計処理・税務上の取扱いをQ&Aで解説。具体的な手続きの流れや必要書類の記載方法で実務上の留意点がわかる！ スクイーズアウト等の税制改正に対応！
2017.9　217p　A5　¥2500　①978-4-502-23951-9

◆販売費及び一般管理費の理論と実証　安酸建二, 新井康平, 福嶋誠宣編著　中央経済社, 中央経済グループパブリッシング　発売　(メルコ学術振興財団研究叢書)
【目次】序章 本書の目的, 課題, 構成, 第1章 販管費の企業経営上の重要性, 第2章 販管費の実証研究における留意点, 第3章 日本企業における販管費の動向—ウェイジングよる検証, 第4章 販管費の変動要因の探究 (1) —余剰資源および将来の売上高に対する期待による影響, 第5章 販管費の変動要因の探究 (2) —利益目標達成インセンティブとインタンジブルズの重要性, 第6章 販管費の変動と将来業績との関係—ファンダメンタル・シグナルとしての販管費情報, 終章 結論—「販管費の時代」における研究と実践
2017.6　184p　A5　¥4000　①978-4-502-23141-4

◆3つの視点で会社がわかる「有報」の読み方 (最新版)　新日本有限責任監査法人編　中央経済社, 中央経済グループパブリッシング　発売
【要旨】本書では, 大局的, ストーリー別, 項目別という3つの視点から有価証券報告書を読むポイントを解説しています。まず§1で全体像を把握した後, §2では, M&Aを行った場合や業績が悪化した場合等, さまざまなイベントが発生した際に有価証券報告書の中身がどう動くのかを見ていきます。そして§3では, 個々の項目別に詳細に読み解いていきます。今回の最新版では, §2のストーリーを新たに追加するとともに, 企業結合に関する会計基準や繰延税金資産の回収可能性に関する適用指針等の改正を反映しています。
2017.12　223p　A5　¥2800　①978-4-502-20931-4

◆役員報酬をめぐる法務・会計・税務　田辺総合法律事務所, 至誠清新監査法人, 至誠清新税理士法人編著　清文社　第4版
【要旨】制度の基本から実務の細部まで。役員報酬ガイドの決定版！ 平成29年度税制改正に対応。企業の最新開示例をフォロー。
2017.9　393p　A5　¥2600　①978-4-433-64097-2

◆よくわかる自己株式の実務処理Q&A—法務・会計・税務の急所と対策　有田賢臣, 金子登志雄, 高橋昭彦著　中央経済社, 中央経済グループパブリッシング　発売　第4版
【要旨】自己株式の関する法務・会計・税務を網羅した実務書の定番として定着してきた本書も, お陰様で初版からちょうど10年を数えることとなり, 同時に第4版の刊行となりました。この第4版では, スクイーズアウト税制が整備されたことを受け, スクイーズアウトの各手法とみなし配当課税の有無について整理したQ&Aを追加しました。また, 神鋼商事事件による「判定の時価」と「計算の時価」について, 通達や判示の視点を加筆しました。さらに, 実務で生じた疑問をふまえ, Q&Aを追加するとともに, 全体をアップデートしました。
2017.12　259p　A5　¥2700　①978-4-502-25481-9

◆リスクマネジメントの真髄—現場・組織・社会の安全と安心　井上欣三編著, 北田桃子, 櫻井美奈共著　成山堂書店
【要旨】リスクマネジメントは, 危険を最小化する努力によって最大限の安全を確保するための管理手法。安全を高めるリスクマネジメントの取り組みの先に安全風土, 安全文化が構築され
る。2017.4　159p　A5　¥2000　①978-4-425-98291-2

◆**IFRS「株式に基づく報酬」プラクティス・ガイド**　PwCあらた有限責任監査法人編　中央経済社, 中央経済グループパブリッシング 発売
【要旨】本書では、PwC（プライスウォーターハウスクーパース）のIFRSマニュアル・オブ・アカウンティングの中で紹介されているIFRSを利用する企業の実務に則して作成されたケーススタディの中から、日本企業の実務に役立つものや基準の指針に対する理解を深めることできるものを選定し、IFRSの実務的な適用について解説しています。
2017.7 338p A5 ¥4000 ①978-4-502-21911-5

◆**IPO・内部統制の基礎と実務**　日本経営調査士協会監修, 日本投資環境研究所, AGSコンサルティング編　同文館出版　第3版
【要旨】「IPO・内部統制実務士」資格公式テキスト。IPOと内部統制実務のための基本スキルを身につける！内部統制をIPO準備に向け社内管理体制をチェックする上でも有効である。経営管理面の整備と運用、リスクへの対応、内部統制システムの構築など、上場準備や内部統制実務に係る人材を養成するための入門書。
2017.9 367p A5 ¥3600 ①978-4-495-19733-9

◆**Q&A 株式評価の実務全書**　OAG税理士法人チーム相続編　ぎょうせい　改訂版
【要旨】「中小企業の自社株対策」に必須の株式評価の基礎・応用から、法人・個人の自社株取引まで『評価実務の決定版』。多くの判例・裁決例を紹介・検証し、実務への応用に役立つよう編集。2017.11 689p A5 ¥7000 ①978-4-324-10386-9

 株主総会・会社継承・取締役会

◆**いまさら人に聞けない「事業承継対策」の実務Q&A—平成29年8月改訂**　小谷野税理士法人編著　セルバ出版, 創英社/三省堂書店 発売（基礎知識と実務がマスターできるいまさらシリーズ）
【要旨】同族会社の事業承継は、古くて新しい問題です。近年、事業承継に関する法制度もめまぐるしく変わっています。事業承継は、自社の実情に応じて対策をとらざるを得ないため、可能な対策を知ることが必要であり、その活用法を熟知して、計画的にじっくりと取り組むことが肝要です。本書では、新制度の制度等を織り込んで今活用できる対策を数多く取り上げ、その活用のポイントをまとめました。
2017.9 287p A5 ¥2800 ①978-4-86367-345-8

◆**いまさら人に聞けない「同族会社の自社株対策」実務Q&A 平成29年7月改訂**　辰巳忠次著　セルバ出版, 創英社/三省堂書店 発売
【要旨】同族会社が活用できる自社株対策を網羅し、最新情報を織り込んでいます。同族会社の事業承継・相続対策を自社株によってうまくやるための実務書の決定版。
2017.8 263p A5 ¥2800 ①978-4-86367-356-4

◆**医療法人の相続・事業承継と税務対策**　青木惠一著　税務研究会出版局　三訂版
【要旨】改正によりみなし贈与課税が非課税とされた認定医療法人制度についても詳解！
2017.11 558p A5 ¥2800 ①978-4-7931-2275-0

◆**お金をかけない事業承継—かわいい後継者には"個人保証"を継がせろ**　津島晃一著　同友館
【要旨】後継者がきちんと育つ、真っ当なバトンタッチの話。
2017.12 238p B6 ¥1600 ①978-4-496-05325-2

◆**株式実務 株主総会のポイント 平成29年版**　三井住友信託銀行証券代行コンサルティング部編　財経詳報社
【要旨】CGコード、会社法改正に対応！株主総会の運営ポイント、判例、参考書式を平易に解説。最近の傾向・トピックをコラム形式で抜粋。
2017.3 432p B5 ¥3800 ①978-4-88177-541-7

◆**株式上場ハンドブック**　トーマツIPO支援室編　中央経済社, 中央経済グループパブリッシング 発売　第6版
【要旨】国内外の主要な株式市場の上場制度や審査基準、上場のための資本政策の考え方、上場に関する留意点、経営管理体制の整備や関連当事者の整理等を進める上でのポイントなど、株式上場に関わる事項について網羅。第6版では、2015年6月から適用されているコーポレートガバナンス・コードを踏まえた対応について追加し、第5版刊行以降の上場制度や会計・税務に関する基準の改正等についてアップデートしている。2017.4 867p A5 ¥11000 ①978-4-502-20131-8

◆**株主総会実務必携**　柳田幸三監修, 西岡祐介, 高谷裕介編著, 祝田法律事務所著　金融財政事情研究会, きんざい 発売
【要旨】運営・準備をめぐる論点とベストプラクティスを裁判例を踏まえ完全解説。株主に開かれた適法な総会への1冊。
2017.3 483p A5 ¥5000 ①978-4-322-13044-7

◆**株主総会想定問答集 平成29年版**　河村貢, 豊泉貫太郎, 河和哲雄, 蜂須賀優二, 岡野谷知広著　商事法務（「別冊商事法務」No.418）
【目次】解説編（会社法下における株主総会、最近の企業を巡る諸問題、議事運営に関する留意点、説明義務関連 ほか）、質疑応答編（総会運営に関する質疑応答例、経営方針に関する質疑応答例、事業報告に関する質疑応答例、貸借対照表に関する質疑応答例、損益計算書に関する質疑応答例 ほか）
2017.2 769p B5 ¥5000 ①978-4-7857-5252-1

◆**株主総会日程—会社規模・決算月別/中間決算 平成30年版**　別冊商事法務編集部編　商事法務（「別冊商事法務」No.426）
【目次】1 総会日程作成の心得、2 会計基準等の動向、3 連結財務諸表の開示に関する動向と決算スケジュール、4 会社規模別・定時総会日程上の規制一覧、5 株主総会日程の作成方針、6 中間配当に関する日程の作成方針、7 四半期配当に関する日程の作成方針
2017.12 369p B5 ¥4400 ①978-4-7857-5260-6

◆**企業統治と取締役会**　森本滋著　商事法務
【要旨】最新の法改正を踏まえた取締役会制度論とコーポレート・ガバナンス論に関する研究の到達点を示す。
2017.4 361p A5 ¥7500 ①978-4-7857-2514-3

◆**基礎からわかる自社株評価**　西山卓, 池田真哉著　清文社
【目次】基礎編（はじめに、評価明細書第1表の1—評価上の株主の判定、評価明細書第1表の2—会社規模の判定、評価明細書第5表—1株当たりの純資産価額（相続税評価額）、評価明細書第4表—類似業種比準価額等の計算、評価明細書第2表—特定の評価会社の判定、評価明細書第3表—一般の評価会社の株式の計算、評価明細書第7・8表—株式保有特定会社の株式の価額の計算、評価明細書第6表—特定の評価会社の株式の計算）、応用編
2017.9 279p B5 ¥2600 ①978-4-433-62587-0

◆**経営者と銀行員が読む日本一やさしい事業承継の本**　小栗悟著　近代セールス社　改訂新版
【要旨】本書には、中小・中堅企業のオーナーに対する事業承継プランニングの典型的な例を紹介しています。まずは、ここで紹介した手法が使えないかというところから、スタートしてみてはいかがでしょうか。
2017.9 170p A5 ¥1700 ①978-4-7650-2081-7

◆**経営承継を成功させる 実践SWOT分析**　嶋田利広, 尾崎竜彦, 川﨑英樹著　マネジメント社
【要旨】現場テクニック満載のSWOT分析実務書。200事業所分析指導実績によるノウハウ公開！
2017.9 238p A5 ¥2800 ①978-4-8378-0479-6

◆**ケース別非上場会社の株価決定の実務**　AKJパートナーズ編　中央経済社, 中央経済グループパブリッシング 発売
【要旨】昨今、円滑な事業承継を図るために友好的なM&Aが盛んになるとともに、非上場会社の株価を決定すべき局面が増えています。本書の特徴は、従来と異なり、市場株価が存在しない非上場会社のさまざまな局面での株価決定をケース別に区分し、税務上の留意点のみならず会社法上の留意点や過去の判例等も斟酌、売却人の立場から実際の非上場会社の株価決定の仕組みを整理しました。また、非上場会社の株価決定について概要の説明を行ったうえで、ケース別の論点整理を行い、その留意点を解説しています。株価決定に際して必要となる株式価額評価方法の詳細な説明については、付録としての記述にとどめました。
2017.9 267p A5 ¥3200 ①978-4-502-24121-5

◆**顧客をミスリードしない自社株承継の実務**　税理士法人おおたか著　税務経理協会
【要旨】顧客の相談対応時や提案時に知らないと顧客をミスリードしてしまう、自社株承継対策そのものの重要性や、各種手法の内容や留意点、どのような顧客に向いているかを解説した。
2017.8 292p A5 ¥2800 ①978-4-419-06388-7

◆**顧問税理士のための相続・事業承継業務をクリエイティブにする方法60**　白井一馬著　中央経済社, 中央経済グループパブリッシング 発売
【要旨】少子長寿化時代に税理士に求められるのはリスクを回避する知恵と工夫。予防的アドバイスで関与先に「非日常」を持ち込ませない。
2017.7 259p A5 ¥3000 ①978-4-502-22971-8

◆**顧問税理士も知っておきたい相続手続・書類収集の実務マニュアル**　佐久間裕幸著　中央経済社, 中央経済グループパブリッシング 発売　第2版
【要旨】相続税法の改正で相続税申告対象の拡大によって、税理士事務所にとって顧客からの相続税関連の相談が増えることと思われます。しかし、相続税業務に熱心でない税理士にとって（1）相続税の計算は、たまにしかやらないから勉強していない。（2）相続発生から申告まで10カ月もあり、その間ダラダラと業務が続くのが面倒に感じる。（3）税額の計算以前に、遺言書やら遺産分割の仕方の相談が来るし、戸籍謄本その他書類集めに手間がかかるのか、なかなか依頼した書類が集まらない。という積極的になれない理由があるのではないでしょうか。そこで、この悩みを解決するために、相続に関する面倒な書類集めやその他の手続をいかにスムーズに行うかをマニュアル化し、その前後での税理士の動き方を示したのが本書です。
2017.12 259p A5 ¥2800 ①978-4-502-25101-6

◆**これから事業承継に取り組むためのABC—3人の事業承継士が現場で見つけた秘訣集**　内藤博, 金子一徳, 東條裕一著　税務経理協会
【要旨】ニーズの高い後継者教育にスポットライト！今すぐ役立つ事業承継のノウハウが満載！事業承継は3段階で10年かかる！これで専門家も事業承継相談に困らない！3分類8パターンで解答例を作成！多彩なワークシート！
2017.10 239p A5 ¥2500 ①978-4-419-06484-6

◆**事業継続のためのマネジメント—地域と企業の生き残り**　小野憲司編・著, 三菱UFJリサーチ&コンサルティング共著　成山堂書店
【要旨】リスクとどのように向き合い、発災した場合はどのように復旧すべきなどを、過去の事例や先進的な取り組みなどを取り上げて解説し、企業・団体・官公庁のあるべき姿を示す。
2017.6 259p A5 ¥2800 ①978-4-425-98301-8

◆**事業承継が0からわかる本**　半田道着　中央経済社, 中央経済グループパブリッシング 発売
【要旨】事業承継は税務対策がメインと思われがちですが、実は、「いつ」「誰に」「何を」「どのように」渡すのか、の判断が最も重要なテーマなのです。銀行実務で、この分野を徹底的に経験した元バンカーが、事業承継を0からコンサルティングします。
2017.6 261p A5 ¥2800 ①978-4-502-23021-9

◆**事業承継支援マニュアル**　日本公認会計士協会編　日本公認会計士協会出版局　改訂版
【要旨】法令等改正に対応。「事業価値源泉」の分析を軸に事業承継の支援事例を示す。
2017.10 354p A5 ¥3000 ①978-4-904901-73-1

◆**事業承継成功のマニュアル—スムーズなバトンタッチをするために**　税務研究会税研情報センター編　税務研究会税研情報センター
【目次】1 事業承継対策の柱、2 人的対策、3 相続税対策、4 納税対策、5 経営承継円滑化法と相続税・贈与税の納税猶予制度の活用、6 信託法の活用
2017 68p B5 ①

◆**事業承継に活かす納税猶予・免除の実務**　牧口晴一, 齋藤孝一著　中央経済社, 中央経済グループパブリッシング 発売
【要旨】ざっくり、わしづかみ！事業承継が基本から変わる！40通りのシミュレーションから見えた実務。
2017.7 367p A5 ¥4000 ①978-4-502-23521-4

◆**事業承継の安心手引 平成29年度版**　徳田孝司編, 辻・本郷税理士法人執筆　アール・シップ

経済・産業・労働

【目次】事業承継のベスト・タイミング!!―オーナーが事業承継対策に着手したきっかけは?、事業承継を成功させる手順「事業承継のフローチャート」、最適な対策の選び方―どの対策で事業承継をしますか?、事業承継対策のスタンダード、事業承継対策の実例・特別事例、実践に活かせる「転ばぬ先の杖」、身近な事業承継の成功例、事業承継に係る税制のポイント、株式評価等の基本
　　　　　2017.6 63p A4 ¥900 ⓘ978-4-908639-02-9

◆**事業の引継ぎ方と資産の残し方ポイント46―会社と家族を守る!**　中小企業を応援する士業の会、相続をサポートする士業の会、相続・贈与相談センター、アックス財産コンサルタンツ協会著、広瀬元義著・監修　あさ出版
【要旨】誰に会社を任せるべきか、何から手をつけるべきか?　事業承継のプロたちが教える基本から具体策まで!
　　　　　2017.8 267p B6 ¥1500 ⓘ978-4-86063-968-6

◆**事業報告記載事項の分析―平成28年6月総会会社の事例分析**　三菱UFJ信託銀行法人コンサルティング部編　商事法務　(別冊「商事法務」No.420)
【目次】1 事業報告の概要(事業報告の記載内容、事業報告の構成、ウェブ開示)、2 事業報告記載事項の分析―平成28年6月総会会社の事例分析(事業報告の区分(大項目区分の内容)、会社(企業集団)の現況に関する事項、株式に関する事項ほか)、3 事業報告における事故・法令違反等特殊事例(不祥事・事件等、独占禁止法違反、行政処分ほか)、巻末資料 事業報告の記載例と留意事項等
　　　　　2017.3 235p B5 ¥3500 ⓘ978-4-7857-5254-5

◆**持続的成長のための「対話」枠組み変革―日本における企業情報開示と株主総会プロセス上の課題**　伊藤邦雄、尾崎安央監修、経済産業省監修、あずさ監査法人編　商事法務
【要旨】高い一覧性の下に議論の到達点を公的資料と共に収録。「対話」をめぐる様々なテーマに光を当て、その論点と解決の方向性を解説。
　　　　　2017.12 386p A5 ¥6300 ⓘ978-4-7857-2508-2

◆**実務&コンサルのプロによる間違わない!事業承継Q&A**　西浦善彦、高村健一、坂井隆浩、垂水克己著　清文社
【要旨】最新税制に対応!　実務面と精神面を兼ね備えた画期的書!「ヒト」「財産」「経営権」を円満に引き継ぐ!
　　　　　2017.4 245p A5 ¥2400 ⓘ978-4-433-64477-2

◆**従業員持株会導入の手引**　大森正嘉、後藤陽子著　三菱UFJリサーチ&コンサルティング　改訂版第5刷
【目次】第1章 従業員持株会とその役割(従業員持株会とは、大手企業は非上場会社でも約4割が従業員持株会制度を導入 ほか)、第2章 従業員持株会の内容とその留意点(従業員持株会の3つの形態、従業員持株会に参加できる人の範囲 ほか)、第3章 従業員持株会の設立と運営(設立時の手順と必要書類、入会から退会までの手順と必要書類 ほか)、第4章 ストック・オプション(ストック・オプション制度の仕組みと役割、ストック・オプション制度の導入 ほか)、FAQ集(従業員持株会関連、役員持株会関連 ほか)
　　　　　2017 97p B5 ¥1200 ⓘ978-4-905278-27-6

◆**商業登記実務から見た中小企業の株主総会・取締役会**　金子登志雄監修、立花宏著　中央経済社、中央経済グループパブリッシング 発売
【要旨】本書は、取締役会及び監査役を設置(監査役会及び会計監査人は非設置)する株式譲渡制限会社における株主総会及び取締役会の招集、運営、決議、議事録等について、書例を交えつつ解説。実務上触れる機会の多い諸問題を丁寧に紐解くことを目的とし、随所で取締役会を設置していない会社の運営等についても言及している。さらに、株主総会・取締役会後に必要となる登記手続きの他、頻度が高い役員変更登記に着目し、議事録の作成や登記の際の添付書面についても解説している。
　　　　　2017.5 255p A5 ¥3200 ⓘ978-4-502-21131-7

◆**詳説/自社株評価Q&A**　尾崎三郎監修、竹内陽一、掛川雅仁編著　清文社 五訂版
【要旨】非公開会社の株式の評価に関する実務上の疑問に明確に答える。
　　　　　2017.10 479p A5 ¥3000 ⓘ978-4-433-62727-0

◆**新株主総会実務なるほどQ&A 平成29年版**　三菱UFJ信託銀行法人コンサルティング

部編　中央経済社、中央経済グループパブリッシング 発売
【要旨】監査等委員会の意見陳述を念頭に置いた準備スケジュールとは?　株主総会関係書類(招集通知、事業報告、総会参考書類)の変更点はここだ!　監査報告の仕方はどう変わる?　総会実務の最新トレンドをコンパクトに総まとめ。
　　　　　2017.3 300p A5 ¥2800 ⓘ978-4-502-22861-2

◆**図解&イラスト 中小企業の事業承継**　牧口晴一、齋藤孝一著　清文社 八訂版
【要旨】10年ぶり改訂「事業承継ガイドライン」対応。改正事業承継税制で納税猶予・免除!　信託・一般社団活用の事業承継対策。改正会社法が学べる「戦略的モデル定款」。第7次医療法改正に伴う医療法人対応!
　　　　　2017.6 532p A5 ¥2800 ⓘ978-4-433-62657-0

◆**図解&事例 資産承継の税務・法務・会計**　AGSコンサルティング、AGS税理士法人、司法書士事務所アレックス・カウンセル・アンド・サービシズ編　中央経済社、中央経済グループパブリッシング 発売
【要旨】土地、家屋、動産、無体財産権…承継する側の意思・想いをいかに具現化し、効果的に進めるか?　資産の承継を進めるにあたって最低限必要な知識や、著者が扱った事例の中から得た内容を簡潔にまとめた。
　　　　　2017.5 184p A5 ¥2200 ⓘ978-4-502-22651-9

◆**図解でわかる中小企業庁「事業承継ガイドライン」完全解説**　岸田康雄、村上章著　ロギカ書房
【要旨】60歳を超えた中小企業経営者が事業承継を考えるための教科書!「銀行から持株会社の提案を受けたけど、それが本当に最適な方法なのか?」本書を読めば、事業承継に関するあなたの疑問をすべて解決できます。
　　　　　2017.4 209p A5 ¥2400 ⓘ978-4-909090-01-0

◆**成功する事業承継Q&A150―自社株対策から会社法・信託の活用、贈与・相続の納税猶予まで徹底解説 平成29年9月改訂**　坪多晶子著　清文社
【要旨】事業承継に有利な税制改正が行われた今こそあなたの事業承継スタートのチャンス!　成功の秘訣は様々な自社株評価、使いやすくなった納税猶予、会社法、信託法等さまざまな最新手法を駆使した最新手法を大公開!
　　　　　2017.10 445p A5 ¥2800 ⓘ978-4-433-62377-7

◆**全株懇モデル 2　―株主総会に関する実務**　全国株懇連合会編　商事法務
【要旨】全国株懇連合会の決定に係る各種モデル・指針をとりまとめ、株主総会に関する実務について解説を行う。
　　　　　2017.12 386p A5 ¥4000 ⓘ978-4-7857-2575-4

◆**相続事業承継のための民事信託ワークブック―財産を守り! 活かし! 遺す!**　JPコンサルタンツ・グループ編、石脇俊司著、成田一正監修　法令出版
【要旨】従来の法的枠組みを超えた! 新しい相続事業承継対策の民事信託実践活用の21事例を公開!
　　　　　2017.4 372p A5 ¥2500 ⓘ978-4-938419-93-6

◆**大量保有報告制度の理論と実務**　根本敏光著　商事法務
【要旨】大量保有報告制度(5%ルール)のすべてを網羅した決定版。制度の基礎から報告書の具体的記載要領、取引類型・保有形態ごとの適用関係まで詳説し、法律解釈と実務対応の双方を体得できる1冊。
　　　　　2017.8 481p A5 ¥5000 ⓘ978-4-7857-2537-2

◆**知識ゼロからの事業承継&相続税のしくみ**　山田ビジネスコンサルティング著　幻冬舎
【要旨】事業承継は、単なる社長の交代ではありません。現経営者が営み育んできた事業を次の世代へ引き継ぎ、その後も継続的に成長させていくための一つのステップなのです。後継者に誰を選び、何を引き継いでいくのか…。まずはそれを理解することが事業承継を成功させ、事業をうまく発展させていくカギとなります。会社の未来を決定づける! 相続税の基本、自社株式の承継、M&Aの活用…。成功と失敗をケース別に解説!
　　　　　2017.9 175p A5 ¥1300 ⓘ978-4-344-90326-5

◆**中小企業のための成功する事業承継―譲る者・継ぐ者・関わる者の心得88**　藤間秋男著　PHP研究所

【要旨】経営は良好であっても、承継に失敗する会社は、あとを絶たない。「100年企業」を創る鍵がここにある!
　　　　　2017.9 199p B6 ¥1400 ⓘ978-4-569-83853-3

◆**トラブル完全回避 親子円満事業承継**　井ノ瀬佑和著　幻冬舎メディアコンサルティング、幻冬舎 発売　(経営者新書)
【要旨】親子だからこそ揉める! 1,000社以上の承継をサポートしたコンサルタントが豊富な事例をもとにわかりやすく解説! 親から子へ円滑に事業を引き継ぐ方法。
　　　　　2017.12 225p 18cm ¥800 ⓘ978-4-344-97023-6

◆**取締役・取締役会制度―発展・最新株式会社法**　近藤光男著　中央経済社、中央経済グループパブリッシング 発売
【要旨】会社法のなかでも最も多くの論点が議論されてきた、取締役をめぐる制度の法的論点を詳細に論じる。明治以来の学説の変遷から説き起こし、過去の学説・解釈などにも幅広く言及した上で、コーポレートガバナンス・コードを含む最新の情報を完全収録する。多数の判例に言及し、実務面でも有用な一冊。
　　　　　2017.10 194p A5 ¥2600 ⓘ978-4-502-23781-2

◆**取締役・取締役会の法律実務Q&A**　島田邦雄編著　商事法務
【目次】第1章 取締役(資格、社外取締役、選任)、第2章 代表取締役(選定、解職)、第3章 取締役会(招集、取締役以外の同席者、任意の委員会、決議、報告、議事録)、第4章 指名委員会等設置会社と監査等委員会設置会社(取締役会等、指名委員会、監査委員会・監査等委員会、報酬委員会、執行役・執行役会)
　　　　　2017.8 452p A5 ¥5400 ⓘ978-4-7857-2542-6

◆**取締役の義務と責任**　森本滋著　商事法務
【要旨】「善管注意義務」・「忠実義務」の理論的解明を基礎とする経営判断原則や取締役の法令違反・監視義務違反、さらに利益相反取引に係る任務懈怠責任に関する研究の集大成。
　　　　　2017.9 323p A5 ¥7500 ⓘ978-4-7857-2553-2

◆**初めてでも分かる・使える株式交換・株式移転の実務ハンドブック**　山田&パートナーズ編著　中央経済社、中央経済グループパブリッシング 発売　第2版
【要旨】株式交換・株式移転の法務手続・会計処理・税務上の取扱いをQ&Aで解説。具体的な手続きの流れや必要書類の記載方法で実務上の留意点がわかる! スクイーズアウト等の税制改正に対応!
　　　　　2017.9 200p A5 ¥2400 ⓘ978-4-502-23971-7

◆**バフェットの非常識な株主総会―失敗から見えた投資哲学**　尾藤峰男著　ビジネス社
【要旨】華々しい投資成績の裏には、数多くの失敗があった。失敗を糧に、大きくしくがんでは劇的に飛躍していったウォーレン・バフェットの資産の真実。そして、バークシャー・ハサウェイの株主総会に4回足を運んだ著者が、知られざるバフェット投資の真髄に迫る―
　　　　　2017.11 226p B6 ¥1500 ⓘ978-4-8284-1986-2

◆**非上場株式の評価と承継対策**　岩下正吾著　税務経理協会　改訂版
【要旨】「類似業種比準価額」「会社規模区分」の通達改正に対応した改訂版。事業承継に欠かせない取引相場のない株式の評価について、実際の通達適用に当たって生じる疑問に対処する実践的解説書。株式保有特定会社の評価のポイントを事例をベースに丁寧に解説。どの評価方法を採用する場合でも必須となる、純資産価額方式の計算例が充実。関連する重要事例を多数紹介。著者の実務経験に基づくコラム『相続あれこれ 岩下のホンネ』も新たに追加!
　　　　　2017.8 379p B5 ¥4800 ⓘ978-4-419-06432-7

◆**非上場株式の評価の仕方と記載例 平成29年版**　松本好正著　大蔵財務協会
【要旨】平成29年評価通達改正を織り込み詳細に解説。最新の業種目対比表の改正にも対応。設例やQ&Aも大幅に追加!!非上場株式の評価実務について網羅的に詳解した一冊!!
　　　　　2017.8 640p B5 ¥3889 ⓘ978-4-7547-2458-0

◆**平成29年株主総会の準備実務・想定問答**　日比谷パーク法律事務所、三菱UFJ信託銀行(株)法人コンサルティング部編　中央経済社、中央経済グループパブリッシング 発売
【要旨】平成29年の総会トピックス―コーポレートガバナンス・コード3年目の対応、自社株報酬

制度の導入、監査等委員会設置会社移行後の総会対応。Q&Aでわかる株主総会までの段取り・手続。注目の想定問答―社外取締役の活動状況、早期WEB開示、総会の前倒し開催、議決権行使の電子化。

2017.2 377p B5 ¥2500 ①978-4-502-22441-6

◆ "守りから攻め" の事業承継対策Q&A―平成29年改訂版　税理士法人タクトコンサルティング編　ぎょうせい
【要旨】平成29年の株式評価通達に対応！ 事業承継の10テーマ別インデックスにより支援策や対策がすぐに分かる！ 使える！ 税務や法務のしくみが分かる守りのQ&Aと具体的な対策を解説した実践のQ&A。精選53問。

2017.11 209p A5 ¥2500 ①978-4-324-10413-2

◆よくわかる事業承継　蒔田知子, 小島浩司執筆　三菱UFJリサーチ＆コンサルティング改訂版
【目次】第1章 事業承継対策の必要性（事業承継対策の進め方、後継者の決定と育成、紛争トラブルの防止、自社株式や事業用資産の移転、相続関連コストの圧縮 ほか）、第2章 事業承継のための対策ポイント（後継者の決定と育成、紛争トラブルの防止、自社株式や事業用資産の移転、相続関連コストの圧縮、納税資金の確保 ほか）

2017.12 121p B5 ¥1200 ①978-4-905278-30-6

◆Q&A 株式上場の実務ガイド　あずさ監査法人編　中央経済社, 中央経済グループパブリッシング 発売　第2版
【要旨】本書は、初版の改題・改訂第1版（平成25年9月）以降の取引所規則の改正や会社法・金融商品取引法等の改正、その他制度改正を網羅するとともに、近年のもととなった背景を踏まえて平易な解説を心掛けています。上場会社は、その持続的な成長と中期的な企業価値の向上に資するため、コーポレート・ガバナンスは最近の諸制度の改正動向を踏まえるより最重要課題です。企業業績の動向が、上場準備会社にとって上場を達成するうえでの一番の指標となりますが、株式上場は企業にとっての通過点に過ぎません。上場準備とは、持続的な成長と企業価値向上のための仕組みづくりにあります。本書は、株式上場を基礎知識として「取引所の規則」を解説するほか「業務管理制度」、「利益管理・予算統制」および「会計制度」などの内部管理制度から「上場後のリスクマネジメント」まで広く取り上げ解説しています。

2017.1 400p A5 ¥3800 ①978-4-502-21401-1

◆Q&A 事業承継をめぐる非上場株式の評価と相続対策　デロイトトーマツ税理士法人編　清文社　第9版
【要旨】事業承継の適用要件の緩和、組織再編税制の改正―スピンオフ税制の創設等、財産評価基本通達の改正―類似業種比準額の算定方法の見直し等etc. 各種改正事項と昨今の事情をふまえ、最新事例が充実！ 相続税法・民法、事業承継等の制度解説から複雑な株式評価まで自社株対策の実践的手法が詰まった1冊！

2017.12 595p A5 ¥3600 ①978-4-433-62447-7

◆Q&A 事業承継税制徹底活用マニュアル　今仲清著　ぎょうせい　三訂版
【要旨】平成29年度税制改正でますます使いやすくなった事業承継税制！相続時精算課税との併用、雇用確保要件の緩和、株式評価見直し…等々。新たな手続と活用ポイントがスッキリ！

2017.8 231p B5 ¥3000 ①978-4-324-10381-4

人事・労務管理

◆悪人の作った会社はなぜ伸びるのか？―人事のプロによる逆説のマネジメント　曽和利光著　星海社, 講談社 発売
【要旨】自分が正しいと思うことはストレートに主張し、人に嫌われたり非難されたりすることを恐れず、逆風を真正面から受け止めても動じない。そんなふうに愛想が悪く、自分を飾らない人物は周囲に好かれて、ときに「悪人」とも評されます。しかし「利他的な悪人」である彼らこそが、数々の組織における変革の影の主役であり、原動力なのです。「部下の相談はスルーする」「リーダー批判は徹底的につぶす」など、本書では眉をひそめたくなるような、しかし真に会社の発展のための礎となる「悪人」のマネジメント論を展開します。

2017.12 206p 18cm ¥960 ①978-4-06-511007-2

◆医療機関、福祉・介護施設の人事労務管理最強ガイド　赤堀久士著　アニモ出版
【要旨】人の雇い方・給料の払い方から労働時間管理のしかた・労務トラブルの防止法まで、イザのときに役立つ実践的ハンドブック！

2017.4 237p A5 ¥2200 ①978-4-89795-200-0

◆課長・部長のための労務管理問題解決の基本　カデナクリエイト著, 由木竜太監修　マイナビ出版
【要旨】労務管理に悩む課長・部長のための1冊。労働法の基礎知識から、ハラスメント対策と残業の取らせ方、メンタルヘルスと問題社員対策、そして外国人雇用や障がい者雇用など、グローバルな時代を生きる管理職が知っておきたいトピックを網羅。社員と会社が共に利益を得られる労務管理の知識を身につけよう！

2017.3 286p B6 ¥1980 ①978-4-8399-6246-3

◆管理職になるときこれだけは知っておきたい労務管理　佐藤広一著　アニモ出版
【要旨】管理職に求められるスキルとは？ 不必要な長時間労働を防ぐにはどうする？ メールで退職届が届いたけど、これは有効？ 部下がメンタル不調になったらどうすればいい？ パワハラと業務上適正な指導のいずれかの判断は？ 職場での私用ネット利用にはどう対応する？ 一般社員との違い、労働法のルールから労働時間管理、ハラスメント対策まで、図解でやさしく理解！

2017.10 222p A5 ¥1800 ①978-4-89795-206-2

◆企業を守るネット炎上対応の実務　清水陽平著　学陽書房
【要旨】事実関係の把握やアカウント処理から、責任追及の道すじ、取り得る予防策までをこの1冊に。ネット炎上対応の指針を示します。

2017.1 182p A5 ¥2200 ①978-4-313-31399-6

◆基礎からはじめる職場のメンタルヘルス―事例で学ぶ考え方と実践ポイント　川上憲人著　大修館書店
【目次】第1章 働く人のメンタルヘルスが大事な理由（働く人にとって、大事な理由、会社にとって、大事な理由、ポジティブメンタルヘルスが大事な理由）、第2章 働く人のストレスとメンタルヘルス不調（働く人のメンタルヘルス不調の実際、働く人のストレス、働く人における心の病気、精神障害等による労働災害や過労自殺の民事訴訟）、第3章 心の健康を保つための活動（メンタルヘルス不調への気づきと相談対応、職場復帰の支援、自殺予防のために、職場環境改善によるストレス対策、予防のためのストレスマネジメント）、第4章 職場のメンタルヘルスの計画的推進（職場のメンタルヘルス指針の概要、事業場内の体制づくり、心の健康づくり計画の策定、ストレスチェック制度、メンタルヘルス教育研修と情報提供）、第5章 職場のポジティブメンタルヘルスへ（職場のポジティブメンタルヘルスの動向、健康いきいき職場づくり―日本型ポジティブメンタルヘルスの考え方、職場のポジティブメンタルヘルス対策の実際）

2017.7 235p B6 ¥1800 ①978-4-469-26824-9

◆基本と実務がよくわかる小さな会社の給与計算と社会保険　17 - 18年版　青木茂人, 今和弘著　ナツメ社
【要旨】割増賃金の計算のしかた、保険料の控除のしかた、労働保険の年度更新のしくみ、年末調整の手順、マイナンバーの事務など、しくみから手続き、書式の書き方までよくわかる。

2017.8 311p A5 ¥1300 ①978-4-8163-6297-2

◆経営力を鍛える人事のデータ分析30　林明文, 古川拓馬, 佐藤文著　中央経済社, 中央経済グループパブリッシング 発売
【要旨】会社の重要な資源である「人材」の管理は、まだまだ改善・発展の余地があります。あえて数字やデータにこだわって現状を把握・分析し、人事管理を行うことで会社の成長はさらに高く、確実なものとなるでしょう。本書は人事分野の基本的で重要なテーマについて分析する方法を解説しています。やさしく単純な計算で求められるものばかりです。ぜひご活用ください。

2017.9 225p A5 ¥2200 ①978-4-502-23771-3

◆現役人事・労務さんの声を生かした人事・労務のお仕事がテキパキはかどる本　池田理恵子著　秀和システム
【要旨】「初心者がつまずきやすいところは？」「ココに気をつければお仕事がはかどる！」新人人事・労務＆先輩人事・労務、実務担当者の視点でお仕事のコツを解説。人事・労務が初めての人も、無理なく、ミスなく、一人でこなせるよ

うになります。

2017.1 229p B6 ¥1400 ①978-4-7980-4909-0

◆現場の管理職が知っておきたい女性社員の労務管理AtoZ　江上千恵子著　第一法規
【要旨】採用から退職まで、あらゆる場面で女性社員に関する労働法のポイントを解説！ 改正育児・介護休業法（平成29年1月1日施行）の内容を反映。

2017.3 293p A5 ¥2700 ①978-4-474-05734-0

◆高卒採用は宝の山―成長企業は高校新卒者を採用していた！　森部好樹著　日経BP社, 日経BPマーケティング 発売
【要旨】成長企業は高校新卒者を採用していた！ 今や大卒人材は二極化の時代へ。将来の伸びしろが大きい高卒人材だからこそ成長が早く、活躍の場面も多彩だ。20歳前から始まるキャリアパスに刮目！

2017.9 179p B6 ¥1400 ①978-4-8222-5950-1

◆最新 知りたいことがパッとわかる 給与計算の事務手続き・届け出ができる本　多田智子著　ソーテック社
【要旨】マイナンバー対応。難しい計算から届け出、手続きまで、事例からも書類名からも引ける！ 必要書類の書き方のポイントがサンプルで載っているから安心。複雑な時間外労働の計算から各種控除まで、完全網羅！

2017.4 279p A5 ¥1580 ①978-4-8007-2043-6

◆サロンマネジメントブック　vol.1　社保と賃金　新美容出版
【目次】1 美容室を取り巻く課題と社会保険（少子高齢社会で直面する2つの課題、人材確保に向けた労働環境の改善 ほか）、2 5サロンの事例で見る、社会保険加入のポイント（3世代の顧客に応えるサロンづくりを補完 予約と技術メニューの時間配分で業務改善―PORE-PORE Happy Hair Base（東京都国立市）、新店舗への移転で固定費圧縮 社保加入と長く勤めるスタッフにも厚い仕組みを工夫―La Tierra（茨城県日立市） ほか）、3 経営者だから、必要な労務管理と社会保険の基礎知識（人を雇うと責任と義務が生まれる 働くスタッフの権利を守る労働三法、就業規則を作成し約束事を明文化 ほか）、4 参考資料 アンケート結果で分析 サロンの社保加入の状況と待遇（アンケートの概要と回答サロンのプロフィール、経営形態別に見た加入の状況/店舗数別に見た加入状況 ほか）

2017.4 85p B5 ¥2000 ①978-4-88030-725-1

◆サロンマネジメントブック　vol.2　評価と賃金　新美容出版
【目次】1 少子高齢社会に必要な戦略的人材育成と評価の視点（かつての成功戦略が通用しない環境の変化、他店との差別化から、自店の個性化による競争へ ほか）、2 5サロンの事例で紹介 スタッフのやる気を引き出し、成長を促す評価と給与（FO-RIS（静岡県）―生涯顧客、生涯雇用に舵を切り人を活かし、人が輝くサロンづくりを実践、Douceur（埼玉県）―サロンと顧客の成長に合わせた働き方と給与の見直しで進める新たなステージ ほか）、3 経営者もスタッフも納得できる これからの給与システムと人件費管理（経営者として果たすべき基本的な責任/サロンの安定と継続に必要な環境、経営計画書の意味と重要性 ほか）、4 参考資料・『統計指標』で見る労働分配率と人件費（地域別の優良、黒字、欠損サロンで見た経営指標、東京23区/名古屋市/大阪市/北海道/東北/北関東/南関東/東海/北陸/近畿内陸/近畿臨海/山陰/山陽/四国/北九州/南九州 ほか）

2017.7 89p B5 ¥2000 ①978-4-88030-726-8

◆サロンマネジメントブック　vol.3　働き方と賃金　新美容出版
【目次】1 働く環境と人材活用の変化（労働環境、働き方の改善が迫られる背景、2018年問題が意味するもの ほか）、2 サロンの事例で紹介 スタッフの経験、キャリアを活かす環境と働き方（草流（東京都練馬区）―一生雇用、一生顧客を形にするキャリアのシフトが可能な環境づくり、Ju-rerBelle（愛知県名古屋市）―「スタッフに優しい会社」を目指し本気で取り組む新たな改革 ほか）、3 サロンに必要なキャリアプランと、雇用を支える公的制度、労働法（サロン経営と働き方の関係、働き方の前提となるキャリアの設計 ほか）、4 参考資料（平成29年10月1日発効・地域別最低賃金一覧、美容師・理容師養成施設一覧）

2017.10 89p 26×20cm ¥2000 ①978-4-88030-727-5

◆事業を創る人事―グローバル先進企業になるための人づくり　綱島邦夫著　日本経済新聞出版社

経済・産業・労働

【要旨】グローバル先進企業の本当の強みを解明―人事の根源的な目的は、新しい技術や市場の開拓、新しい事業モデル、業務プロセスを実現する人材基盤と組織能力を開発すること。事業ラインの支援者、パートナーになる必要がある。変革の時代を生き延びる唯一の道は、新しい組織能力・人材基盤の創造なのだ。本書は、GE、IBM、ジョンソン・エンド・ジョンソン、エマソン、P&G、フェデックス、ネスレ、サムスン電子などのグローバル先進企業の人づくりの仕組みを解明し、トヨタ自動車、パナソニック、みずほFGなど「事業を創る人事」に挑む日本企業の戦略を解明。2030年に優れた経営者を出現させるための人事改革案も示す本格的経営改革論。

2017.3 294p B6 ¥2500 ①978-4-532-32137-6

◆仕事をベースにした能力基準書のつくり方と人事・賃金制度への活用　菅野篤二著　日本法令
【要旨】同一労働同一賃金に向け賃金の決定基準の明確化が不可欠！ 今ある職能給制度の手直しで仕事に応じて待遇を決める制度への移行のヒントになる！

2017.6 258p A5 ¥2200 ①978-4-539-72549-8

◆実務家のための役員報酬の手引き　髙田剛著　商事法務　第2版
【要旨】平成26年会社法改正による監査等委員会設置会社の創設やコーポレートガバナンス・コードを踏まえた役員報酬改革などで実務の最新動向を反映した改訂版！ 平成29年度税制改正に完全対応。

2017.11 309p A5 ¥3300 ①978-4-7857-2570-9

◆社員が成長するシンプルな給与制度のつくり方　大槻幸雄著　あさ出版
【要旨】小さな会社から中堅企業まで、あらゆる業種で活用できる。6700社超の導入実績。社員10人を超えた社長は必読。

2018.1 239p B6 ¥1600 ①978-4-86667-035-5

◆社員の多様なニーズに応える社内規程のつくり方　矢萩大輔、畑中義雄、金野美香、西田周平共著、横張清威監修　日本法令
【要旨】定年後再雇用社員（嘱託）規程、限定正社員規程、在宅勤務規程、スクールイベント休暇規程、バリュー評価制度運用規程、組織開発基本規程…「多様な働き方」に対応した制度と規程で生産性の高いチームをデザイン！

2017.12 397p A5 ¥2800 ①978-4-539-72574-0

◆社長、その一言がパワハラです！ 小さな会社のハラスメント対策　戸谷一彦著　セルバ出版、創英社/三省堂書店 発売
【要旨】「セクハラ」「パワハラ」「モラハラ」「マタハラ」について、その内容、特徴を事例を通して解説。会社として被害者や行為者にどう対応していくべきか、予防策や対応策について具体的に説明。実際にハラスメントを受けた方々についての対応策、被害に遭わないための自己防衛についても言及。ハラスメントのない職場づくりへの考え方や行動、仕事の進め方やコミュニケーションの取り方など、働く人が生き生きと仕事ができる職場環境の改善についても触れている。

2017.6 191p B6 ¥1600 ①978-4-86367-348-9

◆社労士がこたえる 社員が病気になったときの労務管理―すぐに役立つ！ 治療と仕事の両立支援ハンドブック　古川飛祐香著　税務経理協会
【要旨】社員のため…病気になっても働きたい！ 治療と仕事のQ&A。事業主のため…健康経営で実現できる働き方改革、業績が変わる。受験者のため…労務リスクはどこに潜んでいるのか、裁判例で検証。

2017.7 193p B6 ¥2000 ①978-4-419-06450-1

◆従業員を採用するとき読む本―その採用の仕方ではトラブルになる!!　中小企業を応援する士業の会、助成金・給与労務手続センター著、広瀬元義監修　あさ出版
【要旨】プロだから知っている「人を雇う」ときの注意点とは？ 実際にあった9つの実例をモデルに、基本から対応策までがわかりやすく学べます！

2017.7 206p B6 ¥1500 ①978-4-86063-996-9

◆週4正社員のススメ―長時間労働体質の払拭など働き方を変えるために　安中繁著　経営書院
【要旨】働き方改革するとき必見の一冊！ 多様な正社員の制度を導入した企業の先行事例を解説するとともに、導入プロセスや導入に際して

出てくる課題への対応、就業規則の規定例等を具体的に解説。

2017.5 203p B6 ¥1500 ①978-4-86326-241-6

◆障害者雇用とディスアビリティ・マネジメント　二神恭一、二神常爾、二神枝保著　中央経済社,中央経済グループパブリッシング 発売
【要旨】単なる福祉論ではない。社会経済や組織のこれからのあるべき姿として、健康を損ねている人の雇用促進・維持に取り組まなくてはならない。

2017.2 291p A5 ¥3500 ①978-4-502-20161-5

◆初心者にもよくわかる 給与計算マニュアル 29年版　日本法令編　日本法令
【要旨】手順にそってわかりやすく解説！ 様式の記載例、計算例を豊富に掲載！

2017.4 191p B5 ¥1900 ①978-4-539-74621-9

◆女性活躍のための労務管理Q&A164　堀下和紀、穴井隆二、渡邉直貴著　労働新聞社
【要旨】女性活躍を推進したい経営者の方や社労士の方々が知りたい労務管理についての「適法・違法」の境界線、女性活躍を推進する方法の法律的側面を164問のQ&Aで解説しています。著者が女性活躍に向け「4つのステップ」を提唱し、ステップごとのポイントを指摘。女性活躍を目指す方に最適の一冊です。

2017.7 221p A5 ¥1800 ①978-4-89761-663-6

◆知りたいことがスグわかる！ 給与計算実務Q&A　平澤貞三編著　清文社
【要旨】キホンがわかる！ 事例がわかる！ 1年の流れがわかる！ マイナンバー&最新税制に対応。理解度を自己採点できる練習問題付（全100問）。

2017.4 287p A5 ¥2000 ①978-4-433-64037-8

◆人材組織教育総合手法　加賀博著　日本生産性本部生産性情報センター
【目次】第1部 理論・手法編（社内で出来る課題解決型教育研修手法のつくり方、講師（インストラクター）の講義の構成（話の流れ＝ストーリー）および話し方・態度、人材教育方法）／第2部 実践編（人材育成プログラムの目的とねらい―立体的・計画的な教育研修で社員を真のプロに育て上げよう、経営理念研修プログラム―自社の経営理念をきちんと理解・浸透させる、組織活性研修プログラム―自社の組織をきちんと理解させる、職務開発研修プログラム―自分の職務をきちんと理解させる、業務マニュアル作成&引継ぎ研修プログラム―自分の業務を洗い直し、マニュアル化する ほか）

2017.8 289p A5 ¥2500 ①978-4-88372-530-4

◆人事諸規程のつくり方―人事・労務必携　荻原勝著　経営書院
【目次】第1章 給与・賞与・諸手当、第2章 退職金、第3章 勤務時間、第4章 育児休職・介護休職、第5章 人事・出張・転勤、第7章 職場環境、第8章 勤務スタイル、第9章 募集・採用、第10章 パートタイマー・契約社員

2017.6 331p A5 ¥2800 ①978-4-86326-244-7

◆人事担当者・管理職のためのメンタルヘルス・マネジメントの教科書　清水隆司著　総合法令出版
【要旨】「精神科主治医」と「産業医」の違いを知っていますか？ 不調の兆候の見極め方から、診断書の病名の読み方、休職・職場復帰まで。企業の経営者・人事担当者・現場の管理職が最低限知らなくてはならない、メンタルヘルス・マネジメントの知識とノウハウをわかりやすく解説！

2017.12 275p B6 ¥1500 ①978-4-86280-591-1

◆人事の仕事と法律―会話でマスター　廣石忠司著　中央経済社,中央経済グループパブリッシング 発売
【要旨】人事労務のアウトライン（人事労務＋労働法）を大崎君と品川部長の2人の会話で解説。エッセンスがすらすらと頭に入る、30講＋α。

2017.5 246p A5 ¥2600 ①978-4-502-22621-2

◆人事の本質　中山てつや著　幻冬舎メディアコンサルティング,幻冬舎 発売
【要旨】もう上司の好き嫌いに振り回されない！ 知らなかったでは済まされない！ 人事評価のウラオモテ。キャリアコンサルタントが語る人事のカラクリと、明日から仕事が上手くいくためのテクニック。

2017.1 205p 18cm ¥1000 ①978-4-344-91077-5

◆人事部のつくりかた―社員が育つ！ 辞めなくなる！　大橋高広著　主婦の友社

【要旨】人事制度をつくるだけでは、採用・育成・定着などの「人」に関する問題は解決できない。現場の社員の本音を聞き出す「現場志向型コミュニケーション」があなたの会社の将来を大きく変える。2年半で30社をV字回復に導いた著者が明かす超・実践的方法。

2017.5 191p B6 ¥1300 ①978-4-07-423396-0

◆人事労務の基礎知識―顧問先の疑問に答える税理士が知っておきたい　辻・本郷税理士法人監修、吉川直子著　清文社　新版
【要旨】正社員/非正規社員、ハラスメント対策、ストレスチェック、メンタルヘルス、長時間労働、問題社員etc…顧客からの相談に答えられますか。

2017.7 236p A5 ¥2200 ①978-4-433-65767-3

◆新卒採用力が会社の未来を決める！―強い中小企業が秘かにやっている人材戦略　小山昇著　マネジメント社
【要旨】新卒採用性した社長の割合が五割を越えると組織は大きく変わる！ 新卒採用は効率のいい投資である。武蔵野の新卒採用メソッドを初公開。内定辞退者ゼロのヒミツ！

2017.10 229p B6 ¥1500 ①978-4-8378-0480-2

◆図解 いちばんやさしく丁寧に書いた総務・労務経理の本 '17～'18年版　磯竹克人、木村芳子監修　成美堂出版　（付属資料：別冊1）
【要旨】わかりやすさNo1！ 実務のコツと流れをズバリ解説。

2017.7 239p A5 ¥1300 ①978-4-415-32347-3

◆「すごい」人事評価―人が辞めない会社がやっている　髙橋恭介著　アスコム
【要旨】人が辞めなくなった！ 利益が大きく増えた！ 採用力がアップした！ 生産性が向上した！ 1000社以上で成果を出した最強の法則。

2017.7 221p B6 ¥1500 ①978-4-7762-0952-2

◆ステージ別ベンチャー企業の労務戦略　GVA法律事務所著、山本俊、飛岡依織編集代表　中央経済社,中央経済グループパブリッシング 発売
【要旨】会社の成長に合わせた柔軟な人事設計を！ 創業からIPO後まで、ステージ別に労務のポイントを解説。ユニークな人事制度をインタビュー事例として多数紹介。

2017.9 214p A5 ¥2600 ①978-4-502-23321-0

◆ストレスチェックを活かす元気な職場づくり―集団分析から始める職場環境改善　中央労働災害防止協会編　中央労働災害防止協会
【目次】第1章 ストレスチェック制度と職場環境改善、第2章 職場環境改善のための5ステップ、第3章 集団分析結果の見方、第4章 職場環境改善の実施、第5章 効果的な職場環境改善活動を行うには、第6章 職場環境改善の事例、資料

2017.6 119p B5 ¥1300 ①978-4-8059-1756-5

◆税務・経理・人事ハンドブック 2018年度版　DHB制作委員会著　（新潟）シーアンドアール研究所
【要旨】個人情報保護法の改正や、民法（債権関係）の改正、中小企業向け税額控除などの項目を追加！ 中小企業の税務・経理・人事に関わる担当者必携の1冊！ 個人事業主も使える税務や人事の最新情報が満載！

2018.1 327p B6 ¥1830 ①978-4-86354-235-8

◆戦略的な人事制度の設計と運用方法―企業が理念を従業員と共有するための就業規則と実務　浅井隆著　労働開発研究会
【要旨】「企業が事業目的を達成するために、いかに制度を見直して従業員と共有するか」時代の変化やボーダレス化が進む中で永続的に反映し続けるための就業規則改定について具体的に解説。筆者の豊富な経験と積み重ねてきた裁判例を参考に、制度と運用に分け、各労働条件毎に分析した就業規則改定の最新・決定版！

2017.10 412p A5 ¥2600 ①978-4-903613-19-2

◆そのマネジメントでは新入社員はスグに辞めてしまいます！　後藤功太郎著　アニモ出版
【要旨】現代の若手社員は我慢することなく辞めてしまう!?年間500名以上の社員に聞いてわかったこと。それは、その仕事をする理由が明確でないと、やりがいや意味、誇りがもてない、ということです。入社3か月で定着するマネジメントを実践しよう！ 従来の「じっくり育てる」マネジメントでは、もう間に合いません。3か月という期限を決めた「定着マネジメント」の方法

とコツを本書が大公開！
2017.7 222p B6 ¥1500 ①978-4-89795-203-1

◆**退職・解雇・雇止め─適正な対応と実務**　浅井隆，小山博章，森本茂樹著　労務行政
【要旨】解雇の是非、休職期間満了時の退職、希望退職の募集、非正規社員の雇止め等々一実務に精通した弁護士・社会保険労務士が、トラブルとならない労働契約の解消を解説。分かりやすいQ&A、すぐに使える書式・規程例が満載。実務家必携の1冊！
2017.1 334p A5 ¥3700 ①978-4-8452-7251-8

◆**ダイレクト・リクルーティング─新しい採用の常識**　高山奨史，新倉竜也著　同文舘出版（DO BOOKS）
【要旨】「Web×リアル」でほしい時に、即戦力が確実に採れる。採用コストが劇的に下がる。派遣、飲食、サービス、医療・福祉─2,500社の採用力を上げた最新ノウハウ。
2018.1 179p B6 ¥1500 ①978-4-495-53791-3

◆**小さな会社のための"こぢんまり"人事・賃金制度のつくり方**　河合克彦著，中野剛編集協力　日本法令
【要旨】「社員数10人でもちゃんとした人事制度をつくりたい」中小企業向けに簡単な仕組みで容易に構築・運用できる人事制度を提案！ アレンジしてすぐ使える人事制度諸規程サンプルを掲載。
2017.2 228p A5 ¥2100 ①978-4-539-72528-3

◆**ドイツの人事評価─民間労働者、公務員および学校教員に関する日独比較研究**　藤内和公著　旬報社
【目次】第1部 民間企業（民間企業での概要、法的取扱、評価手続、紛争解決手続、業績評価方法、事業所協定見直し例、民間企業での実際、総括─日独比較（民間企業））、第2部 公務労働者（公務労働者での概要、業績評価実施状況、関係者の受け止め方─受容と機能、総括─日独比較（公務労働者））、第3部 官吏（官吏の勤務評価）、第4部 学校教員（教員評価を取り巻く諸条件、教員評価の州別比較、総括─日独比較（学校教員））
2017.12 343p A5 ¥5000 ①978-4-8451-1507-5

◆**なぜか女性が辞めない小さな会社の人事評価の仕組み**　山元浩二著　日経BP社、日経BPマーケティング 発売
【要旨】女性の活躍なくして中小企業の成長はあり得ない！ 導入先の社員の9割が納得した。小さな会社をパート主婦が常務となって急成長させた。
2017.10 209p B6 ¥1500 ①978-4-8222-5995-2

◆**日本的雇用・人事システムの現状と課題　2016年度調査版　第15回日本的雇用・人事の変容に関する調査報告**　日本生産性本部・雇用システム研究会編　日本生産性本部生産性労働情報センター
【目次】第1章 調査概要、第2章 調査結果の分析（「正社員」という働き方の変容、女性社員の活用施策、60歳以降社員の雇用・処遇について、賃金制度の変容、人事諸制度の導入状況）、資料
2017.3 186p B5 ¥3000 ①978-4-88372-526-7

◆**日本の人事を科学する─因果推論に基づくデータ活用**　大湾秀雄著　日本経済新聞出版社
【要旨】女性活躍支援、働き方改革、管理職評価、離職対策、高齢者雇用─問題点と解決策をデータで明らかに。戦略的人事設計の必読書。
2017.6 251p B6 ¥2400 ①978-4-532-32150-5

◆**「ネットワーク採用」とは何か─採用難時代を乗り越えるこれからのスタンダード**　曽和利光著　労務行政
【要旨】人材の「ネットワーク」が生み出す力を見逃していませんか？「求める人材を発掘し、確実に採用につなげる」「継続的な人材構築のサイクルを生み出す」「組織の結び付きを強化し、新たなビジネスの力を生み出す」。"人の繋がり"を生かす、これからの採用戦略・ノウハウ。
2017.3 181p A5 ¥1600 ①978-4-8452-7272-3

◆**はじめて人事担当者になったとき知っておくべき、7の基本。8つの主な役割。─入門編　人事の緑本**　労務行政研究所編　労務行政 第2版
【目次】第1章 人事の基本─人事の仕事を理解しよう、第2章 人材を確保する─雇用管理の基礎知識、第3章 人材を活用する─配置と人事制度の基礎知識、第4章 人材を育成する─能力開発とモチベーション向上に関する基礎知識、第5章 働き方をマネジメントする─労働条件管理に関

する基礎知識、第6章 報酬を支払う─報酬管理と給与計算に関する基礎知識、第7章 安心して働くことができる環境を整える─社会保険と福利厚生、安全衛生に関する基礎知識、第8章 社内コミュニケーションをよくする─労使関係と社内コミュニケーションに関する基礎知識、第9章 これからの人事─環境変化と人事労務管理、特別付録
2017.3 316p A5 ¥2571 ①978-4-8452-7273-0

◆**働き方改革と新しい労務管理の法律実務Q&A100─人事担当者と管理職のためのハンドブック　労働法実務基礎**　加納明夫著　日本生産性本部生産性労働情報センター
【目次】第1章 労働時間管理の法律実務、第2章 非正規の労働条件と同一労働同一賃金に関する法律実務、第3章 労働契約の基本に関する法律実務、第4章 賃金等の労働条件の変更に関する法律実務、第5章 メンタルヘルス、ハラスメント、ワークライフバランスに関する法律実務、第6章 退職・解雇をめぐる諸問題
2017.9 358p A5 ¥2000 ①978-4-88372-532-8

◆**働き方が変わる、会社が変わる、人事ポリシー**　西尾太著　方丈社
【要旨】人事ポリシーとは、企業の「人」に対する考え方。「いい人が採れない。そもそも応募者が来ない」「社員が成長してくれない。もっと自分で考えて動いてほしい」「なんで期待している人に限って辞めてしまうのか」─採用、育成、評価、処遇からモチベーションまで。人事ポリシーが悩みを解決します。
2017.12 238p B6 ¥1600 ①978-4-908925-24-5

◆**募集・採用・内定・入社・試用期間**　労務行政研究所編　労務行政（労政時報選書─実務Q&Aシリーズ）
【要旨】採用から入社・試用期間の実務的な問題を、第一線の弁護士、社会保険労務士が、最新の法律と裁判例に基づき分かりやすく解説。
2017.5 364p A5 ¥3600 ①978-4-8452-7291-4

◆**本気の「脱年功」人事賃金制度─職務給・役割給・職能給の再構築**　経団連事業サービス人事賃金センター著　経団連出版
【目次】第1章 経営環境の変化と人事賃金制度改善の方向（日本の人事賃金制度の変遷と特徴、人事賃金制度見直しの方向）、第2章 仕事・役割を基軸とした人事制度（職務等級制度、役割等級制度 ほか）、第3章 仕事・貢献度基準の賃金制度の設計（全社一律型から多立型賃金体系へ、定型的職務と非定型的職務の賃金体系 ほか）、第4章 職務分析・評価の方法と手順（職務分析の手順、職務評価の方法〈点数法の例〉 ほか）、第5章 職務調査の方法と手順（課業評価基準の作成、職務調査の実施 ほか）
2017.9 145p A5 ¥1600 ①978-4-8185-1704-2

◆**まるわかり給与計算の手続きと基本　平成29年度版**　竹内早苗著　労務行政（まるわかりシリーズ）
【要旨】支払いまでの手続きの流れをおさえたい─フローチャートや豊富な図解で、戸惑う場面、間違えやすい手続きを徹底整理！ 日々の業務をスムーズに進めたい─さまざまな角度からシミュレーション、実践しながらポイントがつかめる！ マイナンバーへの対応など実務のヒントが欲しい─労働基準法や社会保険の基本のほか、マイナンバーに関する留意点がわかる！
2017.2 269p A5 ¥1800 ①978-4-8452-7261-7

◆**ミャンマー人材　雇用・活用　実践ガイドブック─採用から受入体制の整え方、育成のコツまで**　西垣充著　日本実業出版社
【要旨】業績UP！ の企業は外国人雇用に積極的です！ IT・エンジニア・介護・通訳・CAD─人材不足にお悩みの企業に朗報！ 改正入管法技能実習法がスタート！
2018.1 189p A5 ¥1850 ①978-4-534-05552-1

◆**無期転換申込権への対応実務と労務管理**　布施直春著　経営書院
【目次】非正規社員の種類・雇用状況・問題点、第1部 平成24年改正労働契約法と平成30年にむけての企業の検討・準備のしかた（無期転換申込権と企業の対応実務、無期転換ルール（改正労契法18条）の特例、雇止め法理の条文化、不合理な労働条件の禁止）、第2部 平成26年改正パート労働法とパート専用就業規則（平成26年改正パート労働法の規定内容、パート専用就業規則の作成と変更）、第3部 契約社員・パートの労務管理（総括事項、賃金・雇用管理、服務規律等と懲戒処分・配置転換、セクハラ・パワハラ対応、安全衛生、妊産婦等の健康管理、仕

事と育児・介護の両立支援制度、社会・労働保険、税金、雇用の活性化・戦力化、退職・解雇、雇止め（契約不更新）
2017.4 316p A5 ¥2200 ①978-4-86326-237-9

◆**めざそう！ ホワイト企業─経営者のための労務管理改善マニュアル**　ホワイト弁護団著　旬報社（経営者ブック）
【目次】第1章 ホワイト企業であること─「理想の会社」をめざす（「理想の会社」とは？、ホワイト企業をめざすために必要なこと ほか）、第2章 労働契約の本質とは─経営者の自覚と覚悟（労働契約が、経営者に優越的地位を与えている！、労働契約に関する経営者の勘違い ほか）、第3章 経営者の義務とホワイト企業実現に向けて─労務管理の基本スタンス（経営哲学の根本に据えるべきこと─基本スタンス1、組織運営の根本に据えるべきこと─基本スタンス2 ほか）、労務トラブルQ&A（労働契約の成立におけるトラブルへの対処、労働契約の展開（継続）におけるトラブルへの対処 ほか）
2017.11 127p A5 ¥1500 ①978-4-8451-1517-4

◆**モテる会社の人事のしくみ─給料で社員は口説けない！**　高山正彦著　税務経理協会
【要旨】私たちは、社員をやる気にさせるには給料を多く支払えばいいと考えがちです。しかし、それは限定的であって、本当の意味で社員のモチベーションを上げることができないことが、心理学や経済学、脳神経科学などの研究から分かってきました。さらに人工知能やロボット技術の進歩が、私たちの働き方を変え、やる気の源泉をも変えようとしています。よりクリエイティブな仕事がますます求められるこれからの新しい時代、モテる会社になるための労務管理の秘訣を解説します！
2017.9 205p B6 ¥1900 ①978-4-419-06478-5

◆**やさしい職場の人事労務と安全衛生の基本**　全国労働基準関係団体連合会編　全国労働基準関係団体連合会　改訂増補2版
【目次】起業したときの基本、人を募集するときの基本、人を採用するときの基本、労働条件の基本と就業規則、労働時間・休憩、休日・休暇、賃金、女性の雇用管理、育児・介護休業制度と性差別の禁止、年少者の雇用管理、安全衛生と健康管理の基本 ほか
2017.7 190p B5 ¥1000 ①978-4-906741-14-4

◆**やさしくわかる給与計算と社会保険事務のしごと　平成29年度版**　北村庄吾著　日本実業出版社　10版
【要旨】平成29年度の最新改正事項を完全網羅！ 給与計算と社会保険事務を関連づけて解説してあるから、仕事の流れがまとめて理解できる。毎月の届出や手続きを1年間のスケジュールにそって解説してあるから、ミス・モレなく仕事がこなせる。労働基準法など法律の知識もやさしく解説してあるから、あなたの仕事をサポートするだけでなくスキルアップにもつながる。
2017.5 244p A5 ¥1400 ①978-4-534-05494-4

◆**労使トラブルを防ぐための雇用契約書の作り方・活用法**　保険サービスシステム、保険サービスシステム社会保険労務士法人著　税務経理協会　第2版
【要旨】ここ数年の労働関連法令の改正、法令遵守の機運の高まりとともに、以前にも増して多くの会社が就業規則の見直しに力を注いでいるように感じます。しかし、就業規則は作っただけでは効果がありません。その内容を会社が把握し、社員が把握し、双方が合意の上で運用して初めて意味を成します。本書は「雇用契約書」を労使のコミュニケーションツールと捉え、1年に1回労働条件を確認し、就業規則を定期的に運用するノウハウを記載しています。作った就業規則を最大限活用する手段として本書をご利用ください。
2017.4 231p A5 ¥1500 ①978-4-419-06447-1

◆**労務年鑑　2017年版**　日本労務研究会編　日本労務研究会
【目次】経済の動向、労務政策、雇用、労働時間、人事制度、教育訓練、職場管理、賃金、安全衛生、福利厚生、労働者生活、労使関係、労働関係日誌　2017.2 358p B5 ¥13000 ①978-4-88968-112-3

◆**労務理論学会誌　第26号　HRMの多様性？─アメリカ型HRMにオルタナティブはあるのか**　労務理論学会誌編集委員会編　労務理論学会，〔京都〕晃洋書房 発売
【目次】統一論題：HRMの多様性？─アメリカ型HRMにオルタナティブはあるのか（労務理論

経済・産業・労働

学会第26回統一論題「HRMの多様性？―アメリカ型HRMにオルタナティブはあるのか」提案趣旨、人事労務管理と人的資源管理におけるinternal とexternal―日本的経営とジョブ型を超えて、サービス業における人的資源管理の特質と課題、スウェーデンの人事労務管理の変化と労使関係、ドイツの労働生産性と労使関係、統一論題報告へのコメント）、特別講演（今治タオル・プロジェクト―起死回生のブランド戦略）、ワークショップ「学問の自由と大学の自治（3）―大学人の連帯と抵抗、そして「大学界」改革へ」（21世紀における大学人の共同の軌跡―鹿児島国際大学3教授支援から始まった歩みと現段階）、自由投稿（個人請負就労者の働き方の類型とその特徴―建設職種を事例として、大学において求められる能力、ドイツ民間企業の人事評価、台湾における大学院に進学する理由―台湾における学歴と生涯賃金格差の研究）、書評
2017.2 195p A5 ¥3000 ①978-4-7710-2816-6

◆割増賃金の基本と実務　石嵜信憲編著、横山直樹、石嵜裕美子、高安美保著　中央経済社, 中央経済グループパブリッシング　発売（BASIC & PRACTICE）
【要旨】本書は、長時間労働、ひいては過労死等の防御策としての機能をも有する「割増賃金」（労基法37条）に関する諸問題について、近時の裁判例をもとに解説をするものです。第1章～第3章では、労働時間（労基法32条）の意義、労働時間の把握方法、割増賃金の計算方法等の割増賃金に関する基本的な事項について解説します。第4章では、固定残業代制が採用されてきた社会的背景に触れながら、近時の裁判例をもとに固定残業代制の有効要件等について解説します。第5章以降では、歩合給と割増賃金の関係、事業場外労働みなし制の諸問題、労基法41条第2号・3号に該当する者、付加金、遅延損害金等の割増賃金に関する諸問題を解説します。
2017.6 269p A5 ¥2800 ①978-4-502-21191-1

◆ESで離職率1%を可能にする人繰りの技術　志田貴史著　太陽出版
【要旨】人手不足を経営課題にしないためのノウハウが凝縮。賃金や休みを増やさなくてもESを高め人の定着率は上げられる！超人手不足時代に、ESは経営管理の必須事項。
2017.11 200p B6 ¥1500 ①978-4-88469-922-2

◆Q&A社会保険労務 実務相談事例　田中実著　中央経済社, 中央経済グループパブリッシング　発売
【要旨】経営者が知っておくべき社会保険労務の上手な進め方。年金、健保、税金の最新節約法がわかる!!
2017.1 184p A5 ¥2400 ①978-4-502-21021-1

◆Q&A労基署調査への法的対応の実務　宮崎晃、西村裕一、鈴木啓太、森内公彦著　中央経済社, 中央経済グループパブリッシング　発売
【要旨】調査対象となりやすい論点ごとに適法な制度運用の実務を解説。法令違反の摘発が強化されている今こそ、「働き方・働かせ方」を見直すチャンス。労基署の役割などの基本事項から調査時の対応までを具体的に解説。
2017.9 322p A5 ¥3500 ①978-4-502-24091-1

就業規則・人事制度

◆今さら聞けない人事制度の基礎 48話　吉岡利之著　日本生産性本部生産性労働情報センター
【目次】第1章 等級制度（辞令をもらったら2級と書いてあるけど、これって何ですか？（等級制度の目的・概要）、うちの部に次長さんがいるのですが、何をしている人ですか？（役職）ほか）、第2章 報酬制度（資料に「報酬制度」って書いてありますが、お給料に関する仕組みのことですか？（報酬の概要・目的）、基本給とか手当とかって、どうしていちいち分かれているのでしょうか？（給与構成）ほか）、第3章 評価制度（人事評価って何のためにやるのですか？（人事評価の目的・概要）、評価制度に育ててもらった覚えはありません（人事評価と人材育成）ほか）、第4章 退職金制度、定年後の雇用（退職金でなくて、今、たくさん給与がもらえるといいのに（退職金の目的）、私の退職金はいくらになりますか？（退職金算定方法）ほか）、第5章 その他、人事制度にかかわるテーマ（取締役と執行役員のどちらが偉いのかわかりません（取締役と執行役員）、専務・常務とかCEO・CFOとか

の違いがわかりません（役位と経営課題責任者）ほか
2017.11 187p A5 ¥1500 ①978-4-88372-533-5

◆規程例とポイントが“見開き対照式”でわかる 就業規則のつくり方・見直し方　大槻智之著　日本実業出版社
【要旨】2017年10月施行の改正育児・介護休業法など、実務に直結する最新の改正を反映！働き方改革、労働法改正に随時対応！
2017.11 333p A5 ¥2500 ①978-4-534-05529-3

◆雇用形態・就業形態別で示す就業規則整備のポイントと対応策　山口寛志著　（名古屋）新日本法規出版
【目次】1 総則、2 採用・労働契約、3 勤務（労働時間・休日）、4 休暇、5 服務規律・懲戒、6 人事異動・休職、7 退職・解雇等、8 賃金
2017.6 377p A5 ¥3700 ①978-4-7882-8293-3

◆社労士&弁護士が規定をグレードアップ！就業規則の見直しと運用の実務　就業規則実務研究会著　日本法令
【要旨】就業規則の規定ごとに問題点をピックアップ。会話形式で、わかりやすくポイントを指摘。問題の原因を究明し、見直しを図る際の規定例も明示。就業規則のプロが運用上の問題を明らかにし、見直しのベストソリューションを提示する！
2017.8 241p A5 ¥2100 ①978-4-539-72557-3

◆就業規則を作る、変える。ここがポイント6　全国労働基準関係団体連合会編著　全国労働基準関係団体連合会
【要旨】全基連の人事労務管理セミナー用テキスト
2017.7 154p A4 ¥1500 ①978-4-906741-15-1

◆就業規則ハンドブック―モデル就業規則の逐条解説と見直しておきたい規程の解説　産労総合研究所編　経営書院　（付属資料：CD-ROM1）改訂5版
【目次】第1部 就業規則の基本、第2部 産労総合研究所版モデル就業規則と逐条解説、第3部 正社員以外（パートタイム労働者、契約社員、嘱託社員（定年後継続雇用）等）の就業規則、第4部 育児・介護休業に関するモデル規程例と各規程上の留意点、第5部 働き方見直し関連の各種規程例、第6部 初めて担当する人のための就業規則の作成・届出、改定の実務
2017.8 399p A5 ¥9400 ①978-4-86326-245-4

◆書式と就業規則はこう使え！―使用者側弁護士が教える65の書式例　向井蘭著　労働調査会　（付属資料：CD-ROM1）
【要旨】労使紛争は「書式」と「常識」があれば対応できる！紛争を未然に防ぐポイントをわかりやすく解説。
2017.11 345p A5 ¥3500 ①978-4-86319-588-2

◆人事評価制度だけで利益が3割上がる！―「働き方改革」に対応する、ただひとつの切り札　高橋恭介著　きこ書房
【目次】第1章 なぜ今、戦後最大の「働き方改革」なのか？（課題は「長時間労働」「正社員と非正社員の格差」、非正規社員の賃金を上げなければ消費が増えない ほか）、第2章 企業の労務「5重苦」がすでに始まっている（優秀な人材を離職させない正当な評価制度が必要、最低賃金の上昇が企業を追い詰めていく ほか）、第3章 上位2割の優秀社員から辞めていく（この20年、日本の人事評価制度は失敗してきた、インセンティブ設計ひとつで、会社は揺らぐ ほか）、第4章 社員がひとりでもいれば、人事評価制度は必要（導入、運用のサポートで「おせっかい」をしていく、人事評価制度なしで、社員は育たない ほか）、第5章 もう元には戻れない（経営理念や行動規範の言葉を因数分解する、心構え、意欲はNGワードだ ほか）
2017.5 223p B6 ¥1500 ①978-4-87771-371-3

◆労務トラブルに勝てる・負ける就業規則がよくわかる本―ダンゼン得する知りたいことがパッとわかる　石田達郎、藤田豊大著　ソーテック社
【要旨】労基法や就業規則の知識が身につく＋労務管理や労務トラブルでもう悩まない！モデル就業規則掲載！
2017.12 231p B6 ¥1500 ①978-4-8007-2050-4

秘書

◆「秘書力」で人生を変える！　田島華月著　中央経済社, 中央経済グループパブリッシング　発売
【要旨】アナウンサーから社長秘書へ。「かしこまりました」の一言もスマートに言えなかった落ちこぼれ秘書が「秘書力」で人生を変えた！アナウンサー＆元秘書の経験と秘書検定のスキルをもとに、事故死寸前・借金・流産…著者の苦悩・挫折人生を織り込みながら、キャリアアップ・日常業務に活かす「秘書力」（＝部下力）を伝授する、すべての社会人に役立つ仕事術バイブル。
2017.2 227p A5 ¥1600 ①978-4-502-21681-7

セールス・営業管理

◆アクセル―デジタル時代の営業最強の教科書　マーク・ロベルジュ著, 神田昌典、リブ・コンサルティング監訳、門田美鈴訳　祥伝社
【要旨】MITエンジニアが営業を科学したら、売上0ドルが7年で1億ドルに。最先端の「インバウンド・マーケティング」を徹底解説。デジタル×アナログ。突破口はここにある！
2017.6 338p A5 ¥1780 ①978-4-396-61605-2

◆会って3分話して1分 初対面で売れる技術　井上健哉著　かんき出版
【要旨】中身よりつかみで、お客様はYESになる。「あなたから買いたい」と言われるつかみトーク16、売れるコツ43。今日から始められる即効性の高い技術！
2017.8 270p B6 ¥1500 ①978-4-7612-7279-1

◆あなたの店を強くする全員営業体制のつくり方―成果を生む仕組みとマネジメント　佐々木城岁著　近代セールス社
【要旨】「全員営業」を掛け声だけに終わらせない！店全員が意欲を持って動き出すマネジメントのコツを大公開!!顧客満足のアップと店舗全体の生産性向上を実現する「やり方」のすべて！
2017.4 214p A5 ¥1700 ①978-4-7650-2070-1

◆アメリカ本国を驚愕させたプルデンシャル生命の「売る力」2 ライフプランナー33名が語る営業を極める6つの力　プルデンシャル生命保険フェイスブック（日出ずる国の営業）運営事務局編　プレジデント社
【要旨】他の追随を許さない圧倒的なセールスパワーの秘密を「6つの力」から解き明かす！
2017.12 262p B6 ¥1500 ①978-4-8334-2217-8

◆一人前といわれる渉外担当者の教科書　奥山文雄著　近代セールス社
【要旨】ロベタ・話しベタでも大丈夫！渉外活動の心得44箇条と「話し方・聞き方」135事例で渉外活動に自信がもてる！
2018.1 334p B6 ¥1500 ①978-4-7650-2087-9

◆売れすぎて中毒（ヤミツキ）になる 営業の心理学　神岡真司著　すばる舎
【要旨】上司やお客様の言いなりになって損をしていませんか？トップセールスの人は、どんな心理テクニックを使っているのか？心理学の巨匠が教える、営業の実戦書。
2017.12 207p B6 ¥1400 ①978-4-7991-0660-0

◆売れないものを売る方法？ そんなものがほんとにあるなら教えてください！　川上徹也著　SBクリエイティブ　（SB新書）
【要旨】売れないものを「モノを変えずに」「お金をかけずに」「時間もかけずに」売ってこい。そんな無理難題を、言われる人は少なくないと思います。「そんなのムリに決まってる」？たしかにそうかもしれません。でも本書にはこの難題に見事こたえて大ヒットした売り方がたくさん紹介されています。工夫次第、売り方次第でモノは売れる。それをぜひあなたも体験してください。
2017.12 205p 18cm ¥800 ①978-4-7973-9507-5

◆「売れる営業」がやっていること 「売れない営業」がやらかしていること　松橋良紀著　大和書房

【要旨】ちょっとしたコツを覚えるだけで、ウソみたいに仕事人生が変わる！「意外」でも試してみたら「本当だ」となる営業心理学の極意。
2017.6 222p B6 ¥1400 ①978-4-479-79597-1

◆**売れる営業の「質問型」トーク 売れない営業の「説明型」トーク** 青木毅著 日本実業出版社
【要旨】細かい説明や長〜い営業経験、素晴らしい話術は、いりません。明日から効果が実感できる「質問型営業」のポイントがすべてわかる！
2017.4 214p B6 ¥1400 ①978-4-534-05487-6

◆**売れるまでの時間—残り39秒—脳が断れない「無敵のセールスシステム」** 遠藤K.貴則著 きずな出版 （付属資料：DVD1）
【要旨】科学的に最速で「ほしい！」と決断させる。世界30カ国、17万人をみてきた脳科学・心理学の権威が教える失敗しない営業法「39ピッチ」。2017.4 197p B6 ¥1400 ①978-4-907072-96-4

◆**営業生産性を高める！「データ分析」の技術** 高橋威知郎著 同文舘出版 （DO BOOKS）
【要旨】営業日報、CRM、サイトのアクセスログ…今あるデータだけで、すぐに成果を出す！“強い営業チーム”をつくる。「セールス・アナリティクス」の仕組み。
2017.9 242p A5 ¥2000 ①978-4-495-53821-7

◆**営業とは道である。一本物の営業マンを目指すあなたへ** 林正孝著 アイバス出版
【目次】第1章 営業の本質を理解しているか（営業の極意は「最後の90センチ」にある、潜在化されている顧客の情報を引き出す ほか）、第2章 営業は「4つのM」のステップで成長する（「4つのM」の成長段階を意識する、「4つのM」の後半2つとは何か ほか）、第3章 むしゃらにやるべき時期も必要（話し下手もノルマも、自分のとらえ方次第で楽しめる、将来を見据えるとモチベーションが生まれる ほか）、第4章 すべての営業マンは専門家でなくてはならない（「和魂洋才」でステップアップする、苦い現実を飲まねばならないことも必要 ほか）、第5章 営業マンこそ「仕入れ」が必要（営業マンほど情報を仕入れて、専門家にならなければならない、日頃からアンテナを立てておくと「仕入れ」が増える ほか）
2017.6 270p B6 ¥1200 ①978-4-907322-13-7

◆**営業の極意—凹んだ時に読みたい！行動、習慣、ブランディングセールス** 杉本譲著 平成出版、星雲社 発売
【要旨】元UCC副社長が教える！自信をなくした時に読む本。この取り組みで、今日から変わる。2017.10 159p B6 ¥1400 ①978-4-434-23877-2

◆**営業の大原則—売れちゃった営業の秘密** 中村信仁著 （札幌）エイチエス
【要旨】50万人の営業パーソンを幸せにする、31の秘密を公開。
2017.7 212p B6 ¥1300 ①978-4-903707-11-2

◆**営業 野村証券伝説の営業マンの「仮説思考」とノウハウのすべて** 冨田和成著 クロスメディア・パブリッシング、インプレス 発売
【要旨】仮説・検証ループで、営業の各プロセスを改善し続けて、ケタハズレの実績を出す思考法。
2017.10 298p B6 ¥1580 ①978-4-295-40113-1

◆**営業は「幸せの種まき」—日本一本を売った男の仕事の流儀** 林薫著 太陽出版
【目次】第1話 感謝こそ最大の営業力（「営業テクニック」という言葉は存在しない、百万回もの「お断わり」ほか）、第2話「苦」を「楽」に変える発想の転換（どん底生活が教えてくれた「ぬくもり」、自分が変わると周りの景色が変わる ほか）、第3話 営業マンが「やってはいけない」こと（「うっかり」を寄せ付けない、作家兼の男性が社長でまごつく ほか）、第4話 信念が奇跡を生む（「あきらめない」を習慣にする、営業マンはなぜ心要か ほか）、第5話 成功に導く営業の16か条（教養を身につけること、旬を逃すな ほか）
2017.11 185p B6 ¥1200 ①978-4-88469-921-5

◆**営業は「バカ正直」になればすべてうまくいく！** 勝友美著 SBクリエイティブ
【目次】第1章 未経験の私が、9割以上のお客さまの担当になった理由、第2章「バカ正直」になれば、お客さまが途絶えなくなる！、第3章「バカ正直」になれば、仕事に無理しなくてよくなる！、第4章「バカ正直」になれば、お客さまの信頼が得られる！、第5章「バカ正直」に

なれば、クロージングが一発で決まる！、第6章「バカ正直」になれば、お客さまも自分も職場の仲間も、みんなが幸せになれる！
2017.6 190p B6 ¥1300 ①978-4-7973-9171-8

◆**営業力100本ノック** 北澤孝太郎著 日本経済新聞出版社 （日経文庫）
【要旨】本書は、営業部門のあらゆるビジネスパーソンのためのトレーニングの本です。自分が何をしたいのか、どんな職場にしたいのかといった、自分の「思い」の大切さから説き起こし、顧客価値創造やマーケティング活動の実際まで説明します。著者はリクルートを皮切りに、長年、営業リーダーとして最前線で活躍してきました。また、東京工業大学大学院での講義や、研修・コンサルティングなどで、小手先のノウハウでない営業の本質を伝えています。100項目の質問について、「自分はどうか」と考えながら読み進めていくスタイルです。知りたい項目を中心に、ざっと読んで理解することもできますし、1項目ずつじっくり考えたり、グループワークでディスカッションの題材として使うこともできます。営業の若手社員はもちろん、営業力を再強化したい中堅、リーダー候補生にもおすすめです。
2017.9 236p 18cm ¥860 ①978-4-532-11380-3

◆**エンジニアだからこそ見えてきた「提案営業」のカンどころ** 小西正秀著 セルバ出版、創英社/三省堂書店 発売
【要旨】本書では、「提案型ビジネス」にとって正に「キー」となる総合目線での「提案営業のカンどころ」について解説。営業目線だけでは見えないものをもっとしっかり見て、「提案営業スキル」を上げていきたいと思っておられる営業職の方や、エンジニアが営業スキルを身につけて、もっと顧客の思いに近い位置で、顧客にとって最適な「ソリューション」を図りたいと望んでおられるエンジニアの方、各種業界で「提案型ビジネス」という多種の事業に携わっておられる多くの方々におすすめです。
2017.12 223p B6 ¥1700 ①978-4-86367-381-6

◆**完全版 トップ販売員が使っている売れる販売心理学** 有村友見著 明日香出版社 （アスカビジネス）
【要旨】一部上場アパレルブランドで売上成績No.1を収めた販売員の「お客様」に気に入られ、「商品」を魅力的に伝える方法。
2017.2 229p B6 ¥1500 ①978-4-7569-1883-3

◆**奇跡の営業所—仲間と働く喜びに気づく物語** 森川滋之著 かんき出版
【要旨】どんな職場でも奇跡は起こせる！全国最下位の営業所が日本一へ！実話をもとにした物語+解説。
2017.2 221p B6 ¥1300 ①978-4-7612-7239-5

◆**効果4500倍！ LINE@“神”営業術** 菅谷信一著 ごま書房新社
【要旨】小さな会社の最強顧客リピート戦略ツール「LINE@」×伝達力4500倍！「YouTube動画」。「メール離れ」ネット新時代に中小企業に残された最後の武器。
2017.12 197p B6 ¥1550 ①978-4-341-08686-2

◆**ごくフツーの営業マンが何でも売れる営業マンに変わるすごい「売り方」** 高橋英樹著 PHP研究所
【要旨】車、保険、不動産、求人広告から、はては金の仏像（!?）まで、相談件数1万社、300を超える商材を売り尽くした伝説の営業代行が語る、誰でも「売れる営業マン」になる方法。
2017.6 254p B6 ¥1400 ①978-4-569-83121-3

◆**壊れかけた営業現場を立て直せ！—素人営業部長による営業変革物語** NTTラーニングシステムズマネジメントコンサルティングチーム ファーストプレス （マネジメントあるある1）
【要旨】前任者の病気療養を機に、まったく土地勘のない営業現場に放り込まれた世良。今期の目標達成が危ぶまれる中、首都圏開発営業部は長年取引をしていた大口顧客から突然契約解除を宣告されてしまった。保守的で旧態然とした組織風土こそ、この会社の成長を妨げている。それに気づいた世良は、世良の「変革への旅」が始まった。業務変革に圧力をかける長門専務と山野。世良はメンバーに対し「私がこの部に留まり責任者であり続ける限り、この活動をやめるつもりは微塵もない」と強く宣言した。主人公が現場と真っ向から向き合い、悪戦苦闘しながら、営業業務変革を成し遂げる物語。
2017.10 253p B6 ¥1500 ①978-4-86648-002-2

◆**最強セールス集団—断トツに売る力** 村上静雄著 すばる舎
【要旨】伝説のセールスマネジャーが明かす営業マンを束ね、力を発揮させ、爆発的な成果をたたき出す鉄則。
2017.8 223p B6 ¥1500 ①978-4-7991-0596-2

◆**士業で成功するアナログ営業術！** 杉井貴幸著 ごま書房新社
【要旨】ピラミッド式客層、広告費0円、枠外の営業—“営業術”をたった一人に使っただけで開業前から行列！1日2時間の勉強すら苦痛だった男が、なぜ“成功している”のか?!
2017.10 239p B6 ¥1500 ①978-4-341-08682-4

◆**自店のファンを10倍ふやす「ニュースレター」の書き方・送り方** 山田文美著 セルバ出版
【要旨】一度つながってくれたお客様を放さず、一生つながったまま、店舗を好きになってもらい、商品を欲しくなってもらうためのダイレクトメールがニュースレター。本書では、ニュースレターの書き方・送り方を実例を織り込んで詳しく解説。
2017.11 183p B6 ¥1600 ①978-4-86367-377-9

◆**社長がトップ営業マン！の会社は強い** 戸田裕陽著 万来舎
【要旨】強い会社に変身させるためにあなたのなすべきことは、すべてこの中に書いてあります。経営コンサルタントと会計事務所経営で実績を上げる著者の実践的講義。
2017.3 214p B6 ¥1200 ①978-4-908493-10-2

◆**女性の「買いたい」を引き出す魔法の営業トーク** 長谷部あゆ著 同文舘出版 （DO BOOKS）
【要旨】売上を伸ばしたければ、女性客の心をつかみなさい！マニュアルトークだと思われるNGフレーズ。雑談から購入につなげるコツ。今日から使えるセリフ満載。
2017.9 211p B6 ¥1500 ①978-4-495-53841-5

◆**図解 30日間で無敵の営業マンになるノート** 江上治著 経済界
【要旨】仕事・人間関係・お金・社内評価…カリスマ営業マンの必勝パターン全公開！外資系トップ保険会社で未だに語り継がれる「伝説のロープレ」をコンパクトに図解化！“3ステップ式”1日1項目1ヶ月の図解&ワークでよくわかる！
2017.6 95p B6 ¥1500 ①978-4-7667-8611-8

◆**図解 新人の「質問型営業」—「説明」せずに「質問」する！** 青木毅著 同文舘出版 （DO BOOKS）
【要旨】売り込まない。説明しない。「質問」でお客様の欲求を高めていけば、自然に「買いたい」気持ちになる！「質問型営業」のメソッドを図解でマスター。
2017.2 173p A5 ¥1400 ①978-4-495-53491-2

◆**図解でわかる！伸びる営業力** 藤原毅芳著 秀和システム
【要旨】営業に必要なのは「3つの力」！「8つのプロセス」で身につける！誰でも「一人前の営業」になれる！3つの力（コミュニケーション、クロージング、顧客管理）を無理なくマスターする、8つのプロセスをわかりやすく伝授！
2017.8 215p B6 ¥1400 ①978-4-7980-5241-0

◆**ストック営業術—一人もお金も引き寄せる最強の売り方** 張替一真著 白夜書房
【要旨】短時間でより高い成果が上がるストック営業術で、今日からあなたの営業が変わる！
2017.2 223p B6 ¥1400 ①978-4-86494-122-8

◆**世界500万人が実践する営業術** ブライアン・トレーシー著、早野依子訳 パンローリング （フェニックスシリーズ 53） （「販売の神様ブライアン・トレーシーの私の営業方法をすべて公開します！」新装改訂・改題書）
【要旨】あらゆる業種のセールスパーソンに向けて、モノを「多く、早く、簡単に」売るためのアイデア、戦略、テクニックを紹介する。著者も営業の仕事を始めた当初はどれだけ多くの客先をまわっても成績はあがらなかったが、社内のトップセールスの営業方法などを学ぶことで、売れるには明確な「理由」があることに気づく。そして著者は成功者のテクニックを学び、実践、発展させることで全米屈指のセールスパーソンになった。本書は、著者が自らの経験をもとに獲得した営業のノウハウを伝授している。
2017.6 301p B6 ¥1500 ①978-4-7759-4175-1

経済・産業・労働

◆世界No.1営業マンが教えるやってはいけない51のこと　財津優著　明日香出版社（アスカビジネス）

【要旨】時間はかけない！割引しない！それでも、売れる！約200カ国に展開する世界トップクラスの医療機器メーカーで1位を獲得した著者が教える営業の極意。

2017.3 232p B6 ¥1500 ①978-4-7569-1887-1

◆「洗脳」営業術―営業は洗脳だ！　苫米地英人著、柏屋コッコ作画　サイゾー（まんが苫米地式 01）

【要旨】清掃サービス会社の営業部員・未紀は、成績が上がらず落ち込んでばかり。ある日の秀斗に振り回されながら、「洗脳」営業術を身につけていく！お客さまの意識を書き換える禁断のテクニック。

2017.11 175p B6 ¥1200 ①978-4-86625-095-3

◆ソリューション営業のすすめ方―事業性評価から「業績」につなげるノウハウ満載　竹内心作著　銀行研修社

【目次】第1章 なぜ今ソリューション営業の推進なのか（地域金融機関の現状、金融行政の変遷、多種多様な中小企業の経営課題）、第2章 求められる本業ソリューション（地域金融機関に期待される役割、金融業界にはびこる3つの「誤解」をひも解く、本業ソリューションを提供する際のポイント）、第3章 ソリューション営業の実践（金融ソリューションは大前提、「課題別」営業店でできる具体的なソリューション営業、アフターフォローの方法、ソリューション営業の効果）、第4章 ソリューション営業を可能にする事業性評価（目指すのは躍動的な事業性評価、7つの質問で取引先の根幹に切り込む、取引先以外へのヒアリング、事業性評価の実践）、第5章 圧倒的に支持される金融機関になるために（取引先に接する際の心構え、圧倒的に支持される金融機関になるために）

2017.4 188p B6 ¥1759 ①978-4-7657-4551-2

◆誰も教えてくれなかった営業の超基本！「アポの5原則」　藤島幸恵著　ぱる出版

【要旨】(1) 基本、アポはその場で取る。(2) 舞台役者にこだわる。(3) 忘れない人間はいない。(4) 相手も自分も尊重する。(5) アポのある人だけが見込み。3000人が実践、実証済みだから「あなたにもできる」！「アポの5原則」を理解すると営業力が劇的に変わる!!

2017.6 191p B6 ¥1400 ①978-4-8272-1065-1

◆誰もがなれるトップセールスへの道―保険・FP業界のセールスパーソン必見　泰原敏彰著　（大阪）新日本保険新聞社

【目次】序章 トップセールスは伝道師、第1章 仕事は楽しめばうまくいく、第2章 トップセールスの人間力、第3章 自信という武器を身に付ける、第4章 話が聞きたいと思われる人になる、第5章 お客さんを見つけるのに困らない営業、第6章 お客様に選ばれる人の商談力、第7章 一番のつくり方実践編、第8章 戦略的セールス

2017.2 207p B6 ¥1343 ①978-4-905451-63-1

◆デジタルで変わるセールスプロモーション基礎　販促会議編集部編　宣伝会議（宣伝会議マーケティング選書）

【要旨】これからのビジネスに必要な基礎知識をテーマ別にわかりやすくまとめました！この1冊で現代のセールスプロモーションの基礎と最先端がわかる！

2017.3 309p A5 ¥1800 ①978-4-88335-374-3

◆トップセールスが絶対言わない営業の言葉　渡瀬謙著　日本実業出版社

【要旨】初回訪問のときの挨拶が苦手。商談相手とトークがはずまない。ニーズをうまく探れない。クロージングで決められない―。そんなあなたも「営業の言葉」を少し変えるだけで「売れる営業マン」になれます。

2017.7 205p B6 ¥1400 ①978-4-534-05508-8

◆飛び込みなしで「新規顧客」がドンドン押し寄せる「展示会営業」術　清永健一著、菅谷信一監修　ごま書房新社

【要旨】9割の経営者が知らない「出展コストの33倍売るノウハウ」―ついに公開！1195社の経験から導き出した、本当に売上が向上する営業術！

2017.6 212p B6 ¥1550 ①978-4-341-08672-5

◆なぜかお金持ちを引きつける経済トークの磨き方―営業マンのための使える経済会話術　掛越直樹著　秀和システム

【要旨】営業マンが限られた時間の中で少しでも営業成績を上げるなら、いわゆる富裕層、準富裕層と呼ばれる人たちにアプローチした方が効率的です。しかし、このような人たちは知的水準の高い方が多く、「天気」「スポーツ」といったありがちな雑談のみでは、なかなかあなたのことを認めてはくれないでしょう。そこで有効なのが「経済トーク」です。経済は、多くの人たちのビジネスや生活において非常に重要なファクタであるので、「経済トーク」をスマートにこなす営業マンなら、きっと信用され、一目置かれるに違いありません。本書では、この「経済トーク」の磨き方を、あますことなくお伝えします。

2017.6 261p B6 ¥1500 ①978-4-7980-5165-9

◆ノーブランド企業が高額商品で売上を10倍にする集客法　鈴木貴子著　セルバ出版、創英社/三省堂書店 発売

【要旨】本書は、筆者が現場から学びとった生きた集客法、実際にやってみて効果の高かった宣伝方法など、独自のメソッドを惜しみなく公開。

2017.2 183p B6 ¥1600 ①978-4-86367-316-8

◆ビジュアル思考×EXCELで営業の成果を上げる本　角川淳著　翔泳社

【要旨】仕事が進む、成果が上がる。営業はもっとおもしろくなる！本書では「ビジュアル思考」を軸に、商談の進捗や、自社の置かれている状況を「見える化」する方法を解説します。絵心やデザインセンスは不要です。事実や頭の中を少し整理して、Excelの機能でちょっとしたビジュアルを加えれば、「これからどうすべきか」のアイデアが湧いてきます。25年以上にわたりコンサルティングをおこなってきた著者が、楽しく、わかりやすく、顧客のためになるよう、あなたの営業活動をリフォームします。

2017.3 303p A5 ¥1600 ①978-4-7981-4913-4

◆180日間営業変革プロジェクト―チーム営業で成功する9つの法則　嶋谷光洋著　日本食糧新聞社

【要旨】日本食糧新聞連載初のマンガ付きコラム待望の書籍化！

2017.2 176p A5 ¥1800 ①978-4-88927-259-8

◆普通の人でも確実に成果が上がる営業の方法　長尾一洋著　あさ出版

【要旨】レジェンドやカリスマの自慢話や武勇伝は、もういいって。「新規か既存か」「質か量か」など、仕事の悩みがスッキリ解決。4000社が結果を出したすごい方法。

2017.6 308p B6 ¥1600 ①978-4-86063-976-1

◆法人営業で成功するにはチーム営業力を磨け！―売れる営業部にするための処方箋 2　大森啓司著　同友館

【要旨】個人の営業力を身につけた後は、チームの力で営業部を強化する！『法人営業で成功するにはコンサルティング力を磨け！』の著者が贈る、強い営業部をつくるためのシリーズ第2弾！

2017.6 236p B6 ¥1700 ①978-4-496-05274-3

◆目標達成を体得できる「幸せの7つのろうそく」―セールスの成功法則　勝谷慶祐著　ゴマブックス

【要旨】今までにありそうでなかった！能力開発の革命！なぜ「幸せの7つのろうそく」を体得すれば成果が出るのか？成果がグンッと上がる人続出！全ての営業マン、起業家、経営者の必読書！幸せの本質があきらかに！表現すれば必ず変われる。

2017.8 206p B6 ¥1500 ①978-4-7771-1932-5

◆BtoBウェブマーケティングの新しい教科書―営業力を飛躍させる戦略と実践　渥美英紀著　翔泳社

【要旨】本書は、BtoBウェブマーケティングの基本的な考え方、自社にあった戦略、戦術の立て方、さらに成功事例からみる実践方法まで、一冊で学べる教科書です。本気でBtoBウェブマーケティングに取り組むとき、考えなければならないことを網羅的に理解できるので、一から学びたい新人マーケッターから、実際に結果を出したい方まで、あらゆるウェブマーケティング担当者におすすめです。

2017.1 412p A5 ¥1980 ①978-4-7981-4796-3

◆NY式「超一流の営業」の基本　酒井レオ著　朝日新聞出版

【要旨】「営業」こそが、すべての職種のビジネスパーソンに絶対不可欠な究極のビジネススキルである。バンク・オブ・アメリカ歴代最年少で全米営業成績第1位のジャパニーズ・アメリカンがニューヨークで圧倒的実績を挙げた「世界標準の営業」の基本。

2018.1 189p B6 ¥1400 ①978-4-02-331651-5

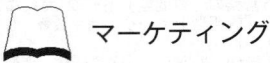 マーケティング

◆「あるある」で学ぶ右肩上がりのWebマーケティング　山道正明著、おほしんたろう漫画　インプレス（できるビジネス）

【要旨】制作会社とすれ違い、社内はいつも敵だらけ…このままでいいわけない！笑って、泣いて、しっかり学べる！

2017.6 220p B6 ¥1480 ①978-4-295-00140-9

◆1からのグローバル・マーケティング　小田部正明、栗木契、太田一樹編著　碩学舎、中央経済グループパブリッシング 発売

【要旨】親しみやすいビジネス・ケースでわかるグローバル・マーケティングの戦略論理。

2017.4 216p A5 ¥2400 ①978-4-502-21851-4

◆いちばんかんたんで役に立つマーケティングの方法　蛭川速audio著　成美堂出版

【要旨】全てのビジネスにすぐ使える。誰でもわかる図解。身近で豊富な実例。多様な企画書の作成例・充実のキーワード解説。どうすればいいのか、すぐ決まるフローチャート。書くだけでマーケティングが完成するテンプレート付き。

2017.12 239p A5 ¥1300 ①978-4-415-32405-0

◆いちばんやさしいコンバージョン最適化の教本―人気講師が教える実践デジタルマーケティング　深田浩嗣著　インプレス

【要旨】概念の解説だけでなく、「実践」にまで導く、絶対に挫折しない図解ビジネス書。デジタルマーケティングに欠かせない「数字ベースの業務改善」手法も丁寧に解説。どんなタイプのサイトでも改善できる、「仮説」に基づく施策の回し方がわかる。

2017.3 214p 21×19cm ¥1780 ①978-4-295-00015-0

◆いちばんやさしいデジタルマーケティングの教本―人気講師が教えるメディアと販促の新しい基礎　田村修著　インプレス

【要旨】入り口が見えにくいデジタルマーケティングを実務と教養の両面から、豊富な図解で解説。広告宣伝やオウンドメディア、デジタル施策の担当者に、仕事を深める「見取り図」を提供。トリプルメディアや消費行動の知識で新技術を正しく吟味。デジタル施策に自信が付く！

2017.9 190p 21×19cm ¥1980 ①978-4-295-00230-7

◆今の大ヒットはこれだ！　2017年度版　ミスター・パートナー出版部編　ミスター・パートナー、星雲社 発売

【要旨】今、話題の商品、企業を約370社紹介！最新のマーケットを読む必読の一冊!!今の注目情報が分野別に分かる！

2017.7 287p A5 ¥1500 ①978-4-434-23470-5

◆インバウンドマーケティング―オンラインで顧客を惹きつけ、招き、喜ばせるマーケティング戦略　ブライアン・ハリガン, ダーメッシュ・シャア著、前田俊二翻訳　すばる舎リンケージ、すばる舎 発売 増補改訂版

【要旨】マス・マーケティングの時代は終わった。今の時代の、実戦の書。

2017.1 366p B6 ¥2300 ①978-4-7991-0593-1

◆駅・まち・マーケティング―駅ビルの事業システム革新　池澤威郎著　同友館

【要旨】駅ビル生成・発展の軌跡と、商業空間としての駅ビルの魅力・可能性についてJR駅ビルの実際例を参照しながら解説する。雑踏の中のワクワク装置、「駅ビル」の仕組みを徹底解明！

2017.10 269p B6 ¥1600 ①978-4-496-05303-0

◆エリア・マーケティング アーキテクチャー　岩田貴子著　税務経理協会 増補版

【目次】第1部 マーケティングにおけるエリアと生産の概念（21世紀のマーケティングとは何か―地域と生活と自然の観点から、エリア・マーケティング理論の再考と新展開）、第2部 地域商業と消費者のかかわり（リテール・マーケティングにおける立地戦略、地域コミュニティとマーケティング―商店街と大学の連携、消費者の生活と商店街の機能）、第3部 地域へのマーケティング・アプローチ（スローフード・ベンチャー企業のマーケティング対応、マーケティングに

経済・産業・労働

における自然価値への対応―温泉資源へのマーケティング・アプローチ、世界遺産の価値へのマーケティング・アプローチ―持続可能性と多面性の発見、中国の世界遺産における地域とマーケティングの関係性）
2017.6 283p A5 ¥3200 ①978-4-419-06459-4

◆炎上に負けないクチコミ活用マーケティング　河井孝仁、宇賀神貴宏、WOMJメソッド委員会編著　彩流社　（フィギュール彩 99）
【要旨】不適切な動画や不祥事などをめぐって最近相次ぐネット炎上事件。炎上したら引っ込めるのではなく、いままで気づかなかった「価値」が見えてくるかもしれません。クチコミマーケティングの業界団体に属する実務界と学界のエキスパートが、炎上などへのリスク管理方法とクチコミの適切なマーケティング活用方法について具体的に説明します。インスタグラムなどのSNSにも対応した、最新版「WOMJガイドライン」も掲載。
2017.12 181p B6 ¥1900 ①978-4-7791-7100-0

◆御社の商品が売れない本当の理由―「実践マーケティング」による解決　鈴木隆著　光文社　（光文社新書）
【要旨】「19の呪縛」を解き、売れない時代に売れるしくみをつくる！
2017.4 345p 18cm ¥920 ①978-4-334-04308-7

◆買う理由は雰囲気が9割―最強のインフルエンサーマーケティング　福田晃一著　あさ出版
【要旨】モノが売れないのではなく売り方の「格差」がついている。「やってみたい」から始まるSNS時代の「雰囲気売れ」のつくり方。
2017.12 205p B6 ¥1400 ①978-4-86667-000-3

◆課題解決につながる「実践マーケティング」入門　理央周著　日本実業出版社
【要旨】アマゾン、マスターカードなど10社でマーケティング・マネジャーを務めた著者が「自然に売れる仕組み」をつくるエッセンスを紹介。「誰に（ターゲット設定）」「何を（プロダクト開発）」「どう売るか（顧客コミュニケーション）」で整理すれば、本当に解決すべき課題が見えてくる！
2017.11 221p A5 ¥1600 ①978-4-534-05533-0

◆神視点マーケティング―顧客が気づいていない「価値」を見出す4つのアングル　富澤豊著　日本実業出版社
【要旨】「顧客視点」はマーケティングの王道だ。そんな思い込みを捨てて商品・サービスを見つめ直してみると、いままで気づかなかった「価値」が見えてくるかもしれない。先入観にとらわれず、市場を俯瞰する「神様」のような視点で見つめ直してみてください。人間の不可避な視点、時間に関する視点、生活空間に関する視点、世の中に関する視点―「価値」を見つける4つの視点。視点を変えれば、「価値」が生まれる！　2017.3 230p B6 ¥1600 ①978-4-534-05483-8

◆企業を世界一にするインターナル・マーケティング―ピープル・マーケティング・オペレーションズ　鈴木好和著　創成社
【目次】序章 マーケティングの沿革とインターナル・マーケティング、第1章 インターナル・マーケティングとは何か、第2章 マーケティング・リサーチ、第3章 プロダクト、第4章 プライス、第5章 プレース、第6章 プロモーション
2017.3 224, 6p B6 ¥1600 ①978-4-7944-2494-5

◆企業家精神のダイナミクス―その生成、発展および発現形態のケース分析　佐藤善信著　（西宮）関西学院大学出版会　（関西学院大学研究叢書）
【目次】第1章 本書の構成とねらい、第2章 新市場の創造における企業家精神の発揮、第3章 企業家的発見の特徴―グラウンデッド・セオリー・アプローチを用いて、第4章 企業家精神の心理学的分析、第5章 企業家精神の覚醒プロセス、第6章 企業家による新市場の開拓パターン、第7章 革新的急成長企業の失敗原因分析、第8章 企業家精神のリーダーシップ側面の分析、第9章 経験学習による企業家精神の発達、第10章 企業家精神の今後の研究方向
2017.3 270p A5 ¥3600 ①978-4-86283-238-2

◆起業家のためのマーケティングバイブル　伊藤健太著　同友館
【要旨】3,000人の起業家支援の決定版!!資本金5万円から数千万円のサービスを連続立ち上げ。お金をかけずして、新サービスが湧き出て困る数々のマーケティング術。自分一人が100人分頑張るのではなく、100人が自分のために頑張る仕組み。

2017.3 187p B6 ¥1500 ①978-4-496-05263-7

◆企業経営の物流戦略研究―ロジスティクス・マーケティングの創出　丹下博文著　中央経済社, 中央経済グループパブリッシング　発売　第2版
【要旨】物流危機を乗り越え、物流革命を実践する処方箋。"企業経営研究"三部作"第3弾の増補改訂版。
2017.4 262p A5 ¥3000 ①978-4-502-22801-8

◆企業と社会フォーラム学会誌―社会的課題とマーケティング　企業と社会フォーラム編　千倉書房　（企業と社会シリーズ 6）
【目次】招待論文（Understanding Consumer Behaviour for Social Change―An Empirical Investigation of Neutralisation Techniques in the UK、社会的課題解決へのマーケティング対応―地球環境問題を中心として）、投稿論文（ハンドメイド製品のコーズ・ブランディング―良品計画とJICAによるインクルーシブ・ビジネスにおける製品開発、企業間の取引構造がCSR活動に与える影響―日本のBtoB企業を対象とする分析）、投稿論文（事例紹介）グローバルなCSRの潮流とマーケティングの価値創造経営についての考察、企業間の取引構造がCSRの側面からの考察、企業間の取引構造がCSR活動に与える影響―日本のBtoB企業を対象とする分析）、投稿論文（事例紹介）グローバルなCSRの潮流とマーケティングの価値創造経営についての考察―「サステナブルな価値創造経営モデル」の提言、学会展望「企業と社会」研究の広がりと課題、学会ニュース
2017.9 160p B5 ¥1800 ①978-4-8051-1118-5

◆技術者のためのマーケティング―顧客価値の構想と戦略　谷地弘安著　千倉書房
【目次】イントロダクション なぜ技術者にマーケティングか？、第1章 技術者とマーケティング、第2章 顧客視点になるための「コト発想」、第3章 「コト発想」の展開、第4章 顧客価値を「探す」、第5章 顧客価値を定める―「コンセプト」づくり、第6章 価値を「守る」、第7章 ライバルからマネされない、第8章 価値を探し、定め、そして守る
2017.4 297p A5 ¥3200 ①978-4-8051-1105-5

◆グローバル戦略市場経営―グローバル展開とマーケティング・マネジメントの統合　イアン・アーロン、ユージン・D. ジャッフ著、笠原英一訳　白桃書房
【目次】1 グローバル・マーケティングを取り巻く環境（グローバル市場とグローバル・マーケティングを理解する、グローバル・マーケティング環境を評価する：世界経済とテクノロジーほか）、2 グローバル・マーケティングの役割と戦略（マーケティング・リサーチの実施、国際市場の選択 ほか）、3 グローバル・マーケティングの4つの「P」（グローバルな製品およびブランドを開発する、グローバルな価格を設定する ほか）、4 グローバル・マーケティングの新たな動向（グローバル・マーケティングにソーシャルメディアを使用する、グローバル・マーケティング・システムを設計・管理する ほか）
2017.9 552p A5 ¥6500 ①978-4-561-66215-0

◆グローバル・マーケティング零　大石芳裕編著　白桃書房
【要旨】グローバル・マーケティングの「超基本」!!グローバル・マーケティングの最重要課題を提示し、企業の戦略事例をとおし、グローバル・マーケティングにおける「複合化」「ブランド」「チャネル」展開の重要性を説く。
2017.5 181p A5 ¥2500 ①978-4-561-65223-6

◆グローバル・マーケティング戦略　三浦俊彦、丸谷雄一郎、犬飼知徳著　有斐閣　（有斐閣アルマ）
【要旨】グローバルに展開する日本企業のケースを豊富に盛り込みつつコンパクトにまとめられた、スタンダード・テキスト。変動が激しく、多様に展開されているグローバル・マーケティングについて、戦略的視点に立った明確な枠組みに基づき解説。
2017.4 318p B6 ¥2200 ①978-4-641-22087-4

◆現代マーケティングの基礎知識　嶋正, 東徹編著　創成社　改訂版
【目次】1 マーケティングの考え方、2 マーケティングの歩み、3 マーケティングの進め方、4 市場をつかむ、5 顧客価値を創り出す、6 顧客価値を伝える、7 顧客価値を届ける、8 地球社会におけるマーケティングの課題
2017.5 246p A5 ¥2300 ①978-4-7944-2508-9

◆効果が上がる！ 現場で役立つ実践的Instagramマーケティング　グローバルリ

ンクジャパン, 清水将之著, フロッグデザイン編　秀和システム
【要旨】世界観を伝えるSNS「Instagram」Twitter ともFacebook とも違う活用のノウハウを詳解。
2017.5 207p A5 ¥2000 ①978-4-7980-4984-7

◆コーズ・リレーテッド・マーケティング―社会貢献をマーケティングに活かす戦略　世良耕一著　北樹出版　増補改訂版
【目次】第1章 コーズ・リレーテッド・マーケティングとは、第2章 コーズ・リレーテッド・マーケティングの効果、第3章 「企業と社会の関係」とコーズ・リレーテッド・マーケティング、第4章 コーズ・リレーテッド・マーケティングのマーケティング研究における位置づけ、第5章 コーズ・リレーテッド・マーケティングを用いた戦略の検証、第6章 コーズ・リレーテッド・マーケティング実施時の留意点との検証、第7章 日本でのコーズ・リレーテッド・マーケティング受容に必要な俯瞰
2017.4 252p A5 ¥2600 ①978-4-7793-0539-9

◆子ども消費者へのマーケティング戦略―熾烈化する子どもビジネスにおける自制と規制　天野恵美子著　（京都）ミネルヴァ書房
【要旨】子どもに対するマーケティングには何が求められるのか。子どもの消費と子どもに対するマーケティング戦略の進化を、米国の先行事例や国際的な動向を軸に検証する。
2017.3 247p A5 ¥4500 ①978-4-623-07918-6

◆コトラーのマーケティング4.0―スマートフォン時代の究極法則　フィリップ・コトラー、ヘルマワン・カルタジャヤ、イワン・セティアワン著、恩藏直人監訳、藤井清美訳　朝日新聞出版
【要旨】世界中で旋風を起こした、新世代マーケティング「3.0」の先には「4.0」があった―。ベストセラー「コトラーのマーケティング3.0」で示された「人間中心のマーケティング」を進化させ、ビジネスに取り入れるための戦術を徹底解説する。「シェアリング」エコノミー、「ナウ」エコノミー、オムニチャネル・インテグレーション、コンテンツ・マーケティング、ソーシャルCRMといったトレンドに対応した神様コトラーの最終講義。
2017.8 269p B6 ¥2400 ①978-4-02-331615-7

◆ごめんなさい、もしあなたがちょっとでも行き詰まりを感じているなら、不便をとり入れてみてはどうですか？―不便益という発想　川上浩司著　インプレス　（しごとのわ）
【要旨】「最短・効率」はもう古い!?不便は手間が役に立つ。「これから」の仕事術、発想法、商品づくり。
2017.3 212p B6 ¥1500 ①978-4-295-00092-1

◆コンテンツ・デザインパターン　吉澤浩一郎著　技術評論社
【要旨】独りよがりなコンテンツを押し付けていませんか？ 顧客の心をつかむためのアイデアとヒントが満載！ 135社、159事例から学ぶ、Webマーケティングを成功に導く価値の作り方・伝え方。
2017.7 207p 23×19cm ¥2020 ①978-4-7741-9063-1

◆最新Webマーケティング―解説と事例でわかるITの今　2017　マイナビ出版
【要旨】現在、各企業で取り組んでいる「認知」「集客」「エンゲージメント向上」。そのために今効果的とされているキーワード「SNS」「コンテンツマーケティング」「インターネット広告」「動画」について、1冊にまとめた豪華版。その役割や活用方法、運用における考え方の基本はもちろん、実際に運用する際の手順や体制、効果測定まで現場の担当者が必ず引っかかるポイントを丁寧に解説し、運用する上で必要になってくる知識まで系統立てて解説。
2017.2 255p 28×22cm ¥2850 ①978-4-8399-6214-2

◆「誘う」ブランド構築法―脳が無意識に選択する。心に入り込むブランド構築法　ダリル・ウェーバー著、手嶋由美子訳　ビー・エヌ・エヌ新社
【目次】心の底にあるブランドの世界、第1部 脳とブランドの結びつき（美は見る者の脳にある―ブランドはどうやって心に入り込むのか、注目されているだろうか―なぜ期待通りの効果が得られないのか、覚えているだろうか？―ブランドは記憶の中でどのように息づいているのだろうか、感情的になる―ブランド戦略における感情の真の役割、決断、決断―消費者の決断の

裏にある真実)、第2部 ブランドの新しいモデル（かっこよさを捉える―なぜブランドについての新しい考え方が必要なのか、ブランド・ファンタジー・モデル―形のないものを（ある程度）形にする、ブランド・ファンタジーの実践―ケーススタディ）、第3部 魅惑的なブランドを構築する（ブランドのすべての要素を同じファンタジーに合わせる、無意識に訴える―コミュニケーションを通じてブランド・ファンタジーを築く、無意識を探る―本当に効果的な市場調査とは、無意識に向けたイノベーション―息の長い新商品を開発するには）
　　　2017.3 287p A5 ¥2000 ⓘ978-4-8025-1045-5

◆仕事に使えるクチコミ分析―テキストマイニングと統計学をマーケティングに活用する　小林雄一郎著　技術評論社
【要旨】インターネット上の「顧客の声」に耳を傾けて、商品開発や業務改善につながるヒントを発見する方法。
　　　2017.9 147p A5 ¥1880 ⓘ978-4-7741-9185-0

◆実践的グローバル・マーケティング　大石芳裕著　（京都）ミネルヴァ書房　（シリーズ・ケースで読み解く経営学 2）
【要旨】こうすれば海外事業展開で成功する!!エンジニア、ヤクルト本社、会宝産業、ヘッドマウンタース、花王、ハウス食品、LVMH、日本電産、ダイキン工業、フマキラー、Jリーグ、コカ・コーラ、資生堂、コマツ、イトーヨーカ堂、ユニリーバ、IBM、マイクロソフト。生きた事例18から学ぶ。
　　　2017.2 246, 2p B6 ¥2000 ⓘ978-4-623-07833-2

◆実践マーケティングオートメーション―会わずに売れるリード育成法　永井俊輔、できるシリーズ編集部著　インプレス　（できる100の新法則）
【要旨】商談の好機は自社サイトが教えてくれる！ コストゼロで始める「MAツール活用」100のノウハウ。どこから読んでも理解できる。
　　　2017.3 222p A5 ¥2200 ⓘ978-4-295-00050-1

◆実践IBM SPSS Modeler―顧客価値を引き上げるアナリティクス　西牧洋一郎著　東京図書
【要旨】予測モデルを素早く構築し、有益な情報をもたらす待望のModeler 入門書。よりよい意思決定をはかるために、顧客軸マーケティングにAI×機械学習×統計解析を！
　　　2017.10 263p 21×19cm ¥2800 ⓘ978-4-489-02276-0

◆14歳からのマーケティング　中野明著　総合法令出版
【要旨】マーケティングを新しく学ぶなら、この1冊。マーケティングを改めて学ぶなら、この1冊。マーケティングには社会のしくみがぎゅっと詰まっている！ ストーリーを読むだけで簡単に身につく！
　　　2017.6 230p B6 ¥1200 ⓘ978-4-86280-556-0

◆少人数チームからはじめる失敗しないBtoBマーケティングの組織としくみ　萩原張広、河村芳行、米田光雄著　クロスメディア・パブリッシング, インプレス 発売
【要旨】成果の乏しいマーケティング戦略には何が足りないのか？ デジタル時代、競合に先んじるための営業組織変革！
　　　2017.12 199p B6 ¥1480 ⓘ978-4-295-40129-2

◆女子力・シニア力活用の勝つマーケティング―大阪のオバちゃんに学べ　松本英之著　セルバ出版, 創英社/三省堂書店 発売
【要旨】今後、AI（人工知能）やIoTが進化すれば、AIを活用したマーケティングが注目されるが、サービス業はヒトの心が必要。AI（人工知能）の深層学習が進化しても人間のコミュニケーション能力を超えることができるのか？ そこには人間が勝てる可能性がある。大阪のおばちゃんのコミュニケーション能力と大阪のおっちゃんの発想力、義理人情に着目したい。本書では、このような時代の非常に大きなトレンドである「女子力」と「シニア力」から時代に最適なマーケティングを解説。
　　　2017.10 175p B6 ¥1500 ⓘ978-4-86367-373-1

◆女性市場攻略法―生活者市場予測が示す広がる消費、縮む消費　三菱総合研究所編　日本経済新聞出版社
【要旨】車、一眼レフカメラ、ビール、ウコンエキス、携帯電話ゲームの消費を引っ張っているのは実は女性。その一方で、化粧品への関心低下、女子会ブーム終焉、「自分へのご褒美」消費の消滅など、女性市場攻略のキーワードが的

外れにもなっているものも多い。三万人、二千設問という日本最大規模の生活者情報の分析に基づいて、女性駆動の市場を攻略する方策を提供する。
　　　2017.3 203p A5 ¥1800 ⓘ978-4-532-32144-4

◆新シニア市場攻略のカギはモラトリアムおじさんだ！―ビデオリサーチが提案するマーケティング新論 2　ビデオリサーチひと研究所編著　ダイヤモンド社
【要旨】アクティブシニアはもう古い！ 足りないのは背中を押してくれる“きっかけ”だけ。
　　　2017.2 206p B6 ¥1400 ⓘ978-4-478-10198-8

◆新訳 ハイパワー・マーケティング―あなたのビジネスを加速させる「力」の見つけ方　ジェイ・エイブラハム, 小山竜央監修, 島藤真澄監訳　KADOKAWA
【要旨】本書は、全世界でベストセラーとなり、今も「マーケターのバイブル」として読み継がれている伝説の書である。
　　　2017.10 307p B6 ¥2100 ⓘ978-4-04-105675-2

◆新流通・マーケティング入門　金弘錫, 美藤信也, 吉岡秀輝, 田中敬幸著　成山堂書店
【要旨】流通―生産と消費をめぐる需要と供給の間に介在し、多段階な生産を結びながら、生活者や需要者に多様な商品及びサービスを提供する過程。マーケティング―企業及び他の組織が、グローバルな視野に立ち、顧客との相互理解を得ながら、公正な競争を通じて行う市場適応のための総合的活動。流通とマーケティングの多様化するニーズを捉え、取り組むべき課題を明らかにする。
　　　2017.6 145p A5 ¥2800 ⓘ978-4-425-92561-2

◆新DMの教科書―「DMマーケティングエキスパート」認定資格公式テキスト　日本ダイレクトメール協会著　宣伝会議
【要旨】デジタル時代のDMに必要なすべてがわかる。広告制作者必読の1冊。
　　　2017.7 221p B5 ¥3000 ⓘ978-4-88335-404-7

◆図解 実践MOTマーケティング入門―新事業を成功に導く市場へのアプローチ　出川通著　言視舎 改訂新版
【要旨】技術を市場にむすびつけ、新商品・新事業を創るにはどのような方法があるのか。見えない市場を定量化し、新市場を実現する方法を提案。顧客対応、ニーズの掘り起こしをはじめとするマーケティングの実際を解説する。
　　　2017.1 118p B5 ¥1200 ⓘ978-4-86565-073-0

◆図解でわかる！ マーケティング　藤原毅芳著　秀和システム
【要旨】誰でもわかる「7つの手順」でマーケティングがよくわかる。「売れる仕組み」を作ってマーケットインする方法を伝授！ 初心者でも使えるノウハウ満載！ 本書の手順通りに、業績上向き！ 営業リーダーのスキルアップも！
　　　2017.9 207p B6 ¥1200 ⓘ978-4-7980-5270-0

◆図解よくわかるこれからのWEBマーケティング―なるほど！ これでわかった　船井総合研究所著　同文舘出版　（DO BOOKS）
【要旨】消費者の行動が「紙からデジタルへ」とシフトする中、販売促進の手法もWEBの比率が高まっている。WEBマーケティングの全体像と個別の手法を、最新事例を交えつつ図とともに解説。
　　　2017.8 195p A5 ¥1800 ⓘ978-4-495-53781-4

◆ステージを上げるSNS絶対6ルール　生駒幸恵著　文響社
【要旨】ファッションブランドをSNSのPRで成功へと導いたインフルエンサー（＝デジタルネイティブ世代）が教える「イケてる」SNS戦略とノウハウを紹介。インスタグラムを中心にツイッター、フェイスブック、ブログ（SNS）を使ったマーケティング攻略の入門書。と同時に自分をプレゼンするためのセルフブランディングの指南書。
　　　2017.7 208p 19×13cm ¥1180 ⓘ978-4-86651-003-3

◆成功する人のすごいマーケティング―経営者とリーダーたちの成功事例に学ぶ　小宮一慶, MBS「おとな会」取材班著　秀和システム
【要旨】成功の裏には、お客さまを引き寄せる秘策があった！ 成功理論と実例満載！
　　　2017.3 263p B6 ¥1400 ⓘ978-4-7980-5032-4

◆贅沢の法則―消費ユートピアの透視図　田村正紀著　白桃書房

【要旨】多様でファジィな贅沢世界を「古典法則」「近代法則」「現代法則」といった3つの基本パターンに分け解明。贅沢を知れば消費の未来が見えぇ。　2017.11 271p B6 ¥2315 ⓘ978-4-561-62225-3

◆世代×性別×ブランドで切る　マクロミルブランドデータバンク著, 日経デザイン編, 日経BP社, 日経BPマーケティング 発売 第5版
【要旨】企業のマーケティング担当者の必読書。最新データによる第5版！ 新データ分析を追加。「5年で市場はこれだけ変わった！」ブランド好感度の“変化”を追跡。
　　　2017.3 239p A5 ¥1900 ⓘ978-4-8222-3597-0

◆攻めるロングセラー―パインアメ「中の人」の心得　係長マッキー著　クロスメディア・パブリッシング, インプレス 発売 （クロスメディア・パブリッシングMarketing Book）
【要旨】大阪で生まれ、60年以上もの長きにわたって親しまれてきたパインアメのPR担当者が大切にしている攻めのPR手法とは!?
　　　2017.8 150p 19cm ¥980 ⓘ978-4-295-40116-2

◆戦略的マーケティング・マネジメント　アレクサンダー・チェルネフ著, 小川孔輔訳　五絃舎 第8版
【目次】第1部 全体像（事業領域としてのマーケティング、マーケティング戦略と戦術 ほか）、第2部 マーケティング戦略（ターゲット顧客の識別：セグメンテーションとターゲティング分析、顧客価値の創造：価値提案とポジショニングの開発 ほか）、第3部 マーケティング戦術（製品とサービスのマネジメント、ブランドのマネジメント ほか）、第4部 成長のマネジメント（市場ポジションの獲得と防御、売上高成長のマネジメント ほか）、第5部 戦略的マーケティング・ワークブック（セグメンテーション＆ターゲティング・ワークブック、ビジネスモデル・ワークブック ほか）
　　　2017.9 417p A5 ¥2200 ⓘ978-4-86434-072-4

◆それ、なんで流行ってるの？―隠れたニーズを見つけるインサイト思考　原田曜平著　ディスカヴァー・トゥエンティワン　（ディスカヴァー携書）
【要旨】「インスタ映え」がウケるのはなぜ？ 多くの地方創生がうまくいかないのはなぜ？ 「君たちはどう生きるか」と「アウフヘーベン」の共通点とは？ 「双子コーデ」の裏にある若者心理の正体とは？ 「マイルドヤンキー」「さとり世代」を生んだ人気マーケターが教える！ ヒット商品から学ぶヒットの方程式。
　　　2017.12 181p 18cm ¥1000 ⓘ978-4-7993-2205-5

◆大学4年間のマーケティングが10時間でざっと学べる　阿部誠著　KADOKAWA
【要旨】東大で学ぶ体系的な理論が1冊に！ 経験や勘に頼らず、データで判断できる！ 欧米のビジネススクールレベルまでをカバー。
　　　2017.9 221p B6 ¥1500 ⓘ978-4-04-602015-4

◆ダイバーシティとマーケティング―LGBTの事例から理解する企業戦略　四元正弘, 千羽ひとみ著　宣伝会議　（実践と応用シリーズ）
【要旨】ダイバーシティ経営を実践すると企業価値を向上させる本当のマーケティングが見えてくる！ ビジネスに求められる本質的な知識とノウハウをこの一冊にまとめました！
　　　2017.3 232p B6 ¥1500 ⓘ978-4-88335-390-3

◆たった62円で売り上げ倍増！「感動はがき」マーケティング　小林みのる著　合同フォレスト, 合同出版 発売
【要旨】たった62円。ハガキを出すだけでビジネスの変革は始まります。「感動はがき」のノウハウをビジネスに生かすために。
　　　2017.7 198p B6 ¥1400 ⓘ978-4-7726-6090-7

◆担当になったら知っておきたい「販売促進」実践講座　岩本俊幸著　日本実業出版社　（『この1冊ですべてがわかる販促手法の基本』再構成・編集・改題書）
【要旨】企業や組織は、商品やサービスを、売り続けて、そしてもっと売るために、目標を設定して、計画を立てて、様々な方法で実行する人物、つまり、「販売促進」を理解、実践できる人物を求めている！「基本」「目標設定」「計画」「実行（販促手法）」「評価・改善」の全体像の把握と豊富な図で、どこよりもやさしく解説!!
　　　2017.10 326p A5 ¥2300 ⓘ978-4-534-05528-6

◆**小さな会社でも実践できる！ AI×ビッグデータマーケティング** 山本覚著 マイナビ出版
【要旨】AIとビッグデータを活用するための基礎知識と、小規模でもできるマーケティングへの応用、教えます。
2017.8 210p A5 ¥2310 ①978-4-8399-6116-9

◆**挑戦者たちに学ぶデジタルマーケティング—ブランディング・地域活性から新市場開拓まで「洞察とアイデア」で課題解決した32の事例** 廣部嘉祥監修 パイ インターナショナル
【要旨】広告には頼らない—ビッグデータを活用しメディアと口コミで拡散。地場産業の、生き残りのために一船上の漁師と地上の料理人をリアルタイムに繋ぎ、漁業再生へ。コンテンツは目の前にある—社内と読者との対話から独自の記事を発信し続ける。限られた予算で勝負する！新規事業・ベンチャー・自治体・NPO…現場はそのとき何を考え、決断したのか？
2017.7 181p B5 ¥2400 ①978-4-7562-4935-7

◆**デジタル時代の基礎知識 マーケティング—「顧客ファースト」の時代を生き抜く新しいルール** 逸見光次郎著 翔泳社 （MarkeZine BOOKS）
【要旨】「マーケティング思考」が欠かせない時代の新バイブル。
2017.12 207p B6 ¥1380 ①978-4-7981-5404-6

◆**デジタル変革マーケティング** 横山隆治、内田康雄著 日本経済新聞出版社
【要旨】あらゆるデータを駆使し、企業の事業変革を推進する手法を徹底紹介！AIやIoTなど製造業のデジタルトランスフォーメーションはますます加速してむり、企業のデジタルシフトがその成否を握ります。マスメディア・ネットメディア・リアルメディアの三領域をデジタル軸で統合、PDCAを高速に回しつ、スピーディーな「データドライブ」をナビゲートするのが羅針盤（ダッシュボード）です。このダッシュボードによって現場が経営に参加し、全社員が「事実」に基づいて判断・行動できる企業になります。デジタル変革を育む企業文化、そしてオフィスレイアウトにまで踏み込んだ画期作！ 2017.2 197p A5 ¥2800 ①978-4-532-32133-8

◆**デジタルマーケティングで売上の壁を超える方法** 西井敏恭著 翔泳社 （MarkeZine BOOKS）
【要旨】「売りたい」を「買いたい」気持ちに変える！顧客へのアプローチが変わる10のメソッド。基本的な数字の見方、やるべき施策の優先度がわかる超実践的な入門書。
2017.10 191p B6 ¥1800 ①978-4-7981-5374-2

◆**デジタルマーケティングの教科書—5つの進化とフレームワーク** 牧田幸裕著 東洋経済新報社
【要旨】「環境分析」「消費者理解」「セグメンテーション」「チャネル」「プロモーション」。デジタルマーケティングは、従来型マーケティングのそれぞれの領域をどう進化させるのか。その全体像をお見せするのが本書の目的だ。
2017.9 208p A5 ¥2400 ①978-4-492-55779-2

◆**データ・ドリブン・マーケティング—最低限知っておくべき15の指標** マーク・ジェフリー著、佐藤純、矢倉純之介、内田彩香訳 ダイヤモンド社
【要旨】アマゾン社員の教科書。顧客満足度からマーケティング投資効果までマーケティングの意思決定のためにあらゆるデータを測定し、最大限に活かす。
2017.4 365p A5 ¥2400 ①978-4-478-03963-2

◆**電通デジタルのトップマーケッターが教える デジタルマーケティング 成功に導く10の定石—簡単に分かる売れ続ける仕組みをつくるツボ** 電通デジタル著 徳間書店
【要旨】何から始めるのがいいのか？ 上司にどうやって説明する？ マーケティング課題に合った解決策とヒントを提示します！ デジタル化へ踏み出すための最もやさしいガイドブック。
2017.2 253p B6 ¥1600 ①978-4-19-864356-0

◆**なぜ、あなたのウェブには戦略がないのか？—3Cで強化する5つのウェブマーケティング施策** 権成俊、村上佐央里、木村純、鳴海拓也、春日井順子、佐藤晶子、後藤裕美子著、ゴンウェブコンサルティング監修 技術評論社
【要旨】ウェブが「選ばれる理由」を作るにはどうすればよいでしょうか。それを考えることが、

戦略を立てるということです。戦略保留のままウェブサイトを作っても成果が出ないことは明白です。ウェブサイトを作る前に、まずは「選ばれる理由」を作り上げましょう。その上でのウェブマーケティングです。しかし、ここで大きく2つの課題があります。どのようにして、戦略を立てるのか。次に、戦略を生かしたマーケティングとはどのように行うのか。本書では、まさにその2つの課題の解決方法を述べます。
2017.3 231p A5 ¥1980 ①978-4-7741-8805-8

◆**「なぜか売れる」の公式** 理央周著 日本経済新聞出版社 （日経ビジネス人文庫）
【要旨】ヒットするも、しないもすべては必然。世の中で流行する商品、店舗には、どんな秘密があり、その背景には、どんな「思考の枠組み」があるのか。豊富なマーケティング体験を誇る著者が、大企業から街の小店舗まで、多くの事例を紹介しながら、売れるメカニズムをシンプルに解明する。
2017.8 251p A6 ¥750 ①978-4-532-19831-2

◆**なぜ「戦略」で差がつくのか。—戦略思考でマーケティングをちゃんと強くなる** 音部大輔著 宣伝会議
【要旨】各社でマーケティング部門を育成・指揮してきた著者が初めて明かす！ 2つの要素さえ押さえれば、あなたは戦略を使いこなせる。
2017.3 316p B6 ¥1800 ①978-4-88335-398-9

◆**「日経企業イメージ調査」について 2016年調査** 日経広告研究所
【目次】調査概要と回答者属性、第1章 2016年度「日経企業イメージ調査」結果について、第2章「信頼性」増加がイメージ拡大を牽引し、第3章 イメージ項目ごとの上位100社ランキング—主要6項目は200社ランキング、第4章 企業イメージのエッセンス、付表
2017 121p A4 ¥10000 ①978-4-904890-33-2

◆**日経平均オプション入門—ボラティリティを味方につけるトレーディング戦略** 國宗利広著 中央経済社、中央経済グループパブリッシング 発売
【要旨】オプション理論の本質的な部分を実践に落とし込んで解説、どの程度理論を理解すればよいかがわかるよう、オプショントレーダーとして成功するために必要な原理の活用法を、トレーダー目線で詳しく説明した。
2017.7 331p A5 ¥3700 ①978-4-502-23391-3

◆**日本型マーケティングの進化と未来—ビジネスパラダイムの変革とマーケティングの戦略的変革** 新津重intern著 白桃書房
【目次】第1部 マーケティングの本質と日本型マーケティングの形成と進化（マーケティングの本質と原則、日本の生活構造革新とマーケティングの進化）、第2部 二十一世紀日本型マーケティングの命題と予見（日本の二十一世紀型マーケティングとマーケティング戦略原理の変革、ビジネス構造変革と日本型ビジネスチャレンジの方向性、新たな市場戦略原理への命題、第四次産業革命とIoT・AIによる企業構造変革、マーケティング3・0、4・0、社会創造型マーケティングと自創・共創相互型マーケティングの時代、第四次産業革命と求められる人材適正と就業構造変革—IoT・AI社会の進化と人的資源の変革）、筆者とマーケティング
2017.12 406p B6 ¥3200 ①978-4-561-66226-6

◆**ネットで「女性」に売る—数字を上げる文章とデザインの基本原則** 谷本理恵子著 エムディエヌコーポレーション、インプレス 発売
【要旨】小さな会社でも実践できる！ 売上を伸ばすノウハウ。女性の購買心理を汲んだ「書き方」「見せ方」の極意！
2017.9 191p A5 ¥1500 ①978-4-8443-6681-2

◆**ネーミング全史—商品名が主役に躍り出た** 岩永嘉弘著 日本経済新聞出版社
【要旨】ヒットの答え、ここにあり。数々の歴史に残るネーミングを手がけた著者が教える、心に残る「商品名」の秘訣。
2017.1 305p B6 ¥2300 ①978-4-532-32127-7

◆**はじめてでもよくわかる！ デジタルマーケティング集中講義** 押切孝雄著 マイナビ出版
【要旨】マーケティングの基礎から知りたい！ 今のトレンドをちゃんと押さえたい！ という人のための、入門教科書。デジタルマーケティングの「いま」と「これから」がわかる！
2017.4 255p 24×19cm ¥2380 ①978-4-8399-6161-9

◆**はじめてのコンテンツマーケティング** 山中もとお著 幻冬舎メディアコンサルティング、幻冬舎 発売
【要旨】会社のファンの作り方と増やし方、教えます。ITスペシャリストが徹底解説する、失敗しないWEBマーケティング戦略の新常識。
2017.2 143p B6 ¥1200 ①978-4-344-91020-1

◆**ハッキング・マーケティング—実験と改善の高速なサイクルがイノベーションを次々と生み出す** スコット・ブリンカー著、東方雅美訳 翔泳社
【要旨】これまでにも、デジタルマーケティングの戦略や戦術に関しては、さまざまな優れた書籍が出版されてきました。そうした戦略をすべて結びつける「糸」として、マーケティング・マネジメントの重要性が増しています。しかも、購買活動の隅々までデジタルが絡む、変化の速い世界に対応するため、すばやく適切な施策を創造し、その中でイノベーションを起こさなければいけません。そこで本書では、デジタルのスピードを先導してきた米国IT業界の思想（アジャイル、リーンなど）をマーケティングに取り入れ、現場の業務とマネジメントを改革し、イノベーションを生み出す手法を解説します。
2017.5 365p B6 ¥2200 ①978-4-7981-4976-9

◆**ヒットを育てる！ 食品の機能性マーケティング—売れるモノにはワケもシカケもある** 武田猛、藤田康人ほか著 日経BP社、日経BPマーケティング 発売
【要旨】2015年4月に開始された「機能性表示食品制度」。今後、多くの食品ジャンルにおいて、消費者の支持を得て生き残っていくには、おいしさ、安全性、そして機能性の3つの条件を満たすことが必須になるでしょう。本書では、機能性を持った食品のトレンドから機能性表示食品制度の利用法、そして機能性エビデンスをベースにヒット商品を育てるためのマーケティングのポイントを第一線のプロが解説し、最新の実例を紹介しています。自社素材・商品の機能性をどのように消費者に伝え、ヒットを育てていけばいいのか。本書にはその答えを導き出すヒントが満載です。
2017.4 303p B6 ¥1500 ①978-4-8222-3875-9

◆**ブームの真相 2018年度版** ミスター・パートナー出版部著 ミスター・パートナー、星雲社 発売 （Mr.Partner BOOK）
【要旨】ヒットの可能性大の商品から最新のビジネス情報まで、厳選した情報を一挙紹介する保存版ガイドブック。約320社収録。
2017.11 271p A5 ¥1500 ①978-4-434-23826-0

◆**ブランド戦略論** 田中洋著 有斐閣
【要旨】理論、戦略、実践、事例と包括的にブランドをとらえつつ、具体的なポイントも示し、実践的な知見を豊富に蓄積してまとめ上げられた、日本で初めての本格的体系書。有名企業のケースを多く盛り込み、いきいきと解説する。
2017.12 524p A5 ¥1500 ①978-4-641-16510-6

◆**プロ直伝！ 成功するマーケティングの基本と実践** 竹中雄三、河野安彦、鈴木脩介、森津悠祐著 ナツメ社
【要旨】誰にどんな価値を提供するのか？ マーケティング戦略の主役「4P」ってなに？ ブランドをマーケティングに活かすには？ まず考え、行動する。そうすれば基本はおのずと身につく！
2017.7 255p A5 ¥1500 ①978-4-8163-6269-9

◆**「分析」で成果を最大化するB to Bビジネスのデジタルマーケティング** 中田義将著 幻冬舎メディアコンサルティング、幻冬舎 発売
【要旨】徹底したデータ分析で成果を最大化させるデジタルマーケティングとは。B to Cビジネスと同じ手法では多額の資金を投じたところで効果ナシ。7社の成功事例でわかりやすく解説。
2017.11 235p B6 ¥1500 ①978-4-344-91406-3

◆**ベネモ集客術式 毎日1分Web集客のツボ** Tiger（松本大河）著 インプレスR&D、インプレス 発売 PDF版
【要旨】5年後も10年後も通用する、戦略思考を学ぶ。
2017.12 288p A5 ¥2400 ①978-4-8443-9806-6

◆**「ポイント図解」マーケティングのことが面白いほどわかる本—激変する市場でも顧客満足を生み出す戦略の基本34** 江口泰広著 KADOKAWA 改訂版
【要旨】サントリーのコンセプト開発、セブン&アイのオムニチャネル戦略。Ama-

経済・産業・労働

zon の "スマート・サービス" など最新情報も！マーケティングの基本が、この1冊でわかる。
2017.3 159p B6 ¥1200 ①978-4-04-601938-7

◆**北陸に学ぶマーケティング**　伊部泰弘編著
五絃舎
【目次】北陸の産業・観光、製品戦略、製品戦略―北陸アルミニウムとパール金属の事例から、ブランド戦略、ブランド戦略―刃物企業（燕三条地域）の事例から、価格戦略、価格戦略―水産物企業の事例から、チャネル戦略、チャネル戦略―プラントの事例から、コミュニケーション戦略、コミュニケーション戦略―芝政観光開発の事例から、リサイクル戦略、北陸に学ぶマーケティング
2017.3 147p A5 ¥1400 ①978-4-86434-064-9

◆**マーケティング・エンジニアリング入門**
上田隆穂、生田目崇著　有斐閣　（有斐閣アルマ）
【要旨】「どのように効果を測ればよいのか？」「どのように効率化できるのか？」現代のマーケティング課題に答えるための必須のスキルとして、データの扱い方から実践的手法まで、体系的に解説します。
2017.2 288p B6 ¥2000 ①978-4-641-22082-9

◆**マーケティングオートメーション導入の教科書―優良顧客を自動で育てる仕組みづくり**
森靖幸企画構成　エムディエヌコーポレーション、インプレス　発売
【要旨】集めた顧客データを眠らせない。マーケティングオートメーションってなに？ 導入するときにどこに注意すればよい？ マーケティングの効率はどれくらい上がる？ B to Cでも使える？ ツールを選ぶときのポイントは？ 社内の調整はどう行う？ PDCAの回し方は？ 第一線で活躍するプロがマーケティングオートメーションの疑問にお答えします。
2017.6 223p 25×19cm ¥2400 ①978-4-8443-6672-0

◆**マーケティングオートメーションに落とせるカスタマージャーニーの書き方**　小川共和著　クロスメディア・マーケティング、インプレス　発売
【目次】第1章 マーケティングオートメーションに落とせるカスタマージャーニーとは（本書が目的とするカスタマージャーニー、今までのマーケティングの設計図とカスタマージャーニー ほか）、第2章 カスタマージャーニーの作り方1 全体設計（全体フロー、目標の策定 ほか）、第3章 カスタマージャーニーの作り方2 施策設計（手法の策定、コンテンツの企画 ほか）、第4章 カスタマージャーニーの作成事例（輸入高級自動車のカスタマージャーニー、健康食品Fのカスタマージャーニー ほか）
2017.7 270p A5 ¥1580 ①978-4-295-40096-7

◆**マーケティング戦略論―戦略的思考の展開**
鷲尾和紀、鷲尾紀吉著　創成社
【目次】第1部 マーケティングの概念と展開（マーケティングの生成・発展、マーケティングの考え方とマーケティング組織、戦略的マーケティングの展開）、第2部 マーケティング計画と戦略策定（市場機会の分析と発見、市場細分化、ターゲティング、ポジショニング、製品戦略、価格戦略、マーケティング・チャネル戦略、コミュニケーション戦略、製品ライフサイクルとマーケティング戦略、サービスマーケティング戦略）、第3部 業界の構造分析、競争の基本戦略、市場地位別競争対応戦略、競争地位と競争優位化戦略―相対的経営資源パラダイムに基づく戦略）、第4部 全社対応戦略（ポートフォリオ分析、成長戦略と多角化、ドメイン戦略と事業の定義）
2017.6 308p A5 ¥3000 ①978-4-7944-2509-6

◆**マーケティングの基本**　野口智雄著　日本経済新聞出版社　（日経文庫ビジュアル）　第4版
【要旨】マーケティングの全体像を、80のキーワードとともにイラストや図解を用いてわかりやすく解説した入門書の決定版。ニーズや市場のつかみ方、4P（製品、価格、チャネル、プロモーション）といったマーケティングの基本知識に、SNSマーケティングなどの新項目を加え、時代に即した内容に改訂しました。1994年の初版以来、学生や若手ビジネスパーソンを中心に、入門書として長く読み継がれてきました。マーケティングを初めて学ぶ方にとって、最適な一冊です。
2017.8 180p 18cm ¥1000 ①978-4-532-11935-5

◆**マーケティングの教科書―ハーバード・ビジネス・レビュー戦略マーケティング論文ベスト10**　ハーバード・ビジネス・レビュー編集部編, DIAMONDハーバード・ビジネス・レビュー編集部訳　ダイヤモンド社
【要旨】顧客ニーズを知り、顧客価値を生む、ビジネスの基本を『ハーバード・ビジネス・レビュー』の名著論文で習得する！ フィリップ・コトラー、クレイトン・クリステンセン、セオドア・レビット、フレデリック・ライクヘルド、デイビッド・エデルマン、ケビン・ケラー…超一級論者によるマーケティングベスト論文10選。
2017.12 284p B6 ¥1800 ①978-4-478-10440-8

◆**マーケティングの構造**　柳偉達編著　五絃舎
【目次】マーケティングの登場、マーケティング戦略、製品差別化戦略と市場細分化戦略、製品ライフサイクル、ブランド管理、広義の販売促進戦略、狭義の販売促進戦略、メーカー視点の価格戦略、消費者視点の価格戦略、経路戦略、流通系列化戦略、関係財マーケティング、リレーションシップ・マーケティング、インターネット・マーケティング、サービス・マーケティング
2017.3 101p A5 ¥1500 ①978-4-86434-070-0

◆**マーケティングのための統計分析**　生田目崇著　オーム社
【目次】第1章 マーケティングにおけるデータ分析、第2章 マーケティング分析のためのデータ、第3章 記述統計：データの集計と可視化、第4章 推測統計：確率分布と統計的検定、第5章 市場の評価、第6章 商品の評価、第7章 顧客の評価、第8章 顧客志向のアプローチ、第9章 ウェブ・マーケティング、SNSマーケティング、付録A 統計分布表、付録B 数理モデルの詳細

◆**マーケティング・マインドとイノベーション**　田口冬樹著　白桃書房
【目次】第1章 マーケティング・マインドとは、第2章 マーケターが理解しておくべき要素、第3章 マーケティング・マネジメント・プロセスと戦略策定、第4章 マーケット・セグメンテーション（市場細分化）の進め方、第5章 ポジショニングと競争戦略、第6章 消費者行動とソーシャルメディア、第7章 製品開発の過程、第8章 製品からブランドへの進化、第9章 マーケティング・ミックス、第10章 サービスのマーケティング、第11章 マーケティングとイノベーション
2017.7 240p A5 ¥3000 ①978-4-561-65224-3

◆**マーケティング問題集**　実教出版編修部編　実教出版　（付属資料：別冊1）　新訂版
【目次】1章 現代市場とマーケティング、2章 市場調査、3章 消費者行動、4章 販売計画、5章 製品計画、6章 仕入計画と販売計画、7章 販売価格、8章 販売経路、9章 販売促進
2017 128p B5 ¥690 ①978-4-407-33805-8

◆**マーケティング用語図鑑**　野上眞一著　新星出版社
【要旨】AIDMA、ブランド・ロイヤルティ、キャズム、マズローの法則、顧客生涯価値、PESOメディア、ビッグデータ、SWOT分析、バイラル・マーケティング…「これらを説明できますか？」。
2017.3 303p 22×15cm ¥1800 ①978-4-405-10287-3

◆**マーケティング論**　芳賀康浩、平木いくみ著　放送大学教育振興会、NHK出版　発売　（放送大学教材）
【目次】マーケティングとは何か、顧客価値と顧客満足、マーケティング戦略の構図、マーケティング環境の分析、消費者行動の分析1：消費者情報処理、消費者行動の分析2：購買行動、マーケティング・リサーチ、製品戦略、ブランド戦略、価格戦略、流通戦略、マーケティング・コミュニケーション、サービス・マーケティング、リレーションシップ・マーケティング、ソーシャル・マーケティング
2017.3 246p A5 ¥2800 ①978-4-595-31732-3

◆**マーケティング論**　岡本純、脇田弘久編著　五絃舎
【目次】第1章 マーケティングの発展と概念、第2章 マーケティング・リサーチ、第3章 マーケティング・リサーチ、第4章 消費者の意思決定と消費者行動、第5章 製品政策、第6章 マーケティング・チャネル戦略、第7章 プロモーション政策、第8章 国際マーケティング、第9章 サービス・マーケティング、第10章 マーケティングに関するトピックス
2017.3 187p A5 ¥2200 ①978-4-86434-066-3

◆**マーケティング論**　新津重幸、庄司真人編著　白桃書房　改訂版
【目次】第1章 SNS社会の進化とマーケティング革新、第2章 マーケティング・プロセス、第3章

マーケティング情報、第4章 製品・ブランド戦略、第5章 価格戦略、第6章 流通チャネル戦略、第7章 物流・ロジスティクス戦略、第8章 コミュニケーション戦略、第9章 マーケティングとイノベーション、第10章 小売業、第11章 サービス・マーケティング
2017.3 246p A5 ¥2800 ①978-4-561-65221-2

◆**まんがで覚えるマーケティングの基本―人の心をつかむサイエンス**　酒光正雄監修, 小西祐樹マンガ, 小鷹有稀協力　マイナビ出版
【要旨】マーケティングは物を売る技術。それが分かれば、君達はお客様に愛される企業活動が出来る！ 物を売って行くためにマーケティングがなぜ重要視されているのかを解る本！
2017.9 176p B6 ¥1480 ①978-4-8399-6368-2

◆**マンガでわかるWebマーケティング―Webマーケッター瞳の挑戦！**　村上佳代本文・マンガ原案・全体監修, ソウマジン・作画, 星井博文シナリオ　インプレス　改訂版
【要旨】Webマーケティングからデジタルマーケティングへ、ネット活用の超入門書！
2017.2 293p A5 ¥1800 ①978-4-295-00076-1

◆**魅力創造するマーケティングの知―地域再生とデザインの視座**　上原聡編著　同友館
【目次】第1章 魅力創造マーケティングのための試論（魅力が創り出される取組事例、魅力創造に必要なコミュニケーション・マネジメント ほか）、第2章 地域ブランドとマーケティング（地域ブランドが注目される理由、ブランドとは何か ほか）、第3章 地域の魅力を創り出す市民セクター―NPO、コミュニティビジネス・ソーシャルビジネスの可能性（序論：なぜ市民セクターに注目するのか、日本における市民セクターの成立 ほか）、第4章 地域の魅力を支える地方公共団体の展望―経済・財政面からのアプローチ（足もとの地方経済・財政はどうなっているのか？、地方財政へのアプローチ ほか）、第5章 デザインにより魅力を創り出す方法論（魅力的なデザインとは何か、魅力的なデザインを創れる会社になるためには ほか）
2017.7 177p A5 ¥2200 ①978-4-496-05283-5

◆**もうモノは売らない―「恋をさせる」マーケティングが人を動かす**　ハビエル・サンチェス・ラメラス著, 岩崎晋也訳　東洋館出版社
【要旨】人々が欲しがっているものを与えることではなく、狙いどおりに感じてもらうことが重要だ。製品の何をアピールすべきか。アイデアはどこから得るべきか。広告は誰に向けるべきか。広告はどこに出すべきか。マーケティング調査はどう質問すべきか。元「コカ・コーラ」全世界統括マーケティング・ディレクターが見出した、95%が間違う世界で確実に結果を出す方法。
2017.10 252p B6 ¥1600 ①978-4-491-03375-4

◆**もう安売りしかないと思う前に読む本**　高橋健三著　セルバ出版, 創英社/三省堂書店　発売
【要旨】安売りを回避する打ち手、商品、販路、販促へのヒントが満載！
2017.11 183p B6 ¥1600 ①978-4-86367-376-2

◆**よくわかる現代マーケティング**　陶山計介、鈴木雄也、後藤こず恵編著　（京都）ミネルヴァ書房　（やわらかアカデミズム・わかるシリーズ）
【目次】序 マーケティングとは何か、第1部 マーケティング・パラダイムとブランド（マーケティングのパラダイム革新、消費者行動とマーケティング、マーケティングのSTP、ブランドとは何か、ブランド・ロイヤルとコミュニティ）、第2部 ブランド構築のマーケティング（製品戦略、価格戦略、チャネル戦略、マーケティング・コミュニケーション戦略）、第3部 マーケティングの新しいアプローチ（マーケティング・リサーチ、グローバルブランドのマーケティング戦略、サービスのブランド戦略、都市・地域のブランド戦略）
2017.6 171p B5 ¥2200 ①978-4-623-07975-9

◆**流通・マーケティング革新の展開**　渦原実男著　同文舘出版
【要旨】流通・マーケティングの革新に対し、理論面で貢献してきたドラッカーやコトラーなどの研究史をまとめ、実践面では、総合スーパーや百貨店などの大型店舗が苦戦する状況と新興勢力として成長するSPA型ビジネスモデルやeビジネスの展開について、様々な事例とともに検証する。
2017.2 252p A5 ¥2800 ①978-4-495-64851-0

◆**ECzine 売れるECサイトのすごい仕掛け**　ECzine編集部著　翔泳社

【要旨】ECで売上が倍増した企業は何をしていたのか!?最新のネット戦略のノウハウを、この1冊でまるわかり！ ネット通販業界の最新キーワードを、専門家が総まとめ。
2017.3 93p 28×21cm ¥1500 ①978-4-7981-5151-9

◆**HOOKED―消費者心理学者が解き明かす「つい、買ってしまった。」の裏にあるマーケティングの技術**　パトリック・ファーガン著、上原裕美子訳、四元正弘解説　TAC出版（T's BUSINESS DESIGN）
【要旨】プリミティブにする、感情をわしづかみにする、めったにしのこと？ と思わせる、サプライズを駆使する、ミステリー要素を加える、ハードルをとことん下げる、物語のなかを歩かせる、記憶にこびりつかせる、思考回路をショートカットさせる、プライミング効果を駆使する。脳のしくみにもとづく、広告が無視されないための10のHOOK。
2017.7 271p B6 ¥1800 ①978-4-8132-7144-4

◆**MarkeZine―マーケティング最前線 2017**　MarkeZine編集部編　翔泳社
【目次】1 キーマンズ・インタビュー、2 重要トピック、3 注目記事ランキング、4 オウンドメディア最新動向、5 調査データ集、6 マンガ超訳マーケティング用語
2017.2 145p 28×21cm ¥1500 ①978-4-7981-5092-5

◆**PR GENIC（ピーアール ジェニック）―**事業の成果に直結し、資産価値を高める**PRと**は？　東義和著　眞人堂、朝日新聞出版 発売
【要旨】デジタルを中心にマーケティングは凄まじいスピードで進化し、もはや何が正解なのかが分からない時代。確実な成果を出す事業に必要不可欠なマーケティングソリューションはこれだ！ 経営者・事業責任者必読の書！
2017.8 173p B6 ¥1200 ①978-4-02-100916-7

◆**Webマーケッターのための最新アルファ**ベット略語辞典　Webマーケティング支援会議、サプリ著　秀和システム
【要旨】現場で使われている略語をサクッと解説！ 今すぐ自分でも使いたくなるイラスト付き！ 2017.1 176p B6 ¥1380 ①978-4-7980-4900-7

 ## マーケティングトレンド

◆**殺し屋のマーケティング**　三浦崇典著　ポプラ社
【要旨】女子大生、桐生七海は本気だった。営業も広告もPRもできない殺しをどう売るか。そんな無理難題を「最強のマーケティング技巧」を持つ西城潤に弟子入りすることで解決しようとする七海。しかし、七海が社長をつとめる表の会社「レイニー・アンブレラ」が警備を担当するイベントにおいて、大勢の前でクライアントが狙撃されるという事件が起こる。絶体絶命のピンチを「今が最大のチャンス」と言いきる西城。果たして西城の真意とは？ 七海が受注数世界一の殺しの会社を創りたい真の目的とは？ 今話題の書店経営者が自ら実践するマーケティングメソッドを惜しみなく公開！
2017.11 415p B6 ¥1600 ①978-4-591-15335-2

◆**サブスクリプション・マーケティング―モ**ノが売れない時代の顧客との関わり方　アン・H．ジャンザー著、小巻靖子訳　英治出版（原書第2版）
【要旨】共有型経済とスマートデバイスの普及を背景に、あらゆる分野でサブスクリプション（定額制、継続課金）へのシフトが進んでいる。「モノが売れない時代」を迎える中、いま何をするべきか？ ビジネスの原則を変える大潮流の本質と実践指針がわかる！
2017.11 253p A5 ¥1700 ①978-4-86276-255-9

◆**注目情報はこれだ！ 2017年度版**　ミスター・パートナー出版部編　ミスター・パートナー、星雲社 発売
【要旨】各企業の深く鋭い洞察力、徹底したアイデア、戦略に溢れるアイテム・ビジネスを紹介する話題の一冊！
2017.3 271p A5 ¥1500 ①978-4-434-23057-8

◆**ヒットの予感!! 2017年度版**　ミスター・パートナー出版部編　ミスター・パートナー、星雲社 発売

【要旨】分野別に編集され、今年の注目情報が分かるBest Book！
2017.1 255p A5 ¥1500 ①978-4-434-22808-7

 ## 商品開発

◆**"五感を使った" 売れる商品づくりのアイ**デア発想法　松本和彦著　セルバ出版、創英社/三省堂書店 発売
【要旨】商品開発コンサルタントとして数々のヒット商品をつくってきた筆者の特徴は、商品づくりにおける五感発想法 "ブレインコレクション（頭脳集積法）"。このブレインコレクションを使って企業の商品開発者や大学や専門学校の生徒に商品発想させたところ、次々と面白いヒット商品をつくり出すことに成功。本書では、その驚異の商品発想法「ブレインコレクション」を詳しく解説。
2017.5 167p B6 ¥1500 ①978-4-86367-340-3

◆**商品開発・評価のための生理計測とデータ**解析ノウハウ―生理指標の特徴、測り方、実験計画、データの解析・評価方法　日本人間工学会PIE研究部会編、三宅晋司監修　エヌ・ティー・エス
【目次】序 こころとからだ、第1編 生理指標の特徴・測り方・ノウハウ（中枢神経系指標の特徴と測り方・ノウハウ、自律神経系指標の特徴と測り方・ノウハウ、呼吸の測り方・ノウハウ、免疫指標、身体活動・運動系指標、眼球運動・瞬目の測り方ノウハウ）、第2編 実験計画・手順とデータ解析・評価ノウハウ（実験計画、実験手順、データ解析・評価法、複合指標統合化の試み）、第3編 応用例（健康・ヘルスケア・スポーツ分野、疲労・ストレス・覚醒の評価、癒しと快適性の評価、感性・感情・選好の評価、顔表情による感情評価）
2017.3 298, 10p B5 ¥30000 ①978-4-86043-463-2

◆**スイス林業と日本の森林―近自然森づくり**　浜田久美子著　築地書館
【要旨】氷河に削られた痩せた国土、急峻な山国のスイスで、豊かな林業が成立しているのはなぜか。徹底して「自然」を学び、地域社会にとっての森林価値を最大限に上げる「近自然森づくり」を進めるべく、一斉人工林から針広混交林へと移行したスイス林業。その担い手を毎年日本の森に招き、その取り組みを地域の森林で活かそうと奮闘を続ける日本の林業者たち。両者を長年取材してきた著者が、日本の森林と林業の目指す姿を探る。
2017.7 221p B6 ¥2000 ①978-4-8067-1541-2

◆**どうすれば、売れるのか？―世界一かんた**んな「売れるコンセプト」の見つけ方　木暮太一著　ダイヤモンド社
【要旨】売れる商品は、誰かの「不」を解決する。消費者が感じる不満・不安・不便をどう見つけ、どう解決するのか？ 同じように見えるのに、なぜ、売れ方が違うのか？ 人を惹きつけるコンセプトの秘密と、そのシンプルな設計法を公開。
2017.4 221p B6 ¥1500 ①978-4-478-10219-0

◆**日本一売れたフライおつまみから学ぶ**「ヒット商品」を生み出す秘訣　田中総朗著　幻冬舎メディアコンサルティング、幻冬舎 発売
【要旨】多様化したニーズ・数ある類似品・飽和状態の消費市場…激しい競争を勝ち抜いてなぜ「いか天大王」は大ヒットしたのか？ 創業70年を誇る大阪のおつまみメーカーが「必が当たる」商品開発・販売戦略を徹底解説。
2017.12 206p B6 ¥1500 ①978-4-344-91403-2

◆**ヒット商品は「足し算と引き算の法則」で**できる！　起業家大学著、主藤孝司監修　宝島社
【要旨】起業を目指す人も、商品開発に悩む人も、これ一冊でヒットメーカーに！ ヒット商品を生み出すアイデア満載！ 商品だけでなく、事業にも使える法則。
2017.8 222p B6 ¥1300 ①978-4-8002-7421-2

 ## 広告・宣伝

◆**「あ、それ欲しい！」と思わせる広告コ**ピーのことば辞典　飯田朝子著　日経BP社、日経BPマーケティング 発売

【要旨】気まぐれな消費者の心をつかむ魅力的な広告コピーやどんな広告スローガンには、どんな語句がふさわしいのか？ 1万本を超える傑作コピーを調査し、3000余りのコピーから抽出した約1500の見出し語を収録。ことば選びに迷ったらすぐに引きたい、ビジネスパーソン必携の一冊！
2017.3 252p A5 ¥2400 ①978-4-8222-5198-7

◆**インターネット時代の広告の機能・効果と**展開　高橋秀雄著　中央経済社、中央経済グループパブリッシング 発売
【要旨】ネット時代に適する広告の概念とは何か。従来、製造業者を念頭に置いて議論がなされていた広告について、サービス企業や非営利組織についても明らかにする。
2017.3 175p A5 ¥3600 ①978-4-502-22171-2

◆**お金をかけずにモノを売る広報視点**　竹中功著　経済界
【要旨】「吉本ブランド」影の仕掛け人・伝説の広報マンによる、大阪流「ひとり勝ち」の極意！ 「ダウンタウン」発掘・育成、「NSC」の開校、「マンスリーよしもと」初代編集長、「吉本新喜劇」復活の立役者、「大物芸人の引退会見」の段取り…メガヒットを生み出す秘訣と、今後のビジネスに必要な戦略が満載！
2018.1 235p B6 ¥1400 ①978-4-7667-8619-4

◆**お金をかけずにやれる販促73のアイデア**　中沢隆之著　セルバ出版、創英社/三省堂書店 発売
【要旨】小さなお店の販売促進は、大きなお店のやり方とは全く違うこと、お金をかけても仕方がないこと、最初は少しばかり知恵と時間が必要になることだ。本書は、その知恵と時間を大幅に短縮するための方法をまとめている。
2017.9 167p B6 ¥1500 ①978-4-86367-361-8

◆**決定版 事例広告・導入事例バイブル**　村中明彦著　日経BP社、日経BPマーケティング 発売
【要旨】BtoBマーケティング担当者必携。1000社の経験がつまった怒濤の300ノウハウ。
2017.5 391p A5 ¥2700 ①978-4-8222-6195-5

◆**現代広告論**　岸志津江、田中洋、嶋村和恵著　有斐閣（有斐閣アルマ）第3版
【要旨】経営管理の視点から広告計画立案プロセスをいきいきと解説し、理論と実務を学べる、定番テキストの待望の最新版。骨格はそのまま残しつつ、広告の概念自体を捉え直し、データや事例を刷新。ネットとの関係など最新テーマを大幅に補充した。
2017.4 416p B6 ¥2400 ①978-4-641-22079-9

◆**広告コミュニケーションの総合講座**　**2018**　日経広告研究所編　日経広告研究所、日本経済新聞出版社 発売
【要旨】デジタル化はどこまで？ マスメディアの今後は？ 企業はブランド力をどう磨き、いかに消費者を魅了するか。進化する広告の「Why？」の答。広告主、メディア担当者、クリエーター、研究者…最前線の精鋭がやさしく紐解く、広告ってすごい！ がわかる19講。
2017.12 335p 21×15cm ¥3400 ①978-4-532-64099-6

◆**広告的知のアルケオロジー**　岡本慶一著　田畑書店
【要旨】広告が面白かった時代、そこには「ウソ」と「笑い」、そして何よりも「物語」があった―Twitter やFacebook、SNSなどの普及によって激変する市場経済のなかで、広告文化のアイデンティティを探ることによって、新たなマーケティングの可能性を追求する "Re 広告文化論"！
2017.6 292p B6 ¥2000 ①978-4-8038-0344-0

◆**広告動態調査―主要企業の広告宣伝活動と意**識 2017年版　日経広告研究所編　日経広告研究所
2017.2 135p A4 ¥10000 ①978-4-904890-34-9

◆**広告白書 2017**　日経広告研究所編　日経広告研究所、日本経済新聞出版社 発売
【目次】第1章 広告界の現状と見通し―デジタルメディア活用に新展開、第2章 広告主―ブランドづくりが重要な目的に、第3章 マスコミ4媒体とインターネット広告―デジタルメディアを推進役に、第4章 各種メディアの広告―工夫を凝らした利用増える、第5章 広告会社と海外の広告動向―改革と持続的成長、第6章 クリエーティブと広告賞、第7章 広告調査、第8章 広告・マーケティング研究と新刊図書、資料編
2017.7 253p A4 ¥3000 ①978-4-532-64098-9

経済・産業・労働

経済・産業・労働

◆広告倫理の構築論―人工的体系の構造と実践
行動　岡田米蔵著　創英社/三省堂書店
【要旨】社会は、感情までも読み取るとされるAI時代に突入した。いまこそ、広告倫理が学際的、複合的、積極的な実務のベースでの対応を強く求められている。広告における信頼と広告効果の根源に「倫理」を捉えるとより盤石な広告体質の創造と広告知力の強化を図る。
　2017.2 186p A5 ¥1600 ①978-4-88142-109-3

◆広報・PR担当者のためのデザイン入門―これだけは知っておきたい！「伝わる」デザインのポイント　ビー・エヌ・エヌ新社
【要旨】「広報ツールをもっと良くしたい」と考える広報・PR担当者へ向けて最低限必要なデザインの基礎知識やルール、ポイントをまとめました。自分でデザインをしないといけないときにも、制作会社とコミュニケーションを取るときにも、役に立つ一冊です。
　2017.3 175p 25×19cm ¥2000 ①978-4-8025-1047-9

◆広報・PRの実務―組織づくり、計画立案から戦略実行まで　井上岳久著　日本能率協会マネジメントセンター
【要旨】メディア露出を確実に増やす広報・PRの新常識。「戦略広報」の教科書。
　2017.9 203p A5 ¥1800 ①978-4-8207-5997-3

◆コピー年鑑　2017　東京コピーライターズクラブ編　宣伝会議
【目次】審査委員長のことば、編集委員長のことば、最終審査委員、一次審査委員、掲載概要、TCCグランプリ、TCC賞、TCC審査委員長賞、TCC最高新人賞、TCC新人賞/新人部門一次通過者〔ほか〕
　2017.11 2Vols.set 31×23cm ¥20000 ①978-4-88335-421-4

◆これからはじめるリスティング広告 ぜったい成果が出る！ 教科書　佐藤雅樹著　技術評論社
【要旨】どうすれば確実に成果を出せるか？ はじめてでもよくわかるリスティング広告。Google AdWords&Yahoo！ プロモーション広告に両対応。
　2017.7 159p 24×19cm ¥1850 ①978-4-7741-9002-0

◆これで、成功！ テレビCMのウラオモテを教えます　宮崎敬士著　牧野出版
【要旨】ローカル企業の皆さん！ 広告宣伝するなら、テレビCMが最高のコスパです！ 小さな会社だって大丈夫。豊富な実例をもとに、上手くいくCM活用のすべてを明かす。
　2017.5 237p B6 ¥1500 ①978-4-89500-214-1

◆最新広告業界の動向とカラクリがよくわかる本　蔵本賢, 林孝憲, 中野明著　秀和システム　（図解入門業界研究）　第4版
【要旨】業界人、就職、転職に役立つ情報満載。変貌著しい業界の現状と課題を読み解く！
　2017.11 281p A5 ¥1580 ①978-4-7980-5135-2

◆事例で学ぶ 成功するDMの極意―全日本DM大賞年鑑　2017　宣伝会議編, 日本郵便編集協力　宣伝会議
【要旨】優れた効果を発揮したDM54作品を掲載！ 工務店からテレビ局まで、成功事例の戦略とクリエイティブを読み解く。DM施策成功に欠かせない3つのポイント「戦略性」「クリエイティブ」「実施効果」の観点から全入賞作品を解説。DM活用の背景や狙いを紹介、広告主の視点のほか、審査員として関わったプロの視点から受賞DMを分析。エンゲージメント、地域クリエイティブなど、特定分野で優れた「日本郵便特別賞」も紹介。　2017.4 95p A4 ¥1800 ①978-4-88335-400-9

◆新時代の広報―企業価値を高める企業コミュニケーション　佐桑徹, 江良俊郎, 金正則著　同友館
【要旨】広報活動が企業価値にどのように貢献しているのか、「広報の未来の仕事」に必要なナレッジとして、「キー・インサイトの発見手法」「未来予兆分析」の2つの実務的知識と方法を具体的に提示した。
　2017.12 209p A5 ¥1800 ①978-4-496-05330-6

◆宣伝担当者バイブル　玉井博久著　宣伝会議
【目次】1 これまでの意識を変える（広告主が出発点である、広告の担当者ではなく、広告キャンペーン全体のディレクター ほか）、2 これまでの常識を変える（広告は邪魔者ではなく、もはや存在すら知られていない、インパクトではなく、レリバント ほか）、3 これまでの行動を変える（商品のイノベーションから脱却する、広告

とは新しい価値の提案である ほか）、4 これからも変わり続ける（広告効果のタイムリーな見える化を実現する、クリエイティブの成功の法則を見つける ほか）
　2017.4 249p B6 ¥1800 ①978-4-88335-397-2

◆小さなお店・会社、フリーランスの「テレビ活用」7つの成功ルール　大内優著　同文舘出版　（DO BOOKS）
【要旨】お金なし・コネなしでも取材殺到！ 元テレビマンが教える！ 取材獲得後に差がつくテレビ出演のノウハウ。
　2017.5 234p A5 ¥1600 ①978-4-495-53731-9

◆届くCM、届かないCM―視聴率=GRPに頼るな、注目量=GAPをねらえ　横山隆治, 大橋聡史, 川越智勇著　翔泳社
【要旨】これまで、テレビCMは視聴率を到達（リーチ）の拠りどころにしてきた。しかし、CM中は視聴率から目を離すことも多いため、「視聴率=閲覧量」にはならず、本当の効果測定は難しかった。ついに登場した、視聴者のリアルをとらえる技術によって「届くCM」と「届かないCM」の真実が明らかになる。本書では、視聴者の視線や脳波を測定することでわかった事実をもとに、何が効くのか（効かないのか）を明確に提示する。広告としてCMはどうあるべきか。実際のクリエイティブで例をすればよいか。そのクリエイティブとどう組み合わせていくべきか。変わりゆくマス+デジタルマーケティングを現実的に考え、「これから」を提案する。
　2017.1 325p B6 ¥1680 ①978-4-7981-4999-8

◆日本の歴史的広告クリエイティブ100選―江戸時代～戦前戦後～現代まで　岡田芳郎著　宣伝会議
【要旨】広告って、こんなに面白い。「あっと驚く、人を惹きこむ広告」「社会に訴える、問題提起する広告」など、歴史に残るクリエイターたちのアイデアを集約！
　2017.11 229p B6 ¥2000 ①978-4-88335-417-7

◆年鑑 日本の広告写真　2017　日本広告写真家協会監修　玄光社
【要旨】写真家の登竜門「APAアワード」受賞作を収録！
　2017.3 288p 30×23cm ¥4200 ①978-4-7683-0828-8

◆100万回シェアされるコピー―いますぐ使えるウェブコピー「4つのルール」　橋口幸生著　誠文堂新光社
【要旨】一流コピーライターでも、有名ディレクターでも、素人の撮った猫の動画に再生数で勝てない。そんなウェブの世界でどんなコピーや企画がヒットするのか？ バズも炎上も偶然で決まる。
　2017.4 191p B6 ¥1500 ①978-4-416-51724-6

◆福岡コピーライターズ年鑑　2017　（福岡）福岡コピーライターズクラブ, 宣伝会議 発売
　2017.10 97p A4 ¥1800 ①978-4-88335-415-3

◆毎日読みたい365日の広告コピー　WRITES PUBLISHING編　（明石市）ライツ社
【要旨】365日、その日その季節にぴったりの「広告コピー」を並べてみたら、大切なことを思い出せる素敵な名言集ができました。
　2017.12 1Vol.B6 ¥1850 ①978-4-909044-00-9

◆メディアガイド　2017　―広告ビジネスに関わる人の　博報堂DYメディアパートナーズ編　宣伝会議
【要旨】博報堂DYグループで使われている広告メディアのデータブック。
　2017.4 309p A5 ¥2500 ①978-4-88335-395-8

◆最も伝わる言葉を選び抜くコピーライターの思考法　中村禎著　宣伝会議
【要旨】広告コピーの正しい悩み方。コピーライター養成講座専門コースで最も長く続く、人気クラスの講師が教えるコピーライティングの神髄！　2017.3 318p B6 ¥1700 ①978-4-88335-391-0

◆有力企業の広告宣伝費　2017年版 NEEDS日経財務データより算定　日経広告研究所編　日経広告研究所
【目次】国際会計基準（IFRS）への対応について、2016年度有力企業の広告宣伝費の概略、業種別動向、有力企業の広告宣伝費の活用法について、販売促進費の動向、業種別広告宣伝費、連結広告宣伝費上位500社、単独広告宣伝費上位500社、業種別の広告宣伝費上位企業、企業別広告宣伝費　2017.9 287p A4 ¥15000 ①978-4-904890-35-6

◆わかる!!できる!!売れる!!キャッチコピーの教科書　さわらぎ寛子著　すばる舎
【要旨】心に刺さるフレーズは誰でも簡単に作れる！ たった1行で、お客様の心をつかんで離さない！ コストゼロで売上アップ！ キャッチコピー65のテクニック。
　2017.5 162p A5 ¥1400 ①978-4-7991-0619-8

◆わかる!!できる!!売れる!!POPの教科書　山口茂樹著　すばる舎　（1THEME×1MINUTE）
【要旨】オールカラー実例50作品を紹介！ 勝手にお客様を引き寄せてくる1枚ができる！ POPコピーからPOPイラストまで「今すぐ書ける」コツが満載！ 思わず商品を手に取りたくなる69のテクニックが満載。
　2017.10 172p A5 ¥1400 ①978-4-7991-0653-2

◆ADC年鑑　2017　東京アートディレクターズクラブ編　東京アートディレクターズクラブ, 美術出版社 発売　（本文：日英両文）
【目次】審査経過報告、受賞者リスト、賞、ポスター、新聞広告、雑誌広告、ブック&エディトリアル、ジェネラルグラフィック、パッケージ、環境空間〔ほか〕
　2017.12 487p A4 ¥21500 ①978-4-568-53117-6

◆CMガイドブック　日本コンストラクション・マネジメント協会著　日本コンストラクション・マネジメント協会, 水曜社 発売　（付属資料：DVD・ROM1）　第3版
【要旨】唯一のコンストラクション・マネジメント教本!!―最新の多様な発注方式に対応―。90件以上のCM事例を一挙収録（DVD）。
　2017.12 479p B5 ¥6500 ①978-4-88065-437-9

◆HCCコピー年鑑　2017　北陸コピーライターズクラブ, 宣伝会議 発売
【目次】HCC賞入賞作品/ノミネート作品、入選作品 2017.11 111p A4 ¥1800 ①978-4-88335-416-0

◆OCC年鑑　2017　大阪コピーライターズ・クラブ制作・編　（大阪）大阪コピーライターズ・クラブ, 宣伝会議 発売
【目次】審査委員長紹介、OCCクラブ賞、OCC賞、MOP賞、OCCファイナリスト、OCCノミネート、新人賞、新人賞ノミネート、略号、OCC会員名簿、OCC協賛会員
　2017.12 279p A6 ¥1200 ①978-4-88335-426-9

◆POP1年生―"センス"がなくてもPOPは書ける！　山口茂著　商業界
【要旨】「わかるわかる！」と共感の嵐！ POP1年生がイラスト中継する泣いたり笑ったりのPOP道。店舗に関わる全ての方に知ってもらいたいPOPの基本がここにある！
　2017.5 264p A5 ¥1800 ①978-4-7855-0519-6

商用デザイン

◆TAKE OUTお持ち帰りのデザイン―テイクアウト・サービスのブランディング&パッケージ　サンドゥー・パブリッシング編　グラフィック社
【要旨】テイクアウト・サービスを展開しているレストラン100店舗以上の創造性豊かなパッケージ・デザインが勢揃い。美しさと機能性を持ち、ブランドイメージを伝えるツールであるパッケージは、デザイナーたちのクリエイティブな挑戦の結晶です。もてなしの気持ちがこめられたユニークなデザインのあれこれ。デザイナー、マーケティングの方、そしてグルメな方々の感性にとびきりの栄養を届け、心にも目にも美味しいリファレンスブックに仕上がりました。
　2017.3 226p B5 ¥3500 ①978-4-7661-2987-8

ビジネスライフ

◆相手の心をつかんで離さない10の法則　カート・モーテンセン著, 弓場隆訳　ディスカヴァー・トゥエンティワン　（原書第2版）
【要旨】あなたがしてほしいことを相手にもしなさい。それが相手を動かす唯一にして最強の方法。"無理強い"も"命令"も"嘘"もいらないス

トレスフリーの説得術。
2017.4 183p B6 ¥1500 ①978-4-7993-2057-0

◆会う人すべてがあなたのファンになる一流の魅せ方　鈴鹿久美子著　大和書房
【要旨】同じように街頭演説をして、同じように選挙ポスターを貼って、同じように握手をしているのに、「当選する人」と「落選する人」がいる。それは、なぜか？「ふつうの人」を選挙で勝たせまくってきた著者が明かす好感度を劇的に上げるすごい方法！
2017.4 239p B6 ¥1400 ①978-4-479-79581-0

◆明日クビになっても大丈夫！　ヨッピー著　幻冬舎
【要旨】商社マンを辞めて好き放題してるのにサラリーマン時代の何倍もの年収を稼ぐようになったWEBライター・ヨッピーのストレスフリーな生き方！
2017.9 195p B6 ¥1400 ①978-4-344-03181-4

◆あしたの履歴書―目標をもつ勇気は、進化する力となる　高橋恭介、田中道昭著　ダイヤモンド社
【要旨】1000社・10万人・1000万項目におよぶ人事評価データからわかった「目標を必ず実現する実践的メソッド」を初公開！
2017.11 267p B6 ¥1600 ①978-4-478-10393-7

◆「あなた」という商品を高く売る方法―キャリア戦略をマーケティングから考える　永井孝尚著　NHK出版　（NHK出版新書）
【要旨】AIに仕事を奪われる時代、「あなた」自身の価値が転職や昇進の成否を決める！本書は「あなた」を商品と見立て、マーケティングの手法を応用することで、キャリアを築く方法を格段にわかりやすく解説する一冊だ。競争戦略やバリュープロポジションなど、さまざまな手法があなた自身の武器になる。数々のベストセラーを手がけてきた著者の最新作！
2017.8 203p 18cm ¥780 ①978-4-14-088524-6

◆1日10分「じぶん会議」のすすめ―目の前のことに振り回されない方法　鈴木進介著　WAVE出版
【要旨】じぶん会議とは…自分と向き合うことで、思考を整理し、新たな決断をすること。1日10分のじぶん会議、たったそれだけで仕事や人生が楽になる！じぶん会議で思考を整理すれば、問題の9割は解決ができ、新たな決断ができるようになります。
2017.3 189p B6 ¥1500 ①978-4-86621-025-4

◆一流の準備力―見えないところで差がつく63の工夫　中谷彰宏著　大和出版
【目次】第1章 出会う前に、空気を変える。第2章 目立たないところで、努力を積み上げる。第3章 仕事は、ゲームより楽しい。第4章 考える前に、動いてしまう。第5章 人がしない苦労を、買って出る。第6章 謙遜しながら、突き進む。第7章 相手のためになることを、する。第8章 生き残るためのチャンスを、逃さない。
2017.6 203p B6 ¥1400 ①978-4-8047-1834-7

◆一流の人はなぜそこまで、靴にこだわるのか？　渡辺鮮彦著　クロスメディア・パブリッシング、インプレス 発売
【要旨】できる男の足元には美学がある。基本のスタイル・デザイン・選び方、選び方、TPO、スタイリングのワンテク、メンテナンス術まで、靴にまつわる哲学と知識を凝縮したビジネスマンの必読書。
2017.4 198p B6 ¥1380 ①978-4-295-40072-1

◆一流役員が実践している出世の哲学　相原孝夫著　クロスメディア・パブリッシング、インプレス 発売
【要旨】上司に対して、係長止まりの人は媚びる。部長になれる人は遠慮しない。役員になれる人は筋を通す。役員にまでなる人は、「あたりまえ」の基準が違う。
2017.10 215p 19cm ¥1280 ①978-4-295-40121-6

◆一生モノのキャリアを身に付けよう―AIやロボットに負けない「あなたの価値」を築く働き方　垣畑光哉著　ダイヤモンド社
【要旨】20××年、超スマート社会到来で半分の仕事がなくなる？!日本では終身雇用制が崩れたばかりか、70代まで働き続けなければならない可能性も高まってきた。これから社会に出て10年、20年、30年…それよりもさらに長く「ビジネスパーソン」として活躍し続けるためには、自分が主体的に「キャリア」を構築していく必要がある。自分らしく働き続けるために、多くの選

択肢から選べる自分であるために、どんな経験を積んで、どう成長していくか。未来のあなたに価値を授けてくれる成長企業26社からのメッセージ。
2017.4 275p B6 ¥1500 ①978-4-478-10232-9

◆一緒にいると楽しい人、疲れる人　有川真由美著　PHP研究所
【要旨】話がはずむ人、気持ちのいい人、友だちになりたい人ってどんな人？疲れる人への対処法も紹介。
2017.4 221p B6 ¥1200 ①978-4-569-83816-8

◆1分間ブランディング―勝てる場所を見つけ勝ち続ける　石井貴士著　ヨシモトブックス、ワニブックス 発売
【目次】第1章 「ブランド」とは何か？、第2章 ブランドを作る5つのメリット、第3章 ブランドを貫くための「ミッション策定法」、第4章 自分の価値を高める「セルフブランディング法」、第5章 無名でもブレイクできる「ブレイクブランディング法」、第6章 長期的な成功を築くための「ブランディング法」、第7章 ブランド人の第一歩を踏み出すための「名刺作成術」
2017.3 191p B6 ¥1300 ①978-4-8470-9551-1

◆「今いる場所」で最高の成果が上げられる100の言葉　千田琢哉著　青春出版社
【要旨】その努力が下手り回しなくなる一自分が楽しくないのは今の職場のせいだと思い込んでいるキミへ。組織が新人に求め続けること、新人が職場で得られるすべてのこと。
2017.5 227p B6 ¥1380 ①978-4-413-23040-7

◆今いる場所で突き抜けろ！―強みに気づいて自由に働く4つのルール　カル・ニューポート著、廣津留真理訳　ダイヤモンド社
【要旨】「好きなこと、やりたいことを追い求めよ」というキャリア・アドバイスは間違いだ！目の前の一歩から大きなチャンスをつかむ方法とは？
2017.12 263p B6 ¥1500 ①978-4-478-02433-1

◆今、仕事で苦しい人へ 仕事の絶望感から、立ち直る方法　伊勢白山道著　電波社
【要旨】日常生活に深い安心感、明るい希望、勇気があふれます。読めば、運命が「成功・幸福」に変わります。
2017.11 350p B6 ¥1600 ①978-4-86490-116-1

◆うまくいっている人は朝食前にいったい何をしているのか　ローラ・ヴァンダーカム著、桜田直美訳　SBクリエイティブ
【要旨】朝を制する者が人生を制する！スターバックスCEOが毎朝4：30に起きる理由。
2017.3 198p B6 ¥1400 ①978-4-7973-8980-7

◆営繕さんの幸せドリル―あなたのそばにいる会社の"神さま"　さとうみつろう著　小学館
【要旨】ここだけの話…、実は、あなたは会社で嫌われています。だけど、簡単に好きにもなってもらえます！
2017.4 405p B6 ¥1389 ①978-4-09-388540-9

◆「選ばれる人」はなぜ口が堅いのか？―言葉を選ぶ技術、言い換えるテクニック　大谷恵著　プレジデント社
【要旨】ツイッター、フェイスブックなどSNS全盛時代。ちょっとした「書き込み」や「コメント」であなたのビジネス人生が崩壊することも。広報のプロが明かす至上初の「言わない技術」とは？　2017.9 230p B6 ¥1300 ①978-4-8334-2226-0

◆お先に失礼します！―共働きパパが見つけた残業しない働き方　中村一著　KADOKAWA
【要旨】「お先に失礼します！」…たったその一言が、なぜこんなに難しいのか？IT企業で7年間の原則定時退社を続け、半年間の育休を取得した3児のパパがたどり着いた働き方。
2017.9 207p B6 ¥1400 ①978-4-04-893262-2

◆外国人と働いて結果を出す人の条件　山本紳也著　幻冬舎メディアコンサルティング、幻冬舎 発売
【要旨】外国人と日本人のビジネス観の違いとは？押しの強い外国人相手の議論をリードするコツ。短い海外経験でもグローバルに活躍する秘訣。初めて外国人と働くビジネスマンのための入門書。
2017.9 204p 18cm ¥800 ①978-4-344-91386-8

◆外資系で学んだすごい働き方　山田美樹著　プレジデント社
【要旨】これからの時代は細くても長く仕事を続けることがますます求められる。しかし、細いよ

りもできれば骨太な自分らしいキャリアを築きたい。自分の幸せは自分で作るしかない。オックスフォード修士、ロンドンビジネススクールMBA、外資系コンサルティングファームなどでわかった普通の人でも必ず結果が出せる、仕事の進め方とキャリアの作り方。
2017.4 285p B6 ¥1500 ①978-4-8334-2222-2

◆会社の中の発達障害―いつも嫌なことを言う上司、いつも迷惑をかける部下　星野仁彦著　集英社
【要旨】落ち着きがない、すぐにキレる、失くし物が多い、デスク回りが乱雑、時間を守らず遅刻が多い、ケアレスミスを繰り返す、人と交わらない、一方的に自分の話をする、場の空気が読めない―同僚、部下、上司にこんな人はいませんか。ADHD、アスペルガー症候群の人たちにどう対応するか。発達障害研究第一人者がお答えします！
2017.9 189p B6 ¥1200 ①978-4-08-781635-8

◆賢いスーツの買い方―一流の男だけが知っている　しぎはらひろ子著　プレジデント社
【要旨】スーツにかけるお金は年収の3％で3着。高いスーツと安いスーツの違いがわからない。自分に合うスーツがわからない。自分のセンスで選んでいいかどうかがわからない…「スーツの買い方がよくわからない」という悩みを、ズバリ解決！
2017.10 267p B6 ¥1300 ①978-4-8334-2230-7

◆カリスマヘッドハンターが教える のぼりつめる男 課長どまりの男　森本千賀子著　サンマーク出版
【要旨】普段の小さな行動習慣で、将来ののぼりつめる男かどうかが見える。
2017.10 236p B6 ¥1300 ①978-4-7631-3636-7

◆牙を研げ―会社を生き抜くための教養　佐藤優著　講談社　（講談社現代新書）
【要旨】知力と人間力を高める驚きの講義！ビジネスパーソンとしておさえておきたい知の基本。2017.4 282p 18cm ¥840 ①978-4-06-288421-1

◆気持ちの片づけ術　笠原彰著　サンクチュアリ出版
【要旨】モヤモヤ、イライラ、不安、焦り、後悔、緊張…こんがらがった「感情」を科学的にスッキリ！メンタルの強い・弱いは、生まれつきではありません。モヤモヤ、イライラ、不安、焦り、後悔、緊張…負の感情をもたない人はいません。負の感情を小さくする技術を知っているかどうかです。誰でもできるかんたんな「行動」で、こんがらがった「感情」を整理する方法を解説します。世界最先端のメンタルマネジメントスキル30。
2017.2 131p 18cm ¥1100 ①978-4-8014-0036-8

◆キャリアアップのための戦略論　平井孝志著　日本経済新聞出版社　（日経文庫）
【要旨】本書は、マネジメント、競争戦略、マーケティングなどの手法を、企業組織ではなく自分自身に応用し、キャリアデザインや仕事の進め方に役立てようというユニークな解説書です。コンサルタントとして活躍しながら、数々のビジネススクールで教鞭を執り、『本質思考』などの話題作を執筆してきた著者が、自身の体験や具体例をあげながらわかりやすく解説します。ポジショニング、5フォース、4P、見える化、PDCA、ブルーオーシャン戦略など、主要なマネジメント手法の基本と活かし方がわかります。自分のキャリアについて、フレームワークなどを用いて戦略的に考えたい若手から中堅にかけてのビジネスパーソンにおすすめです。
2017.3 198p 18cm ¥860 ①978-4-532-11372-8

◆九十歳まで働く！―こうすれば実現できる！　郡山史郎著　ワック　（WAC BUNKO）
【要旨】ビジネスマンの人生は、20代から定年（60歳）までの40年と、定年後の60代から百歳（少なくとも九十歳）までの40年とに分けられる。前半戦と後半戦の人生、どちらも「勝ち戦」にするにはどう働くべきか―。誰も気付かなかった人生哲学の書。
2017.7 189p 18cm ¥920 ①978-4-89831-759-4

◆今日も残業する君とたった10分だけ働く僕―30代で億を稼ぐ、自由な働き方　榎本洋介著　現代書林
【要旨】あなたは一生、アリでいたいですか？会社・時間・人間関係に縛られないキリギリス的な働き方。
2017.8 186p B6 ¥1400 ①978-4-7745-1649-3

経済・産業・労働

◆筋トレライフバランス—マッチョ社長が教える完全無欠の時間管理術　Testosterone著　宝島社
【要旨】仕事効率アップ、プライベート充実、メンタルヘルス対策。筋トレで時間の価値は無限大∞！常識破りの筋トレ系タイムマネジメント！
2017.4 223p B6 ¥1200 ①978-4-8002-6944-7

◆9時を過ぎたらタクシーで帰ろう。——流の人だけが知っている「逆説」の思考法　中山マコト著　きずな出版
【要旨】常識は疑え、慣例は抜け出せ、迷ったら逆に行け。考え方ひとつで、人生はもっと自由になる—。15年以上、年収5000万円を下回ったことがない“プロフェッショナル・フリーランス”が初めて明かす、成功のためのマインドセットと習慣術。
2017.3 213p B6 ¥1500 ①978-4-907072-92-6

◆研修では教えてくれない会社で働く人の常識110　アラン・ションバーグ著、弓場隆訳　ディスカヴァー・トゥエンティワン
【要旨】定時より早く出社し、定時より遅く退社せよ。残業を命じられたら喜んでせよ。不平を言うのではなく、解決策を示せ…世界最大の人材紹介会社CEOである著者が、長年の経験から得た「優秀な人材を見抜くコツ」と多くの企業の人事担当者への聞き取り調査をもとに「できる社員の条件」を徹底的に追究。優秀な人材に共通する特性を完全リストアップ！
2017.4 143p B6 ¥1500 ①978-4-7993-2060-0

◆小宮一慶のビジネスマン手帳　2018　小宮一慶著　ディスカヴァー・トゥエンティワン
【要旨】月間目標の設定・振り返り、数字のメモを習慣づけながら、仕事・人生の短期的目標と長期的目標が達成できる手帳。
2017.9 1Vol. B6 ¥2000 ①978-4-7993-2082-2

◆小宮一慶のビジネスマン手帳（ポケット版）　2018　小宮一慶著　ディスカヴァー・トゥエンティワン
【要旨】月間目標を書き続けることで、仕事の長期的目標と人生の目標が見えてくる。
2017.9 1Vol. 18cm ¥1300 ①978-4-7993-2083-9

◆最強の働き方マニュアル　新将命著　ロングセラーズ
【要旨】自分史上最高の「できる人」になる！すごい！仕事術29。
2017.5 207p 18cm ¥926 ①978-4-8454-5020-6

◆斎藤一人—お金に愛される315（最幸）の教え　斎藤一人著　ロングセラーズ
【要旨】よく生きる方法とよく稼ぐ方法は一緒。納税額日本一の一人さんが教える、ほんとうの豊かさを！
2017.6 355p 18cm ¥950 ①978-4-8454-5025-1

◆サラリーマンのための「手取り」が増えるワザ65—給料、年金、退職金、副業、パート収入、病気、出産で使える！　深田晶恵著　ダイヤモンド社
【要旨】サラリーマンでも節税できる！主婦は「ふるさと納税」をやってはいけない！パート収入はいくらまでなら、税金がかからない？働いているなら「確定拠出年金」で節税する！保育園に通う子どもがいるならiDeCo（個人型確定拠出年金）で保育料が下がる！副業はお金のもらい方によって経費もOK、会社にバレない！子どもが月末に生まれたら「特例」を使って児童手当を申請など、知らないとソンする情報がいっぱい！
2017.12 201p B6 ¥1400 ①978-4-478-10462-0

◆残業ゼロで年収を上げたければ、まず「住むところ」を変えろ！　千田琢哉著　学研プラス
【要旨】“環境”を変えて成功を引き寄せる54のヒント。仕事、お金、人間関係…思考と行動のステージを上げれば、人生は劇的に変わる！
2017.3 248p B6 ¥1300 ①978-4-05-406537-6

◆3原則—働き方を自分らしくデザインする　山梨広一著　SBクリエイティブ
【要旨】生産性だけでは、仕事と人生の「質」は上がらない。マッキンゼーで25年間活躍してきたトップコンサルタントがたどり着いた「ゆとり」と「成果」を手に入れる働き方の極意。「心」「頭」「体」の3つのフットワークを軽くして、働き方を進化させる具体的方法！生産性・創造性・主体性を生み出すマニュアルにない成功法則。
2017.8 231p B6 ¥1500 ①978-4-7973-9048-3

◆残念な人の口ぐせ　山崎将志著　ベストセラーズ（ベスト新書）
【目次】第1章 問題解決ができない残念な人編、第2章 視野が狭く想像力がない残念な人編、第3章 決断も実行もできない残念な人編、第4章 マネジメント能力がイマイチな残念な人編、第5章 誠実さに欠ける残念な人編、第6章 協調性ナシの残念な人編
2017.4 221p 18cm ¥815 ①978-4-584-12549-6

◆幸せになる働き方の法則—「幸働観」による13の考え方！　佐野浩一著　創藝社
【要旨】さまざまな立場の人に役立つエッセンスが満載！社長から社員に発信し続けた日報『幸働観』より、エッセンスをテーマ別に厳選し、まとめた一冊！松井幸雄の意志を継承する社長からの熱いメッセージ。
2017.10 223p B6 ¥1400 ①978-4-88144-240-1

◆仕事が楽しければ、人生は極楽だ—7つのフランチャイズ・チェーンを成功させた社長の必勝哲学　安藤よしかず著　牧野出版
【要旨】どんな状況でも、とことん楽しむことで、すべてが上手くいく！成功し続ける経営者が半生とともに、ホンモノの「極意」を語る。これこそ、究極の起業＆生き方指南。
2017.9 221p B6 ¥1500 ①978-4-89500-216-5

◆仕事消滅—AIの時代を生き抜くために、いま私たちにできること　鈴木貴博著　講談社（講談社プラスアルファ新書）
【要旨】ロボットは性能が上がっても、その数がボトルネックになるために仕事消滅についての人類の本当の敵にはならない。この本の読者の年齢が最年少でも15歳程度だとすれば、大半の読者の一生は、汎用型の人型ロボットによって仕事が消滅する危機からは無関係に終わることになる。一方でAIは違う。人類を超える汎用かつ世界最高レベルの頭脳開発されれば、それは数十分でデジタルコピーできる。だから本当に心配すべきは肉体労働の仕事ではなく、頭脳労働の仕事だ。仕事消滅は2030年代以降、主に頭脳労働者の職場で起きることになるのだ。
2017.8 214p 18cm ¥840 ①978-4-06-272998-7

◆仕事のストレスが笑いに変わる！　サラリーマン大喜利　水野敬也、岩崎う大著　文響社
【要旨】「夢をかなえるゾウ」の水野敬也とキングオブコント王者・岩崎う大（かもめんたる）の異色コラボが実現！ベストセラー作家と天才コント職人の化学反応が全く新しいタイプのビジネス書を生み出せる。
2017.10 284p 19×13cm ¥1280 ①978-4-86651-033-0

◆仕事の「生産性」はドイツ人に学べ—「効率」が上がる、「休日」が増える　隅田貫著　KADOKAWA
【要旨】ドイツ・ビジネス業界20年の経験から一流ビジネスパーソンの生産性の秘密に迫る。
2017.9 222p B6 ¥1500 ①978-4-04-602102-1

◆仕事はうかつに始めるな—働く人のための集中力マネジメント講座　石川善樹著　プレジデント社
【要旨】1日のうち、高い集中力を発揮できるのは4時間が限界です。逆にいえば、4時間集中できれば仕事の生産性は格段にアップします。人生100年時代、集中力マネジメントは、飽きず、疲れず、イキイキと人生をおくるための土台づくりともいえます。
2017.3 153p 18cm ¥1100 ①978-4-8334-2219-2

◆仕事は輝く—石を切り出すだけの仕事に働く喜びを見つけた物語　犬飼ターボ著　飛鳥新社（文庫版）
【要旨】とある湾岸都市で石切り職人を生業としている主人公アルダ。繰り返される単調な仕事に辟易としていたある日、彼の目の前に「成功の巻物」を持つ不思議な老人が現れる。なけなしのお金をはたき、その巻物を手に入れたアルダ。そこから彼の人生は大きく動き始めるのだった—。
2017.12 166p A6 ¥602 ①978-4-86410-587-3

◆仕事も女も運も引きつける「選ばれる男」の条件—残念な男から脱却する、39の極意　潮凪洋介著　青春出版社（青春文庫）
【要旨】就職、面接、プレゼンなど大事な場面で目に留まるかどうか？ビジネスで得意先になってもらえるかどうか？魅力的な飲み会に誘われるかどうか？上司や部下、同僚などと良好な関係が築けるかどうか？初対面の異性と2回目に会うチャンスをつかめるかどうか？—選ばれない人は“残念ポイント”に気づいていないだけで

ある。その“残念さ”を直し、自分と人生を大改革するための男の処方箋。
2017.6 206p A6 ¥740 ①978-4-413-09672-0

◆失敗できない社会人のためのあがり・緊張コントロールメソッド36　松本幸夫著　青月社
【要旨】みずからも極度のあがり症を克服し、30年での延べ20万人を指導したスピーチドクターが教える、普段の行動習慣・メンタル習慣からいざというときの即効テクニックまで。
2017.6 183p B6 ¥1400 ①978-4-8109-1300-2

◆「自分のすごさ」を匂わせてくる人—自慢せずにはいられない人のめんどくさいコミュニケーション　榎本博明著　サンマーク出版
【要旨】寝てない自慢、自撮り、忙しいアピール…周囲をイラッとさせつづける現代の公害を徹底解剖！
2017.7 215p 18cm ¥1100 ①978-4-7631-3633-6

◆自分らしくはたらく手帳—フランス式 毎日がおもしろくなる　パスカル・フロリ、セドリック・フロリ、前田康二郎著　クロスメディア・パブリッシング、インプレス 発売
【要旨】本書には、フランスのことわざ・名言が42個載っています。この言葉たちは、真面目で、息苦しくなりがちな私達日本人を、スッと解放してくれるでしょう。1日に1つずつ読んで、各項目末の質問に、あなたの考えを書き込んでいってみてくださいね。
2017.6 222p 19×12cm ¥1280 ①978-4-295-40094-3

◆社員ハンドブック　2017年度版　清話会出版者　清話会出版
【目次】第1章 会社のしくみと役割を知ろう、第2章 マナーの基本を身につけよう、第3章 「伝える」センスを磨こう、第4章 実務のキホンを覚えよう、第5章 話す力・聞く力を高めよう、第6章 整理整頓を仕事に生かそう、会社の財務を理解しよう、付録 役に立つ！実践マナー集
2017.1 1Vol. 20cm ¥900 ①978-4-88253-211-8

◆社会人として大切なことはすべてリッツ・カールトンで学んだ　清水健一郎著　彩図社（彩図社文庫）
【要旨】問題を発見し解決する力、モチベーションを上げる方法、相手の要望を見抜く秘訣…社会人として大切なことはすべてリッツ・カールトンで働く中で身につけました。
2017.4 283p A6 ¥630 ①978-4-8013-0215-0

◆社内政治マニュアル—ハーバード・ビジネス・レビュー公式ガイド　カレン・ディロン著, 金井真弓訳　ダイヤモンド社
【要旨】ビジネスも、人間も、現実には合理的に動かない。だが、そこには、「隠れたルール」が存在する。本書は、そのルールを解き明かし、社内政治で勝つためのスキルを徹底解説する。
2017.8 255p B6 ¥1600 ①978-4-478-10205-3

◆収入2700万円の差がつく身だしなみ—初期投資3万円で誰でも変われる「見た目」改造計画　山川アンク著　辰巳出版
【要旨】第一印象で「見た目」の占める割合は55%…！最低限「不快に思われない」という基本を押さえるだけではなく、積極的に「好印象を与える」ための攻めのノウハウ。
2017.4 235p B6 ¥1200 ①978-4-7778-1851-8

◆10年後、君に仕事はあるのか？—未来を生きるための「雇われる力（エンプロイアビリティ）」　藤原和博著　ダイヤモンド社
【要旨】仕事が消滅していく社会でどんなチカラを身につければいいのか？高校生に語りかけるスタイルで大人にも問いかける「人生の教科書」決定版。
2017.2 255p B6 ¥1400 ①978-4-478-10188-9

◆出世と肩書　藤澤志穂子著　新潮社（新潮新書）
【要旨】課長→部長→取締役→常務→専務→社長→会長という出世コースは今は昔。CEO、COO、チェアマン等、横文字の肩書が氾濫し、この人偉いの？偉くないの？「次官」が一番偉い役所の不思議なシステム、政治家にとっての花道的役職、人生最後のランク付「勲章」、外資系のややこしい「肩書」のカラクリetc.…序列社会の構造がみえてくる、社会人必読の現代ニッポン肩書入門。
2017.3 223p 18cm ¥760 ①978-4-10-610708-5

◆勝負論　竹中平蔵著　ワニブックス（ワニブックスPLUS新書）

【要旨】日本を動かす首相を支え続ける現代最高の知性が明かす、「目的達成の最短ルート」。外為どっとコム超満員セミナー書籍化。
2017.2 191p 18cm ¥860 ①978-4-8470-6583-5

◆**職場で居場所をつくり一目置かれる存在になる法**　渡辺徹著　セルバ出版、創英社/三省堂書店 発売
【要旨】仕事は長縄飛びのようなものだ。入るタイミング見極めて、その輪に飛び込み、ペース・リズムを掴むまでは大変だが、その後は流れに乗ってしまえばOK。本書では、その流れに乗るまでに知っておきたいこと・身につけておきたいこと・そしてつまずきやすいことを、事例も織り込んで解説。
2017.12 223p B6 ¥1700 ①978-4-86367-379-3

◆**職場で楽しく幸せに働くための45の思考**　石崎博高著　幻冬舎メディアコンサルティング、幻冬舎 発売
【要旨】人生の約1/3を占めることになる「仕事」。見方を変えれば、自然とワクワクが生まれてくる。心を軽くし、やる気を引き出す、新しい仕事への向き合い方。
2017.8 203p B6 ¥1400 ①978-4-344-91254-0

◆**事例とケースでわかるビジネスモデルの基本**　末吉孝生著　ソシム
【要旨】オイシックス、シマノ、エムスリーなど、成功企業のケーススタディからビジネスモデルの組み立てがわかる。大きく変化しつつある「儲ける仕組み」を体系的に理解する。
2018.1 223p B6 ¥1400 ①978-4-8026-1131-2

◆**人生100年時代の新しい働き方─生産性を高め、パフォーマンスを最大化する5つの力と14のスキル**　小暮真久著　ダイヤモンド社
【要旨】研究者─外資系コンサル─世界的NPO経営者─型にはまらないキャリアを歩んできたからこそ気づいた、ロジカルシンキングよりも大事なスキルとは？働き方改革、ワークシェア、副業解禁、そしてライフシフト…激動する時代で、僕らの「働く」をどんどん変えていく、新しい方法。働き方も、働く場所も自由自在。この5つの方法を知るだけで、人生はいつでも「シフト」できる！
2017.9 216p B6 ¥1500 ①978-4-478-10224-4

◆**新入社員基礎講座 2018**　経営書院編　経営書院
【目次】1 新たなスタートをきる社会人へ贈る言葉（新入社員として企業から期待されていること、社会人時代は慣れないことの連続 ほか）、2 新入社員に期待する7つの言葉（積極的に仕事に取り組め、過大な期待をするな、期待に応えろ ほか）、3 イラストで学ぶビジネスマナーの基本と対応（社会人として必要なマナー五つの基本、社会人として実務の基本常識）、4 まずは型を身につけよう仕事の整理・整頓術（5S活動は職場の基本、仕事の整理・整頓とその効果 ほか）、5 成果を出す仕事の進め方（仕事の目的と目標、会社の目的は経営理念 ほか）
2017.11 74p B5 ¥1000 ①978-4-86326-250-8

◆**図解 葉隠─勤め人としての心意気**　齋藤孝著　ウェッジ
【要旨】力が発揮できない、評価が気になる、やる気を失ってしまった…どんな状況でも自分を見失うな！「今」に集中すれば、結果は必ずついてくる。
2017.1 238p B6 ¥1200 ①978-4-86310-173-9

◆**図解わかる 会社をやめるときの手続きのすべて 2017－2018年版**　中尾幸村、中尾孝子著　新星出版社
【要旨】平成29年4月現在の法律に対応。転職者、中途退職者必携！損をしないための保険・年金・税金のすべてがわかる！
2017.5 254p A5 ¥1500 ①978-4-405-10291-0

◆**スター社員になるための「働き方」の教科書**　松本俊人著　クロスメディア・マーケティング、インプレス 発売
【要旨】ルーキー社員は昇進・昇級で満足する。レギュラー社員は顧客を満足させる。スター社員は顧客を感動させる。一流の「働き方」を自分の「働き方」に。あなたを仕事がデキる人に変える "習慣" と "スキル"。まずは、一流の真似から始めてみよう。
2017.3 223p 19cm ¥980 ①978-4-295-40074-5

◆**成功する人は、教わり方が違う。**　中谷彰宏著　河出書房新社
【要旨】人生は、教わり方で変わる。
2017.6 201p B6 ¥1300 ①978-4-309-24805-9

◆**成功する人は心配性**　菅原道仁著　かんき出版
【要旨】不安になるのは「先読み」ができる証拠。性格を変えなくても結果は手に入る！「不安」を「行動力」に変える "科学的な" 方法。
2017.6 182p 19cm ¥1300 ①978-4-7612-7253-1

◆**成功する人は、なぜ、墓参りを欠かさないのか？**　千田琢哉著　総合法令出版
【要旨】運がいい人と悪い人の違いは、一体、どこにあるのであろうか？著者が、3000人にのぼるエグゼクティブとの対話の中から導き出した、強運を招き、長期的成功を手に入れる方法。
2017.8 175p B6 ¥1200 ①978-4-86280-566-9

◆**成功のポジショニング─ビジネスも人間関係もうまくいく**　小楠健志著　合同フォレスト、合同出版 発売
【要旨】「戦わずして勝つ」から「勝ってから戦う」へ…。総合格闘技で身につけた "無敵のポジショニング" を応用した、ビジネスマン必携の「現代版 孫子の兵法」。
2017.9 198p B6 ¥1400 ①978-4-7726-6095-2

◆**成長したければ、自分より頭のいい人とつきあいなさい─グローバル人材になるための99のアドバイス**　杉田敏著　講談社
【目次】第1章 あなたの英語、こうすれば上達する、第2章「現在位置」を知って「目的地」までのロードマップを作ろう、第3章 英語は使わざるを得ない世界共通のツール、第4章 実践！ビジネス英語、第5章 グローバルキャリアを目指して、第6章 手を挙げよう、第7章 どこでも通用する常識は、どこにも存在しない、第8章 新しい時代の新しいマナー、第9章 ぬるま湯から出て次のステージに進もう
2017.6 222p B6 ¥1400 ①978-4-06-220649-5

◆**絶体絶命をチャンスに変えるヤクザ式超切り返し術**　向谷匡史著　悟空出版
【要旨】ピンチを踏み台にできる人は、知らずにヤクザ式をやっていた！ヤクザは一言一句に命を懸ける。当意即妙の鋭い「切り返し」で劣勢をバネに転じ、一瞬にして優位に立つ。本書は、誰もが知っている炎上した事象を俎上に載せ、どう切り返せばよかったかを「ヤクザ式」で読み解いた、未だかつてないハウツー書である。
2017.12 207p 18cm ¥900 ①978-4-908117-43-5

◆**ゼロから最強の人脈をつかむ後輩力**　佐藤大和著　ポプラ社
【要旨】金髪二浪＆人脈ゼロ＆お金なしだった僕が上位5%の弁護士事務所のトップになれた方法。社会人こそ先輩に頼りまくれ。
2017.10 205p B6 ¥1400 ①978-4-591-15578-3

◆**専業主婦が就職するまでにやっておくべき8つのこと**　薄井シンシア著　KADOKAWA
【要旨】土台を作る。自分に投資する。社会と関わる。有志で解放され、自信をつける。専業活動のスタートを切る。専業主婦から→"給食のおばちゃん" →電話受付→外資系一流ホテルの営業開発担当組支配人を経て→現在、5つ星＋のラグジュアリーホテルに勤務!!今日までの経験に基づいて、就職のためにやっておくべきことを8つにまとめている。
2017.7 220p B6 ¥1500 ①978-4-04-069239-5

◆**先輩、これからボクたちは、どうやって儲けていけばいいんですか？**　川上昌直著　文響社
【要旨】ドSな先輩OL・ケイコが、新人社員マサキに "儲け方" をやさしく（厳しく？）叩き込む！誰から儲けるのか？何で儲けるのか？うまくいってる会社のしくみが、これ1冊で理解する。
2017.8 184p 19×13cm ¥1350 ①978-4-86651-010-1

◆**大学生からはじめる社会人基礎力トレーニング**　唐沢明著　丸善出版
【目次】第1章 知る（大学生活のプランをスケッチしよう）、第2章 聴く（「聞く」と「聴く」の違いを言えますか、「傾聴力」を養うための4つのレッスン ほか）、第3章 書く（自己紹介と自己PRで自分を伝えるレッスン、自分の強みを知ってノートに書いてみよう ほか）、第4章 話す（言語/非言語コミュニケーションとは、コミュニケーション上達のコツは雑談力 ほか）、第5章 読む（自然と読書が好きになる乱読のススメ、お気に入り・オススメの1冊を「POP屋」になって描いてみよう ほか）、第6章 使える（大学生に必要なアクティブ・ラーニングとは、「3つの眼」を養い、世界に1つだけの「自分の未来日記」を伝

えよう ほか）
2017.4 172p A5 ¥2200 ①978-4-621-30155-5

◆**超・起業思考─会社に縛られずに稼ぎ続ける**　船ヶ山哲著　きずな出版
【要旨】たとえ明日クビになっても、何の問題もなく生きていける─。「お金の自由」「時間の自由」「働く場所の自由」が手に入る。世界に1000社以上のクライアントを獲得した凄腕のマーケティングコンサルタントが明かす永続的に成功するための考え方と習慣！
2017.3 197p B6 ¥1400 ①978-4-907072-94-0

◆**「つらいから、会社やめます」が言えないあなたへ**　心屋仁之助著　宝島社
【要旨】毎日頑張っているのに、なんだか全然ラクにならない。「お金の自由」…。そんな悩みを解決します。価値観が異なる人と働く心屋式のコツ、教えます。
2017.9 207p B6 ¥1300 ①978-4-8002-7339-0

◆**できる男になりたいなら、鏡を見ることから始めなさい。─会話術を磨く前に知っておきたい、ビジネスマンのスーツ術**　石徹白未亜著　CCCメディアハウス
【要旨】紳士服売り場でのNGな買い方から、お値段以上のスーツの選び方まで、超実践的指南書。
2017.7 205p B6 ¥1400 ①978-4-484-17217-0

◆**デキる男の超切り返し術**　潮凪洋介著　キノブックス（「イヤな相手に言い放しにさせない50の対応術」加筆・修正・改題書）
【要旨】時にズバッと、時にサラリと。色気のある言い方で、地位も女もモノにする！上司、クライアント、妻、女友達…モヤモヤ、イライラするシーン別・解決法を紹介。
2017.3 222p 19cm ¥1300 ①978-4-908059-65-0

◆**デキる人は、ヨガしてる。**　石垣英俊、及川彩著　クロスメディア・パブリッシング、インプレス 発売（Business Life）
【目次】第1章 デキる人は、ヨガしてる？、第2章 ヨガがもたらす効果─「強く、しなやか」な体と心をつくる、第3章 そもそもヨガとは─心のはたらきを止滅すること、第4章 ヨガを日常に取り入れる8つの方法─ヨガの8つの習慣、第5章 マインドフルネスとヨガ、第6章 ヨガをなぜ始め、続け、どんな効果があるのか─ヨガインストラクター・スペシャルインタヴュー
2017.2 230p B6 ¥1380 ①978-4-295-40049-3

◆**年下上司にイライラしない40の技術**　門脇竜一著　秀和システム
【目次】序章 その時は誰にも訪れる、第1章 現実を受け入れ、自分の気持ちを見つめてみよう、第2章 年下上部下としての働き方、第3章 年下上司とのコミュニケーション、第4章 ケーススタディ 困った年上部下にならないために、第5章 これからもモチベーションを保ちながら働くために
2017.4 191p B6 ¥1200 ①978-4-7980-5054-6

◆**「中だるみ社員」の罠**　山本寛著　日本経済新聞出版社（日経プレミアシリーズ）
【要旨】2年前から成長していない、2年前と同じミスをするのは危険なサイン？一会社で、役所で、学校法人で、いま、「伸び悩み」に悩む声が増えています。働く人を襲う「キャリアの停滞（キャリア・プラトー）」について、事例をもとに分析し、本人、そして上司・組織がどう対処すればよいかについて具体的な手法を提案します。
2017.5 197p 18cm ¥850 ①978-4-532-26332-4

◆**なぜあの人はいつも若いのか。─一流の人に学ぶ身のこなし方**　中谷彰宏著　秀和システム
【目次】プロローグ「若い」と言われる人は、切り替え方がある。前向きな考えは、健康な体から生まれる。第1章 若さは、足でつくられる。第2章 一流は、続くことをする。第3章 若さは、シルエットで決まる。第4章 一流は、呼吸と睡眠にこだわる。第5章 年齢は、無意識のしぐさにあらわれる。エピローグ 体がやわらかい人は、頭もやわらかい。若い。
2017.6 209p B6 ¥1300 ①978-4-7980-5168-0

◆**なぜ、ユニフォームは、働く人を美しく魅せるのか？─仕事服（ユニフォーム）の「なぜ」と「魅力」をこの一冊に**　長尾彦幸著　ダイヤモンド・ビジネス企画、ダイヤモンド社 発売
【目次】序章 ユニフォームとは仕事人のプライドである（なぜ、ナースは「白衣の天使」になったのか？、なぜ、コックは長い帽子を被るのか？

経済・産業・労働

ほか）、第1章 ユニフォームだけがもつ、ファッションを超えた美しさ（ベストユニフォームの条件を探る、ユニフォームはインテリアの一部―飲食店篇 ほか）、第2章 ユニフォームのクオリティはこうして作られる（ユニフォームが守っているもの、仕事人のプライドは確たる品質が支える ほか）、第3章 まとうものは変わる（ファッション性がユニフォームの機能として求められるとき―「ローラアシュレイ」とのコラボレーション、ユニフォームで大切なのはスムーズに動けること―「アシックス」とのコラボレーション ほか）、終章 服の力を信じる（モンブランブランドが誕生した日、業務の効率性を服から変える、ユニフォーム・コンサルティング ほか）
　　　2017.7 253p 21×14cm ¥1500 ①978-4-478-08416-8

◆なりたい自分になれる働き方―「分解思考」で自信がつく　小出真由美著　扶桑社
【要旨】"もやもやキャリア"を卒業。大丈夫。「いまの会社にいても、未来が見えない」「私の仕事なんて、誰にでもできる」「出産したら専門外になってしまった…？」という、あなたの悩みを解決！「仕事内容」「スキル」を分解し、「いまいる場所」から「なりたい自分」になるための5つのステップ！仕事が劇的に変わる33のレッスン。2017.4 191p B6 ¥1400 ①978-4-594-07676-4

◆なるほどなっとく！職場の日本語　岡部達昭、岡部晃彦著、日本電信電話ユーザ協会監修　税研情報センター
【目次】1 ビジネスに役立つ慣用句（目から鼻に抜ける、うだつが上がらない、首を縦に振らない ほか）、2 ビジネス敬語（ビジネスでの言葉づかい、自分（側）の会社の呼び方、不確かな人（自分側）の呼び方 ほか）、3 間違った言葉づかい、変な言葉づかい（「超〜」は何にでも付けられるか、「すごく」か「すごい」か、「ちがう」は動詞か形容詞か ほか）
　　　　　　　2016 64p A5 ¥500

◆20年後、あなたは社長ですか？リストラ候補ですか？―トップ1％に上り詰める人の「目標」のつくり方　鳥原隆志著　大和出版
【要旨】ただ目の前のことを頑張っているだけでは結果は出ない。ストーリーは成功への武器になる。「目標を立ててそれを達成するストーリーをつくる」そうか、"仕事を戦略的にする"ってこういうことだったんだ！達成ストーリーで20年後が驚くほど変わる！
　　　2017.3 228p B6 ¥1400 ①978-4-8047-1833-0

◆入社3年目までの仕事の悩みに、ビジネス書10000冊から答えを見つけました　大杉潤著　キノブックス
【要旨】文章術からノート術、時間術、会話術、営業術、健康管理、人生設計まで。Q&A式、名著・名言完全網羅！
　　　2017.2 255p B6 ¥1300 ①978-4-908059-64-3

◆年収1億の勉強法 年収300万の勉強法　午堂登紀雄著　学研プラス
【要旨】「使えない男」が覚悟を決めて勉強に勉強を重ねた結果、満員電車に乗らず、通勤にも丁々されず、好きなことをやりながらお金がどんどん貯まっていく毎日を手に入れた。いまや預金通帳の残高は単なる記号にしか感じられず、使うことに何の躊躇もない。お金がないから諦めるという場面はほとんどない。…いったい、どんな「勉強」をしたのか!?まだ若く、お金も経験もない君が身につけるべき「お金持ち」の学び方&金銭感覚の磨き方46。
　　　2017.7 246p B6 ¥1300 ①978-4-05-406571-0

◆年収1000万円「稼げる子」の育て方　林總著　文響社
【要旨】「マネープレッシャーがないこと」、「好きな仕事で稼ぐこと」が幸福の土台であるという考え方をもとに、独自のアドバイスを展開。ドラッカーや会計の視点で子育てを捉えたときに、親ができることは何か。
　　　2017.7 240p 19×13cm ¥1380 ①978-4-86651-007-1

◆脳にいいこと 悪いこと大全　柿木隆介著　文響社
【要旨】巷で言われる「脳科学」は「エセ」ばかり!?テレビで活躍する「脳科学者」は「自称」ばかり!?テレビ出演多数！臨床脳研究の第一人者が贈る、仕事にも、日常生活に役立つ「ビジネス×脳科学」の決定版!!
　　　2017.8 224p 19×13cm ¥1350 ①978-4-86651-016-3

◆働く人のための最強の休息法―ハーバード×MBA×医師　猪俣武範著　ディスカヴァー・トゥエンティワン
【要旨】睡眠、食事、運動＋姿勢、アイケア、脳科学…最高のパフォーマンスを呼ぶ「戦略的休息」の技術47。
　　　2017.8 236p B6 ¥1500 ①978-4-7993-2164-5

◆はたらく人の目の強化書―目を鍛えると、脳が最適化されて疲れなくなる！　中川和宏著　クロスメディア・パブリッシング、インプレス 発売
【要旨】近頃、目が重いと感じる。頭痛・肩凝りがひどい。集中力、やる気が続かない。メガネ・コンタクトの度数が年々進む。疲れ目解消！視力回復！脳機能・パフォーマンスが向上するすごい方法。
　　　2017.6 206p B6 ¥1400 ①978-4-295-40091-2

◆バブル入社組の憂鬱　相原孝夫著　日本経済新聞出版社　（日経プレミアシリーズ）
【要旨】バブル期の大量採用世代も、気がつけば、もうアラフィフ。見栄張りで、なぜか楽観的で、やたら暑苦しい彼らは、現在どんな状況にあるのか。社内の評判が悪い理由、バブルvs氷河期の構造、世代特有の強みと弱み…。現実を直視し、今後バブル入社組が生きる道を、自身同世代の人事・組織コンサルタントが多くの事例から考察する。
　　　2017.12 231p 18cm ¥850 ①978-4-532-26341-6

◆半年だけ働く。　村上アシシ著　朝日新聞出版
【要旨】「半年仕事・半年旅人」を10年以上実践するITコンサルタントが教える、「単価」を2倍にして働く時間を「半分」にする、究極のワーク・シフト実践法。
　　　2017.12 223p B6 ¥1400 ①978-4-02-331646-1

◆ビジネスという勝負の場は一瞬、しかも服で決まる　木暮桂子著　ダイヤモンド社
【要旨】黒いスーツは間違い。シャツは「白」が何よりも格が高い。教養があり、品を良くみせるネクタイは茶色etc.―この1冊で、「あなたの優秀さ」がパッと伝わる外見をつくる。
　　　2017.5 189p B6 ¥1500 ①978-4-478-10197-1

◆ビジネスに効く表情のつくり方―顔は口ほどにモノを言う　清水建二著　イースト・プレス
【要旨】科学的エビデンスに基づいて解決！心理学理論と経験則をハイブリッドさせた「表情」と「しぐさ」の入門書！営業・接客・商談・面接・プレゼンでも使える非言語コミュニケーション術。2017.12 239p B6 ¥1400 ①978-4-7816-1615-5

◆ビジネスマンの「カラダ再生」プログラム―結果が出せる！評価が上がる！　阿部雅行著　幻冬舎メディアコンサルティング,幻冬舎 発売
【要旨】「食事」「運動」「睡眠」を組み合わせて3カ月でベストコンディションに仕上げる驚異のメソッド。
　　　2017.1 178p 18cm ¥800 ①978-4-344-91088-1

◆物理学者が解き明かす思考の整理法　下條竜夫著　ビジネス社
【要旨】哲学、経済学、古代史、文章作法を物理学者が読み解く!!
　　　2017.2 219p B6 ¥1400 ①978-4-8284-1938-1

◆文系が20年後も生き残るためにいますべきこと　岩崎日出俊著　イースト・プレス
【要旨】AIに仕事を奪われない「武器」を持て！激動の時代を生き抜く文系になる。興銀、J.P.モルガン、メリルリンチなどで活躍した著者が「投資家」「コンサル」「経営者」視点で語る人生戦略！
　　　2017.3 238p B6 ¥1500 ①978-4-7816-1518-9

◆平成29年度新入社員「働くことの意識」調査報告書　日本生産性本部ワークライフ部
【要旨】昭和44年からの就労意識の変化を探る。第49回新入社員の意識調査。
　　　2017.7 160p B5 ¥300 ①978-4-88372-528-1

◆まずは「区切る」から始めなさい！―吉越式「勝ち抜け人生」のためのシンプル思考術　吉越浩一郎著　毎日新聞出版
【要旨】会社に人生を左右されない強い生き方・働き方とは。
　　　2017.9 205p B6 ¥1500 ①978-4-620-32469-2

◆また会いたい！と思われる人になる―名刺交換だけでは「人脈」は作れない　大谷由里子著　WAVE出版　（WAVEポケット・シリーズ）　（『「出会い力」の磨き方』および『そ

の言葉、口に出す前に3つ数えなさい」再編集・加筆・改題書）
【要旨】ちょっとした工夫と行動で仕事が劇的に変わる！幸運も、チャンスも人との出会いから。
　　　2017.7 191p 18cm ¥850 ①978-4-86621-065-0

◆マンガでよくわかるエッセンシャル思考　グレッグ・マキューン著、高橋璃子訳、星井博文シナリオ制作、サノマリナ作画　かんき出版
【要旨】エッセンシャル思考は、単なるタイムマネジメントやライフハックの技術ではありません。本当に重要なことを見極め、それを実現するための、システマティックな方法論です。99％の無駄を捨て、1％に集中する方法！
　　　2017.3 173p B6 ¥1300 ①978-4-7612-7246-3

◆ミッキーマウス「まっすぐ」仕事論―MICKEY MOUSE THEORY OF WORK　講談社編　講談社
【要旨】1日8時間、週5日、仕事にあてているのですから、人生を楽しむように仕事をするべきです。今でも、仕事の最前線で活かせる、偉人たちの仕事に対する「教え」を提案します。
　　　2017.9 95p B6 ¥1300 ①978-4-06-220553-5

◆3つのポイントですぐわかる一生使える社会人の基礎　真鍋敬一著　総合法令出版
【要旨】意外と知らない、教えてもらえないマナーが満載！"これだけ"知って恥をかかない70の基礎知識を徹底解説。すべての若手社員に必要なことだけが書きました！
　　　2017.6 191p 19×13cm ¥1000 ①978-4-86280-558-4

◆ムダな仕事が多い職場　太田肇著　筑摩書房　（ちくま新書）
　　　2017.10 196p 18cm ¥760 ①978-4-480-06988-7

◆無理なく続けられる人の時間術―勉強効率を上げるコツ59　古市幸雄著　大和書房　（だいわ文庫）　（『無理なく勉強を続けられる人の時間術』再編集・改題書）
【要旨】朝のひととき、往復の通勤時間、ランチタイム、帰宅後の自由時間、休日の過ごし方…、「自分優先で」使える時間で、人生が大きく変わり始める！…1日24時間、働きながら「自分のための」有意義な時間をたくさん確保する、実践・実証済みの具体的な方法が満載！
　　　2017.4 229p A6 ¥650 ①978-4-479-30649-8

◆めげない自分をつくる「セルフトーク」　花田雅江江著　高陵社書店
【要旨】父親の会社の多額の負債を抱えて起業。多くの困難や逆境の中で、自分を励ますセルフトークを実践しながら、今は甘栗の会社を大きく成長させた女性社長が語る、苦しいときにめげずに立ち直るためのノウハウ集。
　　　2017.6 216p B6 ¥1400 ①978-4-7711-1021-2

◆目の前にいるイヤな上司の取り扱い説明書　豊田真豪著　秀和システム
【要旨】批判的で威圧的な上司への、痛快な対処方法を伝授します。
　　　2017 198p B6 ¥1300 ①978-4-7980-4993-9

◆「もう心が折れそう！」というときすぐ効く仕事のコツ大全―これ1冊でストレス激減！　トキオ・ナレッジ著　PHP研究所
【要旨】残業・ダメ上司・無茶なノルマetc.これ1冊でストレス激減！問題だらけの職場を軽々と乗り越える凄ワザ75。
　　　2017.5 255p B6 ¥1200 ①978-4-569-83599-0

◆やめる勇気―「やらねば！」をミニマムにして心を強くする21の習慣　見波利幸著　朝日新聞出版
【要旨】「論理的に話すのをやめてみる」「白いシャツをやめてみる」「6時間は走れば！」をやめてみる」「嫌いだけど我慢してつき合う」をやめてみる」「反省するのをやめてみる」など、やめると心が軽くなる21の習慣。ベストセラー『心が折れる職場』の著者が贈る、ストレスをしなやかに手放す方法。
　　　2017.4 218p B6 ¥1400 ①978-4-02-331588-4

◆やりがいから考える自分らしい働き方　矢島里佳著　キノブックス
【要旨】メディアで話題の女性経営者による"働く"と"生きる"の話。
　　　2017.5 151p B6 ¥1300 ①978-4-908059-72-8

◆60歳から会社に残れる人、残ってほしい人　酒巻久著　幻冬舎
【要旨】現役でも退職後でも「必要な人」でいるには、知識を最新に更新する。出世しても雑用

をいとわない。スマホ時代だからこそ、ベテランは本を読め。仕事でも家庭でも、最良の居場所をみつける法。
　2017.12 195p 18cm ¥1200 ①978-4-344-03232-3

◆**AI時代を生き残る仕事の新ルール**　水野操著　青春出版社　（青春新書INTELLIGENCE）
【要旨】今のAIは、どこに弱点を抱えているのだろうか？
　2017.11 196p 18cm ¥840 ①978-4-413-04525-4

◆**CHANCE チャンス―成功者がくれた運命の鍵**　犬飼ターボ著　飛鳥新社　文庫版
【要旨】サラリーマンになるのはいやだ！と独立を志し、いろいろな事業を試みるが、失敗を繰り返す弓池という成功者と出会う。なぜ自分はいままでうまくいかなかったのか？どうすれば成功者の仲間入りができるのか？人生で成功するということはいったいどういうことなのか？数々の試練を乗り越えながら、弓池から多くを学び取っていった卓也が導いたその答えとは…？
　2017.12 334p A6 ¥694 ①978-4-86410-588-0

◆**DEAR―会社と社員をつなぐ新しい関係**　宗澤岳史著，三上康監修　プレジデント社
【要旨】キーワードは、親愛関係。人材コンサルティング会社×心理学者が提唱する「認知行動科学」の最新テクニックを、事例ストーリーと解説によって学ぶ実践理論書。「働き方革命」時代に優勢な心の交換術。
　2017.10 247p B6 ¥1500 ①978-4-8334-5125-3

◆**ITエンジニアのための「人生戦略」の教科書―技術を武器に、充実した人生を送るための「ビジネス」と「マインドセット」**　平城寿著　マイナビ出版
【要旨】@SOHOの開発者が語る「エンジニアがビジネスをマスターすれば最強！」エンジニア業界の定説を逆転するビジネス思考が身につく！オリジナル売上台帳など人生戦略を応援する特典付き！
　2017.2 255p A5 ¥2280 ①978-4-8399-5823-7

 OLライフ

◆**女子の働き方―男性社会を自由に歩く「自分中心」の仕事術**　永田潤子著　文響社
【要旨】働く女子、注目！こんな本を待っていた！本当に役立つ女子の働き方バイブル！「働く女子」には、悩みがいっぱい！！だってビジネスは、「男のルール」で動いてる。そんな中で、会社人間にならずに女子が仕事を楽しむコツ、教えます。（男性の皆さんへ）あなたの職場の「困った女子」の対応策、女性社員を上手に動かすコツも、わかります。
　2017.4 240p B6 ¥1350 ①978-4-905073-91-8

◆**「だから女は」と言わせない最強の仕事術―IQ×愛情＝最強 前を向く女性の努力を結果に変える本**　朝倉千恵子著　こう書房
【要旨】働く女性にきっと役立つ―TSL（「トップセールスレディ育成塾」）の真髄を紙上大公開！コミュニケーションの大原則、社内の人間（男性/女性）・お客様・パートナー・そして自分自身への向き合い方―卒業生の強い武器になっている実践的なスキルが満載！
　2017.4 184p B6 ¥1400 ①978-4-7696-1158-5

◆**入社4年目 仕事に悩んだときに読みたい32の物語―誰かがあなたを気にかけている**　未来明広著　幻冬舎メディアコンサルティング，幻冬舎 発売
【要旨】入社4年目に入った愛香。これで良いと思っていたけど他の部署で頑張っている同期をみると何故かモヤモヤ…。念願叶って入った会社なのに何が違うんだろう。思い描いていた華のOLとは違う。そんなとき、会社でおじさんに突然話しかけられた。名前は藤原さんって言うみたい。ただのお節介おじさんと思っていたのに気づけばモヤモヤが晴れてきた…？藤原さんって一体ナニモノ！？目的って一体??あなたをみている人は必ずいる。
　2017.3 197p B6 ¥1200 ①978-4-344-91132-1

 転職・独立・再就職

◆**一生、同じ会社で働きますか？**　山崎元著　文響社
【要旨】「仕事にやりがいを感じない」「でも失敗したくない」そんな悩みに答える究極のメソッド！終身雇用がくずれつつあるいま、「転職」はビジネスマン必須のスキルです。逆に転職しないと決め込んでいるほうがリスクです。とはいえ、長年働いた会社を退職するのは勇気がいります。そこで12回転職した「金融のプロ」山崎元が、経験に基づき最も合理的な「転職の考え方」アドバイスします。
　2017.7 280p 19×13cm ¥1420 ①978-4-905073-97-0

◆**英語転職の教科書**　村上賀厚著　アルク
【要旨】元・外資系人事の超プロが教える！転職11回、採用500人超の経験でわかった、外資の「本音」と備える「武器」。英語よりもMBAよりも役立つ37のアドバイス。
　2017.1 198p B6 ¥1500 ①978-4-7574-2863-8

◆**技術コンサルタントとして独立開業して年間1000万円稼ぐ方法―インタビュー&アンケートで分かった人脈とブランディングによる成功法則**　高橋政治著　秀和システム
【要旨】稼げている技術コンサルタントは何をしているのか？独立を目指すエンジニア・研究者必読の書。
　2017.12 239p B6 ¥1600 ①978-4-7980-5040-9

◆**クリエイターが「独立」を考えたとき最初に読む本**　日経デザイン編　日経BP社，日経BPマーケティング 発売
【要旨】いつかは独立。そこでクリエイターはどんな課題に直面するのか―。独立資金は？クライアントをどう開拓するのか？自らの「値段」をどうつけていくのか？―先輩デザイナーの体験談から、「なかなか聞けない」アドバイスの数々を掲載。
　2017.3 231p A5 ¥2200 ①978-4-8222-3596-3

◆**決断**　中山禎二著　幻冬舎メディアコンサルティング，幻冬舎 発売
【要旨】決裁は現場まかせ！社内のリーダーを選挙で任命！あと10年で定年なのに、このタイミングで起業！？「理想」と備える「仕組み」を構築。脱サラ奮闘記。
　2017.12 187p 18cm ¥800 ①978-4-344-91480-3

◆**採用獲得のメソッド 転職者のための職務経歴書・履歴書・添え状の書き方**　谷所健一郎著　マイナビ出版　（マイナビ転職2019オフィシャルBOOK）
【要旨】リアル&汎用サンプルを豊富に掲載!!数多くの応募書類の中でキラリと光る職務経歴書・履歴書の書き方やサンプルを豊富に掲載！また、採用担当者の心をつかみ、添え状の書き方もご紹介！採用をグッとたぐり寄せるコツが満載です。
　2017.8 175p A5 ¥1300 ①978-4-8399-6390-3

◆**採用獲得のメソッド 転職者のための面接回答術**　谷所健一郎著　マイナビ出版　（マイナビ転職2019オフィシャルBOOK）
【要旨】企業に「採用したい」と思わせる回答のコツを公開。自己PRや志望動機などの定番質問はもちろん、職種別質問や働き方についての質問、答えにくい質問、面接官への質問の仕方など、転職の面接ならではの回答例を一挙公開！面接官の質問の意図を知り、回答の「ツボ」を押さえれば、面接突破は簡単だ!!
　2017.8 159p A5 ¥1300 ①978-4-8399-6389-7

◆**採用獲得のメソッド 転職者のための面接突破術**　坂本直文著　マイナビ出版　（マイナビ転職2019オフィシャルBOOK）
【要旨】すぐに使える話し方の"コツ"と"テクニック"。面接試験における定番の質問はもちろん、職種別によく聞かれる質問や、痛いところをついてくる質問など、採用担当者の意図と具体的な答え方を、実例とともに解説！相手に自分のキャリアを効果的にアピールできる話し方の"コツ"や"テクニック"も掲載。今からでも受かる自己PR、志望理由を作成し、ほかの応募者に格段の差がつく業界・企業研究、自己分析のノウハウを提供！
　2017.8 159p A5 ¥1300 ①978-4-8399-6391-0

◆**採用獲得のメソッド はじめての転職ガイド 必ず成功する転職**　谷所健一郎著　マイ

ナビ出版　（マイナビ転職2019オフィシャルBOOK）
【要旨】転職を成功させるには押さえるべき法則がある！職務経歴書&履歴書の書き方のコツ、面接で聞かれる質問への臨み方とテクニックなど、採用獲得までに必要な知識をすべて網羅。さらに、はじめての転職志望者でもスムーズに転職が実現できるよう、円満退職の秘訣やあいさつ状の書き方を、豊富なサンプルとともに解説。この一冊で、転職のすべてが分かる！
　〔17.1〕159p A5 ¥1300 ①978-4-8399-6186-2

◆**時給800円のフリーターが3年で年収1億円に変わる起業術**　松田元著　ロングセラーズ
【要旨】全起業家必見！衆議院予算委（国会）最年少公述人、地方創生最先端のパイオニア、大学教員、投資活動等、マルチプルに活躍する伝説のカリスマ起業家が語る、待望の起業論。絶望の国で生きる若者に向けたラストバイブル！真理を直視し、覚醒せよ！
　2017.11 274p B6 ¥1500 ①978-4-8454-2410-8

◆**人事の本音がわかれば転職面接は必ず受かる！**　中谷充宏著　秀和システム
【要旨】80パターン以上の質問例&回答例による実践解説。最低限の準備とルール、そして最終面接対策まで！
　2017.6 214p B6 ¥1400 ①978-4-7980-5113-0

◆**ゼロからいくらでも生み出せる！起業1年目のお金の教科書**　今井孝著　かんき出版
【要旨】「お金がないから、起業ができない」「お金がないからうまくいかない」は、大きな勘違い!!本書を読めば起業の最大の悩みが消える。
　2017.12 259p B6 ¥1400 ①978-4-7612-7300-2

◆**その仕事でいいのかい？**　クリス・ギレボー著　中島由紀子訳　TAC出版
【要旨】理想の仕事とは、「楽しくできる」「経済的な保証が得られる」「自分独自のスキルを最大限活用できる」これらすべてが得られる仕事である。今、あなたは何かを犠牲にし、我慢していないだろうか？本書を読めば、あなたが何をしたいのか、どうすれば実現できるかを理解できるはずだ。さあ、一緒に素晴らしい仕事を見つけよう！
　2017.9 259p B6 ¥1500 ①978-4-8132-7149-9

◆**そろそろ会社辞めようかなと思っている人に、一人でも食べていける知識をシェアしようじゃないか**　山口揚平著　KADOKAWA　（メディアワークス文庫）　最新改訂版
【要旨】「好き」を仕事にしたい君に、とっておきの知識をシェア！レールから外れるのが怖い？でも僕らの乗ってるレールなんて、そもそも壊れてるんって！独立したい人も転職したい人もニートの人だって、「好き」で「食う」ことさえできたら、それが幸せな生き方じゃないですか？でもそれにはコツがいるんです。大切なのは「何をやるか」ではなく「どうやるか」。どう提供するかにこだわれば、僕らの道は開けます！誰でもすぐ実践できる、10のビジネスモデルを知って「好き」を仕事にしよう。伝説の独立・転職バイブルが最新版になって文庫化！
　2017.4 197p A6 ¥550 ①978-4-04-892743-7

◆**誰も教えてくれない起業のリアル**　景山厚著　幻冬舎メディアコンサルティング，幻冬舎 発売
【要旨】事業計画なんて立てられない、税務や会計が難しそう、人を雇うなんてムリ…「やってみなきゃわからない」不安を全部解消！大学を3日でやめた元・一文無しのフリーター、それでも創業以来21年連続黒字を続けるIT会社社長が語る独立開業の実態。
　2017.9 202p B6 ¥1500 ①978-4-344-91339-4

◆**転職者SPI3―テストセンター・SPI3・G・WEBテスティング対応**　中村一樹著　新星出版社　（付属資料：別冊1）
【要旨】「よくでる順」に再現！―生の声を徹底調査。忙しくても、効率よく学べる。直観的にわかる！解説を超図解！→見るだけでわかる工夫！例題解説では計算が苦手でもパラパラめくるだけで「合格力」がアップ。
　2017.2 191p A5 ¥1400 ①978-4-405-00607-2

◆**転職に向いている人 転職してはいけない人**　黒田真行著　日本経済新聞出版社
【要旨】元「リクナビNEXT」編集長、むやみに転職を勧めないプロが明かす「不都合な真実」と成功・失敗の意外な分かれ目。日経電子版NIKKEI STYLE好評連載「次世代リーダーの転職学」

経済・産業・労働

を書籍化。
2017.5 224p B6 ¥1400 ①978-4-532-32146-8

◆転職のSPI&一般常識―最新！SPI3対応!!
2019年度版　高嶌悠人、山本和男著　一ツ橋
書店
【要旨】転職・中途採用希望者向けの筆記試験対策書！よく出る21項目5サイクルで徹底強化！
2017.4 206p 19cm ¥950 ①978-4-565-19064-2

◆転職面接の話し方・伝え方―自分に合った働き方を手に入れる！　丸山貴宏著　高橋書店
【要旨】1万人以上に転職させた絶対に後悔しない転職方法！転職で後悔したくない人のための面接会話のコツ。
2017.5 173p A5 ¥1300 ①978-4-471-21273-5

◆前田さん、主婦の私もフリーランスになれますか？　前田めぐる著　日本経済新聞出版社
【要旨】一生働ける時代の、新しい働き方のレシピ。主婦でフリーランス歴28年の著者が伝えるあなただからできる働き方。スゴくなくても、資格がなくても、何歳からでも始められる！
2017.2 191p B6 ¥1300 ①978-4-532-31912-0

◆3日で完成！転職者のためのSPI&玉手箱対策　日経HR編集部編著　日経HR　改訂版
【要旨】数学、漢字が苦手な人に！職務経歴書、面接のポイントも！「今週中に筆記試験を受けてください」と言われたときに読む本。
2017.12 207p A5 ¥1500 ①978-4-89112-176-1

◆未来につながる働き方 じぶんサイズで起業しよう！　鈴木淑子著　青山ライフ出版、星雲社 発売
【要旨】色んな豊かさを受けとる成幸者になろう。4つの歯車をバランスよく動かすジョギング経営だから、だれでもできる！プチ起業のリアルが見えるエピソード満載！
2017.5 237p B6 ¥1600 ①978-4-434-23167-4

◆6つの不安がなくなればあなたの起業は絶対成功する―1万人を指導してわかった黄金法則　坂本憲彦著　実務教育出版
【要旨】アイディアゼロ、資金ゼロ、知識ゼロでも問題なし！スモールビジネスからはじめても充分な収入を得られる！豊富な実例で分かりやすい！
2018.1 223p B6 ¥1400 ①978-4-7889-1456-8

◆ゆとり世代はなぜ転職をくり返すのか？―キャリア迷子と自己責任の罠　福島創太著　筑摩書房　（ちくま新書）
【要旨】いま、「ゆとり世代」の若者の転職が増えている。自分らしいキャリアを模索して転職をくり返す人や、「ここではないどこかへ」と気軽に会社を渡り歩く人が増えているのだ。本書は、若者たちに綿密なインタビューを実施、分析し、転職するように彼らを煽る社会構造をあぶり出す。「意識高い系」の若者は何を考えて転職するのか？転職する若者が抱えるリスクとは？若者のキャリアに社会はどう向き合うべきか。同世代の社会学者として、人材会社社員として、若者のキャリアに向き合ってきた著者が回答を示す。上司の世代も当事者の世代も必読の一冊。
2017.8 270p 18cm ¥860 ①978-4-480-06982-5

仕事術・整理術

◆アイデアはどこからやってくるのか―考具基礎編　加藤昌治著　CCCメディアハウス
【要旨】我流では、勝負にならない。アイデアが湧き出すアタマとカラダのつくり方。『考具』を読む前に。まずは発想の基本を知る。
2017.3 220p B6 ¥1500 ①978-4-484-17204-0

◆あきらめない練習―何をやっても続かない自分を変える　植松努著　大和書房
【要旨】どん底からの会社再生、ロケット打ち上げ、宇宙開発…人口が減る時代を生き抜く「僕の考え方」。「だったらこうしてみたら？」の一言が、自分・相手・社会を変えていく！
2017.5 215p B6 ¥1300 ①978-4-479-79588-9

◆朝のコーヒー、夜のビールはあなたを分かつ―人生を変える飲む習慣　馬渕知子著　クロスメディア・パブリッシング、インプレス発売　（Business Life 018）
【要旨】疲れ超速リセット。この最強飲料で自律神経を整え、パフォーマンスを最強にする。ビジ

ネスマンの二大飲料に秘められたすごいパワーをフル活用！
2017.7 207p B6 ¥1380 ①978-4-295-40107-0

◆「与える人」が成果を得る　辻秀一著　ワニブックス
【要旨】「ありがとう」と考えるだけでパフォーマンスが上がる本当の理由。メンタルトレーニング専門のドクターが一瞬で"能力を上げる"シンプルな方法を解説。ここまで「モチベーション」「集中力」「実行力」「人間関係力」は上げられる！
2017.12 243p B6 ¥1400 ①978-4-8470-9638-9

◆頭がいい人の時間の使い方　仕事の教科書編集部編　学研プラス　（仕事の教科書mini Vol.8）
【要旨】これ1冊で「いつも忙しい」「時間がない」から脱出し、新しい自分に生まれ変わる。ミスやムダをゼロにする、予定表とToDoの書き方。残業ゼロでも必ず結果を出す！時短・スピード仕事術。
2017.4 129p A5 ¥580 ①978-4-05-406557-4

◆頭が勝手に働き出す思考法―少ない努力で最大の成果を出す社長の頭の使い方　西田芳明著　現代書林
【要旨】営業がヘタ・計画がズサン・アイデアが出ない・部下が育たない…なぜ、あなたは成果を出せないのか？それは、脳のことを知らないからです！建設業界で成長を続けるカリスマ経営者の頭の中をすべて公開します―。
2017.9 221p B6 ¥1400 ①978-4-7745-1652-3

◆アタマと心の整理術―脳科学者×効率化のプロが教える　篠原菊紀、オダギリ展子、川崎純子監修　洋泉社
【要旨】デスク、書類、パソコン、ノート・手帳、時間…頭の中からスッキリさせれば、仕事も身の周りもどんどん片付く！脳の特性を生かした新しい整理術。
2017.6 159p B6 ¥1400 ①978-4-8003-1251-8

◆頭のいい人の段取り―読んでわかる図でわかる　柳沢義春著　ぱる出版
【要旨】業務をスムーズに進めるための「段取り力」。頭のいい段取りは周到な準備にある。考えて行動するということ。成果を変える仕事の取り組み方。コミュ障でも劇的に変える。活きる！メモ取りノート書き。紙とデジタルはいいトコ取りする！すぐ行動できる技術。
2017.3 191p B6 ¥1300 ①978-4-8272-1046-0

◆頭のいい人は知っている 仕事の裏ルール　山本直人著　かんき出版
【要旨】結局、食い尽くすまで食べるべきものである。理不尽な職場を軽やかに乗り越える34の秘策。
2017.1 212p 19×12cm ¥1200 ①978-4-7612-7233-3

◆頭の切りかえ方―新機軸を生み出すためのテクニック　多湖輝著　ゴマブックス　新装版
【要旨】なぜ、あなたはすぐに行き詰まってしまうのか！読むだけで、あなたの視野が一気に広がる発想転換力が身につく！頭を切りかえるための25の原則。
2017.4 214p B6 ¥1350 ①978-4-7771-1899-1

◆「あとでやろう」と考えて「いつまでも」しない人へ―「のろま」でなくなる仕事術　和田秀樹著　ゴマブックス
【要旨】自分の中の「のろま」をやっつけよう！仕事と人生がもっとうまくいく処方箋。
2017.7 181p B6 ¥1300 ①978-4-7771-1927-1

◆あなたが「一番輝く」仕事を見つける 最強の自己分析　梅田幸子著　KADOKAWA
【要旨】たった3つの分析をすれば、面接も怖くない！面接官の研修も担当し、「採用側の本音」を知り尽くした著者が教える、最適な仕事の見つけ方。
2017.11 223p A5 ¥1300 ①978-4-04-602062-8

◆あなたの仕事はなぜつまらないのか―ヒットメーカーが教えるワクワク脳の作りかた　中脇雅裕著　ワニブックス
【要旨】ワクワクを生む妄想力こそが仕事を楽しクリエイティブな力と成功する心をつくる！
2017.10 215p B6 ¥1300 ①978-4-8470-9619-8

◆あなたの生産性を上げる8つのアイディア　チャールズ・デュヒッグ著、鈴木晶訳　講談社
【要旨】本書は、生産性の秘密に関する私の調査の報告であり、どうして群を抜いて生産性の高

い人や企業と、生産性の低い人や企業があるのか、両者の違いは何か、という問いに対する答えである。生活のすべての面において、より賢く、より速く、より良くなるにはどうしたらいいのか。本書はその答えを書き連ねる。
2017.8 348p B6 ¥1900 ①978-4-06-220179-7

◆アナリストが教えるリサーチの教科書―自分でできる情報収集・分析の基本　高辻成彦著　ダイヤモンド社
【要旨】リサーチを丸投げせずに自前でやるには、何から始めればいいのか？ビジネススクールでは教えてくれない情報の探し方や主なソース、市場規模の見積もり方や比較の仕方など、ビジネスリサーチの基本を学ぶ！
2017.5 180p A5 ¥1600 ①978-4-478-06139-8

◆アルゴリズム思考術―問題解決の最強ツール　ブライアン・クリスチャン、トム・グリフィス著、田沢恭子訳　早川書房
【要旨】ベンチャービジネスを売却するタイミングはいつか。車をどの駐車スペースに停めるべきか。何人めの交際相手で手を打って結婚するか。…それぞれ違った問題のようだが、コンピューター科学者ならまとめて解決してしまう―どれにもあてはまる、最良と証明された手順があるからだ。こうした、問題解決のために定められ、機械的に適用すれば目的を達成できる一連の手続きがアルゴリズム。初歩のプログラミングから人工知能まで、基本はこれである。じつはビジネスから日常生活まで、私たちがぶつかる問題には、アルゴリズムによる解決がすでに見つかっていることが多い。達人でも天才でもなくても難題を切り抜け、仕事を楽にする秘訣がアルゴリズムに学べる。"フォーブス"ほか各紙誌絶賛、現代人必読書。
2017.10 510p B6 ¥2200 ①978-4-15-209717-0

◆いい考えがやってくる！　井上滋樹著　日本経済新聞出版社
【目次】1 ほしい（すべてのものは、描くことから生まれた、デザイン発想法とは ほか）、2 飛びこむ（人類は「異世界に飛びこむこと」で進化した、異世界発想法とは ほか）、3 変身する（もし26歳が80歳になったら、他者発想法とは ほか）、4 つながる（つながることがアイデアを生む、共創発想法とは ほか）、5 未来と出会う（人類が生み出してきた発明、予言発想法とは ほか）
2017.6 221p B6 ¥1400 ①978-4-532-32149-9

◆一番シンプルな資料作成術―効率よく作れて、パッと伝わる　奥秋和歌子監修　永岡書店
【要旨】半分の時間で「一発OK」な資料ができる！資料の質が劇的にアップする50のルール。
2017 175p A5 ¥1200 ①978-4-522-43496-3

◆一秒宝―「嫌なこと」をやめたら、結果を出す時間が増えていく　小栗成男著　幻冬舎
【要旨】一時間で3600のタスクをこなす最速時間術。自動車業界のカリスマが伝授する最短で最高の結果を出す、一生役立つ仕事の極意。一秒の密度を濃くして生きる46のルールとは？
2017.5 221p 18cm ¥1100 ①978-4-344-03121-0

◆一流の達成力―原田メソッド「オープンウィンドウ64」　原田隆史、柴山健太郎著　フォレスト出版
【要旨】たった1枚のシートで、あなたも変わる!!7万人が活用した目標達成ツール。
2017.3 203p B6 ¥1400 ①978-4-89451-744-8

◆一流の学び方―知識&スキルを最速で身につけ稼ぎにつなげる大人の勉強法　清水久三子著　東洋経済新報社　（『プロの学び力』加筆・修正・改題書）
【要旨】多くのビジネスパーソンが「学び」で失敗する理由は、学生時代の筆記試験を前提にした勉強方法「チャイルドエデュケーション」で学んでいるからです。本書で紹介するのは、ビジネスパーソンがスキルやノウハウを最速で自分の血肉とし、仕事や稼ぎにつなげるための学び方「アダルトトレーニング」。
2017.8 271p B6 ¥1600 ①978-4-492-50292-1

◆一流マネジャーの仕事の哲学―突き抜ける結果を出すための53の具体策　西岡郁夫著　日経BP社、日経BPマーケティング 発売
【要旨】仕事で「突き抜ける結果」を出すには自分やチームはどう変われればいいのか？アンディ・グローブ（インテル元CEO）に乞われ日本のパソコンブームをリードした立役者がミドル向けのビジネス塾を設立。一流の経営者や経営学者とともに練り上げた部下を持つすべてのミドル

の悩みを解決する53の具体策を提案する！
2017.4 236p B6 ¥1500 ①978-4-8222-5514-5

◆**一流役員が実践してきた 入社1年目から「できる人になる」43の習慣** 安田正著 KADOKAWA （中経の文庫） （『一流役員が実践してきた入社1年目から「できる人になる」43の考え方』再編集・加筆・改題書）
【要旨】「できる人」は何が違うのか？ 日々の1%の成長が、5年後に取り返せない差となってあらわれる！「苦手な人にこそ好かれろ」「スーツを着てから朝ごはんを食べろ」「解決できる悩み方をしろ」「愚痴を言う先輩とは飲みに行くな」など今すぐ意識できる習慣や考え方を43個収録。巻末に、日本を代表する企業の一流役員にインタビューした「文庫版特別収録」有り。
2017.2 205p A6 ¥640 ①978-4-04-601879-3

◆**1割の「できる人」が大切にしている仕事の「基本」──実は9割ができていない** 中尾ゆうすけ著 ぱる出版
【要旨】「やりたい仕事」は、"もらう"のではなく"勝ち取る"。60点でもまずスタートする人が、100点に到達できる。上っ面の「人脈」を作る前に、社内で「信用」を構築する入社3年目までの教科書。最短で「デキる10%」になる41の原則。
2017.3 191p B6 ¥1400 ①978-4-8272-1043-9

◆**「一瞬で決断できる」シンプル思考** 遠藤保仁著 KADOKAWA
【要旨】なぜ「体力B判定」でも日本代表で活躍できたのか？「考え方」習慣をもつ。「反応しない」から未来が見える、「ルーティン」はつくらないなど、誰でも実践できる44の考え方のコツ。
2017.6 205p B6 ¥1300 ①978-4-04-602008-6

◆**「いつ、どこでも求められる人」の仕事の流儀** 岩田松雄著 三笠書房
【要旨】目的がいつも明らかな人、「しっかり伝わる」話をする人、楽しそうに働く人、「問いかける力」がある人。できる人は、「経験」をどう活かすか！ スターバックス、ザ・ボディショップでCEOを務めて実感した、「価値ある人材」とは。期待を超える、活気を生む、人を育てる…あなたが生み出すべき「功績」とは。
2018.1 235p B6 ¥1400 ①978-4-8379-2718-1

◆**一発OKが出る資料 簡単につくるコツ──「説得」「アピール」「プレゼン」「決裁」最強の方法** 下地寛也著 三笠書房
【要旨】「下地メソッド」だと──「問題点」がわかり、「解決策」が見つかる！ 資料「1ページ」の「情報1つ」が基本。「最高の解決策」を提案する法すべて！
2017.3 252p A5 ¥1500 ①978-4-8379-2674-0

◆**1分で仕事を片づける技術** 鈴木進介著 あさ出版
【要旨】毎日、アタフタしていませんか？ やらなくていい仕事はどんどん切り捨てる。水曜日と金曜日には予定を入れない。自分のためにだけ時間を使う、他。たった1分「整理」をするだけで効率アップ！
2017.10 214p B6 ¥1300 ①978-4-86667-015-7

◆**いつも「結果」を出す人のアウトプット習慣──学びを「活かす」技術** 藤由達藏著 ハート出版
【要旨】「学び」を「行動」に変えられる人だけが、人生を変えられる。成果の出ない学びから抜け出す思考法、学習法、行動法。
2017.5 223p B6 ¥1400 ①978-4-8024-0036-7

◆**いつも目標達成できない人のための自分を動かす習慣** 福山敦士著 すばる舎
【要旨】意志が弱くても「100%達成」が習慣になる！ 仕事、転職、勉強、トレーニング…どんな目標も余裕でクリアする方法30。
2017.12 191p B6 ¥1400 ①978-4-7991-0668-6

◆**今すぐ！ 集中力をつくる技術** 冨山真由著, 石田淳監修 祥伝社
【要旨】仕事も勉強も頑張っているのに成果が出ない→「15分」を繰り返す、生産性を上げたい→仕事を終えたい30分前にアラーム設定、ぎりぎりにならないと集中できない→最初の一文字を打つ、膨大な業務でパニック→100件の仕事は、20件×5回に分けて達成、落ち込んだり、頭ぼんやり→「上・下・右・左」トレーニングでスッキリ。いつでもどこでも成果が出る50の行動。特別付録・集中力アップシート。
2017.3 171p B6 ¥1300 ①978-4-396-61592-5

◆**今より1時間早く仕事が終わる習慣** 沢渡あまね著 PHP研究所

【要旨】人より早く帰っているのに、周りの人からの評価も高く信頼も厚い。そんな「早く帰っても許される人」は、どの組織にも必ずいるものです。彼ら/彼女たちは、いったいどんな行動習慣を持っているのでしょうか？ 私は過去に勤めた職場、および現在のクライアントにて、「早く帰っても許される人」を見つけて行動パターンを観察してみました。
2017.11 214p B6 ¥1300 ①978-4-569-83871-7

◆**「上に立つ人」の仕事のルール──苦労して成功した中小企業のオヤジが新人の僕に教えてくれた** 嶋田有孝著 日本実業出版社
【要旨】浮足立った雰囲気が漂う、バブル期の大阪。しかし、ボクが入社した会社は、そんな時代模様からは程遠い、ビル管理を営む中小企業。会社の創業者である社長兼会長（オヤジ）の秘書役として働くことになったボクが、ときにオヤジから怒鳴られながら学んだ「人の上に立つ」ために大切な教えとは。
2017.9 230p B6 ¥1400 ①978-4-534-05523-1

◆**売上が伸びる話し方──元ルイ・ヴィトンの販売実績No.1が伝える** 鈴木比砂江著 かんき出版
【要旨】30000人の「売れない」を「売れる！」に変えた、おもてなしの接客術。53のコツで心をつかむ！「あなたから買いたい！」とお客様がリピーターになる！
2017.5 222p B6 ¥1400 ①978-4-7612-7256-2

◆**エジソン「白熱」のビジネスメンタル──折れない、諦めない！「努力」と「ひらめき」の仕事術** 桑原晃弥著 三笠書房
【要旨】最も確実な成功の秘訣は、つねにもう一度だけ試してみることである。偉大なビジョナリー、卓越したプレゼンター、恐るべきハードワーカー、いかなる逆境にも不屈のファイター──一五〇年前の先覚者エジソンの「働き方」。
2017.6 238p B6 ¥1400 ①978-4-8379-2685-6

◆**おとなのための創造力開発ドリル──「まだないもの」を思いつく24のトレーニング** 大岩直人, 下浜臨太郎著 インプレス
【要旨】日本を代表する2人の実力派クリエイターが出題・解説。ヒット企画も、イノベーションも、あなたの「視角」次第。
2017.12 175p B6 ¥1500 ①978-4-295-00298-7

◆**己を、奮い立たせる言葉。** 岸勇希著 幻冬舎
【要旨】結局、猛烈に望むしかない。死に物狂いであがくしかない。電通史上最年少でエグゼクティブ・クリエーティブ・ディレクターになった鬼才が放つ思考の技術集。
2017.10 183p B6 ¥1400 ①978-4-344-03204-0

◆**音声起こし技能テスト過去問題集 1** 音声起こし活用推進協議会監修 エフスタイル
【要旨】第1回、第2回の試験問題を収録。新聞表記・速記表記の双方で解答を作成。実際の採点に即したスペシャル解説を追加。
2017.7 95p B6 ¥1500 ①978-4-9904934-4-8

◆**音声起こし技能テスト公式問題集** 音声起こし活用推進協議会監修 エフスタイル
【要旨】音声起こし技能テスト公式テキストと併用することで、より効果的に学習できる。専用の教材ファイルをダウンロードできる。「知識編第1領域〜第6領域」と「実技編」の例題と問題を豊富に収録。さらに模擬試験問題4回分を収録。
2017.6 127p B6 ¥1500 ①978-4-9904934-3-1

◆**カイジ「勝つべくして勝つ！」働き方の話** 木暮太一著 サンマーク出版 （サンマーク文庫）
【要旨】この時代を生き抜く「働き方」を、経済ジャーナリストの著者が大人気漫画『カイジ』を通して解説します。『カイジ』には、自分の力で幸福をつかむ知恵が凝縮されていると著者は言います。それは、いくら頑張っても希望を見出せない人にこそ必要な「勝つ働き方」でもあるのです。本書は『カイジ』で学べる「勝つ働き方」のすべてを凝縮しています。くすぶっている人のモチベーションも一気に上がること間違いありません。
2017.5 294p A6 ¥700 ①978-4-7631-6087-4

◆**外資系コンサルは「無理難題」をこう解決します。──「最高の生産性」を生み出す仕事術** NAE著 日本実業出版社
【要旨】「問題解決のプロ」である外資系コンサルタントが、「日常の仕事の問題」を解決する「型」をストーリーで紹介。20代で徹底したい──

生モノの「仕事の基本」。
2017.12 252p B6 ¥1500 ①978-4-534-05550-7

◆**外資のスーパーエリートが大切にする意外と誰もやっていない「コミュニケーション」の基本** 伊藤まみ著 日本実業出版社
【要旨】誰も簡単にできることなのに、意外に誰もがやっていない。世界で成果を上げ続けるスーパーエリートたちが実践している自然と人々を惹きつける話し方、伝え方、人間関係の作り方。エグゼクティブ秘書が思わず感心した49のちょっとした習慣。
2017.11 186p B6 ¥1400 ①978-4-534-05534-7

◆**会社では教えてもらえない 上に行く人の報連相のキホン** 車塚元章著 すばる舎
【要旨】「報連相」がヘタな人は上司に言われたらオシマイ！ マネジメントの超プロが教える、34の実践テクニック！
2017.12 212p B6 ¥1400 ①978-4-7991-0663-1

◆**会社では教えてもらえない残業ゼロの人の段取りのキホン** 伊庭正康著 すばる舎
【要旨】時間管理の超プロがみっちり解説。38の実践テクニック！
2017.7 223p B6 ¥1400 ①978-4-7991-0622-8

◆**会社では教えてもらえない仕事がデキる人の資料作成のキホン** 永田豊志著 すばる舎
【要旨】作りこんでいるのに何も伝わらない資料が9割…。図解の超プロが教える38の実践テクニック！
2017.5 221p B6 ¥1400 ①978-4-7991-0613-6

◆**会社では教えてもらえない生産性が高い人の思考整理のキホン** 井上龍司著 すばる舎
【要旨】頭の中がぐちゃぐちゃ、仕事が進まない、アイデアが浮かばない…問題解決の超プロが生み出した38の実践テクニック！
2017.6 198p B6 ¥1400 ①978-4-7991-0614-3

◆**会社でやる気を出してはいけない** スーザン・ファウラー著, 遠藤康子訳 マルコ社, サンクチュアリ出版 発売
【要旨】Microsoft 社やNASAなど世界が認める『科学的モチベーション』のはじめ方。
2017.6 223p B6 ¥1300 ①978-4-86113-682-5

◆**会社の壁を超えて評価される条件──日本最強ヘッドハンターが教える一流の働き方** 武元康明著 徳間書店
【要旨】ヘッドハンターとして19年、2万人を超える一流人材と接触してきた。企業が「欲しい」と考える条件、ハンターが着目する人物像、そして、他社でも評価されるための働き方の「OS」一すべてお教えします。
2017.2 214p B6 ¥1300 ①978-4-19-864348-5

◆**科学的に元気になる方法集めました** 堀田秀吾著 文響社
【要旨】この本は、「元気になれるアクション」を紹介したビジネス書です。特徴は2つあり、1脳科学・心理学など、国内外の最新の研究結果から明らかになった科学的に効果が証明されたノウハウであること。2ほとんどが30秒以内にできるアクションをまとめていること。たとえば、"動作に効果音(かけ声)を足すことで、効果や集中力が増していく"や"「ぼーっとする」ことで、むしろ脳は最大限に働きいいアイデアがわいてくる"など、全40の項目で紹介していく作品です。
2017.2 236p B6 ¥1400 ①978-4-905073-67-3

◆**華僑の大富豪に学ぶずるゆる最強の仕事術** 大城太著 日経BP社, 日経BPマーケティング 発売
【要旨】中国古典を知れば頑張らず敵を作らず目立たずにずるゆる〜く成果が出る。
2017.9 230p B6 ¥1400 ①978-4-8222-5928-0

◆**かしこい人は算数で考える** 芳沢光雄著 日本経済新聞出版社 （日経プレミアシリーズ）
【要旨】「平均」には3種類の意味がある？ 大学教授もまちがえる「以上、以下、未満」の用法とは？ 一物事を「考える」とは、言葉を使って論理を展開すること。言葉を正しく知り、「算数的論理思考」で考えれば、日常の問題は、もっと正しく、深く、賢く解決できます。となりの人に差をつけるスマートな頭の使い方を、人気数学教授がやさしく解説！
2017.7 198p 18cm ¥850 ①978-4-532-26351-5

◆**「箇条書き手帳」でうまくいく──はじめてのバレットジャーナル** Marie著 ディスカ

経済・産業・労働

ヴァー・トゥエンティワン　（『ちいさなくふうとノート術』加筆・改題書）
【要旨】1冊のノートになんでも書き出すだけ！いつもごちゃごちゃの頭が、すっきり整理される。タスク、スケジュール、夢…「私のすべて」を管理できる。とにかく、書くことが楽しい！日本初の「書き方」ガイド。
2017.10 198p B6 ¥1400 ①978-4-7993-2181-2

◆片山正通教授の「未来」の「仕事」のつくり方　片山正通著　マガジンハウス
【要旨】講義録第3弾には、ももいろクローバーZとマネージャーの川上アキラ、小山薫堂、真鍋大度（ライゾマティクス）、EXILE HIRO、大根仁をゲストに迎えて収録。彼ら・彼女らが、子ども時代や学生時代をどのように過ごし、どうやって進路を決めたのか。どんな転機を迎え、どう苦難を乗り越えたのか？密度の高い講義内容に加え、会場に集う約500人の学生たちが発する熱気までも、完全収録した。　2017.4 331p B6 ¥1400 ①978-4-8387-2923-4

◆課長1年目のExcel術―マネジメントを「仕組み化」してチームの生産性を高める　林学著　PHP研究所
【要旨】絶対に残業しないリーダーが密かに使っている、課長のためのエクセル仕事術。
2017.12 239p B6 ¥1450 ①978-4-569-83725-3

◆必ずできる。―マッキンゼーの25年で鍛え上げたプロヴォカティブ・シンキング　山梨広一著　東洋経済新報社
【要旨】ストレッチ×メイクイット×インサイト×デッサン4つの思考法を駆使！実現可能性が劇的に上がる「仕事法」。
2017.12 228p B6 ¥1500 ①978-4-492-53397-0

◆神・時間術―脳のパフォーマンスを最大まで引き出す　樺沢紫苑著　大和書房
【要旨】朝―集中力が高まる「脳のゴールデンタイム」をフル活用する。昼―「脳にいいリセット術」でダラダラ仕事を脱する。夜―「正しい運動」がくたくたな頭をシャキッとさせる。精神科医が「医学的メソッド」×アメリカ式の超効率的な「時短術」。
2017.4 278p B6 ¥1500 ①978-4-479-79582-7

◆考える力がつく本―本、新聞、ネットの読み方、情報整理の「超」入門　池上彰著　小学館（小学館文庫プレジデントセレクト）
【要旨】物の回転のはやい人、頭がやわらかい人、物事の本質を見抜く人は、どのように情報を収集・整理して、結論を導き出しているのか？突発的なニュースに際しても、すばやく事件の本質を見抜き、あらゆる質問に答え、常に良質な解説をし続ける池上流のノウハウを全公開！「似た言葉の定義をはっきりさせる」「全体像を把握するにはマクロからミクロへ」「図解ですっきり！ベン図、座標軸、相関図」…。本、新聞、ネットの読み方など情報収集から、読書術から、情報整理の超入門まで、すぐに使える「深く考えるコツ」。2017.12 261p A6 ¥700 ①978-4-09-470020-6

◆考える練習帳　細谷功著　ダイヤモンド社
【要旨】あなたの眠れる思考回路を起動させる45のレッスン。ベストセラー『地頭力を鍛える』の著者が、AI時代を生き抜くためのスキルを解説。
2017.10 263p B6 ¥1500 ①978-4-478-10097-4

◆感情スイッチを切りかえれば、すべての仕事がうまくいく。　竹内義晴著　すばる舎リンケージ　すばる舎　発売
【要旨】「気持ちのアップダウン」をコントロールするために。気づく、受け入れる、鎮める、切りかえる、活かす「自分の感情」を自在に操る5つのポイント。
2017.3 223p B6 ¥1450 ①978-4-7991-0590-0

◆感性ポテンシャル思考法―0からのビジネス・イノベーション　村田智明著　生産性出版
【要旨】どの感性要素をメインに訴求すべきか。劣っている感性要素をどうサポートするか。そのためには企画をどう改良すべきか。また、どんな共感情報をどういった手段で伝えるか。それらの手順とタイミングは？「感性」が可視化されると、共感力の高いビジネススキームを自在に生み出すことができます。
2017.12 228p B6 ¥2000 ①978-4-8201-2068-1

◆"完全版"超ファイルの技術―片づく！見つかる！スピーディー！　刑部恒男著　すばる舎
【要旨】刑部式「WIファイル」なら…あっという間に片づく！迷わずに見つかる！身の回り

もスッキリ！時間順に整理する「超整理法（野口式）ファイリング」、50音順で整理する「山根式・袋ファイリング」…この2つをドッキングさせ、見出し「インデックス」を2つにした、かんたん便利、スムーズな、袋ファイリング。
2017.8 238p B6 ¥1400 ①978-4-7991-0634-1

◆感動力の教科書―人を動かす究極のビジネススキル　平野秀典著　ディスカヴァー・トゥエンティワン
【要旨】ツタワル×ツナガル×ツクル。プレゼン、ビジネストークから日常の人間関係まで「説明」や「説得」のテクニックでは、もはや人は動かない。20万人の心を震わせた感動プロデューサーが教える21世紀版「人を動かす」方法。
2017.11 254p B6 ¥1500 ①978-4-7993-2184-3

◆記憶力が最強のビジネススキルである　宇都出雅巳著　かんき出版
【要旨】素質に差はない！あるのは「アタマ」の使い方の違いだけ。行動力・思考力・集中力・発想力・コミュニケーション力…今ある記憶を駆使すれば仕事の成果は劇的に上がる！仕事に必要なスキルが手に入る記憶の活用法。
2017.3 253p B6 ¥1400 ①978-4-7612-7242-5

◆機械脳の時代―データサイエンスは戦略・組織・仕事をどう変えるのか？　加藤エルテス聡志著　ダイヤモンド社
【要旨】Google、ホンダ、日立、象印、コマツ、Amazon、PayPal、オムロン、富士フイルム、カジノ業界、映画製作、保険…ビジネスと企業における人と機械の役割が変わりつつある時代の教科書。
2017.7 244p 21×14cm ¥1800 ①978-4-478-03937-3

◆気づかれずに主導権をにぎる技術　Jr.,ロミオ・ロドリゲス著　サンクチュアリ出版
【要旨】カナダでギャングたちと交流→香港大学でメンタリズム講師→日本でビジネス心理術の専門家。異色のキャリアで磨いた最強テクニック。交渉／プレゼン／会議／社内政治／恋愛…全部有利に運ぶ！もっと「自分」中心に振る舞える53の手法を紹介！
2017.3 190p B6 ¥1300 ①978-4-8014-0038-2

◆気のきいた短いメールが書ける本―そのまま使える！短くても失礼のないメール術　中川路亜紀著　ダイヤモンド社
【要旨】返信、アポ、お詫び、感謝、依頼、催促…すべてのシーンに対応。もう悩まない！馴れ馴れしくなく、よそよそしくないメールの書き方。便利な索引でぱっと探せてすぐ使える。17のビジネスシーンに対応したフレーズ集。皆が悩む「季節の言葉」の月別一覧表入り。注意すべき「へりくだりすぎ」「バカ丁寧」なメールとは。どんな場面でも使える短くても失礼のない、400のお役立ち表現を集約！迷うことなく「気のきいた短いメール」が書けるようになるビジネス文章術。
2017.7 210p B6 ¥1300 ①978-4-478-06953-0

◆君のスキルは、お金になる　千田琢哉著　PHP研究所
【要旨】「自分が凄いと思っていること」が長所とは限らない。「自分では当たり前と思っていること」が武器だ！今ある自分の価値に気づいた者が成功する。自らの価値に気づき、それを武器にするために知っておくべき40の教え。
2017.4 193p B6 ¥1400 ①978-4-569-83823-6

◆逆説のスタートアップ思考　馬田隆明著　中央公論新社　（中公新書ラクレ）
【要旨】爆発的成長を遂げる組織を指す「スタートアップ」。起業や新規事業が求められる今、その方法論は高い価値を持ち、「日本が健全な社会を維持するために不可欠」と著者は主張する。なぜ今スタートアップが必要とされるのか？なぜ東大生はそれを学ぶのか？逆説的で反直観的な思考法について考えなおも革新せよ！
2017.3 269p 18cm ¥820 ①978-4-12-150578-1

◆99%3年以内に出世する発想力の極意！　森田勉著　講談社
【要旨】クールビズは大失敗!?日本人は理論で勝って商売で負ける。成績を5倍〜10倍にする営業の極意。ブーム仕掛人・森田が次に巻き起こすのは？今度は別じゃない！21歳若返る方法とは？「別格」になるオーラの出し方とは？…など79の熱い提言とメッセージ。バリバリの行動力とアイディアで勝ち抜いてきた、名物リーゼント社長が直伝する超営業術!!
2017.2 222p B6 ¥1400 ①978-4-06-220326-5

◆驚異のブレインストレッチ　仕事のできる人は必ず「瞑想」している！　本田ゆみ著　ヒカルランド
【要旨】ビジネスで成功したいのならブレインストレッチ「瞑想」を始めましょう。ビジネスパーソンが仕事に活かせる瞑想、それがブレインストレッチです。ストレスフルなビジネス環境でも自由に生きられます。瞑想は一つのことに意識を集中させて脳を活性化するトレーニングです。世界初！ブレインストレッチ「瞑想」の前と後で脳の変化が数値でわかる。
2017.5 236p B6 ¥1815 ①978-4-86471-496-9

◆京大式DEEP THINKING―最高の思考力　川上浩司著　サンマーク出版
【要旨】「浅い思考」でよしとしていないか？現役・京大デザイン学教授が伝授！「考え抜く力」を深め、「課題と解決法」を見抜く力を養うすべての思考法のエッセンスを凝縮した究極の「思考の書」。
2017.11 203p B6 ¥1400 ①978-4-7631-3641-1

◆キングダム―最強のチームと自分をつくる　伊藤羊一著　かんき出版　（神ビジ）
【要旨】孫正義の心をつかみ、3000人のリーダーを指導してきた著者が超人気マンガを読み解く！
2017.6 197p 20cm ¥1200 ①978-4-7612-7261-6

◆「口ぐせ」は仕事で最強の武器になる！　伊庭正康著　ぱる出版
【要旨】元リクルート伝説の営業マンが4万回の会社訪問から学んだデキる人の"ひとこと"
2017.3 207p B6 ¥1400 ①978-4-8272-1041-5

◆結果が出る仕事の「仕組み化」　庄司啓太郎著　日経BP社、日経BPマーケティング　発売
【要旨】業務を3タイプに分類すると、（A）感覚型：経験や知識から高度に判断。（B）選択型：一定のパターンから選択。（C）単純型：誰がやっても同じ。チームの生産性はもっとアップする。
2017.9 181p B6 ¥1500 ①978-4-8222-5929-7

◆決断の技術―不安と後悔がなくなる「デカルト・ルール」　齋藤孝著　成美堂出版　（成美文庫）（『デカルト、足りてる？優柔不断に効くサプリ』修正・再編集・改題書）
【要旨】「決められない」「流されやすい」から理性的判断ができる人へ！近代自我確立の書『方法序説』に学ぶ、今日から実践できる決断思考術！　2017.8 189p B6 ¥500 ①978-4-415-40255-0

◆好奇心のパワー―コミュニケーションが変わる　キャシー・タバナー、カーステン・スィギンズ著、吉田新一郎訳　新評論
【要旨】20世紀までのコミュニケーションには「好奇心」が欠けていた！21世紀のコミュニケーションでは、「好奇心のスキル」が中心に据えられます。「好奇心」をベースにしたやり取りは、単にコミュニケーションを円滑にするだけでなく、協力（より良い人間関係）、イノベーション、創造性までもたらしてくれます。その方法を身につけて、具体的な方法がとは、職場や家族の事例を織り交ぜながらとても分かり易く紹介されているのが本書です。どのように聴いて、どのように話すのか？さらに、どのような人間関係をあなたは築きたいのか？コミュニケーションのあり方とその幅を広げる1冊です。
2017.2 234p B6 ¥2000 ①978-4-7948-1060-1

◆心をつかむ、おもてなしコミュニケーションの極意―成功するビジネスマンの聴き方、話し方　八木まゆみ著　セルバ出版、創英社／三省堂書店　発売
【要旨】本書は、会社の中で、組織の活性化やまわりの人間関係でお悩みの上司そして部下などに、上手なコミュニケーションの基本を、テクニックだけではなく、その心の持ちようをあわせて学べるよう解説。
2017.12 191p B6 ¥1600 ①978-4-86367-380-9

◆困ったら、「分け方」を変えてみる。　下地寛也著　サンマーク出版
【要旨】コクヨの人が考えた、思考の整理術。「分ける」から、モノやコトのしくみが見えてくる。
2018.1 199p B6 ¥1400 ①978-4-7631-3660-2

◆コミックでわかる　残業ゼロのダンドリ仕事術　吉山勇樹原作、東里桐子漫画　KADOKAWA
【要旨】時間管理からモチベーション、ツール活用にいたるまで、ビジネスパーソン必読の技術がコミックで学べる！
2017.1 175p B6 ¥1200 ①978-4-04-601766-6

◆**コミックでわかる孫正義の成果を出す仕事術**　三木雄信著, 青木健生脚本, 朝戸ころも作画　KADOKAWA
【要旨】ARMの買収、トランプ大統領との商談成功…！世界最高のビジネスパーソンが今なお実践し続ける仕事の技術をコミックで学べ。
2017.2 175p B6 ¥1200 ①978-4-04-601757-4

◆**コミック版 できる人の勉強法**　安河内哲也著, 星野卓也脚本, 岡本圭一郎作画　KADOKAWA
【要旨】資格試験・語学検定・社内昇進試験・大学受験…。忙しくても結果が出る！落ちこぼれの生徒も短期間で成績アップに導いた最強の「時間帯効果」の方法をコミックで学べ！誰だって、いつだって、勉強はやればできる！伝説の講師が、確実にステップアップする方法、教えます。
2017.2 174p B6 ¥1200 ①978-4-04-601782-6

◆**小山昇の超速仕事術**　小山昇著　PHP研究所（PHPビジネス新書）（『「やらないこと」から決めなさい！』全面改訂・改題書）
【要旨】今の時代、思案に溺れるリーダーは知的でもなんでもない。必要なのは、迷わず、時間に追われながら結果を出せる人。著者はスピード実現のためにあらゆる手を打ち、社員のブーイングを浴びながら、十五年連続増収増益を達成し、残業も大幅カット、退社する社員もほぼゼロという驚異の実績をあげている。その驚きの内幕を明らかにする。
2017.2 168p 18cm ¥850 ①978-4-569-83231-9

◆**コンセプチュアル思考**　好川哲人著　日本経済新聞出版社
【要旨】周囲で起こっている事柄や状況を構造的・概念的に捉え、問題の本質を見極めるために「直観⟷論理」「抽象⟷具象」「主観⟷客観」「大局⟷分析」「長期⟷短期」のように両極にある視点を自在に往復する思考を「コンセプチュアル思考」。この往復思考により、「本質を見抜く」ことをはじめ、「前提を疑う」「組み合わせを変える」「新たな解決策を作り出す」といったコンセプチュアルな思考活動が可能になります。その結果、問題解決、意思決定、計画構想といったマネジメント行動の質とスピードが一段と高まります。
2017.1 284p B6 ¥1400 ①978-4-532-32062-1

◆**最強のシンプル思考―最高の結果を出すためのたった一つのルール**　ケン・シーガル著, 大熊希美訳　日経BP社, 日経BPマーケティング発売
【要旨】"シンプルは「最強の武器」になる" 伝説のThink Different キャンペーン、iMac 命名―。ジョブズのそばでアップル復活を支えたケン・シーガル最新刊。
2017.3 412p B6 ¥1800 ①978-4-8222-5505-3

◆**最高のビジネスパフォーマンスを実現する101の習慣**　北條元治, 安達純子著　秀和システム
【目次】第1章 365日、仕事のパフォーマンスを上げる毎日のルール（多忙なときは「朝食をとる」よりも「コップ1杯の水」だけで十分、頭がシャキッとする「朝シャン」はシャンプーではなく「お湯」がいい ほか）、第2章 カラダを整える（病気にならない、健康なボディをつくる（「BMI」で肥満をチェック）パワーを出すための「ランチ大盛」は逆効果、肥満解消には「職場での間食」をやめて仕事中は集中して「こまめに動く」ほか）、第3章 ココロを整える（やる気になる、強いメンタルを鍛える（仕事に「100%」を求めない。完璧ではなく「9割の出来」で余裕を持つ、上司の「理不尽な言動」には逆らわない。「受け流す」のがストレスをためないコツ ほか）、第4章 アタマを整える（脳を活性化して、豊かな発想を生み出す（「同じ作業」の繰り返しのときは「イスの座り方」一つで効率が上がる、駅から自宅まで「違う道」を歩くと「新しい発見」が脳を刺激し新しい知恵が生まれる ほか）
2017.1 223p B6 ¥1400 ①978-4-7980-4912-0

◆**最新「仕組み」仕事術―自分とチームの生産性を最大化する**　泉正人著　ディスカヴァー・トゥエンティワン
【要旨】「うっかり忘れ」が減らない…「Gmail式プロジェクト管理術」アイデア出しに時間がかかる…「共同編集型会議」人によって、成果がバラバラ…「詳細なチェックシート」チームでミスが頻発している…「ミス撲滅委員会」etc.「仕組み」をつくれば、今すぐ仕事がうまく回り出す！
2017.4 263p B6 ¥1500 ①978-4-7993-2055-6

◆**最善の結果を出す最強コミュニケーション 念のための思考 "NEN"way of thinking**　徳升笑子著　マガジンハウス
【要旨】オノ・ヨーコ、トランプ・ホテル、ブロードウェイ…超一流を顧客に持つ著者が語る、選ばれるための10の習慣。日本で生まれた、世界で通用する成功法則。
2017.8 214p B6 ¥1300 ①978-4-8387-2948-7

◆**「最速で考える力」を東大の現代文で手に入れる**　相澤理著　青春出版社
【要旨】"内容" ではなく "言葉のサイン" を優先せよ。できる人のアウトプットは "つねに短い" ―9つの最強トレーニングで東大生の最速思考を手に入れろ!!読むだけで仕事のインプット＆アウトプットが驚くほどラクになる！
2017.6 237p B6 ¥1300 ①978-4-04-601933-2

◆**最速で結果を出す人の秘密の習慣―取材班がこっそり掴んだ！**　マル秘情報取材班編　青春出版社（青春新書PLAY BOOKS）
【要旨】本は、最後まで読み通さない。当日の夜ではなく、あえて「翌朝」に日記をつける。昨日より「30分早く」早起きする。メールは「即レス」以外ありえない。今日からすぐマネできる！スピードと質を劇的に変える "ちょっとしたコツ"。
2017.3 183p 18cm ¥1000 ①978-4-413-21081-2

◆**最速で成功する脳の使い方―1日1分「脳内TV」で夢は叶う**　上田寛孝　興陽館
【要旨】最速で成功するには、あなたの頭の中の「脳内TV」を使うだけでいい！この方法で、あっけないほど簡単に夢の実現が加速する。最新進化形「思考は現実化する」！
2017.6 219p B6 ¥1300 ①978-4-87723-211-5

◆**最大の成果を最速で上げる 1分間情報収集法**　石井貴士著　秀和システム
【要旨】情報収集の極意とは―情報収集は、他の人とは違う発想をするためにするものだ。他の人と同じ情報収集は一切すると、人生が変わるきっかけとなるような「キラーフレーズ」を手に入れろ。情報収集をするとは行動を起こすためである。知ったところで行動に移さないのであれば、その情報は無意味である。テレビ・新聞・雑誌からの情報収集は時間の無駄。「どんな情報を仕入れるか」よりも、「誰から情報を仕入れるか」。
2017.3 221p B6 ¥1400 ①978-4-7980-5056-0

◆**最適解の技術―仕事でも！日常でも！間違えない・失敗しない "選び方"**　鳥原隆志著　すばる舎リンケージ, すばる舎 発売
【要旨】問題視点、ゼロベース、全体最適―誰でも、正しいプロセスを踏めばきちんと選んで、決められる。正解のない選択肢の中からでも最善手を見出し、選び取るためのテクニック！
2017.10 191p B6 ¥1400 ①978-4-7991-0659-4

◆**斎藤一人 仕事がうまくいく315（最幸）のチカラ**　斎藤一人著　ロングセラーズ　ポケット版
【要旨】「当たり前を当たり前にやる」で仕事はうまく行く。もっと真剣にもっとスピードを速く、もっと楽しく。一人さんの成功法則。
2017.7 334p 18cm ¥950 ①978-4-8454-5026-8

◆**先延ばしは1冊のノートでなくなる**　大平信孝著　大和書房
【要旨】のべ7800人が劇的に人生を変えた行動イノベーションノートで本当にやるべきことを後回ししなくなる。達成したいこともどんどん実現できる。
2017.7 206p B6 ¥1400 ①978-4-479-79590-2

◆**ザ・チームワーク―良質なチームワークを築く24の方法**　七條千恵美著　アルファポリス, 星雲社 発売
【要旨】チームワークで何よりも大切なのは一人ひとりが「強くて優しい "個"」として助け合うこと。能力の差、性格の違い、仕事に対する考え方―タイプの異なる部下が互いに助けあえる理想のチームのつくり方。
2017.1 213p B6 ¥1400 ①978-4-434-22953-4

◆**残業ゼロを実現する「朝30分で片づける」仕事術**　永井孝尚著　KADOKAWA（中経の文庫）
【要旨】「生産性を高めたい」と「残業をなくしたい」を同時に解決する方法があった。著者が会社員時代に実践し、最高の成果を生んだ "朝シフト" です。難しいノウハウはありません。特別な努力も必要ありません。もちろん、お金も

かかりません。誰でも明朝から始められる―あとはあなたの「選択」次第です。
2017.6 190p A6 ¥600 ①978-4-04-602077-2

◆**残業ゼロの仕事のルール―捨てる「思考」で生産性が劇的に上がる**　鳥原隆志著　PHPエディターズ・グループ, PHP研究所 発売
【要旨】限られた時間の中で最大の成果を出す仕事の考え方、時間の使い方。
2017.7 238p B6 ¥1500 ①978-4-569-83647-8

◆**3時間で頭が論理的になる本**　出口汪著　PHP研究所（PHP文庫）（「カリスマ講師が教える仕事で成功する思考法「図解」"出口式" 論理力ノート」加筆・修正・改題書）
【要旨】「論理力」の土台になるのは、言葉の規則に従った頭の使い方。そのわずかな規則を知ったうえで言葉をどう使うかが鍵となる。長年予備校で絶大な人気を博してきたカリスマ講師が、「現代文」の読解法を基本にした論理的思考法を紹介。正しく伝わる「読む」「書く」「話す」を中心に解説。誰にでも確実に実践でき、頭がきれいに整理される一冊。
2017.3 221p A6 ¥680 ①978-4-569-76584-6

◆**3秒で頭が冴えるすごい方法**　堀大輔著　総合法令出版
【要旨】たった3秒で頭が冴える！思いどおりにコントロールするためのスイッチの入れ方。
2017.5 158p B6 ¥1200 ①978-4-86280-551-5

◆**三流残業をやめて幸せになる技術―未来の自分のために今できること**　上田恭子著　秀和システム
【要旨】ストーリー仕立てでわかりやすい！派遣社員から外資系企業の部長・役員まで昇進したシングルマザーが実践する30の方法。
2017.3 237p B6 ¥1400 ①978-4-7980-4954-0

◆**時間を使う人、時間に使われる人―10人の成功者に学ぶ人生を変える技術**　夏川賀央著　きずな出版（Kizuna Pocket Edition）
【目次】Prologue あなたの「時間」は増やせます！―本書で達人たちに学ぶこと、00 奪われた時間を取り戻す、01「ムダをとる技」で、時間を貯めて増やす、02「時間脳の使い方」で、ライフサイクルを組み立てる、03「スピードアップの技術」で、タイムロスを激減させる、04「すぐ動く力」で、いますぐやる気を引き出す、05「時間をこじあける力」で、1日を100%使いきる、Epilogue「本当にやるべきこと」のために、思いきって時間を使おう
2017.6 189p 18×12cm ¥1300 ①978-4-907072-99-5

◆**時間に追われない39歳からの仕事術**　田中和彦著　PHP研究所（PHP文庫）（『課長の時間術』加筆修正・再編集・改題書）
【要旨】部下を持つことも多い39歳から本当に必要なもの―。それは「時間の使い方」を変えること。その秘訣を、リクルート「週刊ビーイング」編集長を務め、人材コンサルタントとして活躍する「ビジネスのプロ」が明かす。意思決定術、リーダーシップ術、会議術など、自分はもちろん、チーム全体が残業ゼロで結果を出せる「時間に追われない仕事術」60。
2017.3 204p A6 ¥630 ①978-4-569-76692-8

◆**時給思考―1時間で10倍の成果を生み出す最強最速スキル**　金川顕教著　すばる舎
【要旨】大事な1%に集中すれば、24時間365日お金と時間が自由になる。仕事/お金/人間関係/ライフスタイル。1秒も搾取されない生き方・働き方。あなたの時給が10倍になるすごい方法。
2017.11 286p B6 ¥1400 ①978-4-7991-0640-2

◆**事件リポーター・阿部祐二の超ハードでも疲れない仕事術**　阿部祐二著　PHP研究所
【要旨】朝の情報番組『スッキリ!!』（日本テレビ系）のリポーターとしておなじみの阿部祐二氏。三十代半ばで俳優から転身。以来二十二年間、現場を日々飛び回り、独自の情報を伝え続けている。また、新聞五紙に目を通し、英語を独学でマスター。現在は中国語・韓国語の習得をめざして猛勉強中…テレビには映らない、その知られざる仕事術に迫る。
2017.2 220p B6 ¥1400 ①978-4-569-83177-0

◆**仕事を高速化する「時間割」の作り方**　平野友朗著　プレジデント社
【要旨】なぜ子どもは時間を守れるのに、大人は守れないのか？手帳、ノート、付箋、優先順位づけ、過剰品質一、全部要りません。
2017.10 255p B6 ¥1300 ①978-4-8334-2252-9

◆仕事をシンプルにする「数字力」　中島孝志著　三笠書房　（知的生きかた文庫）
【要旨】なぜあの人は、「速い」のに「ミスしない」のか？　言葉1つで「結果」が変わる！
2017.7　219p　A6　¥690　①978-4-8379-8478-8

◆仕事が思い通りにできる心理術　櫻井勝彦著　明日香出版社　（アスカビジネス）
【要旨】人間の「心」と「脳」を理解できれば、仕事は必ずうまくいく。現場で使える実践型の心理術を学ぼう！
2017.8　234p　B6　¥1500　①978-4-7569-1919-9

◆仕事がサクサクはかどるコクヨのシンプル整理術　コクヨ著　KADOKAWA
【要旨】「4枚を1枚にまとめる」「仏像ファイルを使う」独自の手法が勢ぞろい。あなたのまわりもすっきり片づく！　生産性がアップする！「すごい」片づけ100のコツ。
2017.10　222p　B6　¥1400　①978-4-04-602109-0

◆仕事がツライ時の感情の整理法　和田秀樹著　WAVE出版　（WAVEポケット・シリーズ 7）
【要旨】本書は、精神科医の立場から、仕事上の人間関係において、怒り、不満、不安を持つみなさんに、自分や他人の「感情」とのつきあい方を指南する一冊です。「感情とはどういうものか？」、そして「感情の整え方」、「相手の感情との折り合わせ方」などをご紹介します。
2017.3　191p　A6　¥850　①978-4-86621-041-4

◆仕事ができる人の心得　小山昇著　CCCメディアハウス　改訂3版
【要旨】30年もの間磨きあげられてきた武蔵野「経営用語解説」の最新版！　中小企業経営のカリスマの「仕事」「経営」のエッセンスが詰まった1冊。
2017.10　316p　B6　¥1400　①978-4-484-17226-2

◆仕事ができる人の最高の時間術　田路カズヤ著　明日香出版社　（アスカビジネス）
【要旨】仕事に追われているだけの人生ではつまらない。時間の使い方を変え、あなたの目標を達成させるシンプルかつパワフルな方法。
2017.12　230p　B6　¥1500　①978-4-7569-1940-3

◆仕事ができる人はなぜ決断力があるのか―不屈な25のセンスで結果を出す　小森康充著　生産性出版
【要旨】「問題の先送り」をやめて、リーダーシップを発揮させる。「P&G」No.1トップ営業マネージャーから2度のヘッドハンティング。ディレクタークラスで「最高年俸」獲得の著者が教える「成功メソッド」。
2017.11　247p　B6　¥1600　①978-4-8201-2074-2

◆「仕事が速い」から早く帰れるのではない。「早く帰る」から仕事が速くなるのだ。　千田琢哉著　学研プラス
【要旨】不器用でも、作業が遅くても、「仕事のスピード」は上げられる！　最速で最大の結果が出せる54の小さな習慣。
2017.10　243p　B6　¥1400　①978-4-05-406594-9

◆仕事が速いのにミスしない人は、何をしているのか？　飯野謙次著　文響社
【要旨】「ミスしない」は、仕事を効率化し、確実に結果を出す最短ルート！　ミスは、「するよりはしないほうがいい」というような軽いはなしではありません。実は、「ミスをしない」ということは、それだけで信頼感が高まり、あなた自身の「強み」になるのです。身近にいる「ミスしない人」をイメージしてみてください。そういう人たちに対して、あなたはほかに、どんなイメージを持っていますか？「仕事が速い」「切れ者」「頭がいい」「要領がいい」「信頼できる」…いろいろあると思いますが、そのイメージはどれも、「仕事ができる」と言い換えられるものでしょう。あなたも、ミスをしないようにするだけで、このような「自己ブランド」をつくることができます！　失敗やミスを回避し、仕事を効率化するには、いくつかのちょっとしたコツがあります。コツを身につけ体得し、仕事の質とスピードを同時にあげてください。ハイスピード＆ハイクオリティの仕事はやがて、人生最高の楽しみになるはずです！　誰でもできるから、意外に知らない「理系思考」の仕事術が満載です！　2017.2　272p　B6　¥1430　①978-4-905073-74-1

◆「仕事が速い人」と「仕事が遅い人」のパソコン仕事術　デジタルワークスラボ著　三才ブックス
【要旨】資料作成、メール返信、情報収集…あれ？　いつの間にか一日が終わっている？　早く

帰る人は知っている時間を生み出す裏ワザ111。
2017.6　253p　B6　¥1200　①978-4-86199-977-2

◆仕事が速い人はどんなメールを書いているのか　平野友朗著　文響社
【要旨】「メールなんて誰が書いても同じでしょ？」いいえ、そんなことはありません。仕事が速い人は「目的」「ビジュアル」「返信しやすさ」「言葉」「処理速度（の削減）」…という5つのポイントを意識しながらメールを書いているのです。これまでに1万通を超えるビジネスメールを添削し、自身も1日に100通以上のメールをスピード処理するという著者が教える仕事が速い人が書くメールの“共通点”を徹底分析。なぜ、“仕事が速い人”は「させていただきます」を使わないのか？　なぜ“仕事が速い人”は金曜の夕方に重要なメールを送らないのか？　“仕事が速い人”が、届いた順に返信するのはどうしてなのか？　本書のテクニックを使えば、定時退社も夢じゃない!?
2017.3　192p　B6　¥1350　①978-4-905073-78-9

◆仕事が速く、結果を出し続ける人のマインドフルネス思考　人見ルミ著　あさ出版
【要旨】頭、心、体のバランスがとれ、パフォーマンスも向上し、創造性が高まる―。グーグル、ハーバード大学他の研究で科学的に実証された最強の考え方を仕事に活かすために知っておくべきこと43。仕事中にマインドフルネス状態になるための3つのエッセンスも紹介！
2017.6　214p　B6　¥1400　①978-4-86063-987-7

◆仕事が速くなる！　PDCA手帳術　谷口和信著　明日香出版社　（アスカビジネス）
【要旨】計画の立て方（Plan）/結果の書き方（Do）/振り返りのしかた（Check）/そして、実行（Act）。仕事の効率化が図れ、みるみるうちに仕事が片づいていく！　手帳はPDCAをまわすのには最適なビジネスツール！
2017.11　231p　B6　¥1500　①978-4-7569-1936-6

◆仕事でいちばん大事なことを今から話そう―入社3年目からのツボ　森憲一著　青春出版社
【要旨】「自主性」より「他者性」を身につける。「見られる」より「魅せる」という意識を持つ。「やり方」より「知り方」が大切。「失敗分析」より「成長分析」をする。まわりが味方になり、応援したくなる人は、やりたい仕事を叶えられる！　9割の社長が「これを伝えたい」と言った、働き方の真髄。
2017.12　222p　B6　¥1400　①978-4-413-23065-0

◆仕事で差がつく言葉の選び方―辞書のように使える！　ビジネス×大和言葉で話し方・書き方が見違える　神垣あゆみ著、山岸弘子監修　フォレスト出版
【要旨】語彙や表現の引き出しが少なくて文章を書くのが苦手、という方も、辞書代わりに本書をご活用ください。書き言葉だけでなく、話し言葉にも使える大和言葉をベースにした言い回しを、ビジネスシーンごとに多数紹介しています。
2018.1　215p　B6　¥1400　①978-4-89451-787-5

◆仕事で必要な「本当のコミュニケーション能力」はどう身につければいいのか？　安達裕哉著　日本実業出版社
【要旨】150万人の琴線に触れた人気サイト「Books&Apps」運営者が8000人以上のビジネスパーソンを見てわかった大事なこと。著者が実際に経験し、見聞きした大和言葉エピソードをもとにした、珠玉のノウハウ。
2017.9　203p　B6　¥1400　①978-4-534-05517-0

◆仕事にやりがいを感じている人の働き方、考え方、生き方。　毛利大一郎著　幻冬舎メディアコンサルティング、幻冬舎 発売
【要旨】「なんとなく働く」はもう終わり!!輝くビジネスマン10人から学ぶ、人生を楽しくするための仕事術。
2017.3　230p　B6　¥1200　①978-4-344-91147-5

◆仕事の渋滞は「心理学」で解決できる　佐々木正悟著　KADOKAWA
【要旨】なぜ、月曜の午前中に始めると仕事がはかどるのか？　あなたの仕事のストレスを激減させる！「めんどくさい」を消し去る最強の技術33。
2017.12　190p　B6　¥1300　①978-4-04-602104-5

◆仕事の準備の本―ミスが減る！　信頼される！　鈴木真理子著　大和書房
【要旨】「いい準備」をしている人から、成果を上げていく。3万人を指導した著者が伝える、若手のうちに身につけたい56のスキル。段取り力が格

段に上がる1冊！
2017.4　215p　B6　¥1400　①978-4-479-79585-8

◆仕事のスピードと質が同時に上がる33の習慣　鳥原隆志著　SBクリエイティブ
【要旨】仕事の「質」と「スピード」を同時に上げることなんてできない―。そんなふうに考えている人が多いのではないでしょうか？　結論を先に申し上げます。仕事のスピードと質は、同時に上げることができます。1万人のビジネスパーソンの行動データを分析した結果、短時間で、かつ質の高い仕事をするビジネスパーソンの思考のメカニズムが明らかになったのです。本書では、行動データを分析した結果、1万人中6%の人だけが持っていた「仕事が速くて、デキる人の思考」のメカニズムに基づく33の仕事の習慣をご紹介します。
2017.9　207p　B6　¥1300　①978-4-7973-9321-7

◆「しごと」の知恵　酒井進児著　幻冬舎メディアコンサルティング、幻冬舎 発売　増補改訂版
【要旨】デキる人、デキない人はどこが違うのか？　元・米国トヨタ社長による「しごとのエッセイ集」。行き詰まったり、問題に直面したとき、必ず役立つアドバイス。知恵を発揮し、意志決定を行い、危機管理すること…、著者が現場で得た、経験、知恵、ノウハウをまとめた「しごと入門書」にして「しごと問題解決書」。
2017.11　295p　18cm　¥800　①978-4-344-91441-4

◆仕事の能率を上げる最強最速のスマホ＆パソコン活用術　石川温著　朝日新聞出版
【要旨】スマホ＆パソコンを最強の道具に変える49のメソッド。
2017.3　191p　B6　¥1300　①978-4-02-331577-8

◆仕事場のちょっと奥までよろしいですか？　佐藤ジュンコ著　ポプラ社
【要旨】花火職人、こけし工人、ステンドグラス作家、漫画家一人々に愛されるもの作りの現場におじゃましました、楽しい驚きがいっぱいで、キラキラしてました。「作ること」のプロ15名の仕事術をイラストでルポ！　むくむくとやる気が湧いてくるお仕事エッセイ。
2017.5　141p　A5　¥1200　①978-4-591-15461-8

◆仕事や日常で使える7つの心理法則　加藤聖龍著　（名古屋）リベラル社、星雲社 発売
【目次】第1章 NLPってどんなもの？、第2章 相手に受け入れてもらう「会話」の法則、第3章 相手の本音を理解できる「質問」の法則、第4章 相手を動かす「誘導」の法則、第5章 心を整理する「視点」と「五感」の法則、第6章 ひとまわり成長する「手放し」の法則、第7章 過去と未来を活用する「時間軸」の法則、第8章 なりたい自分になれる「成功」の法則
2017.2　207p　A6　¥880　①978-4-434-23054-7

◆仕事力を高める記憶術＆読書術　仕事の教科書編集部編　学研プラス　（仕事の教科書mini）
【要旨】インプットをムダにしない！　効率化メソッド15。7人の専門家に聞く、地頭がよくなるBOOKガイド付き。
2017.10　129p　A5　¥580　①978-4-05-406581-9

◆時短術大全　生産性改善会議編　KADOKAWA
【要旨】仕事が速いか遅いかは、知っているか知らないかの違いだけ。時間の使い方が圧倒的にうまくなる411のテクニック集。
2017.9　319p　B6　¥1400　①978-4-04-602078-9

◆実践「ブランド名刺」のつくり方・使い方55のルール―売り込まなくても必ず仕事が取れる！　古土慎一著　同文舘出版　（DO BOOKS）
【要旨】「ブランド名刺」は未来への投資！　あなたの商材は、何で、誰に、どんな役に立ち、ほかとどう違うのか、共感型プロフィール、クチコミによる肩書き、名刺交換が苦手な人のテクニック、名刺を渡した後のフォローの仕組み…etc。名刺は100%見てもらえる最強の営業ツール。普通の名刺じゃもったいない！　名刺が持っているパワーを最大限に発揮できる「ブランド名刺」をつくりましょう！
2018.1　226p　B6　¥1500　①978-4-495-53951-1

◆実例で見る！　ストレスゼロの超速資料作成術　西脇資哲著　あさ出版
【要旨】「上司から何度も修正を指示される」「資料の完成度が低くて悩んでいる」「企画書や提案

書の精度をもっと上げたい」時間も労力もムダにしない資料作成の"本質"をつかもう。
2017.7 179p A5 ¥1500 ①978-4-86063-981-5

◆「自分」を仕事にする生き方　はあちゅう
著　幻冬舎
【要旨】何もやらないうちから不安になるなんて無意味！ネット界のスターが実践する自分を武器にする極意。言い訳だらけの人生から脱出しよう。
2017.12 268p B6 ¥1300 ①978-4-344-03229-3

◆自分だけの「ポジション」の築き方―「趣味」を「仕事」にするために、一番大切なこと
本島修司著　WAVE出版
【要旨】好きな趣味があるのなら、今すぐその道の「論客」としてデビューしよう。あなたには、その道を語る素質がある。「業界の中の人」として専門家面をしている人より、純粋に趣味として楽しんでいるあなたのほうが、その道を愛している。深い知見もあるはずだ。今すぐ、業界の「外」から「中」に、殴り込みをかけよう。本書は「ただのファン」から「その道の専門家」に昇り詰めるために必要な「デビューの仕方」と、生き残り続けるために必要な「自分だけのポジションの築き方」を伝授する。
2017.3 191p B6 ¥1500 ①978-4-86621-053-7

◆「自分」の生産性をあげる働き方　沢渡あまね著　PHPエディターズ・グループ, PHP研究所　発売
【要旨】得意な仕事が自分に舞い込むようにする。苦手を克服したい環境をつくる。モチベーションに左右されないやり方を身につける。いざというとき頼り/頼られる人間関係を整えるなど、無理なく、無駄なく、成果を最大化する仕事術！ベストセラー『職場の問題地図』の著者による自分に有利な環境をセットアップする方法。業務改善士が伝授します！
2017.9 359p B6 ¥1600 ①978-4-569-83670-6

◆週イチ・30分の習慣でよみがえる職場　重光直之, 片岡裕司, 小森谷浩志著　日本経済新聞出版社
【要旨】悩めるマネジャーのための強力メソッド「マネハブ」（内省と対話）。チームがまとまる！自主的に動く！
2017.11 270p B6 ¥1500 ①978-4-532-32181-9

◆13歳からの手帳活用術―はじめる！実力アップ習慣　小澤淳監修　メイツ出版　（コツがわかる本！）
【要旨】学習の効率化に効果大！スケジュール帳の上手な使い方。成績向上に、毎日の習慣づくりに、誰でも簡単に取り入れてムリなく続けられる！振り返り→見える化→成長記録の実践で苦手克服＆得意分野を増やそう！
2017.7 144p A5 ¥1550 ①978-4-7804-1870-5

◆集中力―パフォーマンスを300倍にする働き方　井上一鷹著　日本能率協会マネジメントセンター
【要旨】働き方を変える！今日からはじめる25のメソッド。経済産業省主催働き方改革推進コンテストHR - Solution Contest グランプリ受賞アイデアによる実践手法。
2017.11 261p B6 ¥1500 ①978-4-8207-1980-9

◆16万人の脳画像を見てきた脳医学者が教える「脳を本気」にさせる究極の勉強法
瀧靖之著　文響社
【要旨】世界最先端の脳研究から見えてきた、大人の勉強法の真実！「脳の成長」は、実は大人の脳内でも起こっています！本書でご紹介するコツで脳の「やる気」に火をつければ、仕事や、資格試験で、「脳の実力」を引き出すことができます。思考力・計画力・洞察力・記憶力・判断力・コミュニケーション力…毎日10分からでも仕事・勉強で確実に結果を出す「頭の使い方」！シニア世代の認知症予防にも!!
2017.7 240p 19×13cm ¥1380 ①978-4-86651-006-4

◆上司からYESを引き出す！「即決される」資料作成術　柏木吉基著　KADOKAWA
【要旨】あなたの資料を劇的に、伝わりやすく、理解されやすく、判断しやすくする！「ロジック」と「ストーリー」があり、かつ「相手を納得させるデータ分析」がされている提案書を作りあげる方法とは？生産性をグッと高め、"圧倒的な説得力"を持たせるビジネステクニック。
2017.9 191p A5 ¥1400 ①978-4-04-602017-8

◆上司・同僚・部下を味方につける社内営業の教科書　高城幸司著　東洋経済新報社

【要旨】社内で企画＆意見が通る！みんなに協力してもらえる！希望部署に抜擢される！…そして、会社で働くことが楽しくなる！伝説のトップセールスマンが大切にしている「働き方」。
2017.6 179p A5 ¥1500 ①978-4-492-04611-1

◆シリコンバレー式最速で結果を出す仕事術　ジョン・ハー著　彩図社
【要旨】"自由に働く人々"が集まるシリコンバレーの働き方から学ぶ、誰でもすぐに応用できるノウハウが満載！本書を読めば、1ランク上の人材になれる！
2017.6 191p B6 ¥1200 ①978-4-8013-0225-9

◆人生を動かす仕事の楽しみ方―才能よりも大切な「気づく力」　新津春子著　大和書房
【要旨】どんな仕事も"楽しみながら極める"秘密！「世界一清潔な空港」に4度輝いた羽田空港で働く、カリスマ清掃員の人生を輝かせるルール。
2017.5 205p B6 ¥1300 ①978-4-479-79589-6

◆人生が変わる！ずるいスマホ仕事術 タブレット対応版　タトラエディット著　宝島社
【要旨】PC仕事をスマホで片づける！メール、ワード、エクセル、名刺、PDFの管理ほか役立つスマホ仕事術が満載！
2017.12 223p B6 ¥1000 ①978-4-8002-7859-3

◆神速仕事術40―たった1つの行動で「3つの成果」を上げる　伊庭正康著　KADOKAWA
【要旨】1万人に1人の天才になるのは難しい。でも、100人に1人に入る仕事は目指せば誰でも必ずなれる！「一石三鳥」思考で究極の仕事効率化さえ図れれば！常識破りの仕事の極意!!
2017.8 239p B6 ¥1300 ①978-4-04-602098-7

◆シンプルに結果を出す人の5W1H思考―もう、あらゆるフレームワークに頼るのはやめよう　渡邉光太郎著　すばる舎
【要旨】豊富な事例＆丁寧な解説で使いこなし自由自在！すぐに使えて一生役立つ！アタマの生産性がみるみる上がる仕事のキホン。
2017.7 199p A5 ¥1500 ①978-4-7991-0511-5

◆新米SE ゼロから始めるキャリアプラン設計―SEとして「将来なりたい自分」になるために　栗竹愼太郎著　幻冬舎メディアコンサルティング, 幻冬舎　発売
【要旨】1年目、2年目の計画を具体的に考え実行することで、3年後のあなたは自分でも驚くほど成長している。Plan、Do、Check、Action を活かしたキャリアプランニング。40年以上現場で働き、現在も産業カウンセラーとして活動している元SEが、「そこそこ」ハッピーに働くためのノウハウを伝授。
2017.3 129p 単色 ¥800 ①978-4-344-91117-8

◆図解！頭のいい人のメモ・ノート　中川裕著　ぱる出版
【要旨】上司・先輩はもういらない。絶対覚えないと行けないコト、自分一人でやる仕事の手順、工夫するためのアイデアメモ、ノウハウの詰まった最強ノート…ぜーんぶ図解で解説。
2017.1 191p B6 ¥1300 ①978-4-8272-1040-8

◆図解 頭のよい「超」勉強術　多湖輝著　ゴマブックス
【要旨】計画力、段取り力をつけたい。資格を取得したい。「ほんとうの勉強」の糸口を見つけたい…。受験・就職・仕事に役立ち人生が変わる！世界一わかりやすい頭がよくなる30の勉強術！
2017.10 127p B6 ¥1200 ①978-4-7771-1960-8

◆図解 うまくなる技術―行動科学を使った自己成長の教科書　石田淳著　まる出版
【要旨】目標設定、行動分解、楽しく続ける仕組みなど11の「行動技術」を知れば、誰でも、何でも、もっともっと伸びる。仕事、勉強、スポーツ、趣味…何にでも使える1冊！イラストでわかりやすく解説！
2017.9 191p B6 ¥1400 ①978-4-86113-187-5

◆図解 基本ビジネス思考法45　グロービス著、嶋田毅執筆　ダイヤモンド社　（グロービスMBAキーワード）
【要旨】アタマの生産性が上がる、MBA必須の思考法のすべて！ロジカル・シンキングからシステム思考まで、アウトプットを最大化する「考える武器」を集約。100の図解で直感的にわかる！
2017.2 244p B6 ¥1500 ①978-4-478-10092-9

◆図解 仕事が速くなる！生産性が上がる！最強の働き方　出口治明著　PHP研究所　（『百年たっても後悔しない仕事のやり方』加筆・修正・再編集・改題版）

【要旨】ライフネット生命をつくった著者の仕事術がひと目でわかる。仕事が速くなる！生産性が上がる！「がむしゃらに働く」をやめて、限られた「時間」で結果を出す方法37。
2017.9 93p 29×22cm ¥800 ①978-4-569-83261-6

◆図解 自分を操る超集中力　メンタリストDaiGo著　かんき出版
【要旨】疲れたままでも最速で仕事と勉強を終わらせる。1年が13カ月になる。学力、スピード、続ける力…すべてが手に入る。
2017.7 94p B5 ¥1100 ①978-4-7612-7274-6

◆図解 上司力×部下力―定時に帰って成果が出る仕事術　佐々木常夫著　宝島社
【要旨】18時に帰るため上司は「計画」にこだわれ！部下は「効率」を追求せよ！累計160万部超のベストセラー作家が教える、仕事の「効率化・仕組化・自動化」のコツ43。
2017.12 191p B6 ¥1300 ①978-4-8002-7930-9

◆図解 すぐに使える！論理思考の教科書　西村克己著　PHP文庫　（『図解 論理的な考え方・話し方・書き方の基本が身につく本』加筆・修正・改題書）
【要旨】社会人に不可欠な能力―それは、論理的に「考える、話す、書く」力。本書は、その基本を身につけるために必要な、ミッシー・ロジックツリー・仮説思考・ピラミッドストラクチャといった手法と活用例を、豊富な図とともに解説。就職活動に臨む学生から新社会人、さらに飛躍を期す中堅まで、すぐに活かせる便利な一冊。
2017.4 283p A6 ¥680 ①978-4-569-76704-8

◆図解すごいメモ。―仕事のスピード・質が劇的に上がる　小西利行著　かんき出版
【要旨】手帳、ノート、打ち合わせ、企画書、プレゼン、こんな使い方があったんだ！ベストセラー『すごいメモ。』に、ここでしか見られない全15実例を載せて図解化！
2017.3 95p B5 ¥1100 ①978-4-7612-7244-9

◆図解 スティーブ・ジョブズ 神の仕事術―不可能を可能にする40の成功法則　桑原晃弥著　PHP研究所　（PHP文庫）
【要旨】「ひと晩で成果を上げて欲しい―」。3カ月かかる仕事に対して部下にそう求めたスティーブ・ジョブズは、非常識なスピードこそが"信じられない成果"を生み出すことを知っていた。本書はiMac、iPod、iPhoneなど「世界を変える製品」を数多く創造した天才的な仕事術を、図解で徹底的にレクチャー。「金なし、技術なし、人脈なし」の状態から、とてつもない夢を実現させた男の成功法則に迫る！
2018.1 205p A6 ¥620 ①978-4-569-76803-8

◆図解でわかる！段取り時間術　藤原毅芳著　秀和システム
【要旨】少ない時間でも、アウトプットの量を増やせるコツがよくわかる。ポイントを押さえたテクニック満載。最強の時間管理術を伝授！
2017.11 207p B6 ¥1200 ①978-4-7980-5361-5

◆図解でわかる！回せるPDCA　藤原毅芳著　秀和システム
【要旨】結果を出すリーダーになれる！限られたメンバーで日標達成！生産性が上がって時短できる！フェーズごとのスキルから、驚速の回し方までがよくわかる。避けて通れない「万能フレームワーク」の正しい使い方を伝授！
2017.7 215p B6 ¥1200 ①978-4-7980-5175-8

◆図解でわかる！NLP　直井みずほ著　秀和システム
【要旨】コミュニケーション力がつく。リーダーシップが身につく！「なりたい自分」になれる！―ラポールからSCOREモデルまで実践心理学NLPのスキルを厳選。社内関係・お客様対応・自己啓発―場面別にわかる使い方！
2017.3 199p B6 ¥1200 ①978-4-7980-4939-7

◆図解版「あとでやろう」と考えて「いつまでも」しない人へ―「のろま」でなくなる仕事術　和田秀樹著　ゴマブックス
【要旨】図解でわかる！自分の中の「のろま」をやっつけよう！仕事と人生がもっとうまくいく処方箋。
2017.11 207p A5 ¥1200 ①978-4-7771-1970-7

◆図解 マッキンゼー流入社1年目問題解決の教科書　大嶋祥誉著　SBクリエイティブ
【要旨】イシュー・ドリブン、ロジックツリー、ロジカルシンキング…問題解決の基本プロセス

経済・産業・労働

から武器としてのフレームワークまでを一冊に凝縮！
2017.9 95p B5 ¥1200 ①978-4-7973-9393-4

◆図解 モチベーション大百科 池田貴将編著
サンクチュアリ出版
【要旨】スタンフォード大、ハーバード大、コロンビア大など一流研究機関の学者がおこなった100の心理・行動実験からまなぶ、意思決定・動機づけ・発想転換・人脈作り・自己管理・人材育成・目標設定…の法則。
2017.6 241p B6 ¥1400 ①978-4-8014-0042-9

◆すぐ動くコツ—フットワークが軽くなる93のきっかけ 植西聰著 自由国民社
【要旨】グズグズしていると、幸せは逃げていく。「すぐやる人」になりたいあなたに。
2017.9 219p B6 ¥1200 ①978-4-426-12371-0

◆すぐやる、すぐできる人の実践PDCA
日沖健著 ぱる出版
【要旨】知ってるけど回せない人、使い所がわからない人もいきなり達人。
2017.12 191p B6 ¥1400 ①978-4-8272-1093-4

◆「すぐやる人」と「やれない人」の習慣
塚本亮著 明日香出版社 （アスカビジネス）
【要旨】自分を動かす「仕組み」があれば、なまけ心、優柔不断、気乗りしないなど、撃退する！心理学に基づいた行動習慣。高校時代の偏差値30台の勉強嫌いが自分を変えてケンブリッジに入学、活躍できた理由。
2017.1 236p B6 ¥1400 ①978-4-7569-1876-5

◆すごいプロセス—継続して成果が上がるインバスケット思考法 鳥原隆志著 三笠書房
（知的生きかた文庫）（『「仕事のプロセス」の教科書』改題書）
【要旨】本書で紹介するインバスケット思考法は、「ある仕事の結果を出すまでのプロセス（過程）に、生産性を上げるポイントがある」という考え方です。働き方のプロセスにムダやモレがあると、いつまでも結果は出ないまま。継続して成果が上がる、適切な「プロセス」を身につけよう！ 2017.3 254p A6 ¥630 ①978-4-8379-8458-0

◆進む！ 助け合える！ WA（和）のプロジェクトマネジメント—プロマネとメンバーのためのCCPM理論 富田一雄著 ダイヤモンド・ビジネス企画, ダイヤモンド社 発売
【目次】第1章 ITプロジェクトの問題と、CCPM理論（ITプロジェクトが抱える問題点、ITプロジェクトを着実に進めるCCPM理論）、第2章 CCPM成功事例二五％の工期短縮はこうして実現した（サンノゼ・シリコンバレーでの意識改革、ユーザーとプロジェクトマネージャーそれぞれの尊重と努力、プロジェクトのリスタート、結果—二五％の工期短縮が実現した理由）、第3章「和」のプロジェクトマネジメント理論（CCPM理論で成功するために、CCPM理論の守備範囲、日本人に適したCCPM理論）、第4章 さまざまなプロジェクトに貢献するCCPM理論（事例A社 人員は足りているのに計画通りに進まない—問題点の見える化でQCDを達成、事例B社 組織体制の変更によりスループットが低下—他部門から来た部門長がスループット三一％アップを実現、事例C社 スループットを増やせず偏差値構造が悪化—プロジェクト規模二六％アップにより収益体質を改善、事例D社 膨れ上がった要件、変えられない納期—同一三倍の規模になった開発を、当初予定の納期通りに達成）、第5章 CCPM理論の副産物～前代未聞の仕組みを受けて（すべてのプロジェクトにCCPM理論を適用、契約—今までにない契約モデル、ベンダーに訪れた新た

なビジネス）
2017.4 190p B6 ¥1500 ①978-4-478-08413-7

◆スッキリ解決 仕事に差がつくエクセル最速テクニック きたみあきこ, できるシリーズ編集部著 インプレス （できるポケット）
【要旨】入力・抽出・集計がはかどる、データ操作の決定版。速く正確に。大量データの操作術。仕事に役立つワザ、すぐにわかります。
2017.7 222p B6 ¥1400 ①978-4-295-00138-6

◆スッキリ解決 仕事に差がつくワード最速テクニック 井上香緒里, できるシリーズ編集部著 インプレス （できるポケット）
【要旨】書式と表の操作作法、無駄を省く印刷のワザ、まで名印刷の速効テク。文書作成に役立つ考え方と操作を大公開。
2017.9 219p B6 ¥1000 ①978-4-295-00139-3

◆図で考える。シンプルになる。 櫻田潤著
ダイヤモンド社
【要旨】たった1枚の図に、あなたの考える力が表れます。企業研修、ワークショップの実績多数！図解の超プロが教えるすごいノウハウ。プレゼン、会議、打ち合わせに効果抜群！
2017.10 190p B6 ¥1400 ①978-4-478-06990-5

◆超楽（スーパーらく）仕事術—ラクに速く最高の結果を出す「新しい働き方」 佐藤大和著 水王舎
【要旨】「ラク」をして「楽しむ」ことが大事。考え方と時間の使い方を変えるだけで自分の未来が開けてくる！著者自身が実践して成功を収めているテクニックを初公開！
2017.5 260p B6 ¥1400 ①978-4-86470-072-6

◆ズルい働き方—自分らしく要領よく仕事をしてなぜか評価される 濱畠太著 こう書房
【要旨】仕事なんかで心を折らない。「自分の時間」をムダにしない。超絶長い定年までの道を楽しむ。会社は変わらない。だから、自分が変わるんだ。ちょっとした「心の入れ替え」と、少しの背伸び。平均化・常識化にとらわれない自分らしい仕事術。
2017.7 222p B6 ¥1400 ①978-4-7696-1162-2

◆成果を増やす 働く時間は減らす 高密度仕事術 古川武士著 かんき出版
【要旨】できる人は極限まで仕事を圧縮している。チームと自分の生産性が進化する高密度PDCAとは？追われる働き方からやりたいことを追求する生き方へ。
2017.10 205p B6 ¥1400 ①978-4-7612-7292-0

◆成功者の自分の時間研究 上野光夫著 ワニブックス
【要旨】3万人を超える経営者・起業家、エグゼクティブと対面し、わかった「独学」「仕事」「知性と教養」「精神」「趣味」「コンディション」「収入の複線化」のこと。
2017.7 215p B6 ¥1400 ①978-4-8470-9583-2

◆成功する人はなぜ、「この7人」を大事にするのか？ リーウェイウェン著, 藤原由希訳 サンマーク出版 （付属資料：別冊1）
【要旨】たった1割の「人づきあい」が人生の9割を決める。「アジアの大富豪」のもとで経験を積み、「アメリカ史上最強の副大統領」の側近にのぼりつめた男が明かす、付き合うべき相手と、そうでない相手の見極め方。
2017.1 333p B6 ¥1500 ①978-4-7631-3593-3

◆「生産性」をあげる技術 石田淳著 宝島社
【要旨】最小限の労力で最大限の結果を出す！「行動科学」に基づいた、これからの働き方の教科書。部下からの信頼/上司からの評価/平日の楽しみ/仕事の充実感が手に入る。
2017.7 223p B6 ¥1200 ①978-4-8002-7329-1

◆整理整頓をしない人ほど、うまくいく。—超一流だけが知っている「本質」の思考法 中山マコト著 きずな出版
【要旨】16年以上、年収5000万円を下回ったことのない"プロフェッショナル・フリーランス"が明かす、自由な人生を生きるためのマインドと習慣。
2017.9 189p B6 ¥1400 ①978-4-86663-009-0

◆世界一速く結果を出す人は、なぜ、メールを使わないのか—あのGoogleが社内でやっている神速仕事術57 グーグルの個人・チームで成果を上げる方法 ピョートル・フェリークス・グジバチ著 SBクリエイティブ

【要旨】持ち帰らない。「わかる」ことと「わからない」ことを明確にする。メールに頼りすぎない。分析しない。休みたいときには休む。自分の仕事をなくすことを考える。—Googleでは「その1分」の使い方が違う！日本在住16年の著者が公開。
2017.2 255p B6 ¥1400 ①978-4-7973-8838-1

◆世界の一流36人「仕事の基本」 戸塚隆将著 講談社
【要旨】イチから学ぶ圧倒的成果の上げ方。
2017.2 258p B6 ¥1400 ①978-4-06-220476-7

◆世界のVIPが指名する執事の手帳・ノート術 新井直之著 文響社
【要旨】フォーブス誌・世界の大富豪ランキング上位のVIPも超・信頼の仕事術！仕事もプライベートも2倍速で豊かになる！図解だからパッとわかる！実践できる！手帳・ノートの使い方を初公開!!
2017.11 223p B6 ¥1280 ①978-4-86651-039-2

◆世界標準の仕事の教科書 福留浩太郎著 明日香出版社 （アスカビジネス）
【要旨】国内外問わず、常に活躍している人は、仕事の基盤をしっかりと固めている！邦銀＆外資金融、起業で鍛えられ得た71原則。
2017.2 244p B6 ¥1400 ①978-4-7569-1930-4

◆ゼロ秒勉強術—最短で受かる！世界一シンプルな試験合格法 宇都出雅巳著 大和書房
【要旨】過去問をザックリ繰り返す！徹底的にムダをなくし効率を追求した勉強法。
2017.2 237p B6 ¥1500 ①978-4-479-79564-3

◆1440分の使い方—成功者たちの時間管理15の秘訣 ケビン・クルーズ著, 木村千里訳 パンローリング （フェニックスシリーズ 58）
【要旨】7人の億万長者、13人のオリンピック選手、29人のオールAの学生、そして239人の起業家。計288人への取材から導き出された、時間管理と生産性向上にまつわる15の秘訣を、本書ではより実践しやすい方式とともに紹介する。「ノートは手書きでとる」「メールは一度しか触らない」「ノーと言う」「朝のテーマを決める」など具体的なノウハウから、「最重要タスクの見極め方」「先延ばし癖を克服する極意」「桁外れの利益を得る思考法」など15の秘訣が、あなたの人生に輝きを取り戻してくれるだろう。
2017.9 259p B6 ¥1500 ①978-4-7759-4181-2

◆組織で上に行く人は「どこ」で差をつけているのか？ 加谷珪一著 実務教育出版
【要旨】辿り着きたいイスがある。意識することで開かれる役員までの道のり！部長以上をめざすための41のポイント。
2017.3 247p B6 ¥1400 ①978-4-7889-1289-2

◆「孫子の兵法」に学ぶ評価される人の仕事術—マンガでわかる 福田晃市監修, サノマリナ漫画 ナツメ社
【要旨】「戦わずに勝つ」ことを説いた兵法書『孫子』。上司、部下、ライバル、部署間—社内に敵をつくらない最強の人間関係。2500年前の兵法書に学ぶ「なぜか評価の高い人」の当たり前。
2017.4 319p B6 ¥1500 ①978-4-8163-6194-4

◆孫社長にたたきこまれたすごい「数値化」仕事術 三木雄信著 PHP研究所
【要旨】統計知識や高度なエクセルスキルは一切不要！ソフトバンク元社長室長の著者が、孫正義社長のもとで身につけたのは「問題を数値化して高速で解決する技術」。新人からベテランまで誰もがすぐ実践できて、どんな仕事でも生産性が劇的にアップする。「数字は苦手…」という人ほど効果大！
2017.9 317p B6 ¥1550 ①978-4-569-83679-9

◆孫社長のむちゃぶりをすべて解決してきたすごいPDCA—終わらない仕事がすっきり片づく超スピード仕事術 三木雄信著 ダイヤモンド社
【要旨】仕事が進まない、今日も残業だ、成果が出ない—「この仕組み」がすべてを解決する！6万人以上のソフトバンクの社員に求められる孫正義流「仕事の技術」。
2017.2 239p B6 ¥1400 ①978-4-478-10095-0

◆達成力 やり遂げるカ—トップリーダーが教える「成功の条件」 泉恵理子著 日経BP社, 日経BPマーケティング 発売
【要旨】成功のカギは、「才能」ではなく、「達成力」だった！日本のトップ32人との対談でわかった"仕事の極意"。
2017.3 408p B6 ¥1700 ①978-4-8222-3841-4

経済・産業・労働

◆誰でもできるのに、1％の人しか実行していない仕事のコツ48　西谷信広著　フォレスト出版
【要旨】「自分を変える」ための方法が、「誰でもできること」だったら？ やらない手はありません。それが本書でお伝えすることの本質です。本気で成長したい人のためのセルフマネジメント本の決定版！
2017.10 191p B6 ¥1300 ①978-4-89451-770-7

◆誰も教えてくれない計画するスキル　芝本秀徳著　日経BP社, 日経BPマーケティング発売
【要旨】プロジェクトの納期を守りたい、実現可能なスケジュールを立てたい、遅延したときの対処法を知りたい。「7つのステップ」で仕事で"使える"計画が作れる！
2017.2 239p B6 ¥1600 ①978-4-8222-3925-1

◆誰も教えてくれない問題解決スキル　芝本秀徳著　日経BP社, 日経BPマーケティング発売
【要旨】「5つのステップ」で根本的な解決策を導け！ あらゆるビジネスは問題解決です。本書を読めば「ビジネス力」が上がります！
2017.6 278p B6 ¥1500 ①978-4-8222-3847-6

◆知識ゼロからのモチベーションアップ法　太田肇著　幻冬舎
【要旨】自分のやる気、他人のやる気をどう引き出すか？ 仕事の質を高めて、結果がでる働き方のすすめ。
2017.9 143p A5 ¥1300 ①978-4-344-90325-8

◆知的戦闘力を高める独学の技法　山口周著　ダイヤモンド社
【要旨】MBAを取らずに独学で外資系コンサルになった著者の武器としての知的生産術。
2017.11 305p B6 ¥1500 ①978-4-478-10339-5

◆知の仕事術　池澤夏樹著　集英社インターナショナル, 集英社 発売 （インターナショナル新書）
【要旨】混迷深まる現代を知的に生きていくためには、「情報」や「知識」だけではなく、さらに深い「思想」が必要だ。それをいかにして獲得し、更新していくか。自分の中に知的な見取り図を作るための、新聞や本との付き合いかた、アイディアや思考の整理法、環境の整えかたなどを指南する。小説だけでなく、時評や書評も執筆し、文学全集を個人編集する碩学が初めて公開する「知のノウハウ」。
2017.1 221p 18cm ¥740 ①978-4-7976-8001-0

◆チャンスを掴める人はここが違う―「ありがとう」より「ごめんなさい」で差がつく。千田琢哉著　ベストセラーズ
【目次】第1章 チャンスの「特性」（チャンスは天邪鬼。チャンスは日常に転がっている。ほか）、第2章 チャンスを掴む「勉強」（"必要な勉強"と"好きな勉強"をする。チャンスは、勉強中の人にやってくる。ほか）、第3章 チャンスを掴む「仕事」（安くて楽しい仕事は、チャンス。今の土俵で横綱相撲を取れるようにしておく。ほか）、第4章 チャンスを掴む「人間関係」（"NO"の言い方を爽やかに。苦手な人にも呼吸の如く会釈できるようになる。ほか）、第5章 チャンスを掴む「恋愛」（チャンスは、吟味する人が導い。駆け引きはしない。ほか）
2017.1 161p B6 ¥1300 ①978-4-584-13768-0

◆超一流の「気くばり」―能力より、スキルより、大切なこと　野呂エイシロウ著　光文社
【要旨】柳井正、孫正義、大物芸能人、高視聴率番組プロデューサー―超一流の人たちに学ぶ、人を動かすツボ。
2017.2 223p B6 ¥1400 ①978-4-334-97911-9

◆超一流の手帳はなぜ空白が多いのか？―仕事と人生が劇的に好転する手帳の習慣　高塚苑美著　SBクリエイティブ
【要旨】「自分の時間」をつくる。残業続きでも、仕事が終わらない。忙しすぎて、人と会う時間が取れない。手帳の使い方を変えると一気に解決！ 超一流の手帳の空白の秘密を解き明かしながら、彼らの手帳のルールを紹介。
2017.10 191p B6 ¥1400 ①978-4-7973-9262-3

◆超一流のマインドフルネス―いますぐあなたの仕事が変わる身体と思考の整え方　千田琢哉著　徳間書店
【目次】1 なぜ世界のエグゼクティブは瞑想をしているのか（独りの時間を確保できないなら、その人生は間違っている。何も考えないことは、

意外に難しい。ほか）、2 結果が出せる思考の整え方（パニックに陥ったら紙に書き出すと、たいてい3つ以内に収まる。難問に遭遇したら、「これは面白い」と唱えてみる。ほか）、3 結果が出せる身体の整え方（嫌いなことを、嫌々やらない。ズル休みをしてもいいから、睡眠時間だけは確保する。ほか）、4 結果が出せる感情の整え方（怒り心頭に発したら、目を瞑って2度深呼吸。思いっ切り見下すと、相手をゆるせる。ほか）、5 結果が出せる人間関係の整え方（運のいい人に嫌われるのは、あなたが運の悪い連中と絶縁しないから。嫌いな相手は嫌うのではなく、無関心でいい。ほか）
2017.6 169p B6 ¥1300 ①978-4-19-864426-0

◆超速片づけ仕事術―仕事が速い人ほど無駄な時間を使わない！　美崎栄一郎著　かんき出版
【要旨】名刺は輪ゴムでとめるだけ！ 種類ではなく"頻度"で整理すると探し物が減る。仕事は小さいうちに片づければ溜まらない。不必要なモノを捨て「キレイ」にしまうと集中力が高まる…「キレイ」ではなく、「スピード」「成果」がゴール！ 誰でもできる驚きの時短整理ワザ40。
2017.4 190p 19×13cm ¥1200 ①978-4-7612-7249-4

◆超速で問題を解決する瞬間フレームワーク　ジェームズ・マクグラス著, 福井久美子訳　クロスメディア・パブリッシング, インプレス発売
【要旨】山積み仕事をずんずん減らすマネジャーの必須ツール69。
2017.7 286p B6 ¥1580 ①978-4-295-40058-5

◆超・知的生産術―頭がいい人の「読み方、書き方、学び方」　小川仁志著　PHPエディターズ・グループ, PHP研究所 発売
【要旨】あなたの頭に革命を起こす究極の知のノウハウ。
2017.12 290p B6 ¥1400 ①978-4-569-83723-9

◆超ホワイト仕事術―部下を定時に帰してやる気と成果を一気に引き上げる　高野秀之著　クロスメディア・パブリッシング, インプレス発売
【要旨】人が育たない、定着しない「ブラック」な環境を脱して「ホワイト」なマネジメントを目指すための仕事のやり方、考え方。IBM「伝説のマネジャー」のチームを動かす全技術！
2017.9 245p B6 ¥1480 ①978-4-295-40122-3

◆超ロジカル思考―「ひらめき」を引き出す発想トレーニング　高野研一著　日本経済新聞出版社 （日経ビジネス人文庫）
【要旨】不確実で先が見えにくい現代をサバイブし、勝ち残っていけるビジネスリーダーの条件は、「直観力」が優れていることだ。スティーブ・ジョブズやジェフ・ベゾス、孫正義といった天才たちの実例をもとに、ロジックを超えた力を引き出すためのエクササイズが詰まった1冊！
2017.3 255p B6 ¥1500 ①978-4-86063-917-4

◆「知力」をつくる技術―あなたが「総合的な知的能力」を鍛える48のレッスン　船川淳志著　あさ出版
【要旨】「知力」はいくつになっても伸ばせる―多異変の時代を生き抜くために必要な「ほんものの知力」の身につけ方をコンサルのコンサルとして活躍する著者が伝授。
2017.3 255p B6 ¥1500 ①978-4-86063-917-4

◆伝わる イラスト思考　松田純著　明日香出版社 （アスカビジネス）
【要旨】イメージを見える化すれば、誰でもすぐに理解できる！ 話し下手のボクが、イラストを描くことで3倍の結果をだせるようになった方法。
2017.1 205p B6 ¥1500 ①978-4-7569-1875-8

◆強みを活かす―活躍する人のセオリー　曽山哲人著　PHP研究所 （PHPビジネス新書）
【要旨】働き方改革や生産性向上が叫ばれている今、ビジネスパーソン個々人が強みを活かし、やりがいをもって、効率的に成果を上げていくことが求められている。しかし多くのビジネスパーソンは、「そもそも自分の強みが分からない」と悩んでいる。そこで本書では、「強みを見つける」ためのノウハウから始まり、「強みを使って上手に仕事をする」方法、部下の強みを引き出し、チームとして成功するやり方を、サイバーエージェントでの実践を紹介しながら、わかりやすく説明する。
2017.8 254p 18cm ¥870 ①978-4-569-83613-3

◆定時に帰って最高の結果を出す1分間仕事術　石井貴士著　秀和システム

【要旨】1日を4分割して、アスリート意識で仕事をこなせば、定時に帰れる。成果が上がる。
2017.5 237p B6 ¥1400 ①978-4-7980-5117-8

◆できるアメリカ人11の「仕事の習慣」　岩瀬昌美著　日本経済新聞出版社 （日経プレミアシリーズ）
【要旨】アメリカの「できる人」は、日本人が抱くイメージとこんなに違う！ 気遣い・根回し上等、状況が変われば態度豹変、「できそうに見える」ことを重視する…。現地で長く働く女性起業家が、彼ら、彼女らの実像を豊富なエピソードから紹介。世界共通で成果を上げる人が実践する「頭の使い方、働き方」を探る。
2017.7 237p B6 ¥1400 ①978-4-532-26345-4

◆できる大人の問題解決の道具箱　ビジネスフレームワーク研究所編　青春出版社
【要旨】アイデアが出ない、交渉がうまくいかない、「次の一手」が見えない。手元にあるだけで頼もしい一冊！「自分の壁」を破って、最高の結果を手に入れるコツ、教えます！
2018.1 379p B6 ¥1400 ①978-4-413-11239-0

◆できる人が絶対やらない資料のつくり方　清水久三子著　日本実業出版社
【要旨】提案、報告、依頼、企画…資料のつくり方ひとつで仕事の成果が一気に変わる！
2017.3 206p B6 ¥1400 ①978-4-534-05481-4

◆できる人の時短仕事術―なぜ一流の人はノー残業でも結果は出せるのか　水沢博樹著　ぱる出版
【要旨】これからの仕事のやり方や生活のあり方を変えるために必要なのが"時短思考"だ！ 一瞬で段取りをつけ仕事の9割を一瞬で終える一流の仕事術！！
2017.10 207p B6 ¥1400 ①978-4-8272-1085-9

◆できる人の、脳の「引き出し」「スイッチ」「ブレーキ」　米山公啓著　ぱる出版
【目次】第1章 脳を上手く使ったコミュニケーション（ほんのちょっと違う、できる人のコミュニケーション、しゃべるだけで脳は変わっていくほか）、第2章 脳のやる気スイッチの入れ方（できる人のスイッチ、とにかく書いてみる ほか）、第3章 相手を納得させる会話術（できる人が持っている引き出し、やはり理由は1つほか）、第4章 失敗にこそアイディアがある（できる人のブレーキ、同じループに入らない ほか）、第5章 変身のさせ方（できる人になるためには、ポジティブ思考になる ほか）
2017.5 175p B6 ¥1300 ①978-4-8272-1068-2

◆できる人は「この法則」を知っている！　水野俊哉著　三笠書房 （知的生きかた文庫）（「知っているようで知らない「法則」のトリセツ」再編集・改題）
【要旨】「80対20の法則」「原因と結果の法則」「ハインリッヒの法則」…仕事から人間関係、心理、お金まで、面白くて役に立つ「法則」を一挙公開！ 知れば知るほど、人生が大きく変わる!!
2017.9 246p A6 ¥650 ①978-4-8379-8490-0

◆できる人は社畜力がすごい―自分のための「働き方改革」　藤本篤志著　PHP研究所 （PHP新書）
【要旨】会社のために働くほどあなたが成功する秘密。営業マン1500人のほぼビリからNo.1になった著者のノウハウとは？
2017.6 193p 18cm ¥820 ①978-4-569-83595-2

◆「テープ＆音声起こし」即戦力ドリル　廿里美著　エフスタイル 第3版
【要旨】音声のままではもったいない！ 文字に起こした言葉はデータになる！ 楽しく・正確に・素早く音声を起こす方法をマスター。社内文書の処理から在宅ワークまで幅広く活用！
2017.1 111p B5 ¥1700 ①978-4-9904934-1-7

◆天才の閃きを科学的に起こす 超、思考法―コロンビア大学ビジネススクール最重要講義　ウィリアム・ダガン著, 児島修訳　ダイヤモンド社
【要旨】世界のトップスクールで学生が殺到する超、人気授業！ 2時間で「考え方」が一生変わる衝撃メソッド！ 最新の脳科学が解明！ 世界一速く、究極に深くひらめく技術。
2017.11 262p B6 ¥1500 ①978-4-478-06718-5

◆電話応対 受け方・かけ方大事典　スピーキングエッセイ執筆監修　秀和システム

【要旨】相手が名乗らない場合。名指し人が会議中。かけ直しを依頼する。伝言だけをお願いする。すぐに連絡を取りたい。車での行き方を聞かれた。依頼された用件を断る。個人情報を尋ねる。不要な営業電話を断る。長話を切り上げる。相手の携帯電話にかける。今後の対応を求める…他、多数掲載！300以上のシーン別！"そのまま使える"サンプル集。その場で話せる！すぐに役立つ！もう二度と、ビジネス電話で困ることはありません。
2017.3 413p B6 ¥1400 ①978-4-7980-4998-4

◆**洞察のススメ―「5つの真実」を知ることで、すべての仕事はうまくいく**　船ヶ山哲著　きずな出版
【要旨】(1)独立・起業 (2)集客 (3)セールス (4)仕事術 (5)人の感情―「5つの真実」を知ることで、すべての仕事はうまくいく。起業5年で世界に1000社以上のクライアントを獲得した辣腕マーケターの成功法則。
2018.1 213p B6 ¥1400 ①978-4-86663-021-2

◆**東大合格請負人が教えるできる大人の勉強法**　時田啓光著　PHP研究所　(PHP新書)
【要旨】「誰かの顔」を思い浮かべて、記憶力を上げる。あえて「不完全燃焼」にして、持続力を高める。「脳々しい場所」で勉強して、集中力を身につける。なるほど「その手」があったのか！偏差値35の学生を東大に入れる伝説の講師が、大人から子供まで必ず役に立つ秘策を伝授。
2017.1 183p 18cm ¥800 ①978-4-569-83045-2

◆**どこでも生きていける100年つづく仕事の習慣**　千田琢哉著　青春出版社
【要旨】成功したリーダーがリーダーになる前から徹底していた大切な70のこと。
2017.2 167p B6 ¥1380 ①978-4-413-23027-8

◆**トッププランナーのすぐ「出す」技術**　挽地信孝著　すばる舎リンケージ, すばる舎 発売
【要旨】相手の期待を圧倒的に越えるスピード＆クオリティを実現する驚異のアウトプット術！
2017.12 230p B6 ¥1400 ①978-4-7991-0688-4

◆**トヨタだけが知っている早く帰れる働き方**　桑原晃弥著　文響社
【要旨】トヨタの強みは、一人のエリートではなく、全ての凡人の生産性を上げた働き方にあった！残業禁止！でも業務量は変わらない！じゃあどうしたらいいの?!どんな職場でも自分の身のまわりから変えられる！
2017.12 224p B6 ¥1350 ①978-4-86651-044-6

◆**どんな人とも！仕事をスムーズに動かす5つのコツ**　濱田秀彦著　すばる舎リンケージ, すばる舎 発売
【要旨】上司、先輩、チームメンバー、後輩、取引先。誰とでも、仕事を回せるようになったら、どうなるの? 明日から成果が実感できる「仕事のコツ」！ワンランク上の「成果」と「評価」をつかむ仕込みのヒント。
2017.8 190p B6 ¥1400 ①978-4-7991-0637-2

◆**どんな問題も解決するすごい質問**　千田琢哉著　総合法令出版
【要旨】自分の頭の中に先生と生徒を持つ。「何を聞いたら喜ぶか」より、「何を聞いてはいけないか」。感じのいい相手の質問を分析して、自分に落とし込む。1つの質問をするために100個の質問を考えておく。「なぜ?」を考える習慣をつける…。質問力を磨けば、成功が引き寄せられる！
2017.2 175p B6 ¥1200 ①978-4-86280-541-6

◆**なぜあなたはいつもトラブル処理に追われるのか―再発防止だけでは不十分、リスクの気付きで未然防止**　林原昭著　合同フォレスト, 合同出版 発売
【要旨】トラブルの起こらない職場には勘違い・思い込み・失念を未然に防ぐ仕組みがあった！リスクマネジメントのプロによる、現場目線の3ステップ対策。
2017.8 257p B6 ¥1500 ①978-4-7726-6089-1

◆**なぜ、あの人の仕事はいつも早く終わるのか?―最高のパフォーマンスを発揮する「超・集中状態」**　井上裕之著　きずな出版
【要旨】スーパーマルチタスクの著者を支える「集中力」の決定版。集中5日になる32のコツ!!「超・集中状態」を実現する究極メソッド！
2017.12 205p B6 ¥1400 ①978-4-86663-018-2

◆**なぜあの人は2時間早く帰れるのか**　中谷彰宏著　学研プラス
【要旨】超速で仕事を終わらせる習慣63。
2017.2 208p B6 ¥1300 ①978-4-05-406538-3

◆**なぜか「仕事ができて、好かれる人」の話し方**　有川真由美著　PHP研究所　(PHP文庫)　(『仕事ができて、愛される人の話し方』加筆・修正・改題書)
【要旨】どうしてあの人は信頼され、かわいがられるの…。仕事ができるように見えるか、好かれるかは、「話し方」で決まるものなのです。本書は、あなたのまわりの人たちが好意的になり、評価がまったく変わるコツを、すぐに活かせる事例とイラストを交えて、やさしく紹介。
2017.5 196p B6 ¥680 ①978-4-569-76709-3

◆**7つの仕事術―コピー1枚とれなかったぼくの評価を1年で激変させた**　Shin著　ダイヤモンド社
【要旨】たった1年で外資系コンサルファームのマネジャーに！7つの問題点を改善し、最速で自分を変える！
2017.7 215p B6 ¥1400 ①978-4-478-10135-3

◆**何があっても必ず結果を出す「防衛大」式 最強の仕事**　濱潟好古著　あさ出版
【要旨】幹部自衛官となるべき者の教育機関、日本一厳しい大学で学んだ仕事・時間術。日本を防衛する最強集団だからこそ大事にしている、仕事の戦略36。
2017.5 223p B6 ¥1400 ①978-4-86063-986-0

◆**2秒で最高の決断ができる直観力**　メンタリストDaiGo著　(名古屋)リベラル社, 星雲社発売
【要旨】人生は選択と判断、決断の繰り返し。「直観」を鍛えれば、意志決定が速くなり後悔しない人生を送れます。ちょっとコツを掴むだけで、最高の決断ができるテクニックを公開！
2017.3 253p B6 ¥1300 ①978-4-434-23160-5

◆**日本テレビ・アップル・MTV・マクドナルド・ミクシィ・世界の医療団で学んだ、「超」仕事術**　片岡英彦著　方丈社
【要旨】「(このままじゃ)先が見えない!?」自分が変わりつづけるために考えること、やるべきこと―
2017.9 238p B6 ¥1400 ①978-4-908925-17-7

◆**日本マイクロソフト流 最強のエクセル仕事術**　戸田覚著　日経BP社, 日経BPマーケティング 発売
【要旨】「中の人」だけが知っている超速仕事術を初めて明かす！Excelを作った会社の社員が実践。時短・商談・プレゼンに効く裏技集。
2017.7 238p B6 ¥1400 ①978-4-8222-5923-5

◆**入社1年目からの「絶対達成」入門**　横山信弘著　あさ出版
【要旨】世の中が大きく変化し続けるこの時代に、一生食べていくのに困らない人、どこに行っても「活躍」できる人に共通している「あたりまえの基準」とは? 目標達成基本の「き」！
2017.3 250p B6 ¥1400 ①978-4-86063-972-3

◆**入社3年塾―今、何を知り、どう考え、挑戦するか**　赤羽雄二著　三笠書房
【要旨】マッキンゼーで14年間活躍。ベストセラー『ゼロ秒思考』『速さは全てを解決する』著者からの実践アドバイス。
2017.5 252p B6 ¥1400 ①978-4-8379-2682-5

◆**年収10倍アップの時間術**　永田美和子著　クロスメディア・パブリッシング, インプレス発売
【要旨】年収4000万円級、世界7カ国のエグゼクティブを20年間サポートした一流秘書だからわかるデキる人の生産性へのこだわり方。
2017.2 207p B6 ¥1400 ①978-4-295-40060-8

◆**脳がクリアになるマインドフルネス仕事術**　川野泰周著, 柳内啓司著　クロスメディア・パブリッシング, インプレス 発売　(Business Life 021)
【要旨】ビジネスパーソンのためのマインドフルネス入門講座。禅僧の精神科医が教える、ストレス・疲れとうまく付き合う方法。
2017.9 270p B6 ¥1380 ①978-4-295-40123-0

◆**脳が冴える最高の習慣術―3週間で「集中力」「記憶力」を取り戻す**　マイク・ダウ著, 坂東智子訳　大和書房
【要旨】科学的にライフスタイルを改善し、脳の活力を一気に取り戻す！かつてないほど脳が活性化されて"仕事観""人生観"が変わる。食べものを変えるだけで脳内環境が整えられて"生産性"が上がる。簡単な運動と瞑想とぐっすり

眠れ"気分"までよくなる最強プログラム。
2017.10 326p B6 ¥1600 ①978-4-479-79612-1

◆**脳内整理ですべてうまくいく！―脳の効率を最大化する科学的方法**　菅原洋平著　日本文芸社
【要旨】たった1つの行為で仕事がはかどる、イラッとしない、疲れない。脳を省エネすれば毎日うまく回り出す！医療現場で実証済み！作業療法士が教える脳の正しい使い方。
2017.6 199p B6 ¥1300 ①978-4-537-21478-9

◆**脳にこじつけて いつでも引き出す記憶術**　並木秀陸著　明日香出版社　(アスカビジネス)
【要旨】合格率88%を誇る人気講師による効率的記憶術。どれだけ多く知識を頭に入れても、思い出せなかったら意味がない…確実に思い出せるしくみを作りなさい！
2017.9 232p B6 ¥1400 ①978-4-7569-1925-0

◆**はじめてやる仕事の不安や毎日のプレッシャーをはねかえる技術**　渡邊明督著　秀和システム
【要旨】これからの不確定な時代を切り開くのは、「正解を探す力」ではなく、「自分で正解にしていく力」です。どんな状況でも結果を出すためのマインドセット＆スキル。
2017.3 255p B6 ¥1400 ①978-4-7980-5003-4

◆**パソコン仕事術―すぐやる！ すぐできる!!**　高田和典著　ぱる出版
【要旨】仕事のパソコンが無理すぎる…キーボード攻略、エクセル攻略、メール攻略。でも…みんな簡単じゃん!!スマホのようにサクサク使える。
2017.4 155p B6 ¥1300 ①978-4-8272-1053-8

◆**パーソナル・グローバリゼーション―世界と働くために知っておきたい毎日の習慣と5つのツール**　布留川勝著　幻冬舎メディアコンサルティング, 幻冬舎 発売　改訂版
【要旨】ビジョナリーシンキング、セルフエンパワーメント、コミュニケーション、ダイバーシティ、グローバルイングリッシュ。訓練で習得可能な5つのツールで「世界と働く」力を身につける。不安定・不確実・複雑な市場環境＝「VUCAワールド」を生き抜くためにグローバル人材へと変化を遂げよ！
2017.8 249p B6 ¥1500 ①978-4-344-91323-3

◆**働く人のためのマインドフルネス**　菱田哲也, 牧野宗永著　PHP研究所　(PHPビジネス新書)
【要旨】グーグル、アップルが注目し、日本でも話題のマインドフルネスには、集中力アップ、ストレスや疲労の軽減など、多くの効用があることが指摘されている。ただ、「マインドフルネスとは何か」「なぜ、悩みの解決に役立つのか」について詳解される機会は多くない。本書は、ビジネスの最前線で活躍する菱田氏とチベット仏教僧院で修行した牧野氏が、より効果的にビジネスや日常に活かすことを目的に、マインドフルネスの本質に迫った異色の一冊。
2017.6 222p 18cm ¥850 ①978-4-569-83614-0

◆**8割捨てる！情報術**　理央周著　日本経済新聞出版社
【要旨】効率的に情報を活用するには3つのルールを守るだけでいい。rule01：仕分ける→rule02：捨てる→rule03：整理整頓する。では、どうやって役立つ情報を見分けてビジネスに活かすのか。多忙な生活を送るマーケターは、どんなことをしているのかわかりやすい事例を交えながら、すぐに使える「情報の技術」を紹介！
2017.6 205p B6 ¥1400 ①978-4-532-32139-0

◆**発想法―創造性開発のために**　川喜田二郎著　中央公論新社　(中公新書)
【要旨】ここで語られる「発想法」つまりアイディアを創りだす方法は、発想法一般ではなく、著者が長年野外研究をつづけた体験から編みだした独創的なものだ。「データそれ自体に語らしめつつそれをどうして啓発的にまとめらよいか」という願いから、KJ法が考案された。ブレーン・ストーミング法に似ながら、問題提起→記録→分類→統合にいたる実技とその効用を本書は、会議に調査に勉強に、新しい着想をもたらす。
2017.6 230p 18cm ¥720 ①978-4-12-180136-4

◆**ハーバード式 最高の記憶術**　川﨑康彦著　きずな出版
【要旨】天才頭脳集団から「ここに残って研究を続けてくれ」と言われた私の秘密。世界No.1大

学のエリート研究所で活躍した著者が明かす科学的に「記憶に強い脳」をつくる方法！
2017.10 197p B6 ¥1400 ①978-4-86663-012-0

◆**速いミスは、許される。―仕事が面白くなる60の「小さな工夫」** 中谷彰宏著 （長野）リンデン舎，サンクチュアリ出版 発売
【要旨】仕事が面白くなる60の「小さな工夫」。相手の期待以上の工夫をすると、面白くなる。
2017.11 225p B6 ¥1300 ①978-4-86113-394-7

◆**早く帰りたい！ 仕事術―3時間分のムダがなくなる30のコツ** 藤井美保代著 日本能率協会マネジメントセンター
【要旨】どうして早く帰れないのか？「早く帰りたいのに、帰れない―」、「仕事に追われて、気がつけば残業続き…」、「自分の時間がまるでない！」すべての毎日から脱け出すために、ムダにあふれた「働き方」を見直そう！ 何気なく過ごす毎日にひそむ"3時間分のムダ"をなくして、もっと効率的に、今より高い成果を生み出す"ムダゼロ"、"残業ゼロ"の仕事術を手に入れる。
2017.1 185p B6 ¥1400 ①978-4-8207-1959-5

◆**「半径5メートル最適化」仕事術―おしゃべりな生産性は生産性が高い** 佐々木希世著 ディスカヴァー・トゥエンティワン
【要旨】人生100年・キャリア60年時代に「楽しんで成果を出す」働き方のコツ45。NY、フィレンツェ、日本で学んだ「今、このとき」を楽しむワークスタイル。
2017.6 239p B6 ¥1500 ①978-4-7993-2114-0

◆**ハンディ版 2割に集中して結果を出す習慣術** 古川武士著 ディスカヴァー・トゥエンティワン （「力の抜きどころ―劇的に成果が上がる、2割に集中する習慣」抜粋・加筆・修正・改題書）
【要旨】「どんなにがんばっても結果が出ない…」から抜け出すヒント。
2017.5 166p B6 ¥1200 ①978-4-7993-2104-1

◆**ビジネスで差がつく論理 アタマのつくり方―カンタンな中1数学だけでできる！** 平井基之著 ダイヤモンド社
【要旨】「同じ」「違う」「順番」の3つだけで論理思考がマスターできる。ストーリーにすると、難しいものも簡単になる。自分の行動を論理的に決定しよう！ 法則はドンドン簡単になる。データを並べ替えるだけで分析ができる。「インプット→頭の中を整理→アウトプット」の順番で学ぼう～受験戦略家が教える「本当の考え方」。
2017.12 191p B6 ¥1400 ①978-4-478-10461-3

◆**ビジネスで使いこなすためのロジカルコミュニケーション77** 日沖健著 産業能率大学出版部
【要旨】ビジネスシーンでロジカルなコミュニケーションを使える人になるために。『真心をこめる』『気持ちを丁寧に伝える』だけのコミュニケーションではなく、ロジカルシンキングをベースにしたコミュニケーションスキルを演習方式で学ぶことで、職場を中心としたビジネスシーンで役立つ内容です。
2017.11 170p A5 ¥1800 ①978-4-382-05751-7

◆**ビジュアル 7つの基本で身につくエクセル時短術** 一木伸夫著 日本経済新聞出版社 （日経文庫）
【要旨】本書は、ビジネス上で必要なエクセルの知識を7つのスキルに絞って解説するものです。仕事の「生産性向上」が求められる中、ムダな時間を切り詰めるのに役立ちます。元プログラマの現役会計士兼エクセル講師が、ビジネス上の問題解決をするために必要な基本を中心に解説します。起こりやすい失敗例なども紹介。あえて遠回りをすることで、正しい手法の定着率が高まります。練習問題なども豊富に盛り込んでいます。主に、日々エクセルを使うビジネスパーソンを対象にしていますが、学生や主婦なども含め、あらゆる人々の業務効率向上に役立ちます。
2017.11 159p 18cm ¥1000 ①978-4-532-11936-2

◆**人を振り向かせる "さわぎ" のおこしかた** 山崎祥之著 東邦出版
【要旨】PR的発想をインストールすると9割の問題は解決する。サニーサイドアップを内外から見てきたPRのプロが目からウロコの思考法。
2017.12 229p B6 ¥1400 ①978-4-8094-1330-8

◆**ひとつ上の思考力** 安澤武郎著 クロスメディア・パブリッシング，インプレス 発売

◆**「働き方改革」で働く時間は短くなっても目標は上がり続ける時代。生き残るにはギアを上げるしかない！ シングルループからダブルループへ思考をシフトする方法。仕事の精度と生産性がぐんぐん上がる高速成長サイクル。**
2017.4 236p B6 ¥1380 ①978-4-295-40071-4

◆**評価される人のすごい習慣** 竹内慎也著 白夜書房
【要旨】やるべきことを選ぶ、すぐに行動する、ブレないための動機で行動をサポートする、定期的に振り返る。あなたの評価を劇的に上げる最強ツールMAPS。人材育成のプロが教える評価されるスキル。
2017.12 220p B6 ¥1400 ①978-4-86494-161-7

◆**評価の基準―正しく評価される人が何気なくやっている小さな習慣** 國武大紀著 日本能率協会マネジメントセンター
【要旨】必要なことは「金銭的報酬」「地位的報酬」だけではない。自分の存在が認められ、必要とされ、また自分もしっかり貢献することで、成長を実感できること。第3の報酬たる「心理的報酬」を手にするために、働く場所で何をすべきか？ どうあるべきか？
2017.6 205p B6 ¥1400 ①978-4-8207-1970-0

◆**「ひらめく人」の思考のコツ大全** ライフ・リサーチ・プロジェクト編 青春出版社
【要旨】パラパラめくるだけで "突破口" が開けます！ 定番の発想法から、最新のアイデア術まで、「できる大人」の考え方のコツを満載した、一生モノの思考法事典！
2017.2 239p B6 ¥1000 ①978-4-413-11203-1

◆**複雑な仕事をシンプルに解決するための「洞察力」の磨き方―見えないものを見抜く仕事術** 鳥原隆志著 WAVE出版
【要旨】どんなに能力がある人でも、時間的制約や重要な仕事を目の前にしてのストレスや恐怖、あるいは環境への慣れなどがあると、問題を解決する「糸口」が見えなくなります。目の前に見えているものが問題が、見えなくなるのです。そのため、判断を誤る確率が高くなります。本書では、このようなさまざまな制約やストレスを抱えた中でも、的確に問題を発見し、正しい判断を下すために必要不可欠な「洞察力」を磨いていきます。読み終わるころには、あなたのアウトプットの精度は爆発的に高まることでしょう。
2017.1 190p B6 ¥1500 ①978-4-86621-039-1

◆**複雑な問題が一瞬でシンプルになる 2軸思考** 木部智之著 KADOKAWA
【要旨】頭の整理も、資料作成も、報告・指示、打ち合わせも、「線を2本引くだけ」で思考のスピードが爆速に！ IBMで15年活躍する著者による独自メソッド、公開！ 初心者でも、どんな業種でも使える！「世界一簡単なフレームワーク」の作り方を凝縮！
2017.12 254p B6 ¥1400 ①978-4-04-602009-3

◆**部長の仕事術―部下を引っぱり、役員を狙う** 川井隆史著 明日香出版社 （アスカビジネス）
【要旨】役員が求めること＋メンバーが期待すること。アーサー・アンダーセン、日本コカ・コーラ、GEで実践した、新時代の部長に必須の投機書。 2017.3 206p B6 ¥1500 ①978-4-7569-1892-5

◆**ぶっちぎりで突き抜けた結果を出す人になる仕事の心得** 松田理宏著 SBクリエイティブ
【要旨】古くて新しいかばん持ち。実は彼らこそが、最強のビジネスノウハウを持っている。これまでかばん持ちが知りえなかった「成功のためのビジネススキル」。本書はこれを1冊にまとめた本。
2017.7 190p B6 ¥1300 ①978-4-7973-9309-5

◆**プロジェクトマネジメント的生活のススメ** 米澤創一著 日経BP社，日経BPマーケティング 発売
【要旨】外資系コンサルで築きあげた、仕事と生活の質が劇的に高まる『本質思考』＆『幸福思考』。慶應SDMの人気講座を1冊に凝縮。新人・若手研修にも最適！
2017.12 319p 20×15cm ¥1600 ①978-4-8222-5546-6

◆**勉強も仕事も時間をムダにしない記憶術** 山口佐貴子著 大和書房
【要旨】いままでの10分の1の努力で、頭に入る量を格段に増やす！ やりたいことに手が届かない人にこそ読んでほしい！ 加速学習からフォトリーディングまで人気講師が伝授！ 学歴、才能、

勉強量のハンディは、この1冊で克服できる！
2017.3 238p B6 ¥1500 ①978-4-479-79568-1

◆**変身！ 超仕事人** 杉山将樹著 幻冬舎メディアコンサルティング，幻冬舎 発売
【要旨】リストラ候補から一夜にして「変身」。外資系保険会社を経て入社後わずか4年で大型保険代理店の社長に上り詰めた男が語る仕事の真髄。各界で活躍するプロフェッショナルたちとの特別対談を収録。
2017.3 304p B6 ¥1400 ①978-4-344-91205-2

◆**膨大な仕事を一瞬でさばく 瞬間集中脳** 茂木健一郎著 すばる舎
【要旨】「瞬間集中」で自由な時間が手に入る！ 1秒もムダにしない最強の集中法。脳が喜ぶ26のすごいコツ。
2017.9 239p B6 ¥1400 ①978-4-7991-0645-7

◆**本気で勝ちたい人はやってはいけない** 千田琢哉著 青春出版社
【要旨】「結果」が出せる引き算の努力。人生を逆転させる56のルール。
2017.9 197p B6 ¥1300 ①978-4-413-23051-3

◆**周りが自然に助けてくれる人の仕事術―27歳で借金50億を抱え、5年でゼロにした私の「透明貯金」** 磯部武秀著 合同フォレスト，合同出版 発売
【要旨】若いうちは「貸し」ではなく「借り」をつくって「見えない資産」につなげよう！！助けてもらった「借り」が増えるほど、「透明貯金」も増えていく。若いころのムリやムチャは、その後の人生で大きくプラスになる！
2017.6 190p B6 ¥1400 ①978-4-7726-6086-0

◆**まわりの先生から「すごい！ 残業しないのに、仕事できるね」と言われる本。** 瀧澤真著 学陽書房
【要旨】時間をどんどん生み出せる、多忙感ゼロの仕事術！ 現場の先生の実践・検証を経た信頼の一冊。
2017.2 127p A5 ¥1700 ①978-4-313-65329-0

◆**マンガで身につくフレームワークの使い方がわかる本―生産性が劇的に高まる最強の仕事術** 永田豊志著，かんようこ作画 SBクリエイティブ
【要旨】仕事が進まない、今日も残業だ、成果が出ない―すべてを解決する最強ツール39。デキる人の頭の使い方がまるわかり！
2017.3 235p B6 ¥1400 ①978-4-7973-8814-5

◆**マンガでやさしくわかるファシリテーション** 谷益美著，円茂竹縄作画 日本能率協会マネジメントセンター
【要旨】地方の建材メーカー代理店に、出向した若手社員・川上シゲオ。現場のメンバーは立場もタイプもさまざまで、うまくミーティングを進めようとしてもなぜか思いどおりに相手にされません。ファシリテーション講師・山中マユミの教えを受けながら、シゲオはプロジェクトを成功に導くために「メンバーのやる気を引き出す」「ミーティングを活性化させる」ファシリテーターへの道を進みます。果たしてシゲオの想いは周囲を巻き込んで、現場を動かすことができるのでしょうか…？
2017.3 221p B6 ¥1500 ①978-4-8207-1966-3

◆**まんがでわかる 99％の人がしていないたった1％の仕事のコツ** 河野英太郎著 ディスカヴァー・トゥエンティワン
【要旨】お菓子メーカー入社3年目の主人公・白石一美は自分の将来に悩んでいた。来る日も来る日も上司に叱られる日々に、「自分の作ったお菓子で皆に喜んでもらいたい」という夢は遠のくばかり。そんなとき、会社の上司・山本理恵は一美を自分が担当するプロジェクトに抜擢する。「目標達成のためには自ら限界を作ってはいけない。仕事にはコツがあるの」として、一美はプロジェクトを無事、成功に導くことができるのか？
2017.8 161p B6 ¥1400 ①978-4-7993-2158-4

◆**まんがでわかる地頭力を鍛える** 細谷功著，星井博文漫画原作，汐田まくら作画 東洋経済新報社
【要旨】インターネットで、プロ並みの知識が数秒で手に入る時代。結果で差がつくのは、自分の頭で考える力＝地頭力！ 27歳がけっぷちOL、アタマ良くなる！ 無敵になる！
2017.7 161p B6 ¥1300 ①978-4-492-55778-5

経済・産業・労働

◆マンガでわかる！ トヨタ式仕事カイゼン術　若松義人監修　宝島社　（宝島SUGOI文庫）
【要旨】傾いた会社を救うために派遣された、女性コンサルタント。彼女が実践する最強の"トヨタ式"仕事カイゼン術の全貌とは…!?「オフィスとデスクを整理・整頓し、効率を最大限に！」「頑張らなくてもいい仕組みづくり」「タテ・ヨコ・ナナメの人間関係が仕事の質を倍増する」など、次々と明らかになるカイゼン術を学び、成長していく社員たち。はたして倒産寸前に追い込まれた会社は生まれ変わるのか!?
2017.2 351p A6 ¥600 ①978-4-8002-6644-6

◆ミス・失敗がこわくなくなる 聴き方　日本能率協会マネジメントセンター編　日本能率協会マネジメントセンター
【要旨】話の要点をつかむのが苦手。クレームが来たら対応できる自信がない。相手の話をうまく引き出すことができない。目上の人の話をどう聴いたらいいかわからない。指示の唯一の正解を知らない。相手が話しやすい受け答えができない。ミス・失敗を予防するコツがわかればもう何もこわくない。
2017.3 157p A5 ¥1300 ①978-4-8207-5960-7

◆ミスなくすばやく仕事をする技術　成吉新一著　秀和システム
【要旨】最低限これだけやれば仕事が「速く」「正確」になる！ アウトソーシング会社の人材育成で活用されている即効ノウハウを公開！
2017.7 223p B6 ¥1300 ①978-4-7980-5125-3

◆ミス・ムダがゼロになる「集中力」　須﨑恭彦著　明日香出版社　（アスカビジネス）
【要旨】短い時間で仕事を終わらせる人は、仕事に没頭する「集中力」がある。「環境」と「マインド」を整えれば、一気に仕事の効率は上がる！「すぐに集中力がきれる」「ケアレスミスが出てしまう」「怒られると引きずって身が入らない」、そんな悩みをズバッと解決します。時間を忘れて仕事に没頭する、79のコツとトレーニング。
2017.3 189p B6 ¥1400 ①978-4-7569-1888-8

◆無敵の思考─誰でもトクする人になれるコスパ最強のルール21　ひろゆき著　大和書房
【要旨】絶対に論破されない人生の裏ワザ大公開！ 2ちゃんねる、ニコニコ動画、英語圏最大の匿名掲示板4chan…「世界一の管理人」の頭の中を網羅！
2017.7 207p B6 ¥1300 ①978-4-479-79601-5

◆無敵の働き方─世界のどんな職場でも評価される　篠崎正芳著　朝日新聞出版
【要旨】世界の現場に1万人以上の日本人を育ててきたグローバル人材育成のトッププロが明かす、したたかに戦うための30の秘訣。「外国語習得よりも大切なことがある」準備＋実践＋振り返りで「無敵」のビジネスパーソンに！
2017.4 239p B6 ¥1500 ①978-4-02-331589-1

◆メール 仕事の教科書　中山真敬著　三笠書房　（知的生きかた文庫）　（『入社1年目のメール仕事術』再編集・改題書）
【要旨】メールの使い方で人間関係も給料も意外に差がつく。報告、連絡、営業、依頼…この1冊で、全部「うまくいく」！
2017.5 244p A6 ¥700 ①978-4-8379-8468-9

◆もう一度、仕事で会いたくなる人。　千田琢哉著　PHP研究所　（PHP文庫）　（『もう一度会いたくなる人の仕事術』改題書）
【要旨】「あなたとまた仕事がしたい」と言われる人と、二度と声がかからない人─両者の違いはどこにあるのか？ 本書では「待ち合わせ場所はできるだけ書店で」「紹介して下さい、と自分から言わない」など、仕事の縁が途切れない人が実践しているビジネスの意外な極意を紹介。小さな習慣を変えるだけで、チャンスに恵まれ、他人に好かれる人になれる！
2017.6 220p A6 ¥600 ①978-4-569-76699-7

◆目標達成ノート─STAR PLANNER　原田隆史監修　ディスカヴァー・トゥエンティワン　（付属資料：別紙1）
【要旨】明確な目標設定ができる「オープンウィンドウ64」。目標達成のモチベーションを高める「目標・目的設定用紙（スターシート）」。毎日書き込むことで自信を高める「日誌（ジャーナル）」。成功習慣を身につける「ルーティンチェック表」。「目標達成手帳STAR PLANNER」がバージョンアップ！ 自立型セルフマネジメントの4大ツールをすべて収録！
2017.4 1Vol. A5 ¥1600 ①978-4-7993-2059-4

◆もっと効率的に勉強する技術！　高島徹治著　PHP研究所　（PHP文庫）
【要旨】長時間ただ勉強していても、結果を出すことはできません。じつは、"勉強量"よりも"学び方"で大きな差がつくもの。"どのように学ぶか"が鍵なのです。53歳から短期間で91もの試験に合格した、著者のオリジナル勉強法で、どんな試験も一発合格！ 速読法、記憶術、マーキング＆カード術などを伝授。まずはあなたの最短ルートを見定め、効率よく＆戦略的に勉強する方法を見つけましょう。
2017.10 221p A6 ¥640 ①978-4-569-76771-0

◆元人事部長が教える「結果を出す人」の働きかた　小杉俊哉著　大和書房
【要旨】仕事や人間関係など最速で変える！ 一目置かれる人は、仕事のコツを知っている。惜しい人は、評価に振り回される。だから結果に大きく差が出る。
2017.1 198p B6 ¥1400 ①978-4-479-79563-6

◆問題解決大全─ビジネスや人生のハードルを乗り越える37のツール　読書猿著　フォレスト出版
【要旨】哲学歴史経済学人類学数学物理学生物学文学…知の巨人の肩の上で問題を解く。
2017.12 412p 21×14cm ¥1800 ①978-4-89451-780-6

◆問題解決で面白いほど仕事がはかどる本　横田尚哉著　あさ出版　（超解）
【要旨】絶対的な正解はないと捉えるところからスタート。より優れた解を、より楽しく見つけ出す35のツボ。
2017.1 159p B6 ¥1100 ①978-4-86063-934-1

◆問題解決「脳」のつくり方─なぜ、最高のソリューションが出ないのか？　マシュー・E. メイ著、藤島みさ子訳　日本実業出版社
【要旨】エリートでも95％が引っかかる落とし穴があった！ 7つの「思考の落とし穴」を攻略し、「最高の解決策」を生み出す新手法が日本初上陸！
2017.7 259, 10p B6 ¥1750 ①978-4-534-05509-5

◆やり抜く人の9つの習慣─コロンビア大学の成功の科学　ハイディ・グラント・ハルバーソン著、林田レジリ浩文訳　ディスカヴァー・トゥエンティワン
【要旨】モチベーション理論の第一人者が教える心理学的に正しい目標達成の方法。目標達成に最も寄与する「9つの習慣」。
2017.6 119p 19×13cm ¥1200 ①978-4-7993-2113-3

◆やる気があふれて、止まらない。─究極のモチベーションをあやつる36の習慣　早川勝著　きずな出版
【要旨】本気でサボればサボるだけ、やる気スイッチが入る。不平不満をため込むと「やる気を蝕む悪魔」が微笑む。眠る前のポジティブな瞑想が、明日のやる気をつくる。目の前のゴミを拾い上げると、やる気も上がる。ダイエットには、心の「怠慢脂肪」を消費させる効果がある。リーダーが「率直・公平」なら、チームのやる気はアップさせろ。やる気の出るキャッチーな流行語を広める。正義の名の下に、「やる気人材」は集い、育つ…etc.29年間で3000人以上をプロフェッショナル・セールス集団を育ててきた、伝説のNo,1マネジャーが明かす！「行動できない」を変えるコツ。
2017.11 269p B6 ¥1400 ①978-4-86663-014-4

◆優秀な人ほど仕事をしない─デキる人に共通する31のクセ　鬼頭誠司著　秀和システム
【要旨】メモは取らない、スケジュール帳は暗記する、勉強はしない、やる時しかやらない…。優秀な人ほど実践している簡単なクセを習慣化するだけで、仕事はうまくいく！ 大手企業から水商売まで、多くの企業を立て直し、数万人を見てきた敏腕経営コンサルタントが気付いた「成功する人」に共通する考え方。
2017.6 207p B6 ¥1500 ①978-4-7980-5050-8

◆欲をコントロールする方法　西多昌規著　文響社
【要旨】「出世したい」「お金がほしい」「もっと食べたい」など、次々と生まれる欲望とどう向き合えばいいのか…。スタンフォード大学やハーバード大学で研究し、「爆睡術」「昨日の疲れ」が叶けなくなったら読む本」など数々のベストセラーを生み出した「心」と「体」スペシャリストが教える医学的観点に基づいたストレスや不安に負けない方法。
2017.2 224p B6 ¥1280 ①978-4-905073-75-8

◆40歳を過ぎたら、働き方を変えなさい　佐々木常夫著　文響社
【要旨】「君はまだ残業してるのか？」39歳で妻が病に倒れ、自閉症の長男を支えながら、同期トップで（株）東レの取締役まで登りつめた男が教える「究極の働き方改革」無駄を略せば、40代で伸びる！・イヤな上司は「人間だからしょうがない」で許してスルーせよ。・「係長だったら部長」2段上の上司にアピールせよ。・昇進は「技術点」と「芸術点」で決まる。・数字は「3つ」だけ覚えればよい。・生産性の低い飲み会は略せ。・新聞は読むな、眺めよ。・家族への愛は「家事」で表現する。もう、がむしゃらに働くのはもうやめませんか？
2017.5 256p B6 ¥1420 ①978-4-905073-96-3

◆四〇歳からはじめる最強の勉強法　鷲田小彌太著　海竜社
【要旨】勉強力を身につけることは、生きる力をつけること。仕事力アップ、読書力アップ、脳

力アップ、即戦力アップ、経験力アップ、人生発掘、自己発見―勉強しない手はない！
2017.11 230p 18cm ¥1200 ①978-4-7593-1572-1

◆40代でシフトする働き方の極意　佐藤優著　青春出版社　（青春新書INTELLIGENCE）
【要旨】40代は、一歩踏み出す最後のチャンス。仕事のスキル、肩書き、人間関係―仕事人生の後半戦は“捨てる力”が左右する！
2017.12 189p 18cm ¥840 ①978-4-413-04529-2

◆ライフハック大全―人生と仕事を変える小さな習慣250　堀正岳著　KADOKAWA
【要旨】本当に小さなワザをたくさん紹介します。興味のある所だけ読み、実践してください。人生が大きく、快適に変わります。
2017.11 303p 21×14cm ¥1500 ①978-4-04-602154-0

◆理系脳で考える―AI時代に生き残る人の条件　成毛眞著　朝日新聞出版　（朝日新書）
【要旨】AI（人工知能）に仕事がとってかわられる日は近い。真っ先に食いっぱぐれるのは“文系脳”の持ち主だ。「数字が苦手」というあなたも恐れることはない。理系脳は、たいした努力をしなくても、今日から自分の力で手に入れることができる。さあ、サバイバルのために理系脳を手に入れよう。
2017.8 197p 18cm ¥720 ①978-4-02-273729-8

◆ルール・オブ・スリー――「やるべきこと」は、ここまで絞れ　高田圭悟著　三笠書房
【要旨】3つで考え、3つで伝える。カナダ生まれの思考術「THINK ON YOUR FEET」をベースにした、シンプルかつ最強のフレームワーク。このメソッドが、あらゆる仕事の問題を解決する。
2017.5 254p B6 ¥1400 ①978-4-8379-2679-5

◆練習問題アプリ付き 問題解決のためのロジカルシンキング　生方正也著　クロスメディア・パブリッシング、インプレス 発売
【要旨】「論理的に考える」ってどういうこと？基礎から実践までのこの一冊で！週に1回、本書で学んだ知識を応用した4択問題をアプリで出題。それまでの正解傾向から「どの分野が得意か、不得意か」もグラフで一目瞭然。
2017.4 191p B6 ¥1480 ①978-4-295-40035-6

◆論理的思考力を鍛える 33の思考実験　北村良子著　彩図社
【要旨】いちばん簡単な思考実験の入門書。考えて面白い！「トロッコ問題」、「テセウスの船」、「アキレスと亀」、「ギャンブラーの葛藤」、「モンティ・ホール問題」、「エレベーターの男女」、「マリーの部屋」、「ありえない計算式」…有名どころからオリジナルまで、33の思考実験を掲載。
2017.5 255p B6 ¥1300 ①978-4-8013-0209-9

◆わたしらしさを知るマイノートのつくりかた　Emi著　大和書房
【要旨】マイノートとは、「好き！」を集めた自分の雑誌！毎日の家事を楽しめるようになる。育児に疲れた自分を励ましてくれる。今日何したっけ？の答えがある。仕事に役立つ！モヤモヤと悩む時間が減る。続ければ続けるほど味が出る！大人気整理収納アドバイザーEmiさん（マイノート歴13年目！）が伝える、誰でもできるマイノートのつくりかた＆つかいかた。
2017.6 111p B6 ¥1200 ①978-4-479-78388-6

◆ワル猫先生の4週間仕事術講座　よろず相談研究所監修、玄秀盛著　ロングセラーズ
【要旨】突如、僕の前に現れた、百戦錬磨のブサイク猫。ビジネスに必要なものすべて「ワル猫先生」が教えてくれた。営業力、交渉力、会話力、人間力、コミュニケーション能力を鍛えろ！四週間でプロフェッショナルになる仕事術を伝授する！
2017.10 289p B6 ¥1400 ①978-4-8454-2404-7

◆A4一枚勉強法―最短最速で目標達成！　三木雄信著　PHP研究所　（PHPビジネス新書）新書版
【要旨】1年計画シート、勉強時間抽出シート、英語4本柱シート、読書計画シート、試験1週間前・前日・当日チェックシート…40枚の「A4シート」で、学習効率が劇的に向上する！
2018.1 233p 18cm ¥870 ①978-4-569-83759-8

◆BREAK！　「今」を突き破る仕事論　川内イオ著　双葉社
【要旨】「普通の人」から世界王者に登りつめた10人の日本人。NewsPicksの人気連載を書籍化！
2017.3 255p B6 ¥1400 ①978-4-575-31236-2

◆BRIDGING ブリッジング―創造的チームの仕事術　広瀬郁著　日経BP社、日経BPマーケティング 発売
【要旨】「プロジェクトデザイン」であなたの働き方は変わる。ホテルCLASKA、LOFT & fab、横浜スタジアム＋B、ヤフー新オフィス、超福祉展、渋谷キャスト など。企業や行政との協働から生まれた実践的解説書。
2017.3 222p B6 ¥2000 ①978-4-8222-0074-9

◆FOCUS集中力　ダニエル・ゴールマン著、土屋京子訳　日本経済新聞出版社　（日経ビジネス人文庫）
【要旨】ビジネスにおいても、受験や人間関係においても、成功する人に共通している最も本質な「集中力」。これは生まれ持ったものではなく、実は筋肉と同様に鍛えることができる。世界的ベストセラー「EQこころの知能指数」著者がさまざまな事例から、私たちの人生を左右する「集中力」の謎としくみをやさしく解き明かす。
2017.10 375p A6 ¥850 ①978-4-532-19836-7

◆Google流 資料作成術　コール・ヌッスバウマー・ナフリック著、村井瑞枝訳　日本実業出版社
【要旨】伝わる資料を作成する最大の秘訣は「データをただ見せるだけ」で終わるのではなく「データを使ってストーリーを語るこ と」。どんなに複雑なデータでもシンプルにわかりやすく。Google社員が実践する「ストーリーテリング」を初公開！
2017.2 269p A5 ¥1800 ①978-4-534-05427-2

◆PEAK PERFORMANCE 最強の成長術　ブラッド・スタルバーグ、スティーブ・マグネス著、福井久美子訳　ダイヤモンド社
【要旨】最前線で活躍するトップビジネスパーソン、学者、オリンピック選手、一流ミュージシャンほど、ムダなことは一切やらずに、この方程式を実践していた！「負荷＋休息＝成長」この方程式は、能力や経験に関係なくすべての人を変える！
2017.11 310p B6 ¥1600 ①978-4-478-10249-7

◆SIMPLE RULES―「仕事が速い人」はここまでシンプルに考える　ドナルド・サル、キャスリーン・アイゼンハート著、戸塚隆将監訳　三笠書房
【要旨】世界の名門ビジネススクール、ハーバード、スタンフォード、MIT、LBS…が教える、あらゆるムダと時間を削ぎ落とし、成果を最大化Maximize する方法。山積みの課題、複雑なプロジェクト、利益の対立…すべては、とことん「単純」に解決する。
2017.8 221p B6 ¥1400 ①978-4-8379-5766-9

◆SINGLE TASK 一点集中術―「シングルタスクの原則」ですべての成果が最大になる　デボラ・ザック著、栗木さつき訳　ダイヤモンド社
【要旨】すべてが「超効率化」する！ハーバード、スタンフォード、MIT…脳科学、心理学の最新研究からわかった、超シンプルなのに超効果的な驚異の方法。
2017.8 222p B6 ¥1500 ①978-4-478-06659-1

◆SPRINT最速仕事術―あらゆる仕事がうまくいく最も合理的な方法　ジェイク・ナップ、ジョン・ゼラツキー、ブレイデン・コウィッツ著、櫻井祐子訳　ダイヤモンド社
【要旨】すべてを一気に終わらせろ。戦略、イノベーション、行動科学、デザイン思考…Google×GVが駆使してきた秘密の黄金メソッド「SPRINT」のすべて。
2017.4 358p B6 ¥1600 ①978-4-478-06699-7

 企画のたて方

◆一生使えるプレゼン上手の資料作成入門―説得力が劇的にアップ　岸啓介著　インプレス
【要旨】誰でも今スグ実践できる、「即採用！」の資料のコツを全公開！スライド初心者歓迎。
2017.3 183p 23×19cm ¥1800 ①978-4-295-00069-3

◆大声のすすめ。―和の発声法で伝わる話し方　乙津理風著　晶文社
【要旨】「大きな声を出そうとするとむせる」「もともと声が小さいから…」「人前で話すのが苦手です」多くの方が抱える声の悩みを全解決！呼吸と姿勢の基本、リラックスの仕方から、発音を改善し「伝わる言葉の使い方」を身につけるワー

クまでイラスト図解多数で紹介。
2017.9 194p B6 ¥1500 ①978-4-7949-6973-6

◆外資系コンサルのプレゼンテーション術―課題解決のための考え方＆伝え方　菅野誠二著　東洋経済新報社
【要旨】極限のクオリティが求められるマッキンゼーで学んだプロフェッショナルの全技法。
2018.1 226p A5 ¥1800 ①978-4-492-55776-1

◆企画のお手本―VWビートルによる発想トレーニング副読本　西尾忠久著　ロングセラーズ
【要旨】企画を生み出す視点の変え方。企画力、創造力―う肩ひじ張って考える必要はありません。くつろいで、ちょっと視点を移動してみて下さい。この伝説的なVWの名広告は、新しい発見をつかむための素晴らしいお手本となるはずです。
2017.2 215p 18cm ¥1800 ①978-4-8454-5009-1

◆逆境を「アイデア」に変える企画術―崖っぷちからV字回復するための40の公式　河西智彦著　宣伝会議
【要旨】アイデア発想術や、「結果」を出す企画術、PR技術を、使いやすい40の公式に。「ひらかたパーク」のV字回復を実現した筆者が、自らが手がけた3つのV字回復事例をベースに、逆境を「アイデア」に変える40の企画公式を紹介。
2017.9 283p B6 ¥1800 ①978-4-88335-403-0

◆建設業のための営業力＆プレゼン力向上術―クライアント目線で考える！　作本義就著　同友館
【目次】第1章 建設会社はもっと営業力を上げよ（営業力に欠ける建設会社が生き残れるか？、「コンストラクション・マネジメント」がプレゼンに入る意味 ほか）、第2章 コンペの負けは大きなコストロス～プレゼン準備編（なぜ有力な企業が、コンペの予算をムダにしてしまうのか？、建設会社がプレゼンに失敗する4つの要因 ほか）、第3章 クライアントの心を掴むコンペの極意～プレゼン実践編（プレゼン資料は「シンプルでわかりやすく」、伝えたいポイントを絞る ほか）、第4章 プレゼンに勝つチームをつくる（「営業が中心になったプレゼン」を組み立てる、設計者と営業者が擦り合わせをすることは可能か？ ほか）、第5章 営業は現場から始まる～プレゼン以外でいかに営業マンは仕事をとるか（現場監督は最高の営業マン、営業マンが現場に対してできること ほか）
2018.1 173p B6 ¥1600 ①978-4-496-05329-0

◆コクヨ式 1分間で伝わる話し方　下地寛也著　KADOKAWA　（中経の文庫）（『コクヨの1分間プレゼンテーション』再編集・改題書）
【要旨】コクヨの社員研修で行われている“1分間プレゼンテーション”。言いたいことを伝え、相手に行動を起こしてもらうメソッドは、ビジネスに限らず日常生活や就職試験などにも応用がきくものばかり。「言いたいことが伝わらない」「話に興味をもってもらえない」「何から話していいかわからない」…そんな悩みを解決してくれる、話し方の極意を紹介します。
2017.1 270p A6 ¥600 ①978-4-04-601901-1

◆最強のプレゼン―5分で聞き手の心を動かす技術　小峯隆生著　飛鳥新社
【要旨】1分でつかみ、5分で説得する、ラジオパーソナリティによる筑波大学の人気講義。自分も他人も「その気にさせる話し方」を完全解説、人前でしゃべることに自信がもてる。
2017.1 251p B6 ¥1574 ①978-4-86410-531-6

◆最強のプレゼン段取り術　西脇資哲著　総合法令出版
【要旨】「起承転結」は捨てる。スライドのキーワードは「13文字」。「接続詞」がプレゼンを決める―マイクロソフトトッププレゼンターの全技術を集約。どんな相手でも思い通りに動かせる、プレゼンが激変する5日間プログラム。
2017.8 182p B6 ¥1300 ①978-4-86280-564-5

◆3秒で採用！ 絶対「通る」プレゼン資料のつくり方　天野暢子著　実業之日本社　（じっぴコンパクト文庫）
【要旨】先輩のつくり方をまねたり、講座や本を参考にしてつくったプレゼン資料でも、なかなか選ばれない―そんな悩みをお持ちではありませんか。本書では、「受けて「選ぶ」側の心理を知り尽くした著者がたどり着いた、口頭説明なしで通る最強の資料作成法を全公開！採用の決め手となる「GH-OUS（ガウス）」。ひとつでも欠けたら不採用の

原因を生む「6W2H」。この2つを軸に決められた通りのステップをふめば、どんな人でも必ず"通る"資料をつくることができます！

2017.3 239p A6 ¥800 ①978-4-408-45683-6

◆社内プレゼンの決定力を上げる本 シンプル×PowerPoint　天野暢子著　翔泳社
【要旨】本書では「引き算」をキーワードに、主に社内プレゼンを成功へと導くコツをあなたに伝授します。シンプルな資料を作成することにより、相手に考える隙を与えることなく、そして自分の作業時間も大幅に減らしながらラクして「一発OK」を得られるようになるはずです。また、すぐに応用して使える社内プレゼン用の資料のテンプレートもダウンロードできます。プレゼンをする側、される側を渡り歩いてきた著者だからこそわかるプレゼンと資料作成のノウハウを解説し、あなたに百発百中のプレゼンスキルを授ける一冊です。

2017.9 215p A5 ¥1600 ①978-4-7981-5226-4

◆図解でわかる！ 伝わるプレゼン　藤原毅芳著　秀和システム
【要旨】「ポイントは3つ」は正しいか？ スライド1枚の適切な文字数は？ 15分コマ切れ資料作成術とは？ 社長プレゼンも商談・契約も成否は「シナリオ」で決まる！ シチュエーション別攻略法からツール類まで実践テク満載。

2017.10 215p B6 ¥1200 ①978-4-7980-5308-0

◆図解 見せれば即決！ 資料作成術―3秒で決まるプレゼン資料、ビジネス資料はここが違う　天野暢子著　ダイヤモンド社
【要旨】文章作成、編集、レイアウト、表組み、グラフ、図解。話しベタでも、資料が相手を説得してくれる！ 全項目BEFORE→AFTER式。マネするだけで「NG資料」が「OK資料」に大変身！

2017.4 190p A5 ¥1600 ①978-4-478-10150-6

◆すぐできる！ 会議・プレゼンの資料作成と進め方　吉澤準特監修　成美堂出版
【要旨】いちばん重要な仕事なのに教えてもらう機会のない資料の作り方、プレゼンの進め方、会議への参加の仕方を最もやさしくご紹介！ この本で、資料・書類の作り直しがなくなる。自由に提案できるようになる。会議がラクになる。

2017.8 231p A5 ¥1500 ①978-4-415-32319-0

◆スクリプトドクターのプレゼンテーション術　三宅隆太著　スモール出版（DIALOGUE BOOKS）
【要旨】「あなたらしく」あれば、きっと伝わる。マーケティングや資料作りの話はいっさいナシ。革新的で本質的なプレゼン術！ 聴き手をジャガイモと思い込んではいけません／自分がプレゼンの真髄／ポップスの「転調」にヒントを得て／自分を疑うことで「他人の眼差し」に近づいていく／怒っているよりもひとは実は傷ついている／空気を読もうとすると自分の役割を見失う／あなたの資質は「グランプリ」なのか「審査員特別賞」なのか？…など。脚本家／映画監督／脚本のお医者さん＝「スクリプトドクター」／心理カウンセラーの筆者による、まったく新しいプレゼン指南書。

2017.10 269p B6 ¥1600 ①978-4-905158-48-6

◆説明がなくても伝わる図解の教科書　桐山岳寛著　かんき出版
【要旨】直感に訴えるから情報が深く、速く、正確に届く。言葉が通じない外国人にも。「言葉」に頼らずに伝える技術。

2017.6 255p A5 ¥1600 ①978-4-7612-7266-1

◆ゼロからのプレゼンテーション―「ものまね」から達人までの全ステップ　三谷宏治著　プレジデント社
【要旨】他はともかく、プレゼンだけは準備と努力で何とかなる！

2017.9 165p B6 ¥1300 ①978-4-8334-2242-0

◆その企画、もっと面白くできますよ。　中尾孝年著　宣伝会議
【目次】1 ビジネスにおける「面白い」とは何か（「面白い」を生む頭の使い方「超基本編」―名古屋が教えてくれたこと1、A・B・CからC・C・Cへ―名古屋が教えてくれたこと2 ほか）、2「面白い」を機能させる「オモロイ」と「面白い」へ―大阪が教えてくれたこと1、過去の成功体験の呪縛―大阪が教えてくれたこと ほか）、3 面白くする技術・実践編―「面白い」で様々な課題を解決する（「面白い」でみんなを巻き込む―AKB48江口愛実の場合、「面白い」で理解させ

る―ドライアイ日記の場合 ほか）、4 面白くする技術・心構え編―みんなが陥りやすい罠を閉じよう―今時の企画会議の風景に喝！、自分ごと化の自分ごと化―日本全国ポッキー化計画 ほか）、5 そして、あなたが面白くなる！―これが「面白い」の最後の仕上げ（「面白い」を生む頭の使い方実践編―四つのクリエイター的発想法、「面白い」の最後の仕上げ―おわり良ければすべて良し、にするために）

2017.7 285p B6 ¥1700 ①978-4-88335-402-3

◆孫社長のYESを10秒で連発した瞬速プレゼン　三木雄信著　すばる舎
【要旨】孫正義の間近で、24時間365日鍛えられて身に付いた高速コミュニケーション33の極意。ソフトバンク電光石火の秘密！ 一発で相手を動かし、仕事をスピーディーに進める技術。「世界一多忙な上司」から一発OKを引き出しまくった、すごい方法！

2017.10 250p B6 ¥1400 ①978-4-7991-0639-6

◆知的技法としてのコミュニケーション―「話す力」は「生きる力」　児島建次郎編著, 山田匡一, 寺西裕一, 都築由美著　（京都）ミネルヴァ書房
【要旨】発声練習法からプレゼンテーションのノウハウまで、自己表現力を高めるための方法が満載。

2017.3 269, 4p A5 ¥2800 ①978-4-623-07877-6

◆半分の時間で3倍の説得力に仕上げるPowerPoint活用企画書作成術　小湊孝志著　宣伝会議
【要旨】もう、ヘンな改行で悩まない！ 色のセンスがないからとあきらめない！ 画像編集ソフトいらず、パワポだけでここまでできる！ デザイナーも必見の表現テクニック！

2017.3 159p B5 ¥1800 ①978-4-88335-389-7

◆「プレゼンテーション」の基本と常識―これだけは知っておきたい　ザ・アール著　フォレスト出版　改訂新版
【要旨】わかりやすく伝える「テン、テン、テンの法則」、話を組み立てる「ホールパート法」「PREP法」「時系列法」、相手の脳に働きかける「三角ロジック」、つかみのテクニック「エピソード法」「ショック法」「質問法」、…など、スキル満載！ 会社では教えてくれないノウハウ！

2017.3 183p B6 ¥1400 ①978-4-89451-752-3

◆プレゼンのパワーを最大限にする50のジェスチャー　ヨッヘン・バイヤー著, ダーフィット・パウルイラスト, 安原実津訳　日経BP社, 日経BPマーケティング 発売
【要旨】プレゼンテーションの内容も構成もしっかり準備しているはずなのに、聞き手がいつも退屈してしまう、企画がなかなか通らない、会議が盛り上がらない…。それはきっと「ジェスチャー不足」の問題。「しぐさ」を一つ、二つ加えてプレゼンするだけで、あなたのプレゼンのパワーが引き出され、相手を夢中にさせることがいとも簡単にできるようになります。欧米で活躍するコミュニケーション学の第一人者が、すぐに使えるビジネスプレゼンに効くジェスチャーを丁寧に紹介します。 2017.9 165p B6 ¥1500 ①978-4-8222-5535-0

◆プレゼンのレシピ―仕事に差がつく！ 欧米式プレゼンの手順とテクニック　野中アンディ著　廣済堂出版
【要旨】パワーポイントの資料を棒読みするのが日本式プレゼン！ たとえば、言葉の力と身振り手振りで相手を説得していくのが欧米式プレゼン。実は、プレゼンの神様のように思われていたあのスティーブ・ジョブズの話し方は特別ではなく、欧米ではあのようなやり方を子供の頃から叩き込まれる。プレゼンの能力は仕事の成果、さらには就職活動の成果にも直結する。最前線のビジネスパーソンだけでなく、就活を控えた学生のみならず、まだ日本では身に付けている人の少ない「欧米式プレゼン術」を伝授する一冊。 2017.8 175p B6 ¥1400 ①978-4-331-52114-4

◆ベストプレゼンテーション―マスターすべき98のスキルとトレーニング　ウィリアム・R. スティール著, 高松綾子訳　すばる舎
【要旨】米国一流企業のビジネスパーソンを指導し、効果を実証。現代プレゼンテーションの極意を濃縮して網羅。最高のレベルへ、プロコーチが導く！「伝える」を超える、「伝わる」プレゼン。

2017.7 420p B6 ¥2400 ①978-4-7991-0620-4

◆マイクロソフト伝説マネジャーの世界No.1プレゼン術　澤円著　ダイヤモンド社
【要旨】人を動かす門外不出の「6つの法則」をついに公開！ プレゼン・発表・報告・セールス…あらゆる場面に対応した「伝え方」の全技術。

2017.8 230p B6 ¥1500 ①978-4-478-10129-2

◆論理思考×PowerPointで企画を作り出す本　田中耕比古著　翔泳社
【要旨】本書は、PowerPointを活用し、「論理的な企画立案」の方法を指南する本です。PowerPointと言えば「プレゼン資料作成ソフト」と思われがちですが、実は「論理思考ツール」としても極めて有用です。自分の考えを整理したり、想定ターゲットの課題を洗い出したり、市場や競合をマッピングしたりするのに、PowerPointほど適したツールはありません。また、PowerPointを用いて論理的に考えられた企画であれば、おのずと「企画の説得力」も高まります。本書を読めば、誰もが「説得力のある企画」を立てられるようになります。

2017.6 255p A5 ¥1600 ①978-4-7981-5181-6

◆Graphic Recorder―議論を可視化するグラフィックレコーディングの教科書　清水淳子著　ビー・エヌ・エヌ新社
【要旨】「グラフィックレコーディング」とは、会議やミーティング、あるいはカンファレンスやワークショップなど、さまざまな立場の人たちが集まる場所で行われる議論をグラフィックで可視化することで、より良い対話をもたらし、課題解決に導く手法です。本書は、これからグラフィックレコーディングを始めたいと思っている方や、自社の会議に課題意識を持っている方にとって、最適な入門書です。

2017.1 148p A5 ¥2000 ①978-4-8025-1028-8

話術・会議の運営・交渉術

◆相手がノリノリで話し出す「スゴい！ ひと言」大全　斉藤勇著　かんき出版
【要旨】話し上手、聞き上手より、「あいづち上手」が成功する。人間関係をよくする「さしすせそ」さすが、知らなかった、すごい！ センスがある、そうですよね。口べたのあなたが生まれ変わる！

2017.11 255p B6 ¥1400 ①978-4-7612-7298-2

◆相手に本音を語らせて、思いのままに動かす技術　田中和義著　明日香出版社（アスカビジネス）
【要旨】相手が心を開くかどうかは「質問力」がカギ！「部下」「取引先」「お客様」「夫婦」「恋愛」など、すべての人間関係につかえる、実践的質問術！

2017.5 219p B6 ¥1500 ①978-4-7569-1901-4

◆相手にNOといわせない「空気」のつくり方　神岡真司著　宝島社
【要旨】今まで通りのままでいながら、対人折衝が面白いほど、劇的に、うまくいく方法を伝授いたします―。トーク不要！ 超実践テクニック。ちょっとした「足し算」で「空気」と人生は変わる!! 2017.2 238p B6 ¥1000 ①978-4-8002-6467-1

◆明日から会社で使える説明力―説明がすごく苦手だったIQ148のメンサ会員が使った12のテクニック　ひえだともあき著　秀和システム
【要旨】「信頼される話し方」であなたの人生は変わる！ イラストでわかりやすい！

2017.3 166p B6 ¥1400 ①978-4-7980-4934-2

◆あなたの人生を100％変える話し方―成功を呼び込む「話し方」の技術　菱田さつき著　（越谷）彩雲出版, 星雲社 発売
【要旨】ワンランク上の仕事に呼ばれる。「話し方教室」講師がノウハウを初公開。

2017.4 169p B6 ¥1300 ①978-4-434-23165-0

◆言いたいことがうまく伝わる やわらかロジカルな話し方　富樫佳織著　クロスメディア・パブリッシング, インプレス 発売
【要旨】プライベートでも仕事でも誰とでも気持ちよく話せる、すぐに使える「一言目フレーズ」が満載！

2017.4 271p B6 ¥1480 ①978-4-295-40079-0

◆一流のプロ講師が実践している話し方　加藤恵美著　あさ出版

◆一緒にいて楽しい人、感じがいい人の話し方　『PHPスペシャル』編集部編　PHP研究所　（PHPスペシャルBest Selection）
【要旨】800名超のプロ講師をプロデュースしてきたからこそわかる、人の心をつかむ話し方のコツ41。営業、プレゼン、商談、社内会議、講演ほか、日常のビジネスシーンで結果を出すために必要なこと全部。
2017.3 207p B6 ¥1400 ①978-4-86063-927-3

◆一緒にいて楽しい人、感じがいい人の話し方　『PHPスペシャル』編集部編　PHP研究所　（PHPスペシャルBest Selection）
【要旨】初対面の人とは、「今この瞬間」を話題にしてみる。次のように聞くと、プライベートなことを語りやすい。「○○さんって、ミステリアスですよね」はとっておきのフレーズ。「できない」よりも、「いたしかねます」がスマート。言いたいことは、言いたくないことのそばにある。…伝えたいことがちゃんと伝わる。お互いに疲れないいい関係が続く。
2017.5 94p A5 ¥580 ①978-4-569-80959-5

◆1分で打ち解ける！戦略的な雑談術　伊庭正康著　明日香出版社　（アスカビジネス）
【要旨】すぐに打ち解けて、相手との距離を縮めたいのなら、自分のことをよく知ってもらいたいなら、あなたのその雑談に一工夫を加えてみましょう！仕事場でもプライベートでもすぐに使える実践的な雑談フレーズ、満載！人見知りだからこそ、編み出せた！打ち解けるための会話41パターン。
2017.12 227p B6 ¥1400 ①978-4-7569-1941-0

◆「いまの説明、わかりやすいね！」と言われるコツ　浅田すぐる著　サンマーク出版
【要旨】「考えがまとまらない」「言いたいことが伝わらない」「仕事が進まない」…そんな悩みを一挙に解決する"ヒミツ"。ポーズをとる、見せる、指さす。『トヨタで学んだ「紙1枚！」にまとめる技術』の著者が明かす新メソッド。
2017.4 205p B6 ¥1300 ①978-4-7631-3609-1

◆今まで誰も教えてくれなかった人前で話す極意―年間330講演プロの講演家が語るスピーチのコツ　鴨頭嘉人著　かも出版, サンクチュアリ出版 発売
【要旨】年間500時間以上動画が再生される、日本で唯一の講演家があなたの「話し方の悩み」を解決します！人前で緊張しない秘訣。人前に出て話すときに、心を摑むコツ。会場の雰囲気を作るコツ。結婚式のスピーチで面白い話をするコツ。講演やプレゼンテーションの事前準備で大事にすること。日本人の95%が持っている話し方の悩みをたちまち解決！
2017.5 201p B6 ¥1500 ①978-4-86113-407-4

◆イラストでわかる　今日からあがらずに話せるコツ　鳥谷朝代著　（名古屋）リベラル社, 星雲社 発売
【要旨】プレゼンもスピーチも、もう怖くない！65,000人が実感した、あがりを止める方法42。
2017.10 158p B6 ¥1400 ①978-4-434-23940-3

◆ウケる！大人の会話術　清水義範著　朝日新聞出版　（朝日新書）
【要旨】文体模倣を駆使したパスティーシュ作家として、世の読者を気ならせ、笑わせてきた清水義範。本書では、「話をチャーミングにする比喩」「自分をだしにすると話は面白くなる」など、ユーモアを織りまぜた軽快な言葉のキャッチボールを身につける術を、実例満載で惜しみなく披露！
2017.3 255p 18cm ¥780 ①978-4-02-273709-0

◆裏社会の危険な心理交渉術　内藤誼人著　総合法令出版
【要旨】なぜヤクザは無茶な要求を通せるのか、なぜ詐欺師は人をダマせるのか。心理学の見地から、55の"裏"交渉術を徹底解説する。日常のあらゆる場面に応用可能。どのように使うのかは、あなた次第だ。
2017.9 207p B6 ¥1300 ①978-4-86280-569-0

◆大人になって困らない語彙力の鍛えかた　今野真二著　河出書房新社　（14歳の世渡り術）
【要旨】必要なことばが「すっと」でてくる！少かいに学べて、一生君を助けてくれる、日本語教室、始まります。
2017.11 206p B6 ¥1300 ①978-4-309-61711-4

◆大人の語彙力ノート　齋藤孝著　SBクリエイティブ
【要旨】どんな場でも、誰と会っても恥ずかしくない「語彙力」と「モノの言い方」がすぐに身につきます！
2017.9 239p B6 ¥1300 ①978-4-7973-9344-6

◆会議を変えるワンフレーズ―実用のことば　堀公俊著　朝日新聞出版
【要旨】さまざまなシーンを再現！今日から使える、200フレーズ。入社1年目でも、シャイな人でも、部外者でも、できる！「隠れファシリテーター」になろう。
2017.5 207p B6 ¥1400 ①978-4-02-331600-3

◆会話がはずむ雑談力―10秒でコミュニケーション力が上がる　齋藤孝著　ダイヤモンド社
【要旨】会話力こそ最強のスキル！仕事、商談、面接、学校、家庭、ご近所で使える。「相手に話させる」と仕事も人間関係もうまくいく！
2017.1 213p B6 ¥1400 ①978-4-478-06861-8

◆革命的話し方メソッド―世界のエリートが実践！　野村絵理奈著　ポプラ社
【要旨】著者が代表を務める株式会社KEE'Sが多くのビジネスパーソンに行っているオリジナルプログラム「VLPメソッド」をベースにして、「発声・発音」「パフォーマンス」「構成・ロジック」の3つの要素を盛り込んだ超・実践的な7日間プログラム。
2017.3 159p B5 ¥1200 ①978-4-591-15414-4

◆稼げる人が大切にしている話し方　栗原典裕著　明日香出版社　（アスカビジネス）
【要旨】「言葉」を「お金」に変えられる人とは？優秀なビジネスパーソンが必ずやっている「チャンスを逃さない話し方」！雑談、プレゼン、会議、営業、販売、講演、面接などに。
2017.9 190p B6 ¥1400 ①978-4-7569-1923-6

◆基礎からわかる話す技術　森口稔, 中山詢子著　くろしお出版
【要旨】発声のしかたから、敬語、雑談、お願い、話し合い、プレゼンまで、話す技術を総合的に学ぶ。実際のエピソードを盛り込みながら、話しかたの基本をやさしく解説。
2017.8 118p A5 ¥1400 ①978-4-87424-727-3

◆きちんと伝わる「わかりやすい説明」　福田健著　総合科学出版
【要旨】「話せばわかる」と思っていても、そう思っているのは自分だけ。現実は、自分の本当の気持ちは相手に思うように伝わらない。そんなコミュニケーション・ギャップを埋めるための「少しの工夫」を20のスキルで実践的に解説！自分の思いを「わかりやすい説明」できちんと相手に伝える。
2017.4 222p B6 ¥1400 ①978-4-88181-857-2

◆9割の人が知らないプロの常識で説得力のある声をつくる―コミュニケーションに自信がつく自然な発声と話し方のコツ　浜田真実著　学研プラス
【要旨】聴く耳なくして、良い声なし！声とコミュニケーションの不安を解消するコツ、簡単に実践できるテクニックが満載！
2017.8 207p B6 ¥1400 ①978-4-05-800804-1

◆結果を引き出す大人のほめ言葉　西村貴好著　同文舘出版　（DO BOOKS）
【目次】プロローグ「ほめ」とはどんなことか、「ほめる」と何が変わるのか、1章 日常のコミュニケーション、2章 日々の業務にも「ほめ」を取り入れる、3章 もっと力を発揮する！チーム内でのコミュニケーション、4章 相手の個性別ほめフレーズ、5章 会う前から人の心をつかむ「ほめ」、6章 「ほめ」でお客様から応援される関係になる、7章 言葉だけじゃない！ワンランク上の「ほめ」テクニック、8章 家族・身近な人もほめて人生をもっとハッピーに
2017.10 191p 18cm ¥1400 ①978-4-495-53871-2

◆元気が出る朝礼 話のネタ帳　本郷陽二著　アニモ出版
【要旨】どこでも誰でも、すぐに使えるスピーチ集！どんな職場でも、そのまま話せる、やる気を引き出す200の話材集。
2017.5 222p B6 ¥1400 ①978-4-89795-201-7

◆交渉学ノススメ　日本交渉協会編, 安藤雅旺監修　生産性出版
【目次】はじめに 交渉学で自らの生き方、社会との関わり方を考える、第1章 日本の交渉学の礎、第2章 交渉学の系譜、第3章「交渉学原論」概論、第4章 交渉学の基礎、第5章 交渉の段階と実践「交渉進化モデル」、交渉学の実践と応用1 協創を目指した「コンフリクト・マネジメント」を！、交渉学の実践と応用2「グローバルマインド」と「異文化コミュニケーション」、交渉学の実践と応用3「会議」をしっかり交渉する
2017.8 320p B6 ¥1600 ①978-4-8201-2067-4

◆声を鍛える―話しの説得力を劇的に高める声まねトレーニング　渡辺知明著　芸術新聞社　（付属資料：CD1）
【要旨】簡単なのに効果バツグン！楽しくてクセになる！イヌ、カラス、ネコ、ヒツジ、お経など「声まね」の課題をこなすだけで、強く安定した声を出せるようになります。
2017.5 111p B6 ¥1700 ①978-4-87586-511-7

◆顧客を説得する7つの秘密―「なぜ選ばれるのか」を解き明かす最先端ニューロマーケティングの教科書　ジェームズ・C・クリムンス著, 柿沼優花訳　すばる舎リンケージ, すばる舎 発売
【要旨】今まで見えなかった消費者の本心は、「無意識」に注目することで捉えられる。Apple, Intel、コカ・コーラ、ウェスティンホテル…消費者の購買決定の9割を担う、「無意識」に訴求する技術。
2017.10 319p B6 ¥2300 ①978-4-7991-0618-1

◆心をつかみ思わず聴きたくなる話のつくり方　阿隅和美著　日本能率協会マネジメントセンター
【要旨】話の主役を「自分」から「相手」に180度切り替える！TVの修羅場でつかんだ技術！
2017.6 212p B6 ¥1400 ①978-4-8207-1972-4

◆心に届く話し方65のルール　松本和也著　ダイヤモンド社
【要旨】口ベタな人ほどうまくいく方法。初対面でも結婚式でもプレゼンでも1分間スピーチでも具体的に使えるコツが満載!!
2017.7 263p B6 ¥1400 ①978-4-478-06963-9

◆答え方が人生を変える―あらゆる成功を決めるのは「質問力」より「応答力」　ウィリアム・A・ヴァンス, 神田房枝訳　CCCメディアハウス
【要旨】上司・部下・取引先・苦手な人…会議・プレゼン・面接・雑談・交渉…どんな場面でも、必ず相手が満足し、あなたを高く評価する、最強の答え方。
2017.6 283p B6 ¥1400 ①978-4-484-17214-9

◆言葉を「武器」にする技術―ローマの賢者キケローが教える説得術　高橋健太郎著　文響社
【要旨】欧米の知識人、グローバルエリートの基本教養であるキケローの名著『弁論家について』は2000年間、受け継がれてきた「人を動かす」言葉の技術の集大成です。これまで本格的に紹介されることがなかったキケローの『弁論家について』を元に〈伝え方〉〈話の通し方〉〈納得させ方〉の"奥義"をわかりやすくまとめて紹介します。「人を動かす」言葉のテクニックの決定版！
2017.7 240p 19×13cm ¥1420 ①978-4-86651-001-9

◆「言葉にできる人」の話し方―15秒で伝えきる知的会話術　齋藤孝著　小学館　（小学館新書）
【要旨】知っているのにうまく言葉にできない、話すタイミングを逃してしまう、自分はよくしゃべるけれど内容が薄い気がする…そんな経験はありませんか？この会話のもどかしさを解消するのが本書です。どんな会話も盛り上げ、いつも話題の中心にいるのが「言葉にできる人」。日々のアウトプット（言葉化）を鍛えれば、誰でも必ずなれます。齋藤先生が教える教養の超アウトプット法、そして一五秒で密度の濃いコメントをするテクニックを解き明かします。
2017.6 204p 18cm ¥780 ①978-4-09-825299-2

◆「困った会議」の進め方・まとめ方　リック・ブリンクマン著, 菊池由美訳　パンローリング　（フェニックスシリーズ 63）
【要旨】徹底した計画と運営で無駄な時間を終わらせよう！200万部超の世界的ベストセラー『「困った人」との接し方・付き合い方』の会議編。
2018.1 236p B6 ¥1600 ①978-4-7759-4186-7

◆コミックだからわかる！相手の本音を見抜く仕事の心理術　メンタリストDaiGo著, saco漫画　KADOKAWA
【要旨】営業先、上司、得意先、異性…どんな相手も思い通りに動かせる秘密のテクニックとは!?　2017.7 175p B6 ¥1000 ①978-4-04-601712-3

◆「コミュ障」だった僕が学んだ話し方　吉田照美著　集英社　（集英社新書）
【要旨】外出すれば道端の人が自分の悪口を言っているのではないかと怯え、人前に出ればアガっ

経済・産業・労働

てしまい一言も発することができないまま、場を後にする。青春時代、そんな「コミュニケーション障害」、俗にいう「コミュ障」に苦しんでいた吉田照美が、悩みぬいた末にたどりついた「コミュ障ならではの会話術」を初めて明かす。「滑らかな語り」をもてはやす現代の風潮に抗う、「うまく喋ることを目指さない」話し方、そして吉田の考えるコミュニケーションの本質とは。
2017.12 215p 18cm ¥740 ①978-4-08-721013-2

◆コミュニケーション力─コミュニケーション＆プレゼンの基礎　関明浩著　エスシーシー
【目次】第1章 ヒューマンスキルの基本要素を理解しよう（ヒューマンスキルとは、ヒューマンスキルの5つの要素）、第2章 コミュニケーション技法の基礎を理解しよう（ロジカルコミュニケーションの技法と位置づけ、ロジカルコミュニケーションの基礎知識 ほか）、第3章 プレゼンテーション技法の基礎を理解しよう（プレゼンテーションの技法ほか）、第4章 総合演習（ヒューマンスキルに関する演習問題、コミュニケーションに関する演習問題 ほか）、資料編 字・用語活用必携（同訓異字の使い分け、同音異議語の使い分け ほか）
2017.11 206p A5 ¥1200 ①978-4-88647-642-5

◆「コミュ力」アップ実践講座─気まずくならずに会話が続く！　下平久美子著　オレンジページ
【要旨】イラストと実例でよくわかる、心理学をベースとしたメソッド。20万人を笑顔にした人気カリスマ講師が、一生使える「話し方・聴き方のコツ」を教えます！
2017.4 175p B6 ¥1350 ①978-4-86593-146-4

◆最強の説得力─相手からすんなりYESを引きだす74の法則　齋藤孝著　マガジンハウス
【要旨】世の中には「この人が言うとなぜか意見が通る」という人がいます。この本はみなさんに、「伝える力」になってもらうためのガイドです。説得力を高めれば、仕事も、家庭も、人間関係も、すべてが気持ちよく回転しはじめます。
2017.9 205p B6 ¥1300 ①978-4-8387-2964-7

◆最強の話し方　福田健著　ロングセラーズ
【要旨】武器になる「ことばの使い方」とは？ 20の法則。
2017.6 222p 18cm ¥1000 ①978-4-8454-5022-0

◆さすがと思われる話し方　本郷陽二著　ベストセラーズ　（ベスト新書）
【目次】第1章 仕事で一目置かれる人の話し方（「了解しました」ではなく、「承知しました」で好印象に、ほめ言葉のつもりでも「なるほど」は、いただけません ほか）、第2章 敬う気持ちが伝わる話し方（敬語はどうして必要なのか？、「お」や「ご」をつければ、何でも丁寧語？ ほか）、第3章 さらりと使いこなしたい大人の話し方（「お愛想」より、「お会計」や「お勘定」がスマート、年配の方には「お若い」より、個性をほめる ほか）、第4章 その誤用が命取り！ 間違いやすい話し方（「生きざま」って、きれいな表現ですか？、「海千山千」は、ほめ言葉でしょうか？ ほか）
2017.3 221p 18cm ¥800 ①978-4-584-12544-1

◆さりげなく人を動かすスゴイ！ 話し方　山﨑拓巳著　かんき出版
【要旨】とてもナチュラルで、気がつくと、心をつかまれてしまう人がいる。なぜなの？ 著者が多くの先輩から学び、自ら実践してきたテクニックを、あますところなく公開する。一瞬で信頼されて「やる気のスイッチ」を入れる本。
2017.5 246p B6 ¥1400 ①978-4-7612-7258-6

◆3秒で心をつかみ10分で信頼させる聞き方・話し方　小西美穂著　ディスカヴァー・トゥエンティワン
【要旨】報道記者でありニュースキャスターの著者が、1700人の各界のエキスパートから学んできた一流の人の心をひらく会話術。いますぐ実践できる50のコツ。
2017.11 279p B6 ¥1500 ①978-4-7993-2189-8

◆仕事は「会話力」で9割変わる　福田健著　電波社
【要旨】嫌われる話し方、尊敬される話し方。「人前だとうまく喋れない」「会議や会合は苦手」「やっぱり自分は話しベタかも」と思っている人へ─「人から好かれて、社会人としても高評価を得られる！」と大好評の「人生が変わるほんものの話し方」満載！
2017.9 203p B6 ¥1300 ①978-4-86490-113-0

◆「しゃべる」技術─仕事力が3倍あがる話し方の極意　麻生けんたろう著　WAVE出版　（WAVEポケット・シリーズ 6）
【要旨】本来、だれにでも備わっている「話す力」にちょっとだけ工夫をかければ、話す扉が開き人生が変わります。ビジネスに必要なトーク術がつまった、常にワンランク上を目指すビジネスマン必読の書。
2017.2 191p 18cm ¥850 ①978-4-86621-030-8

◆10秒で必ず「印象付ける」人になる　幸慶美智子著　秀和システム
【要旨】「誰でも10秒で相手に強く印象付けることは可能です」勝率9割を叩き出すカリスマウグイス嬢が教える、究極の3つのメソッド！
2017.2 229p B6 ¥1500 ①978-4-7980-4906-9

◆10秒でズバッと伝わる話し方─できるビジネスマンは話が短い！　桐生稔著　扶桑社
【目次】はじめに 会話が苦手な方にお届けするバイブル、第1章 なぜ、できるビジネスマンは話が短いのか？、第2章 トップ3%のビジネスマンが意識していること、第3章 会話の9割は無駄で構成されている、第4章 「伝わる」の本当の意味、おわりに 伝わる話し方を人とつながる架け橋に　2017.9 191p B6 ¥1300 ①978-4-594-07820-1

◆10秒で伝わる話し方　荒木真理子著　日本実業出版社
【要旨】苦手なシーンでも落ち着いて話せる！ あがり症アナウンサーだった私でもできた、うまく伝えられる簡単なコツ。
2017.2 239p B6 ¥1400 ①978-4-534-05467-8

◆10秒で人の心をつかむ話し方─「前説」のプロが教える声・表情・姿勢　加藤昌史著　祥伝社
【要旨】4000回以上も開演直前の舞台に立ち、観客をワクワクさせてきた「伝え方」の極意。知らない人の前、大事なプレゼン、突然の指名。喋るのが恐くなくなる。すてきな声と姿まで手に入る。そのためのちょっとしたコツ42本。
2017.8 236p B6 ¥1400 ①978-4-396-61599-4

◆上手にあがりを隠して人前で堂々と話す法　丸山久美子著　同文舘出版　（DO BOOKS）
【要旨】「あがりの源である緊張は、何かにチャレンジしている証拠」と書かれています。本書では、著者が15年かけて学んだ「プロっぽく見える話し方」のテクニックの数々を、誰でも簡単に使える形でわかりやすく教えます！
2017.12 187p B6 ¥1500 ①978-4-495-53861-3

◆職場のピンチは「話し方」で9割切り抜けられる　福田健著　ロングセラーズ　（ロング新書）
【要旨】誰にでも起こる人間関係のトラブルを一気に解決!! 「いざ！」という時に使える58のテクニック。
2017.7 239p 18cm ¥1000 ①978-4-8454-5027-5

◆初対面でも盛り上がる！ Yumi式会話力で愛される29のルール　Yumi著　ダイヤモンド社
【要旨】MCとは、スターと舞台の上に一緒に上がってその場を仕切り、スムーズに司会進行をする役。当日、初めて会ってもすぐに打ち解けて会場を盛り上げ、お客さんを楽しませるYumi式、愛されるテクニックを大公開！
2017.10 187p B6 ¥1400 ①978-4-478-10362-3

◆初対面の相手でも不安ゼロ！ の会話術─言葉がつながる、気持ちもつながる　佐藤智子著　秀和システム
【要旨】"初対面の相手1万人" との会話から見つけた実践ノウハウ「初対面のプロ」が教える、会話を続けるコツと感謝する聞き方。
2017.3 243p B6 ¥1400 ①978-4-7980-4819-2

◆図解 心をつかむ「話し方」と「聞き方」が驚くほど身につく本　櫻井弘著　学研プラス
【要旨】相手の立場に立って、話す、聞く→相手の心のトビラが開く→話がはずむ！ 信頼が生まれる！
2017.9 251p A6 ¥550 ①978-4-05-406593-2

◆"図解" 雑談力─「納得のコツ」と「爆笑ネタ」　百田尚樹著　PHP研究所　（『雑談力』加筆・修正・再編集・改題書）
【要旨】一気に読めて一生使える、異色のノウハウ書！『永遠の0』『海賊とよばれた男』…いま一番面白い小説を書く作家が、話し方の秘技と必ずウケる話題33を紹介。
2017.8 95p 29×21cm ¥850 ①978-4-569-83674-4

◆図解 「話す力」が面白いほどつく本　櫻井弘著　三笠書房
【要旨】話す力の基本は3つの「コ」。どんな会話にも役立つ「まみむめも」。どんな "ギャップ" で言い方一つで埋まる！ 相手を不快にするNGワードとは？ 人気講師の「話し方」セミナーのエッセンスが図解だから、今すぐ身につく！
2017.4 148p B6 ¥1300 ①978-4-8379-2677-1

◆すごい説明力　木暮太一著　WAVE出版　（WAVEポケット・シリーズ 5）
【要旨】「なるほど！」「よくわかった！」日常会話からビジネスまで、相手からポジティブな反応が返ってくる法則。
2017.2 191p 18cm ¥850 ①978-4-86621-026-1

◆スタンフォード＆ノースウエスタン大学教授の交渉戦略教室─あなたが望む以上の成果が得られる！　マーガレット・A．ニール、トーマス・Z．リース著、渡邊真由訳　講談社
【要旨】勝ち負けじゃない！ 交渉後の人間関係に配慮した日本人に合った最強メソッド。ノースウエスタン大学最優秀教授賞受賞（トーマス・Z．リース）。
2017.6 349p B6 ¥1850 ①978-4-06-220221-3

◆スピーチ・ツリー─どんな場面でも人前でブレずに「話せる」技術　眞山徳人著　洋泉社
【要旨】あがり症、口下手、話がまとまらない、とっさの質問に切り返せない、思った通りに相手が反応してくれない…誰にでもある「話し方」や「伝え方」のクセを直すシンプルな方法。朝礼・面接・結婚式・会議・プレゼン・商談・自己紹介・婚活・セミナー…etc. 実際の指導現場のリアリティを追求したケース別の事例で丁寧に解説！
2017.5 303p B6 ¥1300 ①978-4-8003-1236-5

◆生産性アップ！ 短時間で成果が上がる「ミーティング」と「会議」　沖本るり子著　明日香出版社　（アスカビジネス）
【要旨】ちょっとした工夫と仕掛けで毎日の仕事が加速します。白熱した議論ができる。確実に成果を上げる。「これなら出たい」と思わせるノウハウ満載！
2017.12 195p B6 ¥1500 ①978-4-7569-1938-0

◆説得の戦略─交渉心理学入門　荘司雅彦著　ディスカヴァー・トゥエンティワン　（ディスカヴァー携書）　（『話し上手はいらない─説得しない説得術』加筆・修正・改訂・改題書）
【要旨】会議、交渉、セールスから恋愛、就活まで。弁護士が教える、エビデンスに基づく人を自然に納得させる方法論。
2017.6 279p 18cm ¥1000 ①978-4-7993-2118-8

◆セミナー講師の伝える技術─1年目から結果を出し10年以上稼ぎ続ける　立石剛著　かんき出版
【要旨】1400人以上のプロ講師を育てた著者が教える、稼ぎ続ける講師になるための "伝え方" の教科書。著者が厳選！ 心を揺さぶる20の事例。
2017.7 222p B6 ¥1500 ①978-4-7612-7271-5

◆ソニー歴代トップのスピーチライターが教える人を動かすスピーチの法則　佐々木繁範著　日経BP社、日経BPマーケティング 発売
【要旨】スティーブ・ジョブズのスピーチはなぜ「伝説」なのか？ 優れたリーダーはなぜ自分の失敗談を語るのか？ 部下のやる気を引き出す、3つの秘訣とは？ 自分の感情や身体が発するメッセージとは何か？ 感動を与え、行動を促す「伝え方」の教科書、決定版！
2017.10 239p B6 ¥1500 ①978-4-8222-5994-5

◆その雑談カチンときます　吉田照幸著　青春出版社　（青春新書PLAYBOOKS）
【要旨】相手との距離が縮まり、ドラマが生まれるコトバの拾い方。撮影現場のやりとりで磨かれた実践ヒント。
2017.10 221p 18cm ¥1000 ①978-4-413-21096-6

◆「その話、聞いてないよ」と言われない伝え方　金子敦子著　日本実業出版社
【要旨】行き違いがなく、モメないための相手との向き合い方。相手との関係に応じた、「適切」なコミュニケーションの距離の取り方。依頼をするとき、相手の「捕りやすいボール」の投げ方。対面、電話、メール…状況に応じた「最適」な伝達手段の選び方。ボリュームを少なくして「簡潔」「明瞭」に伝えるコツ。「一方通行」のコミュニケーションにならない、「伝えたつもり」で失敗しない5つのコツ。「伝えた」が「伝わっ

た」に変わる効率よく効果的なコスパの高いコミュニケーション術。
2017.7 195p B6 ¥1300 ①978-4-534-05504-0

◆対人援助職のためのファシリテーション入門—チームの作り方・会議の進め方・合意形成のしかた　中村誠司著　中央法規出版
【要旨】上司や同僚とのコミュニケーションが円滑になる！他部署との連携がスムーズに進む！職場の課題を解決し、ミッションを達成できる！ファシリテーションの効果とは？
2017.4 151p A5 ¥2000 ①978-4-8058-5490-7

◆タイプ別対処法を伝授！伝わる話し方のコツ　西任暁子監修　ナツメ社　（付属資料：別冊1）
【要旨】いざというときに役立つ話し方が身につく！対処法を身につけて、話し上手になろう！話下手な人でもこれさえ知っておけば大丈夫！「使えるフレーズ集」付き！
2017.2 175p B6 ¥1000 ①978-4-8163-6155-5

◆たった5日間であがり症・話し下手でも「いいスピーチ」ができる　松本幸夫著　現代書林
【要旨】自称、日本一のあがり症が人前で話をする仕事に就き、延べ20万人の前で堂々と話せるようになった。あがらずにいい話ができるノウハウが満載！朝礼、会議、プレゼン、営業で使える「話し方のコツ」。
2017.4 178p B6 ¥1500 ①978-4-7745-1629-5

◆たった1分で相手をやる気にさせる話術ペップトーク　浦上大輔著　フォレスト出版
【要旨】受容（事実の受け入れ）、承認（とらえかた変換）、行動（してほしい変換）、激励（背中のひと押し）。4つの要素を組み立てるだけ！アメリカで生まれた「不安や緊張」を前向きな気に変えさせる話し方。相手の心の状態を論理的に分析したトーク術。
2017.7 224p B6 ¥1400 ①978-4-89451-763-9

◆たった1分で会話が弾み、印象まで良くなる聞く力の教科書　魚住りえ著　東洋経済新報社
【要旨】えっ？こんなに簡単？人に好かれる！仕事に使える！雑談にも強くなる！1分で変わる！人間関係まで良くなる。苦手な人&場面も50のコツで乗り切れる！
2017.5 252p B6 ¥1300 ①978-4-492-04610-4

◆たった一言で人を動かす最高の話し方　矢野香著　KADOKAWA
【要旨】仕事も人間関係も「話し方」次第で劇的に変わる。雑談、プレゼン、挨拶、営業トーク、結婚式のスピーチ、初デート。最短、最速で最高の結果を出す究極のコミュニケーション術！NHKキャスターとして17年活躍、31,000人の話し方を激変させた秘伝のメソッド。
2017.11 239p B6 ¥1400 ①978-4-04-601942-4

◆誰とでも会話が弾み好印象を与える聞く技術—相手の話を自然と引き出す「聞き上手」になる　山本昭生著、福田健監修　SBクリエイティブ　（サイエンス・アイ新書）
【要旨】あなたは「この人、私の話を聞いてくれない…」と思ったことはありませんか？そんな人によい印象をもちましたか？会話が弾みましたか？納得できましたか？信頼できましたか？上手に話すことやプレゼンの技術に熱心な人はたくさんいますが、聞くことに無頓着な人はそれ以上にいます。逆にいえば、人の話をきちんと聞ける人は、それだけで間違いなく頭一つ抜けているということなのです。
2017.10 191p 18cm ¥1300 ①978-4-7973-8637-0

◆誰とでも15分以上会話がとぎれない！話し方—マンガでわかる！　野口敏著、酒井だんごむしシナリオ, maki作画　すばる舎
【要旨】「誰とでも15分以上会話がとぎれない！話し方66のルール」のツボを徹底伝授。1話ごとに“会話力がグーン”とUP！カフェ店主・ヒトミの「即効レッスン」！
2017.3 215p B6 ¥1300 ①978-4-7991-0602-0

◆知的な伝え方—頭がこんがらがってうまく話せない時に試してほしい　出口汪著　大和書房
【要旨】論理の力で「わかりやすい」と言われる人になる。話しベタの著者をカリスマ国語講師に変えた技法。
2017.7 194p B6 ¥1300 ①978-4-479-79570-4

◆チームで考える「アイデア会議」—考具応用編　加藤昌治著　CCCメディアハウス

【要旨】『考具』を読んだら。チームの企画力を最大化する。一人で、ベストにならない。「思いつき」を「選りすぐりの企画」に育てる仕組み。
2017.3 236p B6 ¥1500 ①978-4-484-17203-3

◆チャンスをつかむ超会話術　中谷彰宏著　（名古屋）リベラル社, 星雲社 発売
【要旨】仕事も恋愛も成功するのは、会話量の多い人だ。会話が弾む62の具体例。
2017.6 201p B6 ¥1300 ①978-4-434-23386-9

◆超一流できる人の質問力—人を動かす20の極秘テクニック　安田正著　マガジンハウス
【要旨】本書では、日頃ぶつかりがちな「質問に関するお悩み」を厳選し、ケーススタディ方式で問題点を探って、解決策をズバリ提示しています。
2017.11 189p B6 ¥1300 ①978-4-8387-2936-4

◆朝礼・スピーチ・雑談—そのまま使える話のネタ100　西沢泰生著　かんき出版
【要旨】「誰が話してもウケるネタ」を厳選して100本紹介。スポーツ選手や芸能人など著名人のエピソードが満載。ネタを暗記しやすいよう、主要部分が傍線が引いてある。各ネタともに「どれくらいウケそうか」5段階で評価。ネタの用途例や効果的なアレンジ例についても解説。「朝礼」「スピーチ」「雑談」「プレゼン」「接待」の場面を想定し、どこで使えるかが一目でわかる。元社長秘書にてショートストーリーの名手が教える、やる気が出た！笑えた！感心した！と言われる話、満載。
2017.2 262p B6 ¥1400 ①978-4-7612-7237-1

◆伝わり方が劇的に変わる！しぐさの技術　荒木シゲル著　同文舘出版　（DO BOOKS）
【要旨】「話せばわかる」は通じない!?—一生懸命仕事していてもちゃんと伝えてもらえない、相手との意思疎通がうまくできない、面接でいつも落とされてしまう…。そんなときは、言葉（バーバル）に原因があるとは限りません。本書では、言葉に頼らず、状況にマッチしたふるまいで相手に伝える「身体コントロール」、相手との力関係を左右する「ステイタス・コントロール」のテクニックが身につく1冊！
2017.1 217p B6 ¥1400 ①978-4-495-53641-1

◆「伝わるコトバ」の作り方　藤田亨著　ロングセラーズ
【要旨】日本テレビで報道番組・企画を3000本以上手がけた放送作家/番組プロデューサーが伝授。「コトバ」と「発想」の教科書。
2017.9 204p B6 ¥1300 ①978-4-8454-2403-0

◆泣ける会議—部下が活躍できる職場にするマザーリングマネジメント　金子祐子著　実業之日本社
【要旨】見守る、手を放すが、目は離さないで観察する。傾聴、相手が「話を聞いてもらっている」と感じられる状態を作り出す。ストローク、存在を認める働きかけ。ギクシャクした職場が一変！部下が自発的に動き出す！奇跡の法則！
2017.7 207p B6 ¥1500 ①978-4-408-33726-5

◆なぜあの人が話すと納得してしまうのか？—価値を生み出す「バリュークリエイト交渉術」　大森健巳著　きずな出版　（付属資料：DVD1）
【要旨】世界一と呼ばれる各分野のトップたちと一緒に講演をおこなう唯一の日本人が教える「最高の交渉」。
2017.4 221p B6 ¥1500 ①978-4-907072-97-1

◆なぜこの人と「また」話したくなるのか　田中イデア著　大和書房
【要旨】「出会って4秒」でネタはできる！人気女優も実践する方法!?「髪切った？」が褒め言葉に！「ちょっと弱い部分」で心の扉を開く。相手がどんどん話したくなるMCテクを使う。「へぇ〜」「へぇ〜」「ずげぇ！」の法則。アイドルでも食いつく話題づくり。「カンペ」から学ぶ、伝える技術。初対面・沈黙・苦手な人・緊張など…大切な場面に、これ一冊でOK。放送作家だからわかる人気タレントの会話力のヒミツ。
2017.3 191p B6 ¥1400 ①978-4-479-79571-1

◆なぜ僕は、4人以上の場になると途端に会話が苦手になるのか　岩本武範著　サンマーク出版

【要旨】人が増えるほどイヤになる原因と対策を徹底究明。
2017.5 205p 18cm ¥1100 ①978-4-7631-3626-8

◆納得させる話力　土田晃之著　双葉社　（双葉文庫）
【要旨】ひな壇では強い存在感を示し、MCから絶大な信頼を得る土田晃之。ポジション取りの巧さに加え、トーク技術、プレゼン能力の高さなど、その武器はビジネスマンが身につけたい要素ばかり。トークのプロである芸人が「話し方」について説いた必携ビジネス書。
2017.3 237p A6 ¥565 ①978-4-575-71464-7

◆20代で人生が開ける「最高の語彙力」を教えよう。　千田琢哉著　学研プラス
【要旨】言葉に、知性が表れる。仕事、恋愛、人間関係…言葉を磨いて成功を引き寄せる「人生のアップグレード戦略」100。
2017.12 235p B6 ¥1300 ①978-4-05-406615-1

◆日テレ学院が教える説得力のある「話し方」講座　日テレ学院監修　宝島社
【要旨】“信頼されるには「小さな声」で”“笑顔で腹筋”するとプレゼンがうまくいく!?”“「母音」を意識すると聞き返されない”—現役アナウンサー・キャスターが学んだ会話のコツ。コミックエッセイ。
2017.11 157p A5 ¥850 ①978-4-8002-7536-3

◆博報堂のすごい打ち合わせ　博報堂ブランド・イノベーションデザイン局著　SBクリエイティブ
【要旨】社員から、新しい発想が次々と飛び出す会議のしくみ。多くのトップクリエイターを生み出す博報堂の全社員が身につける門外不出の「話し方」「聞き方」のルールを初公開。
2017.6 205p B6 ¥1400 ①978-4-7973-9134-3

◆「話がうまい！」人のコツ　吉田照幸著　SBクリエイティブ
【要旨】初対面、スピーチ、職場で…シーン別に対応！図解「話ベタ」でもすぐに変身できる！人間関係を好転させる「会話」43の公式！「サラリーマンNEO」「あまちゃん」など現場で培った即戦力コミュニケーション術！
2017.3 95p A5 ¥648 ①978-4-7973-9088-9

◆話し方は「声」で変わる—仕事で結果を生み出す1分でできる発声調整メソッド　島田康祐著　フォレスト出版
【要旨】経営者・リーダー・議員・医師・士業・芸能人・教師・就活生・主婦が体感。合唱コンクール全国大会出場校を数多く指導する“発声のプロ”が、あなたを自信のある声に変える！
2017.12 252p B6 ¥1500 ①978-4-89451-781-3

◆「話し上手」「伝え上手」が大事にしている47のルール　野口吉昭編　三笠書房　（知的生きかた文庫　いい仕事をする人は、「いい言葉」を選ぶ　改題書）
【要旨】初対面、提案、説明、交渉…具体的な仕事のシーン別。ほんの“ちょっとしたこと”で「印象」と「結果」が180度変わる。
2017.2 203p A6 ¥590 ①978-4-8379-8456-6

◆ハーバード流交渉術—世界基準の考え方・伝え方　御手洗昭治著　総合法令出版
【要旨】ハーバード流交渉術こそ、これからの時代をより有利に生き抜くための術である。ビジネス、職場、家庭、あらゆる場面で使える！交渉力自己診断テスト、異文化ビジネス交渉のチェックリスト、取引交渉のケース・スタディ付き！
2017.5 287p B6 ¥1300 ①978-4-86280-549-2

◆ビジネスに役立つ　超絶！口説きの技術　櫻井秀勲著　きずな出版　（Kizuna Pocket Edition）
【要旨】関心を引き寄せる。好意を表現する。OKを引き出す。関係を深める。また会いたいと思わせる。相手をよろこばせる。一口説きは最高のビジネス・コミュニケーション。女も、仕事も、自分の思い通りに動かせる！ウソのようにうまくいく心理テクニック！
2017.3 221p 18cm ¥1300 ①978-4-907072-93-3

◆人を操る説得術—7ステップで誰でもあなたの思いのまま　ニック・コレンダ著, 山田文訳　パンローリング　（フェニックスシリーズ 59）
【要旨】人間は操り人形だ。本書では、どうやって糸を操ればいいのかを解説する。基本的には、相手の思考に影響を与え、こちらの意図する考えを刷り込んでおく。それをあとから指摘することで、相手の「心を読んで」いたということになる。読心術の第一人者であり心理学研究者

でもあり、マーケティングを学んだ経験もある著者は、膨大な数の学術文献を参照し、さまざまな実験によって証明された原理を用いて、自らのメソッドを構築した。つまり、これらの戦術には学術的な裏付けがある。本書で紹介する戦術を有効に活用すれば、思考だけでなく、感情も、そして行動も、思いのままにコントロールできる。
2017.10 316p B6 ¥1500 ①978-4-7759-4182-9

◆人を動かす聞く力＆質問力　松本幸夫著
三笠書房　（知的生きかた文庫）　『仕事の問題解決力が劇的に上がるコンサルタントの「聞く技術」』再編集・改題書）
【要旨】傾聴する、質問する、解決する。「すべて」の人間関係が好転する究極の会話術術、コミュニケーション術。
2017.3 221p A6 ¥630 ①978-4-8379-8461-0

◆人前で話す教える技術—ライブメソッド5つの公式　寺沢俊哉著　生産性出版
【要旨】研修講師、士業、コンサルタント、社内講師、ビジネスリーダーから朝礼で話をしなければならない方まで。「複数の人の前」でも、もう困らない。著者自らが28年間かけてマスターした「わかりやすく説明する技術」を体系化。
2017.10 266p B6 ¥1800 ①978-4-8201-2073-5

◆人前で話すのが苦手な人が少しだけ楽に話せるようになる32のヒント　久保純子著
リンダパブリッシャーズ、泰文堂　発売
【要旨】あがってうまく話せない、会話の糸口がみつからない、口べたで自信がない、滑舌が悪い、心を開いて会話できない—苦手なままでいいんです！話し上手になるより、思いが伝わる話し方。
2017.1 188p B6 ¥1400 ①978-4-8030-0989-7

◆人見知りアナウンサーに学ぶ ドキドキに負けない話し方　樋田かおり著　文響社
【要旨】元あがり症のアナウンサーが教える、緊張しないで話すためのテクニック集。・自己紹介にはギャップを入れる。・「母音」に注目すれば滑舌をよくなる。・相手を上機嫌にするあいづちはさ行でスタート。・キツい、乱暴なイメージを変えたければ濁音を使わない。などなど、ユニークな方法で、話し下手を楽しく克服しましょう。
2017.7 200p 19×13cm ¥1420 ①978-4-86651-004-0

◆表現力—書き方・見せ方・話し方　関明浩著
エスシーシー
【目次】第1章 文章技法の基礎（文章のマナー）を理解しよう（文章の基本概念、文章を書く際の準備手順とポイント ほか）、第2章 実際の文書の文章をマスターしよう（ビジネス文書（社外文書）の基礎知識、ビジネス文書（社内文書）の基礎知識 ほか）、第3章 話し方の基本（話し方のマナー）を理解しよう（話し言葉の基礎知識、話し方の留意点 ほか）、第4章 効果的な見せ方（ビジュアル表現）の基礎を理解しよう（ビジュアル表現の効用、効果的なビジュアル表現）、資料編 用字・用語活用必携（同訓異字の使い分け、同音異議語の使い分け ほか）
2017.11 212p A5 ¥1200 ①978-4-88647-640-1

◆品が伝わるオトナの言い方が身につく本
唐沢明著　ぱる出版
【目次】第1章 好印象を与えるオトナの挨拶、第2章 相手が喜ぶオトナの感謝、第3章 こわばりを解くオトナの謝罪、第4章 自尊心をくすぐるオトナの褒め言葉、第5章 協力を引き出すオトナの依頼、第6章 疲れをいやすオトナのねぎらい、第7章「また会いたい」と思われるオトナの別れ際、第8章 オトナは「言いにくいこと」をこう伝える、第9章 大人でもなかなか出ないオトナ言葉
2017.2 207p B6 ¥1300 ①978-4-8272-1047-7

◆プロ直伝！ 最高の結果を出すファシリテーション　山田豊彦、増田慎マンガ　ナツメ社
【要旨】会議のデザインから運営、まとめまで！会議別の進め方とファシリテーターの心得も掲載！
2017.10 223p A5 ¥1500 ①978-4-8163-6330-6

◆マジで会話が苦手でも、「楽しい人」になれる本　野口敏著　PHP研究所　（PHP文庫）（『「つまらない人！」とは言わせない話し方』改題書）
【要旨】話のつまらない人だと思われたくない、会話中に相手が退屈そうになったらどうしよう…。そんな不安や悩みを持つ人は多いのでは？ でも

大丈夫！「面白い話」や「役に立つ話」は必要ありません。ちょっとしたコツをつかむだけで、まわりの人から「楽しい人」と思われるうになれるんです。さあ、まずはこの一冊から始めてみませんか。
2018.1 284p A6 ¥680 ①978-4-569-76799-4

◆「また会いたい」と思われる！ 会話がはずむコツ　山口拓朗著　三笠書房　（知的生きかた文庫）（『どんな人ともドギマギせずに会話がふくらむコツを集めました！』改題書）
【要旨】たった1分の雑談で、心の本音も面白いほど見える！ あの人の、好みも、興味も、価値観も…。あなたの魅力が伝わり、可能性の扉が開ける！
2017.7 238p A6 ¥650 ①978-4-8379-8481-8

◆マネジャーのロジカルな対話術　日沖健著
すばる舎
【要旨】管理職なら誰もが出くわす、あの場面。現場の言葉だからわかりやすい、ちょっとした言い方の違いと効果。デキる上司は、一方的な指示・命令ではなく、対話による伝達・合意形成へ。35のケースでポイント解説。
2017.3 227p B6 ¥1500 ①978-4-7991-0606-8

◆マンガでやさしくわかる傾聴　古宮昇著、葛城かえでシナリオ制作、サノマリナ作画　日本能率協会マネジメントセンター
【要旨】京長市の市役所の職員として働く二階堂いずみは市長が新設した「耳かたむけ課」の担当に抜擢されるものの、いまひとつやりがいを感じられません。そんなある日、新市長にトラブルを救ってもらったことがきっかけで「傾聴」を知り、やがて、市民や職場の人々、家族とのかかわりに変化が訪れます。どうすればうまく傾聴できるのか、傾聴の心がまえから実践方法まで、医療、介護、教育、家庭、職場、あらゆる場面で使える基礎スキルを解説。
2017.1 202p B6 ¥1400 ①978-4-8207-1958-8

◆マンガで読み解くカーネギー話し方入門
デール・カーネギー原作、歩川友紀脚本、青野渚漫画　（大阪）創元社
【要旨】『カーネギー話し方入門』の全原則を練り込んだオリジナル・ストーリーで、やさしく学ぼう。
2017.1 190p B6 ¥1000 ①978-4-422-10117-0

◆マンガでわかる！ かならず伝わる説明の技術　鶴野充茂監修　宝島社
【要旨】伝え方を変えれば、たちまち仕事ができる人に！
2017.2 223p B6 ¥1200 ①978-4-8002-6055-0

◆マンガでわかる！ 質問力　谷原誠監修　宝島社
【要旨】「いい質問」が人を動かし、自分を変える！質問のしかたがわからないまま社会人になってしまったあなたへ。
2017.7 255p B6 ¥1100 ①978-4-8002-7063-4

◆まんがでわかる伝え方が9割　佐々木圭一著、星井博文シナリオ、大舞キリコ作画　ダイヤモンド社
【要旨】この物語は、伝えベタな編集者、五十嵐舞が、実は、「伝え方」には法則があって学べることを知り、困難を乗りこえていくストーリー。まんがを読むだけで、ベストセラー『伝え方が9割』が身につきます。
2017.1 219p B6 ¥1200 ①978-4-478-06864-9

◆マンガでわかる！ 林修の「話し方」の極意　林修監修　宝島社
【要旨】日本語のプロ林先生のコツがマンガでわかる！ 頼む、謝る、断る、褒める…「話す」ことは「聞く」ことである。そのまま使える実例フレーズ満載。
2017.2 223p B6 ¥1000 ①978-4-8002-6127-4

◆ミス・失敗がこわくなくなる コミュニケーション　日本能率協会マネジメントセンター編　日本能率協会マネジメントセンター
【要旨】苦手な人との接し方がわからない。ホウレンソウの正解を知らない。質問が的外れとよく言われる。人を説得することが苦手。社外での振る舞いに自信が持てない。自然に雑談をすることができない。ミス・失敗を予防するコツがわかればもう何もこわくない。
2017.3 157p B6 ¥1400 ①978-4-8207-5961-4

◆「やばいこと」を伝える技術—修羅場を乗り越え相手を動かすリスクコミュニケーション
西澤真理子著　毎日新聞出版

【要旨】しばしば、どんなに正確な言葉を使っても、話し手、または聞き手にとって都合の悪いこと—不都合な事実—は、誤解や偏見、相手との知識差など様々な壁に阻まれて、こちらが伝えたいようには伝わりません。相手に伝わるように伝えるためには、言葉の力だけに頼る方法は限界があるからです。
2017.9 221p 18cm ¥1000 ①978-4-620-32464-7

◆ゆっくり話すだけで、もっと伝わる！—アナウンサーが教える七つの技　浅沼道郎著　朝日新聞出版
【要旨】七つの技をマスターするだけで、明日からトークの達人になれる！ メ〜テレの名物アナが明かす門外不出の話し方の奥義！
2017.2 215p B6 ¥1300 ①978-4-02-251455-4

◆論理的な話し方の極意　齋藤孝著　宝島社
【要旨】もやもやしたものに名前をタグ付け。「ヤバい」「超〜」じゃ伝わらない。自分で自分の弁護士になる。「論証図」でトレーニング。一文で心をつかむタイトル。聞き上手は整理上手。要約力を身につけるコボちゃん作文。論理の世界で「3」は意味がある。"検索ごっこ"で数字と仲良く。毒舌は劇薬。「英語構文的」な話し方。「パワー」は論理を凌駕する…直感と閃きを磨きながら、論理力を身につける練習帳。
2017.7 221p B6 ¥1400 ①978-4-8002-7234-8

◆「わたしと仕事、どっちが大事？」はなぜ間違いなのか？　谷原誠著　あさ出版
【要旨】こんなふうに言われたら、どう言い返す？「それとこれとは違う！」「他の人たちもやっている！」「そんな話は世間では通用しないよ！」気鋭の弁護士が教える、言い負かされない、黙り込まない、丸め込まれない、モヤモヤしない、相手を納得させる方法。
2017.4 247p B6 ¥1300 ①978-4-86063-983-9

 ビジネス文書・ワープロ文書

◆イラッとされないビジネスメール 正解・不正解　平野友朗監修　サンクチュアリ出版
【要旨】あなたのメール、実はイラッとされている！ 全国約1000社の役職者たちが明かした相手に不快感を与えるポイントを完全解決！
2017.6 222p B6 ¥1200 ①978-4-8014-0041-2

◆外資系コンサルのビジネス文書作成術—ロジカルシンキングと文章術によるWord文書の作り方　吉澤準特著　東洋経済新報社
【要旨】すぐれたビジネス文書は読みやすくわかりやすいだけでなく、それ自体が相手を動かし、成果を拡大し続ける。大手コンサルティングファームでドキュメンテーションスキルを指導する著者が、ロジックの組み立てと効果的な表現をWord上で思い通りに実現するテクニックを解説。
2017.4 303p A5 ¥1800 ①978-4-492-55777-8

◆残業ゼロのためのN式文章の基準　沼田憲男著　日経BP社、日経BPマーケティング 発売
【要旨】元日経新聞記者が、いま文章トレーナーが明かす仕事の生産性を上げる文章術。
2017.7 247p B6 ¥1400 ①978-4-8222-5528-2

◆図解でわかる！ ビジネス文書　直井みずほ監修　秀和システム
【要旨】恥をかかない敬語ルール、間違いない時候の挨拶、クッション言葉でソフトな表現—通知・案内・依頼など、日常よく使うパターンを厳選。基本フォーマットを見ながら、目的の文書を誰でも書ける！
2017.3 199p B6 ¥1200 ①978-4-7980-4962-5

◆スピードマスター 1時間でわかる意図が伝わるビジネス文書の作り方—上司も納得！ 企画書＆提案書　木村幸子著　技術評論社
【目次】1章 会議で通る企画書・提案書を作るための準備（「意図が伝わる」企画書のポイントとは何か？、「課題」「提案内容」「理由付け」の3点をおさえる ほか）、2章 提案を明確に伝える企画書・提案書の作り方—ワード（「課題」「提案内容」「理由付け」が一読してわかる企画書・提案書を作る、自分の提案をコンパクトに要約する ほか）、3章 企画書・提案書を支える添付資料の作り方—エクセル（添付資料の役割を考える、元になった数値を「見せる」資料に加工する ほか）、4章 応用編ここさえ変えればOK！ 文書・資料の改善ポイント（短い項目がたくさん並ん

でいて文書のバランスが悪い、数行の文章がはみ出してしまってА4 1枚に収まらない！ ほか）
2017.9 159p B6 ¥1000 ①978-4-7741-9173-7

◆そのまま使える！ ビジネスメール文例事典　大嶋利佳監修，水江泰資著　秀和システム
【要旨】呆れさせない！ 笑われない！ トラブらない！ 怒らせない！ どんなシーンでも即対応！ その場で使える文例・表現例が満載！
2017.2 211p B6 ¥1300 ①978-4-7980-4951-9

◆伝わるメールが「正しく」「速く」書ける92の法則　山口拓朗著　明日香出版社 （アスカビジネス）
【要旨】うるさいお客様・上司も納得するメールの書き方。報告、連絡、依頼、問い合わせ、営業などに使えます。
2017.2 227p B6 ¥1400 ①978-4-7569-1881-9

◆内部統制の有効性とコーポレート・ガバナンス　藤原英賢著　同文舘出版
【要旨】取締役会、監査役会の性質は、内部統制の問題開示にどう影響するのか？ 企業のガバナンスの機能を阻害する危険性がある要因や有効性を高める要因が内部統制の問題開示にどのような影響を与えているかを検証し、財務報告の品質や証券市場に与える影響に関する検証の基礎を提供する！
2017.4 313p A5 ¥4200 ①978-4-495-20551-5

◆ビジネス文書と日本語表現―正しい美しい日本語で相手の心をつかむ　河田美惠子著　学文社　改訂2版
【目次】1 ビジネス文書の作成に必要な知識、2 わかりやすく正確に文章を書くための文書作法、3 敬語表現と敬称、4 日本語表現、5 ビジネス文書の能率的な書き方、6 文書表現のポイントと留意点、7 ビジネスEメールの作成と発信に関する作法、8 文書の取り扱い
2017.4 148p B5 ¥2200 ①978-4-7620-2710-9

◆ビジネスメール即効お役立ち表現―入社1年目から差がつく！　中川路亜紀著　集英社
【要旨】自分らしさを出しながら相手にきちんと伝わる「メール力」が身につく！ ビジネス敬語も自由自在。信頼されるメールの書き方や本題に入る前に便利なつなぎの一言など周囲と差がつくランクアップ術も紹介！
2017.3 191p B6 ¥1200 ①978-4-08-786081-8

◆ポイント図解 報告書・レポート・議事録が面白いほど書ける本　永山嘉昭著　KADOKAWA （『ポイント図解 報告書・レポートが面白いほど書ける本』加筆・再編集・改題）
【要旨】「やり直し」なしで一発OK連発！ 文書の「型」に当てはめれば一瞬で書ける！ 伝わる！ すぐに使える「実例集」付き！
2017.8 175p B6 ¥1300 ①978-4-04-602052-9

◆ミス・失敗がこわくなくなる ビジネス文書　日本能率協会マネジメントセンター編　日本能率協会マネジメントセンター
【要旨】わかりやすい文書を書く自信がない。ビジネス文書の決まりごとを知らない。文書の種類を把握していない。郵送のルールを知らない。正確な敬語が書けるか心配。ビジネスメールの書き方がわからない。ミス・失敗を予防するコツがわかればもう何もこわくない！
2017.3 157p A5 ¥1300 ①978-4-8207-5962-1

ビジネスマナー・人間関係

◆相手も自分も疲れないほんとうの気遣いのコツ　三上ナナエ著　大和書房
【要旨】3万人が実感！ 人気マナー講師がもう気疲れしない方法を伝授。「一生懸命がんばるあなた」がうまくいく31の気遣いの秘訣。
2017.4 198p B6 ¥1400 ①978-4-479-79583-4

◆あなたを守り、幸せにする運のいい人のマナー　西出ひろ子著　清流出版
【要旨】真のマナーを学べば、誰もが開運する!?著者綴じる、さまざま苦難を越え、幸せと幸運体質を手に入れた“真心のマナー”の真髄がここに！ 2017.3 222p B6 ¥1400 ①978-4-86029-458-8

◆言いたいことを言いまくっても、好かれる方法　渋谷昌三著　宝島社
【要旨】あのとき「ごめん」「無理です」「やり直して」「お願い」と言えてたら…「言える人間」

が得をする。
2017.3 223p B6 ¥900 ①978-4-8002-6698-9

◆言いにくいことを伝える技術　大野萌子著　ぱる出版
【要旨】あなたは言いたいことを言えるほう？ それとも、我慢してストレスをかかえてしまうほう？ でも大丈夫！ トレーニングを積めば、言いたいことを伝えて、良い人間関係がつくれるようになる!!もう振り回されない!!ストレスフリーな人間関係を一瞬で手に入れるスキル。自分のタイプがわかる自己診断チェックリスト付き。
2017.7 191p B6 ¥1400 ①978-4-8272-1064-4

◆「イヤ！」と言ってもこじれない、嫌われない！ ちょうどいい「言い回し」と「振る舞い」　菊地麻衣子著　明日香出版社 （アスカビジネス）
【要旨】『我慢』から解放されて、いつもスッキリ。自分らしく、毎日を過ごせます！ 人間関係もうまくいく！
2017.7 213p B6 ¥1400 ①978-4-7569-1915-1

◆絵解 ビジネスマナー基本の「き」for フレッシュマン　渡辺由佳監修　マガジンハウス
【要旨】学生→社会人。基本のマナーさえ覚えておけば、あなたも「できる」ビジネスマンに！ 様々なビジネスシーンをマンガで解説！
2017.3 127p A5 ¥1200 ①978-4-8387-2919-7

◆大人の語彙力が使える順できちんと身につく本―ひと言で知性があふれ出す　吉田裕子著　かんき出版
【要旨】言葉の由来・ニュアンス・使用シーン・類義語がわかる！ 使いこなしたい200の言葉を実例つきで解説！
2017.4 205p B6 ¥1400 ①978-4-7612-7268-5

◆大人のマナー常識大全―これでカンペキ！　幸運社編　PHP研究所 （『大人のマナー常識513』再編集・改題書）
【要旨】知らないと恥ずかしい常識から、知っていると「さすが！」と言われるマナーまで、今すぐ役立つ知識満載！ どんなシーンでも「しくじらない人」になるために大切な505のルール。
2017.3 319p B6 ¥780 ①978-4-569-83572-3

◆会社で恥をかかないための言いまちがい正誤ブック　盛田栄一著、いのうえさきこ漫画　KADOKAWA
【要旨】あなたの使っているその言葉、実は8割くらい間違っているかも!?デスクに必携の小辞典！ 2017.4 206p B6 ¥1000 ①978-4-04-069261-6

◆かつてない結果を導く超「接待」術―一流の関係を築く真心と“もてなし”の秘密とは　西出ひろ子著　青春出版社
【要旨】これ1冊で、接待のすべてが端から端までわかる！ つい見落としがちな身だしなみ、「できる大人」と思わせる店選び、成功を左右する事前調査、スマートさを魅せる姿勢・歩き方、どんな料亭、フレンチの店でも自信を持てる振る舞いのツボ、知っておきたいテーブルマナー、礼儀を知った出迎えからお見送りまで、外国の方とも会話がはずむ手土産、この人と仕事がしたいと思わせるアフターフォロー…360度どこから見ても美しく、相手の心をググッとつかむ、一流の接待マナーとは。
2017.4 350p B6 ¥1500 ①978-4-413-23050-6

◆敬語の使い方が面白いほど身につく本　NHK放送研修センター・日本語センター監修，合田敏行著　あさ出版 （超解）
【要旨】正しいだけではダメ。敬語が相手にきちんと伝わるようにシーン別の表現をマスターする！
2017.4 205p B6 ¥1300 ①978-4-86063-918-5

◆語彙力チェック！―この日本語、社会人なら使えないと困ります　日本語倶楽部編　河出書房新社 （KAWADE夢文庫）
【要旨】「会議や交渉で」「人を褒めるとき」「お詫びするとき」…より相手に響く言葉を、時と場合に応じて、正しく使えていますか？ 語彙力で、仕事＆人間関係を向上させる本！
2018.1 223p A6 ¥680 ①978-4-309-49983-3

◆雑談が上手い人 下手な人　森優子著　かんき出版
【要旨】雑談は最強の武器になる。1000人の成功者から学んだ誰でも真似できる「言葉の秘密」。
2017.4 222p B6 ¥1300 ①978-4-7612-7251-7

◆雑談の正体―ぜんぜん“雑”じゃない、大切なコミュニケーションの話　清水崇文著　凡人社 （わたしたちのことばを考える 2）
【要旨】でも、そもそも「雑談」って何なの？ 大注目の「雑談力」。コミュニケーション学や外国語学習の視点から、その姿を解き明かす。
2017.11 186p B6 ¥1500 ①978-4-89358-935-4

◆「参考になりました」は上司に失礼！ 入社1年目の国語力大全　日本エスプリ研究会著　宝島社
【要旨】「お礼を言ったつもりが、なぜか上司が怒り出した」そんな経験はありませんか？ それは、知らず知らずに失礼な言いまわしをしてしまっているから！ 敬語の使い方、漢字の使い分け、カタカナ語にカドの立たない言いまわしまで、新社会人が陥りがちな日本語の問題は、これ一冊で解決！
2017.2 383p B6 ¥1000 ①978-4-8002-6268-4

◆仕事でナメられないための賢語手帳　唐沢明著　亜紀書房
【要旨】お客様をお迎えするとき、失礼なくお断りしたいとき、上品にお礼を言うとき、相手の時間を気遣いつつ、お願いごとをするとき、などなど。ビジネスシーンで輝く言い方、表現を精選！
2017.6 157p 18cm ¥1000 ①978-4-7505-1509-0

◆知っトク！ 敬語BOOK―スイスイ読めて、スラスラ話せる　唐沢明著　世界文化社
【要旨】学生・新社会人の敬語の弱点はコレですべて解決！ あいさつ、電話、手紙、メール、営業、接客、冠婚葬祭に至るまで8つのテーマを制覇！ この一冊でコミュニケーション力がUP！ 周囲のあなたを見る目が大きく変わる！
2017.3 191p 18cm ¥1000 ①978-4-418-17411-9

◆社会人の日本語―使いこなせたら一人前　山本晴男著　クロスメディア・パブリッシング，インプレス 発売
【要旨】日本語、正しく使えていますか？ 知らないと恥をかく、「社会人語」を徹底解説!!明日から使える！
2017.10 238p B6 ¥1080 ①978-4-295-40131-5

◆職場で使える「伝達力」―仕事は人間関係が9割！　小倉広監修　神宮館
【要旨】コミュニケーションの悩みやトラブルは人間関係の悪化やストレスを招きます。上司・同僚・部下への伝え方がよくわかり、人間関係が驚くほど改善される56のテクニックを紹介！
2017.2 191p B6 ¥1380 ①978-4-86076-349-7

◆女性のビジネスマナーパーフェクトブック―この一冊で、必要なスキルが身につく！　松本昌子監修　ナツメ社
【要旨】敬語の使い分け、ビジネスメール、電話応対、来客応対から、おつき合い＆食事マナーまで、バッチリ！
2017.2 223p B6 ¥1400 ①978-4-8163-6165-4

◆新社会人のためのビジネスマナー講座　寿マリコ著 （京都）ミネルヴァ書房
【要旨】ビジネスマナーはこれ1冊でOK！ すぐに必要となるビジネスの基本をわかりやすく解説！ 身だしなみから、来客や訪問時のマナー、電話対応、ビジネス文書、冠婚葬祭、接待マナーなど、絶対にはずせないポイントを完全網羅！ イラストでわかりやすい！ ビジネスマナー完全版。
2017.7 206p B6 ¥1800 ①978-4-623-07744-1

◆新人の「？」を解決するビジネスマナーQ＆A100　利重牧子著　同文舘出版 （DO BOOKS）
【要旨】誰に聞いたらいいのかわからない…。人に聞いたら恥ずかしい…。1人で抱えがちな「職場の悩み」を軽くする具体策！ シチュエーション別、社会人1～2年生のためのマナー＆コミュニケーション。すぐわかる！ 場面別＆イラスト図解。
2017.4 252p B6 ¥1300 ①978-4-495-53671-8

◆図解＆事例で学ぶ新しいビジネスのルールとマナーの教科書　ビジネス戦略研究所著　マイナビ出版
【要旨】いつの時代でも変わらないマナーの基本から、人間関係を円滑にする会話のマナーや大事な情報を守るIT機器利用のマナー、SNS時代のコミュニケーションの取り方など、会社では教えてくれない新しいビジネスのルールとマナーを凝縮！
2017.2 223p B6 ¥1380 ①978-4-8399-6212-8

経済・産業・労働

◆図解でわかる！　上手な気遣い　三上ナナエ著　秀和システム
【要旨】元CAの経験にもとづく、誰でもできる気遣いのコツを伝授！「こんなときはどうする？」の具体的な答えが満載。
2017.11 182p B6 ¥1200 ①978-4-7980-5359-2

◆図解でわかる！　ビジネスマナー　三上ナナエ監修　秀和システム
【要旨】清潔感のある身だしなみ。正しい名刺交換やお辞儀のしかた。恥ずかしくない言葉づかい。社内から訪問先まで、マナーのポイントを厳選。あいさつ・報告・電話応対など、お手本を見てすぐ使える！
2017.6 186p B6 ¥1200 ①978-4-7980-5158-1

◆好かれる人が無意識にしている言葉の選び方―仕事も人間関係も充実する58の言い換え例　中谷彰宏著　すばる舎リンケージ, すばる舎 発売
【目次】第1章 ふだん使いの言葉で、印象が変わる。（「公務員です」より、「小学校で体育を教えています」より、「こんにちは、ごぶさたしています」より、「あ、○○さん」ほか）、第2章 前提を変えると、話しやすくなる。（「お忙しいんでしょう」より、「お忙しいところありがとうございます」より、「初めてですか？」より、「よく来られますか？」より。ほか）、第3章 言い換えしで、仕事がはかどる。（部下がイマイチなアイデアを出した時、「ないね」より、「なんかありそうだな」より。ほか）、第4章 言い換えして、納得感を高める。（「チョーおいしいお店なんです」より、「ちょっとヘンなお店なんです」より、「豪華な前菜」より、「軽い前菜」。ほか）、第5章 言葉が、運を運ぶ。（タクシーに乗る時、「表参道まで」より、「こんにちは、表参道までお願いします」より、「問い合わせをする時、「バリアフリーですか」より、「1階の客室をお願いできますか」。ほか）
2017.10 190p B6 ¥1300 ①978-4-7991-0673-0

◆スキルとマナーが身に付く　社会人のルール　日本サービスマナー協会監修　学研プラス
【要旨】敬語、電話・メール、仕事の基本―これ一冊で万人が身につく常識と作法はバッチリ。イラスト図解でわかりやすい！
2017.3 127p A5 ¥580 ①978-4-05-406550-5

◆すぐ身につけたい　大人の言葉づかいBOOK　三上ナナエ監修　成美堂出版
【要旨】気づかいが伝わる言葉、話し方で印象がガラリと変わる！ そのまま使える実例集。　2017.5 223p B6 ¥900 ①978-4-415-32256-8

◆生産性マネジャーの教科書　河村庸子, 本間正人著　クロスメディア・パブリッシング, インプレス 発売
【要旨】部下を伸ばす「デキる上司」の新常識！ ホワイトカラーの生産性向上を実現する「生産性マネジャー」。
2017.9 239p B6 ¥1480 ①978-4-295-40124-7

◆闘う敬語―仕事の武器になる「敬語入門」　大嶋利佳原案・監修, 朝倉真弓ストーリー　プレジデント社
【要旨】パワハラやセクハラにあったら？ クレーマーを撃退するには？ 正しい敬語は、相手を尊重するだけでなく自分の尊厳も守ってくれる。ピンチをチャンスに変える「12の対決ストーリー」。本書を読めば“シーン別”敬語の実践力が身につく!!
2017.3 247p 18cm ¥1300 ①978-4-8334-2221-5

◆正しい敬語―美しい日本語を話したい人のために　末岡実著　阿部出版
【目次】第1章 ビジネス編（会話、電話 ほか）、第2章 家庭編（会話、電話 ほか）、第3章 冠婚葬祭編（パーティー、結婚 ほか）、第4章 敬語事典（分類、言い換え）
2017.2 211p 20×14cm ¥1600 ①978-4-87242-651-9

◆誰とでも一瞬でうちとけられる！　すごいコミュニケーション大全　佐藤幸一著　総合法令出版
【要旨】さりげない気づかいをできるようになりたい人。気をつかいすぎて、うまく仲良くなれない人。本音で付き合える人間関係を築きたい人。自分の気持ちを周囲に理解してもらいたい人。人間関係はコレ1冊でOK！ 本当に使えるテクニック90。
2017.9 203p B6 ¥1300 ①978-4-86280-571-3

◆誰とでも仲良くなれる敬語の使い方　松岡友子著　明日香出版社　（アスカビジネス）

【要旨】友だちレベル、先輩レベル、上司・お客様レベル―社会人が身につけておくべき敬語が一目でわかる！
2017.3 201p B6 ¥1400 ①978-4-7569-1889-5

◆超一流の小さな気配り　三上ナナエ著　PHP研究所
【要旨】「察する力」で仕事も人間関係もうまくいく！ 元ANAのCAでキャリア20年以上のマナーのプロが教える一流の気遣い。
2017.3 207p B6 ¥1400 ①978-4-569-83479-5

◆ちょっとしたことで「かわいがられる」人　山﨑武也著　三笠書房　（『ちょっとしたことでかわいがられる人、敬遠される人』改題書）
【要旨】もっと気持ちよく生きる100の人間関係術。一朝、あいさつをかわすときに、打ち合わせ中に、食事の席で、別れぎわに…。あらゆる場面で使えます！
2017.3 221p 18cm ¥1000 ①978-4-8379-2673-3

◆できる男のマナー大全　大人のマナー研究会編著　ロングセラーズ
【要旨】冠婚葬祭からビジネスシーンまで、これさえ知っていれば「大人の男」になれる。男の値打ちはさりげないマナーの中に現れる！
2017.5 243p 18cm ¥1000 ①978-4-8454-5019-0

◆できる男のマナーのツボ決定版　城田美和子著　青春出版社　（青春新書PLAY BOOKS）
【要旨】感じのいい人、信頼できる人…この気くばり1つで評価はガラリと変わる！ あいさつ、交渉、接待、テーブル作法、恋愛、冠婚葬祭…日常生活のあらゆるシーンで役立つ一冊。
2017.3 205p 18cm ¥900 ①978-4-413-21082-9

◆できる大人は、男も女も断わり上手　伊藤由美著　ワニ・プラス, ワニブックス 発売　（ワニブックスPLUS新書）
【要旨】「断わり上手」は「お願い上手」だから「つき合い上手」で「幸せ上手」。ビジネス、恋愛、家庭、SNS、近所づきあいなど、銀座のママがそっと教える、“カドの立たない”お断わりの作法。
2017.8 189p 18cm ¥930 ①978-4-8470-6114-1

◆なぜか好かれる人の「ちょうど良い礼儀」　山﨑武也著　日本実業出版社
【要旨】適切な「礼儀」で印象は大きく変わる。“失礼”や“無礼”はあってはならないが、礼も心を込めないと“慇懃無礼”となる。「気が利く人」「好感を持たれる人」がさりげなくしていること。「失礼な振る舞い」をしないための45の心得。2017.10 197p B6 ¥1300 ①978-4-534-05524-8

◆苦手な人を消してしまえる禁断の気質学―相手を思いどおりに操る4つの力　井上由美著　楓書店, サンクチュアリ出版 発売
【要旨】なぜ、取り入れた企業と人だけが上手くいくのか。自分を知って、ストレスに悩まない新しい人間関係。
2017.11 190p B6 ¥1300 ①978-4-86113-830-0

◆入社1年目で差がつく　社会人の常識とマナー　直井みずほ監修　ナツメ社
【要旨】心構え、身だしなみ、仕事の進め方、敬語、スキルアップ。マンガとイラストですんなり理解！ ここだけ押さえる仕事以前の「当たり前」。初歩の初歩からの丁寧な解説で、不安や苦手意識を一掃します！
2017.4 191p A5 ¥1200 ①978-4-8163-6193-7

◆入社1年目ビジネスマナーの教科書―イラストでまるわかり！　金森たかこ著, 西出ひろ子監修　プレジデント社
【要旨】日礼、会釈、丁寧な礼…お辞儀をどう使い分ける？ ビジネスのEメールでトラブルを起こさないためにHTML形式ではなく、テキスト形式で！ 亡くなって時間が経ったり、計報を受けたら？ 自筆の「お悔やみ状」と香典を送る、など、新入社員からベテランまでビジネスでいちばん使えるマナーの基本。
2017.4 277p A5 ¥1200 ①978-4-8334-2229-1

◆人間関係 得する人 損する人―職場から家庭、友人関係まで、人づき合い処方箋　川北義則著　三笠書房　（知的生きかた文庫）　（『人との「距離感」がわかる人、わかっていない人』改題書）
【要旨】「話すのはここまで」の線引きを守れ。ホットでありながらクール、ウェットでありながらドライ、そんな大人の人間関係を“賢く”結

ぶためのヒント&テクニック！
2017.6 238p A6 ¥650 ①978-4-8379-8475-7

◆人間関係の疲れをとる技術―自衛隊メンタル教官が教える　下園壮太著　朝日新聞出版　（朝日新書）
【要旨】自衛隊でメンタルヘルス教官を務めてきた著者が、自分の感情にフタをせずに、しっかりとケアすることで、人づき合いをグッと楽にする技術を伝授。今日から使える、実践的なスキルが満載！
2017.9 270p 18cm ¥780 ①978-4-02-273094-7

◆パッと見てサッと使える　大人のマナー便利帳　できる大人のマナー研究所監修　池田書店
【要旨】どんな問題もすぐに解決できる！ スマホより早く、信頼できる情報が見つかる。
2017.6 175p 18cm ¥850 ①978-4-262-17463-1

◆ビジネスマナー力―自分が変わる・周囲も変わる　関明浩著　エスシーシー
【要旨】人間関係の基本事項である「人間コミュニケーションの基礎」について概説するとともに、良好な人間関係を築くために必要な「ビジネスマナーの基礎」について概説。
2017.11 176p A5 ¥1200 ①978-4-88647-641-8

◆“人疲れ”が嫌いな脳―ラクしてうまくいく人間関係のつくりかた　梶本修身著　幻冬舎
【要旨】上手に“脳を手抜き”して、毎日のヘトヘトから一瞬で解放される33の方法。
2017.9 198p 18cm ¥830 ①978-4-344-03170-8

◆ホメ渡部！「ほめる奥義」「聞く技術」　渡部建, テレビ朝日「お願い！ ランキング」著, 松下信武監修　小学館　（小学館文庫プレジデントセレクト）
【要旨】本書では、テレビ番組『お願い！ ランキング』におけるホメ渡部のコメントに加え、本人への直撃インタビューによって、アンジャッシュ渡部建が、いかに普段からほめる技術を磨いているか、人間関係に配慮しているかについて詳細に分析する。また、ホメ渡部と部下の児嶋による絶妙なコンビネーションについても、二人の心理分析や行動分析などを通して核心に迫る。監修はビジネスパーソンの心理分析などで定評のある松下信武氏。いまや「芸能界一のレコメンド王」と言ってもいい渡部建の「原点」とは？
2017.2 189p A6 ¥630 ①978-4-09-470011-4

◆マインドフルネス「人間関係」の教科書―苦手な人がいなくなる新しい方法　藤井英雄著　Clover出版, 産学社 発売　（スピリチュアルの教科書シリーズ）
【要旨】「人間関係」のために、自分の心を犠牲にするのはもうやめよう！ マインドフルネスを実生活に応用する！―マインドフルネスとは「今ここの自分の気持ちに、客観的に気付く」こころの整理法。その気付きのもと、正直に自分の気持ちを伝える技術「アサーション」と、相手の主張に耳を傾ける技術「傾聴」を組み合わせ、どんな相手とも、こころを通わせ、理解しあう為の具体的な方法を紹介。
2017.5 252p B6 ¥1600 ①978-4-7825-9018-8

◆マンガで身につく仕事のマナー―これさえできればOK！　山田千穂子著　あさ出版
【要旨】挨拶の仕方、言葉遣い、名刺交換、上司、取引先との接し方など、これだけは押さえておきたいビジネスマナーの基本58。TPO別持ち物チェックリスト&新人マナー検定試験付。
2017.4 183p A5 ¥1200 ①978-4-86063-988-4

◆ミス・失敗がこわくなくなる 話し方・敬語　日本能率協会マネジメントセンター編　日本能率協会マネジメントセンター
【要旨】敬語を正しく使えるか不安。印象の良い自己紹介ができない。プレゼンでどう主張していいかわからない。初対面の人と話すのは苦手。電話応対のルールを理解していない。話を上手に伝えられない。ミス・失敗を予防するコツがわかればもう何もこわくない。
2017.3 157p A5 ¥1300 ①978-4-8207-5959-1

◆ミス・失敗がこわくなくなる ビジネスマナー　日本能率協会マネジメントセンター編　日本能率協会マネジメントセンター
【要旨】上司や先輩との接し方に悩む。席次のルールを理解していない。電話応対で適切な言い回しができるか心配。ビジネスメールが書けるか不安。正しく敬語を使える自信がない。名

刺交換の仕方に迷う。ミス・失敗を予防するコツがわかればもう何もこわくない。
2017.3 157p A5 ¥1300 ①978-4-8207-5958-4

◆三越伊勢丹さん、マナーで失敗しない方法を教えてください。　三越伊勢丹ヒューマン・ソリューションズ監修、森下えみこ漫画　宝島社　（コミックエッセイ）
【要旨】挨拶だけで「若いのにしっかりしてる」と思わせるには？　お辞儀だけで「デキる人」と察してもらうには？　空気を読めない贈り物は迷惑になる！　日本人なら心得たい！　参拝＆和室マナー。学生時代とワケが違う！　電話＆メールの使い方。名刺交換は簡単なようでタブーだらけ！　相手に失礼のない冠婚葬祭での振る舞い方…接客＆おもてなしのプロ三越伊勢丹が基本のマナーを徹底解説！
2017.3 205p A5 ¥1300 ①978-4-8002-6776-4

◆やわらかい人間関係をつくる　すごい挨拶力　岩下宣子著　新講社　（新講社ワイド新書）
【要旨】人と人は「感情」でつながっています。その感情を清々しく明るいものにする「挨拶力」をご紹介！
2017.9 189p 18cm ¥850 ①978-4-86081-561-5

◆AKB48の木﨑ゆりあ＆加藤玲奈と学ぶお仕事ルール50　AKB48スタディブック制作プロジェクト著、中山佳子監修・マナー指導　神宮館（AKB48 STUDY BOOK）
【要旨】社会人として知っておきたいさまざまなルールを学びながら、ビジネスマナーを身につけます。
2017.3 127p A5 ¥1380 ①978-4-86076-352-7

📖 リーダーシップ・管理者

◆あなたのチームがうまくいかないのは「無意識」の思いこみのせいです―信頼されるリーダーになるたった1つのこと　守屋智敬著　大和書房
【要旨】定時退社するメンバーにイラッとする。男性がお茶出しをすると違和感がある。今どきの若者の考えはわからない…ほんの少しの「思いこみ」がチームをくるわせてしまう。「無意識の自分」を知ることがメンバーから信頼されるリーダーになる秘訣。
2017.11 191p B6 ¥1400 ①978-4-479-79613-8

◆あなたの部下は、なぜ「やる気」のあるふりをするのか―組織のための「手抜き」のトリセツ　釘原直樹著　ポプラ社
【要旨】集団にとって手抜きは、不可避かつ不可欠な現象である。ままならない「手抜き」に向き合うヒント。
2017.5 199p B6 ¥1400 ①978-4-591-15463-2

◆アメリカ海軍に学ぶ「最強のリーダー」　マイケル・アブラショフ著、吉越浩一郎訳　三笠書房
【要旨】はじめてミサイル駆逐艦を率いることになった新米艦長が、バラバラである組織を立て直しわずか6カ月後に、最高のチームワークをつくり上げた、感動の実例！
2017.4 237p B6 ¥1500 ①978-4-8379-5775-1

◆アンガーマネジメント　管理職の教科書　川嵜昌子著　総合科学出版
【要旨】男女の違い、上司・部下といった立場の違いから生まれる様々な怒りは様々。アンガーマネジメントで自分と相手の「怒りの感情」をコントロールしてより良い人間関係を構築し、仕事の生産性を向上させよう！
2017.12 189p B6 ¥1400 ①978-4-88181-865-7

◆「いい会社」のよきリーダーが大切にしている7つのこと　瀬戸川礼子著　内外出版社
【要旨】強さより効率よりは、必要なこと。2600社を取材してわかった人も業績も成長し続ける会社の共通点。
2017.11 270p B6 ¥1500 ①978-4-86257-324-7

◆一流のリーダーがやっている 部下のやる気に火をつける33の方法　佐藤綾子著　日経BP社、日経BPマーケティング発売
【要旨】人材教育の悩みは、パフォーマンス心理学で解決できます！　言葉に出していない部下の心を見抜く技術、部下の感情にまで届くメッセージ発信の技術、どんなに苦労しても心をつかむリーダーのメンタル講座。即効果が検証されるものばかり！
2017.6 175p B6 ¥1400 ①978-4-8222-5903-7

◆一流のリーダーほど、しゃべらない　桜井一紀著　すばる舎
【要旨】叱る、口を出す、押しつける、信じ切る―その「語りすぎ」「教えすぎ」は部下のやる気を奪うだけ。1万5000人以上の経営者や管理職が効果を実感！「とことん話を聞く」から始めるコーチ型マネジメント。3カ月の実践後、「自分で考え、自分で動く」部下になる！
2017.8 221p B6 ¥1500 ①978-4-7991-0630-3

◆一瞬で心をつかむ女性部下マネジメント　西村直哉、清家三佳子著　幻冬舎メディアコンサルティング、幻冬舎 発売
【要旨】女性の部下がバリバリ働きグングン育つマネジメントの秘訣。
2017.7 249p B6 ¥1400 ①978-4-344-91337-0

◆「いまどき部下」を動かす39のしかけ　池本克之著　三笠書房
【要旨】叱る、口を出す、押しつける、信じ切る―その「任せ方」、もう通用しなくて当然です。組織の「成長請負人」が伝授する、マネジメントの「新ルール」！　この「しかけ」が効く！　これからのリーダーが「絶対」知っておくべきこと！
2017.11 222p B6 ¥1400 ①978-4-8379-2709-9

◆いらない部下、かわいい部下　新井健一著　日本経済新聞出版社　（日経プレミアシリーズ）
【要旨】頭脳明晰で仕事ができる、太鼓持ちがうまい、機転抜群で仕事が読める―こうした人材こそ、陰で「いらない部下」の烙印を押されているかもしれない？　職場のありかたが大きく変化するいまの時代に求められる「部下力」とはどのようなものか分析し、これからの働き方を見越した上司-部下関係の築き方について提案する。
2017.4 230p 18cm ¥850 ①978-4-532-26338-6

◆エラスティックリーダーシップ―自己組織化チームの育て方　ロイ・オシェロフ著、島田浩二訳　オライリー・ジャパン、オーム社 発売
【要旨】本書は「エラスティックリーダーシップ」というリーダーシップモデルをもとに、チームを学習する組織の一員=自己組織化された状態へと育てる方法を解説します。リーダーシップのスタイルをどのように使い分けるべきか。チームが学習することを促せるための時間の使い方とは―メンバーが真のコミットメントを示すための言葉遣いとは―。チームをより良くする実践的なヒントが詰まっており、チームリーダーやマネージャーだけでなく、チームで成果に取り組むすべての人に役立つ一冊です。後半にはロバート・C・マーチンやジョアンナ・ロスマンなどをはじめとするリーダーたちによるエッセイを収録。日本語版では、伊藤直也、井原正博、海野弘成、岡島幸男、柄沢聡太郎、栗林健太郎、庄司嘉織、関将俊、たなべすなお、永瀬美穂、平鍋健児、まつもとゆきひろ、吉羽龍太郎の13名によるリーダーシップについてのエッセイを収録しています。
2017.5 269p A5 ¥2800 ①978-4-87311-802-4

◆教え子が成長するリーダーは何をしているのか　夏まゆみ著　サンマーク出版
【要旨】「言葉を聞いてくれない…」「思うように行動してくれない…」あなたが抱える悩みは、「言葉の使い方」を変えることで解決。部下の育成、後輩の指導、グループのまとめ役、会議の進行、子育て、部活、授業…あらゆる場面で成果が生まれる、最強の指導法。
2017.8 205p B6 ¥1400 ①978-4-7631-3613-8

◆課長の心得　安部哲也著　総合法令出版
【要旨】これからの課長に求められるのは、"守り"のマネジメントと、"攻め"のリーダーシップである。自分もチームも結果を出し続け、上司や部下の信頼をよくするために明日から使えるスキルを具体的に解説！
2017.5 291p B6 ¥1500 ①978-4-86280-553-9

◆「神」リーダーシップ―どんな組織も必ず結果に導く 超高額コンサルタントが明かす　三木相após著　実務教育出版
【要旨】神リーダー=折れないリーダーシップ×包み込むマネジメント力。圧倒的な「目線の高さ」がチームの生産性を最大化する！　顧客から「第二創業者」と呼ばれた伝説のコンサルタントが語る最強のリーダーの心得。
2017.11 253p B6 ¥1400 ①978-4-7889-1449-0

◆管理職1年目の教科書―外資系マネジャーが絶対にやらない36のルール　櫻田毅著　東洋経済新報社
【要旨】外資系マネジャーが絶対にやらない36のルール。チームの生産性が驚くほど上がる！　会議、意思決定、権限委譲、部下育成…世界基準の超シンプル仕事術。
2018.1 254p B6 ¥1400 ①978-4-492-55780-8

◆君を成功に導く49の言葉―5年後リーダーになる人5年後も部下のままの人　岩田松雄著　大和書房
【要旨】経営者、実業家、政治家、作家、芸能家、偉人、スポーツ選手たちの名言・格言が、頑張っている君の薬となり、武器となる！　スターバックス、ザ・ボディショップでCEOを務めた著者が、励まされ、癒され、元気づけられてきた先人たちのメッセージ。
2017.9 303p B6 ¥1400 ①978-4-479-79606-0

◆クラッシャー上司―平気で部下を追い詰める人たち　松崎一葉著　PHP研究所　（PHP新書）
【要旨】「俺はね、（部下を）5人潰して役員になったんだよ」。大手会社に産業医である著者が招かれた際、その会社の幹部から言い放たれた言葉である。そのように部下を精神的に潰しながらどんどん出世していく人たちのことを、精神科医の牛島定信氏と彼の教え子である著者は「クラッシャー上司」と名付けた。クラッシャー上司には「自分は善である」という確信があり、他人への共感性は低いが仕事はできる。精神的に未熟な「デキるやつ」なのだ。本書では著者が豊富な経験に基づいてクラッシャー上司の具体例を紹介。さらに精神構造、社会背景を分析し、最終章で対策を述べる。
2017.1 203p 18cm ¥820 ①978-4-569-83205-0

◆結果を出すリーダーはみな非情である―30代から鍛える意思決定力　冨山和彦著　日本経済新聞出版社　（日経ビジネス人文庫）
【要旨】結果を出し続けるために、常に地道な説得を続ける。論理で判断し、情緒的直感では判断しない。実行力はどのように磨くべきか。産業再生機構の現場トップとしてカネボウの再建などを手がけた男による、「悪のリーダーシップ論」。
2017.11 275p A6 ¥780 ①978-4-532-19841-1

◆結果を出すリーダーほど動かない―部下が期待どおりに動く壁マネジメント術　山北陽平著　フォレスト出版
【要旨】NLP理論、行動分析学から導き出した「やりきらせる」技術。業種も、リーダーの性格も、関係なし。誰でもマスター＆通用するメソッド、完全公開。超現場主義のコンサルタントが説く、再現性・継続性が高い究極のマネジメント術！
2017.9 260p B6 ¥1500 ①978-4-89451-772-1

◆ケンタッキー流部下の動かし方　森泰造著　あさ出版
【要旨】全世界で愛され続けているKFCを支えていたのは世界中で称賛される「人財育成法」にあった。5000人以上の部下育成に携わり、ベテランから若手まで成長させてきたトレーニングコーチだからこそ知っている部下の生産性を上げる方法大公開！
2017.11 231p B6 ¥1400 ①978-4-86667-003-4

◆心に火が付く！ 最強のリーダー力　新将命著　日本文芸社
【要旨】伝説の外資トップが伝授！　ビジネスリーダーの悩みに答える54のメッセージ。
2017.6 270p B6 ¥1400 ①978-4-537-26168-4

◆コミック版 はじめての課長の教科書　酒井穣著、anco画　KADOKAWA
【要旨】年上の部下、うつで休職、突然の退職願い、ヘッドハンティング…。課長の悩み、すべて解決!!シリーズ累計23万部突破のバイブルを「動物行動学」から読み解く！
2017.4 175p B6 ¥1400 ①978-4-04-601767-3

◆これからの教え方の教科書　阿部淳一郎著　明日香出版社　（アスカビジネス）
【要旨】今どきの部下のアウトプットが変わる行動科学、ポジティブ心理学などをベースにした教え方。
2017.1 185p B6 ¥1500 ①978-4-7569-1878-9

◆最強をめざすチームビルディング―潜在成長力を引き出すコーチの取り組み　ジェフ・

ジャンセン著，水谷豊，藤田将弘，中道莉央訳　大修館書店

【要旨】チームの目標は常に"日本一"！選手がハードトレーニングに耐えているならOK！MVPは大活躍した選手に決まっている！言葉を交わさなくても選手のことは理解できる！もめごとが起これば選手を叱責して解決する！敗北から学ぶものはない！勝利はコーチの手柄である！―あなたのチームづくり間違っていませんか？優勝をねらうチームに共通する7つの特徴とは！

2017.7 239p B6 ¥1800 ①978-4-469-26822-5

◆最強リーダーの実学！　橋本裕之著　アニモ出版
【目次】0 あなたの仕事に潜む「ムダ取り」作戦（優先不順のムダ取り、「抱え込み」のムダ取り、抽速のムダ取り ほか）、1 悩めるリーダーを最強リーダーに変える6つの人間力！（失敗や逆境をハネ返す プラス思考する力、意思決定で迷わない・誤らない 優先順位の判断力、新ビジネスや独創プランを生む「読みと閃き」の力 ほか）、2 心と技の実戦ノウハウ！（自己マネジメント メンタルに強くなる発想法！、部下マネジメント 部下を活かす実戦スキル！、上司マネジメント 上役とうまく連携する実戦スキル！）
2017.9 221p B6 ¥1600 ①978-4-89795-205-5

◆最強リーダー3つの極意―「脳タイプ」を知って部下を伸ばす　加藤広嗣著　幻冬舎メディアコンサルティング，幻冬舎 発売
【要旨】脳タイプを知れば部下は劇的に伸びる。リーダー育成のエキスパートである著者が、リーダーなら知っておきたい3つの極意（脳タイプによる自己・他者理解、思考特性のコントロール、最強リーダーの実践アプローチ）をわかりやすく解説。
2017.2 181p 18cm ¥800 ①978-4-344-91118-5

◆最高のリーダーが実践している「任せる技術」　麻野進著　ぱる出版
【要旨】任せられない上司はもういらない!!何もしないでも職場が回る力が身につくプレイングマネージャーのスキル!!
2017.11 223p B6 ¥1400 ①978-4-8272-1083-5

◆最速のリーダー―最少の時間で最大の成果を上げる　赤羽雄二著　KADOKAWA
【要旨】マッキンゼーで14年間、徹底した効率化で自分とチームの成果を「速く出し続けた」マネジメント術。ビジネス・スクールでは教えてくれない、チームも自分も「残業ゼロ」を実現して充実した時間を生み出す究極の実践術！プレイングマネージャー必読！
2017.9 231p B6 ¥1400 ①978-4-04-602060-4

◆最難関のリーダーシップ―変革をやり遂げる意志とスキル　ロナルド・A・ハイフェッツ、マーティ・リンスキー、アレクサンダー・グラショウ著，水上雅人訳　英治出版
【要旨】「技術的問題」であれば、技術や経験で解決できる。だが「適応課題」では、人々が厳しい現実を直視して、一時的な痛みや失望や恐怖を受け入れ、変化に適応できるように戦略的かつ政治的に対処することが求められる。誰も好んでやりたいとは思わないだろう。相手だけでなく自分にもキャリアや生活の危機を抱えることになる。だが誰かがやらなければ、国家、社会、コミュニティ、組織は変化に適応できず、崩壊してしまう。だからリーダーシップとは最も危険で、最も価値ある行動なのだ。ハーバード「白熱教室」ハイフェッツ教授が語る超実践的リーダーシップ論。
2017.9 463p B6 ¥2400 ①978-4-86276-223-8

◆3000年の英知に学ぶリーダーの教科書―困難に打ち勝つ不変の原理原則　鈴木博毅著　PHPエディターズ・グループ，PHP研究所 発売
【要旨】孫子、ホメロス、マルクス・アウレリウス、マキアヴェリ、スマイルズ、カーネギー、本多静六、ドラッカー…『イリアス』『オデュッセイア』『自省録』『自助論』『孫子』『ウィニング 勝利の経営』『プロフェッショナルマネジャー』『アメーバ経営』『人を動かす』『チェンジ・リーダーの条件』…他、読み継がれる名著から未来への突破口を見つける。
2017.6 317p B6 ¥1600 ①978-4-569-83610-2

◆30000人のリーダーが意識改革！「日本郵便」流チーム・マネジメント講座―リーダー必須の知識・ノウハウを完全網羅した6時間プログラム　日本郵便人材育成チーム著　幻冬舎メディアコンサルティング，幻冬舎 発売

【要旨】社員数400,000人、マネジメント層30,000人―マンモス企業・日本郵便の人事トップ達が実際に行う"超人気講座"をこの一冊に！
2017.4 205p B6 ¥1400 ①978-4-344-91223-6

◆自衛隊メンタル教官が教える 折れないリーダーの仕事　下園壮太著　日本能率協会マネジメントセンター
【要旨】どんなに厳しい状況にあっても折れないリーダーは何をしているのか？ビジネスは、戦場である。長期にわたり厳しい任務を強いられる自衛隊で、リーダーがもっとも重視していることは「合理的」であることだ。任務を遂行するために合理的に戦力（＝自分自身と部下の疲労度）を分析し、それに応じた戦い方をする。本書では、リーダーが決して折れることなく、ビジネスという長期戦を戦い抜くために行うべきことを紹介する。
2017.2 244p B6 ¥1500 ①978-4-8207-1960-1

◆仕事を円滑に進めるにはまず上司が部下に質問しなさい―最高の結果を引き出す「質問型コミュニケーション」　青木毅著　カンゼン
【要旨】できる上司は、「質問上手」人間関係も、業績も劇的に改善!!たとえば？ なぜ？ということは？ 3つの魔法の問いかけでイマドキ社員も「自ら動く、考える」。
2017.4 237p B6 ¥1500 ①978-4-86255-387-4

◆仕事に忙殺されないために超一流の管理職（スクールリーダー）が捨てている60のこと　中嶋郁雄著　明治図書出版
【要旨】クラッシャーほど「仕事のために…捨てる」思考・習慣が仕事の効率と質を劇的に変える。学校現場の長時間労働・残業を断捨離せよ！
2017.3 150p A5 ¥2060 ①978-4-18-258224-0

◆社長が"将来"役員にしたい人―これからのリーダー・管理者のためのビジネスセンスを磨く25の習慣　秋山進著　日本能率協会マネジメントセンター
【要旨】カギとなるのは、実務に挑み、実務を超える！ 多くの経営者候補の選抜を行ってきた著者が見抜いた人物像。
2017.1 214p B6 ¥1500 ①978-4-8207-1957-1

◆上司が放っておいても自ら動いて成果を出す部下の育て方　越智昌彦著　セルバ出版，創英社/三省堂書店 発売
【要旨】実は「当たり前のこと」が疎かになっているために、各企業や組織が多くの課題を抱え込んでいる。本書を読めば上司からの気づきがある。上司自身が、学んだことや成果を身に付け、行動で体現することが、「上司が放っておいても、自ら動いて成果を出す部下の育て方」のポイント。それは、あいさつ、コミュニケーションの意味、習慣化。
2017.4 207p B6 ¥1700 ①978-4-86367-330-4

◆常識を打破する改善リーダー育成108の秘訣―トヨタに学びたければトヨタを忘れろ　近江堅一、近江良和著　日刊工業新聞社
【要旨】ベルトコンベヤを使うな。優秀な作業者に作業をさせるな。受入検査をやめよ。平均値でアクションをする。意見を言うな、事実を言え。作ったものを運ぶのではなく、運ぶ物をつくる。5Sで生産性は上がらない。今のやり方は最悪と思え…「改善リーダー」を創るべく、その重要なポイントを鉄則として108に絞ってまとめる。
2017.10 209p B6 ¥1400 ①978-4-526-07690-9

◆職場のストレスが消えるコミュニケーションの教科書―上司のための「みる・きく・はなす」技術　武神健之著　きずな出版
【要旨】「使えない部下」を抱える上司も、"上司のわがまま"に振りまわされている部下も…すべてのビジネスパーソンへ―。「医師」×「外資系エリート」。世界的企業で1万人以上のビジネスパーソンと面談している現役産業医が教える！人間関係が劇的に変わる「聞き方」「伝え方」「ほめ方」「怒り方」のコツ。
2017.4 181p B6 ¥1400 ①978-4-907072-95-7

◆女性社員のやる気を引き出すセルフ・エスティーム　堀井紀壬子著　幻冬舎メディアコンサルティング，幻冬舎 発売
【要旨】自尊感情を高めると女性は飛躍的にキャリアアップする。結婚して辞める。出産で休む。怒ると訴える…。女性社員はめんどくさいと思っている会社に成長はない。
2017.6 206p B6 ¥1500 ①978-4-344-91302-8

◆女性の話を聴かない上司は仕事をだめにする　前川由希子著　ポプラ社

【要旨】最初のボタンのかけちがいに気づかぬまま、「どうして伝わらないんだろう」と悩んでいるリーダーとたくさんお会いしてきました。社内コミュニケーションの盲点を解説し、改善の方法をお伝えします。
2017.4 239p B6 ¥1200 ①978-4-591-15044-3

◆女性リーダーのためのレジリエンス思考術　三田村薫著　同文舘出版 （DO BOOKS）
【要旨】「大人女子」の心の強さを身につけよう！なぜ、女性はいったん落ち込むとなかなか立ち直ることができないのか？ ネガティブな感情をうまくコントロールして、上手に回復するためには、どうしたらいいのか？ 女性特有の立ち直り方を、うまく身につければ、早い段階で立ち直ることができ、軌道修正ができるようになる！
2017.3 208p B6 ¥1500 ①978-4-495-53631-2

◆新訳 貞観政要―組織のリーダーにとっていちばん大切なこと　田口佳史編訳　PHP研究所
【要旨】側近や部下からの諫言を傾聴せよ。三百年という長期政権を築いた唐王朝。その二代皇帝・太宗の言行録の本質を現代に置き換えて解説する。
2017.11 156p 18cm ¥1100 ①978-4-569-83693-5

◆すぐれたリーダーに学ぶ言葉の力　齋藤孝著　日本経済新聞出版社 （日経ビジネス人文庫）（『リーダーシップとは言葉の力である』改訂・改題書）
【要旨】「明日、死ぬかのように生きなさい」（マハトマ・ガンディー）「ライオンに追われた野うさぎが肉離れしますか」（イビチャ・オシム）「荒地は荒地の力をもって開く」（二宮尊徳）「貧困とはまさに、あらゆる人権の不在なのです」（ムハマド・ユヌス）。世界観と哲学、情熱と胆力、覚悟と柔軟さ―賢人42人が残した名言をもとにリーダーシップを考える。
2017.8 268p A6 ¥800 ①978-4-532-19830-5

◆優れたリーダーはみな小心者である。　荒川詔四著　ダイヤモンド社
【要旨】世界No1シェアを誇るグローバル企業ブリヂストン。14万人を率いたリーダーは、なぜ「命令」を嫌ったのか？ ブリヂストン元CEOが贈る最強チームを生む25の鉄則。内向型人間こそ本物になれる。
2017.9 287p B6 ¥1500 ①978-4-478-06696-6

◆すごいヤツほど上手にブレる―優れたリーダーに共通する謙虚で驕らないリーダーシップ　アル・ピタンパリ著，岩崎晋也訳　TAC出版 （T's BUSINESS DESIGN）
【要旨】説得されるべきは、むしろ自分のほうなのではないだろうか？ オサマ・ビン・ラディンの潜伏先への奇襲作戦を成功させた、アメリカ合衆国海軍中将ウィリアム・マクレイヴンに着目した著者が、認知心理学と社会心理学を踏まえ、3年かけて研究した「説得を受けいれるリーダーになるための7つの実践」をわかりやすく解説。
2017.7 317, 18p B6 ¥1600 ①978-4-8132-7145-1

◆スピリチュアル経営のリーダーシップ―働きがいのある最高の組織づくりに向けて　狩俣正雄著　中央経済社，中央経済グループパブリッシング 発売
【要旨】人間が、精神的存在ないしスピリチュアルな存在であるならば、企業はそこで働く人の精神的な欲求を満たすことができるように、意義のある仕事を作ることが必要となる。意義のある仕事は、人々に働きがいを与え、生きがいを与える。人々が、そのような仕事に就き、積極的に働くことは、その人にとっても、企業にとっても望ましいことである。そのため、働きがいのある最高の組織、あるいは充実した組織づくりが求められている。本書は、従来のマネジメントやリーダーシップといった分野での研究に欠落していた、スピリチュアリティの問題に正面から取り組み、働きがいのある最高の組織ないしスピリチュアル経営のリーダーシップの特徴を解明している。
2017.3 269p A5 ¥3200 ①978-4-502-21641-1

◆スモール・リーダーシップ―チームを育てながらゴールに導く「協調型」リーダー　和智右桂著　翔泳社
【要旨】チームを動かすのは、「テクニック」だ。現場のリーダーに必要なスキルセットをまとめました。
2017.9 239p B6 ¥1600 ①978-4-7981-5087-1

◆世界最高のリーダー育成機関で幹部候補だけに教えられているプレゼンの基本　田口力著　KADOKAWA

【要旨】世界最強企業GEでは、新規ビジネスの決裁、リーダーとしての評価、社員のその後のキャリアまで、あらゆることが「プレゼン」で決まります。いいプレゼンによって、意思決定のスピードは、本質的な思考の加速、あらゆる仕事の生産性向上ができるからです。
2017.7 221p B6 ¥1400 ①978-4-04-602025-3

◆組織に効く、コミュニケーション─等身大の関係性の築き方　宮田穣著　彩流社（フィギュール彩 88）
【要旨】組織にとって「心地よい」等身大の関係を築くための提案！ コミュニケーションの取り方で組織は変わる！
2017.6 199p B6 ¥1800 ①978-4-7791-7093-5

◆ダークサイド・スキル─本当に戦えるリーダーになる7つの裏技　木村尚敬著　日本経済新聞出版社
【要旨】きれいごとだけでは、人は動かない！ 7つのダークサイド・スキル。
2017.7 263p B6 ¥1500 ①978-4-532-32151-2

◆ダメな部下と嘆いている上司はダメ上司─心理学活用で部下の成長を促す方法とは　諸富誠治著　セルバ出版、創英社/三省堂書店 発売
【要旨】何度も教えているが部下が実践できない、何を考えているのかわからない、理解してくれないとお悩みの上司の方々への指導書。部下の営業の悩みを適切に解決する必読の1冊。
2017.8 175p B6 ¥1500 ①978-4-86367-355-7

◆朝礼一言集─人生を好転させる200の言葉　玉越清美著　幻冬舎メディアコンサルティング、幻冬舎 発売
【要旨】考え方ひとつで、あなたの毎日はぐっと楽になる！ 元警察署長が部下に向けて、毎朝のスピーチで語り続けた言葉たち。その中から、厳選された200個の熱いメッセージを収録。
2017.10 215p B6 ¥1100 ①978-4-344-91424-7

◆「ついていきたい」と思われるリーダーになれる本─成功するチームをつくる29章　児玉光雄著　実業之日本社（じっぴコンパクト新書）（「人望の正体」加筆・修正・改題版）
【要旨】あなたがリーダーの立場にあるなら、メンバーの才能を引き出してやるにはどうすればよいか、そのことを24時間考え続けましょう。それだけでなく、実際の具体的な行動を起こしましょう。そういう姿勢があれば、メンバーに「ついていきたい」と思われるリーダーの仲間入りすることが、誰でもできます。本書で紹介している、メンバーに慕われるリーダーになるための数多くのノウハウをそのまま実践するだけで、あなたはまちがいなく成功するチームをつくることができます。
2017.1 223p 18cm ¥800 ①978-4-408-45613-3

◆ディズニー・USJで学んだ 現場を強くするリーダーの原理原則　今井千尋著　内外出版社
【要旨】「ディズニーやUSJだからできるのでは？」いいえ。どんな職場でもどんなリーダーでもできます。会社の規模や業態、リーダーの資質や能力の差も関係ありません。リーダーの原理原則に則っていけば未来が変わります。あなたの職場で試し始めながら、今日からすぐに使えるリーダーシップのコツを図解入りで解説します。2017.11 349p B6 ¥1500 ①978-4-86257-321-6

◆できる人の人を動かす方法─The Rules of People　リチャード・テンプラー著、桜田直美訳　ディスカヴァー・トゥエンティワン
【要旨】本書を読めば、他人を動かすことは、それほど難しくないということがわかる。人は周りの人が幸せなときに、自分も幸せを感じるようにできている。他人にいい人生を送ってもらえば、自分もいい人生が送れる─これが人間という社会的動物の真実だ。あなたが思うほど、他人とあなたは違う存在ではない。基本的な指針・原則・戦略（つまりルールだ）は、どんな人間関係にも応用することができる。
2017.12 225p B6 ¥1500 ①978-4-7993-2203-1

◆動機づけのマネジメント─最高のマネジャーがやるべきたった1つのこと　横田雅俊著　プレジデント社
【要旨】「結果を出せるなら動機はどうでもいい」から、「結果を出すために動機にかかわっていく」を考えず活用されているマネジメントです。メンバーが後ろ向きになった原因を分析して適切な処方箋を出せば、必ず輝きを取り戻します。
2017.6 201p B6 ¥1600 ①978-4-8334-2200-0

◆特別な才能はいらない─自分にしかできないスクールリーダーになろう　中竹竜二著　教育開発研究所
【要旨】カリスマでなくていい。特別な才能がなくても、能力が低くてもリーダーはできる。リーダーが変われば、組織は変わる。
2017.8 193p B6 ¥2000 ①978-4-87380-482-8

◆なぜ、あなたがリーダーなのか─本物は「自分らしさ」を武器にする　ロブ・ゴーフィー、ガレス・ジョーンズ著、アーサー・ディ・リトル・ジャパン訳　英治出版　新版
【要旨】ハーバード・ビジネス・レビュー最優秀論文賞受賞！ 世界の一流ビジネススクールの最重要科目「オーセンティック（本物の）リーダーシップ」を学ぶ一冊。
2017.1 345p B6 ¥1800 ①978-4-86276-234-4

◆なぜ、あの人に部下はついていくのか─最新脳科学が明かすリーダーシップの本質　ニコラオス・ディミトリアディス、アレクサンドロス・サイコギオス著、日向やよい訳　大和書房
【要旨】チームのやる気を引きだすには？ 価値観の違うメンバーを、どうまとめる？ 優れたリーダーは、「脳のしくみ」を知っている。若手から管理職まで！ これまでの常識をくつがえす、リーダーシップの新常識！
2017.3 325p B6 ¥1600 ①978-4-479-79558-2

◆なぜ若手社員は「指示待ち」を選ぶのか？─職場での成長を放棄する若者たち　豊田義博著　PHP研究所（PHPビジネス新書）
【要旨】優秀なのに、リスク回避志向。仕事はセーブ、休日は社会貢献。感情を抑えたい、でも出したい─若者研究の第一人者が語る今どきの若手の不思議な実態と、若手社員が「生き生きと働ける」職場のつくり方。
2017.5 270p 18cm ¥870 ①978-4-569-83202-9

◆ナディアが群れを離れる理由─変われない組織が変わるためのリーダーシップ　ジョン・P・コッター、ホルガー・ラスゲバー著、小池百合子監修、大塚玲奈訳　ダイヤモンド社
【要旨】敵は少なく、食料は豊富─理想の環境を手にしていたミーアキャットの群れが、ある日ハゲワシに襲われた。過去の成功体験にとらわれるリーダーたち、手段から目的に変わってしまった管理手法、報告だけが繰り返され、アイデアの出ない会議。群れに突然訪れた危機は、成熟した組織ならではの問題を浮かび上がらせる。変化への対応力を欠いた群れをハゲワシの興亡から救うために、新米リーダーのナディアがとった行動とは？!
2017.7 143p B6 ¥1400 ①978-4-478-10084-4

◆何もしないリーダーのみんなが疲れないマネジメント　伊藤彰記者　同友館
【要旨】ダメ社長or 名社長？ 社長ががんばらなくなって、社員に仕事を任せたら、すべてがうまく回り出した！ みんながのびのびと働けるマネジメントとチームづくりの極意を解き明かす！
2017.12 206p B6 ¥1500 ①978-4-496-05327-6

◆何もしなくても人がついてくるリーダーの習慣　谷本有香著　SBクリエイティブ
【要旨】3000人のトップに会ってきた。成功を引き寄せる習慣。自然体が最高の武器になる。
2017.3 207p B6 ¥1500 ①978-4-7973-8283-9

◆20代の部下とうまくいかないのはなぜか？─ネット世代を育てるコミュニケーション術　岡田正樹著　ポプラ社
【要旨】増える一方のデジタルネイティブを活用できない企業は生き残れない！ デジタルネイティブの実態と育て方。上司部下のコミュニケーションギャップを埋め会社・チームの成果を劇的に上げるマネジメント技術。
2017.9 245p B6 ¥1400 ①978-4-591-15601-8

◆入社10年分のリーダー学が3時間で学べる　杉浦正和著　日経BP社、日経BPマーケティング 発売
【要旨】役割と行動、指示と対話、状況と対応、目標と奉仕、育成とエンパワーメント、コーチングとファシリテーション、ビジョン・ミッション・パッション・アクション。理論から行動までこの1冊でマスター。
2017.5 263p 22×14cm ¥1600 ①978-4-8222-5518-3

◆ノウハウ・マネジャーの教科書　久野正人著　クロスメディア・パブリッシング、インプレス 発売
【要旨】「リーダーシップ」「マネジメント」「フォロワーシップ」─自ら思考し、実験し、成長し

ていく人材は、3つの役割を使いこなす。新しいミドルマネジメント入門。
2017.11 214p B6 ¥1480 ①978-4-295-40140-7

◆初めて部下を持つ人のためのリーダーシップ10のルール　マリーン・カロセリ著、ディスカヴァー・クリエイティブ訳　ディスカヴァー・トゥエンティワン　改訂版
【要旨】リーダーとマネジャーの違いに始まり、部下を上手にほめる方法、仕事の任せ方、問題解決法、ミーティングの効率を上げる方法、計画の立て方、組織の革新等々、大きな戦略から細やかな気配りまで、リーダーと呼ばれる人なら現場に必要になるテーマを網羅。すぐに実践できるようにわかりやすく解説するとともに、古今の偉大なリーダーたちの名言やエピソードを数多く散りばめて読者に勇気を与える、決定版リーダーシップ読本。リーダーになったばかりの人、これからリーダーをめざす人必携の一冊！
2017.5 279p B6 ¥1500 ①978-4-7993-2106-5

◆働き方改革ができるリーダーが会社を変える　太田邦幸著　こう書房
【要旨】社員の働き方は、リーダーの働かせ方で決まる。社員の「働き方改革」ができる、あるべきリーダーの実践ノウハウを解説！
2017.9 215p B6 ¥1400 ①978-4-7696-1163-9

◆ハラスメント時代の管理職におくる職場の新常識　樋口ユミ著　朝日新聞出版
【要旨】「君ならもっとできるはず」「できないならやらなくていいよ」「最近やせたよね」「子育て中なんだから無理しないで」相手のためを思って言ったその一言がハラスメントに…？
2017.8 211p B6 ¥1200 ①978-4-02-100259-5

◆ビジネスマンのための「リーダー力」養成講座─部下はリーダーのここを見ている　小宮一慶著　ディスカヴァー・トゥエンティワン（ディスカヴァー携書）
【要旨】日本の「失われた三〇年」はリーダーシップ教育欠如のせい？ リーダーに向かない性格がある？ ベースは価値観。「褒めて育てよ、怒るより叱れ」の嘘。リーダーの冷酷さ。最高のリーダーとは？ 最低のリーダーとは？ リーダーに必要な2つの覚悟とは？ 働く喜びを伝えているか？ 夢を語れ。理念を語れ。名リーダーたちの名言集付き。「チャンス」に備えて「準備」しておくための虎の巻。
2017.10 175p 18cm ¥1000 ①978-4-7993-2182-9

◆ビジネスリーダーのための老子「道徳経」講義　田口佳史著　致知出版社
【要旨】2,000社の経営幹部が心酔するカリスマ講師の人気講義が待望の書籍化！ 難局突破の知恵81。
2017.1 335p A5 ¥2600 ①978-4-8009-1135-3

◆ビジョナリー・マネジャー─企業家のように考え、行動し新たな未来をつくる　秋元征紘著　クロスメディア・パブリッシング、インプレス 発売
【要旨】フォロワーとの企業ビジョンの共有が世界を変える。KFC、ペプシコーラ、ナイキ、LVMHゲランのトップマネジメントを経て、スタートアップ企業の役員、アドバイザーとして人気の著者が教えるリーダーシップとフォロワーシップ。
2017.6 223p B6 ¥1480 ①978-4-295-40093-6

◆人を動かす原則　レス・ギブリン著、弓場隆訳　ディスカヴァー・トゥエンティワン
【要旨】相手に「自己重要感」を与える、影響力を活用する、相手を上手に説得する、心をこめてほめる、上手に注意を与える、ほか一多くの有名米国企業で採用された、人間関係の極意がこの1冊に。
2017.12 125p 19cm ¥1200 ①978-4-7993-2200-0

◆「人を動かす」ために本当に大切なこと　レス・ギブリン著、弓場隆訳　ダイヤモンド社
【要旨】すぐ読める！ 今日からできる！ チェックリストと行動プラン。コミュニケーションの達人になる！ シンプルな10のスキル。99・5%が知っているけれど、0・5%しか実行していないこと。
2017.6 158p B6 ¥1300 ①978-4-478-10063-9

◆日野原重明のリーダーシップ論─熟成一〇〇年の英知　アンドレア・バウマン著、原不二子訳　冨山房インターナショナル
【要旨】現代におけるリーダーシップとは。職場で、地域で、集まりで…リーダーシップに欠け

経済・産業・労働

る現代社会において、多岐にわたるキャリアをこなしておられる日野原重明先生の生き方から、この問いかけに対する答えを示す。海外でも通用する重要なものであり、原文の英文を掲載。
2017.5 96, 79p B6 ¥600 ①978-4-86600-028-2

◆フィードバック入門―耳の痛いことを伝えて部下と職場を立て直す技術　中原淳著　PHP研究所　（PHPビジネス新書）
【要旨】年上の部下、育たない若手…多様化する職場の人材に対応できず、部下育成がおろそかになっている現代のマネジャーたち。そんな悩みを解決する、この企業ではあまり知られていない人材育成法、それが「フィードバック」。「成果のあがらない部下に、耳の痛いことを伝えて仕事を立て直すこと」と定義されるこの部下指導の技術について、基本理論から実践的ノウハウまでを余すことなく収録。「フィードバック」の入門書にして決定版の1冊。
2017.3 246p 18cm ¥870 ①978-4-569-83290-6

◆部下を腐らせないリーダーになるための部下育成術　二瓶哲著　セルバ出版、創英社/三省堂書店 発売
【要旨】本書は、日常業務を通じた部下の指導育成、いわゆるOJT（On The Job Training）に着目し、効果的な進め方について解説。さらには、リーダーとしての職業環境づくりについても言及。
2017.9 175p B6 ¥1500 ①978-4-86367-363-2

◆部下が自分で考えて動き出す上司のすごいひと言　板越正彦著　かんき出版
【目次】序章 部下が自分で考えて動き出すたった1つの「エンジン」がある、第1章 部下のやる気のスイッチを入れる6つの「ステップ」（まずは、部下との距離感を縮める、部下の「ワクワクポイント」を探る、「仕事で何を実現したいのか」考えてもらう、第2章 壁にぶつかった部下を支援する「ケーススタディ」（大失敗した部下をサポートするとき、チャレンジしない部下のサポート、聞く耳を持たない部下のサポート、モチベーションが落ちている部下のサポート、部下が好調なときのサポート）、第3章 評価を通じて部下を伸ばす「最新コーチング」（結果を出せていないとき、結果が横ばいのとき、結果が出てもワクワク感が見えないとき）、第4章 部下を自分で走らせるための「フォローアップ」（成長を拒む部下に殻を破ってもらうとき、自分を追い込んでしまっているとき、認めてもらえないと不満を抱いているとき、周囲との関係をもっと円滑にさせたいとき）
2017.7 238p B6 ¥1500 ①978-4-7612-7273-9

◆部下に残業をさせない課長が密かにやっていること　麻野進著　ぱる出版
【要旨】いつもお先に失礼するあの課長は何をしているの？ 残業しない・残業させない課長の、働き方改革・働かせ方改革!!
2017.3 207p B6 ¥1400 ①978-4-8272-1048-4

◆部下のやる気を引き出すワンフレーズの言葉かけ―ペップトークで不安を消す・励ます・元気づける　占部正尚著　日本実業出版社
【要旨】「YES&Better」に言い換えれば心に響く！ ペップトークの4ポイント＋3つの承認を意識して言葉を変換！ 様々なタイプの部下に、どんな場面でも使えるトーク術。
2017.10 220p B6 ¥1400 ①978-4-534-05527-9

◆変革するマネジメント―戦略的人的資源管理　日沖健著　千倉書房　第2版
【目次】第1章 人材マネジメントの時代、第2章 組織の構造とプロセス、第3章 組織文化の形成と変革、第4章 人事制度の設計と運用、第5章 集団への働きかけ、第6章 リーダーシップと個人への働きかけ
2017.8 238p B6 ¥2000 ①978-4-8051-1115-4

◆ポイント図鑑 人を動かすファシリテーション思考　草地真著　ぱる出版
【要旨】あらゆるシーンで大注目の、問題解決のスキル・考え方・実践法。未来を作るファシリテーション思考の秘密!!
2017.5 207p B6 ¥1400 ①978-4-8272-1059-0

◆防衛大流 最強のリーダー　濱潟好古著　幻冬舎
【要旨】部下を育てるのに、不当な優しさはいらない。だが、絶対に否定するな。「結果」に一喜一憂せず、「成果」にこだわれ。誰1人として一人も無駄にせず、誰1人として見捨てるな。小さな部品1つ欠けても、銃は撃つことができないのだ―日本一過激で、合理的な人材錬成6つの力を初公開!!
2017.12 239p B6 ¥1400 ①978-4-344-03231-6

◆まぁるい日本―リーダーシップの時代 "人を動かす"　吉田明生著　冨山房インターナショナル
【要旨】"多様性がリーダーを育てる" "人材育成が未来を決定する"。ゆうちょ銀行管理職の教科書。
2017.10 135p A5 ¥1500 ①978-4-86600-038-1

◆マッキンゼーが教える科学的リーダーシップ―リーダーのもっとも重要な道具とは何か　クラウディオ・フェサー著、吉良直人訳　ダイヤモンド社
【要旨】マッキンゼー・アカデミーが発信する最新理論「インスピレーション・リーダー」の全技術を公開。大規模リサーチによる科学的根拠が満載！
2017.10 313p B6 ¥1600 ①978-4-478-10313-5

◆松下幸之助に学ぶ部下がついてくる叱り方　江口克彦著　方丈社
【要旨】「寛厳よろしきを得る」厳しさと優しさを適宜適切に使い分けることが、優れた上司の条件である。経営の神様は、部下の成長を願い叱った。「ほめる」だけでは、部下は育たない。部下が納得する「叱り方のコツ」を、一冊に凝縮！2017.3 222p B6 ¥1500 ①978-4-908925-10-8

◆松下幸之助に学ぶモチベーション・マネジメントの真髄―ダイバーシティ時代の部下の束ね方　小笹芳央著　PHP研究所
【要旨】アンフリーズ（解凍）、チェンジ（変化）、リフリーズ（定着）で部下が変わる。部下がやりがいを感じながら、高いモチベーションで、使命感を持って働いてくれるようになる5つのマジック。
2017.7 248p B6 ¥1400 ①978-4-569-83636-2

◆マネージャーになったら読む本　寺本明仁著　セルバ出版、創英社/三省堂書店 発売
【要旨】右肩下がりの現代は違う。これまでどおりのやり方を していればうまくいくとは限らない。未来の答えは、それぞれが新しく見つけ出さなければならない。しかし、お手本とする管理者が見当たらない。お手本がないとはいえ、管理者、マネージャーに求められる本質は変わらない。2017.11 151p B6 ¥1500 ①978-4-86367-375-5

◆マネージャーは「人」を管理しないで下さい。　田原祐子著　秀和システム
【要旨】「人」を管理することの問題点を、現場で解消し続ける中で出た結論！ 答えは「業務マネジメント」だった！ ステップ式なら、誰でもできる！
2017.9 259p B6 ¥1600 ①978-4-7980-5271-7

◆マンガでやさしくわかる部下の育て方　中原淳著、葛城かえでシナリオ制作、柾朱鷺作画　日本能率協会マネジメントセンター
【要旨】部下育成にはセオリーがある！「仕事の任せ方」4つのステップを学び、実践していくことで、部下が育つだけでなく、あなた自身も成長できる。
2017.8 221p B6 ¥1500 ①978-4-8207-1974-8

◆まんがでわかる失敗学のすすめ　畑村洋太郎監修、小川こうじ作画　KADOKAWA
【要旨】「失敗をおそれない」人が大事故を招く!?読めばすぐリーダーシップが身につく！ 仕事の成果がめきめき上がる！「失敗学」提唱者監修による初のコミカライズ！
2017.3 174p B6 ¥1200 ①978-4-04-601846-5

◆短くても伝わる対話「すぐできる」技法―働く人を育て、組織力を最大にする　森下裕道著　大和書房
【要旨】職場の人間関係、どんな難問も解決できる最強の対話！ ほめる、任せる、叱る、フォロー。スタッフ・部下の感情を好意的に揺さぶる最重要コラボ技！ 超具体的なところまで公開！
2017.11 319p B6 ¥1400 ①978-4-479-79614-5

◆みんなでつなぐリーダーシップ―"誰も管理職になりたくない"時代だからこそ　髙橋克徳著　実業之日本社
【要旨】"誰も管理職になりたくない"この言葉の裏に隠されたメッセージに、あなたは気づいていますか？ 若手が抱いている違和感と向き合うと、未来を切り拓いていくカギが見えてきます。自分たちの「当たり前」を問い直すと、新たなリーダーシップが見えてきます。一緒に組織の未来を変えていきませんか。
2017.11 253p B6 ¥1500 ①978-4-408-42077-6

◆めんどうな女子社員の扱い方―8つのコミュニケーションスタイル理論　山田英司著　同文舘出版　（DO BOOKS）
【要旨】部下管理で疲弊しないための職場の心理学。8つのスタイルで人を見極める。
2017.11 187p B6 ¥1500 ①978-4-495-53881-1

◆やる気を引き出し人を動かすリーダーの現場力　迫俊亮著　ディスカヴァー・トゥエンティワン
【要旨】10年連続右肩下がりの会社をV字回復に導いた、現場が自ら動き出す「リーダーシップ」と「仕組み」のすべて。部下との関係に悩む営業リーダー・管理識必読！
2017.1 239p B6 ¥1500 ①978-4-7993-2030-3

◆リーダーを目指す人の心得 文庫版　コリン・パウェル、トニー・コルツ著、井口耕二訳　飛鳥新社
【要旨】「なにごとも思うほどには悪くない。翌朝には状況が改善しているはずだ」「まず怒れ。その上で怒りを乗り越えろ」―これら「自戒13カ条」も有名な著者が、百戦錬磨の経験から編み出した至高の仕事術と人生論。国務長官時代のエピソードも赤裸々に明かされ、米政治の舞台裏を知る意味でも貴重な記録である。
2017.6 404p A6 ¥778 ①978-4-86410-558-3

◆リーダーが覚えるコーチングメソッド―7つの質問でチームが劇的に進化する　マイケル・バンゲイ・スタニエ著、神月謙一訳　パンローリング　（フェニックスシリーズ 57）
【要旨】本書で紹介する「7つの基本的質問」を、人を管理するツールや日常会話に取り入れれば、必ず仕事の負担が軽減され、同時に大きな影響力を持つことができます。部下や上司、仕事でもプライベートな生活でもすべてのその恩恵を受けるでしょう。あなたのリーダーシップをレベルアップするため、自分流のコーチングの習慣を作りましょう！
2017.9 270p B6 ¥1600 ①978-4-7759-4180-5

◆リーダーが壁にぶちあたったら読む本　神田和明著　あさ出版
【要旨】劇的にチームが変革されていった、本当にあった話。堅苦しい理論本ではなく実体験に基づく生きたマネジメント本！
2017.9 239p B6 ¥1500 ①978-4-86063-937-2

◆リーダーシップの探求―変化をもたらす理論と実践　スーザン・R・コミベズ、ナンス・ルーカス、ティモシー・R・マクマホン著、日向野幹也監訳、泉谷道子、丸山智子、安野舞子訳　早稲田大学出版部　（原書第3版）
【要旨】リーダーシップに権限やカリスマ性はいらない。いま社会が求めるのは、他者との関係性を活用しながら自分を認識し開発する「関係性」リーダーシップだ！ 初心者にも理解しやすく解説し、大学の授業、企業や官庁の人材開発での使用にも耐える、世界的なベストセラー。
2017.8 510p A5 ¥2800 ①978-4-657-17010-1

◆リーダーに絶対役立つ韓非子　守屋洋著　PHP研究所　（PHPビジネス新書）
【要旨】多くの企業トップが古来から熟読していると言われる中国古典『韓非子』。「人間は利益によって動く動物である」という冷徹な人間観に基づくリーダー論は、「人間不信の哲学」とも称される。本書では、その魅力と現代に活かすべき叡智を、著者独自のわかりやすい口語訳と解説で紹介。「賞罰の権限を手放すな」として白を黒と言い相手を試してみる」…部下を操り、組織を思い通りに動かす善ノウハウ満載！
2017.2 235, 18p 18cm ¥870 ①978-4-569-83555-6

◆リーダーに強さはいらない―フォロワーを育て、最高のチームをつくる　三城雄児著　あさ出版
【目次】第1章 フォロワーの基本を知る（フォロワーとは、リーダーの理解者である、チームを盛り上げる仲間だからこそ対等だ ほか）、第2章 失敗が命取り？ リーダーがやってはいけないこと（すべてを一人でやろうとしてはいけない、細かく管理をしてはいけない ほか）、第3章 フォロワーが集まるリーダーになるために（「Why」を語ろう、1日1回自分と向き合う ほか）、第4章 フォロワーの力を「最大化」する（絶妙な難易度の「課題」を与える、成長のチャンスは、「修羅場体験」にあり ほか）、第5章 フォロワーを軸にした強いチームの「共通点」（目には見えない、「組織文化」をつくろう、5つの企業例から「強さの源」を学ぶ ほか）
2017.5 183p B6 ¥1400 ①978-4-86063-893-1

◆**リーダーの基準―見えない経営の「あたりまえ」**　清水勝彦著　日経BP社、日経BPマーケティング 発売
【要旨】正論が通れば、リーダーはいらない！リーダー論、リーダー育成論の死角を抉る新しいアプローチ。
　2017.2 340p B6 ¥1800 ①978-4-8222-5140-6

◆**リーダーの教養書**　出口治明、楠木建、岡島悦子、猪瀬直樹、中島聡、大竹文雄、長谷川眞理子、森田真生、大室正志、岡本祐一朗、上田紀行著　幻冬舎
【要旨】日米エリートの差は教養の差だ！「知的筋力」を鍛える骨太の130冊！
　2017.4 227p B6 ¥1400 ①978-4-344-03107-4

◆**リーダーのための！ コーチングスキル**　谷益美著　すばる舎
【要旨】1日1分からの対話術！毎日の報連相、トラブル対応、問題解決、ミーティング、定期面談まで。早稲田大学ビジネススクール、ティーチングアワード受賞の人気コーチがわかりやすく紹介!!
　2017.2 270p B6 ¥1500 ①978-4-7991-0553-5

◆**リーダーのための『貞観政要』超入門**　内藤誼人著　水王舎
【要旨】部下が、後輩が、スタッフが、どうすれば自分についてきてくれるかを知りたい！人の上に立つ者としての、基本的な心構えが知りたい！中国古典にして世界最高の「帝王学の教科書」をビジネスに活かす。優れたビジネスリーダーになるための48の秘訣。
　2017.12 217p B6 ¥1400 ①978-4-86470-092-4

◆**リーダーのための勇気づけマネジメント―ビジネスに生かすアドラー心理学**　渡邉幸生著　セルバ出版、創英社/三省堂書店 発売
【要旨】世間では成果だけに着目して社員を道具のように使い潰すブラック企業の存在が社会問題化しているが、このブラック企業のマネジメントスタイルはアドラー心理学で目指すマネジメントスタイルとは相容れない。本書では、いかにリーダーたちが職場でアドラー心理学を活用するか、特に部下との関係性や組織の成長について着目。筆者が様々な企業やビジネスの現場で活用し、マネジメントに効果的だったものをピックアップして説明。
　2017.3 183p B6 ¥1600 ①978-4-86367-322-9

◆**リーダーは前任者を否定せよ―プロ経営者の仕事術**　藤森義明著　日本経済新聞出版社
【要旨】アジア人初の米GE本社役員となった「経営のプロ」が初めて語る。ウェルチ直伝「最強の仕事術」！
　2017.1 223p B6 ¥1600 ①978-4-532-32114-7

◆**Be リーダーとしてのセルフイメージを作れ―米国陸軍士官学校「ウエストポイント」の教えるリーダーシップ教本**　村上知紀著　翔泳社　オンデマンド版
【要旨】第1章 自分を変えるきっかけとは、第2章 リーダーシップは、ついて行こうとする人の眼のなかにある、第3章 私が生きている、生かされている意味を問え、第4章 このように成りたい、第5章 挑戦行動を繰り返すことで、自分の手で自分を作り変え続ける、第6章 自分がどうのこうのというエゴは捨てよ
　2016.12 143p A5 ¥1800 ①978-4-7981-5141-0

◆**OJTで面白いほど自分で考えて動く部下が育つ本**　松下直子著　あさ出版　（超解）
【要旨】「教える」ではなく「能力を引き出す」。自分を超える部下に成長させる。いまどき「背中で教える」では動かない。進化したOJTで眠る力を目覚めさせる。
　2017.4 159p B6 ¥1200 ①978-4-86063-979-2

◆**True North リーダーたちの羅針盤―「自分らしさをつらぬき」成果を上げる**　ビル・ジョージ著、小川孔輔監訳、林麻矢訳　生産性出版　（『True North リーダーへの旅路』増補改定・改題書）
【要旨】『リーダーへの旅路』出版から10年。グローバル標準のリーダーに必要なのは、「カリスマ性」より「自分らしさ」だった。リーダーシップ研究の先駆者ピーター・ドラッカー、ウォーレン・ベニスの後継者が世界の最前線における働き方を示す。
　2017.9 501p A5 ¥3600 ①978-4-8201-2071-1

歴史に学ぶビジネス

◆**1分間孫子の兵法**　齋藤孝監修　SBクリエイティブ　（1min BOOK SERIES）
【要旨】弱くても勝てる。最強の戦略教科書をポケットに。激変する時代をたくましく生き抜く！たった1分で名著のエッセンスをマスター！
　2017.12 184p 18cm ¥1000 ①978-4-7973-9433-7

◆**商人道に学ぶ時代がやってきた―日本の商人道の源流 石田梅岩に学ぶ**　田中真澄著　ぱるす出版
【要旨】第1章 老後の人生を国や市町村に頼る時代は終わった、第2章 武士道的生き方から商人道的生き方への生き方革命を、第3章 石田梅岩を始祖とする石門心学の広がり、第4章 商人道に学び、これからの時代にどう備えるべきか、第5章 老舗が守り続けた商人道こそ真っ当な日本人の生き方、第6章 商人道に徹し、オンリーワンの存在価値を築いた成功者に学ぶ
　2017.9 217p B6 ¥1300 ①978-4-8276-0242-5

◆**マンガ 齋藤孝が教える「孫子の兵法」の活かし方**　齋藤孝監修　西東社
【要旨】仕事に、ベストな選択はない。「ベター」でいいんです！孫子の戦略的思考術が身につく！
　2017.2 223p A5 ¥1200 ①978-4-7916-2527-7

経営学・経営理論

◆**アカウンタビリティから経営倫理へ―経済を超えるために**　國部克彦著　有斐閣
【要旨】企業という私的空間に「人間の条件」としての公的空間を開く会計の可能性とは。アーレントとデリダを全体のモチーフに、公共性・責任・正義をめぐる哲学に基礎を置いて、経済学的な思考枠組みを超えるための会計学を再構築し、経済というシステムに対抗する実践を自律的に展開可能にする制度設計を展望する。
　2017.12 205, 20p B6 ¥2700 ①978-4-641-16513-7

◆**アート・プロデュース概論―経営と芸術の融合**　境新一著　中央経済社、中央経済グループパブリッシング 発売
【要旨】ビジネスにおいて芸術（アート）の必要性が増してきている。その際に鍵となるのが、デザインやアイデアを通してアートをビジネスにつなげる「プロデューサー」の役割である。アート・プロデューサーの意義・必要な要件を解説する。
　2017.3 263p A5 ¥3400 ①978-4-502-22501-7

◆**アメーバ経営が組織の結束力を高める―ケースからわかる組織変革成功のカギ**　谷武幸、窪田祐一著　中央経済社、中央経済グループパブリッシング 発売
【要旨】京セラ株式会社で生成したアメーバ経営は、組織を小集団に細分化し、小集団のアメーバのリーダーにその経営を任せる経営管理手法であり、組織成員の行動を変えて、創意工夫に満ち溢れた組織をつくり上げることを目的としています。本書では、アメーバ経営を軸に、さまざまな仕掛けを集中的に加えることによって、短期間に組織を大きく変えたケースを取り上げます。アメーバ経営の導入や、自社の組織を大きく変えたいと考えている経営者やビジネスマンの方々に、有用な多くのヒントが、本書には、ちりばめられています。
　2017.6 281p B6 ¥2600 ①978-4-502-22251-1

◆**アメリカ反トラスト法における合理の原則**　久保成史著　中央経済社、中央経済グループパブリッシング 発売
【要旨】わが国独占禁止法の母法であるアメリカの反トラスト法。その中核をなすシャーマン法において解釈の中心となるRule of Reason は、アメリカでどのように生まれ、現在どのように位置づけられるに至ったのか。本書では、裁判例や経済理論の歴史的展開を辿りながら、反トラスト法の基礎理論であるRule of Reason について考察する。
　2017.8 334p A5 ¥6000 ①978-4-502-24351-6

◆**イノベーションと内部非効率性―技術変化と企業行動の理論**　關智一著　白桃書房
【目次】第1章 現代企業のイノベーション課題：企業家精神、機敏性、そして効率的な生産者、第2章 現代企業のイノベーションと新たな理論展開:Schumpeter 体系からの解放、第3章 現代企業における企業家精神の所在：「内部非効率性」を相殺する何か、第4章 現代企業の戦略理論と内部非効率性：「競争戦略論」における2つの誤謬、第5章 現代企業の組織変革と内部非効率性：GE Healthcare の事例を中心に、第6章 総括と今後の課題：イノベーションと内部非効率性
　2017.11 198p A5 ¥3300 ①978-4-561-26702-7

◆**会社のつくり方―経営学の理論に基づく起業**　鈴木好和著　創成社
【目次】会社とは何か、企業形態、ベンチャービジネス、マーケティング、ミッションと経営計画、経営組織、人的資源管理、リーダーシップ、企業の社会的責任、NPO、コーポレート・ガバナンス、企業結合、会社の寿命
　2017.3 227, 9p B6 ¥1600 ①978-4-7944-2498-3

◆**価値共創時代の戦略的パートナーシップ**　長谷川直哉編著　文眞堂　（法政大学イノベーション・マネジメント研究センター叢書）
【要旨】サステイナブル社会の実現を目指す、「持続可能な開発目標（SDGs）」や「共通価値の創造（CSV）」は、マルチステークホルダー・パートナーシップなくして実現できない。企業とNPOによるパートナーシップのケースから、社会課題の解決に向けた合意形成のプロセスや問題点を掘り下げ、価値共創時代の戦略的パートナーシップのあり方を問う。
　2017.3 164p A5 ¥2700 ①978-4-8309-4940-1

◆**株式所有構造の変遷と経営財務**　鳥居陽介著　中央経済社、中央経済グループパブリッシング 発売
【要旨】日本における株式所有構造の歴史的変遷を紐解くとともに、近年の上位株主に名を連ねる「信託口」の構造や実質株主が企業に与える影響を解明。
　2017.6 200p A5 ¥2900 ①978-4-502-23361-6

◆**カプフェレ教授のラグジュアリー論―いかにラグジュアリーブランドが成長しながら稀少であり続けるか**　ジャン＝ノエル・カプフェレ著, 長沢伸也監訳、早稲田大学大学院商学研究科長沢研究室訳　同友館
【要旨】稀少性がウリのラグジュアリーブランドは、成長と稀少性を両立させることができるのか？ラグジュアリーブランド研究の第一人者が解き明かす最新の論考。
　2017.3 311p A5 ¥2800 ①978-4-496-05245-3

◆**環境経営とイノベーション―経済と環境の調和を求めて**　所伸之編著　文眞堂
【要旨】環境問題を解決するためには、企業の創造するイノベーションが欠かせない。環境に配慮した革新的な製品・サービスを生み出し、社会に普及していくことが我々の社会を変えていくことにつながるからである。環境経営を実践していた企業はかつては一部の業界に限られていたが、現在はあらゆる業界に環境経営が実践されている。本書では、7つの業界の取り組みを紹介し、環境問題と企業活動の新たな関係を提示する。
　2017.3 198p A5 ¥2500 ①978-4-8309-4939-5

◆**関与と越境―日本企業再生の論理**　軽部大著　有斐閣
【要旨】経営者がなすべき仕事とは？日本企業再生への道とは？長引く低迷を克服するには、直面する現実への取り組み方を刷新し、摩擦を恐れず越境を志向することが必要である。多様な視点と方法論から日本企業社会の本源的課題を解明する。
　2017.4 305p A5 ¥4200 ①978-4-641-16500-7

◆**企業家研究　第14号（2017）**　企業家研究フォーラム編　（大阪）企業家研究フォーラム, 有斐閣 発売
【目次】論説（業界革新の「解」の形成と企業家活動、三十五銀行における行内改革の展開と頭取の役割―伊東要蔵の経営活動をခ事例として）、ケース資料（牡蠣養殖業におけるスタートアップ企業の海外市場参入と文化的障壁の克服―エフェクチュアル・ロジックによるケース研究）、2016年度年次大会共通論題―アントレプレナーシップの定量的な把握と分析（起業活動としてのアントレプレナーシップ、「就業構造基本調査」から見た起業の希望と準備の変遷、リーマンショック後に生じた日本の起業活動の変化―GEMデータによる起業態度と起業活動の国際比較、「新規開業パネル調査」にみる起業後のパフォーマンス）、書評
　2017.7 120p B5 ¥3000 ①978-4-641-49918-8

経済・産業・労働

◆**企業経営の日独比較─産業集中体制および「アメリカ化」と「再構造化」**　山崎敏夫著　森山書店
【目次】企業経営の日独比較─その課題と方法、第1部 大企業への産業集中体制の日独比較（企業グループ体制の日独比較、産業・銀行間関係に基づく産業システムの日独比較）、第2部 経営の「アメリカ化」と「再構造化」の導入の日独比較（インダストリアル・エンジニアリングの導入の日独比較、ヒューマン・リレーションズの導入の日独比較、フォード・システムの導入の日独比較、アメリカ的経営者教育・管理者教育の導入の日独比較、事業部制組織の導入の日独比較、マーケティングの導入の日独比較）、日本とドイツの産業集中体制と企業経営
2017.10 612p A5 ¥4200 ①978-4-8394-2168-7

◆**企業ダイナミクスと産業発展**　宝利ひとみ著　三菱経済研究所
【目次】第1章 企業ダイナミクス（Firm Dynamics）（企業の参入・退出、マイクロデータの利用と企業・事業所の異質性）、第2章 企業ダイナミクスに関する研究の潮流（海外の研究、日本に関する研究）、第3章 歴史的なデータを用いた参入・退出の実証分析（福井における組織発生産の概観、データ、モデル、推計に用いる変数の記述統計、推定結果）
2017.6 30p A5 ¥800 ①978-4-943852-62-9

◆**企業紐帯と業績の研究─組織間関係の理論と実証**　境新一著　文眞堂　第2版
【要旨】企業の持続成長に重要な役割を果たす組織間関係に注目し、「企業紐帯」と新たに定着した上で、戦略を媒介とする紐帯と業績の関係について、理論と実証の両面から解明。統計・グラフ等の数理的方法と事例分析を駆使して、日本と外資、ベンチャー、製造業・金融業・流通業の各業種・個別企業グループの最新の比較検証を加え改訂した待望の第2版。
2017.5 319p A5 ¥3600 ①978-4-8309-4942-5

◆**企業統治と成長戦略**　宮島英昭編著　東洋経済新報社
【要旨】企業パフォーマンスは向上するのか？ 第一線の研究者が示す、コーポレート・ガバナンスの最前線。
2017.3 438p A5 ¥4800 ①978-4-492-53389-5

◆**企業の価値創造経営プロセスの新たなる体系化をめざして─日本価値創造ERM学会創立10周年記念シンポジウム**　JAVCERM10周年記念書籍刊行委員会編　プログレス
【目次】第1回：2016年5月13日（金）ESGの観点から見た価値創造と資本市場（ガバナンスを中心としたESG改革の最新事情─新たな段階に入ったESGと企業価値の関係：機関投資家の視点から、機関投資家、企業から見たESGと企業価値）、第2回：2016年7月22日（金）規制哲学転換の下での金融機関経営のあり方と今後の展望─金融機関内部統制と価値創造、ERMの進化の方向（金融規制の潮流と銀行ERM、グローバルな金融監督規制と金融機関のERMによる価値創造）、第3回：2016年9月9日（金）企業と投資家はいかに意見交換をするか─価値向上に向けた企業の動き（株主価値向上に向けた最近の日本企業の動き─株主資本コストを意識したROEの向上と企業と投資家の意見交換の現場）、第4回：2016年11月18日（金）企業における価値創造ERMの実践─多様な実践の形態からERM実践のあり方を考える（経営と価値創造ERM─ショッピングセンターを事例として、企業におけるERMの実践─実務担当者からの提言）
2017.9 249p A5 ¥4000 ①978-4-905366-67-6

◆**企業のサステナビリティ戦略とビジネス・クォリティ**　山下洋史、諸上茂登編著　同文舘出版　（明治大学社会科学研究所叢書）
【要旨】文理融合の視点から持続可能性と経営品質の関係を探る。昨今、企業は製品の品質だけでなく、企業活動全体の質を高めていくことが求められている。商学・経営学と工学の文理融合のアプローチから、企業の持続可能性と経営品質の問題をグローバルな視点を交えて考察。
2017.2 257p A5 ¥2500 ①978-4-495-38761-7

◆**企業倫理学　4　国際ビジネスの倫理的課題/社会的正義と経済的正義**　トム・L.ビーチャム、ノーマン・E.ボウイ編、小林俊治監訳　（京都）晃洋書房　（原書第5版）ETHICAL THEORY AND BUSINESS, 5th ed.〈Tom L.♯Beauchamp; Norman E.♯Bowie〉
【要旨】アメリカを代表する企業倫理学テキストの決定版。多彩なテーマを様々な立場から網羅的に紹介。企業を巡る現代的な課題事項を扱い

つつも、伝統的な倫理学の課題とも十分な関連をもって議論をする展開。企業活動のグローバル化に伴い必要となる国際的な基準や行動規範を考察している。また、第9章では富の再分配といった社会的・経済的正義について分析し、特定の政策や行動様式に当てはめていく。異文化経営を理解するために役立つ、著名な経営倫理学者たちが書いた必読の論文を収めている。
2017.5 240p A5 ¥3800 ①978-4-7710-2902-6

◆**企業倫理研究序論─経営学的アプローチと倫理学的考察**　山下裕介著　（京都）文理閣
【要旨】CSRと企業倫理、その「歴史」・「理論」・「哲学」を学び、研究する。
2017.3 133p A5 ¥1800 ①978-4-89259-807-4

◆**技術経営の考え方**　宮崎久美子編著　放送大学教育振興会、NHK出版 発売　（放送大学教材）　新訂
【目次】技術経営とは、科学、技術とイノベーション、技術開発と技術競争力蓄積、技術普及、企業戦略と技術戦略、アントレプレナーシップ、複雑性と意思決定、組織マネジメント、研究開発のマネジメント、知的財産のマネジメント、分野別の技術経営、技術経営のイノベーションシステム、エコシステム論、今後の技術経営の課題
2017.3 264p A5 ¥3000 ①978-4-595-31736-1

◆**技術的イノベーションのマネジメント─パラダイム革新のメカニズムと戦略**　藤井大児著　中央経済社、中央経済グループパブリッシング 発売
【要旨】パラダイム革新のメカニズムと戦略を探る。技術的なイノベーションのマネジメントはいかにして可能かという問題意識の下で、いくつかの問いに対して一定の見解を見出した。
2017.6 335p B6 ¥1680 ①978-4-295-40088-2

◆**技術は戦略をくつがえす**　藤田元信著　クロスメディア・パブリッシング, インプレス 発売
【要旨】過去の戦争の流れを変えた著名な戦いを取り上げ、「技術」というフィルタを通してみることで、今を生きる私たちに有益な教訓を得ることができる。また、技術そのものに関わらず、戦略の背景、技術に関わった人々についても取り上げ、技術と戦略の関係を考察。
2017.6 296p B6 ¥2000 ①978-4-295-40056-4

◆**業績を伸ばすための"守り"を固める鉄壁のリスクマネジメント**　太田裕二著　幻冬舎メディアコンサルティング, 幻冬舎 発売
【要旨】突発的な災害や災害、SNS炎上やサイバー攻撃…etc. 企業経営は常にリスクと隣り合わせ！ あらゆる危険を事前に予測し、完璧に回避するための知識。中小企業、ベンチャー企業の経営者必読。
2017.2 218p B6 ¥1500 ①978-4-344-91179-6

◆**競争政策論─独占禁止法事例とともに学ぶ産業組織**　小田切宏之著　日本評論社　第2版
【要旨】今必要な競争政策とは。ネット取引が発達し、グローバル化が広がるなか、消費者利益を高め、イノベーションを進めるためには何ができるか。最新の事例を交えて考える。法学部生、実務家にもわかりやすい「経済学用語解説」付き。
2017.9 272p A5 ¥2500 ①978-4-535-55882-3

◆**京都大学の経営学講義 いま日本を代表する経営者が実践していること**　川北英隆, 奥野一成編著　ダイヤモンド・ビジネス企画, ダイヤモンド社 発売
【目次】第1章 環境を考えたまちづくりを海外へ輸出。─日本で培った知見と技術を武器に世界を魅了する環境配慮型住宅（積水ハウス株式会社代表取締役会長兼CEO 和田勇）、第2章 オリジナリティーを重視した自社開発製品を直販で売る。─独自の"仕掛け"でオンリーワンと「世界トップ」を狙う（ホシザキ株式会社代表取締役会長兼社長 坂本精志）、第3章 創業者の理念と思いを胸に、一〇兆円企業をめざす。─住宅・建設業界の最大手が未来を託すベンチャー育成（大和ハウス工業株式会社代表取締役会長/CEO 樋口武男）、第4章 二〇年で時価総額三〇倍。─一時流を先読みし、世界の医療を支えるグローバル経営戦略（シスメックス株式会社代表取締役会長兼社長 家次恒）、第5章「権限委譲」こそ、人材育成の最も最適な一手。─一桁の利益率を一一％超に押し上げた成果主義経営（カルビー株式会社代表取締役会長兼CEO 松本晃）、第6章 長期投資の本質…人間を選び、調べ、投資する（農林中金バリューインベストメンツ常務取締役（CIO）奥野一成）、第7章 企業を選別して調査、対話す

る（京都大学名誉教授 投資研究教育ユニット代表・客員教授 川北英隆）
2017.2 285p B6 ¥1500 ①978-4-478-08412-0

◆**クリエイティブビジネス論─大都市創造のためのビジネスデザイン**　地域デザイン学会監修, 原田保編著　学文社　（地域デザイン学会叢書）
【目次】プロローグ 大都市を再生・創造するクリエイティブビジネス─大都市のデザインでこそクリエイティブビジネスが育成される、大都市創造ビジネスとしての「クリエイティブビジネス」のデザイン思想─大都市再生・創造のための事業デザイン）、第2部 先進事例編（クリエイティブビジネスとしての「教育サポートビジネス」、クリエイティブビジネスとしての「クラブシーンディスク＆ジョッキービジネス」、クリエイティブビジネスとしての「モノ・コト融合型のインダストリアルデザインビジネス」、クリエイティブビジネスとしての「コミュニティ指向伝統的陶磁器ビジネス」、クリエイティブビジネスとしての「共有価値創造型コミュニケーションビジネス」ほか）、エピローグ 地域循環が創造するクリエイティブビジネスの未来展望─大都市を牽引するクリエイティブクラスへの期待
2017.8 292p A5 ¥3500 ①978-4-7620-2727-7

◆**グローバル企業─国際化・グローバル化の歴史的展望**　安部悦生編著　文眞堂
【要旨】国際化は、好むと好まざるとにかかわらず、日本の生き残りのために不可避である。グローバリゼーションの流れを我がものとするためには、グローバル企業を創造しなければならない。本書は、グローバル企業を、アメリカ、ヨーロッパ、日本、台湾という舞台で捉えようとする。国際化、グローバル化に関心を持つ人に、貴重なケースを提供する一冊。
2017.1 295p A5 ¥2800 ①978-4-8309-4918-0

◆**グローバル競争と流通・マーケティング─流通の変容と新戦略の展開**　齋藤雅通, 佐久間英俊編著　（京都）ミネルヴァ書房　（現代社会を読む経営学 9）
【要旨】現在、流通・マーケティングをめぐるグローバル競争は、世界的規模で展開されている。巨大企業のそのような動きは、製造業や流通業などの産業構造に変化を生じさせ、革新的政策が打ち出されている。本書は、小売業、卸売業の新展開など様々な観点からその実態を分析。人々の消費生活や社会に与える影響を明らかにし、資本の流通・マーケティングの変容について考察する。
2018.1 248p A5 ¥2800 ①978-4-623-08221-6

◆**グローバル・ビジネス・マネジメント─経営進化に向けた日本企業への処方箋**　一條和生, 野村総合研究所グローバルマネジメント研究チーム編　中央経済社, 中央経済グループパブリッシング 発売
【要旨】日本企業のグローバル化が叫ばれはじめたのは、1990年代後半のことである。それから20年以上経過した今、日本企業のグローバル化はどこまで進化したのであろうか。何が達成できて、何が未だ課題として残っているのか。本書は、日本企業のグローバル経営の実態に関するアンケート調査と、グローバル化を強力に推進している有力企業へのヒアリング調査をもとに、日本企業のグローバル経営の高度化に向けた提案を取りまとめたものである。
2017.5 292p A5 ¥2800 ①978-4-502-22531-4

◆**グロービスMBA経営戦略**　グロービス経営大学院著　ダイヤモンド社　新版
【要旨】経営戦略の基本コンセプトから最新の分析・実行ツールまでを1冊で網羅。待望の全面改訂！
2017.3 248p A5 ¥2800 ①978-4-478-06602-7

◆**経営学概論**　片山富弘, 山田啓一編著　同友館　新版
【要旨】企業論、組織管理、経営組織、経営戦略、雇用と組織、生産管理、マーケティングの考え方と戦略、ロジスティクス、財務会計と財務管理、経営情報システム、イノベーション、ベンチャー、ナレッジマネジメント、国際化とグローバル化、企業の社会的責任と、レビューショーン・マネジメント、地域活性化と地域ブランド
2017.1 272p A5 ¥2500 ①978-4-496-05260-6

◆**経営学史研究の興亡**　経営学史学会編　文眞堂　（経営学史学会年報 第24輯）
【目次】第1部 趣旨説明（経営学史研究の興亡）、第2部 経営学史研究の興亡（経営学史研究の興

亡、「歴史学的視点から見た経営学史」試考、経営学史研究の意義と方法、経営学における物質性概念の行方：社会構成主義の陥穽を超えて、M.P.Follett 思想におけるPragmatism とPluralism—その意味と可能性、ホーマン学派の「秩序倫理」における企業倫理の展開—理論的発展とその実践的意義について）、第3部 論攷（グローバルリーダー研究の学史的位置づけの検討、ダイナミック・ケイパビリティ論の企業家論的展開の課題とその解消に向けて—David, Harper の企業家論を手がかりに、マズロー自己実現論と経営学—金井壽宏「完全なる経営」論について、人的資源管理論における人間的側面考察の必要性について、M.P. フォレットの「創造的経験」—Creative Experience における理解を中心として、2017.5 211p A5 ¥3000 ①978-4-8309-4950-0

◆**経営学へのご招待** 高木直人編著 五絃舎
【目次】経営倫理の登場、経営学説、組織風土と組織文化、企業（株式会社・中小企業含む）、日本的経営、経営組織、経営戦略、マーケティング、生産管理、商業の生成と発展〔ほか〕
2017.9 187p A5 ¥2000 ①978-4-86434-075-5

◆**経営学要論** 岸川善光著 同文舘出版
【要旨】ケースブックを含む全12巻の要論シリーズの総集編。内外の先行研究をほぼ網羅し、論点の漏れを極力防止。理論と実践の融合：豊富な事例とトピックで解説。要論シリーズの各巻との関連を明示し、必読文献を豊富に掲載。ビジュアル図解（各章10枚合計100枚の図表）。
2017.9 317p A5 ¥3200 ①978-4-495-39010-5

◆**経営史の再構想** フィリップ・スクラントン、パトリック・フリダンソン著、粕谷誠、矢後和彦訳 蒼天社出版
【目次】第1部 罠—経営史家が避けるべきこと（間違った具体化、国家が常に「なかに」あることを認識しない誤り ほか）、第2部 機会—主題の領域（人工物、創造と創造性 ほか）、第3部 展望—最新の文献にみられる期待されるテーマ（所有権の脱構築、詐欺といかさま ほか）、第4部 資源—創造的な概念と枠組み（想定、実践共同体 ほか）2017.1 294p A5 ¥2800 ①978-4-901916-49-3

◆**経営情報要論** 岸川善光編著、朴慶心著 同文舘出版
【要旨】内外の先行研究をほぼ網羅し、論点の漏れを極力防止。理論と実践の融合：豊富な事例とトピックで解説。マクロ（経済）／セミマクロ（産業）／ミクロ（企業）の適合。ビジュアル図解（各章10枚合計100枚の図表）。
2017.9 332p A5 ¥3200 ①978-4-495-38791-4

◆**経営成功特論 ピーター・ドラッカーの経営論** 原田尚彦編著 （長生村）HSU出版会、幸福の科学出版 発売 （HSUテキスト 21）
【要旨】自由からの繁栄を目指す経営論。勝つくして勝つ現代の兵法を学ぶ。ドラッカーマネジメントのエッセンスがこの一冊に！
2017.11 302p A5 ¥1500 ①978-4-86395-962-0

◆**計算と経営実践—経営学と会計学の邂逅** 國部克彦、澤邉紀生、松嶋登編 有斐閣
【要旨】複雑に絡み合いながら、あらゆる経営実践を駆動する計算のメカニズム—計算という現代社会のブラックボックスをこじ開けた先に、昨今の支配的な学術的視座に見失われていた豊穣な地平を見出し、ますます高度化する経済・経営実践の本質的理解に挑む、刺激的な論考。
2017.2 255p A5 ¥4400 ①978-4-641-16489-5

◆**決断力にみるリスクマネジメント** 亀井克之著 （京都）ミネルヴァ書房 （シリーズ・ケースで読み解く経営学 3）
【要旨】リスクに立ちむかう組織をいかに作るか。気づく力、即断する直感力、リーダーシップ、コミュニケーション…リスクを特定、想定、対応する感性を伸ばす仕組みを知る。
2017.7 282, 3p B6 ¥2000 ①978-4-623-08059-5

◆**現代経営学** 宮坂純一、水野清文編著 五絃舎
【目次】経営学の発展、科学的管理法の生成と発展、経営戦略、経営組織、生産方式、マーケティング、人的資源管理、リーダーシップ、企業倫理とCSR〔ほか〕
2017.9 112p A5 ¥1400 ①978-4-86434-074-8

◆**現代経営組織要論** 佐久間信夫、小原久美子編著 創成社 （経営学要論シリーズ 7）
【目次】経営組織の特徴と基礎概念、経営戦略主導の組織デザイン、企業のグローバル化と現代的組織形態、レスリスバーガーの人間関係論、ウェーバーの官僚制組織論、バーナードの組織論、サイモンの意思決定論、モチベーション理論

の展開、エンパワーメントと人材育成、組織とコミュニケーション、組織変革のリーダーシップ論、経営イノベーションと組織文化変革のリーダーシップ—組織変革論の新たな視点としての組織文化変革、経営組織とリスクマネジメント、サスティナブルマネジメントと組織能力
2017.4 289p A5 ¥2800 ①978-4-7944-2501-0

◆**原発問題と市民社会の論理** 日本比較経営学会編 （京都）文理閣 （比較経営研究 第41号）
【目次】特集 原発問題と市民社会の論理、ワークショップ、論文、研究ノート、書評、英文要約 2017.4 194p A5 ¥2800 ①978-4-89259-809-8

◆**コア・テキスト国際経営** 大木清弘著 新世社、サイエンス社 発売 （ライブラリ経営学コア・テキスト 11）
【要旨】国際経営の理論と実際を、気鋭の研究者が一貫した視点により解説。理論編と実践編の二部構成として、理論編では多国籍企業の歴史を辿った上で、主要理論を時系列に沿って時代背景を踏まえながら紹介し、実践編では幅広くマーケティング、生産、研究開発、サプライチェーン・マネジメントそして人的資源管理まで、企業が持つ機能の国際化に焦点を当てる。
2017.12 272p A5 ¥2500 ①978-4-88384-266-7

◆**コーポレート・ガバナンス改革の国際比較—多様化するステークホルダーへの対応** 佐久間信夫編著 （京都）ミネルヴァ書房
【要旨】主要各国における最新の改革の実態を詳解。企業外部からの監視と企業の内部機構を通した監視、各国の現状を同じ視点から切り込み特徴を析出する。
2017.11 258p A5 ¥3000 ①978-4-623-08113-4

◆**コンプライアンス・内部統制ハンドブック** 中村直人編著 商事法務
【要旨】コンプライアンス・内部統制体制の構築・運用に関する実務指針。基本的な仕組みから実務対応まで網羅的に解説。グループ会社管理や外国公務員贈賄防止、不祥事発生時の対応など近年注目を集めている論点も詳細に検討。
2017.5 452p A5 ¥6000 ①978-4-7857-2518-1

◆**最新「国際経営」入門** 高橋浩夫著 同文舘出版
【要旨】企業の海外進出は、大企業のみならず、中堅中小、地方企業にとっても身近な戦略になってきている。企業の海外活動について、広範な国際経営の重点的課題を中心に、最新資料を用いながらわかりやすく解説！国際経営をはじめて学ぶ学生や、国際経営に関わるビジネスパーソンに向けた入門書！
2017.9 162p A5 ¥1900 ①978-4-495-39009-9

◆**サービス経営学入門—顧客価値共創の戦略経営** ハリウッド大学院大学監修、寺本義也、中西晶編著 同友館
【目次】サービス経営学の課題、サービス企業の成長と革新のプロセス、サービス・イノベーションの展開、サービス企業の経営戦略（1）理念戦略、サービス企業の経営戦略（2）成長戦略、サービス企業の経営戦略（3）競争戦略、サービス企業のビジネスモデル（1）戦略実現の仕組み、サービス企業のビジネスモデル（2）価値創造のプロセス、サービス企業の組織マネジメント（1）組織デザインと組織マネジメント、サービス企業の組織マネジメント（2）モチベーションとリーダーシップ、サービス企業の人財マネジメント、サービス企業のナレッジ・マネジメント、サービス経営学の未来
2017.6 209p A5 ¥2200 ①978-4-496-05273-6

◆**サービス・ドミナント・ロジックの進展—価値共創プロセスと市場形成** 田口尚史著 同文舘出版
【要旨】S・Dロジックの11の基本的前提とその特有の概念を忠実に遵守し、特に製品を介して価値が創造されるプロセスを説明する概念枠組みの構築を探究。
2017.3 245p A5 ¥3500 ①978-4-495-38781-5

◆**産業クラスター戦略による地域創造の新潮流** 税所哲郎編著 白桃書房
【目次】カンボジアのプノンペン経済特区における産業集積の現状と投資環境からの課題、ミャンマーのミャンマーICTパークにおける産業集積の実態とインフラ面からの課題、タイにおける物流システムを利用した産業集積の連携によるイノベーションの実態、中国、ベトナムにおけるソフトウェア分野の産業集積の現状と課題、中国・上海における科学技術型中小企業の発明特許転

化の現状と課題、中国におけるインキュベータの経営革新の現状と課題、中国（上海）自由貿易試験区における産業集積の現状と改革推進からの課題、日本におけるスマートシティ導入による新しい産業集積の形成と地域産業の活性化、日本におけるグリーンテクノロジーの集積に向けた自治体の取り組み、フランス・ブルゴーニュ州におけるイノベーション創出政策と産業クラスター政策の現状、イタリア・ミランドラ地域のバイオメディカル・バレーにおける起業家排出と企業間ガバナンス、産業クラスターのライフ・サイクルと成長の支援の意義
2017.2 245p A5 ¥3000 ①978-4-561-26689-1

◆**産業クラスターのダイナミズム—技術に感性を埋め込むものづくり** 大木裕子著 文眞堂
【要旨】ものづくりを変えるビジネス・プロデューサー。産業クラスターの持続的発展のためには、製品の高度化、即ち、ハイエンド向けの洗練された製品を創造するイノベーションが不可欠である。シリコンバレー、景徳鎮、有田、クレモナのものづくりクラスターの実証研究を通じて、最先端クラスターと伝統的クラスターに共通する製品高度化のメカニズムを解明する。
2017.2 172p A5 ¥3000 ①978-4-8309-4930-2

◆**産業復興の経営学—大震災の経験を踏まえて** 石原慎士、佐々木茂、石川和男、李東勲編著 同友館
【目次】第1部 主要産業の被災と復興に向けた取り組み（震災復興とレジリエンス、東日本大震災による産業の被災 ほか）、第2部 震災に備えるための産業ソリューション（水産業における復興ソリューション、食品製造業における復興ソリューション ほか）、第3部 産業持続に向けたマネジメント（経営管理、組織管理 ほか）、第4部 震災に備えるための産業持続策（提言）（危機変化モデル、震災に備えるための産業持続策 ほか） 2017.7 321p A5 ¥2800 ①978-4-496-05297-2

◆**自衛隊元最高幹部が教える経営学では学べない戦略の本質** 折木良一著 KADOKAWA
【要旨】経営学をはじめ、世に溢れる戦略論。しかし、そもそも「戦略」とは何なのか？『シン・ゴジラ』自衛隊トップのモデルとされる伝説の自衛官が、自衛隊の戦略立案はもちろん、「きれいな戦略」が通じない人や組織の動かし方から、日本人のもっている「集合的無意識」の本質、経営学者の多くも気づいていない「安保と経済」のつながりまでを一気に伝授。
2017.12 238p B6 ¥1400 ①978-4-04-602018-5

◆**自己資本利益率（ROE）の分析—国際的・長期的・業種別の分析** 西山賢吾著 商事法務 （「別冊商事法務」No.425）
【目次】1 自己資本利益率の分析（はじめに、我が国主要企業のROEとその構成要素の長期的推移、ROEの国際比較、結びに代えて）、2 自己資本利益率の分析—関連データ（上場企業のROEとその分解（2016年度）、上場企業のROEとその構成要素の長期データ、業種別、時価総額別に見た上場企業のROEとその分解（2016年度））
2017.10 314p B5 ¥9000 ①978-4-7857-5259-0

◆**市場戦略の読み解き方—一橋MBA戦略ケースブック vol.2** 沼上幹、一橋MBA戦略ワークショップ著 東洋経済新報社
【要旨】GE／ソニー／松下電工／TOTO／ブライダル産業／サイクルベースあさひ。戦略の背後にあるメカニズムを分析する思考と手法。表層的な数字・言葉遊びにだまされない！MBAの分析ツールの使い方を学ぶ事例集。
2017.2 213p A5 ¥2800 ①978-4-492-52220-2

◆**自走するIT組織—リクルートのエンジニアはこう動く** 米谷修著 日経BP社、日経BPマーケティング 発売
【要旨】国内最大規模の利用者を抱えるネットサービスを手掛けるリクルート。そんなサービスを創り出し、支えるエンジニアはどのようなキャリアを積んでいるのか。グループのIT施策全般を担うリクルートテクノロジーズのCTO（最高技術責任者）が、「挑む」「創る」「繋ぐ」「調える」をキーワードに掲げ、同社で活躍するエンジニアの実像に迫る。
2017.12 231p B6 ¥1200 ①978-4-8222-5753-8

◆**実践の場における経営理念の浸透—関連性理論と実践コミュニティによるインターナル・マーケティング・コミュニケーションの考察** 柴田仁夫著 創成社 （埼玉学園大学研究叢書 第13巻）

経済・産業・労働

【目次】第1章 経営理念の浸透が注目される背景、第2章 経営理念とは何か、第3章 経営理念の浸透に関する先行研究の考察、第4章「実践の場における経営理念の浸透」の理論構築のための先行研究、第5章「個人の認知」と「状況に埋め込まれた学習」による経営理念の浸透のしくみ、第6章 経営理念の浸透に関する実態調査、第7章 仮説の検証

2017.2 308p A5 ¥3400 ①978-4-7944-2496-9

◆**自分で企業をつくり、育てるための経営学入門―起業戦略を考える**　斉藤毅憲、渡辺峻編著　文眞堂　〈新しい経営学 2〉
【要旨】起業戦略から学ぶ新しい経営学。21世紀を生き抜く人びとへのメッセージ！

2017.1 152p B5 ¥1850 ①978-4-8309-4913-5

◆**社長、その借金、なんとかできます！―元銀行マンが教える「見切り」の事業再生**　武田健一著　合同フォレスト，合同出版 発売
【要旨】不渡り、倒産、破産…正しく理解・想定すれば怖くない。本気で再生したいなら「心のよりどころ」を手放してはいけません！ 苦労して手に入れた家や車、時計、大切な家族や友人。このような「心のよりどころ」を最後まで守った社長さんの多くは、事業再生に成功されました。もちろん、どんな事業再生の方法を取るかは大切です。しかし、それ以前に大切なことがあると皆さんに知ってほしいのです。

2017.9 208p B6 ¥1400 ①978-4-7726-6094-5

◆**情報ネットワークによる組織の意思決定**　城川俊一著　東洋大学出版会，丸善出版 発売
【要旨】仕事の方法が劇的に変わり、プロジェクト単位の組織や、仮想的企業が当たり前になりつつある企業社会。オープンイノベーションのような外部の経営資源を取り入れ、迅速かつ効率的に開発が行われるようになるなど、情報ネットワークを使った集団意思決定の重要性が増してきている。本書では、情報ネットワークによる組織の意思決定の現状と課題を取り上げる。第1部「情報ネットワークと組織」、第2部「情報ネットワークにおける問題解決と合意形成」、第3部「情報ネットワークにおける集団意思決定」の3部構成。

2017.1 339p A5 ¥4000 ①978-4-908590-02-3

◆**ジョブ理論―イノベーションを予測可能にする消費のメカニズム**　クレイトン・M. クリステンセン、タディ・ホール、カレン・ディロン、デイビッド・S. ダンカン著、依田光江訳　ハーパーコリンズ・ジャパン
【要旨】イノベーションの成否を分けるのは、顧客データや「この層はあの層と類似性が高い。顧客の68%が商品Bより商品Aを好むetc.」、市場分析、スプレッドシートに表れる数字ではない。鍵は "顧客の片づけたいジョブ（用事・仕事）" にある。世界で最も影響力のある経営学者が、人がモノを買う行為そのもののメカニズムを解き明かす、予測可能で優れたイノベーションの創り方。

2017.8 390p B6 ¥2000 ①978-4-596-55122-1

◆**人事と組織の経済学―実践編**　エドワード・P. ラジアー、マイケル・ギブス著、樋口美雄監訳、成松恭多、杉本卓哉、藤波由剛訳　日本経済新聞出版社　〈原書第3版〉
【要旨】希少な人材をいかに採用し、有効に活かすか？ 採用の基準、最適な従業員への投資から、報酬などのインセンティブの与え方、福利厚生、経営陣と従業員のコミュニケーションにいたるまで、会社と従業員がWIN・WINになる合理的な人事戦略を経済学的に解説。

2017.4 553p A5 ¥4800 ①978-4-532-13470-9

◆**新訂経営学講義**　板倉宏昭著　勁草書房
【要旨】現実社会で経営学が果たす機能を具体的に理解しよう。地域ビジネス・ブロックチェーン・AIなど新しいテーマを取り入れた、経営学の基本を展開する教科書の改訂新版。独習に配慮したショートケース・問題集を新たに追加。

2017.11 514p A5 ¥3400 ①978-4-326-50441-1

◆**衰退の法則―日本企業を蝕むサイレントキラーの正体**　小城武彦著　東洋経済新報社
【要旨】破綻企業と優良企業への膨大なインタビューからあぶり出される企業の違いとは？ そして、崩壊を食い止めるためには何が必要なのか？ ミドルによる協力体制、出世条件と経営陣登用、役員会の質と意思決定…あの破綻した企業たちには、共通する社内メカニズムがあった！ 産業再生の最前線で活躍してきた著者が現

場の声と経営学・心理学の知見から紡ぎ出した経営組織論のフロンティア。

2017.6 350, 12p B6 ¥3000 ①978-4-492-53390-1

◆**数理計画とポートフォリオ選択モデル入門**　西村康一著　〈相模原〉現代図書，星雲社 発売
【目次】第1章 数理計画プロセスと数理計画モデルとは（モデル構築とその重要性、数学的モデル構築プロセスの概要―問題分析の基本的枠組み ほか）、第2章 線形計画モデル（最適解探索方プロセスの直観的理解―2変数モデルの図式解法、線形計画モデルの標準形表現 ほか）、第3章 多目的計画・分数計画モデル―線形計画モデルの拡張（多目的計画モデル、MOLPの効率的の基底許容解を求める代替アプローチ ほか）、第4章 2次計画モデル―非線形計画モデルへの拡張（非線形計画モデルの数学的概念、2次形式と関数のテイラー展開 ほか）、第5章 ポートフォリオ選択問題の展開（ポートフォリオ分析の基礎、ポートフォリオ・リターンの期待値と標準偏差 ほか）

2017.7 197p A5 ¥2300 ①978-4-434-23537-5

◆**図解 戦略経営のメカニズム―ICT時代における価値創造の理論と実践**　小松原聡著　言視舎
【要旨】顧客価値を実現する戦略経営を、どのように実践したらいいのか。戦略経営をめぐるさまざまな理論と実践、ICT技術の活用法をわかりやすく解説。

2017.5 221p A5 ¥1700 ①978-4-86565-092-1

◆**図解 大学4年間の経営学が10時間でざっと学べる**　髙橋伸夫著　KADOKAWA
【要旨】東大で20年以上教えてきた経営学のエッセンスが、図解でわかりやすく学べる！

2017.6 95p B5 ¥925 ①978-4-04-602045-1

◆**スポーツマネジメント入門―プロ野球とプロサッカーの経営学**　西崎信男著　税務経理協会　第2版
【要旨】米国大リーグ野球、英国プレミアリーグを中心に、熾烈な競争ビジネスの姿を正面から捉えたスポーツ経営・ファイナンスの教科書。FIFA汚職をめぐる法的問題、ラグビーワールドカップ2019日本大会、ファンの経営参加…最新動向をキャッチアップした改訂版。

2017.8 303p A5 ¥3000 ①978-4-419-06475-4

◆**スポーツマネジメント入門―プロリーグとスポーツイベントで学ぶ**　西野努著　産業能率大学出版部
【目次】第1章 スポーツマネジメント（総論）、第2章 チームの経営戦略、第3章 スポーツ組織におけるリーダーシップ、第4章 スポーツマーケティング―マーケティングの定義とスポーツにおけるマーケティングについての解説、第5章 スタジアムビジネス、第6章 スポーツとキャリア、第7章 スポーツ文化、第8章 オリンピックとFIFAワールドカップ

2017.9 217p A5 ¥2000 ①978-4-382-05749-4

◆**戦後賃金の軌跡―鉄鋼・電機企業の検証**　田口和雄著　中央経済社，中央経済グループパブリッシング 発売
【要旨】年功賃金、能力主義、成果主義…日本の主要産業である鉄鋼と電機の代表的な企業を取り上げ、戦後から現在までの長期的な変遷を追い、制度の特質を明らかにする。

2017.3 230p A5 ¥4000 ①978-4-502-20851-5

◆**戦略的経営理念論―人と組織を活かす理念の浸透プロセス**　瀬戸正則著　中央経済社，中央経済グループパブリッシング 発売
【要旨】本書は、経営理念に関する多様な既存理論を学際的に考察した上で、企業における人間行動を見て、言葉の奥にある心（本質）を観る姿勢で語りを聴き、導出したインプリケーションを論理的に分析しながら経営理念の戦略的浸透プロセスを探究した。企業家・研究者・学生必読の書である。

2017.7 242p A5 ¥3000 ①978-4-502-22611-3

◆**戦略的リスクマネジメントで会社を強くする**　野田健太郎著　中央経済社，中央経済グループパブリッシング 発売
【要旨】リスクマネジメントの問題点。コストをかけても採算がとれるのか？ 特に少頻度で大きな被害をもたらすイベントにどう対応するのか？ CSR、CSV（共有価値創造）の議論とどう向き合うのか？

2017.2 194p A5 ¥2600 ①978-4-502-21761-6

◆**創造的経験**　メアリー・P. フォレット著、三戸公監訳、齋藤貞之、西村香織、山下剛訳　文眞堂

【要旨】戦争・テロそして苛め・企業不祥事・原発事故・行政不祥事等のますます深刻化する "負の経験" の多発。『創造的経験』こそ、日々を送る皆の、とりわけ組織を担う諸個人の豊かな可能性である。一流の経営学者達は「至高の古典」と評し、ドラッカーをして「予言の書」と言わしめた名著、今、ここに完訳。

2017.7 322p A5 ¥4500 ①978-4-8309-4954-8

◆**想定外のマネジメント―高信頼性組織とは何か**　カール・E. ワイク、キャスリーン・M. サトクリフ著、中西晶監訳、杉原大輔、高信頼性組織研究会ほか訳　文眞堂　〈原書第3版〉
【要旨】「想定外」に満ちた世界を生き抜く、信頼性の高い組織とは？ サブプライムローンに溺れた銀行、大雪被害から復興した鉄道博物館、ユナイテッド航空232便の奇跡、FBIの指紋照合ミス、そして、トヨタの大規模リコールなど豊富な事例を、高信頼性組織の5つの原則から分析する。

2017.7 181p A5 ¥2500 ①978-4-8309-4949-4

◆**組織アイデンティフィケーションの研究**　小玉一樹著　〈岡山〉ふくろう出版
【目次】第1章 帰属意識の捉え方―先行研究のレビューと課題の抽出、第2章 従業員は組織をどのように捉えているのか―組織アイデンティフィケーションのプロセス、第3章 組織アイデンティフィケーション尺度の開発と信頼性・妥当性の検討、第4章 組織アイデンティフィケーションと組織コミットメントは何がどのように違うのか―両概念の弁別性の検討、第5章 組織アイデンティフィケーションの先行要因の検討、第6章 組織アイデンティフィケーションの先行要因と結果―複数企業のデータを用いたモデルの検証、終章 結論と含意

2017.2 176p A5 ¥2900 ①978-4-86186-685-2

◆**組織コミットメント再考―中日米における実証研究を手がかりに**　王英燕著　文眞堂
【要旨】個人と組織との関わりが弛みなく変容する現代社会で、中日米三カ国での実証研究を通じて、組織コミットメント研究のパラダイム変換の必要性を論じる。構造の多様性を探求し、個人の深層及び関係的文脈の側面から組織コミットメントの形成基盤と発展の解明を試みた。

2017.3 236p A5 ¥2000 ①978-4-8309-4941-8

◆**組織再編の法理と立法―利害関係者の保護と救済**　受川環夫著　中央経済社，中央経済グループパブリッシング 発売
【目次】第1編 会社の組織変更、第2編 組織再編等に関する情報開示制度―会社法・金商法・金融商品取引所適時開示規則の交錯と調整、第3編 組織再編における株主保護、第4編 組織再編における債権者保護、第5編 組織再編等の差止請求、第6編 組織再編等の無効の請求、第7編 組織再編における取締役の損害賠償責任

2017.2 427p A5 ¥7500 ①978-4-502-20891-1

◆**組織変革のレバレッジ―困難が跳躍に変わるメカニズム**　安藤史江、浅井希明、伊藤秀仁、杉原浩志、浦倫彰著　白桃書房
【要旨】組織はなぜ変われないのか。それは「変革準備フェーズ」から「変革実現フェーズ」への跳躍が、組織にとって不連続な挑戦だからである。この挑戦を支援する「レバレッジ・ポイント」を、4つのパラドックス（所属・学習・組織化・実施）の考え方から解明する。

2017.5 245p A5 ¥3800 ①978-4-561-26692-1

◆**大量生産品のデザイン論―経済と文化を分けない思考**　佐藤卓著　PHP研究所　〈PHP新書〉
【要旨】商品の「価値はすでにそこにある」。それを「見つけ」「引き出し」「つなぐ」すべての「想い」は集まり、デザインが生まれる！「明治おいしい牛乳」「ロッテキシリトールガム」…ロングセラーとなった商品とデザインの秘密。

2018.1 245p 18cm ¥860 ①978-4-569-83739-0

◆**地域企業における知識創造**　髙垣行男著　創成社
【目次】第1章 序論、第2章 中小企業の経営課題、第3章 中小企業の進むべき方向性、第4章 先行研究とした理論的な考察、第5章 本書にかかわる先行研究、第6章 単独開発の事例：ローカル企業内、第7章 企業間協力の事例：ローカル企業外、第8章 共同開発についてのアンケートとインタビュー調査、第9章 全体の考察と結論

2017.1 204p A5 ¥2600 ①978-4-7944-2495-2

◆**地域新産業の振興に向けた組織間連携―医療機器関連分野における事業化推進への取組み**

川端勇樹著　(京都)ナカニシヤ出版　(中京大学大学院ビジネス・イノベーションシリーズ)
【目次】第1章 序論、第2章 先行研究のレビューおよび概念モデルの提示、第3章 リサーチデザイン、第4章 ケーススタディ―神戸市、浜松市、福島県の事例、第5章 ケースの分析および解釈、第6章 結語
2017.3 251p A5 ¥6200 ①978-4-7795-1159-2

◆デザイン組織のつくりかた―デザイン思考を駆動させるインハウスチームの構築&運用ガイド　ピーター・メルホルツ、クリスティン・スキナー著、安藤貴子訳、長谷川敦士日本語版監修　ビー・エヌ・エヌ新社
【要旨】UX、デザイン思考、サービスデザイン…本当に社内で実践されていますか？ 世界に名高いUXコンサルティング会社の創設者によるサービスデザイン時代の組織づくり。
2017.12 246p A5 ¥2600 ①978-4-8025-1083-7

◆ドラッカー 5つの質問　山下淳一郎著　あさ出版
【要旨】成功を収める企業とそうでない企業はどこが違うか。何のための事業なのかを問いただし、誰をお客様とすべきかを明らかにし、お客様にお応えするために何をやるべきかをはっきりさせ、お客様に起こる良い結果に向けて方向づけし、事業の存続と繁栄に関わる重要なことに注意を向けさせてくれる「5つの質問」は主語がすべて「われわれ」。経営チームで取り組んでこそ効果がある。
2017.12 205p 19cm ¥1300 ①978-4-86667-039-3

◆ドラッカー『現代の経営』が教える「マネジメントの基本指針」　坂本和一著　東信堂 改訂版
【要旨】それまでのマネジメント認識を決定的に変えた『現代の経営』は、ドラッカー自身のマネジメントについての「発想転換」を基底に据えた一大体系だった―今もマネジメント学の原点として読み継がれているこの著作を、刊行後60年を期し、以後の著述活動における発展・進化とも照らし合わせ包括的に読み解くとともに、企業、公的機関、大学等、現代のすべての組織に向け、同書に結実したドラッカーの「発想転換」が孕む重要な意味を提示した『いま読む、ドラッカー「現代の経営」』の改訂版。
2017.5 216p B6 ¥2400 ①978-4-7989-1431-2

◆ドラッカー『断絶の時代』で読み解く21世紀地球社会論　坂本和一著　東信堂 改訂版
【要旨】ドラッカーの『断絶の時代』刊行からすでに約半世紀、今なおこの本が色あせず読み継がれているのは、ドラッカーの「すでに起こっている未来」を見通す眼力が、まさにその後生起した世界の経済的変動を直視しえていたからに他ならない。本書は、21世紀世界の各分野―産業・技術、経済、政治と社会、知の領域において、ドラッカーが捉えた四つの「断絶」の具体的分析・考察を通じ、現代地球社会論を展開した力作の改訂版である。
2017.5 158p B6 ¥1800 ①978-4-7989-1430-5

◆ドラッカーの時間管理術　吉松隆著　アチーブメント出版
【要旨】最小の時間で最大の成果をだす！ 徹底的に無駄を省くドラッカーのタイムマネジメントを、わかりやすく解説。
2017.12 157p B6 ¥1200 ①978-4-86643-021-8

◆なぜ日本企業は勝てなくなったのか―個を活かす「分化」の組織論　太田肇著　新潮社 (新潮選書)
【要旨】会社が危機の時、全社一丸となろうとしてはいないか？ かつて利点だった日本企業の「まとまる力」が、いま社員一人一人の能力を引き出すことの大きな妨げになり、日本企業を不活性化させている。必要なのは、まず組織や集団から個人を「引き離すこと」なのだ。働き方をドラスティックに変え、個の力を充分に活かすための新しい提案。
2017.3 219p B6 ¥1200 ①978-4-10-603798-6

◆21世紀ICT企業の経営戦略―変貌する世界の大企業体制　夏目啓二編著　文眞堂 (龍谷大学社会科学研究所叢書)
【要旨】20世紀では考えられなかった事態が、起きている。21世紀の世界では先進国の多国籍企業、とくに日米多国籍企業に加えて、新興国の多国籍企業、とくに、韓国、台湾、中国、インドの多国籍企業の台頭が著しい。なぜだろうか。本書は、ICT産業を切り口に世界の多国籍企業の経営戦略と、その社会的影響を分析。
2017.2 265p A5 ¥2800 ①978-4-8309-4922-7

◆2020年代の新総合商社論―日本的グローバル企業はトランスナショナル化できるか　榎本俊一著　中央経済社、中央経済グループパブリッシング 発売
【要旨】2000年代、総合商社は、流通会社から、トレーディングと事業投資を柱とする総合事業会社に自己革新し躍進を続けたが、2010年代初の資源バブル崩壊に伴い転換点を迎えている。国内デフレ停滞の解消の目途が立たない中、総合商社が21世紀に成長企業であるには、国内中心型ビジネスから脱却しグローバル・サプライ・チェーン企業に生まれ変わらねばならない。この構造転換は社会に対し国際経営・組織の変革を迫り、人的資源管理も世界志向に変わらざるを得ない。日本的グローバル企業は真の世界企業に脱皮できるか。総合商社の未来を事例分析に基づき明らかにする。
2017.4 208p A5 ¥2600 ①978-4-502-21281-9

◆二宮尊徳に学ぶ「報徳」の経営　田中宏司、水尾順一、蟻生俊夫編著　同友館
【要旨】負薪読書像で知られる二宮尊徳(金次郎)は、江戸時代後期に数多くの農村復興に力を尽くした。「至誠」「勤労」「分度」「推譲」を基本とする尊徳の報徳思想は、のちの経済人に影響を与え、日本の企業経営に脈々と息づく基本理念なのである！
2017.10 309p A5 ¥2600 ①978-4-496-05301-6

◆日本経営学会史―創設51周年から90周年まで　日本経営学会編　千倉書房
【目次】第1部 日本経営学会90年の歩み―創設51周年から90周年までを中心に (日本経営学会90年の歩み―51～90周年を中心に)、第2部 第51回大会以降の統一論題論点とその意義 (第51回大会～第52回大会、第53回大会～第55回大会、第56回大会～第58回大会、第59回大会～第61回大会、第62回大会～第64回大会 ほか)、巻末資料
2017.9 410p A5 ¥6000 ①978-4-8051-1116-1

◆日本経営学会誌　第38号　日本経営学会編　千倉書房
【投稿論文】投稿論文 (技術多角化と技術の時間軸、技術変化と対抗策のタイミング―写真のデジタル化の事例から、チーム・メンタルモデルが組織成果に及ぼす影響―対面コミュニケーション、他部門のメンバーが持つ知識に着目して、高い機能的価値を生む中小企業の技術イノベーション、下位組織の問題の後回しによる解決―地方自治体の庁舎耐震対策事例分析、海外拠点における製品開発機能と人の現地化―トヨタ自動車の米国開発拠点の事例分析、企業家的志向が企業成長に与える影響―フランチャイズの利用に着目して)、書評：松嶋登著『現場の情報化：IT利用実践の組織論的研究』
2017.4 100p B5 ¥1500 ①978-4-8051-1106-7

◆日本的グローバル・オペレーションズ・マネジメント―ジャパン・クオリティを支える強いインテグリティ　宮川正裕著　同文舘出版
【目次】序章 研究目的とその意義、第1章 グローバル経営と経営資源の国際移転、第2章 グローバル・オペレーションズ・マネジメント、第3章 英国産業の盛衰とジャパナイゼーション、第4章 英国調査報告書、第5章 ジャパン・クオリティとインテグリティ、第6章 質の高い経営を支える人と組織のマネジメント、終章 総括と展望
2017.3 195p A5 ¥3500 ①978-4-495-39001-3

◆日本的雇用制度はどこへ向かうのか―金融・自動車業界の国籍を越えた人材獲得競争　八代充史著　中央経済社、中央経済グループパブリッシング 発売
【要旨】「同一産業・同一市場で競争している企業の人的資源管理は、日系、米系等の資本国籍間の人材獲得競争を通じて一定方向に収斂するのか、あるいは異なったままなのか」という「雇用制度間競争」の視点から日本的雇用制度にアプローチ。「同一産業」として投資銀行と自動車産業、「同一市場」としてロンドンと東京を対象に、資本国籍間の「雇用制度間競争」が日本的雇用制度を「外資化」させるか、もしくは日本的雇用制度がそのままであり続けるかを検討。
2017.3 186p A5 ¥3000 ①978-4-502-21801-9

◆日本の経営学90年の内省と構想―日本経営学会90周年記念特集　日本経営学会編　千倉書房 (経営学論集 第87集)
【要旨】統一論題 日本の経営学90年の内省と構想 (High・Performance Democratic Socialism―The emergence of organizing principles for a new society within the modern capitalist enterprise、企業統治3・0)、サブテーマ (1) 社会的な課題と企業戦略論 (日本企業におけ

る付加価値の創出―事業組織の状況からの検討、日本企業復活とダイナミック・ケイパビリティ、日本企業の競争優位と経営資源論の発展)、サブテーマ (2) 社会の中での組織の機能 (マネジメントにおける厳密性と適切性の概念の再検討、制度ロジックスの組織化と制度としての組織―「制度的企業家」後記、「社会の中での組織の機能」を問う―経営学と協働の変容)、サブテーマ (3) 社会と企業ガバナンスの関係 (日本型組織と不祥事―「管理強化」がなぜ裏目に出るのか、企業と社会のガバナンス構造の変化、深化するグローバル化と「企業統治」問題―「公と私」の再構築に向けて)、日本経営学会賞受賞報告 (著書部門：大学発ベンチャーの組織化と出口戦略、論文部門：契約社員の人事管理と基幹労働力化―基盤システムと賃金管理の二つの側面から)
2017.4 127p B5 ¥4000 ①978-4-8051-1107-9

◆非営利組織理事会の運営―その向上を求めて　堀田和宏著　全国公益法人協会
【目次】改めて期待される理事会、第1部 理事会の職能と役割に関する基礎理論、第2部 理事会の職能と役割の統合化への試み、第3部 理事会有効性を高める基礎構造、第4部 理事会有効性を高める理事一人の啓発、第5部 組織有効性を高める理事会リーダーシップ、新しいガバナンスと残された研究課題
2017.4 621p A5 ¥7223 ①978-4-915668-58-6

◆ビジネス実務総論　水原道子、大島武編著　樹村房 新版
【目次】第1部 企業とビジネス社会 (ビジネス社会とは、企業とは、経済の動きと日常生活、グローバル社会とビジネス)、第2部 社会生活と労働 (さまざまな働き方、保険・社会保険、地域連携とボランティア、現代社会における情報管理)、第3部 サブノート (ふりかえりシート―授業のまとめ、用語―時事用語説明・就職用、一般常識テスト―就職・秘書検定用)
2017.3 149p B5 ¥1900 ①978-4-88367-276-9

◆ビジネス・マネジメント　柴健次監修、G-BEL編　文眞堂 第2版
【要旨】『ビジネス・アイ』の姉妹本。前書でビジネスをみる目を養い、本書でビジネス・マネジメントの重要概念が習得できる。経営リテラシーの普及を推進する著者がたどり着いた結論をまとめ、経営リテラシーの幅広い普及方法を提示した。
2017.3 177p B6 ¥1900 ①978-4-8309-4936-4

◆人を大切にする経営学講義　坂本光司著　PHP研究所
【要旨】企業経営とは何か/企業は誰のものか/正しい競争/適正利益率/人財の確保・育成等/大家族的経営/企業の社会的責任/経営者の使命と責任/正しい生産性向上運動etc.。企業・組織のリーダーへ！「毎日の仕事に役立つ」教え満載。
2017.11 342p B6 ¥1900 ①978-4-569-83708-6

◆人と組織のマネジメント　筧正治著　創成社 改訂版
【目次】第1章 計画、第2章 人の意欲と行動、第3章 意欲を高める組織、第4章 グループの組織行動、第5章 賃金システム、第6章 安定・安全、身分のシステム、第7章 会社の成り立ち、第8章 企業のストラテジー
2017.4 225p A5 ¥2300 ①978-4-7944-2503-4

◆100年成長企業のマネジメント―3Mに学ぶ戦略駆動力の経営　河合篤男、伊藤博之、山路直人著　日本経済新聞出版社
【要旨】イノベーションで世界的な名声を得る3Mは、創設以来100年以上にわたり成長を続けている長期成長企業でもある。本書はその調査研究報告として、3Mの歴史を詳しくみ、同社の長期成長は、「戦略駆動力」の実践によって可能になった、という分析を提示。3Mの事例から洞察を引き出すために必要な経営学の用語 (経営の諸知恵の用語も含む) での解説を、「コラム」として適宜付記している。
2017.12 387p 20×15cm ¥3000 ①978-4-532-32189-5

◆非連続イノベーションへの解―研究開発型産業のR&D生産性向上の鍵　小久保欣哉著　白桃書房
【目次】1章 序論、2章 先行研究の整理と論点抽出、3章 医薬品産業の概略、4章 非連続技術へのイノベーション戦略の実証分析、5章 技術変化対応への外部資源活用：武田薬品工業の事例分析、6章 OIとM&Aの組織能力への影響：医薬品基礎研究者を対象とした実証分析、7章 結

び：まとめと今後の研究課題
2017.1 189p A5 ¥3500 ①978-4-561-26688-4

◆プロフェッショナルサービスのビジネスモデル—コンサルティングファームの比較事例分析　高橋千枝子著　碩学舎, 中央経済グループパブリッシング 発売　（碩学叢書）
【要旨】特別な資格も生産設備も不要なプロフェッショナルファームは、なぜ政治の重要課題や大企業の経営戦略に関わり、高額な報酬を得られるのか。「知識」を核としたビジネスのマネジメント。
2017.5 212p A5 ¥3600 ①978-4-502-21901-6

◆ポケットMBA ロジカル・シンキング—互いに理解し、成果につなげる！　グロービス著, 岡重文執筆　PHP研究所　（PHPビジネス新書）
【要旨】コンセプトは「成果につながる優しいロジカル・シンキング」。「ロジカル・シンキング」の目的は、相互の適切な理解を促し、建設的な意見を交換することであり、相手を攻撃したり、自分を守るためのものではないという理解のもと執筆されている。「易しさ」にも徹底的にこだわり、具体的事例をベースに、「分析」「評価」「仮説」「選択」という4つの視点から、論理思考の原理原則を解説。
2017.8 252p 18cm ¥870 ①978-4-569-83637-9

◆ホスピタリティとホスピタリティマネジメント—これからのホスピタリティ経営　中里のぞみ, 紺野獣邦著　（大阪）パレード, 星雲社発売
【要旨】ホスピタリティの心と技術を磨く一冊。ホスピタリティの本質とホスピタリティ経営の根幹を豊富な事例に学ぶ入門書。
2017.12 141p B6 ¥1500 ①978-4-434-24024-9

◆本業と一体化した環境経営　金原隆弥著　白桃書房
【目次】第1章 企業を取り巻く現状（環境問題、化石燃料消費量増がもたらした人為的温暖化説 ほか）、第2章 環境経営（持続可能な開発、環境経営とは ほか）、第3章 日本企業の環境利用関連取り組み（日本の廃棄物処理、3Rへの取り組み ほか）、第4章 日本企業の実践状況（環境関連マネジメント・システム、環境経営関連報告書 ほか）、第5章 企業事例（スポーツ用品メーカー美津濃（株）、タオルメーカーIKEUCHI ORGANIC（株）ほか）
2017.1 217p A5 ¥2900 ①978-4-561-25687-8

◆マッキンゼーが予測する未来—近未来のビジネスは、4つの力に支配されている　リチャード・ドッブス, ジェームズ・マニーカ, ジョナサン・ウーツェル著, 吉良直人訳　ダイヤモンド社
【目次】我々は、直観力をリセットしなければならない、第1部 4つの破壊的な力（上海を超えて—異次元の都市化のパワー、氷山のひとかけら—さらに加速する技術進化のスピード、年齢を重ねる豊かな世界—地球規模の高齢化の課題に対処する、貿易、人間、金融とデータの価値—音速、光速で強く結び付く世界）、第2部 直観力をリセットするための戦略思考（次に来る30億人—新たな消費者層の力を引き出す、逆回転が始まる世界—訪れる激変な機会、1つの時代の終わり—資本コストが下がり続ける時代よさらば、労働力需給のギャップを解消する—技術革新が生み出す新たな労働市場のミスマッチ、小魚がサメに変貌するとき—新たな競合の出現と競争のルールの変化、国家の政策こそ問題だ—社会と政府にとっての戦略的課題）
2017.1 411p B6 ¥1800 ①978-4-478-06943-1

◆マネジメント講義ノート　山本浩二, 上野山達哉編著, 大阪府立大学マネジメント研究会著　白桃書房
【要旨】経営学、会計学、商学（マーケティング）、生産システム科学といった、大きく4つの切り口からマネジメントの基礎をわかりやすく、簡潔に説明。多様な領域をひとつにまとめたマネジメント論の基本テキスト。
2017.3 187p A5 ¥2750 ①978-4-561-25700-4

◆マンガで学ぶ経営学スタートアップ！　建三努編著, 五十嵐雅郎, 階戸照雄著　中央経済社, 中央経済グループパブリッシング 発売
【要旨】ビジネスのプロが厳選したキーワード40＋αを3つのアプローチで解説。各章末の確認テストで理解度をチェックしながら、実際にビジネスで使える知識として学ぶことができる。後半では、経営学のフレームワークを人生設計や

キャリアプランに応用する方法を紹介。
2017.7 201p A5 ¥1900 ①978-4-502-22921-3

◆まんがでわかるドラッカーのマネジメント　藤屋伸二監修, nevまんが　宝島社
【要旨】廃れゆく温泉街・琴川町で町議会議員を務める岸本かすみ。支援者に言われるまま観光事業推進委員会に参加したところ、中心となって観光事業を復活させるための方策を企画・立案することに。ドラッカーのマネジメントを学びながら、事業の強みを見出し、尖らせ、「売れる商品」をつくるかすみの奮闘が始まった！
2017.3 158p B6 ¥1000 ①978-4-8002-6685-9

◆「見つめ直す」経営学—可視化で殻を破った中小企業の事例研究　日本政策金融公庫総合研究所編　同友館
【要旨】中小企業が既存のビジネスを見つめ直すことで、業績を向上させた事例を取材してまとめている。各企業が経営を見つめ直したきっかけやプロセス、成果を整理し、業績向上のポイントを探る。
2017.7 246p B6 ¥1800 ①978-4-496-05284-2

◆未来社会を変える 寺院基本経営学—日本及び日本人のセイフティネット　加賀博著　カナリアコミュニケーションズ
【目次】1 21世紀寺院のかかえる問題と課題（少子高齢化社会（人口減・家族減・檀家減）、地域社会の超過疎化、現代寺院の役割と課題）、2 今日まで日本及び日本人を支えてきた寺院の役割、3 21世紀寺院の重要性と再生復活テーマ（地域セイフティネット戦略、寺院基本経営管理、寺院キャリアデザインの重要性）、4 寺院基本経営管理（寺院組織管理重要ポイント、宗教法人の経営（会計）管理、宗教法人の税務管理）、5 僧侶キャリアデザインの基本（僧侶キャリアデザイン、僧侶プレゼンテーション基本スキル、僧侶ホスピタリティコミュニケーション基本スキル、僧侶としてのストレスケアアドバイス基本スキル）
2017.5 146p A5 ¥2500 ①978-4-7782-0403-7

◆「持たざる企業」の優位性—基盤技術を保有しない企業の製品開発　山崎喜代宏著　中央経済社, 中央経済グループパブリッシング 発売
【要旨】技術的資源の欠乏から生まれる優位性—技術保有と競争力の関係性を基盤技術という視座から捉え、事例分析に基づき、基盤技術を保有しない企業が優位性を構築するまでの論理を追求。薄型テレビ産業におけるソニー。デジタルカメラ産業におけるカシオ計算機。家庭用据え置き型ゲーム機産業における任天堂。基盤技術を保有しない企業が、どのようにして競争優位に立つのか、事例分析に基づいてその論理を構築する。
2017.2 261p A5 ¥3800 ①978-4-502-20881-2

◆よくわかる現代経営　「よくわかる現代経営」編集委員会編　（京都）ミネルヴァ書房　（やわらかアカデミズム・わかるシリーズ）第5版
【目次】1 企業の歴史を知る、2 コーポレート・ガバナンスを知る、3 企業の管理を知る、4 企業の組織と戦略を知る、5 ヒトの活かし方を知る、6 モノのつくり方を知る、7 企業のマーケティングを知る、8 マーケティング・リサーチを知る、9 サービスの管理を知る、10 ビジネスのサービス化を知る、11 ベンチャーを知る、12 データの活かし方を知る、13 経営問題に対する科学的アプローチを知る、14 情報技術の利用を知る
2017.3 219p B5 ¥2700 ①978-4-623-07894-3

◆リスクマネジメントの本質　亀井利明原著, 上田和勇編著　同文舘出版
【要旨】亀井理論のエッセンスを収録し、その体系化を試み、さらにコメント、事例、演習問題、キーワード、ねらいを補筆したテキストブックの決定版！
2017.4 213p A5 ¥2500 ①978-4-495-39002-0

◆ワーク・ライフ・バランスと経営学—男女共同参画に向けた人間的な働き方改革　平澤克彦, 中村艶子編著　（京都）ミネルヴァ書房　（現代社会を読む経営学 7）
【要旨】日本は今、働き方改革や女性活躍、男性の育児参加など、多くの課題に挑んでいる。焦点を当てる角度や呼称は様々でも、職業生活と個人や家庭生活の調和をめざす枠組がワーク・ライフ・バランスである。本書は、その概念や分析視角を考察した上で、主要各国の施策の特徴を析出し、日本における実態を検証する。多方面から取り上げる視点と事例から、未来志向的な働きやすい職場環境とは何かを探る。
2017.11 230p A5 ¥2800 ①978-4-623-08140-0

◆CSRエピソード　福屋隆史著　幻冬舎メディアコンサルティング, 幻冬舎 発売
【要旨】これ一冊で企業のCSR（サステナビリティ・ESG）がよくわかる。CSRの基礎から理解したい方や、CSRマネジメント推進のプロの方まで対応。エピソードから読み解く、CSRマネジメント。
2017.11 201p B6 ¥1000 ①978-4-344-91447-6

◆CSRの基礎—企業と社会の新しいあり方　國部克彦編著, 神戸CSR研究会編　中央経済社, 中央経済グループパブリッシング 発売
【要旨】「企業からの視点」と「社会からの視点」。2つのアプローチでCSRを丁寧に解説。
2017.5 301p A5 ¥2500 ①978-4-502-22541-3

◆Hatch組織論—3つのパースペクティブ　Mary Jo Hatch, Ann L. Cunliffe著, 大月博司, 日野健太, 山口善昭訳　同文舘出版　（原書第3版）
【要旨】組織論は進化する…組織研究の過去・現在・未来という観点から3部で構成し、組織研究の必要性とその歴史、組織の中核概念と諸理論、理論の実践応用と将来の方向性について、数多くの事例を取り入れながら解説する！ 欧米で人気のテキストを翻訳！
2017.2 546p A5 ¥4600 ①978-4-495-38741-9

◆IoT時代のアライアンス戦略—人工知能の進化とマッチング数理モデルの提案　冨田賢著　白桃書房
【目次】第1部 新規事業のためのIoTの収益化とアライアンスの有用性—人工知能の特性の理解（IoTとは何か—新規事業立ち上げのメイン・フィールド、複合的な事業構築となるIoT—アライアンスの主戦場、IoTにおいて大きな役割を果たす人工知能、IoTの事業化にあたってのポイント—ニーズの強さと損益分岐を合わせる！、オープン・イノベーションとアライアンス活用で収益化）、第2部 企業間アライアンスの相互補完数理モデルの提案と応用—慶應義塾大学・博士論文を改訂掲載（本研究の概要と意義、先行研究のサーベイ、アライアンスの相互補完モデルの構築、フロー・インテンシティとフロー・バランスの概念の導入）、第3部 新規事業立ち上げの具体的推進—方向性の探索、営業推進、チーム構築、人工知能の活用（企業間アライアンスを実際に推進するにあたって、新規事業立ち上げで、どこに一歩を踏み出すか、IoT分野の新規事業においても営業推進が最重要、人工知能の戦略的な活用とIoT活用をコーディネートする人材の育成）
2017.4 230p A5 ¥2750 ①978-4-561-26696-9

◆M&Aにおける労働法務DDのポイント　東京弁護士会労働法制特別委員会企業集団再編と労働法部会編　商事法務
【要旨】人事・労務に関する法務デュー・ディリジェンスの要点を網羅！ 労働法に精通する弁護士がストーリーも交えて解説。
2017.12 285p A5 ¥3400 ①978-4-7857-2579-2

◆MBAチャレンジ 金融・財務　一橋大学大学院国際企業戦略研究科金融戦略・経営財務コース編　中央経済社, 中央経済グループパブリッシング 発売
【目次】第1部 企業の経営戦略—企業価値評価とROE経営（企業価値評価入門—企業価値は経営力のバロメーター、ROEと企業価値—ROEの4分解による日米比較）、第2部 企業と資本市場—金融仲介と株式市場（金融仲介機関—Micro・Microdataを用いた研究の進展、エクイティファイナンス—発行コストと発行タイミングについての考え方）、第3部 企業の財務リスク戦略—デリバティブとリスクヘッジ（デリバティブ価格評価入門—連立方程式で学ぶ「二項モデル」、グローバル・ファイナンス—為替リスクと企業戦略）、第4部 金融データ分析—金融におけるデータ革命（データサイエンスとデータリテラシー—ビッグデータ時代を生き抜く知恵、高頻度データとファイナンス—資産運用のデータリテラシーへの応用）、第5部 金融の新展開—金融イノベーションと職業倫理（電力自由化とファイナンス—リスクの評価、管理、配分を支える金融技術、投資運用業の職業倫理—信頼という無形資産）
2017.3 231p A5 ¥2600 ①978-4-502-21781-4

◆MBA100の基本　グロービス著, 嶋田毅執筆　東洋経済新報社
【要旨】すべての答えは「基本」にある。ビジネススクールの2年間で学ぶ必修基礎&フレームワークが「1フレーズ」ですっきりわかる。
2017.1 294p B6 ¥1500 ①978-4-492-04606-7

◆NEGOTIATION and MARKET GLOBALIZATION　丹下博文著　成文堂　（本文：英文）
【目次】1 A Case Study on Negotiation—Approaches to American‐style Business Negotiation, 2 A Strategic Framework for Negotiation—An Introduction to Global Business Applications, 3 Japanese Style in Decision‐making—Mr.Yoshio Terasawa's unforgettable speech, 4 Decentralization as Economic Development Policy—Mr.Jeffrey Jamison's insightful opinion, 5 The Marketing Era is evolving into the Logistics Era—Hirofumi Tange's guest speech in Nanjing, China, 6 The Current Situation and Policy of Cold Chain in Japan—Hirofumi Tange's guest speech in Beijing, China
2017.9 146p A5 ¥2400 ①978‐4‐7923‐9267‐3

◆U理論—過去や偏見にとらわれず、本当に必要な「変化」を生み出す技術　C. オットー・シャーマー著、中土井僚訳、由佐美加子訳　英治出版　（原書第二版）　第二版
【要旨】自己・組織・社会の在り方を根本から問い直す。MIT発、自己変容とイノベーションのプロセスを解き明かし、各国ビジネスリーダーに熱く支持される変革理論。全体に改訂が施され、新たな前書き、挿絵が追加された第二版。
2017.12 585p A5 ¥3500 ①978‐4‐86276‐247‐4

独占禁止法

◆公的規制と独占禁止法—公益事業の経済法研究　岸井大太郎著　商事法務
【要旨】経済法学の立場から、規制改革の展開と構造及び公的規制と独占禁止法の解釈・適用について、情報通信、電力・ガス、交通運輸などの公益事業分野を中心に考察する。
2017.10 446p A5 ¥9000 ①978‐4‐7857‐2562‐4

◆公取委実務から考える独占禁止法　幕田英雄著　商事法務
【要旨】前公取委委員が事例、実例を豊富に取り上げ解説。「暗黙知」レベルまで掘り下げた説明で実務の背景がわかる。公取委の独禁法実務の正しい理解の手助けとなる1冊！
2017.10 416p A5 ¥4000 ①978‐4‐7857‐2559‐4

◆事業者必携 入門図解 最新独占禁止法・景表法・下請法のしくみ　奈良恒則監修　三修社
【要旨】「不公正」「不当」な取引や違法行為などへの法規制がわかる！ 問題解決やコンプライアンス対策に必携の書。
2017.10 255p A5 ¥1900 ①978‐4‐384‐04765‐3

◆実務 知的財産権と独占禁止法・海外競争法—技術標準化・パテントプールと知財ライセンスを中心として　滝川敏明著　（京都）法律文化社
【目次】第1章 知的財産権と競争法適用の調和（特許の排他権、特許濫発と「特許の藪」ほか）、第2章 競争者間協調と競争法—技術標準化とパテントプール（技術「標準化」のための協調行動、パテントプールのメリット ほか）、第3章 知財行使による競争排除と競争法・独禁法（「競争者排除」規制か「搾取的濫用」規制か、知財に認められた排他権と競争法存為規制ほか）、第4章 標準化ホールドアップと競争法・独禁法（「標準必須特許」の市場支配力・パテント・トロール問題 ほか）、第5章 知財ライセンス条項と競争法・独禁法（ライセンスに対する競争法適用の留意点と特許権の調整 ほか）
2017.4 175p A5 ¥2800 ①978‐4‐589‐03850‐0

◆事例で学ぶ独占禁止法　鈴木孝之, 河谷清文著　有斐閣
【要旨】具体的な事例（裁判例・公取委事例に加え、ガイドラインや報告書等も広く扱う）を素材として用いつつ、単なる事例の紹介を超えて、そこから解説を敷衍することで、独禁法の意義・内容についての理解を深め、具体的な問題解決能力をも養おうとする意欲的なテキスト。
2017.5 550p A5 ¥4600 ①978‐4‐641‐14457‐6

◆独占禁止法—国際標準の競争法へ　村上政博著　岩波書店　（岩波新書）　新版
【要旨】企業の自由な事業活動を定める独禁法は近年の大改正により様変わりした。市場のグローバル化を受け整備された国際標準の競争法

（中段）
制の姿は？ 大型企業合併の審査、談合摘発などを行う公正取引委員会の役割も、法改正で導入された違反制裁金の大幅アップ、司法取引的な減免制度に関する最新の重要判例を紹介しながら解説する。
2017.1 234, 5p 18cm ¥840 ①978‐4‐00‐431638‐1

◆独占禁止法　村上政博著　弘文堂　第8版
【要旨】「国際標準の競争法へ」を体系化した基本書の決定版。最新の重要な判審決およびガイドラインの改訂をふまえ、独占禁止法の実体ルール・手続を詳説した実務型基本書。
2017.10 588p A5 ¥4800 ①978‐4‐335‐35715‐2

◆独占禁止法とフェアコノミー—公正な経済を支える経済法秩序のあり方　舟田正之, 土田和博編著　日本評論社
【要旨】公正な社会経済の発展に独占禁止法はどのように貢献できるか？ 本書は経済的格差、社会的不平等が拡大したといわれる日本において、フェアコノミー（公正経済）の形成と発展のために、独占禁止法がどのような役割を果たすことができるかを探ろうとするものである。
2017.7 409p A5 ¥6000 ①978‐4‐535‐52278‐7

◆独占禁止法70年—日本経済法学会年報 第38号（通巻60号）　日本経済法学会編　有斐閣
【目次】特集 独占禁止法70年（独占禁止法の実体規制（独占禁止法の春秋—独占禁止法に「冬の時代」はあったのか、私的独占 ほか）、独占禁止法のエンフォースメント（独占禁止法の行政的エンフォースメント—排除措置命令とその手続を中心に、課徴金制度の来し方行く末—その法的性格が導くものは何か ほか）、独占禁止法の先端的課題（グローバリゼーションと独禁法、イノベーションと独禁法 ほか））、地球温暖化対策と競争政策—欧州の再生可能エネルギー電力買取制度を題材に、音楽著作権管理事業における純粋構造規制、「不当な取引制限規制の現代的展開」平成28年度シンポジウムの記録、独占禁止法1年の動き
2017.9 238p A5 ¥4000 ①978‐4‐641‐24303‐3

◆独禁法事例集　白石忠志著　有斐閣　（法学教室LIBRARY）
【要旨】既刊『独禁法事例の勘所』のコンセプトを引き継ぎつつ新規事例を40件以上追加。独禁法体系の土台となる「地に足の付いた確実な実情観察」を追い求めた1冊。
2017.12 644p A5 ¥5200 ①978‐4‐641‐24302‐6

◆独禁法訴訟　森・濱田松本法律事務所編、伊藤憲二, 大野志保, 市川雅士, 渥美雅子, 柿元琇希著　中央経済社, 中央経済グループパブリッシング 発売　（企業訴訟実務問題シリーズ）
【要旨】近年重要性が増しているカルテル事件について、公取委調査対応から抗告訴訟・損害賠償訴訟対応にまで留意点を解説していく。また、私的独占・不公正な取引方法における適切な対応方法、導入が検討されている確約制度への対応方法、日本企業を悩ませる米国クラスアクションの訴訟戦略についても説明しています。
2017.4 211p A5 ¥2500 ①978‐4‐502‐22291‐7

◆入札談合と独占禁止法—入札談合に関与せずコンプライアンスを徹底するための研修用テキスト　公正取引協会編　公正取引協会　改訂版
【目次】1 独占禁止法はどのような法律でしょうか、2 独占禁止法の運用機関—公正取引委員会、3 公共入札における独占禁止法の適用、4 独占禁止法に違反するとどうなるのでしょうか、5 刑法の談合罪と独占禁止法、6 入札談合等関与行為防止法、7 独占禁止法遵守のための企業コンプライアンス、資料編
2017 69p B5 ¥300

◆反トラスト法と協同組合—日米の適用除外立法の根拠と範囲　高瀬雅男著　日本経済評論社
【要旨】独禁法適用除外の見直しの動きに対して、日米の協同組合のための反トラスト法・独禁法適用除外立法の根拠（必要性）と範囲を、アメリカの研究を手がかりに論じる。
2017.3 190p A5 ¥3100 ①978‐4‐8188‐2464‐5

◆要説 独占禁止法—経済法入門　田中裕明著　（京都）晃洋書房
【目次】第1章 経済法の基本法としての独占禁止法、第2章 独占禁止法の歩み、第3章 独占禁止法の目的と基本概念、第4章 競争の実質的制限、第5章 企業結合規制、第6章 不当な取引制限の禁止、第7章 不公正な取引方法の禁止、第8章 国際協定・契約の規制、第9章 独占禁止法の適用除外、第10章 独占禁止法の執行・実現
2017.4 197p A5 ¥2600 ①978‐4‐7710‐2830‐2

（右段）
◆論点解説 実務独占禁止法　山﨑恒, 幕田英雄監修　商事法務
【要旨】事例、判例から独占禁止法を読み解く。公正取引委員会の委員が監修し、中堅・若手管理職が最新判例を踏まえて解説した、実務家必携の1冊。
2017.2 347p A5 ¥4000 ①978‐4‐7857‐2501‐3

会社年鑑・企業ダイレクトリー

◆静岡県会社要覧　2017年　（静岡）静岡経済研究所
【要旨】県内関連主要企業4, 349社掲載。
2017.1 1450p A5 ¥7000

◆主要農商工業信用録　2017　新農林社
【目次】製造業者編（（株）IHIアグリテック、（株）アトム農機 ほか）、商社編（（株）IDEC、インタートラクターサービス（株）ほか）、部品・資材業者編（北海バネ（株）、東北製鋼（株）ほか）、販売業者編（北海道、青森県 ほか）
2017.11 177p B5 ¥12870 ①978‐4‐88028‐094‐3

◆独立行政法人・特殊法人総覧　平成28年度版　行政管理研究センター
【目次】独立行政法人88法人（内閣府所管、消費者庁所管、総務省所管、外務省所管、財務省所管、文部科学省所管、環境省所管、防衛省所管）、特殊法人32法人（内閣府、総務省、財務省、文部科学省、厚生労働省、農林水産省、経済産業省、国土交通省、環境省）、資料編
2017 426p A5 ¥3621

◆マーケティング会社年鑑　2017　宣伝会議編　宣伝会議
【要旨】ヒントがみつかる最新事例110社、答えがみつかるサービス・ツール172種、パートナーがみつかる会社情報20業態2064社。チーフ・デジタル・オフィサー、エフェメラルSNS、AI×クリエイティブ、ミレニアル世代、運用型広告のインハウス化、アカウント・ベースド・マーケティングなどの注目キーワードを解説。
2017.7 1062p B5 ¥15000 ①978‐4‐88335‐407‐8

金融・マネー・税金

◆堕天使バンカー—スイス銀行の黒い真実　ブラッドレー・C. バーケンフェルド著、長尾慎太郎監修、藤原玄訳　パンローリング　（ウィザードブックシリーズ 251）
【要旨】ブラッドレー・バーケンフェルドは、世界最大の銀行UBSで働くプライベートバンカーとして、そのすべてを体験した。UBSでは、超のつく大金持ちが複雑に張り巡らされた秘密のナンバーアカウントやオフショアの企業群を使って、何百万もの資金を税務当局の目が届かないところに隠している。UBSが顧客の無分別な行動を彼の責めとすべく準備していることを知り、バーケンフェルドはアメリカ政府にホイッスルを吹いた（内部告発をした）。たった一人で、スイス銀行業界のあくどさ、大金持ちのあくなき脱税への執念、大銀行に篭絡されている米大統領や国務長官たちの実態を白日の下にさらした彼の真実の物語は、一度読み始めるとページをめくる手が止まることはないだろう！
2017.8 570p B6 ¥2800 ①978‐4‐7759‐7221‐2

◆電子マネー革命がやって来る！—フィンテックで生活が変わる金融が変わる！　安達一彦, 山城秀夫共著　財界研究所
【目次】序章 黒船電子マネー日本上陸の衝撃、第1章 中国人爆買いを誘発したサーバー型電子マネー、第2章 そもそも仮想通貨、電子マネー、ブロックチェーンとは何か？、第3章 仮想通貨とサーバー型電子マネー世界の動き、第4章 越境ECで注目されるサーバー型電子マネー、第5章 黒船電子マネーを巡るグローバルな動き、第6章 フィンテック法案の施行、大きく変わる国内の決済、第7章 もしも日銀が仮想円を発行したら、第8章 フィンテックが変える金融の世界、核心対談 安達一彦×山城秀夫—電子マネー革命がもたらすもの「現金決済が消えていく！ 産業構造にも大きな変革の兆し」
2017.4 269p B6 ¥1500 ①978‐4‐87932‐121‐3

金融・通貨

◆明日をつくる地域金融──イノベーションを支えるエコシステム　内田聡著　（京都）昭和堂
【要旨】ITの進歩により変貌を遂げる地域社会で、金融の役割はどうあるべきか？ アメリカの実体経済を支えるメインストリートの動向をふまえて日本の地域を考察し、イノベイティブ（革新的）な社会をめざすための処方箋。
2017.11 201,3p B6 ¥2000 ①978-4-8122-1635-4

◆新しい時代のお金の教科書　山口揚平著　筑摩書房　（ちくまプリマー新書）
【要旨】お金の始まりは物々交換ではなかった?! 仮想通貨、時間通貨…お金とはそもそも何なのか？ どんな仕組みなのか？ 目まぐるしく変化する今こそ知っておきたいお金の話。
2017.12 191p 18cm ¥780 ①978-4-480-68994-8

◆アフター・ビットコイン──仮想通貨とブロックチェーンの次なる覇者　中島真志著　新潮社
【要旨】ビットコインは「終わった」。ブロックチェーンは「これから本番」。日銀出身の決済システムの第一人者が、ビットコインの崩壊をいち早く予測。ゴールドマン・サックスから三菱東京UFJ銀行、そして各国の中央銀行が繰り広げる次なる覇権争いを鮮やかに描く。
2017.10 285p B6 ¥1600 ①978-4-10-351281-3

◆異次元緩和の終焉──金融緩和政策からの出口はあるのか　野口悠紀雄著　日本経済新聞出版社
【要旨】日銀の巨額損失、債務超過と財政の破綻！ 金融緩和からの脱却はなぜ困難なのか？ 日本経済の根幹を揺るがす大問題を徹底分析。
2017.10 261p B6 ¥1800 ①978-4-532-35748-1

◆異次元緩和の真実　木内登英著　日本経済新聞出版社
【要旨】日銀審議委員としての5年間。その職責に最大限応えるため、努めてきた。本書では自身が展開した主張、提案に基づいて行政政策の問題点に焦点をあて、その出口戦略を説く。
2017.11 335p B6 ¥2200 ①978-4-532-35756-6

◆いまさら聞けないビットコインとブロックチェーン　大塚雄介著　ディスカヴァー・トゥエンティワン
【目次】1 ビットコインって何なの？（ビットコインは現金と違うの？、ビットコインはクレジットカードとどう違うの？ ほか）、2 ビットコインの仕組みはどうなっているの？（バーチャルなお金にどうして価値が生じるの？、ビットコインは誰がつくっているの？ ほか）、3 ビットコインの安全性や法整備はどうなっているの？（ビットコインがコピーや改ざんされる心配はないの？、ビットコインが盗まれる心配はないの？ ほか）、4 仮想通貨とブロックチェーンはどこまで広がるの？（仮想通貨にはどんな種類があるの？、ナンバー2の仮想通貨「イーサリアム」の特徴とは？ ほか）、5 フィンテックが実現する未来とは？（フィンテックっていったい何なの？、次にどんなサービスが登場するかは予測できる？ ほか）
2017.3 255p B6 ¥1500 ①978-4-7993-2015-0

◆円が紙キレになる前に金（ゴールド）を買え！　浅井隆著　第二海援隊
【要旨】古代より人類を魅了してきた"金"（ゴールド）。その金が今世紀に入り眠りを取り戻しつつある。世界はデフレ経由ハイパーインフレへと向かっており、円を含め多くの通貨が紙キレになろうとしているのだ。そうした世界的視野で資産防衛を考えた時、金は最大の守護神となるだろう。大復活した永遠の富の象徴「金」を混乱と混迷の時代に光輝く命綱とする秘訣を伝授。
2017.9 237p B6 ¥1600 ①978-4-86335-182-0

◆おカネとどう向き合うか──金融リテラシーを身に付ける「おカネの学校」　髙橋元著　金融財政事情研究会、きんざい 発売
【要旨】おカネは何のために存在し、おカネで何が買えるのか。正しく向き合い、賢く付き合うために貨幣の歴史や税金・年金などの身近な話題、証券と投資の基礎知識から先端理論まで、金融教育に長年取り組んできた著者がやさしく解説。　2017.3 363p B6 ¥2400 ①978-4-322-13052-2

◆仮想通貨とフィンテック──世界を変える技術としくみ　苫米地英人著　サイゾー
【要旨】注目を集めているフィンテック、仮想通貨。すでにメガバンクが仮想通貨を発行すると宣言しているが、これは私たちの生活に大きなインパクトを与えることになる。何がどう変わるのか？ ビジネスチャンスはどこにあるのか？ いまフィンテックで使われている暗号技術を1990年代から研究してきた著者が、仮想通貨がもたらす変化を語る！
2017.5 191p B6 ¥1300 ①978-4-86625-084-7

◆仮想通貨とブロックチェーン　木ノ内敏久著　日本経済新聞出版社　（日経文庫）
【要旨】実用段階に入った仮想通貨とブロックチェーンについて、全体像をコンパクトに解説。これまでのしくみやビットコイン、なぜ注目を集めているのか、ビジネスにどのようなインパクトがあるのか、規制のあり方や弱点についてなど、幅広くまとめました。ブロックチェーンは金融のあり方を大きく変えるだけでなく、さまざまな分野への応用が期待されています。不動産や契約、著作権管理をはじめとし、企業組織や国家のあり方にまで影響を与えるといわれています。本書では、最前線の取り組みを紹介します。
2017.4 260p 18cm ¥900 ①978-4-532-11375-9

◆仮想通貨の時代　ポール・ヴィニャ，マイケル・J．ケーシー著，コスモ21ワン訳　マイナビ出版
【要旨】ビットコインとブロックチェーンは世界経済をどう変えるか？ "仮想通貨の時代"に必要な知識を解説。
2017.9 378p A5 ¥2900 ①978-4-8399-6362-0

◆葛藤するコーポレートガバナンス改革　日本総合研究所編著　金融財政事情研究会、きんざい 発売
【要旨】取締役・取締役会は期待された役割を果たしているのか。実務に役立つ「建設的な解説書」。
2017.10 258p A5 ¥2700 ①978-4-322-13212-0

◆金持ち父さんのこうして金持ちはもっと金持ちになる一本当のファイナンシャル教育とは何か？　ロバート・キヨサキ，トム・ホイールライト著，岩下慶一訳　筑摩書房
【要旨】これは学校では教えないお金の知識についての本だ。金持ちがもっと金持ちになる理由は、本当のファイナンシャル教育にあった。それは、「学校に行って仕事に就き、懸命に働いてお金を貯め、家を買い、借金を返し、株式に長期投資する」という、かつてのおとぎ話とはまったく異なるものだ。本書は『金持ち父さん貧乏父さん』の大学院版であり、あなたが今後生き残り、経済的に成功したいなら、この本が役に立つだろう。
2017.10 277p A5 ¥1600 ①978-4-480-86456-7

◆貨幣博物館常設展示図録　日本銀行金融研究所貨幣博物館編　日本銀行金融研究所貨幣博物館、ときわ総合サービス 発売
【目次】古代─金属のお金のはじまり（銭をつくる、めぐり始めた銭 ほか）、中世─海を越えてきたお金（銭がやってきた、米か、銭か ほか）、近世─ゆるやかなお金の統一（金銀を掘る、黄金の分銅 ほか）、近現代─「円」とにぎ（幕末開港、幕末期のお金 ほか）
2017.3 95p A4 ¥2200 ①978-4-88786-068-1

◆ギガマネー 巨大資金の闇─富の支配者たちを狙え　太田康夫著　日本経済新聞出版社
【要旨】世界の全資産の45％を支配している富裕層。その資金の知られざる実態を明らかにし、それを取り込もうとするメガバンクなど有力金融機関の戦略、不法な資金隠しを追う規制の動きも解説する。
2017.8 258p B6 ¥1600 ①978-4-532-35739-9

◆企業金融における価値共創　渡部吉昭著　千倉書房
【要旨】サービス・ドミナント・ロジックにおける価値共創概念に関して、企業間サービス取引に着目して行った実証研究を著したマーケティング研究書。企業間サービス取引に焦点をあて、今までのマーケティング研究の研究成果を活用することによって、マーケティング研究上重要な概念であるスイッチング・コストや顧客志向と、価値共創概念を結びつける理論的フレームワークを構築。価値共創がスイッチング・コストに企業金融サービスに着目する形で分析を進め、全国の定量調査結果を解析することで、サービス提供企業（銀行）のマーケティング戦略への示唆を

◆企業のためのフィンテック入門　小倉隆志著　幻冬舎メディアコンサルティング、幻冬舎 発売
【要旨】フィンテックは「個人向け」から「企業向け」のステージへ。金融×ITで、あらゆるビジネスが激変する！ 圧倒的な「コスト削減」「業務効率化」「キャッシュフロー改善」を実現する最新技術とは？
2017.8 247p B6 ¥1600 ①978-4-344-91330-1

◆銀行・証券・保険業界のビジネスモデルで学ぶ金融キャリアの教科書　三好秀和著　経済法令研究会
【要旨】就活で金融を目指す学生、金融機関で働く新社会人、金融を知りたいすべての人に。仕事の本質がわかれば適性もわかる！
2017.2 177p B6 ¥1300 ①978-4-7668-3346-1

◆金融革命 1985～2008─社会構造の大転換！ そのメカニズム　服部正喜著　（大阪）創元社
【要旨】格差社会！ デフレ！ その発生の根っこに金融革命がある。一100年の世界の金融史のエッセンスを一望し、今起こっている変化の内容と本質を解明する！
2017.3 445p B6 ¥2800 ①978-4-422-30069-6

◆金融経済─実際と理論　吉野直行，山上秀文著　慶應義塾大学出版会　第3版
【要旨】経済、財政、国際金融などの関連分野に触れつつ、金融経済の実際を幅広く解説。理論から実際へと展開する通常のテキストとは構成の順序を異にすることにより、実際との関連において理論にも興味を持ち学習できるよう工夫した。「バーゼル3」「インフレ・ターゲティング」「テイラールール」など、金融経済の課題についても意欲的に取り上げ、マイナス金利政策はじめアベノミクスの下での政策など、新しい大きな変化に対応している。
2017.4 270p A5 ¥2500 ①978-4-7664-2402-7

◆金融経済の基礎　益田安良，浅羽隆史著　経済法令研究会　改訂版
【目次】第1編 金融（金融構造の特色と経済主体、金融市場、金融商品・運用、日本銀行と金融政策、金融組織、国際金融、金融機関のリスク管理と法規制、時事問題）、第2編 経済（経済の成長と景気、物価と景気、国際経済（日本経済関連）、国際経済（海外動向））、第3編 財政（予算、歳出、歳入、財政投融資、地方財政）
2017.4 260p A5 ¥2300 ①978-4-7668-3345-4

◆金融ジェロントロジー──「健康寿命」と「資産寿命」をいかに伸ばすか　清家篤編著　東洋経済新報社
【目次】序章 ヘルスケアとウェルスケアの時代、第1章 超長寿社会における社会経済システムの構想、第2章 認知機能の低下による意思決定、第3章 社会システムの変革で人口減少時代に挑む─ウェルビーイング・プラットフォームの構築、第4章 高齢社会にある技術のテクノロジーはどうあるべきか、第5章 高齢社会の働き方と健康、第6章 高齢者の認知機能の低下と法的問題─成年後見制度の現状と課題、第7章 高齢者の資産管理のあり方を考える、第8章 グローバル化の中での日本の高齢化問題─現下の課題と将来への希望と機会
2017.4 206p A5 ¥1600 ①978-4-492-73342-4

◆金融史がわかれば世界がわかる─「金融力」とは何か　倉都康行著　筑摩書房　（ちくま新書）新版
【要旨】金融という場には、長い歴史のなかで形成された制度が残る。現代の問題が幾層にも積み重なっている。金や銀という一時代前の地金の問題、中央銀行の変化、変動する為替市場、金融技術の進展といった問題が複雑に絡み合っている。本書は、これらの相関を網羅的かつ歴史的にとらえ、世界の金融取引がどのように発展してきたかを観察する。旧版を大幅に改訂し、リーマン・ショックの衝撃やフィンテックの可能性などを検証しながら、実務的な視点から、今後の国際金融を展望する。
2017.6 265p 18cm ¥860 ①978-4-480-06968-9

◆金融システムの制度設計─停滞を乗り越える、歴史的、現代的、国際的視点からの考察　福田慎一編　有斐閣
【要旨】急速に進む金融の自由化・国際化により転換点を迎えている日本の金融システム。規制

の多いシステムは時代の変化に対応し難い。一方、規制のない市場はしばしば社会に深刻なダメージをもたらす。望ましいアーキテクチャーの構築に向け、歴史的、現代的、制度的、国際的な視点から各領域の第一人者が検証する。
2017.11 252p A5 ¥3600 ①978-4-641-16509-0

◆**金融商品ガイドブック 2017年度版** 金融財務情報研究会ファイナンシャル・プランニング技能士センター編著 金融財政事情研究会、きんざい 発売
【目次】1 預金商品、2 信託商品、3 証券型商品、4 投資信託商品、5 財形商品、6 生命保険商品、7 損害保険商品、8 ゆうちょ銀行の商品、9 かんぽ生命保険の商品、10 ローン商品、11 商品
2017.6 186p A5 ¥1000 ①978-4-322-13154-3

◆**金融商品取引法 公開買付制度と大量保有報告制度編** 鈴木克昌ほか著 商事法務
【要旨】資本市場・M&A市場の健全な発展に資するための建設的・合理的な法解釈および実務のあり方を示す。M&A、キャピタル・マーケッツに携わるすべての実務家必携の一冊。
2017.12 655p A5 ¥7800 ①978-4-7857-2577-8

◆**金融商品ポケットブック 2017** 近代セールス社編 近代セールス社
【要旨】最新情報を加え金融商品の仕組みを解説！ポートフォリオ相談の強い味方に!!
2017.4 171p 18×11cm ¥1100 ①978-4-7650-2071-8

◆**金融情報システム白書 平成30年版** 金融情報システムセンター編 財経詳報社（付属資料：CD-ROM1）
【目次】第1編 金融情報システムの最近の動向（金融情報システムを巡る環境、最近の法制・行政の動向、金融機関等の動向）、第2編 金融情報システムの健全な発展のための取組み（金融情報システムを巡る法制・行政の現状、リスク管理、安全対策 ほか）、第3編 金融情報システムの概要（個別金融機関等のシステム、少額決済、金融機関相互のネットワーク ほか）、資料編 金融情報システム関連統計・資料、FISCの概況
2017.12 427p A4 ¥4200 ①978-4-88177-766-4

◆**「金融仲介機能のベンチマーク」と企業再生支援—金融検査マニュアルによる資産査定から事業性評価への大転換** 小林勇治、筒井恵編著 同友館
【要旨】金融庁の「金融仲介機能のベンチマーク」を受け、金融機関は、どのように中小企業の事業性を評価し、支援を行っていくべきか？
2017.5 239p A5 ¥2200 ①978-4-496-05266-8

◆**金融デジタルイノベーションの時代** 山上聰著 ダイヤモンド社
【要旨】銀行の未来はソフトウェア会社だ！近い将来、日本の金融機関は間違いなくグーグルやアリババと戦うことになる。そのとき、何が起きるのか、いま何をすべきなのか日本と世界の金融事情を知り尽くす専門家による生き残りの提言。
2017.9 181p A5 ¥1500 ①978-4-478-10372-2

◆**金融読本** 島村高嘉、中島真志著 東洋経済新報社（読本シリーズ）第30版
【要旨】マイナス金利政策、日銀のオペの手法なども詳しく解説。最新の内外情勢を踏まえた2017年改訂版。
2017.3 359, 15p A5 ¥2400 ①978-4-492-10033-2

◆**金融と経済—理論・思想・現代的課題** 佐藤猛、山倉和紀編著 白桃書房
【目次】第1部 金融経済の理論と思想（ソーントンの金融政策思想とその変遷問題、ハイエクにおける実物生産とその社会的意義—『資本の純粋理論』から学ぶ、Conceptualizing Money：from Commodity Monies to Cryptocurrency）、第2部 証券・協同組織金融の理論と思想（19世紀のパリ証券市場と証券理論—ルフェーブル、ルニューとバシュリエ、保険におけるミューチュアル、相互金融思想の史的展開と現在—ROSCAsの集団思想と協同組織金融思想との分水嶺）、第3部 世界経済の現代的課題（人民元国際化への道のり、アメリカの協同組織金融機関の現状と課題—クレジットユニオンを中心に、世界金融資本主義とその行方）
2017.3 219p A5 ¥4000 ①978-4-561-96136-9

◆**金融の仕組みと働き** 岡村秀夫、田中敦、野間敏克、播摩谷浩三、藤原賢哉著 有斐閣（有斐閣ブックス）
【要旨】制度と理論をバランスよく学べる新しい入門テキスト。金融の基本からフィンテックな

どの最新トピックにも対応した、初学者、ビジネスパーソンにお薦めの一冊。
2017.9 256p A5 ¥2200 ①978-4-641-18437-4

◆**金融法講義** 神田秀樹、神作裕之、みずほフィナンシャルグループ編著 岩波書店 新版
【要旨】金融実務家と研究者の共同作業から生まれ、金融の法的仕組みを平易に解説したテキストとして好評を博した初版を4年ぶりに改訂。今回の改訂では、民法改正等の動きに対応したほか、新たに銀行監督法に関する章やフィンテック関連法の章を設け、銀行規制の姿や最先端の実務についても解説。さらに内容充実。
2017.10 611p A5 ¥3900 ①978-4-00-061222-7

◆**金融e時代—中国における金融デジタル化の現在と未来** 万建華著 東洋経済新報社
【要旨】中国発の破壊的イノベーションが到来する!?金融業界の変革、FinTechをリードしている著者による「インターネット金融の本質がわかる」ビジネスパーソン必読の書。
2017.4 296p A5 ¥2800 ①978-4-492-65479-8

◆**金利「超」入門—あなたの毎日の生活を守るために知っておくべきこと** 美和卓著 日本経済新聞出版社
【要旨】知るか知らないかで生涯使えるお金に差がつく！この1冊で金利についてまるまる理解！
2017.8 207p B6 ¥1600 ①978-4-532-35738-2

◆**現金の呪い—紙幣をいつ廃止するか？** ケネス・S. ロゴフ著、村井章子訳 日経BP社、日経BPマーケティング 発売
【要旨】高額紙幣が支える脱税・犯罪・地下経済。現金が大胆なマイナス金利政策の邪魔になる。ブロックチェーンの登場で暗号通貨が現金を駆逐？—現金、あるいは紙幣は、財政や金融を巡る今日の悩ましい問題の多くでカギを握る存在となっている。
2017.4 448p B6 ¥2800 ①978-4-8222-5507-7

◆**現代貨幣論—電子マネーや仮想通貨は貨幣とよべるか** 金子邦彦著 （京都）晃洋書房
【要旨】1980年代以降、続々と登場したエコマネーや電子マネー、仮想通貨などのいわゆる「新しい通貨」は、新たな可能性や社会を提唱した。既存の理論では説明できないこれらを、どのように評価し、どのように取り扱うのが適切なのか。本書では理論的分析に加え、「新しい通貨」について貨幣論の観点から評価する。
2018.1 151p A5 ¥2200 ①978-4-7710-2963-7

◆**高齢社会における信託制度の理論と実務—金融・信託業から医療・福祉・看護までの役割と機能** 新井誠編集代表 日本加除出版
【要旨】学者、弁護士、司法書士、社会福祉士、信託銀行社員、信託会社社員、信用金庫の相談役を中心とした研究者・実務家、総勢十七名による結集の成果がここに一。
2017.3 338p A5 ¥3200 ①978-4-8178-4379-1

◆**国際金融都市・東京構想の全貌—都のプロジェクトチームが明かすアジアの国際金融都市像** 小池百合子、安東泰志、大崎貞和、須田徹、国際資産運用センター推進機構（JIAM）、日本投資顧問業協会、山岡由巳、島田晴雄、渥美坂井法律事務所／外国法共同事業共著 銀行研修社
【要旨】小池百合子東京都知事が自ら明かす、東京版金融ビッグバンが目指す金融の将来ビジョン。
2017.12 225, 25p A5 ¥2037 ①978-4-7657-4561-1

◆**国際通貨体制の動向** 奥田宏司著 日本経済評論社
【要旨】リーマン・ショック後のドル体制、ギリシャ危機後のユーロ体制の動向を明らかにし、人民元国際化、アベノミクス下の円相場、対内外投資の諸相を探求する。
2017.11 412p A5 ¥6400 ①978-4-8188-2479-9

◆**9つのカテゴリーで読み解くグローバル金融規制** 大山剛編著 中央経済社、中央経済グループパブリッシング 発売
【要旨】2008年から2010年に発生したグローバル金融危機が一旦落ち着いた2010年以降は、新たな危機を防ぐための数多の規制が、まさに「バベルの塔」を構築するが如く圧倒的な形で押し寄せてきた。こうした様々なグローバル金融規制に関し、これを分かりやすいように9つのカテゴリーに分類した上で、それぞれが何を企図しているのか、新しい金融の設計図の中のどこに位置するのか、実際に何を行おうとしているのか、結果として何がもたらされようとしている

のか、を解説する。
2017.12 218p A5 ¥3400 ①978-4-502-24721-7

◆**この1冊ですべてわかる コーポレートガバナンスの基本** 手塚貞治編著 日本実業出版社
【要旨】会社を発展させるガバナンスとは。日本型コーポレートガバナンス・コードの概要。「エージェンシー問題」はなぜ起こるのか。内部通報制度を社内で整備するには。CSRとCSVをどう進めていくか。—ほんとうに知っておくべきこと。
2017.2 221p A5 ¥2000 ①978-4-534-05470-8

◆**コーポレート・ガバナンスの現状分析 2017年版** コーポレート・プラクティス・パートナーズ編、中西敏和、関孝哉著 商事法務
【要旨】別冊商事法務の好評企画を書籍化。前年に続き2017年版を刊行—有価証券報告書、臨時報告書、コーポレート・ガバナンスに関する報告書から企業のガバナンスについて考察を行う。
2017.5 237p A5 ¥3000 ①978-4-7857-2525-9

◆**コーポレートファイナンス入門** 砂川伸幸著 日本経済新聞出版社（日経文庫）2版
【要旨】企業価値分析の世界共通語をマスター。現在価値、資本コストをモノサシに、経営の効率性と収益性をどう測るか、やさしく解説。
2017.1 206p 18cm ¥860 ①978-4-532-11368-1

◆**こんなにおもしろいファイナンシャルプランナーの仕事** 青野雅夫、荒川誠著 中央経済社、中央経済グループパブリッシング 発売 第3版
【要旨】FPの魅力から試験測策法まで全てを詳説。
2017.5 106p A5 ¥1600 ①978-4-502-23201-5

◆**最新金融の基本とカラクリがよーくわかる本—グローバル金融危機後の金融入門** 久保田博幸著 秀和システム（図解入門ビジネス）第3版
【要旨】株式・債券・為替の基本がわかる！政府の働きと財政の現状がわかる！日銀の役割と銀行の機能がわかる！金融市場の今と未来がよくわかる！21世紀型金融危機の構造がわかる！金融に期待される役割がよくわかる！迷走する金融当局に翻弄される市場の今を追う！
2017.3 253p A5 ¥1600 ①978-4-7980-4917-5

◆**最新コーポレートファイナンスの基本と実践がよーくわかる本** 松田千恵子著 秀和システム（図解入門ビジネス）
【要旨】リスクと資本コストの正しい捉え方。各種コストと最適資本構成の考え方。「会社の値段」はどう決まるのか？投資の意思決定要素とプロセスは？グループ経営管理とファイナンス。ファイナンス理論をやさしく解説！全体像がつかめる入門書。
2017.3 246p A5 ¥1800 ①978-4-7980-5014-0

◆**最新ブロックチェーンがよーくわかる本** 石黒尚久、河除光瑠著 秀和システム（図解入門）
【要旨】仮想通貨を支えるブロックチェーンの技術を基礎から学ぶ！
2017.8 211p A5 ¥1600 ①978-4-7980-5118-5

◆**実践コーポレート・ファイナンス** 菅野正泰著 創成社
【目次】コーポレート・ファイナンスの枠組み、現在価値、債券の価値評価、普通株式の価値評価、DCF法による投資判断基準の検討、統計の基礎とリスクおよびリターン、統計の基礎とポートフォリオ理論、資本コスト、直接金融と間接金融、証券発行による資金調達の形態、利益還元政策、負債政策
2017.4 134p A5 ¥1450 ①978-4-7944-2500-3

◆**シナリオ分析—異次元緩和脱出—出口戦略のシミュレーション** 高田創編著 日本経済新聞出版社
【要旨】最善の選択は現状維持。日銀の財務、日の財政、金融機関の収益—衝撃を最小限に抑える選択を、8つのシナリオと独自の試算で解明する。
2017.10 254p B6 ¥2000 ①978-4-532-35749-8

◆**社会を根底から変えるシェアリングエコノミーの衝撃！仮想通貨ブロックチェーン&プログラミング入門** 玉蔵著 ヒカルランド
【要旨】2025年、毎日の暮らしはここまで変わる！月間150万PV、10年続く人気ブログ「黄金の玉を知らないか？」の作者・玉蔵こと玉ちゃ

経済・産業・労働

んによる日本一分かりやすい、次世代社会の仕組みと新技術の入門書。

2017.11 355p A5 ¥2000 ①978-4-86471-540-9

◆**10代からのマネー図鑑**　マーカス・ウィークス著、デレク・ブラッドン監修、加藤洋子訳　三省堂

【要旨】お金で幸福を買えるか？　はじめて学ぶ経済学ガイドブック。

2017.8 160p 25×19cm ¥2200 ①978-4-385-16236-2

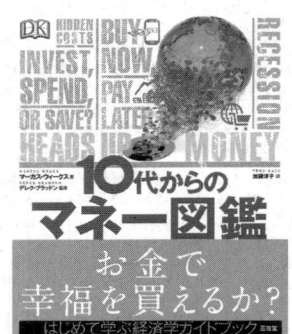

◆**住宅資産を活用した金融手法に関する調査報告書—平成29年11月**　日本住宅総合センター　(調査研究リポート No.16316)

【目次】1 調査の目的と検討の進め方、2 住宅資産を活用した金融手法の実態把握と課題分析(我が国におけるリバースモーゲージ商品・制度の仕組みと課題の分析、海外におけるリバースモーゲージ商品・制度)、3 住宅政策における金融手法の意義の検討(住宅の資産価値向上に資する適切な維持管理の促進、既存住宅流通市場活性化の促進との連動性、空き家対策の視点、リバースモーゲージの市場規模の検討、リバースモーゲージ普及のための検討)

2017.11 58p A4 ¥1700 ①978-4-89067-316-2

◆**証券アナリストのためのファイナンス理論**　佐野三郎著　ビジネス教育出版社　新訂

【目次】はじめに、将来の確実なキャッシュ・フロー(無リスクの債券)の評価、ファイナンス理論予備知識—ミクロ経済学1(不確実性がない世界での消費者の選択)、期待効用理論—ミクロ経済学2、ポートフォリオ理論1—効率的フロンティアまで、ポートフォリオ理論2—平均分散アプローチ、均衡理論—CAPMとその後、ファクター・モデル、株式の評価—配当割引モデル/残余利益モデル、デリバティブ(先物とオプション)の価格付け、ポートフォリオ・マネジメント、株式ポートフォリオへのヘッジ、債券ポートフォリオ・マネジメント、国際投資とオルタナティブ投資、オプション戦略、コーポレート・ファイナンス 2017.7 297p A5 ¥2600 ①978-4-8283-0668-1

◆**上手にはじめる外貨預金—株やFXを知らなくてもできる外貨運用スタートガイド**　國場弥生著　自由国民社

【要旨】米ドル・ユーロ・豪ドル・レアル…どれを選ぶ？　進化した外貨預金なら外貨を自由自在に活用できる！

2017.4 199p B6 ¥1400 ①978-4-426-12237-9

◆**図解でわかる金融のしくみ—いちばん最初に読む本**　遠山眞人監修　アニモ出版

【要旨】金利・為替の基礎知識から仮想通貨・フィンテックの最新技術までこれならやさしく理解できる。

2017.8 174p A5 ¥1500 ①978-4-89795-204-8

◆**図解でわかる14歳からのお金の説明書**　インフォビジュアル研究所著　太田出版

【要旨】身近な貯金から世界を動かすお金まで、お金の全体像を把握する。14歳から読める！　わかる！　カラー図版満載!!複雑怪奇なお金の正体がすきっとわかる図解集。

2017.10 95p B5 ¥1200 ①978-4-7783-1593-1

◆**図説 金融ビジネスナビ 2018 情報リテラシー向上編**　福島良治編著　きんざい

【目次】最新TOPICS「日本型金融排除」とベンチマーク等(「日本型金融排除」とベンチマーク、トランプノミクスと日本の金融政策への影響(は か)、総論 情報の海にこぎ出そう！(情報の海にこぎ出そう！、求められる情報リテラシー)、

1 日経新聞の読み方(日経新聞をどう読むか、日経新聞朝刊の構成 ほか)、2 経済情報などの基礎知識(景気指標を理解しよう、統計数値を理解しよう ほか)、3 インターネット情報の活用方法(インターネットをどう使うか、経済ニュースほか) 2017.8 55p B5 ¥800 ①978-4-322-13205-2

◆**図説 金融ビジネスナビ 2018 社会人の常識・マナー編**　インソース著　きんざい

【目次】ケーススタディ(あなたの社会人度をチェック！、メモの取り方 ほか)、総論 社会人生活の基本(新しい「立場」と「役割」、新入職員に求められること ほか)、1 コンプライアンス感覚を身につける(金融機関の社会的責任とは、コンプライアンスの重要性 ほか)、2 社会のスタートラインに立つとき(あいさつ、身だしなみ ほか)、3 ビジネスシーン別マナーの基本(訪問、電話応対 ほか)

2017.8 55p B5 ¥800 ①978-4-322-13204-5

◆**図説 金融ビジネスナビ 2018 金融機関の仕事編**　長塚孝子著　きんざい

【目次】セールスの基本、総論 プレ・ゼミ 金融機関の仕事、1 銀行実務の基本とコンプライアンス、2 お金を預かる(預金業務)、3 お金を貸す(融資業務)、4 お金を送る(為替業務)

2017.8 55p B5 ¥800 ①978-4-322-13206-9

◆**成功企業に学ぶ実践フィンテック—金融革命とその戦士たち**　北尾吉孝編著　日本経済新聞出版社

【要旨】フィンテックを実践し、成功を出す企業とは!?これまでのビジネスと何が異なるのか!?金融革命を担う経営者たちが自ら語る。

2017.3 282p B6 ¥1800 ①978-4-532-35727-6

◆**世界一簡単なアルゴリズムトレードの構築方法—あなたに合った戦略を見つけるために**　ペリー・J. カウフマン著、長尾慎太郎監修、山下恵美子訳　パンローリング (ウィザードブックシリーズ 244)

【要旨】トレーダーとして洞察力を磨き、その洞察力を利益の出る戦略に変えることから、トレードを生計手段とするうえで直面する現実的な問題に至るまで、第一線で戦ってきた40年以上に及ぶ経験を惜しげもなく披露し、エキスパートと戦えるまでの近道を教えてくれるのが、アルゴリズムトレードの最高傑作ともいえる本書だ。

2017.1 183p A5 ¥5800 ①978-4-7759-7213-7

◆**世界一やさしいビットコインの授業**　藤田篤示著　産学社

【要旨】仮想通貨投資の95%は詐欺！「ICO」「HYIP(ハイプ)」と呼ばれる危険な高利回り商品が出回る中で、あなたはいったい何を信じて投資をすればいいのか？　たった数カ月で資産を10倍以上にした著者が、ビットコインの仕組みから投資までを徹底解説！　大評判のセミナー、書籍化！

2017.11 150p B6 ¥1500 ①978-4-7825-3485-4

◆**世界金融危機後の金融リスクと危機管理**　小川英治編　東京大学出版会

【目次】第1部 個別機関における金融リスク管理(金融危機後の金融リスク分析の新しい流れ—モラルハザードの価値評価、金融危機時における資金調達行動—日本企業における社債市場の環境変化)、第2部 金融リスクに対する金融機関の影響(世界金融危機の背景と金融規制の動向—規制厳格化とその問題点、EUにおける金融規制—危機管理の統合と銀行同盟の進展)、第3部 グローバル経済の金融危機管理(世界金融危機とユーロ圏危機—金融危機管理と東アジアへの教訓、アジアの資本フロー・通貨と金融危機管理—域内地域金融協力の役割と課題、金融危機管理としてのFRBの役割—量的緩和政策と通貨スワップ協定、IMFの危機管理フレームワーク—ILOLRの役割とIMFの課題)、総括および課題と今後のあり方

2017.7 237p A5 ¥4800 ①978-4-13-040281-1

◆**世界のフィンテック法制入門—変貌する金融サービスへの影響**　藤田勉著　中央経済社、中央経済グループパブリッシング 発売

【要旨】リーマン・ショックを契機に、世界の金融規制は統一され、特に、米国主導でグローバル金融制度が整備されることとなった。フィンテック法制も、グローバル金融法制の動向に大きな影響を受けると考えられるため、グローバルな視点を重視して考察を進めることが重要である。そのような背景から、本書では、グローバル比較を重視し、かつ個別業法よりもコーポレートガバナンスや財務会計など企業の経営戦

略にかかわる事象を重視して記述している。

2017.9 254p A5 ¥3000 ①978-4-502-24201-4

◆**世界は逆転する！—仮想通貨サービス・ICOで世界を変える**　ロジャー・バー、兼元謙任、松田元著　創藝社

【要旨】なぜ仮想通貨で世界は変わるのか？　どのようにWowoo は、世界を変えていこうとしているのか？　国はどうなっていくのか？　貨幣はどうなっていくのか？　私たちの生活はどうなっていくのか？　ビットコインの神(ビットコインゲーザス)と呼ばれるbit-coin.com・CEOのロジャー・バー氏と、2017年にICO事業を立ち上げたばかりのOKWAVE・代表取締役・兼元謙任氏、そして同社取締役の松田元氏のトリプルコラボが1冊。ICOの本質とそれぞれの企業の戦略が見える！

2018.1 170p B6 ¥1400 ①978-4-88144-241-8

◆**1930年代における日本の金融政策—時系列分析を用いた定量的分析**　内藤友紀著 (吹田)関西大学出版部

【目次】序章 本書の背景と構成、第1章 マネー実体経済の長期的関係—信用乗数と貨幣需要の安定性、第2章 金利の期間構造—政策操作変数の分析、第3章 インフレ期待—共和分検定によるフィッシャー効果の分析、第4章 金融政策の効果—構造VARモデルによる政策効果の分析、第5章 金融政策と財政の持続性—マネー残高とインフレ率の長期関係、第6章 為替レートと貿易—為替変動と輸出入の定量的分析、終章

2017.10 159p A5 ¥2600 ①978-4-87354-664-3

◆**戦後日本金融システムの形成**　白鳥圭志著　八朔社

【目次】序章 課題と視角、第1章 総力戦体制下における金融システムの変化、第2章 戦後改革期における金融制度改革—インフレ抑制的、産業発展促進型制度の形成、第3章 高度成長期における金融機関経営の変容、第4章 高度成長前半期における証券市場、終章 総括と展望

2017.10 462p A5 ¥7800 ①978-4-86014-086-1

◆**損失補てん規制**　橋本円著　商事法務

【要旨】金融商品取引による損失補てんの規制をQ&A方式で解説する。

2018.1 261p A5 ¥3000 ①978-4-7857-2588-4

◆**大学4年間の金融学が10時間でざっと学べる**　植田和男著　KADOKAWA

【要旨】話題のFinTech も網羅。基本理論から最新の潮流まで「使える」内容が満載！

2017.7 223p B6 ¥1500 ①978-4-04-601958-5

◆**楽しく学ぶ中小企業金融**　滝川好夫、新田町尚人著　泉文堂

【目次】第1章 中小企業問題と中小企業政策、第2章 大企業金融vs. 中小企業金融、第3章 中小企業金融と中小企業金融政策、第4章 中小企業金融と金融機関：間接金融、第5章 中小企業金融と金融資本市場：直接金融、第6章 中小企業の「民間金融vs. 公的金融」

2017.4 124p A5 ¥1900 ①978-4-7930-0148-2

◆**たのしく学べるファイナンシャル・プランニング**　藤波大三郎著　創成社

【目次】第1章 ライフプランニングと資金計画、第2章 リスク管理、第3章 金融資産運用、第4章 タックスプランニング、第5章 不動産、第6章 相続・事業承継

2017.5 248p B6 ¥1800 ①978-4-7944-2506-5

◆**知識ゼロからのビットコイン・仮想通貨入門**　廣末紀之著　幻冬舎

【要旨】仮想通貨の発行のしくみ、取引、安全・信用のすべてがわかる。

2018.1 127p A5 ¥1300 ①978-4-344-90329-6

◆**中国人・台湾人との金融取引**　瀧本文浩、福谷賢典、許明義編著　金融財政事情研究会、きんざい 発売

【要旨】急速に拡大する中国人・台湾人の顧客との金融取引について、送金、預金、融資、保証、担保といったスタンダードなトピックから、中国法・台湾法の規制の内容、相続発生時の対応、債権回収のために執りうる手段など金融法務の実務的な論点まで、100問を超えるQ&Aで詳細に解説。

2017.3 335p A5 ¥3800 ①978-4-322-13036-2

◆**超図解ブロックチェーン入門—暮らしやビジネスはどう変わる？**　桜井駿著　日本能率協会マネジメントセンター

【要旨】ビットコイン、フィンテック、仮想通貨、分散型台帳、マイニング、パブリックブロック

チェーン、プライベートブロックチェーン、P2Pネットワーク、電子署名、ハッシュ、コンセンサスアルゴリズム、スマートコントラクト、これまでの常識を根底から覆す技術。暮らしやビジネスはどう変わる？
2017.9 173p A5 ¥1500 ①978-4-8207-5998-0

◆**できるビットコイン入門―話題の仮想通貨の仕組みから使い方までよく分かる本**　ビットバンク、できるシリーズ編集部著　インプレス（できるシリーズ）
【要旨】ビットコインの今までとこれからを第一人者が詳しく紹介。ビットコインを支える技術を図版入りでやさしく解説。口座の開設から商品の購入まで初めてでも安心。
2017.12 190p 24×19cm ¥1800 ①978-4-295-00295-6

◆**デリバティブ取引の法務**　福島良治著　金融財政事情研究会、きんざい 発売（『デリバティブ取引の法務と会計・リスク管理』第2版改訂・改題書）第5版
【要旨】取引環境の変化を完全フォロー、9年ぶりの改題新版。重要判例、金商法・監督指針の改正等による行為規制強化、バーゼルの自己資本比率規制、中央清算機関の利用や証拠金規制などの市場インフラに関する諸規制、内部統制システムとリスク管理、会計制度等、実務上の広範な論点を整理・詳説した。
2017.3 369p A5 ¥3500 ①978-4-322-13043-0

◆**ど素人でも稼げる信用取引の本**　土信田雅之著　翔泳社
【要旨】株式市場に大きなインパクトを与える信用取引のしくみを知り、相場の流れを見極め、勝率をアップを目指しましょう。本書は、多数のセミナーで講師を務め、新聞にもコメントを寄せている有名アナリストが執筆した、信用取引のとても分かりやすい入門書です。
2017.5 222p A5 ¥1500 ①978-4-7981-5088-8

◆**なぜ僕たちは金融街の人びとを嫌うのか？**　ヨリス・ライエンダイク著、関美和訳　英治出版
【要旨】「最も影響力のある国際ジャーナリスト」がロンドンの金融街で働く200人以上にインタビュー。一面的にしか語られてこなかった金融業界の人間模様を描いた傑作ノンフィクション！
2017.3 305p B6 ¥1800 ①978-4-86276-238-2

◆**2020年 消える金融―しのびよる超緩和の副作用**　高田創、柴崎健、大木剛著　日本経済新聞出版社
【要旨】未曾有の緩和によって蝕まれてきた金融機能。2020年の業務純益激減に直面し消える金融になるのか、それとも生き残るべく進化を遂げられるのか――。マーケットを熟知したエコノミストたちが、これからの金融ビジネスと政策を予測し、LED戦略、リバンドリング、商社化など、従来の枠を打ち破る進化の方向性を大胆に提案する。
2017.2 266p B6 ¥1700 ①978-4-532-35725-2

◆**日本国債は国の借金ではなく通貨発行益であることを証明する**　岩崎真治著　講談社エディトリアル
【要旨】世の中を豊かにしたのは、経済学ではない。より良い社会と未来を「労働」と「生産」から検証・考察する、渾身の提言の書。
2017.10 255p B6 ¥1500 ①978-4-907514-87-7

◆**日本のエクイティ・ファイナンス**　鈴木健嗣著　中央経済社、中央経済グループパブリッシング 発売
【要旨】どのタイミングが効果的なのか、市場の反応はなぜ違うのか、発行手段によって効果は違うのか。公募増資、第三者割当増資、ライツ・オファリング、転換社債、株式分割、自社株買いなどをとりあげ、歴史的経緯、発行費用、発行タイミング、制度の問題などさまざまな角度から実証分析。
2017.8 462p A5 ¥6000 ①978-4-502-23371-5

◆**日本のLBOファイナンス**　日本バイアウト研究所編　きんざい
【要旨】日本の大手銀行、信託銀行、地方銀行、保険会社、ノンバンク、メザニン・ファンド、バイアウト・ファンド、格付機関などの実務家が参加してまとめられたLBOファイナンスの本格的な専門書。基本的な解説にとどまらず、市場発展に向けた課題や将来展望といった自社メッセージも発信。また、今後日本でも大きな発展が期待されるメザニン・ファイナンスの特徴、活用機会、市場動向、課題についても解説した。
2017.12 404p A5 ¥3600 ①978-4-322-13237-3

◆**入門 金融の現実と理論―役に立つ金融の知識**　谷内満著　センゲージラーニング, 同友館 発売　第3版
【要旨】早稲田大学の人気講座「金融入門」の教授が書き下ろし。理論と実務に精通した著者によるユニークな金融入門書。株価・金利の初歩理論から、企業金融、日銀の政策、金融危機、デリバティブまで、理論と最新の現実を体系的に理解できる。著者オリジナルの図も多数挿入され、金融初心者はもちろん、実務経験者にも役立つ構成となっている。
2017.9 287p A5 ¥3000 ①978-4-496-05291-0

◆**入門 ビットコインとブロックチェーン**　野口悠紀雄著　PHP研究所（PHPビジネス新書）
【要旨】ビットコインと電子マネーはどう違う？ ビットコインは本当に安全か？ メガバンクが仮想通貨を発行する？ なぜブロックチェーンは「社会革命」と呼ばれるのか？ 日本のメディアでほほとんど語られない2つのブロックチェーンとは？ 新しい資金調達法である「ICO」とは何か？ ブロックチェーンによって経営者のいない会社が出現する？ ビットコインを始めとする仮想通貨、そしてその基礎技術であるブロックチェーンについて、Q&A方式でわかりやすく解説。入門書にして決定版の1冊。
2018.1 269p 18cm ¥890 ①978-4-569-83730-7

◆**配当政策のパズル―投資家の消費選好と利害対立**　森直哉著　中央経済社, 中央経済グループパブリッシング 発売
【要旨】なぜ、どのように投資家は配当を欲しがるのか、なぜ、どのように企業は配当を支払うのか、どのように資本市場を設計すべきか。異時点間消費選好やリスク分散の視点を加えて解明。 2017.10 300p A5 ¥3700 ①978-4-502-24171-0

◆**パーソナルファイナンス研究の新しい地平**　江夏健一、桑名義晴、坂野友昭、杉江雅彦監修、パーソナルファイナンス学会著　文眞堂
【要旨】金融のイノベーションやグローバリゼーション時代を迎え、フィンテック、クラウドファンディングなどに象徴されるように、パーソナルファイナンスにかかわる諸問題の研究がますます重要になっている。最近の激動する金融環境の変化を視野に入れ、パーソナルファイナンスにかかわる最重要課題について、イノベーション、グローバリゼーション、金融教育、制度設計の4つの視点からアプローチし、その研究の新しい地平を開く。
2017.11 333p A5 ¥4200 ①978-4-8309-4968-5

◆**発展 コーポレート・ファイナンス**　菅野正泰著　創成社
【目次】第1章 企業の資金調達と証券市場、第2章 株式による資金調達、第3章 債券による資金調達、第4章 銀行借入れによる資金調達、第5章 投融資のための信用格付、第6章 信用格付に基づく信用リスク評価、第7章 社債価値とデフォルト確率、第8章 デリバティブ、第9章 オプション、第10章 財務諸表と財務指標、第11章 財務計画、第12章 M&A
2017.9 136p A5 ¥1400 ①978-4-7944-2510-2

◆**バブルと生きた男―ある日銀マンの記録**　植村修一著　日本経済新聞出版社
【要旨】あの時、日本経済で何が起きていたのか。なぜ人間は、同じ過ちを繰り返してしまうのか。日本銀行や大蔵省（当時）の現場でみた、バブルの生成と崩壊に関する生々しい記憶。その記憶をつないでいこうとは、あの時代を生きてきた者の責務である。住友・富士による熾烈な貸出競争、不動産融資の総量規制、住専問題の激震…すべての「当事者」だった著者による体験的バブル論。 2017.1 294p B6 ¥1700 ①978-4-532-17608-2

◆**ビットコインとブロックチェーンの歴史・しくみ・未来**　ニュー・サイエンティスト編集部著、水谷淳訳　SBクリエイティブ
【要旨】2008年、サトシ・ナカモトと名乗る人物によって、ビットコインという新たなお金（暗号通貨）が発明された。それは、ビジネスや金融システムの未来を切り開く可能性を持つとともに、世界に大きな混乱をもたらすかもしれないのだ。今、世界を賑わせているビットコインと、それを支える基幹技術であるブロックチェーンについて、歴史、しくみ、課題、未来のすがたを様々な角度から解き明かす迫真の科学ドキュメント。
2017.9 257p B6 ¥1600 ①978-4-7973-9444-3

◆**ビットコインのすべてがわかる本**　高橋諒哲著　ソーテック社

【要旨】ブロックチェーン、マイニング、ウォレット―しくみ・売買から最新動向まで学べる、ビットコインの入門書！ ビットコインの将来は大丈夫!?分裂騒動を詳解！ 手数料や取扱い通貨など、国内取引所を徹底比較！ 豊富な図解でまるわかり！
2017.11 238p A5 ¥1480 ①978-4-8007-1185-4

◆**ビットコインは「金貨」になる―円崩壊に備える資産防衛術**　石角完爾著　朝日新聞出版
【要旨】日本円が信頼できるというのは幻想に過ぎない！ ビットコイン決済が当たり前となったいま、いますぐ未来の変化に対応する術を身につけよ！
2017.5 188p B6 ¥1400 ①978-4-02-251470-7

◆**ファイナンシャル・モデリング**　サイモン・ベニンガ著、大野薫監訳　ロガビ書房
【要旨】モンテカルロ法、期間構造モデル、ブラックリッターマン・モデル等、最新の情報を大幅増補!!サイモン・ベニンガの名著第4版完訳!! Excel を使い、主要なファイナンス・モデルの数値的な解き方、シミュレートの仕方を提供する、ファイナンスの"クック・ブック"!!
2017.2 1111p A5 ¥9000 ①978-4-909090-00-3

◆**ファイナンスこそが最強の意思決定術である**　正田圭著　CCCメディアハウス
【要旨】「決断」と「選択」の質を高めるファイナンス入門。成功者はファイナンスで意思決定している！
2017.9 268p B6 ¥1600 ①978-4-484-17228-6

◆**ファイナンス入門**　齋藤正章、阿部圭司著　放送大学教育振興会, NHK出版 発売（放送大学教材）改訂版
【目次】ファイナンス概論、時間の価値と割引現価、株式と債券の価値、リスクとリターン、ポートフォリオのリターンとリスク、CAPM―資本資産評価モデル、デリバティブ―派生証券、資金調達、財務諸表と財務業績の測定、資本コスト、資金運用―投資決定ルール、企業価値評価、情報非対称、ファイナンスと今日的課題
2017.3 221p A5 ¥2500 ①978-4-595-31733-0

◆**ファイナンスの理論と応用 3 資産価格モデルの展開**　石島博著　日科技連出版社
【要旨】ファイナンス理論の基盤となるさまざまな資産価格モデルを次の4つのビルディング・ブロックに応用するための線形回帰モデル、(2)ブラック・ショールズ公式を導く連続時間モデル、(3)企業価値・株価・金利・コモディティ・不動産価格の動学を表現する平均回帰モデル、(4)オプションやデリバティブを対象とするリスク中立価格評価法の背景となる確率測度の変換。47の要素とExcel演習を通じて、資産価格モデルを自在に展開できるようになります。
2017.9 168p A5 ¥2700 ①978-4-8171-9626-2

◆**ファイナンス法大全 上**　西村あさひ法律事務所編　商事法務　全訂版
【要旨】ファイナンス取引に携わるすべての法律家・実務家必携の書。待望の全訂版。
2017.8 1254p A5 ¥9000 ①978-4-7857-2543-3

◆**ファイナンス法大全 下**　西村あさひ法律事務所編　商事法務　全訂版
【要旨】ファイナンス取引に携わるすべての法律家・実務家必携の書。待望の全訂版。
2017.12 1091p A5 ¥9000 ①978-4-7857-2548-8

◆**ファイナンス理論全史―儲けの法則と相場の本質**　田渕直也著　ダイヤモンド社
【要旨】理論を知りぬく革命児だけが相場で勝つ。リスクとリターン、投資対象の価値や価格をどう読むべきか？ ランダムウォーク理論/モダンポートフォリオ理論/capm/効率的市場仮説/ブラック=ショールズ・モデル/アービトラージ/カオス理論/バリュー投資/AI運用等、100年分の投資理論が体系的に一気にわかる！
2017.12 289p B6 ¥1800 ①978-4-478-10375-3

◆**ファンドビジネスの法務**　伊東啓, 本柳祐介, 内田信也著　金融財政事情研究会, きんざい 発売　第3版
【要旨】投資ファンドの組成・運営で必知の法規制を体系的に整理。特例業者（適格機関投資家等）に対する規制の強化、2016年10月施行の改正税収法等に対応し大幅改訂。
2017.8 302p A5 ¥2800 ①978-4-322-13086-7

経済・産業・労働

◆フィスコ仮想通貨取引所で始める「ビットコイン取引」超入門　田代昌之著　実業之日本社
【要旨】ビットコイン元年の今こそ、チャンス。株式投資、FXに次ぐ、仮想通貨の新しい投資法。
2017.6 159p A5 ¥1500 ①978-4-408-33707-4

◆フィンテック入門―Finance & Technology　赤間世紀著　工学社　（I・O BOOKS）
【要旨】「金融」と「IT」の融合。新技術で私たちの生活が激変する！「フィンテック」の、現時点での概要を理解。
2017.2 127p A5 ¥1800 ①978-4-7775-1993-4

◆不当な債務―いかに金融権力が、負債によって世界を支配しているか？　フランソワ・シェネ著、長原豊、松本潤一郎訳、芳賀健一解説　作品社
【要旨】"不当な債務"（汚い債務）という概念は、両大戦間期にまで遡ることができる。「国民や市民が、自らの利益に反して、合意なしに負わされた債務であり、しかも債権者は、国民や市民の利益に反していることを知り尽くしている債務」のことである。本書は、豊富な資料・事例をもとに、公的債務の歴史やシステムを分析し、その不当性を明らかにし、未来への指針を示した、欧州で話題の書である。
2017.8 240p B6 ¥2200 ①978-4-86182-620-7

◆プライベート・エクイティ・ファンドの法務　福田匠著　中央経済社, 中央経済グループパブリッシング 発売
【要旨】組成、投資、期中管理、解散などの運営から規定例、交渉ポイントなどの契約実務までがわかる。実務の流れに沿って、関連する法規制を解説。
2017.2 269p A5 ¥3400 ①978-4-502-20841-6

◆プライベートバンクの嘘と真実　篠田丈, クリスティアン・シーグフリード, ミヒャエル・クング, コンスタンティン・ワイダ・マルベルグ, マリオ・フリック著　幻冬舎メディアコンサルティング, 幻冬舎 発売
【要旨】伝統あるスイス・プライベートバンクの経営が初めて明かす！本当に賢者を守り継ぐための「組織」「人」「運用」「サービス」とは一。
2017.5 221p B6 ¥1500 ①978-4-344-91222-9

◆ブロックチェーン革命―分散自律型社会の出現　野口悠紀雄著　日本経済新聞出版社
【要旨】仮想通貨を支える情報技術、ブロックチェーンが、いま、応用対象を拡大し、ビジネスや経済、社会の姿を劇的に変えようとしている。従来の常識を一変させる、未来のビジネスチャンスの宝庫といえるブロックチェーンの全容を、内外の最新事例をもとに平易に説き明かし、その可能性を展望する。
2017.1 355p B6 ¥1800 ①978-4-532-35719-1

◆ブロックチェーンの未来―金融・産業・社会はどう変わるのか　翁百合, 柳川範之, 岩下直行編著　日本経済新聞出版社
【要旨】通貨、金融サービス、契約・取引、IoTなど、経済社会の広範な分野に破壊的なインパクトをもたらすブロックチェーン。その特徴は？メリットは？課題は何か？各分野でブロックチェーンの応用に実際に取り組んでいる当事者らが執筆に参加。ブロックチェーンの概念、幅広い活用の実態、経済・産業・ビジネス・社会への広範なインパクトを国内外の事例をもとに解説。注目される「スマートコントラクト」の課題を、法的な枠組みとの関係や、経済学の契約理論から明らかにし、学術面も含めた知的関心にも応える。
2017.9 281p A5 ¥3600 ①978-4-532-35736-8

◆文系のためのフィンテック大全　可児滋著　金融財政事情研究会, きんざい 発売
【要旨】言葉は聞いたことがあっても、その本質を理解するのはむずかしいキーワードについて、理数系の知識やプログラミングの経験がない読者に向けて平易に解説。初学者から知識を整理したい実務者まで、幅広く活用できるフィンテック事典。
2017.7 493p A5 ¥3600 ①978-4-322-13077-5

◆米国における投資助言業者（investment adviser）の負う信認義務　日本証券経済研究所金融商品取引法研究会編　日本証券経済研究所　（金融商品取引法研究会研究記録 第61号）
【目次】Investment Adviser Act における投資助言業者の負う信認義務（Investment Ad-

viser Act（以下IAA）上の投資助言業者に対する規制、登録義務（IAA203（a））、顧客に対する法的義務：信認義務（IAA206（1）（2）））、Investment Company Act における投資助言業者の負う信認義務（Investment company Act of 1940 36条、事案）
2017.5 108p B5 ¥500 ①978-4-89032-677-8

◆本当にわかる債券と金利―債券の基本、経済との関係からマーケットの歴史と各国の情勢、プロの投資戦略まで　大槻奈那, 松川忠著　日本実業出版社
【要旨】異次元緩和、マイナス金利とは何か？国債暴落、ハイパーインフレは果たして本当に起こるのか？テレビ東京「モーニングサテライト」の人気アナリストと現役債券ファンドマネジャーがいちばん旬なテーマをやさしく解説。
2017.2 221p A5 ¥1600 ①978-4-534-05464-7

◆マイナス金利と年金運用　宮井博, 鈴木誠, 米澤康博, 山本零, 柳瀬典由ほか著　金融財政事情研究会, きんざい 発売
【要旨】円金利資産からヘッジ付き外国債券へのシフトは正しい選択なのか？マイナス金利という逆風が続くなか、将来の給付額を約束している企業年金の資産運用、財政運営、ガバナンスのあるべき姿を提言！
2017.12 221p A5 ¥3200 ①978-4-322-13230-4

◆マネーという名の犬―12歳からの「お金」入門　ボード・シェーファー著、田中順子訳, 村上世彰監修　飛鳥新社
【要旨】これが、世界で一番おもしろくてわかりやすい、物語仕立ての「お金」の入門書！少女キーラのもとにあらわれた、人間のことばをしゃべる不思議な犬、マネー。マネーはキーラに、お金と世の中、そして人生の「しくみ」を教えていきます。子どもから大人まで全世界400万人に愛され続ける、不滅のロングセラー。
2017.11 267p B6 ¥1389 ①978-4-86410-576-7

◆マネー・トラップ―金融危機が繰り返される要因の分析と新通貨秩序の提案　ロバート・プリングル著、田村勝省訳　一灯舎
【目次】1 罠に陥る（危険地帯へ、プレーヤーにはなぜ新しい規則が必要か、通貨制度はどのようにして生まれたか、アンカーを欠いた世界通貨）、2 脱出を模索する（各国の政策を改善する、ユーロ圏の内なる欠陥、国際通貨）、3 四つの重要な問題（あの世界的不均衡、準備通貨の過剰、銀行を安全にすることができるか、国家・バブル）、4 世界金融の力（一〇〇年間にわたる通貨制度、基準の選択、新通貨秩序への跳躍、世界的な金融システムの出現）
2017.6 427, 41p B6 ¥4500 ①978-4-907600-47-1

◆まんがで身につくファイナンス　石野雄一著, 石野人衣作画, トレンド・プロ制作　ダイヤモンド社
【要旨】知識ゼロからMBAの必修科目がわかっちゃう！ファイナンスのベストセラー著者が、いちばんわかりやすく書きました。
2017.3 223p B6 ¥1500 ①978-4-478-10099-8

◆マンガでやさしくわかるファイナンス　朝倉智也著, ユニバーサル・パブリシングシナリオ制作, 山田みらい作画　日本能率協会マネジメントセンター
【要旨】自動車部品の開発を行う小伝馬製作所は、取引先の不祥事に端を発するある事件をきっかけに、大きな危機の中にいた。経理を担当することになっての主人公・渡辺めぐみ（28）を中心に、ファイナンスの知識を活かしながら、会社の立て直しをかけた自動運転システムの開発へと乗り出す。企業価値を最大化するための必須知識・ファイナンス。財務3表の基本から、企業分析、投資判断、買収価値算出、プライベートにおけるファイナンスの活用まで、マンガと図解をとおして解説する。
2017.3 229p B6 ¥1500 ①978-4-8207-1963-2

◆マンガでわかる ビットコインと仮想通貨　三原弘之監修, サイドランチ漫画　池田書店
【要旨】価格の高騰で注目が集まるビットコインですが、金融業界に革命を起こす新たなしくみなだけに色々なリスクもあります。本書では、これから私たちの生活を変えようとしているビットコインが何なのか？儲かるのか？危なくないのか？メリットだけでなく、弱点や危険性も含め、一からやさしく解説しています。
2017.12 159p B6 ¥1000 ①978-4-262-17466-2

◆身近に感じる国際金融　飯島寛之, 五百旗頭真吾, 佐藤秀樹, 菅原歩著　有斐閣　（有斐閣ストゥディア）
【要旨】難しそうに思えるけれど、実は私たちの身近な存在である国際金融。その世界を、普段の生活に関係する例をふんだんに盛り込みながらやさしく解説しました。理論、制度、歴史、現状をバランスよく構成。各節末のQUESTION, KEYWORDの解説など学びの工夫がいっぱい！
2017.6 222p A5 ¥1800 ①978-4-641-15044-7

◆未来技術に投資しよう―日本発「金の卵」を筑波大学に探しに行く　野村證券投資情報部編　日本経済新聞出版社
【要旨】スパコン、AI、医療、睡眠、脳研究、エネルギー。株式投資で、夢をシェアし、応援し、楽しむ。
2017.12 251p B6 ¥1700 ①978-4-532-35761-0

◆ユダヤ金融資本はトランプに何をさせるのか！手にとるようにわかる本―100年に1度の投資チャンスが来た！　中島孝志著　ゴマブックス
【要旨】経済激変！北朝鮮VS米国の開戦はあるのか！乱高下こそ絶好の投資チャンス！ジャイアン登場で日本は様変わりする！
2017.6 207p B6 ¥1300 ①978-4-7771-1917-2

◆60分でわかる！仮想通貨ビットコイン＆ブロックチェーン最前線　仮想通貨ビジネス研究会著, ブロックチェーンハブ監修　技術評論社
【要旨】デジタル時代の新しい「通貨」は世の中をどう変えていくのか？基本知識から最新動向までまるごと解説！ビジネスに活かせる情報や事例が満載！豊富な図とわかりやすい解説で「今」がわかる！注目企業リスト付き。
2017.6 159p B6 ¥1020 ①978-4-7741-8997-0

◆60歳までに知っておきたい金融マーケットのしくみ　三井住友信託銀行マーケット企画部著　NHK出版
【要旨】株や投資信託を始めたい人も、退職金を運用したい人も、NISAやiDeCoをお得に使いたい人も、まず必要なのは金融の知識！銀行の現役マーケット・アナリストが、わかりやすく金融のしくみをおしえます。6章で著者の資産運用の結果も公表しています！
2017.10 205p A5 ¥1400 ①978-4-14-081725-4

◆FinTech大全―今、世界で起きている金融革命　スザンヌ・キシュティ, ヤノシュ・バーベリス編著, 小林啓倫, 映像翻訳アカデミー訳, 瀧俊雄日本語版監訳　日経BP社, 日経BPマーケティング 発売
【要旨】新時代の金融サービスのカギと目される「FinTech」とは何なのか。ユーザーに「新しい体験」を与え、お金の課題を解決することができるのか。85人に及ぶ実務家や専門家が「いつ」「誰が」「どこで」「どのような」サービスを提供しているのかを最前線から丁寧に描くことで、世界のFinTechの息吹を体感する1冊。
2017.6 511p A5 ¥3000 ①978-4-8222-5199-4

◆FinTechの法律　2017-2018　増島雅和, 堀天子編著, 石川貴教, 白根央, 飯島隆博著　日経BP社, 日経BPマーケティング 発売　（日経FinTech選書）
【要旨】2017年5月国会成立の銀行法改正、わかりやすく解説。銀行API公開でIT業界はどう変わる？押さえておきたい最新トピックス新規収録。
2017.7 543p A5 ¥2700 ①978-4-8222-5933-4

◆FinTech法務ガイド　片岡義広, 森下国彦編, 河合健, 簡端広輝, 高松志直, 田中貴一編集担当　商事法務
【要旨】平成28年改正法・平成29年政府令を踏まえて「FinTech」の多岐にわたる各分野の法令と関連する実務をサービス概要の説明に加えQ&A方式でわかりやすく解説。
2017.3 381p A5 ¥3800 ①978-4-7857-2516-7

◆FPマニュアル　2017年度版　きんざいファイナンシャル・プランナーズ・センター編著　きんざい
【目次】プロローグ 顧客層別FP的アプローチの仕方、1 金融資産運用（運用基礎、運用商品 ほか）、2 相続・贈与と資産承継（相続基礎、財産評価ほか）、3 保険と年金の活用（保険・相続、保険・事業 ほか）、4 事業承継（承継基礎、評価方法ほか）、5 不動産（関連法規、購入 ほか）、6 事業と経営（会社役員、所得対策 ほか）
2017.10 558p A5 ¥3276 ①978-4-322-13123-9

◆FP DATA BOOK 2017 マネーライフナビ執筆・監修・編集 近代セールス社 （別冊「Financial Adviser」）
【要旨】業務に生かせるヒント満載！ 全データに活用のポイント付き！
2017.3 110p B5 ¥1500 ①978-4-7650-2058-9

◆IFRS「外貨建取引」プラクティス・ガイド PwCあらた有限責任監査法人編 中央経済社, 中央経済グループパブリッシング 発売
【要旨】IAS第21号「外国為替レート変動の影響」等を徹底解説！ 「為替リスク管理」の手法も取り上げる。
2017.12 250p A5 ¥3200 ①978-4-502-24431-5

×xVAチャレンジ―デリバティブ評価調整の実際 Jon Gregory著, KPMGあずさ監査法人金融事業部訳 金融財政事情研究会, きんざい 発売
【要旨】CVAかxVAへ進化するデリバティブ評価モデルの理論と実践的運用法。xVAの概要と具体的な影響例、xVAの全体的な管理、将来の方向性を包括的に解説。バーゼル規制資本ルールの強化、清算集中義務、証拠金規制の導入など、近年の店頭デリバティブ規制強化にあっても真の収益力を見定めたビジネスを模索する、本邦金融機関とエンドユーザー待望の必訳書。
2018.1 745p A5 ¥8000 ①978-4-322-12888-8

証券・金融市場

◆アルゴリズムトレードの道具箱―VBA、Python、トレードステーション、アミブローカーを使いこなすために ジョージ・プルート著, 長尾慎太郎監修, 山下恵美子訳 パンローリング （ウィザードブックシリーズ 250）
【要旨】本書の主な内容：理論から実践へのスムーズな移行。本書で提供するソースコードとライブラリーによる完全トレードシステムの開発。いろいろなトレードシステムの長所と短所の評価。トレードステーション、トレーダーズスチューディオ、マルチチャート、エクセルなどのプラットフォームから最大限の力を引き出すためのアドバイスとプロからの助言。サンプルコード、キーワード、データテクを提供する便利な付録でアルゴリズム開発時間の短縮。
2017.7 482p A5 ¥9800 ①978-4-7759-7220-5

◆1%富豪権力支配を撃ち砕くビットコインのすべて―こうしてロスチャイルドの金融支配は崩壊する 宮城ジョージ著 ヒカルランド
【要旨】次々と存在感を増していく仮想通貨。通貨発行特権を奪還する戦いは始まったばかり！
2017.11 157p B6 ¥1620 ①978-4-86471-500-3

◆ウォール街からの警告 トランプ大恐慌 大竹愼一著 李白社, 徳間書店 発売
【要旨】Cost（コスト）Push（プッシュ）Inflation（インフレ）に注目。不気味なコモディティ（銅）価格の上昇、恐慌の引き金となるドット・フランク法の廃止。
2017.5 215p B6 ¥1500 ①978-4-19-864410-9

◆黄金の相場予測2017 ヘリコプターマネー 若林栄四著 日本実業出版社
【要旨】2022年からの株価暴騰に備えよ。日銀による国債の直接引き受け発動で大インフレ、円安が高局面がくる。独自の黄金分割理論で相場の「時期と水準」を具体的に解き明かす！
2017.3 234p B6 ¥1500 ①978-4-534-05476-0

◆外為年鑑 2017 FNグローバル著 FNグローバル, FNコミュニケーション発売
【目次】1 展望・概況、2 為替・貿易統計（日本銀行金利・現金準備率・市中銀行金利、国際収支・外為貸借・物価、貿易関連統計、国際資本交流、東京外為市場、為替・取引高・東京ドルコール・レート、主要国為替相場、内外金利）
2017.3 322p B5 ¥9500 ①978-4-906537-77-8

◆株式、為替、商品、金利 金融マーケットの教科書―アナリストの相場観に学ぶ、"勝つ"投資戦略 真壁昭夫著, フジトミ編集協力 徳間書店
【要旨】今、一番儲かる市場はどこか…！ そして投資手法は…？ マーケットの性格と特徴をプロのアナリストが簡単解説！ 資産運用×資産防衛。個人投資家のためのポートフォリオの指南書。
2017.10 167p A5 ¥1500 ①978-4-19-864505-2

◆株式公開白書 平成29年版（平成28年1月～12月） ディスクロージャー実務研究会編 プロネクサス
【目次】第1部 新興市場（平成28年新規上場会社の動向、平成28年新規上場会社の資本政策、平成28年新規上場会社のファイナンス状況）、第2部 本則市場（平成28年新規上場会社の動向、平成28年新規上場会社の資本政策、平成28年新規上場会社の財務指標、平成28年新規上場会社のファイナンス状況）、第3部 巻末資料
2017 309p A4 ¥4700 ①1880-7518

◆企業・投資家・証券アナリスト 価値向上のための対話 日本証券アナリスト協会編 日本経済新聞出版社
【要旨】いまアナリストが、変わらなければならないこと、変えてはならないことは何か？ フェアディスクロージャー・ルール対応の必読書。セルサイド・バイサイド双方のアナリスト、CFO、IRの第一人者たちが、対話、分析、エンゲージメントの極意を伝授。
2017.6 299p A5 ¥2800 ①978-4-532-35735-1

◆金融に未来はあるか―ウォール街、シティが認めたくない意外な真実 ジョン・ケイ著, 薮井真澄訳 ダイヤモンド社
【要旨】「ケイ・レビュー」で日本の金融庁をも動かした最強エコノミストが書きおろした世界的問題作。金融主義の終焉を告げる。
2017.6 387p B6 ¥2400 ①978-4-478-06840-3

◆最新証券業界の動向とカラクリがよーくわかる本 秋山謙一郎著 秀和システム （図解入門業界研究）第4版
【要旨】業界人、就職、転職に役立つ情報満載。人工知能で変わる!?就職事情とトレンドを解説！ AI（人工知能）で証券業界はどう変わる？ 新大統領登場で金融市場はどうなる？ 証券業界で働くとはどういうこと？ 大手と中堅・地場証券はどうちがう？ 浸透したネット証券が目指すものは？
2017.7 259p A5 ¥1400 ①978-4-7980-5171-0

◆市場心理とトレード―ビッグデータによるセンチメント分析 リチャード・L・ピーターソン著, 長尾慎太郎監修, 井田京子訳 パンローリング （ウィザードブックシリーズ 253）
【要旨】非構造化ソーシャルデータとテキストマイニングによるセンチメント分析。本書は、テクニカルとファンダメンタルズを奥底まで掘り下げ、市場価格を動かす最大の要因である情報のグローバルな流れとそれに対する投資家の反応について説明している。
2017.10 489p A5 ¥3800 ①978-4-7759-7222-9

◆実録 7人の勝負師―リスクを恐れぬ怪物たち 鍋島高明著 パンローリング
【要旨】日本一の相場師研究家（日本証券新聞による）が調べ上げた、700人の相場師から選ばれた7人のサムライ。
2017.8 367p B6 ¥2000 ①978-4-7759-9151-0

◆証券業務の基礎 2017年度版 三井住友信託銀行著, 三井住友トラスト・キャリアパートナーズ編 経済法令研究会 （Basic series）
【目次】第1編 わが国の証券市場と諸制度（わが国の証券市場、証券取引法、投資信託の仕組みと種類、顧客保護に関する事項、銀行の証券業務）、第2編 証券発行市場（証券発行市場の概要、公社債市場の発行市場、株式の発行市場、証券化商品の発行市場）、第3編 証券流通市場（公社債の流通市場、株式の流通市場、デリバティブ）、第4編 資金運用・運用（短期金融市場、企業金融の基礎知識、資金運用の基礎理論）、第5編 証券税制と会計制度（預金にかかる証券税制、法人にかかる証券税制、会計制度）
2017.6 327p A5 ¥2700 ①978-4-7668-2404-9

◆証券事典 証券経済学会, 日本証券経済研究所編 金融財政事情研究会, きんざい 発売
【要旨】ダイナミックに変貌する証券市場を読み解く！
2017.6 981p A5 ¥12000 ①978-4-322-12881-9

◆上場ガイドブック（TOKYO PRO Market編） 2017 東京証券取引所上場推進部
【目次】1 市場制度の概要、2 上場要件、3 J‐Adviser について、4 TOKYO PRO Marketに関するQ&A、5 上場に伴う費用、6 東証他市場への市場変更サポート
2017.7 201p B5 ¥1500

◆人為バブルの終わり―2018年、日本を襲う超円高・株安・デフレの正体 若林栄四著 ビジネス社
【要旨】資源バブル崩壊が資産バブル崩壊に連鎖する！ 過剰レバレッジ相場が逆回転して急降下！ そして2022年から日経平均は4倍を目指す！ 2018.1 236p B6 ¥1500 ①978-4-8284-1998-5

◆新規上場ガイドブック（市場第一部・第二部編） 2017 東京証券取引所上場推進部
【目次】1 上場制度の概要、2 形式要件（有価証券上場規程第205条関係）、3 上場審査の内容（有価証券上場規程第207条関係）、4 上場審査に関するQ&A、5 上場前の株式等の譲受け又は譲渡及び第三者割当等による募集株式の割当て等について、7 企業組織再編に係る取扱い、8 市場第二部から市場第一部銘柄への指定、9 上場市場の変更、10 上場に伴う費用 2017.7 620p B5 ¥2000

◆新規上場ガイドブック（マザーズ編） 2017 東京証券取引所上場推進部
【目次】1 上場制度の概要、2 高い成長可能性に係る事項、3 形式要件（有価証券上場規程第212条関係）、4 上場審査の内容（有価証券上場規程第214条関係）、5 マザーズ事前チェックリスト、6 上場審査に関するQ&A、7 上場前の株式等の譲受け又は譲渡及び第三者割当等による募集株式の割当て等について、8 新規上場時の公募又は売出しについて、9 上場に伴う費用、10 IPOセンター（上場を希望する会社向けサポート）
2017.7 402p B5 ¥1500

◆新規上場ガイドブック（JASDAQ編） 2017 東京証券取引所上場推進部
【目次】1 上場制度の概要、2 形式要件（有価証券上場規程第216条の3、規程第216条の6関係）、3 上場審査の内容（有価証券上場規程第216条の5、規程第216条の8関係）、4 JASDAQ事前チェックリスト、5 上場審査に関するQ&A、6 上場前の株式等の譲受け又は譲渡及び第三者割当等による募集株式の割当て等について、7 新規上場時の公募又は売出しについて、8 企業組織再編に係る取扱い、9 上場に伴う費用、10 IPOセンター（上場を希望する会社向けサポート）
2017.7 538p B5 ¥2000

◆凄腕ディーラーの戦い方―一億を稼ぐトレーダーたち 2 林知之著 マイルストーンズ, 丸善出版 発売
【要旨】相場で生き抜くための知恵と戦術。ほんとうに相場で生計を立てている人のホンネ、表舞台にあまり顔を出さないスゴ腕ディーラーたちの相場哲学を凝縮した「珠玉」のインタビュー集。2017.11 253p A5 ¥2000 ①978-4-903282-04-6

◆スマートベータの取扱説明書―仕組みを理解して使いこなす 徳野明洋著 東洋経済新報社
【要旨】TOPIXを上回るスマートベータって何？ "何それ？" 派の方々にも、"いまさら？" 派の方々にもスマートベータを「どのように使いこなせばいいのか」を探求したはじめての取扱説明書。
2017.10 248p A5 ¥3600 ①978-4-492-73344-8

◆空あかり 山一證券 "しんがり" 百人の言葉 清武英利著 講談社
【要旨】100人の元山一社員が実名で登場！ 銀行、証券、飲食店経営、役者、脚本家、公務員、医師、キャスター…WOWOWでドラマ化された感動の名著『しんがり』のその後。
2017.11 334p B6 ¥1600 ①978-4-06-220861-1

◆東京証券取引所 会社情報適時開示ガイドブック 2017年3月版 東京証券取引所上場部編 東京証券取引所 第13版
【目次】第1編 総説（適時開示制度の概要等、適時開示に関する実務要領）、第2編 会社情報の適時開示実務上の取扱い（上場会社の決定事項、上場会社の発生事実、決算短信等、上場会社の業績予想、配当予想の修正等、その他の情報、子会社等の情報、利益が少額の場合の開示基準の特例）、第3編 企業行動規範及び自主規制の概要（企業行動規範の概要、上場会社に対する自主規制の概要）、第4編 特例（上場優先出資証券の発行者の適時開示等に関する実務上の取扱い、上場外国会社の適時開示等に関する実務上の取扱い、上場種類株式の発行者の適時開示等に関する業務上の取扱い）、第5編 東証への提出書類（提出書類の概要、内国株式関係の提出書類一覧

経済・産業・労働

表、適時開示に係る提出書類、合併等を行う場合に提出する概要書、コーポレート・ガバナンスに関する報告書、マザーズ上場会社が提出する上場市場の選択申請書等）
2017.3 867p B5 ¥3143

◆東証公式ETF・ETN名鑑　2017年1月版
東京証券取引所編　東京証券取引所
【目次】ETF（上場投信）・ETNのご紹介―指数カテゴリー順（日本株（市場別、業種別）、商品（外国投資法人債券））
2017.3 234p A5 ¥400 ①978-4-9908192-9-3

◆東証上場会社コーポレート・ガバナンス白書　2017　東京証券取引所
【目次】1 総論編（企業属性、コーポレートガバナンス・コードの対応状況）、2 各論編（株主の権利・平等性の確保、株主以外のステークホルダーとの適切な協働、適切な情報開示と透明性の確保、取締役会等の責務、株主との対話）
2017 148p B5 ¥926

◆ドキュメント狙われた株式市場―大証・東証・村上ファンドM&A戦記　前田裕之著　日本経済新聞出版社
【要旨】相次ぐ不祥事、村上ファンドの買収攻勢、新興市場統合、そして東証との統合一。競争とは無縁だったはずの日本の株式市場に一体何が起きたのか？ 米田道生、巽悟朗、村上世彰、斉藤惇らによる激しいM&A合戦の真相を、初公開の内部資料にもとづいて明らかにする経済ドキュメント。
2017.1 294p B6 ¥2000 ①978-4-532-35720-7

◆トランプノミクスで大炎上！ 世界金融・貿易戦争の結末―アベノミクスも日銀緩和も破綻、激変する為替・国債・株式市場の行方
中丸友一郎著　徳間書店
【要旨】トランプ大統領を誕生させたのはアベノミクスと日銀緩和だった！ そのトランプに日本は翻弄され、日銀の実質破綻と「ドル切り下げ合意」を。元世界銀行エコノミストが、トランプノミクスによる今後の世界と日本経済のシナリオを読み解く！
2017.2 230p B6 ¥1300 ①978-4-19-864360-7

◆トランプは市場に何をもたらすか!? 竹中平蔵、宮家邦彦、古賀達彦著　KADOKAWA
【要旨】日銀のゼロ金利政策はいつまで続く？ フランス大統領選はEU崩壊の予兆か？ 中国経済はすでに破綻しているか？…混沌とする世界から投資チャンス、ビジネスチャンスを見出せ!!3人のスペシャリストによる圧倒的な分析！
2017.4 191p B6 ¥1400 ①978-4-04-601885-4

◆トランプバブルの正しい儲け方、うまい逃げ方　浅井隆監修　第二海援隊
【要旨】大方の予想に反し、トランプ氏が第四五代アメリカ大統領となった。当選後、株価、為替、金利が大変動し、世界中の市場に大衝撃を与えた。急きょ、世界を股にかけて事業を展開するビジネスマンと浅井隆が集結し、トランプ大統領の下、繰り広げられている市場の変化を利用して資産を殖やしていく方法を語り合った。今後、世界も日本も「トランプ現象」によって明暗がはっきりすることだろう。激動の時代の大変動を生き残るための最新情報。
2017.2 230p B6 ¥1400 ①978-4-86335-177-6

◆日本経済の心臓 証券市場誕生！ 日本取引所グループ著、鹿島茂監修　集英社
【要旨】江戸時代の堂島米会所から明治期の取引所設立、戦後の証券市場復興とバブル期の隆盛まで、「証券市場の歴史」決定版！ 世界初の先物市場は17世紀に大阪市場から生まれた。将軍さえも思いどおりにはできなかった米市場の実態とは？ 明治維新後の動乱期に、証券所設立のために政府と民間の立場を超えて協力した渋沢栄一や今村清之介、田中永平。彼らの生涯とは？ 戦後のGHQとの証券市場復活交渉における意外な秘話や、バブル期のエネルギーあふれる市場の活況まで、人と人のつながりが育ててきた証券市場の物語。
2017.12 254p B6 ¥1800 ①978-4-08-786084-9

◆日本取引所グループ規則集　2017年版
日本取引所グループ編　日本取引所グループ
【目次】日本取引所（定款等諸規則、諸規則内規）、大阪取引所（定款等諸規則、諸規則内規）、日本取引所自主規制法人（定款等諸規則、諸規則内規）、日本取引所グループ
2017.1 1551p A5 ¥3333

◆非上場株式の評価ガイドブック―新株式評価通達対応　品川芳宣編著、野村資産承継研究所編　ぎょうせい
【要旨】平成29年新通達に完全対応。基本的考え方から、株価への影響、税法上の評価はもちろん、会社法・企業会計・民法等々に至る検討課題を網羅。
2017.10 394p A5 ¥4000 ①978-4-324-10399-9

◆ブラックエッジ―資産1兆円の男、スティーブ・コーエン物語　シーラ・コルハトカー著、長尾慎太郎監修、藤原玄訳　パンローリング（ウィザードブックシリーズ 258）
【要旨】読み始めるともうやめられないストーリーテリング！ 「マーケットの魔術師」の称号はウソだったのか？ ブラックエッジとは、企業決算や会社の買収情報・新商品・試験結果などのエッジを事前に知り、超えてはならない一線を超えること。
2018.1 492p B6 ¥1800 ①978-4-7759-7227-4

◆米国が仕掛けるドルの終わり―2019年、日中同時破綻の大波乱　吉田繁治著　ビジネス社
【要旨】ドル基軸通貨時代の終焉、中国の不動産バブル崩壊…世界経済はこう激変する！
2017.8 364p B6 ¥1800 ①978-4-8284-1966-4

◆マイナス金利下における金融・不動産市場の読み方　土地総合研究所編　東洋経済新報社
【要旨】長期化する超金融緩和政策で市場への影響はどうなるのか？ 斯界の研究者、エコノミストたちが様々な知見をもとに読み解く。
2017.3 252p A5 ¥3800 ①978-4-492-96128-5

◆マーケットのテクニカル分析―トレード手法と売買指標の完全総合ガイド　ジョン・J.マーフィー著、長尾慎太郎監修、田村英基訳　パンローリング（ウィザードブックシリーズ 247）
【要旨】この1冊でテクニカル分析のすべてをマスターできる！ 目で見てよくわかるチャート400以上掲載。
2017.12 630p A5 ¥5800 ①978-4-7759-7226-7

◆山一證券復活を目論む男の人財力　永野修身著　河出書房新社
【要旨】1997年、山一證券が廃業を発表した。まさに寝耳に水。声を失う現実を前にしてトップ営業マンがとった行動とは？ 職を失い茫然自失の仲間たちを慰め、人材会社を設立、さらに山一證券の復活をめざす。幾重もの危機を超克し、夢を実現しようとする男のケタ外れの「人財力」。その秘密を明かす！
2018.1 199p B6 ¥1300 ①978-4-309-24842-4

◆流通市場の投資家による発行会社に対する証券訴訟の実態　金融商品取引法研究会　日本証券経済研究所　（金融商品取引法研究会研究記録 第60号）
【目次】1 はじめに、2 発行会社に対する証券訴訟はどの程度提起されているのか？、3 発行会社に対する証券訴訟はどのような投資家によって提起されているのか？、4 民事責任と公的エンフォースメントとの関係、5 発行会社に対する証券訴訟による役員等の経済的負担、6 まとめ　2017.3 66p B5 ¥500 ①978-4-89032-676-1

◆ローソク足チャート 究極の読み方・使い方　伊藤智洋著　日本実業出版社　（儲かる！相場の教科書）
【要旨】テクニカル分析の第一人者が「勝てるパターン」だけを体系化。明確に値動きの真相と売買ポイントがわかる！
2017.6 202p A5 ¥1500 ①978-4-534-05498-2

銀行

◆あと5年で銀行は半分以下になる　渡邉哲也著　PHP研究所
【要旨】「お金を貸さない銀行」なんて要らない。担保や保証に依存してリスクをともなう融資を引き受けず、法外な手数料金融商品を顧客に売りつける…。そうした歪んだ構造に国がメスを入れ、淘汰と再編が始まる!!
2017.3 201p B6 ¥1400 ①978-4-569-83274-6

◆ある金融マンの回顧―拓銀破綻と営業譲渡　高向巌著　（札幌）北海道新聞社
【要旨】拓銀破綻から20年。前例なき「小が大をのむ」拓銀の営業譲渡。引き継ぎ交渉で奮闘し

た実働部隊リーダー（当時の北洋銀行副頭取）による実録。
2017.12 170p B6 ¥1300 ①978-4-89453-889-4

◆仮想通貨で銀行が消える日　真壁昭夫著　祥伝社　（祥伝社新書）
【要旨】仮想通貨は触ったり、数えたりできない。だから不安だ、と思う人も多い。けれども、全世界で唸りを上げて普及が加速している。使用するメリットが大きいからだ。決済コストの低さ、決済にかかる手間と時間の短縮は、群を抜く。海外では通貨交換せずに使用できる。なぜ安全性が保てるのか？ 電子マネーに取って替わられるのか？ 検証の末に浮かび上がってくるのは、仮想通貨によって変わる社会の仕組みだ。たとえば、仮想通貨で決済ができるとなると銀行のビジネスの根幹が脅かされるのだ。仮想通貨の現状を分析し、今後の展開を詳細に解説！
2017.4 261p 18cm ¥820 ①978-4-396-11503-6

◆銀行　2018年度版　齋藤裕彰監修　産学社　（産業と会社研究シリーズ 3）
【要旨】マイナス金利導入で未体験ゾーンに入った金融業界。国際金融の中で揺れ動くメガバンク。再編・統合も含めた各金融機関の今後の行方は？ 業界の最新動向から仕事までわかる本。
2017.2 274p B6 ¥1300 ①978-4-7825-3449-6

◆銀行員大失業時代　森本紀行著　小学館　（小学館新書）
【要旨】日本の銀行はリーマンショック後の世界的金融危機にも大きな影響を受けず、マイナス金利が導入されれば、そのツケを預金者に押しつけた。だが、フィンテックなる効率化の嵐が襲来すれば、経営基盤が揺らぐのは必至だ。これまで高給を食んできた銀行員は失職し、やがて実態にそぐわなくなった銀行は潰れていく運命が待ち受ける。ぬるま湯に浸かった銀行員に未来はない。日本の金融界が激変に見舞われるのは時間の問題なのだ。
2017.8 221p 18cm ¥780 ①978-4-09-825303-6

◆銀行消滅―新たな世界通貨（ワールド・カレンシー）体制へ　副島隆彦著　祥伝社
【要旨】今回は株の推奨銘柄を2本立て！ 外国人旅行者で成長する企業27、"第2次朝鮮戦争"の軍需銘柄20、米軍の北朝鮮爆撃を予言する！
2017.11 245p B6 ¥1600 ①978-4-396-61627-4

◆銀行取引「念書」書式集―預金取引、為替、融資、債権回収までの「念書」書式集　大平正著　金融ブックス　新訂版
【目次】第1章 銀行取引一般 取引の相手方の変更、第2章 預金取引と念書の取扱い、第3章 手形・小切手取引と念書の取扱い、第4章 為替取引と念書の取扱い、第5章 融資取引と念書の取扱い、第6章 担保・保証と念書の取扱い、第7章 債権管理・回収と念書の取扱い、第8章 個人情報の取扱い・その他
2017.9 316p A5 ¥2750 ①978-4-904192-72-6

◆銀行はこれからどうなるのか　泉田良輔著　クロスメディア・パブリッシング，インプレス発売
【要旨】金融機関がいま直面する「5つの困難」と大再編後の「4つの姿」とは？ 地銀の9割は再編。メガも大激変は不可避。「どこに残るか」が格差を生む！ フィンテック専門家が予測する「消える銀行、残る銀行」。
2017.4 222p B6 ¥980 ①978-4-295-40073-8

◆銀行不要時代―生き残りの条件　吉澤亮二著　毎日新聞出版
【要旨】7割の地銀ではすでに本業が赤字化、5年後にはほとんどの地銀が赤字経営に転落?!人口減少、フィンテックで「いらなくなった銀行」はどこか？ 格付けアナリストが大手行の国際比較も交え徹底分析！ 銀行「大淘汰時代」に生死を分ける「条件」とは？
2017.12 239p B6 ¥1500 ①978-4-620-32487-6

◆銀行法　池田唯一、中島淳一監修、佐藤則夫編著、本間晶、笠原基和、冨永剛晴、波多野恵産著　金融財政事情研究会，きんざい 発売
【要旨】金融庁スタッフによる、唯一無二の解説書。
2017.11 541p A5 ¥7000 ①978-4-322-13225-0

◆黒い渦潮―平和相互銀行合併の真相　安積忍著　幻冬舎メディアコンサルティング，幻冬舎発売
【要旨】昭和経済史、最後のタブー。バブルの誕生と崩壊をもたらした、絡み合う数かずの「思惑」と「陰謀」。1986年10月1日。この日が「終わり」のはじまりだった。住友銀行による、平

和相互銀行合併。蓄積された「毒素」は、消化されずに、「住友」の体内を蝕んでいった。
2017.11 135p B6 ¥1100 ①978-4-344-91465-0

◆強欲の銀行カードローン　藤田知也著
KADOKAWA　（角川新書）
【要旨】2016年、自己破産者が13年ぶりに増加した。原因の一つとされるのが、急増する銀行カードローンによる貸し付けだ。消費者金融では年収の3分の1を超えて貸すことができないが、銀行にはその規制がなく、過剰な貸し付けが横行しているのだ。モラル欠落の実態を明らかにする
2017.9 253p 18cm ¥800 ①978-4-082186-3

◆国際金融規制と銀行経営―ビジネスモデルの大転換　みずほ総合研究所編　中央経済社,中央経済グループパブリッシング　発売
【要旨】本書では、先般の世界的な金融危機とその後のバーゼル3を皮切りに矢継ぎ早に実施されてきた一連の金融規制改革をあらためて振り返るとともに、各国金融機関のビジネスモデルの変化を分析することによって、今後求められる銀行経営のあり方について考察を行っています。また、低金利環境下において重要性の高まっている資産運用業務、金融危機にとって大きなゲームチェンジを引き起こす可能性を持つFinTechの動向についても言及しています。
2017.9 253p B6 ¥3200 ①978-4-502-23401-9

◆コンパクト銀行論　藤波大三郎著（名古屋）三恵社　第2版
【目次】銀行の基本的な機能、わが国の金融機関の全体像、貸出業務、為替業務、証券業務、国際業務、デリバティブと証券化、個人取引、法人取引、銀行の経営、銀行に対する監督と規制
2017.3 133p B6 ¥1630 ①978-4-86487-640-7

◆最新銀行業界の動向とカラクリがよーくわかる本　平木恭一著　秀和システム（図解入門業界研究）第5版
【要旨】マイナス金利下の業界構造がわかる！フィンテック金融システムがわかる！メガバンクが推進する銀信証を検証！激化する地銀再編の最新動向を知る！東京五輪に向けた金融国際化を追う！業界人、就職、転職に役立つ情報満載。2017.12 213p A5 ¥1300 ①978-4-7980-5204-5

◆12人で「銀行」をつくってみた―「いつでも、どこでも」、便利な日本初のネット銀行はこうしてできた。　天野晴彦著　ダイヤモンド・ビジネス企画、ダイヤモンド社　発売
【要旨】1990年代後半、金融危機の中で立ち上がったジャパンネット銀行。試行錯誤の末、いくつもの日本初の取り組みを実現した裏側は？FinTechをどこよりも早く体現した日本初のネット銀行の創業前夜から、現在も続くチャレンジを描く一冊。失敗と巻き返しを続けながら、大きな夢を抱えて走り続けた16年の足跡。
2017.2 211p B6 ¥1500 ①978-4-478-08396-3

◆信用金庫便覧　2016　全国信用金庫協会編　金融財政事情研究会,きんざい　発売
【目次】業界動向編、法令編、検査編、提出資料編、業務編、中央金融機関・関係機関編、参考資料編
2017.3 1643p A5 ¥4400 ①978-4-322-13038-6

◆信用組合便覧　2016　一中企法・協金法四段対照表　信用組合研究会編　金融財政事情研究会,きんざい　発売
【目次】1 中小企業等協同組合法・法規四段対照表（総則、中小企業等協同組合、中小企業団体中央会、登記、雑記、罰則）、2 協同組合による金融事業に関する法律・法規四段対照表
2017.3 847p A5 ¥4200 ①978-4-322-13039-3

◆図解でわかる！地方銀行　髙橋克英著　秀和システム
【要旨】進む再編状況の現在がわかる！新しいビジネス戦略が見える！改革による未来の姿が読める！優良地銀の事例や地域貢献まで、「元気な地銀」がわかる。AI、フィンテック、チャネル戦略など、新しい地銀を伝授！
2017.9 207p B6 ¥1200 ①978-4-7980-5266-3

◆図説 わが国の銀行　全国銀行協会企画部金融調査室編　財経詳報社　10訂版
【要旨】金融の仕組みと最新の動向がよくわかる。豊富な資料と正確なデータは実務に便利。
2017.12 259p A5 ¥2200 ①978-4-88177-443-4

◆捨てられる銀行　2　非産運用　橋本卓典著　講談社（講談社現代新書）

【要旨】これが森長官の第2のメッセージだ。ベストセラー『捨てられる銀行』が明らかにした森親信・金融庁長官の地域金融大改革。実は、森長官の金融改革にはもう一つの大きな柱がある。それが資産運用の大改革である。キーワードは「フィデューシャリー・デューティー」。受託者責任と訳されてきたが、森長官の定義は「真に顧客本位の業務運営をする義務」となる。いま、銀行や生命保険、証券各社が「お客様の資産運用のため」というトークで売る金融商品の多くは高額手数料を取れる金融機関本位の商品ばかり。銀行の窓口で勧められる「外貨建て貯蓄性保険商品」はその最たる例だ。森長官の資産運用改革はここに厳しいメスを入れつつある。真に顧客本位でない営業姿勢を続ける金融機関を「見える化」して、自然淘汰に追い込む。金融庁ではなく顧客を見るべきだとの真意をいち早く見抜き「愛される金融機関」に体質改善しないと、銀行も生保も証券会社も「捨てられる」時代が来る。
2017.4 285p 18cm ¥800 ①978-4-06-288422-8

◆住友銀行暗黒史　有森隆著　さくら舎
【要旨】戦後最大の企業犯罪の真相と闇！6000億円以上で消えた住銀・イトマン事件。原点には住銀のブラックな経営体質があった！金と権力に引かれ集まった男たちの死闘！
2017.2 307p B6 ¥1650 ①978-4-86581-089-9

◆全国信用金庫中間期ディスクロージャー　平成28年　金融図書コンサルタント社　14版
【要旨】北海道、東北、関東、東京、甲信越、北陸、東海、近畿、中国、四国、九州
2016.12 87p A4 ¥4800 ①978-4-87404-216-8

◆全国信用金庫名鑑　平成30年版　金融図書コンサルタント社　第56版
【目次】北海道、青森県、秋田県、山形県、岩手県、宮城県、福島県、群馬県、栃木県、茨城県（ほか）
2017.11 793p A5 ¥4800 ①978-4-87404-031-7

◆全国信用組合名簿　平成30年版　金融図書コンサルタント社　第57版
【目次】北海道、青森県、岩手県、宮城県、秋田県、山形県、福島県、茨城県、栃木県、群馬県〔ほか〕

◆対話する銀行―現場のリーダーが描く未来の金融　江上広行著　金融財政事情研究会、きんざい　発売
【要旨】銀行のパラダイム転換は「対話」から生まれる。現場のバンカーのありのままの葛藤と希望。変革に向けて一歩を踏み出すための「7つの問い」。
2017.7 307p B6 ¥2000 ①978-4-322-13087-4

◆地域金融機関の資金運用とリスク管理　平野吉伸著　金融財政事情研究会、きんざい　発売　改訂版
【要旨】初めて資金運用に携わる方、資金運用の全体像を整理したい方、人材育成のテキストを求めている方、資金運用、ミドル部門のリスク管理を担当する方、資金運用部門の担当役員などマイナス金利下での資金運用に悩む方の必読書！
2017.5 626p A5 ¥6000 ①978-4-322-13064-5

◆逐条解説 2016年銀行法、資金決済法等改正　佐藤則夫監修　商事法務（逐条解説シリーズ）
【要旨】立案担当者が金融グループにおける経営管理の充実、ITの進展に伴う技術革新への対応、仮想通貨への対応等、制度の概要を解説する。
2017.4 220p A5 ¥3400 ①978-4-7857-2517-4

◆ドキュメント 金融庁 vs. 地銀―生き残る銀行はどこか　読売新聞東京本社経済部著　光文社（光文社新書）
【要旨】新・最強官庁が描くビジネスモデルとは？森親信・金融庁長官へのインタビューを交え、転換期を迎える日本の銀行の現状と行方に迫る。
2017.5 237p 18cm ¥760 ①978-4-334-03988-2

◆日銀危機に備えよ―異次元緩和に「出口」なし！　藤巻健史著　PHP研究所（PHPビジネス新書）
【要旨】「異次元緩和」で大量の国債を買い続け、いまや「超メタボ状態」の日銀。政府の借金を肩代わりする「財政ファイナンス」を実質的に続けてきた結果、国の財政危機は日銀の倒産リスクへと転化してしまった。このままでは円暴落・ハイパーインフレが起きるのは時間の問題だ。モルガン銀行で「伝説のディーラー」と呼ばれた著者が警鐘を鳴らす。では、何がその「引き金」となるのか、自らの資産を守るにはどうすればいいのか。緊急・徹底解説！
2017.9 267p 18cm ¥870 ①978-4-569-83680-5

◆日本銀行統計　2017　関根敏隆編　サンパートナーズ、ときわ総合サービス　発売（本文：日英両文）
【目次】日本銀行、通貨、各種マーケット関連、民間金融機関の資産・負債、預金・貸出、資金循環、BIS関連、決済、短観、物価、財政、国際収支
2017.4 396、57p A4 ¥1500 ①978-4-88786-069-8

◆3日でわかる "銀行" 業界　2019年度版　日経HR編集部編著　日経HR（日経就職シリーズ）
【要旨】銀行業界についての知識がなくても、短時間で業界の状況や仕事の内容を学べる！ビジュアル情報中心なので、直観的にわかる！業界の最新情報・トピックも紹介！内定者などから情報を聞き取って内容に反映。企業の面接試験の内容も掲載！
2017.9 103p A5 ¥1000 ①978-4-89112-169-3

◆三菱東京UFJ・三井住友・みずほ 三大銀行がよくわかる本　津田倫男監修
KADOKAWA　（中経の文庫）
【要旨】日本を代表する三大メガバンク「三菱東京UFJ銀行」「三井住友銀行」「みずほ銀行」は、三行合わせて従業員約9万人、総資産約500兆円という大企業。日本経済を左右するほどの強い影響力を持つ三行では、どんな人が働き、どんな日常を送っているのか？本書は、そんな三大銀行の戦略から、歴史、内部にまで迫り、なかなか知ることができない銀行の姿を紹介する。
2017.5 223p A6 ¥680 ①978-4-04-601991-2

◆名銀行家（バンカー）列伝―社会を支えた "公器" の系譜　北康利著　金融財政事情研究会、きんざい　発売　（『名銀行家列伝―日本経済を支えた "公器" の系譜』新装・改題書）新装版
【要旨】かつてわが国にはスケールの大きな金融界の巨人がいた。評伝の名手が鮮やかに描き出す、誇り高き彼らの人生。
2017.5 207p B6 ¥1500 ①978-4-322-13081-2

◆融資業務再生の処方箋―米銀と邦銀の融資管理はどこが違うか　佐藤満著　金融財政事情研究会、きんざい　発売
【要旨】金融危機の最中、三菱東京UFJ銀行からユニオン・バンクに派遣された日本の銀行マンが現場で体験したことは？"米銀スタンダード" として運営されているユニオン・バンクの融資管理態勢について解説。
2017.7 251p B6 ¥2315 ①978-4-322-13089-8

◆AI化する銀行　長谷川貴博著　幻冬舎メディアコンサルティング、幻冬舎　発売
【要旨】海外のAI導入状況から求められる能力まで「AI時代」の銀行業務をわかりやすく解説。
2017.12 193p 18cm ¥800 ①978-4-344-97310-7

 銀行業務・金融業務

◆アパートローンのリスク管理　小野兵太郎,香月裕爾,野口咲也著　金融財政事情研究会
【要旨】供給過剰アパートに対する貸出管理の処方箋！賃料以外の所得からの補塡を前提にした返済計画の問題点、当局が注意喚起するアパートローンのリスク点などを解説。ライフステージ別アパート需要を分析・整理。2017年6月改正民法による敷金の規定や賃借人の原状回復義務など物件・資金のモニタリングの重要事項も網羅。地域金融機関の渉外・融資・審査担当者必読の書！2017.9 202p A5 ¥2300 ①978-4-322-13202-1

◆医療機関との融資取引に強くなる本　池田美智雄,寺本義英,濱野純一,藤井雅巳,星多絵子著　近代セールス社
【要旨】医療機関経営の基礎知識から資金ニーズの見方、融資判断のポイント、経営アドバイスまで病院・診療所との取引に不可欠な知識・ノウハウを完全解説！
2017.8 259p A5 ¥2000 ①978-4-7650-2080-0

◆営業店の相続実務Q&A―現場の悩みをズバリ解決！　上原敬著　経済法令研究会　三訂版
【要旨】金融機関で必須となる相続手続の基本から応用までを丁寧に解説！実例と図解で実務の

経済・産業・労働

ポイントがわかる。預貯金の払戻しから相続法の改正動向まで。新判例・新制度にキャッチアップ
2017.11 180p A5 ¥1600 ①978-4-7668-2409-4

◆営業店の相続手続・アドバイス推進ガイド
経済法令研究会 編　経済法令研究会
【要旨】金融機関で必要とされる相続に関する基本的な知識から相続相談の対応までを簡潔に解説。相続発生前および発生後のお客様へのアプローチ方法やサポートがトーク例でわかる。相続アドバイスと手続きをめぐる疑問点をケース別にイラスト付きQ&Aでわかりやすく整理。
2017.12 106p B5 ¥1600 ①978-4-7668-3367-6

◆営業店のための医療・介護向け取引推進事典　金融財政事情研究会編　金融財政事情研究会、きんざい 発売　第2版
【要旨】「医療機関完結型」から「地域完結型」へのシフトの含意を正しく理解し、金融仲介機能の発揮につなげよう。金融機関の視点から医療・介護ビジネスをとらえた比類なき一冊、待望の改訂第2版。
2017.2 861p A5 ¥7400 ①978-4-322-13028-7

◆営業店の年金取引推進ガイド　2017年度版　井上義教著　経済法令研究会
【要旨】年金相談で本当に必要とされる基礎知識から現場でのアドバイスまでをわかりやすく解説。項目ごとにプラスワンとして要点をまとめ推進ポイントが簡単に理解できる。年金の指定口座獲得における必要な知識も重点的に紹介しお客様へのアプローチ方法がわかる。
2017.12 122p B5 ¥1200 ①978-4-7668-3368-3

◆外資系投資銀行がやっている最速のExcel
熊野整著　KADOKAWA
【要旨】この1冊でより速く、よりミスのない資料が作れる。なぜ、あなたの作業は遅いのか？9割の人が知らない「スゴ技」を初公開！
2017.4 239p A5 ¥1600 ①978-4-04-601863-2

◆銀行員大失職　岡内幸策著　日本経済新聞出版社
【要旨】AI、フィンテック、ブロックチェーン…内にも外にも行き場のなくなる人たち。生き残るのは一握りの人材？
2017.6 282p B6 ¥1600 ①978-4-532-35730-6

◆銀行員のための"売れるセールスコミュニケーション"入門　白戸三郎著　同文舘出版（DO BOOKS）改訂版
【要旨】「セールスコミュニケーション」こそ「売れる人材」になる第一歩！セールスがうまい人とは、お客様に安心感、信頼感、親近感などを与えることで、お客様の悩みを解決するための適切な「手段」を提供できる人のこと。「トーク」や「話法」の巧拙のことではない。
2017.8 211p B6 ¥1500 ①978-4-495-59662-0

◆金融機関営業担当者のための法律・税金・会計ハンドブック　平成29年度版　みずほ総合研究所編　みずほ総合研究所
【目次】第1編 営業に必要な税務（個人所得の税金（不動産譲渡を除く）、個人の不動産譲渡の税金 ほか）、第2編 営業に必要な法律（相続の法律、成年後見の法律 ほか）、第3編 営業に必要な会計（会計制度、会計処理 ほか）、第4編 セールスに役立つ応用知識（個人の公募証券投資信託等の税務、個人の年金保険等の税務 ほか）、第5編 実務に便利な一覧表
2017.7 352, 12p A4 ¥2500 ①978-4-9907202-3-0

◆金融機関管理職のためのイマドキ部下の育て方　渡部卓著　近代セールス社
【要旨】従来のリーダーシップはもはや通用しない！次世代を担う"イマドキ部下"たちをどう伸ばし、どう育てるか!?悩みや課題を解決するヒントを示す。
2017.3 202p B6 ¥1400 ①978-4-7650-2059-6

◆金融機関行職員のための預金相続事務手続活用マニュアル　桜井達也著　金融財政事情研究会、きんざい 発売　第2版
【要旨】相続事務手続の"新しい"取扱説明書。預貯金が遺産分割協議の対象になるとの判例変更と法定相続情報証明制度の解説を加えた待望の改訂版。異例処理対応にも役立つ知識・ノウハウが満載。相続人を確認するための"戸籍謄本の見方"練習問題付き。
2017.12 276p A5 ¥2800 ①978-4-322-13220-5

◆金融機関コンプライアンス・オフィサーQ&A　香川裕爾著　金融財政事情研究会、きんざい 発売
【要旨】営業店で即座に役立つコンプライアンスの知識を基礎から解説。迷ったら本書で確認！投信販売や融資など、業務別対応力強化に。金融機関のコンプライアンス・オフィサーを目指す方必読の基本書。事例を交えQ&A形式でわかりやすく解説。
2017.9 256p A5 ¥2200 ①978-4-322-13099-7

◆金融機関職員なら知っておきたい個人情報の取扱い　和田洋一、北村剛士、小田倉宏和著　金融財政事情研究会、きんざい 発売
【要旨】委員会ガイドライン・金融分野ガイドラインの策定担当者による解説書。2017年全面施行の改正個人情報保護法に対応。金融機関職員・金融実務に携わる弁護士等必携。
2017.12 255p A5 ¥2800 ①978-4-322-13240-3

◆金融機関の規制対応と内部監査　PwCあらた有限責任監査法人編　中央経済社、中央経済グループパブリッシング 発売
【要旨】バーゼル規制、AML、CRS、フィデューシャリー・デューティー、サイバーセキュリティ、外部委託先管理等、国内外の規制・テーマごとに、対応ポイントと内部監査上の留意点を解説！
2017.10 369p A5 ¥4200 ①978-4-502-23811-6

◆金融機関の個人情報保護ハンドブック　藤池智則、高木いづみ、冨松宏之編著　金融財政事情研究会、きんざい 発売
【要旨】平成29年5月施行の改正法および政令、個人情報保護委員会規則、個人情報保護GL、個人情報保護指針を横断的に解説。金融実務をこの1冊でカバーできます！
2017.7 260p A5 ¥2800 ①978-4-322-13097-3

◆金融機関の信用リスク・資産査定管理態勢 平成28年度版　金融財政事情研究会編　金融財政事情研究会、きんざい 発売
【要旨】「形式・過去・部分」から「実質・未来・全体」へ。金融機関の創意工夫が尊重される金融行政下における資産査定・引当のあり方。「平成28年事務年度金融行政方針」「金融仲介機能のベンチマーク」「有識者会議」にみるFSA金融モニタリングの"変化"を解析。自己査定の基本から、償却・引当、自己資本比率への影響まで、全167のQ&Aでわかりやすく解説。
2017.3 534p A5 ¥3000 ①978-4-322-13067-6

◆金融機関の信用リスク・資産査定管理態勢 平成29年度版　金融財政事情研究会編　金融財政事情研究会、きんざい 発売
【要旨】平成29事務年度金融行政方針に対応！顧客本位の業務運営を実現するうえで今後も重要となる資産査定・引当のあり方を解説したロングセラーの最新版！金融庁「平成28事務年度金融レポート」「企業アンケート調査の結果」、日銀「金融システムレポート」等にみる金融モニタリングの傾向と地域金融機関の課題を分析。自己査定の基本から、償却・引当、自己資本比率への影響まで、Q&Aでわかりやすく解説。
2018.1 515p A5 ¥3000 ①978-4-322-13233-5

◆金融機関の相続手続　琴平綜合法律事務所監修、北川展子編著　金融財政事情研究会、きんざい 発売
【要旨】50問のQ&Aでわかる最新の相続手続！「死亡届」「相続手続依頼書」の受付時確認事項や、「戸除籍謄本」から相続人を確認する際の注意点などを解説。さらに、平成28年最高裁大法廷決定が金融商品取引に及ぼす影響や、預金種類別の取扱い、平成29年5月から始まった法定相続情報証明制度を金融機関がどのように活用したらよいかを詳しく説明。
2017.12 182p B6 ¥1500 ①978-4-322-13232-8

◆金融機関のための介護業界の基本と取引のポイント　KPMGヘルスケアジャパン著　経済法令研究会　第2版
【目次】1章 介護業界の現状（わが国の高齢化の状況、高齢社会にみる高齢化 ほか）、2章 介護サービス市場の概観（要支援・要介護者および介護保険サービス利用者の状況、介護保険サービスの市場規模と成長率 ほか）、3章 各介護保険サービスの事業特性（居宅介護支援、訪問介護/（予防）訪問介護 ほか）、4章 開設・運営支援への基本的アプローチ（採算計画策定、商圏・競合分析 ほか）
2017.5 229p A5 ¥1600 ①978-4-7668-3353-9

◆金融機関のための観光業界の基本と取引のポイント　トーマツ著　経済法令研究会
【目次】1章 観光業界の現状、2章 観光業界の基礎知識、3章 観光業界の近年の動向、4章 観光客の特徴、5章 観光業界を担う各主体と会計・税

務、6章 観光業界支援
2017.2 207p A5 ¥1600 ①978-4-7668-3339-3

◆金融機関のための農業ビジネスの基本と取引のポイント　トーマツ著　経済法令研究会　第2版
【目次】1章 農業ビジネス業界の現状、2章 農業の基礎知識、3章 農産物の生産および流通、4章 農業ビジネスに関わる主体、5章 農業ビジネスの会計と税務、6章 農業融資
2017.5 183p A5 ¥1600 ①978-4-7668-3354-6

◆金融機関のための不祥事件対策実務必携　甘粕潔、宇佐美豊、川西拓人、吉田孝司編著　金融財政事情研究会、きんざい 発売
【要旨】横領、浮貸し、顧客情報漏洩、インサイダー取引―後を絶たない金融機関の不祥事件。どうすれば有効な対策を講じることができるのか？ひとたび発生すると金融機関の信用を著しく損ないかねない不祥事件について、法令・犯罪心理・内部監査の各面から検討を加え、実務上直面することが想定されるさまざまな問題について一問一答方式で詳細かつ丁寧に解説！
2017.2 505p A5 ¥2800 ①978-4-322-13034-8

◆金融実務に役立つ 成年後見制度Q&A　笹川豪介編著　経済法令研究会
【要旨】成年後見制度の概要、申立手続等を具体的に解説。成年後見人等の職務・権限等をわかりやすく解説。金融機関における対応を実務に即して簡潔に解説。
2017.2 237p A5 ¥1800 ①978-4-7668-2398-1

◆クライアントを惹き付けるモチベーションファクター・トレーニング　山口博著　金融財政事情研究会、きんざい 発売
【要旨】なぜあなたの話はお客さまにうまく伝わらないのか。その答えは相手のモチベーションを見極められていないことにあった。悩みを解消し営業スキルを飛躍的に上げるための図解ドリル30。
2017.8 231p A5 ¥1500 ①978-4-322-13088-1

◆現代語訳 銀行業務改善隻語　一瀬粂吉編、長野聡訳注　近代セールス社
【要旨】『銀行業務改善隻語』は、昭和2年の金融大恐慌直後に、一瀬粂吉氏（旧三十四銀行副頭取、その後、三和銀行の設立に尽力し取締役）によって上梓されました。金融大恐慌により、我が国の金融界は未曾有の危機に見舞われましたが、本書は、その経験を踏まえ、銀行経営や銀行員の生き方についての警世の言葉をまとめたものです。発刊以来、本書は時代を超えて読み継がれ、座右の書として本書を挙げる銀行経営者は少なくありません。ただ、その格調高い文語調の文体については、一方で、読みづらいという声も少なからずありませんでした。そこで今回、そうした声にこたえ、原著の文章がもつ格調を残しつつ、現代語訳を行い、解説を付けたものを刊行することとなりました。
2018.1 430p B6 ¥2000 ①978-4-7650-2089-3

◆これで完璧相続実務　瀬戸祐典著　銀行研修社　第二版
【要旨】預貯金を遺産分割の対象とする判例変更、法定相続情報証明制度の開始。これら相続実務の大変革に対応する決定版！
2017.8 412p A5 ¥2593 ①978-4-7657-4557-4

◆事業性評価実践講座―銀行員のためのMQ会計×TOC　相馬裕晃著　中央経済社、中央経済グループパブリッシング
【要旨】目利き能力×コンサルティング能力。地域金融機関従事者、中小企業の経営者や財務・経理担当に必須の能力を養成する方法を惜しげなく伝授！連日大盛況のセミナーを書籍化。
2017.3 224p A5 ¥2600 ①978-4-502-21661-9

◆失敗から学ぶ―バンカー70人の成長秘話　日本金融通信社事業局出版部編　日本金融通信社、ビーケイシー 発売
【目次】飛び込み営業で挫折（三井住友銀行コーポレート・アドバイザリー本部部長 宮川潤氏）、顧客の詐欺になす術なく（三井住友信託銀行神戸支店財務相談調査役 池宮沙織氏）、提示金利東山翔一氏）、保険料天引き漏れの失態（京葉銀行人事部副部長兼人事管理グループリーダー 渡辺慶子氏）、重圧で入院、忘れた笑顔（川口信用金庫本店営業部年金アドバイザー 島倉千佳氏）、焦り、紹介案件に飛びつく（広島市信用組合西条中央支店支店長 尾形浩次氏）、"お願いセールス脱却"の転機（亀有信用金庫亀有駅北口支店営業

係長 金澤信之氏）、成約すれど、満足されず〔足利銀行西那須野支店代理 酒客直美氏〕、サブ取引の意味を知る（秋田銀行青森支店支店長代理 工藤泰浩氏）、焦りでセールス一辺倒に（東京信用金庫新座支店得意先課長 武田直人氏）〔ほか〕
2017.2 295p 18cm ¥1000 ①978-4-939051-58-6

◆支店長が読む 融資を伸ばすマネジメント—マイナス金利下における融資増強のポイント 黒木正人著　近代セールス社
【要旨】ABL、事業性評価融資から経営改善、債権回収まで融資現場に求められる様々な戦略・戦術を網羅！ 他行に打ち勝つための16の施策。
2017.2 197p A5 ¥1800 ①978-4-7650-2057-2

◆女性営業渉外の育成法—営業の基礎から融資渉外まで　川井栄一, 植月彩織著　銀行研修社
【目次】ケーススタディから見る「女性融資渉外」の今、初めての渉外!?営業に対する不安を取り除こう—いま女性の融資渉外が注目される背景、「ゆとり世代」女性の育成術—男性との違い、評価の仕方、褒め方・叱り方、女性部下の戦力分析編、上司と一緒に学ぶ！ 今さら聞けない営業マナー編、モチベーションアップにつながる誉め方・叱り方、熱心な指導・セクハラ・パワハラの境界線、ニーズとウォンツを踏まえたコミュニケーション、キャリアビジョンと育成計画、ティーチングとコーチング、顧客対応にも活かせる実践的コーチングスキル、女性融資渉外に求められる融資の知識、トラブル・クレームと上司としての対応、企業を知る！ ビジネスモデルと事業ドメイン、経営者を知る！ 経営理念と戦略、状況対応の部下指導—シチュエーショナルリーダーシップ、メンタルヘルス対策とストレスマネジメント、商談スキルを磨く法則、女性融資渉外の自己分析をサポート、女性融資渉外に後輩が配属されたら
2017.5 159p A5 ¥1574 ①978-4-7657-4552-9

◆進化する銀行システム—24時間365日動かすメインフレームの設計思想　星野武史著, 花井志生監修　技術評論社 （Software Design plusシリーズ）
【要旨】時代の要望に応えて変化し続ける社会・経済を支えるシステムのしくみを解説。すべての金融系SEが持っておきたい視野と知見。
2017.2 243p A5 ¥2580 ①978-4-7741-8729-7

◆新規開業白書　2017年版　日本政策金融公庫総合研究所編　佐伯印刷
【目次】第1章 2016年度新規開業実態調査の概要（開業者の属性とキャリア、開業動機と事業の決定理由 ほか）、第2章 経営経験者の開業—「2016年度新規開業実態調査（特別調査）」より（問題意識、先行研究 ほか）、第3章 副業起業は失敗のリスクを小さくする—「起業と起業意識に関する調査」（2016年度）より（注目を集める「副業起業」、先行研究 ほか）、第4章 『新規開業白書』の歴史と創業の新たな動き（『新規開業白書』が追い続けた創業の25年、25冊の『新規開業白書』から得られる示唆 ほか）、事例編、資料編
2017.6 307p A5 ¥2315 ①978-4-905428-72-5

◆信用保証協会保証付融資の債権管理　両部美勝著, 中務嗣治郎監修　金融財政事情研究会, きんざい 発売
【要旨】「協会保証があるから安心」は大間違い！金融機関は信用保証協会の保証付融資について、プロパー融資と同様の管理・回収努力を尽くす義務があります。また、信用保証協会との間で必要となる固有の手続があります。本書では、金融機関の職員が保証付融資の管理・回収の際に誤りやすいポイントをQ&A形式で解説し、事例研究を通じて実務の涵養を図ります。実務に役立つ書式例も紹介。
2017.7 193p A5 ¥2130 ①978-4-322-13098-0

◆成果につなげる 個人ローンの声かけとセールスアプローチ　近代セールス社編　近代セールス社
【要旨】ローンニーズを積極的に取り込み、テークで切り込んで提案につなげよう！ すぐに使えるセールストークが満載！
2017.6 167p A5 ¥1500 ①978-4-7650-2079-4

◆先輩に聞いてみよう！ 金融業界の仕事図鑑　加藤孝治, 小林博之, 西村優里編著　中央経済社, 中央経済グループパブリッシング 発売 （先輩に聞いてみよう！ 仕事図鑑シリーズ）
【要旨】みんなが憧れるプロフェッショナルの世界。銀行、信託銀行、証券会社の仕事内容や働き方を大公開！ プレ就活世代のためのお仕事ガイド。
2017.6 160p A5 ¥1500 ①978-4-502-22681-6

◆「対話力」ですすめる 事業性評価がよくわかる本　大山雅己著　経済法令研究会 （地域活性化のための金融実務がよくわかるシリーズ）
【要旨】取引先の事業に興味をもって、共に未来を考えるアプローチ法を紹介。
2017.4 159p A5 ¥1500 ①978-4-7668-3347-8

◆トラブル防止のための融資法務Q&A—基礎から債権回収まで　高橋恒夫著　経済法令研究会 改訂版
【目次】第1章 融資法務の基礎、第2章 融資取引の相手方、第3章 各種融資契約と融資取引、第4章 融資債権の管理、第5章 保証債権の管理、第6章 各種担保取引と管理、第7章 債権管理
2018.1 312p A5 ¥2200 ①978-4-7668-2411-7

◆取引先を "稼ぐ企業" に変える方法教えます！—知恵で利益を生み出す取引先支援の極意　小出宗昭著　近代セールス社
【要旨】取引先のために、あなたは何ができますか？ 地域に選ばれる金融機関となるにはいま、このノウハウを学べ！ 6,000社以上の経営支援を手掛ける中で発揮されてきたノウハウの数々！ この本には従来のセオリー本とは一線を画す現場の焼きつくようなリアル（現実）がある。
2017.10 261p B6 ¥1800 ①978-4-7650-2085-5

◆2025年の銀行員—地域金融機関再編の向こう側　津田倫男著　光文社 （光文社新書）
【目次】1章 現下の銀行勢力図、2章 二〇一七年の銀行を巡る動き、3章 銀行員の生き方の今、昔、4章 銀行員の生き残り法—再編時代における一般行員の身の振り方、5章 再編の先読みと立ちはだかる壁、6章 信金、信組は業態転換で活路を見出せ
2017.11 178p 18cm ¥740 ①978-4-334-04320-9

◆ベテラン融資マンの事業性評価—事業性評価の罠と事業性評価の実務　寺岡雅顕, 樽谷祐一, 加藤元弘著　銀行研修社
【目次】第1章 短期継続融資（短期継続融資が注目される理由とは？、短期継続融資理解のための基本 ほか）、第2章 事例に学ぶ中小企業の事業性評価（理解）（地方創生における地域金融機関の関わり方、実行してナットク！ 事例集から学ぶ事業性評価（理解） ほか）、第3章 事例に学ぶ財務実態把握（財務実態把握がすべての始まり、食品加工卸売業H社の事例研究 ほか）、第4章 ビジネス俯瞰図、SWOT分析を用いた事業性評価（理解）（「和洋中華等業務用食品卸」および「S（水産加工品）製造販売」A社の事例研究、SWOT分析思考パターン事例 ほか）
2017.10 159p A5 ¥1574 ①978-4-7657-4559-8

◆ベテラン融資マンの渉外術—事業性評価につながる　寺岡雅顕, 樽野哲彦, 樽谷祐一共著　銀行研修社
【目次】序章 融資渉外6つのヒント—元支店長からのメッセージ、第1章 融資渉外の基礎、第2章 決算書速読法、第3章 企業訪問時の着眼点、第4章 コンサルティング営業、第5章 事業性評価の手法、第6章 人口減少社会への対応、第7章 融資案件の進め方、第8章 融資渉外の失敗事例、成功事例 2017.2 238p A5 ¥2130 ①978-4-7657-4541-3

◆もしもし "調査相談室" に寄せられるよくある金融実務相談事例200　行方洋一監修, 林正裕, 小宮夏樹編集委員, 融資問題研究会編　金融財政事情研究会, きんざい 発売
【目次】第1章 預金・手形、第2章 取引の相手方、第3章 融資管理、第4章 担保・保証、第5章 回収・差押え、第6章 貸出、第7章 倒産・再生、第8章 相続、第9章 協同組織金融機関、第10章 その他　2017.4 245p A5 ¥2500 ①978-4-322-13058-4

◆預貯金へのマイナンバー付番Q&A—知っておきたい基礎から問合せ対応まで　梅屋真一郎著　ビジネス教育出版社
【目次】第1部 知っておきたい預貯金のマイナンバー対応Q&A（マイナンバー制度関連、マイナンバー番号関連、お客様対応、安全管理、管理者、広報）、第2部 お客様からよくある問合せQ&A（マイナンバー全般、マイナンバー番号関連、預貯金付番に伴う手続関連、お客様から寄せられるその他の質問）
2017.10 267p A5 ¥2000 ①978-4-8283-0683-4

◆よみがえる金融—協同組織金融機関の未来　新田信行著　ダイヤモンド社
【目次】第1章 話題の "芸者さんローン" はこうやって生まれた 無担保・無保証のコミュニティ・ローン誕生の舞台、第2章 メガバンク役員から経営の厳しい信用組合理事長に 繰り越し損失を

四年で一掃するV字回復を達成、第3章 「目利きシート」と「工場見学マニュアル」で実現「担保に依存しない、信用による与信」の凄技、第4章 リレーションシップバンキングだけでは足りない！ 協同組織金融機関が目指す未来志向の創業支援、第5章 創業支援と並行して進めてきた地方創生 先行する信用組合との協働で広域連携へ、第6章 信用組合初の農業ファンドを九組合で立ち上げ「人とコミュニティの金融」が目指す未来とは
2017.5 283p B6 ¥1600 ①978-4-478-10266-4

◆FinTech・仮想通貨・AIで金融機関はどう変わる!?　KPMGジャパン 編 ビジネス教育出版社
【要旨】情報技術を活用した革新的な金融サービスであるFinTechは金融機関の構造的転換をもたらす原動力。その進展や仮想通貨の普及、人工知能の活用等により劇的に変化する金融ビジネスの方向性をわかりやすく解説。
2017.2 150p A5 ¥1800 ①978-4-8283-0641-4

◆JA債権回収の実務　官澤里美著　金融財政事情研究会, きんざい 発売
【要旨】債権回収の法的基礎から、購買貸越金や出資金・共済金からの回収などJAに特有の論点まで、具体的な設例に基づき丁寧にわかりやすく解説！
2017.3 179p A5 ¥2000 ①978-4-322-13065-2

◆JAバンク法務対策200講　桜井達也監修, 金融財政事情研究会編　金融財政事情研究会, きんざい 発売
【要旨】貯金、融資、為替、担保、保証などの金融法務の基本事項から、信用事業の概要、貯金担保や系統為替などの固有のテーマまで、JAバンクの役職員が実務において直面する約200の項目を取り上げ、法的な側面を中心に基礎から丁寧にわかりやすく解説。
2017.3 911p A5 ¥9000 ①978-4-322-13045-4

◆practical金融法務 債権法改正　井上聡, 松尾博意編著, 三井住友フィナンシャルグループ三井住友銀行総務部法務室著　金融財政事情研究会, きんざい 発売
【要旨】金融実務の新たなデファクトスタンダード。債権法改正対応の契約書や手続を詳細に提示！ 金融実務と立法経緯を知り尽くした弁護士＋メガバンク法務担当者による共著。
2017.12 365p A5 ¥4000 ①978-4-322-13238-0

◆SEのための金融実務キーワード事典　金融財政事情研究会編, 室勝編著　金融財政事情研究会, きんざい 発売
【要旨】金融を動かすシステムの目的と仕組みをこの1冊ですべて理解！ 「預金」「貸付」「為替」「デリバティブ」などSE必知の銀行基本業務を詳説。もちろん、FinTech、マイナンバー、NISA、フィデューシャリー・デューティーなど、今の金融にかかわるすべての人が知っておきたい最新キーワードを網羅。
2017.3 995p A5 ¥8000 ①978-4-322-13046-1

保険

◆アジアの生命保険市場—現状・変化と将来展望　ニッセイ基礎研究所編　文真堂
【要旨】発展するアジア生保市場の動向・変化を分析・解説！ アジアの経済発展の中、各国の生保市場は拡大・変化している。今や、欧米日企業のみならずアジアの地場有力企業も交えた競争が激化し、革新的な生保商品や販売チャネル・手法が続々と導入されている。地方、各市場の発展の格差・ひずみなど諸課題を克服しつつ、消費者ニーズに応えた生保の市場としての発展も求められた。各市場を巡る重要ポイントをニッセイ基礎研究所が分析・解説する。
2017.10 267p A5 ¥3400 ①978-4-8309-4957-9

◆売れない時代でも勝てる保険営業術　三浦保著　幻冬舎メディアコンサルティング, 幻冬舎 発売 （経営者新書）
【要旨】生命保険の営業は完全歩合制である場合が多いなど、営業職の中でも難しい部類に入る。そんな中、業法改正や保険料の値上げ、異業種からのライバル参入で、保険営業は以前より難しい環境となった。さまざまなマーケティングリサーチなどを通じて、保険業界を取り巻く豊富な

経済・産業・労働

知識を持つ著者。多数のTOT・COT・MDRTを率いる保険代理店の代表が、保険営業「激変の時代」に生き残る術を解説。
2017.9 218p 18cm ¥800 ⓘ978-4-344-91387-5

◆お客様目線でうまくいく保険窓販5つのステップ　宮原久美著　近代セールス社
【要旨】お客様とのやりとりに、ストレスを感じていませんか？　心の中で、セールスの仕方に疑問を感じながらも「いい商品だから自信を持っておすすめしている」と自分に言い聞かせていませんか？　ギクっとしたあなたに読んでほしい、お客様に喜ばれる保険提案術。
2017.9 154p A5 ¥1300 ⓘ978-4-7650-2082-4

◆改正保険業法の解説─顧客のための保険募集の実現に向けて　樋川流、佐藤寿昭、錦野裕宗、大村由紀子著　金融財政事情研究会、きんざい発売
【要旨】保険募集における「顧客本位」の本質に迫る！　保険業法と監督指針の改正に携わった金融庁担当者と弁護士による詳細な解説！　主な募集形態について、意向確認も含めたプロセスを例示し、実務にも対応！　生命保険会社・損害保険会社の担当者や保険業務に携わる弁護士必携の1冊！
2017.9 341p A5 ¥4200 ⓘ978-4-322-13047-8

◆貨物保険の損害対応実務　東京海上日動火災保険毎日新聞社
【目次】第1章 貨物損害サービスの基礎、第2章 貨物保険の歴史と種類、第3章 貨物保険の補償内容、第4章 貨物保険の算出、第5章 保険対応の流れと必要書類、第6章 救助と共同海損、第7章 求償、第8章 主要貨物の損害対応上の要点、巻末資料
2017.1 459p B5 ¥4200 ⓘ978-4-89293-278-6

◆がん保険に加入する前に読む本　菊地勉著　セルバ出版、創英社/三省堂書店 発売
【要旨】見せかけの保障の広さや、単純にコスパがいいとか、保険料が安いとか、一生涯の安心であるなどの指標だけでは、「がん保険商品の本当の姿」はわからない。コスパや見せかけの保障条件に惑わされずに、「ICDと約款」を分析すると、そこには明確に、がん保険商品の中に見え隠れする本当の姿が浮き彫りになってくる。保険会社や保険募集人が説明しない・できない核を、読者が確認できるように「分析のやり方」を解説。
2017.5 167p B6 ¥1500 ⓘ978-4-86367-337-3

◆クローズアップ 保険税務─生命保険編　酒井克彦編著・監修　財経詳報社
【目次】第1章 生命保険制度の基本（生命保険とは、生命保険の分類 ほか）、第2章 生命保険税務の取扱い（基礎編）（支払保険料の税務、受取保険金の税務 ほか）、第3章 生命保険税務の取扱い（実務編）：保険の契約と支払保険料の税務処理、基礎事例：保険金受取時の処理 ほか）、第4章 生命保険税務の取扱い（理論編）（保険税務と通達─通達はセーフハーバーか、保険料と短期前払一費用の計上時期と重要性の原則 ほか）、第5章 重要裁判例・裁決例（ファイナイト事件、年金二重課税事件 ほか）
2017.1 219p A5 ¥2500 ⓘ978-4-88177-434-2

◆経済価値ベースの保険ERMの本質　森本祐司、松平直之、植村信保著　金融財政事情研究会、きんざい
【目次】第1章 経済価値ベースのERM：この10年間の振り返り（金融庁の検討チーム報告書から10年、その後の市場の混乱がもたらした影響 ほか）、第2章 ERMの枠組みをアドレス（ERMとは何か、ERMの全体像とPDCAサイクル ほか）、第3章 経済価値ベースのERMの考え方（準備編）（金利と価値評価の基礎、経済価値ベースの保険負債評価 ほか）、第4章 経済価値ベースのERMの考え方（実践編）（経済価値ベースで管理をする意味、経済価値ベースの指標の使用方法 ほか）、第5章 経済価値ベースのERMの意義をあらためて考える（この15年間の市場環境と経済価値ベースのERMの動向、経済価値ベースのERMへの「疑問」とその背景 ほか）
2017.11 292p A5 ¥3000 ⓘ978-4-322-13213-7

◆現代保険法　岡田豊基著　中央経済社、中央経済グループパブリッシング 発売　第2版
【要旨】「保険法」が施行されてから7年が経過。その間、震災・テロなどのリスク増加が、保険のあり方にも影響を与えている。保険の経済的機能から説き起こし、法の全体像を明らかにするとともに、実務への影響の大きい判例を多数とりあげて、具体的に即した理解ができるよう執筆されている。
2017.4 406p A5 ¥4200 ⓘ978-4-502-22361-7

◆権利保護保険のすべて　LAC研究会編　商事法務
【要旨】権利保護保険（弁護士費用保険）制度の理論と実務を網羅。『弁護のちから』『Mikata』の保険約款を逐条解説。
2017.12 272p A5 ¥2600 ⓘ978-4-7857-2578-5

◆持続可能型保険企業への変貌─顧客重視の保険経営の実践　上田和勇著　同文舘出版　第四版
【要旨】社会保険と私保険を含めた保険の最適選択とは？　顧客重視の保険業のあり方と実践はどうあるべきか。前版をリニューアルした最新版！　2017.3 262p A5 ¥2900 ⓘ978-4-495-43844-9

◆自動車保険の解説　2017　「自動車保険の解説」編集委員会編　保険毎日新聞社
【要旨】『自動車保険の解説2012』から5年ぶりの改訂！　重大事由による解除規定などの標準約款の改定を踏まえた解説を新たに追加するとともに、最近の約款解釈や支払実務を踏まえた見直しを実施。人身傷害保険の解説では東京海上日動社の約款を参考に、被保険自動車搭乗中以外の補償の特約化、支払保険金の計算規定の変更など、大幅な改訂を施した。
2017.3 421p B6 ¥1700 ⓘ978-4-89293-280-9

◆新・生命保険セールスのアプローチ─人生100年時代の新しい生き方を提案する　福地恵士著　近代セールス社
【要旨】しっかりとしたセールススキルを身につけ、プロセールスとして生き残るには…。
2017.10 110p A5 ¥1200 ⓘ978-4-7650-2084-8

◆図解 知識ゼロからはじめるiDeCo（個人型確定拠出年金）の入門書　大江加代著、大江英樹監修　ソシム
【目次】第1章 確定拠出年金と老後のお金、第2章 iDeCoで老後の資産づくり、第3章 iDeCoの始め方、第4章 投資信託の選び方と運用方法、第5章 年金資産の管理、第6章 iDeCoの出口対応方法、第7章 状況別！　困ったときの対処法
2018.1 191p A5 ¥1300 ⓘ978-4-8026-1119-0

◆図解わかる生命保険　2017・2018年版　ライフプラン研究会編著　新星出版社
【要旨】定期、終身、養老の3大生命保険の特徴をはじめ、医療保険などの気になる保険や各種共済について、最新データに基づき、図表を使ってわかりやすく解説。「保険見直し時代」の最新ポイントをアドバイス。2017年4月からの保険料値上げに対応。相続税や生命保険料控除の計算事例も紹介。各種保険と保険制度の最新情報を紹介した役に立つ保険解説書！
2017.6 254p A5 ¥1500 ⓘ978-4-405-10292-7

◆生保・損保　2019年度版　千葉明監修　産学社　（産業と会社研究シリーズ 2）
【要旨】問われるさらなる品質化の知恵、海外進出の中で生き残るのはどこか？　最新動向から基礎知識、生損保約70社のプロフィールに加え、データランキングや待遇・採用試験の実態まで、内容充実！　人事部のメッセージ、内定者の肉声も掲載。
2017.12 221p B6 ¥1300 ⓘ978-4-7825-3470-0

◆生命保険の正しい教科書　三田村京著　自由国民社
【要旨】あなたの保険、本当に大丈夫？　損をしない保険の見直し方・選び方。
2017.11 219p A5 ¥1600 ⓘ978-4-426-12376-5

◆生命保険有効活用提案シート集　辻・本郷税理士法人、MC税理士法人、アクタス税理士法人編著　銀行研修社
【目次】序 フィデューシャリー・デューティーと保険提案のすすめ方、1 個人編（個人顧客のニーズと保険提案、個人顧客が知っておくべき保険のしくみ、個人顧客の保険の見直し）、2 法人編（法人オーナー・役員のニーズと保険提案、従業員を対象にした保険のニーズと提案、会社のリスクマネジメントに活用できる保険の提案、法人契約保険の見直し）、3 相続・事業承継編（法人オーナーのニーズと保険提案、資産家のニーズと保険提案）
2017.9 174p B5 ¥2222 ⓘ978-4-7657-4558-1

◆損害保険を見直すならこの1冊　金融デザイン、さくら事務所著　自由国民社　第3版
【要旨】損害保険を安く、おトクに掛ける方法がわかる！　「自動車保険」「地震保険」「火災保険」「傷害保険」「賠償責任保険」の賢い選び方がよくわかる！
2017.9 254p A5 ¥1800 ⓘ978-4-426-12372-7

◆大逆転の生命保険セールス─MDRT9人の成功への方程式　近代セールス社編、福地恵士監修　近代セールス社
【目次】MDRTへの道、『全力で直球勝負！ とにかく“熱い男”』岡田直人、『“どもり”を克服してCOT＝極みの世界へ』篠原徳徳、『契約を追わない紹介営業のスペシャリスト』鎌田聖一郎、『独自の時給管理法で目標を設定する』山地健吉、『高い向上心を持って仕事に邁進する』日野原健二、『“ないない尽くし”のどん底スタート』塩野美香、『野球一筋男が“TOT＝6倍”男に大変身！』古田真一、『セミナーで感動を与える保険の検証士』藤原良、『保険営業のプロを育てる情熱の人』福地恵士、トニー・ゴードンとは　2017.4 270p B6 ¥1700 ⓘ978-4-7650-2060-2

◆どんな家庭でも生命保険料は月5000円だけ　藤井泰輔著　かんき出版
【要旨】いちばん“得する”選び方・見直し方!!　あなたにとって最適な保険に変えると…10年で324万円も貯められる！　一生役立つ！　保険選びの新常識。
2017.9 239p B6 ¥1300 ⓘ978-4-7612-7283-8

◆ポイントレクチャー保険法　甘利公人、福田弥夫、遠山聡著　有斐閣　第2版
【要旨】15のUNITから成る、項目ごとに無理なく学べる構成。学習上重要な判例をPOINTとして取り上げ、判決原文を豊富に引用。関連法令の改正に対応した最新版。
2017.4 315p A5 ¥2600 ⓘ978-4-641-13773-8

◆保険業法　2017　石田満著　文眞堂
【要旨】最近の保険業法の最も重要な改正点である情報提供義務の法定化、顧客の意向把握義務の導入、保険業集人の体制整備義務の導入等について、保険業法、保険業法施行規則および保険会社向けの総合的な監督指針を一体として総合的に検討し、かつ、新たに「特定保険契約の情報提供義務等」および「特定保険契約の締結または代理募集に関する禁止行為」についても付記した最新の体系書。保険会社が不妊治療にかかる保険の引受けを行うための内閣府令、ソルベンシー・マージン比率の適正化を図る、その他有価証券評価差額に対する繰延ヘッジ損益のマージン総額への参入に関する内閣府令、および業務代理組合につき銀行代理業等に対する規制の対象とする内閣府令等を盛り込んだ。
2017.4 793p A5 ¥6000 ⓘ978-4-8309-4933-3

◆保険業法の読み方─実務上の主要論点 一問一答　錦野裕宗、稲田行祐共著　保険毎日新聞社　三訂版
【要旨】保険業を取り巻く法規制は大きな変化を続けているが、契約者保護の基本は変わらない。最新の状況をふまえ、実務家向けにポイントをわかりやすく解説。全42問。
2017.2 303p A5 ¥3100 ⓘ978-4-89293-281-6

◆保険 こう選ぶのが正解！　横川由理著　実務教育出版　改訂版
【要旨】その保険、本当に必要ですか？「どんなとき」「いくら」「いつまで」保険を選ぶ基準はこの3つ。各誌保険ランキングで人気の辛口選考委員が間違いだらけの保険選びを一刀両断！　最新情報に全面改訂!!
2017.12 239p A5 ¥1400 ⓘ978-4-7889-1459-9

◆保険コンプライアンスの実務　経済法令研究会編　経済法令研究会
【要旨】保険業法改正による新たな保険ビジネス規制を理解。フィデューシャリー・デューティーの実践、顧客本位の業務運営に向けて、実効性ある募集体制整備と販売ルールに即した適切な組織運営のために、保険を巡る法規制、保険募集・引受・支払から銀行窓販、内部管理体制までを解説。
2017.7 345p A5 ¥2600 ⓘ978-4-7668-2405-6

◆保険代理店成長モデル─仕事のやり方で生産性が上がる　尾籠裕之著　績文堂出版
【要旨】営業現場の生産性を標準化。代理店の事務活動と営業活動を言語化。仮説から実証への道筋を“見える化”し、新たな営業の方向を示している。
2017.1 182p A5 ¥1700 ⓘ978-4-88116-904-9

◆保険の数学─生保・損保・年金　小暮雅一著　保険毎日新聞社　改装版
【要旨】『保険の数学』（2010年4月刊）の“改装・復刻版”がアクチュアリー試験に挑戦される皆様の声にお応えして再登場！　アクチュアリー試

験対策の必携書。

2017.10 296p A5 ¥3300 ①978-4-89293-288-5

◆「保険のプロ」が生命保険に入らないもっともな理由　後田亨著　青春出版社　（青春新書PLAY BOOKS）
【要旨】「いざという時の安心のために」「将来の備えとして」…などと考えて生命保険に入っている人ほど、損をする！だから、「保険のプロ」は普通の保険には入らない。では、どうしているのか─医療保険、がん保険、学資保険、個人年金、終身保険、収入保障保険、就業不能保険…すでに保険に入っている人も、いま検討している人も、生命保険と賢く付き合うためのシンプルな結論！

2017.9 189p 18cm ¥920 ①978-4-413-21091-1

◆保険ERM基礎講座　後藤茂之著　保険毎日新聞社
【要旨】リスクは避けるものではない。積極的にテイクして管理すべきリターンの源泉である。保険会社経営の核に位置づけられたERMの発展と現在の運用、そして将来生じるパラダイムシフトの先を見据えたERMの行く先を解説。

2017.4 258p A5 ¥2400 ①978-4-89293-282-3

◆3日でわかる "保険" 業界　2019年度版　日経HR編集部編著　日経HR　（日経就職シリーズ）
【要旨】生命保険業界・損害保険業界についての知識がなくても、短時間で業界の状況や仕事の内容を学べる！ビジュアル情報中心なので、直観的にわかる！業界の最新情報・トピックも紹介！内定者などから情報を聞き取って内容に反映。企業の面接試験の内容も掲載！

2017.9 95p A5 ¥1000 ①978-4-89112-170-9

◆D&O保険の実務　嶋寺基、澤井俊之著　商事法務
【要旨】企業法務担当者・法律実務家・保険実務担当者などD&O保険に関わるすべての人へ！D&O保険の基本構造と会社法上の役員責任を押さえ、約款解釈上のポイントや保険実務上の留意点を網羅。Q&A形式も取り入れて分かりやすく解説。これ1冊で実務が分かるD&O保険の決定版！

2017.2 266p A5 ¥4000 ①978-4-7857-2500-6

◆Excelで学ぶ生命保険─商品設計の数学　成川淳著　オーム社
【要旨】最近の日本の生命保険市場で実際に販売されている商品から約10商品を選び、加入者の関心が高い保険料や解約返戻金を中心に、それぞれの計算方法を解説。基本的な計算方法から発展的な計算方法を組み合わせた応用を含めて、Excelも用いながら具体的かつ実践的に説明している。

2017.9 287p 24×19cm ¥3800 ①978-4-274-21946-7

◆FinTechは保険業界の「何」を変えるのか？─「AI＋ビッグデータ」がもたらす金融イノベーション　藤井秀樹、松本忠雄著　東洋経済新報社
【要旨】紙の書類がなくなったとき、人々の働き方は、激変する！ペーパーレス化が進むと、商品開発や販売戦略、マーケティングにどんな影響があるのか？保険業界の未来が、この1冊でわかる！

2017.3 262p B6 ¥1500 ①978-4-492-96126-1

◆IFRS基準 "特別追補版" IFRS第17号「保険契約」（結論の根拠及び設例を含む）─2017年7月公表　IFRS財団企業会計基準委員会編、財務会計基準機構監訳　中央経済社、中央経済グループパブリッシング　発売
【目次】目的、範囲、保険契約の集約レベル、認識、測定、条件変更及び認識の中止、財政状態計算書における表示、財務業績の計算書における認識及び表示、開示、付録、審議会によるIFRS第17号「保険契約」の承認、結論の根拠、設例

2017.12 282p B5 ¥6200 ①978-4-502-24871-9

◆Q&A 生命保険・損害保険の活用と税務─平成29年7月改訂　三輪厚二著　清文社
【要旨】平成29年度税制改正対応、高度障害保険金、全損タイプの生命保険活用等、最新事例を掲載！保険税務の基礎も応用もこの1冊でつかめる！最新事例満載の全550問！

2017.7 739p A5 ¥3600 ①978-4-433-61217-7

財テク・マネープラン

◆あなたのトレード判断能力を大幅に鍛えるエリオット波動研究─基礎からトレード戦略まで網羅したエリオット波動の教科書　日本エリオット波動研究所著　パンローリング　（Modern Alchemists Series）
【要旨】エリオット波動を、いかにして、トレードに活かすべきか！「正しい基礎知識」に基づいた波動のカウント→進路想定→売買ポイントと損切りポイントの設定の手順を詳細に解説。「大きな波動の完成を待ち構える」「ダイアゴナルで転換点を探る」「3波の3波の急上昇に乗る」などトレード戦略を満載した待望の本格的テキスト。

2017.8 402p A5 ¥2800 ①978-4-7759-9152-7

◆「アルティメット富裕層」という生き方─経済的な自由を手に入れた超お金持ち達の日常生活　岡村恭資著　（大阪）風詠社、星雲社　発売
【要旨】日本には1億円以上の純金融資産を所有する "富裕層" が1000万世帯！不動産を基盤とした安定収入のある "新富裕層" の赤裸々な日常生活とは。

2017.6 214p B6 ¥1500 ①978-4-434-23252-7

◆1時間でわかるビットコイン投資入門─誰でもできる超シンプル投資法　小田玄紀著　masterpeace "NextPublishing", インプレス　発売　（グーテンブック）
【目次】第1章 ビットコインがおもしろい！、第2章 ビットコイン投資の基礎知識、第3章 ビットコイン投資・初級編 シンプル投資法、第4章 ビットコイン投資・中級編「アービトラージ」「証拠金取引」、第5章 ビットコイン投資・上級編 外貨建てのビットコインを買う、売りから入る、第6章 ビットコイン投資・実践編 取引所の選び方と買い方

2017 141p A5 ¥1200 ①978-4-8443-9770-0

◆1日1行！ 2年で350万貯めたあきのズボラ家計簿　あき著　ベストセラーズ
【要旨】ケチケチするからお金が貯まらない!?これが「家計のリバウンド」の正体！家計管理が楽しくなる魔法の家計簿。

2017.3 127p A5 ¥1250 ①978-4-584-13776-5

◆1日500円の小さな習慣─「隠れ貧乏」から「貯蓄体質」へ大変身！　横山光昭著　幻冬舎
【要旨】小さなクセをやめるだけで、お金はみるみる貯められます！1万人の赤字家計を再生したプロが語る "人生100年時代" でも絶対に困らないマネーの教科書。

2017.11 182p 18cm ¥1100 ①978-4-344-03208-8

◆一番トクする住宅ローンがわかる本　'17～'18年版　新屋真摘著　成美堂出版　（付属資料：別冊1）
【要旨】フラット35（リノベ）開始、過去最低水準の住宅ローン金利など最新の法・情勢に完全対応！

2017.8 239p A5 ¥1300 ①978-4-415-32376-3

◆一流の人に学ぶ お金の引き寄せ方　ロバート・グリスウォルド著、弓場隆訳　かんき出版
【要旨】磁石のように幸運を呼び寄せるから、一生お金に困らない。100万人を導いた、人生とお金の教科書。脳科学＋心理学でわかった、お金に愛される人の「言葉」と「考え方」。幸運を引き寄せる「成功者の言葉」で、お金・健康・仕事・人間関係・恋愛、すべてが思いどおりに。

2017.12 207p B6 ¥1400 ①978-4-7612-7304-0

◆一生役立つお金の知識─銀行・保険会社では教えてくれない　塚原哲著　日経BP社, 日経BPマーケティング　発売
【要旨】預金、年金、ローン…「ムダなお金」払っていませんか？ "お金の構造" を知れば、一気に1000万節約も！40代から考える定年後の人生設計。

2017.10 310p B6 ¥1400 ①978-4-8222-5976-1

◆いますぐできる！ だれでもカンタン！ オトナ女子のちゃっかり資産運用術　宮園泰人著　幻冬舎メディアコンサルティング, 幻冬舎　発売
【要旨】一生独身だったら、シングルマザーになったら、親の介護がはじまったら、病気で働けなくなったら─。オンナの人生、何が起こるかわからない。初期投資10万円、毎月5000円あればOK！マンション運用で "一生の安心" を

手に入れよう。

2017.7 210p B6 ¥1500 ①978-4-344-91319-6

◆イラストでわかる その節約、逆にムダです！ 手取り17万円からの貯金の教科書　横山光昭監修　宝島社
【要旨】ポイントカード、まとめ買い、バーゲンetc.「よかれ」と思って、浪費してませんか？ムダな習慣＆時間を見直してほしい！この本でムダな習慣＆時間を直せば1年で33万円貯まります。

2017.2 127p A5 ¥556 ①978-4-8002-6537-1

◆うめるだけ！ お金の悩みが消えるノート　坂下仁著　プレジデント社
【要旨】破産しかけた元銀行員がお金持ちになったヒミツとノウハウ。ワークシートに書き込むだけで、あなたにベストな選択肢がわかる！

2017.7 131p A5 ¥1200 ①978-4-8334-2238-3

◆エコノミストの父が、子どもたちにこれだけは教えておきたい大切なお金の話　永濱利廣著　ワニ・プラス、ワニブックス　発売
【要旨】父がふたりの子どもたちのために書き下ろしたお金の基本。使う・稼ぐ・貯める・借りる・増やす─これは、こういうこと。中高生のための「お金の教科書」決定版。学校で教えてくれないお金の常識。

2017.10 238p B6 ¥1300 ①978-4-8470-9589-4

◆"お金を入れるだけ" で＋50万円貯まる実録クリアファイル家計簿　いちのせかつみ監修、まきりえこ漫画　扶桑社
【要旨】書く必要なし！超ズボラでもOK！今まで家計簿に失敗した人ほど貯まる!!家計簿コミック版。

2017.10 127p A5 ¥980 ①978-4-594-07805-8

◆お金を引き寄せる法則　ジョー・ヴィターレ著, 白川貴子訳　大和書房
【要旨】思考を変えると富が入ってくる！ホームレスから大富豪になったヴィターレ博士の奇跡の法則。『ザ・シークレット』の賢人が教える豊かさのルールを初公開！

2017.8 245p B6 ¥1600 ①978-4-479-79602-2

◆お金がめぐる財布の使い方─財布の中に神棚を！ 家計簿不要！　川部紀子著　永岡書店
【要旨】財布も気持ちも整う長財布3LDK理論。半月折り返し法で家計簿から解放。がんばった自分へのご褒美は無駄遣いが9割。お金の専門家が語る本当にお金が貯まる方法。

2017.3 223p B6 ¥1200 ①978-4-522-43493-2

◆お金で得するスゴ技300　お金のスゴ技研究会著　宝島社
【要旨】儲かる！ 得する！ 安くなる！ 知らなきゃ損するお金のマル得ワザ集めました!!

2017.8 127p A4 ¥800 ①978-4-8002-7430-4

◆お金ドバーッと思考 可愛いお金持ち養成講座　宮本佳実著　WAVE出版
【要旨】「私はお金に恵まれない星のもとに生まれてきたんだ」─長い間、本気でそう思っていました。そんな著者が実践してきた「もったいない」「お金がない」から、スルリと卒業する方法。

2017.5 191p B6 ¥1500 ①978-4-86621-060-5

◆お金に愛される人は、美しい財布を使っている　八島依子著　クロスメディア・パブリッシング, インプレス　発売
【要旨】お金の使い方は、お財布に現れている。豊かな生活はお財布を変えることから始まる。キャビンアテンダントから税理士に転身、500以上の財布を見てきたからわかる、お金を引きよせる人32のルール。

2017.3 223p B6 ¥1380 ①978-4-295-40070-7

◆お金に困らない人生を送るためのマネープラン入門　竹川美奈子著　ピースオブケイク、泰文堂　発売　（スマート新書）
【要旨】経済成長が止まった時代に生きる私たち。親世代と同じような生活をしていたら、老後のお金が不足してしまうのは明らかです。では、どうしたらいいのでしょうか？ 貯金、投資、保険、結婚、子どもへの教育、家、車、老後資金…人生にまつわるお金についての疑問を、ファイナンシャル・ジャーナリストが解説します。

2017.12 94p 15×9cm ¥500 ①978-4-8030-1138-8

◆お金にモテる独身女子50のルール　和田勉著　幻冬舎メディアコンサルティング, 幻冬舎　発売

経済・産業・労働

【要旨】何もガマンしなくても、みるみる貯まるお金に驚く！ "好かれる" 女子が実践しているルール。
2017.1 261p 18cm ¥800 ①978-4-344-91087-4

◆「お金」のイメチェン—ネガティブでも遠慮なくお金を手に入れる創造の法則　MACO著
マガジンハウス
【要旨】「お金がない…！」が口グセで、そう信じ込んでいる人へ。自らの人生を思いのまま好転させた引き寄せメンタルコーチ・MACOが伝授！脳のクセを書き換えて、お金が自動的にやってくる思考と習慣。
2017.6 206p B6 ¥1400 ①978-4-8387-2932-6

◆お金のウソ—親の常識は、これからの非常識！貯金はするな！保健も入るな！　中野晴啓著　ダイヤモンド社
【要旨】本当に良い「たった1本の投資信託」を積み立てするだけで、お金が増える！貯金から卒業して3000万円つくる方法。今から買ってもいい投資信託8本も紹介!!
2017.7 202p B6 ¥1500 ①978-4-478-06920-2

◆お金の常識を知らないまま社会人になってしまった人へ　大江英樹著　PHP研究所
【要旨】「ふやす」「そなえる」「つかう」…誰も教えてくれない20のお金のルール。貯金・投資・保険・年金…、将来の不安がなくなる一生モノのお金の授業。
2017.9 253p B6 ¥1400 ①978-4-569-83683-6

◆「おカネの天才」の育て方—一生おカネに困らないために、親が子供に伝えるべき「おカネの話」　ベス・コブリナー著、関美和訳　日経BP社、日経BPマーケティング　発売
【要旨】この本は、親が子供に教えるべきおカネの話だ。あなたの子供が3歳でも23歳でもかまわない。子供の年齢層を6つに分けて、各章で教えるべきことを書いている。おカネの基本知識はもちろん、おカネにまつわるさまざまなトピックを「ここだけの話」を交えて、今知っておきたいお金の「お金の教育」。オバマ政権の金融教育諮問委員で個人のおカネの専門家が直伝。ニューヨーク・タイムズ紙ベストセラー！「人生が知らない『お金の教育』。
2018.1 383p B6 ¥1600 ①978-4-8222-5549-7

◆お金の不安がなくなる50歳からの「満足」生活　菅井敏之著　三笠書房
【要旨】うまくいく人は50歳から人生をどう軌道修正しているか。お金の管理法・稼ぎ方、人間関係、心の持ち方、行動の仕方、人生計画…。迷ったとき、困った状況のとき一発揺をひっくり返して、より豊かに満たされて生きるコツ98。
2017.3 238p B6 ¥1300 ①978-4-8379-2651-1

◆お金の法則—「貯まらない」「殖やせない」にはワケがある　千田琢哉著　廣済堂出版
【要旨】「お金より大切なものがある人」が、お金に稼げる！「お金がない」から解放される50の法則。
2017.4 219p B6 ¥1300 ①978-4-331-52099-4

◆お金は寝かせて増やしなさい　水瀬ケニイチ著　ダイヤモンド社
【要旨】インデックス投資の入り口から出口戦略まで一挙解説！金融のど素人でもプロと互角以上に戦える。お金が勝手に増えていくしくみのつくりかた。インデックス投資歴15年間の実践記を初公開！
2017.12 268p B6 ¥1500 ①978-4-89451-783-7

◆臆病な金融ド素人がお金を増やそうと思ったら　加谷珪一著　WAVE出版
【要旨】リスクは怖い。でも、着実に稼ぎたい。これからの時代、銀行預金だけでは損をする！「生活を守る」ための投資入門。
2017.12 189p B6 ¥1500 ①978-4-86621-091-9

◆おトクな制度をやってみた　藤原久敏著　彩図社
【要旨】ふるさと納税、金利キャンペーン、株主優待、確定拠出年金、NISA。税金がかからない、特別サービスを受けられる、などと言われているけれど…。実際のところはどうなのか？
2017.8 206p B6 ¥1400 ①978-4-8013-0243-3

◆おひとり様でも、一生お金に困らない本　荻原博子著　PHP研究所
【要旨】「未来の自分」の幸せのために「今の自分」にできること。「おひとり女子」×「老後のお金」心配ご無用！この本で、あなたにピッタリの答えが見つかります！
2017.3 189p 18cm ¥1000 ①978-4-569-83486-3

◆親子で考えるはじめての民事信託—新しい相続・資産引き継ぎ対策20事例　石川和司、坂野弘樹著　ダイヤモンド社
【要旨】子どもにサイフを預けて管理させる「親子信託」、節税のメリットが高い「プライベートカンパニー信託」、賃貸経営がスムーズになる「代表信託」、お金の管理をパートナーに託す「おまかせ信託」、後継者を一人前に育てる「モラトリアム信託」…「倒産隔離機能」「受益者連続」など信託だからできる事例が満載！信託活用のための財産と家族の状況チェックシート付。
2017.7 213p B6 ¥1500 ①978-4-478-10056-1

◆カイジ「命より重い！」お金の話　木暮太一著　サンマーク出版
【要旨】シリーズ2000万部を突破した大人気漫画『カイジ』を、経済ジャーナリストの著者が「お金の教科書」として解き明かします。著者は、私たちに足りないのはお金を「使う知識」と「守る知識」だと言います。「お金がない」原因は、収入や貯金額の低さだけではなかった。本書では、つい陥ってしまう思考のクセから知らぬ間にお金を奪う昔の仕組みまで、今知っておきたいお金の本性を学べます。お金の悩みがある方も、ない人も、必見です。
2017.5 202p A6 ¥700 ①978-4-7631-6086-7

◆「華僑」だけが知っている　お金と運に好かれる人、一生好かれない人　大城太著　宝島社
【要旨】華僑が世界で成功している理由は、敵さえ味方につけるコミュニケーションのうまさにあった！華僑から学んだ、人間関係で損しない成功法則！
2017.6 222p B6 ¥1300 ①978-4-8002-7141-9

◆家計の金融行動に関する世論調査　平成29年 2017年　日本リサーチセンター編　知るぽると金融広報中央委員会、ときわ総合サービス　発売
【目次】二人以上世帯調査（調査要綱、調査結果の概要、BOX1 平均値と中央値、BOX2 今回調査の標本属性、調査結果 "調査票（単純集計データ）"）、統計表（各種分類別データ、設問間クロス集計、時系列表）
2017 340p A4 ¥1657 ①1882-8256

◆家計簿、やりくり帳、支出表…アイデアが満載！貯金＆節約がもっとカンタンになるみんなの家計ノート　家計ノート研究会編　KADOKAWA
【要旨】絵やマステで盛って、読み返すのも楽しみなノート。手書きすることで節約、貯金の習慣がつくノート。急を併用して現金を管理、実用的なノート。面倒くさがりでも、必ず続けられるノート。憂鬱なお金の管理も、オリジナルの家計ノートで楽しく続けられる！達人21人のお金にまつわるノート術。
2017.2 127p A5 ¥1200 ①978-4-04-069131-2

◆「賢くお金を使う人」がやっていること　大江英樹著　三笠書房（王様文庫）（『その損の9割は避けられる』加筆・改題書）
【要旨】「お金」と「心理」のふしぎがわかる本。一万円札を一度street、あっという間になくなってしまう、レジ前にあるガムなどに、つい手が伸びる…こんな感覚はありませんか？お金と心の関係を知って、自分のお金をもっと大事に楽しく活かしましょう。
2017.10 206p A6 ¥650 ①978-4-8379-6836-8

◆金持ちのヤバい資産形成術　大村大次郎著　中央公論新社（中公新書ラクレ）
【要旨】悪用禁止！タックスヘイブンだけじゃない。なぜ「金（ゴールド）」は買うのか？なぜ高層階を買うのか？租税回避商品とは？相続の裏技とは？プライベート・カンパニーとは何か？税務署も気づいていない裏技のカラクリ。累計50万部突破、元国税調査官の裏情報シリーズ。
2017.2 202p 18cm ¥740 ①978-4-12-150573-6

◆「神様貯金」—いいことが次々やってくる！　真印著　三笠書房（王様文庫）
【要旨】"奇跡を起こす力" は、あなたの中に！絶対に幸せをつかむためのこの世で最もシンプルな法則。1300年続く、四国の「スピリチュアル・ガイド」からのメッセージ！
2017.8 242p A6 ¥650 ①978-4-8379-6831-3

◆カンサイ式節約術　関西節約術評議会編　KADOKAWA
【要旨】値切りのさまざまな話術、日用品の意外な使い方、廃品の再利用の数々…。「ギャグかと思ったらホンマにやっとる！」というカンサイ

◆のおばちゃんたちから聞いた生活のアイディアがギッシリ詰まった一冊！
2017.2 143p A5 ¥1200 ①978-4-04-069001-8

◆給料が上がらなくても、お金が確実に増える方法を教えてもらいました。　江上治著　あさ出版
【要旨】「お金を増やす方程式」とは？「先取り貯蓄法」と「資産三分法」って？なぜクレジットカードを使ってはいけない？「プライベート保険」は間違い？「NISA」ってぶっちゃけ、何がいいの？「確定拠出年金」の魅力って何？コレさえ知っておけば、誰でもお金が増やせる！
2017.4 259p B6 ¥1300 ①978-4-86063-967-9

◆9割の日本人が知らないお金をふやす8つの習慣—外資系金融マンが教える本当のお金の知識　生形大著　ダイヤモンド社
【要旨】家の買い方ひとつで5000万円もの差が！学校でも、会社でも、銀行でも教えてくれなかった、お金に働いてもらうための方法があった。
2017.3 230p B6 ¥1500 ①978-4-478-10212-1

◆今日からお金が貯まる脳トレ—脳のクセを変えるだけ　加藤俊徳著　主婦の友社
【目次】第1章 あなたもきっと思い当たるムダづかいあるある15（「おトク」の売り文句に誘われて、つい「人気ナンバーワン」を買ってしまうほか）、第2章 脳の弱い部分をモレなく鍛えるビンボー脳番地強化トレーニング（弱い＝ビンボー脳番地ほか、お金がボロボロもれていく、思考系脳番地が弱い人のムダづかいのクセ ほか）、第3章 1分間で脳全体がいきいき動き出す1日1トレ（気づいたときに深呼吸！、睡眠は1日7時間とるほか）、第4章 衝動買いしそうになったときの"その場アクション"10（衝動買いをストップさせる、3分歩いて頭を冷やす ほか）
2017.3 173p B6 ¥1300 ①978-4-07-418768-3

◆京都かけだし信金マンの事件簿—読むだけでお金の増やし方が身につく　菅井敏之、お金総合研究所著　アスコム
【要旨】長年の取引先を次々と失う洛中信用金庫。メガバンクの巧妙な罠にはまり、貸し剥がしにあう老舗商店…。人々の夢と希望と「お金」を奪うメガバンクの策謀がうずまく京都の町をかけだし信金マン・和久井健太が駆け巡る！読むだけでお金の増やし方が身につく一発逆転の痛快マネー小説！
2017.5 330p B6 ¥1500 ①978-4-7762-0935-5

◆京都のおばあちゃんに学んだお金の神さんに好かれる5つの知恵　熊谷和海著　サンマーク出版
【要旨】年収220万円から資産5億円になった京女のお金の習慣。
2017.11 239p B6 ¥1300 ①978-4-7631-3661-9

◆金融商品の仕組みと税金　平成29年度版—かしこい投資家のための　税務研究会研修情報センター
【要旨】序章 平成29年の金融・証券税制の概要、第1章 株式にかかる税金、第2章 公社債・金融類似商品にかかる税金、第3章 投資信託にかかる税金、第4章 外国証券にかかる税金、第5章その他の証券税制、第6章 法人の証券投資と税金、付録
2017 75p A4 ¥600

◆暮らしとおかね　Vol.2　『暮らしとおかね』編集部編　ビジネス教育出版社
【目次】特集1 究極ズボラ式つみたてNISA活用術（つみたてNISAの魅力と使い方を考える、これが「つみたてNISA」の対象商品だ！ ほか）、特集2 金融機関デビットカードおすすめ10選（デビットカードを一度使ったら「ブランドデビット」の時代へ！、「ファミデビ」ならTポイントがザクザク貯まる!! ほか）、特集3 目からウロコ！やりくり上手の節約家電生活（節電効果も大きいエコ家電をペナルティヒデさんのナビでチェックしよう、家電製品をエコ視点でセレクトしよう ほか）、金融最前線、金融漫画、資産形成、健康・介護、不動産、料理
2017.12 87p 28×21cm ¥880 ①978-4-8283-0684-1

◆ケチケチしないで1500万円貯金しました—三十路OLのゆるゆる節約ライフ 3　ハイシマカオリ著、横山光昭監修　宝島社
【要旨】旅行に美容、ときどきフレンチ。プチ贅沢があるから続けられる！ケチケチしないからこそ貯まる！がんばらなくても貯まる生活。
2017.4 127p A5 ¥925 ①978-4-8002-6293-6

◆月給13万円でも1000万円貯まる節約生活　小松美和著　アスコム

【要旨】収入が少なくても豊かに生きよう！ 4人の子持ちのシングルマザーが節約生活で夢を叶えた実話を初公開!!楽しくお金が貯まる「節約生活」のススメ！
2017.5 207p B6 ¥1300 ①978-4-7762-0948-5

◆工務店が教えるお得な家のつくり方―低コスト・強靭・コンパクト住宅が戸建物件のキモ 山本章三著 パンローリング
【要旨】これから家を建てるなら、将来賃貸価値住宅。地震に強く、賃貸可能なマイホームの極意。質の良い低コスト住宅の実現。目標は3棟の戸建オーナー。地震に強いパネル工法。需要が見込める戸建ての間取りと建てる場所…700万円からのマイホーム＆賃貸経営生活。
2017.5 222p B6 ¥1400 ①978-4-7759-9150-3

◆50歳からの「お金の不安」がなくなる生き方 横山光昭著 大和書房 （だいわ文庫）
【要旨】これまで1万件以上の赤字家計を立て直してきたプロが教える、「お金への意識を変える（ダウンサイジング）」方法を紹介！ 50代が最大の「貯め期」。収入の3割を貯金する、価格ではなく「使用料」で見ていくクセをつける、「下ろしていい貯金」と「下ろさない貯金」を分ける、今の我慢は「将来へのプレゼント」と考える、支出も貯蓄も月単位ではなく「年単位」で見る―これからの時代、給料を上げるより100倍ラクな方法はこれだ！
2017.8 202p A6 ¥650 ①978-4-479-30661-0

◆55歳からはじめる長い人生後半戦のお金の習慣 深野康彦著 明日香出版社 （アスカビジネス）
【要旨】まだ間に合う！ 退職後の準備。今日からできる！ 減らさない工夫。やらなきゃ損！ お得なしくみづくり―これから、を楽しむために。
2017.6 234p B6 ¥1400 ①978-4-7569-1907-6

◆個人型確定拠出年金iDeCoで選ぶべきこの7本！―50歳でも30歳でも3000万円つくれる35の法則 中野晴啓著 ビジネス社
【要旨】「60歳までに3000万円必要」は大いなる間違いである！ 平均年利3%以上、世界分散投資が心安らかにお金を増やし続けられる理由。
2017.5 205p B6 ¥1400 ①978-4-8284-1952-7

◆5000円ではじめる仮想通貨投資入門―ビットコイン、イーサリアム、リップル、ネムの買い方・売り方・育て方 上野義治著 インプレス
【要旨】無理のない投資でミドルリスク・ハイリターンを提案します！
2017.9 174p B6 ¥1500 ①978-4-295-00232-1

◆子どものお金IQ 伸ばすのはどっち？ 大城太著 日本能率協会マネジメントセンター
【要旨】お小遣いは毎月決まった金額をあげるべき？ あげるべきではない？ 華僑式・中国の「お金持ち教育」に学ぶお金に困らない子の育て方。
2017.12 195p B6 ¥1400 ①978-4-8207-1982-3

◆5年後、金持ちになる人 貧乏になる人―ラクラク「稼ぐ力」を手に入れる方法 田口智隆著 廣済堂出版 （廣済堂新書） （「10年後、金持ちになる人 貧乏になる人」修正・改題書）
【要旨】500円でランチ。何を選ぶ？ ファストフードで、ハンバーガーとポテトのセット。オーガニックの、野菜サンドとコーヒー。毎朝の通勤電車、ゲームのアプリを買うか、英単語のアプリを買うか―。同じ大学、同じ年齢、同じくらいの外見。ほとんど同じようなスペックの2人の人間でも、毎日お金を「どのように」使うか、そのちょっとの差で5年後の年収が大きく左右される！
2017.5 199p 18cm ¥850 ①978-4-331-52095-6

◆コミックでわかる年収250万円からの貯金術 横山光昭原作、桜こずえ漫画 KADOKAWA
【要旨】家賃、保険、ローン、老後資金…お金の不安がなくなる方法、教えます！ 今度こそ絶対貯める！ そんな夢をコミックでわかりやすく解説。
2017.1 173p B6 ¥1100 ①978-4-04-601670-6

◆コワいほどお金が集まる心理学 神岡真司著 青春出版社 （青春新書PLAYBOOKS）
【要旨】お金持ちが無意識に実践している「心の習慣」とは―。
2017.4 187p 18cm ¥1000 ①978-4-413-21083-6

◆最強のお金運用術―富裕層だけが知っている1%の金利の魔法 加谷珪一著 SBクリエイティブ

【要旨】毎年100万円、30年の投資で老後1億円は実現できる！ 富裕層研究の著者が明かす！ 投資も資産形成にも一生使える！ 複利効果を最大に活かす非プロがとるべき最強戦略。
2017.3 226p B6 ¥1400 ①978-4-7973-8542-7

◆最新版 絶対後悔しない住宅ローンの借り方・返し方 正田裕之監修 河出書房新社
【要旨】知っている人ほど得をする！ 元銀行員が教える住宅ローン解説書の決定版！
2017.11 189p A5 ¥1400 ①978-4-309-27899-5

◆35歳・年収300万円でも結婚して子どもを育てて老後を不自由なく過ごす方法を聞いてみた 井戸美枝著 総合法令出版
【要旨】お金の不安をまとめて解決！ 収入が少なくて結婚に踏み切れない…。子どもが欲しいけど、ちゃんと育てられるだろうか…。もし病気になったらいくら必要なのか…。お金を増やしたいけど貯金って危険では…。「老後に5000万円必要」って絶対無理…など。まずは自分とお金とのつき合い方を明確化しよう。自動家計簿・資産管理サービス「マネーフォワード」の使い方ガイドも掲載。ゲーム感覚で簡単に家計簿がつけられる！
2017.12 254p B6 ¥1300 ①978-4-86280-587-4

◆33歳で資産3億つくった僕が43歳であえて貯金ゼロにした理由―使うほど集まってくるお金の法則 午堂登紀雄著 日本経済新聞出版社
【要旨】稼ぐ→使う→能力が向上する→もっと稼げる→更に投資する時代！
2017.4 233p B6 ¥1300 ①978-4-532-32027-0

◆32歳までに知らないとヤバイお金の話 岡崎充輝著 彩図社 （彩図社文庫）
【要旨】保険、税金、ローン、年金、資産運用、相続…世間では「一人前」と呼ばれる年齢の大人として…そろそろ知っておかないとまずくないですか？
2017.3 255p A6 ¥648 ①978-4-8013-0206-8

◆3000円投資生活で本当に人生を変える！ 横山光昭著 アスコム
【要旨】お金を貯めた人の家計簿＆投資術を大公開！
2017.7 75p A5 ¥800 ①978-4-7762-0947-8

◆幸せな経済自由人の金銭哲学―マネー編 本田健著 ゴマブックス
【要旨】お金持ちへの扉を開けよう！ お金持ちになるために必要な知識を丁寧に解説。あなたの人生を変える一冊！
2017.8 167p B6 ¥1200 ①978-4-8149-1349-7

◆資産運用の高度化に向けて―インベストメント・チェーンを通じた経済成長 神作裕之、小野傑、今泉宣親編 金融財政事情研究会、きんざい 発売
【要旨】「金融行政方針」最重点施策の背景と展望。機関投資家、法律家、行政官がそれぞれの立場から、金融資産の有効活用を通じたわが国のあるべき経済成長を説く、資産運用の担い手たちのフィデューシャリー・デューティー実現への道筋を考えるための理論と実務。東京大学大学院の人気「白熱講義」を書籍化！
2017.3 426p B6 ¥1500 ①978-4-322-13040-9

◆資産を作る！ 資産を防衛する！ 本郷孔洋著 東峰書房 （本文：日英両文）
【目次】第1章 体験から導き出したファイナンス力を含み出す経営の条件！（両利きの経営―経営とファイナンス力、刷り込み―人間は賢くない動物、ファイナンス力を高める前に〈ほか〉、第2章 鳥の眼・虫の眼・魚の眼 その1私の鳥の眼マクロの眼（シムズ理論―最後はインフレ、トマ・ピケティ理論―資本収益率（r）は経済成長率（g）よりも常に大きい〈ほか〉、第3章 鳥の眼・虫の眼・魚の眼 その2私の虫の眼 実践の眼（一通貨二金利―同じ通貨でも国によって金利が違う、短期の延長が長期！―長期の中の短期ではない〈ほか〉、第4章 鳥の眼・虫の眼・魚の眼 その3私の魚の眼 流れを読む眼（第2のリーマンショックが来るか？―銀行から政府へ、不動産投資―同床異夢？）
2017.8 219p B6 ¥1500 ①978-4-88592-188-9

◆知っていなければ助からない不動産投資の落とし穴 牛島浩二著 現代書林
【要旨】貴方は業者のウソ、ちゃんと見抜けていますか？ 不動産取引を始める前にこれだけは知っておいてほしい業界のカラクリ。
2017.6 190p B6 ¥1300 ①978-4-7745-1602-8

◆住宅ローンが払えなくなったら読む本 矢田倫基著、矢田明日香監修 幻冬舎メディアコンサルティング、幻冬舎 発売
【目次】第1章 リストラ、離婚、介護…。不測の事態で重い足枷になる住宅ローン（住まいの購入は人生を賭けたギャンブルと化している、空前の低金利に住宅購入者急増！ 住宅ローンは賢い選択か？ ほか）、第2章 金融機関から督促状が…。マイホームの「差押え」「競売」は、人生を台無しにする最悪の結末（住宅ローンが払えなくなるとどうなってしまうのか？、分割返済が認められなくなる「期限の利益喪失」とは？ ほか）、第3章 マイホームに住み続けることもできる！ 残ったローンを激減させる「任意売却」とは？（CASE1 経営者の夫が突然の病に！ 裕福な家庭を襲った悲劇のCASE2 離婚を機に返済不能に陥った竹屋さん ほか）、第4章 任意売却後、無理なく再スタートが切れる！「自己破産」を賢く利用せよ（任意売却後に残った債務はどうするのか？、無理のない額とはいえ、永遠に返済することになるのか？ ほか）、第5章 弁護士、不動産会社の言いなりになってはいけない―住宅ローン問題の解決に「専門家」をうまく使う秘訣（住宅ローンの支払いに困ったらどこに相談すべきか？、住宅ローン問題で弁護士に相談する場合の注意点 ほか）
2017.2 218p 18cm ¥800 ①978-4-344-91176-5

◆住宅ローン借り換えマジック 淡河範明著 ダイヤモンド社
【要旨】元メガバンク行員で成功報酬制のローンコンサルタントが、手の内をすべて明かします！ 銀行ごとの特徴、ワナ、攻略法！ 本書では、最短でカンタンな借り換えのノウハウを教え、あなたの健全な家計、黒字老後の手助けをします！
2017.9 175p A5 ¥1400 ①978-4-478-10287-9

◆住宅ローン 借り方・返し方 得なのはどっち？ 平井美穂著 河出書房新社
【要旨】空前の低金利、通りやすい審査でいま、マイホームでの実現の絶好機。でも、このポイントを外すと人生暗転の返済難民に!!予算の判断・金融機関選び・借入れ方法・返済プラン…リスクを回避し、有利なローンを組む最良のチョイスが、ひと目でわかる！
2017.2 202p B6 ¥1400 ①978-4-309-27808-7

◆住宅ローン相談ハンドブック 2017-2018年度版 山下和之著 近代セールス社
【要旨】住宅ローンの仕組みもお客さまへのアドバイスもこの1冊で安心！ 住宅購入に関する基礎知識から最新情報まで。
2017.6 215p A5 ¥1700 ①978-4-7650-2078-7

◆住宅ローンはこうして借りなさい 深田晶恵著 ダイヤモンド社 改訂6版
【要旨】銀行も不動産会社も教えてくれない！ 正しいローンの選び方。
2017.1 212p A5 ¥1400 ①978-4-478-10139-1

◆10万円からできる！ お金の守り方教えます 香川健介著 二見書房
【要旨】やっぱり日本経済は沈没するってホント？ 元キャリア官僚の投資家が教える財政破綻とハイパーインフレに備える資産防衛術。
2017.4 278p B6 ¥1400 ①978-4-576-17044-2

◆人生にお金はいくら必要か―超シンプルな人生設計の基本公式 山崎元、岩城みずほ著 東洋経済新報社
【要旨】人生100年時代のお金の教科書。一人ひとりの必要貯蓄額がわかる、画期的な計算式で大反響！
2017.6 193p B6 ¥1300 ①978-4-492-73341-7

◆人生100年時代のお金の不安がなくなる話 竹中平蔵、出口治明著 SBクリエイティブ （SB新書）
【要旨】AIで雇用がなくなるのか。将来、年金はもらえるのか。これから日本はどうなるのか―。私たちがなんとなく抱えている将来の不安について、日本屈指のブレーンである竹中平蔵氏と、ビジネス界きっての教養人・出口治明氏が徹底討論。歴史、経済、世界情勢まで及ぶ話に、なんとなく感じていた「不安」が、一気になくなります！
2017.9 223p 18cm ¥800 ①978-4-7973-9059-9

◆シンプルにお金を貯める・増やす・使う。 新屋真摘著 クロスメディア・パブリッシング、インプレス 発売
【要旨】貯金、NISA、iDeCo、投資。めんどうくさがりでもできる28の方法。
2017.6 191p 19cm ¥980 ①978-4-295-40087-5

◆図解 がんばらなくてもお金が貯まる！ 生活習慣　横山光昭著　PHP研究所
【要旨】年収は多くない、資産運用のことはよくわからない、あくせく努力するのが苦手…。そんなあなたのための「貯金が増えるコツ」お教えします！
2017.7 95p B5 ¥780 ①978-4-569-83642-3

◆図解まるわかり お金の基本—いちばん詳しくて、わかりやすい　丸田潔監修　新星出版社 改訂版
【要旨】絶対に後悔しない！ 正しいお金の貯め方・使い方。
2017.7 199p A5 ¥1000 ①978-4-405-10297-2

◆図解わかる住宅ローン 2017-2018年版　浅井秀一著　新星出版社
【要旨】本書だけがお伝えする、「目からウロコ」の内容が満載！ 注目したい「長期の固定金利型ローン」を徹底比較！「夫婦で取得する場合」や、「自己資金10％未満」の資金計画、「フラット35VS10年固定」なども数字で検証！「8大疾病保障付き団信」などの落とし穴と、注目商品は「フラット35」の最新の改正内容を網羅！
2017.6 222p A5 ¥1500 ①978-4-405-10293-4

◆"好き"がお金に変わる33の方法　田口智隆著　きこ書房
【要旨】「好き」で始めて「欲」を張らず「愛情」をそそげば安定収入。月収5万円プラスをめざす「幸せな副業」。
2017.4 197p B6 ¥1400 ①978-4-478-10118-6

◆ストレスゼロの絶対貯金—どんどん使ってもみるみる貯まる　佐々木裕平著　青月社
【要旨】節約しない、お金を使い切る。それでもお金が貯まる、人生が変わる。お金の呪縛からあなたを解放する、たった1つのシンプルな仕組み。
2017.1 182p B6 ¥1300 ①978-4-8109-1311-8

◆ずぼら主婦でもお金が貯まる！ hana式袋分けファイル家計簿　hana著　カンゼン
【要旨】現金を袋分けするだけで貯まる。人気サイト「ずぼら節約主婦.com」待望の書籍化。わが家の家計簿を宝地図に変える、魔法のテクニックを教える。
2017.11 159p A5 ¥1280 ①978-4-86255-429-1

◆ズボラでも「投資」って、できますか？—元メガバンカーが教えるお金を守り、増やす超カンタンな方法　高橋忠寛著　大和書房
【要旨】リスクは超コワイ！ でも、銀行だけっていうのもなんか不安！ という人へ。保険、不動産、確定拠出年金…。お金のことを、ほとんど何も、知らない人でも、この本を読むだけで「金融リテラシー」が急上昇することができる。たった今、そしてずっと先の「お金」の不安が消える本！
2017.7 261p B6 ¥1400 ①978-4-479-79598-8

◆ずぼらな人でも絶対に損しない 手取り17万円からはじめる資産運用　横山光昭監修　宝島社
【要旨】1万人の赤字家計を救った！ 毎月、たった1万円で将来の不安は解消できる！ 将来に備えてはじめなきゃと思っていても、投資は損をしそうで手を出すのは正直怖い。そんな人に読んでもらいたい投資入門書です。
2018.1 126p B5 ¥800 ①978-4-8002-7896-8

◆ズボラな人でも毎日500円玉が貯まるすごい方法　市居愛著　サンマーク出版
【要旨】これが最強の貯金法！ お金が貯まらない大きな理由は、「貯める」ことそのものに、おもしろみやゲーム性がないからです。「貯める」よりも「つかう」ことのほうが楽しいから、コツコツ貯めても、一瞬で、消えてしまう。であれば、「つかう」よりも「貯める」のほうが楽しくなる方法を考えればいいんです。「500円玉貯金」。あなたも過去に一度や二度はためしたことがあるかもしれません。でも、どうすればほんとうに貯まるか、どうすれば挫折しないか、をだれかに教わったことはありませんよね。本書では、それをあなたに伝授していきます。
2017.2 192p B6 ¥1400 ①978-4-7631-3611-4

◆世界一笑えてわかりやすいお金の増やし方—元お笑い芸人ファイナンシャルプランナーが教える！　篠原充浩著　イースト・プレス
【要旨】個人型確定拠出年金「iDeCo」や資産運用など、お金の増やし方を元お笑い芸人FPがおもしろく・詳しく解説！
2017.3 221p B6 ¥1380 ①978-4-7816-1514-1

◆世界第3位のヘッジファンドマネージャーに日本の庶民ができるお金の増やし方を訊いてみた。　塚口直史著　朝日新聞出版
【要旨】累計運用総額数百億円！ 世界の第一線で20年以上活躍し続ける現役ファンドマネージャーが教えるリスクを味方にする超具体的な資産運用法。
2017.10 173p B6 ¥1300 ①978-4-02-331546-4

◆世界のお金持ちが20代からやってきた お金を生む法則　加谷珪一著　ダイヤモンド社
【要旨】お金持ちの子供にだけ伝わる「習慣」を教えます。人の操り方、友人の選び方、時間の使い方、商売のタネ、お金の使い方…億万長者を徹底的に研究してわかった「お金の真実」とは？
2017.5 222p B6 ¥1500 ①978-4-478-10117-9

◆「節約ゼロ」で毎月3万円貯まる！ 貯金ドリル　角田和将著　総合法令出版
【要旨】お金を味方につける、「新聞」より大切な「紙」とは？ 衝動買いを減らすお財布の使いかた、お金が貯まる買い物のしかた…ほか、「円安ドル高」「日経平均」など、貯金に役立つお金の話もわかりやすく解説！
2017.2 252p 19cm ¥1100 ①978-4-86280-538-6

◆節約の9割は逆効果—貯蓄体質になるお金の習慣とコツ　横山光昭著　朝日新聞出版
【要旨】「支出を減らし、家計をやりくりしているのに、お金が全然貯まらない…」その理由は、「節約の勘違い」にあります。今日から実行できる"本当に効果的な節約法"を教えます！
2017.1 215p B6 ¥1200 ①978-4-02-251446-2

◆0円で生きる—小さくても豊かな経済の作り方　鶴見済著　新潮社
【要旨】「不要品放出サイト」で貰う。旅先では宿泊と移動手段をシェアする。お店の売れ残りを拾う。無料の公共サービスをどんどん利用する。元手なしでちょっと稼ぐetc. お金のかからない生活を実践する著者が教える新しい「幸福の形」。
2017.12 220p B6 ¥1300 ①978-4-10-332462-1

◆1000円からはじめる！ お金の増やし方　大江英樹著　宝島社
【要旨】ほったらかしでもお金は増える！ 難しいことは一切なし！ 日本一やさしい投資信託の教科書。
2017.5 127p A5 ¥700 ①978-4-8002-6937-9

◆1000円投資習慣—めんどくさいことはわからなくても、ほったらかしでも、お金はたまる　内藤忍著　SBクリエイティブ
【要旨】ランチ1回分の投資でお金の不安がなくなる！ 貯金ゼロから100万円！ 40代から教育資金と老後資金の2000万円が余裕でたまる。50代でも定年までに1000万円超え！ 今一番のお金の増やし方。
2017.8 223p B6 ¥1200 ①978-4-7973-8070-5

◆相続・事業承継・認知症対策のためのいちばんわかりやすい家族信託のはなし　川嵜一夫著, 蟹江乾道税務監修　日本法令
【要旨】家族信託を知ればあなたや家族の相続・事業承継が変わります！ 遺言や成年後見では実現できなかった知らないと後悔する新しい財産の渡し方・残し方。
2017.12 200p A5 ¥1600 ①978-4-539-72545-0

◆大富豪が教える「お金に好かれる5つの法則」　斎藤一人著　サンマーク出版（サンマーク文庫）（『お金の真理』加筆・修正・改題書）
【要旨】どうしたらお金に好かれて、幸せなお金持ちになれるのでしょうか？ それにはまず、お金を理解すること。本書は、お金を手に入れるノウハウではなく、お金の性質や本質、そして自分の心のあり方を伝える、一人さん流「お金の哲学書」。難しいことは一切なし、誰でもできる、今すぐできる、そして必ず役に立つ！「頭に書くよりまずお金のことをよく知っていたからこそ、累計納税額日本一の大金持ちになれた」と語る著者が初めて「お金」だけをテーマに書いたベストセラー、待望の文庫化！
2017.12 169p A6 ¥700 ①978-4-7631-6095-9

◆太陽光発電で、誰でも資産家になれる！—一生困らないお金の増やし方　久保龍太郎著　ビオ・マガジン
【要旨】元手は必要なし。年収400万円で始める、超ローリスク＆ハイリターン投資で簡単・安全・確実に資産を増やす方法。
2017.6 213p B6 ¥1200 ①978-4-86588-017-5

◆達人が教える！ ハナコの資産運用術—将来の不安がみるみる晴れるお金の増やし方　松井信夫著　現代書林
【要旨】銀行員も知らない意外なお金の増やし方。ビギナー女子も安心！ 目からウロコの日本一よくわかるお金のホントの話。
2017.12 215p B6 ¥1300 ①978-4-7745-1670-7

◆たった4日間で潜在意識を変え、お金を増やす本　斎藤芳乃著　PHP研究所
【要旨】お金がないのは、100％あなたのせいではありません。お金は単なる紙である。大切なのは、受け取り方と使い方。
2017.9 191p B6 ¥1300 ①978-4-569-83851-9

◆脱老後難民—「英国流」資産形成アイデアに学ぶ　野尻哲史著　日本経済新聞出版社
【要旨】NISA、iDeCo…非課税投資制度の活用法は英国にある！ 制度改革の先進事例から学ぶ「お金との向き合い方」の知恵。
2017.9 293p B6 ¥1600 ①978-4-532-35743-6

◆誰にも頼れない女(ひと)のお金の守り方　小山智子著　秀和システム
【要旨】夫の借金問題、離婚、お金の知識ゼロ…etc. 絶望的な状況から、自立を勝ち得た著者が送る、現代女性がひとりでやっていくためのノウハウのすべて。知識ゼロから学ぶ、絶対に「損」をしない40の智恵。
2017.7 214p B6 ¥1300 ①978-4-7980-5124-6

◆チャールズ・エリスのインデックス投資入門　チャールズ・エリス著, 鹿毛雄二, 鹿毛房子訳　日本経済新聞出版社
【要旨】個別株を探すより安全・低コスト！ カリスマによる入門書の決定版。つみたてNISA、iDeCo 時代の長期投資手法。
2017.12 205p B6 ¥1400 ①978-4-532-35762-7

◆貯金ゼロ・知識ゼロ・忍耐力ゼロからのとってもやさしいお金のふやし方　竹川美奈子著　朝日新聞出版
【要旨】お金が貯まる「しくみ」と投資信託だけでらくらく資産づくり。改定版iDeCo（個人型確定拠出年金）、2018年新設のつみたてNISAに完全対応。
2017.11 194p B6 ¥1400 ①978-4-02-331625-6

◆貯金0でも「お金に強い女(ひと)」になれる本　笠井裕子, 北端康良著　経済界
【要旨】ストレス解消で浪費してしまう。お金のせいで離婚できない。お金のために嫌な仕事を続けている。美人で頭もいいのに収入が低い…「無意識の感情」が整理できれば、お金はどんどん増えていく！「お金」と「心理学」の専門家が教える「ビリーフ」の法則。
2018.1 255p B6 ¥1300 ①978-4-7667-8617-0

◆貯蓄800万円「安心老後」—定年後の生活資金はこうやってひねり出す！　洲浜拓志著　ぱる出版
【要旨】「家」というストックを「現金」というフロー資産に変えるノウハウを知ろう。貯金が少なくても家の資産価値は余るお金を生み出す仕組みがある。家を活用した定年不安をなくすお金の処方箋。
2018.1 191p B6 ¥1400 ①978-4-8272-1098-9

◆ツキイチで世界を旅しながら年収1000万円を実現する生き方　横田奈津子著　ゴマブックス
【要旨】あなたのほしい収入と自由は、世界を旅しながら手に入ります。世界旅行で収入と自由を得るマインドメソッド。
2017.5 174p B6 ¥1300 ①978-4-7771-1910-3

◆月1万円からできる人生を変えるお金の育て方—実話コミックエッセイ 不幸にならない投資法　馬場千枝著, 澤上篤人監修, 山本ユウカ漫画　主婦の友インフォス, 主婦の友社 発売
【要旨】もう、貯金お金であくせくしたり、不安になったりしない。貯金ゼロでも、資産家でなくても、ファイナンシャル・インディペンデンス（経済的自立）を達成できる！ 低リスクで誰でもはじめられる本当の「お金」の殖やし方。
2017.3 127p A5 ¥1300 ①978-4-07-420759-6

◆定年後に泣かないために、今から家計と暮らしを見直すコツってありますか？　畠中雅子著　大和書房
【要旨】我が家の場合、いつから始めればいい？ 年金の額は？ 保険は見直すべき？ いくら必要？ 老後はどこに住む？ これだけは知っておきたい、

備えたい！ 老後のお金と暮らしの不安とモヤモヤを解消！

2017.4 205p B6 ¥1300 ①978-4-479-79577-3

◆定年後のお金が勝手に貯まる一番シンプルな投資術—個人型確定拠出年金iDeCo超入門！　横山光昭著　PHP研究所　（PHPビジネス新書）

【要旨】定年後のお金が不安で…。でも、どうしたらいいかわからない—すでに入にうってつけの新制度が、2017年1月から規制が緩和された個人型確定拠出年金（通称iDeCo＝「イデコ」）です。本書では、テレビでお馴染みの人気FPが、いま話題の最強の「節税＆老後」対策について徹底解説。「どんな風にお得なのか？」「どうすれば開始できるのか？」「どの金融機関を選べばいいのか？」など、知識ゼロから簡単にはじめられる投資術を公開します。

2017.3 203p 18cm ¥850 ①978-4-569-83566-2

◆定年男子定年女子—45歳から始める「金持ち老後」入門！　大江英樹、井戸美枝著　日経BP社、日経BPマーケティング 発売

【要旨】3000万円ないと老後破産するなんてウソ！ 妻の年金は「67歳からもらう」のがオススメ！ 投資は苦手ならする必要なし！ 定年男子こと、元金融マンで経済コラムニスト（65歳）と定年女子こと、日本イチ年金通の社会保険労務士（58歳）。お金のプロふたりが本音で語る、「金持ち老後」入門。

2017.2 199p B6 ¥1400 ①978-4-8222-3831-5

◆手取り20万円台でも「貯まる家計」に変わる新常識44　横山光昭著　ベストセラーズ　（ワニ文庫）

【要旨】消費税や保険、年金など、お金関連の制度が大きく変わろうとしています。お金に対して今までと同じような考え方では、安心した老後を迎えることが難しい時代です。無理なく賢い貯金生活を送るための具体策を1万人以上の赤字家計を再生させた横山式・節約術から解説します。住宅ローン、教育資金、保険、そして投資の基本まで、横山式"攻め"の貯金術＋プチ投資で、老後まで安心できる強い家計に変えましょう。　2017.3 228p A6 ¥722 ①978-4-584-39395-6

◆どんどん貯まる 個人事業主のカンタンお金管理　櫻井成行著　幻冬舎メディアコンサルティング、幻冬舎 発売

【要旨】会計・経理…難しい知識は一切不要！ 毎日の出納帳の書き方から確定申告・法人化まで5つのステップで解説。数字や計算が苦手でもしっかりお金を残す方法。

2017.2 204p 18cm ¥800 ①978-4-344-91185-7

◆なぜかお金を引き寄せる人の「掃除と片づけ」　PHP研究所編　PHP研究所

【要旨】家がスッキリ空間になるだけで、お金は勝手に入ってくる!!達人たち21人が、とっておきの方法を大公開！

2018.1 127p B6 ¥800 ①978-4-569-83750-5

◆なぜかお金が増える人の習慣38—借金まみれで自己破産寸前の僕でも億万長者になっちゃった！　田口智隆著　SBクリエイティブ　（『お金が貯まらない人の悪い習慣39』改訂・改題書）

【要旨】「さあ、みなさん、大富豪を目指しましょう」なんて大それたことは言いません。ムリをしてまでお金を貯めるのもまた不自由な生き方だからです。でも、家賃や食費や交際費、老後資金などの「お金のストレス」から解放されたとしたら、あなたはもっと自由な人生が送れると思いませんか？ 悪いクセを断ち切るだけで、みるみる貯まりだす。

2017.5 223p B6 ¥1300 ①978-4-7973-9185-5

◆なぜ賢いお金持ちに「短気」が多いのか？　田口智隆著　水王舎

【要旨】臨機応変・即断即決スグに行動する人が、成功を手に入れる！ 「賢いお金持ちになりたい！」そんなあなたに贈る「短気な成功者」の「判断力」「行動力」「変化対応力」から学ぶ目からウロコなアドバイスが満載！

2017.4 196p B6 ¥1300 ①978-4-86470-073-3

◆20代からはじめたい「将来のためにお金を増やしたい！」と思ったときに読む本　中野晴啓著　ゴマブックス

【要旨】年金崩壊の今だからこそ、「年金」に代わる武器を持て！ 20代から「投信」をはじめれば、4000万円貯められる！ セゾン投信社長の中野晴啓先生が全部答えます！ 「お金との付き合い方」

が2時間で身につく本。

2017.4 159p B6 ¥1500 ①978-4-7771-1898-4

◆日本人の「お金の使いかた」図鑑　インタービジョン21著　三笠書房　（王様文庫）

【要旨】あなたは、どこに当てはまりますか？ 年収・貯蓄額・家賃・ランチ代・趣味の出費・旅行・ペット・へそくり…どんな家計診断よりもリアルな、「日本人のお金事情」とは。世間の中での自分の"立ち位置"も、"人様のフトコロ具合"も怖いほど明らかになる、知らずにはいられない「お金の現実」がわかる本。

2017.2 213p A6 ¥600 ①978-4-8379-6811-5

◆年収350万円のサラリーマンから年収1億円になった小林さんのお金の増やし方　小林昌裕著　SBクリエイティブ

【要旨】会社の給与だけだと不安な人、必読！ 34歳、自分ひとりだけで働いて、年収1億円超！ いったい何をやったのか？ 誰でも実現できて、長期的に安定収入をつくる方法。

2017.3 222p B6 ¥1400 ①978-4-7973-8989-0

◆年収200万円からの貯金生活宣言　横山光昭著　ディスカヴァー・トゥエンティワン　（ディスカヴァー携書）

【要旨】ムダづかいしていないのに、なぜお金が貯まらない…1万人の貯金ゼロ家計を再生させてきたコンサルタントが、「どんな人でも楽しくお金が貯められる方法」を紹介。「ショー・ロー・トー！」（消費、浪費、投資）でかならず貯まる。

2017.12 239p 18cm ¥950 ①978-4-7993-2208-6

◆裸の資本論—借金返済50億円から学んだおカネの法則41　村西とおる著　双葉社

【要旨】ダイヤモンド映像倒産—年商100億円から負債50億円への転落…AVの帝王「天国と地獄」実体験マネー論。

2017.6 301p B6 ¥1500 ①978-4-575-31263-8

◆ビットコイン投資やってみました！　たまきちひろ著、大塚雄介監修　ダイヤモンド社

【要旨】そもそも仮想通貨とは、ビットコイン取引って？ イーサリアムって？ 税金はいくらかかる、計算したらどうなる？ までが一気にわかるコミックエッセイ。

2017.12 143p A5 ¥1200 ①978-4-478-10397-5

◆必要なお金から考える 私のライフイベント　中尾邦彦、平田久美子監修、税務研究会税研情報センター編　税務研究会税研情報センター　2017 11p A4 ¥150

◆100円ちゃりんちゃりん投資—100円が101円になれば大成功！ 誰でもすぐにできる　石川貴康著　プレジデント社

【要旨】気軽に始められる堅実な投資方法を選び、そこに無理のないお金額、生活に支障のない範囲の金額を投じましょう。そのアクションが、お金の価値を地道に増やし、将来のあなたに「安心」を与えてくれます。

2017.5 207p B6 ¥1300 ①978-4-8334-2233-8

◆貧乏は必ず治る。　桜川真一著　CCCメディアハウス

【要旨】貧乏は、生活習慣病だった!?食事を変え、生活のリズムを整え、運動をすることで体調が大きく改善するように、貧乏も生活を変えることで必ず治る。

2017.3 219p B6 ¥1400 ①978-4-484-17201-9

◆「貧乏老後」に泣かないためのお金の新常識　横山光昭著　PHP研究所　（PHP文庫）

【要旨】「よく分からないけど、なんとなく」で保険料や年金を支払っていませんか？ あいまいな知識では、損をしてしまうことも。本書は、人気FPである著者が「貯金だけでなく投資もすべき？」「生命保険診断所はどこまで信用できる？」など、誰も教えてくれなかったお金の疑問に分かりやすく回答。新社会人から老後を迎えた人まで、あらゆる年代のお金の不安を解消します。

2017.3 220p A6 ¥640 ①978-4-569-76685-0

◆「夫婦のお金」の増やし方—「貯蓄のプロ」と「ディグラム診断のプロ」が教える　横山光昭、木原誠太郎著　扶桑社

【要旨】投資ってなにから始めればいいですか？ 夫の金銭感覚についていくことができますか？ 共働きなのになぜか全然お金が貯まりません！ 旦那がなににお金を使っているかわからない。性格を知れば、あなた向きの「お金の貯め方」がわかる！ 世帯収入300万円からの「夫婦の貯蓄」

倍増講座。

2017.2 206p B6 ¥1300 ①978-4-594-07650-4

◆普通の人がケチらず貯まるお金の話—年収300～700万円　佐藤治彦著　扶桑社　（扶桑社新書）

【要旨】節約しているのにお金が貯まらない人へ、経済評論家が教える「節約の技術」。普通の人が老後まで安心して暮らすためのお金の話、実践編!!

2017.11 301p 18cm ¥850 ①978-4-594-07849-2

◆普通の会社員が一生安心して過ごすためのお金の増やし方　中野晴啓著　SBクリエイティブ　（SB新書）

【要旨】年金不安、人生100年時代と老後が不安になる話ばかりが蔓延する世の中。とはいえ、仕事が忙しかったり、教育費や住宅ローンのため、老後の準備が満足にできない人も少なくないだろう。本書は、今からでも間に合う「正しい」お金の増やし方を紹介。普通の人がお金を増やすためには役立たない株・預貯金など、猶予のない世代は必見の書。

2017.12 190p 18cm ¥800 ①978-4-7973-9167-1

◆暴落を買え！—一年収300万円から始める資本家入門　阿部修平著　ビジネス社

【要旨】富を築く不変の法則は長期的な株主資本の積み上がりと投資することだ！

2017.6 215p B6 ¥1300 ①978-4-8284-1956-5

◆凡人の凡人による凡人のための億万長者入門—四国ナンバーワン・アパレル社長が教える、お金を増やす36の成功法則　高橋弘一郎著　（京都）ライティング、星雲社 発売

【要旨】田舎の商店街の小売店を四国ナンバーワンのアパレルチェーンに育て、個人ではコインパーキング18件、賃貸マンション総戸数79戸、ユニクロ・スシローなど商業テナント6件、太陽光発電所4件、沖縄の軍用地、アメリカの不動産総計32件、総資産40億円を築いた著者がおしえる、掟破りの資産「超」拡大戦略とは?!

2017.8 143p B6 ¥1300 ①978-4-434-23621-1

◆ホンモノを見分けられる人に、お金は転がり込んでくる！　加谷珪一著　ぱる出版

【要旨】お金持ちが常識としている一瞬でホンモノを見抜く技術。成功者や大富豪たちは、確固とした「真偽眼」を持っている。氾濫する情報の選び方・評価のしかた・目の付け所とは？ 真偽力を磨き、成功者の「金銭感覚」に目覚めるヒント集。

2017.7 190p B6 ¥1400 ①978-4-8272-1042-2

◆本物の大富豪が教える金持ちになるためのすべて　フェリックス・デニス著、井口耕二訳　文響社

【要旨】欧米で"富の名著"してベストセラー！ 大富豪本が教える、一番リッチな「金持ちになる方法」。著者は、イギリス屈指の大富豪フェリックス・デニス。無一文から成り上がった自身の経験から、そのノウハウを包み隠さず記します。「世の中には多くの『金持ちになるための本』があるが、本物の大富豪でなければ、真実を語ることはできない」—そんな著者の信念を元に書かれた、実践的な一冊です。

2017.6 352p B6 ¥1740 ①978-4-905073-60-4

◆毎月100万円を生み出す人生戦略の立て方　内藤忍著　クロスメディア・パブリッシング, インプレス 発売

【要旨】タンス預金・生命保険・マイホームが危険な時代、正しくリスクを知り、「平均点」で生き残れば、資産は「お金の泉」になる。

2017.7 223p B6 ¥1400 ①978-4-295-40106-3

◆毎日が幸せになる「づんの家計簿」 書けば貯まるお金ノート　づん著　ぴあ

【要旨】これで、人生が変わります！ いつ始めても大丈夫。ノートに書くだけで、現在の悩みが消える＝将来の不安も無くなります！

2017.10 127p A5 ¥1300 ①978-4-8356-3835-5

◆まだやってなかった？ 副収入が毎月10万円稼げるしくみ　小林雄backup著　つた書房, 創英社/三省堂書店 発売

【要旨】この書籍代の投資があなたの人生を大きく変える!!楽ではないが簡単で確実に稼げます。騙されたと思って3ヶ月やってみてください。

2017.8 239p B6 ¥1500 ①978-4-905084-23-5

◆みんなが知らない頭のいいお金の増やし方　丸山晴美著　宝島社

経済・産業・労働

【要旨】金利が低いから預金でお金は増えない、お給料も上がらないから将来が不安、でもリスクがある金融商品は怖くて嫌だ…。そんなあなたのために「絶対減らさず増やす」、超安心な賢いマネーテクニックをたっぷり紹介。難しい言葉を一切使わずに解説します！
2017.7 189p B6 ¥1100 ①978-4-8002-7350-5

◆**難しいことはできませんが、お金のなる木の見つけ方を教えてください！**　小山竜央著 宝島社
【要旨】本業をやりながら、自分の好きなことでお金を稼ぐ!!将来不安のある時代だからこそ、好きなことをしながら「複数の収入源」、つまり"お金のなる木"を持ってほしいのです。最初は小さくてもかまいません。圧倒的支持を集めるセミナーの人気講師として、延べ5万人を指導、5000人以上の成功者を生み出したノウハウを公開します！
2017.1 221p B6 ¥1300 ①978-4-8002-6072-7

◆**やさしすぎるあなたがお金持ちになる生き方**　吉武大輔著 フォレスト出版
【目次】第1章 やさしすぎるあなたがお金持ちになる2つの道（お金があれば、本当に幸せになれるのか）、第2章 勇者の道（勇者の特徴、勇者の役割 ほか）、第3章 賢者の道（賢者の特徴、賢者の役割 ほか）、第4章 老師の錬金術（老師の投資、老師のお金の考え方 ほか）、第5章 老師のあり方（すべては変化することを受け入れている、すべてに感謝している ほか）
2017.12 233p B6 ¥1400 ①978-4-89451-782-0

◆**山崎先生、将来、お金に困らない方法を教えてください！**　山崎元著、金子マヲ作画 プレジデント社
【目次】第1章 運用のキホン、第2章 金融商品選びのキホン、第3章 お金の置き場所のキホン、第4章 保険のキホン、第5章 住宅選びのキホン、第6章 教育費のキホン、第7章 老後の備えのキホン
2017.9 175p A5 ¥1200 ①978-4-8334-5124-6

◆**夢が叶う金運お作法**　立花裕美著 WAVE出版
【要旨】ちいさな習慣で運が巡る。なぜかお金さんに愛されてしまう88のお作法。
2017.3 221p B6 ¥1400 ①978-4-86621-051-3

◆**45歳からのお金を作るコツ─5年後ではもう遅い！**　井戸美枝著 ビジネス社
【要旨】改正iDeCo・つみたてNISAスタート、介護保険改正などなど、シングル女子のお金をめぐる環境が大きく変わる2018年こそ、ライフプランを見直すビッグチャンス！ 年金、保険から資産運用まで、月2万円からの「守る」「ためる」「増やす」がスッキリわかる！
2017.11 190p B6 ¥1300 ①978-4-8284-1987-9

◆**ラクラク・かんたん・超楽しい！ ブックメーカー投資入門**　金川顕教著、黒川こうき監修 秀和システム
【要旨】20円から始められて、余計な手間も知識も必要なし。いま世界中で流行りはじめている勝率94%のお得な儲け方とは？ サッカー観戦を楽しみながらスマホでお小遣いを3倍に増やそう！ 2017.3 271p A5 ¥1500 ①978-4-7980-5012-6

◆**リッチマネーの秘密─宇宙を味方につける**　はせくらみゆき著 徳間書店
【要旨】まさか、お金の正体が◯◯だったなんて！ "ある考え方"をめぐうすだけで縁も円も運ばれて豊かさあふれる人になる！
2017.4 222p B6 ¥1400 ①978-4-19-864388-1

◆**老後資金、55歳までに準備を始めれば間に合います**　榊原正幸著 PHP研究所
【要旨】老後に破綻しないための理想的なストック（資産）、フロー（所得）とは？ 還暦間近の大学教授が体験談とともに「老後対策」のすべてを語る。安心老後を実現するベストな方法。
2017.2 254p A5 ¥1600 ①978-4-569-83251-7

◆**老前破産─年金支給70歳時代のお金サバイバル**　荻原博子著 朝日新聞出版（朝日新書）
【要旨】給料が上がらない、ローンが終わらない、子どもの将来が見えない、残業カットに増税、年金支給は先送り─ああ、お先真っ暗！ 「老後破産」などまだ"マシ"だ。「65歳まで働けばなんとかなる」「退職金で借金は帳消しにできる」「家を売れば老人ホームに入れる」こうした従来の"常識"はもう通用しない。やってみれば怖くない、家計立て直しの全て。
2018.1 211p 18cm ¥760 ①978-4-02-273753-3

◆**MONEY─もう一度学ぶお金のしくみ**　チャールズ・ウィーラン著、山形浩生、守岡桜訳 東洋館出版社
【要旨】インフレかデフレか、どうやって調べるの？「デフレはまずい」「インフレが怖い」なら、物価変動がないのが理想ということ？ 為替って面倒。ユーロみたいに通貨を全部まとめられないの？ ビットコインの出現で、お金のあり方は根本的に変わった？ 知っているようで、実はよく知らないお金のしくみ。
2017.12 459p B6 ¥2200 ①978-4-491-03436-2

 株式投資・投資信託

◆**朝9時10分までにしっかり儲ける板読み投資術**　坂本慎太郎著 東洋経済新報社
【要旨】毎日わずかな時間でも月収100万円は実現する！ 年収1億円超えの元ディーラーが初めて明かす、株価の動きを着実にして勝ち続けるテクニック！ サラリーマンでもできるデイトレ術！ 2017.7 223p B6 ¥1400 ①978-4-492-73343-1

◆**あなたの毎月分配型投資信託がいよいよ危ない！**　深野康彦著 ダイヤモンド社
【要旨】本書では銀行や証券会社が教えてくれない画期的な手法で、毎月分配型投信の健全性、分配金余力を分析して診断！ 上位80本掲載だから、あなたの毎月分配型投信をほぼ網羅！ マイナス金利や毎月高リスクの逆風でも買える毎月分配型投信も紹介！
2017.6 222p B6 ¥1500 ①978-4-478-06837-3

◆**アラフォー独身崖っぷちOL投資について勉強する**　近藤駿介著 秀和システム
【要旨】社会人生活20年目、今さらですが、お金の知識もない！ 投資だって意味不明。こんな私に誰か、お金について簡単に教えて！
2017.3 222p B6 ¥1500 ①978-4-7980-5010-2

◆**板情報とチャートでデイトレに勝つ！─変動を着実にチャンスに変えて利益を積み重ねる**　東田一著 ビジネス教育出版社 新版
【目次】プロローグ 波乱相場だからこそチャンスがある、第1部「分足」チャートで流れをつかむ（初級（チャートの基本はローソク足、1本の分足ができるまでの値動きを考える ほか）、中級（下値からの戻りを示すシグナル、下値からの反転を示すシグナル ほか）、上級（下げの終わりを狙って仕掛ける、「持ち合い放れ」を狙う ほか）、第2部「板」情報で売買のタイミングを図る（初級（「板」情報の基本、売買のチャンスは「板に動きが、板で終わる」ほか）、中級（寄り付き前後の板が面白い、急騰の板を見る ほか）、上級（円高に強い銘柄を狙ってみる、利回りの高い銘柄の動きはどうなるか ほか）
2017.3 207p B6 ¥1500 ①978-4-8283-0647-6

◆**1億円稼ぐ「大化け」株の見つけ方**　中丸友一郎著 電波社
【要旨】永遠の「ゼロ成長時代」こそ、狙いは小型株!!買っていい株、悪い株がわかる資産100倍投資法。
2017.9 190p B6 ¥1400 ①978-4-86490-112-3

◆**1日5分、10万円から始めるフィリピン株式投資**　西村幸洋著 パブラボ、星雲社 発売
【要旨】投資とは、お金持ちになってから始めるものではなく、お金持ちになるために始めるものです。知識ゼロ、経験ゼロでも8割勝てる！
2017.4 207p B6 ¥1400 ①978-4-434-22596-3

◆**いちばんカンタン！ 投資信託の超入門書**　湯之前敦著 高橋書店
【要旨】"これから"の人も、"もう一度"の人も必要なのはこれだけ。1000円からできる資産運用。iDeCo（個人型確定拠出年金）もわかる。
2017.10 159p B6 ¥1300 ①978-4-471-21080-9

◆**一生お金に困らない金運の身につけ方、教えてください！─14人の開運プロフェッショナルに聞いてきました**　強運研究会著 KADOKAWA
【要旨】神様から聞いたお金の話、物事が劇的に変化する龍神パワー、宇宙銀行の活用法…読んだ瞬間から幸運になる！ 14名のマイ財布も大公開！
2017.12 238p B6 ¥1300 ①978-4-04-069603-4

◆**イノベ株を狙え！**　日経ヴェリタス編集部編 日本経済新聞出版社

【要旨】事業を革新、景気や競合に左右されない稼ぐ力をもつ企業群を日経記者が緊急連検！
2017.11 213p B6 ¥1400 ①978-4-532-35750-4

◆**いま仕込んでおくべき10倍株、教えます！**　朝香友博著 クロスメディア・パブリッシング、インプレス 発売
【要旨】初公開！ 10倍株の新法則。5年で9つの10倍株を的中させたアナリストは企業の何を見ているのか？
2017.2 191p B6 ¥1380 ①978-4-295-40056-1

◆**ウォール街のモメンタムウォーカー "個別銘柄"─株式投資の新しい真実**　ウェスリー・R．グレイ、ジョン・R．ボーゲル著、長尾慎太郎監修、山下恵美子訳 パンローリング（ウィザードブックシリーズ 254）
【要旨】第1部 モメンタムを理解する（宗教よりも理性を、アクティブ投資戦略が機能するわけ、モメンタム投資は成長株投資ではない、バリュー投資家がモメンタムを必要とするわけ）、第2部 モメンタムベースの銘柄選択モデルの構築（モメンタム戦略構築の基礎、モメンタムの最大化─重要なのは経路、モメンタム投資家は季節性を知っておくべき、定量的モメンタムは市場を打ち負かす、実践で機能するモメンタム戦略を作る）2017.11 265p A5 ¥3800 ①978-4-7759-7225-0

◆**お金がずっと増え続ける投資のメソッド─アイドルのわたしでも。**　高山一実、奥山泰全著 PHP研究所
【要旨】1日10分の積み重ねで、200万円が1億円になる！ 人気アイドルと学ぶ、アメイジングな投資法。
2017.9 185p B6 ¥1200 ①978-4-569-83866-3

◆**億飛んじゃった！ 株のしくじり先生 天国と地獄**　別冊宝島編集部編 宝島社
【要旨】資産が億を超える個人投資家たちはかつての"しくじり体験"（地獄）を、どう成功（天国）へ導いたのか？ 彼らが赤裸々に語ってくれた数々の「失敗と教訓」を読むだけであなたの投資成績はぐんぐん伸びる！ 10人の失敗と成功事例でわかった儲けの分岐点。
2017.5 190p B6 ¥1300 ①978-4-8002-7072-6

◆**家族信託の教科書─あなたの想いを繋げる新しい財産管理**　島田雄左著 税務経理協会 第2版
【要旨】そもそも相続対策とは？ 信託活用のメリットは何？ どの順番で考えればよい？ みんなはどう活用している？ 認知症対策・遺産争い防止・事業承継対策─よくある疑問をまるごと解決。 2017.9 209p B6 ¥1600 ①978-4-419-06483-9

◆**株式実務のいろは─若手くんの総務部日記**　三井住友信託銀行証券代行コンサルティング部編 商事法務
【要旨】会社法を「根っこ」からわかりたいあなたに!!
2017.3 189p A5 ¥2000 ①978-4-7857-2507-5

◆**株式投資の王道─プロの目利きに学ぶ「良い会社」の見分け方**　阿部修平、小宮一慶著 日経BP社、日経BPマーケティング 発売
【要旨】2020年に向けて上昇気流に乗りつつある株式市場で、着実に財産を増やすためには、何をどう考え、どう行動すべきなのか─。日本を代表する「投資のプロ」と「経営のプロ」が、「良い会社」を見きわめるための極意を伝授する。
2017.4 187p B6 ¥1400 ①978-4-8222-5167-3

◆**株式投資の学校 "チャート分析編"─さらに確実に儲けるための売り時・買い時が学べる！**　ファイナンシャルアカデミー編著 ダイヤモンド社
【要旨】次に上がる株を狙い撃てる！ 売買タイミングがわかる！ 国際テクニカルアナリスト連盟認定のアナリストが、効果を実感している株価チャートだけを厳選。実践での売買のポイントをわかりやすく解説。もっと勝率を上げたいなら、株価チャートは欠かせない！
2017.4 198p A5 ¥1600 ①978-4-478-06883-0

◆**株式投資の理論と実際**　佐々木浩二著 創成社
【目次】第1部 株式投資の基礎（株式とは、個人投資家増加の背景、株式の売買）、第2部 株式投資の理論（株式投資の利益と利益率、リターンとリスク、個別株式 ほか）、第3部 株式投資の実践（アクティブ運用1：テクニカル分析、アクティブ運用2：ファンダメンタル分析、証券市場線 ほか）
2017.9 144p B5 ¥2000 ①978-4-7944-3181-3

◆**株式投資は自動注文（オートトレード）で もっとラクになる！**　松村博史著　ダイヤモンド社
【要旨】最強・次世代標準の投資ツールとは？ AI（人工知能）がトレードスタイルを劇的に変える！
2017.11 206p B6 ¥1600 ①978-4-478-10422-4

◆**株で勝つ習慣─40年稼ぎ続ける投資のプロの心得**　岡本昌巳著　ダイヤモンド社
【要旨】63の習慣を身につければその他大勢を出し抜ける！相場の流れのつかみ方、チャート＆トレンド分析、売り買いのタイミングなどすぐに役立つ実践ノウハウ満載！
2017.7 234p B6 ¥1500 ①978-4-478-10327-2

◆**株で資産を蓄える─バフェットに学ぶ失敗しない長期株式投資の法則**　足立眞一著　開拓社
【要旨】マイナス金利時代に株を持ち続けて成功する秘訣を解き明かす！10倍になる銘柄など豊富な実例で銘柄発掘の心得を公開！株式投資の実践編という"有望銘柄掲載"！高く仕入れて安値で投げる投資家から脱却して、アクティブシニアになろう！
2017.1 223p B6 ¥1200 ①978-4-7589-7017-4

◆**株で月10万円のお小遣いと、将来1億円に化ける方法**　長谷川伸一著　ぱる出版
【目次】今を楽しく、将来を楽に過ごすマネー計画、第1部 月10万円のお小遣いを稼ぐ！（本業とは別に、副業でトレードする、月10万円のためのトレードスタイル、テクニカル分析と売買法を強武器にする、利益確定と損切り（ロスカット）のタイミング、市場先読みテクニック（チャート編）ほか）、第2部 将来1億円に化ける投資法（IPO投資の実践、中長期投資で成長株を買う）
2017.9 175p B6 ¥1500 ①978-4-8272-1075-0

◆**株トレード カラ売りのルール─デイトレ、スイングには必須のノウハウ**　二階堂重人著　すばる舎
【要旨】「買い」だけのトレードを卒業した人には勝利の女神が"常時"微笑む。移動平均線を使って、下落の強い動きを捉える─18年間常勝の専業トレーダーが実践する手法を学んで、仕掛けのタイミングを見極めよう！わかりやすい実例解説付き。
2017.10 189p B6 ¥1500 ①978-4-7991-0636-5

◆**株・日経225先物・FX…すべての答えはチャートにある！**　ついてる仙人著　アールズ出版
【要旨】相場を生業とする個人事業主として生きる！エントリーポイントからエントリー枚数、利確、ロスカット、手仕舞いまで自身の行った取引をすべて公開して、相場で勝ち続ける極意を徹底指南！年数千万稼ぐトレーダーを目指す人のための15日間トレーニングブック。
2017.12 286p B6 ¥1700 ①978-4-86204-294-1

◆**「カブ」の神様が教える！手堅く稼ぐ株の必勝ルール**　中山まさかず著　ナツメ社
【要旨】わたしが教えるのは、確実に利益につながる銘柄の選び方とトレード法、つまり、株で勝つためのルール！ユニークなマンガキャラが株で勝つ極意を伝授！
2017.3 159p A5 ¥1300 ①978-4-8163-6184-5

◆**カリスマ投資家たちの株式投資術**　投資術研究会編　KADOKAWA
【要旨】会社経営者から子育て主婦まで、12名のカリスマ投資家がネタバラシ!!
2017.12 207p B6 ¥1500 ①978-4-04-602182-3

◆**カリスマ投資家の教え**　川上穣著　日本経済新聞出版社　（日経ビジネス人文庫）（『リスク・テイカーズ』改訂・改題書）
【要旨】トランプ勝利を予言したジェフリー・ガンドラック、世界一のヘッジファンドを率いるレイ・ダリオ、バリュー投資の伝道師ウォーレン・バフェット、経営陣に圧力をかける「物言う投資家」ダニエル・ローブ、空売りで市場に警鐘を鳴らすジム・チェイノス─。AI投資の時代にあらがい、戦い続けるカリスマたちの運用哲学とその素顔を描く。
2017.5 279p A6 ¥800 ①978-4-532-19820-6

◆**97%の投資信託がダメなこれだけの理由─カリスマ・ファンドマネージャーが明かす**　大島和隆著　ビジネス社
【要旨】投資信託の常識を疑え！毎月分配型投信は悪くない。投資信託は長期運用に適していない。手数料は安ければいいってものではない。その投資信託じゃ、お金持ちにはなれません！
iDeCo、NISAで運用する前に知っておきたい。
2018.1 355p B6 ¥1800 ①978-4-8284-1999-2

◆**月収15万円からの株入門─数字オンチのわたしが5年で資産を10倍にした方法**　藤川里絵著　扶桑社
【要旨】シングルマザーでまともに就職したことがなくて、なおかつ数字オンチでも、お金を増やすチャンスがここにある！
2017.9 263p B6 ¥1400 ①978-4-594-07824-9

◆**55事例でわかる取引相場のない株式の評価方法**　松岡章夫、山岡美樹著　税務経理協会
【要旨】評価通達の改正に対応。評価実務において判断に悩んだとき、困難なケースに行き詰まったとき、通達番号と充実の索引で、読みたい事例を見つけやすい。評価会社の個別事情をふまえて評価したいときのガイドラインに。
2017.10 264p A5 ¥2600 ①978-4-419-06404-4

◆**これが最強のユダヤ投資法だ！ なぜユダヤ人は大金持ちになれるのか手にとるようにわかる本**　大井幸子、中島孝志著　ゴマブックス
【要旨】ユダヤの投資世界で25年間生き抜いてきたノウハウ公開！誰でも簡単につくれる！「じぶんちポートフォリオ」でお金が勝手に増えていく！激動の時代の資産形成法。
2017.7 174p B6 ¥1350 ①978-4-7771-1926-4

◆**これが長期投資の王道だ**　澤上篤人著　明日香出版社（アスカビジネス）
【要旨】一般的な株式投資は全面否定。年利5%を18年続ける3000億円のファンドを創設した長期投資のパイオニアが、「本物の株式投資」実践法を初公開！
2017.8 317p B6 ¥1700 ①978-4-7569-1922-9

◆**最強のファンダメンタル株式投資法─運、タイミング、テクニックに頼らない！**　v-com2著　ダイヤモンド社
【要旨】勝てる投資家は何を考え、どのようにして銘柄を決めているのか。企業の業績や資本政策、IR発表などから儲けのネタを見つける具体的方法。
2017.3 230p A5 ¥1600 ①978-4-478-10071-4

◆**システムトレード 検証と実践─自動売買の再現性と許容リスク**　ケビン・J・ダービー著、長尾慎太郎監修、山下恵美子訳　パンローリング（ウィザードブックシリーズ）
【要旨】ワールドカップ・チャンピオンシップ・オブ・フューチャーズ・トレーディングで3年にわたって1位と2位に輝いた著者が3桁のリターンをたたき出すトレードシステム開発の秘訣を伝授。データマイニング、モンテカルロシミュレーション、リアルタイムトレードと、トピックは多岐に渡る。
2017.5 380p A5 ¥7800 ①978-4-7759-7219-9

◆**自分に合った手法が見つかる 儲かる株式トレードのすべて**　友成正治著　明日香出版社（アスカビジネス）
【要旨】長期投資から短期・スイング・デイトレまで。
2017.6 212p B6 ¥1600 ①978-4-7569-1908-3

◆**週1分 ずぼらでもお金が増える投資入門**　足立武志監修　池田書店
【要旨】日経平均を見るだけ！迷わない。考えない。でも、できる。新時代の投資術。
2017.9 159p A5 ¥1300 ①978-4-262-17464-8

◆**10万円から始める「高配当株」投資術**　坂本彰著　あさ出版　（付属資料：別冊1）
【要旨】独学で1億円儲けた個人投資家が、買ってはいけない株、買うべき株の選び方を大公開！低リスク、低予算で1億円儲ける方法。確実にお金を増やす36の極意を一挙紹介！
2017.5 259p B6 ¥1400 ①978-4-86063-980-8

◆**上場株式・公社債・投資信託と確定申告 平成29年版**　布施麻記子、池田陽介著　大蔵財務協会
【要旨】NISA・ジュニアNISAに加え、つみたてNISAも平成30年スタート。特定公社債等、税収扱いも詳しく解説。
2017.12 173p A5 ¥1296 ①978-4-7547-4446-5

◆**小心者こそ儲かる7日間株トレード入門─今こそ「日本株」で1億円！**　二階堂重人著　ビジネス社
【要旨】利益の出る確率が高いタイミングを狙い撃て！17年間常勝を続ける現役トレーダーが伝授するリスクと売買チャンスの見極め方！
2017.4 207p B6 ¥1500 ①978-4-8284-1950-3

◆**上手に稼ぐカラ売りテクニック─すばやく・手堅く・効率よく儲けるカラ売り5戦術**　藤本壱著　自由国民社　新版
【要旨】初めての人も再入門の人も！しくみと手順もよくわかる。何度もやってくる株価急落こそカラ売り絶好の儲け時！
2017.2 231p B6 ¥1400 ①978-4-426-12250-8

◆**初心者は投信積み立てから始めよう─お金を増やす投資信託入門**　西野武彦著　日本経済新聞出版社
【要旨】貯金がなくても、投資信託は初めてでも、少しのコツで資産は簡単に増やせます。必要なのは、「陥りがちなワナを回避すること」と「正しい情報を集めること」。ベテラン経済ジャーナリストが、スマートなお金の増やし方を丁寧に教えます。
2017.9 219p B6 ¥1400 ①978-4-532-35740-5

◆**新興市場・2部銘柄で儲ける株**　藤本壱著　自由国民社
【要旨】東証2部以下1500銘柄からお宝株を発掘。10倍高・東証1部昇格・高配当株も！厳選お宝期待銘柄29。
2017.9 207p B6 ¥1400 ①978-4-426-12366-6

◆**新成長株で勝負せよ！─東京オリンピックまであと2年**　杉村富生著　すばる舎
【要旨】想定外の大相場で日経平均株価2万5000円も射程圏に!!「時流に乗る」有望銘柄が富を生む！今から仕込んでも十分間に合う、次の時代の主役となる大化け候補銘柄をたっぷり紹介!!
2017.12 221p B6 ¥1500 ①978-4-7991-0675-4

◆**人生100年時代のらくちん投資**　中野晴啓、渋澤健、藤野英人著　日本経済新聞出版社（日経ビジネス人文庫）（『運用のプロが教える草食系投資』加筆・修正・改題書）
【要旨】雇用も不安。年金も不安。長生きすることも不安。「貯蓄から投資へ」と号令をかけられても、なかなかそんな気になれない。そもそも投資に回すお金もない…。そんな方にお勧めなのが「長期積立投資」。何歳からでもスタートできる。少額でコツコツ、ゆったり、争わない、ハラハラしない。でも、しっかり資産形成できる投資術（草食系投資）を、独立系投信の三傑が指南する。
2017.12 259p A6 ¥800 ①978-4-532-19843-5

◆**信託制度の活用による公益的政策の実現─信託税制改革による信託活性化としての農地信託等の活用**　喜多綾子著　清文社
【目次】第1章 信託制度の特徴と農業活性化信託、第2章 わが国における信託の法制度化と信託税制の確立、第3章 わが国の信託の発展と信託税制の特徴─信託発展の阻害要因としての受益者等課税、第4章 わが国の信託の発展と信託税制の特徴─信託発展の阻害要因としての相続税法、第5章 信託活用に対する税負担の逆転現象の検討、第6章 信託と公益的活用と阻害要因、第7章 農業信託、森林信託の仕組みと利用拡大のための対策、第8章 国家戦略特区における信託の活用、結語 公共的・公益的政策の実現のための信託の活用と信託税制改革
2017.11 241p A5 ¥3000 ①978-4-433-40757-5

◆**信託法からみた 民事信託の実務と信託契約書例**　伊庭潔編著　日本加除出版
【要旨】信託法の条文をもとに、信託の基本的な構成要素に沿って、体系的に信託条項を検討！豊富な信託契約書例を参考に、具体的な事案に合わせてアレンジして利用できる！
2017.3 383p A5 ¥3000 ①978-4-8178-4382-1

◆**図解 株式投資のカラクリ─初心者でも簡単、経験者にも役立つ**　高野譲著　彩図社
【要旨】基本知識から実践のツボまで、ビジネスパーソンとして知っておきたい知識が満載。株価を動かす要因はたった一つ、「需要」だけ。その需要について、実例を多用し、現場のリアリティも絡めて書いた。
2017.7 95p B5 ¥926 ①978-4-8013-0236-5

◆**図解 証券投資の経理と税務 平成29年度版**　SMBC日興証券ソリューション企画部編　中央経済社、中央経済グループパブリッシング発売
【要旨】商品ごとに図解とQ&Aですぐわかる！平成29年度改正後の法令・通達による最新版。証券、金融、経理・財務の実務家に不可欠。
2017.11 325p B5 ¥3000 ①978-4-502-89266-0

経済・産業・労働

◆図解でわかる！ 投資信託　風呂内亜矢著
秀和システム
【要旨】しくみがザックリわかって安心！ 資産形成のイメージがつかめる！ 実際に始めてみようかと思える！ 基本から手数料・値段・選び方・買い方までがよくわかる。少額からの長期・分散投資の安全な始め方を伝授！
2017.9 199p B6 ¥1200 ①978-4-7980-5267-0

◆ずば抜けた結果の投資のプロだけが気づいていること―「すごい会社」の見つけ方　苦瓜達郎著　（幻冬舎新書）
【要旨】「R&Iファンド大賞」国内中小型株式部門において、2017年までの6年連続で「最優秀ファンド賞」「優秀ファンド賞」を受賞し、過去1年間のファンドの運用実績が年44.3％のプラスという驚異の成績を誇るファンドマネジャーの著者。「勝ち続けることは不可能に近い」といわれる株の世界で好成績を上げる陰には、年間900回以上もの会社を面談するなど、徹底した企業調査で優良中堅企業を探り当てる眼力があった！ 投資の本質だけでなく、著者独自の「すごい会社の見つけ方」までが具体的にわかる、「投資で成功したい人」必読の書。
2017.11 171p 18cm ¥760 ①978-4-344-98477-6

◆世界一やさしい株の練習帖 1年生　ジョンシュウギョウ著　ソーテック社
【要旨】株の知識、何となく理解できていても実際のチャートの前では歯が立たなくなりませんか？ 徹底的にチャートを噛み砕くから、「わかったつもり」が「わかった！」に変わる！
2017.3 245p A5 ¥1480 ①978-4-8007-2040-5

◆世界一やさしい日経225オプション取引の教科書 1年生―再入門にも最適！　岩田亮著　ソーテック社
【要旨】銘柄選びから売買タイミング、勝つために何が必要かわかる！ 見つかる！ 3つの戦略をもとに安定的に稼げる勝利の方程式を詳細解説！ やさしいのに実践的、今までになかったオプション取引の入門書！
2017.8 255p A5 ¥1800 ①978-4-8007-2046-7

◆世界のエリート投資家は何を考えているのか―「黄金のポートフォリオ」のつくり方　アンソニー・ロビンズ著、鈴木雅子訳、山崎元解説　三笠書房
【要旨】どんな経済下でもなぜ、利益を出してくるのか！―「想定外の事態」に負けない資産配分＆リスク管理とは。100カ国以上、5000万人に影響を与えた世界No.1カリスマコーチからの「お金のアドバイス」！
2017.11 380p B6 ¥1600 ①978-4-8379-5780-5

◆世界のエリート投資家は何を見て動くのか　アンソニー・ロビンズ著、鈴木雅子訳、山崎元解説　三笠書房
【要旨】成功する投資家は、それぞれが独特な方法を持っているが、少なくとも4つの点では共通している。（1）絶対、損をしない（2）小さなリスクで大きな利益を上げる（3）予測し、分散させる（4）学びに終わりはない。本書で紹介する彼らの戦略は、読者にとって極めて有益なものになるだろう。お金と投資に関する「究極の真実」を教えてくれる本！
2017.11 326p B6 ¥1500 ①978-4-8379-5782-9

◆世界マネーが狙う「大化け日本株」―袋とじ厳選スガシタ株24銘柄を公開！　菅下清廣著　小学館
【要旨】ウォールストリートで活躍した経済の千里眼が徹底解説。スガシタ銘柄で資産1億円の人生が始まる！
2017.11 221p B6 ¥1500 ①978-4-09-388482-2

◆せめて25歳で知りたかった投資の授業　三田紀房、ファイナンシャルアカデミー著　星海社、講談社 発売
【要旨】お給料が入ったら銀行に預ける、貯金する。常識となっているこのお金の管理方法を疑ったことはありますか？ 銀行に預けておけばお金が増える時代（そんな時代があったのです！）ではないいま、古い常識に囚われていては足をすくわれてしまいます。賃金が大きく増える見込みもない現代の若者が、生涯を全うできる財産を築くためには、「投資」に向き合うことが必要です。本書は、20代、30代の方に向けた、投資の入門書です。投資漫画「インベスターZ」のエピソードを多数引用し、「お金の学校」で教鞭をとる筆者が最新の事例を交えて親しみやすく解説します。投資をするなんて考えたこともない方にこそ、読んでいただきたい

1冊です。
2017.1 179p 18cm ¥880 ①978-4-06-138592-4

◆ゼロから始める！ 株の学校 超入門　柴田博人監修、窪田剛著　高橋書店　（付属資料：CD・ROM1）
【要旨】受講者52万人の株の学校ドットコムが教える、最初の一冊！ 勝ち続けるにはこれしかない！ 2017.3 127p A5 ¥1550 ①978-4-471-21079-3

◆ゾーン最終章―トレーダーで成功するためのマーク・ダグラスからの最後のアドバイス　マーク・ダグラス、ポーラ・T.ウエッブ著、長尾慎太郎監修、山口雅裕訳　パンローリング　（ウィザードブックシリーズ 252）
【要旨】トレード心理学の大家の遺言！
2017.9 553p B6 ¥2800 ①978-4-7759-7216-8

◆大予測「投資テーマ」別 成長業界＆企業 2018・2019　大和証券投資情報部編著　日本経済新聞出版社
【要旨】国内外約250の「次に来る有望銘柄」を紹介！
2017.11 311p A5 ¥1600 ①978-4-532-35753-5

◆小さく始めて大きく稼ぐ「仮想通貨投資」入門　戸田俊司著　幻冬舎メディアコンサルティング、幻冬舎 発売
【要旨】「ビットコイン」って何？ なぜ儲かるの？ どうやって買うの？ 知識ゼロからの超入門書。たった1年で市場規模が1兆6500億円から8兆3000億円に！ 急拡大する仮想通貨取引で今から一獲千金のチャンスを狙え。
2017.10 201p B6 ¥1500 ①978-4-344-91395-0

◆中華屋アルバイトのけいくんが年収1億円を稼ぐ1日1分投資　山下勁著、小林昌裕監修　SBクリエイティブ
【要旨】「ポケモンGO」をこよなく愛し、週休4、5日の縛られない生き方―。そんなけいくんの株式投資は、相場の引き際の14時半から15時の間だけ。1銘柄1分のチェックで、年収1億円超！ いったいどんな投資法なの？
2017.8 190p B6 ¥1400 ①978-4-7973-9305-7

◆中国株四半期速報 2017年新年号　亜州IR編集　亜州IR、星雲社 発売
【要旨】香港/上海A株・上海・深センB株/ADR厳選450社、四半期速報。香港との「相互乗り入れ」で話題の上海A株51銘柄採用！ 16年1～9月期決算をカバー。香港上場の主要287社、上海・深センB株。上場の全100社、上海A株上場の注目51社、米ADR上場12銘柄を網羅。香港287社は写真、資本構成の欄も！ 巻末付録：中国株の基礎知識。
2017.1 789p A5 ¥2963 ①978-4-434-22799-8

◆中国株四半期速報 2017年春号　亜州IR編　亜州IR、星雲社 発売
【要旨】16年12月期本決算を一部カバー、話題の銘柄も新規採用。香港上場の主要287社、上海・深センB株、上場の100社、上海A株上場の注目51社、米ADR上場12銘柄を網羅。香港287社は写真、資本構成の欄も！
2017.4 789p A5 ¥2963 ①978-4-434-23142-1

◆中国株四半期速報 2017年夏号　亜州IR編　亜州IR、星雲社 発売
【要旨】16年12月期本決算、17年第1四半期決算をカバー。香港上場の主要287社、上海・深センB株。上場の100社、上海A株上場の注目51社。米ADR上場12銘柄を網羅。香港287社は写真、資本構成の欄も！
2017.7 789p A5 ¥2963 ①978-4-434-23474-3

◆中国株四半期速報 2017年秋号　亜州IR編　亜州IR、星雲社 発売
【要旨】香港との相互取引で話題の深センA株20銘柄を新規採用。香港上場の主要277社、17年6月期中間決算をカバー。上海・深センA株上場の注目72社、上海・深センB株上場の全99社、米ADR上場12銘柄を網羅。香港277社は写真、資本構成の欄も！
2017.7 789p A5 ¥2963 ①978-4-434-23812-3

◆中国株二季報 2017年夏秋号　DZHフィナンシャルリサーチ企画・編　DZHフィナンシャルリサーチ、星雲社 発売
【要旨】2001年に創刊した中国株二季報は、"2017夏秋号"で32号目を迎えました。収録数を666銘柄としたほか、主要14セクターの業績と見通しを分析した「業界天気予報」などを掲載。定番の銘柄解説・業績分析や、各種指標に基づく豊富なランキングも、中国株情報のスペシャリ

ストDZHフィナンシャルリサーチならではの内容となっています。中国株投資のみならず、中国経済研究、中国ビジネスなどにもお役立てください。
2017.7 687p A5 ¥3000 ①978-4-434-23455-2

◆中国株二季報 2018年春号　―本格的な中国株投資のための　DZHフィナンシャルリサーチ編　DZHフィナンシャルリサーチ、星雲社 発売
【要旨】2001年に創刊した中国株二季報は、"2018年春号"で33号目を迎えました。収録数を751銘柄としたほか、主要14セクターの業績と見通しを分析した「業界天気予報」などを掲載。定番の銘柄解説・業績分析や、各種指標に基づく豊富なランキングも、中国株情報のスペシャリストDZHフィナンシャルリサーチならではの内容となっています。中国株投資のみならず、中国経済研究、中国ビジネスなどにもお役立てください。
2018.1 719p A5 ¥3000 ①978-4-434-24039-3

◆長期投資でお金の悩みから自由になった人たち　澤上篤人、馬場千枝著　日経BP社、日経BPマーケティング 発売
【目次】長期投資の時代がついに来た、CASE1 長期投資と直販投信、CASE2「今日より明日」をよくしたい、CASE3 長期投資はお金のない人のための道具、CASE4 直販投信は雨の日の傘、「渡りに船」となる、CASE5 直販投信で仲間をつくる、CASE6 若いときに始めた長期投資は最強のシステム
2017.6 189p B6 ¥1500 ①978-4-8222-3699-1

◆超ど素人が極める株　hina著　翔泳社
【要旨】わかりやすさを重視した株の入門書。見開きに必ずイラストや図版が入っているので、株取引の仕組みが直感的に理解でき、すぐに株取引を始められるよう、本当に知るべき基礎知識や、最も効率的な情報収集方法を紹介。結果につながる銘柄選びの方法や、売り買いのタイミングをズバリ伝授！
2017.3 159p A5 ¥1280 ①978-4-7981-5026-0

◆超ど素人がはじめる投資信託　20代怠け者著　翔泳社
【要旨】迷わずに投資信託がはじめられるように自分に合ったファンドがわかるフローチャートが充実。相場のチェックは不要。自動でコツコツ積立。楽して儲けられるしくみ作りを伝授。
2017.3 159p A5 ¥1280 ①978-4-7981-5034-5

◆月1回、10000円から始める株トレード―自分で決めて、自分で稼ぐ！　冨田晃右著　ベストセラーズ
【要旨】今すぐ株を買え！ 投資信託に頼るな！ 億万長者への傾向と対策。練習ドリル付き。
2017.12 179p B6 ¥1500 ①978-4-584-13834-2

◆デイトレ必勝の基本 株価チャート「分足」を読む力　東田一著　総合科学出版　（ネットトレーダーズBOOK）　新版
【要旨】5分足チャートが示すシグナルを瞬時に読み取る力を身につけよう！ 変化の激しい相場にあって、長くても1日のうちに取引を完結させるデイトレでは、5分足チャートが示す「買いシグナル」「売りシグナル」を瞬時に見分ける技量が投資の成否を分ける！
2017.7 191p B6 ¥1500 ①978-4-88181-862-6

◆伝説の7大投資家―リバモア・ソロス・ロジャーズ・フィッシャー・リンチ・バフェット・グレアム　桑原晃弥著　KADOKAWA　（角川新書）
【要旨】「ウォール街のグレートベア」（リバモア）、「イングランド銀行を潰した男」（ソロス）…。数々の異名を持つ男たちは「個人投資家」という一般的なイメージを遥かに超える影響力を行使してきた。
2017.6 239p 18cm ¥800 ①978-4-04-082146-7

◆投資賢者の心理学　大江英樹著　日本経済新聞出版社　（日経ビジネス人文庫）
【要旨】「退職金で投資デビュー」「初めての投資はFX」「長期投資＝低リスク」―。そんな考え方ではいつまでたっても儲からない！ 資産運用で陥りがちな「心」の落とし穴はどこにあるのか？ 人気経済コラムニストが、行動経済学の視点から投資で勝てない理由をズバリ解説。
2018.1 259p A6 ¥800 ①978-4-532-19845-9

◆投資信託―基礎と実務　田村威著　経済法令研究会　十四訂版
【要旨】実務で必要とされる知識とコンプライアンスを詳細に解説。制度・商品・運用・販売サー

ビスの体系、最新動向を詳述。つみたてNISA・iDeCo などの新制度対応のファンド選びにも好適。　2017.11 385p A5 ¥2500 ①978-4-7668-2407-0

◆投資信託でうまくいく人、いかない人　白石定之著　クロスメディア・パブリッシング，インプレス 発売
【要旨】「投資家心理」を知り尽くす独立経ファイナンシャルアドバイザーが教える鉄則！ 結局、投資がうまくいかない理由はたった1つだけ。　2017.9 207p B6 ¥1380 ①978-4-295-40115-5

◆投資でお金を増やす人、減らす人―知識・資金ゼロからの投資超入門　長谷川伸一著　総合法令出版
【要旨】銘柄選びから売買ポイントまで、必勝ポイントと基礎を徹底解説！ ローリスク銘柄ではじめる、確実なお金の増やし方。　2017.4 221p B6 ¥1300 ①978-4-86280-546-1

◆投資で勝ち続ける賢者の習慣―投資の哲人が50年超の実践でつかんだ　山崎和邦著　日本実業出版社
【要旨】トップ証券マンとして活躍し、その後は個人投資家として、わずかな資金から始めて、バブルも、リーマンショックも直前に売り抜けた常勝投資家が実践する、勝ち続ける「習慣」。　2017.1 219p B6 ¥1600 ①978-4-534-05462-3

◆投資デビューしたい人のための資産運用のはじめ方がよーくわかる本　前田通孝著　秀和システム
【要旨】株式、債券、投資信託…って何が違うの？ NISA（少額投資非課税制度）iDeCo（個人型確定拠出年金制度）もわかる！ お金を増やす、あなたに合った方法。迷える投資初心者のためのやさしいガイド。　2017.4 198p B6 ¥1400 ①978-4-7980-5019-5

◆投資なんか、おやめなさい　荻原博子著　新潮社 （新潮新書）
【要旨】「老後のためには投資が必要」なんて大間違い。「何に投資すれば？」と窓口で訊くなんて愚の骨頂。銀行も、生命保険会社も証券会社も、いま生き残りをかけて私たちのお金を狙っている。個人年金、純金積立、マンション投資、毎月分配型投資信託…あらゆる投資商品でカモの争奪戦を繰り広げているのだ。2018年、20年に高い確率で到来する大不況にどう立ち向かえばいいか。リスクと不安を抱えないための資金防衛術。　2017.9 222p 18cm ¥760 ①978-4-10-610733-7

◆投資の鉄人　馬渕治好，竹川美奈子，岡本和久，大江英樹著　日本経済新聞出版社 （日経プレミアシリーズ）
【要旨】長期で資産運用を続ける中では、さまざまな誘惑が登場します。それは「情報」「相場」「商品」、そして「自分」。これらに惑わされず、投資を成功に導くにはどうすればよいのか。個人投資家に絶大な信頼を寄せられる資産運用のプロ4人が集い、4テーマから実践的にアドバイスします。　2017.4 247p 18cm ¥850 ①978-4-532-26339-3

◆ど素人サラリーマンから月10万円を稼ぐ！ 株の授業　冨田晃右著　ぱる出版
【要旨】ドカンと大儲けして、「億」を稼ぐ手法などすぐには身に付きません。「億」を稼ぐ技術は、コツコツと「月に10万」を稼ぐ技術から成り立ちます。そして、その「月に10万」を稼ぐ技術は、短期間でフツーに身に付きます。　2017.5 175p B6 ¥1600 ①978-4-8272-1055-2

◆隣の人の投資生活―お金との付き合い方がわかれば人生はもっと楽しくなる　工藤将太郎著　クロスメディア・パブリッシング，インプレス 発売
【要旨】同じ年収なのに、なぜあの人はBMWに乗れるのか？ 他人の通帳を見れば、お金を貯めるコツがわかる。小説形式で学ぶ、最新！ マネー哲学。　2017.11 262p B6 ¥1480 ①978-4-295-40138-4

◆「トランプ相場」でオタオタするなこの株でコッソリゴッソリ儲けなさい　櫻井英明著　明日香出版社 （アスカビジネス）
【要旨】儲かる30銘柄、袋とじ！ 個人投資家のカリスマがこの混濁のトランプ相場の先を読みゴッソリ儲ける銘柄、タイミングを大公開。　2017.3 246p B6 ¥1600 ①978-4-7569-1899-4

◆トランプ・バブルの大波に乗れ！―"2017～2018"資産はこの"黄金株"で殖やしなさい vol.4　菅下清廣著　実務教育出版

◆7日でマスター 株チャートがおもしろいくらいわかる本　梶田洋平著　ソーテック社
【要旨】一瞬でわかる買い時、売り時のサイン！ みるみる上達！ 儲けが出せる！ 今日からはじめるビギナーの僕も、一度諦めた再入門の私も、株のチャートを読めるようになりました。　2017.8 223p A5 ¥1480 ①978-4-8007-2048-1

◆20万円から始めよう 自分投資への第一歩―Jリートであなたもプチ資産家に！　水野和夫著　文芸社
【目次】第1部 ファイナンシャル・リテラシーを身につける（アベノミクスの行く末、投資のファイナンシャル・リテラシー、キャピタルゲインとインカムゲイン、NISAの有効活用と注意点、ライフプランニング）、第2部 誰でもできるJリートとNISAを活用した資産形成（Jリートに注目しよう、Jリート投資を始めるにあたっての基礎知識、具体的銘柄の選び方、NISAと相性がよいJリート、リスクを管理しよう）　2017.3 180p B6 ¥1100 ①978-4-286-18075-5

◆2019年までにお金持ちになりなさい　菅下清廣著　徳間書店
【要旨】トランプ相場のバブルの恩恵を受けるのは日本株。これから2年間がお金持ちになる最後の大チャンス。　2017.6 195p B6 ¥1450 ①978-4-19-864434-5

◆2018年10月までに株と不動産を全て売りなさい！　浅井隆著　第二海援隊
【要旨】世界3大投資家（ジム・ロジャーズ、ジョージ・ソロス、カイル・バス）の全員が「2020年頃世界大恐慌がやってくる！」と警告。ならば株と不動産を時期を見て売り逃がすしかない。あなたの資産を守るための必読書。　2017.6 254p B6 ¥1400 ①978-4-86335-181-3

◆日経記者に聞く投資で勝つ100のキホン　日本経済新聞社編　日本経済新聞出版社 （日経ビジネス人文庫）
【要旨】PERやROE、配当利回りはどう見ればいい？ iDeCo の使い方は？ 決算や相場分析のベにかかわる投資の基本用語を、日経新聞のベテラン記者が、たとえ話や仕組み図を駆使してできる限りわかりやすく解説。今さら聞けない疑問が解消する100項目。　2017.7 239p A6 ¥700 ①978-4-532-19824-4

◆日経平均3万円 だから日本株は高騰する！―2018日本経済投資のシナリオ　今井澂著　フォレスト出版
【要旨】世界が恐慌化する中で、日本が一人勝ち！ 盤石な政権が、これから起こりうる東アジア情勢危機の"国難"を乗り越えていく！　2018.1 240p B6 ¥1600 ①978-4-89451-785-1

◆日本をよくするために日銀の株を買いなさい！　石川和夫著，日本の銀行研究会編，一般社団法人経営実践支援協会監修　日本地域社会研究所 （コミュニティ・ブックス）
【要旨】これでニッポンは甦る！ 誰も書かなかった、これが政府の借金解消法だ。最大の利権を獲得、保持し、国民を犠牲にしてきたわが国の巨大銀行を国民のための銀行にするために、みんなで日銀の株を保有しよう！　2017.10 147p B6 ¥1480 ①978-4-89022-203-2

◆日本株を動かす外国人投資家の儲け方と発想法―No.1ストラテジストが教える　菊地正俊著　日本実業出版社
【要旨】2017年9～10月に5兆円超の買い越しで日経平均16連騰！ 日本市場の主導権を握るプレーヤーたちの実像は？「誰が、いつ、何を、買うのか売るのか」がクリアに見えてくる！　2017.12 199p B6 ¥1600 ①978-4-534-05548-4

◆日本の億万投資家77の金言　日経マネー編　日経BP社，日経BPマーケティング 発売
【要旨】上達したい個人投資家へ贈る応援歌。　2017.12 229p B6 ¥1480 ①978-4-478-10328-9

◆はじめてのビットコイン投資―基礎知識から儲け方までいっきにわかる本　小田玄紀監修　洋泉社
【要旨】BITPoint ではじめるかんたんビットコイン投資！ 基本の「き」から口座開設→注文→損益確定まで、一連の流れと手順を画面付きで解説！　2017.6 255p A5 ¥1600 ①978-4-8003-1241-9

◆はじめての人が投資信託で成功するたった一つの方法　中野晴啓著　アスコム
【要旨】「将来に備えてお金を増やしたい」という方は必見です！ 13万人を成功に導いた「何歳からでもお金を増やせる」投資術がありました。「銀行に預けているだけ」では、お金の不安は解決できません！ 初心者でも安心して投資ができる方法を教えます！　2017.12 201p B6 ¥1300 ①978-4-7762-0973-7

◆ハーバード流ケースメソッドで学ぶバリュー投資　3世，エドガー・ヴァヘンハイム著，長尾慎太郎監修，藤原玄訳　パンローリング （ウィザードブックシリーズ 247）
【要旨】25年間現物投資だけで年利18%超！ バフェットに並ぶ巨人の手法が明らかに。　2017.4 329p B6 ¥3800 ①978-4-7759-7218-2

◆貧困40代シングルマザーが金持ち母さんになれました。　紀村奈緒美著　ぱる出版
【要旨】他人のお金を使いなさい！ 時給760円から始めて年収9000万円を達成した資産運用術。　2018.1 221p B6 ¥1500 ①978-4-8272-1095-8

◆バフェットの重要投資案件20 1957 - 2014　イェフェイ・ルー著，長尾慎太郎監修，井田京子訳　パンローリング （ウィザードブックシリーズ 249）
【要旨】1950年代以降、ウォーレン・バフェットと彼のパートナーたちは、20世紀の流れを作ってきた最も利益率が高い会社のいくつかに出資してきた。しかし、彼らはそれが正しい投資先だということを、どのようにして知ったのだろうか。前途有望な会社を探すために、何に注目したのだろうか。そして、何をどう分析すれば、彼らと同じような投資ができるのだろうか。本書は、長年、投資の成功パターンを探してきたバフェット信奉者への贈り物とも言える1冊で、バフェットの長期投資のポートフォリオを詳細に分析している。　2017.6 484p B6 ¥3800 ①978-4-7759-7217-5

◆百人百色の投資法―投資家100人が教えてくれたトレードアイデア集 Vol.5 JACK著　パンローリング （Modern Alchemists Series No.139）
【要旨】投資家100人へのインタビュー集。普段、表に出ないような人も登場。「どういうときにエントリーするのか」「どうなったら決済するのか」など、百人百様のやり方（入口戦略＆出口戦略）を紹介。「投資（トレード）において大事なことは何か」について、それぞれの意見を掲載。劇的な話も盛り込んだ「最高の思い出」や「最悪の思い出」について紹介。第5弾20人分の統計的な資料も掲載。　2017.3 354p A5 ¥1200 ①978-4-7759-9149-7

◆フェア・ディスクロージャー・ルール　大崎貞和著　日本経済新聞出版社 （日経文庫）
【要旨】「投資家との対話」のつもりが違法に!? 改正金商法で注目！ 制度内容と導入意図をきちんと理解。過剰な情報遮断も、うっかりミスもともに防ぐ企業対応のツボを、第一人者が解説。　2017.6 203p 18cm ¥1000 ①978-4-532-11378-0

◆富裕層のNo.1投資戦略　高岡壮一郎著　総合法令出版
【要旨】フィンテック時代に勝つのは、合理的な思考力を持つ、自立した投資家だ！ 開業医・企業オーナー・大企業幹部が実質！助言契約額累計895億円以上の業界No.1投資助言会社社長が高利回り実績の秘密を大公開！　2017.3 374p B6 ¥1500 ①978-4-86280-544-7

◆プライベートバンクは、富裕層に何を教えているのか？―その投資法と思想の本質　冨田和成著　ダイヤモンド社
【要旨】誰にでもできる世界最高の投資の「正解」。今明かされる「1億円の壁」の向こう側。プライベートバンクが富裕層に提供する金融商品と、その代替策までを具体的に解説した投資入門書の新たな決定版！　2017.9 229p B6 ¥1500 ①978-4-478-10328-9

◆プロ投資家の「株を買いたくなる会社」の選び方―なぜトヨタは「買い」ではないのか　加谷珪一著　さくら舎
【要旨】誰も言わない新しい会社の選び方！ 企業を選別するプロ投資家のとっておきのスキル！ 人口減少の大転換期を迎える日本は投資チャンス拡大！ 企業の将来は数字、市場、シナリオの

経済・産業・労働

3つで読む！ トヨタ、三菱重工、東芝、ソフトバンク、セブン＆アイ、LINE、楽天、三菱UFJ、ソニー、ヤマトの明日はどうなる！
2018.1 220p B6 ¥1500 ①978-4-86581-132-2

◆プロの視点 うねり取り株式投資法─基本と実践　林知之著　マイルストーンズ，丸善出版 発売
【要旨】しっかり儲ける「うねり取り」のバイブル。プロ相場師の思考法と売買テクニックをこの1冊に凝縮。
2017.8 278p A5 ¥2500 ①978-4-903282-03-9

◆プロフェッショナル投資信託実務　田村威，杉田浩治，林皓二，青山直子著　経済法令研究会 十三訂
【要旨】投資信託ビジネスの新展開に対応した実務的ソリューションを詳述。投資信託実務における高度な知識を習得するために必須の書。
2017.11 383p A5 ¥2500 ①978-4-7668-2408-7

◆米国株四半期速報 2017年新年号　亜州IR編集，星雲社 発売
【要旨】米国上場225社、四半期速報。16年7〜9月期の決算をカバー。写真・図表でビジュアル解説。巻頭特集：株式相場の動向 巻末付録：米国株の基礎知識。
2017.1 439p A5 ¥2037 ①978-4-434-22800-1

◆米国株四半期速報 2017年春号　亜州IR編　亜州IR，星雲社 発売
【要旨】16年10〜12月期の決算をカバー。写真・図表でビジュアル解説。
2017.4 439p A5 ¥2037 ①978-4-434-23143-8

◆米国株四半期速報 2017年夏号　亜州IR編　亜州IR，星雲社 発売
【要旨】17年1〜3月期の決算をカバー。写真・図表でビジュアル解説。巻頭特集：株式相場の動向。
2017.7 439p A5 ¥2037 ①978-4-434-23475-0

◆米国株四半期速報 2017年秋号　亜州IR編　亜州IR，星雲社 発売
【要旨】17年4〜6月期の決算をカバー。写真・図表でビジュアル解説。巻末付録、米国株の基礎知識。
2017.10 439p A5 ¥2037 ①978-4-434-23813-0

◆米国株は3倍になる！─日本株も上昇に転じた2018年投資戦略　江守哲著　ビジネス社
【要旨】株で攻めて、米国債・ゴールドで守る！2018年のバブル崩壊も前提にした知的投資の方法を大公開。為替相場は金利を見よ！
2017.12 245p B6 ¥1500 ①978-4-8284-1996-1

◆本当にお金が増える投資信託は、この10本です。　篠田尚子著　SBクリエイティブ
【要旨】投資信託に関して間違った常識が世間に広がり、しかも十分な裏付けのない「オススメ」商品情報も溢れています。その結果、「本当に優れた投資信託」が埋もれるという状況が起きてしまっているのです。世界の第一線で活躍する投資信託分析のプロが初めて明かす。銀行やFPも知らない商品と運用ノウハウを公開！「買い方のコツ」や「買った後にやるべきこと」も、投資信託の"すべて"がこの1冊でわかる。
2017.4 242p B6 ¥1400 ①978-4-7973-9145-9

◆本当にわかる株式相場─株式市場のしくみ、市場参加者の内幕から企業価値と株価の関係、ヘッジファンドの投資戦略まで　土屋敦子著　日本実業出版社
【要旨】株価は、いつ、どうして、動くのか？ 投資で効率よく儲ける方法が手にとるようにわかる。現役ヘッジファンドマネジャーがプロの視点でクールに解説！
2017.2 242p B6 ¥1500 ①978-4-534-05463-0

◆本音の株式投資─人気ストラテジスト直伝　井出真吾著　日本経済新聞出版社
【要旨】もっとも注目の著者が教える株式投資。プロのノウハウと分析手法が明らかに！
2017.4 245p B6 ¥1500 ①978-4-532-35729-0

◆毎月10分のチェックで1000万増やす！ 庶民のためのズボラ投資　吊ら男著　ぱる出版
【要旨】貯金だけだと儲からない時代。100円からできるストレスフリーの資産運用。カネなし、ヒマなし、知識なしのそんな庶民でもお金を増やすなんてホンッッット簡単です！
2017.7 207p B6 ¥1500 ①978-4-8272-1073-6

◆マネーバブルで勝負する「10倍株」の見つけ方─資産はこの「黄金株」で殖やしなさ

い！ vol.5 2018年上半期版　菅下清廣著　実務教育出版
【要旨】与党の大勝、NYダウの史上最高値更新、21年ぶりの日経平均2万2000円突破。予測をとどことく的中させてきた「経済の千里眼」が、資産を10倍にするための投資力の鍛え方、2018年の勝負どころを徹底解説する。
2017.12 223p B6 ¥1500 ①978-4-7889-1452-0

◆マンガーの投資術─バークシャー・ハザウェイ副会長チャーリー・マンガーの珠玉の言葉 富の追求、ビジネス、処世について　デビッド・クラーク著，林康史監訳，石川由美子訳，山崎元解説　日経BP社，日経BPマーケティング 発売
【要旨】天才投資家チャーリー・マンガーの哲学・思考・技術。すべての投資家必読！
2017.9 270, 8p B6 ¥1600 ①978-4-8222-5536-7

◆満室経営で"資産10億円"を目指す田中式"エターナル投資術"　田中宏貴著　ごま書房新社
【要旨】"バブル"ではなく"永遠"に家賃収入を得る仕組み！ 大手鉄道会社勤務と投資活動を兼業し、不安なくセミリタイアできた大家術を公開。積極投資＋満室運営＝永遠に資産を増やす法則。
2017.9 203p B6 ¥1550 ①978-4-341-08678-7

◆難しいことは嫌いでもズボラでも 株で儲け続けるたった1つの方法　藤本誠之著　SBクリエイティブ
【要旨】未経験者もこれ1冊だけで、売買まできるようになる！ 本書1冊だけで、株の選び方から、選んだ株の売買の方法まで、すべてを習得することができます。しかも、「チャートって何？」とおっしゃるくらいの超初心者でも！ さらに、株経験者のあなたにも、ぴったり!!「限られた時間で成果を最大限に上げる方法"を、ついに明かしました！ 伝説の39連勝を成し遂げた証券アナリストがこっそり教えます。
2017.6 231p B6 ¥1400 ①978-4-7973-9172-5

◆めざせ「億り人」！ マンガでわかる最強の株入門　安恒理著，吉村佳漫画　新星出版社
【目次】1 株を売り買いしてみよう！、2 イナゴは卒業！ 本当に買うべき株とは？、3「チャート」の読み方猛特訓、4 知らなきゃ勝てない、株の超基本、5「信用取引」を賢く使おう！、6「億り人」になれる人、なれない人
2017.6 223p A5 ¥1500 ①978-4-405-10296-5

◆めちゃくちゃわかるよ！ 超株入門　深野康彦監修，ダイヤモンド社編　ダイヤモンド社
【要旨】イラスト図解でよりわかる！ 見やすい、やさしい、かんたん！ 株はじめからはじめる株入門!! 株初心者が知っておくべき銘柄選び、売買タイミング、メンタルコントロール。三つの基本が身につく！
2017.7 215p B6 ¥1400 ①978-4-478-10230-5

◆矢口新の短期トレード教室─転換点を見極め、利益を残す方法を学ぶ　矢口新著　パンローリング （Modern Alchemists Series No. 143）
【要旨】短期トレードは難しくない。山越えを待って売り、谷越えを待って買う＝転換点の見極め。
2018.1 281p A5 ¥1800 ①978-4-7759-9154-1

◆やさしい株式投資　日本経済新聞社編　日本経済新聞出版社 （日経文庫）第2版
【要旨】売買の仕組みから、投資戦略の基本、各種情報源の活用法までわかりやすく解説。知りたいことから読める80トピック読み切り形式。「日経会社情報PREMIUM」をフォロー。
2017.7 185p 18cm ¥860 ①978-4-532-11377-3

◆よくわかるエネルギー株─業界の特長から主要銘柄の見方まで　荻野零児著　化学工業日報社
【目次】第1章 株式の基礎（株価グラフを見てみよう、株価はなぜ動くのか ほか）、第2章 エネルギー会社の株価の見方（エネルギー会社に共通する株価の見方、電力会社の株価の見方 ほか）、第3章 情報の集め方（会社のホームページ、エネルギー関連の役立つ日本政府ホームページ ほか）、第4章 エネルギー業界のトピックス（電力・ガスのシステム改革、エネルギー基本計画 ほか）、第5章 主要銘柄を紹介（三井松島産業 (1518)、国際石油開発帝石 (INPEX) (1605) ほか）
2017.4 232p B6 ¥1500 ①978-4-87326-682-4

◆よくわかる株式投資のすべて　橋本正明著　ビジネス教育出版社
【要旨】第1章 株式の概要、第2章 株価の変動要因、第3章 株式の各種指標、第4章 ファンダメンタル分析とテクニカル分析、第5章 株式の取引形態、第6章 指数先物取引とオプション取引、第7章 株式等に係る税制
2017.4 250p A5 ¥2200 ①978-4-8283-0646-9

◆40歳からのiDeCo徹底活用─いまからの投資信託で安心できる老後の蓄えをつくりだす　朝倉智也，岡田正樹著　ビジネス教育出版社
【要旨】第1章 iDeCo（個人型確定拠出年金）なんでもQ&A─あなたの疑問を3分で解決！（iDeCoは投資なの？ 年金なの？、iDeCoのメリット ほか）、第1章 iDeCo（個人型確定拠出年金）の概要（じぶんで運用する個人年金「iDeCo」、iDeCoの魅力は優れた投資効率 ほか）、第2章 iDeCo（個人型確定拠出年金）の加入で豊かな老後を（「ねんきん定期便」「ねんきんネット」で年金額をチェック、企業年金は企業年金連合会で見込み額を確認 ほか）、第3章 職業タイプ別のiDeCo（個人型確定拠出年金）活用法（使い勝手がいいNISA、年金はiDeCo、職業で変わる利用できる確定拠出年金（DC）の仕組み ほか）、第4章 投資信託のポートフォリオ例（元本確保型商品と、投資信託などの投資商品、iDeCoの保険商品は貯蓄を目的としている ほか）
2017.9 137p B6 ¥1400 ①978-4-8283-0681-0

◆リバモアの株式投資術　ジェシー・ローリストン・リバモア，小島利明著，長尾慎太郎監修，増沢和美，河田寿美子訳　パンローリング （ウィザードブックシリーズ 246）
【要旨】20世紀初頭、トレードの世界で大勝利と破産を繰り返した相場師ジェシー・リバモア。本書は、彼が亡くなった1940年に彼自身の手で書かれた唯一の相場書である。ほかのリバモア関連書籍のように、著者の創作などが一切入っていないものである。なお、本書の後半に特別収録としてマンガ「伝説の相場師リバモア」を掲載し、波乱に富んだリバモアの一生を視覚化した！
2017.3 320p B6 ¥1500 ①978-4-7759-7215-1

◆60歳から10万円で始める「高配当株」投資術　坂本彰著　あさ出版
【要旨】60歳から確実にお金を増やす29の極意を一挙紹介！ 買ってはいけない株買うべき株の選び方を大公開！
2017.12 245p B6 ¥1500 ①978-4-86667-017-1

◆ロボアドバイザー投資1年目の教科書─人工知能があなたのお金を増やします　松岡賢治著　SBクリエイティブ
【要旨】資産運用に新時代到来!!サラリーマン、主婦、学生も必読。知らなきゃ絶対損をする。低リスク、ほったらかしで"全自動"でお金が増える！
2017.11 191p B6 ¥1400 ①978-4-7973-9455-9

◆私は株で200万ドル儲けた─ブレイクアウト売買法の元祖「ボックス理論」の生い立ち　ニコラス・ダーバス著，長尾慎太郎監修，飯田恒夫訳　パンローリング （ウィザードブックシリーズ）新装版
【要旨】業界が震撼したボックス理論。今なお読み継がれる株式投資の名著。
2017.2 283p B6 ¥1500 ①978-4-7759-7214-4

◆ETF（上場投資信託）はこの7本を買いなさい─世界No.1投信評価会社のトップが教えるおすすめ上場投資信託　朝倉智也著　ダイヤモンド社
【要旨】投資先進国の米国で、今も最も注目されている商品がETF（上場投資信託）だ。米国では年率二ケタの成長率で伸びており、今後、日本でも同じようなブームが到来すると予想される。ETFの魅力は、なんといってもコストが低いこと。また、品揃えも豊富で商品特性や地域特性に応じて、自在にポートフォリオを組んで運用できる。世界No.1投信評価会社のトップが、今、注目の金融商品ETFの魅力をとことんわかりやすく解説した入門書の決定版。
2017.6 196p B6 ¥1500 ①978-4-478-10201-5

◆IPO投資の基本と儲け方ズバリ！─新規公開株で大きく稼ぐ！　西堀敬著　すばる舎 改訂版
【要旨】新規公開株の仕組みや申し込みの方法から、想定スパンごとの実践的な投資手法まで豊富なデータでトコトンわかりやすく解説。現物取引の経験があってもなかなかわかりづらいIPO投資の手法が、この一冊で学べます。
2017.10 218p A5 ¥1800 ①978-4-7991-0655-6

◆Mr.テンバガー（10倍株）朝香のインド＋親日アジアで化ける日本株100　朝香友博著　アールズ出版
【要旨】日本の未来と企業の繁栄のカギを握る親日ビジネス圏。世界の4人に1人以上、人口20億人市場。世界も注目！アジア新VIP。チャイナ・リスク回避に、企業・投資家ともに最適。次の大化け株はここにある！"あなた目線"でテンバガーを掘り当てろ！
2017.2 202p B6 ¥1400 ①978-4-86204-288-0

◆NISAに浮かれるな―株式投資はギャンブル　安本一男著　表現社，文藝書房 発売
【要旨】踊る阿呆に、嵌る馬鹿。何れ国債も暴落する。
2017.2 275p B6 ¥1200 ①978-4-907158-07-1

◆No.1アナリストがプロに教えている株の講義　吉野貴晶著　東洋経済新報社
【要旨】低PBR投資や高ROE投資の有効性、投資指標の組み合わせ方、リターン・リバーサル、リスクオン/オフの市場心理など、市場に勝つためのレクチャー内容を大公開。
2017.4 189p A5 ¥1800 ①978-4-492-73339-4

外国為替証拠金取引（FX）

◆1日2回のチャートチェックで手堅く勝てる兼業FX　田向宏行著　自由国民社
【要旨】相場の主流に従うチャート分析の習熟こそ着実に利益を出せる。本業以外の副収入を増やしたい人に最適なFX取引法。
2017.12 175p A5 ¥1400 ①978-4-426-12389-5

◆一番売れてる月刊マネー誌ザイが作った「FX」入門！　ザイFX！編集部，羊飼い編　ダイヤモンド社　改訂版
【要旨】FXの最強サイト「ザイFX！」とカリスマFXブロガー「羊飼い」がコラボ！FXがみるみるわかる本に新版が登場！FXで勝つためのノウハウが満載。チャートのこともわかります。
2017.11 214p A5 ¥1600 ①978-4-10383-8

◆一週間で身につく はじめてのFX　田嶋智太郎監修　ナツメ社
【要旨】7日間でFXの口座開設から、実際の投資までができる！オールカラーの図解で、戦略・分析までていねいに解説！負けないポイントを抑え、勝ち癖が身につく方法を伝授！
2017.3 159p A5 ¥1300 ①978-4-8163-6101-2

◆岡安盛男のFXで稼ぐ51の法則　岡安盛男著　自由国民社 新版
【要旨】売りでどうやって儲けるか？利食いと損切りの決め方は？レンジ相場の攻め方は？相場状況をイメージするには？これから相場を動かすのは何か？ディーラーと個人トレーダー双方の経験を持つ著者渾身のトレードテクニック！主要13通貨ペアの攻略ポイント。
2017.10 254p B6 ¥1500 ①978-4-426-12217-1

◆為替王の最強FX投資ループイフダン　為替王著　扶桑社
【要旨】ちょっとのコツだけですぐに使いこなせる「為替王式」リピート系自動売買ツールの決定版！ループイフダンで相場の約7割を占める「レンジ」を利益にかえる！No.1FXブロガー初の著書！
2017.8 148p A5 ¥1600 ①978-4-594-07780-8

◆京大院生が考えた「毎日10分で月10万円稼ぐ」副業FX　風神著　ぱる出版
【要旨】9割の負けトレーダーと1割の勝ち組トレーダーの違いとは？10年以上、相場で勝ち残ってきた極意。
2017.5 190p B6 ¥1500 ①978-4-8272-1062-0

◆最強のFX 1分足スキャルピング　ぶせな著　日本実業出版社
【要旨】エンベロープと"ネックライン"で、エントリーポイントが明確にわかる！8年間負けなしの人気トレーダーが教える、最短で"億超え"できる投資法。
2017.11 222p A5 ¥1600 ①978-4-534-05535-4

◆サラリーマンでも1年で1000万稼ぐ副業FX　鹿子木健著　ぱる出版
【要旨】3年以上続く公開トレードで勝率70%超、利益率80%超を誇るカリスマ投資家が本書だけでこっそり明かす"勝ちパターン"。
2017.12 159p A5 ¥1500 ①978-4-8272-1094-1

◆三位一体のFXトレード理論　坂井秀人著　パンローリング　（Modern Alchemists Series）
【要旨】トレード手法を発見し、それが正しいものなのかを証明し、正しいものと証明された後で、繰り返し稼働させていく。この3つを取り入れた一連の流れが「トレード」である。著者が実際に使っている「正しい」と証明済みの手法を紹介しながら、"三位一体"の重要性を解説！
2017.9 189p A5 ¥1800 ①978-4-7759-9153-4

◆図解 知識ゼロからはじめるFXの入門書　安恒理著　ソシム
【要旨】超初心者でもOK！少資金でもOK！多忙な人でもOK！もうかるしくみがぜんぶわかります!!！マンガと図解でわかりやすさNO.1。初心者のアナタをFXで稼げる体質に!!！
2017.10 191p A5 ¥1300 ①978-4-8026-1110-7

◆ずっと稼げるロンドンFX―ファンダメンタルズ取引の実践テクニック　松崎美子著　自由国民社
【要旨】トランプ政権の衝撃、どうなるブレグジット、混迷するEU、政治・経済でトレンドは一変。ファンダ分析でチャンスに変える！中長期戦略で利幅500pips 一気に30年だからわかる日本人のための主要通貨ペア戦略。
2017.7 223p B6 ¥1500 ①978-4-426-12296-6

◆世界一わかりやすい「FX」1億円トレードの教科書―初級～上級ステップアップ編　山﨑毅著　ぱる出版
【要旨】とりあえず1億円稼いでみませんか？ギャンブラーと勝つトレーダーはここが違う！大切なデモトレード手法の選択・実践・分析。負けてしまう私が勝つようになった方法。あなたのトレード設計―目標・計画・実行。
2017.2 171p B6 ¥1500 ①978-4-8272-1039-2

◆超入門24時間まかせて稼ぐFX戦略投資　水上紀行監修　扶桑社
【要旨】サラリーマンの現実的副収入、年利12%の安定利益を目指す、三つ巴戦略で2000pips 超え、利益の大きさより"安定確保"。"iサイクル注文"がFXを簡単にした！4人のカリスマトレーダーのサイクルトレードを公開。
2017.3 143p A5 ¥1000 ①978-4-594-07698-6

◆なぜ鹿子木式は銀行預金より安全で、不動産投資より稼ぐのか？――一週間でマスターFX入門　鹿子木健著　雷鳥社
【要旨】どうやって、オイシイところで、売ったり買ったりできるの？それを見分ける方法があります。"勝ちパターン"。終値を基準にするから、利益を増やせる！
2017.6 368p B6 ¥1600 ①978-4-8441-3719-1

◆奈那子流FXで勝ち残る7つの法則―出会い・つながり・学びが儲ける道！　奈那子著　自由国民社 新版
【要旨】無駄な回り道をせずに初心者から最短距離で抜け出るFX上達法。勝ち組エッセンスのいいとこ取りで自分流スタイルを作るコツ！主婦トレーダーが稼げるようになった気づきとシンプルな秘訣。
2017.10 223p B6 ¥1400 ①978-4-426-12291-1

◆プロトレーダーHIDEが教える 月利8%FX自動売買　HIDE著　実業之日本社
【要旨】ようこそ、FX長者トレーダーの世界へ。裁量トレードで3億円近い利益を出したHIDEが作成の自動売買システムを駆使したFX投資法。月利8%という成績をあげ、月間単位で負けなし。メンタルをコントロールできないゆえ勝てないトレーダーに対し、メンタルを排除するための方法としての自動売買の利点を解説。
2017.6 191p B6 ¥1500 ①978-4-408-33701-2

◆元コンビニ店員だけど、FXで月給100万ちょいもらってる話　新山優著　ぱる出版
【要旨】"明るく楽しく稼げる"新山システムが、最強すぎる件。
2017.8 173p B6 ¥1500 ①978-4-8272-1079-8

◆FX黄金セミナー――時給より「分給」で稼げ！　秋津学著　毎日新聞出版
【要旨】分給戦術で必勝をめざす！銭活「黄金セミナー」でFXを攻める！対極的思考、キーワード思考、見える化、二重移動平均とオシレーター活用法、スキャルピングざっくり値幅取り…などなど「武器」搭載！
2017.8 206p A5 ¥1600 ①978-4-620-32454-8

◆FX億トレ！―7人の勝ち組トレーダーが考え方と手法を大公開　内田まさみ著　日本実業出版社
【要旨】メーカー勤務のサラリーマン、パチンコ好きのフリーター、元研究者、主婦…最初は負け続けていた普通の人たちが、なぜ「億」を稼げるようになれたのか？
2017.11 198p B6 ¥1400 ①978-4-534-05542-2

◆FX常勝の公式20―最強の為替ストラテジストだけが知っている　水上紀行著　スタンダーズ
【要旨】投資歴34年伝説の為替ディーラーが勝ち方を徹底指南。
2017.2 222p B6 ¥1300 ①978-4-86636-037-9

◆FX戦略投資 実践編　水上紀行監修　扶桑社
【要旨】為替が利益を出している値動きを分析！急落も急騰も原因は損切り。狙い目はジリ安、ジリ高相場だ！iサイクル注文「トレンド機能」はテクニカルチャートのクロスで反転売買！だからサラリーマンでも任せて稼げる！
2017.6 143p A5 ¥1600 ①978-4-594-07772-3

◆FX取引の王道―外貨資産運用のセオリー　大西知生著　日本経済新聞出版社
【要旨】日本の第一人者Mr.FX Japan が、徹底解説！基本から具体的戦略まで外国為替のすべてがわかる。
2017.6 263p B6 ¥1500 ①978-4-532-35726-9

◆FXトレード戦略超入門―ザイFX！×西原宏一が教える　西原宏一，ザイFX！編集部著　ダイヤモンド社
【要旨】"リスク"管理の徹底でトレードが劇的に変わる！ブレグジット、トランプ相場など実際に大きな成果を上げてきた事例をもとにリスク管理、トレード法、情報収集、ガジェット活用などを大きな図解と豊富な写真で丁寧に解説。FXで"勝つため"の入門書。
2017.10 167p B5 ¥1600 ①978-4-478-10060-8

節税対策

◆決定版 知っているようで知らないオーナー社長の税金対策―法人・個人の総合的な税金プランニングをわかりやすく解説！　小林進，齋藤伸市著　大蔵財務協会
【目次】1章 会社の決算に関わること、2章 社長の申告に関わること、3章 事業承継に関わること、4章 相続に関わること、5章 オーナー社長の遺言、6章 社長と会社の取引についての注意点
2017.4 250p A5 ¥1667 ①978-4-7547-4425-0

◆小さな会社と個人事業者・フリーランスのための 勘定科目の選び方と使い方がわかる本　原義彦，新實広己著　ソシム
【要旨】「もう間違わない、損しない」正しい科目、経費になる科目がしっかり摑めます。
2017.12 295p A5 ¥1500 ①978-4-8026-1068-1

◆賃貸住宅オーナーのための確定申告節税ガイド―平成30年3月申告用　植木保雄，徳留新人共著　清文社
【目次】序章 まずは所得税のアウトラインをつかむ、第1章 不動産所得の計算はどのように行うか、第2章 青色申告で不動産所得の節税を図る―青色申告の特典をフルに活用しよう、第3章 不動産所得が赤字になったとき、第4章 所得控除額を控除する、第5章 税額の計算の仕方から納税まで、第6章 賃貸住宅経営と節税対策、第7章 賃貸住宅経営のキャッシュフロー、第8章 賃貸住宅経営と消費税、第9章 決算の仕方と所得税の確定申告
2017.12 197p B5 ¥1400 ①978-4-433-62137-7

◆繁栄する大地主 衰退する大地主―節税プランの良し悪しと決断力の有無で大きく分かれます　鹿谷哲也著　新評論
【要旨】大地主さん向け相続・事業承継対策、一挙公開！次世代への事業承継から家族信託による認知症対策、土地活用、不動産投資、法人化対策、共有・貸地問題、税務調査対策まで事例を交えて詳しく紹介。オーナーのみならず、関係者全員にとっての必携書。
2017.2 315p A5 ¥2200 ①978-4-7948-1062-5

◆風俗業限定 最強の「節税」　松本崇宏著　幻冬舎メディアコンサルティング，幻冬舎 発売

経済・産業・労働

【要旨】累計相談数1000件以上！ 風俗専門税理士が教える、稼いだお金を“がっぽり残す”テクニック。
2017.5 216p 18cm ¥800 ①978-4-344-91212-0

◆Facebookで節税する方法—生活費を「ほぼゼロ」にする驚異のFB活用術　正鬼晋太郎、ミスターK、タカハシ☆ヒロユキ著　アスペクト
【要旨】元国税調査官、税理士、経営者が税金のオモテとウラを語り尽くす。合法的に経費の枠を最大限に広げる方法教えます。節税の基本から応用までこの1冊ですべてわかる！
2017.7 278p B6 ¥1350 ①978-4-7572-2494-0

 ## 税法

◆空き家譲渡の3,000万円控除の特例 早わかり　大蔵財務協会
【要旨】35問、35答。
2017.3 111p A5 ¥1389 ①978-4-7547-2404-7

◆アメリカ連邦所得課税法の展開—申告納税法制の現状と課題分析　石村耕治著　財経詳報社　（白鷗大学法政策研究所叢書）
【目次】第1部 連邦所得課税の構造、第2部 連邦所得課税法の展開、第3部 連邦の税務組織と租税手続法の基礎、第4部 可視化する連邦租税手続、第5部 申告納税法制の展開、第6部 連邦の租税争訟制度、第7部 連邦租税制裁法と連邦刑事租税訴訟、第8部 連邦の租税立法過程および官職政治任用制度の検証
2017.3 943p A5 ¥3500 ①978-4-88177-765-7

◆アメリカ連邦税法—所得概念から法人・パートナーシップ・信託まで　伊藤公哉著　中央経済社、中央経済グループパブリッシング 発売 第6版
【要旨】本質的な理解が深まる定番書！ 税務基準額の詳説などさらに充実した最新版！
2017.2 723p A5 ¥7600 ①978-4-502-21421-9

◆移転価格税制コンパクトガイド　平成29年版　羽床正秀、水野時孝共著　大蔵財務協会
【目次】移転価格税制の概要、特殊の関係（株式保有関係又は実質支配関係）、対象取引、独立企業原則、独立企業間価格算定方法、比較可能性、棚卸資産の販売又は購入以外の取引、独立企業間価格との調整、移転価格調査、文書化制度、相互協議及び対応的調整、事前確認、寄附金課税と移転価格税制
2017.5 216p A5 ¥1759 ①978-4-7547-2423-8

◆動き・焦点からその背景まで 税制改正まるわかり！　平成29年度版　山本守之著　税務経理協会
【要旨】POINT1 ： 日本の財政政策で税制が果たすべき役割は。POINT2 ： 配偶者控除の見直しをどう捉えるか。POINT3 ： 今回の改正で注意すべき点を把握する。
2017.4 184p A5 ¥1800 ①978-4-419-06441-9

◆英和対照 税金ガイド　29年版　川田剛著　財経詳報社　（本文：日英両文）
【目次】1 はじめに、2 日本の税の主な特色、3 所得に対する国税、4 源泉所得税、5 申告所得税、6 法人税、7 相続税及び贈与税、8 消費税、9 地方税等
2017.8 901p 23×15cm ¥10000 ①978-4-88177-438-0

◆欧州主要国の税法　デロイトトーマツ税理士法人編　中央経済社、中央経済グループパブリッシング 発売 第3版
【要旨】欧州は、法制度・税制度の異なる多くの国が隣接する特徴的な市場であり、日本企業の海外戦略において重要な拠点の1つといえます。本書では、欧州地域で事業展開する日本企業に不可欠である各国の税制について解説しています。EU税制の概要を整理するとともに、主要14カ国（英国、ドイツ、フランス、オランダ、スペイン、イタリア、ベルギー、ルクセンブルク、アイルランド、ポーランド、チェコ、ハンガリー、ロシア、トルコ）の税制について、法人税のみならず、所得税や間接税も含めた税制全般を網羅的にカバーしています。欧州地域に関わりのあるすべての企業の税務担当者をはじめ、国際税務を専門とする会計士・税理士においても実務に必備の一冊です。
2017.8 531p A5 ¥6800 ①978-4-502-23091-2

◆改正税法の要点解説　平成29年度版　税務研究会編　税務研究会出版局

◆◆◆（中央列）

【要旨】全税目収録、国税・地方税の改正事項解説。「配偶者控除・配偶者特別控除の改正」や「役員給与等の改正」を収録。
2017.8 919p A5 ¥2200 ①978-4-7931-2257-6

◆解説とQ&Aによる国税関係帳簿書類の電子（スキャナ）保存の実務　藤崎直樹編著　大蔵財務協会
【要旨】平成27年・28年に大幅な見直しがされたスキャナ保存制度の内容を詳細に解説！ 実務に役立つQ&Aを100問掲載！ 付録：承認申請書・届出書および記載要領、電子帳簿保存法・同法施行規則・同法取扱通達三段対照表。
2017.4 293p A5 ¥2315 ①978-4-7547-2396-5

◆確定版 2017年度税制改正—“どう変わる？”が即座にわかる!!　柴田昇著　（大阪）実務出版
【目次】社長・資産家・サラリーマンの税金は、こう変わる—個人（所得税の見直し、金融・証券税制、土地・住宅税制）、相続税・贈与税はこうなる、中小企業の税金は、こう変わる—法人（研究開発・組織再編税制などの見直し、地域・中小企業支援税制の見直し）、消費税はどうなる、納税環境は、こう変わる—法人・個人（納税環境の見直し、平成29年度税制改正実施時期一覧表）
2017.6 64p B5 ¥602 ①978-4-906520-62-6

◆隠れ増税—なぜあなたの手取りは増えないのか　山田順著　青春出版社　（青春新書INTELLIGENCE）
【要旨】サラリーマンは取られ放題！ 税金の“裏側”を知って大増税時代を生き抜く。
2017.4 237p 18cm ¥880 ①978-4-413-04511-7

◆加算税の最新実務と税務調査対応Q&A—判決・裁決・事例で解説　武田恒男編著　大蔵財務協会
【要旨】加算税、重加算税の計算、仮装・隠蔽行為等、帳簿書類、譲渡所得等、虚偽答弁等、隠蔽・仮装等の時期、過少申告についての認識、証拠の収集・保全、推計課税、更正の期間制限、過少申告加算税、重加算税（加重分等）対象税額、不納付加算税、延滞税（総括、1〜39）、利息（1〜14）、その他Q&A、更正の予知、正当事由、資料／事務運営指針
2017.5 293p A5 ¥3333 ①978-4-7547-4437-3

◆基礎から学ぶ現代税法　岸田貞夫、吉村典久、柳裕治、矢内一好共著　財経詳報社 第3版
【目次】第1章 総論、第2章 所得税法、第3章 法人税法、第4章 相続（贈与）税法、第5章 消費税法、第6章 国際租税法
2017.4 304p A5 ¥2900 ①978-4-88177-436-6

◆基礎から学べる租税法　谷口勢津夫、一高龍司、野一色直人、木山泰嗣著　弘文堂改訂増補版
【要旨】自分の納めるべき税金が自分で判断・計算できるよう租税法の基礎と考え方をしっかり伝える入門書。ソフトな記述と図表・2色刷でわかりやすさを追求、租税の本質である「差引計算思考」がマスターできる！ 以下2色刷で「問いかけ」に沿って学べば基礎が身につく。租税法の理解に不可欠な企業会計や民法にも言及する。図表と2色刷でビジュアルに学べる。本用語がきちんと理解できる「Keyword」。関連問題・発展問題で租税法の世界が広がる「TOPICS」。社会人はもちろん、大学生であれば法学部の学生でも最後まで読み切れるコンパクトなテキスト。
2017.4 267p A5 ¥2600 ①978-4-335-35700-8

◆基礎から身につく国税通則法　平成29年度版　川田剛著　大蔵財務協会
【目次】序章 国税通則法ができるまで、第1章 総則、第2章 納税義務の成立と確定、第3章 税務当局による確定…税務調査手続等、第4章 国税の納付及び徴収、第5章 附帯税、第6章 納税緩和制度及び担保、第7章 国税の還付及び還付加算金、第8章 更正・決定・徴収などの期間制限、第9章 国税の調査、第10章 納税者の権利救済制度（不服審査及び訴訟）、第11章 罰則
2017.4 284p A5 ¥1852 ①978-4-7547-2417-7

◆きちんとわかる移転価格の基礎と実務　菅原英雄著　税務経理協会
【要旨】「なぜ課税されるのか」をひとつずつ丁寧に、「実際に何をするのか」を具体的に。移転価格税制をどのように会社に適用させたらよいのかよくわからない、という問題に対応。
2017.3 243p A5 ¥2800 ①978-4-419-06410-5

◆◆◆（右列）

◆寄附金課税のポイントと重要事例Q&A　西巻茂著　税務研究会出版局 第2版
【要旨】寄附金の範囲や判断基準等を詳説！ 注目される海外子会社取引等の取扱いを更に充実！ 実務上の留意点を231問のQ&Aで詳しく解説！
2017.9 602p A5 ¥3200 ①978-4-7931-2254-5

◆基本を押さえて調査対応力を高める 重加算税の実務入門　田口渉著　税務経理協会
【要旨】所得税、法人税、相続税…税目ごとに裁決例を整理。納税者・課税当局それぞれの主張と判断のポイントをわかりやすく解説。
2017.8 221p A5 ¥2500 ①978-4-419-06421-1

◆教養としての「税法」入門　木山泰嗣著　日本実業出版社
【要旨】本書では、「税が誕生した背景」「税金の制度や種類」「税法の重要な判決」などを取り上げ、豊富な事例とともにやさしく解説しました。
2017.8 318p B6 ¥1750 ①978-4-534-05515-6

◆近代日本の課税と徴税　牛米努著　有志舎
【要旨】税金が国家および私たちの社会生活に不可欠なものであることは言うまでもない。それは戦前の日本においても同じことである。しかし、改めて近代日本における税の仕組みについて考えようとするとき、私たちはそれほど多くの知識を持ちあわせに気付かされる。本書は、これまでの研究が税制をめぐる政治的な動向に集約される傾向にあった状況から脱して、近代日本における課税から納税までの基礎的な税の仕組みを考察。真の意味での「租税史」をここに提示する。
2017.11 352, 4p A5 ¥7400 ①978-4-908672-16-3

◆金融商品の譲渡益と利子・配当の確定申告—平成29年3月申告用（平成28年分）　税務研究会研究情報センター編　税務研究会研究情報センター
【目次】序章 平成28年以後の金融・証券税制、第1章 株式にかかる税金、第2章 公社債にかかる税金、第3章 投資信託にかかる税金、第4章 外国証券にかかる税金、第5章 その他の金融・証券税制
2017.1 80p A4 ¥700

◆くらしの税金ミニガイド　平成29年度版　税研情報センター企画・制作　税研情報センター
【要旨】この冊子は、人生のいろいろな場面でかかわってくる税金の問題を、山本さん一家が、お隣に住む税理士、弁護士夫妻からアドバイスを受けるという形で解説してあります。知っておきたいくらしの中の税金の知識が、より身近で理解しやすく構成されています。
2017 54p A4 ¥500

◆クローズアップ課税要件事実論—要件事実と主張・立証責任を理解する　酒井克彦著　財経詳報社 第4版改訂増補版
【目次】第1章 要件事実論—概論（要件事実論の基礎理論、要件事実論と事実認定論、当事者主義—弁論主義 ほか）、第2章 課税要件法と課税要件事実論（租税法律主義、課税要件法定主義・課税要件明確主義、借用概念論 ほか）、第3章 課税要件事実論—各論（所得税法—訴訟費用の必要経費性が争われた事例、所得税法—給与所得該当性、所得税法——時所得該当性 ほか）
2017.9 350p A5 ¥3800 ①978-4-88177-440-3

◆ケースブック租税法　金子宏、佐藤英明、増井良啓、渋谷雅弘編著　弘文堂　（弘文堂ケースブックシリーズ） 第5版
【要旨】法科大学院で学ぶ租税法のスタンダード、最新版！ 具体的な事実に即して法の適用と判例法の形成が学べ、実務的能力を養成できる最高水準の判例教材。Note&Qestionsに学習段階を示すなどの工夫満載、法改正・新しい重要判例・文献等を織り込んだ最新版。
2017.10 700p A5 ¥4500 ①978-4-335-30517-7

◆ケース別でわかりやすい借地権課税の実務　細川総合パートナーズ編著　第一法規
【要旨】借地権課税のすべてがわかる！ 複雑で判断の難しい借地権課税をケース別に分類！ わかりやすく整理した具体的なケース・スタディ集。直面するケースに対し、的確に判断アドバイスができる、税理士のための実務解説集。
2017.3 604p A5 ¥3500 ①978-4-474-05675-6

◆源泉徴収税額表とその見方　29年版　岡本勝秀編　日本法令
【目次】月額表、日額表、源泉徴収のための退職所得控除額の表、各種控除額の合計額の早見表、

年末調整、退職所得に係る住民税の特別徴収税額早見表、用語の早わかり一覧表、解説（計算例）目次、一覧式17大付録

2017.6 300p B5 ¥1800 ①978-4-539-74624-0

◆**現代租税法講座　第1巻　理論・歴史**　金子宏監修、中里実、米田隆、岡村忠生編集代表、渋谷雅弘、弘中聡浩、神山弘行編集担当　日本評論社
【要旨】理論・実務の最前線で活躍する研究者・実務家の執筆。租税法の基礎理論と歴史的淵源に遡ることで、現代社会が直面する租税法の諸問題の解決に資する視座を探求。

2017.6 359p A5 ¥4500 ①978-4-535-06507-9

◆**現代租税法講座　第2巻　家族・社会**　金子宏監修、中里実、米田隆、岡村忠生編集代表、佐藤英明、伊藤剛志、浅妻章如編集担当　日本評論社
【要旨】理論・実務の最前線で活躍する研究者・実務家の執筆。「家族」と「社会」を切り口に、現在の租税法の問題とその解を探る。主として個人所得課税、資産課税、消費課税が対象。

2017.6 367p A5 ¥4500 ①978-4-535-06508-6

◆**現代租税法講座　第3巻　企業・市場**　金子宏監修、中里実、米田隆、岡村忠生編集代表、増井良啓、太田洋、吉村政穂編集担当　日本評論社
【要旨】理論・実務の最前線で活躍する研究者・実務家の執筆。国際的な租税競争、経済・経営環境の変化、企業会計の国際化・高度化によって大きく変化した法人課税の現状と課題を探究。

2017.6 359p A5 ¥4500 ①978-4-535-06509-3

◆**現代租税法講座　第4巻　国際租税**　金子宏監修、中里実、米田隆、岡村忠生編集代表、渕主吾、北村導人、藤谷武史編集担当　日本評論社
【要旨】理論・実務の最前線で活躍する研究者・実務家の執筆。国際課税の分野は大きく変わってきているが、各国の対応は後手に回っている。現時点での国際租税法の現況を適確に描出。

2017.8 447p A5 ¥5000 ①978-4-535-06510-9

◆**憲法から学ぶ税務判例読解術**　木山泰嗣著　ぎょうせい
【要旨】"憲法"という新たな視点を武器に、「税務判例」の本質を読み解くゆるがぬ力が身につく1冊！

2017.8 175p A5 ¥2200 ①978-4-324-10378-4

◆**こう変わる!!平成29年度の税制改正─これだけはおさえておきたい!!**　奥村眞吾著　（大阪）実務出版
【要旨】改正ポイントと対応策がズバリわかる!!

2017.4 150p A5 ¥1852 ①978-4-906520-64-0

◆**公共用地取得の税務─事前協議を上手にすすめるために**　平成29年版　高藤一夫編　大蔵財務協会
【目次】第1 解説編（事前協議、事前協議の検討事項、譲渡所得の課税の特例、収用等に伴い代替資産を取得した場合の課税の特例、交換処分等に伴い資産を取得した場合の課税の特例、換地処分等に伴い資産を取得した場合の課税の特例、収用交換等の場合の譲渡所得の特別控除の特例、特定事業の用地買収等の場合の特別控除）、第2 様式編、第3 法令編、第4 参考編

2017.7 434p B5 ¥2593 ①978-4-7547-2440-5

◆**高齢社会における租税の制度と法解釈**　日本税務研究センター編　日本税務研究センター（日税研論集 VOL.72）
【目次】第1章 本研究の目的と内容、第2章 制限行為能力と課税行政、第3章 生計の形態・遺言形式等と相続税、第4章 老人施設の運営・利用と税制、第5章 政年後見実態と税務問題について、第6章 年金・保険と税制、第7章 高齢社会と信託税制

2017.9 274p A5 ¥3241 ①978-4-931528-31-4

◆**国際課税における重要な課税原則の再検討　下巻**　本庄資著　日本租税研究協会
【目次】第19回国際課税において実質課税の強化（国内法化）を促すOECD/G20 BEPSプロジェクトの合意・勧告、第20回 国際課税における透明性の向上を推進するOECD/G20 BEPSプロジェクトの合意・勧告への対応と問題点、第21回 タックス・ヘイブンに有する持株会社によるBEPS効果にどうした税制を減殺するBEPS対策税の検討の必要性、第22回 アグレッシブ・タックス・プランニング（ATP）ストラクチャーとインディケーターの研究、第23回 利子控除を利用するアグレッシブ・タックス・プランニング（ATP）に

対する防止措置の新しい国際課税ルールの検討、第24回条約濫用・トリーティショッピングの防止ルールの新展開と問題点、補遺 パナマ文書リークスに関して考えるべき問題、補遺 多国籍企業を直視する国際租税法改革の始動に際して

2017.7 414p B5 ¥3000 ①978-4-930964-70-0

◆**国際課税の基礎知識**　川田剛著　税務経理協会　十訂版
【要旨】「CFC税制の見直し」「移転価格文書化」など、近年変化が著しい国際課税の分野について、その基礎知識を完全網羅！ 最新法令に従い大幅にアップデート。具体的な事例については、理解しやすいQ&A形式で解説。

2017.2 592p A5 ¥4900 ①978-4-419-06418-1

◆**国際課税の規範実現に係るグローバル枠組み**　荒木知著　法令出版
【目次】第1章 問題意識、第2章 国際課税に係る国際的な規範を巡る背景と現状、第3章 金融財政分野における国際的な規範実現モデル、第4章 国際課税規範の実現過程と機構モデルのプレイヤー、第5章 開発途上国との協働と地域協力組織・枠組みの役割、第6章 結論

2017.5 235p A5 ¥3700 ①978-4-938419-95-0

◆**国際課税ルールの新しい理論と実務─ポストBEPSの重要課題**　本庄資編著　中央経済社、中央経済グループパブリッシング 発売
【要旨】新進気鋭の研究者、現職官僚、官僚OB、租税専門家等によるBEPS対策、問題点への提言・詳解。

2017.12 794p A5 ¥9800 ①978-4-502-24631-9

◆**国際税務総覧　2017・2018　国際税務基礎データ**　高山政信、坪内二郎、矢内一好編著　財経詳報社
【要旨】海外進出企業必携─新たに「海外の給与情報」を追加！ 海外現地法人への出向社員の給与算定に最適！ 法人・個人の国際税務、国際取引と消費税のほか租税条約・税率などの各国情報を盛り込んだ国際税務のレファレンスブック。

2017.9 504p A5 ¥1700 ①978-4-88177-441-0

◆**国際租税法─概論**　本庄資、田井良夫、関口博久共著　大蔵財務協会　第3版
【目次】国際租税法総論、国内法における非居住者課税、国内法における外国法人課税、国際的二重課税の排除方法、国際的二重非課税の防止の必要性、我が国の租税条約、oecd モデル租税条約・コメンタリー、租税条約等実施特例法、タックス・ヘイブン対策税制（外国子会社合算税制）、移転価格税制〔ほか〕

2017.7 981p A5 ¥3333 ①978-4-7547-2451-1

◆**国税局査察部24時**　上田二郎著　講談社（講談社現代新書）
【目次】第1話「繁華街の帝王」篇─査察は尾行する（フィリピンパブでの出会い、『マルサの女』に描かれていないこと ほか）、第2話「原発から流れ出るカネ」篇─張り込みの妙味（強制調査と税務調査、使途秘匿金とキックバック ほか）、第3話「悪さをする約束手形」篇─上司との喧嘩、同期との純情の戦争（人事競争はつらいよ、小切手と約束手形 ほか）、第4話「FXとタックス・ヘイブン」篇─最新の脱税手口を見破れ！（FXに気を付けろ！、海外取引は無法地帯 ほか）、第5話「口座売買屋の暗躍」篇─マルサの女、そして家族（マルサの女の不幸、マルサの女のスカート ほか）

2017.1 262p 18cm ¥800 ①978-4-06-288407-5

◆**国税通則・徴収・犯則法規集─平成29年4月1日現在**　日本税理士会連合会、中央経済社編　中央経済社、中央経済グループパブリッシング 発売
【目次】国税通則法、国税通則法施行令、国税通則法施行規則、租税特別措置法（抄）、租税特別措置法施行令（抄）、租税特別措置法施行規則（抄）、国税徴収法、国税徴収法施行令、国税徴収法施行規則、国税犯則取締法〔ほか〕

2017.5 368p A5 ¥2800 ①978-4-502-89038-3

◆**国税通則法（税務調査手続関係）通達逐条解説**　平成30年版　上野一郎、下門和博編　大蔵財務協会
【目次】1 国税通則法第7条の2（国税の調査）関係通達の概要、2 国税通則法第7条の2（国税の調査）関係通達の解説（法第74条の2～法第74条の6関係、法第74条の7関係（留置き）、法第74条の9～法第74条の11関係（事前通知及び調査の終了の際の手続）、経過措置に関する事項）、3 参考資料（調査手続の実施に当たっての基本的な考え方等について（事務運営指針）、税

務調査手続に関するFAQ（一般納税者向け）、税務調査手続に関するFAQ（税理士向け）、各税における過少申告加算税及び無申告加算税等の取扱い、参考法令 ほか）

2017.12 366p A5 ¥2778 ①978-4-7547-2478-8

◆**国税通則法の理論と実務**　品川芳宣著　ぎょうせい
【要旨】国税通則法の理論と実務をつなぐ、時代が求めた1冊。

2017.1 465p A5 ¥5500 ①978-4-324-10256-5

◆**個人事業のはじめ方がすぐわかる本　'17〜'18年版**　池田直子、小澤薫著　成美堂出版
【要旨】開業手順から事業計画の立て方、各種書類の記載方法まで。最新の届出書式に完全対応!! 関連法令、税率、助成金などももちろん最新版！

2017.7 223p 24×19cm ¥1300 ①978-4-415-32344-2

◆**個人の税金ガイドブック　2017年度版**　金融財政事情研究会ファイナンシャル・プランニング技能士センター編著　金融財政事情研究会、きんざい 発売
【目次】1 不動産に関する税金（契約書と印紙税、登記と登録免許税 ほか）、2 相続・贈与に関する税金（贈与と課税、贈与税の計算・申告と納税 ほか）、3 投資・金融商品と税金（預金利息と税金、金融類似商品と税金 ほか）、4 その他の個人の税金（所得税の仕組みと確定申告、住民税、事業と税金 ほか）

2017.7 178p A5 ¥1400 ①978-4-322-13152-9

◆**個人の税務相談事例500選　平成29年版**　坂野豊編　（大阪）納税協会連合会、（大阪）清文社 発売
【要旨】個人及び個人事業にまつわる税金に関する質問を選りすぐり、Q&A方式でわかりやすく解説。配偶者控除及び配偶者特別控除の見直し、住宅の耐久性向上改修工事等に係る税額控除など平成29年度改正事項も収録。

2017.10 902p A5 ¥4000 ①978-4-433-60497-4

◆**これだけは覚えておきたい！ 不動産の税金　2017年度版**　入江俊輔、北村佳代著　住宅新報社
【要旨】取得、保有、売却、賃貸、相続・贈与の全5編で構成。各解説のイントロに設定したロープレで、税金のイメージをつかめる。詳細解説で理解度アップ！ イラストを駆使した図解が豊富！ 記入例がわかりやすい各種書式見本つき。各編に不動産取引の慣行や税制に関するコラムを掲載。

2017.3 290p B6 ¥1600 ①978-4-7892-3833-5

◆**これならわかる!!税法の基本**　藤本清一、林幸一、増山裕一共著　（大阪）実務出版　七訂版
【目次】第1編 税法の基本（課税に対する基本的な考え方、納税に対する基本的な考え方）、第2編 所得税の基本、各種所得と所得金額の計算 ほか）、第3編 法人税（法人税の基本、法人税の所得の金額とその計算）、第4編 相続税・贈与税（相続税の課税と申告・納付、贈与税の課税と申告納付 ほか）、第5編 消費税（消費税の基本的な仕組、課税事業者・免税事業者 ほか）

2017.8 218p B5 ¥2037 ①978-4-906520-69-5

◆**裁決事例集　第103集　平成28年4月〜6月**　大蔵財務協会
【目次】1 国税通則法関係、2 所得税法関係、3 法人税法関係、4 相続税法関係、5 登録免許税法関係、6 国税徴収法関係

2017.2 236p A5 ¥2593 ①978-4-7547-2399-6

◆**裁決事例集　第106集　平成29年1月〜3月**　大蔵財務協会　大蔵財務協会
【目次】1 所得税法関係（（総則）所得の発生、譲渡所得 取得価額の認定 購入の代価）、2 法人税法関係（所得の帰属者 その他、所得税額の控除 所得税額の控除）、3 相続税法関係（財産の評価 宅地及び宅地の上に存する権利、4 国税徴収法関係（譲渡担保、無償又は著しい低額の譲受人等の第二次納税義務 債務免除）

2017.11 167p A5 ¥2130 ①978-4-7547-2476-4

◆**最新判例でつかむ固定資産税の実務**　安部和彦著　清文社
【要旨】顧客の疑問・不安に応えられますか？ 最新判例から紐解く、固定資産税実務の最前線！

2017.10 271p A5 ¥2600 ①978-4-433-63727-9

◆**最新版 Q&A 不動産所得をめぐる税務**　髙野弘美、黒田治彦共著　大蔵財務協会
【目次】第1章 所得税法の基礎事項、第2章 納税地等、第3章 所得の帰属、第4章 収入金額、第5章

経済・産業・労働

必要経費、第6章 損益通算、第7章 純損失等の繰越控除、第8章 税額計算の特例、第9章 消費税関係 2017.12 466p A5 ¥2778 ①978-4-7547-2480-1

◆**ざっくりわかる!!マイホームの税金入門**
東京シティ税理士事務所著、山端康幸編　大蔵財務協会
【目次】1 住宅購入時に贈与税を課税されないために、2 住宅ローンで失敗しないために、3 住宅購入時の税金、4 住宅を保有しているときの税金、5 住宅を相続した場合の税金、6 住宅リフォームした場合の税金特例、7 住宅を売ったときの税金で損をしないために、8 住宅特例の申告・申請・届出と納税
2017.3 202p A5 ¥1852 ①978-4-7547-2405-4

◆**産業税制ハンドブック　平成28年度版**
経済産業省編　経済産業調査会
【目次】第1部 現行の租税体系、第2部 国税（法人税、地方法人税、所得税、相続税・贈与税、地価税 ほか）、第3部 地方税（道府県民税及び市町村民税、事業税、地方消費税、不動産取得税、自動車税 ほか）、第4部 資料
2017.4 372p A5 ¥4000 ①978-4-8065-1907-2

◆**産業税制ハンドブック　平成29年度版**
経済産業省編　経済産業調査会
【目次】第1部 現行の租税体系、第2部 国税（法人税、地方法人税、所得税、相続税・贈与税、地価税 ほか）、第3部 地方税（道府県民税及び市町村民税、事業税、地方消費税、不動産取得税、自動車税 ほか）、第4部 資料
2017.11 396p A5 ¥4000 ①978-4-8065-1916-4

◆**事業再生と課税―コーポレート・ファイナンスと法政策論の日米比較**　長戸貴之著　東京大学出版会
【目次】「事業再生と課税」という問題領域、第1編 日本法の分析と問題設定（現行法における課税上の取扱い、沿革と制度理解、問題設定―事業再生の近時の潮流に即した検討の必要性）、第2編 アメリカ企業再生税制の法形成過程（コーポレート・ファイナンス、企業破綻処理制度、法人課税、Kirby Lumber 判決とその後の立法、金融危機への政府の対応、アメリカ企業再生税制のまとめ）、第3編 企業再生税制の機能的分析（欠損、株式と負債、機能的分析のまとめ）、第4編 評価（企業再生税制の基本構造、個別の再生再構築手法、結論―わが国の企業再生税制の評価と本書に残された課題）
2017.2 371p A5 ¥7500 ①978-4-13-036150-7

◆**資産税の実務―不動産の取得・譲渡・賃貸と税金　2017年度版**　松本繁雄著　経済法令研究会
【目次】第1編 所得税（所得税の仕組み、総合課税の対象となる所得、分離課税の対象となる所得、譲渡所得の計算方法、譲渡所得の課税方法、税額計算上の特例、譲渡所得の税金、第3編 資産の取得・保有と税金（資産を取得したときの税金、保有期間中の税金）、資産関連資料（税率・申告等・減価償却資産の償却率等）
2017.7 400p A5 ¥2300 ①978-4-7668-4337-8

◆**市町村職員のための徴収実務ハンドブック**　橘素子著　大蔵財務協会　三訂版
【目次】第1部 総論（租税徴収関係法、徴収事務の概要、徴収手続の流れ、総則関係）、第2部 各論（督促・繰上徴収、財産の調査、差押えの通則、動産・有価証券の差押え、債権を差押え及び取立て ほか）
2017.1 148p A5 ¥1667 ①978-4-7547-2384-2

◆**知っておきたい国税の常識**　大淵博義著　税務経理協会　第19版
【目次】第1章 財政と租税、第2章 税金の種類と納税の仕組み、第3章 税制改革、第4章 所得税、第5章 法人税、第6章 相続税・贈与税、第7章 地価税、第8章 消費税、第9章 その他の国税、第10章 徴収手続等と納税者の権利救済
2017.8 283p A5 ¥3200 ①978-4-419-06480-8

◆**実務解説 連結納税の欠損金Q&A**　足立好幸著　中央経済社, 中央経済グループパブリッシング　発売
【要旨】連結納税における欠損金は（1）繰越控除額の計算が複雑（2）開始・加入・離脱・止めなどの各場面で発生する（3）みなし事業年度の設定と連動する（4）組織再編、特別欠損金などと複雑な税制が適用上に適用される（5）単体納税の取扱いが適用されることがある（6）地方税に係る繰越欠損金は独立した取扱いとなる。この

ような難解な論点を整理して解説します。

◆**実務ガイダンス 移転価格税制**　藤森康一郎著　中央経済社, 中央経済グループパブリッシング　発売　第5版
【要旨】文書化に完全対応。これ1冊で国別報告書、マスターファイル、ローカルファイルへの準備は万全！ 移転価格税制の基礎から更正リスク軽減までに解説した実践書。
2017.5 379p A5 ¥4000 ①978-4-502-23221-3

◆**実務家のための図解によるタックス・ヘイブン対策税制**　高橋幸之助著　法令出版
【目次】第1編 タックス・ヘイブン対策税制（タックス・ヘイブンとは、タックス・ヘイブン対策とは ほか）、第2編 クロスボーダーの組織再編成に関する国際課税制度（課税制度制定の背景、コーポレート・インバージョン対策合算税制（特殊関係株主等である内国法人に係る特定外国法人の課税の特例））、第3編 税制改正の概要（平成17年度の主な改正事項、平成18年度の主な改正事項 ほか）、第4編 質疑応答＆別表記載例（タックス・ヘイブン対策税制の概要、特定外国子会社等 ほか）
2017.3 363p A5 ¥2778 ①978-4-938419-91-2

◆**実務税法六法―法令 平成29年版**（名古屋）
新日本法規出版　（付属資料：CD-ROM1）
【目次】1（憲法、国税通則、所得税（抄）、2（租税特別措置等（1））、3（租税特別措置等（2）、地方税）
2017.6 3Vols.set A5 ¥6200 ①978-4-7882-8220-9

◆**実務担当者のための会社と源泉徴収 平成29年度版**　杉山茂, 上野登著, 税務研究会税研情報センター編　税務研究会税研情報センター
【要旨】配偶者控除・配偶者特別控除（改正）について毎月の源泉徴収への影響も解説!?
2017 107p B5 ¥1000

◆**実務に役立つ印紙税の考え方と実践―法的思考が身に付く**　鳥飼重和著, 日本経営税務研究会編（名古屋）新日本法規出版
【要旨】200円の印紙が売上4億円を無駄にする! 日本経済新聞社による第12回「企業法務・弁護士調査」総合ランキング（企業票＋弁護士票）税務分野第1位の著者が、実務の印紙税法を、わかりやすく解説！ 初学者向け決定版。
2017.5 221p A5 ¥2300 ①978-4-7882-8286-5

◆**司法書士・行政書士・弁護士が陥りやすい信託税務の落とし穴**　古里貴洋, 中川修, 荻野恭弘著　清文社
【要旨】民事信託に携わる法律家必携の実務書！ 複雑な落とし穴から顧客を守るには!?
2017.11 255p A5 ¥2600 ①978-4-433-62797-3

◆**借地権 相続・贈与と譲渡の税務―しくみを知ればトラブルは防げる！**　武田秀和, 中村隆著　税務経理協会　第2版
【要旨】相続税、贈与税、所得税、法人税など、複数税目に関わる難解な借地権課税をすっきり整理。借地権の移動がイメージしやすいよう全体の構成を見直したほか、ご要望の多かったテーマを中心に事例や図表を追加した改訂版。
2017.3 255p A5 ¥2600 ①978-4-419-06446-4

◆**住宅ローン控除・住宅取得資金贈与のトクする確定申告ガイド―平成30年3月申告用**　塚本和美著　清文社
【要旨】住宅の取得、リフォーム、給付金、資金贈与など減税・非課税のポイントを解説。確定申告書の記載例も豊富に掲載。
2017.12 221p B5 ¥1400 ①978-4-433-62077-6

◆**住民税計算例解 平成29年度版**　市町村税務研究会編　ぎょうせい
【目次】個人住民税（非課税、所得割額等の計算、基本的な税額計算、特別な税額計算）、法人住民税（税額の計算、分割基準）、参考資料
2017.7 221p A5 ¥2600 ①978-4-324-10366-1

◆**重要租税判例の解釈　4**　山口敬三郎著　リンケージ・パブリッシング、星雲社 発売
【要旨】精選した20本の判例を実務家が実務的に詳細に解説。すべての判例が事実の概要、原告・被告の主張、各裁判所の判旨、解説、という形になっており判例の詳細を把握できる一冊です!!
2017.6 342p A5 ¥3500 ①978-4-434-23478-1

◆**主要地方税ハンドブック―税務の基礎からエッセンスまで**　山形富夫著　清文社

【要旨】計算式一辺倒の本ではありません。地方税にかかわる場面ごと（暮らし、仕事、レジャーなど）に情報が整理された1冊。税理士等実務家や地方行政担当者必見！
2017.12 308p A5 ¥3000 ①978-4-433-63807-8

◆**詳解 新しい国際課税の枠組み（BEPS）の導入と各国の税制対応―企業への影響と留意点**　EY税理士法人著　第一法規
【要旨】BEPS対応により、各国、我が国の税制はどのように変わるのか。そして、BEPS対応の先にある課題は何か。この1冊ですべてがわかる。平成29年度税制改正大綱に対応。
2017.3 358p A5 ¥4200 ①978-4-474-05694-7

◆**詳解 インドネシアの法務・会計・税務**　杉浦徳行, 竹内宏, 塙晋圭　中央経済社, 中央経済グループパブリッシング　発売
【要旨】著者3名による現地での実務経験を下地に、法務・労務・コンプライアンス・会計・税務上問題になりやすい点を網羅。インドネシア語で公表される法令等の解釈についても解説。
2017.5 318p A5 ¥3800 ①978-4-502-22601-4

◆**詳解 新・中国増値税の実務**　板谷圭一監修, 片岡伸維著　中央経済社, 中央経済グループパブリッシング　発売
【要旨】本書は、この増値税改革後の新制度に全面対応し、中国でビジネスを行う企業が実務上知っておくべき内容を網羅解説しています。用語の定義を多く掲載するとともに、実務において納税者に参考となる、税務機関の規定に対する解釈をQ&Aとして記載しています。
2017.5 299p A5 ¥3600 ①978-4-502-22731-8

◆**詳解 連結納税Q&A**　稲見誠一, 大野久子監修　清文社　第9版
【要旨】連結納税のすべてがわかる。平成28・29年度の税制改正をふまえた別表記載例を収載。
2017.12 1291p A5 ¥5000 ①978-4-433-61077-7

◆**消費課税の国際比較**　日本租税理論学会編　日本租税理論学会, 財経詳報社 発売　（租税理論研究叢書 27）
【目次】1 シンポジウム 消費課税の国際比較（記念講演 税制公正化への魂の覚醒を―税界70年の歩みを回顧して、特別講演 税務訴訟の現状と課題―課税要件の解釈のあり方などを中心に、英国における付加価値税制度の特徴、ドイツの売上税―前段階税額控除を中心に、地方消費課税における税制調和と課税自主権―カナダにおける多様な連邦・州消費課税システムの形成過程と米国への示唆、EUにおける付加価値税の見直し、討論―消費課税の国際比較）、2 一般報告（税理士は、納税者の忠実な助言者・代理人であるべきか？―税理士倫理の展望と課題、英国における高額所得者課税の課題と改革―英国のマーリーズ報告書による所得課税改革、消費税の本質と「社会の負担」理論）
2017.11 203p A5 ¥2800 ①978-4-88177-442-7

◆**所得税・個人住民税ガイドブック―平成29年12月改訂**　松岡章夫, 秋山友宏, 山下章夫, 笹原眞司共著　大蔵財務協会
【要旨】所得税と住民税の税額を一覧できる速算表を作成！ 所得税と住民税・事業税の相違点を一覧で掲載！ 譲渡所得など各種特例の要件を一覧で掲載！ 確定申告及びその後の税務相談で活用！
2017.12 407p A5 ¥1944 ①978-4-7547-2489-4

◆**知るほど得するAtoZ 中小企業の優遇税制を使いこなすテクニック**　青木丈監修, 伊藤千鶴著　日本法令
【要旨】中小企業だからこそ活用できる節税ツール満載!!
2017.5 256p A5 ¥2200 ①978-4-539-72543-6

◆**新 実務家のための税務相談―会社法編**　三木義一監修, 山田泰弘, 安井栄二編　有斐閣
【要旨】「知らなかった」ではすまされません！ 実務上ふと気になる問題をハンディに知ることができる！ 会社法と税法の関連をわかりやすく解説。
2017.6 364p A5 ¥3100 ①978-4-641-13198-9

◆**新税金裁判ものがたり―「納税者」のための税務争訟入門**　関戸一考, 関戸京子著　メディアイランド
【要旨】相続税、贈与税、青色申告、認知症、連帯納付義務…税金裁判の専門家が納税者目線で解きほぐす。弁護士・税理士・税金裁判に興味のある納税者必読！ 豊富な具体例を題材に、税金裁判の現状と課題を解説。
2017 322p A5 ¥3500 ①978-4-904678-82-4

◆新税制による金融商品課税の要点解説—図表でわかる　平成29年版　小田満著　大蔵財務協会
【要旨】株式等及び公社債等の譲渡、利子及び配当等に係る課税関係の一体化による抜本的な改正に対応した構成により、分かりやすく解説。金融商品に係る所得の課税関係について、利子・配当・譲渡・雑などの所得区分、源泉分離や総合・申告分離課税などの課税方式を図表に整理して解説。
　　2017.10 209p A5 ¥1759 ①978-4-7547-2469-6

◆新訂 税の基礎 2017年度版　藤曲武美著　経済法令研究会
【目次】第1章 税金の基礎（税金のあらまし、税金の基本原則 ほか）、第2章 所得税（所得税の概要、各種所得金額の計算 ほか）、第3章 法人税（法人税の概要、法人税の所得金額 ほか）、第4章 相続税・贈与税（相続税・贈与税の課税趣旨、相続税の納税義務者と課税範囲 ほか）、第5章 その他の税金（消費税・地方消費税、登録免許税 ほか）　2017.7 352p A5 ¥2200 ①978-4-7668-3364-5

◆図解＆ケース 国際タックスプランニング入門　田川利一著　中央経済社、中央経済グループパブリッシング 発売　第2版
【要旨】欧米の多国籍企業は、各国の税制の違いや税率差、租税条約の恩恵などを組み合わせることにより、グローバルなタックスプランニングを実施し、税務コストの低減を図っている。本書は、このようなグローバル・タックスプランニングに着手するための入門書です。まず海外取引を典型的な7つのパターンに分類し、それぞれの取引にどのような課税が日本や海外でなされるかを整理したうえで、グローバル・タックスプランニングの基本的な考え方と具体的な手法や実施上の留意点を、ケース・スタディと図表によりわかりやすく解説しています。
　　2017.9 314p A5 ¥3400 ①978-4-502-24271-7

◆図解 いちばん親切な税金の本 17・18年版　髙橋創著　ナツメ社
【要旨】会社員も自営業者も身のまわりの税金はこの1冊で大丈夫！ 何にいくら納められる？ 控除のしくみ・ポイントは？ しくみや計算法から申告書の書き方、知っておきたい制度まで最新の税制改正に完全対応！
　　2017.8 223p B5 ¥1500 ①978-4-8163-6296-5

◆図解 移転価格税制のしくみ—日本の実務と主要9か国の概要　朝日税理士法人編　中央経済社、中央経済グループパブリッシング 発売
【要旨】アメリカ・ドイツ・中国・韓国・インドネシア・タイ・フィリピン・ベトナム・マレーシア。適用対象や文書化、気になる進出国の事情まで見開き図解！
　　2017.8 168p A5 ¥2300 ①978-4-502-23431-6

◆図解・業務別 会社の税金実務必携 平成29年版　溝端浩人、妙中茂樹、山本敬三、松本栄豊、城知宏編著　清文社
【要旨】平成29年度税制改正関連法令等対応の最新版。会社の税金はこれ一冊ですべて解決！ 日常的な会社税務、決算対策、特別な事案、社長個人の税金など経営の視点から織り混ぜて解説！巻末には総合計算例も収録!!
　　2017.9 374p B5 ¥3200 ①978-4-433-60757-9

◆図解 国際税務 平成29年版　望月文夫著　大蔵財務協会
【目次】国際税務の基礎、非居住者への課税の概要、外国法人への課税の概要、租税条約、外国税額控除、外国子会社合算税制（タックス・ヘイブン対策税制）、移転価格税制、過少資本税制、過大支払利子税制、国際相続税、国外転出時課税制度、国外情報報告制度、新しい国際税務問題　2017.7 675p B5 ¥3056 ①978-4-7547-2433-7

◆図解 国税通則法 平成29年版　黒坂昭一、佐藤謙一編著　大蔵財務協会
【目次】第1章 総則、第2章 国税の納付義務の確定、第3章 国税の納付及び徴収、第4章 納税の緩和、猶予及び担保、第5章 国税の還付及び還付加算金、第6章 附帯税、第7章 更正、決定、徴収、還付等の期間制限、第8章 国税の調査（国税調査手続）、第9章 行政手続法との関係、第10章 不服審査及び訴訟、第11章 雑則、第12章 罰則、第13章 犯則事件の調査及び処分
　　2017.9 576p B5 ¥3148 ①978-4-7547-2439-9

◆図解 最新 税金のしくみと手続きがわかる事典　北川ワタル監修　三修社
【要旨】「不動産」「投資」「相続・贈与」「会社の税金」まで、暮らしやビジネスをとりまくさまざまな税金の基本構造と活用法が本書1冊でわかる！ 平成29年税制改正にも対応。
　　2017.9 255p A5 ¥1800 ①978-4-384-04763-9

◆図解 事業承継税制 平成29年版　松岡章夫、山岡美樹編著　大蔵財務協会
【目次】序章 事業承継税制の概要、第1章 非上場株式等に係る納税猶予及び免除制度（非上場株式等に係る納税猶予及び免除制度の全体像、非上場株式等に係る納税猶予及び免除制度の創設とその後の改正、非上場株式等に係る相続税の納税猶予及び免除制度 ほか）、第2章 経営承継円滑化法の概要（民法の特例、金融支援、経営承継円滑化法の沿革）、第3章 事業承継税制のベースとなる都道府県知事認定（円滑化法規則において定める用語、都道府県知事認定の要件（贈与編）特例贈与認定中小企業者に係る認定の取消し ほか）　2017.11 538p B5 ¥2963 ①978-4-7547-2438-2

◆図解 組織再編税制 平成29年版　中村慈美著　大蔵財務協会
【目次】第1章 組織再編税制の基本、第2章 組織再編成の手法とその概要、第3章 完全支配関係・支配関係、第4章 適格要件、第5章 組織再編税制における繰越欠損金額・譲渡等損失額の取扱い、第7章 非適格合併等により移転を受ける資産等に係る調整勘定の損金算入、第8章 組織再編税制とグループ法人税制との関係
　　2017.11 555p B5 ¥2963 ①978-4-7547-2435-1

◆図解 租税法ノート　八ツ尾順一著　清文社　十訂版
【目次】第1部 総論（租税の概要、租税法の基本原則、地方税法と地方税 ほか）、第2部 各論（所得税、法人税、相続税 ほか）、資料（判例・裁決一覧、司法試験過去問題のポイント、公認会計士試験の出題範囲の要旨 ほか）
　　2017.11 279p B5 ¥2500 ①978-4-433-63927-3

◆図解と個別事例による株式評価実務必携—平成29年11月改訂　岡本和之編　（大阪）納税協会連合会、（大阪）清文社 発売
【目次】第1編 株式等の評価のあらまし（株式の評価、株式に関する権利及び出資の評価、公社債等の評価）、第2編 設例による評価明細書等の書き方（上場株式、気配相場等にある株式、取引相場のない株式）、第3編 評価演習（設例に基づく会社の株式の評価、特例評価方式（配当還元方式））
　　2017.11 341p B5 ¥2400 ①978-4-433-60447-9

◆図解 わかる税金 2017-2018年版　芥川靖彦、篠崎雄二著　新星出版社
【要旨】消費税や相続税の増税などで税負担は厳しく。パート収入と配偶者控除の関係や医療費控除、住宅取得や株式、年金、相続・贈与の税金など、身近な税金のしくみと役に立つ節税のポイントを解説。
　　2017.5 222p A5 ¥1500 ①978-4-405-10290-3

◆すぐわかるよくわかる税制改正のポイント 平成29年度　今仲清、坪多晶子、畑中孝介著　TKC出版
【要旨】経済社会の構造変化を踏まえた個人所得課税改革、デフレ脱却・経済再生、中堅・中小事業者の支援、地方創生の推進、経済活動の国際化・ICT化への対応と租税回避の効果的な抑制等に関する税制の重要ポイントを解説！
　　2017.5 190p A5 ¥1600 ①978-4-905467-39-7

◆図説 逆転裁決例精選50 Part3 課税処分取消しのアプローチ　伊川正樹監修・編著、浅野洋、長谷川敏也、妹尾明宏編著　ぎょうせい
【要旨】税務手続のルール化を踏まえた待望の第3弾!!
　　2017.10 325p A5 ¥3500 ①978-4-324-10398-2

◆図説 日本の税制 平成29年度版　吉野維一郎編著　財経詳報社
【目次】税制の概要、わが国の租税制度の変遷と今後の課題、わが国の税制の現状（国税、地方税）、国際課税制度、租税制度の国際比較、税制担当部局、平成29年度税制改正、資料
　　2017.9 377p B6 ¥2100 ①978-4-88177-439-7

◆スッキリわかる 不動産の税金ガイドブック 平成29年度版　尾崎充監修、「税金ガイドブック」制作グループ編著　清文社
【目次】第1章 不動産を買ったときにかかる税金、第2章 不動産を持っているとかかる税金、第3章 不動産を売ったときにかかる税金、第4章 不動産を贈与したときにかかる税金、第5章 不動産を相続したときにかかる税金、第6章 不動産の売買等と消費税、第7章 住宅をめぐる税務上の特例、第8章 不動産を賃貸するときにかかる税金、資料
　　2017.4 ¥800 ①978-4-433-63767-5

◆税金格差—なぜこの国は「正直者がバカを見る」仕組みなのか？　梶原一義著　クロスメディア・パブリッシング、インプレス 発売
【要旨】所得税、消費税、ふるさと納税…etc. どこが問題なのか、いつから歪められたのか、戦前から現代までを読み解くサラリーマンの新しい教養。
　　2017.12 271p 19cm ¥1280 ①978-4-295-40143-8

◆税金対策提案シート集 平成29年度版　辻・本郷税理士法人編著　銀行研修社
【目次】TOPICS 平成29年度税制改正のポイント、1 平成29年度注目対策、2 不動産編、3 自社株編、4 個人編、5 法人編
　　2017.7 187p B5 ¥2407 ①978-4-7657-4554-3

◆税金入門 2017年度版—図とイラストでよくわかる　小島興一、蒔田知子、三野隆子編著　経済法令研究会　（Beginner Series）
【目次】1 税金とは（税金にはどのような種類があるのか、税金を負担する人が税金を納めるのか ほか）、2 所得税とは（所得税とは、所得税の計算は、どのようなしくみになっているのか ほか）、3 相続税・贈与税とは（相続税・贈与税とはどのような税金か、相続人にはだれがなるのか ほか）、4 法人税とは（法人税とはどのような税金か、純利益と所得とはどう違うのか ほか）、5 その他の税金（事業税とはどのような税金か、固定資産税とはどのような税金か ほか）
　　2017.7 189p A5 ¥1600 ①978-4-7668-3365-2

◆税金の知識—わかりやすい一問一答Q＆A 平成29年度版　SMBC日興証券ソリューション企画部編　中央経済社、中央経済グループパブリッシング 発売
【要旨】株の譲渡、相続・贈与、マイホーム…そのとき税金は？ わかりやすくて、役に立つ！ 29年度税制改正までフォローした最新版。
　　2017.9 419p B5 ¥2400 ①978-4-502-24021-8

◆税金ポケットブック 2017　柴原事務所監修、近代セールス社編　近代セールス社
【要旨】税務相談に役立つ小さいけれど、すごいやつ。平成29年度の税制改正にも完全対応！これ一冊で税金に強くなれる！
　　2017.5 197p 18cm ¥1100 ①978-4-7650-2073-2

◆税制改正経過一覧ハンドブック 平成29年版　—税率・控除額・適用期間等の推移がひと目でわかる!!　野川悟志、互井敏勝、竹内愛彦、山端美徳共著　大蔵財務協会
【目次】国税通則法関係、所得税関係、相続税・贈与税関係、法人税関係、消費税関係、印紙税関係　2017.10 105p A5 ¥926 ①978-4-7547-4444-1

◆税制改正のポイント 確定版 平成29年度版　税務研究会税研情報センター編　税務研究会税研情報センター
【目次】1 個人所得課税—配偶者控除・配偶者特別控除の見直し、2 金融・証券税制—積立NISAの創設等、3 土地・住宅税制—既存住宅のリフォームに係る特例措置の拡充等、4 資産課税—事業承継税制の見直し、タワーマンションに係る課税の見直し、相続税の財産評価の適正化等、5 法人課税—研究開発税制の見直し、役員給与等の見直し、組織再編税制の見直し等、6 国際課税—外国子会社合算税制の見直し等、7 その他の改正—災害に関する税制上の措置等、付録—主な平成29年度改正早見表　2017 32p B5 ¥400

◆税制改正のポイント 速報版—企業経営とくらしに活かす 平成29年度版　税務研究会税研情報センター編　税務研究会税研情報センター
【目次】1 個人所得課税—配偶者控除・配偶者特別控除の見直し、2 金融・証券税制—積立NISAの創設等、3 土地・住宅税制—既存住宅のリフォームに係る特例措置の拡充等、4 資産課税—事業承継税制の見直し、タワーマンションに係る課税の見直し、相続税の財産評価の適正化等、5 法人課税—研究開発税制の見直し、役員給与等の見直し、組織再編税制の見直し等、6 国際課税—外国子会社合算税制の見直し等、7 その他の改正—災害に関する税制上の措置等、付録—主な平成29年度改正早見表　2017 24p B5 ¥300

◆税制改正早わかり　平成29年度　中村慈美,
松岡章夫, 秋山友宏, 渡邉正則共著　大蔵財務
協会
【目次】所得税関係（配偶者控除等の見直し及び
その他の所得税制、金融証券税制ほか）、法人
税関係（競争力強化のための研究開発税制等の見
直し、賃上げを促すための所得拡大税制の見直
しほか）、相続税・贈与税、登録免許税関係（相
続税・贈与税関係、災害・復興に関する税制上
の措置ほか）、国税通則法その他共通関係ほか）、
地方税関係（所得課税関係、資産課税関係ほか）
　　　　2017.3 415p A5 ¥2037 ①978-4-7547-2412-2

◆税制改正Q&A　平成29年度　ABC税務研
究会編　ビジネス教育出版社
【目次】個人所得税関係（配偶者控除および配偶者
特別控除は、どのように変わりましたか、NISA
についてどのような改正が行われましたか、住宅
取得等にかかる所得税額の特別控除措置につい
て改正点を教えてくださいほか）、資産課税（事
業承継税制の見直しがされたそうですが、「非上
場株式にかかる相続税の納税猶予制度」と「非
上場株式にかかる贈与税の納税猶予制度」につ
いて、改正点を教えてください、相続税・贈与税
の納税猶予の改正点を教えてください、タワー
マンションに対する課税はどのように見直され
ましたかほか）、法人課税（研究開発税制はどの
ように変わりましたか、所得拡大促進税制（雇用
者給与等支給額が増加した場合の税額の控除制
度）について、どのような改正がありましたか、
確定申告書の提出期限の延長の特例の見直しに
ついて教えてくださいほか）
　　　　2017.3 251p A5 ¥1400 ①978-4-8283-0645-2

◆税法概論　図子善信著　大蔵財務協会　十四
訂版
【目次】税法総論（租税法律主義、税法の法源、
税法の解釈と適用、納税義務、納税義務の消滅、
不服審査および訴訟、租税刑法）、税法各論（所
得税法、相続税法、法人税法、消費税法、地方
税法、国際課税）
　　　　2017.4 281p A5 ¥1296 ①978-4-7547-4431-1

◆税法学　577　（京都）日本税法学会, （大阪）
清文社 発売
【目次】論説（英国王室属領の特殊性とEU法お
よびBEPSの影響─オフショア・タックスヘイ
ブンとして利用されるガーンジーの分析を通し
て、日本国憲法第30条「納税の義務」の再検討
─市民法学の視座から、米国連邦税法上の「S法
人」をめぐる法的諸問題─わが国における小規
模企業税制への示唆を求めて ほか、第107回大
会シンポジウム─租税回避をめぐる法的諸問題
（租税回避の法的意義・評価とその否認、行為計
算の否認規定をめぐる紛争、租税情報の収集と
利用を通じた租税回避規制の課題）、判例研究
（弁護士法3条と税理士法52条の関係）
　　　　2017.5 352p B5 ¥4400 ①978-4-433-47727-1

◆税法学　578　（京都）日本税法学会, （大阪）
清文社 発売
【目次】論説（青色申告承認取消処分に係る裁量
統制手段としての理由付記─行政手続法下にお
ける判例法理の深化を企図して、国際税法におけ
る外国会社の類型化比較─歴史的展開の重要性、組
織再編税制の濫用規制のゆくえ─濫用防止ルー
ルの是非を中心に、持続可能な社会と財政政治
の課題、米国における高等教育資金の非課税および
税額控除、登記名義人課税方式の根拠の解
明とその見直し─相続税法343条2項の「登記」の解釈、韓国
における実質課税原則に関する一考察、役務提
供に係る原価の交際費等非該当性と交際費等の
判断基準の明確化─オリエンタルランド事件の
分析を中心に）、判例研究（措置法61条の4（交際
費等の損金不算入）の適用の限界─福岡地裁平
成29年4月25日判決を契機に、第107回大会
シンポジウム─租税回避をめぐる法的諸問題（討
論）、学会記事
　　　　2017.11 266p B5 ¥4000 ①978-4-433-47737-0

◆税法便覧　平成29年度版　藤﨑直樹, 坂井裕
幸編著　税務研究会出版局
【要旨】法人税、所得税、相続税、消費税の国
税全税目と、個人住民税、法人住民税、個人事
業税、法人事業税等の地方税全税目を完全収録
し、それぞれを「項目」「内容」「備考」欄ごとに
分けて、詳細な取扱いまで解説しています。
　　　　2017.8 1222p 27×20cm ¥7500 ①978-4-7931-2255-2

◆税務インデックス　平成29年度版　税務研
究会編　税務研究会出版局
【目次】税制改正、国税通則法、所得税、
相続税、贈与税、消費税、印紙税・登録免許税、
地方税等
　　　　2017.6 318p A5 ¥1482 ①978-4-7931-2244-6

◆税務数表　平成29年版　辻敢, 齊藤幸司著
ぎょうせい
【目次】1 法人税等（法人税率等一覧表、法人税
等概算税額早見表 ほか）、2 所得税等（所得税
率等一覧表、所得税等概算税額早見表 ほか）、3
相続税・贈与税（事業承継税制、相続税の速算
表 ほか）、4 減価償却等（減価償却資産の耐用年
数・償却率表、減価償却資産の償却率・改定償
却率・保証率表（H24.3.31まで取得分）ほか）、
5 その他（消費税等 ほか）
　　　　2017.6 239p B5 ¥3400 ①978-4-324-10290-9

◆税務相談事例集─各税目の視点から解説　平
成29年版　藤原忠文編　大蔵財務協会
【目次】資産の譲渡（一般）、土地、建物等の譲
渡、土地、建物等の貸借、相続、贈与、資産の評
価、現物給付（経済的利益）、給与、報酬、退職
金等、資産の償却、その他の経費、保険、金融商
品、預貯金等、非居住者、外貨建取引等、公益法
人、人格のない社団、任意組合等、譲渡損失、災
害、盗難損失、開業・廃業等及び組織再編、所
得控除、税額控除、確定申告等、消費税、印紙
税
　　　　2017.8 1655p A5 ¥5370 ①978-4-7547-2445-0

◆税務調査と質問検査権の法知識Q&A　安
部和彦著　清文社　第三版
【要旨】豊富な事例で、先を読む！犯罪調査を
巡る最新の動向から、実務における具体的な対
応を詳解。
　　　　2017.12 379p A5 ¥2800 ①978-4-433-63627-2

◆税務トラブル 項目別調査事例解説　牧野
義博著　大蔵財務協会
【要旨】最近の裁決事例・判例等を掲載!!対話形
式で分かりやすい!!
　　　　2017.3 239p A5 ¥1852 ①978-4-7547-4426-7

◆税務便覧　平成29年度版　税務経理協会編
税務経理協会　（別冊「税経通信」）
【要旨】納税義務者、課税標準、税率、申告手続、
各種特例等について国税に特化し網羅的に編集
した税務ハンドブック。平成29年5月31日現在
の法令を反映した最新版。
　　　　2017.9 644p A5 ¥3100 ①978-4-419-06479-2

◆税務六法─法令編　平成29年版　日本税理士
会連合会編　ぎょうせい
【目次】1（通則、直接税、消費税、地方税）、
2（租税特別措置等、附録）
　　　　2017.7 2Vols.set A5 ¥5500 ①978-4-324-10288-6

◆税務六法─通達編　平成29年版　日本税理士
会連合会編　ぎょうせい
【目次】通則法関係、所得税関係、法人税関係、
耐用年数関係、相続税関係、消費税等関係、地
方税関係
　　　　2017.8 4049p A5 ¥5500 ①978-4-324-10289-3

◆税目別 実務上誤りが多い事例と判断に迷
う事例Q&A　髙橋幸之助著　大蔵財務協会
【目次】法人税関係、所得税関係、源泉所得税関
係、消費税関係、マイナンバー関係、その他関
係　2017.8 363p A5 ¥1944 ①978-4-7547-4440-3

◆税理士事務所の個人情報保護・マイナン
バー対応マニュアル　青木丈, 荒木哲郎共著
ぎょうせい
【要旨】改正法施行、平成29年5月30日より全面
適用。税理士×弁護士解説で準備OK、これが新
たなスタンダード！
　　　　2017.4 333p A5 ¥3400 ①978-4-324-10291-6

◆税理士のための確定申告事務必携─平成30
年3月申告用　堀三芳, 勝山武彦著　清文社
【目次】税法解釈の基本的な考え方、第1編 所得
税確定申告事務の注意点（確定申告をしなけれ
ばならない人、確定申告をすれば税金が戻る人、
申告手続上の留意点 ほか）、第2編 消費税（消費
税等の確定申告、所得税の課税所得金額の計算
と決算額の調整）、第3編 相続税・贈与税（相続税・贈与
税の課税制度の沿革、贈与税のチェックポイン
ト、非上場株式等についての相続税・贈与税の
納税猶予制度 ほか）
　　　　2017.12 476p B5 ¥3000 ①978-4-433-62047-9

◆税理士のための国際税務の基礎知識 海外
進出編　日本貿易振興機構, 前田謙二, 牧野好
孝著, 税務研究会研修情報センター編　税務研
究会研修情報センター
【目次】海外進出する際の留意点とは…、第1章
海外進出とリスク管理、第2章 進出形態と税務
管理、第3章 人の移動と税務問題、第4章 海外
取引と為替換算、第5章 タックス・ヘイブン対
策税制、第6章 移転価格税制、第7章 租税条約
に関する届出書
　　　　2016 120p B5 ¥1000

◆戦後税制のダイナミズム　租税法学会編
有斐閣　（租税法研究 第45号）
【目次】論説・コメント（金融所得課税の展開、
宮本報告に対するコメント、法人税改革の方向
性、安井報告に対するコメント、消費税制の
ダイナミズム─その生成と展開、手塚報告に対す
るコメント、国際租税法の潮流、渕報告に対す
るコメント、申告納税制度の定着と展望─所得
税を中心として、佐藤報告に対するコメント）、
シンポジウム 戦後税制のダイナミズム、学界展
望 租税法学界の動向
　　　　2017.7 236p A5 ¥3800 ①978-4-641-22731-6

◆速算表・要約表でみる税務ガイド　平成
29年度版　一税理士会連合
会編、鈴木修著　中央経済社, 中央経済グルー
プパブリッシング 発売
【要旨】源泉徴収税額表、法人税率等一覧表、相
続申告チェックシートなど、税理士、事務所職
員が実務でよく使う速算表・重要チャートを掲
載。法人・所得・消費・相続・印紙・登免・国通
を網羅。
　　　　2017.7 133p A5 ¥1200 ①978-4-502-23741-6

◆続・税務調査の実例30─選定理由と展開
小宮山隆著　法令出版
【要旨】税務署内で回覧された生臭い調査の実
例30。選定理由や調査の狙い、調査展開や処理
を解説。
　　　　2017.3 265p A5 ¥2130 ①978-4-938419-92-9

◆速報版!!平成29年度税制改正マップ　あい
わ税理士法人編　税務研究会出版局
【要旨】中小企業向け特例の適用対象法人の見直
し。役員給与の損金不算入制度の見直し。外国
子会社合算税制の抜本的見直し。組織再編税制
の見直し。配偶者控除・配偶者特別控除の見直
し。相続税等の納税義務の見直し。取引相場の
ない株式の評価方式の見直し。消費税率10％へ
の引上げ延期関連法も併せて解説！付、適用時
期早見表。
　　　　2017.4 226p A5 ¥1800 ①978-4-7931-2235-4

◆組織再編の申告調整ケース50+6─税務申
告でミスしないための　西村美智子, 中島礼子,
長沼洋佑編著　中央経済社, 中央経済グループ
パブリッシング 発売　改訂改題第1版
【要旨】本書では、50+6の事例をもとに、申告
調整の適切な手順を別表四・五（一）の記載例ま
で示して解説します。
　　　　2017.11 420p A5 ¥4200 ①978-4-502-24511-4

◆租税回避の事例研究─具体的事例から否認の
限界を考える　八ッ尾順一著　清文社　七訂版
【要旨】「否認されるべきでない租税回避」とは
─対立する「租税法律主義」と「実質課税の原
則」。新章「公正処理基準と租税回避」、新たな
判例・税制改正規定等も追加掲載！
　　　　2017.6 622p A5 ¥4400 ①978-4-433-63037-9

◆租税条約関係法規集　平成29年版　（大阪）
納税協会連合会編　清文社 発売　第34版
【目次】1（租税条約（協定）等）、2（租税に関
する情報交換を主たる内容とする協定、租税に関
する相互行政支援に関する条約、租税条約等の
実施に伴う特例等に関する法令、外国居住者等
所得の相互免除関係法令、付録）
　　　　2017.6 2Vols.set A5 ¥13000 ①978-4-433-60537-7

◆租税条約適用届出書の書き方パーフェクト
ガイド　牧野好孝著　税務研究会出版局
【要旨】日本が現在を締結している66カ国との租
税条約の適用に当たって欠かすことのできない
「条約適用届出書」の具体的記載手順を完全詳
解！特典条項を有する租税条約について新たに
スウェーデン・ドイツを加え9カ国としたほか、
台湾との民間租税取決めに関する設例も加えて
解説！実務家がおさえておきたい租税条約に関
する基本事項についてもコンパクトなQ&Aを収
録。
　　　　2017.6 583p B5 ¥4500 ①978-4-7931-2239-2

◆租税条約入門─条文の読み方から適用まで
木村浩之著　中央経済社, 中央経済グループパ
ブリッシング 発売
【要旨】租税条約がどのように解釈され、適用さ
れるかを基礎から理解する。OECDモデル租税
条約（2017年版）対応。
　　　　2017.12 214p A5 ¥2600 ①978-4-502-24661-6

◆租税訴訟　第10号　租税公正基準　4　租
税訴訟学会編　財経詳報社

【目次】第1部 論説（課税要件法定主義を考える 非常勤役員に支給される「日当」の性格、租税法 と契約解釈—課税庁は黙示の合意があったと認 定して課税できるのか、「資本的支出の取扱い」 に関する政令委任の問題点 ほか）、第2部 事例 研究（法人税1 租税回避行為の否認法理とヤフー 事件最高裁判所の否認ロジックの相克、法人税2 有利発行における受贈益の有無、法人税3 タック ス・リスクの税務経営管理論的考察 ほか）、第 3部 学会活動（租税訴訟学会活動実績、租税訴訟 学会規約、租税訴訟学会役員（理事・監事）名簿）
2017.4 487p A5 ¥2800 ①978-4-88177-435-9

◆租税手続の整備　日本税務研究センター編
日本税務研究センター　（日税研論集 VOL71）
【目次】第1章 国際課税における手続の整備と改革、第2章 租税手続法の一環としての一般的否認規定—一国税通則法制定に関する答申をめぐる議論を振り返る、第3章 行政手続法と租税手続—理由附記を中心として、第4章 質問・検査手続の整備：依頼人特権を中心に、第5章 租税不服申立制度の課題—国税不服審判所の組織と運営のあり方を中心に、第6章 行政不服審査法改正に伴う不服審査、第7章 アメリカの租税裁判所の組織と手続、第8章 欧州諸国における租税争訟制度、第9章 ドイツにおける租税確定手続
2017.3 292p A5 ¥3241 ①978-4-931528-30-7

◆租税法　金子宏著　弘文堂　（法律学講座双書）第二十二版
【要旨】平成28年度改正のすべてを現行法として織り込み、さらに、29年度改正予定の内容にも言及。直近の重要判例・文献も加えた最新版。
2017.4 1148p A5 ¥4600 ①978-4-335-30476-7

◆租税法　岡村忠生、酒井貴子、田中晶国著　有斐閣　（有斐閣アルマ）
【要旨】租税に関する基本的なルールとその考え方をわかりやすくコンパクトに解説。租税総論から所得税・法人税・消費税・手続法をあますことなく網羅。学部等での教科書として、また、実務に携わる方々が、租税についてもう一度考えてみるための手掛かりとして最適！
2017.10 313p B6 ¥2100 ①978-4-641-22094-2

◆租税法の解釈と適用　増田英敏編著　中央経済社、中央経済グループパブリッシング 発売
【要旨】租税正義実現のための裁判事例研究の決定版—租税は誰のためにあるのかを問う。
2017.10 398p A5 ¥4600 ①978-4-502-23831-4

◆租税法判例六法　中里実、増井良啓編　有斐閣　第3版
【要旨】租税に関する主要判例を条文とともに理解する。平成29年度改正まで織り込んだ待望の改訂版!!
2017.7 500p A5 ¥2900 ①978-4-641-00151-0

◆第二次納税義務制度の実務　橘素子著　大蔵財務協会　全訂版
【目次】第1編 国税徴収法の理念—第二次納税義務の位置づけ、第2編 第二次納税義務制度、第3編 第二次納税義務制度に類似する制度、第4編 第二次納税義務の質疑応答、第5編 第二次納税義務の通則、第6編 第二次納税義務の追及、第7編 第二次納税義務をめぐる諸問題
2017.4 563p A5 ¥3333 ①978-4-7547-2357-6

◆タックス・ジャスティス—税の政治哲学　伊藤恭彦著　風行社　（選書“風のビブリオ”4）
【要旨】タックス・ジャスティス＝租税の正義。税を語る時にいわれる公平や公正の背後にある社会観や人間観にまでさかのぼって哲学的に考える。税を通して私たちはどのような社会を作ろうとしているのか。
2017.5 217, 5p B6 ¥1800 ①978-4-86258-108-2

◆タックス・ヘイブン対策税制の実務詳解—パナマ文書/抜本改正から判決事例まで　藤枝純、角田伸広著　中央経済社、中央経済グループパブリッシング 発売
【要旨】法理論に加え、最前線での豊富な実務経験に裏付けられた決定版。CFC最終報告書や租税情報交換協定等にも言及。
2017.10 442p A5 ¥4600 ①978-4-502-24971-6

◆地方税取扱いの手引—平成29年10月改訂
地方税制度研究会編　（大阪）納税協会連合会、（大阪）清文社 発売
【目次】第1編 総則（通則、納税義務、納税の告知等 ほか）、第2編 道府県税（個人の道府県民税、法人の道府県民税、利子等、特定配当等及び特定株式等譲渡所得金額に係る道府県民税 ほか）、第3編 市町村税（個人の市町村民税、法人

の市町村民税、固定資産税 ほか）
2017.11 1547p B5 ¥5200 ①978-4-433-60517-9

◆中国税制の実務対応—BEPS等最新動向とリスクの解説　簗瀬正人著　中央経済社、中央経済グループパブリッシング 発売
【要旨】BEPS、ロイヤルティー、PE推定課税、子会社支援費—官僚権限が強い中国でどうすべき？ 税務リスクへの対応策がわかる。最新の動向を含む決定版!!
2017.12 308p A5 ¥4000 ①978-4-502-24591-6

◆どこがどうなる!?税制改正の要点解説　平成29年度　朝長英樹監修、小畑良晴、塩野入文雄、竹内陽一、掛川雅仁編著　清文社
【目次】1 平成28年11月消費税法改正、2 個人所得税関係の改正、3 災害に関する税制上の措置、4 資産税関係の改正、5 法人税関係の改正、6 医療法人に関する税制改正、7 国際課税関係の改正（外国子会社合算税制の見直し）
2017.4 173p A5 ¥1000 ①978-4-433-63167-3

◆都市農家・地主の税金ガイド　平成29年度　清田幸弘編著　税務研究会出版局
【目次】税制改正のあらまし、第1章 所得税、第2章 法人税、第3章 相続税・贈与税、第4章 その他、早見表
2017.6 214p A5 ¥1600 ①978-4-7931-2246-0

◆29年度税制改正後のタックス・ヘイブン対策税制　佐和周、菅健一郎著　中央経済社、中央経済グループパブリッシング 発売
【要旨】OECDのBEPS行動計画3「被支配外国法人（CFC）ルールの強化」に関する最終報告書を受け、平成29年度税制改正では、タックス・ヘイブン対策税制について大きな改正が行われました。具体的には、経済実体に即した課税という観点から、「実質支配関係」の概念が導入されたほか、「受動的所得」（「資産性所得」）の範囲が拡大されるなど、実務に影響の大きな改正も多くあります。また、「特定外国関係会社」等の新たな概念も導入されています。本書は、改正後のタックス・ヘイブン対策税制について「どこが改正されたのか」がわかるよう解説しています。各章の最初に、図解や単純化した解説を入れることで大枠をつかみやすくするとともに、必要なところをピンポイントで読めるようにQを細かく分けています。また、「特定外国関係会社」などの新たな用語は、丁寧に説明しています。
2017.9 194p A5 ¥2400 ①978-4-502-24001-0

◆入門税法　平成29年版　全国経理教育協会編　清文社
【目次】第1章 税金の制度（税金の意義、税金の根拠 ほか）、第2章 所得税法（所得税の概要、所得の内容と所得金額の計算 ほか）、第3章 法人税法（法人税の概要、法人税法上の（所得）ほか）、第4章 消費税法（課税対象、納税義務者 ほか）
2017.4 94p B5 ¥1200 ①978-4-433-63987-7

◆年末調整の仕方と1月の源泉徴収事務—はじめての人にもよくわかる　29年版　岡本勝秀編　日本法令
【要旨】平成30年分から変わる配偶者控除等の改正を網羅！ 給与所得の源泉徴収税額表（月額表・日額表）、賞与に対する源泉徴収税額の算出率の表、健康保険・厚生年金保険等社会保険料額表。各種税額表収載。
2017.10 327, 9p B5 ¥1800 ①978-4-539-74627-1

◆年末調整・法定調書の記載チェックポイント　平成29年分　近田順一朗著　中央経済社、中央経済グループパブリッシング 発売
【要旨】マイナンバーに対応した源泉徴収票と支払調書の様式、年末調整の計算から源泉徴収票と支払調書作成のポイントを解説。初心者は、フローチャートと画像で年末調整の計算から法定調書の計算手順がわかる。ベテランは、年末調整と法定調書のチェックポイントにより最終チェックができる。インターネットによる電子申告e-Tax ソフト（WEB版）と地方税のeLTAXについて解説。
2017.12 217p A5 ¥1300 ①978-4-8283-0644-5

◆納税対策Q&A 不動産・相続編—税額はこれだけ変わる！ 平成29年度税制対応　鈴木高広著　ビジネス教育出版社
【要旨】1 不動産に関する税金対策（不動産の賃貸と税金、住宅ローン控除、不動産の譲渡と税金）、2 相続に関する税金対策（相続税と贈与税、相続対策に活用できる制度と考え方、事業承継税制、事例で考える相続対策）
2017.3 217p A5 ¥1300 ①978-4-8283-0644-5

◆配偶者控除等の改正でこう変わる！—所得税・個人住民税・社会保険トータルで考えるケーススタディ　石井敏彦、佐藤広一、一安裕美共著　大蔵財務協会
【要旨】配偶者控除等の改正で働き方が変わる？「会社員の夫とパートで働く妻の家庭」を例に、世帯収入の増減を徹底シミュレーション!!
2017.6 224p A5 ¥1667 ①978-4-7547-2443-6

◆早わかり！ 知れば知るほど得する税金の本　出口秀樹著　三笠書房　（知的生きかた文庫）（『知れば知るほど得する税金の本』加筆・改筆・再編集・改題書）
【要旨】知らなきゃ損！ 確定申告すべき6つの控除。災害減免法による救済措置とは。高齢者ならではの節税法とは。「特定口座」を賢く使えば税金が戻ってくる！ 自分と親のマイホームの賢い売り・買い方。税金のプロが教えます。この1冊で税金の"疑問"は今すぐスッキリ解決！
2017.10 315p A6 ¥770 ①978-4-8379-8494-8

◆早わかり平成29年度税制改正のすべてQ&A　鹿志村裕、熊王征秀、嶋協、藤曲武美著　中央経済社、中央経済グループパブリッシング 発売
【目次】1 改正項目と適用期日（早見表）、2 個人所得課税、3 資産課税、4 法人課税、5 消費課税、6 国際課税、7 納税環境整備、付録 平成29年度税制改正の大綱 QRコード
2017.3 222p A5 ¥1600 ①978-4-502-22891-9

◆一目でわかる医療費控除—平成30年3月申告用　小林義治編　（大阪）納税協会連合会、（大阪）清文社 発売
【目次】第1編 基礎知識編（医療費控除、医療費控除の対象とされる医療費、保険金等で補てんされる金額 ほか）、第2編 問答編（医師等による診療等の対価、医薬品の購入費用、療養上の世話の費用 ほか）、第3編 事例編（確定申告書の使用区分、確定申告書Aを使用する方、確定申告書Bを使用する方）、付録 参考資料編
2017.12 241p B5 ¥1600 ①978-4-433-60327-4

◆不動産オーナーのための会社活用と税務—相続増税・個人増税・法人減税に対応!!　青木惠一、松岡章央、吉田幸一共著　大蔵財務協会　4訂版
【目次】第1章 不動産オーナーの会社活用の仕組み、第2章 会社活用のメリットとデメリット、第3章 会社の設立と運営、第4章 会社等を活用した場合の税務対策事例（役員報酬減額の基本ポイント、相続税に関する事項、賃貸不動産に関する税務、他にもあるオーナーのための留意点）
2017.12 346p A5 ¥2593 ①978-4-7547-2485-6

◆不動産税額ハンドブック　平成29年改正版　佐藤清次、奥山雅治、渡邉輝男共著　にじゅういち出版
【要旨】新税制改正に対応。贈与税額一覧表を改訂！ 分かりやすい解説、使いやすい税額計算表で簡単に税額が計算できます。譲渡・相続・贈与税額一覧表。各種税額計算表・適用可否チェックリスト付。
2017.7 284p B5 ¥2300 ①978-4-904842-27-0

◆不動産の税金ミニガイド—わかって安心！知って得する！　タクトコンサルティング著、税務研究会税研情報センター編　税務研究会税研情報センター
【目次】第1章 不動産を買ったときの税金、第2章 不動産の取得・改修等を支援する税制、第3章 不動産を売ったときの税金、第4章 不動産を相続した場合の相続税、第5章 不動産の取得と贈与税、第6章 賃貸不動産の税金
2017 48p B5 ¥500

◆富裕層のバレない脱税—「タックスヘイブン」から「脱税支援業者」まで　佐藤弘幸著　NHK出版　（NHK出版新書）
【要旨】タックスヘイブンの存在が暴露されて以降、「大金持ちがまともに税金を払っていない」ことはなかば常識となりつつある。本書は、マルサ（国税局査察部）を超える最強部隊と呼ばれる元国税局資料調査課の著者が、富裕層のあらゆる脱税の手口を白日のもとにさらす一冊だ。カネを国外に逃がす方法とは？ 金塊が密輸される理由は？ 脱税支援業者の驚愕の手口とは？ そのすべてが明らかになる！
2017.9 253p 18cm ¥820 ①978-4-14-088526-0

◆「文書化」対応の重要ポイント　木村直人著　第一法規　（シリーズ移転価格税制）

経済・産業・労働

【要旨】平成28年度改正後の移転価格「文書化」に完全対応！ BEPSでの議論から国内法整備までの「流れ」をおさえ、法令を正確にひも解くことで、要点を外さずに対応できる！ 移転価格「文書化」に当たって誤りがちなポイントや判断に迷う点を「注意ポイント」として各解説箇所において明示。国税庁からの公表資料も網羅！
2017.4 187p A5 ¥4000 ①978-4-474-05781-4

◆米国連邦所得税に関するキャピタル・ゲイン特例弁護論　N.B. カニンガム, D.H. シェンク著, 佐藤和男訳　日本住宅総合センター
【目次】第1章 序説、第2章 問題の原因、現行法におけるキャピタル・ゲインに関する不完全な取扱い、第3章 通常所得税体系におけるキャピタル・ゲイン（キャピタル・ゲインは所得ではない、消費および非所得も課税されるべきもの、束ね（bunching）、法人利益との二重課税、インフレーション、リスク、ロック・イン効果、結論）、第4章 貯蓄インセンティブとしてのキャピタル・ゲイン特例（貯蓄における利率の上昇は貯蓄総額の増加をもたらすか、個人貯蓄の増加が国内投資の増加に結びつくか）、後記 米国連邦所得税法におけるキャピタル・ゲイン課税と本論文の位置づけ
2017.6 119p A5 ¥3500 ①978-4-89067-817-4

◆平成29年度税制改正のすべてQ&A─改正政省令完全対応版　宮森俊樹著　中央経済社, 中央経済グループパブリッシング 発売（「別冊税務弘報」）
【要旨】施行令・施行規則・告示まで含めた完全版！ 配偶者控除がどう変わる？ 積立NISAとは？ 住宅借入金の控除をまとめると？ 事業承継税制が使いやすくなる？ 研究開発税制がどう変わる？ 仮想通貨は課税される？ が、実務の要点がわかる。
2017.7 190p A5 ¥2000 ①978-4-502-23751-5

◆ベーシック租税法　土屋重義, 沼田博幸, 廣木準一, 下村英紀, 池上健著　同文舘出版 第2版
【要旨】所得税・法人税・相続税・消費税・国際課税などの主要な制度について、それらが設けられた趣旨や背景、それぞれの要点をわかりやすく、コンパクトに解説。根底の理念や税制の全体像が理解できる基本書！ 各章のコラムにて最新の論点も紹介する！
2017.9 251p A5 ¥2500 ①978-4-495-17622-8

◆法人が納める地方税Q&A 法人住民税・事業税・事業所税・償却資産税　山田＆パートナーズ著　税務経理協会 第3版
【要旨】申告課税の地方税を中心に、概要・税額計算・申告手続きの実務ポイントを解説。法人住民税や事業税など最新の改正を反映した第3版。
2017.3 266p A5 ¥4200 ①978-4-419-06444-0

◆法人・企業課税の理論　手塚貴大著　弘文堂（租税法研究双書 8）
【要旨】ドイツ法と比較しつつ、企業税制がどのような制度的変遷を経て現在に至っているかを検討し、その変遷のなかで、企業税制がいかなる思考に基づいて設計されているかを明らかにした書。
2017.10 333p A5 ¥4500 ①978-4-335-32062-0

◆法律家のための税法 会社法編　東京弁護士会編著　第一法規 新訂第七版
【要旨】会社法に完全対応─待望の改訂版。法律家の立場から税法へアプローチ。弁護士に求められる税法・税務の知識を会社法の体系に沿って解説。
2018.1 739p A5 ¥6000 ①978-4-474-05818-7

◆まほろばからの地方税のありかた提言─奈良県税制調査会の挑戦　奈良県税制調査会著　奈良県, 清文社 発売
【要旨】平成30年度税制改正における地方消費税の清算基準の抜本的見直しに向けて、地方の課税自主権の意義と課題、超過課税と徴収強化：奈良県税制調査会現地調査より、地方税における税負担軽減措置の政策評価─現状と課題、地方税に関する税制観点の特徴─地方のあるべき方向性、地方税総額に対する徴収率という指標の問題点、地方独自課税（法定外税）導入をめぐる国と地方の関係─関空連絡橋を事例に、軽減税率・インボイスと地方消費税、税を考えるシンポジウム─税制をめぐる情勢と奈良県税制調査会の取り組み、特別講演、基調講演、パネルディスカッション
2017.3 288p A5 ¥2600 ①978-4-433-40967-8

◆マンガでわかる「固定資産税破産!!」─全国で続出する評価ミス・過大徴収　稲垣俊勝著　合同フォレスト, 合同出版 発売
【要旨】理不尽な固定資産税から身を守れ!!2020年東京五輪開催、固定資産税が再び暴れ出す?!あまりに複雑な仕組み、全国で多発する評価ミスと過大徴収。一体誰が何をしているのか！ 納税者は何をしているのか！ 固定資産税を知り尽くした著者が、マンガを使ってわかりやすく解説。
2017.4 197p B6 ¥1400 ①978-4-7726-6087-7

◆マンガでわかる！ 税金のすべて '17 -'18年版　須田邦裕監修　成美堂出版
【要旨】確定申告など、各種申告書は具体的な記入例を掲載。サラリーマン/自営業者/個人事業者/相続・贈与/不動産…etc. 立場、状況など、多様なケースごとに節税の知恵を凝縮！ 相続対策、マイホーム関係など、役立つ情報が満載！ 所得税の配偶者控除、配偶者特別控除の収入要件見直しなど最新の税制改正情報を網羅！
2017.8 223p B5 ¥1500 ①978-4-415-32393-0

◆マンガと図解 新くらしの税金百科　2017→2018　納税協会連合会編（大阪）納税協会連合会, 清文社 発売
【要旨】身近な税金のことがよくわかる。みんなの税金入門書。
2017.7 253p B5 ¥1600 ①978-4-433-60557-5

◆「見えない」税金の恐怖─これは官僚によるタックス・テロだ！　大村大次郎著　ビジネス社
【要旨】日本人が金持ちになれないのには、理由があった！ 知らないとずるずると払わされてしまう恐ろしい負担の正体。
2017.4 204p 18cm ¥1000 ①978-4-8284-1949-7

◆みなし配当に関する税務実務ハンドブック　齋藤雅俊著, 税務研究会税研情報センター編　税務研究会税研情報センター
【目次】第1章 みなし配当と課税の仕組み、第2章 解散による残余財産の分配とみなし配当、第3章 自己株式の取得とみなし配当、第4章 合併とみなし配当、第5章 会社分割とみなし配当、第6章 資本の払戻しとみなし配当、第7章 株式分配とみなし配当
2017 64p B5 ¥700

◆元国税局芸人が教える読めば必ず得する税金の話　さんきゅう倉田著　総合法令出版
【要旨】買い物、結婚、離婚、災害、生命保険、医療費、住宅、副業…あらゆる場面で得をする税金の知識！
2017.12 260p B6 ¥1300 ①978-4-86280-593-5

◆要説住民税 平成29年度版　市町村税務研究会編　ぎょうせい
【目次】第1章 個人の住民税、第2章 法人の市町村民税、第3章 減免、延滞金及び所得税等に関する書類の閲覧、第4章 利子等に係る道府県民税（道府県民税利子割）、第5章 特定配当等に係る道府県民税（道府県民税配当割）、第6章 特定株式等譲渡所得金額に係る道府県民税（道府県民税株式等譲渡所得割）
2017.9 463p A5 ¥2700 ①978-4-324-10400-2

◆よくわかる税制改正と実務の徹底対策 平成29年度　平川忠雄編著, 中島孝一, 飯塚美幸, 市川康明著　日本法令
【要旨】与党大綱・各省庁資料をベースに、平成29年度税制改正のポイントと実務をQ&Aで徹底解説！
2017.2 322p A5 ¥2300 ①978-4-539-74620-2

◆よくわかる税法入門　三木義一編著　有斐閣（有斐閣選書）第11版
【要旨】税法のおもしろさを体感しよう！ 2016年の税制改正に対応するだけでなく、2017年の税制改正にも言及しました。より充実した税法分野の入門書の決定版です。
2017.4 375p B6 ¥2100 ①978-4-641-28141-7

◆ルポ 税金地獄　朝日新聞経済部著　文藝春秋（文春新書）
【要旨】タワマン上層階を買い占め、金の延べ棒を小分けにして節税に励む富裕層。給料の3割以上を取られ、消費増税にあえぐサラリーマン。税制が不平等を加速させている日本の末期的な現場を描き出す硬骨のノンフィクション。
2017.3 255p 18cm ¥780 ①978-4-16-661121-8

◆連結納税の実務と申告の手引─ストーリーでわかる！ はじめての連結納税　三浦昭彦著　大蔵財務協会 改訂版
【要旨】連結納税制度の導入を検討する際に最適な一冊!!単体納税から連結納税へ移行する際に起こり得る様々な問題をストーリー仕立てで分か

りやすく紹介。実務において必要な連結納税の手続き並びに申告等に係る記載例を示しながら解説。
2017.12 292p B5 ¥2407 ①978-4-7547-2495-5

◆わかりやすい不動産の税金ハンドブック─不動産税制の要点が即座にわかる!! 平成29年度版　山本和義著（大阪）実務出版
【目次】不動産を購入するときにかかる税金、不動産を所有しているときにかかる税金、不動産を売却したときにかかる税金、不動産の贈与を受けたときにかかる税金、不動産を相続したときにかかる税金、不動産を貸し付けたときにかかる税金、不動産にかかる各種税金の早見表・速算表　2017.6 84p A5 ¥300 ①978-4-906520-67-1

◆私たちの税金 平成29年度版　大蔵財務協会編　大蔵財務協会
【目次】第1部 基礎編（私たちの生活と税金、国税のいろいろ（直接税）、国税のいろいろ（間接税）、申告を誤ったとき、納税できないときなど、税務署の仕事、地方税のいろいろ）、第2部 実用編（給与所得者または妻がパートで働いたとき、特定の事業用資産を買い換えたとき、マイホームを売ったとき、マイホームを買ったとき、個人青色申告者の税金、利子を受け取ったとき、配当を受け取ったとき、財産を相続したとき、財産をもらったとき、シルバーエイジと税金）
2017.7 451p B5 ¥2130 ①978-4-7547-4434-2

◆BEPS─動き出した国際税務基準　望月一央著　中央経済社, 中央経済グループパブリッシング 発売
【要旨】世界を知っている著者ならではのBEPS教科書。超優良企業の節税スキームやFATCA、パナマ文書も実はBEPSにつながるキーワード。　2017.9 203p A5 ¥2200 ①978-4-502-24161-1

◆BEPS文書作成マニュアル─マスターファイル・CbCレポート・ローカルファイル作成のポイント　遠藤克博, 三関公雄, 小林明夫共著　大蔵財務協会
【要旨】国外関連取引を行う全ての企業が求められる文書化について、大企業から中小企業までをフォローしたBEPS文書作成の実践マニュアル・決定版!!提出期限が迫る「マスターファイル」や「国別報告事項」、作成が義務付けられた「ローカルファイル」など、文書化の実際を例示に基づきわかりやすく解説!!タックス・ヘイブン対策税制における文書化にも対応!!
2017.10 282p B5 ¥3925 ①978-4-7547-2456-6

◆PE税務コンパクトガイド─恒久的施設課税　ディーエルエイ・パイパー東京パートナーシップ外国法共同事業法律事務所編著　大蔵財務協会
【目次】第1部 PE認定と課税原理（PEの意義、PEに関する課税の原理）、第2部 内国法人に係るPE課税（内国法人の国外におけるPE課税に関する諸問題、国外源泉所得の範囲、外国税額控除額）、第3部 外国法人に係る国内PE課税（外国法人に対する課税の範囲、国内PEを有する外国法人に対する法人課税、外国法人に対するその他の課税）、第4部 文書化と事前確認（文書化、事前確認）、第5部 PEに関する最近の議論（PEに関する最近の議論（BEPS））
2017.1 245p A5 ¥2037 ①978-4-7547-2350-7

◆Q&A 国際税務の最新情報　矢内一好著　財経詳報社
【要旨】日本に影響する国際税務の動向を知る─アジア諸国への投資増加、EUの動向などから、移転価格税制、投資・撤退に係る税務等が問題となり、パートナーシップ等の事業体課税問題、個人の富裕層に対する国外移転対策・国外財産の問題等も焦点とされている。外国税額控除やOECD TPガイドラインなど国際税務の基礎データから、租税回避、BEPS後の動向、事業体課税、富裕層の税務、租税条約、諸外国の税制動向に至るまで、知りたい疑問をQ&A形式でわかりやすく解説。
2017.7 278p A5 ¥2400 ①978-4-88177-437-3

◆Q&A知っていると役に立つ!!資産税の盲点と判断基準　笹島修平著　大蔵財務協会
【目次】1 相続税・贈与税等に係る盲点（生前贈与が認められない場合、無償で名義変更＝贈与か？、贈与税の申告をしないで贈与の問題、特別贈与（所得税が課される場合等）、相続税で精算される贈与と贈与税、贈与税が課されない財産承継、財産を取得していないのに相続税・贈与

与税が課される場合）、2 譲渡所得課税等に係る盲点（譲渡所得の誤りやすい注意点、注意すべき取得価額、譲渡税が課される相続、法人から低い価額で取得（所得税））、3 財産の評価額に係る盲点（相続税評価額、著しく低い価額とは）、4 借地権に係る盲点、5 債務の相続等に係る盲点　2017.3 229p A5 ¥2315 ①978-4-7547-2408-5

◆Q&A 実務国税徴収法　平成29年版　黒
坂昭一著　大蔵財務協会
【目次】第1編 国税徴収法における滞納処分（総則、国税、地方税その他の者の権利との関係、第二次納税義務、滞納処分―総説、滞納処分―財産差押え、交付要求・参加差押え、滞納処分―財産の換価、滞納処分に関する猶予及び停止、保全担保及び保全差押え、不服審査及び訴訟の特例、罰則）、第2編 滞納処分に関するその他通則的手続き（送達、期間・期限等、納税緩和制度、延滞税・利子税、納付義務の承継、徴収権の消滅時効、債権者代位権・詐害行為取消権）
2017.7 297p A5 ¥2500 ①978-4-7547-2455-9

土地税制

◆知っておきたい！ 土地活用と税金のポイント―土地活用をお考えの方に　平成29年度版　エーティーオー財産相談室著　税務研究会税研情報センター
【目次】序章 相続の内容・現状を知る（相続財産の約4割は土地、土地の有効活用が必要な理由 ほか）、第1章 相続税増税と最近の税制改正の内容（相続税の課税割合が増加、空家の敷地は固定資産税等が増加する可能性がある）、第2章 土地の有効活用には様々なメリットがある（賃貸建物を建てると相続税対策になる、土地の分け方次第では評価額を下げられる ほか）、第3章 生前贈与を活用する（暦年課税贈与と相続時精算課税贈与の違い、収益不動産の贈与 ほか）、第4章 具体的な土地活用―ケーススタディ（駐車場用地や未利用地などに賃貸住宅を建築した場合、サービス付き高齢者向け住宅の建築 ほか）、第5章 法人を活用した土地活用（賃貸建物を法人で建築した場合、法人を活用すると所得税対策に大きなメリットがある ほか）、第6章 不動産の賃貸・運営・売買に生じる税金一覧
2017 64p A4 ¥600

消費税

◆演習消費税法　平成29年版　全国経理教育協会編、金井恵美子著　清文社　（付属資料：別冊1）
【目次】消費税のあらまし、納税義務者、課税の対象、非課税、免税、資産の譲渡等の時期、課税標準と税率、課税標準額に対する消費税額の調整、仕入れに係る消費税額の控除、仕入れに係る消費税額の調整〔ほか〕
2017.4 279p B5 ¥2200 ①978-4-433-63977-8

◆勘定科目別の事例による消費税の課否判定と仕訳処理　上杉秀文著　税務研究会出版局　六訂版
【要旨】勘定科目別に選択した事例について、消費税の「課、非、不」の区分と「仕訳」及び消費税、法人税等の取扱いをコメント形式で解説。リバースチャージ、軽減税率、適格請求書等保存方式など、平成28年度改正まで織り込み、多様な課否の疑問に対応。国境を越えた役務の提供、税率引上げ時の経過措置などを中心に新たな事例を52問追加、総数817事例として編集。
2017.2 703p A5 ¥4200 ①978-4-7931-2229-3

◆基礎から身につく消費税　平成29年度版　和氣光著　大蔵財務協会
【目次】消費税のあらまし、消費税は何にかかるか、国境を越えて行う電子商取引等に係る課税関係、非課税となるものはどのようなもの、免税取引はどのようなものか、消費税は誰が行うのか、小規模事業者に対する納税義務免除の特例は、課税期間及び納税地、納税義務はいつ成立するのか、消費税の税率は〔ほか〕
2017.6 287p A5 ¥1852 ①978-4-7547-2420-7

◆国際取引の消費税QA　上杉秀文著　税務研究会出版局　6訂版
【要旨】本書は、国際取引の消費税を扱う上で知っておきたい項目について、他に類をみない

豊富な事例を用いてわかりやすく解説しており、各事例を検討することで消費税をどのように考え、判断すべきかを身につけることができます。六訂版においては、平成29年度税制改正までの内容を反映させ、全体を見直ししたほか、課税転換に関するものを中心に40事例を追加し、合計444事例として内容の充実を図りました。国際取引の消費税実務に携わる方々にお勧めできる一冊です。
2017.12 751p A5 ¥3800 ①978-4-7931-2261-3

◆知っておきたい消費税の常識　小池敏範著　税務経理協会　第14版
【目次】消費税の概要、納税義務者と納税義務の免除、輸出免税と非課税、資産譲渡等の時期、売上げにかかる消費税、控除税額と帳簿等の保存要件、控除税額の調整、簡易課税制度、国等に対する特例、課税期間と納税地、申告、納付、還付、消費税等の会計処理、設例に基づく申告書等の記入例
2017.2 264p A5 ¥3000 ①978-4-419-06433-4

◆実務消費税ハンドブック―平成29年4月改正対応　杉田宗久監修、金井恵美子著　（大阪）コントロール社　十訂版
【要旨】勘定科目別、形態別、国境を越えた役務の提供。課否判定2100例。簡易課税事業区分600例。
2017.6 280p A5 ¥2000 ①978-4-902717-10-5

◆消費税課否判定早見表―平成29年改訂　武田恒男、小林幸夫共編　大蔵財務協会
【目次】勘定科目別の「課税」「非課税」「免税」「不課税」の課否判定をひと目で解決。前版以降の消費税法の改正を踏まえ、制度概要の解説を充実。国境を越えた役務の提供に係る取引など最新制度に対応。
2017.3 355p B5 ¥2407 ①978-4-7547-2402-3

◆消費税 軽減税率・インボイス対応マニュアル　熊王征秀著　日本法令
【目次】第1部 激変する消費税制（増税の時期と軽減税率、飲食料品の価格は本当に安くなる？ ほか）、第2部 軽減税率（飲食料品、一体資産、外食）、第3部 中小企業の特例（売上税額の簡便計算、困難な事例とは？ ほか）、第4部 インボイス制度（区分記載請求書、適格請求書）
2017.11 167p B6 ¥1400 ①978-4-539-72570-2

◆消費税軽減税率導入とシステム対応　岩谷誠治著　中央経済社, 中央経済グループパブリッシング 発売
【要旨】本書は、会計の専門家のみならず、ITシステムを担当されている方々を対象に、平成31年10月から導入される消費税の軽減税率制度及び平成35年10月1日から適用されるインボス方式に対応するため、税制改正の詳細と改正によって影響を受ける会計システムについて解説します。また、消費税改正に合わせて会計システムの見直しを考える際に見落とすことのできない電子帳簿書類のスキャナ保存制度等についても言及します。
2017.12 205p A5 ¥2400 ①978-4-502-19641-5

◆消費税実務問答集　平成29年版　山本吉伸編　（大阪）納税協会連合会, （大阪）清文社 発売
【目次】軽減税率制度の実施、通則、課税範囲、内外判定、非課税取引、輸出免税、小規模免除、小規模免除の特例、資産の譲渡等の時期、課税標準〔ほか〕
2017.7 721p A5 ¥3000 ①978-4-433-60217-8

◆消費税入門の入門　辻敢, 本田望, 齋藤雅俊著　税務研究会出版局　改訂八版
【要旨】本書は、消費税の「入門書」ではなく、「入門の入門書」です。特に、実務家のみなさんのために、消費税の基本的なしくみ、消費税がかかる取引、かからない取引、消費税の実務上の問題点、消費税の会計処理、特殊な取引と消費税、消費税の申告・納付・還付の手続について、最新の取扱いにもとづいて、説明しております。
2017.7 254p A5 ¥1700 ①978-4-7931-2243-9

◆消費税納税義務判定の実務―直近の改正を中心とした　渡辺章彦著　税務研究会出版局
【要旨】消費税の課税区分を誤るのとは訳が違う!!
2017.7 365p A5 ¥4400 ①978-4-7931-2256-9

◆消費税の会計処理と法人税務申告調整パーフェクトガイド　鶴田泰三著　清文社
【要旨】平成28年秋の税制改正にも対応。消費税と法人税の関係性がよくわかる！ これまでになかっ

た切り口で、消費税の会計処理から法人税法上の処理（申告調整）まで丁寧に解説。実務でよくある疑問や誤りやすい事項などについて設例を交えてQ&A形式で説明。コラムや参考資料もあり、読み応え満載。
2017.2 238p A5 ¥2000 ①978-4-433-61816-2

◆消費税の実務と申告　平成29年版　和氣光編著、小林幸夫, 北林隆明, 齋藤文雄, 高田具視著　大蔵財務協会
【要旨】法人・個人の申告書及び付表の書き方を各種参考表に基づき具体的に解説。平成31年10月の消費税率引上げの概要を収録。国境を越えた役務の提供に係る課税の見直しについて申告事例を新たに収録。数多くの事例に基づき消費税及び地方消費税の申告書及び付表の作成手順と書き方を説明。勘定科目別チェックポイントを収録。簡易課税制度の事業区分の判定を日本標準産業分類に基づき具体的に説明。
2017.1 810p B5 ¥3611 ①978-4-7547-2382-8

◆消費税の実務と申告　平成30年版　和氣光編著、小林幸夫, 北林隆明, 齋藤文雄, 高田具視著　大蔵財務協会
【要旨】平成31年10月より実施される軽減税率及びインボイス制度の概要を収録。国境を越えた役務の提供に係る課税がある場合の申告事例を収録。数多くの事例に基づき消費税及び地方消費税の申告書及び付表の作成手順と書き方を説明。勘定科目別チェックポイントを収録。簡易課税制度の事業区分の判定を日本標準産業分類に基づき具体的に説明。
2017.12 828p B5 ¥3611 ①978-4-7547-2488-7

◆消費税の取扱いと申告の手引　平成29年版　上顧敏来編　（大阪）納税協会連合会, （大阪）清文社 発売
【目次】第1編 消費税の取扱い（通則、課税範囲、非課税取引、輸出免税等、小規模事業者に係る納税義務の免除等、納税義務の免除の特例、資産の譲渡等の時期、課税標準及び税率、税額控除等、申告、納付、還付等、軽減税率制度、雑則及び罰則、地方消費税）、第2編 消費税関係様式とその記載要領（設例による申告書の記載例、各種申告書・届出書の作成要領と記載例）、付録
2017.7 1043p B5 ¥4000 ①978-4-433-60207-9

◆消費税の歴史と問題点を読み解く　大谷英暉著　幻冬舎メディアコンサルティング, 幻冬舎 発売　（幻冬舎ルネッサンス新書）
【要旨】消費税は身近な税金である。しかし国民のなかで消費税は滞納率が多く、増税をしていくにつれて滞納額が増加するという問題点はあまり知られていない。また、消費税引き下げの議論はない一方で、法人税減税は行われている。本書では、消費税の導入から増税が繰り返される日本の歴史、欧米諸国との比較、消費税増税についての問題点を明らかにする。消費税に関して改めて整理し、増税後、国民の生活にどのように影響していくのか考察していく。
2017.2 185p 18cm ¥800 ①978-4-344-91106-2

◆消費税法―理論と計算　松本正春著　税務経理協会　七訂版
【目次】消費税の概要、納税義務者、納税義務の免除の特例、納税地、課税期間、実質主義、信託財産に係る資産の譲渡等の帰属、課税の対象、非課税及び免税、資産の譲渡等の時期、課税標準及び税率、仕入れに係る消費税額の控除、中小事業者の仕入れに係る消費税額の控除の特例、課税標準額に対する消費税額の調整、申告及び納付、国、地方公共団体等に対する特例、雑則、罰則
2017.3 365p A5 ¥4400 ①978-4-419-06436-5

◆消費税法規通達集―平成29年7月1日現在　日本税理士会連合会, 中央経済社編　中央経済社, 中央経済グループパブリッシング 発売
【要旨】到着時免税店の導入、仮想通貨の消費税非課税化。
2017.8 743p A5 ¥3000 ①978-4-502-89129-8

◆消費税法要説　山内ススム著　税務経理協会　改訂版
【目次】第1編 申告までの手続き、第2編 消費税の計算対象、第3編 売上げに係る消費税の計算、第4編 仕入れに係る消費税の計算、第5編 売上げに係る消費税額の調整、第6編 消費税総合計算問題(1)、第7編 申告と納付、第8編 消費税総合計算問題(2) 消費税の申告書の作成
2017.12 335p A5 ¥5200 ①978-4-419-06489-1

◆事例検討/誤りやすい消費税の実務　小池敏範著　税務研究会出版局　第7版

経済・産業・労働

【目次】第1章 消費税の課税対象、第2章 非課税・免税、第3章 納税義務者と納税義務の免除、第4章 資産の譲渡等の時期と課税標準額に対する消費税額、第5章 仕入税額控除、第6章 簡易課税制度、第7章 消費税の申告、納付等、第8章 届出、承認申請等の手続き
2017.9 376p A5 ¥2800 ①978-4-7931-2262-0

◆図解 消費税 平成29年版 藤田伸一編 大蔵財務協会
【目次】第1章 消費税の概要、第2章 国内取引に係る消費税、第3章 輸入取引に係る消費税、第4章 地方消費税、第5章 消費税及び地方消費税の経理処理
2017.6 640p B5 ¥2963 ①978-4-7547-2427-6

◆図解 消費税法「超」入門 平成29年度改正 山田&パートナーズ監修, 加藤友彦編著 税務経理協会
【目次】第1章 消費税のあらまし(消費税の基本的仕組み、消費税の計算の仕組み(原則計算、簡易課税制度))、第2章 国内取引に係る消費税(課税対象、納税義務者 ほか)、第3章 輸入取引に係る消費税(輸入取引に係る納税義務者、非課税となる輸入取引 ほか)、第4章 地方消費税(消費税(国税)と地方消費税、地方消費税の納税義務者 ほか)、第5章 消費税等の経理処理(経理処理の方式、控除対象外消費税額等 ほか)
2017.8 183p A5 ¥1800 ①978-4-419-06473-0

◆タダではすまない！ 消費税ミス事例集 平成29年版 熊王征秀著 大蔵財務協会
【要旨】週刊税のしるべに連載したコラムに加筆及び改訂を加え、編集して作成。実際に相談を受けた失敗事例に基づいて、ポイントと防止策を簡潔にまとめて解説。
2017.8 107p A5 ¥1111 ①978-4-7547-4442-7

◆適用する？ しない？ 消費税の簡易課税実務がわかる本 矢頭正浩著 税務経理協会
【要旨】簡易課税制度を選択するべきか否か判断するポイントがわかる。税負担や判断の難しさなどマイナス面を含め、簡易課税制度の内容を理解できる。
2017.10 209p A5 ¥2500 ①978-4-419-06378-8

◆プロフェッショナル消費税の実務―平成29年10月改訂 金井恵美子著 清文社
【要旨】法人税とは異なる消費税独自のロジックを踏まえて、ていねいに解説！ 税務のプロ必携の一冊。平成31年10月実施の「軽減税率制度」の内容と導入スケジュールを収録。
2017.11 673p B5 ¥4000 ①978-4-433-61657-1

◆STEP式消費税申告書の作成手順 平成29年版 杉田宗久監修, 石原健次, 松田昭久, 秦雅彦, 德方郎, 田部純一共著 清文社
【要旨】軽減税率に関する最新情報収録！
2017.12 223p B5 ¥2800 ①978-4-433-61617-5

 法人税

◆圧縮記帳の法人税務 成松洋一著 大蔵財務協会（十二訂版）
【目次】第1編 圧縮記帳制度の共通事項(圧縮記帳制度の概要)、第2編 法人税法上の圧縮記帳(国庫補助金等で取得した固定資産等の圧縮記帳、工事負担金で取得した固定資産等の圧縮記帳、非出資組合が賦課金で取得した固定資産等の圧縮記帳 ほか)、第3編 租税特別措置法上の圧縮記帳(農用地等を取得した場合の圧縮記帳、収用等に伴い代替資産を取得した場合の圧縮記帳、換地処分等に伴い資産を取得した場合の圧縮記帳 ほか)
2017.8 794p A5 ¥4722 ①978-4-7547-2441-2

◆演習法人税法 平成29年版 全国経理教育協会編 清文社（付属資料：別冊1）
【目次】法人税のあらまし、総則、法人税法上の「所得」、損益の期間帰属、棚卸資産、減価償却、繰延資産の償却、役員の給与等、租税公課等、寄附金
2017.4 257p B5 ¥2000 ①978-4-433-63957-0

◆貸倒損失・貸倒引当金 植木康彦著 中央経済社, 中央経済グループパブリッシング 発売（法人税の最新実務Q&Aシリーズ）改訂改題第1版
【要旨】貸倒れに関する税務は、どちらかといえば伝統的な分野に属するが、実務においては今日においても極めて重要で、かつ、奥の深い分野である。新たな産業が育つためには、退場と入場の循環によって経済社会の健全さを保つことが必要であり、その退場を制度的に担保するのが、貸倒制度である。本書においては、最近の実務において生じている取引や事象をできるだけピックアップし、具体的な事例形式にすることとした。事例はキーワードの検索ができるよう、まずメインタイトルを付し、次に具体的な質問をQとする工夫を凝らしている。
2017.10 267p A5 ¥2900 ①978-4-502-24481-0

◆基礎から身につく法人税 平成29年度版 有賀文宣著 大蔵財務協会
【目次】第1章 法人税のあらまし、第2章 法人設立時にはどんな手続が必要か、第3章 法人税は何にかかるか、第4章 益金や損金はいつ確定するか、第5章 益金の額はどう計算するか、第6章 損金の額はどう計算するか、第7章 その他の損益はどう計算するか、第8章 所得と税額はどう計算するか、第9章 申告と納税はどうするか、第10章 東日本大震災への対応の概要(法人税関係)、第11章 税金に不服のときは
2017.9 303p A5 ¥1852 ①978-4-7547-2419-1

◆基礎の基礎 1日でマスター 法人税申告書の作成 柴田知央著 清文社 第3版
【要旨】はじめて挑戦する人のために！ 別表を理解するための早道は、自分の手で別表を作成してみることだ!!平成29年度税制改正に対応した最新版！
2017.10 257p B5 ¥2000 ①978-4-433-61017-3

◆裁判例からみる法人税法 酒井克彦著 大蔵財務協会 二訂版
【要旨】法人税法(及び租税特別措置法等)の解釈適用に重要と思われる裁判例(ケース)のエッセンスを盛り込み、それらの裁判例を解釈の素材とする、ケースブックと解説の融合。改訂に当たっては、重要な裁判例を加え(又は削除し)、更に内容の充実に努めた。現在、その他の税務は、初版から89本増え、下級審判決を合わせて447本となっている。条文改正のアップデートは当然のことながら、通達等の課税上の取扱いの変更にも注意を払い、平成29年度税制改正案も盛り込んだ。
2017.4 906p A5 ¥3889 ①978-4-7547-2407-8

◆知っておきたい法人税 平成29年版 宮田忠厚編 大蔵財務協会
【要旨】平成29年度改正の概要をいち早く収録!!図とイラスト・事例により分かりやすく解説！
2017.5 282p B5 ¥1389 ①978-4-7547-2413-9

◆知っておきたい法人税の常識 松尾隆信著 税務経理協会 第17版
【目次】法人税のあらまし、法人所得計算の原則、益金の範囲および計上時期、益金―別段の定め、損金の範囲および計上時期、売上原価―棚卸資産の評価、費用、減価償却費―固定資産の評価、損失の税務、引当金と準備金、圧縮記帳等、有価証券・デリバティブ取引、完全支配関係があるグループ法人間の取引等、合併・分割・現物出資・株式交換等 事後設立、欠損金・繰戻し還付・税効果会計、国際取引、税額の計算、申告、納税と帳簿、申告書の記入
2017.8 308p A5 ¥3200 ①978-4-419-06474-7

◆実務家・専門家のための税金別 法人の税務申告手続マニュアル e‐Tax、eLTAX対応版 井上修編著 TAC出版
【要旨】本書の順番どおりにe‐Tax、eLTAXに入力すればたちまち申告できる。各申告書の「目的」「内容のエッセンス」を明らかにし、効率的な「作成手順」をていねいに解説しています。
2017.3 187p B5 ¥2000 ①978-4-8132-7115-4

◆実務で使う法人税の耐用年数の調べ方・選び方 小谷羊太著 清文社
【要旨】特長1：耐用年数の調べ方―基本的な調べ方から、特殊な耐用年数までしっかりわかる。特長2：耐用年数の選び方―耐用年数省令に掲載されている各資産の詳細がよくわかる。特長3：別表・付表の使い方―減価償却に関する資料の用途がすぐわかる。個人事業にも対応。
2017.12 222p B5 ¥2000 ①978-4-433-60887-3

◆借地権 奥田周年編著 中央経済社, 中央経済グループパブリッシング 発売（法人税の最新実務Q&Aシリーズ）改訂改題第1版
【要旨】地価の動向を受けて土地の取引慣行は変化し、借地権の取引についての税法の取扱いも時代に応じて変化してきています。昭和37年の税制改正で借地権課税の整備が行われ、通常収受すべき権利金又は相当の地代を支払っていない場合に、通常収受すべき権利金のうち、贈与したと認められる金額について権利金相当額の認定課税が発生することになりました。現在は、景気の低迷や地下の下落とともに、今まで支払のできていた相当の地代を支払えなくなってくる事例や新しく借地しようにも相当の地代を支払えない事例が多くあります。本書では、このような状況をふまえ、土地の賃貸借をする際に問題となりやすい点や実務上の留意事項について、質疑応答の形式でまとめました。
2017.10 334p A5 ¥2800 ①978-4-502-24581-7

◆修正申告（更正）の基礎知識―法人税調査事例からみる 平成29年版 植松香一著 大蔵財務協会
【目次】第1章 法人税等調査の概要(法人税等調査手続、法人税等調査の実務概要 ほか)、第2章 修正申告(更正)の基礎的事項(修正申告、更正、決定及び賦課決定の意義、修正申告の効力 ほか)、第3章 法人税等調査事例等からみる修正申告書別表四・五(一)の書き方(収益関係、原価関係 ほか)、第4章 清算中の法人の修正申告(解散・清算に係る修正申告書別表四・五(一)等の書き方、法人の解散・清算費用の概要 ほか)
2017.2 740p B5 ¥3333 ①978-4-7547-2394-1

◆重点解説/法人税申告の実務 平成29年版 鈴木基史著 清文社
【要旨】平成29年度税制改正対応。基本的な必要事項、豊富な計算例、主要な様式記載例、一般的な判例、裁決例。具体的な数字を関連づけて詳しく解説。付録/住民税・事業税・消費税の申告。
2017.7 573p B5 ¥3600 ①978-4-433-60727-2

◆主要勘定科目の法人税実務対策 平成29年版 小池敏範著 税務研究会出版局
【要旨】複雑多岐にわたる法人税務の諸問題を即座に把握できるように、勘定科目の中でも主なものをとりあげ、各科目ごとの「会計処理マニュアル」と「税務上の取扱い」及び「消費税との関係」について、最新の法令通達に基づき、設例を交えてわかりやすく解説してあります。また、実務家の応用とチェックのために「この科目の税務対策と留意点」を設け、「他科目との関連」により科目相互間の立体的理解を得られるよう配慮するなど、ユニークな構成でまとめた法人税実務解説書の決定版です。
2017.6 422p A5 ¥3200 ①978-4-7931-2249-1

◆事例検討 法人税における純資産の部―資本金等の額及び利益積立金額の企業会計と法人税との調整 秋山忠人編著 大蔵財務協会 二訂版
【目次】第1編 資本金等の額―法人税法施行令8条(資本金等の額)について(増加資本金等の額、減少資本金等の額)、第2編 利益積立金額―法人税法施行令9条(利益積立金額)について(各事業年度の所得の金額の計算上算出されるもので、次の(1)から(8)までの金額の合計額から(9)から(12)までの金額の合計額を減算した金額(当該金額のうち留保している金額)、適格合併により被合併法人から引継ぎを受ける利益積立金額(合併法人の処理)、適格分割型分割により分割法人から引継ぎを受ける利益積立金額(分割承継法人の処理)、適格現物分配により交付を受けた資産に係る利益積立金額(被現物分配法人の処理)、資本又は出資を有する法人が資本又は出資を有しないこととなった場合の利益積立金額 ほか)
2018.1 464p A5 ¥3426 ①978-4-7547-2500-6

◆図解 いちばんやさしく丁寧に書いた法人税申告の本 '18年版 須田邦裕著 成美堂出版
【要旨】実務で必要なポイントをズバリ解説。法人のしくみから各種税務調整申告書・別表の読み方、つながりまで、はじめての人でもスラスラわかる！
2017.12 223p A5 ¥1400 ①978-4-415-32429-6

◆図解 グループ法人課税 平成29年版 中村慈美著 大蔵財務協会
【目次】第1章 グループ法人税制の概要(グループ法人税制とは、基本的な考え方、基本的な仕組み)、第2章 グループ法人税制の各論(100%グループ内の法人の所得金額・税額に係る諸制度の取扱い、グループ法人税制の組織再編)、第3章 租税回避行為の防止、第4章 地方税関係、参考資料(付録、参照条文等)
2017.9 341p B5 ¥2963 ①978-4-7547-2434-4

◆図解でわかる 提案融資に活かす「法人税申告書」の見方・読み方 2017年度版 中央総研編 経済法令研究会
【要旨】粉飾を見破るポイントがわかる！ (1)対話形式で着眼点に一歩踏み込む。(2)実際の

書式で重要項目が一目でわかる。（3）取引先への提案に活かせる。取引先の実態を把握しさらなる提案につなげる金融機関行職員、待望の書。
2017.6 193p B5 ¥1800 ①978-4-7668-3357-7

◆図解 法人税 平成29年版　白井純夫編著　大蔵財務協会
【目次】法人税の基礎事項、収益の税務、資産の税務、費用の税務、損失の税務、完全支配関係がある法人の間の取引の損益、圧縮記帳等、引当金、準備金、借地権、企業組織再編税制（ほか）
2017.6 963p B5 ¥3241 ①978-4-7547-2425-2

◆図解 法人税法「超」入門 平成29年度改正　山田＆パートナーズ監修、三宅茂久編著　税務経理協会
【目次】第1章 法人税法の基本事項、第2章 収益の税務、第3章 資産の税務、第4章 費用・損失の税務、第5章 税額計算、申告、納付、第6章 地方税の計算、第7章 グループ法人に係る税務
2017.8 204p A5 ¥1800 ①978-4-419-06471-6

◆税理士業務に活かす！ 通達のチェックポイント―法人税裁判事例精選20　酒井克彦編著・監修　第一法規
【要旨】実務家として税理士は「通達」とどう付き合うべきか？ 中央大学酒井克彦教授の編著・監修のもとで、実務家による実務家のための『通達の読み方』を編纂！ 厳選された法人税の裁判事例を素材に詳述！『アクセス税務通達の読み方』とともに必携の書!!
2017.5 279p A5 ¥2200 ①978-4-474-05795-1

◆対比でわかる根拠法令から見た法人税申告書―平成29年12月改訂　鈴木涼介　清文社
【要旨】条文と関連付けて申告書の各欄を見つめることで法人税法に対する理解の度合いが格段に高まる！
2017.12 418p B5 ¥3400 ①978-4-433-60697-8

◆対話式 法人税申告書作成ゼミナール 平成29年版　鈴木基史著　清文社（付属資料：別冊1）
【目次】1 申告書作成のための基礎知識（決算利益と申告所得、別表4と別表5（1））、2 （株）モードミセスの申告書の検討（所得金額の計算（別表4）、減価償却（別表16（2））、貸倒引当金（別表11（1）、11（1の2））、租税公課（別表5（1））、受取配当（別表8（1））、交際費（別表15）、寄附金（別表14（2））、税額計算（別表1（1））、利益積立金（別表5（1））、適用額明細書、事業税申告書、住民税申告書、消費税申告書）
2017.9 237p B5 ¥3000 ①978-4-433-60717-3

◆テキスト法人税法入門　田中敏行編著、秋山高善、菅野隆、鈴木修、長島弘執筆　成文堂
【目次】第1章 法人税の概要、第2章 課税所得計算の基礎、第3章 益金の額の計算、第4章 損金の額の計算、第5章 税額の計算、第6章 外貨建取引の換算等、第7章 組織再編成税制・グループ法人税制、連結納税制度、第8章 国際課税、第9章 税務調査・不服申立て・訴訟、第10章 地方税（法人事業税・法人住民税）
2017.5 177p A5 ¥1900 ①978-4-7923-0613-7

◆否認項目の受け入れを中心とした法人税申告書別表四、五（一）のケース・スタディ　成松洋一著　税務研究会出版局
【要旨】実務で必要となる各種申告調整事項について全262事例で詳しく解説!!
2017.6 541p B5 ¥2600 ①978-4-7931-2250-7

◆別表四・五（一）を中心とした法人税「申告・修正申告・更正後の処理」の実務Q&A 平成29年8月改訂　辰巳忠次著　セルバ出版、創英社/三省堂書店 発売　改訂2版
【要旨】実務面から入って法人税の理論面に少し遡及して考えてみるというスタイルで、多項目にわたって幅広い例示とその根拠に基づいて、申告調整やその事後処理を示している。なぜそうした問題が起こったのか、日常業務や会計処理でどこに注意しなければならないのかといった点から、税務調査時の対応まで含めた広い意味での法人税申告調整や翌期処理等が身につく。すべて実務の現場を想定している。担当者必携の実務書。
2017.9 607p B5 ¥1800 ①978-4-86367-364-9

◆法人税決算と申告の実務 平成29年版　大蔵財務協会編　大蔵財務協会
【要旨】ミスをしないためのポイントとアドバイス。役員給与不算入制度の整備、企業組織再編税制の見直し、タックスヘイブン対策税制の見直し、をはじめとする平成29年度税制改

正に対応！ 付録「租税特別措置法関係告示」「改正経過要覧」掲載。
2017.11 1648p B5 ¥4815 ①978-4-7547-2471-9

◆法人税重要計算ハンドブック 平成29年度版　日本税理士会連合会編、中村慈美著者代表　中央経済社、中央経済グループパブリッシング 発売
【要旨】押さえておくべき重要な規定や難解な規定をピックアップ。計算例と実務のポイントをズバリ解説。法人の消費税も掲載。29年度税制改正に対応。
2017.7 282p A5 ¥2200 ①978-4-502-89022-2

◆法人税申告書の書き方 平成29年版　渡辺淑夫、自閑博巳、唯木誠共著　税務研究会出版局
【目次】平成29年度の法人税制関係の改正のあらまし、決算調整と申告調整、法人申告書の一覧表、法人申告書の書き方、使途秘匿金の支出がある場合の課税の特例、特定同族会社の留保金額に対する税額の計算に関する明細書の書き方、外国子会社から受ける配当等の益金不算入に関する明細書及び外国税額控除に関する明細書の書き方、欠損金又は災害損失金の損金算入に関する申告書の書き方、グループ法人税制に関する申告書の書き方、土地の無償返還に関する届出書等及び相当の地代の改訂方法に関する届出書等の書き方、更正又は修正申告があった場合の税務処理、法人税の主な申告・申請・届出事項、法人事業税・法人住民税・地方法人特別税の申告書の書き方
2017.12 477p B5 ¥3800 ①978-4-7931-2276-7

◆法人税申告書の書き方と留意点 平成30年申告用 基本別表編　右山事務所編　中央経済社、中央経済グループパブリッシング 発売
【要旨】具体例で税額計算のプロセスと別表作成の要点がわかる。別表四・五（一）、租税公課、寄附金、交際費、減価償却など必須項目の申告を完全マスター！
2017.12 296p B5 ¥2800 ①978-4-502-25591-5

◆法人税申告書の書き方と留意点 平成30年申告用 特殊別表編　右山事務所編　中央経済社、中央経済グループパブリッシング 発売
【要旨】研究開発税制、所得拡大促進税制などの様式改正に対応。事例でマスターする税務処理のポイントと別表作成の要点。特別控除、特別償却、圧縮記帳など税制への影響が大きい項目の申告がすぐわかる！
2017.12 382p B5 ¥3400 ①978-4-502-25601-4

◆法人税申告書の最終チェック―平成29年5月申告以降対応版　斉藤一昭著　中央経済社、中央経済グループパブリッシング 発売
【要旨】部下まかせの経理部長の最終チェック、ソフトまかせのひとり経理担当者の最終チェックetc. 各別表ごとに、シンプル解説と別表記入例の見開き2頁構成。申告書を書くためではなくチェックするための本。　2017.3 187p B5 ¥1900 ①978-4-502-22871-1

◆法人税申告書の作り方 平成29年版　宮口定雄監修、佐藤裕之、櫻井圭一共著　清文社
【要旨】平成30年3月決算に対応。
2017.9 362p B5 ¥3000 ①978-4-433-60777-4

◆法人税申告書別表4・5ゼミナール 平成29年版　鈴木基史著　清文社（付属資料：別冊1）
【目次】第1章 別表4・5の役割、第2章 別表4・5の関係、第3章 別表4・5と決算書の関連、第4章 還付申告と別表4・5、第5章 修正申告と別表4・5、第6章 資本の部の税務と別表4・5、第7章 グループ法人税制と別表4・5、第8章 新会計基準と別表4・5
2017.11 337p B5 ¥3400 ①978-4-433-60707-4

◆法人税申告の実務全書 平成29年度版　山本守之監修　日本実業出版社
【要旨】申告・納税する立場から、基本と要点をわかりやすく説いた唯一の実務書！ 日常の経理・税務処理の要点を網羅。豊富な設例でわかりやすく説明。節税のポイント、税務調査への対応法も解説。
2017.11 1006p B5 ¥4800 ①978-4-534-05536-1

◆法人税制―1980年代から現在までの変遷　阿部泰久著　ロギカ書房
【要旨】法人税改正、課税ベース拡大…、財務当局との駆引き、経済界との調整はどのように行われたのか？ 内側から見た30年間を紐解く!!
2017.10 298p A5 ¥3000 ①978-4-909090-06-5

◆法人税等の還付金・納付額の税務調整と別表作成の実務　小池敏範著　税務研究会出版局 第10版
【要旨】研修会においても絶大な支持を受ける著者による、平成29年税制改正に対応した最新第10版!!書籍・講演、共にわかりやすいと評判の解説を是非実感してください!!
2017.12 235p B5 ¥3600 ①978-4-7931-2275-0

◆法人税と地方税申告のチェック・リスト 平成29年改訂版　森田純弘著　大蔵財務協会
【目次】別表一（一）、別表一（一）次葉、別表二、別表三（一）、別表四、別表五（一）、別表五（二）、別表六（一）、、別表六（二十）、別表七（一）、別表八（一）（ほか）
2017.8 138p B5 ¥1667 ①978-4-7547-4439-7

◆法人税取扱通達集―平成28年12月1日現在　日本税理士会連合会、中央経済社編　中央経済社 発売（付属資料：インデックス・シール1）
【要旨】役員給与の損金不算入。多国籍企業の国別報告事項。少額減価償却資産の損金算入。重加算税の取扱い。
2017.2 1147p A5 ¥4400 ①978-4-502-89071-0

◆法人税 入門の入門 平成29年版　辻敢、齊藤幸司共著　税務研究会出版局
【要旨】法人税の、本当の入門書をお届けします。法律上の厳密さを、ときには犠牲にしても、実務家にとってこれだけは必要、というポイントにしぼって、法人税の基本的なしくみや考え方を、図・表を多用して解説しました。
2017.4 275p A5 ¥1600 ①978-4-7931-2237-8

◆法人税の決算調整と申告の手引 平成29年版　上願敏來編　（大阪）納税協会連合会、（大阪）清文社 発売
【目次】第1章 法人税関係法令の主要改正事項とその適用時期一覧表、第2章 通則・青色申告その他、第3章 各事業年度の所得の金額及びその計算、第4章 清算所得に対する法人税及び継続等の場合の課税の特例、第5章 公益法人等及び人格のない社団等における課税、第6章 地方法人税
2017.10 2313p B5 ¥3600 ①978-4-433-60017-4

◆法人税の重要計算 平成29年用　中央経済社編　中央経済社、中央経済グループパブリッシング 発売
【要旨】実務に必携のロングセラー。28年度税制改正に対応！
2017.3 697p B5 ¥3600 ①978-4-502-22851-3

◆法人税の理論と実務 平成29年度版　山本守之著　中央経済社、中央経済グループパブリッシング 発売
【要旨】役員給与税制、外国子会社合算税制等の見直しなどの改正テーマを完全フォロー。実務に役立つ最新の判決例・裁決例を掲載。制度の背景や考え方を知り実務で起こる問題点を抽出。課税要件法定主義の立場から不確定概念の解明を試みる。重要判例を織り込んで条文解釈の急所を明らかにする。
2017.9 739p A5 ¥6200 ①978-4-502-89176-2

◆法人税別表作成全書200―平成30年申告用　税務経理協会編　税務経理協会
【要旨】29年4月1日以後終了事業年度分の別表を反映した最新版！ 新たに特定経営力向上設備を取得した場合の別表を追加！ 90の設例と200の作成例で多様な申告書作成をサポート。
2017.12 774p B5 ¥3000 ①978-4-419-06497-6

◆法人税別表4、5（一）（二）書き方完全マスター　伊原健人執筆　TAC出版 第3版
【要旨】法人税別表4、5（一）、別表5（二）の基本的な考え方・記載方法について、数値を用いてできる限りわかりやすく解説しています。さらに、ケーススタディを多く取り入れて、可能な限り実務で役立つように具体的な記載方法を解説を交えながら紹介しています。通常の確定申告のほかに、難しいと思われがちな修正申告についても解説やケーススタディを設けています。
2017.4 376p B5 ¥3200 ①978-4-8132-7116-1

◆法人税法―理論と計算　成松洋一著　税務経理協会 十三訂版
【目次】第1章 総論、第2章 課税所得の計算原理、第3章 益金の額の計算、第4章 損金の額の計算、第5章 利益・損失の額の計算、第6章 特殊な損益の計算、第7章 国際課税所得の計算、第8章 法人税額の計算、第9章 申告、納付および還付等、

経済・産業・労働

第10章 更正決定と附帯税

◆法人税法　平成29年度版　渡辺淑夫著　中央経済社、中央経済グループパブリッシング　発売
【要旨】平成29年度改正をフォロー。本質が理解できる定番テキスト最新版！ 制度の内容と沿革、会社法や会計との関連、外国の税制との比較などから立体的に解説。
　2017.8 817p A5 ¥6500 ①978-4-502-89216-5

◆法人税法を初歩から学ぶ　染谷英雄著　中央経済社、中央経済グループパブリッシング　発売　新版第3版
【要旨】法人税法の基本から申告書の記載まで具体的に解説！ 最新の税制改正を反映！ 章ごとにポイントをまとめて一覧化！ 別表4の完成までのプロセスもわかる！ 1冊で基本から申告書作成までわかる！ 法人税が体系的に理解できる好評の入門書。
　2017.10 325p A5 ¥3200 ①978-4-502-24301-1

◆法人税法会計論　高沢修一著　森山書店　第3版
【目次】第1編 税務会計の構造（税務会計と税効果会計の機能、企業会計と税務会計の調整、財務諸表と法人税の関係）、第2編 税務会計の計算（法人税の所得計算、法人税の確定申告）、第3編 法人税の税務戦略（国際税務戦略、タックス・プランニング）
　2017.4 183p A5 ¥2500 ①978-4-8394-2166-3

◆法人税法解釈の検証と実践的展開　第3巻　大淵博義著　税務経理協会
【要旨】過大役員給与の今日的課題から、損益の帰属が問題となった事件の類型化分析まで。税務訴訟史に残る数多くの重要事件で鑑定意見書を出し続けてきた著者の集大成。移転価格税制、タックス・ヘイヴン対策税制をめぐる問題点への検討に、オウブンシャ・ホールディング事件の再論までを加えたシリーズ第3巻。
　2017.11 520p A5 ¥5200 ①978-4-419-06443-3

◆法人税法規集―平成29年7月1日現在　日本税理士会連合会、中央経済社編　中央経済社、中央経済グループパブリッシング　発売　（付属資料：インデックスシール）
【目次】法人税法、法人税法施行令、法人税法施行規則（抄）、減価償却資産の耐用年数等に関する省令、法人税法関係告示、地方法人税法、地方法人税法施行令、地方法人税法施行規則、租税特別措置法（抄）、租税特別措置法施行令（抄）〔ほか〕
　2017.9 1958p A5 ¥5200 ①978-4-502-89066-6

◆法人成りの税務と設立手続のすべて　平野敦士、マネージメントリファイン編著、久保田潔、吉井朋子著　中央経済社、中央経済グループパブリッシング　発売　第3版
【要旨】個人事業者が法人成りをする際の実務上のポイントを、経営・税務・会計・労務・登記・行政手続等の多方面から整理検討！ 会社法の思想である定款自治の原則下で会社の機関をフリーハンドに設計できるようになった背景を踏まえ、ベストな会社の機関設計に資するべき考え方にも言及。
　2017.10 324p A5 ¥3600 ①978-4-502-24291-5

◆法人の税金ガイドブック　2017年度版　金融財政事情研究会ファイナンシャル・プランニング技能士センター編著　金融財政事情研究会、きんざい　発売
【目次】第1章 法人の利益にかかる税金、第2章 収益・費用の税務、第3章 税額計算・申告納付、第4章 不動産関連、第5章 給与計算と源泉所得税・年末調整、第6章 会社と役員の取引、第7章 オーナー株主の事業承継
　2017.12 162p A5 ¥1000 ①978-4-322-13153-6

◆問答式 実務改正法人税―平成29年改正重要項目実務事例解説65選　中津山準一、横山良和共著　大蔵財務協会
【要旨】平成29年度の法人税改正項目の概要と適用時期が一目でわかる改正項目一覧表を掲載。国内の法人税はもとより国内外のボーダーレス化に伴う国際取引による課税関係に対応した実務事例も収録。
　2017.9 258p A5 ¥2037 ①978-4-7547-2464-1

◆問答式法人税事例選集―平成29年10月改訂　森田政夫、西尾宇一郎共著　清文社
【目次】総論、定義、収益、費用とその帰属時期等、受取配当等の益金不算入、棚卸資産、有価証

券、自己株式、固定資産及び減価償却、繰延資産とその償却、資産の評価損益、役員給与、使用人給与、賞与、退職給与〔ほか〕
　2017.11 1269p A5 ¥4200 ①978-4-433-60787-6

◆やさしい法人税　鈴木基史著　税務経理協会
【要旨】法人税法の本質と基本的な諸問題を平易な文章で的確に解説。平成29年度の改正内容（3月31日公布まで）にそって項目を設けて解説。申告書の手順にそって会計の処理や考え方との相違点を解説。法人税の計算式をあてはめた設問を用いて平易に解説。実務者、学習者にとって、タックス・マインド養成上必読の書。
　2017.5 274p A5 ¥2700 ①978-4-419-06461-7

◆やさしい法人税申告入門　平成30年申告用　高下淳子著　中央経済社、中央経済グループパブリッシング　発売
【要旨】この本は、「法人税申告書」の書き方をマスターするための入門書です。
　2017.12 280p A5 ¥1700 ①978-4-502-25611-0

◆立法趣旨で読み解く 組織再編税制・グループ法人税制　関根稔、白井一馬編著　中央経済社、中央経済グループパブリッシング　発売
【要旨】税法は理屈で作られた法律です。組織再編税制もグループ法人税制も、法人税法に存在する限り、理屈で作られた法律であることに違いはありません。本書は、その理屈を読み解いた実務の解説書です。本書では、本編の次に4名による座談会を掲載するという体裁を採用しています。ちょっと理屈っぽいと思いますが、本書を読破していただければ、組織再編税制やグループ法人税制に限らず、税法を理屈で読み解くという考え方が理解していただけると思います。なお、平成29年度税制改正については、公表された「平成29年度税制改正大綱」を資料とし、第8章において、その内容を読み解いています。
　2017.2 294p A5 ¥2800 ①978-4-502-21031-0

◆わかりやすい法人税　平成29年版　小池敏範著　税務研究会出版局　（実務家養成シリーズ）
【目次】1 法人税とはどんな税金か、2 所得計算の仕組み、3 益金、損金はいつ確定するか、4 益金について、5 損金について、6 その他の損金の計算、7 同族会社は特別の制約を受ける、8 税額計算の仕組み、9 申告手続きにもルールがある、10 青色申告のすすめ
　2017.6 139p A5 ¥1000 ①978-4-7931-2247-7

◆Q&A 実務に役立つ法人税の裁決事例選　佐藤善恵著、上西左大信監修　清文社
【要旨】裁決事例をきっかけにして実務の要点や周辺知識を解説。国税不服審判所任期付審判官の経歴を持つ著者が解説。
　2018.1 322p A5 ¥3000 ①978-4-433-61127-9

◆Q&A 判例が示す法人税の税務判断ルール40　嵜山福男著　税務経理協会
【要旨】争点と判旨を素早く確認できるから、目の前の実務ですぐに使える。法人税実務を進める上で理解しておきたい判例を厳選し、その判決内容から実務に影響する普遍的な要素を「税務判断ルール」として簡潔にまとめました。
　2017.7 192p A5 ¥2500 ①978-4-419-06440-2

◆Q&A 法人税 "微妙・複雑・難解" 事例の税務処理判断　安藤孝夫、野田扇三郎、山内利文著　清文社
【要旨】法人税処理をめぐって "微妙・複雑・難解" な税務判断を求められる個別事案を取り上げ詳解！
　2017.2 351p A5 ¥2800 ①978-4-433-60986-3

◆STEP式 法人税申告書と決算書の作成手順　平成29年版　杉田宗久、岡野敏明共著　清文社
【目次】1 日常業務と決算業務（同族会社を判定する―別表2、現金・預金を確認する ほか）、2 引当金・減価償却に関する業務（貸倒引当金を計算する―別表11（1の2）、賞与・退職給付引当金を計算する ほか）、3 仮決算書・申告書の作成（仮決算書を作る、控除所得税額を計算する―別表6（1） ほか）、4 最終申告書の完成（別表5（2）を完成させる、別表5（1）を完成させる ほか）、5 個別編（消費税の概要を知る、課税事業者の判定をする ほか）
　2017.8 405p B5 ¥3000 ①978-4-433-60767-8

所得税

◆あなたにもできる身近な確定申告―平成28年分所得税　岡本次男、熊澤潔著、牧野好孝監修、税務研究会税研情報センター編　税務研究会税研情報センター
【目次】1 確定申告をする人のために（所得税の確定申告、申告書用紙の用意 ほか）、2 申告納税額の計算（各所得金額の計算、所得控除額の計算 ほか）、3 特別な支出があった場合の確定申告（多額の医療費を支払った場合、寄附をした場合ほか）、4 収入などに応じた確定申告（給与収入があった場合、年金収入があった場合 ほか）、5 設例による申告書の記載例（給与所得、公的年金、配当所得がある神田さんの場合、給与所得の他に不動産所得があり、住宅ローンでマイホームを購入した東京さんの場合 ほか）
　2017 56p A4 ¥500

◆いちばんわかりやすい確定申告の書き方―平成30年3月15日締切分 マイナンバー対応　2018年版　土屋裕昭、樋川智子監修　ダイヤモンド社
【目次】特集 今年の改正ポイント！、第1部 確定申告のキホン―申告書の準備から提出まで（確定申告の流れを知ろう）、第2部 収入タイプ別、申告書の書き方―「収入金額等」「所得金額」欄の記入（サラリーマンやOLとして働いている人、会社を退職した人、年金で暮らしている人、個人事業主・フリーランス、不動産収入のある人、株や投資信託、FXなど資産運用している人、土地や建物、ゴルフ会員権を売買した人 ほか）、第3部 受ける控除別、申告書の書き方―「所得から差し引かれる金額」「税金の計算」欄の記入（所得控除」を受けて税金を取り戻そう、「税額控除」を受けて税金を取り戻そう）、これで完成！ 税額を計算して、申告書を提出しよう
　2017.10 159p A4 ¥1380 ①978-4-478-10413-2

◆医療費控除と住宅借入金等特別控除の手引―平成30年3月申告用　樫田明、今井慶一郎共著　大蔵財務協会
【要旨】各種住宅税制を網羅した確定申告時の必読書!!
　2018.1 1179p A5 ¥2963 ①978-4-7547-2467-2

◆演習所得税法　平成29年版　全国経理教育協会編　清文社　（付属資料：別冊1）
【目次】所得税のあらまし、納税義務者と課税所得、利子所得、配当所得、不動産所得、事業所得、給与所得、退職所得、山林所得、譲渡所得〔ほか〕
　2017.4 232p B5 ¥2000 ①978-4-433-63967-9

◆大家さんのための超簡単！ 青色申告―不動産所得用・申告ソフト付（Windows用・ダウンロード版）　2017・2018年度版　渡邊浩滋、塚田祐子著　クリエイティブワークステーション　改訂4版
【要旨】大家さん専門税理士が税務の基礎知識を分かりやすく解説！ 初心者でも青色申告決算書が短時間で作成できる大家さん専用ソフト付！
　2017.12 287p A5 ¥2300 ①978-4-909014-03-0

◆確定申告を簡単に自動化してラクする本―2018年版MFクラウド確定申告公式ガイド　アクセス、マネーフォワード著　翔泳社
【要旨】確定申告が面倒だと思う、そんな方にオススメなのが「MFクラウド確定申告」です。MFクラウド確定申告は、銀行口座やカードを登録すれば自動で取引明細を取得してくれるので、いちいち手入力する手間が省け、さらに入力ミスもなくなります。また、取り込んだ取引明細は、勘定科目が自動提案されるので、仕訳の手間も省けます。仕訳ルールも学習してくれるので、使い込むほど、手間が要らなくなります。これまで使ってきた他の確定申告ソフトのデータも取り込めるので、乗り換えもスムーズです。確定申告時には「確定申告書B」、「青色申告決算書」を自動作成してくれます。もちろんe・Tax にも対応しています。本書は、こんなに便利なクラウド確定申告ツール「MFクラウド確定申告」の公式ガイドブックです。
　2017.12 127p B5 ¥1000 ①978-4-7981-5394-0

◆駆け出しクリエイターのためのお金と確定申告Q&A　桑原清幸著　玄光社
【要旨】本書はクリエイターがお金で困らなくするための節税と確定申告の入門書です。フォト

グラファー、イラストレーター、デザイナー、アニメーターなど、フリーランスや副業で仕事をしている方のお金にまつわる疑問を、Q&A形式でやさしく解説！ 実例だからわかりやすく、逆引きですぐに使えます。 お金の悩みを解決し、創作活動に専念しましょう！

2017.12 207p A5 ¥1600 ①978-4-7683-0919-3

◆**基礎から身につく所得税 平成29年度版**
小田満著 大蔵財務協会
【目次】所得税とはどんな税金か、所得の種類にはどんなものがあるか、所得に対する課税はどのように行うか、所得の総合はどのように行うか、所得はどのようにして計算するのか、青色申告制度とはどのようなものか、白色申告者に対する記帳・記録保存制度等とはどのようなものか、所得控除とはどのようなものか、税金の計算はどのように行うか、税額控除とはどのようなものか、申告はどのように行うか、財産債務調書及び国外財産調書とはどのようなものか、税金はどのようにして納めるのか、災害等にあったときはどうすればよいのか、税金に不服があるときはどうすればよいのか

2017.6 227p A5 ¥1852 ①978-4-7547-2418-4

◆**源泉所得税取扱いの手引 平成29年版**
舩冨康次編 （大阪）納税協会連合会、（大阪）清文社 発売
【目次】総則・納税義務・その他、給与所得に係る源泉徴収、給与所得者の各種の所得と各種所得控除、住宅借入金等特別控除、退職所得に係る源泉徴収、利子所得に係る源泉徴収、配当所得に係る源泉徴収、報酬、料金等に係る源泉徴収、内国法人の所得に係る源泉徴収、公的年金等に係る源泉徴収 〔ほか〕

2017.7 996p B5 ¥4400 ①978-4-433-60057-0

◆**最新版 フローチャートでわかる所得税の実務** 佐藤和助編著 大蔵財務協会
【目次】基礎的事項関係、所得区分等関係、課税方法等関係、各種所得の収入金額の収入すべき時期関係、必要経費等関係、譲渡所得の金額の計算等関係、給与所得者の特定の利益等の課税、非課税所得関係、資産損失の取扱い並びに損益通算及び損失の繰越控除等関係、所得控除関係、税額の計算、税額控除、予定納税等関係、青色申告関係（含む事業専従者控除）、源泉徴収関係

2017.6 220p B5 ¥1852 ①978-4-7547-2499-3

◆**知っておきたい所得税の常識** 高柳昌利代著 税務経理協会 第21版
【目次】第1章 所得税とはどういう税金か、第2章 各種所得の金額の計算はどのようになされるか、第3章 収入金額や必要経費はどのように計算するか、第4章 譲渡所得や利子所得の特例があるか、第5章 課税標準の計算はどのようになされるか、第6章 所得控除はどのようになされるか、第7章 税額の計算はどのようになされるか、第8章 所得税の申告はどのようになされるか、第9章 所得税はどのようにして納めるか、第10章 その他

2017.6 247p A5 ¥3000 ①978-4-419-06466-2

◆**自分ですらすらできる確定申告の書き方—平成30年3月15日締切分** 渡辺義則著 KADOKAWA
【要旨】特典1・早わかり巻頭ワイド図解—申告書の書き方の流れがスグつかめる。特典2・巻末付録 下書き用シート—申告書A・申告書Bの試し書きができる。

2017.11 159p A4 ¥1350 ①978-4-04-602148-9

◆**自分でパパッと書ける確定申告—平成30年3月15日締切分** 平井義一監修 翔泳社
【目次】知っておきたい所得税の基礎知識、1 サラリーマンや年金で生活している人、2 事業者や不動産のオーナー、3 株や土地、建物を売却した人、退職金をもらった人、4 その他の各種控除を受ける人、付録

2017.11 160p A4 ¥1380 ①978-4-7981-5351-3

◆**譲渡所得 山林所得 贈与税 財産評価 申告の手引—平成30年3月申告用** 前川晶著 税務研究会出版局
【目次】譲渡所得（基礎編、特例編）、山林所得（基礎編、特例編）、贈与税（基礎編、特例編）、財産評価（評価の原則、土地 ほか）

2017.11 933p B5 ¥3519 ①978-4-7931-2265-1

◆**譲渡所得の実務と申告 平成29年版** 谷仲邦夫編 大蔵財務協会
【要旨】被相続人の居住用財産の譲渡所得の特別控除を取り扱う。株式譲渡益課税制度の改正に対応。国外転出時課税制度について解説。公共事業の事前協議の仕方について解説。公益法人等に財

産を寄附した場合の承認手続について解説。居住用財産を譲渡した場合の買換え・交換について解説。平成28年12月現在の最新の法令・通達により解説。確定申告書・明細書の記載例を数多く収録。

2017.1 768p B5 ¥3889 ①978-4-7547-2381-1

◆**譲渡所得の実務と申告 平成30年版** 谷仲邦夫編 大蔵財務協会
【要旨】被相続人の居住用財産の譲渡所得の特別控除について、具体的な事例と記載例を用いて詳細に解説。株式譲渡益課税制度の改正に対応。国外転出時課税制度について解説。公共事業の事前協議の仕方について解説。公益法人等に財産を寄附した場合の承認手続について解説。居住用財産を譲渡した場合の買換え・交換について解説。平成28年12月現在の最新の法令・通達により解説。確定申告書・明細書の記載例を数多く収録。

2018.1 807p B5 ¥3889 ①978-4-7547-2492-4

◆**初心者にもできる年末調整の実務と法定調書の作り方 平成29年分** 納税協会連合会 編集部編 （大阪）納税協会連合会、（大阪）清文社 発売
【要旨】年末調整に関する実務問答150問。

2017.11 286p B5 ¥1600 ①978-4-433-60107-2

◆**初心者のための源泉所得税講座** 太田栄一著 大蔵財務協会 改訂新版
【目次】第1章 源泉徴収制度のあらまし、第2章 給与所得の源泉徴収、第3章 退職所得の源泉徴収、第4章 報酬・料金等の源泉徴収、第5章 利子所得、配当所得の源泉徴収、第6章 非居住者の源泉徴収、第7章 源泉徴収票、支払調書の作成と提出

2017.6 356p A5 ¥1944 ①978-4-7547-4433-5

◆**所得拡大促進税制の実務—Q&Aと事例で理解する** 橋本満男著 大蔵財務協会
【目次】第1章 所得拡大促進税制の概要（経緯・趣旨、制度の概要、制度利用のポイント ほか）、第2章 中小法人における申告書別表6（19）作成事例（一般的な基準事業年度がある場合、基準事業年度がない場合、基準事業年度はあり事業を行っていたが、雇用者給与等の支給がない場合 ほか）、第3章 組織再編成と所得拡大促進税制（組織再編成がある場合の基準雇用者給与等支給額、比較雇用者給与等支援額の調整計算、基準雇用者給与等支給額の調整、比較雇用者給与等支給額の調整 ほか）、第4章 制度の沿革・関係法令等

2017.3 166p A5 ¥1667 ①978-4-7547-2403-0

◆**所得拡大促進税制の実務—Q&Aと事例で理解する 平成29年度版** 橋本満男著 大蔵財務協会
【要旨】平成29年度改正で、中小企業は最大22%の税額控除！ 青色申告法人なら資本金や業種の制限なく事前手続も不要で利用可能！ 使用人の給料・賞与のほか、パートやアルバイトの賃金も対象！ 所得拡大促進税制のメリット。

2017.9 214p A5 ¥1852 ①978-4-7547-2463-4

◆**所得拡大促進税制の手引き—雇用促進税制・地方拠点強化税制も含めて法人税&所得税法まるごと解説！** 安井和彦著 税務経理協会 改訂版
【要旨】複雑な制度、難解な条文を丁寧に解きほぐした改訂版。抜本的な見直しのあった平成29年度改正を反映。雇用促進税制・地方拠点強化税制に関する内容を追加。

2017.11 268p A5 ¥2800 ①978-4-419-06499-0

◆**所得税確定申告書記載例集—平成29年3月申告用** 高野弘美著 大蔵財務協会
【要旨】医療費・住宅ローン控除から住宅や株などを売却した場合の損益通算・損失繰越控除まで、確定申告の様々なケース "86事例" を収録！！ 平成28年分から適用となった上場株式等・一般株式等の譲渡損益の損益通算・繰越控除に対応。空き家を譲渡した場合の特別控除を適用した確定申告に対応。「ふるさと納税」、「国外転出課税」に係る確定申告、「財産債務調書」、「国外財産調書」の作成に対応。「マイナンバー（個人番号）」の確定申告書への記載に対応。

2017.1 616p B5 ¥1944 ①978-4-7547-2393-4

◆**所得税確定申告の手引—平成29年3月申告用** 石井敏彦、鬼塚太美、杉尾充茂、丸山慶一郎、吉本覚編 大蔵財務協会
【要旨】平成28年度所得税等関係法令の改正のあらまし。具体例による申告書様式の記載例。平成28年分所得税の税額表等。住民税・事業税・

事業所税の申告の手引。『消費税確定申告書の書き方』『金融所得課税の一体化』『被相続人の居住用財産の譲渡の特例』『多世帯同居改修工事等に係る特例』についてもわかりやすく解説。

2017.1 1294p B5 ¥2130 ①978-4-7547-2377-4

◆**所得税確定申告の手引—平成30年3月申告用** 田名後正範編著 税務研究会出版局
【要旨】平成29年分所得税の計算、申告、納税手続などの改正点のあらまし、非課税所得等、所得区分の通則、消費税等の経理処理、各種所得の計算（利子所得、配当所得、不動産所得、事業所得 ほか）

2017.12 1099, 31p B5 ¥2130 ①978-4-7931-2273-6

◆**所得税確定申告の手引—平成30年3月申告用** 石井敏彦、鬼塚太美、杉尾充茂、丸山慶一郎、吉本覚共編 大蔵財務協会
【要旨】『消費税確定申告書の書き方』『耐久性向上改修工事に係る特例（住宅ローン控除等）』『医療費控除等における添付書類の見直し』『災害関連規定の常設化』についてもわかりやすく解説。平成29年度所得税等関係法令の改正のあらまし、具体例による申告書様式の記載例、平成29年分所得税の税額表等、住民税・事業税・事業所税の申告の手引。

2018.1 1337p B5 ¥2130 ①978-4-7547-2486-3

◆**所得税基本通達逐条解説 平成29年版** 三又修、樫田明、一色広己、石川雅美共編 大蔵財務協会
【目次】第1編 総則（通則、課税所得の範囲 ほか）、第2編 居住者の納税義務（課税標準及びその計算並びに所得控除、税額の計算 ほか）、第3編 非居住者及び法人の納税義務（国内源泉所得、非居住者の納税義務 ほか）、第4編 源泉徴収（通則、利子所得及び配当所得に係る源泉徴収 ほか）、第5編 雑則

2017.11 1204, 57p A5 ¥4815 ①978-4-7547-2453-5

◆**所得税実務問答集—平成29年11月改訂** 小林義治編 （大阪）納税協会連合会、（大阪）清文社 発売
【目次】総則、納税義務者、納税地、非課税所得、所得の帰属、各種所得（金融所得を除く）、金融所得、組合課税、収入金額、必要経費 〔ほか〕

2017.12 855p A5 ¥3400 ①978-4-433-60317-5

◆**所得税重要計算ハンドブック 平成29年度版** 日本税理士会連合会編、藤田良一著 中央経済社、中央経済グループパブリッシング 発売
【要旨】確定申告までの流れに沿って、間違いやすい項目を精選。税額計算の仕組みと要点を解き明かす。個人事業者の消費税も掲載。29年度税制改正に対応。

2017.7 254p A5 ¥2000 ①978-4-502-89132-8

◆**所得税重要事例集** 安井和彦著 税務研究会出版局
【目次】非課税、事業所得、不動産所得、給与所得、退職所得、青色申告、その他所得計算（一時・雑・特殊な計算）、証券税制、譲渡所得、所得区分、損益通算・繰越控除、医療費控除、雑損控除、人的控除、寄附金控除、障害者控除、その他の所得控除、税額控除、申告手続関係、非居住者

2017.11 841p A5 ¥6400 ①978-4-7931-2240-8

◆**所得税取扱通達集—平成29年12月1日現在** 日本税理士会連合会、中央経済社編 中央経済社、中央経済グループパブリッシング 発売
【目次】所得税法関係通達（基本通達、個別通達（重要情報・Q&A等含む）、租税特別措置法関係通達（重要情報・Q&A等含む）（国外送金法関係通達、災害減免法関係通達、震災特例法関係通達）

2018.1 672p A5 ¥4200 ①978-4-502-80051-1

◆**所得税入門の入門 平成29年度版** 藤本清一著 税務研究会出版局
【要旨】膨大な範囲にわたる所得税について、これだけは必要、というポイントにしぼって、基本的な仕組みや考え方を、図・表を用いて解説。耐用年数表、給与所得の速算表、確定申告書の具体的な記載例なども収録。所得税の、本当の入門書。

2017.6 387p A5 ¥1900 ①978-4-7931-2242-2

◆**所得税の確定申告の手引—平成29年3月申告用** 野田高士編 （大阪）納税協会連合会、（大阪）清文社 発売
【目次】第1編 平成28年分確定申告書の記載例、第2編 平成28年分所得税改正のあらまし、第3編 平成28年分確定申告書の書き方（確定申告のあ

経済・産業・労働

らまし、確定申告書の様式と使用区分、確定申告書Bの書き方、確定申告書Aの書き方、分離課税用（第三表）の申告書の書き方、損失申告用（第四表）の申告書の書き方、総収入金額報告書の書き方、確定申告を誤った場合などの手続、青色申告決算所及び収支内訳書の書き方、非居住者の確定申告）、第4編 平成28年分消費税及び地方消費税の確定申告書の書き方（消費税・地方消費税の確定申告書のあらまし、消費税の決算と申告書等の申告、消費税等の課税取引金額の計算と確定申告書の書き方、消費税等の業種別計算）

2017.1 1045p B5 ¥2000 ⓘ978-4-433-60336-6

◆**所得税の確定申告の手引―平成30年3月申告用** 中国税理士会監修 清文社
【目次】平成29年分 確定申告書の記載例、平成29年度税制改正（所得税関係）のあらまし（確定申告とは、確定申告書B（分離課税用（第三表）及び損失申告用（第四表）の確定申告書を含む。）の書き方、確定申告書A（給与所得・雑所得・配当所得・一時所得だけの人等用）の書き方、確定申告を誤った場合などの手続、非居住者の確定申告、住民税及び事業税に関する申告の手引）、特別付録 平成29年分 個人事業者のための消費税のあらましと申告の仕方

2018.1 766p B5 ¥1800 ⓘ978-4-433-60357-1

◆**所得税の確定申告の手引―平成30年3月申告用** 江橋悦夫編 清文社
【目次】平成29年分 確定申告書の記載例、平成29年度税制改正（所得税関係）のあらまし（確定申告とは、確定申告書B（分離課税用（第三表）及び損失申告用（第四表）の確定申告書を含む。）の書き方、確定申告書A（給与所得・雑所得・配当所得・一般所得だけの人等用）の書き方、確定申告を誤った場合などの手続、非居住者の確定申告、住民税及び事業税に関する申告の手引）、特別付録 平成29年分 個人事業者のための消費税のあらましと申告の仕方

2018.1 766p B5 ¥1800 ⓘ978-4-433-60347-2

◆**所得税 必要経費の税務 平成29年版** 近藤隆志編 大蔵財務協会
【要旨】個人の事業所得・不動産所得の決算書作成時の必要経費

2017.12 1152p A5 ¥3426 ⓘ978-4-7547-2474-0

◆**所得税法―理論と計算** 池本征男著 税務経理協会 十一訂版
【要旨】今回の改訂に当たっては、平成25年度から平成29年度までの改正を中心に所要の見直しを行うとともに、それ以前の所得税に関する取扱いについては、必要な限度の加筆・修正と判例の追加などにとどめた。

2017.7 412p B5 ¥4600 ⓘ978-4-419-06465-5

◆**所得税法規集―平成29年7月1日現在** 日本税理士会連合会, 中央経済社編 中央経済社, 中央経済グループパブリッシング 発売
【要旨】配偶者控除・配偶者特別控除の見直し、積立NISAの創設。

2017.8 1745p B5 ¥5000 ⓘ978-4-502-89045-1

◆**申告所得税取扱いの手引 平成29年版** 小林義治編 （大阪）納税協会連合会, （大阪）清文社 発売
【目次】平成29年度所得税改正の概要、通則、課税標準と所得税額の計算順序、所得の種類及び各種所得の金額、各種所得の課税の特例、所得金額の計算の通則及び特例、損益通算及び損失の繰越控除、所得控除、税額の計算、申告、納付及び還付〔ほか〕

2017.10 1890p B5 ¥4400 ⓘ978-4-433-60297-0

◆**図解 源泉所得税 平成29年版** 白井純夫編 大蔵財務協会
【目次】総則、給与所得に対する源泉徴収、退職所得に対する源泉徴収、公的年金等に対する源泉徴収、利子所得に対する源泉徴収、配当所得に対する源泉徴収、報酬・料金等に対する源泉徴収、内国法人に対する源泉徴収、非居住者及び外国法人に対する源泉徴収、特定口座内保管上場株式等の譲渡所得等の源泉徴収、その他の所得に対する源泉徴収の納付、徴収及び還付、源泉徴収票及び支払調書の作成、提出、復興特別所得税の源泉徴収、平成30年分以後に適用される主な改正事項

2017.6 543p B5 ¥3056 ⓘ978-4-7547-2426-9

◆**図解 譲渡所得 平成29年版** 髙藤一夫編 大蔵財務協会
【目次】第1編 譲渡所得（譲渡所得の範囲、所得税の課税されない譲渡所得、資産の譲渡による所得で譲渡所得以外の所得として課税されるも

の、譲渡所得の区分 ほか）、第2編 山林所得（山林所得の範囲、所得税の課税されない山林所得、山林所得の金額の計算方法、山林所得に対する税金が軽減される特例 ほか）

2017.7 770p B5 ¥3148 ⓘ978-4-7547-2429-0

◆**図解 所得税 平成29年版** 松崎啓介編 大蔵財務協会
【目次】第1章 所得税の基礎事項、第2章 所得の金額の計算、第3章 各種所得の金額の計算、第4章 所得の金額の総合と損益通算、第5章 所得控除、第6章 税額の計算、第7章 確定申告と納税等、第8章 国税電子申告・納税システム（e‐Tax）、第9章 東日本大震災に係る税制上の措置、第10章 復興特別所得税、第11章 源泉徴収制度の概要、第12章 その他

2017.7 823p B5 ¥3148 ⓘ978-4-7547-2424-5

◆**図解 所得税法「超」入門 平成29年度改正** 山田＆パートナーズ監修, 山口暁弘編著 税務経理協会
【目次】第1章 所得税の基本事項、第2章 収入と経費、第3章 10種類の所得、第4章 所得の金額の総合と損益通算、損失の繰越控除、第5章 所得控除、第6章 所得税額の計算と復興税、第7章 確定申告と納税、第8章 源泉徴収と年末調整、第9章 青色申告

2017.12 231p A5 ¥1800 ⓘ978-4-419-06470-9

◆**図解・表解 確定申告書の記載チェックポイント―平成30年3月15日締切分** 天池＆パートナーズ税理士事務所編, 天池健治, 菊島義昭著 中央経済社, 中央経済グループパブリッシング 発売
【要旨】プロの視点で最終チェック。所得区分・医療費控除の五十音順判定表で、○×判定。今回スタートのセルフメディケーション税制もフォロー！ 書き方の手順と税務署の視点が申告書記載例でよくわかる！

2017.10 393p B5 ¥1500 ⓘ978-4-502-24571-8

◆**スマホでかんたん確定申告―青色申告をラクに済ませるfreeeの使い方から節税のコツまで** 村井隆紘, 藤井浩示著 技術評論社
【要旨】本書は、今一番人気のある会計ソフト「freee（フリー）」を使って確定申告をする方法を紹介。

2017.12 198p B6 ¥1580 ⓘ978-4-7741-9405-9

◆**税理士のための所得税重要ポイントハンドブック―平成30年3月確定申告用** 天池＆パートナーズ税理士事務所編, 天池健治, 菊島義昭著 技術評論社
【目次】1 所得税の概要、2 各種所得の計算、3 所得の金額と損益通算、4 所得控除、5 税額の計算、6 税額控除、7 地方税、8 巻末資料

2017.11 375p B5 ¥1980 ⓘ978-4-7741-9370-0

◆**多様な雇用形態をめぐる源泉徴収Q&A** 深澤邦光編著 大蔵財務協会 改訂版
【要旨】賢い源泉徴収事務、賢い働き方をサポート!!パートタイマー、アルバイト、派遣労働者、非居住者を巡る源泉徴収の基礎知識と実務のポイントをQ&Aで解説。より精緻となった「働き方と家庭全体の手取り額シミュレーション」収録!!

2017.12 422p A5 ¥1759 ⓘ978-4-7547-2475-7

◆**畜産経営者のための青色申告の手引き―平成28年度確定申告対応** 森岡一, 志波和男共著 中央畜産会編 中央畜産会
【目次】第1章 青色申告の制度（青色申告とは、青色申告のできる者、青色申告の特典、消費税の手続き、備え付けるべき帳簿類、消費税の概要）、第2章 畜産経営の簿記記帳実務（簿記記帳の基礎知識、記帳から決算までの流れと仕組み、勘定科目、単式簿記から複式簿記への切り替え方法、留意すべき期中の取引）、第3章 決算と確定申告（決算整理、決算書の活用、青色申告決算書の作成、確定申告書の作成、消費税の申告書の作成）、第4章 事業継続と法人化の税務（事業継承の税務、法人化の税務）、参考資料

2016.12 1Vol. A4 ¥2800 ⓘ978-4-901311-66-3

◆**畜産経営者のための青色申告の手引き―平成29年度確定申告対応** 森岡一, 志波和男共著 中央畜産会
【目次】第1章 青色申告の制度（青色申告とは、青色申告のできる者 ほか）、第2章 畜産経営の簿記記帳実務（簿記記帳の基礎知識、記帳から決算までの流れと仕組み ほか）、第3章 決算と確定申告（決算整理、決算書の活用 ほか）、第4章 事業継続と法人化の税務（事業継承の税務、法人化の税務）

2017.12 115, 28p A4 ¥3000 ⓘ978-4-901311-70-0

◆**同人作家のための確定申告ガイドブック** 水村耕史著, 喜田一成監修 KADOKAWA
【要旨】小説、イラスト、マンガ、ゲーム、CDなど、フリーランス＆同人クリエイターのための確定申告本！

2017.12 335p B6 ¥1600 ⓘ978-4-04-734946-9

◆**年金生活者・定年退職者のための確定申告―平成30年3月締切分** 山本宏監修 技術評論社
【要旨】年金のほかにパートやアルバイトの収入がある、医療費が10万円を越えた、退職金や満期保険金を受け取った、マイホームをリフォームした／買い換えた、天災や盗難などの被害にあった、子どもや親を養っている、株式投資や投資信託をやっている…ほか多数。年金生活世代のためのかんたん手続きガイド。具体的な事例をたくさん収録！

2017.10 143p A4 ¥1480 ⓘ978-4-7741-9286-4

◆**年末調整のしかた 平成29年版** 石川雅美編 大蔵財務協会
【目次】第1部 年末調整のしかた（年末調整とは？、年末調整の実務、年末調整終了後の整理事務）、第2部 1月の源泉徴収事務（法定調書の作成と提出、給与所得者の扶養控除等申告書の受理と検討、社会保障・税番号制度（マイナンバー制度）について、源泉徴収簿の作成）

2017.11 471p B5 ¥1852 ⓘ978-4-7547-2465-8

◆**初めてでも大丈夫！ マネして書くだけ確定申告―平成30年3月締切分** 山本宏監修 技術評論社
【要旨】具体的な事例を満載。よく似た事例をマネしよう！

2017.10 175p A4 ¥1380 ⓘ978-4-7741-9285-7

◆**フリーランス＆個人事業主のための確定申告―平成30年対応** 山本宏監修 技術評論社 改訂第12版
【目次】第1部 個人事業主として確定申告をするための会計知識（確定申告の基本、青色申告に必要な準備をしよう、帳簿付けの基本、必要経費の知識、第2部 確定申告書の作成（「所得から控除できる金額」を把握する、青色申告額を確定する、青色申告決算書/白色の収支内訳書の作成、確定申告書Bを作成しよう）、第3部 申告後の手続きと法人化（申告後の手続き、個人事業主から法人に、確定申告用勘定科目）

2017.10 255p A5 ¥1800 ⓘ978-4-7741-9282-6

◆**フリーランスのための超簡単！ 青色申告―事業所得用・申告ソフト付（Windows用・ダウンロード版） 2017‐2018年度版** 塚田祐子著 クリエイティブワークステーション 改訂11版
【目次】第1章 フリーランスが支払う税金とは？、第2章 知らないと損する、節税ポイントはココ！、第3章 これだけでOK！ 青色申告に必要な基礎知識、第4章 エクセルで超簡単！ パソコン経理、第5章 取引をサクサク仕訳入力！、第6章 青色申告決算書を作成しよう！、第7章 確定申告書を作成しよう！、第8章 利益を分析しよう！

2017.12 247p A5 ¥1800 ⓘ978-4-909014-02-3

◆**問答式 源泉所得税の実務 平成29年版** 舩struct康次編 （大阪）納税協会連合会, （大阪）清文社 発売
【目次】税制改正の概要、復興特別所得税、総則、給与所得の源泉徴収、退職所得の源泉徴収、報酬・料金等の源泉徴収、利子所得の源泉徴収、配当所得の源泉徴収、公的年金等の源泉徴収、非居住者等の源泉徴収、金融類似商品等の源泉徴収、割引債の差益金額の源泉徴収、上場株式等の譲渡所得等に対する源泉徴収、NISA及びジュニアNISA、消費税等と源泉徴収の関係、災害関係

2017.9 857p A5 ¥3400 ⓘ978-4-433-60067-9

◆**わかりやすい年末調整の手引 平成29年版** 杉尾充茂著 税務研究会出版局
【目次】年末調整の事務手順図、諸控除額一覧表（人的な所得控除別の「平成29年分配偶者控除額、扶養控除額、基礎控除額及び障害者等の控除額の合計額の早見表」の適用欄一覧、所得者の態様別人的所得控除額一覧表）、税額表（平成29年分 年末調整のための給与等の金額の表、平成29年分 年末調整のための算出税額の速算表 ほか）、解説（昨年と比べて変わった点（源泉所得税関係）、年末調整とはほか）

2017.11 354p B5 ¥1667 ⓘ978-4-7931-2269-9

◆Q&A・対話式 超わかりやすいネットで稼ぐ人の確定申告—平成29年度税制改正対応版 ひろせ税理士法人編著　セルバ出版，創英社/三省堂書店 発売
【要旨】「バレないから申告しなくても大丈夫」「税金がかかるなんて知らなかった」「たいして儲けが出ていないので確定申告なんて必要ない」といった人がいるが、ネットで稼ぐ人が多くなっているため、税務署の目も以前より強く光ってきている。本書は、アフィリエイトで稼いでいるネットビジネスの先輩「まな美さん」とせどりを始めたばかりの「わかばさん」の対話形式で、ネットで稼ぐ人の確定申告のポイントをわかりやすく解説。
2017.11 199p B6 ¥1600 ①978-4-86367-378-6

相続・贈与税

◆遺産分割と相続発生後の対策—相続税の申告に携わる実務家のための法務・税務のすべて 設例解説 中川昌泰監修，遺産分割研究会編 大蔵財務協会　六訂版
【目次】第1章 相続税の納税義務者、第2章 相続税の申告と相続手続、第3章 遺産分割の工夫の具体策、第4章 非上場株式等についての贈与税・相続税の納税猶予及び免除制度活用の留意点、第5章 相続税申告後の工夫と見直し、第6章 民法のあらまし
2017.8 908p A5 ¥3889 ①978-4-7547-2400-9

◆いちばんわかりやすい 相続・贈与の本 '17～'18年版 曽根恵子著，岸田康雄，吉田崇子監修　成美堂出版
【要旨】確実に知っておきたい「相続の常識」をしっかり解説！ 遺言書、生前贈与や養子縁組の上手なやり方など思いどおりの相続をするための生前対策を徹底解説！ 読むだけで役に立つ！ ヒントになる！ 著者のアドバイスで解決した相続実例を多数掲載！
2017.8 247p A5 ¥1200 ①978-4-415-32389-3

◆一夜漬け相続税・贈与税—遺すため受け継ぐための入門書 金井恵美子著 税務経理協会
【要旨】正しい知識で不安を解消しませんか？ 相続税についての民法のきまりと相続税・贈与税の全体像をコンパクトにまとめた入門書！
2017.7 169p A5 ¥1800 ①978-4-419-06445-7

◆笑顔で相続をむかえた家族50の秘密 相続診断協会編 日本法令
【要旨】気が進まない人にエンディングノートを書かせるには？ 家督相続に固執する父親をどう説き伏せる？ 不動産が多く均分相続が無理な場合は？ アパート建築による節税は本当にお得？ 長男の嫁、介護だけでは寄与分は認められない？ 血縁関係のない人に財産を遺す？…etc. 相続にまつわるさまざまな難問を一挙に解決!!
2017.12 256, 25p A5 ¥2000 ①978-4-539-72576-4

◆海外財産・海外居住者をめぐる相続税の実務 チェスター編 清文社
【要旨】納税義務者の判定、海外資産の評価、相続証明書類の用意、申告書の記入といった実務対応から、プロベートなど海外独特の制度や贈与における課税関係など必須知識についても解説。ますます複雑な様相を呈する国際課税ルールに対応する必携の1冊！
2017.6 230p B5 ¥2500 ①978-4-433-62877-2

◆海外相続ガイドブック—プランニングおよび相続実務におけるQ&A66 三輪壮一著，鈴木あかね，中田朋子監修　きんざい 改訂版
【要旨】海外財産の相続は日本の相続より大変！ 平成29年度税制改正大綱をカバー。Q&A形式で実務のプロがズバリ解説。
2017.3 192p A5 ¥2600 ①978-4-322-13075-1

◆開業医・医療法人…すべてのドクターのための相続税対策パーフェクト・マニュアル 和著 すばる舎リンケージ，すばる舎 発売
【要旨】子どもが全員医師、もめないあと継ぎ方法とは？ 医院で使用している土地をすべて後継者に相続させるには？ 病院・クリニックの敷地の評価減対策は？ MS法人設立をしたほうがいい？ 個人医院と医療法人、どちらが承継に有利？ 多数の医療機関をクライアントにもつプロが教える、あなただけの正攻法!!2017年の最新税制対応！
2017.11 238p A5 ¥3800 ①978-4-7991-0599-3

◆かしこい相続・贈与の節税常識—生前贈与から納税対策まで 徳田孝司監修，辻・本郷税理士法人編著　東峰書房
【要旨】相続が発生したらやるべきこと。親子で喜ぶ生前贈与の知恵。生前贈与はこうすれば簡単。相続発生後でも間に合う対策いろいろ。納税から税務調査への対応まで。相続・贈与の簡易資料付。
2017.1 253p A5 ¥1500 ①978-4-88592-185-8

◆株式・公社債評価の実務—相続税・贈与税 平成29年版 小原清志編　大蔵財務協会
【目次】第1編 相続税における財産評価のあらまし、第1章 上場株式及び気配相場等のある株式の評価、第2章 取引相場のない株式の評価、第3章 株式に関する権利・出資の評価、第4章 公社債等の評価、評価演習 財務諸表、法人税申告書から取引相場のない株式の評価明細書へのアプローチ
2017.8 715p A5 ¥3611 ①978-4-7547-2380-4

◆基礎から身につく財産評価 平成29年度版 北本高男著　大蔵財務協会
【目次】1 財産の評価（財産評価の意義、財産評価基本通達の制定趣旨）、2 財産評価基本通達で定めている財産の評価方法（共通原則、土地及び土地の上に存する権利、家屋及び家屋の上に存する権利、構築物、株式及び出資、公社債、受益証券、その他の財産）、3 相続税法で定めている財産の評価方法（地上権及び永小作権、定期金に関する権利、立木）
2017.8 213p A5 ¥1852 ①978-4-7547-2422-1

◆基礎から身につく相続税・贈与税 平成29年度版 北本高男著　大蔵財務協会
【目次】相続税編（相続税とは、相続や遺言とは、相続税の納税義務者、相続税の課税財産、相続税の非課税財産 ほか）、贈与税編（贈与税とは、贈与税の納税義務者、贈与税の課税財産、贈与税の非課税財産、相続時精算課税 ほか）
2017.6 227p A5 ¥1852 ①978-4-7547-2421-4

◆ケース別 相続預金の実務A to Z 本橋総合法律事務所編、本橋光一郎、本橋美智子、下田俊夫、篠田大地執筆　ビジネス教育出版社
【要旨】最高裁決定により遺産分割の対象になった相続預金の金融機関対応について払戻し、遺言との関係、取引履歴、相殺・差押え等50のケースを収録しわかりやすく解説。
2018.1 155p A5 ¥1800 ①978-4-8283-0685-8

◆健康な相続 不摂生な相続—驚くほど相続人から感謝される法則とは 萬代猛著 ダイヤモンド社
【目次】第1章 『相続理念』はありますか？、第2章 『相続リテラシー』は相続の羅針盤、第3章 相続財産の本質、第4章 相続財産に関する基本原則、第5章 あなたを守る五つの知恵、第6章 相続健康体への相続改善プログラム
2017.6 231p B6 ¥1500 ①978-4-478-10184-1

◆後悔しない相続税対策は「生前贈与×都心の築浅中古ワンルームマンション」で！ 仲宗根和徳著、小城麻友子、三ヶ尻一郎監修 幻冬舎メディアコンサルティング，幻冬舎 発売
【要旨】アパート経営はもはや相続税対策の王道ならず!?「生前贈与」の仕組みに都心・築浅中古ワンルームマンションの優位性を掛け合わせる、相続税対策の新常識を大公開。
2017.7 335p 18cm ¥800 ①978-4-344-91270-0

◆広大地評価の重要裁決事例集—相続税の更正の請求&期限内申告の必携書 小林穂積著 プログレス
【要旨】「国税不服審判所の裁決事例等」のうち広大地に関する争点（平成14年から平成28年まで）のほぼ全て（約100事例）について要点をまとめ、そのコメントを掲載。
2017.12 449p B5 ¥7500 ①978-4-905366-71-3

◆国際相続—海外投資・海外移住・国際結婚に関わる人へ 長谷川裕雅著 パンローリング（Modern Alchemists Series No.138）
【要旨】思いもよらず国際相続に該当してしまった方のための相続ガイドブック。
2017.1 263p A5 ¥2800 ①978-4-7759-9148-0

◆500m2以上の広い土地を引き継ぐ人のための得する相続 江幡吉昭著 アスコム
【要旨】数々の広い土地の節税に成功した「相続のプロ」がその極意を語る!!9割の税理士が教えてくれない相続で損をしない方法を公開!!広い土地を持つ地主さん必見!!
2017.11 223p B6 ¥1500 ①978-4-7762-0951-5

◆これ一冊で安心 相続の諸手続き・届出・税金のすべて 17・18年版 堀招子，原木規江監修 ナツメ社　（付属資料：別冊1）
【要旨】最新の税制・制度に対応！ 基礎知識から手続き・申告のしかた、知っておきたい節税対策まで、丁寧な解説でゼロからわかる！ 届出書類の記入例が大充実！ 豊富な事例でよくわかる！
2017.9 255p 24×19cm ¥1400 ①978-4-8163-6318-4

◆これ1冊で大丈夫！ いざという時のための相続対策がすぐわかる本—節税・争族対策、相続後の諸手続きまでを完全解説！ ひかりアドバイザーグループ編、ひかり税理士法人、ひかり司法書士法人、ひかり行政書士法人共著 清文社
【要旨】子供のいない夫婦の場合はどうなる？ 過去に離婚経験がある場合はどうなる？ 認知症になったら？ わが家は相続税がかかる？ 相続が発生したときの手続きは？ あなたの相続に対する理解と疑問の氷解にきっとお役にたちます！
2017.9 236p A5 ¥1800 ①978-4-433-62317-3

◆財産評価基本通達の適用で注意したい！土地評価15パターン—相続税申告で鑑定評価によるべきケース 芳賀則人著 清文社
【要旨】相続の「適正な時価」へのアプローチ！ 3,600件を超える鑑定実績が教える大きな減額要因を含む"要注意"財産!!相続・贈与、そして譲渡に関与する税理士・不動産鑑定士が参考にすべき1冊！
2017.7 241p B6 ¥2400 ①978-4-433-62567-2

◆知っておきたい相続税の常識 小池正明著 税務経理協会　第18版
【目次】相続税・贈与税の性格、民法の相続制度のあらまし、相続税の課税原因と納税義務者、相続税の課税財産、相続税の非課税財産、相続税の債務控除、相続税の課税価格の計算、相続税の計算、相続税の申告と納税、贈与税の課税原因と納税義務者、贈与税の課税財産と非課税財産、贈与税の課税価格の計算、贈与税の申告と納付、相続時精算課税制度のしくみと相続税・贈与税、非上場株式等に係る相続税・贈与税の納税猶予予制度、相続税・贈与税の財産評価
2017.6 317p A5 ¥3200 ①978-4-419-06464-8

◆知っててよかった！ 相続で困らないための遺言と税金の知識 税務研究会税研情報センター編 税務研究会税研情報センター
【目次】1 遺産分割争いの状況、2 相続の基礎知識、3 相続税法・民法（相続法）の改正、4 遺言がないとどうなる？、5 自分の財産を把握しよう、6 遺言を書いてみよう、7 遺言を書く際に気を付けなければいけないことは？、8 相続のスケジュールと確認しておきたい相続税・贈与税、9 遺言のない相続はこんなに大変！
2017 21p A4 ¥400

◆実務家のための相続税ハンドブック—平成29年10月改訂版 杉田宗久編著 （大阪）コントロール社
【要旨】民法の基礎知識、準確定申告等、相続税、財産評価（課税価格）、相続税（税額計算等）、贈与税（暦年課税）、相続時精算課税制度、事業承継税制、その他
2017.11 266p A5 ¥1800 ①978-4-902717-79-2

◆実例で見る「相続」の勘どころ 吉野広之進著 税務研究会出版局
【要旨】こうしておけばよかった、もっと早く対処しておけば、など相続関係のポイントを解説！
2017.12 247p A5 ¥2200 ①978-4-7931-2268-2

◆地主・大家の相続対策の本質—「知らなかった」ではすまされない 豊田剛士著 現代書林
【要旨】"ひ孫の先まで残す相続" は "全体像" の把握から！ 年間100件を超える相続相談に単身で応え、数十億単位の資産の相続にも最適な対策を提供し続けている資産の専門家が明かす、「全体」を見据えた一族繁栄のための相続対策とは？
2017.12 223p B6 ¥1500 ①978-4-7745-1679-0

◆地主の相続財産は店舗用不動産と法人化で残す 甲斐浩一著 幻冬舎メディアコンサルティング，幻冬舎 発売
【要旨】課税額を減らしながら相続税の納税資金もどんどん貯まる末代まで財産を守り抜く最強スキーム。
2017.10 205p 18cm ¥800 ①978-4-344-91388-2

◆自分でできる相続税申告 福田真弓著 自由国民社

【要旨】(1)自分が関わる相続税の申告について、難易度を知っておきたい。(2)複雑でないケースの相続税申告なら、自分でもできそうな気がする。(3)特例や控除などを使えば、相続税がゼロになるか、わずかで済みそう。(4)自分でできるところまでやることで、かかる費用を節約したい。こんな人におすすめします！
2017.12 287p A5 ¥1700 ①978-4-426-12272-0

◆小規模宅地特例の入門Q&A―ここからはじめる！これならわかる！　辻・本郷税理士法人著　税務経理協会　第3版
【要旨】どんな制度？適用するにはどうしたらい？身近なQ&Aで一つひとつ丁寧に解説。直近の改正を踏まえた上で、判断の難しい「二世帯住宅」と「老人ホーム」に関する設問を追加した第3版。
2017.3 181p A5 ¥2000 ①978-4-419-06435-8

◆詳細相続税―資料収集・財産評価・申告書作成の実務　岩下忠吾著　日本法令　6訂版
【要旨】平成29年改正申告書等様式に対応！相続税申告書の受け方、考え方、必要書類の準備、申告書作成における重要事項の確認等、初めての実務でも万全！
2017.8 928p B5 ¥6500 ①978-4-539-72556-6

◆上場株式等の相続と有利な物納選択―相続税の物納制度が大改正！　山本和義, 水品志麻著　清文社
【要旨】平成29年度税制改正で上場株式等が物納財産の第1順位に！物納制度が利用しやすくなった。土地と比較して物納手続が容易。物納に係る時間とコストが大幅軽減。相続税評価額が物納時の価額を上回っていたら物納有利。
2017.12 152p A5 ¥2000 ①978-4-433-62757-7

◆将来の「相続」のはなし―今、考えておくべきこと　柴田英寿著　税務研究会税研情報センター　第6版
【目次】相続とは？、誰が相続人になるのか？、代襲相続ってなに？、まず財産を把握しよう！、財産を評価してみよう！、遺言とは？、どのようにして遺産を分けるのか？、遺留分とは？、相続人間の不公平を解消するためには？、生命保険金にはこんなメリットがある、相続税を計算してみよう！、配偶者が相続すると相続税が安くなる、納税資金は大丈夫？、配偶者の将来の生活も考えよう！、生前贈与を活用しよう！
2017 36p A4 ¥500

◆知らなきゃ損する農家の相続税　藤崎幸子著, 高久悟増補・校訂　農山漁村文化協会
【要旨】わが家で相続が発生したら相続税はかかるのか否か、かかるとすればどのくらいなのか、税金を安くするために相続が始まる前（できれば何年も前）から打つべき手と、相続が始まったらやるべきことは、相続を“争族”にしない知恵や気配りは、などなど農家の状況に即しながらまとめられている。農地等の生前の一括贈与や納税猶予制度の上手な利用法、土地やその他の財産の評価額を下げる法、配偶者の特典の活かし方、各種贈与、生命共済（保険）の活用法、法人化によるメリットなどなど。相続税と贈与税の全体を、基礎・基本から上手な節税対策まで、豊富な図解でわかりやすく解説。
2017.3 265p B6 ¥2000 ①978-4-540-16179-7

◆事例でガッテン！相続税は―こんな時どうする？税務のプロが優しく導く成功　木村哲三監修, 木村会計事業承継・相続対策チーム編　創知,（大阪）出版文化社 発売
【要旨】2017年度税制改正に対応。税務のプロ達が相続税の現場のノウハウ直伝！ケース別に納税額と節税額の目安まで試算、たとえば「中野駅前の100坪の土地とビルなら、こうなる」と例示。これなら自分でもざっと計算できる！
2017.4 178p A5 ¥1800 ①978-4-88338-617-8

◆図解 いちばん親切な相続税の本　17・18年版　内田麻由子監修　ナツメ社
【要旨】誰が相続できる？財産を分けるルールって？相続・贈与と節税のポイントを、ていねいに解説。マンガと図解でわかりやすい！最新の税制&制度に完全対応！
2017.9 191p A5 ¥1500 ①978-4-8163-6291-0

◆図解 いちばんやさしく丁寧に書いた青色申告の本　'18年版　千代田パートナーズ税理士法人監修　成美堂出版
【要旨】フリーランス・個人事業主必見！はじめてでもわかる青色申告「超」入門。
2017.12 207p A5 ¥1300 ①978-4-415-32430-2

◆図解 財産評価　平成29年版　小原清志編　大蔵財務協会
【目次】第1章 土地及び土地の上に存する権利(評価の手順、土地及び土地の上に存する権利の評価上の区分 ほか)、第2章 家屋及び構築物の評価(自用の家屋の評価、貸家の評価 ほか)、第3章 株式及び出資の評価(株式の評価の概要、上場株式の評価 ほか)、第4章 公社債等の評価(公社債等の評価方法の概要、利付公社債の評価 ほか)、第5章 その他の財産の評価(預貯金の評価、貸付金債権の評価 ほか)
2017.7 748p B5 ¥3148 ①978-4-7547-2430-6

◆図解 相続税・贈与税　平成29年版　高藤一夫編　大蔵財務協会
【目次】民法の基礎知識、相続税の意義と課税原因、相続税の納税義務者、相続税の課税財産、相続税がかからない財産、相続税の計算の仕方、相続税の申告書の書き方、相続税の申告と納税、贈与税、非上場株式等についての相続税・贈与税の納税猶予及び免除の特例(事業承継税制)、農地等の相続税・贈与税の納税猶予の特例、山林についての相続税・贈与税の納税猶予の特例、医療法人の持分に係る相続税及び贈与税の納税猶予等の特例
2017.7 890p B5 ¥3148 ①978-4-7547-2428-3

◆図解 相続税法「超」入門　平成29年度改正　山田&パートナーズ監修, 佐伯草一編著　税務経理協会
【目次】第1章 民法における相続の基礎、第2章 相続税の基本事項、第3章 相続税の計算の仕組み、第4章 財産評価、第5章 相続税の申告と納税、第6章 贈与税の計算と仕組み、第7章 贈与税の申告と納税、第8章 相続時精算課税制度、第9章 非上場株式等についての相続税・贈与税の納税猶予および免除の特例(事業承継税制)、第10章 相続税の計算ケーススタディ
2017.8 203p A5 ¥1800 ①978-4-419-06472-3

◆図解 相続は生前の不動産対策で考えよう　曽根恵子著　クロスメディア・パブリッシング, インプレス 発売
【要旨】豊富な事例でわかりやすい。相続税を減らし収益を最大化する。
2017.8 123p B5 ¥1280 ①978-4-295-40098-1

◆生前贈与活用ガイド　柴田知央著, 税務研究会税研情報センター編　税務研究会税研情報センター
【目次】巻頭特集 基礎控除額の引下げによる影響は？、1 なぜ生前贈与なのか、2 贈与のキホン、3 贈与与税のキホン、4 相続税と贈与どちらが有利、5 生前贈与のシミュレーション、6 生前贈与の活用法、7 贈与税の特例制度、8 贈与税の申告
2017 32p A4 ¥500

◆税務の専門家も参考にする 相続税質疑応答集　新井宏著　法令出版　第二版
【目次】第1章 相続税の課税原因、第2章 相続税の課税価格と相続税の計算、第3章 相続税の非課税財産等、第4章 相続債務及び葬式費用、第5章 税額加算・税額控除等、第6章 小規模宅地等の特例、第7章 相続税の申告と更正の請求、第8章 家族信託の課税関係、第9章 広大地評価、第10章 相続時精算課税、第11章 非上場株式の相続税・贈与税納税猶予
2017.2 610p A5 ¥3704 ①978-4-938419-89-9

◆税理士が教える 知って得する相続 揉めて損する相続　笠原清明著　PHP研究所（PHP文庫）
【要旨】課税ラインの引き下げで、相続税を払う人が1.5倍に増えた!?―「相続税なんて、お金持ちにだけ関係すること」「うちのような一般家庭には縁のない話だ」と思っていた人たちも、知らない間に相続税を課税される対象になっているかもしれません。相続の「新しい常識と対策」を税理士がわかりやすくアドバイス！
2017.10 221p A6 ¥680 ①978-4-569-76536-5

◆税理士・公証人による相続税と信託ガイドブック　東京税理士会調査研究部編　大蔵財務協会
【目次】入門者編(あなたの相続税概算額はいくらか？(財産目録の作成)、相続って何？(相続)、相続紛争編(どんな場合に兄弟でもめるの？(相続人の法定相続分)、亡くなった人の兄弟が相続人と手続が大変なの？(相続人)、事業承継編(親が事業を行っていた場合の手続は？、相続で取得した資産を寄附する場合の税金はどうなるの？ ほか)、信託編(信託制度とは？、信託の設定でどのようなことができるようになりますか？また、どんな特質がありますか？ ほか)
2017.6 223p B5 ¥1667 ①978-4-7547-4436-6

◆税理士の相続業務強化マニュアル　山本和義著　中央経済社, 中央経済グループパブリッシング 発売
【要旨】税理士事務所が、相続業務を始めるにあたっての手引として、相続業務を始めるための心得をまず示し、さまざまなケースでの相続対策の取組み方を3つのステップで具体例を示しながら解説します。また、相続税申告書について、書き方の留意点や必須の確認ポイントを、様式を用いて解説しています。
2017.6 263p A5 ¥2800 ①978-4-502-23181-0

◆税理士必携 事例にみる相続税の疑問と解説　平成29年改訂版　岩下忠吾著　ぎょうせい
【要旨】最新事例追加。改正評価通達に対応！
2017.8 422p A5 ¥4300 ①978-4-324-10387-6

◆節税が破産を招く相続税対策の落とし穴　内田直仁著, 内田会計監修　幻冬舎メディアコンサルティング, 幻冬舎 発売　改訂版
【要旨】「節税」のためにアパートを建て、あげくの果てに「借金地獄」。本末転倒の結果を回避しつつ、土地を有効活用する地主のための新戦略。
2017.1 211p 18cm ¥800 ①978-4-344-91178-9

◆相続アドバイザーの実務　2017年度版　経済法令研究会編　経済法令研究会
【要旨】本書では、相続手続にかかる必要とされる基礎知識から現場での具体的なアドバイスまでを体系的に取り上げた。民法および相続税法の基礎知識の習得に加え、実際の相続手続きにあたり民法上・相続税法上それぞれでどのような対策があるのか、相続人間の争いを防ぐにはどのような対策が取れるのか等、幅広いニーズに対応。事例を多く掲載している。
2017.11 340p A5 ¥2300 ①978-4-7668-3362-1

◆相続エキスパートになるためのQ&A170―事例で確認！　相続手続支援センター編　ビジネス教育出版社
【要旨】知っていると知らないとでは大違い。相続実務でよくある事例、見落としがちな点を問題形式で確認！
2017.7 233p A5 ¥2300 ①978-4-8283-0667-4

◆相続した田舎の困った不動産の問題解決します　渋谷幸英著　雷鳥社
【要旨】相続対策はまず、田舎の困った不動産の処分から始めなければなりません。田舎の不動産、売りたい人も買いたい人も必読の一冊。
2017.3 347p B6 ¥1600 ①978-4-8441-3717-7

◆相続失敗例に学ぶ地主の生前対策　中島宜秀著　幻冬舎メディアコンサルティング, 幻冬舎 発売（経営者新書）
【要旨】相続税増税により、「資金が足りずに税金が払えない」という人が急増している。何も対策せずに、土地をそのまま維持・継承しようとすると、税金ばかり支払う羽目になり、資産を失う可能性がある。「相続破産」に陥る原因には、「相続人との連携不足」や「財産の事前調査不足」などがあると著者。節税・相続税対策のプロフェッショナルが「相続破産」に陥らないための方法を解説する。
2017.11 179p 18cm ¥800 ①978-4-344-91394-3

◆相続税重要計算ハンドブック　平成29年度版　日本税理士会連合会編, 武藤健造著　中央経済社, 中央経済グループパブリッシング 発売
【要旨】相続・贈与の発生から申告・納付まで、課税の仕組みが理解できる構成。他の法律や通達との関連にも配慮した解説。事業承継税制も掲載。29年度税制改正に対応。
2017.7 214p A5 ¥2000 ①978-4-502-89142-7

◆相続税専門税理士が教える相続税の税務調査完全対応マニュアル　岡野雄志著　幻冬舎メディアコンサルティング, 幻冬舎 発売
【要旨】相続税の専門税理士が、税務調査の対応方法を徹底解説。
2017.12 204p B6 ¥1200 ①978-4-344-91482-7

◆相続税・贈与税 土地評価実務テキスト―基礎から具体的な減価要因の見極め方まで　鎌倉靖二著　税務研究会出版局　改訂増補版
【要旨】倍率地域の評価に関する解説及び判断に迷いやすい事案の評価事例を追加！「適正な評価」を実現するための基礎知識から評価方法、評価の考え方まで網羅。誤りの多い減価要因については特にページを割いてパターンごとに詳説。写真や図版を多数収録し、具体的なイメージがつ

かめるよう構成。

◆**相続税・贈与税取扱いの手引―平成29年10月改訂** 今西敦司編 （大阪）納税協会連合会編，（大阪）清文社 発売
【目次】第1編 相続税、第2編 贈与税、第3編 相続時精算課税制度、第4編 農地等に係る相続税・贈与税の納税猶予及び免除、第5編 非上場株式等に係る相続税の納税猶予及び免除、第6編 医療法人の持分に係る相続税・贈与税の納税猶予等、第7編 財産の評価
2017.10 1532p B5 ¥4600 ①978-4-433-60427-1

◆**相続税・贈与税入門の入門―平成29年の**
辻敢, 齊藤幸司共著 税務研究会出版局
【要旨】今や、相続税の知識は、すべての人々にとって必要なものとなりました。これは、相続税の、本当にわかりやすい入門書です。法律的な厳密さをときには犠牲にして、とにかくやさしく書いています。実務上これだけは必要、というポイントにしぼり、図や表をできるだけ用いて説明しました。
2017.4 241p A5 ¥1600 ①978-4-7931-2238-5

◆**相続税・贈与税の実務と申告 平成29年版** 谷仲邦男, 小山貴文共編 大蔵財務協会
【目次】第1章 民法（相続関係）（総則、相続人ほか）、第2章 相続税法（相続税の課税原因、相続税の納税義務者 ほか）、第3章 贈与税（贈与税の課税原因、贈与税の納税義務者 ほか）、第4章 財産評価（財産評価の原則、相続税法に基づく財産評価 ほか）、第5章 災害対応関係（災害減免法による相続税又は贈与税の災害免除、租税特別措置法による相続税又は贈与税の特例措置 ほか）
2017.10 1012p B5 ¥4074 ①978-4-7547-2461-0

◆**相続税・贈与税 間違いやすい実務のポイントQ&A100** 間違いやすいポイントQ&A制作委員会編 大蔵財務協会
【目次】納税義務者、相続財産、保険金、退職金、債務、葬式費用、相続時精算課税制度、3年内の贈与、配偶者の軽減、未成年者控除、障害児控除、申告、修正申告、連帯納付、延納・物納、贈与税、災害、財産の評価
2017.4 201p A5 ¥1574 ①978-4-7547-2397-2

◆**相続税調査であわてない「名義」財産の税務** 安部和彦著 中央経済社, 中央経済グループパブリッシング 発売 第2版
【要旨】税率引上げ、基礎控除引下げによって、相続税の課税対象となる人が増加することが想定されます。新たに対象となる人のためにも、相続税の税務調査を念頭に置いた相続税対策が必要となります。税務調査で必ずと言っていいほど問題となるのは名義預金や名義株、名義不動産といった「名義財産」であり、相続人が名義財産の実態を知らないことが多く、意図せずに相続財産から除外し、それを指摘されるというケースが非常に多くあります。相続税トラブルを回避するために、基礎的な財産の仕組みや判決例・裁決例を理解して相続税・贈与税対策を講ずることが、税理士などの専門家には求められています。第2版では、初版刊行後に公表された最新の判決例・裁決例を多数盛り込み、タワーマンション課税などの税制改正の動向もフォローしました。知ってるつもりになりやすい「名義財産」について、理論武装のために手元に置いておきたい1冊です。
2017.9 303p A5 ¥3400 ①978-4-502-24241-0

◆**相続税における農地・山林の評価―実務の流れがしっかりつかめる** 税理士法人チェスター編 清文社
【要旨】事前調査の方法から申告まで適正な評価額を導き出すための道筋をプロのノウハウで丁寧に解説。評価減のポイントを見逃さない！
2018.1 259p B5 ¥2800 ①978-4-433-62627-3

◆**相続税の税務調査を完璧に切り抜ける方法** 服部誠著 幻冬舎メディアコンサルティング, 幻冬舎 発売 改訂版
【目次】第1章 ある日突然訪れる「税務調査」（相続税制が変わり、大増税時代に！、ある日突然やってくる「税務調査の連絡」ほか）、第2章 内情を知っておけば税務調査も怖くない（税務調査はなぜ必要なのか、国税局は「本店」、税務署は「支店」ほか）、第3章 相続の税務調査を完璧に切り抜ける方法（税務調査を完璧に切り抜ける、税務署内ではどのような準備調査をしているか ほか）、第4章 賢い税務調査対策（相続税の節税対策（相続税は「自ら申告」するのが原則、相続税の申告に使う数字は一家で同一のものにするなど ほか）
2017.1 190p 18cm ¥800 ①978-4-344-91182-6

◆**相続税法規通達集―平成29年7月1日現在** 日本税理士会連合会, 中央経済社編, 中央経済グループパブリッシング 発売
（付属資料：インデックスシール）
【目次】相続税法、相続税法施行令、相続税法施行規則、相続税法関係告示、土地評価審議会に係る土地の評価についての基本的事項等に関する省令、相続税財産評価基本通達、相続税法基本通達、財産評価基本通達、相続税法関係個別通達、租税特別措置法（抄）〔ほか〕
2017.9 1038p A5 ¥3800 ①978-4-502-89087-1

◆**相続税法要説** 山内ススム著 税務経理協会 五訂版
【目次】第1編 申告までの手続き、第2編 財産評価、第3編 課税価格、第4編 課税価格、第5編 相続税の計算、第6編 相続税の納付、第7編 贈与税の計算と納付、第8編 相続時精算課税、第9編 非上場株式等に係る相続税・贈与税の納税猶予（事業承継税制）、第10編 総合問題
2017.6 260p A5 ¥4400 ①978-4-419-06454-9

◆**相続税務・法務相談シート集 平成29年度版** 辻・本郷税理士法人責任編集 銀行研修社
【要旨】相続手続の開始11ケース、遺産分割と登記9ケース、遺言と遺産8ケース、相続税の基礎知識14ケース、遺産分割と相続税4ケース、財産評価24ケース、相続税の計算・申告5ケース、相続税務手続7ケース。
2017.7 190p A5 ¥2222 ①978-4-7657-4555-0

◆**相続・贈与税のポイントと対策Q&A 平成29年度版** これだけは知っておきたい！ 税務研究会出版局研修情報センター企画・製作 税務研究会税研情報センター
【目次】第1章 相続税（相続税の基礎知識、相続財産をどう評価するか、相続税を計算する、相続対策のポイント）、第2章 贈与税（贈与税の基礎知識、このような場合、贈与税はどうなる？）
2017 55p B5 ¥500

◆**相続・贈与の実務―法務から税務対策まで 2017年度版** 松本繁雄著 経済法令研究会
【目次】第1編 相続（相続人と相続分、遺産分割協議と遺言の手続、相続放棄、限定承認の手続、相続財産の範囲と相続価格の計算、相続税額の計算、相続税の納税猶予制度、相続税の申告と移転登記・相続登記）、第2編 贈与（贈与とは、贈与の効果、贈与税の計算、相続時精算課税制度、申告、納付、延納、申告開示、贈与税の納税猶予制度、贈与による登記手続）、第3編 財産の評価（総則―評価の原則、土地および土地の上に存する権利の評価）、第4編 ケーススタディー（ケーススタディーによる税額計算、相続税申告書の作り方）
2017.6 398p A5 ¥2300 ①978-4-7668-4336-1

◆**相続対策で消える富裕層、生き残る富裕層**
金井義家著 日本法令
【目次】序章 なぜ、相続対策は失敗するのか、第1章 相続・事業承継に関する情報があふれるようになった理由、第2章 最もポピュラーな相続対策を考える―借金してアパートを建築すると本当に解決するか、第3章 企業オーナーに蔓延する、欠陥だらけの事業承継対策―持株会社方式、第4章 士業と相続・事業承継対策、第5章 どうすれば相続・事業承継に成功できるか、終章 相続・事業承継を成功させるために最低限必要な3つのポイント
2017.5 263p B6 ¥1700 ①978-4-539-72544-3

◆**相続 手続・申告シンプルガイド―よりよい相続のために!!** 相続は、相続人と会計事務所との共同作業です。 OAG税理士法人編著 大蔵財務協会
【目次】プロローグ（相続とは？、相続があったら何をしなければならないか、相続の専門家に相談するには？）、第1編 申告書を作成する前に―相続人対応編（相続人・相続分を調べよう、財産・債務を調べよう、申告の要否判定、申告要否の目途がついたら（財産の評価と特例適用の可否判断））、第2編 財産評価、税制上の特例―専門家対応編（財産評価、生前贈与加算、相続税が軽減できる税制上の特例、遺産分割について、専門家による総合的な判断（相続税の申告要否と納税の有無））、第3編 相続税額の計算・作成と納税―専門家対応編（相続税額の計算手順、申告書の作成、その他の控除等がある場合）、申告書の提出・納税）
2017.3 212p B5 ¥2222 ①978-4-7547-2283-8

◆**相続と贈与がわかる本 '17‐'18年版** 富永悟監修 成美堂出版

【要旨】遺言、遺産分割、相続税の計算、申告…面倒な手続きをやさしく解説。贈与・生命保険・定期借地権など、生前からできる賢い節税法も大公開！住宅取得等資金の贈与税の非課税措置が延長・拡充！法定相続情報証明制度がスタートなど、最新税制・最新法改正に完全対応！
2017.8 255p A5 ¥1200 ①978-4-415-32391-6

◆**相続のことがマンガで3時間でわかる本―あなたも必ず経験する** 西原崇, 山内亘, 山田麻美著, つだゆみマンガ 明日香出版社 （アスカビジネス）
【要旨】いざ相続が発生しても、身内とは絶対にもめない！家族がなくなって焦る前に覚えておく「生前対策」から戻ってきたお金が戻ってくる「還付」までをやさしく解説！
2017.7 197p A5 ¥1500 ①978-4-7569-1912-0

◆**相続の準備から準確定申告・相続税申告の手順―エンディングノートの活用と税理士の留意点** 友松悦子著 大蔵財務協会
【目次】第1章 エンディングノート（エンディングノートとは、エンディングノートに記載する各項目の留意点）、第2章 トラブルを引き起こさない遺言書や確実な遺産承継のポイント（遺言書の種類、留意点、生前に一部を承継）、第3章 被相続人に関する留意点（準確定申告・相続税申告までの主なスケジュール、資料を効率よく集めるための手順、所得税・消費税の準確定申告の必要書類、相続税の申告の必要資料と留意事項、所得税・消費税の準確定申告の手順と留意事項、相続税申告の手順と留意事項）、第4章 相続人に関する留意点（相続人の所得税申告についての留意点、相続人の届出関係についての留意点）、第5章 その他（遺産分割協議書作成事務、添付書面制度の利用）
2017.11 77p B5 ¥741 ①978-4-7547-4447-2

◆**相続の諸手続きと届出がすべてわかる本 '17・'18年版** 河原崎弘監修 成美堂出版
【要旨】これなら書ける！ひと目でわかる！届出書類の作成方法。住宅取得等資金の贈与税の非課税措置が延長・拡充！法定相続情報証明制度がスタートなど、最新税制・最新法改正に完全対応！
2017.8 247p 21×19cm ¥1400 ①978-4-415-32392-3

◆**相続の手続きQ&A―知っておきたい届出・必要書類 イザというときあわてない 平成29年度版** 関谷政広, 齋藤敏治著 税務研究会税研情報センター
【目次】第1章 相続発生直後の諸届出（相続発生後の遺産にかかわる手続きの流れ、死亡直後の市区町村への諸届出）、第2章 所得税の申告・納税（死亡した人の所得税の準確定申告、死亡後に受けた給与の取扱いほか）、第3章 財産分け（遺産分割の方法、遺産分割の留意点 ほか）、第4章 社会保険の手続き（相続発生後の社会保険に関する手続き、遺族の国民健康保険・国民年金への加入 ほか）、付録 必要書類チェック一覧
2017 452p A4 ¥500

◆**相続は突然やってくる！ 事例でわかる相続税の生前対策** チェスター監修、円満相続を応援する税理士の会著, エッサム編集協力 あさ出版
【要旨】生前の贈与で、税金をかけずに財産を渡す。不動産の活用で、節税につなげる。自分の遺志を伝え、分割をスムーズに進める。誰もが納得する形で相続を迎える為の生きているうちに行う相続税対策のすべて！
2017.2 222p A5 ¥1500 ①978-4-86063-965-5

◆**タイムリミットで考える相続税対策実践ハンドブック―平成29年9月改訂** 山本和義著 清文社
【要旨】相続発生後においても相続税等の軽減は可能です！中長期の相続税対策、相続発生直前対策、相続発生後から申告期限までの対策、相続発生後3年内の対策の4つのタイムリミットごとに、争族の防止も考えて家族の幸せ対策を提案します。
2017.9 560p A5 ¥3200 ①978-4-433-62427-9

◆**納得！安心！今からはじめる相続・贈与** 高橋敏則監修 ナツメ社
【要旨】法定相続情報証明制度、海外資産への監視強化、書面添付制度、マイナンバー対応など最新情報が満載！
2017.6 263p A5 ¥1300 ①978-4-8163-6241-5

◆**ナンバー1税理士がすべて教える！ 相続税完全攻略法** 鎌倉圭, 亀谷尚輝著 朝日新聞出版

経済・産業・労働

【要旨】職業別、遺産総額別で徹底解説！ 使える攻略法は54通り。相続税対策は、"生前の準備"が9割。
2017.9 246p B6 ¥1400 ①978-4-02-331620-1

◆不動産を相続する人のための知識ゼロからの相続の教科書　細江貴之著　総合法令出版
【要旨】学校や税務署では教えてくれない、身につけるべきホントの知識を教えます。不動産相続専門の税理士がわかりやすく教える、不動産の節税と収益性アップの必須ノウハウ。
2017.9 229p B6 ¥1500 ①978-4-86280-570-6

◆「負動産」時代の危ない実家相続―知らないと大損する38のポイント　藤戸康雄著　時事通信出版局, 時事通信社 発売
【要旨】実家相続は、現実の不動産市場を前提に考えないと大損する！ 実家相続を「人生の重荷」「相続貧乏」にしないために、不動産金融・相続実務のエキスパートが指南する！
2017.11 224p B6 ¥1400 ①978-4-7887-1535-6

◆不動産保有会社の相続税対策Q&A―有利選択・設立・活用のすべて　小林浩二編著, 木屋正樹, 中嶋浩治著　中央経済社, 中央経済グループパブリッシング 発売　第4版
【要旨】実務家にとって不動産保有会社を活用した提案が出来るよう、実践を意識した内容に。設立後の不動産保有会社に対する提案業務ができるよう、論点を明らかにして、解決策を提示。不動産保有会社を財産承継の観点からも検討を加え、遺言書の作成、遺産分割協議を行う際の留意点を解説。関連する近年の税制改正（法人税実効税率の引上げ、消費税の引上げ延期と再延期、高額資産を取得した場合の消費税の特例措置、取引相場のない株式の評価の見直し）等を盛り込んで解説。
2017.8 204p A5 ¥2500 ①978-4-502-23891-8

◆弁護士と税理士 二つの異なる言語 ワンストップ相続実務　長谷川裕雅著　日本法令
【要旨】法務と税務――方の常識だけでは通用しない！ 二元性を理解し、専門家間でのたらい回しを回避。
2017.9 283p B6 ¥2000 ①978-4-539-72562-7

◆マンガ＆図解でズバリ！ わかる相続対策　間誠著　めでぃあ森
【要旨】最新の税制に対応！ オールカラー、3人の男たちの物語。ストーリーマンガでリアルな相続対策。図解がよくわかるQ&A。図解を多用したビジュアルな説明。書き込み式シートで相続税がかかるかかからないを簡単判定。
2017.11 205p A5 ¥1500 ①978-4-9906640-6-0

◆マンガでわかる！ 相続税のすべて　'17～'18年版　須田邦裕監修　成美堂出版
【要旨】相続で知って得する最新税制改正をポイント解説！ 相続財産の評価、申告書の書き方は具体的な記入例を掲載。書き方、手続きのやり方がすぐわかる！ 相続税額早見表、路線価計算シートなど知識ゼロからでも、見ながら、書きながらしっかりわかる！
2017.8 175p B5 ¥1500 ①978-4-415-32390-9

◆身内の相続で揉めない悔やまない50の処方箋　矢野敬之, 金子明真, 中山学史著　中央経済社, 中央経済グループパブリッシング 発売
【要旨】面倒なことは早めに！ 事前にやっておけば揉めません。小さなことでも、プロに聴いておけば悔やみません。とは言っても、完璧な相続はかなり困難です。それでも、完璧に限りなく近づけるために、三人の士が知恵を絞って50の処方箋を提案します。
2017.6 229p A5 ¥2200 ①978-4-502-23031-8

◆身近なそうぞく―知っておきたい相続の基礎知識　平川会計パートナーズ監修, 税務研究会税研情報センター編　税務研究会税研情報センター
2017 15p A4 ¥300

◆もしもの時に困らない相続・贈与バイブル　ゆびすい著　出版文化社
【要旨】相続・贈与の問題から目をそらしていませんか？ 家族を幸せにする相続・贈与の方法をQ&Aを交えて丁寧に解説。顧客数4,500件、豊富な経験に基づくノウハウを紹介。
2017.3 180p A5 ¥1300 ①978-4-88338-618-5

◆もっと上手に財産移転を！ 生前贈与の基礎知識　鈴木和宏著　廣済堂出版
【要旨】家族みんなの幸福を呼ぶ「生き金」となるように、生前贈与を活用しましょう！
2017.4 242p B6 ¥1600 ①978-4-331-52094-9

◆もめない相続 困らない相続税―事例で学ぶ幸せへのパスポート　坪多晶子, 坪多聡美共著　清文社
【要旨】税理士と弁護士の視点から相続税や相続に関する基本を押さえるとともに疑問点や注意点をQ&A形式で解説。非上場株式評価や納税猶予制度の見直し、預貯金の遺産分割対象など最新情報に対応した決定版！
2017.5 303p A5 ¥2500 ①978-4-433-62387-6

◆わかりやすい相続税贈与税　平成29年版　小池正明著　税務研究会出版局　（実務家養成シリーズ）
【目次】1 相続税、贈与税はどんな税金か、2 相続税はどんなとき、誰れに課税されるか、3 誰れが、いくらの財産を相続できるのか、4 相続税のかかる財産・かからない財産、5 相続財産はどのように評価するか、6 相続税の計算はどのように行うか、7 相続税の申告と納税はどのようにするか、8 贈与税はどんな場合に、誰れに課税されるのか、9 贈与税はどのように計算するか、10 贈与税の申告と納税はどのようにするか、11 相続時精算課税制度とはどのような課税方式か、12 非上場株式に係る納税猶予制度とはどのような特例か
2017.7 187p A5 ¥1000 ①978-4-7931-2248-4

◆わかりやすい相続税・贈与税と相続対策　'17～'18年版　加藤厚, 山口里美監修　成美堂出版
【要旨】図解、チャート、書き込み式シートを多用してビジュアルにわかりやすく構成。相続財産の評価と相続税の計算手順をさまざまなケースに対応させながら解説。財産を上手に残すための節税対策や生前贈与を具体的な事例とともに紹介。住宅取得等資金の贈与税の非課税措置が延長・拡充！ 国外財産の納税義務が10年に見直し、法定相続情報証明制度がスタートなど、最新税制・最新法改正に完全対応！
2017.7 195p B5 ¥1400 ①978-4-415-32352-7

◆Q&A "相続税が驚くほど節税できる" 財産評価の実際―相続税の申告と実務対策　小林千秋著　プログレス
【要旨】財産評価基本通達の疑問点を的確に解明！ 税理士・不動産鑑定士・国税評価専門官・相続人の必読書！
2017.5 221p A5 ¥2600 ①978-4-905366-63-8

◆Q&A110 新時代の生前贈与と税務　平成29年改訂版　坪多晶子著　ぎょうせい
【要旨】法律と税法を駆使した賢い生前贈与。そのノウハウと最新の実務情報が満載。29年度の事業承継税制・自社株評価改正に対応。
2017.9 245p B5 ¥3000 ①978-4-324-10382-1

◆Q&A190問 相続税 小規模宅地等の特例　平成29年版　松岡章夫, 山岡美樹著　大蔵財務協会
【要旨】頻出事例から応用事例までをパターン別に分けて徹底解説!!二次相続を視野に入れた遺産分割での本特例の使い方も解説!!裁判例・裁決例までを掲載し「小規模宅地等の特例」を完全網羅!!　2017.4 535p A5 ¥2407 ①978-4-7547-2406-1

 その他の税

◆印紙税取扱いの手引―平成29年6月改訂　山本吉伸編　（大阪）納税協会連合会, （大阪）清文社 発売
【目次】第1編 印紙税法令通達の取扱い（総則、課税標準及び税率、納付、申告及び還付等、雑則及び罰則）、第2編 文書例による印紙税の取扱い（第1号の1文書：不動産、鉱業権、無体財産権、船舶若しくは航空機又は営業の譲渡に関する契約書 ほか）、付録 印紙税関係書類の様式及び記載例（（印紙）税申告・申請等事務代理人届出書、印紙税関係書類の提出方法の承認申請書 ほか）、資料 東日本大震災の被災者等に係る特例（東日本大震災の被災者等に係る国税関係法律の臨時特例に関する法律（抜粋）、東日本大震災の被災者等に係る国税関係法律の臨時特例に関する法律施行令（抜粋）ほか）
2017.6 754p B5 ¥3600 ①978-4-433-60247-5

◆印紙税ハンドブック―平成29年11月改訂　馬場則行編　（大阪）納税協会連合会, （大阪）清文社 発売

【要旨】2,000文書例による課否判定表。便利な文書名索引つき。
2017.12 457p A5 ¥3000 ①978-4-433-60267-3

◆固定資産税の38のキホンと88の重要判例―一発する固定資産税の課税ミスにいかに対処するか！　宮崎裕二著　プログレス
【目次】第1編 固定資産税の38のキホン（固定資産税と都市計画税の納税通知書とは？、固定資産税の対象となる固定資産とは？、固定資産税はどういう税金で、どんな法律に想定されているか？、第2編 固定資産税に関する28の最高裁判例（固定資産税の賦課決定が憲法違反として争われたことがあるか？（最高裁昭和30年3月23日判決・民集9巻3号336頁）、固定資産税の賦課決定処分に対する不服申立のルートはどうなっているのか？（最高裁昭和44年3月11日判決・民事94号605頁）、真の所有者でないのに登記・登録されて固定資産税の納税義務を負担したものは、真の所有者に対し不当利得返還請求ができるか？（最高裁昭和47年1月25日判決・民集26巻1号1頁）ほか）、第3編 固定資産税に関する60の下級審裁判例（家屋と償却資産との違い、固定資産税の負担者、固定資産税がかからない場合ほか）
2017.10 384p A5 ¥4500 ①978-4-905366-68-3

◆資産税実務問答集―平成29年11月改訂　平本倫明, 岡本和之編　（大阪）納税協会連合会, （大阪）清文社 発売
【目次】第1章 譲渡所得、第2章 譲渡所得等の課税の特例、第3章 山林所得、第4章 相続税、第5章 贈与税、第6章 財産評価、第7章 登録免許税
2017.11 811p A5 ¥3400 ①978-4-433-60437-0

◆資産税の取扱いと申告の手引―平成29年11月改訂　平本倫明, 岡本和之編　（大阪）納税協会連合会, （大阪）清文社 発売
【目次】第1編 譲渡所得、第2編 譲渡所得等の課税の特例、第3編 山林所得、第4編 相続税、第5編 贈与税、第6編 相続税、贈与税の財産評価
2017.12 1496p B5 ¥4400 ①978-4-433-60417-2

◆図解 酒税 平成29年版　富川泰敬著　大蔵財務協会
【目次】第1章 総則・課税物件、第2章 納税義務の成立、第3章 免許、第4章 課税標準・税率、第5章 酒類の免除・控除、第6章 納付・申告、第7章 禁止事項・酒類業者の義務、第8章 罰則、第9章 酒類容器等への表示
2017.8 663p B5 ¥3056 ①978-4-7547-2446-7

◆図解 地方税 平成29年版　逸見幸司編著　大蔵財務協会
【目次】第1章 総説、第2章 住民税、第3章 事業税及び地方法人特別税、第4章 不動産取得税、第5章 固定資産税、第6章 その他の都道府県税、第7章 その他の市町村税、第8章 法定外税、第9章 東日本大震災に係る地方税制上の措置
2017.7 782p B5 ¥3241 ①978-4-7547-2432-0

◆文書類型でわかる印紙税の課否判断ガイドブック　山端美徳編著　清文社
【要旨】印紙税の適切な判断のための、正しい知識の理解!!節税ヒントをまじえ文書類型にもとづくQ&Aでわかりやすく解説!
2017.8 220p A5 ¥2200 ①978-4-433-63497-1

◆問答式 実務印紙税―具体的な事例442によりわかりやすく解説 平成29年版　藤田伸一編　大蔵財務協会
【目次】総則編（印紙税の意義と仕組み、課税文書の意義、契約書の取扱い、文書の所属の決定、記載金額の意義 ほか）、各論編（第1号の1文書関係、第1号の2文書関係、第1号の3文書関係、第1号の4文書関係、第2号文書関係 ほか）、法令・通達編
2017.6 695p B5 ¥3611 ①978-4-7547-2444-3

 産業

◆観光DMO設計・運営のポイント―DMOで追求する真の観光振興とその先にある地域活性化　日本政策投資銀行地域企画部著　ダイヤモンド・ビジネス企画, ダイヤモンド社 発売　（DBJ BOOKs―日本政策投資銀行Business Research）
【要旨】全国の観光関連事業者必読！ 観光DMOとは何か？ 成功のためには何が重要なのか？ 先進事例からみえてくる地域観光の最前線、そこ

にある貴重なノウハウを初めて体系的に解説。
　2017.11 268p A5 ¥2200 ⓘ978-4-478-08427-4

◆**技術と文明　21巻1号**　日本産業技術史学会編　日本産業技術史学会、(京都)思文閣出版発売
【目次】論文(日本工学会による戦前の工業博物館設立計画)、研究ノート(九州大学総合研究博物館所蔵キンシX線管─最初期の国産ガスX線管の開発過程、戦時期日本におけるクロロプレンゴムの国産化)
　2017.3 59p B5 ¥2000 ⓘ978-4-7842-1893-6

◆**業種把握読本─時代の潮流を的確に把握し、勝ち残るための戦略を立てる**　味香興郎、藤井一郎、澤田兼一郎編　金融ブックス　改訂版
【目次】金型製造業、輸送用機械器具製造業、精密機械器具製造業、電子部品・デバイス製造業、繊維製品製造・卸売・小売、身の回り品卸売・小売業、食料品製造・卸売・小売業、一般飲食店、自動車販売業、自転車販売業〔ほか〕
　2017.9 319p A5 ¥2300 ⓘ978-4-904192-71-9

◆**業種別業界情報　2018年版**　中小企業動向調査会編著　経営情報出版社
【要旨】商・工・サービス業350業種の動向と、最新情報が一目でわかる激動する経済社会の業界百科事典。
　2018.1 735p B5 ¥22381 ⓘ978-4-87428-235-9

◆**最新業界地図　2018年版**　成美堂出版編集部編　成美堂出版
【要旨】各業界の基礎知識、主要企業の売上高、平均年収、最新動向、企業間の提携・資本関係、勢力関係─豊富な情報をスッキリまとめた充実の一冊！
　2017.10 159p A5 ¥1000 ⓘ978-4-415-32419-7

◆**最新コンサル業界の動向とカラクリがよ〜くわかる本**　廣川州伸著　秀和システム(図解入門業界研究)　第4版
【要旨】業界人、就職、転職に役立つ情報満載。ファームの動向がわかる最新トピック満載。
　2017.3 275p A5 ¥1600 ⓘ978-4-7980-4943-4

◆**最新 コンサルティング業界大研究**　ジョブウェブコンサルティングファーム研究会編著　産学社
【要旨】仕事の基礎知識から実務、業界の行方まで網羅！ 注目ファーム30社超の特徴や強み、最新動向がすぐにわかる！ 選考対策から独立後のキャリアまで充実の最新情報！ 各社の採用プロセス(新卒・中途)、育成方針など一覧掲載！
　2017.8 283p A5 ¥1700 ⓘ978-4-7825-3468-7

◆**産業安全論─産官学連携による産業安全の中核人材の育成**　田村昌三編著　化学工業日報社　改訂版
【目次】第1章 安全の基本、第2章 化学産業における現状と安全、第3章 産業における安全問題の要因と背景、第4章 安全文化の向上に向けて、第5章 産業安全と社会安全のための安全教育の体系化と取り組み、第6章 産業安全塾と今後の展開
　2017.3 432p A5 ¥3000 ⓘ978-4-87326-681-7

◆**漆器業地域の技術変化**　馬場章著　(国分寺)之潮
【目次】序章 研究の目的と方法、および全国の生産動向と研究対象地域の特色(研究の目的と方法、全国の生産動向と研究対象地域の特色)、第1章 漆工業地域の技術変化と生産構造(木曾漆器工業地域、輪島漆器工業地域)、第2章 漆工業と塗物工業の併存地域における技術変化と生産構造(紀州(海南)漆器工業地域・会津漆器工業地域の技術変化と生産構造、越前漆器工業地域の技術変化と生産構造、高松における漆器工業の技術構造の変化、山中における漆器工業地域の技術変化と生産構造)、第3章 塗物工業地域の技術変化と生産構造(静岡漆器工業地域、名古屋における漆器工業(一閑張漆器工業・硬質漆器工業)の盛衰について)
　2016.12 134, 6, 5p B5 ¥4000 ⓘ978-4-902695-30-4

◆**新産業構造ビジョン──一人ひとりの、世界の課題を解決する日本の未来**　経済産業省経済産業政策局産業再生課編　経済産業調査会(現代産業選書)
【目次】エグゼクティブ・サマリー(アベノミクスの成長戦略は、今どこにいて、何が求められているか。今、何が起こっているのか？、2030年代に向けて、どのような社会を目指すのか、我が国の戦略的戦略、ビジョンの実現に向けて)、各戦略分野における具体的戦略(「移動する」、「生み出す、手に入れる」、「健康を維持する、生涯

活躍する」、「暮らす」)、新たな経済社会システムの構築(ルールの高度化、イノベーションエコシステム、新陳代謝システム、人材育成・活用システム、社会保障システム、地域・中小企業システム、グローバル展開)
　2017.8 170p A5 ¥2000 ⓘ978-4-8065-3000-8

◆**水道事業の経営改革─広域化と官民連携(PPP/PFI)の進化形**　地下誠二監修, 日本政策投資銀行地域企画部編著　ダイヤモンド・ビジネス企画, ダイヤモンド社 発売 (DBJ BOOKs─日本政策投資銀行Business Research)
【要旨】"官民連携(PPP/PFI)を通じた実質的広域化"でわが国水道事業の再構築を！ 最新の将来推計や改革で先行した英仏の事例などを丹念に紐解き、経営危機が叫ばれるわが国水道事業にめざすべき方向性を示す1冊。
　2017.11 237p A5 ¥2200 ⓘ978-4-478-08428-1

◆**図解！ 業界地図　2018年版**　ビジネスリサーチ・ジャパン著　プレジデント社
【要旨】3月決算の最新データを掲載。気になる、あの企業の売り上げ、営業利益からM&A、業務提携まで、圧倒的にわかりやすい！ 最新&図解データで徹底解剖。就職、転職、ビジネス、投資にお役立ちデータが満載。
　2017.8 239p B6 ¥1200 ⓘ978-4-8334-5123-9

◆**裾野を広げるエンジニアリング産業─システムズエンジニアリングで産業の未来を拓く**　竹川勝雄著　経済産業調査会(現代産業選書)
【要旨】エンジニアリング産業の特質と産業界における役割をコンパクトに解説。学生の方や多くの産業人の方に是非お読みいただきたい1冊。
　2017.9 136p B6 ¥1200 ⓘ978-4-8065-2999-6

◆**日本の給料&職業図鑑 業界別ビジネスマンSpecial**　給料BANK著　宝島社
【要旨】働く人の8割が就く150の仕事を大解剖！ 銀行員、テレビ局員からIT系まで日本経済を支える業界から選出。
　2017.12 189p A5 ¥1000 ⓘ978-4-8002-7802-9

◆**日本の砒都─石灰石が生んだ産業景観(テクノスケープ)**　岡田昌彰著　(大阪)創元社
【要旨】収録写真550点。"白いダイヤ"に映える、未知なる日本文化の古層と表層。
　2017.2 263p 26×18cm ¥1800 ⓘ978-4-422-70111-0

◆**日本のものづくり遺産　2　2015 - 2016─未来技術遺産のすべて**　国立科学博物館産業技術史資料情報センター監修　山川出版社
【要旨】日本の産業技術は、いかにして「世界有数」になりえたか─。国立科学博物館の「未来技術遺産」からわかる、日本で生まれた技術革新の歴史。
　2017.8 175p B5 ¥1800 ⓘ978-4-634-15120-8

◆**日本ファイバー興亡史─荒井渓吉と繊維で読み解く技術・経済の歴史**　井上尚之著　(堺)大阪公立大学共同出版会
【目次】第1章 明治の産業─生糸、第2章 日本の産業革命の中心産業─綿紡績、第3章 再生繊維レーヨンの登場、第4章 それはニューヨークタイムズ「合成シルク」の記事から始まった、第5章 ナイロンショック─荒井渓吉始動、第6章 太平洋戦争後の荒井渓吉の活躍、第7章 戦後繊維産業の隆盛と凋落、第8章 化学繊維と環境
　2017.2 117p A5 ¥1800 ⓘ978-4-907209-65-0

◆**我が国の真珠産業・真珠政策と真珠振興法**　盛山正仁著　創英社/三省堂書店
【目次】第1章 真珠の歴史、第2章 真円真珠養殖法の発明、第3章 戦後の急成長と真珠複査制度、調整保管制度、第4章 真珠産業制度の見直し、アコヤ貝の大量斃死、海外での真珠生産拡大、第5章 海と人が作り出す真珠、第6章 我が国の真珠産業の課題、第7章 真珠振興法制定の経緯、第8章 真珠振興法とは、第9章 真珠振興法への期待、第10章 対談 真珠振興法の制定と今後の検討について、参考資料
　2017.2 389p A5 ¥2778 ⓘ978-4-88142-106-2

 　報告・便覧・統計

◆**運輸関係団体名簿　平成28年**　運輸振興協会編　運輸振興協会

【目次】大臣官房関係、総合政策局関係、鉄道局関係、自動車局関係、海事局関係、港湾局関係、航空局関係、観光庁関係、気象庁関係、海上保安庁関係〔ほか〕
　2016.11 164p A4 ¥1500

◆**経済産業省生産動態統計年報 紙・印刷・プラスチック製品・ゴム製品統計編　平成28年**　経済産業統計協会編　経済産業統計協会
【目次】1 紙・パルプ統計(生産・出荷・在庫統計、原材料統計、労務統計、生産能力統計)、2 印刷統計(生産・出荷・在庫統計、労務統計)、3 プラスチック製品統計(生産・出荷・在庫統計、原材料統計、労務統計)、4 ゴム製品統計(生産・出荷・在庫統計、原材料統計、労務統計、生産能力統計)
　2017.7 143p A4 ¥7900 ⓘ978-4-86499-117-9

◆**経済産業省生産動態統計年報 資源・窯業・建材統計編　平成28年**　経済産業統計協会編　経済産業統計協会
【目次】1 資源統計(生産・出荷・在庫統計、労務統計、生産能力統計)、2 窯業・建材統計(生産・出荷・在庫統計、労務統計、生産能力統計)
　2017.7 124p A4 ¥6400 ⓘ978-4-86499-118-6

◆**経済産業省生産動態統計年報 繊維・生活用品統計編　平成28年**　経済産業統計協会編　経済産業統計協会
【目次】1 生産・出荷・在庫統計(製品年表、製品時系列表)、2 原材料消費統計(染色整理)、3 労務統計(化学繊維、紡績糸)、4 生産設備・生産能力統計(化学繊維、紡績機〔ほか〕)
　2017.7 168p A4 ¥8700 ⓘ978-4-86499-116-2

◆**経済産業省生産動態統計年報 鉄鋼・非鉄金属・金属製品統計編　平成28年**　経済産業統計協会編　経済産業統計協会
【目次】1 生産・出荷・在庫統計(製品年表、製品統計表(時系列))、2 原材料統計(鉄鋼、非鉄金属、金属製品)、3 労務統計、4 生産能力統計
　2017.7 226p A4 ¥9700 ⓘ978-4-86499-119-3

◆**工業統計表 企業統計編　平成26年**　経済産業調査会編　経済産業調査会
【目次】1 企業に関する統計表(産業小分類別、経営組織別、資本金階層別、従業者規模別の企業数、産業中分類別、経営組織別、資本金階層別、従業者規模別の従業者数、産業中分類別、経営組織別、資本金階層別、従業者規模別の粗付加価値額、産業中分類別、経営組織別、資本金階層別、従業者規模別の投資総額、産業小分類別、経営組織別、資本金階層別、企業統計表、産業小分類別、従業者規模別、企業統計表、産業小分類別、企業別産出事業所数別、2 事業所に関する統計表(産業細分類別、経営組織別、資本金階層別統計表、品目別、経営組織別、資本金階層別統計表))
　2017.3 355p A4 ¥13000 ⓘ978-4-8065-1906-5

◆**工業統計表(工業地区編)　平成26年**　経済産業調査会編　経済産業調査会
【目次】1 都道府県別、産業中分類別統計表、2 工業地区別、産業中分類別統計表、3 工業地区別、事業所数ウェイト順による産業細分類別統計表、4 工業地区別、出荷額ウェイト順による産業細分類別統計表
　2017.1 537p A4 ¥19000 ⓘ978-4-8065-1898-3

◆**鉱工業指数年報　平成28年　一平成22年基準**　経済産業統計協会編　経済産業統計協会
【目次】1 採用品目数、2 業種別及び財別ウェイト、3 業種別及び財別ウェイト、4 業種別及び財別図表、5 業種別及び財別指数、6 業種別及び財別季節指数
　2017.6 263p A4 ¥6800 ⓘ978-4-86499-114-8

◆**小売物価統計調査(構造編)年報　平成27年**　総務省統計局編　日本統計協会(付属資料：CD - ROM1)
【目次】1 結果の解説(地域別価格差、店舗形態別価格、銘柄別価格)、2 利用上の注意、3 統計表(地域別価格差、店舗形態別価格、銘柄別価格)、4 調査の概要、5 付録(用語の解説、消費者物価地域差指数の作成方法、調査市一覧、調査品目及び調査銘柄、平成27年に改正した銘柄の新旧対照表)
　2017 190p B5 ¥2800 ⓘ978-4-8223-3916-6

◆**ゴム年鑑　2017**　ポスティコーポレーション
【目次】特別寄稿 特別レポート、第1編 総説、第2編 製品編1(タイヤ、ゴム履物・工業用ゴム製品)、第3編 資料編、第4編 機械編、第5編 統計編、第6編 名簿編
　2016.12 409p B5 ¥27700 ⓘ978-4-906102-88-4

経済・産業・労働

◆ゴム年鑑　2018　ポスティコーポレーション　第57版
【目次】特別寄稿 技術レポート、2017年日本のゴム産業・主な出来事、第1編 総説、第2編 製品編1（タイヤ、ゴム履物）、第2編 製品編2（工業用ゴム製品）、第3編 原料編、第4編 機械編、第5編 統計編、第6編 名簿編
　2017.12 391, 8p B5 ¥27700 ①978-4-906102-92-1

◆産業別財務データハンドブック　2016年版　日本政策投資銀行設備投資研究所編　日本経済研究所　（付属資料：CD・ROM1）
【目次】第1部 連結決算Part1 Consolidated Accounting Data（産業別11年間時系列表（107種分類）、連結損益計算書、連結貸借対照表関連 産業別1社平均実額表（2年間、107業種分類）（1,805社）、連結キャッシュフロー計算書関連 産業別1社平均実額表（産業種分類）（1,805社）、第2部 個別決算Part2 Unconsolidated Accounting Data（産業別11年間時系列表（107種分類）、産業別1社平均実額表（2年間、107種分類）（1,903社）
　2016 304p A4 ¥7000 ①978-4-905203-12-4

◆産業連関表（延長表）　平成25年　経済産業調査会編　経済産業調査会
【目次】1 取引額表（生産者価格評価）、2 逆行列係数表、3 国内生産額、輸出入額、国内総供給額（基本分類・生産者価格評価）、4 デフレータ（基本分類）、5 地域別輸出入マトリックス（普通貿易）（基本分類・生産者価格評価）、6 部門分類表（基本分類と統合分類（98、54部門））
　2017.3 492p A4 ¥14800 ①978-4-8065-1909-6

◆産業連関表（延長表）　平成26年　経済産業調査会編　経済産業調査会
【目次】1 取引額表（生産者価格評価）、2 逆行列係数表、3 国内生産額、輸出入額、国内総供給額（基本分類・生産者価格評価）、4 デフレータ（基本分類）、5 地域別輸出入マトリックス（普通貿易）（基本分類・生産者価格評価）、6 部門分類表（基本分類と統合分類（98、54部門））
　2017.10 492p A4 ¥14800 ①978-4-8065-1918-8

◆商業施設計画総覧　2018年版　成長ドライバーにズームイン！ 商業・都市開発 全国の出店計画、最新開発プロジェクトを一挙掲載　産業タイムズ社
【目次】第1章 18年以降の商業施設・街づくり動向（キーワードは「人口減少」「Eコマース」「インバウンド」、東京大開発、虎ノ門、東京駅、品川駅、渋谷などほか）、第2章 主要19業界・199社の企業戦略（百貨店、総合スーパー ほか）、第3章 全国の商業施設計画（北海道、青森県 ほか）、第4章 全国のホテル・宿泊施設計画（北海道、岩手県 ほか）、第5章 関連資料編（大規模小売店舗立地法の届け出（新設）状況（2016年9月〜17年8月、届出日順））
　2017.11 548p 28×21cm ¥22000 ①978-4-88353-264-3

◆商業統計表 流通経路別統計編（卸売業）平成26年　経済産業調査会編　経済産業調査会
【目次】第1表 流通段階・流通経路別の事業所数、従業者数及び年間商品販売額並びに仕入先別、販売先別の事業所数、従業者数、年間商品販売額及び構成比、第2表 産業分類細分類別、流通段階・流通経路別の事業所数、従業者数及び年間商品販売額並びに仕入先別、販売先別の事業所数、年間商品仕入額、年間商品販売額及び構成比、第3表 産業分類細分類別、流通段階別、従業者規模別の事業所数、従業者数及び年間商品販売額並びに仕入先別、販売先別の事業所数、年間商品仕入額、年間商品販売額及び構成比、第4表 都道府県別、流通段階・流通経路別の事業所数、従業者数及び年間商品販売額並びに仕入先別、販売先別の事業所数、年間商品仕入額、年間商品販売額及び構成比
　2017.3 745p A4 ¥22000 ①978-4-8065-1905-8

◆商業動態統計年報　平成28年　経済産業調査会編　経済産業調査会
【目次】概況（商業販売額の動向、卸売販売額の動向、小売業販売額の動向）、統計表（商業販売額、大規模小売店販売、百貨店・スーパー販売、コンビニエンスストア販売、家電大型専門店販売 ほか
　2017.8 325p A4 ¥7300 ①978-4-8065-1913-3

◆全国新工場・プラント計画　2017年版　重化学工業通信社編　重化学工業通信社
【目次】第1章 設備投資と立地動向（全国の設備投資動向、2016年度の地域別設備投資動向、重化学工業通信社調査、全国の立地動向、主要業界の大型案件と立地動向）、第2章 全国の新工場案件（全国の新工場計画リスト、全国のプラント増設計画リスト、ゼネコン別発注案件リスト、閉鎖工場と跡地利用の動向、竣工案件リスト）、第3章 全国の未着工案件（北海道・東北、関東地域、中部地域、近畿地域、中国・四国地域、九州地域）
　2017.4 315p B5 ¥15000 ①978-4-88053-175-5

◆特定サービス産業実態調査報告書　平成27年　ソフトウェア業、情報処理・提供サービス業及びインターネット附随サービス業編　経済産業統計協会編　経済産業統計協会
【目次】第1編 ソフトウェア業（全規模の部、事業従事者5人以上の部）、第2編 情報処理・提供サービス業、第3編 インターネット附随サービス業 2017.1 255p A4 ¥10800 ①978-4-86499-090-5

◆特定サービス産業実態調査報告書　平成27年　映像情報制作・配給業、音声情報制作業、映像・音声・文字情報制作に附帯するサービス業編　経済産業統計協会編　経済産業統計協会
【目次】統計表（映像情報制作・配給業（全規模の部、常用雇用者5人以上の部）、音声情報制作業、映像・音声・文字情報制作に附帯するサービス業）、参考
　2017.1 176p A4 ¥9000 ①978-4-86499-091-2

◆特定サービス産業実態調査報告書　平成27年　新聞業、出版業編　経済産業統計協会編　経済産業統計協会
【目次】統計表（新聞業（全規模の部、常用雇用者5人以上の部）、出版業）、参考
　2017.1 129p A4 ¥7600 ①978-4-86499-092-9

◆特定サービス産業実態調査報告書　平成27年　クレジットカード業、割賦金融業編　経済産業統計協会編　経済産業統計協会
【目次】統計表（企業数、従業者数、事業従事者数、加盟店数、クレジットカード発行枚数、年間売上高（年間取扱高）及び営業収入額、会社系統別の企業数、従業者数、事業従事者数、加盟店数、クレジットカード発行枚数、年間売上高（年間取扱高）及び営業収入額（銀行系）、会社系統別の企業数、従業者数、事業従事者数、加盟店数、クレジットカード発行枚数、年間売上高（年間取扱高）及び営業収入額（信販会社）、会社系統別の企業数、従業者数、事業従事者数、加盟店数、クレジットカード発行枚数、年間売上高（年間取扱高）及び営業収入額（中小小売商団体）、会社系統別の企業数、従業者数、事業従事者数、加盟店数、クレジットカード発行枚数、年間売上高（年間取扱高）及び営業収入額（百貨店・量販店、流通系）ほか）、参考
　2017.1 112p A4 ¥7200 ①978-4-86499-093-6

◆特定サービス産業実態調査報告書　平成27年　各種物品賃貸業、産業用機械器具賃貸業、事務用機械器具賃貸業編　経済産業統計協会編　経済産業統計協会
【目次】統計表（各種物品賃貸業（全規模の部（総合統計表、都道府県別統計表）、事業従事者5人以上の部）、産業用機械器具賃貸業、事務用機械器具賃貸業）、参考
　2017.1 351p A4 ¥13500 ①978-4-86499-094-3

◆特定サービス産業実態調査報告書　平成27年　自動車賃貸業、スポーツ・娯楽用品賃貸業、その他の物品賃貸業編　経済産業統計協会編　経済産業統計協会
【目次】統計表（自動車賃貸業（全規模の部（総合統計表、都道府県別統計表）、事業従事者5人以上の部）、スポーツ・娯楽用品賃貸業、その他の物品賃貸業）、参考
　2017.1 337p A4 ¥13300 ①978-4-86499-095-0

◆特定サービス産業実態調査報告書　平成27年　デザイン業、機械設計業編　経済産業統計協会編　経済産業統計協会
【目次】統計表（デザイン業（全規模の部（総合統計表、都道府県別統計表）、事業従事者5人以上の部）、機械設計業）、参考
　2017.3 173p A4 ¥9000 ①978-4-86499-096-7

◆特定サービス産業実態調査報告書　平成27年　広告業編　経済産業統計協会編　経済産業統計協会
【目次】統計表（全規模の部（総合統計表、都道府県別統計表）、事業従事者5人以上の部）、参考　2017.1 107p A4 ¥6400 ①978-4-86499-097-4

◆特定サービス産業実態調査報告書　平成27年　計量証明業編　経済産業統計協会編　経済産業統計協会
【目次】統計表（総合統計表、都道府県別統計表）、参考　2017.1 118p A4 ¥7300 ①978-4-86499-098-1

◆特定サービス産業実態調査報告書　平成27年　機械修理業、電気機械器具修理業編　経済産業統計協会編　経済産業統計協会
【目次】統計表（機械修理業（全規模の部（総合統計表、都道府県別統計表）、事業従事者5人以上の部）、電気機械器具修理業）、参考
　2017.1 249p A4 ¥7400 ①978-4-86499-099-8

◆特定サービス産業実態調査報告書　平成27年　冠婚葬祭業編　経済産業統計協会編　経済産業統計協会
【目次】統計表（全規模の部（総合統計表、都道府県別統計表）、事業従事者5人以上の部）、参考　2017.1 113p A4 ¥7400 ①978-4-86499-100-1

◆特定サービス産業実態調査報告書　平成27年　映画館編　経済産業統計協会編　経済産業統計協会
【目次】統計表（総合統計表、都道府県別統計表）、参考　2017.1 116p A4 ¥7400 ①978-4-86499-101-8

◆特定サービス産業実態調査報告書　平成27年　興行場、興行団編　経済産業統計協会編　経済産業統計協会
【目次】統計表（全規模の部（総合統計表、都道府県別統計表）、事業従事者5人以上の部）、参考　2017.1 137p A4 ¥7900 ①978-4-86499-102-5

◆特定サービス産業実態調査報告書　平成27年　スポーツ施設提供業編　経済産業統計協会編　経済産業統計協会
【目次】統計表（全規模の部（総合統計表、都道府県別統計表）、事業従事者5人以上の部）、参考　2017.1 111p A4 ¥7200 ①978-4-86499-103-2

◆特定サービス産業実態調査報告書　平成27年　公園、遊園地・テーマパーク編　経済産業統計協会編　経済産業統計協会
【目次】統計表（総合統計表、都道府県別統計表）、参考　2017.1 78p A4 ¥6200 ①978-4-86499-104-9

◆特定サービス産業実態調査報告書　平成27年　学習塾編　経済産業統計協会編　経済産業統計協会
【目次】統計表（全規模の部（総合統計表、都道府県別統計表）、事業従事者5人以上の部）、参考　2017.1 163p A4 ¥9100 ①978-4-86499-105-6

◆特定サービス産業実態調査報告書　平成27年　教養・技能教授業編　経済産業統計協会編　経済産業統計協会
【目次】統計表（全規模の部（総合統計表、都道府県別統計表）、事業従事者5人以上の部）、参考　2017.1 131p A4 ¥8100 ①978-4-86499-106-3

◆日経業界地図　2018年版　日本経済新聞社編　日本経済新聞出版社
【要旨】「基礎知識」「最近の動向」「年表」「キーワード」で、業界の基本が1分でわかる！「業界天気図」「注目企業の成長戦略」「今後の焦点」で、未来が読める！「売上高」「初任給」「従業員数」「平均年齢」で、会社の姿が見える！
　2017.8 294p B5 ¥1100 ①978-4-532-32169-7

◆プラント輸出データ便覧　2017年版　重化学工業通信社編　重化学工業通信社
【目次】第1章 海外プロジェクト受注動向（注目される2017年のプロジェクト、日本企業の2016年プロジェクト受注動向 ほか）、第2章 分野別海外プロジェクトの現況（エネルギー・化学分野、電力分野 ほか）、第3章 地域別・国別海外プロジェクトの現況（東アジア、東南アジア ほか）、第4章 海外プラント・建設成約実績（2015年度の海外プラント・エンジニアリング成約実績—日機輸、2015年度のエンジニアリング産業と動向—エンジニアリング協会 ほか）
　2017.3 476p B5 ¥14000 ①978-4-88053-174-8

◆平成12‐17‐23年接続産業連関表 計数編1　総務省、内閣府、金融庁、財務省、文部科学省、厚生労働省、農林水産省、経済産業省、国土交通省、環境省共編　経済産業調査会
【目次】部門分類表、第1部 取引基本表 投入表（基本分類（510部門×389部門））
　2017.1 725p A4 ¥8000 ①978-4-8065-1901-0

◆平成12‐17‐23年接続産業連関表 計数編2　経済産業調査会

【目次】部門分類表、第2部 取引基本表 産出表（基本分類）（510部門×389部門）
　2017.1 728p A4 ¥10000 ⓘ978-4-8065-1902-7

◆平成12・17・23年接続産業連関表 計数編3　総務省、内閣府、金融庁、財務省、文部科学省、厚生労働省、農林水産省、経済産業省、国土交通省、環境省共編　経済産業調査会
【目次】部門分類表、第3部 取引基本表及び各種係数表（統合小分類）（184部門）
　2017.1 767p A4 ¥11000 ⓘ978-4-8065-1903-4

◆平成12・17・23年接続産業連関表 計数編4　総務省、内閣府、金融庁、財務省、文部科学省、厚生労働省、農林水産省、経済産業省、国土交通省、環境省共編　経済産業調査会
【目次】部門分類表、第4部 取引基本表及び各種係数表（統合中分類）（105部門）、第5部 雇用表及び雇用マトリックス、第6部 各種比較表及び部門別インフレーター一覧表（基本分類、統合小・中分類）
　2017.1 394p A4 ¥7000 ⓘ978-4-8065-1904-1

◆平成12・17・23年接続産業連関表 総合解説編　総務省、内閣府、金融庁、財務省、文部科学省、厚生労働省、農林水産省、経済産業省、国土交通省、環境省共編　経済産業調査会
【目次】第1部 平成12・17・23年接続産業連関表の推計結果の概要、第2部 接続産業連関表の概要、第3部 接続産業連関表で用いる部門分類表及び部門別概念・定義・範囲、第4部 平成12・17・23年接続産業連関表
　2017.1 370p A4 ¥8500 ⓘ978-4-8065-1900-3

◆見本市展示会総合ハンドブック　2017　ピーオーピー
【要旨】国内650件・海外2000件の展示会を網羅。
　2016.12 408p A4 ¥9000 ⓘ978-4-908638-02-2

◆見本市展示会総合ハンドブック　2018　「見本市展示会総合ハンドブック」編集部編　ピーオーピー
【要旨】ターゲットにらくらくリーチする展示会選びの本。国内・海外の展示会情報件数No.1。国内770件・43業種別一覧でターゲット市場を迷わず検索。販売スケジュールに合わせて探せる月別・地域別一覧付き。地域の絞り込みができる都市別一覧付き。展示会の盛り上がり度（前回実績・海外からの来場者数）、出展コストも掲載。グローバル戦略の指標に海外2500件の展示会も掲載。
　2017.12 408p A4 ¥9000 ⓘ978-4-908638-04-6

◆JNTO訪日旅行誘致ハンドブック　2017　欧米豪9市場編　日本政府観光局編著　国際観光サービスセンター
【目次】第1章 経済・政治・社会情勢と国民の志向（外国旅行に影響を与える情勢、外国旅行に関する国民の志向）、第2章 外国旅行の動向（外国旅行の現状と展望、外国旅行形態別特色、観光関連政策、日本の競合旅行先、日本旅行の価格競争力、評価の高い日本の旅行地、訪日旅行の有望な旅行者層、訪日旅行の買い物品、日本の食に対する嗜好、接遇に関する注意点）、第3章 現地の流通構造（旅行業界・航空業界）（旅行業界、航空業界）、第4章 誘致活動の方法（旅行業界、航空業界に対する宣伝手法、一般向けの宣伝手法、JNTO海外事務所の活用）
　2017 262p A4 ¥15000 ⓘ978-4-903269-46-7

産業史・遺産

◆臥雲辰致・日本独創のガラ紡—その遺伝子を受け継ぐ　ガラ紡を学ぶ会編著　（豊川）シンプリブックス
【要旨】明治時代—繊維業界に衝撃を与えたガラ紡機を発明するも、特許制度がないために不遇の生涯を送りながらひたむきに開発をつづけた発明家。そんな発明家の生涯や発明品の数々を紹介。
　2017.8 283p A5 ¥2500 ⓘ978-4-908745-00-3

◆ぐるっと探検★産業遺産　前畑温子著　（神戸）神戸新聞総合出版センター
【要旨】非公開エリアも含めた31カ所を「ぐるっと」まとめて紹介。その行きやすさをレベル分け。
　2017.11 127p A5 ¥1600 ⓘ978-4-343-00966-1

◆西沢金山の盛衰と足尾銅山・渡良瀬遊水地　佐藤壽修著　（宇都宮）随想舎

【要旨】利根川流域における開発と、土地空間の高度利用を考究する。日光に隣接する栗山村の地で、足尾銅山の隆盛に触発されて再開発され、1300名の鉱山従事者を擁した西沢金山の盛衰をたどる。足尾鉱毒問題と利根川水系の水問題の解決のためには、渡良瀬遊水地の創設が必要であった。
　2017.9 159p A5 ¥1800 ⓘ978-4-88748-344-6

◆日本商業史—商業・流通の発展プロセスをとらえる　廣田誠、山田雄久、木山実、長廣利崇、藤岡里圭著　有斐閣
【要旨】新しいスタンダード・テキストの誕生。日本の商業・小売業が転換点を迎えている今こそ、歴史的視点から考察が必要とされている。日本的流通システムはどのような歴史的展開を経て成立したのか。江戸期から現代まで時期を5つに区分し、商取引や貿易政策、流通システム、小売業態の歴史的変遷を具体的・実証的に学ぶ。
　2017.9 319p A5 ¥2500 ⓘ978-4-641-16506-9

◆見えない産業—酸素が支えた日本の工業化　沢井実著　（名古屋）名古屋大学出版会
【要旨】酸素がめぐり、経済が動く。ボンベにつめられ、日本中の町工場へと運ばれ続けていた見えない商品、酸素。鉄鋼、化学、電機から農業、バイオ、医療へと用途を広げ、競争力の新たな焦点となった産業ガスの軌跡を、国際関係史も視野に明治の黎明期から今日までたどり、その特徴的な産業の姿をクリアに描きだす。
　2017.6 334p A5 ¥5800 ⓘ978-4-8158-0878-5

◆山梨の近代化遺産　山梨日日新聞社編　（甲府）山梨日日新聞社
【目次】峡北・甲府・峡中（旧明治病院—明治25年ごろ建築・北杜市、JR日野春駅の給水塔—明治37年頃・北杜市、旧津金学校の三代校舎—明治8、大正13、昭和28年建築・北杜市、藤村記念館—明治8年建築・甲府市、赤レンガ館—明治41年ごろ建築・甲府市 ほか）、峡南・峡東・郡内（市川教会—明治30年建築・市川三郷町、旧春米学校—明治9年建築・富士川町、ボロ電—明和5年運行開始・富士川町、旧室伏学校—明治8年建築・山梨市、旧千野学校—明治12年建築・甲州市 ほか）
　2017.3 77p A5 ¥1500 ⓘ978-4-89710-315-0

流通・物流産業

◆アメリカ流通概要資料集　2017年版　流通経済研究所編　流通経済研究所　新版
【目次】1 最新トピックス、2 米国の流通事情（国土、歴史、社会）、3 米国の市場動向、4 米国の商取引と法律規制、5 米国の医療制度と医薬品流通、6 米国の主要小売業、7 米国の卸売業、8 米国流通関連統計資料
　2017.11 203p A4 ¥7000 ⓘ978-4-947664-86-0

◆業界・業種別 事例で学ぶ物流改善—実話で伝える成功・失敗のポイント　青木正一著　秀和システム
【要旨】現場改善の実態がわかる35事例。物流の考え方が根本から変わるヒントとノウハウが満載!!
　2017.9 295p A5 ¥2800 ⓘ978-4-7980-5053-9

◆グローバル・サプライチェーンロジスティクス　黒須誕治、岩間正春編著　白桃書房
【要旨】ヒト・モノ・カネ・情報が全地球的規模で流動化し、均一化される時代に日本企業はどう動いていくか。学者と企業人とが、起きている現実的から目を逸らすことなく、真摯に格闘した真のコラボレーションから生まれたこの1冊から、多くの企業、企業人は大いなる示唆と勇気を与えられることだろう。
　2017.1 470p A5 ¥6000 ⓘ978-4-561-76213-3

◆国際コンテナ輸送の基礎知識　オーシャンコマース　（海の日BOOKS）
【目次】1 コンテナとコンテナ船、2 コンテナによる国際複合輸送、3 特殊コンテナ輸送、4 コンテナ輸送の運送契約、5 コンテナ輸送と税関手続き、6 船積みまでのコンテナ貨物の流れ、7 コンテナターミナル、8 コンテナセキュリティ
　2017.7 163p A5 ¥1900 ⓘ978-4-900932-71-5

◆国際物流事業者要覧　2018年版　オーシャンコマース
【目次】会社概要・沿革編、定期配船社・代理店、リスト編〔フォワーダー（海上・航空）/NVOCC/国際貨物取扱業者、コンテナリース会社、検数・検量・鑑定、損害保険、関連団体、政府機

関、港湾管理者（8大港およびコンテナ港）、海運同盟・協定事務局、外国鉄道在日事務所、外国港湾局在日事務所）
　2017.11 354p B5 ¥2800 ⓘ978-4-900932-72-2

◆国際物流の理論と実務　鈴木暁編著　成山堂書店　6訂版
【要旨】国際物流に関する基本的理論とキャリアやフォワーダー他関連業界にも役立つ実務的知識を満載。6訂版では、国際物流に関わる統計を最新のものに更新。国際物流の環境変化や、法制度の改訂に伴った説明の見直しを重点的に行った。国際物流を従来のような、縦割的な枠組みから業際的なアプローチとして試み、リンクとしてのキャリアは海運のみならず航空をも対象に取り込み、さらにノードとしてのフォワーダーやターミナルの業務にも言及している。
　2017.12 215p A5 ¥2600 ⓘ978-4-425-92356-4

◆国際輸送ハンドブック　2017年版　オーシャンコマース
【目次】海上輸送編（定期航路概説、定期航路運航体制）、航空輸送編（国際航空貨物輸送の動向、航空フォワーダーの展開 ほか）、複合輸送編（国際複合輸送ルート、フォワーダー・NVOCの総合物流展開 ほか）、港湾・鉄道・港運編（日本のコンテナ港とターミナル概況、世界のコンテナポート ほか）、リスト編（船社・代理店電話番号、コンテナ・リース業者 ほか）
　2017.12 1094p A5 ¥5500 ⓘ978-4-900932-70-8

◆ことば教えて!—物流の「いま」がわかる2017年版　輸送経済新聞社
【目次】第1章 時代は安全・安心、第2章 災害、後継者難に備えを、第3章 トラックのイメージ刷新!、第4章 急ごう労働条件整備、第5章 人が育つ優しい職場、第6章 生産性どう高める?、第7章 クルマが物流を変える、第8章 鍵はインフラにあり、第9章 未来繋ぐ新ビジネス、第10章 テクノロジーと共に、第11章 膨らむ外需を逃さない
　2017.4 158p B5 ¥3000

◆最適物流の科学—舞台は3億6106万km2。海を駆け巡る「眠らない仕事」　菅包賢著　ダイヤモンド・ビジネス企画、ダイヤモンド社発売
【要旨】「国際」フレートフォワーダーの現役オーナー経営者が語る国際海上輸送の過去・現在・未来。　2017.12 221p B6 ¥1500 ⓘ978-4-478-08429-8

◆サプライチェーン・マネジメント概論—基礎から学ぶSCMと経営戦略　苦瀬博仁編著　白桃書房
【目次】サプライチェーンの実態、サプライチェーン・マネジメント（SCM）の概念と内容、サプライチェーンにおける流通チャネルの計画、サプライチェーンにおける在庫時期と在庫ポイント、サプライチェーンにおける物流ネットワーク、SCMにおける調達・生産・販売の計画、SCMにおける調達・生産・販売の管理、SCMにおける在庫・輸配送の計画、SCMにおける在庫・輸配送の管理とTQC、SCMと情報システム、サプライチェーンと物流業、SCMと企業経営、グローバル・サプライチェーンの構築とシームレス化、SCMと環境問題・資源問題・安全安心の確保、SCMにおける災害対策
　2017.5 289p A5 ¥2800 ⓘ978-4-561-75215-8

◆社員を守るトラック運輸事業者の5つのノウハウ—社長の決意で交通事故を半減!　山本昌幸著　労働調査会
【要旨】本書は、「年間82件の交通事故を43件に半減した」トラック運輸事業者が実際に実施した、長時間労働の是正、人事評価制度の活用、就業規則の作成などの実例を紹介し、交通事故を削減するための仕組みを明らかにする。
　2017.1 230p A5 ¥1600 ⓘ978-4-86319-591-2

◆主要荷主の運賃・倉庫料金の実態　カーゴニュース編　カーゴニュース　（物流合理化シリーズ）　第37回改訂版
【要旨】主要荷主企業におけるトラック運賃・倉庫料金の平成28年度契約料金の実例。平成29年2月調査。
　2017.3 286p B5 ¥9000

◆数字で見る関東の運輸の動き　2017　運輸振興協会
【目次】1 旅客輸送、2 物流、3 人と環境にやさしい交通、4 技術・安全、5 観光、6 海運、7 参考
　2017.9 146p A5 ¥1000

◆数字でみる港湾　2017　国土交通省港湾局監修　日本港湾協会
【目次】第1章 数字でみる港湾、第2章 港湾行政の概要・仕組み、第3章 港湾の計画、第4章 港湾

の予算・制度、第5章 港湾行政の主要施策、第6章 港湾の技術基準、第7章 海岸行政の概要、第8章 災害復旧、参考資料　2017.7 259p B6 ¥926

◆数字でみる物流　2016年度版　日本物流団体連合会
【目次】1 物流に関する経済の動向、2 国内物流の動向、3 国際物流の動向、4 輸送機関別輸送動向、5 貨物流通施設の動向、6 貨物利用運送事業の動向、7 消費者物流の動向、8 物流における環境に関する動向、9 物流における情報化の動向、10 物流企業対策　2016 263p A4 ¥860

◆世界のコンテナ輸送と就航状況　2017年版　日本郵船調査グループ編　日本海運集会所
【目次】第1部 2016/2017世界のコンテナ荷動き、第2部 2016/2017世界のコンテナ船出入動向、第3部 2016/2017世界のコンテナ船需給動向、第4部 2016/2017世界のコンテナ船配船状況、第5部 2016/2017世界港湾コンテナ取扱い、第6部 その他データ、資料編　2017.12 104p A4 ¥9500 ①978-4-930798-78-7

◆宅配クライシス　日本経済新聞社編　日本経済新聞出版社
【要旨】ヤマトの現場が“悲鳴”を上げた！ 最前線からの“警鐘”。迫真のルポルタージュ！ 危機はまだ終わらない。　2017.12 199p B6 ¥1500 ①978-4-532-32177-2

◆宅配便革命─増大するネット通販の近未来　林克彦著　マイナビ出版　（マイナビ新書）
【要旨】ネット通販などの利用増に宅配便が追いつかない状況が続き、社会問題になってきています。便利になる一方で、今まで顧みられることのなかった「宅配便」が追い分ける事態にまで陥っています。今後、物流はどうなるのか？ なにが問題でどう解決するのか？ など、いまもっともタイムリーな話題について、現状分析と改善への取り組み、新しい動きなどを今後の業界動向も含めながら、やさしく、くわしく解説します。　2017.6 197p 18cm ¥850 ①978-4-8399-6383-5

◆地域物流市場の新課題　朝日大学大学院グローバルロジスティクス研究会監修、忍田和良、土井義夫編著　成文堂
【目次】第1部 荷主企業と運送事業者との関わり（パートナーシップのあり方、輸送条件等に関する契約の書面化方向、運送事業者の下請け構造と物流子会社の課題）、第2部 物流慣行の分析（輸送サービスの費用分析、店着価格制の分析、着荷主の動向分析）、第3部 地域における社会的責務への対応（物流インフラ対策、地球温暖化等と中小企業業）　2017.3 225p A5 ¥3000 ①978-4-7923-5068-0

◆知識ゼロからわかる物流の基本　刈屋大輔著　ソシム
【要旨】物流業の若手、新人、製造業・流通業の物流担当必読。輸配送、荷役、保管、流通加工、梱包・包装、情報管理─物流6大機能が図解ですっきりわかる！　2018.1 182p A5 ¥1480 ①978-4-8026-1137-4

◆トコトンやさしい小売・流通の本　鈴木邦成著　日刊工業新聞社　（B&Tブックス─今日からモノ知りシリーズ）
【要旨】「ネット通販」の台頭など、小売・流通業界は大きな変革期を迎えています。本書は、重要性が高まっている小売業の役割に焦点を合わせ、流通のしくみをわかりやすく解説します。　2017.10 159p A5 ¥1500 ①978-4-526-07759-3

◆トラック運送企業の生産性向上入門─誰にでもできる高付加価値経営の実現　森田富士夫著　白桃書房
【目次】1 トラック運送事業における生産性向上とは、2 ローコストオペレーションこそ生産性向上の典型、3 トラック運送事業の普遍の課題と生産性、4 生産性向上には時間の概念が不可欠、5 ITの有効活用による生産性向上、6 危機管理と生産性、7 人材確保と企業存続　2017.1 197p B6 ¥2000 ①978-4-561-74214-2

◆なぜアマゾンは「今日中」にモノが届くのか─続々と新サービスを打ち出すアマゾンの本当の強さの秘密とは　林部健二著　プチ・レトル
【要旨】アマゾンジャパン立ち上げメンバーとして、サプライチェーン部門マネージャーを務めた著者が明かす。世界No1の物流戦略とロジカル経営。アマゾン一強時代に日本企業はどう戦っ

ていくべきか？　2017.12 204p B6 ¥1800 ①978-4-907278-66-3

◆日本の物流事業　2017　「変革」できる企業こそ、勝ち残る　輸送経済新聞社
【目次】第1部 「変革」できる企業こそ、勝ち残る（特別企画 巻頭インタビュー、年頭・物流トップアンケート 2017年「変革」に向けて）、第2部「変革」の道しるべ その1（2017年第一線記者が読む業界の「変革」、シリーズ1 企業経営の「変革」を探る、シリーズ2 雇用促進・働きやすさへの「変革」最前線）、第3部「変革」の道しるべ その2（リレーレポート2016 - 2017）　2017.1 243p B5 ¥5000

◆物流会社「センコー」の挑戦　センコーグループホールディングス編　幻冬舎メディアコンサルティング, 幻冬舎 発売
【要旨】ネット通販の拡大、大型店舗の相次ぐ出店…様々なビジネスの基盤として注目され成長著しい物流業。なかでも特に急成長している会社「センコー」。14期連続増収を成し遂げたその事業戦略を徹底解剖。　2017.4 200p B6 ¥1500 ①978-4-344-91221-2

◆物流コスト調査報告書　2016年度　日本ロジスティクスシステム協会編　日本ロジスティクスシステム協会JILS総合研究所
【目次】第1章 総論、第2章 ミクロ物流コスト（企業物流コスト）、第3章 物流コスト削減策、第4章 ミクロ物流コスト等の動向（定性調査）、第5章 マクロ物流コスト、第6章 海外の物流コスト（国際比較）、資料　2017 217p B5 ¥10000 ①978-4-905022-11-4

◆物流自動化設備入門　尾田寛仁著　（名古屋）三恵社
【目次】第1章 物流自動化設備のケーススタディ、第2章 経営環境としての労働力問題、第3章 物流生産性、第4章 物流技術の方向、第5章 物流自動化設備、第6章 物流の自動化設備投資　2017.12 186p A5 ¥2000 ①978-4-86487-765-7

◆物流新時代とグローバル化　吉岡秀輝著　時潮社
【要旨】グローバル化著しい現代、その要でもある物流＝海運・空運の変遷を時代の変化のなかに投影し、規制緩和と、9.11以降大きな関心となった物流におけるセキュリティ対策の実際を、米国を例にみる。　2017.9 172p A5 ¥2800 ①978-4-7888-0719-8

◆物流総覧　2017年版　カーゴ・ジャパンカーゴニュース編集局編　カーゴ・ジャパンカーゴニュース編集局
【要旨】日本の物流企業の詳細データ主要荷主企業300社の物流管理データ。　2016.12 1Vol. A4 ¥10000

◆物流大激突─アマゾンに挑む宅配ネット通販　角井亮一著　SBクリエイティブ　（SB新書）
【要旨】ネット通販の巨人アマゾンを筆頭に、物流サービスは近年、「配達スピード」と「送料（無料）」が主戦場となってきた。ところが、荷物量の増大と人手不足の慢性化で、宅配便最大手のヤマト運輸でさえ、悲鳴が限界に達した。ドライバーの長時間労働の改善に向け、荷物量を抑制、配達時間帯指定を見直し、当日配送も縮小の方向に動いている。物流（宅配）の主戦場は、新たなフェーズを迎えようとしているのだ。「戦略物流専門家」が、独自の実取材とともに、物流ビジネスの最前線を解説。最大の問題「再配達」の解決策も探る。　2017.6 158p 18cm ¥800 ①978-4-7973-9087-2

◆物流大崩壊　角井亮一著　宝島社　（宝島社新書）
【要旨】2017年10月1日、ヤマト運輸は27年ぶりに基本料金の値上げを実施した。ネット通販の急拡大に伴う再配達と当日配送を含む宅配個数の増加が、現場ドライバーの長時間労働を招き、ついにサービス維持の限界に達したのだ。深刻な人手不足とドライバーを苦しめる再配達。宅配業界はいま、ビジネスモデルの見直しを迫られている。こうしたなか、アマゾン、ヨドバシカメラ、アスクルが自前配送網の構築を開始。宅配、小売業者が入り乱れて、ラストワンマイルを担う軽貨物宅配ドライバーの熾烈な争奪戦が勃発中だ。勝者は誰だ？ 地殻変動が起こる物流の最前線を日米の物流とEC業界に通じた角井亮一氏が解説。　2017.11 207p 18cm ¥780 ①978-4-8002-7230-0

◆物流のすべて　2017年版　輸送経済新聞社

【要旨】主要メーカー・卸・小売2,200社、直近3年間の物流コスト比率一挙公開！　2016.11 328p B5 ¥5000

◆物流のすべて　2017年版　輸送経済新聞社
【要旨】主要メーカー・卸・小売2,200社、直近3年間の物流コスト比率一挙公開！　2017.11 318p B5 ¥5000

◆物流ビジネスと輸送技術　澤喜司郎著　成山堂書店　（交通論おもしろゼミナール 6）改訂版
【要旨】生活や企業活動、日本経済、そして国際経済を支えるうえで欠かせない物流。その貨物輸送手段や荷役機械に焦点をあわせるとともに、技術的な進歩を体系だてて解説。今回の改訂版では、「アジアの物流」についての章を加え、発展目覚ましいアジアの経済と物流の現状を解説した。　2017.2 271p A5 ¥2800 ①978-4-425-92682-4

◆マンガでやさしくわかる物流　角井亮一編、円茂竹縄作画　日本能率協会マネジメントセンター
【要旨】実家のアパレル通販会社を継ぐことになったつぐみは、自分がデザインした商品で会社を大躍進させようと夢見ていました。しかし、実際の現場は物流が混乱していて、大躍進とはほど遠い状況です。偶然知り合った物流コンサルタントの三井と現場のリーダー的存在の富樫、つぐみは2人の力を借りて会社の物流改革をスタートさせます。だけど、なかなか成果が出ずに困っていました。そしてついに、つぐみは大改革を決断します。はたして、会社は生まれ変わることができるのでしょうか。　2017.12 242p B6 ¥1600 ①978-4-8207-1986-1

◆流通経済の動態と理論展開　流通経済研究会監修、木立真直、佐久間英俊、吉村純一編著　同文舘出版
【要旨】1995年以降の流通理論の研究動向を、13人の専門家が多面的に明らかにするとともに、商業経済論がその延長に積み上げられてきた成果との関連を多様な視点で究明を試みた意欲作！　2017.4 249p A5 ¥2800 ①978-4-495-64871-8

不動産業

◆あぶない!!共有名義不動産　松原昌洙著　幻冬舎メディアコンサルティング, 幻冬舎 発売　（経営者新書）
【要旨】相続で引き継いだ、夫婦で購入した、友人と共同出資した「共有名義不動産」のトラブルは後を絶たない。本書では、独断で全体を売却できず、一方的に共有関係を解消することもできない共有名義不動産のトラブル典型例を完全網羅。トラブル解決実績2000件のプロが、親族や友人と揉め事を起こさない、共有名義不動産を負の遺産として子や孫に引き継がせないために“今すぐ”すべき対策を指南。　2017.5 203p 18cm ¥800 ①978-4-344-91220-5

◆いちばんやさしい不動産の教本─人気講師が教える土地建物の基本と取引のしくみ　林秀行著　インプレス　（「いちばんやさしい教本」シリーズ）
【要旨】不動産業界で働くために必要な知識が全部わかる。マンション管理、不動産投資など、幅広く活用できるノウハウが満載。知識と実務の両輪で、プロフェッショナルへの最短経路を示す。　2017.12 222p A5 ¥1500 ①978-4-295-00296-3

◆学生下宿年鑑　2017　（京都）ジェイ・エス・ビー, 開発社 発売
【要旨】全国47都道府県、学生マンション・アパート・学生寮・学生会館、お部屋探し情報誌の決定版。　2016.12 256p B5 ¥1600 ①978-4-7591-0157-7

◆学生下宿年鑑　2018　ジェイ・エス・ビー, 開発社 発売
【要旨】主に自宅外通学を予定している新入生のための編集。全47都道府県主要都市の厳選した学生マンション・アパート・学生寮・学生会館を豊富に掲載。24時間サポート体制や家具家電付きデザインルーム等、UniLife オリジナルサービスも詳しく紹介。これ1冊で、手間をかけずに理想のお部屋を探せる情報量と信頼性。　2017.12 256p B5 ¥1600 ①978-4-7591-0158-4

◆家族の幸せと財産をつなぐ不動産コンサルティング 川瀬太志、矢部智仁著 住宅新報社
【要旨】「不動産相続の相談窓口」とは何か？ 自宅、アパート、空き家、空き地…。不動産のプロだからできるせめない相談。
2017.3 182p B6 ¥1200 ①978-4-7892-3811-3

◆9割の不動産営業マンは"お勧め物件"を自分では買わない―不動産投資でほんとうに儲かる人、儲からない人 浅野恵太著 幻冬舎
【要旨】不動産投資入門の決定版！ ラクな運用、低いリスク、最小の資金。3年で今の年収と同じ不労所得を得る！
2017.7 153p B6 ¥1300 ①978-4-344-03149-4

◆区分物件オーナーのための神速！ 億万長者計画 田中竜太、太田将司著 幻冬舎メディアコンサルティング, 幻冬舎 発売
【要旨】"一棟買い増し"でマイナス収支から大逆転!!毎月赤字を垂れ流し、売っても多額の負債が残る―「お荷物区分マンション」所有者が超短期間で億万長者になる方法。
2017.8 200p B6 ¥1500 ①978-4-344-91329-5

◆原状回復と敷金精算入門 関輝夫著、藤井龍二画 住宅新報社 (図解不動産業) 5訂版
【要旨】「原状回復をめぐるトラブルとガイドライン」に準拠！ 賃貸住宅の敷金精算をめぐるトラブル防止。
2017.7 239p A5 ¥1700 ①978-4-7892-3873-1

◆国際評価基準 (2017年全面改正)―IFRSに対応した資産評価の国際的なスタンダード 日本不動産鑑定士協会連合会、日本公認会計士協会編・共訳 住宅新報社 (本文：日英両文) 『最新国際評価基準』改題書
【目次】国際評価基準2017"英和対訳"(序論、用語集、IVSフレームワーク (枠組み)、一般基準、資産基準)、付録 国際評価基準2017 結論の根拠 2017.12 499p A5 ¥3300 ①978-4-7892-3882-3

◆5年後に笑う不動産 長嶋修著 ビジネス社
【要旨】都心部で高騰するマンション。人口減少エリアで急増する空き家。これから住まいを買っても本当にいいのか。すでに所有する住まいはどうしたらいいのか―人生100年時代の不動産戦略。
2017.9 223p B6 ¥1300 ①978-4-8284-1971-8

◆これだけ読めば大丈夫！ 営業マンのための不動産の税金のツボがゼッタイにわかる本 青木寿幸著 秀和システム
【要旨】住宅の売買、賃貸の仲介、相続と贈与。よく使われる税の知識を、シンプルにわかりやすく解説。成約率がグッと高まる営業トークができる！
2017.9 231p A5 ¥1600 ①978-4-7980-5116-1

◆これならわかる改正民法と不動産賃貸業 中島成著 日本実業出版社
【要旨】保証人、保証取消し、保証会社の保証、原状回復、敷金、修繕箇、家賃債権譲渡など、改正点を、正確に、簡潔に、わかりやすく。
2017.8 94p A5 ¥1100 ①978-4-534-05514-9

◆事業者必携 これならわかる 最新 不動産業界の法務対策 松岡慶子監修
【要旨】「売買」「賃貸」などの不動産取引の基本常識から「建築規制」「空き家対策」「民泊規制」「民法 (債権法) 改正」まで。知っておきたい最新の法律常識満載。法務担当者必携の書。
2017.8 255p A5 ¥1900 ①978-4-384-04755-4

◆事業者必携 宅建業申請から民泊、農地まで不動産ビジネスのための許認可のしくみと手続き 服部真和監修 三修社
【要旨】民泊ビジネスに必要な旅館業許可申請など、実務ニーズの高い許認可手続きと申請書式例を豊富に掲載！ 多様化する不動産活用ビジネス必携の書。
2017.10 255p A5 ¥1900 ①978-4-384-04764-6

◆新人不動産営業マンが最初に読む本 本島有良著 住宅新報社 改訂版
【要旨】お客様にいつ、どう対応する？ とるべき営業行動が、時系列式にすぐわかる!!
2017.5 253p B6 ¥1500 ①978-4-7892-3841-0

◆図解不動産業 不動産境界入門 西本孔昭編著、大繍あおき画 住宅新報社 5訂版
【要旨】不動産仲介に関する法令や手続き実務は日々改廃されるものの、境界調査をはじめとする物件調査の要点に大きな変化はない。そうした中、境界をめぐるトラブルが増加し、契約前の物件調査の重要性が改めて認識されている。本書では、境界調査に的を絞り、境界に関する基本的な知識、現地調査、法務局での調査の方法などをマンガを交えて、わかりやすく解説している。
2017.12 223p A5 ¥1700 ①978-4-7892-3884-7

◆すぐに使える不動産契約書式例60選―契約実務に必ず役立つチェック・ポイントを"注書" 黒沢泰著 プログレス
【目次】契約にあたっての基本的事項と売買契約・賃貸借契約上の留意点 (契約に先立つ基本的事項、売買契約上の留意点、賃貸借契約上の留意点、実務に役立つ周知知識、印紙税額一覧表 (抄))、不動産契約書式例および"注書"(土地売買契約書、土地建物売買契約書、不動産売買契約書、借地権付建物売買契約書、建物売買契約書ほか)
2017.7 254p B5 ¥4000 ①978-4-905366-66-9

◆ゼロからの挑戦―知識ゼロ・業界未経験の私が奇跡の「マンション管理システム」を築いた逆転の発想 松原清植著 幻冬舎メディアコンサルティング, 幻冬舎 発売
【要旨】無謀とも思える「中間マージンゼロ」を実現した管理会社の社長が語る、マンション管理業者の裏側。最大の罪は「無関心」にある!?全てのマンションオーナーに警鐘を鳴らす新感覚「ストーリー型」マンション管理ノウハウ本。
2017.11 214p B6 ¥1200 ①978-4-344-91357-8

◆千客万来！ ウケる不動産屋の看板 高松輝久著 幻冬舎メディアコンサルティング, 幻冬舎 発売
【要旨】50m 手前から視認させる設置テクで入店者数アップ。3カ月おきのデザイン変更で足止め率改善。床や車の看板化で認知拡大…街の不動産屋経営者必読！ 低コストでハイパフォーマンスを実現！ 最強の営業術！
2017.9 217p B6 ¥1400 ①978-4-344-91348-6

◆知識ゼロからわかる不動産の基本 林秀行著 ソシム
【要旨】不動産あるあるトラブル事例&対策が満載！ 仲介業務のノウハウとスキルが一度に身につく！
2017.2 255p B6 ¥1500 ①978-4-8026-1081-0

◆賃貸フェス 賃貸フェス著 週刊住宅新聞社
【要旨】賃貸業界や不動産業界といった枠組みや、今までのしがらみにとらわれることなく正しいと思うことを正しく行えるように。カッコいい業界にしていこう！
2017.6 254p A5 ¥1500 ①978-4-7848-7603-7

◆2025年東京不動産大暴落 榊淳司著 イースト・プレス (イースト新書)
【要旨】東京五輪を目前に、東京の不動産市場は局地的にバブル化している。しかし、五輪終了5年後の2025年、団塊世代がすべて後期高齢者になり、東京都の人口は減少し始める。にもかかわらず、東京では毎年多くの新築住宅が供給されている。超高齢化の進んだ地方はすでに、タダでももらい手がない不動産で溢れかえっている。2025年、いま地方で起きている不動産暴落の現実が、東京にも襲いかかる。暴落はどこで起こるのか？ 暴落を回避するにはどうしたらよいのか？ 不動産バブルのしくみから、大暴落までのシナリオを大胆予想する。
2017.6 211p (本体新書) ¥861 ①978-4-7816-5086-9

◆日本で十分稼いだら アメリカ不動産レバレッジ 高橋誠太郎著 クラブハウス
【要旨】高額所得者が実践するテキサス不動産投資。ハリケーン襲来はリスクか、チャンスか？
2017.11 242p B6 ¥1600 ①978-4-906496-55-6

◆不動産 2019年度版 伊藤歩著 産学社 (産業と会社研究シリーズ 8)
【要旨】東京五輪に向けて、大規模案件が目白押し！ ビジネスのしくみから企業模様まで、不動産業界の魅力を徹底検証！ 物件種類別最新事情、企業データも満載！
2017.12 207p B6 ¥1300 ①978-4-7825-3476-2

◆不動産を「加工」する技術―資産をつくる・殖やす・残すための 齊藤正志著 現代書林
【要旨】「自分年金」の考案者が教える大家・土地オーナーはもちろん、資産ゼロのサラリーマンでも知らないと損をする不動産投資の新発想。アパートでの活用、定期借地権での活用、介護事業での活用、トランクルームでの活用、貸農園での活用など、役立つ情報が満載！
2017.11 226p B6 ¥1500 ①978-4-7745-1672-1

◆不動産格差 長嶋修著 日本経済新聞出版社 (日経プレミアシリーズ)
【要旨】アベノミクスや東京五輪の恩恵を受ける物件はほんの一撮り。大半の不動産は下がり続ける。あなたの空き家比率は3割に向かう。あなたのマイホームや両親の家は大丈夫ですか?―。人口減、超高齢化時代における住宅・不動産の見極め方を教えます。
2017.5 228p 18cm ¥850 ①978-4-532-26340-9

◆不動産広告の実務と規制 不動産公正取引協議会連合会公正競争規約研究会編 住宅新報社 12訂版
【要旨】不動産業界には、表示規約「不動産の表示に関する公正競争規約」及び景品規約「不動産における景品類の提供の制限に関する公正競争規約」があります。この2つの規約は、不動産公正取引協議会が不当景品類及び不当表示防止法の規定に基づき、自主的に設定した、不動産業界の「自主規制ルール」です。本書は、このルールを逐条的に解説するとともに、各地区の公正取引協議会に事業者から寄せられた広告表示や景品提供に関する相談を事例として紹介し、実務で役立てて頂く目的でその相談に関する回答や表示例を掲載しています。
2017.10 522p A5 ¥3300 ①978-4-7892-3875-5

◆不動産取引と土壌汚染のリスク 木暮敬二著 鹿島出版会
【目次】第1章 土壌汚染とは、第2章 土壌汚染に関わる規制の現状、第3章 土壌汚染対策の実態と課題、第4章 土壌汚染対策の費用負担問題、第5章 市街地の大規模土壌汚染対策に学ぶ、第6章 土壌汚染対策法の改正、第7章 土壌汚染に関わる市場の動向、第8章 土壌汚染と瑕疵担保責任
2017.2 117p B6 ¥1900 ①978-4-306-02488-5

◆不動産取引の仕事術―いかにしてお客様にトクをしてもらうか 畑中学著 週刊住宅新聞社
【要旨】不動産の基本が書かれた本はいっぱい出ている。ベストセラーの著者が、それらの本ではもの足りないあなたに贈ります。業者の方はもちろん、金融業、建設業の方にも役立ちます。宅建士資格を活かす究極のバイブル!!
2017.5 255p B6 ¥1500 ①978-4-7848-7611-2

◆不動産物件調査入門 取引直前編 津村重行著、藤井龍二画 住宅新報社 (図解不動産業) 改訂版
【要旨】売買契約直前の現地調査マニュアル。著者考案の「売主の不動産情報報告書」掲載。『基礎編』『実務の基礎』の続編。
2017.7 225p A5 ¥1700 ①978-4-7892-3871-7

◆不動産屋が儲かる本当の理由としくみ―ウラを知り尽くしたプロが教える！ 斎藤智明著 ぱる出版 (『不動産屋が儲かる本当の理由』加筆修正・改題書)
【要旨】稼ぐ不動産屋は人の見ていないところで何をやっているのか！ 飲み屋とゴルフにばかり行っているように見えるのに、なぜ儲かっているのか？ 街の「不動産に関わる困りごと」を探すだけで、自ずから仕事が舞い込んでくる！
2017.7 239p B6 ¥1500 ①978-4-8272-1067-5

◆プロのための住宅・不動産の新常識 2017‐2018 田村誠邦、甲田珠子著 エクスナレッジ
【要旨】図説。住宅企画営業、建築設計者、施工者、不動産仲介、不動産オーナー、金融機関、税理士など…住宅のプロが知っておくべき新常識を徹底図解!!
2017.7 287p B5 ¥2800 ①978-4-7678-2323-2

◆ヘルスケア施設の事業・財務・不動産評価―高齢者住宅・施設および病院の価値の本質 松田淳、村木信剛編著 同文舘出版
【要旨】様々な視点からヘルスケア施設の価値の本質を見極める！ ヘルスケア施設の価値を"事業価値"と"不動産の価値"として捉え、さらにその背景となる、財務、法的観点、ファイナンス、ファシリティマネジメント、国の政策の視点までを含めた分析のための指針について総合的に解説した体系書！
2017.1 556p A5 ¥5800 ①978-4-495-20521-8

◆マイホーム価値革命―2022年、「不動産」の常識が変わる 牧野知弘著 NHK出版 (NHK出版新書)
【要旨】2022年、広大な面積の生産緑地が宅地となり、団塊世代の大量の「持ち家」が賃貸物件に回ることで、不動産マーケットが激変する。日本の3分の1が空き家になる時代、戸建て・マン

ションなどマイホームの資産価値を高める方策はあるのか？　空き家問題、タワマン問題で注目を集めた不動産のプロが新たなビジョンを提示する！
2017.6 214p 18cm ¥780 ①978-4-14-088519-2

◆マンションは日本人を幸せにするか　榊淳司著　集英社　（集英社新書）
【要旨】「管理利権」を貪るモンスター理事長、10年で半額になる郊外新築物件、高層階をありがたがる国民性と健康問題、「サラリーマン大家」の成功率は1割未満？…"不都合な真実"には誰も気がつかない。そもそも日本人はなぜマンションに住み始めたのか、分譲マンションの区分所有という権利形態に潜むリスク、など誰も気付かなかった「そもそも論」から、業界の儲けのカラクリ、さらには未来のマンションの風景まで、この道三〇年の住宅ジャーナリストが、住まう人たちを幸せに導くマンションのあり方を探る。
2017.4 250p 18cm ¥760 ①978-4-08-720877-1

◆家賃について考えてみたら、収益を上げる方法が見えてきた。―一家賃をサイエンスする空室対策　亀田征吾著　筑摩書房
【要旨】大空室時代を乗り切るために―。空室対策にはオーナーのニーズの見極めが肝心です。賃貸不動産に精通した著者が豊富な事例をもとに、家賃評価を切り口にしたニーズの読み方と、状況に見合ったベストの対策案を伝授します。
2017.8 221p B6 ¥1500 ①978-4-480-87892-2

◆凛として輝く　不動産こそ、我が人生！　不動産女性塾著　住宅新報社
【目次】第1章 不動産業界を彩る女性たちのこと（「不動産女性塾」交流会）、第2章 女性の感性を生かして仕事を続けてきて見えてきた（信用は無限の財産なり（北澤商事株式会社代表取締役会長・北澤艶子）、地域になくてはならない会社を目指して！（株式会社すまいる情報光が丘代表取締役・武藤正子）、女性の発想力で仕事を創る（株式会社夢相続代表取締役・曽根惠子）ほか）、第3章 不動産女性塾の活動（「不動産女性塾」発足にあたって、第1回交流会平成28年11月11日、第1回セミナー平成29年1月11日 ほか）、資料 データで見る不動産産業での女性の在り方
2017.9 229p B6 ¥1500 ①978-4-7892-3874-8

地価・土地問題

◆所有者の所在の把握が難しい土地に関する探索・利用のためのガイドライン＋事例集Ver.2　所有者の所在の把握が難しい土地への対応方策に関する検討会編　大成出版社　第2版
【目次】第1章 一般的な所有者情報の調査方法、第2章 個別制度の詳細、第3章 土地の状況別の所有者情報調査の方法と土地所有者が把握できなかった場合の解決方法、第4章 事業別の所有者情報の調査方法と土地所有者が把握できなかった場合の解決方法、第5章 東日本大震災の被災地における用地取得加速化の取組、第6章 所有者の探索や制度活用に係る費用と相談窓口等について、第7章 所有者の所在の把握が難しい土地を増加させないための取組、巻末資料 事例集
2017.6 339p A4 ¥3200 ①978-4-8028-3291-5

◆新旧徹底比較!!決定版新しい広大地評価の実務　吉田正毅、山田美典、村上直樹著　ぎょうせい
【要旨】国税庁情報・チェックシート対応。弁護士・元国税審判官が読み解く広大地の裁判例・裁決例。不動産鑑定士による税務の最前線。不動産鑑定士による開発の最前線。3つの視点から迫る新広大地評価の決定版。
2017.12 286p A5 ¥3000 ①978-4-324-10437-8

◆人口減少時代の土地問題―「所有者不明化」と相続、空き家、制度のゆくえ　吉原祥子著　中央公論新社　（中公新書）
【要旨】持ち主の居所や生死が判明しない土地の「所有者不明化」。この問題が農村から都市に広がっている。空き家、耕作放棄地問題の本質であり、人口増提だった日本の土地制度の矛盾の露呈だ。過疎化、面倒な手続き、地価の下落による相続放棄、国・自治体の受け myriad 拒否などで急増している。本書はその実情から、相続・登記が問題の根源、行政の解決断念の実態までを描く。
2017.7 191p A6 ¥760 ①978-4-12-102446-6

◆新　広大地評価の実務　辻・本郷税理士法人編　税務研究会出版局
【要旨】改正前後の留意点と今後の実務への影響を解説。
2017.10 165p A5 ¥1800 ①978-4-7931-2271-2

◆地価公示　平成29年　国土交通省土地鑑定委員会編　住宅新報社
【目次】平成29年地価公示の公示価格等、平成29年地価公示の実施状況及び地価の状況（平成29年地価公示制度の概要、平成29年地価公示の実施状況、平成29年地価公示にみる地下の状況）、参考資料（平成29年地価公示都道府県別対象市町村数及び対象面積、平成29年地価公示対象市区町村一覧表、公示価格年別対前年平均変動率、都道府県地価調査の基準地と同一地点である標準地一覧、三大都市圏の市区町村、地価公示関係法令）
2017.4 770p A4 ¥4300 ①978-4-7892-3838-0

◆通達・情報・裁決・判例等から見た広大地評価の実務　平成29年版　渡邉正則著　大蔵財務協会
【要旨】最新の裁決等を収録。
2017.3 699p A5 ¥3426 ①978-4-7547-2385-9

◆土地評価のための役所調査便覧―三大都市圏主要都市の担当窓口がわかる！　東北篤編・著者代表、河合悟著者代表　清文社
【要旨】税理士・不動産鑑定士必携！ 相続税の土地評価や不動産鑑定等の基礎資料を効率的に収集する際に必要な役所調査ガイドブック。
2017.9 305p B5 ¥4000 ①978-4-433-62257-2

◆パキスタン財閥のファミリービジネス―後発国における工業化の発展動力　川満直樹著（京都）ミネルヴァ書房
【要旨】本書では、パキスタンの経済発展過程を分離独立から1950、60、70、80年代の4つの時期に区分し捉える。パキスタン経済の発展を支える財閥のファミリービジネスの特徴を述べると同時に、イスラーム圏の特徴を持った経済システム、そして政権との関係を検討し、イスラーム圏における後発工業化の初期段階の様相を浮き彫りにする。
2017.3 304p A5 ¥4000 ①978-4-623-07856-1

◆4STEPで身につく"入門"土地評価の実務―机上調査→現地調査→役所調査→評価　風岡範哉、田中泰男著　清文社
【要旨】流れがわかる実践できる！（1）基礎情報をどのように確認し、（2）土地の何をみて何を測り、（3）役所では何の資料をどこで集め、（4）評価明細書にどのように記入するのか。教科書的でない実務で本当に活きる評価手法を徹底解説！
2017.2 453p B5 ¥3600 ①978-4-433-62526-9

◆不動産に強い税理士になるための広大地評価―税制改正の経緯から学ぶ適用要件と時価の考え方　米倉誠人、渡邊浩滋著　ロギカ書房
【要旨】税理士と鑑定士が教える広大地評価の基礎!!平成30年改正前だからできる対策とは？
2017.6 205p A5 ¥2200 ①978-4-909090-03-4

◆路線価による土地評価の実務　平成29年8月改訂　名和道紀、小野山匠海、長井庸子共著　清文社
【要旨】土地オーナーの相続税対策には、路線価による土地評価は欠かせません！ 豊富な具体事例で、実務家はもちろん、初めての人にもよくわかる!!
2017.8 373p B5 ¥2200 ①978-4-433-62227-5

◆Q&Aと解説で分かる!!実務に役立つ土地の貸借等の評価　松本好正著　大蔵財務協会
【要旨】賃借権・貸家建付地・定期借地権、相当地代通達による借地権等、土地等の使用貸借の評価のポイント。
2017.2 429p B5 ¥3611 ①978-4-7547-2387-3

不動産投資・評価

◆憧れの"ハワイ"の物件を買って、賃貸収入で「優雅な人生」！　天方エバン著　ごま書房新社
【要旨】これからは"ハワイ"で陽気に不動産投資！ 時代・景気問わず、世界中の旅行客が集まる地で資産づくりをしませんか？ 初心者でもわかるハワイ不動産投資。
2017.9 216p B6 ¥1550 ①978-4-341-08679-4

◆1億稼ぐ奇跡のマイホーム―不動産知識ゼロ、貯金ゼロ、年収500万円から始める　大長伸吉著　ビジネス社
【要旨】自宅の常識をリセット！ 未来の自宅は賃貸併用住宅に変わる！ 建てて住むだけでお金を生む家をつくる！
2017.12 239p B6 ¥1600 ①978-4-8284-1992-3

◆いま大阪ワンルームマンション投資を始める理由―ファイナンシャルプランナーが教える　毛利英昭著　ダイヤモンド社
【要旨】マイナス金利、インバウンド、カジノリゾート、万博…今こそ大阪の不動産に注目すべき好機！
2017.1 237p B6 ¥1200 ①978-4-478-10124-7

◆いまさら始める？ 個人不動産投資　高橋克英著　金融財政事情研究会、きんざい 発売（KINZAIバリュー叢書）
【要旨】「すでに都心では利回りが低下し、地方では空室が増えているそうじゃないですか」など、そんな不安と疑問に、自ら投資経験を積んできた人気金融アナリストが答える、サラリーマン大家さんの夢と現実。金融機関のアパートローン担当者も必携。
2017.10 230p B6 ¥1800 ①978-4-322-13211-3

◆大家さん、その対応は法律違反です！―不動産投資の法律トラブルと対策Q&A　岡田のぶゆき、福岡寛樹著　ぱる出版
【要旨】契約のトラブルから、物件を買うときのトラブル、建築に関わるトラブル、入居者のトラブル、管理運営のトラブル、相続や離婚に関わるトラブルまで。不動産投資の法律トラブルと対策Q&A。大家さんになったら必ずぶち当たるややこしい法律トラブルに、実践豊富な投資家と専門弁護士が具体例を通して回答します。
2017.11 221p B6 ¥1500 ①978-4-8272-1088-0

◆お金持ちの経営者や医師は既にやっている"資産10億円"をつくる不動産投資　峯島忠昭著　ごま書房新社
【要旨】この一冊に2万人からの相談内容を凝縮！ たった一人から社員数50人、年商13億円の会社を築いた著者の資産経営成功哲学。知りたいことがすぐにわかる"77"の不動産投資Q&A。
2017.5 231p B6 ¥1500 ①978-4-341-08670-1

◆改訂版 資産運用・節税・相続のための新・不動産投資メソッド「じぶんリート」　大林弘道著　幻冬舎メディアコンサルティング、幻冬舎 発売
【要旨】運用難時代の資産形成は資産管理会社を賢く使え！ 不動産投資のプロフェッショナルが、顧客とともにカタチにした投資スキーム。ポイントは"個人の税制と法人の税制のいいとこ取り"だ。
2017.1 210p B6 ¥1200 ①978-4-344-91070-6

◆会話でわかる！ 忙しい医師のための不動産投資　植田幸著　クロスメディア・パブリッシング、インプレス 発売
【要旨】資産家ドクターはやっている！ 賢く増やして堅実に貯める方法。この一冊でお金のリテラシーが身に付く。
2017.9 201p B6 ¥1480 ①978-4-295-40117-9

◆確実に増える不動産投資―毎月100万円！　曽我ゆみこ著　辰巳出版
【要旨】不動産は、堅めに計算してスタートすれば、必ずいい資産になる。5つの数字を入力するだけ。1分で「買い」がわかるWゲインシート付き！
2017.11 183p A5 ¥1300 ①978-4-7778-1951-5

◆勝てる！ 不動産投資コンプリートガイド　柳田武道著　幻冬舎メディアコンサルティング、幻冬舎 発売
【要旨】ローリスクで安定収入を実現！ 物件の購入から管理・運営、売却まで、不動産のプロが「勝てる王道テクニック」を徹底解説。
2017.2 240p B6 ¥1500 ①978-4-344-91086-7

◆金持ち大家さんが買う物件 買わない物件―不動産投資専門税理士が明かす　稲垣浩之著　双葉社
【要旨】アパートを一棟持てば毎月数十万円の家賃収入が入ってきます。ですので、もう一棟、また一棟と欲しくなる気持ちも分かります。かといって、やみくもに買うのは危険です。税理士の私しか知らない「金持ち大家さん」たちの物

件の買い方をわかりやすく紹介します。
2017.1 181p B6 ¥1300 Ⓘ978-4-575-31203-4

◆"99万円以下"の資金で儲けるボロ物件投資術！　脇田雄太著　ごま書房新社
【要旨】ボロ物件を激安現金買い、激安リフォームして「高利回り」！「30万円戸建て」「60万円アパート」など驚愕のお宝物件を造る、目からウロコの秘策を伝授！
2017.8 197p B6 ¥1550 Ⓘ978-4-341-08676-3

◆グローバル社会と不動産価値　山本卓編著　創成社
【要旨】地域社会における生活者の視点で、国境を越えて普遍化する不動産価値のあり方を考察（景観、環境、土地利用制限、固定資産税評価）。また、グローバル経済に影響を受けた企業社会における不動産価値に焦点を定め、企業不動産を効率的かつ戦略的に利活用することを中心としたCRE、公正価値、減損会計や投資不動産会計と企業価値、市場との関係、環境情報の開示のあり方等の話題を網羅。
2017.10 148p A5 ¥2100 Ⓘ978-4-7944-2513-3

◆ゲームチェンジに対応するロサンゼルス不動産投資―選ばれる投資先には理由がある　田中秀夫，エー・ディー・ワークス海外事業部著　日経BPコンサルティング，日経BPマーケティング 発売
【要旨】国内の運用だけで、あなたの資産を守れますか？ 現金や預金もリスク資産となる時代!? 米国ロサンゼルスの不動産は、リスク分散の投資先として最適。インカムゲイン・キャピタルゲインともに期待できる。
2017.1 188p B6 ¥1500 Ⓘ978-4-86443-108-8

◆広大地評価はこう変わる「地積規模の大きな宅地の評価」の新実務―平成30年1月1日以後適用　吉村一成著　清文社
【要旨】広大地評価廃止→新通達により適用要件が明確化！ 新通達で評価があがる土地・さがる土地とは？ 改正前後の実務の要点を土地評価のプロが解説！
2017.11 186p B5 ¥2000 Ⓘ978-4-433-62507-8

◆「高利回り」新築不動産投資の学校―フツーのサラリーマンだったボクが5年で10棟建てられた理由　渡正行著　ぱる出版
【要旨】誰でも不動産投資ができる時代は終わった！ 金融庁の御達しにより、銀行が貸し渋るようになっていくなか、新築物件は耐用年数が長いので融資が引きやすく、新しいので空室や修繕やトラブルの心配も少ない。しかも1室200万円台の低コストで高利回りが可能。本書は「新築不動産投資のメソッド」を初めて明かした書。
2017.12 190p B6 ¥1500 Ⓘ978-4-8272-1092-7

◆50万円の元手を月収50万円に変える不動産投資法　小嶌大介著　ぱる出版
【要旨】たった2年で「社畜」から脱出できた!!築古物件を高利回り物件に再生・蘇生するリノベーション術。
2017.8 206p B6 ¥1500 Ⓘ978-4-8272-1066-8

◆「困った空き家」を「生きた資産」に変える20の方法　前田政登己著　ザメディアジョン
【要旨】空き家再活用の教科書。空き家の持つ価値を見出し、磨き、再活用することで、相続や管理の問題を解決！ 気持ちがすっきりします！
2017.5 203p B6 ¥1200 Ⓘ978-4-86250-495-1

◆「コンパクトアパート」ではじめる超ローリスク不動産投資　山上晶則著　幻冬舎メディアコンサルティング，幻冬舎 発売
【目次】第1章 不動産投資ブームの裏で赤字に苦しむオーナーが続出、第2章 好立地な優良物件は手に入らない 狭くて低家賃の「コンパクトアパート」でニッチなターゲットを狙え、第3章「狭小ワンルーム」でも確実に入居者を獲得する立地と設備、第4章 維持費用から税金まで支出を網羅 手残りを最大化する収支計画、第5章「新築×劣化対策等級2級」で長期・低金利の融資を引き出す、第6章 トラブル対応はプロに任せる信頼できる管理会社を見極めるポイント
2017.3 199p B6 ¥1400 Ⓘ978-4-344-91200-7

◆サラリーマンだからできるワンコインから始める不動産投資法　繆英長著　合同フォレスト，合同出版 発売
【目次】序章 もしも100万円あったら、投資用のマンションを買ってください、第1章 不動産投資6つのメリット、第2章 不動産投資の賢い始め方10のコツ、第3章 あなたの不動産資産をさらに大きくする10のコツ、第4章 不動産投資に失敗しないための8つの方法、第5章 不動産投資に成功するための「華僑の教え」、あとがきにかえて―たくさんの人に支えられて
2017.3 206p B6 ¥1400 Ⓘ978-4-7726-6084-6

◆3年で年収1億円を稼ぐ「再生」不動産投資　天野真吾著　ぱる出版
【要旨】空室率が高い物件情報を"おしい大家"は、リスクと捉える。"できる大家"は、チャンスと捉える。
2017.8 207p B6 ¥1500 Ⓘ978-4-8272-1054-5

◆塩漬けになった不動産を優良資産に変える方法　相馬耕三著　幻冬舎メディアコンサルティング，幻冬舎 発売　改訂版
【要旨】儲からないアパート、買い手のつかない土地…「悩みの種」の不動産が思わぬ利益を生む。民泊は儲かる？ 2020年に向けて不動産価格はどう動く？ 新たな市場動向・解決事例を加筆修正した改訂版。
2017.6 181p 18cm ¥800 Ⓘ978-4-344-91243-4

◆"自己資金ゼロ"からキャッシュフロー1000万円をつくる不動産投資！　椙田拓也著　ごま書房新社
【要旨】高属性はもちろん、低属性でも融資はひける！ 机上で悩む前に、自分に合った物件をいますぐ買って資産を増やす。本書ではそのための手順とロジックをシンプルにお伝えします。
2017.8 188p B6 ¥1550 Ⓘ978-4-341-08677-0

◆上場企業エリート社員のための最強の不動産投資　羽藤将志，森田潤著　幻冬舎メディアコンサルティング，幻冬舎 発売
【要旨】年収1000万円からはじめて資産10億円を築く！ 稼いだお金をさらに増やす現代の錬金術で富裕層への扉を開け！
2017.2 244p B6 ¥1400 Ⓘ978-4-344-91045-4

◆将来の安心がほしいなら生命保険をやめて東京の中古ワンルームを買いなさい　富澤昌祥著　幻冬舎
【要旨】月1万円の使いみちを変えるだけで不動産に投資できるんです！
2017.3 198p B6 ¥1400 Ⓘ978-4-344-03094-7

◆初心者を代表して不動産投資について教わってきました！　金川顕教著　サンライズパブリッシング，星雲社 発売
【要旨】自己資金ゼロで買える方法があるんですか？ 人口減少なのになぜ買うべきなのですか？ なぜ、よく知っているエリアで買うべきではないのですか？―不動産投資を始めたばかりの著者と、現役の有名不動産投資家による世界一わかりやすい！ 初心者の疑問や不安が解消できる超入門書！
2017.12 171p B6 ¥1400 Ⓘ978-4-434-24116-1

◆新築利回り10%以上、中古物件から月50万円の「旅館アパート」投資！　白岩貢著　ごま書房新社
【要旨】1泊1万8000円×2部屋、月で80万円の収入！ 京都、浅草で「26棟の旅館アパート」施工・運営実績の著者！ 15年間で累計260棟のアパートづくりに関わった大家の結論。
2017.5 210p B6 ¥1550 Ⓘ978-4-341-08669-5

◆信頼が絆を生む不動産投資―片手に理想、片手にそろばんを 超堅実経営で不動産業界の常識を変えるAZESTグループの知的戦略　鶴蒔靖夫著　IN通信社
【要旨】いま注目の「下町戦略」で大躍進！ 不動産投資を考えるなら「住みたい街」より「住みやすい街」。人と人との縁を大切に、公明正大、超堅実経営で、投資家、社長とともに成長し続ける企業・AZESTグループがめざす不動産投資の理想形。
2017.12 222p B6 ¥1800 Ⓘ978-4-87218-439-6

◆図解でわかる不動産担保評価額算出マニュアル　神山大典著　経済法令研究会　改訂版
【要旨】解説編：不動産担保評価の考え方・基礎知識を簡潔に解説。建築基準法等不動産公法規制をわかりやすく解説。事例編：ケースごとの補正率によって評価額が簡単に出せる図解と簡潔な解説。
2017.6 254p B5 ¥2300 Ⓘ978-4-7668-2403-2

◆税務署を納得させる不動産評価の実践手法―相続税・贈与税　小寺新一，吉村一成共著（大阪）実務出版　改訂版
【要旨】これならできる!!ワンランクアップを目指す人の減額評価規定の活用テクニック。
2017.4 326p B5 ¥2870 Ⓘ978-4-906520-63-3

◆戦略的アメリカ不動産投資　井上由美子著　幻冬舎メディアコンサルティング，幻冬舎 発売
【要旨】一部の富裕層だけが実践する「負けない」米国不動産投資の全貌。
2017.8 206p B6 ¥1400 Ⓘ978-4-344-91343-1

◆相場の3割増を実現！"お荷物"マイホーム高値売却術　池田洋三著　幻冬舎メディアコンサルティング，幻冬舎 発売
【目次】第1章 長年住んでボロボロになったマイホーム。売るに売れない家主たち（築古マイホームの高値売却は困難を極める、供給過剰に陥っている不動産マーケットの現状 ほか）、第2章 売値と手取り額はいくら？ いつまでに売る？ 相場の3割増しを実現する売却プランの立て方（物件売却にはさまざまな費用がかかる（税金、不動産会社への仲介手数料）、住宅ローンの残債がある場合は、売却で得たお金で抵当権を抹消できるか確認が必要 ほか）、第3章 相場はいくら？ 重点的にチェックされるのはどこ？ 査定が適正か見極める方法（中古物件市場にも相場はある、相場は社会情勢によっても大きく変わる ほか）、第4章 営業力はあるか？ リフォームの提案は？ 高値売却を実現する不動産会社選び（売買を依頼するにもさまざまな契約がある、契約完了後、不動産会社による広報活動が始まる 営業力に違いはあるか ほか）、第5章 どんな手続きが必要？ 買主とのトラブルを防ぐ秘訣は？ スムーズな引渡準備のポイント（申し込みがあるとどうなるか？、買主との条件交渉で気をつけるべきこと（「登記原因証明情報」などの書類準備は鉄則）ほか）
2017.5 203p 18cm ¥800 Ⓘ978-4-344-91213-7

◆頼れる！ 海外資産―アメリカ戸建て投資のはじめ方　石原博光著　技術評論社
【要旨】世界最強通貨"ドル"でインフレ不動産投資をはじめよう！ はじめての海外物件、ゼロから見つけた日本人のためのノウハウ、詰め込みました。
2017.2 270p B6 ¥1580 Ⓘ978-4-7741-8619-1

◆誰も知らない京都不動産投資の魅力　八尾浩之著　幻冬舎メディアコンサルティング，幻冬舎 発売
【要旨】全国有数の高い入居率、下がらない資産価値、崩れない家賃相場。ついに明かされる京都不動産の圧倒的投資メリットと優良物件を手に入れる方法。
2017.3 202p B6 ¥1500 Ⓘ978-4-344-91192-5

◆地方・築古・高利回りで年2000万円を稼ぐ兼業大家の不動産投資法　高橋良治著　セルバ出版，創英社/三省堂書店 発売
【要旨】時間はかかるけれども、1つひとつの物件は、住宅ローンより少ない借入れで、手堅く"コツコツ"と利益を上げ、時間もかけず、最少の努力で済む、ローリスクで効率的なアパート経営の方法を解説。短期間で億万長者になりたい方や不動産で人生一発逆転したい人向きのものではなく、時間もお金もない中で、借入れは少なく、リスクはできるだけ避けたい方にすすめる投資法！
2017.6 159p B6 ¥1500 Ⓘ978-4-86367-347-2

◆中年サラリーマンが副収入を不動産投資で稼ぐ方法　ランニング大家著　セルバ出版，創英社/三省堂書店 発売
【要旨】なぜ不動産投資を始めたのか、どのようにして物件を購入して増やしていったのかなど、サラリーマンを続けながら副収入を得た兼業大家の実例。不動産投資の魅力や筆者が得た経験とノウハウをわかりやすく解説。
2017.5 191p B6 ¥1600 Ⓘ978-4-86367-338-0

◆貯金100万円から月収50万円生活―はじめての人が地方×格安不動産でお金の自由を手に入れる5つのステップ　広之内友輝著　ぱる出版
【要旨】物件数日本一の投資サイト「楽待」の人気コラムニストが教える、借金ゼロでできる物件活用法。
2017.9 222p B6 ¥1500 Ⓘ978-4-8272-1072-9

◆賃料「地代・家賃」評価の実際　田原拓治著　プログレス　改訂増補版
【目次】1 新規家賃、2 継続家賃、3 収益家賃、4 家賃に関するその他、5 地代、6 地代に関するその他、7 借地権、8 明渡し立退料
2017.2 695p A5 ¥7500 Ⓘ978-4-905366-61-4

◆低金利時代の不動産投資で成功する人、失敗する人―レバレッジの黄金率で3戸のワンルームを持つ！　重吉勉著　かんき出版

【要旨】多額な借入れの地方アパート経営は10年後に破綻！ 東京の中古ワンルームで長期安定収入を得る！
2017.2 247, 7p B6 ¥1500 ①978-4-7612-7241-8

◆出口から逆算する "プロ" の不動産投資術！―3000人の大家さんを誕生させたアドバイス　新川義忠著　ごま書房新社
【要旨】「売らない営業の不動産会社」のやり方だからこそ失敗しない！ 業界歴20年、3000件の不動産売買実績を誇る著者が教える、初心者が不動産投資を成功させるための33のポイント！
2017.7 196p B6 ¥1500 ①978-4-341-08674-9

◆20代サラリーマンが家賃年収1億円を達成した不動産投資成功の秘訣　宇野徹著　セルバ出版、創英社/三省堂書店 発売
【要旨】初心者は、本書で記載しているくらいの知識を習得して実践することで、メガ大家になれる。1棟か2棟で足踏みしている中級者は、自身とどこが違うのか発見してもらうという観点から解説。
2017.4 199p B6 ¥1600 ①978-4-86367-328-1

◆20代、30代の大家が急増中！ 勝てる不動産投資―30歳で年商100億超え不動産会社社長が指南！　梶尾祐司著　（大阪）パレード, 星雲社 発売
【要旨】今が買いどき！「ローンでの不動産購入」は働きながらの資産形成に最適な方法です。これ1冊に18人分の不動産購入の知恵と工夫を凝縮！ この低金利の時代に有利だと、いち早く分かった20代や30代は既に不動産で資産形成を始めているのです。
2017.7 171p B6 ¥1400 ①978-4-434-23555-9

◆2020年以降も勝ち残るコンパクト・ラグジュアリー物件投資　坂口勇介著　幻冬舎メディアコンサルティング, 幻冬舎 発売
【要旨】オリンピック・バブルが終焉を迎えても、資産価値が落ちないローリスクな投資用物件とは？ 物件選び、資金調達、リノベーション、出口戦略…その投資ノウハウの全貌を解明！
2017.9 220p B6 ¥1500 ①978-4-344-91334-4

◆日本×世界で富を築くグローバル不動産投資　内藤忍著　幻冬舎メディアコンサルティング, 幻冬舎 発売 （黄金律新書）
【要旨】今や、不動産投資において日本国内と海外の垣根はなくなりつつあります。身近でわかりやすく、土地勘のある国内不動産。成長性の高いエリアならば高収益が見込める海外不動産。各投資商品の違いを比較することで、メリット・デメリットがより鮮明になり、間違いのない投資戦略を立てることができるようになるでしょう。国内については「不特法」「一棟物件」「区分マンション」。海外については「米国本土」「ハワイ」「英国」「ベトナム」「カンボジア」「フィリピン」―各エリア・投資対象の専門家たちの意見をもとに、「グローバル不動産投資」の具体的手法を解説する一冊です。
2017.3 316p B6 18cm ¥800 ①978-4-344-91315-8

◆日本初！ 地方を救う譲渡型賃貸投資ガイド　森裕嗣著　秀和システム
【要旨】不動産投資は地域貢献によって安定する!! 入居者や地域にもそれぞれにメリットをもたらしながら投資家が利益を上げるシステム。
2017.6 159p B6 ¥1200 ①978-4-7980-5043-0

◆ "値上がり立地" で儲ける！ "鈴木流" 新築不動産投資―利回りを追いかけず老後まで儲ける資産構築のススメ　鈴木康純著　ごま書房新社
【要旨】利回り至上主義はもう古い！ 確実なキャピタルゲインで儲ける時代。業界に新風を巻き起こす著者！ 他業界での経営経験より、"シンプルに儲ける" 不動産投資スキームを考案。プロとして多くの初心者を成功に導き、自身もプロ不動産投資をおこなう著者の成功理論。
2017.10 187p B6 ¥1550 ①978-4-341-08683-1

◆年収400万円からの不動産投資で着実に稼ぐ秘訣　高山一恵著　河出書房新社
【要旨】マイナス金利時代のいま、以前よりグンとハードルが低くなった不動産投資。誰もがいだく疑問や不安の声を一冊に集め、さまざまなクエスチョンに答えながら、ネタ確実に利益を出すためのポイントをわかりやすく丁寧に解説していきます。
2017.7 195p B6 ¥1500 ①978-4-309-24811-0

◆売却で資産を築く！ 黄金の不動産投資　村上俊介著　総合法令出版

【要旨】全国的な収益物件の高騰で9割の投資家が二の足を踏む中、やがて来る買い場に備えて動き始めるなら今！ 買って、売って、キャッシュを作れ！ "純資産" を厚くして暴落時でも "買える人" になる、セミプロ投資家の戦略と戦術。
2017.8 318p B6 ¥1500 ①978-4-86280-567-6

◆はじめての競売―利回り15%は当たり前　河野正法著　セルバ出版、創英社/三省堂書店 発売
【要旨】本書は、はじめて競売に挑戦する人が、失敗を避けながら、物件を落札し、不動産で資産を増やしていくための方法を紹介。難しいというイメージを持たれやすい競売について、わかりやすく解説。
2017.3 223p B6 ¥1800 ①978-4-86367-324-3

◆初めての人のための99%成功する不動産投資　内藤忍著　SBクリエイティブ
【要旨】不動産投資未経験でも成功する人が続出！ 3000人以上が学んだ究極の不動産投資のノウハウをあますところなく公開します!!
2017.12 214p B6 ¥1500 ①978-4-7973-9428-3

◆はじめての不動産投資1年生―儲かるしくみと損する理由（わけ）がわかる本　岡本公男著　明日香出版社 （アスカビジネス）
【要旨】物件をどう選ぶのかよりも、まずは儲けるための基本作りを！ 一番やさしい不動産投資の本！
2017.2 219p A5 ¥1600 ①978-4-7569-1882-6

◆初めての不動産投資成功方程式 「富山×東京」二刀流投資　ミッキー著　幻冬舎メディアコンサルティング, 幻冬舎 発売
【要旨】利回り安定の富山不動産。値上がりが期待できる東京不動産。初心者必読！ 着実に資産を築く黄金の組み合わせとは？
2017.4 221p B6 ¥1400 ①978-4-344-91400-1

◆ヒアリング不動産投資―"年間家賃収入1億円" を突破した人の次なる戦略とは？　才津康隆著　サンライズパブリッシング, 星雲社 発売
【要旨】金融機関や仲介会社へのヒアリングが想定外の優良条件を浮き彫りにする!!離島在住の不動産投資家が教える超実践的投資テクニック。超人気講座の書籍化企画第2弾!!
2017.5 216p B6 ¥1500 ①978-4-434-23197-1

◆フツーのサラリーマンですが、不動産投資の儲け方を教えてください！　寺尾恵介著　ぱる出版
【要旨】大家志望の悩める現役サラリーマン、サラリーマン時代から不動産投資をはじめ家賃年収1億円超のメガ大家。はじめての人も、今度こその人も！
2017.11 239p B6 ¥1500 ①978-4-8272-1089-7

◆不動産投資でハッピーリタイアした元サラリーマンたちのリアルな話　玉崎孝幸, hiro田中, アユカワタカヲ, 桜木大洋著　青月社
【要旨】不動産投資によるキャッシュフローが給与収入を超え、会社をハッピーリタイアした4人。普通のサラリーマンから現在の成功にいたるまでのリアルすぎる話。
2017.11 296p B6 ¥1600 ①978-4-8109-1314-9

◆不動産投資バカ―不動産投資を始める前に知ってほしい事　近野貴行著　LUFTメディアコミュニケーション
【要旨】成功ポイントが分かる、掟破りの本音トーク。
2017.9 183p B6 ¥1500 ①978-4-906784-45-5

◆不動産投資は空家物件を満室にして超高値で売りなさい　尾嶋健信著　ぱる出版
【要旨】物件価格の上昇が続く、2020年東京五輪までは大チャンス！ 400人超の大家5500室が大成功！
2017.10 222p B6 ¥1500 ①978-4-8272-1087-3

◆不動産投資は「新築」「木造」「3階建て」アパートで始めなさい！　田脇宗城著　あさ出版
【要旨】不動産投資は、時代にマッチしたやり方で、他にないニッチな物件を、手ごろな賃料で貸し出せば、確実に儲けられるのです。年収500万円のサラリーマンでもできる、失敗しない不動産投資。
2017.3 231p B6 ¥1500 ①978-4-86063-966-2

◆不動産の評価権利調整と税務―土地・建物の売買・賃貸からビル建設までのコンサルティ

ング 平成29年10月改訂　鵜野和夫著　清文社 第39版
【要旨】タワーマンションに係る固定資産税の課税の見直し～階層別評価方法の新設、特定事業用資産の買換特例の改正と適用期限延長、登録免許税の特例措置（軽減税率）の適用期限延長、広大地評価の見直し～財産評価基本通達（新設）の内容を収録、最新の不動産事情と税務情報が詰まったロングセラー！ 平成9年5月、日本不動産学会・平成8年度日本不動産学会実務著作賞、平成19年4月、不動産実務家の立場から見て有意義な著作物であるとして、平成18年度『不動産協会優秀著作奨励賞』受賞！
2017.11 1061p A5 ¥4600 ①978-4-433-67407-6

◆プロが教える不動産投資の真実　山内真也著　プラチナ出版
【要旨】年数十億円の売買の最前線にいながら、個人でもアパートや区分マンションを保有するプロのコンサルタントが、不動産投資のリスクを数字で解析！ 不動産屋だから警告します。投資経験のない営業マンに騙されていませんか？
2018.1 232p B6 ¥1500 ①978-4-909357-04-5

◆不動産投資の「勝ち方」が1時間でわかる本　吉村拓著　幻冬舎メディアコンサルティング, 幻冬舎 発売
【要旨】年金不安、増税、少子高齢化…このままではマズイ日本人のマネー事情。株やFX、投資信託など資産運用の手法は様々だが、将来にわたるお金への不安を取り除くにはどれも物足りない。「初心者からセミプロまで読める」不動産投資本の決定版である本書を活用して、ローリスク・超ロングリターンの資産運用ライフに一緒に一歩踏み出そう。
2017.12 248p B6 ¥1500 ①978-4-344-91413-1

◆マイナス金利時代のありえない「戸建て賃貸投資術」　新谷祐司著　リンダパブリッシャーズ, 徳間書店 発売
【要旨】アパマンより「一軒家」を貸したほうが儲かるんです！ この本は、あなたがサラリーマンでもOLでも高齢者でも、誰でも戸建て賃貸投資ができるように、とてもわかりやすく書かれています。老後破産におびえながら暮らすか、悠々自適に暮らすかは、今のあなたの決断にかかっているのです。
2017.2 174p B6 ¥1500 ①978-4-19-864357-7

◆マンションの資産価値を決める「究極の計算」―売れない、貸せない、住めないマンションにしないためにできること　川田耕治著　ダイヤモンド・ビジネス企画, ダイヤモンド社 発売
【要旨】あなたのマンションの耐用年数は？ 修繕積立金の正解って何？ 耐用年数は逆算で出せる？ 誰も教えてくれなかったマンション管理の本当を管理会社の現役社長が激白。
2017.1 190p B6 ¥1500 ①978-4-478-08411-3

◆メコン諸国の不動産法―メコン地域における不動産投資よりスムーズかつ安心なものに　村上暢昭編著　大政出版社
【要旨】メコン諸国（タイ、ベトナム、カンボジア、ミャンマー、ラオス）現地で法律サービスを提供する専門家が、現地の不動産に関する制度や習慣等についてわかりやすく解説！
2017.8 285p A5 ¥3400 ①978-4-8028-3305-9

◆儲かる！ 空き家・古家不動産投資入門　三木章裕, 大熊重之著　フォレスト出版
【要旨】350棟以上の古家を再生し、賃貸戸建てにしてきた実績の驚きの儲けのノウハウを公開。
2017.9 301p B6 ¥1500 ①978-4-89451-768-4

◆儲かる不動産は東南アジアの "ここ" で買え―カンボジア ベトナム マレーシア　福島啓修著　幻冬舎メディアコンサルティング, 幻冬舎 発売
【要旨】値上がり期待大の3エリア。年間経済成長率7%！ 青田買い大本命のカンボジア・プノンペン。迷わず買い。将来が約束された都市―ベトナム・ホーチミン。シンガポールの経済が流れ込む隣接都市―マレーシア・ジョホールバル。現地のリアルな市場動向と狙い目物件をピンポイント解説！
2017.12 210p B6 ¥1400 ①978-4-344-91397-4

◆レバレッジ不動産投資―自由になるための最速メソッド 激務の現役医師が実践　本間けい著　サンライズパブリッシング, 星雲社 発売
【要旨】銀行融資がつきやすい "プレミアム層" だからできる、スケールメリット投資法を徹底

公開。
2017.7 221p B6 ¥1500 ①978-4-434-23435-4

◆ワンルームの賢い投資術―21世紀を生き抜く黄金の脱出法　第2弾　清正義春　東京図書出版，リフレ出版　発売
【要旨】バブル崩壊のリスク回避、運用難の時代は不動産力で勝ち残り！リーマンショック後の都内・地方148物件情報添付。
2017.7 187p B6 ¥1400 ①978-4-86641-060-9

◆Excelでできる不動産投資「収益計算」のすべて　玉川陽介著　技術評論社
【要旨】不動産投資から収益計算まで成功のための理論と数字のすべてが、この1冊に。
2017.3 240p A5 ¥1880 ①978-4-7741-8810-2

◆Q&Aでわかる地積規模の大きな宅地の評価80問80答　田所寛幹編著　大蔵財務協会
【目次】第1章 改正趣旨（「地積規模の大きな宅地の評価」を設けた理由、「地積規模の大きな宅地の評価」の適用時期 ほか）、第2章 適用要件（総論、地積規模 ほか）、第3章 評価方法（規模格差補正率、路線価地域の評価 ほか）、第4章 具体的計算例（事例1：一般的な宅地の場合、事例2：不整形地の場合 ほか）、付録（財産評価基本通達（抜粋）・平成29年10月3日付資産課税課情報企画官情報第5号・資産課税課情報第17号『財産評価基本通達の一部改正について』通達等のあらましについて（情報）ほか）
2017.12 294p A5 ¥1852 ①978-4-7547-2470-2

 アパート・ビル経営

◆新しいマンション標準管理規約―2016年改正　浅見泰司、安藤至大、親泊哲、笠谷雅也、福井秀夫、村辻義信、吉田修平著　有斐閣
【要旨】外部専門家の活用、住戸価値に応じた議決権割合の設定、管理組合と自治会との明確な区分、管理費等の滞納者への対処など、管理組合が直面ている問題の解決を踏まえた新しいマンション標準管理規約について、改正条文に則し、旧規定との違いも示しながら詳しく解説。
2017.5 283p A5 ¥2400 ①978-4-641-13769-1

◆田舎大家流不動産投資術―たった3年で家賃年収4700万円を達成した私の成功法則　多喜裕介著　合同フォレスト，合同出版　発売
【要旨】「レッドオーシャン」の都会より、「ブルーオーシャン」の田舎をねらえ！不動産投資を始め、キャッシュフローを増やし、7年でサラリーマンを退職。知識はもちろん、数々の経験から、田舎で勝てる理論を構築した著者が、実例とともに、成功法則を大公開!!
2017.12 222p B6 ¥1400 ①978-4-7726-6101-0

◆大家さん税理士による大家さんのための節税の教科書　渡邊浩滋著　ぱる出版
【要旨】買うとき、持つとき、売るとき、ツボだけ押さえてガッツリお金を残す！表も裏も知り尽くした税金のプロが秘訣をコッソリ伝授！～600万・800万・1000万～「所得別」最適経営法。
2017.6 238p B6 ¥1500 ①978-4-8272-1070-5

◆親のボロ家から笑顔の家賃収入を得る方法　白岩貢著　ごま書房新社　新版
【要旨】「空き家」を「お金を生む資産」に変える、これからの時代の「攻める」相続対策術。
2017.2 226p B6 ¥1550 ①978-4-341-08664-5

◆管理業務主任者の知識　平成29年度版　マンション管理業研究会編著　住宅新報社
【要旨】最新の法令・データに基づいた、マンション管理業の決定版解説書。すべての知識がここにある。
2017.6 895p A5 ¥4000 ①978-4-7892-3840-3

◆管理組合・理事のためのマンション管理実務必携―管理組合の運営方法・税務、建物・設備の維持管理、トラブル対応　マンション維持管理支援・専門家ネットワーク編　民事法研究会
【要旨】マンションに関する法律等の基礎知識はもちろん、会計・税務やコミュニティ条項、民泊など管理組合運営で気になる点をわかりやすく解説。民泊に関するモデル規約・細則も明示！
2017.3 263p A5 ¥2500 ①978-4-86556-145-6

◆技術屋が語るユーザーとオーナーのためのエレベーター読本　鈴木孝夫著　ころから

【要旨】「エレベーターってどんな仕組みなのだろう？」「落ちることは本当にないのかな？」などと気になってきませんか？本書は、そんな素朴な疑問に答える本です。エレベーターの構造や安全性、メンテナンスの仕組み、安全基準や法律のこと、さらには、「へぇ～」と驚くエレベーターにまつわるトピックスも紹介します。
2017.9 189p B6 ¥1400 ①978-4-907239-26-8

◆高卒製造業のワタシが31歳で家賃年収1750万円になった方法！　ふんどし王子著　ごま書房新社
【要旨】24歳からはじめて、31歳で大成功！話題の若手「サラリーマン大家さん」のマル秘テクニックついに公開。株とFXで貯金ゼロになった著者が、「100万円を握りしめ」再起をかけておこなった不動産投資の全てを余すことなくお伝えします。
2017.11 199p B6 ¥1550 ①978-4-341-08685-5

◆工務店社長が教える5つの流儀―年収400万円でも大家さんになれる　町田泰次著，大野勲取材協力　幻冬舎メディアコンサルティング，幻冬舎　発売
【要旨】はじめてでも年間家賃収入2億円を実現するための心得を異色経歴の「名物」大家が自身の体験を基に伝授。不動産投資必勝の指南書。
2017.6 217p B6 ¥1200 ①978-4-344-91246-5

◆最新版サラリーマン大家さん"1棟目"の教科書　峯島忠昭著　ごま書房新社
【要旨】"融資サポート1000億円"・"年間150回セミナー"の元サラリーマン著者が初心者でも"失敗しない"ための「80」の知識を伝授！どれが自分に向いて、どれが向いていないのか、膨大な情報を精査するために、最低限学ぶべき知識…不動産投資の「基本の"き"」を、疑義形式でまとめた。
2017.12 226p B6 ¥1550 ①978-4-341-08687-9

◆失敗から学ぶ1棟不動産投資の教科書―現役大家の賢い物件の買い方、融資、管理　藤本光秀著　セルバ出版，創英社／三省堂書店　発売
【要旨】これから不動産投資を始めたい、だけど何から始めていいかわからない、不動産投資のリスクが怖い、自分がどこの銀行からどのような融資を受けられるかわからない、どのような物件を買っていいかわからないなど、もしもあなたがこのような疑問をお持ちであれば、本書を読んでいただければ、不動産投資を始めるには、「何の情報が必要」で、「何をすればよいか」が具体的にわかる。1年で6棟59世帯・総額3億円以上の物件規模拡大をする現役大家が「失敗した経験」から伝える。
2017.6 223p B6 ¥1700 ①978-4-86367-353-3

◆実例 マンション建替え―決議から竣工・引渡しまでのプロセスと課題　司馬純詩著　ビジネス教育出版社
【目次】序章 マンション老朽化と建替え（都市化とマンション住まい、スラム化マンションの再生）、第1章 マンション建替えの経済理論と円滑化法（建替え計画の評価、不動産市場と評価 ほか）、第2章 協力事業者との交渉に備えて（協力事業者の計画と資料、建築とその課題）、第3章 金王町住宅建替えの実例（金王町住宅建替えのプロセス、建替えの序幕 ほか）、第4章 実用的な経験（円滑化法下の借地契約と底地処理、シェア・コントラクトとその履行 ほか）
2017.3 183p A5 ¥1800 ①978-4-8283-0655-1

◆収益不動産の学校―これからは地方1棟中古マンションを買いなさい　田中美香著　クロスメディア・パブリッシング，インプレス　発売
【目次】第1時限目 収益不動産についての基本（収益不動産は未来をつくる、あなたは何歳まで働くつもりですか？ ほか）、第2時限目 物件選びについての基本（会社員であることが、収益不動産では最大の武器、あなたに合った投資戦略を見つけましょう ほか）、第3時限目 賃貸運営についての基本（マンション管理とは何か、賃貸管理業務とは？ ほか）、第4時限目 地方1棟中古マンションについての基本（なぜ地方1棟マンションなのか、狙い目のエリアはどこだ？ ほか）
2017.3 197p B6 ¥1480 ①978-4-295-40061-5

◆収益率Up！空室リスクDown！これから儲かる"テナント物件"　水野清治著　ごま書房新社
【要旨】不動産投資は「住居」だけではない！テナント物件初心者でも気軽に始められる！基礎知識、儲けるアイデア事例満載！
2017.4 212p B6 ¥1550 ①978-4-341-08666-1

◆新選マンション管理基本六法　平成29年度版　平成29年4月1日現在施行の法令等を収録　マンション管理センター編著　マンション管理センター，住宅新報社　発売
【目次】第1編 区分所有関係、第2編 マンション管理適正化関係、第3編 規約・委託契約関係、第4編 マンションの建替え・再建関係、第5編 民法その他の関連法規関係、第6編 建物・設備の維持保全関係
2017.6 904p A5 ¥3900 ①978-4-7892-3863-2

◆新築アパート投資の原点　白岩貢著　ごま書房新社　新版
【要旨】株で破産してタクシー運転手を経験。大工の父の遺産争いをきっかけにはじめたアパート経営を続け15年。アパートづくり一筋、350棟の施工・運営に関わってきた著者が、いまの時代に一番効率的な新築不動産投資の儲け方を公開！アパートづくり350棟の大家も戦慄する戦国時代で利益を出すためのリアルな投資術！
2017.6 ①978-4-341-08684-8

◆すぐに役立つ 入門図解 最新 アパート・マンション・民泊経営をめぐる法律と税務　北川ワタル、服部真和監修　三修社
【要旨】はじめてでもすすまない！賃貸経営、民泊ビジネスに不可欠の1冊！契約締結から物件の運営・管理、トラブル解決法まで。実務経験豊富な専門家が重要ポイントを解説。税制改正、民法債権法改正、民泊新法にも対応した最新版。
2017.9 254p A5 ¥1800 ①978-4-384-04762-2

◆誰でもできる戸建賃貸経営「大家誕生」　横須国弘著　エルエルアイ出版
【要旨】初めての賃貸経営でも安心。698万円でできる一戸建賃貸住宅「大家誕生」。
2017.8 174p B6 ¥1500 ①978-4-9904439-6-2

◆逐条詳解・マンション標準管理規約　大木祐悟著　プログレス
【要旨】区分所有者向けに、実務者の立場から極力わかりやすく説明した本。マンション管理について最低限理解してもらいたい事項を述べたうえで、単棟型マンションの標準管理規約については逐条で解説をし、団地型や複合用途型については、単棟型マンションと比較して異なる部分を中心に解説をする形で章立てした。
2017.8 611p A5 ¥1550 ①978-4-905366-65-2

◆賃貸経営でお金を残す！不動産オーナーの儲かる節税　渡邊浩滋監修，不動産オーナーを支援する税理士の会著，エッサム編集協力　あさ出版
【要旨】大家さん、売上や資産価値を減らす節税では、お金は残りませんよ！不動産に特化した税理士だから教えられる、税金を減らしつつキャッシュを増やす「長期安定経営」のための賃貸経営術！
2017.12 213p A5 ¥1600 ①978-4-86667-031-7

◆賃貸マンション 管理会社vs自主管理―大空室時代を生き抜く賃貸経営術　芝辻保宏著（大阪）澪標
【目次】1 大空室時代、2 自主管理、3 管理会社、4 管理会社vs自主管理、5 これからの不動産賃貸経営、6 あなたは悩みを誰に相談しますか
2017.6 161p A5 ¥1500 ①978-4-86078-359-4

◆できるAirbnb―初めてでも安心・安全に民泊を始められる本　相馬翔，できるシリーズ編集部著　インプレス，できるシリーズ
【要旨】誰でもできる！民泊運営＆おもてなしマニュアル。アカウントや部屋情報の追加方法がよくわかる。プロのノウハウが満載、人気物件のコツと稼働率アップのノウハウを解説。トラブル対策が充実、民泊の運営に関する疑問がすぐに解決する。
2017.5 190p 24×19cm ¥1280 ①978-4-295-00102-7

◆東京ワンルームマンション経営学　佐藤満著　クロスメディア・パブリッシング，インプレス　発売
【要旨】会社員であるなら、不動産投資するメリットを最大限に生かそう。豊かな未来をつくるために、いますべきこと。
2017.5 189p B6 ¥1380 ①978-4-295-40090-5

◆特区民泊で成功する！民泊のはじめ方　新山彰二著　秀和システム
【要旨】物件はどう探せばいい？ Airbnbで集客するには？ 宿泊価格設定のコツは？ 特区民泊

の申請方法は？ 備品や室内の破損があったら？ダブルブッキングへの対処法は？…など民泊ビジネスの悩みをズバリ解決！ 実際に特区民泊を運営し利益を出しているノウハウが満載の、民泊ビジネス入門書の決定版。

2017.4 271p B6 ¥1500 ①978-4-7980-5083-6

◆2000人の大家さんを救った司法書士が教える賃貸トラブルを防ぐ・解決する安心ガイド　太田垣章子著　日本実業出版社
【要旨】空室、滞納、人的トラブルに即応！ 31の事例で損しないための知識が身につく。アパート・マンション経営の不安と焦りがイッキに解決！

2017.12 237p B6 ¥1500 ①978-4-534-05549-1

◆ビルオーナーのための建物賃貸借契約書の法律実務　那須・本間法律事務所編　商事法務　第2版
【目次】契約要項、第1条（賃貸借契約の成立）、第2条（使用目的）、第3条（賃貸借期間）、第4条（期間内解約）、第5条（賃料）、第6条（共益費）、第7条（諸料金の負担）、第8条（消費税額等及び支払方法）、第9条（敷金）〔ほか〕

2017.8 334p A5 ¥4200 ①978-4-7857-2539-6

◆マンション管理組合理事になったら読む本　貴船美彦著　幻冬舎メディアコンサルティング, 幻冬舎 発売 改訂版
【要旨】マンションの付加価値を高めるために理事が果たすべき役割とは。組合の運営形成から建物の管理・大規模修繕まで、コンサルティング実績650件以上のエキスパートがやさしく解説。

2017.12 257p B6 ¥1200 ①978-4-344-97404-3

◆マンション管理人の仕事とルールがよくわかる本―平成28年12月改訂　三村正夫著　セルバ出版, 創英社/三省堂書店 発売
【要旨】本書では、管理人さんだけでなく、理事長さん、その他多くのマンション関係者の方が、マンションの資産価値をより高めるルールや仕事の実行のポイントをまとめている。

2017.1 199p B6 ¥1700 ①978-4-86367-311-3

◆マンション管理の知識―マンション管理にかかわるすべての人に　平成29年度版　マンション管理センター編著　マンション管理センター, 住宅新報社 発売
【要旨】平成29年4月1日現在施行の法令等に準拠。巻末に最近3年間の「マンションに関する裁判例の概要（要旨）」を掲載。

2017.6 981p A5 ¥3500 ①978-4-7892-3864-9

◆マンション経営はもっと儲かる！ 大幅コスト削減ができる本　越戸勝人著　セルバ出版, 創英社/三省堂書店 発売
【要旨】マンションの大家さんの賃貸経営を改革！ マンション管理組合も必読！ こうすれば利回りも上げられる！

2017.4 183p B6 ¥1600 ①978-4-86367-331-1

◆マンション理事は知らないと損をする　マンション管理 虎の巻　橋本正滋著　彩図社
【要旨】管理会社の不適切な業務を改善してきた著者が管理組合運営の基礎から契約、設備などの見直し方を伝授！ 2つのマンションで理事長を務めた著者が管理組合運営の成功の秘訣を語る。

2017.6 191p B6 ¥1500 ①978-4-8013-0229-7

◆モクチンメソッド―都市を変える木賃アパート改修戦略　モクチン企画, 連勇太朗, 川瀬英嗣著　（京都）学芸出版社
【目次】1 木賃アパートを通して見える社会（この社会がつくった建築、木賃アパート、木賃アパートというリスク、そして可能性、モクチン採集に行こう！）、2 モクチンメソッド（アイディアを共有資源化する、アイディアを育てるコミュニティ、レシピのレシピ―アイディアがレシピ化されるフロー、メディアとしてのモクチンレシピ、「実装」のためのチームのかたち、アパート改修を社会投資する、モクチンレシピによる改修事例）、3 木賃アパートをアップグレードする（部屋単位の改修、外構の改修、アパートまるまる一棟の改修、木造一戸建ての改修、モクチンレシピ式発想法）、4 つながりを育むまちへ（住み込むまちへ―地域善隣事業、まちの善隣事業、まちのアクティビティと連動する場―kubomi、まちに新しい動線をつくる―カマタ_クーチ）、5 モクチンメソッド射程：都市を編集するまちが生み出す都市の冗長性、タイポロジーの生態系）

2017.7 190p A5 ¥2200 ①978-4-7615-2650-4

◆元ギャル女子高生、資産7000万円のOL大家さんになる！　奈湖ともこ著　ごま書房新社
【要旨】アパート2棟、戸建て3戸所有、家賃月収50万円!!22歳の「ギャル」時代、資金70万円+融資活用でアパートを購入した「なこ」流大家術（手堅い築古＆土地値買い）。

2017.4 218p B6 ¥1480 ①978-4-341-08667-1

◆利回り20%を望める「シェアハウス」開業の秘訣　仲尾正人著　セルバ出版, 創英社/三省堂書店 発売 改訂版
【要旨】「これからシェアハウスを開業したい人」向けに、筆者の体験をもとに、初めてシェアハウスを開業したときに困ったシェアハウスに関する基礎的な事柄、どんな物件を購入すればよいのか、リフォーム費用はどの程度見ればよいのか、どのくらいの設備が必要なのかなどをまとめている。

2017.12 207p B6 ¥1600 ①978-4-86367-387-8

◆老後破産を防ぐ「都心・中古ワンルームマンション経営」　仲宗根和徳著　幻冬舎メディアコンサルティング, 幻冬舎 発売
【要旨】これからの長寿社会に「無理なく」一生」続けられる資産運用とは。退職間近ではもう遅い！ 30代から始める資産防衛術を大公開。　2017.1 247p B6 ¥1200 ①978-4-344-91120-8

サービス業・小売業

◆アジアと欧米の小売商業―理論・戦略・構造　岩永忠康監修、片山富弘、西島博樹、宮崎卓朗、柳純編著　五絃舎
【目次】小売商業と小売構造、第1部 小売商業の理論と戦略：第1編 小売商業の理論（小売商業の構造と競争、小売業態研究、小売国際化の論点と検討課題）、第1部 小売商業の理論と戦略：第2編 小売商業の革新・戦略（小売マーケティング戦略、大規模小売業におけるプライベート・ブランド戦略、小売の情報・物流革新）、第2部 アジア・欧米の小売商業：第3編 アジアの小売商業（日本の小売商業、中国の小売商業、韓国の小売商業、フィリピンの小売商業）、第2部 アジア・欧米の小売商業：第4編 欧米の小売商業（アメリカの小売商業、カナダの小売商業、イギリスの小売商業、フランスの小売商業）

2017.2 1Vol. A5 ¥2500 ①978-4-86434-068-7

◆お客様を惹きつける気づかいの習慣36　重太みゆき著　三笠書房　（知的生きかた文庫）（『伝説の気づかい』加筆・再編集・改題版）
【要旨】2年連続ニューヨーク『ベスト・オブ・マンハッタン』受賞！ ANA、NTTドコモ、HondaCars、大同生命…多くの企業・店舗やテレビ局のアナウンサーも続々導入。印象力を使った「伝説の気づかい」の魅惑のノウハウのすべてがこの1冊に！

2017.9 238p A6 ¥630 ①978-4-8379-8488-7

◆お客様分析とセラピスト分析でリピート率80%超！―人気サロンが教えるサービス業の極意とは！　西村麻里著　BABジャパン
【要旨】アイメイクを変えただけなのに指名が増えた！ あんなに地味なセラピストが人気があるのはなぜ？ 本書でご紹介するのは、サロン現場の「どうして？」を分析した現場統計学。セラピスト、エステティシャン、その他のサービス業にも役立つメソッドを大公開！

2017.5 203p B6 ¥1400 ①978-4-8142-0052-8

◆クックパッドデータから読み解く食卓の科学―「食べたい」と「売場」をつなぐヒント集　中村耕史、伊尾木将之、佐々木健太、村上雅洋著　商業界
【要旨】台風の日にコロッケが売れる!?日本最大のレシピサービス「クックパッド」による、食品スーパー関係者必見のビッグデータ活用法！「ヒットしそうな新メニュー」「あの食材の本当の使われ方」食卓の「リアルな実態」が分かります！

2017.1 399p B6 ¥1700 ①978-4-7855-0520-2

◆小売業の国際化要因―市場拡大時代における日本小売業の将来性　横井のり枝著　（龍ヶ崎）流通経済大学出版会
【要旨】今後の小売国際化をデータ分析から読み解く。既存研究や小売業の海外進出実態から抽出された国際化要因を、データ分析により検証。世界的小売業のウォルマートやカルフールが海外市場シェアを拡大できた理由など、分析結果から小売国際化の可能性を解説。

2017.1 190p A5 ¥2700 ①978-4-947553-71-3

◆小売商のフィールドワーク―八百屋の品揃えと商品取扱い技術　松田温郎著　碩学舎, 中央経済グループパブリッシング 発売 （碩学叢書）
【要旨】「売り切り」に込められた戦略と技術。大規模小売業者との激しい競争の中でも生き残る八百屋が日々磨く戦略と技術とは何か。店舗に実際に立ち、参与観察とインタビューを重ねて明らかにした。

2017.3 271p A5 ¥3600 ①978-4-502-22161-3

◆小売物価統計調査（動向編）年報 平成27年　財務省統計局編　日本統計協会
【目次】1 表別・調査品目別掲載ページ、2 統計表利用上の注意、3 統計表（調査品目の月別価格及び年平均価格―都道府県庁所在市及び人口15万以上の市、調査品目の年平均価格―人口5万以上15万未満の市、調査品目の年平均価格―人口5万未満の市及び町、全国統一価格品目の価格、大学・専門学校授業料―都道府県、高等学校・中学校授業料及び幼稚園保育料―都道府県庁所在地及び人口15万以上の市、旬別調査品目の月別・旬別価格―東京都区部及び大阪市）、4 小売物価統計調査の概要、5 付録（平成27年に改正した基本銘柄の新旧対照表、調査品目及び基本銘柄、平成27年から調査開始した品目及び銘柄）

2016 723p B5 ¥6600 ①978-4-8223-3911-1

◆サービス産業動向調査拡大調査報告 平成26年　総務省統計局編　日本統計協会
【目次】1 結果の概要（サービス産業の全国の状況（産業大分類別の状況、産業詳細分類別の状況）、サービス産業の地域別の状況）、2 統計表（事業活動の産業（詳細分類）別年間売上高（総数、1事業従事者当たり）及び従業上の地位別事業従事者数、事業活動の産業（中分類）、事業従事者規模別年間売上高、事業活動の産業（中分類）、事業従事者規模別事業従事者数、事業活動の産業（中分類）、経営組織別年間売上高 ほか）

2017 174p A4 ¥2600 ①978-4-8223-3989-0

◆サービス産業動向調査拡大調査報告 平成27年　総務省統計局編　日本統計協会
【目次】1 結果の概要（サービス産業の全国の状況（産業大分類別の状況、産業詳細分類別の状況）、サービス産業の地域別の状況）、2 統計表（事業活動の産業（詳細分類）別年間売上高（総数、1事業従事者当たり）及び従業上の地位別事業従事者数、事業活動の産業（中分類）、事業従事者規模別年間売上高、事業活動の産業（中分類）、事業従事者規模別事業従事者数、事業活動の産業（中分類）、経営組織別年間売上高 ほか）

2017 186p A4 ¥2600 ①978-4-8223-3990-6

◆サービス産業動向調査年報 平成27年　総務省統計局編　日本統計協会
【目次】結果の概要（サービス産業の状況、業種別の概要）、統計表（事業活動の産業（中分類）別売上高、事業所・企業等の産業（中分類）別事業従事者数、事業活動の産業（中分類）別需要状況DI ほか）、付録（調査の沿革、調査の概要、調査対象の抽出、結果の推定方法及び推定値の標本誤差 ほか）

2017 123p A4 ¥2300 ①978-4-8223-3912-8

◆サービス産業動向調査年報 平成28年　総務省統計局編　日本統計協会
【目次】結果の概要（サービス産業の状況（年平均の状況、業種別の状況）、統計表（事業活動の産業（中分類）別売上高、事業所・企業等の産業（中分類）別事業従事者数、事業活動の産業（中分類）別需要状況DI、事業所・企業等の産業（中分類）別売上高・事業所・企業等の産業（中分類）別事業従事者数平成28年 ほか）

2017 134p A4 ¥2200 ①978-4-8223-3988-3

◆サロンおもてなし教本―マナーの上をいく！ 日本のサロンの「おもてなし」　小野浩二, 北條久美子共著, 日本スキンケア協会監修　フレグランスジャーナル社
【要旨】最高のおもてなしで愛され続けるサロンになる。この1冊でお客様の感謝がサロン中に広がります。

2017.12 197p A5 ¥2000 ①978-4-89479-293-7

◆ショッピングモールの社会史　斉藤徹著　彩流社　（フィギュール彩 83）
【要旨】人や物の集まる「場」であり、高度消費社会において最も効率的に人々の消費欲望を喚起させ、充足させる装置―今や巨大化・エンターテ

インメント化する「ショッピングモール/ショッピングセンター」の発展の背景にあったものとは何か。そして、その向かう先とは。アメリカ、そして日本での事例を中心に、建築様式、立地、業態、コンセプトにおいてさまざまな変化・進化を遂げてきたモールの歴史を通覧する。
2017.3 231p B6 ¥1800 ①978-4-7791-7086-7

◆新・ウエディングプランナーという仕事　堂上昌幸著　オータパブリケイションズ
【要旨】人口減少社会という逆風のなかでも着実に売上増を達成する婚礼企業がある！ウエディングプランナーの業務を中心に、近未来の婚礼マーケット展望や業界の課題などを詳解。業界のことを知りたいビジネスマンや就活学生にとって最適な書。
2017.3 207p B6 ¥1500 ①978-4-903721-65-1

◆好きを仕事にして長く愛される！おうちサロンのはじめ方　磯部百香著　ナツメ社
【要旨】おうちでの開業と経営のコツを伝授！失敗しない！価格設定とメニューづくり。リピーターを増やす、何度も通いたくなる接客術。先輩経営者に聞く！成功のヒケツとお悩みQ&A。私生活との両立もアドバイス！
2017.5 239p A5 ¥1600 ①978-4-8163-6219-4

◆全国通信販売利用実態調査報告書　第24回　2016年/通信販売の利用実態　日本通信販売協会調査委員会編　日本通信販売協会
【目次】1 これまでの通信販売の利用経験率、2 最近1年間の通信販売の利用状況、3 今後の通信販売の利用意向、4 通信販売の長所と短所、5 海外通信販売について、6 通信販売で購入した商品の返品について、7 通信販売でのトラブルについて、8 インターネットオークション・フリマサイトの利用状況、9 JADM-Aマークの認知度　2017 138p A4 ¥5000

◆たった3台の中古自販機から年商30億円企業に！一100円玉で人生の「放浪者」から「成功者」になった私の転身術　松岡祥一著　合同フォレスト，合同出版 発売
【要旨】誰にでも成功のチャンスは訪れる。では、そのチャンスをどう見つけるか。どう生かすか。その方法が、ここにある！
2017.5 188p B6 ¥1400 ①978-4-7726-6088-4

◆なぜ銀座のデパートはアジア系スタッフだけで最高のおもてなしを実現できるのか!?一価値観の違うメンバーを戦力化するための17のルール　千葉祐大著　IBCパブリッシング
【要旨】アジア系人材を「おもてなし提供者」として育成する実践的な方法を指南する！アジアの人たちと協業していく社会が日本の現実だ！
2018.1 236p B6 ¥1500 ①978-4-7946-0522-1

◆日本自動車史　日本のタクシー自動車史　佐々木烈著　三樹書房
【要旨】日本にタクシーが生まれてから100年あまり。この間、鉄道網の発達、戦争、モータリゼーションの進展など、さまざまな状況に洗われながらタクシー事業は拡大してきた。著者の自動車史研究の原点であるタクシーの歴史をたどり、貴重な写真と豊富な資料によって検証した記念碑的成果。
2017.12 222p B6 ¥9600 ①978-4-903222-685-1

◆ようこそ小売業の世界へ一先人に学ぶ商いのこころ　小林二三夫、伊藤裕久、白鳥和生編著　商業界　改訂版
【要旨】業界データ、法改正など、最新版に改訂。
2017.7 287p A5 ¥1800 ①978-4-7855-0524-0

◆km（国際自動車）はなぜ大卒新卒タクシードライバーにこだわるのか一「人財育成」で業界を変える！　蟹瀬誠一編著　ダイヤモンド社
【要旨】業界のイメージを覆す採用戦略は、「真のホスピタリティ」実現のためだった！コストを度外視した"人財"の育成で推し進める国際自動車の改革の本質とは何か、経営者から現場のドライバーまでの幅広い取材で迫る。
2017.10 211p B6 ¥1500 ①978-4-478-10260-2

スーパー・百貨店・チェーンストア

◆新しいチェーンストアの出店戦略　船井総合研究所流通業活性化プロジェクト著　すばる舎リンケージ，すばる舎 発売　（船井総研の実務シリーズ 2）
【要旨】オーバーストア状態の今、多店舗展開を考えたら必ず読む本。これからは、紋切り型のお店を量産するのではなく地域で高い集客を確実に集める強い店作りを。リアルとECを融合させ成功するチェーンストアのツボをトップコンサルたちが示唆！
2017.6 194p A5 ¥2400 ①978-4-7991-0611-2

◆飲食店「のれん分け・FC化」ハンドブック一30店舗の地域チェーンをめざす　山岡雄己編著，フランチャイズ研究会著　アニモ出版
【要旨】お店をチェーン化するための戦略の立て方から実践的な進め方までのすべて！「のれん分け契約書」モデル例付き。
2017.6 238p A5 ¥2500 ①978-4-89795-202-4

◆エブリデイ・ロープライス一不況知らずのフランチャイズ　遠藤勉著　ダイヤモンド・ビジネス企画，ダイヤモンド社 発売
【要旨】売れすぎて近隣からクレーム？スーパーの常識「特売日」がない？圧倒的に安いのに、圧倒的に不況知らず。創業以来50年間右肩上がりを続けるすごいスーパーの経営戦略。
2017.6 123p A5 ¥952 ①978-4-478-08420-5

◆10のステップで夢をかなえるフランチャイズ加盟ワークブック　伊藤恭輔著　同友館
【要旨】ひとりでできる書き込み式。自分に合った本部を見つけ、開業するまでの成功ワーク。
2017.2 236p A5 ¥2000 ①978-4-496-05261-3

◆趣味から卒業！しっかり稼げる自宅教室の開業・集客バイブル一WEB・SNS・数字を味方につけて、月商50万円・10年続く教室を目指そう！　高橋貴子著　合同フォレスト，合同出版 発売
【要旨】脱・サロネーゼ宣言！パン・お菓子・料理などの飲食系から、手芸・フラワーなどの作品制作まで、様々な教室に対応！経営を見直したいベテラン先生にもオススメの一冊。
2017.12 205p B6 ¥1400 ①978-4-7726-6099-0

◆すぐ分かるスーパーマーケット惣菜の仕事ハンドブック　「食品商業」編集部編　商業界
【要旨】惣菜部門の「調理技術」が一から覚えられる！12ヵ月52週の「MD計画」が分かる！利益部門の「マネジメント」が学べる！「安全・安心」の提供方法がよく分かる！「マーケットの変化」が見えてくる！
2017.6 183p A5 ¥1600 ①978-4-7855-0521-9

◆すぐ分かる スーパーマーケット陳列と演出ハンドブック　鈴木國朗著　商業界
【要旨】売場と陳列の役割への理解が深まる。効率的な陳列作業と運営方法が身に付く。訴求効果が高い演出をマスターできる。陳列と演出の全てが分かる1冊。
2017.2 189p A5 ¥1500 ①978-4-7855-0517-2

◆すぐ分かる スーパーマーケット レジチェッカーの仕事ハンドブック　浜田和江著　商業界
【要旨】「効率的なレジ運営」がよく分かる。「満足度の高い接客」が身につく。「新しいレジの活用」が理解できる。「チェッカーの教育」が一から分かる。「繁閑に応じた対応力」が養える。
2017.2 189p A5 ¥1500 ①978-4-7855-0522-6

◆スーパーマーケット店長法律ハンドブック 2017年版　「食品商業」編集部編　商業界
【要旨】最新の動きに対応した充実の一冊。食品表示法の「表示のルール」を完全網羅。従業員のメンタルヘルスの制度化を整理。人材不足を受け「雇用拡大のルール」を詳述。個人情報やマイナンバーのポイントを簡潔整理。最近の法改正の動きと今後の見通しを解説。
2017.1 407p A5 ¥1800 ①978-4-7855-0515-8

◆セブン・イレブン1号店繁盛する商い　山本憲司著　PHP研究所　（PHP新書）
【要旨】父の死をきっかけに、19歳で家業の酒店を継ぐも将来の展望が持てず、アメリカ生まれのコンビニへ商売替えを決意。自らの熱い思いを本部への手紙に託した結果、セブン・イレブンの国内1号店に選ばれる。1974年5月、東京・江東区に日本初のコンビニがオープン。以来43年、国内最大手の日本有数の繁盛店に育て上げるまでの奇跡のストーリーである。後ろから入れる「リーチイン・クーラー」、「ロックアイス」「プルトップ缶」などの提案から、雨の日対策、ひと手間かけると売れる商品まで、現場

から生まれた「より売れる」アイデア満載。「売る人」も「買う人」も楽しめる一冊。コンビニ激戦区で1日200万円を売り上げるセブン・イレブン1号店のオーナーが、いま明かす「強さの秘密」!!
2017.3 197p 18cm ¥800 ①978-4-569-83285-2

◆誰からも信頼される三越伊勢丹の心づかい　三越伊勢丹ヒューマン・ソリューションズ著　KADOKAWA
【要旨】340年以上、親しまれてきた老舗百貨店のおもてなし。伝統と洗練で「あなたから買いたい」と思われるコミュニケーション術。
2017.2 188p B6 ¥1400 ①978-4-04-601680-5

◆廃業して分かったFC契約の怖さ一ファミマ元店主の体験記　新藤正夫著　本の泉社　（マイブクレット No.16）増補改訂版
【目次】第1章 まやかしだった「共存共栄」、第2章 トラブル増加の原因にコンビニ乱立、第3章 ようやくできた公取委ガイドライン、第4章 解約時に初めて知る高いリスク、第5章 認められなかった店舗改造、第6章 FC契約は名前を変えた金融業、第7章 コンビニ訴訟から見えてきたもの、資料編
2017.6 123p A5 ¥952 ①978-4-7807-1628-3

◆百貨店調査年鑑 2017年度版　ストアーズ社
【目次】1 2016年百貨店販売統計（2016年年間（1～12月）全国百貨店売上高統計、流通関連統計）、2 2016年全国百貨店年間商品別売上高集計（全国百貨店年間地区別、商品別売上高総額、東京各店（19店）年間、商品別売上高 ほか）、2016年全国百貨店一月別、商品別売上高集計（全国百貨店1月店舗別、商品別売上高、全国百貨店2月店舗別、商品別売上高 ほか）、3 全国百貨店名簿（91店228店）（北海道（7社8店）、東北（8社15店）ほか）
2017.9 447p B5 ¥36190 ①978-4-915293-61-0

◆フランチャイズ 2018年度版　今野篤弘著監修　産文社　（産業と会社研究シリーズ 12）
【要旨】成長し続けるフランチャイズ業界。あらゆる分野のサービスがフランチャイズ化する中、どのようにしてFC本部選びをするのか！フランチャイズ業界が手にとるようによくわかる一冊！　2017.2 188p B6 ¥1400 ①978-4-7825-3458-8

◆フランチャイズ・ハンドブック　日本フランチャイズチェーン協会企画・編集，商業界編集・発行　商業界　改訂版
【要旨】フランチャイズに関わる人の必携書。FCビジネス発展のバイブル。
2017.4 370p A5 ¥2700 ①978-4-7855-0523-3

◆三越伊勢丹モノづくりの哲学一新たな挑戦はすべて「現場」から始まる　大西洋、内田裕子著　PHP研究所　（PHP新書）
【要旨】三越伊勢丹ホールディングス社長に就任して以来、大西洋氏は「仕入構造改革」をはじめ、次々と新たな改革に乗り出し、"殿様商売"然とした百貨店ビジネスの常識を覆してきた。そして、次なる改革のステージは、バイヤーやスタイリスト（販売員）が自ら産地に足を運んでの商品開発への挑戦。いちプライベート商品が一つのブランドへと成長した「ナンバートゥエンティワン」（婦人靴）をはじめ、ジャーナリストの内田裕子氏はプロジェクトの立ち上げからつぶさに取材。大西社長との対話を通じ、世界市場をも睨む三越伊勢丹のmade in Japan.のモノづくりに迫る！
2017.1 280p 18cm ¥800 ①978-4-569-83123-7

◆「野菜の価格が高い！」D社対IY戦争で知る商売の真髄　渡辺一憲著　東京図書出版，リフレ出版 発売
【要旨】「D社の野菜はIYより高い、改善せよ！IYにおけるD社の中で密かにIYに仕掛けられた代理戦争秘話。顧客志向を貫き、異質な組織になったと自覚する著者の頭を過ったものは…業績は「体質」の結果…当時の「IYのS社長」の言葉だった！徹底した「顧客志向」から導かれた商売の真髄。スーパーマーケットや小売ビジネスに役立つノウハウ満載の業者必読の書！
2017.2 438p B6 ¥1600 ①978-4-86641-019-7

◆KOGARIMAI一いちのヘストア物語 ファミリーヒストリー　小苅米清徳ほか（盛岡）謙徳ビジネスパートナーズ，（盛岡）盛岡出版コミュニティー 発売
【目次】第1部 道を拓く 創業者小苅米謙太郎・セキの遺したもの（一戸町に生をうけて、結婚そして養鶏を手掛ける、一戸鶏豚組合の盛岡販売所

経済・産業・労働

へ、盛岡で精肉販売業、一戸商店の急速な発展、謙太郎の事故死）、第2部スーパーマーケットのたびたち（株）いちのへストア創業者小苅米瑞代の半生記一転業五十年の足跡（復員した瑞代が掛にした実情、遠藤晴子との結婚、経営権の譲渡、スーパーマーケットへの転換、多店舗出店計画の展開、本町本店全焼、共同仕入機構センターの設立、社長退任と社名変更、株式の店頭公開へ）
2017.7　357p　B6　¥1500　①978-4-904870-40-2

中小専門店

◆甘くてかわいいお菓子の仕事―自分流・夢の叶え方　KUNIKA著　河出書房新社　（14歳の世渡り術）
【要旨】パティシエになる夢を叶えて、唯一無二のスイーツアーティストになったKUNIKAの「好き」を仕事にする方法。
2017.3　218p　B6　¥1300　①978-4-309-61710-7

◆開業とお金の不安が無くなる『美容室開業の教科書』　中嶋政雄、中嶋有美者　同友館
【要旨】必ず生存する美容室をつくる。
2017.9　233p　A5　¥1800　①978-4-496-05300-9

◆最新版 小さな「パン屋さん」のはじめ方―“毎日食べたい” と思われるお店づくりのコツ　Business Train著　河出書房新社
【要旨】看板商品がズラリ！ バゲットサンドやヴィエノワズリーなど「売れ筋パン」のヒント満載!!東京、神奈川、京都、長野…人気10店の注目ポイント「ワイン、チーズに合うパンの提案」「バリ修業経験の生かし方」「田舎に移住＆低コスト開業」etc.
2017.10　157p　A5　¥1600　①978-4-309-24833-2

◆雑貨店おやつへようこそ―小さなお店のつくり方 つづけ方　トノイケミキ著　（吹田）西日本出版社
【要旨】出産を機に、おうちではじめた雑貨屋さん。子どもの成長といっしょに、ネットショップから実店舗へ。お店づくりのノウハウや、作家のこと、仕入のこと、お金の話、地域とのつながり、10年分の経験をぜーんぶまとめてお話し。　2017.5　230p　B6　¥1400　①978-4-908443-13-8

◆図解＆事例で学ぶ起業・開店の教科書―小さな会社とお店の始め方　シェルパ著　マイナビ出版
【要旨】事業プランと資金計画の立て方、個人・法人の選択と開業・設立の手続き、起業1年目の売上目標達成、社員やアルバイトを雇う場合の実務、経理と納税まで。起業・開店に必要なポイントを、豊富な図解と事例で解説します。
2017.6　223p　B6　¥1380　①978-4-8399-6314-9

◆小さくても大きく稼げる「繁盛サロン」のつくり方　熊手えり著　秀和システム
【要旨】サロンビジネスは、女性を美しくする、やりがいのある仕事です。しかも、やり方次第では、月に100万円以上も売り上げたり、高単価・高利益のビジネスのため「自分もサロンを開きたい！」という女性が増えています。小さくても大きく稼げる「繁盛サロン」になるには、サービス業のプロとして、「技術」に加えて「接客」と「空間」の3要素が欠かせません。建築業界と美容業界で培った経験とノウハウから、個人経営で押さえておきたいツボをお話しします！
2017.12　204p　B6　¥1600　①978-4-7980-5230-4

◆小さなサロン 失客しない「価格改正」の方法　迫田恵子著　同文舘出版　（DO BOOKS）
【要旨】メニュー・サービスを変える→お客様に「変化」を伝えて納得してもらう→お金をかけずにお店を「再スタート」できる！ 改正までの準備期間に何をすればいいのか？ 改正後、どうフォローすればいいのか？ 改装・設備投資せず、客単価を上げるノウハウ。
2017.5　185p　A5　¥1700　①978-4-495-53711-1

◆年商1200万円以上稼ぐ！ 失敗しないコインランドリー経営　岡山一夫著　幻冬舎メディアコンサルティング、幻冬舎 発売
【要旨】105店舗のコインランドリー経営を手掛けてきた著者が初めて明かす、ドル箱店舗経営のノウハウ。
2017.6　179p　18cm　¥800　①978-4-344-91242-7

◆花屋さんになろう！　本多るみ著　青弓社
【要旨】日々の生活を彩り、人々の気持ちに寄り添う「花」のプロフェッショナル＝花屋さんで働くために、必要なスキル、就職活動、働き始めなどを具体的に力強くサポートする。
2017.11　228p　B6　¥1600　①978-4-7872-3426-1

◆美容室「幹部」の教科書一部下を持ったら必要になる58のこと　佐藤康弘著　同文舘出版（DO BOOKS）
【要旨】“美容師の実績” で経営幹部は務まらない。のべ4000店の課題を解決した美容室の「マネジメント」に必要なスキルを習得しよう！
2017.9　227p　B6　¥1500　①978-4-495-53801-9

◆美容室の「1人当たり売上高を20万円・リピート率を30％」上げる方法　太山裕二著　セルバ出版、創英社／三省堂書店 発売
【要旨】「1人当たり売上高100万円以上の美容室で実践されているコトは一体どんなものなのか？」、「繁盛している美容室がどのようなコトを行っているのか？」、「どんなことに意識を持ちながら日々仕事をしているのか？」、「美容師1人当たりの売上が100万円以上に達している美容室とそれ以外の美容室との違いは何なのか？」などを順をおって解き明かす。
2017.12　167p　B6　¥1500　①978-4-86367-383-0

◆マンガで学ぶはじめてのコインランドリー投資　三原淳者、夏緑マンガ原作、たなかしえ作画　幻冬舎
【要旨】専門知識不要！ 伸び続ける投資法のしくみがわかる！ 年間5％の成長産業、人件費ほぼ不要、ブルーオーシャン市場。そんな条件で副収入を得る方法…あるんです!!
2017.5　172p　B6　¥1500　①978-4-344-03122-7

◆WASHハウスの挑戦―コインランドリーのデファクトスタンダードへの道　鶴蒔靖夫著　IN通信社
【要旨】従来のフランチャイズ（FC）とコインランドリーの常識を打ち破り、独自のビジネスモデルで躍進するWASHハウス。
2017.6　246p　B6　¥1800　①978-4-87218-435-8

店舗・販売管理・POSシステム

◆売上が伸びる手書きPOP―2000店舗で実績　井口裕子著　かんき出版
【要旨】POPは、売上を伸ばす最強のツールです。失敗しないレイアウトの考え方、売れるキャッチコピーが見つかる7つの質問、絵が苦手な人のためのイラストの描き方、損しない！ POPの上手な活用法、ターゲット別！ 効果的な売れる書き方…などを収録。
2017.8　187p　A5　¥1600　①978-4-7612-7276-0

◆売れる販売員は似合わないものを絶対に売らない一すべての販売員への教科書　桐山知佳著　ダイヤモンド社
【要旨】商品を説明する力、どんな人がパッと分かる観察力、望みが見抜ける質問力。媚びない、嘘は言わない。信頼されれば、必ず買われる。
2017.4　351p　B6　¥1400　①978-4-478-10204-6

◆大杉みどりのブレない接客術！ お客様のハートに火をつける14の法則　大杉みどり著　フレグランスジャーナル社
【要旨】「お客様とうまく話せない」「売り込むようで何だか気がひける」「なかなか信頼されない…」そんなに悩むあなたに、今日からあなたにも、そしてあなたのお客様にも、ハートに火がついて、ワクワクしながら一緒にゴールを目指せる法則をお伝えします！
2017.5　109p　A5　¥1700　①978-4-89479-287-6

◆外国人観光客をリピーターにする世界基準の「接客サービス」　村田志乃著　幻冬舎メディアコンサルティング、幻冬舎 発売
【要旨】日本人に喜ばれる「おもてなし」が実は外国人には失礼!?グローバルで選ばれる“サービスの極意” とは。欧米、アジア、オセアニア…世界各国からの観光客をもてなすコミュニケーションスキルを身につける！ 巻末付録2020年東京オリンピックに使えるフレーズ集つき。
2017.2　205p　B6　¥1500　①978-4-344-91188-8

◆慕われる店長になるために大切なこと―幸せな売り場をつくるねぎらいの技術　兼重日奈子著　WAVE出版
【要旨】商品が売れる！ まわりから好かれる！ 働くのが楽しい！ 売上アップから人間関係づくりのコツまで、具体的かつ心を込めてアドバイス。選ばれる店・愛される店は「店長」が違う！
2017.5　191p　B6　¥1500　①978-4-86621-043-8

◆13か月連続の赤字店を復活させた繁盛店をつくる7つのルール　倉園新也著　セルバ出版、創英社／三省堂書店 発売
【要旨】「閉店までに1円でも多くの現金を手元に残すこと」を最終目的としてスタートした「haru」だが、わずか4か月後、月商は190万円から529万円まで上がり、見事に繁盛店として復活。何をして、「haru」に何が起こったのか。包み隠さずお伝えする。
2017.10　198p　B6　¥1500　①978-4-86367-367-0

◆少ない人数で売上を倍増させる接客　成田直人著　明日香出版社　（アスカビジネス）
【要旨】店舗改装しなきゃお客様が来ない？ 安くしないと売れない？ 新商品がなければダメ？ 人手を増やさなきゃ回らない？ 人手がなくても、お金がなくても、今日からできます。あなたの悩みを100％解決します！
2017.5　259p　B6　¥1500　①978-4-7569-1902-1

◆スタイリストが教えるお客さまをもっと素敵にする！ 接客術　山下万里香著　同文舘出版　（DO BOOKS）
【要旨】お悩み別スタイリング処方箋。お客さまの「こうなりたい」を叶えるコーディネート術。信頼関係をつくる裏表のないコミュニケーション。お客さまの隠れた本音の見つけ方。一すぐに使えるテクニック満載！
2017.6　209p　B6　¥1500　①978-4-495-53701-2

◆世界5大陸のフードショップブランディング　バイ インターナショナル
【要旨】食を提供する場が、世界中で多様化する現在において、店舗の立ちあげ時にかなり重要なのがブランディングです。しかし、競争が激化している食の業界で目を引くことはかなり難しく、ブランディングのプロセスも険しい道のりです。本書は、世界5大陸のブランディング事例から、そうしたなかでも成功している136作品を厳選して紹介します。デザイナー・イラストレーター・ブランドコンサルタントはもちろん、オーナーや起業家、自身のブランドを立ちあげるシェフも必見です。
2017.4　347p　26×21cm　¥5800　①978-4-7562-4868-8

◆接客用語辞典―どんな場面・どんなお客様でもきちんと話せる。お店に1冊！ 販売員に1冊！　尾形圭子著　すばる舎
【要旨】言い方を変えただけで、売上が劇的にアップ!?今日から使える121の実践フレーズ！
2017.3　196p　B6　¥1400　①978-4-7991-0589-4

◆誰でもスゴ腕販売員になれる接客販売のコツがよーくわかる本　鈴置貞治著　秀和システム
【要旨】お客様が話を聞いてくれる！ 購入に結びつく！ 販売成績がググッと伸びるトーク力が身につく！ 家電、コスメ、貴金属、アパレルなどの販売員必読！
2017.3　222p　A5　¥1500　①978-4-7980-4958-8

◆誰も教えてくれない『売れる販売員』の接客フレーズ　成田直人著　ナツメ社
【要旨】呼び込みをしても、人気店につながらない。声をかけても、すぐに立ち去られてしまう。商品説明をしても、興味を持ってもらえない。試着までしてもらったのに、最後は断られてしまう。その原因は、あなたの「声かけ」にあるかもしれません。本書では、売上につながる「声かけ」のポイントを、フレーズとともに掲載しました。その一言で、売上に差がつきます。ぜひ、今日から実践してみてください。
2017.2　223p　B6　¥1300　①978-4-8163-6160-9

◆超一流のクレーム対応―どんな相手でもストレスゼロ！　谷厚志著　日本実業出版社
【要旨】2000件以上のクレーム対応を経験し、クレームのすべてを知り尽くす超人気クレーム・コンサルタントが、クレームを受ける人のストレスや恐怖心を取り除くため、お客様の怒りを笑顔に変えるため、クレーム対応で必要なマインドとノウハウのすべてをリアルな実例や自身の失敗談を交えて、余すことなく解説します。
2018.1　285p　B6　¥1500　①978-4-534-05551-4

◆販売員の教科書―わかる!!できる!!売れる!!
鈴木比砂江著　すばる舎
【要旨】アプローチからクロージングまですべて解決！トップ販売員になれる61のテクニックを紹介。
2017.7 156p A5 ¥1400 ⓘ978-4-7991-0626-6

◆プロ店長 最強の仕事術　鳥越恒一著　日本経済新聞出版社
【要旨】「スタッフが育つ褒め方、叱り方を知っている」「労務問題に発展させない空気をつくる」「お金をかけずに売上を増やす」「原価・粗利に常に目を光らせている」…7万人の店長を指導した人気コンサルタントが、人材育成・売上アップ、リスク管理に強い「プロ店長」になるための仕事術を紹介。
2017.12 270p B6 ¥1600 ⓘ978-4-532-32190-1

 レジャー産業

◆思わず話したくなる究極のディズニー
みっこ著　ベストセラーズ
【要旨】マニア歴12年の人気ブロガーが、ランド＆シーで見つけた、もうひとつの感動。
2017.3 255p 18cm ¥1050 ⓘ978-4-584-13781-9

◆これからの観光を考える　谷口知司, 福井弘幸編著　（京都）晃洋書房
【要旨】日本の成長戦略を支える観光について、観光産業、インバウンド政策、観光資源の開発、地域との連携、情報発信など新たな展開についてわかりやすくまとめ、これからの観光を学ぶ・担う人のために編まれたテキスト。
2017.4 195p A5 ¥2500 ⓘ978-4-7710-2863-0

◆スキーリゾートの発展プロセス―日本とオーストリアの比較研究　呉羽正昭著　二宮書店
【目次】1 序論―スキーリゾート研究の理論的枠組み（スキーリゾートをめぐる研究視角、スキーの歴史とスキーリゾートの成立、スキー観光に関する研究動向）、2 日本におけるスキーリゾートの発展プロセス（日本におけるスキーリゾートの展開、日本におけるスキー場の閉鎖・休業、日本のスキー観光停滞期におけるスキーリゾートの対応）、3 オーストリアにおけるスキーリゾートの発展プロセス（アルプス地域におけるリゾート発展プロセス、オーストリア・アルプスにおけるスキーリゾートの発展特性、ゼルデンにおけるスキーリゾートの発展プロセス）、4 結論（日本とオーストリアにおけるスキーリゾートの発展プロセス、日本とオーストリアにおけるスキーリゾートの要素、日本とオーストリアにおけるスキー文化の差異、日本とオーストリアにおけるスキーリゾートの展望）
2017.4 223p A5 ¥3200 ⓘ978-4-8176-0423-1

◆なぜ日本だけディズニーランドとUSJが「大」成功したのか？　中島恵著　（名古屋）三恵社
【要旨】「テーマパーク」で、経営、経済、会社、仕事、そして人間を学ぼう。おもしろすぎるが、タメになる、まったく新しいテーマパークの遊び方！
2017.12 219p B6 ¥1500 ⓘ978-4-86487-745-9

◆よくわかる旅行業界　橋本亮一著　日本実業出版社（最新業界の常識）　最新2版
【要旨】「21世紀の基幹産業」の現状と未来を読み解く！
2017.4 253p B6 ¥1400 ⓘ978-4-534-05486-9

◆旅行業者名簿　'18　（大阪）旅行出版社
【目次】主要大手抜粋、都道府県別（北海道・東北、関東、甲信越・北陸、東海、近畿、中国、四国、九州・沖縄）、資料編
〔17.11〕719p B6 ¥14000 ⓘ978-4-907922-09-2

 ホテル業

◆宴会サービスの教科書――般・婚礼・葬祭
大谷晃, 遠山詳胡子, 二村祐輔共著　キクロス出版, 星雲社 発売
【目次】第1章 サービスの基本、第2章 宴会（バンケット）サービス、第3章 婚礼（ブライダル）サービス、第4章 結婚式の基礎知識、第5章 葬祭

（メモリアル）サービス、第6章 ユニバーサルマナー 2017.12 235p A4 ¥3300 ⓘ978-4-434-23992-2

◆「おもてなし」の日本文化誌―ホテル・旅館の歴史に学ぶ　富田昭次著　青弓社
【要旨】もてなしの極意は「客人の快適性を確保し、満足度を高めるために、どう努めるのか」だ。その最前線がホテルや旅館で、さまざまな知恵と工夫で内外の旅行客をもてなしてきた。近代から今日までの逸話から、もてなしの事例を多角的に集め、秘蔵の図版も示して「おもてなし」文化の成り立ちを描く。
2017.6 250p B6 ¥2000 ⓘ978-4-7872-3416-2

◆地域でいちばんピカピカなホテル―ホテル川六エルステージ＆エクストールインの"人も施設も輝き出す"すごい仕組み　宝田圭一著　あさ出版
【要旨】挨拶、掃除、電話の質向上に取り組んだだけで、スタッフ、施設、そしてお客様がピカピカ、ニコニコ輝き出した！お客様の声を集める、挨拶、掃除、電話を徹底する、新規のお客様をリピーターにする一すごい仕組みを大公開。
2017.1 195p B6 ¥1500 ⓘ978-4-86063-958-7

◆なぜか「クセになる」ホテル 東横インの秘密　荻島央江著　日経BP社, 日経BPマーケティング 発売
【要旨】全5万室が同じ間取り。GWもお盆も値上げなし。制服はガンダム風。毎朝、手づくりのおにぎり。支配人の97.5%が女性。客室数日本一、会員数450万人、隅から隅まで理由があった！
2017.5 167p B6 ¥1500 ⓘ978-4-8222-3736-3

◆富士箱根ゲストハウスの外国人宿泊客はなぜリピーターになるのか？―世界75カ国15万人の外国人旅行客を32年間受け入れてきてわかったこと　高橋正美著　あさ出版
【要旨】VISIT JAPAN大使夫妻が32年間実践してきた国際交流、文化交流、そして「人育て」。2020年の東京オリンピック・パラリンピックに向けて、訪日する外国人旅行客4000万人をどう迎えればいいのか。「トリップアドバイザー」でエクセレンス認証を5年連続獲得した富士箱根ゲストハウスの「もてなし」に学ぶ。
2017.4 213p B6 ¥1500 ⓘ978-4-86063-898-6

◆ホテルオークラ"橋本流"大人のマナー
橋本保雄著　大和出版
【要旨】"恥をかかない"からワンランク上の世界へ―おしゃせの常識マニュアル本では学べない、一流の作法をこの一冊に凝縮！
2017.4 254p B6 ¥950 ⓘ978-4-8047-5056-9

◆ホテル・宿泊施設開発最前線　産業タイムズ社
【要旨】千客万来。20年へ開業ラッシュ。注目デベロッパー、オペレーターの最新動向と全国の開発案件を一挙掲載。
2017.5 159p B5 ¥10000 ⓘ978-4-88353-257-5

◆ホテルデータブック　2017　週刊ホテルレストラン編集部編著　オータパブリケイションズ
【目次】総論、ホテル売買・開発トレンドを識者はこう見る、地方ホテル・旅館の現状と課題を識者はこう見る、第1章 各種売上高から見た日本のベスト300ホテル、第2章 全国61都市ホテル客室稼働率、第3章 2017年日本のホテルチェーングループ一覧、第4章 全国ホテルオープン情報、第5章 各種統計資料
2017.5 248p 22×22cm ¥60000 ⓘ978-4-903721-66-8

◆山奥の小さな旅館が連日外国人客で満室になる理由―「地域再生はインバウンドから」を合言葉に名湯の復活を目指す　二宮謙児著　あさ出版
【要旨】メールでの問い合わせに4ヵ国語で対応、旅館までのアクセスを動画にしてYouTubeにアップ、客室のテレビで観光案内、SNSを使った自社予約への誘導など…、さまざまな工夫で顧客満足度が向上！！「歓迎されている安心感」を実感していただくために心がけていることとは？
2017.7 200p B6 ¥1500 ⓘ978-4-86667-002-7

◆リッツ・カールトンで学んだ マンガでわかる超一流のおもてなし　高野登著, 星井博文マンガ原作, 深森あき作画　SBクリエイティブ
【要旨】サービスの仕事は気づくか気づかないかその1点で決まるのです。「クレド」「2000ドルの決裁権」など世界のVIPが感動し、ファンがファンを連れてくるリッツ・カールトンのサービスの秘密を売上げ最下位のレストランを舞台にマ

ンガで紹介！
2017.6 207p B6 ¥1300 ⓘ978-4-7973-8414-7

 外食産業

◆あたらしい食のシゴト　タイムマシンラボ編著　（大阪）京阪神エルマガジン社
【要旨】お店を持たない"食"のワークスタイル。パーティー＆お弁当ケータリング、マルシェ＆イベント出店、移動販売、委託販売、webショップ…etc. オリジナリティ溢れる34組の実例とHOWTOを紹介！
2017.4 141p A5 ¥1800 ⓘ978-4-87435-532-9

◆一からわかる！繁盛する小さな飲食店のつくり方・育て方！小さいから勝てる！　赤土亮二著　旭屋出版
【目次】第1章 なぜ小さな飲食店は成功しやすいのか―事例が教える小規模店の強み"、第2章 小さな飲食店のメリット、デメリット、第3章 未経験者が成功するにははじめ方"どのように学べばいいか"、第4章 小さな飲食店の資金と資金づくりノウハウ、第5章 成功する小さな飲食店の出店立地の考え方、第6章 小さな飲食店の適性業種・業態、第7章 小さな飲食店の店舗づくり、第8章 小さな飲食店はスタッフ、従業者をどうするか、第9章 小さな飲食店が成功する計数の考え方、第10章 小さな飲食店の開業スケジュール
2017.6 239p B6 ¥1600 ⓘ978-4-7511-1283-0

◆一流の本質―20人の星を獲ったシェフたちの仕事論　クックビズFoodion編　大和書房
【要旨】新人時代、マネジメントの鉄則、原価率…トップを走るプロ達が仕事のすべてを語る。
2017.3 278p B6 ¥1500 ⓘ978-4-479-79578-0

◆一杯のラーメンで世界中を笑顔にしたい!!
藤田宗季著　コスモ21
【要旨】情熱の集団が編み出した成功の法則。
2017.11 150p B6 ¥1300 ⓘ978-4-87795-353-9

◆飲食店経営"人の問題"を解決する33の法則―儲かっていない飲食店は99%"人"が原因　三ツ井創太郎著　同文舘出版（DO BOOKS）
【要旨】「飲食店の経営者、幹部、店長は常に"人"のことで悩んでいる」しかし、飲食店の「人の悩み」は、必ず仕組みで解決できる。「人材採用」「理念浸透」「人件費削減」「原価削減」「アルバイト育成」「店長育成」「社長の右腕育成」…人に関する問題は数々あるが、仕組みで上手に解決し、上場を目指せるまでに急成長した企業もある。本書では、そうした実践的なノウハウを、図や帳票を交えながらわかりやすく解説する。本書は間違いなく、すべての「人で悩む」飲食店経営者、幹部、店長のみなさまのお役に立つ1冊!!
2017.2 227p B6 ¥1500 ⓘ978-4-495-53591-9

◆お客が殺到する飲食店の始め方と運営'17～'18年版　入江直之著　成美堂出版
【要旨】カフェからラーメン屋まで、実力派コンサルタントが成功のコツを詳解！諸官庁への届出手続き等最新情報に対応!!開業スケジュール表・運営チェックリスト付。
2017.7 239p B6 ¥1500 ⓘ978-4-415-32346-6

◆外食業界を健康に導く会社の 五独の精神五独の誓い―創業30周年　田村隆盛著　クリエイターズ・パブリッシング, 協立コミュニケーションズ 発売
【要旨】ラジオ製作少年がSEに、やがて独立。外食業界との関わり、ホテル購入、クーデターで突如の社長解任も、植物系化の波動に導かれ難を逃れる。株式会社アルファクス・フード・システムの軌跡がここにある。
2017.9 265p B6 ¥1850 ⓘ978-4-9905881-4-4

◆カフェをはじめる人の本―自分らしいお店のつくり方をおしえます　成美堂出版編集部編　成美堂出版
【要旨】東京で開業したカフェ8店、地方ではじめたカフェ6店が自分らしいお店のつくり方をおしえます。
2017.3 175p A5 ¥1000 ⓘ978-4-415-32129-5

◆串焼き1本80円でも年商1億稼げます　内山九十九著　秀和システム
【要旨】居酒屋チェーン「かぶら屋」の急成長を支える戦略。
2017.12 214p B6 ¥1500 ⓘ978-4-7980-5298-4

◆グルメ多動力　堀江貴文著　ぴあ
【要旨】居酒屋は無人コンビニに負ける。では究極の飲食形態とは？「無人化」「スナック化」「インスタ映え」「予約ループ」…最新のキーワードとアイデアの全てがここに！
2017.12 186, 13p B6 ¥1300 ①978-4-8356-3834-8

◆経験ゼロ・ノウハウゼロから繁盛する飲食店をつくる方法　向山勇著　幻冬舎メディアコンサルティング，幻冬舎 発売
【要旨】飲食店専門のクラウドサービス「HANJO TOWN」を使って繁盛店をつくるまで「コンセプトメイキング」から「多店舗展開」まで飲食店経営の基本が丸わかり。
2017.1 221p 18cm ¥800 ①978-4-344-91183-3

◆3割うまい!!　金子梅吉著　太陽出版
【目次】“3割うまい”とは？、少年時代に生き方の基本が身に付いた、二十八歳のとき中華料理店を始める、品質と味の向上に心血を注ぐ、始めると夢中になる性格が幸いした、半寿になって想うこと
2017.10 106p B6 ¥700 ①978-4-88469-915-4

◆失敗しないラーメン店開業法　宮島力彩著　旭屋出版
【要旨】「味」は、大事、「売り方」は、もっと大事、「見直し方」は、いちばん大事！
2017.9 191p B6 ¥1800 ①978-4-7511-1304-2

◆食品サンプルの誕生　野瀬泰申著　筑摩書房（ちくま文庫）
【要旨】どんな田舎にも、どんなにさびれた商店街にも、必ず存在する食品サンプル。「見るメニュー」としてすっかり定着し、スパゲティを絡めたフォークが宙を浮いていても、日本人は不思議には思わない。世界中の誰も発想できなかったこの日本独自のメディアは、いったいいつ、なぜ生まれたのだろうか。その謎に迫った唯一の研究者、リーディングカンパニー「いわさきグループ」の協力を得て、製造工程もカラー口絵で細かく再現する。
2017.7 236p A6 ¥800 ①978-4-480-43456-2

◆それは「人材革命」から始まった―私の飲食店実践繁盛学　中村康彦著　旭屋出版
【要旨】狭い商圏で、どの店も大賑わい！ 繁盛を支えるのは「人材力」。どの店にもいきいき働く女将が！ その強さは常識破りの方法から始まった。茨城・古河の超繁盛和食店の強さの秘密。
2017.6 199p A5 ¥1500 ①978-4-7511-1285-4

◆たこ焼繁盛法　森久保成正著　旭屋出版
【要旨】メニュー構成、売れる味、売り方のコツ、店頭のポイント、客席の工夫、売れる立地。たこ焼を“軸”にした人気店づくり。
2017.3 223p A5 ¥1900 ①978-4-7511-1264-9

◆中国料理のマネージャーースタッフを育て、売上げを伸ばす　中島時耀，遠山詳胡子共著　キクロス出版，星雲社 発売
【目次】マネジメント編（中国料理の常識・非常識、素材と調味料の特徴、調理法を知る、飲み物を知る ほか）、人材育成編（マネージャーの仕事、信頼関係を構築する法則、ラポールを創る、コーチングマネージャー ほか）
2017.2 288p A5 ¥2800 ①978-4-434-22876-6

◆とら食堂全仕事―白河ラーメンの真髄　竹井和さ著　旭屋出版
【目次】はじめに―とら食堂の奇跡、竹井さんへのメッセージ―阿部孝雄（竹やぶ店主）、とら食堂物語―白河の歴史、とら食堂物語―白河ラーメンの歴史（とら食堂前史）、とら食堂物語―「とら食堂」の歴史、とら食堂物語―「とら食堂」の歴史（竹井さん時代）、手打ちラーメンの真髄―手打ち麺、手打ちラーメンの真髄―スープ、手打ちラーメンの真髄―たれ（タレ）、チャーシュー、手打ちラーメンの真髄―具材、手打ちラーメンの真髄―仕上げ、竹井さんへのメッセージ―河原成美＝（株）力の源ホールディングス代表取締役会長兼CEO）、竹井さんへのメッセージ―千葉憲二（有限会社ともは屋代表取締役社長）、手打ちラーメンがこれからも継がれて行くように
2017.6 221p B6 ¥3000 ①978-4-7511-1286-1

◆20年増収増益を続ける店の秘密―たった7手で飲食店は繁盛する　河邉幸夫著　中央公論新社
【要旨】飲食店の開業を考えている人、苦戦している人、この本を読んで実践すれば大丈夫！ きっと利益が出る店になります。難しいことは何ひとつありません。必要なのは最後の「覚悟」だけ。来店で当たり前のこの7手!!
2017.5 189p B6 ¥1500 ①978-4-12-004982-8

◆20年続く人気カフェづくりの本―茨城・勝田の名店「サザコーヒー」に学ぶ　高井尚之著　プレジデント社
【要旨】個人経営のカフェは廃業率が高い。しかし、茨城・勝田にあるサザコーヒーは個人店ながら大繁盛。着実に店舗を増やしている。この名店に「成功のヒント」を探る。
2017.11 127p A5 ¥1300 ①978-4-8334-2250-5

◆日本外食新聞年鑑ニュースコレクション2016 外食産業を動かす人々　外食産業新聞社
【要旨】2017年のトレンドはこう動く！、外食産業を動かす人々、取り置きニュースクリップ、最新版「ちょい呑み」勢力図2017、細かすぎる視察の極意、ピックアップ日本外食新聞、ニューコレ！ 外食ランキング
2017.3 156p B5 ¥1800 ①978-4-906245-28-4

◆人気BARの接客サービス　旭屋出版編集部編著　旭屋出版
【目次】バーの接客における心構え、バーの接客の特徴、バーでお客を迎える前に行うべきこと、バー接客の現場、お客との会話、会計・退店時の注意、その他
2017.10 207p B6 ¥1800 ①978-4-7511-1298-4

◆繁盛店は路地裏にあり！―悪立地・低予算でも繁盛する飲食店必勝バイブル　土屋光正著　翔泳社
【要旨】本書では、これまでに多くの繁盛店をプロデュースしてきた著者が飲食店の開業・経営に当たっての一般的に「悪条件」とされるものや、「常識」とされている事柄を覆す逆転のアイデアを多数紹介し、絶対に失敗しない繁盛店作りのコツを伝授します。
2017.7 239p B6 ¥1600 ①978-4-7981-5127-4

◆ビジュアル図解 飲食店の品質管理のしくみがわかる本　渡邉常和著　同文舘出版（DO BOOKS）
【要旨】あのお店なら大丈夫！ お客様に認められる安全・安心な店のポイント！ 飲食店のハサップ導入7原則12手順も解説。
2017.6 205p A5 ¥1700 ①978-4-495-53691-6

◆ピッツェリア「成功」開業BOOK　旭屋出版編集部編著　旭屋出版
【目次】新規OPENピッツェリア 開業への取り組み、「特別リポート」ピッツェリアが開業する姿、開業後の知識・技術研鑽のために。ピッツァ協会の活動、厳しい時代にも、行列は続く。大人気ピッツェリアの試み・視点、ピッツェリア開業に必要な手続き、開業前に知りたい！ 注目のピッツァ窯とその特徴
2017.5 125p 29×21cm ¥2500 ①978-4-7511-1276-2

◆ひみつ堂のヒミツ―1000円のかき氷を1日500杯売り続けられる理由　森西浩二著　DU BOOKS，ディスクユニオン 発売
【要旨】5時間待って食べたくなる、魔法のかき氷。でも、売れる理由は「おいしいから」だけじゃない!!屋台からはじまったかき氷店、大成功の秘密。
2017.7 189p B6 ¥1600 ①978-4-86647-023-8

◆店を伸ばす自分を磨く仕事のやり方―飲食店で働く人たちへ1分間メッセージ　五十嵐茂樹著　旭屋出版
【目次】第1部 飲食店の社員になったら（お客さまとともに店は歩む、得をするお客さまを増やせ!、店の熱烈なファンを自ら増やそう！ ほか）、第2部 飲食店の店長になったら（仕事の目的は「お客さまの満足を得ること」！、Q・S・Cの不断の改善が、店を繁盛へと導く！、部下を大切にすることが、必ず、お客さまの満足につながる！ ほか）、第3部 飲食企業の幹部になったら（経営不振は、まず幹部が危機の直視、責任の自覚、そして反省を！、緊急の課題は、収支構造改革！、幹部が絶対に守らなくてはならない3つの約束！ ほか）
2017.5 189p B6 ¥1500 ①978-4-7511-1259-5

◆麺屋武蔵 五輪書　麺屋武蔵五輪書制作委員会著　クロスメディア・パブリッシング，インプレス 発売
【目次】地之巻（麺屋武蔵の創業、麺屋武蔵という名 ほか）、水之巻（そこまでやるから「麺屋武蔵」、麺屋武蔵の「ゲンキ」とは ほか）、火之巻（内面体ともに筋、自信と挑戦を常態化すべし ほか）、風之巻（「唯一」としての理、人に差も上も下もなし ほか）、空之巻（空は鍛錬の先にあり）
2017.12 187p 19×12cm ¥1634 ①978-4-295-40076-9

◆麺屋武蔵 ビジネス五輪書―仕事で勝ち抜く成功の極意49　矢都木二郎著　学研プラス
【要旨】ラーメンの名店・麺屋武蔵のビジネス哲学。仕事への姿勢から、サービスの質の上げ方、リーダーシップ、マネジメントまで―すべての仕事に通じる実戦でのヒント。
2017.3 197p B6 ¥1300 ①978-4-05-406539-0

◆六本木発ワールド・ダイニング　源川暢子著，WDI協力　日経BPコンサルティング，日経BPマーケティング 発売
【要旨】「トニーローマ」、「ハードロックカフェ」、「カプリチョーザ」。レストランの名前は知っていても、それを運営する企業の名前を知る人は少ない。だが、WDIは様々な「食文化（ダイニング・カルチャー）」を日本に紹介し、根付かせ、流行り廃りの激しい外食の世界で45年間生き残ってきたユニークなグローバル企業だ。その“面白さ”の源泉はどこにあるのか。長年食ビジネスの現場で取材を続けてきたライター・エディターの源川暢子が、そのブランド、企業の“面白さ”の核心に迫る。
2017.6 211p B6 ¥1500 ①978-4-86443-116-3

◆DIYで、カフェをはじめました。―オーナー9人に学ぶお店のはじめ方・つくり方　雷鳥社編　雷鳥社
【目次】1章 INTERVIEW インタビュー（PORTMANS CAFE、SOL'S COFFEE、Hi Monsieur、istut、Café&Bar SKOOB、café イカニカ）、2章 HOW TO カフェ開業ハウツー（カフェを開業する前の心構えとは？、カフェにおけるコンセプトとは？、物件探しの心得とは？、開業に必要な資格、届け出とは？、開業に必要な資金とは？その内訳とは？、開業資金を調達するには？、設計・施工・内外装を業者に任せるには？、DIYで内外装を手掛けるには？、DIYでつくるメリット、デメリットとは？、インテリアの選び方や配置はどうするべき？、店名はどう考えるべき？ デザイン性が必要なロゴなどの販促物は？、メニューを決めるには？ その値段設定は？、お金をかけずに宣伝するには？、店内、店外イベントは行うべき？）
2017.2 123p A5 ¥1600 ①978-4-8441-3701-6

 アパレル・ファッション産業

◆最新アパレル業界の動向とカラクリがよーくわかる本　岩崎剛幸著　秀和システム（図解入門業界研究）　第4版
【要旨】日本のアパレル業界でもM&Aが本格化！ アパレル業界にも広がるシェアビジネス！ 越境ECはアパレルの必須戦略となるか？ 最新のテクノロジーがアパレル業界を変える！ アスレジャーという新たなマーケットの誕生！ 業界が直面する課題と最新事情がわかる！
2017.4 295p A5 ¥1400 ①978-4-7980-4974-8

◆誰がアパレルを殺すのか　杉原淳一，染原睦美著　日経BP社，日経BPマーケティング 発売
【要旨】大きな転換期を迎えたアパレル業界。この産業を衰退に追いやった“犯人”は誰か。サプライチェーンをくまなく取材し、不振の真因を、ついに突き止めた！
2017.5 252p B6 ¥1500 ①978-4-8222-3691-5

◆ファッションビジネス 戦略的ブランドマネジメント―キャズムを越えて　馬場正寛著　（京都）晃洋書房
【要旨】環境変化の激しいファッションビジネスで生き残るためには、企業全体としてキャズムを越えるブランドポートフォリオマネジメントが求められる。本書は、多くのファッション企業がキャズムの罠に陥る原因を探るとともに経営管理学の立場から解決策を提示する。
2017.4 179p A5 ¥2400 ①978-4-7710-2865-4

◆ファッションビジネスの進化―多様化する顧客ニーズに適応する、生き抜くビジネスとは何か　大村邦年著　（京都）晃洋書房
【目次】序章 ファッションビジネス研究における「実践と理論」の融合、第1章 進化論のマネジメント適応に関する考察、第2章 ファッションビジネスの歴史的変遷、第3章 海外ファッション企業の新たなブランド戦略―ルイ・ヴィトン社の事例から、第4章 ファストファッションに

おける競争優位のメカニズム、第5章 新興アパレル企業にみる新たなブランディング戦略、第6章 百貨店のリストラクチャリングの新機軸、第7章 靴下製造業の新製品開発によるブランド創造─コーマ株式会社の事例から、第8章 アパレル企業の多角化戦略とその本質、第9章 日本のファッションが新たな市場を創る─顧客ニーズから生まれたライフスタイルビジネスとは、終章「原点回帰」により新たな進化が見えてくる
2017.3 244p A5 ¥3400 ①978-4-7710-2840-1

◆ファッションロー　角田政芳，関真也著　勁草書房
【要旨】ファッションビジネスの拡大と変容に伴って近年大きく注目されているファッションロー。その体系的な理解を提供、実務上の解決指針を与え今後起こり得る課題を指摘する。ファッションデザイン、ブランド、モデル、コスプレまで著作権、意匠権、商標権、不競法等による保護の観点から解説書。わが国初の体系的な解説書。2017.3 300p A5 ¥3800 ①978-4-326-40336-3

◆フランスのラグジュアリー産業─ロマネ・コンティからヴィトンまで　ルイ・ベルジュロン著，内田日出海訳　文眞堂
【要旨】フランス史の大家が書いたラグジュアリー論！ルイ・ヴィトン、ディオール、シャネル、バカラ、クリストフル、エルメス、マルゴー、ロマネ・コンティ…はフランスでどのように誕生し、いわばフランス・ブランドとして現代までどのようにして一定の名声を確立し、保持してきたのだろうか。そして今後それはどこへ向かおうとしているのか。本書はまさにこうした問いに答えようとするものである。2017.8 269p A5 ¥3000 ①978-4-8309-4958-6

◆ボートハウスの奇跡──一枚のトレーナーに込められた夢　下山好誼著　ゴマブックス
【要旨】東京・青山の7坪の店。社会現象とまでなったその魅力。2017.9 215p B6 ¥1400 ①978-4-7771-1948-6

◆FASHION ∞ TEXTILE（ファッション・テキスタイル）─繊維産地への旅　宮浦晋哉，糸編編集　ユウブックス
【要旨】デザイナーと繊維産地のコラボレーションを照射し、ファッション産業が目指すべき姿を提案します。デザイナー・アパレルメーカーには「繊維産地・工場情報」、繊維メーカーには「デザイナーの意見・要望」、一般の方には「服づくりの背景」がわかる貴重な一冊。オールカラーでビジュアル豊富です。2017.7 159p B5 ¥2980 ①978-4-908837-02-9

交通

◆アジア交通文化論　澤喜司郎著　成山堂書店
【要旨】多彩な特徴をもつアジアの交通と文化にスポットを当てる。インド、ミャンマー、タイ、カンボジア、ベトナム、マレーシア、シンガポール、インドネシア、フィリピン、香港、台湾、中国、韓国の交通や乗り物から観察される交通文化を抽出し、その特徴は何か、なぜそのような文化が形成されたのか、どうして定着したのかなどについて解説する。2017.3 202p A5 ¥2600 ①978-4-425-92871-2

◆関鉄バス　（越谷）BJエディターズ，星雲社 発売　（BJハンドブックシリーズ）
【目次】車両編（関鉄バスの車両たち）、歴史編（関鉄バスのあゆみ、関鉄バスの路線エリア）、紀行編（終点の構図 波崎海水浴場、初夏のつくばねパノラマ紀行）2017.8 68p B6 ¥1000 ①978-4-434-23059-2

◆交通安全白書　平成29年版　内閣府編　勝美印刷
【目次】平成28年度交通事故の状況及び交通安全施策の現況（特集「高齢者による交通事故防止」、陸上交通、海上交通、航空交通）、平成29年度交通安全施策に関する計画（陸上交通の安全についての施策、海上交通の安全についての施策、航空交通の安全についての施策）2017.7 232p A4 ¥2400 ①978-4-906955-73-2

◆交通学研究　第60号　社会経済の構造変化と交通政策の展望　日本交通学会編　日本交通学会
【目次】会長講演 社会経済の構造変化と交通政策の今後、シンポジウム「社会経済の構造変化と交通政策の展望」（基調講演「人口減少時代の交通インフラ整備のあり方」）、研究論文（地域鉄道の価値─CVMによるアプローチ、都市活動に着目した鉄道需要変化に関する要因分析、日本の私鉄企業の多角的事業展開と効率性に関する実証分析、鉄道廃線敷を活用した観光施設の現状─一日独の事例から、鉄道の通勤混雑緩和対策の経済分析 ほか）2017.3 205p A4 ¥3000 ①0387-3137

◆交通経済のエッセンス　田邉勝巳著　有斐閣　（有斐閣ストゥディア）
【要旨】交通渋滞や通勤ラッシュなど生活に身近な交通に関する問題を、経済学のツールを使ってわかりやすく解き明かす入門テキスト。新幹線開通の経済効果や過疎地域における公共交通の維持など、社会インフラとして重要な役割を果たす交通の望ましい姿を考える。2017.12 260p A5 ¥2000 ①978-4-641-15049-2

◆交通サービスの革新と都市生活─行動の意思決定を有効に支援する技術　西山敏樹著　慶應義塾大学出版会
【要旨】人工知能なIoT技術の進展で、大きく変容しようとしている都市交通。フットワークの軽い「軽薄短小」と、生活の質を大切にする「個重視」のサービスが、未来の都市生活シーンをどのように変えていくのか。昨今の交通技術の革新が、都市生活にどのような効果をもたらしているのかを明らかにしながら、都市交通のサービスイノベーションの方向性を探る。技術革新で、交通の運行者と利用者の行動意思決定がどのように支援されて変容するのか、未来の都市生活シーンがどのように変わっていくのかを俯瞰した。2017.10 121p A5 ¥2700 ①978-4-7664-2478-2

◆交通小六法　平成29年版　交通関係法令研究会編　大成出版社
【目次】第1巻（道路交通関係、交通安全対策関係）、第2巻（道路・施設関係、道路運送車両関係、自動車損害賠償保障関係、道路運送関係、軌道・踏切関係、参考）2017.4 2Vols.set B6 ¥4100 ①978-4-8028-3286-1

◆交通政策白書　平成29年版　国土交通省編　勝美印刷
【目次】第1部 平成28（2016）年度交通の動向（交通サービスの状況、交通ネットワークの状況）、第2部 交通分野のユニバーサルデザイン化（背景と経緯、進捗状況、交通分野のユニバーサルデザイン化を進めるために、今後に向けて）、第3部 平成28（2016）年度交通に関して講じた施策（豊かな国民生活に資する使いやすい交通の実現、成長と繁栄の基盤となる国際・地域間の旅客交通・物流ネットワークの構築、持続可能で安心・安全な交通インフラの維持・整備づくり）2017.7 205, 4, 48p A4 ¥2500 ①978-4-906955-70-1

◆交通統計　平成28年版　交通事故総合分析センター
【目次】第1編 交通情勢の推移と現状、第2編 交通事故の推移と現状、第3編 平成28年中の交通事故、第4編 交通取締り、第5編 交通規制、第6編 運転免許、第7編 参考資料、付録（イタルダインフォメーション平成28年発行分）2017 236p A5 ¥1000

◆個人タクシー実務必携　平成29年度版　全国個人タクシー協会監修　大成出版社
【目次】Q&A編（タクシー事業とは、個人タクシーの成り立ち、個人タクシーとは ほか）、関係法令及び関係通達編（道路運送法〈抄〉、道路運送法施行令〈抄〉、道路運送法施行規則〈抄〉 ほか）、参考資料編（個人タクシーの営業を認めている地域の一覧、個人タクシー許可都市の車両数、地方運輸局・運輸監理部及び運輸支局の所在地 ほか）2017.5 406p B5 ¥1250 ①978-4-8028-3288-5

◆これから始まる自動運転 社会はどうなる!?　森口将之著　秀和システム
【要旨】「自動運転」や「無人運転」の自動車なんて自分には無縁の存在だと思っていませんか？あと数年で生活もビジネスも大きく変わります。2017.9 198p A5 ¥1500 ①978-4-7980-4733-1

◆執務資料 道路交通法解説　道路交通執務研究会編著，野下文生原著　東京法令出版　17訂版
【要旨】高齢運転者対策の推進を図るための規定の整備。運転免許の種類等に関する規定の整備。平成29年3月12日施行、最新の改正内容を完全補正!!2017.5 1397, 8p A5 ¥4600 ①978-4-8090-1366-9

◆新 交通年鑑　平成29年版　平成28年4月～平成29年3月　交通協力会編　交通協力会，交通新聞社 発売
【目次】交通日誌、総編（交通界の現状、国土交通省予算〈運輸関係〉と主要法律改正 ほか）、国土交通行政編（総合政策編、鉄道編 ほか）、JR編（北海道旅客鉄道株式会社、東日本旅客鉄道株式会社 ほか）、付録（国土交通省審議会、JR各社出資会社一覧 ほか）2017.11 507, 76p A4 ¥8149 ①978-4-330-86017-6

◆新・道路運送車両の保安基準（省令・告示全条文）　交文社　第13次改訂
【目次】1（道路運送車両の保安基準〈総則、自動車の保安基準、原動機付自転車の保安基準、軽車両の保安基準 ほか〉、道路運送車両の保安基準の細目を定める告示〈総則、自動車の保安基準の細目、原動機付自転車の保安基準の細目〉 ほか）、2（道路運送車両の保安基準第31条の2に規定する窒素酸化物排出自動車等及び窒素酸化物排出基準を定める告示、道路運送車両の保安基準第55条第1項、第56条第1項及び第57条第1項に規定する国土交通大臣が告示で定めるものを定める告示、道路運送車両の保安基準第2章及び第3章の規定の適用関係の整理のため必要な事項を定める告示）2017.3 2Vols.set A4 ¥16000 ①978-4-906000-84-5

◆図解 道路交通法　道路交通法実務研究会編　東京法令出版　（アイキャッチ）　5訂版
【要旨】基本用語、概念、交通規制など、自転車・歩行者、道路使用など、駐車・停車など、交通方法など、運転者の義務など、警察官等の権限など、教習、講習、教育、運転免許、行政処分など、各種の制度など、その他2017.5 671p B6 ¥4000 ①978-4-8090-1364-5

◆総合研究 日本のタクシー産業─現状と変革に向けての分析　太田和博，青木亮，後藤孝夫編　慶應義塾大学出版会
【要旨】運賃設定や規制緩和による供給過剰に加え、ドライバーの不足や高齢化、過疎地における最後の足としての役割、安全・安心の担保、IT化の進展、ライドシェアの脅威まで、ハイタク業界に存在する問題は広範にわたる。実態と課題を把握し、会社経営、法制度、運輸行政、公共経済学など、多面的視点から包括的に解説した決定版！2017.7 358p A5 ¥4000 ①978-4-7664-2439-3

◆地域の足を支えるコミュニティーバス・デマンド交通　堀内重人著　鹿島出版会
【要旨】地域の足を守るコミュニティーバスを育成するための仕組みづくりや、利用者のニーズに適したサービスを提供するための創意工夫など、コミュニティーバスとデマンド型輸送の現状をレポートし、地域のインフラとしての課題を示す。2017.7 187p B6 ¥2300 ①978-4-306-07336-4

◆東京の路線バスのすべて─首都圏の路線バス情報を完全網羅　加藤佳一著　マイナビ出版
【要旨】首都圏の路線バスのすべてがわかる。路線バスの歴史から、全路線バス会社紹介、首都圏のお勧め路線バスルートまで。2017.5 263p 18cm ¥1100 ①978-4-8399-5850-3

◆道路課金と交通マネジメント─維持更新時代の戦略的イノベーション　根本敏則，今西芳一編著　成山堂書店　（日本交通政策研究会研究双書 31）
【要旨】道路インフラの維持更新時代を迎え、財源調達や交通環境改善を目的とした道路課金と交通マネジメントが重要となっている。本書はGPSを活用した大型車対距離課金、リアルタイムの交通状況を反映した混雑課金、総重量による料金、ITSを活用した大型車通行許可など、各国の革新的事例を見ながら、今後の道路交通行政のあり方について考察する1冊である。2017.5 259p A5 ¥2500 ①978-4-425-92891-0

◆広電バス　（越谷）BJエディターズ，星雲社 発売　（バスジャパンハンドブックシリーズS）
【目次】車両編（広電バスの車両たち〈広電バスの車両の概要、現有車両一覧表、現有車両車種別解説〉）、歴史編（広電バスのあゆみ、広電バスの路線エリア）、紀行編（終点の構図 広電吉和車庫、安芸の街歩き・島歩き）2017.4 68p B6 ¥1000 ①978-4-434-23058-5

◆名鉄バス　（越谷）BJエディターズ，星雲社 発売　（BJハンドブックシリーズ）
【目次】車両編（名鉄バスの車両たち）、歴史編（名鉄バスのあゆみ、名鉄バスの路線エリア）、

経済・産業・労働

紀行編（終点の構図 西中野、尾張・三河の史跡と伝統産業）
2017.12 68p B6 ¥1000 Ⓘ978-4-434-23060-8

◆モビリティー進化論─自動運転と交通サービス、変えるのは誰か　アーサー・ディ・リトル・ジャパン著　日経BP社，日経BPマーケティング 発売
【要旨】自動車産業を取り巻く環境が大きく変化している。自動運転やカーシェアリングなどのモビリティーサービスが、自動車産業に与えるインパクトは大きい。マクロで見た各国の社会構造や産業構造と、ミクロで見た各プレーヤーの事業構造や技術開発動向などから、2030年の自動車産業の進化の方向性を提示する。
2018.1 195p A5 ¥1800 Ⓘ978-4-8222-5828-3

◆路線バスの謎─思わず人に話したくなる「迷・珍雑学」大全　風来堂編　イースト・プレス　（イースト新書Q）
【要旨】なぜ太田陽介＆蛭子能収の「ローカル路線バス乗り継ぎの旅」はゴールが難しいのか？「○○交通」という社名が多い理由とは？ なぜJR中央線沿線は小田急バスなのか？ バスに最も縁のない都道府県は？ 日本最長・最短の路線は？「バスタ新宿」誕生で注目のバスターミナルの魅力とは？ 半世紀前のバスが現役で走っている!?『秘境路線バスをゆく』シリーズなどを制作した編集・執筆陣が、全国47都道府県の路線バスのデータからディープな情報を厳選。
2017.3 203p 18cm ¥880 Ⓘ978-4-7816-8027-9

◆Flying Smart with Low - Cost Carriers in Japan : A Numerical Analysis of Innovative Business Strategies in the Aviation Industry　塩谷さやか著　白桃書房　（関東学院大学経済学会叢書）　（本文：英文）
【目次】1 Objective and Contribution、2 Recent Low - Cost Carriers (LCCs) of the World and Growth Factor Analysis、3 Current Japanese Low - Cost Carriers (LCCs) and Stagnancy Factor Analysis、4 Identifying the Success Factors Through Simulations for New LCCs、5 Reforming Airport Management in Japan : Effective Methods and the Necessity of Privatization、6 Skymark Airlines' Bankruptcy and Recovery : The Achievements and Misdeeds of Authoritarian Management of an "Independent LCC"、7 Japan Airlines : The Bankruptcy and Management Re - Establishment of a "Domesticated LC"、8 Peach Aviation : ANAHD's Successful Affiliated Japanized LCC、9 Conclusion and Future Challenges
2017.3 367p A5 ¥5000 Ⓘ978-4-561-76217-1

JR

◆朝日新聞社機が撮った1960〜70年代の鉄道駅 首都圏/国鉄編　朝日新聞社写真，生田誠解説　フォト・パブリッシング，メディアパル 発売
【要旨】首都圏の主要52駅・施設を掲載。
2017.6 127p B5 ¥2200 Ⓘ978-4-8021-3055-4

◆朝日新聞社機が撮った 中央線の街と駅 "1960〜80年代"　朝日新聞社写真，矢嶋秀一解説　フォト・パブリッシング，メディアパル 発売
【要旨】懐かしい、あの駅前風景を空から楽しむ。32駅すべて掲載！
2017.7 127p B5 ¥2200 Ⓘ978-4-8021-3061-5

◆思い出のブルートレイン　鉄道ジャーナル編集部編　鉄道ジャーナル社，成美堂出版 発売
【要旨】2009年「九州特急」全廃、2015年には最後のブルートレイン「北斗星」が運転を取りやめた。1950年代に颯爽と登場、以来およそ半世紀もの間、夜を徹して走り続けてきた寝台特急ブルートレイン。次第に退潮傾向が明らかとなったその後も、愛用者に支えられて活躍を続けてきた。本書は、2000年から2009年の間に「鉄道ジャーナル」に掲載された数多の乗車取材レポートから厳選、再編集した8編を収録したブルートレイン最終期の記録である。
2017.8 128p 26×19cm ¥1500 Ⓘ978-4-415-32358-9

◆川越線、八高線 昭和のアルバム　いのうえこーいち編著　フォト・パブリッシング，メディアパル 発売
【目次】川越線（大宮、日進、西大宮、指扇、南古谷、川越、西川越 ほか）、八高線（八王子、北八王子、小宮、拝島、東福生、箱根ヶ崎、金子、東飯能 ほか）
2017.4 88p 30×23cm ¥1800 Ⓘ978-4-8021-3039-4

◆ぐるり一周34.5キロJR山手線の謎2020　松本典久編著　実業之日本社　（じっぴコンパクト新書）
【要旨】日本を代表する通勤路線の山手線は、グルグル回って90年以上。1周1時間ちょっとと、長年29駅で営業してきたけれど、まもなく30駅になります。2020年の東京オリンピックを控え、東京全体が変化していく中で、新駅開業で山手線はどう変わっていくのか？ そしてこの10年ほどでどう変わってきたのか？ 常に話題を提供してくれる山手線の路線・運転・各駅のエピソードを広く取り上げます。
2018.1 223p 18cm ¥800 Ⓘ978-4-408-33759-3

◆京浜東北線（東京〜大宮）、埼京線（赤羽〜大宮）─街と鉄道の歴史探訪　生田誠著　フォト・パブリッシング，メディアパル 発売
【要旨】昭和7年全通の京浜東北線、昭和60年開業の埼京線、2路線32駅すべて掲載！
2017.10 126p B5 ¥1800 Ⓘ978-4-8021-3074-5

◆京浜東北線（東京〜横浜）、根岸線、鶴見線─街と鉄道の歴史探訪　生田誠著　フォト・パブリッシング，メディアパル 発売
【要旨】東京湾の海沿いを走る、通勤・通学等の大動脈路線。3路線37駅すべて掲載！
2017.11 127p B5 ¥1800 Ⓘ978-4-8021-3075-2

◆国鉄広報部専属カメラマンの光跡─レンズの奥の国鉄時代　荒川好夫著　交通新聞社　（DJ鉄ぶらブックス─線路端のたのしみを誘う本）
【目次】1969（昭和44）年7月4日 僕は泳ぎたいとカメラは言った？─室蘭本線礼文〜大岸（旧線）、1969（昭和44）年8月15日頃 着替えを入れたバッグに宿代を払う四国の「阿波おどり」、1970（昭和45）年頃ほか 後楽園球場─東京都文京区、1970（昭和45）年頃いか 駅長がグリーン車まで出迎えに─日本全国、1971（昭和46）年4月21日 伯備線のお召列車─クルマで取材中のトラブルあれこれ（その1）、1971（昭和46）年7月31日 湿度100％！ 新関門トンネル工事現場─山陽新幹線新下関─（関西側）、1971（昭和46）年8月9日 関門トンネル内のお掃除─山陽本線下関─門司、1972（昭和47）年4月12日 残雪の回廊に響く「つばめパスガール」の産声─青森自動車営業所、1972（昭和47）年10月14日 第100回鉄道記念日─国鉄本社、1980（昭和55）年頃 白バイに追跡される─都内某所、1981（昭和56）年1月12日 雪国の回想─長岡保線区小出支区、1982（昭和57）年4月23日 開業前の東北新幹線福島〜白石蔵王間─クルマで取材中のトラブルあれこれ（その2）、1982（昭和57）年12月10日未明 撮影機材盗難事件─301レ急行「妙高」、1984（昭和59）年8月18日 日豊本線高鍋付近での奮闘─クルマで取材中のトラブルあれこれ（その3）、1985（昭和60）年9月24日 晩夏にタイヤチェーン？ 奥羽本線赤岩付近─クルマで取材中のトラブルあれこれ（その4）、1987（昭和62）年3月22日 国鉄最終期の北海道に─クルマで取材中のトラブルあれこれ（その5）、1987（昭和62）年3月31日 日本国有鉄道からJRへ─都内各所
2017.9 143p A5 ¥1500 Ⓘ978-4-330-76417-7

◆国鉄青春日記─昭和車掌の"人情"物語　檀上完爾著　天夢人，山と溪谷社 発売　（旅鉄LIBRARY 001）
【要旨】駅員、踏切警見習い、普通車掌、荷扱専務車掌、乗客専務車掌、食堂車会計係と結婚、広報課。昭和の国鉄を駆け抜けた、檀上完爾が描く、人間ドラマ。国鉄物語全24編。
2017.9 171p B6 ¥1500 Ⓘ978-4-635-82015-8

◆国鉄電車編成表86年版・JR電車編成表87年版　ジェー・アール・アール著　交通新聞社 復刻版
【要旨】1987（昭和62）年4月1日、日本国有鉄道から7つのJRグループに分割民営化し、すでに30年が経ちました。その間に各社はそれぞれに個性を培って、特色ある鉄道へと成長して現在に至っています。本書は、日本史の大きなエポックとなったこの出来事を、車両編成や配置区の側面から記録した2冊です。そしていま、待望の復刻版として刊行しました。
2017.6 2Vols.set B5 ¥6000 Ⓘ978-4-330-79517-1

◆国鉄マンが撮った昭和30年代の国鉄・私鉄カラー鉄道風景　稲葉克彦著，野口昭雄、日比野利朗写真提供　フォト・パブリッシング，メディアパル 発売
【目次】1 国鉄の記録（「夢の超特急」東海道新幹線、東京駅を出発する準急「日光」、急行型車両153系とキハ28の台頭、特急「はと」「つばめ」、東海道本線の客車列車 ほか）、2 私鉄、路面電車等の記録（西武鉄道池袋線、都営トロリーバスと営団地下鉄、東急玉川線と都電、名古屋鉄道の特急、名古屋鉄道瀬戸線、福井鉄道 ほか）
2017.12 128p B5 ¥1800 Ⓘ978-4-8021-3079-0

◆国鉄DD13形ディーゼル機関車 下　岩成政和著　ネコ・パブリッシング　（RM LIBRARY 215）
【目次】3 次数別製作変更点詳記、4 製作輌数推移と重連型登場の疑問、5 寒地型について、6 後天的な改造について、7 各地での使用状況、8 改造機・私鉄譲渡機など
2017.7 47p B5 ¥1250 Ⓘ978-4-7770-5412-1

◆国鉄DD13形ディーゼル機関車 上　岩成政和著　ネコ・パブリッシング　（RM LIBRARY 213）
【目次】1 DD13形概論（DD13とは、時代背景、設計上の概要）、2 次数別製作輌数（製造実績表、製作全記）、3 次数別製作変更点詳記（第1次DD13 1〜DD13 15、第2次DD13 16〜DD13 40、第3次DD13 41〜DD13 50、第4次DD13 51〜DD13 80、第5次DD13 81〜DD13 84、第6次DD13 85〜DD13 110）
2017.6 45p B5 ¥1250 Ⓘ978-4-7770-5410-7

◆国鉄DD13形ディーゼル機関車 中　岩成政和著　ネコ・パブリッシング　（RM LIBRARY 214）
【目次】3 次数別製作変更点詳記（第7次DD13 111、第8次DD13 112〜DD13 141、第9次DD13 142〜DD13 143、第10次DD13 144〜DD13 150、第11次DD13 151〜DD13 170、第12次DD13 177、第13次DD13 178〜DD13 202、第14次DD13 203〜DD13 218、第15次DD13 219〜DD13 264 DD13 501〜DD13 518、第16次DD13 301〜DD13 339 DD13 501〜DD13 611）
2017.6 47p B5 ¥1250 Ⓘ978-4-7770-5411-4

◆最後の国鉄電車ガイドブック─今、振り返る国鉄時代ラストを飾る360形式　広田尚敬写真，坂正博、梅原淳、栗原景文　誠文堂新光社
【要旨】1963年（昭和38年）の『電車ガイドブック』以降多数刊行されてきた「電車ガイドブックシリーズ」。本書はその系譜を踏襲しつつ国鉄最晩年に活躍した電車をほぼ網羅しカラー写真で紹介するものである。特徴のある電車に関しては形式図もともに掲載した。JR化に向かう激動の時代をのりきった国鉄電車を当時の技術や、JR化後の動きも含めて解説する。
2017.8 445p 13×19cm ¥3400 Ⓘ978-4-416-61731-1

◆最新版 JR全車両大図鑑　原口隆行編著，井上廣和写真　世界文化社
【要旨】JRの現役全車両600余種を一挙掲載した2018年版の鉄道車両大図鑑。新幹線、特急電車・気動車、ジョイフルトレイン、普通車、機関車、客車、事業用車まで完全網羅。人気車両には車両編成表を表示し、また、走行区間、走行距離、所要時間、列車本数、最高速度等の最新情報を載せた。通勤、近郊型車種では、JR各社に在籍する同一車種の塗装の異なる車両も極力掲載。人気の豪華列車、イベント列車には車内写真も掲載した。
2017.12 231p B5 ¥2500 Ⓘ978-4-418-17249-8

◆山陽本線 昭和の思い出アルバム─懐かしい写真でよみがえる昭和の時代の鉄道記録　牧野和人著、荻原二郎、野口昭雄、林嶢、安田就視写真撮影　フォト・パブリッシング，メディアパル 発売
【目次】1 兵庫県（神戸駅、兵庫駅、大阪と三原を結んだ急行「とも」 ほか）、2 岡山県（三石付近、東岡山〜岡山 ほか）、3 広島県（福山駅、松永〜尾道付近 ほか）、4 山口県、福岡県（岩国駅、由宇〜神代と柳井港駅、柳井駅ほか）
2017.12 128p B5 ¥1800 Ⓘ978-4-8021-3082-0

◆篠ノ井線─信州の東西をつなぐ　武田武、宮下健司、窪田雅之ほか文、柏企画編　（長野）柏企画
【要旨】坂と煙に悩まされた鉄道。この鉄道が信州東西のかけ橋となり、トンネルの先には日本有数の鉄道景観が形成されていた。15駅と沿線

の人たちが語るもの。

2017.11 142p A5 ¥1400 ①978-4-907788-29-2

◆常磐線―街と鉄道、名列車の歴史探訪　山田亮著　フォト・パブリッシング、メディアパル発売
【目次】1章 常磐線の街と駅（上野～金町、松戸～天王台、取手～荒川沖 ほか）、2章 常磐線の歴史（明治・大正期の歴史、昭和戦前期の歴史、戦後（昭和20年代）の歴史 ほか）、3章 常磐線の名列車（はつかり、ゆうづる、ひたち ほか）

2017.9 127p B5 ¥1800 ①978-4-8021-3070-7

◆昭和解体―国鉄分割・民営化30年目の真実　牧久著　講談社
【要旨】敗戦、占領から始まった「戦後」という空間と時間。昭和最後の20年に起きた、日本の政治経済最大の事件。

2017.3 517p B6 ¥2500 ①978-4-06-220524-5

◆新幹線ネットワークはこうつくられた―技術の進化と現場力で築いた3000キロ　高松良晴著　交通新聞社　（交通新聞新書）
【要旨】昭和39年に開業した東海道新幹線に始まる我が国の新幹線建設は、山陽・東北・上越・北陸・九州・北海道の各新幹線を合わせて営業キロ約3000kmに及び、高速・安定・大量輸送を可能にしたネットワークとして機能している。先人たちが幾多の困難を克服して築いてきた新幹線建設のリアルな歴史と、そこで培われてきた技術の進化を、新幹線鉄道の開発と建設に携わってきた著者がわかりやすく克明に紹介していく。

2017.10 271p 18cm ¥800 ①978-4-330-82917-3

◆新幹線はなぜあの形なのか―流線形からカモノハシ形まで　小島英俊著　交通新聞社　（交通新聞新書）
【要旨】戦前のスピード感あふれる流線形車両はデザイン優先だったが、高度成長期に航空技術や空力を考慮して造形された高速鉄道車両、新幹線が登場。以来、新幹線の形は、トンネルやカーブが多い日本特有の環境下で、スピードだけでなくエネルギー効率や乗り心地、騒音削減などの課題に対応しながら進化を続けている。リニアにも言及し、デザインから機能で変化していくようになった高速車両の造形について、図版を豊富に使って紹介する。

2017.6 247p 18cm ¥800 ①978-4-330-79317-7

◆図説 国鉄電気機関車全史　いのうえこーいち著　メディアパル
【要旨】すべての電気機関車の「生まれ」と「動き」と「かたち」が解る。楽しめる。200点超のイラストで国鉄電機を網羅。

2017.9 153p B5 ¥2800 ①978-4-8021-1009-9

◆総点検・リニア新幹線―問題点を徹底究明　リニア・市民ネット編著　緑風出版　（プロブレムQ&A）
【要旨】JR東海の社長自身が「リニアは絶対ペイしない」と断言していたリニア中央新幹線計画が着工しました。膨れあがる建設費、中央構造線のトンネル貫通など工事の危険性、膨大な残土処理と自然破壊・景観破壊、リニア特有の電磁波による健康影響、膨大な電力消費など、問題が山積しています。しかも常時短縮効果や地域振興もあやしく、JR東海の社長が断言したように探算性は極めて厳しいものとなる。こうしたリニア中央新幹線の問題点を総点検し、建設がいかに不必要かつ無謀かを、Q&Aでやさしく解説します。

2017.9 165p 22×14cm ¥1400 ①978-4-8461-1713-9

◆定本さらばブルートレイン！　芦原伸著　天夢人、山と溪谷社 発売　（旅鉄LIBRARY 002）
【要旨】乗り鉄の王様、芦原伸の乗車記で、"ブルートレイン"の記憶が甦る。ブルートレインの終焉を見送った、10の列車の乗車記も収録。

2017.10 317p B6 ¥1600 ①978-4-635-82021-9

◆鉄道貨物―再成、そして躍進　伊海直彦著　日本経済新聞出版社
【目次】国鉄はなぜ斜陽化したのか、第二臨調と国鉄再建監理委員会、必死の経営努力、国鉄改革と鉄道貨物輸送、鉄道貨物を分離する、貨物輸送と資産管理、自ら選択したJR貨物、貨物、ついに出発、事故・災害から学ぶ、JR貨物完全民営化のための本問題懇談会、経営の責任者となって、民営化後二十年経って、鉄道事業の黒字化達成、物流業界の過去、現在、未来

2017.11 325p B6 ¥1800 ①978-4-532-17631-0

◆電車の顔図鑑―JR線を走る鉄道車両　江口明男著　天夢人、山と溪谷社 発売　（旅鉄BOOKS 002）
【要旨】JR7社と国鉄の名車198形式484両の顔が鉄道模型スケールで並ぶ、イラスト大図鑑。見分けるポイントがわかる！

2017.9 159p A5 ¥1600 ①978-4-635-82014-1

◆なつかしの国鉄駅スタンプコレクション　交通新聞社
【要旨】1980年代、国鉄の懐かしくも新しい駅スタンプが778個！ 誰もが知るターミナル駅から、今はなき駅のスタンプも収録。

2017.3 224p A5 ¥1400 ①978-4-330-77117-5

◆「ななつ星」「四季島」「瑞風」ぜんぶ乗ってきた！―豪華クルーズトレイン完全乗り比べ　中嶋茂夫著　河出書房新社
【要旨】一生に一度は乗ってみたい!!車内、料理、絶景車窓、沿線住民の歓迎、クルーのおもてなる。実際に乗ったからこそわかる、日本3大豪華寝台列車の魅力とは？

2017.12 222p B6 ¥1500 ①978-4-309-22723-8

◆南武線、鶴見線、青梅線、五日市線―1950～1980年代の記録　山田亮著　アルファベータブックス
【目次】南武線（南武線の歴史、川崎、尻手、矢向、鹿島田 ほか）、鶴見線（鶴見線の歴史、鶴見、国道、鶴見小野、弁天橋、浅野、安善、武蔵白石 ほか）、青梅線、五日市線（青梅線の歴史、立川、西立川、東中神、中神、昭島 ほか）

2017.3 88p 30×23cm ¥1850 ①978-4-86598-822-2

◆日本の歴代新幹線 パノラマ大図鑑　旅と鉄道編集部編　宝島社
【要旨】0系ひかりからH5系はやぶさ、923形ドクターイエローまで特大写真で完全公開！ 開業の歴史・路線の発達・最新技術、日本が世界に誇る「新幹線」のすべて！

2017.4 A4 ¥600 ①978-4-8002-7640-7

◆函館本線へなちょこ旅 3 北海道の無人駅と恋のトレイントレイン　舘浦あざらし著　双葉社　（双葉文庫）
【要旨】素にして世界が只に非ず。そんな在野の矜持を胸に秘めた男一匹あざらしと、自炊にして放縦だけど天使に非ずを標榜するぶぶまるが織りなす旅も、ついにクライマックス。単線の無人駅や一両で走るキハ40を愛するお騒がせコンビは無事に函館駅にたどり着けるのかな。ブプブと笑える旅エッセイの感動最終章だぜ！ぶぴーっ！

2017.6 318p A6 ¥648 ①978-4-575-71468-5

◆飛躍への挑戦―東海道新幹線から超電導リニアへ　葛西敬之著　ワック
【要旨】東海道新幹線システムを完成域まで高めた半世紀の進歩と飛躍。そして超電導リニアへのドラスティックで壮大な挑戦へのドラマ。

2017.3 379p B6 ¥1600 ①978-4-89831-454-8

◆北海道 地図の中の廃線―旧国鉄の廃線跡を歩く追憶の旅　堀淳一著　（札幌）亜璃西社
（付属資料：復刻版「北海道鉄道地図（昭和37年」）・特製リーフレット）
【要旨】『地図の中の札幌』『北海道 地図の中の鉄路』に続く三部作が遂に完結！ 卒寿の著者、渾身の書き下ろし。レールの残照、廃墟の風景。

2017.12 443p A5 ¥6000 ①978-4-906740-30-7

◆まんが ハーバードが絶賛した新幹線清掃チームのやる気革命　矢部輝夫著、久間月慧太郎まんが　宝島社
【要旨】世界が注目する「奇跡の職場」。ハーバードでも特にエリートが集まる経営大学院（HBS）の必修科目になった「テッセイ（JR東日本テクノハートTESSEI）」の"生まれ変わり"メソッド。

2017.5 222p B6 ¥1000 ①978-4-8002-6557-9

◆武蔵野線―街と駅の半世紀　山下ルミコ著　アルファベータブックス　（懐かしい沿線写真で訪ねる）
【目次】府中本町、北府中、西国分寺、新小平、新秋津、東所沢、新座、北朝霞、西浦和、武蔵浦和〔ほか〕

2017.9 95p B5 ¥1800 ①978-4-86598-829-1

◆リニア新幹線が不可能な7つの理由　樫田秀樹著　岩波書店　（岩波ブックレット No.975）
【要旨】東京と関西を一時間で結ぶ超特急、リニア中央新幹線。さまざまな宣伝文句とともに、事業費10兆円を超す巨大事業が動き出した。だ

が、容易に解決のつかない多くの問題が、工事の前に横たわっている。この超巨大事業は、とてつもない負の遺産となって後世に遺されるかもしれない。リニア問題を追及してきたジャーナリストが、現場に足を運んでつぶさに検証し、7つの課題として整理する。

2017.10 63p A5 ¥520 ①978-4-00-270975-8

◆列車で行こう！―JR全路線図鑑　櫻井寛写真・文　世界文化社
【要旨】2017年7月現在で運行されている189路線を網羅。圧倒的！ 充実のビジュアル。本文の漢字に全て読みがな。路線データも盛りだくさん。五十音順INDEX付き。

2017.8 351p B5 ¥3200 ①978-4-418-17224-5

◆JR埼京線あるある　寺井広樹、村神徳子著　TOブックス
【要旨】混雑や駅ネタはもちろん、知る人ぞ知る変わりだねショップから隠れた人気店、そして、明日には自慢したくなる薀蓄いっぱいのコラムなど、沿線利用者なら必ず気になるJR埼京線にまつわる「あるある」をこの一冊に!!ディープなJR埼京線のあるあるネタを190超収録!!

2017.4 158p 18cm ¥1000 ①978-4-86472-561-3

◆JR電車編成表 2017夏　ジェー・アール・アール編　交通新聞社
【要旨】2017年4月1日現在、JR電車22,875両の最新データ掲載。

2017.5 423p B5 ¥2600 ①978-4-330-78717-6

◆JR電車編成表 2018冬　ジェー・アール・アール編　交通新聞社
【要旨】2017年10月1日現在、JR電車22,943両の最新データ掲載。

2017.11 423p B5 ¥2600 ①978-4-330-84117-5

◆JRに未来はあるか　上岡直見著　緑風出版
【要旨】「経営者は無責任で、職員も働かないから赤字になった」といわれた国鉄は、分割民営化され、1987年4月、JRが発足した。それから30年、JRは赤字を解消して安全で地域格差のない「利用者本位の鉄道」利用者のニーズを反映する鉄道」に生まれ変わったのか？ 本書は、鉄道交通問題研究の第一人者が、分割民営化後のJRの30年を総括、様々な角度から問題点を洗いだし、JRの未来に警鐘！

2017.6 261p B6 ¥2500 ①978-4-8461-1710-8

◆JR東日本はこうして車両をつくってきた―多種多様なラインナップ誕生の舞台裏　白川保友、和田洋著　交通新聞社　（交通新聞新書）
【要旨】1987（昭和62）年、国鉄の分割・民営化によって誕生したJR東日本は、1万両を超す車両を保有する日本最大の鉄道会社となる。しかし発足した当初は、国鉄時代の古いタイプの車両が大半を占め、技術革新の遅れも目立っていた。民間会社に移行し、顧客優先の志向のなかで、どのようにしてJR東日本独自の車両が生み出されていったのか。その過程と舞台裏を、JR東日本で運転車両部長などを歴任し、運転計画や車両開発に深く関わってきた、白川保友氏の証言によって浮き彫りにする。

2017.12 239p 18cm ¥1000 ①978-4-330-84164-6

◆JR北海道の危機―日本からローカル線が消える日　佐藤信之著　イースト・プレス　（イースト新書）
【要旨】「地方創生」にとって、鉄道とは何か？ 発足時には北海道全土を網羅していたJR北海道の路線だが、二〇一六年末に大部分の路線が自力での維持が困難であることが発表され、札幌都市圏以外の全路線が消滅危機に瀕している。それ以前から、新型車両開発の中止と廃車分の運行本数の減便、メンテナンスの不徹底、人身事故の多発など、利用者無視の経営方針が批判を集めている。そして、それは本州の過疎地帯や四国などでも起こりうる。JR四国も単独維持困難路線を発表した。JR北海道問題を起点に、日本の交通の未来、地方政策の問題について論じる。

2017.10 319p 18cm ¥907 ①978-4-7816-5091-3

◆JR旅客営業制度のQ&A　小布施由武著　自由国民社　第2版
【要旨】難解なJR旅客営業制度をQ&A方式でわかりやすく解説した日常業務のバイブル！ 北海道新幹線の新青森・新函館北斗間開業にともなう制度改正に完全対応！

2017.5 257p A5 ¥2800 ①978-4-426-12286-7

経済・産業・労働

鉄道

◆愛知県の鉄道―昭和・平成の全路線　県内の現役路線と廃線　牧野和人著　アルファベータブックス
【目次】第1章 国鉄・JR（東海道新幹線、東海道本線、関西本線、中央本線 ほか）、第2章 私鉄・公営交通（名古屋鉄道、近畿日本鉄道、豊橋鉄道、名古屋市営地下鉄 ほか）
2017.8 127p B5 ¥2400 ⓘ978-4-86598-828-4

◆朝日新聞社機が撮った総武線、京成線の街と駅（1960～80年代）　朝日新聞社写真、生田誠解説　フォト・パブリッシング、メディアパル 発売
【目次】1章 総武線（東京駅、新日本橋駅、馬喰町駅、御茶ノ水駅、秋葉原駅、浅草橋駅 ほか）、2章 京成線（京成上野駅、日暮里駅、千住大橋駅、押上駅、京成立石駅 ほか）
2017.8 127p B5 ¥2200 ⓘ978-4-8021-3066-0

◆今を駆ける蒸気機関車―春夏秋冬 煙情日記　都築雅人著　交通新聞社　（DJ鉄ぷらブックス 024）
【目次】新登場（東武鉄道 SL「大樹」、山口線 SLやまぐち号）、秋の煙情日記（函館本線 SLニセコ号、只見線 SL只見線紅葉号）、冬の煙情日記（釧網本線 SL冬の湿原号、留萌本線 NHKロケ列車「すずらん」 ほか）、春の煙情日記（釜石線 SL銀河、羽越本線 SL村上ひな街道号 ほか）、夏の煙情日記（釜石線 SL銀河、羽越本線 SLうまさぎっしり庄内号 ほか）
2017.10 159p A5 ¥1500 ⓘ978-4-330-82517-5

◆今尾恵介責任編集 地図と鉄道　今尾恵介著　洋泉社
【要旨】鉄道の歴史、路線の謎、廃線の理由…すべての答えは地図にあり。地図のカリスマが厳選！ 謎とドラマに満ちた鉄道エンターテインメント。
2017.6 159p A5 ¥1500 ⓘ978-4-8003-1213-6

◆海駅図鑑―海の見える無人駅　清水浩史著　河出書房新社
【要旨】日本全国9000の駅から、とびっきりの海駅を厳選。本邦初の"海×無人駅"ガイドブック。海しか見えない、海の先に見えてくるもの。小さな駅の物語から、土地のこと人のこと、環境問題まで。今の日本が見えてくる、30の海駅ガイド！
2017.2 277p A5 ¥1600 ⓘ978-4-309-27812-4

◆海の見える駅　村松拓著　雷鳥社
【目次】北海道の海、日本海（東北・北陸編）、太平洋（東北・関東編）、太平洋（東海・四国編）、瀬戸内海、日本海（山陰編）、九州の海
2017.8 159p B5 ¥1500 ⓘ978-4-8441-3724-5

◆駅格差―首都圏鉄道の知られざる通信簿　首都圏鉄道路線研究会著　SBクリエイティブ（SB新書）
【要旨】誰もが日頃使っている鉄道駅。自宅と職場の最寄り駅以外にも乗り換え駅や得意先がある駅、買い物に訪れる駅など、そんな駅の特徴、性格などを各種ランキング化することで改めて気づく首都圏（1都3県）のダイナミズム！ 通勤時意外と座れる駅から、本当に住みやすい駅（街）まで、「駅のコスパ」を徹底分析！「沿線格差」に続く第2弾!!
2017.5 253p 18cm ¥820 ⓘ978-4-7973-9022-3

◆えきたの―駅を楽しむ"アート編"　伊藤博康著　（大阪）創元社
【要旨】SNS映えする駅がいっぱい！ 日本全国津々浦々からユニークな駅の写真を厳選！ 建築美を誇る駅、モニュメントが楽しい駅、絶景を堪能できる駅などなど、鉄道ファンならずとも見に行きたくなる、全国を駆け巡る「鉄道フォーラム」代表がご案内。
2017.12 184p A5 ¥1700 ⓘ978-4-422-24076-3

◆駅ナカ、駅マエ、駅チカ温泉―鉄道旅で便利な全国ホッと湯処 カラー版　鈴木弘毅著　交通新聞社
【要旨】ひとつの温泉地に宿泊してゆっくり…というのもいいが、鉄道での移動を楽しみながら途中下車して温泉に入り、ご当地グルメを楽しむという旅もいいもの。旅に精通した著者が、「鉄道駅構内か駅前、または徒歩5分以内で行ける温泉」を前提とし、そのなかから地域性・利便性・泉質・料金などを考慮して選んだ57の施設をピックアップ。温泉のみならず、館内の付属施設や周辺グルメ、アクセスとなる鉄道や周辺の観光スポットにも触れ、鉄道＋温泉の楽しみ方を紹介する。
2017.10 223p 18cm ¥900 ⓘ978-4-330-82817-6

◆駅弁掛紙の旅―掛紙から読む明治～昭和の駅と町　泉和夫著　交通新聞社　（交通新聞社新書）
【要旨】掛紙とは、駅弁の蓋の上にのって紐で縛られているただの紙のこと。多くの人は、食べ終わった弁当殻と一緒に捨ててしまう紙だ。しかし、現代のように通信や情報網が発達していなかった時代には、掛紙が広告媒体や名所案内となっており、また、ご意見を伺う通信票の役割も担っていた。そんな時代の掛紙を紐解けば、当時の鉄道事情や世相、観光地や町の様子などが見えてくる。「交通新聞」で好評連載中の『掛紙停車』に、加筆・修正を加えた一冊。明治～昭和期の掛紙を多数、収録。巻末には列車別の掛紙集も特別掲載。
2017.4 230p 18cm ¥900 ⓘ978-4-330-77317-9

◆大阪市営無軌条電車のあゆみ　荻原巌、宮武浩二著　ネコ・パブリッシング　（RM LIBRARY 210）
【目次】1 大阪市営無軌条電車の開業、2 こうもり論争、3 I形（のちの100形）車輛と架線・架線柱、4 開業から最盛期へ、5 200・300形、6 トロリーバスあれこれ、7 ワンマンカー導入、8 トロリーバス廃止へ
2017.2 47p B5 ¥1250 ⓘ978-4-7770-5405-3

◆大阪府の鉄道―昭和～平成の全路線 大阪府の現役全路線と廃線　野沢敬次著　アルファベータブックス
【目次】第1章 国鉄・JR（東海道新幹線、山陽新幹線、東海道本線 ほか）、第2章 公営交通・私鉄（大阪市交通局〔地下鉄〕、北大阪急行電鉄南北線、阪急電鉄宝塚本線、箕面線 ほか）、第3章 廃止路線（国鉄・JRの廃止路線、大阪市交通局（大阪市電）、大阪市交通局（トロリーバス） ほか）
2017.7 127p B5 ¥2400 ⓘ978-4-86598-827-7

◆小田急線沿線の1世紀　生方良雄監修、鎌田達也構成・文　復刊ドットコム
【要旨】小田原線（新宿～小田原〔箱根湯本〕）・江ノ島線（相模大野～片瀬江ノ島）・多摩線（新百合ヶ丘～唐木田）の懐かしい沿線風景がいまよみがえる！ 古写真と貴重な史料で綴る駅と両と沿線の文化史！
2017.11 305p B5 ¥3800 ⓘ978-4-8354-5535-8

◆小田急電車車回廊 "セレクション"　深谷則雄、宮崎繁幹、八木邦英編　復刊ドットコム
【要旨】HB車から新性能2200系まで。戦前からの小田急電車の変遷を、数々の貴重な車輛写真とともに広く紹介。駅別、沿線別に未発表写真、カラー写真も収録した小田急電車ファン垂涎の一冊！ 想い出の沿線風景と、なつかしい車輛たち。
2017.7 207p 19×26cm ¥3800 ⓘ978-4-8354-5502-0

◆思わず人に話したくなる関西「駅名」の謎　川口素生著　洋泉社
【要旨】京福電鉄嵐山本線の西院駅、近鉄馬羽線の朝熊駅、阪急京都本線の十三駅など、初見ではまず読めない「難読」駅名の数々。本書では関西の鉄道にまつわる歴史的背景や難読駅名誕生の経緯などを解説。
2017.3 223p B6 ¥1400 ⓘ978-4-8003-1166-5

◆加能越鉄道加越線―庄川水力電気専用鉄道　服部重敬著　ネコ・パブリッシング　（RM LIBRARY 219）
【目次】加越鉄道小史、路線、庄川水力電気専用鉄道、加能越鉄道設立の契機となった富山～金沢間高速電気鉄道計画、加越線の車輛、さようなら列車
2017.11 47p B5 ¥1250 ⓘ978-4-7770-5416-9

◆学研都市線、大和路線―街と駅の1世紀 懐かしい沿線写真で訪ねる　生田誠著　アルファベータブックス
【目次】第1部 学研都市線（片町〔廃止駅〕、京橋、鴫野、放出〔JR難波（旧・湊町）、今宮、新今宮、天王寺、東部市場前 ほか〕
2017.12 88p B5 ¥1850 ⓘ978-4-86598-831-4

◆神奈川県の鉄道―昭和～平成の全路線 県内の現役路線と廃線　杉崎行恭著　アルファベータブックス
【目次】1章 国鉄・JR（東海道新幹線、東海道本線、横須賀線 ほか）、第2章 私鉄、公営交通（小田急小田原線、小田急江ノ島線、小田急多摩線 ほか）、第3章 廃止路線（湘南軌道、豆相人車鉄道・熱海鉄道、東急東横線〔廃止区間〕 ほか）
2017.10 95p B5 ¥1850 ⓘ978-4-86598-830-7

◆可部線波乱の軌跡　長船友則著　ネコ・パブリッシング　（RM LIBRARY 211）
【要旨】可部線の生い立ち 軌道条例と広島鉄道（株）の設立、大日本軌道（株）の設立 広島支社として営業開始まで、可部軌道（株）設立 経営権の譲り受けによる独立経営、広島電気（株）が吸収合併 改軌・電化を推進、広浜鉄道（株）設立と国有化の実現 陰陽連絡鉄道実現への動き、日中戦争から太平洋戦争へ、本郷戦時～加計間開通 国鉄経営責任路線は2万キロを突破、太田川放水路建設工事 可部線経路移設、三段峡への開通、シティ電車運転とサービス向上、浜田への全線工事着工、可部～三段峡間路線廃止へ、一部復活 電化延伸へ 可部～三段峡間廃止後の可部線、今福線建設の挫折と遺構の活用
2017.3 47p B5 ¥1250 ⓘ978-4-7770-5406-0

◆カラー版 地図にない駅　牛山隆信監修　宝島社　（宝島社新書）
【要旨】全国各地の鉄道路線に設置された新旧の信号場、臨時駅、仮乗降場を一挙大掲載。「非正規の乗降施設」の魅力と楽しみ方に迫ります！
2017.4 191p 18cm ¥1000 ⓘ978-4-8002-6410-7

◆関西感動の駅トラベル―駅舎めぐりの旅　ベストフィールズ著　メイツ出版
【要旨】鉄道各線を彩る味わい深い駅の数々を厳選して紹介します。
2017.7 128p A5 ¥1660 ⓘ978-4-7804-1905-4

◆関西の鉄道車両図鑑―車両の見分け方がわかる！　来住憲司著　（大阪）創元社
【要旨】いま関西で見られる鉄道車両の全タイプを収録。各車両の性能や外見的特徴のポイントを解説した「車両を識別する」ためのハンドブック。
2017.9 366p B6 ¥2200 ⓘ978-4-422-24078-7

◆完全版！ 鉄道用語辞典―鉄道ファンも鉄道マンも大重宝　高橋政士編　講談社　（『詳解鉄道用語辞典』加筆・修筆・再編集・改題書）
【要旨】車両、鉄道・設備、電気系統、土木、建築、運行保安、事件事故、歴史などの専門的・正統的な用語から、ファンの間での雑学用語やスラングまで、いまの鉄道のすべてがわかる。ディープな鉄道ファンからビギナー鉄チャンまで、だれにでもわかりやすい、読んで楽しい解説が満載。とてもひきやすい使いやすい五十音順掲載。9750語超収録！
2017.11 794p A5 ¥3900 ⓘ978-4-06-220769-0

◆完全保存版 都営地下鉄のすべて―都営地下鉄の全4路線を完全網羅　マイナビ出版
【要旨】最新車両から過去の車両まで完全網羅。都営地下鉄全駅完全ガイド。知られざる車両検修場や特殊車両を大公開。秘蔵写真で巡る都営地下鉄発展の歴史。貴重な記念きっぷや全駅スタンプコレクション収録。
2017.3 143p B5 ¥1740 ⓘ978-4-8399-6223-4

◆紀州鉱山専用軌道―その最後の日々　名取紀之著　ネコ・パブリッシング　（RM LIBRARY 212）
【目次】風伝峠を越えて、閉山目前の紀州鉱山、紀州鉱山の盛衰、板屋駅、小口谷駅、湯ノ口駅、惣房駅、架空線式電気機関車、蓄電池式電気機関車、客車（人車）、貨車（鉱車）、その後の紀州鉱山、紀州鉱山って専用軌道の歩み、喫茶「すずらん」にて―あとがきにかえて
2017.4 47p B5 ¥1250 ⓘ978-4-7770-5408-4

◆記録写真集 昭和40年代の鉄道　第7集 東北編　2　渡辺芳夫、田島常雄著　光村印刷
【目次】1 みちのくのハドソン（C60、C61、C62）、2 東北型蒸気機関車のバラエティー（C57、C58、D50、D51、D60、9600、8620）、3 各線区の情景（東北本線沼宮内、奥羽本線矢立峠、花輪線龍ヶ森、磐越東線江田信号所、常磐線久ノ浜）、4 コマとコマの間の宝物（電気機関車・電車）
2017.5 119p B5 ¥3600 ⓘ978-4-89615-313-2

◆銀座線の90年―東洋初の地下鉄、今昔物語
渡辺雅史著　河出書房新社
【要旨】開業90周年記念!!地上に最も近い地下鉄は一。地下も地上も、歴史も街も、プラス「徒歩」でもっと楽しく便利に！あの街・駅にぶらりと立ち寄り、あの時代に途中下車一。
　2017.12 143p B6 ¥1300 ①978-4-309-22722-1

◆近鉄沿線ディープなふしぎ発見　天野太郎監修　実業之日本社　（じっぴコンパクト新書）
【要旨】近鉄沿線に数多くある謎や不思議の理由をひもとくと、そこに見えてくる意外な真実や納得のエピソード。ふだんなにげなく見ている駅や沿線風景にもっと愛着が湧いてくる。
　2017.11 189p 18cm ¥900 ①978-4-408-33746-3

◆栗原電鉄　上　寺田裕一著　ネコ・パブリッシング　（RM LIBRARY 217）
【目次】1 明治以前の細倉、岩ヶ崎、2 軌間762mmの蒸気軌道で開業、3 地方鉄道改組、細倉鉱山延伸、4 軌間762mmのまま電化、5 1067mm改軌、6 絶頂期を迎えた栗原電鉄、7 1980年代の栗原電鉄　2017.9 45p B5 ¥1250 ①978-4-7770-5414-5

◆栗原電鉄　下　寺田裕一著　ネコ・パブリッシング　（RM LIBRARY）
【目次】8 細倉鉱山閉山から第三セクターへ、9 県の補助打ち切り、廃線へ、10 施設・駅、11 軌間762mm時代の車輌、12 1067mm改軌後の車輌、13 語り継がれる「くりでん」
　2017.10 45p B5 ¥1250 ①978-4-7770-5415-2

◆京王沿線の近現代史　永江雅和著　クロスカルチャー出版　（CPCリブレーエコーする「知」）
【要旨】京王線―モダンなボーダーが、ついでゆく、連れてゆく。ワクワク感たっぷり。小田急に続く鉄道沿線史第2弾!!アメージングな京王線の旅―。鉄道敷設は地域に何をもたらしたのか。京王線の魅力をたっぷりと分りやすく解説。
　2017.4 174p A5 ¥1800 ①978-4-908823-15-2

◆京成沿線の不思議と謎　高林直樹監修　実業之日本社　（じっぴコンパクト新書）
【要旨】京成沿線にひそむ地理・地名・歴史の意外な真実やおもしろエピソードが満載。読めば、ふだんなにげなく見ている駅や沿線風景が違って見えてくる！京成沿線がもっと好きになる一冊。
　2017.11 189p 18cm ¥900 ①978-4-408-33747-0

◆京成検定 1・2・3級　京成電鉄協力、京成電鉄を愛する会編　戎光祥出版
【要旨】京成電鉄の列車、車両、駅、サービス、歴史の問題を収録！練習問題300問に加え、巻末には本番問題300問も掲載!!
　2017.2 199p A5 ¥1200 ①978-4-86403-119-6

◆京阪電鉄、叡山電鉄、京福電鉄（嵐山）―1世紀の写真記録　髙橋修著　アルファベータブックス
【目次】1章 京阪電気鉄道（京阪電気鉄道の歴史、京阪本線 ほか）、2章 京阪本線と大津線の沿線風景（天満橋、京橋付近、野江～守口市付近 ほか）、3章 京阪電気鉄道の車輌（京阪本線系、京津線・石坂山本線創業時の車輌 ほか）、4章 京福電気鉄道と叡山電鉄（京福電気鉄道と叡山電鉄の略史、京福電気鉄道の車輌 ほか）
　2017.6 95p 30×23cm ¥1850 ①978-4-86598-826-0

◆決定版！オールカラー鉄道切符ガイドブック　澤村光一郎著　ミリオン出版、大洋図書 発売
【要旨】今、「切符」が密かに熱い！消費税8%導入をはじめ近年日本国内で起こる「異変」により日本の「鉄道切符」は総リニューアル状態。ICカードの登場で静かに消えていくものと思われていたがいまだかつてない「激変」の時代を迎えている。本書は来たる消費税10%時代を前に、日本における古今東西の「鉄道切符」を体系的にまとめ上げた見ているだけでも楽しい決定版ガイドブックである。
　2017.8 127p B5 ¥1800 ①978-4-8130-2268-8

◆ここが凄い！日本の鉄道―安全・正確・先進性に見る「世界一」　青田孝著　交通新聞社　（交通新聞社新書）
【要旨】国土の約3分の2を山岳や丘陵等が占めるなど、起伏に富んだ地形の日本は、決して鉄道敷設に恵まれた国とは言えない。しかし、長年にわたる技術の蓄積と、持ち前の勤勉さで、今日の鉄道王国を築き上げた。その象徴である新

幹線は、世界初の時速200キロ運転を実現し、欧米諸国に鉄道復権をもたらした。高度な安全性、正確無比のダイヤ、充実した車内設備、行き届いた案内表示、そして朝夕のラッシュアワー輸送も、日本の高度な鉄道システムだからこそなせる『技』でもある。その「凄さ」を世界の鉄道と比べてみると―。世界48の国と地域の鉄道を体験してきた著者が、新幹線開業から半世紀を機に、あらためて日本の鉄道の今を考える。
　2017.6 206p 18cm ¥800 ①978-4-330-79417-4

◆最新電気鉄道工学　電気学会電気鉄道における教育調査専門委員会編　コロナ社　三訂版
【目次】総論、線路、電気車の性能と制御、電気車の機器と構成、集電システム、電力供給方式、信号設備、通信と営業サービス、都市交通システム、磁気浮上式鉄道、海外の電気鉄道と比較及び海外展開に向けて
　2017.8 352p A5 ¥5400 ①978-4-339-00900-2

◆斉藤雪乃の鉄道旅案内 関西版―鉄道大好きタレントがナビゲート！大阪発日帰り鉄道旅ガイド　斉藤雪乃著　（大阪）京阪神エルマガジン社
【要旨】鉄道大好きタレントがお気に入りの路線や車両、街や店を案内！
　2017.3 143p A5 ¥1300 ①978-4-87435-536-7

◆細密イラストで綴る 日本蒸気機関車史　片野正巳著　ネコ・パブリッシング
【要旨】1号機関車からC63まで。日本の歴代蒸気機関車162形式を、寸法入りの細密なカラーイラストで詳しく解説！蒸機ファン・模型ファン必携の一冊。復刻収録、国鉄輸送局作成「動力車主要数値表」
　2017.3 216p A4 ¥3900 ①978-4-7770-5407-7

◆三江線の過去・現在・未来―地域の持続可能性とローカル線の役割　関耕平、会下和宏、田中義昭、岡崎勝彦、保母武彦、政森進、有田恭二、飯野公央著　（米子）今井印刷、（米子）今井出版 発売　（山陰研究ブックレット 6）
【要旨】「田植えする人々」の手元が見える人間が人間らしく生きる農村風景を車窓から望むことができる三江線。…廃線で失うものに思いをはせて刊行する1冊。
　2017.3 161p A5 ¥1111 ①978-4-86611-072-1

◆残念な鉄道車両たち―もしかしたら名車だったかも？不遇の車両たちの足跡　池口英司著　イカロス出版
【目次】D51蒸気機関車、EF55形電気機関車、E10形蒸気機関車、キハ01・02・03形レールバス、EH10形電気機関車、オシ16・オシ17形食堂車、キハ81形特急形気動車、クロ151形展望車、DD54形ディーゼル機関車、581・583系特急形電車〔ほか〕
　2017.8 215p A5 ¥1800 ①978-4-8022-0433-0

◆私鉄郊外の誕生　片木篤編　柏書房
【要旨】あなたの住む街は、どのように開発され、形成されてきたのか？私鉄沿線別に郊外開発の軌跡をたどる。
　2017.8 294p A5 ¥3400 ①978-4-7601-4888-2

◆私鉄車両編成表　2017　ジェー・アール・アール編　交通新聞社
【目次】札幌市交通局、函館市企業局交通部、太平洋石炭販売輸送／道南いさりび鉄道／津軽鉄道／青函トンネル記念館、青い森鉄道／IGRいわて銀河鉄道、弘南鉄道／八戸臨海鉄道、秋田臨海鉄道／秋田内陸縦貫鉄道、由利高原鉄道／三陸鉄道／岩手開発鉄道、仙台市交通局、仙台空港鉄道／仙台臨海鉄道／福島交通、福島臨海鉄道、阿武隈急行／福島臨海鉄道／野岩鉄道〔ほか〕
　2017.7 215p B5 ¥2300 ①978-4-330-81317-2

◆首都圏通勤鉄道網はどのようにつくられたのか　首都圏通勤鉄道網研究会編　洋泉社
【要旨】JR、私鉄、地下鉄が互いに乗り入れ、複雑に鉄道網がはりめぐらされた東京。急増する郊外から都心への通勤者をいかに運ぶかという問題に対して、官民あげた取り組みによって路線網は発達してきた。世界で最も高密度運転をおこなうこの通勤鉄道網が、どのように形づくられてきたのかを計画面と実現した路線から探っていく。
　2017.6 191p B6 ¥1500 ①978-4-8003-1243-3

◆首都圏 日帰り鉄道の旅　松本典久文・写真　ペガサス
【要旨】首都圏周辺、「鉄旅」が楽しめるおすすめ路線24選。
　2017.3 142p A5 ¥1500 ①978-4-89332-069-8

◆生涯一度は行きたい 春夏秋冬の絶景駅100選―そこにしかない、その季節にしか見られない日本の鉄道風景がある 駅旅写真家が見た全国の絶景駅　越信行著　山と溪谷社
【要旨】JR、私鉄、第三セクターを問わずに撮影した約4500駅の中から、著者がセレクトした四季の絶景駅。1枚の写真が物語る駅の歴史と周囲の大自然。
　2017.11 129p A5 ¥1600 ①978-4-635-24116-8

◆蒸気機関車よ永遠に―1960（昭和35）～73（昭和48）年 B20～E10までの記録　杉江弘著　イカロス出版
【目次】1 原形を保った九州の蒸機、2 山陽路の大形蒸機、3 中国地方の蒸機、4 山陰路のパシフィック、5 関西圏の蒸機、6 中部地方の蒸機、7 関東圏の蒸機、8 東北地方の蒸機、9 北海道の蒸機
　2017.8 144p 29×21cm ¥2130 ①978-4-8022-0415-6

◆少子高齢化時代の私鉄サバイバル―「選ばれる沿線」になるには　森彰英著　交通新聞社　（交通新聞社新書）
【要旨】いま私鉄は、高齢化、少子化、人口減少、ライフスタイルの多様化といった世情の大きな変化を受け、これまでの事業スタイルの変革を迫られている。岐路に立つ私鉄は、事業の根幹である「沿線」の新たな活用、価値向上に取り組もうとしている。著者は、取材歴30年以上のベテラン私鉄ウォッチャー。定住化促進、子育て支援、学校誘致、ショッピングモール、宅地開発といった私鉄沿線の「まちづくり」現場を歩き、その将来像を探っていく。
　2017.8 239p 18cm ¥800 ①978-4-330-82017-0

◆昭和の終着駅 中部・東海篇―写真に辿る昔の鉄道　安田就視写真、松本典久、清水武文　交通新聞社　（DJ鉄ぶらブックス 023）
【目次】愛知県―明治初頭、東西連絡鉄道が東海道ルートに決定して大きく発展した（名古屋鉄道築港線 東名古屋港駅、名古屋鉄道瓦町駅 玉ノ井駅、名古屋鉄道瀬戸線 尾張瀬戸駅 ほか）、岐阜県―岐阜県の鉄道は西から数えてきた（名古屋鉄道美濃町線 美濃駅、名古屋鉄道谷汲線 谷汲駅、名古屋鉄道揖斐線 本揖斐駅 ほか）、静岡県・山梨県―東海道本線を軸として枝となる鉄道が生まれた（静岡鉄道静岡清水線 新清水駅、国鉄伊東線 伊東駅、伊豆急行伊豆急行線 伊豆急下田駅 ほか）
　2017.8 143p A5 ¥1600 ①978-4-330-81717-0

◆昭和の終着駅 北陸・信越篇―写真に辿る昭和40～50年代の鉄道　安田就視写真、松本典久　交通新聞社　（DJ鉄ぶらブックス 021）
【目次】福井県（福井鉄道南越線 栗田部駅、京福電気鉄道三国芦原線 三国港駅 ほか）、石川県（尾小屋鉄道尾小屋鉄道線 尾小屋駅、北陸鉄道小松線 鵜川遊泉寺駅 ほか）、富山県（国鉄城端線 城端駅、国鉄射水線 氷見駅 ほか）、新潟県・長野県（新潟交通電車線 白山前駅、越後交通長岡線 西長岡駅 ほか）
　2017.6 143p A5 ¥1600 ①978-4-330-78617-9

◆信州の鉄道碑ものがたり　降幡利治著　（長野）信濃毎日新聞社　（信毎選書）
【要旨】鉄路の敷設、鉄道の開設を喜び、難工事に向き合った人々をたたえ、災難に遭った人を慰める…鉄道と人々の歴史を刻み見守り続ける石碑。　2017.3 317p B6 ¥1400 ①978-4-7840-7302-3

◆新・世界の駅―Stations　パイ インターナショナル
【要旨】前衛的な建築の巨大ターミナル駅、世界遺産に登録された駅、小さなかわいいローカル線の駅、山の頂に建つ絶景の駅etc.「美しい」から「かわいい」「スゴイ」まで。世界中の旅情あふれる107の鉄道駅を収録。
　2017.2 191p 15×15cm ¥1800 ①978-4-7562-4857-2

◆新廃線紀行　嵐山光三郎著　光文社　（光文社文庫）
【要旨】廃線旅行は、鉄道の歌枕を訪ねる旅である―。"現代の芭蕉"嵐山光三郎が、消えた鉄道の残影を求め、全国25路線を踏破する痛快紀行。重要文化財を擁する絶景廃線に、ご当地グルメと温泉を堪能する極楽廃線、追悼旅行で訪れた朽ちゆく思い出のローカル線…苔生した廃線を辿ってみれば、よみがえるのはムカシの匂い。読めばあなたも、きっと廃線の虜になる。
　2017.3 382p A6 ¥800 ①978-4-334-77443-1

◆新編 秘められた旅路―ローカル線に乗って　岡田喜秋著　天夢人、山と溪谷社 発売　（旅鉄LIBRARY 003）

経済・産業・労働

【要旨】雑誌「旅」の名編集長が、若き日に発見した自然と人間。60年の歳月を経て、復刊！ 地方路線の一・なにげない一窓外の風景との出会い…21点収録。
2017.12 237p B6 ¥1350 ①978-4-635-82024-0

◆図説 鉄道の博物誌―ものづくり技術遺産(鉄道の革新)　石田正治、山田俊明編著、池森寛、大島一朗、緒方正則、菅和彦、堤一郎著　秀和システム
【要旨】考えつくしたものは美しい！ 鉄道技術の美と真髄！ 近代化の原動力・鉄道の「機械技術史」。日本をつくった鉄道をめぐる機械遺産の歴史を一望！ 一生に一度は見ておきたい技術遺産だ！ 技術はアートだ！
2017.4 412p A5 ¥2200 ①978-4-7980-4875-8

◆世界の地下鉄駅　アフロ写真、水野久美テキスト　(京都)青幻舎
【要旨】世界中の都市に張り巡らされている地下鉄には、アートギャラリーかと思うほど美しくインパクトのある地下鉄駅が多く存在している。ストックホルムの燃えるような赤の洞窟、ミュンヘンの幻想的な色彩の光に包まれる空間、宮殿のように豪華なモスクワなど、建築・アート・装飾の粋を凝らしたパブリックアートの華であり、美しく演出された魅惑の地下空間である地下鉄駅36を厳選して紹介していく。
2017.11 157p B6 ¥1600 ①978-4-86152-652-7

◆1950年代～1960年代 鉄道黄金時代のカラー写真記録 関西編　ジェイ・ウォーリー・ヒギンズ写真、辻良樹文　フォト・パブリッシング、メディアパル 発売
【目次】第1章 大手私鉄(新型車から旧型車まで世代交代前夜の時代 近鉄日本鉄道、近鉄、京阪と相互直通運転をした奈良電 奈良電気鉄道、近鉄合併前のいにしえの時代 信貴生駒電鉄 ほか)、第2章 準大手私鉄、地方私鉄、公営交通(旧型車や近江形が活躍した滋賀の私鉄 近江鉄道、ポール集電を懐かしい京阪神地方の鉄道各社 南海鉄道叡山本線、鞍馬線、牧歌的な風景だった半世紀以上前の沿線 京福電気鉄道嵐山本線、北野線 ほか)、第3章 路面電車(民間から始まった日本初の路面電車 京都市電、公営初として開業、商都を支えた路面鉄道 大阪市電、技術開発でも名を馳せた、港町・神戸のみどりの市電 神戸市電 ほか)
2017.2 127p B5 ¥2500 ①978-4-8021-3047-9

◆全国現役観光列車図鑑　レイルマンフォトオフィス著　マイナビ出版
【要旨】車両外観、車両内装、サービス、楽しみ方。日本全国を走る観光列車全128車種を完全収録。
2017.6 222p A5 ¥1880 ①978-4-8399-6188-6

◆全国主要都市 駅別乗降者数総覧 '17　エンタテインメントビジネス総合研究所編　エンタテインメントビジネス総合研究所
【目次】路線図、「全国主要都市駅別乗降者数総覧'17」について、東京大都市圏駅別乗降者数データ(路線別駅順乗降者数、乗換駅会社別乗降者数、駅別乗降者数ランキング、駅別構成路線(五十音別)、京阪神国駅別乗降者数データ、主要地方都市駅別乗降者数データ(路線別駅順乗降者数、乗換駅会社別乗降者数))
2017.8 303p B5 ¥2000 ①978-4-901526-48-7

◆全国鉄道事情大研究 北海道篇　川島令三著　草思社
【要旨】人口減少、高速道の整備、天災…ほとんどの路線が赤字。どう存続させるべきか？ 現地取材にもとづき、現状と未来を徹底分析！
2017.4 311p B6 ¥1800 ①978-4-7942-2274-9

◆全国鉄道事情大研究 東北・東部篇　川島令三著　草思社
【要旨】JR石巻線、気仙沼線、大船渡線、八戸線―大震災から6年余り。どんな路線は生まれ変わったか？ 津波による被害と復旧の状況、バス専用道(BRT)に変貌した区間の現状など、太平洋側、計17路線の今を徹底解説！
2017.10 287p B6 ¥1900 ①978-4-7942-2304-3

◆戦前大阪の鉄道駅小売事業　谷内正往著　五絃舎
【目次】序章 戦前大阪のターミナル・デパート、第1章 戦前阪急百貨店の革新性―大型化とアミューズメント・センター化、第2章 昭和初期大阪の専門大店―有名店の共同組織、専門店史―もう一つの大阪百貨店案、第4章 戦前地下鉄とストアの開業について、第5章 戦前日本初のチェーンストア―大阪マルキ号パン店、第6章 大阪の地下鉄と地下街の形成―1970

年頃を中心として
2017.9 177p A5 ¥1400 ①978-4-86434-073-1

◆相鉄沿線の不思議と謎　浜田弘明監修　実業之日本社　(じっぴコンパクト新書)
【要旨】相鉄沿線にひそむ地理・地名・歴史の意外な真実やおもしろエピソードが満載。読めば、ふだんなにげなく見ている駅や沿線風景が違って見えてくる！
2017.1 189p 18cm ¥900 ①978-4-408-45623-2

◆相鉄線あるある　高島修著、大河原修一画　TOブックス
【要旨】地味だけど、奥深い相鉄線のあるあるネタを180本も収録。そして、もちろん…相鉄いずみ野線ネタも収録!!
2017.6 143p 18cm ¥1000 ①978-4-86472-576-7

◆タイ鉄道散歩　藤井伸二乗車・文・写真　イカロス出版　改訂版
【要旨】列車に乗ってタイ全土を自由に"散歩"しよう。鉄道旅だから見えてくるタイがある。タイ鉄道全線を網羅。
2017.12 235p 21×19cm ¥1600 ①978-4-8022-0464-4

◆台湾と日本を結ぶ鉄道史―日台鉄道交流の100年　結解喜幸著　交通新聞社　(交通新聞社新書)
【要旨】日本統治時代の鉄道建築物や構造物が数多く現存し、現在の日本以上に日本の明治～昭和時代の趣を残す台湾。近年、国内と同じ機関車を使用していることや外観の似た駅舎などの接点から、台湾と日本の鉄道会社の提携・交流が活発化している。その根底には、100年以上前から脈々と受け継がれた日台間の交流があり、その歴史を考察しながら、現在盛んに行われるようになった日本と台湾の鉄道交流について記していく。
2017.4 207p 18cm ¥800 ①978-4-330-77217-2

◆旅ゆくrailman 2 東日本編―鉄道は、わが命の綱・人の暮らしの宝物　桜井詞著　(京都)ウインかもがわ、(京都)かもがわ出版 発売
【目次】JR東海道新幹線―富士山がくっきり見えれば幸せ気分、JR東海道本線―名古屋→東京 沿線産業の盛衰想う、JR中央西線―次から次に無人駅、「秘境列車」も、JR高山線―昔ながらのまちの風情に浸れる、JR東日本八高線―「お蚕」地帯に残る非電化単線、JR中央東線―山塊を縫って走る風景を楽しむ、JR東北本線―震災・原発に思いを寄せながら、JR北陸新幹線―首都圏と直結した新しい顔、JR東北・北海道新幹線―「4時間の壁」への挑戦を実感、JR北海道―広がる大地は空気も違って魅せられる、札幌→京都 トワイライト号―夢がかなった神の贈り物、秋田内陸縦貫鉄道―廃線の危機との熱い闘いを実感、首都圏新都市鉄道 つくばエクスプレス―未来をイメージして走る、日本一長いバス路線―大和八木(奈良)→新宮(和歌山)、スイス列車の旅―あこがれのアルプス山岳鉄道を満喫
2017.6 225p 18cm ¥800 ①978-4-903882-84-0

◆誰も書けなかった首都圏沿線格差inディープ―首都圏49路線の最新"暮らしやすさ"指標が満載!!　首都圏沿線格差研究会編　笠倉出版社
【要旨】読まずに住めるか！ 知りたくなかった？ 首都圏の路線沿線の真実。
2017.10 255p 18cm ¥900 ①978-4-7730-8906-6

◆地形を感じる駅名の秘密 東京周辺　内田宗治著　実業之日本社　(じっぴコンパクト新書)
【要旨】東京の地形が凸凹していることが広く知られるようになり、渋谷駅が「谷」にあってどこに行くにも坂であることもすつかり有名になっている。では、同じく「谷」がつく千駄ケ谷、四ツ谷、市ケ谷はどうなる？ 駅名の由来はさまざま。駅の立地を表す場合もあれば、住居表示だったり、近くの著名な地名にあやかったり。答えを知る前に、駅名から、地形散歩を始めてみませんか。
2018.1 204p 18cm ¥800 ①978-4-408-33760-9

◆地図と鉄道省文書で読む私鉄の歩み 関西1 阪神・阪急・京阪　今尾恵介著　白水社
【目次】阪神電気鉄道(日本初の都市間高速電車、最盛期アメリカの電車を研究、茶の花畑を快走した初電車、初めての支線・北大阪線、沿線人口の急増と輸送力増強)、阪急電鉄と甲子園開発(阪急エリアへの進出と神戸地下鉄)、阪急電鉄(有馬温泉への険しい道、宝塚の観光開発と宅地分譲、灘循環電気軌道をめぐる確執、「ガラアキ」高速電車―神戸線、国鉄廃線跡を走る北行

き電車、京阪自ら敷設したライバル線、「燕」より速い新京阪―京阪京阪線)、京阪電気鉄道(京街道に沿った電気鉄道、疎水べりと路上を走る、念願の三条延伸と宇治線の建設、京都～大津を結ぶ山越え電車、先見の明ある複々線化)
2017.3 341, 3p B6 ¥2400 ①978-4-560-09545-4

◆千葉県の鉄道―昭和～平成の記憶 県内の現役全路線と廃線　牧野和人著　アルファベータブックス
【目次】第1章 国鉄・JR(総武本線、総武線各駅停車、成田線 ほか)、第2章 私鉄・公営交通(京成成田電気鉄道本線、東成田線、千葉線、千原線、成田空港線、芝山鉄道芝山鉄道線、新京成電鉄新京成線 ほか)、第3章 廃線(九十九里鉄道、銚子遊覧鉄道、夷隅軌道 ほか)
2017.5 87p B5 ¥1850 ①978-4-86598-825-3

◆注解 鉄道六法 平成29年版　国土交通省鉄道局監修　第一法規
【目次】鉄道事業、鉄道営業、施設・車両・運転・保安、軌道、鉄道整備、国鉄改革、諸法、旧法、附録
2017.11 4159p 20×15cm ¥5200 ①978-4-474-05978-8

◆通勤電車のはなし―東京・大阪、快適通勤のために　佐藤信之著　中央公論新社　(中公新書)
【要旨】通勤時間はムダである。この苦痛に耐える時間を有意義に利用すれば年間7兆円もの価値が生まれるといわれる。どうすれば満員電車を少しでも快適に出来るのか。新型の鉄道、ダイヤの工夫、新型車両の導入など、鉄道会社は努力を重ねてきた。人口減少社会の現在でも、なお改善は必要である。混雑率200%に達する総武線や田園都市線をはじめ、主要路線の問題点と対策を解説。過去から将来まで、通勤電車のすべてが分かる。
2017.5 277p 18cm ¥900 ①978-4-12-102436-7

◆ツウになる！ 鉄道の教本―鉄道好きとの会話が盛り上がる！　土屋武之著　秀和システム
【要旨】鉄道会社から車両の仕組み、きっぷ、相互乗り入れ、鉄道No.1ネタ、さらに認定証つき。ツウCheck テストであなたも鉄道ツウの仲間入り！
2017.12 181p A5 ¥1600 ①978-4-7980-5379-0

◆通も知らない驚きのネタ！ 鉄道の雑学大全　櫻田純監修　青春出版社
【要旨】つい誰かに話したくなる！ 選りすぐりのネタ170項。世界で一番おもしろい、鉄道雑学の決定版！
2017.3 379p B6 ¥1000 ①978-4-413-11208-6

◆テツ旅デビューのススメ　鈴木翔著　ミヤオビパブリッシング、(京都)宮帯出版社 発売
【要旨】きっぷと時刻表の知識を持てば、お金と時間をコントロールできます。テツ旅62の基礎知識。
2017.9 166p B6 ¥1200 ①978-4-8016-0122-2

◆徹底カラー図解 東京メトロのしくみ　マイナビ出版編集部著、東京メトロ協力　マイナビ出版
【要旨】丸ノ内線にある幻のホーム？ なぜここに踏切が？ もっと東京メトロを知りたい！ 車両形状＆装置などのデータや知られざる歴史を解説。
2017.12 223p A5 ¥1590 ①978-4-8399-6384-2

◆鉄道業界大研究　二宮護著　産学社
【要旨】日本の鉄道はどのように発展を遂げてきたのか？ 鉄道業界の歴史、現状をわかりやすく解説。鉄道と周辺の都市計画など未来に向けた動きを網羅！ JRから民鉄、地方鉄道まで主要各社の最新情報を一挙掲載！
2017.9 210, 4p A5 ¥1500 ①978-4-7825-3463-2

◆鉄道時刻表の暗号を解く　所澤秀樹著　光文社　(光文社新書)
【要旨】いまやスマホで全てが瞬時に分かる。でも、紙の時刻表が売れ続けているのはなぜか。それは、ネットでは安・近・短の"正解"は分かっても、「広域の乗り継ぎ・途中下車の自由時間」を俯瞰して知りたい場合は紙が圧倒的に便利だから。運賃手計算はボケ防止にもなる。「目的地にラクに着く」という視点を離れると、好奇心を掻き立てる広大な世界が目の前に。紙の時刻表ならではの"非合理の楽しみ"を味わう旅へ出発進行！
2017.8 285p 18cm ¥820 ①978-4-334-04305-6

◆**鉄道車両と設計技術**　「応用機械工学」編集部編　大河出版　復刻版
【要旨】1980年に発行された技術書「鉄道車両と設計技術」の復刻版。執筆陣は、鉄道分野の第一線で活躍していた鉄道事業者、車両メーカーの機械技術者など。当時の鉄道車両と設計技術の最新技術を網羅した、貴重な技術資料。写真や図版も多いことから、専門家だけでなく、鉄道愛好家など一般の方々の座右に置いていただける一冊である。
　　　2018.1 246p A5 ¥4500 ①978-4-88661-354-7

◆**鉄道車両のダイナミクスとモデリング**　日本機械学会著　日本機械学会, 丸善出版 発売
【目次】第1章 鉄道の基礎知識（鉄道車両、鉄道線路 ほか）、第2章 車両のダイナミクス（車輪とレールの接触、輪軸の運動 ほか）、第3章 車両運動シミュレーション（解析目的と座標系・自由度の選択、車両運動シミュレーションの実例 ほか）、第4章 車体振動と乗り心地（振動乗り心地評価、車体上下振動の実態 ほか）である。
　　　2017.12 202p A5 ¥3500 ①978-4-88898-282-5

◆**鉄道「大百科」の時代**　南正時著　実業之日本社
【要旨】昭和50年代の鉄道少年たちへ！「大百科」はこうしてできた!!初めて明かすエピソード。名作「『富士』同乗記」再現!!
　　　2017.2 159p B6 ¥1800 ①978-4-408-11212-1

◆**鉄道手帳　2018年版**　所澤秀樹責任編集　（大阪）創元社
【要旨】2018年版の特長：新資料「全国の鉄軌道電化方式一覧図」「電化区間のセクションと饋電方式の概要」のほか、「複線区間一覧図」も大改訂のうえ収録。定番資料もきっちり充実!!　2017年12月～2018年11月までの鉄軌道各社のイベント予定を掲載。この1冊で毎日どっぷり鉄道漬け!!
　　　2017.10 62p B6 ¥1200 ①978-4-422-24065-7

◆**鉄道と観光の近現代史**　老川慶喜著　河出書房新社（河出ブックス）
【要旨】汽笛一声、ニッポン観光時代到来！初詣も松茸狩りも温泉もオリンピックも、鉄道で行こう！鉄道と観光、150年の歴史を描く初の決定版通史。
　　　2017.9 226p B6 ¥1600 ①978-4-309-62507-2

◆**鉄道配線大研究―乗る、撮る、未来を予測する**　川島令三著　講談社（図説 日本の鉄道）
【目次】鉄道配線の基礎知識、第1章 ターミナル駅の配線、第2章 単線路線の行違駅、第3章 中間折返駅の配線、第4章 複々線の配線、第5章 路面電車・地下鉄などの配線、第6章 貨物駅・車両基地の配線
　　　2017.2 253p B6 ¥1700 ①978-4-06-295182-1

◆**鉄道要覧　平成29年度**　国土交通省鉄道局監修　電気車研究会・鉄道図書刊行会
【目次】五十音別索引、運輸局別開業者数・キロ程表、運輸局別営業キロ一覧表（鉄道・軌道）、運輸局別営業キロ一覧表（索道）、平成28年度鉄道・軌道の許可・特許等一覧表、鉄道、軌道、索道、鋼索鉄道事業者の主な株主一覧表、全国運輸局別路線略図、JR7社の各社別線路図〔ほか〕
　　　2017.9 455p A4 ¥5800 ①978-4-88548-128-4

◆**電気機関車とディーゼル機関車**　石田周二、笠井健次郎著　交通研究協会, 成山堂書店 発売（交通ブックス）改訂版
【要旨】日本は一時は世界経済の機関車と呼ばれていたこともありますが「機関車」は、日本の工業技術の発展を語るうえで欠かせない存在です。本書では内外の電気機関車とディーゼル機関車について、その構造と技術の発展の経過、各国の状況とメーカーの変遷などを長ら々各国の開発・設計に携わってきた2人の著者が詳細に解説しました。改訂版では、旧版から2年間の世界情勢の変化、たとえば中国での鉄道勢力の変化と生産の急減、インドの技術導入の開始、ヨーロッパ3強ではボンバルディアの経営問題、主なメーカーの現地生産と投資の進展、とくに目覚ましいディーゼル機関車でのGEの進出などが追加され、技術的には粘着の解析に関することやスイスの状況と操舵台車のことが追加されています。
　　　2017.9 270p B6 ¥1800 ①978-4-425-76232-3

◆**電車が好きな子はかしこくなる―鉄道で育児・教育のすすめ**　弘田陽介著　交通新聞社（交通新聞社新書）
【要旨】車両などの形や色、路線名、駅名といった様々な情報があふれる鉄道の世界は、記憶力などの「認知スキル」の向上に有益だ。加えて

サポート次第で、人付き合いや自分との関わりについての力「非認知スキル」を強化し、新しい大学入試にも役立つ力を養うことができる。本書は、教育学・心理学の視点から、改めて子どもの本当のかしこさを問う、鉄道好きのお子さまをお持ちの保護者の皆様が、自信を持てる一冊。
　　　2017.12 183p B6 ¥1400 ①978-4-330-84417-6

◆**電車基礎講座―「知ってるつもり」から「確かな知識」へ**　野元浩著　交通新聞社　改訂版
【要旨】オールカラーでわかりやすい電車の「しくみ」解説書。
　　　2017.3 224p B5 ¥3000 ①978-4-330-76517-4

◆**ドイツ保存鉄道 旅―日本の鉄ちゃんにドイツの鉄 提案本**　田中貞夫文・写真・イラスト・編　（相模原）アトム、星雲社 発売
【要旨】日本の鉄ちゃん必読！鉄ちゃん鉄じょ先進国ありのまま。保存蒸機からハルツ蒸機まで。ドイツ旅シリーズ第3弾。
　　　2017.10 288p A5 ¥4500 ①978-4-434-23837-6

◆**東急東横線あるある**　寺井広樹、村神徳子著　TOブックス
【要旨】路線利用者120万は、読んだら常備せざる得なくなること間違いなし！鉄道や駅ネタはもちろん、カルチャーや人間像も。沿線利用者なら必ず気になる東横線にまつわる「あるある」をこの一冊に!!綱島の幻の桃「日月桃」とは？時たま、エスカレーターが鬼のような速度で動いている!?渋谷、新宿三丁目、池袋以外の行先が分からない？レモンサワー発祥のお店があるぞ！大黒堂の「鮎焼き」は多摩川の鮎をイメージしていた!!などなどディープな東急東横のあるあるネタを200超収録！
　　　2017.3 159p 18cm ¥1000 ①978-4-86472-553-8

◆**東急電鉄 初代7000系―昭和の忙しい通勤電車のおはなし**　牛﨑裕康著　（名古屋）ブイツーソリューション、星雲社 発売（懐かしの東急線 3）
　　　2017.7 39p 19×15cm ¥500 ①978-4-434-23558-0

◆**東急電鉄スゴすぎ謎学**　小佐野カゲトシ著　河出書房新社（KAWADE夢文庫）
【要旨】先進的で高性能な車両、洗練された利用者サービス、鉄道と一体となった住みよい街づくり…年間10億人を運ぶ鉄道会社は驚きの発見と意外な事実の宝庫!!
　　　2017.9 222p A6 ¥680 ①978-4-309-49974-1

◆**東京に汽車があった頃―昭和40年代のカメラ少年**　山口雅人著　交通新聞社（DJ鉄ぶらブックス）
【目次】序章 ちょっとマセた鉄道少年だった、第1章 上野駅に憧れて、第2章 埼玉県内の蒸気機関車、第3章 神奈川県の山間部と海沿いで、第4章 両国から千葉方面へ、第5章 いろいろな出来事、第6章 渋谷と新宿の路面電車、第7章 東京駅　2017.7 143p A5 ¥1500 ①978-4-330-79617-8

◆**東京の地下鉄路線網はどのようにつくられたのか**　東京地下鉄研究会著　洋泉社
【要旨】世界の都市のなかでも有数の地下鉄網をもつ東京。網の目のように張り巡らされた路線は複雑に絡み合っている。さらに郊外を走る他社線との相互乗り入れという、日本独自の方式で路線網を形成してきた。昭和初期に、東洋初の地下鉄として開業してから九十年、この複雑な路線網がどのようにつくられてきたのかを振り返る。
　　　2017.2 207p B6 ¥1400 ①978-4-8003-1155-9

◆**東京の鉄道名所さんぽ100**　松本典久著　成美堂出版
【目次】東京・新橋・築地エリア、上野・浅草エリア、秋葉原・両国エリア、御茶ノ水・飯田橋・四ツ谷エリア、山手エリア、王子・荒川エリア、府中・立川・八王子・高尾エリア、青梅・奥多摩エリア、横浜エリア、横須賀・箱根エリア、千葉・埼玉・群馬エリア、鉄道記念碑めぐり
　　　2015.5 174p A5 ¥1200 ①978-4-415-32335-0

◆**東京メトロ東西線・都営地下鉄新宿線―街と駅の半世紀 懐かしい沿線写真で訪ねる**　山下ルミコ著　アルファベータブックス
【目次】第1部 東京メトロ東西線（中野、落合、高田馬場、早稲田、神楽坂 ほか）、第2部 都営地下鉄新宿線（新宿、新宿三丁目、曙橋、市ケ谷、九段下・神保町 ほか）
　　　2017.4 87p B5 ¥1850 ①978-4-86598-824-6

◆**東武鉄道―伊勢崎線、日光線、亀戸線、大師線、野田線、佐野線、桐生線、小泉線、宇都宮**

線、鬼怒川線、東上線、越生線1950～1980年代の記録　牧野和人著　アルファベータブックス
【目次】伊勢崎線、日光線と沿線支線（浅草、とうきょうスカイツリー、押上、曳舟、東向島、鐘ケ淵、堀切、牛田 ほか）、野田線（大宮、北大宮、大宮公園、大和田、七里、岩槻、東岩槻、豊春、八木崎、春日部 ほか）、東上線、越生線（池袋、北池袋、下板橋、大山、中板橋、ときわ台、上板橋、東武練馬、下赤塚 ほか）
　　　2017.2 103p 30×23cm ¥1850 ①978-4-86598-821-5

◆**都電が走った1940年代～60年代の東京街角風景**　稲葉克彦著　フォト・パブリッシング、メディアパル 発売
【要旨】貴重な発掘写真でよみがえる、懐旧の東京アルバム。
　　　2018.1 128p B5 ¥1800 ①978-4-8021-3084-4

◆**とやま駅物語**　立野幸雄著　（富山）富山新聞社,（金沢）北國新聞社出版局 発売
【要旨】鉄道王国富山を彩る、大ターミナル駅から、無人駅、停留所まで、各駅停車で巡る豊かな歴史と文学。富山新聞の好評連載・全59駅。
　　　2017.7 251p B6 ¥1296 ①978-4-8330-2104-3

◆**名古屋鉄道 今昔―不死鳥「パノラマカー」の功績**　徳田耕一著　交通新聞社（交通新聞社新書）
【要旨】愛知県をメインに岐阜県南部まで路線を張りめぐらしている名古屋鉄道。現在の総路線長は近畿日本鉄道、東武鉄道に次ぎ、私鉄第3位の長さだ。路線の多くは、JR名古屋駅前の名鉄百貨店の地下にある鉄道名古屋駅を中心に、放射状に広がっている。昭和の名鉄は、日本初の前面パノラマ式電車「パノラマカー」で一世を風靡したが、それは世界のトヨタのお膝元、クルマ王国＝名古屋への挑戦だった。中部国際空港「セントレア」の開港後は空港アクセスの重責も担い、平成時代は沿線各地を結ぶ施設で地域の足を担っている。本書は名鉄電車の昭和と平成の比較や歴史、名鉄ならではの営業施策をまとめた"雑学読本"である。
　　　2017.8 255p 18cm ¥800 ①978-4-330-81917-4

◆**なぜ、上野駅に18番線がないのか？―あなたの知らない東京「鉄道」の謎**　米屋こうじ著　洋泉社
【要旨】かつては山手線にトンネルがあった!?碓氷峠と同じ急勾配が都内にある!?東京都最南端の駅はどこ？誰もが気になる鉄道の疑問・ふしぎを徹底研究！世界一複雑な路線網をもつ東京の鉄道の謎。
　　　2017.7 190p B6 ¥1400 ①978-4-8003-1258-7

◆**なぜ南武線で失くしたスマホがジャカルタにあったのか―「鉄道最前線」ベストセレクション**　東洋経済オンライン編　東洋経済新報社
【要旨】鉄道産業の裏側が見える！日々のビジネスのヒントになる!!そして、誰かに話したくなる!!「東洋経済オンライン」の圧倒的ページビューの鉄道ニュースサイト、待望の書籍化！
　　　2017.4 363p B6 ¥1400 ①978-4-08-781625-9

◆**なぜ迷う？ 複雑怪奇な東京迷宮（ダンジョン）駅の秘密**　田村圭介監修、造事務所編　実業之日本社（じっぴコンパクト新書）
【要旨】複雑怪奇に「なってしまった」東京の駅が、なぜ「わかりにくい」のか。それは、シンプルな路線の接続の位置関係、シンプルな通路とシンプルな上下移動…にはできないから、いろんな事情があるから。駅ごとにあるそうした事情、歴史をさぐります。構造を知り、空間を把握すれば、もう迷わない、苦しまない。最短経路で目的地へGO！
　　　2017.7 223p 18cm ¥800 ①978-4-408-33714-2

◆**なつかしの通勤電車 関西編**　広岡友紀著　彩流社
【要旨】関西の民鉄を愛する著者が、昭和のあの頃の通勤風景を描く。関西圏の民鉄（阪急電鉄・阪神電鉄・南海電鉄・京阪電鉄・近鉄）の情報が満載！昭和30～50年代に活躍した、大阪・京都・神戸を中心に走った私鉄の通勤・通学電車。高度経済成長期に、関西・私鉄大手各社を支えた代表車両の形式を紹介。歴史と伝統、やさしさとこころ配りが息づく街の情景の変遷。
　　　2017.10 95p A5 ¥1700 ①978-4-7791-2389-4

◆**なつかしの通勤電車 関東編**　広岡友紀著　彩流社
【要旨】昭和30～50年代に、東京・神奈川・千葉・埼玉を中心に走ったなつかしの通勤・通学電車。ターミナル駅周辺の変遷と経済界の意外な裏面

経済・産業・労働

史。女性らしい暮らしの変化への視点と読者を
引きつける目からウロコの文章。
　　2017.9 83p A5 ¥1700 ①978-4-7791-2349-8

◆**西鉄&西鉄バス沿線の不思議と謎**　宮崎克
則監修　実業之日本社　（じっぴコンパクト新
書）
【要旨】天神大牟田線の横の県境が直線のワケ
は？ ふだんなにげなく見ている駅や沿線風景
にも意外な事実、驚きのエピソードも満載！西
鉄と西鉄バス沿線がもっと好きになる知的案内
本。
　　2017.6 189p 18cm ¥700 ①978-4-408-33702-9

◆**乗り放題きっぷで行く週末ぶらり鉄道旅
関西・東海編**　小林克己著　大和書房　（だ
いわ文庫）
【要旨】超おトクな乗り放題きっぷで、関西・東
海地方を遊びつくそう！ JR東海のほぼ全線に1
日乗り放題！「青空フリーパス」京阪神の見どこ
ろを1日でまわれる！「阪急阪神1dayパス」知
る人ぞ知る最強パス！「伊勢・鳥羽・志摩スー
パーパスポート"まわりゃんせ"」次の休日が、
待ち遠しくてたまらなくなる！ プチ贅沢な鉄道
旅へご案内。
　　2017.6 295p A6 ¥700 ①978-4-479-30656-6

◆**廃線駅舎を歩く—あの日見た駅の名は**　杉崎
行恭著　交通新聞社　（DJ鉄ぷらブックス
020）
【目次】北海道・東北エリア（JR北海道標津線 奥
行臼駅跡、国鉄士幌線 士幌駅跡 ほか）、関東・
甲信越エリア（国鉄赤谷線 赤谷線跡、新潟交通
電車線 月潟駅跡 ほか）、中部・北陸エリア（加
越能鉄道加越線 井波駅跡、名古屋鉄道美濃町線
美濃駅跡 ほか）、近畿・中国・山陰エリア（官
設鉄道北陸線・東海道線 旧長浜駅跡、江若鉄道
江若鉄道 近江今津駅跡 ほか）、四国・九州エ
リア（屋島登山鉄道屋島ケーブル 屋島山上駅跡、
住友金属鉱山下部鉄道電車 星越駅跡 ほか）
　　2017.5 159p A5 ¥1500 ①978-4-330-78517-2

◆**八王子の電車とバス—八王子市制百周年記念**
清水正之著　（八王子）揺籃社　改訂版
【目次】第1章 八王子の電車（馬車の時代、鉄道
の歩み、甲武鉄道、中央線、八王子町 ほか）、第
2章 八王子のバス（人力車とバス、京王バス、高
尾自動車、八王子市街自動車、伊奈バス ほか）
　　2017.8 84p B5 ¥1200 ①978-4-89708-388-9

◆**阪急沿線ディープなふしぎ発見**　天野太郎
監修　実業之日本社　（じっぴコンパクト新
書）
【要旨】阪急沿線に数多くある謎や不思議の理由
をひもとくと、そこに見えてくる意外な真実や
納得のエピソード。これがなにげなく見ている
駅や沿線風景にもっと愛着が湧いてくる。阪急
沿線のことがもっともっと深くわかる地元密着
型知的案内本。ふだんなにげなく見ている駅や
沿線風景に謎や不思議がこんなにあった！
　　2017.7 189p 18cm ¥700 ①978-4-408-33717-3

◆**阪急電鉄 スゴすぎ謎学—私鉄界のお手本カ
ンパニーは上質で奥深い魅力がいっぱい！**
小佐野カゲトシ著　河出書房新社
（KAWADE夢文庫）
【要旨】きめ細やかなダイヤ設定、伝統の重みと
気品あふれる車両、先見性の高い乗客サービス、
歌劇に代表される豊かな文化の創造…知れば知
るほど"阪急愛"が止まらなくなる!!
　　2017.2 222p A6 ¥680 ①978-4-309-49960-4

◆**控車のすべて**　吉岡心平著　ネコ・パブリッ
シング　（RM LIBRARY 221）
【目次】1 総説（控車の概要、控車の構造、控車
の配置 ほか）、2 戦前型（ヒ1（旧ヒ100M44）
形式、ヒ100（旧ヒ1050M44）形式、ヒ150（旧ヒ
1100M44）形式 ほか）、3 戦後型（ヒ300形式、ヒ
400形式、ヒ500形式 ほか）
　　2018.1 47p B5 ¥1250 ①978-4-7770-5420-6

◆**秘境駅跡探訪**　牛山隆信著　自由国民社
【要旨】ローカル線の廃止や旅客数の減少、列車
運行本数の削減など"秘境駅"を取り巻く環境
は年々厳しくなっている。時刻表から姿を消し
た"秘境駅"の現状。合理
化でスイッチバックを解消した"秘境駅"の現状
は？ さまざまな事情で廃止された駅や信号場を
取材！
　　2017.7 143p A5 ¥1400 ①978-4-426-12294-2

◆**兵庫県の鉄道—昭和・平成の全路線 兵庫県
内の現役路線と廃線**　野沢敬次著　アルファ
ベータブックス
【目次】1章 国鉄・JR（山陽新幹線、東海道本線、
山陽本線 ほか）、2章 私鉄・公営鉄道（阪急電鉄

宝塚本線、阪急電鉄 神戸本線、阪急電鉄 伊丹
線 ほか）、3章 廃止路線（三木鉄道 三木線、国
鉄鍛冶屋線、国鉄高砂線 ほか）
　　2018.1 95p B5 ¥1850 ①978-4-86598-832-1

◆**琵琶湖を巡る鉄道—湖西線と10路線の四季**
清水薫著　（彦根）サンライズ出版
【要旨】滋賀県のど真ん中に位置する琵琶湖。そ
の周囲を取り巻く湖西線と10の魅力的な鉄道路
線。フリーランスの写真家になって20年以上に
わたり、湖西線を皮切りに県内各地を走るJR、
私鉄、第3セクター路線の列車を四季折々の自然
豊かな風景とともに作品化してきました。また、
今年は奇しくもJRが開業して30年の節目の年に
あたります。各路線で撮影してきた作品に加え、
この30年間で県内を駆け抜けた列
車、車両たちの写真をページの許す限りまとめ
ました。
　　2017.5 125p A5 ¥2200 ①978-4-88325-614-3

◆**普通列車編成両数表　Vol.37**　ジェー・
アール・アール編　交通新聞社
【要旨】2017年3月4日JRグループダイヤ改正。主
要線区平日＆土曜・休日の車両運用収録。
　　2017.12 252p B5 ¥3300 ①978-4-330-78817-3

◆**平成19年1月 鉄道構造物等維持管理標準・
同解説（構造物編）鋼・合成構造物**　国土交
通省鉄道局監修，鉄道総合技術研究所編　丸善
出版　平成29年度付属資料改訂版
【目次】1章 総則、2章 維持管理の基本、3章 初
回検査、4章 全般検査、5章 個別検査、6章 随時
検査、7章 措置、8章 記録、付属資料
　　2017.12 252p B5 ¥7500 ①978-4-621-30271-2

◆**本気になって何が悪い—新装客商売**　唐池
恒二著　PHP研究所
【目次】上場までの道のり1 逆境と屈辱、上場ま
での道のり2 グッドデザインイズグッドビジネ
ス、会社人生をまるっと変えた四カ月 丸井学校
への入学、玄界灘、波高し1 たからものの社員た
ち、玄界灘、波高し2 チンチャナヨ課長、「外食
王」への道 第一幕1 レストランはメーカーであ
る、「外食王」への道 第二幕2 上・京・物・語、
「外食王」への道 第二幕3 最高の大家さん、「南
九州観光調査開発委員会」のこと1 会議は走る、
「南九州観光調査開発委員会」のこと2 なんとな
くカツオではダメなのだ ［ほか］
　　2017.9 367p B6 ¥1700 ①978-4-569-83858-8

◆**もじ鉄—書体で読み解く日本全国全鉄道の駅
名標**　石川祐基著　三才ブックス
【要旨】いつもの駅が、いつもより楽しくなる！
文字とデザインの鉄道本。日本全国、北海道か
ら沖縄まで全166駅（路線）掲載！
　　2018.1 191p A5 ¥1700 ①978-4-86673-022-6

◆**りんてつ（水島臨海鉄道）沿線手帖—くらし
きピーポー探偵団が行く！**　倉敷商工会議所
青年部編　倉敷商工会議所青年部、（岡山）吉備
人出版 発売
【要旨】地元学生が足で調べたディープな沿線ガ
イド＆物語。
　　2017.3 100p A5 ¥1000 ①978-4-86069-498-2

◆**レイル　No.101　関西本線・近畿大阪線
競演 士別森林鉄道 公式写真に見る国鉄客
車**　エリエイ
【目次】50cc バイクでの関西本線と参宮線撮影記
—昭和44/9月13日〜17日、加太越え、連続アップ
ダウンに挑む 近鉄電車、近畿大阪線三本松 昭
和47/1972年秋、士別森林鉄道—天塩川を遡っ
た森林鉄道、公式写真に見る国鉄客車 第4回
　　2017.11 96p B5 ¥2000 ①978-4-87112-101-9

◆**レイル　No.102　こどもの国線の半世紀
とその前史 スイス・ゴッタルト峠訪問 国
鉄客車5**　エリエイ
【目次】こどもの国線の半世紀とその前史、昭和
54/1979年3月 田園都市線に出現した注目編成、
ハイカラ路線田園都市線、公式写真に見る国鉄客
車・第5回、スイス・ゴッタルト峠訪問、2016年6
月1日ゴッタルトベーストンネルその概要、田辺
多知夫さんの尾小屋鉄道訪問記メモ、私の100・
追録
　　2017.4 98p 29×21cm ¥3600 ①978-4-87112-102-6

◆**列車ダイヤはこう進化を遂げた—日本の鉄
道はニーズにどう答えてきたのか**　和佐田貞一
著　交通新聞社　（交通新聞社新書）
【要旨】鉄道輸送において列車は「商品」であり、
利用者から求められる品質とは、「速い（所要時
間が短い）」「直行する（乗り換えずに行ける）」
「乗りたいときに乗れる（本数が多い）」の「便

利3要素」ということになる。品質の向上には車
両や軌道などハード面の改良は不可欠であるが、
そのハードの能力に最適化された「列車ダイヤ」
を設定することによってようやく「便利3要素」
が達成される。一列車ダイヤの基礎や運行計画
の考え方をわかりやすく説明した上で、JR発足
時から30年を経て如何に「便利3要素」を達成し
た「列車ダイヤ」が数多く誕生し、目覚ましく
進化したのか詳しく解説。
　　2017.10 238p 18cm ¥800 ①978-4-330-83017-9

◆**列車編成席番表　2017春**　ジェー・アー
ル・アール編　交通新聞社
【要旨】2017年3月4日現在、JR・私鉄指定席連
結列車全掲載。
　　2017.3 359p B5 ¥2500 ①978-4-330-76317-0

◆**列車編成席番表　2017 夏・秋**　ジェー・
アール・アール編　交通新聞社
【目次】新幹線列車編成席番表、JR在来線 電車
列車編成席番表（列車番号末尾にM）、JR在来線
気動車列車編成席番表（列車番号末尾にD）、JR
リゾート車両 編成席番表（臨時列車または団体
専用車両）、JR都市近郊列車 編成席番表、私鉄
列車編成席番表
　　2017.7 359p B5 ¥2500 ①978-4-330-81217-5

◆**路面電車—運賃収受が成功のカギとなる!?**
柚原誠著　交通研究協会、成山堂書店 発売
（交通ブックス 127）
【要旨】LRTと路面電車は異なる乗り物なのか？
いや、本質的には何ら変わるものではない。日
本でも"現代の路面電車""次世代型路面電車"
として注目を浴びて久しいが、欧米に比べて、な
ぜ普及・浸透してこなかったのか？ 著者はその
カギを運賃収受の方法にあると指摘する。ヨー
ロッパ、アメリカ、オーストラリアなどの海外
事例と比較・検証し、大量輸送かつ定時運行が
可能なLRT（路面電車）導入成功のための改善策
を提案。LRT（路面電車）が"速くて便利な公共
交通"になり得るか否か、その可能性に迫る一
冊！
　　2017.12 212p B5 ¥1850 ①978-4-425-76261-3

◆**路面電車の謎—思わず乗ってみたくなる
"名・珍路線"大全**　小川裕夫著　イースト・
プレス　（イースト新書Q）
【要旨】昭和40年代までは各地の大都市で必ず見
ることができた路面電車。その後のクルマ社会
の発展で風前の灯かと思われたが、21世紀に入っ
てから、新路線の開業や、バリアフリー対応の
最新鋭車両の導入などの積極策が見られるよう
になった。その歴史から、線路・車両・施設・運
行の謎、全国21事業者の魅力、今後の計画まで、
鉄道と地方自治の第一人者が、マニアの視点か
ら初心者にもわかりやすく解説。
　　2017.5 207p 18cm ¥880 ①978-4-7816-8028-6

◆**JTBの鉄道全線乗りつぶしログブック**
JTBパブリッシング
【目次】完全無欠、短絡線も抜けなし。全鉄軌
道を完全網羅！ JR＆私鉄全線全駅乗りつぶし
地図、乗車距離の算出がかんたん、全駅計算で
きる。JR＆私鉄全線全駅営業キロチェックリス
ト、大切な思い出を描きとめよう、使い方は自
分次第。鉄旅乗りつぶし大好き、もっと乗り
つぶしを楽しもうJTB時刻表編集部監修！ 絶対
に降りたい名駅100、「乗りつぶしたいけど行き
づらい」駅を解決！ 船レバスでワープの上級テ
ク
　　2017.8 127p 22×16cm ¥920 ①978-4-533-12059-6

◆**THE南海電鉄**　広岡友紀著　彩流社
【要旨】日本最古の民鉄。歴史を誇る南海。
　　2017.1 79p B5 ¥1850 ①978-4-7791-2375-7

◆**THE阪急電鉄—京阪神を結ぶマルーンライ
ナー 伝統が息づく洗練の極み**　広岡友紀著
彩流社
【目次】阪急電鉄の路線（阪急電鉄路線図、列車
種別と停車駅 ほか）、阪急の沿線風景（文化の香
り漂う閑静な住宅街、山沿いを神戸に向けて駆
け抜ける ほか）、阪急電鉄HDグループ（大手私
鉄で初めて持ち株会社制度を採用、阪急電鉄と
第一ホテル ほか）、阪急電鉄の車両（マルーン
色と手入れの行き届いた車両、友達みたいなところ
にも感じる阪急の一貫性 ほか）、阪急電鉄の歴
史（鉄道事業の経営を充実させるため建設され
たレジャー施設、阪急繁栄の礎となった阪神間を
結ぶインターアーバン ほか）
　　2017.3 79p B5 ¥1850 ①978-4-7791-2376-4

航空

◆アジアの航空貨物輸送と空港　池上寛編
（千葉）アジア経済研究所　（アジ研選書）
【目次】序章 国際航空貨物輸送の現状と本書の構成、第1章 グローバル化・成熟化と日本の航空貨物輸送、第2章 中国における航空貨物輸送の現況と課題、第3章 香港における航空貨物輸送の発展と政策分析、第4章 韓国における航空貨物とハブ空港戦略、第5章 台湾における国際航空貨物とシンガポール、第6章 シンガポールの航空貨物輸送の実態、第7章 ASEAN単一航空市場、第8章 欧米系インテグレーターのアジア市場戦略と対中国事業展開
2017.1 276p A5 ¥3400 ①978-4-258-29044-4

◆エアライン・ビジネス入門　稲本恵子編著
（京都）晃洋書房
【要旨】エアライン・ビジネスの歴史的背景、航空会社の事業構造の成り立ちから関連事業を含めて初学者に配慮した記述としながら、躍進するLCCなど最新の航空業界研究も収録。
2017.9 170p A5 ¥2000 ①978-4-7710-2922-4

◆牛丼並盛380円で香港へ!?初心者でもOK 知っている人だけ得をする格安航空会社のバイブルLCCスタイル　五十嵐貴文著　ゴマブックス
【要旨】大人気ブログ「いがモバ」初の書籍化！LCCの乗り心地・サービス・裏側を徹底取材。海外も国内も旅行するならLCCの時代！ 筆者が自分の足で稼いで検証したLCCの教科書。
2017.5 191p A5 ¥1280 ①978-4-7771-1911-0

◆空港オペレーション―空港業務の全分野の概説と将来展望　ノーマン・J. アシュフォード, H.P. マーティン・スタントン, クリフトン・A. マーレ, ピエール・クテユ, ジョン・R. ビースレイ著, 柴田伊和訳　成山堂書店
【要旨】空の玄関である空港。そこでの業務は多枝にわたり、全体を網羅して理解することは容易ではない。本書は、空港の混雑のピークや航空会社のスケジュール作成、航空機から発生する騒音の管理、航空機の運航のあり方、旅客ターミナルの運用のあり方、航空機周辺のグランドハンドリング、セキュリティ、航空貨物のハンドリング、緊急事態対応、空港の技術、空港へのアクセスなどについて、複数の研究者・実務家が、事例を交えながら空港として体系的に解説するもので、空港のオペレーションの複雑さと多様性を理解するために参考となる文献である。また、実務においても、空港のオペレーションの全体とそれぞれの分野のあり方を知るための概説書として利用することができる、航空関係者、教育・研究者必読の一冊。
2017.10 387p B5 ¥6000 ①978-4-425-86281-8

◆空法　第58号　日本空法学会編　勁草書房
【目次】論説（ケープタウン条約・航空機議定書のその後：実効性確保に向けた新たな挑戦、航空事故に関する損害賠償請求訴訟と海事管轄権、海事法、宇宙旅客運送に関する航空・宇宙法上の論点、改正航空法を中心とした無人航空機運航ルールの整備について）、資料（外国文献抄録）
2017.5 126p A5 ¥3200 ①978-4-326-44950-7

◆航空機産業と日本―再成長の切り札　中村洋明著　中央公論新社
【要旨】これからの日本にとって航空機産業は成長戦略の要である―作れるのに作らない。自動車も列車も船もほとんど国産なのに、なぜ多くを輸入に頼っている。だが、航空機産業の将来性はきわめて高く、経済・雇用効果は絶大だ。航空機産業への誤解や先入観を正し、具体的な展望を提示する。
2017.5 253p B6 ¥2000 ①978-4-12-004981-1

◆航空産業入門　ANA総合研究所著　東洋経済新報社　第2版
【要旨】航空の歴史、自由化の進展等の基礎知識から、グローバル・アライアンスの在り方、LCCの台頭と戦略、マイレージとデータベースマーケティング、ブランド戦略など、最新の航空企業の戦略や業務知識まで幅広く網羅。航空業界を展開できる1冊。
2017.5 250p A5 ¥2400 ①978-4-492-76235-6

◆航空統計要覧　2016年版　日本航空協会
【目次】1 世界民間航空（一般統計）、2 世界民間航空（会社別統計）、3 日本民間航空（一般統計）、4 日本民間航空（会社別統計）、5 観光、6 資料 2016.12 258p A5 ¥4000 ①978-4-88912-097-4

◆航空統計要覧　2017年版　日本航空協会
【目次】1 世界民間航空（一般統計）、2 世界民間航空（会社別統計）、3 日本民間航空（一般統計）、4 日本民間航空（会社別統計）、5 観光、6 資料 2017.12 259p A5 ¥4000 ①978-4-88912-098-1

◆航空法入門　池内宏著　成山堂書店
【要旨】パイロットを目指す方へ！ 試験で必要となる知識を中心に、航空法を基礎からビジュアルに解説。
2017.11 182p B5 ¥3000 ①978-4-425-86291-7

◆航空無線と安全運航　杉江弘著　成山堂書店（交通ブックス）
【要旨】本書は航空無線の種類と使い方をまとめたものである。航空無線は科学技術の進歩によって近年大きく進化し、とりわけ衛星を使った通信システムの活用は目ざましいものがある。しかし一方で、その運用の誤りによる事故は依然として起こっており、とくに離着陸時に多く発生している。本書では数多くの事例を挙げて、その実態や正しい運用方法を、事故はどのように起こるのかについて一つずつ解き明かしていく。
2017.11 145p B6 ¥1800 ①978-4-425-77811-9

◆最高の空港の歩き方　齊藤成人著　ポプラ社（ポプラ新書）
【要旨】いま空港がアミューズメントパーク化している。グルメやショッピングに限らず、映画館、美術館、温泉、そして工場見学ができる空港も出てきた。その背景には、海外からの旅行者の増加、LCCの登場、空港コンセッション（民営化）がある。これまで想像もしなかった空港の楽しみ方から空港ビジネスの未来まで、知られざる空港の世界を案内します。
2017.6 227p B6 ¥1800 ①978-4-591-15484-7

◆新きっぷのルールハンドブック　土屋武之著　実業之日本社
【要旨】「営業キロ+換算キロ」は乗車券だけ？ 特急券は？ 三セクや私鉄を連絡する列車の運賃はどう計算する？ 旅行途中で列車がトラブル、運転打ち切りになったら？ 18きっぷで乗れるのはどこ？ きっぷは考え方を理解すれば、たちどころにルールもわかる！
2017.4 223p B6 ¥1700 ①978-4-408-45646-1

◆新・世界の空港　パイ インターナショナル
【要旨】物語で見た近未来を思わせる前衛的な建築の巨大空港、氷上、砂上の滑走路、山間の小さな飛行場etc.「美しい！」「かっこいい！」から「スゴイ！」「大丈夫?!」まで。世界中の旅情を誘う73の個性的な空港を収録。
2017.7 186p 16×16cm ¥1800 ①978-4-7562-4927-2

◆スターフライヤー 漆黒の翼、感動を乗せて―小さなエアラインの大きな挑戦　スターフライヤー著　ダイヤモンド・ビジネス企画, ダイヤモンド社 発売
【要旨】顧客満足度8年連続第1位。Luxury Comfortable Carrier をめざして業界のタブーを打破してきたスターフライヤーの航跡。
2017.7 268p B6 ¥1500 ①978-4-478-08419-9

◆ツウになる！ 世界の政府専用機　チャーリィ古庄写真・著　秀和システム
【要旨】世界40カ国の63機以上の政府専用機が写真を見て見分けられるようになる！ 役割から特殊装備、運用、管理まで政府専用機のすべてに精通できる！ 新品or 中古？ 政府専用機の機材導入から各国の裏事情がわかる！ 新ネタとツウCheck テストであなたも政府専用機ツウの仲間入り!!
2017.12 159p A5 ¥1800 ①978-4-7980-5236-6

◆ツウになる！ 旅客機の教本―旅客機好きとの会話が盛り上がる！　秋本俊二, チャーリィ古庄著　秀和システム
【要旨】機体の尾翼に描かれたマークやロゴの意味は？ いまウイングレットがもてはやされるのは？ 空の大量輸送時代に活躍した旅客機は？ 新ネタとツウCheck テストで旅客機ツウの仲間入り!! 2017.3 183p A5 ¥1500 ①978-4-7980-5006-5

◆なぜデキる男とモテる女は飛行機に乗るのか？　パラディス山元著　ダイヤモンド・ビッグ社, ダイヤモンド社 発売
【要旨】ヒコーキに乗るとあなたが向上する80の理由。最多年間搭乗回数1022回、空界の風雲児が解説する。
2017.10 189p B6 ¥1300 ①978-4-478-06080-3

◆眠れなくなるほど面白い 図解 飛行機の話　中村寛治著　日本文芸社
【要旨】なぜ安全に自由に飛べるのか。子供の頃の「疑問」が解明！
2017.11 127p A5 ¥777 ①978-4-537-26174-5

◆パイロットになるには　阿施光南著　ぺりかん社　（なるにはBOOKS 1）　改訂版
【要旨】今、日本の航空業界はパイロットを求めている！ パイロットを取り巻く状況は大きく変化し、養成課程も多様化してきた。最新の航空業界事情を反映しながら、なるまでのルートをくわしく解説。
2017.2 157p B6 ¥1500 ①978-4-8315-1462-2

◆羽田空港のひみつ―世界トップクラスエアポートの楽しみ方　秋本俊二著　PHP研究所（PHP新書）
【要旨】羽田空港が利用者を増やしている背景には、国際線の就航都市拡大がある。2016年のサマースケジュールでは、アジアや欧米、オセアニアを中心に17カ国27都市（29空港）へのネットワークが拡大し、羽田から世界へ飛び立つ路線便は1日に100便を超えている。ビジネスマンには「どうすればもっと便利に活用できるか」を、カップルや家族連れには「付き合うとどんな穴場スポットがあるか」など、隅々まで利用して楽しみ尽くせる情報を詰め込んだ。また、航空ファンのためには「知る人ぞ知るトリビア」も解説。2020年開催のオリンピックに向けて益々注目が集まる羽田空港の「今」を徹底リポート。
2017.3 186p 18cm ¥820 ①978-4-569-83275-3

◆“羽田の空”100年物語―秘蔵写真とエピソードで語る　近藤晃孝著　交通新聞社（交通新聞社新書）
【要旨】大正6年1月、羽田町・穴森に日本飛行学校が開校し、ここに羽田と航空機との歴史が刻みはじめられた。以来19世紀、昭和6年の東京飛行場の開港を経て、羽田空港は「首都・東京の空港」として発展を遂げ、日本の航空史において重要な役割を果たしてきた。本書は、長年にわたって羽田空港の記録写真を撮り続け、『羽田開港50年』誌などの制作にも携わった著者が、同誌などを基に綴る羽田空港のあゆみ。当時の貴重な写真やさまざまなエピソードも交え、羽田空港の知られざる一面も紹介する。空港長や機長、整備士など、羽田空港ゆかりの人たちの「思い出の記」も収録。
2017.2 207p 18cm ¥900 ①978-4-330-76017-9

◆飛行機はなぜ、空中衝突しないのか？　秋本俊二著　河出書房新社　（KAWADE夢文庫）
【要旨】到着機が集中したとき、上空のどこで待機する？ 毎日変わる飛行ルートは、誰がどう決めている？…安全・正確な運航に欠かせない驚異のシステムの秘密に迫る!!
2017.8 222p A6 ¥680 ①978-4-309-49972-7

◆僕はLCCでこんなふうに旅をする　下川裕治著　朝日新聞出版　（朝日文庫）
【要旨】安いから若者たちは沖縄日帰り旅。専用ターミナルも登場…LCCは日本の空の旅を変えた。でも本当に安いの？ デメリットは？ いまさら聞けないLCCの使い方、しくみ、さらに使いこなすノウハウ、落とし穴など、日本とアジアを頻繁に行き来する旅行作家が最新事情を紹介。2017.11 260p A6 ¥700 ①978-4-02-261916-7

◆みんなの機内食―天空のレストランへようこそ！　機内食ドットコム著　翔泳社
【要旨】ファーストクラスの“極上の一品”から各社の個性あふれるワンプレートまで一雲の上で食べられる「ごちそう図鑑」！
2018.1 157p A5 ¥1600 ①978-4-7981-5341-4

◆「名物機長」の“夢実現” フライト人生　山形和行著　ごま書房新社
【要旨】一度きりの人生を、どう「幸せ」に生きますか!?出すぎた杭は打たれない??周囲の圧力に抗し、「自分流」を貫き通したベテラン機長「生き方」の原点。
2018.1 234p B6 ¥1400 ①978-4-341-08688-6

◆旅客機事故大全―事故調査報告書は語る　青木謙知著　イカロス出版
【要旨】世界では、平均して一週間に2件の旅客機事故が起きている。重大事故からその芽となる小事故、さらに国内の重大インシデントまでを網羅した事故調査報告集。航空事故評論のオーソリティー、青木謙知による監修・全面執筆！
2017.1 310p B5 ¥3241 ①978-4-8022-0298-5

◆ANAグランドハンドリング―やりがいのある仕事には理由（わけ）がある　ANAエアポートサービス著,中西克吉取材・文　アプレ,日本工業新聞社 発売
【要旨】世界に誇れる羽田空港を目指し,日夜,繰り返される緊張感と使命感―。そして得られる,達成感と充実感とは!?「安全運航」「定時運航」を守るための,裏方とも言える現場で日夜働き続けるグランドハンドリングという仕事とは!?ANAエアポートサービス株式会社のグランドハンドリングスタッフの仕事を取材,インタビュー。「グランドハンドリング」の仕事が総覧できる一冊。
2017.9 212p B6 ¥1500 ⓘ978-4-8191-1306-9

◆Hello, Goodbye―BOEING747　KATSU AOKI : FILM PHOTO WORKS　青木勝写真・文　イカロス出版
【要旨】青木勝リバーサルフィルム×747。ボーイング747完全永久保存版（オールカラー160ページ）写真集。
2017.1 1Vol. 22×30cm ¥3800 ⓘ978-4-8022-0282-4

◆JALの謎とふしぎ　秋本俊二監修,造事務所編,JAL協力　PHP研究所
【要旨】シンボルマーク「鶴丸」のひみつ,航空ファンも知らないトリビア,JALの新たな取り組みなど,JALの「今」を一挙公開。
2017.3 191p B6 ¥1500 ⓘ978-4-569-83434-4

◆My LOGBOOK航空日誌―海外広告・機内誌メディア40年の軌跡　阪上弘仁著　創英社/三省堂書店
【要旨】インフライト・マガジン史に燦然と輝く,一人の海外広告マン飛翔の歴史がここに。
2017.2 274p B6 ¥1800 ⓘ978-4-88142-107-9

製造・加工業

◆インダストリーX.0―製造業の「デジタル価値」実現戦略　エリック・シェイファー著,河野真一郎,丹羽雅彦,花岡直毅監訳,井上大剛訳　日経BP社,日経BPマーケティング 発売
【要旨】「第4次産業革命」に匹敵する産業の地殻変動に,今すぐ備えよ！
2017.9 396p B6 ¥2000 ⓘ978-4-8222-5532-9

◆紙パルプ産業と環境　2018　森と紙とエネルギーのリサイクル―持続可能な社会への貢献　紙業タイムス社
【目次】第1章 SDGsと製紙産業の取組み（SDGsとは何か―経済成長戦略の焼き直しではなく企業も消費者も変わらねばならない,製紙産業と生物多様性保全―行動指針を策定し取組みを強化 8割近くが環境NGOなどと意見交換 ほか）,第2章 森林認証,植林,植林（森林認証―FSCジャパン・前澤英士事務局長 時代の変化に合わせFSCの規定も進化していくべき,SGEC/PEFC森林認証フォーラム―相互承認締結1年で見えてきた課題 ほか）,第3章 世界の古紙事情と日本の課題（世界の古紙需給―コストパフォーマンスと日本の古紙に対する関心はさらに高まっていく ほか）,第4章 紙パの技術・環境イノベーション（CNF実用化の動き―本格化する事業展開と応用開発,特別寄稿 私はこう考える―岩崎誠 汚泥の減容化技術について ほか）,第5章 資料・統計（データで見る紙パの環境対応1 廃棄物対策：最終処理量は15.2万t で目標をクリア,データで見る紙パの環境対応2 エネルギー：進展する燃料転換と温暖化対策 ほか）
2017.8 196p B5 ¥2000 ⓘ978-4-904844-25-0

◆現代産業論―ものづくりを活かす企業・社会・地域　十名直喜著　水曜社
【要旨】ものづくりは,製造業のみに閉じられた概念ではない。工業的,さらには農業的産業にも開かれている。本書はそれらを有機的に再結合し,自然とも循環可能なオリジナルな産業概念として捉え直す。
2017.11 206p A5 ¥2700 ⓘ978-4-88065-436-2

◆紙業タイムス年鑑　2017　紙業タイムス社
【目次】紙パルプダイジェスト,洋紙/国内出荷プラスは情報と衛生のみ メーカー輸出比率6.5%に,新聞用紙/全国紙は不振が続くもブロック紙や地方紙,コーテッド紙/出版用途の中・下級紙不振で上級印刷紙のシェアが6割超に,コーテッド紙/ネット広告へのシフトや部数

減、低米坪化が引き続き進行し漸減、特殊印刷用紙/意欲的な商品開発とブランディング強化が目立つ年に、情報用紙/PPC用紙は汎用性から伸長も 他の品種はマイナス基調が継続、包装用紙/米麦袋の不振やマイナンバー特需の反動で国内出荷は2年連続の減少、衛生用紙/日本製マークの制定で国産の品質の高さをアピール
2017.4 214p B5 ¥5000 ⓘ0912-5019

◆知っておきたい紙パの実際―今さら人に聞けない基礎知識から最新の業界動向まで　2017　紙業タイムス社
【目次】1 知っておきたい～紙パの歴史と現在、2 知っておきたい～紙の作り方、3 知っておきたい～紙パの原燃料事情、4 知っておきたい～時代変化のインパクト、5 知っておきたい～我が町の紙パ関連産業、6 知っておきたい～業界構造とユーザー、7 知っておきたい～紙パの基礎用語、8 知っておきたい～基礎データ
2017.6 208p A5 ¥2000 ⓘ978-4-904844-24-3

◆「製造業のサービス化」戦略　西岡健一,南知惠子著　中央経済社,中央経済グループパブリッシング 発売
【要旨】本書は、製造業のサービス化の本質的な意味を問い、昨今と広範な国内調査の結果から製造業のサービス化の現状と課題を明らかにしています。また、今後どのように進行していくのか、戦略的にどのようなビジネスモデルを取るべきか、研究成果に基づき提言を行いました。ものづくり大国のこの日本で、本書が企業の方々にとり、次に進むべき道を照らす一助となることを願っています。
2017.11 232p A5 ¥2400 ⓘ978-4-502-24141-3

◆タイムスデータブック　2017　―紙パルプ流通・原料・機械・資材・薬品編　紙業タイムス社編　テックタイムス　（付属資料：別冊1）
【目次】紙流通・原料・機械・資材・薬品編
2017.2 237, 24p B5 ¥20000 ⓘ978-4-924813-25-0

◆地方製造業の展開―高崎ものづくり再発見　高崎経済大学地域科学研究所編　日本経済評論社
【要旨】「高崎発のものづくり」に挑む産学官連携の取り組みをふまえ、市内中小メーカーの創造性や地域貢献を紹介し、近年の群馬県内の製造業の展開を跡づける。
2017.3 332p A5 ¥3500 ⓘ978-4-8188-2468-3

◆生コン年鑑　2017年度版（平成29年）第50巻　コンクリート新聞社編集出版部編　コンクリート新聞社
【目次】解説（生コン業の回顧と展望、各地区の動向、セメント産業の回顧と展望 ほか）、統計資料（2016暦年生コン経済産業局・都道府県別、需要先別出荷内訳、2016年月別生コン経済産業局別、都道府県別、需要先別出荷内訳、2016暦年生コン経済産業局別・都道府県別、原材料消費内訳 ほか）、生コンクリート団体要覧、関連団体、関連機器・製品業者 ほか）
2017.4 614p B5 ¥33000 ⓘ978-4-915849-96-1

◆2050年戦略 モノづくり産業への提案―エネルギー、環境、社会インフラから考える未来予想図　2050年戦略研究会著　化学工業日報社
【要旨】どうなる、2050年の日本。激変する社会の課題に多面的戦略を提言。
2017.12 221p A5 ¥2500 ⓘ978-4-87326-694-7

◆日本製造業のイノベーション経済学分析―技術革新と組織改革の進化　李毅著,古川智子訳　科学出版社東京
【要旨】製造業における明治以来の国外技術導入は単なる模倣ではなかった。中国社会科学院世界経済与政治研究所の日本経済専門家がイノベーション経済理論を運用した独自の枠組みで産業経済史を繙き見えてきた日本のイノベーションとは。
2016.12 245p A5 ¥4200 ⓘ978-4-907051-15-0

◆日本の製造業はIoT先進国ドイツに学べ　熊谷徹著　洋泉社
【要旨】「製造業のデジタル革命」は序章に過ぎない!!在独ジャーナリストがキーパーソンを直撃取材。インダストリー4.0の全貌とドイツの真の狙い。
2017.5 254p B6 ¥1400 ⓘ978-4-8003-1231-0

◆プラント関連略語集　2017　「配管技術」編集委員会編　日本工業出版　（日工の知っておきたい小冊子シリーズ）

【要旨】配管設計やプラント関連用語によく見られるアルファベット略語を中心に、日本語訳と元の言語のスペルについて標記。「プラント関連略語集2016」に約150語の新しい略語を追加。
2017.6 49p B5 ¥1000 ⓘ978-4-8190-2912-4

◆文系出身者が2時間で製造業がわかる本―課題のヒアリングと経営力強化計画作成のポイント 金融機関・商工会議所・士業の方必読！　照井清一,八田信正著　（名古屋）三恵社
【目次】第1章 代表的な製造業の業務内容と経営の特徴（製造業の経営の特徴と課題、中小企業に多い4業種の仕事 ほか）、第2章 製造業支援の知識を習得して、できる製造業支援（事業計画策定、製造業の支援策を活用 ほか）、第3章 事業計画作成のポイント（事業課題と解決方法を明確にする、事業計画全体のストーリーづくり）、第4章 さらなる発展に必要な高度な技術について（機械加工、プレス加工 ほか）
2017.11 221p A5 ¥1800 ⓘ978-4-86487-622-3

◆GE 巨人の復活―シリコンバレー式「デジタル製造業」への挑戦　中田敦著　日経BP社,日経BPマーケティング 発売
【要旨】特損1兆9000億円からの大転換！ 金融業からの撤退、リーンスタートアップの導入、IoTプラットフォームで攻め、定期人事評価を撤廃する。"脱・ウェルチ"の経営改革を徹底取材！
2017.6 231p B6 ¥1500 ⓘ978-4-8222-5511-4

◆NPSの神髄　川崎享編著　東洋経済新報社
【要旨】NPS研究会鈴村喜久男・初代実践委員長が教えてくれたこと。今よみがえる未来の製造業に託した熱いメッセージの数々。
2017.4 265p 18cm ¥1000 ⓘ978-4-492-96130-8

資源・エネルギー産業

◆アメリカの電力革命―広域運用からローカル運用まで　山家公雄編　エネルギーフォーラム　（エネルギーフォーラム新書）
【要旨】本書は、米国のエネルギー事情について、電力を主に包括的に解説するものである。2016年4月に、京都大学・海外電力調査会がカリフォルニア州とニューヨーク州を訪問して得た両州の最新事情を、再生可能エネルギー普及の視点で整理・紹介する。
2017.3 341p 18cm ¥900 ⓘ978-4-88555-479-7

◆エネルギー産業の2050年 Utility3.0へのゲームチェンジ　竹内純子編著,伊藤剛,岡本浩,戸田直樹著　日本経済新聞出版社
【要旨】我々は、未来にどんなエネルギーを遺すのか？ 2050年に向けたエネルギービジネスの変革がいま問われている。
2017.9 157p A5 ¥1700 ⓘ978-4-532-32170-3

◆季刊 電力人事 冬季版　2017　電気新聞メディア事業局編　日本電気協会新聞部
【要旨】中国電力が大規模な組織整備。法的分離見据え、各社準備も進む。
2017.12 728p B5 ¥4800 ⓘ978-4-905217-66-4

◆グローバル・リンクのエネルギー革命―日本のモノづくりが世界を救う　鶴蒔靖夫著　IN通信社
【要旨】もう原発はいらない!!グローバル・リンクが描くエネルギー新時代の夢。再生可能エネルギーはいま、新たなステージに。
2017.10 246p B6 ¥1800 ⓘ978-4-87218-438-9

◆最新電力・ガス業界の動向とカラクリがよ～くわかる本　本橋恵一著　秀和システム　（図解入門業界研究）　第4版
【要旨】業界人、就職、転職に役立つ情報満載。小売全面自由化とICTで進化するビジネス。
2017.10 275p A5 ¥1600 ⓘ978-4-7980-5198-7

◆失敗から学ぶ「早稲田式」地域エネルギービジネス　小野田弘士著　エネルギーフォーラム
【要旨】うちでは無理、あの自治体だからできたの誤解を正す！「まちづくり」「まちそだて」を成功させる秘訣とは？
2017.6 211p B6 ¥1600 ⓘ978-4-88555-480-3

◆石油等消費動態統計年報 平成28年　経済産業省資源エネルギー庁長官官房総合政策課編　経済産業調査会

【目次】統計表（エネルギー消費量の推移、業種別統計、指定生産品目別統計、地域別統計）、参考　調査票様式
2017.9 98p A4 ¥11000 ①978-4-8065-1914-0

◆太陽光発電市場・技術の実態と将来展望—スマートエネルギー〜改正FIT法と人工知能・太陽光発電市場実態／予測・O&M事業・関連部材　2017　日本エコノミックセンター編　日本エコノミックセンター，通産資料出版会発売
【目次】序章 改正FIT法と人工知能（AI）市場の将来、第1章 事業用太陽光発電市場の動向と展望、第2章 住宅用太陽光発電市場の動向と展望、第3章 世界・国内太陽光発電市場の動向と展望、第4章 太陽光発電関連技術・部材の動向と展望、第5章 太陽光発電関連メーカーの動向と展望
2017.2 210p B5 ¥70000 ①978-4-909020-03-1

◆電力改革の争点—原発保護か脱原発か　熊本一規著　緑風出版
【要旨】電力改革先進国では「再生可能エネルギー100%の社会」もそう遠くない。日本でも2016年4月の電力全面自由化をはじめとした電力改革により、既存の電力会社のシェアが次第に低下し、原発も次第に不要になっていく。原発が経産省は、原子力村からの要請に基づき「電力システム改革貫徹」と称する原発保護政策を画策している。本書は、「電力システム改革貫徹」がいかに違法、かつ有害無益な「電力改革妨害」策であるかを示し、また、膨大な「放射性で汚染された廃棄物・土壌」の処理をめぐる国の政策が、国民の健康への脅威を計り知れないものにすす、とんでもない放射能拡散政策であることを明らかにする。
2017.6 200p B6 ¥2200 ①978-4-8461-1709-2

◆電力開発計画新鑑　平成29年度版　日刊電気通信社
【目次】第1編 平成29年度供給計画取りまとめ（電力需要想定、需給バランス、電源構成の変化に関する分析、送配電設備の増強計画、広域的の運営の状況、電気事業者の特性分析、その他）、第2編 電源開発計画（水力発電所、火力発電所、原子力発電所）、資源・エネルギー関連資料1 地層処分技術ワーキンググループ取りまとめ（地層処分の基本的考え方、地域の科学的な特性の提示・基準の検討、地域の科学的な特性の提示のあたっての考え方、おわりに）、資源・エネルギー関連資料2 再生可能エネルギー大量導入時代における政策課題研究会論点整理（コスト競争力の強化、FIT制度からの自立に向けた施策、系統への円滑な受入れのための施策）、資源・エネルギー関連資料3 資源・燃料分科会報告書（開発（原油・天然ガス・石炭・鉱物資源）、調達・転換・流通・公益的対応（石油・天然ガス・石炭・鉱物資源・地熱資源）
2017.9 144p B5 ¥5000

◆電力開発計画新鑑　平成29年度版　日刊電気通信社
【目次】第1編 平成29年度供給計画取りまとめ（電力需要想定、需給バランス ほか）、第2編 電源開発計画（水力発電所、火力発電所 ほか）、資源・エネルギー関連資料1: 地層処分技術ワーキンググループ取りまとめ（地層処分の基本的考え方、地域の科学的な特性の提示に関する要件・基準の検討 ほか）、資源・エネルギー関連資料2: 再生可能エネルギー大量導入時代における政策課題研究会論点整理（コスト競争力の強化、FIT制度からの自立に向けた施策 ほか）、資源・エネルギー関連資料3: 資源・燃料分科会報告書（開発（原油・天然ガス・石炭・鉱物資源）、調達・転換・流通・公益的対応（石油・天然ガス・石炭・鉱物資源・地熱資源）） 2017.9 144p B5 ¥5000

◆電力自由化と電力取引　伊藤穣，可児滋著　日本評論社
【要旨】電力自由化と、それに伴い活発化している電力取引について、さまざまな角度から記述。第1部は、電力自由化と電力改革について、まず欧米の状況を概観した後に、日本の電力自由化と電気料金の推移について、電力価格の国際比較を行うなど分析。電力システム改革について、自由化から発送電分離への流れ、広域系統運用機関の役割、小売及び発電の全面自由化の分析に加えて、競争を促す市場の整備、再生可能エネルギー、ベース電源の確保と原子力エネルギー等の課題と展望について言及。第2部は、電力取引について、まず内外の電力取引市場の状況を分析しています。特に、現在、電力取引の行われている日本卸電力取引所の取引の仕組みと、今後の展望について記述。電力デリバティブ取引については、電力という商品が持つ特殊性から、一般のコモディティや金融商品とは異なるさまざまなパターンの取引が行われており、多くの具体例を交えて解説。
2017.12 298p A5 ¥6000 ①978-4-535-55898-4

◆東京電力—原発事故の経営分析　谷江武士著　学習の友社
【要旨】これから電気料金はどうなるの？ 賠償・除染・廃炉の負担はどうなるの？ 電力会社に巨大な利益をもたらした「総括原価方式」、原発だけにある会計処理、そして税金のカラクリなど、原発と「原子力ムラ」を拡大した会計制度と税制を解説。世界の情報もあわせ、電力の問題を「会計」で明らかにする。
2017.4 222p A5 ¥2000 ①978-4-7617-0702-6

◆よくわかる石油業界　垣見裕司著　日本実業出版社　（最新“業界の常識”）　最新5版
【目次】第1章 石油業界の最新常識、第2章 大きく変わる国際原油市場、第3章 大きく変わる石油業界の構図、第4章 国内石油流通市場の動向、第5章 セルフSSの実力と今後のSS、第6章 近未来自動車とSS業界、第7章 震災と石油業界、第8章 日本のエネルギー問題を考える
2017.3 233p B6 ¥1500 ①978-4-534-05477-7

電気・電子産業

◆一般電子部品メーカーハンドブック2017　CPS/IoTに挑む電子部品業界！　産業タイムズ社
【目次】第1章 CPS/IoTに挑む電子部品業界、第2章 電子部品の業界市況と市場動向、第3章 主要電子部品の最新動向、第4章 電子部品トピックス、第5章 姿を見せ始めた電子部品製造装置・材料、第6章 主要電子部品メーカーの動向
2017.2 156p 28×21cm ¥13000 ①978-4-88353-255-1

◆記録メディアに人生をかけた男—秋葉原で世界に挑む磁気研究所の挑戦　鶴蒔靖夫著　IN通信社
【要旨】日本で初めてフロッピーディスクを売った男。秋葉原の地で、身ひとつから記録メディアとともに歩んだ38年。
2017.12 254p B6 ¥1800 ①978-4-87218-440-2

◆ケース分析／エレクトロニクス産業攻防のダイナミズム　小林啓孝著　中央経済社，中央経済グループパブリッシング　発売
【要旨】東芝、ノキア、ソニー、シャープはなぜ競争優位性を失ってしまったのか？ サムスン電子はどうなるか？ 最先端企業の隆盛から衰退までをトレースして核心に迫る。
2017.6 280p A5 ¥3200 ①978-4-502-23051-6

◆台湾半導体企業の競争戦略—戦略の進化と能力構築　岸本千佳司著　日本評論社
【目次】序章 研究の背景と課題、第1章 台湾企業のキャッチアップをどう分析するか、第2章 台湾半導体産業の概況、第3章 台湾半導体ファブレスの競争戦略、第4章 台湾半導体ファブレス主要企業の盛衰、第5章 台湾半導体ファウンドリのビジネスモデルの展開、第6章 ファウンドリ・ビジネスにおける企業間格差と成功要因：TSMCとUMCの比較分析、第7章 台湾半導体ファウンドリの技術能力：生産システム、第8章 台湾半導体ファウンドリの技術能力：プロセス技術開発、終章 総括
2017.9 326p A5 ¥5200 ①978-4-535-55840-3

◆電子機器年鑑　2018年版　中日社
【目次】第1編 電子機器産業の現況と展望（わが国の電子産業の動向、電子機器の市場展望、世界の電子機器生産と日本企業の展開）、第2編 各論（コンピュータ・モバイル情報機器、コンピュータ周辺端末装置、OA機器、通信機器、業務用情報端末・自動認識装置 ほか）
2017.10 475p B5 ¥51000

◆電子ディスプレーメーカー計画総覧2017年度版　アップルの有機ELスマホ発売迫る 過去最大級の増産投資ブーム到来　産業タイムズ社
【目次】巻頭特集1 有機EL投資ラッシュ液晶も大型化投資を再開、巻頭特集2 立ち上がるAR/VR市場、FPDの高解像度化を牽引、巻頭特集3 期待の新技術、空中も触覚でキャッチ、第1章 FPD業界の最新動向—総論／韓国・台湾・中国市場動向、第2章 液晶メーカー各社の製品戦略と設備投資、第3章 液晶メーカー各社の工場別設備計画、第4章 有機ELメーカー各社の現状と工場別設備計画、第5章 タッチパネルメーカーの現状と投資計画、第6章 電子ペーパーメーカーの現状と投資計画、第7章 部品材料・製造装置メーカー各社の現状と今後の計画
2017.3 413p B5 ¥19000 ①978-4-88353-256-8

◆電子デバイス産業会社録—電子デバイス産業分野の企業・団体リスト1700社　産業タイムズ社
【目次】総合索引、巻頭特集 IoTは360兆円の巨大市場、電子デバイスに一大インパクト、第1章 半導体デバイス企業／団体リスト、第2章 半導体製造装置・材料関連企業／団体リスト、第3章 半導体関連商社／団体リスト、第4章 電子ディスプレーデバイス企業／団体リスト、第5章 電子ディスプレー装置・材料関連企業／団体リスト、第6章 プリント配線板企業／団体リスト、第7章 プリント配線板製造装置・材料関連企業／団体リスト、第8章 太陽電池・2次電池関連企業／団体リスト、第9章 一般電子部品関連企業／団体リスト、第10章 その他
2017.1 338p 29×21cm ¥15000 ①978-4-88353-253-7

◆電子部品年鑑　2017年版　中日社
【目次】第1編 電子部品産業の現況と展望（電子情報産業の世界生産、わが国の電子部品デバイスの市場、スマートフォンにおける注目部品の市場・製品・市場動向、データでみる車載カメラ、VR市場の拡大（HMD需要動向））、第2編 各論（半導体、ディスプレイデバイス、受動部品、機能部品、接続部品、自動車部品、電池、オプロエレクトロニクス、ICカード、センシングデバイス）
2017.3 632p B5 ¥57000

◆二次電池市場・技術の実態と将来展望2017　革新型蓄電池の動向と人工知能・二次電池市場実態／予測・関連部材／技術・応用製品　日本エコノミックセンター編　日本エコノミックセンター，通産資料出版会 発売
【目次】序章 革新型蓄電池の動向と人工知能市場、第1章 二次電池市場の動向と展望、第2章 二次電池応用市場の動向と展望、第3章 二次電池関連部材市場の動向と展望、第4章 二次電池部材メーカーの動向と展望、第5章 二次電池メーカーの動向と展望
2017.3 210p B5 ¥70000 ①978-4-909020-04-8

◆日本の電機産業失敗の教訓—強い日本経済を復活させる方法　佐藤文昭著　朝日新聞出版
【要旨】日立、東芝、三菱、富士通、NEC、ソニー、パナソニック、シャープ…。“第四次産業革命”の舞台裏から見えてきた、日本経済復活の処方箋。
2017.3 255p B6 ¥1500 ①978-4-02-331350-7

◆燃料電池市場・技術の実態と将来展望2017　スマートエネルギー〜燃料電池市場実態／予測・燃料電池車・関連部材/技術　日本エコノミックセンター編　日本エコノミックセンター，通産資料出版会 発売
【目次】序章 燃料電池のロードマップと将来、第1章 燃料電池国内市場の動向と展望、第2章 家庭用燃料電池市場の動向と展望、第3章 小型・大型燃料電池市場の動向と展望、第4章 燃料電池自動車市場の動向と展望、第5章 燃料電池関連部材・技術の動向と展望
2016.12 210p B5 ¥70000 ①978-4-909020-01-7

◆半導体企業の組織構造、知財戦略および競争力—半導体企業の両利きの経営にむけて　犬塚正智著　同文館出版
【要旨】企業の持続的競争優位をもたらす「両利きの経営」とは？ 保有する知識の範囲を拡張する「探索」と、既存の知識に改良を加える「活用」のバランスをとる「両利きの経営」が、企業の競争力を高めるにあたって重要になる。日米台韓の半導体企業の特許を中心とした知財戦略を総合的に分析する。
2017.10 320p A5 ¥4500 ①978-4-495-39014-3

◆半導体工場ハンドブック　2018　ニッポン半導体産業と日本経済の将来がここに　産業タイムズ社
【目次】巻頭特集（日本企業の工場立地動向—好調な成長を続ける業界・新工場設立の状況を探る、自動車業界動向—自動車業界の投資・車載部品などの状況を探る）、第1部 2017〜2018年半導体業界展望（2017年下期以降の電子デバイス市場動向、WSTS17年春季予測 ほか）、第2部 最新業界・技術動向および主要デバイス市場（世

界半導体設備投資動向、国内半導体メーカー設備投資動向 ほか）、第3部 新技術・材料・プロセスに挑む装置・部材メーカー（リソグラフィー装置、リソグラフィー材料 ほか）、第4部 工場ルポ/半導体工場分布図（ウエスタンデジタル四日市、三井金属鉱業上尾事業所 ほか）
2017.12 157p 28×21cm ¥10000 ⓘ978-4-88353-265-0

◆半導体産業計画総覧　2017・2018年度版　好景気に沸き立つ半導体業界を追う　産業タイムズ社
【目次】総論 沸騰する半導体業界と東芝メモリの行方、最新の半導体業界アプリケーション動向、最新の半導体ファブ・デバイス動向、日本IC・半導体メーカー各社の製品戦略、日本IC・半導体メーカー各社の設備投資計画、日本IC・半導体メーカーの工場別設備計画、欧米IC・半導体メーカー各社の製品戦略と設備投資計画、韓国IC・半導体メーカー各社の製品戦略と設備投資計画、台湾IC・半導体メーカー各社の製品戦略と設備投資計画、中国IC・半導体メーカー各社の製品戦略と設備投資計画〔ほか〕
2017.9 568p A4 ¥25000 ⓘ978-4-88353-261-2

◆半導体パッケージハンドブック　2017・2018　FOWLPが台頭、注目集める半導体パッケージ技術・業界最前線　産業タイムズ社
【目次】第1章 半導体パッケージを取り巻くエレクトロニクス市況、第2章 半導体パッケージ市場・技術動向、第3章 半導体メーカー/OSAT/ファンドリーのパッケージ・テスト戦略、第4章 半導体パッケージ・テスト用装置の最新動向、第5章 半導体パッケージ・テスト用材料の最新動向、第6章 半導体工場分布図・ディレクトリー
2017.7 123p A4 ¥13000 ⓘ978-4-88353-259-9

◆プリント回路メーカー総覧　2017年度版　スマホ・車載市場で成長目指すプリント・パッケージ基板最新動向　産業タイムズ社
【目次】巻頭特集 主要セット機器市場と技術革新の動きを探る、第1章 2017年のプリント配線板業界の展望、第2章 国内プリント回路メーカー大手・注目企業の事業戦略、第3章 国内プリント回路メーカーの現況と計画、第4章 海外プリント回路メーカーの現況と計画、第5章 国内外EMS企業の現況と計画、第6章 国内プリント回路実装メーカーの現況と計画、第7章 プリント回路用主要装置・材料メーカーの現況と計画、第8章 プリント回路関連メーカー・商社名鑑
2017.6 292p B5 ¥20000 ⓘ978-4-88353-258-2

◆有機デバイス　2018　産業タイムズ社
【目次】第1章 巻頭特集 有機エレクトロニクスの現状と展望、第2章 有機ELの最新動向、第3章 有機太陽電池の最新動向、第4章 有機トランジスタの最新動向、第5章 電子ディスプレー産業の最新動向、第6章 太陽光発電産業の最新動向、第7章 半導体産業の最新動向
2017.10 173p A4 ¥13000 ⓘ978-4-88353-263-6

◆IoTを支える技術―あらゆるモノをつなぐ半導体のしくみ　菊地正典著　SBクリエイティブ（サイエンス・アイ新書）
【要旨】IoT (Internet of Things) というと、すぐに"モノのインターネット"と直訳されます。けれども、あらためて「果たしてその実態は？」と考えると、今一つはっきりしないのではないでしょうか。本書は、IoTを3つの構成要素に分けて見ていきます。センサーがどのようにデータを収集するのか、どのようにインターネットへデータを送信するのか、そして、どのようにデータを処理するのか。各構成要素で用いられる技術を詳細に解説し、IoTのしくみと可能性を提示します。
2017.3 202p 18cm ¥1000 ⓘ978-4-7973-9016-2

建設・住宅産業

◆家づくりのプロが選ぶ「工務店」―あなたの街の5つ星工務店　2017年度版　森田敏之著　知道出版
【目次】1章 良い家を建てる（良い家づくりのカギは、あなたが握っている、将来も資産価値のある家づくり、求められる耐震性能 ほか）、2章 工務店の選び方（良い家はハウスメーカーか、家は、機械ではなく人が作るもの、優良工務店を探そう ほか）、3章 日本の5つ星工務店（株式

会社桝田工務店（大阪市阿倍野区）、戎谷建設株式会社・メイクホーム（山口県平生町）、有限会社小野工務店・カナエホーム（大分県中津市） ほか）
2017.6 127p B5 ¥1000 ⓘ978-4-88664-297-4

◆「家づくり」は住宅会社選びで9割決まる　貞松信人著　幻冬舎メディアコンサルティング、幻冬舎 発売 改訂版
【要旨】大手ハウスメーカー下請けを経験した工務店社長だから話せる、こんな住宅会社は要注意！ 契約のハンコを押す前に読んでほしい本。
2017.4 191p B6 ¥1200 ⓘ978-4-344-91214-4

◆インフラストラクチャー概論―歴史と最新事例に学ぶこれからの事業の進め方　中村英夫編著、長澤光太郎、平石和昭、長谷川専著　日経BP社、日経BPマーケティング 発売
【要旨】今までなかった「インフラの教科書」インフラの構想から事業化、建設、運営、管理、海外展開までインフラを学ぶ・造る・守る人に必携の一冊。
2017.7 429p A5 ¥3200 ⓘ978-4-8222-0063-3

◆エコハウスはなぜ儲かるのか？―工務店から始まるエネルギーシフト　今泉太爾著　（浦安）いしずえ
【要旨】2020年に住宅の省エネ基準が義務化される!?エコハウスがもたらす巨大なビジネスの波があなたには、しっかり乗れていますか？
2017.6 167p A5 ¥1680 ⓘ978-4-86131-043-0

◆喝！建築ものづくり現場力　井上清司著　（大阪）風詠社、星雲社 発売
【要旨】建築業界の未来を担う若者たちに送る熱きエール。40年にわたり建築の現場で活躍してきた著者が、豊富な写真を交えながら、生産性の向上や人材育成の方法に関する内容を機能別に紹介した仕事の心得帖。
2017.4 158p A5 ¥1200 ⓘ978-4-434-23188-9

◆建設業許可の申請手続きをするならこの1冊　河野順一著　自由国民社　（はじめの一歩）『建設業許可申請手続き』改訂・改題書・第4版
【要旨】専門的な内容をフローチャートでわかりやすく解説。実務の疑問や問題点を「ここがポイント」や「事例」で解説。税務上の決算報告書を活用して財務諸表が作成できる。申請件数の最も多い3パターンの完成書類一式を掲載。2017年施行の建設業法改正に対応。
2017.12 345p A5 ¥2400 ⓘ978-4-426-12391-8

◆建設業経営事項審査制度の実務と究極的評点アップ対策　経営コンサルタント百合岡事務所著　日本法令　4訂版
【要旨】許可制度、入札制度、経営事項審査、経審評点アップ対策、建設会計制度、社会保険制度と対策、経営改善策―豊富な図解でコンサル歴50年超の著者がノウハウを解説！
2017.1 548p A5 ¥3300 ⓘ978-4-539-72522-1

◆建設業の社会保険加入と一人親方をめぐるQ&A　菊一功著　大成出版社　改訂第2版
【要旨】社会保険未加入問題と「一人親方の基礎知識を"Q&A形式で解説！ 元労働基準監督官・社会保険労務士の視点で執筆。入加指導・職権適用・保険料・遡及徴収・営業停止処分までの流れを解説。一人親方等に対する国税庁の対応について解説。「社会保険の加入と下請指導ガイドライン」における現場入場の取扱いについて解説。
2017.11 180p A5 ¥1800 ⓘ978-4-8028-3311-0

◆建設産業政策2017+10―若い人たちに明日の建設産業を語ろう　建設産業研究会編　大成出版社
【目次】1 はじめに、2 建設産業等の動向、3 今後の建設産業の目指す方向性、4 今後の建設産業政策、5 おわりに、参考資料
2017.9 203p A4 ¥2000 ⓘ978-4-8028-3302-8

◆建設人ハンドブック　2018年版　建築・土木界の時事解説　日刊建設通信新聞社編著　日刊建設通信新聞社
【要旨】生産性向上+働き方改革＝建設産業政策2017+10。
2017.9 211p 18cm ¥800 ⓘ978-4-902611-73-1

◆建設ITガイド　2017　経済調査会編　経済調査会
【目次】特集1 建設現場の生産性革命！ i・Construction 時代の到来とCIM (i・Construction―建設現場の生産性革命、i・Construction のための3次元設計データ交換標準 ほか）、

特集2 BIMによる生産性向上―施工BIMの今（官庁営繕事業におけるBIM試行―土浦労働総合庁舎設計業務における維持管理段階のBIM活用検討結果について、20周年を迎えたbuildingSMARTの歴史と今後の展望 ほか）、特集3 建設ITの最新動向（建設業を変えるIoT―世界で戦う競争力をつけるために、建設業界におけるVR活用の現状と将来―デジタル空間を人間に伝える再生装置はここまで進化した ほか）、現場から生レポート 建設ITユーザーレビュー（若者と女性の力をフル活用しながらこより早いi・Construction 対応を目指す、ドローンで渓谷を3D化、橋梁の景観検討に生かすi・Construction に挑む昭和土木設計 ほか）、2017年注目の建設ソフト名鑑
2017.2 235p A4 ¥1143 ⓘ978-4-86374-210-9

◆建築学生の"就活"完全マニュアル　2018・2019　一建設業界・企業が一目で解る！　仲代武久、水野高寿、田島由衣香、末吉一博監修、星裕之、就活マニュアル委員会著　エクスナレッジ
【要旨】建設業界には仕事がいっぱい！ 建築・建設業界の業種ごとのオススメ企業から、エントリーシートの書き方、面接指南までを完全網羅。
2017.8 227p A5 ¥1200 ⓘ978-4-7678-2367-6

◆公共調達解体新書―建設再生に向けた調達制度再構築の道筋　木下誠也著　経済調査会
【目次】第1章 わが国の公共調達制度（土木の始まりから請負の発生まで、入札の始まり、請負業の成立と入札制度の導入 ほか）、第2章 海外の公共調達（ヨーロッパの公共調達、アメリカの公共調達、その他の国々における公共調達 ほか）、第3章 国内外の建設コンサルタント業務等の調達方式（わが国の建設コンサルタント業務等の調達方式、FIDICが推奨する建設コンサルタント選定方式、アメリカの調達方式 ほか）
2017.2 374, 32p A5 ¥3800 ⓘ978-4-86374-213-0

◆工事契約実務要覧　平成29年度版　国土交通（建設）編　（名古屋）新日本法規出版
【目次】基本法令等、工事執行、資格審査、入札・契約手続、工事請負契約、中小建設者の受注機会の確保、建設業者の指導等、工事・設計業務等の監督・調査及び検査、中央公共工事契約制度運用連絡協議会等、発注者協議会等、建設業法等、中央建設業審議会、独禁法等
2017.6 2794p B6 ¥6000 ⓘ978-4-7882-8294-0

◆事業者必携　中小事業者のための建設業許可申請と経営事項審査手続きマニュアル　服部真和監修　三修社
【要旨】許可申請書から財務諸表まで。申請書の書き方や手続きの流れがイメージできる！ 書式と作成ポイントも網羅した決定版！ 提出書類や手続きをわかりやすく解説。許可取得後の変更手続きがわかる。経営事項審査の手続きや提出書類もわかる。請負、下請のしくみなど建設業法やガイドラインも解説。
2017.5 255p A5 ¥1900 ⓘ978-4-384-04748-6

◆地場産業が人と人をつなぐ―自分が住みたい家を造る　2　篠塚保嘉著　デジプロ、星雲社 発売
【目次】第1章 強く願う意識改革（深く考えすぎたら起業は出来ない、自分なりの計算式を持とう ほか）、第2章 失敗を恐れたらゴールにはたどり着けない（パートナーはとっても大事、お金に好かれる人 ほか）、第3章 人を束ねる（社内が纏まらなければスタートできない、職人（業者）さんを纏めなければ走ることができない ほか）、第4章 地場経営者が考えること（自分の会社の商圏は？、どんな仕事がしたいの？ ほか）、第5章 自分の幸せを見つける（社員との付き合い方、取引業者との関係 ほか）
2017.8 154, 30p B6 ¥1400 ⓘ978-4-434-23729-4

◆住宅経済データ集―豊かで魅力ある住生活の実現に向けて　2017年（平成29年）度版　国土交通省住宅局住宅課監修、住宅経済研究会編・著　住宅産業新聞社
【目次】第1章 住宅整備の現状、第2章 住宅建設の動向、第3章 建築費及び地価の現状、第4章 住宅の流通、第5章 国民経済と住宅投資、第6章 住宅と家計経済、第7章 住宅産業の展望と課題、第8章 わが国の政策金融と住宅税制、第9章 居住水準等の国際比較
2017.11 198p B5 ¥2200 ⓘ978-4-915902-48-2

◆住宅産業大予測　2017　新建新聞社
【目次】巻頭言 2017年の住宅産業と3つのメガトレンド、巻頭特集 2017年はどうなる？―50の変

化を読み解く、半歩先のビジネスキーワード10、小説で学ぶ工務店の新たな勝ちパターン、2017年のスモールビジネス&クラフトマンシップ、特集 基礎から学び直す工務店のマーケティング
2016.12 179p A4 ¥1800 ①978-4-86527-066-2

◆**住宅産業100のキーワード　2017 - 2018年版**　Housing Tribune編　創樹社、(川崎)ランドハウスビレッジ 発売
【目次】第1章 住宅関連の法制度─大きな転換期を迎える住宅行政、第2章 住宅マーケット─求められる新築縮小時代への対応策、第3章 ストック活用─フローからストックへ市場拡大への取り組みが加速、第4章 地球温暖化問題─深刻化する環境問題 求められる住宅の低炭素化、第5章 安心・安全─災害多発で見直される住まいのシェルター機能、第6章 少子高齢化─少子高齢化時代に対応し住まいづくりも多様化、第7章 新技術─住宅のあり方を大きく変える新たなテクノロジー
2017.5 256p A5 ¥2000 ①978-4-88351-103-7

◆**住宅ビジネス白書　2016年版　ゼロベースの時代─新設住宅零細の時代に向けた企業動向を探る**　藤田英夫ほか著　(大阪)日本ビジネス開発　(JBD企業・ビジネス白書シリーズ)
【目次】1 住宅マクロデータ (表：住宅ビジネスの発展ステージ、表：新設住宅着工利用関係別戸数 ほか)、2 ゼロベースの時代─新設住宅零細る時代に向けた企業動向を探る (ストックビジネス、シルバー住宅ビジネス ほか)、3 住宅・マンション・建設・不動産及び関連ベンチャーの動向 (転換時の新興市場上場住宅企業、戸建住宅及び関連分野における主要企業のビジネス内容 ほか)、4 大手住宅メーカーの事業戦略ポイント (ミサワほか、住友林業 ほか)、5 資料 (企業のパラダイム変革─2016年末時点までの動向、企業パラダイム変革年表)
2017.3 209p A4 ¥38000 ①978-4-908813-06-1

◆**10万棟のビルを洗った社長のすごい掃除力**　佐藤正和著　白夜書房
【目次】第1章 なぜ日本のビルは汚れやすいのか？、第2章 外壁を清掃すると、建物の寿命が延びるワケ、第3章 安全&低コストで外壁汚れ・カビを一掃できる『魔法の水』とは？、第4章 これがプロのワザ！ ケミクリーン工法、第5章 どんな材質でもきれいに！ これまでの実例集、第6章 外壁清掃業は今が参入チャンス、第7章 ビル1棟を清掃すると、富士山に登ったような達成感
2017.8 207p B6 ¥1600 ①978-4-86494-140-2

◆**省エネ住宅に取り組む工務店が気をつけたい落とし穴─法的観点から**　匠総合法律事務所著　建築技術
【目次】第1章 省エネ義務化に向けた法政策の概要、第2章 断熱材施工にまつわるトラブル事例、第3章 ゼロ・エネルギー住宅の広告・契約において気をつけたい、第4章 ZEH補助金申請をめぐるトラブル事例、対談1 ZEHって難しくない、でも基本を知らないと落ちるよ (南雄三VS秋野卓生)、対談2 落とし穴に落とされないための第三者検査機関が必要 (大場喜和VS秋野卓生)
2017.4 175p A5 ¥2200 ①978-4-7677-0154-7

◆**絶対に後悔しないハウスメーカー&工務店選び─22社本音徹底比較!! 建てる前に読む！**　市村博、市村崇著　廣済堂出版
【要旨】検査実績2000棟超！ 現場で見た生情報満載!!袋とじ！ ハウスメーカー&工務店22社本音徹底比較!!+値引きの裏技。
2017.7 141p A5 ¥1700 ①978-4-331-52109-0

◆**専門工事で直接受注100%をめざす！ 1年で『脱下請』するしくみ**　村松利孝著　同文舘出版 (DO BOOKS)
【要旨】実際に現場で成果が上がった経営実務モデルを、現役の専門工事業者・下請工事業脱却コンサルタントの著者が公開！
2017.6 178p A5 ¥1800 ①978-4-495-53741-8

◆**中小建設業のための"管理会計"読本**　建設産業経理研究機構管理会計研究会編著　清文社
【要旨】制度に基づく画一的なルールである財務会計に対し、企業の経営者が自ら活用する会計情報の作成と利用に関するシステムである管理会計。公正性・効率性・透明性を兼ね備えた会計情報システムの構築が求められる建設業における「管理会計システム」の構築とその活用のための多角的、多彩かつ多才な議論をまとめた必携の一冊！
2017.6 292p A5 ¥2800 ①978-4-433-67057-3

◆**場のデザインを仕事にする─建築×不動産×テクノロジーでつくる未来**　中村真広、村上浩輝、ツクルバ著　学芸出版社
【要旨】建築・不動産の領域を超えて、次々と革新的な事業を生みだす急成長ベンチャー・ツクルバの実践。
2017.7 206p B6 ¥1800 ①978-4-7615-1366-5

◆**ポイント解説 建設業法令遵守ガイドライン─元請負人と下請負人の関係に係る留意点**　建設業許可行政研究会編著　大成出版社 改訂4版
【要旨】取り引き上行ってはいけない行為。建設法違反の該当条文。違反行為の定義建設業法の解釈なぜ違反になるのか、その理由。取り引きの際に行うべき行為。ガイドラインの全文を掲載するとともに、内容の理解がより進むよう、イメージ図や参考となる関連情報を追加している。
2017.6 179p B5 ¥4800 ①978-4-8028-3289-2

◆**松本で家づくりをするなら**　平秀信著　エル書房、星雲社 発売
【要旨】家族で幸せになりたいなら、お母さんのための家を建てよう。家族優先で動いているお母さんは日々忙しいです。そんな家族を支えるお母さんを応援したいと思い、お母さんの為の家づくりについてお話しています。家は無理かも、と諦めている人こそ読んでください！
2017.4 209p B6 ¥500 ①978-4-434-23155-1

◆**宮崎で家造りをするなら**　福留秀和著　エル書房、星雲社 発売
【要旨】宮崎県で家造りを考える子育て中のパパやママに伝えたい正しい家造りの進め方とは…。
2017.8 205p 18cm ¥500 ①978-4-434-23623-5

◆**落第銀行マンだからできた逆張り経営─「常識」に挑み続けて30年、地域No.1住宅会社のこれから**　秋山二三雄著　ダイヤモンド社
【要旨】「常識」に挑み続けて30年、地域No.1住宅会社のこれから。苦難を乗り越え業界の旧習を打ち破った、成功の軌跡。
2017.9 198p B6 ¥1400 ①978-4-478-10217-6

◆**BIM/CIMワールド─BIM/CIMモデル活用で広げる最新技術**　家入龍太監修、フォーラムエイト編著　日刊建設通信新聞社
【要旨】効率化とコストダウンに加えて、図面・CG作成に留まらない、より広く高度な業務展開を目指すCIMの実践書！
2016.12 198p A5 ¥2500 ①978-4-902611-72-4

自動車・機械産業

◆**営業バンが高速道路をぶっ飛ばせる理由2 逆説自動車進化論**　國政久郎著　三栄書房
【要旨】道具として使いやすいクルマをみつけるための試乗法を伝授した前作とテーマは同じ。クルマはどうあるべきか、あってほしいかを乗る側に立って論じた。日本車には自動化の前にやるべきことがある。国産車の問題点をズバリ指摘。
2017.4 201p B6 ¥1400 ①978-4-7796-3259-4

◆**エコカー技術の最前線─どこまでも進化する燃費改善と排出ガスのクリーン化に迫る**　高根英幸著　SBクリエイティブ (サイエンス・アイ新書)
【要旨】クルマは私たちにとって、最も身近で便利な乗物の1つですが、燃費がよく排出ガスがクリーンなエコカーは、現代の生活に適しています。エコカーにはさまざまな種類があり、各々、新しい技術を開発する自動車メーカーによって独自のメカニズムが盛り込まれています。エコカーの魅力をいろいろな角度から解説した本書を読めば、現代のクルマの見えない魅力に気付くことができます。
2017.1 190p 18cm ¥1000 ①978-4-7973-5468-3

◆**オートオークション荒井商事の挑戦**　森彰英著　展望社
【要旨】創業100年、オートオークションの分野で限りなく発展を続ける荒井商事の歩んだ道、そして未来。異色の企業ドキュメント！
2017.11 227p B6 ¥1800 ①978-4-88546-334-1

◆**改造自動車等の取扱いの解説**　日本自動車車体工業会中央技術委員会改造自動車等解説本の見直しWG編　交文社　第3次改訂版

【目次】1 改造自動車等の範囲等、2 改造自動車の届出の必要な範囲、3 届出者、4 審査済車両の取扱い、5 届出書及び添付資料の記載例、6 実例集、附録
2017.3 325p A4 ¥6400 ①978-4-906000-81-4

◆**カタログでたどる日本の小型商用車1904 - 1966**　小関和夫著　三樹書房
【要旨】戦後に隆盛を極めた小型三輪トラックに代わり、トヨエースSKB型に代表される四輪の小型商用車が、街の商店や物流などで活躍し、日本の高度成長を支える大きな役割を果たした。カラー図版400点以上、120種類以上を収録して、その変遷を詳細に解説。自動車博物館でも見ることのできない貴重なモデルを多数収録。
2017.5 183p B5 ¥3800 ①978-4-89522-668-4

◆**軽トラの本**　沢村慎太朗著　三栄書房
【要旨】白一色に素っ気なく安っぽい内装。室内が狭く音はやかましい。オネェちゃんとデートに行くには使えないけれど、牛も積めれば墓石も積める。そうした過積載上等の機能一点張りこそが、日本の暮らしと道具を支えている。我々は、この極めて純粋な道具のことをどこまで知っているのだろう。「スーパーカー誕生」の著者が、華麗&高速の対極にある高性能機械を掘り下げる。自動車技術系雑誌・モーターファン・イラストレーテッドに掲載された好評連載に、大幅加筆を行なった意欲作。
2017.5 175p 19cm ¥1500 ①978-4-7796-3271-6

◆**最新機械業界の動向とカラクリがよーくわかる本**　川上清市著　秀和システム (図解入門業界研究)　第2版
【要旨】業界人、就職、転職に役立つ情報満載。関連業種の現状、主要企業の前線に迫る！
2017.3 217p A5 ¥1300 ①978-4-7980-4922-9

◆**次世代エコカー市場・技術の実態と将来展望　2017　スマートモビリティ～次世代（ZEV）市場実態/予測・インフラ設備・蓄電池**　日本エコノミックセンター編　日本エコノミックセンター、通産資料出版会 発売
【目次】第1章 次世代エコカー市場の動向と展望 (次世代エコカー（環境対応車）の動向、次世代エコカー業界図と市場動向 ほか)、第2章 充電インフラ市場の動向と展望 (電気自動車用充電システム市場の動向と展望、EV用充電システム国内需要別市場予測 ほか)、第3章 次世代エコカー用蓄電池市場の動向と展望 (次世代エコカー用二次電池の動向と展望、リチウム二次電池関連材料の動向と展望 ほか)、第4章 水素インフラ市場の動向と展望 (水素ステーションの動向と展望、水素ステーション関連メーカーの動向と展望 ほか)、第5章 次世代エコカー関連メーカーの動向と展望 (次世代エコカー国内メーカーの動向と展望、次世代エコカー海外メーカーの動向と展望 ほか)
2017.1 210p B5 ¥70000 ①978-4-909020-02-4

◆**自動運転で伸びる業界 消える業界**　鶴原吉郎著　マイナビ出版
【要旨】いま世界的に普及が進む「自動運転」について、そのビジネスの中身とマーケットの概要・全体像を瞬時に理解できる本です。自動運転の普及により大改革を迫られる自動車産業と関連産業の動き、新しく勃興するビジネスをいち早く理解できます。いまなぜ自動運転なのか？巨大企業の熾烈な争い、市場規模、世界をリードする新技術などを解説します。特に既存産業への影響と、どのような新たなビジネスが生まれるのか、産業構造をどう変えるのか詳しく解説し、自動車産業に携わる人や新たな参入を希望する人にとって必読の一冊になっています。
2017.9 266p B6 ¥1800 ①978-4-8399-6365-1

◆**自動運転でGO！─クルマの新時代がやってくる**　桃田健史著　マイナビ出版 (マイナビ新書)
【要旨】近未来の車として注目が集まる「自動運転」だが、世界の主要な自動車メーカーやグーグルやアップルも参入し、自動運転のデファクトスタンダード競争が世界規模で激しさを増している。また、近年多発している高齢ドライバーによる事故の軽減を目指し、完全自動運転についての動きが加速している状況だ。自動車産業の歴史のなかで、自動運転は最大級のトピックであり、製造や販売の面で自動車産業の構造を大きく変える影響力をもつことになる。本書では、激動期を迎えた自動運転について、まだまだ知られていない、目からウロコが落ちるよう

経済・産業・労働

な「自動運転の未来」を紹介する。
2017.2 222p 18cm ¥850 ①978-4-8399-6257-9

◆**自動車運送事業経営指標　2016年版**　国土交通省自動車局編　日本自動車会議所
【目次】1 乗合バス（比率表、財務諸表）、2 貸切バス、3 ハイヤー・タクシー、4 トラック
2017.5 157p A4 ¥3889

◆**自動車会社が消える日**　井上久男著　文藝春秋　（文春新書）
【要旨】産業界の頂点に君臨する自動車産業で、100年に一度のパラダイムシフトが進んでいる。EV、自動運転車の開発は既存メーカーの手に負えず、IT企業や新興企業の参入が相次ぎ、技術力をつけた巨大部品メーカーも台頭。トヨタ、日産、ホンダ、マツダ、VWは、この大変革に、どう立ち向かおうとしているのか。
2017.11 228p 18cm ¥830 ①978-4-16-661147-8

◆**自動車検査員必携―保安基準省令・告示、審査事務規程継続検査関係資料体系**　交文社
【目次】1 道路運送車両保安基準等条文相関一覧表、2 道路運送車両の保安基準・審査事務規程（総則、自動車の保安基準）、3 道路運送車両の保安基準の細目を定める告示（抄）（別添12 乗用車の制動装置の技術基準、別添91 連節バスの構造要件、別添92 2階建バスの構造要件）、4 道路運送車両の保安基準第2章及び第3章の規定の適用関係の整理のため必要な事項を定める告示（本文略）、5 自動車部品を装着した場合の構造等変更検査時等における取扱いについて（依命通達）（「自動車部品を装着した場合の構造等変更検査時等における取扱いについて（依命通達）」の細部取扱いについて、日本国政府及びアメリカ合衆国政府による自動車及び自動車部品に関する措置（抜粋）、自動車部品を装着した場合の記載事項の変更又は構造等変更検査の要否判定取扱い一覧表 ほか）
2017.1 766p A4 ¥4700 ①978-4-906000-86-9

◆**自動車産業のESG戦略**　黒川文子著　中央経済社、中央経済グループパブリッシング 発売
【要旨】環境（Environmental）、社会（Social）、ガバナンス（Governance）。3つを基軸に自動車産業と製造業の未来を考える。
2017.4 217p A5 ¥2700 ①978-4-502-21841-5

◆**自動車 車検・整備ハンドブック**　中島守編著　精文館 改訂第四版
【要旨】国内外17社約440車種の車両データを掲載。保安基準、細目告示、審査事務規程をわかりやすく編集。
2017.4 478p 18cm ¥1500 ①978-4-88102-051-7

◆**自動車年鑑　2017 - 2018**　日刊自動車新聞社、日本自動車会議所共編　日刊自動車新聞社　（付属資料：別冊1）
【目次】1 自動車産業日誌、2 日本の自動車産業、3 主要国の自動車産業、4 国内自動車販売・サービス、5 自動車産業と行政、6 国内関連データ（統計・資料）、7 国内販売・サービス（統計・資料）、8 車体・部品生産（統計・資料）、9 主要国の自動車台数統計（統計・資料）、10 諸税・道路・交通環境（統計・資料）
2017.9 592p B5 ¥20000 ①978-4-86316-314-0

◆**自動車用材料の歴史と技術**　井沢省吾著　グランプリ出版
【要旨】自動車に用いられている肝となる材料は、その性能を決定するうえで重要度を増している。本書では、鉄やアルミニウム、プラスチックなどの自動車用材料に関する基本的な知識を、図版などを多用して、自然なかたちで分かりやすく理解できるように解説する。
2017.9 211p A5 ¥2400 ①978-4-87687-352-4

◆**自動車リユースとグローバル市場―中古車・中古部品の国際流通**　浅妻裕、福田友子、外川健一、岡本勝規共著　成山堂書店
【要旨】日本国内で使用された中古車・中古部品の国際的なリユースについて、流通面を中心に、その市場の歴史や制度の変遷、環境や産業面での規制、商品調達から輸出入、商品の仕向地の決定要素などを、各国の事例をあげながら、分析解説する。世界中で活躍する日本の中古車の国際市場の動向をまとめた一冊。
2017.6 268p A5 ¥2800 ①978-4-425-93141-5

◆**進化するコインパーキング―ユーザーファーストで実現する安心・安全・快適な駐車場ネットワーク**　鶴蒔靖夫著　IN通信社
【要旨】駐車場からロック板が消えた!?IoTが実現したユーザーファーストのコインパーキング

とは。アイテックの技術が生み出す駐車場の新しいカタチ。
2017.2 237p B6 ¥1800 ①978-4-87218-431-0

◆**数字でみる自動車　2017（平成29年版）**　国土交通省自動車局監修　日本自動車会議所
【目次】経済指標、自動車の台数、旅客自動車の輸送量、バス事業、ノンステップバスの導入推移・バスロケーションシステムの導入推移・バスカードの導入推移、ハイヤー・タクシー事業、レンタカー事業、自動車運転代行業、貨物自動車の輸送量、トラック事業、税制、財政、道路、自動車ターミナル、自動車の登録・検査、自動車の整備、自動車の安全、運転者、自動車による事故、自動車環境対策、エネルギー、被害者の救済、参考
2017.6 227p A6 ¥417

◆**スカイライン―R32、R33、R34型を中心として**　当摩節夫著　三樹書房
【要旨】2017年に誕生60年を迎えたスカイラインは、日本を代表するロングセラー車として、絶大な人気を誇り続けている。モータースポーツ活動における活躍などで「技術の日産」のイメージを先導、最新技術の導入などで今なお進化を続ける。本書では「走りのスカイライン」復活を目指して開発され、GT‐Rの復活を遂げた、新時代スカイラインの幕開けとなったR32型と、それに続くR33、R34型の変遷を中心に、スカイラインの誕生から現在までを、当時の貴重な資料などをもとに解説する。
2017.11 139p B5 ¥3800 ①978-4-89522-684-4

◆**図解 EV革命―100年に1度のビジネスチャンスが一目瞭然！**　村沢義久著　毎日新聞出版
【要旨】2025年には約110兆円に拡大するEV市場。ガソリンなど内燃機関の次、EVシフトが鮮明に。航続距離が大幅に向上する全固体電池でEV世界一を目指すトヨタ自動車。日産・三菱・ルノー連合で世界一のEV帝国を築くカルロス・ゴーンの野望。テスラへの電池供給で車載用リチウムイオン電池の雄となるパナソニック。EV用駆動モーターに本格参入する日本電産。EV時代でも日本の黄金時代が来るための条件…110兆円市場が一気にわかる！ビジネスやプレゼンですぐに使える！知っておきたい電気自動車（EV）のこと。
2017.12 157p A5 ¥1400 ①978-4-620-32485-2

◆**スバルをデザインするということ―企業を変えるストラテジーデザイン**　難波治著　三栄書房
【要旨】経営危機から自動車業界最高の営業利益率へ。その成功物語の裏になにがあったか？フリーランス・カーデザイナーからスバルデザインGMへ。スバルを再生させた企業を変えるデザイン力。
2017.4 189p B6 ¥1500 ①978-4-7796-3269-3

◆**世界自動車部品企業の新興国市場展開の実情と特徴**　小林英夫、金英善、マーティン・シュレーダー編　柏槇書房新社
【要旨】序章 世界自動車産業の実態、第1章 中国地域における自動車・部品産業、第2章 アセアン・インドの自動車・部品産業、第3章 ロシア、トルコ、中東地区の自動車・部品産業、第4章 中南米の自動車・部品産業、第5章 日本企業の新興国対応
2017.7 293p A5 ¥3500 ①978-4-8068-0671-4

◆**タイヤ年鑑　2016**　RK通信社
【目次】2015～2016年のタイヤ産業、自動車タイヤの生産、販売、品種別・製品別需給、自動車タイヤの原材料、タイヤメーカーの動向、自動車タイヤの安全・技術、関連用品及びタイヤ商品動向、資料・統計編、名簿編
2016.12 571p B5 ¥30472

◆**タイヤ年鑑　2017**　RK通信社
【目次】2016～2017年のタイヤ産業、自動車タイヤの生産・販売、品種別・製品別需給、自動車タイヤの原材料、タイヤメーカーの動向、自動車タイヤの安全・技術、関連用品及びタイヤ商品動向、資料・統計編、名簿編
2017.12 569p B5 ¥30472

◆**ダットサンの忘れえぬ七人―設立と発展に関わった男たち**　下展憲治著、片山豊監修　片山豊記念館、三樹書房 発売
【要旨】日本に自動車産業を確立し育成するために一生涯をかたむけた男たちがいた。
2017.10 247p B6 ¥2000 ①978-4-89522-679-0

◆**中国のワナ―自動車産業月例報告10年分**　牧野茂雄著　三栄書房

【目次】2006年、2007年、2008年、2009年、2010年、2011年、2012年、2013年、2014年、2015年、2016年、2017年
2017.3 607p B6 ¥2000 ①978-4-7796-3238-9

◆**デトロイトでカムリを開発―トヨタウェイの米国移植に取り組んだ10年間**　正木邦彦著　幻冬舎メディアコンサルティング、幻冬舎 発売
【要旨】元テクセン社長が書いた、日米文化融和の成功物語。筆者は、ジャパンバッシング冷めやらぬ1991年渦中のデトロイトに赴任。持参した「トヨタ米国テクニカルセンター」建設の青写真は、日本のバブル経済の破裂で反故に。その後、苦節10年、Toyota Technical Center, USAは、彼の地に根を生やし、知事はじめ現地の皆さんに愛される会社に成長。カムリは世界一の量販車に。
2017.12 159p B6 ¥1200 ①978-4-344-91489-6

◆**電気自動車―これからの「クルマ」を支えるしくみと技術**　森本雅之著　森北出版 第2版
【要旨】様々な分野の技術が用いられている電気・ハイブリッド自動車のしくみを、この1冊で徹底解説！豊富な図解でわかりやすい。
2017.9 180p 22×16cm ¥2600 ①978-4-627-74302-1

◆**東京モーターショー トヨタ編 1954 - 1979**　山田耕二著　三樹書房
【要旨】クラウンやカローラ、2000GT、スポーツ800など、海外との出会いを糧に独自開発の道を選択したトヨタ。日本自動車工業会やメーカー、トヨタ博物館等に保存・保管されていた史料をもとに、世界企業に成長する過程を解説。世界のトヨタ一純国産にこだわり世界企業に成長する様子を今に伝える。
2017.11 139p B5 ¥3000 ①978-4-89522-681-3

◆**東京モーターショー ニッサン/プリンス編 1954 - 1979**　山田耕二著　三樹書房
【要旨】スカイラインやフェアレディ、ブルーバード、グロリアなど、数多くの名車を生み出したニッサン/プリンス。日本自動車工業会やメーカー等に保存・保管されていた貴重な写真を発掘・調査し、当時の展示の様子を詳細に解説。技術の日産―その礎を築いた時代の東京モーターショーの熱気を今に伝える。
〔17.10〕151p B5 ¥3600 ①978-4-89522-682-0

◆**ドライバーレス革命―自動運転車の普及で世界はどう変わるか？**　ホッド・リプソン、メルバ・カーマン著、山田美明訳　日経BP社、日経BPマーケティング 発売
【要旨】自動運転車が走り始めるのはいつ？実用化を阻止するものは何か？既存の自動車メーカーは生き残れる？交通事故死傷者はどのくらい減る？自動運転車はどんな仕組みで動くのか？最新の自動運転技術はどんなもの？人の運転に比べてどの程度安全か？自動運転車産業の覇者は誰か？もうそこまで来ている自動運転社会の疑問にすべて答える！
2017.2 449p B6 ¥2000 ①978-4-8222-5195-6

◆**トラクターの世界史―人類の歴史を変えた「鉄の馬」たち**　藤原辰史著　中央公論新社　（中公新書）
【要旨】19世紀末にアメリカで発明されたトラクター。直接土を耕す苦役から人類を解放し、作物の大量生産を実現。近代文明のシンボルとしてアメリカは民間主導、ソ連、ナチス・ドイツ、中国は国家主導により、普及を進めた。だが農民や宗教界の拒絶、化学肥料の大量使用、土壌の圧縮、多額のローンなど新たな問題・軋轢も生む。20世紀以降、この機械が農村・社会・国家に何をもたらしたか、日本での特異な発展にも触れて描く意欲作。
2017.9 270p 18cm ¥860 ①978-4-12-102451-0

◆**日本自動車産業の海外生産・深層現調化とグローバル調達体制の変化―リーマンショック後の新興諸国でのサプライヤーシステム調査結果分析**　清晌一郎編著　社会評論社
【目次】第1部 総論（海外現地生産における「深層現調化」の課題と巨大「日系系列」の形成、グローバル生産ネットワークのリデザインとインテグレーション―生産・調達・販売のリンケージとしてのロジスティクス戦略の再考）、第2部 日系自動車メーカーのグローバル生産展開とサプライヤーシステム管理（トヨタのグローバルサプライチェーンマネジメント、スズキ45%のインド市場の急成長とトヨタの適応―イノベータのジレンマに陥るも進む能力構築とジレンマ克服の展望、サプライヤーとの協力体制の刷新―AAT：A・ABC活動を中心にして、タイ洪水危

機にみるサプライヤーシステムの再現性―ホンダのケース、アジア最後のフロンティア、ミャンマーの自動車・部品産業とその特徴）、第3部 サプライヤーシステムのグローバル経営とサプライヤーシステムの変貌（新しいリージョン・産業集積地における複合リンケージSCM戦略―メキシコ自動車産業と日系サプライヤーの事例から読み解く、日系Tier1の少ない南米自動車市場の急成長と非日系調達への適応―欧米系、現地系からでも日系並みを実現するトヨタの部品調達、アジアにおける日系中小サプライヤー間の連携可能性―タイ進出企業を事例に、中小部品サプライヤーの海外進出支援プラットフォーム―T通商テクノパーク（インドネシア）のケース、生産組織の日本的特徴とその移転可能性、深層現調化に見る「ヒトとサプライヤーの育成」）
　2017.3 411p A5 ¥4800 ①978-4-7845-1845-6

◆日本車大図鑑　カーグラフィック　第2版
【要旨】1960年以降2017年秋までに生産・販売された日本の乗用車の情報を収録。
　2017.11 638p 32×24cm ¥30000 ①978-4-907234-17-1

◆フォルクスワーゲンの闇―世界制覇の野望が招いた自動車帝国の陥穽　ジャック・ユーイング著，長谷川人訳，吉野弘人訳　日経BP社，日経BPマーケティング 発売
【要旨】高すぎる必達目標、さもなくば冷酷人事。世界的企業の内実は「ブラック」だったのか？排ガス不正スキャンダル全真相。
　2017.7 445p B6 ¥2000 ①978-4-8222-5529-9

◆包装関連機器カタログ集　2018　クリエイト日報編　クリエイト日報
【目次】個装関連機器、印字・表示・ラベル関連機器、外装関連機器、その他関連機器、プラスチック加工関連機器、紙器・段ボール関連機器
　2017.9 258p A4 ¥1389 ①978-4-89086-305-1

◆包装関連資材カタログ集　2018　クリエイト日報編　クリエイト日報
【目次】フィルム・シート・レジン、アルミ蒸着、プラスチック軽量容器、小型容器・自然素材容器・機能性容器・ガラス瓶・金属缶、フレキ・シール・マーキング資材、シュリンクラベル、テープ、結束材、緩衝材、フレコン・パレット・コンテナー、接着剤・インキ、プラスチック袋・紙袋、鮮度保持機器/材（剤）・脱酸素剤・乾燥剤・抗菌包材・HACCP関連・検査キット・検査装置・異物混入防止対策関連資材、ネット、ラッピング、紙器・紙製包材、関連資材・機械
　2017.9 170p A4 ¥926 ①978-4-89086-306-8

◆マツダ・ロータリーエンジンの歴史　GP企画センター編　グランプリ出版　新訂版
【要旨】1967年に日本初のロータリーエンジンを搭載したコスモスポーツが市販されて50年。世界で大きな注目を集めたロータリーエンジンの開発は、マツダの技術陣にとって、社運を賭けた大きな挑戦であった。新時代を担うロータリーエンジンの復活が望まれている今、マツダにおけるロータリーエンジン開発の苦難と栄光への軌跡を辿る。
　2017.12 236p A5 ¥2000 ①978-4-87687-353-1

◆三菱自動車―航空技術者たちが基礎を築いたメーカー　当摩節夫著　三樹書房　新装版
【目次】三菱自動車の歴史、カタログでたどる三菱のクルマたち（ヘンリーJ、ジープ、軽三輪レオ、三菱500・コルト系、ギャラン系、ミニカ系、デボネア系、ミニキャブ系、デリカ系、ランサー系 ほか）
　2017.7 184p B5 ¥2800 ①978-4-89522-670-7

◆メルセデス・ベンツ「最高の顧客体験」の届け方　ジョゼフ・ミケーリ著，月沢李歌子訳　日本実業出版社
【要旨】いま経営者の皆さんが手にしているのは、「変革と決意の書」である。本書は、世界で最も知られているブランドの1つ、メルセデス・ベンツで行われた大改革の詳細を内側から明らかにしている。「世界最高の顧客体験」を提供しようと力を尽くした人々の記録でもある。何より最も重要なのは、あなたが「最高の顧客体験」を届けるためのガイドになるということである。
　2017.2 318p B6 ¥1850 ①978-4-534-05465-4

◆ロボット産業最前線　2018　産業、サービス、医療用ロボット225社・団体の最新動向　産業タイムズ社
【目次】いま拡大期に入ったロボット市場、第2章 国内の産業用ロボット関連企業、第3章 海外の産業用ロボット関連企業、第4章 国内のサー

ビスロボット関連企業・団体、第5章 海外のサービスロボット関連企業、第6章 医療・バイオ関連ロボット企業、第7章 国内の主なロボットシステムインテグレーター企業一覧
　2017.10 326p 28×21cm ¥18000 ①978-4-88353-262-9

◆私のトリノ物語―人がクルマと生きる街で　松本葉著　カーグラフィック
【要旨】ピニンファリーナにアニエッリ、ジアコーザ、マルキオンネ、モデラー、塗装屋、そしてフィアット・チンクエチェント。トリノに生き、トリノで働き、トリノを走るクルマや自動車人たちが活き活きと描かれた、14の色鮮やかな物語。松本葉の筆がいざなう、自動車を軸に回る街へ、ようこそ。
　2017.6 223p B6 ¥1800 ①978-4-907234-16-4

◆AIが変えるクルマの未来―自動車産業への警鐘と期待　中村吉明著　NTT出版
【要旨】激変する自動車産業、一歩抜け出すのはだれか？ 自らのビジネスの破壊を迫られる大手自動車メーカー。「モジュール化」によってチャンスで主導権を狙うIT企業。成長を促すシンプルな規制が求められる政府。技術と制度に通暁した元経産官僚が、日本のクルマ産業に提言する！
　2017.12 222p B6 ¥1600 ①978-4-7571-2368-7

◆BMWミニの世界―ドイツが受け継ぐ英国の伝統　相原俊樹著　三樹書房
【要旨】2016年のBMW創業100周年をひとつの節目とし、海外の資料から探索した知られざる事実を、180点を超える写真・図版を収録しながら、BMWミニの誕生からの足跡を丹念に辿る。
　2017.11 134p B5 ¥4000 ①978-4-89522-676-9

◆Corporate System, Structural Diversity, and Transformation—A New Approach to Automobile Specialized Groups in Japan and Korea　WooJin Kim著　（京都）晃洋書房（本文：英文）
【目次】1 Introduction：Exploring the Structural Diversity of Corporate Systems from the Idea of a Firm as an "Organization", 2 Structural Transformation of the Toyota Group's Production and Employment：Towards the Channel of Output Adjustment, 3 Overseas - oriented Expansion and Minimizing Difference in Production Conditions：The Smooth Operation of the Hyundai Motor Group's Newly Evolved - production Structure, 4 Practical Driving Forces for the Low - Cost Production of Hyundai Motor Group：Keiretsu - based Integrated Production System and Role Expansion of Module Makers, 5 Structure Changes in the Financing and Ownership：Radical Rethinking the Weakening of the Influence of Outsiders, 6 De facto Corporate Governance Mechanisms and Conventional Factors：Significant Discrepancies between Practical and Superficial Governance, 7 Conclusion：Perspective on the Evolving Diversity of Corporate Systems
　2017.8 210p A5 ¥3000 ①978-4-7710-2934-7

◆EV新時代にトヨタは生き残れるのか―「電気自動車」市場を巡る日独中の覇権戦争　桃田健史著　洋泉社
【要旨】VW・ダイムラー・BMW、ジャーマン3が仕掛けたEVブームは“プリウス潰し”!!トヨタ連合で反撃なるか!?第5次EVブームに踊らされる日系メーカーの行方。
　2017.12 239p B6 ¥1500 ①978-4-8003-1365-2

◆JAHFA　No.17　日本自動車殿堂JAHFA編集委員会編　日本自動車殿堂，三樹書房 発売
【目次】日本自動車殿堂の活動、日本自動車殿堂に寄せて、日本自動車殿堂者及び歴史遺産車の選定にあたって、トロフィー・ロゴなどの制作意図、2017日本自動車殿堂 殿堂者（殿堂入り）、日本自動車殿堂 殿堂者（殿堂入り）の方々（2001～2014）、日本自動車殿堂 歴史遺産車（2003～2014）、2017日本自動車殿堂 歴史遺産車、日本自動車殿堂論壇、日本自動車殿堂イヤー賞選考要領〔ほか〕
　2017.11 123p A4 ¥1000 ①978-4-89522-680-6

◆MAZDA DESIGN—DESIGN BRANDING BUSINESS　日経デザイン，廣川淳哉編著　日経BP社，日経BPマーケティング 発売

【要旨】デザインがブランドとビジネスを強くする。ブランドの根幹を為す「魂動」、部門の壁を壊した「デザインカスケード」「共創」、日本の美意識を追及する「CAR AS ART」、繊細でクリエイティブな「匠モデラー」。マツダが変わった理由とは？ 写真で振り返る「マツダデザインヒストリー」。ロードスターから最新ビジョンモデルまで！ デザイン＆ものづくりの秘密に迫る。
　2017.11 223p A5 ¥2200 ①978-4-8222-3598-7

鉱業・鉄鋼・化学産業

◆アジアの石油化学工業　2018年版　重化学工業通信社・化学チーム編　重化学工業通信社
【目次】第1章 アジア石油化学工業の現況と将来（アジア諸国の経済成長、アジアの石化製品需給動向、アジアの地域別・国別石化製品生産能力と新増設計画（総括表）ほか）、第2章 アジア各国・地域の石油化学工業（韓国、台湾、中国 ほか）、第3章 日本とアジア諸国との石油化学製品輸出入関係（日本からアジア諸国への石化製品輸出、日本のアジア諸国からの石化製品輸入、アジア諸国の日本との石油化学製品輸出入推移 ほか）
　2017.12 577p B5 ¥37000 ①978-4-88053-179-3

◆色と顔料の世界　橋本和明監修，顔料技術研究会編　三共出版
【目次】1 色の科学入門（色はなぜ見える？、色は数値で表せる）、2 顔料の色（染料と顔料の違い、無機顔料の発色機構 ほか）、3 顔料はどのように使われている？（印刷インキとしての使われ方、塗料としての使われ方 ほか）、4 顔料はどのように作られる？（フタロシアニン系顔料、縮合多環系顔料 ほか）、5 顔料に求められる性能と機能（分散性、一般性能と試験方法 ほか）
　2017.3 285p A5 ¥3000 ①978-4-7827-0759-3

◆化学　2019年度版　化学産業研究会編　産学社　（産業と会社研究シリーズ 9）
【要旨】次世代ディスプレイの本命、有機EL。世界を席巻する脱ガソリン車、EV。化学メーカーには商機のビッグウェーブが訪れた！ 最新情報・企業紹介・勤務条件満載の1冊！
　2017.11 190p B6 ¥1600 ①978-4-7825-3477-9

◆カーボンが創る未来社会――種類の元素の様々な構造に支えられて　藤田静雄編著　丸善プラネット，丸善出版 発売　（キヤノン財団ライブラリー）
【要旨】時代の寵児はシリコンからカーボンへ！ 現代社会はビッグデータに満ち溢れ、私たちの身の回りではAIやIoTなどを通して膨大な情報が可視化され活用されている。シリコン半導体に代わり、高速・大容量情報を扱う次世代材料として大きな期待を担っているのがカーボンである。本書ではポストシリコン材料としてのカーボンの優れた多様性を示す高機能デバイスの最先端研究を紹介する。
　2017.11 163p B6 ¥1400 ①978-4-86345-348-7

◆ケミカルビジネス情報MAP　2018　化学工業日報社
【要旨】データで見る化学業界。主要企業・団体を網羅。法令・統計など化学関連情報もすばやく入手。
　2017.11 212p B5 ¥2500 ①978-4-87326-693-0

◆ゲルとゲル化剤の開発と市場　シーエムシー出版
【目次】開発編（ゲルの開発と応用、食品用ゲル増粘剤、ゲル化剤、安定剤/ゲル主体食品/食感改良ゲル化食品/咀嚼・嚥下補助食品/食物繊維/サプリメント、ゲル化性タンパク質―大豆タンパク質/小麦タンパク質/乳タンパク質、飼料・ペットフード・その他ゲル―飼料/ペットフード/てんぷら油ゲル化剤/食品保湿剤、化粧品用ゲル ほか）、ゲル化剤編（植物由来のゲル化剤、微生物由来のゲル化剤、藻類由来のゲル化剤、タンパク質のゲル化剤、合成ゲル化剤 ほか）
　2017.5 289p B5 ¥100000 ①978-4-7813-1247-7

◆工業用品ゴム・樹脂ハンドブック　2018年版　ポスティコーポレーション著　ポスティコーポレーション　第42版
【目次】解説編（工業用ゴム製品総説、流通 ほか）、データ編（ゴムベルト、コンベベルト、コンベヤベルト、樹脂ベルト ほか）、企業編（有力メーカー・有力商社）（アキレス、アトライズ

経済・産業・労働

ヨドガワ ほか）、名簿編（全国ゴム製品製造業、全国工業用ゴム製品卸商業組合 ほか）
2017.8 213p B5 ¥8500 ①978-4-906102-90-7

◆**ゴムハンドブック　2018年版**　ゴムタイムス社
【目次】1章 ゴムの基礎知識、2章 ゴムの需給実績、3章 ゴムのメーカー、4章 ゴム企業の業績と株価、5章 ゴムの規格・試験方法・単位、6章 ゴムの用語・略語、7章 付録、全国主要企業便覧
2017.10 183p B6 ¥9000 ①978-4-908565-04-5

◆**砕石等統計年報　平成28年（2016）**　経済産業統計協会編　経済産業統計協会
【目次】1 推移、2 砕石・再生骨材、3 原石、コンクリート塊等再生骨材原料、4 電力・燃料消費（年・四半期別）、5 労務（四半期別）、6 設備公称能力（四半期別）、7 自家発電能力（四半期別）　2017.6 180p A4 ¥4500 ①978-4-86499-113-1

◆**実践的研究開発と企業戦略—化学産業を担う人々のための**　渡加裕三著　化学工業日報社　改訂版
【目次】経営戦略の立案・策定、技術戦略の立案・策定、企業における研究開発組織、企業における研究開発、研究開発のマネジメント、企業価値創出のための研究開発における人材育成、研究開発に係わる重要事項、工業化（工業化）へのステップ、工業化のフォローアップ、研究開発の失敗と成功、グローバル化に伴う欧米及び日本の化学企業の変貌と動向、研究開発のグローバル化
2017.4 312p A5 ¥2500 ①978-4-87326-683-1

◆**粧界ハンドブック—化粧品産業年鑑　2017年版**　週刊粧業出版局編　週刊粧業
【目次】業界主要団体及び会員名簿（業界主要団体一覧、東京化粧品工業会 ほか）、業界関連重要統計（わが国化粧品産業の概況、化粧品月報調査品目別分類表 ほか）、業界関連の主要法規及び通達（薬事法等の一部改正する法律など、第四章 医薬品、医薬部外品及び化粧品の製造販売業及び製造業（第十二条・第二十三条）ほか）、全国主要企業便覧（メーカー・輸入代理店・その他、香料・原料・生産機器・容器業者 ほか）
2016.12 575p 16x10cm ¥6000 ①978-4-905104-13-1

◆**セメント産業年報「アプローチ」　第51集**　セメント新聞編集部編　セメント新聞社
【目次】2016 - 2017年/キーワード解説（スランプ12cm、iブリッジ ほか）、巻頭特集（建設産業政策2017+10—若い人たちに明日の建設産業を語ろう、土木研究所資料「コンクリート構造物の補修対策施工マニュアル（案）」）、セメント産業の現状と見通し（セメント需給の現状と見通し、需要構造の変化 ほか）、セメント産業の基礎知識（セメントのできるまで、セメントの生産 ほか）、統計（世界のセメント需給、セメントの生産 ほか）
2017.10 136p A4 ¥10500 ①978-4-906886-23-4

◆**セメント年鑑　2017（第69巻）**　セメント新聞社編集部編　セメント新聞社
【目次】解説編、統計編、企業編、名簿編、歴史編、石灰石編、生コン編、製品編、骨材・混和剤（材）編
2017.4 467p A4 ¥34000 ①978-4-906886-02-9

◆**繊維のスマート化技術大系—生活・産業・社会のイノベーションへ向けて**　鞠谷雄士,平坂雅男監修　エヌ・ティー・エス
【目次】序論（繊維の高性能化・高機能化からインテリジェント化時代を迎えて1—スマートテキスタイル黎明期、繊維の高性能化・高機能化からインテリジェント化時代を迎えて2—繊維産業におけるイノベーションの潮流）、第1編 繊維の機能化・環境適合化（温度、水分特性 ほか）、第2編 革新的技術による繊維の環境調和機能の付加（バイオテクノロジー技術、動物系、植物系、バイオミメティクス化による超機能性繊維の開発）、第3編 複合化による繊維のスマートマテリアル化（導電性繊維、自己修復機能 ほか）、第4編 繊維が創る生活文化の未来（衣料、快適なくらし ほか）、第5編 今後の市場と展望—Society5.0、持続可能な社会へ（世界のe - テキスタイルの研究開発動向、安心・快適ウェアラブルデバイスとしての繊維の将来性 ほか）
2017.12 527, 14p B5 ¥56000 ①978-4-86043-493-9

◆**全国日用品・化粧品業界名鑑　平成30年版**　（大阪）石鹸新報社
【目次】石鹸洗剤・洗浄剤製造業者、日用品・化粧品製造業者、日用品・化粧品卸業者、家庭用薄葉紙卸業者、医薬品卸業者、小売業者、業界

諸団体
2017.11 385p A4 ¥15000 ①978-4-902168-55-6

◆**生コンクリート統計年報　平成28年（2016）**　経済産業統計協会編　経済産業統計協会
【目次】1 需要先別出荷、原材料消費及び労務（年、年度別）、2 需要先別出荷内訳、3 経済産業局別出荷内訳、4 経済産業局・都道府県別・需要先別出荷内訳、5 経済産業局・都道府県別原材料等消費内訳、6 経済産業局・都道府県別・ミキサ容量別月間生産能力（平成28年12月末）、7 経済産業局・都道府県別・ミキサ容量別プラント及びミキサ設備基数（平成28年12月末）、8 経済産業局・都道府県別常用従業者数
2017.6 75p A4 ¥3300 ①978-4-86499-112-4

◆**日本の石油化学工業　2018年版**　重化学工業通信社・化学チーム編　重化学工業通信社
【目次】第1章 我が国石油化学工業の現状、第2章 石油精製8社の事業動向、第3章 エチレンセンターの動向、第4章 石油化学各社の事業動向、第5章 欧米化学企業の事業動向、第6章 主要石化製品の需給動向、第7章 環境問題と化学各社の環境会計、第8章 関連会社・研究所・技術移転リスト
2017.11 741p B5 ¥28000 ①978-4-88053-178-6

食品産業

◆**今がわかる数字のミカタ 酒類・食品企業レポ—有力130企業をリストアップ**　日刊経済通信社調査出版部編　日刊経済通信社（「酒類食品統計月報」特別増刊号）
【目次】石光商事（株）、（株）イズミック、加藤産業（株）、国分グループ本社（株）、（株）トーカン、（株）日本アクセス、日本酒類販売（株）、三井食品、三菱食品（株）、付録：日本地図でみる工場の分布
2017.9 327p B5 ¥12000 ①978-4-931500-69-3

◆**会社要覧 ハム・ソーセージ業界 平成30年版**　（柏）食品経済社
【目次】第1編 ハム・ソーセージ業界、第2編 機械・器具業界、第3編 包装資材業界、第4編 原料・副原料業界、第5編 食品添加物業界、第6編 資材取扱・その他
2017.6 283p A5 ¥8000

◆**蒲鉾年鑑　平成29年版**　（柏）食品経済社
【目次】第1編 業界の概況、第2編 統計、第3編 業者の現況、第4編 機械・副資材、第5編 参考資料、第6編 名簿　2017.2 383p A5 ¥8000

◆**グッドフード、グレートビジネス！—サンフランシスコ・ベイエリアの独立系フードビジネスから学べること**　スージー・ワイシャク著　クロニクルブックス・ジャパン、徳間書店 発売
【要旨】ブルーボトルコーヒー（コーヒー）、ジューン・テイラー（ジャム）、ボーラ・グラノーラ（グラノーラ）、スイート・レボリューション（キャラメル）、ポコ・ドルチェ（チョコレート）他数多くの独立系フードビジネスの成功例を生んだ、カリフォルニア、サンフランシスコ・ベイエリア在住、フードビジネスストラテジストによる、ビジネス理論！
2017.1 262p A5 ¥2200 ①978-4-19-864334-8

◆**「国民食」から「世界食」へ—日系即席麺メーカーの国際展開**　川邉信雄著　文眞堂
【要旨】日本で生まれた即席麺は今や地球上いたるところで親しまれている。日清食品、明星食品、東洋水産、サンヨー食品、エースコック等の日本のメーカーは、いつ、どこへ、なぜ、どのように、世界へ出ていったのか。市場開拓者たちが遭遇した生活様式や食文化の違い、所得水準や政策の変化、競争企業の行動など多くの困難と、それに立ち向かう過程を追う。
2017.10 371p A5 ¥4000 ①978-4-8309-4963-0

◆**最新食品業界の動向とカラクリがよ~くわかる本**　中村恵二著　秀和システム（図解入門業界研究）　第4版
【要旨】業種・業態ごとの特性がよくわかる！食の安全管理の取組みがわかる！グローバル企業の市場戦略を知る！主要食品メーカーの動向がわかる！新しい加工技術と商品開発を知る！多様化する業界の「現在」を多角的に解説！
2017.9 227p A4 ¥1400 ①978-4-7980-5137-6

◆**シズルのデザイン—食品パッケージにみるおいしさの言葉とヴィジュアル**　B・M・FTことばラボ編著　誠文堂新光社
【要旨】近年、コンビニやスーパーをはじめとする流通の変化やSNSの普及、大手メディアにおける食のコンテンツ化により、食べものをめぐるコミュニケーションではシズル表現がますます大きな役割を果すようになっている。本書ではシズルを表現する言葉（シズルワード）を食感系、味覚系、情報系に区分し、デザイン事務所、メーカー58社による食品パッケージ計254点を分類調査。シズルのトレンドを一望するチャーターへのインタビューも収録し、先鋭化するシズルの言葉とヴィジュアルの世界をさまざまな角度から探る。
2017.8 175p B5 ¥2600 ①978-4-416-61746-5

◆**首都圏の食を支える冷蔵倉庫—冷蔵庫を「あるく、みる、きく」　2**　水産タイムズ社
【目次】第1章 正統派！冷蔵倉庫業者の拠点、第2章 ニッスイ系とマルハニチロ系に着目、第3章 時代にぴったり、低温物流のセンターへ、第4章 すごいぞ、ニチレイロジグループ、第5章 実力ある、生鮮・生協・外食等の低温施設、第6章 冷食卸の低温物流拠点をたずねて、第7章 躍進する、KOKUBUのセンター
2017.7 238p B6 ¥2500 ①978-4-902904-19-2

◆**食卸売業の業態変化に関する研究**　松尾秀雄、堀川新吾、寺前俊孝、森本知尚、仲川直穀著（名古屋）三恵社
【目次】第1章 現在の食肉消費の傾向（2000年以降の食肉消費量の推移、食肉に対する消費者の意識および、購買行動の現状、小括）、第2章 アンケート分析—東海3県（愛知県、岐阜県、三重県）を事例として（アンケート調査の趣旨、アンケート集計結果、アンケート調査に関するまとめ）、第3章 事例研究（食企業の事例、生産者による川下へのアプローチ）、第4章 考察（地域ごとにみた企業の業態変化の傾向、食肉生産事業者の事業内容の特徴および、業態変化の傾向、結びにかえて）
2017.3 195p A5 ¥1350 ①978-4-86487-638-4

◆**食品　2019年度版**　芝崎希美夫監修　産学社（産業と会社研究シリーズ 5）
【要旨】機能性表示食品とトクホの違いは？トランプ・ショック後のTPPの行方は？先進国では飛び抜けて低い食料自給率！食品業界に関する最新情報から、基礎知識、待遇・勤務条件まで徹底網羅！
2017.10 221p B6 ¥1300 ①978-4-7825-3473-1

◆**食品企業の全社的生産性向上マネジメント**　山崎康夫著　幸書房
【目次】1章 会社全体で品質改善と収益向上を目指す、2章 組織横断活動の必要性と「見える化」の工夫、3章 理想の食品工場の到達点に向けて、4章 リスクベース思考で異物混入を撲滅、5章 全部門対象の効果的な改善活動、6章 部門別の品質改善と収益向上
2017.9 162p B5 ¥3200 ①978-4-7821-0417-0

◆**食品業界ビジネスガイド（食糧年鑑）　2017年度版**　日本食糧新聞社（付属資料：CD - ROM1）
【要旨】'16年の動向を徹底分析。最新の統計データが満載！
2017.4 647, 787p B5 ¥26000 ①978-4-88927-059-4

◆**食品流通実勢マップ　2017~2018**　日本食糧新聞社
【目次】総合編（特別企画、民力、商社、卸売業、百貨店、スーパー、CVS、ドラッグストア、外食、中食）、地域編（北海道、東北、関東、中部、北陸、近畿、中国、四国、九州、沖縄）
2017.7 241, 971p A4 ¥20000 ①978-4-88927-041-9

◆**食料流通問題の新展開**　三國英實著　筑波書房
【目次】第1編 食料・農業市場問題の新展開（現代農業再編と農業市場問題の所在、アジアの食料・環境問題と日本の立場、食料・農産物流通の回顧と展望—グローバリゼーション・規制緩和下での再編過程、地域の総体を視野に入れた農協活動への転換—農協の存在意義と求められる新たな枠組み、多品目総合産地形成の課題—安倍亡国農政と対峙する農業再建の道）、第2編 卸売市場問題の新展開（新農業基法と生鮮食品市場再編、農産物流通再編の新段階と変革課題、卸売市場再編と築地市場移転問題、築地市場移転問題と卸売市場の再編、卸売市場制度の変質と再構築の課題—豊洲新市場開場中止

と築地市場の存続・再整備を）、補論 食糧流通研究の展開と課題
2017.1 261p A5 ¥4500 ①978-4-8119-0498-6

◆**大豆フードシステムの新展開**　田口光弘著
農林統計協会
【目次】第1章 本書の課題（我が国における大豆の需給と生産の現状、課題の設定）、第2章 豆腐製造業と納豆製造業における原料大豆の品質ニーズと国産大豆に対する評価（豆腐製造業と納豆製造業の現況概観、豆腐製造業と納豆製造業における原料大豆の品質ニーズ、国産大豆に対する豆腐製造業者と納豆製造業者の評価、まとめ）、第3章 国産大豆の直接取引・契約栽培に関する事例分析（国産大豆流通の概要、国産大豆製造業者における直接取引・契約栽培の事例、納豆製造業者における「直接取引・契約栽培の事例、直接取引事例における問屋機能の分担関係、まとめ）、第4章 国産大豆使用商品の消費拡大に向けた条件解明（豆腐および納豆の消費動向、国産大豆属性に対する消費者評価の解明、国産大豆使用納豆に対する価格弾力性の計測、まとめ、製品属性を説明変数に組み込んだ市場シェア関数の特定化）、第5章 結論（本書の要約、直接取引の推進による国産大豆の消費拡大に向けて）
2017.3 104p A5 ¥2900 ①978-4-541-04138-8

◆**誰でもできるフードバンクの作り方 未来にツケを残さない―フードバンクの新しい挑戦**　米山智栄、石坂薫、原田佳子、増井祥子著
高文研
【要旨】いま、日本でのフードロスは年間621万トン！（農水省調べ）これは、日本のお米の生産量の約8割に当たる。そして、その半分以上は家庭から出されています。この大量のロスを少しでも減らそう！いまから始められる、ゆるゆるとした誰でもできるフードバンクのつくり方！フードロス、貧困の拡大、格差の拡大は同じ社会構造から作られている。
2017.10 253p B6 ¥1700 ①978-4-87498-635-6

◆**チロルチョコはロックだ！**　松尾利авав著
幻冬舎メディアコンサルティング、幻冬舎 発売
【要旨】創業115年の老舗企業が初めて明かす「破天荒スピリット」。マーケティングに頼らない「ブランドづくり」の真髄。
2017.5 63p B6 ¥800 ①978-4-344-91237-3

◆**日本食肉年鑑　2016～2017**　日本食肉協議会、日本食肉加工協会監修　食肉通信社
【目次】第1章 世界と日本の畜産・食肉需給の動向、第2章 食肉流通の動向、第3章 食肉加工業の動向、第4章 食肉販売業の動向、第5章 食肉（生食・肝臓）に関するQ&A、第6章 畜産・食肉関係法規制度と食肉関係リース制度、第7章 食肉加工品関係の売れ筋動向、第8章 食肉畜産関係団体名簿
2017.10 548p B5 ¥13500 ①978-4-87988-138-0

◆**日本の会社 キリンビールの110年 絵で見る歴史図鑑**　夢現舎編　彩流社
【目次】写真で振り返るキリンビール110年の歴史（1885年～1945年、輸出用ラベル、1946年～1979年 ほか）、2017年キリンビールの商品と取り組み（47都道府県の一番搾り、グランドキリン、キリン零ICHI（ゼロイチ）ほか）、キリンビールの工場見学（キリン横浜工場、工場見学体験レポート、キリンビール北海道千歳工場、キリンビール仙台工場 ほか）
2017.6 95p A5 ¥1500 ①978-4-7791-2304-7

◆**日本の食品工業　2017年版　設備投資と大型プロジェクト**　日本立地ニュース社編　日本立地ニュース社
【目次】第1部 食品工業の設備投資の現況と展望（食品産業の設備投資動向、大型プロジェクト建設の動き、大型プロジェクト一覧）、第2部 食品工業各社の現況と設備投資＆大型プロジェクト（水産・冷蔵冷凍・農林、飼料、製粉、精製糖、食用油・油脂 ほか）、第3部 食品関係機関・団体録
2016.12 555p B5 ¥25000

◆**ビール「営業王」社長たちの戦い―4人の奇しき軌跡**　前野雅弥著　日本経済新聞出版社
【要旨】過去、現在、そして見える未来…。ビール業界、波乱の30年を描く本格ドキュメント！奇しくも、ほぼ同時期に社会人となった4人の男。人たらしの「営業の天才」たちは、どうやって社長にまで駆け上がったのか。アサヒ、キリン、サントリー、サッポロ。各トップの人生で、日経記者が鋭く迫る「営業王」の真髄を描く。
2017.7 305p B6 ¥1500 ①978-4-532-32156-7

◆**フードサービスの教科書**　茂木信太郎著
創成社
【目次】序章 本書の構成と範囲、第1章「料理」の方程式と「外食料理」、第2章「良い店」と「繁盛する店」、第3章「厨房部」はどのように運営されるのか？、第4章「客席部」とはいかなる存在であるのか？、第5章「支援部」とはどんなことをするところか？、第6章「店長」とはどのような人か、第7章「経営判断とさまざまな選択肢」
2017.4 225、3p B6 ¥1600 ①978-4-7944-2504-1

◆**フードシステムの革新とバリューチェーン**
斎藤修著　農林統計出版
【目次】私の辿ってきたフードシステム研究と新たな方向、第1部 フードチェーンをめぐるイノベーションと研究課題（フードチェーンと地域再生、6次産業化・農商工連携とフードチェーン―論理と検証）、第2部 医福食農連携とフードシステムの革新（医福食農連携とフードシステム―超高齢社会における配食サービスと福祉、超高齢社会における配食サービスと福祉の統合、医福食農連携の戦略とフードチェーン）、第3部 清酒業界における農商工連携とフードチェーン（清酒をめぐるイノベーションとバリューチェーン、酒造用原料米をめぐる戦略的課題―日本酒造組合中央会の研究会報告、フードシステムと酒造メーカーの経営戦略、清酒のバリューチェーンと農商工連携）、第4部 バリューチェーンの新展開（1次産品の価値を活かしたバリューチェーンとフードシステム、紀州南高梅と市田柿のバリューチェーンと戦略的課題、中小ワイナリーの統合化戦略とビジネスモデル）、第5部 斎藤修・研究業績
2017.9 268p A5 ¥3500 ①978-4-89732-372-5

◆**未開封の包装史―青果包装100年の歩み**　林健男著　ダイヤモンド・ビジネス企画、ダイヤモンド社 発売
【要旨】カットしたスイカを入れるジッパー付きパッケージ、そのまま、レンジでチンして食べられる枝豆。業界のパイオニア・精工の歩みとともに語る青果包装の歴史をこの一冊に。
2017.1 262p 21×14cm ¥1500 ①978-4-478-08409-0

◆**やさしいHACCP入門**　新宮和裕著　日本規格協会　新版
【要旨】HACCP導入の制度化を国が決定！加工・製造から販売までのすべての食品事業者で取り組むべきことは？HACCPの基礎知識と運用のための重要ポイントをわかりやすく解説！食品トレーサビリティシステム、フードディフェンス、FSSC 22000、ISO 22000など、新たに求められる食品安全の課題についても解説！
2017.5 145p A5 ¥1500 ①978-4-542-92031-6

◆**冷凍食品業界要覧　2017年版**　水産タイムズ社
【目次】第1編 業界展望、第2編 製造業者、第3編 問屋、第4編 スーパー、第5編 商社、第6編 運輸・保管、第7編 機器・設備・原料・資材、第8編 関係団体、第9編 日本冷凍食品協会会員名簿、第10編 関係団体会員名簿、第11編 資料
2016.12 536p B5 ¥12000 ①978-4-902904-18-5

◆**冷凍食品年鑑　2017年版**　冷凍食品新聞社
【目次】グラビア特集、冷凍食品業界データ、総説（冷凍食品業界の現況と展望、メーカーの動向、国内生産の動向、海外生産の動向、冷凍野菜の動向、商品開発の動向、家庭用市場の動向、業務用市場の動向、中間流通企業の動向、低温食品物流企業の動向）、企業篇、資料篇（統計、団体名簿）
2017.1 307p B5 ¥18000 ①978-4-947606-37-2

◆**BEVERAGE GUIDE 2017―飲料商品ガイド**　産経広告社
【目次】炭酸飲料、果実飲料、トマト・野菜系飲料、乳性飲料類、コーヒー飲料、茶系飲料、ウォーター、スポーツドリンク＆サプリメントウォーター、栄養補助飲料、健康志向飲料、その他の飲料
2017 268p A4 ¥1600 ①978-4-88238-027-6

農業

◆**アグリビジネス進化論―新たな農業経営を拓いた7人のプロフェッショナル**　トーマツ、農林水産業ビジネス推進室著　プレジデント社
【要旨】躍進する農業法人が取り組んだ実践の記録。
2017.4 213p A5 ¥1500 ①978-4-8334-5117-8

◆**イラストマニュアル・はじめての養蜂―誰でもチャレンジできる！**　高安和夫監修、東雲輝之著　秀和システム
【要旨】都市部でもハチミツが採れるんです！必要な手続きから実際の養蜂法、ハチミツのおいしい頂き方まで、イラストと写真で全てわかりやすく解説！
2017.9 203p A5 ¥2000 ①978-4-7980-5218-2

◆**ウンカ 防除ハンドブック**　松村正哉著　農山漁村文化協会
【目次】第1章 ウンカ再びイネの大害虫に―ウンカ防除の落とし穴（二〇〇〇年代に入っての大きな変化、なぜ、再びウンカが増えてきたのか ほか）、第2章 知らないと防げない―今どきウンカの生態―研究の最前線から（常識が通用しなくなった重要ウンカ三種、海外からのウンカの旅も、稲作の変化に対応してきた ほか）、第3章 これでいけるウンカ防除―生態を知った上での防除対策（防除対策の基本作戦―箱施用＋本田基幹防除＋臨機防除の三本立て、飛来と防除のズレをつかむ―予測＋実態調査＋決断 ほか）、終章 ウンカ防除の未来予想図（水田の中でのウンカの発生量を自動的につかむ、抵抗性品種の利用のこれから ほか）
2017.6 95p A5 ¥1800 ①978-4-540-15151-4

◆**稼げる農業―AIと人材がここまで変える**　日経ビジネス編　日経BP社、日経BPマーケティング 発売
【要旨】企業や農業生産法人の経営者が最先端の事例で"稼ぎ方"を紹介！
2017.5 222p 18cm ¥1200 ①978-4-8222-3694-6

◆**聞く力、つなぐ力―3・11東日本大震災 被災農家に寄り添いつづける普及指導員たち**　日本農業普及学会編著、古川勉、行友弥、山下祐介、宇根豊著　農文協プロダクション、農山漁村文化協会 発売
【要旨】家族、田畑、故郷などあたりまえの世界が失われた東日本大震災。地震、津波そして福島第一原発の深刻事故に直面するなか、普及指導員たちは懸命に被災農家に寄り添いつづける。彼らの"力"の源は何なのか。そして普及指導員の役割とは。岩手、宮城、福島三県の普及指導員への聞き書きとともに、山下祐介、宇根豊らの論考も収録。
2017.3 251p B6 ¥2200 ①978-4-540-16178-0

◆**休閑・福祉農業の現状と農地保全に係る今後の展開**　日本大学生物資源科学部国際地域研究所編　龍溪書舎　（日本大学生物資源科学部・国際地域研究所（RRIAP）叢書 31）
【目次】第1部 研究プロジェクト関係論文（台湾における休閑（かん）農場の事例と特徴、台湾におけるレジャー農場のサービス品質管理・認証評価、台湾における休閑（かん）農業と大学での活用、休閑（かん）農業による農地の保全、アジアにおける休閑（かん）農業の発展の可能性と課題、日本における都市・福祉農業の現状と課題、日本における福祉農場の事例）、第2部 国際シンポジウム（台湾における休閑（かん）農業・農場の設置経緯・現況・課題、台湾における休閑（かん）農場の事例と特徴、台湾における休閑（かん）農場のサービス品質管理・認証評価、台湾における休閑（かん）農業と大学教育での活用、休閑（かん）農業による農地の保全、アジアにおける休閑（かん）農業発展への可能性、日本における福祉農業の現状・今後、日本における福祉農場の現状・今後、日本における福祉農場の事例、韓国における都市農地保全の現状・今後、総合討論、閉会挨拶）
2017.1 227p A5 ¥3000 ①978-4-8447-0531-4

◆**キーワードで読みとく現代農業と食料・環境**　『農業と経済』編集委員会監修、小池恒男、新山陽子、秋津元輝編　（京都）昭和堂　新版
【要旨】いま知っておきたい一二二の必須テーマを、コンパクトに見開きで解説。生命を支える食の危機と、農村・地域社会の崩壊が進む現在、農業、食料、環境のからみ合う問題を解きほぐす。第一線の研究者が初学者・実践者・生活者へおくる解説・入門書の決定版！
2017.3 274p B5 ¥2400 ①978-4-8122-1614-9

◆**激動に直面する卸売市場―農業競争力強化プログラムを受けて**　細川允史著　筑波書房
【目次】激動の幕開けと新時代の展望、今の卸売市場の状況分析概括―進む現状と制度の乖離、政府決定『農業競争力強化プログラム』の分析と卸売市場の対応、市場間格差拡大の深刻化、市場間格差拡大の対応策1―中央拠点市場制度に代わる集中管理システム、市場間格差拡大の対応策2―広域調整・連携・連合の考え方、戦略レベ

経済・産業・労働

ルの経営戦略（展望）作成のポイント、卸売市場の多機能化と多様化—発想の拡大と転換、公設卸売市場の将来と民設民営卸売市場、卸売市場制度・政策のあり方の考察—新制度の考え方私論、寸言録
2017.2 150p A5 ¥2000 ①978-4-8119-0501-3

◆原発事故から這いあがる！ 有機農業ときどき人形劇　大河原多津子, 大河原伸著　東京シューレ出版
【要旨】劇団「赤いトマト」は福島原発事故の語り部となり、耕し続けてきた大地、生産者のプライド、おだやかな暮らしを奪われた農民の怒りと苦悩をリアルに伝える。
2017.2 127p A5 ¥1400 ①978-4-903192-32-1

◆国際農業開発入門—環境と調和した食料増産をめざして　東京農業大学国際農業開発学科編　筑波書房
【目次】第1部 熱帯の環境と発展の可能性（さまざまな熱帯環境、遺伝資源を理解する、アフリカの食料問題—開発の余地あり・孤児作物、熱帯園芸作物の食品としての機能性について、96億人を養うために—熱帯作物育種の役割 ほか）、第2部 熱帯農業の発展手法を考える（途上国の貧困問題と開発経済学、農産物流通の働きと国際協力、成長するアフリカ、取り残されるアフリカの農村—ガーナ北部の農村を事例として、地域農業開発の規定要因—実態把握へのアプローチ、熱帯天水農業地域の農業経営 ほか）
2017.4 293p A5 ¥1800 ①978-4-8119-0506-8

◆小麦1トンどり—薄まき・しっかり出芽 太茎でくず麦をなくす　高橋義雄編著　農山漁村文化協会
【目次】1 見てわかる小麦—トンどり—革新技術のカンドコロ（大きな穂とそれを支える太い茎づくりへの転換、一トンどりを支える 収量構成要素をコントロールする、一トンどり 施肥の考え方 ほか）、2 一トンとれる麦はここが違う—分げつから見える超多収のすじ道（なぜ麦の分げつを見たことがあるか）、3 まきつけ八分件 薄まきの決め手は"播種床づくり"（深まきは、百害あって一利なし—少量播種を活かす、フカフカ播種床をやめ、播種機鎮圧して種をまく—播種深一定の効果を活かす、播種機のキャリブレーション—「まきつけ八分件」実現のテクニック）、小麦—トンどり 多収穫農家事例（絶肥を活かし、ムラなく、キッチリとつくる—十勝管内芽室町・吉本博之さん（76歳）、麦なで肋行、こまめな追肥で超多収—十勝管内池田町・武智唯浩さん（62歳）、品質よければ手がかからない—オホーツク管内清里町・堀川哲男さん（56歳）ほか）
2017.8 125p A5 ¥1800 ①978-4-540-16139-1

◆最強の農起業！—ブルーベリー観光農園で失敗しない農業経営　畔柳茂樹著　かんき出版
【要旨】営業日が年間60日で年収2000万円！ 元デンソー社員が効率と、生産性から出した結論。
2017.6 239p B6 ¥1500 ①978-4-7612-7260-9

◆最新農薬原体・キー中間体の創製 2017　シーエムシー出版
【目次】第1編 最新の農薬原体（殺虫剤、殺ダニ剤 ほか）、第2編 農薬原体のキー中間体（2-ブロモ-4-(1,1,1,2,3,3,3-ヘプタフルオロプロパン-2-イル)-(トリフルオロメチル)アニリン、3-アミノ-2-フルオロ安息香酸メチル塩酸塩 ほか）、第3編 農薬原体の創製（農薬工業 ほか）、第4編 注目される新規農薬の開発（新規昆虫行動制御剤ピリフルキナゾンの創製 ほか）、第5編 2006〜2016年に上市された農薬一覧
2017.5 606p A4 ¥200000 ①978-4-7813-1237-8

◆実践事例でわかる獣害対策の新提案—地域の力で農作物を守る　農業共済新聞編, 江口祐輔監修　家の光協会
【目次】第1章 野生鳥獣による被害と対策（野生鳥獣による被害と対策、電気柵—設置と運用の知識を身につけて）、第2章 基礎から学ぶ獣害対策（基礎編・対策の基本を知る、応用編・加害獣種を見極める）、第3章 地域ルポ・生産現場の工夫（みんなで守る地域の暮らし、若手・女性の活躍 ほか）、第4章 ジビエ最前線（ブームで終わらせない、利用倍増を19年度目標に ほか）、第5章 農業共済制度と鳥獣害（鳥獣害による損失も補償、NO-SAIの実力 ほか）
2017.11 159p A5 ¥1800 ①978-4-259-51865-3

◆自適農の地方移住論—Jターン28年の暮らしから　西山敬三著　（松山）創風社出版
【目次】移住ということ、移住の動機としての環境、心境の変化、環境変化の主たる要因、大都市

への人口の集中、誕生から幼少の頃のわが家の暮らし、小学生から中学校のわが家の暮らし、中学、高校生のころ、農村近代化以前のこと、戦後の人口移動、地方から首都圏へ、資源、エネルギー、労働力、消費を外国に依存 ほか）
2017.9 191p B6 ¥1500 ①978-4-86037-254-5

◆週末ファーマーのすすめ クラインガルテン入門　TABILISTA編集部編　双葉社
【要旨】ドイツ語で「小さな庭」という意味するクラインガルテン。菜園のそばに「ラウベ」と呼ばれる簡易宿泊施設を擁した滞在型市民農園で究極のスローライフを手に入れる！ 全国53ヶ所！ 日本のクラインガルテンを紹介!!
2017.2 127p A5 ¥1500 ①978-4-575-31220-1

◆種子が消えればあなたも消える—共有か独占か　西川芳昭著　コモンズ
【要旨】小さな種子のもつ豊かな世界を伝えたい。人類の共通財産多様な品種を次世代に引き継ぎたい。種子法廃止をきっかけにして種子と人間・社会の未来を語る。
2017.10 226p B6 ¥1800 ①978-4-86187-144-3

◆消費者も育つ農場—CSAなないろ畑の取り組みから　片柳義春著　創森社
【要旨】参加・協働による有機野菜の分かち合い。生産者と消費者がリスクを共有し、支え合うCSA。なないろ畑の例からCSAの仕組み・展開と可能性を提示。
2017.6 225p A5 ¥1800 ①978-4-88340-318-9

◆事例解説 農地の相続、農業の承継—農地・耕作放棄地の権利変動と農家の法人化の実務　高橋宏治, 八田賢司編著　日本加除出版
【目次】第1章 農地の相続、農業の承継に関する基礎知識（農地の権利変動、法人化の基礎知識）、第2章 農地の相続、農業の承継についての事例検討（相続—相続した農地の処分、有効活用、生前贈与、農地の時効取得と仮登記、集落営農の法人化、個人農家の法人化による承継の検討、農外企業の農業進出）
2017.6 305p A5 ¥2800 ①978-4-8178-4393-7

◆新規就農・就林への道—担い手が育つノウハウと支援　『季刊地域』編集部編　農山漁村文化協会　（シリーズ田園回帰 6）
【要旨】44歳以下の新規就農者のなかで、農以外の出身がいま約4割を占める。Uターンも含めて、いま都会から農山村に向かう人々は農業・林業、地域の担い手として大いに期待されている。孫ターン、第三者継承、女性就農、半農半X、半林半Xなど、新規就農・就林の形が多様化するなか、U・Iターンの受け皿づくりや支援はいまどうなっているか。先進集落、営農組織、JAなどの現地取材と、移住者や研修受け入れ農家の実体験から伝える。
2017.1 225p A5 ¥2200 ①978-4-540-16113-1

◆新 農家の税金—知らなきゃ損する　鈴木武, 林田雅夫, 高久悟著　農山漁村文化協会 第15版
【要旨】最新税制に準拠。農家の力強い味方。所得税、消費税、国保、介護保険もわかりやすく解説。2017.11 222p B6 ¥1600 ①978-4-540-17184-0

◆水稲の飼料利用の展開構造　小川真如著　日本評論社
【目次】第1部 分析枠組み編（課題の背景と本研究の視座、既往研究の整理、本研究の分析枠組み）、第2部 分析編（水稲の飼料利用の国際的展開と日本の特異性、日本における水稲の飼料利用の地域特性、主食用米の作目転換による飼料用水稲の展開構造、農地保全による飼料利用水稲生産の実態、中山間地域における耕畜連携と地域農業—中山間地域等直接支払制度と飼料利用水稲振興施策に焦点をあてて、二毛作地域における飼料用稲種生産の存立構造、多様な特性を内包した地域における水稲の飼料利用と営農システム）、第3部 総括編（本書の結論と残された課題、現行施策の課題と期待される施策）
2017.7 481p A5 ¥7700 ①978-4-535-55881-6

◆ズボラ農業入門—日本の発展・繁栄、地方創生に向けて　Matsu釋永峯　（大阪）風詠社, 星雲社 発売
【要旨】日本発展のカギを握る農業。農地の集約と大規模化、企業の参入、六次産業化などが進められていく中で、個人で始める負荷の少ない自然農法とは何か。人口減少や高齢化、環境対策にも対応する哲学から季節ごとの栽培方法までを解説。
2017.7 100p B6 ¥1852 ①978-4-434-23425-5

◆世界初！ 微生物量がみえる土壌診断 SOFIXによる有機農法ガイド 土壌づくりのサイエンス　久保幹著　誠文堂新光社
【要旨】微生物がバランスよく、たくさん活動している農地は、収穫量が多く、おいしい農作物をつくることができる。立命館大学で環境微生物学を研究する著者が開発した「SOFIX（土壌肥沃度指標）」は、世界で初めて、土の中の微生物量を計測し、「みえる化」することで生物の役割を科学的に理解しながら、SOFIXの理論に基づいた「物質循環型農業」を実現する方法を紹介する。
2017.7 191p B5 ¥2300 ①978-4-416-51702-4

◆全国棚田ガイド TANADAS　中島峰広監修, 棚田ネットワーク編　家の光協会
【要旨】私たちの大切な財産である棚田を少しでも未来に残していきたいという思いから、1999年に農林水産省によって選定された「日本の棚田百選」の134ヶ所のほか、「景観が優れている」「保全活動が盛ん」「希少性がある」などの理由から厳選した合計212ヶ所の棚田を紹介。
2017.10 319p A5 ¥2500 ①978-4-259-54763-9

◆千年の田んぼ—国境の島に、古代の謎を追いかけて　石井里津子著　旬報社
【要旨】秘境の離島に日本最古の田んぼ？ いったい誰が？ なんのために？ 大地に刻まれた"奇跡の風景"の謎を解く。
2017.12 191p B6 ¥1500 ①978-4-8451-1519-8

◆大切な人を早死にさせない食　木村秋則著　東邦出版　（『百姓が地球を救う』加筆・訂正・改題書）
【要旨】正しい材料えらびで体も心も未来も変わる。有機＝オーガニックの一歩先。
2017.11 219p B6 ¥1389 ①978-4-8094-1514-2

◆だれでもできる新エクセルで農業青色申告—消費税対応・経営分析もできる農業会計システム　塩地輝雄著　農山漁村文化協会　（付属資料：CD-ROM1）　第2版
【要旨】青色申告に完全対応した複式簿記による会計ソフト付き解説書。一番売れている日々の取引（販売、購買など）をエクセル上で仕訳に入力していけば確定申告に必要な書類が整う。データを分析・加工し経営分析や経営計画にも展開可能。
2017.6 228p 24×19cm ¥3200 ①978-4-540-17164-2

◆地域環境水利学　渡邉紹裕, 堀野治彦, 中村公人編著　朝倉書店　（シリーズ地域環境工学）
【目次】第1章 食料生産・地域環境と灌漑排水、第2章 水資源計画、第3章 水田灌漑、第4章 畑地灌漑、第5章 農地排水、第6章 農業水利システム、第7章 農業水利システムの多面的機能、第8章 水質環境の管理、第9章 農業水利システムにおける生態系の保全、第10章 農業水利と地球環境
2017.2 208p A5 ¥3500 ①978-4-254-44502-2

◆地域とともに歩む大規模水田農業への挑戦—全国16の先進経営事例　大日本農会編著, 八木宏典, 諸岡慶昇, 長野間宏, 岩崎和已著　農文協プロダクション, 農山漁村文化協会 発売
【要旨】それぞれの地域で、それぞれの経営体が、独自の水田農業大規模化の道を歩んでいる。多品種・多栽培体系や直播、ICT等最新技術の導入、土づくりや自前の環境整備、独自販売、農産物加工…。16の先進事例をもとに、大規模水田農業のいまをリアルに描く。
2017.3 279p 23×19cm ¥2800 ①978-4-540-16188-9

◆地方産業の近代化構想—前田正名の思想と運動　祖田修著　農林統協会　（祖田修著作選集 第2巻）
【目次】第1部 地方産業の思想と運動（殖産興業政策の展開と『興業意見』の編纂、地方産業と国民生活の実態—『興業意見』の「地方報告」を中心に、『興業意見』の政策構想、『興業意見』の政策構想の挫折、地方産業振興運動の展開、石川理紀之助の農村計画、波多野鶴吉の地域計画、星野長太郎の共同販売運動）、第2部 前田正名（伝記）（出生と生いたち、長崎遊学と維新変革への参加、フランスと前田正名、殖産興業政策への参加、『興業意見』の編纂と政策構想の挫折、官界復帰と農工商国産の実施、地方産業振興運動の展開、町村是運動と開田事業、地方産業振興運動の再開、結び）
2017.3 414p A5 ¥4800 ①978-4-541-04133-3

◆筑波常治と食物哲学　田中英男編著　社会評論社

【目次】序にかえて―神保町から神楽坂へ、1 食物は世界を変える 講演録、2 知恵の献立表 対話録、3 まずしい晩餐、4 食後のコーラス、エピローグ 食わんがために生きる―飢餓の恐れ
2017.10 287p B6 ¥2200 ①978-4-7845-1562-2

◆転換期の水田農業―稲単作地帯における挑戦
鵜川洋樹、佐藤加寿子、佐藤了編著　農林統計協会
【目次】第1部 水田農業の政策転換と担い手構造（秋田水田農業の与件変化―米政策改革による影響、秋田県における大規模水田農業経営の展望と課題―農地中間管理事業の実績と活用を通して ほか）、第2部 担い手育成の挑戦（JAによる担い手経営体支援の現状と今後の対応方策―秋田県を事例に、集落営農法人における組織間連携の可能性と課題―秋田県内の事例から ほか）、第3部 土地利用型作物の挑戦（耕畜連携の経営行動と資源循環―飼料用米の生産と利用、直接契約拡大下における酒造好適米の需給調整システム ほか）、第4部 園芸作物の挑戦（兼業・稲単作地帯における園芸振興の課題―秋田県を対象に、水田活用園芸の挑戦―後発秋田県のエダマメ産地化）
2017.9 267p A5 ¥2800 ①978-4-541-04150-0

◆東北水田農業の新たな展開―秋田県の水田農業と集落営農　椿真一著　筑波書房
【目次】米単作から複合産地化をめざす東北水田農業、第1部 品目横断的経営安定対策と集落営農組織（秋田県における集落営農組織の展開、秋田県北部地域（鹿角市・大館市・八峰町）の集落営農組織（非法人）、秋田県中央地域（潟上市・由利本荘市）における集落営農組織（非法人）、秋田県南部地域（羽後町・大仙市）における集落営農組織（非法人）ほか）、第2部 集落営農組織の展開と水田農業政策の転換（戸別所得補償モデル対策下における秋田県水田農業の構造再編、政策対応型集落営農組織の新たな動きと農地集積（法人組織）、新たな経営安定対策下での農協による担い手支援の課題、農地中間管理機構を活用した担い手への農地集積の現状と課題、方策）、東北水田稲作単作性地帯（秋田）の農業再編
2017.7 198p A5 ¥2500 ①978-4-8119-0514-3

◆土壌と界面電気現象―基礎から土壌汚染対策まで　日本土壌肥料学会編　博友社
【目次】1 土壌における電気現象と農業・環境、2 拡散電気二重層とDLVO理論の基礎、3 界面動電現象とその利用、4 表面電荷の測定とモデル、5 柔らかい粒子の電気泳動と静電毛相互作用、6 微生物の付着とバイオフィルム形成、7 エレクトロカイネティクス法を用いた汚染土壌修復技術、8 放射性セシウムの粘土粒子への固定と現地除染法
2017.8 218p B6 ¥3520 ①978-4-8268-0225-3

◆2025年 日本の農業ビジネス　21世紀政策研究所編　講談社　（講談社現代新書）
【要旨】低迷する日本経済復活の切り札は農業「輸出大国化」「食品産業との融合」だ！ 経済・IT・農政のプロたちが描く、新たな農業のビジネスモデルと力強い未来像。
2017.3 254p 18cm ¥800 ①978-4-06-288418-1

◆日本で初めてのハーブ農園 天然香料の力
宮崎泰孝、関戸勇写真　彩流社
【要旨】祖父の代から受け継ぐ精神と本場ペルーが著者にハーブの「ほんもの」を教えてくれた。ちまたにアロマやハーブがあふれる今こそ、ほんものを伝え、残したい。あたたかい驚きに満ちたエッセイと美しすぎるカラー写真で、ハーブを感じて知る本。
2017.9 159, 55p B6 ¥1600 ①978-4-7791-2347-4

◆日本農業の生産構造と生産性―戦後農政の帰結と国際化への針路　黒田誼訳　慶應義塾大学出版会
【要旨】グローバル競争時代における日本農業の再生に向け、「創意あふれる大規模農企業」育成への条件は整いつつある。問題は、理論と実証に基づく合理的・効果的な政策形成と自由で効率的な農地・農産物市場の創出である。
2017.11 532p A5 ¥9000 ①978-4-7664-2448-5

◆日本の麦―拡大する市場の徹底分析　吉田行郷著、農林水産省農林水産政策研究所編　農山漁村文化協会
【要旨】戦後生産量を大きく減らしつつあった国内産麦は、近年全国各地で品質や機能性に優れた国内産麦の新品種導入も相次いでおり、こうした国内産麦への評価の高まりとともに2次加工製品などにおける需要も拡大している。本書では、戦後の国内産麦の需給変化をたどりつつ、

くに2000年の民間流通制度導入後、国内産麦のフードシステムが大きく変容するなかで国内産麦に対する評価が高まり、需要が伸びつつある近年の動向を、主産地（小麦・大麦・はだか麦）ごとの生産状況やサプライチェーンの形成状況、加工・小売段階での消費動向など、多角的な視点から徹底分析。今後の国内産麦の需要拡大に向けた課題と方策について考える。
2017.6 196p A5 ¥2400 ①978-4-540-16180-3

◆日本発「ロボットAI農業」の凄い未来―2020年に激変する国土・GDP・生活　窪田新之助著　講談社　（講談社プラスアルファ新書）
【要旨】迫る完全ロボット化、作業時間は9割減、輸出額1兆円も目前！ ハイテク化した農業は日本の得意分野に！ 国土全体を豊かにして自動車産業を超える。
2017.2 221p 18cm ¥840 ①978-4-06-272979-6

◆農を棄てたこの国に明日はない　野坂昭如著　家の光協会
【要旨】「いざとなったら金ではない。食いもののある国が生き残るのだ」戦中・戦後の"飢え"を生きた最後の無頼派の真のラストメッセージ。
2017.3 225p B6 ¥1600 ①978-4-259-54761-5

◆農業を繋ぐ人たち―宝は農村にあり　湯川真理子著　（吹田）西日本出版社
【要旨】農家になれば育てる作物を自分で決められる。自分で育てたもので街に出られる。農家カフェもできる。様々な経緯から起農し、大変な思いをしながらも、強い意志を持って進んでいる農家たちの実体験。「農業で生きていく」と決めた人達のリアルな物語。
2017.10 231p B6 ¥1600 ①978-4-908443-20-6

◆農業を守る英国の市民　和泉真理著、図司直也監修　筑波書房　（JC総研ブックレット）
【要旨】巻頭言 都市農村「交流」から真の「対流」に向けて―イギリスの実践が投げかける視点、はじめに 英国の消費者が農業に求めるもの、第1章 オープン・ファーム・サンデー、第2章 英国のファーマーズ・マーケット、第3章 環境保全団体と農業、第4章 コミュニティが所有するフォードホール農場、おわりに 消費者が農業者とともに営む農に向けて
2017.3 62p A5 ¥750 ①978-4-8119-0503-7

◆農業からあらゆる産業をIoTでつなぎまくる、NTTドコモアグリガールの突破力　NTTドコモIoTデザインプロジェクトチーム編著　日経BP社、日経BPマーケティング 発売
【要旨】たった2名の女性から始まった、農業IoT化プロジェクトが国を動かす一大事業に。営業のあり方を変える「巻き込む力」の鍛え方。
2017.12 239p A5 ¥1600 ①978-4-8222-5894-8

◆農業のマーケティング教科書―食と農のおいしいつなぎかた　岩崎邦彦著　日本経済新聞出版社
【要旨】うまくいっている農家は何が違うのか？ 生活者は何を求めているのか？ 六次産業化成功の秘訣は？ 全国調査から見えてきた「食」と「農」を結ぶ道。
2017.11 213p B6 ¥1600 ①978-4-532-32183-3

◆農業は生き方です―ちば発、楽農主義宣言　梅原彰編著　（さいたま）さざなみ会、新宿書房 発売
【要旨】40人余の農業者が語る楽農＝楽しい農業。千葉の農業者からのステキなたより。
2017.2 329p B6 ¥1600 ①978-4-88008-466-4

◆農村で楽しもう　林美香子著　安曇出版、メディアパル 発売
【目次】巻頭対談 農村・地方を楽しむには仕掛けが必要だ（篠崎宏×林美香子）、事例1 6次産業化・農村景観 酪農一本から生産・製造・販売に展開―北海道ニセコ町 高橋牧場・ミルク工房、事例2 地産地消・農村景観 食材にまつわる土地のストーリーがある―北海道真狩村 レストラン・マッカリーナ、事例3 農家民宿・地域活動 自然体で無理をしないのがグリーンツーリズム―愛媛県内子町 ファーム・イン RAUM古久里来、事例4 地産地消・農村景観 十勝産小麦100%のパン作りにこだわる―北海道十勝 満寿屋商店、事例5 6次産業化・廃校利用 廃校を利用して6次産業の拠点に―沖縄県今帰仁村 あいあいファーム、事例6 6次産業化・農村景観 都市・農村の交流に取り組む大規模牧場の挑戦―北海道根室市 伊藤牧場、レポート 農業を肌で感じることが農業・農村の理解に―慶應SDM農都共生ラボ（アグリゼミ）の北海道沼田町視察
2018.1 158p B6 ¥1600 ①978-4-8021-3086-8

◆農福一体のソーシャルファーム―埼玉福興の取り組みから　新井利昌著　創森社
【要旨】障がい者など様々な就労困難者のために仕事を生みだし、雇用の機会を提供する社会的企業。農業を土台にして成り立たせる事業の重要性、可能性を例示。
2017.11 157p A5 ¥1800 ①978-4-88340-319-6

◆ヤンキー村の農業革命―元ヤン＆チーマーたちの農業経営奮闘記　田中健二著　宝島社
【要旨】日本の農業を変えるために、千葉・富里市で熱き男たちが立ち上がった！ 元ヤン人員募集―1本の広告からいろいろな仲間たちが集まった。仲間を大切にする、根性が据わっている、自分で農機を改造できる―これらはヤンキー経験のあったからこそできること。試行錯誤しながら農業に奮闘する元ヤン社長と仲間たちの、掟破りの物語。
2017.4 187p B6 ¥1300 ①978-4-8002-6856-3

◆有機農業と地域づくり―会津・熱塩加納の挑戦　小林芳正、境野健児、中島紀一著　筑波書房
【要旨】第1章 インタビュー・いま一小林芳正が語る―有機農業と地域内自給の学校給食（熱塩加納の有機農業、食と農の営みから命を見つめる）、第2章 小林芳正―農と食と地域づくりへの発信（「いのち」を考えた農業をめざして―村ぐるみの実践、わが米づくり哲学、時々の発言から）、第3章 熱塩加納の農業と食と地域づくりの実践に寄せて（「さゆり米」生産の歩みと課題（中島紀一・1995年レポート）、農の営みへの参加と子どもの育ち、対談・地域にねざした学校給食と栄養教諭の役割、地域における地場産学校給食―熱塩加納における20年の実践）
2017.6 165p B6 ¥1800 ①978-4-8119-0512-9

◆よそ者と創る新しい農山村　田中輝美著、小田切徳美監修　筑波書房　（JC総研ブックレット No.19）
【目次】1 なぜ今よそ者との農山村再生なのか、2 よそ者と創る新しい農山村再生―島根県海士町、3 よそ者と創る新しい農山村の展開―島根県江津市、4 多様なよそ者、5 よそ者との新しい農山村の創り方、"私の読み方"「よそ者」「風の人」と農山村再生
2017.3 62p A5 ¥750 ①978-4-8119-0504-4

◆47都道府県・くだもの百科　井上繁著　丸善出版
【要旨】果物には実に多様な品種があり、全国各地で生産されています。そのまま食べるのはもちろん、料理の食材としたり、加工品にしたりなど、楽しみ方もさまざまです。一方で果物には豊富な栄養素が含まれており、生活習慣病の予防など、健康にも大きな影響を及ぼします。本書はおなじみのリンゴやミカン、イチゴはもちろん、パッションフルーツやシークワーサーなど、北海道から沖縄県に至る47都道府県で生産される果物を取り上げ、地域独自の品種やその栽培面積、収穫高の全国順位、出荷時期などさまざまな興味深い話題を紹介しています。
2017.5 328p B6 ¥3800 ①978-4-621-30167-8

◆ルポ 農業新時代　読売新聞経済部著　中央公論新社　（中公新書ラクレ）
【要旨】長期的な衰退傾向、米国のTPP離脱…日本の農業はどうなる？ 一方で、意欲ある農家は、経営を意識し始めている。「岩盤規制」に風穴をあける動きもある。JAグループも改革に向けて動き始めた。現場からは農業の今を伝え、将来を展望する。小泉進次郎氏、JA全中会長の談話も掲載。
2017.5 299p 18cm ¥860 ①978-4-12-150580-4

◆若者たちと農とデモ暮らし―少しヤバイ遺言　秋山豊寛著　岩波書店
【要旨】阿武隈で帰農生活を送っていた宇宙飛行士は、原発事故のために農地を捨てざるをえなくなった。京都に移り住み、大学教授となるかたわら大学構内に農地を拓き、学生たちを相手に国際情勢論やメディア論を教えつつ共に農作業で汗をかいた5年間。反原発運動ののろしが上がる全国各地を駆け回る日々は続く。「老人たちよ、潮目は変わりつつある。今こそ立ち上がれ！」と先頭に立つ「アブナイ」老人が、若者に贈った「魅力的」なメッセージとは…。
2017.5 237p B6 ¥1900 ①978-4-00-061202-9

◆IoT・自動化で進む農業技術イノベーション　社会開発研究センター編　日刊工業新聞社
【目次】プロローグ 日本農業がいま抱える問題、第1章 実用化進む農業ICT、第2章 自動化農業への挑戦、第3章 LED化が進む植物工場、第4章

バイオマスによるエネルギーの地産地消、第5章企業の農業参入と法規制、第6章 農産物の流通イノベーション
2017.10 154p A5 ¥2000 ①978-4-526-07756-2

◆**ITと熟練農家の技で稼ぐAI農業**　神成淳司著　日経BP社、日経BPマーケティング 発売
【要旨】「水やり10年」と言われる農業。熟練農家の技は極めて高度である。センシング技術を生かすAI農業は、そうした技を「形式知」にできる。高度な技を短期間で習得できるほか、知財としての「輸出」も可能だ。国も注目するその手法を、最もよく知るキーパーソンが解説する。
2017.2 183p B6 ¥1800 ①978-4-8222-3915-2

農家・農協

◆**明日から実践！ 私たちのJA自己改革一組合長が語る現場視点の提言**　村上光雄著　家の光協会
【要旨】青年部から数え農協運動一筋50年。元組合長からJA自己改革の最前線にいる役職員へ。現場の実践に裏打ちされた珠玉のメッセージ。
2018.1 95p A5 ¥700 ①978-4-259-52194-3

◆**協同組合の源流と未来一相互扶助の精神を継ぐ**　日本農業新聞編　岩波書店
【要旨】私たちの身近にある、古くて新しい自主自律の組織、「協同組合」。その理念と実践が評価され、ユネスコの無形文化遺産にも登録された。日本農業新聞を軸に、歴史的ルーツと可能性を探る。日本農業新聞の好評連載を、大幅に補筆して書籍化。
2017.6 226, 4p B6 ¥1800 ①978-4-00-061204-3

◆**緊急点検！ JA自己改革一組合員目線の組織・事業の再構築**　増田佳昭著　家の光協会
【要旨】組合員と地域に必要とされるJAになるために！ 自己改革の進捗状況を自己診断。実践のポイントがよくわかる。
2017.6 95p B6 ¥600 ①978-4-259-52191-2

◆**地域を支える農協一協同のセーフティネットを創る**　高橋巌編著　コモンズ
【要旨】共済・医療・食と農…。住民の事業と生活を守る総合農協の意義を考えてみよう。
2017.12 299p B6 ¥2200 ①978-4-86187-145-0

◆**逐条解説 農業協同組合法**　農業協同組合法令研究会編　大成出版社
【要旨】高度化する農協の健全性の確保や内部統制の整備の要請に対応した農協法の多岐にわたる規定について、逐条形式で趣旨や最新の内容を解説した唯一の解説書。平成27年農協法改正法における改正内容や経過措置についても網羅。
2017.1 733p A5 ¥14000 ①978-4-8028-3266-3

◆**次のステージに向かうJA自己改革一短期的・長期的戦略で危機を乗り越える**　小林元著　家の光協会
【要旨】外側からの危機への対応は、内側を強くするチャンス。2019年5月までの農協改革集中推進期間に何ができるのか。
2017.12 79p B6 ¥600 ①978-4-259-52193-6

◆**農協改革・ポストTPP・地域**　田代洋一著　筑波書房
【目次】第1章 農協「改革」の構図（農協法改正と新監督指針、規制改革推進会議の攻撃、単協信用事業の代理店化、農協「改革」の本質と自己改革の課題、第2章 農協の准組合員と剰余金配分（准組合員問題、剰余金処分のあり方）、第3章 TPPからポストTPPへ（TPPの軌跡、TPPの挫折とポストTPP、通商交渉と日本の農業・農政）、第4章 地域への視角（地方創生政策、都市農業振興の課題）、第5章 農業協同組合改革と地域（2015年一安保法制と農協法等改正、2016年夏一参院選）
2017.3 222p B6 ¥2000 ①978-4-8119-0500-6

◆**北海道から農協改革を問う**　小林国之編著　筑波書房　（北海道地域農業研究所学術叢書）
【目次】序章 北海道から農協改革を問う、第1章 TPP合意内容の検証と農政運動の課題、第2章「制度としての農協」の終焉と転換、第3章 北海道における農協事業・経営の現段階、第4章 北海道における農協准組合員の実態、第5章 農協監査制度改革と懸念される課題、第6章 米生産調整政策廃止と系統農協の役割、第7章 北海道における指定団体制度の意義と農協の役割、終章 農業・農村のものさしづくりと社会的経済シ

ステムとしての農協
2017.1 232p A5 ¥3000 ①978-4-8119-0499-3

◆**JA自己改革への挑戦―イノベーションの戦略的マネジメント**　柳在相著　全国共同出版
【目次】序章 JAを取り巻く環境の変化とJAイノベーションの現状、第1章 JAおちいまばり一地産地消による地域農業振興の拠点づくり、第2章 JA東京むさし一都市農業を守り、農による差別化を図る、第3章 JA松本ハイランド一組合員組織の活性化と学習する組織づくりへの挑戦、第4章 JAみっかび一特命的産地づくりと攻めの農業への展開、第5章 JAあいち知多一総合経営と広域合併のメリットをいかに活かすか、終章 JAイノベーションの戦略的マネジメント
2017.6 251p A5 ¥3200 ①978-4-793-41704-7

◆**JAで「働く」ということ一組合員・地域とどう向き合っていくのか**　石田正昭著　家の光協会
【要旨】JAで「働く」ことの意味、役割を理解し、役職員が一丸となってJAの自己改革をすすめるための必携のテキスト！
2017.7 83p A5 ¥800 ①978-4-259-52192-9

◆**JAに何ができるのか**　奥野長衛、佐藤優著　新潮社
【要旨】アメリカのTPP離脱、農政改革、食の安全、従事者の高齢化と後継者不足…岐路に立つJA（農業協同組合）は何を目指し、どこへ向かうのか一日本の農業が抱える問題をあぶり出し、その解決策を探る、改革派の農協トップと舌鋒鋭い論客による最強対談。
2017.6 173p B6 ¥1200 ①978-4-10-475212-6

◆**JAの金融業務**　経済法令研究会編　経済法令研究会　四訂版
【目次】第1章 JAの信用事業とは、第2章 金融業務の基本、第3章 貯金業務の基本、第4章 融資業務の基本、第5章 為替業務の基本、第6章 手形・小切手の基礎知識、第7章 付随業務の基礎知識、第8章 JAの金融業務と関連法令等
2017.2 308p A5 ¥2900 ①978-4-7668-2400-1

◆**JA役員の職務執行の手引き一知っておきたい権限と責任**　明田作著　経済法令研究会
【目次】第1章 法人と機関、第2章 役員の権限と責任、第3章 理事の選任・解任、報酬等の決定等、第4章 理事会、第5章 経営管理委員会、第6章 常勤役員会・監事会、第7章 役員の責任、第8章 代表訴訟と違法行為の差止め、付録 役員の責任に関し参考となる判例
2017.6 145p A5 ¥1500 ①978-4-7668-2402-5

食糧・コメ問題

◆**グローバル視点から考える世界の食料需給・食料安全保障―気候変動等の影響と農業投資**　小泉達治著　農林統計協会
【目次】序章 はじめに、第1章 世界食料需給の推移と世界食料安全保障の現状、第2章 世界食料需給見通し、第3章 気候変動が世界食料需給及び食料安全保障に与える影響、第4章 バイオ燃料と食料需給及び食料安全保障、第5章 食料投資が食料ロス及び国際米需給に与える影響一部分均衡需給予測モデルによる分析、終章 将来の世界食料需給、食料安全保障そして農業投資についての考察
2017.3 155p A5 ¥2800 ①978-4-541-04132-6

◆**ゲノム操作食品の争点**　天笠啓祐著　緑風出版
【要旨】食糧危機を克服するという名目のもと、いま、ゲノム操作食品という新しい遺伝子操作を用いた作物や食品の開発が進んでいる。その背景には、これまでの遺伝子組み換え作物・食品の危険性への批判の高まりがある。企業や政府、研究者が開発の理由にあげるのは、生物を改造する効率の良さや広用範囲の広さだが、それは同時に従来の遺伝子組み換え技術をはるかに凌ぐ、生命や環境に対する図りしれない脅威を内蔵していることになる。遺伝子組み換え食品反対運動の第一人者が、この新しいバイオテクノロジーであるゲノム操作技術とその作物や食品の問題点をやさしく解説。なにがどう問題なのか？ 不安と疑問に答える！
2017.12 207p B6 ¥1800 ①978-4-8461-1723-8

◆**コメの注目ブランドガイドブック**　日本食糧新聞社編　日本食糧新聞社

【要旨】日本全国おすすめ銘柄。進歩続ける業務用品種。地域別ブランド展開。大注目の健康米。
2017.4 167p A5 ¥1800 ①978-4-88927-263-5

◆**食に添う 人に添う**　青木紀代美著　風雲舎
【目次】第1章 一人息子（未熟児、母のひと言 ほか）、第2章 学ぶ（勉強会、農産物を商品にするな ほか）、第3章 心のふるさと（久良子さん、ゆっこちゃん ほか）、第4章 すばらしい食べもの（稲葉さんの有精卵、完全無農薬米を求めてほか）、第5章 手を当てる（「おなか、さすりましょうか？」、「なんかしたか？」ほか）、第6章 感動する人に出会う（額縁作家の長尾広吉さんと洋画家の宮崎進先生、砂漠に種をまく人の会 ほか）
2017.12 302p B6 ¥1600 ①978-4-938939-91-5

◆**「食」の研究―これからの重要課題**　生駒俊明編著　丸善プラネット、丸善出版 発売（キヤノン財団ライブラリー）
【要旨】グルメや健康にいい食事など毎日のようにマスメディアにとりあげられる「食」。その一方で「食」にまつわる社会問題、国際問題は頻発し、「食」に関連する領域は拡大するばかり。本書は、各界の気鋭の研究者が、現在の「食」に関する重要課題を網羅的に取り上げ、人類の永続する幸福な生活を目指して、それらの問題の解決に向けての道筋を明らかにするものである。
2017.10 201p B6 ¥1600 ①978-4-86345-341-8

◆**食料植民地ニッポン**　青沼陽一郎著　小学館（小学館文庫）
【要旨】自給率わずか39%の日本は、もはや米国と中国の「食料植民地」だ一。肥満問題にさらされる沖縄を皮切りに、世界各地で「日本の食」が生み出される現場を取材。米・シアトル「BSE感染牛」、タイ・バンコク「冷凍タコ焼き」「鮨ネタ」「アジフライ」、チリ・チロエ島「サケの養殖場」、中国・青島郊外「ホウレンソウ、里芋、枝豆」「骨抜きタラ切り身」、中国・上海沖「アナゴ」一そして、東京「コンビニ各社のお弁当」。このままで食の安全は守られるのか？ 外国からの供給はずっと途絶えない？ 綿密なデータを加えて、食の「安全保障」をめぐる日本の危機的状況を共に考える問題作。
2017.9 349p A6 ¥650 ①978-4-09-406448-3

◆**世界からバナナがなくなるまえに一食糧危機に立ち向かう科学者たち**　ロブ・ダン著、高橋洋訳　青土社
【要旨】米、小麦、砂糖、トウモロコシ、豆、ジャガイモ、ヤシ油、大麦、キャッサバ、ピーナッツ…人間が生きるうえで欠かすことのできない主食作物が、同時多発的な病原菌や害虫の猛威に襲われたとき、わたしたちの食卓はどうなってしまうのか。大規模なアグリビジネスがもたらした悲劇、作物壊滅の危機に立ち向かう科学者の軌跡をたどりながら、いまわたしたちにできることは何か、考える。
2018.8 393, 3p B6 ¥2700 ①978-4-7917-7005-2

◆**食べるってどんなこと？一あなたと考えたい命のつながりあい**　古沢広祐著　平凡社（中学生の質問箱）
【要旨】微生物から地球環境、宇宙まで私たちは食がつなぐ世界の一部として存在している。ひとつじゃない、食べることで未来を変える方法。あなたと考えたい命のつながりあい。シリーズ第八弾！『スローフードな日本！』の島村菜津さんとの対談も収録。
2017.11 223p B6 ¥1400 ①978-4-582-83767-4

◆**「地域の食」を守り育てる―秋田発 地産地消運動の20年**　谷口吉光著（秋田）無明舎出版
【要旨】斬新なアイディアと行動力で新しい食の仕組みを次々に作り出した市民運動が秋田にあった。全国の地産地消ブームに火をつけた活動の秘密とは？
2017.4 254p B6 ¥1600 ①978-4-89544-629-7

外国農業

◆**アフガン・緑の大地計画―伝統に学ぶ灌漑工法と甦る農業**　中村哲著（福岡）石風社
【要旨】戦乱の続くなか、旱魃と洪水で荒廃に瀕した農地と沙漠が、伝統工法で甦る。安定灌漑は、偉大な「投資」である。過酷な自然に、日本の伝統的な工法から学びつつ挑んだ15年の技術と魂の記録。
2017.6 212p A5 ¥2200 ①978-4-88344-271-3

◆産業化する中国農業　宝剣久俊著　（名古屋）名古屋大学出版会
【要旨】中国躍進の知られざる原動力。製造業など工業の高度成長の陰で見過ごされてきた農業。しかしその経済発展を可能にしたのは、飢饉の経験を乗り越えて、厖大な人口への食料供給を実現した農業であった。龍頭企業の台頭など、アグリビジネスでも世界的地位を築きつつある中国農業の現状を、新たな視座で描き出す。
2017.9 270p A5 ¥5800 ①978-4-8158-0886-0

◆ラテンアメリカの農業・食料部門の発展─バリューチェーンの統合　清水達也著　（千葉）アジア経済研究所　（研究双書）
【目次】序章 ラテンアメリカ農業の発展、第1章 バリューチェーンの統合、第2章 生鮮アスパラガスの輸出拡大、第3章 青果物輸出産業の成長、第4章 国内市場向けジャガイモ流通の変化─スーパーマーケットの調達、第5章 ブロイラーインテグレーションの発展─ブラジル、メキシコ、ペルーの比較、第6章 ペルーのブロイラー産業─その成長とインテグレーションの特徴、終章 バリューチェーンの統合と農業・食料部門の発展
2017.3 200p A5 ¥2500 ①978-4-258-04627-0

◆WTO体制下の中国農業・農村問題　田島俊雄、池上彰英編　東京大学出版会
【目次】序章 中国農業をとりまく経済環境と本書の課題、第1章「転換点」後の農業問題、第2章 農業財政の構造と農家直接支払い、第3章 村部の資金需要と農村金融の構造、第4章 中国農業の環境・資源制約─政策・技術的対応の到達点と課題、第5章 中所得段階での食糧需給問題、第6章 畜産業の現状と養豚業、第7章 野菜の生産拡大と流通システムの新展開、第8章 農家の就業行動─出稼ぎと兼業、第9章 農民専業合作社の展開とその経済的機能、終章 新型農業経営体系の構築
2017.8 395p A5 ¥12000 ①978-4-13-046121-4

作物栽培・農法

◆遺伝子組換え作物をめぐる「共存」─EUにおける政策と言説　立川雅司著　農林統計協会
【目次】EUにおける「共存」問題：本書のアプローチ、第1部 EUにおけるGMO政策の展開と共存政策（EUにおけるGMO政策の登場：1980年代から2001年まで、欧州委員会による共存ガイドラインの提起、共存をめぐる研究とその成果）、第2部 各国における共存政策の策定とその経過（EU加盟国における全般的状況、デンマーク：欧州初となる共存政策の制定、ポルトガル：民間事業者が大きな役割を果たす共存政策、オランダ：栽培に慎重なGM飼料依存国、ドイツ：緑の党による厳しい共存ルール、フランス：農業大国の苦悩、その他の諸国：スペイン、イギリス、オーストリア等、欧州委員会の方針転換：2010年提案とその帰結）、「共存」をめぐる政策形成スタイルと言説
2017.7 307p A5 ¥3500 ①978-4-89732-368-8

◆最新農業技術 土壌施肥 vol.9 特集 有機栽培の新研究─輪作、緑肥、落ち葉堆肥　農山漁村文化協会編　農山漁村文化協会
【目次】特集 有機栽培の新研究─輪作、緑肥、落ち葉堆肥（ダイコン・サツマイモうね連続使用有機栽培体系、ヘアリーベッチ植栽による土壌改良とダイズ作への効果 ほか）、土壌病害を防ぐ（進化する太陽熱処理、発病抑止型土壌とリン酸 ほか）、堆肥の肥料効果、土作り効果（豚糞堆肥のリン酸組成、溶解性およびリン酸化合物、飼料用トウモロコシ栽培におけるカリウムの土壌中含量と減肥 ほか）、水田土壌、造成土壌の特性（水田の土の色・粒径組成の調査とその意義、耕作放棄地の植生変化と土壌有機物の蓄積 ほか）、土壌中でのリン酸の動態（土壌中でのリン酸の長期間にわたる収奪と放出）
2017.3 238p B5 ¥6000 ①978-4-540-16060-8

◆自然栽培 Vol.12 がんは大自然が治す　木村秋則監修, 農業ルネサンス『自然栽培』編集部編　東邦出版
【目次】がん発症（木村秋則）、読者手記「がんの発症は、自然食で押さえ込む」─胃がんステージ4を克服！生きるための食,5年目に突入（泉水繁幸）、interview「いや、楽しくて仕方がないくらいですよ！」─泉水繁幸の"生き続けるための"畑と食事とは!?、大自然のパワー電子水！─全米が注目する日本のプラズマ療法 緊急取材！「消失率90%」の実際、自然食料店のひ・み・つ

─東京・自由が丘にできた「自然栽培」専門店、米を選んで元気になる！、ササ系＆昔の米に近い品種が注目されるワケ、保存版ササ系＆昔の米を自然栽培農家から直接買う！、お米ライター柏木智純がプロに聞く「新米信仰」って、どうなんですか？、お米屋さんに聞く、自然栽培米のおいしさ、おいしい自然栽培米は、食べやすくて、喉越しがよくて、飽きない。そこが不思議。〔ほか〕
2017.9 98p B5 ¥1300 ①978-4-8094-1524-1

◆スーパー微生物農法 "丸わかり実践ガイダンス"─誰もが栽培で「稼げるプロ」になるための超方法 半農半サラリーでも半農半年金でも専業でもOK　大下伸悦著　ヒカルランド
【要旨】栽培の"世界的な革命の時代"を本格的に愉しむための本！ 夏にできないはずの野菜、冬にできないはずの野菜、高冷地でなければできないはずの野菜─みんなできます！ 真冬に札幌で、裸地で、ほうれん草が育つのです！ 夏野菜も冬野菜も一年中作れて資金も多くかからず無理なく始められる、それが"スーパー微生物農法"なのです！！
2017.1 326p B6 ¥1750 ①978-4-86471-462-4

◆多品目少量栽培で成功できる!! 小さな農業の稼ぎ方─栽培と販売テクニック　中村敏樹著　誠文堂新光社
【目次】1章 多品目栽培の魅力、2章 コスモファームの取り組み、3章 成功する多品目栽培の基本、4章 栽培の基本、5章 多品目で取り組む6次化産業、6章 自分で売る・販路の確保、7章 これからの農業
2017.9 191p A5 ¥2000 ①978-4-416-61726-7

◆農家が教える自然農法─肥料や農薬、耕うんをやめたらどうなるか　農文協編　農山漁村文化協会
【要旨】（1）肥料をやめたら？ （2）農薬をやめたら？ （3）耕やすのをやめたら？ （4）草を活かしたら？ （5）タネを買うのをやめたら？…五つの角度から迫る「自然農法」の極意と実際。導入の勘どころや継続させるコツ、科学的な視点も含め、丸ごと解説。
2017.2 151p B5 ¥1700 ①978-4-540-16158-5

◆三浦伸章 ガッテン農法─農薬・肥料に頼らず自然の好循環でおいしい野菜づくり　三浦伸章監修　学研プラス
【要旨】農薬を使わない、土壌微生物を増やす、野菜の根を発達させる。おいしい野菜ができる好循環。図解満載。目からウロコの実践的自然農法！
2017.3 146p B5 ¥1600 ①978-4-05-800750-1

稲作

◆石井稔 無農薬有機栽培米・命を救うコメ─病気にならないコメ選び─おいしいから安全はとんでもないウソ！　澤田友昭著　（大阪）清風堂書店
【要旨】米・食味分析鑑定コンクール：国際大会、無農薬有機栽培米で5年連続金賞受賞。2006年、全国名稲会ダイヤモンド賞賛。世界一・安全・安心、そして命を救うコメ。石井稔の情熱とこだわりのすべてを証します。
2017.12 281p B6 ¥1500 ①978-4-88313-870-8

◆写真でわかるイネの反射シート＆プール育苗のコツ　農山漁村文化協会編　農山漁村文化協会
【要旨】芽出しは反射シートで─播種時にタップリかん水した苗箱を並べてシートをかけたら、ハウスを密閉して発芽するまで放ったらかしでいい。芽出し後の管理はプール育苗で─ハウスの中にプールを作り、芽出し後の苗箱を並べて水を張ったらかん水がいらない。ハウスは開けっぱなしでいい。露地でもできる。太陽熱や水の力を使うことで、苦労せずに健苗ができる反射シート＆プール育苗のコツを大公開！
2017.1 71p A5 ¥1500 ①978-4-540-16170-4

果樹栽培

◆加工・業務用青果物における生産と流通の展開と展望　種市豊, 相原延英, 野見山敏雄著　筑波書房　（日本農業市場学会研究叢書）

【目次】第1章 本書の位置づけと加工・業務用青果物流通の研究史、第2章 輸入農産物の増大とその背景及び国際交渉等による影響、第3章 加工原料青果物における流通構造と価格形成に関する一考察─加工向けトマト、缶詰向け白桃における取引特性について、第4章 加工用トマト企業の契約取引と栽培農家の経営構造、第5章 缶詰向け国産白桃の生産減少要因に関する一考察─産地と缶詰メーカーG社との取引関係を事例、第6章 トマト加工品の海外調達の継続性─中国内モンゴル自治区トマト農家調査より、第7章 業務用キャベツにおける契約取引の実態と持続的取引に向けての課題─茨城中央園芸農業協同組合を事例として、第8章 総括と今後の課題
2017.6 140p A5 ¥2800 ①978-4-8119-0511-2

◆切り花の日持ち技術─60品目の切り前と品質保持　市村一雄編著　農山漁村文化協会
【要旨】60品目の「切り前」と収穫後の生理特性、品質・日持ち管理の基礎とともに生産・流通・消費の各段階で必要な処理技術を紹介。
2017.3 142p B5 ¥5000 ①978-4-540-15135-4

◆グローバル下のリンゴ産業─世界と青森　ビクター・カーペンター, 黄孝春, 神田健策編著　（弘前）弘前大学出版会
【目次】第1部 グローバル下の世界のリンゴ産業（アメリカにおけるリンゴ生産の歩みと現状、イタリア・南チロルにおけるリンゴの生産と販売─その強さの背景とイタリアから学ぶこと、中国におけるリンゴの生産・消費の現段階、台湾のリンゴ市場における日本産の販路確保の展開と課題─青森県弘前市の事例を中心に、チリにおけるリンゴ生産の歩みと現状、ニュージーランドとオーストラリア─生産輸入型VS生産消費型、農産物の知財マネジメントとリンゴ生産販売システムの新動向─ピンクレディーの事例を中心に）、第2部 グローバル下の青森のリンゴ産業（戦後の青森リンゴ、リンゴ農民の自治的展開─剪定技術継承の集団的展開と青森県りんご協会、国内リンゴ栽培品種の変遷と今後の課題、リンゴの甘酸過剰と消費者の需要や需要の創出、拡大を目指して、赤い果肉のリンゴ「紅の夢」─弘前大学藤崎農場の栽培・育種研究、青森リンゴ生産、次の百年を目指して、リンゴ栽培の技術的課題、東日本大震災・原発事故以降の青森県産リンゴ果汁における輸出マーケティングの展開と課題）
2017.3 286p A5 ¥3200 ①978-4-907192-48-8

◆最新農業技術 果樹 vol.10 ブドウシャインマスカットつくりこなしの新技術ほか　農文協編　農山漁村文化協会
【目次】ブドウ─シャインマスカットつくりこなしの最新技術（シャインマスカット─最新技術と生産者事例、生産者事例 ほか）、省力・低コストの新肥料管理（カンキツ─肥効調節型肥料を用いた効率的年1回施肥法、ナシ─冬季の窒素施肥が発芽および開花に及ぼす影響 ほか）、温暖化の影響と各種技術（モモ─果肉障害の発生要因と対策、ナシ─マメナシ台木による発芽不良の抑制効果 ほか）、カンキツ、リンゴ、ナシ、モモ注目技術、品種情報（カンキツ─植物成長調整剤による花芽抑制と樹勢維持、リンゴ─果皮着色の温度依存性 ほか）
2017.6 381p B5 ¥6000 ①978-4-540-17055-3

◆図解 よくわかるブドウ栽培─品種・果房管理・整枝剪定　小林和司著　創森社
【目次】第1章 果樹としてのブドウの特徴、第2章 ブドウの種類・品種と選び方、第3章 苗木の植えつけ方・仕立て方、第4章 ブドウの生育と栽培管理、第5章 土づくりと肥培、潅水のコツ、第6章 整枝剪定の基本と繁殖方法、第7章 生理障害、気象災害と病虫害、第8章 施設栽培と根域制限栽培
2017.3 181p A5 ¥2000 ①978-4-88340-314-1

◆育てて楽しむイチジク 栽培・利用加工　細見彰洋著　創森社
【目次】第1章 イチジクの魅力と生態・種類（イチジクの起源と日本への渡来、国産イチジクを伸ばす機運、イチジクの樹形と品種・収穫 ほか）、第2章 イチジクの育て方・実らせ方（主な普通種と夏果専用種、庭先に適した品種の選び方、一年間の生育ステージと作業暦 ほか）、第3章 イチジクの成分と利用・加工（イチジクの成分と機能性、イチジクの食べ方と利用加工、乾燥と冷凍による保存方法）
2017.5 97p A5 ¥1400 ①978-4-88340-315-8

◆ブドウ大事典　農文協編　農山漁村文化協会
【要旨】生理、栽培の基礎から最新研究、実際技術までを収めたブドウ大百科。
2017.12 1321p B5 ¥22000 ①978-4-540-17181-9

◆まるごとわかるイチゴ—基礎知識、栽培技術、品種解説、海外動向まで完全網羅　西澤隆著　誠文堂新光社　（「農耕と園藝」ブックス）
【目次】第1章 イチゴの知識（イチゴの栽培種、イチゴの形態的特徴と各器官 ほか）、第2章 日本におけるイチゴ栽培（日本のイチゴ栽培事情、イチゴの作型、イチゴの病害虫と生理障害）、第3章 イチゴ品種図鑑（日本品種一覧表、世界品種一覧表）、第4章 世界のイチゴ栽培（アジアにおけるイチゴ栽培、北中米におけるイチゴ栽培 ほか）、第5章 イチゴの歴史（イチゴのはじまり、日本におけるイチゴ栽培の歴史）
2017.10 207p A5 ¥2200 ①978-4-416-61735-9

◆リンゴの高密植栽培—イタリア・南チロルの多収技術と実際　小池洋男著　農山漁村文化協会
【要旨】10a300本超、結果枝・側枝は徹底して下垂誘引し、樹形を細長い円錐形につくる。そして樹列を薄い壁状に。こうすることで光線利用率を高め、高収量と省力性を同時実現！…「トールスピンドル整枝」による高密植栽培の取り組みをわが国で牽引してきた第一人者が解説する、新しいリンゴ栽培の理論と実際。
2017.3 140p B5 ¥2600 ①978-4-540-15119-4

◆リンゴの花が咲いたあと　木村秋則著　日本経済新聞出版社　（日経プレミアシリーズ）
【要旨】無肥料・無農薬の「奇跡のリンゴ」が実ったあとも、苦難は終わらなかった。女房が過労で倒れ、自身もガンを思う。農業指導や講演で全国を駆け回るうちにリンゴ畑は荒れていく—。でも、私は負けない。まだやらなければならないことがあるから。ベストセラー『リンゴが教えてくれたこと』続編。
2017.12 210p 18cm ¥850 ①978-4-532-26363-8

野菜栽培

◆育苗からわかる野菜づくり—品質・収量を大きく変える　野口貴，沼尻勝人，海保富士男共著　誠文堂新光社
【目次】第1章 栽培の基礎知識（栽培の準備、育苗のきほん、接ぎ木のきほん、圃場準備と被覆資材の活用方法）、第2章 品目別栽培方法（果菜類、葉菜類、根菜類、豆類、育苗が不要な野菜）、付録 2017.8 175p A5 ¥2200 ①978-4-416-61774-8

◆イモ類の栽培と利用　岩098和人 編　朝倉書店
（作物栽培大系 6）
【目次】1章 総論、2章 ジャガイモ・バレイショ、3章 サツマイモ・カンショ、4章 サトイモ、5章 ヤマノイモ、6章 その他のイモ類
2017.3 245p A5 ¥4600 ①978-4-254-41506-3

◆最新農業技術 野菜 vol.10 特集 イタリア野菜の生理と栽培　農山漁村文化協会編
【要旨】直売所やレストランでよく見かけるようになってきたイタリア野菜29種の生理と栽培がくわしくわかる。赤と白の色彩がきれいでほろ苦いトレビスや、独特の香りと甘みがあるフローレンスフェンネルなど、魅力的な品目が勢ぞろい。これ一冊あれば、食べ方や栄養価までわかるイタリア野菜百科。そのほか、トウモロコシの早出し栽培や、ネギの6〜7月どり、ハクサイの4〜5月どりなどの端境期出荷技術、調理用トマトのソバージュ栽培なども収録。
2017.10 327p B5 ¥6000 ①978-4-540-17057-7

◆サツマイモの世界 世界のサツマイモ—新たな食文化のはじまり　山川理著　現代書館
【要旨】粋も甘いも、サツマイモ。生産者にはブランドものの作り方を、消費者には健康に過ごす食べ方を、研究者にはこれからの新品種開発を、旅行者にはルーツを巡る世界の旅を、すべてのおいもファンに贈る至極のガイドブック。
2017.3 243p A5 ¥2000 ①978-4-7684-5793-1

◆症状と原因が写真でわかる 野菜の病害虫ハンドブック　草間祐輔著　家の光協会
【要旨】野菜名・病害虫名・薬剤名からひける！畑で発生しやすい病害虫110例の症状・原因・対策がひと目でわかる。
2017.2 175p A5 ¥1500 ①978-4-259-56531-2

◆図解でよくわかるトマトつくり極意—作業の基本とコツ　若梅健司著　農山漁村文化協会
【要旨】言葉を発しないトマトの声に耳を傾けると、トマトの法則性が見えてきた。トマトつく

り70年の著者がつかんだ絶対不変の極意とは—3段開花までのガマンどころ、収穫開始までの勝負どころ、収穫開始後のスタミナ維持どころを押さえること。
2017.2 140p A5 ¥1600 ①978-4-540-16153-7

◆世界一桜島大根コンテスト　土田三郎著　幻冬舎メディアコンサルティング，幻冬舎 発売
【要旨】三浦半島育ちの桜島大根が優勝!?野菜づくりで世界一、さらに限界を縫って「百名山」踏破。61歳からの挑戦は、驚きと感動の連続。シニア世代が知っておきたい「リタイア後が充実するすごし方」を綴ったエッセイ。
2017.3 185p B6 ¥1100 ①978-4-344-91137-6

◆トマトをめぐる知の探検　杉山信男著　東京農業大学出版会
【目次】第1章 トマトの起源と伝播（トマトとマンドレーク—博物学の時代、トマトの有毒成分？—トマトに含まれるアルカロイド ほか）、第2章 トマトの遺伝資源と育種（トマトとその近縁野生種の学名、トマト品種の園芸的な分類 ほか）、第3章 植物としてのトマト（茎葉の成長、花成 ほか）、第4章 トマトの栽培技術（トマトの成長と温度、育苗 ほか）、第5章 トマトと健康（機能性、フードファディズム ほか）
2017.1 231p A5 ¥2200 ①978-4-88694-468-9

◆ニッポンの地方野菜　内田悟著　KADOKAWA
【要旨】野菜の目利きが贈る日本野菜の魅力。選び方から食べ方まで指南します！
2017.8 192p A5 ¥1600 ①978-4-04-400256-5

◆プロが教える有機・無農薬おいしい野菜づくり　福田俊著　西東社
【目次】1章 有機野菜栽培の基礎（有機栽培法による野菜づくりのポイント、有機栽培の基本は土づくり、有機栽培で用いる肥料、天恵緑汁のつくり方・施し方、ボカシ肥料のつくり方・施し方 ほか）、2章 有機栽培で野菜づくり（根菜類、葉菜類、果菜類、豆類、イモ類 ほか）
2017.3 207p 26×21cm ¥1300 ①978-4-7916-2584-0

◆まるごとわかるトマト—基礎知識、栽培技術、国内品種から野生種まで完全網羅　田淵俊人著　誠文堂新光社　（「農耕と園芸」ブックス）
【目次】第1章 トマトの基本、第2章 トマトの栽培、第3章 日本のトマト、第4章 世界のトマト、第5章 野生種トマト、第6章 トマトの歴史
2017.5 205p A5 ¥2200 ①978-4-416-51796-3

農学・農政

◆阿蘇地域における農耕景観と生態系サービス—文化的景観論で地域価値を再発見し世界文化遺産登録を支援する　横川洋，高橋佳孝編著　農林統計出版
【目次】第1部 阿蘇の地域価値再発見への接近方法—文化的景観の視点から（文化的景観としての阿蘇地域—重要文化的景観選定に向けて、景観概念の現代的適用による地域価値の再発見—文化的・自然環境的・政治経済的の3視点統合の「場」として、第2部 地域価値の分析と保全（阿蘇・山東部における草原の利用形態と草原再生の取り組み、重要文化的景観にふさわしい阿蘇農耕景観マネジメント、阿蘇地域農業へのGLOBAL G.A.P導入の意義と可能性—農業分野における国際的標準化の動向と伝統的景観の再評価への挑戦、草原飼養認証があか牛肉の消費者選好に与える影響の経済分析、阿蘇世界農業遺産の情報発信—フットパスと農と文化を事例に）、第3部 阿蘇草原の生態系サービスの評価と保全（阿蘇草原における生態系サービスの現状と今後の課題、阿蘇北外輪山の採草地における生物多様性指標の抽出と評価、誰でも使える生物多様性診断マニュアルの作成と活用—阿蘇北外輪山地域の採草地を例に、阿蘇草原保全に関する環境価値評価と市民意識の比較、阿蘇の草原：多機能農業と文化的景観に関する国際的論議における意義、阿蘇草原の野焼き（burning）の特殊性について）、第4部 阿蘇文化的景観のマネジメント（BSCによる阿蘇農耕景観保全活動マネジメントの提案、南阿蘇鉄道を対象としたイベント創出的アプローチ—南阿蘇鉄道沿線の人々のなりわいと生活・観光）
2017.4 378p A5 ¥5000 ①978-4-89732-365-7

◆協働型集落活動の現状と展望　日本村落研究学会企画、小内純子編　農山漁村文化協会
（年報 村落社会研究 第53集）
【目次】序章 農政の展開と協働型集落活動の今日的特徴、第1章 農業構造改革と付村社会の再生は両立するか—「車の両輪」政策と協働型集落活動、第2章 農村社会における集落営農の意義と新たな展望—島根県の中山間地域を事例として、第3章 ボランタリー地域組織による生活課題への取り組み—要支援世帯の除雪問題を事例として、第4章 Iターン移住者、集落支援員による「協働」型集落活動—京都府綾部市の事例から、第5章 LEADERプログラムと地域内組織の現状—ドイツを中心に、終章 協働型集落活動の今日的特徴と可能性、研究動向
2017.11 302p A5 ¥6000 ①978-4-540-17139-0

◆近代農政を作った人達—樋田魯一と南一郎平のこと　加来英司著　東京図書出版，リフレ出版 発売
【要旨】近代農政を築いた事績。TPPで揺れる今、多くの人にこの道を辿って欲しい。
2017.4 196p B6 ¥1400 ①978-4-86641-044-9

◆グリーンハーベスター農場評価ガイドブック—グリーンハーベスター農場評価規準Ver.2.0 全農場共通、作物共通、水田畑作・園芸（茶）農業者のGAPへの向上のために　日本生産者GAP協会監修，AGIC・制作（つくば）AGIC，幸書房 発売　（GAPシリーズ 5）
【目次】1 農場管理システムの妥当性、2 土壌と作物養分管理、3 作物保護と農薬の使用、4 施設・資材と廃棄物管理、5 農産物の安全性と食品衛生、6 労働安全と福祉の管理、7 環境保全と生物多様性の保護、GH評価ガイドブック参考資料 2017.8 191p B5 ¥2900 ①978-4-7821-0416-3

◆工芸作物の栽培と利用　日本作物学会「作物栽培大系」編集委員会監修，異二郎編　朝倉書店　（作物栽培大系 7）
【目次】1章 総論、2章 繊維料作物、3章 油料作物、4章 糖料・デンプン料作物、5章 ゴム料作物、6章 嗜好料作物、7章 薬料・染料作物、8章 香辛料・香料作物
2017.7 249p A5 ¥4800 ①978-4-254-41507-0

◆国際化時代の農業と農政 2　農林統計協会日本の食料・農業・農村編集委員会編　農林統計協会　（戦後日本の食料・農業・農村 第5巻(2)）
【目次】第4章 岐路に立つ日本農業（1970〜2000年の農政概観」、センサスによる動向分析）、第5章 国際化時代の農政展開（内外価格差問題と農産物価格政策、「新政策」のビジョンと現実、農業環境問題への取り組み、条件不利地域問題と地域立法）、第6章 各界の農業・農政論（農業団体の農業、経済界の農業・農政論、労働団体の農業・農政論、消費者団体における農政論の形成と展開）
2017.9 532p A5 ¥7000 ①978-4-541-04147-0

◆米政策改革による水田農業の変貌と集落営農—兼業農業地帯・岐阜からのアプローチ　荒井聡著　筑波書房
【目次】1部 米政策改革胎動期における水田農業と集落営農（兼業深化平地農村における集落営農の展開と担い手の動向—岐阜県海津郡平田町を中心に、「米政策改革」下における地域参加型集落営農法人組織の展開論理—岐阜県揖斐郡揖斐川町K営農組合を中心に ほか）、2部 水田経営所得安定対策による集落営農再編と水田農業の担い手（水田・畑作経営所得安定対策による集落営農の再編、集落営農の再編強化による兼業農家の包摂—海津市旧平田町の事例を中心に ほか）、3部 農政転換期の水田農業と集落営農（戸別所得補償制度への転換による集落営農の新展開—岐阜県中山間地域を中心に、地域農業・農地の新動向と「人・農地プラン」—東海地域を中心に ほか）、終章 要約と結論（米政策改革以降の担い手と集落営農（戸別所得補償制度下での水田農業の担い手と集落営農 ほか）
2017.3 309p A5 ¥3500 ①978-4-8119-0507-5

◆最新農業技術 花卉 vol.9 特集 小ギク＆スプレーギク栽培最前線—品種選定・露地電照、平張り施設など　農山漁村文化協会編　農山漁村文化協会
【要旨】特集は「小ギク」と「スプレーギク」。夏秋小ギクを露地電照や品種の組み合わせでねらっ

た時期に出荷する技術や、飾りやすいディスパッドタイプ等の洋ギク（マム）栽培を収録。その他、世界のキク生産の動向や病害虫対策、トップ生産者の事例、関心が高い光の研究など。
2017.5 302p B5 ¥6000 ①978-4-540-16059-2

◆**自給飼料生産・流通革新と日本酪農の再生**
荒木和秋、杉村泰彦編著　筑波書房　（日本農業市場学会研究叢書 No.18）
【目次】第1章 わが国の飼料需給構造と細断型圧縮技術による生産・流通の革新、第2章 北海道における自給飼料生産組織の展開と調整草新技術の活用、補論 細断型ロールベーラを導入した農外産業のニュービジネス、第3章 北海道における牧草サイレージの流通増加要因と商品化標準—北海道北部のTMRセンターを事例として、第4章 細断型ロールベーラ導入に伴う自給粗飼料の利用方法の変化—北海道オホーツク地域を事例に、第5章 細断型ロールベーラ導入による新たな土地利用の可能性—北海道北部地域の畑作経営を事例に、第6章 東北地域における自給飼料調製の大変革と酪農経営の構造変動—細断ロールサイレージ調製の伸展、第7章 稲発酵粗飼料作における細断型ロールベーラの導入と普及—機械技術の部門間移転、第8章 コントラクターによる稲発酵粗飼料生産の到達点—近畿地方中山間地帯での取り組みを事例として、第9章 飼料調製技術革新への地域別・経営形態別対応—北海道・九州の飼料生産組織を中心に、第10章 エコフィード生産・流通における細断型ロールベーラの活用とその意義、第11章 国土資源に立脚した日本畜産の課題と展望
2018.1 235p A5 ¥2700 ①978-4-8119-0522-8

◆**種子法廃止でどうなる？—一種子と品種の歴史と未来**　農文協編　農山漁村文化協会　（農文協ブックレット）
【目次】1 歴史からみる種子と品種（種子の文明史的意味、日本農業にとって品種とは—農民育種と試験場育種が織りなす多様性）、2 種子法廃止でどうなる？（Q&A早わかり種子法って何？廃止でどうなる？、稲の種子はどのようにして生産されているのか—茨城県の種子採種・種子生産の現場から ほか）、3 世界の動きと規制改革＝種子法廃止—アグロバイオ企業の支配と民衆の抵抗（種子法廃止が日本にもたらすもの、種子と食の支配に道を開く、世界に広がる種子の独占とそれに抗する動き ほか）、4 種子を守るために私たちができること（下町の米屋から種子法廃止をみると、食といのちの源＝種子を守るために、私たちの母親が守ること—公の種子を守る北海道の動きに続け ほか）
2017.12 94p A5 ¥900 ①978-4-540-17169-7

◆**飼料・緑肥作物の栽培と利用**　日本作物学会「作物栽培大系」編集委員会監修、大門弘幸、奥村健治編 朝倉書店　（作物栽培大系 8）
【目次】飼料作物編（日本の食料自給率と飼料作物栽培の現状、飼料作物の栽培と生育管理、飼料作物の育種の現況と将来、イネ科牧草、飼料イネ、長大型イネ科試料作物、マメ科牧草、多汁質飼料作物）、緑肥作物編（環境調和型農業と地力維持、夏作緑肥作物、冬作緑肥作物）
2017.4 232p A5 ¥4200 ①978-4-254-41508-7

◆**事例に学ぶこれからの集落営農—設立から次世代継承まで**　農文協編　農山漁村文化協会
【要旨】多くの集落営農組織立ち上げのきっかけとなった2007年の「品目横断的経営安定対策」から10年。いま、多くの集落営農で、リーダーの世代交代、次世代への継承が課題となっている。さらに2018年（平成30年）からの「米30年問題」（直接支払廃止・生産調整見直し）をも見すえて、集落営農の経営改革、世代交代、次世代継承、米販売、地域の困りごと解決などの打開策を、全国の事例から示す。
2017.4 189p A5 ¥1800 ①978-4-540-16184-1

◆**身土不二の探究**　山下惣一著　創森社　復刊
【要旨】食べ方は生き方。「生」への不安が続く現代。東洋の叡知「身土不二」をもとに、地に足のついた食と農への道筋。
2017.8 237p B6 ¥2000 ①978-4-88340-317-2

◆**ストップ！ 日米FTAと「安倍農政改革」—私たちの提案**　農民運動全国連合会編　本の泉社
【目次】1 TPP闘争勝利と「TPPプラス」の日米・日欧FTA阻止に向けて、2 農協・協同組合解体からも農家・農協・地域を守る、正価格保障を崩す日本と価格保障を強化するアメリカ—収入保険は役に立つのか？こそ本物の価格保障を—3 国民の共同の力で米政策の抜本的な転換を—「米つぶし政策」の最終ゴールを許さない、

5 アベノミクス農政から食糧主権・家族経営を基本にした農政へ、6 農政改革関連法案の問題点は　2017.5 72p B5 ¥520 ①978-4-7807-1627-6

◆**世界の田園回帰—11ヵ国の動向と日本の展望**
大森彌、小田切徳美、藤山浩編著　農山漁村文化協会　（シリーズ田園回帰 8）
【要旨】日本では若い世代の農山村移住傾向がみられるなかで、首都圏の人口シェアは高まり続けている。一方、フランス、ドイツ、イタリア、英国などの先進国では1980年代から都市部への人口集中は緩和され、「逆都市化」の動きがみられる。オーストリア、スウェーデン、カナダ、米国、ロシア、キューバ、韓国を加えた11ヵ国の田園回帰と農村再生の動きをとらえ、日本の動向とつなぎ、新たな都市・農村関係と文明のあり方を展望する。
2017.8 395p A5 ¥2200 ①978-4-540-16115-5

◆**創造する破壊者ファイトプラズマ—生命を操る謎の細菌**　難波成任著　東京大学出版会
【要旨】半世紀にわたり誰も解けなかった最小生命体の謎は、日本人により解明された。基礎から応用に至る幅広い成果はいかにマネジメントされ世界をリードし続けたのか。その極意と醍醐味を、すべての人に向け余すところなく綴った無類の一冊。
2017.6 395p A5 ¥3600 ①978-4-13-066139-3

◆**棚田の保全と整備**　木村和弘著　農林統計出版
【目次】1 棚田の荒廃化、そのメカニズム（棚田地内に広がる荒廃化とその対応—長野県姨捨棚田の事例、村全域の棚田団地の荒廃化とその対応—長野県塩尻市の事例 ほか）、2 棚田保全の論理（棚田保全の考え方—2つの流れ、整備と文化財指定の融合による保全—姨捨棚田の挑戦）、3 棚田保全のための整備方法（棚田の整備事業・整備方式の特性、棚田における等高線区画による圃場整備 ほか）、4 棚田の維持管理と耕作者の安全（用水路等の維持管理—「線」の維持管理、畦畔法面の除草—「面」の維持管理 ほか）
2017.12 193p A5 ¥2300 ①978-4-89732-376-3

◆**地域農業のスプラウト**　岸保宏著　ライフデザインブックス　（ライフデザインブックス新書）
【目次】第1章 私と農業（農業との出会い、農業経営の実情を知る、農業との最初のかかわり ほか）、第2章 農業経営の未来のカタチ 谷口正和先生×岸保宏（「社会人」を振り返って、ミッションを求める旅人として、人生100年時代の将来設計 ほか）、第3章 私のこれから（6次産業化に対する考え、農商工連携の意味、プロの農業者としての担い手の育成が急務 ほか）
2017.12 210p 18cm ¥750 ①978-4-908492-58-7

◆**逐条解説 農地法**　髙木賢、内藤恵久編著　大成出版社　改訂版
【要旨】決定版！ 本法唯一の逐条解説書。改正農地法平成28年4月1日施行に対応。
2017.4 589p A5 ¥5200 ①978-4-8028-3274-8

◆**都市農村交流の経済分析**　大江靖雄編著　農林統計出版
【目次】都市農村交流活動の研究成果と経済学的評価、供給サイドの分析（農業経営の多角化と所得評価基準—農村ツーリズムを題材として、観光果樹園経営による及ぼす農村道路整備の効果、観光梨園の販売価格と経営的要因との関連性—松戸市を対象として、都市農業としての体験農園の経営的可能性—練馬区農業体験農園を事例として、交流型漁業経営の効率性評価—千葉県木更津市賞立て体験活動を事例として、インターネットを利用した農産物直売の効果と経営者意識、コシヒカリのインターネット販売価格に関する決定要因—新潟県農業法人を対象として、農地が持つ防災機能の経済評価—東葛飾地域を対象にして、農業教育機能サービスの結合性に関する実証的評価）、需要サイドの分析（農村ツーリズムの需要特性、グリーン・ツーリズムに対するニーズ評価、都市農業としての体験ツーリズムの需要動向と要因—遊園地需要と比較して、山形県における文化的資源と観光需要との関連性、自治体アンテナショップの消費者回遊行動とその特性—銀座・有楽町地区を対象として、震災被災地における観光入込客数の回復過程—都市・農村・離島地域の比較から、中国東部沿海部における農村ツーリズム観光客の意識要因—江蘇省傅家辺農業科学技術公園を対象として、政策的示唆と今後の展望）
2017.2 237p A5 ¥2750 ①978-4-89732-361-9

経済・産業・労働

◆**日本農業の動き 195 検証 東日本大震災の復興**　農政ジャーナリストの会，農林統計協会 発売
【目次】特集 検証 東日本大震災の復興は（被災者一人一人を大切にした「人間の復興」を、原発事故から五年、再生への模索続く飯舘村、福島原発事故からの食と農の再生、記者の目に映る五年の被災地と未来、地元学から見た五年目の被災地）、農政の焦点—農政改革関連の八法案について、地方記者の眼—熊本地震一年〜農業復興の理想と現実
2017.6 136p B6 ¥1200 ①978-4-541-04154-8

◆**農学が世界を救う！—食料・生命・環境をめぐる科学の挑戦**　生源寺眞一、太田寛行、安田弘法編著　岩波書店　（岩波ジュニア新書）
【要旨】研究対象は、地球全体から顕微鏡で見る世界まで！ 人びとの暮らしを豊かにし、自然環境を保全し、生き物たちとの共生を目指す。そんな可能性を秘めた夢のある学問—それが「農学」です。農業経済学、生命科学、食料や環境科学など、農学に含まれるさまざまな分野の第一人者が、その魅力を語ります！
2017.10 191p 18cm ¥820 ①978-4-00-500861-2

◆**農学原論—農業・農村・農学の論理と展望**　祖田修著　農林統計協会　（祖田修著作選集 第3巻）
【目次】第1章 農学原論とは何か、第2章 農業における人間と自然、第3章 現代農学の展開と価値目標、第4章 農林水産業と経済、第5章 農業と生態環境、第6章 農業・農村と生活、第7章 持続的農業的農業の形成—総合的価値の追求、第8章 都市と農村の結合、第9章 農業技術の革新と普及、第10章 農学の特質と研究方法および体系、終章 要約と展望
2017.7 315p A5 ¥4800 ①978-4-541-04146-3

◆**「農企業」のリーダーシップ—先進的農業経営体と地域農業**　小田滋晃、伊庭治彦、坂本清彦、川崎訓昭編著　（京都）昭和堂　（次世代型農業の針路 2）
【目次】第1部 理論編・先進的農業経営体と地域の関係を探る視点—いま期待されるリーダーシップとは（先進的農業経営体における経営資源と経営戦略—地域・農協との連携に焦点を当てて、農地流動化の進展と地域農業ガバナンスの再編、先進的農業経営体と地域農業・社会—新自由主義的ガバメンタリティとの関連、次世代型農業を拓く—「「農林中央金庫」次世代を担う農企業戦略論講座」シンポジウム・パネルディスカッションより）、第2部 実証編・リーダーシップで農業を変える—事例にみる先進的農業経営体と地域の関係（農業法人における経営戦略と地域での取り組み—先進的稲作法人を事例として、先進的農業経営体と商工業者との持続的な連携—ミスマッチをいかに防ぐのか、新技術の先行導入者が技術普及に果たす役割—コウノトリ育む農法を事例として、法人化を通じた農業経営の第三者継承と地域 ほか）
2017.12 179, 7p A5 ¥2700 ①978-4-8122-1701-6

◆**農業経理士教科書 経営管理編**　日本ビジネス技能検定協会、大原学園大原簿記学校監修　大原出版
【目次】第1章 経営分析（経営分析の意義、経営の財務諸表、財務分析とは）、第2章 経営改善（経営改善診断、経営改善の事例、農業経営のリスクマネジメント）、第3章 経営計画（中長期経営計画の策定、短期経営計画の策定、資金計画）　2017.7 115p B5 ¥2000 ①978-4-86486-463-3

◆**農業と農政の視野/完—論理の力と歴史の重み**　生源寺眞一著　農林統計出版
【目次】1 食と農の見取り図（経営の数より人の数、職業として農業を選ぶ ほか）、2 揺れる農政（食料と農業の現在地、アジアの食料自給率 ほか）、3 農村の四季（若者を応援する、女性農業者の発想 ほか）、4 次の世代へ（人材育成の場、論文作成と研究交流に思う）
2017.3 232p B6 ¥1800 ①978-4-89732-363-3

◆**農業の成長産業化を問う**　農政ジャーナリストの会，農林統計協会 発売　（日本農業の動き 196）
【目次】農業気象台、特集 農業の成長産業化を問う（農業成長化は農政次第で可能、TPPと農業の成長産業論、「農政新時代」の日本農業の成長産業化について、新聞記者の目で見た農業の成長産業化とは、農業の成長産業化に向けて農林中金が果たしていく役割）、海外レポート IFAJ2017・in・南アフリカ、農業ジャーナリスト賞 第三二回農業ジャーナリスト賞が決まりました　2017.9 138p B6 ¥1200 ①978-4-541-04164-7

◆農山漁村再生への道筋―国の政策・制度と市町村の現実　日本農業法学会編　（福島）日本農業法学会, 農山漁村文化協会 発売　（農業法研究 52）
【要旨】農山漁村再生への道筋を探るために、「地方創生」政策が抱える問題点や改善の方向性などについて総括的な整理を行い、農水省管轄の農業・農村政策、地方自治体のあり方、市町村合併の影響とそれに対する反省など地方行財政制度、土地利用をはじめとする計画法制における農村の位置づけと実態について問題提起。その政策論の整理を踏まえてドイツの再生可能エネルギーを軸とした農村地域発展および愛媛県内子町の自治と学習を通じたまちづくりの事例を報告。
2017.6 172p A5 ¥4000 ⓘ978-4-540-17138-3

◆農村地域における諸活動と住民流動の評価と展望―高齢化・人口減少時代のなかで　能美誠著　農林統計出版
【目次】第1部 農村地域活動・資源量の推定（市町村内の地区別生産農業所得推定法の開発、市町村内の地区別耕地面積推定法の開発、農村地域の市町村内通勤者数推定法の開発 ほか）、第2部 農村地域住民の移動・交流（市町村内通勤者数推定法を用いた地方圏市町村の通勤流動構造の分析、市町村内人口移動者数推定法を用いた中国地方市町村の人口移動構造の分析、通勤交流圏・転居交流圏設定法の開発と活動再編検討方法の提示―鳥取県を対象とした分析 ほか）、第3部 農村地域施設の再編成・効率化（農村地域の小学校廃合に関する考察―整数計画モデルによる接近、地域農業活動に対する経済的支援の採択検討手法の開発、移動図書館車の巡回ルート改善可能性に関する考察―鳥取市立用瀬図書館の移動図書館車「やまなみ号」を事例として）
2017.12 210p A5 ¥3000 ⓘ978-4-89732-374-9

◆農地法読本　宮﨑直己著　大成出版社　四訂版
【目次】第1章 総論（農地法の仕組み、農地、採草放牧地および世帯員等 ほか）、第2章 耕作目的の農地の権利移動（三条許可の対象、三条許可申請の手続 ほか）、第3章 農地の賃貸借（農地の賃貸借、農地賃貸借契約の解除等の手続 ほか）、第4章 農地の転用（農地転用許可の対象と許可申請の手続、転用許可の性質と許可審査権の範囲 ほか）、第5章 農地紛争の処理（農地紛争の解決手段、行政不服申立て ほか）
2017.10 346p A5 ¥3000 ⓘ978-4-8028-3300-4

◆農林水産業のみらいの宝石箱　農林水産業みらい基金著　日経BP社, 日経BPマーケティング 発売
【要旨】農林水産業のみらいがここにある。
2017.6 241p A5 ¥1500 ⓘ978-4-8222-5924-2

◆肥料取締法の解説　肥料取締法研究会編著　大成出版社
【要旨】肥料のより一層の品質と安全の確保の要請に対応した肥料取締法の多岐にわたる規定について、その趣旨や最新の内容を解説した唯一の解説書。平成28年最新の肥料取締法を反映。
2017.7 308p A5 ¥3000 ⓘ978-4-8028-3280-9

◆法人化は日本農業を救うか　農政ジャーナリストの会編　農政ジャーナリストの会, 農林統計協会 発売　（日本農業の動き 194）
【目次】特集 法人化は日本農業を救うか（どのような農業のあり方か、農業法人化の経緯とこれからの課題、稲作の大規模法人経営に取り組んで、農業法人の経営継承と法人経営、大規模肉酪農+水田・野菜の総合農場経営に取り組んで）、農政の焦点 二〇一七年度農林水産関係予算、地方農政の眼 噴火災害と地域
2017.2 141p B6 ¥1200 ⓘ978-4-541-04137-1

◆学びのフィールドとしての美しい地域づくり・里づくり　麻生恵編著　東京農業大学出版会
【目次】第1章 教育・研究の歩み（私の教育・研究の歩み、風景地建築の色彩景観調和と技術に関する研究（学位論文要旨）、モデルスコープシステムの開発と造園模型シミュレーション）、第2章 各地域での取り組み（自然風景地・国立公園での取り組み、文化的景観についての取り組み、農村地域での取り組み、都市近郊里山での取り組み、世界での取り組み）
2017.3 125p A4 ¥1500 ⓘ978-4-88694-471-9

 農業統計・年鑑・白書・書誌

◆営農類型別経営統計（組織経営編）　平成26年　―併載：経営形態別経営統計　農林水産省大臣官房統計部編　農林統計協会
【目次】1 調査結果の概要（営農類型別経営統計）、2 統計表（営農類型別経営統計（組織法人経営、組織法人経営の水田作経営のうち集落営農、任意組織経営の水田作経営のうち集落営農））、併載 経営形態別経営統計（組織法人経営）、付表 個別結果表（様式）
2017 353p A4 ¥6300 ⓘ978-4-541-04125-8

◆花き生産出荷統計　平成27年産　農林水産省大臣官房統計部編　農林統計協会
【目次】1 平成27年全国の作付（収穫）面積及び出荷量、2 平成27年産都道府県別の作付（収穫）面積及び出荷量（切り花類、球根類計、鉢もの類、花壇用苗もの類）
2017 36p A4 ¥1500 ⓘ978-4-541-04139-5

◆果樹生産出荷統計　平成27年産　農林水産省大臣官房統計部編　農林統計協会
【目次】1 全国の結果樹面積・10a 当たり収量・収穫量・出荷量の推移、2 平成27年産全国の結果樹面積・10a 当たり収量・収穫量・出荷量の総括表、3 平成27年産都道府県別の結果樹面積・10a 当たり収量・収穫量・出荷量、4 平成27年産の用途別用途面積・集出荷団体取扱数量（主産県）、5 平成27年産の出荷量・集出荷団体取扱数量（主産県）、6 沖縄県のパインアップルの栽培面積・収穫面積・10a 当たり収量・収穫量・出荷量の推移、7 平成27年産の結果樹面積・収穫量・出荷量の都道府県順位（上位5位）、関連統計（全国の栽培面積の推移、平成27年の都道府県別の栽培面積、平成27年に日本列島に上陸・接近した台風経路図）
2017 70p A4 ¥1500 ⓘ978-4-541-04140-1

◆経営形態別経営統計（個別経営）　平成26年　農林水産省大臣官房統計部編　農林統計協会
【目次】利用者のために（調査の概要、調査結果の取りまとめ方法と統計表の編成、統計項目の説明、利用上の注意、農業経営統計調査報告書一覧、お問合せ先）、1 調査結果の概要、2 統計表（全国年次別統計表、全国農業地域別統計表、農業の主副業別統計表、主業統計表、農業労働力保有状態別統計表、農業経営関与者の農業主従別統計表、全国農業地域別・経営耕地規模別統計表、農業地域類型別統計表、認定農業者のいる経営体の経営収支、個別法人経営の経営収支、調査対象経営体の推定経営体分布表）
2017 296p A4 ¥3200 ⓘ978-4-541-04128-9

◆経営形態別経営統計（個別経営）　平成27年　農林水産省大臣官房統計部編　農林統計協会
【目次】1 調査結果の概要、2 統計表（全国年次別統計表、全国農業地域別統計表、農業の主副業別統計表、主業統計表、農業労働力保有状態別統計表、農業経営関与者の農業主従別統計表、全国農業地域別・経営耕地規模別統計表、農業地域類型別統計表、認定農業者のいる経営体の経営収支、個別法人経営の経営収支、調査対象経営体の推定経営体数分布表）
2017 320p A4 ¥3400 ⓘ978-4-541-04167-8

◆工芸農作物等の生産費　平成27年産　農林水産省大臣官房統計部編　農林統計協会
【目次】利用者のために、1 調査結果の概要、2 統計表（原料用かんしょ・原料用ばれいしょ・てんさい生産費、大豆生産費、さとうきび生産費、なたね生産費、そば生産費）、累年統計表
2017 157p A4 ¥2600 ⓘ978-4-541-04156-2

◆耕地及び作付面積統計　平成28年　農林水産省大臣官房統計部編　農林統計協会
【目次】利用者のために、調査結果の概要、統計表（耕地面積及び耕地の拡張・かい廃面積、作物別作付（栽培）面積、耕地の利用状況、累年統計）
2017 135p A4 ¥2600 ⓘ978-4-541-04155-5

◆米及び麦類の生産費　平成27年産　農林水産省大臣官房統計部編　農林統計協会
【目次】利用者のために、1 調査結果の概要、2 統計表（米生産費、麦類生産費）、累年統計表
2017 373p A4 ¥4000 ⓘ978-4-541-04157-9

◆作物統計（普通作物・飼料作物・工芸農作物）　平成27年産　農林水産省大臣官房統計部編　農林統計協会
【目次】1 調査結果の概要（米、麦類 ほか）、2 気象の概要（平成27年の日本の天候、過去の台風による被害（全国））、3 統計表（米、麦類 ほか）、4 累年統計表（全国累年統計表、全国農業地域別・都道府県別累年統計表（平成23年産～平成27年産））、5 関連統計表（食料需給表、農業に係る各種対策等の推移 ほか）
2017 227p A4 ¥3000 ⓘ978-4-541-04127-2

◆作物統計（普通作物・飼料作物・工芸農作物）　平成28年産　農林水産省大臣官房統計部編　農林統計協会
【目次】1 調査結果の概要（米、麦類 ほか）、2 気象の概要（平成28年の日本の天候、過去の台風による被害（全国））、3 統計表（米、麦類 ほか）、4 累年統計表（全国累年統計表、全国農業地域別・都道府県別累年統計表（平成24年産～平成28年産））、5 関連統計表（食料需給表、食料自給率の推移 ほか）
2017 227p A4 ¥3000 ⓘ978-4-541-04170-8

◆食糧経済年鑑　平成29年度版　（大阪）食糧経済通信社
【目次】第1部 生鮮食品業界（中央卸売市場の部、地方卸売市場の部、全国主要生産者団体、都道府県農協連）、第2部 一般食品・関連業界（一般食品・関連業界、酒類・飲料、問屋・商社、量販店・スーパー・百貨店）
2017.3 630p A5 ¥9000 ⓘ978-4-908414-02-2

◆食料需給表　平成27年度　農林水産省大臣官房政策課食料安全保障室編　農林統計協会
【目次】1 結果の概要、2 食料需給表（年度別食料需給表、項目別累年表、品目別累年表、主要項目の品目別累年表、関連指標）、参考統計表
2017 313p A4 ¥2100 ⓘ978-4-541-04149-4

◆食料・農業・農村白書　平成29年版　農林水産省編　日経印刷
【目次】第1部 食料・農業・農村の動向（日本の農業をもっと強く―農業競争力強化プログラム、変動する我が国農業―2015年農林業センサスから、食料の安定供給の確保に向けた取組、強い農業の創造に向けた取組、地域資源を活かした農村の振興・活性化 ほか）、第2部 平成28年度食料・農業・農村施策（食料自給力・食料自給率の維持向上に向けた施策、食料の安定供給の確保に関する施策、農業の持続的な発展に関する施策、農村の振興に関する施策、東日本大震災からの復旧・復興に関する施策 ほか）
2017.6 361, 37p A4 ¥2600 ⓘ978-4-86579-082-5

◆食料・農業・農村白書　平成29年版　平成28年度食料・農業・農村の動向平成29年度食料・農業・農村施策　農林水産省編　農林統計協会
【目次】第1部 食料・農業・農村の動向（日本の農業をもっと強く―農業競争力強化プログラム、変動する我が国農業―2015年農林業センサスから、食料の安定供給の確保に向けた取組、強い農業の創造に向けた取組、地域資源を活かした農村の振興・活性化、大規模災害からの復旧・復興）、第2部 平成28年度食料・農業・農村施策（食料自給力・食料自給率の維持向上に向けた施策、食料の安定供給の確保に関する施策、農業の持続的な発展に関する施策、農村の振興に関する施策、東日本大震災からの復旧・復興に関する施策、団体の再編整備等に関する施策、食料、農業及び農村に関する施策を総合的かつ計画的に推進するために必要な事項、災害対策）
2017.7 361, 37p A4 ¥2600 ⓘ978-4-541-04151-7

◆食料・農業・農村白書参考統計表　平成29年版　農林水産省編　日経印刷, 全国官報販売協同組合 発売
【目次】第1部（特集1 日本の農業をもっと強く―農業競争力強化プログラム、特集2 変動する我が国農業―2015年農林業センサスから、食料の安定供給の確保に向けた取組、強い農業の創造に向けた取組、地域資源を活かした農村の振興・活性化）、第2部（内外経済の動向、農業経済の動向、食品産業、農協事業等の動向）
2017.8 122p A4 ¥2000 ⓘ978-4-86579-100-6

◆青果物卸売市場調査報告　平成27年　農林水産省大臣官房統計部編　農林統計協会
【目次】調査結果の概要（青果物の卸売動向、主要品目の動向）、統計表（野菜の卸売数量・価格、果実の卸売数量・価格・価格、中央卸売市場における青果物の卸売数量・価格、青果物の転送量、野菜の国産・輸入別の卸売数量・価

額・価格（主要都市の市場計））、参考

2017 483p A4 ¥5400 ①978-4-541-04131-9

◆**総合農協統計表　平成27事業年度**　農林水産省経営局協同組織課編　農林統計協会（農協調査資料第395号）
【目次】第1部 都道府県別統計表（組織、財務、事業）、第2部 農業地帯別組織規模別統計表（農業地帯別集計、組織規模別集計）

2017 249p A4 ¥3100 ①978-4-541-04158-6

◆**第90次農林水産省統計表**　農林水産省大臣官房統計部編　農林統計協会
【目次】我が国の食料・農林水産業の概要、食用農林水産物の生産から飲食料の最終消費に至る流れ、食料の部、農林業経営体の部、農家の部、農業経営の部、農業物価指数の部、農用地の部、農作物の部、畜産の部〔ほか〕

2017 805p A4 ¥4800 ①978-4-541-04129-6

◆**2015年農林業センサス　第1巻　茨城県統計書**　農林水産省大臣官房統計部編　農林統計協会
【目次】農林業経営体調査の部（農林業経営体（新市区町村別統計）、農業経営体（新市区町村別統計）、販売農家（新旧市区町村別統計）、林業経営体（新市区町村別統計）、総農家等（新旧市区町村別統計））、農山村地域調査の部（新市区町村別統計）（総土地面積及び林野面積、所有形態別林野面積、農家率別農業集落数、耕地率別農業集落数、水田率別農業集落数、集落機能のある農業集落数、寄り合いを開催した農業集落数、地域資源の保全、活性化のための活動状況）

2017 385, 14p A4 ¥19000 ①978-4-541-04207-1

◆**2015年農林業センサス　第1巻　栃木県統計書**　農林水産省大臣官房統計部編　農林統計協会
【目次】農林業経営体調査の部（農林業経営体（新市区町村別統計）、農業経営体（新市区町村別統計）、販売農家（新旧市区町村別統計）、林業経営体（新市区町村別統計）、総農家等（新旧市区町村別統計））、農山村地域調査の部（新市区町村別統計）（総土地面積及び林野面積、所有形態別林野面積、農家率別農業集落数、耕地率別農業集落数、水田率別農業集落数、集落機能のある農業集落数、寄り合いを開催した農業集落数、地域資源の保全、活性化のための活動状況）

2017 253, 14p A4 ¥13300 ①978-4-541-04208-1

◆**2015年農林業センサス　第1巻　群馬県統計書**　農林水産省大臣官房統計部編　農林統計協会
【目次】農林業経営体調査の部（農林業経営体（新市区町村別統計）、農業経営体（新市区町村別統計）、販売農家（新旧市区町村別統計）、林業経営体（新市区町村別統計）、総農家等（新旧市区町村別統計））、農山村地域調査の部（新市区町村別統計）（総土地面積及び林野面積、所有形態別林野面積、農家率別農業集落数、耕地率別農業集落数、水田率別農業集落数、集落機能のある農業集落数、寄り合いを開催した農業集落数、地域資源の保全、活性化のための活動状況）

2017 253, 14p A4 ¥13300 ①978-4-541-04209-5

◆**2015年農林業センサス　第1巻　埼玉県統計書**　農林水産省大臣官房統計部編　農林統計協会
【目次】農林業経営体調査の部（農林業経営体（新市区町村別統計）、農業経営体（新市区町村別統計）、販売農家（新旧市区町村別統計）、林業経営体（新市区町村別統計）、総農家等（新旧市区町村別統計））、農山村地域調査の部（新市区町村別統計）（総土地面積及び林野面積、所有形態別林野面積、農家率別農業集落数、耕地率別農業集落数、水田率別農業集落数、集落機能のある農業集落数、寄り合いを開催した農業集落数、地域資源の保全、活性化のための活動状況）

2017 457, 14p A4 ¥20700 ①978-4-541-04210-1

◆**2015年農林業センサス　第1巻　千葉県統計書**　農林水産省大臣官房統計部編　農林統計協会
【目次】農林業経営体調査の部（農林業経営体（新市区町村別統計）、農業経営体（新市区町村別統計）、販売農家（新旧市区町村別統計）、林業経営体（新市区町村別統計）、総農家等（新旧市区町村別統計））、農山村地域調査の部（新市区町村別統計）（総土地面積及び林野面積、所有形態別林野面積、農家率別農業集落数、耕地率別農業集落数、水田率別農業集落数、集落機能のある農業集落数、寄り合いを開催した農業集落数、地域資源の保全、活性化のための活動状況）

2017 385, 14p A4 ¥17500 ①978-4-541-04211-8

◆**2015年農林業センサス　第1巻　東京都統計書**　農林水産省大臣官房統計部編　農林統計協会
【目次】農林業経営体調査の部（農林業経営体（新市区町村別統計）、農業経営体（新市区町村別統計）、販売農家（新旧市区町村別統計）、林業経営体（新市区町村別統計）、総農家等（新旧市区町村別統計））、農山村地域調査の部（新市区町村別統計）（総土地面積及び林野面積、所有形態別林野面積、農家率別農業集落数、耕地率別農業集落数、水田率別農業集落数、集落機能のある農業集落数、寄り合いを開催した農業集落数、地域資源の保全、活性化のための活動状況）

2017 165, 14p A4 ¥10400 ①978-4-541-04212-5

◆**2015年農林業センサス　第1巻　長野県統計書**　農林水産省大臣官房統計部編　農林統計協会
【目次】農林業経営体調査の部（農林業経営体（新市区町村別統計）、農業経営体（新市区町村別統計）、販売農家（新旧市区町村別統計）、林業経営体（新市区町村別統計）、総農家等（新旧市区町村別統計））、農山村地域調査の部（新市区町村別統計）（総土地面積及び林野面積、所有形態別林野面積、農家率別農業集落数、耕地率別農業集落数、水田率別農業集落数、集落機能のある農業集落数、寄り合いを開催した農業集落数、地域資源の保全、活性化のための活動状況）

2017 457, 14p A4 ¥20700 ①978-4-541-04219-4

◆**2015年農林業センサス　第1巻　岐阜県統計書**　農林水産省大臣官房統計部編　農林統計協会
【目次】農林業経営体調査の部（農林業経営体（新市区町村別統計）、農業経営体（新市区町村別統計）、販売農家（新旧市区町村別統計）、林業経営体（新市区町村別統計）、総農家等（新旧市区町村別統計））、農山村地域調査の部（新市区町村別統計）（総土地面積及び林野面積、所有形態別林野面積、農家率別農業集落数、耕地率別農業集落数、水田率別農業集落数、集落機能のある農業集落数、寄り合いを開催した農業集落数、地域資源の保全、活性化のための活動状況）

2017 341, 14p A4 ¥17500 ①978-4-541-04220-0

◆**2015年農林業センサス　第1巻　静岡県統計書**　農林水産省大臣官房統計部編　農林統計協会
【目次】農林業経営体調査の部（農林業経営体（新市区町村別統計）、農業経営体（新市区町村別統計）、販売農家（新旧市区町村別統計）、林業経営体（新市区町村別統計）、総農家等（新旧市区町村別統計））、農山村地域調査の部（新市区町村別統計）（総土地面積及び林野面積、所有形態別林野面積、農家率別農業集落数、耕地率別農業集落数、水田率別農業集落数、集落機能のある農業集落数、寄り合いを開催した農業集落数、地域資源の保全、活性化のための活動状況）

2017 341, 14p A4 ¥17500 ①978-4-541-04221-7

◆**2015年農林業センサス　第1巻　愛知県統計書**　農林水産省大臣官房統計部編　農林統計協会
【目次】農林業経営体調査の部（農林業経営体（新市区町村別統計）、農業経営体（新市区町村別統計）、販売農家（新旧市区町村別統計）、林業経営体（新市区町村別統計）、総農家等（新旧市区町村別統計））、農山村地域調査の部（新市区町村別統計）（総土地面積及び林野面積、所有形態別林野面積、農家率別農業集落数、耕地率別農業集落数、水田率別農業集落数、集落機能のある農業集落数、寄り合いを開催した農業集落数、地域資源の保全、活性化のための活動状況）

2017 369, 14p A4 ¥17500 ①978-4-541-04222-4

◆**2015年農林業センサス　第1巻　三重県統計書**　農林水産省大臣官房統計部編　農林統計協会
【目次】農林業経営体調査の部（農林業経営体（新市区町村別統計）、農業経営体（新市区町村別統計）、販売農家（新旧市区町村別統計）、林業経営体（新市区町村別統計）、総農家等（新旧市区町村別統計））、農山村地域調査の部（新市区町村別統計）（総土地面積及び林野面積、所有形態別林野面積、農家率別農業集落数、耕地率別農業集落数、水田率別農業集落数、集落機能のある農業集落数、寄り合いを開催した農業集落数、地域資源の保全、活性化のための活動状況）

2017 297, 14p A4 ¥15500 ①978-4-541-04223-1

◆**2015年農林業センサス　第1巻　滋賀県統計書**　農林水産省大臣官房統計部編　農林統計協会

◆**2015年農林業センサス　第1巻　京都府統計書**　農林水産省大臣官房統計部編　農林統計協会
【目次】農林業経営体調査の部（農林業経営体（新市区町村別統計）、農業経営体（新市区町村別統計）、販売農家（新旧市区町村別統計）、林業経営体（新市区町村別統計）、総農家等（新旧市区町村別統計））、農山村地域調査の部（新市区町村別統計）（総土地面積及び林野面積、所有形態別林野面積、農家率別農業集落数、耕地率別農業集落数、水田率別農業集落数、集落機能のある農業集落数、寄り合いを開催した農業集落数、地域資源の保全、活性化のための活動状況）

2017 253, 14p A4 ¥14000 ①978-4-541-04225-5

◆**2015年農林業センサス　第1巻　大阪府統計書**　農林水産省大臣官房統計部編　農林統計協会
【目次】農林業経営体調査の部（農林業経営体（新市区町村別統計）、農業経営体（新市区町村別統計）、販売農家（新旧市区町村別統計）、林業経営体（新市区町村別統計）、総農家等（新旧市区町村別統計））、農山村地域調査の部（新市区町村別統計）（総土地面積及び林野面積、所有形態別林野面積、農家率別農業集落数、耕地率別農業集落数、水田率別農業集落数、集落機能のある農業集落数、寄り合いを開催した農業集落数、地域資源の保全、活性化のための活動状況）

2017 325, 14p A4 ¥15500 ①978-4-541-04226-2

◆**2015年農林業センサス　第1巻　兵庫県統計書**　農林水産省大臣官房統計部編　農林統計協会
【目次】農林業経営体調査の部（農林業経営体（新市区町村別統計）、農業経営体（新市区町村別統計）、販売農家（新旧市区町村別統計）、林業経営体（新市区町村別統計）、総農家等（新旧市区町村別統計））、農山村地域調査の部（新市区町村別統計）（総土地面積及び林野面積、所有形態別林野面積、農家率別農業集落数、耕地率別農業集落数、水田率別農業集落数、集落機能のある農業集落数、寄り合いを開催した農業集落数、地域資源の保全、活性化のための活動状況）

2017 385, 14p A4 ¥19000 ①978-4-541-04227-9

◆**2015年農林業センサス　第1巻　奈良県統計書**　農林水産省大臣官房統計部編　農林統計協会
【目次】農林業経営体調査の部（農林業経営体（新市区町村別統計）、農業経営体（新市区町村別統計）、販売農家（新旧市区町村別統計）、林業経営体（新市区町村別統計）、総農家等（新旧市区町村別統計））、農山村地域調査の部（新市区町村別統計）（総土地面積及び林野面積、所有形態別林野面積、農家率別農業集落数、耕地率別農業集落数、水田率別農業集落数、集落機能のある農業集落数、寄り合いを開催した農業集落数、地域資源の保全、活性化のための活動状況）

2017 209, 14p A4 ¥12000 ①978-4-541-04228-6

◆**2015年農林業センサス　第1巻　和歌山県統計書**　農林水産省大臣官房統計部編　農林統計協会
【目次】農林業経営体調査の部（農林業経営体（新市区町村別統計）、農業経営体（新市区町村別統計）、販売農家（新旧市区町村別統計）、林業経営体（新市区町村別統計）、総農家等（新旧市区町村別統計））、農山村地域調査の部（新市区町村別統計）（総土地面積及び林野面積、所有形態別林野面積、農家率別農業集落数、耕地率別農業集落数、水田率別農業集落数、集落機能のある農業集落数、寄り合いを開催した農業集落数、地域資源の保全、活性化のための活動状況）

2017 253, 14p A4 ¥14000 ①978-4-541-04229-3

◆**2015年農林業センサス　第1巻　鳥取県統計書**　農林水産省大臣官房統計部編　農林統計協会
【目次】農林業経営体調査の部（農林業経営体（新市区町村別統計）、農業経営体（新市区町村別統計）、販売農家（新旧市区町村別統計）、林業経

営体（新市区町村別統計）、総農家等（新旧市区町村別統計）、農山村地域調査の部（所有形態別林野面積、農家率別農業集落数、耕地率別農業集落数、水田率別農業集落数、集落機能のある農業集落数、寄り合いを開催した農業集落数、地域資源の保全、活性化のための活動状況）
2017 209, 14p A4 ¥12000 ①978-4-541-04230-9

◆**2015年農林業センサス　第1巻　島根県統計書**　農林水産省大臣官房統計部編　農林統計協会
【目次】農林業経営体調査の部（農林業経営体（新市区町村別統計）、農業経営体（新市区町村別統計）、販売農家（新旧市区町村別統計）、林業経営体（新市区町村別統計）、総農家等（新旧市区町村別統計））、農山村地域調査の部（新市区町村別統計）（総土地面積及び林野面積、所有形態別林野面積、農家率別農業集落数、耕地率別農業集落数、水田率別農業集落数、集落機能のある農業集落数、寄り合いを開催した農業集落数、地域資源の保全、活性化のための活動状況）
2017 297, 14p A4 ¥15500 ①978-4-541-04231-6

◆**2015年農林業センサス　第1巻　神奈川県統計書**　農林水産省大臣官房統計部編　農林統計協会
【目次】農林業経営体調査の部（農林業経営体（新市区町村別統計）、農業経営体（新市区町村別統計）、販売農家（新旧市区町村別統計）、林業経営体（新市区町村別統計）、総農家等（新旧市区町村別統計））、農山村地域調査の部（新市区町村別統計）（総土地面積及び林野面積、所有形態別林野面積、農家率別農業集落数、耕地率別農業集落数、水田率別農業集落数、集落機能のある農業集落数、寄り合いを開催した農業集落数、地域資源の保全、活性化のための活動状況）
2017 253p A4 ¥14000 ①978-4-541-04213-2

◆**2015年農林業センサス　第1巻　新潟県統計書**　農林水産省大臣官房統計部編　農林統計協会
【目次】農林業経営体調査の部（農林業経営体（新市区町村別統計）、農業経営体（新市区町村別統計）、販売農家（新旧市区町村別統計）、林業経営体（新市区町村別統計）、総農家等（新旧市区町村別統計））、農山村地域調査の部（新市区町村別統計）（総土地面積及び林野面積、所有形態別林野面積、農家率別農業集落数、耕地率別農業集落数、水田率別農業集落数、集落機能のある農業集落数、寄り合いを開催した農業集落数、地域資源の保全、活性化のための活動状況）
2017 429p A4 ¥19800 ①978-4-541-04214-9

◆**2015年農林業センサス　第1巻　富山県統計書**　農林水産省大臣官房統計部編　農林統計協会
【目次】農林業経営体調査の部（農林業経営体（新市区町村別統計）、農業経営体（新市区町村別統計）、販売農家（新旧市区町村別統計）、林業経営体（新市区町村別統計）、総農家等（新旧市区町村別統計））、農山村地域調査の部（新市区町村別統計）（総土地面積及び林野面積、所有形態別林野面積、農家率別農業集落数、耕地率別農業集落数、水田率別農業集落数、集落機能のある農業集落数、寄り合いを開催した農業集落数、地域資源の保全、活性化のための活動状況）
2017 297p A4 ¥14000 ①978-4-541-04215-6

◆**2015年農林業センサス　第1巻　石川県統計書**　農林水産省大臣官房統計部編　農林統計協会
【目次】農林業経営体調査の部（農林業経営体（新市区町村別統計）、農業経営体（新市区町村別統計）、販売農家（新旧市区町村別統計）、林業経営体（新市区町村別統計）、総農家等（新旧市区町村別統計））、農山村地域調査の部（新市区町村別統計）（総土地面積及び林野面積、所有形態別林野面積、農家率別農業集落数、耕地率別農業集落数、水田率別農業集落数、集落機能のある農業集落数、寄り合いを開催した農業集落数、地域資源の保全、活性化のための活動状況）
2017 253p A4 ¥14000 ①978-4-541-04216-3

◆**2015年農林業センサス　第1巻　福井県統計書**　農林水産省大臣官房統計部編　農林統計協会
【目次】農林業経営体調査の部（農林業経営体（新市区町村別統計）、農業経営体（新市区町村別統計）、販売農家（新旧市区町村別統計）、林業経営体（新市区町村別統計）、総農家等（新旧市区町村別統計））、農山村地域調査の部（新市区町村別統計）（総土地面積及び林野面積、所有形態別林野面積、農家率別農業集落数、耕地率別農

業集落数、水田率別農業集落数、集落機能のある農業集落数、寄り合いを開催した農業集落数、地域資源の保全、活性化のための活動状況）
2017 209p A4 ¥12000 ①978-4-541-04217-0

◆**2015年農林業センサス　第1巻　山梨県統計書**　農林水産省大臣官房統計部編　農林統計協会
【目次】農林業経営体調査の部（農林業経営体（新市区町村別統計）、農業経営体（新市区町村別統計）、販売農家（新旧市区町村別統計）、林業経営体（新市区町村別統計）、総農家等（新旧市区町村別統計））（総土地面積及び林野面積、所有形態別林野面積、農家率別農業集落数、耕地率別農業集落数、水田率別農業集落数、集落機能のある農業集落数、寄り合いを開催した農業集落数、地域資源の保全、活性化のための活動状況）
2017 253p A4 ¥14000 ①978-4-541-04218-7

◆**2015年農林業センサス　第3巻　農林業経営体調査報告書―農林業経営体分類編**　農林水産省大臣官房統計部編　農林統計協会
【目次】1 農林業経営体（保有山林面積規模別統計）、2 農業経営形態別統計、農業経営組織別統計、経営耕地面積規模別統計、農産物販売金額規模別統計、農作業受託料金収入規模別統計）、3 販売農家（主副業別統計、農業経営組織別統計、経営耕地面積規模別統計、農産物販売金額規模別統計）、4 林業経営体（経営形態別統計、保有山林面積規模別統計、素材生産量規模別統計、林業作業受託領域ン収入規模別統計）
2016 153, 14p A4 ¥3900 ①978-4-541-04103-6

◆**2015年農林業センサス　第4巻　農林業経営体調査報告書―農林業経営部門別編**　農林水産省大臣官房統計部編　農林統計協会
【目次】1 農林業経営体（水稲作付面積規模別統計、小麦作付面積規模別統計、大豆部門―販売目的の大豆作付面積規模別統計、野菜部門―販売目的の野菜作付面積規模別統計、露地野菜部門―販売目的の露地野菜作付面積規模別統計 ほか）、2 販売農家（水稲部門―販売目的の水稲作付面積規模別統計、小麦部門―販売目的の小麦作付面積規模別統計、大豆部門―販売目的の大豆作付面積規模別統計、野菜部門―販売目的の野菜作付面積規模別統計、露地野菜部門―販売目的の露地野菜作付面積規模別統計 ほか）
2017 205, 14p A4 ¥9300 ①978-4-541-04104-3

◆**2015年農林業センサス　第5巻・第6巻　農林業経営体調査報告書 抽出集計編 構造動態編**　農林水産省大臣官房統計部編　農林統計協会
【目次】1 認定農業者のいる農業経営体、2 販売目的で農業生産を行う組織経営体、3 販売目的で農業生産を行う組織経営体（法人経営）、4 農作業受託を行う農業経営体、5 林業作業受託を行う林業経営体、6 認定新規就農者のいる農業経営体　2017 1Vol. A4 ¥4200 ①978-4-541-04107-4

◆**2015年農林業センサス　第8巻　農業集落類型別統計報告書**　農林水産省大臣官房統計部編　農林統計協会
【目次】第1部 全国農業地域・都道府県別（総農家規模別類型農業集落数、農家率別類型農業集落数、主業農家・組織経営体の有無別類型農業集落数、農業集落主位作在別類型農業集落数、法制上の地域指定別構成員別類型農業集落数、第2部 法制上の地域指定別（農林業経営体、農業経営体、農業集落、農業・山村地域）、第3部 DIDまでの所要時間別（農業集落の立地条件、農業集落の概況、農業集落内での活動状況、地域資源の保全、活性化のための活動状況）
2016 92, 14p A4 ¥2600 ①978-4-541-04110-4

◆**日本飼養標準・乳牛　2017年版**　農業・食品産業技術総合研究機構編　中央畜産会（付属資料：CD・ROM1）
【目次】飼養標準改訂の基本方針および本飼養標準の構成、栄養素の単位と要求量、養分要求量、養分要求量に影響する要因と飼養上注意すべき事項、飼料給与上注意すべき事項、泌乳曲線の平準化、群飼と給与飼料中の養分変動、飼養標準の使い方と注意すべき事項、養分要求量の算定式　2017.11 253p A4 ¥3500 ①978-4-901311-69-4

◆**農業機械年鑑　2017**　新農林社
【目次】1 農業の動向、2 農業機業界の動向、3 農機生産の動向、4 農業流通の動向、5 農業機械の輸出入、6 農業機械化研究の動向、7 資料、8 統計、9 名簿
2017.9 183p B5 ¥12870 ①978-4-88028-093-6

◆**農業構造動態調査報告書　平成28年　併載：新規就農者調査結果（平成27年、平成26年）**　農林水産省大臣官房統計部編　農林統計協会
【目次】第1部 農業構造動態調査（全国農業地域別）、農業経営体（組織経営体）（全国農業地域別）、販売農家）、第2部 新規就農者調査（平成27年新規就農者調査（就農形態別新規就農者数、新規自営農業就農者数、新規雇用就農者数、雇用先の農産物販売金額規模別新規雇用就農者数、新規参入者数）、平成26年新規就農者調査）
2017 123, 4p A4 ¥2200 ①978-4-541-04143-2

◆**農業物価統計　平成27年**　農林水産省大臣官房統計部編　農林統計協会
【目次】1 農業物価類別価格指数、2 農産物価品目別価格指数、3 農産物の販売価格、4 農業生産資材の小売価格
2017 67p A4 ¥1400 ①978-4-541-04136-4

◆**農地六法　平成29年版**　農林水産省経営局農地政策課監修（名古屋）新日本法規出版
【目次】第1章 農地法関係、第2章 農業経営基盤強化促進法関係、第3章 農地中間管理事業推進法関係、第4章 市民農園整備促進法関係、第5章 農業振興地域の整備に関する法律関係、第6章 農業委員会・農業者年金基金、第7章 担い手経営安定法関係、第8章 農業金融の概要、第9章 地域再生・再生エネルギー等、第10章 関係法令
2017.8 3167, 12p A5 ¥6600 ①978-4-7882-8318-3

◆**農林業センサス　第1巻　北海道統計書2015年**　農林水産省大臣官房統計部編　農林統計協会
【目次】農林業経営体調査の部（農林業経営体―新市区町村別統計、農業経営体―新市区町村別統計、販売農家―新旧市区町村別統計、林業経営体―新市区町村別統計、総農家等（新旧市区町村別統計））、農山村地域調査の部―新市区町村別統計（総土地面積、所有形態別林野面積、農家率別農業集落数、耕地率別農業集落数、水田率別農業集落数、集落機能のある農業集落数、寄り合いを開催した農業集落数、地域資源の保全、活性化のための活動状況）
2017 485, 14p A4 ¥15500 ①978-4-541-04200-2

◆**農林業センサス　第1巻　青森県統計書2015年**　農林水産省大臣官房統計部編　農林統計協会
【目次】農林業経営体調査の部（農林業経営体―新市区町村別統計、農業経営体―新市区町村別統計、販売農家―新旧市区町村別統計、林業経営体―新市区町村別統計、総農家等（新旧市区町村別統計））、農山村地域調査の部―新市区町村別統計（総土地面積及び林野面積、所有形態別林野面積、農家率別農業集落数、耕地率別農業集落数、水田率別農業集落数、集落機能のある農業集落数、寄り合いを開催した農業集落数、地域資源の保全、活性化のための活動状況）
2017 253, 14p A4 ¥13300 ①978-4-541-04201-9

◆**農林業センサス　第1巻　岩手県統計書2015年**　農林水産省大臣官房統計部編　農林統計協会
【目次】農林業経営体調査の部（農林業経営体―新市区町村別統計、農業経営体―新市区町村別統計、販売農家―新旧市区町村別統計、林業経営体―新市区町村別統計、総農家等（新旧市区町村別統計））、農山村地域調査の部―新市区町村別統計（総土地面積及び林野面積、所有形態別林野面積、農家率別農業集落数、耕地率別農業集落数、水田率別農業集落数、集落機能のある農業集落数、寄り合いを開催した農業集落数、地域資源の保全、活性化のための活動状況）
2017 253, 14p A4 ¥12100 ①978-4-541-04202-6

◆**農林業センサス　第1巻　宮城県統計書2015年**　農林水産省大臣官房統計部編　農林統計協会
【目次】農林業経営体調査の部（農林業経営体―新市区町村別統計、農業経営体―新市区町村別統計、販売農家―新旧市区町村別統計、林業経営体―新市区町村別統計、総農家等（新旧市区町村別統計））、農山村地域調査の部―新市区町村別統計（総土地面積及び林野面積、所有形態別林野面積、農家率別農業集落数、耕地率別農業集落数、水田率別農業集落数、集落機能のある農業集落数、寄り合いを開催した農業集落数、地域資源の保全、活性化のための活動状況）
2017 253, 14p A4 ¥13300 ①978-4-541-04203-3

◆**農林業センサス　第1巻　秋田県統計書**
2015年　農林水産省大臣官房統計部編　農林統計協会
【目次】農林業経営体調査の部（農林業経営体―新市区町村別統計、農業経営体―新市区町村別統計、販売農家―新旧市区町村別統計、林業経営体―新市区町村別統計、総農家等（新旧市区町村別統計）、農山村地域調査の部―新市区町村別統計（総土地面積及び林野面積、所有形態別林野面積、農家率別農業集落数、耕地率別農業集落数、水田率別農業集落数、集落機能のある農業集落数、寄り合いを開催した農業集落数、地域資源の保全、活性化のための活動状況）
2017 253、14p A4 ¥12100 ①978-4-541-04204-0

◆**農林業センサス　第1巻　山形県統計書**
2015年　農林水産省大臣官房統計部編　農林統計協会
【目次】農林業経営体調査の部（農林業経営体―新市区町村別統計、農業経営体―新市区町村別統計、販売農家―新旧市区町村別統計、林業経営体―新市区町村別統計、総農家等（新旧市区町村別統計）、農山村地域調査の部―新市区町村別統計（総土地面積及び林野面積、所有形態別林野面積、農家率別農業集落数、耕地率別農業集落数、水田率別農業集落数、集落機能のある農業集落数、寄り合いを開催した農業集落数、地域資源の保全、活性化のための活動状況）
2017 297、14p A4 ¥14800 ①978-4-541-04205-7

◆**農林業センサス　第1巻　福島県統計書**
2015年　農林水産省大臣官房統計部編　農林統計協会
【目次】農林業経営体調査の部（農林業経営体―新市区町村別統計、農業経営体―新市区町村別統計、販売農家―新旧市区町村別統計、林業経営体―新市区町村別統計、総農家等（新旧市区町村別統計）、農山村地域調査の部―新市区町村別統計（総土地面積及び林野面積、所有形態別林野面積、農家率別農業集落数、耕地率別農業集落数、水田率別農業集落数、集落機能のある農業集落数、寄り合いを開催した農業集落数、地域資源の保全、活性化のための活動状況）
2017 457、14p A4 ¥18700 ①978-4-541-04206-4

◆**農林水産六法　平成29年版**　農林水産法令研究会編　学陽書房
【目次】通則編、消費・安全編、食料産業編、生産編、農村振興編、食糧政策編、技術編、林野編、水産編、諸法編
2017.2 1914p 22×18cm ¥14000 ①978-4-313-00892-2

◆**ポケット農林水産統計　平成28年版**　農林水産省大臣官房統計部編　農林統計協会
【目次】概況編、食料編、農業編、農村編、林業編、水産業編、東日本大震災からの復旧・復興状況編、付表
2017 449p B6 ¥2500 ①978-4-541-04145-6

◆**ポケット肥料要覧　2015/2016**　農林統計協会編　農林統計協会
【目次】統計（生産、輸入 ほか）、事典（主要肥料及び肥料原料の製造工程と原単位、土壌と肥料 ほか）、法令・制度（肥料取締法、地方増進法）、年表（肥料史年表）、官庁・団体等一覧（中央官庁等、地方機関 ほか）
2017.3 426p A5 ¥2600 ①978-4-541-04134-0

◆**木材需給報告書　平成27年**　農林水産省大臣官房統計部編　農林統計協会
【目次】総括表（素材需給の動向、木材産業の動向、木材価格の動向）、都道府県別、地域別、別統計、森林計画区別統計（製材用素材交流表、製材用動力の出力階層別工場数及び出力数（平成27年12月31日現在）、製材用動力の出力階層別工場数及び従業者数（平成27年12月操業）、製材用素材の材種別入荷工場数及び入荷量、用途別製材品出荷工場数及び出荷量）、関連統計
2017 222p A4 ¥3500 ①978-4-541-04144-9

◆**野菜生産出荷統計　平成27年産**　農林水産省大臣官房統計部編　農林統計協会
【目次】1 全国の作付面積、10a 当たり収量、収穫量及び出荷量の推移、2 平成27年産野菜指定産地の作付面積、収穫量及び出荷量、3 平成27年産都道府県別の作付面積、10a 当たり収量、収穫量及び出荷量、4 平成27年産都道府県別・品目別の作付面積、収穫量及び出荷量、5 平成27年産都道府県別の用途別出荷量、6 平成27年産市町村別の作付面積、収穫量及び出荷量
2017 191p A4 ¥2600 ①978-4-541-04141-8

◆**47都道府県・米/雑穀百科**　井上繁著　丸善出版

【要旨】主食の1つであるコメ、そして麦・粟等の穀物。これらの品種は各地で地元に適した改良の歴史を重ねた結果であり、特に近年は美味しさを追求し続けてさまざまな品種が生まれている。本書では、各地の品種をエピソードとともに紹介。またコメにこだわった個性豊かな祭りや、稲作を支える棚田、用水などの施設も合わせて解説する。
2017.10 365p B6 ¥3800 ①978-4-621-30182-1

 畜産業

◆**牛乳乳製品統計　平成27年**　農林水産省大臣官房統計部編　農林統計協会
【目次】1 調査結果の概要（生乳生産量と用途別処理量、牛乳等生産量、乳製品生産量 ほか）、2 統計表（生乳生産量及び用途別処理量（全国農業地域別・処理内訳）（月別）、生乳生産量（都道府県別）（月別）、生乳移出量（都道府県別）（月別）ほか）、3 累年統計表（生乳生産量及び用途別処理量（全国）、生乳生産量及び用途別処理量（全国農業地域別）、生乳生産量及び用途別処理量（地方農政局別）ほか）
2017 214p A4 ¥2700 ①978-4-541-04126-5

◆**牛乳・乳製品の知識**　堂迫俊一著　幸書房
新版
【目次】1 乳の科学、2 牛乳・乳製品と微生物、3 乳製品の製造、4 牛乳・乳製品の品質保証、5 乳・乳製品の栄養健康機能、6 酪農・乳業史概論、7 酪農乳業の現状
2017.10 263p B6 ¥2750 ①978-4-7821-0418-7

◆**共鳴カ―ダイバーシティが生み出す新得共働学舎の奇跡**　宮嶋望著　地湧社
【目次】序章 この本のテーマ「共鳴力」と共働学舎の全体像（本書のテーマは「共鳴力」＝チームワークの新しい形です、新得共働学舎の成り立ち ほか）、第1章 共働：新得共働学舎の実践―「自労自活」の実現（新得共働学舎の一日、新得共働学舎の春夏秋冬 ほか）、第2章 共鳴：人間もチーズもニコニコ共振する環境って？―メタサイエンスが整える楽しい農業と生活（メタサイエンスとは、電子農法を通じて知った炭理 ほか）、第3章 共生：「もののけ姫」に読む"鉄とチーズ"（『もののけ姫』のストーリー、アシタカ（エミシ）・サン（自然）・エボシ御前（人間）の象徴するもの ほか）、第4章 共感：生きる場所の組織論（新得共働学舎の人々から学んだこと、物質界も生活界も精神界も波動と共鳴で動いている ほか）
2017.2 261p B6 ¥1800 ①978-4-88503-239-4

◆**これからの乳牛群管理のためのハードヘルス学 成牛編**　及川伸編著　緑書房
【目次】第1章 基礎知識（乳牛群に対するハードヘルスの基本的な概念とアプローチの原則、身体モニタリング（成牛舎、飼養管理と乾物摂取量―現場で注意したいポイント ほか）、第3章 牛群における栄養管理（反芻獣の栄養生理、飼料設計の基本 ほか）、第4章 牛群における疾病コントロール（移行期におけるエネルギーバランスの管理、乳房炎のコントロール ほか）、第5章 レベルアップのための追加項目（ハードヘルスにおける経済評価法：費用便益分析、アニマルウェルフェア（家畜福祉）ほか）
2017.12 375p B5 ¥10800 ①978-4-89531-319-3

◆**最新農業技術 畜産　vol.9　特集 飼料作物便覧**　農山漁村文化協会編　農山漁村文化協会
【要旨】元雪印種苗（株）の橋爪健氏が飼料作物の最新品種を紹介。さらに飼料作物の栽培・調製技術、草地の維持管理について、平成元年以降の指導参考技術や普及技術、研究報告を整理。
2017.3 254p B5 ¥6000 ①978-4-540-16056-1

◆**最新農業技術 畜産　vol.10　特集 黒毛和種の種雄牛情報**　農山漁村文化協会編　農山漁村文化協会
【目次】特集 黒毛和種の種雄牛情報（肉用牛産肉能力平準化促進事業による優良種雄牛の作出、北海道 ほか）、自給飼料を活かす（木造のフリーバーン牛舎、乳牛任せの昼夜放牧で牛を牛らしく、のびのびと健康に飼う、周年放牧肥育技術 ほか）、畜産物の有利販売（飼養管理の要所を外さない平飼い養鶏で、卵質・味が好評の「つまんでご卵」を販売、秋田県における日本短角種の供給力の回復傾向とその要因―かづの牛の事例 ほか）、低コスト省力の経営（加速度センサー

を用いた乳牛の発情発見補助装置、過剰排卵処理後の乳牛から採取した卵子と性選別精液による性別胚の生産 ほか）、家畜のストレス軽減（暑熱環境下における乳肥育牛の行動変化、暑熱ストレスの家畜への影響と対策 ほか）
2017.9 271p B5 ¥6000 ①978-4-540-17056-0

◆**侵略する豚**　青沼陽一郎著　小学館
【要旨】ある日、太平洋を越えて35頭の種豚がやってきた。黒船の時代から食肉はいさかいの種!?「豚肉」を追いかけてアメリカ・中国へと海外取材。旅をしながら日本の食を考えた！
2017.10 254p B6 ¥1400 ①978-4-09-388567-6

◆**数字でみる食肉産業　2017**　食肉通信社
【要旨】最新の食肉データを収録。
2017.3 451p B5 ¥3810 ①978-4-87988-137-3

◆**草地と語る―"マイペース酪農"ことはじめ**　佐々木章晴著　（札幌）寿郎社
【要旨】化学肥料と濃厚飼料を減らせば土・草・牛が蘇る！近代日本の酪農のあり方を問い直し、三友農場の循環型酪農を解析する。
2017.3 221p B6 ¥2500 ①978-4-902269-97-0

◆**小さい畜産で稼ぐコツ―少頭多畜・加工でダントツの利益率！**　上垣康成著　農山漁村文化協会
【要旨】牛や豚の肥育、アイガモ稲作をゼロから始めるには？ 繁殖牛経営に経産牛肥育と豚肥育を新規導入するには？ エサをほぼ完全自給するには？ 精肉加工販売を始めるには？ 損をしないでずっと長く売り続けるには？ 暮らしを楽しみ、きちんと稼ぐ畜産のコツ大公開！ 3頭の繁殖牛の飼育から始まった牧場が、今では牛と豚の肥育、アイガモの飼育なども取り入れ、その肉をさばいて売るようになるまでのお肉ストーリー。
2017.12 110p A5 ¥1700 ①978-4-540-17129-1

◆**畜産統計　平成28年**　農林水産省大臣官房統計部編　農林統計協会
【目次】1 調査結果の概要（乳用牛、肉用牛、豚、採卵鶏、ブロイラー）、2 統計表（乳用牛（平成28年2月1日現在）、肉用牛（平成28年2月1日現在）、豚（平成28年2月1日現在）、採卵鶏（平成28年2月1日現在）、ブロイラー（平成28年2月1日現在）、3 累年統計表（乳用牛、肉用牛、豚、採卵鶏、ブロイラー、輸出・輸入統計）
2017 242p A4 ¥3000 ①978-4-541-04130-2

◆**畜産物生産費　平成27年度**　農林水産省大臣官房統計部編　農林統計協会
【目次】利用者のために、1 調査結果の概要、2 統計書（牛乳生産費、子牛生産費、乳用雄育成牛生産費、交雑種育成牛生産費、去勢若齢肥育牛生産費、乳用雄肥育牛生産費、交雑種肥育牛生産費、肥育豚生産費）、付表 累年統計表
2017 233p A4 ¥2900 ①978-4-541-04163-0

◆**畜産物流通統計　平成28年**　農林水産省大臣官房統計部編　農林統計協会
【目次】1 調査結果の概要（家畜流通の動向、鶏卵流通の動向、食鳥流通の動向）、2 統計表（と畜場統計調査、食肉卸売市場調査、鶏卵流通統計調査、食鳥流通統計調査）、累年統計（畜産物と畜（処理）頭羽数及び生産量（明治10年～平成28年））2016 445p A4 ¥4900 ①978-4-541-04165-4

◆**ニッポンの肉食―マタギから食肉処理施設まで**　田中康弘著　筑摩書房　（ちくまプリマー新書）
【要旨】身近な食材なのに、実はわからないことだらけの肉。畜産肉のシステム化された生産や流通の過程から日本の自然が育んだバラエティ豊かな野生の獣肉まで、多数の写真とともに日本の肉食文化の奥深さを紹介する。
2017.12 188p 18cm ¥780 ①978-4-480-68993-1

◆**養豚経営の展開と生産者出資型インテグレーション**　申錬鐵著　農林統計出版
【目次】序章 課題と方法、第1章 日本における養豚経営の動向、第2章 宮城県における養豚振興へ向けた諸団体の取り組み、第3章 生産者出資型インテグレーションの実態と形成―グローバルビッグファーム（株）（GPF社）を事例に、第4章 生産者出資型インテグレーションにおける養豚経営の規模拡大、第5章 生産者出資型インテグレーションにおける養豚経営の経営実態、終章 総合的考察、補章 韓国における生産者出資型インテグレーションの展開と実態―ドドゥラム養豚農協と釜京養豚農協を事例に
2017.2 148p A5 ¥2000 ①978-4-89732-362-6

畜産学・獣医学

経済・産業・労働

◆犬と猫のアレルギー診療―セオリーは臨床で活かせる！　増田健一監修　緑書房
【目次】1 基礎編―総論（アレルギーにかかわる免疫病態、アレルギーと液性免疫、アレルギーと細胞性免疫 ほか）、2 基礎編―検査（皮内反応試験、アレルギーの血清検査、リンパ球反応検査 ほか）、3 臨床編（アレルギー治療の基本戦略、犬アトピー性皮膚炎の臨床、犬アトピー性皮膚炎におけるサイトカインに関連した治療薬 ほか）
2017.10 271p B55 ¥12800 ①978-4-89531-313-1

◆犬と猫の救急医療プラクティス　vol.2　岡野昇三監修　緑書房
【目次】1 重要な病態（全身性炎症反応症候群（SIRS）、敗血症 ほか）、2 救急疾患各論（呼吸器・心血管系、消化器 ほか）、3 必要な手技（開胸心臓マッサージ、人工呼吸器の使い方 ほか）、Appendices（病態の評価、正常値早見表 ほか）
2017.12 478p A4 ¥17000 ①978-4-89531-318-6

◆犬と猫の特殊検査マニュアル―日常診療にもっと活かそう！　CAP編集部編　緑書房
【要旨】検査法の概要および測定原理を理解したうえで、実際の検査結果をどのように解釈し、臨床にどう応用していくかまでの一連の流れを解説。各章には主な動物用検査機関で受託している検査項目の情報一覧を掲載している。
2017.7 279p 28×21cm ¥12800 ①978-4-89531-300-1

◆エキゾチック臨床　Vol.16　飼い鳥のX線および超音波画像診断　水上昌也著　学窓社
【目次】第1章 X線検査―総論、第2章 X線検査―ポジショニング、第3章 X線撮影―特殊撮影、第4章 X線検査―各論、第5章 超音波検査―総論、第6章 超音波検査―各論、第7章 繁殖関連疾患を考察する、第8章 シェーマでみるX線読影における特徴的所見
2017.6 179p A4 ¥14000 ①978-4-87362-735-9

◆エキゾチック臨床　Vol.17　ハリネズミとフクロモモンガの診療　三輪恭嗣著　学窓社
【目次】第1章 ハリネズミの解剖生理、飼養管理、臨床手技、臨床検査と麻酔（分類と生物学的特徴、解剖と生理 ほか）、第2章 ハリネズミの疾病（消化器疾患、泌尿生殖器疾患 ほか）、第3章 フクロモモンガの解剖、飼養管理、臨床手技、臨床検査と麻酔（分類と生物学的特徴、解剖と生理 ほか）、第4章 フクロモモンガの疾病（消化器疾患、泌尿器疾患 ほか）
2017.10 231p A4 ¥14000 ①978-4-87362-736-6

◆5000匹の命を救ったペット気功　吉井英人、土本久美子共著　現代書林
【要旨】獣医も認めたペット気功とは？
2017.5 199p B6 ¥1300 ①978-4-7745-1613-4

◆実験動物の飼養及び保管並びに苦痛の軽減に関する基準の解説　環境省自然環境局総務課動物愛護管理室編、実験動物飼養保管等基準解説書研究会執筆　アドスリー、丸善出版 発売
【目次】序章（動物愛護管理法の沿革、国際的動向と我が国の状況）、1章 一般原則（基本的な考え方、動物の選定 ほか）、2章 定義（実験等、施設 ほか）、3章 共通基準（動物の健康及び安全の保持、生活環境の保全 ほか）、4章 個別基準（実験等を行う施設、実験動物を生産する施設）、5章 準用及び適用除外
2017.11 188p B5 ¥4400 ①978-4-904419-72-4

◆獣医学の狩人たち―20世紀の獣医偉人列伝　大竹修著　（堺）大阪公立大学共同出版会
【目次】序：日本における近代獣医学の夜明け、牛痘苗と狂犬病ワクチンの創始者―梅野信吉、人材育成の名人で家畜衛生学の先達―葛西勝弥、獣医寄生虫学を確立―板垣四郎、競走馬の研究に生涯を捧げた外科の巨匠―栃木重雄、ひよこの雌雄鑑別法を開発―増井清、幻に終わったノーベル賞―市川厚一、獣医外科・産科学の巨頭―黒澤亮助、顕微鏡とともに歩んだ偉大な神経病理学者―山極三郎、麻酔・自律神経研究の権威―木全春生 ［ほか］
2017.5 406p A5 ¥2400 ①978-4-907209-72-8

◆獣医師の一日　WILLこども知育研究所編著　（大阪）保育社　（医療・福祉の仕事 見る知るシリーズ）
【目次】1 獣医師の一日を見て！知ろう！（動物病院で働く獣医師の一日、家畜保健衛生所で

働く獣医師の一日、インタビュー編 いろいろな場所で働く獣医師さん）、2 目指せ獣医師！どうやったらなれるの？（獣医師になるには、どんなルートがあるの？、獣医師になるための大学って、どんなところ？、獣医学課程ではどんなことを学ぶの？、気になる学費は、どのくらいかかるの？、獣医学課程の入学試験は、難しいの？ ほか）
2017.2 79p A5 ¥2800 ①978-4-586-08559-0

◆獣医臨床麻酔学―獣医学教育モデル・コア・カリキュラム準拠　日本獣医麻酔外科学会編、山下和人著　学窓社
【目次】第1章 麻酔の概要と歴史、第2章 鎮静、第3章 局所麻酔、第4章 全身麻酔、第5章 疼痛と鎮痛、第6章 周術期管理、第7章 動物種と麻酔、第8章 心肺蘇生、第9章 安楽死
2017.4 167p B5 ¥3000 ①978-4-87362-755-7

◆獣医臨床薬理学―獣医学教育モデル・コア・カリキュラム準拠　日本比較薬理学・毒性学会編　近代出版
【目次】第1章 薬物治療の基本姿勢（薬物治療の基本姿勢と倫理、薬物の投与方法と剤型 ほか）、第2章 小動物の薬物治療法（神経疾患、運動器疾患の薬物治療、疼痛を伴う疾患の薬物治療 ほか）、第3章 産業動物の薬物治療法（産業動物の薬物治療における特殊性、消化器疾患の薬物治療 ほか）、第4章 ウマの薬物治療法（呼吸器・循環器疾患の薬物治療、消化器疾患の薬物治療 ほか）
2017.12 236p B5 ¥5000 ①978-4-87402-238-2

◆3Dビジュアルで学ぶ犬の関節解剖学―主な関節の病態と手術アプローチ　サルバドール・クリメント・ベリス、ラファエル・ラトーレ・レビリエーゴ、ロベルト・ケストリン、ホセ・ルイス・ベレス・フラグエラ、フランシスコ・M.サンチェス・マルガロ、ハビエルサンチェス・フェルナンデス、ディエゴセルドラン・ボナフォンテ著、枝村一弥監訳　緑書房
【目次】1 膝関節（前十字靭帯断裂、膝蓋骨脱臼 ほか）、2 股関節（股関節形成不全、虚血性大腿骨頭壊死症 ほか）、3 肘関節（鈎状突起分離（FCP）、離断性骨軟骨症（OCD）ほか）、4 肩関節（脱臼、上腕骨頭の離断性骨軟骨症（OCD）ほか）、5 手根・足根関節（手根関節、足根関節 ほか）
2017.2 127p 28×22cm ¥8200 ①978-4-89531-285-1

◆動物看護師統一認定試験 完全攻略！問題＆解説集 2018年版　緑書房編集部編　緑書房　（付属資料：別冊1）
【要旨】最新過去問120問＋オリジナル予想問題455問掲載！出題範囲を完全網羅！出題傾向を分析し、問題を厳選！本体から取り外し可能な便利で分かりやすい解説集つき。
2017.7 199p B5 ¥3800 ①978-4-89531-299-8

◆動物看護師になるには　井上こみち著　ぺりかん社　（なるにはBOOKS）　改訂版
【要旨】獣医師とともに動物医療を支える専門職！高度化する動物医療の現場で活躍する動物看護師の姿を紹介。適性や心構え、試験・資格についてもわかりやすく解説。
2017.4 133p B6 ¥1600 ①978-4-8315-1467-7

◆動物病院の未来を拓くM&Aの手法とポイント　蒲鉄雄著　緑書房
【要旨】動物病院がM&Aを実施する際に押さえておくべきポイントを売り手・買い手それぞれの視点からステップごとに事例を提示しつつ紹介。2017.10 193p B5 ¥4200 ①978-4-89531-314-8

◆動物福祉の科学―理念・評価・実践　ミカエル・C.アップルビー、ジョイ・A.メンチ、I.アンナ・S.オルソン、バリー・O.ヒューズ編著、佐藤衆介、加隈良枝監訳　緑書房　（原書第2版）
【目次】1 論点（動物倫理、動物福祉を理解する）、2 問題点（環境からの刺激と動物の主体性、飢えと渇き、痛み、恐怖とそれ以外のネガティブな情動、行動制御）、3 評価（健康と疾患、行動、生理指標、選好性と動機の調査、動物福祉を評価（および改善）するための実践的戦略）、4 解決策（物理的環境、社会状態、ヒトの接触、遺伝的選抜）、5 実行（経済、インセンティブと規則、国際的な課題）
2017.5 405p B5 ¥7500 ①978-4-89531-292-6

◆動物本位の獣医師！私は、犬の味方でありたい―動物病院を訪れた小さな命が教えてくれたこと　PART2　磯部芳郎著　現代書林
【要旨】マスコミで話題！高額治療費を請求する動物病院を痛烈に批判する著者の渾身エッセ

イ第2弾！ペットを愛する人が思わずニヤリと笑える話、たまらずホロリと泣ける話を満載。
2018.1 239p B6 ¥1500 ①978-4-7745-1676-9

◆何から何までこなさなければならない開業医のための小動物外科診療ガイド　西村亮平、藤井康一、伊東輝夫監修　学窓社
【目次】鎮静・鎮痛・麻酔、基本的な処置法、緊急処置と治療、特殊な救急疾患の処置、皮膚の処置、頭部の処置、呼吸器の処置、循環器の処置、消化管の処置、肝臓・胆嚢・膵臓・脾臓の処置 ［ほか］
2017.8 799p B5 ¥25000 ①978-4-87362-757-1

◆伴侶動物治療指針　Vol.8　臓器・疾患別最新の治療法33　石田卓夫監修　緑書房
【目次】腫瘍、感染症、呼吸器疾患、循環器疾患、消化器疾患、代謝性疾患、神経疾患、軟部外科、眼科疾患、歯科疾患、皮膚疾患、疼痛管理、麻酔、一般内科、画像診断、行動学、救急医療
2017.10 403p A4 ¥13000 ①978-4-89531-312-4

◆ピクチャーガイド 実症例から学ぶ牛の疾病　キース・カトラー著、宇山環、河原直哉、渡辺栄次監訳　緑書房
【目次】1 イントロダクション：農場の症例へのアプローチ、2 心血管系、3 呼吸器系、4 消化器系、5 皮膚・外皮系、6 筋骨格系、7 泌乳器系、8 泌尿生殖器、9 神経系
2017.12 198p 29×21cm ¥12500 ①978-4-89531-320-9

◆人と馬の五〇〇〇年史―文化・産業・戦争　スザンナ・フォーレスト著、松尾恭子訳　原書房
【要旨】人と馬を巡る長い歴史と文化、その痕跡と今に残る「もの」を求め、世界を歩いてきた著者による集大成。
2017.11 418p A5 ¥4800 ①978-4-562-05445-9

◆ブタ・ミニブタ実験マニュアル―飼育管理から、関連法規、実験手技、周術管理まで　ブタ・ミニブタ実験マニュアル編集委員会編　アドスリー、丸善出版 発売
【目次】第1章 生物学的特性（ブタとミニブタ、国内で入手可能なブタ・ミニブタ ほか）、第2章 施設および飼育管理（関連法規、微生物学的統御 ほか）、第3章 実験手技マニュアル（個体識別法、トレーニング ほか）、第4章 周術管理マニュアル（鎮静および麻酔、術前および術中管理 ほか）、付録
2017.8 96p A4 ¥8000 ①978-4-904419-70-0

◆炎の牛肉教室！　山本謙治著　講談社　（講談社現代新書）
【要旨】おいしい肉と、出会うには？牛肉の真実、あなたはいくつ知っていますか？
2017.12 222p 18cm ¥800 ①978-4-06-288456-3

◆名人が教える和牛の飼い方コツと裏ワザ　農山漁村文化協会編　農山漁村文化協会
【要旨】子牛の皮膚病が酢と油で治せる、誰でも簡単にできる子牛用薬剤、30年連続一年一産の母ちゃん牛飼いの技、肥育で伸びる子牛の姿、育て方など、全国の農家から教わった和牛の飼い方の工夫やワザを結集。
2017.8 159p B5 ¥2300 ①978-4-540-17157-4

◆ライフステージでみる牛の管理―栄養・行動・衛生・疾病　髙橋俊彦、中辻浩喜、森田茂監修　緑書房
【目次】1 栄養管理（発育の考え方と目標設定および発育曲線の利用、出生から初乳給与までの子牛管理と初乳給与の留意点 ほか）、2 行動管理（牛と人（飼育者および獣医師）との関係、哺乳子牛の行動 ほか）、3 衛生管理（農場のバイオセキュリティ、新生子牛の衛生管理 ほか）、4 疾病管理（新生子牛のための分娩管理、出生後の新生子牛の管理 ほか）
2017.7 254p B5 ¥7500 ①978-4-89531-301-8

林業

◆森林業―ドイツの森と日本林業 スギ・ヒノキの木材収奪林業から、森のめぐみをていねいに引き出す総合森林業へ　村尾行一著　築地書館
【要旨】半世紀以上にわたり、森林生態学、森林運営、国有林経営を研究し、ドイツでも教鞭を

とった著者による日本林業回生論。ロマン主義思想とともに受けとめ、今や一大産業へと成長し、世界をリードするドイツ森林運営の思想と、木材生産の実践、ドイツ最高の頭脳が集まる人材育成・林学教育を解説。それを踏まえて、21世紀の日本社会にふさわしい、生産・流通の徹底的な情報化、乾燥管理、天然更新から焼畑林業までを提言する。

2017.5 327p B6 ¥2700 ①978-4-8067-1537-5

◆**森林・林業白書　平成29年版**　林野庁編　農林統計協会
【目次】第1部 森林及び林業の動向（トピックス、成長産業化に向けた新たな技術の導入、森林の整備・保全、林業と山村（中山間地域）、木材産業と木材利用、国有林野の管理経営、東日本大震災からの復興）、第2部 平成28年度森林及び林業施策（概説、森林の有する多面的機能の発揮に関する施策、森林の整備の推進に関する施策、林産物の供給及び利用の確保に関する施策、国有林野の管理及び経営に関する施策、団体の再編整備に関する施策）

2017.6 236, 19, 2, 32pA4 ¥2200 ①978-4-541-04152-4

◆**小さい林業で稼ぐコツ―軽トラとチェンソーがあればできる**　農文協編　農山漁村文化協会
【要旨】「山は儲からない」は思い込み！ 伐採や搬出を人に任せず自分でやれば、経費がかからない分、まるまる儲けになる。高値がつかない細い木でも、薪にすれば売れるし、木質バイオマス発電の燃料としても売れる。山の手入れを自分でやる「小さい林業」で稼ぐコツを解説。

2017.9 127p B5 ¥2000 ①978-4-540-17158-1

◆**林ヲ営ムー木の価値を高める技術と経営**　赤堀楠雄著　農山漁村文化協会
【要旨】30年にわたる現場取材から見えた林家の実像、日本林業の本当の可能性。木を大切に育て続ける林業にこそ未来がある。

2017.10 214p A5 ¥2000 ①978-4-540-13104-2

◆**ミクロデータで見る林業の実像―2005・2010年農林業センサスの分析**　藤掛一郎、田村和也編著　日本林業調査会
【目次】第1章 センサスミクロデータによる林業経営体の分析、第2章 素材生産の活発化とその担い手、第3章 保有山林経営の動向、第4章 共的保有林の経営動向、第5章 社有林の経営動向、第6章 家族農業経営体による林業作業受託・立木買い、第7章 家族による保有山林経営と世帯構成、第8章 家族による保有山林経営の多変量解析　2017.3 203p A5 ¥2000 ①978-4-88965-249-9

◆**山のきもち―森林業が「ほっとする社会」をつくる**　山本悟吾　東京農業大学出版会　第2版
【目次】鳥取県智頭町の挑戦、第1部 活発化する林業・林産業（国産材が動き出した、林業の現場も活性化、課題を考える、木材活用の動き）、第2部 木の底力と森の歴史（見直される木の力、日本人は「森の民」か、はげ山緑化の歴史、森に学んだ共助の発想）、第3部 「ほっとする社会」へ新たな価値観（緑化の原点に学ぶ、持続可能性を求めて、山村が走り出した、自然資本の考え方、ヤマと都会、都市と里山の交流、模索する新たな価値観）

2017.7 320p A5 ¥1600 ①978-4-88694-480-1

 造園業

◆**続・石と造園100話**　小林章著　東京農業大学出版会
【要旨】日本各地の社寺境内、庭園、都市公園、広場、自然公園など造園における石の種類と使い方を、おおむね作品の年代順の100話に解説し、作品の成立した背景や石の産地についても記載。

2017.4 149p B6 ¥2000 ①978-4-88694-472-6

◆**葉っぱでわかる造園樹木図鑑―造園技能検定に出題される170樹種を掲載**　船越亮二著　講談社
【要旨】造園技能検定の判断等試験（旧：要素試験）の対象に指定された樹木を一冊にまとめた受験者待望の書。1級に出題される161種、2級に出題される115種、3級に出題される60種（重複する樹種あり）の170樹種と、指定されない以外で利用の多い造園樹木35種を加えた205種を収録。平成28年に行われた出題樹種の一部変更に対応。

2017.3 192p A5 ¥2700 ①978-4-06-220463-7

◆**ハーバルガーデン―香りを空間にデザインする**　横島みどり著　東京農業大学出版会
【目次】1 植物と人間の関わりをふりかえると（歴史的変遷、日本における香りの文化的歴史、植物との関わり一近代から現代へ）、2 芳香植物を用いたガーデンデザイン（日本のハーブガーデンの特徴、ハーブガーデンの魅力とは、香りの効能をデザインに活かす条件）、3 日本で活用可能な芳香植物の特性分とガーデンデザインに利用するための選定基準（日本で栽培可能な芳香植物の選定の条件、グループ化の考え方、日本で栽培可能な主な芳香植物の生育特性、日本で栽培可能な主な芳香植物の色彩特性、ハーブに特徴的な生育形態と芳香成分）、4 日本で栽培可能な芳香植物の成分と効能の類型化（精油の機能、芳香植物に含まれる化学成分と作用、芳香植物の主成分と特性）、5 公共空間に植物の芳香効果を活用するためのデザイン手法（ハーブの効能作用とモジュール図、芳香植物の選び方と配置計画、ガーデンデザインにおける芳香植物の組み合わせ、芳香植物を活用したガーデンデザインの公共的機能と類型）

2017.2 167p A5 ¥2400 ①978-4-88694-463-4

 水産業

◆**あいうえ築地の河岸ことば**　福地享子著　世界文化社
【要旨】九〇の築地市場で見たこと、聞いたこと、知ったこと。

2017.3 199p B6 ¥1300 ①978-4-418-17502-4

◆**荒くれ漁師をたばねるカード素人だった24歳の専業主婦が業界に革命を起こした話**　坪内知佳著　朝日新聞出版
【要旨】なぜ彼女は激しいバトルを乗り越え、奇跡を起こせたのか？ 読めば体の奥からエネルギーが湧いてくる！ 閉鎖的な漁業に新風を吹かせた女性起業家の物語。

2017.9 215p B6 ¥1400 ①978-4-02-251473-8

◆**石干見のある風景**　田和正孝編　（西宮）関西学院大学出版会
【目次】総説（島原半島の石干見―「石干見」再生・活用の多面的な価値の発見、石垣島白保と日本石干見サミット）、地域からの発信（第五回九州・沖縄スクイサミットin 島原報告）、解説（開口型の石干見―その技術と漁業活動）

2017.12 72p A5 ¥1800 ①978-4-86283-250-4

◆**魚市場で働く**　鎌田浩章著　ぺりかん社
（なるにはBOOKS 補巻19）
【要旨】おいしい魚介をみんなに届ける！ 魚介の卸売市場に関わるさまざまな職種をまとめて紹介。卸売や仲卸、せりの実際から冷蔵倉庫の管理まで、市場の成り立ちや仕組みを交え解説。

2017.12 158p B6 ¥1500 ①978-4-8315-1491-2

◆**漁業科学とレジームシフト―川崎健の研究史**　川崎健、片山知史、大海原宏、二平章、渡邊良朗編著　（仙台）東北大学出版会
【要旨】"レジームシフトの父"による、偉大なる漁業資源研究の歩み。漁況調査からはじまり、漁業科学、政策への貢献へと幅を広げた故・川崎健の水産海洋学。半世紀以上にわたるその研究と多大な業績を克明に振り返り、人間と天然資源との関わりを思考しつづけた川崎の理論と理念を再評価する。

2017.11 527p A5 ¥3500 ①978-4-86163-282-2

◆**漁業経営調査報告　平成27年**　農林水産省大臣官房統計部編　農林統計協会
【目次】1 調査結果の概要、2 統計表（個人経営体調査、会社経営体調査、共同経営体調査）

2017 142p A4 ¥3000 ①978-4-541-04148-7

◆**漁業就業動向調査報告書　平成28年**　農林水産省大臣官房統計部編　農林統計協会
【目次】1 調査結果の概要、2 統計表（総括表編、年次別統計表編、平成28年統計表 全国編、平成28年統計表 大海区編）

2017 51p A4 ¥1600 ①978-4-541-04161-5

◆**漁業・養殖業生産統計年報（併載：漁業生産額）　平成26年**　農林水産省大臣官房統計部編　農林統計協会
【目次】1 調査結果の概要（漁業・養殖業生産量、漁業・養殖業生産額）、2 統計表（総括表、海面漁業の部、海面養殖業の部、内水面漁業・養殖業の部、漁業・養殖業水域別生産量（平成25年）の部、漁業生産額の部、参考表）

2017 211p A4 ¥2800 ①978-4-541-04123-4

◆**漁業・養殖業生産統計年報（併載：漁業産出額）　平成27年**　農林水産省大臣官房統計部編　農林統計協会
【目次】漁業・養殖業生産統計（調査結果の概要、統計表（総括表、海面漁業の部、海面養殖業の部、内水面漁業・養殖業の部、漁業・養殖業水域別生産量統計（平成26年）の部））、漁業産出額（推計結果の概要、統計表（総括表、年次別、大海区都道府県別））、参考表

2017 223p A4 ¥2900 ①978-4-541-04166-1

◆**鯨を生きる―鯨人の個人史・鯨食の同時代史**　赤嶺淳著　吉川弘文館　（歴史文化ライブラリー 445）
【要旨】鯨とともに生きてきた"鯨人"六人が個人史を語る。江戸時代の鯨食文化から戦後の「国民総鯨食時代」、鯨肉が「稀少資源化」した今日まで、食と社会における捕鯨・鯨食の多様性を生活様式の移りかわりに位置づける。

2017.3 293p B6 ¥1900 ①978-4-642-05845-2

◆**サケが帰ってきた！―福島県木戸川漁協震災復興へのみちのり**　奥山文弥著、木戸川漁業協同組合監修　小学館
【目次】第1章 僕はサケが好き―少年が見つけた夢と希望（初めての釣り、水産高校へ ほか）、第2章 混乱の中で……木戸川漁協がどんな被害を受けたのか（地震、津波 ほか）、第3章 復興への取り組み―具体的な復興計画と漁協の取り組み（仮事務所での日々、漁協の決意 ほか）、第4章 サケが帰ってきた！―5年ぶりに迎えたサケの遡上（モニタリングの結果、サケに問題はない、線量の変化 ほか）

2017.10 165p B6 ¥1300 ①978-4-09-227191-3

◆**実例でわかる漁業法と漁業権の課題**　小松正之, 有薗眞琴共著　成山堂書店
【要旨】なぜ日本の漁業は世界の水準から遅れ、衰退しているのか？ 漁業制度の根幹である「漁業法」と「漁業権」の思想と目的・成り立ちを、原点である江戸・明治時代に遡り、改革を成功させた外国と比較することで、日本の漁業制度の根本的な問題点が見えてくる！

2017.11 275p A5 ¥3800 ①978-4-425-84061-8

◆**循環型陸上養殖―飼育ステージ別"国内外"の事例にみる最新技術と産業化**　山本義久, 森哲男, 陸上養殖勉強会監修　緑書房
【要旨】陸上養殖の現場実務者および新規参入者に向けた「循環式陸上養殖の総合解説書」。陸上養殖設備や生産技術、魚類の生理学、国内の実例、先行する海外での事業展開、最新の研究動向など、基礎から実践まで網羅。飼料培養・親魚養成・種苗生産・中間育成・養殖と、養殖生産における飼育ステージ別に詳細に解説。成功事例だけでなく失敗事例にも触れ、事業化に向けた課題を整理。

2017.4 307p B5 ¥8000 ①978-4-89531-294-3

◆**新編 漁業法詳解**　金田禎之著　成山堂書店　増補5訂版
【要旨】漁業法と関係の深い水協法、水産資源保護法、TAC法等の水産法令の他、関連する法律・政省令・告示・通達、多数の判例と行政解釈を収録。水産行政担当者、漁業協同組合員、漁業者向けに編纂した法令実務解説書の決定版。

2017.12 641, 14p 22×16cm ¥9900 ①978-4-425-84051-9

◆**水産白書　平成29年版**　水産庁編　農林統計協会
【目次】第1部 平成28年度水産の動向（特集 世界とつながる我が国の漁業―国際的な水産資源の持続的利用を考える、平成27年度以降の我が国水産の動向）、第2部 平成28年度水産施策―平成28年度に講じた施策（概説、東日本大震災からの復興、新たな資源管理体制下での水産資源管理の強化、意欲ある漁業者の経営安定の実現、多様な経営発展による活力ある生産構造の確立 ほか）

2017.6 209, 2, 10p A4 ¥2400 ①978-4-541-04153-1

◆**図解 知識ゼロからの現代漁業入門**　濱田武士監修　家の光協会
【要旨】日本漁業の基礎知識と最新動向がよくわかる！

2017.11 208p A5 ¥1600 ①978-4-259-51864-6

◆**築地市場の豊洲移転？**　畑明郎編　本の泉社　（マイブックレット No.29）
【目次】第1章 どうする？ 豊洲・築地、第2章 豊洲新市場の土壌汚染は除去されたのか？、第3章 野外科学者の目で見た豊洲問題―予防原則尊重

の立場から、第4章 豊洲新市場の土壌汚染調査と対策の問題点、第5章 豊洲新市場用地取得問題と公金返還請求訴訟、第6章 豊洲新市場の開場を中止し、築地市場の存続・再整備を

2017.3 103p A5 ¥800 ①978-4-7807-1617-7

◆トラフグ物語——生産・流通・消費の構造変化　松浦勉著　農林統計協会
【要旨】フグ研究の集大成。我が国フグの歴史をたどり、過去、現在、未来を考える。フグ漁業生まれの著者による40年以上に及ぶ研究成果。フグの生産、流通、消費をトレース。フグの今の姿とは。
2017.1 159p A5 ¥2800 ①978-4-541-04124-1

◆なぜ「近大発のナマズ」はウナギより美味いのか?——"新しい魚"開発の舞台裏　山下柚実著　光文社
【要旨】「近大マグロ」に続く話題の「ウナギ味のナマズ」は、こうして生み出された——数々のハードルを乗り越えて、既存の制度や権益や商習慣や硬直した常識を相手に悪戦苦闘しながら新商品を開発し、市場へと放ってヒットさせた大胆不敵な一人の研究者の物語。
2017.2 215p B6 ¥1500 ①978-4-334-97937-9

◆琵琶湖の漁業いま・むかし　山根猛著　(彦根)サンライズ出版　(琵琶湖博物館ブックレット)
【要旨】太古から琵琶湖は、周辺に暮らす人々にとって欠くことのできない動物性たんぱく質食料である魚介類の供給源だった。縄文時代の遺物や中世以降の絵画・文字記録などをもとに、網漁やエリなどの漁労技術と主要な魚種の変遷をたどる。
2017.7 118p A5 ¥1500 ①978-4-88325-616-7

◆亡国の漁業権開放——協同組合と資源・地域・国境の崩壊　鈴木宣弘著　筑波書房　(筑波書房ブックレット——暮らしのなかの食と農 59)
【目次】「総仕上げ」の指示、違和感、規制緩和の真意、国家戦略特区の真意、資源がもたない、地域がもたない、国土がもたない、補助金漬け漁業のウソ、関税もすでに低く、自由化でも全面的関税撤廃、資源・環境と地域と国土・国境を守る〔ほか〕
2017.10 46p A5 ¥750 ①978-4-8119-0519-8

◆ルポ どうなる? どうする? 築地市場——みんなの市場をつくる　永尾俊彦著　岩波書店　(岩波ブックレット)
【要旨】小池百合子都政のもと大きな変化を迎えた築地市場の豊洲移転問題。盛土の不正が発覚、土壌汚染対策の不備も明らかになった。都議会の100条委員会では、合意形成なき移転決定の経緯や意思疎通を欠く都庁の宿痾が浮き彫りとなった。市場に働く人々や市民の粘り強い闘いを通じて、巨大自治体・東京都の公共事業のあり方を問い、食と歴史と文化の現場である築地市場再生を描く。
2017.7 79p A5 ¥620 ①978-4-00-270968-0

◆わが国水産業の環境変化と漁業構造——2013年漁業センサス構造分析書　農林水産省編　農林統計協会
【目次】序章 漁業生産・経営の推移とその背景、第1章 漁業生産構造経営体の階層別・漁業種類別分布、第2章 漁業就業構造と担い手、第3章 漁業集落別にみた漁業の現状、第4章 休廃業・新規着業の実態と背景、第5章 水産物流通加工、第6章 漁業管理組織の現状と動向、第7章 東日本大震災の被災地の動向
2017.6 290p A5 ¥2800 ①978-4-541-04142-5

 水産学

◆貝毒——新たな貝毒リスク管理措置ガイドラインとその導入に向けた研究　鈴木敏之, 神山孝史, 大島泰克編, 日本水産学会監修　恒星社厚生閣　(水産学シリーズ)
【目次】1章 貝毒原因プランクトンによる二枚貝の毒化と監視体制、2章 新たな貝毒リスク管理ガイドラインについて、3章 貝毒の検査法、4章 簡易測定法などを用いた貝毒のスクリーニング例、5章 貝毒標準物質の製造技術、6章 二枚貝の監視に影響する毒成分の動態、7章 わが国の二枚貝の毒化と貝毒原因プランクトンの海域による特徴、8章 東北沿岸域の貝毒とその震災後における変化と傾向、9章 西日本における貝毒の特徴とモニタリングの実際
2017.9 163p A5 ¥3600 ①978-4-7699-1611-6

◆新・英和和英水産学用語辞典　日本水産学会編　恒星社厚生閣
【要旨】漁具・漁法、生態、資源管理、増養殖・魚病、生理、遺伝育種、化学・生化学、利用・加工、水圏環境および経済・社会の諸分野から水産学に関連の深い用語を収録。
2017.9 592p B6 ¥7000 ①978-4-7699-1614-7

◆新技術開発による東日本大震災からの復興・再生　日本水産学会監修, 竹内俊郎, 佐藤實, 渡部終五編　恒星社厚生閣　(水産学シリーズ 184)
【目次】1 地域再生(排熱を活用した小規模メタン発酵による分散型エネルギー生産と地域循環システムの構築、津波による油汚染と漁場の浄化技術、東北サケマス類養殖事業イノベーション)、2 海藻利用の新たな取り組み(三陸ワカメ養殖における品種改良と複数回養殖に関する技術開発、三陸産ワカメ芯基部の効率的なバイオエタノール変換技術開発と複数回展開への活用法の提案、三陸沿岸域の特性やニーズを基盤とした海藻産業イノベーション)、3 新たな品質保持・加工技術(海藻冷凍技術を用いた東北地方水産資源の高付加価値推進、電磁波を水産物加工に用いた新規食品製造技術開発)、水産業の復興再生に向けた今後の課題
2017.3 138p A5 ¥3600 ①978-4-7699-1601-7

◆水産遺伝育種学　中嶋正道, 荒井克俊, 岡本信明, 谷口順彦編　東北大学出版会
【要旨】「遺伝」と「育種」がもたらす水産生物生産の新たな可能性。遺伝学を主として、生態学や分類学、生理学、統計学、生態・発生生物学など多様な領域をベースにした水産分野初の入門書。
2017.3 243p B5 ¥3500 ①978-4-86163-270-9

◆水産試験場綾試験地とリュウキュウアユ　中川豊著　(伊丹)牧歌舎, 星雲社 発売
【要旨】一属一種しかないとされていたアユに亜種の「リュウキュウアユ」がいた。昭和53年に採取されたのを最後に沖縄から姿を消したリュウキュウアユが沖縄の河川に再び戻ってきた。淡水魚の試験研究にかかわってきた著者とリュウキュウアユの出合い。そのリュウキュウアユの種苗生産に取り組んだ水産研究者たちの物語。
2017.6 127p B6 ¥1000 ①978-4-434-23383-8

◆水産物の先進的な冷凍流通技術と品質制御——高品質水産物のグローバル流通を可能に　日本水産学会監修, 岡崎惠美子, 今野久仁彦, 鈴木徹編　恒星社厚生閣　(水産学シリーズ 186)
【目次】1 冷凍基本技術の重要性と冷凍水産物の高品質化(産業界における水産物冷凍の歴史と最新動向、凍結・保管・解凍—3ステップシステムによる品質制御、水産物の冷凍保管条件と品質)、2 冷凍水産物の品質制御技術(筋肉内ATPによるタンパク質の変性抑制、冷凍貯蔵下でのホルムアルデヒド生成制御の効果、冷凍による寄生虫リスクの低減、新技術への展開)、3 水産物の品質評価法の進歩(迅速かつ簡易的な成分分析法、組織観察法、タンパク質変性の評価法、脂質劣化の評価法)
2017.3 157p A5 ¥3600 ①978-4-7699-1603-1

◆地下水・湧水を介した陸・海のつながりと人間社会　日本水産学会監修, 小路淳, 杉本亮, 富永修編　恒星社厚生閣　(水産学シリーズ 185)
【目次】1 "見えない水"地下水を追いかけて——科学者たちの奮闘記(持続可能な社会に向けた地下水・湧水の学際、研究の現況、陸域の地形と地下水流動に基づく海底湧水の評価、沿岸海域に湧き出す地下水を可視化する方法、陸域の水・物質動態のモデル化の現在)、2 生き物・食べ物を育てる——地下水・海底湧水と水産資源のつながり(海底湧水による沿岸海域での栄養塩供給量の推定と低次生産への影響評価、貝殻中の炭素安定同位体比による海底湧水環境の評価、魚をあつめる・そだてる海底湧水)、3 地下水が支える地域社会——水をめぐる対立と有効活用(信州安曇野と若狭小浜の食と地下水保全、別府における温泉利用と河川生態系、水・エネルギー・食料ネクサス研究のための学際的アプローチ)
2017.3 141p B5 ¥3600 ①978-4-7699-1602-4

◆ミドリムシの仲間がつくる地球環境と健康——シアノバクテリア・緑藻・ユーグレナたちのパワー　竹中裕行著　成山堂書店
【要旨】24億年前に誕生してから今日まで酸素を供給し続け、地球を生命にあふれる美しい星につくりかえたマイクロアルジェ。地球環境やエネルギー、食糧、健康という私たちが直面している数々の問題を解決し未来を拓く、秘められ

たそのパワー!
2017.8 158p B6 ¥1500 ①978-4-425-83081-7

 労働

◆アクセンチュア流生産性を高める「働き方改革」——自社のカルチャーを変革し続けるリーダーシップ×フレームワーク　江川昌史著　日本実業出版社
【要旨】総合コンサルティング企業、アクセンチュアが「プロフェッショナル」としての原点に立ち戻り、自信と誇りをもてる未来を創造するために挑んだ働き方改革『プロジェクト・プライド』の軌跡。——「世の中から認められ、働きやすく、フェアな会社」へ。
2017.9 169p A5 ¥1850 ①978-4-534-05520-0

◆アーク溶接等作業の安全——特別教育用テキスト　中央労働災害防止協会編　中央労働災害防止協会　第5版
【目次】第1編 アーク溶接等に関する知識(アーク溶接等の基礎知識、電気に関する基礎知識)、第2編 アーク溶接装置に関する基礎知識(アーク溶接装置の概要、交流アーク溶接機用自動電撃防止装置、溶接材料および関連器具・装置、配線)、第3編 アーク溶接等の作業方法に関する知識(溶接作業前点検と整備、溶接等の作業方法、災害防止、災害事例)、第4章 関係法令、参考
2017.6 244p B5 ¥900 ①978-4-8059-1755-8

◆足場の組立て、解体、変更業務従事者安全必携——特別教育用テキスト　中央労働災害防止協会編　中央労働災害防止協会　第2版
【要旨】主として製造業での足場の組立て、解体、変更の作業を意図して編纂。足場や作業に関する知識、労働災害防止に係る知識などを図やイラストを交えて分かりやすく解説している。
2017.10 163p B5 ¥741 ①978-4-8059-1779-4

◆安全・衛生委員のための安全衛生読本　末松清志著　労働新聞社
【要旨】安全・衛生委員が知っておきたい知識を収載。労働新聞社の定期刊行誌『安全スタッフ』にて連載しているコラム「想いは伝えれば」の著者が、これまでのさまざまな労働災害の事例を繰り返すまいとして、多くの安全衛生の専門家や担当者、事業場、労働者が考え、行動し、改善してきたその要点を解説。朝礼や安全訓話のネタとしても活用できます。
2017.10 261p 18cm ¥900 ①978-4-89761-673-5

◆安全衛生推進者必携　中央労働災害防止協会編　中央労働災害防止協会
【目次】第1章 安全管理、第2章 危険性または有害性等の調査およびその結果に基づき講ずる措置等、第3章 作業環境管理と作業管理、第4章 健康の保持増進、第5章 安全衛生教育、第6章 関係法令
2017.1 271p B5 ¥1300 ①978-4-8059-1737-4

◆安全衛生責任者の実務必携　中央労働災害防止協会編　中央労働災害防止協会　第4版
【目次】安全衛生責任者の職務等(労働安全衛生関係法令等の関係条項、安全衛生責任者の役割と心構え)、統括安全衛生管理の進め方(安全衛生計画、安全施工サイクル、安全工程打合せの進め方)、資料
2017.2 115p B5 ¥600 ①978-4-8059-1734-3

◆安全管理者の仕事　福成雄三著　中央労働災害防止協会　(今日から安全衛生担当シリーズ)
【要旨】安全管理者に選任されたあなたに! 安全管理の発想を広げる!!
2017.11 210p A5 ¥1200 ①978-4-8059-1780-0

◆安全の指標 平成29年度　中央労働災害防止協会編　中央労働災害防止協会
【要旨】安全スタッフの日常業務に役立つ情報満載!
2017.5 311p B5 ¥600 ①978-4-8059-1738-1

◆安全はトップの生き方で決まる——安全確保は義務である　丹羽三千雄著　中央労働災害防止協会　(中災防ブックス)
【目次】安全管理は「気づき」の管理である、取り返すことのできないもの それは災害である、安全継続決意の塔(門)、安全は必要なものは「教範」である、災害のほとんどは不安全行動から、安全意識と感受性の低い人が災害を起こしている、安全確保、安全確保の風土づくり(総

論）、安全確保は「五つのE手」で（各論）、「木は天ペンから枯れる」

2017.11 199p B6 ¥1500 ①978-4-8059-1763-3

◆**石綿作業主任者テキスト**　中央労働災害防止協会編　中央労働災害防止協会

【目次】第1編 石綿による障害とその予防措置（石綿の基礎知識、石綿による健康障害）、第2編 作業環境の改善方法（石綿含有製品、建築物等の解体等における石綿のばく露防止対策、製造または取扱い作業における作業環境管理、その他の労働衛生管理）、第3編 労働衛生保護具（呼吸用保護具、保護衣等およびその他の保護具）、第4編 関係法令（法令とは、労働安全衛生法のあらまし、石綿障害予防規則、じん肺法（抄）・じん肺法施行規則（抄）

2017.12 323p B5 ¥1800 ①978-4-8059-1765-7

◆**今まで無かった 労働安全衛生の知識と対策**　合田弘孝著　労働新聞社

【要旨】安全衛生のセールスマン（労働基準監督官）としての30年の経験で作り上げました。本書の目的は、第1部安全編と第2部労働衛生編に分けてそれぞれ独立させ、安全衛生を理解することを目指しています。また、上部にスライド、下部に解説を入れてまとめることにより、すぐに説明資料等の資料として活用することも可能で、労働安全衛生の理解に役立つ一冊です。

2017.4 109p B5 ¥1200 ①978-4-89761-654-4

◆**衛生管理者の仕事**　福成雄三著　中央労働災害防止協会　（今日から安全衛生担当シリーズ）

【要旨】安全衛生の基本からステップアップまで。安全衛生水準向上について考え続けた著者が贈ります。

2017.7 220p A5 ¥1200 ①978-4-8059-1760-2

◆**衛生推進者必携**　中央労働災害防止協会編　中央労働災害防止協会

【目次】第1章 労働衛生管理、第2章 危険性または有害性等の調査およびその結果に基づき講ずる措置等、第3章 作業環境管理と作業管理、第4章 健康の保持増進、第5章 労働衛生教育、第6章 関係法令

2017.2 209p B5 ¥1000 ①978-4-8059-1740-4

◆**ガス溶接・溶断作業の安全―ガス溶接技能講習用テキスト**　中央労働災害防止協会編　中央労働災害防止協会　第2版

【目次】第1章 ガス溶接等に用いる可燃性ガスおよび酸素の知識（ガスの種類、ガスの性状 ほか）、第2章 ガス溶接等の装置の構造および取扱い（ガス容器その他、圧力調整器および圧力計 ほか）、第3章 ガス溶接等の作業における危険性（火災とその防止対策、爆発災害とその防止対策 ほか）、第4章 災害事例、第5章 関係法令（法令の意義、労働安全衛生法のあらまし ほか）

2017.2 167p B5 ¥800 ①978-4-8059-1735-0

◆**乾燥作業の安全―乾燥設備作業主任者テキスト**　中央労働災害防止協会編　中央労働災害防止協会　第9版

【目次】第1編 乾燥設備作業主任者の職務、第2編 乾燥設備の構造および取扱い、第3編 乾燥設備の附属設備の構造、機能および取扱い、第4編 乾燥設備、その附属設備などの点検整備、第5編 乾燥設備、その附属設備などの異常時の処置、第6編 乾燥作業の管理、第7編 災害事例、第8編 関係法令

2017.12 245p B5 ¥1400 ①978-4-8059-1787-9

◆**危険物ヒヤリ・ハットケーススタディ**　危険物保安管理研究会編著　東京図書出版　4訂版

【目次】給油取扱所、セルフスタンドで、運搬車両、移動タンク貯蔵所、一般取扱所（ローリー積場での充填）、日常の点検による漏洩事故の防止、製造所での混合・撹拌作業、廃棄する及びタンク、給油取扱所における地震時の安全管理、ガソリン携行缶の使用、ガソリンの給油、車両の誘導

2017.6 46p B5 ¥600 ①978-4-8090-2437-5

◆**規模別・地区別・年齢別等でみた 職種別賃金の実態　2017年版**　労務行政研究所編　労務行政　（賃金資料シリーズ 4）

【要旨】主要職種のデータ集。労務行政研究所調べのホワイトカラーの職種・職位別賃金。13職種における部長・課長・係長クラス・一般社員の賃金水準と格差。厚生労働省調べの年齢階級別賃金と賞与の実態。人事院、人事委員会調べの全国・主要都市における職種別賃金。

2017.2 235p B5 ¥4667 ①978-4-8452-7262-4

◆**局所排気装置、プッシュプル型換気装置及び除じん装置の定期自主検査指針の解説**

中央労働災害防止協会編　中央労働災害防止協会　第6版

【目次】第1編 総説、第2編 局所排気装置の定期自主検査指針の解説、第3編 プッシュプル型換気装置の定期自主検査指針の解説、第4編 除じん装置の定期自主検査指針の解説、第5編 局所排気装置の定期自主検査指針、第6編 プッシュプル型換気装置の定期自主検査指針、第7編 除じん装置の定期自主検査指針、第8編 関係法令

2017.5 346p B5 ¥2800 ①978-4-8059-1746-6

◆**グラインダ安全必携―研削といしの取替え・試運転関係特別教育用テキスト**　中央労働災害防止協会編　中央労働災害防止協会

【目次】第1章 研削機に関する基礎知識、第2章 研削といしに関する基礎知識、第3章 研削といしの取付けに関する知識、第4章 研削といしの覆い、保護具等に関する知識、第5章 研削油剤に関する基礎知識、第6章 研削といしの取付けと試運転方法、第7章 災害事例、第8章 関係法令、参考資料

2017.11 263p B5 ¥1200 ①978-4-8059-1766-4

◆**現代先進諸国の労使関係システム**　労働政策研究・研修機構　労働政策研究・研修機構　（JILPT第3期プロジェクト研究シリーズ 5）

【目次】序章 団結と参加―労使関係システムの諸類型（集団的労使関係法政策の諸類型、「団結」型集団的労使関係法制―労働組合・労働協約立法 ほか）、第1章 ドイツ―第三次メルケル政権下における集団的労使関係法政策（集団的労使関係システムの基本構造、1990年以降における変容 ほか）、第2章 フランス―労働協約システムの歴史的形成と現代的展開（フランスの労働協約システム―その形成過程、フランスにおける集団的規範設定システムの現代的展開―1980年代以降の改革 ほか）、第3章 スウェーデン（企業内の労使交渉を重視した労使関係―スウェーデンの賃金交渉を素材に（労使関係の概観、ブルーカラーの産業別賃金 ほか）、付録

2017.12 206p B5 ¥2200 ①978-4-538-52005-6

◆**高視認性安全服―服の力で安全を構築する視認を目的としてデザイン（設計）された服**　吉井秀雄著, 日本高視認性安全服研究所（JAVISA）監修　まむかいブックスギャラリー

【要旨】そのコストの価値は着用者の「命」を守る。高視認性安全服を理解→自社に必要なクラスを理解→自社内で着用が必要な対象者を抽出→販売店に相談→予算においてコストを理解する→運用において「安全」をキープする。高視認性安全服の正しい理解をわかりやすい写真やイラスト、図解で説明！

2017.12 183p B5 ¥3000 ①978-4-904402-13-9

◆**高所作業を安全に―墜落・転落を防ごう**　中央労働災害防止協会編　中央労働災害防止協会　（すぐに実践シリーズ）

2017.11 15p A5 ¥250 ①978-4-8059-1782-4

◆**高所作業の基礎知識―ハーネスやロープ高所作業の安全対策Q＆A**　菊一功著　労働新聞社　改訂第2版

【要旨】"あらゆる高所作業は重力に逆らう危険な行為です"。墜落してもハーネスを着用していれば安全だと思っていませんか？ 実際はハーネスで20分以上の宙づり状態になると、腿ベルトが大腿静脈を圧迫して血流を止め、脳と心臓に致命的損傷を与える可能性があります。ハーネスでも救出されるまで延命措置が必要です。また、ロープ高所作業は高度なロープ操作技術が要求されますが、特別教育の実技時間ではこのような技術の習得は不可能です。レスキュー計画ができない作業はしてはなりません。本書は、これらの問題に対するハーネスの具体的な使用方法と2016年1月からのロープ高所作業に関する新規則についてQ＆A形式で解説しています。改訂に際し、腿ベルトによる静脈閉塞等を加筆しました。墜落災害防止の一助となる一冊です。

2017.12 50p B5 ¥500 ①978-4-89761-676-6

◆**これからの僕らの働き方―次世代のスタンダードを創る人に聞く**　横石崇編　早川書房

【要旨】エンジニア、アーティスト、ディレクター、経営者、大企業役員…。500人以上の著名人の働き方を見てきた著者が今、一番おもしろい仕事をしている10人にインタビュー。会社員か独立か、だけじゃない。第三の世ではない仕事は、つくればいい。十人十色の働き方が、ここにあります。1万人が熱狂した働き方の祭典から生まれた必読書！

2017.1 285p B6 ¥1500 ①978-4-15-209664-7

◆**これでミスやエラーは防げる!!**　労働新聞社編　労働新聞社

【要旨】ヒューマンエラーを防ぐためには、作業員自身がヒューマンエラーの発生要因を知り、現場に入るときにはミスがエラーを起こさないよう意識してもらうことが大切です。本書は1人ないしは2、3人で実践できるヒューマンエラー防止策を紹介しています。現場作業員に配布するなどして災害防止にご活用ください。

2017.6 54p 14×10cm ¥500 ①978-4-89761-660-5

◆**産業現場の事故・トラブルをいかにして防止するか―現場力強化のための実践的取組**　田村昌三, 田口直樹著　化学工業日報社

【目次】第1章 現場力とは、第2章 事故・トラブル防止の基本、第3章 事故・トラブル防止とスイスチーズモデル、第4章 事故・トラブル防止のための安全活動、第5章 安全活動の強化、第6章 伝えておきたい職場の潜在危険

2017.7 162p B6 ¥2000 ①978-4-87326-686-2

◆**産業現場のノンテクニカルスキルを学ぶ―事故防止の取り組み**　南川忠男著　化学工業日報社

【目次】基礎編（ノンテクニカルスキルとは何か、状況認識、コミュニケーション、意思決定、リーダーシップ、ノンテクニカルスキル能力の開発）、応用編（ノンテクニカルスキル力を高める演習、ノンテクニカルスキル教育の実践、行動特性評価事例、現場で醸成できるノンテクニカルスキル、演習の作成方法、インストラクターの要件）

2017.8 339p B6 ¥3000 ①978-4-87326-689-3

◆**酸素欠乏症等の防止―特別教育用テキスト**　中央労働災害防止協会編　中央労働災害防止協会　第3版

【目次】第1編 酸素欠乏および硫化水素発生の原因、第2編 酸素欠乏症等の症状、第3編 空気呼吸器等の使用の方法、第4編 事故の場合の退避および救急処置、第5編 関係法令、第6編 災害事例、参考資料

2017.6 222p B5 ¥1200 ①978-4-8059-1754-1

◆**仕事と暮らし10年の変化―連合総研・勤労者短観でみる2007・2016年 連合総研設立30周年記念**　佐藤厚, 連合総合生活開発研究所編　コンポーズ・ユニ

【要旨】都市の勤労者の仕事と暮らしの定点観測調査「勤労者短観」の直近10年分のデータ、のべ30,000人の声を再分析するプロジェクト。その研究成果をまとめたもの。

2017.11 220p B6 ¥1112 ①978-4-906697-34-2

◆**知っておきたい保護具のはなし**　田中茂著　中央労働災害防止協会　（中災防ブックス）

【目次】第1編 保護具を取り巻く状況と問題点（作業現場における保護具の使用状況、保護具を正しく装着しなければ、日本におけるSDSには保護具の記載が少ない ほか）、第2編 安全と健康を守る保護具（防じんマスク、防毒マスク、電動ファン付き呼吸用保護具 ほか）、第3編 安全衛生保護具を取り巻く新しい動き（保護具着用管理責任者の選任の重要性、保護具に関する情報支援の拡充、「ナノマテリアル」取扱い作業にも保護具を！ ほか）、第4編 おわりに

2017.11 282p B6 ¥1500 ①978-4-8059-1776-3

◆**社労士がすぐに使える！ メンタルヘルス実務対応の知識とスキル**　亀田高志著　日本法令

【要旨】実務に役立つツールやノウハウが満載！ メンタルヘルス不調者への対応、産業医等との付き合い方、ストレスチェック制度導入・運営、コンプライアンス対応、教育研修の実施など顧問先で起こりうる相談事例に基づき解説！

2017.5 487p A5 ¥3200 ①978-4-539-72535-1

◆**職長の安全衛生テキスト**　中央労働災害防止協会編　中央労働災害防止協会

【目次】第1編 職長の役割、第2編 職長の職務（指導・教育の進め方、監督・指示の方法、適正配置、設備の改善、環境改善の方法と環境条件の保持、整理整頓と安全衛生点検、作業手順の定め方、作業方法の改善、異常時における措置、災害発生時における措置、リスクアセスマネジメントの実施とその結果に基づくリスク低減措置、労働災害防止についての関心の保持および労働者の創意工夫を引き出す方法）、参考1 職長の立場よりみた労働安全衛生マネジメントシステム（OSHMS）（OSHMSとは何か、OSHMSの導入と職長の役割、職場の安全衛生実行計画）、参考2 ゼロ災害全員参加運動と職長の関わり（ゼロ災害全員参加運動とは、職場自主活動）

2017.1 203p B5 ¥800 ①978-4-8059-1739-8

◆職場のメンタルヘルス100のレシピ　大西守、廣尚典、市川佳房編　金子書房　新訂版
【要旨】職場で「できること」「できないこと」が明確になり、日常業務のポイントの理解に役立つ。見ひらき2ページで1項目を完結し、わかりやすく効率的に解説する。項目ごとのキーワードで、重要ポイントが把握できる。キーワード一覧から、メンタルヘルス活動の全体を俯瞰できる。事業場外資源のデータを充実し、実用に益する。
2017.12 246p A5 ¥2800 ①978-4-7608-2663-6

◆人生100年時代の生き方・働き方―仕事と人と関わり続ける時代　所正文著　学文社
【目次】第1章 動き続ける人生時計、第2章 変貌する21世紀日本社会、第3章「若者たち」への人生設計支援、第4章 日本社会と欧州社会との比較、第5章 生き方のセオリーを探る、第6章 働き方のセオリーを探る、第7章 人生設計支援の核心に迫る
2017.12 180p B6 ¥1700 ①978-4-7620-2747-5

◆新入者安全衛生テキスト　中央労働災害防止協会編　中央労働災害防止協会
【目次】1 はじめに、2 安全につながる仕事の基本、3 職場の安全衛生管理、4 安全な仕事の基本、5 安全な仕事の進め方、6 安全で快適な職場のために、7 日常生活でも気を付けよう、8 健康に過ごす、9 むすび
2017.1 143p B5 ¥800 ①978-4-8059-1732-9

◆「新入者安全衛生テキスト」指導のポイント―新入者教育を充実させるために　中央労働災害防止協会編　中央労働災害防止協会
【目次】1 はじめに、2 安全につながる仕事の基本、3 職場の安全衛生管理、4 安全な仕事の基本、5 安全な仕事の進め方、6 安全で快適な職場のために、7 日常生活でも気を付けよう、8 健康に過ごす、9 むすび
2017.1 147p B5 ¥1500 ①978-4-8059-1733-6

◆新 やさしい局排設計教室―作業環境改善技術と換気の知識　沼野雄志著　中央労働災害防止協会　第6版
【目次】やさしい作業環境改善技術、全体換気、局所排気とは、局排フードについての基礎知識、フードの実例いろいろ、フードの性能の表わし方、捕捉フードの必要排風量の計算（制御風速法によるQの計算）、レシーバー式フードの必要排風量の計算（流量比法によるQの計算）、フードの形と省エネ対策、ダクトの設計、局排設置届の基礎知識、圧力損失の計算、圧力損失の計算演習、排風機（ファン）の選定、既製ダクトを使う設計、局排設置届、摘要書の書き方、工事完成時の点検と性能が出ない場合の対策、プッシュプル型換気装置、空気清浄装置と排液処理装置　2017.5 443p A5 ¥4000 ①978-4-8059-1744-2

◆ストレスとともに働く―事例から考えるこころの健康づくり　岩崎久志著　（京都）晃洋書房
【要旨】カウンセラーとして臨床に携わってきた経験をもとに、実際にあった事例を踏まえて、働く人の「こころの健康」や「ストレス・マネジメント」について解説。ストレスとうまくつきあう方法を考える。
2017.3 172p B6 ¥1800 ①978-4-7710-2832-6

◆世界給与・賃金レポート　2016/2017 職場における給与・賃金の不平等　ILO著、田村勝省訳　一灯舎
【要旨】2016/17年版では職場レベルでの不平等も検討した上で、賃金不平等が企業内不平等と企業間不平等のそれぞれに起因している度合いに関する実証的データを提示。賃金に関する重要な政策問題にかかわるレビューも盛り込まれている。
2017.6 109p B5 ¥3700 ①978-4-907600-51-8

◆ダイオキシン類のばく露を防ぐ―特別教育用テキスト　中央労働災害防止協会編　中央労働災害防止協会
【目次】第1章 ダイオキシン類の有害性、第2章 作業の方法及び事故の場合の措置、第3章 作業開始時の設備の点検、第4章 保護具の使用方法、第5章 その他ダイオキシン類のばく露の防止に関し必要な事項、参考 関係法令
2017.9 63p B5 ¥900 ①978-4-8059-1767-1

◆短時間で成果をあげる働きながら族に学べ！　山本昌幸著　労働調査会

【要旨】働き方改革時代のロールモデルを提案する！ 限られた時間のなかで成果を出す働きながら族を、いかに活用し、組織の業績を上げて人手不足時代を乗り切るかを解説します。
2017.10 189p B6 ¥1400 ①978-4-86319-631-5

◆賃金・労使関係データ　2017/2018 個別賃金・生涯賃金と雇用処遇　日本生産性本部生産性労働情報センター編　日本生産性本部生産性労働情報センター
【目次】A 総括（主要経済指標）、B 賃金水準（平成28年の所定内賃金の動向、産業別の性別及び学歴別平均所定内賃金 ほか）、C 企業経営（労働生産性・賃金コストの推移、法人企業の売上高・経営利益率の推進 ほか）、D 雇用管理・就労条件・労使関係（労働時間制度の動向、常用労働者の労働費用 ほか）、E 日本の人口、社会保障（日本の将来人口の推計（出生中位・死亡中位）、世帯と介護の状況 ほか）
2017.10 77p B5 ¥2000 ①978-4-88372-535-9

◆賃金・労働条件総覧 賃金交渉編　2017年版　産労総合研究所編　経営書院
【目次】第1部 解説編―2017労使の課題（同一労働同一賃金の焦点、同一労働同一賃金をめぐる動き―官庭正論主導に対する世論・法律界の動きを検証する、2017 労使交渉の課題と展望―労使が社会的課題解決の担い手になれるか正念場、2017 春季賃金交渉と賃金決定のあり方、金属労協の「第3次賃金・労働政策」）、第2部 データ編―2017年労使交渉のためのコメント＆最新データ集（経済情勢・見通し、賃上げ、賃金水準、賃金構造、人事・賃金処遇、物価・生計費、地域別賃金、その他）
2017.2 278p B5 ¥5900 ①978-4-86326-235-5

◆賃金・労働条件総覧 労働条件編　2017年版　産労総合研究所編　経営書院
【目次】第1部 理解しておきたい改正労働法（若者雇用促進法（勤労青少年福祉法等改正法）、改正派遣法、女性活躍推進法 ほか）、第2部 今使って取り組みたい「必須テーマ」（職場のハラスメント防止、時間外労働の短縮、仕事と介護の両立支援）、第3部 押さえておきたい「基礎データ」（採用、労働時間、休日・休暇、人事、配置 ほか）
2017.2 229p B5 ¥5900 ①978-4-86326-236-2

◆創り育てる安全文化―安全行動が自然にできる職場を目指す　西坂明比古著　中央労働災害防止協会
【要旨】労働安全衛生の基本的な考え方を体系化！ JFEプラントエンジが「安全文化創生活動」で考え実践してきたこと。
2017.11 256p B5 ¥1400 ①978-4-8059-1773-2

◆電気工事作業指揮者安全必携　中央労働災害防止協会編　中央労働災害防止協会
【目次】第1章 電気取り扱いの危険性、第2章 安全管理、第3章 作業指揮者の職務、第4章 現場作業の安全、第5章 個別作業の管理、第6章 関係法令　2017.1 203p B5 ¥1100 ①978-4-8059-1736-7

◆同一労働同一賃金速報ガイド　菊谷寛之、津留慶幸著　労働調査会
【要旨】「働き方改革」で「非正規」が消滅する!?いよいよ企業に迫られる人事制度の変革！ 正規？ 非正規？ 給与はどうする？「同一労働同一賃金」に対応した人事制度の設計・導入のノウハウを専門家が紹介！
2017.10 135p A5 ¥1200 ①978-4-86319-629-2

◆特定化学物質作業主任者の実務　中央労働災害防止協会編　中央労働災害防止協会（能力向上教育用テキスト）　第4版
【目次】第1章 特定化学物質による健康障害予防の基本、第2章 作業環境管理、第3章 作業管理、第4章 健康管理、第5章 特定化学物質の管理の現状と作業主任者の役割、第6章 災害事例および関係法令
2017.12 187p B5 ¥2000 ①978-4-8059-1775-6

◆特定化学物質障害予防規則の解説　中央労働災害防止協会編　中央労働災害防止協会　第18版
【目次】第1編 総説（規則制定の経緯等、改正の要点）、第2編 逐条解説（総則、製造等に係る措置、用後処理、漏えいの防止、管理、健康診断、保護具、製造許可等、特定化学物質及び四アルキル鉛等作業主任者技能講習、報告）、第3編 関係法令（労働安全衛生法（抄）・労働安全衛生法施行令（抄）・労働安全衛生規則（抄）、特定化学物質障害予防規則、作業環境測定法（抄）・作業環境測定法施行令（抄）・作業環境測定法施行規則（抄）、付録（禁止物質および特定化学物質等

に係る規制状況）
2017.7 567p A5 ¥1800 ①978-4-8059-1745-9

◆なぜ、残業はなくならないのか　常見陽平著　祥伝社（祥伝社新書）
【要旨】これが、残業大国・日本の正体だ！「残業」には、わが国の労働社会の問題が凝縮されている。「残業」は憎らしいほど合理的だ。そもそもが、日本の労働現場は残業しなければならないように設計されているのだ。本書では、この問題にいかに立ち向かうべきかを深く掘り下げて議論し、政府が進める「働き方改革」についても、その矛盾を鋭く指摘する。すべての働く日本人に、気付きを与える一冊。
2017.4 248p 18cm ¥850 ①978-4-396-11500-5

◆なぜ働くのか　バリー・シュワルツ著、田内万里夫訳　朝日出版社（TEDブックス）
【要旨】なぜ、不満を抱えながら働く人がこんなにも多いのだろう？ 問題は「人間は賃金や報酬のために働く」という誤った考え方にある。今こそ、仕事のあり方をデザインしなおし、人間の本質を作り変えるとき。新しいアイデア・テクノロジーが必要だ。そうすれば、会社員、教師、美容師、医師、用務員、どんな職務にあっても幸福・やりがい・希望を見出せる。仕事について多くの著者を持つ心理学者がアダム・スミスの効率化を乗り越えて提案する、働く意味の革命論。
2017.4 198p B6 ¥1400 ①978-4-255-00994-0

◆鉛作業主任者テキスト　中央労働災害防止協会編　中央労働災害防止協会　第3版
【目次】第1編 鉛作業主任者の職務と責任（労働衛生の3管理と作業主任者の職務、作業主任者として求められる役割）、第2編 鉛による健康障害およびその予防措置（鉛による健康障害、健康管理）、第3編 作業環境の改善方法（鉛、鉛合金および鉛化合物の物理化学的性状と危険有害性、作業環境管理の工学的対策 ほか）、第4編 保護具に関する知識（呼吸用保護具の種類と防護係数、防じんマスク ほか）、第5編 関係法令（法令とは、労働安全衛生法のあらまし ほか）
2017.10 241p B5 ¥1600 ①978-4-8059-1781-7

◆2022年、「働き方」はこうなる　磯山友幸著　PHP研究所（PHPビジネス新書）
【要旨】現在の深刻な人手不足は、働き手に長時間労働をもたらし、より良い職場を求める優秀な人材の流出につながっている。企業にとっても働き手にとっても、「働き方改革」の重要性はいよいよ増しているのだ。また今後、「工場労働」型の仕事は、AIやロボットに置き換わっていくだろう。果たして2022年、私たちの働き方はどう変わっているのだろう。政・財・官を幅広く取材する経済ジャーナリストが、これからの時代に求められる働き方を探り出す。
2017.9 249p 18cm ¥870 ①978-4-569-83698-0

◆日本的雇用システムのゆくえ　労働政策研究・研修機構編　労働政策研究・研修機構（JILPT第3期プロジェクト研究シリーズ 4）
【目次】序章 問題設定と概要、第1章 総論―基礎的指標による日本的雇用システムの概観、第2章 若者のキャリア―学校から職業への移行における変化、第3章 雇用システムと高年齢者雇用、第4章 日本的雇用システムと女性のキャリア―管理職昇進を中心に、第5章 雇用ポートフォリオと正社員の賃金管理、第6章 日本企業における能力開発・キャリア管理、第7章 職場における キャリア形成支援の動向、補論 高度専門人材の人事管理―個別企業の競争力の視点を中心に、終章 結論と次の研究課題
2017.12 325p A5 ¥2500 ①978-4-538-52004-9

◆日本の労働経済事情　2017年版　一人事・労務担当者が知っておきたい基礎知識　日本経済団体連合会編　経団連出版
【目次】1 労働市場の動向・雇用情勢・労働時間と賃金の概況、2 労働法制、3 人事・労務管理、4 労使関係、5 労働・社会保障、6 国際労働関係、7 主な労働統計・参考資料
2017.12 138p A4 ¥900 ①978-4-8185-1703-5

◆年末年始働く人の明るい職場 楽しい家庭　2017年度版　中央労働災害防止協会編　中央労働災害防止協会
【目次】年末年始に気をつけたい危険、新しい年を健康に！、付録（転倒にご注意を!!、冬バテを予防しよう！、正月のあそび「かるた」）
2017.10 33p B5 ¥400 ①978-4-8059-1778-7

◆派遣労働者の安全衛生サポートブック―ケガをせず安全・健康に働くために　中央労働災害防止協会編　中央労働災害防止協会

【目次】1 アッ、危ない!!職場にある危険、2 あなたを守る職場のルール、3 危険物・有害物を正しく取り扱おう、4 健康診断で体をチェック、5 災害時の対応、6 安全に通勤しよう、7 規則正しい生活で健康に、8 大事にしよう心の健康
　　　2017.12 17p A5 ¥200 ①978-4-8059-1786-2

◆働き方改革 7つのデザイン　土田昭夫, デロイトトーマツコンサルティング編　日本経済新聞出版社
【要旨】働きがいと生産性を両立する新しい働き方。第一線のコンサルタントたちによる実行のためのロードマップ。
　　　2017.9 190p A5 ¥2400 ①978-4-532-32166-6

◆「はたらく」の未来予想図──働く場所や働き方の大革命　鯨井康志著　白揚社
【目次】「オフィス」から「ワークプレイス」へ、「効率」から「創造」へ、「みんなひとつ」から「ひとりにふたつ」へ、「指定席」から「自由席」へ、「座りなさい」から「立ってなさい」へ、「多・遠・長」から「少・近・短」へ、「ピラミッド」から「フラット」へ、「灰色」から「薔薇色」へ、「室内」から「地球」へ、「机上」から「屋上」へ〔ほか〕
　　　2017.10 201p B6 ¥1400 ①978-4-8269-9059-2

◆働く、働かない、働けば　巳年キリン著　三一書房
【要旨】働くって、よいことだと思うのだけど…働くことについて考えるプレカリアート・コミック！
　　　2017.11 157p B6 ¥1300 ①978-4-380-17006-5

◆働くもののいのちと健康を守る運動──その原則と道筋　辻村一郎著, 藤野ゆき編　（大阪）せせらぎ出版
【目次】第1部 働くもののいのちと健康を守る運動と私（いのちと健康を守る研究のはじめ、鉄鋼業での安全問題ほか）、第2部 大阪職対連と大阪労働健康安全センター──役割のちがい（大阪職対連成立の背景、労災職業病一泊学校にみる運動の展開ほか）、第3部 いのちと健康を守る運動の基本（労働組合の生命と健康を守る運動の課題と期待、予防と補償を結合した運動ほか）、第4部 労働者・労働組合の職場における安全衛生活動（労働者の健康をどのようにとらえるか、労働組合の安全衛生活動 ほか）、第5部 労働者の「こころの健康」を守る運動（心の病気、不健康をつくり出す職場、職場における心の健康を守るとりくみ）
　　　2017.3 239p B6 ¥1852 ①978-4-88416-253-5

◆ひと目でわかる 労働保険徴収法の実務 平成29年改訂版　三信図書編　三信図書
【目次】第1章 労働保険の基礎知識（労働保険制度のしくみ、労働保険一問一答）、第2章 手続と記載例（年度更新の手続、労働保険の諸手続、労働保険適用徴収システム）
　　　2017.3 334p B5 ¥2300 ①978-4-87921-245-0

◆不安全行動をなくす管理活動事例集──安全施工サイクルをより有効に　建設労務安全研究会教育委員会編　労働新聞社
【要旨】本書は、建設現場における災害発生の大きな要因である“作業員の不安全行動”の防止に関する管理活動を、5W1Hの要素により安全施工サイクル運動に合わせて実施している97の事例を紹介します。それを「繰返し・パターン化・ルーティン化」することによって、作業員ひとりひとりの安全に対する意識付けを促し、効果的な労働災害防止活動としていただくことが本書の目的です。作業員の不安全行動防止教育にぜひご活用ください。
　　　2017.2 138p A4 ¥1800 ①978-4-89761-644-5

◆フローチャート 失敗事例から学ぶ職場のメンタル不調防止対策──ここがターニングポイント！　弁護士法人ベリーベスト法律事務所, 金ヶ崎絵美著　第一法規
【要旨】あなたの職場は大丈夫？ 気づいてからでもまだ間に合う！ メンタル不調に対応するため厳選した実例をもとに、弁護士が「いつ」「なにを」すべきかを詳しく解説！
　　　2017.3 273p A5 ¥2400 ①978-4-474-05725-8

◆粉じん作業特別教育用テキスト 粉じんによる疾病の防止 指導者用　中央労働災害防止協会編　中央労働災害防止協会
【目次】第1編 粉じんによる疾病と健康管理、第2編 粉じんによる疾病の防止、第3編 粉じん作業の管理、第4編 呼吸用保護具、第5編 関係法令、参考 その他の関係法令等
　　　2017.2 305p B5 ¥2400 ①978-4-8059-1708-4

◆北欧の最新研究によるストレスがなくなる働き方　マリーネ・フリース・アナスン, マリー・キングストン著　フォレスト出版
【要旨】「世界幸福度ランキング」1位常連国で実践されているすべての働く人がストレスゼロで生産性高く働ける秘訣、日本初公開！
　　　2017.11 361p B6 ¥1800 ①978-4-89451-776-9

◆モデル賃金実態資料 2018年版　産労総合研究所編 経営書院
【目次】第1部 2017年度モデル賃金・年間賃金の実態──調査結果の概要と集計表一覧（モデル賃金調査結果、モデル年間賃金調査結果、管理職・非管理職別モデル賃金/役職者賃金の実態、付帯調査 通勤手当の支給方法と非課税限度額引上げへの対応、モデル賃金・年間賃金企業別実態一覧（160社））、第2部 関連資料（賃金センサスを自社賃金の検討に活かす、2017年度決定初任給、新規学卒者初任給情報（2017年春季卒業者））
　　　2017.12 358p B5 ¥8800 ①978-4-86326-251-5

◆有機溶剤作業主任者テキスト　中央労働災害防止協会編　中央労働災害防止協会　第8版
【目次】第1編 有機溶剤作業主任者の職務、第2編 有機溶剤による健康障害およびその予防措置に関する知識、第3編 作業環境の改善方法、第4編 労働衛生保護具、第5編 関係法令、参考資料
　　　2017.7 335p B5 ¥1800 ①978-4-8059-1758-9

◆有機溶剤中毒予防の知識と実践──作業者用教育テキスト　中央労働災害防止協会編　中央労働災害防止協会
【目次】第1章 労働衛生の目標、第2章 疾病および健康管理、第3章 作業管理と作業環境管理、第4章 保護具の使用方法、第5章 関係法令、第6章 有機溶剤中毒の発生事例
　　　2017.10 102p B5 ¥900 ①978-4-8059-1770-1

◆夢を実現するパラレルキャリア──beyond2020の働き方改革　一木広治著　主婦の友社
【要旨】自分のキャリアは自分が決める。閉塞しない働き方がある。ドラッカーが提唱した「パラレルキャリア」！
　　　2017.12 224p B6 ¥1500 ①978-4-07-427000-2

◆よくわかるリスクアセスメント──グローバルスタンダードの安全を構築する　向殿政男著　中央労働災害防止協会　（中災防ブックス）
【目次】リスクとは、安全とリスク、リスクアセスメントの考え方、リスクアセスメントの方法、危険源の同定、リスクの評価方法、リスク低減方策、リスクレベルとリスク低減方策、許容可能なリスクの判断、機能安全、労働安全衛生マネジメントシステムISO45001、リスクと安全文化、安全学の提案
　　　2017.11 246p B6 ¥1800 ①978-4-8059-1777-0

◆労基署は見ている。　原論著　日本経済新聞出版社　（日経プレミアシリーズ）
【要旨】新入社員の自殺が労災認定された大手広告代理店問題で一躍注目を浴びる労働基準監督署。どんな組織で、どうやって情報収集・調査をするのか？ どういう会社がターゲットになるのか？ タレコミやガサ入れの実態は？ 元監督官が明かす、知られざる全貌。
　　　2017.3 317p 18cm ¥850 ①978-4-532-26335-5

◆労働衛生のしおり 平成29年度　中央労働災害防止協会編　中央労働災害防止協会
【要旨】働き方改革実行計画のポイントを掲載。
　　　2017.8 383p B6 ¥1000 ①978-4-8059-1764-0

◆労働を弁護する──弁護士金善洙の労働弁論記　金善洙著, 山口恵美子, 金玉染訳　（大阪）耕文社
【目次】全泰壱を思い弁護士を夢見る一労働弁護士の道に進む、第6共和国と共に始まった労働弁論──盧泰愚大統領の「特別指示」後にあふれ出した労働事件の数々、社長になったキャディ──キャディ労組設立申告行政訴訟、複数労組禁止、法院が見つけた迂回路──病院労連の合法性獲得事件、どこまでが通常賃金か──ソウル大病院の法定手当訴訟、1992年、初めての合法的労働者大会──ILO共同対策委員会全国労組大会事件、労組無力化の道具、ロックアウト──ロックアウトに関する3つの事件、労働契約はどの時点から成立するのか──IMF危機直後の採用内定取消事件、10年かかった退職金訴訟──浦項製鉄385職金事件、21世紀にこれも保障されない公務員の労働基本権──公務員労組創立大会事件〔ほか〕　2017.3 256p A5 ¥2500 ①978-4-86377-046-1

◆ワークプレイス・スタディーズ──はたらくことのエスノメソドロジー　水川喜文, 秋谷直矩, 五十嵐素子編　（東京）ハーベスト社
【要旨】シゴトの現場で何が起こっているのか？ 寿司屋のカウンター、ガンの相談電話、緩和ケアの痛みの共有、航空管制のリスク管理、リフォームの現場、ICT機器の利用現場、ビジネスミーティング…共同作業とコミュニケーションの中で実践される活動を丹念に描く。
　　　2017.3 309p A5 ¥2800 ①978-4-86339-083-6

◆ワークルール検定問題集 2017年版　日本ワークルール検定協会編　旬報社
【要旨】学生、パート・アルバイト、派遣社員、新入社員、管理職まで職場で役立つ“法律知識”が身につく！
　　　2017.8 254p A5 ¥1400 ①978-4-8451-1508-2

海外労働事情

◆EUの労働法政策　濱口桂一郎著　労働政策研究・研修機構, 労働政策研究・研修機構 発売　（『EU労働法の形成』改訂・改題書）
【目次】第1章 EU労働法の枠組みの発展（ローマ条約における社会政策、1970年代の社会行動計画と労働立法 ほか）、第2章 労使関係法政策（欧州社会法等、会社法の接近ほか）、第3章 労働条件法政策（リストラ関連法制、安全衛生法制ほか）、第4章 労働人権法政策（男女雇用均等法制、その他の女性関係法制 ほか）
　　　2017.1 521p A5 ¥2500 ①978-4-538-41161-3

労働問題・理論

◆アメリカン・レイバー──合衆国における労働の文化表象　日比野啓, 下河辺美知子編著　彩流社　（成蹊大学アジア太平洋研究センター叢書）
【要旨】ポストモダン社会において「労働」は消滅したか？ 気鋭の論考11篇が解き明かす、労働の新たな表象群。
　　　2017.10 321p B6 ¥2500 ①978-4-7791-2398-6

◆イギリス労使関係法改革の軌跡と展望──サッチャリズムからニューレイバーへ　鈴木隆著　旬報社
【要旨】サッチャーならびにメージャー政権下の保守党政府は労働組合を抵抗勢力と位置づけ法的規制を強化し労働組合の弱体化を図った。ブレアならびにゴードン・ブラウン政権下の労働党政府はニューレイバーを標榜し労働者個人の権利保障を手厚くする政策を展開した。労働組合を中心とする集団的労使関係法から個別的労使関係法へ、その歴史的発展の実相を明らかにする。
　　　2017.9 400p A5 ¥7000 ①978-4-8451-1512-9

◆エキタス──生活苦しいヤツあげろ　エキタス, 今野晴貴, 雨宮処凛著　（京都）かもがわ出版
【要旨】最低賃金1500円に上げろ！ 当たり前に生きさせろ！ 貧困叩きは今すぐやめろ！ 中小企業に税金まわせ！一声を上げ始めた若者たち。
　　　2017.8 149p A5 ¥1500 ①978-4-7803-0932-4

◆「おもてなし」という残酷社会──過剰・感情労働とどう向き合うか　榎本博明著　平凡社　（平凡社新書）
【要旨】私たち日本人は、人と人との「間柄」を配慮しながら生きてきた。だからこそ、接客の場で心地よい「おもてなし」がなされてきたのだ。しかし、もともと丁寧なだけだった、信頼関係を築いてきた場に、欧米の「顧客満足（CS）」といった概念が取り入れられ、従業員は過剰な「お客様扱い」を強いられるようになった。そして、客は過剰な接客を当然みなし、どんどんわがままになっていった。過酷なストレス社会を生き抜くために、その社会的背景を理解し、対処法を考える。
　　　2017.3 207p 18cm ¥780 ①978-4-582-85839-6

◆解雇・退職・雇止め相談標準ハンドブック　藤井康広著　日本法令
【要旨】普通解雇、懲戒解雇、整理解雇、任意退職制度、雇止め、退職勧奨、紛争解決手続──実

務で参考になる適切な対応や判断を徹底解説。
2017.4 507p A5 ¥3200 ①978-4-539-72532-0

◆会社の "本気" を後押しする過重労働防止の実務対応　TOMA社会保険労務士法人編
清文社
【要旨】経営者、管理職、社員の "本気" が長年染みついた残業体質を変える!!長時間労働の削減・働き方改革のスタートを切る会社必読の一冊！
2017.12 247p A5 ¥2500 ①978-4-433-65887-8

◆会社労務ありがち事件簿 "ダンサーのりか" の労働トラブルシューティング　長嶺超輝著　第一法規
【要旨】労務、ホントにそのままでいいの？ 謎の美人ダンサー「のりか」がトラブルをすっきり解決。企業にありがちな労務トラブルの予防策・解決策について、判例等を基にわかりやすく解説！
2017.3 244p 18cm ¥1000 ①978-4-474-05777-7

◆過労死ゼロの社会を―高橋まつりさんはなぜ亡くなったのか　高橋幸美、川人博著　連合出版
【要旨】もう絶対に繰り返さないために。まつりさんは、眼前に富士山を眺望する小高い墓地で、いま静かに眠りについています。わずか24年でその生涯をとじた彼女の死を悼み、決してこのようなことが繰り返されてはならないとの決意をこめて！
2017.12 194, 12p B6 ¥1500 ①978-4-89772-300-6

◆がん治療と就労の両立支援―制度設計・運用・対応の実務　近藤明美、藤田久子、石田周平編著　日本法令
【要旨】対応急務の実務を、多角的な視点に立ち、わかりやすく解説！
2017.12 337p A5 ¥3000 ①978-4-539-72568-9

◆企業別組合は日本の「トロイの木馬」　宮前忠夫著　本の泉社
【要旨】日本の常識となっている「労働組合」という用語・概念も、「企業別組合」という組織形態も、財界と支配階級が労働者・国民を欺くために、贈り物を装って送り込んだ社会的な偽装装置・「日本版トロイの木馬」であり、世界の非常識であることを歴史的・理論的に検証。この視座に立って、戦前・戦後の内外の議論を批判的に分析・総括し、21世紀日本における企業別組合体制克服をめざす様々な「蠢動」を紹介しつつ総合的戦略の構築を訴える。
2017.4 439p A5 ¥2800 ①978-4-7807-1611-5

◆クラウドを活用した勤怠管理のすすめ長時間労働是正の現実解　村上剛久監修、TMSエデュケーション著　泰文堂
【要旨】労働基準法大改正に備える！ これからの企業経営と人事総務に必要となる新たな仕組みがわかる。OBCの「勤怠管理サービス」なら必要なことがすべて揃う！
2017.6 159p A5 ¥1500 ①978-4-8030-1055-8

◆グローバル化のなかの労使関係―自動車産業の国際的再編への戦略　首藤若菜著　（京都）ミネルヴァ書房　（MINERVA人文・社会科学叢書）
【要旨】世界中に生産工場と開発拠点を持つ大手自動車メーカー。各社は、本国以外の国や地域でいかなる労使関係を築いてきたのだろうか。海外工場で発生した労使紛争に、本社の労使は、どう対応しているのか。本書は、インタビュー調査をもとに、フォルクスワーゲンやダイムラーなどの巨大な多国籍企業で進む国際的な労使関係の実態に迫る。伝統的に強力な労働組合が存在する自動車産業を対象に、グローバル労使関係の可能性を探る一冊。
2017.2 287p B5 ¥5500 ①978-4-623-07909-4

◆検証働き方改革―問われる「本気度」　日本経済新聞社編　日本経済新聞出版社
【要旨】2017年3月の「働き方改革実行計画」策定後の動きを追い、今後の論点を明確にします。「働き方改革10の疑問」で改革の全体像がわかります。キーパーソンへのインタビューを多数収録、多面的な視点が得られます。日経独自調査による、企業やビジネスパーソンの「生の声」を掲載しました。
2017.9 218p B6 ¥1500 ①978-4-532-32171-0

◆建設業一人親方と不安定就業―労働者化する一人親方とその背景　柴田徹平著　東信堂
【要旨】建築業人があこがれた、かつては戸別住宅建設の主役であった一人親方が、いまやマンション業者や大規模な建設業者に仕事を奪わ

れ、多くはそれらの下請け職人という就労に追い込まれている。この不安定就労を強いられる一人親方の実態構造をはじめて明らかにし、今後の安定就労の方向性を探る総合的研究である。
2017.2 207p A5 ¥3600 ①978-4-7989-1412-1

◆原発被曝労働者の労働・生活実態分析―原発林立地域・若狭における聴き取り調査から　高木和美著　明石書店
【目次】第1部 日雇労働者の生活問題と社会福祉の課題―若狭地域の原発日雇労働者の生活実態分析から（研究の目的と方法、若狭地域の原発日雇労働者の就労実態とその背景、若狭地域原発日雇労働者の生活実態の特徴、若狭地域原発日雇労働者の生活問題対策と社会福祉、資料集）、第2部 原発労災裁判梅田事件に係る原告側意見書（意見の趣旨、はじめに、調査結果、おわり に、別紙資料）
2017.10 484p A5 ¥5500 ①978-4-7503-4572-7

◆この1冊でポイントがわかる「働き方改革」の教科書　河西知一、小宮弘子著　総合法令出版
【要旨】600社を超える会社を見てきた「人事のプロ」が教える、今からやっておくべき「働き方改革」への正しい対応！ 企業が実際に「働き方改革」に取り組むべきなポイント、障壁となること、今から取り組んでおきたい施策のヒントが満載！
2017.8 221p B6 ¥1500 ①978-4-86280-575-1

◆雇用社会の危機と労働・社会保障の展望　矢野昌浩、脇田滋、木下秀雄編　日本評論社　（龍谷大学社会科学研究所叢書）
【目次】第1部 労働・社会保障法理論の再生（雇用・社会保障における国家・企業・個人の役割、労働権論―反労働権的現実の改善をめざして、生存権の検討）、第2部 雇用と社会保障の連携をめぐる諸論点（不安定雇用の防止策―建設業における被用者保険料負担責任の転換策を参考に、若者・学生の移行期における雇用・社会保障法制の課題、高齢者一年金と労働）、第3部 外国法研究（韓国、ドイツ）
2017.2 312p A5 ¥5600 ①978-4-535-52250-3

◆これを知らずに働けますか？―学生と考える、労働問題ソボクな疑問30　竹信三恵子著　筑摩書房　（ちくまプリマー新書）
【要旨】「バイトは休暇が取れない？」「どこまで働くと過労死する？」そんな学生の率直な疑問に答えます。仕事選び、賃金、労働組合、ワークライフバランス、解雇など、働く人を守る基礎知識を大解説。これを知らずに社会に出て行ったら、あぶない！
2017.7 218p 18cm ¥840 ①978-4-480-68985-6

◆産業医が見る過労自殺企業の内側　大室正志著　集英社　（集英社新書）
【要旨】パソコン・モバイル機器を四六時中使う現代人の脳は「バッテリー容量は同じなのにアプリだけ増えているスマホ状態」で、人類は今、史上最も脳が疲れる生活を送っている。そこに長時間労働や偏った人間関係・トラブルなどでストレスが加わると、「コップから水があふれるように」人はうつ状態になり、最悪、自殺に追い込まれる。自殺に至る人間とはどんなタイプか、社員を自殺させる会社の問題点は何か？ 約三〇社の産業医として、のべ数万人の社員を診てきた著者が、過労自殺の原因と対処法を教える現代人必読の一冊。
2017.6 205p 18cm ¥720 ①978-4-08-720885-6

◆若年ノンエリート層と雇用・労働システムの国際化―オーストラリアのワーキングホリデー制度を利用する日本の若者のエスノグラフィー　藤岡伸明著　福村出版
【目次】若年海外長期滞在者を考察する意義、第1部 ワーキングホリデー制度―理念、運用、利用者の概要（ワーキングホリデー制度と日本人利用者の概要、豪州ワーキングホリデー制度と日本人利用者の概要）、第2部 閉塞状況への打開策・対処法としての海外滞在（豪州ワーキングホリデー制度の利用者増加を促進する諸要因、ライフヒストリー分析（1）―キャリアトレーニング型・キャリアブレーク型、ライフヒストリー分析（2）―キャリアリセット型）、第3部 日系商業・サービス産業と国際労働市場（日本企業の豪州進出と就業機会の増大、日本食産業における就業状況、日本人向け観光業における就業状況）、インタビュー調査について、日豪関係史の概略
2017.2 496p A5 ¥7500 ①978-4-571-41060-4

◆社労士が教える 労災認定の境界線　SRアップ21編　労働新聞社
【要旨】本書は、平成25年1月より、弊社発行「安全スタッフ」へSRアップ21の会員社労士が寄稿した原稿をもとに、労働災害の業務上外の認定基準について「何が業務上・業務外の判断を分けたのか？」について、具体的な77事例を解説したものです。書籍化にあたっては、日々の社労士業務の中で相談が多い事例や、実際の労災手続きの中で直面した困った事例などを、業務上災害として認定されたもの、業務外と判断されたもの、ケガ、病気の労災に区分しまとめました。『業務中のこんなところに、ケガや病気につながる危険の芽が潜んでいるんだ』という視点でお読みいただいても参考になります。
2017.8 241p A5 ¥1800 ①978-4-89761-667-4

◆書式労働事件の実務―本案訴訟・仮処分・労働審判・あっせん手続まで　労働紛争実務研究会　民事法研究会　（裁判事務手続講座 第24巻）
【要旨】訴訟、仮処分、労働審判手続を中心に、書式例を掲げ、実体法上の論点と手続上の留意点を解説！ 手続の選択から解雇、休職、雇止め、賃金等請求、人事・損害賠償ほか不当労働行為の救済手続を取り上げ、豊富な事例に対応！ 訴状・申立書、答弁書はもとより証拠説明書、控訴状、上告状、保全異議申立書、文書提出命令申立書等、豊富な書式例を掲載！
2018.1 489p A5 ¥4500 ①978-4-86556-196-8

◆女性と労働―貧困を克服し男女ともに人間らしく豊かに生活するために　日本弁護士連合会第58回人権擁護大会シンポジウム第1分科会実行委員会編著　旬報社
【要旨】なぜ貧しいのか？ どうしたら解決できるのか？ 非正規、シングルマザー、セクハラ、マタハラ、性産業、生活保護…多様な問題を取り上げ、解決のための実践を提案。女性労働先進国オランダの調査報告収録。
2017.4 297p A5 ¥2000 ①978-4-8451-1477-1

◆女性労働の分析―地域別にみた女性の就業状況 2016年　21世紀職業財団
【目次】1 働く女性の状況（平成28年の働く女性の状況、地域別にみた女性の就業状況）、2 働く女性に関する対策の概況（雇用における男女の均等な機会と待遇の確保等対策の推進、仕事と生活の調和の実現に向けた取組、パートタイム労働対策の推進、在宅ワーク対策の推進、家内労働対策の推進、女性の能力発揮促進のための援助）　2017 309p A5 ¥2400 ①978-4-915811-82-1

◆新労働事件実務マニュアル　東京弁護士会労働法制特別委員会編著　ぎょうせい　第4版
【要旨】採用・就職から退職・解雇、労働契約の成立・継続・終了に至るまでをステージ別に詳解。派遣法、パート法、雇用均等法、育児介護休業の改正に対応。新たな編「集団的労働関係」が加わり、内容が一層充実。
2017.2 681p B5 ¥7000 ①978-4-324-10249-7

◆正規の世界・非正規の世界―現代日本労働経済学の基本問題　神林龍著　慶應義塾大学出版会
【要旨】労使自治は「桎梏」か「根幹」か？ 著者が現代の労働市場で最も顕著な問題を「正規の世界と非正規の世界の不釣合いな関係」と捉え、富田強気のシャッター商店街に立つ1世紀余りを労働経済学・数量経済史・法と経済学など多彩なアプローチ・分析手法を用いて概観。現在から未来へとつながるわが国の働き方のトレンドを展望する渾身の力作！
2017.11 444p A5 ¥4800 ①978-4-7664-2482-9

◆正社員消滅　竹信三恵子著　朝日新聞出版　（朝日新書）
【要旨】いまや、日本で働く人の4割が非正規雇用に。契約やパートだけに責任を押し付けられる現場が増えている。どれだけ会社に貢献しても、時給換算では最低賃金なみ、ヘタすると雇用保険もない「名ばかり正社員」も問題だ。雇用流動化の政府方針に沿うように、正社員追い出しビジネスは絶好調。人生の安定を担保する「正社員」が危ない！
2017.3 237p 18cm ¥760 ①978-4-02-273710-6

◆世界の雇用及び社会の見通し 2016 仕事を変化させて、貧困を終わらせる　ILO著、田村勝省訳　一灯舎
【要旨】『世界の雇用及び社会の見通し2016』は、貧困削減の戦いにおいてはディーセント・ワークが最も重要であることを示している。同報告書の指摘によれば、貧困率は多くの新興国・開

発途上国で低下傾向にあったものの、大半の先進国では就労貧困率も含め、上昇傾向をたどってきている。本報告書では、仕事の質と貧困削減における社会的保護の役割に特別な注意を払いながら、貧困層が依存するようになってきている仕事と所得の種類を検討している。この検討において、ディーセント・ワークの機会が貧困層にとって入手可能にならない限り、貧困を持続可能な形で削減することは不可能であることが証明されている。この発見は過去20年間にわたる100を超える国々―先進国、新興国、開発途上国を含む―の労働市場と貧困のトレンドに関する分析に基いている。

2017.3 181p B5 ¥4500 ①978-4-907600-50-1

◆世界の雇用及び社会の見通し―動向編 **2017** ILO著, 田村勝省訳 一灯舎
【要旨】本レポートは、世界各国、およびILOの分類に基づく各地域について、「失業」「脆弱な雇用形態」「就労貧困（ワーキング・プア）」に関する動向と予測を2007～2018年の期間にわたり最新のデータに基づいて分析している。前年からの動向の修正についてはその原因と内容を解説している。また、各地域の社会情勢や経済（GDP、貿易など）の動向および見通しについても述べている。

2017.10 51p B5 ¥3000 ①978-4-907600-52-5

◆戦後日本の労使関係―戦後技術革新と労使関係の変化 藤田実著 大月書店 （戦後世界と日本資本主義―歴史と現状 7）
【目次】序章 問題の所在と分析視角、第1章「体制的危機」および冷戦体制下の資本再建と労働運動の激化、第2章 戦後重化学工業段階の成立と労働過程の変化、第3章 戦後重化学工業段階における労使関係、第4章 戦後重化学工業の分解とME技術革新下の産業と労働、第5章 日本資本主義の蓄積基盤の変容と労働市場の変化、第6章 ICT革命、AI革命と産業・労働の変化、第7章 日本的労使関係の変容と労働運動の停滞、終章 労働運動の再生と課題

2017.6 290p A5 ¥2800 ①978-4-272-10247-1

◆誰が日本の労働力を支えるのか？ 寺田知太, 上田恵陶奈, 岸浩稔, 森井愛子著 東洋経済新報社
【要旨】700万人超の働き手を失う2030年の日本が選ぶのは外国人か？ 人工知能か？ 英オックスフォード大学と野村総合研究所の共同研究による衝撃の近未来シミュレーション！

2017.4 209, 18p A5 ¥1600 ①978-4-492-76231-8

◆誰が「働き方改革」を邪魔するのか 中村東吾著 光文社 （光文社新書）
【要旨】少子高齢化で労働力が減少する日本。その対策として打ち出されたダイバーシティ。しかし、働き方改革による労働の多様化戦略は、なかなか浸透しない。それはなぜか？「長時間労働」「待機児童」「介護離職」「ぶら下がり社員」等々、問題が山積する社会で私たちが持つべきビジョンとは？ "頑張りたくても頑張れない時代"を生き抜くヒント。

2017.9 237p 18cm ¥760 ①978-4-334-04310-0

◆賃金決定のための物価と生計費資料 **2018年版** 労務行政研究所編 労務行政
【目次】解説編（生計費統計の見方・使い方―個別賃金検討のための基礎データとして、物価と生計費Q&A―基礎知識から実務への応用まで）、資料編（"特別資料" 年齢別・子供の数別・全国都市別標準生計費、全国都市別物価・生計費要覧、実態生計費関係、物価指数関係、生活保護基準関係 ほか）

2017.12 331p B5 ¥5333 ①978-4-8452-7361-4

◆賃金事情調査―平成28年賃金事情等総合調査 中央労働委員会事務局編 労委協会
【目次】産業別性構成比、平均年齢及び平均勤続年数、産業別性別平均（所定内・所定外）賃金及び平均所定外勤務時間、産業別所定内賃金の構成、産業別基本給の構成要素の対所定内賃金割合（最も重要な決定要素別）、産業別構成要素別割合（最も重要な決定要素別）、産業別役付手当制度の有無及び役職区分別平均支給額、産業別住宅手当制度の有無、扶養の有無、住宅の種類及び平均支給額、産業別労働組合からの賃金に関する要求の有無、要求方式及び妥結の有無、産業別労働組合からの賃金に関する要求額（率）及び妥結額（率）、産業別賃金改定の状況、産業別賃金改定額（率）別平均改定率及び月収換算月額、産業別一時金（平成27年度末・平成28年度夏期）平均支給額及び月数換算月数、賃金の種類、コース、年齢、勤続年数別モデル所定内賃金、産業、学歴、労働者の種類、性、年齢別

実在者平均所定内賃金及び平均勤続年数、産業、学歴、労働者の種類、年齢、勤続年数別モデル一時金（平成27年末・平成28年夏期）

2017.5 82p A4 ¥3000 ①978-4-89792-428-1

◆電通事件―なぜ死ぬまで働かなければならないのか 北健一著 旬報社
【要旨】若者のやりがいを利用して利益を上げる"やりがい搾取企業"に問う！ 本当に社員の幸せを考えているか？

2017.2 126p B6 ¥1000 ①978-4-8451-1494-8

◆同一労働同一賃金ガイドライン案に沿った待遇基準・賃金制度の作り方 菊谷寛之著 第一法規
【要旨】政府発表の「同一労働同一賃金ガイドライン案」に沿った待遇基準、賃金制度・体系作りの考え方・あり方等を経験豊富な賃金コンサルタントである著者が実務レベルで解説します！

2017.11 294p A5 ¥2800 ①978-4-474-05912-2

◆同一労働同一賃金で、給料の上がる人・下がる人―あなたの収入はどうなるか？ 山口俊一著 中央経済社, 中央経済グループパブリッシング 発売
【要旨】バブル崩壊以降、企業の人事・賃金システムは日本型成果主義システムが導入され大きく変わったかに見えましたが、若手より中高年、女性より男性、独身者より家族持ち、非正規社員より正社員と、根本のところではこれまでと変わりありませんでした。しかし、政府が働き方改革の目玉として進める「同一労働同一賃金」により、日本企業の人事・賃金システムが大きく変わろうとしています。本書では、著者の長年にわたる人事コンサルタントとしての知識・経験を踏まえ、同一労働同一賃金によって企業の人事・賃金システムはどのように変わるのか、正社員、非正規社員（派遣社員、パート・アルバイト）など、雇用形態による待遇にどのような変化が起こるかについて考察します。

2017.11 211p B6 ¥1600 ①978-4-502-24691-3

◆同一労働同一賃金の衝撃―「働き方改革」のカギを握る新ルール 山田久著 日本経済新聞出版社
【要旨】格差は正は可能か？ 欧州の雇用実態や「ガイドライン案」を踏まえ、日本企業が取り組むべき課題をわかりやすく解説。

2017.2 237p B6 ¥1800 ①978-4-532-32129-1

◆東大卒貧困ワーカー 中沢彰吾著 新潮社 （新潮新書）
【要旨】東大卒、元アナウンサーの筆者が、介護退職した後に見たのは、奴隷労働にも等しい「派遣・非正規」の実態だった。徹夜での12時間労働、日給1300円の仕事、研修名目で3ヶ月間無給等々、人の弱みにつけこむ求人が、今も堂々とまかり通っている。さらに資産家のふりをさせる詐欺紛いの「替え玉」派遣まで登場―徹底した現場主義による潜入取材で見えてきた、知られざる労働現場の真実。

2017.6 189p 18cm ¥720 ①978-4-10-610722-1

◆日本の労働市場開放の現況と課題―農業における外国人技能実習生の重み 堀口健治編 筑波書房
【目次】第1部 総論（日本の労働市場における外国人労働力の大きさ―知見と世界の国際間移動と日本の位置）、第2部 日本（農業に見る技能実習生の役割とその拡大―熟練を獲得しながら経営の質的充実に貢献する外国人労働力、タイプ別地域別にみた外国人技能実習生の受入れと農業との結合か）、第3部 海外―送り出し国の実状と短期労働者が期待するもの（技能実習生・研修生の最多送出し国から急減した中国―中国の海外労働者のジレンマ、帰国した実習生と日系企業―中国側の日本の制度に対する評価と実際（違い）、第4部 海外―受け入れ国における短期外国人労働者の実状と意義（違法滞在とH－2Aビザが支える米国カリフォルニア農業、英国の外国人短期農業労働者受け入れ制度の評価と展望 ほか）

2017.11 279p A5 ¥3000 ①978-4-8119-0520-4

◆入門 個別的労使紛争処理制度―社労士法第8次改正を踏まえて 村田毅之著 （京都）晃洋書房
【目次】第1章 総論（日本における労使紛争の現状と個別的労使紛争処理制度の展開、労使紛争処理の実態、公的労使紛争処理機関に要する社会的費用）、第2章 裁判所における個別的労使紛争処理（裁判所における労使紛争処理、地方裁

判所における民事訴訟、労働審判制度、簡易裁判所の諸制度）、第3章 行政機関における個別的労使紛争処理（都道府県労働局における個別的労使紛争処理、労働委員会における労使紛争処理、労政主管事務所における労使紛争処理）、第4章 私的機関における個別的労使紛争処理（私的機関における個別的労使紛争処理、個別的労使紛争処理を行う私的機関）

2017.2 196p A5 ¥2600 ①978-4-7710-2803-6

◆派遣労働という働き方―市場と組織の間隙 島貫智行著 有斐閣
【目次】第1部 派遣労働の捉え方（問題設定―派遣労働とは何か、先行研究の検討―どのように議論されてきたか、分析の視点・枠組み・方法―どのように捉えるか）、第2部 派遣労働者が経験する困難（賃金と付加給付、雇用の安定性と能力開発機会、仕事の自律性と労働時間）、第3部 派遣労働者が困難に対処する方策（派遣労働の受容―派遣労働者のジレンマ、派遣労働の回避―正規労働者への転換とフリーランスとしての独立、派遣労働の克服―雇用関係とネットワーク）、第4部 派遣労働者が従事する仕事の質（就業形態による比較―正規労働よりも劣るか、労働契約と雇用関係による比較―なぜ劣るか）、派遣労働とはどのような働き方か

2017.4 330p A5 ¥4300 ①978-4-641-16497-0

◆「働き方改革」の不都合な真実 常見陽平, おおたとしまさ著 イースト・プレス
【要旨】「働き方」よりも「稼ぎ方」改革を！ 長時間労働はどうすれば是正できるのか？ 日本の労働生産性が低いのはなぜか？ 少子化は本当に悪いことなのか？ 日本の強みと弱みは何か？ 「雇用・労働」「育児・教育」の専門家が徹底的に暴く、改革のとんだ「副作用」。

2017.11 182p B6 ¥1400 ①978-4-7816-1587-5

◆「働き方改革」まるわかり 北岡大介著 日本経済新聞出版社 （日経文庫）
【要旨】本書では政府で議論が進む「働き方改革」、特に企業への影響が大きい労働時間改革を取り上げ、その背景や今後の企業の対応策などをコンパクトに解説しています。労働時間に関する法的問題を理解することで、働き方改革を正しく知ることができます。人事担当者、管理職はもちろん、働き方・働き方改革に関心のある一般の人にとってもわかりやすい入門書です。

2017.7 223p 18cm ¥860 ①978-4-532-11379-7

◆働き方の男女不平等―理論と実証分析 山口一男著 日本経済新聞出版社
【要旨】ルービンの因果推論モデルなど最新の分析モデルを駆使。男女の所得や管理職割合の格差、職業分離の実態、WLB推進の効果、統計的差別の不合理性などを分析。

2017.5 269p A5 ¥3200 ①978-4-532-13471-6

◆働き方の問題地図―「で、どこから変える？」旧態依然の職場の常識 沢渡あまね, 奥山睦著 技術評論社
【要旨】「親が突然、要介護状態に」「上司や部下が外国人」「育休後に仕事復帰したけど、毎日が綱渡り」…。そろそろ、実態に即した働き方を考えないとまずいんじゃないですか？「職場の問題地図」「仕事の問題地図」「職場の問題かるた」に続く働き方改革のバイブル！

2018.1 237p B6 ¥1480 ①978-4-7741-9427-1

◆働くのがつらいのは君のせいじゃない。―すり減る毎日が変わるシンプルな考え方 佐々木常夫著 ビジネス社
【要旨】会社の"常識"の縛られるのは、もうやめよう。「簡単に辞められない」からこそ考えてほしい、会社では絶対に教わらない「いちばん大事な仕事習慣」。

2018.1 207p B6 ¥1200 ①978-4-8284-2003-5

◆働く場のリアル―「女性活躍」と言わせない 女性労働問題研究会編 女性労働問題研究会, すいれん舎 発売 （女性労働問題研究 第61号）
【目次】巻頭 日本型雇用と女子の運命、特集1「同一労働同一賃金」と雇用、特集2「働き方改革」と女性、マイ・ストーリー―当事者性に視点をおいて生活を追究した年月、トピックス、法廷から、書評、読書案内―渋谷龍一著『女性活躍「不可能」社会ニッポン』、文化レビュー―インド映画と女性 - 得たものと失ったもの、読者の声

2017.3 212p A5 ¥3000 ①978-4-86369-496-5

◆8時間働けばふつうに暮らせる社会を―働くルールの国際比較 **2** 筒井晴彦著 学習の友社

経済・産業・労働

【要旨】その「働き方改革」ちょっと待った！ 働くルールの世界基準はこれだ。「先進国」に例をみない賃金格差と長時間労働を斬る。
2017.11 171p A5 ¥1400 ①978-4-7617-1029-3

◆パワハラ・セクハラ・マタハラ相談はこうして話を聴く一こじらせない！ 職場ハラスメントの対処法　野原蓉子著　経団連出版
【目次】序章 パワー・ハラスメントが経営を揺るがす、第1章 パワハラの6類型と相談窓口の役割、第2章 ハラスメント相談への対応法、第3章 相談シナリオで学ぶヒアリングの成功と失敗、第4章 事例から学ぶ対応のポイント、第5章「解決できるか」「こじれるか」の分岐点、第6章 参考資料 2017.12 140p A5 ¥1300 ①978-4-8185-1706-6

◆非正規クライシス　北川慧一, 古賀大己, 澤路毅彦著　朝日新聞出版
【要旨】非正規ループから抜け出せない就職氷河期世代。3年ごとに職場を転々とする派遣労働者。図書館や保育所で働く非正規公務員。増え続ける非正規シニア。メトロコマース、日本郵便裁判…。放置すれば日本の将来に禍根を残す!! 拡大していくばかりの格差社会の先に、果たして未来はあるのか!? 「朝日新聞」記事を大幅加筆。
2017.11 207p B6 ¥1300 ①978-4-02-251482-0

◆人手不足なのになぜ賃金が上がらないのか　玄田有史編　慶應義塾大学出版会
【要旨】働き手にとって最重要な関心事である所得アップが実現しないのは、なぜ？ 22名の気鋭が、現代日本の労働市場の構造を驚きと納得の視点から明らかに。
2017.4 310p B6 ¥2000 ①978-4-7664-2407-2

◆ひとりで闘う労働紛争一個別労働紛争対処法　橋本忠治郎, 平賀健一郎, 千葉茂著　緑風出版　（プロブレムQ&A）
【要旨】ある日突然の解雇、雇い止め、降格、減給一でも労働組合が取り合ってくれない！ 日々の労働相談からは、雇用で孤立し、様々な問題で苦しんでいる労働者の悲鳴が聞こえます。労働組合が機能しなくなり、このような状況を改善するためには、何が必要か？ まず、自分が行動し、権利を主張しなければ、状況は悪化の一途を辿ります。本書は、その手引き書です。一人で闘いを始めるための法律や相談先、どのように行動すればよいかを、ていねいに詳しくQ&Aで解説します。
2017.3 211p 21×14cm ¥1900 ①978-4-8461-1702-3

◆ブラック化する職場一コミュニティユニオンの日々　竹之内госен著　花伝社, 共栄書房 発売
【要旨】人びとが働く職場は今どうなっているか？ 救済を求める人びとと救済に奔走する合同労組の活動家たち吹きすさぶ労働現場と個人加盟の労働組合で日夜奮闘する活動家たちの日常を描く一これは、2000年代初頭から2016年の日本における労働の姿と、その現実に立ち向かった者たちによる歴史の1頁である。
2017.3 186p B6 ¥1500 ①978-4-7634-0804-4

◆ブラック企業バスターズ　神部紅著　（草加）朝陽会　（グリームブックス）
【要旨】企業は若者を殺す気で雇っている!?バイトも正社員も辞めたいのに辞めさせてもらえない。死ぬほど働いても貧困。訴えて損害賠償請求。それ、労働組合で解決しましょう！
2017.11 105p A5 ¥1000 ①978-4-903059-51-8

◆ブラック職場一過ちはなぜ繰り返されるのか？　笹山尚人著　光文社　（光文社新書）
【要旨】二〇一五年、電通に勤めていた高橋まつりさん（当時二四歳）が過労によって亡くなったことは記憶に新しい。同社では、一九九一年にも若手社員が過労死している。過ちは、なぜ繰り返されるのか。日本社会は、二一世紀に入って労働者をより冷遇するような状況に進んでいるように見える。労働者の劣悪な環境で苦しむ事例、裁判に訴えても声が届かない例は数知れない。パワハラを始めとする様々なハラスメントも横行している。なぜ、ブラックな職場はなくならないのか？ 労働弁護士の立場から、豊富な事例からブラック職場の問題に横たわる背景を検討しつつ、ホワイトな社会の実現に向けた具体的な解決策を示す。
2017.11 241p 18cm ¥780 ①978-4-334-04319-3

◆元労働基準監督官が書いた必ず役立つ賃金の本　合田弘孝著　労働調査会
【目次】お金に関する話、労基法と賃金、平均賃金（労基法第12条）、賃金の種類、賃金の各種内容規定、賃金の支払、端数及び時効、賃金カッ

ト・控除・相殺、休業手当、保障給、割増賃金、最低賃金、賃金制度、未払賃金立替払制度
2017.10 164p A5 ¥1500 ①978-4-86319-642-1

◆「やりがいのある仕事」と「働きがいのある職場」一ブラック企業を反面教師に　伊藤健市著　（京都）晃洋書房
【目次】第1章 ブラック企業から学ぶ、第2章 なぜ「やりがい」・「働きがい」が問題となるのか、第3章「追い出し部屋」が教えてくれること一「やりがいのある仕事」「働きがいのある職場」という視点から、第4章「やりがいのある仕事」とは、第5章 モチベーションの系譜、第6章「やりがいのある仕事」を支える理論、第7章「働きがいのある職場」を支える理論、第8章「最高の職場」を求めて一ロバート・レヴェリングの所論を中心に、第9章 最高の職場研究所と「最高の職場」
2017.4 185p A5 ¥2000 ①978-4-7710-2890-6

◆ユニオンとブラック社員一働き方改革を考える　田岡春幸著　青林堂
【要旨】政治色を強めより過激化するユニオンの労働運動！「働き方改革」によって崩される日本人の労働観とは。
2017.10 198p B6 ¥1000 ①978-4-7926-0606-0

◆労基署がやってきた！　森井博子著　宝島社　（宝島社新書）
【要旨】その残業、見られています。「伝説の女性署長」と呼ばれた元労働基準監督官が明かす、企業調査、捜査、送検の舞台裏。
2017.6 191p 18cm ¥800 ①978-4-8002-7134-1

◆労働経済学で考える人工知能と雇用　山本勲著　三菱経済研究所
【目次】第1章 人工知能やロボットの普及による労働市場への影響、第2章 1980年代以降の技術革新と労働市場：観察事実と理論モデル（賃金格差の拡大とスキルプレミアムモデル、雇用の二極化の進展とタスクモデル）、第3章 人工知能やロボットなどの技術革新の労働市場への影響予測：AI雇用失業仮説（タスクモデルに基づくインテリジェントICT化の労働市場への影響、AI技術失業に関する指摘、AI技術失業説の留意点）、第4章 日本の労働市場の特性と技術革新との関係（日本の労働市場でのRoutinization 仮説、日本的雇用慣行とインテリジェントICT、非正規雇用とインテリジェントICT、インテリジェントICTの利活用と雇用、超高齢社会におけるインテリジェントICTの利活用に代えて（これまでの議論のまとめ、今後の研究課題と若干の政策含意）
2017.3 74p A5 ¥1300 ①978-4-943852-59-9

◆労働事件事実認定重要判決50選　須藤典明, 清水響編　立花書房
【要旨】東京地裁労働三か部関係者36名の英知がここに集結。審級によって判断が分かれた注目裁判例や先例的意義を有する最高裁判決・高裁判決56本を厳選。裁判の帰趨を決する事実認定の手法及び判断枠組みの核心を詳細に解説。残業代と労働時間、業務と自殺との因果関係、パワハラやセクハラ等、最新のテーマも意欲的に取り上げた。
2017.10 586p A5 ¥6400 ①978-4-8037-2901-6

◆労働者代表制の仕組みとねらい一Q&A 職場を変える切り札はこれだ！　小畑明著　エイデル研究所
【要旨】わが国で初めて刊行される労働者代表制の解説書。
2017.5 180p A5 ¥2000 ①978-4-87168-600-6

◆労働相談全国ガイドブック一職場トラブル110番　労働相談センター編　同時代社
【要旨】上司や同僚からのいじめは？（安全衛生）、お給料は十分ですか？（賃金）、有給休暇は取れていますか？（法定休暇）、自分の能力にあった仕事ですか？（人員配置）…こんな悩みに…。
2017.1 67p A5 ¥700 ①978-4-88683-809-4

◆ワーク・スマートーチームとテクノロジーが「できる」を増やす　岩村水樹著　中央公論新社
【要旨】日本の「働く」を変えるべく動き始めたグーグル。なぜグーグルは働きやすく、そこで働く全員がイノベーションを生み出す環境でいられるのか？ そしてテクノロジーで女性をエンパワーメントする活動を立ち上げたのか？ 1000を超えるパートナー企業と5000を超えるアイデアを集めた“Women Will”を牽引する著者が、グーグルが進める「働き方改革」の全容と「人生を多様化する働き方」を紹介。長時間労働解

消、女性活躍、ダイバーシティ。チームとテクノロジーに力を借りて、働き方が“ハード”から“スマート”に変われば、あなたの「できる」はこんなに増える！
2017.3 309p B6 ¥1600 ①978-4-12-004885-2

◆ワーク・ライフ・バランスを実現する職場一見過ごされてきた上司・同僚の視点　細見正樹著　（吹田）大阪大学出版会
【目次】第1章 本書の目的および全体構成、第2章 家庭生活と創造的職務行動、第3章 ワーク・ライフ・バランス支援制度の効果、第4章 ミドルマネジャーの寛容度、第5章 同僚従業員の業務負担予測と寛容度、第6章 同僚従業員の態度、第7章 総括
2017.2 196p A5 ¥4800 ①978-4-87259-576-5

◆IT技術者の能力限界の研究一ケイパビリティ・ビリーフの観点から　古田克利著　日本評論社
【目次】第1章 研究の目的と全体構成、第2章 IT技術者の能力限界問題、第3章 能力限界問題の理論的フレームワーク、第4章 仮説の構築、第5章 方法、第6章 個人的発達要因に関する実証分析、第7章 職場環境要因に関する実証分析、第8章 産業構造要因に関する実証分析、第9章 考察とまとめ
2017.2 150p A5 ¥4800 ①978-4-535-55878-6

◆Q&Aでわかる！ 管理職のための労基署対策マニュアル　安中繁監修　宝島社
【要旨】「働き方改革」でルールが変わる！ 1時間で学ぶアウトとセーフの境界！
2017.6 127p A5 ¥780 ①978-4-8002-7064-1

 労働時間・休暇

◆最適な労働時間の管理方法がわかるチェックリスト　濱田京子著　アニモ出版
【要旨】あなたの会社の“働き方改革”を実現するために、いますぐ役に立つハンドブック！「導入要件」をチェックして、会社の実態に合った管理方法を探そう！ 労働時間制度のわかりやすい解説から、運用のしかたや留意点を理解しておこう！
2017.11 206p A5 ¥1500 ①978-4-89795-207-9

◆「死ぬくらいなら会社辞めれば」ができない理由（ワケ）　ゆうきゆう監修, 汐街コナ著　あさ出版
【要旨】その仕事、命よりも大切ですか？ NHK、毎日新聞、産経新聞、ハフィントンポストで紹介され話題になった過労死マンガを書籍化！
2017.4 158p B6 ¥1200 ①978-4-86063-970-9

◆長時間労働対策の実務　労務行政研究所編　労務行政　（労政時報選書）
【要旨】国の進める「働き方改革実行計画」、労基署の是正指導に見る労働時間の適正管理、長時間労働をめぐる企業のリスク、先進企業における時間外労働削減の進め方等々。自社に最適な長時間労働対策へのアプローチを多角的視点から紹介します。
2017.11 350p A5 ¥4600 ①978-4-8452-7351-5

◆労働時間、休日・休暇調査一平成28年賃金事情等総合調査　中央労働委員会事務局編　労委協会
【目次】産業、勤務形態別年間所定労働時間の分布及び平均年間所定労働時間、産業、勤務形態別1日の所定労働時間の分布及び平均所定労働時間、産業、勤務形態別1週の所定労働時間の分布及び平均所定労働時間、産業、勤務形態別年間休日日数の分布及び平均年間休日日数、産業、勤務形態別休日の種類及び年間休日日数、産業別変形労働時間制・みなし労働時間制の採用状況、産業別所定外労働割増賃金率の分布及び平均増賃金率、産業別労使協定における時間外労働の限度の分布及び平均限度時間、産業別労使協定における休日労働の1か月当たり限度の分布及び平均限度日数（主たる事業所）、産業別特別休暇・休暇制度の状況、産業特別休暇・休暇及び勤務時間短縮制度以外の仕事と育児・介護の両立を支援するための措置の採用状況、産業、勤続年数別年次有給休暇付与日数の分布及び平均付与日数、産業別年次有給休暇の最高付与日数及び平均最高付与日数、産業別年次有給休暇の最高付与日数に係る所要勤続年数の分布及び平均所要勤続年数、産業、性別一人当たり年次有給休暇（継続・新規付与・取得）日数、平均取得率及び取得率階級の分

布（本社・主たる事業所）、産業別長時間労働の削減についての対策の実施状況、産業別仕事と生活の調和（ワーク・ライフ・バランス）への取組状況　2017.5 96p A4 ¥2100 ⓘ978-4-89792-528-8

外国人労働者問題

◆外国人技能実習・研修事業実施状況報告—JITCO白書　2017年度版　国際研修協力機構編　国際研修協力機構教材センター
【目次】第1部 2017年度外国人技能実習・研修に対するJITCO指導・支援等の事業計画（公益目的事業、共益事業、収益事業、法人管理）、第2部 2016年度外国人技能実習・研修に対するJI-TCO指導・支援等の実施状況、第3部 外国人技能実習生・研修生の受入れ状況、技能実習2号への移行申請状況）、第4部 JITC-Oの業務推進体制（組織・人員、決算と予算の概況）　2017 111p A4 ¥1500 ⓘ978-4-904499-89-4

◆外国人実習生「SNS相談室」より—ニッポン最暗黒労働事情　榑松佐一著　（名古屋）風媒社
【要旨】二段ベッド5人部屋に家賃4万円…時給400円での残業券慮…逃亡、怪我をしたまま強制帰国。日本の闇・「国際的使い捨て労働」の実態。　2017.3 219p B6 ¥1600 ⓘ978-4-8331-1117-1

◆外国人・留学生を雇い使う前に読む本—平成29年9月改訂　永井弘行著　セルバ出版、創英社/三省堂書店 発売　改訂2版
【要旨】外国人の採用には、日本人採用のルールに加えて、特有の取扱いがある。本書では、大卒外国人の雇い入れや留学生のアルバイト活用などにあたって外国人を雇用するときに、経営者・人事責任者が押さえておくべきポイントについて、日本人採用との違いを明確にしてわかりやすく解説。
　2017.10 199p B6 ¥1700 ⓘ978-4-86367-369-4

◆外国人労働者受け入れと日本語教育　田尻英三編　ひつじ書房
【目次】「日本語教育推進基本法」を考える、外国人労働者受け入れ施策と日本語教育、日本語教育における日本語学校の位置づけ、インドネシア人技能実習生の受け入れと日本語教育、外国人看護・介護人材の日本語教育、留学生・高度人材に対する政策の変遷とビジネス日本語教育、子どもの日本語教育—人権としてのことばの教育、特化型の日本語教育とユニバーサルな国語教育—外国人労働者受け入れのために
　2017.8 233p A5 ¥1700 ⓘ978-4-89476-887-1

◆外国人労働者をどう受け入れるか—「安い労働力」から「戦力」へ　NHK取材班著　NHK出版　（NHK出版新書）
【要旨】日本で働く外国人の数が、二〇一六年に初めて一〇〇万人を超えた。飲食業や建設業をはじめ、低賃金・重労働の業種ほど日本人が集まらず、外国人の労働力なくしては、もはや日本の産業は成り立たない。一方で、日本人の雇用が奪われるのではないかと懸念する声もある。外国人たちの悲惨な「奴隷労働」の実態や、識者や企業への取材をふまえて、これからの「共存」のあり方について多角的な視点でまとめる。
　2017.8 188p 18cm ¥780 ⓘ978-4-14-088525-3

◆改正外国人技能実習制度の実務　労働新聞社　労働新聞社
【要旨】平成5年に創設された外国人技能実習制度は、平成22年に入管法の改正と合わせて抜本的再編がされ、平成28年に日本国内の受入企業の要望にも配慮しつつ、制度の拡充と実習生の保護・管理体制の大幅強化を柱に法改正がされました。本書は平成29年11月施行される技能実習計画の認定、監理団体の許可、優良な監理団体・実習実施者の認定などを分かりやすく解説。資料として、監理団体・実習実施者の各種届出を収載しました。
　2017.7 94p B5 ¥900 ⓘ978-4-89761-665-0

◆新移民時代—外国人労働者と共に生きる社会へ　西日本新聞社編　明石書店
【要旨】外国人労働者が100万人を突破—共に暮らす隣人を直視した現場からの報告！ 第17回石橋湛山記念早稲田ジャーナリズム大賞受賞作品。
　2017.11 255p B6 ¥1900 ⓘ978-4-7503-4586-4

◆中小企業の成長を支える外国人労働者　日本政策金融公庫総合研究所編　同友館

【要旨】人口減少・高齢化による経済衰退への処方箋、中小企業における外国人雇用の実態を探る。外国人材を活用して事業を成長させている中小企業が増えている。また、政府は成長戦略の一環として外国人材の活用を掲げている。こうした実態を踏まえ、日本政策金融公庫が中小企業に対して行った「外国人材の活用に関するアンケート」の結果を分析した。
　2017.7 206p A5 ¥2100 ⓘ978-4-496-05285-9

◆人の国際移動と現代日本の法—人身取引・外国人労働・入管法制　大久保史郎、樋爪誠、吉田美喜夫編著　日本評論社
【目次】人の国際移動と人身取引・外国人労働・入管法制、第1部 人の国際移動と日本の対応（国際比較からみた日本の移民法制の課題、人口減少時代の日本における「移民受け入れ」一段策の変遷と定住外国人の居住分布 ほか）、第2部 日本と東アジアにおける人身取引と法（東アジア（東アジアにおける人身取引対策の地域協力、タイにおける人身取引に対する取組みと課題 ほか）、日本（日本における人身取引対策の現段階、人身取引法の刑法解釈学的検討 ほか））、第3部 日本における外国人労働の現状と課題（外国人労働者と日本の労働政策・労働法、外国人技能実習制度の制度設計と裁判法理—外国人技能実習制度における紛争類型 ほか）、第4部 日本の入国管理法制の現在と課題（現代日本の入管法制の展開—管理強化の経緯と現在、外国人の労働関係と生活関係—国際私法の視座から ほか）
　2017.2 481p A5 ¥7400 ⓘ978-4-535-52237-4

労働組合・組織

◆大浜炭鉱労働争議の記録—最高裁不当労働行為判決第一号がでるまで　布引敏雄著　（大阪）解放出版社
【目次】1 労働争議の勃発（大浜炭鉱々員労働組合の結成、労働争議の発生、ストライキ突入）、2 大量馘首と大浜一国社会主義（争議の深刻化、従業員に告ぐ、組合の経済的諸要求、重盛五六という人物）、3 第二組合の結成とハンスト（山口地方裁判所の判決、役員改選をめぐって、第二組合の結成、ハンスト決行）、4 争議終息と最高裁判所の判決（広島高等裁判所の判決、最高裁判所の判決）
　2017.3 205p B6 ¥1800 ⓘ978-4-7592-6775-4

◆「オルグ」の鬼—労働組合は誰のためのものか　二宮誠著　講談社　（講談社プラスアルファ文庫）「労働組合のレシピ ちょっとしたコツがあるんです」加筆・修正・改題書）
【要旨】労働運動ひと筋40年—。全国各地で労働組合の組織化を指導してきた「伝説のオルガナイザー」がすべてを語った。怒号飛び交うストライキ、倒産企業の整理でヤクザと対立、労組結成を阻む経営者と直談判。格差に苦しむ労働者とともに闘い続けた活動の記録。
　2017.3 215p A5 ¥1400 ⓘ978-4-06-281715-8

◆企業別組合研究のための文献集—別冊『企業別組合は日本の「トロイの木馬」』　宮前忠夫著　本の泉社
　2017.12 167p A5 ¥1400 ⓘ978-4-7807-1663-4

◆巨象IBMに挑む—ロックアウト解雇を跳ね返す　田島一著　新日本出版社
【要旨】解雇自由を許さない！「人としての尊厳」を胸に立ち向かう組合員の闘いを描く渾身のルポ。　2017.3 126p B6 ¥1500 ⓘ978-4-406-06130-8

◆口述労働「組合」法入門　小西義博著　日本生産性本部生産性労働情報センター
【要旨】労務屋の書いた、通勤や仕事の合間、就寝前の30分に「読む」講義。
　2017.5 285p A5 ¥2000 ⓘ978-4-88372-527-4

◆合同労組・ユニオン対策マニュアル　奈良恒則著　日本法令 3訂版
【要旨】ある日突然…訪れる…その時どうする!? 今すぐ知りたい、最新の対組合戦略＆具体的団交テクニック！ 組合員が問題社員である場合、外国人労働者に関する団交、組合からの資料請求、非正規労働者に特化した組合などへの対応についても新たに解説！
　2017.8 206p A5 ¥1900 ⓘ978-4-539-72553-5

◆自治労の正体　森口朗著　育鵬社、扶桑社 発売　（扶桑社新書）
【要旨】首長を抱き込んで自治体を支配しヤミ手当、幹部の天下り、政治活動がはびこる80万の地

方公務員が加入する労働組合。誰も書かなかった巨大組織の実態に迫る。
　2017.11 206p 18cm ¥820 ⓘ978-4-594-07848-5

◆春季 労使交渉・労使協議の手引き　2017年版　経団連事務局編　経団連出版
【目次】1 わが国企業を取り巻く経営環境（経済等の状況、労働法制等の動向）、2 春季労使交渉・協議に向けた経営側の基本姿勢（2017年春季労使交渉・協議の内容と特色等、総額人件費管理と生産性向上に向けた人事賃金制度）、3 持続的な成長に向けた人材戦略（働き方・休み方改革と多様な働き方を活かす職場マネジメント、多様な人材の活躍推進、安全で健康的な職場づくり）、4 統計資料
　2017.1 192p B5 ¥1800 ⓘ978-4-8185-1611-3

◆地域力をつける労働運動—アメリカでの再興戦略　エイミー・ディーン、デイビット・レイノルズ著、アメリカの労働運動を原書で読む会訳　（京都）かもがわ出版
【目次】第1部「地域で力を築く戦略」の誕生（地域を基礎に考える、カリフォルニア州で「地域で力を築く戦略」モデルが出現する）、第2部「地域で力を築く戦略」の三つの立脚点（地域政策の課題を創る、深いコアリッシュ、有力政治家への働きかけから統治へ—攻勢的な政治行動を構築する）、第3部「地域で力を築く戦略」の広がり（全国に広がる「地域で力を築く戦略」、「地域で力を築く戦略」の拡大をめざす全国戦略）
　2017.8 318p A5 ¥2500 ⓘ978-4-7803-0927-0

◆チェーンストアの労使関係—日本最大の労働組合を築いたZモデルの探求　本田一成著　中央経済社、中央経済グループパブリッシング 発売
【要旨】日本のチェーンストアの急速な発展に、労働組合が果たした役割は大きい。働き方改革が叫ばれるいま、チェーンストアはバイタリティあふれる創業者社長たちが成長させてきたという「常識」を問い直す。
　2017.3 366p A5 ¥4800 ⓘ978-4-502-21231-4

◆ベトナムにおける労働組合運動と労使関係の現状　藤倉哲郎著　（平塚）東海大学出版部
【目次】第1部 現代ベトナム労使関係論の枠組み（現代ベトナム労使関係論の枠組み：研究枠組みの整理と主題設定、ドイモイ下の雇用労働の一般的状況）、第2部 ドイモイ下のベトナムの労働組合運動（ドイモイ最初期の労働組合運動：画期性と限界、1994年労働法制定に対するベトナム労働総連合の論理と行動、市場経済下の新たな労使協調体制の模索）、第3部 近代的資本制工業と農村との関係性でみる労使関係（準地方型工業団地と宿舎暮らしの農村出身労働者、在郷通勤型就労を通じた労使関係の相対的安定）、ベトナムの労使関係の展望と研究課題
　2017.2 306p A5 ¥8000 ⓘ978-4-486-02120-9

◆労働運動の変革をめざして—国鉄分割・民営化と闘って30年　国鉄闘争全国運動編　出版最前線、星雲社 発売
【要旨】国鉄分割・民営化は破綻した！ 1047名解雇撤回、JRの第2の分割・民営化粉砕へ。闘う動労千葉と国鉄闘争全国運動の軌跡と展望。
　2017.6 319p A5 ¥1800 ⓘ978-4-434-23520-7

◆労働組合たんけん隊　長久啓太著　学習の友社
【目次】第1章 生活をたんけんする（生活する、ということ、生活のゆとりについて、生活を左右する「働き方」ほか）、第2章 働くことをたんけんする（働くってなんだろう、労働力という商品を大切にしよう、余暇時間と労働時間 ほか）、第3章 労働組合をたんけんする（自分の大切なものと労働組合、団体交渉と要求、労働組合の歴史をたどる ほか）
　2017.10 95p A5 ¥1000 ⓘ978-4-7617-0707-1

◆Q&A ユニオン・合同労組への法的対応の実務　宮崎晃、西村裕一、鈴木啓太、竹下龍之介著　中央経済社、中央経済グループパブリッシング 発売
【要旨】弁護士に相談したい疑問点を107のQ&Aで丁寧に解説。突然の団交要求にも適切な距離感での対応が必要。そのための基本的な知識と考え方を、法的側面から明らかにする。
　2017.3 298p A5 ¥3200 ⓘ978-4-502-21731-9

経済・産業・労働

労働法

経済・産業・労働

◆アジア進出・撤退の労務—各国の労働法制を踏まえて　森倫洋、松井博昭編、西村あさひ法律事務所アジアプラクティスグループ著　中央経済社、中央経済グループパブリッシング　発売
【要旨】本書では、中国・インド・インドネシア・ベトナム・タイ・シンガポール・マレーシア・ミャンマー・フィリピン・香港をとりあげ「労働法令について」「進出に際して」「撤退に際して」、それぞれについて留意すべきポイントを解説している。
　　　2017.7 345p A5 ¥3800 ①978-4-502-20861-4

◆アルバイト・パートのトラブル相談Q&A　岩出誠編集代表、ロア・ユナイテッド法律事務所編　民事法研究会　（トラブル相談シリーズ）
【要旨】ブラックバイト、パワハラ、セクハラ、勤務先での事故・不祥事や正社員との待遇格差等、トラブル事例を数多く取り上げ、解決の指針をわかりやすく解説！ トラブルの相談を受ける高校や大学等の関係者、自治体関係者、企業の労務担当者は、法律実務家等も必携！
　　　2017.6 240p A5 ¥2400 ①978-4-86556-163-0

◆安全衛生法令要覧　平成29年版　中央労働災害防止協会編　中央労働災害防止協会
【要旨】主要法令の各条文の直後に参照条文・関係法令を配置！ 検索に便利なインデックスシール付き！
　　　2017.3 1452, 21p B6 ¥6000 ①978-4-8059-1731-2

◆安全法令ダイジェスト製造業編 テキスト版　労働新聞社著　労働新聞社
【要旨】『安全法令ダイジェスト』の姉妹編である本書は、主に製造業で就業されている安全管理者、作業主任者、各作業の有資格者、作業指揮者、作業員全般を網羅していますので、安全の専門部署や、安全衛生コンサルタント等、専門知識を必要とする方はもちろん安全教育等にもご活用いただけます。遵守すべき法令のアイコン区分や指示系統を矢印で表現し、必要項目を見つけやすくしています。また、多数のイラストを掲載し、より分かりやすく、より早く理解できるよう、読みやすさの追求に努めました。
　　　2017.1 252p B5 ¥1800 ①978-4-89761-635-3

◆安全法令ダイジェスト製造業編 ポケット版　労働新聞社著　労働新聞社
【要旨】『安全法令ダイジェスト』の姉妹編である本書は、主に製造業で就業されている安全管理者、作業主任者、各作業の有資格者、作業指揮者、作業員等向けの法令ダイジェストです。製造業全般を網羅していますので、安全の専門部署や、安全衛生コンサルタント等、専門知識を必要とする方はもちろん安全教育等にもご活用いただけます。遵守すべき法令のアイコン区分や指示系統を矢印で表現し、必要項目を見つけやすくしています。また、多数のイラストを掲載し、より分かりやすく、より早く理解できるよう、読みやすさの追求に努めました。現場で身に付けていただけるポケット版サイズ（横10cm×縦14cm）です。
　　　2017.1 252p A6 ¥900 ①978-4-89761-636-0

◆委託型就業者の就業実態と法的保護/不当労働行為救済法理を巡る今日的課題/女性活躍推進と労働法　日本労働法学会編　日本労働法学会、（京都）法律文化社 発売 （日本労働法学会誌 130号）
【目次】特別講演 労働政策の時代に思うこと、シンポジウム1 委託型就業者の就業実態と法的保護、シンポジウム2 不当労働行為救済法理を巡る今日的課題、シンポジウム3 女性活躍推進と労働法、個別報告、回顧と展望、特別寄稿 30余年に及ぶ友の思い出—Roger Blanpain と Bob Hepple の早すぎた逝去を悼んで
　　　2017.10 242p A5 ¥3400 ①978-4-589-03879-1

◆いちばんやさしい労働安全衛生法—知ってほしい 安全と健康を守るワークルール　加藤雅章著　中央労働災害防止協会
【要旨】「労働安全衛生法」を知っていますか？ 本書は、労働安全衛生法をやさしく体系的に学べる入門書です。あなたや家族、仲間が、ケガや病気をすることなく、毎日元気に働き続けられるように、労働安全衛生法を学びましょう！
　　　2017.11 78p 28×21cm ¥1200 ①978-4-8059-1771-8

◆外国人雇用のトラブル相談Q&A　本間邦弘、坂田早苗、大原慶子、広川敬祐著　民事法研究会　（トラブル相談シリーズ）
【要旨】採用、労務、社会保険等をめぐるさまざまなトラブルを専門家が平易に解説！ トラブル相談を受ける社労士、弁護士、行政書士等をはじめ、企業経営者、労働相談窓口の担当者必携！
　　　2017.6 241p A5 ¥2700 ①978-4-86556-152-4

◆概説 労働市場法　鎌田耕一著　三省堂
【要旨】人と仕事とをつなぐ法制度の体系を鳥瞰。平成29年職業安定法改正に対応。
　　　2017.10 208p A5 ¥2700 ①978-4-385-32173-8

◆行政書士のための労働契約書の基礎　日本行政書士会連合会中央研修所監修　日本評論社
【要旨】労働法の基礎知識と契約書作成のポイントを、記載例や書式とともにわかりやすく解説。労働契約書作成業務で活躍するために必携の一冊。
　　　2017.6 178p A5 ¥1900 ①978-4-535-52273-2

◆均等法・育介法・パートタイム労働法 基本法令・通達集　労務行政研究所編　労務行政
【要旨】平成29年10月1日施行の育児・介護休業法対応！ 実務に必要な重要法令・解釈例規を条文ごとにまとめて収録。次世代法、女性活躍推進法、労働基準法、労働契約法（無期転換等）等の関係法令・解釈例規も掲載。法律の条文が大きな文字で読みやすい。解釈例規が豊富で実用的。五十音索引、年月日索引等で探しやすい。持ち運びしやすいコンパクトサイズ！
　　　2017.11 683p B6 ¥4000 ①978-4-8452-7353-9

◆経営側弁護士による精選労働判例集　第7集　石井妙子、岩本充史、牛嶋勉、岡芹健夫、緒方彰人、中町誠、山田靖典、渡部邦昭著　労働新聞社
【要旨】本書は「労働新聞」で人気の高い「職場に役立つ最新労働判例」のうち、2016年に掲載したものに加筆・修正を加えたものです。執筆者が精選した判例について、「事案の概要」「判決のポイント」「応用と見直し」の3点につき、重要な点を簡潔に解説しています。特に「応用と見直し」では、判例の内容を踏まえて会社側が留意すべき事項を指摘しています。手軽に判例の内容を理解でき、日々の労務管理実務に役立ちます。
　　　2017.4 193p B5 ¥1700 ①978-4-89761-656-8

◆講座労働法の再生　第1巻 労働法の基礎理論　日本労働法学会編　日本評論社
【要旨】社会経済情勢の変化に対応して、新たな体系、機能、実効性確保策が課題となっている現代労働法の基礎理論について考察する。
　　　2017.6 275p A5 ¥3500 ①978-4-535-06511-6

◆講座労働法の再生　第2巻 労働契約の理論　日本労働法学会編　日本評論社
【要旨】雇用形態の多様化・流動化により、労働法の規制ツールは危機に瀕している。労働契約論の論究で、その「再生」の光を見いだす。
　　　2017.6 337p A5 ¥3500 ①978-4-535-06512-3

◆講座労働法の再生　第3巻 労働条件論の課題　日本労働法学会編　日本評論社
【要旨】基本的労働条件である賃金、労働時間、安全衛生に関する法制度と法理論の現代的課題を明らかにして、新たな展望を試みる。
　　　2017.6 303p A5 ¥3500 ①978-4-535-06513-0

◆講座労働法の再生　第4巻 人格・平等・家族責任　日本労働法学会編　日本評論社
【要旨】労働の未来にとって重要な人格の保護、平等の実現、家族責任の充実に向けて、課題を明らかにするとともに将来展望を示す。
　　　2017.7 321p A5 ¥3500 ①978-4-535-06514-7

◆講座労働法の再生　第5巻 労使関係法の理論課題　日本労働法学会編　日本評論社
【要旨】沈滞から抜け出せない日本の労使関係を反転させ、未来に向けて再構築するための理論課題を総合的に検討する。
　　　2017.7 333p A5 ¥3500 ①978-4-535-06515-4

◆講座労働法の再生　第6巻 労働法のフロンティア　日本労働法学会編　日本評論社
【要旨】労働政策の展開とこれまでの理論・実務を踏まえ、今後の雇用社会の将来を展望しながら、その課題と方向性を提言する。
　　　2017.6 321p A5 ¥3500 ①978-4-535-06516-1

◆雇用社会の25の疑問—労働法再入門　大内伸哉著　弘文堂　第3版

◆【要旨】7年ぶりに全面リニューアルした第3版。雇用ルールが変革する今、労使必読の現代の教養書。
　　　2017.11 354p A5 ¥3000 ①978-4-335-35713-8

◆雇用保険制度の実務解説　労働新聞社編　労働新聞社　改訂第9版
【要旨】雇用保険のことならこの一冊！ 雇用保険制度は、雇用を取り巻く社会の変化に対応し、都度法改正が実施され、雇用水準の維持、失業の予防、雇用構造の改善、労働者の能力の開発および向上、その他労働者の福祉の増進等雇用失業対策の重要な柱として機能してきました。本書は29年の制度改正に基づき最新の内容に改訂したものです。実務に必要な届出様式の記載例も充実、雇用保険制度の現状を踏まえたわかりやすい解説で、実務担当者必携の一冊です。
　　　2017.12 318p A5 ¥2400 ①978-4-89761-678-0

◆これ一冊でぜんぶわかる！ 労働基準法 2017～2018年版　今井慎、新井将司監修　ナツメ社
【要旨】採用、労働契約、休日、賃金、人事、非正規雇用、解雇、妊娠・出産、育児、介護、労災…。トラブルを避けるために知っておきたいことを網羅！ 労務管理の基本から対策までしっかり解説！ 最新の法改正・制度に完全対応！
　　　2017.3 271p A5 ¥1500 ①978-4-8163-6289-7

◆これだけは知っておきたい「労働基準法」の基本と常識　吉田秀子著　フォレスト出版　改訂版
【要旨】残業、休日、解雇、就業規則など、人を雇うルールを実務的な切り口で解説！ 労働関連の法令も幅広くカバー。雇用管理に生かせる労務知識が満載！
　　　2017.5 238p B6 ¥1400 ①978-4-89451-757-8

◆最新 労働者派遣法の詳解—法的課題その理論と実務　第一東京弁護士会労働法制委員会編　労務行政
【目次】第1章 これまでの派遣法の歴史と変遷（派遣法の歴史、派遣法の意義—そもそも労働者派遣とは ほか）、第2章 平成27年派遣法改正について（平成27年派遣法改正の概要、平成27年派遣法改正における派遣可能期間規制 ほか）、第3章「派遣先の団交応諾義務」をめぐる諸問題（集団的労使関係問題における、派遣元企業の労働組合法上の「使用者性」および団体交渉対応の実務について（総論）、派遣先企業の労組法上の使用者性・団交応諾義務論 ほか）、第4章 全体討議（平成27年改正をめぐる諸問題、労組法上の派遣先の使用者性）
　　　2017.3 399p A5 ¥3900 ①978-4-8452-7275-4

◆下請法の実務　粕渕功、杉山幸成編著　公正取引協会　第4版
【目次】第1章 下請法の歴史と位置付け、第2章 我が国における中小企業及び下請取引の実態、第3章 下請法が適用される取引、第4章 下請法が適用される企業（下請法の資本金要件）、第5章 親事業者の義務、第6章 親事業者の禁止事項、第7章 下請法の運用、第8章 下請法に関連する法律、資料
　　　2017.8 357p A5 ¥3000 ①978-4-87622-015-1

◆社長！ その労務管理はアウトです！—もめない会社の労働法入門　藤本勉著　労働調査会
【要旨】労働法をわかりやすい言葉に"翻訳"し、労務管理の基本を解説。長時間労働問題や定額残業制の矛盾、パートタイマーの賃金格差など中小企業にとって関心の高い最近のテーマについて、法律上の原則を説明。そのうえで、各項目を詳細説明や例外で補足し、読者のレベルに沿って労働法が理解でき、会社の労務管理にすぐに応用できる内容とした。
　　　2017.2 247p A5 ¥1600 ①978-4-86319-590-5

◆職業能力開発促進法　労務行政研究所編　労務行政　（労働法コンメンタール 8）　改訂8版
【目次】序章（総論、現行職業能力開発促進法成立の経緯及びその概要、職業能力開発制度の沿革）、本論（総則、職業能力開発計画、職業能力開発の促進、職業訓練法人、職業能力検定、職業能力開発協会、雑則、罰則）
　　　2017.11 790p A5 ¥3000 ①978-4-8452-7352-2

◆事例演習労働法　水町勇一郎、緒方桂子編著　有斐閣　第3版
【要旨】労働法の総合的な理解力とともに、法的思考を獲得的・論理的に文章化する力が身につく一冊。Case の新設と改訂で重要な裁判例・法改正に対応した最新版。
　　　2017.3 341p A5 ¥2700 ①978-4-641-14497-2

◆図解 わかる労働基準法　2017 - 2018年版　荘司芳樹著　新星出版社
【要旨】人を雇ったときの手続きに始まり、賃金制度、福利厚生制度から退職時に必要となる手続きまで、労働基準法をやさしく解説。手続き書式の実例とともに人事労務制度のポイントをわかりやすく解説する。
　　　　2017.5 271p A5 ¥1500 ①978-4-405-10295-8

◆多様な派遣形態とみなし雇用の法律実務─派遣・請負・業務委託・出向・協業等、労働契約申込みみなし制度の問題　安西愈著　労働調査会
【要旨】立法当初から内包する労働者派遣と請負等との適正区分の問題、平成27年に導入された労働契約申込みみなし制度により今後起こり得る問題とその対応を詳解。他に類のない迫力の実務解説書！
　　　　2017.10 530p A5 ¥5000 ①978-4-86319-614-8

◆中国労働法事件ファイル　五十嵐充, 包香玉共著　日本法令
【要旨】日本と中国ではこんなに違う！ 現地で起きた39のトラブル事例を法律、裁判例から読み解きわかりやすく解説。中国商売心得7か条、法律条文の原文・対訳付き！
　　　　2017.10 377p A5 ¥2700 ①978-4-539-72554-2

◆懲戒処分・解雇　労務行政研究所編　労務行政　（実務Q&Aシリーズ）
【要旨】社員の非違行為に対する処分の考え方、法令・判例のルール、判断ポイントを、実務に精通した弁護士らが分かりやすく解説。
　　　　2017.10 398p A5 ¥4000 ①978-4-8452-7341-6

◆年間労働判例命令要旨集　平成29年版　労務行政研究所編　労務行政　（労政時報選書）
【要旨】平成28年に出された主要労働判例・命令185事件を項目ごとに整理。「命令・法令の概要」では年間の傾向を分析、「重要事件の解説」では、実務上課題となるポイントをわかりやすく解説。審級別・日付順の検索便覧で、欲しい情報にアクセス可能。用語解説も充実。
　　　　2017.7 415p B5 ¥5333 ①978-4-8452-7311-9

◆判例労働法入門　野田進, 山下昇, 柳澤武編　有斐閣　第5版
【要旨】成文法と判例法が織りなす、労働法の全体像を示した好評のテキスト。労働法を社会に生きるツールとして体得するための最善の入門書。
　　　　2017.4 434p A5 ¥3000 ①978-4-641-24300-2

◆服務・勤務時間・休暇関係法令集　平成29年版　公務人材開発協会人事行政研究所編　公務人材開発協会人事行政研究所
【目次】第1編 基本法令、第2編 ILO条約等、第3編 服務一般、第4編 政治的行為、第5編 兼業、第6編 懲戒、第7編 勤務時間・休日・休暇、第8編 非常勤職員の勤務時間・休暇、第9編 職員団体、第10編 能率・分限・育児休業、第11編 保障
　　　　2017.7 2069p B6 ¥8500 ①978-4-908252-21-1

◆変化する雇用社会における人事権─配転、出向、降格、懲戒処分等の現代的再考　第一東京弁護士会労働法制委員会編　労働開発研究会
【目次】巻頭言 人事権と人生、労働組合関連の人事権行使、変更解約告知と正社員・限定正社員・有期契約労働者、「転勤」を考える─裁判官の論理と心理、管理職と降格─辛い中間管理職を考える、企業内人事異動（配転・転職）、出向、転籍、労働契約承継法、降格、限定正社員、懲戒、海外人事
　　　　2017.3 429p A5 ¥2500 ①978-4-903613-18-5

◆まる分かり平成29年改正雇用保険法・育児介護休業法・職業安定法（速報版）　労働新聞社編　労働新聞社
【要旨】就業促進および雇用継続を通じた職業の安定を図るため、雇用保険の失業等給付の拡充や育児休業に係る制度の見直し、職業紹介の機能強化や求人情報等の適正化等を目的に法改正がされました。本書は改正法の内容を分かりやすく解説。理解の一助となる改正に至る労働政策審議会の建議等も掲載しました。
　　　　2017.4 48p B5 ¥900 ①978-4-89761-652-0

◆有期労働契約の無期転換がわかる本　岡田良則著　自由国民社
【要旨】トラブルを防ぎ、無期契約後にしっかり戦力化する人材活用と労務管理では？ 就業規則、社内規定の見直しポイントもよくわかる！
　　　　2017.6 111p A5 ¥1100 ①978-4-426-12292-8

◆よくわかる労働法　小畑史子著　（京都）ミネルヴァ書房　（やわらかアカデミズム・わかるシリーズ）　第3版
【目次】序説、労働基準法による保護、労働契約上の権利義務、労働契約の締結、労働憲章、就業規則、懲戒、人事、賃金、労働時間・休憩・休日〔ほか〕
　　　　2017.3 210p B5 ¥2800 ①978-4-623-08002-1

◆楽に読める安衛法 概要と解説　尾添博著　労働新聞社
【要旨】本書は、長年、安全衛生分野で活躍してきた専門家が、法令の内容、しくみをわかりやすく解説したものです。条文ごとに「概要」「解説」「関連する通達や適用する『罰則』の内容をおき、必要に応じ、用語その他の説明を「メモ」として記載。また、他の条文の準用については、準用先の条文も掲載し、理解しやすくなっています。巻末には、法律中での意味、内容を特定された用語について、どの条文で特定しているか分かるようにしたり、「内容・項目別索引」を設けるなどの工夫がなされています。経営者、安全衛生担当者、働く人々等、安全衛生関係者が、安衛法を理解する上で必読の一冊です。　2017.9 433p A5 ¥3200 ①978-4-89761-671-1

◆類型別 労働関係訴訟の実務　佐々木宗啓, 清水響, 吉田徹, 伊藤由紀子, 遠藤東路, 湯川克彦編著　青林書院
【要旨】わかりにくい労働関係紛争のルールを整理して客観的にわかりやすく解説！ 東京地裁労働部に所属していた裁判官執筆。現実の紛争に合わせた紛争類型別、Q&A方式で個別労働紛争の解決対処方法を伝授。個別労働紛争の解決に携わろうとする者必携。
　　　　2017.9 470p A5 ¥5500 ①978-4-417-01723-3

◆労基法等と社会保険の重要項目Q&A　吉田正敏著　経営書院
【目次】1 採用・募集・異動・出向に関する実務Q&A、2 労働時間に関する実務Q&A、3 休日・休憩・休暇に関する実務Q&A、4 賃金に関する実務Q&A、5 社会保険制度に関する実務Q&A、6 社会保険の給付に関する実務Q&A、7 パートタイム労働に関する実務Q&A、8 懲戒処分・就業規則に関する実務Q&A、9 解雇・退職に関する実務Q&A
　　　　2017.5 291p A5 ¥1800 ①978-4-86326-239-3

◆労災事件救済の手引─労災保険・損害賠償請求の実務　古川拓著　青林書院
【要旨】労災事件に取り組むなら見落とせない!! 過労死、過労自殺、メンタル、熱中症、アスベスト、腰痛…etc、労災認定実務とこれまでの裁判例をふまえた、すぐに役立つ知識とノウハウ、見落とせない注意点などを盛り込んだ労災事件の手引書。
　　　　2017.2 374p A5 ¥4300 ①978-4-417-01704-2

◆労働安全衛生法　労務行政研究所編　労務行政　（労働法コンメンタール 10）
【目次】序論（労働災害の動向、労働安全衛生法の制定及び改正の経緯、労働安全衛生法の概要、労働安全衛生法のとりまとめ、労働安全衛生法の基本的事項）、本論（総則、労働災害防止計画、安全衛生管理体制、労働者の危険又は健康障害を防止するための措置、機械等並びに危険物及び有害物に関する規制、労働者の就業に当たっての措置、健康の保持増進のための措置、免許等、事業場の安全又は衛生に関する改善措置等、監督等、雑則、罰則）
　　　　2017.5 910p A5 ¥9500 ①978-4-8452-7293-8

◆労働安全衛生法 基本法令・通達集─基本法編・諸法編　労務行政研究所編　労務行政
【要旨】安衛法の重要法令・解釈例規を網羅、分野別に収録。収録法令・告示数184件。基本法編には、法律及び主要な重要法令・解釈例規を安衛法の条文ごとにまとめて収録。諸法編には、ボイラー則、クレーン則、ゴンドラ則等の関係法令や解釈例規を掲載（平成29年10月1日内容現在）。解釈例規が豊富で実用的。五十音索引、年月日索引等で探しやすい。
　　　　2017.11 2Vols.set B6 ¥8800 ①978-4-8452-7362-1

◆労働関係法規集　2017年版　労働政策研究・研修機構編　労働政策研究・研修機構
【目次】憲法、労使関係、労働基準、労働市場、社会保障、その他
　　　　2017.3 885p B6 ¥1389 ①978-4-538-14029-2

◆労働基準関係法事件ファイル　森井利和, 森井博子共著　日本法令
【目次】総論（個別労働紛争解決制度、都道府県労働局における個別労働紛争解決制度、労働基

準監督署への申告、裁判所における個別労働紛争解決手続、労働審判等）、各論（賃金、割増賃金、退職金・賞与、労働時間、休日、36協定 ほか）　2017.4 757p A5 ¥4000 ①978-4-539-72531-3

◆労働基準法がよくわかる本　’17〜’18年版　下山智恵子著　成美堂出版
【要旨】労務管理・対策のすべてがわかる。過労死等ゼロ緊急対策や職業安定法、確定拠出年金法、労働安全衛生法、育児・介護休業法などの最新改正にも完全対応！ 就業規則、賃金規程、雇用契約書、労使協定届…サンプル付だから、簡単に作成・改定できる！ 正社員、派遣社員、契約社員、アルバイト…雇用形態の違いと注意点をやさしく解説。
　　　　2017.9 271p A5 ¥1400 ①978-4-415-32406-7

◆労働基準法と就業規則─CD - ROM付　松山正光著　新星出版社　（付属資料：CD - ROM1）　改訂版
【目次】第1章 労働基準法の基礎知識、第2章 雇用のルール、第3章 賃金のルール、第4章 労働時間のルール、第5章 休日・休暇のルール、第6章 安全衛生と災害補償のルール、第7章 解雇・退職のルール、第8章 就業規則の作成
　　　　2017.4 271p A5 ¥1850 ①978-4-405-10301-6

◆労働基準法の実務相談　平成29年度　全国社会保険労務士会連合会編　中央経済社, 中央経済グループパブリッシング 発売
【要旨】労働基準法は企業が人事労務管理を円滑に遂行する上で、最も重要な法令であり、その内容も採用・退職、賃金、労働時間、休日・休暇など複雑多岐にわたっている。また、労働契約についての民事的なルールをまとめた労働契約法が施行されるなど、実務者にとって、変化の厳しい時代のニーズに即した法令の理解と適用が、ますます重要になっている。本書は、これらに係わる実務上の取扱いをマスターするために、一般的なケースや特異なケースの具体例をあげて平易に解説した実践指導書である。
　　　　2017.7 491p A5 ¥2600 ①978-4-502-89772-6

◆労働契約法の実務問答215　河本毅著　日本法令
【要旨】「同一労働同一賃金」「無期転換制度」「雇止め法理の明文化」で実務上の需要度が増している労働契約法を「きちんと理解したい」人のために、法的基礎知識から判例法理、裁判例や改正動向まで網羅した215のQ&Aでやさしく読み解きました。
　　　　2017.6 310p A5 ¥2400 ①978-4-539-72550-4

◆労働実務事例研究　平成29年版　労働新聞社編　労働新聞社
【要旨】「労働新聞」「安全スタッフ」（2016年1〜12月掲載分）の実務相談室コーナーに寄せられた相談230問を、労働基準、労災保険、雇用保険、徴収、雇用保険、厚生年金、安全衛生、派遣、育児介護休業法など内容別に分類し、読みやすくまとめました。労働・労災・社会保険関係など実務に役立つQ&Aが満載です。日常的に起こるトラブルや疑問解決にご活用ください。
　　　　2017.8 349p A5 ¥3000 ①978-4-89761-669-8

◆労働者派遣法　鎌田耕一, 諏訪康雄編著, 山川隆一, 橋本陽子, 竹内（奥野）寿著　三省堂
【要旨】沿革、理論、実務、判例、政省令・指針等、体系的理解のための決定版。事業の許可・規制、当事者間の私法的関係、他法令の準用等に至るまで、厚労省研究会委員等として立法に携わった著者陣による充実した解説。
　　　　2017.2 332p A5 ¥4000 ①978-4-385-32229-2

◆労働者派遣法の実務解説　労働新聞社編　労働新聞社　改訂第3版
【要旨】日本の社会・経済に欠かせない存在となっている「派遣」。平成27年改正労働者派遣法により、派遣労働者の雇用安定・キャリア形成の促進が期待されるとともに、企業にとっても派遣という仕組みを利用しやすい環境が整いました。本書は、派遣元責任者を主な対象として日々の実務に重点を置きつつ、必要な法律知識を過不足なく解説。同時に、派遣先や派遣労働者が法律内容を知る便利なガイドブックとなるよう編集。労働者派遣事業関係業務取扱要領（平成29年1月1日以降）や平成29年1月施行の雇用保険法と育児介護休業法の改正にも対応しています。また、当社主催の「派遣元責任者講習」指定テキストです。
　　　　2017.5 383p B5 ¥2000 ①978-4-89761-658-2

◆労働者派遣法論　萬井隆令著　旬報社

【要旨】労働者派遣法研究の決定版！ 2015年改正で、その姿を一変させた労働者派遣法。この改正で、企業は、人さえ変えればどれだけでも派遣労働者を使い続けることができるようになった。本書の問題点を指摘し、本来のあるべき姿を提示する。
　　　2017.7 374p A5 ¥4600 ①978-4-8451-1506-8

◆労働者保護法の基礎と構造―法規制の柔軟化を契機とした日独仏比較法研究　桑村裕美子著　有斐閣
【目次】第1編 問題の所在（労働法の特質と問題点、国家規制と労使合意の関係、学説の議論、法規制からの逸脱と労働者の同意、本書の検討内容）、第2編 ドイツ（伝統的労働協約制度と国家規制、労働組合をめぐる変容と労働法体系への影響、事業所委員会制度と国家規制、ドイツ法の分析）、第3編 フランス（団体交渉・労働協約制度の概要、法規制の柔軟化と労働協約、フランス法の比較、日本法の分析、結論と展望）の分析）、第4編 総括（ドイツ・フランスの比較、日本法の分析、結論と展望）
　　　2017.2 378p A5 ¥8000 ①978-4-641-14490-3

◆労働訴訟―解雇・残業代請求　森・濱田松本法律事務所編、荒井太一、小笠原匡隆、岡野智喜　中央経済社、中央経済グループパブリッシング 発売　（企業訴訟実務問題シリーズ）
【要旨】本書は、労働訴訟の中でも関心が高い解雇訴訟および残業代請求訴訟について解説しています。使用者側の視点から、主張立証のポイントや、労働時間・賃金の考え方について整理しています。
　　　2017.2 210p A5 ¥3200 ①978-4-502-20911-6

◆労働法　菅野和夫著　弘文堂　（法律学講座双書）　第十一版補正版
【要旨】高齢・少子社会の就業支援策として2016年に行われた雇用保険法等の改正をはじめ、外国人技能実習法の成立等最新の法改正に完全対応した本書の決定版。
　　　2017.2 1166p A5 ¥6200 ①978-4-335-30478-1

◆労働法　両角道代、森戸英幸、梶川敦子、水町勇一郎著　有斐閣　（LEGAL QUEST）　第3版
【要旨】基本事項や重要判例についての理解を中心にしつつ、現代的なテーマも扱い、多角的な理解を可能にするテキスト。近年の重要な法改正に対応した第3版。
　　　2017.3 364p A5 ¥2700 ①978-4-641-17930-1

◆労働法実務解説　10　ブラック企業・セクハラ・パワハラ対策　佐々木亮、新村響子著　旬報社
【要旨】職場での「いじめ・嫌がらせ」や、労働法を無視した働かせ方をなくすために！ パワハラ、セクハラ、マタハラからブラック企業まで。経験豊かな第一線の弁護士が最新の法律と裁判例を解説する。
　　　2017.5 269p A5 ¥2200 ①978-4-8451-1444-3

◆労働法全書　平成30年版　労務行政研究所編　労務行政
【要旨】参照条文、行政解釈、判例要旨。
　　　2017.10 1Vol. 22×18cm ¥8190 ①978-4-8452-7342-3

◆労働法の世界　中窪裕也、野田進著　有斐閣　第12版
【要旨】これが労働法の世界だ！ 労働法の基本構造の転換と発展のダイナミズムを、確かな座標軸をもって描き出す。最新・信頼の第12版！ 日々変化する「労働法の世界」の実像に迫り、1人の労働者が企業社会の中で遭遇するさまざまな実態に即して記述。労働法テキストの新しい地平を切り開いた本書が、時代とともに進化・充実！
　　　2017.4 513p A5 ¥3400 ①978-4-641-14499-6

◆労働保険徴収関係法令集　平成29年版　労働省令令編　労働法令
【目次】労働保険の保険料の徴収等に関する法律関係、整備法関係、労働者災害補償保険法関係、雇用保険法関係、特別会計法関係、会計法関係、行政手続法関係、国税通則法関係、会社更生法関係、手形法・小切手法関係、東日本大震災関係
　　　2016.12 2255p B6 ¥7000 ①978-4-86013-088-6

◆労働保険の実務相談　平成29年度　全国社会保険労務士会連合会編　中央経済社、中央経済グループパブリッシング 発売
【要旨】労働保険給付や失業等給付を通じて労働者の福祉の向上と増進に寄与しています。この労働保険制度を実務上正しく運用するためには、法令のみならず行政解釈の役割が大きく、この理解なくしては、実際に災

害が生じた場合あるいは従業員の就職・離職時における各種相談・手続き等が適正に行えません。本書は、実務上生ずる具体的疑問を題材に、その考え方や取扱い方法を平易に解説しました。
　　　2017.7 254p A5 ¥2300 ①978-4-502-89762-7

◆労働六法　2017　編集委員会編　旬報社
【要旨】労働法制の全体を網羅。告示・通達など実務の指針を掲載。憲法をはじめ民法、刑法など一般法を掲載。国際労働法を掲載。重要判例の事案と判旨を紹介。雇用関係の資料・図表を掲載。
　　　2017.3 990p A5 ¥4000 ①978-4-8451-1497-9

◆AI時代の働き方と法―2035年の労働法を考える　大内伸哉著　弘文堂
【要旨】人工知能による労働革命の行き着く先は絶望が希望か。激変する雇用環境のなか労働法はどのように変わるべきか、そして取りうる政策は…、未来を大胆に論じる。
　　　2017.1 226p B6 ¥2000 ①978-4-335-35687-2

労働統計・年鑑・白書・書誌

◆活用労働統計―生産性・賃金・物価関連統計　2017年版　日本生産性本部生産性労働情報センター編　日本生産性本部生産性労働情報センター
【目次】総括、国民所得、賃金、生産性・経営、雇用、労働時間、家計・物価、社会保障、労働組合・争議、国際比較、中・長期経済見通し
　　　2017.1 228p B6 ¥2000 ①978-4-88372-524-3

◆過労死等防止対策白書　平成29年版　厚生労働省編　正陽文庫、全国官報販売協同組合発売
【目次】第1章 労働時間やメンタルヘルス対策等の状況、第2章 過労死等の現状、第3章 過労死等をめぐる調査・分析結果、第4章 過労死等の防止のための対策の実施状況（政府における取組み、調査研究等、啓発、相談体制の整備等、民間団体の活動に対する支援）、資料編
　　　2017.10 378p A4 ¥4500 ①978-4-921187-31-6

◆経営労働政策特別委員会報告　2017年版　日本経済団体連合会編　経団連出版
【目次】第1章 企業の成長につながる働き方・休み方改革（働き方・休み方改革に向けた取組み、労働生産性の現状と向上への対応、健康経営のさらなる展開、介護離職予防に向けた仕事と介護の両立支援、多様な人材の一層の活躍促進、非正規労働者の現状と課題）、第2章 雇用・労働における政策的な課題（労働時間制度改革の推進、同一労働同一賃金の実現に向けて、改正育児・介護休業法への対応、最低賃金制度に関する考え方、採用選考ルールのあり方）、第3章 2017年春季労使交渉・協議に対する経営側の基本姿勢（春季労使交渉・協議の重要性、賃金決定にあたっての基本的な考え方、わが国企業を取り巻く経営環境、経営側の基本姿勢）
　　　2017.1 95p A4 ¥900 ①978-4-8185-1610-6

◆国民春闘白書　2018年　安倍9条改憲・労働法制改悪NO！ 賃上げと安定雇用で地域活性化！　全労連、労働総研編　学習の友社
【目次】総論 2018年国民春闘の課題、1 日本経済の未来壊すアベノミクス、2 主要企業の内部留保分析、3 賃上げは切実―消費切り詰める労働者家計、4 社会的な賃金闘争の前進を、5 公務・公共サービスと地域経済、6 安倍「働き方改革」ストップ、7 働くルール確立とディーセントワークの実現、8 改憲NO！ 市民と野党の共同で安倍政権打倒へ、9 資料編
　　　2017.12 95p A4 ¥1000 ①978-4-7617-0911-2

◆実務賃金便覧　2017年版　日本人事労務研究所編　（「月刊人事労務」別冊）
【要旨】最新の賃金・人事データを収集！ 第一線のコンサルタントが厳選！ 必要なデータがすぐ見つかる！
　　　2017.1 426p 29×22cm ¥6667 ①978-4-9906975-4-9

◆就労条件総合調査　平成28年版　厚生労働省政策統括官（統計・情報政策担当）編　労務行政
【目次】1 調査の概要（調査の沿革、調査の内容、用語の解説、調査対象の抽出、調査結果利用上の注意）、2 調査結果の概要（労働時間制度、定年制等、賃金制度、労働費用、派遣労働者関係

費用等）、3 統計表、4 時系列表、5 平成28年調査票　2017.8 239p B5 ¥7870 ①978-4-8452-7322-5

◆賃金・人事データ総覧　2017年版　労務行政研究所編　労務行政　（労政時報選書―賃金資料シリーズ 3）
【要旨】実務担当者をサポートする統計と解説。17分野・35項目別の賃金・人事データ。
　　　2017.1 450p 28×21cm ¥6667 ①978-4-8452-7252-5

◆日本労働社会学会年報　第28号（2017）人口減少下の労働問題　日本労働社会学会編　日本労働社会学会、東信堂 発売
【目次】特集 人口減少下の労働問題（人口減少問題と企業社会、女性の活躍・就業継続の課題と新たな動き―銀行業における人事労務管理を事例に、人口減少下における高年齢従業員の雇用と就業、法の制度と社会のはざまでもがく外国人労働者―永遠のイタチごっこはなぜ続くのか、人口減少下の労働問題のポイントは何か―特集報告へのコメント）、投稿論文（製造業派遣・請負労働の雇用類型―全国的な移動及び移動の制度的媒介に着目して）、研究ノート（「再生集落」における労働力の状況）、書評
　　　2017.10 200p A5 ¥2500 ①978-4-7989-1448-0

◆日本労働年鑑　第87集/2017年版　大原社会問題研究所編　旬報社
【要旨】1年間に起きた社会・労働分野の動きと課題がわかる貴重なデータブック。学習・研究・実践に役立つ2017年度最新版。
　　　2017.6 513p A5 ¥15000 ①978-4-8451-1502-0

◆毎月勤労統計要覧　平成28年版　厚生労働省政策統括官（統計・情報政策担当）編　労務行政　（本文：日英両文）
【目次】第1部 調査結果の概要（賃金の動き、労働時間の動き、雇用の動き）、第2部 統計表（指数、給与、労働時間 ほか）、参考表、第3部 毎月勤労統計調査の概要（毎月勤労統計調査の意義、調査の沿革と現行調査の体系、調査の範囲と調査期間 ほか）
　　　2017.3 145p B5 ¥6500 ①978-4-8452-7274-7

◆モデル賃金・年収と昇給・賞与　2018年　労務行政研究所編　労務行政
【要旨】最新・賃金実態の決定版。
　　　2017.11 270p B5 ¥6095 ①978-4-8452-7354-6

◆ユースフル労働統計―労働統計加工指標集　2017　労働政策研究・研修機構編　労働政策研究・研修機構
【目次】労働投入量指数・労働生産性指数・賃金コスト指数、労働分配率、労働の質指標、パートタイム労働者等、就業分野の男女差、出向者、単身赴任者等、各種の失業指標、UV分析関連指標、失業者世帯の収支、過剰雇用の推計〔ほか〕
　　　2017 379p A5 ¥1500 ①978-4-538-49051-9

◆連合白書　2017　春季生活闘争の方針と課題　日本労働組合総連合会企画・編　コンポーズ・ユニ
【要旨】「底上げ・底支え」「格差是正」でクラシノソコアゲを実現しよう！ 長時間労働撲滅でハッピーライフの実現を！
　　　2016.12 120p A4 ¥800 ①978-4-906697-31-1

◆労働経済白書　平成29年版　イノベーションの促進とワーク・ライフ・バランスの実現に向けた課題　厚生労働省編　勝美印刷、全国官報販売協同組合 発売
【目次】第1部 労働経済の推移と特徴（一般経済の動向、雇用・失業情勢の動向、賃金の動向、物価・消費の動向）、第2部 イノベーションの促進とワーク・ライフ・バランスの実現に向けた課題（我が国の経済成長とイノベーション・雇用との関係、働き方をめぐる環境の変化とワーク・ライフ・バランスの実現）、結び、まとめ
　　　2017.9 200p A4 ¥2407 ①978-4-906955-75-6

◆労働総覧　平成30年版　労働法令協会編　労働法令
【要旨】平成29年9月29日現在の最新労働関係法令を収録。労働関係諸法令570余件を収録！ 改正雇用保険法、改正育児・介護休業法、改正職業安定法。
　　　2017.11 3641p B6 ¥7200 ①978-4-86013-096-1

◆労働統計年報　平成27年（第68回）　厚生労働省政策統括官（統計・情報政策担当）編　労務行政
【目次】1 労働経済指標、2 雇用及び失業、3 賃金、4 労働時間、5 労働災害と安全衛生、6 労働者生活、7 社会保険、8 労使関係、9 国際労働関

係統計
2017.3 331p 31×22cm ¥11111 ①978-4-8452-7271-6

◆**労働統計要覧　平成28年度**　厚生労働省政策統括官(統計・情報政策担当)編　(長野)蔦友印刷
【要旨】労働経済概観、労働力、雇用(雇用一般)、雇用(職業紹介)、雇用(その他)、労働時間、賃金、経営・生産性、労働災害・安全衛生、労働者生活、労使関係、社会保障、海外労働経済、参考　2017.5 230p B6版 ¥1390 ①978-4-904225-22-6

◆**労働力調査年報　平成28年**　総務省統計局編　日本統計協会
【目次】1 基本集計(全国・時系列表、全国・構造表、地域別統計表、主要項目の月次・年次時系列表、構造表、雇用形態の時系列表)、2 詳細集計(全国・時系列表、全国・構造表、雇用形態の時系列表)
2017 313p A4 ¥5500 ①978-4-8223-3943-2

資格・試験問題集

◆**航空管制官採用試験問題集　2017 - 2019年版**　イカロス出版
【要旨】過去2年間の出題を全収録！
2017.3 285p B5 ¥3000 ①978-4-8022-0334-0

◆**特定化学物質・四アルキル鉛等作業主任者テキスト**　中央労働災害防止協会編　中央労働災害防止協会　第10版
【目次】第1編 特定化学物質・四アルキル鉛等作業主任者の職務と責任、第2編 特定化学物質および四アルキル鉛による健康障害およびその予防措置、第3編 作業環境の改善方法、第4編 労働衛生保護具、第5編 関係法令、参考資料
2017.6 479p B5 ¥2600 ①978-4-8059-1742-8

◆**農業経理士教科書(税務編)**　日本ビジネス技能検定協会,大原学園大原簿記学校監修　大原出版　第2版
【目次】第1章 決算と申告(農業の決算書の特徴、簿記一巡と決算、棚卸(決算整理1) ほか)、第2章 利益や取引への課税(個人の所得の種類と課税のしくみ、所得と個人課税、法人の利益と課税所得 ほか)、第3章 法人化と経営継承(法人化に関する税務、経営継承に関する税務、経営継承と相続税 ほか)
2017.5 125p B5 ¥3000 ①978-4-86486-459-6

◆**要点と演習 ビジネス能力検定ジョブパス2級　2017年度版**　ビジネス能力検定ジョブパス研究会著　実教出版　(付属資料：別冊1)
【目次】第1編 ビジネスとコミュニケーションの基本(キャリアと仕事へのアプローチ、会社活動の基本、話し方と聴き方のポイント、不満を信頼に変えるクレーム対応、接客と営業の進め方、会議への出席とプレゼンテーション、チームワークと人のネットワーク)、第2編 仕事の実践とビジネスツール(仕事への取り組み、仕事の進め方、ビジネス文書の基本、統計・データのつくり方、読み方、情報収集とメディアの活用、会社数字の読み方、ビジネスと法律知識)
2017.3 230p B5 ¥1900 ①978-4-407-34158-4

◆**要点と演習 ビジネス能力検定ジョブパス3級　2017年度版**　ビジネス能力検定研究会著　実教出版　(付属資料：別冊1)
【目次】第1編 ビジネスマナーとコミュニケーションの基本(キャリアと仕事へのアプローチ、会社活動の基本、コミュニケーションとビジネスマナーの基本、指示の受け方と報告、連絡・相談、話し方と聞き方のポイント、電話応対、来客応対と訪問の基本マナー、冠婚葬祭のマナー)、第2編 仕事の実践とビジネスツール(仕事への取り組み、仕事の進め方、ビジネス文書の基本、統計データのつくり方、読み方、情報収集とメディアの活用、会社数字の読み方)
2017.3 211p B5 ¥1600 ①978-4-407-34159-1

旅行主任者試験

◆**一発合格！ 国内旅行業務取扱管理者試験テキスト&問題集　2017年版**　児山寛子著　ナツメ社
【要旨】出題範囲を徹底分析し、効率よく暗記できるよう構成。合否の分かれ目となる「運賃計算」を詳細に解説。「絵地図」で都道府県のポイ

ントが視覚的に覚えられる。
2017.6 305p A5 ¥1550 ①978-4-8163-6255-2

◆**国内旅行業務取扱管理者 過去問題集 平成29年度版**　TAC出版編集部編著　TAC出版
【要旨】直近5年分の本試験問題と解説を掲載。旅行管理者合格のカギは過去問にあり！
2017.3 330p A5 ¥2200 ①978-4-8132-7070-6

◆**国内旅行業務取扱管理者試験テーマ別問題集　2017**　旅行管理者試験受験対策研究室編(宮代町)エフィカス,新日本教育図書 発売　(旅行管理者シリーズ 2)　(付属資料：別冊1)
【要旨】出題形式理解のために過去問題3年分の解答・解説を掲載。出題傾向がよくわかる「合格ガイド&出題頻度チャート」付き！ 詳細な解説と解答を使いやすい「別冊」スタイルで収録！
2017.3 275p A5 ¥2200 ①978-4-88024-540-9

◆**スラスラ解ける！ 国内・総合旅行業務取扱管理者ウラ技合格法　'17年版**　コンデックス情報研究所編著　成美堂出版
【要旨】数多くの資格試験問題を分析し、ウラ技合格法を開発してきた著者が、誰でもカンタンに使えるウラ技を大公開!!
2017.3 223p A5 ¥1500 ①978-4-415-22436-7

◆**総合旅行業務取扱管理者 過去問題集 平成29年度版**　TAC出版編集部編著　TAC出版　(付属資料：別冊1)
【要旨】直近5年分の本試験問題と解説を掲載。旅行管理者合格のカギは過去問にあり！
2017.3 483p A5 ¥2600 ①978-4-8132-7069-0

◆**本気になったら！ 旅行業務取扱管理者試験一発合格テキスト 3 国内旅行実務2017年対策**　資格の大原旅行業務取扱管理者講座著　大原出版　第3版
【目次】1 JR運賃・料金計算、2 JR運賃計算、3 JR料金計算、4 JRその他、5 国内航空運賃・料金計算、6 宿泊料金計算、7 貸切バス運賃・料金計算、8 フェリー運賃・料金計算、ポイントチェック
2017.3 200p A5 ¥1500 ①978-4-86486-430-5

◆**本気になったら！ 旅行業務取扱管理者試験一発合格テキスト 4 海外旅行実務2017年対策**　資格の大原旅行業務取扱管理者講座著　大原出版　第3版
【目次】出入国テキスト(旅券法、入管法、検疫法、動植物検疫に関する法令、外国為替及び外国貿易法(外為法)、通関手続に関する法令)、出入国実務テキスト(査証、出入国手続、ホテル・飲食・船舶に関する知識、時差の計算、航空時刻表「OAG」、ヨーロッパの鉄道に関する知識、国際航空運賃計算テキスト(基本知識、資料の読み方、普通運賃計算、特別運賃計算)、語学テキスト(語学ガイダンス、旅行英文の読み方)、ポイントチェック(海外旅行実務ポイントチェック、海外旅行実務ポイントチェック 解答・解説編)
2017.5 242p A5 ¥1500 ①978-4-86486-431-2

◆**本気になったら！ 旅行業務取扱管理者試験トレーニング問題集 3 国内旅行実務2017年対策**　資格の大原旅行業務取扱管理者講座編　大原出版　(付属資料：別冊1)　第9版
【目次】JR運賃計算、JR料金計算(各種料金)、JR料金計算(乗継割引)、JR料金計算(通し計算)、JR運賃・料金 複合問題、JR団体の取扱い、JRその他(払戻し)、JRその他(通し計算、JR時刻表)、国内航空運賃・料金計算、JR・国内航空複合問題、宿泊料金計算、貸切バス運賃・料金計算、フェリー運賃・料金計算
2017.3 146p A5 ¥1000 ①978-4-86486-434-3

◆**本気になったら！ 旅行業務取扱管理者試験トレーニング問題集 4 海外旅行実務2017年対策**　資格の大原旅行業務取扱管理者講座著　大原出版　(付属資料：別冊1)　第9版
【要旨】過去に出題された旅行業務取扱管理者試験問題のうち重要な問題を厳選し収録したアウトプット教材です。基本書等で重要論点の学習をした後に、この問題集を繰り返し解き込むことで、本試験合格に必要な解答力を身につけることができます。
2017.5 106p A5 ¥1000 ①978-4-86486-435-0

◆**やさしく学ぶ国内旅行業務取扱管理者―合格テキスト&練習問題**　トラベル&コンダクターカレッジ編　オーム社　改訂2版
【目次】1章 旅行業法及びこれに基づく命令(旅行業法の目的と旅行業の定義、旅行業の登録種

別と登録の申請 ほか)、2章 約款(旅行業約款と標準旅行業約款の定義、募集型企画旅行契約の部 定義 ほか)、3章 国内運賃料金(運賃・料金計算の基礎、普通運賃の基本 ほか)、4章 国内観光地理(北海道・東北地方の観光地理、関東地方の観光地理 ほか)
2017.6 242p A5 ¥2400 ①978-4-274-22073-9

◆**やさしく学ぶ総合旅行業務取扱管理者―合格テキスト&練習問題**　トラベル&コンダクターカレッジ編　オーム社　改訂2版
【目次】1章 旅行業法及びこれに基づく命令、2章 約款、3章 国内運賃料金、4章 国内観光地理、5章 国際航空運賃、6章 出入国法令、7章 海外実務、8章 海外観光地理、9章 英語
2017.6 331p A5 ¥2600 ①978-4-274-22072-2

◆**旅行業務取扱管理者試験 国内 短期完成2017**　旅行管理者試験受験対策研究室編(宮代町)エフィカス,新日本教育図書 発売　(旅行管理者シリーズ 1)
【要旨】「旅行業法」「標準旅行業約款」の最新条文を全文収録！ 出題傾向がよくわかる「合格ガイド&出題頻度チャート」付き！「観光地理の都道府県別整理」で観光地理の実力アップ！
2017.3 381p A5 ¥2200 ①978-4-88024-539-3

◆**旅行業務取扱管理者試験 標準テキスト 1 観光地理"国内・海外" 2018年対策**　資格の大原旅行業務取扱管理者講座編著　大原出版　第4版
【要旨】合格ノウハウ満載の基本書。試験にでる観光地理は、この1冊でマスター！ らくらく暗記！ でる地理、国内800+海外800。
2017.12 316p A5 ¥1500 ①978-4-86486-520-3

◆**旅行業務取扱管理者試験 標準トレーニング問題集 1 観光地理"国内・海外" 2018年対策**　資格の大原旅行業務取扱管理者講座編著　大原出版　(付属資料：別冊1)　第10版
【要旨】過去10年分の試験問題から厳選。試験にでる観光地理は、この1冊でマスター！ 解いて覚える！ でる地理、国内300問+海外300問。
2017.12 190p A5 ¥1500 ①978-4-86486-524-1

◆**旅行業務取扱管理者(総合・国内)テキスト&問題集**　国際文化アカデミー,JTBトラベル&ホテルカレッジ著　JTBパブリッシング　(観光・旅行教科書)　(付属資料：赤シート1)　第3版
【要旨】この1冊で国内・総合試験の両方に対応。ポイントを抑える解説で効率的に学習。最難関の「海外旅行実務」も丁寧に解説。厳選した「出る」問題を豊富に掲載。
2017.2 671p A5 ¥2800 ①978-4-7981-4910-3

◆**U - CANの国内・総合旅行業務取扱管理者速習レッスン 2017年版**　ユーキャン旅行業務取扱管理者試験研究会編　ユーキャン学び出版,自由国民社 発売　第9版
【要旨】割引運賃やキャリア運賃の変更等、2017年上期の国内・国際航空運賃など、最新の法改正・制度変更をしっかり反映。この1冊で国内試験・総合試験の両方に対応。広い試験範囲から重要ポイントを厳選。各レッスン末の確認テストで習熟度をチェック。わかりやすい文章と豊富な図表で丁寧に解説。
2017.4 652p A5 ¥2800 ①978-4-426-60956-6

◆**U - CANの国内旅行業務取扱管理者過去問題集 2017年版**　ユーキャン旅行業務取扱管理者試験研究会編　ユーキャン学び出版,自由国民社 発売　(付属資料：別冊1)　第9版
【要旨】2017年上期の国内航空運賃など最新の法改正・制度変更をしっかり反映。巻末に平成28年度本試験問題を全問収載。厳選した過去問題でテーマごとに要点をチェック。詳しく丁寧な解説で初学者でもわかりやすい。補足コラムで周辺知識の定着をサポート。
2017.4 313p A5 ¥2200 ①978-4-426-60958-0

◆**U - CANの総合旅行業務取扱管理者過去問題集 2017年版**　ユーキャン旅行業務取扱管理者試験研究会編　ユーキャン学び出版,自由国民社 発売　(付属資料：別冊1)　第9版
【要旨】2017年上期の国内・国際航空運賃など最新の法改正・制度変更をしっかり反映。巻末に平成28年度本試験問題を全問収載。厳選した過去問題でテーマごとに要点をチェック。詳しく丁寧な解説で初学者でもわかりやすい。補足コラムで周辺知識の定着をサポート。
2017.4 389p A5 ¥2600 ①978-4-426-60959-7

客室乗務員（ＣＡ）試験

◆後悔しないJAL ANA外資系CA就職対策 決定版　アイザックエアラインスクール編著　（神戸）アートヴィレッジ
【要旨】夢をあきらめず客室乗務員になろう！ JAL ANA外資系、2,200人以上の合格者を輩出、そのノウハウを凝縮。エントリーシートの書き方、面接対策、TOEIC上達法、CA合格後の充実した暮らし、etc. CA合格者の実体験を満載！
2017.1 201p A5 ¥1750 ①978-4-905247-55-5

◆この1冊で絶対合格！ 客室乗務員内定！完全版 受験対策書き込み式実践テキスト 2019年就職版　木野本美千代, 日比ひろみ著（明石市）ペンコム, インプレス 発売
【要旨】ANA年間1千人採用時代！ 今こそ客室乗務員になるチャンス！ 1,500人以上もの学生を航空業界に輩出し続ける講師が徹底サポート！
2017.11 131p B5 ¥1800 ①978-4-295-40136-0

◆フライトの現場ですぐに役立つCA乗務スキルのポイント　フォレスト出版システム
【目次】1 CAの役割と業務、2 フライトの前に知っておきたいこと、3 CAのマナーと教養、4 サービス訓練、5 保安訓練、A資料
2017.7 119p B5 ¥1400 ①978-4-7980-5166-6

秘書検定

◆全経簿記上級 商業簿記・会計学テキスト　全国経理教育協会編　中央経済社, 中央経済グループパブリッシング 発売　第6版
【要旨】2色刷りにし、青色で学習上の留意点を明らかにしている。学習すべき各項目について、問題を解く形式にし、学習に具体性を持たせている。試験終了後には全経ホームページで開示される出題の意図や解説において、本テキストの該当部を明示。巻末の練習問題で、学習の復習・定着を図れる。
2017.9 295p B5 ¥2800 ①978-4-502-23901-4

◆秘書検定1級実問題集 2017年度版　実務技能検定協会編　早稲田教育出版　（付属資料：別冊1）
【要旨】第103～110回検定問題を一挙収録。巻末に "面接試験の実際"。
2017.3 91p A5 ¥1400 ①978-4-7766-1430-2

◆秘書検定3級実問題集 2017年度版　実務技能検定協会編　早稲田教育出版　（付属資料：別冊1）
【要旨】第105～110回検定問題を一挙収録。速習対応 "要点整理" 付。
2017.3 193p A5 ¥1100 ①978-4-7766-1427-2

◆秘書検定準1級実問題集 2017年度版　実務技能検定協会編　早稲田教育出版　（付属資料：別冊1）
【要旨】第103～110回検定問題を一挙収録。巻末に "面接試験の実際"。
2017.3 114p A5 ¥1300 ①978-4-7766-1429-6

◆秘書検定2級実問題集 2017年度版　実務技能検定協会編　早稲田教育出版　（付属資料：別冊1）
【要旨】第105～110回検定問題を一挙収録。速習対応 "要点整理" 付。
2017.3 201p A5 ¥1200 ①978-4-7766-1428-9

◆マンガでわかる 出る順で学べる 秘書検定2級・3級テキスト＆問題集　横山都著　高橋書店　（付属資料：別冊1）
【要旨】四コママンガつき—各項目のはじめに四コママンガを掲載。勉強する内容とそのシチュエーションがわかる！ 出る順で学べる—頻出度ランクの高い項目から読み進められるから、効率よく勉強できる！ 模擬問題を2回分収録—本番形式に慣れることで、実戦力がつく！ 一問一答問題集つき—持ち運びに便利な別冊で試験直前まで使える！
2017.4 207p A5 ¥1300 ①978-4-471-27034-6

簿記検定

◆大原で合格（うか）る日商簿記3級　資格の大原著　中央経済社, 中央経済グループパブリッシング 発売
【目次】簿記で学ぶこと、日々の帳簿記入、商品売買、現金・預金および手形、その他の取引、主要簿と補助簿、伝票会計、試算表の作成、決算、帳簿の締切り、財務諸表の作成
2017.12 235p A5 ¥1000 ①978-4-502-24931-0

◆究極の仕訳集 日商簿記2級　TAC簿記検定講座編著　TAC出版　（TACセレクト）　第3版
【要旨】悩む仕訳もスッキリ整理。勘定科目でも迷わない！ 合格者の考え方をトレースしたわかりやすい解説。基本＋本試験の2段階学習で2級の必須仕訳を完全マスター。
2017.3 211p 19cm ¥1000 ①978-4-8132-7122-2

◆驚異の合格率78％ 「日商商業簿記2級合格塾」—平成29年9月改訂 平成28～30年度対応　後藤充男著　セルバ出版, 創英社/三省堂書店 発売　改訂版
【要旨】なぜ、そのような解答になるのかをキチンと書いてあるため、応用が効きにくくなる暗記型ではなく、応用が効く理解型の学習ができる。
2017.10 423p A5 ¥2100 ①978-4-86367-362-5

◆検定簿記講義 1級商業簿記・会計学 平成29年度版 上巻　渡部裕亘, 片山覚, 北村敬子編著　中央経済社, 中央経済グループパブリッシング 発売
【要旨】選ばれて60年、超定番のロングセラー。より高度な会計知識を身につける！ 日商簿記検定に最も近いテキスト。過去問題が3回分ついて、試験対策もバッチリ。
2017.4 296p A5 ¥1300 ①978-4-502-89503-6

◆検定簿記講義 1級商業簿記・会計学 平成29年度版 下巻　渡部裕亘, 片山覚, 北村敬子編著　中央経済社, 中央経済グループパブリッシング 発売
【要旨】選ばれて60年、超定番のロングセラー。より高度な会計知識を身につける！ 日商簿記検定に最も近いテキスト。過去問題が3回分ついて、試験対策もバッチリ。
2017.4 261p A5 ¥1300 ①978-4-502-89513-5

◆検定簿記講義 2級工業簿記 平成29年度版　岡本清, 廣本敏郎編著　中央経済社, 中央経済グループパブリッシング 発売
【要旨】平成29年6月から新試験範囲へ！ 日商簿記検定に最も近いテキスト。過去問題が3回分ついて試験対策もバッチリ。
2017.3 295p A5 ¥700 ①978-4-502-89553-1

◆検定簿記講義 2級商業簿記 平成29年度版　渡部裕亘, 片山覚, 北村敬子編著　中央経済社, 中央経済グループパブリッシング 発売
【要旨】平成29年6月からの新試験範囲に対応！ リース会計、外貨建取引、連結会計等を完全フォロー。日商簿記検定に最も近いテキスト。過去問題が3回分ついて試験対策もバッチリ。
2017.3 362p A5 ¥700 ①978-4-502-89543-2

◆検定簿記講義 3級商業簿記 平成29年度版　渡部裕亘, 片山覚, 北村敬子編著　中央経済社, 中央経済グループパブリッシング 発売
【要旨】新試験範囲に対応した日商簿記検定に最も近いテキスト。過去問題が3回分ついて試験対策もバッチリ。
2017.2 324p A5 ¥700 ①978-4-502-89563-0

◆検定 簿記ワークブック 1級/商業簿記・会計学 上巻　渡部裕亘, 片山覚, 北村敬子編著　中央経済社, 中央経済グループパブリッシング 発売　（付属資料：別冊1）
【要旨】日商簿記検定を知り尽くした執筆陣。正確かつわかりやすい解説で記憶に残る。最近の出題傾向に沿った、検定試験に最適の問題集。
2017.4 90p, 130p A5 ¥1200 ①978-4-502-22411-9

◆検定 簿記ワークブック 1級/商業簿記・会計学 下巻　渡部裕亘, 片山覚, 北村敬子編著　中央経済社, 中央経済グループパブリッシング 発売　（付属資料：別冊1）
【要旨】日商簿記検定を知り尽くした執筆陣。正確かつわかりやすい解説で記憶に残る。最近の

出題傾向に沿った、検定試験に最適の問題集。
2017.4 83, 70p B5 ¥1200 ①978-4-502-22421-8

◆検定 簿記ワークブック 2級/商業簿記　渡部裕亘, 片山覚, 北村敬子編著　中央経済社, 中央経済グループパブリッシング 発売　（付属資料：別冊1）　検定版第3版
【要旨】平成29年6月からの新試験範囲に対応！ リース会計、外貨建取引、連結会計等を完全フォロー。総合模擬問題3回分。
2017.3 126p B5 ¥700 ①978-4-502-22491-1

◆検定 簿記ワークブック 3級/商業簿記　渡部裕亘, 片山覚, 北村敬子編著　中央経済社, 中央経済グループパブリッシング 発売　（付属資料：別冊1）
【要旨】新試験範囲に対応した日商簿記検定に最も近い問題集。総合模擬問題が3回分ついて試験対策もバッチリ。
2017.2 130p B5 ¥700 ①978-4-502-21001-3

◆合格するための過去問題集 建設業経理士2級 '18年3月・9月検定対策　TAC建設業経理士検定講座編著　TAC出版　（よくわかる簿記シリーズ）　（付属資料：別冊1）
【要旨】本試験はこう出る！ 「TAC式出題別攻略テクニック」つき。本試験はこう読む！ 解答のポイントを示すとともに、最新の会計基準にあわせて改題。現役TAC講師陣による「解答への道」一挙公開。
2017.11 184p B5 ¥1600 ①978-4-8132-7420-9

◆合格するための過去問題集 全経上級—'17年7月・'18年2月検定対策　TAC簿記検定講座編著　TAC出版　（よくわかる簿記シリーズ）　（付属資料：別冊1）
【要旨】第171回～第185回、全8回収載。日商1級との違いからみる全経攻略メソッド、類題などを示す。出題ポイントを示すとともに最新の会計基準にあわせて改題。現役TAC講師陣による「解答への道」一挙公開。
2017.6 352p B5 ¥2400 ①978-4-8132-7136-9

◆合格するための過去問題集 日商簿記1級—'17年11月検定対策　TAC簿記検定講座編著　TAC出版　（よくわかる簿記シリーズ）　（付属資料：別冊1）
【要旨】制限時間内で合格答案を作成するための得点ポイントや時間配分、特徴を示しているから、本試験の攻め方がわかる。「現役TAC講師陣」による詳しい解説で、本試験を分析できる。最新の出題区分や会計基準にあわせて改題し完全対応しているから、安心して使える。
2017.7 439p B5 ¥2400 ①978-4-8132-7198-7

◆合格するための過去問題集 日商簿記1級—'18年6月検定対策　TAC簿記検定講座編著　TAC出版　（よくわかる簿記シリーズ）　（付属資料：別冊1）
【要旨】標準的な解答時間や得点すべきポイント、類題などを明示。出題意図を示すとともに、最新の会計基準にあわせて改題。現役TAC講師陣による「解答への道」一挙公開。第128回～第147回、2017年11月検定最新問題収載！
2018.1 440p B5 ¥2600 ①978-4-8132-7434-6

◆合格するための過去問題集 日商簿記2級—'17年6月検定対策　TAC簿記検定講座編著　TAC出版　（よくわかる簿記シリーズ）　（付属資料：別冊1）
【要旨】平成29年度新試験区分対応。第134回～第145回、全12回収載。
2017.4 1Vol. B5 ¥1800 ①978-4-8132-7130-7

◆合格するための過去問題集 日商簿記2級—'17年11月検定対策　TAC簿記検定講座編著　TAC出版　（よくわかる簿記シリーズ）　（付属資料：別冊1）
【要旨】第135回～第146回全12回収載。
2017.7 241p B5 ¥1900 ①978-4-8132-7199-4

◆合格するための過去問題集 日商簿記2級—'18年2月検定対策　TAC簿記検定講座編著　TAC出版　（よくわかる簿記シリーズ）　（付属資料：別冊1）
【要旨】第136回～第147回、全12回収載。「TAC式出題別攻略テクニック」つき。出題意図を示すとともに、最新の会計基準にあわせて改題。現役TAC講師陣による「解答への道」一挙公開。
2017.12 243p B5 ¥1900 ①978-4-8132-7432-2

◆合格するための過去問題集 日商簿記3級 '17年6月検定対策　TAC簿記検定講座編著

TAC出版　（よくわかる簿記シリーズ）　（付属資料：別冊1）
【要旨】平成29年度新出題区分対応。第134回～第145回、全12回収載。
2017.4 1Vol. B5 ¥1600 ①978-4-8132-7131-4

◆合格するための過去問題集 日商簿記3級―'17年11月検定対策　TAC簿記検定講座編著　TAC出版　（よくわかる簿記シリーズ）　（付属資料：別冊1）
【要旨】第135回～第146回全12回収載。
2017.7 196p B5 ¥1600 ①978-4-8132-7200-7

◆合格するための過去問題集 日商簿記3級―'18年2月検定対策　TAC簿記検定講座編著　TAC出版　（よくわかる簿記シリーズ）　（付属資料：別冊1）
【要旨】第136回～第147回、全12回収載。「TAC式出題別攻略テクニック」つき。出題意図を示すとともに、最新の会計基準にあわせて改題。現役TAC講師陣による「解答への道」一挙公開。
2017.12 197p B5 ¥1600 ①978-4-8132-7433-9

◆合格するにはワケがある 脳科学×仕訳集 日商簿記1級　桑原知之編　ネットスクール出版
【要旨】アウトプットしやすいように、数値を単純化し解きやすい構成にすることで、短い時間で幅広く復習できるようにしました。1日の終わりには、『夜寝る前に』でその日に勉強した仕訳に関連する理論問題を解くことで頭の中を整理できるようにしました。1つの論点を一気に深く学習するのではなく、各論点を基礎・応用・発展と分けて、重要度が高い基礎の各論点を一通り終えてから、応用、発展へ進むことにより、メリハリを付けた復習ができるようにしました。
2017.11 282p B6 ¥1600 ①978-4-7810-1529-3

◆合格するにはワケがある 脳科学×仕訳集 日商簿記2級　桑原知之著　ネットスクール出版　（付属資料：赤シート1）
【要旨】新範囲網羅！脳に合理的な学習法で、簿記が確実にしみこむ！
2017.9 313p B6 ¥1200 ①978-4-7810-1527-9

◆合格するにはワケがある 脳科学×仕訳集 日商簿記3級　桑原知之著　ネットスクール出版　（付属資料：赤シート1）
【要旨】全仕訳網羅！脳に合理的な学習法で、簿記が確実にしみこむ！
2017.9 199p B6 ¥1000 ①978-4-7810-1526-2

◆合格テキスト日商簿記1級商業簿記・会計学　1　Ver.14.0　TAC簿記検定講座編著　TAC出版　（よくわかる簿記シリーズ）　第16版
【目次】01 商業簿記・会計学総論、02 商品売買の会計処理と原価率・利益率、03 棚卸資産、04 割賦販売、05 委託販売、06 試用販売、07 未着品販売、08 工事契約
2017.11 205p B5 ¥2000 ①978-4-8132-7382-0

◆合格テキスト日商簿記1級商業簿記・会計学　2　Ver.14.0　TAC簿記検定講座編著　TAC出版　（よくわかる簿記シリーズ）　第17版
【目次】税金・税効果会計、現金預金、金銭債権・貸倒引当金、有価証券、外貨換算会計、デリバティブ取引、有形固定資産、リース取引、無形固定資産・投資その他の資産、繰延資産、研究開発費〔ほか〕
2017.11 360p B5 ¥2000 ①978-4-8132-7383-7

◆合格テキスト日商簿記1級商業簿記・会計学　3　Ver.14.0　TAC簿記検定講座編著　TAC出版　（よくわかる簿記シリーズ）　第17版
【目次】本支店会計、企業結合、合併、株式交換・会社の分割、連結会計、外貨建財務諸表項目、キャッシュ・フロー計算書
2017.11 276p B5 ¥2200 ①978-4-8132-7384-4

◆合格テキスト日商簿記2級 商業簿記 Ver.11.0　TAC簿記検定講座編著　TAC出版　（よくわかる簿記シリーズ）　第14版
【要旨】新出題区分対応書籍。今年度の試験範囲にしっかり対応。
2017.2 401p B5 ¥2400 ①978-4-8132-6901-4

◆合格テキスト日商簿記3級 Ver.9.0　TAC簿記検定講座編著　TAC出版　（よくわかる簿記シリーズ）　第9版
【目次】簿記の基礎、記帳のルール、簿記一巡の手続き、商品売買1（記帳方法）、商品売買2（掛

け・手付金等）、商品売買3（返品・値引き）、商品売買4（当座取引）、商品売買5（手形）、商品売買6（送料等）、商品売買7（帳簿）〔ほか〕
2017.2 281p B5 ¥2000 ①978-4-8132-6900-7

◆合格トレーニング日商簿記1級 商業簿記・会計学　3　Ver.14.0　TAC簿記検定講座編著　TAC出版　（よくわかる簿記シリーズ）　（付属資料：別冊1）　第16版
【目次】本支店会計、企業結合、合併、株式交換・会社の分割、連結会計、外貨建財務諸表項目、キャッシュ・フロー計算書、総合問題
2017.11 151p B5 ¥1800 ①978-4-8132-7391-2

◆合格トレーニング日商簿記1級 商業簿記・会計学　1　Ver.14.0　TAC簿記検定講座編著　TAC出版　（よくわかる簿記シリーズ）　（付属資料：別冊1）　第15版
【目次】01 商業簿記・会計学総論、02 商品売買の会計処理と原価率・利益率、03 棚卸資産、04 割賦販売、05 委託販売、06 試用販売、07 未着品販売、08 工事契約、総合問題
2017.11 135p B5 ¥1800 ①978-4-8132-7389-9

◆合格トレーニング日商簿記1級 商業簿記・会計学　2　Ver.14.0　TAC簿記検定講座編著　TAC出版　（よくわかる簿記シリーズ）　（付属資料：別冊1）　第17版
【目次】税金・税効果会計、現金預金、金銭債権・貸倒引当金、有価証券、外貨換算会計、デリバティブ取引、有形固定資産、リース取引、無形固定資産・投資その他の資産、繰延資産、研究開発費〔ほか〕
2017.11 187p B5 ¥1800 ①978-4-8132-7390-5

◆合格トレーニング日商簿記2級 商業簿記 Ver.11.0　TAC簿記検定講座編著　TAC出版　（よくわかる簿記シリーズ）　（付属資料：別冊1）　第15版
【要旨】新出題区分対応書籍。今年度の試験範囲にしっかり対応。
2017.2 197p B5 ¥1800 ①978-4-8132-6906-9

◆合格トレーニング日商簿記3級 Ver.9.0　TAC簿記検定講座編著　TAC出版　（よくわかる簿記シリーズ）　第9版
【目次】簿記の基礎、記帳のルール、簿記一巡の手続き、商品売買1（記帳方法）、商品売買2（掛け・手付金等）、商品売買3（返品・値引き）、商品売買4（当座取引）、商品売買5（手形）、商品売買6（送料等）、商品売買7（帳簿）〔ほか〕
2017.2 201p B5 ¥1800 ①978-4-8132-6905-2

◆最新段階式 日商簿記検定問題集 2級商業簿記　実教出版企画開発部編　実教出版　三訂版
【目次】現金・預金、売掛金、手形取引と電子記録債権、有価証券、商品、固定資産、引当金、株式会社会計、無形固定資産と投資その他の資産、剰余金の配当など、リース取引、外貨建取引、収益と費用の認識基準、株式会社の税金、税効果会計、決算、財務諸表の作成、本支店会計、連結会計、日商検定試験出題形式別問題
2017.3 208p B5 ¥1000 ①978-4-407-34027-3

◆最新段階式 簿記検定問題集 全商2級　実教出版編修部編　実教出版　（付属資料：別冊1）　改訂版
【要旨】最新の出題傾向に対応。「要点の整理」をより見やすく整理。
2017 222p B5 ¥640 ①978-4-407-34042-6

◆最新段階式 簿記検定問題集 全商3級　実教出版編修部編　実教出版　（付属資料：別冊1）　改訂版
【要旨】最新の出題傾向に対応。「要点の整理」をより見やすく整理。
2017 224p B5 ¥640 ①978-4-407-34044-0

◆サクッとうかる日商3級商業簿記 はじめての過去問　桑原知之著　ネットスクール出版　（付属資料：別冊1）
【要旨】ヒント付きレベル順過去問3回。直近過去問3回。なぞって覚える！問題別解答手順付き。
2017.12 57, 91p A5 ¥1200 ①978-4-7810-1322-0

◆サクッとうかる日商2級 商業簿記トレーニング　桑原知之著　ネットスクール出版
【要旨】本試験の出題傾向もしっかり対策。必要な知識は「まとめ」で効率よく確認。『サクッとうかるテキスト＋問題集』完全対応。答案用紙ダウンロードサービス付。
2017.11 395p A5 ¥1200 ①978-4-7810-1236-0

◆サクッとうかる日商3級 商業簿記トレーニング　桑原知之編著　ネットスクール出版
【要旨】新出題区分完全対応。良質な問題だけを厳選収録。『サクッとうかるテキスト＋問題集』完全対応。
2017.9 294p A5 ¥950 ①978-4-7810-1321-3

◆社会福祉法人会計簿記テキスト―『会計基準省令』準拠 入門・初級編　総合福祉研究会監修, 会計簿記テキスト入門編・初級編作成委員会編著　総合福祉研究会,（大阪）実務出版発売　五訂版
【目次】1 入門編（社会福祉法人の有り様と会計、基本になる貸借対照表をまず理解しよう！、会計は“ダム”である！、建物は老朽化する・・・、フローの計算書はなぜ2種類あるのか？、計算書類の見方と財務管理、計算書類の様式）、2 初級編（簿記・会計とは？、勘定科目、仕訳と転記、支払資金の取引、精算表、固定資産と減価償却、固定負債と引当金、基本金・国庫補助金等、決算、復習とまとめ）
2017.9 167, 47p A4 ¥2315 ①978-4-906520-70-1

◆新なるほど合格塾 日商簿記2級商業簿記　穂坂治宏著　中央経済社, 中央経済グループパブリッシング 発売　第2版（改題新版）
【要旨】新出題区分対応。解説が箇条書きでわかりやすい！テキスト＋問題集。コラムで実践的勉強法まで指導！
2017.4 256p A5 ¥900 ①978-4-502-22371-6

◆スッキリとける日商簿記2級過去＋予想問題集　2017年度版　滝澤ななみ監修, TAC出版開発グループ編著　TAC出版　（スッキリとけるシリーズ）　（付属資料：別冊2）
【要旨】過去問6回＋予想問3回＋新論点サンプル問題を収載。平成29年度新出題区分対応。苦手な知識を総ざらい「POINT&LECTURE」で死角ゼロの解説。
2017.4 128, 113p A5 ¥1000 ①978-4-8132-7120-8

◆スッキリとける日商簿記3級過去＋予想問題集　2017年度版　滝澤ななみ監修, TAC出版開発グループ編著　TAC出版　（スッキリとけるシリーズ）　（付属資料：別冊2）
【要旨】過去問6回＋予想問3回＋新傾向問題対策を収載。平成29年度新出題区分対応。苦手な知識を総ざらい「POINT&LECTURE」で死角ゼロの解説。
2017.4 104, 56, 79p A5 ¥1000 ①978-4-8132-7121-5

◆スッキリわかる日商簿記1級 商業簿記・会計学　3　その他の個別論点・本支店・C/F編　滝澤ななみ著　TAC出版　（スッキリわかるシリーズ）　（付属資料：別冊1）　第3版
【要旨】わかりやすいイラストとストーリー展開にテキストに完全対応の本格的問題集つき。これ一冊でスッキリ学習！新出題区分完全対応。
2017.11 179, 73p A5 ¥1800 ①978-4-8132-7413-1

◆スッキリわかる日商簿記1級 商業簿記・会計学　4　企業結合・連結会計編　滝澤ななみ著　TAC出版　（スッキリわかるシリーズ）　第7版
【要旨】わかりやすいイラストとストーリー展開のテキストに完全対応の本格的問題集つき。これ一冊でスッキリ学習！新出題区分完全対応。
2017.11 247, 101p A5 ¥1800 ①978-4-8132-7414-8

◆スッキリわかる日商簿記初級　滝澤ななみ, TAC出版開発グループ著　TAC出版　（スッキリわかるシリーズ）
【要旨】簿記初心者が最後までスラスラ読めるよう、やさしい、一般的なことばを用いて、読み物のように工夫。ゴエモンというキャラクターを登場させ、ゴエモンといっしょに場面ごとに簿記を学んでいくというスタイル。簿記ってそもそもなに？がスッキリわかるスタートアップ講義つき。
2017.4 1Vol. A5 ¥800 ①978-4-8132-7132-1

◆スッキリわかる日商簿記2級 商業簿記　滝澤ななみ著　TAC出版　（スッキリわかるシリーズ）　（付属資料：別冊2）　第9版
【要旨】テキスト＋問題集。これ一冊でスッキリ学習！どこよりもわかりやすい新論点ザックリ講義。平成29年度試験範囲にしっかり対応＆新試験サンプル問題解説つき。巻末に平成30年度論点もバッチリ収録。
2017.2 392, 150p A5 ¥1200 ①978-4-8132-6887-1

経済・産業・労働

◆スッキリわかる日商簿記3級　滝澤ななみ著　TAC出版　（スッキリわかるシリーズ）　（付属資料：別冊1）　第8版
【要旨】わかりやすいイラストとストーリー展開のテキスト＆本格的問題集。講義動画で解き方をスッキリ学べる総合問題のチェックテスト1回分つき！　みんなの"ギモン＆ポイント5"収載。
　　2017.2 257, 82p A4 ¥950 ①978-4-8132-6886-4

◆ステップアップ問題集　日商簿記1級　商業簿記・会計学　大原簿記学校著　大原出版　（大原の簿記シリーズ）　（付属資料：別冊1）　第10版
【目次】棚卸資産、売価還元法、商品売買、固定資産、資産除去債務、リース会計、減損会計、研究開発費等、債権、有価証券〔ほか〕
　　2017.12 371p 26×20cm ¥1905 ①978-4-86486-519-7

◆ステップアップ問題集　日商簿記2級商業簿記　大原簿記学校著　大原出版　（大原の簿記シリーズ）　（付属資料：別冊1）　4版
【目次】現金預金・銀行勘定調整表をマスターしよう、有価証券をマスターしよう、商品をマスターしよう、有形固定資産をマスターしよう、リース会計をマスターしよう、無形固定資産をマスターしよう、引当金（1）貸倒引当金をマスターしよう、引当金（2）貸倒引当金をマスターしよう、引当金（3）その他の引当金をマスターしよう、債務保証をマスターしよう〔ほか〕
　　2017.3 267p B5 ¥1000 ①978-4-86486-452-7

◆ズバリ合格！　日商簿記2級 基本テキスト　日建学院編著　建築資料研究社　新版四訂
【要旨】簡潔でわかりやすく、無駄がない。商業簿記も工業簿記もこれ1冊でうかるんです！　学んだ内容をすぐに復習できる。ポイントごとの仕訳例題がついているので反復学習に最適。平成29年4月1日施行の区分に対応。
　　2017.4 288p A5 ¥1200 ①978-4-86358-490-7

◆ズバリ合格！　日商簿記2級 厳選過去問題集　2017 - 2018年版　日建学院編著　建築資料研究社
【要旨】出題パターン別に解法を身につける。商業簿記も工業簿記もこれ1冊でうかるんです！　厳選過去問と直近3回分の問題をポイント解説＋第145回対策問題で解答付。出題内容別になっているから、苦手問題を繰り返し学習できる。
　　2017.4 367p A5 ¥1200 ①978-4-86358-491-4

◆ズバリ合格！　日商簿記3級 基本テキスト　日建学院編著　建築資料研究社　新版四訂
【要旨】簡潔でわかりやすく、無駄がない。これ1冊でうかるんです！　学んだ内容をすぐに復習できる。ポイントごとの仕訳例題がついているので反復学習に最適。平成29年4月1日施行の区分に対応。
　　2017.4 165p A5 ¥1200 ①978-4-86358-492-1

◆ズバリ合格！　日商簿記3級 厳選過去問題集　2017 - 2018年版　日建学院編著　建築資料研究社
【要旨】出題パターン別に解法を身につける。これ1冊でうかるんです！　厳選過去問と直近3回分の問題をポイント解説＋第145回対策問題で解答付。出題内容別になっているから、苦手問題を繰り返し学習できる。
　　2017.4 272p A5 ¥1200 ①978-4-86358-493-8

◆スラスラできる日商簿記2級商業簿記テキスト　2017年度受験対策用　大原簿記学校著　大原出版　（大原の簿記シリーズ）　3版
【目次】簿記一巡の手続きと財務諸表、銀行勘定調整表、有価証券、商品売買、有形固定資産、債務保証、手形、引当金、株式会社会計、剰余金の配当等、税金、決算、財務諸表、本支店会計、伝票会計、固定資産、為替換算会計、税金、連結会計　2017.3 373p A5 ¥1000 ①978-4-86486-450-3

◆スラスラできる日商簿記2級商業簿記問題集　2017年度受験対策用　大原簿記学校著　大原出版　（大原の簿記シリーズ）　（付属資料：別冊1）　3版
【目次】簿記一巡の手続きと財務諸表、銀行勘定調整表、有価証券、商品売買、有形固定資産、債務保証、手形、引当金、株式会社会計、剰余金の配当等、税金、決算、財務諸表、本支店会計、伝票会計、固定資産、為替換算会計、税金、連結会計　2017.3 185p A5 ¥1000 ①978-4-86486-451-0

◆全経簿記検定試験対策問題集 3級　香取晋宜、木下貴博、松下真也、宮川宏編修　実教出版　（付属資料：別冊1）

【目次】模擬試験問題用紙、模擬試験解答用紙
　　2017.7 48p A4 ¥700 ①978-4-407-34299-4

◆全経簿記上級過去問題集 出題傾向と対策—17年7月・18年2月試験用　桑原知之編著　ネットスクール出版　（付属資料：別冊1）　第22版
【要旨】第170回～第185回の問題を収録。
　　2017.5 379p 26×22cm ¥2400 ①978-4-7810-0239-2

◆全経簿記能力検定試験過去問題集1級 商業簿記・会計学　平成29年度版　第178回～第185回過去8回分＋見本（付録）解答、解説付　全国経理教育協会編・著　全国経理教育協会、ネットスクール 発売　（全経過去問シリーズ）
　　2017.4 186p A4 ¥750 ①978-4-7810-0245-3

◆全経簿記能力検定試験過去問題集 2級商業簿記　平成29年度版　第178回 - 第185回　全国経理教育協会編　全国経理教育協会、ネットスクール出版 発売　第七版
【要旨】過去8回分＋見本（付録）。解答・解説付。
　　2017.7 176p A4 ¥709 ①978-4-7810-0244-6

◆全経簿記能力検定試験公式テキスト1級 商業簿記・会計学　新田忠誓監修、桑原知之編著　ネットスクール出版　第4版
【要旨】損益計算書と貸借対照表、商品売買、特殊商品売買、現金預金、手形、外貨換算会計、有価証券、固定資産、繰延資産、引当金、負債会計、資本（純資産）会計、決算、本支店会計、建設業会計（工事契約）、連結会計（資本連結）、財務分析、伝票会計・帳簿組織
　　2017.3 1Vol. B5 ¥2000 ①978-4-7810-0233-0

◆全経簿記能力検定試験 公式テキスト2級 商業簿記　新田忠誓監修、桑原知之編著　ネットスクール出版　第3版
【要旨】平成29年度の出題範囲の改定に対応！
　　2017.2 1Vol. B5 ¥1400 ①978-4-7810-0237-8

◆全経簿記能力検定試験公式テキスト 3級　新田忠誓監修、桑原知之編著　ネットスクール出版　第3版
【要旨】平成29年度の出題範囲の改定に対応！
　　2017.3 1Vol. B5 ¥1000 ①978-4-7810-0240-8

◆全経簿記能力検定試験 公式問題集1級 商業簿記・会計学　新田忠誓監修、桑原知之編著　ネットスクール出版　第4版
【目次】商品売買、特殊商品売買、現金預金、手形、外貨換算会計、有価証券、固定資産、繰延資産、引当金、負債会計、資本（純資産）会計、決算、本支店会計、建設業会計（工事契約）、連結会計（資本連結）、財務分析、伝票会計・帳簿組織
　　2017.3 1Vol. B5 ¥2000 ①978-4-7810-0234-7

◆全経簿記能力検定試験 公式問題集2級 商業簿記　新田忠誓監修、桑原知之編著　ネットスクール出版　第3版
【要旨】平成29年度の出題範囲の改定に対応！
　　2017.3 63p B5 ¥1400 ①978-4-7810-0238-5

◆全経簿記能力検定試験 公式問題集 3級　新田忠誓監修、桑原知之編著　ネットスクール出版　第3版
【要旨】平成29年度の出題範囲の改定に対応！
　　2017.3 120, 94p B5 ¥1200 ①978-4-7810-0241-5

◆全商簿記2級パーフェクトナビ 過去問・予想問＋合格ナビつき　TAC出版開発グループ編著　TAC出版　（付属資料：別冊2）
【要旨】まとめで覚える仕訳・公式なんでも総まとめ「合格ナビ」合格を確実に勝ち取れる必要かつ十分な数の過去問と予想問。理解を一気に加速する解説動画つき。
　　2017.4 1Vol. A4 ¥400 ①978-4-8132-7503-9

◆全商簿記3級パーフェクトナビ 過去問・予想問＋合格ナビつき　TAC出版開発グループ編著　TAC出版　（付属資料：別冊2）
【要旨】まとめで覚える仕訳・公式なんでも総まとめ「合格ナビ」合格を確実に勝ち取れる必要かつ十分な数の過去問と予想問。理解を一気に加速する解説動画つき。
　　2017.4 1Vol. A4 ¥400 ①978-4-8132-7504-6

◆第146回をあてるTAC直前予想 日商簿記1級　TAC簿記検定講座編著　TAC出版　（付属資料：別冊1）
【要旨】予想模試3＋1回分収録。
　　2017.3 196p A4 ¥2000 ①978-4-8132-6733-1

◆第146回をあてるTAC直前予想 日商簿記2級　TAC簿記検定講座編著　TAC出版　（付属資料：別冊1）
【要旨】平成29年度新論点・新作問題収載。予想模試3＋1回分収録。
　　2017.4 118p A4 ¥1500 ①978-4-8132-6734-8

◆第146回をあてるTAC直前予想 日商簿記3級　TAC簿記検定講座編著　TAC出版　（付属資料：別冊1）
【要旨】平成29年度新論点・新作問題収載。予想模試3＋1回分収録。
　　2017.4 112p A4 ¥1000 ①978-4-8132-6735-5

◆第146回試験 日商簿記2級 ラストスパート模試　ネットスクール編著　ネットスクール出版　（付属資料：別冊1）
【要旨】2017年6月11日第146回試験、ここから出る！　100%的中のための5回分。
　　2017.3 89p A4 ¥1400 ①978-4-7810-4231-2

◆第147回をあてるTAC直前予想 日商簿記1級　TAC簿記検定講座編著　TAC出版　（付属資料：別冊1）
【要旨】本試験をそっくりそのまま完全再現。予想模試3＋1回分収録。
　　2017.8 191p A4 ¥2000 ①978-4-8132-7058-4

◆第147回をあてるTAC直前予想 日商簿記2級　TAC簿記検定講座編著　TAC出版　（付属資料：別冊2）
【要旨】本試験をそっくりそのまま完全再現。予想模試3＋1回分収録。
　　2017.8 115p A4 ¥1500 ①978-4-8132-7059-1

◆第147回をあてるTAC直前予想 日商簿記3級　TAC簿記検定講座編著　TAC出版　（付属資料：別冊2）
【要旨】本試験をそっくりそのまま完全再現。予想模試3＋1回分収録。
　　2017.8 118p A4 ¥1000 ①978-4-8132-7060-7

◆第148回をあてるTAC直前予想 日商簿記2級　TAC簿記検定講座編著　TAC出版　（付属資料：別冊1）
【要旨】本試験をそっくりそのまま完全再現。予想模試3＋1回分収録。平成29年度新論点連結（課税所得）（外貨）（リース）（サービス業）などキッチリ収載。
　　2017.12 114p A4 ¥1500 ①978-4-8132-7248-9

◆第148回をあてるTAC直前予想 日商簿記3級　TAC簿記検定講座編著　TAC出版　（付属資料：別冊1）
【要旨】本試験をそっくりそのまま完全再現。予想模試3＋1回分収録。平成29年度新論点・新作問題キッチリ収載。
　　2017.12 116p A4 ¥1000 ①978-4-8132-7249-6

◆土日で合格（うか）る日商簿記初級　資格の大原著　中央経済社、中央経済グループパブリッシング 発売
【要旨】オリジナル模試3回分収録。大切なところだけをギュッと凝縮。細かく区切られたセクション構成。
　　2017.4 133p A5 ¥1200 ①978-4-502-22911-4

◆ドンドン解ける！　日商簿記2級過去問題集　'17～'18年版　渡辺浩、コンデックス情報研究所編著　成美堂出版　（付属資料：別冊1）
【要旨】5年分（15回分）の問題と解答・解説。
　　2017.7 303p B5 ¥1600 ①978-4-415-22520-3

◆ドンドン解ける！　日商簿記3級過去問題集　'17～'18年版　高柳和男、コンデックス情報研究所編著　成美堂出版　（付属資料：別冊1）
【要旨】5年分（15回分）の問題と解答・解説。
　　2017.7 263p B5 ¥1400 ①978-4-415-22521-0

◆流れがわかる！　イチから学ぶ初級簿記　西海学、西舘司著　中央経済社、中央経済グループパブリッシング 発売
【要旨】まずは実際の簿記の技術や手続きを身につけ、その後に簿記の構造や原理などが理解できるような構成になっています。専門用語を極力用いずに、平易な言葉や表現で解説します。経営のサイクルと簿記との関係を意識するため、早い段階で簿記手続きの一巡を学習します。新たな取引内容ごとに、その簿記手続きと決算手続きといった簿記の一巡を習得できるように解説しています。
　　2017.6 117p B5 ¥1800 ①978-4-502-22761-5

◆日商簿記検定模擬試験問題集 2級 平成29年度版　ネットスクール著　ネットスクール出版　（付属資料：別冊2）
【要旨】模試10回。新出題区分表に完全対応！
2017.3 140p A4 ¥900 ①978-4-7810-5209-0

◆日商簿記検定模擬試験問題集 2級商業簿記・工業簿記 平成29年度　実教出版企画開発部編　実教出版　（付属資料：別冊1）　新訂版
【要旨】最近17回分の出題傾向の分析。出題形式別重要問題・商業簿記19問、工業簿記8問。模擬試験問題9回分。別冊解答（採点基準、詳細な解説付き）。
2017.5 160p A4 ¥1000 ①978-4-407-34152-2

◆日商簿記検定模擬試験問題集 3級 平成29年度版　ネットスクール著　ネットスクール出版　（付属資料：別冊2）
【要旨】模試8回、過去問3回（H28年6月（第143回）、H28年11月（第144回）、H29年2月（第145回））。新出題区分表に完全対応！
2017.3 121p A4 ¥800 ①978-4-7810-5309-7

◆日商簿記検定模擬試験問題集 3級商業簿記 平成29年度版　実教出版企画開発部編　実教出版　（付属資料：別冊1）　新訂版
【要旨】最近17回分の出題傾向の分析。出題形式別重要問題・商業簿記21問。模擬試験問題8回分、検定試験問題3回分。別冊解答（採点基準、詳細な解説付き）。
2017.5 103p A4 ¥800 ①978-4-407-34153-9

◆日商簿記試験2級と1級合格をめざす方へ 貸借があわないときはどうすればいいのか！―貸借不一致のミス発見法を大公開　ほりかわよう著　とりい書房
【要旨】本書は、簿記受験生のみんなが悩んでいる「貸借があわないときの解決法」が、実際の精算表や試験問題を使いながら、やさしく解説してあります。
2017.1 208p A5 ¥1300 ①978-4-86334-097-8

◆日商簿記受験生のための電卓操作べき自習帳―これで楽勝合格 総得点20点アップのトラの巻　ほりかわよう著　とりい書房　改訂版
【要旨】簿記受験生のバイブルベストセラーの最新版。みんなが悩んでいる入力ミス・計算ミスの発見法を大公開。
2017.1 271p A5 ¥1300 ①978-4-86334-096-1

◆日商簿記1級過去問題集 2017年度受験対策用　大原簿記学校著　大原出版　（大原の簿記シリーズ）　（付属資料：別冊1）　第14版
【要旨】過去10回分の問題を完全収録。第131回→第144回収載。
2017.2 267p B5 ¥2000 ①978-4-86486-439-8

◆日商簿記1級 だれでも解ける過去問題集　桑原知之編著　ネットスクール出版
【要旨】商業簿記…重要テーマをヨコ解きにして、さらに難易度順に！工業簿記…総合問題をときほぐして、ステップアップ攻略！
2017.9 1Vol. 26×22cm ¥2400 ①978-4-7810-2119-5

◆日商簿記1級 網羅型完全予想問題集 2017年度版　TAC簿記検定講座編著　TAC出版　（付属資料：別冊2）
【要旨】たった24時間で重要出題パターンのすべてに対応できる！ TACオリジナル予想問題を8回分収載。
2017.3 136p A4 ¥2800 ①978-4-8132-7123-9

◆日商簿記2級 過去問題集 2017年度受験対策用　大原簿記学校著　大原出版　（付属資料：別冊1）　第14版
【要旨】2017年度受験対策用。過去9回分の問題を収録。回数別：136回・138回→145回。
2017.4 170, 29p B5 ¥1800 ①978-4-86486-438-1

◆日商簿記2級光速マスターNEO 商業簿記テキスト　LEC東京リーガルマインド編著　東京リーガルマインド　第2版
【要旨】最短で9日！着実に13日！万全なら18日！自分のペースで選べる3つの学習プラン。身近なケースで源さんとたのしく学ぼう！豊富な図表と「コトバ」「重要」「確認テスト」で知識定着。
2017.3 552p A5 ¥950 ①978-4-8449-9842-6

◆日商簿記2級光速マスターNEO 商業簿記問題集　LEC東京リーガルマインド編著　東京リーガルマインド　第2版
【要旨】"基本"と"応用"2段階の問題レベルでステップアップ。"基本"で知識を確認し、"応用"

で試験対策の演習ができる。解答の手順や重要なポイントをおさえた解説。「ここがポイント」「ここに注意」「復習しよう！」でスイスイ理解。
2017.3 314p A5 ¥830 ①978-4-8449-9843-3

◆日商簿記2級 仕訳問題集 2017年度受験対策用　大原簿記学校著　大原出版　（大原の簿記シリーズ）　（付属資料：カラーシート1）　7版
【要旨】この1冊で完全マスター。学習しやすいテーマごとの収録。一目で問題と解答を確認できる見開き式。
2017.3 267p B6 ¥1000 ①978-4-86486-453-4

◆日商簿記2級仕訳問題集 2017年度受験対策用　大原簿記学校著　大原出版　（大原の簿記シリーズ）　（付属資料：カラーシート1）　改訂版
【要旨】学習しやすいテーマごとの収録。一目で問題と解答を確認できる見開き式。
2017.4 267p B6 ¥1000 ①978-4-86486-460-2

◆日商簿記2級に"とおる"テキスト商業簿記　桑原知之編著　ネットスクール出版　（とおる簿記シリーズ）
【要旨】「なぜ、そうなるのか」から「よし、できる！」まで本書で徹底サポートだから試験に合格（とお）る！ 新出題区分完全対応。
2017.3 1Vol. B5 ¥2000 ①978-4-7810-3217-7

◆日商簿記2級に"とおる"トレーニング商業簿記　桑原知之編著　ネットスクール出版　（とおる簿記シリーズ）
【要旨】「なぜ、そうなるのか」から「よし、できる！」まで本書で徹底サポートだから試験に合格（とお）る！ 新出題区分完全対応。
2017.3 1Vol. B5 ¥1800 ①978-4-7810-3218-4

◆日商簿記2級 未来のための過去問題集―2017年6月・2017年11月・2018年2月対策　桑原知之著　ネットスクール出版　（付属資料：別冊2；赤シート1）
【要旨】過去11回分（第135回～第145回）＋予想問題。もう出題されなくなった論点は削除！ その代わりに新出題範囲からの渾身の予想問題を収載!!この過去問題集なら未来への実力を試せる!!
2017.3 144p 26×22cm ¥1800 ①978-4-7810-2225-3

◆日商簿記2級 みんなが欲しかった！やさしすぎる解き方の本　滝澤ななみ著　TAC出版　（付属資料：別冊1）
【要旨】問題の本質をおさえると、本試験もすらすら解ける、カンタン解き方パターン56。書いて身につく確実に解ける方法をマスターしよう。新出題区分にしっかり対応！
2017.3 479p B5 ¥1500 ①978-4-8132-7110-9

◆日商簿記2級 網羅型完全予想問題集 2017年度版　TAC簿記検定講座編著　TAC出版　（付属資料：別冊2）
【要旨】新試験用新作問題を収載！ たった24時間で重要出題パターンのすべてに対応できる！ TACオリジナル予想問題を12回分収載。
2017.3 161p A4 ¥1100 ①978-4-8132-7124-6

◆日商簿記2級ラストスパート模試 第147回試験　ネットスクール編著　ネットスクール出版　（付属資料：別冊1）
【要旨】H29年新出題区分対応。第1予想（本命）、第2予想（対抗）、第3予想（穴）、第4予想（大穴！）、ウラ予想（新範囲攻略！）5回分。
2017.7 99p A4 ¥1400 ①978-4-7810-4232-9

◆日商簿記2級ラストスパート模試 第148回試験　ネットスクール編著　ネットスクール出版　（付属資料：別冊1）
【要旨】新範囲攻略ブックつきで、新規論点もお任せ！ 第1予想（本命）、第2予想（対抗）、第3予想（穴）、第4予想（大穴！）、ウラ予想（新範囲攻略！）の5回分。
2017.11 99p A4 ¥1400 ①978-4-7810-4233-6

◆日商簿記3級をゆっくりていねいに学ぶ本　並木秀明著　中央経済社、中央経済グループパブリッシング　発売
【要旨】検定合格にも！ 就活・仕事にも！ これだけわかれば十分使える!!サボっても5日で終わる読みやすさ。
2017.4 172p A5 ¥1400 ①978-4-502-22581-9

◆日商簿記3級過去問題＆テキスト　桑原知之・著　中央経済社、中央経済グループパブリッシング　発売
【要旨】過去問題に必要なテキスト。問題ごとに淡い赤文字をなぞっていくだけで、初級者から

上級者へとレベルアップ！ 過去問題は、易しい順に5回分！ 勘定科目表つき。
2017.10 1Vol. 26×22cm ¥1800 ①978-4-7810-2326-7

◆日商簿記3級 過去問題集 2017年度受験対策用　大原簿記学校著　大原出版　（付属資料：別冊1）　第14版
【要旨】2017年度受験対策用。過去9回分の問題を収録。回数別：137回→145回。
2017.4 126, 25p B5 ¥1600 ①978-4-86486-437-4

◆日商簿記3級完全対策模擬試験問題集　片山覺、川村義則監修、清水秀輝、増子敦仁著　中央経済社、中央経済グループパブリッシング　発売
【要旨】8回分を収録し、バッチリ試験対策！ 総合模擬問題編＋第1問～第5問の新傾向・高難度問題もこれで攻略！ 個別問題対策編。
2017.9 177p B5 ¥1200 ①978-4-502-23261-9

◆日商簿記3級に"とおる"テキスト　桑原知之編著　ネットスクール出版　（とおる簿記シリーズ）
【要旨】「なぜ、そうなるのか」から「よし、できる！」まで本書で徹底サポートだから試験に合格（とお）る！ 新出題区分完全対応。
2017.3 1Vol. B5 ¥1800 ①978-4-7810-3307-5

◆日商簿記3級に"とおる"トレーニング　桑原知之編著　ネットスクール出版　（とおる簿記シリーズ）
【要旨】「なぜ、そうなるのか」から「よし、できる！」まで本書で徹底サポートだから試験に合格（とお）る！ 新出題区分完全対応。
2017.3 1Vol. B5 ¥1600 ①978-4-7810-3308-2

◆日商簿記3級 未来のための過去問題集―2017年6月・2017年11月・2018年2月対策　桑原知之著　ネットスクール出版　（付属資料：別冊2；赤シート1）
【要旨】過去11回分（第135回～第145回）＋予想問題。もう出題されなくなった論点は削除！ その代わりに新出題範囲からの渾身の予想問題を収載!!この過去問題集なら未来への実力を試せる!!
2017.3 114p 26×21cm ¥1600 ①978-4-7810-2325-0

◆日商簿記3級 みんなが欲しかった！やさしすぎる解き方の本　滝澤ななみ著　TAC出版　（付属資料：別冊1）
【要旨】問題の本質をおさえると、本試験もすらすら解ける、カンタン解き方パターン38。書いて身につく確実に解ける方法をマスターしよう。新出題区分にしっかり対応！
2017.3 283p B5 ¥1200 ①978-4-8132-7134-5

◆日商簿記3級 網羅型完全予想問題集 2017年度版　TAC簿記検定講座編著　TAC出版　（付属資料：別冊1）
【要旨】新試験用新作問題を収載！ たった20時間で重要出題パターンのすべてに対応できる！ TACオリジナル予想問題を10回分収載。
2017.3 85p A4 ¥1100 ①978-4-8132-7125-3

◆農業簿記検定教科書 2級　全国農業経営コンサルタント協会, 大原学園大原簿記学校著　大原出版　第3版
【目次】第1編 原価計算編（農業簿記の基礎、農業簿記の記帳体系、材料費会計、労務費会計ほか）、第2編 財務会計編（簿記一巡の手続き、伝票会計、固定資産・繰延資産、引当金・準備金ほか）
2017.3 219p B5 ¥1100 ①978-4-86486-448-0

◆農業簿記検定教科書 3級　全国農業経営コンサルタント協会, 大原学園大原簿記学校著　大原出版　第2版
【目次】第1章 農業簿記の概要、第2章 簿記一巡の手続き、第3章 勘定科目、第4章 収益・費用の記帳方法、第5章 流動資産および流動負債など、第6章 固定資産、第7章 決算書の作成
2017.3 125p B5 ¥1000 ①978-4-86486-446-6

◆農業簿記検定問題集 2級　全国農業経営コンサルタント協会, 大原学園大原簿記学校著　大原出版　第3版
【目次】第1編 原価計算編（農業簿記の基礎、農業簿記の記帳体系、材料費会計、労務費会計ほか）、第2編 財務会計編（簿記一巡の手続き、伝票会計、固定資産・繰延資産、引当金・準備金ほか）
2017.3 135p B5 ¥700 ①978-4-86486-449-7

◆農業簿記検定問題集 3級　全国農業経営コンサルタント協会, 大原学園大原簿記学校著　大原出版　第2版

経済・産業・労働

【目次】第1章 農業簿記の概要、第2章 簿記一巡の手続き、第3章 勘定科目、第4章 収益・費用の記帳方法、第5章 流動資産および流動負債など、第6章 固定資産、第7章 決算書の作成
2017.3 66p B5 ¥600 ①978-4-86486-447-3

◆はがして使えるドリル式日商簿記過去問題集2級 第143回→第147回 専門学校東京CPA会計学院編 税務経理協会
【要旨】本書は、最近15回分の検定試験問題を実際の形式そのままにまとめてありますので、学習には最適です。また、新出題区分に対応した2回分の模擬試験も収録してありますので、学習には効果的です。解答の手引には、誤りやすいところや、むずかしいところを示して、正答への道しるべとしています。巻末に計算用紙がついています。
2018.1 172p A4 ¥900 ①978-4-419-06510-2

◆はがして使えるドリル式日商簿記過去問題集3級 第138回→第147回 専門学校東京CPA会計学院編 税務経理協会
【要旨】本書は、最近10回分の検定試験問題を実際の形式そのままにまとめてありますので、学習には最適です。解答の手引には、誤りやすいところや、むずかしいところを示して、正答への道しるべとしています。巻末に計算用紙がついています。
2018.1 147p A4 ¥1600 ①978-4-419-06511-9

◆はじめての簿記 問題集―段階式 桑原知之著 ネットスクール出版 （付属資料：別冊1）
【要旨】全商3・2級対応。丁寧な解説。ポイント（まとめテキスト）、「ヒント」と「アドバイス」、攻略マップ（記入式学習スケジュール表）、全商2級出題傾向別シート付！
2017.3 254p B5 ¥900 ①978-4-7810-0006-0

◆パブロフ流でみんな合格 日商簿記2級商業簿記総仕上げ問題集 よせだあつこ著 翔泳社 （簿記教科書） （付属資料：別冊1） 第2版
【要旨】本試験と同じ2時間の模擬問（商業＋工業）を2回分収載！ 過去問29回分の本試験の出題パターンを網羅！ 論点別の構成でニガテ分野を克服！
2017.4 327p A5 ¥1500 ①978-4-7981-4974-5

◆パブロフ流でみんな合格 日商簿記2級 商業簿記 テキスト＆問題集 よせだあつこ著・画 翔泳社 （簿記教科書） 第3版
【要旨】平成29年度の試験に完全対応!!新範囲の「外貨建取引」もマンガ＆詳しい解説でよくわかるよ！
2017.2 463p A5 ¥1500 ①978-4-7981-4897-7

◆パブロフ流でみんな合格 日商簿記3級総仕上げ問題集 よせだあつこ著・画 翔泳社 （簿記教科書） 第2版
【要旨】本試験と同じ2時間の模擬問を3回分収載！ 過去問レベルの問題を基礎から解説！ 60回分の本試験の出題パターンを網羅！ 論点別の構成でニガテ分野を克服！
2017.4 319p A5 ¥1500 ①978-4-7981-4975-2

◆パブロフ流でみんな合格 日商簿記3級テキスト＆問題集 よせだあつこ著・画 翔泳社 （簿記教科書） 第3版
【目次】簿記のキソ、商品売買、手形、固定資産、有価証券、貸付・借入、その他の収益・費用、現金・預金、資本金、貸し倒れ、経過勘定、決算整理仕訳、帳簿、総勘定元帳（勘定の記入）、試算表、精算表、財務諸表（損益計算書と貸借対照表）、伝票会計
2017.2 439p A5 ¥1500 ①978-4-7981-5007-9

◆反復式 学習と検定 簿記問題集 全商2級 実教出版編修部編 実教出版 （付属資料：別冊1） 改訂版
【要旨】最新の出題傾向に対応。「学習の要点」をより見やすく整理。
2017 208p B5 ¥620 ①978-4-407-34050-1

◆反復式 学習と検定 簿記問題集 全商3級 実教出版編修部編 実教出版 （付属資料：別冊1） 改訂版
【要旨】最新の出題傾向に対応。「学習の要点」をより見やすく整理。
2017 192p B5 ¥620 ①978-4-407-34052-5

◆ビジネス簿記入門―会社実務に活かす！ 日商簿記3級受験対応 藤本清一, 林幸共著 税務研究会出版局 第6版

【目次】簿記の基本、仕訳、転記・試算表、現金・当座預金、仕入・売上の取引と記帳、手形取引、その他の債権・債務、帳簿組織、有価証券、固定資産、貸倒れと貸倒引当金、引出金、その他の処理、精算表、売上原価の計算、費用・収益の見越し・繰延べ、帳簿決算と財務諸表
2017.4 395p B5 ¥2100 ①978-4-7931-2234-7

◆簿記検定日商3級 基礎編に面白いほど受かる本 澤昭人著 KADOKAWA 改訂2版
【要旨】1日2時間、4日間の学習で3級の範囲をクリア！ 初心者がつまずきやすいところは板書で丁寧に図解。ポイントがすぐに分かるイラストとコメント付き。
2017.4 159p A5 ¥950 ①978-4-04-601988-2

◆簿記検定日商3級 実践編に面白いほど受かる本 澤昭人著 KADOKAWA （付属資料：別冊1） 改訂2版
【要旨】限られた時間のなかで効率よく解答する秘訣を伝授。狙われやすいポイントや頻出問題の攻略法を徹底解説。解き方のプロセスを解説する「解説講義」で難問対策も万全！ 試験直前の総チェックができる「巻末綴じ込み」特別付録付き！
2017.4 159p A5 ¥950 ①978-4-04-601989-9

◆簿記能力検定試験第186回～第187回過去問題集 基礎簿記会計 全国経理教育協会編・著 全国経理教育協会, ネットスクール出版 発売
【要旨】第186回～第187回までの過去2回分＋参考2回分＋見本（付録）、解答・解説付。
2017.9 106p A4 ¥699 ①978-4-7810-0242-2

◆簿記の教科書 日商1級 商業簿記・会計学1 損益会計・資産会計編 滝澤ななみ監修, TAC出版開発グループ著 TAC出版 （TAC簿記の教室シリーズ） （付属資料：別冊1） 第5版
【要旨】「なぜ？」「どうして？」を解消できる説明！ 豊富な図解でポイントが一目瞭然！ モヤモヤポイントは実例をあげて解説しているからイメージできる！ 基本問題満載で、知識の定着もばっちりOK！
2017.11 326p A5 ¥1500 ①978-4-8132-7403-2

◆簿記の教科書 日商1級 商業簿記・会計学2 資産会計・負債会計・純資産会計編 滝澤ななみ監修, TAC出版開発グループ著 TAC出版 （TAC簿記の教室シリーズ） （付属資料：別冊1） 第5版
【要旨】「なぜ？」「どうして？」を解消できる説明！ 豊富な図解でポイントが一目瞭然！ モヤモヤポイントは実例をあげて解説しているからイメージできる！ 基本問題満載で、知識の定着もばっちりOK！
2017.11 344p A5 ¥1500 ①978-4-8132-7404-9

◆簿記の教科書 日商1級 商業簿記・会計学3 企業結合会計・連結会計ほか編 滝澤ななみ監修, TAC出版開発グループ著 TAC出版 （TAC簿記の教室シリーズ） （付属資料：別冊1） 第5版
【要旨】「なぜ？」「どうして？」を解消できる説明！ 豊富な図解でポイントが一目瞭然！ モヤモヤポイントは実例をあげて解説しているからイメージできる！ 基本問題満載で、知識の定着もばっちりOK！
2017.11 409p A5 ¥1500 ①978-4-8132-7405-6

◆簿記の問題集 日商1級 商業簿記・会計学1 損益会計・資産会計編 滝澤ななみ監修, TAC出版開発グループ著 TAC出版 （TAC簿記の教室シリーズ） （付属資料：別冊1） 第5版
【要旨】本試験を徹底的に分析した良問を厳選！ 細かい処理まで、とてもとても丁寧に解説！ 混乱しがちな知識はきちんと整理でバッチリ納得！ バラバラ知識を1つにまとめる模擬試験2回分つき！
2017.11 207p A5 ¥1300 ①978-4-8132-7408-7

◆簿記の問題集 日商1級 商業簿記・会計学2 資産会計・負債会計・純資産会計編 滝澤ななみ監修, TAC出版開発グループ著 TAC出版 （TAC簿記の教室シリーズ） （付属資料：別冊1） 第5版
【要旨】本試験を徹底的に分析した良問を厳選！ 細かい処理まで、とてもとても丁寧に解説！ 混乱しがちな知識はきちんと整理でバッチリ納得!! バラバラ知識を1つにまとめる模擬試験2回分つ

き！
2017.11 259p A5 ¥1300 ①978-4-8132-7409-4

◆簿記の問題集 日商1級 商業簿記・会計学3 企業結合会計・連結会計ほか編 滝澤ななみ監修, TAC出版開発グループ著 TAC出版 （TAC簿記の教室シリーズ） （付属資料：別冊1） 第5版
【要旨】本試験を徹底的に分析した良問を厳選！ 細かい処理まで、とてもとても丁寧に解説！ 混乱しがちな知識はきちんと整理でバッチリ納得!! バラバラ知識を1つにまとめる模擬試験2回分つき！
2017.11 231p A5 ¥1300 ①978-4-8132-7410-0

◆マンガでやさしくわかる日商簿記2級 商業簿記 前田信弘著, 絶牙作画 日本能率協会マネジメントセンター
【要旨】「能率商事」の子会社「能率企画」を個人商店から株式会社にまで成長させた加賀博美。その「能率企画」に博美の小学校の同級生片倉沙弥香が出向してきます。開口一番、「私と勝負しなさい！」と何やら因縁があるようで、社長の座をかけて日商簿記2級の試験で勝負することに。3級と同様、ぬいぐるみを介して話す才女の揚羽と勝負の相手である沙弥香に力を借りながら(!?)はたして博美は社長の座を守れるのでしょうか！ そして株式会社となったものの博美のずさんな経営による「能率企画」の運命やいかに!?ストーリー×やさしい解説×基本例題で楽しく実務に解き方をインプット！
2017.12 311p A5 ¥1600 ①978-4-8207-2634-0

◆みんなが欲しかった 簿記の教科書 日商2級 商業簿記 滝澤ななみ著 TAC出版 （みんなが欲しかったシリーズ） （付属資料：別冊2） 第6版
【要旨】カラーの図版で、みんなの素朴な疑問にこたえる簿記の教科書。知識の総まとめに便利な仕訳集もついてる！ どこよりもわかりやすい新論点ザックリ講義。平成29年度試験範囲にしっかり対応＆新試験サンプル問題解説つき。巻末に平成30年度論点もバッチリ収載。
2017.2 502p A5 ¥1400 ①978-4-8132-6890-1

◆みんなが欲しかった 簿記の教科書 日商3級 商業簿記 滝澤ななみ著 TAC出版 （みんなが欲しかったシリーズ） （付属資料：別冊1） 第5版
【要旨】「なぜ？」「どうして？」を解消できる説明！ 豊富な図解でポイントが一目瞭然！ モヤモヤポイントは実例をあげて解説しているからイメージできる！ 基本問題満載で、知識の定着もばっちりOK！
2017.2 298p A5 ¥950 ①978-4-8132-6889-5

◆みんなが欲しかった 簿記の問題集 日商2級 商業簿記 滝澤ななみ著 TAC出版 （みんなが欲しかったシリーズ） （付属資料：別冊2） 第6版
【要旨】新形式問題にも対応できる、もうモヤモヤしない、簿記の問題集はコレ！ これが解ければ合格レベル！ 本試験レベル模試なんと3回分収載！
2017.2 256p A5 ¥1200 ①978-4-8132-6895-6

◆みんなが欲しかった 簿記の問題集 日商3級 商業簿記 滝澤ななみ著 TAC出版 （みんなが欲しかったシリーズ） （付属資料：別冊2） 第5版
【要旨】本試験を徹底的に分析した良問を厳選！ 細かい仕訳処理まで、とてもとても丁寧に解説！ 混乱しがちな知識をポイントできちんと整理！ バラバラ知識を1つにまとめる模擬試験3回分つき！
2017.2 241p A5 ¥950 ①978-4-8132-6894-9

◆無敵の簿記1級―第146回直前総まとめ 無敵の簿記編集部編 TAC出版 （付属資料：別冊1）
【目次】第146回検定はココが出る！ 全国縦断TAC講師予想ランキング！、日商1級確実に合格するための直前期最強の学習法（連結包括利益計算書（組替調整）の解法ポイント、セグメント別の予算実績差異分析、工業簿記・原価計算の理論問題を最短攻略!）、一発的中予想問題 2017.3 104p B5 ¥1600 ①978-4-8132-6736-2

◆無敵の簿記1級―第147回直前総まとめ 無敵の簿記編集部編 TAC出版 （付属資料：別冊1）
【目次】第147回検定はココが出る！ 全国縦断TAC講師予想ランキング！、日商1級確実に合格するための直前期最強の学習法、誌上講義（支配獲得後の子会社株式の追加取得と一部売却、事

業部別損益計算書と「人と組織」の業績評価、工業簿記・原価計算の理論問題を最短攻略！）、一発的中予想問題（解答、解説）
　　　2017.8 100p B5 ¥1600 ①978-4-8132-7061-4

◆無敵の簿記2級―第146回直前総まとめ　無敵の簿記編集部編　TAC出版　（付属資料：別冊1）
【目次】TACだからここまで書ける！ 次回第146回は実はチャンス！一新出題区分による日商簿記検定を「大解剖」、第146回検定はココが出る！全国縦断TAC講師予想ランキング！、まだ間に合う！ 4月からはじめる日商2級超ド短期合格カレンダーの使い方、合格のカギは復習に始まり復習に終わる！、日商2級出た順マスター、新出題区分誌上講義―平成29年度新論点in 総合問題、一発的中予想問題、袋とじ2大特別企画
　　　2017.4 212p B5 ¥1400 ①978-4-8132-6737-9

◆無敵の簿記2級―第147回直前総まとめ　無敵の簿記編集部編　TAC出版　（付属資料：別冊1）
【目次】第147回検定はココが出る！ 全国縦断TAC講師予想ランキング！、まだ間に合う！ 10月からはじめる日商簿記2級超ド短期合格カレンダーの使い方、合格のカギは復習に始まり復習に終わる！、日商簿記2級出た順マスター、新出題区分誌上講義―平成29年度新論点in 総合問題本試験ではこう問われる！、一発的中予想問題
　　　2017.8 228p B5 ¥1400 ①978-4-8132-7062-1

◆無敵の簿記2級―第148回直前総まとめ　無敵の簿記編集部編　TAC出版　（付属資料：別冊1）
【目次】TACだからここまで書ける！ 新論点なんかこわくない！、第148回検定はココが出る！全国縦断TAC講師予想ランキング！、まだ間に合う！ 1月からはじめる日商2級超ド短期合格カレンダーの使い方、合格のカギは復習に始まり復習に終わる！、試験に受かる！ 手帳術、日商簿記2級出た順マスター、一発的中予想問題、袋とじ2大特別企画
　　　2017.12 228p B5 ¥1400 ①978-4-8132-7250-2

◆無敵の簿記3級―第146回直前総まとめ　無敵の簿記編集部編　TAC出版　（付属資料：別冊1）
【目次】TACだからここまで書ける！ 2級の出題区分大改定、3級への影響は？ 日商簿記3級最新の出題トレンドを大公開！―第146回検定（6月検定）はこう攻める！、第146回検定はココが出る！ 全国縦断TAC講師予想ランキング！、まだ間に合う！ 4月orGW明けにはじめる日商3級超ド短期合格カレンダーの使い方、合格のカギは復習に始まり復習に終わる！、日商3級出た順マスター、新出題区分誌上講義―3伝票制と仕訳日計表を完全解説！、一発的中予想問題、袋とじ2大特別企画
　　　2017.4 148p B5 ¥1000 ①978-4-8132-6738-6

◆無敵の簿記3級―第147回直前総まとめ　無敵の簿記編集部編　TAC出版　（付属資料：別冊1）
【目次】第147回検定はココが出る！ 全国縦断TAC講師予想ランキング！、まだ間に合う！ 10月にはじめる日商簿記3級超ド短期合格カレンダーの使い方、合格のカギは復習に始まり復習に終わる！、日商簿記3級出た順マスター、受験生定番の疑問&つまずきポイントFAQ、誌上講義―お金があわない…現金過不足、一発的中予想問題
　　　2017.8 136p B5 ¥1000 ①978-4-8132-7063-8

◆無敵の簿記3級―第148回直前総まとめ　無敵の簿記編集部編　TAC出版　（付属資料：別冊1）
【目次】TACだからここまで書ける！ 2級の出題区分大改定、3級への影響は？ 日商簿記検定3級最新の出題トレンドを大公開！　第148回検定（2月検定）はこう攻める！、第148回検定はココが出る！ 全国縦断TAC講師予想ランキング！、まだ間に合う！ 1月にはじめる日商簿記3級超ド短期合格カレンダーの使い方、合格のカギは復習に始まり復習に終わる！、試験に受かる！ 手帳術、日商簿記3級出た順マスター、受験生定番の疑問&つまずきポイントFAQ、誌上講義 費用・収益の見越しと繰延べ、一発的中予想問題、袋とじ2大特別企画
　　　2017.12 144p B5 ¥1000 ①978-4-8132-7251-9

工業簿記問題集

◆検定簿記講義/1級工業簿記・原価計算 平成29年度版 上巻　岡本清、廣本敏郎編著　中央経済社、中央経済グループパブリッシング発売
【要旨】選ばれて60年、超定番のロングセラー。より高度な分析力を身につける！日商簿記検定に最も近いテキスト。過去問題が3回分ついて、試験対策もバッチリ。
　　　2017.4 252p A5 ¥1300 ①978-4-502-89523-4

◆検定簿記講義/1級工業簿記・原価計算 平成29年度版 下巻　岡本清、廣本敏郎編著　中央経済社、中央経済グループパブリッシング発売
【要旨】選ばれて60年、超定番のロングセラー。より高度な分析力を身につける！日商簿記検定に最も近いテキスト。過去問題が3回分ついて、試験対策もバッチリ。
　　　2017.4 182p A5 ¥1300 ①978-4-502-89533-3

◆サクッとうかる日商2級工業簿記トレーニング　桑原知之著　ネットスクール出版
【要旨】基礎編：基礎の確認と実力アップ。応用編：解答に必要なパターンを網羅。本試験の出題傾向もしっかり対策。必要な知識は「まとめ」で効率よく講義。
　　　2017.9 355p A5 ¥1200 ①978-4-7810-1237-7

◆新なるほど合格塾 日商簿記2級 工業簿記　穂坂治宏著　中央経済社、中央経済グループパブリッシング 発売　第2版; 改題新版
【要旨】独学合格をナビゲート。工簿攻略が合格のカギ！わかる！ 解説が箇条書きでわかりやすい！ できる！ テキスト+問題集で一気に定着！ 合格る！ コラムで実践的勉強法まで指導！
　　　2017.4 200p A5 ¥1200 ①978-4-502-22381-5

◆スッキリわかる 日商簿記2級 工業簿記　滝澤ななみ著　TAC出版　（スッキリわかるシリーズ）（付属資料：別冊1）第6版
【要旨】わかりやすいイラストとストーリー展開のテキスト＆本格的問題集。講義動画で解き方をスッキリ学べる総合問題のチェックテスト1回つき！ みんなの"ギモン&ポイント5"収載。
　　　2017.2 236,99p A5 ¥1200 ①978-4-8132-6888-8

◆全経簿記上級 原価計算・工業簿記テキスト　全国経理教育協会編　中央経済社、中央経済グループパブリッシング 発売　第3版
【要旨】原価計算および工業簿記の全領域を網羅、全体をスムーズに理解しやすいように編集。上級レベルに焦点をあてて説明しているが、同時に基本的な部分も復習できるように工夫して解説。各項目の論点をできるだけわかりやすく解説。練習問題と解答・解説をつけることにより、理解をより確実なものにするよう配慮。社会環境の変化に伴う原価計算の新領域にも対応。これら4つのコンセプトを引き継ぎ、第3版ではさらに学習効果が得られやすいように問題演習や解説をリニューアル。
　　　2017.9 272p B5 ¥2800 ①978-4-502-23931-1

◆全経簿記能力検定試験 公式テキスト＆問題集2級 工業簿記　新田忠誓監修、桑原知之編著　ネットスクール出版　第2版
【目次】0「もの造り」の簿記：生産業の簿記入門、1 生産業の簿記の中の工業簿記、2 工業簿記のアウトライン、3 費目別計算―材料費、労務費、経費の把握と製品原価の計算、4 総合原価計算―単品市場向け生産、5 個別原価計算―注文生産
　　　2017.7 1Vol. B5 ¥1600 ①978-4-7810-0247-7

◆全経簿記能力検定試験 公式テキスト1級 原価計算・工業簿記　新田忠誓監修、桑原知之編著　ネットスクール出版　第2版
【要旨】平成29年度の出題範囲の改定に対応！
　　　2017.2 1Vol. B5 ¥2000 ①978-4-7810-0235-4

◆全経簿記能力検定試験 公式問題集1級 原価計算・工業簿記　新田忠誓監修、桑原知之編著　ネットスクール出版　第2版
【要旨】平成29年度の出題範囲の改定に対応！
　　　2017.2 134p B5 ¥2000 ①978-4-7810-0236-1

◆日商簿記2級光速マスターNEO 工業簿記テキスト　LEC東京リーガルマインド著　東京リーガルマインド　第2版

【要旨】最短で7日！ 着実に11日！ 万全なら15日！ 自分のペースで選べる3つの学習プラン。身近なケースで源さんとたのしく学ぼう！ 豊富な図表と「コトバ」「重要」「確認テスト」で知識定着。
　　　2017.3 491p A5 ¥830 ①978-4-8449-9844-0

◆日商簿記2級光速マスターNEO 工業簿記問題集　LEC東京リーガルマインド著　東京リーガルマインド　第2版
【要旨】"基本"と"応用"2段階の問題レベルでステップアップ。"基本"で知識を確認し、"応用"で試験対策の演習をする。解答の手順や重要なポイントをおさえた解説。「ここがポイント」「ここに注意」「復習しよう！」でスイスイ理解。
　　　2017.3 372p A5 ¥830 ①978-4-8449-9845-7

◆日商簿記2級に"とおる"テキスト 工業簿記　桑原知之編著　ネットスクール出版　（とおる簿記シリーズ）
【要旨】「なぜ、そうなるのか」から「よし、できる！」まで本書で徹底サポートだから試験に合格（とお）る！
　　　2017.6 1Vol. B5 ¥1800 ①978-4-7810-3219-1

◆日商簿記2級に"とおる"トレーニング 工業簿記　桑原知之編著　ネットスクール出版　（とおる簿記シリーズ）
【要旨】「なぜ、そうなるのか」から「よし、できる！」まで本書で徹底サポートだから試験に合格（とお）る！
　　　2017.6 1Vol. B5 ¥1600 ①978-4-7810-3220-7

◆パブロフ流でみんな合格 日商簿記2級 工業簿記 総仕上げ問題集　よせだあつこ著　翔泳社　（簿記教科書）（付属資料：別冊1）第2版
【要旨】「過去問」「予想問」対策はこの一冊でOK！ 本試験と同じ2時間の模擬問（商業+工業）を2回分収載！ 過去問レベルの問題を基礎から解説！ 60回分の本試験の出題パターンを網羅！ 論点別の構成でニガテ分野を克服！
　　　2017.6 327p A5 ¥1800 ①978-4-7981-5229-5

◆マンガでやさしくわかる日商簿記2級 工業簿記　前田信弘著、絆牙作画　日本能率協会マネジメントセンター
【要旨】新製品の試作のため、親会社「能率商事」の工場へ足を運ぶ加賀博美ですが簿記を支えてくれた才女の揚羽の大切なぬいぐるみを救うため工場の機械を壊してしまいます。博美、揚羽、工場を案内している菅原の3人は工場の損失を埋めるため新規事業を提案するように責任を取らされます。不安な顔をする菅原を前に博美は日商簿記2級が取れれば巨大プロジェクトが動き出すとウソをついてしまいます。はたして新規事業はうまくいくのでしょうか？ そして博美の会社「能率企画」の運命やいかに!?ストーリー×やさしい解説×基本例題で楽しく着実に解き方をインプット！
　　　2017.12 282p A5 ¥1600 ①978-4-8207-2635-7

◆みんなが欲しかった 簿記の教科書 日商2級 工業簿記　滝澤ななみ著　TAC出版　（みんなが欲しかったシリーズ）（付属資料：別冊1）第4版
【要旨】「なぜ？」「どうして？」を解消できる説明！ 豊富な図解でポイントが一目瞭然！ モヤモヤポイントは実例をあげて解説しているからイメージできる！ 基本問題満載で、知識の定着もばっちりOK！
　　　2017.2 318p A5 ¥1200 ①978-4-8132-7117-8

◆みんなが欲しかった 簿記の問題集 日商2級 工業簿記　滝澤ななみ著　TAC出版　（みんなが欲しかったシリーズ）（付属資料：別冊2）第6版
【要旨】本試験を徹底的に分析した良問を厳選！ 細かい仕訳処理まで、とてもとても丁寧に解説！ 混乱しがちな知識をポイントできちんと整理！ バラバラ知識を1つにまとめる模擬試験3回分つき！ 2017.2 201p A5 ¥1200 ①978-4-8132-6896-3

銀行・金融業務検定

◆1級FP技能士（学科）精選問題解説集 '17～'18年版　金融財政事情研究会検定センター監修、きんざいファイナンシャル・プランナーズ・センター編著　きんざい
【目次】1 基礎編（A分野―ライフプランニングと資金計画、B分野―リスク管理、C分野―金融

資産運用、D分野―タックスプランニング、E分野―不動産、F分野―相続・事業承継）、2 応用編（A分野―ライフプランニングと資金計画、C分野―金融資産運用、D分野―タックスプランニング、E分野―不動産、F分野―相続・事業承継）、ファイナンシャル・プランニング技能検定1級学科（基礎・応用）試験
2017.7 559p A5 ¥4500 ①978-4-322-13112-3

◆一発合格！ マンガで攻略！ FP技能士2級AFP 17‐18年版　前田信弘著　ナツメ社
【要旨】マンガ＋イラストでサクサク読めて、スッキリわかる！
2017.6 419p B6 ¥1400 ①978-4-8163-6250-7

◆一発合格！ マンガで攻略！ FP技能士3級 17‐18年版　前田信弘著　ナツメ社
【要旨】マンガ＋イラストでサクッと読めて、スイスイわかる！
2017.6 343p B6 ¥1200 ①978-4-8163-6247-7

◆一発合格！ FP技能士2級AFP完全攻略テキスト 17‐18年版　前田信弘著　ナツメ社　（付属資料：別冊1；赤シート1）
【要旨】学科も実技もこの1冊でOK！ マンガが入ってパワーアップ！
2017.6 495p A5 ¥1800 ①978-4-8163-6248-4

◆一発合格！ FP技能士2級AFP完全攻略実戦問題集 17‐18年版　前田信弘著　ナツメ社　（付属資料：別冊1；赤シート1）
【要旨】学科も実技もこの1冊でOK！ スッキリ見やすくリニューアル！
2017.6 447p A5 ¥1800 ①978-4-8163-6249-1

◆一発合格！ FP技能士3級完全攻略実戦問題集 17‐18年版　前田信弘著　ナツメ社　（付属資料：別冊1；赤シート1）
【要旨】学科も実技もこの1冊でOK！ スッキリ見やすくリニューアル！
2017.6 351p A5 ¥1500 ①978-4-8163-6246-0

◆一発合格！ FP技能士3級完全攻略テキスト 17‐18年版　前田信弘著　ナツメ社　（付属資料：別冊1；赤シート1）
【要旨】学科も実技もこの1冊でOK！ マンガが入ってパワーアップ！
2017.6 383p A5 ¥1400 ①978-4-8163-6245-3

◆うかる！ 証券外務員一種必修テキスト 2017‐2018年版　フィナンシャルバンクインスティチュート編　日本経済新聞出版社　（付属資料：赤シート1）
【要旨】「出るポイント」と「解き方」がわかる！ 一種試験対策の決定版！
2017.9 463p A5 ¥2100 ①978-4-532-40934-0

◆うかる！ 証券外務員一種必修問題集 2017‐2018年版　フィナンシャルバンクインスティチュート編　日本経済新聞出版社
【目次】第1部 科目別問題（株式会社法概論、財務諸表と企業分析、株式業務、取引所定款・諸規則、協会定款・諸規則、金融商品取引法、金融商品の勧誘・販売に関係する法律、付随業務、債券業務、投資信託及び投資法人に関する業務、証券税制、経済・金融・財政の常識、証券市場の基礎知識、セールス業務、信用取引、先物取引、オプション取引、特定店頭デリバティブ取引等）、第2部 模擬試験
2017.9 439p A5 ¥2100 ①978-4-532-40935-7

◆うかる！ 証券外務員二種最速テキスト 2017‐2018年版　フィナンシャルバンクインスティチュート編　日本経済新聞出版社　（付属資料：赤シート1）
【目次】株式会社法概論、財務諸表と企業分析、株式業務、取引所定款・諸規則、協会定款・諸規則、金融商品取引法、金融商品の勧誘・販売に関係する法律、付随業務、債券業務、投資信託及び投資法人に関する業務、証券税制、経済・金融・財政の常識、証券市場の基礎知識、セールス業務
2017.9 339p A5 ¥1900 ①978-4-532-40936-4

◆うかる！ 証券外務員二種最速問題集 2017‐2018年版　フィナンシャルバンクインスティチュート編　日本経済新聞出版社
【目次】第1部 科目別問題（株式会社法概論、財務諸表と企業分析、株式業務、取引所定款・諸規則、協会定款・諸規則、金融商品取引法、金融商品の勧誘・販売に関係する法律、付随業務、債券業務、投資信託及び投資法人に関する業務、証券税制、経済・金融・財政の常識、証券市場

の基礎知識、セールス業務）、第2部 模擬試験
2017.9 335p A5 ¥1800 ①978-4-532-40937-1

◆うかる！ FP2級・AFP王道テキスト 2017‐2018年版　フィナンシャルバンクインスティチュート編　日本経済新聞出版社
【要旨】豊富な例題と実技対策。圧倒的情報量で安心！
2017.5 459p A5 ¥1800 ①978-4-532-40924-1

◆うかる！ FP2級・AFP王道問題集 2017‐2018年版　フィナンシャルバンクインスティチュート編　日本経済新聞出版社
【要旨】出題傾向を徹底分析！ 学科2回＋実技3種の模擬試験収録。
2017.5 455p A5 ¥1800 ①978-4-532-40925-8

◆うかる！ FP3級速攻テキスト 2017‐2018年版　フィナンシャルバンクインスティチュート編　日本経済新聞出版社
【目次】1章 ライフプランニングと資金計画、2章 リスク管理、3章 金融資産運用、4章 タックスプランニング、5章 不動産、6章 相続・事業承継
2017.5 455p A5 ¥1400 ①978-4-532-40926-5

◆うかる！ FP3級速攻問題集 2017‐2018年版　フィナンシャルバンクインスティチュート編　日本経済新聞出版社
【要旨】全問解説付き＆テキスト連動。学科2回＋実技3種の模擬試験収録。
2017.5 395p A5 ¥1500 ①978-4-532-40927-2

◆会員 内部管理責任者学習テキスト 2017～2018　日本投資環境研究所編　ビジネス教育出版社
【要旨】この1冊で内部管理責任者試験の全範囲をカバー。
2017.10 260p A5 ¥1800 ①978-4-8283-0663-6

◆会員 内部管理責任者対策問題集 2017～2018　日本投資環境研究所編　ビジネス教育出版社
【目次】問題（内部管理・法令遵守態勢の重要性、協会員役職員の職業倫理、顧客口座の開設、投資勧誘の管理、顧客注文の受託の管理、受渡し・保管等の管理、協会員の規則、不公正取引の規制等、その他内部管理に関する事項）、模擬想定問題
2017.10 205p A5 ¥1100 ①978-4-8283-0664-3

◆貸金業務取扱主任者過去問題集 2017年度版　TAC貸金業務取扱主任者講座編著　TAC出版
【要旨】7～11回試験問題を収録。スイスイ頭に入るわかりやすい解答解説！ 学習の能率抜群の問題集!!
2017.5 471p A5 ¥2200 ①978-4-8132-7113-0

◆貸金業務取扱主任者合格教本―らくらく突破　田村誠著　技術評論社　第5版
【要旨】問題が解けることを徹底的に意識したテキスト。見やすい！ わかりやすい！ 短時間で効率的にらくらく学習！ ○×問題＋実際の試験問題で理解度アップ！
2017.7 335p A5 ¥2240 ①978-4-7741-9018-1

◆貸金業務取扱主任者 合格テキスト 2017年度版　TAC貸金業務取扱主任者講座編著　TAC出版
【要旨】側注の「キーワード」「ここが出る！」で発展学習も完璧。語呂合わせで楽々暗記できる!!
2017.6 369p A5 ¥2200 ①978-4-8132-7112-3

◆貸金主任者試験分野別精選過去問解説集 2017年度　吉元利行、石川貴教編　きんざい
【要旨】2016年～2014年の試験問題（全150問）・解説をすべて収録。過去7年に遡って出題された問題を○×・4択でフォロー。
2017.5 415p A5 ¥2200 ①978-4-322-13199-4

◆銀行業務検定試験 アシスタント・ファイナンシャル・アドバイザー問題解説集 2017年10月受験用　銀行業務検定協会編　経済法令研究会
【要旨】2016年（第135回）～2013年（第126回）の試験問題・解答ポイント・正解を収録。
2017.7 306p A5 ¥2700 ①978-4-7668-5915-7

◆銀行業務検定試験 預かり資産アドバイザー2級問題解説集 2017年10月受験用　銀行業務検定協会編　経済法令研究会
【要旨】2016年（第135回）～2011年（第120回）までの試験問題・解答ポイント・正解を収録。
2017.7 304p A5 ¥2700 ①978-4-7668-5919-5

◆銀行業務検定試験 営業店管理1問題解説集 2017年10月受験用　銀行業務検定協会編　経済法令研究会
【要旨】2016年（第135回）～2009年（第114回）までの試験問題・解答例・解説を収録。
2017.7 330p A5 ¥2700 ①978-4-7668-5916-4

◆銀行業務検定試験 営業店管理2問題解説集 2017年10月受験用　銀行業務検定協会編　経済法令研究会
【要旨】2016年（第135回）～2012年（第123回）までの試験問題・解答ポイント・正解を収録。
2017.7 375p A5 ¥2700 ①978-4-7668-5917-1

◆銀行業務検定試験 外国為替2級問題解説集 2018年3月受験用　銀行業務検定協会編　経済法令研究会
【要旨】2010年（第115回）～2017年（第136回）の問題を収録。
2017.11 250p A5 ¥2400 ①978-4-7668-5932-4

◆銀行業務検定試験 外国為替3級問題解説集 2017年10月受験用　銀行業務検定協会編　経済法令研究会
【要旨】2017年3月（第136回）～2015年10月（第132回）までの試験問題・解答ポイント・正解を収録。
2017.7 287p A5 ¥2700 ①978-4-7668-5924-9

◆銀行業務検定試験 外国為替3級問題解説集 2018年3月受験用　銀行業務検定協会編　経済法令研究会
【要旨】2016年3月（第133回）～2017年10月（第138回）の問題を収録。
2017.11 276p A5 ¥2700 ①978-4-7668-5933-1

◆銀行業務検定試験 金融経済3級問題解説集 2017年6月受験用　銀行業務検定協会編　経済法令研究会
【要旨】2012年（第122回）～2016年（第134回）の問題を収録。
2017.3 312p A5 ¥2700 ①978-4-7668-5898-3

◆銀行業務検定試験 金融リスクマネジメント2級問題解説集 2017年6月受験用　銀行業務検定協会編　経済法令研究会
【要旨】2012年（第122回）～2016年（第134回）の問題を収録。
2017.3 310p A5 ¥2700 ①978-4-7668-5904-1

◆銀行業務検定試験 経営支援アドバイザー2級問題解説集 2018年3月受験用　銀行業務検定協会編　経済法令研究会
【要旨】2013年（第124回）～2017年（第136回）の問題を収録。
2017.11 309p A5 ¥2700 ①978-4-7668-5940-9

◆銀行業務検定試験 個人融資渉外3級問題解説集 2017年6月受験用　銀行業務検定協会編　経済法令研究会
【要旨】2013年（第125回）～2016年（第134回）の問題を収録。
2017.3 333p A5 ¥2700 ①978-4-7668-5903-4

◆銀行業務検定試験 財務2級問題解説集 2017年6月受験用　銀行業務検定協会編　経済法令研究会
【要旨】2012年（第122回）～2016年10月（第135回）の問題を収録。
2017.3 351p A5 ¥2700 ①978-4-7668-5894-5

◆銀行業務検定試験 財務2級問題解説集 2017年10月受験用　銀行業務検定協会編　経済法令研究会
【要旨】2017年6月（第137回）～2013年（第125回）の試験問題・解答例・解説を収録。
2017.7 335p A5 ¥2700 ①978-4-7668-5925-6

◆銀行業務検定試験 財務3級直前整理70 2017年6月・2018年3月受験用　経済法令研究会編　経済法令研究会
【目次】財務諸表（会計制度、貸借対照表、損益計算書、株主資本等変動計算書、個別注記表、残高試算表、新会計基準、連結財務諸表、その他）、財務分析（収益性分析、生産性分析、静態的安全性分析、動態的安全性分析、運転資金と設備資金、キャッシュ・フロー計算書、その他）
2017.3 143p A5 ¥1400 ①978-4-7668-3342-3

◆銀行業務検定試験 財務3級問題解説集 2017年6月受験用　銀行業務検定協会編　経済法令研究会

益率の分解 ほか）

2017.3 359p A5 ¥2700 ①978-4-7668-5895-2

◆銀行業務検定試験 財務3級問題解説集 2018年3月受験用　銀行業務検定協会編　経済法令研究会
【要旨】2015年6月（第131回）～2017年6月（第137回）の問題を収録。

2017.3 353p A5 ¥2700 ①978-4-7668-5928-1

◆銀行業務検定試験 財務4級問題解説集 2017年6月受験用　銀行業務検定協会編　経済法令研究会
【要旨】2012年（第122回）～2016年（第134回）の問題を収録。

2017.3 250p A5 ¥2400 ①978-4-7668-5896-9

◆銀行業務検定試験 事業承継アドバイザー3級問題解説集　2017年10月受験用　銀行業務検定協会編　経済法令研究会
【要旨】2016年（第135回）の問題を収録。

2017.7 182p A5 ¥2700 ①978-4-7668-5927-0

◆銀行業務検定試験 事業性評価3級問題解説集　2017年10月受験用　銀行業務検定協会編　経済法令研究会
【要旨】2017年6月（第137回）（試験問題、正解・解答ポイント、正解表）、練習問題

2017.7 185p A5 ¥2000 ①978-4-7668-5946-1

◆銀行業務検定試験 事業性評価3級問題解説集　2018年3月受験用　銀行業務検定協会編　経済法令研究会
【要旨】2017年6月（第137回）～2017年10月（第138回）の問題を収録。

2017.11 253p A5 ¥2400 ①978-4-7668-5947-8

◆銀行業務検定試験受験対策シリーズ 外国為替3級　2017年10月・2018年3月受験用　経済法令研究会編　経済法令研究会
【目次】外為関係法令、外為関係の約定書とコルレス契約等、UCP600の規定内容、輸出為替、輸入為替、外国送金、小切手の買取・取立、外貨両替、為替相場、外貨預金・非居住者円預金・インパクトローン、資本取引・国際金融、外為取引実践

2017.7 323p A5 ¥2300 ①978-4-7668-4329-3

◆銀行業務検定試験受験対策シリーズ 金融商品取引3級　2017年6月受験用　経済法令研究会編　経済法令研究会
【目次】第1編 金融商品取引法（証券取引法改正と金融商品取引法制定の経緯、有価証券・デリバティブ等の定義、企業内容等の開示、公開買付けに関する開示、大量保有報告制度、金融商品取引業、金融商品取引業者に対する行為規制、信用格付業者に対する規制、有価証券取引に関する規制、証券外務員制度、金融商品取引所、金融ADR制度の導入）、第2編 金融商品販売法、第3編 金融商品の勧誘・販売（全般的事項、投資信託、保険）

2017.3 349p A5 ¥2400 ①978-4-7668-4322-6

◆銀行業務検定試験受験対策シリーズ 金融リスクマネジメント2級　2017年6月受験用　経済法令研究会編　経済法令研究会
【目次】第1編 リスクマネジメントの基本、第2編 金融商品に関するリスク、第3編 金融機関におけるリスク、第4編 営業店における各種リスク、第5編 リーガルリスクとコンプライアンス、第6編 営業店における信用リスク、第7編 営業店における事務リスク

2017.3 398p A5 ¥2500 ①978-4-7668-4321-7

◆銀行業務検定試験受験対策シリーズ 財務2級　2017年6月・10月受験用　経済法令研究会編　経済法令研究会
【目次】財務諸表（財務諸表のしくみ、貸借対照表・損益計算書の様式・区分、流動資産の分類・内容、固定資産・繰延資産の分類・内容、負債の分類・内容 ほか）、財務分析（財務分析一般、収益性分析、損益分岐点分析、生産性分析、売上・利益増減分析 ほか）

2017.3 285p A5 ¥2200 ①978-4-7668-4325-5

◆銀行業務検定試験受験対策シリーズ 財務3級　2017年6月・2018年3月受験用　経済法令研究会編　経済法令研究会
【目次】第1編 財務諸表（会社法の制度、企業会計原則、貸借対照表、資産・負債の流動・固定分類、流動・固定分類の具体例 ほか）、第2編 財務分析（財務分析、収益性分析、資本利益率の分析（全体像）、総資本経常利益率、売上高経常利益率の分解 ほか）

2017.3 325p A5 ¥2300 ①978-4-7668-4327-9

◆銀行業務検定試験受験対策シリーズ 税務3級　2017年10月・2018年3月受験用　経済法令研究会編　経済法令研究会
【目次】第1編 所得税（納税義務者と課税所得の範囲、非課税所得 ほか）、第2編 相続・贈与税（相続の開始と時期、遺贈 ほか）、第3編 法人税（法人税の納税義務と課税所得の範囲、同族会社と特別規定 ほか）、第4編 その他の税金（消費税、印紙税 ほか）

2017.7 417p A5 ¥2600 ①978-4-7668-4328-6

◆銀行業務検定試験受験対策シリーズ 相続アドバイザー3級　2017年10月・2018年3月受験用　経済法令研究会編　経済法令研究会
【目次】第1章 相続の基礎知識（相続の開始、相続登記の手続 ほか）、第2章 相続と金融実務（預金等、融資 ほか）、第3章 相続税の基礎知識（相続税の納税義務者と課税財産、相続税の計算の仕組み ほか）、第4章 相続と周辺知識（遺言信託、遺産整理業務、相続対策と事業承継 ほか）

2017.7 313p A5 ¥2300 ①978-4-7668-4331-6

◆銀行業務検定試験受験対策シリーズ デリバティブ3級　2017年6月受験用　経済法令研究会編　経済法令研究会
【目次】第1章 デリバティブ取引の特徴、第2章 有価証券および金利の上場先物・オプション、第3章 為替デリバティブ、第4章 オプションの基礎、第5章 金利スワップ、第6章 通貨スワップ、第7章 スワップ取引の価格計算、第8章 金利オプション、第9章 いろいろなデリバティブ、第10章 デリバティブのリスク管理

2017.3 350p A5 ¥2300 ①978-4-7668-4320-0

◆銀行業務検定試験受験対策シリーズ 年金アドバイザー3級　2017年10月・2018年3月受験用　経済法令研究会編　経済法令研究会
【目次】第1編 公的年金の仕組み（公的年金制度、年金制度改正法のポイント（昭和60年・平成元年・平成6年）ほか）、第2編 老齢給付（老齢基礎年金の仕組み、老齢基礎年金の年金額 ほか）、第3編 障害給付（障害基礎年金の仕組み、障害基礎年金の事後重症・基準障害・併合認定 ほか）、第4編 遺族給付（遺族基礎年金の仕組み、遺族基礎年金の年金額 ほか）、第5編 その他の年金（国民年金の付加年金、国民年金の寡婦年金 ほか）

2017.7 349p A5 ¥2300 ①978-4-7668-4330-9

◆銀行業務検定試験受験対策シリーズ 法務2級　2017年6月・10月受験用　経済法令研究会編　経済法令研究会
【目次】預金（預金の成立、預金の払戻しと銀行の免責、相続預金の払戻し ほか）、手形・小切手（手形の支払、小切手の支払、裏書 ほか）、融資（手形貸付・手形割引、指名債権質、保証・連帯保証 ほか）

2017.3 377p A5 ¥2400 ①978-4-7668-4323-1

◆銀行業務検定試験受験対策シリーズ 法務3級　2017年6月・10月受験用　経済法令研究会編　経済法令研究会
【目次】第1編 預金、第2編 融資、第3編 手形・小切手、第4編 内国為替、第5編 付随業務、第6編 銀行取引関連法

2017.3 401p A5 ¥2500 ①978-4-7668-4324-8

◆銀行業務検定試験 証券3級問題解説集　2017年10月受験用　銀行業務検定協会編　経済法令研究会
【要旨】2016年（第135回）～2013年（第126回）までの試験問題・解答ポイント・正解を収録。

2017.7 333p A5 ¥2700 ①978-4-7668-5913-3

◆銀行業務検定試験 信託実務3級問題解説集　2017年6月受験用　銀行業務検定協会編　経済法令研究会
【要旨】2013年（第125回）～2016年（第134回）の問題を収録。

2017.3 301p A5 ¥2700 ①978-4-7668-5897-6

◆銀行業務検定試験 税務2級問題解説集　2018年3月受験用　銀行業務検定協会編　経済法令研究会
【要旨】2011年（第118回）～2017年（第136回）の問題を収録。

2017.11 343p A5 ¥2700 ①978-4-7668-5929-8

◆銀行業務検定試験 税務3級直前整理70　2017年10月・2018年3月受験用　経済法令研究会編　経済法令研究会
【目次】所得税（所得の区分、利子所得 ほか）、相続税（相続人、課税価格 ほか）、法人税（納税義務者、所得の金額 ほか）、その他の税金（消費税、印紙税 ほか）

2017.7 151p A5 ¥1400 ①978-4-7668-3361-4

◆銀行業務検定試験 税務3級問題解説集　2017年10月受験用　銀行業務検定協会編　経済法令研究会
【要旨】2017年3月（第136回）～2015年3月（第130回）までの試験問題・解答ポイント・正解を収録。

2017.7 345p A5 ¥2700 ①978-4-7668-5909-6

◆銀行業務検定試験 税務3級問題解説集　2018年3月受験用　銀行業務検定協会編　経済法令研究会
【要旨】2015年10月（第132回）～2017年10月（第138回）の問題を収録。

2017.11 349p A5 ¥2700 ①978-4-7668-5930-0

◆銀行業務検定試験 税務4級問題解説集　2018年3月受験用　銀行業務検定協会編　経済法令研究会
【要旨】2013年（第124回）～2017年（第136回）の問題を収録。

2017.11 241p A5 ¥2400 ①978-4-7668-5931-7

◆銀行業務検定試験 相続アドバイザー2級問題解説集　2018年3月受験用　銀行業務検定協会編　経済法令研究会
【要旨】2017年3月（第136回）の問題を収録。

2017.11 201p A5 ¥2700 ①978-4-7668-5942-3

◆銀行業務検定試験 相続アドバイザー3級問題解説集　2017年10月受験用　銀行業務検定協会編　経済法令研究会
【要旨】2017年3月（第136回）～2015年10月（第132回）までの試験問題・解答ポイント・正解を収録。

2017.7 299p A5 ¥2700 ①978-4-7668-5926-3

◆銀行業務検定試験 相続アドバイザー3級問題解説集　2018年3月受験用　銀行業務検定協会編　経済法令研究会
【要旨】2016年3月（第133回）～2017年10月（第138回）の問題を収録。

2017.11 297p A5 ¥2700 ①978-4-7668-5943-0

◆銀行業務検定試験 デリバティブ3級問題解説集　2017年6月受験用　銀行業務検定協会編　経済法令研究会
【要旨】2013年（第125回）～2016年（第134回）の問題を収録。

2017.3 281p A5 ¥2700 ①978-4-7668-5900-3

◆銀行業務検定試験 投資信託2級問題解説集　2018年3月受験用　銀行業務検定協会編　経済法令研究会
【要旨】2010年（第115回）～2017年（第136回）の問題を収録。

2017.11 305p A5 ¥2700 ①978-4-7668-5938-6

◆銀行業務検定試験 投資信託3級問題解説集　2018年3月受験用　銀行業務検定協会編　経済法令研究会
【要旨】2014年（第127回）～2017年（第136回）の問題を収録。

2017.11 289p A5 ¥2700 ①978-4-7668-5939-3

◆銀行業務検定試験 年金アドバイザー2級問題解説集　2018年3月受験用　銀行業務検定協会編　経済法令研究会
【要旨】2010年（第115回）～2017年（第136回）の問題を収録。

2017.11 293p A5 ¥2700 ①978-4-7668-5935-5

◆銀行業務検定試験 年金アドバイザー3級直前整理70　2017年10月・2018年3月受験用　経済法令研究会編　経済法令研究会
【目次】年金制度概要（一般関連知識、国民年金、厚生年金保険、受給権）、老齢給付（老齢基礎年金、老齢厚生年金、雇用保険、共済年金）、障害・遺族給付（障害年金、遺族年金）、その他制度（年金実務、企業年金等、手続き、税制、医療保険）

2017.7 151p A5 ¥1400 ①978-4-7668-3359-1

◆銀行業務検定試験 年金アドバイザー3級問題解説集　2017年10月受験用　銀行業務検定協会編　経済法令研究会

経済・産業・労働

【要旨】2017年3月（第136回）〜2015年10月（第132回）までの試験問題・解答ポイント・正解を収録。
2017.7 281p A5 ¥2700 ①978-4-7668-5920-1

◆銀行業務検定試験 年金アドバイザー3級問題解説集 2018年3月受験用 銀行業務検定協会編 経済法令研究会
【要旨】2016年3月（第133回）〜2017年10月（第138回）の問題を収録。
2017.11 281p A5 ¥2700 ①978-4-7668-5936-2

◆銀行業務検定試験 年金アドバイザー4級問題解説集 2018年3月受験用 銀行業務検定協会編 経済法令研究会
【要旨】2013年（第124回）〜2017年（第136回）の問題を収録。
2017.11 293p A5 ¥2700 ①978-4-7668-5937-9

◆銀行業務検定試験 ファイナンシャル・アドバイザー問題解説集 2017年10月受験用 銀行業務検定協会編 経済法令研究会
【要旨】2016年（第135回）〜2017年（第126回）の試験問題・解答ポイント・正解を収録。
2017.7 281p A5 ¥2600 ①978-4-7668-5914-0

◆銀行業務検定試験 法人融資渉外3級問題解説集 2017年6月受験用 銀行業務検定協会編 経済法令研究会
【要旨】2013年（第125回）〜2016年（第134回）の問題を収録。
2017.3 312p A5 ¥2700 ①978-4-7668-5902-7

◆銀行業務検定試験 法務3級直前整理70 2017年6月・10月受験用 経済法令研究会編 経済法令研究会
【目次】預金（預金契約の法的性質・成立時期、預金債権・預金証書の法的性質 ほか）、内国為替（為替取引の法律関係、振込における仕向銀行・被仕向銀行の取扱い ほか）、融資（融資取引の相手方、証書貸付 ほか）、手形・小切手（手形・小切手の法的性質、手形・小切手の振出 ほか）、銀行取引関連法（銀行法、民法 ほか）
2017.3 151p A5 ¥1400 ①978-4-7668-2399-8

◆銀行業務検定試験 法務2級問題解説集 2017年6月受験用 銀行業務検定協会編 経済法令研究会
【要旨】2011年（第120回）〜2016年10月（第135回）の問題を収録。
2017.3 341p A5 ¥2700 ①978-4-7668-5892-1

◆銀行業務検定試験 法務2級問題解説集 2017年10月受験用 銀行業務検定協会編 経済法令研究会
【要旨】2012年（第123回）〜2017年6月（第137回）の問題を収録。
2017.7 334p A5 ¥2700 ①978-4-7668-5910-2

◆銀行業務検定試験 法務3級問題解説集 2017年6月受験用 銀行業務検定協会編 経済法令研究会
【要旨】2014年10月（第129回）〜2016年10月（第135回）の問題を収録。
2017.3 348p A5 ¥2700 ①978-4-7668-5893-8

◆銀行業務検定試験 法務3級問題解説集 2017年10月受験用 銀行業務検定協会編 経済法令研究会
【要旨】2017年6月（第137回）〜2015年6月（第131回）までの試験問題・解答ポイント・正解を収録。
2017.7 348p A5 ¥2700 ①978-4-7668-5911-9

◆銀行業務検定試験 法務4級問題解説集 2017年10月受験用 銀行業務検定協会編 経済法令研究会
【要旨】2012年（第123回）〜2016年（第135回）の問題を収録。
2017.7 290p A5 ¥2700 ①978-4-7668-5912-6

◆銀行業務検定試験 保険販売3級問題解説集 2017年10月受験用 銀行業務検定協会編 経済法令研究会
【要旨】2013年（第126回）〜2016年（第135回）の問題を収録。
2017.7 275p A5 ¥2700 ①978-4-7668-5918-8

◆銀行業務検定試験 窓口セールス3級問題解説集 2017年6月受験用 銀行業務検定協会編 経済法令研究会
【要旨】2013年（第125回）〜2016年（第134回）の問題を収録。
2017.3 336p A5 ¥2700 ①978-4-7668-5899-0

◆銀行業務検定試験 融資管理3級問題解説集 2018年3月受験用 銀行業務検定協会編 経済法令研究会
【要旨】2014年（第127回）〜2017年（第136回）の問題を収録。
2017.11 322p A5 ¥2700 ①978-4-7668-5934-8

◆金融個人情報保護オフィサー2級問題解説集（マイナンバー対応 練習問題付）2017年6月受験用 日本コンプライアンス・オフィサー協会編 経済法令研究会
【要旨】2013年（第14回）〜2016年（第38回）の問題を収録。
2017.3 279p A5 ¥2600 ①978-4-7668-5908-9

◆金融コンプライアンス・オフィサー1級問題解説集 2017年6月受験用 日本コンプライアンス・オフィサー協会編 経済法令研究会
【要旨】2012年6月（第26回）〜2016年10月（第39回）の問題を収録。
2017.3 264p A5 ¥2600 ①978-4-7668-5906-5

◆金融コンプライアンス・オフィサー1級問題解説集 2017年10月受験用 日本コンプライアンス・オフィサー協会編 経済法令研究会
【要旨】2012年10月（第27回）〜2017年6月（第41回）の問題を収録。
2017.7 253p A5 ¥2400 ①978-4-7668-5921-8

◆金融コンプライアンス・オフィサー1級・2級 2017年6月・10月受験用 経済法令研究会 経済法令研究会（コンプライアンス・オフィサー認定試験受験対策シリーズ）
【目次】第1章 金融機関とコンプライアンス（コンプライアンス態勢の構築、金融機関の企業経営とコンプライアンス）、第2章 金融取引とコンプライアンス（銀行法関連、金融取引法関連、民法関連、会社法関連、刑事法関連、独占禁止法関連、金融商品取引法関連、知的財産権法関連）、第3章 金融機関の内部リスク管理態勢とコンプライアンス（リスク管理、文書管理、情報管理、人事・労務管理）
2017.3 316p A5 ¥2300 ①978-4-7668-4326-2

◆金融コンプライアンス・オフィサー2級問題解説集 2017年6月受験用 日本コンプライアンス・オフィサー協会編 経済法令研究会
【要旨】2015年6月（第35回）〜2016年10月（第39回）の問題を収録。
2017.3 282p A5 ¥2700 ①978-4-7668-5907-2

◆金融コンプライアンス・オフィサー2級問題解説集 2017年10月受験用 日本コンプライアンス・オフィサー協会編 経済法令研究会
【要旨】2017年6月（第41回）〜2015年10月（第36回）までの試験問題・解答ポイント・正解を収録。
2017.7 267p A5 ¥2700 ①978-4-7668-5922-5

◆金融窓口サービス技能士1級精選問題解説集 学科・実技編 2017年版 金融財政事情研究会検定センター監修、きんざい教育事業センター編 きんざい
【目次】学科編（顧客対応・コンプライアンス等、関連法令・規制、金融経済知識・投資理論、金融商品知識、相談業務に係る知識、実技編（過去問題（2016年9月実施分）、試行試験問題）
2017.7 437p B5 ¥4500 ①978-4-322-12985-4

◆経営支援アドバイザー2級 2018年3月受験用 経済法令研究会 経済法令研究会（銀行業務検定試験受験対策シリーズ）
【目次】第1編 金融機関と企業支援（企業経営支援の必要性と金融機関の役割（リレーションシップバンキング）、経営支援対象先の決定とアライアンス等 ほか）、第2編 中小企業の現状分析と事業計画策定支援（定性分析の手法とポイント、定量分析の手法とポイント ほか）、第3編 企業支援手法（早期事業再生、創業・新事業（ベンチャー）支援 ほか）、第4編 企業支援と金融行政（資産査定の基本、債務者区分の考え方 ほか）、第5編 企業支援と法律（企業再生支援と法律、企業再建手法 ほか）
2017.11 263p A5 ¥2000 ①978-4-7668-4333-0

◆合格ターゲット 1級FP技能士特訓テキスト 学科 '17〜'18年版 きんざいファイナンシャル・プランナーズ・センター編著 きんざい

【要旨】FP1級試験の頻出テーマを確実に押さえる‼頻出の法改正に強い！改正付きで一目でわかる。直近の1年間に施行された改正だけでなく、施行予定の法令もカバー。一切の無駄を省いた構成。頻出テーマの整理がこの一冊でできる。
2017.6 470p A5 ¥4500 ①978-4-322-13120-8

◆合格テキスト FP技能士1級 1 ライフプランニングと資金計画・リスク管理（2017・2018年版）TAC FP講座編 TAC出版 （よくわかるFPシリーズ）
【要旨】試験傾向を徹底分析した論点ごとの構成で学習しやすい。複雑な1級知識を極限までわかりやすく解説。チェックテストで基礎力を底上げできる。
2017.6 160p A5 ¥2000 ①978-4-8132-7097-3

◆合格テキスト FP技能士1級 2 年金・社会保険 2017・2018年版 TAC FP講座編 TAC出版（よくわかるFPシリーズ）
【要旨】試験傾向を徹底分析した論点ごとの構成で学習しやすい。複雑な1級知識を極限までわかりやすく解説。チェックテストで基礎力を底上げできる。
2017.6 146p A5 ¥2000 ①978-4-8132-7098-0

◆合格テキスト FP技能士1級 3 金融資産運用 2017・2018年版 TAC FP講座編 TAC出版 （よくわかるFPシリーズ）
【要旨】試験傾向を徹底分析した論点ごとの構成で学習しやすい。複雑な1級知識を極限までわかりやすく解説。チェックテストで基礎力を底上げできる。
2017.6 172p A5 ¥2000 ①978-4-8132-7099-7

◆合格テキスト FP技能士1級 4 タックスプランニング 2017・2018年版 TAC FP講座編 TAC出版 （よくわかるFPシリーズ）
【要旨】試験傾向を徹底分析した論点ごとの構成で学習しやすい。複雑な1級知識を極限までわかりやすく解説。チェックテストで基礎力を底上げできる。
2017.6 186p A5 ¥2000 ①978-4-8132-7100-0

◆合格テキスト FP技能士1級 5 不動産 2017・2018年版 TAC FP講座編 TAC出版 （よくわかるFPシリーズ）
【要旨】試験傾向を徹底分析した論点ごとの構成で学習しやすい。複雑な1級知識を極限までわかりやすく解説。チェックテストで基礎力を底上げできる。
2017.6 188p A5 ¥2000 ①978-4-8132-7101-7

◆合格テキスト FP技能士1級 6 相続・事業承継 2017・2018年版 TAC FP講座編 TAC出版 （よくわかるFPシリーズ）
【要旨】試験傾向を徹底分析した論点ごとの構成で学習しやすい。複雑な1級知識を極限までわかりやすく解説。チェックテストで基礎力を底上げできる。
2017.6 164p A5 ¥2000 ①978-4-8132-7102-4

◆合格トレーニング FP技能士1級 学科基礎・応用 2017・2018年版 TAC FP講座編 TAC出版 （よくわかるFPシリーズ）
【要旨】出題傾向を徹底分析。過去問題から頻出問題を厳選。かゆいところに手が届く、死角ゼロの解説でわかりやすい。覚えておくべき論点は「重要ポイントまとめ」で最終確認もバッチリ。
2017.6 666p A5 ¥3200 ①978-4-8132-7096-6

◆合格力養成！ FP2級過去問題集 学科試験編 平成29・30年版 日建学院編著 建築資料研究社
【要旨】2級検定攻略のカギはココにあり！過去問演習→要点解説の必勝リレー！過去6回の検定試験から分野別に359問収録。平成29年5月検定全60問を本試験形式で再現。平成29年9月〜30年5月実施の学科試験対策用。
2017.7 419p A5 ¥2000 ①978-4-86358-501-0

◆合格力養成！ FP2級過去問題集 実技試験編 平成29・30年版 日建学院編著 建築資料研究社
【要旨】2級検定攻略のカギはココにあり！過去問演習→要点解説の必勝リレー！過去6回の検定試験から分野別に238問収録。平成29年5月検定全40問を本試験形式で再現。平成29年9月〜30年5月実施のFP協会実技試験（資産設計提案業務）対策用。
2017.7 459p A5 ¥2000 ①978-4-86358-502-7

◆個人型DC（iDeCo）プランナー試験対策問題集　'17・'18年版　きんざいファイナンシャル・プランナーズ・センター編著　きんざい
【目次】第1章 わが国の公的年金と退職給付制度（日本の公的年金制度の仕組み、国民年金の被保険者 ほか）、第2章 iDeCo 制度に関する知識（確定拠出年金の概要、確定拠出年金の個人型年金の加入資格 ほか）、第3章 資産運用・形成に必要な知識（分散投資、投資信託の投資対象 ほか）、第4章 iDeCo の推進・提案（ケース別アドバイス）
2017.7 113p A5 ¥1800 ①978-4-322-13093-5

◆個人情報保護オフィサー（銀行コース・生命保険コース）試験問題解説集　2017年度版　きんざい教育事業センター編　きんざい
【目次】第1章 基礎編—個人情報保護の意義、取扱いルール、個人情報保護対策、共同利用会社・外部委託先との関係、従業者との関係（個人情報保護法の背景、プライバシー権、自己情報コントロール権、個人情報の意義 ほか）、第2章 応用編—銀行コース（銀行機関の実務において取り扱う個人データ、個人情報等を取得する場合の留意点、暴力団等の反社会的勢力情報の取扱い ほか）、第3章 応用編—生命保険コース（アンケート調査による個人情報の取得、アンケート調査により取得された個人情報・個人データの利用等、個人データ・保有個人データの取扱い ほか）、改正個人情報保護法のポイント
2017.3 190p A5 ¥2000 ①978-4-322-13158-1

◆国家資格 貸金業務取扱主任者資格試験受験教本　第1巻 貸金業法および関係法令　2017年度　吉元利行監修、きんざい教育事業センター編　きんざい
【要旨】最新の出題傾向と難易度に対応。信頼と実績の基本テキスト。
2017.5 238p B5 ¥2000 ①978-4-322-13195-6

◆国家資格 貸金業務取扱主任者資格試験受験教本　第2巻 貸付けおよび貸付けに付随する取引に関する法令および実務　2017年度　吉元利行監修、きんざい教育事業センター編　きんざい
【要旨】最新の出題傾向と難易度に対応。信頼と実績の基本テキスト。
2017.5 287p B5 ¥2000 ①978-4-322-13196-3

◆国家資格 貸金業務取扱主任者資格試験受験教本　第3巻 資金需要者等の保護と財務および会計　2017年度　吉元利行監修、きんざい教育事業センター編　きんざい
【要旨】最新の出題傾向と難易度に対応。信頼と実績の基本テキスト。
2017.5 137p B5 ¥2000 ①978-4-322-13197-0

◆国家資格 貸金業務取扱主任者資格試験受験教本　第4巻 貸金業務取扱主任者資格試験法令集　2017年度　吉元利行監修、きんざい教育事業センター編　きんざい
【要旨】最新の出題傾向と難易度に対応。信頼と実績の基本テキスト。
2017.5 356p B5 ¥2000 ①978-4-322-13198-7

◆これだけ覚える！ 貸金業務取扱主任者試験　林恵子編　オーム社
【要旨】出題頻度の高い項目を抽出して、徹底解説！ 補足事項や間違えやすいポイント、出題傾向などを把握！ 過去問題では、解説だけでなく、根拠となる法令も掲載！
2017.6 344p A5 ¥2100 ①978-4-274-22076-0

◆これだけ覚える FP技能士2級・AFP一問一答＋要点整理　'17→'18年版　家計の総合相談センター著　成美堂出版　（付属資料：赤シート1）
【要旨】基本→重要の2段階式！ 一発合格のための880問。学科・実技にW対応！ 答え・ポイントを隠せる赤シート付。
2017.6 423p 18cm ¥1400 ①978-4-415-22492-3

◆これだけ覚える FP技能士3級一問一答＋要点整理　'17→'18年版　家計の総合相談センター著　成美堂出版　（付属資料：赤シート1）
【要旨】基本→重要の2段階式！ 一発合格のための590問。学科・実技にW対応！ 答え・ポイントを隠せる赤シート付。
2017.6 327p 18cm ¥1000 ①978-4-415-22493-0

◆これであなたも一発合格！ FP3級問題集　'17～'18年版　梶谷美果著　きんざい

【要旨】誰にでも簡単に分かりやすく解説。受検対策のプロが、学科・実技を完全カバー。
2017.7 255p A5 ¥1500 ①978-4-322-13095-9

◆コンプライアンス・オフィサー（銀行コース）試験問題解説集　2017年度版　きんざい教育事業センター編　きんざい
【要旨】金融業務能力検定「コンプライアンス・オフィサー（銀行コース）」は、金融機関の営業店のコンプライアンス担当者・管理職等に求められる法令等の知識取得度と判断力を検証することのできる検定試験。本書は、同検定の受験生の利便を図るためにまとめた試験問題解説集で、事例問題を豊富に収録し、基礎知識のみならず、実務への対応力を確認することができます。
2017.7 240p A5 ¥2200 ①978-4-322-13173-4

◆コンプライアンス・オフィサー（クレジット会社コース）試験対策問題集　2017年度版　きんざい教育事業センター編　きんざい
【要旨】金融業務能力検定「コンプライアンス・オフィサー（クレジット会社コース）“CBT方式”」は、クレジット会社、信販会社のコンプライアンス担当者・管理職等に求められる法令等の知識取得度と判断力を検証することのできる検定試験です。本書は、同検定の受験生の利便を図るためにまとめた試験対策問題集で、事例問題を豊富に収録し、基礎知識のみならず、実務への対応力を確認することができます。
2017.7 163p A5 ¥2200 ①978-4-322-13182-6

◆コンプライアンス・オフィサー（生命保険コース）試験問題解説集　2017年度版　きんざい教育事業センター編　きんざい
【要旨】金融業務能力検定「コンプライアンス・オフィサー（生命保険コース）」は、営業店や支社のコンプライアンス担当者・管理職等に求められる法令等の知識習得度と判断力を検証する検定試験です。本書は、同検定の受験生の利便を図るためにまとめた試験問題解説集で、事例問題を豊富に収録し、基礎知識のみならず、実務への対応力を確認することができます。
2017.3 197p A5 ¥2200 ①978-4-322-13159-8

◆最短合格貸金主任者試験直前模試　2017年度　きんざい教育事業センター編、清水将博著　きんざい　（付属資料：別冊1）
【目次】第1回模擬試験問題 解答・解説、第2回模擬試験問題 解答・解説、貸金主任者試験重要ポイント50（貸金業法および関係法令に関すること、貸付けおよび貸付けに付随する取引に関する法令および実務に関すること、資金需要者等の保護に関すること、財務および会計に関すること）
2017.5 318p A5 ¥1800 ①978-4-322-13200-7

◆最短合格 証券外務員試験対策問題集　2017年度版 上巻　一種・二種共通編（CD‐ROM付）　川村雄介監修、きんざい教育事業センター編　きんざい　（付属資料：CD‐ROM1；チェックシート1）
【要旨】平成29年版外務員必携対応！ “二種対応”模擬試験（CD‐ROM付）。穴埋め式チェックシートで必修ポイント丸覚え。
2017.5 335p A5 ¥2200 ①978-4-322-13190-1

◆最短合格 証券外務員試験対策問題集　2017年度版 下巻　一種編（CD‐ROM付）　川村雄介監修、きんざい教育事業センター編　きんざい　（付属資料：CD‐ROM1；チェックシート1）
【要旨】平成29年度外務員必携対応！ “一種対応”模擬試験（CD‐ROM付）。穴埋め式チェックシートで必修ポイント丸覚え。
2017.5 213p A5 ¥1800 ①978-4-322-13191-8

◆最短合格 特別会員証券外務員一種・二種　2017年度版　スコラメディア監修、きんざい教育事業センター編　きんざい　（付属資料：CD‐ROM1）
【要旨】1冊で「特別会員一種試験」「特別会員二種試験」の両試験に対応。問題演習→解説方式によりポイントがよくわかる。実際の試験に対応した模擬試験（6回分）を付属CD‐ROMに収録。
2017.8 355p B5 ¥2000 ①978-4-322-13193-2

◆最短合格 よくわかる証券外務員一種—信用・先物・オプション・特定店頭デリバティブ編　2017年度版　川村雄介監修、きんざい教育事業センター編　きんざい
【要旨】一種試験にて独自に出題される分野（デリバティブ等）を中心に徹底解説！ 数々の主要

金融機関での採用実績を誇る証券外務員試験対策テキストの決定版！
2017.5 184p B5 ¥2000 ①978-4-322-13189-5

◆最短合格 よくわかる証券外務員内部管理責任者試験問題解説集　2017/18年版　きんざい教育事業センター編　きんざい　（付属資料：CD‐ROM1）
【要旨】本番と同じ形式（パソコン受験）で問題が解ける！ 模擬試験3回分をCD‐ROMに収録。本番の試験で出題される○×・四択問題に慣れる、内部管理責任者試験問題集の決定版！
2017.12 218p A5 ¥1600 ①978-4-322-13192-5

◆最短合格 よくわかる証券外務員二種　2017年度版 上巻　川村雄介監修、きんざい教育事業センター編　きんざい
【要旨】研修テキストにて、メガバンクをはじめ数々の主要金融機関での採用実績を誇る、証券外務員試験対策テキストのスタンダード！
2017.5 267p B5 ¥2000 ①978-4-322-13187-1

◆最短合格 よくわかる証券外務員二種　2017年度版 下巻　川村雄介監修、きんざい教育事業センター編　きんざい
【要旨】研修テキストにて、メガバンクをはじめ数々の主要金融機関での採用実績を誇る、証券外務員試験対策テキストのスタンダード！
2017.5 322p B5 ¥2000 ①978-4-322-13188-8

◆最短合格 2級FP技能士　'17～'18年版　きんざいファイナンシャル・プランナーズ・センター編著　きんざい
【要旨】学科・実技試験に完全対応。頻出内容を網羅！ FP2級合格への定番テキスト。いつでもどこでもスキマ時間で問題演習!!
2017.6 466p A5 ¥2600 ①978-4-322-13121-5

◆最短合格 3級FP技能士　'17～'18年版　きんざいファイナンシャル・プランナーズ・センター編著　きんざい　（付属資料：赤シート1）
【要旨】学科・実技試験に完全対応。頻出内容を網羅！ FP3級合格への定番テキスト。いつでもどこでもスキマ時間で問題演習!!
2017.6 203p A5 ¥2000 ①978-4-322-13122-2

◆財務上級試験問題解説集　2017年度版　きんざい教育事業センター編　きんざい
【目次】第1部 基礎編（貸借対照表、損益計算書、株主資本等変動計算書、収益性分析 ほか）、第2部 事例編（企業会計と財務諸表、収益性分析、安全性の分析、資金調達の状況とキャッシュフローの分析 ほか）
2017.7 259p A5 ¥2800 ①978-4-322-13171-0

◆財務中級試験問題解説集　2017年度版　きんざい教育事業センター編　きんざい
【要旨】金融業務能力検定「財務中級」は、金融機関職員の財務に関する基礎知識および分析力・判断力を検証できる検定試験。本書は、同検定の受験生の利便を図るためにまとめた試験問題解説集です。事例問題を豊富に収録し、基礎知識のみならず、実務への対応力を確認することができます。
2017.7 259p A5 ¥2400 ①978-4-322-13172-7

◆3ヵ月でFP2級 本当は教えたくない究極のFP2級合格メソッド　2018年版　大島浩之著　フォーサイト、サンクチュアリ出版 発売　（最短合格シリーズ）
【要旨】本書にあるFP合格メソッドはこれだ!!短期合格するための時間術。科目別攻略法。試験直前期の過ごし方。
2018.1 174p B6 ¥463 ①978-4-86113-578-1

◆3級FP技能士（学科）精選問題解説集　'17～'18年版　金融財政事情研究会検定センター監修、きんざいファイナンシャル・プランナーズ・センター編著　きんざい
【目次】第1章 A分野 ライフプランニングと資金計画、第2章 B分野 リスク管理、第3章 C分野 金融資産運用、第4章 D分野 タックスプランニング、第5章 E分野 不動産、第6章 F分野 相続・事業承継、ファイナンシャル・プランニング技能検定3級学科試験
2017.7 223p A5 ¥1895 ①978-4-322-13117-8

◆3級FP技能士（実技・個人資産相談業務）精選問題解説集　'17～'18年版　金融財政事情研究会検定センター監修、きんざいファイナンシャル・プランナーズ・センター編著　きんざい

【目次】第1章 A分野 ライフプランニングと資金計画、第2章 C分野 金融資産運用、第3章 D分野 タックスプランニング、第4章 E分野 不動産、第5章 F分野 相続・事業承継、ファイナンシャル・プランニング技能検定3級実技試験
2017.7 218p A5 ¥1300 ①978-4-322-13118-5

◆3級FP技能士（実技・保険顧客資産相談業務）精選問題解説集　'17〜'18年版　金融財政事情研究会検定センター監修, きんざいファイナンシャル・プランナーズ・センター編著　きんざい
【目次】第1章 A分野 ライフプランニングと資金計画、第2章 B分野 リスク管理（個人分野）、第3章 B分野 リスク管理（法人分野）、第4章 D分野 タックスプランニング、第5章 F分野 相続・事業承継、2016年度ファイナンシャル・プランニング技能検定3級実技試験
2017.7 226p A5 ¥1300 ①978-4-322-13119-2

◆3級金融窓口サービス技能士（学科）精選問題解説集　2018年版　金融財政事情研究会検定センター監修, きんざい教育事業センター編著　きんざい
【目次】第1章 顧客対応・コンプライアンス（テラーの役割と心構え、家計の金融行動に関する世論調査 ほか）、第2章 関連法令・規制（最良執行方針、特定投資家制度 ほか）、第3章 金融経済知識・投資理論（経済指標、株価指標 ほか）、第4章 金融商品知識（定期預金の商品性、定期預金の満期日 ほか）、第5章 相談業務等に関する知識（相続の放棄・限定承認・代襲相続、遺言 ほか）
2017.11 202p A5 ¥1895 ①978-4-322-13185-7

◆3級金融窓口サービス技能士（実技・テラー業務/金融商品コンサルティング業務）精選問題解説集　2018年版　金融財政事情研究会検定センター監修, きんざい教育事業センター編著　きんざい
【目次】テラー業務編（顧客対応、事務手続・実務知識、窓口業務におけるコンプライアンス、商品知識、情報収集、提案・セールス）、金融商品コンサルティング業務編（投資型金融商品知識、コンプライアンス、説明・提案技能、苦情対応力）
2017.11 190p A5 ¥1300 ①978-4-322-13186-4

◆事業再生アドバイザー（TAA）認定試験模擬問題集　17年度試験版　金融検定協会編　銀行研修社
【目次】第1章 事業再生の基礎（事業再生の経緯と現状、事業再生の新しい枠組み）、第2章 倒産処理手続（法的倒産処理手続、清算型倒産手続、再建型倒産手続、裁判外の倒産処理手続）、第3章 事業再生の可能性判断（事業再生と環境分析、定量分析による再生可能性判断、定性分析による再生可能性判断、再生可能性の判断と再生方針、再建計画書と再生可能性の判断）、第4章 事業再生手法（財務リストラ、業務リストラ、事業リストラ、対象先の債務者区分と再生手法）、第5章 再建計画策定（再建計画の策定、再建企業への再生支援・金融支援）
2017.2 310p A5 ¥2593 ①978-4-7657-4548-2

◆事業性評価（事業支援アドバイザー）認定試験模擬問題集　17年度試験版　一一般社団法人金融検定協会認定　寺岡雅顕監修　銀行研修社
【目次】第1章 正常先の事業性評価（金融行政の変化と事業性評価、地域金融機関に求められる事業性評価、事業性評価実施のための基礎事項、事業価値・将来可能性・経営課題の把握、具体的事業支援策）、第2章 要注意先〜要管理先の事業性評価（経営改善支援のための実態把握、体質改善支援、本業収益改善に向けた支援手法、経営改善計画妥当性の判断、計画の進捗チェック）、第3章 営業店に求められる事業性評価の実務（「ニーズ」を切り口にした正常先企業との取引深耕、営業店に求められる「経営改善計画」への関与、リスケジューリング先の課題解決支援事例）
2017.3 116p A5 ¥1204 ①978-4-7657-4550-5

◆資産査定3級検定試験模擬問題集　17年度試験版　深田建太郎監修　銀行研修社
【目次】第1章 資産査定の基礎知識（早期是正措置、自己査定の目的、不良債権の開示）、第2章 資産査定の基準（債務者区分、分類対象外債権、担保・保証による調整、債権の分類基準、償却・引当の概要、中小・零細企業の資産査定、貸出条件緩和債権）、第3章 資産査定の実務（自己査定の業務フローとスケジュール、自己査定資料の作成、債務者区分の実質基準）、第4章
2017.2 235p A5 ¥2315 ①978-4-7657-4545-1

◆資産査定2級検定試験模擬問題集　17年度試験版　深田建太郎監修　銀行研修社
【目次】第1章 信用リスク・資産査定管理への役割（金融機関の信用リスク管理の重要性、金融検査結果事例における問題の所在、金融検査評定制度）、第2章 管理者による自己査定資料の確認（管理者による自己査定資料の確認、管理者による債務者区分判定）、第3章 償却・引当の基準と実務（貸出関連資産の償却・引当制度の枠組み、貸出関連資産の償却・引当の基準、償却・引当の実務）、第4章 資本性借入金（資本性借入金の効果、資本性借入金の種類、資本的劣後ローン（早期経営改善特例型）、資本性借入金（准資本型）、資本性借入金に係る償却・引当）、第5章 与信管理・経営改善による資産良質化（新規貸出実行時の問題点の資産良質化、既存先の与信管理による資産良質化、資産良質化に向けた問題点の検証、経営改善支援・計画策定による資産良質化、債務者区分別の格上げ手法）
2017.2 286p A5 ¥2593 ①978-4-7657-4544-4

◆史上最強のFP2級AFPテキスト　17-18年版　高山一恵監修, オフィス海著　ナツメ社　（付属資料：別冊1）
【要旨】過去7年分のデータを完全分析!!試験に出る、覚えるべきものが一目瞭然！ 実際の試験（学科・実技）が解けるように配慮した解説。例題と過去問トレーニングでよく出る標準問題をマスター。別冊「頻出問題チェック集」で直前対策も完ペキ！
2017.6 425p A5 ¥1800 ①978-4-8163-6258-3

◆史上最強のFP2級AFP問題集　17-18年版　高山一恵監修, オフィス海著　ナツメ社　（付属資料：別冊1; 赤シート1）
【要旨】学科・実技（個人・生保・資産）の本試験カバー率93.1%。6年分の過去問データを徹底分析。覚えるべき知識、語句、数値が一目でわかる紙面。赤シートでキーワードを隠せば、解説文を使ったチェック学習もできる。出題ランキングの上位60%超を占める頻出項目TOP60を表示。TOP60の覚えるべき内容をまとめた別冊「頻出順TOP60合格BOOK」で学習を超効率化！
2017.8 594p A5 ¥1850 ①978-4-8163-6298-9

◆史上最強のFP3級テキスト　17-18年版　高山一恵監修, オフィス海著　ナツメ社　（付属資料：別冊1）
【要旨】過去7年分のデータを完全分析!!試験に出る、覚えるべきものが一目瞭然！ 実際の試験（学科・実技）が解けるように配慮した解説。例題と過去問トレーニングでよく出る標準問題をマスター。別冊「頻出問題チェック集」で直前対策も完ペキ！
2017.6 337p A5 ¥1500 ①978-4-8163-6259-0

◆史上最強のFP3級問題集　17-18年版　高山一恵監修, オフィス海著　ナツメ社　（付属資料：別冊1; 赤シート1）
【要旨】驚きのカバー率95.8%を実現！ 過去6年分のデータを完全分析！ 過去問を選択肢ごと、空欄ごとに分解して分類・分析！ 正解に必要な知識をもれなく掲載。不要な知識はカット。覚えるべき知識・数値が一目でわかる！ 別冊「頻出順TOP50合格BOOK」だけで合格ラインに届く！
2017.8 374p A5 ¥1500 ①978-4-8163-6299-6

◆しっかりまなぶFP技能士2級AFPテキスト　'17-'18受検対策　資格の大原FP講座編著　大原出版　（付属資料：カラーシート1）第2版
【要旨】学科・実技どちらも知りたい。FPのことをもっと知りたい。時間を上手に使って学びたい。仕事や子育てをしながら学びたい。"解説"でわかる！ ←→ "図表"でわかる！
2017.6 495p A5 ¥1800 ①978-4-86486-457-2

◆しっかりまなぶFP技能士2級AFP問題集　'17-'18受検対策　資格の大原FP講座編著　大原出版　（付属資料：カラーシート1）第2版
【要旨】合格のために厳選した過去問を収録！
2017.6 297p A5 ¥1800 ①978-4-86486-458-9

◆実績No.1講師梶谷美果が教えるこれであなたも一発合格！ FP参考書3級　'17〜'18年版　梶谷美果著　きんざい
【目次】第1章 ライフプランニングと資金計画、第2章 リスク管理、第3章 金融資産運用、第4章 タックスプランニング、第5章 不動産、第6章 相続・事業承継
2017.6 215p A5 ¥1500 ①978-4-322-13094-2

◆実務初級試験問題解説集　2017年度版　きんざい教育事業センター編　きんざい
【要旨】金融業務能力検定「実務初級」は、金融機関の新入行職員として理解しておくべき基本的な銀行業務の知識を検証できる検定試験です。本書は、同検定の受験生の利便を図るためにまとめた試験問題解説集です。日常の業務遂行にあたって必要なテーマについての問題を豊富に収録し、基礎知識のみならず、実務への対応力を確認することができます。
2017.7 221p A5 ¥2200 ①978-4-322-13166-6

◆シニアライフ・相続アドバイザー試験問題解説集　2017年度版　きんざいファイナンシャル・プランナーズ・センター編　きんざい
【要旨】金融業務能力検定「シニアライフ・相続アドバイザー」は、シニア（高齢者）層が不安を抱きやすい「年金・社会保険、医療・介護、資産管理、住居、税金等」の相談に対して、的確に回答する知識・対応力を検証し、取引深耕を図ることを目的とした実践的な検定試験です。合格者には、一般社団法人金融財政事情研究会より認定証が付与されます。
2017.7 213p A5 ¥1800 ①978-4-322-13148-2

◆15日でマスター！ U-CANの証券外務員二種 速習テキスト＆問題集　2017-2018年版　ユーキャン証券外務員試験研究会編　ユーキャン学び出版, 自由国民社 発売　（付属資料：別冊1）
【要旨】「外務員必携」のポイントを1レッスン1見開きの全70レッスンに絞り込み、コンパクトにまとめています。1日あたり4〜5レッスン、15日間で学習完成を目指せます。テーマ別問題+予想模擬（2回分）で実践力強化！ 出題されやすい問題をテーマ別に厳選収録。出題傾向を把握しながら苦手分野を重点的に克服しましょう。学習の総仕上げには巻末収録の予想模擬にチャレンジ！
2017.9 317p A5 ¥2200 ①978-4-426-60988-7

◆住宅ローンアドバイザー認定試験模擬問題集　17年度試験版　金融検定協会編　銀行研修社
【目次】第1章 住宅ローンの基礎知識（住宅ローン市場、アドバイザーが身につけておきたい住宅の諸問題、住宅ローン金利）、第2章 コンプライアンス（住宅ローンに関わる行政、住宅ローンアドバイスに関わる法律）、第3章 住宅取得前のアドバイス（住宅ローン金利タイプ別の要点、住宅取得前のアドバイス、ライフサイクルと住宅取得計画、住宅減税制度、住宅取得と税金・費用、住宅ローン商品の選択アドバイス、建替え新築住宅のアドバイス）、第4章 住宅ローンの受付から完済までの実務（住宅ローン保障の多様化、フラット35の受付から完済までの実務取扱、民間住宅ローンの受付から完済までの実務取扱）
2017.2 284p A5 ¥2407 ①978-4-7657-4547-5

◆証券アナリスト1次対策総まとめテキスト 経済　2018年試験対策　TAC証券アナリスト講座編著　TAC出版
【要旨】「過去の出題一覧＆重要度」で最新の動向を把握。直近の本試験4回分の出題を整理した一覧で、論点ごとの出題ウエイトや重要度を把握できる。TACの独自分析による「傾向と対策」ページ。試験の徹底分析から重要なテーマやキーワードを取り上げ、効率的に学習を進めるためのコツを解説！ インプット+アウトプットが融合したハイブリッド構成。論点ごとの「ポイント整理」→「例題」の流れで、知識の吸収から復習までのタイムラグが最小に抑えられるため、効率的な学習ができる！
2017.11 220p A5 ¥2800 ①978-4-8132-8220-4

◆証券アナリスト1次対策総まとめテキスト 財務分析　2018年試験対策　TAC証券アナリスト講座編著　TAC出版
【要旨】「過去の出題一覧＆重要度」で最新の動向を把握。直近の本試験4回分の出題を整理した一覧で、論点ごとの出題ウエイトや重要度を把握できる。TACの独自分析による「傾向と対策」ページ。試験の徹底分析から重要なテーマやキーワードを取り上げ、効率的に学習を進めるためのコツを解説！ インプット+アウトプットが融合したハイブリッド構成。論点ごとの「ポイント整理」→「例題」の流れで、知識の吸収から復習までのタイムラグが最小に抑えられるため、効率的な学習ができる！
2017.11 342p A5 ¥2900 ①978-4-8132-8219-8

◆証券アナリスト1次対策総まとめテキスト 証券分析　2018年試験対策　TAC証券アナリスト講座編著　TAC出版

【要旨】「過去の出題一覧&重要度」で最新の動向を把握。直近の本試験4回分の出題を整理した一覧で、論点ごとの出題ウエイトや重要度を把握できる。TAC独自分析による「傾向と対策」ページ。試験の徹底分析から重要なテーマやキーワードを取り上げ、効率的な学習を進めるためのコツを解説！ インプット+アウトプットが融合したハイブリッド構成。論点ごとの「ポイント整理」→「例題」の流れで、知識の吸収から復習までのタイムラグが最小に抑えられるため、効率的な学習ができる！
　2017.11 414p A5 ¥3200 ①978-4-8132-8218-1

◆証券アナリスト第1次レベル合格最短テキスト 経済 2018　佐野三郎著, zip証券アナリスト受験対策室編　ビジネス教育出版社
【目次】第1部 ミクロ経済学（消費者、企業の行動と完全競争市場の均衡、不完全競争市場と市場の失敗、不確実性がある場合のミクロ経済学と需要価格）、第2部 マクロ経済学（予備知識—GDPの関連事項、一番シンプルなマクロ経済モデル—45度線モデル、IS−LM分析、AD−ASモデル—価格変化と供給側の反映、金融と財政、経済成長会計、国際金融）
　2017.10 193p A5 ¥2500 ①978-4-8283-0678-0

◆証券アナリスト第1次レベル合格最短テキスト 財務分析 2018　佐野三郎著, zip証券アナリスト受験対策室編　ビジネス教育出版社
【目次】第1章 財務会計のイントロダクション、第2章 貸借対照表など、第3章 損益の計算、第4章 その他の会計基準とキャッシュ・フロー計算書、第5章 財務諸表分析、第6章 株式評価に関連する事項の要点整理
　2017.10 157p A5 ¥2500 ①978-4-8283-0677-3

◆証券アナリスト第1次レベル合格最短テキスト 証券分析とポートフォリオ・マネジメント 2018　佐野三郎著, zip証券アナリスト受験対策室編　ビジネス教育出版社
【目次】はじめに、将来の確実なキャッシュ・フロー（無リスク債券）の評価、確率変数と不確実な金額の取扱い、期待効用理論、ポートフォリオ理論その1—投資機会集合と効率的フロンティア、ポートフォリオ理論その2—投資家の選択の問題、CAPM（資本資産評価モデル）、株価指数と企業分析、ファクター・モデル、債券のデュレーションとコンベクシティ、オプションとデリバティブ戦略、時間加重収益率と金額加重収益率、証券市場の概要　2017.10 244p A5 ¥2800 ①978-4-8283-0676-6

◆証券アナリスト第2次レベル合格最短テキスト 2018 上巻　佐野三郎著, zip証券アナリスト受験対策室編　ビジネス教育出版社
【目次】第1部 1次レベルの総まとめ（金融資産の一物一価とデリバティブの基礎、不確実性がない場合の消費者の選択と不確実な金額の取扱い—確率変数、期待効用理論と関連事項、ポートフォリオ理論 ほか）、第2部 2次レベル証券分析とポートフォリオ・マネジメント（統計的推測と仮説検定、回帰分析、最小二乗法）、投資の選択問題、株式ポートフォリオ、債券ポートフォリオ ほか）
　2017.10 303p A5 ¥3000 ①978-4-8283-0679-7

◆証券アナリスト第2次レベル合格最短テキスト 2018 下巻　佐野三郎著, zip証券アナリスト受験対策室編　ビジネス教育出版社
【目次】第1部 コーポレート・ファイナンスと企業分析（財務会計をめぐる諸問題、コーポレート・ファイナンス、企業分析）、第2部 市場と経済の分析（需要と供給のミクロ経済学、国際マクロ経済学、経済・金融の諸問題）、第3部 職業倫理・行為基準（職業行為基準の内容、職業行為基準の体系と解答の指針）
　2017.10 158p A5 ¥2800 ①978-4-8283-0680-3

◆証券アナリスト2次試験過去問題集 2018年試験対策　TAC証券アナリスト講座編著　TAC出版
【要旨】平成27年度〜平成29年度本試験問題収録。2017.12 530p B5 ¥4200 ①978-4-8132-8227-3

◆証券外務員一種対策問題集 2017〜2018　日本投資環境研究所編　ビジネス教育出版社
【目次】問題（証券市場の基礎知識、金融商品取引法、金融商品の勧誘・販売に関係する法律、協会定款・諸規則、取引所定款・諸規則、株式業務、債券業務、投資信託及び投資法人に関する業務、付随業務、セールス業務、株式会社法概論、経済・金融・財政の常識、財務諸表と企業分析、証券税制、デリバティブ取引）、模擬想定問題　2017.5 429p A5 ¥1500 ①978-4-8283-0658-2

◆証券外務員学習テキスト 2017〜2018　日本投資環境研究所編　ビジネス教育出版社
【要旨】合格に直結！科目別の実戦的な試験対策ができる演習問題付き！ 新出問題掲載の「対策問題集」併用で最短合格へ！『平成29年版外務員必携』に準拠。
　2017.5 431p A5 ¥2300 ①978-4-8283-0657-5

◆証券外務員「二種」対策問題集 2017〜2018　日本投資環境研究所編　ビジネス教育出版社
【目次】問題（証券市場の基礎知識、金融商品取引法、金融商品の勧誘・販売に関係する法律、協会定款・諸規則、取引所定款・諸規則、株式業務、債券業務、投資信託及び投資法人に関する業務、付随業務、セールス業務、株式会社法概論、経済・金融・財政の常識、財務諸表と企業分析、証券税制）、模擬想定問題
　2017.5 303p A5 ¥1300 ①978-4-8283-0659-9

◆スッキリとける過去+予想問題FP技能士1級 学科基礎・応用対策 2017‐2018年版　TAC FP講座編著　TAC出版 （付属資料：別冊1）
【要旨】過去問+別冊本試験タイプ予想問1回分で完全合格！
　2017.6 352p A5 ¥2800 ①978-4-8132-7093-5

◆スッキリとける過去+予想問題 FP技能士2級・AFP 2017‐2018年版　TAC FP講座編著　TAC出版 （付属資料：赤シート1；別冊1）
【要旨】問題・解答が見開きだから、すぐに解答が確認できる！ 赤シートで答えやポイントが隠せるからベンリ！ 実技は金財（個人資産相談業務・生保顧客資産相談業務）、日本FP協会（資産設計提案業務）に対応！ 本試験問題そっくりの予想問題にチャレンジして得点力アップ！ 最新の本試験の問題・解答をダウンロードできる！ これで本試験対策は万全！
　2017.5 307p A5 ¥1800 ①978-4-8132-7094-2

◆スッキリわかる証券外務員一種 2017‐2018年版　竹谷希美子監修, TAC出版編集部編　TAC出版 （スッキリわかるシリーズ）
【要旨】テキスト+問題演習。試験に出るとこだけを集中攻略！ 充実の参考・用語とわかりやすい解説で専門用語ストレスゼロの学習を実現！
　2017.9 405p A5 ¥2300 ①978-4-8132-7395-0

◆スッキリわかる証券外務員二種 2017‐2018年版　竹谷希美子監修, TAC出版編集部編　TAC出版 （スッキリわかるシリーズ）
【要旨】テキスト+問題演習。試験に出るとこだけを集中攻略！ 充実の参考・用語とわかりやすい解説で専門用語ストレスゼロの学習を実現！
　2017.9 340p A5 ¥1800 ①978-4-8132-7396-7

◆スッキリわかるFP技能士1級 学科基礎・応用対策 2017‐2018年版　白鳥光良編　TAC出版 （スッキリわかるシリーズ）
【要旨】基礎編も応用編もこれ1冊！ テキスト+問題集。
　2017.6 366p A5 ¥2300 ①978-4-8132-7090-4

◆スッキリわかるFP技能士2級・AFP 2017‐2018年版　白鳥光良編著　TAC出版 （スッキリわかるシリーズ） （付属資料：赤シート1）
【要旨】最初に頻出論点を押さえて効率アップ！ 試験に出るとこだけ学習！ 問題演習で知識を定着！ 赤シートで myポイントが隠せるからベンリ！ 苦手な実技の対策もバッチリ！ 実技は金財（個人資産相談業務・生保顧客資産相談業務）、日本FP協会（資産設計提案業務）に対応。
　2017.5 429p A5 ¥1800 ①978-4-8132-7091-1

◆スピード合格！ FP技能士1級「学科編（基礎・応用）」図解テキスト&的中予想問題 17‐18年版　有賀圭吾著　オーム社
【要旨】抜群の的中実績を誇る「的中予想問題」1,212問で合格ラインをらくらくクリア！ わかりやすい図解とイラストで出るとこだけをスピード学習！ 金融財政事情研究会に完全対応。
　2017.4 512p A5 ¥3700 ①978-4-274-22059-3

◆スピード合格！ FP技能士2級「学科編」図解テキスト&的中予想問題 17‐18年版　有賀圭吾著　オーム社
【要旨】抜群の的中実績を誇る「的中予想問題」1,025問で合格ラインをらくらくクリア！ わかりやすい図解とイラストで出るとこだけをスピード学習！ 金融財政事情研究会に完全対応。
　2017.4 331p A5 ¥2000 ①978-4-274-22061-6

◆スピード合格！ FP技能士2級「実技編」"個人資産相談業務"図解テキスト&的中予想問題 17‐18年版　有賀圭吾著　オーム社
【要旨】抜群の的中実績を誇る「的中予想問題」373問で合格ラインをらくらくクリア！ わかりやすい図解とイラストで出るとこだけをスピード学習！ 金融財政事情研究会に完全対応。
　2017.4 258p A5 ¥1800 ①978-4-274-22060-9

◆税務上級試験問題解説集 2017年度版　きんざい教育事業センター編　きんざい
【要旨】金融業務能力検定「税務上級」は、顧客相談業務のベースとなる税務知識および実務対応力を検証する検定試験です。本書は、同検定の受験生の利便を図るためにまとめた試験問題解説集です。実務に即した問題を豊富に収録し、体系的な税務知識を習得することができます。
　2017.11 277p A4 ¥2800 ①978-4-322-13176-5

◆税務中級試験問題解説集 2017年度版　きんざい教育事業センター編　きんざい
【要旨】金融業務能力検定「税務中級」は、日常の業務に必要とされる税務の基礎知識および実務への基本的な対応力を検証する検定試験です。本書は、同検定の受験生の利便を図るためにまとめた試験問題解説集です。実務に即した問題を豊富に収録し、税務に関する基礎知識と実務への対応力を養うことができます。
　2017.11 201p A5 ¥2200 ①978-4-322-13177-2

◆税務2級 2018年3月受験用 経済法令研究会編　経済法令研究会 （銀行業務検定試験受験対策シリーズ）
【目次】所得税（所得税額計算の一巡、金融商品等の課税方式、株式等の課税関係 ほか）、相続税・贈与税（相続税額計算の一巡、相続人の範囲、相続税の課税財産・非課税財産 ほか）、法人税（課税所得金額・法人税額計算の一巡、租税公課の取扱い、交際費・寄附金の取扱い ほか）
　2017.11 361p A5 ¥2200 ①978-4-7668-4332-3

◆相続実務3級 検定試験模擬問題集 17年度試験版　金融検定協会編　銀行研修社
【目次】第1章 相続と法務（基礎解説、模擬問題、解答と解説）、第2章 相続と税務、第3章 相続と金融実務
　2017.2 205p A5 ¥2130 ①978-4-7657-4549-9

◆投資信託3級 2018年3月受験用 経済法令研究会編　経済法令研究会 （銀行業務検定試験受験対策シリーズ）
【目次】第1編 投資信託の基礎（投資信託の意義、投資信託の歴史 ほか）、第2編 投資信託の商品（投資信託の種類、投資信託協会による投資信託の分類 ほか）、第3編 投資信託の運用（運用に関するルール、運用の基礎 ほか）、第4編 投資信託の取引（受益証券、販売単位 ほか）、第5編 経済・金融・投資の基礎知識（経済、金融資本市場 ほか）
　2017.11 268p A5 ¥2000 ①978-4-7668-4335-4

◆特別会員 証券外務員「一種」対策問題集 2017〜2018　日本投資環境研究所編　ビジネス教育出版社
【要旨】模擬想定問題を2回分掲載。厳選問題!!効率的な復習が必須の暗記必須ポイント付き！
　2017.7 256p A5 ¥1200 ①978-4-8283-0661-2

◆特別会員証券外務員学習テキスト 2017‐2018　日本投資環境研究所編　ビジネス教育出版社
【要旨】『平成29年版特別会員外務員必携』に準拠。科目別ポイント解説。10点問題徹底解説。科目別の実戦的な試験対策ができる演習問題付き！ 2017.6 262p A5 ¥1500 ①978-4-8283-0660-5

◆特別会員 証券外務員「二種」対策問題集 2017〜2018　日本投資環境研究所編　ビジネス教育出版社
【要旨】模擬想定問題を2回分掲載。厳選問題!!効率的な復習ができる暗記必須ポイント付き！「学習テキスト」の参照ページ付き。
　2017.7 174p A5 ¥1000 ①978-4-8283-0662-9

◆内部管理責任者合格のためのバイブル—会員・特別会員共通証券外務員　嶋田浩至, 新谷佳代著　税務経理協会　新装版第2版
【要旨】丁寧な解説+出題されやすい問題で構成された定番テキスト。短期間に要領よく学習できる好評書！ 練習問題・解答・解説付き。
　2017.5 280p A5 ¥2500 ①978-4-419-06448-8

◆2級FP技能士（学科）精選問題解説集　'17〜'18年版　金融財政事情研究会検定センター監修、きんざいファイナンシャル・プランナーズ・センター編著　きんざい
【目次】第1章 A分野 ライフプランニングと資金計画、第2章 B分野 リスク管理、第3章 C分野 金融資産運用、第4章 D分野 タックスプランニング、第5章 E分野 不動産、第6章 F分野 相続・事業承継、ファイナンシャル・プランニング技能検定2級学科試験
2017.7 455p A5判 ¥2095 ①978-4-322-13113-0

◆2級FP技能士（実技・個人資産相談業務）精選問題解説集　'17〜'18年版　金融財政事情研究会検定センター監修、きんざいファイナンシャル・プランナーズ・センター編著　きんざい
【目次】第1章 A分野 ライフプランニングと資金計画、第2章 C分野 金融資産運用、第3章 D分野 タックスプランニング、第4章 E分野 不動産、第5章 F分野 相続・事業承継、ファイナンシャル・プランニング技能検定2級実技試験
2017.7 294p A5判 ¥1600 ①978-4-322-13114-7

◆2級FP技能士（実技・資産設計提案業務）精選問題解説集　'17〜'18年版　きんざいファイナンシャル・プランナーズ・センター編著　きんざい
【目次】第1章 ライフプランニングと資金計画、第2章 リスク管理、第3章 金融資産運用、第4章 タックスプランニング、第5章 不動産、第6章 相続・事業承継、第7章 複合問題、過去問題
2017.7 293p A5判 ¥1600 ①978-4-322-13201-4

◆2級FP技能士（実技・生保・損保顧客資産相談業務）精選問題解説集　'17〜'18年版　金融財政事情研究会検定センター監修、きんざいファイナンシャル・プランナーズ・センター編著　きんざい
【目次】第1章 A分野 ライフプランニングと資金計画、第2章 B分野 リスク管理（個人分野）、第3章 B分野 リスク管理（法人分野）、第4章 D分野 タックスプランニング、第5章 F分野 相続・事業承継、2016年度ファイナンシャル・プランニング技能検定2級実技試験
2017.7 286p A5判 ¥1600 ①978-4-322-13116-1

◆2級FP技能士（実技・中小事業主資産相談業務）精選問題解説集　'17〜'18年版　金融財政事情研究会検定センター監修、きんざいファイナンシャル・プランナーズ・センター編著　きんざい
【目次】第1章 A分野 ライフプランニングと資金計画（中小企業オーナーの老後生活設計、確定拠出年金 ほか）、第2章 C分野 金融資産運用（投資信託による資産運用、債券の投資判断 ほか）、第3章 D分野 タックスプランニング（法人税の計算、各種申告書の見方 ほか）、第4章 E分野 不動産（不動産取引の留意点、特定の事業用資産の買換えの特例 ほか）、第5章 F分野 相続・事業承継（自社株評価と評価額の軽減、役員退職給与と自社株の評価額の軽減 ほか）、2016年度ファイナンシャル・プランニング技能検定2級実技試験
2017.7 233p A5判 ¥1600 ①978-4-322-13115-4

◆2級金融窓口サービス技能士（学科）精選問題解説集　2018年版　金融財政事情研究会検定センター監修、きんざい教育事業センター編著　きんざい
【目次】第1章 顧客対応・コンプライアンス等（CSの考え方、窓口担当者と他セクションとの連携 ほか）、第2章 関連法令・規制（金融商品販売法の適用状況、損害額の推定 ほか）、第3章 金融経済知識・投資理論（世界の景気動向、金融政策 ほか）、第4章 金融商品知識（貯蓄預金の仕組み、スーパー定期 ほか）、第5章 相談業務等に関する知識（相続人と法定相続分、相続の承認と放棄 ほか）
2017.11 252p A5判 ¥2095 ①978-4-322-13183-3

◆2級金融窓口サービス技能士（実技）精選問題解説集　2018年版　金融財政事情研究会検定センター監修、きんざい教育事業センター編著　きんざい
【目次】第1章 過去問題（ジュニアNISAを活用した資産運用相談、NISA等を活用した資産運用相談 ほか）、第2章 試行試験問題（苦情・クレームへの対応、相続の窓口対応 ほか）、第3章 旧試験問題（テラー業務）（2016年1月実施問題）、第4章 旧試験問題（金融商品コンサルティング業務）（乗換え勧誘規制、適合性の原則・高齢顧客ガイドライン等 ほか）
2017.11 184p A5判 ¥1600 ①978-4-322-13184-0

◆2017‐2018年試験をあてるTACスーパー予想証券外務員一種　TAC証券外務員講座編　TAC出版　（付属資料：赤シート1；別冊1）
【目次】分野別問題編（証券市場の基礎知識（一種・二種共通）、金融商品取引法（一種・二種共通）、金融商品の勧誘・販売に関係する法律（一種・二種共通）、協会定款・諸規則（一種・二種共通）、取引所定款・諸規則（一種・二種共通）、株式業務（一種・二種共通かつ「信用取引」を含む）、債券業務（一種・二種共通）、投資信託及び投資法人に関する業務（一種・二種共通）、付随業務（一種・二種共通）、セールス業務（一種・二種共通）、株式会社法概論（一種・二種共通）、経済・金融・財政の常識（一種・二種共通）、財務諸表と企業分析（一種・二種共通）、証券税制（一種・二種共通）、先物取引（一種・二種共通）、オプション取引（一種・二種共通）、特定店頭デリバティブ取引（一種・二種共通））、模擬試験解答・解説編
2017.9 384p A5判 ¥2200 ①978-4-8132-7397-4

◆2017‐2018年試験をあてるTACスーパー予想証券外務員二種　TAC証券外務員講座編　TAC出版　（付属資料：赤シート1；別冊1）
【目次】分野別問題編（証券市場の基礎知識（一種・二種共通）、金融商品取引法（一種・二種共通）、金融商品の勧誘・販売に関係する法律（一種・二種共通）、協会定款・諸規則（一種・二種共通）、取引所定款・諸規則（一種・二種共通）、株式業務（一種固有論点の「信用取引」を除き、一種・二種共通）、債券業務（一種・二種共通）、投資信託及び投資法人に関する業務（一種・二種共通）、付随業務（一種・二種共通）、セールス業務（一種・二種共通）、セールス業務（一種・二種共通）、株式会社法概論（一種・二種共通）、経済・金融・財政の常識（一種・二種共通）、財務諸表と企業分析（一種・二種共通）、模擬試験 解答・解説編
2017.9 306p A5判 ¥1800 ①978-4-8132-7398-1

◆2017年9月試験をあてるTAC直前予想FP技能士1級　TAC FP講座編　TAC出版　（付属資料：別冊1）
【要旨】出題暦と出題予想であたる論点まるわかり！TAC講師の予想を大公開！最新の法改正情報をチェック！リアルタイム法改正情報。試験当日にも役立つ！必勝！ポイント整理。「苦手論点チェックシート」付き・取外し式で使いやすい！予想模試3回分収録。
2017.6 163p B5判 ¥3000 ①978-4-8132-7138-3

◆2017年9月試験をあてるTAC直前予想FP技能士3級　TAC FP講座編　TAC出版　（付属資料：別冊2）
【要旨】出題暦と出題予想であたる論点まるわかり！TAC講師の予想を大公開！計算問題を完全攻略！計算ドリル。2017年5月の本試験で実力試し！過去問解説ダウンロード。「苦手論点チェックシート」付き・取外し式で使いやすい！予想模試3回分収録。
2017.6 82p B5判 ¥1600 ①978-4-8132-7140-6

◆2017年9月試験をあてるTAC直前予想FP技能士2級・AFP　TAC FP講座編　TAC出版　（付属資料：別冊2）
【要旨】出題暦と出題予想であたる論点まるわかり！TAC講師の予想を大公開！計算問題を完全攻略！計算ドリル。2017年5月の本試験で実力試し！過去問解説ダウンロード。「苦手論点チェックシート」付き・取外し式で使いやすい！予想模試3回分収録。
2017.6 141p B5判 ¥2000 ①978-4-8132-7139-0

◆2017年5月試験をあてるTAC直前予想FP技能士3級　TAC FP講座編　TAC出版　（付属資料：別冊1）
【目次】直前予想模試 解答・解説（学科、実技（金財 個人資産相談業務、金財 保険顧客資産相談業務、日本FP協会 資産設計提案業務））
2017.2 82p B5判 ¥1500 ①978-4-8132-7066-9

◆2017年5月試験をあてるTAC直前予想FP技能士2級・AFP　TAC FP講座編著　TAC出版　（付属資料：別冊1）
【要旨】出題暦と出題予想で、あたる論点まるわかり！TAC講師の予想を大公開！計算問題を完全攻略！計算ドリル。2017年5月の本試験で実力試し！過去問解説ダウンロード。
2017.2 136p B5判 ¥1900 ①978-4-8132-7065-2

◆2018年1月試験をあてる TAC直前予想FP技能士3級　TAC FP講座編　TAC出版　（付属資料：別冊2）
【要旨】出題暦と出題予想で、あたる論点まるわかり！TAC講師の予想を大公開！計算問題を完全攻略！計算ドリル。
2017.10 84p B5判 ¥1600 ①978-4-8132-7371-4

◆2018年1月試験をあてる TAC直前予想FP技能士2級・AFP　TAC FP講座編　TAC出版　（付属資料：別冊2）
【要旨】出題暦と出題予想で、あたる論点まるわかり！TAC講師の予想を大公開！計算問題を完全攻略！計算ドリル。
2017.10 146p B5判 ¥2000 ①978-4-8132-7370-7

◆はじめてまなぶFP技能士3級テキスト　'17・'18受検対策　資格の大原FP講座編著　大原出版　（付属資料：カラーシート1）　第3版
【要旨】学科・実技どちらも知りたい。FPのことをもっと知りたい。時間を上手に使って学びたい。仕事や子育てをしながら学びたい。"解説"でわかる！←→"図表"でわかる！
2017.6 385p A5判 ¥1500 ①978-4-86486-455-8

◆はじめてまなぶFP技能士3級問題集　'17‐'18受検対策　資格の大原FP講座編著　大原出版　（付属資料：カラーシート1）　第3版
【要旨】合格のために厳選した過去問を収録。
2017.6 353p A5判 ¥1500 ①978-4-86486-456-5

◆ファイナンシャル・アドバイザー入門2017年度版　一図とイラストでよくわかる　経済法令研究会編　経済法令研究会（Beginner Series）
【目次】第1章 総論（ファイナンシャル・アドバイザー（FA）、生活設計とライフプランニング ほか）、第2章 金融商品（貯蓄預金（通常貯蓄貯金・ゆうちょ銀行）、スーパー定期（定期貯金・ゆうちょ銀行）ほか）、第3章 税務・相続の知識（金融商品と税金（キャピタル・ゲイン課税を除く）、金融商品と税金（キャピタル・ゲイン課税）ほか）、第4章 ローンの知識（住宅ローン（フラット35・財形融資）、教育ローン ほか）、第5章 公的年金等（公的年金の種類、公的年金の給付と各種調整 ほか）
2017.7 175p A5判 ¥1600 ①978-4-7668-3366-9

◆文系女子のためのFP技能士3級 音声付き合格テキスト＆演習問題　堀川洋著　インプレス
【要旨】数字に弱いと自覚されている文系女子の方々のために、「計算式は、基礎計算から記載」「複雑な方程式は、できるだけ除外」「暗記すればいい数字や公式は、はっきり明記」して、できるだけやさしい解説で、途中で挫折することなく最終ページまで読め、短時間の学習時間で、確実に合格へ導くようまとめられています。本文中の演習問題は、過去問をベースとして、出題頻度の高い項目のみに絞っています。したがって、本書掲載の演習問題を完ぺきに理解することが、合格への近道です。
2017.6 447p A5判 ¥1500 ①978-4-295-00126-3

◆法人営業力強化・海外進出・取引コース試験問題解説集　2017年度版　きんざい教育事業センター編　きんざい
【要旨】金融業務能力検定「法人営業力強化・海外進出・取引コース」は、企業の海外進出・取引支援および外為実務に関する基礎知識を検証する検定試験です。取引先の海外ビジネスに対するニーズを的確に把握し、担当部署と連携することができる渉外力の養成を図る、実践的な試験です。
2017.3 172p A5判 ¥1800 ①978-4-322-13163-5

◆法人営業力強化・業種別エキスパート・アグリビジネスコース試験問題解説集　2017年度版　きんざい教育事業センター編　きんざい
【要旨】金融業務能力検定「法人営業力強化・業種別エキスパート・アグリビジネスコース」は、営業店の渉外・融資担当者として最低限知っておくべき農業の現状や特徴、関連法制度などについての基本的な知識を検証する検定試験です。注目分野である農業におけるコンサルティング能力の向上に資する試験として活用できます。
2017.3 172p A5判 ¥1800 ①978-4-322-13161-1

◆法人営業力強化・業種別エキスパート・医療・介護コース試験問題解説集　2017年度版　きんざい教育事業センター編　きんざい
【要旨】金融業務能力検定「法人営業力強化・業種別エキスパート・医療・介護コース」は、営

業店の渉外・融資担当者として最低限知っておくべき医療・介護業界の現状と特徴、関連法制度についての基本的な知識を検証する検定試験です。成長分野である医療・介護分野におけるコンサルティング能力向上に資する試験として活用できます。

2017.3 147p A5 ¥1800 ①978-4-322-13162-8

◆**法人営業力強化・業種別エキスパート・建設・不動産コース試験問題解説集　2017年度版**　きんざい教育事業センター編　きんざい

【目次】第1章 建設業（業界の動向と課題、重層下請構造 ほか）、第2章 事例問題（建設業）（業界の仕組みと業種の特性と動向、取引審査分析 ほか）、第3章 不動産業（業界の動向と課題、不動産管理業・プロパティマネジメント業の特徴 ほか）、第4章 事例問題（不動産業）（マンション分譲業の財務分析、マンション賃貸業の留意点 ほか）

2017.7 161p A5 ¥1800 ①978-4-322-13174-1

◆**法人営業力強化・業種別エキスパート・製造業コース試験問題解説集　2017年度版**　きんざい教育事業センター編　きんざい

【要旨】金融業務能力検定「法人営業力強化・業種別エキスパート・製造業コース」は、営業店の渉外・融資担当者として知っておくべき製造業の特性や関連法制度などについての基本的な知識を検証する検定試験です。我が国の基幹産業である製造業におけるコンサルティング能力の向上に資する試験として活用できます。

2017.11 175p A5 ¥1800 ①978-4-322-13178-9

◆**法人営業力強化・業種別エキスパート・ベーシックコース試験問題解説集　2017年度版**　きんざい教育事業センター編　きんざい

【要旨】金融業務能力検定「法人営業力強化・業種別エキスパート・ベーシックコース」は、営業店の融資・渉外担当者が毎月一度は訪問するであろう身近な業種の特性や動向、取引推進上のポイント等についての初歩的な知識を検証する検定試験です。営業店における渉外活動に必須の業種を数多く取り上げています。

2017.3 162p A5 ¥1800 ①978-4-322-13160-4

◆**法人営業力強化・事業再生コース 試験問題解説集　2017年度版**　きんざい教育事業センター編　きんざい

【要旨】金融業務能力検定「法人営業力強化・事業再生コース」は、窮境にある中堅・中小企業の再生計画の策定・実行能力を、事例を交えた出題で検証します。合格者には一般社団法人金融財政事情研究会より「事業再生アドバイザー」の認定証が付与されます。本書は、同検定の受験生の学習の利便を図るためにまとめた試験問題解説集で、現場で必要とされる能力を身に付けることに重点を置いた問題を掲載しています。

2017.11 141p A5 ¥1800 ①978-4-322-13175-8

◆**法人営業力強化・事業承継・M&Aエキスパート試験対策問題集　'17・'18年版**　きんざいファイナンシャル・プランナーズ・センター編著　きんざい

【目次】第1章 中小企業の実態、第2章 事業承継関連税制、第3章 事業承継関連法制、第4章 事業承継に潜む問題点、第5章 事業承継コンサルティングと事業承継ビジネス、第6章 中小企業M&Aの基礎知識、第7章 中小企業M&Aの会計・法務・税務、第8章 中小企業M&Aの手順

2017.6 124p A5 ¥1500 ①978-4-322-13149-9

◆**法人営業力強化・事業性評価コース 試験対策問題解説集　2017年度版**　きんざい教育事業センター編　きんざい

【目次】第1章 事業性評価の意義、業界動向、金融機関に求められる役割（事業性評価の意義、事業性評価のプロセスにおいて実施すべき作業・検討項目 ほか）、第2章 取引先企業の実態把握（定性分析・定量分析）（定期的な訪問や財務諸表からの企業の実態把握、定性要因からみた企業の業績悪化の兆候 ほか）、第3章 競争力の各種評価手法（SWOT分析、PEST分析 ほか）、第4章 取引先企業のライフステージに応じた各種支援策（ライフステージに応じたソリューション提案、創業・新事業展開支援（公的融資制度）ほか）

2017.5 152p A5 ¥1800 ①978-4-322-13180-2

◆**法人営業力強化・ABL・動産評価コース試験問題解説集　2017年度版**　きんざい教育事業センター編　きんざい

【要旨】金融業務能力検定「法人営業力強化・ABL・動産評価コース」は、融資・渉外担当者に求められる「ABL・動産評価」に係る知識と実務能力

を検証する検定試験です。取引先に対する融資推進および新規取引先開拓において、取引チャンスを逃さず、専担部署と連携できる法人営業力を養成します。合格者には、一般社団法人金融財政事情研究会より「ABL・動産評価アシスタント・アドバイザー」の認定証が付与されます。

2017.3 147p A5 ¥1800 ①978-4-322-13164-2

◆**法務上級試験問題解説集　2017年度版**　きんざい教育事業センター編　きんざい

【目次】第1章 預金（総合口座取引、盗難通帳による預金の払戻し ほか）、第2章 手形・小切手・手形交換（約束手形要件、受取人白地の代金取立手形 ほか）、第3章 内国為替・付随業務（振込、誤振込・組戻し ほか）、第4章 融資等（一実行・管理・回収（手形貸付、手形割引と買戻請求権 ほか）、第5章 融資2―担保・保証（担保対象物件の適格性、抵当権の設定 ほか）

2017.7 317p A5 ¥2800 ①978-4-322-13169-7

◆**法務中級試験問題解説集　2017年度版**　きんざい教育事業センター編　きんざい

【要旨】金融業務能力検定「法務中級」は、金融取引に不可欠な法律実務に関する基礎知識および実務への応用力を検証する検定試験です。本書は、同検定の受験生の利便を図るためにまとめた試験問題解説集です。事例問題を豊富に収録し、基礎知識のみならず、実務への対応力を確認することができます。

2017.7 272p A5 ¥2400 ①978-4-322-13170-3

◆**保険コンプライアンス・オフィサー2級問題解説集　2017年10月受験用**　日本コンプライアンス・オフィサー協会編　経済法令研究会

【要旨】2016年（第39回）～2014年（第33回）までの試験問題・解答ポイント・正解を収録。

2017.7 262p A5 ¥2400 ①978-4-7668-5923-2

◆**マイナンバー保護オフィサー試験問題解説集　2017年度版**　きんざい教育事業センター編　きんざい

【目次】第1章 マンナンバー制度の概要（マイナンバー制度、個人番号 ほか）、第2章 マイナンバー保護対策（個人番号の取扱い、個人番号・特定個人情報の取扱い等 ほか）、第3章 マイナンバー取扱いに対する金融機関の実務（個人番号の収集、個人番号の提供 ほか）、第4章 その他業務とマイナンバー保護（金融機関における個人番号の取扱いの委託、個人番号関係事務の委託 ほか）

2017.3 152p A5 ¥1500 ①978-4-322-13165-9

◆**みんなが欲しかった！ FPの教科書 1級 Vol.1 ライフプランニングと資金計画・リスク管理／年金・社会保険／金融資産運用　2017-2018年版**　滝澤ななみ監修，TAC FP講座著　TAC出版（付属資料：赤シート1）

【目次】01 ファイナンシャル・プランニングの基礎知識、02 ライフプランニングと三大資金計画、03 独立起業と資金計画、04 リスクマネジメント、05 保険制度、06 生命保険、07 第三分野の保険、08 損害保険、09 生命保険の税務、10 損害保険の税務

2017.6 323p A5 ¥3800 ①978-4-8132-7083-6

◆**みんなが欲しかった！ FPの教科書 1級 Vol.2 タックスプランニング／不動産／相続・事業承継　2017-2018年版**　滝澤ななみ監修，TAC FP講座著　TAC出版（付属資料：赤シート1）

【目次】所得税の基本、各種所得の金額の計算、課税標準の計算、所得控除、所得税額の計算、所得税の申告と納付、個人住民税と個人事業税、法人税、会社の取引、法人住民税と法人事業税等、消費税、決算書および財務分析

2017.6 323p A5 ¥3800 ①978-4-8132-7084-3

◆**みんなが欲しかった！ FPの教科書 2級・AFP　2017-2018年版**　滝澤ななみ著　TAC出版（付属資料：赤シート1）

【要旨】便利な2冊分冊式。オールカラー。赤シート対応。学科・実技に対応。スマホ学習対応。カラーの図解で丸暗記にサヨナラ！ 魔法のようによくわかる教科書。

2017.5 273, 255p A5 ¥1900 ①978-4-8132-7085-0

◆**みんなが欲しかった！ FPの問題集 1級 2017-2018年版**　TAC FP講座著　TAC出版（付属資料：別冊1）

【要旨】頻出過去問を厳選収載！ 答えを確認しながら重要ポイントをおさらいできる！ 本試験1回分にチャレンジで最終仕上げ！

2017.6 365p A5 ¥3800 ①978-4-8132-7087-4

◆**みんなが欲しかった！ FPの問題集 2級・AFP　2017-2018年版**　滝澤ななみ著　TAC出版（付属資料：赤シート1; 別冊1）

【要旨】実技対策もカンペキ！ FPの教科書に完全対応！ 頻出過去問＋ポイント整理で一発合格！ 赤シート対応。

2017.5 411p A5 ¥1800 ①978-4-8132-7088-1

◆**融資管理3級　2018年3月受験用**　経済法令研究会編　経済法令研究会（銀行業務検定試験受験対策シリーズ）

【目次】第1章 債権管理（融資契約と債権管理、融資債権の変更、債権、個人融資先の変動、法人融資先の変動、時効の管理 ほか）、第2章 債権回収（弁済と充当、第三者弁済と代位、相殺、債権譲渡、代理受領・質権 ほか）

2017.11 387p A5 ¥2500 ①978-4-7668-4334-7

◆**融資上級試験問題解説集　2017年度版**　きんざい教育事業センター編　きんざい

【要旨】第1章 融資法務の基礎知識（確定日付ある証書による通知と債務者の対抗事由等、未成年者がした借入契約等 ほか）、第2章 融資実行（株式会社の機関設計、署名代理および代理人の権限の濫用 ほか）、第3章 担保・保証（根抵当権の取扱い、担保不動産の評価 ほか）、第4章 管理・回収（自己査定での分類と処理基準、債務者の相続開始 ほか）、第5章 信用調査（総合問題）

2017.7 259p A5 ¥2400 ①978-4-322-13167-3

◆**融資中級試験問題解説集　2017年度版**　きんざい教育事業センター編　きんざい

【要旨】金融業務能力検定「融資中級」は、日常の融資実務全般にわたる基礎知識および判断力を検証できる検定試験です。本書は、同検定の受験生の利便を図るためにまとめた試験問題解説集です。事例問題を豊富に収録し、基礎知識のみならず、実務への対応力を確認することができます。

2017.7 262p A5 ¥2400 ①978-4-322-13168-0

◆**預金上級試験問題解説集　2017年度版**　きんざい教育事業センター編　きんざい

【要旨】金融業務能力検定「預金上級」は、内部役席者に必要な預金実務の知識および判断力を検証できる検定試験です。本書は、同検定の受験生の利便を図るためにまとめた試験問題解説集です。事例問題を豊富に収録し、基礎から応用まで幅広い知識を習得することができます。

2017.3 152p A5 ¥2200 ①978-4-322-13156-7

◆**預金中級試験問題解説集　2017年度版**　きんざい教育事業センター編　きんざい

【要旨】金融業務能力検定「預金中級」は、入社2年～5年程度の若手行職員を対象に、日常の預金実務全般にわたる基礎知識の習得度・判断力を検証できる検定試験です。過去問題から出題頻度の高い重要テーマを精選しており、効率的な学習が可能です。

2017.3 188p A5 ¥2200 ①978-4-322-13157-4

◆**ACO認定試験模擬問題集　17年度試験版**　金融検定協会編　銀行研修社

【目次】第1章 金融コンプライアンスと法律・行政（営業店初級管理職のコンプライアンスと関係法令）、第2章 預金・為替・交換、付随業務とコンプライアンス（預金取引、内国為替、手形交換取引）、第3章 融資、担保・保証、管理・回収とコンプライアンス（融資取引とコンプライアンス、債権管理・担保保証とコンプライアンス）、第4章 金融商品取引とコンプライアンス（金融商品取引とコンプライアンス、保険募集とコンプライアンス）、第5章 経営支援・相談業務とコンプライアンス（経営支援アドバイスと責任、相談業務と他業法への抵触）

2017.2 301p A5 ¥2593 ①978-4-7657-4543-7

◆**DCプランナー教本 1 わが国の年金・退職金制度　2017年度版**　きんざいファイナンシャル・プランナーズ・センター編　きんざい

【目次】序章 進展する人事・退職給付制度改革、第1章 日本の年金制度の全体像、第2章 公的年金制度、第3章 私的年金制度、第4章 個人年金、第5章 退職給付会計、第6章 企業年金制度

2017.6 199p B5 ¥3143 ①978-4-322-13143-7

◆**DCプランナー教本 2 確定拠出年金の仕組み　2017年度版**　きんざいファイナンシャル・プランナーズ・センター編　きんざい

【目次】第1章 確定拠出年金制度の概要、第2章 企業型年金の仕組み、第3章 個人型年金の仕組

み、第4章 受給権と給付、第5章 離職・転職時の取り扱い、第6章 運用商品の情報提供と加入者教育、第7章 受託者責任とコンプライアンス、第8章 制度導入コンサルティング、第9章 確定拠出年金の導入パターン、第10章 制度移行について　2017.6 235p B5 ¥3143 ①978-4-322-13144-4

◆**DCプランナー教本 3 投資の知識とライフプランニング 2017年度版** きんざいファイナンシャル・プランナーズ・センター編 きんざい
【目次】第1章 確定拠出年金と加入者の自己責任、第2章 投資の基本、第3章 資産運用の考え方、第4章 運用商品説明上の留意点、第5章 確定拠出年金とライフプランニング、第6章 リタイアメントプランニングの確定拠出年金
2017.6 211p B5 ¥3143 ①978-4-322-13145-1

◆**DCプランナー入門 2017年度版** DCプランナー実務研究会編 きんざい
【要旨】DCプランナー試験（1級、2級）認定試験対応。年金制度全般にわたる専門的な知識に加え、投資やライフプランの知識をカバー。確定拠出年金（DC）を核とした"企業年金総合プランナー"の実務を網羅。受験者必携。
2017.7 428p A5 ¥3800 ①978-4-322-13141-3

◆**DCプランナー1級合格対策問題集 2017年度版** 年金問題研究会編著 経営企画出版
【目次】1 DCプランナー認定試験1級の概要と学習のポイント（DCプランナー認定試験1級の実施要領、認定試験1級の実施状況と学習のポイント）、2 基礎編（基本知識の理解）（第1章の年金制度・退職給付制度、確定拠出年金制度 ほか）、3 応用編（設例問題による演習）（退職給付会計1（退職給付債務の概念と計算方法）、退職給付会計2（退職給付費用の計算1）ほか）、前年試験問題編（第21回）2017年1月22日（日）実施（DC1級第21回問題（基礎編）、DC1級第21回問題（応用編）ほか）
2017.10 259p B5 ¥2727 ①978-4-904757-19-2

◆**DCプランナー1級試験対策問題集 2017年度版** きんざいファイナンシャル・プランナーズ・センター編 きんざい
【目次】第1部 基礎編（わが国の年金制度・退職給付制度、確定拠出年金制度、投資に関する知識、ライフプランニングとリタイアメントプランニング）、第2部 応用編（設例問題）、第3部 資料編 2017.11 277p A5 ¥2400 ①978-4-322-13146-8

◆**DCプランナー2級合格対策テキスト 2017年度版** 年金問題研究会編著 経営企画出版
【要旨】受験者のためのガイドと分野別要点整理。認定試験ガイドラインに沿った必須知識を解説。
2017.6 359p A5 ¥2500 ①978-4-904757-17-8

◆**DCプランナー2級合格対策問題集 2017年度版** 年金問題研究会編著 経営企画出版
【要旨】過去問と実力養成のための演習問題。法制度改正を反映した本番形式。過去3年分の実際の試験問題と解説を掲載。
2017.6 369p A5 ¥2500 ①978-4-904757-18-5

◆**DCプランナー2級試験対策問題集 2017年度版** きんざいファイナンシャル・プランナーズ・センター編 きんざい
【目次】第1部 基礎編（わが国の年金制度・退職給付制度、確定拠出年金制度、投資に関する知識、ライフプランニングとリタイアメントプランニング）、第2部 応用編（設例問題）、資料編（各種係数表）
2017.7 213p A5 ¥2000 ①978-4-322-13147-5

◆**FP技能検定教本1級 1分冊 ライフプランニングと資金計画/リスク管理 2017年度版** きんざいファイナンシャル・プランナーズ・センター編 きんざい
【要旨】受検者必携FP技能検定の最高峰到達の道標！ 出題傾向、重要度、重要事項を確認しながら、メリハリのついた学習が可能に！ '17年9月、'18年1月試験対応。
2017.7 244p B5 ¥4000 ①978-4-322-13124-6

◆**FP技能検定教本1級 2分冊 金融資産運用 2017年度版** きんざいファイナンシャル・プランナーズ・センター編 きんざい
【要旨】受検者必携FP技能検定の最高峰到達の道標！ 出題傾向、重要度、重要事項を確認しながら、メリハリのついた学習が可能に！ '17年9月、'18年1月試験対応。
2017.7 247p B5 ¥4000 ①978-4-322-13125-3

◆**FP技能検定教本1級 3分冊 年金・社会保険 2017年度版** きんざいファイナンシャル・プランナーズ・センター編 きんざい
【要旨】受検者必携FP技能検定の最高峰到達の道標！ 出題傾向、重要度、重要事項を確認しながら、メリハリのついた学習が可能に！ '17年9月、'18年1月試験対応。
2017.7 177p B5 ¥4000 ①978-4-322-13126-0

◆**FP技能検定教本1級 4分冊 不動産 2017年度版** きんざいファイナンシャル・プランナーズ・センター編 きんざい
【要旨】受検者必携FP技能検定の最高峰到達の道標！ 出題傾向、重要度、重要事項を確認しながら、メリハリのついた学習が可能に！ '17年9月、'18年1月試験対応。
2017.7 190p B5 ¥4000 ①978-4-322-13127-7

◆**FP技能検定教本1級 5分冊 タックスプランニング 2017年度版** きんざいファイナンシャル・プランナーズ・センター編 きんざい
【要旨】受検者必携FP技能検定の最高峰到達の道標！ 出題傾向、重要度、重要事項を確認しながら、メリハリのついた学習が可能に！ '17年9月、'18年1月試験対応。
2017.7 272p B5 ¥4000 ①978-4-322-13128-4

◆**FP技能検定教本1級 6分冊 相続・事業承継 2017年度版** きんざいファイナンシャル・プランナーズ・センター編 きんざい
【要旨】受検者必携FP技能検定の最高峰到達の道標！ 出題傾向、重要度、重要事項を確認しながら、メリハリのついた学習が可能に！ '17年9月、'18年1月試験対応。
2017.7 239p B5 ¥4000 ①978-4-322-13129-1

◆**FP技能検定教本2級 7分冊 総合演習（生保顧客資産相談業務・実技編） '17-'18年版** きんざいファイナンシャル・プランナーズ・センター編著 きんざい
【要旨】受検者必携信頼の基本テキスト。「ファイナンシャル・プランニング技能検定（2級）」対応。出題ポイントで出題傾向が一目瞭然！
2017.6 166p B5 ¥1905 ①978-4-322-13138-3

◆**FP技能検定教本2級 1分冊 ライフプランニングと資金計画/リスク管理 '17～'18年版** きんざいファイナンシャル・プランナーズ・センター編著 きんざい
【要旨】受検者必携、信頼の基本テキスト。「ファイナンシャル・プランニング技能検定（2級）」対応。出題ポイントと頻出項目ランキングで、出題傾向が一目瞭然！
2017.6 308p B5 ¥1905 ①978-4-322-13130-7

◆**FP技能検定教本2級 2分冊 金融資産運用 '17～'18年版** きんざいファイナンシャル・プランナーズ・センター編著 きんざい
【要旨】受検者必携、信頼の基本テキスト。「ファイナンシャル・プランニング技能検定（2級）」対応。出題ポイントと頻出項目ランキングで、出題傾向が一目瞭然！
2017.6 206p B5 ¥1905 ①978-4-322-13131-4

◆**FP技能検定教本2級 3分冊 タックスプランニング '17～'18年版** きんざいファイナンシャル・プランナーズ・センター編著 きんざい
【要旨】受検者必携、信頼の基本テキスト。「ファイナンシャル・プランニング技能検定（2級）」対応。出題ポイントと頻出項目ランキングで、出題傾向が一目瞭然！
2017.6 306p B5 ¥1905 ①978-4-322-13132-1

◆**FP技能検定教本2級 4分冊 相続・事業承継 '17～'18年版** きんざいファイナンシャル・プランナーズ・センター編著 きんざい
【要旨】受検者必携、信頼の基本テキスト。「ファイナンシャル・プランニング技能検定（2級）」対応。出題ポイントと頻出項目ランキングで、出題傾向が一目瞭然！
2017.6 267p B5 ¥1905 ①978-4-322-13133-8

◆**FP技能検定教本2級 5分冊 年金・社会保険 '17～'18年版** きんざいファイナンシャル・プランナーズ・センター編著 きんざい
【要旨】受検者必携、信頼の基本テキスト。「ファイナンシャル・プランニング技能検定（2級）」対応。出題ポイントと頻出項目ランキングで、出

題傾向が一目瞭然！
2017.6 168p B5 ¥1905 ①978-4-322-13134-5

◆**FP技能検定教本2級 6分冊 不動産 '17～'18年版** きんざいファイナンシャル・プランナーズ・センター編著 きんざい
【要旨】受検者必携、信頼の基本テキスト。「ファイナンシャル・プランニング技能検定（2級）」対応。出題ポイントと頻出項目ランキングで、出題傾向が一目瞭然！
2017.6 189p B5 ¥1905 ①978-4-322-13135-2

◆**FP技能検定教本2級 7分冊 総合演習（中小事業主資産相談業務・実技編） '17-'18年版** きんざいファイナンシャル・プランナーズ・センター編著 きんざい
【要旨】受検者必携信頼の基本テキスト。「ファイナンシャル・プランニング技能検定（2級）」対応。出題ポイントで出題傾向が一目瞭然！
2017.6 197p B5 ¥1905 ①978-4-322-13137-6

◆**FP技能検定教本2級 7分冊 総合演習（個人資産相談業務・実技編） '17-'18年版** きんざいファイナンシャル・プランナーズ・センター編著 きんざい
【要旨】受検者必携信頼の基本テキスト。「ファイナンシャル・プランニング技能検定（2級）」対応。出題ポイントで出題傾向が一目瞭然！
2017.6 200p B5 ¥1905 ①978-4-322-13136-9

◆**FP技能検定教本3級 上巻 ライフプランニングと資金計画/リスク管理/金融資産運用/不動産 '17-'18年版** きんざいファイナンシャル・プランナーズ・センター編著 きんざい
【要旨】国家試験「ファイナンシャル・プランニング技能検定（3級）」2017年9月、2018年1月、2018年5月試験対応。「学科試験」「実技試験（個人資産相談業務・保険顧客資産相談業務）」対策の決定版！ 出題傾向が一目瞭然で、効率的な受検対策に最適！
2017.6 338p B5 ¥3000 ①978-4-322-13139-0

◆**FP技能検定教本3級 下巻 年金・社会保険/タックスプランニング/相続・事業承継 '17-'18年版** きんざいファイナンシャル・プランナーズ・センター編著 きんざい
【要旨】国家試験「ファイナンシャル・プランニング技能検定（3級）」2017年9月、2018年1月、2018年5月試験対応。「学科試験」「実技試験（個人資産相談業務・保険顧客資産相談業務）」対策の決定版！ 出題傾向が一目瞭然で、効率的な受検対策に最適！
2017.6 349p B5 ¥3000 ①978-4-322-13140-6

◆**FP技能検定1級実技（資産相談業務）対策問題集** きんざいファイナンシャル・プランナーズ・センター編 きんざい 第六版
【要旨】過去3年分をQ&Aでわかりやすく解説。提案例を用いて質問とその回答のポイントを整理。2017.12 445p A5 ¥4000 ①978-4-322-13228-1

◆**FP技能検定2級過去問題集 学科試験 2017年度版** FP技能検定試験研究会編 近代セールス社
【要旨】2015年9月～2017年1月の5回分を掲載。
2017.4 333p B5 ¥1800 ①978-4-7650-2065-7

◆**FP技能検定2級過去問題集 実技試験 個人資産相談業務 2017年度版** FP技能検定試験研究会編 近代セールス社
【要旨】2015年9月～2017年1月の5回分を掲載。
2017.4 165p B5 ¥1000 ①978-4-7650-2067-1

◆**FP技能検定2級過去問題集 実技試験・資産設計提案業務 2017年度版** FP技能検定試験研究会編 近代セールス社
【要旨】2015年9月～2017年1月の5回分を掲載。
2017.4 309p B5 ¥1000 ①978-4-7650-2066-4

◆**FP技能検定2級過去問題集 実技試験・生保顧客資産相談業務 2017年度版** FP技能検定試験研究会編 近代セールス社
【要旨】2015年9月～2017年1月の5回分を掲載。
2017.4 165p B5 ¥1000 ①978-4-7650-2068-8

◆**FP技能検定2級学科試験対策マル秘ノート 2017～2018年度版** FP技能検定対策研究会編 近代セールス社
【要旨】これだけ押さえて最速合格！ 試験の達人がまとめた頻出重要ポイント88項。
2017.5 213p B5 ¥2000 ①978-4-7650-2075-6

◆FP技能検定2級実技・資産設計提案業務試験対策マル秘ノート　2017〜2018年度版
FP技能検定対策研究会編　近代セールス社
【要旨】これだけ押さえて最速合格！試験の達人がまとめた頻出重要ポイント30項。
2017.5 197p B5 ¥2000 ⓘ978-4-7650-2076-3

◆FP技能検定2級精選過去問題集（学科編）2018年版　FP受験研究会編　すばる舎
【要旨】この一冊をマスターすれば、必ず一発合格できる！2017年までに実施された試験を完全分析！出題傾向を徹底分析し、頻出問題をピックアップ。試験問題6科目を完全網羅。1科目につき50問、計300問の充実した内容。
2017.11 279p A5 ¥2200 ⓘ978-4-7991-0665-5

◆FP技能検定2級精選過去問題集 実技編 2018年版　FP受験研究会編　すばる舎
【要旨】この一冊をマスターすれば、実技試験対策は完璧！2017年までに実施された試験を完全分析！出題傾向を徹底分析し、頻出問題をピックアップ。詳細な解説で、計算問題も完全に克服。ワンポイント解説を表示し、直前対策にも好適。
2017.12 263p A5 ¥1800 ⓘ978-4-7991-0666-2

◆FP技能検定3級過去問題集 学科試験 2017年度版　FP技能検定試験研究会編　近代セールス社
【要旨】掲載試験（過去6回）。2017年1月試験〜2015年1月試験まで。
2017.4 149p B5 ¥1000 ⓘ978-4-7650-2061-9

◆FP技能検定3級過去問題集 実技試験・個人資産相談業務 2017年度版　FP技能検定試験研究会編　近代セールス社
【要旨】掲載試験（過去6回）。2017年1月試験〜2015年5月試験まで。
2017.4 133p B5 ¥1000 ⓘ978-4-7650-2063-3

◆FP技能検定3級過去問題集 実技試験・資産設計提案業務 2017年度版　FP技能検定試験研究会編　近代セールス社
【要旨】掲載試験（過去6回）。2017年1月試験〜2015年5月試験まで。
2017.4 165p B5 ¥1000 ⓘ978-4-7650-2062-6

◆FP技能検定3級過去問題集 実技試験・保険顧客資産相談業務 2017年度版　FP技能検定試験研究会編　近代セールス社
【要旨】掲載試験（過去6回）。2017年1月試験〜2015年5月試験まで。
2017.4 133p B5 ¥1000 ⓘ978-4-7650-2064-0

◆FP技能検定3級学科・実技試験対策マル秘ノート　2017〜2018年度版　FP技能検定対策研究会編　近代セールス社
【要旨】これだけ押さえて最速合格！試験の達人がまとめた頻出重要ポイント57項。
2017.5 269p B5 ¥2000 ⓘ978-4-7650-2074-9

◆FP技能検定3級精選過去問題集 2018年版　FP受験研究会編著　すばる舎
【要旨】「資産設計提案業務」にも対応！この一冊をマスターすれば、必ず一発合格できる！2017年までに実施された試験を完全分析！すべての過去問を洗い出し、頻出問題をピックアップ。学科編と実技編の二部構成。出題分野を完全網羅。一問一答で、試験直前対策にも最適。得点大幅アップ。
2017.11 255p A5 ¥1700 ⓘ978-4-7991-0664-8

◆FP技能士1級学科 最速攻略ブック　'17→'18年版　横山佳代子著　成美堂出版（付属資料：赤シート1）
【要旨】頻出ポイントをズバリ解説！実力アップにつながる基礎編＆応用編問題。科目ごとにスピードチェック、重要ポイント一問一答。
2017.7 287p A5 ¥2400 ⓘ978-4-415-22515-9

◆FP技能士1級学科 重要過去問スピード攻略　'17→'18年版　伊藤亮太、中島典子共著　成美堂出版（付属資料：赤シート1）
【要旨】'12年9月〜'17年1月までの過去問から厳選。難易度がひと目でわかる★マーク。基礎編は答え合わせがスグできる「左ページに問題・右ページに解説」の見開き構成。
2017.7 431p A5 ¥2400 ⓘ978-4-415-22516-6

◆FP技能士1級学科 精選問題＆模擬問題　'17〜'18年版　ラピュータファイナンシャルアドバイザーズ著　経済法令研究会
【要旨】出題傾向・パターンを分析→選び抜かれた問題・解説→ハイレベルな出題を突破するコ

ツとポイントを重点学習。各分野の「出題アラーム」でムダのない受検対策。最短で合格。
2017.6 458p A5 ¥3300 ⓘ978-4-7668-3350-8

◆FP技能士2級学科 精選問題＆模擬問題　'17〜'18年版　ラピュータファイナンシャルアドバイザーズ著　経済法令研究会
【要旨】出題傾向・パターンを分析→選び抜かれた問題・解説→FP技能士2級学科のポイントを短時間で重点学習。各分野の「出題アラーム」でムダのない受検対策。最短で合格。
2017.6 234p A5 ¥1700 ⓘ978-4-7668-3351-5

◆FP技能士2級実技（個人資産相談業務）精選問題＆模擬問題　'17〜'18年版　ラピュータファイナンシャルアドバイザーズ著　経済法令研究会
【要旨】出題傾向・パターンを分析→選び抜かれた問題・解説→実技試験（個人資産相談業務：金融財政事情研究会）ポイントを重点学習。各分野の「出題アラーム」でムダのない受検対策。最短で合格。
2017.6 198p A5 ¥1700 ⓘ978-4-7668-3352-2

◆FP技能士2級・AFP合格マイスター 過去問＆予想模試　'17-'18年版　菱田雅生著　実務教育出版（付属資料：別冊1）
【要旨】最新の傾向を押さえた予想模試。見開きの1行解説ですぐわかる。赤シートで暗記しやすい。金財・FP協会両試験に対応。
2017.6 381p A5 ¥1800 ⓘ978-4-7889-2538-0

◆FP技能士2級・AFP合格マイスター 基本講義　'17-'18年版　菱田雅生著　実務教育出版
【要旨】わかりやすい図表にフォローのコメントもいっぱい。○×チェック、「試験に効くマネーコラム」収録。巻末付録で実技試験対策もばっちり。
2017.6 415p A5 ¥1800 ⓘ978-4-7889-2537-3

◆FP技能士2級・AFP 最速合格ブック　'17→'18年版　家計の総合相談センター著　成美堂出版（付属資料：別冊1; 赤シート1）
【要旨】テキスト形式でスラスラわかる！実技試験徹底攻略！
2017.6 375p A5 ¥1800 ⓘ978-4-415-22494-7

◆FP技能士2級・AFP 重要過去問スピード攻略　'17→'18年版　伊藤亮太編著　成美堂出版（付属資料：別冊1; 赤シート1）
【要旨】解いておきたい頻出過去問を厳選！一問一答形式だから、スキマ時間にチャレンジできる。
2017.6 423p A5 ¥1800 ⓘ978-4-415-22495-4

◆FP技能士2級・AFP 問題集＆テキスト　'17→'18年版　中島典子編著　成美堂出版（付属資料：別冊1; 赤シート1）
【要旨】解いておきたい本試験レベルの問題を充実の127問収録。問いに対応した詳細解説で合格レベルの知識が身につく！
2017.6 351p A5 ¥1800 ⓘ978-4-415-22496-1

◆FP技能士3級合格マイスター過去問＆予想模試　'17-'18年版　菱田雅生著　実務教育出版
【要旨】最新の重要テーマで過去問演習！要点整理をチェックして問題演習できる。最新の傾向を押さえた予想模試。見開きの1行解説でポイントがすぐわかる。
2017.6 311p A5 ¥1400 ⓘ978-4-7889-2540-3

◆FP技能士3級合格マイスター基本講義　'17-'18年版　菱田雅生著　実務教育出版
【要旨】スイスイ読めてよくわかる！大事なトコロはFPノートでわかりやすく解説。フォローのコメント盛りだくさん。マネーコラムでリアルな知識を深める。
2017.6 394p A5 ¥1400 ⓘ978-4-7889-2539-7

◆FP技能士3級最速合格ブック　'17→'18年版　家計の総合相談センター著　成美堂出版（付属資料：別冊1; 赤シート1）
【要旨】最速合格は本書でキマリ！1回で受かる！6日で攻略、最強入門テキスト。
2017.6 287p A5 ¥1400 ⓘ978-4-415-22497-8

◆FP技能士3級 重要過去問スピード攻略　'17→'18年版　伊藤亮太編著　成美堂出版（付属資料：別冊1; 赤シート1）
【要旨】解いておきたい頻出過去問を厳選！一問一答形式だから、スキマ時間にチャレンジで

きる。
2017.6 231p A5 ¥1600 ⓘ978-4-415-22498-5

◆FP技能士3級 問題集＆テキスト　'17→'18年版　中島典子編著　成美堂出版（付属資料：別冊1; 赤シート1）
【要旨】解いておきたい本試験レベルの問題を充実の122問収録。問いに対応した詳細解説で合格レベルの知識が身につく！
2017.6 311p A5 ¥1400 ⓘ978-4-415-22499-2

◆FPの学校2級・AFPきほんテキスト　'17〜'18年版　ユーキャンFP技能士試験研究会編　ユーキャン学び出版, 自由国民社 発売　第2版
【目次】1 ライフプランニング、2 リスク管理、3 金融資産運用、4 タックスプランニング、5 不動産、6 相続・事業承継
2017.5 543p A5 ¥1800 ⓘ978-4-426-60964-1

◆FPの学校2級・AFPこれだけ！問題集　'17〜'18年版　ユーキャンFP技能士試験研究会編　ユーキャン学び出版, 自由国民社 発売（付属資料：別冊1; 赤シート1）
【目次】論点別問題学科試験（ライフプランニング、リスク管理、金融資産運用、タックスプランニング、不動産、相続・事業承継）、論点別問題実技試験、予想問題（学科試験、実技試験、予想問題解答用紙）
2017.5 359p A5 ¥1800 ⓘ978-4-426-60965-8

◆FPの学校3級きほんテキスト　'17〜'18年版　ユーキャンFP技能士試験研究会編　ユーキャン学び出版, 自由国民社 発売
【目次】1 ライフプランニング、2 リスク管理、3 金融資産運用、4 タックスプランニング、5 不動産、6 相続・事業承継
2017.5 419p A5 ¥1500 ⓘ978-4-426-60966-5

◆FPの学校3級これだけ！問題集　'17〜'18年版　ユーキャンFP技能士試験研究会編　ユーキャン学び出版, 自由国民社 発売（付属資料：別冊1; 赤シート1）
【目次】論点別問題学科試験（ライフプランニング、リスク管理、金融資産運用、タックスプランニング、不動産、相続・事業承継）、論点別問題実技試験、予想問題（学科試験、実技試験、予想問題解答用紙）
2017.5 223p A5 ¥1500 ⓘ978-4-426-60967-2

◆FP1級学科試験対策問題集　2017〜18　プロFP Japan編　ビジネス教育出版社
【要旨】テーマを絞った効率的な学習をサポート。過去の頻出項目を系統立てて整理し徹底分析。高品質の応用問題や事例問題が合格へと導く。
2017.5 525p A5 ¥2800 ⓘ978-4-8283-0654-4

◆JAコンプライアンス3級問題解説集　2018年3月受験用　日本コンプライアンス・オフィサー協会編　経済法令研究会
【要旨】2014年（第31回）〜2017年（第40回）の問題を収録。
2017.11 274p A5 ¥2600 ⓘ978-4-7668-5941-6

◆SCO認定試験模擬問題集　17年度試験版　金融検定協会編　銀行研修社
【目次】第1章 部店管理とコンプライアンス総則、第2章 預金・為替・交換・付随業務とコンプライアンス、第3章 金融商品・保険取引とコンプライアンス、第4章 融資取引とコンプライアンス、第5章 管理・回収とコンプライアンス、第6章 経営支援とコンプライアンス
2017.2 317p A5 ¥2685 ⓘ978-4-7657-4542-0

◆TAC直前予想 FP技能士1級―2018年1月試験をあてる　TAC FP講座編　TAC出版（付属資料：別冊1）
【要旨】「苦手論点チェックシート」付き。予想模試3回分収録。
2017.10 165p B5 ¥3000 ⓘ978-4-8132-7369-1

◆U‐CANの証券外務員一種速習レッスン　'17〜'18年版　ユーキャン証券外務員試験研究会編　ユーキャン学び出版, 自由国民社 発売　第10版
【要旨】フルカラーでしっかり理解！豊富な図表と丁寧な解説で独学でもよくわかる。レッスン末の確認テストで理解度チェック。
2017.11 525p A5 ¥2400 ⓘ978-4-426-60994-8

◆U‐CANの証券外務員一種予想問題集　'17〜'18年版　ユーキャン証券外務員試験研究会編　ユーキャン学び出版, 自由国民社 発売（付属資料：別冊1）　第10版

【要旨】厳選のテーマ別問題で実力養成にぴったり。オリジナルの予想模試2回分で学習の総仕上げ。 2017.11 308p A5 ¥2000 [I]978-4-426-60995-5

中小企業診断士

◆**最速合格！ 中小企業診断士最強入門テキスト '18年版** 指尾成俊編著 成美堂出版 (付属資料：別冊1; 赤シート1)
【要旨】中小企業診断士1冊目にはコレ！ 勉強法から合格のコツまで、実力派講師がビジュアル解説！
2018.1 254p A5 ¥1500 [I]978-4-415-22633-0

◆**速修テキスト 1 経済学・経済政策** 山口正浩監修, 筑間彰, 齊藤響, 鎌田慎也, 岩田岳編著 早稲田出版 (2018年版TBC中小企業診断士試験シリーズ) (付属資料：別冊1)
【要旨】TBC受験研究会とは…中小企業診断士の受験指導歴38年の専門校。グループ会社には、中小企業診断士の理論政策更新研修機関の経営教育総合研究所がある。中小企業診断士の受験指導歴38年のノウハウに加え、最新の出題傾向を踏まえたオリジナルテキスト。テキスト本冊の各章末に章末問題88問収録。
2017.9 353p A5 ¥2500 [I]978-4-89827-489-7

◆**速修テキスト 2 財務・会計 2018年版** 山口正浩監修 早稲田出版 (TBC中小企業診断士試験シリーズ) (付属資料：別冊1)
【目次】第1部 速修テキスト(財務・会計の基本、財務諸表の知識、会計帳簿の知識、その他財務諸表に関する知識、原価計算の知識、経営分析の知識 ほか)、第2部 総まとめ問題集、第3部 択一式答案練習、第4部 テーマ別1次過去問題集
2017.10 295p B6 ¥2500 [I]978-4-89827-490-3

◆**速修テキスト 6 経営情報システム 2017** 山口正浩監修, 鳥島朗広, 渡邉義一, 小山逸朗, 吉田昭編著 早稲田出版 (TBC中小企業診断士試験シリーズ) (付属資料：別冊1)
【要旨】中小企業診断士の受験指導歴37年のノウハウに加え、最新の出題傾向を踏まえたオリジナルテキスト。テキスト本冊の各章末に章末問題98問収録。
2017.1 312p A5 ¥2500 [I]978-4-89827-484-2

◆**速修テキスト 3 企業経営理論** 山口正浩監修, 岩瀬敦智, 渡邉義一, 筑間彰, 林義久, 真山良編著 早稲田出版 (2018年版TBC中小企業診断士試験シリーズ) (付属資料：別冊1)
【要旨】TBC受験研究会とは…中小企業診断士の受験指導歴38年の専門校。グループ会社には、中小企業診断士の理論政策更新研修機関の経営教育総合研究所がある。中小企業診断士の受験指導歴38年のノウハウに加え、最新の出題傾向を踏まえたオリジナルテキスト。テキスト本冊の各章末に章末問題89問収録。
2017.9 359p A5 ¥2500 [I]978-4-89827-491-0

◆**速修テキスト 4 運営管理 2018年版** 山口正浩監修 早稲田出版 (TBC中小企業診断士試験シリーズ) (付属資料：別冊1)
【要旨】中小企業診断士の受験指導歴38年のノウハウに加え、最新の出題傾向を踏まえたオリジナルテキスト。テキスト本冊の各章末に章末問題69問収録。受験対策に必要十分な量の問題を1冊に収録。
2017.9 281p A5 ¥2500 [I]978-4-89827-492-7

◆**速修テキスト 5 経営法務 2018年版** 山口正浩監修 早稲田出版 (TBC中小企業診断士試験シリーズ) (付属資料：別冊1)
【目次】第1部 速修テキスト(経営法務の概要と民法、知的財産法、会社法、倒産法、その他の法務知識)、第2部 総まとめ問題集、第3部 択一式答案練習、第4部 テーマ別1次過去問題集
2017.10 313p B6 ¥2500 [I]978-4-89827-493-4

◆**速修2次試験対策事例1・2・3・4 2次テキスト 2018** 山口正浩監修, TBC受験研究会主任講師陣編著 早稲田出版 (TBC中小企業診断士試験シリーズ)
【要旨】元試験委員のアドバイスからヒントを得た、TBCメソッドで難解事例を攻略。受験指導歴38年超！ TBC受験研究会の分析力で、事例問題の特徴を把握。必ず覚えておきたい過去13年間の必須知識を凝縮した、抽象化ブロックシート。 2018.1 306p B5 ¥3800 [I]978-4-89827-497-2

◆**中小企業診断士1次試験突破のための完全正解2200問必達ドリル—財務・会計 経営法務 経営情報 中企経営・政策編** 日本マンパワー中小企業診断士受験研究会著 日本マンパワー
【目次】財務・会計(アカウンティング—概念説明図・概説、ファイナンス—概念説明図・概説 ほか)、経営法務(概念説明図・概説、法律と企業 ほか)、経営情報システム(概念説明図・概説、情報技術の基礎知識 ほか)、中小企業経営・中小企業政策(中小企業経営—概念説明図・概説、中小企業政策—概念説明図・概説 ほか)
2017.11 445p A5 ¥2800 [I]978-4-8220-0258-9

◆**中小企業診断士1次試験突破のための完全正解2200問必達ドリル—企業経営理論 経済学・経済政策 運営管理編** 日本マンパワー中小企業診断士受験研究会著 日本マンパワー
【目次】企業経営理論(概念説明図・概説、経営戦略論、競争戦略 ほか)、経済学・経済政策(概念説明図・概説、消費者行動・生産者行動、市場均衡 ほか)、運営管理(生産管理—概念説明図・概説、店舗・販売管理—概念説明図・概説、生産管理・生産計画 ほか)
2017.11 441p A5 ¥2800 [I]978-4-8220-0257-2

◆**中小企業診断士科目別1次試験過去問題集 1 経済学・経済政策 2018年対策** 資格の大原中小企業診断士講座編著 大原出版 第13版
【要旨】選択肢ごとに詳しく解説。資格の大原のデータリサーチに基づいた正答率と配点を掲載。学習ポイントと設問ごとの論点を掲載。過去5年分を科目別に完全収録！
2017.10 264p A5 ¥1200 [I]978-4-86486-508-1

◆**中小企業診断士科目別1次試験過去問題集 2 財務・会計 2018年対策** 資格の大原中小企業診断士講座編著 大原出版 第13版
【要旨】選択肢ごとに詳しく解説。資格の大原のデータリサーチに基づいた正答率と配点を掲載。学習ポイントと設問ごとの論点を掲載。過去5年分を科目別に完全収録！
2017.10 236p A5 ¥1200 [I]978-4-86486-509-8

◆**中小企業診断士科目別1次試験過去問題集 3 企業経営理論 2018年対策** 資格の大原中小企業診断士講座編著 大原出版 第13版
【要旨】過去5年分を科目別に完全収録！ 選択肢ごとに詳しく解説。資格の大原のデータリサーチに基づいた正答率と配点を掲載。学習ポイントと設問ごとの論点を掲載。
2017.10 398p A5 ¥1200 [I]978-4-86486-510-4

◆**中小企業診断士科目別1次試験過去問題集 4 運営管理 2018年対策** 資格の大原中小企業診断士講座編著 大原出版 第13版
【要旨】選択肢ごとに詳しく解説。資格の大原のデータリサーチに基づいた正答率と配点を掲載。学習ポイントと設問ごとの論点を掲載。過去5年分を科目別に完全収録！
2017.10 374p A5 ¥1200 [I]978-4-86486-511-1

◆**中小企業診断士科目別1次試験過去問題集 5 経営法務 2018年対策** 資格の大原中小企業診断士講座編著 大原出版 第13版
【要旨】選択肢ごとに詳しく解説。資格の大原のデータリサーチに基づいた正答率と配点を掲載。学習ポイントと設問ごとの論点を掲載。過去5年分を科目別に完全収録！
2017.10 228p A5 ¥1200 [I]978-4-86486-512-8

◆**中小企業診断士科目別1次試験過去問題集 6 経営情報システム 2018年対策** 資格の大原中小企業診断士講座編著 大原出版 第13版
【要旨】選択肢ごとに詳しく解説。資格の大原のデータリサーチに基づいた正答率と配点を掲載。学習ポイントと設問ごとの論点を掲載。過去5年分を科目別に完全収録！
2017.10 250p A5 ¥1200 [I]978-4-86486-513-5

◆**中小企業診断士科目別1次試験過去問題集 7 中小企業経営・中小企業政策 2018年対策** 資格の大原中小企業診断士講座編著 大原出版 第13版
【要旨】選択肢ごとに詳しく解説。資格の大原のデータリサーチに基づいた正答率と配点を掲載。学習ポイントと設問ごとの論点を掲載。過去5年分を科目別に完全収録！
2017.10 408p A5 ¥1200 [I]978-4-86486-514-2

◆**中小企業診断士最速合格のためのスピードテキスト 1 企業経営理論 2018年度版** TAC中小企業診断士講座編著 TAC出版
【要旨】合格に必要な論点をコンパクトに網羅。体系図で学習の全体像を把握できる。図表が豊富で初学者にも安心。「設例」で本試験の出題パターンを把握。過去5年分の出題実績の表示入り。 2017.9 354p A5 ¥2500 [I]978-4-8132-7259-5

◆**中小企業診断士最速合格のためのスピードテキスト 2 財務・会計 2018年度版** TAC中小企業診断士講座編著 TAC出版
【要旨】合格に必要な論点をコンパクトに網羅。体系図で学習の全体像を把握できる。図表が豊富で初学者にも安心。「設例」で本試験の出題パターンを把握。過去5年分の出題実績の表示入り。 2017.9 388p A5 ¥2500 [I]978-4-8132-7260-1

◆**中小企業診断士最速合格のためのスピードテキスト 3 運営管理 2018年度版** TAC中小企業診断士講座編著 TAC出版
【要旨】合格に必要な論点をコンパクトに網羅。体系図で学習の全体像を把握できる。図表が豊富で初学者にも安心。「設例」で本試験の出題パターンを把握。過去5年分の出題実績の表示入り。 2017.12 330p A5 ¥2500 [I]978-4-8132-7261-8

◆**中小企業診断士最速合格のためのスピードテキスト 4 経済学・経済政策 2018年度版** TAC中小企業診断士講座編著 TAC出版
【要旨】合格に必要な論点をコンパクトに網羅。体系図で学習の全体像を把握できる。図表が豊富で初学者にも安心。「設例」で本試験の出題パターンを把握。過去5年分の出題実績の表示入り。 2017.12 349p A5 ¥2500 [I]978-4-8132-7262-5

◆**中小企業診断士最速合格のためのスピードテキスト 5 経営情報システム 2018年度版** TAC中小企業診断士講座編著 TAC出版
【要旨】合格に必要な論点をコンパクトに網羅。体系図で学習の全体像を把握できる。図表が豊富で初学者にも安心。「設例」で本試験の出題パターンを把握。過去5年分の出題実績の表示入り。 2017.12 388p A5 ¥2500 [I]978-4-8132-7263-2

◆**中小企業診断士最速合格のためのスピードテキスト 6 経営法務 2018年度版** TAC中小企業診断士講座編著 TAC出版
【要旨】合格に必要な論点をコンパクトに網羅。体系図で学習の全体像を把握できる。図表が豊富で初学者にも安心。「設例」で本試験の出題パターンを把握。過去5年分の出題実績の表示入り。だから、スピード合格できる！
2017.12 297p A5 ¥2500 [I]978-4-8132-7264-9

◆**中小企業診断士最速合格のためのスピードテキスト 7 中小企業経営・中小企業政策 2018年度版** TAC中小企業診断士講座編著 TAC出版
【要旨】合格に必要な論点をコンパクトに網羅。体系図で学習の全体像を把握できる。図表が豊富で初学者にも安心。「設例」で本試験の出題パターンを把握。過去5年分の出題実績の表示入り。だから、スピード合格できる！
2017.12 230p A5 ¥2500 [I]978-4-8132-7265-6

◆**中小企業診断士最速合格のためのスピード問題集 1 企業経営理論 2018年度版** TAC中小企業診断士講座編著 TAC出版
【要旨】「スピードテキスト」の章立てに準拠。→学習進度に沿った問題演習ができる！「スピードテキスト」の該当箇所のリンク表示入り！ →反復学習で知識を定着！
2017.9 280p A5 ¥1600 [I]978-4-8132-7266-3

◆**中小企業診断士最速合格のためのスピード問題集 2 財務・会計 2018年度版** TAC中小企業診断士講座編著 TAC出版
【要旨】「スピードテキスト」の章立てに準拠。→学習進度に沿った問題演習ができる！「スピードテキスト」の該当箇所のリンク表示入り！ →反復学習で知識を定着！
2017.9 194p A5 ¥1600 [I]978-4-8132-7267-0

◆**中小企業診断士最速合格のためのスピード問題集 3 運営管理 2018年度版** TAC中小企業診断士講座編著 TAC出版
【要旨】「スピードテキスト」の章立てに準拠。「スピードテキスト」の該当箇所のリンク表示入り！
2017.12 350p A5 ¥1600 [I]978-4-8132-7268-7

◆中小企業診断士最速合格のためのスピード問題集 4 経済学・経済政策 2018年度版　TAC中小企業診断士講座編著　TAC出版
【要旨】「スピードテキスト」の章立てに準拠。「スピードテキスト」の該当箇所のリンク表示入り！
2017.12 325p A5 ¥1600 ⓘ978-4-8132-7269-4

◆中小企業診断士最速合格のためのスピード問題集 5 経営情報システム 2018年度版　TAC中小企業診断士講座編著　TAC出版
【要旨】「スピードテキスト」の章立てに準拠→学習進度に沿った問題演習ができる！「スピードテキスト」の該当箇所のリンク表示入り！→反復学習で知識を定着！
2017.12 306p A5 ¥1600 ⓘ978-4-8132-7270-0

◆中小企業診断士最速合格のためのスピード問題集 6 経営法務 2018年度版　TAC中小企業診断士講座編著　TAC出版
【要旨】「スピードテキスト」の章立てに準拠⇒学習進度に沿った問題演習ができる！「スピードテキスト」の該当箇所のリンク表示入り！→反復学習で知識を定着！ だから、スピード合格できる！
2017.12 269p A5 ¥1600 ⓘ978-4-8132-7271-7

◆中小企業診断士最速合格のためのスピード問題集 7 中小企業経営・中小企業政策 2018年度版　TAC中小企業診断士講座編著　TAC出版
【要旨】「スピードテキスト」の章立てに準拠→学習進度に沿った問題演習ができる！「スピードテキスト」の該当箇所のリンク表示入り！→反復学習で知識を定着！ だから、スピード合格できる！
2017.12 303p A5 ¥1600 ⓘ978-4-8132-7272-4

◆中小企業診断士最速合格のための第1次試験過去問題集 1 企業経営理論 2018年度版　TAC中小企業診断士講座編著　TAC出版
【要旨】過去5年分の本試験問題に丁寧な解説を付してまるごと収載！ 過去問攻略でスピード合格を実現！
2017.11 343p A5 ¥1500 ⓘ978-4-8132-7273-1

◆中小企業診断士最速合格のための第1次試験過去問題集 2 財務・会計 2018年度版　TAC中小企業診断士講座編著　TAC出版
【要旨】過去5年分の本試験問題に丁寧な解説を付してまるごと収載！ 過去問攻略でスピード合格を実現！
2017.11 199p A5 ¥1500 ⓘ978-4-8132-7274-8

◆中小企業診断士最速合格のための第1次試験過去問題集 3 運営管理 2018年度版　TAC中小企業診断士講座編著　TAC出版
【要旨】過去5年分の本試験問題に丁寧な解説を付してまるごと収載！ 過去問攻略でスピード合格を実現！
2017.11 327p A5 ¥1500 ⓘ978-4-8132-7275-5

◆中小企業診断士最速合格のための第1次試験過去問題集 4 経済学・経済政策 2018年度版　TAC中小企業診断士講座編著　TAC出版
【要旨】過去5年分の本試験問題に丁寧な解説を付してまるごと収載！ 重要度の高い問題には「重要」マーク！5年分の「出題傾向分析表」つき！
2017.11 259p A5 ¥1500 ⓘ978-4-8132-7276-2

◆中小企業診断士最速合格のための第1次試験過去問題集 5 経営情報システム 2018年度版　TAC中小企業診断士講座編著　TAC出版
【要旨】過去5年分の本試験問題に丁寧な解説を付してまるごと収載！ 重要度の高い問題には「重要」マーク！5年分の「出題傾向分析表」つき！
2017.11 267p A5 ¥1500 ⓘ978-4-8132-7277-9

◆中小企業診断士最速合格のための第1次試験過去問題集 6 経営法務 2018年度版　TAC中小企業診断士講座編著　TAC出版
【要旨】過去5年分の本試験問題に丁寧な解説を付してまるごと収載！ 重要度の高い問題には「重要」マーク！5年分の「出題傾向分析表」つき！
2017.11 211p A5 ¥1500 ⓘ978-4-8132-7278-6

◆中小企業診断士最速合格のための第1次試験過去問題集 7 中小企業経営・中小企業政策 2018年度版　TAC中小企業診断士講座編著　TAC出版

◆中小企業診断士最速合格のための第2次試験過去問題集 2017年度版　TAC中小企業診断士講座編著　TAC出版　（付属資料：別冊1）
【要旨】過去5年分の本試験問題に丁寧な解説を付してまるごと収載！ 過去問攻略でスピード合格を実現！
2017.2 533p B5 ¥3000 ⓘ978-4-8132-6772-0

◆中小企業診断士最速合格のための要点整理ポケットブック 第1次試験1日目 2018年度版　TAC中小企業診断士講座編著　TAC出版　（付属資料：赤シート1）
【要旨】試験直前までの復習に最適！ 1次試験1日目の経済学・経済政策、財務・会計、企業経営理論、運営管理を収載。
2018.1 286p 18cm ¥1500 ⓘ978-4-8132-7281-6

◆中小企業診断士最速合格のための要点整理ポケットブック 第1次試験2日目 2018年度版　TAC中小企業診断士講座編著　TAC出版　（付属資料：赤シート1）
【要旨】試験直前までの復習に最適！ 1次試験2日目の経営法務、経営情報システム、中小企業経営・中小企業政策を収載。
2018.1 173p 18cm ¥1300 ⓘ978-4-8132-7282-3

◆中小企業診断士試験1次試験過去問題集 2017年版　同友館編集部編　同友館
【要旨】平成27年度、28年度の中小企業診断士1次試験問題を完全収録！ 試験7科目についてそれぞれ「解答と解説」「出題の傾向と学習のポイント」を詳しく掲載！ 同友館オンラインより、平成13～26年度分過去問題集が無料でダウンロードできる！
2017.1 1Vol. A5 ¥3300 ⓘ978-4-496-05255-2

◆中小企業診断士試験1次試験過去問題集 2018年版　同友館編集部編　同友館
【要旨】平成28年度、29年度の中小企業診断士1次試験問題を完全収録！ 全問題の解答・解説を掲載し、来年度試験に向けた学習法を指南！
2017.12 1Vol. A5 ¥3300 ⓘ978-4-496-05316-0

◆中小企業診断士試験2次試験過去問題集 2017年版　同友館編集部編　同友館
【要旨】平成24～28年度の過去5年分の中小企業診断士2次試験問題、および「問題の読み方・解答の着眼点（解答例と解説）」を収録。執筆は2次試験の受験指導に精通した中小企業診断士が担当！ 2次試験受験生には欠かせない1冊！
2017.2 1Vol. A5 ¥3300 ⓘ978-4-496-05259-0

◆中小企業診断士試験ニュー・クイックマスター 1 経済学・経済政策 2018年版　中小企業診断士試験クイック合格研究チーム著　同友館
【要旨】わかりやすい解説と図表で頻度の高い重要論点を効率よく学習！ 直近平成29年度試験の解説も掲載！
2018.1 182p A5 ¥1800 ⓘ978-4-496-05309-2

◆中小企業診断士試験ニュー・クイックマスター 3 企業経営理論 2018年版　中小企業診断士試験クイック合格研究チーム, 佐藤慶介著　同友館
【要旨】わかりやすい解説と図表で頻度の高い重要論点を効率よく学習！ 直近平成29年度試験の解説も掲載！
2018.1 291p A5 ¥1900 ⓘ978-4-496-05311-5

◆中小企業診断士試験ニュー・クイックマスター 4 運営管理 2018年版　中小企業診断士試験クイック合格研究チーム編　同友館
【要旨】わかりやすい解説と図表で頻度の高い重要論点を効率よく学習！ 直近平成29年度試験の解説も掲載！
2018.1 237p A5 ¥1900 ⓘ978-4-496-05312-2

◆中小企業診断士試験ニュー・クイックマスター 6 経営情報システム 2018年版　中小企業診断士試験クイック合格研究チーム編　同友館
【要旨】わかりやすい解説と図表で頻度の高い重要論点を効率よく学習！ 直近平成29年度試験の解説も掲載！
2018.1 194p A5 ¥1800 ⓘ978-4-496-05314-6

◆中小企業診断士試験ニュー・クイックマスター 7 中小企業経営・政策 2017年版　中小企業診断士試験クイック合格研究チーム編　同友館
【要旨】わかりやすい解説と図表で頻度の高い重要論点を効率よく学習！ 直近平成28年度試験の解説も掲載！
2017.1 236p A5 ¥1900 ⓘ978-4-496-05239-2

◆中小企業診断士試験 論点別・重要度順過去問完全マスター 1 経済学・経済政策 2017年版　中小企業診断士試験研究会編　同友館
【要旨】診断士1次試験10年分の過去問題（平成19～28年度）を論点別・重要度順に編集！
2017.1 552p A5 ¥2800 ⓘ978-4-496-05247-7

◆中小企業診断士試験論点別・重要度順過去問完全マスター 2 財務・会計 2017年版　中小企業診断士試験研究会編著　同友館
【要旨】診断士1次試験10年分の過去問題（平成19～28年度）を論点別・重要度順に編集！ 詳しい解説付き。
2017.3 460p A5 ¥2800 ⓘ978-4-496-05248-4

◆中小企業診断士試験 論点別・重要度順過去問完全マスター 3 企業経営理論 2017年版　中小企業診断士試験研究会編　同友館
【要旨】診断士1次試験10年分の過去問題（平成19～28年度）を論点別・重要度順に編集！
2017.3 802p A5 ¥3300 ⓘ978-4-496-05249-1

◆中小企業診断士試験 論点別・重要度順過去問完全マスター 4 運営管理 2017年版　中小企業診断士試験研究会編　同友館
【要旨】診断士1次試験10年分の過去問題（平成19～28年度）を論点別・重要度順に編集！
2017.2 667p A5 ¥3300 ⓘ978-4-496-05250-7

◆中小企業診断士試験 論点別・重要度順過去問完全マスター 5 経営法務 2017年版　中小企業診断士試験研究会編　同友館
【要旨】診断士1次試験10年分の過去問題（平成19～28年度）を論点別・重要度順に編集！
2017.1 467p A5 ¥2800 ⓘ978-4-496-05251-4

◆中小企業診断士試験 論点別・重要度順 過去問完全マスター 6 経営情報システム 2017年版　中小企業診断士試験研究会編　同友館
【要旨】診断士1次試験10年分の過去問題（平成19～28年度）を論点別・重要度順に編集！
2017.2 445p B5 ¥2800 ⓘ978-4-496-05252-1

◆中小企業診断士試験論点別・重要度順過去問完全マスター 7 中小企業経営・政策 2017年版　中小企業診断士試験研究会編　同友館
【要旨】過去問題を出題項目別に並べ替えてあるので効率的に弱点を克服できる。高頻出な論点が一目瞭然で、優先順位をつけて学習できる。各出題項目単位で頻出論点のまとめや学習の方向性を掲載。過去10年分が収録されているので、同一論点の多様な問われ方に対応できる。本に掲載できなかった頻出度Cの問題・解説はHPで公開。
2017.3 491p A5 ¥2800 ⓘ978-4-496-05253-8

◆中小企業診断士第1次試験模範解答解説集 2017年度　日本マンパワー中小企業診断士受験研究会著　日本マンパワー
【目次】A 経済学・経済政策、B 財務・会計、C 企業経営理論、D 運営管理（オペレーション・マネジメント）、E 経営法務、F 経営情報システム、G 中小企業経営・中小企業政策
2017.11 253p B5 ¥1900 ⓘ978-4-8220-0259-6

◆中小企業診断士第2次試験 模範解答解説集 2016年度　日本マンパワー中小企業診断士受験研究会著　日本マンパワー
【目次】答案作成上の留意点、事例問題（組織・人事戦略事例、マーケティング・流通戦略事例、生産・技術戦略事例、財務・会計戦略事例）、解答用紙 2017.2 76p B5 ¥1200 ⓘ978-4-8220-0255-8

◆中小企業診断士2次試験合格者の頭の中にあった全知識 2017年版　関山春紀, 川口紀裕編著　同友館
【要旨】2次試験に対応するための基礎知識（1次試験知識）を1冊にまとめました。「このくらいの知識が頭に入っていれば十分」という絞り込

みが本書の特長です！
2017.7 307p B5 ¥2800 ①978-4-496-05278-1

◆**中小企業診断士2次試験合格者の頭の中にあった全ノウハウ　2017年版**　関山春紀, 川口紀裕編著　同友館
【要旨】平成28年度および平成27年度合格者の生々しい解答構築プロセスから、ノウハウ、テクニック、センスを学んでください！ 新企画も加えて、さらに内容充実！
2017.7 365p B5 ¥3000 ①978-4-496-05279-8

◆**中小企業診断士2次試験 財務会計・事例4　一2カ月で合格レベルになる本**　小松崎哲史著　同友館
【目次】第1部 事例4攻略のメソッド（なぜ事例4を真っ先に合格レベルにすべきなのか、2カ月で合格レベルにするためにやるべきこと、本試験までにやるべきこと、事例4の80分間の戦い方）、第2部 重要論点別・攻略法（損益分岐点分析（CVP分析）、キャッシュ・フロー計算書、経営分析、セグメント別損益計算、その他の論点 ほか）
2017.8 191p A5 ¥2000 ①978-4-496-05298-9

◆**中小企業診断士2次試験 30日完成！ 事例4合格点突破計算問題集　2017年版**　杉山淳, 宗像令夫, 石田美帆著　同友館
【要旨】頻出論点の計算問題を中心に問題を厳選しているので、短期間で合格点を突破する計算力が身につきます！ 事例4がニガテな受験生のための親切な問題集です！
2017.8 213p B5 ¥2000 ①978-4-496-05295-8

◆**中小企業診断士2次試験事例問題攻略マスター—与件文読み解き&手の届く答案作成のメソッド**　経士会監修, handys97著　同友館
【要旨】与件文と設問文を正しく読めれば「手の届く答案」が書ける！ 5ヵ年の過去問を徹底分析！ 出題の意図を読み解き、合格点を確実に取るための「問題の読み方」&「答案の書き方」を丁寧に解説。
2017.4 340p A5 ¥2800 ①978-4-496-05287-3

◆**中小企業診断士2次試験 事例4の全知識&全ノウハウ　2017年版**　関山春紀, 川口紀裕監修, 岩間隆寿, 霜田亮, 香川大輔, 音喜多健編著　同友館
【要旨】過去10年分（2007年〜2016年版）の『2次試験合格者の頭の中にあった全ノウハウ』および『2次試験合格者の頭の中にあった全知識』から事例4部分を抜粋して1冊に再編集！『全ノウハウ』で扱った過去問題をテーマ別に整理してあるので、出題頻度の高い重要テーマから、優先順位をつけて効率的に学習することができます！ 事例4を苦手としてる受験生のために作られた、本当に役に立つ2次試験の参考書！
2017.8 334p B5 ¥3000 ①978-4-496-05286-6

◆**中小企業診断士2次試験 ふぞろいな合格答案 エピソード10（2017年版）**　ふぞろいな合格答案プロジェクトチーム編　同友館
【要旨】合格答案・A〜D評価の再現答案230枚（！）を分析。そこから導きだされたふぞろい流ベスト答案を公開!!
2017.6 284p B5 ¥2800 ①978-4-496-05277-4

◆**通勤時間で攻める！ 中小企業診断士スタートアップ一問一答集**　綾部貴誠, 市岡久典, 渋屋隆一著　中央経済社, 中央経済グループパブリッシング
【要旨】一問一答だから効率よく基礎知識を確認&覚えられる。過去問前のウォーミングアップに最適なレベル感。7科目が1冊に。通勤時間にバランスよく学習可能。最短で受かる最強ツール！ 2017.3 259p A5 ¥2200 ①978-4-502-21741-8

◆**出る順中小企業診断士FOCUSテキスト 財務・会計**　LEC東京リーガルマインド編著　東京リーガルマインド　第4版
【目次】企業会計（企業会計の目的と財務諸表の種類、経営分析、意思決定会計、簿記の基礎論点、簿記の応用論点、キャッシュ・フロー計算書、原価計算、ファイナンス）
2017.8 326p A5 ¥2000 ①978-4-8449-7726-1

◆**出る順中小企業診断士FOCUSテキスト 運営管理**　LEC東京リーガルマインド編著　東京リーガルマインド　第4版
【目次】生産管理（生産管理概論、生産の設計・計画、生産のオペレーション、生産情報システム）、店舗販売管理（店舗販売管理と法律知識、店舗施設とレイアウト、仕入管理と販売、物流とサプライチェーン、販売情報流通

システム）
2017.8 357p A5 ¥2000 ①978-4-8449-7728-5

◆**出る順中小企業診断士FOCUSテキスト 企業経営理論**　LEC東京リーガルマインド編著　東京リーガルマインド　第4版
【目次】経営戦略論（経営と企業活動、全社戦略、事業戦略）、経営組織論（経営組織1、2、人的資源管理）、マーケティング論（マーケティング概論、消費者購買行動、マーケティングミックス、製品戦略、価格戦略、プロモーション戦略、チャネル戦略、その他のマーケティング）
2017.8 338p A5 ¥2000 ①978-4-8449-7727-8

◆**出る順中小企業診断士FOCUSテキスト 経営情報システム**　LEC東京リーガルマインド編著　東京リーガルマインド　第4版
【目次】情報通信技術に関する基礎知識（ハード・ソフトウェアの基礎知識、システム構築と信頼性確保）、経営情報管理（情報システム、運用管理とセキュリティ）
2017.8 221p A5 ¥2000 ①978-4-8449-7730-8

◆**出る順中小企業診断士FOCUSテキスト 経営法務**　LEC東京リーガルマインド編著　東京リーガルマインド　第4版
【目次】会社法（会社の種類、会社の設立、定款記載事項 ほか）、知的財産権（知的財産権の保護、特許権1 要件・効力、特許権2 職務発明 ほか）、その他企業活動に関する法律（国際取引・貿易取引、フランチャイズ委託販売ファイナンシャルリース、独占禁止法 ほか）
2017.8 249p A5 ¥2000 ①978-4-8449-7729-2

◆**出る順中小企業診断士FOCUSテキスト 経済学・経済政策**　LEC東京リーガルマインド編著　東京リーガルマインド　第4版
【目次】ミクロ経済学（消費者行動理論、生産者行動理論、市場均衡理論、不完全競争市場、市場の失敗）、マクロ経済学（財市場の均衡、貨幣市場の均衡、IS・LM分析）
2017.8 295p A5 ¥2000 ①978-4-8449-7725-4

◆**特訓問題集　2 中小企業経営・政策 中小企業施策　平成28年度版**　山口正浩監修, 加藤匠, 矢田木綿子編著　早稲田出版（TBC中小企業診断士試験シリーズ）
【目次】1 重要法令編（中小企業基本法、中小企業支援法 ほか）、2 頻出基本編（中小企業者・小規模企業者の範囲、新連携（異分野連携新事業分野開拓）、3 重要関連編（中小企業基本法の体系、中小企業指導法から中小企業支援法へほか）、4 応用編（中小企業者・小規模企業者の定義、ものづくり中小企業支援 ほか）
2017.3 147p B5 ¥2500 ①978-4-89827-486-6

◆**特訓問題集　1 中小企業経営・政策 中小企業白書 2017年版**　山口正浩監修, 加藤匠編著　早稲田出版（2018年版TBC中小企業診断士試験シリーズ）
【目次】1 全体構造攻略編（1次・2次試験対策）（中小企業白書（平成28年度（2016年度）の中小企業の動向、中小企業のライフサイクル）、小規模企業白書（平成28年度（2016年度）の小規模企業の動向、小規模事業者のライフサイクル））、2 重要ポイント攻略編（1次・2次試験対策）（中小企業白書（我が国経済の現状、中小企業の現状 ほか）、小規模企業白書（小規模企業の現状、我が国の雇用環境 ほか））、3 択一・短答問題演習編（1次試験対策）（中小企業白書（企業規模別業況判断DIの推移、中小企業規模別倒産件数の推移 ほか）、小規模企業白書（中小企業・小規模企業の経営利益の推移、1者あたり営業利益の推移（個人事業者）ほか）
2017.12 167p B5 ¥2500 ①978-4-89827-495-8

◆**特訓問題集　2 中小企業経営・政策 中小企業施策 2018年版**　山口正浩監修, 加藤匠, 筑間彰朗編著　早稲田出版（TBC中小企業診断士試験シリーズ）
【目次】1 重要法令編（中小企業基本法、中小企業支援法 ほか）、2 頻出基本編（中小企業者・小規模企業者の範囲、新連携（異分野連携新事業分野開拓）ほか）、3 重要関連編（中小企業基本法の体系、中小企業指導法から中小企業支援法への定義 ほか）、4 応用編（中小企業者・小規模企業者の定義、ものづくり中小企業支援 ほか）
2017.11 149p B5 ¥2500 ①978-4-89827-496-5

◆**フレッシュ中小企業診断士の合格・資格活用体験記　5**　小林勇治, 波形克彦編著　同友館
【要旨】資格取得とその活用はこう進める。
2017.4 227p A5 ¥2000 ①978-4-496-05270-5

◆**みんなが欲しかった！ 中小企業診断士はじめの一歩　2018年度版**　TAC中小企業診断士講座編著, 滝澤ななみ編集協力　TAC出版
【目次】オリエンテーション編、入門講義編（経済学・経済政策、財務・会計、企業経営理論、運営管理、経営法務、経営情報システム、中小企業経営・中小企業政策）
2017.9 310p A5 ¥1500 ①978-4-8132-7258-8

税理士・公認会計士

◆**アドバンスト問題集 財務会計論 理論問題編**　TAC公認会計士講座編著　TAC出版（公認会計士短答式試験対策シリーズ）　第7版
【要旨】本試験レベルの問題で実戦知識を高めたい方、財務会計論（理論）の総仕上げをしたい方、広範な出題範囲をまんべんなく攻略したい方。こんな方に最適の問題集です！
2017.10 123p A5 ¥1600 ①978-4-8132-7380-6

◆**企業法 早まくり肢別問題集**　田崎晴久執筆　TAC出版（公認会計士試験短答式試験対策シリーズ）　第7版
【目次】会社法総論、設立、株式、機関、資金調達、計算、組織再編、その他、持分会社、商法総則・会社法総則、商行為、金融商品取引法
2017.12 481p 19×12cm ¥1600 ①978-4-8132-6749-2

◆**高卒元プロ野球選手が公認会計士になった！**　奥村武博著　洋泉社
【要旨】いかに得点を増やすかではなく、いかに失点を減らすか。試験は模試のように、模試は試験のように。プロ直伝！ 本試験で緊張しない秘策とは？ あらゆる超難関試験に有効な最強の勉強法を公開！
2017.8 115p B6 ¥1500 ①978-4-8003-1100-9

◆**公認会計士試験 短答式監査論理論科目集中トレーニング　平成30年版**　南成人著　中央経済社, 中央経済グループパブリッシング発売
【要旨】新出題傾向準拠！ 公認会計士短答式試験スタンダード問題集。短答式本試験完全対応！
2017.9 391p A5 ¥3400 ①978-4-502-24371-4

◆**公認会計士試験短答式 企業法 理論科目集中トレーニング　平成30年版**　松村利裕著　中央経済社, 中央経済グループパブリッシング発売
【要旨】最近実施された公認会計士試験（短答式）の企業法の問題を見る限り、試験対策として、企業法の体系的理解を深めながら、商法・会社法・金融商品取引法等の条文を読み込み、問題分析のための知識を増やしていくことが必須であることが分かります。そこで、本書は、まず、公認会計・監査審査会が公表している「出題範囲の要旨」の内容を踏まえ、企業法の体系を無理なく理解できるように構成してあります。その上で、本試験で問われた知識や今後出題が予想される基本的な知識を体系的に肢の形で整理し、さらに、個々の肢の形だけで知識を押さえるのでは不十分と思われる箇所については、表などを用いて知識を整理しています。本書を利用されることで、効果的かつ効率的に、企業法の短答式試験対策ができるはずです。
2017.10 388p A5 ¥2800 ①978-4-502-24861-0

◆**公認会計士試験 短答式 財務諸表論 理論科目集中トレーニング　平成30年版**　石井和人著　中央経済社, 中央経済グループパブリッシング 発売
【要旨】繰延税金資産回収可能性適用指針の特別解説を追加！ 短答式本試験完全対応！
2017.10 293p A5 ¥2800 ①978-4-502-24531-2

◆**公認会計士試験短答式試験過去問題集 2018年度版**　TAC公認会計士講座「短答プロジェクト」チーム編　TAC出版
【要旨】直近3回分の問題を収載。本試験の形式を再現。TAC精鋭講師陣による的確な解説。
2017.8 553p A5 ¥2800 ①978-4-8132-7366-0

◆**公認会計士試験 論文式 監査論 セレクト30題**　南成人監修, 中里拓哉, 大澤豊著　中央経済社, 中央経済グループパブリッシング 発売　第5版
【要旨】公認会計士「論文式」試験スタンダード問題集！ 論文式受験用。厳選された30題。重要

論点の総まとめ、Q&A、過去問研究。監査基準委員会報告書「完全対応」。
2017.7 247p A5 ¥3000 ①978-4-502-23721-8

◆**公認会計士試験 論文式試験 選択科目 過去問題集 2017年度版** TAC公認会計士講座「論文プロジェクト」チーム編著 TAC出版 （付属資料：別冊3）
【目次】平成28（2016）年論文式試験（選択科目）（問題編、解答・解説編）、平成27（2015）年論文式試験（選択科目）、平成26（2014）年論文式試験（選択科目）
2017.1 309p A5 ¥3800 ①978-4-8132-6941-0

◆**公認会計士試験 論文式試験 必修科目 過去問題集 2017年度版** TAC公認会計士講座「論文プロジェクト」チーム編著 TAC出版 （付属資料：別冊3）
【目次】平成28（2016）年論文式試験（必修科目）（問題編、解答・解説編）、平成27（2015）年論文式試験（必修科目）、平成26（2014）年論文式試験（必修科目）
2017.1 521p A5 ¥4300 ①978-4-8132-6940-7

◆**公認会計士短答式対策問題集 企業法肢別チェック 2017年版** 資格の大原公認会計士講座編著 大原出版 （大原の会計士受験シリーズ） 第3版
【目次】第1部 会社法（イントロダクション、設立、株式、機関、資金調達、社債、計算、定款変更、事業譲渡と組織再編、解散・清算、持分会社）、第2部 商法総則・商行為法（商法総則、商行為法）、第3部 金融商品取引法、付録 Cランク問題
2017.1 497p A5 ¥2500 ①978-4-86486-436-7

◆**国税徴収法 総合問題＋過去問題集 2017年度版** TAC税理士講座編著 TAC出版 （税理士受験シリーズ 32） （付属資料：別冊1）
【要旨】平成29年度試験対策、厳選問題と5年分の過去問題で本試験対策は万全！
2017.3 211p B5 ¥3000 ①978-4-8132-6832-1

◆**国税徴収法 総合問題＋過去問題集 2018年度版** TAC税理士講座編著 TAC出版 （税理士受験シリーズ 32） （付属資料：別冊1）
【要旨】平成30年度試験対策。厳選問題と5年分の過去問題で本試験対策は万全！
2017.12 223p B5 ¥3500 ①978-4-8132-7332-5

◆**国税徴収法理論サブノート 2018年** 資格の大原税理士講座編著 大原出版 （税理士試験受験対策シリーズ） 第17版
【要旨】法令等の改正に対応！
2017.8 182p B6 ¥1636 ①978-4-86486-494-7

◆**国税徴収法理論マスター 2018年度版** TAC税理士講座編著 TAC出版 （税理士受験シリーズ 46）
【要旨】平成30年度試験対策。法令等の改正・本試験の出題傾向に対応！
2017.8 213p A5 ¥2000 ①978-4-8132-7346-2

◆**固定資産税計算問題＋過去問題集 2018年度版** TAC税理士講座編著 TAC出版 （税理士受験シリーズ 29） （付属資料：別冊1）
【要旨】平成30年度試験対策。厳選問題と5年分の過去問題で計算問題対策は万全！
2017.12 313p B5 ¥3500 ①978-4-8132-7329-5

◆**固定資産税 総合計算問題集 2018年** 資格の大原税理士講座編著 大原出版 （税理士試験受験対策シリーズ） 第36版
【要旨】法令等の改正・本試験の出題傾向に対応！
2017.12 171p B5 ¥2455 ①978-4-86486-489-3

◆**固定資産税理論サブノート 2018年** 資格の大原税理士講座編著 大原出版 （税理士試験受験対策シリーズ） 第17版
【要旨】法令等の改正に対応！
2017.8 86p B6 ¥1273 ①978-4-86486-488-6

◆**固定資産税理論マスター 2018年度版** TAC税理士講座編著 TAC出版 （税理士受験シリーズ 43）
【要旨】平成30年度試験対策。法令等の改正・本試験の出題傾向に対応！
2017.8 109p A5 ¥2000 ①978-4-8132-7343-1

◆**財務会計論計算編 1 個別論点・入門編 1** TAC公認会計士講座編著 TAC出版 （公

認会計士 新トレーニングシリーズ） （付属資料：別冊1） 第6版
【要旨】基本的な出題パターンを網羅しています。効率的な解法による総合問題の解き方を身につけられます。
2017.9 88p B5 ¥1900 ①978-4-8132-7377-6

◆**財務会計論計算編 2 個別論点・入門編 2** TAC公認会計士講座編著 TAC出版 （公認会計士新トレーニングシリーズ） （付属資料：別冊1） 第6版
【要旨】基本的な出題パターンを網羅しています。効率的な解法による総合問題の解き方を身につけられます。
2017.9 90p B5 ¥1800 ①978-4-8132-7378-3

◆**財務諸表論過去問題集 2018年度版** TAC税理士講座編著 TAC出版 （税理士受験シリーズ 10） （付属資料：別冊1）
【要旨】平成30年度試験対策。傾向分析と詳細な解説で、本試験問題を完全攻略！
2017.11 200p B5 ¥3000 ①978-4-8132-7310-3

◆**財務諸表論完全無欠の総まとめ 2018年度版** TAC税理士講座編著 TAC出版 （税理士受験シリーズ）
【要旨】平成30年度試験対策。合格ノウハウが凝縮された、要点整理テキスト！
2017.11 351p 19×12cm ¥1600 ①978-4-8132-7355-4

◆**財務諸表論個別計算問題集 2018年** 資格の大原税理士講座編著 大原出版 （税理士試験受験対策シリーズ） （付属資料：別冊1） 第39版
【要旨】法令等の改正・本試験の出題傾向に対応！
2017.8 307p B5 ¥2455 ①978-4-86486-468-8

◆**財務諸表論個別計算問題集 2018年度版** TAC税理士講座編著 TAC出版 （税理士受験シリーズ 5） （付属資料：別冊1）
【要旨】平成30年度試験対策。重要論点をすべて押さえ、完璧にマスター！
2017.9 232p B5 ¥2400 ①978-4-8132-7305-9

◆**財務諸表論重要会計基準 2018年度版** TAC税理士講座編著 TAC出版 （税理士受験シリーズ 33）
【要旨】重要語句を穴埋め式で完全マスター！
2017.8 249p A5 ¥1600 ①978-4-8132-7333-2

◆**財務諸表論総合計算問題集 応用編 2018年** 資格の大原税理士講座編著 大原出版 （税理士試験受験対策シリーズ） （付属資料：別冊1） 第15版
【要旨】法令等の改正・本試験の出題傾向に対応！
2017.8 239p B5 ¥2455 ①978-4-86486-470-1

◆**財務諸表論総合計算問題集 応用編 2018年度版** TAC税理士講座編著 TAC出版 （税理士受験シリーズ 7） （付属資料：別冊1）
【要旨】平成30年度試験対策。応用的な知識の確認と答案作成能力を養成！
2017.12 253p B5 ¥2400 ①978-4-8132-7307-3

◆**財務諸表論総合計算問題集 基礎編 2018年** 資格の大原税理士講座編著 大原出版 （税理士試験受験対策シリーズ） （付属資料：別冊1） 第15版
【要旨】法令等の改正・本試験の出題傾向に対応！
2017.8 195p B5 ¥2455 ①978-4-86486-469-5

◆**財務諸表論総合計算問題集 基礎編 2018年度版** TAC税理士講座編著 TAC出版 （税理士受験シリーズ 6） （付属資料：別冊1）
【要旨】平成30年度試験対策。出題実績に基づいた良問で、基礎力を養成！
2017.9 205p B5 ¥2400 ①978-4-8132-7306-6

◆**財務諸表論本試験型計算模試 2018年度版** TAC税理士講座編著 TAC出版 （税理士受験シリーズ）
【要旨】平成30年度試験対策。本試験と同形式の計算問題で実戦力を養成！
2017.11 1Vol. B5 ¥3000 ①978-4-8132-7352-3

◆**財務諸表論理論問題集 2018年** 資格の大原税理士講座編著 大原出版 （税理士試験受験対策シリーズ） （付属資料：別冊1） 第15版
【要旨】法令等の改正・本試験の出題傾向に対応！
2017.8 282p B5 ¥2455 ①978-4-86486-471-8

◆**財務諸表論理論問題集 応用編 2018年度版** TAC税理士講座編著 TAC出版 （税理士受験シリーズ 9） （付属資料：別冊1）
【要旨】平成30年度試験対策。本試験と同形式の理論問題で応用力を養成！
2017.12 229p B5 ¥2400 ①978-4-8132-7309-7

◆**財務諸表論理論問題集 基礎編 2018年度版** TAC税理士講座編著 TAC出版 （税理士受験シリーズ 8） （付属資料：別冊1）
【要旨】平成30年度試験対策。理論問題に関する体系的理解と基礎力を養成！
2017.9 255p B5 ¥2400 ①978-4-8132-7308-0

◆**事業税計算問題＋過去問題集 2018年度版** TAC税理士講座編著 TAC出版 （税理士受験シリーズ 30） （付属資料：別冊1）
【要旨】平成30年度試験対策。厳選問題と5年分の過去問題で計算問題対策は万全！
2017.12 282p B5 ¥3500 ①978-4-8132-7330-1

◆**事業税 総合計算問題集 2018年** 資格の大原税理士講座編著 大原出版 （税理士試験受験対策シリーズ） 第37版
【要旨】法令等の改正・本試験の出題傾向に対応！
2017.12 165p B5 ¥2909 ①978-4-86486-491-6

◆**事業税理論サブノート 2018年** 資格の大原税理士講座編著 大原出版 （税理士試験受験対策シリーズ） 第17版
【要旨】法令等の改正に対応！
2017.8 135p B6 ¥1636 ①978-4-86486-490-9

◆**事業税理論マスター 2018年度版** TAC税理士講座編著 TAC出版 （税理士受験シリーズ 44）
【要旨】平成30年度試験対策。法令等の改正・本試験の出題傾向に対応！
2017.8 157p A5 ¥2000 ①978-4-8132-7344-8

◆**住民税計算問題＋過去問題集 2018年度版** TAC税理士講座編著 TAC出版 （税理士受験シリーズ 31） （付属資料：別冊1）
【要旨】平成30年度試験対策。厳選問題と5年分の過去問題で計算問題対策は万全！
2017.12 255p B5 ¥3500 ①978-4-8132-7331-8

◆**住民税 個別・総合計算問題集 2018年** 資格の大原税理士講座編著 大原出版 （税理士試験受験対策シリーズ） 第37版
【要旨】法令等の改正・本試験の出題傾向に対応！
2017.12 253p B5 ¥2455 ①978-4-86486-493-0

◆**住民税理論サブノート 2018年** 資格の大原税理士講座編著 大原出版 （税理士試験受験対策シリーズ） 第17版
【要旨】法令等の改正に対応！
2017.8 108p B6 ¥1636 ①978-4-86486-492-3

◆**住民税理論マスター 2018年度版** TAC税理士講座編著 TAC出版 （税理士受験シリーズ 45）
【要旨】平成30年度試験対策。法令等の改正・本試験の出題傾向に対応！
2017.8 143p A5 ¥2000 ①978-4-8132-7345-5

◆**酒税法計算問題＋過去問題集 2018年度版** TAC税理士講座編著 TAC出版 （税理士受験シリーズ 24） （付属資料：別冊1）
【要旨】平成30年度試験対策。厳選問題と5年分の過去問題で計算問題対策は万全！
2017.12 253p B5 ¥3500 ①978-4-8132-7324-0

◆**酒税法 総合計算問題集 2018年** 資格の大原税理士講座編著 大原出版 （税理士試験受験対策シリーズ） （付属資料：別冊1） 第31版
【要旨】法令等の改正・本試験の出題傾向に対応！
2017.12 175p B5 ¥2909 ①978-4-86486-496-1

◆**酒税法理論サブノート 2018年** 資格の大原税理士講座編著 大原出版 （税理士試験受験対策シリーズ） 第17版
【要旨】法令等の改正に対応！
2017.8 82p B6 ¥1273 ①978-4-86486-495-4

◆**酒税法理論マスター 2018年度版** TAC税理士講座編著 TAC出版 （税理士受験シリーズ 40）
【要旨】平成30年度試験対策。法令等の改正・本試験の出題傾向に対応！
2017.8 177p A5 ¥2000 ①978-4-8132-7340-0

◆**消費税法過去問題集　2018年度版**　TAC税理士講座編著　TAC出版　（税理士受験シリーズ 28）（付属資料：別冊1）
【要旨】平成30年度試験対策。傾向分析と詳細な解説で、本試験問題を完全攻略！
2017.11 147p B5 ¥3000 ⓘ978-4-8132-7328-8

◆**消費税法完全無欠の総まとめ　2018年度版**　TAC税理士講座編著　TAC出版　（税理士受験シリーズ）
【要旨】平成30年度試験対策。合格ノウハウが凝縮された、要点整理テキスト！
2017.11 180p 19×12cm ¥1600 ⓘ978-4-8132-7357-8

◆**消費税法個別計算問題集　2018年度版**　TAC税理士講座編著　TAC出版　（税理士受験シリーズ 25）
【要旨】平成30年度試験対策。重要論点をすべて押さえ、完璧にマスター！
2017.10 291p B5 ¥2800 ⓘ978-4-8132-7325-7

◆**消費税法総合計算問題集　応用編　2018年度版**　TAC税理士講座編著　TAC出版　（税理士受験シリーズ 27）（付属資料：別冊1）
【要旨】平成30年度試験対策。応用的な知識の確認と答案作成能力を養成！
2017.12 215p B5 ¥2500 ⓘ978-4-8132-7327-1

◆**消費税法総合計算問題集　応用編　2018年度版**　資格の大原税理士講座編著　大原出版　（税理士試験受験対策シリーズ）（付属資料：別冊2）第6版
【要旨】法令等の改正・本試験の出題傾向に対応！
2017.12 257p B5 ¥2909 ⓘ978-4-86486-487-9

◆**消費税法総合計算問題集　基礎編　2018年度版**　資格の大原税理士講座編著　大原出版　（税理士試験受験対策シリーズ）（付属資料：別冊1）第6版
【要旨】法令等の改正・本試験の出題傾向に対応！
2017.8 108p B5 ¥1909 ⓘ978-4-86486-486-2

◆**消費税法総合計算問題集　基礎編　2018年度版**　TAC税理士講座編著　TAC出版　（税理士受験シリーズ 26）（付属資料：別冊1）
【要旨】平成30年度試験対策。出題実績に基づいた良問で、基礎力を養成！
2017.9 153p B5 ¥2400 ⓘ978-4-8132-7326-4

◆**消費税法本試験型計算模試　2017年度版**　TAC税理士講座編著　TAC出版　（税理士受験シリーズ）（付属資料：別冊5）
【要旨】平成29年度試験対策。本試験と同形式の計算問題で実戦力を養成！
2017.1 1Vol. B5 ¥3000 ⓘ978-4-8132-6854-3

◆**消費税法本試験型計算模試　2018年度版**　TAC税理士講座編著　TAC出版　（税理士受験シリーズ）
【要旨】平成30年度試験対策。本試験と同形式の計算問題で実戦力を養成！
2017.12 1Vol. B5 ¥3000 ⓘ978-4-8132-7353-0

◆**消費税法理論サブノート　2018年**　資格の大原税理士講座編著　大原出版　（税理士試験受験対策シリーズ）第17版
【要旨】法令等の改正に対応！
2017.8 161p B6 ¥1636 ⓘ978-4-86486-485-5

◆**消費税法理論ドクター　2018年度版**　TAC税理士講座編著　TAC出版　（税理士受験シリーズ 42）
【要旨】平成30年度試験対策。詳細な解説で事例問題や応用理論の対策は万全！
2017.12 177p B5 ¥2000 ⓘ978-4-8132-7342-4

◆**消費税法理論マスター　2018年度版**　TAC税理士講座編著　TAC出版　（税理士受験シリーズ 41）
【要旨】平成30年度試験対策。法令等の改正・本試験の出題傾向に対応！
2017.8 116p A5 ¥1600 ⓘ978-4-8132-7341-7

◆**所得税法応用理論問題集　2018年**　資格の大原税理士講座編著　大原出版　（税理士試験受験対策シリーズ）第37版
【要旨】法令等の改正・本試験の出題傾向に対応！
2017.12 129p B5 ¥2091 ⓘ978-4-86486-476-3

◆**所得税法過去問題集　2018年度版**　TAC税理士講座編著　TAC出版　（税理士受験シリーズ 18）（付属資料；別冊1）

【要旨】平成30年度試験対策。傾向分析と詳細な解説で、本試験問題を完全攻略！
2017.11 136p B5 ¥3000 ⓘ978-4-8132-7318-9

◆**所得税法個別計算問題集　2018年**　資格の大原税理士講座編著　大原出版　（税理士試験受験対策シリーズ）第39版
【要旨】法令等の改正・本試験の出題傾向に対応！
2017.8 396p B5 ¥2909 ⓘ978-4-86486-473-2

◆**所得税法個別計算問題集　2018年度版**　TAC税理士講座編著　TAC出版　（税理士受験シリーズ 15）
【要旨】平成30年度試験対策。重要論点をすべて押さえ、完璧にマスター！
2017.10 349p 26×19cm ¥2800 ⓘ978-4-8132-7315-8

◆**所得税法総合計算問題集　応用編　2018年度版**　TAC税理士講座編著　TAC出版　（税理士受験シリーズ 17）（付属資料：別冊1）
【要旨】平成30年度試験対策。応用的な知識の確認と答案作成能力を養成！
2017.12 181p B5 ¥2500 ⓘ978-4-8132-7317-2

◆**所得税法総合計算問題集　応用編　2018年**　資格の大原税理士講座編著　大原出版　（税理士試験受験対策シリーズ）（付属資料：別冊1）第9版
【要旨】法令等の改正・本試験の出題傾向に対応！
2017.12 156p B5 ¥2636 ⓘ978-4-86486-475-6

◆**所得税法総合計算問題集　基礎編　2018年**　資格の大原税理士講座編著　大原出版　（税理士試験受験対策シリーズ）（付属資料：別冊1）第9版
【要旨】法令等の改正・本試験の出題傾向に対応！
2017.8 145p B5 ¥2455 ⓘ978-4-86486-474-9

◆**所得税法総合計算問題集　基礎編　2018年度版**　TAC税理士講座編著　TAC出版　（税理士受験シリーズ 16）（付属資料：別冊1）
【要旨】平成30年度試験対策。出題実績に基づいた良問で、基礎力を養成！
2017.9 165p B5 ¥2500 ⓘ978-4-8132-7316-5

◆**所得税法理論サブノート　2018年**　資格の大原税理士講座編著　大原出版　（税理士試験受験対策シリーズ）第17版
【要旨】法令等の改正に対応！
2017.8 227p B5 ¥1636 ⓘ978-4-86486-472-5

◆**所得税法理論ドクター　2018年度版**　TAC税理士講座編著　TAC出版　（税理士受験シリーズ 37）
【要旨】平成30年度試験対策。詳細な解説で事例問題や応用理論の対策は万全！
2017.12 226p A5 ¥2000 ⓘ978-4-8132-7337-0

◆**所得税法理論マスター　2018年度版**　TAC税理士講座編著　TAC出版　（税理士受験シリーズ 36）
【要旨】平成30年度試験対策。法令等の改正・本試験の出題傾向に対応！
2017.8 229p A5 ¥1600 ⓘ978-4-8132-7336-3

◆**税理士・会計士・簿記1級　簿記力ワークアウト24　Vol.1　定番論点編**　柳澤令著　中央経済社、中央経済グループパブリッシング発売　（『税理士・会計士・簿記1級 簿記力コアトレーニング』改訂・改題書）
【要旨】本質理解＋多角的演習で結果を出す!!本試験で使える知識を徹底的に鍛える問題集。Vol.1は定番論点や本支店や連結などの構造論点を収録。
2017.6 231p A5 ¥2200 ⓘ978-4-502-23451-4

◆**税理士・会計士・簿記1級　簿記力ワークアウト24　Vol.2　新論点編**　柳澤令著　中央経済社、中央経済グループパブリッシング発売
【要旨】リベンジ受験生必見！　本質理解＋多角的演習で結果を出す!!本試験で使える知識を徹底的に鍛える。Vol.2は比較的新しい論点と難易度が高めの論点を収録。
2017.12 230p A5 ¥2400 ⓘ978-4-502-24841-2

◆**税理士・会計事務所の儲かるしかけ**　太田亮児著　同文舘出版　新版
【要旨】2002年の税理士法の改正によって、税理士業界の広告の規制が緩和されたことを受けて、DMやホームページの制作など、「何をやるか」という時代ではなくなり、「何をどのように伝えるか」という段階に移り変わった。さらに、その後の携帯電子機器やSNSの普及により、コミュニケーション手段の多様化が進んだ

現在、この時代の変化に合った広告宣伝のあり方を教える。売上げを上げ、顧問先拡大に成功している税理士事務所に共通する"現場のしかけ"とはどのようなものなのかをわかりやすく解説する。
2018.1 202p B6 ¥1500 ⓘ978-4-495-59012-3

◆**税理士財務諸表論　計算問題の解き方**　TAC税理士講座編　TAC出版　（付属資料：別冊1）第4版
【要旨】現役講師のマル秘テクニックを完全公開。解答手順だけでなく思考過程も詳細に解説。確実に得点するための書込みをありのまま公開。
2017.11 247p B5 ¥2400 ⓘ978-4-8132-7300-4

◆**税理士財務諸表論　穂坂式つながる会計理論**　穂坂治宏著　ネットスクール出版
【要旨】考え方を理解し、それらがつながるようにする会計理論の学習。
2017.7 268p B5 ¥2400 ⓘ978-4-7810-3592-5

◆**税理士財務諸表論　理論答案の書き方**　TAC税理士講座編　TAC出版　（付属資料：別冊1）第4版
【要旨】確実に得点するためのマーカーの引き方を伝授。解答手順だけでなく思考過程も詳細に解説。
2017.10 146p B5 ¥2400 ⓘ978-4-8132-7299-1

◆**税理士試験過去問答案練習　財務諸表論　29年度受験用**　税務経理協会編　税務経理協会　（付属資料：別冊1）
【要旨】現行の会計基準に完全対応。過去15年間の傾向分析を掲載。総合〔計算〕問題の攻略法や理論学習の進め方をわかりやすく解説。模範解答には予想配点付き、自己採点で実力をチェック。抜き取り式の実物大答案用紙付き。最新7回分。
2017.2 277p B5 ¥2700 ⓘ978-4-419-06430-3

◆**税理士試験過去問答案練習　財務諸表論　30年度受験用**　税務経理協会編　税務経理協会　（付属資料：別冊1）
【要旨】現行の会計基準に完全対応。過去15年間の傾向分析を掲載。総合〔計算〕問題の攻略法や理論学習の進め方をわかりやすく解説。模範解答には予想配点付き、自己採点で実力をチェック。抜き取り式の実物大答案用紙付き。最新7回分。
2018.1 278p B5 ¥2700 ⓘ978-4-419-06505-8

◆**税理士試験過去問答案練習　簿記論　29年度受験用**　税務経理協会編　税務経理協会　（付属資料：別冊1）
【要旨】現行の会計基準・会社法に完全対応。過去10年間の傾向分析を掲載。出題頻度の高い重要項目について、別途設例を用いて詳細に解説。模範解答には予想配点付き、自己採点で実力をチェック。抜き取り式の実物大答案用紙付き。最新7回分。
2017.2 319p B5 ¥2700 ⓘ978-4-419-06429-7

◆**税理士試験過去問答案練習　簿記論　30年度受験用**　税務経理協会編　税務経理協会　（付属資料：別冊答案用紙1）
【要旨】現行の会計基準・会社法に完全対応。過去10年間の傾向分析を掲載。出題頻度の高い重要項目について、別途設例を用いて詳細に解説。模範解答には予想配点付き、自己採点で実力をチェック。抜き取り式の実物大答案用紙付き。
2018.1 309p B5 ¥2700 ⓘ978-4-419-06504-1

◆**税理士試験　財務諸表論直前予想問題集―平成29年本試験を完全攻略**　中央経済社編　中央経済社、中央経済グループパブリッシング発売　（会計人コースBOOKS）
【要旨】本書の使い方：誌上模試で「実戦力」を身につける！　苦手や弱点を克服する！　繰り返し解いて実力up！
2017.4 196p B5 ¥2200 ⓘ978-4-502-22461-4

◆**税理士試験必修教科書　国税徴収法**　ネットスクール著　ネットスクール出版
【目次】税金の基礎、税金のスケジュール、国税の滞納、国税の猶予、財産の調査、滞納処分～差押、滞納処分～交付要求、滞納処分～換価、滞納処分～配当、国税の保全、第二次納税義務、その他の論点
2017.10 1Vol. B5 ¥3800 ⓘ978-4-7810-3617-5

◆**税理士試験必修教科書　財務諸表論　理論編**　ネットスクール著　ネットスクール出版
【目次】基礎編（財務諸表論の基礎知識、財務諸表の全体構造、貸借対照表論、損益計算書論、会社法開示制度　ほか）、応用編（貸借対照表の概要、金銭債権の評価、棚卸資産、金融商品、デ

リバティブ ほか）

◆**税理士試験必修教科書 消費税法 応用編**
平成30年度版　ネットスクール著　ネットスクール出版
【目次】電気通信利用役務の提供及び特定役務の提供、非課税資産の輸出等、調整対象固定資産、棚卸資産に係る消費税額の調整、課税期間、納税地、相続があった場合の納税義務の免除の特例、合併があった場合の納税義務の免除の特例、会社分割があった場合の納税義務の免除の特例、合併があった場合の中間申告に係る納付税額の計算、簡易課税制度、資産の譲渡等の時期の特例、国、地方公共団体等に対する特例、特殊論点、信託、届出等
2017.12 1Vol. B5 ¥3000 ⓘ978-4-7810-3608-2

◆**税理士試験必修教科書 消費税法 基礎完成編 平成30年度版**　ネットスクール編著　ネットスクール出版
【目次】消費税とは、課税の対象、非課税取引、免税取引、課税標準及び税率、納税義務者、仕入税額控除、売上げに係る対価の返還等、貸倒れに係る消費税額の控除等、仕入れに係る対価の返還等、資産の譲渡等の時期、確定申告、還付を受けるための申告、中間申告、引取りに係る申告等、更正の請求
2017.9 1Vol. B5 ¥3000 ⓘ978-4-7810-3607-6

◆**税理士試験必修教科書 相続税法 応用編**
平成30年度版　ネットスクール著　ネットスクール出版
【目次】1 財産評価3、2 みなし取得財産2、3 未分割遺産に対する課税、4 小規模宅地等の特例2、5 特定計画山林の特例、6 取引相場のない株式、7 申告等、8 納付、9 納税猶予
2017.12 1Vol. B5 ¥3000 ⓘ978-4-7810-3603-8

◆**税理士試験必修教科書 相続税法 基礎完成編 平成30年度版**　ネットスクール編著　ネットスクール出版
【目次】01 相続税の納税義務者2、02 相続税の課税価格2、03 税額控除2、04 贈与税額の計算2、05 相続時精算課税、06 住宅取得等資金、07 教育、結婚・子育て資金、08 財産評価1、09 小規模宅地等の特例1、10 財産評価2
2017.9 1Vol. B5 ¥3000 ⓘ978-4-7810-3602-1

◆**税理士試験必修教科書 法人税法 応用編**
平成30年度版　ネットスクール著　ネットスクール出版
【目次】資本金等の額と利益積立金額、給与等、減価償却（普通償却）、特別償却、特別控除、入会金等、使途秘匿金、同族会社等、引当金等、帰属事業年度、借地権等、欠損金、租税公課、受取配当等、海外取引、組織再編成、グループ法人税制、連結納税制度、公益法人等
2017.12 1Vol. B5 ¥3200 ⓘ978-4-7810-3598-7

◆**税理士試験必修教科書 法人税法 基礎完成編 平成30年度版**　ネットスクール編著　ネットスクール出版
【目次】減価償却（普通償却）、繰延資産等、租税公課、受取配当等の益金不算入、所得税額控除、同族会社等、給与等、寄附金、交際費等、外国税額控除、消費税等、圧縮記帳、棚卸資産等、有価証券等、資産の評価損益、外貨建取引等、貸倒引当金等
2017.9 1Vol. B5 ¥3000 ⓘ978-4-7810-3597-0

◆**税理士試験必修教科書 簿記論・財務諸表論 1**　ネットスクール編著　ネットスクール出版
【目次】1 簿記一巡、2 現金預金、3 金銭債権、4 棚卸資産、5 有形固定資産、6 無形固定資産、7 営業費、8 金融商品
2017.8 1Vol. B5 ¥2400 ⓘ978-4-7810-3611-3

◆**税理士試験必修教科書 簿記論・財務諸表論 2**　ネットスクール編著　ネットスクール出版
【目次】法人税等・租税公課、税効果会計、消費税、リース会計、減損会計、退職給付会計、引当金、社債、純資産会計、繰延資産、外貨換算会計、棚卸資産、金融商品
2017.9 1Vol. B5 ¥3000 ⓘ978-4-7810-3612-0

◆**税理士試験必修教科書 簿記論・財務諸表論 3 応用編**　ネットスクール著　ネットスクール出版
【目次】特殊商品売買、退職給付会計、資産除去債務、棚卸資産、本支店会計、商的工業簿記、本社工場会計、建設業会計、無形固定資産、過年度遡及会計、組織再編、リース会計、純資産会

計、連結会計、キャッシュ・フロー会計、デリバティブ、帳簿組織、伝票会計
2017.12 1Vol. B5 ¥3000 ⓘ978-4-7810-3613-7

◆**税理士試験必修教科書・問題集 消費税法 基礎導入編 平成30年度版**　ネットスクール編著　ネットスクール出版
【目次】教科書編（消費税とは、課税の対象、非課税取引、免税取引、課税標準及び税率、納税義務者、仕入税額控除、売上げに係る対価の返還等、貸倒れに係る消費税額の控除等、仕入れに係る対価の返還等）、問題集編
2017.8 1Vol. B5 ¥2500 ⓘ978-4-7810-3606-9

◆**税理士試験必修教科書・問題集 相続税法 基礎導入編 平成30年度版**　ネットスクール編著　ネットスクール出版
【目次】教科書編（相続税法の概要、民法相続編、相続税の納税義務者1、みなし取得財産1、相続税の課税価格1、相続税額の計算、贈与税額の計算1、税額控除1）、問題集編
2017.8 1Vol. B5 ¥2500 ⓘ978-4-7810-3601-4

◆**税理士試験必修教科書・問題集 法人税法 基礎導入編 平成30年度版**　ネットスクール編著　ネットスクール出版
【目次】教科書編（法人税の概要、課税標準、欠損金、税額計算、受取配当等の益金不算入、所得税額控除、同族会社、給与等、営業経費、資産評価等）、問題集編
2017.8 1Vol. B5 ¥2500 ⓘ978-4-7810-3596-3

◆**税理士試験必修教問題集 相続税法 基礎完成編 平成30年度版**　ネットスクール編著　ネットスクール出版
【目次】01 相続税の納税義務者2、02 相続税の課税価格2、03 税額控除2、04 贈与税額の計算2、05 相続時精算課税、06 住宅取得等資金、07 教育、結婚・子育て資金、08 財産評価1、09 小規模宅地等の特例1、10 財産評価2
2017.9 1Vol. B5 ¥2400 ⓘ978-4-7810-3604-5

◆**税理士試験必修問題集 消費税法 応用編 平成30年度版**　ネットスクール著　ネットスクール出版　（付属資料：別冊1）
【目次】電気通信利用役務の提供及び特定役務の提供、非課税資産の輸出等、調整対象固定資産、棚卸資産に係る消費税額の調整、課税期間、納税地、相続があった場合の納税義務の免除の特例、合併があった場合の納税義務の免除の特例、会社分割があった場合の納税義務の免除の特例、合併があった場合の中間申告に係る納付税額の計算、簡易課税制度、資産の譲渡等の時期の特例、国、地方公共団体等に対する特例、特殊論点、信託、届出等
2017.12 1Vol. B5 ¥2600 ⓘ978-4-7810-3610-6

◆**税理士試験必修問題集 消費税法 基礎完成編 平成30年度版**　ネットスクール編著　ネットスクール出版　（付属資料：別冊1）
【目次】消費税とは、課税の対象、非課税取引、免税取引、課税標準及び税率、納税義務者、仕入税額控除、売上げに係る対価の返還等、貸倒れに係る消費税額の控除等、仕入れに係る対価の返還等、資産の譲渡等の時期、確定申告、還付を受けるための申告、中間申告、引取りに係る申告、更正の請求
2017.12 1Vol. B5 ¥2400 ⓘ978-4-7810-3609-0

◆**税理士試験必修問題集 相続税法 応用編 平成30年度版**　ネットスクール著　ネットスクール出版
【目次】1 財産評価3、2 みなし取得財産2、3 未分割遺産に対する課税、4 小規模宅地等の特例2、5 特定計画山林の特例、6 取引相場のない株式、8 納付、9 納税猶予
2017.9 1Vol. B5 ¥2400 ⓘ978-4-7810-3605-2

◆**税理士試験必修問題集 法人税法 応用編 平成30年度版**　ネットスクール著　ネットスクール出版
【目次】資本金等の額と利益積立金額、給与等、減価償却（普通償却）、特別償却、特別控除、入会金等、使途秘匿金、同族会社等、圧縮記帳等、引当金等、帰属事業年度、借地権等、欠損金、租税公課、受取配当等、海外取引、組織再編成、グループ法人税制、連結納税制度
2017.12 1Vol. B5 ¥2600 ⓘ978-4-7810-3612-0

◆**税理士試験必修問題集 法人税法 基礎完成編 平成30年度版**　ネットスクール編著　ネットスクール出版
【目次】減価償却（普通償却）、繰延資産等、租税公課、受取配当等の益金不算入、所得税額控除、同族会社等、給与等、寄附金、交際費等、外国

税額控除等、消費税額等、圧縮記帳、棚卸資産等、有価証券等、資産の評価損益、外貨建取引等、貸倒引当金等
2017.9 1Vol. B5 ¥2400 ⓘ978-4-7810-3599-4

◆**税理士試験必修問題集 簿記論・財務諸表論 1**　ネットスクール編著　ネットスクール出版
【目次】1 簿記一巡、2 現金預金、3 金銭債権、4 棚卸資産、5 有形固定資産、6 無形固定資産、7 営業費、8 金融商品
2017.8 1Vol. B5 ¥2400 ⓘ978-4-7810-3614-4

◆**税理士試験必修問題集 簿記論・財務諸表論 2**　ネットスクール編著　ネットスクール出版
【目次】法人税等・租税公課、税効果会計、消費税、リース会計、減損会計、退職給付会計、引当金、社債、純資産会計、繰延資産、外貨換算会計、棚卸資産、金融商品
2017.9 1Vol. B5 ¥2400 ⓘ978-4-7810-3615-1

◆**税理士試験必修問題集 簿記論・財務諸表論 3 応用編**　ネットスクール著　ネットスクール出版
【目次】特殊商品売買、退職給付会計、資産除去債務、棚卸資産、本支店会計、商的工業簿記、本社工場会計、建設業会計、無形固定資産、過年度遡及会計、組織再編、リース会計、純資産会計、連結会計、キャッシュ・フロー会計、デリバティブ、帳簿組織、伝票会計、総合問題
2017.12 1Vol. B5 ¥2400 ⓘ978-4-7810-3616-8

◆**税理士試験必修理論対策 消費税法 平成30年度版**　ネットスクール編著　ネットスクール出版
【目次】第1章 総則、第2章 課税標準及び税率、第3章 税額控除等、第4章 申告、納付、還付等、第5章 雑則、その他の規定、巻末付録
2017.9 137p A5 ¥1600 ⓘ978-4-7810-3595-6

◆**税理士試験必修理論対策 相続税法 平成30年度版**　ネットスクール編著　ネットスクール出版
【目次】1 納税義務者、2 みなし取得財産、3 課税価格計算、4 税額計算、5 相続時精算課税、6 財産の評価、7 申告・納付等、8 延納・物納、9 納税猶予、10 災害、巻末付録
2017.9 136p A5 ¥1600 ⓘ978-4-7810-3594-9

◆**税理士試験必修理論対策 法人税法 平成30年度版**　ネットスクール著　ネットスクール出版
【目次】総則、同族会社、課税標準、受取配当等、資産評価等、繰延資産・減価償却等、給与等、営業費等、圧縮記帳等、引当金、欠損金、帰属事業年度の特例、借地権等、海外取引、税額計算、申告・納付等、組織再編成等、グループ法人税制、その他
2017.10 224p A5 ¥1600 ⓘ978-4-7810-3593-2

◆**税理士試験 法人税法の要点整理 平成30年受験用**　渡辺淑夫著　中央経済社、中央経済グループパブリッシング 発売
【要旨】複雑難解といわれる法人税法を正しく、しかも要領よく学ぶためには、条文をできるだけ整理し、基本的かつ重要事項を中心に学習をすすめることが大切です。本書は、法人税法の中の基本事項・重要事項に重点を置いて体系的に整理し、理論問題においては徹底して平易で丁寧な解説により、また計算問題においては豊富な設例により高度な計算能力を習得できるよう工夫し、効率よく学習できるよう構成してあります。
2017.9 424p A5 ¥3200 ⓘ978-4-502-89362-9

◆**税理士試験 簿記論直前予想問題集―平成29年度本試験を完全攻略**　中央経済社編　中央経済社、中央経済グループパブリッシング 発売　（会計人コースBOOKS）
【要旨】本書の使い方：誌上模試で「実戦力」を身につける！ 苦手や弱点を克服する！ 繰り返し解いて実力UP！
2017.4 210p B5 ¥2200 ⓘ978-4-502-22451-5

◆**税理士になろう！**　小池和彰編著、東北学院大学会計人会協力　創成社
【要旨】税理士は生涯現役！ 企業・国を支える現役税理士が解説。
2017.10 264p B6 ¥1700 ⓘ978-4-7944-1515-8

◆**税理士 平成29年8月 第67回試験予想ラストスパート模試 財務諸表論**　ネットスクー

ル編著　ネットスクール出版　（付属資料：別冊1）
【要旨】問題用紙が実物大。合格体験記付き。最新出題傾向に対応。
2017.5 92p A4 ¥2800 ①978-4-7810-3588-8

◆税理士 平成29年8月第67回試験予想ラストパート模試 消費税法　ネットスクール編著　ネットスクール出版　（付属資料：別冊1）
【要旨】問題用紙が実物大。合格体験記付き。最新出題傾向に対応。
2017.5 85p A4 ¥3200 ①978-4-7810-3591-8

◆税理士 平成29年8月第67回試験予想ラストパート模試 相続税法　ネットスクール編著　ネットスクール出版　（付属資料：別冊1）
【要旨】問題用紙が実物大。合格体験記付き。最新出題傾向に対応。
2017.5 83p A4 ¥3200 ①978-4-7810-3590-1

◆税理士 平成29年8月第67回試験予想ラストパート模試 法人税法　ネットスクール編著　ネットスクール出版　（付属資料：別冊1）
【要旨】問題用紙が実物大。合格体験記付き。最新出題傾向に対応。
2017.5 85p A4 ¥3200 ①978-4-7810-3589-5

◆税理士 平成29年8月第67回試験予想ラストパート模試 簿記論　ネットスクール編著　ネットスクール出版　（付属資料：別冊1）
【要旨】問題用紙が実物大。合格体験記付き。最新出題傾向に対応。
2017.5 102p A4 ¥2800 ①978-4-7810-3587-1

◆税理士簿記論 個別問題の解き方　TAC税理士講座編　TAC出版　（付属資料：別冊1）第4版
【要旨】解答手順だけでなく思考過程も詳細に解説。確実に得点するための書込みをありのまま公開。
2017.10 311p B5 ¥2400 ①978-4-8132-7297-7

◆税理士簿記論 総合問題の解き方　TAC税理士講座編　TAC出版　（付属資料：別冊1）第4版
【要旨】現役講師のマル秘テクニックを完全公開。解答手順だけでなく思考過程も詳細に解説。確実に得点するための書込みをありのまま公開。
2017.11 313p B5 ¥2400 ①978-4-8132-7298-4

◆税理士簿・財でる順計算マスター　井ノ川博行著　中央経済社, 中央経済グループパブリッシング 発売
【要旨】毎年でる論点から、ひとつひとつわかりやすく。即効で得点が上がる、モチベーションUP、合格。3ステップ式問題集。
2017.5 179p A5 ¥2000 ①978-4-502-23001-1

◆先輩に聞いてみよう！ 公認会計士の仕事図鑑　髙橋知寿編　中央経済社, 中央経済グループパブリッシング 発売　（先輩に聞いてみよう！ 仕事図鑑シリーズ）
【要旨】みんなが憧れるプロフェッショナルの世界。9人の現役会計士が仕事・プライベートを大公開！ 学生・若手社会人のための働き方ガイド。
2017.6 129p A5 ¥1500 ①978-4-502-22331-0

◆先輩に聞いてみよう！ 税理士の仕事図鑑　木村聡子編　中央経済社, 中央経済グループパブリッシング 発売　（先輩に聞いてみよう！ 仕事図鑑シリーズ）
【要旨】みんなが憧れるプロフェッショナルの世界。10人の現役税理士が仕事・プライベートを大公開！ 学生・若手社会人のための働き方ガイド。
2017.6 143p A5 ¥1500 ①978-4-502-22711-0

◆相続税法過去問題集　2018年度版　TAC税理士講座編著　TAC出版　（税理士受験シリーズ 23）　（付属資料：別冊1）
【要旨】平成30年度試験対策。傾向分析と詳細な解説で、本試験問題を完全攻略！
2017.12 174p B5 ¥3000 ①978-4-8132-7323-4

◆相続税法個別計算問題集　2018年度版　TAC税理士講座編著　TAC出版　（税理士受験シリーズ 19）
【要旨】平成30年度試験対策。重要論点を押さえ、完璧にマスター！
2017.10 355p B5 ¥2800 ①978-4-8132-7319-6

◆相続税法財産評価問題集　2018年　資格の大原税理士講座編著　大原出版　（税理士試験受験対策シリーズ）　（付属資料：別冊1）第38版
【要旨】法令等の改正・本試験の出題傾向に対応！
2017.8 390p B5 ¥2000 ①978-4-86486-482-4

◆相続税法財産評価問題集　2018年度版　TAC税理士講座編著　TAC出版　（税理士受験シリーズ 20）
【要旨】平成30年度試験対策。最重要テーマを、この1冊で完全攻略！
2017.11 359p B5 ¥3000 ①978-4-8132-7320-2

◆相続税法 総合計算問題集 応用編　2018年　資格の大原税理士講座編著　大原出版　（税理士試験受験対策シリーズ）　（付属資料：別冊1）第7版
【要旨】法令等の改正・本試験の出題傾向に対応！
2017.12 151p B5 ¥2455 ①978-4-86486-484-8

◆相続税法総合計算問題集 応用編　2018年度版　TAC税理士講座編著　TAC出版　（税理士受験シリーズ 22）
【要旨】平成30年度試験対策。応用的な知識の確認と答案作成能力を養成！
2017.12 225p B5 ¥2455 ①978-4-8132-7322-6

◆相続税法総合計算問題集 基礎編　2018年　資格の大原税理士講座編著　大原出版　（税理士試験受験対策シリーズ）　（付属資料：別冊1）第39版
【要旨】法令等の改正・本試験の出題傾向に対応！
2017.8 113p B5 ¥2455 ①978-4-86486-483-1

◆相続税法総合計算問題集 基礎編　2018年度版　TAC税理士講座編著　TAC出版　（税理士受験シリーズ 21）　（付属資料：別冊1）
【要旨】平成30年度試験対策。出題実績に基づいた良問で、基礎力を養成！
2017.11 179p B5 ¥2500 ①978-4-8132-7321-9

◆相続税法理論サブノート　2018年　資格の大原税理士講座編著　大原出版　（税理士試験受験対策シリーズ）
【要旨】法令等の改正に対応！
2017.8 174p B6 ¥1636 ①978-4-86486-481-7

◆相続税法理論ドクター　2018年度版　TAC税理士講座編著　TAC出版　（税理士受験シリーズ 39）
【要旨】平成30年度試験対策。詳細な解説で事例問題や応用問題の対策は万全！
2017.12 211p B5 ¥3000 ①978-4-8132-7339-4

◆相続税法理論マスター　2018年度版　TAC税理士講座編著　TAC出版　（税理士受験シリーズ 38）
【要旨】平成30年度試験対策。法令等の改正・本試験の出題傾向に対応！
2017.8 213p A5 ¥1600 ①978-4-8132-7338-7

◆大学生は、なぜ公認会計士を目指さないのか。─知らずに損していませんか　五十嵐明彦監修, 髙橋知寿著　税務経理協会　第3版
【要旨】『難関資格合格の極意は勉強法にあり』を自ら証明した力作。将来に不安を抱く大学生に希望をもたらしてくれる『魔法の処方箋』である。
2017.7 188p B6 ¥1400 ①978-4-419-06468-6

◆短答式対策過去問集　2017年版　資格の大原公認会計士講座編著　大原出版　（大原の会計士対策シリーズ）
【要旨】直近3回分の全問題・解答・解説を収録！ 制度・基準の改正を設問と解答に反映！ 正解の容易な"取る問題"が一目でわかる！「問題別正答率表」。
2017.2 548p A5 ¥2500 ①978-4-86486-445-9

◆短答式対策 監査論　資格の大原公認会計士講座編著　大原出版　（大原の会計士受験シリーズ）　2版
【要旨】監査基準等の各種基準、法令など出題可能性が高い問題を体系的・網羅的に収録。監査論の全範囲を主要論点ごとにまとめ、学習効率も考慮して問題を収録。穴埋め問題や組み合わせ問題など学習効果を高める問題も収録。
2017.2 219p A5 ¥2000 ①978-4-86486-443-5

◆短答式対策 管理会計論　資格の大原公認会計士講座編著　大原出版　（大原の会計士受験シリーズ）　2版

【目次】原価計算の基礎知識、実際原価計算、部門別計算、個別原価計算、活動基準原価計算（ABC）、総合原価計算、その他の実際原価計算、標準原価計算、直接原価計算、管理会計の基礎知識〔ほか〕
2017.2 380p A5 ¥2000 ①978-4-86486-442-8

◆短答式対策 企業法　2017年版　資格の大原公認会計士講座編著　大原出版　（大原の会計士受験シリーズ）　2版
【要旨】頻出論点が網羅されており、本試験形式の収録問題を順に解くだけで合格レベルに到達。解説を活用し、収録問題の復習をすることで、短答のポイントを効率的に整理。
2017.2 197p A5 ¥2000 ①978-4-86486-444-2

◆短答式対策 財務会計論（計算）　2017年版　資格の大原公認会計士講座編著　大原出版　（大原の会計士受験シリーズ）　2版
【要旨】従来の頻出論点だけでなく最新の会計基準も収録。最新の会計基準を含む、出題可能性の高い論点から網羅的に全100問を厳選。
2017.2 275p A5 ¥2000 ①978-4-86486-440-4

◆短答式対策 財務会計論（理論）　2017年版　資格の大原公認会計士講座編著　大原出版　（大原の会計士受験シリーズ）　2版
【要旨】「会計上の変更及び誤謬の訂正に関する会計基準」「包括利益の表示に関する会計基準」の改正に対応。純粋理論問題から会計基準準拠型問題まで、本試験の出題範囲を完全網羅。
2017.2 225p A5 ¥2000 ①978-4-86486-441-1

◆ひとり税理士のIT仕事術─ITに強くなれば、ひとり税理士の真価を発揮できる!!　井ノ上陽一著　大蔵財務協会
【目次】第1章 ITに強くなるための8つの心構え、第2章 ITツールの選び方（パソコン・スマホ・タブレット、基本ソフト活用術、ネット活用術）、第3章 IT活用に欠かせないスキル（整理スキル、操作スキル、時間管理スキル）、第4章 ITによる効率化アイデア（連絡の効率化、データ入力の効率化、資料作成の効率化）
2017.9 207p B6 ¥1944 ①978-4-7547-2448-1

◆ベーシック問題集 財務会計論 理論問題編　TAC公認会計士講座編著　TAC出版　（公認会計士短答式試験対策シリーズ）　第8版
【要旨】短答式試験対策を本格的にはじめた方、基礎力を着実に身につけたい方、苦手論点を克服したい方。こんな方に最適の問題集です！
2017.10 123p A5 ¥1400 ①978-4-8132-7379-0

◆法人税法応用理論問題集　2018年　資格の大原税理士講座編著　大原出版　（税理士試験受験対策シリーズ）　第38版
【要旨】法令等の改正・本試験の出題傾向に対応！
2017.8 183p B5 ¥1909 ①978-4-86486-480-0

◆法人税法過去問題集　2018年度版　TAC税理士講座編著　TAC出版　（税理士受験シリーズ 14）　（付属資料：別冊1）
【要旨】平成30年度試験対策。傾向分析と詳細な解説で、本試験問題を完全攻略！
2017.11 135p B5 ¥3000 ①978-4-8132-7314-1

◆法人税法 完全無欠の総まとめ　2017年度版　TAC税理士講座編著　TAC出版　（税理士受験シリーズ）
【要旨】平成29年度試験対策。合格ノウハウが凝縮された、要点整理テキスト！
2017.1 326p 19cm ¥1600 ①978-4-8132-6948-9

◆法人税法個別計算問題集　2018年　資格の大原税理士講座編著　大原出版　（税理士試験受験対策シリーズ）　第25版
【要旨】法令等の改正・本試験の出題傾向に対応！
2017.8 464p B5 ¥2909 ①978-4-86486-478-7

◆法人税法個別計算問題集　2018年度版　TAC税理士講座編著　TAC出版　（税理士受験シリーズ 11）
【要旨】平成30年度試験対策。重要論点をすべて押さえ、完璧にマスター！
2017.11 315p B5 ¥2800 ①978-4-8132-7311-0

◆法人税法総合計算問題集　2018年　資格の大原税理士講座編著　大原出版　（税理士試験受験対策シリーズ）　（付属資料：別冊1）第37版
【要旨】法令等の改正・本試験の出題傾向に対応！
2017.8 209p B5 ¥2909 ①978-4-86486-479-4

経済・産業・労働

Column 1

◆法人税法総合計算問題集 応用編　2018年度　TAC税理士講座編著　TAC出版　（税理士受験シリーズ 13）　（付属資料：別冊2）
【要旨】平成30年度試験対策。応用的な知識の確認と答案作成能力を養成！
2017.12 197p B5 ¥2800 ①978-4-8132-7313-4

◆法人税法総合計算問題集 基礎編　2018年度版　TAC税理士講座編著　TAC出版　（税理士受験シリーズ 12）　（付属資料：別冊1）
【要旨】平成30年度試験対策。出題実績に基づいた良問で、基礎力を養成！
2017.9 133p B5 ¥2800 ①978-4-8132-7312-7

◆法人税法 本試験型計算模試　2017年度版　TAC税理士講座編著　TAC出版　（税理士受験シリーズ）　（付属資料：別冊5）
【要旨】平成29年度試験対策。本試験と同形式の計算問題で実戦力を養成！
2017.1 1Vol. B5 ¥3200 ①978-4-8132-6853-6

◆法人税法理論サブノート　2018年　資格の大原税理士講座編著　大原出版　（税理士試験受験対策シリーズ）　第17版
【要旨】法令等の改正に対応！
2017.8 249p B6 ¥1636 ①978-4-86486-477-0

◆法人税法理論ドクター　2018年度版　TAC税理士講座編著　TAC出版　（税理士受験シリーズ 35）
【要旨】平成30年度試験対策。詳細な解説で事例問題や応用理論の対策は万全！
2017.12 299p A5 ¥2000 ①978-4-8132-7335-6

◆法人税法理論マスター　2018年度版　TAC税理士講座編著　TAC出版　（税理士受験シリーズ 34）
【要旨】平成30年度試験対策。法令等の改正・本試験の出題傾向に対応！
2017.8 279p A5 ¥1600 ①978-4-8132-7334-9

◆簿記論過去問題集　2018年度版　TAC税理士講座編著　TAC出版　（税理士受験シリーズ 4）　（付属資料；別冊1）
【要旨】平成30年度試験対策。傾向分析と詳細な解説で、本試験問題を完全攻略！
2017.11 244p B5 ¥2000 ①978-4-8132-7304-2

◆簿記論完全無欠の総まとめ　2018年度版　TAC税理士講座編著　TAC出版　（税理士受験シリーズ）
【要旨】平成30年度試験対策。合格ノウハウが凝縮された、要点整理テキスト。
2017.11 389p 19×12cm ¥1600 ①978-4-8132-7354-7

◆簿記論 個別計算問題集　2018年度版　TAC税理士講座編著　TAC出版　（税理士受験シリーズ 1）　（付属資料：別冊1）
【要旨】平成30年度試験対策。重要論点をすべて押さえ、完璧にマスター！
2017.8 362p B5 ¥2000 ①978-4-8132-7301-1

◆簿記論個別計算問題集　2018年　資格の大原税理士講座編著　大原出版　（税理士試験受験対策シリーズ）　（付属資料：別冊1）　第19版
【要旨】法令等の改正・本試験の出題傾向に対応！
2017.8 293p B5 ¥1909 ①978-4-86486-465-7

◆簿記論総合計算問題集 応用編　2018年　資格の大原税理士講座編著　大原出版　（税理士試験受験対策シリーズ）　（付属資料：別冊1）　第19版
【要旨】法令等の改正・本試験の出題傾向に対応！
2017.8 144p B5 ¥1909 ①978-4-86486-467-1

◆簿記論総合計算問題集 応用編　2018年度版　TAC税理士講座編著　TAC出版　（税理士受験シリーズ 3）　（付属資料：別冊1）
【要旨】平成30年度試験対策。応用的な知識の確認と答案作成能力を養成！
2017.12 277p B5 ¥2200 ①978-4-8132-7303-5

◆簿記論 総合計算問題集 基礎編　2018年度版　TAC税理士講座編著　TAC出版　（税理士受験シリーズ 2）　（付属資料：別冊1）
【要旨】平成30年度試験対策。出題実績に基づいた良問で、基礎力を養成！
2017.8 186p B5 ¥2000 ①978-4-8132-7302-8

◆簿記論総合計算問題集 基礎編　2018年　資格の大原税理士講座編著　大原出版　（税理

Column 2

士試験受験対策シリーズ）　（付属資料：別冊1）　第19版
【要旨】法令等の改正・本試験の出題傾向に対応！
2017.8 120p B5 ¥1909 ①978-4-86486-466-4

◆簿記論本試験型計算模試　2018年度版　TAC税理士講座編著　TAC出版　（税理士受験シリーズ）　（付属資料：別冊5）
【要旨】平成30年度試験対策。本試験と同形式の計算問題で実戦力を養成！
2017.12 1Vol. B5 ¥3000 ①978-4-8132-7351-6

◆僕、税理士が好きなんです―一宮口定雄 "税理士制度" の魅力を語る　藤本幸三編著，相間宏章，秦雅彦，榮村昭二著　清文社
【目次】税務代弁者と計理士、独立した公正な立場、納税者の権利擁護論、納税者権利憲章の是非、税務代理、税務折衝の考え方、電子申告と税務代理、無償独占の必要性・恩恵と税理士の役割、付随業務及び社会保険労務士業務、会計参与について、調査の事前通知の規定の整備、税理士証票の定期交換〔ほか〕
2017.7 200p B6 ¥1600 ①978-4-433-63827-6

◆みんなが欲しかった！ 税理士 財務諸表論の教科書&問題集　1 損益会計編　2018年度版　TAC税理士講座編　TAC出版　（付属資料：別冊1）
【要旨】日商2級から税理士へ！ 門外不出のTACメソッドを書籍化！
2017.8 208, 94p A5 ¥2800 ①978-4-8132-7289-2

◆みんなが欲しかった！ 税理士 財務諸表論の教科書&問題集　2 資産会計編　2018年度版　TAC税理士講座編　TAC出版　（付属資料：別冊1）
【要旨】日商2級から税理士へ！ 門外不出のTACメソッドを書籍化！
2017.8 293, 191p A5 ¥3400 ①978-4-8132-7290-8

◆みんなが欲しかった！ 税理士財務諸表論の教科書&問題集　3 資産・負債・純資産会計編　2018年度版　TAC税理士講座編　TAC出版　（付属資料：別冊1）
【目次】無形固定資産、研究開発費・ソフトウェア、繰延資産、負債会計、金銭債務、引当金、退職給付会計、純資産会計、株主資本、新株予約権、分配可能額
2017.9 234, 129p A5 ¥3200 ①978-4-8132-7291-5

◆みんなが欲しかった！ 税理士財務諸表論の教科書&問題集　4 構造論点・その他編　2018年度版　TAC税理士講座編　TAC出版　（付属資料：別冊1）
【目次】1 会計上の変更・誤謬の訂正、2 外貨換算会計、3 製造業会計、4 企業結合会計、5 事業分離会計、6 連結財務諸表、7 四半期財務諸表、8 包括利益計算書、9 キャッシュ・フロー計算書、10 財務諸表等規則
2017.9 212, 119p A5 ¥3400 ①978-4-8132-7292-2

◆みんなが欲しかった！ 税理士 財務諸表論の教科書&問題集　5 理論編　2018年度版　TAC税理士講座編　TAC出版
【目次】01 総論、02 損益会計、03 資産会計、04 負債会計、05 純資産会計、06 構造論点・その他、会計基準
2017.9 372p A5 ¥3000 ①978-4-8132-7293-9

◆みんなが欲しかった！ 税理士 消費税法の教科書&問題集　2 仕入税額控除編　2018年度版　TAC税理士講座編　TAC出版　（付属資料：別冊1）
【目次】仕入れに係る消費税額の控除、仕入れに係る対価の返還等、課税売上割合が著しく変動した場合の消費税額の調整、調整対象固定資産の転用、非課税資産の輸出等、棚卸資産に係る消費税額の調整、簡易課税制度
2017.9 179p A5 ¥3400 ①978-4-8132-7295-3

◆みんなが欲しかった！ 税理士消費税法の教科書&問題集　3 納税義務・その他論点　2018年度版　政木美恵著　TAC出版　（付属資料：別冊1）
【目次】15 納税義務（納税義務者の原則、国内取引の納税義務者の原則 ほか）、16 納税義務の免除の特例（国内取引の納税義務の全体系、相続があった場合の納税義務の免除の特例 ほか）、17 課税期間（課税期間の原則、課税期間の特例 ほか）、18 申告・納付・還付・納税地（確定申告制度、還付を受けるための申告制度 ほか）、19 電気通信利用役務の提供及び特定役務の提供（電気通信利用役務の提供、

Column 3

特定役務の提供 ほか）
2017.10 328, 157p A5 ¥3200 ①978-4-8132-7296-0

◆みんなが欲しかった！ 税理士 消費税法の教科書&問題集　1 取引分類・課税標準編　2018年度版　TAC税理士講座編著　TAC出版　（付属資料：別冊1）
【要旨】日商2級から税理士へ！ 門外不出のTACメソッドを書籍化！
2017.8 210, 116p A5 ¥2800 ①978-4-8132-7294-6

◆みんなが欲しかった！ 税理士 簿記論の教科書&問題集　2 資産会計編　2018年度版　TAC税理士講座編　TAC出版　（付属資料：別冊1）
【要旨】日商2級から税理士へ！ 門外不出のTACメソッドを書籍化！
2017.8 284, 161p A5 ¥3200 ①978-4-8132-7286-1

◆みんなが欲しかった！ 税理士簿記論の教科書&問題集　3 資産・負債・純資産会計編　2018年度版　TAC税理士講座編　TAC出版　（付属資料：別冊1）
【目次】無形固定資産、研究開発費・ソフトウェア、繰延資産、退職給付会計、人件費、資産除去債務、社債、株主資本等変動計算書、株主資本、新株予約権、分配可能額、簿記一巡の手続、帳簿組織、推定簿記
2017.9 342, 147p A5 ¥3400 ①978-4-8132-7287-8

◆みんなが欲しかった！ 税理士 簿記論の教科書&問題集　4 構造論点・その他編　2018年度版　TAC税理士講座編　TAC出版　（付属資料：別冊1）
【目次】1 会計上の変更・誤謬の訂正、2 外貨建取引等、3 本支店会計、4 製造業会計、5 組織再編、6 連結財務諸表、7 キャッシュ・フロー計算書
2017.9 285, 171p A5 ¥3200 ①978-4-8132-7288-5

◆みんなが欲しかった！ 税理士 簿記論の教科書&問題集　1 損益会計編　2018年度版　TAC税理士講座編　TAC出版　（付属資料：別冊1）
【要旨】日商2級から税理士へ！ 門外不出のTACメソッドを書籍化！
2017.8 225, 152p A5 ¥2800 ①978-4-8132-7285-4

 建設業経理事務士

◆イッキにうかる！ 建設業経理士2級速習テキスト　西村一幸著　TAC出版　第6版
【要旨】直近2回の過去問&解説付き！ 実戦対策もOK。簿記初心者でもスンナリわかる。論点は出るとこだけに！ テキスト→演習の繰り返しで、実力アップ。
2017.5 350p B5 ¥2000 ①978-4-8132-7141-3

◆建設業会計概説 1級 原価計算　建設業振興基金監修, 建設産業経理研究機構編　建設産業経理研究機構　（FARCI建設業会計BOOK）　第2版
【要旨】登録経理試験完全対応版!!
2017.11 405p A5 ¥2600 ①978-4-909443-02-1

◆建設業会計概説 1級 財務諸表　建設業振興基金監修, 建設産業経理研究機構編　建設産業経理研究機構　（FARCI建設業会計BOOK）　第3版
【要旨】登録経理試験完全対応版!!
2017.11 493p A5 ¥2600 ①978-4-909443-00-7

◆建設業会計概説 1級 財務分析　建設業振興基金監修, 建設産業経理研究機構編　建設産業経理研究機構　（FARCI建設業会計BOOK）　第2版
【要旨】登録経理試験完全対応版!!
2017.11 350p A5 ¥2600 ①978-4-909443-01-4

◆建設業会計概説 2級　建設業振興基金監修, 建設産業経理研究機構編　建設産業経理研究機構　（FARCI建設業会計BOOK）　第2版
【要旨】登録経理試験完全対応版!!
2017.11 485p A5 ¥2800 ①978-4-909443-03-8

◆建設業会計概説 3級　建設業振興基金監修, 建設産業経理研究機構編　建設産業経理研究機構　（FARCI建設業会計BOOK）　第2版

経済・産業・労働

【目次】建設業の経営と簿記、材料費の記帳処理、労務費の記帳処理、外注費の記帳処理、経費の記帳処理、工事別原価の集計と原価計算、完成工事高の記帳処理、現金預金の記帳処理、手形の記帳処理、固定資産の記帳処理、有価証券その他の記帳処理、損益取引の記帳とその整理、帳簿組織と伝票会計、建設業の決算と財務諸表
2017.11 330p A5 ¥2600 ①978-4-909443-04-5

◆建設業会計概論 4級 建設業振興基金監修、建設産業経理研究機構編 建設産業経理研究機構（FARCI建設業会計BOOK） 改訂第2版
【目次】第1部 建設業簿記のしくみ（建設業の経営と簿記、資産・負債・資本（純資産）、収益・費用の計算、取引と勘定、仕訳と仕訳帳、総勘定元帳への転記、試算表の作成、精算表の作成、決算）、第2部 主要取引の記帳実務（現金預金の記帳処理、固定資産・資本金の記帳処理、工事原価の記帳処理、損益項目の記帳処理、主要取引の記帳手続きの要約）
2017.11 239p B5 ¥2600 ①978-4-909443-05-2

◆建設業経理士検定試験問題集 解答＆解説 1級原価計算 建設産業経理研究機構編 建設産業経理研究機構（FARCI建設業会計BOOK） 第2版
2017.11 73p B5 ¥900 ①978-4-909443-08-3

◆建設業経理士検定試験問題集 解答＆解説 1級財務諸表 建設産業経理研究機構編 建設産業経理研究機構（FARCI建設業会計BOOK） 第2版
2017.11 58p B5 ¥900 ①978-4-909443-06-9

◆建設業経理士検定試験問題集 解答＆解説 1級財務分析 建設産業経理研究機構編 建設産業経理研究機構（FARCI建設業会計BOOK） 第2版
2017.11 72p B5 ¥900 ①978-4-909443-07-6

◆建設業経理士検定試験問題集 解答＆解説 2級 建設産業経理研究機構編 建設産業経理研究機構（FARCI建設業会計BOOK） 第4版
2017.11 64p B5 ¥900 ①978-4-909443-09-0

◆建設業経理事務士3級出題傾向と対策 平成30年受験用 税務経理協会編 税務経理協会
【要旨】過去10回分の出題問題に、詳しい解説付き。最近5回の出題傾向を分析、今後の出題問題について予想。出題区分表・勘定科目表なども収録。 2017.6 132p B5 ¥1800 ①978-4-419-06457-0

◆建設業経理士1級 原価計算 出題パターンと解き方 過去問題集＆テキスト─18年3月、18年9月試験用 桑原知之編著 ネットスクール出版 （付属資料：別冊1） 第12版
【要旨】過去問題をパターン別に分類しているので傾向がよめ、テキストもついているので、必要な知識がマスターできる！ →つまり、最低限の時間で合格できる!!
2017.10 1Vol. 26×21cm ¥2000 ①978-4-7810-1448-7

◆建設業経理士1級 財務諸表 出題パターンと解き方 過去問題集＆テキスト─18年3月、18年9月試験用 桑原知之編著 ネットスクール出版 （付属資料：別冊1） 第12版
【要旨】過去問題をパターン別に分類しているので傾向がよめ、テキストもついているので、必要な知識がマスターできる！ →つまり、最低限の時間で合格できる!!
2017.10 1Vol. 26×21cm ¥2000 ①978-4-7810-1446-3

◆建設業経理士1級 財務分析 出題パターンと解き方 過去問題集＆テキスト─18年3月、18年9月試験用 桑原知之編著 ネットスクール出版 （付属資料：別冊1） 第12版
【要旨】過去問題をパターン別に分類しているので傾向がよめ、テキストもついているので、必要な知識がマスターできる！ →つまり、最低限の時間で合格できる!!
2017.10 1Vol. 26×21cm ¥2000 ①978-4-7810-1447-0

◆建設業経理士2級 出題傾向と対策 平成29年度受験用 税務経理協会編 税務経理協会
【要旨】過去10回分の出題問題に、詳しい解説付き。最近5回の出題傾向を分析、今後の出題問題について予想。出題区分表・勘定科目表なども収録。 2017.6 153p B5 ¥1800 ①978-4-419-06456-3

◆建設業経理士2級 出題パターンと解き方 過去問題集＆テキスト─18年3月、18年9月試験用 桑原知之編著 ネットスクール出版 （付属資料：別冊1） 第12版

【要旨】過去問題をパターン別に分類しているので傾向がよめ、テキストもついているので、必要な知識がマスターできる！ →つまり、最低限の時間で合格できる!!
2017.11 1Vol. 26×21cm ¥2000 ①978-4-7810-1445-6

◆サクッとうかる2級建設業経理士テキスト 桑原知之編著 ネットスクール出版 第4版
【目次】Day1 簿記の基礎、現金、当座預金、Day2 銀行勘定調整表、さまざまな債権・債務、Day3 手形、Day4 有価証券、有形固定資産、無形固定資産、繰延資産、Day5 社債、引当金、税金、純資産、Day6 建設業会計の基礎、材料費、Day7 労務費、外注費、経費、工事間接費の配賦、Day8 部門別計算、完成工事原価報告書、工事収益の計上、Day9 決算、精算表、財務諸表、Day10 本支店会計
2017.9 346p A5 ¥1200 ①978-4-7810-1444-9

◆スッキリとける問題集 建設業経理士2級─'17年9月・'18年3月検定対策 滝澤ななみ、TAC出版開発グループ編著 TAC出版 （スッキリシリーズ） （付属資料：別冊1）
【要旨】論点別にオリジナル問題収載＋過去問3回分付きで完全合格！
2017.6 143p A5 ¥1200 ①978-4-8132-7164-2

◆スッキリわかる建設業経理士2級 滝澤ななみ、TAC出版開発グループ編著 TAC出版 （スッキリシリーズ）
【要旨】資格のTACが贈る最強のテキストブック。出るとこだけで最速学習簿記初学者でもイッキに2級合格！
2017.6 417p A5 ¥1200 ①978-4-8132-7163-5

◆よくわかる！ 2級建設業経理士 越田悦弘著 （大阪）弘文社 新版
【要旨】最小の努力で最大の効果を発揮する、超速合格テキスト。この1冊で、どんな問題にも対応できる!!11回分の模擬テストつき！
2017 270p A5 ¥1600 ①978-4-7703-2707-9

不動産資格

◆管理業務主任者基本テキスト 2017年度版 TAC管理業務主任者講座編 TAC出版
【要旨】必須知識を徹底カバー!!狙われた箇所がわかる『過去10年の出題』表示付き。TACの合格メソッドを集結!!基礎がしっかり身に付くよくわかる解説。最新の法改正等にきっちり対応!!
2017.2 737p A5 ¥2800 ①978-4-8132-7013-3

◆管理業務主任者 項目別過去7年問題集 2017年度版 TAC管理業務主任者講座編 TAC出版
【要旨】直近7年分（平成22～28年度）の本試験・全出題を、学習効果の高い分野別・テーマ別に収録した過去問題集です。読むだけでグングン実力がアップする詳しい解説と的確な「難易度」や、注目すべき論点に行ったわかりやすい「アイコン」等、本試験に習熟するために最適なつくりです。管理業務主任者“本試験”攻略のためのマスト・アイテム、合格に欠かせない1冊です！ 2017.3 711p A5 ¥2500 ①978-4-8132-7022-5

◆管理業務主任者 直前予想問題集 2017年度版 管理業務研究会編 早稲田経営出版 （Wマスターシリーズ） （付属資料：別冊1）
【要旨】最新の出題傾向に対応した模試形式問題集！ 難易度別・3回分（易・標準・難）を抜き取り別冊式で収録！
2017.8 98p B5 ¥1600 ①978-4-8471-4276-5

◆管理業務主任者出るとこ予想 合格（うか）るチェックシート 2017年度版 TAC管理業務主任者講座編著 TAC出版
【要旨】最新の法改正等に対応!!絶対押さえたい論点50！ 今年のヤマ→見開きのシートでしっかり整理。最新の法改正・出題傾向に対応。直前期の最終確認に最適!!
2017.8 101p B5 ¥1400 ①978-4-8132-7017-1

◆管理業務主任者どこでも過去問 2017年度版 日建学院編著 建築資料研究社 （日建学院編集・マン管ズバッと合格！ シリーズ）
【目次】民法、借地借家法、不動産登記法、宅建業法（宅地建物取引業法）、品確法（住宅の品質確保の促進に関する法律）、アフターサービス、個人情報保護法（個人情報の保護に関する法

律）、各種の法令関係、区分所有法（建物の区分所有等に関する法律）、建替え等円滑化法（マンションの建替え等の円滑化に関する法律）、標準管理規約（マンション標準管理規約）、標準管理委託契約書（マンション標準管理委託契約書）、適正化法（マンションの管理の適正化の推進に関する法律）、適正化指針（マンションの管理の適正化に関する指針）、税務・会計、建築基準法関係（建築標準法、耐震改修促進法）、建築設備、建築構造、建築環境、建築材料別全を掲載、調査診断、長期修繕計画、大規模修繕関係
2017.2 517p A5 ¥2300 ①978-4-86358-479-2

◆建築物環境衛生管理技術者ポケット問題集 関根康明著 日本理工出版会
【要旨】本書は、過去問題を10年間にわたりテーマごとに分類しています。よく出題される選択肢を中心に、約2000問を厳選。左ページに問題、右ページに解答と要点をまとめ、1問ずつ○か×で解ける形式。よく出る計算問題なども掲載。手軽に持ち運び、どこでも見開けるよう、コンパクトサイズ。
2017.8 335p B6 ¥2500 ①978-4-89019-848-1

◆ごうかく！ 管理業務主任者攻略テキスト 2017年度版 管理業務主任者試験研究会編著 早稲田経営出版
【要旨】生講義スタイルのわかりやすい解説。試験によくでる論点だけ！ 合格に必要な知識だけ！
2017.2 435, 6p A5 ¥2200 ①978-4-8471-4277-2

◆ごうかく！ 管理業務主任者攻略問題集 2017年度版 管理業務主任者試験研究会編著 早稲田経営出版
【要旨】論点別重要過去問＋オリジナル問題厳選250問。要点整理で出題ポイントが明確！ プラス1点をとるための「重要数字チェック表」つき！
2017.2 531p A5 ¥2200 ①978-4-8471-4278-9

◆合格対策 マンション維持修繕技術者試験 田中毅弘著 地人書館
【目次】第1章 マンションの概論（マンションの沿革と法制度、マンションの建築物と設備の概要）、第2章 マンションの維持保全（維持保全業務、計画修繕）、第3章 マンションの維持修繕知識─建築編（コンクリート、外装仕上げ ほか）、第4章 マンションの維持修繕知識─設備編（設備の維持修繕における基本事項と共通事項、給水・給湯設備 ほか）、第5章 法規（マンションの一般法令、建物・設備の維持保全関係法令 ほか）、資料 2017.8 631p B5 ¥6000 ①978-4-8052-0911-0

◆ココだけチェック！ マンション管理士・管理業務主任者パーフェクトポイント整理 2017年度版 TACマンション管理士・管理業務主任者講座編 TAC出版 （付属資料：暗記シート1）
【要旨】マンション管理士・管理業務主任者試験直前期の総復習にピッタリ。両試験の“超頻出”論点を、この1冊にきっちりまとめあげました。1論点・1見開き完結のレイアウト、見やすくわかりやすい“暗記本”です。効率良く、理解と記憶の定着が図れる赤シート対応で、スピーディーに総復習ができます!!
2017.4 370p B6 ¥2200 ①978-4-8132-7015-7

◆これだけ！ マンション管理士試験対策ノート 2017年度版 日建学院監修、高橋文雄編著 建築資料研究社
【要旨】過去問題集と要点整理集のいいとこどり！ 過去問演習→要点整理のリレー。分野別に重要問題を237問厳選収録（H28年は全50問収録）。押さえどころがわかる！『出るとこズバリ！ 総まとめ』つき。
2017.5 495p A5 ¥2500 ①978-4-86358-480-8

◆全7科目254分類 ビル管理技術者試験問題集 2017年版 設備と管理編集部編 オーム社
【目次】科目1 建築物衛生行政概論、科目2 建築物の環境衛生、科目3 空気環境の調整、科目4 建築物の構造概論、科目5 給水及び排水の管理、科目6 清掃、科目7 ねずみ、昆虫等の防除
2017.2 616p A5 ¥2600 ①978-4-274-50650-5

◆賃貸不動産経営管理士試験対策テキスト 平成29年度版 賃貸不動産経営管理士資格研究会編著 建築資料研究社
【要旨】賃貸管理のエキスパート育成が期待される業界注目のライセンス！ 一発合格するためのアイテムが満載。
2017.6 490p A5 ¥2800 ①978-4-86358-495-2

◆賃貸不動産経営管理士試験対策問題集　平成29年度版　賃貸不動産経営管理士資格研究会編著　建築資料研究社
【要旨】「ここがポイント！」「解答のヒント！」が満載！　分野別の演習問題125問＋本試験問題80問を収録。平成27・28年度本試験問題を徹底分析！　基本テキスト（平成29年6月頃発行予定）の参照ページつき。登録制度の改正（平成28年9月施行）に対応。
2017.4 356p A5 ¥2500 ①978-4-86358-496-9

◆通勤時間でうかる！　賃貸不動産経営管理士試験一問一答　竹原健著、通勤講座監修　中央経済社、中央経済グループパブリッシング発売
【要旨】出題可能性の高いポイントを一問一答式に！　公式テキスト改訂3版対応。忙しい業界人のための最短合格マストアイテム！
2017.7 181p A5 ¥2000 ①978-4-502-23281-7

◆出る順管理業務主任者分野別過去問題集　1　法令編　2017年版　LEC東京リーガルマインド編著　東京リーガルマインド　第4版
【要旨】テキストに速効アクセス！　解説各肢に『2017年版出る順管理業務主任者・マンション管理士合格テキスト』の参考ページを掲載！　法改正に対応！　改正前の問題も改題して収録！　ライバルはこう答えた！　肢別解答率をチェック！　全問題に重要度ランクを表示して学習効率アップ！　解説のアンダーライン＆太字で重要箇所を逃さずキャッチ！
2017.3 487p A5 ¥1300 ①978-4-8449-7361-4

◆出る順管理業務主任者分野別過去問題集　2　管理実務・会計・設備系編　2017年版　LEC東京リーガルマインド編著　東京リーガルマインド　第4版
【要旨】過去8年分の全試験問題＆圧倒的な解説！
2017.4 379p A5 ¥1300 ①978-4-8449-7362-1

◆出る順管理業務主任者・マンション管理士合格テキスト　1　法令編　上　民法他・区分所有等　2017年版　LEC東京リーガルマインド編著　東京リーガルマインド　第4版
【要旨】豊富な図表とわかりやすい解説で理解を促進！　大きな文字で学習効率アップ！　試験別重要度ランクを掲載！
2017.2 431p A5 ¥1900 ①978-4-8449-7358-4

◆出る順管理業務主任者・マンション管理士合格テキスト　2　法令編　下　標準管理規約・適正化法　2017年版　LEC東京リーガルマインド編著　東京リーガルマインド　第4版
【要旨】豊富な図表とわかりやすい解説で理解を促進！　大きな文字で学習効率アップ！　試験別重要度ランクを掲載！
2017.2 252p A5 ¥1500 ①978-4-8449-7359-1

◆出る順管理業務主任者・マンション管理士合格テキスト　3　管理実務・会計・設備系編　2017年版　LEC東京リーガルマインド編著　東京リーガルマインド
【要旨】基本事項から合格に必要な知識まで学べる！　大きな文字で読みやすく学習できる！　豊富な図表でサクサク整理！　重要箇所は色文字で速攻理解！　両試験8年分の過去問とリンク！『分野別過去問題集』との併用がおすすめ！　各テーマごとに試験別重要度ランクを掲載！　科目毎の確認問題で知識定着度をチェック！　巻末の「索引」で重要用語をラク速検索！
2017.3 485p A5 ¥2000 ①978-4-8449-7360-7

◆出る順マンション管理士分野別過去問題集　1　法令編　2017年版　LEC東京リーガルマインド編著　東京リーガルマインド　第4版
【要旨】テキストに速効アクセス！　解説各肢に『2017年版出る順管理業務主任者・マンション管理士合格テキスト』の参考ページを掲載！　法改正に対応！　改正前の問題も改題して収録！　ライバルはこう答えた！　肢別解答率をチェック！　全問題に重要度ランクを表示して学習効率アップ！　解説のアンダーライン＆太字で重要箇所を逃さずキャッチ！　過去8年分の全試験問題収録。
2017.3 543p A5 ¥1300 ①978-4-8449-7363-8

◆出る順マンション管理士分野別過去問題集　2　管理実務・会計・設備系編　2017年版　LEC東京リーガルマインド編著　東京リーガルマインド　第4版
【要旨】過去8年分の全試験問題＆圧倒的な解説！　法改正に対応！　改正前の問題も改題して収録！
2017.4 323p A5 ¥1000 ①978-4-8449-7364-5

◆どこでも学ぶ管理業務主任者基本テキスト　2017年度版　日建学院編著　建築資料研究社（日建学院管業・マン管ズバッと合格！シリーズ）
【要旨】無駄なく合格したい、設備関係が苦手―こんな人にピッタリです!!
2017.2 719p A5 ¥2800 ①978-4-86358-478-5

◆ビル管理試験完全解答　2018年版　設備と管理編集部編　オーム社（付属資料：目かくしシート1）
【要旨】平成22年度～平成29年度の8年分の過去問題と解説を掲載。
2017.12 404p B5 ¥2200 ①978-4-274-50678-9

◆ビル管理士試験　もっと過去問題集　日本教育訓練センター編著　日本教育訓練センター第3版
【要旨】平成14年～23年に行われた10年分の問題と、簡にして要を得た解説を収録。もっと多くの過去問題を、という声にお応えする1冊！
2017.1 536p A5 ¥2500 ①978-4-86418-070-2

◆ビル管理士試験模範解答集　平成30年版　日本教育訓練センター編著　日本教育訓練センター
【要旨】最近6年間（平成24年～29年）の全問題と詳しい解説を収録。各問題の頻出度も表示。実力チェックと出題傾向の把握に最適！
2017.12 1Vol. A5 ¥2000 ①978-4-86418-078-8

◆不動産鑑定士　会計学過去問題集　2018年度版　鎌田浩嗣編著　TAC出版（もうだいじょうぶ!!シリーズ）
【要旨】TAC式論述法による答案例の集大成。全過去問を論点毎に編集。「答案構成」を図解。答案中の重要語句を明示。
2017.11 411p A5 ¥3800 ①978-4-8132-7208-3

◆不動産鑑定士　経済学過去問題集　2018年度版　TAC不動産鑑定士講座編　TAC出版（もうだいじょうぶ!!シリーズ）
【要旨】平成元年～29年度の過去問と模範解答例を掲載。「解答への道」により、合格答案を書くための習得すべき論点がわかる。答案の構成方法が一目でわかる“チェックポイント”解説。
2017.10 331p A5 ¥3800 ①978-4-8132-7209-0

◆不動産鑑定士　短答式試験　鑑定理論　過去問題集　2018年度版　TAC不動産鑑定士講座編　TAC出版（もうだいじょうぶ!!シリーズ）
【要旨】平成22年度からの短答式試験問題を8年分完全収録。不動産鑑定評価基準の「関連章」を明示。基準に基づいた学習が可能。ポイント集中解説と出題傾向一覧表で、「出る論点」を徹底学習。
2017.8 736p A5 ¥5400 ①978-4-8132-7203-8

◆不動産鑑定士　不動産に関する行政法規短答合格テキスト　2018年度版　相川眞一著　TAC出版（もうだいじょうぶ!!シリーズ）（付属資料：赤シート1）
【要旨】出題傾向を徹底分析。必要な知識に絞った実践的な構成。体系的かつ効率的な学習ができる論点の重要度表示。学習進度は「過去問チェック」でバッチリ確認。
2017.10 242p B6 ¥3200 ①978-4-8132-7205-2

◆不動産鑑定士　民法過去問題集　2018年度版　TAC不動産鑑定士講座編　TAC出版（もうだいじょうぶ!!シリーズ）
【要旨】平成元年～29年度の過去問と模範解答例を掲載。“事例分析”により、問題文の流れが手に取るようにわかる。答案の構成方法が一目でわかる“チェックポイント”解説。
2017.10 393p A5 ¥3600 ①978-4-8132-7210-6

◆不動産鑑定士　論文式試験鑑定理論過去問題集　論文＋演習　2018年度版　TAC不動産鑑定士講座編　TAC出版（もうだいじょうぶ!!シリーズ）
【要旨】2006年（平成18年）から2017年（平成29年）までの論文問題＋演習問題を収録。解答例中の「鑑定評価基準」「留意事項」を明示。引用すべき範囲、書き方が一目でわかる。
2017.10 633p A5 ¥4600 ①978-4-8132-7204-5

◆不動産コンサル過去問題集　平成29年版　住宅新報社編　住宅新報社
【要旨】不動産コンサルティング技能試験の問題・解説を3年分（平成26～28年度）収録。
2017.3 422p A5 ¥4300 ①978-4-7892-3835-9

◆不動産に関する行政法規過去問題集　2018年度版　上　不動産鑑定士　TAC不動産鑑定士講座編　TAC出版（もうだいじょうぶ!!シリーズ）
【要旨】法律別編成・充実解説で行政法規を完全マスター。平成14～29年度の過去問を収録。出題範囲を把握することができる。法律ごとの問題編成で、出題論点を効率よく習得できる。択一式で正誤のカギとなる論点と“ひっかけ”パターンを徹底解説！
2017.7 547p A5 ¥4600 ①978-4-8132-7206-9

◆不動産に関する行政法規過去問題集　2018年度版　下　不動産鑑定士　TAC不動産鑑定士講座編　TAC出版（もうだいじょうぶ!!シリーズ）
【要旨】法律別編成・充実解説で行政法規を完全マスター。平成14～29年度の過去問を収録。出題範囲を把握することができる。法律ごとの問題編成で、出題論点を効率よく習得できる。択一式で正誤のカギとなる論点と“ひっかけ”パターンを徹底解説！
2017.7 719p A5 ¥4900 ①978-4-8132-7207-6

◆マンガはじめてマンション管理士・管理業務主任者　2018年版　植杉伸介、氷見敏明著、河野やし画　住宅新報社
【目次】第1編　資格の概要、第2編　管理に関する法令・実務（民法、区分所有法　ほか）、第3編　管理組合の運営（管理組合の組織と業務、管理組合の運営　ほか）、第4編　建物と設備の形質・構造（建築構造、免震構造・制震構造　ほか）、第5編　マンション管理適正化法（用語の定義、マンション管理士　ほか）
2017.12 505p A5 ¥2700 ①978-4-7892-3862-5

◆マンション管理士・管理業務主任者30日間完成書き込み式直前まとめノート　2017年度版　吉田佳史執筆、TACマンション管理士・管理業務主任者講座編著　TAC出版
【要旨】重要ポイント・数字を正確に覚える「サブノート」。横断学習に最適。最新の法改正等にきっちり対応!!
2017.7 277p B5 ¥1800 ①978-4-8132-7020-1

◆マンション管理士・管理業務主任者総合テキスト　上　民法/区分所有法等　2017年度版　TACマンション管理士・管理業務主任者講座編　TAC出版
【要旨】マンション管理士・管理業務主任者の出題頻度に応じた「重要度」が、項目単位で「特A・A・B・C」の4段階で表示されています。学習すべき優先順位がひとめでわかります。『先生からのコメント』で、細かい補足知識を把握できます。事例を駆使した『ケーススタディ』が難しいポイントを具体的に解説。応用的な知識は『Step Up』コラムで詳細に説明します。本文をひととおり読み込んだ後にチャレンジしましょう！　各節の重要ポイントを『整理』欄に集約しました。知識の確認や本試験直前の総復習に最適です!!
2017.2 302p A5 ¥1800 ①978-4-8132-7008-9

◆マンション管理士・管理業務主任者　Wマスター過去問題集　2017年度版　マン管・管業試験研究会編　早稲田経営出版
【要旨】本書は、マンション管理士・管理業務主任者両試験の直近5年分（平成24～28年度）の本試験問題・計500問を一挙に分野別・テーマ別に収録しました。両試験に共通・類似する論点を横断的に学習することができ、学習効果バツグンです。『Wマスターブック』とのリンクで、疑問点の解決や復習もスムーズ。“W合格”に必須の問題集です！
2017.3 926p A5 ¥3600 ①978-4-8471-4274-1

◆マンション管理士・管理業務主任者　Wマスターブック　2017年度版　マン管・管業試験研究会編　早稲田経営出版
【要旨】本書は、マンション管理士・管理業務主任者両試験の内容を徹底分析し、合格のための必須知識のみにポイントを絞り込んだ、学習効率の高い“基本テキスト”です。重要ポイントやキーワード等をわかりやすく、読みやすい記述で解説しました。合格のツボをスムーズにマスターできる1冊です！
2017.3 668, 10p A5 ¥3000 ①978-4-8471-4273-4

◆マンション管理士　項目別過去7年問題集　2017年度版　TACマンション管理士講座編　TAC出版
【要旨】直近7年分（平成22～28年度）の本試験・全出題を、学習効果の高い分野別・テーマ別に

収録した過去問題集です。読むだけでグングン実力がアップする詳しい解説と的確な「難易度」や、注目すべき肢ごとに付したわかりやすい「アイコン」等、本試験に習熟するために最適なつくりです。マンション管理士『本試験』攻略のためのマスト・アイテム、合格に欠かせない1冊です！　2017.3 711p A5 ¥2500 ①978-4-8132-7021-8

◆マンション管理士 直前予想問題集　2017年度版　マンション管理士試験研究会編　早稲田経営出版　（Wマスターシリーズ）（付属資料：別冊1）
【要旨】最新の出題傾向に対応した模試形式問題集！難易度別・3回分（易・標準・難）を抜き取り別冊式で収録！
　2017.8 100p B5 ¥1600 ①978-4-8471-4275-8

◆マンション管理士出るとこ予想 合格（うか）るチェックシート　2017年度版　TACマンション管理士講座編著　TAC出版
【要旨】最新の法改正等に対応！！絶対押さえたい論点50！今年のヤマ→見開きのシートでしっかり整理。最新の法改正・出題傾向に対応。直前期の最終確認に最適!!
　2017.8 101p B5 ¥1400 ①978-4-8132-7016-4

◆楽学管理業務主任者過去問5年間　平成29年版　住宅新報社編　住宅新報社
【要旨】平成28年〜24年の過去5年分を収録！3段階（ABC）の重要度付き！必読！効率的な学習に役立つ、ワンポイントアドバイス付き！
　2017.3 513p A5 ¥2200 ①978-4-7892-3824-3

◆楽学管理業務主任者 直前模試　平成29年版　住宅新報社編　住宅新報社
【要旨】重要論点がよくわかる150問！詳しい解説で直前期までフォロー！
　2017.7 173p B5 ¥1400 ①978-4-7892-3856-4

◆楽学マンション管理士過去問5年間　平成29年版　住宅新報社編　住宅新報社
【要旨】平成28年〜24年の過去5年分を収録！
　2017.2 515p A5 ¥2200 ①978-4-7892-3834-2

◆楽学マンション管理士・管理業務主任者基本書 建築・会計編　平成29年版　住宅新報社編　住宅新報社
【要旨】W受験にも最適な基本テキスト！建築用語集付き！
　2017.2 282p A5 ¥2500 ①978-4-7892-3823-6

◆楽学マンション管理士・管理業務主任者基本書 法令編　平成29年版　住宅新報社編　住宅新報社
【要旨】W受験にも最適な基本テキスト！この際、一兎を追っちゃおう！
　2017.2 692p A5 ¥3200 ①978-4-7892-3822-9

◆楽学マンション管理士・管理業務主任者要点整理　平成29年版　住宅新報社編　住宅新報社
【要旨】見開き完結！重要ポイント総チェック！過去10年間の出題頻度付き！読みやすい・わかりやすい・使いやすさバツグン！
　2017.3 385p A5 ¥2200 ①978-4-7892-3825-0

◆楽学マンション管理士 直前模試　平成29年版　住宅新報社編　住宅新報社
【要旨】オリジナル問題難易度別150問！試験でねらわれる「設備関係用語集」出題年度入り付き！　2017.7 203p B5 ¥1500 ①978-4-7892-3855-7

◆らくらくわかる！マンション管理士速習テキスト　2017年度版　平柳将人執筆　TAC出版
【要旨】すーっと読めて、知識がサクサク頭に入る！難関資格も最速で突破!!豊富な図表で理解度UP★。マンション標準管理規約等の最新法改正にきっちり対応!!
　2017.2 659p A5 ¥2800 ①978-4-8132-7011-9

◆ラストスパート 管理業務主任者直前予想模試　2017年度版　TAC管理業務主任者講座編著　TAC出版　（付属資料：別冊3）
【要旨】出題の「狙いめポイント」を徹底解説!!巻頭特集『平成29年度本試験・必勝対策』。模試3回分を合格ライン別に収録。
　2017.8 124p B5 ¥1800 ①978-4-8132-7024-9

◆ラストスパート マンション管理士直前予想模試　2017年度版　TACマンション管理士講座編著　TAC出版　（付属資料：別冊3）
【要旨】出題の「狙いめポイント」を徹底解説!!巻頭特集『平成29年度本試験・必勝対策』。模試

3回分を合格ライン別に収録。
　2017.8 126p B5 ¥1800 ①978-4-8132-7023-2

◆U‐CANのマンション管理士・管理業務主任者ここが出る！重要論点スピードチェック　2017年版　ユーキャンマンション管理士・管理業務主任者試験研究会編　ユーキャン学び出版, 自由国民社 発売　（付属資料：赤シート1）　第7版
【要旨】両試験の出題傾向を徹底分析！出題頻度の高い重要論点を厳選。各章ごとの「確認テスト」つき。
　2017.3 445p B6 ¥2500 ①978-4-426-60955-9

◆U‐CANのマンション管理士・管理業務主任者はじめてレッスン　2017年版　ユーキャンマンション管理士・管理業務主任者試験研究会編　ユーキャン学び出版, 自由国民社 発売　第4版
【目次】第1章 区分所有法、第2章 標準管理規約、第3章 建替え円滑化法・被災マンション法、第4章 民法、第5章 その他の法令等、第6章 管理組合の運営、第7章 マンションの構造・設備、第8章 マンションの維持保全、第9章 マンション管理適正化法
　2017.1 264p A5 ¥2000 ①978-4-426-60938-2

◆U‐CANのマンション管理士・管理業務主任者はじめてレッスン　2018年版　ユーキャンマンション管理士・管理業務主任者試験研究会編　ユーキャン学び出版, 自由国民社 発売　第5版
【要旨】入門から基礎力完成、そして合格へ！初学者から学習経験者まで、試験突破に必要な基礎知識を凝縮！やさしい文章＆たっぷりのイラストで初めての学習でも安心。わかりやすさNo.1の入門書！短期間で両試験の全体像がよくわかる！　2018.1 264p A5 ¥2000 ①978-4-426-61015-9

宅地建物取引主任者

◆一問一答で必ず合格！宅建士問題集　'17年版　矢島忠純監修, コンデックス情報研究所編著　成美堂出版　（付属資料：赤シート1）
【要旨】過去問の選択肢を分析し、一問一答の○×問題に再構成。科目別・項目別編集で、苦手な科目・分野を重点学習！最新の出題傾向と勉強法を章ごとに伝授！本書編集後から平成29年4月1日（出題法令基準日）までの最新法改正もブログで完全フォロー！
　2017.5 422p A5 ¥2100 ①978-4-415-22431-2

◆一夜づけ！宅建士　2017　水田嘉美著　三省堂　（付属資料：暗記シート1）
【目次】第1編 宅建業の開業準備、第2編 宅地建物の法規制、第3編 権利に関する基礎知識、第4編 宅地建物の取引、第5編 宅地建物の取引等の法規制、第6編 宅建業者・宅建士の業務、第7編 登録講習修了者免除科目
　2017.7 124p 19cm ¥900 ①978-4-385-32405-0

◆1回で合格するための宅建士　'18年版　コンデックス情報研究所編著　成美堂出版　（付属資料：赤シート1）
【要旨】主要3分野が法律知識ゼロでもわかる！法改正と統計資料を専用ブログで完全フォロー！新試験に対応。ポイントを隠せる赤シート付。
　2017.12 231p A5 ¥1300 ①978-4-415-22587-6

◆5日で攻略！宅建士出題予想ポイント50　'17年版　串田誠一監修, コンデックス情報研究所編著　成美堂出版　（付属資料：赤シート1）
【要旨】4月公表の最新統計数値を収録。
　2017.7 119p B5 ¥1000 ①978-4-415-22524-1

◆うかるぞ宅建士 きっちり要点整理　2017年版　田中謙次著　週刊住宅新聞社　改訂第3版
【要旨】数多くの合格者を輩出したエッセンスをすべて盛り込んだ要点整理集！重要ポイントを徹底図解した本書を活用することで、過去問や模擬試験で得た内容を整理することができ、点であった知識が線で結ばれるので、普段の学習の際の知識整理や試験直前期の暗記ツールとしても活用することができます。
　2017.1 298p A5 ¥1600 ①978-4-7848-7173-5

◆うかる！宅建士一問一答＋予想模試　2018年度版　駿台法律経済＆ビジネス専門学校編　日本経済新聞出版社
【要旨】厳選過去問50問！模擬試験（2回分）100問！一問一答（分野別）1234問！
　2017.12 575p A5 ¥2200 ①978-4-532-40947-0

◆うかる！宅建士これだけマスター　2017年度版　斎藤隆亨著　日本経済新聞出版社　（付属資料：赤シート1）
【目次】第1部 権利関係（意思表示、制限行為能力者 ほか）、第2部 法令上の制限（都市計画法1（都市計画の内容・決定手続き）、都市計画法2（都市計画制限等）ほか）、第3部 税・価格の評定（税のしくみ、不動産取得税 ほか）、第4部 宅建業法（宅建業の意味、免許 ほか）、第5部 免除科目（住宅金融支援機構、不当景品類および不当表示防止法 ほか）
　2017.4 607p A5 ¥2500 ①978-4-532-40922-7

◆うかる！宅建士速攻テキスト　2018年度版　駿台法律経済＆ビジネス専門学校編　日本経済新聞出版社
【要旨】合格点より「ちょい上」36点を狙うムダのないテキストです。
　2017.12 567p A5 ¥2400 ①978-4-532-40946-3

◆うかる！マンガ宅建士入門　2018年度版　宅建スピード合格研究会編, 此林ミサマンガ　日本経済新聞出版社　（日経の「うかる」シリーズ）
【要旨】試験に出る重要テーマを楽しくイメージ！はじめての宅建はこの一冊で安心!!
　2017.11 255p A5 ¥1800 ①978-4-532-40939-5

◆エマ先生＆えりこのビジュアル宅建士テキスト　2018年度版　中神エマ著, 高世えり子画　住宅新報社
【要旨】事例でやさしくわかる。イラスト・マンガ・写真・図表は全頁フルカラー。見て、読んで、ビジュアル学習が楽しくなる！
　2017.10 484p A5 ¥2900 ①978-4-7892-3879-3

◆過去問10年分＋本年度完全予想模試2回分 宅建試験対策　2018　蓮見文孝著　秀和システム　（付属資料：別冊1）
【要旨】過去問10年分を総ざらい！さらに今年の予想模試が2回分！ていねいで詳しい解説！毎日の学習に、直前対策に最適！宅建士試験対策決定版！
　2017.12 331p A5 ¥2100 ①978-4-7980-5147-5

◆過去問宅建塾 1 権利関係　2017年版　宅建学院著　（所沢）宅建学院　（らくらく宅建塾シリーズ）
【要旨】わかりやすさを徹底追及!!解けるから楽しい！解けない問題が解けるようになる!!本番のカラクリを完全解明！
　2017.4 454p A5 ¥1800 ①978-4-909084-05-7

◆過去問宅建塾 2 宅建業法　2017年版　宅建学院著　（所沢）宅建学院　（らくらく宅建塾シリーズ）
【要旨】わかりやすさを徹底追及!!解けるから楽しい！解けない問題が解けるようになる!!本番のカラクリを完全解明！
　2017.4 482p A5 ¥1800 ①978-4-909084-06-4

◆過去問宅建塾 3 法令上の制限その他の分野　2017年版　宅建学院著　（所沢）宅建学院　（らくらく宅建塾シリーズ）
【要旨】わかりやすさを徹底追及!!解けるから楽しい！解けない問題が解けるようになる!!本番のカラクリを完全解明！
　2017.4 448p A5 ¥1800 ①978-4-909084-07-1

◆きほんの宅建士テキスト　2018年版　友次正浩執筆, LEC東京リーガルマインド編著　東京リーガルマインド　（付属資料；ふせん）
【要旨】大事な知識に絞って、見やすく、わかりやすく説明！おさえておきたい部分がすぐにわかる、重要度ランクを表示！持ち運びやすさアップ！分野別に本を切り離せるセパレート仕様！勉強のおともに使いやすいふせん付き！
　2017.10 1Vol. A5 ¥3000 ①978-4-8449-9664-4

◆クラウド宅建士TWINS Vol.1 宅建業法＋法令上の制限　2017年版　資格スクエア著　週刊住宅新聞社　（付属資料：別冊2）
【要旨】新進気鋭のe‐ラーニング専門予備校と創業半世紀以上の出版社が超効率的な学習法を共同開発！
　2017.4 1Vol. A5 ¥2500 ①978-4-7848-7192-6

◆クラウド宅建士TWINS　Vol.2　権利関係＋税その他　2017年版　資格スクエア　週刊住宅新聞社　(付属資料：別冊2)
【要旨】新進気鋭のe‐ラーニング専門予備校と創業半世紀以上の出版社が超効率的学習法を共同開発！
2017.4 1Vol. A5 ¥2500 ①978-4-7848-7193-3

◆激ラク宅建士　2018年版　山瀬和彦著　新星出版社
【要旨】豊富な図解ですらすら理解！ おもしろゴロ合わせでらくらく暗記！ 山瀬式合格メソッドついに公開！ 多くの受講生を合格に導いた名物講師の集大成。
2018.1 461p A5 ¥2300 ①978-4-405-04921-5

◆ケータイ宅建士　2018　学習初日から試験当日まで　水田嘉美著　三省堂　(付属資料：暗記シート1)
【要旨】法ルールの原則と例外を横断的に学ぶ画期的な学習方式を採用！
2017.11 299p 19×12cm ¥1400 ①978-4-385-32413-5

◆合格しようぜ！ 宅建士　2018　音声付き過去15年問題集　大澤茂雄著　インプレス
【要旨】左に問題、右に解説で学習しやすい！ わかりやすい解説と音声講義で飽きずにやりとげられる！
2017.12 567p B5 ¥2300 ①978-4-295-00288-8

◆合格しようぜ！ 宅建士　基本テキスト音声30時間付き　2018　大澤茂雄著　インプレス
【目次】1 宅建業法(宅建業法の目的。消費者の保護、宅建業の免許制度 ほか)、2 法令上の制限(都市計画法、建築基準法 ほか)、3 権利関係(民法ってどんな法律？・制限行為能力者制度 ほか)、その他法令など(地価公示法と不動産鑑定評価、景品表示法 ほか)、4 不動産に関する税(不動産取引の際に登場する税金)
2017.11 711p A5 ¥2300 ①978-4-295-00270-3

◆これだけ まんが宅建士 権利関係編 2018年度版　日建学院監修, 小沢カオル漫画　建築資料研究社　(日建学院「宅建士一発合格！」シリーズ)
【目次】制限行為能力者、意思表示、代理(代理制度、無権代理と表見代理)、時効、不動産物権変動、共有・相隣関係、抵当権、担保権・債権債務、連帯債務、債権譲渡・責任財産の保全 ほか]
2017.12 141p A5 ¥800 ①978-4-86358-541-6

◆これだけ まんが宅建士 宅建業法編 2018年度版　日建学院監修, 小沢カオル漫画　建築資料研究社　(日建学院「宅建士一発合格！」シリーズ)
【目次】用語の定義、免許制度、宅地建物取引士制度、営業保証金、保証協会、広告関連の規制等、媒介契約等の規制、重要事項の説明、37条書面、8種制限、報酬額の制限、業務上の諸規制、監督処分・罰則、住宅瑕疵担保履行法
2017.12 117p A5 ¥800 ①978-4-86358-539-3

◆これだけ まんが宅建士 法令・税その他編 2018年度版　日建学院監修, 小沢カオル漫画　建築資料研究社　(日建学院「宅建士一発合格！」シリーズ)
【目次】都市計画法(都市計画の内容、開発許可制度)、建築基準法(総則・単体規定、集団規定)、宅地造成等規制法、土地区画整理法、国土利用計画法、その他の諸法令、不動産取得税・固定資産税、不動産の譲渡所得等、その他の国税、地価公示法・不動産の鑑定評価、住宅金融支援機構、景品表示法(公正競争規約)、土地・建物、統計
2017.12 111p A5 ¥800 ①978-4-86358-540-9

◆これで合格！ 宅建士直前予想模試　2017年度版　日建学院編著　建築資料研究社　(日建学院「宅建士一発合格！」シリーズ)
【要旨】難易度別模試3回分！
2017.7 93p A4 ¥1300 ①978-4-86358-499-0

◆3ヵ月で宅建 本当は教えたくない究極の宅建合格メソッド　2018年版　窪田義幸著　フォーサイト, サンクチュアリ出版 発売　(最短合格シリーズ)
【要旨】本書にある宅建合格メソッドはこれだ!! 4つの戦略的勉強パターン！ 科目別攻略法。勉強のコツ6箇条！
2018.1 201p B6 ¥463 ①978-4-86113-577-4

◆3時間で宅建士試験の点数をあと10点上げる本　2017年度版　効率学習研究会著　洋泉社
【目次】プロローグ 宅建士マル秘必勝法！、1 一瞬で選択肢を切る！ 裏ワザ一手っ取り早く点数を伸ばす必殺ワザはこれだ！(「必ず〜しなければならない」とくれば誤りの選択肢！、「常に〜である」とくれば誤りの選択肢！、「すべて〜である」とくれば誤りの選択肢！、「直ちに〜しなければならない」とくれば誤りの選択肢！、「〜ことはない」「余地はない」とくれば誤りの選択肢！、「〜ことがある」「〜場合がある」とくれば正しい選択肢！、「〜に限って、〜する」とくれば誤りの選択肢！、「〜なので…である」とくれば誤りの選択肢！、「有無にかかわらず〜できる」とくれば誤りの選択肢！、( )の中は間違っていない！、二択で迷ったときはこう攻めろ！)、2 簡単に点が取れるところで確実に稼ぐ！ 裏ワザ一点数直結！ 絶対におさえるべき問題(宅建業法の裏ワザ！、法令上の制限の裏ワザ！、税・価格の評定の裏ワザ！、権利関係の裏ワザ！、5問免除科目の裏ワザ！)、巻末付録 直前総まとめ！ ゴロ合わせセレクション、エピローグ 本番直前には何をしたらいいのか？―受かる者と落ちる者はここが違う！
2017.6 160p A5 ¥1600 ①978-4-8003-1238-9

◆詳解 宅建士 過去7年問題集　'17年版　豊田啓盟監修, コンデックス情報研究所編著　成美堂出版　(付属資料：別冊1)
【要旨】平成28〜22年までの過去問を完全収録し、全選択肢の正誤とその根拠を明示。出題後の最新法改正にも完全対応！ 本書編集後から平成29年4月1日(出題法令基準日)までの最新法改正もブログで完全フォロー！ 直前期にも威力を発揮する年度別編集。本試験が体感できる解答用紙つき。
2017.2 271p A5 ¥1600 ①978-4-415-22430-5

◆スッキリうかる宅建士 最速のハイパーナビ 2017年度版　中村喜久夫著　TAC出版　(スッキリ宅建士シリーズ)　(付属資料：赤シート1)
【目次】1 宅建業法(宅建業とは、宅建業免許 ほか)、2 法令上の制限(都市計画(都市計画法‐1)、開発許可(都市計画法‐2) ほか)、3 権利関係(制限行為能力者、意思表示 ほか)、4 その他の分野(不動産鑑定評価と地価公示、不動産実務 ほか)
2017.5 397p A5 ¥1800 ①978-4-8132-6857-4

◆スッキリとける宅建士 過去問コンプリート12 2017年度版　中村喜久夫著　TAC出版　(スッキリ宅建士シリーズ)　(付属資料：赤シート1)
【要旨】分野別11年分＋最新本試験。分野別4分冊＋最新本試験1分冊＝合計5分冊。
2017.1 645p A5 ¥2600 ①978-4-8132-6856-7

◆スッキリわかる宅建士 テキスト＋過去問スーパーベスト 2018年度版　中村喜久夫著　TAC出版　(スッキリ宅建士シリーズ)　(付属資料：別冊4)
【要旨】図表とイラストで楽しく読める最強のテキスト＋重要知識をモレなくカバー。最強の過去問スーパーベスト。
2017.11 598p A5 ¥3000 ①978-4-8132-7424-7

◆ズバ予想宅建塾 直前模試編　2017年版　宅建学院著　(所沢)宅建学院
【目次】試験攻略特集 法改正特別講座、今年はこれが出る！ "分野別" 宅建学院の大胆予想50、力だめし一問一答(基礎編一◯×答案練習、応用編一まちがい探し)、平成29年度宅建士試験模擬試験　2017.7 108p B5 ¥1400 ①978-4-909084-08-8

◆スマホ活用 宅建士50日攻略本一最短合格徹底マスターテキスト　大場茂幸著　三和書籍
【要旨】これ1冊で40点超の得点力をゲット。ビジュアル動画完全無料！ 過去本試験問題13年分、演習問題e‐learning295講、模擬試験8回分、予想模試2回分。直前対策はこれでバッチリ！ スマホでながら学習！
2017 457p A5 ¥3000 ①978-4-86251-232-1

◆スラスラ解ける！ 宅建士ウラ技合格法　'17年版　中澤功史, コンデックス情報研究所編著　成美堂出版
【要旨】宅建士をはじめ、行政書士、マンション管理士、管理業務主任者のすべてに一発合格を果たした著者が、誰でもカンタンに使えるウラ技を大公開！！
2017.2 215p A5 ¥1500 ①978-4-415-22429-9

◆ゼロから宅建士スタートブック 平成29・30年版 一はじめてでもわかりやすい！　明海大学不動産学部編著　住宅新報社
【要旨】宅建士試験に必要な基礎知識だけを、3つのポイントでシンプルに紹介！ イラストと図表で理解が進む！ だから、はじめてでもわかりやすい！
2017.5 159p B5 ¥1900 ①978-4-7892-3868-7

◆宅建 過去問200＋予想問100 平成29年版 不動産取引実務研究会編　ビジネス教育出版社　(ビジ教の資格シリーズ)
【要旨】分野別に整理した本試験問題200問と予想問題100問(本試験2回分)を収録。過去の傾向分析と最新の法令・情報に基づいて編集された問題集の決定版！ インターネット無料講義の特典付き！
2017.5 315p A5 ¥2300 ①978-4-8283-0653-7

◆宅建合格テキスト 1 権利関係 平成29年版 不動産取引実務研究会編　ビジネス教育出版社
【目次】1 民法総則、2 物権、3 債権、4 相続、5 借地借家法、6 区分所有法(建物の区分所有等に関する法律)、7 不動産登記法
2017.3 315p A5 ¥2300 ①978-4-8283-0648-3

◆宅建合格テキスト 2 法令上の制限 平成29年版 不動産取引実務研究会編　ビジネス教育出版社
【目次】1 都市計画法、2 建築基準法、3 国土利用計画法、4 宅地造成等規制法、5 土地区画整理法、6 農地法、7 その他の関係法令
2017.3 160p A5 ¥2300 ①978-4-8283-0649-0

◆宅建合格テキスト 3 宅地建物取引業法 平成29年版 不動産取引実務研究会編　ビジネス教育出版社　(ビジ教の資格シリーズ)
【目次】1 総則・免許、2 宅地建物取引士、3 営業保証金、4 業務、5 宅地建物取引業保証協会、6 監督等、7 住宅瑕疵担保履行法
2017.3 271p A5 ¥2300 ①978-4-8283-0650-6

◆宅建合格テキスト 4 税/価格の評定/需給と実務/土地・建物 平成29年版 不動産取引実務研究会編　ビジネス教育出版社　(ビジ教の資格シリーズ)
【目次】1 宅地および建物に関する税(国税、地方税)、2 宅地および建物の価格の評定(地価公示法、不動産鑑定評価基準)、3 宅地および建物の需給に関する法令と取引の実務(住宅金融支援機構、不当景品類及び不当表示防止法、宅地および建物の需給と概要)、4 土地・建物の基礎知識(土地、建物)
2017.5 152p A5 ¥1000 ①978-4-8283-0651-3

◆宅建合格ハンドブック 平成29年版 不動産取引実務研究会編　ビジネス教育出版社　(ビジ教の資格シリーズ)
【要旨】試験によくでる事項をコンパクトに整理。受験に必要な情報、詳細な傾向分析を収録。最新の法令に基づいて編集。
2017.3 231p B6 ¥1200 ①978-4-8283-0652-0

◆宅建士基本講座テキスト「タキザワ講義付き。」vol.2 法令上の制限・税その他 2017年版　瀧澤宏之著　E・prost
【要旨】この基本テキストはタキザワ宅建予備校で無料配信している講義をペースメーカーに読み進めていくことができます。理解しにくい論点も、スッキリと知識が整理されます。
2017.1 235p A5 ¥890 ①978-4-908835-45-2

◆宅建士基本講座テキスト「タキザワ講義付き。」vol.3 宅建業法 2017年版　瀧澤宏之著　E・prost
【目次】宅建業法とは、宅地建物取引業の意味、免許、事務所等に対する規制、営業保証金、弁済業務保証金、宅地建物取引士、媒介・代理契約に対する規制、広告等に対する規制、契約締結前の説明、契約締結に関する規制、自ら売主となる場合の8つの制限、住宅瑕疵担保履行法、報酬に対する規制、その他の業務に対する規制、監督・罰則
2017.2 196p A5 ¥890 ①978-4-908835-46-9

◆宅建士基本テキスト「タキザワ講義付き。」vol.1 権利関係 2018年版　瀧澤宏之著　E・prost
【要旨】2時間×10回。通勤時間にスマホで受講。難しい箇所も講義で簡単理解。
2017.12 269p A5 ¥890 ①978-4-908835-55-1

経済・産業・労働

◆宅建士基本テキスト「タキザワ講義付き。」vol.2　法令上の制限・税その他　2018年版　瀧澤宏之著　E・prost
【要旨】2時間×8回。通勤時間にスマホで受講。難しい箇所も講義で簡単理解。
　2017.12 235p A5 ¥890 ⒤978-4-908835-56-8

◆宅建士基本テキスト「タキザワ講義付き。」vol.3　宅建業法　2018年版　瀧澤宏之著　E・prost
【要旨】通勤時間にスマホで受講。難しい箇所も講義で簡単理解。2時間×6回。
　2017.12 196p A5 ¥890 ⒤978-4-908835-57-5

◆宅建士試験がよーくわかる！マンガ宅建塾　2018年版　宅建学院著　（所沢）宅建学院　（らくらく宅建塾シリーズ）改訂第2版
【目次】第1編　権利関係（制限行為能力者と意思表示、代理 ほか）、第2編　宅建業法（宅建業、宅地建物取引士 ほか）、第3編　法令上の制限（都市計画法、建築基準法 ほか）、第4編　その他の分野（住宅金融支援機構、公示価格 ほか）
　2017.11 262p A5 ¥2400 ⒤978-4-909084-09-5

◆宅建士出るとこポイント超整理―法改正対応　2017年度版　日建学院編著　建築資料研究所　（日建学院宅建士一発合格！シリーズ）（付属資料：赤シート1）
【要旨】図表でポイント整理!!
　2017.3 225p A5 ¥1600 ⒤978-4-86358-484-6

◆宅建士 出るとこ予想 合格（うか）るチェックシート　2017年度版　TAC宅建士講座編著、木曽計行執筆　TAC出版　（付属資料：赤シート1）
【目次】民法等（契約の有効要件（制限行為能力・意思表示等）、売買契約（債務不履行・売主の担保責任等）ほか）、法令上の制限（国土利用計画法、都市計画法・都市計画画 ほか）、その他関連知識1（地方税、国税 ほか）、宅建業法（宅地建物取引業の意義（免許の要否）、免許の基準 ほか）、その他関連知識2（5点免除部分）（住宅金融支援機構法、景表法・公正競争規約 ほか）
　2017.7 105p B5 ¥1000 ⒤978-4-8132-7176-5

◆宅建士どこでも過去問　1　権利関係　2017年度版　日建学院編著　建築資料研究社　（日建学院「宅建士一発合格！」シリーズ）
【要旨】日建学院講師のワンポイント講義つき。全選択肢にダブル解説。ポイントの"1行解説"。よくわかる詳細解説。過去10年分・144問をテーマ別に収録。
　2017.1 310p 21×13cm ¥1300 ⒤978-4-86358-474-7

◆宅建士どこでも過去問　2　宅建業法編　2017年度版　日建学院編著　建築資料研究社　（日建学院「宅建士一発合格！」シリーズ）
【要旨】日建学院講師のワンポイント講義つき。全選択肢にダブル解説。ポイントの"1行解説"。よくわかる詳細解説。過去10年分・192問をテーマ別に収録。
　2017.1 406p 21×13cm ¥1300 ⒤978-4-86358-475-4

◆宅建士どこでも過去問　3　法令・税その他編　2017年度版　日建学院編著　建築資料研究社　（日建学院「宅建士一発合格！」シリーズ）
【要旨】日建学院講師のワンポイント講義つき。全選択肢にダブル解説。ポイントの"1行解説"。よくわかる詳細解説。過去10年分・155問をテーマ別に収録。
　2017.1 332p 21×13cm ¥1300 ⒤978-4-86358-476-1

◆宅建士2017年法改正と完全予想模試　串田誠一監修、コンデックス情報研究所編著　成美堂出版
【要旨】問題冊子（解答用紙付）が1回分ずつ取り外せる！合格ラインを3種類（32・33・35問）設定！　2017.7 1Vol. B5 ¥1500 ⒤978-4-415-22525-8

◆宅建士にたった3週間でユルーく合格！宅バイセンの極速テキスト＆予想模試　宅先輩著　秀和システム
【要旨】1日1項目の要点テキスト＋予想模試3回分！宅バイセンが極限までユルく解説するので小難しい文章が嫌いな人でもOK！専門用語は超訳しました！
　2017.8 231p B5 ¥1800 ⒤978-4-7980-5192-5

◆出る順宅建士ウォーク問過去問題集　1　権利関係　2018年版　LEC東京リーガルマインド編著　東京リーガルマインド　（出る順宅建士シリーズ）第31版

【要旨】30年分の過去問から重要問題を厳選！最新の過去問（平成29年度）は分野ごとに全問収録！LEC独自に集計した「受験者正解率」と「重要度ランク」を問題ごとに表示！
　2017.12 356p A5 ¥1500 ⒤978-4-8449-9668-2

◆出る順宅建士ウォーク問過去問題集　2　宅建業法　2018年版　LEC東京リーガルマインド編著　東京リーガルマインド　（出る順宅建士シリーズ）第31版
【要旨】平成29年度本試験問題を分野ごとに「全問」収録！合格するために必要な過去問をセレクトして、網羅的・体系的に収録！正解肢を導くポイントが一目瞭然！スッキリ「一言解説」と理解を深める「詳細解説」！18年におよぶLEC独自の解答リサーチから算出する、受験生の本試験正解率データ付き！持ち運びに便利なサイズ！通勤・通学などのスキマ時間にも手軽に学習可能！『出る順宅建士合格テキスト』と完全リンク！本書との併用がおすすめ！
　2017.12 378p B6 ¥1500 ⒤978-4-8449-9669-9

◆出る順宅建士ウォーク問過去問題集　3　法令上の制限・税・その他　2018年版　LEC東京リーガルマインド編著　東京リーガルマインド　（出る順宅建士シリーズ）第31版
【要旨】平成29年度本試験問題を分野ごとに「全問」収録！合格するために必要な過去問をセレクトして、網羅的・体系的に収録！正解肢を導くポイントが一目瞭然！スッキリ「一言解説」と理解を深める「詳細解説」！18年におよぶLEC独自の解答リサーチから算出する、受験生の本試験正解率データ付き！持ち運びに便利なサイズ！通勤・通学などのスキマ時間にも手軽に学習可能！『出る順宅建士合格テキスト』と完全リンク！本書との併用がおすすめ！
　2018.1 424p 19×13cm ¥1800 ⒤978-4-8449-9670-5

◆出る順宅建士合格テキスト　1　権利関係　2018年版　LEC東京リーガルマインド編著　東京リーガルマインド　（出る順宅建士シリーズ）第31版
【要旨】出題傾向に左右されない！知識網羅型テキスト。合格に必要な重要事項を「合格ステップ」に凝縮！より深い理解を促すわかりやすい解説と豊富な図表！
　2017.12 429p A5 ¥2300 ⒤978-4-8449-9665-1

◆出る順宅建士合格テキスト　2　宅建業法　2018年版　LEC東京リーガルマインド編著　東京リーガルマインド　（出る順宅建士シリーズ）第31版
【目次】超合理的合格法ガイダンス、宅地建物取引業の意味、事務所の設置、免許、事務所以外の場所の規制、宅地建物取引士、営業保証金、弁済業務保証金、媒介・代理契約、広告等に関する規制、重要事項の説明、37条書面、その他の業務上の規制、自ら売主制限、報酬額の制限、監督・罰則　2017.12 306p A5 ¥1900 ⒤978-4-8449-9666-8

◆出る順宅建士合格テキスト　3　法令上の制限・税・その他　2018年版　LEC東京リーガルマインド編著　東京リーガルマインド　（出る順宅建士シリーズ）第31版
【要旨】各章のはじめに「何を学ぶか？どこに着目するか？」を掲載！これから学習する内容がひと目でわかります。押さえておくべき「重要条文」を随所に掲載しているので、難解な本試験の表現にも対応可能！「合格ステップ」で頻出論点を完全網羅！重要度ランク・反復チェック欄付きで直前期の復習にも便利！各単元ごとに学習した内容が「宅建試験に出る！問題」ですぐに理解度チェックできる！『出る順宅建士ウォーク問過去問題集』と完全リンク！本書との併用がおすすめ！
　2018.1 469p A5 ¥2800 ⒤978-4-8449-9667-5

◆出る順宅建士重要ポイント555　2017年版　LEC東京リーガルマインド編著　東京リーガルマインド　（出る順宅建士シリーズ）第8版
【要旨】見て覚える！暗記シートで重要キーワード・重要数字をしっかり暗記！音声をダウンロードして、通勤・通学のスキマ時間を有効活用！解いて覚える！ポイントごとに過去問を解いて実戦力強化！
　2017.5 285p B6 ¥1200 ⒤978-4-8449-9660-6

◆出る順宅建士直前大予想模試　2017年版　LEC東京リーガルマインド編著　東京リーガルマインド　（出る順宅建士シリーズ）第24版
【要旨】模試4回分収録。本試験と同じ形式。
　2017.6 1Vol. B5 ¥1600 ⒤978-4-8449-9661-3

◆出る順宅建士○×1000肢問題集　2017年版　LEC東京リーガルマインド編著　東京リーガルマインド　（出る順宅建士シリーズ）（付属資料：赤シート1）第7版
【要旨】ハンディータイプで持ち運びに便利！スキマ時間の学習に最適！いつでもどこでも問題演習！暗記シート付きだから重要キーワードが頭に入っているか確認できる！「重要度」や「正解チェック欄」で効率的な復習ができる！『出る順宅建士合格テキスト』と『どこでも宅建士とらの巻』とリンク！知識の再確認に効果的！一問一答形式でスピーディーに総チェック！LECオリジナルの良問揃い！2017年法改正に対応！
　2017.5 429p 17cm ¥1700 ⒤978-4-8449-9663-7

◆どこでも宅建士とらの巻　2017年版　LEC東京リーガルマインド編著　東京リーガルマインド　（付属資料：別冊1）第17版
【要旨】合格に必要なエッセンスを凝縮。2017年法改正完全対応。取り外して使える！これだけは覚えておきたい暗記集「とらの子」付き！
　2017.5 493p A5 ¥2000 ⒤978-4-8449-9662-0

◆どこでも学ぶ宅建士 基本テキスト　2018年度版　日建学院編著　建築資料研究社　（日建学院「宅建士一発合格！」シリーズ）
【目次】第1編　権利関係（制限行為能力者、意思表示 ほか）、第2編　宅建業法（用語の定義、免許制度 ほか）、第3編　法令上の制限（都市計画法（都市計画、開発許可制度）、建築基準法（総則・単体規定、集団規定）ほか）、第4編　税・鑑定（地方税、不動産の譲渡所得 ほか）、第5編　免除科目（住宅金融支援機構、景品表示法 ほか）
　2017.12 649p A5 ¥2800 ⒤978-4-86358-538-6

◆どこでも○×宅建士999（スリーナイン）2017年度版　日建学院編著　建築資料研究社　（付属資料：赤シート1）
【要旨】"基礎体力"づくり＆"実戦力"アップに最適!!これだけで合格る999問を収録。Basic編として基礎的な知識を問う222問と、Advance編として過去問から重要度の高い選択肢777問をセレクトし、それらをテーマ別に編成しました。1つ1つの肢について正しく判断することができる、しっかりとした知識は、近年本試験で出題数が増えている個数問題や組合せ問題攻略に必須です。
　2017.3 505p 21×13cm ¥1600 ⒤978-4-86358-483-9

◆とことん宅建士本試験問題ズバッ！と10　2018年度版　日建学院編著　建築資料研究社　（日建学院「宅建士一発合格！」シリーズ）
【要旨】平成20年度～平成29年度の10年分の問題を収録。
　2017.12 625p A5 ¥2500 ⒤978-4-86358-542-3

◆ドンドン解ける！宅建士合格テキスト　'18年版　串田誠一監修、コンデックス情報研究所編著　成美堂出版　（付属資料：赤シート1）
【要旨】わかりやすいイラスト・図表で理解と記憶がスピードアップ。各テーマの出題実績がわかる！章末の一問一答確認問題で最終チェック。最新の法改正に完全対応！本書編集後から平成30年4月1日（出題法令基準日）までの最新法改正もブログで完全フォロー！
　2018.1 575p A5 ¥2300 ⒤978-4-415-22617-0

◆働くあなたを全力サポート！ゼロからはじめる宅建士の教科書　2018年度版　とり書房教務部文貴・制作　ネットスクール出版
【要旨】これまで出版されてきた宅建士の受験参考書とは全く異次元のコンセプト、学習時間の「時短」をテーマにした実戦参考書です。暗記すべき重要項目をトップにおき、理解できたり覚えていきやすければという前提に、ドンドン先の単元に進むことを前提に、基礎項目をあえて後に記述しています。
　2017.11 591p A5 ¥2800 ⒤978-4-7810-0249-1

◆パーフェクト宅建一問一答　平成29年版　住宅新報社編　住宅新報社
【要旨】過去問厳選○×問題で弱点克服＆得点アップ!!不得意科目を徹底攻略!!
　2017.1 566p A5 ¥1700 ⒤978-4-7892-3820-5

◆パーフェクト宅建過去問10年間　2018年版　住宅新報社編　住宅新報社　（付属資料：別冊1）
【要旨】「宅建過去問ナビ」で出題傾向がまるわかり!!問題ごとに難易度がわかって便利！
　2017.12 339p A5 ¥2600 ⒤978-4-7892-3844-1

◆パーフェクト宅建基本書　2018年版　住宅新報社編　住宅新報社
【要旨】一発合格のための最強のメソッド！「宅建用語・判例ナビ」つき。わかりにくい用語も判例もこれで解決！
2017.11 725p A5 ¥2800 ①978-4-7892-3843-4

◆パーフェクト宅建基本予想問題集　平成29年版　住宅新報社編　住宅新報社
【要旨】オリジナル問題250問！ 年々難しくなる宅建試験に対応できる最強の一冊!!
2017.1 515p A5 ¥2600 ①978-4-7892-3826-7

◆パーフェクト宅建直前予想模試　平成29年版　住宅新報社編　住宅新報社
【要旨】難易度別オリジナル問題2回分。過去問セレクト1回分。法改正情報付き！
2017.6 303p B5 ¥917 ①978-4-7892-3842-7

◆パーフェクト宅建分野別過去問題集　平成29年版　住宅新報社編　住宅新報社
【要旨】見開き完結スタイル＆最重要250問を徹底解説！ 主要3分野の効果的な学習方法のポイント＆重要論点も掲載！
2017.1 539p A5 ¥2500 ①978-4-7892-3799-4

◆パーフェクト宅建要点整理　平成29年版　住宅新報社編　住宅新報社
【要旨】1項目を見開き完結でスッキリ解説。図表やチャートで知識を整理!!
2017.1 435p A5 ¥2200 ①978-4-7892-3805-2

◆必勝合格宅建オリジナル問題集　平成29年度版　総合資格学院編　総合資格
【要旨】151問の重要問題。資格スクールのノウハウが満載！
2017.4 307p B5 ¥2000 ①978-4-86417-217-2

◆必勝合格宅建士過去問題集　平成30年度版　総合資格学院編　総合資格
【要旨】高合格率の総合資格学院が厳選 合格に必要な過去問で実力養成！ 問題の重要度と難易度を3段階で表示！ 繰り返し学習に便利なチェック欄付き！ 必勝合格Check！で重要ポイントを整理！
2017.12 548p A5 ¥2500 ①978-4-86417-254-7

◆必勝合格宅建士テキスト　平成30年度版　総合資格学院編　総合資格
【要旨】高合格率の総合資格学院が贈るわかりやすさを追求したテキスト！ 条文・原則をしっかり押さえる！ 重要度アイコンと出題履歴で傾向をつかむ！ 講師からのアドバイス満載！
2017.12 731p A5 ¥2800 ①978-4-86417-253-0

◆必勝合格宅建直前予想模試　平成29年度版　総合資格学院編　総合資格
【目次】巻頭特集（特集 過去5年出題論点表）、予想模擬試験
2017.1 151p A5 ¥2500 ①978-4-86417-218-9

◆法改正最新統計完全対応 宅建士超速マスター　2017年度版　TAC宅建士講座編著, 都丸正弘執筆　TAC出版　（付属資料：赤シート1）
【要旨】まだ間に合う！ 35時間完成でイッキに合格!!最重要ポイントをギュッと集約・図表も豊富！ 最新統計のまとめページはダウンロード。
2017.7 341p A5 ¥1600 ①978-4-8132-7175-8

◆本試験をあてる TAC直前予想 宅建士2017　TAC宅建士講座編著　TAC出版　（付属資料：別冊1）
【要旨】合格水準を3段階に設定。予想模試3回分収録。
2017.6 1Vol. B5 ¥1600 ①978-4-8132-7142-0

◆ポンと受かる！ 宅建士　2017年度版　島本昌和著　エクシア出版
【要旨】大ダヌキ社長と新入社員の小ダヌキちゃんの会話を読むだけで過去問解ける！ 今からでもすぐ受かる!!法改正にも完全対応。受かるのに必要なことだけ入ってます。
2017.6 461p A5 ¥2000 ①978-4-908804-21-2

◆まるかじり宅建士逆転合格ゼミ　2017年度版　相川眞一著　TAC出版　（まるかじり宅建士シリーズ）
【要旨】短期間で「勝つべくして勝つ！」出題確率重視成功を呼べる90論点。「超合理的」に学べる要点整理集。
2017.5 338p 19cm ¥1500 ①978-4-8132-7029-4

◆まるかじり宅建士最短合格テキスト　2017年度版　相川眞一執筆, TAC宅建士講座編著　TAC出版　（まるかじり宅建士シリーズ）
【目次】プロローグ（入門）（まちづくりのルーツ、（旧）住宅金融公庫 ほか）、民法等（委任契約、請負契約 ほか）、宅建業法（宅地建物取引業者とは、宅地建物取引業とは ほか）、不動産に関する行政法規（都市計画法、建築基準法 ほか）、免除科目（住宅金融支援機構、景表法 ほか）
2017.1 339p A5 ¥2400 ①978-4-8132-7027-0

◆まるかじり宅建士最短合格トレーニング　2017年度版　相川眞一執筆, TAC宅建士講座編著　TAC出版　（まるかじり宅建士シリーズ）
【目次】クイズ！ まるかじり宅建士!!、プロローグ（入門）、民法等、宅建業法、不動産に関する行政法規、免除科目
2017.1 364p A5 ¥1800 ①978-4-8132-7028-7

◆マンガ宅建士 はじめの一歩　2018年版　久保望原作, 井上のぼる漫画　住宅新報社
【要旨】入門から総まとめまで、使える一冊！
2017.10 363p A5 ¥2500 ①978-4-7892-3854-0

◆マンガ宅建塾　2017年版　宅建学院著　宅建学院
【目次】第1編 権利関係（制限行為能力者と意思表示、代理 ほか）、第2編 宅建業法（宅建業、宅地建物取引士 ほか）、第3編 法令上の制限（都市計画法、建築基準法 ほか）、第4編 その他の分野（住宅金融支援機構、公示価格 ほか）
2017.2 260p A5 ¥2400 ①978-4-909084-00-2

◆みんなが欲しかった！ 宅建士の教科書　2018年度版　滝澤ななみ著　TAC出版　（付属資料：別冊3）
【要旨】論点をやさしい言葉でわかりやすく説明！ 文字量少なめ！ 図解やイラストを用いてポイントを徹底的に整理！ 周辺知識や用語などの補足情報も収録。心の行き届いた内容！ 勉強したらすぐ関連問題が解ける、実力がアップする仕組み！
2017.10 1Vol. A5 ¥3000 ①978-4-8132-7417-9

◆みんなが欲しかった！ 宅建士の12年過去問題集　2017年度版　滝澤ななみ著　TAC出版
【要旨】肢ごとに重要度がわかる。問題ごとに難易度がわかる。12年分の本試験をやさしい順に掲載。問題・解説2分冊。
2017.1 303, 401p A5 ¥2600 ①978-4-8132-6982-3

◆みんなが欲しかった！ 宅建士の問題集 本試験論点別　2018年度版　滝澤ななみ著　TAC出版　（付属資料：別冊3）
【要旨】出題実績と傾向を徹底分析、厳選した過去問を「論点別」収録。難易度もわかる！「問題演習」と「ポイントチェック」が同時にでき、知識が確実に定着するつくり！「最新」過去問を解いて、実戦力を強化できる！ 出題傾向対策もバッチリ！「教科書」とセットで使いやすい！ 分野別に抜き取りできる「3分冊」
2017.10 1Vol. A5 ¥2500 ①978-4-8132-7418-6

◆楽学宅建士 一問一答　平成29年版　氷見敏明著　住宅新報社
【要旨】○×問題1000問!!実力アップの近道!!
2017.1 489p A5 ¥2000 ①978-4-7892-3827-4

◆楽学宅建士 過去問題集　2018年版　植杉伸介, 小川多聞, 高橋あゆ著　住宅新報社
【要旨】重要過去問250問×問題と解説を見開き掲載!!
2017.11 525p A5 ¥2600 ①978-4-7892-3851-9

◆楽学宅建士基本書　2018年版　氷見敏明著　住宅新報社
【要旨】本文が3分冊に取り外しできる!!×著者の講義動画を無料配信!!
2017.11 507p A5 ¥2900 ①978-4-7892-3850-2

◆楽学宅建士 マンガ入門　2018年版　植杉伸介著, 河野やし画　住宅新報社
【要旨】マンガで直感的にわかる！ ×重要ポイントでアタマを整理！ 宅建士試験をマンガで攻略!?ストーリー形式で試験分野の概要をつかむ！
2017.11 525p A5 ¥2300 ①978-4-7892-3849-6

◆楽学宅建士 要点整理　2018年版　住宅新報社編　住宅新報社　（付属資料：赤シート1）
【目次】第1編 宅建業法（宅建業の意味、免許の手続・効力 ほか）、第2編 権利関係（制限行為能力者、意思表示 ほか）、第3編 法令上の制限（都市計画の決定―都市計画法、地域地区―都市計画

画法 ほか）、第4編 その他の分野（不動産取得税、固定資産税 ほか）
2017.12 289p B6 ¥1800 ①978-4-7892-3852-6

◆らくらく宅建塾　2017年版　宅建学院著　（所沢）宅建学院
【要旨】最新年度にバッチリ対応!!H28年本試験問題も例題に！
2017.3 532p A5 ¥3000 ①978-4-909084-01-9

◆らくらく宅建塾　2018年版　宅建学院著　宅建学院
【要旨】楽勝ゴロ合せ、H29年本試験問題も例題に！ 最新年度にバッチリ対応!!
2017.12 532p A5 ¥3000 ①978-4-909084-10-1

◆わかって合格（うか）る宅建士 一問一答セレクト600　2017年度版　TAC宅建士講座編著　TAC出版　（わかって合格る宅建士シリーズ）
【要旨】正確な知識がモノを言う！ 個数問題対策に威力を大発揮!!頻出・重要論点に基づいた600問を厳選収録!!
2017.1 425p 19cm ¥1800 ①978-4-8132-6979-3

◆わかって合格（うか）る宅建士 過去問12年PLUS　2017年度版　TAC宅建士講座編著　TAC出版　（わかって合格る宅建士シリーズ）　（付属資料：別冊2）
【要旨】本試験12年分の全問題を収録。巻頭の「詳細出題分析」でどこが狙われたか、わかる!!法改正等にもキッチリ対応済み。解説はポイントがわかる2色刷り。
2017.1 1Vol. A5 ¥2600 ①978-4-8132-6977-9

◆わかって合格（うか）る宅建士 過去問ベスト300　2017年度版　TAC宅建士講座編著　TAC出版　（わかって合格る宅建士シリーズ）
【要旨】出題パターンを徹底カバーする「超定番」の良問300問を厳選。分野・項目別に使いやすい1問1見開きレイアウト、しかも3分冊で収録しました。
2017.1 607p A5 ¥2500 ①978-4-8132-6978-6

◆わかって合格（うか）る宅建士 基本テキスト　2018年度版　木曽計行著　TAC出版　（わかって合格る宅建士シリーズ）　（付属資料：赤シート1）
【目次】第1編 民法等（契約を結ぶときに問題となること（売買契約を中心に考えてみよう）、契約の内容を実現する段階で問題となること（売買契約を中心に考えてみよう） ほか）、第2編 宅建業法（宅建業者になる、宅建士は取引のスペシャリスト ほか）、第3編 法令上の制限（都市計画法、建築基準法 ほか）、第4編その他関連知識（不動産に関する税金、税金以外の関連知識）
2017.12 670p A5 ¥3000 ①978-4-8132-7550-3

◆FP・金融機関職員のための宅建合格テキスト　平成29年度版　きんざいファイナンシャル・プランナーズ・センター編著　きんざい
【要旨】FP・金融機関職員のための専用宅建教材。免除科目もしっかりカバー。
2017.4 527p A5 ¥2300 ①978-4-322-13056-0

◆FP・金融機関職員のための宅建合格テキスト　平成30年度版　きんざいファイナンシャル・プランナーズ・センター編著　きんざい
【要旨】FP・金融機関職員のための専用宅建教材。
2018.1 527p A5 ¥2300 ①978-4-322-13150-5

◆FP・金融機関職員のための宅建合格問題集　平成29年度版　きんざいファイナンシャル・プランナーズ・センター編著　きんざい
【要旨】FP・金融機関職員のための専用宅建教材。免除科目もしっかりカバー。
2017.4 442p A5 ¥2200 ①978-4-322-13057-7

◆U-CANの宅建士過去10年問題集　2017年版　ユーキャン宅建士試験研究会編　ユーキャン学び出版, 自由国民社 発売　（付属資料：別冊1）　第4版
【要旨】過去問を制する者は宅建士試験を制します！直近の平成28年度本試験も、もちろん反映。詳しくてよくわかる解説で、一気に合格レベルへ到達！
2017.1 382p A5 ¥2500 ①978-4-426-60923-8

◆U-CANの宅建士これだけ！ 一問一答集　2017年版　ユーキャン宅建士試験研究会編　ユーキャン学び出版, 自由国民社 発売　（付属資料：赤シート1）　第7版

経済・産業・労働

【要旨】持ち運びに便利なコンパクトサイズで、スキマ時間を有効活用！合格のための厳選800問。図表で横断整理できる「要点まとめ」つき！
2017.2 429p 18cm ¥1800 ①978-4-426-60924-5

◆U‐CANの宅建士速習レッスン 2018年版　ユーキャン宅建士試験研究会編　ユーキャン学び出版, 自由国民社 発売　第13版
【要旨】ユーキャン講師陣による過去問の徹底分析から, 合格に必要な知識を60レッスンに凝縮。理解を深める欄外解説, 「？」を解決する補足コラムが充実。学習したらすぐに解ける○×問題つきで知識が定着。
2017.12 722p A5 ¥2800 ①978-4-426-61004-3

◆U‐CANの宅建士テーマ別問題集 2018年版　ユーキャン宅建士試験研究会編　ユーキャン学び出版, 自由国民社 発売　(付属資料:別冊1)　第13版
【要旨】過去問知識のエッセンスが身につく問題を厳選！1肢ごとにていねいに解説。役立つコラムも充実！姉妹書『速習レッスン』へのリンクつきで復習しやすい！別冊に「実力チェック模試」を収録。腕試しに最適！
2017.12 575p A5 ¥2500 ①978-4-426-61005-0

◆U‐CANの宅建士 まんが入門 2018年版　ユーキャン宅建士試験研究会編　ユーキャン学び出版, 自由国民社 発売　第3版
【要旨】マンガで学べる宅建士試験の全体像。初学者から学習経験者まで, 基礎固めに必要十分な知識を凝縮！
2017.10 268p B6 ¥2200 ①978-4-426-60982-5

 土地家屋調査士試験

◆土地家屋調査士 解説不動産表示登記記録例　山井由典著　東京法経学院
【目次】第1部 一般事件に関する登記（土地の表示に関する登記, 建物の表示に関する登記, 第2部 国土調査に関する登記（従来から存する土地の場合, 字名の更正, 地番の変更 ほか）, 第3部 土地区画整理に関する登記（一筆対一筆換地の場合, 合併型（数筆対一筆型）換地の場合, 分筆型（一筆対数筆型）換地の場合 ほか）
2017.8 226p B5 ¥2000 ①978-4-8089-2440-9

◆土地家屋調査士 過去問セレクト "午後の部・択一"　土地家屋調査士受験研究会編　法学書院　改訂第4版
【要旨】出題傾向に対応した重要過去問を収録！民法, 不登法, 調査士法の過去問を分野別に厳選し体系的に配列！正解の「根拠」と「結論」を明快にした解説で解き方がわかる！
2017.10 375p A5 ¥3300 ①978-4-587-41734-5

◆土地家屋調査士受験100講 1 理論編―不動産表示登記法と調査士法　早稲田法科専門学院編, 深田静夫著　早研
【要旨】調査士受験のバイブル！受験に必要な事項を凝縮した決定版！会社法人等番号及び審査請求等改正に対応！
2017.10 485p B5 ¥4500 ①978-4-903013-12-1

◆土地家屋調査士 不動産登記法・政省令逐条解説　土地家屋調査士受験研究会編　法学書院　改訂第2版
【要旨】難解な条文順に関係する「政省令」（不動産登記令・不動産登記規則）及び「準則」を整理して解説！「重要通達」106を関係する不登法条文順に編集！年度順の「通達索引」も収録！
2017.3 302p A5 ¥2700 ①978-4-587-41712-3

◆土地家屋調査士本試験問題と詳細解説 平成29年度　東京法経学院編集部編　東京法経学院
【要旨】平成29年度の全問（午前の部と午後の部）をポイント解説。試験傾向と分析も収録―本試験が分かる。
2017.12 128p B5 ¥1500 ①978-4-8089-2443-0

◆土地家屋調査士六法 平成30年版　東京法経学院編集部編　東京法経学院
【要旨】実務と登記に必要な法令・判例・先例等を収録し, 主要な法令には参照条文を掲載!!横2段組, 大きな活字。テキスト感覚で読める六法！
2017.12 1317p A5 ¥5000 ①978-4-8089-0121-9

◆日建学院土地家屋調査士記述式過去問 平成30年度版　日建学院編著, 斉木公一監修　建築資料研究社
【要旨】末広がりの八年分（平成22年度～平成29年度）収録！本試験で問題を解くことを想定した実戦的な構成！各小問一つ一つについて具体的かつ丁寧に解説！初学者から上級者まで。
2017.10 381p B5 ¥3600 ①978-4-86358-519-5

◆日建学院土地家屋調査士択一式過去問 平成30年度版　日建学院編著, 斉木公一監修　建築資料研究社
【要旨】末広がりの八年分の問題を項目別に収録！（平成29年度分は本試験形式で再現掲載）。法令, 先例・通達, 判例に基づいた詳細かつシステマティックな解説で, 論理的思考力を養成！
2017.10 503p A5 ¥3400 ①978-4-86358-518-8

◆日建学院土地家屋調査士本試験問題と解説＆口述試験対策集 平成29年度　日建学院編著, 斉木公一監修　建築資料研究社
【要旨】平成29年度筆記試験の問題を再現, どこよりも詳細な解説を収録！充実の口述試験対策編にも注目！
2017.10 107p B5 ¥1200 ①978-4-86358-517-1

 社会保険労務士

◆一発合格！社労士選択式トレーニング問題集 4 健康保険法・国民年金法 2017年対策　資格の大原社会保険労務士講座編著　大原出版　(付属資料:赤シート1)　第12版
【目次】健康保険法（健康保険法, 健康保険法（過去本試験問題）, 健康保険法・国民年金法（文中ヒント問題）, 国民年金法（国民年金法, 国民年金法（過去本試験問題））
2017.3 241, 249p A5 ¥950 ①978-4-86486-407-7

◆一発合格！社労士選択式トレーニング問題集 5 厚生年金保険法・社会保険に関する一般常識 2017年対策　資格の大原社会保険労務士講座著　大原出版　(付属資料:赤シート1)　第12版
【要旨】受験生から絶大支持！資格の大原の選択式問題集。圧倒的問題数！全巻総計500問超。選択式過去問を全収録、「文中ヒント問題」で未知の問題に備える、赤シートで重要項目を覚える、過去出題箇所が一目で分かる。
2017.4 213, 167p A5 ¥950 ①978-4-86486-408-4

◆うかる！社労士テキスト＆問題集 2018年度版　富田朗監修　日本経済新聞出版社
【目次】1 労働基準法, 2 労働安全衛生法, 3 労働者災害補償保険法, 4 雇用保険法, 5 労働保険の保険料の徴収等に関する法律, 6 労務管理その他の労働に関する一般常識, 7 健康保険法, 8 国民年金法, 9 厚生年金保険法, 10 社会保険に関する一般常識
2017.10 1087p A5 ¥3500 ①978-4-532-40938-8

◆うかる！社労士入門ゼミ 2018年度版　富田朗著　日本経済新聞出版社
【要旨】出題10科目の基礎がバッチリ身につく！基礎知識と一問一答で基礎固め！試験の全体像をつかむ＋出題の論点がわかる。
2017.9 335p A5 ¥1900 ①978-4-532-40933-3

◆うかるぞ社労士SRゼミ 直前模擬試験 2017年版　秋保雅男責任編集　週刊住宅新聞社
【要旨】本試験さながらの模擬問題を実現！2回分。
2017.5 1Vol. B5 ¥1600 ①978-4-7848-0927-1

◆岡根式 社労士試験はじめて講義 2018年度版　岡根一雄著　TAC出版
【要旨】法律の骨格がよくわかる入門書。問題を解いて, 知識にする極意も伝授！法改正にも対応！
2017.8 258p B6 ¥1400 ①978-4-8132-7232-8

◆おきらく社労士の特定社労士受験ノート 平成29年度版　佐々木昌司著　住宅新報社
【要旨】あっせん事件における「争点」がわかる重点解説！倫理問題の受任関係をシンプルな図解で徹底整理！第6回～第12回の過去問全問と解答指針を完全収録！
2017.6 359p A5 ¥2800 ①978-4-7892-3866-3

◆過去問題集 社労士過去問題10年網羅 vol.1 労基法・安衛法（2018）　山川靖樹著　E‐prost
【要旨】3年サイクル、5年サイクルでの出題される問題に対応した10年網羅過去問題集です。解説は全て山川靖樹が執筆。山川靖樹が執筆する基本テキストと完全連動していることも特長です。
2017.10 352p A5 ¥1300 ①978-4-908835-51-3

◆過去問題集 社労士過去問題10年網羅 vol.3 国民年金法・厚生年金保険法 2018　山川靖樹著　E‐prost
【要旨】山川基本テキストと完全対応。3年サイクル・5年サイクルの出題に対応した10年収録過去問集。
2017.12 448p A5 ¥1600 ①978-4-908835-53-7

◆過去問題集 社労士過去問題10年網羅 vol.2 労災保険法・雇用保険法・徴収法 2018　山川靖樹著　E‐prost
【要旨】3年サイクル・5年サイクルでの出題される問題に対応した10年網羅過去問題集です。解説は全て山川靖樹が執筆。山川靖樹が執筆する基本テキストと完全連動していることも特長です。
2017.10 499p A5 ¥1800 ①978-4-908835-52-0

◆勝つ！社労士受験 過去問徹底攻略 2018年版　山川靖樹の社労士予備校著　労働調査会　「月刊社労士受験」別冊
【要旨】直近5年分の過去問を掲載！法改正に合わせて問題を修正済み！本試験と同じ出題形式で実戦的訓練に役立つ！
2017.12 444p B5 ¥1800 ①978-4-86319-620-9

◆勝つ！社労士受験 ゴロ合わせ徹底攻略 2018年版　庵谷賢一編著　労働調査会　「月刊社労士受験」別冊
【要旨】クスッと笑えるゴロ合わせとイラストで楽しく記憶！論点ごとにまとめているから、試験でそのまま使える！ゴロ合わせを使った過去問も充実！イメージ化で楽しく覚える暗記術！膨大な暗記作業がラクになる！
2017.10 289p B6 ¥1600 ①978-4-86319-618-6

◆勝つ！社労士受験 ○×答練徹底攻略 2018年版　小林勇監修, 山川靖樹の社労士予備校著　労働調査会　「月刊社労士受験」別冊
【要旨】取り組みやすい一問一答集！最小限の問題数で最大の効果！インプット学習中から直前期まで使える！
2017.12 121p B5 ¥1300 ①978-4-86319-619-3

◆基本テキスト 社労士山川講義付き。vol.2 労災保険法・雇用保険法・徴収法（2018）　山川靖樹著　E‐prost
【目次】第1編 労働者災害補償保険法（総則, 業務災害と通勤災害, 給付基礎日額 ほか）, 第2編 雇用保険法（総則, 通則, 求職者給付 ほか）, 第3編 労働保険徴収法（労働保険関係の成立及び消滅, 労働保険料の納付の手続等 ほか）
2017.10 428p A5 ¥2300 ①978-4-908835-48-3

◆基本テキスト社労士山川講義付き。vol.3 国民年金法・厚生年金保険法 2018　山川靖樹著　E‐prost
【目次】第1編 国民年金法（総則, 被保険者, 給付, 国民年金事業の円滑な運営を図るための措置, 積立金の運用及び費用の負担, 不服申立て等, 国民年金基金及び国民年金基金連合会）, 第2編 厚生年金保険法（総則, 被保険者, 標準報酬月額及び標準賞与額, 届出等, 保険給付, 積立金の運用及び費用の負担, 不服申立て等, 存続厚生年金基金）
2017.12 431p A5 ¥2400 ①978-4-908835-49-0

◆ごうかく社労士基本テキスト 2018年版　秋保雅男監修, 労務経理ゼミナール共著　中央経済グループパブリッシング
【要旨】確かな合格への原点！本試験での頻出事項を完全網羅！制度趣旨と論点でよくわかる！発刊後の法改正は追録でフォロー！
2017.10 952p A5 ¥3500 ①978-4-502-24881-8

◆30日で完成！超速暗記！社労士語呂合わせ 2017年度版　澤田省悟著　TAC出版　(付属資料:別冊1;赤シート1)
【目次】労働基準法, 労働安全衛生法, 労災保険法, 雇用保険法, 労働保険料徴収法, 労務管理その他の労働に関する一般常識, 健康保険法, 国民年金法, 厚生年金保険法, 社会保険に関する一般常識, 横断整理
2017.4 235p B6 ¥1400 ①978-4-8132-6746-1

◆社会保険労務士受験マスターノート　平成29年版　日本経営教育センター編　労働法令
【要旨】コンパクトにまとめた「重要項目」、書いて覚えるスタイル、択一式・選択式いずれの学習にも対応！重要点を書いて覚える決定版！！
2017.2 386p B5 ¥3000 ①978-4-86013-089-3

◆社会保険労務士のための要件事実入門　河野順一著　日本評論社
【要旨】通常業務に役立つだけでなく、訴訟で「補佐人」となるために必要な個別労働紛争等に関する基礎的・専門的知識と考え方をわかりやすく解説した、社労士必携の一冊。
2017.2 197p A5 ¥2100 ①978-4-535-52238-1

◆社労士過去10年分問題集　1　労働法編　2018年合格　佐藤としみ著　辰已法律研究所
【要旨】択一式・選択式完全網羅。
2017.10 315p A5 ¥1200 ①978-4-86466-355-7

◆社労士過去問講座 社会保険科目 国年・厚年・健保・社一・労一編　小林勇著　あさ出版　（社労士“書籍講座”vol.4）
【要旨】7年分の過去問題を収録！小林勇による最新過去問の傾向分析、要点解説音声が付いた無敵の過去問！
2017.2 897p A5 ¥3200 ①978-4-86063-933-4

◆社労士過去問神速インストール 社会保険編　2018年版　小林孝雄著　中央経済社、中央経済グループパブリッシング 発売
【要旨】過去10年間の択一式の中から定番問題を厳選し614問を収録！
2017.12 251p B6 ¥2000 ①978-4-502-24011-9

◆社労士過去問神速インストール 労働編　2018年版　小林孝雄著　中央経済社、中央経済グループパブリッシング 発売
【要旨】過去10年間の択一式の中から定番問題を厳選し562問を収録！効率的な学習にふさわしい問題集。
2017.12 236p B6 ¥2000 ①978-4-502-23471-2

◆社労士過去問題集　vol.4　過去問一〇年網羅。一健康保険法・一般常識　2017年版　山川靖樹著　E‐prost
【要旨】山川基本テキストと完全対応。3年サイクル・5年サイクルの出題に対応した10年収録過去問。
2017.3 494p A5 ¥1200 ①978-4-908835-41-4

◆社労士基本テキスト 山川講義付き。vol.1　労働基準法・労働安全衛生法　2018　山川靖樹著　E‐prost
【目次】第1編 労働基準法（総則、労働契約、賃金、労働時間・休憩・休日・年次有給休暇、年少者ほか）、第2編 労働安全衛生法（総則等、安全衛生管理体制、労働者の危険又は健康障害を防止するための措置、機械等並びに危険物及び有害物に関する規制、労働者の就業に当たっての措置 ほか）
2017.9 293p A5 ¥1800 ①978-4-908835-47-6

◆社労士基本テキスト 山川講義付き。vol.4　健康保険法・一般常識　2017年版　山川靖樹著　E‐prost　（付属資料：CD‐ROM1）
【要旨】60分×10回。MP3データ収録。スマートフォン、音楽プレイヤーでも学習可能。
2017.3 498p A5 ¥1800 ①978-4-908835-37-7

◆社労士 最強の一般常識問題集　2017年度版　TAC社会保険労務士講座編著　TAC出版　（付属資料：ブラインドシート1）
【要旨】一般常識科目はこれで仕上げる！合格点をとるために必要なコトは全部入ってます！育児・介護休業法、確定拠出年金法など重要法改正に対応！白書、統計資料も試験頻出ポイントを網羅！問題ごとに重要度ランクつき！メリハリもばっちり！
2017.5 265p A5 ¥1600 ①978-4-8132-6789-8

◆社労士出るとこマスター　2018年版　リサ・ファクトリー著　中央経済社、中央経済グループパブリッシング 発売
【要旨】本書の3大特長：(1)学習論点を必要最小限に：「カンペキ主義」を捨て7割合格を目指す。(2)スキマ時間を活用できる：通勤・移動時間中に1単元を10分で！(3)記憶に残るしかけが満載：イラストやゴロあわせで楽しく学べる。30日でスピードインプット！
2017.10 356p A5 ¥2500 ①978-4-502-24361-9

◆社労士年金ズバッと解法 応用問題強化エディション　2018年版　古川飛祐著　秀和システム
【目次】早引きキーワード一覧表、なるほどカンタン！年金のしくみ丸っと入門、1年金問題ひとつで合格力がUPする！、実践！これでスッキリ！年金問題解読法、2図表チャートで覚える“数字編”、3図表チャートで覚える“用語編”、4ステップアップのために、資料 らくらく暗記単語カード
2017.9 312p A5 ¥2300 ①978-4-7980-5146-8

◆社労士 法改正・白書・統計 完全無欠の直前対策　2017年度版　TAC社会保険労務士講座編著　TAC出版
【要旨】試験頻出の法改正事項は、この1冊で速攻マスター。白書、統計も重要事項をピックアップ！予想問題つき！平成29年4月14日までの法改正に完全対応！！
2017.6 265p A5 ¥1200 ①978-4-8132-6790-4

◆社労士山川講義付き。「解法テクニック編」ひっかけ対策三〇〇選　2017年版　山川靖樹著　E‐prost　（付属資料：CD・ROM1）
【目次】第1章 “数字”のひっかけ、第2章 “主語”のひっかけ、第3章 “語尾”のひっかけ、第4章 “定義”のひっかけ、第5章 “適用条件”のひっかけ、第6章 “起算日”のひっかけ、第7章 “年齢”のひっかけ、第8章 “類似規定”のひっかけ
2017.2 161p A5 ¥1200 ①978-4-908835-43-8

◆社労士V 横断・縦断超整理本　30年受験　北村庄吾編　日本法令
【要旨】各科目に類似する項目を一気に横断！科目ごとの重要ポイントをきっちり縦断！出題パターンを分析した出題ランク付き。理解の確認ができる過去問題付き。図表を多く取り入れ、理解を促進。
2017.10 357p A5 ¥2500 ①978-4-539-74628-8

◆社労士V 平成29年度社会保険労務士試験 解説付模擬問題　社労士V受験指導班著　日本法令　（付属資料：別冊1）
【要旨】長文問題、事例問題、個数問題、組合せ問題など、最近の出題傾向を踏まえた問題を網羅！ 2017.5 62p B5 ¥1300 ①978-4-539-74623-3

◆社労士V 30年受験 条文順過去問題集 社会保険科目編　社労士V受験指導班著　日本法令
【要旨】スマホで視られる動画解説付き。10年分の択一式・選択式＋厳選5年分（全体の約20〜40%）の問題を繰り返し解いて実力UP！さらに講師による動画解説で重要項目、混乱しやすいポイントの理解を深める！
2017.11 455p A5 ¥1800 ①978-4-539-74630-1

◆社労士V 30年受験 条文順過去問題集 労働科目編　社労士V受験指導班著　日本法令
【要旨】スマホで視られる動画解説付き。10年分の択一式・選択式＋厳選5年分（全体の約20〜40%）の問題を繰り返し解いて実力UP！さらに講師による動画解説で重要項目、混乱しやすいポイントの理解を深める！
2017.11 517p A5 ¥1800 ①978-4-539-74629-5

◆詳解社労士過去問題集　’18年版　コンデックス情報研究所著　成美堂出版　（付属資料：別冊1）
【要旨】すべての選択肢に初心者にもわかりやすい解説。問題と解答は法改正に完全対応。解答・解説は合わせに便利な別冊式。平成29年〜23年の7年分。
2018.1 391p A5 ¥1800 ①978-4-415-22629-3

◆スラスラ解ける！ 社労士ウラ技合格法　’18年版　コンデックス情報研究所編著　成美堂出版
【要旨】数多くの資格試験問題を分析し、ウラ技合格法を開発してきた編著者が、誰でもカンタンに使えるウラ技を大公開！！
2018.1 255p A5 ¥1600 ①978-4-415-22606-4

◆ゼロからスタート！ 社労士テキスト　2018年対策　資格の大原社会保険労務士講座編著　大原出版　第4版
【要旨】社労士試験の全科目を網羅した入門書！
2017.8 264p A5 ¥1370 ①978-4-86486-497-8

◆出る順社労士ウォーク問一問一答過去問BOOKポケット　1　労働基準法・労働安全衛生法・労働者災害補償保険法（2018年度版）　LEC東京リーガルマインド編著　東京リーガルマインド　（出る順社労士シリーズ）第2版
【要旨】過去9年分の過去問を肢別に分割し、項目別に掲載。過去の出題論点の確認と正確な知識の習得が可能！
2017.10 507p 17cm ¥1000 ①978-4-8449-6814-6

◆出る順社労士ウォーク問一問一答過去問BOOKポケット　2　雇用保険法・労働保険の保険料の徴収等に関する法律・労務管理その他の労働に関する一般常識　2018年版　LEC東京リーガルマインド編著　東京リーガルマインド　（出る順社労士シリーズ）第2版
【要旨】過去9年分の過去問を肢別に分割し、項目別に掲載。過去の出題論点の確認と正確な知識の習得が可能！法改正にはWebで対応！
2017.11 527p 17cm ¥1000 ①978-4-8449-6815-3

◆出る順社労士ウォーク問一問一答過去問BOOKポケット　3　健康保険法・国民年金法　2018年版　LEC東京リーガルマインド編著　東京リーガルマインド　（出る順社労士シリーズ）第2版
【要旨】過去9年分の過去問を肢別に分割し、項目別に掲載。過去の出題論点の確認と正確な知識の習得が可能！法改正にはWebで対応！
2017.12 524p 17×11cm ¥1000 ①978-4-8449-6816-0

◆出る順社労士ウォーク問 一問一答過去問BOOKポケット　4　厚生年金保険法・社会保険に関する一般常識　2018年版　LEC東京リーガルマインド編著　東京リーガルマインド　（出る順社労士シリーズ）第2版
【要旨】過去9年分の過去問を肢別に分割し、項目別に掲載。過去の出題論点の確認と正確な知識の習得が可能！法改正にはWebで対応！
2018.1 414p 18cm ¥1000 ①978-4-8449-6817-7

◆出る順社労士ウォーク問 選択式マスター　2018年版　LEC東京リーガルマインド編著　東京リーガルマインド　（出る順社労士シリーズ）第18版
【要旨】情報満載なのにコンパクト！場所を選ばずアウトプット！思考力をマスター→思考力養成と条文穴埋めをこの1冊でマスターする。狙われやすい条文をマスター→条文条文のみならず、見落としやすい条文までマスターする。効率的・効果的にマスター→重要度表示で効率的に、「必修基本書」とのリンクで効果的にマスターする。
2018.1 893p B6 ¥2700 ①978-4-8449-6818-4

◆出る順社労士ウォーク問本試験型過去問題集　1　労働編　2018年版　LEC東京リーガルマインド編著　東京リーガルマインド　（出る順社労士シリーズ）第25版
【要旨】過去9年間の過去問を項目別に分類して掲載。本試験の出題形式のまま掲載しているので実戦的な過去問演習が可能！法改正にはWebで対応！
2017.11 852p B6 ¥1500 ①978-4-8449-6812-2

◆出る順社労士ウォーク問本試験型過去問題集　2　社会保険編　2018年版　LEC東京リーガルマインド編著　東京リーガルマインド　（出る順社労士シリーズ）第25版
【要旨】過去9年間の過去問を項目別に分類して掲載。本試験の出題形式のまま掲載しているので実戦的な過去問演習が可能！法改正にはWebで対応！
2017.11 850p B6 ¥1500 ①978-4-8449-6813-9

◆出る順社労士必修基本書　1　労働編　2018年版　LEC東京リーガルマインド編著　東京リーガルマインド　（出る順社労士シリーズ）第27版
【要旨】基本事項から合格に必要な知識までよくわかる！豊富な図表と多彩なアイコンで視覚的に理解を促進！法改正にはWebで対応！
2017.10 697p A5 ¥1750 ①978-4-8449-6810-8

◆出る順社労士必修基本書　2　社会保険編　2018年版　LEC東京リーガルマインド編著　東京リーガルマインド　（出る順社労士シリーズ）第27版
【要旨】基本事項から合格に必要な知識までよくわかる！豊富な図表と多彩なアイコンで視覚的に理解を促進！法改正にはWebで対応！
2017.10 582p A5 ¥1750 ①978-4-8449-6811-5

◆解いて覚える！ 社労士選択式トレーニング問題集　1　労働に関する一般常識

経済・産業・労働

経済・産業・労働

2018年対策　資格の大原社会保険労務士講座 編著　大原出版　（付属資料：赤シート1）　第13版
【要旨】たくさん問題を解きたい方に！全巻総計500問を掲載。2016年本試験の空欄の中率33/40。法改正に完全対応。便利な赤シート付き。
2017.8 215p A5 ¥560 ①978-4-86486-498-5

◆**解いて覚える！社労士選択式トレーニング問題集 2 労働基準法・労働安全衛生法 2018年対策**　資格の大原社会保険労務士講座編著　大原出版　（付属資料：赤シート1）　第13版
【目次】労働基準法（労働基準法、労働基準法及び労働安全衛生法―過去本試験問題、労働に関する一般常識―本試験問題、労働基準法・労働安全衛生法―文中ヒント問題）、労働安全衛生法
2017.11 197, 97p A5 ¥950 ①978-4-86486-499-2

◆**解いて覚える！社労士選択式トレーニング問題集 2018年対策**　資格の大原社会保険労務士講座編著　大原出版　（付属資料：赤シート1）　第13版
【要旨】たくさん問題を解きたい方に！全巻総計500問を掲載。2017年本試験の空欄の中率34/40。法改正に完全対応。便利な赤シート付き。
2017.12 201p A5 ¥950 ①978-4-86486-500-5

◆**特定社会保険労務士試験過去問集―第13回（平成29年度）試験対応版**　河野順一編著　日本評論社
【要旨】第1回から第12回までの過去問をすべて収録。問題に対する論点が正確に把握できる"図解"を掲載。"模範解答例"と"解決の手順"で、答案作成の要領が身に付く。
2017.7 341p A5 ¥3200 ①978-4-535-52285-5

◆**2018年合格 社労士過去10年分問題集 2 労働保険編**　佐藤としみ編　辰巳法律研究所
【目次】1 択一式問題・解答解説（労働者災害補償保険法、雇用保険法、労働保険徴収法）、2 選択式問題・解答解説（労働者災害補償保険法、雇用保険法）
2017.11 375p A5 ¥1200 ①978-4-86466-356-4

◆**2018年合格 社労士過去10年分問題集 3 社会保険編**　佐藤としみ編　辰巳法律研究所
【目次】1 択一式問題・解答解説（健康保険法、社会保険に関する一般常識）、2 選択式問題・解答解説（健康保険法、社会保険に関する一般常識）
2017.11 301p A5 ¥1200 ①978-4-86466-357-1

◆**2018年合格目標 無敵の社労士 1 スタートダッシュ**　TAC出版編集部編　TAC出版　（付属資料：カード）
【目次】1 社労士360度徹底解剖（社労士をまるごとチェック！、絶対に合格する学習プランの立て方、無敵の社労士年間カレンダー）、2 日本一わかりやすい入門講義（岡根式これならわかる！社労士1st Edition―入門編、知って得する業務災害・通勤災害の事例集、年金クリニック1、医療保険の基礎知識）、3 これで合格！論文演習（魔法のように解いてみる♪過去問解き方講義、比較認識法で社労士マスタープチ論点対策編、チャレンジ！論点マスター）、4 合格を徹底サポート（ときこの小部屋―社長さんカムバック編、法改正最前線、お悩み相談室）
2017.8 199p B5 ¥1500 ①978-4-8132-7227-4

◆**比較認識法で社労士マスター 選択対策編 2017年度版**　岡武史著　TAC出版　（付属資料：赤シート1）
【要旨】step1 サクサク解ける!!重要事項を厳選した4択ワンポイント問題を解く!!step2 この空欄では何が問われているのか？語句の問われ方のパターンを作問者思考で確認！step3 解答にならない選択肢は、他でどのように使われているか？比較認識法でNG、ピタリをチェック!!この3step で選択式で問われやすい語句の感覚が自然と身につく！これで合格基準点を奪取！
2017.1 331p A5 ¥2000 ①978-4-8132-6745-4

◆**比較認識法で社労士マスター 択一対策編 2018年度版**　岡武史著　TAC出版　（付属資料：赤シート1）
【要旨】択一式でなかなか合格点がとれない…と悩んでいる方へそんなときは比較認識法で点数を伸ばしませんか？点数激伸する3step。step1：答えは全部×!!の×問式問題を解く！step2：この問題のポイントはなにか？作問者思考を確

認！step3：確認したポイントを比較認識法でガッチリ固める！この3step なら、問題のポイントを常に意識しながら学習でき1問で2問分以上の学習効果が得られます!!
2017.12 570p A5 ¥2400 ①978-4-8132-7230-4

◆**本試験をあてる TAC直前予想 社労士 2017**　TAC社会保険労務士講座編著　TAC出版　（付属資料：別冊2）
【要旨】事例問題・最新法改正などにしっかり対応!! 2017.4 131p A5 ¥1800 ①978-4-8132-6791-1

◆**マンガでわかるはじめての社労士試験 '18年版**　大槻哲也監修，コンデックス情報研究所編著　成美堂出版
【要旨】豊富な図解とマンガを組み合わせて、各科目ごとに要点をビジュアル解説。目で見て理解できます。初学者にとって最初のハードルである「法律用語」の意味から丁寧に解説。知識ゼロからでも条文がスラスラ読めるようになります。社労士合格者だけが知る、暗記のコツや学習のヒントも満載。試験を攻略するための実戦的な知識が身につきます！
2017.10 271p A5 ¥1500 ①978-4-415-22549-4

◆**マンガはじめて社労士 2018年版**　兒玉美穂著，井上のぼる画　住宅新報社　（マンガでわかる資格試験シリーズ）
【目次】第1編 労働基準法、第2編 労働安全衛生法、第3編 労働者災害補償保険法、第4編 雇用保険法、第5編 労働保険の保険料の徴収等に関する法律、第6編 健康保険法、第7編 国民年金法、第8編 厚生年金保険法
2017.8 580p A5 ¥2400 ①978-4-7892-3867-0

◆**みんなが欲しかった！社労士合格のツボ 選択対策 2018年度版**　TAC社会保険労務士講座編著　TAC出版　（付属資料：赤シート1；シール）
【要旨】本試験のツボを的確におさえた333問！
2017.11 701p B6 ¥2800 ①978-4-8132-7244-1

◆**みんなが欲しかった！社労士合格のツボ 択一対策 2018年度版**　TAC社会保険労務士講座編著　TAC出版　（付属資料：ブラインドシート1；シール）
【要旨】過去10〜15年間の本試験問題の徹底的な分析と、各科目の出題傾向・出題頻度を入念に検討。得点力向上に最も効果的な「項目別」の問題配置とし、問題のポイントを1つ1つ確実に押さえていくことができる「一問一答形式」を採用。
2017.11 805p B6 ¥2800 ①978-4-8132-7245-8

◆**みんなが欲しかった！社労士全科目横断総まとめ 2018年度版**　TAC社会保険労務士講座編著　TAC出版
【要旨】教科書&問題集で学んだことをこの1冊でガッチリ固める！！横断編とまとめ編。全科目横断編で科目横断の共通事項、類似事項を一気に整理！総まとめ編で科目別に最重要事項を一気に確認！複雑な内容を瞬時に整理！こだわりのレイアウト！図解も満載！暗記がみるみる進む、最強の1冊！
2017.12 493p A5 ¥3900 ①978-4-8132-7243-4

◆**みんなが欲しかった！社労士の教科書 2018年度版**　TAC社会保険労務士講座編著，滝澤ななみ編集協力　TAC出版
【要旨】スッキリまとまった本文でスピード理解！合格に必要な情報量もしっかりキープ！Section ごとに「ミニテスト」つき！問題演習もしっかりできる！
2017.10 493p A5 ¥3900 ①978-4-8132-7241-0

◆**みんなが欲しかった！社労士の年度別過去問題集 5年分 2018年度版**　TAC社会保険労務士講座編著　TAC出版　（付属資料：別冊2）
【要旨】解説には正解率つき！合格に必要なレベルが一目瞭然!!本試験と同じスタイルで解ける！過去問で基礎知識を仕上げる！
2017.12 22p A5 ¥3000 ①978-4-8132-7246-5

◆**みんなが欲しかった！社労士の問題集 2018年度版**　TAC社会保険労務士講座編著　TAC出版　（付属資料：ブラインドシート1）
【要旨】学習効果が高い過去問、予想問を収載！重要事項もしっかり網羅！過去の本試験傾向を徹底分析改正事項も予想問でバッチリ確認できる！
2017.10 357p A5 ¥3200 ①978-4-8132-7242-7

◆**みんなが欲しかった！社労士はじめの一歩 2018年度版**　貫場恵子著，滝澤ななみ編集協力　TAC出版
【要旨】これで合格が見える！本気でやさしい入門書。イラストですいすい読めるスタートアップ講座つき。
2017.8 240p A5 ¥1500 ①978-4-8132-7240-3

◆**無敵の社労士 2 本試験徹底解剖―2018年合格目標**　TAC出版編集部編　TAC出版　（付属資料：カード128）
【要旨】いまいちばん受験生目線の本、それが無敵の社労士！合格直結の受験勉強方法から、楽しく学習する。
2017.12 215p B5 ¥1500 ①978-4-8132-7228-1

◆**無敵の社労士 3 今こそポイント総整理―2017年合格目標**　TAC出版編集部編　TAC出版　（付属資料：暗記カード96）
【要旨】合格直結の受験勉強方法から、楽しく学習するコツまで、情報盛載！
2017.12 183p B5 ¥1200 ①978-4-8132-6742-3

◆**無敵の社労士 4 ラストスパート―2017年合格目標**　TAC出版編集部編　TAC出版　（付属資料：暗記カード96）
【目次】1 これが最強の直前対策だ！（いよいよ直前!!第49回社会保険労務士試験情報、合格カウントダウンカレンダー ほか）、2 直前対策お役立ちコンテンツ（2017年試験対応!!法改正最前線、重要過去問100本ノック！ ほか）、3 無敵の誌上講義―2017年合格目標ファイナル（岡根式これならわかる！社労士Final Edition―選択式問題解き方状況平準、とっておきの選択式予想問題 ほか）、4 合格をどこまでもサポート！（チャレンジ！論点マスター、ときこの小部屋―派遣労働者と涙の解雇編 ほか）
2017.5 170p B5 ¥1200 ①978-4-8132-6743-0

◆**よくわかる社労士 合格するための過去10年本試験問題集 1 労基・安衛・労災 2018年度版**　TAC社会保険労務士講座編著　TAC出版
【要旨】科目別・項目別過去問10年分で知識を完璧に仕上げる！項目別編集でサクサク解ける！1肢ずつにわかりやすい解説つきで知識が深まる！
2017.10 399p A5 ¥1400 ①978-4-8132-7222-9

◆**よくわかる社労士 合格するための過去10年本試験問題集 2 雇用・徴収・労一 2018年度版**　TAC社会保険労務士講座編著　TAC出版　（付属資料：ブラインドシート1）
【要旨】科目別・項目別過去問10年分で知識を完璧に仕上げる！項目別編集でサクサク解ける！1肢ずつにわかりやすい解説つきで知識が深まる！
2017.10 403p B6 ¥1400 ①978-4-8132-7223-6

◆**よくわかる社労士 合格するための過去10年本試験問題集 3 健保・社一 2018年度版**　TAC社会保険労務士講座編著　TAC出版　（付属資料：ブラインドシート1）
【要旨】科目別・項目別過去問10年分で知識を完璧に仕上げる！項目別編集でサクサク解ける！1肢ずつにわかりやすい解説つきで知識が深まる！
2017.10 344p B6 ¥1400 ①978-4-8132-7224-3

◆**よくわかる社労士 合格するための過去10年本試験問題集 4 国年・厚年（2018年度版）**　TAC社会保険労務士講座編著　TAC出版　（付属資料：ブラインドシート1）
【要旨】科目別・項目別過去問10年分で知識を完璧に仕上げる！項目別編集でサクサク解ける！1肢ずつにわかりやすい解説つきで知識が深まる！
2017.10 424p B6 ¥1400 ①978-4-8132-7225-0

◆**よくわかる社労士 合格テキスト 1 労働基準法 2018年度版**　TAC社会保険労務士講座編著　TAC出版　（付属資料：赤シート1）
【要旨】条文ベースの本文で確実に理解！豊富な例題で得点力を磨く。
2017.10 275p B6 ¥2000 ①978-4-8132-7211-3

◆**よくわかる社労士 合格テキスト 2 労働安全衛生法 2018年度版**　TAC社会保険労務士講座編著　TAC出版　（付属資料：赤シート1）
【要旨】条文ベースの本文で確実に理解！豊富な例題で得点力を磨く。
2017.10 219p B6 ¥1600 ①978-4-8132-7212-0

◆よくわかる社労士 合格テキスト 3 労働者災害補償保険法 2018年度版 TAC社会保険労務士講座編著 TAC出版 （付属資料：赤シート1）
【要旨】結果にとことんこだわる人へ贈る最強の科目別テキスト。条文ベースの本文で確実に理解！ 豊富な例題で得点力を磨く。
2017.11 229p A5 ¥2000 ①978-4-8132-7213-7

◆よくわかる社労士 合格テキスト 4 雇用保険法 2018年度版 TAC社会保険労務士講座編著 TAC出版 （付属資料：赤シート1）
【要旨】結果にとことんこだわる人へ贈る、最強の科目別テキスト。条文ベースの本文で確実に理解！ 豊富な例題で得点力を磨く。
2017.11 333p A5 ¥2000 ①978-4-8132-7214-4

◆よくわかる社労士 合格テキスト 5 労働保険の保険料の徴収等に関する法律 2018年度版 TAC社会保険労務士講座編著 TAC出版
【要旨】結果にとことんこだわる人へ贈る、最強の科目別テキスト。条文ベースの本文で確実に理解！ 豊富な例題で得点力を磨く。
2017.12 184p A5 ¥1600 ①978-4-8132-7215-1

◆よくわかる社労士 合格テキスト 6 労働に関する一般常識 2017年度版 TAC社会保険労務士講座編著 TAC出版 （付属資料：赤シート1）
【要旨】条文ベースの本文で確実に理解！ 豊富な例題で得点力をしっかり磨く！ 法改正ポイント講義つき！
2017.2 397p A5 ¥2200 ①978-4-8132-6876-5

◆よくわかる社労士 合格テキスト 7 健康保険法 2017年度版 TAC社会保険労務士講座編著 TAC出版 （付属資料：赤シート1）
【要旨】条文ベースの本文で確実に理解！ 豊富な例題で得点力をしっかり磨く！
2017.2 397p A5 ¥2400 ①978-4-8132-6877-2

◆よくわかる社労士 合格テキスト 8 国民年金法 2017年度版 TAC社会保険労務士講座編著 TAC出版 （付属資料：赤シート1）
【要旨】条文ベースの本文で確実に理解！ 豊富な例題で得点力をしっかり磨く！ 法改正ポイント講義つき！
2017.3 342p A5 ¥2400 ①978-4-8132-6878-9

◆よくわかる社労士 合格テキスト 9 厚生年金保険法 2017年度版 TAC社会保険労務士講座編著 TAC出版 （付属資料：赤シート1）
【要旨】条文ベースの本文で確実に理解！ 豊富な例題で得点力をしっかり磨く！ 法改正ポイント講義つき！
2017.3 411p A5 ¥2400 ①978-4-8132-6879-6

◆よくわかる社労士 合格テキスト 10 社会保険に関する一般常識 2017年度版 TAC社会保険労務士講座編著 TAC出版 （付属資料：赤シート1）
【要旨】条文ベースの本文で確実に理解！ 豊富な例題で得点力をしっかり磨く！
2017.4 294p A5 ¥1800 ①978-4-8132-6880-2

◆よくわかる社労士 別冊 合格テキスト 直前対策 一般常識・統計/白書/労務管理 2017年度版 TAC社会保険労務士講座編著 TAC出版 （付属資料：赤シート1）
【要旨】試験によく出る白書・統計を網羅的に掲載！ ハイライトでスッキリ体系的に学べる！
2017.4 243p A5 ¥1800 ①978-4-8132-6881-9

◆労働基準監督署の仕事を知れば社会保険労務士の業務の幅が広がります！ 元署長が明かす「労基署のホントのところ」と「業務拡大のヒント」 村木宏吉著 日本法令
【要旨】社労士業務と関連づけながら、意外と知らない「労基署のシゴト」をわかりやすく解説！ きちんと知れば、労基署は社労士の心強い"味方"です！
2017.3 204p A5 ¥2000 ①978-4-539-72533-7

◆労働・社会保険横断比較ノート 社会保険労務士受験必携—労働社会保険制度の要点比較・整理 平成28年版 日本経営教育センター編 労働法令
【要旨】労働・社会保険の各制度間の相違点が一目でわかる！ 制度の重点事項を「適用」と「給付」に分け、コンパクトに比較！ 制度別「主要

手続」—提出事由・期限・提出先が一覧できる！ 類似規定・用語等による混乱、モヤモヤをスッキリ解消！
2017.2 104p B5 ¥1600 ①978-4-86013-090-9

◆6ヵ月で社労士 本当は教えたくない究極の社労士合格メソッド 2018年版 加藤光大著 フォーサイト，サンクチュアリ出版 発売 （最短合格シリーズ）
【要旨】本書にある社労士合格メソッドはこれだ!! 金は使うな！ 合格するための勉強方法は？ 科目攻略法。
2018.1 185p B6 ¥463 ①978-4-86113-575-0

◆U‐CANの社労士過去&予想問題集 2018年版 ユーキャン社労士試験研究会編 ユーキャン学び出版，自由国民社 発売 （付属資料：別冊1）
【要旨】徹底した試験分析と丁寧な解説。350問の論点別問題演習と予想模試2回分を1冊に凝縮！
2017.8 332p A5 ¥3300 ①978-4-426-61010-4

◆U‐CANの社労士基礎完成レッスン 2018年版 ユーキャン社労士試験研究会編 ユーキャン学び出版，自由国民社 発売 第2版
【要旨】初学者から学習経験者まで、試験突破に必要な基礎知識を凝縮。社労士受験を考える全ての人に送る最強の入門書！
2017.8 332p A5 ¥2400 ①978-4-426-60985-6

◆U‐CANの社労士これだけ！ 一問一答集 2018年版 ユーキャン社労士試験研究会編 ユーキャン学び出版，自由国民社 発売 第8版
【要旨】777問の○×形式問題で、試験直前まで学習をサポート。持ち運びやすいサイズでいつでもどこでも手軽に学習。知識の横断整理にも役立つ「POINTマスター」なども収載！
2017.11 437p 18cm ¥1900 ①978-4-426-61011-1

◆U‐CANの社労士速習レッスン 2018年版 ユーキャン社労士試験研究会編 ユーキャン学び出版，自由国民社 発売 第13版
【目次】第1部 労働科目（労働基準法、労働安全衛生法、労働者災害補償保険法、雇用保険法、労働保険徴収法）、第2部 社会保険科目（健康保険法、国民年金法、厚生年金保険法）、第3部 一般常識科目（労務管理その他の労働に関する一般常識、社会保険に関する一般常識）
2017.10 447, 358, 174p A5 ¥3600 ①978-4-426-61009-8

◆U‐CANの社労士 直前総仕上げ模試 2017年版 ユーキャン社労士試験研究会編 ユーキャン学び出版，自由国民社 発売 （付属資料：別冊2） 第4版
【要旨】本年度試験、法改正対応！ 2色刷りでよくわかる解答解説！ 模試2回分収載。
2017.4 106p B5 ¥1800 ①978-4-426-60961-0

📖 販売士

◆1回で合格！ 販売士検定2級過去問題集 '18年版 上岡史郎著 成美堂出版 （付属資料：別冊1; 赤シート1）
【要旨】直近6回分の試験を完全収録。答え・ポイントを隠せる赤シート付で実力大幅アップ！ 本試験を体感できる答案用紙付。
2017.11 175p A5 ¥1800 ①978-4-415-22555-5

◆1回で合格！ 販売士検定2級テキスト&問題集 上岡史郎著 成美堂出版 （付属資料：別冊1; 赤シート1）
【要旨】新出題傾向に完全対応！ この1冊でラクラク受かる。詳しい解説+実戦問題を多数収録。
2017.8 295p A5 ¥1800 ①978-4-415-22546-3

◆1回で合格！ 販売士検定3級過去問題集 '18年版 上岡史郎著 成美堂出版 （付属資料：別冊1; 赤シート1）
【要旨】80〜75回までの試験を完全収録。答え・ポイントを隠せる赤シート付で実力大幅UP！ 本試験を体感できる答案用紙付。
2017.11 167p A5 ¥1400 ①978-4-415-22554-8

◆1回で合格！ 販売士検定3級テキスト&問題集 上岡史郎著 成美堂出版 （付属資料：赤シート1）
【要旨】全5科目を完全カバー。新出題傾向に完全対応！ この1冊でラクラク受かる詳しい解説+

実戦問題を多数収録。ポイントを隠せる赤シート付。別冊模擬テスト問題付。
2017.2 255p A5 ¥1500 ①978-4-415-22411-4

◆1級販売士最短合格ゼミナール—『ハンドブック』を理解する手引 黒田一樹，田中聡子，橋本泉著 同友館 新版
【要旨】公式テキスト改訂版『販売士ハンドブック（発展編）』を徹底解説！ 重要論点を理解することで、記述式の表現や計算問題に徹底対応！ 『ハンドブック』の理解を早め、読者を合格へと導く最強の参考書！
2017.3 251p A5 ¥2600 ①978-4-496-05244-6

◆動画で合格るリテールマーケティング（販売士）検定3級過去問題集（第80回〜第75回） 2018年版 山口正浩監修，渡邉義一編著 早稲田出版 （付属資料：別冊1; 赤シート1）
【目次】第80回問題（小売業の類型、マーチャンダイジング、ストアオペレーション、マーケティング、販売・経営管理）、第79回問題、第78回問題、第77回問題、第76回問題、第75回問題、模擬試験
2017.11 163p A5 ¥1470 ①978-4-89827-488-0

◆2018レクチャー&トレーニング 日商リテールマーケティング（販売士）検定試験3級 上岡史郎執筆 実教出版 （付属資料：別冊1）
【要旨】要点がつかめる！ この1冊で全範囲がまるまるわかる！ 試験に出やすい用語もチェック！ 別冊問題（解答・解説付）で実践対策O.K.！
2017.11 223p A4 ¥1200 ①978-4-407-34446-2

◆日本商工会議所全国商工会連合会検定 販売士2級 清水敏行，中谷義浩，土居寛二共著 税務経理協会 第3版
【要旨】実務知識と基礎理論のマスターが可能。効率的学習で合格レベルの実力を養成。
2017.11 399p A5 ¥2700 ①978-4-419-06481-5

◆販売士検定・実務に役立つ販売流通管理の体系 鈴木邦成，若林敬造共著 英光社
【要旨】小売業の原則、販売店店舗戦略、ストアマネジメントの実践、商品陳列・棚割管理の実務知識、販売効率の分析、店舗経営分析、消費者購買行動の分析、仕入・調達、小売業の価格戦略、小売業の販売促進/広告・広報、販売員管理、小売業の情報管理、小売業の業態研究1—百貨店、スーパーマーケット、コンビニのしくみ、小売業の業態研究2—ネット通販、卸売業の業態研究
2017.4 111p A5 ¥1900 ①978-4-87097-184-4

◆販売士（リテールマーケティング）3級一発合格テキスト&問題集 海光歩著 翔泳社 （販売士教科書） 第3版
【要旨】本書は、最短での合格できることをめざした究極の販売士試験対策書です。過去問を徹底的に分析しているほか、新試験や3級改訂版公式ハンドブックに対応できるようリニューアルしています。項目には出題頻度の高い順に "A、B、C" のアイコン。イメージを一目でつかむことができるイラスト図解。"重要ポイント" 欄では、最低限おさえておきたい内容を総まとめ。"加点のポイント" 欄では、重要なキーワードの補足や覚え方を紹介。試験科目ごとに一問一答を、巻末に2回分の模擬試験問題を掲載。
2017.12 283p A5 ¥1500 ①978-4-7981-5383-4

◆販売士2級問題集—日本商工会議所全国商工会連合会検定 清水敏行，中谷義浩，土居寛二共著 税務経理協会
【要旨】平成29年に改定された日商・販売士試験に対応。小売業など流通業だけでなく、メーカーやサービス業などに従事する多くの社会人やこれらの業種に就職をめざす学生などに対応。
2017.11 370p A5 ¥2900 ①978-4-419-06482-2

◆リテールマーケティング（販売士）検定1級問題集 Part2 マーチャンダイジング 中谷安伸編著 一ツ橋書店 第3版
【要旨】新しい科目体系に対応。コレだけはやっとこう。ポイントがよくわかる解説→合格。記述式問題の対策もできる。
2017.5 223p A5 ¥1600 ①978-4-565-18211-1

◆リテールマーケティング（販売士）検定1級問題集 Part3 ストアオペレーション 中谷安伸編著 一ツ橋書店 第3版
【要旨】新しい科目体系に対応。コレだけはやっとこうポイントがよくわかる解説→合格。記述式問題の対策もできる。
2017.6 230p A5 ¥1600 ①978-4-565-18212-8

◆リテールマーケティング（販売士）検定1級問題集　Part4　マーケティング　中谷安伸編著　一ツ橋書店　第3版
【要旨】新しい科目体系に対応。コレだけはやっとこう、ポイントがよくわかる解説→合格。記述式問題の対策もできる。
　　2017　239p　A5　¥1700　①978-4-565-18213-5

◆リテールマーケティング（販売士）検定1級問題集　Part5　販売・経営管理　中谷安伸編著　一ツ橋書店　第3版
【要旨】新しい科目体系に対応。コレだけはやっとこう、ポイントがよくわかる解説→合格。記述式問題の対策もできる。
　　2017.10　175p　A5　¥1400　①978-4-565-18214-2

◆リテールマーケティング（販売士）検定2級問題集　Part1　小売業の類型、マーチャンダイジング　平成29年度版　中谷安伸編著　一ツ橋書店
【要旨】新しい科目体系に対応！　ポイントがよくわかる解説→合格。
　　2017.4　269p　A5　¥1300　①978-4-565-18220-3

◆リテールマーケティング（販売士）検定2級問題集　Part2　ストアオペレーション、マーケティング、販売・経営管理（平成29年度版）　中谷安伸編著　一ツ橋書店
【要旨】新しい科目体系に対応！　ポイントがよくわかる解説→合格。
　　2017.4　295p　A5　¥1300　①978-4-565-18221-0

◆リテールマーケティング（販売士）検定2級問題集　Part1　小売業の類型、マーチャンダイジング　平成30年度版　中谷安伸編著　一ツ橋書店
【要旨】新しい科目体系に対応！　コレだけはやっとこう、ポイントがよくわかる解説→合格。
　　〔17.11〕245p　A5　¥1300　①978-4-565-19220-2

◆レクチャー＆トレーニング　日商リテールマーケティング（販売士）検定試験3級2017　上岡史郎執筆　実教出版　（付属資料：別冊1）
【要旨】全範囲がまるまるわかる！　試験に出やすい用語もチェック！　別冊問題（解答・解説付）で実践対策！
　　2017.4　223p　30×22cm　¥1200　①978-4-407-33791-4

◆U‐CANの販売士検定2級速習テキスト＆問題集　ユーキャン販売士検定試験研究会編　ユーキャン学び出版、自由国民社　発売　（付属資料：別冊1; 赤シート1）　第3版
【要旨】イラスト・図表を豊富に用いたわかりやすい解説で基本をしっかり学習。学習をサポートする欄外補足も充実。レッスン末には○×形式の確認テストを収載。学習内容の理解度チェックに役立ちます。巻末の予想模試（2回）で学習の総仕上げ。別冊の解答・解説には対応レッスンのリンク表示もついているので、間違えた問題の復習も効率的に行うことができます。
　　2017.10　325p　A5　¥2000　①978-4-426-60999-3

その他の資格・試験問題集

◆いちばんわかりやすい！　運行管理者（旅客）合格テキスト　コンデックス情報研究所編著　成美堂出版　（付属資料：赤シート1）
【要旨】合格への最短距離をナビゲート。学習の過労運転を防止！　出るトコだけをコンパクトに解説。「穴埋め問題」に効果抜群！　ポイントを隠せる赤シート付き。理解度をスピードチェック！　よく出る過去問を収載。記憶のアクセル全開！　ゴロ合わせでイッキに合格。法改正もブログで完全フォロー！　各試験の出題法令基準日後に更新。
　　2017.12　207p　A5　¥1300　①978-4-415-22583-8

◆1回で受かる！　サービス接遇検定2級・3級テキスト＆問題集　原田昌洋著　成美堂出版　（付属資料：赤シート1）
【要旨】テーマごとの要点がひと目でわかる超ビジュアル解説。スラスラ読めるイラスト図解でらくらくマスター！　キーワードを隠して覚える赤シート付き。敬語表現、ことわざ・慣用句の暗記もバッチリ！　本試験タイプ模擬試験＋マークシート式答案用紙を巻末に収録。試験直前の総仕上げはこれでカンペキ！
　　2017.4　239p　A5　¥1200　①978-4-415-22328-5

◆一発合格！　ここが出る！　食生活アドバイザー検定2級テキスト＆問題集　竹森美佐子監修・著　ナツメ社　（付属資料：別冊1）
【要旨】攻略ポイントを徹底分析した解説で検定合格をサポート！
　　2017.4　391p　A5　¥1700　①978-4-8163-6206-4

◆一発合格！　ビジネスマネジャー検定試験要点マスター＆問題集　山崎秀夫、酒井美重子著　ナツメ社　（付属資料：別冊1; 赤シート1）
【要旨】重要ポイントがムダなくわかる！　最短で身につける管理職・ビジネスリーダーの基礎知識。暗記に便利な赤シート付き。公式テキスト2nd edition 対応。別冊（過去問題＆解答・解説）付き。
　　2017.5　239p　A5　¥2000　①978-4-8163-6192-0

◆いのちを守る食品表示―食品表示管理士検定公式テキスト　新日本スーパーマーケット協会監修, 武末高裕, 山口廣治著　中央法規出版　新版
【要旨】食品表示のすべてがよくわかる！　食品表示基準に完全対応。製造現場から売場まで日々の業務で食品表示にかかわる人の必読書！
　　2017.5　653p　A5　¥3800　①978-4-8058-5499-0

◆インバウンド実務主任者認定試験　公式過去問題集　全日本情報学習振興協会編　全日本情報学習振興協会, 泰文堂　発売
【要旨】第1回試験問題を完全収録。試験本番で役立つ実戦問題も掲載。
　　2017.9　206p　A5　¥1600　①978-4-8030-1114-2

◆インバウンド実務主任者認定試験　公式テキスト　安田亘宏著　全日本情報学習振興協会, 泰文堂　発売
【要旨】この一冊でわかる合格突破の必携書！　検定主催団体発行テキスト。
　　2017.9　433p　A5　¥3200　①978-4-8030-1113-5

◆運行管理者“貨物”速習テキスト　山田信孝著　翔泳社　（運行管理教科書）　（付属資料：赤シート1）
【要旨】本書は、運行管理者試験の必須の参考書として、東京都・千葉県・茨城県・山梨県の各トラック協会の講習会及び筆者が主催するWING塾で使用している教材（オリジナル教材・重要ポイント教材）を1冊にまとめたものです。実務に忙しい受験者のみなさんが、ムダなくムリなく学習でき、合格できることを目指しています。高い合格率を誇るWING塾で培われたノウハウを存分に投入した実践的なテキストです。
　　2017.10　276p　A5　¥1800　①978-4-7981-5344-5

◆運行管理者国家試験対策標準テキスト＋過去7回問題集＆本年度予想模擬試験（貨物）’18年版　蓮見文孝著　秀和システム
【要旨】最新国家試験の全重要項目を完全網羅！　この一冊で一発合格可能！　各項目が見開き完結。区切りよい学習！　過去問と解説付きなので実力が試せる！　最新傾向に対応した本年度予想模試付き！　取っかかり用超重要ポイントチェックリスト付き！　計算問題対策コーナー付き！
　　2017.10　424p　A5　¥2100　①978-4-7980-5144-4

◆運行管理者国家試験対策標準テキスト＋過去7回問題集＆本年度予想模擬試験（旅客）’18年版　蓮見文孝著　秀和システム
【要旨】最新国家試験の全重要項目を完全網羅！　この一冊で一発合格可能！　各項目が見開き完結。区切りよい学習！　過去問と解説付きなので実力が試せる！　最新傾向に対応した本年度予想模試付き！　取っかかり用超重要ポイントチェックリスト付き！　計算問題対策コーナー付き！
　　2017.10　445p　A5　¥2100　①978-4-7980-5145-1

◆運行管理者試験問題と解説　貨物編　平成29年8月受験版　公論出版
【要旨】過去8回分（240題）の試験問題を収録―最新の平成29年3月から平成26年3月の試験問題を収録しているため徹底的に学習できる。出題問題をジャンル別にまとめて収録―同類問題を集中的に学習できる。よく出題される問題がひとめでわかる。出題問題の根拠法令・知識のみを収録―出題された問題の解説テキストを収録しているため覚える範囲が狭く効率的に学習できる。
　　2017　471p　A5　¥2315　①978-4-86275-089-1

◆運行管理者試験問題と解説　貨物編　平成30年3月受験版　公論出版
【要旨】過去8回分（240題）の試験問題を収録。最新の平成29年8月から平成26年5月の試験問題を

収録しているため徹底的に学習できる。出題問題をジャンル別にまとめて収録。同類問題を集中的に学習できる。よく出題される問題がひとめでわかる。出題問題の根拠法令・知識のみを収録。出題された問題の解説テキストを収録しているため覚える範囲が狭く効率的に学習できる。
　　2017　476p　A5　¥2315　①978-4-86275-096-9

◆運行管理者試験問題と解説　旅客編　平成29年8月受験版　公論出版
【要旨】過去8回分（240題）の試験問題を収録―最新の平成29年3月から平成26年3月の試験問題を収録しているため徹底的に学習できる。出題問題をジャンル別にまとめて収録―同類問題を集中的に学習できる。よく出題される問題がひとめでわかる。出題問題の根拠法令・知識のみを収録―出題された問題の解説テキストを収録しているため覚える範囲が狭く効率的に学習できる。
　　2017　481p　A5　¥2315　①978-4-86275-090-7

◆運行管理者試験問題と解説　旅客編　平成30年3月受験版　公論出版
【要旨】過去8回分（240題）の試験問題を収録。最新の平成29年8月から平成26年5月の試験問題を収録しているため徹底的に学習できる。出題問題をジャンル別にまとめて収録。同類問題を集中的に学習できる。よく出題される問題がひとめでわかる。出題問題の根拠法令・知識のみを収録。出題された問題の解説テキストを収録しているため覚える範囲が狭く効率的に学習できる。
　　2017　477p　A5　¥2315　①978-4-86275-097-6

◆家電製品アドバイザー資格　商品知識と取扱い　生活家電編　2018年版　家電製品協会編　NHK出版　（家電製品協会認定資格シリーズ）
【要旨】2018年3月・9月実施の資格試験合格を目指す人に最適な最新テキスト。新しい生活家電の特徴や改正FIT法などの法改正、温水洗浄便座の標準ピクトグラム、電力小売の全面自由化、USBパワーデリバリーなどの話題についても解説。
　　2017.12　287p　B5　¥2300　①978-4-14-072130-8

◆家電製品アドバイザー資格　商品知識と取扱い　AV情報家電編　2018年版　家電製品協会編　NHK出版　（家電製品協会認定資格シリーズ）
【要旨】2018年3月・9月実施の資格試験合格を目指す人に最適な最新テキスト。新たに、テレビは4K放送と8K放送の最新動向、4K動画配信サービスの具体的な視聴方法、高画質化のHDR（High Dynamic Range）技術、デジタルカメラはオートフォーカス機能、ホームシアターとAV機器はハイレゾオーディオやAIスピーカー、電話は第5世代移動通信システムの概要などについて詳しく解説。
　　2017.12　327p　B5　¥2400　①978-4-14-072129-2

◆家電製品アドバイザー資格　問題＆解説集　2018年版　家電製品協会編　NHK出版　（家電製品協会認定資格シリーズ）
【要旨】資格試験の主催者が、2017年9月試験問題をベースにまとめた最新の問題集。“AV情報家電”“生活家電”“CSと関連法規”の3科目を一冊にまとめ、各問題について分かりやすく解説した家電製品アドバイザー資格の受験用バイブル。
　　2017.12　287p　B5　¥2000　①978-4-14-072132-2

◆家電製品アドバイザー資格　CSと関連法規　2018年版　家電製品協会編　NHK出版　（家電製品協会認定資格シリーズ）
【要旨】2018年3月・9月実施の資格試験合格を目指す人に最適な最新テキスト。CSでは店頭接客の基本に加え、ご高齢のお客様、リフォームをお考えのお客様など、多様なシチュエーションごとに最新の知識を整理。関連法規では家電販売に関わる基本的な法規について、改正動向を含め体系的に解説。
　　2017.12　191p　B5　¥1800　①978-4-14-072131-5

◆家電製品アドバイザー試験　全問題集＆解答集　17～18年版　家電資格試験研究会編著　リックテレコム
【要旨】16年9月試験と17年3月試験の過去4回分の出題問題を完全カバー。オンリーワンの過去問題集!!この一冊で完璧!!　問題と解説・解答がひと目で分かるインデックス付き!!
　　2017.6　555p　B5　¥3600　①978-4-86594-088-6

◆家電製品アドバイザー試験早期完全マスター　家電資格試験研究会監修　リックテレコム　第13版

【要旨】2017年9月試験まで網羅。全科目の必修出題項目を1冊に集約!!
2018.1 333p A5 ¥3600 ⓘ978-4-86594-111-1

◆**家電製品教科書スマートマスターテキスト&問題集―スマートハウスと家電のスペシャリスト**　家入龍太、豊田和之著　翔泳社　(付属資料：赤シート1)
【要旨】本書は、スマートマスター試験合格のための要点をわかりやすく解説しているので、忙しい社会人でも一発合格を目指せるつくりになっています。本書一冊で合格できるように、学んだ知識を確認するための過去問題を各章末に載せています。効率的な学習のために、過去問題を分析して、合格に必要な知識だけに絞りました。テキストとして一度読んだ文章を赤シートで隠すと、重要語句の復習に活用できます。
2017.3 243p A5 ¥2800 ⓘ978-4-7981-5247-9

◆**必ず合格！ 色彩検定3級―公式テキスト解説&問題集 2018年度版**　前田明美監修、ウイリング編著　エムディエヌコーポレーション、インプレス 発売　(付属資料：別冊1)
【目次】第1章 色のはたらき、第2章 光と色、第3章 色の表示、第4章 色彩心理、第5章 色彩調和、第6章 色彩効果、第7章 色彩と生活、第8章 ファッション、第9章 インテリア
2017.3 206p A5 ¥1500 ⓘ978-4-8443-6654-6

◆**環境社会検定試験eco検定公式テキスト**　東京商工会議所編著　日本能率協会マネジメントセンター　改訂6版
【要旨】広い視野と正確な理解が求められる環境へのアプローチを、基本知識と基本情報を整理しなおし、わかりやすく解説しています。温暖化対策の新しい国際的枠組みとなるパリ協定や、議論の避けられない放射性廃棄物と原子力政策、築地移転問題で騒がれた土壌汚染など、知っておくべき情報が満載です。最新の環境テーマを学ぶトータルな教科書として、大学や専門学校などで活用できるほか、あらゆる人に読んでいただきたい1冊です。
2017.1 277p B5 ¥2600 ⓘ978-4-8207-5952-2

◆**環境社会検定試験eco検定公式過去・模擬問題集 2017年版**　東京商工会議所監修　日本能率協会マネジメントセンター
【要旨】受験ガイドと学習のポイント+最新過去問題3回分+模擬問題2回分。
2017.3 276p A5 ¥2000 ⓘ978-4-8207-5966-9

◆**関税評価ドリル 2017**　日本関税協会　(通関士試験補習シリーズ)
【目次】関税評価のポイント、1 要点知識の確認(正誤問題)、2 要点知識の習得(択一問題)、3 要点知識の定着(語句記入・記述問題)、4 本試験レベル(難解問題中心：正誤問題)、5 本試験レベル(難解問題中心)
2017.4 263p A5 ¥2000 ⓘ978-4-88895-409-9

◆**企業価値向上のための財務戦略エキスパート試験対策問題集**　日本CFO協会、きんざい編　きんざい　第3版
【目次】第1章 財務理論に関する基礎知識(自己株式の取得、貸借対照表の株主資本 ほか)、第2章 経営計画と財務マネジメント(経営計画の役割、短期財務計画と中長期経営計画 ほか)、第3章 企業価値の評価と向上(企業財務の基本バランスシートに基づく企業評価、オフバランスの価値 ほか)、第4章 財務面での課題解決手法とその活用(ROE(株主資本利益率)、資産サイドと負債サイドの組合せの最適化 ほか)、第5章 設例問題(資本コストと資本資産評価モデル(CAPM)、資本コストの活用 ほか)
2017.5 171p A5 ¥2800 ⓘ978-4-322-13179-6

◆**給与計算実務能力検定1級公式テキスト 2017年度版**　北村庄吾著　日本能率協会マネジメントセンター
【要旨】最新の改正事項に対応！ 年末調整はじめ、社会保険、所得税、住民税に関する業務に対応できる。就職にも役立つ注目資格！ 要点を押さえた解説と実践的な演習問題で力がつく！
2017.5 236p A5 ¥2000 ⓘ978-4-8207-5979-9

◆**給与計算実務能力検定2級公式テキスト 2017年度版**　職業技能振興会監修、北村庄吾著　日本能率協会マネジメントセンター
【要旨】最新の改正事項に対応！ 初心者にも業務の基本知識と手続きの流れがよくわかる就職にも役立つ注目資格！ やさしい解説と演習問題で実力がしっかり身につく！
2017.5 233p A5 ¥2000 ⓘ978-4-8207-5978-2

◆**銀行業務検定試験 金融商品取引3級問題解説集 2017年6月受験用**　銀行業務検定協会編　経済法令研究会
【要旨】2013年(第125回)～2016年(第134回)の問題を収録。
2017.3 311p A5 ¥2700 ⓘ978-4-7668-5905-8

◆**銀行業務検定試験 事業性評価3級予想問題集 2017年6月受験用**　経済法令研究会編　経済法令研究会
【目次】基本知識 四答択一式(事業性評価とは何か、リレーションシップバンキングの理解、金融行政方針、事業性評価に向けた態勢整備、プロセスの理解 ほか)、技能・応用 事例付四答択一式(取引先企業を取り巻く環境の理解、借入金依存度と借入金月商倍率、取引先企業が属する業界の理解・分析、融資相談の初期対応、取引先企業の定量的・定性的把握と分析 ほか)
2017.3 119p A5 ¥1300 ⓘ978-4-7668-3341-6

◆**銀行業務検定試験 法人融資渉外2級問題解説集 2017年6月受験用**　銀行業務検定協会編　経済法令研究会
【要旨】2010年(第116回)～2016年(第134回)の問題を収録。
2017.3 330p A5 ¥2700 ⓘ978-4-7668-5901-0

◆**計算問題ドリル 2017**　日本関税協会　(通関士試験補習シリーズ)
【目次】1 税額の計算(基本レベル、発展レベル、本試験レベル(標準問題中心)、本試験レベル(難解問題中心))、2 課税価格の計算(要点知識の確認、要点知識の習得、要点知識の定着、本試験レベル(標準問題中心)、本試験レベル(難解問題中心))
2017.4 247p A5 ¥2000 ⓘ978-4-88895-410-5

◆**公害紛争処理白書 平成29年版**　公害等調整委員会編　(長野)蔦友印刷
【目次】第1章 公害紛争の処理状況(平成28年度の公害紛争の処理状況、公害紛争の近年の特徴及び課題への取組、都道府県・市区町村との連携)、第2章 土地利用の調整の処理状況(鉱業等に係る行政処分に対する不服の裁定、土地収用法に基づく審査請求に関する意見照会への回答 等)
2017.6 186p A4 ¥1500 ⓘ978-4-904225-23-3

◆**ごうかく！ ビジネス実務法務検定試験2級攻略テキスト 2017年度版**　ビジネス実務法務検定試験研究会編著　早稲田経営出版
【要旨】よく出るポイントを厳選レクチャー！ “合格ライン”の70点を確実に取るための速習テキスト。過去の本試験問題を徹底分析。出題頻度別「A・B・C」ランク付けや、アイコンで頻出点がわかる。効率的に合格ラインの実力を身につけよう！ 第40回本試験問題を巻末に掲載。
2017.3 424p A5 ¥2500 ⓘ978-4-8471-4290-1

◆**ごうかく！ ビジネス実務法務検定試験2級攻略問題集 2017年度版**　ビジネス実務法務検定試験研究会編著　早稲田経営出版
【要旨】よく出る問題のみを厳選。的確な解説で理解度アップ！ “合格ライン”の70点を確実に取る「3STEP戦略」、基礎知識を確認の「一問一答」、これだけは覚えよう！「ポイント整理」、チャレンジ！ 実力試しの「本試験形式問題」。
2017.3 425p A5 ¥2500 ⓘ978-4-8471-4291-8

◆**ごうかく！ ビジネス実務法務検定試験3級攻略テキスト 2017年度版**　ビジネス実務法務検定試験研究会編著　早稲田経営出版
【要旨】よく出るポイントを厳選レクチャー！ “合格ライン”の70点を確実に取るための速習テキスト。過去の本試験問題を徹底分析。出題頻度別「A・B・C」ランク付けや、ココが出る！ アイコンで頻出点がわかる。効率的に合格ラインの実力を身につけよう！ 本試験対策もバッチリ！ 第40回本試験問題を巻末に掲載。
2017.2 261p A5 ¥1700 ⓘ978-4-8471-4292-5

◆**ごうかく！ ビジネス実務法務検定試験3級攻略問題集 2017年度版**　ビジネス実務法務検定試験研究会編著　早稲田経営出版
【要旨】これだけやれば受かる！ よく出る問題のみを厳選、的確な解説で理解度アップ！ 知識をしっかり定着！ “合格ライン”の70点を確実に取る「3STEP戦略」。
2017.2 268p A5 ¥1700 ⓘ978-4-8471-4293-2

◆**広報・PR資格試験過去問題集―PRプランナー資格認定対応1次・2次・3次試験過去問題集 2017年度改訂**　日本パブリックリレーションズ協会編著　同友館　増補版

◆**国家検定 2級キャリアコンサルティング技能検定学科問題集**　LEC東京リーガルマインド著　東京リーガルマインド　第4版
【要旨】問題と解説が見開きのため使いやすい。出題範囲を全て網羅した全100問を収録！ 学科試験と同じ四肢択一形式のオリジナル問題集！「基本編」から「応用編」へ段階的に実力養成！
2017.9 369p A5 ¥2700 ⓘ978-4-8449-9808-2

◆**国家資格 キャリアコンサルタント学科試験予想問題集**　LEC東京リーガルマインド編著　東京リーガルマインド
【要旨】学科試験と同じ四肢択一形式のオリジナル問題集！ 出題範囲に対応し、基礎分野を全て網羅！ 解説が詳しい＆わかりやすい！ 最新の

【目次】第1部 1次試験(1次試験の位置付けと出題範囲・実施概要、1次試験の内容と学習のポイント、過去の出題例と解説)、第2部 2次試験(2次試験の位置付けと出題範囲・実施概要、2次試験の内容と学習のポイント、過去の出題例と解説)、第3部 3次試験(3次試験の位置付けと出題範囲・実施概要、3次試験の内容と学習のポイント、過去の出題例と解説)
2017.2 162p A5 ¥1500 ⓘ978-4-496-05262-0

◆**個人情報取扱者検定試験模擬問題集 17年度試験版**　金融検定協会編　銀行研修社
【目次】第1章 法令・制度の基礎知識(個人情報保護法の基礎知識、情報の取得に関する規定、情報管理に関する規定、情報の第三者提供に関する規定、安全管理に関する規定、保有個人データの公表・訂正・削除に関する規定、その他の義務に関する規定、マイナンバー制度と金融機関の対応)、第2章 金融実務と個人情報(預金取引と個人情報、融資取引と個人情報、金融商品取引業務と個人情報、保険業務と個人情報保護、金融実務とマイナンバー)、第3章 支店業務と個人情報(支店管理職の情報管理、教育・研修のポイント)
2017.2 270p A5 ¥2315 ⓘ978-4-7657-4546-8

◆**個人情報取扱者検定試験模擬問題集 17年11月試験版**　金融検定協会編　銀行研修社
【目次】第1章 法令・制度の基礎知識(個人情報保護法の基礎知識、情報の取得に関する規定、情報管理に関する規定、情報の第三者提供に関する規定、安全管理に関する規定、保有個人データの公表・訂正・削除に関する規定、その他の義務に関する規定、マイナンバー制度と金融機関の対応)、第2章 金融実務と個人情報(預金取引と個人情報、融資取引と個人情報、金融商品取引業務と個人情報、保険業務と個人情報保護、金融実務とマイナンバー)、第3章 支店業務と個人情報(支店管理職の情報管理、教育・研修のポイント)、資料
2017.8 270p A5 ¥2315 ⓘ978-4-7657-4556-7

◆**個人情報保護士認定試験一発合格テキスト&問題集**　島田裕次編　オーム社
【目次】1編 個人情報保護の総論(個人情報保護法の理解、マイナンバー法の理解)、2編 個人情報保護の対策と情報セキュリティ(脅威と対策―脅威および弱性に対する理解、組織的・人的セキュリティ―人的管理の実務知識、オフィスセキュリティ―物理的管理の実務知識、情報システムセキュリティ―技術的管理の実務知識)
2017.6 304p A5 ¥2400 ⓘ978-4-274-50666-6

◆**個人情報保護士認定試験公式テキスト**　中村博監修　日本能率協会マネジメントセンター　改訂6版
【要旨】2017年の改正法に完全対応！ 法改正にもとづき解説も新たにした個人情報保護の最新情報を収録！ 試験範囲全分野の詳細解説と項目別の過去問題で実力が身につく。
2017.9 413p A5 ¥2500 ⓘ978-4-8207-5999-7

◆**個人情報保護士認定試験公式問題集**　全日本情報学習振興会編　全日本情報学習振興会、泰文堂 発売　改訂版
【要旨】改正法全面施行に完全対応。出題必至の過去問題を厳選。詳しい解説で、理解度が深まる。
2017.8 396p A5 ¥1600 ⓘ978-4-8030-1099-2

◆**個人情報保護士認定試験公認テキスト―全日本情報学習振興会協会**　坂東利国、水町雅子著、牧野鉄郎監修　全日本情報学習振興会、泰文堂 発売
【要旨】個人情報保護法マイナンバー法の解説。詳しい解説の過去問題を掲載。この一冊でわかる！ 検定団体発行テキスト！
2017.4 698p A5 ¥2400 ⓘ978-4-8030-1049-7

統計データや法改正等に対応。全100問！ LECオリジナル予想問題集！ 学科試験の内容をこの1冊で総チェック！
2017.2 210p A5 ¥2000 ①978-4-8449-9807-5

◆国家資格に挑戦！ 知財検定2級テキスト・問題 2017年〜2018年改訂版 土井宏文著 コンテンツ・シティ出版事業部、メディアパル発売
【要旨】分野別に解説。分野別の過去問題を収録。過去問題を研究してテキストを作成！
2017.6 569p A5 ¥2750 ①978-4-8021-3059-2

◆国家資格に挑戦！ 知財検定3級テキスト・問題 2017年〜2018年度版 土井宏文、高橋有理可著 コンテンツ・シティ出版事業部、メディアパル 発売
【要旨】分野別に解説。分野別の過去問題を収録。過去問題を研究してテキストを作成！
2017.6 308p A5 ¥2000 ①978-4-8021-3060-8

◆この一冊で合格！ 知的財産管理技能検定3級テキスト＆問題集 2017年版 斉藤達也著 ナツメ社 （付属資料：赤シート1）
【要旨】はじめての学習や独学をサポート！ 合格のためのエッセンスを一冊にまとめました。学科・実技に対応！ 図表＋イラストで、出題ポイントをやさしく解説！ 確認問題＆模擬試験2回分を収録！ 暗記に便利な赤シート付き。
2017.2 311p A5 ¥2100 ①978-4-8163-6163-0

◆これで合格 製菓衛生師試験問題集 2017 全国製菓衛生師養成施設協会編 学研プラス （付属資料：別冊1）
【要旨】過去3年分の出題を完全分析。出題頻度がわかるから、効果的に学習できる！
2017.4 234p A5 ¥1500 ①978-4-05-800731-0

◆最新版 美容師国家試験実戦試験問題集 理美容師国家試験問題研究会編 一ツ橋書店 （付属資料：カード）
【要旨】分野別の重要基本問題で実力up!!出題傾向を徹底研究した実試験型模擬問題で実力check！
2017.4 242p A5 ¥1600 ①978-4-565-19190-8

◆最新版 美容師国家試験予想問題集 理美容師国家試験問題研究会編 一ツ橋書店 （付属資料：カード）
【要旨】合格の実力がつく実試験型模擬問題9回分450問。
2017.4 237p A5 ¥1600 ①978-4-565-19191-5

◆最短合格 特別会員証券外務員内部管理責任者試験問題解説集 2017/18年版 きんざい教育事業センター編 きんざい （付属資料：CD・ROM1）
【要旨】本番と同じ形式（パソコン受験）で問題が解ける！ 模擬試験3回分をCD・ROMに収録。本番で出題される〇×・四択問題に慣れる、特別会員内部管理責任者試験問題集の決定版！
2017.12 184p A5 ¥1600 ①978-4-322-13194-9

◆サービス接遇検定実問題集1・2級（第39回〜第43回） 実務技能検定協会編 早稲田教育出版 （付属資料：別冊1）
【要旨】第39回〜43回、検定過去問題を一挙収録。
2017.8 66p A5 ¥1500 ①978-4-7766-1293-3

◆サービス接遇検定実問題集3級（第39回〜第43回） 実務技能検定協会編 早稲田教育出版 （付属資料：別冊1）
【要旨】第39回〜43回、検定過去問題を一挙収録。
2017.8 26p A5 ¥1200 ①978-4-7766-1292-6

◆酸素欠乏危険作業主任者テキスト 中央労働災害防止協会編 中央労働災害防止協会 第3版
【目次】第1編 序論、第2編 酸素欠乏症等の病理と症状、第3編 酸素欠乏および硫化水素中毒の原因および防止対策、第4編 保護具（酸素欠乏危険の場合の退避および救急処置、第5編 事故の場合の退避および救急処置、第6編 災害事例、第7編 関係法令、参考資料
2017.6 294p B5 ¥2000 ①978-4-8059-1753-4

◆色彩検定2級本試験対策 2018年版 熊谷佳子著 学研プラス
【要旨】色彩検定公式テキスト対応。ていねいな解説の模擬試験と用語集つき。
2017.3 223p 22×17cm ¥1700 ①978-4-05-800740-2

◆色彩検定3級本試験対策 2018年版 熊谷佳子著 学研プラス

◆集中マスター 美容師国家試験合格対策＆模擬問題集 2018年版 JHEC（日本美容教育委員会）編、石井至著 日本能率協会マネジメントセンター （付属資料：別冊1）
【要旨】分野別の必須知識と傾向を押さえた模擬問題でポイントを押さえて本番での「合格力」を高める！ 分野別〇×問題＋オリジナル模擬問題506題を収録。
2017.11 193p A5 ¥1600 ①978-4-8207-2621-0

◆詳解 運行管理者（貨物）過去問題集 '18年版 コンデックス情報研究所編著 成美堂出版 （付属資料：別冊1）
【要旨】平成29年度第1回〜平成26年度臨時の8回分（全240問）を完全収録！ 本書編集後から平成30年度第1回試験の出題法令基準日までの最新法改正もブログで完全フォロー！ 本試験が体感できるマークシート解答用紙つき。答えあわせに便利な別冊つき。解答・解説。
2017.12 270p A5 ¥1800 ①978-4-415-22585-2

◆商業経済検定模擬試験問題集1・2級 ビジネス経済A 平成29年度版 実教出版編修部編 実教出版 （付属資料：別冊1）
【要旨】必修用語の確認302。模擬試験問題3回分＋検定試験問題（第30・31回）。解答編で詳細な解説。
2017.9 111p A4 ¥600 ①978-4-407-34125-6

◆商業経済検定模擬試験問題集1・2級 ビジネス経済B 平成29年度版 実教出版編修部編 実教出版 （付属資料：別冊1）
【要旨】必修用語の確認238。模擬試験問題3回分＋検定試験問題（第30・31回）。解答編で詳細な解説。
2017.9 111p A4 ¥700 ①978-4-407-34126-3

◆商業経済検定模擬試験問題集1・2級 マーケティング 平成29年度版 実教出版編修部編 実教出版 （付属資料：別冊1）
【要旨】必修用語の確認309。模擬試験問題3回分＋検定試験問題（第30・31回）。解答編で詳細な解説。
2017.9 107p A4 ¥630 ①978-4-407-34127-0

◆商業経済検定模擬試験問題集1・2級 経済活動と法 平成29年度版 実教出版編修部編 実教出版 （付属資料：別冊1）
【要旨】必修用語の確認405。模擬試験問題3回分＋検定試験問題（第30・31回）。解答編で詳細な解説。
2017.9 115p A4 ¥630 ①978-4-407-34128-7

◆商業経済検定模擬試験問題集3級 ビジネス基礎 平成29年度版 実教出版編修部編 実教出版 （付属資料：別冊1）
【要旨】必修用語の確認332。模擬試験問題4回分＋検定試験問題（第30・31回）。解答編で詳細な解説。
2017.9 115p A4 ¥630 ①978-4-407-34128-7

◆証券アナリスト1次試験過去問題集 経済 2018年試験対策 TAC証券アナリスト講座編著 TAC出版
【要旨】平成27年度春〜平成29年度春本試験問題収録。
2017.12 247p B5 ¥3600 ①978-4-8132-8223-5

◆証券アナリスト1次試験過去問題集 財務分析 2018年試験対策 TAC証券アナリスト講座編著 TAC出版
【要旨】平成27年度春〜平成29年度春本試験問題収録。
2017.12 345p B5 ¥3900 ①978-4-8132-8222-8

◆証券アナリスト1次試験過去問題集 証券分析 2018年試験対策 TAC証券アナリスト講座編著 TAC出版
【要旨】平成27年度春〜平成29年度本試験問題収録。
2017.12 477p B5 ¥4300 ①978-4-8132-8221-1

◆証券アナリスト2次対策総まとめテキスト 企業分析 2018年試験対策 TAC証券アナリスト講座編著 TAC出版
【要旨】出題可能性の高い論点を厳選収録。ポイントを絞った解説で完全理解。合格に必要なすべてを結集した2次対策の決定版！ 過去の出題一覧＆重要論点チェックリストつき。
2017.12 473p A5 ¥2400 ①978-4-8132-8225-9

◆証券アナリスト2次対策総まとめテキスト 市場と経済 2018年試験対策 TAC証券アナリスト講座編著 TAC出版

◆証券アナリスト2次対策総まとめテキスト 証券分析 2018年試験対策 TAC証券アナリスト講座編著 TAC出版
【要旨】出題可能性の高い論点を厳選収録。ポイントを絞った解説で完全理解。合格に必要なすべてを結集した2次対策の決定版！ 過去の出題一覧＆重要論点チェックリストつき。
2017.12 547p A5 ¥3200 ①978-4-8132-8224-2

◆詳細にして明解 通関士試験の指針 平成29年度版 日本関税協会
【目次】第1章 通関士試験の手引、第2章 関税法、第3章 関税定率法、第4章 関税暫定措置法、第5章 関税関係特例法、第6章 外国為替及び外国貿易法、第7章 通関業法、第8章 通関実務
2017.4 814p A5 ¥5800 ①978-4-88895-412-9

◆消費者力検定ワークブック 2017 日本消費者協会編 日本消費者協会
【目次】契約・悪質商法、衣生活、食生活、住生活、サービス、生活と家計管理、環境
2017.5 70p A4 ¥700 ①978-4-930898-44-9

◆消費生活アドバイザー受験合格対策 2017年版 葛西光子、大矢野由美子、安藤昌代編著 丸善出版
【要旨】チャート学習で効率的にポイントを理解。出題可能性の高い項目を重点的に学習できる全体構成。膨大な試験科目の全重要項目を体系的に理解できる。各分野に精通したプロフェッショナルが執筆。過去の出題傾向を分析し本年度の試験対策を的確に洗い出す。試験までにおさえておきたい最新情報の収集法をアドバイス。各科目に最新の時事問題に関する情報やその解説を収録。難関といわれる2次試験（小論文）対策も詳しく紹介。
2017.5 592p A4 ¥6500 ①978-4-621-30157-9

◆スピード学習 個人情報保護士試験 "完全対策" 中康二、生方淳一著、菅原貴与志監修 あさ出版
【要旨】30の重要ポイントをしっかり押さえよう！ 各重要ポイントをまず理解する。各練習問題で腕試し。過去問題に挑戦。解答・解説で知識を深める。
2017.8 349p A5 ¥2200 ①978-4-86667-011-9

◆スピード合格！ 証券外務員一種（正会員・一般/特別会員）図解テキスト＆的中予想問題 17・18年版 有賀圭吾著 オーム社 （付属資料：赤シート1）
【要旨】抜群の的中実績を誇る「的中予想問題」685問で、合格ラインをらくらくクリア！ わかりやすい図解とイラストで、出るとこだけをスピード学習！ 正会員・一般/特別会員に完全対応。
2017.4 356p A5 ¥2400 ①978-4-274-22057-9

◆スピード合格！ 証券外務員二種（正会員・一般/特別会員）図解テキスト＆的中予想問題 17・18年版 有賀圭吾著 オーム社 （付属資料：赤シート1）
【要旨】抜群の的中実績を誇る「的中予想問題」523問で、合格ラインをらくらくクリア！ わかりやすい図解とイラストで、出るとこだけをスピード学習！ 正会員・一般/特別会員に完全対応。
2017.4 238p A5 ¥1800 ①978-4-274-22058-6

◆スマートマスター資格スマートマスター 2017年版 インテリジェント化する家と家電のスペシャリスト 家電製品協会編 NHK出版 （家電製品協会認定資格シリーズ）
【要旨】2017年9月・2018年3月実施の試験で、資格取得を目指す方への必読本。「スマートハウスの基礎」では、ZEH（ネット・ゼロ・エネルギー・ハウス）、創・蓄・省エネ機器、IoTの活用で広がるサービス、さらにZEHを目指すうえでの建築とリフォームの基礎知識を。「家電製品の基礎」では、スマートハウスを構成する主要な技術と製品、そして生み出されるサービスについて解説。
2017.4 487p B5 ¥3800 ①978-4-14-072127-8

◆スマートマスター資格問題＆解説集 2017年版 家電製品協会編 NHK出版 （家電製品協会認定資格シリーズ）
【要旨】2017年9月・2018年3月実施の試験で、資格取得を目指す方への問題集。資格試験の主催者が、2017年3月試験問題 "スマートハウスの基

礎"40問、"家電製品"40問をベースにまとめ、さらに各問題について、解答ポイントを分かりやすく解説。
2017.4 191p B5 ¥1800 ⓘ978-4-14-072128-5

◆スラスラ解ける！ 運行管理者（貨物）ウラ技合格法　'18年版　中澤功史監修, コンデックス情報研究所編著　成美堂出版
【要旨】行政書士をはじめ、宅建士、マンション管理士、管理業務主任者のすべてに一発合格を果たした監修者が、誰でもカンタンに使えるウラ技を大公開!!
2017.12 231p A5 ¥1400 ⓘ978-4-415-22584-5

◆3ステップで最短合格！ 食生活アドバイザー検定2級テキスト＆模擬問題　村井美月著　秀和システム　第3版
【要旨】「基礎→要点チェック→演習問題」の3ステップ方式で基礎も応用も、そして記述問題対策もカンペキ！ 更に、無料特典「スマホでも見やすい用語集」がダウンロードできるので、直前対策も万全です！
2017.3 451p A5 ¥1700 ⓘ978-4-7980-4903-8

◆接客サービスマナー検定過去問題集　第20回～第23回　日本サービスマナー協会編
（大阪）日本サービスマナー協会, 清文社 発売
【要旨】過去4回分の全級試験問題、および模範解答と解説を収録。
2017.9 190p B5 ¥1500 ⓘ978-4-433-49047-8

◆全国通訳案内士試験 地理・歴史・一般常識過去問題集　'18年度版　コンデックス情報研究所編著　成美堂出版　（付属資料：別冊1; 赤シート1）
【要旨】平成29年度～25年度まで5年分の過去問題を収録。
2018.1 207p A5 ¥2000 ⓘ978-4-415-22635-4

◆知的財産管理技能検定3級学科スピード問題集　2018年度版　TAC知的財産管理技能検定講座編　早稲田経営出版　（付属資料：赤シート1）
【要旨】最新9回分の本試験を徹底分析！ 重要な過去問を厳選して収載！ まだ出題のない重要テーマは予想問題でおさえる！ インプットもOK！ テーマ・ポイント解説で知識を確実なものに！
2017.9 235p A5 ¥1400 ⓘ978-4-8471-4309-0

◆知的財産管理技能検定2級学科スピード問題集　2018年度版　TAC知的財産管理技能検定講座編　早稲田経営出版　（付属資料：赤シート1）
【要旨】本試験を徹底分析！ 最新9回分の重要な過去問を厳選して収載！ まだ出題のない重要テーマは予想問題でおさえる！ インプットもOK！ テーマ・ポイント解説で知識を確実なものに！
2017.9 365p A5 ¥1800 ⓘ978-4-8471-4311-3

◆知的財産管理技能検定2級 厳選過去問題集　2018年度版　アップロード知財教育総合研究所編
【要旨】合格に必要な200問をセレクト！ 重要ポイント＋領域別問題＋実力テスト。すべての問題に詳細な解説付きで確実に理解できる！ 公式テキストと連動し、効果的な学習ができる領域別編集。
2017.7 289p A5 ¥2400 ⓘ978-4-904207-94-9

◆知的財産管理技能検定2級実技スピード問題集　2018年度版　TAC知的財産管理技能検定講座編　早稲田経営出版　（付属資料：赤シート1）
【要旨】本試験を徹底分析！ 最新9回分の重要な過去問を厳選して収載！ まだ出題のない重要テーマは予想問題でおさえる！ インプットもOK！ テーマ・ポイント解説で知識を確実なものに！
2017.9 329p A5 ¥1800 ⓘ978-4-8471-4312-0

◆知的財産管理技能検定2級スピードテキスト　2018年度版　TAC知的財産管理技能検定講座編　早稲田経営出版　（付属資料：赤シート1）
【要旨】イメージできる！ 2コマ事例イラストでスピード理解！ 理解度をすぐに確認！ オリジナル確認問題で復習もバッチリ！
2017.8 259p A5 ¥2800 ⓘ978-4-8471-4314-4

◆知的財産管理技能検定3級 厳選過去問題集　2018年度版　アップロード知財教育総合研究所編　アップロード
【要旨】合格に必要な180問をセレクト！ 重要ポイント＋領域別問題＋実力テスト。すべての問題

に詳細な解説付きで確実に理解できる！ 公式テキストと連動し、効果的な学習ができる領域別編集。
2017.7 237p A5 ¥2000 ⓘ978-4-904207-95-6

◆知的財産管理技能検定3級合格教本　岩崎博孝著　技術評論社　（らくらく突破）　改訂新版
【要旨】オリジナル◯×問題（186問）＋直近5回分の厳選過去問（159問）収録！ 最も出題数の多い「著作権法」の解説が厚い!!巻末に第25回過去問題をそのまま1回分収録。
2017.12 368p A5 ¥2380 ⓘ978-4-7741-8760-0

◆知的財産管理技能検定3級実技スピード問題集　2018年度版　TAC知的財産管理技能検定講座編　早稲田経営出版　（付属資料：赤シート1）
【要旨】最新9回分の本試験を徹底分析！ 重要な過去問を厳選して収載！ まだ出題のない重要テーマは予想問題でおさえる！ インプットもOK！ テーマ・ポイント解説で知識を確実なものに！
2017.9 342p A5 ¥1400 ⓘ978-4-8471-4310-6

◆知的財産管理技能検定3級スピードテキスト　2018年度版　TAC知的財産管理技能検定講座編　早稲田経営出版　（付属資料：赤シート1）
【要旨】イメージできる！ 2コマ事例イラストでスピード理解！ 理解度をすぐに確認！ オリジナル確認問題で復習もバッチリ！
2017.8 184p A5 ¥1800 ⓘ978-4-8471-4313-7

◆調理師試験過去問題集　'17年版 ――一回で受かる！　コンデックス情報研究所編著　成美堂出版　（付属資料：別冊2）
【要旨】本書は各都道府県の試験で実際に出題された問題をベースとした問題集です。問題数、試験時間などを実際の試験に近い本試験形式を2回分収録。分野別に編集した過去問も併せて収録。特定の科目のみを効率よく学べる。
2017.1 127p A5 ¥1200 ⓘ978-4-415-22416-9

◆調理師試験過去問題集　'18年版　コンデックス情報研究所編著　成美堂出版　（付属資料：別冊2）
【要旨】本書は各都道府県の試験で実際に出題された問題をベースとした問題集です。問題数、試験時間などが実際の試験に近い本試験形式を2回分収録。分野別に編集した過去問も併せて収録。特定の科目のみを効率よく学べる。
2018.1 127p A5 ¥1200 ⓘ978-4-415-22626-2

◆調理師試験重要項目　'18年版　コンデックス情報研究所編著　成美堂出版　（付属資料：赤シート1）
【要旨】最重要事項だけをスピーディにマスターできる、短期合格のためのテキストです。赤シート対応で暗記もラクラクです。大きな文字でキーワードがズバリわかる、読みやすい体裁。すきま時間にスイスイと読めます。
2018.1 207p A5 ¥1000 ⓘ978-4-415-22627-9

◆調理師試験問題と解答　2017年版　日本栄養士会編　第一出版　第25版
【目次】1 公衆衛生学、2 食品学、3 栄養学、4 食品衛生学、5 調理理論、6 食文化概論
2017.5 214p A5 ¥1500 ⓘ978-4-8041-1370-8

◆調理師試験予想問題集　2018年度版　調理師試験問題研究所編　一ツ橋書店　（付属資料：カード）
【要旨】全都道府県の調理師試験に対応。試験科目別講座による重要基本問題296問と解説。実試験型予想問題240問と解説。
2017.5 254p A5 ¥1200 ⓘ978-4-565-18192-3

◆調理師読本　2017年版　日本栄養士会編　第一出版　第22版
【要旨】これでばっちり！ 受験対策MENU。本書をよく読もう！ 過去問題集にTRY！ まちがい箇所は本書で再チェック！
2017.4 386p A5 ¥1600 ⓘ978-4-8041-1369-2

◆賃貸不動産管理の知識と実務―賃貸不動産経営管理士公式テキスト　賃貸不動産経営管理士協議会編著　大成出版社　改訂3版
【要旨】平成29年度「賃貸不動産経営管理士」試験に完全対応！ 国土交通省の賃貸住宅管理業者登録制度が、2016年9月に改正、賃貸不動産経営管理士の役割が明記！
2017.3 1095p A5 ¥3685 ⓘ978-4-8028-3283-0

◆通関士過去問スピードマスター　2017年度版　TAC通関士講座編著　TAC出版
【要旨】単なる過去問ではなく過去問を最短でマスターする問題集。択一式は論点ごとに詳しい解説付き！ 選択式と申告書は本試験形式そのままで掲載！
2017.1 557p A5 ¥3000 ⓘ978-4-8132-7109-3

◆通関士過去問題集　2017年版　ヒューマンアカデミー著,笠原純一監修　翔泳社　（通関士教科書）　第11版
【要旨】第1～50回試験の中から重要な論点を含む問題を精選しています。過去の問題・解答を最新法令に合わせて修正。出題形式も現在の試験制度に合わせています。最新の第50回試験の問題・解説を掲載。実力を測るための1冊。
2017.2 705p A5 ¥3200 ⓘ978-4-7981-4936-3

◆通関士完全攻略ガイド　2017年版　ヒューマンアカデミー著,笠原純一監修　翔泳社　（通関士教科書）　第11版
【要旨】本書は、通関士試験合格を目指す方が制度や規定の背景や立法趣旨を理解しながら、重要ポイントをマスターし、最短最速で合格ラインに達することができるように編集してあります。
2017.1 851p A5 ¥3600 ⓘ978-4-7981-4935-6

◆通関士完全攻略ガイド　2018年版　ヒューマンアカデミー著,笠原純一監修　翔泳社　（通関士教科書）　第12版
【要旨】章の始めに「学習内容」と「出題の特徴」を記載⇒これから学ぶことを把握できる。重要な項目は「頻出度A・B」でランク付け⇒メリハリをつけて学習できる。難しい条文は「理解のポイント」でわかりやすく解説⇒しっかりと理解したうえで暗記することができる。章末に「チェック問題（基礎編・応用編）」と「要点整理」を掲載⇒学んだことを確認できる。
2017.12 850p A5 ¥3600 ⓘ978-4-7981-5392-6

◆「通関士」合格の基礎知識　片山立志著　日本能率協会マネジメントセンター　改訂版
【要旨】通関業法の改正に対応！ 基本の理解が合格への近道！ 初学者のつまずく急所をわかりやすく解説した入門書。
2017.10 243p A5 ¥1800 ⓘ978-4-8207-2619-7

◆通関士試験合格ハンドブック　2017年版　片山立志編著　日本能率協会マネジメントセンター　（付属資料：赤シート1）
【要旨】2017年試験の最新出題範囲まで収録！ 試験3科目のポイントを、チャートや図解で解説！ 頻出条項は赤シートで徹底チェック！ 「通関実務演習」の解説がわかりやすい！
2017.3 624p A5 ¥3000 ⓘ978-4-8207-5967-6

◆通関士試験ゼロからの申告書　2017　日本関税協会　改訂11版
【目次】輸出申告、応用事項、練習問題、輸入（納税）申告、解答と解説、付録1 申告書作成における各書類の見方、付録2 2010年インコタームズ
2017.5 430p B5 ¥3000 ⓘ978-4-88895-414-3

◆通関士試験「通関実務」集中対策問題集　ヒューマンアカデミー著,笠原純一監修　翔泳社　（通関士教科書）　第2版
【要旨】通関士試験の3科目の中で最も難しいと言われているのが、3時間目に行われる「通関実務」です。法令の知識だけでなく、輸出入申告書の作成や課税価格の計算など実務への応用力が問われるものです。本書では、「通関実務」で合格点を取るための学習法と解き方を詳しく解説しています。
2017.6 405p A5 ¥3000 ⓘ978-4-7981-5248-6

◆通関士試験テーマ別問題集　2017年版　片山立志編著　日本能率協会マネジメントセンター　（付属資料：関税率表徹底攻略カード）
【要旨】2017年試験の最新出題範囲まで収録！ 重要ポイントをテーマ別に分類して、用語と法律も丁寧に解説！ 繰り返し出題されている問題をまとめた「頻出！ 基本問題」と、応用力を磨く「ステップアップ予想問題」で実力をつける！ 「通関士試験合格ハンドブック」との併用で学習効果が倍増。「弱点」になりがちな「関税率表の分類の問題」をオリジナルカードに整理。どこでもラクラク覚えられる！
2017.3 397p A5 ¥2600 ⓘ978-4-8207-5968-3

◆通関士試験まるわかりノート　2017　日本関税協会　（付属資料：チェックシート1）
【目次】用語の意義1（外国貨物）、用語の意義2（内国貨物）、用語の意義3（輸入の意義）、用語

経済・産業・労働

の意義4（輸出の意義）、保税地域（総合）、貨物の取扱い等、記帳義務、貨物の蔵置期間、保税地域の許可の要件、保税地域の許可の失効〔ほか〕　2017.5 365p A5 ¥3700 ①978-4-88895-413-6

◆通関士試験 問題・解説集—合格基準分野別・出題頻度順　平成29年度版　日本関税協会　（付属資料：別冊1）
【要旨】解いた数だけ、本番の自信へと繋がる！質・量ともに業界の最高水準！
　　　　2017.3 453p A5 ¥3500 ①978-4-88895-407-5

◆通関士スピードテキスト　2017年度版
小貫斉編著, TAC通関士講座編著　TAC出版
【要旨】最短でのインプットを実現するコンパクトなテキスト。簡潔かつわかりやすい説明で学習時間を短縮！章ごとの復習テストで知識の定着を実感！
　　　　2017.1 436p A5 ¥2800 ①978-4-8132-7108-6

◆通関手続ドリル　2017　日本関税協会
（通関士試験補習シリーズ）
【目次】1 要点知識の確認（正誤問題）92題、2 要点知識の習得（正誤問題）163題、3 要点知識の定着（語句挿入問題）112題、4 本試験レベル（標準：正誤問題）179題、5 本試験レベル（難解：正誤問題）96題、付録 主要な通関手続の流れ等
　　　　2017.4 255p A5 ¥2000 ①978-4-88895-411-2

◆通訳案内士英語過去問解説—平成28年度公表問題　法学書院編集部編　法学書院
【要旨】過去14年間（平成15年〜28年度）の通訳案内士第1次試験「英語についての筆記試験」公表問題（23年度以降は、著作権上の理由で部分収録）と解答例・解説で、出題傾向と出題内容を把握！　2017.4 453p A5 ¥2600 ①978-4-587-41331-6

◆通訳案内士 地理・歴史・一般常識過去問解説（平成29年度問題収録）　岸貴介監修　法学書院
【要旨】平成25年〜29年度 日本語による筆記試験/「日本地理」「日本歴史」「産業・経済・政治及び文化に関する」一般常識」の本試験出題問題と解答・解説を収録。
　　　　2017.11 1Vol. A5 ¥2500 ①978-4-587-41644-7

◆通訳案内士 地理・歴史一般常識完全対策
岸貴介編著　法学書院　改訂第6版
【要旨】近年の試験傾向に合わせてリニューアル！写真・地図を使った問題や時事問題を中心にセレクト。試験合格のために必須とされる重要事項を、過去出題問題からピックアップ・分類した「知っておきたい重要用語」も充実収録。
　　　　2017.1 352p A5 ¥2700 ①978-4-587-41397-2

◆徹底マスター 美容師国家試験過去問題集 2018年版　JHEC（日本美容教育委員会）編, 石井至著　日本能率協会マネジメントセンター　（付属資料：別冊1）
【要旨】過去問から分野別対策、直前の総仕上げまで、出題傾向を理解して実力を底上げ！過去問題＋直前対策チェック780題を収録。
　　　　2017.11 201p A5 ¥1600 ①978-4-8207-2620-3

◆電話応対技能検定（もしもし検定）クイックマスター 日本語の知識　日本電信電話ユーザ協会監修, 岡部達朗, 岡部彦孝著　日本経済新聞出版社
【要旨】「電話応対技能検定（もしもし検定）」の日本語問題を解くための実践的な参考書。仕事や生き方に関わりの深い知識を厳選してまとめたので、無理なく実力を高めて、「もしもし検定」の合格を目指す方に最適。1冊で知識習得と実力診断ができるように、テキスト（解説）箇所で知識を学んだら、問題を解くことができる構成。　2017.9 271p A5 ¥2000 ①978-4-532-40932-6

◆電話応対技能検定（もしもし検定）1・2級公式問題集　2017年版　日本電信電話ユーザ協会編　日本経済新聞出版社
【要旨】2016年に出題された全問題を収録！
　　　　2017.6 223p A5 ¥2500 ①978-4-532-40929-6

◆電話応対技能検定（もしもし検定）3・4級公式問題集　日本電信電話ユーザ協会編　日本経済新聞出版社　第3版
【要旨】2015年11月〜2017年11月の出題から重要問題を収録。
　　　　2017.12 271p A5 ¥1600 ①978-4-532-40945-6

◆特別会員内部管理責任者対策問題集 2017〜2018　日本投資環境研究所編　ビジネス教育出版社

【要旨】厳選問題!!効率的な復習ができる暗記必須ポイント付き！「学習テキスト」の参照ページ掲載。
　　　　2017.10 167p A5 ¥1200 ①978-4-8283-0665-0

◆どこでもできる通関士 選択式徹底対策 2017年版　片山立志著　日本能率協会マネジメントセンター
【要旨】2017年の最新試験範囲まで収録！空き時間を使って合格する！未施行分の法令もテキストに反映！高配点の語群選択式問題を完全攻略！重要度別に要点をチェック！
　　　　2017.2 369p 18cm A5 ¥1800 ①978-4-8207-1962-5

◆日経TEST公式テキスト＆問題集　2017-18年版　日本経済新聞社編　日本経済新聞出版社
【要旨】「経済知力・ビジネス思考力」を診断！経済、金融、産業の動きから、消費、技術、国際情勢までカバー。「ビジネスに必要な知識」＋「知識を活用する考える力」を総合した、ビジネスを遂行する力を測ります。
　　　　2017.3 338p A5 ¥1800 ①978-4-532-40921-0

◆日本統計学会公式認定統計検定3級・4級公式問題集　2014〜2016年　日本統計学会編　実務教育出版
【要旨】3級は高校数学の「データの分析」に、4級は中学校数学の「資料の活用」に相当します。2014年6月・11月、2015年6月・11月、2016年6月・11月に出題された問題と解説を収録！
　　　　2017.4 445p A5 ¥1800 ①978-4-7889-2536-6

◆日本統計学会公式認定統計検定2級公式問題集　2014〜2016年　日本統計学会編　実務教育出版
【要旨】大学基礎課程（1・2年次）で学ぶ「統計学基礎」の知識習得度と活用理解度を問う。2014年6月・11月、2015年6月・11月、2016年6月・11月に出題された問題と解説を収録！
　　　　2017.4 228p A5 ¥1800 ①978-4-7889-2535-9

◆パーソナルカラリスト検定2級・1級公式テキスト　日本カラリスト協会監修 JAPCAセンター, 誠文堂新光社 発売
【要旨】第1章 色彩と文化、第2章 色彩理論、第3章 CUS配色調和理論、第4章 色彩を活かすテクニック、第5章 パーソナルカラリスト、第6章色彩論の系譜、第7章 CUS配色調和理論、第8章 CUS配色調和を活かすテクニック
　　　　2017.8 160p B5 ¥4800 ①978-4-416-91775-6

◆働き方改革検定 ワークスタイルコーディネーター認定試験公式精選問題集　全日本情報学習振興協会編　全日本情報学習振興協会, 泰文堂 発売
【要旨】実際の本試験問題を収録。試験で役立つ実戦問題も掲載。詳しい解説で、理解度アップ。
　　　　2017.12 227p A5 ¥1700 ①978-4-8030-1146-3

◆働き方改革検定 ワークスタイルコーディネーター認定試験公式テキスト　坂東利國, 八幡優里著, 全日本情報学習振興協会監修　全日本情報学習振興協会, 泰文堂 発売
【要旨】この一冊で「働き方改革」が理解できる検定合格の必携書。
　　　　2017.12 531p A5 ¥2000 ①978-4-8030-1145-6

◆ビジネス会計検定試験公式テキスト1級 2017-18年版　大阪商工会議所編　中央経済社, 中央経済グループパブリッシング 発売
【要旨】会計情報を制するものは企業経営を制す。実際の財務諸表（ハウス食品）を使って解説。
　　　　2017.9 422p A5 ¥3200 ①978-4-502-23711-9

◆ビジネス・キャリア検定試験過去問題集解説付き 企業法務2級・3級　牧野和夫監修, ビジネス・キャリア検定試験研究会編著　雇用問題研究会
【目次】3級（過去問題編、解答・解説編）、2級（取引法務）、2級（組織法務）
　　　　2017 586p A5 ¥3200 ①978-4-87563-702-8

◆ビジネス・キャリア検定試験過去問題集解説付き 総務2級・3級　藤永伸一監修, ビジネス・キャリア検定試験研究会編著　雇用問題研究会
　　　　2017 393p A5 ¥2600 ①978-4-87563-701-1

◆ビジネス・キャリア検定試験標準テキスト 労務管理 2級　中央職業能力開発協会編, 廣石忠司監修　中央職業能力開発協会, 社会保険研究所 発売　第2版

【目次】第1章 労使関係（労働契約・就業規則、集団的労働関係 ほか）、第2章 就業管理（賃金、労働時間・休憩・休日 ほか）、第3章 労働安全衛生・福利厚生（安全衛生管理、健康管理・メンタルヘルス ほか）、第4章 労務管理に関係するその他の重要な法律（最低賃金法、労働契約承継法ほか）、終章（国際化への対応、女性の活躍 ほか）　2017.3 417p A5 ¥3100 ①978-4-7894-9661-2

◆ビジネス・キャリア検定試験標準テキスト 労務管理 3級　中央職業能力開発協会編, 廣石忠司監修　中央職業能力開発協会, 社会保険研究所 発売　第2版
【目次】序章 はしがきに代えて、第1章 労使関係の概要（労務管理の意義と範囲、労働契約・就業規則・労働協約・労使協定の概要、集団的労使関係の基礎 ほか）、第2章 就業管理の概要（賃金の基礎、労働時間・休憩・休日の基礎、労働時間の弾力化に係る制度の種類・内容 ほか）、第3章 労働安全衛生・福利厚生の概要（労働安全衛生管理の基礎、健康管理・メンタルヘルスの基礎、福利厚生の基礎）
　　　　2017.3 401p A5 ¥3000 ①978-4-7894-9651-3

◆ビジネス実務法務検定試験 一問一答エクスプレス 2級 2017年度版　TACビジネス実務法務検定講座編著　TAC出版
【要旨】スピード学習で一気に合格!!最頻出の論点、絞り込んだテーマ別構成ですばやくポイントを確認！必要十分な解説＋「要点整理の図表」で直前チェックにも最適！
　　　　2017.2 335p A5 ¥1800 ①978-4-8132-7067-6

◆ビジネス実務法務検定試験一問一答エクスプレス 3級 2017年度版　TACビジネス実務法務検定講座編著　TAC出版
【要旨】最頻出の論点・絞り込んだテーマ別構成ですばやくポイントを確認！必要十分な解説＋「要点整理の図表」で直前チェックにも最適！
　　　　2017.2 249p A5 ¥1400 ①978-4-8132-7068-3

◆ビジネス実務法務検定試験1級公式テキスト 2017年度版　東京商工会議所編　東京商工会議所, 中央経済グループパブリッシング 発売
【要旨】個人情報保護法、消費者契約法、割賦販売法等の改正に完全対応。実務に即した事例演習で実践的な法的思考方法を養える。民法（債権法）改正法案の概要掲載。
　　　　2017.3 467p A5 ¥4300 ①978-4-502-22101-9

◆ビジネス実務法務検定試験1級公式問題集 2017年度版　東京商工会議所編　東京商工会議所検定センター, 中央経済グループパブリッシング 発売
【要旨】唯一の公式問題集。最新実務事例を通じて、論述式問題への対応力を習得。
　　　　2017.3 389p A5 ¥3200 ①978-4-502-22111-8

◆ビジネス実務法務検定試験2級完全合格テキスト 2017年版　塩島武徳著　翔泳社　（法務教科書）
【要旨】出るとこだけを的確に学べる！出題ポイントをていねいに解説。個人情報保護法、消費者契約法、食品表示法など法改正にも対応。
　　　　2017.1 487p A5 ¥3500 ①978-4-7981-5002-4

◆ビジネス実務法務検定試験2級公式テキスト 2017年度版　東京商工会議所編　東京商工会議所検定センター, 中央経済グループパブリッシング 発売　新版
【要旨】消費者契約法、景品表示法、個人情報保護法等の改正に完全対応。より内容を充実させ、テキスト全体を再構成。民法（債権法）改正法案の概要掲載。
　　　　2017.1 451p A5 ¥4200 ①978-4-502-22121-7

◆ビジネス実務法務検定試験2級公式問題集 2017年度版　東京商工会議所編　東京商工会議所検定センター, 中央経済グループパブリッシング 発売
【要旨】唯一の公式問題集。過去問題3回分とテーマ別模擬問題で合格に必要な知識を習得。
　　　　2017.2 439p A5 ¥3200 ①978-4-502-22131-6

◆ビジネス実務法務検定試験2級 精選問題集 2017年版　菅谷貴子, 厚井久弥編著　翔泳社　（法務教科書）
【要旨】解答ポイントを詳しく解説！よく出るテーマの160問！＋第39・40回試験問題収録。
　　　　2017.1 455p A5 ¥2500 ①978-4-7981-5000-0

◆ビジネス実務法務検定試験2級テキスト＆問題集　2017年度版　コンデックス情報研

究所編著　成美堂出版　（付属資料：赤シート1）
【目次】第1章 会社取引にまつわる法律関係、第2章 債権の回収と管理について、第3章 会社財産というもの、その管理・活用と法律、第4章 企業活動にまつわる法規制、第5章 取引を行う主体（株式会社について）、第6章 会社と従業員の関係性について、第7章 紛争の解決方法、第8章 国際法務の基礎知識
2017.3 455p A5 ¥2200 ①978-4-415-22446-6

◆ビジネス実務法務検定試験3級公式テキスト 2017年度版　東京商工会議所編　東京商工会議所検定センター, 中央経済グループパブリッシング 発売　新版
【要旨】消費者契約法、特定商取引法、個人情報保護法等の改正に完全対応。より学習に取り組みやすく、テキスト全体を再構成。民法（債権法）改正法案の概要掲載。
2017.1 413p A5 ¥2800 ①978-4-502-22141-5

◆ビジネス実務法務検定試験3級公式問題集 2017年度版　東京商工会議所編　東京商工会議所検定センター, 中央経済グループパブリッシング 発売
【要旨】唯一の公式問題集。過去問題3回分とテーマ別模擬問題で合格に必要な知識を習得。
2017.2 377p A5 ¥2400 ①978-4-502-22151-4

◆ビジネス実務法務検定試験3級テキスト＆問題集 2017年度版　コンデックス情報研究所編著　成美堂出版　（付属資料：赤シート1）
【要旨】よく出るポイントをズバリ解説！ はじめての人でもよくわかる最速合格の決定版！ 答え・ポイントを隠せる赤シート付。
2017.3 287p A5 ¥1500 ①978-4-415-22447-3

◆ビジネス実務法務検定試験3級 テキストいらずの問題集 2017年版　菅谷貴之, 厚井久弥編著　翔泳社　（法務教科書）
【要旨】よく出るテーマの問題を分野別に収録＋重要ポイントのまとめ＋第40回試験問題。
2017.1 237p A5 ¥1700 ①978-4-7981-5001-7

◆ビジネス電話検定実問題集─知識B・知識A・実践級　実務技能検定協会編　早稲田教育出版
【要旨】第23回〜第27回検定過去問題を一挙収録。
2017.9 61p A5 ¥1500 ①978-4-7766-1755-6

◆ビジネス能力検定ジョブパス2級公式試験問題集 2017年版　職業教育・キャリア教育財団監修　日本能率協会マネジメントセンター　（付属資料：別冊1）
【要旨】本試験の出題分野と問題形式がわかる！ 過去問題4回分と演習問題を収録。唯一の公式問題集！
2017.2 199p B5 ¥1500 ①978-4-8207-5948-5

◆ビジネス能力検定ジョブパス2級公式テキスト 2018年版　職業教育・キャリア教育財団監修　日本能率協会マネジメントセンター
【目次】第1編 ビジネスとコミュニケーションの基本（キャリアと仕事へのアプローチ、会社活動の基本、話し方と聞き方のポイント、接客と営業の進め方、不満を信頼に変えるクレーム対応、会議への出席とプレゼンテーション、チームワークと人のネットワーク）、第2編 仕事の実践とビジネスツール（仕事の進め方、ビジネス文書の基本、統計・データの読み方、まとめ方、情報収集とメディアの活用、会社数字の読み方、ビジネスと法律・税金知識、資本と経済の基礎知識）、特別講義 社会で活躍するために必要な知識（問題解決の力、SWOT分析、会社数字の読み方 貸借対照表・損益計算書・給与明細の基本、確認問題）、巻末資料 ビジネス用語の基本
2017.12 165p B5 ¥2400 ①978-4-8207-5928-6

◆ビジネス能力検定ジョブパス3級公式試験問題集 2017年版　職業教育・キャリア教育財団監修　日本能率協会マネジメントセンター　（付属資料：別冊1）
【要旨】本試験の出題分野と問題形式がわかる！ 過去問題4回分と演習問題を収録。唯一の公式問題集！
2017.2 188p B5 ¥1300 ①978-4-8207-5947-8

◆ビジネス能力検定ジョブパス3級公式テキスト 2018年版　職業教育・キャリア教育財団監修　日本能率協会マネジメントセンター
【目次】第1編 ビジネスとコミュニケーションの基本（キャリアと仕事へのアプローチ、仕事の基

本となる8つの意識、コミュニケーションとビジネスマナーの基本、指示の受け方と報告、連絡・相談、話し方と聞き方のポイント、来客対応と訪問の基本マナー、会社関係でのつき合い）、第2編 仕事の実践とビジネスツール（仕事への取り組み方、ビジネス文書の基本、電話応対、統計・データの読み方・まとめ方、情報収集とメディアの活用、会社を取り巻く環境と経済の基本）、巻末資料 ビジネス用語の基本
2017.12 157p B5 ¥2000 ①978-4-8207-2628-9

◆ビジネスマネジャー検定試験過去問題集 第1回〜第4回　塩島武徳著　翔泳社　（マネジメント教科書）
【要旨】本書は、第1回（2015年7月）から第4回（2016年11月）までの試験問題をすべて収録し、詳しい解説を加えた「過去問題集」です。「公式テキスト」と併せて使用することで、管理職に求められるマネジメント知識を効率よく学習することができます。
2017.3 415p A5 ¥2000 ①978-4-7981-5068-0

◆ビジネスマネジャー検定試験完全対策過去問＆模擬問題集　ビジネスマネジャー検定試験対策研究会編著　日本能率協会マネジメントセンター
【要旨】出題傾向と対策がわかる合格するための問題集！ 出題傾向や公式テキスト2nd editionのポイントを徹底分析！ 頻出テーマを厳選した最新第4回を含む過去問題！ 本番1回分の模擬試験問題（解答用紙付）で腕試しもできる！
2017.3 270p A5 ¥2000 ①978-4-8207-5971-3

◆ビジネスマネジャー検定試験 テキスト＆問題集　コンデックス研究所編著　成美堂出版　（付属資料：赤シート1）
【要旨】はじめての人でもコレでOK！ 合格のポイントがズバリわかる。予想問題も多数収録！
2017.5 303p A5 ¥1600 ①978-4-415-22491-6

◆フードコーディネーター過去問題集3級資格認定試験 2014〜2016　日本フードコーディネーター協会編　柴田書店
【要旨】フードコーディネーターの登竜門、3級資格認定試験の対策にマストな1冊！「フードコーディネーター教本2017」＆「フードコーディネーター用語集」対応。2014年度〜2016年度の出題から主要な問題をピックアップ！
2017.8 99p A5 ¥1800 ①978-4-388-15339-8

◆フードコーディネーター教本 2018 3級資格認定試験対応テキスト　日本フードコーディネーター協会編　柴田書店
【要旨】フードコーディネーターとは食をテーマに「ヒト・モノ・コト」そして「情報」をトータルにプロデュースする食の専門家である。3級資格試験対応。
2018.1 313p A5 ¥3000 ①978-4-388-15440-1

◆フードスペシャリスト資格認定試験過去問題集 2017年版　日本フードスペシャリスト協会編　建帛社　（付属資料：別冊1）
【目次】平成28年度フードスペシャリスト資格認定試験問題、分野別過去問題（フードスペシャリスト論、食品の官能評価・鑑別論、食品の安全性に関する科目、栄養と健康に関する科目、食物学に関する科目、調理学に関する科目、食品の流通・消費に関する科目、フードコーディネート論）、平成28年度専門フードスペシャリスト資格認定試験問題、平成27年度専門フードスペシャリスト資格認定試験問題
2017.2 91p A4 ¥1100 ①978-4-7679-0605-8

◆ホスピタリティ検定公式テキスト＆問題集 2017年度版　ホスピタリティ機構監修, 日本ホスピタリティ検定協会編　経済法令研究会
【要旨】ビジネスの現場や日常生活で発揮できるホスピタリティ度を測る！ 2級・3級の過去問題1回分収録。合格に必要な知識を例題を解きながら学習できる。単元ごとの○×チェックテストで要点整理ができる。
2017.7 181p A5 ¥1600 ①978-4-7668-3360-7

◆マイナンバー実務検定 過去問題・解答・解説 3級　全日本情報学習振興協会編　全日本情報学習振興協会, 泰文堂 発売　改訂版
【要旨】合格のための必携書。過去に出題された問題を厳選。詳しい解説で理解力UP。
2017.2 124p A5 ¥1000 ①978-4-8030-1015-2

◆マンガでわかる調理師試験攻略テキスト＆問題集─合格一直線！　法月光監修, 町田としこ漫画　新星出版社　改訂第2版

【要旨】伊部リコは美味しいものにしか興味がない、お気楽な大学生。ある日、たまたま入ったイタリアンレストラン「ステラ・ヌーヴォ」で、調理師という資格を知り、勢いで弟子入り志願する。リコは天性の味覚と嗅覚という隠れた才能をオーナーに見込まれ、親友の八宝菜々々とともに、アルバイト＆試験勉強の日々をスタートさせる。ヤリ手のシェフであり、経営者であるオーナーに優しく導かれ、厳しい先輩コックの武松リョウに厳しく指導され─はたしてリコは、調理師試験に合格することができるのか!?マンガと会話形式の本文によって解説。過去問題の傾向を研究し、6科目にわたる幅広い試験範囲の中から、出題頻度の高い項目に絞った。
2017.4 335p A5 ¥1600 ①978-4-405-03231-6

◆メンタルヘルス・マネジメント検定試験1種マスターコース過去問題集 2017年度版　榎本正己著　中央経済社, 中央経済グループパブリッシング 発売
【要旨】公式テキスト（第4版）に完全対応！ 直前対策、理解度確認に最適な過去問題。新公式テキストに従って詳細な解説を行う！
2017.9 239p A5 ¥2800 ①978-4-502-24311-0

◆メンタルヘルス・マネジメント検定試験1種（マスターコース）重要ポイント＆問題集　見波利幸著　日本能率協会マネジメントセンター　改訂3版
【要旨】試験合格に必要な知識に絞って解説。過去問題から厳選した確認問題と模擬問題（選択・論述）を掲載。論述問題の出題傾向＆解答ステップ＆キーワード一覧付き！ 公式テキスト第4版に完全対応！
2017.9 257p A5 ¥2800 ①978-4-8207-5992-8

◆メンタルヘルス・マネジメント検定試験公式テキスト 1種 マスターコース　大阪商工会議所編　中央経済社, 中央経済グループパブリッシング 発売　第4版
【目次】第1章 企業経営におけるメンタルヘルス対策の意義と重要性、第2章 メンタルヘルスケアの活動領域と人事労務部門の役割、第3章 ストレスおよびメンタルヘルスに関する基礎知識、第4章 人事労務管理スタッフに求められる能力、第5章 メンタルヘルスケアに関する方針と計画、第6章 産業保健スタッフ等の活用による心の健康管理の推進、第7章 相談体制の確立、第8章 教育研修、第9章 職場環境等の改善
2017.6 419p A5 ¥4200 ①978-4-502-21471-4

◆メンタルヘルス・マネジメント検定試験公式テキスト 2種 ラインケアコース　大阪商工会議所編　中央経済社, 中央経済グループパブリッシング 発売　第4版
【目次】第1章 メンタルヘルスケアの意義と管理監督者の役割、第2章 ストレスおよびメンタルヘルスに関する基礎知識、第3章 職場環境等の評価および改善の方法、第4章 個々の労働者への配慮、第5章 労働者からの相談への対応（話の聴き方、情報提供および助言の方法等）、第6章 社内外資源との連携、第7章 心の健康問題をもつ復職者への支援の方法
2017.6 337p A5 ¥2800 ①978-4-502-21481-3

◆メンタルヘルス・マネジメント検定試験公式テキスト 3種 セルフケアコース　大阪商工会議所編　中央経済社, 中央経済グループパブリッシング 発売　第4版
【目次】第1章 メンタルヘルスケアの意義（労働者のストレスの現状、メンタルヘルスケアの方針と計画）、第2章 ストレスおよびメンタルヘルスに関する基礎知識（ストレスの基礎知識、メンタルヘルスの基礎知識、心の健康問題の正しい態度）、第3章 セルフケアの重要性（過重労働の健康への影響、自己保健義務とは、早期対処の重要性）、第4章 ストレスへの気づき方（注意すべきリスク要因、仕事以外でのストレス、いつもと違う自分に気づく、ストレスのセルフチェック）、第5章 ストレスへの対処、軽減の方法（ストレスへの対処、軽減の方法、自発的な相談の有用性、活用できる資源、専門相談機関の知識）
2017.6 157p A5 ¥1800 ①978-4-502-21491-2

◆メンタルヘルス・マネジメント検定試験 2種ラインケアコース過去問題集 2017年度版　梅澤志乃著　中央経済社, 中央経済グループパブリッシング 発売
【要旨】メンタルヘルス・マネジメント検定試験とは働く人たちの心の健康の保持増進を目的として、職場内の役割に応じて必要なメンタルヘルスケアに関する知識や対処方法の習得度を測る検定試験です。2種ラインケアコースは、管理監督者（管理職）を対象に、部門内、上司として

の部下のメンタルヘルス対策の推進を目的とします。直近10回分の試験問題を厳選するとともに、公式テキストに従って分類したうえで詳細に解説した直前対策、理解度確認に最適な過去問題集です。2017年に改訂された公式テキスト（第4版）に完全対応しています。
2017.9 235p A5 ¥2200 ①978-4-502-24321-9

◆メンタルヘルス・マネジメント検定試験2種（ラインケアコース）重要ポイント&問題集　見波利幸著　日本能率協会マネジメントセンター　改訂3版
【要旨】わかりやすい！から選ばれる最短合格の定番教材！公式テキスト第4版に完全対応！試験合格に必要な知識に絞って解説。理解度チェックのため、章末に過去問題から厳選した確認問題を掲載。実際の試験を想定した模擬問題と解答解説付き！
2017.8 221p A5 ¥2000 ①978-4-8207-5990-4

◆メンタルヘルス・マネジメント検定試験3種セルフケアコース過去問題集　2017年度　春日未歩子著　中央経済社,中央経済グループパブリッシング　発売
【要旨】公式テキスト（第4版）に完全対応！直前対策、理解度確認に最適な過去問題集。新公式テキストに従って詳細な解説を行う！
2017.9 187p A5 ¥1800 ①978-4-502-24331-8

◆メンタルヘルス・マネジメント検定試験3種（セルフケアコース）重要ポイント&問題集　見波利幸著　日本能率協会マネジメントセンター　改訂2版
【要旨】わかりやすい！から選ばれる最短合格の定番教材！公式テキスト第4版に完全対応！試験合格に必要な知識に絞って解説。理解度チェックのため、章末に過去問題から厳選した確認問題を掲載。実際の試験を想定した模擬問題と解答解説付き！
2017.8 149p A5 ¥1600 ①978-4-8207-5991-1

◆メンタルヘルス・マネジメント検定2種・3種テキスト&問題集　EAPコンサルティング普及協会著　翔泳社　（安全衛生教科書）（付属資料：赤シート1）　第2版
【要旨】コンパクトな見開き解説で学習効率がアップします。一問一答形式のミニ問題で頭に少しずつ慣れましょう。ここで章全体の理解度をチェックしましょう。2種と3種それぞれ1回ずつ模擬問題をご用意しました。本番同様に時間内で解いてみましょう。
2017.6 259p A5 ¥1800 ①978-4-7981-5146-5

◆文字起こし技能テスト公式テキスト　文字起こし技能テスト問題制作部会監修,エフスタイル編集・制作　エフスタイル
【要旨】文字起こし技能テストとは…会議、講演会、取材、YouTubeの動画まで、録音・録画された音声を文字化する技能を測定するテストです。目指せ850点（1000点満点）、スコアを確実にアップ！実例を見ながら繰り返し学べる教材つき！演習用音声データ62ファイル！模擬試験もダウンロード可能！
2017.7 127p A5 ¥1700 ①978-4-9904934-5-5

◆らくらく一発合格 ひとりで学べる調理師試験　2017年版　法月光監修　ナツメ社（付属資料：赤シート1）
【要旨】攻略ポイントを徹底分析した解説で、試験突破を完全サポート！章末には一問一答式の確認問題！要点を整理したイラストが満載！ためになる調理関連の脚注も充実！
2017.2 255p A5 ¥1400 ①978-4-8163-6162-3

◆らくらく突破 運行管理者試験（貨物）合格教本　高橋幸也著　技術評論社
【要旨】試験に出る！丸暗記用「重要数字モノ一覧」を掲載。充実の問題数！○×問題（135問）＋過去問題（100問）収録。試験が解ける！過去問題1回分＋模擬試験問題2回分（ダウンロード）付き。
2017.12 359p A5 ¥2080 ①978-4-7741-9432-5

◆BATIC（国際会計検定）Subject2 過去問題集　2017年版　TAC BATIC講座編著　TAC出版
【要旨】2017年版'17年7月～'17年12月試験対策。第29回～第32回（4回分）を収録。IFRS（国際財務報告基準）に完全対応！
2017.3 359p B5 ¥3500 ①978-4-8132-6870-3

◆BATIC Subject2 公式テキスト　2017年版　東京商工会議所編　東京商工会議所検定センター,中央経済グループパブリッシング　発売
【目次】IFRSとその概念フレームワーク、財務諸表、公正価値測定、現金と売上債権、棚卸資産、有形固定資産、無形資産、有形固定資産および無形資産の減損、リース、金融資産〔ほか〕
2017.3 349p A5 ¥3400 ①978-4-502-22471-3

◆BATIC Subject2 問題集　2017年版　東京商工会議所編　東京商工会議所検定センター,中央経済グループパブリッシング　発売
【目次】問題編（International Financial Reporting Standards and its Conceptual Framework、Financial Statements、Fair Value Measurement、Cash and Trade Receivables、Inventories、Property、Plant and Equipment、Intangible Assets、Impairment of Property, Plant and Equipment and Intangible Assets、Lease、Financial Assets ほか）、解答編
2017.3 291p A5 ¥2600 ①978-4-502-22481-2

◆eco検定 ポイント集中レッスン　サスティナビリティ21編　技術評論社　改訂第10版
【目次】序章 eco検定の概要、第1章 持続可能な社会に向けて、第2章 地球を知る、第3章 環境問題を知る、第4章 持続可能な社会に向けたアプローチ、第5章 各主体の役割・活動、第6章 まとめ、第7章 過去問題（第20回・第21回）と解答・解説、付録 これだけは押さえる！ 直前確認チェックシート
2017.5 335p A5 ¥2040 ①978-4-7741-8969-7

◆U・CANの運行管理者「貨物」合格テキスト&問題集　2018年版　ユーキャン運行管理者試験研究会編　ユーキャン学び出版,自由国民社 発売　（付属資料：別冊1; 赤シート1）　第8版
【要旨】改正道路交通法に完全対応！ 50問の一問一答で知識の定着を確認！ 総仕上げにぴったりな過去問題と予想模擬試験。過去5回出題実績表つき。
2017.10 351p A5 ¥2100 ①978-4-426-60998-6

◆U・CANの個人情報保護士─これだけ！ 一問一答&要点まとめ　ユーキャン個人情報保護士試験研究会編　ユーキャン学び出版,自由国民社 発売　（付属資料：赤シート1）　第2版
【要旨】スキマ時間を活かして"合格"へ！ 580問の一問一答で重要知識をチェック！ 要点まとめが知識整理に効果を発揮！ 図表・計算問題の対策ができる過去問題も収録！
2017.5 351p A5 ¥1600 ①978-4-426-60960-3

◆U・CANの証券外務員一種・二種 これだけ！ 一問一答集　'17～'18年版　ユーキャン証券外務員試験研究会編著　ユーキャン学び出版,自由国民社 発売　第3版
【要旨】スキマ時間を有効活用して実力アップ！ 一種・二種の重要項目を網羅した700問の○×形式問題をコンパクトに収録。赤シートつきだから解答解説の確認もスムーズ。横断的に学習できる要点まとめページつき。章末の「POINTマスター」では、○×形式問題だけではフォローしきれない重要事項を図表などでまとめて整理。効率よく横断知識が身につきます。
2017.12 297p 18cm ¥1700 ①978-4-426-60996-2

◆U・CANの調理師過去&予想問題集　2017年版　ユーキャン調理師試験研究会編　ユーキャン学び出版,自由国民社 発売　（付属資料：別冊1）　第13版
【要旨】復習&試験対策にぴったり!!平成28年度試験も含む、過去問題を厳選掲載！ 出題傾向の分析により効率的な学習が可能に！ すべての選択肢によくわかる詳細な解説つき！ 予想模擬試験は本試験のシミュレーションに最適！
2017.2 297p A5 ¥1600 ①978-4-426-60932-0

◆U・CANの調理師これだけ！ 一問一答　2017年版　ユーキャン調理師試験研究会編　ユーキャン学び出版,自由国民社 発売　（付属資料：赤シート1）　第10版
【要旨】厳選した○×問題400問。1テーマ1見開きでわかりやすく解説。豊富な図表・イラストで理解しやすい。赤シートを使い穴埋め形式でチェック。スキマ時間の学習にも最適！
2017.2 239p 18cm ¥1200 ①978-4-426-60933-7

◆U・CANの調理師重要過去問&予想模試2回　2018年版　ユーキャン調理師試験研究会編　ユーキャン学び出版,自由国民社 発売（付属資料：別冊1）　第14版

【要旨】平成29年度試験も含む、過去問題を厳選掲載！ 出題傾向の分析により効率的な学習が可能に！ すべての選択肢によくわかる詳細な解説つき！ 予想模擬試験は本試験のシミュレーションに最適！
2017.12 297p A5 ¥1600 ①978-4-426-61025-8

◆U・CANの調理師速習レッスン　2017年版　ユーキャン調理師試験研究会編　ユーキャン学び出版,自由国民社 発売　（付属資料：赤シート1）　第13版
【要旨】平成28年度試験の最新傾向を反映！ 出題傾向の徹底分析により効率的な学習が可能に！ 試験に必要な重要ポイントに的を絞ったレッスン！ 充実の欄外解説で、理解度アップをお助けします！
2017.1 300p A5 ¥1600 ①978-4-426-60929-0

◆U・CANの調理師速習レッスン　2018年版　ユーキャン調理師試験研究会編　ユーキャン学び出版,自由国民社 発売　（付属資料：別冊1; 赤シート1）　第14版
【要旨】平成29年度試験の最新傾向を反映！ 試験に必要な重要ポイントに的を絞ったレッスン！ 充実の欄外解説で、理解度アップをお助けします！ 便利な別冊「要点さくさくCheck&Clear！」。
2017.12 300p A5 ¥1600 ①978-4-426-61024-1

◆情報社会 512
　マルチメディア社会・ビジネス 513

◆情報・コンピュータ産業 514
　白書・報告書・年鑑・事典 515

◆コンピュータ・情報処理 516
　人工知能・知的情報処理 522
　データベース 526

◆ネットワーク・通信 526
　インターネット・イントラ
　　ネット 528
　　インターネットショッピング・
　　　インターネットオークション
　　　　529
　　ホームページ 529
　　ブログ・SNS 529
　携帯電話・スマートフォン 531
　セキュリティ 533

◆パソコン 534
　パソコンハード・周辺機器 535
　Macintosh 535
　モバイルコンピュータ 536

◆ソフトウェア 536
　エディタ・ワープロソフト 536
　データベースソフト 537
　表計算ソフト 537
　DTPソフト 539
　グラフィック・フォト・3Dソフ
　　ト（画像・動画編集） 539
　ホームページ作成ソフト 543
　DTM 543
　はがき作成ソフト 544
　その他のソフトウェア 544

◆オペレーティングシステム 545
　Windows 546
　MacOS 546
　UNIX・LINUX 547

◆プログラミング 547
　BASIC 558
　C言語 558
　JAVA 559
　Perl 561

◆コンピュータ関係試験 561
　情報処理技術者 563
　ITパスポート 564
　　基本情報技術者 564
　　システムアーキテクト 565
　　ネットワークスペシャリスト 565
　　応用情報技術者試験 566
　　プロジェクトマネージャ 566
　　ITストラテジスト 567
　　データベーススペシャリスト 567
　　エンベデッドシステムスペシャ
　　　リスト 567
　　ITサービスマネージャ 567
　システム監査技術者 568

情報・通信・コンピュータ

情報社会

◆ある日突然、普通のママが子どものネットトラブルに青ざめる―知らないと意外にコワいネットとスマホの落とし穴　長谷川陽子著
（大阪）アイエス・エヌ
【要旨】起こってからでは、もう遅い。情報教育アナリストが「親がすぐできること」を伝授。
2017.12 223p B6 ¥1500 ①978-4-909363-01-5

◆暗黒通信団の公開鍵　暗黒通信団著　（柏）暗黒通信団
2017.8 1Vol. A5 ¥200 ①978-4-87310-095-1

◆ウェルビーイングの設計論―人がよりよく生きるための情報技術　ラファエル・A.カルヴォ、ドリアン・ピーターズ著、渡邊淳司、ドミニク・チェン監訳　ビー・エヌ・エヌ新社
【要旨】人の「こころ」の領域にまでITが入り込んできた今、人間の潜在能力を高め、よりいきいきとした状態を実現するテクノロジーの設計、すなわち“ポジティブ・コンピューティング”のアプローチが求められている。マインドフルネスやレジリエンス、フローはどのテクノロジーととどう出会うのか―最新の研究成果で解き明かす。
2017.1 407p A5 ¥2800 ①978-4-8025-1040-0

◆親子で学ぶスマホとネットを安心に使う本　鈴木朋子著、坂元章監修　技術評論社
【目次】第1章 スマホとネットの基本について理解しよう！、第2章 ネット上の危険な情報に注意しよう！、第3章 SNS＆メールのトラブルから身を守ろう！、第4章 お金のトラブルを防止しよう！、第5章 ネットのやり過ぎとマナーについて考えよう！、第6章 著作権やセキュリティに気をつけよう！
2017.11 159p A5 ¥1280 ①978-4-7741-9358-8

◆技術者のための情報通信法規教本　吉川忠久著　日本理工出版会　新版
【目次】1 電気通信事業法、2 有線電気通信法、3 不正アクセス行為の禁止等に関する法律、4 電子署名及び認証業務に関する法律、5 電波法、6 放送法、7 著作権法、8 国際条約
2017.4 341p A5 ¥2600 ①978-4-89019-527-5

◆キックスターターガイドブック 入門編　キックスターターガイドブック製作委員会著　講談社
【要旨】世界最大のクラウドファンディングプラットフォーム。全世界から支援を受けてアイディアをカタチにする。世に出ていないモノを支援する。新しいモノ・コトを受け取る。クリエイティブなプロジェクトに生命を。
2017.12 95p B5 ¥1200 ①978-4-06-510791-1

◆クラウド時代の思考術―Googleが教えてくれないただひとつのこと　ウィリアム・パウンドストーン著、森夏樹訳　青土社
【要旨】検索さえすればありとあらゆる情報が手に入る時代に、なぜ知識をたくさん持つ者は持たざる者よりもお金を稼ぐのか？ リツイートやシェアされた記事の真偽を見極めるためにはどうすればいいのか？ 無知から来る自己の過信＝「ダニング＝クルーガー効果」をキーワードに、さまざまなジャンルを横断しネット時代における新しい知のあり方を提案する。
2017.1 397, 33p B6 ¥1800 ①978-4-7917-6966-7

◆現代暗号入門―いかにして秘密は守られるのか　神永正博著　講談社　（ブルーバックス）
【要旨】現代の暗号技術には、純粋数学者が追究した緻密で深遠な研究成果が惜しみなく投入されている。開発者と攻撃者の熾烈な争いを追いながら、実際に使われている暗号技術を解説する。現代の主要な要素である「共通鍵暗号」「ハッシュ関数」「公開鍵暗号」にくわえ、類書ではほとんど解説のなかった、ハードウェアの面からの暗号解読についても紹介する。
2017.10 235p 18cm ¥980 ①978-4-06-502035-7

◆情報倫理―技術・プライバシー・著作権　大谷卓史著　みすず書房
【要旨】困惑する情報社会の問題群―それらが私たちの価値観、生き方、日々の暮らしにどのような関係あするかを示す。現在と近未来の技術・社会を考える閃きを満載。
2017.5 476, 55p B6 ¥5500 ①978-4-622-08562-1

◆「知る力」を身につける情報社会のコミュニケーション能力　船本修三著　中央経済社、中央経済グループパブリッシング 発売　第2版
【要旨】本書は高度化する現代社会において、情報をいかに活用するか10の視点から解説している。著者は「認識過程は抽象化の過程である」と述べている。抽象化によって直接的世界の諸実在から引き離されるがゆえ、言語の発達に内在している抽象化には危険がともなっているという。たしかに、高度情報社会を生きるわれわれにとって、情報を余すところなく伝達することは極めて困難である。しかし、われわれは情報を抽象化することで互いにコミュニケーションをとり、徐々に文明の発達深度を深めてきた。第2版では、企業システムだけでなく、日常システムも含んだ社会システム全般におけるコミュニケーション能力について考察している。本書によって高度情報社会における情報の活用を学び、コミュニケーションに活かして頂きたい。
2017.3 169p A5 ¥2400 ①978-4-502-21391-5

◆人工知能×仮想現実の衝撃―第4次産業革命からシンギュラリティまで　雑賀美明著　マルジュ社
【要旨】人類史上最大のパラダイムシフトが起こる時、AI×VRが、あなたのビジネスを加速させる！ AI×VRは、どんな業種をもパワーアップ！ 2017.4 222p B6 ¥1500 ①978-4-89616-155-7

◆人工知能時代を生き抜く子どもの育て方　神野元基著　ディスカヴァー・トゥエンティワン
【要旨】youtube ばかり見ているけど大丈夫？ プログラミングとかやったほうがいいの？ この勉強が将来もビジネスで通用するか？ これからの子どもたちに必要なのは「極める力」。今、何をどう教えるべきなのか！
2017.4 245p B6 ¥1500 ①978-4-7993-2061-7

◆人文情報学読本―胎動期編　大矢一志著
（横浜）神奈川新聞社　（比較文化研究ブックレット No.15）
【要旨】デジタルヒューマニティーズ、デジタル人文学の黎明期を学ぶ基本文献を網羅。研究者必読の書。
2017.3 175p A5 ¥602 ①978-4-87645-563-8

◆図解 コレ1枚でわかる最新ITトレンド　斎藤昌義著　技術評論社 増強改訂版; 第2版
【要旨】何ができるようになるのか？ どのような価値を生みだすのか？ なぜ注目されているのか？「知っている」から「説明できる」へ実践で「使える」知識を手に入れる。
2017.5 335p A5 ¥1780 ①978-4-7741-8960-4

◆生活用IoTがわかる本―暮らしのモノをインターネットでつなぐイノベーションとその課題　野城智也、馬場博幸著　インプレスR&D、インプレス 発売　（New Thinking and New Ways） PDF版
【要旨】日常の生活圏内へのIoT導入事例と、その際の課題を解説した、初のガイドブック！
2017.3 215p A5 ¥2400 ①978-4-8443-9763-2

◆第四の革命―情報圏（インフォスフィア）が現実をつくりかえる　ルチアーノ・フロリディ著、春木良且、犬束敦史監訳、先端社会科学技術研究所訳　新曜社
【要旨】私たちはいま、コペルニクス、ダーウィン、フロイトの革命に続く、デジタルICTがもたらした第四の革命の只中に生きている。ICTは、もはや単なるツールではない。それは環境であり、私たちの知的、物理的なリアリティを創り、自己理解と相互に関わるしかたを変え、世界を解釈する力となった。今起こりつつある根底からの変化は、どのような可能性とリスクをもたらすのか？ ICTの進歩は、人類とその見通しうる未来に、どのような影響を与えるのか？
2017.4 321, 37p B6 ¥3400 ①978-4-7885-1522-2

◆脱ネット・スマホ中毒Ver.2.0―炎上・犯罪に巻き込まれない！ SNS時代を生き抜く最新護身術　遠藤美季著　誠文堂新光社
【目次】第1章 街にあふれる依存者たち…―急増するネット依存、第2章 つながらないヤバイ学生たち―中高生に広がるスマホ依存、第3章 ネットで引き裂かれる夫婦・恋人たち―パートナー間のネット依存、第4章 仮想世界に生きるネトゲ狂者たち―低年齢化が進むオンラインゲーム依存、第5章 崩壊する家族、どこまでもハマりこむネットの住人たち―家庭内に広がる深刻なネット依存、第6章 ネット犯罪に巻き込まれる＆引き起こさないために―脱ネット・スマホ

中毒のススメ
2017.9 223p B6 ¥1400 ①978-4-416-61787-8

◆ドローン・ウォーズ―“やつら”は静かにやってくる　船瀬俊介著　イースト・プレス
【要旨】トランプ大統領誕生、暴走する北朝鮮、「イスラム国」の脅威、続発するテロ…世界はこれからどうなる？ 世界の舞台裏でひそかに開発されている最新兵器と、「闇の支配者」が仕掛ける“ヤラセ”戦争ビジネスに、反骨のジャーナリスト・船瀬俊介が斬り込んだ衝撃の書！
2017.5 262p B6 ¥1400 ①978-4-7816-1539-4

◆ネットは基本、クソメディア　中川淳一郎著　KADOKAWA　（角川新書）
【要旨】WELQに端を発するキュレーションサイトの問題をDeNA報告書と10年以上のネット編集の実体験から解説。もはや「マスメディア」となった2017年におけるネットの現実を示した上で、身を守る術を紹介する。
2017.7 222p 18cm ¥840 ①978-4-04-082157-3

◆ネットメディア覇権戦争―偽ニュースはなぜ生まれたか　藤代裕之著　光文社　（光文社新書）
【要旨】不確実な情報、非科学的な情報、デマ＝「偽ニュース」。本書では、偽ニュースを生み出す背景や構造を明らかにした上で、ヤフー、LINE、スマートニュース、日本経済新聞、ニューズピックスという5つのニュースメディアを中心に、スマホを舞台にしたニュースを巡る攻防を描く。偽ニュースは2016年に突然生まれたわけではなく、ビジネスとジャーナリズムの間で揺れ動くビジネスパーソンの戦いの歴史であり、現在進行系の物語である。
2017.8 287p 18cm ¥800 ①978-4-334-03966-0

◆ビッグデータの支配とプライバシー危機　宮下紘著　集英社　（集英社新書）
【要旨】インターネット技術の発展により、世界中の情報がつながり「ビッグデータ」が形成される今、人々のプライバシーは未曾有の危機にさらされている。知らないと危ないビッグデータ社会の落とし穴を、多数の事例をまじえ紹介。ビッグデータの専制と支配から自由と尊厳を守るために何が必要なのか？ 米国、欧州の事情にも詳しい著者が、新時代のプライバシー権の議論を明快に提示する。
2017.8 254p 18cm ¥760 ①978-4-08-720874-0

◆ファーストステップマルチメディア　今井崇雅著　近代科学社
【目次】第1章 “マルチメディア”をのぞいてみよう、第2章 “音”を符号化しよう、第3章 きれいな“音”を符号化しよう、第4章 “静止画像”を符号化しよう、第5章 “動画像”を符号化しよう、第6章 “文字”を符号化しよう、第7章 ディジタル信号の品質、第8章 マルチメディアのこれから
2017.9 167p B5 ¥3400 ①978-4-7649-0551-1

◆ファンダム・レボリューション―SNS時代の新たな熱狂　ゾイ・フラード＝ブランナー、アーロン・M.グレイザー著、関美和訳　早川書房
【要旨】特定の商品やコンテンツ、人物に熱狂する集団＝「ファンダム」の活動がかつてないほど活発になっている。フェイスブック、インスタグラムなどのソーシャルメディアがファン同士を結びつけ、対象へのアクセスを容易にしたのだ。ビジネスの成功には、ファンダムといかに良好な関係を築けるかにかかっている。炎上を回避し、彼らが求める「最高の体験」を生み出すための戦略とは？ 人気クラウドソーシング・ホビー会社の経営者コンビが高らかに告げる「ファンの時代」の夜明け。あらゆる業界・業種で活かせる具体例が満載！
2017.12 296p B6 ¥1700 ①978-4-15-209733-0

◆プロフェッショナルの未来―AI、IoT時代に専門家が生き残る方法　リチャード・サスカインド、ダニエル・サスカインド著、小林啓倫訳　朝日新聞出版
【要旨】「人間がまったくいらない世界」か「人間に他の役割が与えられる世界」か!?「テクノロジーを基盤とした インターネット社会」においては、知識の生産・流通のあり方が大きく変わる。医療、教育、ジャーナリズム、経営コンサルティング、監査、建築などのプロフェッショナルの働き方の未来を、オックスフォード大学の権威が緻密な理論で解き明かす。
2017.9 447p B6 ¥2400 ①978-4-02-331565-5

◆輿情管理学　彭鉄元著、中出可真、陳亮、的陽訳　明月堂書店

【目次】第1章 輿情管理概論、第2章 輿情の形成と特徴、第3章 ネット輿情の成因および変遷、第4章 ネット輿情の観測、第5章 ネット輿情に対する研究・判断と対応、第6章 ネット輿情管理の戦略、第7章 ネット輿情管理の運営システム
2017.3 220p B6 ¥3500 ⓘ978-4-903145-56-3

◆ルポ ネットリンチで人生を壊された人たち　ジョン・ロンソン著、夏目大訳　光文社（光文社新書）
【要旨】ツイッターやフェイスブックなどのSNSを舞台に、現代によみがえった「公開羞恥刑」＝ネットリンチの実態と深層に迫る！
2017.2 501p 18cm ¥1200 ⓘ978-4-334-03972-1

◆IoT時代の情報通信政策　福家秀紀著　白桃書房
【要旨】情報通信産業の新たな展開を読み解き、その構造変化と規制上の課題を解明。研究者、事業者、利用者、規制当局は何を為すべきか。IoT時代へ突入のいまこそ真摯な議論が望まれる。
2017.1 259p A5 ¥3000 ⓘ978-4-561-26684-6

◆VRインパクト―知らないではすまされないバーチャルリアリティの凄い世界　伊藤裕二著　ダイヤモンド・ビジネス企画、ダイヤモンド社発売
【要旨】トヨタ自動車、竹中土木、デンソーアイティーラボラトリ、パイオニアなど、先端企業のVR導入事例を収録。
2017.5 222p B6 ¥1500 ⓘ978-4-478-08415-1

 マルチメディア社
会・ビジネス

◆アート×テクノロジーの時代―社会を変革するクリエイティブ・ビジネス　宮津大輔著　光文社（光文社新書）
【要旨】いま、チームラボ、タクラム、ライゾマティクス、ザ・ユージーンの四社が生み出すアート作品が、世界中で大きな注目を集めている。こうした新世代の企業は、日本独自の思想と最先端技術を融合させて新しい価値観を世に問うている。なぜ個人ではなく企業なのか。そのクリエイティブな発想と高い技術力の源泉はどこにあるのか。そして、従来の常識を打ち破り、独自の組織体制、規定、評価制度による経営はどのように行われているのか、代表的な企業はどのように行われているのか、代表的な作品やプロジェクトを通して、彼らが有する強さの秘密に迫った初めての一冊。
2017.6 325p 18cm ¥920 ⓘ978-4-334-03994-3

◆いちばんやさしいブロックチェーンの教本　一人気講師が教えるビットコインを支える仕組み　杉井靖典著　インプレス（「いちばんやさしい教本」シリーズ）
【要旨】概念の理解だけでなく、「解決」にまで導く絶対に挫折しない図解ビジネス書。ビットコインなど仮想通貨の仕組みとビジネスチャンスがわかる！ フィンテックはもちろん、ブロックチェーンのさまざまな活用事例をしっかり紹介！
2017.9 222p 21×19cm ¥1850 ⓘ978-4-295-00144-7

◆越境EC＆海外販売 攻略ガイドブック　佐藤亘著　技術評論社
【要旨】準備・構築・決済・発送・運営の「すべて」がわかる！
2017.6 319p A5 ¥2280 ⓘ978-4-7741-8966-6

◆えっ？ 読者100人で月収100万円！ メルマガのあたらしい稼ぎ方　中村博著　技術評論社
【要旨】この本の方法でメルマガを使うと…あなたのビジネスが回り出す！
2017.6 271p B6 ¥1480 ⓘ978-4-7741-8961-1

◆仕事で使える！ G Suite―クラウド時代のビジネス加速ツール活用術　佐藤芳樹、丹羽国彦、深川岳志著　インプレスR&D、インプレス発売（仕事で使える！ シリーズ）PDF版
【目次】Google カレンダー（Google カレンダーを活用しよう！、Google カレンダーでビジネスを加速する、Google カレンダーによるスケジュールの共有）、Gmail（Gmail を活用しよう！、Gmail でビジネスを加速する、Google を隅々まで使う）、Google スプレッドシート（Google スプレッドシートを活用しよう、Google スプレッドシートでビジネスを加速する、Google スプレッ

ドシートで仕事を見直す）、Google ドキュメント（Google ドキュメントを活用しよう、Google ドキュメントでビジネスを加速する、ドキュメントによる仕事の共有）
2017.2 220p A5 ¥1800 ⓘ978-4-8443-9747-2

◆情シス・IT担当者"必携" システム発注から導入までを成功させる90の鉄則　田村昇平著　技術評論社
【要旨】もうITベンダーに振り回されない！ プロジェクトの主導権を取り戻そう。業界歴8年のITコンサルがノウハウを大公開。
2017.4 255p A5 ¥2180 ⓘ978-4-7741-8925-3

◆シンギュラリティ・ビジネス―AI時代に勝ち残る企業と人の条件　齋藤和紀著　幻冬舎（幻冬舎新書）
【要旨】二〇二〇年代、AI（人工知能）は人間の知性を超え、二〇四五年には、科学技術の進化の速度が無限大になる「シンギュラリティ」が到来―現在、あらゆる技術は未曾有のスピードで進化し、同時に、これまで富を生んできた多くの技術が「非収益化」し、人間もAIに仕事を奪われる危機に晒されている。そんな中で飛躍的成長を遂げるビジネスとは何か？ 企業はどう組織を変革し、人はどんな思考・発想で動くべきか？ シンギュラリティに向かう時代のビジネスチャンスを読み解く、必読の一冊。
2017.5 193p 18cm ¥780 ⓘ978-4-344-98457-8

◆図解最新ネットビジネスの法律とトラブル解決法がわかる事典　服部真和監修　三修社
【要旨】ネット取引のルールから情報セキュリティ対策、誹謗中傷などの削除請求まで。さまざまな法律問題と法務対策を1冊に集約！ ネットショップ利用規程、個人情報取扱規程などの書式も掲載。改正個人情報保護法など最新の法律に対応。
2017.7 255p A5 ¥1800 ⓘ978-4-384-04752-3

◆図解でわかるIoTビジネス いちばん最初に読む本　神谷俊彦編著、滝沢悟、新井一成著　アニモ出版
【要旨】いったい「IoT」ってな〜に？―すべてのモノのインターネット化-"ものづくり"改革の実際とは？―ロボット、ドローン、センサー。IoTで暮らしも働き方も変わる！―スマートハウス、テレワーク。ビジネスとして実現させる方法は？―モノに付随したサービスの販売。IoTを支える技術には何がある？―ビッグデータ分析、人工知能。IoTの基礎知識、実用化事例から新ビジネスのヒントまで、これならやさしく理解できる！
2017.1 182p A5 ¥1600 ⓘ978-4-89795-197-3

◆ずーっと売れるWEBの仕組みのつくりかた　伊藤勘司著、菅智晃監修　厚有出版（マーチャントブックス vol.2）
【要旨】WEB集客とセールスが苦手なすべての人に贈る。なぜ集客とセールスの自動化は、いつも失敗するのか？ ゼロから始めて仕組みを育てる、王道のWEB集客術。
2017.11 222p A5 ¥1800 ⓘ978-4-906618-84-2

◆世界一やさしいメルカリ転売の教科書 1年生　池田一弥著　ソーテック社
【要旨】ネットで仕入れてメルカリで売る！ 転売で稼ぐノウハウを一挙公開！ フリマアプリ・メルカリで稼ぐ入門書！ 売れる商品の見つけ方、仕入れ先の選定方法、メルカリ独自のルール（文化）、購入者が買いたくなる商品の出品方法などがわかる！ 身につく！ 未経験でも0から手軽にはじめられる。
2017.3 221p A5 ¥1480 ⓘ978-4-8007-1160-1

◆センサーシティー―都市をシェアする位置情報サービス　神武直彦監修、中島円著　インプレスR&D、インプレス 発売（♯xtech-books）PDF版
【要旨】まちづくり×センシング。ポケモンGOからシェアリングエコノミーまで、街のメディア化が新しいコミュニティーを創る。
2017.9 124p A5 ¥1600 ⓘ978-4-8443-9781-6

◆先輩がやさしく教えるEC担当者の知識と実務　いつも.著　翔泳社
【要旨】自社ECはどう売上を伸ばすの？ 楽天、Amazon、Yahoo！、どれに出店すべき？ 効果測定はどこを見ればいいの？ スマホ対応はどうすればいいの？ 出店から集客、売上アップまで、やるべきことが全部わかる！
2017.12 255p A5 ¥1980 ⓘ978-4-7981-5333-9

◆第4次産業革命のIT技術に基づく AI時代の企業戦略―「スタジオアリス」が業界トッ

プになった理由　伊貝武臣著　日本メディア・コーポレーション、星雲社 発売
【要旨】激変する経営環境への対応を企業マネジメントの観点から考察!!
2017.5 326p B5 ¥2500 ⓘ978-4-434-23253-4

◆種村良平のIT企業成功哲学　工藤美代子著　学研プラス
【要旨】防衛大学校を卒業して、コンピュータの将来性に魅せられた、日本のIT産業の変革期に起業化。独立系ITグループを一代で築いた男の成功法則とは？
2017.12 325p B6 ¥1500 ⓘ978-4-05-406590-1

◆小さな会社ではじめてIT担当になった人のMicrosoft 365 Business超入門　村松茂著　秀和システム
【要旨】これ一冊でぜんぶわかる導入から運用まで全解説。そもそもMicrosoft 365 Businessって何のこと？ 導入するといろんなメリットがあるってホント？ 最新のセキュリティ対策も担当者レベルでできる。昨日までの多忙なシステム管理する転職・就職にも役立つ知識が満載。人気ライターが書き下ろした転職・就職にも役立つ知識が満載。
2018.1 191p A5 ¥1600 ⓘ978-4-7980-5398-1

◆小さな会社のWeb担当者・ネットショップ運営者のための Webサイトのつくり方・運営のしかた―売上・集客が1.5倍UPするプロの技101　坂井和広著　ソーテック社
【要旨】これ一冊でWeb サイトの制作・運営・実践まるわかり！ SEO対策＆Web サイト解析、SNSを使った集客方法、Web デザイン＆コンテンツ作成。プロがこっそり教える101の実践術。
2017.8 255p A5 ¥1480 ⓘ978-4-8007-2049-8

◆超AI時代の生存戦略―シンギュラリティ（2040年代）に備える34のリスト　落合陽一著　大和書房
【要旨】AI時代の「生き方」「働き方」「生活習慣」はどんな形なのか―今の人気若手学者が丁寧に描き出す「未来のキーワード」を紹介。"現代の魔法使い"と称され、今、世界でもっとも注目される日本人研究者、待望の書き下ろし！
2017.3 297p B6 ¥1300 ⓘ978-4-479-79561-2

◆月30万以上を確実に稼ぐ！ メルカリで中国輸入→転売実践講座　阿部悠人著　秀和システム
【要旨】フリマアプリの第一人者がとっておきのノウハウを教えます。
2017.5 272p B6 ¥1400 ⓘ978-4-7980-5090-4

◆作って学ぶIoTサービス開発の基本と勘所―mbedとBluemixで始めるIoTサービス開発入門　花井志生、山崎まゆみ、谷口督著　翔泳社（CodeZine BOOKS）オンデマンド印刷版
【要旨】mbed とクラウドサービスを活用してビジネスアイディアを素早く形にするためのレシピ。
2017.3 196p B5 ¥2500 ⓘ978-4-7981-5082-6

◆徹底図解 IoTビジネスがよくわかる本　富士通総研著　SBクリエイティブ
【要旨】最前線で活躍する6人のエキスパートたちが、最新の情報を徹底解説。IoTを支える最新の技術を12のキーワードで解説。複数技術の組み合わせとアイデアの柔軟さを解説。IoTならではのビジネスモデル作りを12のポイントで解説。ビジネスモデルを成功に導く方法を5つのステップで解説。
2017.8 191p A5 ¥1780 ⓘ978-4-7973-8939-5

◆なぜアマゾンは1円で本が売れるのか―ネット時代のメディア戦争　武田徹著　新潮社（新潮新書）
【要旨】生き残りを懸けたメディアの攻防戦がすでに始まっている！ アマゾンやSNS、スマホの台頭で、小分けされ薄利多売での競争を強いられるコンテンツ。ネット全盛時代に敗色濃厚の新聞・出版・テレビに逆襲の機会は訪れるのか。出版を支える大日本印刷、新しいジャーナリズムを目指すニュースサイト、仮想としリアルをつなぐドワンゴ等への取材をもとにその可能性を検証。これからの時代を掴むための最先端メディア論。
2017.1 255p 18cm ¥800 ⓘ978-4-10-610700-9

◆入門 デジタルアーカイブ―まなぶ・つくる・つかう　柳与志夫責任編集　勉誠出版
【要旨】これからデジタルアーカイブをつくる人へ、そして今、現場で悩める人へ、計画から構

築、そして運用までの全ての工程を網羅した、画期的な実践の手引き！ 具体的な作業手順がわかる、手引き書の用語がわからない、コストがいくらかかるのかわからない…実際のデジタルアーカイブ構築の現場で困惑する問題を徹底解説した、これまでにない実践的テキスト。これを読めば、誰でもデジタルアーカイブをつくれる！
2017.12 194p A5 ¥2500 ①978-4-585-20060-4

◆根っこワークビジネス―ネットワークビジネスをあきらめかけたあなたへ　野口悦子著　サクセスマーケティング
【目次】第1章 すべてはあなたから始まります（自分を動かせない理由が分かれば、気流が動く、一歩が踏み出せない―立ち止まってしまったあなたへ、「言い訳は余分なもの」と思ったときから、成功への扉は開くのです、素敵な引き寄せが成功のカギ）、第2章 仕事の基本を分かっていますか？（ネットワークビジネスは根っこワークビジネス、3つのエネルギー―つながり力・稼ぎ力・根源力、連鎖が起きてこそ、ネットワークになっていく）、第3章 組織づくりは、役割と目的意識を持つことが大事なのです（旅の目的地に着くためのチームプレー、マスカラ病とプライドホールに気を付けて！）、第4章 伝えること・フォローすること・育てること（昔の常識はいまの非常識、チームをつくるリストアップ、ビジネスパートナーはどこにいるのか、小さなエゴで見えなくなる、相手の気持ち、フォローはこころのゆきすぎ＝製品つなぎ）、第5章 大転換期の訪れ（イノベーターの立ち位置を知りましょう！、ライフシフトの時代へ、全員が主役！ 渡り鳥の法則）
2017.11 159p B6 ¥1389 ①978-4-915962-50-9

◆ネット集客でお客様を集めるにはどうすればいいですか？―世界一わかりやすくて確実な集客法　感動集客舎 ロングセラーズ
【要旨】何をやっても、お金をかけても、うまくいかなかったのには理由がある！ 誰も詳しく教えてくれなかった、Web サイトに見込み客を長期的に集める方法を、個別コンサル半年待ちの著者が伝授!!ネット集客は最初のプラン作りで9割決まる！
2017.4 213p 18cm ¥1200 ①978-4-8454-5015-2

◆ネットだけで集客と販促―最強の教科書　阿部悠人著　秀和システム
【要旨】広告費を一切使わない自然集客の仕組みとは!?ネットビジネスに最適なネットだけを使い倒した最速のテクニック!!
2017.10 255p B6 ¥1400 ①978-4-7980-5282-3

◆ネットビジネス・ケースブック　萩原猛、田中洋著　同文舘出版
【要旨】家電など、既存ビジネスの限界を突破し、インターネットの利点を最大限活用しながら、新たな価値創造を実現させた8社の事例からデジタルビジネスの本領を学ぶ。各社の詳細な事例研究を通して、デジタル・マーケティング戦略のエッセンスを読み解く！
2017.8 244p A5 ¥2800 ①978-4-495-39005-1

◆バカ売れアプリ生活―自作ゲーの集客とマネタイズぜんぶ教えます！　ひさしApp著　ソーテック社
【要旨】自作ゲームの「超」現実的戦略。個人アプリ収益最大化テクニック！ 部門別ランキング1位獲得の大人気Kindle 本を書籍化！ 作ったアプリの収益化に特化した、アプリマーケティング攻略本！
2017.6 206p B6 ¥1580 ①978-4-8007-1169-4

◆プロジェクションマッピングの教科書　田中健司著　（新潟）シーアンドアール研究所
【要旨】プロジェクションマッピングの第一線で活躍する著者が、実例をもとに「企画」「制作」「現場」の知識や必要機材、撮影方法、プロジェクトの予算立てなど知っておくべきプロのノウハウをわかりやすく解説！ 現場で役立つ実例が満載！
2017.5 247p A5 ¥3420 ①978-4-86354-218-1

◆僕らが自由に生きるためのシンプルなメソッド―在宅ネットビジネスで月収増！　鈴木正行著　徳間書店
【要旨】「在宅中国貿易」のエキスパートとして知られる著者がこれまでの苦悩やリストラ体験の悲劇を味わいながら、着実に稼いでいく方法を惜しみなく伝授する!!そしてその先にあるのは、最高の「自由」を掴んだ人生だ！
2017.4 205p B6 ¥1500 ①978-4-19-864376-8

◆メルカリ&メルカリアッテでかしこく稼ぐ本　川崎さちえ、できるシリーズ編集部著　インプレス　（できるポケット）
【要旨】はじめてでも安心！ ネットフリマで楽しくトクしちゃおう。テレビ出演多数の「フリマの達人」が知りたいワザを総まとめ！ 邪魔にならないポケットサイズ！ 好きなときにワザをチェック！ フルカラーだから写真が見やすい！
2017.3 190p B6 ¥1200 ①978-4-295-00075-4

◆60分でわかる！ ITビジネス最前線　ITビジネス研究会著、三谷慶一郎監修　技術評論社
【要旨】ITとビジネスの融合が世界を変える！ IT×ビジネスの最新情報を解説！ IoT、AI、クラウド、FinTech がわかる！ 知っておきたい最新IT用語を多数紹介！
2017.6 159p B6 ¥1020 ①978-4-7741-8996-3

◆AIがつなげる社会―AIネットワーク時代の法・政策　福田雅樹、林秀弥、成原慧編著　弘文堂
【要旨】AIどうしがつながり、つなげる近未来社会の、あるべき社会設計とは。倫理、プライバシー、責任、競争、雇用―AIがつながるネットワークがもたらしうるさまざまなインパクトやリスクを正しくふまえ、AIとヒトが共存していくための条件を探る。
2017.11 389p B6 ¥3000 ①978-4-335-35712-1

◆Amazon中国輸出入で3倍稼ぐ！―オリジナル商品を日・米・加で売る手法　豊田昇著　セルバ出版、創英社/三省堂書店 発売
【要旨】パソコン1台で中国の商品を日本・米国・カナダへ売る方法をわかりやすく解説。
2017.1 175p B6 ¥1500 ①978-4-86367-313-7

◆Amazon中国輸入効率化マニュアル―週4時間で月収50万円ラクラク突破！　山田武史男著　サンライズパブリッシング、星雲社 発売
【要旨】語学知識・貿易知識ゼロでもラクラク稼ぐ！ リサーチも出荷作業も必要ナシ！ 時間と手間のかかることはビジネスパートナーにアウトソーシング。忙しい人にこそおススメ！ Amazon 中国輸入の「驚異的効率化」とは？
2017.6 215p B6 ¥1400 ①978-4-434-23332-6

◆ITの常識が変わる！ 成長する企業はなぜSSO（シングルサインオン）を導入するのか　日本ヒューレット・パッカード編著　日経BP社、日経BPマーケティング 発売
【要旨】IDとパスワードの管理から社員を解放でき、運用コストが削減され、セキュリティと生産性が向上する！ 認証の「サイロ化」を防ぎIT投資を効率化できる！
2017.11 148p A5 ¥1800 ①978-4-8222-5961-7

◆ITビジネスの競争戦略　雨宮寛二著　KADOKAWA
【要旨】グーグル、アマゾン、アップルはなぜ世界市場を支配できるのか？ 製造、金融、物流、メディア―主要産業がITの大波に呑み込まれゆく今、全ビジネスマン必読の基本書。勝利への「30法則」が1冊でわかる。
2017.10 238p B6 ¥1700 ①978-4-04-400331-9

◆ITビジネスの契約実務　伊藤雅浩、久礼美紀子、高瀬亜宣著　商事法務
【要旨】ITビジネスに関する契約全体を類型別に解説。ITビジネスの特性を踏まえた契約書作成のポイントを示す。IT法・知的財産法が随所に適用される法律、関連裁判例を丁寧に解説し、各契約条項の本質的理解に役立つ。
2017.2 255p A5 ¥3000 ①978-4-7857-2494-8

◆MR入門　佐野彰著　工学社　（I・O BOOKS）
【要旨】「MR」は、「現実世界」と「人工的な世界」を組み合わせ、それが相互に影響し合う技術です。似たような技術に「VR」や「AR」があります。「VR」は「人工的に作られた世界」なのに対し、「AR」は「現実世界に何かを付け足す（拡張する）技術」となります。本書は、「AR」「VR」「MR」関連の用語から、実際に使われている「実例」まで、幅広く扱っており、「AR」「VR」「MR」の全体像が理解できます。
2017.10 143p A5 ¥1900 ①978-4-7775-2031-2

◆Suicaが世界を制覇する―アップルが日本の技術を選んだ理由　岩田昭男著　朝日新聞出版（朝日新書）
【要旨】アップルはいったい何をする気なんだ？ ―脱ガラパゴスに挑んだ起死回生の物語。2001年にJR東日本によって誕生したSuica。発行枚数約6000万枚を誇る国内無敵のIC乗車券/電子

マネーも、高性能すぎたがゆえにグローバル化の波から取り残されつつあった。復活を賭けて挑んだのは、iPhone への搭載。熾烈な交渉のなかで、アップルに扉を開かせた切り札とは？ 銀行・クレジット会社・IT企業が覇を競う次世代決済戦争において主役に躍り出たSuica、その復活の軌跡を追う！
2017.5 203p 18cm ¥720 ①978-4-02-273716-8

◆Web教材制作演習―デジタル教科書&アニメーション　黒澤和彦著　丸善プラネット、丸善出版 発売
【要旨】Web 教材とはWeb を使って提示される教材のこと。本書では、効果的なWeb 教材を制作するための基本技術を整理。前半では、HTML、CSSおよびJavaScript の基本仕様と具体的な利用法について整理。後半では、Web 教材のうち代表的な4つのタイプを紹介。いずれも最初に例題を示し、まずは制作手順を確認し、次いでコンテンツを自分の担当科目の内容に置き換え、プロトタイプ（試作品）の制作へと誘う。また、各章末に演習問題を付すなど、教科書や演習書として利用できるよう配慮。
2017.12 146p A5 ¥2000 ①978-4-86345-354-8

◆WIN・WIN・WIN―「合法」ネットワークビジネスが超高齢化社会を救う　ザ・ダイレクト・セリング研究所著　幻冬舎メディアコンサルティング、幻冬舎 発売
【要旨】トランプ米大統領も注目のネットワークビジネス。歴史と価値、その可能性を「グレーゾーン」イメージから脱却し、進化し続ける「合法」ネットワークビジネスの「今」を徹底解説。
2017.11 191p B6 ¥1389 ①978-4-344-91014-0

◆Zoomオンライン革命！―新しいWeb会議システムが世界を変える！　田原真人著　秀和システム
【要旨】Zoom を使えば無料でもここまでできる！ ミーティングは100人の参加者までOK、ミーティングの参加者はアカウント不要、グループミーティングは40分間利用可能。他にもあるZoom の便利な機能を使いこなせば働き方の考え方が大きく変わる！
2017.10 275p B6 ¥1500 ①978-4-7980-4935-9

情報・コンピュータ産業

◆アップルは終わったのか？　前刀禎明著　ゴマブックス
【要旨】スティーブ・ジョブズの下、マーケティング担当副社長を務めた著者が、iPhone 発売開始10周年を機に、Apple を検証・分析し、これからを提言！
2017.5 175p B6 ¥1350 ①978-4-7771-1909-7

◆アマゾノミクス―データ・サイエンティストはこう考える　アンドレアス・ワイガンド著、土方奈美訳　文藝春秋
【要旨】ジェフ・ベゾスとともに買い物の常識を変えた科学者が明かす巨大データ企業の秘密。
2017.7 397p B6 ¥1800 ①978-4-16-390691-1

◆アメリカIT産業のサービス化―ウィンテル支配とIBMの事業変革　森原康仁著　日本経済評論社
【要旨】巨象IBMはなぜ復活したのか。ウィンテル支配に抗し、自社の規模と範囲を活かす「統合化」を追求してサービス化を成し遂げた独自の戦略を析出する。研究史を埋める労作。
2017.6 240p A5 ¥4500 ①978-4-8188-2470-6

◆最新コンテンツ業界の動向とカラクリがよくわかる本　中野明著　秀和システム　（図解入門業界研究）第3版
【要旨】多様化する業界の実態がよくわかる！ モバイル・コンテンツの今後がわかる！ 著作権ビジネスの最新動向がわかる！ 音楽、放送、映画、ウェブ・コンテンツ、ゲーム、アニメ業界等の実態がわかる！
2017.8 239p A5 ¥1400 ①978-4-7980-5133-8

◆最新通信業界の動向とカラクリがよくわかる本　中野明著　秀和システム　（図解入門業界研究）第4版
【要旨】数字とグラフで業界の実態がわかる！ 移動・固定通信の最新動向がわかる！ スマホを取り巻く技術動向がわかる！ ネットビジネスの最新動向がわかる！ 業界のいまとトレンドがよく

わかる！ 多様化する業界のダイナミズムを展望する！
　　2017.7 221p A5 ¥1300 ①978-4-7980-5132-1

◆**情報**　山口和紀編　東京大学出版会　（東京大学教養学部テキスト）　第2版
【要旨】情報の表現、アルゴリズム、AIの歴史、インターネット、情報機器のデザイン、技術と社会、すべての基本を一冊に凝縮。「情報」学のスタンダードテキスト改訂版。
　　2017.3 289p A5 ¥1900 ①978-4-13-062457-2

◆**ジョン・ハンケ 世界をめぐる冒険—グーグルアースからイングレス、そしてポケモンGO**へ　ジョン・ハンケ著　星海社、講談社 発売
【要旨】グーグルアースからイングレス、そしてポケモンGOへ—。Googleを飛び出し、ナイアンティック社を創業したジョン・ハンケは、常に革命的なプロダクトを世界に送り出し、人々を熱狂させつづけてきた。テキサスの田舎町を抜け出したかった幼少期、プログラミングにのめりこんだ学生時代。巨大企業Googleでの成功と葛藤。そして、ナイアンティックでの自由な挑戦へ—。世界が今もっとも注目する経営者にして哲学するプログラマーが、その半生と思想をしずかに語った、未来を生み出す偉人のはじめての自伝。全世界に先駆け、日本の読者に向けて堂々の登場！
　　2017.11 174p B6 ¥1600 ①978-4-06-510555-9

◆**林檎の樹の下で　上　禁断の果実上陸編**
斎藤由多加著、うめ漫画　光文社
【要旨】若きジョブスと翻弄される日本人たち…アップル日本進出を巡る壮絶なドラマが始まる。
　　2017.11 223p 19cm ¥1300 ①978-4-334-97963-8

◆**林檎の樹の下で　下　日本への帰化編**　斎藤由多加著、うめ漫画　光文社
【要旨】仕事で振り回される人も、振り回す人にも読んでほしい“モノづくり”の物語。今だからこそ知っておくべき「アップルの歴史」。
　　2017.11 221p 19cm ¥1300 ①978-4-334-97964-5

◆**How Google Works私たちの働き方とマネジメント**　エリック・シュミット、ジョナサン・ローゼンバーグ、アラン・イーグル著、土方奈美訳　日本経済新聞出版社　（日経ビジネス人文庫）
【要旨】テクノロジーの進歩は消費者と企業のパワーバランスを激変させた。いま企業が成功するためには、考え方を全部変える必要がある。グーグル会長が、戦略、企業文化、人材、意思決定、イノベーション、破壊的な変化への対応といったマネジメントの重要トピックを網羅。新時代のビジネス成功法を伝授する。
　　2017.9 456p A6 ¥900 ①978-4-532-19834-3

◆**ITビッグ4の描く未来**　小久保重信著　日経BP社、日経BPマーケティング 発売
【要旨】インドをニューフロンティアにするApple。Amazon.comが目指す次世代配送システム「Prime Air」。Googleが次に狙うはテレビ視聴者。VRで次世代ソーシャル目指すFacebook。未来を描き、現実にしていくIT巨大企業4社の戦略を読み解く。
　　2017.10 263p B6 ¥1800 ①978-4-8222-5957-0

◆**IT・Web・IoT　2019年度版**　IT産業研究会、岩崎夏史、菊地瑞宏著　産学社　（産業と会社研究シリーズ 4）
【要旨】AI、ビッグデータといった基本用語から、最新キーワード「ブロックチェーン」まで、ていねいに解説！業界のリーディングカンパニー＆注目企業の紹介、業界の基礎知識および就職・転職情報満載！
　　2017.10 220p B6 ¥1300 ①978-4-7825-3472-4

◆**SE職場の真実—どんづまりから見上げた空**
赤俊哉著　日経BP社、日経BPマーケティング 発売
【要旨】派遣SE、システム部門、業務部門のシステム担当…どんな世界かあなたは知っていますか？ 現場を知らずして真の働き方改革はできぬ。
　　2017.10 239p A5 ¥1500 ①978-4-8222-5999-0

◆**T式ブレインライティングの教科書—企業・地域の未来をつくる実践的アイデア発想法**
立川敬二監修、徳永幸生著　三冬社
【要旨】NTTで200以上の特許が生まれた、実績のある発想法を公開。
　　2018.1 231p B6 ¥1600 ①978-4-86563-030-5

 白書・報告書・年鑑・事典

◆**インターネット白書　2017　IoTが生み出す新たなリアル市場**　インプレスR&D、インプレス 発売　PDF版
【要旨】AI、ブロックチェーン、VR、ドローン、コネクテッドカー、5G、LPWAほか、インターネットによる真の産業変革はこれから始まる！
　　2017.1 277p B5 ¥2800 ①978-4-8443-9746-5

◆**ゲーム産業白書　2017**　メディアクリエイト
【要旨】速報！「Nintendo Switch」誰が買ったか？ 松井市代から松坂世代へ、崩壊する「ファミリー層」。ゲーム進化形の2つの軸、玩具とIT。Project FIELDはカードゲームを変えるか。
　　2017.5 230p A4 ¥42000 ①978-4-944180-60-8

◆**最新・基本パソコン用語事典**　秀和システム第一出版編集部編著　秀和システム　第4版
【要旨】情報化時代の最新常識1610語超を厳選！ 最新情報、技術用語の意味と仕組みがよ〜くわかる！　2017.4 491p B6 ¥950 ①978-4-7980-4866-6

◆**情報セキュリティ白書　2017　広がる利用、見えてきた脅威：つながる社会へ着実な備えを**　情報処理推進機構企画・著・制作　情報処理推進機構
【目次】序章 平成2016年度の情報セキュリティの概況、第1章 情報セキュリティインシデント・脆弱性の現状と対策、第2章 情報セキュリティを支える基盤の動向、第3章 個別テーマ、付録 情報セキュリティ10大脅威2017・資料・ツール、第12回IPA「ひろげよう情報モラル・セキュリティコンクール」2016受賞作品
　　2017.7 239p A4 ¥2000 ①978-4-905318-53-8

◆**情報通信業基本調査報告書—平成28年情報通信業基本調査（平成27年度実績）**　経済産業統計協会編　経済産業統計協会
【目次】全業種共通事項調査（情報通信業を営む企業の概要）、各業種固有事項調査（電気通信業、放送業、放送番組制作業、インターネット附随サービス業、情報サービス業、映像・音声・文字情報制作業）
　　2017.5 392p A4 ¥15500 ①978-4-86499-111-7

◆**情報通信白書　平成29年版　データ主導経済と社会変革**　総務省編　日経印刷、全国官報販売協同組合 発売
【目次】第1部 特集 データ主導経済と社会変革（スマートフォン経済の現在と将来、ビッグデータ活用元年の到来、第4次産業革命がもたらす変革、社会的課題解決に役立つICT利活用、熊本地震とICT利用）、第2部 基本データと政策動向（ICT分野の基本データ、ICT政策の動向）、資料編
　　2017.7 457p A4 ¥3075 ①978-4-86579-095-5

◆**情報メディア白書　2017**　電通総研編　ダイヤモンド社
【要旨】時代はマスから個人に一。スマホと動画配信の普及で一変した勢力図、テレビ局の取り組み、デジタル技術、通信など徹底解説し、混乱するメディア業界を豊富な統計データで俯瞰し解析。図版掲載データ600点超！ 分析対象13業種、コンテンツ産業の全貌を明らかにする、随一のデータブック。
　　2017.2 271p A4 ¥16000 ①978-4-478-10175-9

◆**デジタルコンテンツ白書　2017**　経済産業省商務情報政策局監修　デジタルコンテンツ協会
【目次】第1章 特集：「仮想（VR/MR/AR）コンテンツがやってくる」、第2章 日本のコンテンツ産業の市場動向、第3章 日本のコンテンツ産業政策、第4章 コンテンツの分野別動向、第5章 メディアの分野別動向、第6章 海外動向、資料編
　　2017 266p 28×21cm ¥16000 ①978-4-944065-26-4

◆**デジタルビジネスへの挑戦—情報サービス産業白書　2017**　情報サービス産業協会編　インプレス
【目次】第1部 デジタルビジネスのトレンド（IoT（Internet of Things）、AI（Artificial Intelligence／人工知能）、ブロックチェーン技術、ロボティクス、RPA（Robotic Process Automation）、3Dプリンタ、DevOps、デザイン思考、ドローン、OSS（オープンソースソフトウェア））、第2部 Digital Busi-

ness in Action—いまこそ、ソフトウェアで「！（革命）」を（テーマの背景と調査の狙い、情報サービス事業者の置かれている環境、デジタルビジネス従事者の実態、デジタルビジネス従事者から見た企業像、デジタルビジネスに向けたアクション）、第3部 デジタルビジネス時代の経営と技術（デジタルビジネスの概況、デジタルビジネス時代の経営と技術）、データ編
　　2017.6 191p B5 ¥2800 ①978-4-295-00136-2

◆**動画配信ビジネス調査報告書　2017　DAZN日本参入など新たな局面を迎えるVOD市場の現状と将来展望**　森田秀一、インプレス総合研究所著　インプレス（インプレス総合研究所新産業調査レポートシリーズ）
【要旨】第1章 国内の動画配信ビジネスの最新動向と業界構造（映像コンテンツ市場の概況と動画配信ビジネスの伸長、動画配信ビジネスの定義 ほか）、第2章 サービスの概要と特徴（放送局系、携帯電話キャリア系 ほか）、第3章 ユーザー調査のサマリーと調査概要（調査結果のハイライト、調査概要とプロフィール ほか）、第4章 有料動画配信サービスの利用率と無料動画配信サービスの利用状況（認知度と利用率、Amazonプライム・ビデオの利用状況 ほか）、第5章 有料動画配信サービス利用者の利用状況（利用概況、評価と不満点 ほか）
　　2017.6 288p A4 ¥78000 ①978-4-295-00189-8

◆**法律家・法務担当者のためのIT技術用語辞典**　影島広泰編著　商事法務
【要旨】知ったかぶりでIT法務を失敗しないために。IT契約、Ad・Tech、システム開発、Fin-Techを理解し、日常の業務や訴訟に備えるための基礎地識。
　　2017.8 198p A5 ¥2500 ①978-4-7857-2538-9

◆**Document Management標準化ガイドブック　2017**　日本文書情報マネジメント協会（JIIMA）標準化委員会編　日本文書情報マネジメント協会
【目次】1 用語に関する規格（JIS Z 6015（2016改正）、JIS Z 6000（2011改正））、2 文書情報マネジメント関係の規格（JIS Z 6016（2015改正）、JIS Z 6017（2013改正）、JIS Z 6018（2015改正）、3 参考規格（規格概要の紹介）（記録マネジメントシステムの規格、PDFに関する規格、電子署名に関する規格、光メディア関係の規格、マイクロフィルムに関する規格、その他の規格）、4 JIIMA団体規格について、5 JIIMAの参考図書およびガイドライン等
　　2017.4 65p B5 ¥2000 ①978-4-889610-15-4

◆**EC業界大図鑑　2018年版　2017年のEC業界を総まとめ!!**　小林亮介監修、ECのミカタ編著　ダイヤモンド社
【要旨】EC業界がひと目でわかる！2018年にEC業界を駆け抜けたいなら、必須の1冊!!ECの誕生から最新の情報までを一挙に把握。業界の年表とEC進化の軌跡を独自の見解で紐解く。物流の専門家に現場からの本音を聞き、真実を明らかに。世界で何が起きている？ 海外のEC事情の“今”を読み解く。
　　2017.12 251p B5 ¥1500 ①978-4-478-10423-1

◆**IT人材白書　2017　デジタル大変革時代、本番へ—ITエンジニアが主体的に挑戦できる場を作れ**　情報処理推進機構IT人材育成本部編　情報処理推進機構
【要旨】第1部「IT人材白書2017」の概要（「IT人材白書2017」のメッセージとポイント、わが国のIT人材の全体像、IT人材白書2017調査事業概要）、第2部 IT人材の現状と動向（デジタルトランスフォーメーション時代のIT人材、日本と米国の情報処理・通信に携わる人材の動向、IT人材不足の現状）、第3部 2016年度調査結果（IT企業におけるIT人材の動向、ユーザー企業におけるIT人材の動向、ネットサービス実施企業におけるIT人材（ネット系）の動向、IT企業IT技術者の動向、ユーザー企業IT技術者の動向、IT技術者の意識の経年比較）、第4部 教育機関動向経年比較と産業界のニーズ（情報系学生・教育機関経年比較（2010年度〜2015年度）、産業界の新卒IT人材に対するニーズ）、第5部 IT人材育成の主な活動（IT人材育成本部）（IPAのIT人材育成の主な活動（IT人材育成本部））
　　2017.4 299p A4 ¥1389 ①978-4-905318-50-7

◆**ITナビゲーター　2018年版**　野村総合研究所ICT・メディア産業コンサルティング部著　東洋経済新報社
【要旨】ソフトウェアがすべてを飲み込むデジタル時代は何が変わるのか？ 本格化するシェアリングエコノミーからxTech、宇宙ビジネスまで

を徹底予測。

2017.12 285p A5 ¥2400 ①978-4-492-50297-6

◆**IT白書 2017年版 変わる時代一「ス イッチオンする」次世代ITビジネス** 藤田英夫編著 （大阪）日本ビジネス開発 （JBD企業・ビジネス白書シリーズ）
【目次】1 変わる時代一「スイッチオンする」次世代ITビジネス、2 ITビジネスケーススタディ（IT参入支援ビジネス、ITマルチメディアビジネス、IT金融・証券・保険ビジネス、IT商業運営ビジネス）、3 最近時の新興市場上場IT企業一覧、4 大手IT企業の戦略ポイント

2017.10 218p A4 ¥38000 ①978-4-908813-09-2

◆**Web制作会社年鑑 2017** Web Designing編集部、小宮佳将編 マイナビ出版
【要旨】会社の課題をWeb&アプリで解決してくれるベストパートナーが見つかる！ Webデザイン・戦略・技術に優れた会社・団体の厳選ポートフォリオ。全国1,700社のプロフィール・得意な事業分野・制作実績を網羅。Webサイト、アプリ開発の委託先選定に最適！ 豊富な情報量を誇るポートフォリオ。制作物だけではわからない会社の魅力を探る取材記事。

2017.5 400p 28×22cm ¥4800 ①978-4-8399-6317-0

 ## コンピュータ・情報処理

◆**アジャイル開発への道案内** 片岡雅憲、小原由紀夫、光藤昭男著、日本プロジェクトマネジメント協会編 近代科学社
【目次】第1章 アジャイル開発の現状と課題、第2章 アジャイル開発の概要、第3章 アジャイル開発の特徴、第4章 アジャイル開発プロセス、第5章 アジャイル開発の効果とリスク、第6章 上流工程を組み込んだ拡張アジャイル開発、第7章 アジャイル開発の事例、付録1 アジャイル開発に用いられる自動化ツール、付録2 コードの不吉な匂い

2017.9 201p 21×14cm ¥2500 ①978-4-7649-0552-8

◆**アドバンストリテラシー一ドキュメント作成の考え方から伝えるまで** 奥田隆史、山崎敦子、永井昌寛、板谷雄二著 共立出版 （未来へつなぐデジタルシリーズ 35）
【目次】第1章 アドバンストリテラシー、第2章 研究室配属とドキュメント、第3章 考えをまとめるということ一理解するということについて、第4章 日本語作文技術、第5章 アイディアを生み出す方法、第6章 インターネット上の道具、第7章 英語で読み書きする、第8章 アンケート調査、第9章 Wordを用いたドキュメント作成、第10章 LATEXによるドキュメントの作成

2017.3 229p B5 ¥2600 ①978-4-320-12355-7

◆**暗号技術のすべて** IPUSIRON著 翔泳社
【要旨】『ハッカーの学校』の著者が教える現代暗号の基礎と攻撃手法。安全なシステムを作るために知っておくべき仕組み、安全性、危険性、適切な実装と運用。

2017.8 717p A5 ¥3500 ①978-4-7981-4881-6

◆**いちばんやさしいWordPressの教本一人気講師が教える本格Webサイトの作り方** 石川栄和、大串肇、星野邦敏著 インプレス 第3版
【要旨】大きな画面の操作手順で迷わない。人気のテーマで、パソコン&スマホ両対応のWebサイトを作れる！ ソーシャルメディアとの連携やSEO対策、バックアップなどの運用面も丁寧に解説。

2017.3 255p 21×19cm ¥1580 ①978-4-295-00079-2

◆**イラスト図解 一冊でキッチリ身につくサーバーの基本としくみ** リンクアップ著 ナツメ社
【要旨】「サーバーって何？」「パソコンとどう違うの？」これらの質問に自信を持って答えられる人は、実は少ないのではないでしょうか。本書ではネットワークを理解するうえで欠かせない「サーバー」の基礎知識を、やさしい言葉とイラストで丁寧に解説します。IT系の仕事に就く人や、企業の情報システム担当者、ネットワーク全般について基礎から学びたい人に最適の一冊です。

2017.8 303p A5 ¥1800 ①978-4-8163-6292-7

◆**医療言語処理** 奥村学監修、荒牧英治著 コロナ社 （自然言語処理シリーズ 12）

【要旨】1. 自然言語処理で利用される、統計的手法、機械学習手法などを広く扱う。2. 情報検索、テキスト要約などと並ぶ、自然言語処理の応用を扱う。3. 処理対象が新しい自然言語処理を扱う。4. 自然言語処理の要素技術を扱う。

2017.8 171p A5 ¥2400 ①978-4-339-02762-4

◆**インテル8080伝説一世界で最初のマイクロプロセッサを動かしてみた！** 鈴木哲哉著 ラトルズ
【要旨】語り継がれるエピソードの真相と8080の実態に迫る。入手しやすい8085の製作例もあります。

2017.2 249p A5 ¥2000 ①978-4-89977-453-2

◆**演習で身につく要件定義の実践テクニック一システム開発の手戻りをなくす** 水田哲郎著 日経BP社、日経BPマーケティング 発売
【要旨】要件定義の極意を演習問題を解きながら学ぶ。「5ステップの進め方」「コミュニケーションスキル」「役立つツールの使い方」がわかる。

2017.11 157p 24×19cm ¥2400 ①978-4-8222-5884-9

◆**おうちで学べるサーバのきほん** 木下肇著 翔泳社
【要旨】サーバはITインフラに欠かせないものですが、近年は仮想化技術やクラウドの進歩もあり、その重要性はますます高まっています。特に昨今は「IoT」という言葉に代表されるように、様々なデバイスがインターネットに接続されるようになり、サーバ周りの知識は必要不可欠になってきました。本書では、「サーバとは何か」「なぜ必要なのか」「どのような技術によって役割を実現しているのか」など、サーバの基礎の基礎を解説しています。

2017.1 343p A5 ¥1980 ①978-4-7981-4938-7

◆**応用Web技術** 松下温監修、市村哲、宇田隆哉著 オーム社 （IT Text）改訂2版
【目次】第1章 Webアプリケーション概要（Webアプリケーションとは、Webアプリケーション事例 ほか）、第2章 サーバ側で作る動的Webページ（Javaプログラミング、実践Javaサーブレットプログラム ほか）、第3章 データ管理とWebサービス（Webデータベース、XML ほか）、第4章 セキュリティ（暗号、暗号化通信 ほか）、第5章 マルチメディアストリーミング（ストリーミング概要、ストリーミングと動画圧縮技術 ほか）

2017.2 172p A5 ¥2500 ①978-4-274-21991-7

◆**お世辞を言う機械はお好き？一コンピューターから学ぶ対人関係の心理学** クリフォード・ナス、コリーナ・イェン著、細馬宏通監訳、成田啓行訳 福村出版
【目次】第1章 賞賛と批判（中立的な評価は可能か？、実験・20の扉と無礼な応答 ほか）、第2章 性格（数十億人と4つの性格、実験・しゃべりすぎ、しゃべらなさすぎ、それともだった？ ほか）、第3章 チームとチームビルディング（チームの作り方、実験・どんな風に私を愛しているか？ ひとつずつ数えましょう ほか）、第4章 情動（情動とは何か？、実験・私の情動が聞こえますか？ ほか）、第5章 説得（実験・人（あるいは、もの）は専門家になれるか？、なぜレッテルはそれほど強力なのか？ ほか）

2017.3 288p A5 ¥1980 ①978-4-571-25050-7

◆**おもしろまじめなチャットボットをつくろう** 松浦健一郎、司ゆき著 秀和システム
【要旨】スマホ、LINE、HTTP、JSON、PHP、Messaging API、Webhook、Web API、GPSなどのIT技術を使い倒して、チャットでお天気予報を教えてくれる世話焼きボット、商品を調べて安いお値段を教えてくれる節約家ボット、近くのおいしいお店を教えるグルメ君ボット、口真似でチャットを沸かせる盛り上げボット、など、いろいろな技術を無駄に駆使したボットとネットの知識を学べる本です。

2017.6 405p A5×20cm ¥2600 ①978-4-7980-5164-2

◆**音声音響インタフェース実践** 相川清明、大淵康成共著 コロナ社 （メディア学大系 13）
【目次】1章 音声音響インタフェースの実現のために（身の回りの音声音響インタフェース、ツールを活用したインタフェース実践）、2章 音声インタフェース実現のための基礎知識（音の性質と周波数分析、エコーキャンセラ ほか）、3章 MATLAB/Scilabによる音声音響信号処理の実践（音声音響信号の入出力と描画、ディジタルフィルタ ほか）、4章 ツールキットを活用した音声音響信号処理と機械学習の実践（音響データ収集、音響分析と特徴抽出 ほか）

2017.3 209p A5 ¥2900 ①978-4-339-02793-8

◆**音声認識** 篠田浩一著 講談社 （機械学習プロフェッショナルシリーズ）
【要旨】機械学習をいかに応用するか。最適な手法を見極める。音声の基礎から、耐雑音、話者認識、深層学習までこれからの実用に必須のトピックスを網羅。

2017.12 165p A5 ¥2800 ①978-4-06-152927-4

◆**画像認識** 原田達也著 講談社 （機械学習プロフェッショナルシリーズ）
【要旨】基礎的な理論から、深層学習をはじめとする最新手法までを網羅し、発展著しい分野を俯瞰できるたとない一冊。

2017.5 277p A5 ¥3000 ①978-4-06-152912-0

◆**観測に基づく量子計算** 小柴健生、藤井啓祐、森前智行共著 コロナ社
【目次】1 量子コンピュータモデル、2 測定量子計算の基礎、3 テンソルネットワーク上での測定型量子計算、4 測定型トポロジカル量子計算、5 イジング模型分配関数と測定型量子計算、6 ブラインド量子計算（セキュアなクラウド量子計算）、7 測定型量子計算と計算量理論

2017.3 186p A5 ¥3400 ①978-4-339-02870-6

◆**記号と再帰一記号論の形式・プログラムの必然** 田中久美子著 東京大学出版会 新装版
【要旨】プログラミング言語という人工言語の記号論を企て、人間の記号系の本質にせまる。第32回サントリー学芸賞（思想・歴史部門）、第19回大川出版賞を受賞した、文理を超える試みの書を改訂した決定版。

2017.4 261p A5 ¥3400 ①978-4-13-080256-7

◆**基礎から学ぶアルゴリズムとデータ構造** 久保田稔著 ムイスリ出版
【目次】第1章 アルゴリズムの基礎（アルゴリズムの基本概念、アルゴリズムの評価基準、アルゴリズムの表現）、第2章 データ構造（配列と構造体、連結リスト、スタックとキュー、グラフ構造、木構造と再帰関数 ほか）、第3章 基本的なアルゴリズム（探索の定義と簡単な探索アルゴリズム、ソートの定義と基本的なアルゴリズム、ソートアルゴリズムの比較）、第4章 アルゴリズムの設計手法（分割統治法、グリーディ法、動的計画法、バックトラック法と分枝限定法）、第5章 アルゴリズムの応用例（文字列照合、ヒープソート、最短経路問題）

2017.7 151p B5 ¥2300 ①978-4-89641-252-9

◆**基礎からわかる情報リテラシー一コンピューター・インターネットと付き合う基礎知識** 奥村晴彦、森本尚之著 技術評論社 改訂第3版
【要旨】WindowsやmacOS、Linux、メモ帳、ペイント、GIMP、Microsoft Office、Googleドキュメント/スプレッドシートなど、いろいろなソフトが登場。コンピューターやスマートフォンを楽しく安全に使うための基本的な考え方を述べた。技術的な知識だけではなく、著作権などの法律についても解説している。

2017.11 166p 23×19cm ¥1480 ①978-4-7741-9417-2

◆**基礎情報科学一東洋英和女学院大学 2017年版** 有田富美子、柳沢昌義、吉野志保著 日本教育訓練センター
【目次】第1部 コンピューターの仕組みを体験的に理解する、第2部 インターネットによるコミュニケーション、第3部 文字表現による思考、第4部 数値表現による思考、第5部 コンピューターの仕組み、第6部 情報の仕組み

2017.4 250p A5 ¥1900 ①978-4-86418-074-0

◆**基本情報技術入門** 浅川毅、稲垣克彦、稲葉毅共著 コロナ社
【目次】1 数学の基礎、2 情報の表現、3 ハードウェア、4 データとアーキテクチャ、5 ソフトウェア、6 コンピュータシステム、7 通信ネットワーク、8 信頼性と評価、9 マネジメント・ストラテジ

2017.8 217p A5 ¥2800 ①978-4-339-02875-1

◆**教養のコンピュータサイエンス 情報科学入門** 岡部洋一、坂内正夫、小舘香椎子監修、小舘香椎子、上川井良太郎、中村克彦共著 丸善出版 第2版
【要旨】文字・音声・画像を認識し、それらを通信で田白にやりとりする、コンピュータの技術革新には目覚ましいものがあり夢はつきません。私達の生活の中でもコンピュータとの関わりをぬきには考えられなくなっています。利用する側としては、自分の目的に合わせて効果的に使いこ

なしたいものです。それにはやはりコンピュータの基本的原理や、社会を含めためたコンピュータの環境を知る必要があるのではないでしょうか。本書はそうした人のための情報科学の入門書です。

◆**キーワードで学ぶ最新情報トピックス2017**　久野靖、佐藤義弘、辰己丈夫、中野由章監修　日経BP社、日経BPマーケティング 発売
【目次】インターネットの活用、情報倫理とセキュリティ、情報やメディアに関する技術、ネットワークやインターネットに関わる技術、ハードウェアに関わる技術、ソフトウェアに関わる技術、コンピュータの歴史と現代のIT業界
2017.1 199p B5 ¥1200 ①978-4-8222-9221-8

◆**クラウドグランドデザイン**　前多克英著　FOM出版
【要旨】クラウドは新しいテクノロジーの中でも、最も基本となる中核技術。本書は企業のICTインフラ最適化を実現するためのメソッドである「クラウドグランドデザイン」を分かりやすく解説。
2017.4 199p B6 ¥1500 ①978-4-86510-319-9

◆**グループポリシー逆引きリファレンス厳選98**　横山哲也、片岡クローリー正枝、河野憲義著　日経BP社、日経BPマーケティング 発売（TechNet ITプロシリーズ）
【要旨】システム管理者のよくある悩みを即効解決！よく使う定番ポリシー設定を目的別に解説。Windows Server 2008〜2016&Windows 7〜10対応。
2017.10 284p 24×19cm ¥2950 ①978-4-8222-5362-2

◆**クローリングハック―あらゆるWebサイトをクロールするための実践テクニク**　竹添直樹、島本多可子、田所駿佑、萩野貴拓、川上桃子著　翔泳社
【要旨】あらゆるWebサイトをクロールするための実践テクニック。
2017.9 321p A5 ¥2680 ①978-4-7981-5051-2

◆**ゲームライフ―ぼくは黎明期のゲームに大事なことを教わった**　マイケル・W・クルーン著、武藤陽生訳　みすず書房
【要旨】パソコンが未知への扉だった80年代、ゲームとともに育った子どもの精神生活を、実人生とゲームの世界をハイブリッドした新鮮な筆致で綴る。
2017.10 223p B6 ¥2600 ①978-4-622-08648-2

◆**現場で役立つシステム設計の原則―変更を楽で安全にするオブジェクト指向の実践技法**　増田亨著　技術評論社
【要旨】日本最大級となる60万件以上の求人情報サイト「イーキャリアJobSearch」の主任設計者ほか数多くの経験を持つ著者が「現場でこんなことに困っていた」「解決策としてこうやった」「その結果こうなった」というリアルな経験と「なぜ、そうするのか」をふまえて解説！
2017.7 319p A5 ¥2940 ①978-4-7741-9087-7

◆**構造的因果モデルの基礎**　黒木学著　共立出版
【目次】第1章 はじめに、第2章 準備、第3章 因果ダイアグラムの基礎、第4章 有向グラフに基づく因果効果の識別可能条件、第5章 線形構造方程式モデルに基づく因果効果の識別可能条件、第6章 潜在反応モデル、第7章 原因の確率とその周辺、第8章 効果の分解問題とその周辺
2017.8 309p A5 ¥3700 ①978-4-320-11317-6

◆**これからのSIerの話をしよう―エンジニアの働き方改革**　梅田弘之著　インプレス（Think IT BOOKS）
【要旨】SIerに所属する多くのエンジニアに向けて、「これからのSIerのあるべき姿」を開発者出身の経営者である著者の視点から解説。働き方改革の実現に向けた取り組み方がわかる。エンジニア、経営者としての経験を基にした解説が参考になる。現在のSIerとエンジニアが抱えている課題とその解決法がわかる。
2017.9 206p A5 ¥1800 ①978-4-295-00224-6

◆**これからはじめるインスタグラムInstagram 基本&活用ワザ**　田口和裕、いしたにまさき、できるシリーズ編集部著　インプレス（できるポケット）
【要旨】自撮り、夜景、いいね！ハッシュタグ、動画、写真の撮り方、探し方まで楽しく使いこなせる。最新機能もすべてわかる決定版!!
2017.3 222p B6 ¥1280 ①978-4-295-00090-7

◆**これならわかる深層学習入門**　瀧雅人著　講談社（機械学習スタートアップシリーズ）
【目次】機械学習と深層学習、ニューラルネット、勾配降下法による学習、深層学習の正則化、誤差逆伝播法、畳み込みニューラルネット、再帰型ニューラルネット、ボルツマンマシン、深層強化学習、確率の基礎、変分法
2017.10 339p A5 ¥3000 ①978-4-06-153828-3

◆**「コンセプト力」でプロジェクトを動かす―プロマネの新必修スキル**　好川哲人著　日経BP社、日経BPマーケティング 発売
【要旨】難関プロジェクトの成否はリーダーのコンセプト力次第。大局/分析・抽象/具象・主観/客観・直観/論理・長期/短期―良いコンセプトを創出する「五つの思考軸」がわかる。
2017.8 159p 24×19cm ¥2400 ①978-4-8222-5948-8

◆**コンピュータ概論―情報システム入門**　魚田勝己編著、渥美幸雄、植竹朋文、大曽根匡、森本祥一、綿貫理明著　共立出版　第7版
【目次】第1章 コンピュータとその利用、第2章 ビジネスと情報システム、第3章 コンピュータの誕生から情報システム社会へ、第4章 情報の表現、第5章 ハードウェアの仕組み、第6章 ソフトウェアの役割、第7章 ネットワークと情報システム、第8章 情報システムの構築と維持、第9章 情報倫理と情報セキュリティ
2017.2 251p B5 ¥2800 ①978-4-320-12404-2

◆**コンピュータ科学の基礎**　木村春彦監修、田嶋拓也、阿部武彦著　共立出版
【目次】第1章 情報社会とコンピュータの歴史、第2章 デジタルデータと2進数、第3章 ハードウェア、第4章 ソフトウェア、第5章 データベース、第6章 ネットワーク、第7章 情報セキュリティ
2017.3 203p B5 ¥2400 ①978-4-320-12417-2

◆**コンピュータシステムの基礎**　アイテックIT人材教育研究部編著　アイテック（付属資料：別冊1）　第17版
【目次】1 コミュニケーションネットワークとコンピュータシステム、2 入出力装置、3 記憶装置、4 中央処理装置、5 オペレーティングシステム、6 情報処理技術の基礎と理論、7 ファイル編成とデータベース、8 通信ネットワークシステム、9 情報セキュリティ、10 情報システムとRASIS、11 情報システムの開発
2017.9 701p B5 ¥4000 ①978-4-86575-101-7

◆**コンピューターと情報システム**　福田真規夫監修、多田憲孝、前川武、矢島彰編　日本理工出版会
【目次】第1章 コンピューターとデータ表現、第2章 ハードウェアとソフトウェア、第3章 ネットワーク、第4章 情報デザイン、第5章 情報社会と情報システム、第6章 これからの情報社会
2017.4 213p B5 ¥2500 ①978-4-89019-528-2

◆**コンピューター入門演習**　高橋尚子、高柳良太共著　文化書房博文社　第4版
【目次】1 入力・インターネット編（コンピューターの基礎演習）、2 文書処理編（文書処理の基礎演習、文書処理の応用演習）、3 表計算編（表計算の基礎演習、表計算の応用演習）、4 プレゼンテーション編（スライド作成演習）
2017.4 159p A5 ¥1600 ①978-4-8301-1294-2

◆**コンピュータのしくみ**　吉川雅弥、泉知論共著　コロナ社
【目次】1 コンピュータの基礎、2 情報の表現、3 論理の世界、4 記憶と接続、5 演算、6 コンピュータの言葉、7 制御
2017.2 190p A5 ¥2500 ①978-4-339-02867-6

◆**コンピュータの動作と管理**　葉田善章著　放送大学教育振興会、NHK出版 発売（放送大学教材）　改訂版
【目次】コンピュータの動作と管理、演算装置のしくみ、演算装置による命令実行、プロセッサと周辺機器の通信、効率的なプログラム実行、補助記憶装置とデータ記憶、OS構造と周辺機器、プログラム実行の管理、プロセスの協調動作とメモリー、記憶装置とOS起動、OSの種類と基本動作、OSとソフトウェア開発、ユーザーインターフェース、OSとセキュリティー、コンピュータの利用形態とOS
2017.3 288p A5 ¥3100 ①978-4-595-31739-2

◆**コンピューティング科学**　川合慧著　東京大学出版会　新版
【目次】第1章 情報処理、第2章 計算、第3章 情報量、第4章 計算の実現、第5章 アルゴリズムとその表現、第6章 アルゴリズムと計算量、第7

章 計算量の科学、第8章 問題解決、第9章 ソフトウェアとプログラム言語、第10章 情報システムとコンピュータの歴史、付録 計算機械の歴史
2017.9 215p A5 ¥2700 ①978-4-13-062142-7

◆**最新情報の科学 学習ノート**　実教出版編修部編　実教出版（付属資料：別冊1）　新訂版
【目次】序章 情報社会と私たち、1章 情報とコンピュータ、2章 ネットワークの仕組みと情報システム、3章 問題解決のためのコンピュータ活用、4章 ネットワークとデータベースの活用、5章 情報技術と社会、実習
2017 111p B5 ¥570 ①978-4-407-33911-6

◆**最新版！これからのSEO内部対策本格講座**　瀧内賢著　秀和システム
【要旨】安易な外部対策よりも内部対策が"効く"。外部対策と連動させれば"もっと効く"。外部対策だけでも内部対策だけでもダメ。両者の融合が、これからのSEOには必須！
2017.3 263p A5 ¥1800 ①978-4-7980-4952-6

◆**最新IoTがよーくわかる本**　神崎洋治著　秀和システム（図解入門）
【要旨】IoTの主要プレイヤー（Amazon、GE、Google、ソラコム、NVIDIA）と最新導入事例。新しい技術と用語・サービスがすぐわかる！
2017.9 271p A5 ¥1600 ①978-4-7980-5269-4

◆**最新ITILとISO/IEC20000がよーくわかる本**　打川和男著　秀和システム（図解入門ビジネス）
【要旨】ITIL2011はITIL V3からどう変わった？ITIL2011のサービスライフサイクルの要点は？ITIL関連の資格を取得するためには？ITILベースのISO規格とは？ ISO/IEC20000‐1の要点や実践とは？ ISO/IEC20000‐1を取得するためには？ 最新バージョンITIL2011と関連する国際規格を徹底解説！
2017.1 258p A5 ¥1800 ①978-4-7980-4913-7

◆**サイバネティクス全史―人類は思考するマシンに何を夢見たのか**　トマス・リッド著、松浦俊輔訳　作品社
【要旨】第二次世界大戦中に対空兵器研究において大きく浮上した計算機科学。そのなかで数学者ノーバート・ウィーナーによって、人間と機械を統合する理論「サイバネティクス」は誕生した。サイバネティクスは現実世界でのイノベーションを通じて、同時代人の想像力に多大なる刺激を与え、人間の能力の限界を超える「サイボーグ」や、自由で開かれた「サイバースペース」の夢を生み出した。しかし一方でそれは、ロボットの反乱や、監視社会の到来、サイバー戦争・テロの可能性といった恐怖をもたらすことにもなった―。近未来におけるユートピアの希望とディストピアの不安にたえず揺れ動いてきた「サイバネティクス神話」の思想や文化の系譜を、最新資料や関係者へのインタビューなども交えながら鮮やかに活写する。
2017.10 417, 43p B6 ¥3600 ①978-4-86182-652-8

◆**シェル・スクリプト「レシピ」ブック―「バックアップ」「更新チェック」「画像加工」…作業を効率的に！**　東京シェル研究会著　工学社（I・O BOOKS）
【要旨】「bash」を使って、「ファイル整理」「バックアップ」など、仕事や趣味の場面で出くわす39の作業を簡単にする、「シェル・スクリプト」の「レシピ」を紹介。
2017.3 142p A5 ¥1900 ①978-4-7775-1994-1

◆**自作PCクラスタ超入門―ゼロからはじめる並列計算環境の構築と運用**　前園涼著　森北出版
【要旨】自作という手がある！ PC単体では限界。かといってスパコン利用は手間。ならその計算、自作クラスタで回してみては？ ノードPCの組み立て、Linux環境でのセットアップ、ノード内・ノード間での並列計算実行まで。並列計算の環境構築の「最短ルート」を、徹底した初心者目線で解説。
2017.12 163p 22×16cm ¥2600 ①978-4-627-81821-7

◆**システム設計の基礎から実践まで 1からはじめるITアーキテクチャー構築入門**　二上哲也、田端真由美、倉島菜つ美、久波健二、柿本達彦ほか著　日経BP社、日経BPマーケティング 発売
【要旨】IT技術の真髄を会得！ 基礎から分かる、全体構造の最適化。クラウド、AI、IoT、Watson、FinTech。
2017.6 149p 24×19cm ¥2500 ①978-4-8222-5925-9

情報・通信・コンピュータ

◆システム設計の謎を解く―強いSEになるための機能設計と入出力設計の極意　髙安厚思著　SBクリエイティブ　改訂版
【要旨】本書では、4つの「入出力設計」（画面/帳票/DB/外部連携）と2つの「機能設計」（オンライン/バッチ）を定義・整理し、これらに焦点を当て、作業手順に沿いながら解説を進めます。さらに、これら設計の前作業や次工程のアーキテクチャ設計を視野に入れ、体系的に理解できるよう解説します。新人からベテラン、担当エンジニアから管理者まで、システム設計に携わるすべての人が知っておくべき内容を網羅しました。
2017.12 281p A5 ¥2400 ①978-4-7973-9351-4

◆視聴覚メディア　近藤邦雄, 相川清明, 竹島由里子共著　コロナ社　（メディア学大系 15）
【目次】1章 視覚と理解、2章 視覚と表現、3章 聴覚とメディア、4章 画像の「見え方」を変える、5章 画像から「特徴」を見つける、6章 画像を合成、変換する
2017.6 204p A5 ¥2800 ①978-4-339-02795-2

◆実践 情報リテラシー―基礎から応用まで　淺間正通監修, 前野博編著, 小川勧, 中村真二, 西岡久允, 復本寅之介, 村田幸則著　同友館　（付属資料：別冊1）
【目次】本編（基本操作の確認、電子メールの利用、情報の収集と活用、ワープロを使用した文章の構成、レポートの作成、情報の整理と分析、レポートの完成、プレゼンテーション、ネットワークを活用したコミュニケーションと学習）、操作編（基本操作の確認、電子メールの利用、WWWブラウザの操作、Microsoft Office 2010の操作、Microsoft Office 2013の操作、Microsoft Office 2016の操作）
2017.4 98p B5 ¥2200 ①978-4-496-05272-9

◆シビックテックイノベーション―行動する市民エンジニアが社会を変える　松崎太亮著　インプレスR&D, インプレス 発売　（#xtech books）　PDF版
【要旨】市民活動×デジタルテクノロジー。データやICTを駆使して社会イノベーションを興す、市民エンジニア＝シビックテック活動最前線。
2017.10 240p A5 ¥2000 ①978-4-8443-9799-1

◆詳解 ディープラーニング―TensorFlow・Kerasによる時系列データ処理　巣籠悠輔著　マイナビ出版
【要旨】ディープラーニング、ニューラルネットワークについてディープラーニング向けのPythonライブラリ“TensorFlow”および“Keras”を用い丁寧に解説。時系列データ処理のためのディープラーニングのアルゴリズムに焦点を当てます。
2017.5 315p 24×19cm ¥3400 ①978-4-8399-6251-7

◆情報アクセス技術入門―情報検索・多言語情報処理・テキストマイニング・情報可視化　前田亮, 西原陽子共著　森北出版
【要旨】ユーザーと情報を結ぶしくみの基本から応用まで。さまざまなトピックのつながりと全体像がよくわかる！
2017.8 149p A5 ¥2400 ①978-4-627-88041-2

◆情報基礎―コンピュータの基本操作と情報活用術　岩手大学情報教育教科書編集委員会編　学術図書出版社　新装（改訂版）　第4版
【目次】第1章 コンピュータについて（大学および社会におけるコンピュータの役割、コンピュータはいかにして動くか ほか）、第2章 アプリケーションソフトウェア（表計算（Excel）、文書作成（Word）ほか）、第3章 ネットワーク（情報セキュリティと情報倫理、ソーシャルメディアの活用 ほか）、第4章 UNIXの利用法（Linuxを使ってみよう、ファイル操作 ほか）
2017.3 235p B5 ¥2400 ①978-4-7806-0564-8

◆情報 最新トピック集 高校版 2017　久野靖, 佐藤義弘, 辰己丈夫, 中野由章監修　日経BP社, （大阪）日本文教出版 発売　第9版
【目次】インターネットの活用、情報倫理とセキュリティ、わたし達が生きる情報社会、情報やメディアに関する技術、ネットワークやインターネットに関わる技術、ハードウェアに関わる技術、ソフトウェアに関わる技術、コンピュータの歴史と現代のIT業界
2017.1 199p B5 ¥940 ①978-4-536-25449-6

◆情報処理入門―Windows10 & Office2016　長尾文孝著　共立出版
【目次】第1章 コンピュータとは何か、第2章 コンピュータが扱う情報、第3章 コンピュータによる情報通信、第4章 Windows10の操作方法、第5章 キーボードを用いた入力、第6章 Word2016の操作方法、第7章 Excel2016の操作方法、第8章 PowerPoint2016の操作方法
2017.11 143p B5 ¥2200 ①978-4-320-12424-0

◆情報の科学 学習ノート　実教出版編修部編　実教出版　（付属資料：別冊1）　新訂版
【目次】ホップ編（図形をディジタル化してみよう、図形を数値化して伝達しよう、カラー画像について調べてみよう ほか）、ステップ編（情報とコンピュータ、ネットワーク、アルゴリズムとプログラム ほか）、ジャンプ編（10進数・2進数・16進数の特徴と関係を探る、論理演算とはどのような演算を考える、標本化周波数や音声・画像のデータ量を計算する ほか）
2017 103p B5 ¥550 ①978-4-407-33912-3

◆情報のノート「新・社会と情報」　日本文教出版編集部編　（大阪）日本文教出版　（付属資料：別冊1）
【目次】序章 「社会と情報」とは、第1章 情報社会に生きるわたしたち、第2章 情報社会とディジタル技術、第3章 情報社会と情報システム、終章 情報社会と問題解決、アカデミック・スキルズ
〔17.2〕111p B5 ¥480 ①978-4-536-25361-1

◆情報のノート「新・社会と情報」（教師用書）　日本文教出版編集部編　（大阪）日本文教出版
【目次】序章 「社会と情報」とは、第1章 情報社会に生きるわたしたち、第2章 情報社会とディジタル技術、第3章 情報社会と情報システム、終章 情報社会と問題解決、アカデミック・スキルズ
〔17.2〕111p B5 ¥480 ①978-4-536-25363-5

◆情報のノート「新・情報の科学」　日本文教出版編集部編　（大阪）日本文教出版　（付属資料：別冊1）
【目次】情報社会に生きるわたしたち、ネットワーク編（コンピュータによる情報の処理と表現、ネットワークがつなぐコミュニケーション、情報システムが支える社会）、問題解決編（アカデミックスキルズ、問題の解決と処理手順の自動化、モデル化と問題解決）
〔17.2〕119p B5 ¥500 ①978-4-536-25363-5

◆情報のノート「新・情報の科学」（教師用書）　日本文教出版編集部編　（大阪）日本文教出版
【目次】情報社会に生きるわたしたち、ネットワーク編（コンピュータによる情報の処理と表現、ネットワークがつなぐコミュニケーション、情報システムが支える社会）、問題解決編（アカデミックスキルズ、問題の解決と処理手順の自動化、モデル化と問題解決）
〔17.2〕119p B5 ¥500 ①978-4-536-25373-4

◆情報のノート「新・見てわかる社会と情報」　日本文教出版編集部編　（大阪）日本文教出版　（付属資料：別冊1）
【目次】第1章 情報社会に生きるわたしたち、第2章 コンピュータを使いこなそう、第3章 情報を整理して伝えよう、第4章 情報社会の課題について考えよう、第5章 情報社会のしくみを知ろう、実習
〔17.2〕112p B5 ¥480 ①978-4-536-25362-8

◆情報のノート「新・見てわかる社会と情報」（教師用書）　日本文教出版編集部編　（大阪）日本文教出版
【目次】第1章 情報社会に生きるわたしたち、第2章 コンピュータを使いこなそう、第3章 情報を整理して伝えよう、第4章 情報社会の課題について考えよう、第5章 情報社会のしくみを知ろう、実習
〔17.2〕112p B5 ¥480 ①978-4-536-25372-7

◆情報リテラシー基礎―入門からビジネスまで　海老澤信一, 齋藤真弓編著　同友館　新訂6版
【目次】第1章 パソコンの使い方―Windows（パソコンとは、Windowsの開始と終了 ほか）、第2章 ワープロソフトの使い方―Word（ワープロソフトの開始と終了、文章の作成 ほか）、第3章 表計算ソフトの使い方―Excel（表計算ソフトの開始と終了、商品売上表の作成 ほか）、第4章 プレゼンテーションソフトの使い方―PowerPoint（PowerPoint とプレゼンテーション、PowerPoint の開始と終了 ほか）
2017.4 213p B5 ¥2850 ①978-4-496-05275-0

◆情報リテラシー教科書―Windows10/Office2016＋Access2016対応版　矢野文彦監修　オーム社
【目次】第1章 パーソナルコンピュータの基礎、第2章 インターネット利用、第3章 Microsoft World、第4章 Microsoft Excel、第5章 Microsoft PowerPoint、第6章 Microsoft Acces
2017.1 288p B5 ¥2200 ①978-4-274-21987-0

◆情報リテラシー教科書―Windows10/Office2016対応版　矢野文彦監修　オーム社
【目次】第1章 パーソナルコンピュータの基礎（Windows10の基本操作、キーボードと文字入力 ほか）、第2章 インターネット利用（インターネットの基礎、WWWの情報検索 ほか）、第3章 Microsoft Word（文書作成とWord、Wordの基本操作 ほか）、第4章 Microsoft Excel（Excelの基本操作、計算と関数 ほか）、第5章 Microsoft PowerPoint（プレゼンテーション、PowerPoint ほか）
2017.1 240p B5 ¥1900 ①978-4-274-21986-3

◆事例でわかる情報モラル 2017　実教出版編修部編　実教出版
【要旨】社会の目、科学の目。30テーマ。
2017.2 112p B5 ¥480 ①978-4-407-34079-2

◆新・コンピュータ解体新書　清水忠昭, 菅田一博共著　サイエンス社　（Information & Computing ex. - 46）　第2版
【目次】第1章 コンピュータ小史、第2章 コンピュータは手順に従って動く、第3章 コンピュータにおける数の表現、第4章 機械語と2進数だけのコンピュータ、第5章 コンピュータを組み立てているもの―論理回路、第6章 論理回路によるコンピュータの実現、第7章 ソフトウェアの歴史、第8章 コンピュータを司るもの―オペレーティング・システム、第9章 インターネット
2017.8 243p A5 ¥1650 ①978-4-7819-1409-1

◆数理議論学　若木利子, 新田克己共著　東京電機大学出版局
【目次】序論（数理議論学とは？、非単調推論と論理プログラミング）、第1部 抽象議論（抽象議論の理論、プリファレンスと価値を用いた抽象議論）、第2部 構造化論証を用いた議論（仮説に基づく議論、ASPIC+フレームワーク、不動点意味論と対話的証明論、プリファレンスと仮説に基づく議論）、第3部 議論の応用（意思決定と実践的議論、議論をするマルチエージェント、法的論争への数理議論学の応用）
2017.3 190p A5 ¥3600 ①978-4-501-55550-4

◆図解コンピュータ概論 ソフトウェア・通信ネットワーク　橋本洋志, 菊地浩明, 横田祥共著　オーム社　改訂4版
【目次】1章 コンピュータの構成、2章 ソフトウェア、3章 プログラミング言語、4章 オペレーティングシステム、5章 ファイルとデータベース、6章 通信ネットワーク、7章 情報化社会と情報リテラシー、8章 情報セキュリティ、9章 情報システムの開発
2017.11 270p A5 ¥2500 ①978-4-274-22143-9

◆図解コンピュータ概論 ハードウェア　橋本洋志, 小林裕之, 天野直紀, 中後大輔共著　オーム社　改訂4版
【目次】1章 コンピュータの構成と利用、2章 データ表現、3章 論理回路、4章 プロセッサ、5章 記憶装置、6章 入出力機器、7章 コンピュータの性能と信頼性
2017.11 266p A5 ¥2500 ①978-4-274-22144-6

◆図解でなっとく！ トラブル知らずのシステム設計　野村総合研究所, エアーダイブ著　日経BP社, 日経BPマーケティング 発売
【要旨】NRI社内で爆発的人気の設計学習教材。ITアーキテクトの視点から、アプリケーションエンジニアに考慮してほしいポイントを抜粋してまとめている。
2017.10 271p A5 ¥2400 ①978-4-8222-5998-3

◆スキルアップ！ 情報検索―基本と実践　中島玲子, 安形輝, 宮田洋輔著　日外アソシエーツ, 紀伊國屋書店 発売
【要旨】的確な情報を、最適な情報源で、素早く見つけられるスキルが身につく！ 豊富な例題を通じて、検索方法の考え方を易しく解説。裏ワザまでマスターできる！ 情報検索を初めて学ぶ学生、スキルアップしたい現場の図書館員、体系的に学ぶ機会がなかった社会人におすすめ！
2017.9 192p A5 ¥2300 ①978-4-8169-2676-1

スキルアップ！情報検索 基本と実践
中島玲子・安形輝・宮田洋輔 著
日外アソシエーツ

◆**世界でいちばん簡単なサーバーのe本—Windowsサーバー作りの基本がわかる** 金城俊哉著 秀和システム 最新第4版
【要旨】章ごとの練習問題でポイントをチェックできる！ 丁寧な解説でサーバーの仕組みが誰でもわかる！ 関連用語のすべてが基礎からわかる！ 最新Windows10/8.1/7に対応！ 費用をかけずに自宅でサーバーを運用できる！
2017.2 245p A5 ¥1500 ①978-4-7980-4895-6

◆**「センサ」「アクチュエータ」「マイコン」の仕組みがわかる本—「IoT」&「ロボット」の主要パーツをチェック！** IO編集部編 工学社 （I・O BOOKS）
【要旨】センサ（入力）→マイコン（処理）→アクチュエータ（出力）。「IoT」&「ロボット」の主要パーツをチェック！
2017.7 159p A5 ¥1900 ①978-4-7775-2018-3

◆**先輩がやさしく教えるシステム管理者の知識と実務** 木下肇著 翔泳社
【要旨】近年は、ほぼ未経験でITの現場に就業する人が増えているようです。本書は、そのような「知識のない人」が情報システム部門に放り込まれたとき、「とりあえずこれを読んでおけば大丈夫」と言って渡せる本を目指しています。現役のベテラン管理者が解説しているので、システム管理の現場で遭遇しがちな「あるある」も満載。図解で丁寧に解説しているので、初学者でも無理なく業務の基本を身につけることができます。本書を手に、ぜひシステム管理の現場に飛び出して下さい。
2017.8 247p A5 ¥1780 ①978-4-7981-5260-8

◆**ソーシャルアプリプラットフォーム構築技法—SNSからBOTまでITをコアに成長する企業の教科書** 田中洋一郎著 技術評論社 （Software Design plusシリーズ）
【要旨】SNS（ソーシャルネットワーキングサービス）は、私たちの生活になくてはならない存在です。友人・知人とスマホで情報を共有し、日々の生活をより良くすることがすごすぎるほどのインフラになりました。AI（人工知能）とBOTプログラムを組み合わせて、ビジネスを実施する試みもすでに行われています。SNSは単なるメッセージ交換の場だけでなく、ソーシャルアプリケーションプラットフォームへの進化と成長が起きています。本書は、ソーシャルアプリケーションプラットフォームの定義と仕組みを明らかにし、それを成り立たせている技術要について、さまざまな面から解説します。ITを基盤にビジネスを大きく成長させるためには、SNSをベースにプラットフォームを構築する戦略が必要です。本書はその手がかりを示します。
2017.11 343p A5 ¥2800 ①978-4-7741-9332-8

◆**体験する!!オープンソースハードウェア—NanoPi NEO, Arduino他で楽しむIoT設計** 武藤佳恭著 近代科学社
【目次】第1章 オープンソースハードウェアの構築を体験（2Dレーザー彫刻マシンの組立てで追体験する、開発環境の構築 ほか）、第2章 電子回路の基礎を体験（電子回路の設計・実装に向けた心がまえ、AVRマイコン（Atmega328P）ほか）、第3章 IoT設計を体験（赤外線で家電を制御、ドローンの制御素子を使ってみよう（GY・801）ほか）、第4章 インターネットからの自動情報収集を体験（インターネット検索エンジンの活用、Twitterの活用）、第5章 NanoPi NEOを体験（NanoPi NEOの基本情報、ビッグデータ解析のための機械学習 ほか）
2017.5 148p 24×19cm ¥2300 ①978-4-7649-0540-5

◆**誰でもできる！ G Suite導入ガイド** サテライトオフィス著 日経BP社, 日経BPマーケティング 発売
【要旨】ユーザーも管理者もこの1冊でG Suiteを使いこなそう！ アドオンの活用が使いこなしのポイント!!
2017.6 310p 24×19cm ¥2800 ①978-4-8222-9662-9

◆**ディジタル回路設計とコンピュータアーキテクチャ** デイビッド・マネー・ハリス, サラ・L. ハリス著, 天野英晴, 鈴木貢, 中條拓伯, 永松礼夫訳 翔泳社 第2版
【要旨】マイクロプロセッサを作りながらMIPSアーキテクチャを理解する。Pentium 2設計者による定番教科書、待望の新版！
2017.9 649p B5 ¥4600 ①978-4-7981-4752-9

◆**できるゼロからはじめるiPad超入門—新iPad/Pro/mini4対応** 法林岳之, 白根雅彦, できるシリーズ編集部著 インプレス （できるシリーズ）
【目次】第1章 iPadの基本を知ろう、第2章 iPadを使えるようにしよう、第3章 文字を入力してみよう、第4章 iPadを使いやすく設定しよう、第5章 インターネットを楽しもう、第6章 メールやビデオ通話を楽しもう、第7章 写真を楽しもう、第8章 映画や音楽を楽しもう、第9章 アプリを活用しよう、付録 パソコンにiPadのデータをバックアップするには
2017.5 270p 24×19cm ¥1280 ①978-4-295-00116-4

◆**デジタル情報の活用と技術** 毒島雄二, 小林貴之, 田中絵里子著 共立出版
【目次】1章 コンピュータの基礎知識、2章 Windows入門、3章 インターネットとWWW、4章 電子メール、5章 情報セキュリティとコンプライアンス、6章 情報の編集、7章 情報の分析、8章 情報の提示と発信
2017.3 175p B5 ¥2200 ①978-4-320-12418-9

◆**デジタル・ビッグバン—驚異的IT進化のメカニズム** 中村重郎著, 医療ビッグデータ・コンソーシアム編 日経メディカル開発, 日経BPマーケティング 発売
【要旨】デジタル・ビッグバンとは何か？ ITリテラシーを高め、AI、IoT、ビッグデータの原点を知る。
2017.9 275p B6 ¥1800 ①978-4-931400-84-9

◆**デジタル・フォレンジックの基礎と実践** 佐々木良一編著 東京電機大学出版局
【目次】第1章 デジタル・フォレンジック入門、第2章 ハードディスクの構造とファイルシステム、第3章 デジタル・フォレンジックのためのOS入門、第4章 フォレンジック作業の実際—データの収集、第5章 フォレンジック作業の実際—データの復元、第6章 フォレンジック作業の実際—データの分析、第7章 スマートフォンなどのフォレンジック、第8章 ネットワーク・フォレンジック、第9章 フォレンジックの応用、第10章 法リテラシーと法廷対応、第11章 デジタル・フォレンジックの歴史と今後の展開
2017.3 290p A5 ¥3200 ①978-4-501-55560-3

◆**データサイエンティスト養成読本登竜門編—データ分析の新常識/ビギナーのための必須スキルが満載！** 養成塾一, 野村誠, 西村雅史, 水上ひろき, 林田賢二, 森清貴, 越水直人, 露崎博之, 早川敦士, 牧允樹, 黒柳敬一著 技術評論社 （Software Design plusシリーズ）
【要旨】データサイエンティストはここ数年で生まれた職種です。どんなスキルを身に付ければ良いかはいろいろなところで語られ、現役のデータサイエンティストのスキルもバラバラなのが現実です。さまざまな技術がある中で、本書ではデータ分析をはじめる前に最低限知っておきたい知識を取り上げます。たとえばシェルの操作は知らなくても良いでしょうか？ 基本的なSQLは書けなくても良いでしょうか？ データ形式についての知識は不要でしょうか？ 機械学習の基本的な知識は不要でしょうか？ 初学者にとっては避けて通れない知識、現役データサイエンティストにとっては今さら恥ずかしい知識を登竜門編として1冊にまとめています。
2017.4 235p B5 ¥1980 ①978-4-7741-8877-5

◆**データ市場—データを活かすイノベーションゲーム** 大澤幸生編著, 早矢仕晃章, 秋元正博, 久代紀之, 中村潤, 寺本正彦著 近代科学社
【目次】第1章 ビッグデータとオープンデータ、第2章 データ市場、第3章 データ型ワークショップIMDJ、第4章 データジャケット、第5章 アクション・プランニング、第6章 IMDJプロ

セスによるデータ市場の社会実装、第7章 データ市場と論理フレームワーク、第8章 論理的思考フレームワークを用いたシステムデザイン事例、第9章 定量的品質機能展開（Q・QFD）の導入
2017.2 289p A5 ¥3500 ①978-4-7649-0524-5

◆**データ処理・レポート・プレゼンテーションとOffice2016** 小川浩, 工藤喜美枝, 五月女仁子, 中谷勇介共著 ムイスリ出版
【目次】Office（Officeの基本操作）、Power Point（スライドの作成、入力と編集、スライドのデザイン ほか）、Word（Wordの基本と入力、文字書式と段落書式、ページ書式と印刷 ほか）、Excel（入力と編集、書式、計算式、関数、分析 ほか）
2017.4 239p B5 ¥1850 ①978-4-89641-256-7

◆**データ分析基盤構築入門—Fluentd、Elasticsearch、Kibanaによるログ収集と可視化** 鈴木健太, 吉田健太郎, 大谷純, 道井俊介著 技術評論社
【要旨】サービスのデザインはログのデザインから。ログが大量にあり、これをとにかく利用したい、ログを解析して果たして何のために活用できるかを探りたい、Fluentd、Elasticsearch、Kibanaをとりあえず導入してみたい、Elasticsearchのクラスタ管理方法について知りたい、Kibanaを導入してみたり、なかなかうまく活かすことができなくて困っている、Fluentd、Elasticsearch、Kibanaを活用している事例を知りたい。これらのテーマについて答える。
2017.10 387p 24×19cm ¥2980 ①978-4-7741-9218-5

◆**データ分析プロジェクトの手引—データの前処理から予測モデルの運用までを俯瞰する20章** D. ネトルトン著, 市川太祐, 島田直希訳 共立出版
【目次】ビジネス課題、さまざまなデータソースや情報を組み合わせる、データ表現、データの質、変数の選択と因子の推定、サンプリングとパーティショニング、データ分析、データモデリング、システムの開発—クエリレポーティングからEISおよびエキスパートシステムまで、テキストマイニング、リレーショナルデータベースと連携したデータマイニング、CRM分析、インターネット上のデータを分析する1—ウェブサイト分析とインターネット分析、インターネット上のデータを分析する2—検索体験の最適化、インターネット上のデータを分析する3—オンラインソーシャルネットワーク分析、インターネット上のデータを分析する4—検索トレンドの時系列変化をつかむ、データにおけるプライバシーと匿名化技術、ビジネスデータ分析のための環境整備
2017.2 414p A5 ¥4200 ①978-4-320-12403-5

◆**テラと7人の賢者—"ナゾとき"コンピュータのおはなし** 兼宗進, 白井詩沙香監修, Tim Bell協力, 倉島一幸絵 学研プラス （付属資料：別冊1；カード）
【要旨】コンピュータを学ぶ新メソッド登場。カードで！ パズルで！ パソコンで！ わくわくストーリーを読むだけで、自然と"プログラミング的思考"が身につく！ 小学1〜3年生向け。
2017.7 95p 24×19cm ¥1500 ①978-4-05-204653-7

◆**統計ソフトRによる多次元データ処理入門—仮説検定・分散分析・主成分分析** 村上純, 日野満司, 山本直樹, 石田明男共著 日新出版 （実用理工学入門講座）
【目次】第1章 多次元データとは、第2章 仮説検定（2群検定（対応のある場合、対応のない場合）、多群検定、検定結果の評価）、第3章 分散分析（一元配置分散分析、二元配置分散分析、三元配置分散分析、多重比較）、第4章 主成分分析（固有値分解と特異値分解、主成分分析、高次特異値分解、多次元主成分分析）
2017.3 257p A5 ¥2800 ①978-4-8173-0254-0

◆**統計的因果探索** 清水昌平著 講談社 （機械学習プロフェッショナルシリーズ）
【要旨】セミパラメトリックアプローチを因果探索法の「真打ち」として幅広く紹介。代表的な手法LiNGAMをその考案者である著者が解説。
2017.5 181p A5 ¥2800 ①978-4-06-152925-0

◆**独習！ 信号処理** 鈴木真人著 秀和システム
【目次】第1章 信号処理技術で必要になる情報、第2章 フーリエ変換による周波数解析、第3章 フィルタ処理、第4章 自己相関関数・相互相関関数とリサージュ図形、第5章 周波数応答特性、第6章 実際に信号を収録する、第7章 MT法による信号監視の原理と実際、第8章 信号解析装置の

情報・通信・コンピュータ

使い方と使い道、第9章 その他の教材
2017.11 191p 24×19cm ¥2000 ①978-4-7980-5360-8

◆**入門コンピュータ科学—ITを支える技術と理論の基礎知識**　J. グレン・ブルックシャー著, 神林靖, 長尾高弘訳　ドワンゴ, KADOKAWA 発売　（原書第11版）
【要旨】UCバークレイ、ハーバード大学をはじめ全米126校で採用され続ける定番教科書！
2017.3 607p 24×19cm ¥3800 ①978-4-04-893054-3

◆**入門LDAP/OpenLDAPディレクトリサービス導入・運用ガイド**　デージーネット著　秀和システム　第3版
【要旨】OpenLDAP2.4対応。Web、メールサーバからRadius、Captive Portal など、基本から応用までを具体例を用いて詳しく解説。
2017.11 430p A5 ¥2800 ①978-4-7980-5095-9

◆**ネットワーク・カオス—非線形ダイナミクス、複雑系と情報ネットワーク**　電子情報通信学会監修, 中尾裕也, 長谷川幹雄, 合原一幸共著　コロナ社　（情報ネットワーク科学シリーズ 第4巻）
【目次】1 序論、2 離散時間力学系とカオス、3 連続時間力学系とカオス、4 ネットワーク、5 リミットサイクル振動子の位相縮約とその同期現象、6 リミットサイクル振動子の共通ノイズ同期現象、7 カオス同期現象、8 カオスと通信、9 カオスニューラルネットワーク、10 カオスと組合せ最適化、付録 確率微分方程式の基礎事項
2018.1 247p A5 ¥3400 ①978-4-339-02804-1

◆**はじめての今さら聞けないPDF入門—イラストでかんたん**　桑名由美著　秀和システム　（BASIC MASTER SERIES）
【要旨】「PDFにして送る」って、どうやるの？ 初心者の疑問をすべて解決サッと読んですぐ使える。
2017.10 135p 24×19cm ¥1200 ①978-4-7980-5231-1

◆**パターン認識と機械学習の学習—ベイズ理論に負けないための数学**　光成滋生著　（柏）暗黒通信団　普及版
【目次】第1章 確率、第2章「確率分布」のための数学、第3章「線形回帰モデル」のための数学、第4章「線形識別モデル」のための数学、第5章「ニューラルネットワーク」の補足、第9章「混合モデルとEM」の数式の補足、第10章「近似推論法」の数式の補足、第11章「サンプリング法」のための物理学
2017.8 87p A5 ¥556 ①978-4-87310-093-7

◆**ビジネスのためのデータ処理リテラシー**　尾碕眞監修　創成社
【目次】Excel の基本操作、データの入力と表示、テーブルの作成と設定、関数の基礎、関数による条件分岐、データの参照、複数シート操作、グラフの作成の基礎、グラフの作成の応用、Excel のデータベースとしての活用 〔ほか〕
2017.9 181p B5 ¥2200 ①978-4-7944-2512-6

◆**美タイピング完全マスター練習帳—Windows10/8.1/8/7/Vista対応**　隅野貴裕監修　インプレス　（付属資料：CD-ROM1）
【要旨】ステップアップ形式で初めてでもカンタン。「正しく」「速く」「美しい」タイピングが楽しく身につく。
2017.3 111p B5 ¥880 ①978-4-295-00081-5

◆**ビッグデータを支える技術—刻々とデータが脈打つ自動化の世界**　西田圭介著　技術評論社　（WEB+DB PRESS plusシリーズ）
【要旨】1台のラップトップで学べる。ビッグデータの規模を超えて、これからのシステム開発に欠かせないデータ基盤を整える。
2017.10 283p A5 ¥2960 ①978-4-7741-9225-3

◆**ビッグデータ解析の現在と未来—Hadoop, NoSQL, 深層学習からオープンデータまで**　原隆浩著, 喜連川優コーディネーター　共立出版　（共立スマートセレクション 20）
【目次】1 ビッグデータとは？、2 ビッグデータ解析の応用事例と情報爆発プロジェクト、3 ビッグデータ解析の流れ、4 ビッグデータを支える技術 (1) 分散処理フレームワーク、5 ビッグデータを支える技術 (2) ストリーム処理エンジン、6 ビッグデータを支える技術 (3) NoSQLデータベース、7 ビッグデータを支える技術 (4) 機械学習、深層学習、8 オープンデータの潮流、9 今後の展望
2017.10 182p B6 ¥1800 ①978-4-320-00920-2

◆**ひと目でわかるAzure Active Directory**　竹島友理著　日経BP社, 日経BPマーケティング 発売　第2版
【要旨】クラウド時代の認証基盤！ Azure ADを理解して活用しよう！ 各種Web アプリへのシングルサインオン (SSO)、多要素認証、Windows Server ADとの連携、Intune との連携によるデバイス管理。
2017.11 377p 24×19cm ¥3400 ①978-4-8222-5364-6

◆**不便益—手間をかけるシステムのデザイン**　川上浩司編著　近代科学社
【目次】第1章 不便益システムデザイン、第2章 自動車の運転支援、第3章 義手のデザイン：人に関わるモノのあり方を考えるために、第4章 発想支援、第5章 コミュニケーション場のメカニズムデザイン：書評ゲーム「ビブリオバトル」のデザインと議論、第6章 博物館の学びを支える手がかりのデザイン、第7章「弱いロボット」と人とのインタラクションにおける不便益、第8章 観光と不便益、第9章 妨害による支援、第10章「結びの科学」に向けて、第11章 生命システム論から不便益を捉えなおす：不便益の実在証明
2017.10 214p 24×19cm ¥3200 ①978-4-7649-0550-4

◆**フリーソフトでつくる音声認識システム—パターン認識・機械学習の初歩から対話システムまで**　荒木雅弘著　森北出版　第2版
【要旨】深層学習などの最新手法にも対応。音声認識を題材に、機械学習の理論をかみくだいて解説。ゼロからはじめて理解できる、一番やさしい入門書！
2017.4 254p A5 ¥3400 ①978-4-627-84712-5

◆**プロジェクト学習で始めるアクティブラーニング入門—テーマ決定からプレゼンテーションまで**　稲葉竹俊編著, 奥正廣, 工藤宏宏, 鈴木万希枝, 村上康二郎共著　コロナ社
【目次】1章 アクティブラーニングとPBL、2章 グループでの活動、3章 どのように問題を設定するか、4章 どのように調査・分析を行うか、5章 どのようにレポートを書くか、6章 どのようにスライド資料を作成するか、7章 どのように口頭発表を行うか、8章 プロジェクト学習事例
2017.2 94p B5 ¥2000 ①978-4-339-07813-8

◆**フロントエンド専門制作会社が教える 速く正確なWeb制作のための実践的メソッド**　モノサスコーディングファクトリー著　マイナビ出版
【要旨】ワークフロー構築、コーディング規約、制作&ディレクションTips など、高品質な制作を支える現場の仕事術。
2017.5 233p B5 ¥2450 ①978-4-8399-6096-4

◆**文書作成リテラシー**　尾碕眞監修, 吉田聡, 中野健秀, 笠置剛編著　創成社
【目次】情報社会と情報倫理、コンピュータの仕組み、Microsoft Windows の基本操作、Microsoft Windows での文字入力、インターネットによる情報検索、電子メールの活用、Microsoft Word による文書作成の基礎、Microsoft Word による表の作成、Microsoft Word による文書の編集、Microsoft Word による効果的な文書表現、Microsoft Word のさまざまな機能, Microsoft PowerPoint の基本操作、Microsoft PowerPoint を用いた効果的なプレゼンテーション技法　2017.4 158p B5 ¥2000 ①978-4-7944-2499-0

◆**文書情報マネジメント概論—文書情報管理士指定参考書**　日本文書情報マネジメント協会文書情報管理士検定試験委員会編　日本文書情報マネジメント協会
【目次】第1章 文書情報マネジメントとは、第2章 ファイリングとは、第3章 電子化プロセス、第4章 文書情報の活用、第5章 文書情報の保存、第6章 文書情報の廃棄、第7章 リスクマネジメントとセキュリティ、第8章 コンプライアンスとアカウンタビリティ、第9章 プロジェクトマネジメント、第10章 法令・ガイドライン
2017.10 175p B5 ¥3000 ①978-4-88961-016-1

◆**ベイズ推論による機械学習入門**　須山敦志著, 杉山将監修　講談社　（機械学習スタートアップシリーズ）
【目次】第1章 機械学習とベイズ学習、第2章 基本的な確率分布、第3章 ベイズ推論による学習と予測、第4章 混合モデルと近似推論、第5章 応用モデルの構築と推論、付録A 計算に関する補足　2017.10 243p A5 ¥2800 ①978-4-06-153832-0

◆**マインクラフトでマルチサーバーを立てよう！**　ecolight著　インプレス　（Think IT Books）
【要旨】Think ITの連載記事「マインクラフトでマルチサーバーを立てよう！」の内容をまとめ、加筆して書籍化。PC版マインクラフトのマルチプレイ用サーバー構築と運用・管理のノウハウを紹介している。サーバー運用・管理で重要となるプラグイン開発についても、具体的な機能を例にソースコードを紹介した。
2017.3 239p 24×19cm ¥2400 ①978-4-295-00080-8

◆**マストドン—次世代ソーシャルメディアのすべて 最強SNSツール登場!?新しい波に乗り遅れるな！**　小林啓倫, コグレマサト, いしたにまさき, まつもとあつし, 堀正岳著　マイナビ出版　（マイナビ新書）
【要旨】突如としてネットで大きな注目を浴びている「マストドン」。見かけはツイッターにそっくりなソーシャル・ネットワーク・サービスだが、その仕組みはいままでのネットの限界を打ち破る革新的なもので、世界中でユーザーが増えつつある。ソーシャルメディアに造詣の深い5人の著者が「マストドン現象」を読み解き、ウェブの未来を予測する。
2017.6 235p 18cm ¥850 ①978-4-8399-6382-8

◆**無線ネットワークシステムのしくみ—IoTを支える基盤技術**　塚本和也著, 尾家祐二コーディネーター　共立出版　（共立スマートセレクション 15）
【目次】1 無線通信の利用形態と利用方法の変遷、2 無線ネットワークシステムのしくみと変遷、3 無線通信の利用拡大に対応するための技術と課題、4 移動しながらの通信を可能にする技術、5 無線マルチホップネットワーク、6 これからの無線ネットワーク—IoTネットワーク
2017.3 196p B6 ¥1800 ①978-4-320-00915-8

◆**「儲かるECサイト」運営講座—なぜ売れないのか？ どうすればいいのか？ が全部わかる本**　鈴木利典, はたけやまよりえ著, 染谷昌利監修　秀和システム
【要旨】実店舗の人気商品、何でECサイトだと売れないの？ インターネットでの「集客」「接客」「追客」って？ スマホからのPVが多ければ、PCは少なくても大丈夫？ 商品化のヒント、客単価の上げ方、O2O、メルマガ、広告、アクセス解析…すぐに使えて効果が上がる！「売れる構造」に劇的改善する成功法則をイチから教える。
2017.12 295p 24×19cm ¥2200 ①978-4-7980-5203-8

◆**モバイル・ブロードバンドの普及要因—多国を対象としたパネルデータ推定**　篠原聡兵衛著　勁草書房
【要旨】OECD34カ国を対象にモバイル・ブロードバンドの普及要因を探り、途上国での展開や第5世代移動通信システムの普及に資する知見を示す。
2017.8 174p A5 ¥4000 ①978-4-326-50439-8

◆**やさしい計算理論—有限オートマトンからチューリング機械まで**　丸岡章著　サイエンス社　（Information & Computing 117）
【目次】1 計算理論とは（系列を操作するしくみ、計算理論のあらまし ほか）、2 有限オートマトンと正規表現（有限オートマトンの動き、有限オートマトンの設計 ほか）、3 プッシュダウンオートマトンと文脈自由言語（文脈自由文法の定義、正規文法、文脈自由文法、文脈依存文法 ほか）、4 計算可能性（チューリング機械の定義、多テープチューリング機械 ほか）
2017.12 279p A5 ¥1900 ①978-4-7819-1413-8

◆**よくわかる情報リテラシー**　岡本敏雄監修　技術評論社　（標準教科書）　改訂新版; 第2版
【目次】第1章 コンピュータの基礎、第2章 情報の形態と収集の方法、第3章 インターネットの仕組みとWeb システム、第4章 情報の伝達、第5章 レポートの作成と編集、第6章 情報のデータ化と分析・マイニング、第7章 モデリングとシミュレーション、第8章 プレゼンテーションの方法、第9章 セキュリティと法令順守、第10章 ICT活用の問題解決
2017.8 255p B5 ¥1480 ①978-4-7741-9142-3

◆**量子計算理論—量子コンピュータの原理**　森前智行著　森北出版
【要旨】従来のコンピュータのしくみと何がどう違うのか？ なぜ速いのか？ 実用化が現実味を帯びてきた量子コンピュータ。その原理について、基礎から最先端の話題までを幅広く解説。
2017.11 183p 21×16cm ¥3600 ①978-4-627-85401-7

◆**わかばちゃんと学ぶ Git使い方入門**　湊川あい著, DQNEO監修　（新潟）シーアンドアール研究所
【要旨】マンガ+実践でGitの使い方がよくわかる！ ITエンジニアはもちろん、Web デザイナーにも最適な入門書！ SourceTree 対応。Windows Mac 対応！
　2017.5 245p A5 ¥2230 ⓘ978-4-86354-217-4

◆**わかりやすい！ IT基礎入門**　アイテックIT人材教育研究部編著　アイテック　第2版
【要旨】わかりやすい言葉と豊富なイラストで、IT知識を基礎の基礎から丁寧に解説！ 章末問題で、知識が身についたかを確認。ITパスポート試験の対象としても利用できます！ 重要知識や、間違いやすいポイントをキャラクターがフォロー。あなたの学習をやさしくナビゲートします！
　2017.8 363, 44p A5 ¥1800 ⓘ978-4-86575-100-0

◆**AI世代のデジタル教育 6歳までにきたえておきたい能力55**　五十嵐悠紀著　河出書房新社
【要旨】プログラミングってどう教えればいいの？ 論理的思考力はどう育てればいいの？ コミュニケーション力、立ち直る力、集中力、語学力…工学博士ママがすすめる、家庭教育の最前線！　2017.6 218p B6 ¥1300 ⓘ978-4-309-25451-7

◆**Ansible徹底入門―クラウド時代の新しい構成管理の実現**　廣川英寿, 平初, 橋本直哉, 森田邦裕, 渡辺一宏著　翔泳社
【要旨】本書ではAnsibleを基礎から解説するだけではなく、より実践的にAWS(Amazon Web Services)やMicrosoft Azure で利用する方法も見ていきます。また、OpenStackやDocker といったシステム構築の新しい枠組みをうまく利用する方法も解説します。Tips やテストなどの現場で役立つ情報を加え、クラウド時代を生きるサーバ/インフラエンジニアに必要とされる知識をまとめた一冊となっています。
　2017.2 324p 24×19cm ¥3480 ⓘ978-4-7981-4994-3

◆**Apache Solr入門―オープンソース全文検索エンジン**　ロンウイット, リクルートテクノロジーズ監修　技術評論社　(Software Design plusシリーズ)　改訂第3版
【目次】イントロダクション、スキーマの定義、インデックスの作成、ドキュメントの操作、高度なインデクシング、高度な検索、スキーマ設計、クラスタ構築と運用、検索精度の改善、開発運用のTIPS、SolrJプログラミング、付録
　2017.5 373p 24×19cm ¥3800 ⓘ978-4-7741-8930-7

◆**Apache Sparkビッグデータ性能検証**　伊藤雅海, 木下雅彦著　インプレス　(Think IT Books)
【要旨】ユースケースで徹底検証！ Spark のビッグデータ処理機能を試すKafka+Spark Streaming+Elasticsearch。
　2017.5 98p 24×19cm ¥2000 ⓘ978-4-295-00112-6

◆**AUTODESK FUSION 360 Sculpt Advanced**　猿渡義市著　ボーンデジタル
【要旨】スカルプトマスターに学ぶ究極テクニック！ 2017.9 391p B5 ¥4500 ⓘ978-4-86246-397-5

◆**AWS Lambda実践ガイド―アーキテクチャとイベント駆動型プログラミング**　大澤文孝著　インプレス
【要旨】AWSにおける軽量・低コストのシステム構築。実践的なプログラミング手法を解説。
　2017.10 327p 24×19cm ¥2800 ⓘ978-4-295-00252-9

◆**Azureテクノロジ入門　2018**　久森達郎, 真壁徹, 大田昌幸, 藤本浩介, 佐藤直生ほか著, 日本マイクロソフト監修　日経BP社, 日経BPマーケティング　発売
【要旨】Azure の全体像がよくわかる『Azureテクノロジ入門2016』、改訂版！ Azure Cosmos DBやAzure Database for MySQL/PostgreSQLといった新しいサービスを加筆したほか、旧版発行後の最新情報を反映させた。
　2017.11 233p 24×19cm ¥2500 ⓘ978-4-8222-5363-9

◆**Chainerで学ぶディープラーニング入門**　島田直希, 大浦健志著　技術評論社
【要旨】基礎理論から応用手法までをこの1冊に凝縮。Chainer 2.X対応。
　2017.9 193p 24×19cm ¥2760 ⓘ978-4-7741-9186-7

◆**COMSOL Multiphysicsではじめる工学シミュレーション**　みずほ情報総研株式会社編, 佐久間優編著, 高山務, 茂木春樹, 仮屋夏樹共著　コロナ社
【目次】第1章 本書でわかること、第2章 COMSOL Multiphysics とは (COMSOL Multiphysics の特徴を知ろう、COMSOL Multiphysics を使ってみよう)、第3章 COMSOL Multiphysics を用いた解析事例集 (熱伝導解析―圧縮成形時の金型加熱を評価、気液2相流解析―スロッシング現象の再現、電磁波解析―波動光学を用いた有機EL内部の光伝搬を再現、流体・構造連成解析―人工弁の開閉問題の再現、電気化学解析1―電気めっきによるバンプの膜成長を予測、電気化学解析2―二次電池の発熱特性を評価)、第4章 さまざまな機能の使い方 (さまざまな機能の定義方法、形状モデルの作成方法、材料設定の方法、メッシュ生成の方法、解析の実行方法、計算結果の分析方法)
　2017.3 239p B5 ¥4200 ⓘ978-4-339-02868-3

◆**Drupal8スタートブック―作りながら学ぶWebサイト構築**　ANNAI著　インプレス　(Think IT Books)
【要旨】拡張性や柔軟性に優れたオープンソースCMS。ノンコーディングで多言語サイトにも対応！ 最新バージョンDrupal8の詳細手順書。
　2017.1 280p 24×19cm ¥3000 ⓘ978-4-295-00058-7

◆**GPUを支える技術―超並列ハードウェアの快進撃 技術基礎**　Hisa Ando著　技術評論社　(WEB+DB PRESS plus)
【要旨】ディープラーニング/AIでの大躍進、科学技術計算における実績、ルーツの3Dグラフィックス/ゲーム。大量演算×高速実行。計算能力が巻き起こすポジティブな連鎖。GPUの構造と高い数値計算性能に主眼を置いて解説。合わせて、活用事例や技術動向を幅広く取り上げていき、初学者向けに進化の背景から平易に説明を行い、GPUのハードウェアの構造とプログラムを関連付け、どのように書けばハードウェアを有効利用できるかという観点も盛り込んだ。
　2017.7 303p A5 ¥3240 ⓘ978-4-7741-9056-3

◆**IoTエンジニア養成読本―IoTシステムの全体像と現場で求められる技術がわかる！**　片山暁雄, 松下享平, 大槻健, 大瀧隆太, 鈴木貴典, 竹之下航洋, 松井基勝著　技術評論社
【要旨】IoTシステムの全体像をつかむ。各セグメントの位置づけと関連性がわかる！
　2017.4 143p B5 ¥1780 ⓘ978-4-7741-8865-2

◆**IT研究者のひらめき本棚―ビブリオ・トーク：私のオススメ**　情報処理学会会誌編集委員会編　近代科学社
【要旨】情報処理学会誌の「ビブリオトーク」は情報処理に関して皆に読んでもらいたい、いやそれ以上に皆が読むべきだと思う本を、情報処理の研究者である著者たちが順に紹介したものである。
　2017.9 142p 21×14cm ¥1800 ⓘ978-4-7649-0548-1

◆**IT全史―情報技術の250年を読む**　中野明著　祥伝社
【要旨】産業革命のあと、フランスで腕木通信と呼ばれる技術が誕生したのが1794年。そして、レイ・カーツワイルが主張する「シンギュラリティ」、すなわちコンピュータの能力が人間を超え、これまでとまったく異なる世界が現れるのが2045年とされている。本書は、この間250年の物語だ。情報技術の過去を振り返り、現在を検証し、将来を構想する。
　2017.7 366, 7p B6 ¥1800 ⓘ978-4-396-61612-0

◆**ITは本当に世界をより良くするのか？―IT屋全力反省会**　井上誠一郎, 神林飛志著　翔泳社
【要旨】プログラムで世界は変わったか？ ITは本当に世の中の役に立っているのか？ そもそもITなんていらないのではないか？ エンタープライズITの最前線で活躍する2人による10の対話。
　2017.2 114p B5 ¥2000 ⓘ978-4-7981-5210-3

◆**ITロードマップ　2017年版 情報通信技術は5年後こう変わる！**　野村総合研究所デジタルビジネス開発部著　東洋経済新報社
【要旨】人工知能 (AI)、チャットボット、VR(仮想現実)・AR(拡張現実)、マルウェア対策、DevSecOps…ビジネス・社会・経済のしくみを変えるITの近未来！
　2017.3 283p A5 ¥2500 ⓘ978-4-492-58110-0

◆**Mackerelサーバ監視 "実践" 入門―SaaSで実現する統合インフラ管理**　井上大輔, 粕谷大輔, 杉山広通, 田中慎司, 坪内佑樹ほか著　技術評論社

◆**Microsoft Azure実践ガイド**　真壁徹, 松井兆平, 水谷広巳, 横谷俊介著　インプレス
【要旨】Microsoft Azure の基本サービスを活用した実践的なシステム構築方法を網羅。
　2017.12 399p 24×19cm ¥3500 ⓘ978-4-295-00279-6

◆**Office2016で学ぶコンピュータリテラシー**　小野目如快著　実教出版
【目次】第1章 Windows の基本操作、第2章 ワードプロセッサ、第3章 表計算、第4章 インターネット、第5章 Web サイト作成、第6章 プレゼンテーション
　2017.1 199p B5 ¥2100 ⓘ978-4-407-34060-0

◆**OpenCVによるコンピュータビジョン・機械学習入門**　中村恭之, 小枝正直, 上田悦子著　講談社
【要旨】コンピュータビジョンと機械学習の基本が、この1冊に凝縮！ C++、Python のサンプルプログラムが豊富で、いますぐできる！ OpenCV3.3対応！
　2017.8 295p 24×19cm ¥3200 ⓘ978-4-06-153830-6

◆**Parallels Desktop 12 for Macスタートアップガイド**　向井領治著　ラトルズ
【要旨】Mac でWindows やLinux を使う。Parallels Desktop 12 for Mac のインストール・基本操作・カスタマイズをやさしく解説。
　2017.6 159p A5 ¥1389 ⓘ978-4-89977-458-7

◆**PMBOK対応 童話でわかるプロジェクトマネジメント**　飯田剛弘著　秀和システム
【要旨】3匹の子ブタも、桃太郎も、みんな敏腕PMだった!?いっけん簡単な用語や考え方が、童話を通してスラスラ理解できる異色の入門書。
　2017.9 431p B6 ¥1700 ⓘ978-4-7980-5044-7

◆**Prototyping Lab―「作りながら考える」ためのArduino実践レシピ**　小林茂著　オライリー・ジャパン, オーム社 発売　第2版
【要旨】本書は、Arduino を使った新しいものづくりの実践を目的とした書籍です。その中心は「距離を測る」「動きを検出する」「光 (RGB LED)をコントロールする」「DCモータをコントロールする」「サウンドを再生する」「無線で接続する」などの目的ごとに、すぐに使える35本のレシピ (配線図+サンプルコード)をまとめたクックブック。電子回路とArduino の基礎も解説し、読者のアイデアを実現することをサポートします。第2版では、Bluetooth LEによる無線通信やウェブサービスとの連携を扱った章とArduino とRaspberry Pi を組み合わせた自律型2輪ロボットの例題を追加。さらにArduino をベースにプロトタイプが作られたさまざまなプロダクトの事例を紹介しています。
　2017.1 483p 24×19cm ¥3800 ⓘ978-4-87311-789-8

◆**SAP HANA入門―Powered by IBM Power Systems**　SAP HANA on Power Systems出版チーム著　翔泳社　オンデマンド印刷版
【要旨】SAPの超高速データベース「SAP HANA」の基礎から実践まで徹底理解する。
　2017.9 334p 23×19cm ¥3800 ⓘ978-4-7981-5488-6

◆**SREサイトリライアビリティエンジニアリング―Googleの信頼性を支えるエンジニアリングチーム**　ベッツィ・ベイヤー, クリス・ジョーンズ, ジェニファー・ペトフ, ナイル・リチャード・マーフィー編, 澤田武男, 関根達夫, 細川一茂, 矢吹大輔監訳, 玉川竜司訳　オライリー・ジャパン, オーム社 発売
【要旨】サイトリライアビリティエンジニアリング (SRE) とは、Google で培われたシステム管理とサービス運用の方法論です。Google のSREチームの主要メンバーによって書かれた本書は、ソフトウェアのライフサイクル全体にコミットすることで世界最大規模のソフトウェアシステムがどのように構築、導入、監視、維持されているのかを解説します。はじめにリスク管理やサービスレベル目標、リリースエンジニアリングなどSREの行動の基礎となる原則について解説し、次にインシデント管理や障害の根本原因分析、SRE内でのソフトウェア開発など大規模分散コンピューティングシステムを構築し運用するSREの実践について詳述します。さらにSREのトレーニングやコミュニケーションなどの管理

について紹介します。急速にスケールするサービスを高い信頼性で運用する方法を解説する本書はエンジニア必携の一冊です。
2017.8 547p 24×19cm ¥4800 ①978-4-87311-791-1

◆**SVGエッセンシャルズ**　J.デビッド・アイゼンバーグ, アメリア・ベラミー－ロイズ著, 原隆文訳　オライリー・ジャパン, オーム社 発売　第2版
【要旨】簡潔なサンプルを数多く使い、基本的な図形の作成、アニメーションや複雑なグラフィックスの作成、さらにはスクリプトによる制御など、SVGの基礎から応用までをわかりやすく解説。　2017.5 405p A5 ¥3600 ①978-4-87311-797-3

◆**USBオーディオデバイスクラスの教科書**
岡村喜博著　オーム社
【要旨】USBオーディオデバイスクラス3.0対応。オーディオ機能を持つUSBデバイスの設計の上で準拠が求められるオーディオデバイスクラスを解説し、USBオーディオデバイスクラス3.0にも対応した初の教科書。
2017.5 243p A5 ¥3400 ①978-4-274-22065-4

◆**VRを気軽に体験 モバイルVRコンテンツを作ろう！**　酒井駿介著　インプレス（Think IT Books）
【要旨】最新版のUnity 2017を使ったGear VR&ハコスコで動くVRコンテンツの作り方。
2017.9 97p 24×19cm ¥1800 ①978-4-295-00234-5

◆**VRコンテンツ開発ガイド　2017**　西川善司, 古林克臣, 野生の男, izm, 比留間和也共著　エムディエヌコーポレーション, インプレス 発売
【目次】1 近代VRの基礎知識（VRハードウェアの基礎知識（概論）、VRハードウェアの基礎知識（さまざまなHMD）ほか）、2 VRソフト開発環境の概況とヘッドセット別開発手法（VRアプリケーション開発環境の概況、Unity での開発の基本情報 ほか）、3 実例にもとづく最新ハードウェア向けソフトウェア開発（Perilous Dimension の開発、The Gunner of Dragoon の開発）、4 VR用パノラマ動画のUnity 実装（パノラマ動画の概要、パノラマ動画を準備する ほか）、5 WebVRコンテンツの開発手法（WebVRとは、WebVRの開発環境 ほか）
2017.5 223p B5 ¥2600 ①978-4-8443-6666-9

◆**Webディレクションの新標準ルール―現場の効率をアップする最新ワークフローとマネジメント**　栄前田勝太郎, 岸正也, 滝川洋平, タナカミノル共著　エムディエヌコーポレーション, インプレス 発売
【要旨】限られた時間で最大限の成果を出すには!?　2017.3 167p B5 ¥2200 ①978-4-8443-6646-1

◆**Webフロントエンドハイパフォーマンスチューニング―Webサイト・アプリケーションを徹底的に高速化**　久保田光則著　技術評論社
【要旨】ブラウザのレンダリングのしくみから計測と最適なチューニングまで、速さのための基礎知識と実践技術をあますことなく解説。
2017.6 337p A5 ¥2680 ①978-4-7741-8967-3

◆**WEB+DB PRESS　Vol.98**
WEB+DB PRESS編集部編　技術評論社
【目次】特集1 調べ方から身につけるWeb 開発基礎の基礎―開発環境の整備、フレームワークで開発、エラーに対処（Web 開発をはじめよう―プログラミング言語の違いって？ 開発には何が必要？、ライブラリ/処理系を上手に管理する―プロジェクトごとに使い分け、イマドキの開発環境を構築 ほか）、特集2 最新インフラ構築の一部始終を体験！これからはじめるDocker（イマドキのインフラはDocker におまかせ―手順をコード化して手軽に構築する、Docker を使ったアプリケーション開発―本番と同じ環境を手元でも実現 ほか）、特集3 半額だって夢じゃない！AWSコスト削減（AWSを賢く使う！―各サービスの課金体系を知る、EC2でのWeb サービス提供コストを削減！―必要十分なスペックを割り当てる ほか）、一般記事（規約と指針を整備し、静的解析ツールを活かす 良いPHPコードを保つ技術、参加する方法、発表者になる方法 技術系カンファレンスに行こう！）、連載（Go に入りて…―When In Go…（第1回）Go 1.8アップグレードのススメ…context の利用によるこれからのコーディングパターン、Perl Hackers Hub（第44回）LINE Messaging APIで作るchatbot…LINE：：BoT：：APIとngrok でお手軽に！ ほか）
2017.5 152p B5 ¥1480 ①978-4-7741-8920-8

◆**Xamarinエキスパート養成読本**　養成読本編集部著　技術評論社　（Software Design plusシリーズ）
【要旨】ガラケーの時代は終わり、1人が1台のスマートフォンを持つ時代となりました。日本国内においてはiOSとAndroid のスマートフォンが普及しています。開発者は、Xcode やAndroidStudio という開発環境を使用し、言葉はSwift やJava を覚えなければ、これら2つのOSに対するアプリ開発を行うことはできませんでした。そこで開発環境にはVisual Studio（Xamarin）を、開発言語にはC♯を使用することでiOSとAndroid のアプリ開発を一挙に行うことができます。本書を通してC♯の基本からXamarin による開発手法までを学んで行きましょう。　2017.4 159p B5 ¥2180 ①978-4-7741-8895-9

人工知能・知的情報処理

◆**アンサンブル法による機械学習―基礎とアルゴリズム**　Zhi‐Hua Zhou原著, 宮岡悦良, 下川朝有訳　近代科学社
【目次】1 はじめに、2 ブースティング、3 バギング、4 結合法、5 多様性、6 アンサンブル枝刈り、7 クラスタリングアンサンブル、8 さらなる話題　2017.6 246p A5 ¥4200 ①978-4-7649-0537-5

◆**アンドロイドレディのキスは甘いのか**　黒川伊保子著　河出書房新社
【要旨】コンピュータが、人類を超える日。このことに、人々が怯えるようになったのはいつからだろう。人工知能は、天使か悪魔か？ ようこそ、人工知能と人間の境を見極める思考の旅へ―。この旅は、私たちがもっと輝いて生きるためのヒントでいっぱい！
2017.2 178p B6 ¥1200 ①978-4-309-24795-3

◆**いちばんやさしい人工知能ビジネスの教本―人気講師が教えるAI・機械学習の事業化**
二木康晴, 塩野誠著　インプレス
【要旨】概念の理解だけでなく、「戦略」にまで導く絶対に挫折しない図解ビジネス書。機械学習やディープラーニングの仕組みとビジネスチャンスがわかる！ 人工知能ビジネスが必ずぶつかる「法律の壁」も弁護士が丁寧に解説！
2017.6 190p 22×19cm ¥1850 ①978-4-295-00125-6

◆**エンジニアのためのAI入門**　Think IT編集部編　インプレス　（Think IT Books）
【要旨】第1～3次AIブーム、ニューラルネットワーク、シンギュラリティ、ディープラーニング、機械学習など、AIの歴史と主要な要素技術がわかる！ ゲーム、医療、金融（株式・EC）、Web、不動産、広告の各業界から事例を紹介。全7分野の活用事例を詳細解説！ 現場の技術者からスタートアップ起業家まで、AIの最前線で活躍する技術者たちのキャリアパスがわかる！
2017.7 193p A5 ¥2200 ①978-4-295-00154-6

◆**おうちで学べる人工知能のきほん―楽しく読める人工知能の教科書**　東中竜一郎著　翔泳社
【要旨】本書は、人工知能の入門書です。テクノロジーの進化により、私たちの身の回りにも人工知能を活用したアプリケーションやサービスが浸透してきました。本書では、スマホのアプリやWeb サイトなど、身の回りのものから人工知能の基本的な「仕組み」を学び、「人工知能の基礎知識を学ぶ」だけでなく、「自分のかかわるビジネスに人工知能を応用するきっかけを掴む」ことを目標としています。これから人工知能に関連した開発を行いたいエンジニアはもちろん、他の入門書などを読んで挫折した人の学び直しや、一般のビジネスマンにも最適な入門書です。
2017.11 335p A5 ¥1980 ①978-4-7981-5153-3

◆**画像認識の極み“ディープラーニング”**
産業開発機構　（映像情報MOOK）
【目次】序論（ディープラーニングとはなにか？、深層学習がもたらした画像認識技術の飛躍的向上、ディープラーニングへの取り組み―異常検知エンジン「gLupe」の紹介、従来の概念を変えるディープラーニングを用いた画像解析ソフトウェア「SuaKIT」、Deep Learning を活用した外観検査システム「Wiselmaging」）、特別インタビュー（“データを価値に変える”人工知能でビジネスをサポートするブレインパッドの取り組み、産業用画像処理におけるディープラーニングの真価―HALCONが提供する機械学習機能とディープラーニング活用機能、トンネル切羽AI自動評価システム―Deep Learning 活用による取り組み、エッジコンピューティング向け組込み特化のディープラーニングフレームワーク「KAIBER」の活用法）、画像センシング展―特別招待講演より（画像診断におけるAI活用推進について、個体差がある物体でも瞬時に識別 画像識別技術「AI－Scan」、人間の感覚をもった画像検査システム「Deep Inspection」、画像認識およびDeep Learning 開発サービス「TrustSense」）
2017.12 82p B5 ¥2000 ①978-4-86028-282-0

◆**機械学習―新たな人工知能**　エテム・アルペイディン著, 久村典子訳　日本評論社　（MITエッセンシャル・ナレッジ・シリーズ）
【目次】第1章 人はなぜ機械学習に関心を持つのか、第2章 機械学習、統計学とデータ解析、第3章 パターン認識、第4章 ニューラルネットワークとディープラーニング、第5章 クラスターとレコメンデーション、第6章 行動するための学習、第7章 これからどこへ行くのか
2017.9 195p B6 ¥2000 ①978-4-535-78821-3

◆**グーグルに学ぶディープラーニング―人工知能ブームの牽引役 その仕組みをやさしく解説**　日経ビッグデータ編　日経BP社, 日経BPマーケティング 発売
【要旨】ディープラーニングは人工知能、機械学習と何が違う？ Google の先進事例から日本企業による身近な業務改善まで！ 未来の新ビジネス創造から現業務の改善まで、AIのインパクトをこの1冊で理解。
2017.1 183p A5 ¥1800 ①978-4-8222-3686-1

◆**決定版AI 人工知能**　樋口晋也, 城塚音也著　東洋経済新報社
【要旨】金融、自動車、製造、医療、教育―AIを制する者がビジネスを制する。400以上のプロジェクトに携わってきたスペシャリストが徹底解説。「AIはビジネスのあらゆる場面に適用できる」とご理解いただけたのであれば、本書の目的をいくらかは達成できたといえる。本書で紹介した幅広い情報は、筆者らが調査、議論、経験を通じて得たものである。
2017.4 255p B6 ¥1600 ①978-4-492-76233-2

◆**構文解析**　奥村学監修, 鶴岡慶雅, 宮尾祐介共著　コロナ社　（自然言語処理シリーズ 9）
【目次】1 はじめに、2 品詞解析と機械学習、3 句構造解析、4 依存構造解析、5 文法理論、深い構文解析、6 構文解析の応用、7 構文解析ツール、8 ツリーバンク
2017.8 173p A5 ¥2400 ①978-4-339-02759-4

◆**語学学習支援のための言語処理**　奥村学監修, 永田亮著　コロナ社　（自然言語処理シリーズ 11）
【目次】1 イントロダクション、2 処理の対象となるデータ、3 語学学習支援のための言語処理を支える要素技術、4 ライティング学習支援、5 リーディング学習支援、6 教材作成支援、7 学習者の能力/特徴の分析
2017.11 211p A5 ¥2900 ①978-4-339-02761-7

◆**坂本真樹先生が教える人工知能がほぼほぼわかる本**　坂本真樹著　オーム社
【要旨】人工知能って何だろう…？ そのモヤモヤを「感情を持つ人工知能」研究の第一人者が、女性ならではの視点でやさしくたのしく解説！
2017.4 181p A5 ¥1800 ①978-4-274-22050-0

◆**さわってわかるクラウドAI Microsoft Cognitive Services実践ガイド**　千賀大司, 山本和貴, 大澤文孝著, 佐藤直生監修　日経BP社, 日経BPマーケティング 発売
【要旨】AIアプリ開発は簡単だ。ピザ注文受付ボット、FAQ回答ボット。Azure での開発を基本から徹底ガイド。
2017.12 231p 24×19cm ¥3200 ①978-4-8222-5826-9

◆**実践フェーズに突入 最強のAI活用術**　野村直之著　日経BP社, 日経BPマーケティング 発売
【要旨】今のAI（人工知能）で何がどこまでできる？ ROI（投資対効果）を高める秘訣は？ どんなソフトやハードを使えばいい？ 学習に必要なデータをどう確保する？ ベストセラー『人工知能が変える仕事の未来』筆者が著す、導入効果を最大化するAIビジネスの書。評価方法や人材育成など、知っておくべき全てを網羅！
2017.12 255p A5 ¥2200 ①978-4-8222-5859-7

◆シンギュラリティは怖くない―ちょっと落ちついて人工知能について考えよう　中西崇文著　草思社
【要旨】人工知能は、失業者を増やしたり、人類を滅ぼしたりするのか？2045年に「シンギュラリティ」が訪れ、突如、コンピュータが人間の知能を超えるのか？いや、そんなことはあり得ない―。人工知能を日常的に使用しているデータサイエンティストが、情報学の歴史的経緯をふまえて、人工知能と人間社会の過去・現在・未来を解説。この上なく腑に落ちる、人工知能論。
2017.2 191p B6 ¥1500 ①978-4-7942-2255-8

◆シンキング・マシン―人工知能の脅威・コンピュータに「心」が宿るとき。　ルーク・ドーメル著、新田享子訳　エムディエヌコーポレーション、インプレス 発売
【要旨】人工知能は私たちの生活に確実に侵入しつつある。だが、その先に待つのは明るい未来だろうか？「シンギュラリティ"技術的特異点"」は本当に訪れるのだろうか？人工知能とはいったい何なのか―気鋭の英国人ジャーナリストである著者が、過去から現在に至るまで60年にわたる人工知能開発の歴史、そして「思考する機械」によって変わる人類の未来を検証する。
2017.4 270p A5 ¥1800 ①978-4-8443-6651-5

◆人工知能―AIの基礎から知的探索へ　趙強福、樋口龍雄著　共立出版
【目次】1 人工知能の歴史と現状、2 問題の定式化と探索、3 論理と推論、4 エキスパートシステムと推論、5 しなやかな知識表現と推論、6 機械学習の基礎、7 グラフ構造に基づく学習、8 知的探索、9 これからの展望
2017.7 202p A5 ¥2500 ①978-4-320-12419-6

◆人工知能解体新書―ゼロからわかる人工知能のしくみと活用　神崎洋治著　SBクリエイティブ（サイエンス・アイ新書）
【要旨】昨今のビジネスシーンで注目されるテクノロジーのひとつが「人工知能（Artificial Intelligence）」です。人工知能はついに囲碁で人間を超えました。さらには、医療の勉強や、作曲までもするようになってきています。では、人間の脳と人工知能の違いは何でしょうか。人間と人工知能はどのような関係にあるべきでしょうか。人工知能とロボットを組み合わせることで何ができて、何ができないのでしょうか。そして、今後どのように進化するのでしょうか。本書は、人工知能のしくみと活用を、企業の導入事例をまじえてやさしく詳説します。テクノロジーとビジネスの最前線を提示する、もっとも簡潔明瞭な人工知能解説書です。
2017.4 199p 18cm ¥1000 ①978-4-7973-9169-5

◆人工知能学大事典　人工知能学会編　共立出版
【目次】人工知能基礎、哲学、認知科学、脳科学、知識表現・論理・推論、機械学習とデータマイニング、ニューロ・ファジィ・GA、自然言語処理、画像・音声メディア、ヒューマンインタフェースとインタラクション〔ほか〕
2017.7 1579p B5 ¥43000 ①978-4-320-12420-2

◆人工知能が人間を超える シンギュラリティの衝撃　小池淳義著　PHP研究所
【要旨】世界的半導体メーカーのトップからの提言。人類史上、最もエキサイティングな30年。「AIに負けない人間」になるために、チャレンジすべき行動と思考とは。
2017.6 222p B6 ¥1600 ①978-4-569-83600-3

◆人工知能がまるごとわかる本―最新図解で早わかり　田口和裕、森嶋良子著　ソーテック社
【要旨】AIで生活や仕事はどう変わるのか？最新動向と必須知識をゼロから理解！AlphaGo、シンギュラリティ、ディープラーニング、IoT、ビッグデータ、ロボット、スマート家電、フィンテック、自動トレード、自動走行システム。IBM、Microsoft、Apple、Google、Amazon、Facebook。活用事例を多数紹介！
2017.10 222p A5 ¥1580 ①978-4-8007-1170-0

◆人工知能原理　加納政芳、山田雅之、遠藤守共著　コロナ社（コンピュータサイエンス教科書シリーズ 12）
【目次】人工知能とその歴史、第1部 探索とゲーム（探索、ゲーム）、第2部 機械学習（進化的計算、ニューラルネットワーク、強化学習）、第3部 知識表現（知識表現、セマンティックWeb 技術）2017.12 218p A5 ¥2900 ①978-4-339-02512-3

◆人工知能システムを外注する前に読む本―ディープラーニングビジネスのすべて　坂本俊之著　（新潟）シーアンドアール研究所
【要旨】AIってどこまでできるの？AI開発に費用はどのくらいかかるの？出来上がってきたAIはどうやって評価するの？AIに知的財産権はあるの？etc.AI開発を外注する際の疑問に答えます！2017.6 287p B6 ¥3230 ①978-4-86354-219-8

◆人工知能の核心　羽生善治、NHKスペシャル取材班著　NHK出版（NHK出版新書）
【要旨】二〇一六年三月、人工知能の囲碁プログラム「アルファ碁」が世界ランクの棋士を破った。羽生善治は、その勝利の要因を、「人工知能が、人間と同じ"引き算"の思考を始めた」とする。もはや人間は人工知能に勝てないのか。しかし、そもそも勝たなくてはいけないのか―。天才棋士が人工知能と真正面から向き合い、その核心に迫る、"人工知能本"の決定版。
2017.3 235p 18cm ¥780 ①978-4-14-088511-6

◆人工知能の「最適解」と人間の選択　NHKスペシャル取材班著　NHK出版（NHK出版新書）
【要旨】AI裁判、AI人事、AI政治家、そして、「人類代表」佐藤天彦名人が挑んだ電王戦―。膨大な計算力を背景に導き出される「最適解」に私たちはどう向き合えばいいのか。国内外の現場取材を基に、山積みの課題からルールづくりまで人工知能と社会のかかわりを展望する一冊。『人工知能の核心』に続く、NHKスペシャル「人工知能天使か悪魔か」シリーズ出版化第二弾！
2017.11 217p 18cm ¥780 ①978-4-14-088534-5

◆人工知能の創発―知能の進化とシミュレーション　伊庭斉志著　オーム社
【目次】第1章 学習と進化のための創発計算、第2章 創発する複雑系、第3章 待ち渋滞と認知の錯誤、第4章 協調と裏切りの創発、第5章 効用と多目的最適化、第6章 プロスペクト理論と文化の進化
2017.5 225p A5 ¥2800 ①978-4-274-22064-7

◆人工知能の哲学―生命から紐解く知能の謎　松田雄馬著　（平塚）東海大学出版部
【目次】第1章「人工知能」とは何か（「コンピュータ（計算機）」にはじまる三度の「人工知能ブーム」、「ニューラルネットワーク」と「学習」ほか）、第2章「知能」とは何かを探る視点（「見る」ことの何が不思議だというのか、「読めて」しまう不思議な文章 ほか）、第3章「脳」から紐解く「知能」の仕組み（脳の全体像を巡る研究の歴史、ゴンドラ猫に見る「認識」と「身体」ほか）、第4章「生命」から紐解く「知能」の仕組み（ホタルに見る「生命」の仕組み、「生命」の根本原理であるリズム ほか）、第5章「人工知能」が乗り越えるべき課題（流行語になっている「人工知能」とその真実、現代の技術とライフスタイル ほか）
2017.4 232p 22×15cm ¥3000 ①978-4-486-02141-4

◆人工知能（AI）のはなし―エキスパートシステム、ニューラルネット、ロボット…　大村平著　日科技連出版社　改訂版
【目次】1 人工知能への第一歩、2 コンピュータが知能を蓄える、3 コンピュータが知能活動をする、4 ファジィで知能に磨きをかける、5 人工知能がエキスパートになる、6 あちらこちらに人工知能が、7 人工知能は飛躍できるか
2017.7 231p 19×13cm ¥2300 ①978-4-8171-9623-1

◆人工知能はいかにして強くなるのか？―対戦型AIで学ぶ基本のしくみ　小野田博一著　講談社（ブルーバックス）.
【要旨】チェス、チェッカー、囲碁などの対戦型AIは、何を「思考」し、何を「学習」しているのだろうか。進化し続ける人工知能の基本から、「深層学習とは何か」「画像認識の原理とは」「評価関数の意味」「完全解析の思考法」など最新技術の核心を理解します。
2017.1 246p 18cm ¥1000 ①978-4-06-502001-2

◆人工知能はこうして創られる　合原一幸編著　ウェッジ
【要旨】人工知能を知ることは、これからの社会を知ること。人工知能開発にかかわる執筆者たちが、日進月歩の人工知能を多面的に解説。
2017.9 341p B6 ¥1500 ①978-4-86310-185-2

◆人工知能は資本主義を終焉させるか―経済的特異点と社会的特異点　齊藤元章、井上智洋著　PHP研究所（PHP新書）

情報・通信・コンピュータ

【要旨】人工知能（AI）は急速な進歩を遂げている。アメリカの未来学者レイモンド・カーツワイル氏によれば、「シンギュラリティ・ポイント（特異点）」、すなわち「人類の知性を超越する非生命的な知性」が出現し、その知性が人類の上に立つことで、われわれの想像を絶する社会の大変革が2045年頃にも起こるのだという。そして2030年には、その前段階である「プレ・シンギュラリティ」が到来するとみられるが、いかなる社会変革が起こりうるかを考える際に、お金と経済の問題を抜きには語れない。AIは資本主義を終わらせるのか。人間は働かなくなるのか。本テーマのエキスパート両名が考察。
2017.11 205p 18cm ¥860 ①978-4-569-83635-5

◆人工知能はどのようにして「名人」を超えたのか？―最強の将棋AIボナンザの開発者が教える機械学習・深層学習・強化学習の本質　山本一成著　ダイヤモンド社
【要旨】人工知能は今、プログラマの手を離れ、既存の科学の範疇を超え、天才が残した棋譜も必要とせず、さらには人間そのものからも卒業しようとしている。その物語を、できる限りやさしく語りました。
2017.5 286p B6 ¥1500 ①978-4-478-10254-1

◆人工知能は日本経済を復活させるか　柳川範之編著　大和書房
【要旨】果たして、日本は「主導権」を握れるか？成長か、衰退か―未来の可能性に投資せよ！「人工知能は人類を超えるか！」の著者松尾豊氏をはじめ、6本の論考を収録。
2017.12 239p B6 ¥1600 ①978-4-479-79616-9

◆「人工超知能」―生命と機械の間にあるもの　井上智洋著　秀和システム
【要旨】高度な自律性を持つAIやロボットが出現したあかつきには、意識や責任、創造などの根源的な問いに誰しも直面せざるを得なくなる。そうした未来はあっという間に訪れる可能性もあるので、今から準備ának議論しておく必要がある。今のAIは人間に与えられた欲望しか持ち得ない。だが、報酬系自体をニューラルネットワークによって構成し、報酬をダイナミックに変更させることができたら、人間が与えた以上の欲望を持ちうるようになる。そうなると、機械の暴走や反乱といったSF的な危険が現実的な問題となる。もはや、哲学的議論を抜きにはAIは語れない。これは技術的な問題であるばかりでなく哲学的な問題でもあるのだ。
2017.7 316p B6 ¥1600 ①978-4-7980-5045-4

◆図解これだけは知っておきたいAI（人工知能）ビジネス入門　三津村直貴著　成美堂出版
【要旨】時系列で、ていねいな説明だから納得できる。人工知能のウソとホントがスッキリわかる。これから知りたい人おさらいしたい人に最適の一冊。
2017.9 239p A5 ¥1400 ①978-4-415-32397-8

◆スーパーインテリジェンス―超絶AIと人類の命運　ニック・ボストロム著、倉骨彰訳　日本経済新聞出版社
【要旨】人間と同等以上の知能を持つAI。それはどのようにして出現するのか？人類はAIを制御できるのか？滅亡を避けられるのか？緊急の課題、「AIコントロール問題」に挑んだ世界的な話題作!?
2017.11 717p B6 ¥2800 ①978-4-532-35707-8

◆速習　強化学習―基礎理論とアルゴリズム　チョバ・サバシバリ著、小山田創哲訳者代表・編集、前田新一、小山雅典監訳　共立出版
【目次】第1章 マルコフ決定過程、第2章 価値推定問題、第3章 制御、第4章 さらなる勉強のために、付録A 割引マルコフ決定過程の理論、付録B TD（λ）法の前方観測的な見方と後方観測的な見方について、付録C 深層強化学習を含む最近の発展
2017.9 132p 24×19cm ¥3000 ①978-4-320-12422-6

◆そろそろ、人工知能の真実を話そう　ジャン＝ガブリエル・ガナシア著、伊藤直子監訳、小林重裕、伊禮規与美、郷奈緒子、佐藤剛、中市和孝訳　早川書房
【要旨】グーグルの人工知能（AI）が世界トップクラスの囲碁棋士を破った。銀行員やバーテンダーなど、AIによって奪われる雇用のリストも出回っている。スティーヴン・ホーキングやビル・ゲイツらが相次いで危機感を表明するとおり、いよいよ「AIは人類を超える」のか？超えるはずがない。名門・パリ第六大学でAI研究チームを率いる哲学者が明かす、脅威論者にとって

の「不都合な真実」。論理の穴、技術的な難点、宗教との類似性…AI狂騒のメッキが剥がれ落ちたとき、グーグル、アマゾン、フェイスブックなどウェブ業界を牛耳る大企業の、あるグロテスクな構想があらわになる！ブームに踊らされたくないあなたが未来をその目で見通すための、真・AI論。
2017.5 190p B6 ¥1300 ①978-4-15-209696-8

◆知識ゼロからの人工知能入門　清水亮著　ピースオブケイク, 泰文堂 発売　〈スマート新書〉
【要旨】近年、世界中から注目を集めている人工知能。囲碁AIや自動運転技術などに期待が寄せられる一方、「人間の仕事を奪うものでは？」と不安を感じている人も少なくありません。実際のところ、人工知能とはどういうもので、私たちの生活をどんなふうに変えるのでしょうか？人工知能の専門家が最新の研究結果をもとに解説します。
2017.12 95p 15×9cm ¥500 ①978-4-8030-1137-1

◆強いAI・弱いAI―研究者に聞く人工知能の実像　鳥海不二夫著　丸善出版
【要旨】プロ棋士に勝ったAIは「弱い」?!人工知能の実像に迫る9名へのインタビュー集。
2017.10 259p B6 ¥1400 ①978-4-621-30179-1

◆ツールからエージェントへ。弱いAIのデザイン―人工知能時代のインタフェース設計論　クリストファー・ノーセル著、武舎広幸、武舎るみ訳　ビー・エヌ・エヌ新社
【要旨】人間のために働く、執事のような“エージェント”をどう設計するか？自動運転、掃除ロボット「ルンバ」、IBMの人工知能「ワトソン」を使ったアプリ…。IoTとともに、世の中を便利に面白くしている「弱いAI（特化型AI）」。そのなかでも、人間に代わって作業を進めてくれる「エージェント」型技術のコンセプトを打ち出し、人工知能時代のプロダクト/サービス開発において実用的なアイデアが得られる一冊。
2017.9 282p A5 ¥1900 ①978-4-8025-1068-4

◆「ディープ・ラーニング」ガイドブック―基礎知識から、環境構築、ライブラリの活用法まで！　IO編集部編　工学社　（I・O BOOKS）
【要旨】実用期を迎えた「人工知能」（AI）の手法として、「ディープ・ラーニング」が注目され、そのためのツールが続々登場しています。本書は、「ディープ・ラーニング」に関する基礎知識に加え、環境構築の方法、さらに「TensorFlow」「Chainer」「Keras」など代表的なライブラリの活用方法など解説。
2017.10 143p A5 ¥1900 ①978-4-7775-2032-9

◆データ分析のための機械学習入門―Pythonで動かし、理解できる、人工知能技術　橋本泰一著　SBクリエイティブ
【要旨】いまや人工知能を支えているものは、データ、計算環境、アルゴリズム、プログラムです。膨大なデータが手に入らなければ、人工知能は作り出せません。そして、膨大なデータを処理する計算環境、アルゴリズム、プログラムがなければ、AIは作り出せません。本書では、具体的なデータ分析事例を交え、機械学習理論から実行環境、Pythonプログラミング、ディープラーニングまでを解説します。
2017.1 277p A5 ¥2580 ①978-4-7973-8808-4

◆2020年人工知能時代 僕たちの幸せな働き方　藤野貴教著　かんき出版
【要旨】著者が「働き方」の専門家として、人工知能が進化する中で、いかに人間として幸せに働き、生きるかというヒントを提案した希望の書。
2017.5 222p B6 ¥1500 ①978-4-7612-7254-8

◆2020年、人工知能は車を運転するのか―自動運転の現在・過去・未来　西村直人著　インプレス
【要旨】東京オリンピック・パラリンピックが開催される2020年をひとつの節目に、人と車との関わりかたが大きく変わろうとしている。本書では、手動運転→協調運転→自動運転への進化と、この進化を加速させる人工知能との連携について、政府の戦略、自動車メーカーやヘルスケアメーカーの取り組み、海外事例など、あらゆる角度から最新動向に迫る。
2017.3 256p B6 ¥1480 ①978-4-295-00077-8

◆日本型 “AI（人工知能）” ビジネスモデル―俯瞰図から見える　大野治著　日刊工業新聞社

【目次】第1章 AI（人工知能）とはいったい何なのか？、第2章 今、広がりつつある第3次AI技術の俯瞰図、第3章 第3次AIの中核技術とは？、第4章 経営改革のためのAI活用、第5章 製造業を襲うAIによるサービス化の波、第6章 AIで実現する眼を持ったマシンの登場、第7章 日本企業のとるべきAI戦略、附録 ボードゲームに使われているAI技術
2017.12 209p A5 ¥2000 ①978-4-526-07779-1

◆ニューラルネットワーク自作入門　タリク・ラシド著, 新納浩幸監訳　マイナビ出版
【要旨】人工知能の分野でパワフルかつ有用な手法として期待されている。“ニューラルネットワーク”の入門書。必要となる数学を理解できるよう一歩一歩丁寧に解説。コンピュータ言語：Pythonを活用してニューラルネットワークを自作してプログラムの仕組みを理解！
2017.4 271p A5 ¥2690 ①978-4-8399-6225-8

◆人間？　機械？―睡眠・ヒト型ロボット・無人操縦　柳沢正史, 石黒浩, 谷口忠, 唐津治夢著, 武田計測先端知財団編　丸善プラネット, 丸善出版 発売
【要旨】本書は、人間とAIの関係を背景に『どこまでが人間なのか』と題した『武田シンポジウム2017』の内容をもとに、睡眠、人間そっくりのロボットであるアンドロイド、人の代わりに機械を操縦する機械の3つのテーマに沿って、睡眠の仕組み、人間としての意識、機械による代替え・関わりを扱っています。また各先端領域の研究、応用の状況、ビジネスへの展開などの将来の展望をまとめました。人間のより深い理解と洞察の、多面的切り口からのアプローチについて、お楽しみいただける一冊です。
2017.11 120p B6 ¥1200 ①978-4-86345-351-7

◆パソコンで楽しむ自分で動かす人工知能　中島能和著　インプレス
【要旨】「知っている」が「わかった！」になる。体験しながら学べる人工知能の本。
2017.8 222p A5 ¥1800 ①978-4-295-00204-8

◆働きたくないイタチと言葉がわかるロボット―人工知能から考える「人と言葉」　川添愛著, 花松あゆみ絵　朝日出版社
【要旨】なぜAIは、囲碁に勝てるのに、簡単な文がわからないの？なんでも言うことを聞いてくれるロボットを作ることにした、怠け者のイタチたち。ところが、どのロボットも「言葉の意味」を理解していないようで―
2017.6 269p A5 ¥1700 ①978-4-255-01003-8

◆「ビッグデータ」＆「人工知能」ガイドブック　IO編集部編　工学社　（I・O BOOKS）
【目次】序章「ビッグデータ」と「AI」、第1章 人工知能（AIが入り込む世界、人工知能「進化の歴史」、「機械学習」の基礎 ほか）、幕間「ビッグデータ」と「ディープラーニング」はどう進化するか、第2章 ビッグデータ（広がる「ビッグデータ」の用途、「ビッグデータ」のセキュリティ、「ローカル」に保存すべきもの ほか）、終章「人工知能」と「ビッグデータ」がもたらす未来社会
2017.8 143p A5 ¥1900 ①978-4-7775-2023-7

◆不確実性人工知能―クラウド環境による新たな発展　李徳毅, 杜鷁原著, 任福継監訳　エヌ・ティー・エス　（原書第2版）
【目次】第1章 不確実性からの人工知能への挑戦、第2章 クラウドモデル―定性・定量間の変換モデル、第3章 ガウスクラウド変換、第4章 データフィールドとトポロジーポテンシャル、第5章 推論と定性知識の制御、第6章 認知物理学方法に基づく群知能の研究、第7章 クラウドコンピューティングによる不確実性人工知能の大きな発展
2017.4 235p B5 ¥36000 ①978-4-86043-495-3

◆文系人間のための「AI論」　高橋透著　小学館　（小学館新書）
【要旨】人工知能（AI＝Artificial Intelligence）の発達はめざましく、囲碁の対局からホテルコンシェルジュ、会社経営まで、人間の仕事を奪いつつある。将来、“ハイパーAI”が登場し、人間の能力を凌ぐ特異点が訪れると、人間の脳はコンピュータと融合しサイボーグ化せざるをえないという。早稲田大学文化構想学部教授が、AIのある未来を哲学的立場から考察。AIを通じて、人間の存在意義、これからの人類のあるべき道を考える。
2017.4 285p 18cm ¥800 ①978-4-09-825300-5

◆文脈解析─述語項構造・照応・談話構造の解析　奥村学監修, 笹野遼平, 飯田龍共著　コロナ社　（自然言語処理シリーズ 10）
【要旨】「述語項構造解析」、「共参照・照応解析」、「談話構造解析」という自然言語テキストの文脈理解に関連した三つの解析についてまとめた専門書。この三つのトピックを対象に、解析手法そのものよりも、それぞれの解析がどのような問題を解こうとしているかや、関連する言語資源がどのような考えの下で作成されているかを中心に解説。
2017.6 185p A5 ¥2500 ①978-4-339-02760-0

◆平和を願う人工知能─純国産AIへの道　井元剛著　日本工業新聞社, 産経新聞出版 発売
【目次】第1章 間違いだらけのAI論（「AIが人間に取って代わる」は本当か、AIの普及で新たに生まれる仕事もある ほか）、第2章 9DWが目指すAI開発とは？（「レベル4」以上の技術力を持つAI開発専門企業、すべての分野に対してAIシステムを提供する ほか）、第3章 ここまで来た！ AI活用最前線（AIは社会の課題解決にどう役立つか、AIが新たな社会のインフラになる ほか）、第4章 日本はAI開発レースで世界に勝てるか（AI覇権を握る者が制界を制する、AIをめぐるパワーゲームが世界で始まっている ほか）、第5章 AIの開発を通じて世界平和を実現する（AIが世界平和の実現にどう役立つか、未来のAIが格差社会を是正する ほか）
2017.12 196p B6 ¥1574 ①978-4-86306-129-3

◆ベストセラーコード─「売れる文章」を見きわめる驚異のアルゴリズム　ジョディ・アーチャー, マシュー・ジョッカーズ著, 川添節子訳, 西内啓解説　日経BP社, 日経BPマーケティング 発売
【要旨】『ダ・ヴィンチ・コード』『ミレニアム』シリーズ『フィフティ・シェイズ・オブ・グレイ』…黄金のベストセラーに共通点が？ それとも黄金の法則が存在するのか？ テキスト・マイニングの最新技術を駆使して「秘密のDNA」を探り出した、文学界騒然の注目作。
2017.3 342p B6 ¥2000 ①978-4-8222-5184-0

◆マルチエージェントのためのデータ解析　和泉潔, 斎藤正也, 山田健太共著　コロナ社　（マルチエージェントシリーズ A - 2）
【目次】1章 データ解析とエージェントシミュレーション、2章 軌跡データと移動シミュレーション、3章 購買データとマーケティングシミュレーション、4章 時系列モデルの基礎と金融市場データへの適用、5章 パンデミックシミュレーションとデータ同化、6章 可能世界ブラウザとしてのエージェントシミュレーション
2017.8 177p A5 ¥2500 ①978-4-339-02812-6

◆マンガでわかる人工知能　藤木俊明著, 山田みらい作画　インプレス
【要旨】人工知能の基本がマンガでわかる。キーワードを押さえて新しい波に乗ろう！
2017.7 222p B6 ¥1500 ①978-4-295-00153-9

◆マンガでわかる人工知能　三宅陽一郎監修, 備前やすのり作画マンガ　池田書店
【要旨】今を読み解くキーワードをもらさず掲載。難しい事はていねいに解説しました。
2017.11 207p A5 ¥1350 ①978-4-262-15561-6

◆ロボット法─AIとヒトの共生にむけて　平野晋著　弘文堂
【要旨】ロボットが事故を起こしたら？ ヒトを傷つけたら？「感情」を持ったら？─AI技術の進展で急浮上する数々の難問を“制御不可能性”と“不透明性”を軸にときほぐし、著名文芸作品や映画作品等にも触れながら、ロボットがもたらしうる法的論点を明快に整理・紹介。日本における「ロボット法」の礎となる、第一人者による決定版。
2017.11 292p B6 ¥2700 ①978-4-335-35714-5

◆ワトソンで体感する人工知能　井上研一著　リックテレコム
【要旨】IBMのワトソンをはじめとするコグニティブサービスの登場により、人工知能（AI）の導入がいよいよ身近になってきました。画像認識や音声認識、自然言語処理といったAIの働きを、自社のシステムや顧客サービスに付加する取り組みも広がっています。本書はAIについて「今さら聞けない」「もうひとつピンと来ない」というビジネスマンや文系の学生さんのために書かれました。と言っても、安易に夢を語ったり、いたずらに不安を煽ったりはしません。AIの歴史、機械学習やディープラーニングの仕組みを簡潔かつ平易に解説。現在の技術で何ができ、何はできないのかを、読者が自分で見分けることができるよう導きます。さらに、IBMのクラウドサービスBluemixの無料枠を使って実際にワトソンを動かし、AIの働きを体感するところまで手引きします。AIを身近に感じることで、「だったら会社のアレができるかも…」といったアイデアが触発されるかもしれません。
2017.7 195, 2p A5 ¥1800 ①978-4-86594-071-8

◆AIアシスタントのコア・コンセプト─人工知能時代の意思決定プロセスデザイン　堀内進之介, 吉岡直樹著　ビー・エヌ・エヌ新社
【要旨】視覚型から会話型のインターフェイスへ。意欲喚起から意欲前の行為選択へ。CRMからVRMモデルへ。スマートスピーカーの開発ラッシュは、次世代消費者決済市場のシェアをめぐる熾烈な戦いの幕開けだ。社会学的な知見を土台に、AIアシスタントがもたらす大きな変化をひもとき、これからのビジネスに必要な「新たな語彙」と「新たな見方」を提供する一冊。
2017.12 135p 23×20cm ¥2300 ①978-4-8025-1084-4

◆AIが神になる日─シンギュラリティーが人類を救う　松本徹三著　SBクリエイティブ
【要旨】シンギュラリティーに到達した究極のAIは、人類に何をもたらすか？
2017.7 231p B6 ¥1400 ①978-4-7973-9306-4

◆AIが同僚─あなたはたのしく一緒に働けるか　日経トップリーダー, 日経ビッグデータ編　日経BP社, 日経BPマーケティング 発売
【要旨】経営・営業・販売・人事・クリエイティブ…職場でAIってどう使われるのか？ 活用実例が満載！「2020年、AIと働く未来は確実に明るい」。2017.1 199p B6 ¥1500 ①978-4-8222-3592-5

◆AIが人間を殺す日─車、医療、兵器に組み込まれる人工知能　小林雅一著　集英社　（集英社新書）
【要旨】飛躍的な進化を遂げる人工知能（AI）。明るい未来が語られる一方で、「二〇四五年問題」などのAI脅威論も少なくない。しかし著者はむしろ、目前に迫る危機として、車、医療、兵器の三つを挙げる。共通するのは、私達の命に直結する分野であること。ここに今、最先端のAIが導入されようとしているが、中身の見えないブラックボックスであるうえに、ときに暴走の危険性をはらむ。AIの真の脅威が明らかに！
2017.7 238p 18cm ¥760 ①978-4-08-720891-4

◆AIが文明を衰滅させる─ガラパゴスで考えた人工知能の未来　宮崎正弘著　文芸社
【目次】プロローグ 機械が人間を支配する、第1章 AI近い未来は明るいのか、暗いのか、第2章 ガラパゴスで考えてみた、第3章 ツイッター政治という新現象、第4章 文明の進歩と人類の義具、第5章「こころ」の問題とAI、エピローグ AIで精神は癒されない
2017.12 200p B6 ¥1500 ①978-4-286-19346-5

◆AI現場力 「和ノベーション」で圧倒的に強くなる　長島聡著　日本経済新聞出版社
【要旨】「異次元の見える化」と機動力で成長を加速する！
2017.7 253p B6 ¥1700 ①978-4-532-32155-0

◆AI人工知能 知るほどに驚き！の話　ライフ・サイエンス研究班編　河出書房新社　（KAWADE夢文庫）
【要旨】人工知能に革命を起こした「ディープラーニング」とは？「IoT」化と人工知能の関係は？ 人間の知力を超えることはありうる？ いま話題のAIのすべてがスッキリ理解できる！
2017.3 221p A6 ¥680 ①978-4-309-49962-8

◆AI（人工知能）まるわかり　古明地正俊, 長谷佳明著　日本経済新聞出版社　（日経文庫）
【要旨】本書は、AI（人工知能）がビジネスや生活を一変させる全体像を、コンパクトに解説。「AIとは何か」より始まり、Siriやグーグルカーなど最先端の技術・サービスを紹介。金融・サービス・物流・医療といった各分野へのインパクト、AIを通して日本が進むべき道まで、幅広く理解できる内容。AIの導入による変革に取り組むビジネスパーソン、IT業界に関わる人たちはもちろん、AIの技術やその社会的影響に興味を持つ一般の人にとっても、わかりやすい入門書。
2017.3 207p 18cm ¥860 ①978-4-532-11371-1

◆AIの世紀カンブリア爆発─人間と人工知能の進化と共生　田中徹著　さくら舎
【要旨】AIは、いまどんな「知」を獲得しているのか！ そして、どのように「知」を獲得していくのか！ AIが人知を超える日は必ずやって
くる！ 最前線の取材で、AIとロボットと人間の現在を驚くべき近未来をわかりやすく解説！
2017.3 275p B6 ¥1600 ①978-4-86581-091-2

◆AI白書　2017　人工知能がもたらす技術の革新と社会の変貌　情報処理推進機構AI白書編集委員会編　角川アスキー総合研究所, KADOKAWA 発売
【目次】第1章 技術動向（“ディープラーニング”がAIを大きく変えた、ディープラーニングによるパターン認識の進展 ほか）、第2章 利用動向（総論、AIによって何が変わるか ほか）、第3章 制度的課題への対応動向（総論、知的財産 ほか）、第4章 政策動向（総論、国内の政策動向 ほか）
2017.7 359p A4 ¥3300 ①978-4-04-899607-5

◆AI面接×採用　山崎俊明著　東京堂出版
【要旨】ヒトから人工知能へ。究極のHRテックで日本の人事・採用が大きく変わる。就活生、経営者、人事部必読！
2017.11 189p B6 ¥1400 ①978-4-490-20973-0

◆AI・ロボット開発、これが日本の勝利の法則　河鐘基著　扶桑社　（扶桑社新書）
【要旨】「ドローンビジネス大国」中国！「災害用ロボット世界一」韓国！気勢上がるアジアから、躍り出よ、日本！ トヨタ、ソフトバンク、大学研究者、気鋭のベンチャー…日本、中国、韓国のAI・ロボット開発最前線を描くルポルタージュ！
2017.3 287p 18cm ¥880 ①978-4-594-07654-2

◆AIロボットに操られるな！─人工知能を怖れず使いこなすための教養　大塚寛著　ポプラ社　（ポプラ新書）
【要旨】AIに使われるな。使いこなせ！ 知性を磨いて、ロボットと共存するために─自動運転車、スマートスピーカー、ドローン、パーソナルモビリティ、各種サービスロボット…、私たちの生活や仕事の場にはAI技術が搭載されたロボットが確実に浸透しはじめている。ロボットを受け入れAIを使いこなすために必要な教養を学べる、最先端テクノロジー読本の決定版！
2017.12 204p 18cm ¥800 ①978-4-591-15669-8

◆Artificial Intelligence─A Non-Technical Introduction　タッド・ゴンサルベス著　上智大学出版, ぎょうせい 発売　（本文：英文）
【目次】1 SILICON INTELLIGENCE、2 SEARCHING THROUGH A HAYSTACK、3 EXPERT SYSTEMS、4 FUZZY LOGIC AND FUZZY SYSTEMS、5 WEB MINING AND MACHINE LEARNING、6 EVOLUTIONARY ALGORITHMS、7 SWARM INTELLIGENCE、8 AI PLAYING GAMES、9 LIFE IS A GAME、10 ARTIFICIAL SUPERINTELLIGENCE
2017.3 209p A5 ¥1800 ①978-4-324-10260-2

◆Chainer v2による実践深層学習　新納浩幸著　オーム社
【目次】Chainerとは、NumPyで最低限知っておくこと、ニューラルネットのおさらい、Chainerの使い方、Chainerの利用例、Trainer、Denoising AutoEncoder、Convolution Neural Network、word2vec、Recurrent Neural Network〔ほか〕
2017.9 196p A5 ¥2500 ①978-4-274-22107-1

◆DEEP THINKING 人工知能の思考を読む　ガルリ・カスパロフ著, 染田屋茂訳, 羽生善治解説　日経BP社, 日経BPマーケティング 発売
【要旨】IBMディープ・ブルー戦から20年。伝説のチェス・プレイヤーが「機械との競争」から学んだ“創造”の本質。
2017.11 396, 13p B6 ¥2000 ①978-4-8222-5541-1

◆Google Cloud Platformではじめる機械学習と深層学習　吉川隼人著　リックテレコム
【要旨】入門から、「TensorFlow」による畳み込みニューラルネットワークへの本格チャレンジまで。使い勝手抜群の「各種ML API」とインタラクティブな多機能ツール「Datalab」でぐんぐん進む機械学習への道程。
2017.12 306p 24×19cm ¥2600 ①978-4-86594-121-0

◆Machine Learning実践の極意─機械学習システム構築の勘所をつかむ！　ヘンリク・ブリンク, ジョセフ・ウイリアム・リチャーズ, マーク・フェセロルフ著, クイープ訳　インプレス

【要旨】機械学習の利点/課題、乱雑なデータの処理、Python系モデル構築、モデル評価/最適化、特徴エンジニアリングのテクニック、予測速度の改善、大容量データへの対応など。有効なデータとより良いモデルを作成！
　2017.11 292p 24×19cm ¥3400 ①978-4-295-00265-9

 データベース

◆**軽量・高速モバイルデータベースRealm入門**　菅原祐衛者、岸川克己監修　技術評論社
【要旨】「Swift」と「Realm Mobile Database」によるiOSアプリ開発を徹底解説！
　2017.3 275p 23×19cm ¥2880 ①978-4-7741-8848-5

◆**データベース**　辻靖彦、芝﨑順司編著　放送大学教育振興会、NHK出版 発売　(放送大学教材)
【目次】イントロダクション―データベースとは何か、私たちの周りのデータベース、データベースの仕組み、データベースの歴史、データベースの動作環境、データベースにおける概念設計、リレーショナルデータモデル、データ操作、正規化、データベース言語―データの定義と操作、データベース管理システム、データベースの発展技術
　2017.9 277p A5 ¥2900 ①978-4-595-31742-2

◆**マイクロサービス入門―アーキテクチャと実装**　長瀬嘉秀、田中明、松本哲也著　リックテレコム
【要旨】マイクロサービスはまったく新しい技術というよりは、過去の複数の技術が進化して、有機的に凝集したものです。その登場に至るまで、分散指向、分散オブジェクト指向、コンポーネント指向、サービス指向など様々なシステム・アーキテクチャが考案され、実装されてきました。本書では、マイクロサービスのサンプルとして「東京オリンピック2020観光アプリ」を作っていく中で、実際の作り方の手順、設計について解説します。
　2018.1 241p 24×19cm ¥2500 ①978-4-86594-119-7

◆**リレーショナルデータベース入門―データモデル・SQL・管理システム・NoSQL** 増永良文著　サイエンス社　(Information & Computing) 第3版
【目次】データベースとは何か、リレーショナルデータモデル、リレーショナルデータベースのデータ操作言語、SQL、データベース管理システムの標準アーキテクチャと機能、ビューサポート、ファイル編成とインデクス、リレーショナルDBMSの質問処理とその最適化、トランザクションと障害時回復、トランザクションの同時実行制御、分散型データベース管理システム、クライアント/サーバコンピューティングとデータベース、ビッグデータとNoSQL
　2017.2 415p A5 ¥3200 ①978-4-7819-1390-2

◆**ITエンジニアのためのデータベース再入門**　真野正著　リックテレコム
【要旨】RDBの本格普及から四半世紀、未だシステム障害の多くはDBMSの誤用に起因しています。本書はそうしたDB利用のアンチパターンを暴き出し、基礎理論の要諦を再構成。DB設計やSQLの最適化、運用の改善策を明示します。設計・実装・障害対応の最前線を渡り歩き、RDBMSを知り尽くした著者が経験知を凝縮して、読者の「再入門」を手引きします。
　2017.3 199p A5 ¥2200 ①978-4-86594-025-1

◆**Oracleの基本―データベース入門から設計/運用の初歩まで**　渡部亮太、相川潔、日比野峻佑、岡野平八郎、宮川大地著、コーソル監修　技術評論社
【要旨】世界トップエンジニア「Oracle ACE」率いる精鋭エンジニアたちが生み出した究極の入門書。豊富な現場実務と新人教育、ORACLE MASTER Platinum 年間取得者数4年連続No.1企業の経験から得られた "本当に必要な知識" をぎゅっと凝縮。
　2017.10 367p A5 ¥2640 ①978-4-7741-9251-2

 ネットワーク・通信

◆**ウェブの仕事力が上がる標準ガイドブック 3 Webディレクション**　ボーンデジタル 第3版
【要旨】Webサイト構築、情報アーキテクチャ、クリエイティブ、プロモーションなど、プロジェクト全般の企画・設計からマネジメントまで、Webディレクター必須の最新知識を網羅。(社)全日本能率連盟登録資格Web検定公式テキスト。
　2017.5 269p 24×19cm ¥3100 ①978-4-86246-365-4

◆**この1冊で大丈夫！ アクセスネットワークのすべて**　天野博史編著　電気通信協会、オーム社 発売
【目次】第1編 アクセスネットワークの概要(アクセスネットワークの構成、アクセスネットワークへの光ファイバ通信の導入の歴史、アクセスネットワークの社会的役割の変化と進展)、第2編 アクセスネットワークを支える基本技術(インフラストラクチャ技術、光ファイバ技術、光デバイス/モジュール技術、光伝送技術、ワイヤレス通信技術)、第3編 現在のアクセスネットワーク(アクセスネットワークの計画・構築、アクセスネットワークの保守・運用、災害に対する取り組み)、第4編 アクセスネットワークの将来技術(インフラストラクチャ技術、光ファイバ技術、光アクセスシステム技術、ワイヤレスシステム技術、ネットワーク運用の今後)
　2017.7 411p A5 ¥3400 ①978-4-88549-075-0

◆**コミュニティ・ジェネレーション―「初音ミク」とユーザー生成コンテンツがつなぐネットワーク**　片野浩一、石田実著　千倉書房
【目次】第1章 「初音ミク」概論、第2章 理論研究、第3章 ビジネス創発事例、第4章 創作投稿コミュニティのネットワーク構造と集合的共創価値、第5章 ニコニコ動画コミュニティにおける集合知形成のダイナミクス、第6章 ユーザー生成型と企業主導型コンテンツのチャンネル・ネットワーク構造と視聴成果―YouTubeにおける音楽コンテンツの普及プロセス、第7章 クリエイティブ・ユーザーの創作投稿行動とコラボレーション、第8章 コラボレーション・コミュニティの質的研究、終章 コミュニティ・ジェネレーションと民主化の時代
　2017.12 267p A5 ¥3400 ①978-4-8051-1132-1

◆**コンピュータ・ネットワーク入門**　小林孝史著　ムイスリ出版　改訂版
【目次】コンピュータ・ネットワークとインターネット、アプリケーションプログラムとコンピュータ、インターネットの発展・大衆化、インターネットのコア・テクノロジー、WWWとそれを支えるDNS、Webアプリケーションとセキュリティ、マルウェアによる防御と対策、トランスポート層プロトコル：TCP、UDP、インターネット層プロトコル、経路制御、各種通信メディアとプロトコル、ネットワーク・セキュリティ、ネットワーク・アプリケーション・プロトコル、ネットワーク・プログラミング、セキュリティ教育
　2017.9 209p A5 ¥2350 ①978-4-89641-260-4

◆**産業集積のネットワークとイノベーション**　與倉豊著　古今書院
【目次】産業集積論の理論的・実証的課題、ネットワーク論の再構築、イノベーション研究の新展開、研究開発型ネットワークと地域イノベーション、地域イノベーションの要因分析、産業見本市と産業集積―長野県諏訪圏工業メッセの事例、産業集積とネットワーク進化―静岡県浜松地域の事例、産業振興と制度的なネットワーク構築支援―九州半導体産業の事例、都市間結合と企業内ネットワーク、グローバルな知識結合と企業間ネットワーク、産業集積・ネットワーク・イノベーション研究の課題と展望
　2017.1 320p A5 ¥7600 ①978-4-7722-4198-4

◆**シナリオで学ぶパブリッククラウド Amazon Web Services 設計&開発ガイド**　大石良、永田明、高橋大成、大澤文孝著　日経BP社、日経BPマーケティング 発売
【要旨】オンプレミスの常識はクラウドの非常識。AWS開発を疑似体験。本書のガイドに従って手を動かせば、実務的なAWSシステムが作れます！
　2017.6 479p 24×19cm ¥3700 ①978-4-8222-3782-0

◆**図解でわかる！ モバイル通信のしくみ**　神崎洋治、西井美鷹著　日経BP社、日経BPマーケティング 発売
【要旨】Wi‐FiやLTEの基礎から、最新の5G、格安SIM(MVNO)まで全部わかる！ どのWi‐Fiルーターを選べばよいの？ なぜ格安SIMは遅いの？ といった疑問もすべて解決！
　2017.6 345p A5 ¥2000 ①978-4-8222-9660-5

◆**世界でいちばん簡単なネットワークのe本―ネットワークとTCP/IPの考え方がわかる**　金城俊哉著　秀和システム　最新第4版
【要旨】多彩なイラストでネットワークが直感的にわかる！ 豊富な例題と練習問題で基礎固めができる！ TCP/IP、プロトコルの考え方がわかる！ 関連用語のすべてが基礎からわかる！ 丁寧な解説でネットワークの仕組みが誰でもわかる！ 2017.1 235p A5 ¥1400 ①978-4-7980-4894-9

◆**セマンティックWebとリンクトデータ**　兼岩憲著　コロナ社
【目次】1 セマンティックWebとは、2 Webとデータ、3 セマンティックWeb技術とRDF、4 セマンティックWebの共通語彙、5 リンクトデータ、6 SPARQL
　2017.2 229p A5 ¥3000 ①978-4-339-02869-0

◆**ゼロからわかるネットワーク超入門―TCP/IP基本のキホン**　柴田晃著　技術評論社　(かんたんIT基礎講座)　(付属資料：別冊1) 改訂2版
【要旨】はじめてでも安心！ ネットワークのしくみを学ぶ第一歩。Windows / macOS/Linux 対応。
　2017.8 191p B5 ¥1940 ①978-4-7741-9060-0

◆**ソーシャル・ネットワークとイノベーション戦略―組織からコミュニティのデザインへ**　中野勉著　有斐閣
【要旨】「つながり」を多角的な視点からデザインするために。ソーシャル・イノベーションが求められるビッグ・データとIoTの時代に向けてネットワーク分析の視点が提示する新たな戦略論。 2017.9 254p B6 ¥2600 ①978-4-641-16484-0

◆**小さな会社ではじめてIT担当になった人のネットワーク超入門**　奥田英太郎著　秀和システム
【要旨】ネットワーク設定のために必要なことは？ Wi‐Fiネットワークはどうやって作るの？ クライアントサーバーの役割は何がある？ Webアプリケーションはどうやって使う？ これ一冊でぜんぶわかる超基本サクッと図解。
　2017.10 190p A5 ¥1600 ①978-4-7980-5244-1

◆**小さな会社ではじめてWeb担当になった人のGoogleアナリティクス超入門**　吉岡豊著　秀和システム
【要旨】そもそもアナリティクスで何がわかるの？ グラフと表がわかると何が見えてくるの？ セッション率やコンバージョンの意味は？ ネットの顧客層がわかるってホントなの？ この本を読めばひと通りの知識と技術が自分のモノにできます。 超基本サクッと解説。
　2017.8 191p A5 ¥1600 ①978-4-7980-5243-4

◆**ネットワークトラブル完全ガイド―富士通認定プロフェッショナル(FCP)ITアーキテクト(ネットワーク)**　日経コミュニケーション編　日経BP社、日経BPマーケティング 発売
【要旨】怪しいのはクラウド？ モバイル？ トラブルの種は増える一方！ 仕組みを理解し、正しく設定すれば、トラブルは避けられる。入門から応用まで、あらゆる難度のトラブルを解説。つながりにくい、APが見えない、迂回に失敗、アドレスが重複、タイムアウトする、前より速い、起動しない、インターネットが使えない、全拠点で通信停止、頻繁に切れる、無言電話がかかってくる、画質が悪い、アプリが起動しない、災害時に輻輳する、など、ハマリやすいトラブル例を頻出テーマ別に整理。
　2017.4 239p 24×19cm ¥2500 ①978-4-8222-3741-7

◆**ノンデザイナーでもわかるUX+理論で作るWebデザイン―基礎から考え方、実践まで**　川合俊輔、大本あかね著、菊池崇監修　マイナビ出版
【要旨】「売れる」「よい」デザインは「理論」の上に組み立てられています。本書はその「理論」をデザイナーでなくてもわかるように、やさしく解説。
　2017.9 215p B5 ¥2490 ①978-4-8399-6107-7

情報・通信・コンピュータ

◆パケットキャプチャ実践技術―Wiresharkによるパケット解析 応用編　竹下恵著　リックテレコム　第2版
【要旨】本書は、オープンソースのLANアナライザ「Wireshark」を使ってパケットを取得する方法を解説した書であり、『パケットキャプチャ入門』の応用編にあたります。取得したパケットをもとに、ネットワークが遅延する原因や、TCPデータフローの様子、HTTP、VoIP、コンピュータウイルスなど各種パケットの内容をくわしく説明しています。また、文字・画像・音声データの再現方法や、トレンド分析・統計のノウハウを惜しみなく公開しています。改訂にあたっては、Wiresharkの開発者会議「Sharkfest」で筆者が発表した内容をふんだんに盛り込んでいます。また、HTTP/2、SNS、tshark、SSL/TLS解説など新たに掲載するとともに、Wiresharkのバージョンアップに伴って追加された機能を紹介。さらに読者特典として、ダウンロードして使えるサンプルキャプチャファイルを用意しています。
　2017.6 479p B5 ¥3400 ①978-4-86594-097-8

◆パケットキャプチャの教科書　みやたひろし著　SBクリエイティブ
【要旨】Wiresharkの実践的な使い方から、標準的なプロトコルの仕様と実例まで、10年使えるネットワーク解析の技術とプロトコルの基礎知識。
　2017.10 369p 24×19cm ¥2980 ①978-4-7973-9071-1

◆初めての自動テスト―Webシステムのための自動テスト基礎　ジョナサン・ラスマセン著、玉川紘子訳　オライリー・ジャパン、オーム社 発売
【要旨】Webシステムの自動テストを始めたい方を対象に、自動テストの考え方やフレームワークを解説する書籍です。テストのピラミッドやユーザーインターフェイステストの概念など、基礎的な事柄から、レガシーシステムへのUIテストの追加、RESTfulなWebサービスのテスト、ブラウザ上のJavaScriptの挙動をユニットテストでテストする方法など、実践的な事柄までを豊富なイラストとサンプルを使って分かりやすく解説します。さらにテストファーストやモックの活用法、テスターに向けた自動テストのためのプログラミング基礎知識なども詳述。自動テストを書くためのノウハウを網羅した本書は、自動テストをマスターしたいエンジニア必携の一冊です。
　2017.9 265p 24×19cm ¥2800 ①978-4-87311-816-1

◆はじめてのCSS設計―フロントエンドエンジニアが教えるメンテナブルなCSS設計手法　田辺丈士、大江遼、藤岡龍太、安光太郎、アイ・エム・ジェイ著　翔泳社
【要旨】CSSのコーディングをしたことのある人であれば「CSSを指定したら、思いもしなかった箇所のスタイルが崩れた」「新たに上書きをしていったらCSSが煩雑になった」「CSSファイルが肥大化して、どこを編集したらいいのかわからなくなった」といった経験が少なからずあるはずです。本書は、こうした状況を未然に防ぐための設計手法について、基本から実装方法まで解説します。CSSの言語的な特性から、「SMACSS」や「BEM」といったCSS設計の方法論、CSSプリプロセッサ「Sass」の導入、さらに、実際にサンプルサイトの構築を追いながら、保守・運用時を考慮した破綻しないCSSを設計・実装するまでの具体的なプロセスについて一冊で学べます。
　2017.3 271p 25×19cm ¥2680 ①978-4-7981-4315-6

◆ひと目でわかるAzure基本から学ぶサーバー＆ネットワーク構築　横山哲也著　日経BP社、日経BPマーケティング 発売　改訂新版
【要旨】本書は“知りたい操作がすばやく探せるビジュアルリファレンス”というコンセプトのもとに、Microsoft Azureを利用した仮想マシン・仮想ネットワークの設定・操作手順を豊富な画面でわかりやすく解説しました。今回の改訂では最新のAzure事情に合わせ、操作手順を「Azure ポータル」に差し替えるとともに、新しいデプロイモデル（展開モデル）である「リソースマネージャー」について解説しています。
　2017.5 257p 24×19cm ¥2500 ①978-4-8222-9899-9

◆ブロックチェーン技術入門　岸上順一、藤村滋、渡邊大喜、大橋盛徳、中平篤共著　森北出版
【要旨】何ができるのか？　どうやって安全性が保証されるのか？　どこに課題があるのか？　今後どう社会に浸透していくのか？　今後の可能性を見通し、活用法を見いだすために。ブロック

チェーンの仕組みと課題を、技術面から掘り下げて解説。
　2017.8 147p A5 ¥2400 ①978-4-627-87171-7

◆Amazon Web Services 基礎からのネットワーク＆サーバー構築　大澤文孝、玉川憲、片山暁雄、今井雄太著　日経BP社、日経BPマーケティング 発売　改訂版
【要旨】AWSでITインフラを実践習得。アプリ開発者にもオススメ。ITインフラは理論だけではわからない。さわって初めて納得できるからだ。実機を学習用に用意するのは難しいが、今なら「クラウド」がある。
　2017.4 215p 24×19cm ¥2700 ①978-4-8222-3744-8

◆Amazon Web Services負荷試験入門―クラウドの性能の引き出し方がわかる　仲川樽八、森下健著　技術評論社（Software Design plusシリーズ）
【要旨】本書は数ある負荷試験用の攻撃ツールやモニタリングツールのうち一部を取り上げて紹介していますが、いわゆるツールの解説本ではありません。それだけでは解決しない負荷試験の課題に焦点を当てています。攻撃ツールには非常に多くの種類があり、次々と新しいものが登場しています。しかし、それらのツールをもってしても負荷試験の課題の多くは解決できません。プロジェクトマネジメントからOSレベルまで、広い範囲に課題が存在するからです。本書ではWebシステムのサーバ側における負荷試験で発生する課題に対して、問題解決に近づくためのベストプラクティスをまとめました。また、クラウド上にシステムを構築する前提としていますが、オンプレミス時代からの運用開発経験に基づいており、クラウドに限らず、オンプレミスとクラウドからのハイブリッド構成のシステムの開発・運用に関しても適用できる内容となっています。
　2017.10 349p 24×19cm ¥3800 ①978-4-7741-9262-8

◆ASTERIA WARP基礎と実践　インフォテリア著　インプレス　改訂版
【目次】第1章 ASTERIAとは、第2章 ASTERIAを使ってできること、第3章 ASTERIA環境構築、第4章 フローサービス基礎知識、第5章 テンプレートを活用したフローの作成、第6章 その他コンポーネントと実行設定、第7章 開発のヒント、第8章 最新のASTERIA WARPの利用、付録
　2017.5 237p 24×19cm ¥2600 ①978-4-295-00118-8

◆ASTERIA WARP逆引きリファレンス　大月宇美著、インフォテリア監修　インプレス
【要旨】データ連携ミドルウェア国内実績No1！フロー作成の基本からWebサービス連携まで「ASTERIA WARP」頻出フローを徹底解説。
　2017.5 192p 24×19cm ¥2800 ①978-4-295-00119-5

◆EUとドイツの情報通信法制―技術発展に即応した規制と制度の展開　寺田麻佑著　勁草書房（KDDI総研叢書）
【要旨】日進月歩の情報通信分野において、国家はどのような規制手法をとるべきか。国家的形態としてのEUとその中心的な存在であるドイツにおいて、国境を越えた規制枠組み構築がどのように行われたのか。歴史的経緯と規制ネットワーク構築の在り方を解明し、さらに日本への提言を試みる。
　2017.1 314p A5 ¥3500 ①978-4-326-40330-1

◆Infrastructure as Code―クラウドにおけるサーバ管理の原則とプラクティス　キーフ・モリス著、宮下剛輔監訳、長尾高弘訳　オライリー・ジャパン、オーム社 発売
【要旨】はじめにInfrastructure as Codeの原則と考え方を説明し、次にダイナミックインフラストラクチャプラットフォーム、インフラストラクチャ定義ツール、サーバ構成ツール、インフラストラクチャサービスの4つにカテゴライズして解説。その上で、プロビジョニングやサーバインフラテンプレート管理のパターンから、テスト、変更管理パイプライン、組織やワークフローのプラクティスまでを詳述した。各ツールの使い方よりも、背景にあるコンセプトや考え方の説明に重点を置くことで、特定のツールに縛られることなく、Infrastructure as Codeを適切に実現する。
　2017.3 323p 24×19cm ¥3600 ①978-4-87311-796-6

◆IoTシステム開発スタートアップ―プロトタイプで全レイヤをつなぐ　吉澤穂積、下坪直樹、松村義昭、吉本昌平、高橋優亮、山平哲也著　リックテレコム
【要旨】IoTシステムといっても、産業系、家電系、農業系、防災・防犯系…と千差万別。その中

でも監視系に特化した、鳥害対策システムをプロトタイプと設定し、具体的なIoTシステムをデバイスのレイヤ（フィールド層）、データ解析（プラットフォーム層）とセキュリティのレイヤ（オペレーション層）のレイヤまで一気通貫に作成。IoTシステム開発の手法を本格的に解説した。
　2017.5 265p 24×19cm ¥2600 ①978-4-86594-094-7

◆IoTネットワークLPWAの基礎―SIGFOX、LoRa、NB‐IoT　鄭立著　リックテレコム
【要旨】LPWAの主要技術であるSIGFOX、LoRaWANおよびLTE Cat M1/NB‐IoTについて筆者が独自に調査し、わかりやすく解説しました。
　2017.6 209p 24×19cm ¥2400 ①978-4-86594-098-5

◆MIMOからMassive MIMOを用いた伝送技術とクロスレイヤ評価手法　西森健太郎、平栗健史共著　コロナ社（超進化802.11高速無線LAN教科書）
【目次】無線LANの基礎知識（無線LANの標準化と機能、無線LANネットワーク構成など）、無線LANのPHY層の概要（無線LANにおける変調方式、OFDM方式 ほか）、無線LANのMAC層の概要（アクセス制御とアクセス方式、CSMA/CAアクセス方式とキャリアセンスのアルゴリズム ほか）、シングルユーザ、マルチユーザとMassive MIMOの基礎（MIMO伝送のコンセプトと実現手法、MIMO伝送のチャネル容量 ほか）、無線LANにおけるMIMOの性能評価（無線LANにおけるMIMO伝送方法（SU/MU‐MIMO）、PHY/MAC総合評価ツールの概要 ほか）
　2017.11 147p B5 ¥2600 ①978-4-339-00903-3

◆QNAP実践活用ガイドブック―クラウド時代のネットワークストレージ活用術　井上正和著　技術評論社
【目次】1 QNAPでつくるネットワークストレージ活用術、2 QNAP製品のハードウェアに関する種類と選び方、3 QNAPの基本ソフトウェアQTSの機能と拡張性、4 QNAPのインストール作業と初期設定、5 QNAPのファイル共有と各種クライアント端末からの接続、6 Windows ServerとのAD連携、7 データバックアップの基本と応用例、8 ネットワーク機能と仮想スイッチ、9 仮想化支援機能とiSCSIストレージ機能　2017.11 295p A5 ¥2000 ①978-4-7741-9333-5

◆TCP/IPネットワークステップアップラーニング　三輪賢一著　技術評論社（付属資料：別冊）　改訂4版
【要旨】わかりやすい解説と豊富な図で基礎から学ぶインターネットを支える技術。インターネットで使われている新しい技術も幅広くカバー。章末には練習問題を掲載。
　2017.12 303p A5 ¥1980 ①978-4-7741-9361-8

◆Webサイト、これからどうなるの？―キーワードから探るWeb制作の未来像　こもりまさあき、栄前田勝太郎、坂上北斗、塚口祐司、前川昌幸、松田直樹著　エムディエヌコーポレーション、インプレス 発売
【要旨】古くなった“知識”や“情報”を短時間でアップデート！　キーワード解説＆コラムで読む。
　2017.9 167p 26×17cm ¥2000 ①978-4-8443-6709-3

◆Wi‐Fiのすべて―無線LAN白書 2018　小林忠男監修、無線LANビジネス推進連絡会編　リックテレコム
【要旨】日本の無線LANの歴史と将来像。Wi‐Fi技術のロードマップを詳しく解説。無線LANビジネスモデル論を提起。無線LANビジネスの基礎から実践まで、IoT時代をリードするWi‐Fiの技術と活用を総整理。
　2017.12 293p B5 ¥2400 ①978-4-86594-091-6

◆Windowsでできる 小さな会社のLAN構築・運用ガイド　橋本和則著　翔泳社　第3版
【要旨】「小さな会社」では、「少しPCに詳しい」というだけで、社内LANの管理やメンテナンスを任されてしまうことが少なくありません。本書は、そのような「なんとなく管理者」のために、「低コストで」「管理しやすく」「安全な」社内LANを構築＆運用する方法を丁寧に解説しました。使い慣れたWindows OSを利用するので、誰でも「迷わず」作業を進めることができます。
　2017.5 279p A5 ¥2200 ①978-4-7981-5284-4

◆Windows Server 2016ネットワーク構築・管理ガイド―Standard/Datacenter対応　長원秀明著　秀和システム
【要旨】ネットワークやWindows Server に初めて触れる人のベストプラクティス。20年以上、進化を追い続けたエンジニアが教える！2016の新機能もよくわかる！
　2017.3 636p 24×19cm ¥3700 ①978-4-7980-5016-4

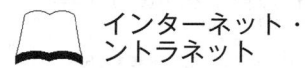 インターネット・イントラネット

◆あなたのWebをWordPressで再起動する本！　向井領治著　ラトルズ
【要旨】固定HTMLで作成された既存のWeb サイトを、管理・更新も簡単でかつオシャレでスタイリッシュ、さらにスマホなどにも対応したレスポンシブルなサイトに変身させよう！
　2017.8 367p A5 ¥2750 ①978-4-89977-467-9

◆アフィリエイトしっかり稼げる！攻略大事典　リンクアップ著、ayan監修　技術評論社　（今すぐ使えるかんたんPLUS+）
【要旨】必ず儲けを出すための鉄則がわかる！厳選100技。
　2017.7 255p B6 ¥1640 ①978-4-7741-9001-3

◆アフィリエイトで稼ぐ1年目の教科書―これから始める人が必ず知りたい70の疑問と答え　川端美帆著　東洋経済新報社
【要旨】Q&A方式だから、とにかく読みやすい。1冊ですべてわかる最高の入門書。最新情報&手法。年間1000万円以上を稼ぎ続ける現役アフィリエイターの完全メソッドを初公開！
　2017.11 219p B6 ¥1400 ①978-4-492-58111-7

◆いちばんやさしいSEO入門教室　ふくだたみこ著　ソーテック社
【要旨】検索上位をキープするための基礎知識とGoogle対策のすべて。ブログやサイトをゼロからはじめる未経験者、検索順位をもっと上げたいWeb担当者。サイトに人を集めたいすべての運営者に最良の入門書！
　2017.12 255p 24×19cm ¥1850 ①978-4-8007-1192-2

◆いちばんよくわかるWebデザインの基本きちんと入門―レイアウト/配色/写真/タイポグラフィ/最新テクニック　伊藤庄平、益子貴寛、久保知己、宮田優希、伊藤由暁著　SBクリエイティブ
【要旨】この1冊でWeb デザイナーに必須の基礎知識が網羅できる！これからはじめる人、一気に学びたい人へ一生使えるWeb デザインのテクニック集！絶対に外せない！レイアウト4つの原則とレスポンシブWeb デザイン。今日から使える！基礎の基本と、実例デザインの配色見本集。ユーザーの心を動かす！写真と図版の使い方、タイポグラフィの選び方。フレックスボックス、インタラクション、マーケティングの知識まで。
　2017.3 239p B5 ¥2380 ①978-4-7973-8965-4

◆今すぐ使えるかんたん 自宅や会社でできるWi・Fi＆LAN―Windows10/8.1/7対応版　オンサイト著　技術評論社
【要旨】最新！これならわかるネットワークの基本。
　2017.7 191p 24×19cm ¥1780 ①978-4-7741-9085-3

◆今すぐ使えるかんたん Google完全ガイドブック困った解決&便利技　AYURA著　技術評論社
【要旨】Google の基本から活用困ったときの操作まで。この1冊ですべて解決！
　2017.7 287p 24×19cm ¥1640 ①978-4-7741-9041-9

◆イラスト図解式 この一冊で全部わかるWeb技術の基本―実務に生かせる知識が、確実に身につく。　小林恭平、坂本陽著、佐々木拓郎監修　SBクリエイティブ
【要旨】HTTP、データ形式からシステム開発まで。知識ゼロから全体像をつかめる。よく使われる用語の意味がわかる。技術のしくみがスムーズに学べる。
　2017.3 191p A5 ¥1680 ①978-4-7973-8881-7

◆インターネット&メール超入門―Windows10対応版　リブロワークス著　技術評論社　（今すぐ使えるかんたんmini）
【要旨】インターネットの上手な使い方とメールの基本が、しっかりわかる！
　2017.2 160p 19cm ¥980 ①978-4-7741-8720-4

◆インターネット・「コード」・表現内容規制　小倉一志著　尚学社
【目次】「コード」サイバースペースにおける表現内容規制に関する一考察―規制要素としての「コード」と「法」を中心として、日本におけるインターネット上の表現内容規制―韓国の状況を参照しながら、条例によるインターネットの「有害」情報規制、インターネットにおける「有害」情報規制の現状、サイバースペースに対する表現内容規制立法とその違憲審査基準―アメリカにおけるアダルトコンテンツ規制を素材として、政治過程におけるインターネットの利用―わが国の過去・現在・近未来、インターネットの個人利用者による表現行為について―名誉毀損罪の成否が争われた事例―いわゆる、ラーメンフランチャイズ事件判決、インターネット上の名誉毀損―最近の2つの事件について、インターネット上のプライバシー侵害に関する一考察、インターネット上の差別的表現、自己情報のインターネット・サイトへの無断記載―K.U.対フィンランド判決
　2017.4 287p A5 ¥5370 ①978-4-86031-122-3

◆インターネットの自由と不自由―ルールの視点から読み解く　庄司克宏編、佐藤真紀、東史彦、宮下紘、市川芳治、山田弘憲　（京都）法律文化社
【目次】01 インターネットの自由が危ない？、02 ネット・ショッピングのトラブルは誰の責任か？、03 個人情報は世界中どこでも保護されるか？、04 個人情報保護は基本的人権か？、05 忘れられる権利と表現の自由はどちらが上か？、06 個人情報保護か？ テロ対策の監視か？、07 EUの個人情報保護法は日本にまで及ぶか？、08 個人データはネット時代の「通貨」か？、09 人工知能のカルテルは罪になるか？、10 ビッグデータを活用した競争は「卑怯」か？
　2017.7 176p A5 ¥2900 ①978-4-589-03857-9

◆インターネットは自由を奪う―"無料"という落とし穴　アンドリュー・キーン著、中島由華訳　早川書房
【要旨】グーグルやアマゾン、フェイスブックなどのIT企業により、生活は便利で快適になった。その一方で、既存産業の破壊、顧客トラブル、個人情報流出などの問題も多発している。ユーザーはサービスの代価としてそれらの問題を受け入れるしかないのか。一握りの企業が主導する流れは不可避なのか。これからのインターネットと社会のあり方を探る、メディアおよびIT業界で議論を呼んだ警告の書、ついに翻訳！
　2017.8 351p B6 ¥2300 ①978-4-15-209703-3

◆インターネット文化人類学　セブ山著　太田出版
【要旨】インターネットを介して遭遇するヒトや出来事に対して、インタビューや実験・検証をおこない、人々がインターネットで織り成す「文化」を考察する学問。そこに、「世の中を良くしたい」「誰かを救いたい」といった、一切の正義感は存在しない。研究者の好奇心と欲望のまま、バクツイ野郎を騙して呼び出し、SNSを駆使してヤレる女を探す。パソコン・スマホの画面の「向こう側」の世界一その人類最後の秘境で見つけた、新しい価値観、新しい経済、新しい人間関係を明らかにしていく。
　2017.5 271p B6 ¥1450 ①978-4-7783-1558-0

◆大人を黙らせるインターネットの歩き方　小木曽健著　筑摩書房　（ちくまプリマー新書）
【要旨】「個人情報」「ネットいじめ」に「成績」「炎上」…。インターネットには大人たちの心配のタネがいっぱい。だったら、そんな心配を吹っ飛ばす知恵を提案してあげよう！大人も黙って納得する、無敵の「ネットとのつき合い方」教えます。
　2017.5 206p 18cm ¥820 ①978-4-480-68983-2

◆頑張ってるのに稼げない現役Webライターが毎月20万円以上稼げるようになるための強化書　吉見夏実著、染谷昌利監修　秀和システム
【要旨】「クラウドソーシングでは、もう稼げない」と思うのは、誤解です。上手くいかない人がハマっている「5つの原因」を解決すれば、あなたも稼げるようになります。どうすればいいか？それを今から教えます！
　2017.8 255p B6 ¥1500 ①978-4-7980-5139-0

◆グローバルWebサイト＆アプリのススメ―グローバルジェネラリストなWeb担当者を目指して　ジョン・ヤンカー著、木達一仁監訳　ボーンデジタル
【要旨】すべてに精通したスペシャリストである必要はありません。あなたのコンテンツやビジネスにグローバルな成功をもたらす事例・考え方・ヒント満載の手引き書が登場。
　2017.12 211p A5 ¥2300 ①978-4-86246-391-3

◆最新のGoogle対策！これからのSEO Webライティング本格講座　瀧内賢著　秀和システム
【要旨】検索ロボットに100%理解させる技術とは？ユーザーもGoogle も両取りして成果を確実に上げ続けていく。そのための手法の全て。
　2017.10 281p A5 ¥1800 ①978-4-7980-5161-1

◆11歳からの正しく怖がるインターネット―大人もネットで失敗しなくなる本　小木曽健著　晶文社
【要旨】一度ネットで起こしてしまった失敗=炎上は、進学・就職・結婚など、大事な場面でくり返しあなたの人生の邪魔をする。日本全国40万人以上に伝えられた、ネットを安全・安心に使うための「絶対に失敗しない方法」をイラスト入りでわかりやすく紹介。
　2017.2 213p B6 ¥1300 ①978-4-7949-6955-2

◆ゼロからはじめるGoogleサービススマートガイド　リンクアップ著　技術評論社
【要旨】Google サービスの使い方&楽しみ方が全部わかる！スマートフォン向けGoogle サービスの使い方をわかりやすく解説！パソコンとの連携やスマートフォンならではの活用技が満載！
　2017.3 255p B6 ¥1280 ①978-4-7741-8733-4

◆誰でもたのしい！はじめてのわたしチャンネルYouTube　Toshi&JUN著　主婦の友インフォス、主婦の友社 発売
【要旨】好きなコト&たのしいコト&キチンと稼ぐ。この1冊からはじめよう！
　2017.4 144p 15×21cm ¥1400 ①978-4-07-421121-0

◆知識ゼロ・元手ゼロからはじめる月3万円稼ぐアフィリエイト実践教室　矢野朋義、密本花桜著　ソシム
【要旨】アフィリエイトでの稼ぎ方を「できるだけ」ていねいに解説しました！初心者にもできるだけ現実しやすい手法をとりました。稼ぎやすく、元手もかからない方法をセレクトしました！記事の書き方をできるだけ実践的に紹介しました。初めての方でも取り組めるように記事の書き方をパターン化したものを豊富に紹介しました！できるだけ操作手順を掲載するようにしました。ASPの操作からブログの書き方まで、紙面に余裕がある限り操作手順を掲載しました！
　2017.3 223p A5 ¥2100 ①978-4-8026-1092-6

◆超速！Webページ速度改善ガイド―使いやすさは「速さ」から始まる　佐藤歩、泉水翔吾著　技術評論社　（WEB+DB PRESS plusシリーズ）
【目次】第1章 Web ページの速度、第2章 ネットワーク処理の基礎知識、第3章 ネットワーク処理の調査と改善、第4章 レンダリング処理の基礎知識、第5章 レンダリング処理の調査と改善、第6章 スクリプト処理の基礎知識、第7章 スクリプト処理の調査と改善、第8章 画像の最適化に役立つテクニック、第9章 ネットワーク処理の効率化に役立つポイント
　2017.12 267p A5 ¥2580 ①978-4-7741-9400-4

◆バグは本当に虫だった―なぜか勇気が湧いてくるパソコン・ネット「100年の夢」ヒストリー91話　水谷哲也著　（明石市）ペンコム、インプレス 発売
【要旨】パソコン・ネット100年のイノベーションが、おもしろ・楽しいウンチクとエピソードでサックリわかる本。「へー」「そうなんだ」「なるほど」読んで楽しい！「うらばなし」や「蘊蓄」を交えながら、一見難しそうな情報通信をおもしろ楽しく伝える開発歴史物語。パソコンやネットに興味、関心のある人、意外な話に興味がある人はもちろん、苦手だと思っているビジネスパーソンや学生さんにもサックリとわかって喜んで頂けます。
　2017.2 375p B6 ¥1800 ①978-4-295-40055-4

◆初音ミク 10th Anniversary Book　クリプトン・フューチャー・メディア監修　KADOKAWA　（付属資料：CD1）

【要旨】初音ミクと音楽の10年！殿堂入りの名曲たちから振り返る、完全保存版メモリアルブック！　2017.8 143p B5 ¥3000 ①978-4-04-734772-4

◆**100倍クリックされる超Webライティング実践テク60**　東香名子著　PARCO出版
【要旨】人をひきつけるWebの文章には法則がある！ Web メディアを1万PVから650万PVに育てた著者が教えるWeb ライティングの極意。巻末付録・これさえ使えば読者のクリック率が100倍上がるキーワード＆コンセプトリスト50。　2017.3 191p B6 ¥1400 ①978-4-86506-211-3

◆**副業ブログで月に35万稼げるアフィリエイト**　タクスズキ著　ソーテック社
【要旨】自由に働くための新しい考え方。月35万の副収入で脱サラした著者が教える、広告ビジネスの収益を最短で超最大化する実践テクニック。　2017.3 207p B6 ¥1400 ①978-4-8007-1164-9

◆**僕たちのインターネット史**　ばるぼら、さやわか著　亜紀書房
【要旨】80年代のパソコン通信の時代から、インターネットの黎明期を経て現在まで。インターネットの「現場」を知り尽くした著者が、その歴史を総ざらいする！　2017.7 254p B6 ¥1600 ①978-4-7505-1511-3

◆**毎月100万円以上の報酬を本気で狙う為の"アフィリエイト"上級バイブル**　齊藤ミナヨ著、染谷昌利監修　秀和システム
【要旨】本書は「アフィリエイトの入門書」ではありません。すでにアフィリエイトサイト運営の基本を習得し、毎月1万円～30万円ほどの報酬を得ている方が更にワンランク上を、具体的には100万円超の報酬獲得を目指すアプローチのヒントが書かれています。上の世界を目指すのに必要なのは、小器用なテクニックではなく「ビジネス体質」への切り替えです。プロのアフィリエイターが、自身の事業経営に当たってどんなことを考えているのか。ぜひ、本書を読んで確かめてみてください。　2017.12 287p A5 ¥1800 ①978-4-7980-5375-2

◆**マンガでわかるグーグルのマインドフルネス革命**　サンガ編集部編、方喰正彰原作、花糸作画、荻野淳也制作協力　サンガ
【要旨】グーグルをはじめ、インテル、フェイスブック、フォード、SAPなど、欧米の有名企業が能力向上のトレーニングとして取り入れている「マインドフルネス」。「今の瞬間に意識を向ける」という実践により、ストレスの軽減、脳の活性化、チームワークや生産性の向上、創造性の発揮などの効果が注目されています。その魅力と実践方法を、マンガでわかりやすく解説します。　2017.6 187p B6 ¥1400 ①978-4-86564-087-8

◆**無理なく続けられる！ 副業でも充分稼げるアフィリエイトのためのブログの書き方講座**　鈴木利典著　ソシム
【要旨】稼ぎが数倍加速する！ あなたの知りたいブログの書き方・運営のしかたを余すことなく解説します!!　2017.9 239p A5 ¥1500 ①978-4-8026-1100-8

◆**「やりたいこと」からパッと引けるGoogleアナリティクス分析・改善のすべてがわかる本**　小川卓著　ソーテック社
【要旨】アナリストの第一人者が教える売上を大きく伸ばす目標設定・レポート分析・サイト改善施策のすべて。収益アップに貢献する考え方と実践テクニック。　2017.8 431p 24×19cm ¥2680 ①978-4-8007-1175-5

◆**ユーザーと「両想い」になるための愛されるWebコンテンツの作り方―実践的コンテンツマーケティング集中講座**　成田幸久著　マイナビ出版
【要旨】コンテンツを大量生産する時代は終わりました。ユーザーに愛され、ファンになってもらうためのコンテンツ制作のノウハウを一冊に凝縮しました！　2017.3 265p A5 ¥2310 ①978-4-8399-6115-2

◆**ランディングページの教科書―売上をガンガンあげるWeb制作8つのコツ**　あびるやすみつ著　秀和システム
【要旨】制作単価を上げたいWeb デザイナー必読！「売るためのWeb 戦略」がこれ一冊でわかる　2017.10 207p A5 ¥1700 ①978-4-7980-4925-0

◆**Googleアナリティクスのやさしい教科書。―一手を動かしながら学ぶアクセス解析の基本と実践ポイント**　山野勉著　エムディエヌコーポレーション、インプレス 発売
【要旨】分析指標・基本機能・ケーススタディ・各種設定の4段階で解説。ケーススタディで手を動かして学べる。動画を見ながら操作を確認できる。　2017.11 223p 21×18cm ¥2200 ①978-4-8443-6716-1

◆**ICT実務のためのインターネット政策論の基礎知識―テクノロジー・ユーザー・ビジネスにより進化し続けるネットワーク**　クリストファー・ユー著、波多江崇、小竹由果訳　勁草書房
【要旨】ダイナミックに変化を続けるテクノロジー、ビジネス、そして私たちユーザー。標準化、ガバナンス、料金体系、表現の自由、経済学―多角的な議論を通じ米国インターネット政策から学ぶための入門的1冊。　2017.8 216p A5 ¥2800 ①978-4-326-40341-7

◆**Real World HTTP―歴史とコードに学ぶインターネットとウェブ技術**　渋川よしき著　オライリー・ジャパン、オーム社 発売
【要旨】本書はHTTPが進化する道筋をたどりながら、ブラウザが内部で行っていること、サーバーとのやりとりの内容などについて、プロトコルの実例や実際の使用例などを交えながら紹介しています。Go やJavaScript によるコード例で、単純なHTTPアクセス、フォームの送信、キャッシュやクッキーのコントロール、Keep-Alive、SSL/TLS、プロトコルアップグレード、サーバープッシュ、Server-Sent Events、WebSocket などの動作を理解します。　2017.6 337p 24×19cm ¥3400 ①978-4-87311-804-8

◆**Webコピーライティングの新常識 ザ・マイクロコピー**　山本琢磨著　秀和システム
【要旨】たった2文字を変えただけで、売り上げが1.5倍になった？ アマゾン、フェイスブック、グーグルなど…世界の名だたるWeb サービス企業が急成長した裏に隠された技術「小さなコピーライティング」。本書を実践したサプリ通販サイトの成約率がたった1ヶ月で53.5%アップするなど、効果実証済みで長期的に使えるノウハウが、日本初公開。　2017.9 253p A5 ¥1800 ①978-4-7980-4924-3

◆**YouTube投稿＆集客プロ技セレクション**　リンクアップ著　技術評論社　（今すぐ使えるかんたんEx）
【要旨】視聴、投稿、動画編集、マイチャンネル、広告設定、YouTube アナリティクス―YouTubeを徹底的に活用して、動画プロモーションを成功させよう！ 厳選124技。　2017.6 255p A5 ¥1680 ①978-4-7741-8963-5

インターネットショッピング・インターネットオークション

◆**教えて！ みんなのメルカリ生活**　メルカリ監修　宝島社
【要旨】自家製の野菜が全国の食卓に！ 国内各地の名産品をらくらくお取り寄せ！ 15,000円以内で全身コーディネート！ 梱包の手間なく大きな家具が売れる！ あなたの知らないアイデア満載！ あの芸能人のメルカリ生活も！ 大人気フリマアプリ本第2弾！　2017.10 95p 23×18cm ¥600 ①978-4-8002-7388-8

◆**50歳からのネットショッピング**　遠藤奈美子著　セルバ出版、創英社/三省堂書店 発売
【要旨】自宅にいながら世界中のものが買えるネットショッピングは、シニアの方にこそ使ってほしいサービス。ネット通販コンシェルジュが教える、生活をちょっと豊かにしてくれるネットショッピングの活用術。　2017.3 199p B6 ¥1600 ①978-4-86367-326-7

◆**ネット集客のやさしい教科書。―小さな会社がゼロから最短で成果をあげる実践的Webマーケティング**　高田晃著　エムディエヌコーポレーション、インプレス 発売
【要旨】小さな会社には小さいなりの戦い方がある。低予算で実現できるネット戦略の立て方からWeb サイトの制作、YouTube 動画、ブログ、SNS、ネット広告の活用まで！　2017.9 207p 24×19cm ¥1980 ①978-4-8443-6708-6

◆**はじめてのメルカリの使い方**　桑名由美著　秀和システム　（BASIC MASTER SERIES）第2版

【要旨】個人情報を出さずにネットでフリマ。届いた物を見てから返品できるの？ 詐欺ができない仕組みを詳しく説明。　2017.10 167p 24×19cm ¥1380 ①978-4-7980-5235-9

◆**はじめてのヤフオク！ 最新版**　吉岡豊著　秀和システム　（BASIC MASTER SERIES）
【要旨】絶対に落札されるマル秘テク公開中。詐欺やトラブルに遭いたくない！ すぐできる自己防衛術。　2017.3 223p 24×19cm ¥1580 ①978-4-7980-4991-5

◆**プラス月5万円で暮らしを楽にする超かんたんメルカリ**　宇田川まなみ著　翔泳社
【要旨】差がつく交渉・写真、値下げ交渉、売れる時間帯…コツさえつかめれば誰でも年収が60万円アップする！　2017.8 159p A5 ¥1480 ①978-4-7981-5280-6

◆**プロが教える儲かる「ネット古物商」の始め方**　泉澤義明著　ぱる出版
【要旨】誰でもできる「ネット古物商・リサイクルショップ」の始め方・儲け方をポイント解説。　2018.1 191p B6 ¥1400 ①978-4-8272-1104-7

◆**メルカリ公式ガイドBOOK―4000万人が利用するフリマアプリを100倍楽しむ！**　メルカリ監修　宝島社
【要旨】出品＆購入も超かんたん！ かんたんテクでもっと売れる！ メルカリスマのマル秘ワザ大公開！　2017.2 95p 23×19cm ¥552 ①978-4-8002-6393-3

ホームページ

◆**勘違いをなくせば、あなたのホームページはうまくいく―成果を上げるWeb制作・ネット集客・販促戦略の心構え**　中山陽平著　技術評論社
【要旨】600社50業種以上のコンサルティング・100種以上のツールを実践してきた著者が、現場から見出した「本当に必要な知識」「価値あるノウハウ」を1冊に凝縮。　2018.1 286p B6 ¥1680 ①978-4-7741-9509-4

◆**10日で作るかっこいいホームページJimdoデザインブック**　赤間公太郎著、KDDIウェブコミュニケーションズ監修　エムディエヌコーポレーション、インプレス 発売　改訂新版
【目次】基礎編―Jimdo でホームページを作ってみよう（ホームページを作る前に、ホームページの完成形をイメージしよう、Jimdo に登録しよう、ホームページに使う素材を用意しよう、ページを作って内容を載せてみよう）、応用編―ホームページをプロみたいに仕上げよう（ヘッダーとフッターを編集しよう、文章とレイアウトを見直してみよう、写真やイラストを上手に活用しよう、SNSやブログと連携しよう、ホームページを更新・運営しよう、ホームページの訪問者を増やそう）　2017.4 223p 25×19cm ¥2200 ①978-4-8443-6659-1

◆**プラス月5万円で暮らしを楽にする超かんたんヤフオク！**　山口裕一郎著　翔泳社
【要旨】図を多く使い、PCに詳しくない人や、初心者でもスラスラ読み進められるよう構成。ヤフオク！ をはじめるのに必要なものは何か？ どんな商品が売れるのか？ 商品の梱包や発送方法、売上アップのコツ、トラブル時の対処法などを、数多くのセミナーやコンサルティングを手掛けた著者がバッチリ解説。　2017.4 159p A5 ¥1480 ①978-4-7981-5093-2

◆**儲かるホームページ9つの兵法―5000サイト、200億広告運用のプロが教える**　青山裕一, 縣将貴著　日経BP社、日経BPマーケティング 発売
【要旨】Google、IBM、マイクロソフト、Yahoo! との全国縦断キャラバンセミナー。中小企業を変えるIT兵法の超人気講師2人が綴る。　2017.9 287p A5 ¥1800 ①978-4-8222-3999-2

ブログ・SNS

◆**アメブロPerfect GuideBook**　榎本元著　ソーテック社　改訂第3版

【要旨】新インターフェイス対応！ 国内No.1ブログサービスの最も詳しい解説書！ 投稿、プロフィール作り、コミュニケーション、アクセスアップ…投稿の基本から集客＆カスタマイズ、SNS連携・ビジネス活用も！ Ameba ブログで「人と繋がる」ブログ作り！ 知りたい機能、やりたい操作がわかる！ 最新インターフェイス、スマホ対応。
2017.5 239p A5 ¥1480 ①978-4-8007-1162-5

◆今すぐ使えるかんたんぜったいデキます！ Facebook超入門　リンクアップ著　技術評論社
【要旨】はじめての人でも安心。ていねいな解説で使い方・楽しみ方がばっちりわかる！
2017.6 159p 24×19cm ¥1280 ①978-4-7741-8964-2

◆今すぐ使えるかんたんLINE & Facebook & Twitter & Instagram完全ガイドブック 困った解決&便利技　リンクアップ著　技術評論社　（今すぐ使えるかんたんシリーズ）
【要旨】大人気のSNSの使い方を基本から活用まで１冊でまるごと解説。
2017.10 319p 24×19cm ¥1780 ①978-4-7741-9255-0

◆今すぐ使えるかんたんFC2ブログ超入門 無料ではじめるお手軽ブログ　酒井麻里子著　技術評論社　（今すぐ使えるかんたんシリーズ）
【目次】第1章 FC2ブログをはじめよう、第2章 記事を投稿してブログを作ろう、第3章 記事をもっと楽しくしよう、第4章 ブログのデザインをアレンジしよう、第5章 スマートフォンでFC2ブログを楽しもう、第6章 ほかのユーザーと交流しよう、第7章 アフィリエイトを利用しよう、第8章 気になるQ&A
2017.9 223p 24×19cm ¥1580 ①978-4-7741-9174-4

◆今日から使える LINE & Instagram & Twitter & Facebook―iPhone & Android対応　リブロワークス編著　ソシム
【要旨】ライン、インスタグラム、ツイッター、フェイスブックをスマホで楽しむための、基本操作と便利ワザ185。
2017.8 319p A5 ¥1300 ①978-4-8026-1109-1

◆激わかる！ ビジネスで使えるWeb・SNS入門　押切孝雄監修　実業之日本社
【要旨】まずは数あるWeb サービス・SNSを知り、触れてみる。ブランディングから効果的な集客・販促へつなげる。自社の強みに合ったSNSを見極める。Web コンテンツ作成の流れとコツを知っておく。今さら聞けないWeb 集客・SNS対策と用語を理解する…“稼げる仕事”へと広げるノウハウ！
2017.12 189p A5 ¥1280 ①978-4-408-33730-2

◆コストゼロでも効果が出る！ LINE@集客・販促ガイド　松浦法子監・著,深谷歩著　翔泳社
【要旨】LINE@は、国内で6，600万人のユーザーを持つLINEを活用した公式PRツール。本書では、LINE@を効果的に使うためのノウハウを解説しています。LINE@アカウントの設定、伝わる配信のコツ、友だちの集め方など、すぐに役立つ方法が満載です。予算も手間もかけずに、集客・販促をしたい方には見逃せない内容となっています。
2017.10 281p A5 ¥1800 ①978-4-7981-5350-6

◆スマホで楽しむFacebook超入門　森嶋良子,田口和裕著　技術評論社　（今すぐ使えるかんたんmini）
【要旨】やさしい解説で基本がよくわかる！ いいね！ も写真の投稿もメッセンジャーもこれでマスター！
2017.8 159p 19cm ¥1050 ①978-4-7741-9042-6

◆スマホ1つでかんたん作成！ LINEスタンプ作り方手帖　primary inc. 著　インプレス
【要旨】スマホで完結！ パソコン・編集ソフトは不要！ スタンプ作りのテクニックも解説！
2017.9 119p A5 ¥1300 ①978-4-295-00211-6

◆たくさん読まれるアメブロの書き方　木村賢著　技術評論社
【要旨】あなたのブログに、もっとたくさんの人が来るようになる。あなたのブログを、もっとたくさんの人に読んでもらえるようになる。この本には、そのためのヒントを詰め込んでいます。 2017.12 174p B6 ¥1480 ①978-4-7741-9416-5

◆脱！ SNSのトラブル―LINE フェイスブック ツイッター やって良いこと悪いこと　佐藤佳弘編著　（西東京）武蔵野大学出版会
【要旨】SNSは…迷惑!?トラブルの被害者・加害者にならないために！
2017.11 157p B6 ¥1350 ①978-4-903281-33-9

◆誰でもできる！ LINE WORKS導入ガイド　サテライトオフィス監修　日経BP社,日経BPマーケティング 発売
【目次】第1章 LINE WORKSの概要(LINE WORKSとは、LINE WORKSのプラン)、第2章 スマートデバイスを利用する(トーク機能を利用する―ライト/ベーシック/プレミアム、ホーム機能を利用する、アドレス帳を利用する、メールを利用する(パソコン版LINE WORKSの画面構成、パソコン版での各サービスの使い方)、第4章 管理機能を利用する(無料トライアルに申し込む、管理者画面を使う、基本設定とメンバーの管理、各サービスの管理、セキュリティ、監査、分析)、第5章 LINE WORKS導入事例（現場ですぐに使える操作性とセキュリティ―株式会社IDOM、自社運用の必要がないクラウドサービスのメリット―一株式会社東祥、リアルタイムの情報共有でより良い顧客対応を実現)
2017.7 305p 24×19cm ¥1900 ①978-4-8222-9663-6

◆できる逆引きGoogleアナリティクス Web解析の現場で使える実践ワザ260―Googleタグマネージャ/オプティマイズ/データスタジオ対応　木田和廣,できるシリーズ編集部著　インプレス　（できる逆引きシリーズ）　増補改訂2版
【要旨】1万人以上のWeb 担当者に支持された定番書が大幅改訂。Google アナリティクスの実例に即した知識や考え方、活用ノウハウを目的別で引ける、デスクに常備の1冊です。
2017.11 430p A5 ¥2480 ①978-4-295-00256-7

◆できるゼロからはじめるLINE超入門―iPhone & Android対応　高橋暁子,できるシリーズ編集部著　インプレス　（できるゼロからはじめるシリーズ）
【要旨】スタンプ、写真、無料通話一気持ち伝わる！ ドコモ、au、ソフトバンク、格安スマホ完全対応！
2017.10 222p 24×19cm ¥1280 ①978-4-295-00253-6

◆はじめての今さら聞けないインスタグラム入門　吉岡豊著　秀和システム　（BASIC MASTER SERIES）
【要旨】スマートフォン全機種完全対応。楽しみ方や使い方ぜんぶわかります。だれにも知られずにこっそりと今すぐインスタデビュー。
2017.10 142p 24×19cm ¥1280 ①978-4-7980-5305-9

◆はじめての今さら聞けないツイッター入門　八木重和著　秀和システム　（BASIC MASTER SERIES）　第2版
【要旨】ツイートってどんなことをするの？ LINEやメールとはどこが違うの？ 炎上するって聞いたけど安全なの？ 初心者の疑問をすべて解決サット読んでやって使える。
2017.5 151p 24×19cm ¥1300 ①978-4-7980-4994-6

◆はじめての今さら聞けないLINE入門　高橋慈子,柳田留美著　秀和システム　（BASIC MASTER SERIES）　第2版
【要旨】わかる！ 家族や友達と無料でやりとりしよう！ 安心安全LINEデビュー。何で自動的に友だち登録されるの？ 複数人で同時にやりとりできるの？ 既読にしないでメッセージを見たい。初心者の疑問をすべて解決。サッと読んですぐ使える。
2017.7 143p 24×19cm ¥1200 ①978-4-7980-5184-0

◆はじめてのブログをワードプレスで作るための本　じぇみじぇみ子著,染谷昌利監著　秀和システム
【要旨】「ワードプレスの使い方を覚える」「独自ドメインをレンタルする」「サーバーをレンタルする」「色々な設定を行う」「沢山の人に読んでもらう記事を書く」「画像を入れたり、見た目を変えたり」…とてつもなく複雑な作業に見えるかもしれませんが、全くそんなことはありません。本書を読みながらやれば、ブログなんて作れますよ！ 楽勝で作れますよ！
2017.9 267p 24×19cm ¥1800 ①978-4-7980-5281-6

◆フェイスブック 不屈の未来戦略 19億人をつなぐ世界最大のSNSへ到達するまでとこれから先に見えるもの　マイク・ホフリンガー著、大熊希美訳、滑川海彦解説　TAC出版　（T's BUSINESS DESIGN）
【要旨】その成功は偶然ではない。フェイスブックが世界最大級のソーシャルネットワークになるために下した決断と、そこから得られる10の教訓、そしてさらなる10億人へ、フェイスブックが思い描く未来。フェイスブック開発者の一人が描くインサイドストーリー。
2017.12 409p B6 ¥1800 ①978-4-8132-7143-7

◆60歳からはじめるSNS―LINE Facebook Twitter Instagram　岡本ゆかり,岡村秀昭, 後藤宏著　日経BP社,日経BPマーケティング 発売
【要旨】遠くに住む子供や孫と今すぐおしゃべり。何十年も会っていない旧友といつでも近況報告。ふと思ったひと言で多くの人から共感を。今撮れたベストショットを世界中に即発信！
2017.12 226p A4 ¥1500 ①978-4-8222-9587-5

◆Facebookフェイスブック基本&便利技　リブロワークス著　技術評論社　（今すぐ使えるかんたんmini）　改訂3版
【要旨】はじめ方から楽しみ方まで、これ1冊でOK。ステップ形式で分かりやすい！ はじめ方から活用まで全解説！ 個人情報を守る重要設定を紹介！
2017.2 191p 19cm ¥1080 ①978-4-7741-8660-3

◆Facebook & Instagram & Twitter広告 成功のための実践テクニック―はじめてでも、低予算でも期待した集客ができる　田村憲孝著　ソシム
【目次】1 ソーシャルメディア広告の基礎知識、2 Facebook 広告とInstagram 広告の準備、3 Facebook に広告を出そう、4 Instagram に広告を出そう、5 Twitter に広告を出そう、6 スマートフォンで広告を管理しよう、7 確実に成果を出すための運用ノウハウ
2018.1 279p A5 ¥1600 ①978-4-8026-1139-8

◆LINEスタンプはじめる&売れる―LINE Creators Marketガイドブック　スタラボ,ナイスク著　技術評論社
【要旨】アニメーションスタンプや着せかえの作り方もばっちり解説！ この1冊で作り方から売り方まで完全わかる！
2017.7 127p B5 ¥1420 ①978-4-7741-8999-4

◆LINE 楽しい&やさしい100%入門ガイド　リンクアップ著　技術評論社
【要旨】スタンプを送ってトークを楽しもう！ 思い出の写真を友だちに見せよう！ プライバシーの不安もしっかりフォロー！ 基本操作からやさしく解説！ ラインの使い方がすぐにわかる！ 安心して使うためのQ&Aも充実！ はじめる前の気になる疑問も解決！
2017.4 127p B5 ¥980 ①978-4-7741-8784-6

◆LINEブログ基本&便利技　リンクアップ著　技術評論社　（今すぐ使えるかんたんmini）
【要旨】基本の操作と知識、人気記事を書くコツ、安心に使うための知識、楽しく交流するヒケツ…これ一冊でLINE BLOGが使いこなせる。
2017.4 143p 19cm ¥980 ①978-4-7741-8878-2

◆livedoor Blogライブドアブログ活用大事典　リンクアップ著　技術評論社　（今すぐ使えるかんたんPLUS+）
【要旨】ブログの開設、基本操作、デザインの変更、アフィリエイト、まとめブログ、HTML/CSS、アクセス解析、SNS連携、アクセス数アップ。ブログ運営のノウハウ満載！ 必須のノウハウ99！
2017.8 287p B6 ¥1620 ①978-4-7741-9043-3

◆SNSで儲けようと思ってないですよね？ 一世の中を動かすSNSのバズり方　福田淳著　小学館
【要旨】カリスマーケッターが伝授！ ソーシャルメディアが威力と破壊力を100%発揮する使い方。2017.12 191p B6 ¥1200 ①978-4-09-388552-2

◆SNSは権力に忠実なバカだらけ　ロマン優光著　コアマガジン　（コア新書）
【要旨】誰よりも正しいミュージシャンの新書シリーズ第3弾！ 今、ロマン優光が今最も気にかかる存在は、権力に忠実な人たち。長いものに巻かれているだけなのに、どうしてあそこまで偉

そうになれるのでしょう。不思議でなりませんよね〜。そんなヤバいやつらから絶大なる信頼を置かれている権力側の人々もなかなか興味深いものがあります。「あはは〜！おもしれ〜！」と一笑に付しておけばいいのですが、バカを野放しにしたら、近い将来、大変な事態になりかねません。日本国民を正しい道に導くために、僕らのロマンが筆をとった次第です。読むしかないでしょう！
　　2017.12 190p 18cm ¥787 ①978-4-86653-134-2

◆**Twitterツイッター基本＆便利技**　リンクアップ著　技術評論社　（今すぐ使えるかんたんmini）改訂4版
【要旨】この一冊でTwitter がわかる＆楽しめる！最新画面を使った操作解説で、ツイッターの使い方がしっかりわかる！Android/iPhone/パソコンに対応！
　　2017.5 159p 19cm ¥1080 ①978-4-7741-8886-7

携帯電話・スマートフォン

◆**イチからわかるSIMフリーの基礎知識**
イチからわかるSIMフリー研究会著　ラトルズ
【要旨】広告の"SIMフリー"とはなにか？"SIMフリー"でできること・できないこと。"SIMフリー"スマホを使うには。格安SIMを購入してみる。SIMフリースマホを使えるようにする設定。これ一冊ですぐわかる！難しい用語と仕組みを丁寧に解説！
　　2017.1 95p A5 ¥1350 ①978-4-89977-457-0

◆**一緒にいてもスマホ─SNSとFTF**　シェリー・タークル著,日暮雅通訳　青土社
【要旨】急激に広まったスマートフォンは、いつどこででも連絡を取り合える日常を作り出した。その反面、親子、友人、恋人同士の関係性にも大きな変化をもたらしつつある。家庭、学校、職場でいま起きている問題を豊富なインタビューをもとに分析し、便利さと引き換えに失ったもの、またそれを取り戻す方法をTEDでも話題のシェリー・タークルが提言する。
　　2017.3 515p B6 ¥2400 ①978-4-7917-6969-8

◆**いつでもどこでも書きたい人のためのScrivener for iPad & iPhone入門─記事・小説・レポート、文章を外出先で書く人へ**
向井領治著　ビー・エヌ・エヌ新社
【要旨】アイデアを書きとめ、整理し、アウトラインを組み立て、文章を作る。収集した資料をインポートする。Dropbox でデスクトップ版との連携を行う。Word、RTF、プレーンテキスト等の形式でのインポート・エクスポートを行う。持ち運び可能な執筆ツール、Scrivener for iPad&iPhone だけでビギナーに向けて解説します。iPad・iPhone だけで完結させたい人にも、Win・Mac と組み合わせて使いたい人にも、役立つ1冊。
　　2017.2 255p 24×19cm ¥2500 ①978-4-8025-1044-8

◆**今すぐ使えるかんたんぜったいデキます！スマートフォン超入門Android対応版**
リンクアップ著　技術評論社　（今すぐ使えるかんたんシリーズ）
【要旨】大きな画面とていねいな解説ですぐに使いこなせる！
　　2017.9 287p 24×19cm ¥1280 ①978-4-7741-9118-8

◆**今すぐ使えるかんたん iPhone完全ガイドブック 困った解決＆便利技─iPhone 10/iPhone 8 Plus対応版**　リンクアップ著　技術評論社　（今すぐ使えるかんたんシリーズ）
【要旨】iPhone を使いこなす最新テクニック＆用語厳選510！
　　2017.12 239p 24×19cm ¥1200 ①978-4-7741-9426-4

◆**歌や演奏の投稿からうまく聴かせるコツまでnanaをもっと楽しむ本**　nana music監修　ヤマハミュージックエンタテインメントホールディングス
【要旨】スマホひとつで歌や演奏を投稿しよう！始め方、裏ワザ、テクニック、活用法。音楽でつながる話題のコミュニティアプリ『nana』を使いこなすための本。
　　2017.9 95p A5 ¥1000 ①978-4-636-94591-1

◆**エリカさん！ iPhoneアプリを作らないと「廃部ね」って言われたのですが、どう**したらいいですか？　國居貴浩著　秀和システム
【要旨】iPhone アプリって、どうやって作るんだろう。実際に作りたいわけではないけど、興味はある。それなら、本書でアプリの制作過程を疑似体験するところからはじめてみませんか！ライトノベル風の学園ドラマの筋書きで、iPhone アプリ開発の工程が自然と体験できます。
　　2017.6 395p A5 ¥1600 ①978-4-7980-5064-5

◆**詳細！ Swift4 iPhoneアプリ開発入門ノート─Swift4＋Xcode9対応**　大重美幸著　ソーテック社
【要旨】注目のARKit も詳しく解説！シンタックスの基礎から実践アプリ開発まで圧巻の内容！初心者の基礎学習から中級者の辞書的な実践応用まで幅広く使える！
　　2017.11 703p 24×19cm ¥3280 ①978-4-8007-1184-7

◆**スマートフォン その使い方では年5万円損してます**　武井一巳著　青春出版社　（青春新書INTELLIGENCE）
【要旨】SNS、メール、通話、動画、ゲーム…自分の使い方に合った通信事業者＆格安プランの見つけ方から、データ通信代や通話代がかさまない利用法、キャリアからスムーズに移行する方法、SIMの設定、アフターケアまで、デジタルが苦手な人でも、これならわかる！すぐにできる！確実に得をする！
　　2017.5 187p 18cm ¥880 ①978-4-413-04513-1

◆**スマホでおもちゃを動かしちゃおう！MaBeee活用ブック**　ジャムハウス編集部著　ジャムハウス
【要旨】おもちゃの電車や車も！ライトも！目覚まし時計も！スマートフォンから自由自在！親子で作れる"工作レシピ"がいっぱい！
　　2017.12 87p B5 ¥1500 ①978-4-906768-40-0

◆**スマホで超カンタン特撮─ポートレートからミニチュアまで「映像監督気分」の撮影テク**Tac宮本著　誠文堂新光社
【要旨】特殊な機材や技術はいらない！CG合成じゃつまらない！「あえてアナログ」でクリエイティブ力がUP！知るだけでもワクワクする創意工夫の玉手箱！
　　2017.8 127p A5 ¥1500 ①978-4-416-61763-2

◆**ゼロからはじめるスマートフォン最新アプリAndroid対応 2018年版**　松村武宏著　技術評論社
【要旨】一番やさしいアプリの解説書です！
　　2017.9 191p B6 ¥1080 ①978-4-7741-9176-8

◆**ゼロからはじめるドコモAQUOS EVER SC‐02Jスマートガイド**　技術評論社編集部著　技術評論社
【要旨】基本から応用までこれ1冊でよくわかる！通話やメール・インターネット・写真・動画の撮影＆閲覧・各種アプリの活用方法など、便利な機能を使いこなすためのテクニックを丁寧に解説。
　　2017.2 191p B6 ¥1380 ①978-4-7741-8654-2

◆**ゼロからはじめる ドコモAQUOS R SH‐03Jスマートガイド**　技術評論社編集部著　技術評論社
【目次】1 AQUOS R SH‐03Jのキホン、2 電話機能を使う、3 メールとインターネットを利用する、4 Google のサービスを使いこなす、5 便利な機能を使ってみる、6 音楽・写真・動画を楽しむ、7 ドコモのサービスを使いこなす、8 SH‐03Jを使いこなす
　　2017.9 191p B6 ¥1380 ①978-4-7741-9224-6

◆**ゼロからはじめる ドコモarrows Be F‐05Jスマートガイド**　技術評論社編集部著　技術評論社
【目次】1 arrows Be F‐05Jのキホン、2 電話機能を使う、3 メール・インターネット・メールの基本操作を知る、4 便利な機能を使ってみる、5 音楽や写真・動画を楽しむ、6 アプリを使いこなす、7 ドコモのサービスを使いこなす、8 F‐05Jを使いこなす
　　2017.8 191p B6 ¥1380 ①978-4-7741-9170-6

◆**ゼロからはじめる ドコモarrows NX F‐01J スマートガイド**　技術評論社編集部著　技術評論社
【目次】1 arrows NX F‐01Jのキホン、2 電話機能を使う、3 インターネット・メールの基本操作を知る、4 便利な機能を使ってみる、5 音楽や写真・動画を楽しむ、6 アプリを使いこなす、7 ドコモのサービスを使いこなす、8 F‐01Jを使いこなす

使いこなす
　　2017.2 191p B6 ¥1380 ①978-4-7741-8717-4

◆**ゼロからはじめるドコモGalaxy Feel SC‐04Jスマートガイド**　技術評論社編集部著　技術評論社
【要旨】基本操作から便利な使い方までこれ1冊で全部わかる!!Google アシスタント、お得なdocomo サービス、カメラやワンセグの活用。コンパクトスマホの魅力的な機能を徹底解説。
　　2017.8 191p B6 ¥1380 ①978-4-7741-9184-3

◆**ゼロからはじめるドコモGalaxy Note8 SC‐01Kスマートガイド**　技術評論社編集部著　技術評論社
【目次】1 Galaxy Note8 SC‐01Kのキホン、2 電話機能を使う、3 メールやインターネットの基本操作を知る、4 Google のサービスを使いこなす、5 便利な機能を使ってみる、6 独自機能を使いこなす、7 ドコモのサービスを使いこなす、8 SC‐01Kを使いこなす
　　2017.12 223p B6 ¥1480 ①978-4-7741-9473-8

◆**ゼロからはじめる ドコモGalaxy S8/S8+SC‐02J/SC‐03Jスマートガイド**
技術評論社編集部著　技術評論社
【目次】1 Galaxy S8/S8+SC‐02J/SC‐03Jのキホン、2 電話機能を使う、3 メールやインターネットの基本操作を知る、4 Google のサービスを使いこなす、5 便利な機能を使ってみる、6 独自機能を使いこなす、7 ドコモのサービスを使いこなす、8 SC‐02J/SC‐03Jを使いこなす
　　2017.8 191p B6 ¥1380 ①978-4-7741-9109-6

◆**ゼロからはじめるドコモMONO MO‐01Jスマートガイド**　技術評論社編集部著　技術評論社
【要旨】大画面の手順解説で迷わず使える！使いこなすための基本操作から便利な設定までこれ1冊で全部わかる！
　　2017.3 191p B6 ¥1380 ①978-4-7741-8739-6

◆**ゼロからはじめる ドコモXperia X Compact SO‐02Jスマートガイド**　リンクアップ著　技術評論社
【要旨】キホン操作から便利な設定までこれ1冊で全部わかる!!お得なdocomo サービス、カメラやアプリの活用、コンパクトなボディの多彩な機能を丁寧に解説。
　　2017.2 255p B6 ¥1280 ①978-4-7741-8653-5

◆**ゼロからはじめるドコモXperia XZ1 SO‐01Kスマートガイド**　リンクアップ著　技術評論社
【目次】1 Xperia XZ1 SO‐01Kのキホン、2 電話機能を使う、3 インターネットとメールを利用する、4 Google のサービスを使いこなす、5 便利な機能を使ってみる、6 音楽や写真・動画を楽しむ、7 ソニーのサービスを使いこなす、8 ドコモのサービスを使いこなす、9 SO‐01Kを使いこなす
　　2018.1 255p B6 ¥1380 ①978-4-7741-9477-6

◆**ゼロからはじめるドコモXperia XZ Premium SO‐04Jスマートガイド**　リンクアップ著　技術評論社
【目次】1 Xperia XZ Premium SO‐04Jのキホン、2 電話機能を使う、3 インターネットとメールを利用する、4 Google のサービスを使いこなす、5 便利な機能を使ってみる、6 音楽や写真・動画を楽しむ、7 ソニーのサービスを使いこなす、8 ドコモのサービスを使いこなす、9 SO‐04Jを使いこなす
　　2017.8 255p B6 ¥1380 ①978-4-7741-9111-9

◆**ゼロからはじめるドコモXperia XZs SO‐03Jスマートガイド**　リンクアップ著　技術評論社
【目次】1 Xperia XZs SO‐03Jのキホン、2 電話機能を使う、3 インターネットとメールを利用する、4 Google のサービスを使いこなす、5 便利な機能を使ってみる、6 音楽や写真・動画を楽しむ、7 ソニーのサービスを使いこなす、8 ドコモのサービスを使いこなす、9 SO‐03Jを使いこなす
　　2017.7 255p B6 ¥1340 ①978-4-7741-9077-8

◆**ゼロからはじめるApple Pay/Suicaスマートガイド**　リンクアップ著　技術評論社
【要旨】Suica＆クレジットカードを今すぐ登録!!iPhone をかざすだけで支払い完了!!
　　2017.5 143p B6 ¥980 ①978-4-7741-8887-4

情報・通信・コンピュータ

◆ゼロからはじめる Apple Watchスマートガイド Series 3対応版　リンクアップ著
技術評論社
【目次】1 Apple Watch のキホン、2 時計機能を利用する、3 Apple Pay/Suica を利用する、4 コミュニケーション機能を利用する、5 トレーニングを管理する、6 標準アプリを利用する、7 Apple Watch をもっと便利に使う、8 Apple Watch の設定を変更する
2017.12 207p B6 ¥1480 ①978-4-7741-9396-0

◆ゼロからはじめる au AQUOS R SHV39スマートガイド　技術評論社編集部著 技術評論社
【要旨】基本操作から便利な機能まで、最新スマホを徹底解説！ 新しくなったホーム画面、カメラやワンセグの活用、便利なau サービスまで、大きな画面と手順解説で迷わず使える！
2017.9 191p B6 ¥1480 ①978-4-7741-9215-4

◆ゼロからはじめる au AQUOS SERIE mini SHV38 スマートガイド　技術評論社編集部著 技術評論社
【要旨】大画面の手順解説で迷わず使える！ 使いこなすための基本操作から便利な設定まで、これ1冊で全部わかる！ いちばんやさしいau SHV38 の解説書です。
2017.4 191p B6 ¥1480 ①978-4-7741-8862-1

◆ゼロからはじめるau AQUOS U SHV37スマートガイド　技術評論社編集部著 技術評論社
【要旨】いちばんやさしいau SHV37の解説書です。
2017.2 191p B6 ¥1480 ①978-4-7741-8745-7

◆ゼロからはじめるau Galaxy Note8 SCV37スマートガイド　技術評論社編集部著 技術評論社
【要旨】いちばんやさしいau Galaxy Note8の解説書です。
2017.12 223p B6 ¥1480 ①978-4-7741-9461-5

◆ゼロからはじめる au Galaxy S8/S8＋SCV36/SCV35スマートガイド　技術評論社編集部著 技術評論社
【目次】1 Galaxy S8/S8＋SCV36/SCV35のキホン、2 電話機能を使う、3 メールやインターネットを利用する、4 Google のサービスを使いこなす、5 au のサービスを使いこなす、6 便利な機能を使ってみる、7 独自機能を使いこなす、8 SCV36/35を使いこなす
2017.8 191p B6 ¥1480 ①978-4-7741-9110-2

◆ゼロからはじめるau URBANO V03スマートガイド　技術評論社編集部著 技術評論社
【目次】1 URBANO V03のキホン、2 電話機能を使う、3 メールの活用と知る、4 インターネットを利用する、5 便利な機能を使う、6 音楽や写真・動画を楽しむ、7 Google のサービスを使いこなす、8 au のサービスを使いこなす、9 URBANOを使いこなす
2017.3 191p B6 ¥1480 ①978-4-7741-8776-1

◆ゼロからはじめるau Xperia XZ1 SOV36 スマートガイド　リンクアップ著 技術評論社
【要旨】いちばんやさしい、au Xperia XZ1の解説書です。
2018.1 255p B6 ¥1380 ①978-4-7741-9479-0

◆ゼロからはじめるau Xperia XZs SOV35スマートガイド　リンクアップ著 技術評論社
【目次】1 Xperia XZs SOV35のキホン、2 電話機能を使う、3 インターネットとメールを利用する、4 Google のサービスを使いこなす、5 便利な機能を使ってみる、6 音楽や写真・動画を楽しむ、7 ソニーのサービスを使いこなす、8 au のサービスを使いこなす、9 SOV35を使いこなす
2017.8 255p B6 ¥1340 ①978-4-7741-9105-8

◆ゼロからはじめるdocomoアプリ・サービス活用ガイド―Android/iPhone対応版　リンクアップ著 技術評論社
【要旨】ドコモのAndroid スマホやiPhone、タブレットで利用できるアプリやサービスの使い方を詳しく解説！
2017.3 191p B6 ¥1280 ①978-4-7741-8734-1

◆ゼロからはじめるDropboxスマートガイド　リンクアップ著 技術評論社

【要旨】基本の操作から便利な活用方法まで徹底解説！
2017.3 223p B6 ¥1280 ①978-4-7741-8735-8

◆ゼロからはじめるiPhone最新アプリスマートガイド　技術評論社編集部著 技術評論社
【要旨】一番やさしいアプリの解説書です！ iPhone の初心者向けアプリを厳選して紹介！ 手順操作の解説付きだからわかりやすい！
2017.1 191p B6 ¥980 ①978-4-7741-8716-7

◆ゼロからはじめる iPhone 8スマートガイド ソフトバンク完全対応版　リンクアップ著 技術評論社
【目次】1 iPhone 8のキホン、2 電話機能を使う、3 基本設定を行う、4 メール機能を利用する、5 インターネットを楽しむ、6 音楽や写真・動画を楽しむ、7 アプリを使いこなす、8 iCloud を活用する、9 iPhone をもっと便利に使いこなす、10 iPhone をもっと便利に使いこなす
2017.11 287p B6 ¥980 ①978-4-7741-9308-3

◆ゼロからはじめる iPhone 8スマートガイド ドコモ完全対応版　リンクアップ著 技術評論社
【要旨】いちばんやさしいiPhone 8の解説書。大画面の手順解説で絶対迷わない！ 使いこなすための基本操作から便利な設定までこれ1冊で全部わかる！
2017.11 287p B6 ¥980 ①978-4-7741-9306-9

◆ゼロからはじめる iPhone 8スマートガイド au完全対応版　リンクアップ著 技術評論社
【要旨】いちばんやさしいiPhone 8の解説書。大画面の手順解説で絶対迷わない！ 使いこなすための基本操作から便利な設定までこれ1冊で全部わかる！
2017.11 287p B6 ¥980 ①978-4-7741-9307-6

◆ゼロからはじめるiPhone 8 Plusスマートガイド ソフトバンク完全対応版　リンクアップ著 技術評論社
【目次】1 iPhone 8 Plus のキホン、2 電話機能を使う、3 基本設定を行う、4 メール機能を利用する、5 インターネットを楽しむ、6 音楽や写真・動画を楽しむ、7 アプリを使いこなす、8 iCloud を活用する、9 iPhone をもっと便利に使いこなす、10 iPhone をもっと便利に使いこなす
2017.11 287p B6 ¥980 ①978-4-7741-9311-3

◆ゼロからはじめるiPhone 8 Plusスマートガイド ドコモ完全対応版　リンクアップ著 技術評論社
【目次】1 iPhone 8 Plus のキホン、2 電話機能を使う、3 基本設定を行う、4 メール機能を利用する、5 インターネットを楽しむ、6 音楽や写真・動画を楽しむ、7 アプリを使いこなす、8 iCloud を活用する、9 iPhone をもっと便利に使いこなす、10 iPhone をもっと便利に使いこなす
2017.11 287p B6 ¥980 ①978-4-7741-9309-0

◆ゼロからはじめるiPhone 8 Plusスマートガイド au完全対応版　リンクアップ著 技術評論社
【目次】1 iPhone 8 Plus のキホン、2 電話機能を使う、3 基本設定を行う、4 メール機能を利用する、5 インターネットを楽しむ、6 音楽や写真・動画を楽しむ、7 アプリを使いこなす、8 iCloud を活用する、9 iPhone をもっと便利に使いこなす、10 iPhone をもっと便利に使いこなす
2017.11 287p B6 ¥980 ①978-4-7741-9310-6

◆ゼロからはじめるiPhone Xスマートガイド ソフトバンク完全対応版　リンクアップ著 技術評論社
【目次】1 iPhone Xのキホン、2 電話機能を使う、3 基本設定を行う、4 メール機能を利用する、5 インターネットを楽しむ、6 音楽や写真・動画を楽しむ、7 アプリを使いこなす、8 iCloud を活用する、9 iPhone をもっと使いやすくする、10 iPhone をもっと便利に使いこなす
2017.12 287p B6 ¥980 ①978-4-7741-9431-8

◆ゼロからはじめるiPhone Xスマートガイド ドコモ完全対応版　リンクアップ著 技術評論社
【目次】1 iPhone Xのキホン、2 電話機能を使う、3 基本設定を行う、4 メール機能を利用する、5 インターネットを楽しむ、6 音楽や写真・動画を楽しむ、7 アプリを使いこなす、8 iCloud を活用する、9 iPhone をもっと使いやすくする、

10 iPhone をもっと便利に使いこなす
2017.12 287p B6 ¥980 ①978-4-7741-9429-5

◆ゼロからはじめるiPhone Xスマートガイド au完全対応版　リンクアップ著 技術評論社
【目次】1 iPhone Xのキホン、2 電話機能を使う、3 基本設定を行う、4 メール機能を利用する、5 インターネットを楽しむ、6 音楽や写真・動画を楽しむ、7 アプリを使いこなす、8 iCloud を活用する、9 iPhone をもっと使いやすくする、10 iPhone をもっと便利に使いこなす
2017.12 287p B6 ¥980 ①978-4-7741-9430-1

◆ゼロからはじめる SoftBank DIGNO Gスマートガイド　技術評論社編集部著 技術評論社
【要旨】いちばんやさしいSoftBank DIGNO Gの解説書です。
2017.10 191p B6 ¥1480 ①978-4-7741-9236-9

◆ゼロからはじめる SoftBank Xperia XZ1 スマートガイド　リンクアップ著 技術評論社
【要旨】いちばんやさしい、 SoftBank Xperia XZ1の解説書です。
2018.1 255p B6 ¥1380 ①978-4-7741-9480-6

◆ゼロからはじめるSoftBank Xperia XZsスマートガイド　リンクアップ著 技術評論社
【目次】1 Xperia XZs のキホン、2 電話機能を使う、3 インターネットとメールを利用する、4 Google のサービスを使いこなす、5 便利な機能を使ってみる、6 音楽や写真・動画を楽しむ、7 ソニーのサービスを使いこなす、8 ソフトバンクのサービスを使いこなす、9 Xperia XZs を使いこなす
2017.8 255p B6 ¥1340 ①978-4-7741-9106-5

◆ソフトバンクのiPhone8/8Plus 基本＆活用ワザ100　法林岳之, 橋本保, 清水理史, 白根雅彦, できるシリーズ編集部著 インプレス （できるポケット）
【要旨】「My SoftBank」の使い方やメールの設定も完全対応。写真、ネット、アプリも。いちばんやさしい解説書！
2017.11 286p B6 ¥980 ①978-4-295-00260-4

◆作って学ぶiPhoneアプリの教科書― Swift 4 ＆ Xcode 9対応　森巧尚著 マイナビ出版
【要旨】作って試してみれば、アプリ作りの基本がわかる！ 簡単なアプリから人工知能アプリまで楽しく体験！
2017.12 309p 24×19cm ¥2880 ①978-4-8399-6490-0

◆できる格安スマホ・格安SIM乗り換え完全ガイド　法林岳之, 白根雅彦, できるシリーズ編集部編 インプレス
【要旨】年間で約5万円以上安くなる！ 知識ゼロでも大丈夫！ 丁寧な解説でよくわかる。イチオシの格安SIMとSIMフリースマホをピックアップ！ 失敗しない乗り換えを完璧にサポート！ データの引っ越し手順を完全解説！ 便利な最新機能をいち早く解説！ iPhone・Android 完全対応。
2017.9 127p B5 ¥980 ①978-4-295-00193-5

◆できる格安SIMではじめるiPhone超入門　法林岳之, 白根雅彦, できるシリーズ編集部著 インプレス （できるシリーズ）
【要旨】「格安スマホ」化の疑問をやさしく解説！
2017.6 254p 24×19cm ¥1280 ①978-4-295-00141-6

◆できるゼロからはじめるAndroidスマートフォン超入門活用ガイドブック　法林岳之, 清水理史, できるシリーズ編集部著 インプレス （できるシリーズ）
【要旨】写真や動画、地図をもっと活用！ すぐに使えて楽しい情報満載！
2017.5 280p 24×19cm ¥1380 ①978-4-295-00114-0

◆できるゼロからはじめるAndroidタブレット超入門　法林岳之, 清水理史, できるシリーズ編集部著 インプレス （できるゼロからはじめるシリーズ）
【目次】第1章 タブレットの基本を知ろう、第2章 タブレットを使ってみよう、第3章 タブレットの設定をしよう、第4章 インターネットを楽しもう、第5章 メールをしよう、第6章 写真を楽しもう、第7章 アプリを活用しよう、第8章 動画や音楽を楽しもう、第9章 便利なアプリを活

用しよう
　2018.1 270p 24×19cm ¥1280 ①978-4-295-00291-8

◆できるゼロからはじめるiPhone 7/7
Plus超入門　法林岳之, 白根雅彦, できるシ
リーズ編集部著　インプレス　（できるシリー
ズ）
【目次】第1章 iPhone の基本を知ろう、第2章 文
字の入力を覚えよう、第3章 iPhone を使いやす
く設定しよう、第4章 電話を使おう、第5章 イ
ンターネットを楽しもう、第6章 メールを送ろ
う、第7章 音楽を楽しもう、第8章 写真を楽し
もう、第9章 アプリを活用しよう
　2017 286p 24×19cm ¥1280 ①978-4-295-00067-9

◆できるiPhone7パーフェクトブック 困っ
た！＆便利ワザ大全iPhone7/7Plus対
応　松村太郎, 森亨, できるシリーズ編集部著
インプレス　（できるシリーズ）
【要旨】iPhone7/7Plus の新機能と活用法をくま
なく解説。新しくなったiOS10に完全対応。初
めてiPhone を使う人のための基本やトラブル対
処法も掲載。充実の用語集でiPhone の仕組みや
知識が深まる。
　2017.2 254p 24×19cm ¥1200 ①978-4-295-00073-0

◆ドコモのiPhone8/8Plus 基本&活用ワ
ザ100　法林岳之, 橋本保, 清水理史, 白根雅
彦, できるシリーズ編集部著　インプレス
（できるポケット）
【要旨】「d アカウント」やドコモメールの設定
にも完全対応。写真、ネット、アプリも。いち
ばんやさしい解説書！
　2017.11 286p B6 ¥980 ①978-4-295-00259-8

◆はじめてのGmail入門—Windows10/8/
7/iOS/Android対応　桑名由美著　秀和シ
ステム　（BASIC MASTER SERIES）第2
版
【要旨】できる！ メールの困ったが解消。仕事
のメールをスマホで読んで返信、しつこい迷惑
メールを自動的に排除、いつでもどこでも同じよ
うに使える。大きな画面とオールカラーで、初
心者でも迷わない。
　2017.6 215p 24×19cm ¥1400 ①978-4-7980-5153-6

◆毎月のスマホ代を安くしたい人のための
SIMフリースマートフォン入門　吉岡豊著
秀和システム
【要旨】今使っているスマホをSIMフリーにし
たい！ 自分はiPhone だけどSIMフリーにでき
る？ SIMフリースマホの手続きはむずかしくな
いの？ SIMフリースマホにはデメリットはない
の？ あなたのギモンや不安を即効解決！
　2017.2 143p A5 ¥980 ①978-4-7980-4950-2

◆Androidアプリ完全大事典　2018年版
スマートフォン&タブレット対応　太田百
合子, すずな, 日沼諭史著　技術評論社　（今
すぐ使えるかんたんPLUS+）
【要旨】人気のアプリから定番のアプリまで1000
本以上のアプリをまとめて紹介！
　2017.12 335p B6 ¥1380 ①978-4-7741-9425-7

◆auのiPhone8/8Plus 基本&活用ワザ
100　法林岳之, 橋本保, 清水理史, 白根雅彦,
できるシリーズ編集部著　インプレス　（でき
るポケット）
【要旨】「My au」の使い方やau のメール設定に
も完全対応。写真、ネット、アプリも。いちば
んやさしい解説書！
　2017.11 286p B6 ¥980 ①978-4-295-00258-1

◆HUAWEI P10 Plus/P10/P10 lite 基
本&活用ワザ完全ガイド　法林岳之, 清水理
史, できるシリーズ編集部著　インプレス
（できるシリーズ）
【要旨】高性能スマホの使い方をやさしく解説。
カメラ、ネット、アプリを簡単に使えるように
なる！ 無料電子版特典付き。
　2017.8 206p B6 ¥1380 ①978-4-295-00210-9

◆iPhoneアプリ完全大事典　2018年版 —
iPad/iPod touch対応　田中拓也, 阿久津良
和, 永田一八著　技術評論社　（今すぐ使える
かんたんPLUS+）
【要旨】定番から、趣味、生活、仕事までこの一
冊で大丈夫！ 1000本以上の便利なアプリを大集
合!!
　2017.9 335p B6 ¥1380 ①978-4-7741-9177-5

◆iPhone芸人かじがや卓哉のスゴい
iPhone—超絶便利なテクニック123

iPhone10/8/8Plus対応　かじがや卓哉著
インプレス
【要旨】既読を付けずにLINEを見る方法最新版!!
すばやく充電するテクニック。画面をとんでも
なく拡大するワザ。iPhone がトラックパッド
に!?使えるよ！ 正しいバックアップと復元の方
法：すぐに役立つ面白テクニックが満載！
　2017.12 191p 24×19cm ¥1380 ①978-4-295-00267-3

◆iPhone ハイレゾ&高音質オーディオ入
門　藤本健, 大坪知樹著　技術評論社　（今す
ぐ使えるかんたんmini）
【要旨】ハイレゾって何？ どうしたら聴けるの？
iPhone で実現するCDを超える高音質環境。
　2017.7 159p 19×12cm ¥1080 ①978-4-7741-9017-4

◆iPhone10基本&活用ワザ100 ドコモ/
au/ソフトバンク完全対応　法林岳之, 橋本
保, 清水理史, 白根雅彦, できるシリーズ編集部
著　インプレス　（できるポケット）
【目次】第1章 iPhone の基本を知ろう、第2章 電
話と連絡先を使いこなそう、第3章 メールを使
いこなそう、第4章 インターネットを自在に使
おう、第5章 アプリを活用しよう、第6章 音楽を
楽しもう、第7章 写真とビデオを楽しもう、第
8章 iPhone をもっと使いやすくしよう、第9章
iPhone の疑問やトラブルを解決しよう
　2017.12 286p B6 ¥980 ①978-4-295-00297-0

◆iPhone8/8Plus はじめる&楽しむ
100%入門ガイド　リンクアップ著　技術評
論社
【要旨】基本操作からやさしく解説！ iPhone を
楽しく使おう！
　2017.11 127p B5 ¥880 ①978-4-7741-9312-0

◆iPhone8/8Plus/10 やさしい使い方ブッ
ク au完全対応版　吉岡豊著　秀和システム
【要旨】気になる新機能がぜんぶわかります。全
ての機能が今すぐ使いこなせる。便利で使える
裏ワザを一挙大公開中。安心安全のためのセキュ
リティ解説。人気絶頂のカメラアプリベスト3！
　2017.10 207p B6 ¥950 ①978-4-7980-5262-5

◆iPhone8/8Plus/10 やさしい使い方ブッ
ク SIMフリー完全対応版　吉岡豊著　秀和
システム
【要旨】気になる新機能がぜんぶわかります。最
新機能が今すぐ使いこなせる！ 便利な裏ワザだ
けを厳選して公開中。安心安全のためのセキュ
リティ設定。人気絶頂のカメラアプリベスト3。
　2017.10 207p B6 ¥950 ①978-4-7980-5264-9

◆iPhone8/8Plus/10 やさしい使い方ブッ
ク ソフトバンク完全対応版　吉岡豊著　秀
和システム
【要旨】気になる新機能がぜんぶわかります。全
ての機能が今すぐ使いこなせる。便利で使える
裏ワザを一挙大公開中。安心安全のためのセキュ
リティ解説。人気絶頂のカメラアプリベスト3！
　2017.10 207p B6 ¥950 ①978-4-7980-5263-2

◆iPhone8/8Plus/10 やさしい使い方ブッ
ク ドコモ完全対応版　吉岡豊著　秀和シス
テム
【要旨】気になる新機能がぜんぶわかります。全
ての機能が今すぐ使いこなせる。便利で使える
裏ワザを一挙大公開中。安心安全のためのセキュ
リティ解説。人気絶頂のカメラアプリベスト3！
　2017.10 207p B6 ¥950 ①978-4-7980-5261-8

◆iPhone8/8 Plus Perfect Manual—
docomo/au/SoftBank対応版　野沢直樹,
村上弘子著　ソーテック社
【要旨】基本操作・設定・データ移行からメール・
カメラ・ApplePay まですべてがわかる！ iOS11
対応。
　2017.10 287p 24×19cm ¥1580 ①978-4-8007-1188-5

◆Unityの寺子屋—定番スマホゲーム開発入門
いたのくまんぼう監修・著, 大槻有一郎著　エ
ムディエヌコーポレーション　インプレス 発売
【要旨】あのヒット作の開発方法をモノにする!!現
役ゲーム作家が伝授する「放置ゲー」「クッキー
クリッカー」「サイドビューアクション」のつく
りかた！ Unity を学びながら、人気のゲームア
プリをつくれる入門書です。
　2017.8 319p B5 ¥2800 ①978-4-8443-6677-5

セキュリティ

◆あなたの知らないセキュリティの非常識
辻伸弘著　日経BP社, 日経BPマーケティング
発売
【要旨】ハッカーがあなたを狙う。個人も企業も
あぶない。スマホやパソコンを使う人が読むべ
き本。
　2017.11 190p A5 ¥1800 ①978-4-8222-5883-2

◆イラスト図解式 この一冊で全部わかるセ
キュリティの基本　みやもとくにお, 大久保
隆夫著　SBクリエイティブ
【要旨】基本的な考え方から技術の仕組み、重要
用語までをきちんと学べる入門書。
　2017.9 191p A5 ¥1680 ①978-4-7973-8880-0

◆イラスト図解満載 情報セキュリティの基
礎知識　中村行宏, 四柳勝利, 田篭照博, 黒澤
元博, 林憲明, 佐々木伸彦, 矢野淳, 伊藤剛史著
技術評論社
【要旨】なぜ危ないの？ どこに注意すればいい
の？「リスク」や「脅威」だけでなく、取り巻
く「技術」や「しくみ」からキッチリ解説！
　2017.3 275p A5 ¥1980 ①978-4-7741-8807-2

◆インフラエンジニア教本 セキュリティ実
践技術編　Software Design編集部編　技術評
論社　（SoftwareDesign別冊）
【目次】第0章 インフラエンジニア向けセキュリ
ティチェックマニュアル、第1章 安全な通信を
確保するSSL/TLSの教科書—インターネットの
通信セキュリティを確保するしくみをマスター
しよう！、第2章 攻撃を最前線で防ぐ ファイ
アウォールの教科書、第3章 多層防御や感染後
対策を汎用サーバに実装 攻撃に強いネットワー
クの作り方、第4章 セキュリティ対策はまずこ
こから！ フリーではじめるサーバのセキュリ
ティチェック、第5章 セキュリティ情報の最前
線「Black Hat USA 2016」でトレーニング ペ
ネトレーションテストで学ぶ侵入攻撃の手法と
対策、第6章 Web サイトの教科書！ サイトオー
ナーがとるべき行動と注意点、第7章 文字化け
やスパムの原因がわかった！ メールシステムの
教科書—日本語もバイナリもちゃんと届くのは
なぜか、第8章 機能、運用、セキュリティ…ベ
ストな利用形態を探せ！ Web メールの教科書
—クラウドサービス利用か？ 自社で構築か？、
第9章 どうなってる？ なりすましメール対策—
DKIMとホワイトリストによる安心の可視化
　2017.4 239p B5 ¥2280 ①978-4-7741-8924-6

◆動かして学ぶセキュリティ入門講座　岩井
博樹著　SBクリエイティブ
【要旨】セキュリティ技術者を目指す人、企業の
システムやネットワーク管理者、自宅や会社の
パソコンのセキュリティを強化したい人を主な
対象に、最新の攻撃の手口と対策方法などを紹
介。セキュリティのプロも使用するツールを動
かしながら、予防・対策のポイントを学んでい
きましょう。
　2017.5 263p A5 ¥2200 ①978-4-7973-8746-9

◆カーハッカーズ・ハンドブック—車載シス
テムの仕組み・分析・セキュリティ　クレイ
グ・スミス著, 井上博之監修, 自動車ハックク
ラブ訳　オライリー・ジャパン, オーム社 発売
【要旨】本書は、複雑な電子機器とコンピュータ
システムを備えた現代の自動車が、どのような
仕組みで動作しているかを、より深く知りたい
読者（ハッカー）のための書籍です。自動車の脅
威モデルの紹介にはじまり、CANバスをはじめ
としたさまざまなバスについて解説、さ
らにCANバスのリバースエンジニアリングを行
います。そしてECUをハッキングするための基
礎的な知識と具体的なハッキングの手法も紹介。
車載インフォテイメントシステムや車車間通信
についても解説した上で、そこまでに紹介した
方法を用いて発見した脆弱性を攻撃するツール
を実際に作成。攻撃のリスクや問題点に対する
充分な知識を得た上で、読者がそれらに対応す
ることを可能にします。
　2017.12 291p 24×19cm ¥3200 ①978-4-87311-823-9

◆サイバー攻撃の足跡を分析する ハニー
ポット観察記録　森久和昭著　秀和システム
【要旨】ワナを仕掛けて、生の攻撃から学ぶ。「ロ
グ分析のポイント」「攻撃者の狙い」「ログ調査
時のキーワード」「攻撃への対応策」が分かる！
　2017.1 253p A5 ¥2200 ①978-4-7980-4908-3

◆サイバーセキュリティ読本 完全版 ネットで破滅しないためのサバイバルガイド　一田和樹著　星海社, 講談社 発売　（星海社新書）（『サイバーセキュリティ読本』再編集・改題書）
【要旨】備えなしにネットを使うことは戦場を全裸で散歩するようなもの。正しく安全なネットの使い方を社内に啓蒙せよ！「特命」を受けた男女3名の書店員で結成された「総務部安全対策委員会」。リーダーの河合牝斯と共に、社内で巻き起こるネットトラブルをすみやかに解決せよ！日常に潜むサイバーテロ、ネット詐欺、SNSストーキング…物語の手法を用いて最新事情が分かる！読んで楽しい、知って備えるサイバーセキュリティの入門書！
2017.5 217p 18cm ¥980 ①978-4-06-138615-0

◆サイバーセキュリティマネジメント入門　鎌田敬介著, 今泉宣親編集協力　金融財政事情研究会, きんざい 発売　（KINZAIバリュー叢書）
【要旨】100%の備えは不可能、では、どうするか？来るべき脅威に対応するための組織管理と人材育成のあり方。
2017.10 211p B6 ¥1600 ①978-4-322-13215-1

◆システム開発、法務担当者のための2015年改正個人情報保護法実務ハンドブック　寺田眞治著　日経BP社, 日経BPマーケティング 発売
【要旨】2017年「改正個人情報保護法」全面施行。政府のルール作りに参画した企業の実務担当者による、企業のための対応手順。
2017.1 215p A5 ¥1800 ①978-4-8222-3906-0

◆情報セキュリティ内部監査の教科書　日本セキュリティ監査協会編　インプレスR&D, インプレス 発売　改訂三版; PDF版
【要旨】基礎知識から監査実務まで初めてでもこの一冊でわかる！
2017.11 159p B5 ¥4600 ①978-4-8443-9804-2

◆情報セキュリティの基本―この1冊ですべてわかる　島田裕次著　日本実業出版社
【要旨】情報セキュリティに必要な基礎知識とノウハウを1冊に凝縮。会社の情報を守るためのポイントをわかりやすく解説。
2017.3 213p A5 ¥1700 ①978-4-534-05484-5

◆セキュリティコンテストのためのCTF問題集　SECCON実行委員会監修　マイナビ出版
【要旨】セキュリティコンテストで出題される問題の「どこを見るか」「何をしたらよいか」など問題を解くときのプロセスを紹介！解き方を「実践形式」で伝授！
2017.7 231p 24×19cm ¥3280 ①978-4-8399-6213-5

◆セキュリティ商品大全 2017年度版 あなたの会社を守るセキュリティ対策ガイド！　ブレインワークス編著　カナリアコミュニケーションズ
【要旨】あなたの会社の安心・安全を実現するパーフェクトガイド！インターネット社会では情報流出は企業の命とり。これからの時代に対応したセキュリティ対策を厳選して紹介。
2017.1 137p A4 ¥1000 ①978-4-7782-0374-0

◆セキュリティナビ　2017　（大阪）日本実務出版, 星雲社 発売
【要旨】セキュリティ機器&システムの全てが一覧できる年鑑誌。セキュリティビジネスの必携書。
2017.1 188p A4 ¥2000 ①978-4-434-22856-8

◆セキュリティナビ　2018　（大阪）日本実務出版, 星雲社 発売
【要旨】セキュリティ機器&システムの全てが一覧できる年鑑誌。
2018.1 172p A4 ¥2000 ①978-4-434-24168-0

◆小さな会社ではじめてIT担当になった人のセキュリティ入門　奥田英太郎著　秀和システム
【要旨】もう専門書は不要です。サクッと超基本解説。ITセキュリティを学ぶ前の知識と技術がわかる本。IT系セミナーの超人気講師が書き下ろした入門書。
2017.3 214p B6 ¥1600 ①978-4-7980-4992-2

◆ネットワークセキュリティ　菊池浩明, 上原哲太郎共著　オーム社　（IT Text）
【目次】情報システムとサイバーセキュリティ、ファイアウォール、マルウェア、共通鍵暗号、公開鍵暗号、認証技術、PKIとSSL／TLS、電子メールのセキュリティ、Webセキュリティ、コンテンツ保護とFintech〔ほか〕
2017.8 204p A5 ¥2800 ①978-4-274-21989-4

◆ネットワークセキュリティ　高橋修監修　共立出版　（未来へつなぐデジタルシリーズ36）
【目次】ネットワークセキュリティ序説、古典的な暗号、共通鍵暗号、公開鍵暗号（1）―基本的な考え方、公開鍵暗号（2）―デジタル署名と公開鍵の配送、ユーザ認証、組織内ネットワークのセキュリティ、インターネットのセキュリティ、情報セキュリティマネジメント、プライバシーの保護と情報セキュリティの確保、日本の情報セキュリティ法
2017.9 252p B5 ¥2800 ①978-4-320-12356-4

◆ハッカーの学校 ハッキング実験室　黒林檎著　データハウス
【要旨】フォロワー自動生成、キーロガー、ボットネット、フィッシングサイト。SNSを利用したハッキング・プログラミング実践教室。
2017.4 286p A5 ¥2800 ①978-4-7817-0227-8

◆プロが教える情報セキュリティの鉄則―守り・防ぐ・戦う科学　香山哲司, 小野寺匠著　技術評論社　（Software Design plus）
【目次】第1章 セキュリティコンサルティングの現場から―多くの誤解のままセキュリティ対策が検討されている実態、第2章 現在の状況―攻撃側と防御側の実態、第3章 もう一度「基礎」に立ち戻る、第4章 復習「認証基盤とは何か」、第5章 Windows 環境における認証基盤Active Directory の構築場所、第6章 認証基盤とクラウド、第7章 認証基盤が奪われたらゲームオーバー
2017.3 345p A5 ¥2480 ①978-4-7741-8815-7

◆マジメだけどおもしろいセキュリティ講義―事故が起きる理由と現実的な対策を考える　すずきひろのぶ著　技術評論社　（Software Design plusシリーズ）
【要旨】あなたは素人にセキュリティについて聞かれたときに、正しく説得力のある説明ができますか？
2017.11 403p A5 ¥2600 ①978-4-7741-9322-9

◆間違いだらけのサイバーセキュリティ対策―目的志向型で実装する効果的なセキュリティ強化策　香山哲司著　翔泳社　（SHOEISHA DIGITAL FIRST）オンデマンド印刷版Ver1.0
【要旨】問題回避策は×。日本マイクロソフトのセキュリティ専門家が企業で陥りがちなセキュリティ対策の"間違い"を徹底的に正す！
2017.1 72p A5 ¥1800 ①978-4-7981-5085-7

◆4コマ漫画でさくっとわかる セキュリティの基本　粕淵卓, 森井昌克著　ソシム
【要旨】情報漏えい、サイバー攻撃、もう他人事ではない！知識ゼロでも、予算ゼロから、できる対策、教えます。
2017.8 199p A5 ¥1680 ①978-4-8026-1115-2

◆IoT時代のセキュリティと品質―ダークネットの脅威と脆弱性　畠中伸敏編著, 井上博之, 佐藤雅明, 伊藤重隆, 折原秀博, 永井庸次著　日科技連出版社
【目次】第1章 IoTとは、第2章 IoTのセキュリティ、第3章 IoTの品質、第4章 つながる自動車のITセキュリティ、第5章 自動運転システムの現状とセキュリティ、第6章 金融機器（FinTech、ATMシステム、POSシステム）のセキュリティ、第7章 社会インフラ（都市交通、清掃工場、水道施設）のサイバー防衛、第8章 医療ITおよびIoTと安全
2017.4 213p A5 ¥3200 ①978-4-8171-9620-0

◆ISO/IEC 27017 クラウドセキュリティ管理策と実践の徹底解説―JIS Q 27017：2016対応　中尾康二監修, 羽田卓郎編著, 山崎哲, 間形文彦著　日科技連出版社
【要旨】本書は、2016年12月にJIS化されたISO/IEC 27017：2015の内容を、規格条文に沿って解説したものです。ISO/IEC JTC 1/SC 27におけるISO/IEC 27017の国際標準作成過程の議論をもとに、関連規格も含め「規格が策定された狙い」「その理解・対応の仕方」について原文だけでは読み取れない規格成立の背景を含めて解説しています。また、クラウドセキュリティ特有の技術的な側面やISMSクラウドセキュリティ認証制度についても解説しています。国際標準の

ガイドラインについて、組織のクラウドセキュリティの向上を図りたい、正確で的確な理解をしたい方々に、特にお勧めしたい一冊です。
2017.2 242p A5 ¥3600 ①978-4-8171-9616-3

◆ISO/IEC27017：2015（JIS Q 27017：2016）ISO/IEC27002に基づくクラウドサービスのための情報セキュリティ管理策の実践の規範 解説と活用ガイド　永宮直史編著, 後藤里奈, 山崎哲, NTTテクノクロス著　日本規格協会
【要旨】規格作成に携わった情報セキュリティのスペシャリストによる、CSCとCSP双方の立場で解説した"ユーザーフレンドリー"な一冊！
2017.10 271p A5 ¥3400 ①978-4-542-30545-8

◆IT現場のセキュリティ対策完全ガイド―事件事故の実例から導く　長谷川長一著　日経BP社, 日経BPマーケティング 発売
【要旨】ランサムウエア、標的型攻撃、内部不正・違反、Web改ざん、障害。高度化する攻撃へのセキュリティ対策を丁寧に解説。現場で即役立つセキュリティ運用を指南。
2017.10 156p 24×19cm ¥2500 ①978-4-8222-3742-4

◆Web担当者のためのセキュリティの教科書　中山貴禎著　エムディエヌコーポレーション, インプレス 発売
【要旨】ワークフローごとに注意点がわかる。事後対応についてもフォロー。SNSの炎上対策も解説。Webでビジネスを展開する以上、セキュリティとリスクマネジメントは避けて通ることができない。Webの責任者として最低限なにを押さえておく必要があるのか一知っておくべき鉄則を1冊にまとめた。
2017.3 207p 23×19cm ¥2000 ①978-4-8443-6647-8

パソコン

◆ああしたい！こうしたい！自治会・PTAの書類のつくり方―Word/Excel対応　伊東知代子, 山田あゆみ著　技術評論社　（付属資料：CD・ROM1）
【要旨】そのまま使える収録サンプル、つくり方も詳細解説！思い通りにアレンジできる「ああしたい！こうしたい！」技も紹介！
2017.3 191p 23×19cm ¥1980 ①978-4-7741-8737-2

◆一瞬で片づく！ずるいパソコン仕事術　中山真敬著　宝島社
【要旨】エクセル、ワード、メール、ファイル管理など、仕事の効率化で残業・休日出勤ゼロに!!定時に帰る人だけが知っている、時短ワザ103。
2017.2 223p B6 ¥999 ①978-4-8002-6331-5

◆1分でも早く帰りたい人のためのパソコン仕事術の教科書　中山真敬著　技術評論社
【要旨】ファイルやフォルダー、キレイに整理したい…パソコンの動作が遅くてイライラ…メールの文章、なんて書こう…もっと効率的なWeb検索の方法、ないのかな…Wordの文書、いまいち読みづらい…Excelのこの表、もっと説得力を高めたい…PowerPointやPDFだって使いこなしたい…ビジネスパーソンの悩みは、この1冊でまとめて解決！パソコンスキルに自信がない人はもちろん、ベテラン社員でも案外知らない、仕事の効率を高めるテクニックを豊富に収録！
2017.3 319p A5 ¥1480 ①978-4-7741-8796-9

◆一本指でもサクサク打てる、キーボード超入門 パソコン初心者が文字入力で困ったら読む本　可知豊著　秀和システム
【要旨】ボタンいっぱいのキーボード…でも実は、あの中の3分の1だけ使えば楽勝なんです！1本指で迷いながら入力している人も、1日でつまずかなくなります！「タッチタイピングっぽく見える」ちょっとカッコいい入力のしかたも教えますよ！
2017.5 167p B6 ¥1200 ①978-4-7980-4990-8

◆教育の場で「説明する」ためのパソコン術　宇多賢治郎著　学文社
【目次】「説明する」という目的の確認、「道具」の使い方の確認、情報の収集、整理、管理、PowerPointで図を描く、Excel操作の基本、表計算の基本、データの加工、計算、グラフの作成、Word操作の基本、表の作成、加工、文書の設定、スライドの作成、各ファイルの印刷
2017.3 239p 24×19cm ¥1800 ①978-4-7620-2699-7

◆今日からはじめるやさしいパソコン—ウィンドウズ10版　「SCCライブラリーズ」制作グループ編著　エスシーシー
【目次】第1章 パソコンのしくみを覚えましょう、第2章 パソコンのルールを覚えましょう、第3章 文字を入れてみましょう、第4章 紙に印刷するには、第5章 いよいよインターネットの世界へ、第6章 メールでコミュニケーション！、第7章 デジカメ写真を楽しみましょう、第8章 音楽CDを楽しみましょう、第9章 パソコンと長くつき合うために
　　　2017.3 246p A4 ¥1500 ①978-4-88647-630-2

◆ここで差がつく！ 仕事がデキる人の最速パソコン仕事術　戸田覚著　インプレス
【要旨】アプリ別・シーン別で仕事の改善点が一目瞭然！ ビフォー・アフターの実例で学び直す最強時短ワザ！
　　　2017.7 222p B6 ¥1200 ①978-4-295-00152-2

◆困ったときのパソコン大事典　パソコンお悩み解決チーム著　電波社
【要旨】パソコンの「わからない」をスグ解決!!トラブル対策の決定版!!悩みを解決する便利ワザ350以上収録！
　　　2017.10 415p B6 ¥1389 ①978-4-86490-115-4

◆残業ゼロの快速パソコン術　知的生産研究会編　青春出版社　（青春文庫）　（『この一冊でぜんぶわかる』『パソコンの裏ワザ・基本ワザ大全』再構成・改題書）
【要旨】ウインドウズ操作、ワード＆エクセル、グーグル検索＆活用術までこの一冊。「今まで、こんなにムダな作業をしていたのか！」仕事が急にラクになる一生モノのテクニックが満載！
　　　2017.6 365p A6 ¥907 ①978-4-413-09673-7

◆スッキリ解決 仕事に差がつくパソコン最速テクニック　清水理史、できるシリーズ編集部著　インプレス　（できるポケット）
【目次】第1章 新機能を使い尽くす。Windows10の基本ワザ、第2章 デスクトップ＆メニューを快適・快速にするカスタマイズ、第3章 作業効率を劇的にUP！ 仕事に効くカスタマイズ、第4章 適材適所の使いこなし。アプリのカスタマイズ、第5章 ムダを省いて素早く動かす。快適設定ワザ、第6章 快適、便利なWeb サービス、第7章 日々のメンテナンス＆備えのバックアップ
　　　2017.7 222p B6 ¥1000 ①978-4-295-00137-9

◆スマホ世代のためのパソコン入門　村松茂著　秀和システム
【要旨】今からサクッとパソコンデビュー！「スマホ世代のパソコン知らず」から卒業する本。
　　　2017.3 143p B6 ¥1200 ①978-4-7980-4932-8

◆即戦力になるためのパソコンスキルアップ講座—一台をつくる基礎知識と効率アップの仕事術　唯野司著　技術評論社
【要旨】パソコン仕事で身に付けたい基礎知識とスキルがわかる、職場の新人さんに読んでもらいたい本。
　　　2017.3 255p A5 ¥1580 ①978-4-7741-8864-5

◆その仕事、3秒で完了！ パソコン神ワザ200　ワイツープロジェクト著　宝島社
【要旨】厳選されたテクニックで仕事の効率が即アップする！ 仕事に役立つ神ワザが満載！
　　　2017.12 255p B6 ¥1000 ①978-4-8002-7883-8

◆たくさがわ先生が教えるパソコン超入門Windows10＆エクセル＆ワード対応版　たくさがわつねあき著　技術評論社
【要旨】楽しい！ 嬉しい！ 元気！ パソコンを学ぶ喜びが感じられる、やさしい本です！ パソコン初心者のいちばん近くでお手伝いしているたくさがわ先生が、皆さんの本当に知りたいこと・やりたいことを丁寧に解説します！
　　　2017.5 159p 23×22cm ¥1280 ①978-4-7741-8890-4

◆パソコン仕事が10倍速くなる80の方法—たった1秒の最強スキル　田中拓也著　SBクリエイティブ
【要旨】マウスを使わないパソコン操作、エクセル・ワードの時短ワザ、パソコンで仕事をする誰にでも役立つ本当に実用的なものだけ集めました。
　　　2017.4 191p B6 ¥1280 ①978-4-7973-9085-8

◆パソコン入門—Windows Word PowerPoint Excel 2016　龍田建次著　ムイスリ出版

【目次】1 How to play Windows（Windowsの基礎用語、 メモ帳でWindows を覚える）、2 Text of Word（Word の基本は、 ポストカードで覚える、 文字情報の扱い方は、 ビジネス文書で覚える）、 3 Text of Power-Point（PowerPoint を始めよう、 プレゼンテーションはスライドの集まり、 スライドはオブジェクトの集まり）、4 Text of Excel（Excel は集計表（シート）がベース、 計算と表の飾り方（書式）、グラフとデータベース）
　　　2017.3 154p B5 ¥1900 ①978-4-89641-257-4

◆パーソナルコンピュータ博物史—パソコンの時代を築き上げたレトロパソコン たち　京都コンピュータ学院KCG資料館（コンピュータミュージアム）著、京都情報大学院大学監修　講談社
【要旨】パソコンの発達と普及の歴史をこの一冊で！ パソコンはいかにして生まれて、いかにして普及していったのか？ 歴史に残る代表的なレトロパソコンを多数掲載。
　　　2017.3 143p B6 ¥1300 ①978-4-06-220563-4

◆ラズベリー・パイで遊ぼう！—名刺サイズの魔法のパソコン　林和孝著　ラトルズ　改訂第2版
【要旨】ラズベリー・パイ3モデルB、Zero W完全対応！ ラズベリー・パイ1モデルB＋、ラズベリー・パイ2モデルBでも使えます。手のひらサイズコンピュータ、ラズベリー・パイをトコトン遊び尽くそう！
　　　2017.4 327p A5 ¥2000 ①978-4-89977-462-4

◆理解するほどおもしろい！ パソコンのしくみがよくわかる本　丹羽信夫著　技術評論社
【要旨】パソコンの中はどうなっている？ OSにはどんな役割がある？ メールが相手に届くしくみは？ 高品質なサウンドはどこが違う？ パソコンのあんな疑問、こんな疑問に答えます！
　　　2017.2 255p 24×19cm ¥1480 ①978-4-7741-8538-9

◆私たちはみなメイカーだ—メイカーが変革する教育、仕事、社会、そして自分自身　デール・ダハティ, アリアン・コンラッド著, 金井哲夫訳　オライリー・ジャパン、オーム社 発売　（Make：Japan Books）
【要旨】メイカームーブメントの創始者として知られる著者が、教育、ビジネス、コミュニティで起こっている変化と、その根底にある私たちのマインドの変化について語る。
　　　2017.8 415p B6 ¥2400 ①978-4-87311-812-3

◆Make：Analog Synthesizers　レイ・ウィルソン著、斉田一樹監訳、小池実、高橋達也訳　オライリー・ジャパン、オーム社 発売
【要旨】自分だけのアナログシンセサイザーを作る。電子工作経験者を対象に、アナログシンセサイザーを構成する要素（VCO、VCF、VCA、LFOなど）の基本から、実際の制作、マルチトラックの音楽制作まで詳細に解説。
　　　2017.3 163p 24×19cm ¥3000 ①978-4-87311-751-5

◆New Surface Pro—知りたいことがズバッとわかる本 Windows 10 creators Update 対応　橋本和則、橋本直美著　翔泳社　（ポケット百科）
【目次】01 Surface Pro のハードウェアと基本操作、02 Surface Pro の周辺機器やハードウェアの活用、03 アプリ操作や環境設定 / Microsoft Office の活用、04 Surface Pro 全般操作と動作環境の最適化、05 タブレットとしてのSurface Pro 活用/Surface ペン、06 ネットワークとクラウド/セキュリティの管理と設定
　　　2017.8 279p A5 ¥1380 ①978-4-7981-5388-9

◆Surface完全大事典 "Windows10 Creators Update対応版"　伊藤浩一著　技術評論社　（今すぐ使えるかんたんPLUS＋）
【要旨】最強タブレット＆ノートPCを徹底的に使いこなす！ 活用テク159。
　　　2017.10 255p 24×19cm ¥1380 ①978-4-7741-9179-9

◆Tableauデータ分析—入門から実践まで　小野泰輔、清水隆介、前田周輝、三好淳一、山口将央著　秀和システム
【要旨】これで日本の「分析力」が上がる！ ユーザーがユーザーのために書いた基本操作と実践活用セルフBIツール「Tableau」（タブロー）が思い通りに使える!!先行導入企業のユーザー事例も収録！ ノウハウ大公開！
　　　2017.3 727p 24×19cm ¥4800 ①978-4-7980-5026-3

◆今すぐ使えるかんたんぜったいデキます！iPad超入門—新iPad/Pro/mini 4対応版　門脇香奈子著　技術評論社　（今すぐ使えるかんたんぜったいデキます！ シリーズ）　改訂2版
【目次】第1章 iPad の基本編—iPad の基本を確認しよう、第2章 基本操作編—iPad を使えるようにしよう、第3章 文字入力編—文字入力をスムーズに行おう、第4章 インターネット編—インターネットを活用しよう、第5章 メール編—メールを送ったり受け取ったりしよう、第6章 写真編—写真を撮影して楽しもう、第7章 音楽・映画編—音楽と映画を楽しもう、第8章 アプリ編—便利なアプリを使おう、第9章 設定編—iPad を活用するための設定をしよう
　　　2017.11 271p 24×19cm ¥1280 ①978-4-7741-9378-6

◆iPadでできる脳若トレーニング—1日10分!!とってもカンタン　光岡眞里著　日経BP社、日経BPマーケティング 発売
【要旨】無料のアプリを利用して「脳を活性化」。自治体の介護予防教室や地域のコミュニティベースで開催され実績を上げてきた「脳若（のうわか）」。アプリの使い方から、iPad の基本的な操作方法までわかりやすく丁寧に解説。
　　　2017.12 131p A4 ¥1380 ①978-4-8222-5329-5

◆今日から使えるMacBook Air & Pro—macOS High Sierra対応　小枝祐基著　ソシム
【要旨】「知ろう」「使おう」の2ステップ構成。Touch Bar 対応。便利に使える初期設定、Siri、写真管理編集、LINE、FaceTime、iCloud…ショートカットキー一覧＆機能別インデックス付き。
　　　2017.11 319p 24×19cm ¥1680 ①978-4-8026-1125-1

◆たった1日で即戦力になるMacの教科書　佐々木正悟、海老名久美著　技術評論社
【要旨】「Windows からMac に乗り換えたけど、どこが違うのか、いまいちわからない…」「データをやりとりしていたら、文字化けしてしまう…」そんな落とし穴の回避法、快適に使うための設定、アプリの使いこなしまで、実践テクニックを最小限の時間でマスター！
　　　2017.3 254p A5 ¥1680 ①978-4-7741-8866-9

◆Macアプリ100%厳選ガイドブック　小原裕太著　技術評論社
【要旨】厳選！ 234アプリ。定番アプリから最新人気アプリまでMac アプリはこれ1冊でOK！
　　　2017.2 143p B5 ¥1280 ①978-4-7741-8658-0

◆Macをはじめよう—MacBook、MacBook Pro&Air、iMac対応。macOS High Sierra対応版　Macビギナーズ研究会著　マイナビ出版
【要旨】Mac をよく知りたい＆これからはじめたい方におすすめの入門書！
　　　2017.11 271p 24×19cm ¥1400 ①978-4-8399-6502-0

◆MacBookはじめる＆楽しむ100%入門ガイド　小原裕太著　技術評論社
【要旨】最新macOS対応。基本操作からインターネット、メール、写真＆音楽、iPhone との連携までわかりやすくていねいに解説!!
　　　2017.4 127p B5 ¥1280 ①978-4-7741-8881-2

◆Pages・Numbers・Keynoteマスターブック　東弘子著　マイナビ出版　（Mac Fan BOOKS）
【要旨】Mac ユーザーのための「ワープロ」「表計算」「プレゼン」解説書の決定版！ 図解でカンタンわかりやすい！
　　　2017.1 367p 24×19cm ¥2280 ①978-4-8399-6183-1

情報・通信・コンピュータ

モバイルコンピュータ

◆**いちばんやさしい60代からのiPad**　増田由紀著　日経BP社, 日経BPマーケティング 発売
【要旨】iOS 10に対応。大きな文字と画面でわかりやすい、初心者必携の1冊!!
2017.1 169p 28×22cm ¥1400 ①978-4-8222-5324-0

◆**いちばんやさしい60代からのiPad—iOS11対応**　増田由紀著　日経BP社, 日経BPマーケティング 発売
【目次】第1章 iPad の基本、第2章 インターネットで情報検索、第3章 カメラの使い方、第4章 連絡先、メール、メッセージ、ビデオ通話の使い方、第5章 地図の使い方、第6章 メモ、カレンダー、時計の使い方、第7章 iPad の便利な機能と各種設定、第8章 アプリの追加と楽しみ方
2017.12 169p 28×21cm ¥1400 ①978-4-8222-5340-0

◆**今すぐ使えるかんたんiPad完全ガイドブック困った解決&便利技—iOS 11対応版**　リンクアップ著　技術評論社　（今すぐ使えるかんたんシリーズ）
【要旨】iOS 11で大きく変わったiPad を使いこなすための厳選583ワザ。
2017.12 319p 24×19cm ¥1880 ①978-4-7741-9424-0

◆**ゼロからはじめるiPadスマートガイド　iOS10対応版**　リンクアップ著　技術評論社
【要旨】使いこなしの基本操作から便利な設定までこれ1冊で全部わかる！ Apple IDの設定、アプリのインストール、メール、SNSの活用。iCloud の使いこなし、さまざまな機能を詳しく解説。iPad、iPad mini 4、iPad Pro 対応。
2017.6 255p B6 ¥1420 ①978-4-7741-8979-6

◆**iPad Perfect Manual—iOS11対応版**　野沢直樹、村上弘子著　ソーテック社
【要旨】Pro／iPad 5th／mini4ベスト取説。基本操作・設定・アプリからファイル・Apple Pay まで、すべてがわかる！
2017.11 303p 24×21cm ¥1800 ①978-4-8007-1189-2

ソフトウェア

◆**継続的デリバリー—信頼できるソフトウェアリリースのためのビルド・テスト・デプロイメントの自動化**　ジェズ・ハンブル、デイビット・ファーレイ著, 和智右桂、高木正弘訳　ドワンゴ, KADOKAWA 発売
【目次】第1部 基礎（ソフトウェアデリバリーの問題、構成管理、継続的インテグレーション、テスト戦略を実装する）、第2部 デプロイメントパイプライン（デプロイメントパイプラインの解剖学、ビルド・デプロイメントスクリプト、コミットステージ、自動受け入れテスト、非機能要件をテストする、アプリケーションをデプロイ・リリースする）、第3部 デリバリーエコシステム（基盤と環境を管理する、データを管理する、コンポーネントや依存関係を管理する、高度なバージョン管理、継続的デリバリーを管理する）
2017.7 543p 24×19cm ¥3800 ①978-4-04-893058-1

◆**ソフトウェア技術者のためのFPGA入門—機械学習編**　石原ひでみ著　インプレスR&D, インプレス 発売　（技術書典シリーズ）PDF版
【目次】第1章 プログラムできるハードウェア、第2章 開発環境の整備、第3章 ハードウェア・プログラミング（スタートアップ編）、第4章 機械学習ソフトウェア、第5章 ハードウェア・プログラミング（組み込み編）、第6章 ハードウェア・プログラミング（チューニング編）
2017.10 167p B5 ¥2400 ①978-4-8443-9800-4

◆**ソフトウェアグローバリゼーション入門—国際化I18Nと地域化L10Nによる多言語対応**　西野竜太郎著, 達人出版会協力　インプレス（impress top gear）
【要旨】世界中で使われるソフトウェアを作るには、さまざまな言語や文化への対応が不可欠。Globalization（G11N）の基本から具体的な手法

やツールまで、開発言語やプラットフォームを問わない基礎的な知識を集約！
2017.10 191p A5 ¥2400 ①978-4-295-00255-0

◆**ソフトウェア工学**　平山雅之、鵜林尚靖共著　オーム社　（IT Text）
【目次】第1章 ソフトウェアシステム、第2章 ソフトウェア開発の流れ、第3章 ソフトウェアシステムの構成、第4章 要求の獲得・分析と要件定義、第5章 システム設計、第6章 ソフトウェア設計—設計の概念、第7章 ソフトウェア設計—全体構造の設計、第8章 ソフトウェア設計—構成要素の設計、第9章 プログラムの設計と実装、第10章 ソフトウェアシステムの検証と動作確認、第11章 開発管理と開発環境
2017.3 241p A5 ¥2600 ①978-4-274-21988-7

◆**ソフトウェア工学の基礎　24　日本ソフトウェア科学会FOSE 2017**　吉田敦、福安直樹編　近代科学社　（レクチャーノート ソフトウェア学 43）
【目次】基調講演 時空間IoTビッグデータの収集と分析・可視化基盤、アーキテクチャ、品質評価、テスト、デバッグ支援、プログラミング教育、プログラム改善、プログラム解析、機密解析、デバッグ支援、テスト・権利保護、フレームワーク、アーキテクチャ、マイニング、開発工程管理、テスト、形式手法、数理モデル、要求分析、プロダクトライン、ライブラリ
2017.11 252p B5 ¥5700 ①978-4-7649-0553-5

◆**データ構造とアルゴリズム**　伊藤大雄著　コロナ社　（コンピュータサイエンス教科書シリーズ 2）
【目次】1 はじめに、2 基本的データ構造、3 整列、4 集合に関する操作、5 平衡二分探索木、6 古典的アルゴリズム、7 定数時間アルゴリズム、8 数学用語の解説
2017.9 211p A5 ¥2800 ①978-4-339-02702-0

◆**ひと目でわかるHyper - V Windows Server 2016版**　Inc. Yokota Lab編　日経BP社, 日経BPマーケティング 発売　（ひと目でわかるシリーズ）
【要旨】本書は "知りたい操作がすばやく探せるビジュアルリファレンス" というコンセプトのもとに、Hyper - V の基本機能を体系的にまとめあげ、設定・操作手順を豊富な画面でわかりやすく解説しました。Nested Hyper - Vや Nano Server 対応、仮想マシンの保護など、Windows Server 2016での新機能や強化された機能についても取り上げます。
2017.5 291p 24×19cm ¥3000 ①978-4-8222-9898-2

◆**マルチエージェントによる自律ソフトウェア設計・開発**　大須賀昭彦, 田原康之、中川博之, 川村隆浩共著　コロナ社　（マルチエージェントシリーズ）
【目次】1章 歴史的背景、2章 自律ソフトウェア設計のためのエージェント技術、3章 ゴール指向要求工学、4章 自己適応システム、5章 セマンティックWeb エージェント、6章 自律Web アプリケーション
2017.7 210p A5 ¥3000 ①978-4-339-02818-8

◆**ITプロジェクトのトラブルを回避する揉め事なしのソフトウェア開発契約**　英繁雄著, 日経SYSTEMS編　日経BP社, 日経BPマーケティング 発売
【要旨】準委任、タイムアンドマテリアル、アジャイル、見積もり、ファンクションポイント—トラブル事例に学ぶ変化に強い契約形態。
2017.10 157p 24×19cm ¥2400 ①978-4-8222-5853-5

◆**Mastodon入門ガイド**　大嘗多利哉著　ソーテック社
【要旨】使い方からインスタンス構築・管理まで、すべてを徹底解説！ ローカルタイムラインや連合タイムライン、リモートフォローなどMastodon の仕組みと使い方を学ぼう！ インスタンス（サーバー）構築や、クラウドでの運用管理も解説！
2017.8 159p 24×19cm ¥1600 ①978-4-8007-1179-3

◆**The DevOpsハンドブック—理論・原則・実践のすべて**　ジーン・キム、ジェズ・ハンブル、パトリック・ドボア、ジョン・ウィリス著, 榊原彰監修, 長尾高弘訳　日経BP社, 日経BPマーケティング 発売
【要旨】DevOps 改革を "迅速に・確実に・安全に" 実践するための必読書。『TheDevOps 逆転だ！』の「3つの道」の全貌が明らかに。　2017.6 487p A5 ¥3200 ①978-4-8222-8548-7

◆**UX（ユーザー・エクスペリエンス）虎の巻—ユーザー満足度を向上する設計開発テクニック**　坂東大輔著　日刊工業新聞社
【要旨】実務でUXを経験してきた著者が、現場ですぐに使える実践的なノウハウを紹介！
2017.9 199p A5 ¥2000 ①978-4-526-07742-5

◆**VRエンジニア養成読本—現実を拡張&融合する「VR」開発の基礎知識**　養成読本編集部編　技術評論社　（Software Design plus）
【目次】巻頭特集 VRのしくみと可能性を正しく理解—最新ハードで学ぶVRの今とこれから（ヘッドマウントディスプレイから知るVR最前線—「プレゼンスの高いコンテンツ作りのための」VRの基礎知識、AR、MR、無総化、ソーシャル、VREditor—進化genき新しいVRデバイスの「次」の形）、特集1 Unity で作る一入門！ VRアプリ開発（Google Cardboard と Android でスタート—はじめてのVRアプリ、Oculus に挑戦—ユニティちゃんを動かしてみよう、Quaterinion クラスで実現—視線と頭の動きを使ったインタラクティブなアプリ開発）、特集2「没入感」を生み出すコンテンツ開発と空間設計—VRアプリデザイン実践入門（「至近距離ガールVR」に見るシステム、ビジュアル、サウンドでの実現—視線と運動を実現するコンセプト開発のポイント、複雑さとわかりやすさを両立させるには一道に迷いにくい空間設計）、一般記事 PCやスマホで手軽に体験できる—360度動画入門、特集3 複合現実の世界へようこそ—HoloLens 入門（現実を拡張するVR、「Mixed Reality」の世界—HoloLens とは、Visual Studio とUnity による開発と最適化—HoloLens アプリ開発入門）、特集4 3Dプリンター & ジェネラティブアート—VRで広がる空間技術（VR世界のキャラクターを3Dプリンターで実現—仮想現実を現実世界に実現するしくみ、Unity で楽しむ「偶然と発見のプログラミング」—VRで実現するジェネラティブアートの世界）
2017.4 105p B5 ¥2180 ①978-4-7741-8894-2

エディタ・ワープロソフト

◆**今すぐ使えるかんたんぜったいデキます！ワード&エクセル超入門—2016/2013対応版**　門脇香奈子著　技術評論社
【目次】ワードの基本操作を覚えよう、ワードでお知らせ文書を作ろう、ワードで文字を見やすく整えよう、ワード文書に図形を入れよう、ワード文書に写真やイラストを入れよう、エクセルの基本操作を覚えよう、エクセルで表を見やすく整えよう、エクセルで表に罫線を引こう、エクセルで計算式を作ろう、お知らせ文書に参加費集計表を貼り付けよう、便利な機能を知っておこう
2017.5 255p 24×19cm ¥1380 ①978-4-7741-8958-1

◆**今すぐ使えるかんたんWord完全（コンプリート）ガイドブック困った解決&便利技—2016/2013/2010対応版**　AYURA著　技術評論社　（今すぐ使えるかんたんシリーズ）
【要旨】思いどおりの書類を作る必須テクニック満載！ 厳選645技。
2017.12 287p 24×19cm ¥1580 ①978-4-7741-9360-1

◆**エンジニア・研究者のためのWordチュートリアルガイド**　出川昌啓著　インプレスR&D, インプレス 発売　（技術書典シリーズ）PDF版
【要旨】スタイルの活用で文書を構造化！ 数式入り技術文書をWord で書こう！
2017.12 108p B5 ¥500 ①978-4-8443-9805-9

◆**大きな字でわかりやすいワード&エクセル—Word2016/Excel2016対応版**　AYURA著　技術評論社
【要旨】キホンからしっかり学べる！ 思い通りに書類が作れる！ 表づくりや計算もバッチリ！
2017.8 223p 29×22cm ¥1480 ①978-4-7741-9107-2

◆**今日からはじめるやさしいワードとエクセル2016**「SCCライブラリーズ」制作グループ編著　エスシーシー
【目次】ワード編（ワードを使ってみましょう、手紙を書いてみましょう、ポスターを作ってみましょう、名簿を作ってみましょう、年賀状を作ってみましょう、覚えておくと便利な機能）、エクセル編（エクセルを使ってみましょう、表

を作成してみましょう、計算機能を使ってみましょう、ワークシートの使い方を工夫してみましょう、データベース機能を使ってみましょう、グラフを作ってみましょう、覚えておくと便利な機能）

2017.3 262p A4 ¥1500 ①978-4-88647-631-9

◆これからはじめるワード＆エクセルの本—Word&Excel2016/2013対応版　門脇香奈子著　技術評論社
【要旨】大きな画面と文字でわかりやすい！操作を省略していないので迷わない！本の途中から読み始めても大丈夫！

2017.2 207p 23×22cm ¥1780 ①978-4-7741-8726-6

◆これからはじめるワードの本—Word2016/2013対応版　門脇香奈子著　技術評論社
【要旨】大きな画面と文字でわかりやすい！操作を省略していないので迷わない！本の途中から読み始めても大丈夫！

2017.2 159p 23×21cm ¥1380 ①978-4-7741-8723-5

◆これでわかるWord 2016　鈴木光勇著　エスシーシー
【要旨】基本＆テクニック。ワード操作がスムーズに学べる！例題ファイル、ダウンロードで実力UP！

2017.3 288p 24×19cm ¥1200 ①978-4-88647-632-6

◆図解でわかる！　お仕事のWord　朝岳健二著　秀和システム
【要旨】上司からOKが出る文書の作り方、できる人！と思われるレイアウト、企画書作りの時間を削減できる！ビジネス文書作成がどんどんはかどるポイントを厳選。時短につながる "知っててよかった" 使い方を伝授！

2017.9 199p B6 ¥1500 ①978-4-7980-5174-1

◆世界一わかりやすいWordテキスト—Word2016/2013/2010対応　佐藤薫著　技術評論社（ベテラン講師がつくりました）
【要旨】紙面には、すべてカラーでWordの画面を掲載。テキストには学習用のサンプルファイルを用意。練習問題で理解度チェック！スキルチェックシートつき！

2017.3 255p B5 ¥1780 ①978-4-7741-8808-9

◆たった1日で基本が身に付く！WordPress超入門　佐々木恵著　技術評論社
【要旨】初心者でも安心のわかりやすい解説。コレならわかる！できる！Webサイトの作り方が1日でわかる！

2018.1 191p 23×19cm ¥1800 ①978-4-7741-9372-4

◆できるWordPress—WordPress Ver.4.x対応　星野邦敏、相澤奏恵、漆原理乃、大胡由紀、清水由規、戸田秀成、吉田祐介著　インプレス（できるシリーズ）
【要旨】未経験でもプロ級ホームページが簡単に作れる！管理できる！ホームページ作成、アクセス解析、SEO対策、SNS連携、スマートフォン対応などが満載。

2017.8 254p 24×19cm ¥1400 ①978-4-295-00201-7

◆パソコン編集入門—「パーソナル編集長」バージョン12対応　機関紙協会大阪編（大阪）日本機関紙出版センター
【要旨】新聞作り入門編—新聞作りにはルールがある。パーソナル編集長実技編—これがパーソナル編集長の使いこなしテクニック。ビラ・チラシ編集編—宣伝・集客効果抜群の作り方をやさしく伝授。冊子作り入門編—冊子、雑誌、本作りはこれでいい。

2017.2 234p 24×19cm ¥2000 ①978-4-88900-942-2

◆学んで作る！　一太郎2017使いこなしガイド　内藤由美、井上健詩、ジャムハウス編集部著　ジャムハウス
【要旨】ポスター作成はテンプレートから選ぶだけなので簡単。電子書籍を作るなら方言切り替えも傍点入力もワンタッチ。自分好みのカスタマイズで一太郎2017を使いこなそう。

2017.2 255p 24×18cm ¥1800 ①978-4-906768-36-3

◆学んで作る！　花子2017使いこなしガイド　ハーティネス著　ジャムハウス
【要旨】「統計地図」や「文書校正」など、さらに便利になった花子2017の基本操作から、作例をもとにした操作解説までを1冊にまとめています。

2017.2 239p 24×19cm ¥2000 ①978-4-906768-37-0

◆WordPressのツボとコツがゼッタイにわかる本—最初からそう教えてくれればいいのに！　中田亨著　秀和システム
【要旨】初心者でも大丈夫！WordPressの仕組みを理解して応用できるスキルを身に付ける！この方法なら悩み解消！

2017.3 387p 24×19cm ¥2500 ①978-4-7980-5004-1

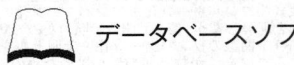　データベースソフト

◆今すぐ使えるかんたんFileMaker Pro—FileMaker Pro16/15/14対応版　若林孝、深澤真吾著　技術評論社
【要旨】本格的なデータベースの構築＆操作の手順をくわしく解説！

2017.8 287p A5 ¥2340 ①978-4-7741-9059-4

◆自分でつくるAccess販売・顧客・帳票管理システムかんたん入門—2016/2013/2010対応　きたみあきこ著　マイナビ出版
【要旨】システムに合わせてカスタマイズOK。システムがあればもっと効率化できる。外注に出す予算はない！顧客管理、商品管理、帳票作成、データ分析、販売管理—小さな会社で使う業務用システムは自分でつくれます。Accessがわからなくても大丈夫！基礎から学べる。

2017.7 320p 24×19cm ¥2650 ①978-4-8399-6151-0

◆はじめてのFileMaker Pro16 最新版　吉岡豊著　秀和システム（BASIC MASTER SERIES）
【目次】01 そもそもFileMaker Proってなんのこと？、02 FileMaker Pro16の基本をざっくりと解説、03 FileMaker Proで簡単なデータベースを作りましょう、04 FileMaker Proのデータ入力のしくみとルールを覚えましょう、05 FileMaker Proで仕事に合った画面を作りましょう、06 FileMaker Proで使える便利なデータの検索・並べ替えのテクニックを解説します、07 複数のテーブルを使いこなせると便利です、08 iPad があればいつでもどこからでもFileMakerのデータを使えます、09 データを共有してさまざまな業務に活用しましょう

2017.7 253p 24×19cm ¥2200 ①978-4-7980-5179-6

◆Access基本ワザ＆仕事ワザ—2016&2013&2010&2007　速効！ポケットマニュアル編集部著　マイナビ出版（速効！ポケットマニュアル）
【要旨】みんながつまずく箇所をスパッ！と解決!!複雑なAccessがこれ1冊でわかる！データベースを自由自在に使いこなす。

2017.8 239p B6 ¥980 ①978-4-8399-6419-1

◆Accessクエリビジネス活用事典—2016/2013/2010/2007対応　三浦健二郎著　秀和システム
【要旨】実務で困った。時間も無い。だから今すぐに何とかしたい。即効のクエリ技で一気に解決できます！使いやすい！引きやすい！Accessテクニック集の決定版！

2017.3 305p A5 ¥2200 ①978-4-7980-4995-3

◆Accessデータベース プロ技BESTセレクション　門脇香奈子著　技術評論社（今すぐ使えるかんたんEx）
【要旨】これが知りたかった！仕事が10倍速くなるスゴ技・便利技が満載！

2017.9 351p A5 ¥1980 ①978-4-7741-9115-7

◆Accessデータベース本格作成入門—仕事の現場で即使える Access2016/2013/2010対応版　今村ゆうこ著　技術評論社（付属資料：CD・ROM1）
【要旨】はじめてでも作れる高機能データベース。テーブルやクエリはもちろん、レポート、フォーム＆マクロまでこの1冊で、業務に必要なデータベースの知識はすべて身につく。

2017.5 303p 24×19cm ¥2480 ①978-4-7741-8888-1

◆Accessではじめるデータベース超入門　西村めぐみ著　技術評論社（かんたんIT基礎講座）（付属資料：別冊1）　改訂2版
【要旨】データベース操作の経験がなくても、この1冊でAccessとSQLの基礎をしっかりマスターできます！

2017.6 239p B5 ¥2040 ①978-4-7741-8990-1

◆Accessレポート＆フォーム完全操作ガイド—仕事の現場で即使える Access2016/2013/2010対応版　今村ゆうこ著　技術評論社（付属資料：CD・ROM1）
【要旨】レポート、フォームに関するすべての機能を詳細解説。イチから作る操作手順も、丁寧わかりやすい解説。すべてのコマンドボタンを紹介したリファレンスを巻末に収録。

2018.1 359p 23×19cm ¥2980 ①978-4-7741-9476-9

◆AccessVBA逆引き大全 600の極意—2016/2013/2010/2007対応　中村峻著　秀和システム
【要旨】そのままコピペで使える応用技＆便利技が満載！もちろん、サンプルはすべてダウンロード可能！ネットでは得られない丁寧解説で徹底フォロー！細かいカテゴリ分けと索引でTipsが探しやすい！

2017.7 755p A5 ¥2600 ①978-4-7980-5143-7

◆FileMaker Proそれはどうやるの？—EXCELデータベース機能から始めるPro/Advanced/Go/Server ver.15　西門泰洋監修、蝦名信英著　（札幌）サンタクロース・プレス
【目次】第1章 名称と機能（ExcelのDB機能、Excel to FMP ほか）、第2章 テクニック（ナンバリングの練習、レコードの追加作法 ほか）、第3章 デザイン（オブジェクトの装飾、パートと印刷 ほか）、第4章 共有と配布（ランタイムの配布、FileMaker Go ほか）

2017.1 278p 24×17cm ¥3000 ①978-4-9908804-1-5

◆FileMaker Pro 16スーパーリファレンス—Windows&Mac対応　野沢直樹、胡正則著　ソーテック社
【要旨】データベースの基本から関数・スクリプトまですべての操作がわかる！知りたい機能や操作がマスターできる必携の入門書。FileMaker Go、WebDirect も詳細に解説！

2017.7 407p 24×19cm ¥2680 ①978-4-8007-1173-1

◆MOS対策テキスト Access2016　阿部香織著　日経BP社、日経BPマーケティング 発売
【要旨】出題範囲を完全網羅！新形式試験の内容とポイントがわかる。

2017.10 289p 28×21cm ¥2500 ①978-4-8222-5328-8

　表計算ソフト

◆ああしたい！こうしたい！Excel & Wordでできる見積書 顧客リスト ビジネス定番書類のつくり方　稲村暢子著　技術評論社（付属資料：CD・ROM1）
【要旨】仕事の現場ですぐ使えるサンプルを多数収録、つくり方も詳細解説。業務に合わせてアレンジできる「ああしたい！こうしたい！」技も紹介。

2017.8 191p 24×19cm ¥1850 ①978-4-7741-9057-0

◆一瞬で片づく！　超ずるいエクセル仕事術　中山真敬著　宝島社
【要旨】操作を効率化する基本設定の「ずるいワザ」、やりかた1つで差がつくデータ入力の「ずるいワザ」、「計算」をあっという間に済ませる「ずるいワザ」、「数表」「一覧表」の作成を簡単にする「ずるいワザ」、「グラフ」の作成・見せかたに効果を発する「ずるいワザ」を、役立つエクセル仕事術が満載！仕事の速い人なら必ず使っている時短ワザ82。机の上で開いたままにできる特別仕様。

2017.3 223p B6 ¥1000 ①978-4-8002-6589-0

◆いつもの作業を自動化したい人のExcel VBA1冊目の本　大村あつし著　技術評論社
【要旨】Excel VBAは仕事のやり方を変えてしまうカンタンなマクロ言語。Excelに働いてもらおう！その作業、ほったらかしでも、寝てても終わります！

2017.7 319p A5 ¥2040 ①978-4-7741-9016-7

◆今すぐ使えるかんたんぜったいデキます！エクセル関数超入門　井上香緒里著　技術評論社
【目次】パソコンの基本操作、第1章 最初に知りたい数式の基本、第2章 セル参照を使って数式を作ろう、第3章 関数を使ってみよう、第4章 関数をコピーしよう、第5章 関数を修正しよう、第6章 絶対参照をマスターしよう、第7章 ちょっと

難しい関数に挑戦しよう、第8章 数式のエラーを知ろう
2017.5 191p 24×19cm ¥1380 Ⓘ978-4-7741-8959-8

◆今すぐ使えるかんたん 定番ビジネス文書がすぐに作れる！ Excel文書作成―Excel2016/2013/2010対応版　稲村暢子著　技術評論社
【目次】第1章 文書作成の基本、第2章 ビジネス文書作成の基本テクニック、第3章 罫線を上手に使って作る稟議書、第4章 日付や曜日を自動で入力するシフト表、第5章 商品名と価格が自動で表示される見積書、第6章 画像で目をひきつけるチラシ、第7章 グラフや図表で見やすい報告書、第8章 効率的に入力できる顧客名簿、第9章 間違い入力を防ぐ申請書、第10章 データの並べ替えや抽出ができる売上リスト、第11章 文書の印刷テクニック
2017.4 223p 24×19cm ¥1780 Ⓘ978-4-7741-8882-9

◆今すぐ使えるかんたんExcelデータベース―Excel2016/2013/2010対応版　井上香緒里著　技術評論社
【要旨】大量のデータをビジネスの現場でフル活用！ 毎日のデータを即座に集計、目的に合わせて自在に抽出、視点を変えて多角的に分析。
2017.7 255p 24×19cm ¥1840 Ⓘ978-4-7741-9004-4

◆エクセル ここで差がつく！ 快速ワザ　AYURA著　技術評論社　（今すぐ使えるかんたん文庫）
【要旨】「エクセルなんて使えてあたりまえだよね！」そんな空気に押しつぶされそうになっていませんか？ 慌てて勉強しようにも、いったい何から始めればいいのか。分厚い解説書はできれば読みたくないし…。そんなあなたにピッタリの本がここにあります！ 本書では、エクセルを使いこなすためのテクニックをポケットサイズに凝縮して紹介。同僚に差をつけたいビジネスパーソン必携の1冊です。
2017.6 191p A6 ¥720 Ⓘ978-4-7741-8992-5

◆エクセル 仕事の教科書―今日から使えて一生役立つ時短ワザ　中山真敬著　三笠書房　（知的生きかた文庫）　（『入社1年目のエクセル仕事術』再編集・改題書）
【要旨】エクセルなんて全然、むずかしくない。関数、表作成、データ分析…この1冊で、全部「できる」!!
2017.4 244p A6 ¥700 Ⓘ978-4-8379-8465-8

◆会社でExcelを使うということ。―会社特有の表の仕組みがわかれば業務が見えてくる　日花弘子, 尾崎裕子著　SBクリエイティブ
【要旨】入社一年目におぼえるべき、表の「読み方」「考え方」「作り方」。会社で使用する代表的な表を題材に、その意味や業務の流れも解説した新しいExcel 解説書。
2017.3 239p A5 ¥1400 Ⓘ978-4-7973-9054-4

◆快速エクセル―会社では学べない一生モノの時短術　美崎栄一郎著　インプレス　（できるビジネス）
【要旨】知らないなんて損してる！ 誰でも飛躍できる仕事のしかた教えます。スイスイ読めるビジネス書。
2017.5 254p B6 ¥1300 Ⓘ978-4-295-00087-7

◆化学系学生のためのExcel2016/VBA入門―PowerPoint増補版　寺坂宏一著　コロナ社
【目次】Windowsの設定とExcelの予備知識、セル操作の基本、入力支援ツール、グラフ作成の基本、グラフ作成の応用、計算ツールの利用、マクロ、VBAによるプログラミング、繰り返し処理、配列、配列の応用、Wordによる報告書・論文要旨作成、PowerPointによる研究発表会用スライド、プレゼンテーション
2017.10 196p B5 ¥2900 Ⓘ978-4-339-06641-8

◆カラー図解 Excel「超」効率化マニュアル―面倒な入力作業を楽にする　立山秀利著　講談社　（ブルーバックス）
【要旨】本書はExcelを使ううえで避けて通れない「データ入力作業」を早く正確に行える仕組みの作り方を解説するものです。「データの入力規則」や「VLOOKUP関数」「OFFSET関数」「条件付き書式」などの機能を組み合わせ、日付や曜日、金額データの入力などを自動で処理。作業の手間や時間、ミスを激減させます。「今までの苦労は何だったのか…」と感嘆するほどの効率化を実現してみませんか。
2017.1 222p 18cm ¥1000 Ⓘ978-4-06-257999-5

◆計算ミスが激減するExcelの数式入力のコツ―数式をワンパターン化すればExcelの作業は驚くほど速くなる！　村田吉徳著　技術評論社
【目次】第1章 ビジネス現場の数式は間違いだらけ―ワークシートの恐ろしい実態を認識しよう、第2章 多量の数式はワンパターン化せよ！ ワンパターン化の利点を理解しよう、第3章 基本となる数式のワンパターン化―ワンパターン化の仕組みを理解しよう、第4章 照合参照のためのVLOOKUP関数のワンパターン化―参照セルを指定するコツをつかむ、第5章 小計のためのSUMIF関数のワンパターン化―小計計算のコツをつかむ、第6章 条件判定のためのIF関数のワンパターン化―条件判定のコツをつかむ、第7章 データ取り出しのためのINDEX関数のワンパターン化―データ取り出しのコツをつかむ、第8章 条件集計のためのSUMIF関数のワンパターン化―条件付き集計のコツをつかむ、第9章 日付集計のためのCOUNTIFSのワンパターン化―日付集計のコツをつかむ
2017.6 246p B6 ¥1520 Ⓘ978-4-7741-9015-0

◆これからはじめるエクセルの本―Excel2016/2013対応版　井上香緒里著　技術評論社
【要旨】大きな画面と文字でわかりやすい！ 操作を省略していないので迷わない！ 本の途中から読み始めても大丈夫！
2017.2 159p 23×21cm ¥1380 Ⓘ978-4-7741-8724-2

◆これでわかるExcel 2016　鈴木光勇著　エスシーシー
【要旨】基本＆テクニック。エクセル操作がスムーズに学べる！ 例題ファイル、ダウンロードで実力UP！
2017.3 283p 24×19cm ¥1200 Ⓘ978-4-88647-633-3

◆これならできるExcelピボットテーブル作成超入門―仕事の現場で即使える　木村幸子著　技術評論社　（付属資料：CD‐ROM1）
【要旨】ここまで丁寧に解説すれば必ず使いこなせる！ 希望通りのクロス修正ができるのはもちろん、ピボットテーブル、ピボットグラフ、データ分析までも解説。
2017.9 299p 23×19cm ¥2400 Ⓘ978-4-7741-9132-4

◆これならわかる！ ExcelVBA入門講座―Excel2016/2013対応　水口克也著　秀和システム
【要旨】短時間で要点がわかる超入門書！ 愉快なキャラクターたちの会話や、わかりやすい図解イラスト、ていねいなコード解説、サンプルプログラム、迷子にならないロードマップにより、超初心者でもプログラミングの考え方と書き方が楽しく学べる。
2017.4 238p 24×19cm ¥1900 Ⓘ978-4-7980-5001-0

◆最強の経理実務Excel教本―経理でプロフェッショナルを目指す人のための　高橋良和著　ソシム
【要旨】期限よりも1日早く、確実に日常業務と決算をこなす実践スキル＆活用例が満載！
2017.10 355p A5 ¥2200 Ⓘ978-4-8026-1118-3

◆仕事の成果がみるみる上がる！ ひとつ上のエクセル大全　きたみあきこ著　青春出版社
【要旨】エクセルって、こんなことまでできるんだ！ 仕事が10倍ラクになる自動化の“仕組み”
2017.2 382p B6 ¥1000 Ⓘ978-4-413-11201-7

◆仕事のExcelが1日でざっくりわかる本―ネコの手を借りるより、3つの「自動化」で　立山秀利著　SBクリエイティブ　（サイエンス・アイ新書）
【要旨】Excelを使った日々の仕事で、データの入力や転記、判別などに時間と労力を使いすぎていませんか？ うっかりミスに悩んでいませんか？ 本書はそんな問題を解決し、劇的に効率化するための本です。キーワードは「自動化」。特に知っておきたい「オートフィル」「4つ+αの関数」「マクロの基礎」を活用し、負担や失敗のもとになる手作業を減らしましょう。実践的な例とともに、暗記に頼りすぎない考え方をお伝えします。
2017.2 191p 18cm ¥1000 Ⓘ978-4-7973-8957-9

◆情報活用Excel2016/2013―Windows対応　飯田慈子, 米沢雄介, 岡本久仁子著　実教出版　（30時間アカデミック）
【要旨】表計算利用に必要な操作を例題で基礎から学べる。基本からデータ分析までを解説。実務に役立つ関数を多数収録。表計算の活用法が確実に身につく実習問題を節末に掲載。
2017.3 207p B5 ¥1500 Ⓘ978-4-407-34029-7

◆情報リテラシーを身につける Excel 2016 基礎編　阿南大, 水野有希, 泰松範行, 澁谷智久, 栗林克寛著　創成社
【目次】第1章 Excel の基礎、第2章 基本的な関数、第3章 よく使う四則演算、第4章 IF関数、第5章 表の編集、第6章 グラフ、総合問題、解答編
2017.9 168p B5 ¥1800 Ⓘ978-4-7944-2511-9

◆図解でわかるエクセルのマクロとVBAがみるみるわかる本―Excel2016/2013/2010対応最新版　道用大介著　秀和システム
【要旨】たいくつな仕事もらくらくカタヅく！ 目からうろこのプログラミング教室。
2017.2 187p B6 ¥800 Ⓘ978-4-7980-4940-3

◆図解でわかる！ お仕事のExcel　朝岳健二著　秀和システム
【要旨】上司からOKが出る資料の作り方、できる人！ と思われる表の見せ方、レポート作成の時間を削減できる！ ビジネスデータ分析がどんどんはかどるポイントを厳選。時短につながる“知っててよかった”使い方を伝授！
2017.9 207p B6 ¥1200 Ⓘ978-4-7980-5211-3

◆スピードマスター 1時間でわかるエクセル データ分析超入門　羽山博著　技術評論社
【目次】1章 データ分析をスムーズに進めてビジネスをレベルアップさせるには（データ分析とは知識や経験のクオリティを高める活動である、データ分析の考え方と流れを体験してみよう ほか）、2章 集団の全体像や特徴を見きわめ、代表値や全体の中での位置を求める（営業成績を可視化して分析の手がかりを得よう、度数分布表やヒストグラムを作って営業成績を可視化しよう ほか）、3章 複数の値どうしの関係を調べ、将来の値を予測する（気温と出荷数の関係を分析し、仕入や在庫管理に役立てよう、気温と出荷数の相関関係を詳しく分析してみよう ほか）、4章 営業活動や販売促進、トラブル対策の戦略を立てる（ABC分析により商品や対策に優先順位を付けよう、さまざまな部門でABC分析を使って戦略を立てよう）
2017.9 159p B6 ¥1000 Ⓘ978-4-7741-9172-0

◆すべてExcelでできる！ 経営力・診療力を高めるDPCデータ活用術　伏見清秀監修, 今井志乃ぶ執筆, 日経ヘルスケア編著　日経BP社, 日経BPマーケティング 発売　（スタートアップシリーズ）　（付属資料：CD‐ROM1）　増補改訂版
【要旨】新たに始まった「病院情報の公表」「Hファイル」にも対応！ 実際に手を動かしながら自院の診療機能や医療圏を分析できる。第3章「病床機能報告など各種統計データを用いた分析」も追加。
2017.5 367p 29×22cm ¥12000 Ⓘ978-4-8222-3966-4

◆世界一わかりやすいExcelテキスト―Excel2016/2013/2010対応　土岐順子著　技術評論社　（ベテラン講師がつくりました）
【要旨】紙面には、すべてカラーでExcel の画面を掲載。テキストには学習用のサンプルファイルを用意。練習問題で理解度チェック！ スキルチェックシートつき！
2017.3 255p B5 ¥1780 Ⓘ978-4-7741-8809-6

◆ゼッタイ定時に帰るエクセルの時短テク121―テキパキこなす！　尾崎裕子, タトラエディット著　インプレス
【要旨】作業を高速化して定時に帰れる！ “めんどくさい”をスッキリ解決！ みんなから頼りにされる！ 便利な機能もマスター！
2017.4 127p B5 ¥1000 Ⓘ978-4-295-00097-6

◆超速エクセル仕事術―仕事が速い人ほどマウスを使わない！　岡田充弘著　かんき出版
【要旨】ショートカットキーで入力作業が10倍速くなる、まとめて作業できるから面倒な“繰り返し”がなくなる、埋もれていたデータを有効活用できるようになる―誰でもできる！ 面倒なエクセル仕事を劇的に効率化する驚きの時短ワザ70。
2017.8 191p 19×12cm ¥1300 Ⓘ978-4-7612-7280-7

◆「伝わるデザイン」Excel資料作成術　渡辺克之著　ソーテック社
【要旨】ビジネスの現場で使う資料が劇的に変わる、デザイナーも驚きのテクニック満載の一冊！
2017.5 159p 24×19cm ¥1800 Ⓘ978-4-8007-1166-3

◆できる大事典 Excel関数―2016/2013/2010対応　羽山博, 吉川明広, できるシリーズ編集部著　インプレス　(「できる大事典」シリーズ)
【要旨】入門書を卒業したあなたに。全関数476個を完全網羅！間違いの原因がわかる！全関数エラー対応表付き。大ボリューム全928ページ。目次・参照の充実で引きやすい。豊富な使用例。仕事にすぐ使える。実践的な使用例を掲載！日付/時刻、数学/三角、論理、検索/行列、統計、データベース、文字列操作、財務、エンジニアリング、情報、キューブ、Web などの関数をすべて解説。
　2017.9 926p 24×19cm ¥3500 ⓘ978-4-295-00225-3

◆できる大事典 Excel VBA―2016/2013/2010/2007対応　国本温子, 緑川吉行, できるシリーズ編集部署著　インプレス　(できる大事典シリーズ)
【要旨】マクロ・VBAの基礎、セル・シート・ブックの操作、VBA関数、ファイル操作、印刷、図形・グラフ、ADO・XML、外部アプリの操作、コントロール・フォームなどの便利機能をすべて解説。
　2017.3 958p 24×19cm ¥3800 ⓘ978-4-295-00091-4

◆データ・スマート―Excelではじめるデータサイエンス入門　ジョン・W. フォアマン著, トップスタジオ訳　エムディエヌコーポレーション, インプレス 発売
【要旨】サンプルデータをダウンロードしてExcel で実際に解析していくことで、データサイエンスの基礎を手を動かしながら学べる。
　2017.9 440p 22×19cm ¥3800 ⓘ978-4-8443-6676-8

◆何万件ものデータやピボットテーブルで苦しんでいる人のためのExcel多量データ整形テクニック　村田吉徳著　秀和システム
【要旨】オフィス現場で使用されているエクセル表は、だいたい七つのパターンがあります。それぞれのパターンの対策をわかりやすく解説します。
　2017.11 287p A5 ¥2400 ⓘ978-4-7980-5196-3

◆はじめてのExcelグラフ伝わる資料作成入門　桑名由美著　秀和システム　(BASIC MASTER SERIES)
【要旨】仕事で役立つ！報告書もプレゼンも。棒グラフ/円グラフ/折れ線グラフ…入門者の目的や向き不向きも解る。基本的な作り方から高度な編集、データ分析まで丁寧に解説。Excel2016/2013/2010対応。
　2017.11 263p 24×19cm ¥1580 ⓘ978-4-7980-5339-4

◆見栄えをUPする！エクセル表現手法のウラ技　篠塚充孝　(新潟) シーアンドアール研究所
【要旨】「こんなテクニックがあるなんて！」と絶句する！Excel の表現テク満載！
　2017.7 271p B6 ¥1750 ⓘ978-4-86354-223-5

◆Excel関数厳選便利技―Excel2016/2013/2010対応版　AYURA著　技術評論社　(今すぐ使えるかんたんmini)
【要旨】関数を組み合わせればもっと高度な集計・抽出・分析ができる！フルカラー解説。驚きのスゴ技！厳選77。
　2017.4 191p 19cm ¥1080 ⓘ978-4-7741-8781-5

◆Excel関数便利ワザ2016&2013&2010&2007　速効！ポケットマニュアル編集部著　マイナビ出版　(速効！ポケットマニュアル)
【要旨】知っておきたい基本ワザからビジネスで役立つ便利ワザまで。面倒な計算を一瞬で完了！知らないと損!!Excel 初心者から抜け出すための役立つワザ。
　2017.3 223p B6 ¥925 ⓘ978-4-8399-6239-5

◆Excel最強の教科書「完全版」―すぐに使えて、一生役立つ「成果を生み出す」超エクセル仕事術　藤井直弥, 大山啓介著　SBクリエイティブ
【要旨】誰でもすぐに活用できる業務直結のノウハウを一冊に凝縮！Excel の実践スキルは、一生役立つ武器になる。
　2017.2 351p 21×15cm ¥1580 ⓘ978-4-7973-8870-1

◆Excel作図入門「地図・アイコン・図解資料」プロ技BESTセレクション　リブロワークス著　技術評論社　(今すぐ使えるかんたんEx)
【要旨】基本図形の描き方/案内地図の作成/下絵を基にした地図の作成/地図用アイコンの作り方/SmartArt を使った手順図や組織図の作成/フローチャートの描き方/ビジネスアイコンの作り方/POP広告の作成/間取図や座席表の作成/作図の効率アップテクニックetc…ビジネス文書に必要な図やアイコンがすべて作れる！図形の描き方からワードアートやSmartArt、写真の使い方まですべて解説！
　2017.10 319p A5 ¥1980 ⓘ978-4-7741-9257-4

◆Excel集計・抽出テクニック大全集―あらゆる種類の表に対応、引くだけで一発解決　Excel2016/2013/2010対応　不二桜著　技術評論社
【要旨】業務でExcel を使用しているときに、頻繁に必要となるのが「集計・抽出」です。ある月の売上数を商品ごとに知りたい、会員名簿を氏名で検索して住所を抽出したい、先月の入金者数を知りたい…。しかし、自分がいま扱っている表では、具体的にExcel のどの機能を使い、どのような操作を行えば思い通りの結果が得られるのかわからない。そこで、本書は、ありとあらゆる集計・抽出のテクニックをまとめました。緊急の業務課題であっても、該当のテクニックを引けば一発で解決します。マクロを使わず、関数だけでできます。
　2017.12 483p 21×14cm ¥2980 ⓘ978-4-7741-9459-2

◆Excelデータ集計・分析ワザピボットテーブル―2016&2013&2010　速効！ポケットマニュアル編集部著　マイナビ出版　(速効！ポケットマニュアル)
【要旨】データをもっと活用しよう！数字を使いこなすワザ満載。Excel 初心者から抜け出すための役立つ便利ワザを身に付けよう。
　2017.4 223p B6 ¥925 ⓘ978-4-8399-6272-2

◆Excelでわかる ディープラーニング超入門―AIのしくみをやさしく理解できる！　涌井良幸, 涌井貞美著　技術評論社
【要旨】「なぜディープラーニングが形を区別できるのか」が理解できてくる！Excel と対話しながらしくみを解き明かす画期的な超入門書！初めてのAI学習に最適！難しい数学計算はExcel に任せてディープラーニングのしくみを動かしながら理解できる！
　2017.8 176p A5 ¥1880 ⓘ978-4-7741-9474-5

◆EXCELビジネス統計分析「ビジテク」―2016/2013/2010対応　末吉正成, 末吉美喜著　翔泳社　第3版
【要旨】ビジネステクニック、略してビジテク。データを扱う場面で必須の"ビジネス統計学"の基本をまとめました。ビジネスシーンで求められる問題の解決には仮説の検証、データの正確な読み取りが重要です。統計を学ぶことは、情報を読み解く力を養うための第一歩です。数学の集合から、データの構造を読みとったり、予測を立てたり、仮説を検証したりできるようになって、ビジネスの場で役立ててください。
　2017.3 279p B5 ¥2380 ⓘ978-4-7981-4898-4

◆Excelピボットテーブル基本&便利技―Excel2016/2013対応版　井上香緒里著　技術評論社　(今すぐ使えるかんたんmini)
【要旨】データ集計を瞬時に行う「時短」テクニック!!データの集計・抽出、スライサー・ドリルダウン、ピボットグラフetc…。
　2017.3 223p 19cm ¥880 ⓘ978-4-7741-8731-0

◆Excel文書作成基本&便利技―Excel2016/2013/2010対応版　稲村暢子著　技術評論社　(今すぐ使えるかんたんmini)
【要旨】エクセルで作る使えるビジネス文書！ビジネスフォーマットを押さえた基本文書からエクセルの特長を活かした便利文書まで(案内状/稟議書/チラシ/見積書/名簿/報告書)。
　2018.1 207p 19cm ¥1080 ⓘ978-4-7741-9404-2

◆Excel分析ツール完全詳解　豊田裕貴著　秀和システム
【要旨】全ての分析ツールの使い方から活用事例まで、とことん解説します！
　2017.3 331p A5 ¥2000 ⓘ978-4-7980-4997-7

◆ExcelVBAを実務で使い倒す技術　高橋宣成著　秀和システム
【要旨】本書では、VBAを実務の現場で活かすための知識(テクニック)と知恵(考え方とコツ)を教えます！
　2017.4 289p A5 ¥1800 ⓘ978-4-7980-4999-1

◆Excel VBA逆引きハンドブック　蒲生睦男著　(新潟) シーアンドアール研究所　改訂4版
【要旨】Excel2016に対応！逆引きリファレンスの定番書。目的からExcel VBAの機能が探せる！圧倒的な情報量で詳細に解説！手元に置いて、すぐに使える！Excel2016 2013/2010各バージョンに対応！
　2017.11 919p A5 ¥5230 ⓘ978-4-86354-805-3

◆Excel VBA 繰り返しよサヨウナラ―ビジネスシーンの生産性を飛躍的に改善するマクロ活用術　岩田安雄, 小田真由美共著　カットシステム
【要旨】日常的な繰り返しを最小限のスキルで解消するマクロプログラミング。VBEの基本操作からExcel とWord の連携処理まで、VBAマクロの利用方法をわかりやすく解説！
　2017.7 309p 24×19cm ¥2800 ⓘ978-4-87783-420-3

◆Excel VBA・マクロ自動化ワザ2016&2013&2010&2007　速効！ポケットマニュアル編集部著　マイナビ出版　(速効！ポケットマニュアル)
【要旨】知っておきたい基本ワザからビジネスで役立つ便利ワザまで。いつもの手動作業をパパッと自動化!!3,000件のデータ処理も一瞬！作業の効率化がぐんぐん上がる。
　2017.12 223p B6 ¥925 ⓘ978-4-8399-6238-8

◆MOS攻略問題集 Excel2016　土岐順子著　日経BP社, 日経BPマーケティング 発売　(付属資料：DVD‐ROM1)
【要旨】出題範囲を完全網羅！動画解答と復習機能を備えた模擬テスト付属。
　2017.5 310p A4 ¥1800 ⓘ978-4-8222-5315-8

◆VLOOKUP関数のツボとコツがゼッタイにわかる本　立山秀利著　秀和システム
【目次】01 こんな"困った"をVLOOKUP関数で解決！、02 VLOOKUP関数の基礎をマスター、03 VLOOKUP関数はここに注意！、04 他のセルにコピーして使うには、05 数の範囲で検索する機能の使い方、06 知っておくと便利なワザ
　2017.10 206p A5 ¥1200 ⓘ978-4-7980-5167-3

DTPソフト

◆DTP1年目の教科書　羽石相ярь著　秀和システム
【要旨】学校で習ってきたことと違い過ぎる実際の制作現場でも困らない知識が本書ならスッキリと頭に入る！「仕事に慣れる時期」と「1人で仕事する時期」に対応する2部構成。
　2017.12 166p 24×19cm ¥1900 ⓘ978-4-7980-5329-5

グラフィック・フォト・3Dソフト(画像・動画編集)

◆今すぐ使えるかんたん Photoshop Elements 2018　AYURA著　技術評論社　(今すぐ使えるかんたんシリーズ)
【要旨】はじめてでも安心！あなたの写真をプロ並み補整&編集。やりたいことがすぐできる。
　2017.11 319p 24×19cm ¥1680 ⓘ978-4-7741-9384-7

◆今すぐ使えるかんたん Premiere Elements 2018　山本浩司著　技術評論社　(今すぐ使えるかんたんシリーズ)　(付属資料：DVD‐ROM1)
【要旨】動画編集のスキルが身に付く！便利な機能を使いこなせる！
　2017.11 223p 24×19cm ¥1980 ⓘ978-4-7741-9385-4

◆ゲーム実況動画をつくる本―VOICEROID2使いこなしガイド　イワサキアキラ著　三オブックス
【要旨】はじめて作る人でも安心！実況動画が基礎からわかる。人気実況者インタビュー、VOICEROID2解説。
　2017.6 127p 24×19cm ¥1800 ⓘ978-4-86199-978-9

◆現場で使えるMayaスクリプティング　岸本ひろゆき著　秀和システム
【要旨】未経験者向けにスクリプトでMayaを動かすための流れを解説。Maya の作業ログから

情報・通信・コンピュータ

情報・通信・コンピュータ

MELでスクリプトを作るところから始め、スクリプトとMayaの動作との関連性を、全体像を掴みます。PythonとPyMELモジュールを使って、実際の制作時にありがちな状況で役立つスクリプトを作るときの考え方を解説。39個のスクリプトとシチュエーションを用意しながら様々な場面で使える事例を元に学べます。MELとPythonの簡易な言語リファレンス。言語としてのMELやPythonを全く知らない人向けに、両言語の知識を解説、またスクリプトエディタの操作やドキュメントの読み方も紹介します。
2017.2 657p 24×18cm ¥3700 ①978-4-7980-4742-3

◆小物・ミニチュア作りのための
ZBrushCore超入門講座　福井信明著　秀和システム
【要旨】入門・基礎での基本操作を学ぶ。組み立てる造形術を学ぶ。面を操り、美しい曲面を作る。造形判断力を養う。ZBrushCoreではじめる「物」づくり。パーツを組み合わせて自在に形を作る。3Dと3Dプリントの最良な方法を学ぶことができる書籍。
2017.12 575p 24×19cm ¥4200 ①978-4-7980-5183-3

◆これからはじめるバーチャルツアー
Panotour Pro 2&krpano完全入門　久門易著　秀和システム
【要旨】Googleストリートビューからステップアップ！国内初のパノラマオーサリング入門書。多機能なPanotour Pro 2を使いこなせる！krpanoのXMLコードが読める！書ける！
2017.7 398p B5 ¥5000 ①978-4-7980-5018-8

◆これからはじめるIllustratorの本―
CC2017対応版　ロクナナワークショップ著　技術評論社　（デザインの学校）
【要旨】基本操作を短期間でしっかり習得できます！作例を作りながらの実習でモチベーションがアップします！いちばんやさしいデザインの入門書です！
2017.2 158p 23×21cm ¥1880 ①978-4-7741-8718-1

◆これからはじめるPhotoshopの本―
CC2017対応版　宮川千春、木俣カイ著、ロクナナワークショップ監修　技術評論社　（デザインの学校）（付属資料：DVD・ROM1）
【要旨】基本操作を短期間でしっかり習得できます！作例を作りながらの実習でモチベーションがアップします！いちばんやさしいデザインの入門書です！
2017.2 129p 23×21cm ¥1980 ①978-4-7741-8719-8

◆コンピュータグラフィックス　佐藤淳著　森北出版　（情報工学レクチャーシリーズ）
【要旨】数学が苦手でも大丈夫！数式中心ではなく、色を使ったイメージ図を示し、その図と数式をつなぐことで、CG技術の本質を理解して学べる、初学者に最適な一冊。
2017.11 151p B5 ¥2600 ①978-4-627-81101-0

◆サクサクできる　かんたんiMovie　TART DESIGN著　マイナビ出版
【要旨】基本操作から凝った編集までこれ1冊でOK。大きな画面・文字ですべての手順を解説。親切なQ&Aで疑問もすっきり解決！ビデオ編集を今からはじめたい＆使いこなしたい方におすすめの入門書！
2017.4 191p 24×19cm ¥1840 ①978-4-8399-6191-6

◆新いちばんやさしいiMovie入門―Mac/iPhone/iPad対応　斎賀和彦著　秀和システム
【要旨】大きな図と余裕のレイアウトで読みやすい。編集作業の流れと操作手順を丁寧に解説。テレビで見られるDVDの作り方を解説。
2017.9 299p 24×19cm ¥2000 ①978-4-7980-4975-5

◆人物写真補正の教科書―Photoshopレタッチ・プロの仕事　村上良日、浅野桜、高瀬勝己、内藤タカヒコ共著　エムディエヌコーポレーション、インプレス　発売
【要旨】写真・画像の理屈と裏付け、必要な機能をきちんと押さえておくと人物レタッチが格段にハイレベルになる！クライアント、前後工程のスタッフを満足・納得させるPhotoshopワークの理論とテクニック。
2017.3 221p B5 ¥2800 ①978-4-8443-6642-3

◆3D・CGキャラクターテクニック―「Shade 3D」で高度なデジタル造形！　sisioumaru, CASPAR003著　工学社　（I・O BOOKS）
【要旨】モデリング（3D形状を作る）、材質設定（色付け）、ポーズ、カメラ/ライティング（光を

当てる）、レンダリング（撮影）→完成！ワンランク上のテクニック！
2017.11 183p A5 ¥2300 ①978-4-7775-2035-0

◆世界一わかりやすいIllustrator 操作とデザインの教科書―CC/CS6対応版　ピクセルハウス著　技術評論社
【要旨】モノを作るためには道具を自分の身体のように使えることが大切です。デジタルなクリエイティブの世界でも同じ。創造するためには、まず技術を身につけましょう。機能やツールの使い方の初歩の初歩からはじめて、読み終わるころにはしっかりと基礎力がついているように、本当に必要な技術を選んで15のレッスンを構成しました。
2017.1 288p B5 ¥2280 ①978-4-7741-8629-0

◆世界一わかりやすいPhotoshop操作とデザインの教科書―CC/CS6対応版　柘植ヒロポン、上原ゼンジ、吉田浩幸、大西すみこ、坂本可南子著　技術評論社
【要旨】15レッスンで基礎から一歩ずつ応用まで。レッスン後に成果を試せる練習問題つき。レッスンデータをダウンロードして操作を実践。クリエイティブに大切なアプリの基本の「き」が身につきます！
2017.2 287p B5 ¥2280 ①978-4-7741-8630-6

◆知識ゼロからはじめるIllustratorの教科書―CC2018/CS6対応　ソシムデザイン編集部著　ソシム
【要旨】確かな力が身につく基本の使い方からクリエイティブなシーンで役立つテクニックまで、Illustratorの操作をレベル別に解説。
2017.12 271p B5 ¥1980 ①978-4-8026-1130-5

◆知識ゼロからはじめるPhotoshopの教科書―CC2017/CS6対応　ソシムデザイン編集部著　ソシム
【要旨】この本はPhotoshopを初めて学ぶ方のために書かれた本です。画面構成やツールの使い方などの基本から写真のレタッチや素材作成、画像合成などの応用ワザまでをレベル別に紹介しています。この本で紹介している作例を手を動かして学ぶことで、さまざまな機能を覚え、実際での様々なシーンにすぐに使えるようになっていきます。デザインの現場では欠かせないPhotoshopの操作をぜひマスターしてください。
2017.9 255p B5 ¥1980 ①978-4-8026-1116-9

◆超時短Photoshop「写真の色補正」速攻アップ！　藤島健audio 技術評論社
【要旨】Photoshopの作業効率アップ。時短のためのお助けリファレンス。イライラ作業を3秒で解決！CC 2018対応。
2017.11 143p A5 ¥1680 ①978-4-7741-9399-1

◆超時短Photoshop「人物写真の補正」速攻アップ！　藤島健二著　技術評論社
【要旨】Photoshopを使っていると、時間だけ過ぎていって思い通りにならないこと、ありませんか？ちょっとした便利な方法を知っているだけで、あなたの作業時間は大幅に短縮できます。モニター脇にこの1冊を置いておけば、仕事を早く終わらせられます。
2017.10 143p A5 ¥1780 ①978-4-7741-9253-6

◆超時短Photoshop「選択範囲とマスク」速攻アップ！　柘植ヒロポン著　技術評論社
【要旨】Photoshopの作業効率アップ、時短のためのお助けリファレンス。イライラ作業を3秒で解決！CC 2018対応。
2017.12 160p A5 ¥1680 ①978-4-7741-9428-8

◆超時短Photoshop「レイヤーとスタイル」速攻アップ！　吉田浩幸著　技術評論社
【要旨】Photoshopを使っていると、時間だけ過ぎていって思い通りにならないこと、ありませんか？ちょっとした便利な方法を知っているだけで、あなたの作業時間は大幅に短縮できます。モニター脇にこの1冊を置いておけば、仕事を早く終わらせられます。
2017.10 143p A5 ¥1680 ①978-4-7741-9252-9

◆作って覚えるFusion360の一番わかりやすい本　堀尾和彦著　技術評論社　（付属資料：DVD・ROM1）
【要旨】初心者も安心！Fusion360の基本機能を丁寧に解説！実際に操作しながら学ぶことで、「本当にモデリングできる」操作が習得できる！
2017.12 287p B5 ¥2800 ①978-4-7741-9398-4

◆できるPhotoshop Elements 2018―Windows & macOS対応　樋口泰行, できる

るシリーズ編集部著　インプレス　（できるシリーズ）
【要旨】ツールボックス機能の一覧、Photoshop Elements 2018の主なショートカットキー一覧、「目的」から探す！早わかりインデックス、練習用ファイルの使い方、などをマスター。
2017.12 334p 24×19cm ¥1680 ①978-4-295-00292-5

◆デザインの学校 これからはじめるPremiere Proの本―CC対応版　佐藤太郎、白井小太郎著、ロクナナワークショップ監修　技術評論社　（付属資料：DVD・ROM1）
【要旨】基本操作を短期間でしっかり習得できます！作例を作りながらの実習でモチベーションがアップします！いちばんやさしい動画編集の入門書です！
2017.2 206p 24×22cm ¥2780 ①978-4-7741-8551-4

◆デザイン披露のプレゼンで役立つ！Photoshopモックアップメイキング　フログデザイン著　ソシム　（付属資料：DVD・ROM1）
【要旨】プレゼン、ブランディング、アイデアラッシュ、イメージ共有―置き換えるだけ。撮影したようなリアルな仕上がりは感動モノです。平面デザインを立体物に展開して実用イメージを視覚化できる。デザイナーならやっておきたいPSD形式の高品質モックアップ。各種グラフィックに役立つパターン&テクスチャも。
2017.11 223p B5 ¥2600 ①978-4-8026-1127-5

◆デジタル粘土でつくるかわいいイラスト造形ソフトZBrushCore超入門　オヨンソン著　秀和システム
【要旨】粘土みたいに簡単におもしろいイラスト素材がつくれる。今日からデザイナー&クリエーター。スイーツデコや小物やアクセをかんたん創作。
2017.12 255p 24×19cm ¥2500 ①978-4-7980-5176-5

◆背景CGテクニックガイド―「パース」「空気遠近法」「透視図法」から「室内」「自然物」まで具体的テクニック満載!!　出雲寺ぜんすけ著　工学社　（I・O BOOKS）　新装版
【要旨】「キャラクターは描けるけど、背景は苦手」という人は、たくさんいるでしょう。しかし、背景を描けるようになれば、見栄えも表現の幅も大きく変わります。本書は、「アニメやゲームなどのキャラクターに合う絵柄」を前提とした「背景画」の描き方を解説。「パース」「空気遠近法」「透視図法」「室内の描き方」「自然物の描き方」などのテクニックに加え、「センスを磨く方法」「観察力」など説明の難しい部分についても、経験に基づいた解説を加えています。
2017.3 128p B5 ¥2300 ①978-4-7775-1991-0

◆はじめてのIllustrator CC 2017　羽石相著　秀和システム　（BASIC MASTER SERIES）
【目次】第1章 Illustratorに触れてみよう、第2章 Illustratorのキホンを知っておこう、第3章 シンプルなオブジェクトを作ってみよう、第4章 オブジェクトを操作してみよう、第5章 複雑なオブジェクトを作ってみよう、第6章 チラシを作ってみよう、第7章 表やグラフを作ってみよう、第8章 Illustratorを使いこなそう
2017.3 255p 24×19cm ¥1780 ①978-4-7980-4949-6

◆はじめてのMovie Pro MX3　加納真著　三才ブックス
【要旨】映像編集の基本テクニックを学ぼう！画面効果を使って映画のような雰囲気に。サウンド編集でより高度な映像に。ゲーム実況動画を作ってYouTubeにアップ。
2017.7 128p 24×19cm ¥2100 ①978-4-86199-979-6

◆はじめてのPhotoshop cc 2017　桐生彩希著　秀和システム　（BASIC MASTER SERIES）
【要旨】できる！使い方がすぐにわかる。画像の色調を思いのままに変える。本物のように見える合成画像を作る、遠近感のある画像を平面に変形する。自分が思う通りの画像に修正できる。大きな画面とオールカラーで、知識ゼロでも迷わない！CS6/CS5/CS4対応。
2017.3 254p 24×19cm ¥1780 ①978-4-7980-4988-5

◆はじめてのVisual Studio 2017―「Windows」「Android」「iOS」用アプリが開発可能な統合環境　森博之著　工学社　（I・O BOOKS）
【要旨】「クロス・プラットフォーム」で効率的な開発！IDE軽量化で、インストールや起動が

高速に！ アプリを開発する流れに沿って、基本機能とその使い方を解説。
2017.6 255p A5 ¥2300 ①978-4-7775-2016-9

◆はじめよう！ 作りながら楽しく覚える Blender—Blender2.78対応　大河原浩一著　ラトルズ
【要旨】どこから手を付けてよいか分からないBlender。とりあえず主要な機能と使い方を、実際に自分の手を動かして使ってみることが大事。そして広く浅く理解することで、多くの人が最初のハードルを越えられる。
2017.4 431p A5 ¥2750 ①978-4-89977-461-7

◆プロが教える！ After Effectsデジタル映像制作講座—CC/CS6対応　SHIN・YU著　ソーテック社
【要旨】はじめての人でも大丈夫！ 一歩進んだムービー作成に挑戦！ モーショングラフィックスの基本や各種エフェクトまでサンプルを使ってステップ単位でマスターできます。
2017.4 303p B5 ¥2980 ①978-4-8007-1156-4

◆プロではないあなたのためのIllustrator—CC2017/CC2015/CC2014/CS6/CS5/CS4/CS3/CS2/CS対応　I&D著　エクスナレッジ
【要旨】"プロ"の職業人のための、しかしIllustratorの"プロではない"人のための手引書。
2017.9 279p B5 ¥2300 ①978-4-7678-2359-1

◆プロの現場から学ぶ Photoshop Lightroom CC/6 RAW現像と管理&補正入門　小城崇史著　技術評論社
【要旨】RAW現像の基本から応用、プリント、後処理、モバイル連動など、さまざまな目的に活用できるフォトグラフィのプロフェッショナルの力が学べます！
2017.7 208p B5 ¥2340 ①978-4-7741-9028-0

◆魅せ技&決め技Photoshop—写真の加工から素材づくりまでアイデアいろいろ　ARENSKI著　技術評論社
【要旨】デザインの引き出しが増える！ レタッチ&加工のアイデアとテクニック。デザインの現場で使える74の技+Photoshop 基本操作。Mac&Win CC/CS6対応。
2017.10 166p B5 ¥2480 ①978-4-7741-9254-3

◆みんなのPhotoshop RAW現像教室—アマチュアの公募作品をプロが実際に現像&レタッチ！　大和田良著　インプレス
【要旨】本書で紹介されている38点の実例は、多彩な被写体やシーンをカバーしています。まず、実際に仕上げた作品に最も近いものを参考にしてみましょう。実例はアマチュアの作品を使っているので、より実践的な方法が分かります。3～8章の実例を選んだら、そこで紹介されているテクニックについてより理解を深めたいときに、1章と2章の内容を参考にしましょう。作品づくりに必要なテクニックだけを効率良く身につけることができます。
2017.3 159p 26×19cm ¥2000 ①978-4-295-00078-5

◆無料で描くデジタルイラスト メディバンペイントからはじめよう！—Windows & Mac対応　24著　技術評論社
【要旨】イラストが描きたくなるマネしたくなるテクニックがギュッと詰まっています！
2017.8 127p B5 ¥1680 ①978-4-7741-9171-3

◆無料で使えるイラストソフト Inkscapeスタートブック　羽石相著　秀和システム
【要旨】ベクターグラフィックの操作は、独特で最初はすごく戸惑います。ところが、たった19個のツールを覚えるだけで、イメージを簡単にイラストにできるのがベクターグラフィックス。思い通りに丸や四角を組み合わせてイラストを描けますか？ 本書はベクターグラフィック独特の操作をやさしく説明しています。
2017.1 175p 24×19cm ¥1700 ①978-4-7980-4902-1

◆やさしいレッスンで学ぶ きちんと身につくIllustratorの教本　ヤマダジュンヤ, 内藤タカヒコ, 内村光一, 吉岡豊, 永井弘人共著　エムディエヌコーポレーション, インプレス 発売
【要旨】よく使う基本機能の操作方法を学ぶ。手を動かして自分のものにする。初級者・おさらいしたい中級者に最適の一冊。CC2017/CC2015/CC2014/CC/CS6対応。
2017.8 255p B5 ¥2000 ①978-4-8443-6675-1

◆やさしいレッスンで学ぶ きちんと身につくPhotoshopの教本　高橋としゆき, 吉岡

豊, 高嶋一成, マルミヤン共著　エムディエヌコーポレーション, インプレス 発売
【要旨】重要ポイントを押さえてすばやくマスター！ よく使う機能と基本&重要テクニックがよくわかる、ていねいな解説書。
2017.9 255p B5 ¥2200 ①978-4-8443-6678-2

◆やさしく学ぶSketchUp—SketchUp Make/Pro 2017対応　Obra Club著　エクスナレッジ
【要旨】教材データ+初心者にやさしい自主学習用データをインターネットからダウンロード！「かんたん！」「たのしい！」「無料版もある！」3Dソフトの入門書！
2017.7 271p B5 ¥2800 ①978-4-7678-2331-7

◆やわらか3DCG教室　わんだ著　ビー・エヌ・エヌ新社
【目次】1 モデリングの基本（頭部のモデリング、ボディのモデリング ほか）、2 ローポリキャラのモデリング（キャラのモデリング、テクスチャの基礎 ほか）、3 女性キャラのモデリング（顔・髪のモデリング、ボディのモデリング ほか）、4 男性キャラのモデリング（パーツを流用しモデリング、UV展開&テクスチャ ほか）
2017.12 255p 24×19cm ¥2600 ①978-4-8025-1076-9

◆レトロ感デザイン—Photoshop & Illustratorでつくる　MdN編集部編　エムディエヌコーポレーション, インプレス 発売
【要旨】レトロな雰囲気をデザインに取り入れるテクニックが満載！ レトロな質感加工でデザインの幅が広がる!!お店のチラシ/ポスター/POPづくりやWeb デザインに大活躍！ Photoshop, Illustrator CS6～CC2017対応。
2017.12 157p B5 ¥2300 ①978-4-8443-6722-2

◆After Effects 逆引きデザイン事典—CC/CS6　高木和明著　翔泳社 増補改訂版
【要旨】基本操作をおぼえたい。動画編集を自前でしたい。映像制作のノウハウを学びたい。便利な使い方で作業効率を上げたい。知りたいことだけサクっと調べたい。CCの最新機能が知りたい…etc. 基本からプロの便利技、CC新常識まで。
2017.10 367p 26×17cm ¥3400 ①978-4-7981-5288-2

◆After Effectsユーザーのための CINEMA 4D Lite入門　大河原浩一著　ラトルズ
【要旨】CC以降のAfter Effects に付属している、3D制作、アニメーションソフトCINEMA 4D Lite。AEとは異なる操作のこのソフトの主要な機能と使い方、AEとの連携などをはじめて使う人にも分かりやすく解説した、導入ガイドブック。
2017.10 383p A5 ¥2200 ①978-4-89977-468-6

◆Blender標準テクニック—ローポリキャラクター制作で学ぶ3DCG　友著　エムディエヌコーポレーション, インプレス 発売
【要旨】プロからアマチュアまで幅広いユーザーに愛されているオープンソースの統合3DCGソフトBlender2.76でキャラクター制作に挑戦!!アニメーション映画『楽園追放』『CYBORG009 CALL OF JUSTICE』などでキャラクターデザインを手がける齋藤将嗣の描く美少女を、Blender パワーユーザーの友が完全立体化！
2017.2 319p B5 ¥3500 ①978-4-8443-6637-9

◆Canon DPP4 Digital Photo Professional 4 RAW現像完全ガイドブック　藪田織也, ナカムラヨシノーブ, 大村祐里子著　ナイスク著　技術評論社
【要旨】Canon デジタル一眼ユーザー必携！ Canon 純正RAW現像ソフトの基本から応用までをこれ1冊でマスター！ 最高の1枚を作り上げる！
2017.11 191p B5 ¥1980 ①978-4-7741-9334-2

◆Canvaデザインブック—無料で使える「クラウド型」のグラフィックツール　タナカヒロシ著　工学社　（I・O BOOKS）
【要旨】「Canva」（キャンバ）は、クラウド型のWebグラフィックツール。基本料金は無料で、ほとんどの機能が利用できます。「Twitter」や「Facebook」などのSNS用の画像から、「ポストカード」や「A4チラシ」のような印刷物まで、さまざまなデザインに対応。機能が絞られているため習得しやすく、また、豊富な素材の数は100万点以上で、そのほとんどが無料で利用できます。
2017.10 95p B5 ¥1900 ①978-4-7775-2030-5

◆CINEMA 4Dプロフェッショナルワークフロー—コンセプトから完成ビジュアルまで、第一線で活躍するクリエイターたちによる制作ノウハウ　阿部司, 遠藤舜, 豊田遼吾著　ボーンデジタル
【目次】01 Wilson Baseball Gloves（Wilson Baseball Gloves イメージCG、モデリング、マテリアル、ライティング、レンダリング〜レタッチ、ギャラリー）、02 警備・護衛用人型ロボット（概要と下準備、モデリング、UV、レンダリング、ギャラリー）、03 ハンバーガー店のビジュアル制作（概要、制作準備、モデリング、カメラ・ライティング・レンダリング設定、テクスチャリングと配色計画、レンダリング、レタッチ〜仕上げ、ギャラリー）
2017.12 287p B5 ¥3600 ①978-4-86246-400-2

◆CINEMA 4D MoGraph/XPressoガイドブック　冨士俊雄著　マイナビ出版
【要旨】たくさんのオブジェクトを効率よく動かすためのMoGraph、スクリプトを組んで効率よくレンダリングするためのXPresso。CINEMA 4Dの中でも特にユーザーが引っかかりやすいこの2つの機能について、チュートリアルを交えつつ解説します。
2017.1 319p B5 ¥4180 ①978-4-8399-5882-4

◆Corel VideoStudio X10 PRO/ULTIMATEオフィシャルガイドブック　山口正太郎著　グリーン・プレス　（グリーン・プレスデジタルライブラリー 48）
【要旨】すぐできる！ 人気NO.1ビデオ動画編集ソフトをわかりやすく完全解説。唯一の公式ガイドブック。
2017.4 223p 24×19cm ¥2380 ①978-4-907804-39-8

◆Dreamweaverレッスンブック—CC2017対応　関口和真著　ソシム
【要旨】Dreamweaverは、プロからアマチュアまで多くの方が利用しているWeb デザイン/制作の定番アプリ。本書では基礎から応用まで、「Dreamweaver」の使い方をまるごと解説。サンプルファイルを使ってDreamweaverを操作しながらWeb サイト制作の基本を学べます。CC2017から搭載されたコードエディターやCSSプリプロセッサーなど、Web サイト制作を効率よく行うための新機能も紹介しています。現場で役立つTips やヒントも数多く盛り込んでいます。
2017.4 295p 24×19cm ¥2400 ①978-4-8026-1096-4

◆Final Cut Pro Xガイドブック　加納真著　ビー・エヌ・エヌ新社　第3版
【要旨】革新的な映像編集アプリケーションFinal Cut Pro Xを使い倒す。詳細解説！ フルカラー320ページ+素材データダウンロード可能。豊富な素材を使って、エフェクト、色の補正、サウンドなどの機能から、アフレコ、YouTube への投稿など、最新の作法までを丁寧に解説しています。Final Cut Pro X 10.3対応。
2017.5 319p B5 ¥3200 ①978-4-8025-1054-7

◆Fusion 360 Masters　オートデスク編著　ソーテック社
【要旨】Fusion360の達人が魅せる究極の3D CADアートワーク技法。日本を代表する17名のクリエイターが集結！ 代表作品・インタビュー・メイキングを一挙公開！
2017.5 319p B5 ¥3800 ①978-4-8007-1163-2

◆Illustrator 逆引きデザイン事典—CC/CS6/CS5/CS4/CS3対応　生田信一, ヤマダジュンヤ, 柘植ヒロポン, 順井守著　翔泳社 増補改訂版
【要旨】定番の使い方からプロの便利技・CC新常識まで、ずっと役立つ、不滅の一冊です。クリエイティブに、ビジネスに、学習に。
2017.2 359p 26×17cm ¥2400 ①978-4-7981-4982-0

◆Illustratorスーパーリファレンス—CC2017/2015/2014/CC/CS6対応　井村克也著　ソーテック社
【要旨】ベジェ曲線の描画から本格的なデザインまで、すべてがわかる！ 豊富な図解とサンプルで知りたかった機能や操作がきちんとマスターできるユーザー必携の入門書です。
2017.2 367p 24×19cm ¥2380 ①978-4-8007-1158-8

◆Illustratorではじめてのイラスト—イラストブック CS5/CS6/CC/CC2014/CC2015/CC2017対応、Mac/Windows対応　mammoth. 山田充著　秀和システム　第2版

【要旨】すべての操作を時系列に図版で説明!!3ステップで確実に操作方法が身に付く。基本操作からイラストの描き方、活用までを紹介。
2017.3 351p 24×19cm ¥2400 ①978-4-7980-4955-7

◆Illustratorレッスンブック─CC2017/CS6/CS5/CS4対応 いちばんわかりやすいイラレ入門書　ミル・デザイン, ロフトウェイズ著　ソシム
【要旨】基礎から応用までをていねいに解説。サンプルデータを使って実践。プロが使う実践テクニックまで、イラレのことがまるごとわかる！
2017.4 319p 24×19cm ¥2200 ①978-4-8026-1095-7

◆Illustrator CC試験対策─ACAアドビ認定アソシエイト対応　築城厚三著　オデッセイコミュニケーションズ
【要旨】本書はAdobe Illustrator CCの基本的な機能と操作方法、デザインプロジェクトの基本的な知識を体系的に学べます。
2017.10 277p B5 ¥2400 ①978-4-908327-06-3

◆Illustrator & Photoshop配色デザイン50選─ネタ切れクリエイターのためのアイデアレシピ！　ピクセルハウス著　技術評論社
【目次】0 配色デザインのための基本操作（オブジェクトを再配色、グローバルスウォッチ ほか）、1 世界各地をイメージさせる配色デザインのアイデアレシピ（古代エジプトのモチーフを使った配色デザイン、北欧のキルトをモチーフにした配色デザイン ほか）、2 日本を感じさせる配色デザインのアイデアレシピ（有職文様を使った和風の配色デザイン、和の伝統色に伝統文様を組み合わせた配色デザイン ほか）、3 ベーシックな配色デザインのアイデアレシピ（花びらを大胆にカットアウトした配色デザイン、シンプルな線画で手描き感を感じさせる配色デザイン ほか）、4 背景に使った配色デザインのアイデアレシピ（素材な水彩画を背景にした配色デザイン、斑点を散らした背景の配色デザイン ほか）、5 デザイン技法を使った配色デザインのアイデアレシピ（アールデコ調の配色デザイン、ロシアアヴァンギャルドのポスター風の配色デザイン ほか）
2018.1 127p A5 ¥1680 ①978-4-7741-9413-4

◆Illustrator & Photoshopレイアウトデザイン50選─ネタ切れクリエイターのためのアイデアレシピ！　宇野佳奈子, 簾内文美, 保坂庸介著　技術評論社
【目次】0 Illustrator&Photoshop アイデアのための基本操作（パターンの基本、ブラシの基本 ほか）、1 レイアウトデザインのアイデアレシピ（ノート風テキストボックスを配置したレイアウトデザイン、マスキングテープを配置したレイアウトデザイン ほか）、2 パターン&テクスチャデザインのアイデアレシピ（実用的なストライプのパターンデザイン、ドットパターンのレイアウトデザイン ほか）、3 ブラシ&ボーダーデザインのアイデアレシピ（クローバーを散りばめたボーダーデザイン、ハートの周囲に星を散りばめたデザイン ほか）、4 ロゴデザインのアイデアレシピ（スプレーアート調のロゴデザイン、文字を躍らせて楽しさを感じさせるロゴデザイン ほか）、5 アイテムデザインのアイデアレシピ（ドット絵でラフ感を出したアイテムのデザイン、スタンプ風アイテムを入れたレイアウトデザイン ほか）
2018.1 127p A5 ¥1680 ①978-4-7741-9412-7

◆InDesignスーパーリファレンス─CC2017/2015/2014/CC/CS6対応　井村克也著　ソーテック社
【要旨】DTP・組版の基本から本格的なデザインまで。豊富な図解とサンプルで知りたかった機能や操作がきちんとマスターできるユーザー必携の入門書です。
2017.9 367p 24×19cm ¥2680 ①978-4-8007-1180-9

◆InDesignレッスンブック─CC2017/CS6/CS5/CS4対応　リブロワークス著　ソシム
【要旨】InDesign は大規模なドキュメントを美しく、効率的にレイアウトすることに長けた便利なソフト。雑誌や書籍の誌面作成の現場のデファクトスタンダードになっているソフトです。本書はそんなInDesignを初めて学ぶ方のための入門書です。サンプルデータを使って、手を動かしながら学ぶことで、使い方としくみを理解するようになっています。雑誌や書籍制作の現場でのワークフローを意識した構成となっているので、どのような流れで誌面を作成していくのかという知識もあな

せて習得できます！
2017.9 319p 24×19cm ¥2700 ①978-4-8026-1107-7

◆InDesign Tipsブック─ページレイアウトに役立つテクニック満載！　タナカヒロシ著　工学社　（I・O BOOKS）
【要旨】カラー、段落、文字組み、テキスト、カスタマイズ、デザインなど、プロが使うTips 約70掲載！
2017.3 159p A5 ¥1900 ①978-4-7775-1995-8

◆Lightworksではじめる動画編集　勝田有一朗著　工学社　（I・O BOOKS）
【要旨】本書は、特に「初心者向け動画編集ソフト」ではもの足りないユーザーを対象に、「Lightworks」の基本的な編集方法や、「マルチカム編集」「合成」「アニメーション」の作り方などを解説しています。
2017.4 175p A5 ¥2300 ①978-4-7775-2009-1

◆Mayaベーシックス─3DCG基礎力育成ブック　伊藤克洋著　エムディエヌコーポレーション, インプレス 発売
【要旨】Autodesk Maya のエッセンスを1冊に。絶対不可欠な機能群のみを、教育経験豊かな著者がピックアップして解説。仕事で求められる基礎体力づくりに最適な、Maya 入門書のスタンダードです。
2017.2 495p B5 ¥4900 ①978-4-8443-6640-9

◆Parametric Design with Grasshopper─建築/プロダクトのための、Grasshopperクックブック　石津優子, 堀川淳一郎著　ビー・エヌ・エヌ新社
【要旨】Grasshopper による、パラメトリックモデリングのレシピ集。実務で役立つ52種のサンプルを掲載。
2017.1 487p B5 ¥4600 ①978-4-8025-1032-5

◆Photoshop逆引きデザイン事典─CC/CS6/CS5/CS4/CS3対応　上原ゼンジ, 加藤才智, 高橋としゆき, 吉田浩章, 浅野桜著　翔泳社
【要旨】定番の使い方からプロの便利技・CC新常識まで、きっと役立つ、不滅の一冊です。クリエイティブに、ビジネスに、学習に。
2017.3 359p 26×18cm ¥2400 ①978-4-7981-4992-9

◆Photoshopコンテンツ・デザイン パーフェクトマスター　音賀鳴海, アンカー・プロ著　秀和システム　（Perfect Master 170）
【要旨】クリエイターが実践する本物の表現力が身につく！ 合成とレタッチの凄技公開！ 7つの利用法と21のコンテンツ事例で「こんな作品を作りたい」に応えます。
2017.6 514p 24×19cm ¥2500 ①978-4-7980-4824-6

◆Photoshopで描くSF＆ファンタジー　3D Total Publishing制作, スタジオリズ訳　ボーンデジタル
【要旨】本書は、イマジネーション溢れる魅力的なアートを描きたいと感じているアーティストにとって理想的なガイドです。正確なパースの作り方、色と光でムードを伝える方法、興味深い作品をデザインする方法など、熟練アーティストが、その業界の経験を共有します。洞察を深めるためのステップ・バイ・ステップのチュートリアル、SFやファンタジーアートに不可欠な要素を解説したクイックヒントは、新スキル習得につながるところでしょう。本書は、次のレベルを目指すアーティスト、イラストレーター、デザイナーにとって役立つ貴重なリソースです。
2017.6 219p 28×22cm ¥4000 ①978-4-86246-373-9

◆Photoshopレタッチ・加工 アイデア図鑑　楠田諭史著　SBクリエイティブ
【要旨】すぐに使えるレタッチの基本から、目を奪われるプロレベルの作品までこの1冊であらゆるスキルが習得できる！
2017.7 303p 24×19cm ¥2400 ①978-4-7973-8940-1

◆PHOTOSHOPレタッチの超時短レシピ─最短ルートで魅力的なビジュアルに仕上げるデザインテクニック集　コリー・バーカー著, Bスプラウト訳　ボーンデジタル

【要旨】Photoshop 歴20年のプロが教えるレタッチ＆合成の超速デザインテクニック。
2017.3 175p B5 ¥2400 ①978-4-86246-367-8

◆Photoshopレッスンブック─CC2017/CS6/CS5/CS4対応　柘植ヒロポン, 加藤才智, 吉田浩章, 高橋としゆき著　ソシム
【要旨】プロが使う実践テクニック。基礎から応用までていねいに解説。サンプルデータを使ってすぐに実践。
2017.4 303p 24×19cm ¥2200 ①978-4-8026-1094-0

◆Photoshop Elements 2018 スーパーリファレンス─Windows & macOS対応　ソーテック社編著　ソーテック社
【要旨】ツール・操作の基本から本格的な補正・修正まで、すべての操作がわかる！ 豊富な図解とサンプルで知りたかった機能や操作がきちんとマスターできるユーザー必携の入門書です。
2017.10 319p 23×19cm ¥2280 ①978-4-8007-1181-6

◆Photoshop + Illustrator パターン・背景デザインの「速攻」制作レッスン　下田和政著　エムディエヌコーポレーション, インプレス 発売　（付属資料：DVD‐ROM1）
【要旨】79のデザインアイディアと詳細な手順の解説で実践・応用の近道へ！ Photoshop とIllustrator をパワフルに使いこなす、パターンと背景のデザイン作例集!!
2017.1 223p 21×19cm ¥2500 ①978-4-8443-6636-2

◆Photoshop + Illustrator + InDesignで基礎力を身につけるデザインの教科書　ファー・インク執筆・編　ボーンデジタル
【目次】1章 アプリケーションの特徴と基本操作（グラフィック・ソフトウェアの種類と役割, Photoshop の特徴と役割 ほか）、2章 Photoshop の基本操作（Photoshop のインターフェイス、ピクセル、画像サイズ、画像解像度 ほか）、3章 Illustrator の基本操作（Illustrator のインターフェイス、新規ドキュメントの作成 ほか）、4章 InDesign の基本操作（InDesign のインターフェイス、新規ドキュメントを作成する ほか）、付録 ビジュアル資料集（プロセスカラーチャート、Photoshop の描画モード ほか）
2017.5 223p 24×19cm ¥2500 ①978-4-86246-389-0

◆POV‐Rayで学ぶはじめての3DCG制作─つくって身につく基本スキル　松下孝太郎編著, 山本光, 柳川利徳, 鈴木一史, 星和磨, 羽入敏樹著　講談社
【目次】POV‐Ray の準備、POV‐Ray によるCG作成（シーンファイルの作成〜CG描画）、基本図形、彩色、光源と陰影、座標変換、マッピング、立体の演算、背景、繰り返し処理、アニメーション、アニメーションファイル
2017.2 145p B5 ¥2400 ①978-4-06-153827-6

◆Premiere Pro─プロが教える知っておくべき効率&品質アップテクニック！　石坂アツシ著　ビー・エヌ・エヌ新社
【要旨】中級者ユーザーに向けた、スキルアップの技とコツ。プロの動画で求められる効率と品質を習得する必携の1冊。Adobe Premiere Pro CC2017対応。
2017.3 279p 24×19cm ¥3400 ①978-4-8025-1046-2

◆Premiere Pro逆引きデザイン事典─CC対応　千崎達也著　翔泳社 増補改訂版
【要旨】基本操作をおぼえたい。便利な使い方で作業効率を上げたい。動画編集を自ір でしたい。知りたいことだけサクっと調べたい。映像制作のノウハウを学びたい。CCの最新機能が知りたい…etc. 基本からプロの便利技、CC新常識まで。
2017.10 351p 26×18cm ¥3400 ①978-4-7981-5289-9

◆Premiere Proスーパーリファレンス CC2017/2015/2014/CC/CS6対応　阿部信行著　ソーテック社
【要旨】ビデオ編集の基礎から4K・VR・モバイルまで、この1冊からはじめよう！ 豊富な図解とサンプルで知りたかった機能や操作がきちんとマスターできるユーザー必携の入門書です。
2017.1 351p 24×19cm ¥3400 ①978-4-8007-1155-7

◆Processing 3による画像処理とグラフィックス　谷尻かおり著, 谷尻豊寿監修　カットシステム
【要旨】インストール楽々！ 簡単プログラミング言語、Processing をはじめる！ 豊富な機能がそろっている画像処理と2D/3Dグラフィックスを使いこなす。画像処理テクニックの仕組み

も詳しく解説。Android アプリも作れる。
2017.6 296p 24×19cm ¥3200 ①978-4-87783-421-0

◆**Shade 3D ver.16 CGテクニックガイド**
加茂恵美子, sisioumaru著　工学社　（I・O BOOKS）
【要旨】「Shade3D」は、「自由曲面」によるモデリングを特徴とし、昔から根強い人気があります。一方で、キャラクターや工業デザインなどのモデリングには「ポリゴン」のほうが向いている場合があります。「ver.16」では「ポリゴン・モデリング」に関する新機能や機能強化が多数盛り込まれています。
2017.2 215p A5 ¥2300 ①978-4-7775-1990-3

◆**Shade3Dではじめる3Dプリント**
sisioumaru著　工学社　（I・O BOOKS）
【要旨】3Dプリンタが身近になったのに対し、「3Dデータ」の作成は、まだ敷居が高いと感じている方もたくさんいると思います。そこで本書では、「3Dプリント用データ」の作り方を、「Shade3D」を使った多数の作例を通して紹介しました。本書を一通り読めば、「Shade3D」による「3Dデータ」作成のための基礎が習得できます。
2017.5 103p B5 ¥1900 ①978-4-7775-2012-1

◆**SubstancePainter入門**　まーてい著　秀和システム
【目次】3Dペイントソフトとは?、基本のインターフェース、本書で作成するモデルについて、テクスチャ作業（銃編、キャラクター編）、モデリングとUVの話、色と光の話、各種マップ、Toolbag3でのプレビューとレンダリング
2017.10 363p 24×19cm ¥3500 ①978-4-7980-5025-6

◆**UIデザイナーのためのSketch入門＆実践ガイド**　吉竹遼著　ビー・エヌ・エヌ新社
【要旨】UIデザインツールの新スタンダード、「Sketch」を使いこなせ! 機能の全容紹介から、Atomic Design に基づいたシンボル作成法、実務効率アップのための必須プラグイン利用法、iPhone アプリを例にした実践的レッスンまで。さらには大企業や有名スタートアップへのユーザーインタビューも掲載。
2017.5 287p 24×19cm ¥2800 ①978-4-8025-1057-8

◆**Unreal Engine 4 マテリアルデザイン入門—アーティストのためのステップアップ・ガイド**　茄子, もんしょ著　秀和システム　第2版
【要旨】最先端の制作方法を身につけよう。高品質なリアルタイム・グラフィックスを効率よく作るノウハウ。
2017.9 655p 24×19cm ¥4000 ①978-4-7980-5055-3

◆**Vectorworksデザインブック—作例で学ぶ基礎と実践 2017/2016/2015/2014/2013/2012対応**　戸蔦義直, 鈴木敬子, 山川佳伸著　ソシム
【要旨】作図の基礎の解説と具体的な作例を満載!! インテリアデザイナーの必須ツールを完全マスター!!専門学校の講義内容を1冊に凝縮。演習問題付き。
2017.7 391p 24×19cm ¥3800 ①978-4-8026-1103-9

◆**VEGAS Movie Studio 14 Platinum ビデオ編集入門**　阿部信行著　ラトルズ
【要旨】「サクサク快適に編集できる!」と好評のMovie Studio 14。本書があれば、まるで個人レッスンを受けているように、迷うことなく、多彩な機能が自由に使いこなせます! さらに、DVDビデオ、Blu - ray Disc 作成ソフト『VEGAS DVD Architect』の操作法も解説。初心者に心強い一冊です!
2017.6 275p A5 ¥1980 ①978-4-89977-464-8

◆**Webデザインのための Photoshop ＋ Illustratorテクニック—CC2017対応版**
瀧上園枝著　エクスナレッジ
【要旨】デザイナーも、コーダーも必読! Web デザインをより効率的に行うために、Web のビジュアルをより魅力的にするために、知っておきたい63の知識とテクニック。
2017.3 208p B5 ¥2400 ①978-4-7678-2251-8

◆**ZBrushCoreスカルプトガイドブック—ZBrushCoreだけで作る!**　甲田太一著　玄光社
【目次】第1章 ZBrushCore 基本操作（起動、ユーザーインターフェイス、ライトボックス ほか）、第2章 実践スカルプト（kuro デザイン 亡国の王女アルテミシア、下絵を読み込む ほか）、第3章 3Dプリンター出力（出力用基準キューブの作成、ダボ（嵌合）ほか）、第4章 彩色（出力パーツの確認、パーツの洗浄 ほか）
2017.6 287p B5 ¥3400 ①978-4-7683-0854-7

◆**ZBrushCore超入門講座**　福井信明著　秀和システム
【要旨】未経験者がぶつかる悩みにとことん対応。3DCGの知識ゼロでもOK! 絵を描くように、粘土をこねるように作れる!
2017.4 527p 24×19cm ¥3700 ①978-4-7980-5037-9

◆**「ZBrush Core」でつくるフィギュア原型—イラストからフィギュアを作る!**　加茂恵美子著　工学社　（I・O BOOKS）
【要旨】「3Dプリンタ」の普及で「フィギュア」の原型を、「3D - CG」のデータとして「3Dプリンタ」で出力する人が増えてきた。「フィギュアの原型」を「ZBrush Core」で作る工程を解説。　2017.9 127p B5 ¥2300 ①978-4-7775-2027-5

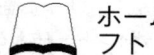

ホームページ作成ソフト

◆**いちばんやさしいJimdoの教本—人気講師が教える本格ホームページの作り方**　赤間公太郎, 浅木輝美, 永野英二著　インプレス　（「いちばんやさしい教本」シリーズ）
【要旨】ホームページをはじめて作る初心者でも安心! 大きな画面の操作手順で迷わない。本書提供のサンプル素材で、パソコン＆スマホ両対応のホームページを実際に作れる! SNSとの連携や、検索エンジン対策など、ホームページの運用面も丁寧に解説。
2017.9 287p 21×19cm ¥2200 ①978-4-295-00226-0

◆**今すぐ使えるかんたんWordPressホームページ作成入門 最新版**　西真由著　技術評論社　（今すぐ使えるかんたんシリーズ）
【要旨】商品紹介ページ、お問い合わせフォーム、SNSとの連携、アクセスアップ—専門的な知識がなくてもあっという間に完成! 基本操作から運営のノウハウまでばっちり解説。
2017.5 255p 24×19cm ¥1480 ①978-4-7741-8889-8

◆**初心者でも今すぐ使える! 改訂Wixでホームページ制作**　神戸洋平, 柳澤郷共著, 日本WIX振興プロジェクト・ウェブデザインKANTA! 協力　カットシステム
【要旨】コストゼロ! だけど仕上がりはプロ並み!!中小企業、スモールビジネスのホームページ制作に最適!!
2017.10 286p B5 ¥2400 ①978-4-87783-417-3

◆**世界一わかりやすいWordPress導入とサイト制作の教科書**　安藤篤史, 岡本秀高, 古賀海人, 深沢幸治郎著　技術評論社
【要旨】ワードプレスによるサイト制作の基本の「き」が身につきます! 15レッスンで基礎から一歩ずつ応用まで、レッスン後に成果を試せる練習問題つき。
2017.6 272p B5 ¥2380 ①978-4-7741-9029-7

◆**小さなお店＆会社のホームページ Jimdo入門**　藤川麻夕子, 山本和泉著　技術評論社
【要旨】ちゃんとしたホームページが作れる! かんたん＆無料でできる! ビジネス用ホームページの作成から運用まで、現場のプロがやさしく教えます! JimdoJapan 公認。ページにどんな情報を載せればいい? 見やすいデザインにする方法とは? ブログやTwitterと連携するには?
2017.5 191p B5 ¥1980 ①978-4-7741-8893-5

◆**できるホームページHTML & CSS入門—Windows 10/8.1/7対応**　佐藤和人, できるシリーズ編集部著　インプレス　（できるシリーズ）　（付属資料：CD・ROM1)
【要旨】タグの理解が深まる! 入力例と結果、機能がひと目でわかるHTMLコードが学べて付く。CD - ROMに収録の画像編集ソフトでホームページを彩るロゴも作成できる!
2017.2 286p 24×19cm ¥1680 ①978-4-295-00047-8

◆**はじめての無料でできるホームページ作成Jimdo入門**　桑名由美著　秀和システム　（BASIC MASTER SERIES）　第2版
【要旨】知識ゼロでもホームページを作れる。ビジネス用のホームページが作れる。自分だけのネットショップも作れる。初心者目線の操作解説だから初心者でも迷わない。
2017.5 199p 24×19cm ¥1680 ①978-4-7980-5098-0

◆**WordPress入門講座—1日でWebサイトが作れる!**　星野邦敏監修　洋泉社
【要旨】大きな画面＆やさしい操作手順でプロ級のWeb サイトができる!
2017.4 207p A5 ¥1800 ①978-4-8003-1223-5

DTM

◆**楽譜作成ソフトDorico入門—基本操作をやさしくガイド**　スタイルノート楽譜制作部編　（国分寺）スタイルノート
【要旨】楽譜作成の基本手順をイチからていねいに解説。多彩なショートカットをポイントごとに紹介。トリムやはさみツールなど、新感覚な操作法もやさしく説明。各үには役に立つヒントがたくさん。巻末にはよく使うショートカットの一覧を掲載。
2017.11 175p B5 ¥2000 ①978-4-7998-0164-2

◆**基礎からわかるCubase AI 9/LE 9—コードトラックや付属ループでカンタン音楽づくり**　目黒真二者　（国分寺）スタイルノート
【要旨】制作に便利なヒントがいっぱい。ミックス、書き出しの手順もわかりやすく解説。DTM初心者にオススメ! Cubase シリーズの操作を基礎から知るならこれ!
2017.7 255p B5 ¥2600 ①978-4-7998-0161-1

◆**スコアメーカーZERO公式ガイドブック—スキャナも活用して多様な楽譜を簡単に**　スタイルノート楽譜制作部編, 河合楽器製作所監修　（国分寺）スタイルノート
【要旨】きれいな楽譜を作りたいなら! トップクラスのスキャン認識性能で、楽譜を上手にパソコンで編集。スマホのカメラで撮影した楽譜をデータ化する方法も紹介。大正琴・二胡・ハーモニカ譜などの数字譜もカンタン。プラチナム、スタンダード、エディター、スコアメーカーZEROの全グレードに対応。マウスで楽々入力のスコアメーカーをやさしい手順を追って説明しています。スキャン認識の解説部分はカラー印刷でよりわかりやすく!
2017.12 319p B5 ¥3400 ①978-4-7998-0165-9

◆**良い音の作り方—永野光浩流・DTM音楽制作仕事術**　永野光浩著　（国分寺）スタイルノート
【要旨】プロの作曲家は仕事をこう進める! 良い音を出すために必要なこととは? どうすれば音がもっとカッコよくなるのか? どうすればもっといい音になるのか? 初心者でもプロでも同じツールが使えるのに音が全然違うのはなぜか?…などの疑問に明解に答える。
2017.6 239p B5 ¥2000 ①978-4-7998-0159-8

◆**Ableton Liveによるトラックメイキング—基本から実践スキルまで BEATS、BASS、CHORDS、MIX&SHARE**　齊藤義典, 横川理彦, KABEYAM, 竹内一弘, Koyas, NAO, 山道晃著　グラフィック社
【要旨】様々なビート作りからミックスまでマスターする手順とコツを力説で解説!
2017.3 143p 24×19cm ¥2000 ①978-4-7661-3008-9

◆**Cubase9 Series徹底操作ガイド—やりたい操作や知りたい機能からたどっていける便利で詳細な究極の逆引きマニュアル**　藤本健著　リットーミュージック　（THE BEST REFERENCE BOOKS EXTREME）
【目次】PROJECT START, MIDI RECORDING, AUDIO RECORDING, TRACK EDITING, MIDI EDITING, AUDIO EDITING, ROUTING&MIXING, OTHER TECHNIQUES, BUNDLE PLUG INS
2017.8 447p B5 ¥3500 ①978-4-8456-3080-6

◆**Cubase Pro 9ではじめるDTM＆曲作り—ビギナーが中級者になるまで使える操作ガイド＋楽曲制作テクニック**　高岡兼時著　リットーミュージック
【要旨】Cubase は作曲、アレンジ、ミックス、マスタリングにまで使える大人気のDAWです。多くのプロも使っているほど高機能なので、DTMビギナーはちょっと戸惑ってしまうかもしれません。そこで、本書では作曲やアレンジに必要な基礎知識から、実際の楽曲制作工程まで、じっくり丁寧に解説しました。MIDIの打ち込みやオーディオの編集はもちろん、Cubase なら

ではのサンプラートラックやコードトラック、コードパッド、アレンジャートラック、Vari-AudioやAudioWarpといった特徴的な機能についても紹介しています。本書をフル活用して、Cubaseとともに音楽生活を楽しんでください！
2017.11 479p B5 ¥3000 ①978-4-8456-3139-1

◆DTMに役立つ音楽ハンドブック　岡素世著　自由現代社
【要旨】打ち込みや作曲を行う上で、何かと必要な楽典知識をDTM向けにゼロから解説。さらに、いつでも使えるコード表・用語集付き！
2017.5 93p A5 ¥1300 ①978-4-7982-2176-2

◆GarageBandではじめる楽器演奏・曲作り超入門—iPhone/iPad対応　松尾公也著　秀和システム
【目次】第1章 どんなことがGarageBandでできるの？（iPhone、iPadに付属する無料の音楽制作ソフトGarageBand、GarageBandに何ができるのか ほか）、第2章 楽器が弾けなくてもGarageBandならカンタンに弾ける！（ギターの弾き語り、ピアノの弾き語り、ギターを知らなくてもフォークギターが弾ける ほか）、第3章 もっとGarageBandで遊んでみよう！（指一本でダンスミュージック、DJプレイ、ドラマーはもういらない ほか）、第4章 みんなにも楽しんでもらうためにやってしまおう！（カラオケを作ればいいじゃない！、動画のBGMは自分で作っちゃおう！ ほか）
2017.8 190p B5 ¥1600 ①978-4-7980-5094-2

◆「Max」ではじめるサウンドプログラミング　松村誠一郎著　工学社（I・O BOOKS）
【要旨】「Max」は、フランスのパリにある「IRCAM」（仏国立音響音楽研究所）で開発されたプログラミング環境。「オブジェクト」と呼ばれる箱を「線」でつないでいく「ビジュアル・プログラミング」方式を採用しており、プログラミングが分からない人でも簡単に扱うことができる。本書は、「Max」をはじめて利用する人を対象に、はじめの一歩として最適な「音」に関するサンプルの作成にふれながら、基本的な操作や「オブジェクト」の種類について、詳しく解説。
2017.8 175p A5 ¥1900 ①978-4-7775-2021-3

◆Pro Tools 12 Software徹底操作ガイド—やりたい操作や知りたい機能からたどっていける便利で詳細な究極の逆引きマニュアル　大鶴暢彦, 佐美秀俊著　リットーミュージック（THE BEST REFERENCE BOOKS EXTREME）
【目次】SESSION START、AUDIO RECORDING、MIDI RECORDING、COMMON EDITING、AUDIO EDITING、MIDI EDITING、ROUTING & MIXING、OTHER TECHNIQUES、BUNDLE PLUG INS
2017.12 359p B5 ¥3000 ①978-4-8456-3140-7

◆Sibelius/Sibelius｜First実用ガイド—楽譜作成のヒントとテクニック・音符の入力方法から応用まで　スタイルノート楽譜制作部編（国分寺）スタイルノート
【要旨】マグネティック・レイアウトやダイナミック・パートを活用して、画面上の音符や五線、縦線、連桁、記号、문字、文字、パート譜などを直感的に操作！ 美しい楽譜を手軽に作れる！ 多機能楽譜作成ソフトSibelius/Sibelius｜Firstをやさしく解説。ドラム譜や日本風タブ譜の作り方も解説。
2017.8 383p B5 ¥4000 ①978-4-7998-0162-8

 はがき作成ソフト

◆あっという間にかんたん年賀状　2018年版　技術評論社編集部編・著　技術評論社（付属資料：印刷用紙；CD-ROM1）
【要旨】世界一かんたんな印刷ソフトつき。特典満載！ たっぷり完成はがき素材点数4000点以上。定番の年賀状から和風、カジュアル、デジカメ…あらゆる用途に対応のオールインワンタイプ。
2017.10 96p 28×21cm ¥390 ①978-4-7741-9133-1

 その他のソフトウェア

◆ああしたい！ こうしたい！ 地図や案内図のつくり方—Word/Excel/PowerPoint対応版　井上健語著　技術評論社（付属資料：CD-ROM1）
【目次】1 作例のつくり方（ゴミ集積所のお知らせ、グループ展開催のお知らせ、通学路の道順、災害時避難場所のお知らせ、駅前集合場所の案内図 ほか）、2 地図や案内図作成に便利なテクニック（グリッド線に沿って図形を配置したい、図形に頂点を追加したい、グリッド線を使って図形をきれいに整形したい、連続して複数の直線を描きたい、中心を基準に図形を作成したい ほか）
2017.2 191p 24×19cm ¥1980 ①978-4-7741-8662-7

◆1時間でわかるパワーポイント—「伝わる」プレゼンの要点　野々山美紀著　技術評論社（スピードマスター）
【要旨】現場で必要な本質が理解できる"新感覚"のパソコン実用書。即戦力に必要な知識・操作だけを凝縮、時間をかけずに要点だけを身に付ける、「伝わる」プレゼンの要点。
2017.2 159p B6 ¥880 ①978-4-7741-8722-8

◆今すぐ使えるかんたんOffice 2016　技術評論社編集部, AYURA, 稲村暢子, マイカ著　技術評論社
【要旨】Word & Excel & PowerPoint & Outlook、4つのアプリを1冊でマスター！ 基本操作を完全理解！
2017.4 447p 24×19cm ¥1980 ①978-4-7741-8962-8

◆今すぐ使えるかんたんPowerPoint完全ガイドブック困った解決&便利技—PowerPoint 2016/2013/2010対応版　AYURA著　技術評論社（今すぐ使えるかんたんシリーズ）
【目次】PowerPointの基本技！、スライド作成の快適技！、スライドマスターの便利技！、文字入力の快速技！、アウトラインの便利技！、図形作成の活用技！、写真やイラストの活用技！、表作成の便利技！、グラフの活用技！、アニメーションの活用技！、スライド切り替えの活用技！、動画や音楽の便利技！、プレゼンテーションの活用技！、印刷の快適技！、保存や共有の便利技！
2017.2 319p 24×19cm ¥1780 ①978-4-7741-8661-0

◆給与計算を簡単に自動化してラクする本—MFクラウド給与公式ガイド　岡本洋人, マネーフォワード著　翔泳社
【要旨】年末調整も簡単！ 簡単だから初心者でも、迷わない！ 税率・税率が自動更新だから、間違えない！ クラウドで情報一元化しているから、二度手間がない！「MFクラウド給与」を使って、給与計算業務をわかりやすく解説するガイドブック。
2017.10 127p B5 ¥1600 ①978-4-7981-5287-5

◆クラウド会計「奉行Jクラウド」導入ガイドブック　TMSエデュケーション著　泰文堂
【要旨】いつでも、どこでも、かんたん、つながる。ビジネスを変えるクラウド会計の新基準を今すぐ導入せよ！ OBCの「奉行Jクラウド」を使いこなす！
2017.6 167p 24×19cm ¥1200 ①978-4-8030-1054-1

◆現場で役立つ CLIP STUDIO PAINT PRO/EX 時短テクニック—修羅場での完成度を上げ時間短縮する超効率化手法　ぷひぃ, ねぐら☆なお, 中山たかひろ, 摩耶薫子, たちばな豊可, WinOPZ, K96著　ソーテック社
【要旨】作業の速い人だけ知っている！ クリスタ使いのプロが教える時短テク！ スゴ技&神テク大公開！ 最強の時短術！「時間が足りない」はもう言わせません。最先端の達人テクニック103。
2017.9 365p 24×15cm ¥2760 ①978-4-8007-1177-9

◆コピペで使える！ 動くPowerPoint素材集2000　河合浩之著　翔泳社（付属資料：DVD1）
【要旨】「プレゼンスライドを作ったけど何か物足りない」「もっとわかりやすいスライドを作りたい」…そんなニーズに応えるPowerPointの素材パーツをたっぷり収録しました!! コピー＆ペーストで簡単に使えるので、PowerPointの初心者でも安心して利用できます!!「ベー

シックなプレゼン」「データで魅せるプレゼン」「変形&ズーム活用プレゼン」など、素材の効果的な使い方が分かる作例を収録しています！「素材をプレゼンスライドにどう活かせばいいかわからない」…そんな人は、作例をチェックしましょう！ 各素材の「アニメーションウィンドウ」を見れば、動きがどのように設定されているかが学べます。また、画面切り替えや文字・図形・画像の効果など、スライドを魅力的にするための要素も丸わかり。「魅せるプレゼン」のための教材としても活用できます！
2017.9 191p B5 ¥2380 ①978-4-7981-5268-4

◆これからはじめるパワーポイントの本—PowerPoint2016/2013対応版　門脇香奈子著　技術評論社
【要旨】大きな画面と文字でわかりやすい！ 操作を解説していないので迷わない！ 本の途中から読み始めても大丈夫！
2017.2 159p 23×22cm ¥1580 ①978-4-7741-8725-9

◆これでわかるPowerPoint 2016　鈴木光勇著　エスシーシー
【要旨】基本&テクニック。パワーポイント操作がスムーズに学べる！ 例題ファイル、ダウンロードで実力UP！
2017.3 287p 24×19cm ¥1200 ①978-4-88647-634-0

◆コンピュータ会計 基本テキスト　平成29年度版　弥生編　弥生, 実教出版 発売（付属資料：DVD1）第15版
【目次】第1章 企業活動と会計処理、第2章 会計ソフトの操作（基礎知識）、第3章 企業の基幹業務と会計処理、第4章 税金に関連する業務と会計処理（基礎編）、第5章 会計データの入力処理と集計、第6章 月次決算に関連する業務と会計処理
2017.1 223p A4 ¥1700 ①978-4-407-34282-6

◆コンピュータ会計 基本 問題集 平成29年度版　弥生編　弥生, 実教出版 発売　第13版
【目次】企業活動と会計処理、会計ソフトの操作（基礎知識）、企業の基幹業務と会計処理、税金に関連する業務と会計処理（基礎編）、会計データの入力処理と集計、決算に関連する業務と会計処理（月次決算）、会計データの入力練習、ANSWER
2017.1 243p A4 ¥1800 ①978-4-407-34283-3

◆コンピュータ会計 初級 テキスト・問題集 平成29年度版　弥生編　弥生, 実教出版 発売（付属資料：DVD-ROM1）第11版
【目次】第1章 企業活動と会計処理、第2章 会計ソフトの操作、第3章 企業の業務と会計処理、第4章 会計データの入力処理と集計、第5章 会計情報の活用、第6章 入力練習（ラフィオーレ第4期5月度）
2017.1 215p A4 ¥1700 ①978-4-407-34280-2

◆最新MATLABハンドブック　小林一行著　秀和システム　第六版
【目次】0 なぜMATLABか？、1 MATLABとは、2 データビジュアライゼーションツールとしてのMATLABその1,3 信号処理ツールとしてのMATLAB、4 Simulinkとは、5 データビジュアライゼーションツールとしてのMATLABその2、6 プログラミング用言語としてのMATLAB、7 MATLABプログラミング応用例、Supplement 補足
2017.11 441p A5 ¥3000 ①978-4-7980-5159-8

◆さくらと学ぼう！ 弥生会計 18　横山隆志編・著, 竹内友章監修　（大阪）弥生カレッジCMC出版, TAC出版 発売
【要旨】初めての人でもストーリーに沿って入力するだけで導入から決算までの流れがつかめる！ WEB解説動画・掲示板の質問体制があるから安心！「どこが変わった？」を解決！ バージョン別変更点一覧付。インターネット・ライブ質問会で著者に直接質問できる！
2017.12 281p B5 ¥2000 ①978-4-8132-8229-7

◆さくらと学ぼう！ 弥生給与 18　横山隆志編・著, 竹内友章, 田中義和監修　（大阪）弥生カレッジCMC出版, TAC出版 発売
【要旨】初めての人でもストーリーに沿って入力するだけで導入から年末調整までの流れがつかめる！ WEB解説動画・掲示板の質問体制があるから安心！ 弥生検定パソコン給与事務中級模擬問題付。インターネット・ライブ質問会で著者に直接質問できる！
2017.12 265p B5 ¥2500 ①978-4-8132-8230-3

◆誰でもできる！ Dropbox Business導入ガイド　井上健語, 池田利夫, 岡本奈知子著,

サテライトオフィス監修　日経BP社, 日経BPマーケティング 発売
【要旨】ユーザーも管理者も, この1冊でDropbox Business を使いこなそう！
2017.4 243p 24×19cm ¥1900 ①978-4-8222-9659-9

◆できるOffice 365—Business/Enterprise対応　2017年度版　インサイトイメージ, できるシリーズ編集部著　インプレス（できるシリーズ）
【要旨】クラウド利用でセキュアな環境に。役立つサービスで仕事を効率化！
2017.5 238p 24×19cm ¥1800 ①978-4-295-00109-6

◆できるPowerPointパーフェクトブック困った！＆便利ワザ大全—2016/2013/2010/2007対応　井上香緒里, できるシリーズ編集部著　インプレス（できるシリーズ）
【要旨】スライド作成・編集から発表まで, 資料作成とプレゼンの使える即効ワザを網羅。長く使える座右の書。必ず役立つワザ＆キーワード722項目。
2017 334p 24×19cm ¥1800 ①978-4-295-00044-0

◆はじめて使う弥生会計　18　嶋田知子著, 前原東二監修（新潟）シーアンドアール研究所
【要旨】オールカラーでわかりやすく図解！ 簿記の基礎知識を理解できる！ 税理士のアドバイスを随所に掲載！ 個人事業主の決算処理にも対応！「スマート取引取込」機能を解説！ 仕訳入力の練習問題を巻末に付録！
2017.12 351p 24×19cm ¥2200 ①978-4-86354-228-0

◆はじめてのAngular4　清水美樹著　工学社（I・O BOOKS）
【要旨】本書では,「Angular」の最新バージョン「4」の導入から始めて, 簡単なWeb アプリを作りながら「Angular」の使い方の基本を学んでいきます。
2017.5 159p A5 ¥2300 ①978-4-7775-2013-8

◆はじめてのNode‑RED　Node‑REDユーザーグループジャパン著　工学社（I・O BOOKS）
【要旨】「Node‑RED」は, IBMが2013年に開発した, オープンソースの「IoTアプリ/Web アプリ」向けの開発環境。「PC上」のデータも,「センサ」で取得したデータも,「Web 上」のデータも,「クラウド上」のデータも, データを加工し易く取りするのに必要なのは,「ノード」と呼ばれる「ブロック」をつなぐだけ。本書では, この「Node‑RED」の基本的な操作からはじめ, 実例による活用方法まで, 具体的に学べるように解説しています。
2017.9 255p A5 ¥2500 ①978-4-7775-2026-8

◆はじめてのWPS Office　本間一著　工学社（I・O BOOKS）
【要旨】キングソフトの「WPS Office」は, 安価でありながら, オフィスソフトに必要な機能がしっかり盛り込まれています。ワープロソフト「Writer」, 表計算ソフト「Spreadsheets」, プレゼンテーション「Presentation」の3つのソフトがあり, さまざまな文書や資料などを作ることができます。「WPS Office」のユーザーインターフェイス（操作画面）は, できるだけ「Microsoft Office」と同じように操作できることを目標に設計されています。ファイルの互換性も高く,「Microsoft Office」の新しいファイル形式,「.docx」「.xlsx」「.pptx」などにも対応。
2017.3 239p A5 ¥2300 ①978-4-7775-1997-2

◆パーフェクトガイド情報 Office2016対応　実教出版編修部編　実教出版
【目次】1章 基本操作とWeb 検索, 2章 Word, 3章 Excel, 4章 PowerPoint, 5章 マルチメディアの活用, リファレンス
2017.1 191p B5 ¥640 ①978-4-407-34178-2

◆パワーポイント スライドデザインのセオリー　藤田尚俊著　技術評論社
【要旨】セオリーを押さえれば, わかりやすく魅力的なスライドは, 誰でも簡単に作れる！
2017.10 191p 23×19cm ¥1800 ①978-4-7741-9183-6

◆ひと目でわかるOffice365 サイトカスタマイズ＆開発編—SharePoint Server 2016対応版　奥田理恵著　日経BP社, 日経BPマーケティング 発売
【要旨】"知りたい操作がすばやく探せるビジュアルリファレンス" というコンセプトのもとに, SharePoint Online（Office365）およびShare-

Point Server 2016のサイトのデザイン変更と機能追加, アプリやアドイン, Web パーツの開発方法を豊富な画面でわかりやすく解説。サイトの見た目を変えたりちょっとした機能を追加するといった手軽なカスタマイズから, アプリやアドイン, Web パーツ等の開発まで網羅している。
2017.10 442p 24×19cm ¥3200 ①978-4-8222-5352-3

◆ひと目でわかるOffice 365ビジネス活用28の事例—SharePoint Server 2016対応版　西岡真樹, 北端智著　日経BP社, 日経BPマーケティング 発売
【要旨】案件管理, 顧客とのプロジェクトサイト, 役員・社長ブログ, 資産管理, 機密情報管理—業務シナリオに沿った実践的な活用法をわかりやすく紹介！
2017.3 —p 24×19cm ¥2200 ①978-4-8222-5351-6

◆よくわかる初心者のためのMicrosoft PowerPoint 2016　富士通エフ・オー・エム著・制作　FOM出版
【要旨】はじめてPowerPoint を使う方必見！ 表や画像の入ったスライドの作成からスライドショーの実行まで, はじめに覚えておきたいPowerPoint の基本的な操作方法をわかりやすく解説！ 大きな文字と操作画面のズームで, 見やすく, 安心して操作できる！
2017.7 191p 29×22cm ¥1200 ①978-4-86510-328-1

◆Ansible構成管理入門—はじめよう Infrastructure as Code　山本小太郎著　技術評論社（Software Design plusシリーズ）
【要旨】基本から応用まで, Ansible の機能を詳解。
2017.4 169p 24×19cm ¥2480 ①978-4-7741-8885-0

◆Autodesk Inventor 2018公式トレーニングガイド　Vol.1　Inc. Autodesk著, オートデスク訳　日経BP社, 日経BPマーケティング 発売
【目次】第1章 はじめに, 第2章 基本的なスケッチの作成, 第3章 基本形状の作成, 第4章 詳細形状の作成, 第5章 アセンブリデザインの概要, 第6章 コンポーネントを配置, 作成, 関係する
2017.8 397p B5 ¥6200 ①978-4-8222-5335-6

◆Autodesk Inventor 2018公式トレーニングガイド　Vol.2　Inc. Autodesk著, オートデスク訳　日経BP社, 日経BPマーケティング 発売
【目次】第7章 アセンブリを操作する, 第8章 基本ビューの作成, 第9章 寸法, 注記, テーブル, 第10章 アセンブリ図面に注釈を付ける, 第11章 製図規格と図面リソース, 付録A
2017.8 269p B5 ¥5400 ①978-4-8222-5336-3

◆Clean Code—アジャイルソフトウェア達人の技　ロバート・C. マーチン著, 花井志生訳　ドワンゴ, KADOKAWA 発売
【目次】クリーンコード, 意味のある名前, 関数, コメント, 書式化, オブジェクトとデータ構造, エラー処理, 境界, 単体テスト, クラス, システム, 創発, 同時並行性, 継続的改良—コマンドライン引数のパーサを用いたケーススタディ, JUnit の内部, SerialDate のリファクタリング, においと経験則, 同時並行性2, org.jfree.date.SerialDate, 経験則のクロスリファレンス
2017.12 527p 24×19cm ¥3800 ①978-4-04-893059-8

◆LATEX2ε 美文書作成入門　奥村晴彦, 黒木裕介著　技術評論社（付属資料：DVD‑ROM1）改訂第7版
【目次】TEXとその仲間, 使ってみよう, LATEX2εの基本, パッケージと自前の命令, 数式の基本, 高度な数式, グラフィック, 表組み, 図・表の配置, 相互参照・目次・索引・リンク〔ほか〕
2017.1 432p 24×19cm ¥3200 ①978-4-7741-8705-1

◆Mesos実践ガイド　古賀政純著　インプレス
【要旨】コンテナ, ビッグデータ, 深層学習等の処理に最適！ 稼働効率の高い次世代IT基盤を構築。
2017.6 239p 24×19cm ¥3000 ①978-4-295-00110-2

◆NVivoリファレンス　林真著　工学社（I・O BOOKS）
【要旨】PDF, 写真, 音声, ビデオ, トランスクリプト, Word, Excel, PowerPoint, Evernote, EndNote, Mendeley, Web ページ…さまざまなファイル形式のデータを取り込んで, 整理して解析！
2017.6 119p A5 ¥1800 ①978-4-7775-2017-6

◆Outlook プロ技BESTセレクション—Outlook2016/2013/2010対応版　AYURA著　技術評論社（今すぐ使えるかんたんEx）
【要旨】これでメールはバッチリ！ すぐに使えて役に立つ！ もう操作に迷わない！ この1冊で連絡先・予定表・タスクの機能もしっかり解説！
2017.12 255p A5 ¥1380 ①978-4-7741-9423-3

◆PowerPoint魅せるプレゼンワザ—2016&2013&2010&2007　速効！ ポケットマニュアル編集部著　マイナビ出版（速効！ ポケットマニュアル）
【要旨】たったこれだけで劇的にプレゼンが変わる！ 目からウロコの "魅せる法則" 満載。これ1冊で相手の心をワシづかみ！
2017.8 191p B6 ¥880 ①978-4-8399-6418-4

◆PowerPoint 2016ワークブック　相澤裕介著　カットシステム（情報演習 28—ステップ30）
【目次】タイトルスライドの作成, ファイルの保存と読み込み, PowerPoint の画面構成, スライドの追加と箇条書き, スライドのデザイン, 文字の書式指定, 段落の書式指定, スライドとコンテンツの領域の操作, 画像や動画の挿入, 表の作成と編集〔ほか〕
2017.5 127p B5 ¥900 ①978-4-87783-834-8

◆Rhinoceros逆引きコマンド・リファレンス　中島淳雄監修　ラトルズ
【要旨】約900個のコマンドを目的別にカテゴライズし, 使用頻度の高いコマンドについては, その使い方を重点的に解説。
2017.3 327p B5 ¥2680 ①978-4-89977-460-0

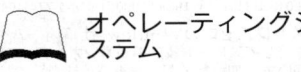

オペレーティングシステム

◆クラウドコンピューティングのためのOSとネットワークの基礎　木下宏揚著　コロナ社
【要旨】本書は, 情報系に限定せず幅広い分野の学生を対象とし, インターネットのプロトコルTCP/IPの基礎とクラウドコンピューティングに必要なオペレーティングシステムや仮想化技術について解説する。また, 一般のユーザが触れることのないデータセンターやインターネットサービスプロバイダで用いられている基盤技術についても触れている。
2017.8 191p A5 ¥2500 ①978-4-339-02876-8

◆「シェル芸」に効く！ AWK処方箋　斉藤博文著　翔泳社
【要旨】Unix が生まれて今までそうであったように「シェル」が持っている基本的な機能とデータを簡単に扱える「AWK」これからもデータ処理を支えてくれる強力な武器だ！
2017.1 114p B5 ¥2000 ①978-4-7981-5091-8

◆標準テキスト CentOS 7 構築・運用・管理パーフェクトガイド　有限会社ナレッジデザイン, 大竹龍史, 市来秀男, 山本道子, 山崎佳子著　SBクリエイティブ
【要旨】初めて触れる入門者から, 第一線で活躍するプロの技術者まで, あらゆる人の役に立つCentOSガイドの決定版！ 各種ツールのインストール, 設定ファイルの編集, コマンドの実行方法, セキュリティ対策までも詳細に解説！
2017.3 959p 24×19cm ¥4200 ①978-4-7973-8268-6

◆Androidを支える技術　1　60fpsを達成するモダンなGUIシステム　有野和真著　技術評論社（WEB+DB PRESS plusシリーズ）
【要旨】心地良い操作感をつくるプラットフォームの総力戦。オープンな巨大ソフトウェアを探究し, トップレベルの製品開発を追体験。
2017.8 311p A5 ¥3600 ①978-4-7741-8759-4

◆Androidを支える技術　2　真のマルチタスクに挑んだモバイルOSの心臓部　有野和真著　技術評論社（WEB+DB PRESS plusシリーズ）
【目次】第1章 Android とActivity の基礎知識—最重要は「Activity」, 第2章 詳説 アプリのインストールとその情報—PackageManagerService とpackages.xml, 第3章 カーネル側から見たメモリ不足—lmkd とLow Memory Killer という存在, 第4章 徹底攻略1

情報・通信・コンピュータ

スタックから見た！ Activity のライフサイクル—ActivityStack とActivityManagerService が形づくるAndroid らしさ、第5章 徹底攻略2 アプリのプロセスから見る！ Activity の生成と再生成—Zygote とActivity Thread、第6章 Android の始まり—ブートローダーとinit プロセス、Appendix Activity とView ツリーの狭間で—第2巻と第1巻の関係が見えるView ツリーの状態の保存
　　　　2017.4 263p A5 ¥3600 ①978-4-7741-8861-4

◆Nutanix—Hyper Converged Infrastructure入門　ソフトバンクコマース＆サービス著　翔泳社
【要旨】サーバー＋ストレージ＋ネットワーク→HCIでユニット化、システムを逐次拡張＆一括管理する新しいインフラ登場。Community Edition も紹介。インフラでは、もう、悩まない！ HCIの代表的製品であるNutanix の解説を軸に、HCIを使ったシステムの概念や技術的な利点、システムの設計や運用方針、ほかのシステムとの連携などについて説明。
　　　　2017.4 381p 23×19cm ¥3480 ①978-4-7981-5179-3

Windows

◆今すぐ使えるかんたん Windows10　オンサイト，技術評論社編集部著　技術評論社（今すぐ使えるかんたんシリーズ）改訂3版
【要旨】最新アップデート完全対応！ Windows10 Fall Creators Update 対応。
　　　　2018.1 319p 24×19cm ¥1480 ①978-4-7741-9475-2

◆ストレスゼロのWindows仕事術—ムダをなくしてスピード＆効率がガンガンアップする使い方　四禮静子著　技術評論社
【要旨】スタートメニューにないアプリを起動するには？ たくさんあるファイルをすっきり整理したい。動作が重いし、すぐフリーズする…バックアップってどうなるの？ 会社では教えてくれない「こうすればよかったのか！」がわかる。17年間で2000人以上を完全マンツーマンで指導してきた著者が教える、「なぜ？」を「わかった！」に変える効率化テクニック。
　　　　2017.4 206p A5 ¥1480 ①978-4-7741-8908-6

◆大学生の知の情報スキル—Windows 10・Office 2016対応　森園子編著，池田修，谷口厚子，永田大，守屋康正著　共立出版
【目次】第1章 大学における知の活動（大学における知の活動、情報倫理とセキュリティ—情報化社会と向き合うために ほか）、第2章 Word2016を使った知のライティングスキル（Microsoft Word 2016の基本操作、文書作成の基礎 ほか）、第3章 Excel2016による知のデータ分析とその表現（データ分析とその表現、Excel2016の基本操作—データ分析とセルの取扱い ほか）、第4章 PowerPoint2016による知のプレゼンテーションスキル（PowerPoint2016の基本画面、スライドデザインとレイアウトの選択 ほか）、第5章 Google を用いた知の情報検索とクラウドコンピューティング（Google の起こした情報革命、Google を利用したクラウドコンピューティング ほか）
　　　　2017.11 318p B5 ¥2900 ①978-4-320-12425-7

◆できるPRO Windows Server 2016 Hyper - V　樋口勝一，できるシリーズ編集部著　インプレス（できるPROシリーズ）
【要旨】Hyper - Vのさまざまな機能がわかる。インストールからの操作手順を解説。チェックポイントやレプリカも活用できる。仮想化の基本から始めクラウド構築も解説！
　　　　2017.2 325p 24×19cm ①978-4-295-00070-9

◆できるWindows10—Home/Pro/Enterprise/S対応　法林岳之，一ケ谷兼乃，清水理史，できるシリーズ編集部著　インプレス 改訂3版
　　　　2017 318p B5 ¥1000 ①978-4-295-00247-5

◆できるWindows10パーフェクトブック困った！ ＆便利ワザ大全　広野忠敏，できるシリーズ編集部著　インプレス（できるパーフェクトブックシリーズ）改訂3版
【要旨】自在に引ける最強の全方位解説。実務で頼れる921項目。
　　　　2017.10 334p 24×19cm ¥1480 ①978-4-295-00248-2

◆はじめてのWindows10基本編—Fall Creators Update対応　戸内順一著　秀和システム（BASIC MASTER SERIES）
【要旨】基本操作から最新のMixed Reality まで操作と機能がわかる。
　　　　2017.10 287p 24×19cm ¥1000 ①978-4-7980-5234-2

◆ひと目でわかるActive Directory Windows Server 2016版　Inc. Yokota Lab著　日経BP社，日経BPマーケティング発売
【要旨】導入から構成、管理まで、豊富な画面を使ってわかりやすく解説！ GUIとコマンドラインの両方の操作を紹介！
　　　　2017.1 373p 24×19cm ¥3200 ①978-4-8222-9890-6

◆ひと目でわかるWindows Server 2016　天野司著　日経BP社，日経BPマーケティング発売
【要旨】基本機能を豊富な画面で詳しく解説！ 初めてでも迷わない、管理者必携の1冊。コンテナー、Hyper - V、記憶域スペースなど新機能や強化機能も紹介！
　　　　2017.2 421p 24×19cm ¥2800 ①978-4-8222-9889-0

◆ひとり情シスのためのWindows Server逆引きデザインパターン—Windows Server2016対応　国井傑，新井慎太朗著　エクスナレッジ
【要旨】孤独なIT担当者に贈るやさしいサーバー構築・運用管理テクニック集。ファイル共有からサーバー仮想化、Active Directory まで完全網羅！
　　　　2017.6 272p B5 ¥2800 ①978-4-7678-2332-4

◆Windowsコンテナー技術入門　真壁徹著　インプレス
【目次】第1章 コンテナー技術とは、第2章 Windows におけるコンテナー技術、第3章 導入前に検討すべきこと、第4章 Windows10で学ぶWindows コンテナー技術とDocker の基本、第5章 Windows Server 2016とAzure で学ぶサーバーへの導入手順と実装、第6章 Windows コンテナー技術を用いたアプリケーション開発と実行環境、第7章 今後への期待と動向
　　　　2017.3 207p 24×19cm ¥2500 ①978-4-295-00095-2

◆Windows10基本技　技術評論社編集部，AYURA著　技術評論社（今すぐ使えるかんたんmini）改訂2版
【要旨】いちばんやさしいWindows10の本です。見やすい画面とていねいな解説で初心者でも思い通りに操作できる！ この一冊で必要な機能は十分！ 基本操作はもちろん使いこなし技も満載！
　　　　2017.6 191p 19cm ¥820 ①978-4-7741-8988-8

◆Windows10はじめる＆楽しむ 100%入門ガイド　リンクアップ著　技術評論社 改訂2版
【要旨】基本操作から各種設定までこの一冊でOK！
　　　　2017.7 127p B5 ¥1020 ①978-4-7741-8998-7

◆Windows10 パーフェクトマニュアル　タトラエディット著　ソーテック社　2018年改訂版
【要旨】全操作、全機能が載ってるから迷わない！ 基本から便利技・トラブル対応まで全部わかる！ 基本の操作から最新アプリ、昔ながらの操作も全部できる！ はじめてのタッチ操作、はじめてのWindows10の人も安心！「やりたいこと」がすぐできるTIPS400！ わかりやすい索引で「あれがしたい」「これがしたい」から探せる、側にあれば安心な1冊！ 自由自在Windows10を操ろう。
　　　　2017.12 311p 24×19cm ¥1800 ①978-4-8007-1190-8

◆Windows PowerShell実践システム管理ガイド—自動化・効率化に役立つPowerShell活用法　横田秀之，河野憲義著　日経BP社，日経BPマーケティング 発売（TechNet ITプロシリーズ）
【要旨】PowerShell を徹底的に使いこなすための管理タスク別リファレンス。Version5対応。
　　　　2017.10 389p 24×19cm ¥3800 ①978-4-8222-5361-5

◆Windows Server2016 パーフェクトマスター 最新版　野田ユウキ，アンカー・プロ著　秀和システム　（Perfect Master）
【要旨】ネットワーク管理者のためのサーバー強化法！ 全機能解説！ 管理運用の極意がわかる！ 不正な攻撃からシステムとネットワークを守る、最強サーバーの作り方！
　　　　2017.6 540p 24×19cm ¥2800 ①978-4-7980-4928-1

◆Windows Sysinternals徹底解説—無償ツールで極めるトラブルシューティングテクニック　マーク・ルシノビッチ、アーロン・マーゴシス著、山内和朗訳　日経BP社，日経BPマーケティング 発売（原著第2版）改訂新版
【要旨】Sysinternals ユーティリティ唯一の解説書が5年の時を経てパワーアップ！ トラブルシューティングの "匠の技" を大幅加筆。
　　　　2017.6 71p 23×19cm ¥5500 ①978-4-8222-9896-8

MacOS

◆今すぐ使えるかんたんmacOS完全ガイドブック—High Sierra対応版　技術評論社編集部著　技術評論社（今すぐ使えるかんたんシリーズ）
【要旨】基本操作から活用技までこの1冊ですべて解説！
　　　　2017.11 383p 24×19cm ¥2180 ①978-4-7741-9377-9

◆基礎知識＋リファレンス macOSコマンド入門—ターミナルとコマンドライン、基本の力　西村めぐみ著，新居雅行技術監修　技術評論社
【要旨】応用力のベースとなる入力作法から必須テクニックまでこの1冊で！
　　　　2017.12 371p A5 ¥2600 ①978-4-7741-9403-5

◆MacBookマスターブックmacOS High Sierra対応版　松山茂、矢橋司著　マイナビ出版　（Mac Fan BOOKS）
【要旨】操作の基本から新機能まで知らなかった「お得ワザ」が満載！ 使える小ワザ満載の基本操作。iCloud でデータ管理をスマートに。新しい写真アプリは使いでタップリ。iPhone やSNSとの連携も自由自在。
　　　　2017.11 319p 24×19cm ¥1680 ①978-4-8399-6471-9

◆macOS High Sierra パーフェクトマニュアル　井村克也著　ソーテック社
【要旨】Mac 最新OSの使い方をわかりやすく解説！ マックを快適に使うための基本的な操作方法から各種の設定・テクニックまで、全てがわかる！ です。
　　　　2017.10 351p 23×19cm ¥1980 ①978-4-8007-1183-0

◆macOS High Sierraマスターブック　小山香織著　マイナビ出版　（Mac Fan BOOKS）
【要旨】最新のmacOSを基本から活用テクまで解説！ アップグレードユーザーにも役立つ。新・写真アプリなど新機能もバッチリ。
　　　　2017.10 415p 24×19cm ¥1980 ①978-4-8399-6470-2

UNIX・LINUX

◆**オープンソース・ソフトウェアで学ぶ情報リテラシー—情報倫理とモラル Linux OS入門**　石田雅，木本雅也共著　学術図書出版社　改訂第4版；第5版
【目次】第1章　パソコンの基本操作、　第2章　オープンソース・ソフトウェアの概要、　第3章　ワープロソフト ＝ LibreOffice＝「Writer」、第4章　表計算ソフト ＝ LibreOffice＝「Calc」、第5章　プレゼンテーションソフト ＝ LibreOffice＝「Impress」、第6章　インターネット検索＝「Mozilla Firefox」、第7章　電子メール＝「Mozilla Thunderbird」、第8章　情報倫理とモラル、第9章　Linux OS入門 (Cent OS 7.3)
2017.4 302p B5 ¥2600 ①978-4-7806-0548-8

◆**詳解システム・パフォーマンス**　ブレンダン・グレッグ著，西脇靖紘監訳，長尾高弘訳　オライリー・ジャパン，オーム社 発売
【要旨】パフォーマンス障害を解決する基礎知識と実践のための方法論を徹底解説!!
2017.2 749p 24×19cm ¥5400 ①978-4-87311-790-4

◆**ちょっとだけLinuxにさわってみたい人のためのBash on Ubuntu on Windows入門**　中島能和著　秀和システム
【要旨】とにかく手軽にLinuxを勉強してみたい方。手持ちのPCでLinuxも使いたいが、余計なソフトを入れたり、複雑な設定はしたくないWindowsユーザー。普段の使い慣れた環境をWindows上でも使いたいLinuxユーザー。本書は、こんな人にオススメです。
2017.2 271p 24×19cm ¥1980 ①978-4-7980-4905-2

◆**ふつうのLinuxプログラミング—Linuxの仕組みから学べるgccプログラミングの王道**　青木峰郎著　SBクリエイティブ　第2版
【要旨】本書はLinuxプログラミングの入門書です。つまり、本書を読むことで読者のみなさんがLinux向けのプログラムをバリバリと作れるようになる、あるいはそこまでいかなくとも、そうなるために何が必要なのか判断できるようになることを目標としています。本書はどのような道筋をたどってその目標を達成するのでしょうか。簡単です。本書がやることはただ1つ、「Linux世界が何によってできているのか」を教えることです。
2017.9 458p A5 ¥2750 ①978-4-7973-8647-9

◆**Linuxステップアップラーニング**　沓名亮典著　技術評論社　(付属資料：別冊1)
【要旨】本文と図で基本を習得：豊富な図とわかりやすい本文があなたをサポート。「確認問題」で理解度を確認：単元ごとに理解度を測る「確認問題」を掲載。Partの最後に「練習問題」：「練習問題」で実力チェック。
2017.4 212p B5 ¥2580 ①978-4-7741-8847-8

◆**Linux入門の入門**　若命さくら著　(柏)暗黒通信団　2017.8 32p A5 ¥300 ①978-4-87310-094-4

◆**LPICレベル2 Version4.5対応**　中島能和著，濱野賢一朗監修　翔泳社　(Linux教科書)
【要旨】世界に通じる人気資格LPIC「201&202試験」の出題範囲を完全網羅し、わかりやすく解説しています。豊富な練習問題と模擬試験で、受験対策も万全です。
2017.5 614p A5 ¥4000 ①978-4-7981-5125-0

◆**UNIXプログラミング環境**　ブライアン・W.カーニハン，ロブ・パイク著，石田晴久監訳，野中浩一訳　ドワンゴ，KADOKAWA 発売
【要旨】UNIXのプログラミング哲学を学ぶ！
2017.5 471p A5 ¥3200 ①978-4-04-893057-4

プログラミング

◆**アジャイルコーチング**　レイチェル・デイヴィス，リズ・セドレー共著，永瀬美穂，角征典共訳　オーム社
【目次】第1部 コーチングの基本（旅を始める、みんなと一緒に働く、変化を導く、アジャイルチームを作る）、第2部 チームで計画づくり（デイリースタンドアップ、何を作るかを理解する、

前もって計画する、見える化する）、第3部 品質に気を配る（「完成」させる、テストで開発を駆動する、クリーンコード）、第4部 フィードバックに耳を傾ける（結果をデモする、ふりかえりで変化を推進する、あなたの成長）
2017.1 211p A5 ¥2800 ①978-4-274-21937-5

◆**アジャイル時代のオブジェクト脳のつくり方—Rubyで学ぶ究極の基礎講座**　長瀬嘉秀，小林慎治，大崎瑶著，まつもとゆきひろ監修　翔泳社
【要旨】本書は「オブジェクト指向は難しそう」というエンジニアに向けて、アジャイル時代に適用させたオブジェクト指向の考え方について、わかりやすくまとめた書籍です。オブジェクト指向の学習は、多かれ少なかれ、挫折がつきものです。そのような挫折をなるべく避けるように、オブジェクト指向の基礎をRubyを通して学習します。また楽しく学習できるようイラストや図をふんだんに使用しています。本書を読んでオブジェクト指向を正しく理解すれば、オブジェクト指向言語であるRubyもきちんと使いこなせるようになり、今までよりも読みやすく再利用性の高いプログラミングコードをかけるようになります。はじめてオブジェクト指向を学習する人はもちろん、今までオブジェクト指向の学習に挫折してしまった人にもオススメの1冊です。
2017.6 249p 24×19cm ¥2800 ①978-4-7981-3465-9

◆**新しいシェルプログラミングの教科書**　三宅英明著　SBクリエイティブ
【要旨】Linux/bash 対応。システム管理やソフトウェア開発など、実際の業務では欠かせないシェルスクリプトの知識を徹底解説。ほとんどのディストリビューションでデフォルトとなっているbashに特化することで、類書と差別化を図るとともに、より実践的なプログラミング手法を紹介。プログラミング手法の理解に欠かせないLinuxの仕組みについても解説した。
2017.11 367p 24×19cm ¥2700 ①978-4-7973-9310-1

◆**「あのサイトみたいに！」を実現できる！職業デザイナーでなくてもWebの表現を豊かにできる本**　中田亨著　秀和システム
【要旨】あのサイトみたいなWebにできたら…。コピペで直ぐに使えて、基礎もしっかり身につけられます！WordPressでも使える！画像だけでは表現やためらえ可能にも実現できる！
2017.9 439p 24×19cm ¥2500 ①978-4-7980-5128-4

◆**アルゴリズム図鑑—絵で見てわかる26のアルゴリズム**　石田保輝，宮崎修一著　翔泳社
【要旨】アルゴリズムはどんな言語でプログラムを書くにしても不可欠ですが、現場で教わることはめったになく、かといって自分で学ぶには難しいものです。本書は、アルゴリズムを独学する人のために作りました。はじめて学ぶときにはイメージしやすく、復習するときには思い出しやすくなるよう、基本的な26のアルゴリズム+7つのデータ構造をすべてイラストにしています。ソートやデータ探索などの「動き」を追うことで、考え方や仕組みを理解する手助けをします。よいプログラムを書くために知っておかなきゃいけないアルゴリズムの世界を、楽しく学びましょう。
2017.6 207p 24×19cm ¥2380 ①978-4-7981-4977-6

◆**アルゴリズムの基礎とデータ構造—数理とCプログラミング**　浅野孝夫著　近代科学社
【要旨】アルゴリズムとデータ構造の講義の入門用の教科書。必須となる基本的なアルゴリズムとデータ構造に特化して解説。アルゴリズムの基礎概念である漸近計量量の重要性に注目して、アルゴリズムとしてはソーティング、データ構造としては、優先度付きキュー、辞書、集合ユニオン・ファインドデータ構造のみを取り上げている。例題と多く用いて基盤となる数理を説明し、取り上げたアルゴリズムにC言語によるプログラムを与え、章末の演習問題とともにその解答例も付ける。
2017.3 223p A5 ¥2700 ①978-4-7649-0535-1

◆**1時間でわかるエクセルVBA—プログラムのコードの意味がわかる！**　リブロワークス著　技術評論社　(スピードマスター)
【要旨】現場で必要な本質が理解できる"新感覚"のパソコン実用書。即戦力に必要な知識・操作だけを凝縮、時間をかけずに要点だけを身に付ける、プログラムのコードの意味がわかる！
2017.2 159p B6 ¥980 ①978-4-7741-8721-1

◆**いちばんやさしいPHPの教本—人気講師が教える実践Webプログラミング**　柏岡秀男，池田友子著　インプレス　第2版
【要旨】はじめて学ぶ人でも安心!!オールカラーでコードを丁寧に解説。勘違いしやすいポイントは講師がフォロー!!セミナーを受けている感覚で読み進められる。
2017.6 239p 21×19cm ¥1980 ①978-4-295-00124-9

◆**いちばんやさしいPython入門教室**　大澤文孝著　ソーテック社
【要旨】豊富なカラー図解とイラストで超わかる！プログラムの「読み方」「書き方」「しくみ」「動かし方」を根本から理解し、作りながらしっかり学べる、すべてのビギナーに最良の入門書！
2017.4 255p 24×19cm ¥2280 ①978-4-8007-1159-5

◆**いちばんやさしいPythonの教本—人気講師が教える基礎からサーバサイド開発まで**　鈴木たかのり，杉谷弥月，ビープラウド著　インプレス
【要旨】はじめて学ぶ人でも安心！オールカラーでコードを丁寧に解説。小さなプログラムで基本を学んで最後は実践的なプログラムを完成させる！勘違いしやすい箇所は講師がフォロー！ワークショップ感覚で読み進められる。
2017.8 271p 22×19cm ¥2800 ①978-4-295-00208-6

◆**いまどきのJSプログラマーのためのNode.jsとReactアプリケーション開発テクニック**　クジラ飛行机著　ソシム
【要旨】Reactでアプリケーションを作ろう！さらにデスクトップ版はElectronで、スマホ版はReact Nativeで、3度おいしいプログラミング術。Wiki、SNS、リアルタイム手書き認識、そしてマストドンも！SPAで掲示板やリアルタイムチャット。
2017.8 399p 24×19cm ¥3400 ①978-4-8026-1114-5

◆**インクルーシブHTML＋CSS＆JavaScript—多彩な状況に応えるフロントエンドデザインパターン**　ヘイドン・ピカリング著，太田良典，伊原力也監訳　ボーンデジタル
【要旨】マークアップの最適解に近づくための、ロバストで理にかなった考え方。「ダメ」ではなく「こうしよう！」を学ぶ本。
2017.11 263p B5 ¥2800 ①978-4-86246-387-6

◆**エクセルだけで手軽に楽しむプログラミング超入門**　金宏和實著　日経BP社，日経BPマーケティング 発売
【要旨】プログラムとはどういうものだろう、自分にも作れるだろうか、と興味を持たれる方が増えているようです。この本では、Windowsパソコンにプリインストール（最初から入っている）されていることの多い表計算ソフトのExcel（エクセル）を使います。Excelさえあればプログラミングを学ぶことができるのです。これからの必須スキルを7日で習得！Excel VBAで役立つプログラムを作りながら身につけるプログラミングの基本。
2017.5 159p A5 ¥1480 ①978-4-8222-5326-4

◆**エンジニアのためのWordPress開発入門**　野島英祐，菱川拓郎，杉田知至，細谷崇，枢木くっくる著　技術評論社　(Engineer's Libraryシリーズ)
【要旨】経験豊富な執筆陣がPHPエンジニアに贈る最速開発を可能にする実践的なテクニック。
2017.1 397p A5 ¥2980 ①978-4-7741-8706-8

◆**おうちで学べる アルゴリズムのきほん**　鈴木浩一著　翔泳社
【要旨】アルゴリズムは、プログラマーやITエンジニアにとって必要不可欠な知識です。特に昨今は機械学習や深層学習が話題になるなど、ITテクノロジーの大転換期にあり、アルゴリズムの重要性はますます高まってきました。本書では、「アルゴリズムとは何か」「なぜ必要なのか」「どのようなアプローチで問題を解決しているのか」について、基礎から丁寧に解説しています。実際に自宅でPCで、様々なアルゴリズムを体験しながら解説を進めるので、楽しく、無理なく学習することができます。
2017.3 319p A5 ¥2200 ①978-4-7981-4528-0

◆**親子で楽しく学ぶ！ マインクラフトプログラミング**　Tech Kids School著，キャデック編著　翔泳社
【要旨】本書はマインクラフトを使って、親子で楽しみながらプログラミングを体験できる書籍です。対象読者：小学校1年生から6年生のお子さんを持つ保護者の方。小学校1年生から6年

生。特徴：Minecraft（ComputerCraftEdu）を利用して、プログラミングを体験できます。本書を読むうちに、プログラミングに必要な「論理的思考力」が培われます。
2017.2 151p B5 ¥1800 ①978-4-7981-4911-0

◆親子で学ぶはじめてのプログラミング—Unityで3Dゲームをつくろう！　掌田津耶乃著　マイナビ出版
【要旨】初心者歓迎！親子で楽しく学べる。UnityとC♯で本格プログラミング。ボウリング、砲撃ゲームなどがつくれて遊べる！
2017.5 349p B5 ¥2740 ①978-4-8399-6189-3

◆親子で学ぶプログラミング超入門—Scratchでゲームを作ろう！　星野尚著、阿部和広監修　技術評論社
【目次】プログラミングって何ですか？、プログラミングの考え方を知ろう！、プログラミング言語を知ろう！、プログラミングを体験しよう！、Scratchでゲームを作ってみよう！、次は何をすればいいの？
2017.11 223p A5 ¥1480 ①978-4-7741-9359-5

◆学生のためのPython　本郷健、松田晃一著　東京電機大学出版局
【要旨】シンプルで可読性に優れているPython言語を学ぶ課題演習型テキスト。例題に沿って学習をすることで、プログラミングの基礎、Pythonの文法が身につきます。基礎編では簡単な命令でPythonの動作を確認します。実践編ではタートルグラフィックスを使い、図形を描くことでプログラミングを理解できるようにしています。楽しみながら確実に実力のつくテキストです。
2017.10 185p B5 ¥2500 ①978-4-501-55570-2

◆画像処理・機械学習プログラミング—OpenCV3対応　浦西友暢、青砥隆仁、井村誠孝、大倉史生、金谷一朗ほか著　マイナビ出版
【要旨】画像処理の基礎から機械学習まで。OpenCVとC++によるプログラミングを解説。
2017.6 168p A5 ¥3280 ①978-4-8399-5913-5

◆関数型リアクティブプログラミング　スティーブン・ブラックヒース、アンソニー・ジョーンズ著、クイープ監訳　クイープ（Programmer's SELECTION）
【要旨】関数型プログラミングをリアクティブプログラミングに活かす考え方と実装方法をそれぞれの基礎から正しく理解する道標。
2017.8 443p 24×19cm ¥4300 ①978-4-7981-4556-3

◆かんたんUML入門　竹政昭利、林田幸司、大西洋平、三好次朗、藤本陽啓、オージス総研監修　技術評論社　改訂2版
【要旨】イラスト図解でやさしく解説！最新の「UML2.5」に完全対応！UMLモデリングの基本から実践的な開発事例まで、重要な図は実例を挙げて徹底解説。開発事例・ETロボコン。
2017.7 494p A5 ¥2960 ①978-4-7741-9039-6

◆機械学習入門 Jubatus実践マスター　Jubatusコミュニティ著　ソーテック社
【要旨】大量データを素早く、深く分析、Jubatus開発者が徹底解説！Jubatusの導入や基本コンセプト、分散学習機構「MIX」を説明。大量のデータを迅速に処理する分散モードでの実行方法も解説。分類や回帰など、Jubatusが搭載する分析機能をコード付きで詳解。分析時の落としや穴や分析精度を上げるTipsも紹介！
2017.10 285p 24×19cm ¥3480 ①978-4-8007-1178-6

◆気づけばプロ並みPHP—ゼロから作れる人になる！　谷藤賢一著、徳丸浩協力　リックテレコム　改訂版
【目次】1 いろいろ準備編、2 お店のスタッフは誰？、3 お店に商品を並べよう！、4 関係者以外立ち入り禁止！、5 遊びでスキルアップ！、6 憧れのショッピングカートを作ろう！、7 注文を受け付けます！、8 Excelで注文管理したい！、9 お客様に会員になってもらおう！
2017.3 327p 24×19cm ¥2700 ①978-4-86594-065-7

◆基礎からのサーブレット/JSP　松浦健一郎、司ゆき著　SBクリエイティブ（プログラマの種シリーズ）　新版
【要旨】JavaによるWebアプリケーション構築の最新仕様に対応して新登場!!実行可能なサンプルプログラムによる実践的解説！業務に必要な知識を凝縮した実用主義。コマンドラインとEclipseの両方に対応。章末の練習問題で確実に

スキルアップ！
2017.7 465p 24×19cm ¥2800 ①978-4-7973-8945-6

◆基礎からのMySQL　西沢夢路著　SBクリエイティブ（SE必修！プログラマの種シリーズ）　第3版
【要旨】5年ぶりのバージョンアップ！DB、SQL、PHPまったくの初心者向け。実行可能なサンプルプログラムによる実践的な解説！業務に必要な知識を凝縮した実用主義！章末の練習問題により確実にレベルアップ！
2017.9 521p 24×19cm ¥2980 ①978-4-7973-9311-8

◆基礎から学ぶUnity 3Dアプリ開発　梅原嘉介、小川敬治著　工学社（I・O BOOKS）
【要旨】本書は、「3Dアプリ」開発に一歩踏み出す読者に必要不可欠な基礎知識の習得が狙い。特に、プログラミング言語に「JavaScript」を使っていることも本書の特徴。1つのゲームテーマを掲げ（「ボール」の落下ゲーム）、段階ごとに「3D」の知識が学べるように考案。その際、「ゲームの作成」を、（1）最初は「Inspector 画面」を使った「手操作」で行ない、（2）ゲーム作成の手順を理解後、同じ作成を「プログラム」で行なう—という2段階の説明を採っている。これによって、プログラムの初心者も3Dの操作が容易に理解できる。
2017.6 175p B5 ¥2300 ①978-4-7775-2014-5

◆基礎から学ぶXamarinプログラミング　西村誠著　（新潟）シーアンドアール研究所
【要旨】「Xamarin」と「C♯」を使ったiOS/Android アプリのクロスプラットフォーム開発をXamarin.Formsを中心にわかりやすく解説！
2017.8 207p A5 ¥3250 ①978-4-86354-224-2

◆基礎からわかるScala　鮫島光貴著　（新潟）シーアンドアール研究所
【要旨】オブジェクト指向言語と関数型言語の特徴を併せ持つ「Scala」の基本・ポイントをわかりやすく解説！Scalaの入門に最適な1冊！
2017.9 287p A5 ¥2430 ①978-4-86354-226-6

◆基礎Web技術　松下温監修、市村哲、宇田隆哉、伊藤雅仁共著　オーム社（IT Text）改訂2版
【目次】第1章 Web（Webとは、Webの誕生ほか）、第2章 HTML（HTMLとは、HTMLタグほか）、第3章 CGI（CGI/SSI、CGIの仕様ほか）、第4章 JavaScript（JavaScriptとは、JavaScriptの基本内容ほか）、第5章 XML（XMLとは、XHTMLほか）
2017.1 183p A5 ¥2500 ①978-4-274-21990-0

◆グラフ・ネットワークアルゴリズムの基礎—数理とCプログラム　浅野孝夫著　近代科学社
【目次】グラフ表現のデータ構造、グラフ探索のアルゴリズム、有向グラフの強連結成分分解、トポロジカルソートと最長パス、オイラーグラフと一筆書き、二部グラフの最大マッチング、最短パス、全点間の最短パス問題、最小全点木、最大フローと最小カット、ディニッツの最大フローアルゴリズム、需要付きフローと下界付きフロー、最小費用フロー問題、フロー問題の線形計画問題定式化
2017.4 233p A5 ¥2700 ①978-4-7649-0536-8

◆クール＆スタイリッシュWebサイトテンプレート集 オリジナルCMSで作るCOOL SKINS　小田倉明著　技術評論社
【要旨】HTMLやCSSのカスタマイズは必要なし！ブログサービスのようにCMSでテキストや画像を設定するだけでカンタンに自分だけの個性的なWebサイトが作れます！
2017.1 303p B5 ¥2480 ①978-4-7741-8628-3

◆計算科学のためのHPC技術　1　下司雅章編　（吹田）大阪大学出版会
【目次】第1章 プログラムの高速化、第2章 MPIの基礎、第3章 OpenMPの基礎、第4章 ハイブリッド並列化技法、第5章 プログラム高速化の応用、第6章 線形代数演算ライブラリBLASとLAPACKの基礎と実践、第7章 高速化チューニングとその関連技術、第8章 行列計算における高速アルゴリズム、第9章 古典分子動力学法の高速化、第10章 量子化学計算の大規模化、第11章 計算精度に関する技術
2017.3 284p A5 ¥3600 ①978-4-87259-586-4

◆計算科学のためのHPC技術　2　下司雅章編　（吹田）大阪大学出版会
【目次】第1章 スーパーコンピュータとアプリケーションの性能、第2章 アプリケーションの性能

最適化、第3章 アプリケーションの性能最適化の実例、第4章 大規模系での高速フーリエ変換、第5章 オーダーN法、第6章 大規模MD並列化の技術、第7章 大規模量子化学計算、第8章 OpenAccによるGPU Computing、第9章 インテルXeon Phi プロセッサ向け最適化、並列化概要
2017.3 326p A5 ¥3900 ①978-4-87259-587-1

◆形式言語・オートマトン入門　藤芳明生著　数理工学社、サイエンス社 発売（グラフィック情報工学ライブラリ3）
【目次】第1章 形式言語と形式文法、第2章 有限オートマトン、第3章 正規表現と正規言語、第4章 文脈自由文法、第5章 プッシュダウンオートマトン、第6章 木文法と木オートマトン、演習問題解答
2017.8 163p A5 ¥1800 ①978-4-86481-047-0

◆ゲームエンジニア養成読本　長谷川勇、佐藤達磨、南野真太郎ほか著　技術評論社（Software Design plusシリーズ）
【要旨】ゲーム開発者の仕事の全体像、最新開発手法と必修の最適化&デバッグ。
2018.1 186p B5 ¥2180 ①978-4-7741-9498-1

◆ゲームを作りながら楽しく学べるHTML5＋CSS＋JavaScriptプログラミング　田中賢一郎著　インプレスR&D、インプレス 発売（Future Coders）改訂版；PDF版
【要旨】ブラウザですぐ始められる高校生のためのプログラミング入門。
2017.3 339p B5 ¥2500 ①978-4-8443-9751-9

◆ゲームを作りながら楽しく学べるPythonプログラミング　田中賢一郎著　インプレスR&D、インプレス 発売（Future Coders）PDF版
【目次】基礎編（Pythonの紹介、データ型とデータ構造、制御文、PyGame、その他押さえておきたい事項、オブジェクト指向）、ゲーム編（Cave、マインスイーパー、Saturn Voyager、Snake、ブロック、アステロイド、Missile Command、シューティング、落ちもの系ゲーム）
2017.3 285p B5 ¥2500 ①978-4-8443-9753-3

◆言語処理システムをつくる　佐藤理史著　近代科学社（実践・自然言語処理シリーズ 第1巻）
【目次】第1章 システム事例1：外国人名のカタカナ訳推定、第2章 システム事例2：テキストの難易度推定、第3章 言語に関する基礎知識、第4章 言語式言語とオートマトン、第5章 言語統計と確率的言語モデル、第6章 システム実装の基礎知識
2017.2 131p 24×19cm ¥2800 ①978-4-7649-0532-0

◆堅牢なスマートコントラクト開発のためのブロックチェーン「技術」入門　田籠照博著　技術評論社
【要旨】ビットコインを支えるブロックチェーンの仕組み。Ethereum（イーサリアム）とスマートコントラクト開発。脆弱なコードサンプルから学ぶセキュアなアプリ開発。ブロックチェーンそのものを理解したうえで、堅牢なスマートコントラクトの開発手法についても学べる構成。
2017.11 239p 23×19cm ¥2980 ①978-4-7741-9353-3

◆高校生からはじめるプログラミング　吉村総一郎著　KADOKAWA
【要旨】ゼロからはじめて、一生役立つWebプログラミングの基本が身につく！N高校のプログラミング教育メソッドを大公開！
2017.4 223p B5 ¥2000 ①978-4-04-601955-4

◆ここまで作れる！ Raspberry Pi実践サンプル集　太田一穂、岡嶋和弘、西村良太、樋山淳著　マイナビ出版
【要旨】ラズベリー・パイで作る面白いガジェットの数々。難易度★から歯ごたえある★★★★★まで紹介。
2017.7 275p B5 ¥2990 ①978-4-8399-6192-3

◆子どもと学ぶScratchプログラミング入門　竹林暁、澤田千代子、できるシリーズ編集部著　インプレス（できるキッズ）
【要旨】Scratchを初めて学ぶ子どもと大人のために使い方や機能を丁寧に解説。子どもにとって意味が分かりにくい条件分岐や座標、関数については、考え方を詳しく解説し、大人がどうやって子どもに考え方を説明すればいいか身近な例をひもといて紹介している。
2017.7 270p 24×19cm ¥1880 ①978-4-295-00131-7

◆子どもの"プログラミング的思考"をグングン伸ばす本　横山達大著　秀和システム
【要旨】子どもを"頭のいい子"に育てたいなら、小学生からがチャンス!!12のエクセルゲームを楽しみながら自然に論理的思考が身につく！
2017.3 127p 24×19cm ¥1700 Ⓘ978-4-7980-4953-3

◆これ1冊でできる！ ラズベリー・パイ超入門―Raspberry Pi 1+/2/3/Zero/Zero W対応　福田和宏著　ソーテック社　改訂第4版
【要旨】電子回路や配線図もすべて図解！ サンプルプログラムですぐ実践！ 手のひらサイズのLinux パソコンを思う存分使いこなそう！
2017.6 271p 24×19cm ¥2480 Ⓘ978-4-8007-1172-4

◆これからはじめるHTML & CSSの本―Windows10 & macOS対応版　千貫りこ著，ロクナナワークショップ監修　技術評論社　（デザインの学校）（付属資料：CD‐ROM1）
【要旨】基本操作を短期間でしっかり習得できます！ 作例を作りながらの実習でモチベーションがアップします！ いちばんやさしいデザインの入門書です！
2017.6 190p 24×22cm ¥1980 Ⓘ978-4-7741-8968-0

◆これからWebをはじめる人のHTML & CSS、JavaScriptのきほんのきほん　たにぐちまこと著　マイナビ出版
【要旨】必須スキルHTML/CSS/JavaScript を身につけよう。サイト/アプリを制作したいWebエンジニアのための最初の1冊！
2017.3 319p 24×19cm ¥2580 Ⓘ978-4-8399-5971-5

◆コンパイラ―作りながら学ぶ　中田育男著　オーム社
【要旨】ソフトウェアは依然として経験と勘に頼って作られることが多いが、そのなかでコンパイラは最も理論的によく研究されており、それが実際のコンパイラの作成にも生かされている。本書は、その基本的な理論を、コンパイラの技法と対応させてわかりやすく解説した。
2017.10 208p A5 ¥3000 Ⓘ978-4-274-22116-3

◆サーバーレスシングルページアプリケーション―S3、AWS Lambda、API Gateway、DynamoDB、Cognitoで構築するスケーラブルなWebサービス　ベン・ラディー著，吉田真吾監訳，笹井崇司訳　オライリー・ジャパン，オーム社 発売
【要旨】Web アプリケーションにまつわる様々なリスクとコストを取り除くサーバーレスアーキテクチャをとり入れれば、強力なWeb アプリケーションを素早く構築することができます。本書は、実際に動くアプリケーションを作りながら、サーバーレスアーキテクチャの特徴について学びます。S3でアプリケーションをすばやくデプロイする方法、Cognito でGoogle やFacebook などのIDプロバイダと接続しユーザーIDを管理する方法、DynamoDBでブラウザから直接ユーザーデータを読み書きし、API Gateway とAWS Lambda でカスタマイズしたマイクロサービスを構築する方法などについて豊富なサンプルコードを使って解説します。サーバーレスアプローチのシングルページアプリケーションを設計、コーディング、テストして、再び設計にフィードバックする一連の流れを実践的に学べる本書はエンジニア必携の一冊です。
2017.6 204p 24×19cm ¥2600 Ⓘ978-4-87311-806-2

◆30時間アカデミック PHP入門　大川晃一，小澤慎太郎著　実教出版
【要旨】実際にWeb アプリケーションを作成しながらPHPの基本を身に付けられる。例題作成を通じてPHPの初歩から丁寧に解説。1冊を通して1つのプロジェクトが完成する。HTML5/CSS/データベース（SQL）の基礎も解説。
2017.4 215p B5 ¥1600 Ⓘ978-4-407-34035-8

◆算数でわかるPythonプログラミング　田中一成著　オーム社
【要旨】数学の苦手な大学生のカズ君が、小学校の算数を学び直しながらPython のプログラミングを教えてもらう話。
2017.10 134p 23×19cm ¥1700 Ⓘ978-4-274-22113-2

◆シェルスクリプト基本リファレンス―♯！/bin/shで、ここまでできる　山森丈範著　技術評論社　（WEB+DB PRESS plusシリーズ）改訂第3版
【要旨】シェルスクリプトは、作業効率アップのために使用できる普段使いの言語です。シェルスクリプトを知っていれば、日常的な処理のためのツールがすぐに簡単に作れます。本書では、Linux やmacOSの標準シェルでWindows10でも使用可能になったbash を基本にしつつ、「シェルスクリプトの移植性」を重視して解説を行います。bash に加え、FreeBSDのsh やSolaris のsh、BusyBox のsh で動作確認を行い、対応状況をアイコン表示しています。ポイントやサンプルも豊富に盛り込み、OSに依存しない移植性の高いシェルスクリプトの実現をサポートする1冊です。
2017.2 321p A5 ¥2680 Ⓘ978-4-7741-8694-8

◆10才からはじめるゲームプログラミング図鑑―スクラッチでたのしくまなぶ　キャロル・ヴォーダマン，ジョン・ウッドコック著，山崎正浩訳　（大阪）創元社
【要旨】自分で作ると、ゲームはもっと楽しい！ アクションゲームやレーシングゲーム、迷路や音を使ったものまで、8種類のゲームのプログラミング方法をわかりやすく解説。君も未来のゲームプログラマーをめざそう！
2017.11 223p 24×20cm ¥2800 Ⓘ978-4-422-41418-8

◆実践コンパイラ構成法　滝本宗宏著　コロナ社　（電子通信情報系コアテキストシリーズ）
【目次】1章 はじめに、2章 記述言語、3章 字句解析、4章 構文解析、5章 意味解析、6章 実行時環境、7章 コード生成
2017.7 207p A5 ¥2800 Ⓘ978-4-339-01933-9

◆実践 AWS Lambda―「サーバレス」を実現する新しいアプリケーションのプラットフォーム　西谷圭介著　マイナビ出版
【要旨】「AWS Lambda」を正しく理解し、実力を最大限に引き出すための1冊！
2017.6 263p A5 ¥3000 Ⓘ978-4-8399-5911-1

◆15時間でわかるUWP（ユニバーサルWindowsプラットフォーム）アプリ開発集中講座　高橋広樹著，MagTrust監修　技術評論社
【要旨】いちばんやさしいUWPアプリ開発の教科書。ずっと使える知識が身につく入門書の決定版！ 無償のVisual Studio を用いてC♯の文法からUWPアプリ作成までわかりやすく学べます。サンプルプログラムをダウンロードできるので、無理なくアプリケーション開発を体験できます。
2017.2 415p 23×19cm ¥2780 Ⓘ978-4-7741-8695-5

◆10代からのプログラミング教室―できる！ わかる！ うごく！　矢沢久雄著　河出書房新社　（14歳の世渡り術）
【目次】1 おそれるな、相手を知ればおのずから道はひらける―コンピュータを知る（プログラムを知る、コンピュータは5つのことだけ覚えれば大丈夫、基本はとてもシンプルだ、プログラミング感覚を養う、4つの機能を意識しよう）、2 プログラミング技術を身につけよう―真似から始めるトレーニング（何を作りたいか考える、分解して考える、コンピュータの表現にする、プログラムを解読してみよう、改良できるポイントを探す、プログラミングのストーリー展開の作り方、さあ、もっと作ってみよう）、Next STAGE プログラミングは、きみを変える「言葉」（もっとできるようになりたくなったきみへ、プログラミング言語はどう選ぶか、英語はやっておこう。嫌いにならない程度に、欲しいものがなんでも作れると思っていい、プログラミングは世界を広げる言葉）
2017.12 185p B6 ¥1300 Ⓘ978-4-309-61712-1

◆12歳からはじめる ゼロからのPython ゲームプログラミング教室　大槻有一郎，リブロワークスPython部著　ラトルズ
【要旨】ミニゲームを作りながら、人工知能で話題のPython を楽しく覚えよう！ Windows 7/8/8.1/10対応。
2017.5 279p A5 ¥2200 Ⓘ978-4-89977-463-1

◆純粋関数型データ構造　クリス・オカサキ著，稲葉一浩，遠藤侑介訳　ドワンゴ，KADOKAWA 発売
【要旨】関数型データ構造の設計と実装を学ぶ。
2017.4 214p 24×19cm ¥2500 Ⓘ978-4-04-893056-7

◆詳解！ Google Apps Script完全入門―Google Apps & G Suiteの最新プログラミングガイド　高橋宣成著　秀和システム
【要旨】JavaScript の基本から自作ライブラリまで徹底紹介！ スプレッドシート、Gmail、ドライブ、カレンダー他、主要サービスのプログラミングとそのコツを完全網羅。配列、関数、オブジェクトなどJSのテクニックからGASのトリガー、イベント、UI、ファイル、プロパティなど横断的に使えるノウハウが満載。サービス構成やルール、実行時間の制限をはじめ、GASならではのつまづきポイントを丁寧に解説。
2018.1 463p 24×19cm ¥2600 Ⓘ978-4-7980-5376-9

◆詳解HTML5.1 & HTML4.01 & XHTML1.0辞典　大藤幹著　秀和システム
【要旨】2016年11月1日勧告化されたHTML5.1を徹底的にわかりやすく整理！ HTML5.1の「レスポンシブイメージ」の詳細な指定方法がわかる!!　2017.3 494p A5 ¥2400 Ⓘ978-4-7980-4970-0

◆詳解Swift　荻原剛志著　SBクリエイティブ　第4版
【要旨】旧バージョンとのソースコードの互換性、Sring 型やDictionary 型の強化、整数を表す型の整理など、プログラマの利便性を考えた細かい改良がいくつも加えられたSwift4を徹底解説。
2017.12 547p 24×19cm ¥3200 Ⓘ978-4-7973-9518-1

◆小学生からのプログラミングSmall Basicで遊ぼう!!―カンタン。タノシイ。カッコイイ。　米村貴裕著　みらいパブリッシング，星雲社 発売
【要旨】まもなく小学校で必修化！ マンガのようにスラスラ読める。絵文字やアイコンじゃない！「Small Basic」はより高度な段階にそのまま進めるのでプログラミング学習に最適。
2017.7 175p B5 ¥1800 Ⓘ978-4-434-23551-1

◆小学生からはじめるわいわいタブレットプログラミング　阿部和広著　日経BP社，日経BPマーケティング 発売
【要旨】iPad でScratch のプログラムが作れる！ 小学低学年向け。
2017.9 147p B5 ¥1800 Ⓘ978-4-8222-5450-6

◆小学生でもわかるiPhoneアプリのつくり方―Xcode8/Swift3対応　森巧尚著　秀和システム
【要旨】Mac と無料ソフト「Xcode」を使って、手軽にはじめられるプログラミング体験。最新の開発環境に対応して改訂！
2017.5 239p 24×19cm ¥2800 Ⓘ978-4-7980-5013-3

◆詳細！ Python3入門ノート　大重美幸著　ソーテック社
【要旨】Python プログラミングを全力で学ぶならこの1冊！ Python をこれから学ぶビギナーから、基礎力を得て現場で実践したい方まで、確実なスキルアップをはかれます。
2017.5 415p 24×19cm ¥2680 Ⓘ978-4-8007-1167-0

◆深層学習による自然言語処理　坪井祐太，海野裕也，鈴木潤著　講談社　（機械学習プロフェッショナルシリーズ）
【要旨】「実装上の工夫」など、本書でしか読めない実践的な内容！ 自然言語処理の応用（機械翻訳、文書要約、対話、質問応答）に焦点を当て、深層学習の利用方法を解説。
2017.5 229p A5 ¥3000 Ⓘ978-4-06-152924-3

◆人狼知能で学ぶAIプログラミング―欺瞞・推理・会話で不完全情報ゲームを戦う人工知能の作り方　人狼知能プロジェクト監修　マイナビ出版
【要旨】機械学習、自然言語処理のプログラミングについて、人狼知能を通じて学びます。
2017.6 398p 24×19cm ¥3680 Ⓘ978-4-8399-6058-2

◆スラスラわかるPython　岩崎圭，北川慎治著，寺田学監修　翔泳社
【要旨】本書は話題となっているプログラミング言語の1つ「Python」の入門書です。Python は人工知能やデータサイエンスの分野で使われており注目されています。この書籍は、はじめてプログラミングを学ぶ人に向けています。プログラミングの「なぜ」を解決できるようわかりやすさを重視した解説をしており、Python のスタンダードな知識を身に付けることができます。はじめてプログラミング言語を学ぶ方、Python を学習したい方におすすめの1冊です。
2017.8 283p A5 ¥2300 Ⓘ978-4-7981-5109-0

◆3ステップでしっかり学ぶ PHP入門　小田垣佑，大井渉，金替洋佑著　技術評論社
【要旨】一番わかりやすいPHPの入門書。到達度がわかる練習問題付き。
2017.8 303p 23×19cm ¥2460 Ⓘ978-4-7741-9044-0

◆世界でいちばん簡単なAndroidプログラミングのe本―Androidアプリ作りの考え方

情報・通信・コンピュータ

が身に付く　野田ユウキ著　秀和システム　最新第2版
【要旨】イラストと共にアプリ作成が直感的に身に付く！　丁寧な解説でAndroidの仕組みがよくわかる！　豊富な例題と練習問題で基礎固めができる！　Javaの文法の基礎がよ～くわかる！　最新版Windows10/8.1/7に対応！
2017.3 253p A5 ¥1500 ①978-4-7980-4980-9

◆世界でいちばん簡単なPythonプログラミングのe本 最新版—Pythonアプリ作りの考え方が身に付く　金城俊哉著　秀和システム
【要旨】イラストと共にアプリ作成が直感的に身に付く！　丁寧な解説でPythonの仕組みがよくわかる！　豊富な例題と練習問題で基礎固めができる！　Pythonの文法の基礎がよ～くわかる！　最新版Windows10/8.1/7とMacに対応！
2017.3 275p A5 ¥1500 ①978-4-7980-4979-3

◆世界で闘うプログラミング力を鍛える本—コーディング面接189問とその解法　ゲイル・L.マクダウェル著、岡田佑一、小林啓倫訳　マイナビ出版　（原書第6版）
【要旨】著名なIT企業で行われる「コーディング面接」に合格しエンジニアとして採用されるための攻略本。米国で大人気のコンピュータプログラミングに関するベストセラー書です。Googleでエンジニアとして働きかつ多くの採用プロセスに関わってきた著者によって執筆されました。本書で取り上げているプログラミングの問題にはIT企業が求める基礎力が凝縮されています。解説も懇切丁寧で、アルゴリズムを中心としたコンピュータサイエンスの基礎知識や活用方法を楽しみながら学べます。
2017.2 760p 24×19cm ¥3800 ①978-4-8399-6010-0

◆絶対に挫折しないiPhoneアプリ開発「超」入門—Swift4&iOS11完全対応　高橋京介著　SBクリエイティブ　第6版
【要旨】これから始める人に読んでほしいことを丁寧な本格入門書。プログラミング経験ゼロでも安心の内容。「疑問を残さない詳細解説」。だから、Swiftとアプリ開発の基本はこの1冊で必ず習得できます！　手順の省略や解説の飛躍も一切ありません。
2017.12 399p 24×19cm ¥2750 ①978-4-7973-9417-7

◆ゼロからはじめるデータサイエンス—Pythonで学ぶ基本と実践　ジョエル・グルス著、菊池彰訳　オライリー・ジャパン、オーム社 発売
【要旨】データサイエンスの基本知識とPythonプログラミングをゼロから積み上げて習得する！　使用サンプルコードとデータはGitHubから取得可能。サンプルコードを実際に動かしながら知識とスキルが習得できる。
2017.1 373p A5 ¥3200 ①978-4-87311-786-7

◆ゼロから学ぶプログラミング入門—子どもの考える力を育てる　すわべしんいち著　（志木）repicbook
【要旨】Scratch2.0対応。物語を読むだけで論理的思考が育まれる『理解編』、Scratchで実際のプログラムを体験できる『実践編』。問題解決に必要な正しい見方が身につく「プログラミング的思考」を理解するためのやさしい入門書。
2017.10 159p B5 ¥1500 ①978-4-908154-07-2

◆ゼロからわかるHTML & CSS超入門—HTML5&CSS3対応版　太木裕子著　技術評論社　（かんたんIT基礎講座）
【要旨】これ1冊で初心者卒業！　プロの講師によるわかりやすい解説でしっかり身につきます！
2017.12 191p B5 ¥1980 ①978-4-7741-9371-7

◆ゼロからわかるUML超入門　河合昭男著　技術評論社　（付属資料：別冊1）改訂2版
【要旨】モデルが読める・書ける・体験できる。この1冊でUMLに必要な知識が身につきます。
2017.7 191p B5 ¥2180 ①978-4-7741-9005-1

◆全部ネット接続！　Ethernetマイコン・プログラミング　Interface編集部編　CQ出版　（TECHI Vol.56）
【目次】技術仕様の概要とシステムへの応用例　これだけは押さえておきたいTCP／IPの基礎知識、ベースとなるRTOSにTOPPERS/ASPを採用し、その上でlwIPを動かすもっとも有名なオープン・ソースTCP/IPスタックlwIPの移植、Webブラウザ上から撮影方向を操作して静止画を送信！　監視カメラにも応用できる!!lwIPサンプルのhttpサーバを拡張したWebカメラの製作、RTOS不

要で8ビット・マイコン上でも動かせるほど省メモリで動く 超軽量TCP/IPプロトコル・スタックuIPのFM3&SH-2Aマイコンへの移植、シリアル通信JPEGカメラをサーボ・モータに取り付けブラウザからリモート操作 RXマイコンとuIPを使ったカメラ制御機能付きhttpサーバ・システムの製作、IPv4/v6両対応で組み込み機器向けIT-RON"TOPPERS"の実装、TCPエコー・サーバを例題としたTINETのプログラミング事例を解説 TINE-Tによるアプリケーション・プログラムの実装He、ARM7マイコンでTCP／IP通信やファイル・アクセスを行うTOPPERSアプリケーションを作ってみよう TINETを使ったメモリ・カード画像ビューア＆温度ロガーの製作、物理層まで内蔵し完全に1チップでEthernetにつながるマイコンを使おう（その2）ColdFireマイコンへのTOPPERSとTINE-Tの実装、TCP／IPプロトコルの理解を深めるために自力でTCP/IP・スタックを作成してみよう オリジナルTCP/IPプロトコル・スタックの作成と軽量ファイル転送TFTPの実装、Linuxを移植すればTCP／IPプロトコル・スタックも自動的に手に入る！　本家Linuxと比較するuClinuxの基礎知識、SDRAMと物理層チップで接続して大容量メモリとEthernetに対応！　ルネサスRX62NマイコンでuClinuxを動かす、外部バスのSRAMとEthernetコントローラを外付けしてLinuxに対応！　SH-2Aマイコン基板＋拡張ボードでuClinuxを起動しよう、ARM Cortex-M3コア搭載FM3マイコンで汎用軽量OS uClinuxを試す FM3マイコンへの定番ブートローダU-BootとuClinuxの移植、DSPがマイコンとして使いやすくなったBlackfinをネットワーク対応に！　DSPマイコンBlackfinでuClinuxを走らせる、マイコンにお手軽に接続できるTCP/IPプロトコル・スタックを内蔵したLANコントローラ RAWパケット送受信の方法
2017.5 247p B5 ¥3600 ①978-4-7898-4979-1

◆退屈なことはPythonにやらせよう—ノンプログラマーにもできる自動化処理プログラミング　アル・スウェイガート著、相川愛三訳　オライリー・ジャパン、オーム社 発売
【要旨】ファイル名の変更や表計算のデータ更新といった作業は、日々の仕事の中で頻繁に発生します。ひとつふたつ修正するだけであれば問題ないのですが、それが数十、数百となってくると手に負えません。そのような単純な繰り返し作業はコンピュータに肩代わりしてもらうことごくラクになります。本書では、手作業だと膨大に時間がかかる処理を一瞬でこなすPython3プログラムの作り方について学びます。対象読者はノンプログラマー。本書で基本をマスターすれば、プログラミング未経験者でも面倒な単純作業を苦もなくこなす便利なプログラムを作れるようになります。さらに、章末の練習問題を解くことで、類似のタスクを自動処理するスキルをもっと高めることができます。
2017.6 562p A5 ¥3800 ①978-4-87311-778-2

◆大熱血！　アセンブラ入門　坂井弘亮著　秀和システム
【要旨】熱い心を持つエンジニアに贈る、セキュリティの第一人者による渾身の一冊。GCC4をひっさげて、あの漢が帰ってきた！
2017.9 1163p 24×19cm ¥4600 ①978-4-7980-5154-3

◆たった1日で基本が身に付く！　HTML&CSS超入門　宮本麻矢著、山田祥寛監修　技術評論社
【要旨】詰め込みすぎないわかりやすい解説。コレならわかる！　できる！　1単元＝1時間。基本の知識をこの1冊で！
2017.6 207p 24×19cm ¥2060 ①978-4-7741-8994-9

◆たった1日で基本が身に付く！　Python超入門　伊藤裕一著　技術評論社
【要旨】詰め込みすぎないわかりやすい解説。コレならわかる！　できる！
2017.8 191p 23×19cm ¥2060 ①978-4-7741-9112-6

◆たのしいプログラミング！—マイクラキッズのための超入門　モウフカブール、小笠原種高, 大澤文孝著　学研プラス
【目次】第1章 スクラッチを使ってみよう、第2章 マインクラフトで遊ぼう、第3章 スクラッチとマイクラをつなごう、第4章 プログラムでブロックを並べよう、第5章 もよう入りの壁を作ろう、第6章 家を組み立ててみよう、第7章 技

術を組み合わせて遊んでみよう
2017.10 207p 24×19cm ¥2600 ①978-4-05-406587-1

◆中学プログラミング—付録 フローチャート定規　小野哲雄監修、蝦名信英著　（札幌）サンタクロース・プレス　（付属資料：フローチャート定規）
【目次】1 プログラミング環境、2 ダイレクトモードとテキストモード、3 フローチャート、4 分岐命令、5 ループ、6 配列
2017.9 169p B5 ¥2600 ①978-4-9908804-3-9

◆つくって学ぶProcessingプログラミング入門　長嶋優子, 石畑宏明, 菊池眞之, 伊藤雅仁共著　コロナ社
【目次】Processing を始めるための準備、初めてのProcessing、変数と繰り返し文、条件分岐とマウスカーソルの座標に応じた処理、マウス・キーボードによる操作、関数、配列、つくってみよう：時計、つくってみよう：ストップウォッチ、つくってみよう：サウンドビジュアライザ、つくってみよう：アクションゲーム、つくってみよう：迷路
2017.2 166p B5 ¥2400 ①978-4-339-02872-0

◆作りながら学ぶReact入門　吉田裕美著　秀和システム
【要旨】Facebook開発の最新JSライブラリーを、シンプルなアプリケーションを、作りながら学べます！　ていねいな開発環境構築ではじめての人も安心。WindowsとMacに対応。
2017.9 219p 24×19cm ¥2000 ①978-4-7980-5075-1

◆作れる！　学べる！　Unreal Engine4ゲーム開発入門　荒川巧也著　翔泳社
【要旨】これまで初心者にはハードルが高かった、話題のゲームエンジン「Unreal Engine4」。Unity関連の入門書に定評のある著者が、専門学校で教えるノウハウを活かして初級者に向けてわかりやすく丁寧に解説しました！
2017.1 368p 24×19cm ¥3280 ①978-4-7981-4937-0

◆つないでつないでプログラミング—Node-REDでつくる初めてのアプリ　日立Node-REDエバンジェリスト著　リックテレコム
【要旨】プログラミングは、やっぱり難しい？　でも、Node-RED（ノードレッド）を使えば大丈夫！　複雑な文法や用語を勉強しなくても、すいすいアプリが作れます。「ノード」を設定して「ワイヤー」でつなげば、はい、できあがり！　自分だけの、いわゆる「マイアプリ」を作ってみませんか。
2017.8 221p 24×19cm ¥2000 ①978-4-86594-107-4

◆デザインサンプルで学ぶCSSによる実践スタイリング入門　宮本麻矢著、山田祥寛監修　翔泳社　（CodeZine BOOKS）
【要旨】実務でニーズの高いデザインサンプルを厳選。スタンダードなテクニックから最新のスタイリング方法まで丁寧に解説。ウェブページやブログパーツのカスタマイズにすぐに役立つ。
2017.3 125p B5 ¥2000 ①978-4-7981-5083-3

◆テスト駆動開発　ケント・ベック著、和田卓人訳　オーム社　新訳版
【要旨】TDDはテスト技法ではない…TDDは分析技法であり、設計技法であり、実際には開発のすべてのアクティビティを構造化する技法なのだ。テスト駆動開発（TDD）を原点から学ぶ。
2017.10 320p A5 ¥2800 ①978-4-274-21788-3

◆データサイエンティストのための最新知識と実践—Rではじめよう！　“モダン”なデータ分析　ホクソエム監修　マイナビ出版
【要旨】すぐに試し・活用できる！　データサイエンスの事例を実践解説。
2017.6 175p B5 ¥2490 ①978-4-8399-6252-4

◆統計的自然言語処理の基礎　Christopher D. Manning, Hinrich Schütze著、加藤恒昭, 菊井玄一郎, 林良彦, 森辰則訳　共立出版
【目次】1編 前提知識（導入、数学的基礎 ほか）、2編 語（連語、統計的推論：スパースなデータ上のn-グラムモデル ほか）、3編 文法（マルコフモデル、品詞のタグ付け ほか）、4編 応用と技法（統計的アライメントと機械翻訳、クラスタリング ほか）
2017.11 606p B5 ¥11000 ①978-4-320-12421-9

◆**土日でわかるPythonプログラミング教室**　吉谷愛著　SBクリエイティブ　（短期集中講座）
【要旨】Docker/MeCab/Django を使ったチャットボット作りで形態素解析を学び、AIプログラミングの扉を開こう！人工知能はもはや「作る」時代ではなく「使う」時代。Python を学んで、人工知能を使いこなそう。
2017.9 222p 24×19cm ¥2380 ①978-4-7973-8897-8

◆**なっとく！アルゴリズム―興味はあるけど考えることが苦手なあなたに**　アディティア・Y.バーガバ著、クイープ監訳　翔泳社
【要旨】この本はとっつきにくいアルゴリズムを理解しやすいように工夫しています。
2017.1 279p 24×19cm ¥2500 ①978-4-7981-4335-4

◆**7さいからはじめるゲームプログラミング―親子で読める・使える・楽しめる！**　スタープログラミングスクール編著　実務教育出版
【要旨】論理的思考力・創造力・表現力・コミュニケーション力―プログラミングでAI時代に必要な4つの力が身につく！
2017.9 143p B5 ¥1900 ①978-4-7889-1339-4

◆**なるほど！プログラミング―動かしながら学ぶ、コンピュータの仕組みとプログラミングの基本**　森巧尚著　SBクリエイティブ
【要旨】データの流れから演算、コーディングまで、コンピュータを理解しながら、「プログラムって、こうやって動く」が、楽しく身につく。
2017.5 255p A5 ¥1980 ①978-4-7973-9011-7

◆**入門PySpark―PythonとJupyterで活用するSpark 2エコシステム**　トマズ・ドラバス、デニー・リー著、玉川竜司訳　オライリー・ジャパン、オーム社 発売
【要旨】Python からSpark を利用するための機能、PySpark を使いこなすテクニックとノウハウ。はじめに高速になったSpark2.0の特徴とアーキテクチャを解説し、構造化及び非構造化データの読み取り、PySpark で利用できる基本的なデータ型、MLlib とMLパッケージによる機械学習モデルの構築を説明。GraphFrames を使ったグラフの操作、ストリーミングデータの読み取り、クラウドへのモデルのデプロイなどの方法を豊富なサンプルと一緒に学ぶ。ローカルでのSpark+Python+Jupyter 環境の構築方法も紹介。
2017.11 303p 24×19cm ¥3800 ①978-4-87311-818-5

◆**はじめてのiOSアプリ開発―Xcode 8+Swift 3対応**　長谷川智希著、デジタルサーカス監修　秀和システム（TECHNICAL MASTER）第2版
【要旨】シンプルなブラウザアプリづくりで基本がつかめる。プログラミング言語Swift のツボがバッチリ攻略できる。豊富なリファレンスでUI部品の使いこなしをマスター。一覧＆詳細画面を持つグルメ情報アプリで本格的開発。地図・GPS・SNS連携など実用的なアプリにも対応。
2017.2 566p 24×19cm ¥3000 ①978-4-7980-4831-4

◆**はじめてのブロックチェーンアプリケーション―Ethereumによるスマートコントラクト開発入門**　渡辺篤、松本雄太、西村祥一、清水俊也著　翔泳社
【要旨】インターネット以来の発明と言われるブロックチェーン。本書は、エンジニアのためのブロックチェーン・アプリケーション開発の指南書です。ブロックチェーンを活用したシステムを開発するために、エンジニアが具体的に何をしたら良いのかを3つのサンプルを使ってわかりや

すく解説します。開発方法はEthereum（イーサリアム）というブロックチェーン上で動作するスマートコントラクトを使用します。スマートコントラクト開発言語には、最も利用者の多い「Solidity」を採用し、実際に使えるソースコードも余すところなく公開します。本書を読むことで、具体的に何をしたら良いかの、どうやって開発するのかを、効率的に身につけることができます。ブロックチェーン技術に関心のある、全てのエンジニア必読の一冊です。
2017.8 279p 25×19cm ¥3000 ①978-4-7981-5134-2

◆**はじめてのAndroidプログラミング―超初心者でも大丈夫★**　金田浩明著　SBクリエイティブ　改訂版
【要旨】ベストセラーが新しいレイアウトエディタに対応して大改訂。さらに便利になったAndroid Studio でカンタン開発を極めろ♪
2017.5 355p 24×19cm ¥2580 ①978-4-7973-9166-4

◆**はじめてのKotlinプログラミング**　清水美樹著　工学社（I・O BOOKS）
【要旨】「Kotlin」は、オープンソースのJVM（Java Virtual Machine）言語で、Java との高い互換性があります。2017年5月には、Android の公式開発言語として採用されました。この言語は、Android アプリの開発環境「Android Studio」を提供しているJetBrains 社が開発しているため、「Android Studio」との親和性が高いという強みがあります。本書では、「Kotlin」の基本的な文法や、「Android Studio」を使ったアプリの開発方法などを詳しく解説しています。
2017.10 199p A5 ¥2300 ①978-4-7775-2029-9

◆**初めてのPHP**　デイビッド・スクラー著、桑村潤、廣川類監訳、木下哲也訳　オライリー・ジャパン、オーム社 発売
【要旨】PHPに対応したロングセラーの入門書の改訂版。PHPの基礎的な文法や書き方だけでなく、PHPとWeb サーバやブラウザがどのように連携して動くのかの仕組み、フォーム作成、データベースとの連携、セッションやクッキーの管理、デバッグ、テスト、セキュリティ、パッケージ管理、フレームワーク、コマンドラインからの実行方法など、実用的な視点からの情報も幅広く解説。
2017.3 337p 24×19cm ¥3000 ①978-4-87311-793-5

◆**初めてのTensorFlow―数式なしのディープラーニング**　足立悠著　リックテレコム
【要旨】ディープラーニングを初めて学ぶITエンジニアにとっての障壁は、手法、特に理論を説明する数式が難解なことにある。もう一つは「どうやって使うのか、実装方法が分からない」という点でつまずく。そこで本書は、Googleのディープラーニング・フレームワークTensorFlow に注目。TensorFlow と完全互換性があり、より初心者に適したTFLearn を使うことで、これらの壁を突破します。絞り込んだ内容と、気鋭のデータサイエンティストの丁寧な解説により、数式なしで手法（理論）を理解できます。さらに、ライブラリを使って無理なく実装まで体験できます。
2017.11 198p 24×18cm ¥2200 ①978-4-86594-105-0

◆**はじめてのTypeScript2**　清水美樹著　工学社（I・O BOOKS）
【要旨】本書は、Microsoft がオープンソースで提供しているコードエディタ、「Visual Studio Code」を使って簡単なプログラムを作りながら、「TypeScript」の使い方の基本を学んでいきます。
2017.2 172p A5 ¥2300 ①978-4-7775-1992-7

◆**はじめてのWebページ作成―HTML・CSS・JavaScriptの基本**　松下孝太郎編著、山本光、沼晃介、樋口大輔、鈴木一史、市川博著　講談社
【目次】1 Web ページとは（Web ページの概要、Web ページの作成 ほか）、2 HTML（HTMLの概要、文書 ほか）、3 CSS（CSSの概要、セレクタ ほか）、4 JavaScript（JavaScript の概要、基本的な利用 ほか）、資料
2017.10 118p B5 ¥1900 ①978-4-06-153833-7

◆**花のパソコン道 "ワイド版"―パソコンでいきいきライフ―熟年さんのパソコン物語**　若宮正子著　インプレスR&D、インプレス 発売（New Thinking and New Ways）PDF版
【要旨】パソコンでいきいきライフ、熟年さんのパソコン物語。
2017.2 158p B5 ¥1800 ①978-4-8443-9758-8

◆**パーフェクトR**　Rサポーターズ著　技術評論社
【要旨】R言語のセオリーを徹底解説。分類・回帰、時系列解析、頻出パターンまで分析手法を完全網羅。
2017.4 671p 24×19cm ¥3600 ①978-4-7741-8812-6

◆**パーフェクトRuby**　Rubyサポーターズ著　技術評論社　改訂2版
【要旨】Rubyist 必読の1冊。Ruby2.4対応！Ruby のセオリーを徹底解説。基本からgem パッケージの作成方法や実践的なアプリケーション開発まで、最新の情報を完全網羅。
2017.5 591p 24×19cm ¥3260 ①978-4-7741-8977-2

◆**ビスケットであそぼう―園児・小学生からはじめるプログラミング**　デジタルポケット、原田康徳、渡辺勇士、井上愉可里著　翔泳社（ほうけんキッズ）
【要旨】園児から小学生、大人まで「プログラミング」の楽しさを体験できる知育・学習書です。この本では、スマートフォンやタブレット、ブラウザでかんたんに使える、ビスケット（Viscuit）を使ってプログラミングを体験してもらいます。ビスケットとは、絵を動かしながらプログラミングできる、ビジュアルプログラミング言語です。
2017.3 139p B5 ¥1800 ①978-4-7981-4305-7

◆**ビッグデータ分析・活用のためのSQLレシピ**　加嵜長門、田宮直人著　マイナビ出版
【要旨】「ビッグデータ時代」のSQL活用術・レシピ集。
2017.3 485p 24×19cm ¥3800 ①978-4-8399-6126-8

◆**100問でわかるPython**　松浦健一郎、司ゆき著　ソシム（付属資料：赤シート1）
【目次】Python の世界へ、変数、数値、文字列型、リスト、制御構文、関数、タプル、集合、辞書、内包表記、スコープ、クラス、ジェネレータ、標準ライブラリ、ファイル入出力、例外処理
2017.11 239p A5 ¥1800 ①978-4-8026-1128-2

◆**プロを目指す人のためのRuby入門―言語仕様からテスト駆動開発・デバッグ技法まで**　伊藤淳一著　技術評論社（Software Design plusシリーズ）
【要旨】Rails をやる前に、Ruby を知ろう。みなさんが「Ruby をちゃんと理解しているRails プログラマ」になれるように、Ruby の基礎知識から実践的な開発テクニックまで、丁寧に解説します。
2017.12 455p 23×19cm ¥2980 ①978-4-7741-9397-7

◆**プログラマのためのGoogle Cloud Platform入門―サービスの全体像からクラウドネイティブアプリケーション構築まで**　阿佐志保著、中井悦司監修　翔泳社
【要旨】本書は、Google Cloud Platform（GCP）でシステム、アプリケーションを構築するための実践的な入門書です。GCPを初めて利用する開発者をメインターゲットとし、GCPの提供するサービス（コンポーネント）の全体像と、サービスを組み合わせて最適なアプリケーションアーキテクチャを実現する方法を、具体的なサンプルを使ってわかりやすく解説します。Web アプリケーションを動かす具体的な手順の解説に加えて、コンテナ、オーケストレーションといったテーマもカバーするため、業務で本格的な利用を考えている方にも適しています。また、GCPの強みであるクラウドネイティブなアーキテクチャによるアプリケーション実行環境の構築をサンプルとして挙げているのも大きな特徴です。本書の強みは、GCPを初めて使っても丁寧に説明することで、GCPの良さを体得してもらえるところにあります。
2017.6 281p 24×19cm ¥3000 ①978-4-7981-3714-8

◆**プログラミングを知らないビジネスパーソンのためのプログラミング講座―あなたが10年後に生き残っているために**　福嶋紀仁著　CCCメディアハウス
【要旨】プログラミングができなくても、「プログラミングはわかる」のが一流のビジネスパーソンだ。IT時代に不用品扱いされないための「必修科目」プログラミング。これから始めるビジネスパーソンが最初に読んでおきたい1冊。
2017.12 222p B6 ¥1500 ①978-4-484-17233-0

◆**プログラミング教室―マンガでマスター**　たにぐちまこと監修、落合ヒロカズ漫画　ポプラ社
【要旨】これ1冊で自分だけのゲームが作れちゃう！うわさのプログラミングツールScratch が

情報・通信・コンピュータ

マンガでわかる!!プログラミングしながら論理的な考え方を身につけよう！ はじめてでもプログラミングツールScrachがマスターできる!!マンガのキャラクターといっしょに、プログラミングを学んじゃう!!マンガのあとは、解説ページで用語やしくみをくわしく紹介！
2017 206p A5 ¥1000 ①978-4-591-15268-3

◆プログラミング言語図鑑─プログラミング言語の現在・過去・未来…知ればもっと楽しめる！ 増井敏克著 ソシム
【要旨】知っておきたい！ プログラミング言語の学び方、選び方。プログラミング言語を徹底解剖。その特徴と機能がわかる。開発手法、アルゴリズムなど、言語を取り巻く最新事情も解説。オンラインで実行して、すぐに試せる「ハノイの塔」のサンプルコード付き！
2017.8 200p A5 ¥1680 ①978-4-8026-1108-4

◆プログラミング作法 ブライアン・W・カーニハン、ロブ・パイク著、福崎俊博訳 ドワンゴ、KADOKAWA 発売
【要旨】質の高いコードを作成・維持するための手法を伝授！
2017.1 355p A5 ¥3600 ①978-4-04-893052-9

◆プログラミング体感まんが ぺたスクリプト─もしもプログラミングできるシールがあったなら 「ぺたスクリプト」製作委員会著、中谷多洋原作、歌工房まんが 技術評論社
【要旨】アキラはフツーの小学校に通う、フツーの男の子。イタズラが大好きな小学4年生だ。ある日アキラは、年上のいたこ、トドねえさから、最近話題のシール付きチョコ「ぺたスクリプト」のことを教えてもらった。なんでも、さくさくチョコのおまけについてるシールにヒミツがあるらしい。さっそくゲットしたアキラたちは、身の回りのものを「プログラミング」してみるのだが…。
2017.7 110p 23×19cm ¥1080 ①978-4-7741-9128-7

◆プログラミング道への招待 竹内郁雄著 丸善出版
【要旨】プログラミングに興味はあるけど難しそうだと思っている人、理系の人のやることだと思っている文系の人、まずは楽しむことから始めてみませんか？ 本書では、料理のレシピやゲームのルールを例に基本をおさえていきます。また、プログラミングが好きな人には、著者オリジナルのパズルを解きながらプログラミングがもっと好きになる遊び方とその極意を紹介していきます。プログラミング生活六十余年の著者によるユーモアと機知に富んだやさしい語り口は、初心を忘れたプログラマの特効薬にもなるでしょう。それでは、竹内流プログラミング教室の始まりです！
2017.1 242p B6 ¥1800 ①978-4-621-30133-3

◆プログラミングは最強のビジネススキルである ドワンゴ監修、松林弘治著 KADOKAWA
【要旨】AI、IoT時代を生き抜くための教養としてのプログラミング。ニコニコ動画をつくったドワンゴ監修によるビジネスパーソン向け入門書。最小の時間と労力で、最大限の成果を出すための秘訣が満載！
2017.2 237p A5 ¥1800 ①978-4-04-601736-9

◆プログラミングは、ロボットから始めよう！─スマホやタブレットですぐにできる 加藤エルテス聡志著 小学館
【要旨】2020年、文科省は小学校のプログラミングを必修化。家庭で取り組むべきことは？ シリコンバレーなど世界で採用されているRISU式教育プログラム。この1冊でプログラミングに夢中になれる！
2017.8 144p B5 ¥1900 ①978-4-09-840184-0

◆プログラミングAzure Service Fabric ハイシ・バイ著、佐藤直生監訳、クイープ訳 日経BP社、日経BPマーケティング 発売
【要旨】アプリケーション開発がシンプルになる！ Azure Service Fabric の使い方の基本と活用シナリオを徹底解説する。
2017.2 504p 24×19cm ¥5400 ①978-4-8222-9885-2

◆プログラミングROS─Pythonによるロボットアプリケーション開発 モーガン・クイグリー、ブライアン・ゲールケ、ウィリアム・D・スマート著、河田卓志監訳、松田晃一、福地正樹、由谷哲夫訳 オライリー・ジャパン、オーム社 発売
【要旨】ROS（ロボットオペレーティングシステム）の解説書。ROSのコンセプトから、Python2.

7によるロボットプログラミングの具体的な方法、インストールやデバッグ時のヒントまで、ROSユーザーが知っておくべき基本を網羅的に解説します。単純なテレオペボットから始めて、認識・行動制御を伴う複雑な自律型ロボットへと段階的に学んでいくので、読者は学習を進めながら理解を深めることができます。各章が典型的なユースケースシナリオに対するレシピ（具体的なコード、図、解説）として構成されているため、自分自身の目的や興味に従って読み進めることも可能です。日本語版では、Pepper プログラミングとROS2アーキテクチャーについての解説を巻末付録として収録しました。
2017.12 457p 24×19cm ¥3800 ①978-4-87311-809-3

◆プログラミングXamarin─Xamarin.FormsとC♯によるクロスプラットフォームモバイルアプリ開発 上 チャールズ・ペゾルド、榎本温、藤原雄介、猪股健太郎監訳、クイープ訳 日経BP社、日経BPマーケティング 発売
【要旨】Xamarin.Forms 待望のバイブル登場！ あの「ペゾルド本」の著者が書き下ろした、新時代アプリ開発解説書の決定版。
2017.6 675p 24×19cm ¥6000 ①978-4-8222-9886-9

◆プロダクションレディマイクロサービス─運用に強い本番対応システムの実装と標準化 スーザン・J・フャウラー著、佐藤直生監訳、長尾高弘訳 オライリー・ジャパン、オーム社 発売
【要旨】Uber のSRE（サイト信頼性エンジニア、サイトリライアビリティエンジニア）として、マイクロサービスの本番対応力向上を担当していた著者が、その取り組みから得られた知見をまとめた書籍です。モノリス（一枚岩）を複数のマイクロサービスに分割した後に、安定性、信頼性、スケーラビリティ、耐障害性、パフォーマンス、監視、ドキュメント、大惨事対応を備えたシステムにするために必要な原則と標準に焦点を当て、本番対応力のあるマイクロサービスを構築する手法を紹介します。本書で採用している原則と標準は、マイクロサービスだけでなく多くのサービスやアプリケーションの改善にも威力を発揮します。
2017.9 193p A5 ¥2600 ①978-4-87311-815-4

◆ブロックチェーン・プログラミング─仮想通貨入門 山崎重一郎、安土茂彦、田中俊太郎著 講談社
【目次】ツールの導入、ビットコインとブロックチェーンの基本、ビットコインの暗号技術、ビットコイン・ウォレット、ブロックチェーン・トランザクション、ノードとビットコイン・ネットワーク、技術文書と開発コミュニティ、Open Assets Protocol、Segregated Witness〔ほか〕
2017.8 325p 24×19cm ¥3700 ①978-4-06-153831-3

◆プロになるなら身につけたいプログラマのコーディング基礎力 SoftwareDesign編集部編 技術評論社 （「SoftwareDesign」別冊）
【目次】序章 良いコードを書くために、第1章 今すぐ実践できる良いプログラムの書き方─C、Java、C♯、Python、JavaScript、第2章 今ふたたびのJava、第3章 手を動かして学ぼう正規表現入門─プログラミング／エディタ作業の効率大幅アップ、第4章 プログラマが知っておくべきTCP／IP─C｜JavaScript｜PHP｜Python｜Ruby でコーディング、Wireshark でパケットキャプチャ、第5章 良いPHP、悪いPHP─すぐ効くWeb 開入門、Appendix「良いプログラム」のための「良いコメント」─コードを読みやすくするための6つの書き方 2017.3 205p B5 ¥1980 ①978-4-7741-8779-2

◆ベタープログラマ─優れたプログラマになるための38の考え方とテクニック ピート・グッドリフ著、柴田芳樹訳 オライリー・ジャパン、オーム社 発売
【要旨】プログラマとしてのキャリアをスタートすると、構文や設計を理解するだけでなく、その他の様々な事例を理解し習得する必要があると気づきます。本書は、優れたコードを作りだし、人々と効率的に働く生産性の高いプログラマになるための考え方とテクニックを38のテーマで紹介します。はじめに、コード1行1行の書き方、デバッグやエラー処理、コードの改善方法など開発現場でのコーディングを扱います。次にコードを単純に保つこと、コード変更やテスト、リリースなどソフトウェアを開発する際の考え方や心構えを扱います。個人的な活動として、継続的な学習方法と停滞を避けるための課題の立て方や、自らを成長させる方法も紹介。さらに組織の中で他の人とコミュニケーションを取りながら、効果的に働くための習慣を解説します。

習慣を解説します。

◆ホームページ辞典─HTML・CSS・JavaScript アンク著 翔泳社 第6版
【要旨】Web ページの基本3要素、HTML（構造）・CSS（デザイン）・JavaScript（動き）の解説を1冊に盛り込みました。第6版となる本書では、最新HTML5、CSS3の解説を増量。モダンブラウザ/iPhone&Android にも対応し、近年のWebトレンドに合わせた、より実践的な内容になっています。ダウンロード可能なサンプルソースも一新して、よりわかりやすくなりました。これからWeb 制作を学びたいビギナーから、実務でのリファレンスとして使いたい上級者まで、広くおすすめできる1冊です。
2017.12 591p A5 ¥2000 ①978-4-7981-5321-6

◆本気ではじめるiPhoneアプリ作り─黒帯エンジニアがしっかり伝える基本テクニック Xcode9.X＋Swift4.X対応 西磨翁著 SBクリエイティブ （ヤフー黒帯シリーズ）
【要旨】アプリを作り、App Store で公開するまでを、ヤフーの「黒帯」が爆速で支援します。アプリのアイデアの出し方から、Xcode のセットアップと使い方、Swift プログラムの書き方、アプリの公開方法まで、基本と押さえておくべきポイントを、実際にサンプルアプリを作る手順の流れでしっかり解説します。
2017.12 419p 24×19cm ¥2750 ①978-4-7973-9418-4

◆マウスで楽しく学べるスクラッチ 子どもプログラミング入門 PROJECT KySS著 秀和システム
【要旨】この本では、25個の冒険で得られる魔法を紹介します。それぞれの魔法で、どんなことを学ぶかを簡単に解説しておきましょう。冒険はレベル1からはじまって、徐々に難易度が上がっていくようにしています。最後のレベル25はプログラムではありませんが、自分の作った作品を全世界に向けて公開できるので、最高レベルの25にしています。このレベル25をクリアすれば、本書の冒険はすべておわりです。
2017.12 207p 24×19cm ¥1800 ①978-4-7980-5307-3

◆みんな大好き！ マインクラフトるんるんプログラミング！ コマンドブロック編 松尾高明、齋藤大輔、ナポアン、nishi著 ソシム
【要旨】いろいろな仕掛けが作れるようになる、お友だちとマルチプレイで遊べる、自分が作ったワールドを配布できる…マインクラフトを自在に操る最初の一歩。コマンドブロックをマスターしよう。
2017.4 207p B5 ¥2000 ①978-4-8026-1078-0

◆みんなのRaspberry Pi入門 石井モルナ、江崎徳秀著 リックテレコム 第4版
【要旨】低価格で高性能！ Raspberry Pi 3対応版です。そして、Python3にも対応。本書は初めてRaspberry Pi を触る人にもよくわかるように、豊富な写真と順番を追った丁寧な解説をしています。そして、初心者が陥りやすいのがPython プログラミング。本書ではプログラミング未経験の人でも、なるべくわかるよう、多くのページをさいています。
2017.11 340p 24×19cm ¥2700 ①978-4-86594-113-5

◆モバイルアプリ開発エキスパート養成読本─スマホ&タブレット開発、今必要な基礎と現場の知恵 山戸茂樹、坂田晃一、黒川洋、藤田琢磨、山田航、田坂和暢、熊谷知子、森本利博、坂本和大、小形昌樹、鈴木大貴、志её侑紀著 技術評論社 （Software Design plus）
【目次】第1章 モバイルアプリ開発の基礎知識、第2章 Android 開発最前線、第3章 iOS開発最前線、第4章 リアクティブプログラミング入門、第5章 現場で役立つモバイルアプリ設計・開発、第6章 現場で役立つテスト、第7章 運用に役立つツールの使い方、第8章 今注目の「統合アプリプラットフォーム」Firebase 活用入門
2017.4 187p B5 ¥1980 ①978-4-7741-8863-8

◆やさしくはじめるiPhoneアプリ作りの教科書─Swift3 & Xcode8.2対応 森巧尚著 マイナビ出版
【要旨】iPhone アプリを作ってみたい！ でも、難しそう…そういうあなたのための、入門書。プログラミングが初めてでも、苦手でも大丈夫。サンプル作成とイラスト解説で、一歩ずつ丁寧に、iPhone アプリ作りの基本と楽しさを学べます。
2017.2 301p 24×19cm ¥2780 ①978-4-8399-6106-0

◆ユーザ目線のSQL等活用術—事務系オラクルユーザが書いた業務システム習得事例集　堅田康信著　東京図書出版, リフレ出版 発売
【要旨】こんな一冊が欲しかった！データベースエンジニアを目指す人向けSQL・PL/SQL利用事例集。select 文の作成、業務システムの開発、データベースの管理・運用までのあれこれを網羅。データベースエンジニア初心者への至極の一冊。
　2017.3 276p B5 ¥2560 ①978-4-86641-035-7

◆よくわかるMicrosoft Excel 2016 VBAプログラミング実践（FPT1704）
富士通エフ・オー・エム著・制作　FOM出版
【要旨】業務システムの作成を通し、プログラミングの基礎から応用まで実践的なテクニックを紹介！ソースコードを1行1行すべて解説！よく使うステートメント、プロパティ、メソッド、関数、イベント一覧を巻末に用意！
　2017.8 309p 29x21cm ¥2400 ①978-4-86510-331-1

◆量子プログラミングの基礎　ミンシェン・イン著, 川辺治之訳　共立出版
【目次】1 量子プログラミングの概要と準備（はじめに、予備知識）、2 古典的制御をもつ量子プログラム（量子プログラムの構文と意味論、量子プログラムの論理、量子プログラムの解析）、3 量子的制御をもつ量子プログラム（量子的場合分け文、量子的な再帰）、4 今後の展望
　2017.3 442p A5 ¥6500 ①978-4-320-12405-9

◆理論と実践で学ぶHoudini SOP & VEX編　佐久間修一著　ボーンデジタル
【要旨】基本構造 / インターフェース / エレメント操作 / プロシージャル / VEX / アニメーション / レンダリング / Wrangle オペレーター／デジタルアセット etc. 豊富なチュートリアルで実践的な使い方を習得。SideFX公認Houdini16完全対応。
　2017.6 637p B5 ¥6500 ①978-4-86246-359-3

◆ロボットを動かそう！ mBotでおもしろプログラミング　石井モルナ著　リックテレコム
【要旨】授業でならう算数も理科も音楽も、あまり得意じゃない！ましてや「プログラミング」って、何のこと？でも、mBot ならだいじょうぶ。まとめてめんどう見るよ！ロボット大好きのユウリくんと、しっかり者のアリサちゃん、そしてどこか不思議なパンダ先生たちとワイワイやりながら、プログラミングの基本が自然と身につくよ。「放課後mBot クラブ」に、みんなおいでよ！対象年齢8歳以上。
　2017.4 254p B5 ¥2200 ①978-4-86594-084-8

◆ローリーとふしぎな国の物語—プログラミングとアルゴリズムにふれる旅　カルロス・ブエノ著, 奥泉直子訳　マイナビ出版
【要旨】ローリーは、森の中で道に迷い、ふしぎな国「ユーザーランド」に入り込んでしまいます。そこには、カメレオンのように体の色がくるくる変わるトカゲや、カメに乗った古代ギリシア人など、変わった動物や人がいっぱい。ローリーは、出会った人に話を聞きながら、家に帰る道を探していきますが…？ローリーと一緒にコンピューターの世界でぼうけんしよう！対象：10歳以上。
　2017.2 238p A5 ¥2200 ①978-4-8399-6108-4

◆ワケわかんねぇコンピュータの概念を12ページでバッサリ説明するぜ 超基礎編—これから初めてプログラムを書くぞ！って人のための　シ著　（柏）暗黒通信団
　2017.8 12p A5 ¥400 ①978-4-87310-097-5

◆Access VBA逆引きハンドブック　蒲生睦男著　（新潟）シーアンドアール研究所 改訂3版
【要旨】Access2016に対応！逆引きリファレンスの定番書。目的からAccess VBAの機能が探せる！圧倒的な情報量で詳細に解説！手元に置いて、すぐに使える！Access2016/2013/2010各バージョンに対応！
　2017.12 847p A5 ¥4970 ①978-4-86354-806-0

◆AdobeMuse ランディングページ制作ガイド—コード知識ゼロで作るWeb広告　境和司著　技術評論社
【要旨】HTMLやCSSの知識がなくてもWeb ページができるAdobe Muse でランディングページを作ろう。Web 広告ランディングページとは？コンバージョン率をあげるランディングページの最新常識。デスクトップ、モバイルデザインをAdobe Muse で作り分ける。Illustrator のプロトタイプ、Photoshop、Adobe Stockを利用した効率的な作成方法。
　2017.12 319p 23x19cm ¥3280 ①978-4-7741-9458-5

◆Akka実践バイブル—アクターモデルによる並行・分散システムの実現　レイモンド・ロエステンバーグ, ロブ・バッカー, ロブ・ウィリアムス著, 前出祐吾, 根来和輝, 釘屋二郎訳, TIS監訳　翔泳社
【要旨】本書は並列・分散処理フレームワークAkkaの解説書『Akka in Action』の日本語版です。本書では、制御が難しい並行・分散システムをAkkaによって安全に構築する方法を学ぶことができます。アクターモデルなどの基本概念やAkkaの基本的な機能といった全体像から、akka - http とakka - stream を用いたストリーム処理に基づくハイパフォーマンスなRESTサービスを構築する方法、Akka のクラスタリングを用いて障害からの回復力を持つスケーラブルなシステムを構築する方法などについて説明していきます。そのほか、システム間連携、Akka のテストとパフォーマンスチューニングなど、より実践的な事例についても詳しく説明しています。また、訳者による日本語版オリジナルの書き下ろしとして、Alpakka を用いたエンドポイントの実装の解説(13.2節)、Akka をJava から使う方法（巻末付録）を追加しています。
　2017.12 520p 23x19cm ¥4800 ①978-4-7981-5327-8

◆Androidアプリ開発の極意—プロ品質を実現するための現場の知恵とテクニック　木田学, おかじゅん, 渡辺考祐, 荒川祐一郎, 小林正興著, テックファーム監修　技術評論社
【要旨】良いAndroid アプリを作るために気をつけるべきこととは？130のポイントを徹底解説。
　2017.3 479p A5 ¥3280 ①978-4-7741-8817-1

◆Androidアプリ開発のためのKotlin実践プログラミング—現場で求められる設計・実装のノウハウ　船曳崇也著　秀和システム
【要旨】現場で必要な知識とノウハウのみを徹底的に絞り込んで解説！ Java とは異なる設計によるアプリ制作方法、Java とKotlin の混在するコードの書き方を習得。Kotlin プログラミングのコツや勘所、落とし穴も解説。
　2018.1 183p 24x19cm ¥2800 ①978-4-7980-5366-0

◆Androidアプリ開発 74のアンチパターン—必ず押さえておきたい落とし穴と回避策　深見浩和著　リックテレコム
【要旨】Android アプリ開発における落とし穴に落ちてしまった人に、その対処策をしっかり教える一冊。あらゆるアンチパターンを74に厳選し、回避策やリカバリーを丁寧に解説しました。
　2017.10 367p 24x19cm ¥3700 ①978-4-86594-112-8

◆Androidプログラミングバイブル SDK7/6/5/4対応　布留川英一著　ソシム
【要旨】基本機能からセンサー、アプリ内課金などの応用まで、各種機能の実装方法をサンプルコード付きで詳しく解説。Android 7.0 Nougat、6.0 Marshmallow、5.0 Lollipop、4.4 (Kitkat) に対応。アプリ作成解説の定番書。
　2017.2 671p 24x19cm ¥3400 ①978-4-8026-1087-2

◆Android StudioではじめるAndroidプログラミング入門—Android 7+Android Studio 2対応　掌田津耶乃著　秀和システム
【要旨】Android 7.0 Nougat (SDK25) 対応の最新環境で簡単・高速・快適な開発！バックグラウンド「サービス」（Service 関連クラス）の解説も充実！
　2017.3 494p 24x19cm ¥2800 ①978-4-7980-5047-8

◆Angularアプリケーションプログラミング　山田祥寛著　技術評論社
【要旨】定番JavaScript フレームワークの理論と実践が学べる！
　2017.8 497p 23x19cm ¥3700 ①978-4-7741-9130-0

◆Angularデベロッパーズガイド—高速かつ堅牢に動作するフロントエンドフレームワーク　宇野陽太, 奥野賢太郎, 金井健一, 林優一, 吉田徹生共著, 稲當駿監修　インプレス
【要旨】Angular は、定番のWeb フロントエンド開発用フレームワーク。本書では、Angular による開発に必要な知識と活用術を網羅するように心がけました。まずは大まかな機能を解説。さらに、アプリケーションの構築手法やテストにまで言及しました。新世代Angular を理解して活用しようと考えるWeb 開発者に格好の一冊です。
　2017.12 453p 24x19cm ¥3800 ①978-4-295-00257-4

◆Angularによるモダン Web開発 実践編—実際の開発で必要な知識を凝縮　末次章著　日経BP社, 日経BPマーケティング 発売
【要旨】本書は、「Angular2によるモダンWeb 開発—TypeScript を使った基本プログラミング」の続編です。この前書で得た知識を土台に対象範囲をブラウザ内からWeb サーバーやデータベースなどのバックエンド連携を含むシステム全体に広げ、大規模システムの構築にも対応する実践的知識の習得を目指します。読者として、Angular やモダンWeb 開発に興味を持つ個人から、プロの開発者まで幅広く想定しています。ネット検索で入手できるAngular 単体の技術知識ではなく、実装パターンや外部ライブラリとの統合など、本格的なモダンWeb システムの開発を成功させるための情報を網羅しました。
　2017.11 379p 24x19cm ¥3500 ①978-4-8222-9654-4

◆Angular2によるモダンWeb開発—TypeScriptを使った基本プログラミング　末次章著　日経BP社, 日経BPマーケティング 発売
【要旨】Angular2はGoogle が開発を主導するWeb アプリ開発フレームワークです。130万人のユーザーを抱えるAngularJSの後継バージョンとしてリリースされました。従来のWeb アプリ開発用フレームワークがWeb サーバーで動作するのに対し、Angular2はWeb ブラウザ上で動作する、いわゆるモダンWeb 向けの開発ツールで、待ちのない画面表示やオフライン動作、容量無制限のデータ表示など、Web の常識をくつがえす操作性と機能を実現できます。開発言語にはTypeScript が推奨され、コンポーネント指向、モジュール指向、双方向データバインディングなど新技術を積極的に取り入れています。このように実行環境や機能、開発手法が大きく変わるため、Angular2での開発には新たな知識の習得が必須となります。本書は、このAngular2開発環境を使いこなせることを目的とした解説書です。
　2017.1 274p 24x19cm ¥2800 ①978-4-8222-9653-7

◆Arduino & HTML5によるIoTアプリのつくり方—センサーと最新ウェブ技術でアイデアを形に　natural science, 遠藤理平, 松田佳季, 増保純平, 高橋祐生, 平岡孝一著　カットシステム
【目次】第1部 Arduino 機能紹介編（Arduino の全体像、シリアル通信、各種関数の実行時間の計測）、第2部 電子工作入門編（Arduino による電子工作の始め方、様々なセンサーを使ってみよう！、Bluetooth を用いた無線通信の方法）、第3部 IoTアプリ開発編（デジタル百葉箱の開発、仮想現実（VR）アプリの開発手法、世界第一位アプリ「どこでも茶道」ができるまで）
　2017.5 382p 24x19cm ¥3800 ①978-4-87783-389-3

◆Chainerで作るコンテンツ自動生成AIプログラミング入門　坂本俊之著　（新潟）シーアンドアール研究所
【要旨】ディープラーニングフレームワークChainer を使って画像の自動生成や画像のスタイル変換、意味のある文章の自動生成や機械翻訳などを行う人工知能プログラムの作成方法をわかりやすく解説！
　2017.12 263p A5 ¥3420 ①978-4-86354-234-1

◆CocosCreatorではじめるゲーム制作　朱鷺裕二著　工学社　（I・O BOOKS）
【要旨】本書は、「Cocos Creator」と「Cocos2d - JS」（JavaScript 版Cocos2d - x）を使って、ひとつのゲームを作りながら、「Cocos Creator」でのゲーム開発の流れを解説したものです。
　2017.3 183p A5 ¥2300 ①978-4-7775-1999-6

◆「CuteHSP」ではじめるプログラミング入門　山田友梨音　工学社　（I・O BOOKS）
【要旨】「基礎の基礎」からはじめて、「命令」「変数」「条件」などの「必須知識」、簡単なゲーム作りによる「実習」、使えると便利な「応用テクニック」まで解説！
　2017.6 159p A5 ¥1900 ①978-4-7775-2015-2

◆Effective Debugging—ソフトウェアとシステムをデバッグする66項目　ディオミディス・スピネリス著, 黒川利明訳, 大岩尚宏技術監修　オライリー・ジャパン, オーム社 発売
【要旨】心構えから思考法、Git などシステムを使った方法論、システムの開発から保守運用に

至る戦略、並列処理も含めた技法、コマンドラインを駆使したツール、ハードの扱いまで含めたヒントなどさまざまな角度からデバッグの本質に迫ります。有効なデバッグ手法を体系的に網羅し、すぐに応用できる具体例も多く挙げられています。デバッグの感覚とスキルを高めることによって、開発効率を改善し、高品質のコードを書くことが可能となります。作業効率と品質を向上させたい全プログラマ必読の一冊です。
2017.6 227p 24×19cm ¥3200 ①978-4-87311-799-7

◆**Effective SQL―RDBMSのパフォーマンスを最大限引き出す61の手法と思考** ジョン・L. ビエスカス, ダグラス・J. スティール, ベン・G. クロージャ著, クイープ監訳 翔泳社
【要旨】SQL (Structured Query Language) は、ほとんどのデータベースシステムと通信するための標準言語です。そして本書は、定期的にSQLを仕事の一部として扱うアプリケーション開発者およびデータベース管理者 (DBA) を対象としているため、基本的なSQL構文に精通しており、SQL言語を最大限に活用するためのヒントを提供することに重点を置いています。また、現在普及している商用データベースシステムのほとんどに実装されている「SQL/Foundation (document ISO/IEC 9075 - 2 : 2011)」というSQLデータベース言語の現在のISO標準に基づいて本書は書かれています。
2017.12 283p 23×19cm ¥3500 ①978-4-7981-5399-5

◆**Emacs実践入門―思考を直感的にコード化し、開発を加速する** 大竹智也著 技術評論社 (WEB+DB PRESS plus) 改訂新版; 第2版
【要旨】キーバインド/補完入力/設定ファイルの管理/検索と置換/アンドゥとリドゥ/シンタックスハイライト/インデント調整/ウィンドウ分割/パッケージマネージャ/拡張機能/Git/差分表示とマージ/メモ/アウトライン編集/文法のリアルタイムチェック。今なお進化し続けるエディタの真価を引き出す。
2017.10 239p A5 ¥2580 ①978-4-7741-9235-2

◆**Erlangで言語処理系作成** oskimura著 (柏)暗黒通信団
2017.8 40p A5 ¥300 ①978-4-87310-059-3

◆**FFTWと音響処理―FFTWライブラリの利用とWAVファイルの扱い** 北山洋幸著 カットシステム
【要旨】音響処理/フィルタの基礎を、理論ではなく実践として解説。離散フーリエ変換ライブラリFFTWを利用したC++プログラミング。コンソールプログラムで、Linux等への移植も容易。
2017.7 251p A5 ¥3200 ①978-4-87783-424-1

◆**Fluent Python―Pythonicな思考とコーディング手法** ルチアーノ・ラマーリョ著, 豊沢聡, 桑井博之監訳, 梶原玲子訳 オライリー・ジャパン, オーム社 発売
【要旨】一歩先行くパイソニスタを目指す人のためのPython解説書。Python はシンプルです。使い方を覚えるのも簡単で生産性を短期間で高めることができます。しかしこれは、Python に備わっている豊富な機能のほんの一部しか使っていないということでもあります。本書では、とても有用なのにあまり使われていないPython の特徴的な機能を活用し効果的で慣用的なPython コードを書く方法について解説します。読者は、Pythonic な思考とコーディング手法を身につけ、コードをより短く、より強く、より読みやすくする方法を学べます。本書では、どうすれば熟練のPython 3プログラマーになれるのかを徹底的に追及します。
2017.10 798p 24×19cm ¥5800 ①978-4-87311-817-8

◆**GitHubツールビルディング―GitHub APIを活用したワークフローの拡張とカスタマイズ** クリス・ドーソン, ベン・ストラウブ著, 池田尚史監訳, 笹井崇司訳 オライリー・ジャパン, オーム社 発売
【要旨】本書は、さまざまな言語とGitHub APIを使っていろいろなツールを作るアイデアを紹介する書籍です。オープンソースのWiki であるGollum を使う画像整理ツール、Python とSearch APIを使ってレポジトリを検索するGUIツール、Gist APIを使ったRuby サーバーを作成します。またJavaScript のチャットロボットHubot を使ってGitHub の通知を行う方法、JavaScript とGit Data APIを使ってGitHub にシングルページアプリケーションをホストする方法なども紹介します。多彩なGitHub APIを使いなが

らツールを作ることで、ワークフロー構築のアイデアを得ることができる一冊です。
2017.5 292p 24×19cm ¥3200 ①978-4-87311-795-9

◆**Goプログラミング実践入門―標準ライブラリでゼロからWebアプリを作る** ション・チャン・サウ著, 武舎広幸, 阿部和也, 上西昌弘訳 インプレス
【要旨】HTTPの仕組み、小さなサンプルから説明。リクエストやレスポンスまわりのコーディング、テンプレート/DBの活用、テスト/デプロイも解説！
2017.3 374p 24×19cm ¥3400 ①978-4-295-00096-9

◆**Haskell―教養としての関数型プログラミング** 重城良国著 秀和システム
【目次】第1部 関数型プログラミング、第2部 関数と型、第3部 数値、リスト、再帰、第4部 代数的データ型と型クラス、第5部 高階型、第6部 入出力、第7部 補足、第8部 おわりに
2017.4 842p 24×19cm ¥4980 ①978-4-7980-4806-2

◆**Haskell入門―関数型プログラミング言語の基礎と実践** 本間雅洋, 類地孝介, 逢坂時響著 技術評論社
【要旨】基本文法からアプリケーション作成までしっかりわかる関数型の技法。関数・副作用・型・モナド・非正格評価、すべてを書いて理解する。
2017.10 417p 23×19cm ¥3280 ①978-4-7741-9237-6

◆**Haskellによる関数プログラミングの思考法** リチャード・バード著, 山下伸夫訳 ドワンゴ, KADOKAWA 発売
【目次】第1章 関数プログラミングとは何か、第2章 式、型、値、第3章 数値、第4章 リスト、第5章 単純な数独ソルバー、第6章 証明、第7章 効率、第8章 プリティプリント、第9章 無限リスト、第10章 命令的関数プログラミング、第11章 構文解析、第12章 単純等式運算子
2017.2 333p 24×18cm ¥2800 ①978-4-04-893053-6

◆**HSPでつくる！ はじめてのプログラミングHSP3.5＋3Dish入門** おにたama, 悠馬喧史, うすあじ著 秀和システム (付属資料：CD - ROM1)
【要旨】プログラミングの楽しさと可能性に気づかせるために、入学して最初に触れる言語に採用しています！サンプルアプリ・ゲーム多数収録！開発キット/ツール収録CD - ROM付。
2017.11 277p 24×19cm ¥2800 ①978-4-7980-5304-2

◆**HTML演習 HTML5版** 中島省吾著 エスシーシー
【要旨】Web アプリケーション構築に必要なHTML、CSS、JavaScript の基礎を学ぶ。
2017.3 331p 24×19cm ¥2000 ①978-4-88647-638-8

◆**HTML5とApache Cordovaで始めるハイブリッドアプリ開発** 小林昌弘著, 山田祥寛監修 翔泳社 (CodeZine BOOKS) オンデマンド印刷版Ver1.0
【要旨】実践的なサンプルで、さまざまなプラグインの使い方をマスター。フロントエンド開発のスキルがスマホアプリ制作に有効活用できる。16種類のプラグインを紹介。iOS ＆ Android。
2017.8 171p B5 ¥2400 ①978-4-7981-5105-2

◆**HTML5プロフェッショナル認定試験レベル1 対策テキスト＆問題集―Ver2.0対応版** 大藤幹, 鈴木雅貴著 マイナビ出版
【要旨】重要度をふまえて組織された効率学のカリキュラム。2017年改訂の新出題範囲 (Ver2.0) 対応！最新のHTML5.1勧告に完全対応！
2017.7 311p 24×19cm ¥2800 ①978-4-8399-6267-8

◆**HTML5&CSS3デザイン 現場の新標準ガイド** エビスコム著 マイナビ出版
【要旨】モダンWeb 開発に必須のHTML&CSS の最新仕様と使い方を解説。コンテンツのマークアップから、フレキシブルボックスレイアウトやグリッドレイアウトまで。思い通りのデザインの実現と、高品質なコーディングに必須の1冊。
2017.8 367p 24×19cm ¥2990 ①978-4-8399-6369-9

◆**HTML5 & CSS3デザインレシピ集―スグに使えるテクニック300** 狩野祐東著 技術評論社
【要旨】HTML5とCSS3によるWeb サイト制作のためのおいしいレシピ集。制作現場で使われる定番テクニックからプロ技まで余すところな

く集めました。テキスト/リスト/リンク/画像/ボックス/テーブル/フォーム/ナビゲーション/レイアウト/レスポンシブWeb デザイン…テーマ別にレシピを整理。「あのデザインはどう作るんだろう？」が、スグにわかります。Web デザイナーからWeb プログラマーまで、Web 制作に携わるすべての方にお届けします。
2017.3 639p A4 ¥2750 ①978-4-7741-8780-8

◆**HTML & CSSとWebデザインが1冊できちんと身につく本** 服部雄樹著 技術評論社
【要旨】「4つのレイアウトパターン」と「レスポンシブデザイン」を、実際に手を動かして作りながら、サイト制作の基本が学べる！ライブ感のあるチュートリアル学習により、まるでWebデザイン会社でOJT (オン・ザ・ジョブ・トレーニング) を受けているような、体験型の独習書です。
2017.8 287p 23×19cm ¥2280 ①978-4-7741-9064-8

◆**HTML+CSSワークショップ―手を動かして学ぶWebデザイン** 藤川麻夕子著 エムディエヌコーポレーション, インプレス 発売
【要旨】読みながらソースコードを書き進める構成。制作過程を省略せず、ていねいに解説。基本から現場のノウハウまで習得できる。
2017.5 431p 25×19cm ¥2800 ①978-4-8443-6660-7

◆**IBM Bluemixクラウド開発入門―Webから拡張知能Watsonまで実践解説** 常田秀明, 水津幸太, 大島騎顧者, Bluemix User Group監修 技術評論社 (Software Design plusシリーズ)
【目次】第1章 Bluemix の背景、第2章 はじめてのBluemix アプリケーション、第3章 DevOps サービスを利用した開発、第4章 アプリケーションを拡張しよう、第5章 温度可視化・分析デモシステムを作ろう (IoT)、第6章 ToDo アプリを作ろう、第7章 Watson を使おう、第8章 資料
2017.7 275p 23×19cm ¥2680 ①978-4-7741-9084-6

◆**IntelliJ IDEAハンズオン―基本操作からプロジェクト管理までマスター** 山本裕介, 今井勝信著 技術評論社
【目次】第1部 基本操作編 (はじめに、開発を始める、ファイルの編集、実行・デバッグ、プロジェクト内の移動 (Navigation)、バージョン管理システム、データベースを操作する)、第2部 本格開発編 (IntelliJ IDEAのプロジェクト管理、Java EEプロジェクトで開発する、いろいろなプロジェクトで開発する)
2017.11 221p 23×19cm ¥2680 ①978-4-7741-9383-0

◆**iOSアプリ開発集中講座―たった2日でマスターできる Xcode9、Swift4対応** 藤治仁, 小林加奈子, 小林由憲著 ソシム
【要旨】サンプルアプリ7本を開発。Xcode(Mac)/Swift Playgrounds (iPad) 両対応。「手順解説にこだわり」ました。
2017.12 457p 24×19cm ¥2680 ①978-4-8026-1132-9

◆**iOS/macOSプログラマのためのXcode時短開発テクニック** 土屋喬峯著 秀和システム
【要旨】Xcode を使う上で知っておくと開発効率が向上する操作や設定を解説するTips 集です。
2017.2 195p A5 ¥1600 ①978-4-7980-4870-3

◆**iPadアプリ完全大事典最新版 Air/mini/Pro対応** 田中拓也, 永田一八著 技術評論社 (今すぐ使えるかんたんPLUS+)
【要旨】厳選アプリを1000以上一挙紹介!!定番のアプリから家庭や仕事で便利に使えるアプリまで大紹介!!
2017.2 319p B6 ¥1480 ①978-4-7741-8659-7

◆**iPhone & Androidアプリ内課金プログラミング完全ガイド** 小川晃央, 加藤勝也, 瀬戸健二著 翔泳社 第2版
【要旨】本書はスマートフォンアプリを提供しようと考えているプログラマーに向けて、アプリ内課金のプログラミング手法について解説する書籍です。具体的には、Apple 社およびGoogle 社から提供されている「消費型・消耗型」「非消費型・非消耗型」「定期購入型・定期購読型」の3つのモデルごとの実装手法や、マーケットで販売する前に必要なテスト手法、そして配布した後のコンテンツ管理やセキュリティ対策についても触れています。これ1冊で、iPhone とAndroid に対応した、アプリ内課金のプログラミ

ング手法を学ぶことができます。
　2017.1 303p 23×19cm ¥3480 ⓘ978-4-7981-4607-2

◆Jenkins実践入門―ビルド・テスト・デプロイを自動化する技術　川口耕介監修, 佐藤聖規監修・著, 和田貴久, 新井雄介, 米沢弘樹, 山岸啓, 岩成祐樹著　技術評論社　（WEB+DB PRESS plusシリーズ）　改訂第3版
【要旨】継続的インテグレーションに欠かせないツールであるJenkins。その導入から運用管理までを解説した定番書として大好評の『Jenkins 実践入門』が、ついに2系に対応しました。生みの親である川口耕介監修のもと、近年の開発環境の変化に合わせて内容を一新。インストールなどの基本から、JUnitによるテストといった内容はもちろんのこと、さまざまなソースコード管理システムとの連携やおすすめプラグインの紹介、さらには設定試験についても説明します。チームの一員として上手に迎えるための実開発のポイントがわかります。
　2017.6 398p A5 ¥2980 ⓘ978-4-7741-8928-4

◆Kotlinイン・アクション　Dmitry Jemerov, Svetlana Isakova著, 長澤太郎, 藤原聖, yy_yank監訳　マイナビ出版
【要旨】Kotlinの開発者が全てのJavaディベロッパーに向けて、その導入から高度な利用法まで、徹底解説！
　2017.10 439p 24×19cm ¥3810 ⓘ978-4-8399-6174-9

◆Kotlin Webアプリケーション―新しいサーバサイドプログラミング　長澤太郎著　リックテレコム
【要旨】本書はSpark FrameworkやSpringといった、Javaの世界で有名なWebアプリケーション・フレームワークを活用します。第1部では、プログラミング言語としての機能や文法をしっかり解説します。第2部はSpark Frameworkを使用した簡単なWeb APIの作成を通じて、Kotlinでのサーバサイド開発に入門します。第3部はSpring BootとKotlinで、データベースと接続するWebアプリケーションの開発を体験します。
　2017.10 277p 24×19cm ¥3000 ⓘ978-4-86594-066-4

◆Lean UX―アジャイルなチームによるプロダクト開発　ジェフ・ゴーセルフ, ジョシュ・セイデン著, 坂田一倫監訳, 児島修訳　オライリー・ジャパン, オーム社 発売　第2版
【要旨】本書は、Lean UXのプロセス、MVPやプロトタイプを使った仮説の検証、さらにユーザーからのフィードバックを効率的に得る方法などLean UXの全体を解説します。今回の改訂では、MVPや実践例を新たに紹介しており、より実践的に手法を学ぶことができます。チームや開発のアジリティ（柔軟性や俊敏性、課題への対応力）を保ちつつも、プロダクト開発のライフサイクルにおけるユーザーニーズにも応えるという課題を持つすべての人、必携の一冊です。
　2017.6 218p A5 ¥2500 ⓘ978-4-87311-805-5

◆MATLABではじめるプログラミング教室　奥野貴俊, 中島弘史共著　コロナ社
【目次】まずは使ってみる―一解の公式をプログラムしてみよう、ループと条件分岐ってなに？―電卓を越えたプログラム、サイン・コサインも思いのまま―自分だけのコマンド作成、レポートや論文でも使えるグラフ表示―plotのワザを習得！、2Dから3Dへ―おしゃれな3D曲面も描ける、MATLABへ入れたり出したり―地味だけど大切なデータのやり取り、オーディオ＆画像データもお手のもの？―.wavや.jpgは特別扱い？、理工系なら絶対に知っておきたいこと―最小二乗法を考える！、サイン波を音として聴く―周波数って？シンセサイザの基本の音、時間と周波数の関係―よく知らなくても使えるFFT、超簡単なノイズ低減＆リバーブ！―じつは音響信号処理のキホン、GUIってなに？―一日常にあふれているアプリの中身を知る、アプリをつくる側になっている―結局MATLABって何だったのよ
　2017.10 157p B5 ¥2600 ⓘ978-4-339-02877-5

◆Metal 2ではじめる3D‐CGゲームプログラミング―「iPhone」「iPad」「Mac」用3Dフレームワーク　大西武著　工学社　（I・O BOOKS）
【要旨】「Metal」は、「iPhone」や「Mac」といったアップル製品上で「3Dリアルタイム・レンダリング」するためのフレームワーク。「Metal」が登場するまでは、アップル製品向けの3Dレンダリングにはオープン・ソースのAPI「OpenGL」が使われていましたが、「Metal」の登場で、パフォーマン

スが大幅に向上しました。さらに「Metal 2」では、VR（仮想現実）の開発環境である「VRKit」、AR（拡張現実）の開発環境である「ARKit」も同梱され、ゲームやアプリの開発の幅も大きく広がりました。
　2017.11 175p A5 ¥2300 ⓘ978-4-7775-2036-7

◆micro：bitではじめるプログラミング―親子で学べるプログラミングとエレクトロニクス　スイッチエデュケーション編集部著　オライリー・ジャパン, オーム社 発売
【要旨】micro:bitは、イギリス生まれのSTEM教育用マイコンボードです。英国放送協会（BBC）が主体となって開発したこのボードには、ボタンスイッチ、LED, 加速度センサー, 光センサー, 地磁気センサー, 温度センサー, BLE（Bluetooth Low Energy）などが搭載されており、これ1つでさまざまな動きを表現できます。また、ブラウザ上でブロックを組み合わせるだけでプログラムを作れるので、子どもでもかんたんにプログラミングを習得することができます。本書では、はじめてマイコンボードに触れる小学校高学年以上を対象に、ハードウェアの基本からプログラミングのしかた、さまざまな作品の作り方までていねいに解説。親子で学ぶプログラミングとエレクトロニクスの入門書にぴったりの一冊です。
　2017.11 186p 24×19cm ¥2000 ⓘ978-4-87311-813-0

◆Minecraftで楽しく学べるPythonプログラミング　齋藤大輔著　ソーテック社
【要旨】初心者でもマイクラを自由自在に制御できるゼロからのPython学習帳。
　2017.6 239p 24×19cm ¥2480 ⓘ978-4-8007-1165-6

◆nginx実践ガイド―IT技術者のための現場ノウハウ　渡辺高志著　インプレス
【要旨】nginxの基本的な設定や操作から高度な運用管理のトピックまでを詳細に解説。
　2017.2 279p 24×19cm ¥2800 ⓘ978-4-295-00072-3

◆Node.js超入門　掌田津耶乃著　秀和システム
【目次】1 Node.jsの基本を覚えよう！、2 アプリケーションの仕組みを理解しよう！、3 Webアプリケーションの基本をマスターしよう！、4 フレームワーク「Express」を使おう！、5 値とデータをマスターしよう！、6 データベースを使いこなす！、7 アプリ作りに挑戦！、Addendum JavaScript超入門！
　2017.8 479p 24×19cm ¥3000 ⓘ978-4-7980-5092-8

◆OpenCVによる画像処理入門　小枝正直, 上田悦子, 中村恭之著　講談社　改訂第2版
【要旨】OpenCV3.2に対応し、さらにパワーアップ！基本アルゴリズムとサンプルプログラムが豊富で、いますぐできる！3言語（C言語、C++, Python）対応！
　2017.7 256p 24×19cm ¥2800 ⓘ978-4-06-153829-0

◆OpenFOAMプログラミング　Tomislav Marić, Jens Höpken, Kyle Mooney原著, 柳瀬眞一郎, 高見敏弘, 早水庸隆, 早水英美, 権田岳ほか共訳　森北出版
【要旨】必要な機能の実装と望みの計算のために。メッシュの生成・操作や境界条件やソルバなど、自分用にカスタマイズ。安定版のver.2に対応。
　2017.12 380p 22×16cm ¥7500 ⓘ978-4-627-67091-4

◆Oracle Solaris 11システム管理ハンドブック　ハリー・フォックスウェル, グリン・フォスター共著, 日向俊二訳, 日本オラクル監修　カットシステム
【目次】第1章 Oracle Solaris 11の概要、第2章 基本的なインストールとアップデート、第3章 ライフサイクル管理、第4章 Oracle Solaris のゾーン、第5章 Solaris 11のネットワークの構成、第6章 パフォーマンスと監視・報告、第7章 Oracle Solaris 11のセキュリティ機能、第8章 テンプレートとIPSを使ったアプリケーションのインストール、第9章 構成管理、第10章 クラウドとOpenStack
　2017.10 338p 24×19cm ¥5500 ⓘ978-4-87783-423-4

◆PHPの絵本―Webアプリ作りが楽しくなる新しい9つの扉　アンク著　翔泳社　第2版
【要旨】PHPは、さまざまなWebアプリケーションに作れそうなので、使い方・方法は多いのではないでしょうか。本書は、イラストで解説しているので、難しい概念も直観的にイメージができ、理解が進みます。さあ、PHPの扉を開き、できるプログラマへの道を進んでみましょ

う！
　2017.4 241p 24×19cm ¥1680 ⓘ978-4-7981-5164-9

◆PHPフレームワーク CakePHP3入門　掌田津耶乃著　秀和システム
【要旨】PHP一番人気のMVCフレームワーク！最新バージョン3系によるWebアプリケーション開発。
　2017.1 498p 24×18cm ¥2800 ⓘ978-4-7980-4857-4

◆PHPフレームワーク Laravel入門　掌田津耶乃著　秀和システム
【要旨】GitHubで最も支持されるPHPフレームワークを学ぶ。明快で低学習コストなのに、高機能・高品質な開発が！Laravel5.4対応。
　2017.9 341p 24×19cm ¥3000 ⓘ978-4-7980-5258-8

◆PICと楽しむRaspberry Pi活用ガイドブック　後閑哲也著　技術評論社
【要旨】8ビットのPICマイコンにRaspberry Piを接続して、高機能部品として使うためのノウハウをとことん解説。Raspberry Piの導入や使い方から、汎用入出力GPIOの使い方、おしゃべり時計やリモコンカーなどの制作例、最低限必要なLinux・Pythonの知識まで収録している。
　2017.4 383p 24×19cm ¥2480 ⓘ978-4-7741-8919-2

◆Processingクリエイティブ・コーディング入門―コードが生み出す創造表現 Ver3.X対応　田所淳著　技術評論社
【要旨】だれでもすぐにスケッチするようにプログラミング。アニメーション、映像、サウンド、実世界のリアルな動きが表現できる。
　2017.4 239p 24×19cm ¥2480 ⓘ978-4-7741-8867-6

◆Processingプログラミングで学ぶ 情報表現入門　美馬義亮著　（函館）公立はこだて未来大学出版会, 近代科学社 発売
【目次】第1部 学びの目的と方法（「情報表現入門」の目的、「情報表現入門」の学び方 ほか）、第2部 サンプルプログラムによる理解（サンプルプログラム）、第3部 Processingに関する解説（プログラミング言語Processingを学ぶ理由、Processing開発環境の入手と実行まで ほか）、第4部 ワークブック（ワークブックについて、プログラミング課題 基礎編 ほか）
　2017.3 134p 23×19cm ¥2000 ⓘ978-4-7649-5554-7

◆Puppet「設定＆管理」活用ガイド　菅原亮, 落合秀俊, 佐々木優太朗, 横山浩輔, 黒岩良太著　技術評論社
【要旨】効率的なインフラ構築・管理を実現するプロビジョニングツールの決定版。
　2017.9 349p 24×19cm ¥3980 ⓘ978-4-7741-9116-4

◆Pythonエンジニア ファーストブック　鈴木たかのり, 清原弘貴, 嶋田健志, 池内孝啓, 関根裕紀著　技術評論社
【要旨】Pythonの特徴、言語の基本、開発環境の準備、チーム開発、まずは押さえておきたい技術。仕事でPythonを使うならまず知っておきたいことを1冊にまとめました。
　2017.9 315p A5 ¥2400 ⓘ978-4-7741-9222-2

◆Pythonゲームプログラミング 知っておきたい数学と物理の基本　田中賢一郎著　インプレスR&D, インプレス 発売　（Future Coders）　PDF版
【要旨】PyGameだけで、自分で数式を実装し、物理エンジンや画像処理、VRMLビューアで、3Dゲームを作る！
　2017.3 373p B5 ¥3000 ⓘ978-4-8443-9757-1

◆Python言語によるプログラミングイントロダクション―データサイエンスとアプリケーション　ジョン・V. グッターグ著, 久保幹雄監訳　近代科学社　（世界標準MIT教科書）（原著第2版）　第2版
【要旨】MITで人気No.1の講義テキスト！大幅な内容追加を受けて日本語第2版が登場!!MIT OCWとedXのビデオでも大人気。初版からコードを刷新、最新のPython3に対応。
　2017.8 400p B5 ¥4600 ⓘ978-4-7649-0518-4

◆Pythonではじめる機械学習―scikit‐learnで学ぶ特徴量エンジニアリングと機械学習の基礎　アンドレアス・C. ミューラー著, サラ・グイド, 中田秀基訳　オライリー・ジャパン, オーム社 発売
【要旨】Pythonの機械学習用ライブラリの定番、scikit‐learnのリリースマネージャを務めるな

ど開発に深く関わる著者が、scikit-learn を使った機械学習の方法を、ステップバイステップで解説します。ニューラルネットを学ぶ前に習得しておきたい機械学習の基礎をおさえるとともに、優れた機械学習システムを実装し精度の高い予測モデルを構築する上で重要となる「特徴量エンジニアリング」と「モデルの評価と改善」について多くのページを割くなど、従来の機械学習の解説書にはない特長を備えています。
2017.5 373p 24×19cm ¥3400 ①978-4-87311-798-0

◆**Pythonではじめるデータラングリング—データの入手、準備、分析、プレゼンテーション**　ジャクリーン・カジル、キャサリン・ジャムール著、長尾高弘訳、嶋田健志技術監修　オライリー・ジャパン、オーム社 発売
【要旨】データを自由自在に操る！ データの収集・獲得から前処理、分析、プレゼンテーションまで、データに関するさまざまな知識とテクニックを網羅。Python3対応。
2017.4 493p 24×19cm ¥3700 ①978-4-87311-794-2

◆**PythonとJavaScriptではじめるデータビジュアライゼーション**　カイラン・デール著、嶋田健志監訳、木下哲也訳　オライリー・ジャパン、オーム社 発売
【要旨】Web からデータを取得して、効率よく整理、分析を行い効果的な可視化を実現するには、さまざまなツールとテクニックが必要です。本書ではPython とJavaScript を使い分け、それぞれの言語の強みを最大限利用します。Python のBeautifulSoup とScrapy でデータを取得し、pandas、Matplotlib、Numpy でデータ処理を行い、Flask フレームワークを使ってデータを配信、JavaScript のD3.js を使ってインタラクティブなWeb 可視化を実現します。データの収集からアウトプットまでの全体を視野に入れて解説しているので、実際にコードを追いながら、この一冊でデータ分析プロセスの全体像を理解できます。
2017.8 465p 24×19cm ¥3800 ①978-4-87311-808-6

◆**Pythonによるクローラー＆スクレイピング入門—設計・開発から収集データの解析・運用まで**　加藤勝也、横山裕幸著　翔泳社
【要旨】Web データの巡回収集と解析を自動で処理しよう！ 開発プロセスから運用までしっかりフォロー。目的別クローラー開発手法も網羅。
2017.10 431p 23×19cm ¥3000 ①978-4-7981-4912-7

◆**Pythonによるテキストマイニング入門**　山内長承著　オーム社
【目次】第1章 テキストマイニングの概要、第2章 Python の概要と実験の準備、第3章 テキストデータの要素への分割とデータ解析の手法、第4章 出現頻度の統計の実際、第5章 テキストマイニングのさまざまな処理事例、付録 Python プログラミング環境の簡単なインストール
2017.11 223p A5 ¥2500 ①978-4-274-22141-5

◆**Pythonユーザのための Jupyter「実践」入門**　池内孝啓、片柳薫子、岩尾エマはるか、@driller著　技術評論社
【要旨】データ分析に必須のツール Jupyter Notebook を徹底解説。pandas によるデータ加工や集計可視化について学べる。Matplotlib とBokeh を詳解。グラフ作成例を豊富に掲載。
2017.9 415p 23×19cm ¥3300 ①978-4-7741-9223-9

◆**Python1年生—体験してわかる！ 会話でまなべる！ プログラミングのしくみ**　森巧尚著　翔泳社
【要旨】基礎知識がわかる。基本文法をまなべる。開発体験ができる。簡単なプログラムから人工知能アプリまで体験！
2017.12 191p 24×19cm ¥1980 ①978-4-7981-5319-3

◆**Rではじめる機械学習—データサイズを抑えて軽量な環境で攻略法を探る**　長橋賢吾著　インプレス
【要旨】Rは、統計解析のためのプログラミング言語・開発環境であり、機械学習で利用できるライブラリが数多く提供されています。ただし、膨大なデータの処理よりもプロトタイピングや検証に適しています。本書ではまず、機械学習の考え方や、その基礎となる統計についてわかりやすく説明します。それを踏まえて、代表的な機械学習の理論を押さえながら、Rのさまざまな活用法を解説します。本書を読んで、Rによる機械学習の試行や検証を始めてみましょう。
2017.9 318p 24×19cm ¥3600 ①978-4-295-00205-5

◆**Rではじめるデータサイエンス**　ハドリー・ウィッカム、ギャレット・グロールムンド著、黒川利明訳、大橋真也技術監修　オライリー・ジャパン、オーム社 発売
【要旨】ggplot2、dplyr といったRを代表するパッケージやRStudio の開発で知られる「R の神様」ハドリー・ウィッカムと、『RStudio ではじめるRプログラミング入門』の著者ギャレット・グロールムンドによる、Rプログラミングを通してデータサイエンスの理解と学習を深めるための一冊。Rの機能と威力を知り尽くし、また、統計とデータサイエンス教育のプロフェッショナルでもある著者たちによるわかりやすくクリアな説明は、既存のデータサイエンス入門書とは一線を画します。データサイエンスに必要な要素とプロセス（インポート、整理、変換、可視化、モデル、コミュニケーション、プログラミング）を明確に定義し、それぞれ順を追い、各節の最後には練習問題を掲載して、ていねいに説明します。データサイエンティストを目指すなら必読の一冊。
2017.10 445p 24×19cm ¥4000 ①978-4-87311-814-7

◆**R統計解析パーフェクトマスター**　金城俊哉著　秀和システム（Perfect Master 171）
【要旨】知識ゼロでも解析プログラムが無理なく組める！ 最新版Windows ／ Macintosh 対応。
2017.6 497p 24×19cm ¥2800 ①978-4-7980-5080-5

◆**Rによる機械学習—12のステップで理解するR言語と機械学習の基礎理論と実装手法**　ブレット・ランツ著、長尾高弘訳　翔泳社（Programmer's SELECTION）（原書第2版）
【目次】第1章 機械学習入門、第2章 データの管理と把握、第3章 遅延学習—最近傍法を使った分類、第4章 確率的学習—単純ベイズを使った分類、第5章 分割統治—決定木と分類ルールを使った分類、第6章 数値データの予測—回帰法、第7章 ブラックボックス的な手法—ニューラルネットワークとサポートベクトルマシン、第8章 パターンの検出—相関ルールを使った買い物かご分析、第9章 データのグループの検出—k 平均によるクラスタリング、第10章 モデルの性能の評価、第11章 モデルの性能の改善、第12章 機械学習の専門的なテーマ
2017.3 380p 23×19cm ¥3800 ①978-4-7981-4511-2

◆**Rによる機械学習入門**　金森敬文著　オーム社
【目次】第1部 Rによる計算（Rの使い方、確率の計算）、第2部 統計解析の基礎（機械学習の問題設定、統計的精度の評価、データの整理と特徴抽出、統計モデルによる学習、仮説検定）、第3部 機械学習の方法（回帰分析の基礎、クラスタリング、サポートベクトルマシン、スパース学習、決定木とアンサンブル学習、密度比推定）
2017.11 260p A5 ¥2700 ①978-4-274-22112-5

◆**Rによる自動データ収集—Webスクレイピングとテキストマイニングの実践ガイド**　Simon Munzert, Christian Rubba, Peter Meissner, Dominic Nyhuis原著、石田基広、工藤和奏、熊谷雄介、高柳慎一、牧山幸史訳　共立出版
【目次】第1部 Web とデータの技術入門（導入、 HTML、 XMLとJSON、 XPATH、HTTP、AJAX、SQLとリレーショナルデータベース、正規表現と重要な文字列関数）、第2部 Web スクレイピングとテキストマイニングのためのツールボックス（Web からのスクレイピング、統計的テキスト処理、データ分析プロジェクトの管理）、第3部 事例集（アメリカ上院議員間のコラボレーション・ネットワーク、半構造化されたドキュメントから情報を抜き出す、Twitter による2014年度アカデミー賞予測、名字の地理的な分布のマッピング、携帯電話会社を集める、商品レビューのセンチメント分析）
2017.6 567p B5 ¥6000 ①978-4-320-12416-5

◆**Rによるスクレイピング入門**　石田基広、市川太祐、瓜生真也、湯谷啓明著　（新潟）シーアンドアール研究所
【要旨】スクレイピングの実践テク満載！ 統計解析ツール「R」を使って、膨大な情報量のWebサイトから情報を収集し分析。HTMLやXMLの解析、APIを活用したデータ収集、取得したデータの整形などの基本と実践テクニックをわかりやすく解説！
2017.4 223p A5 ¥3220 ①978-4-86354-216-7

◆**Rによるやさしいテキストマイニング**　小林雄一郎著　オーム社

◆**Rプログラミング本格入門—達人データサイエンティストへの道**　Kun Ren著、湯谷啓明、松村杏子、市川太祐訳、ホクソエム監訳　共立出版
【目次】クイックスタート、基本的なオブジェクト、作業スペースの管理、基本的な表現式、基本的なオブジェクトを扱う、文字列を扱う、データを扱う、Rの内部を覗く、メタプログラミング、オブジェクト指向プログラミング、データベース操作、データ操作、ハイパフォーマンスコンピューティング、ウェブクレイピング、生産性を高める
2017.11 511p B5 ¥5500 ①978-4-320-12426-4

◆**Raspberry Piクックブック**　サイモン・モンク著、水原文訳　オライリー・ジャパン、オーム社 発売　（原書第2版）　第2版
【要旨】本書は、 全世界で多くのユーザーの支持を集めているマイコンボード「Raspberry Pi」を使いこなすためのレシピ集です。ハードウェアの基本、オペレーティングシステムの使い方、ネットワーク接続、Python プログラミングの基本を紹介した上で、実際の作品製作に必要になる、高度なPython プログラミング、GPIO（汎用入出力）、モーター、センサー、ディスプレイなどの使い方へと解説を進めていきます。247本収録された「レシピ」には、 すぐに使えるサンプルコードや回路図を豊富に盛り込みました。さらに、コンピュータビジョンによる顔検出や動き検出、センサーとインターネットを組み合わせたIoTの例、Arduino との連携についても詳しく解説しています。
2017.8 428p 24×19cm ¥3600 ①978-4-87311-811-6

◆**Raspberry Pi3でつくるIoTプログラミング**　宇田周平、林宜憲著　マイナビ出版
【要旨】ラズパイ3とWindows10 IoT Core をフル活用してIoTガジェットをつくろう！
2017.1 205p 24×18cm ¥2900 ①978-4-8399-6100-8

◆**Reactビギナーズガイド—コンポーネントベースのフロントエンド開発入門**　ストヤン・ステファノフ著、牧野聡訳　オライリー・ジャパン、オーム社 発売
【要旨】React によるコンポーネントベースのWeb フロントエンド開発の入門書。React では小さくて管理が容易なコンポーネントを組み合わせて、 大きくて強力なアプリケーションを作成できます。本書の前半は入門編で、 簡単なサンプルを使いながらReact の基本やJSXについて学びます。後半は、実際のアプリケーション開発に必要なものや開発を助けてくれるツールについての解説です。具体的には、JavaScript のパッケージングツール（Browserify）、 ユニットテスト（Jest）、 構文チェック（ESLint）、型チェック（Flow）、データフローの最適化（Flux）、イミュータブルなデータ（immutable ライブラリ）などを取り上げます。対象読者は、ES2015（ES6）の基本をマスターしているフロントエンド開発者。
2017.3 225p 24×19cm ¥2500 ①978-4-87311-788-1

◆**Ruby on Rails 5 アプリケーションプログラミング**　山田祥寛著　技術評論社
【要旨】大幅進化した定番MVCフレームワークの全機能が学べる！ 実践的なWeb アプリケー

ション開発ノウハウを網羅！
2017.4 593p 24×19cm ¥3600 ⓘ978-4-7741-8883-6

◆**Spring Data JPAプログラミング入門**
溝口賢司著　秀和システム
【要旨】Java - 関係データアクセスなら、JPA（The Java Persistence API）特化の「Spring Data JPA」が最適！データアクセスの基礎概念も丁寧に解説するから、深く理解できる！認証・認可/単体テスト/RESTサービスの構築まで、関連技術も解説！
2017.8 586p 24×19cm ¥4000 ⓘ978-4-7980-5195-6

◆**Spring Framework5 プログラミング入門**
掌田津耶乃著　秀和システム
【目次】1 Spring Framework の準備、2 Spring プロジェクトの基本、3 Dependency Injection の基本、4 Web アプリケーションでDIを利用する、5 Spring AOPによるスプリング指向開発、6 リソースとプロパティ、7 Spring Data によるデータアクセス、8 Spring Data を更に活用する、9 Spring MVCによるWeb 開発、Appendix Spring Tool Suite の基本機能
2017.12 493p 24×19cm ¥2800 ⓘ978-4-7980-5374-5

◆**SQLポケットリファレンス**　改訂第4版　朝井淳著　技術評論社
【要旨】SQLリファレンスのデファクトスタンダード。SQLのコマンド、演算子、関数などの重要構文を収録！各データベースに対応したサンプルが充実！バージョンごとの違いや使用上の注意点もしっかり解説！Oracle / SQL Server / DB2 / PostgreSQL / MySQL / MariaDB / SQLite / Access/SQL標準対応。
2017.3 655p B6 ¥1980 ⓘ978-4-7741-8732-7

◆**Swift実践入門—直感的な文法と安全性を兼ね備えた言語**　石川洋資、西山勇世著　技術評論社　（WEB+DB PRESS plusシリーズ）
【要旨】先進的な機能を駆使した簡潔でバグのないコード。Xcodeで動かしながら学ぶ基本、設計指針、実装パターン。
2017.2 439p A5 ¥3200 ⓘ978-4-7741-8730-3

◆**Swift Playgroundsアプリデビュー**　中山茂著　カットシステム
【要旨】「Swift 言語入門」とその姉妹編「Swift アプリ開発入門」、「Swift Apple Watch アプリ開発入門」、「Swift Mac アプリ開発入門」に続く5作目。Swift Playgrounds によるiPhone アプリ開発の学習方法を説明した入門書。白紙の状態からコードを入力して教材アプリを作成していく例を多数説明している。
2017.7 274p 24×19cm ¥2800 ⓘ978-4-87783-422-7

◆**TensorFlow機械学習クックブック—Pythonベースの活用レシピ60＋**　ニック・マクルーア著、クイープ訳　インプレス
【要旨】TensorFlow は、数値処理用のオープンソースライブラリ。機械学習や深層学習などAI分野を中心に活用が進んでいます。本書では、最初に、変数／プレースホルダといったTensorFlowの基本や、さまざまなオープンデータを扱う方法を説明。以降は、機械学習に関するさまざまな手法を具体的なレシピとして示していきます。線形回帰からCNN／RNNまで網羅した上で、運用環境向けの手法や連立常微分方程式も取り上げます。TensorFlow とPython3を使ったさまざまな手法について具体的に知りたい方に格好の一冊です。
2017.8 359p 24×19cm ¥4200 ⓘ978-4-295-00200-0

◆**The Art of Computer Programming Volume 4A Combinatorial Algorithms Part1 日本語版**　ドナルド・E. クヌース著、有澤誠、和田英一監訳、筧一彦、小出洋訳　ドワンゴ, KADOKAWA 発売
【要旨】第7章 組合せ探索（零と一、すべての可能性の生成）、演習問題の解答、付録A 数表、付録B 表記法索引
2017.3 366p 24×19cm ¥4800 ⓘ978-4-04-893055-0

◆**TypeScript実践マスター**　古賀慎一著　日経BP社, 日経BPマーケティング 発売
【要旨】データ型、オブジェクト指向プログラミング、制御文、配列、非同期処理、ジェネリック、etc.TypeScript の仕様から使い方までわかりやすく解説！
2017.12 448p 24×19cm ¥3200 ⓘ978-4-8222-9897-5

◆**TYRANOSCRIPTではじめるノベルゲーム制作**　シケモクMK著　工学社（I・O BOOKS）　改訂版

【要旨】「ティラノスクリプト」では、「タグ」と呼ばれる簡単な命令を組み合わせていくだけで、ゲームが完成。本書は、初心者でも、手順通りに進めていくことで「ノベルゲーム」が制作できるように構成されています。
2018.1 159p A5 ¥2300 ⓘ978-4-7775-2039-8

◆**Unityではじめるおもしろプログラミング入門**　藤森将昭著　リックテレコム
【要旨】初めてプログラミングに触れる、中学生以上が対象。初歩的な「プログラムの書き方」を学ぶ近道として、1本の簡単な3Dゲームを、「Unity5」で少しずつ作りながら動かしていく。
2017.3 166p 24×16cm ¥1800 ⓘ978-4-86594-070-1

◆**UnityによるARゲーム開発—作りながら学ぶオーグメンテッドリアリティ入門**　マイケル・ランハム著、高橋憲一、あんどうやすし、江川崇、安藤幸央訳　オライリー・ジャパン, オーム社 発売
【要旨】ARアプリ開発の入門書。本書ではスマホゲーム『Foody GO』を実際に作りながら位置情報ベースのARゲームについて学びます。『Foody GO』はモンスターを探して捕まえレストランに連れていってアイテムとして売るというアドベンチャーゲームです。モバイル端末のGPSから現在位置を取得し自分の世界観に合わせたモンスターを描画してその上に自分のアバターとモンスターをアニメーション付きで表示します。AndroidやiPhoneで遊べる実践的なスマホゲームを自分で作ることができるので、読者はUnityによるARゲーム開発と関連技術を体系的かつ体験として収録しました。日本語版では、ARKit やTangoによるARビューの実装についての解説を巻末付録として収録しています。
2017.9 323p 24×19cm ¥3200 ⓘ978-4-87311-810-9

◆**Unityネットワークゲーム開発実践入門—UNET/ニフティクラウドmobile backend版**　西森丈俊、一條貴彰、掌田津耶乃著　ソシム
【要旨】本書は、Unity 標準のネットワークAPIである「UNET」（正式名：Unity Multiplayer）やmBaaSの1つである「ニフティクラウドmobile backend」を使ったリアルタイム型、非リアルタイム型のネットワークゲーム開発の解説書です。ネットワークゲーム開発が初めての方でも学んでいただけるように、サンプルプログラムを使って基礎からていねいに解説しました。また、開発のヒントやTIPSも多数掲載し、現場ですぐに役立ちます。
2017.7 407p 24×19cm ¥2680 ⓘ978-4-8026-1099-5

◆**Unityの教科書—Unity2017完全対応版 2D&3Dスマートフォンゲーム入門講座**　北村愛実著　SBクリエイティブ
【要旨】わかりやすい！自信をもってオススメします！C♯の基礎を解説するので、プログラミングははじめてという人も安心して学習を始められます。サンプルゲームを作りながら、少しずつUnity の機能を学んでいきましょう
2017.9 431p 24×19cm ¥2580 ⓘ978-4-7973-9352-1

◆**Unity2017入門—最新開発環境による簡単3D&2Dゲーム制作**　荒川巧也、浅野祐一著　SBクリエイティブ
【要旨】いちばん簡単なUnity 入門書がさらに「わかりやすく」なりました！（1）手順を詳細に解説しているので、初めての人も、気軽にゲーム制作が体験できます。（2）プログラムの書き方がわからなくても大丈夫です。（3）Unity の使い方をきちんと作り方がしっかり学べます。
2017.12 343p 24×19cm ¥2500 ⓘ978-4-7973-9353-8

◆**Web制作者のためのSassの教科書—Webデザインの現場で必須のCSSプリプロセッサ**　平澤隆、森田壮著　インプレス　改訂2版
【要旨】CSSをより便利に、効率的に書ける！基本から実践テクニックまで、この一冊で完全網羅。タスクランナー「gulp」での導入方法から、GUIでの導入方法、著者が実際に仕事の現場で使っているテクニックまで徹底解説
2017.9 295p 24×19cm ¥2400 ⓘ978-4-295-00235-2

◆**Webディレクションの新・標準ルール システム開発編—ノンエンジニアでも失敗しないワークフローと開発プロセス**　岩瀬透、栄前田勝太郎、河野めぐみ、岸正也、藤村新、原原茂生、山岡広幸共著　エムディエヌコーポレーション、インプレス 発売
【要旨】エンジニアと円滑にコミュニケーションを図り、プロジェクトを成功に導くシステムディレクションのノウハウ！リスクやトラブルを減

らすための基本知識を解説。
2017.12 158p B5 ¥2200 ⓘ978-4-8443-6718-5

◆**Wi・Fi/Bluetooth/ZigBee無線用 Raspberry Piプログラム全集**　国野亘著　CQ出版　（マイコン活用シリーズARM）　（付属資料：CD‐ROM1）
【要旨】インターネットと電子回路をワイヤレスで直結！Web 制御ロボットや無人モバイル作りに。全50！動作確認済みのサンプル・プログラムを収録。
2017.2 351p 24×18cm ¥3200 ⓘ978-4-7898-4223-5

◆**Windows自動処理のためのWSHプログラミングガイド JScript/VBScript対応—ウィンドウズ標準のスクリプト環境で仕事をスマートに！**　五十嵐貴之著　ソシム　増補改訂版
【要旨】JavaScript 使いにも優しいJScript と従来からのVBScript に両対応！Windows で同じ作業を繰り返しているならWSHで自動化してみませんか？
2017.5 319p 24×19cm ¥2980 ⓘ978-4-8026-1102-2

◆**WordPressユーザーのためのPHP入門—はじめから、ていねいに。**　水野史土著　エムディエヌコーポレーション, インプレス 発売　第2版
【要旨】変数ってなに？関数ってどんなもの？ループはどういう仕組み？WordPress とPHPの疑問、解消します！
2017.4 255p 24×19cm ¥2400 ⓘ978-4-8443-6658-4

◆**WordPress AMP対応 モダンWeb制作レッスンブック**　エビスコム著　ソシム
【要旨】Google のWeb フレームワーク「AMP」でのWeb サイト制作手法をマスターできる—WordPress の開発元が提供しているプラグインで、AMPページはすぐに作成できる。AMPページをカスタマイズして、ビデオ、SNS投稿などの各種メディアを表示する。ナビゲーションメニューや、広告の表示、アクセス解析の設定などのアレンジを行う。
2017.2 319p 24×19cm ¥2680 ⓘ978-4-8026-1091-9

◆**Xamarinではじめるスマホアプリ開発**　大西武著　工学社　（I・O BOOKS）
【要旨】本書は「Xamarin」を使って、「C♯」で「iOS」「Android」向けアプリを開発する方法を解説しています。
2017.3 167p A5 ¥2300 ⓘ978-4-7775-1996-5

◆**Xamarinネイティブによるモバイルアプリ開発—C♯によるAndroid/iOS UI制御の基礎**　青柳臣一著　翔泳社
【要旨】これまで別々の言語や環境で開発していたAndroid/iOSアプリを共通の言語（C♯）と環境（.NET Framework）で作成する、今注目の開発環境Xamarin。マイクロソフトMVP受賞経験もある著者が、豊富なアプリケーション開発の経験を活かし、すべてのモバイルアプリ開発者に向けてXamarin ネイティブによるクロスプラットフォーム開発を徹底解説します。本書は「Xamarin とは何か」にはじまり、オープンソースライブラリMVVMCross を使って本格的なクロスプラットフォームを開発するノウハウまで、ミニサンプルアプリを作りながらわかりやすく学ぶことができます。他にも、特にAndroid／iOS開発経験のある読者のために、Java やObjective‐C、Swift と比較しながらC♯コードの解説を行っているのも本書の大きな特徴です。現場の開発者が、Xamarin を使ったクロスプラットフォーム開発をスムーズに学べる一冊です。
2017.9 379p 23×19cm ¥3480 ⓘ978-4-7981-4981-3

◆**Xamarinプログラミング入門—C♯によるiOS、AndroidアプリケーションOSS開発の基本**　増田智明著　日経BP社, 日経BPマーケティング 発売　（MSDNプログラミングシリーズ）
【要旨】Xamarin.iOS、Xamarin.Android、Xamarin.Forms、を比較しながら実務的なアプリ開発での使い方を解説！
2017.10 309p 24×19cm ¥4500 ⓘ978-4-8222-5350-9

◆**ZERO BUGS—シリコンバレープログラマの教え**　ケイト・トンプソン著、酒匂寛訳、小田朋宏解説　日経BP社, 日経BPマーケティング 発売
【目次】スピード、漏れのないコード、完璧にすることが容易なときもある、完璧に到達する方

法、冗長なコードがあるなら、取り除こう、コンパイラーの警告には耳を傾けよう、各関数呼び出しがすることを知ろう、再利用可能なコード、循環的複雑度、1度に1つの小さなことを〔ほか〕
2017.5 263p A5 ¥2400 ①978-4-8222-5513-8

BASIC

◆**かんたんVisual Basic**　高橋広樹著　技術評論社　（かんたんプログラミングの教科書）　改訂2版
【要旨】よくわかる！ プログラミングの入門書。プログラミングの文法事項を豊富なイラストと実例を使って徹底理解！ 豊富なサンプルコードでやさしく解説。つまずくポイントも図解で解決。基本の文法事項を完全網羅。
2017.7 607p A5 ¥2640 ①978-4-7741-9040-2

◆**3ステップでしっかり学ぶ Visual Basic入門**　朝井淳著　技術評論社　改訂2版
【要旨】ステップ1、予習。ステップ2、体験。ステップ3、理解。一番わかりやすいVisual Basic の入門書。到達度がわかる練習問題付き。
2017.9 383p 24×19cm ¥2500 ①978-4-7741-9114-0

◆**世界でいちばん簡単なVisual Basicのe本—Visual Basicの基本と考え方がわかる本**　金城俊哉著　秀和システム　最新第4版
【要旨】最新版Visual Studio Community 2017に完全対応！ オブジェクト指向の考え方が〜くわかる！ イラストと共に楽しくプログラムが学べる！ 最新版Windows 10/8.1/8/7 SP1に対応！
2017.12 265p A5 ¥1500 ①978-4-7980-5286-1

◆**ゼロからわかるVisual Basic超入門**　国本温子著　技術評論社　（かんたんIT基礎講座）　（付属資料：別冊1）　改訂2版
【要旨】プログラミングがはじめてでも大丈夫！ この1冊でVisual Basic の基礎をしっかりマスターできます！
2017.9 239p B5 ¥2280 ①978-4-7741-9117-1

◆**作って覚えるVisualBasic2017デスクトップアプリ入門—Visual Studio community 2017対応**　荻原裕之, 宮崎昭世著　秀和システム
【要旨】実際に動くアプリを作りながら、楽しい図解イラスト、ていねいなコード解説、要点の的確な解説、迷子にならないロードマップにより、超初心者でもプログラミングの考え方と書き方が自然と身につく。
2017.10 480p 24×19cm ¥2300 ①978-4-7980-5127-7

◆**ひと目でわかるVisual Basic 2017データベース開発入門**　ファンテック著　日経BP社, 日経BPマーケティング 発売
【要旨】実践的なサンプルでシステム開発技術を網羅的に学習。Visual Studio Community 2017、SQL Server 2016 Express にも対応。
2017.11 321p 24×19cm ¥3200 ①978-4-8222-5360-8

◆**VisualBasic2017パーフェクトマスター—全機能解説 Windows10完全対応。Windows8.1/7 SP1/Windows Server 2026/2012 R2対応**　金城俊哉著　秀和システム　（Perfect Master 174）
【要旨】大きな画面で操作が一目でわかる！ 裏技、小技、便利技、豊富なコラム、基本から応用まで完全網羅！
2017.10 724p 24×19cm ¥2900 ①978-4-7980-5283-0

C言語

◆**アプリを作ろう！ Visual C♯入門—無賞のVisual Studio Communityでゼロから学ぶプログラミング Visual C♯ 2017対応**　高野将義, 山田祥寛監修　日経BP社, 日経BPマーケティング 発売
【要旨】はじめてでもこの1冊でOK！ 開発環境の準備からアプリ作成の基礎まで作りながら学べます。
2017.8 249p 24×19cm ¥2000 ①978-4-8222-5355-4

◆**かんたんC言語**　大川内隆朗, 大原竜男共著　技術評論社　（プログラミングの教科書）　改訂2版
【要旨】C言語の基本をとことん丁寧に解説！ Windows&Mac&Linux の開発環境に完全対応。よくわかる！ プログラミングの入門書。
2017.10 621p A5 ¥2700 ①978-4-7741-9180-5

◆**かんたんC♯**　伊藤達也, 油吉アビトス事業部著　技術評論社　（プログラミングの教科書）　改訂2版
【要旨】豊富なサンプルコードで優しく理解。つまずくポイントも図解で解決。基本の文法事項を網羅。よくわかる！ プログラミングの教科書。プログラミングを基礎から、豊富なイラストと実例でしっかり解説！
2017.11 607p A5 ¥2780 ①978-4-7741-9264-2

◆**かんたんVisual C++**　堀義博著　技術評論社　（プログラミングの教科書）　改訂2版
【要旨】よくわかる！ MFCの教科書。豊富なイラストとわかりやすい例題を用いて徹底解説。豊富なサンプルコードでやさしく解説。つまずくポイントも図解で解決。基本の文法事項を完全網羅。
2017.10 559p A5 ¥2980 ①978-4-7741-9259-8

◆**基礎からしっかり学ぶC++の教科書—C++14対応**　矢吹太朗著, 山田祥寛監修　日経BP社, 日経BPマーケティング 発売
【要旨】プログラムの読み書きに必要な基礎知識を厳選。章ごとの復習問題で、学習内容を確認できます。
2017.2 325p 24×19cm ¥2800 ①978-4-8222-9893-7

◆**基礎からしっかり学ぶC♯の教科書—C♯7対応**　高江賢著, 山田祥寛監修　日経BP社, 日経BPマーケティング 発売
【要旨】構文とサンプルコードでC♯が学べる入門書。プログラムの読み書きに必要な基礎知識を厳選。章ごとの復習問題で学習内容を確認できます。
2017.11 371p 24×19cm ¥2800 ①978-4-8222-9894-4

◆**基本情報技術者試験 C言語の切り札**　宮坂俊成著　技術評論社　改訂3版
【要旨】基本情報技術者試験で、C言語を選択する人のための定番参考書「C言語の切り札」の改訂3版。C言語の基本を解説する「文法編」と過去問を解説した「問題編」の2部構成。「文法編」は試験で出題される文法事項に的を絞り、C言語をまったく知らない人でも理解できるように説明。問題編では過去問題12問と、アルゴリズム（擬似言語）問題4問の合計16問を、ソースコード1行ごとに詳しく解説。
2017.4 415p A5 ¥2800 ①978-4-7741-8748-8

◆**強化学習と深層学習—C言語によるシミュレーション**　小高知宏著　オーム社
【目次】第1章 強化学習と深層学習（機械学習と強化学習、深層学習とは、深層強化学習とは）、第2章 強化学習の実装（強化学習とQ学習、Q学習の実装）、第3章 深層学習の技術（深層学習を実現する技術、畳み込みニューラルネットによる学習）、第4章 深層強化学習（強化学習と深層学習の融合による深層強化学習の実現、深層強化学習の実装）
2017.10 200p A5 ¥2600 ①978-4-274-22114-9

◆**自然言語処理と深層学習—C言語によるシミュレーション**　小高知宏著　オーム社
【目次】第1章 自然言語処理と深層学習（自然言語処理の歴史、深層学習とは、自然言語処理における深層学習）、第2章 テキスト処理による自然言語処理（自然言語文のテキスト処理、単語2・gramによる文生成）、第3章 自然言語文解析への深層学習の適用（CNNによる文の分類、準備1 畳み込み演算とプーリング処理、準備2 全結合型ニューラルネット、畳み込みニューラルネットの実装）、第4章 文生成と深層学習（リカレントニューラルネットによる文生成、RNNの実装、RNNによる文生成）、付録（行の繰り返し回数を行頭に追加するプログラム uniqc.c、行頭の数値により行を整列するプログラム sortn.c、全結合型ニューラルネットのプログラム bp.c）
2017.3 216p A5 ¥2500 ①978-4-274-22033-3

◆**実戦で役立つC♯プログラミングのイディオム/定石&パターン—レベルアップのために不可欠、自分のものにしておくべき知識の数々**　出井秀行著　技術評論社
【目次】1 C♯ プログラミングのイディオム/定石&パターン 準備編（オブジェクト指向プログラミングの基礎、C♯でプログラムを書いてみよう

ほか）、2 C♯ プログラミングのイディオム/定石&パターン 基礎編（基本イディオム、文字列の操作 ほか）、3 C♯ プログラミングのイディオム/定石&パターン 実践編（ファイルの操作、正規表現を使った高度な文字列処理 ほか）、4 C♯ プログラミングのイディオム/定石&パターン ステップアップ編（LINQを使いこなす、非同期/並列プログラミング ほか）
2017.3 495p 23×19cm ¥2980 ①978-4-7741-8758-7

◆**実践OpenCV 3 for C++画像映像情報処理**　永田雅人, 豊沢聡共著　カットシステム
【要旨】静止画/動画の解析や情報抽出の基盤となるコンピュータビジョンライブラリの定番。OpenCVの導入から基本的な使い方、ディープラーニングを用いた応用プログラムまで丁寧に解説！
2017.9 406p 24×19cm ¥4400 ①978-4-87783-380-0

◆**新・明解C++入門**　柴田望洋著　SBクリエイティブ
【要旨】適切なサンプルプログラム307編と分かりやすい図表245点で、C++とプログラミングの基礎をマスターしよう。プログラミング言語教育界の巨匠柴田望洋によるC++入門書の最高峰!!
2017.12 1Vol. 24×17cm ¥2750 ①978-4-7973-9463-4

◆**新・明解C言語で学ぶアルゴリズムとデータ構造**　柴田望洋著　SBクリエイティブ
【要旨】「アルゴリズム体験学習ソフトウェア」との連動学習で学ぶ、アルゴリズムとデータ構造入門書の最高峰。
2017.2 231p 24×17cm ¥2500 ①978-4-7973-9052-0

◆**スラスラわかるC言語**　岡嶋裕史著　翔泳社　第2版
【要旨】本書は代表的なプログラミング言語として知られている「C言語」の入門書です。C言語はコンピュータの歩みとともに進歩してきた基本的な言語で、現在でも各分野で利用されているほか、学習用の言語としても最適です。この書籍は、はじめてプログラミングを学ぶ人に向け、プログラミングの「なぜ」を解決できるようにわかりやすさを重視した解説をしています。C言語でプログラムを作るための基礎的な知識を身につけることができます。はじめてプログラムを学ぶ方、C言語を勉強してみたい方におすすめの1冊です。
2017.10 389p A5 ¥2200 ①978-4-7981-5379-7

◆**3ステップでしっかり学ぶ C言語入門**　朝井淳著　技術評論社　改訂2版
【要旨】一番わかりやすいC言語の入門書。到達度がわかる練習問題付き。
2017.8 351p 23×19cm ¥2600 ①978-4-7741-9061-7

◆**3ステップでしっかり学ぶC♯入門**　杉浦賢著　技術評論社　改訂2版
【要旨】ステップ1・予習、ステップ2・体験、ステップ3・理解。プログラミングの基本をやさしく解説。到達度がわかる練習問題付き。
2017.10 351p 23×19cm ¥2680 ①978-4-7741-9181-2

◆**世界でいちばん簡単なVisualC♯のe本—VisualC♯2017の基本と考え方がわかる本**　金城俊哉著　秀和システム　最新第3版
【要旨】最新版Visual Studio Community 2017に完全対応！ オブジェクト指向の考え方がよ〜くわかる！ イラストと共に楽しくプログラムが学べる！ Windows10/8.1/8/7 SP1に対応！ 本文掲載プログラムダウンロードサービス付き！
2017.11 277p A5 ¥1500 ①978-4-7980-5287-8

◆**世界でいちばん簡単なVisual C++のe本—標準C++の基本と考え方がわかる本**　金城俊哉著　秀和システム　最新第2版
【要旨】最新版Visual Studio Community 2017に完全対応！ 標準C++とC++CLIの考え方がよ〜くわかる！ イラストと共に楽しくプログラムが学べる！ 最新版Windows 10/8.1/8/7 SP1に対応！
2017.12 209p A5 ¥1400 ①978-4-7980-5288-5

◆**確かな力が身につくC♯「超」入門**　北村愛実著　SBクリエイティブ　（Informatics & IDEA）
【要旨】C♯ プログラムの書き方の基本からオブジェクト指向までを、優しい文章とたくさんのイラストで丁寧に解説。プログラムを作る際の「手順」を解説し、何から始めて、どのように進めていくのか、基本的なパターンを身につけながら、プログラミングを進めていく。
2017.7 385p 24×19cm ¥2580 ①978-4-7973-9026-1

◆たった1日で基本が身に付く！ C♯超入門
西村誠著　技術評論社
【目次】1 プログラミングの準備をしよう、2 プログラミングの基本をマスターしよう、3 C♯で簡単な計算をしてみよう、4 クラスを理解しよう、5 条件分岐と繰り返しを覚えよう、6 時計アプリケーションを作ろう、7 じゃんけんアプリケーションを作ろう、8 画像ビューワーアプリケーションを作ろう、9 次のステップを知ろう
　2017.8 191p 23×19cm ¥2060 Ⓘ978-4-7741-9086-0

◆作って覚える Visual C♯ 2017 デスクトップアプリ入門　荻原裕之, 宮崎昭世著
秀和システム
【要旨】実際に動くアプリを作りながら、楽しい図解イラスト、ていねいなコード解説、要点の的確な解説、迷子にならないロードマップにより、超初心者でもプログラミングの考え方と書き方が自然と身につきます。ほかの言語の経験者にもおすすめ！ Visual Studio Community 2017対応。
　2017.7 494p 24×19cm ¥2300 Ⓘ978-4-7980-5126-0

◆独習C♯　山田祥寛著　翔泳社　新版
【要旨】"標準教科書"が完全書き下ろしで7年ぶり新登場！ 初心者がC♯を学ぶにふさわしい一冊。プログラミングに必要な知識・概念・機能を体系的かつ網羅的に習得！ 解説、例題、練習問題の3ステップでよくわかる。C♯7.1対応。
　2017.12 606p 23×19cm ¥3600 Ⓘ978-4-7981-5382-7

◆やさしいC　高橋麻奈著　SBクリエイティブ　第5版
【要旨】大切な基本をとことん丁寧に。だから、はじめてでも大丈夫。基本知識から大切なことを一つずつ、スラスラ読める解説で疑問を残さずC言語がしっかり理解できる！ プログラミング入門の定番書籍です。
　2017.6 473p A5 ¥2500 Ⓘ978-4-7973-9258-6

◆やさしいC++　高橋麻奈著　SBクリエイティブ　第5版
【要旨】一つ一つをしっかり丁寧に解説。経験がなくても必ず習得できる。基礎の基礎からオブジェクト指向まで、とことん丁寧に解説。プログラミング経験がなくてもしっかり理解できる！ プログラミング入門の定番書籍です。
　2017.6 571p A5 ¥2580 Ⓘ978-4-7973-9259-3

◆C++クラスと継承完全制覇
技術評論社　（新・標準プログラマーズライブラリ）
【要旨】オブジェクト指向プログラミングの、一生ものの土台。オブジェクト指向の絶対的な基礎＝「クラスの作り方」「クラスの使い方」を理解して、オブジェクト指向の三本柱＝「継承」「カプセル化」「多態性」へとステップアップ。
　2017.12 303p 23×19cm ¥2480 Ⓘ978-4-7741-9382-3

◆C♯ グラフィックス＆イメージプログラミング　北山洋幸著　カットシステム
【要旨】グラフィックスとイメージ処理の基礎から、フィルタ処理、輝度変換、座標変換、アプリケーションの開発までオープンソースを利用せず、C♯のみによるプログラミングで実現。
　2017.6 480p 24×19cm ¥4200 Ⓘ978-4-87783-419-7

◆C言語で学ぶコンピュータ科学とプログラミング　小高知宏著　近代科学社
【目次】コンピュータとは、手続き的処理(1)順接処理、手続き的処理(2)条件判定と繰り返し処理、手続き的処理(3)さまざまな繰り返し処理、モジュール化、配列、ライブラリの利用、モジュールによるプログラムの構成、ポインタ、文字の表現、構造体、ファイル操作、プログラミング総合演習、さまざまなプログラミング言語
　2017.3 204p B5 ¥2400 Ⓘ978-4-7649-0534-4

◆C言語によるはじめてのアルゴリズム入門
河西朝雄著　技術評論社　（付属資料：CD-ROM1）　改訂第4版
【目次】第1章 ウォーミング・アップ、第2章 数値計算、第3章 ソートとサーチ、第4章 再帰、第5章 データ構造、第6章 木（tree）、第7章 グラフ（graph）、第8章 グラフィックス、第9章 パズル・ゲーム、附録 Visual Studio（Visual C++2017）で動作させる場合
　2017.12 495p A5 ¥2880 Ⓘ978-4-7741-9373-1

◆C言語プログラミング基本例題88＋88
冨永和人編著, 生野壮一郎, 菊池眞之, 黒川弘章, 関口暁宣共著　コロナ社
【目次】1 C言語の基礎機能、2 変数と式、3 繰り返しと場合分け、4 関数とマクロ、5 配列、6

ポインタ、7 文字と文字列、8 プログラムの構成、9 構造体、10 ファイル操作、11 データ構造とアルゴリズム
　2017.3 186p B5 ¥2800 Ⓘ978-4-339-02873-7

◆C言語ポインタ完全制覇　前橋和弥著　技術評論社　（新・標準プログラマーズライブラリ）
【要旨】Cはなんでこんな言語に「なっちゃった」のか。そもそもこの悪名高いポインタとは何か。初心者が必ずひっかかった、配列とポインタのまぎらわしい文法とは。Cはメモリを実際にどんなふうに扱うのか。Cの宣言は英語で読め。ポインタの真の使い方は。Cの文法を深く知ることで見えてくること納得できること。
　2017.12 369p 23×19cm ¥2800 Ⓘ978-4-7741-9381-6

◆C♯ の絵本―C♯ が楽しくなる新しい9つの扉
アンク著　翔泳社　第2版
【要旨】本格言語もゼロからマスター！ 基礎から学べるプログラミングのエッセンス。
　2017.10 233p 23×19cm ¥1780 Ⓘ978-4-7981-5189-2

◆C♯ ポケットリファレンス　土井毅, 高江賢, 飯島聡著, 山田祥寛監修　技術評論社　改訂新版; 第2版
【要旨】「これがしたい」を自由自在に！ 逆引きだから困ったときにササッとわかる。これまでのC♯4.0に加え、C♯5.0〜C♯7の最新機能もフォロー。豊富なサンプルで書き方を直観理解。今どきのユーザビリティに欠かせない「非同期処理」の解説も充実。
　2017.7 511p B6 ¥2640 Ⓘ978-4-7741-9030-3

◆C++の絵本―C++が好きになる新しい9つの扉　アンク著　翔泳社　第2版
【要旨】C++は、Cを学んだ人が次にチャレンジすることの多い言語ですが、オブジェクト指向の考え方でつまずいてしまう人もまた多いですね。本書は、イラストで解説しているので、難しい概念も直観的にイメージでき、理解が進みます。さあ、C++言語の扉を開き、できるプログラマへの道を進んでいきましょう！
　2017.4 201p 24×19cm ¥1780 Ⓘ978-4-7981-5190-8

◆C/C++で動かす RaspberryPi3　大川善邦著　工学社　（I・O BOOKS）
【要旨】小型Linux ボードを動かす！ プログラミングの基本から始めて、GPIOの使い方、LEDの点灯↔消灯の"Lチカ"まで。
　2017.4 207p A5 ¥2300 Ⓘ978-4-7775-2010-7

◆Optimized C++―最適化、高速化のためのプログラミングテクニック　カート・ガンセロス著, 黒川和則訳, 島敏博技術監修　オライリー・ジャパン, オーム社 発売
【要旨】C++を高速化したいなら…正しく測定！ ホットスポットを特定！ あらゆる角度から最適化！
　2017.2 336p 25×19cm ¥4000 Ⓘ978-4-87311-792-8

◆Visual C♯ 2017 パーフェクトマスター
金城俊哉著　秀和システム　（Perfect Master）
【要旨】デスクトップ、ユニバーサル、データベース！ コーディングから文法、オブジェクト指向を学び、デスクトップ、Web、スマホアプリを開発！ アプリ開発の基本と応用が身に付く！
　2017.10 844p 24×18cm ¥3200 Ⓘ978-4-7980-5284-7

◆Visual C++ 2017パーフェクトマスター　金城俊哉著　秀和システム　（Perfect Master 175）
【要旨】C++にWinRTを組み込んで、アプリを高速化！ 標準C++の手ほどきから、C++/CX ユニバーサルアプリ開発までを解説！ ユニバーサルアプリ開発が身に付く！
　2017.11 795p 24×19cm ¥3000 Ⓘ978-4-7980-5285-4

JAVA

◆アイソモーフィックJavaScript　ジェイソン・ストリンベル, マキシーム・ナジム著, 牧野聡訳　オライリー・ジャパン, オーム社 発売
【要旨】アイソモーフィック JavaScript は、クライアントサイド（ブラウザ）とサーバーサイドで同じコードを実行できるようにするためのフレームワークの総称。本書では、従来のアプリケーションが持つ問題点（読み込みの遅さ、SEO対策の困難さなど）を明らかにするところから始め、アイソモーフィックなアプリケーションの分類やアイソモーフィックさの度合いについて理解したう

えで、アイソモーフィックなJavaScript フレームワークを構築するための実践手法を解説し、Walmart、Airbnb、Facebook、Netflix といった大企業がアイソモーフィック JavaScript を選んだ理由を明らかにします。読者は、なぜこのアプリケーションアーキテクチャーが、ページ読み込み速度やSEOコンパチビリティといった、ビジネス面でクリティカルな問題を解決するためのソリューションとして人気上昇中なのかを学べます。
　2017.7 231p A5 ¥2800 Ⓘ978-4-87311-807-9

◆いちばんやさしいJavaScriptの教本―人気講師が教えるWebプログラミング入門　岩田宇史著　インプレス
【要旨】はじめて学ぶ人でも安心！ オールカラーでコードを丁寧に解説。小さなプログラムで基本を学んで最後は実践的なプログラムを完成させる！ 勘違いしやすい箇所は講師がフォロー！ ワークショップ感覚で読み進められる。
　2017.4 271p 22×19cm ¥2200 Ⓘ978-4-295-00098-3

◆オブジェクト指向プログラミング　SCC出版局編 エスシーシー　（Javaバイブルシリーズ）　改訂版
【目次】第1章 学習を始めるにあたって、第2章 オブジェクト指向とは何か、第3章 Java プログラムの基本、第4章 Java プログラムの概念、第5章 Java プログラムの活用、第6章 Java プログラムの形態、第7章 ステップアップ演習、総合演習、付録 開発環境の準備
　2017.3 445p 24×19cm ¥2000 Ⓘ978-4-88647-636-4

◆カラー図解 Javaで始めるプログラミング―知識ゼロからの定番言語「超」入門　高橋麻奈著　講談社　（ブルーバックス）
【要旨】Java の主な用途は？ 学ぶメリットは？ プログラミング経験ゼロでいきなりJava から始めてよいの？ そうした素朴な疑問と不安を解消しながらJava の特徴や基本的な文法などを手短に学べる入門書です。分厚い専門書にチャレンジする前に本書でひとまずJava の世界を見学してみませんか？
　2017.4 202p 18cm ¥1000 Ⓘ978-4-06-502012-8

◆かんたんJavaScript―ECMA Script 2015対応版　高橋広樹, 佐藤美保, 鈴木堅太郎, 小松さおり, 小野寺章, 佐々木浩司著　技術評論社
【要旨】コードを書きながらたのしく学べる。つまずくポイントも図解で解説。基本の文法事項を完全網羅。JavaScript の基本をとことん丁寧に解説！ いちばんやさしいプログラミングの入門書。
　2017.11 527p A5 ¥2580 Ⓘ978-4-7741-9356-4

◆きちんとわかる！ JavaScriptとことん入門　大津真著　技術評論社
【要旨】「ぜんぶ、ていねい！」理解が難しい部分でもはしょらずに解説しているので、初心者でもプログラムの本当の意味がわかります！
　2017.6 351p 23×19cm ¥2470 Ⓘ978-4-7741-9000-6

◆仕事がはかどるJavaScript"超" 活用術―AI、セキュリティ、クラウドを自動処理　クジラ飛行机著　日経BP社, 日経BPマーケティング 発売
【要旨】人工知能の革新、機械学習をプログラムに組み込んで、ワインの味を判定してみる。LINEにプログラムからメッセージを送る。スケジュールの告知を自動化！ JPEGファイルにスプレッドシートに当番表を保存して、自動的にリマインドメールを送る。位置情報も確認できる、Web ベースの掲示板ソフトを作成する。…etc. 最新技術―人工知能、セキュリティ、クラウドをあなたのパソコンでプログラミング。
　2017.6 271p A5 ¥1800 Ⓘ978-4-8222-5926-6

◆12歳からはじめるJavaScriptとウェブアプリ　TENTO著　ラトルズ
【要旨】JavaScript ってなんだ？ 変数をつかおう。「もし〜だったら」ってどういうこと？ コンピュータに計算させよう。「くりかえし」ってなんだろう。「配列」でならべよう。クイズプログラムをつくる。合計点、平均点を出すには。「関数」を使ってみよう。引数って何？ 戻り値って何？ プログラムをスッキリしよう。グローバルとローカル。ミスを探し出すには？ 画像の大きさを変えてみよう。文字のかたちを変えてみよう。タイミングをランダムに変化させよう。モグラをたたきゲームをつくろう。ゲームオーバーってどういうこと？ 子ども向けプログラミングスクールで小学生が学んだカリキュラムを

そのまま本にしました！
2017.11 287p 23×19cm ¥2580 ⓘ978-4-89977-471-6

◆**詳解HTML & CSS & JavaScript辞典**
大藤幹, 半場方人 著　秀和システム　第7版
【要旨】『詳解HTML&CSS&JavaScript 辞典』
が、最新のHTML5に対応してリニューアル！
必須の基礎知識の3つ。コンテンツの構造を示す
「HTML」、表示方法を設定する「CSS」、インタ
ラクティブな動きを追加する「JavaScript」か
ら、よく使う機能をわかりやすく解説。ウェブ
制作に役立つ各種チャート、フォント見本つき。
2017.3 621p A5 ¥2000 ⓘ978-4-7980-5022-5

◆**新・解きながら学ぶJava──『新・明解Java
入門』全演習問題収録**　柴田望洋監修・著, 由
梨かおる著　SBクリエイティブ
【要旨】たくさんの問題を解いてJava による
プログラミング開発能力を身につけよう。作って
学ぶプログラム作成問題202問。スキルアップの
ための錬成問題1115問。(社) 日本工学教育協会
著作賞受賞。
2017.8 495p 24×17cm ¥2400 ⓘ978-4-7973-9050-6

◆**新・明解Javaで学ぶアルゴリズムとデー
タ構造**　柴田望洋著　SBクリエイティブ
【要旨】すべてのJava プログラマに贈る！アル
ゴリズムとデータ構造入門書の最高峰!!豊富な
プログラム88編と分かりやすい図表229点でアルゴ
リズムとデータ構造の基礎をマスターして、問
題解決能力を身につけよう。(社) 日本工学教育
協会著作賞受賞。
2017.5 370p 24×17cm ¥2400 ⓘ978-4-7973-9051-3

◆**すべての人のためのJavaプログラミング**
立木秀樹, 有賀妙子著　共立出版　第3版
【目次】オブジェクトの生成とメソッド呼び出し、
処理の流れ、クラス変数とクラスメソッド、ク
ラスの作成、配列、プリミティブ型とラッパー
クラス、再帰呼び出しと例外処理、メソッドの
オーバーライドとインターフェース型、ラムダ
式と関数型インターフェース、コレクションフ
レームワーク〔ほか〕
2017.10 293p B5 ¥3000 ⓘ978-4-320-12423-3

◆**3ステップでしっかり学ぶJavaScript入
門**　大津真著　技術評論社　改訂2版
【要旨】ステップ1・予習、ステップ2・体験、ス
テップ3・理解。到達度がわかる練習問題付き。
2017.10 319p 23×19cm ¥2380 ⓘ978-4-7741-9217-8

◆**3ステップでしっかり学ぶJava入門**　アン
ク著　技術評論社　改訂2版
【要旨】一番わかりやすいJava9の入門書。到達
度がわかる練習問題付き。
2018.1 351p 23×19cm ¥2480 ⓘ978-4-7741-9462-2

◆**たった1日で基本が身に付く！ Java 超入
門**　齊藤新三著, 山田祥寛監修　技術評論社
【要旨】詰め込みすぎないわかりやすい解説。コ
しならわかる！ できる！ 1単元＝1時間。基本
の知識をこの1冊で！
2017.6 191p 24×19cm ¥2060 ⓘ978-4-7741-8993-2

◆**たった1日で基本が身に付く！
JavaScript 超入門**　片渕彼富著, 山田祥寛
監修　技術評論社
【要旨】詰め込みすぎないわかりやすい解説。コ
しならわかる！ できる！ 1単元＝1時間。基本
の知識をこの1冊で！
2017.6 319p 24×19cm ¥2060 ⓘ978-4-7741-8995-6

◆**ちゃんと使える力を身につける
JavaScriptのきほんのきほん**　大澤文孝著
マイナビ出版
【要旨】豊富な図解で、仕組みをていねいに解説。
「なんとなく」ではなく、「ちゃんと理解」して
書くための入門書。文法の基本から、配列、オブ
ジェクト、イベントの伝達方法などもしっかり
解説！これからプログラミングを始める方にも
ぴったり！ 短いサンプルを動かしながら学ぶ！
2017.11 319p 24×19cm ¥2380 ⓘ978-4-8399-6162-6

◆**徹底マスター JavaScriptの教科書**　磯博
著　SBクリエイティブ
【要旨】本書は、プログラミング言語である
JavaScript を言語仕様・文法解説とプログラミ
ングの双方から学習し、知識を深めていくた
めのテキストです。プログラミングがはじめて
の方、他のプログラミング言語を経験してい
てこれからJavaScriptを学びたい方、すでに
JavaScript を使っているけれどもより深く学び
たい方を対象として書かれています。本書の目
的は、数々のサンプルプログラムを通し、EC-

MAScript の仕様を基礎から理解して、アプリ
ケーションを自分で作れるようになることです。
2017.3 539p 24×19cm ¥2980 ⓘ978-4-7973-8864-0

◆**とにかく受かりたい人のためのJavaプロ
グラマSilver SE 8 2週間速習講座**　福田
竜郎著　翔泳社
【要旨】Java プログラマSilver 試験は、Java プ
ログラマを目指す人の登竜門です。Bronze、Sil-
ver、Gold とあるプログラミングの中位に位置しますが、基
本的なプログラミング知識をもつ「初級Java プ
ログラマ向け」の資格です。本書は「試験に出
るところだけ」を「短期間」に「効率よく」学
習するための学習書です。
2017.8 335p A5 ¥2600 ⓘ978-4-7981-5178-6

◆**2週間でJava SE Bronzeの基礎が学べる
本**　志賀澄人著, ソキウス・ジャパン編　イン
プレス
【要旨】Java SE Bronze 試験合格へのはじめの
い〜っぽ。まずはプログラミングの基礎を身に
付けよう！
2017.10 558p A5 ¥2700 ⓘ978-4-295-00142-3

◆**初めてのJavaScript──ES2015以降の最新
ウェブ開発**　イーサン・ブラウン著, 武舎広幸,
武舎るみ訳　オライリー・ジャパン, オーム社
発売　(原書第3版)
【要旨】ECMAScript 2015 (ES2015) の入門書。
シンプルな例題を多用しブラウザやnode コマ
ンドで試しながら新しいJavaScript を楽しく学
びます。従来バージョンを使用中のJavaScript
プログラマにも、これからJavaScript を習得
したい入門者にも有用な情報が満載です。本書
を読めば、let やconst による宣言とスコープ、
関数の基本と高度な使い方、オブジェクトとオ
ブジェクト指向プログラミング、イテレータや
ジェネレータやプロキシといったES2015の新機
能、非同期プログラミング、クライアントサイ
ドのDOMやjQuery、サーバーサイドのNode.js
など、JavaScript の最新バージョンを使った開
発に関する総括的な知識をバランスよく得られ
ます。日本語版では、ES2016およびES2017の
新機能の紹介も加えました。
2017.1 423p 24×19cm ¥3200 ⓘ978-4-87311-783-6

◆**みんなのIchigoLatte入門──JavaScriptで
楽しむゲーム作りと電子工作**　古籏一浩, 松田
優一著　リックテレコム
【要旨】遊べるゲーム他35本収録。IchigoJam か
らステップアップ(BASICからJavaScriptへ！)
。マルチメディアボード「PanCake」を使った
ゲーム多数。通信ボードMixJuice+センサーで
IoTを実践。
2017.5 318p 24×19cm ¥2700 ⓘ978-4-86594-093-0

◆**C++で学ぶディープラーニング──ニュー
ラルネットワークの基礎からC++による実装
まで**　藤田毅著　マイナビ出版
【要旨】ニューラルネットワークの考え方、基
本から、C++による実装、さらには「畳み込
みニューラルネットワーク」「再帰型ニューラル
ネットワーク」まで解説。
2017.6 256p 24×19cm ¥3590 ⓘ978-4-8399-6150-3

◆**Electronではじめるアプリ開発──
JavaScript/HTML/CSSでデスクトップア
プリを作ろう**　野口将人, 倉見洋輔著　技術評
論社
【要旨】Web の技術だけで、OSに依存しないアプ
リがかんたんに作れます。サンプル作成をと
おして、Electron の基礎からアプリのリリース
までの流れがわかる。セキュリティ対策もしっ
かりカバー。
2017.4 223p 23×19cm ¥2680 ⓘ978-4-7741-8819-5

◆**Java実践編──アプリケーション作りの基本**
三谷純著　翔泳社　(プログラミング学習シ
リーズ)　第2版
【要旨】例外処理やコレクション、ファイル読み
書きなど即戦力をめざす人へ。
2017.3 317p 23×19cm ¥1880 ⓘ978-4-7981-5183-0

◆**Javaで初等力学シミュレーション──コン
ピュータと対話する15日間の冒険の旅**　上田
晴彦著　(安曇野) プレアデス出版
【要旨】コンピュータとの対話を通して理解を深
める電脳時代の『新科学対話』。さあ、ワクワク
する冒険の旅に出かけよう！
2018.1 303p 24×19cm ¥2300 ⓘ978-4-903814-86-5

◆**Javaではじめる「ラムダ式」──冗長なプロ
グラムの実装が簡潔に！**　清水美樹著　工学
社　(I・O BOOKS)

【要旨】「ラムダ式」と、それに深く関わるAPIを
積極的に用いた、「関数型プログラミング」の
基本を解説。
2017.11 191p A5 ¥2300 ⓘ978-4-7775-2033-6

◆**Java入門**　瀬戸雅彦著　エスシーシー
(Javaバイブルシリーズ)　改訂版
【目次】第1章 Java の概要、第2章 Java プログ
ラミングをはじめよう、第3章 データの記憶、第
4章 繰り返し型のプログラム、第5章 分岐型の
プログラム、第6章 配列、第7章 その他の制御
文、第8章 メソッドの概念、第9章 ストリーム
入出力、第10章 ファイル入出力、第11章 プロ
グラミング総合演習、付録
2017.3 371p 24×19cm ¥2800 ⓘ978-4-88647-635-7

◆**Java入門編──ゼロからはじめるプログラミン
グ**　三谷純著　翔泳社　(プログラミング学習
シリーズ)　第2版
【要旨】文法からクラスやメソッドの書き方・使
い方まで基礎とコツをしっかり習得。
2017.3 275p 23×19cm ¥1880 ⓘ978-4-7981-5184-7

◆**Javaのオブジェクト指向がゼッタイにわ
かる本──最初からそう教えてくればいいの
に！**　立山秀利著　秀和システム　第2版
【目次】第1章 なぜ、Java のオブジェクト指
向なのか？、第2章 オブジェクト指向プログラ
ミングの正体に迫る、第3章 設計図を描いて、モ
ノを作って使う〜クラスとインスタンス、第4章
他のモノから中身を隠すべし〜カプセル化、第
5章 チョット違う設計図を簡単に作ろう〜継承、
第6章 機能を一つとカンタンに変更できるよう
にしたい〜ポリモーフィズム、第7章 ポリモー
フィズムを使いこなせる
2017.3 331p 24×19cm ¥2300 ⓘ978-4-7980-5048-5

◆**Javaビルドツール入門──Maven/
Gradle/SBT/Bazel対応**　掌田津耶乃著
秀和システム
【目次】1 ビルドツールの基礎知識、2 Apache
Maven、3 Maven を使いこなす、4 Gra-
dle、5 Gradle を使いこなす、6 SBT
(Simple Build Tool)、7 Bazel、Adden-
dum ビルドツールの今後を考える
2017.2 389p 24×19cm ¥2800 ⓘ978-4-7980-4938-0

◆**Javaプログラマ歴20年な人のための
Android開発入門**　佐藤滋著　秀和シス
テム
【要旨】同じJava でもこれだけちがう。SI系Java
エンジニアが、はじめに知りたかったことを書
いたAndroid 開発ガイド。
2017.3 495p 24×19cm ¥2800 ⓘ978-4-7980-5021-8

◆**Java本格入門──モダンスタイルによる基礎か
らオブジェクト指向・実用ライブラリまで**　谷
本心, 阪本雄一郎, 岡田拓也, 秋葉誠, 村田賢一
郎著, Acroquest Technology監修　技術評論社
【要旨】誕生から20年を迎え、幅広い分野のプロ
グラミングに欠かせないJava の基礎から応用ま
でをしっかり解説。最新仕様に基づく文法から、
オブジェクト指向やデザインパターン、そして
ビルド、ドキュメンテーション、品質への配慮
などの話題もきちんとおさえました。
2017.5 447p 23×19cm ¥2980 ⓘ978-4-7741-8909-3

◆**JavaScript関数型プログラミング──複雑
性を抑える発想と実践法を学ぶ**　ルイス・アテ
ンシオ著, 加藤大雄訳　インプレス
【要旨】関数型思考を新たに身につけるのは一
筋縄ではいきません。本書では、この関数型思
考の実践を第1の目標にしています。関数型のメ
リットに触れながら、ECMAScript2015 (EC-
MAScript6) をベースに、実践テクニックを網
羅的かつ段階的に解説していきます。より現場
指向のテクニックとして、テスト最適化の手
法、非同期処理を扱う手法についても説明しま
す。一般的なテクニックに飽き足らず、より上
位レベルの技術の習得を目指すJavaScript プロ
グラマーに格好の一冊です。
2017.6 320p 24×19cm ¥3400 ⓘ978-4-295-00113-3

◆**JavaScriptではじめるプログラミング超
入門**　河西朝雄著　技術評論社　(かんたん
IT基礎講座)　(付属資料：別冊1)
【要旨】プログラミングを楽しもう。はじめてで
も大丈夫！ この1冊で基礎をしっかりマスター
できます！
2017.6 223p B5 ¥2340 ⓘ978-4-7741-8970-3

◆**JavaScriptの絵本──Webプログラミングを
始める新しい9つの扉**　アンク著　翔泳社
第2版

【要旨】Web ページを作るなら、JavaScript を使って便利でカッコよくしてみたいという人は多いのではないでしょうか。本書はHTML/CSSに始まり、JavaScript の基礎からオブジェクトの考え方までを解説しており、難しい概念も直観的にイメージができて理解が進みます。さあ、JavaScript の扉を開き、一歩先行くWeb デザイナーの道を進んでいきましょう！
2017.9 209p 23×19cm ¥1680 ①978-4-7981-5163-2

◆**JavaScript1年生―体験してわかる！会話でまなべる！プログラミングのしくみ** リブロワークス著 翔泳社
【要旨】基礎知識がわかる。基本文法をまなべる。開発体験ができる。ゼロから自分の手でWeb アプリが作れる！
2017.12 191p 23×19cm ¥1980 ①978-4-7981-5326-1

◆**RxJavaリアクティブプログラミング** 須田智之著 翔泳社（CodeZine BOOKS）
【要旨】本書は初めてRxJava を使用してリアクティブプログラムを行う人へ向けた入門書です。RxJava とはリアクティブプログラミングを行うためのJava のライブラリで、イベントなどを扱う非同期処理に適したプログラミング手法です。本書では初めてRxJava を使用してリアクティブプログラムを行う人が障壁なくRxJava を習得できるよう、リアクティブプログラミングの基礎から解説しています。またRxJava の使い方や仕組みについてサンプルを基に解説していきますので、無理なくRxJava の使い方を修得することができます。リアクティブプログラミングに興味のあるWeb エンジニアやプログラマーの方にオススメの1冊です。
2017.2 375p 24×19cm ¥3600 ①978-4-7981-4951-6

◆**Webアプリケーション構築** SCC出版局編 エスシーシー（Javaハイブルシリーズ）改訂版
【目次】Web サーバの構成要素、簡単なWeb アプリケーション、JSP、プログラム間のつながり、JavaBeans、JDBCドライバによるDB操作、ユーザ認証、システムの統合化、セキュリティ確保の実現、フールプルーフ、総合演習「つぶやきアプリ」、開発環境の準備、Tomcat ディレクトリ構造とアプリケーションのリリース
2017.3 381p 23×19cm ¥2800 ①978-4-88647-637-1

Perl

◆**Perlではじめるプログラミング超入門**
高橋順子著 技術評論社（かんたんIT基礎講座）（付属資料：別冊1）第2版
【要旨】プログラミングの経験がなくても大丈夫！この1冊でPerl の基礎をしっかりマスターできる！
2017.11 191p B5 ¥2380 ①978-4-7741-9263-5

コンピュータ関係試験

◆**アジャイル検定公式テキスト―アジャイルソフトウェア開発技術者検定試験 レベル1対応**
アジャイルソフトウェア開発技術者検定試験コンソーシアム著 リックテレコム
【目次】第1章 アジャイル開発の概要（アジャイル開発の特徴、アジャイル開発に必要なスキル）、第2章 アジャイル開発に対する基礎知識（アジャイルソフトウェア開発宣言、アジャイルソフトウェア開発の原則）、第3章 アジャイル開発におけるプロジェクト管理（アジャイル開発のメンバーの役割、アジャイル開発プロジェクトのチーム編成 ほか）、第4章 開発チームの運営（自律したアジャイルチーム、アジャイルチームの責任 ほか）、第5章 アジャイル開発の各種手法（ペアプログラミング、リファクタリング ほか）
2017.2 122p A5 ¥1800 ①978-4-86594-087-9

◆**ウェブ解析士認定試験公式テキスト2018** ウェブ解析士協会（WACA）カリキュラム委員会編 ウェブ解析士協会、新星出版社発売 第9版
【目次】第1章 ウェブ解析とは、第2章 事業分析、第3章 KPIと計画立案、第4章 ウェブ解析の設計、第5章 ウェブ解析基本用語の理解、第6章 流

入の解析、第7章 コンテンツの解析、第8章 ウェブ解析の提案とレポート
2017.12 314p 24×19cm ¥4000 ①978-4-405-13000-5

◆**改訂新版 徹底攻略LPIC Level3 303教科書＋問題集―Version2.0対応** 常泉茂雄, 菖蒲淳司著, 面和毅監修, ソキウス・ジャパン編 インプレス
【要旨】経験豊富なエキスパートが出題傾向を徹底分析。わかりやすく解説しています。試験範囲を網羅していますので、苦手分野も迷わずきちんと学習を進めることができます。演習問題で単元ごとに知識を定着。教科書で知識をインプットした直後に問題を解くことで、学習効果がアップ。本試験を意識した問題で構成されていますので、試験対策としても効果バツグンです。本番の試験と同レベルの模擬問題を2セット掲載。問題の雰囲気を体感しながら、弱点をチェック。時間配分や解答のコツも身に付けることができます。
2017.9 350p A5 ¥3400 ①978-4-295-00156-0

◆**完全対策 NTTコミュニケーションズ インターネット検定 .com Master BASIC問題＋総まとめ―公式テキスト第3版対応** 小林道夫監修 NTT出版
【要旨】本書は、.com Master BASICの公式テキスト第3版カリキュラムに準拠した学習内容で、NTTコミュニケーションズ提供の例題の分析結果を加味し、全体を41のテーマに分けることにより、学習効果が高く、計画的に受検対策を行うことができる構成をとっています。
2017.9 265p A5 ¥2600 ①978-4-7571-0378-8

◆**コンピュータ会計 応用テキスト 平成29年度版** 弥生編 弥生, 実教出版 発売 10版
【目次】第1章 個別論点と年次決算、第2章 会計データの新規作成（導入処理）、第3章 製造業における原価情報、第4章 予算管理と経営分析指標、第5章 収益（損益）情報分析と短期利益計画、第6章 短期利益計画と予算管理（進んだ学習）、第7章 資金の管理、第8章 基幹業務の管理システム
2017.2 277p A4 ¥2000 ①978-4-407-34284-0

◆**コンピュータ会計 応用問題集 平成29年度版** 弥生編 弥生, 実教出版 発売 10版
【目次】第1章 個別論点と年次決算、第2章 会計データの新規作成、第3章 製造業における原価情報、第4章 財務構造の分析、第5章 収益構造の分析、第6章 短期利益計画と予算管理、第7章 資金管理、第8章 基幹業務の管理システム
2017.2 249p A4 ¥1800 ①978-4-407-34285-2

◆**最短突破 Cisco CCNA Routing and Switching ICND2 合格教本―200 - 125J、200 - 105J対応** エディフィストラーニング著 技術評論社
【要旨】飽きずに読める、わかりやすい解説！豊富な解説図で、基礎からしっかり身に付く！練習問題で理解度をチェック！苦手な項目もこれで克服！v3.0試験に対応！合格の最短コース。CCNA（200 - 125J）については、ICND2（200 - 105J）の出題範囲に相当する内容のみ解説しています。
2017.5 687p A5 ¥3800 ①978-4-7741-8892-8

◆**情報検定 情報活用試験3級公式テキスト・問題集 2017年度版** 職業教育・キャリア教育財団監修 実教出版（付属資料：別冊1）
【目次】第1章 パソコンの基礎（情報とは、情報を収集するための検索方法、問題を解決するためには、パソコンの構成と仕組み、オペレーティングシステムとは、ファイルの管理）、第2章 インターネット（インターネットに接続するには、Web ページの閲覧について、電子メール（Eメール）について）、第3章 アプリケーションソフトの利用（日本語ワープロソフトの使い方、さまざまなアプリケーションソフト）、第4章 情報社会とコンピュータ（身近なコンピュータシステムと暮らし、情報社会の光と影）、第5章 情報モラル（情報社会と情報モラル、ネットワークの利用とエチケット）
2017.3 103p B5 ¥900 ①978-4-407-34156-0

◆**情報検定 情報活用試験2級公式テキスト 2017年度版** 職業教育・キャリア教育財団監修 実教出版（付属資料：別冊1）
【目次】第1章 情報の基礎（情報とは、コンピュータにおける情報の表現 ほか）、第2章 パソコンの基礎（コンピュータの種類と機能、周辺装置の種類と役割 ほか）、第3章 インターネット（インターネットとは、プロトコル ほか）、第4章 アプリケーションソフトの利用と活用（表計算ソフトの使い方、プレゼンテーションソフトの使

い方 ほか）、第5章 情報社会とコンピュータ（コンピュータネットワーク技術の進歩、社会の中のコンピュータシステム ほか）、第6章 情報モラルと情報セキュリティ（情報化社会の特徴と問題点、知的財産権と著作権 ほか）
2017.3 192p B5 ¥1500 ①978-4-407-34155-3

◆**情報検定 情報活用試験2級公式問題集 2017年度版** 職業教育・キャリア教育財団監修 実教出版（付属資料：別冊1）
2017.3 104p B5 ¥1200 ①978-4-407-34157-7

◆**情報処理安全確保支援士試験 午前 厳選問題集** 東京電機大学編 東京電機大学出版局
【要旨】弱点克服！合格への重点トレーニング。出題傾向と重点項目を完全網羅。チェックシートを利用して、効率よく学習ができる。分野別に掲載されているため、苦手分野を把握し、集中学習ができる。
2017.12 309p A5 ¥3200 ①978-4-501-55610-5

◆**情報セキュリティマネジメント試験 午前厳選問題集** 東京電機大学編 東京電機大学出版局
【要旨】弱点克服！合格への重点トレーニング。出題傾向と重点項目を完全網羅。チェックシートを利用して、効率よく学習ができる。分野別に掲載されているため、苦手分野を把握し、集中学習ができる。
2017.12 229p A5 ¥2800 ①978-4-501-55620-4

◆**全商情報処理検定模擬試験問題集 プログラミング1級 平成29年度版** 実教出版編修部編 実教出版（付属資料：別冊1）
【目次】用語解説（ハードウェア・ソフトウェアに関する知識、通信ネットワークに関する知識、情報モラルとセキュリティに関する知識、計算問題トレーニング、プログラミング部門関連知識）、流れ図とプログラム（流れ図の確認、プログラムの確認（Java 編）、プログラムの確認（マクロ言語編））、模擬試験問題、検定試験問題、直前check
2017.5 136p A4 ¥860 ①978-4-407-34145-4

◆**全商情報処理検定模擬試験問題集 プログラミング2級 平成29年度版** 実教出版編修部編 実教出版（付属資料：別冊1）
【目次】用語解説（ハードウェア・ソフトウェアに関する知識、通信ネットワークに関する知識、情報モラルとセキュリティに関する知識、プログラミング部門関連知識）、流れ図とプログラム（トレースの確認、流れ図の確認、プログラムの確認（Java 編）、プログラムの確認（マクロ言語編））、模擬試験問題、検定試験問題、直前check
2017.5 160p A4 ¥800 ①978-4-407-34146-1

◆**徹底解説 情報処理安全確保支援士本試験問題 2017秋** アイテックIT人材教育研究部編著 アイテック
【要旨】情報セキュリティスペシャリスト試験を継承。3期分の過去問題・解説を収録！
2017.7 1Vol. A5 ¥3400 ①978-4-86575-087-4

◆**徹底攻略Cisco CCENT/CCNA Routing & Switching問題集 ICND1編「100 - 105J」「200 - 125J」V3.0対応** ソキウス・ジャパン編著 インプレス
【目次】ネットワーク基礎、イーサネット、TCP / IP、IPv4アドレスとサブネット、Cisco IOSソフトウェアの操作、Catalyst スイッチの導入、Cisco ルータの導入、ルーティング基礎、VLANとVLAN間ルーティング、ACLアクセスリスト、ネットワーク間接続、RIPv2、ネットワークデバイスのセキュリティ、ネットワークデバイスの管理、IPv6の導入、総仕上げ問題、シムレット/シミュレーション問題
2017.4 638p A5 ¥2750 ①978-4-295-00104-1

◆**徹底攻略Cisco CCNA Routing & Switching教科書 ICND2編―「200 - 105J」「200 - 125J」V3.0対応** ソキウス・ジャパン編・著 インプレス
【要旨】基礎から実戦レベルまでよくわかる、元祖黒本「徹底攻略」教科書。
2017.2 893p A5 ¥4000 ①978-4-295-00068-6

◆**徹底攻略Cisco CCNA Routing & Switching問題集 ICND2編―"200 - 105J""200 - 125J"V3.0対応** ソキウス・ジャパン編著 インプレス
【要旨】紙面1回分＋PDF1回分、模擬問題2回分付き。徹底攻略スマホ問題集付き。
2017.9 606p A5 ¥2750 ①978-4-295-00231-4

情報・通信・コンピュータ

◆徹底攻略MCP問題集Windows10—70 - 698: Installing and Configuring Windows 10対応　新井慎太朗、国井傑著、ソキウス・ジャパン編　インプレス
【要旨】教科書を超える詳細解説付き問題集。模擬試験問題2回分収録。Windows 10 MCSA対応。　2017.6 422p A5 ¥3400 ①978-4-295-00130-0

◆ネットマーケティング検定過去問題集
サーティファイWeb利用・技術認定委員会編著（新潟）ウイネット、星雲社 発売
【要旨】第6回（平成27年2月実施）〜第9回（平成28年8月実施）の問題を収録。
2017.4 164p B5 ¥1900 ①978-4-434-23084-4

◆ポケットスタディ 情報処理安全確保支援士　村山直紀著　秀和システム
【要旨】午前＆午後対策で試験はバッチリ！ 得点の取りこぼしをなくす「鉄則」「要暗記」でそつなく勉強！ 小さいのに本格派。だから"すき間時間"でも効果的な学習！ プロ講師が教えるツボとコツ！ 減点を防ぐ、「もう1点」を可能にする記述試験のツボを伝授！ 出題・解答パターン集「速効サプリ」で午後問題を完全攻略！
2017.4 327p B6 ¥1500 ①978-4-7980-4931-1

◆ポケットスタディ 情報セキュリティマネジメント　小笠原種高著　秀和システム
【要旨】基礎知識とともに、関連性の高い周辺知識も丁寧に解説！ テクノロジ、マネジメント、ストラテジ系をバランスよく網羅！ 図解イラストを多数掲載。独学や初学者の理解力をアップ！ 効率的・効果的な学習をサポート！ 重要な用語をコンパクトに整理。合格力がすいすい身に付く！ 小さいのに本格派。だから"スキマ時間"でも効果的な学習！
2017.9 319p B6 ¥1400 ①978-4-7980-5220-5

◆モバイルシステム技術テキスト—MCPCモバイルシステム技術検定試験2級対応　モバイルコンピューティング推進コンソーシアム監修　リックテレコム　第7版
【要旨】モバイルからIoTまで基本技術を体系化！
2017.3 400p B5 ¥3600 ①978-4-86594-090-9

◆弥生検定（パソコン経理事務）中級・上級攻略テキスト＆問題集　横山隆志著　（大阪）弥生カレッジCMC出版、TAC出版 発売
【要旨】未経験から経理職への就職を目指して「簿記」の資格を取得したものの、実際に簿記の資格だけで仕事ができるのか、と不安を持つ方が多くいらっしゃいます。そんな方におすすめなのが、「弥生検定」。中小企業の2社に1社が使用している定番の「弥生会計」を学んで、実際の実務に使える能力を身につけましょう！ 本書では、知識問題で出題されやすい箇所を分かりやすく解説。操作問題についてはスムーズに解答していく裏ワザをご紹介しています。また、日常業務でよく使用する弥生会計の操作方法についてもポイントを絞って説明しているので、短時間で弥生会計を学習することができます。「/」キーで「000」を入力することなどの説明も満載。効率的な使い方をマスターして、弥生検定の合格、そして経理事務職にぜひ活かしてください！
2017.7 208p B5 ¥1500 ①978-4-8132-8217-4

◆ユーキャンのQC検定3級20日で完成！ 合格テキスト＆問題集　ユーキャンQC検定試験研究会編　ユーキャン学び出版、自由国民社 発売　（付属資料：別冊1; 赤シート1）
【要旨】合格に必要な重要ポイントに的を絞ったテキスト。イラスト・図表を豊富に使用したやさしく丁寧な解説。知識の定着に役立つ確認テスト＆総仕上げにぴったりな予想模試つき。直前期は穴埋め問題と用語集で最終チェック。
2017.12 271p A5 ¥1600 ①978-4-426-61023-4

◆よくわかるマスター Microsoft Office Specialist Microsoft PowerPoint 2016 対策テキスト＆問題集（FPT1620）
富士通エフ・オー・エム著・制作　FOM出版　（付属資料：CD - ROM1）
【要旨】出題範囲を100%網羅した解説とLesson（実習問題）で基礎力アップ！ MOS 2016の新しい試験形式「マルチプロジェクト」に対応した模擬試験プログラムで実戦力アップ！
2017.8 368p 29×21cm ¥2200 ①978-4-86510-322-9

◆よくわかるマスター Microsoft Office Specialist Microsoft Word 2016 Expert対策テキスト＆問題集

（FPT1702）富士通エフ・オー・エム著・制作　FOM出版
【要旨】この1冊で万全の試験対策！ 出題範囲を100%網羅した解説とLesson（実習問題）で基礎力アップ！ MOS 2016の新しい試験形式「マルチプロジェクト」に対応した模擬試験プログラムで実戦力アップ！
2017.9 318p 29×21cm ¥3000 ①978-4-86510-325-0

◆A＋テキスト　Vol.2　220 - 902対応
TAC IT講座編　TAC出版　（実務で役立つIT資格CompTIAシリーズ）
【要旨】初学者でもゼロから学べる。合格に必要な全知識をわかりやすく解説。資格の学校TACのオリジナル教材。
2017.2 366p 24×19cm ¥3500 ①978-4-8132-7127-7

◆A＋問題集　Vol.2　220 - 902対応
TAC IT講座編　TAC出版　（実務で役立つIT資格CompTIAシリーズ）
【要旨】初学者でもゼロから学べる。合格に必要な全知識をまとめて確認。資格の学校TACのオリジナル教材。
2017.2 157p A5 ¥2500 ①978-4-8132-7129-1

◆CCENT/CCNA Routing and Switching ICND1編 v3.0テキスト＆問題集—「対応試験」100 - 105J/200 - 125J
システムアーキテクチュアナレッジ、中道賢編著　翔泳社　（シスコ技術者認定教科書）
【要旨】IT技術専門スクールの講師陣による書き下ろし。独学で合格を目指す人でも無理なく学べるよう、わかりやすく丁寧に解説しています。節末に掲載した「確認問題」に加え、巻末に模擬試験を2回分収録し、この1冊で十分合格を目指せる質と量の問題を用意しています。本書は「テーマ解説」→「コマンド解説」→「実機の操作例」という3ステップで進んでいきます。豊富な事例を掲載し出力結果についても詳しく説明しているので、実機がない人でも安心して学習できます。
2017.1 535p A5 ¥3800 ①978-4-7981-5013-0

◆CCNA Routing and Switching ICND2編 v3.0テキスト＆問題集（対応試験）200 - 105J/200 - 125J　中道賢著　翔泳社　（シスコ技術者認定教科書）
【要旨】IT技術専門スクールの講師陣による書き下ろし。独学で合格を目指す人でも無理なく学べるよう、わかりやすく丁寧に解説しています。章末に掲載した「確認問題」に加え、巻末に模擬試験を2回分収録し、この1冊で十分合格を目指せる質と量の問題を用意しています。本書は「テーマ解説」→「コマンド解説」→「実機の操作例」という3ステップで進んでいきます。豊富な事例を掲載し出力結果についても詳しく説明しているので、実機がない人でも安心して学習できます。
2017.5 589p A5 ¥3800 ①978-4-7981-5014-7

◆HTML5プロフェッショナル認定試験レベル2対策テキスト＆問題集Ver2.0対応版
右寺隆信、立川敬行、山下英之、小塚央、石井博幸著　マイナビ出版
【目次】1 速習JavaScript入門（今、JavaScriptを学ぶ意義、学習・開発に必要なものの準備 ほか）、2 JavaScriptの文法（JavaScriptとは、変数と型 ほか）、3 WebブラウザによるJavaScript API（イベント、ドキュメントオブジェクト/DOM ほか）、4 さまざまなHTML5関連API（グラフィックス・アニメーション、メディア要素のAPI ほか）
2017.8 335p 24×19cm ¥3580 ①978-4-8399-6303-3

◆IoT技術テキスト 基礎編—"MCPC IoTシステム技術検定基礎対応" 公式ガイド　岡崎正一監修　インプレス
【要旨】IoTシステム技術検定（基礎）に対応！ 出題カテゴリに準拠。試験の対象分野全般をカバー。受検者に最適なIoT技術入門書。MCPC公式テキスト。IoTの基礎から、実務に直結した知識を体系的に理解し、企画、構築、運用ができるIoTエンジニアになろう！
2017.10 223p A5 ¥2500 ①978-4-295-00246-8

◆ITILファンデーションテキスト シラバス2011対応　TAC IT講座編　TAC出版　（実務で役立つIT資格シリーズ）
【要旨】本試験対応の実戦知識（基礎的フレームワーク、基本用語）をスッキリ！ バッチリ！ スピードマスター！
2017.12 340p 24×19cm ¥3000 ①978-4-8132-7581-7

◆JAGAT DTPエキスパート認証試験スーパーカリキュラム 第12版準拠　野尻研一著　マイナビ出版
【要旨】カリキュラム解説＋練習問題で試験対策は完璧！ 公式模擬試験問題付き。
2017.2 308, 48p 25×17cm ¥4500 ①978-4-8399-6235-7

◆LPICレベル2スピードマスター問題集 Version4.5対応　大竹龍史著　翔泳社　（Linux教科書）
【要旨】最新試験バージョン、Ver4.5に完全対応。LPIの厳正な審査に合格した認定教材。解くだけでみるみる合格力がつく分野別問題＋模擬試験各1回分＝496問を掲載。LPIアカデミック認定校講師による丁寧な解説。問題→解説の順にテンポよく読み進められる。問題の重要度がひと目でわかるアイコン付き。
2017.10 525p A5 ¥3000 ①978-4-7981-5123-6

◆MOS攻略問題集 PowerPoint 2016　市川洋子著　日経BP社、日経BPマーケティング 発売　（付属資料：DVD・ROM1）
【要旨】出題範囲を完全網羅！ 復習機能を備えた模擬テスト付属。
2017.7 346p 29×22cm ¥2000 ①978-4-8222-5316-5

◆MOS攻略問題集 Word2016　佐藤薫著　日経BP社、日経BPマーケティング 発売　（付属資料：DVD1）
【目次】第1章 文書の作成と管理（文書を作成する、文書内を移動する、文書の書式を設定する、文書のオプションと表示をカスタマイズする、文書を印刷する、保存する）、第2章 文字、段落、セクションの書式設定（文字列や段落を挿入する、文字列や段落の書式を設定する、文字列や段落を並べ替える、グループ化する）、第3章 表やリストの作成（表を作成する、表を変更する、リストを作成する、変更する）、第4章 参考資料の作成と管理（参照のための情報や記号を作成する、管理する、標準の参考資料を作成する、管理する）、第5章 グラフィック要素の挿入と書式設定（グラフィック要素を挿入する、グラフィック要素を書式設定する、SmartArtを挿入する、書式設定する）
2017.5 318p 29×22cm ¥1800 ①978-4-8222-5314-1

◆MOS攻略問題集 Word 2016エキスパート　佐藤薫著　日経BP社、日経BPマーケティング 発売　（付属資料：CD - ROM1）
【要旨】出題範囲を完全網羅！ 復習機能を備えた模擬テスト付属。
2017.11 250p 28×22cm ¥2900 ①978-4-8222-5332-5

◆NTTコミュニケーションズインターネット検定 .com Master BASIC公式テキスト　NTTコミュニケーションズ著　NTTコミュニケーションズ、NTT出版 発売　第3版
【目次】第1章 インターネットの利用（インターネットとは、SNS）、第2章 情報機器の使いこなし（情報機器の仕組み、ソフトウェア、情報機器の機能と操作）、第3章 インターネット利用のための技術とモラル（インターネットの仕組みと接続方法、Web ブラウザと電子メールの利用、インターネット社会と情報システム、インターネットの安全な利用）、第4章 インターネットをとりまく法律（知的財産権にかかわる法律、インターネット社会の法律）
2017.4 243p B5 ¥2000 ①978-4-7571-0371-9

◆Ruby技術者認定試験合格教本（Silver/Gold対応）Ruby公式資格教科書　前田修吾、CTCテクノロジ監修、牧俊男、小川伸一郎著　技術評論社　改訂2版
【要旨】Ruby Programmer version 2.1対応、公式資格教科書！ Rubyへの理解を深める詳細解説、豊富なサンプルコード。Silver / Gold 両試験の事前対策に最適！ 模擬試験・演習問題160問収録！
2017.9 523p A5 ¥3600 ①978-4-7741-9194-2

◆Windows10—試験番号：70 - 697　甲田章子著　翔泳社　（MCP教科書）
【要旨】本書は、「MCSA：Windows10」の2つの試験のうちのひとつである「Windows10 Configuring Windows Devices（70 - 697）」の対策書です。この試験では、Windows10のID、データアクセスと保護、リモートアクセス、アプリ、更新と回復の管理およびネットワークや記憶域の構成についてのスキルと知識を評価します。本書は、赤本（MCP教科書）でおなじみのエディフィストラーニング。多くの受講生を合格へと導いた経験を活かし、試験

に必要な知識を図解などを交えて、わかりやすく的確に解説しています。また、各章末にある練習問題に加え、巻末には模擬試験も収録、確実に実力がつきます。

2017.6 553p A5 ¥3980 ①978-4-7981-4895-3

◆Windows10（試験番号：70‐697）スピードマスター問題集　富士通ラーニングメディア，岡崎佑治，今井敏裕著　翔泳社（MCP教科書）
【要旨】分野別問題＋模擬試験1回分＝249問を掲載。問題の重要度がひと目で分かるアイコン付。

2017.3 325p A5 ¥3200 ①978-4-7981-4967-7

 ## 情報処理技術者

◆応用情報・高度共通午前試験対策　2018　アイテックIT人材教育研究部編著　アイテック
【目次】第1部 本書の学習方法と試験のポイント（本書の学習方法、応用情報・高度午前（I）試験のポイント）、第2部 午前試験の出題ポイント（基礎理論、コンピュータ構成要素、システム構成要素、ソフトウェア、ヒューマンインターフェースとマルチメディア、データベース、ネットワーク、セキュリティ、開発技術、ITマネジメント、ITストラテジ）

2017.10 663p A5 ¥2700 ①978-4-86575-111-6

◆共通午前1対策 合格テキスト＆トレーニング　2018年度版　―情報処理技術者・情報処理安全確保支援士試験対策　TAC情報処理講座編著　TAC出版
【目次】テクノロジ系（基礎理論、コンピュータシステム、技術要素 ほか）、マネジメント系（プロジェクトマネジメント、サービスマネジメント）、ストラテジ系（システム戦略、経営戦略、企業と法務）

2017.8 368p B5 ¥1800 ①978-4-8132-7166-6

◆極選分析情報処理安全確保支援士予想問題集　アイテックIT人材教育研究部編著　アイテック　第2版
【要旨】徹底的な分析による、極上の、選び抜かれた問題集!!試験対策のプロITECがこだわり抜いた、試験合格へと導く珠玉の1冊！

2018.1 497p A5 ¥3200 ①978-4-86575-117-8

◆高度試験午前1・2　2018年版　松原敬二著　翔泳社（情報処理教科書）
【要旨】春期・秋期試験の午前1と午前2の両方の対策が行える。よく出る問題を選んで掲載しているので、無駄なく効率よく学べる。問題の背景となる知識も解説しているので、類似問題にも対応できる。高度試験の午前の出題範囲すべてをカバーしているので、他試験から再出題される可能性がある問題をチェックできる。試験区分とレベルを明示してあるので、自分に必要な問題が一目でわかる。読みやすく機能的な2色刷り。赤いシートで暗記できているかどうかチェックできる。応用情報技術者の午前対策にも活用できる。

2017.9 601p A5 ¥2880 ①978-4-7981-5347-6

◆情報処理安全確保支援士　2018年版　上原孝之著　翔泳社（情報処理教科書）
【要旨】幅広い出題範囲をやさしく解説。充実のテキスト量で抜群の用語網羅率。節ごとに問題を掲載しているため、実際の試験形式で理解度を確認できる。新SC試験の傾向をきっちり分析。旧ISC試験を含む平成25年度秋期まで、すべての解答解説をWebにて提供。平成30年度春期試験までフォロー。チェックシートで直前の総仕上げもバッチリOK。2色刷りで読みやすい紙面。

2017.11 749p A5 ¥2880 ①978-4-7981-5418-3

◆情報処理安全確保支援士合格教本　平成30年度春期・秋期　岡嶋裕史著　技術評論社（付属資料：別冊1；CD‐ROM1）　第2版
【要旨】平成29年4月スタート！ 登録制新試験の出題範囲を完全網羅！ 午後問題対策が充実！ 自分で解答を導く応用力が着実に身につく！

2017.12 679p A5 ¥2880 ①978-4-7741-9316-8

◆情報処理安全確保支援士 合格テキスト　2018年度版　TAC情報処理講座編著　TAC出版
【要旨】試験合格のための必携教材。「旧ISC試験」に加え、「第1回支援士試験」の出題傾向も徹底分析！ 事例でわかる！ 具体的な攻撃方法を豊

富に事例として示して解説してあります。効率学習のための豊富な機能！ 5秒チェック!!・重度アイコン・キーワード・リンク参照・確認問題など。

2017.8 589p A5 ¥2800 ①978-4-8132-7167-3

◆情報処理安全確保支援士 合格トレーニング　2018年度版　TAC情報処理講座編著　TAC出版
【要旨】試験合格のための必携問題集。「旧ISC試験」に加え、「第1回支援士試験」の出題傾向も徹底分析！ ステップアップ式演習で効率よく学習。四肢択一式問題：支援士試験のほか、SC・NW試験の過去問・オリジナル問題も収録。記述式問題：丁寧な解説で専門知識を深める。

2017.8 465p A5 ¥2600 ①978-4-8132-7168-0

◆情報処理安全確保支援士「専門知識＋午後問題」の重点対策　2018　三好康之著　アイテック
【要旨】第1回目の情報処理安全確保支援士試験、そのベースとなった情報セキュリティスペシャリスト試験を分析し、重要セキュリティ分野を解説しました。各章の冒頭に重要度が分かる出現率を掲載。各章の学習方法にあるCheck Boxを使いながら学習手順を把握。覚えなくてはならない用語を暗記事項として整理。合格のためのテクニックが満載。過去問題の有効活用で実力アップ。厳選した午後問題、解答用紙、解答解説を章末に収録。配点を確認しながら、すぐに自己採点が可能。第2部で午前の知識を確認した後は、アイテックのHPからダウンロードした午前問題で演習可能。

2017.10 597p A5 ¥3700 ①978-4-86575-113-0

◆情報処理安全確保支援士パーフェクトラーニング過去問題集　平成29年度秋期　エディフィストラーニング著　技術評論社　第2版
【要旨】情報処理安全確保支援士＆情報セキュリティスペシャリストの過去問題を詳細解説付きで収録！ 理解を深める重要用語解説を豊富に収録！ 2017.6 399p B5 ¥2980 ①978-4-7741-9055-6

◆情報処理安全確保支援士パーフェクトラーニング過去問題集　平成30年度春期　エディフィストラーニング著　技術評論社　第3版
【要旨】情報処理安全確保支援士＆情報セキュリティスペシャリストの過去問題を詳細解説付きで収録！ 紙面4回とPDF14回で18回分の問題に挑戦。理解を深める重要用語解説を豊富に収録！ 午前1対策、専門“外”分野が意外な落とし穴。用語集と18回分の解説で対策も万全！ 午前1・2の出題回数、問題には平成21年度春期からの出題回数を表記。類似問題がすぐにわかる！ 掘り下げた解説や図解で理解力アップ！ 重要用語、関連情報も充実。内容が把握しやすく、長文の要点が素早くつかめる！ 模擬試験として使える！ マークシート＆記述式答案用紙付き。重要用語の解説、該当問題の検索が容易にできる索引付き。

2017.12 399p B5 ¥2980 ①978-4-7741-9319-6

◆情報処理試験の計算問題がちゃんと解ける本　坂下夕里著　翔泳社（情報処理教科書）第2版
【要旨】鉄板問題を切り捨てるのはもったいない。計算問題＝得点問題がスラスラ解ける。苦手を得意に変えて、今度こそ絶対合格。

2017.7 307p A5 ¥1800 ①978-4-7981-5197-7

◆情報セキュリティマネジメント合格教本　平成30年度春期・秋期　岡嶋裕史著　技術評論社（付属資料：CD‐ROM1）　第3版
【要旨】まぎらわしい用語対策が充実！ わかりやすいイラストで、セキュリティ用語の特徴をすばやくつかめる。

2017.12 431p A5 ¥1880 ①978-4-7741-9329-8

◆情報セキュリティマネジメントパーフェクトラーニング過去問題集　平成29年度秋期　庄司勝哉，吉川允樹著　技術評論社　第3版
【要旨】出題テーマの重要知識と、問題の選択肢の分析で、知識と解き方が同時に身につく。豊富な図解で入門者にもやさしくよく分かる。左ページに問題、右ページに解説の見開き構成で学習しやすい！ 模擬試験に使えるマークシート式答案用紙付き。重要用語の解説、関連問題がすぐに見つかる索引付き！ これまでに行われた3回分の試験だけでなく、予想問題も収録しているからしっかり演習できる。

2017.6 326p B5 ¥1480 ①978-4-7741-9054-9

◆情報セキュリティマネジメントパーフェクトラーニング過去問題集　平成30年度春期　庄司勝哉，吉川允樹著　技術評論社（付属資料：別冊1）　第4版
【要旨】出題テーマの重要知識と、問題の選択肢の分析で、知識と解き方が同時に身につく。豊富な図解で入門者にもやさしく分かる。左ページに問題、右ページに解説の見開き構成で学習しやすい！ 模擬試験に使えるマークシート式答案用紙付き。重要用語の解説、関連問題がすぐに見つかる索引付き！

2017.12 334p B5 ¥1480 ①978-4-7741-9330-4

◆セキュリティ技術の教科書―情報処理安全確保支援士試験　長嶋仁著　アイテック
【要旨】この1冊で、情報セキュリティ技術の知識を深める！ 情報セキュリティ分野の教育経験豊富な著者が執筆。技術分野ごとに知識事項を分かりやすく解説。知識確認用に「例題演習」問題を掲載。

2017.6 415p B5 ¥4200 ①978-4-86575-096-6

◆絶対わかる情報処理安全確保支援士　2017年春版　山崎圭吾，濱野谷芳枝，八木美智子，佐宗万祐子著　日経BP社，日経BPマーケティング 発売
【要旨】情報セキュリティスペシャリスト試験平成28年秋問題のいちばん詳しい解説。

2017.2 287p A5 ¥2500 ①978-4-8222-3926-8

◆絶対わかる情報処理安全確保支援士　2017年秋版　山崎圭吾，佐宗万祐子，八木美智子，濱野谷芳枝著　日経BP社，日経BPマーケティング 発売
【要旨】本書は、情報処理推進機構（IPA）が実施する「情報処理安全確保支援士試験」の受験対策本です。情報処理安全確保支援士試験の過去問題を最も詳しく解説しています。平成29年春に実施された情報処理安全確保支援士試験の午前2、午後1・2の全問題を扱っています。

2017.8 285p A5 ¥2500 ①978-4-8222-5949-5

◆徹底解説 情報処理安全確保支援士 本試験問題　2017春　アイテックIT人材教育研究部編著　アイテック
【要旨】情報セキュリティスペシャリスト試験を継承。3期分の過去問題・解説を収録！ 収録問題の解答シート、未収録の問題・解説のダウンロードサービス付き。

2017.12 1Vol. A5 ¥3400 ①978-4-86575-081-2

◆徹底攻略 情報処理安全確保支援士教科書　瀬戸美月，齋藤健一著　インプレス
【要旨】新試験完全対応！ 基礎から最新技術まで重要ポイントを網羅。平成29年の春・秋試験過去問題解説付き。

2017.7 630p A5 ¥2880 ①978-4-295-00202-4

◆徹底攻略 情報セキュリティマネジメント過去問題集　平成29年度秋期　五十嵐聡著　インプレス
【要旨】詳細で的確！ ベテラン講師が全問解説。過去問3回＋模擬問題3回。

2017.6 351p B5 ¥1480 ①978-4-295-00132-4

◆徹底攻略 情報セキュリティマネジメント過去問題集　平成30年度春期　五十嵐聡著　インプレス
【要旨】出題頻度アイコン追加！ ベテラン講師が1問ごとにていねいに解説。問題と解説が一目で確認できるので学習を進めやすい！ 解くための重要ポイントがわかる「攻略のカギ」付き！

2017.12 375p B5 ¥1480 ①978-4-295-00283-3

◆徹底攻略 情報セキュリティマネジメント教科書　平成30年度　瀬戸美月，齋藤健一著　インプレス
【要旨】演習問題を豊富に挟む構成と随所に登場するヒントで合格に必要な知識が定着しやすい！ 出題頻度マークを追加！ わく☆スタAIで徹底分析。過去問題5回付き。

2017.12 534p A5 ¥1780 ①978-4-295-00289-5

◆出るとこだけ！ 情報セキュリティマネジメント　2018年版　橋本祐史著　翔泳社（情報処理教科書）
【要旨】厳選した用語の解説と過去問題で効率よく学習！ 最新分も含め、過去問題を4回分掲載！ 午後問題対策も充実。解答の導き方がよくわかる！

2017.11 387p A5 ¥1780 ①978-4-7981-5416-9

◆ニュースペックテキスト基本情報技術者　平成30年度版　TAC情報処理講座編著　TAC出版
【要旨】必須問題「情報セキュリティ」「データ構造とアルゴリズム」、本書ならではの「表計算」問題対策まで、午後試験対策を大幅強化。
2017.12 597p A5 ¥1800 ①978-4-8132-7456-8

◆ニュースペックテキスト情報セキュリティマネジメント　平成30年度版　TAC情報処理講座編著　TAC出版
【要旨】学習支援機能をわんさか搭載！テキスト本文、側注、演習問題etc 全面的に最新の出題傾向をダイレクトに反映!!はじめてでも合格できる基本テキストの決定版がさらにパワーアップ。2017.10 385p A5 ¥1800 ①978-4-8132-7237-3

◆要点解釈 情報処理安全確保支援士　IT資格研究チーム編　オーム社
【要旨】情報処理安全確保支援士試験合格には、多肢にわたる知識が必要です。本書は、関連試験問題や最近のセキュリティの話題を分析し、本試験合格に焦点を合わせたものです。特定分野に特化しがちな実務者のみならずセキュリティ初学者に対しても、短時間で幅広い知識の定着が図れるよう考案した短い問題文（555問）とコンパクトな解説が特長です。
2017.2 262p A5 ¥2000 ①978-4-274-50651-2

◆要点早わかり 情報処理安全確保支援士ポケット攻略本　岡嶋裕史著　技術評論社
【要旨】合格に必要な重要事項を厳選。問題の攻略を通して得点・理解が進む。覚えるためのコツなど受験テクニックも満載。携帯しやすいポケットサイズ。
2017.2 351p B6 ¥1680 ①978-4-7741-8506-4

◆読めば合格！ 情報セキュリティマネジメント　粕淵卓著，森マサコマンガ　日経BP社，日経BPマーケティング 発売
【要旨】情報セキュリティマネジメント試験とは、業務で個人情報を取り扱ったり、部署の情報管理を担当したりする人に向けた国家資格です。セキュリティ技術者向けではなく、ユーザー向けの試験なので、高度な知識を持たなくても合格できます。本書は、予備知識がない方でも合格できるように、マンガや丁寧な解説を掲載した情報セキュリティマネジメント試験の教科書です。2017.12 415p A5 ¥1800 ①978-4-8222-5830-6

 ＩＴパスポート

◆1回で受かる！ ITパスポート合格テキスト　'18年版　藤川美香子著　成美堂出版（付属資料：別冊1；赤シート1）
【要旨】本試験で出題される3分野、ストラテジ系（経営全般）、マネジメント系（IT管理）、テクノロジ系（IT技術）に分かれた章立てになっているので、苦手分野のみ集中的に学習するといった使い方ができます。各章ごとに実力確認問題と用語整理問題を収録。覚えたことのチェックができます。巻末には総仕上げとして模擬試験を収録しています。本冊に「暗記POINT」として掲載した、試験に出る図表や用語をコンパクトな別冊にまとめました。赤シートで隠しながらラクラク覚えられます。
2018.1 335p A5 ¥1500 ①978-4-415-22630-9

◆イッキ！にわかる ITパスポート テキスト＆問題演習　平成29年度版　TAC出版処理講座編著　TAC出版（付属資料：赤シート1）
【要旨】「イッキ！にわかる」豊富な図と表に加えて、イッキ！に覚えるセットで覚えるなど、各種アイコンで重要用語の覚え方をナビゲートします。セクションごとに問題演習が付き、インプットからアウトプットまで、区切りよく学習できます。いま学習したばかりの知識が本試験ではどう出題されるのか、もすぐにわかる構成です。付録の赤シートは、問題演習の答えやヒントを隠せるのはもちろん、テキストの重要用語を隠すことで「一問一答演習」としても利用可能一問丸ごと活用できる工夫を凝らしました。2017.3 317p A5 ¥1500 ①978-4-8132-7050-8

◆かんたん合格ITパスポート過去問題集—平成29年度秋期CBT対応　間久保恭子著　インプレス

◆かんたん合格 ITパスポート過去問題集　平成30年度春期　間久保恭子著　インプレス
【要旨】合格力に差がつく3ステップ構成。分野別頻出問題274問＋過去問5回分（PDF3回分含む）。2017.12 367p B5 ¥1180 ①978-4-295-00274-1

◆かんたん合格 ITパスポート教科書　平成30年度　坂下夕里，ラーニング編集部著　インプレス
【目次】第1章 ハードウェア、第2章 ソフトウェア、第3章 コンピュータで扱うデータ、第4章 データベース、第5章 ネットワーク、第6章 セキュリティ、第7章 システムの導入、第8章 システム開発とプロジェクトマネジメント、第9章 企業活動とITの活用、第10章 法務と財務

◆キタミ式イラストIT塾 ITパスポート 平成30年度　きたみりゅうじ著　技術評論社　第9版
【要旨】目で見てわかるから理解できる。だから合格できる！「このように出題されています」を各節末に過去試験問題と解説を収録。
2018.1 463p A5 ¥1580 ①978-4-7741-9348-9

◆詳解ITパスポート過去問題集　'18年版　滝口直樹著　成美堂出版（付属資料：別冊1）
【要旨】本試験5回分、500問を詳しい解説とともに収録。繰り返し出題される傾向のある問題が一目でわかるマーク付き。本試験に向けた問題演習に最適の1冊です。
2018.1 190p A5 ¥1100 ①978-4-415-22631-6

◆スピードマスター ITパスポート試験テキスト＆問題集　ITパスポート試験教育研究会編　実教出版（付属資料：別冊1）　四訂版
【要旨】経済産業省ITパスポート試験のシラバスに証拠。要点理解から問題演習まで一気にできるテキスト＆問題集。学ぶポイントのまとめ→解説→練習問題→確認問題→模擬問題。収録問題総数524題。模擬問題を巻末に収録（1回分100題）。
2017.3 258p B5 ¥1500 ①978-4-407-34169-0

◆出るとこだけ！ ITパスポート　2018年版　城田比佐子著　翔泳社（情報処理教科書）
【要旨】過去問を徹底分析。頻出項目のみ解説！テキスト＆問題集だから、この1冊でOK！ やさしい解説で、初学者でもよくわかる！
2017.11 301p A5 ¥1580 ①978-4-7981-5415-2

◆得点アップ ITパスポートトレーニング問題集　資格の大原情報処理講座編　大原出版　改訂3版
【要旨】テーマごとに問題を掲載！ 充実の問題数合計903問を収録（過去問題＋上位試験過去問）。合格に必要な試験範囲を網羅。
2017.10 519p A5 ¥1750 ①978-4-86486-517-3

◆はじめてのITパスポート合格テキスト＆例題　資格の大原情報処理講座編　大原出版　改訂3版
【要旨】テーマごとに例題を掲載！ 合計283問。合格に必要な試験範囲を網羅。出題頻度付きで優先度がわかる！
2017.10 487p A5 ¥1750 ①978-4-86486-516-6

◆80テーマで要点整理 ITパスポートのよくわかる教科書　平成29年度　福嶋宏訓著，原山麻美子編著　技術評論社（付属資料：別冊1）　第9版
【要旨】直前対策に最適！ 見開き1テーマですする短期集中トレーニング。
2017.2 191p B5 ¥1280 ①978-4-7741-8526-2

◆80テーマで要点整理 ITパスポートのよくわかる教科書　平成30年度　福嶋宏訓著，原山麻美子編著　技術評論社（付属資料：別冊1）　第10版
【目次】1 ストラテジ系（企業活動、法務、経営戦略、ビジネスインダストリ、システム戦略、システム企画）、2 マネジメント系（開発技術、プロジェクトマネジメント、サービスマネジメント、システム監査）、3 テクノロジ系基礎理論（基礎理論、アルゴリズムとプログラミング）、4 テクノロジ系応用技術（コンピュータ構成要素、システム構成要素、ソフトウェア、ハードウェア）、5 テクノロジ系技術要素（ヒューマンインタフェース、データベース、ネットワー

ク、セキュリティ）
2018.1 191p B5 ¥1280 ①978-4-7741-9343-4

◆パブロフくんと学ぶITパスポート　よせだあつこ著　中央経済社，中央経済グループパブリッシング 発売
【要旨】文系やIT初心者にとって馴染みのない専門用語もわかりやすい！ 豊富なイラストで見たことがないモノもイメージしやすい！ 各チャプターのマンガでビジネスシーンをシミュレーションできる！
2017.3 309p A5 ¥1680 ①978-4-502-21581-0

◆ITパスポート合格教本　平成30年度　岡嶋裕史著　技術評論社（付属資料：CD-ROM1）　第10版
【要旨】豊富なイラストで理解しやすい紙面構成。軽妙な語り口で飽きさせない解説。試験直前にも役立つ「重要用語ランキング」。節末問題で記憶を強化。比率が増えた情報セキュリティ分野も充実。
2017.12 383p A5 ¥1580 ①978-4-7741-9323-6

◆ITパスポート最速合格術—1000点満点を獲得した勉強法の秘密　西俊明著　技術評論社　改訂3版
【要旨】予備知識ゼロから24時間で合格レベルまでステップアップ！ 最新シラバスに対応！ 出題傾向に合わせて充実改訂。
2017.2 318p A5 ¥1480 ①978-4-7741-8525-5

◆ITパスポート試験 厳選問題集　東京電機大学編　東京電機大学出版局
【要旨】弱点克服！ 合格への重点トレーニング。出題傾向と重点項目を完全網羅。チェックシートを利用して、効率よく学習ができる。分野別に掲載されているため、苦手分野を把握し、集中学習ができる。CBT対応。
2017.12 213p A5 ¥2600 ①978-4-501-55580-1

◆ITパスポート試験問題集　平成29年度版　ITパスポート試験教育研究会編　実教出版
【要旨】経済産業省ITパスポート試験のシラバスに準拠。総収録問題数1464題（模擬問題含む）。計算・重要用語の確認問題を節ごとに用意。模擬問題を巻末に収録（1回分100題）。
2017.3 344p B5 ¥1600 ①978-4-407-34154-6

◆ITパスポートパーフェクトラーニング過去問題集　平成29年度下半期　五十嵐聡著　技術評論社（付属資料：別冊1）　第17版
【要旨】紙面5回とPDF13回で18回分の問題に挑戦。ベテラン講師の解説でわかりやすいと大好評!!　2017.6 287p B5 ¥1180 ①978-4-7741-9051-8

◆ITパスポートパーフェクトラーニング過去問題集　平成30年度上半期　五十嵐聡著　技術評論社（付属資料：別冊1）　第18版
【要旨】ベテラン講師の解説でわかりやすいと大好評!!不正解の選択肢も詳細に説明。問題と解説が見開きで読みやすい。
2017.12 287p B5 ¥1180 ①978-4-7741-9326-7

 基本情報技術者

◆1回で受かる！ 基本情報技術者合格テキスト　'18年版　原寿雄著　成美堂出版（付属資料：別冊1；赤シート1）
【要旨】IPA公表のシラバスに完全準拠し、最新の出題傾向を徹底研究！ 重要な項目を要領よくマスターできます。各章ごとに、本試験形式の実力確認問題を収録。問題を解くためのポイント、解法をていねいに解説しています。巻末には総仕上げ用の演習問題を収録しています。本冊に「暗記POINT」として掲載した、試験に出る用語、図表などをコンパクトな別冊にまとめました。赤シートで隠しながらラクラク覚えられます。
2018.1 597p A5 ¥1500 ①978-4-415-22632-3

◆うかる！ 基本情報技術者「午後・アルゴリズム編」—福嶋先生の集中ゼミ　2018年版　福嶋宏訓著　日本経済新聞出版社
【要旨】文系・初学者のキャラクターと先生のやりとりで講義が進みます。イメージしやすい「自動販売機」や「じゃんけん」の例で解説。擬似言語問題の攻略法、よく出るパターンも紹介しています。練習問題も多数収録しています。過去18回分の擬似言語問題解説動画付き。
2017.11 386p A5 ¥1800 ①978-4-532-40941-8

◆うかる！ 基本情報技術者「午前編」—福嶋先生の集中ゼミ 2018年版　福嶋宏訓著　日本経済新聞出版社
【要旨】文系・初学者のキャラクターと先生のやりとりで講義が進みます。初学者が間違えやすい計算パターンでは、あえて失敗例を紹介。1単元4ページ、学習スケジュールにあわせて使いやすい構成です。解き方のテクニックや覚え方の語呂合わせも紹介しています。過去10回分（全800問）の解説動画付き。
　　　　2017.11 415p A5 ¥1600 ①978-4-532-40940-1

◆栢木先生のITパスポート教室　平成30年度 —イメージ＆クレバー方式でよくわかる　栢木厚著　技術評論社　第10版
【要旨】内容に関連した、なごみイラストで頭をほぐしてからスタート。各節を短めに構成し、細切れ時間を有効活用できる。広い範囲から試験に出るところだけを解説。例え話でイメージしやすい。役立つ豆知識記事もたくさん。「AとくればB」方式で重要ポイントをひとまとめ。頭の整理がしやすい。覚えた知識をすぐ使うから、記憶が定着しやすく応用力がつく。最新の試験問題を多数収録。
　　　　2017.12 381p A5 ¥1580 ①978-4-7741-9324-3

◆栢木先生のITパスポート教室準拠書き込み式ドリル　平成30年度　栢木厚監修, 技術評論社編集部著　技術評論社　第8版
【要旨】重要ポイントをピックアップ済みなので、書き込むだけでまとめ集が仕上がる。1ステップずつ書き込んで進めるやさしいプチ問題で基礎力を養成。「攻略法」「知っ得情報」など、役に立つ記事も満載。「ITパスポート教室」と重複しない過去問題を掲載。効率よく得点力を高められる。
　　　　2017.12 143p A5 ¥1280 ①978-4-7741-9325-0

◆かんたん合格 基本情報技術者過去問題集 平成29年度秋期　ノマド・ワークス著　インプレス
【要旨】合格力に差がつく3ステップ構成。計13回分、紙面で4回＋PDFで9回。必見！ これが出る！ →「出る順キーワードBEST」を収録。
　　　　2017.6 551p B5 ¥1480 ①978-4-295-00117-1

◆かんたん合格 基本情報技術者過去問題集 平成30年度春期　ノマド・ワークス著　インプレス
【要旨】合格力に差がつく3ステップ構成。計14回分、紙面で4回＋PDFで10回。
　　　　2017.12 559p B5 ¥1480 ①978-4-295-00272-7

◆かんたん合格 基本情報技術者教科書　平成30年度　五十嵐順子, ラーニング編集部著　インプレス
【目次】第1章 ハードウェア、第2章 ソフトウェア、第3章 コンピュータで扱うデータ、第4章 アルゴリズムとデータ構造、第5章 システム開発、第6章 コンピュータシステム、第7章 ネットワーク、第8章 データベース、第9章 セキュリティ、第10章 マネジメント、第11章 情報化と経営
　　　　2017.11 446p A5 ¥1980 ①978-4-7741-9349-6

◆キタミ式イラストIT塾 基本情報技術者 平成30年度　きたみりゅうじ著　技術評論社　第8版
【要旨】目で見てわかるから理解できる。だから合格できる！「このように出題されています」各節末に過去試験問題と解説を収録。
　　　　2018.1 655p A5 ¥1980 ①978-4-7741-9314-4

◆基本情報技術者合格教本　平成30年度春期・秋期　角谷一成著、イエローテールコンピュータ編著　技術評論社　（付属資料：CD・ROM1）　第3版
【要旨】最新のシラバスVer.4.0に全面対応！ 試験範囲を確実に学習。試験対策の decoratively 万全。
　　　　2017.12 543p B6 ¥1680 ①978-4-7741-9314-4

◆基本情報技術者午後試験対策　2018　アイテックIT人材教育研究部編著　アイテック
【目次】第1部 試験制度解説、第2部 情報セキュリティ（必須問題）、第3部 知識の応用（選択問題）、第4部 データ構造とアルゴリズム（必須問題）、第5部 演習問題解答・解説、巻末資料 問題文中で共通に使用される表記ルール
　　　　2017.10 727p A5 ¥2400 ①978-4-86575-110-9

◆基本情報技術者午前試験対策　2018　アイテックIT人材教育研究部編著　アイテック
【目次】第1部 本書の学習方法と試験のポイント（本書の学習方法、基本情報技術者午前試験のポイント）、第2部 午前試験の出題分野（基礎理論、コンピュータ構成要素、システム構成

要素、ソフトウェアとハードウェア、ヒューマンインターフェースとマルチメディア、データベース、ネットワーク、セキュリティ、開発技術、ITマネジメント、ITストラテジ）
　　　　2017.10 561p A5 ¥2400 ①978-4-86575-109-3

◆基本情報技術者試験 午前 厳選問題集　東京電機大学編　東京電機大学出版局
【要旨】弱点克服！ 合格への重点トレーニング。出題傾向と重点項目を完全網羅。チェックシートを利用して、効率よく学習ができる。分野別に掲載されているため、苦手分野を把握し、集中学習ができる。
　　　　2017.12 309p A5 ¥2600 ①978-4-501-55590-0

◆基本情報技術者パーフェクトラーニング過去問題集 平成29年度秋期　山本三雄著　技術評論社　第32版
【要旨】合格をめざす人のための必携問題集！ 豊富な図解で入門者にもやさしくよくわかる。模擬試験に使えるマークシート式答案用紙付き！ 重要用語の解説、該当問題の検索が容易にできる索引付き！ 掘り下げた解説でわかりやすい。重要用語、関連情報も充実。
　　　　2017.6 591p B5 ¥1480 ①978-4-7741-9052-5

◆基本情報技術者パーフェクトラーニング過去問題集 平成30年度春期　山本三雄著　技術評論社　第33版
【要旨】豊富な図解で入門者にもやさしくよくわかる。模擬試験に使えるマークシート式答案用紙付き！ 重要用語の解説、該当問題の検索が容易にできる索引付き！ 掘り下げた解説でわかりやすい。重要用語、関連情報も充実。
　　　　2018.1 607p B5 ¥1480 ①978-4-7741-9317-5

◆基本情報技術者標準教科書　2018年版　大滝みや子・編・共著, 坂部和久, 早川芳彦共著　オーム社
【要旨】最新のシラバスに準拠。多くの大学・専門学校・企業で支持されている合格のための教本！
　　　　2017.11 486p A5 ¥1480 ①978-4-274-22148-4

◆徹底解説 基本情報技術者 本試験問題 2017春　アイテックIT人材教育研究部編著　アイテック
【要旨】3期分を収録。解きながら理解する詳細解説で学習をサポート！ 収録問題の解答シート、未収録の問題・解説のダウンロードサービス付き。
　　　　2017.2 1Vol. A5 ¥2000 ①978-4-86575-079-9

◆徹底解説 基本情報技術者本試験問題 2017秋　アイテックIT人材教育研究部編著　アイテック
【目次】試験制度解説編、平成28年度春期試験問題と解答・解説編、平成28年度秋期試験問題と解答・解説編、平成29年度春期試験問題と解答・解説編、
　　　　2017.7 1Vol. A5 ¥2000 ①978-4-86575-085-0

◆徹底攻略 基本情報技術者教科書 平成30年度　大滝みや子監修, 月江伸弘著　インプレス
【要旨】「解説記事」→「例題」を繰り返しながら効率的にインプットし、「演習問題」と「模擬問題」で確実にアウトプットできる独自構成！
　　　　2017.11 615p A5 ¥1580 ①978-4-295-00264-2

◆出るとこだけ！ 基本情報技術者 "午後"　橋本祐史著　翔泳社　（情報処理教科書）
【要旨】「出る順」に掲載されているから、効率よく学習できる。午後試験に出題されるテーマを18に厳選して解説！ 短時間で効率よく合格！ 時間がない人にぴったり。
　　　　2017.7 283p A5 ¥1800 ①978-4-7981-5196-0

◆出るとこだけ！ 基本情報技術者テキスト＆問題集 2018年版　矢沢久雄著　翔泳社　（情報処理教科書）
【要旨】よく出る問題と用語を集中的に攻略。最新過去問（午前・午後）解説2回分。スマホで使える電子版用語集を提供。
　　　　2017.11 637p A5 ¥1680 ①978-4-7981-5425-1

◆87テーマで要点整理 基本情報技術者のよくわかる教科書 平成30・01年度　角谷一成著, イエローテールコンピュータ編著　技術評論社　（付属資料：別冊1）　第8版
【要旨】試験範囲を効率的に学習。見開き1テーマですすめる短期集中トレーニング。
　　　　2018.1 191p B5 ¥1480 ①978-4-7741-9320-5

システムアーキテクト

◆システムアーキテクト　2017年版　松田幹子, 松原敬二, 満川一彦著　翔泳社　（情報処理教科書）
【要旨】午後1（記述）32問＋午後2（論文）24問を解答例付きで掲載。合格に必要な知識と考え方を詳しく解説。問題演習で実戦力を強化する。「午前試験に出る用語集」で午前対策もバッチリできる。午後1対策：出題内容をしっかり読み解くためのテクニックを伝授。午後2対策：最新の出題傾向に対応。難問に正解できる論文作成術を大公開。
　　　　2017.3 594p A5 ¥3300 ①978-4-7981-5130-4

◆システムアーキテクト合格教本 平成29年度　金子則彦著　技術評論社　（付属資料：CD-ROM1）　第4版
【要旨】午後試験を強力にサポート！「受かる」記述・論述のテクニックが習得できる。重点的な対策と懇切丁寧な解説で理解が進む。解答用紙、原稿用紙もデータで収録。
　　　　2017.3 687p A5 ¥3300 ①978-4-7741-8749-5

◆システムアーキテクト 合格テキスト 2017年度版 —情報処理技術者試験対策　TAC情報処理講座編著　TAC出版
【要旨】最短合格を目指す人のための、インプット教材の決定版。本書の目次順に学習すれば万全の試験対策！ 本試験に自在に対応できる実戦知識が体系的に身につく。本試験3回分の詳細な出題傾向分析。2017年度本試験に向けた学習戦略。　2017.3 413p A5 ¥2800 ①978-4-8132-7044-7

◆システムアーキテクト「専門知識＋午後問題」の重点対策　2017　岡山昌二著　アイテック
【要旨】理解度の確認と進捗管理がしやすい構成。「学習スケジュール」と「各章の学習進捗表」、巻末資料の「本書掲載問題一覧」で学習進捗管理。午後試験につながる専門知識を重点項目に絞って丁寧に解説。午後試験突破のための勉強方法や解法テクニック、試験前に行うことなど、合格のツボが満載！ 学習者が間違いやすい事例とコメントを掲載し、なぜ得点が伸びないかが理解できる構成。合格者の実際のメールや添削済み論文を複数掲載！
　　　　2017.5 660p A5 ¥3700 ①978-4-86575-094-2

◆情報処理技術者試験対策 システムアーキテクト合格トレーニング　2017年度版　TAC情報処理講座編著　TAC出版
【要旨】ステップアップ式演習で万全の試験対策！ 実戦知識を自在に駆使できる応用力、論述力が着実に身につく。本試験3回分の詳細な出題傾向分析。2017年度本試験に向けた学習戦略つき。　2017.2 330p A5 ¥2600 ①978-4-8132-7045-4

◆徹底解説システムアーキテクト本試験問題 2017　アイテックIT人材教育研究部編著　アイテック
【要旨】解きながら理解する詳細解説で学習をサポート！ 平成26年～28年の3期分を収録。収録問題の解答シート、未収録の問題・解説のダウンロードサービス付き。
　　　　2017.3 1Vol. A5 ¥3500 ①978-4-86575-090-4

ネットワークスペシャリスト

◆栢木先生の基本情報技術者教室　平成30年度 —イメージ＆クレバー方式でよくわかる　栢木厚著　技術評論社　第13版
【要旨】内容に関連した、なごみイラストで頭をほぐしてからスタート。各節を短めに構成し、細切れ時間を有効活用できる。広い範囲から試験に出るところだけを解説。例え話でイメージしやすい。役立つ豆知識記事もたくさん。「AとくればB」方式で重要ポイントをひとまとめ。頭の整理がしやすい。覚えた知識をすぐ使うから、記憶が定着しやすく応用力がつく。最新の試験問題も多数収録。
　　　　2017.12 479p A5 ¥1780 ①978-4-7741-9327-4

◆栢木先生の基本情報技術者教室準拠書き込み式ドリル　平成30年度　栢木厚監修, 技術評論社編集部著　技術評論社　第9版

【要旨】重要ポイントをピックアップ済みなので、書き込むだけでまとめ集が仕上がる。1ステップずつ書き込んで進めるやさしいプチ問題で基礎力を養成。「攻略法」「知っ得情報」など、役に立つ記事も満載。「基本情報教室」と重複しない過去問題を掲載。効率よく得点力を高められる。
2017.12 159p A5 ¥1280 ⓘ978-4-7741-9328-1

◆情報処理技術者試験対策 ネットワークスペシャリスト合格テキスト 2017年度版
TAC情報処理講座編著　TAC出版
【要旨】本書の目次順に学習すれば万全の試験対策！ 本試験に自在に対応できる実戦知識が体系的に身につく。本試験3回分の詳細な出題傾向分析。2017年度本試験に向けた学習戦略。
2017.3 459p A5 ¥2800 ⓘ978-4-8132-7048-5

◆情報処理技術者試験対策 ネットワークスペシャリスト合格トレーニング 2017年度版　TAC情報処理講座編著　TAC出版
【要旨】ステップアップ式演習で万全の試験対策！ 応用知識を自在に駆使できる応用力、論述力が着実に身につく。本試験3回分の詳細な出題傾向分析。2017年度本試験に向けた学習戦略つき。
2017.3 393p A5 ¥2600 ⓘ978-4-8132-7049-2

◆徹底解説ネットワークスペシャリスト本試験問題 2017　アイテックIT人材教育研究部編著　アイテック
【要旨】解きながら理解する詳細解説で学習をサポート！ 平成26年～28年の3分分を収録。収録問題の解答シート、未収録の問題・解説のダウンロードサービス付き。
2017.3 1Vol. A5 ¥3400 ⓘ978-4-86575-088-1

◆徹底攻略ネットワークスペシャリスト教科書 平成29年度　瀬戸美月著　インプレス
【要旨】シラバス3.1対応。わくづすたAIが出題範囲を徹底分析。「超」効率的に学べる、必携のテキスト＆問題集。
2017.3 630p A5 ¥2780 ⓘ978-4-295-00082-2

◆ネスペの基礎力－プラス20点の午後対策
左門至峰、平田賀一著　技術評論社
【要旨】午後試験解答の前提となるのは「基礎知識」です。試験で問われる内容は、実は「基礎知識の積み重ねで解ける」もの。本書では、試験で問われるネットワークの基礎を今一度しっかりと身に付けることで、午後の得点を20点伸ばし合格を目指す学習書です。わかったつもりだった基礎を、143問の知識確認問題を解きながらしっかり見直します。試験での問われ方も徹底研究し、ただの用語暗記ではない「実戦力」を身に付けることができます。平成28年度試験の「午後1」「午後2」解説も掲載しています。
2017.6 423p A5 ¥2980 ⓘ978-4-7741-8986-4

◆ネットワークスペシャリスト 2017年版
ICTワークショップ著　翔泳社 （情報処理教科書）
【要旨】合否のカギとなる応用技術に対応。頻出の項目を、より深く理解できる。午後試験対策のベースとなる要素技術の基礎知識解説をWeb提供。午後問題全般に対する解答テクニック、試験の傾向、学習アドバイスが満載。本書に掲載した直近の午前1・2問題＋Web提供のPDFファイル、平成19～28年度試験の全問題を解説。
2017.3 549p A5 ¥2880 ⓘ978-4-7981-5133-5

◆ネットワークスペシャリスト合格教本 平成29年度　岡嶋裕史著　技術評論社 （付属資料：CD・ROM1；別冊1）　第13版
【要旨】ていねいな解説で理解が進む！ 記述式・論述式試験に対応した待望の合格本！ 苦戦しがちな午後対策が充実！ 解き方が身につくから本番でも応用がきく。理解度チェックで頻出テーマの知識が深まる。解答用紙付きで実践的な演習ができる。
2017.3 623p A5 ¥2980 ⓘ978-4-7741-8508-8

◆ネットワークスペシャリスト「専門知識＋午後問題」の重点対策 2017　長谷和幸著　アイテック
【要旨】知っておくべき午前2試験のポイントも分かります。過去に出題された午後問題を十分に分析し、第3部の解説を10章として構成しました。たくさんの図表を使った解説によって、頭の中を整理することができます。詳細な解説付きの演習問題を分野ごとに掲載しました。平成28年秋の試験問題を、丁寧な解説も掲載しています。問題を解いたらすぐに書き込める解答欄を使って「文章をまとめる力」を養ってください。
2017.5 613p A5 ¥3700 ⓘ978-4-86575-092-8

応用情報技術者試験

◆応用情報技術者合格教本 平成30年度春期・秋期　大滝みや子、岡嶋裕史共著　技術評論社 （付属資料：CD・ROM1）
【要旨】広範な出題範囲を完全にカバー。午前・午後の出題項目がひと目でわかる。あいまいな部分を残さない丁寧な解説。理解を助ける豊富な図解。頻出項目を確認できる詳細解説付きの章末問題。
2017.12 743p A5 ¥2980 ⓘ978-4-7741-9315-1

◆応用情報技術者 午後問題の重点対策 2018　小口達夫著　アイテック
【要旨】午後問題を解くために必要な着眼点、問題文の読み方を丁寧に解説！ 問題演習を通して、関連知識を復習！ 多くの学習者が感じる疑問点をFAQで解決！ 解法テクニック満載！ 解法力を確実にマスター!!
2017.12 843p A5 ¥3400 ⓘ978-4-86575-112-3

◆応用情報技術者試験 午前 厳選問題集　東京電機大学編　東京電機大学出版局
【要旨】弱点克服！ 合格への重点トレーニング。出題傾向と重点項目を完全網羅。チェックシートを利用して、効率よく学習ができる。分野別に掲載されているため、苦手分野を把握し、集中学習ができる。
2017.12 317p A5 ¥2900 ⓘ978-4-501-55600-6

◆応用情報技術者試験によくでる問題集 午前 平成30・01年度　大滝みや子著　技術評論社
【要旨】よくでる問題、重要テーマを厳選！ くわしい解説で弱点ポイントを攻略できる網羅性・信頼度抜群の午前問題集!!出題傾向に合わせて厳選した過去問題をテーマ別に459問収録。
2018.1 447p A5 ¥2280 ⓘ978-4-7741-9342-7

◆応用情報技術者テキスト＆問題集 2018年版　日高哲郎著　翔泳社 （情報処理教科書）
【要旨】25年以上の実績を誇る現役講師による執筆、人気講座のノウハウを本書に惜しみなく投入。合格に必要な知識をこの1冊に凝縮、試験で問われるテーマだけを厳選して収録。効率よく習得できるポイント解説、頻出の問題や誤答を防ぐテクニックがわかる。再出題可能性の高い過去問題で問題演習、単元ごとに午前・午後問題で理解度を確認。過去問題解説5回分を本書とWebで提供（平成28年度春期～平成30年度春期）。切り離せるチェックシートで総まとめ、ポイントだけは試験直前にすばやく確認できる。
2017.11 667p A5 ¥2800 ⓘ978-4-7981-5419-0

◆応用情報技術者徹底合格テキスト 2018年版 平成30年春・秋試験対応　高橋麻奈著　SBクリエイティブ
【要旨】出題傾向を分析して、問題を解く基礎となる知識をわかりやすく解説。要点を「重要」で確認しながら、関連となるキーワードをコラムでサポート。チェック問題を要所に配置。巻末・試験直前チェック。
2018.1 665p A5 ¥2980 ⓘ978-4-7973-9403-0

◆応用情報技術者パーフェクトラーニング過去問題集 平成29年度秋期　加藤昭, 高見澤秀幸, 矢野龍王著　技術評論社 第18版
【要旨】合格をめざす人のための必携問題集！ 豊富な図解で入門者にもやさしくよくわかる。模擬試験に使えるマークシート＆記述式答案用紙付き！ 重要用語の確認、該当問題の検索に便利に使える索引付き！ 掘り下げた解説でわかりやすい。重要用語、関連情報も充実。内容を把握しやすいので、効率よくポイントが頭に入る。
2017.6 463p B5 ¥1780 ⓘ978-4-7741-9053-2

◆応用情報技術者パーフェクトラーニング過去問題集 平成30年度春期　加藤昭, 高見澤秀幸, 矢野龍王著　技術評論社 第19版
【要旨】豊富な図解で入門者にもやさしくよくわかる。模擬試験に使えるマークシート＆記述式答案用紙付き！ 重要用語の確認、該当問題の検索に便利に使える索引付き！ 掘り下げた解説でわかりやすい。重要用語、関連情報も充実。内容を把握しやすいので、効率よくポイントが頭に入る。
2017.12 463p B5 ¥1780 ⓘ978-4-7741-9318-2

◆キタミ式イラストIT塾 応用情報技術者 平成30年度　きたみりゅうじ著　技術評論社 第2版
【要旨】目で見てわかるから理解できる。だから合格できる！
2018.1 831p A5 ¥3280 ⓘ978-4-7741-9350-2

◆徹底解説 応用情報技術者 本試験問題 2017春　アイテックIT人材教育研究部編著　アイテック
【要旨】3分分を収録。解きながら理解する詳細解説で学習をサポート！ 収録問題の解答シート、未収録の問題・解説のダウンロードサービス付き。
2017.2 1Vol. A5 ¥2800 ⓘ978-4-86575-080-1

◆徹底解説 応用情報技術者本試験問題 2017秋　アイテックIT人材教育研究部編著　アイテック
【目次】試験制度解説編、応用情報技術者試験平成28年度春期試験問題と解答・解説編（午前問題、午後問題、午前問題解答・解説、午後問題解答・解説、午後問題試験センター発表の解答例）、応用情報技術者試験平成28年度秋期試験問題と解答・解説編、応用情報技術者試験平成29年度春期試験問題と解答・解説編、出題分析
2017.7 1Vol. A5 ¥2800 ⓘ978-4-86575-086-7

◆徹底攻略 応用情報技術者過去問題集 平成30年度春期・秋期　五十嵐聡著　インプレス
【要旨】公式解答・採点講評に準拠。ベテラン講師が1問ごとにていねいに解説。
2018.1 567p B5 ¥1680 ⓘ978-4-295-00299-4

◆徹底攻略応用情報技術者教科書 平成30年度　瀬戸美月著　インプレス
【目次】第1章 基礎理論、第2章 コンピュータシステム、第3章 技術要素、第4章 開発技術、第5章 プロジェクトマネジメント、第6章 サービスマネジメント、第7章 システム戦略、第8章 経営戦略、第9章 企業と法務、付録 平成29年度春期応用情報技術者試験
2017.11 742p A5 ¥2380 ⓘ978-4-295-00266-8

◆ニュースペックテキスト応用情報技術者 平成29・30年版　TAC情報処理講座編著　TAC出版
【要旨】学習支援機能をわんさか搭載！ 解説は午前対策・午後対策でレベル分けしています。図解は"見てすぐ理解できる"ようカラー化しています。側注には、本試験より出題ポイントをスパッと切り出し解説しています。
2017.7 685p A5 ¥2800 ⓘ978-4-8132-7165-9

◆要点早わかり応用情報技術者ポケット攻略本　大滝みや子著　技術評論社 改訂3版
【要旨】超頻出項目厳選！ 出題傾向に合わせて充実改訂！ 受験指導のプロがツボを伝授！ 早解きのコツや受験テクニックも満載。
2017.3 383p B6 ¥1480 ⓘ978-4-7741-8507-1

プロジェクトマネージャ

◆極選分析プロジェクトマネージャ予想問題集　アイテックIT人材教育研究部編著　アイテック 第2版
【要旨】徹底的な分析による、極上の、選び抜かれた問題集!!試験対策のプロITECがこだわり抜いた、試験合格へと導く珠玉の1冊！
2018.1 531p A5 ¥3500 ⓘ978-4-86575-119-2

◆徹底解説 プロジェクトマネージャ本試験問題 2018　アイテックIT人材教育研究部編著　アイテック
【目次】試験制度解説編、平成27年度春期試験問題と解答・解説編（午前1問題、午前2問題、午後1問題、午後2問題、午前1問題解答・解説、午前2問題解答・解説、午後1問題解答・解説、午後2問題解答・解説、午後1問題試験センター発表の解答例、午後2問題解答・解説、午後2問題試験センター発表の出題趣旨）、平成28年度春期試験問題と解答・解説編、平成28年度春期試験問題と解答・解説編、出題分析　2017.10 1Vol. A5 ¥3500 ⓘ978-4-86575-107-9

◆プロジェクトマネージャ 2018年版 ITのプロ46著　翔泳社 （情報処理教科書）
【要旨】知識解説だけでなく、おススメの学習法、解答テクニックまで、わかりやすく解説。必見！ 合格者が語る本書の使い方。サンプル論文と減点ポイントを確認して合格論文が書けるようになる。過去16年分（午前・午後1・午後2）および

平成13年度以前の重点問題（午後1・2）を解答例付きで提供。

2017.9 653p A5 ¥2880 ①978-4-7981-5349-0

◆プロジェクトマネージャ合格教本　平成30年度　金子則彦著　技術評論社　（付属資料：CD・ROM1）　第2版
【要旨】午前2問題を解説付きで徹底理解。午後1&2問題の長文読解力と論述のコツ、テクニックが身につく。懇切丁寧な解説で得点力が劇的にアップ。受かる論述記述テクニックや論文例を満載。過去問解説＆問題演習ソフト収録CD-ROM。

2017.10 637p A5 ¥2880 ①978-4-7741-9238-3

◆プロジェクトマネージャ合格テキスト　2018年度版　―情報処理技術者試験対策
TAC情報処理講座編著　TAC出版
【要旨】最短合格を目指す人のためのインプット教材の決定版。本書の目次順に学習すれば万全の試験対策！本試験に自在に対応できる実戦知識が体系的に身につく。本試験3回分の詳細な出題傾向分析。2018年度本試験に向けた学習戦略。

2017.8 488p A5 ¥2800 ①978-4-8132-7169-7

◆プロジェクトマネージャ合格トレーニング　2018年度版　―情報処理技術者試験対策
TAC情報処理講座編著　TAC出版
【要旨】最短合格を目指す人のためのアウトプット教材の決定版。ステップアップ式演習で万全の試験対策！実戦知識を自在に駆使できる応用力、論述力が着実に身につく。本試験3回分の詳細な出題傾向分析。2018年度本試験に向けた学習戦略。

2017.8 300p A5 ¥2600 ①978-4-8132-7170-3

◆プロジェクトマネージャ　合格論文の書き方・事例集　岡山昌二監修・著、落合和雄、佐々木章二、長嶋仁、満川一彦著　アイテック　第5版
【要旨】論文事例31本収録！役立つQ&A、巻末ワークシート付き!!

2017.10 349p B5 ¥3000 ①978-4-86575-098-0

◆プロジェクトマネージャ午後1 最速の記述対策　2018年度版　三好隆宏著　TAC出版　（情報処理技術者高度試験速習シリーズ）
【要旨】"記述"試験は、"攻略法"を、知っているかどうかで決まる！最新傾向の本試験（平成28・29年度）を用いて実践的に解説！

2017.10 137p A5 ¥1600 ①978-4-8132-7238-0

◆プロジェクトマネージャ午後2 最速の論述対策　2018年度版　三好隆宏著　TAC出版　（情報処理技術者高度試験速習シリーズ）
【要旨】合格論文の"章・節立て""半自動化"法そのまま使える汎用論述フレーズ"モジュール"の作例を大増量!!平成28・29年度本試験の模範解答例付き。

2017.10 144p A5 ¥1600 ①978-4-8132-7239-7

◆プロジェクトマネージャ「専門知識＋午後問題」の重点対策　2018　庄司敏浩著　アイテック
【要旨】午前2の重点対策は「弱点克服」。「キーワード＋演習問題」という構成なので、弱点分野だけを抜き出して学習ができます！午後1試験の重点対策は「解答のプロセスの理解」。過去問から厳選した15問を掲載し、すべてに詳細解答のプロセスが付いています！午後2試験の重点対策は「概要設計の作り方」。過去問から6問を掲載し、すべてに概要設計の見本とその作成手順を付けました！

2017.11 570p A5 ¥3700 ①978-4-86575-115-4

◆ポケットスタディ プロジェクトマネージャ　具志堅融、葛西澄男著　秀和システム　第2版
【要旨】PM試験合格のプロジェクト計画書、ここにあり！「秘伝の学習術」により最短の学習時間で合格圏内に！小さいのは本格派。だから"すき間時間"でも効果的な学習！プロ講師が教えるツボとコツ！「解答パターン」と「リファレンス」で過去問題を使い倒す！実は簡単！本書でマスターしよう「受かる論文の書き方」。

2017.4 671p B6 ¥1800 ①978-4-7980-4986-1

ＩＴストラテジスト

◆情報処理技術者試験対策 ITストラテジスト合格トレーニング　2017年度版　TAC情報処理講座編著　TAC出版
【要旨】ステップアップ式演習で万全の試験対策！実戦知識を自在に駆使できる応用力、論述力が着実に身につく。本試験3回分の詳細な出題傾向分析。2017年度本試験に向けた学習戦略つき。2017.2 251p A5 ¥2800 ①978-4-8132-7043-0

◆徹底解説ITストラテジスト本試験問題2017　アイテックIT人材教育研究部編著　アイテック
【要旨】解きながら理解する詳細解説で学習をサポート！平成26年～28年の3分冊を収録。収録問題の解答シート、未収録の問題・解説のダウンロードサービス付き。

2017.3 1Vol. A5 ¥3500 ①978-4-86575-089-8

◆ITストラテジスト 2017年版　広田航二著　翔泳社　（情報処理教科書）
【要旨】午後1・2試験の攻略を目指す受験者に、解法を導くノウハウを伝授。正解ありきの解説ではなく、「どうすれば正解の鍵を見つけられるのか」を解説。問題文の読み方から、ポイントの探し方、解答の組み立て方までを丁寧に案内。「問題文と解答に納得がいかない…」午後1試験のモヤモヤを解消。平成28年度午後1・2の解答・解説を掲載！さらに21問の過去問題もWebにて提供。

2017.3 507p A5 ¥3680 ①978-4-7981-5132-8

◆ITストラテジスト 合格テキスト　2017年度版　―情報処理技術者試験対策　TAC情報処理講座編著　TAC出版
【要旨】最短合格を目指す人のための、インプット教材の決定版。本書の目次順に学習すれば万全の試験対策！ストラテジの提案実例・立案手順を使ってポイント解説。本試験に自在に対応できる実戦知識が体系的に身につく。

2017.3 307p A5 ¥2800 ①978-4-8132-7042-3

◆ITストラテジスト「専門知識＋午後問題」の重点対策　2017　満川一彦著　アイテック
【要旨】午前2は、詳細解説＆充実の問題演習。シラバスに沿った項目立てで、必要な知識が効率的＆体系的に身に付く！午後1は、試験を突破する解法テクニックを余すところなく伝授。問題文への書き込み例を多数紹介。「問題の注目ポイント→解答の導き方」が一目で分かる！午後2は、実際に筆者が書いた論文例＆コメントを掲載。題意に沿った/採点者に伝わる答案を書くポイントを確認！情報処理技術者試験受験経験55回を超える筆者が、日々の学習方法から、試験当日の過ごし方まで、実践的にアドバイス！

2017.5 591p A5 ¥3700 ①978-4-86575-093-5

データベーススペシャリスト

◆極選分析データベーススペシャリスト予想問題集　アイテックIT人材教育研究部編著　アイテック　第2版
【要旨】徹底的な分析による、極上の、選び抜かれた問題集!!試験対策のプロITECがこだわり抜いた、試験合格へと導く珠玉の1冊！

2018.1 615p A5 ¥3200 ①978-4-86575-118-5

◆データベーススペシャリスト　2018年版　ITのプロ46著　翔泳社　（情報処理教科書）
【要旨】過去16年分の問題（午前、午後1、午後2）と詳しい解説を提供。SQL分野の解説が大充実。午後1（記述式）と午後2（事例解析）の詳しい解答テクニックを掲載。午後問題の解答手順がよく分かる。午前対策に必要な基礎問題のまとめもできる。読みやすくて覚えやすいレイアウト。

2017.9 552p A5 ¥2880 ①978-4-7981-5346-9

◆データベーススペシャリスト合格教本　平成30年度　金子則彦著　技術評論社　（付属資料：CD・ROM1）
【要旨】午前2問題は出題ジャンル別に徹底解説！試験に必要な知識の整理に最適！午後1・2問題は演習問題を通じて、解法テクニックが習得できる！試験に合格するための必要知識・テクニッ

クを網羅した決定版！過去問題6年分を詳細解説！難関の午後1・2問題演習は誌面・CD・ROM合わせて33問収録！

2017.9 559p A5 ¥2880 ①978-4-7741-9221-5

◆データベーススペシャリスト合格テキスト　2018年度版　―情報処理技術者試験対策
TAC情報処理講座編著　TAC出版
【要旨】最短合格を目指す人のためのインプット教材の決定版。本書の目次順に学習すれば万全の試験対策！本試験に自在に対応できる実戦知識が体系的に身につく。本試験3回分の詳細な出題傾向分析。2018年度本試験に向けた学習戦略。

2017.8 355p A5 ¥2800 ①978-4-8132-7171-0

◆データベーススペシャリスト合格トレーニング　2018年度版　―情報処理技術者試験対策　TAC情報処理講座編著　TAC出版
【要旨】最短合格を目指す人のためのアウトプット教材の決定版。ステップアップ式演習で万全の試験対策！実戦知識を自在に駆使できる応用力、論述力が着実に身につく。本試験3回分の詳細な出題傾向分析。2018年度本試験に向けた学習戦略つき。

2017.8 432p A5 ¥2600 ①978-4-8132-7172-7

◆データベーススペシャリスト「専門知識＋午後問題」の重点対策　2018　山本森樹著　アイテック
【要旨】データベーススペシャリスト試験の定番問題を収録！午前2の専門知識は、演習＋解説で効率的に確認！午後1・午後2は、テーマごとの解法ポイントを押さえた詳細解説！午後問題の解答シートをダウンロードで提供。本番形式での演習に！重要キーワードをWebで復習。午前2対策Webキーワード集付き！

2017.11 680p A5 ¥3700 ①978-4-86575-114-7

◆徹底解説データベーススペシャリスト本試験問題　2018　アイテックIT人材教育研究部編著　アイテック
【要旨】情報処理技術者試験対策書。3期分を収録。解きながら理解する詳細解説で学習をサポート！2017.3 1Vol. A5 ¥3400 ①978-4-86575-105-5

◆徹底攻略データベーススペシャリスト教科書　平成30年度　瀬戸美月著　インプレス
【要旨】圧倒的に詳しい内容で確かな合格力が身につく！過去問題解説5回分。（紙面1回分＋PDF提供4回分）2017年4月公開のITSS＋「データサイエンス領域」を反映！

2017.9 646p A5 ¥2580 ①978-4-295-00229-1

エンベデッドシステムスペシャリスト

◆エンベデッドシステムスペシャリスト「専門知識＋午後問題」の重点対策　山本森樹、磯部俊夫著　アイテック　第4版
【要旨】身近にある自動車、家電、モバイル機器、社会インフラなどに組み込まれているシステムを題材にした試験です。第2部に掲載されている午後2問題を解いてみましょう。午後1、2試験に必要な知識の確認ができます。特に組込みソフトウェアの担当者に不足しがちな組込みハードウェア関連の知識を補うことができます。オリジナル問題、関連知識、コラムで合格に必要となる専門知識を深めることができます。第3部、第4部には、午後1、2の問題、解答解説を掲載しました。問題ごとに掲載されている解答用紙を使って問題を解いてから、解説をじっくりと読んでみましょう。合格のための解法力を養うことができます。

2017.11 624p A5 ¥3700 ①978-4-86575-097-3

◆徹底解説エンベデッドシステムスペシャリスト本試験問題　2018　アイテックIT人材教育研究部編著　アイテック
【要旨】情報処理技術者試験対策書。3期分を収録。解きながら理解する詳細解説で学習をサポート！2017.10 1Vol. A5 ¥3800 ①978-4-86575-106-2

ＩＴサービスマネージャ

◆情報処理技術者試験対策 ITサービスマネージャ合格テキスト　2017年度版
TAC情報処理講座編著　TAC出版

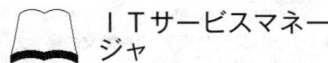情報・通信・コンピュータ

【要旨】本書の目次順に学習すれば万全の試験対策！　本試験に自在に対応できる実戦知識が体系的に身につく。ITIL 2011 Edition, ITIL v3, JIS Q 20000‐1：2012に準拠。　2017.2 505p A5 ¥3200 ①978-4-8132-7046-1

◆情報処理技術者試験対策 ITサービスマネージャ合格トレーニング　2017年度版
TAC情報処理講座編著　TAC出版
【要旨】ステップアップ式演習で万全の試験対策！　実戦知識を自在に駆使できる応用力、論述力が着実に身につく。本試験3回分の詳細な出題傾向分析。2017年度本試験に向けた学習戦略つき。　2017.3 314p A5 ¥2800 ①978-4-8132-7047-8

◆徹底解説ITサービスマネージャ本試験問題　2017　アイテックIT人材教育研究部編著　アイテック
【要旨】解きながら理解する詳細解説で学習をサポート！　平成26年〜28年の3期分を収録。収録問題の解答シート、未収録の問題・解説のダウンロードサービス付き。
　2017.3 1Vol. A5 ¥3500 ①978-4-86575-091-1

◆ITサービスマネージャ　2017〜2018年版　金子則彦著　翔泳社　（情報処理教科書）
【要旨】午後1、午後2の攻略法を徹底解説。出題形式から傾向分析、問題へのアプローチ法、学習法まで。午後1対策は、重要6分野のポイント解説＋過去問演習。午後2対策は、論文作成のテクニックから、キーワード、論文構成（下書き）例、添削付きの解答例まで。午前2の過去問も分野ごとに多数掲載。さらに紙面に載せきれない重要過去問を解答解説付きでWebに掲載。最新のシラバスや試験要綱に完全対応。
　2017.3 491p A5 ¥3700 ①978-4-7981-5131-1

◆ITサービスマネージャ「専門知識＋午後問題」の重点対策　2017　平田賀一著　アイテック
【要旨】合格に必要な知識・ノウハウ・受験テクニックを凝縮！　午前2試験は、重点項目ごとに知識事項を丁寧に解説。午後1試験は出題テーマごとに問題を掲載。「重点解説」…問題文を分割して部分ごとに解説。読み解き方が身につきます。「演習問題」…過去問題の演習で、実力アップを目指します。午後2試験は、合格復元論文の添削内容を掲載。「合格できる論文」のポイントが分かります。
　2017.5 457p A5 ¥3700 ①978-4-86575-095-9

 システム監査技術者

◆極選分析システム監査技術者予想問題集
アイテックIT人材教育研究部編著　アイテック　（第2版）
【要旨】徹底的な分析による、極上の、選び抜かれた問題集!!試験対策のプロITECがこだわり抜いた、試験合格へと導く珠玉の1冊！
　2018.1 483p A5 ¥3500 ①978-4-86575-120-8

◆システム監査技術者合格テキスト　2018年度版　―情報処理技術者試験対策　TAC情報処理講座編著　TAC出版
【要旨】最短合格を目指す人のためのインプット教材の決定版。本書の目次順に学習すれば万全の試験対策！　本試験に自在に対応できる実戦知識が体系的に身につく。本試験3回分の詳細な出題傾向分析。2018年度本試験に向けた学習戦略つき。
　2017.8 527p A5 ¥3200 ①978-4-8132-7173-4

◆システム監査技術者合格トレーニング　2018年度版　―情報処理技術者試験対策　TAC情報処理講座編著　TAC出版
【要旨】最短合格を目指す人のためのアウトプット教材の決定版。ステップアップ式演習で万全の試験対策！　実戦知識を自在に駆使できる応用力、論述力が着実に身につく。本試験3回分の詳細な出題傾向分析。2018年度本試験に向けた学習戦略つき。
　2017.8 309p A5 ¥2800 ①978-4-8132-7174-1

◆システム監査技術者 合格論文の書き方・事例集　岡山昌二監修・著, 落合和雄, 樺沢祐二, 長嶋仁著　アイテック　第5版
【要旨】論文事例30本収録！　役立つQ&A、論文設計ワークシート付き!!
　2017.10 342p B5 ¥3000 ①978-4-86575-099-7

◆システム監査技術者「専門知識＋午後問題」の重点対策　2018　川辺良和著　アイテック
【要旨】現役監査人ならではの"解説やコラム、テクニック"などが盛り込まれた試験対策書。第2部：午後試験にもつながる専門知識を重点分野に絞って解説！　第3部：問題選択のコツ＋段階的にわかりやすい解法説明と詳細な解説！　第4部：詳細な論述テクニック＋著者の出題予想を基にした全問オリジナル問題と論文事例!!
　2017.11 585p A5 ¥3700 ①978-4-86575-116-1

◆徹底解説システム監査技術者本試験問題　2018　アイテックIT人材教育研究部編著　アイテック
【目次】試験制度解説編、平成27年度春期試験問題と解答・解説編（午前1問題、午前2問題、午後1問題、午後2問題、午前1問題解答・解説、午前2問題解答・解説、午後1問題解答・解説、午後1問題試験センター発表の解答例、午後2問題解答・解説、午後2問題試験センター発表の出題趣旨）、平成28年度春期試験問題と解答・解説編、平成29年度春期試験問題と解答・解説編、出題分析　2017.10 1Vol. A5 ¥3500 ①978-4-86575-108-6

◆テクノロジー 570

白書・年鑑・辞典・書誌ほか 571
先端技術・ハイテク 571
バイオテクノロジー 571
資源・エネルギー 572
地球温暖化 573
環境問題・自然保護 573
核・原発問題 578
原子力・放射線 580
都市開発・都市問題 581
防災 582
技術・発明・特許 584
　ＪＩＳ・規格 586
科学技術英語・論文 588
経営工学・生産管理 588
　品質管理・ＰＬ 590
工業基礎 591
電気工学 591
電子工学 595
メカトロ・ロボット・制御工学 597
化学工学 598
機械工学 600
　ＣＡＤ／ＣＡＭ 603
　エンジン工学 604
建設・土木工学 604
建築文化・建築物 607
　建築家群像 615
　民家・住宅論 616
　室内装飾 616
建築工学 616
金属工学 623
航空工学・宇宙工学 624
海洋・船・航海 625

◆資格・試験問題集 627

弁理士・技術士 630
電験・電気工事士・電子機器 632
電気通信系資格 635
土木施工管理技術者 636
土木・上下水系資格 638
環境計量士・公害防止管理者 639
建築士 639
インテリア系資格 640
施工・消防系資格 641
船舶・海技士 642
化学・金属・機械系資格 643
ＣＡＤ利用技術者 645
気象予報士 645

◆サイエンス 645

科学者の伝記・科学史 650
　事典・書誌 650
数学 650
　微積分・解析 656
　代数・幾何 659
　確率・統計 660
物理 663
　素粒子・量子論 668
化学 668
生化学 673
天文学・宇宙科学 674
地球科学・地学・地質学 677
　恐竜 680
　自然観察・野外観察 681
生物 681
　遺伝子・分子生物学 684
植物 686
　植物観察ガイド 689
動物 690
　サル学・人類学 693
　昆虫 694
　鳥類・野鳥 696
　魚類 697

◆メディカル 699

医学よみもの 700
医師・医者 702
闘病・看護記 702
医療・倫理 706
医院・病院・医薬品産業 707
医学 710
　医学史・伝記 725
　辞典・便覧・統計 726
　解剖・生理学 726
　生化学・医化学 728
　脳・神経科学 729
　病理・細菌・免疫・寄生虫学 732
　臨床医学・法医学 733
　癌 735
　内科学 738
　消化器・循環器病 738
　老人医学・リウマチ 741
　精神医学・神経病学 742
　小児科学 747
　外科学・麻酔科学 748
　整形・リハビリ 750
　歯科学 753
　衛生・公衆衛生・疫学 759
　皮膚・眼・耳鼻咽喉・泌尿器・
　　産婦人科学 760
看護学・看護師 762
　便覧・書誌 768
　看護リポート・エッセイ 768
薬学・薬理学 768
　医薬品・薬事法 771
食品科学・食品衛生 772
栄養科学 775
資格ガイド・試験問題集 778
　医師国家試験 782
　看護学校試験・看護師国家試験 783
　管理栄養士国家試験 784
　薬剤師国家試験 784

サイエンス・テクノロジー

テクノロジー

◆アジュバント開発研究の新展開　石井健，山西弘一監修　シーエムシー出版　（ファインケミカルシリーズ）　普及版
【目次】第1章 アジュバント総論（アジュバントの開発研究の現状と未来、審査行政や社会とのかかわりも含めて、アジュバントの歴史）、第2章 アジュバントの免疫（アジュバントのシグナル伝達研究の新機軸、Th2アジュバントの作用機序と臨床応用 ほか）、第3章 アジュバント各論（アラムアジュバントをふくめた粒子状物質の新規免疫学的メカニズム、微生物由来のアジュバント ほか）、第4章 粘膜アジュバント（経鼻粘膜投与型インフルエンザワクチンアジュバントの開発、小腸粘膜固有層における自然免疫活性化機構とアジュバント開発）、第5章 アジュバントの臨床（感染症、抗がん免疫アジュバントの開発と現状）
2017.10 249p B5 ¥5000 ①978-4-7813-1214-9

◆安全基準はどのようにできてきたか　橋本毅彦編　東京大学出版会
【要旨】航空機、船舶、消防、堤防、原子力、水銀、心理、医療機器、国際標準―9つのケースを例にとりながら、工学的背景や歴史的発展とともにその成り立ちをたどる。
2017.5 330p B5 ¥3600 ①978-4-13-063366-6

◆命を技術する　前橋工科大学編　（前橋）上毛新聞社　（前橋工科大学ブックレット）
【目次】生命のネットワーク、生命と情報、計算機の発展と化学、酸素の働きをコンピュータで調べる、コンピュータによる計算の限界について、酸化されるペプチドとバイオセンシング、ゲノム：生命の設計図を読む、タンパク質の異常は万病の元、私たちの生活を豊かにする仕組み「情報システム」、研究は井戸端会議〔ほか〕
2017.6 96p A5 ¥1000 ①978-4-86352-181-0

◆植木鉢・水やりを知らせる酸素供給 水やりガイドプレートマニュアル　発明開発連合会　（本文：日英両文）
【要旨】植木鉢の水やりは熟練を要するものですが、与える水の加減が難しく、水を与える時期を覚えるのも難しいものである。これらの原因で根腐れする観葉植物も少なくない。この水やりの熟練の時期をプレートの色で分かるようにしたものである。また、植物の成長を促進させる手段とし、根に酸素を供給する構成を備えたものである。
2017.5 47p B5 ¥1800 ①978-4-909212-00-9

◆オープンCAEで学ぶ構造解析入門―DEXCS・WinXistrの活用　柴田良一著　朝倉書店
【目次】1 構造解析の基礎理論（学習の目的や準備、有限要素法の基礎理論、数値解析技術の概要）、2 構造解析システムの構築（構造解析システムの概要、DEXCS・WinXistrの構築手順）、3 構造解析の基本例題演習（弾性応力解析、弾塑性応力解析）
2017.3 183p A5 ¥3000 ①978-4-254-20164-2

◆「かわいい」工学　大倉典子編著　朝倉書店
【目次】1章 かわいい工学とは何か、2章 文化的背景、3章 かわいい人工物の系統的計測・評価方法、4章 かわいい感性の生体信号による計測と分類、5章 かわいい工学研究の応用、6章 日本感性工学会「かわいい感性デザイン賞」、7章 「かわいい工学」のこれから
2017.3 172p A5 ¥2500 ①978-4-254-20163-5

◆工学倫理―応用倫理学の接点　高橋隆雄、尾原祐三、広川明編著、田中明README、里中忍、山野克明、坂本和啓著　理工図書　改訂版
【目次】第1章 工学倫理への道（科学と工学、工学と現代社会 ほか）、第2章 工学倫理の基本問題（安全性・設計&事例、技術者の責任・内部告発&事例 ほか）、第3章 工学倫理の基礎（ビジネス倫理学、企業と倫理 ほか）、第4章 工学とはいかなる学問か（工学と価値・欲求、設計について ほか）
2017.8 154p B5 ¥2200 ①978-4-8446-0867-7

◆工学倫理・技術者倫理―練習問題および解答例付　梶谷剛著　アグネ技術センター
【要旨】永年工学教育審査に携わった著者が日本技術者会議の提唱する技術者倫理の七原則と九義務について説明。学習の成果を確認するための

練習問題つき。
2017.4 116p A5 ¥1600 ①978-4-901496-85-8

◆システム導入のためのデータ移行ガイドブック―コンサルタントが現場で体得したデータ移行のコツ　久枝穣著　インプレスR&D，インプレス 発売　PDF版
【目次】第1部 全体像と計画（データ移行タスクの全体像、データ移行要件定義）、第2部 移行準備（データ移行設計、データ移行プログラム開発、データ移行テスト、データ移行リハーサル）、第3部 本番移行とその後（本番データ移行、データ修復、組織変更時のデータ移行対応）
2017.11 100p A5 ¥1600 ①978-4-8443-9801-1

◆世界を動かす100の技術―日経テクノロジー展望 2018　日経BP社編　日経BP社、日経BPマーケティング 発売
【要旨】日経の専門誌編集長30人が徹底予測！10年後にビジネスで生き残るために知っておくべき知識。
2017.10 343p A5 ¥2300 ①978-4-8222-5547-3

◆ゾル-ゲルテクノロジーの最新動向　幸塚広光監修　シーエムシー出版　（新材料・新素材シリーズ）
【目次】序論（統計に見るゾル-ゲルテクノロジーの動向）、基礎編：反応、構造制御、構造形成（メタロキサンの合成、構造制御されたイオン性シルセスキオキサンおよび環状シロキサンの創成、架橋型前駆体を用いたゾル-ゲル反応による有機・無機ハイブリッド材料の作製、マルチスケール多孔質材料の構造制御、有機・無機ハイブリッドエアロゲルの合成と特性 ほか）、機能編：光、電気、化学、生体関連（メソポーラスシリカで結晶粒子を包含したナノ触媒・光触媒の合成と機能、シリカ系分子ふるい膜の細孔構造制御と透過特性、撥水ウィンドウガラス、フッ素フリー撥水撥油材料の開発、金属酸化物ナノ粒子分散体の調製と有機無機ハイブリッド透明材料への応用 ほか）
2017.7 416p B5 ¥86000 ①978-4-7813-1258-3

◆知的財産　知的財産編集委員会編　丸善出版　（理工系の基礎）
【目次】1 生活の中の知的財産、2 社会と知的財産、3 イノベーションと知的財産、4 文化と知的財産、5 知的財産の活用、6 グローバル時代の知的財産
2017.4 163p B5 ¥2500 ①978-4-621-30164-7

◆中国科学院―世界最大の科学技術機関の全容 優れた点と課題　林幸秀著　丸善プラネット，丸善出版 発売
【要旨】中国科学院は、研究者数、研究開発費、研究施設・装置などにおいて、世界最大のポテンシャルを有する科学技術機関である。本書では、中国科学院の沿革と組織の現状を紹介した後、同院の三大本命である研究開発、教育・人材育成、科学者顕彰・助言について述べ、その上で同院の優れた点と課題を記述している。
2017.10 188p B5 ¥2800 ①978-4-86345-347-0

◆テクノロジー4.0―「つながり」から生まれる新しいビジネスモデル　大前研一著　KADOKAWA
【目次】プロローグ スマホが新しい経済圏を生み出した、第1章「テクノロジー4.0」とは何か、第2章「FinTech」で信用の概念が変わる、第3章「位置情報ビジネス」が60兆円市場になる理由、第4章「IoT」で生き残る企業、滅びゆく企業、エピローグ デジタルコンチネントに移り住む人　2017.2 252p B6 ¥1600 ①978-4-04-601847-2

◆トコトンやさしいナノセルロースの本　ナノセルロースフォーラム編　日刊工業新聞社　（B&Tブックス―今日からモノ知りシリーズ）
【要旨】古くから紙や綿として利用されてきたセルロースを、ナノサイズの微細繊維とすることで、高強度、粘性、ガスバリア性、熱安定性などの機能が与えられることがわかってきた。そんな夢の材料「ナノセルロース」の製造から利用までをわかりやすく紹介。
2017.11 157p A5 ¥1500 ①978-4-526-07767-8

◆「ドローン」がわかる本―「技術」「産業や趣味での活用」「法規制」！　IO編集部編　工学社　（I・O BOOKS）
【要旨】最近は、「ドローン」を取り巻く環境が大きく変わりつつあります。これまでの「空撮」はもちろん、「産業」や「軍事」の分野でも「ドローン」の本格的な利用がはじまり、「レース」などのスポーツ競技も開催されるようになりました。一方で、「ドローン」について法律に

よって細かな規制が設けられるなど、「セキュリティ」の面からも考えるようになっています。本書では、「ドローン」の技術や定義の基本知識、どのような場面で使われるようになってきたかなど、最新事情を解説。
2017.12 127p B5 ¥1800 ①978-4-7775-2037-4

◆ナノ構造光学素子開発の最前線　西井準治，菊田久雄監修　シーエムシー出版　（エレクトロニクスシリーズ）　普及版
【目次】序章 総論―ナノ構造光学素子開発の最新動向、第1章 ナノ構造光学素子の基礎と設計、第2章 カメラ分野のナノ構造素子、第3章 ディスプレイ・発光素子分野のナノ構造素子、第4章 計測・センサー・加工のためのナノ構造素子、第5章 表面プラズモンおよび太陽電池分野のナノ構造素子、第6章 ナノ構造光学素子を支える材料の最新動向、第7章 光学素子のための構造形成プロセス
2017.12 265p B5 ¥5300 ①978-4-7813-1220-0

◆ナノテクノロジーで花粉症を治せるか？　花方信孝著　コロナ社
【目次】1 なぜ花粉症になるのか、2 「奇妙だけれどすごい」受容体、3 DNAで花粉症の薬を作る、4 CpG ODNナノ粒子化による作用機序、5 ナノ粒子化したCpG ODNの前臨床試験、6 ナノ粒子化したCpG ODNのヒトへの応用
2017.3 124p B6 ¥1400 ①978-4-339-06754-5

◆人間工学とユニバーサルデザイン新潮流―実践ヒューマンセンタードデザインのものづくりマニュアル　ユニバーサルデザイン研究会編　日本工業出版　増補版
【目次】ユニバーサルデザインことはじめ、ユニバーサルデザイン概説、利用者視点のアプローチ、人間工学の活用、公共機器から生活家電のユニバーサルデザイン、クルマのユニバーサルデザイン、生活用品のユニバーサルデザイン、情報のユニバーサルデザイン、第三者への安全配慮を施すデザイン―キッズデザインの事例、より快適な社会を目指して、ユニバーサルデザイン温故知新―30年の歴史から次世代に向けて
2017.1 261p A5 ¥5000 ①978-4-8190-2819-6

◆ぬれの科学と技術そして応用　角田光康著　シーエムシー出版　（ファインケミカルシリーズ）　普及版
【目次】第1章 ぬれに関連する基礎的事項、第2章 固体と液体界面を考えそして調べる、第3章 ぬれの表し方と評価、第4章 評価法の実際と接触角の定式化、第5章 ぬれの測定・静的技術―基本ルートと実際、第6章 低エネルギー表面（有機・高分子）のぬれ、第7章 高エネルギー表面（無機、セラミックス、金属）のぬれ、第8章 超撥水・超親水技術、第9章 ぬれが重要な要素機構となる技術、第10章 いろいろな応用技術
2017.7 314p B5 ¥6300 ①978-4-7813-1204-0

◆「ハードウェアのシリコンバレー深セン」に学ぶ―これからの製造のトレンドとエコシステム　藤岡淳一著　インプレスR&D，インプレス 発売　PDF版
【要旨】たった一人で深圳（せん）へ乗り込んだ、若き経営者の10年奮闘記。
2017.11 122p A5 ¥1600 ①978-4-8443-9803-5

◆不織布の技術と市場　シーエムシー出版
【目次】技術編（不織布の高機能化・生産技術と用途展開、コスメ用不織布の開発動向、農業用不織布資材の効果と用途の動向、電界紡糸不織布のバイオメディカル材料への応用、エレクトロバブルスピニング法とナノファイバー複合不織布、高度水処理のためのファイバー不織布フィルターの開発、ポリ乳酸繊維・不織布の実用化動向と今後の展望、不織布製造設備の最近の動向、不織布の物性測定）、市場編（不織布の市場動向、不織布用途分野別動向、不織布のメーカー動向）
2017.8 270p B5 ¥85000 ①978-4-7813-1254-5

◆物質・材料工学と社会　谷岡明彦、里達雄著　放送大学教育振興会、NHK出版 発売　（放送大学教材）
【目次】現代社会と物質・材料工学、橋梁・構造物、鉄道とその車両、自動車1 車体構造と材料、自動車2 エンジン・二次電池・燃料電池、車とインフラにおける有機材料、航空機・宇宙ロケット、ファッションと航空機、発電・エネルギーキャリア、家電製品、情報機器1 電子材料、情報機器2 ディスプレイ、医療・介護、材料評価とコンピュータ設計、明日の材料開発
2017.3 294p A5 ¥3500 ①978-4-595-31737-8

サイエンス・テクノロジー

◆プラスチックの逆襲　デザイン塾監修, 青木弘行, 松岡由幸編著　丸善プラネット, 丸善出版 発売

【要旨】プラスチックは、人類が自ら生み出した、唯一本格的な人工材料である。それにも拘わらず、その親である人類は、その加工性のよさや安価さなどから、単に"便利な材料"として多用するに留まり、それ独自の美の追求や表現をなおざりにしてきたといえる。この産業社会の人身御供というべきプラスチックの問題に対して、本書では正面から立ち向かう。本書は、「プラスチックの逆襲」と題して、プラスチック独自の魅力とその在りようについて、デザイン観点から論考する。さらに、プラスチック製メーカにおける逆襲の実例も紹介する。

2017.6 188p A5 ¥1800 ①978-4-86345-335-7

◆プラズマ産業応用技術―表面処理から環境、医療、バイオ、農業用途まで　大久保雅章監修　シーエムシー出版　（新材料・新素材シリーズ）

【目次】第1章 プラズマ生成原理と応用機器（機能性プラズマ流体の流動と応用、プラズマの産業応用に関する技術動向 ほか）、第2章 表面処理への応用（コロナ処理による表面改質技術、大気圧プラズマ表面処理装置の開発 ほか）、第3章 環境応用への応用（自動車からの排気ガスの処理、船舶用ディーゼルエンジン排ガスの浄化 ほか）、第4章 医療・バイオ・農業への応用（プラズマ殺菌、低温プラズマを用いた生体適合性表面の設計と医療デバイス応用 ほか）

2017.7 432p B5 ¥84000 ①978-4-7813-1256-9

◆ものづくり企業のための公設試の賢い利用法―機械・材料分野の技術支援事例　神奈川県立産業技術総合研究所著　アグネ技術センター

【目次】第1章 県の産業を支える"ものづくり"基盤技術、第2章 研究会活動による技術レベルの底上げ、第3章 金属材料の表面改質技術、第4章 DLCコーティング技術とその応用、第5章 高機能材料（ナノ粒子・セラミックス）の開発、第6章 太陽光発電対応技術、第7章 故障解析による信頼性の向上、第8章 音・振動・非破壊検査技術、付録

2017.4 188p A5 ¥2000 ①978-4-901496-84-1

◆レジリエンス工学入門―「想定外」に備えるために　古田一雄編著　日科技連出版社

【要旨】専門用語としてのレジリエンスは、システムが変化や擾乱を吸収して正常な機能や平静を保つ能力を意味する。現代社会を襲うさまざまな脅威は、国家の成長や国民生活へ深刻な障害となるという認識が国際社会で高まっており、国全体を単位としたナショナルレジリエンスの考え方が提唱され、その強化策が国際的な場で議論されるようになった。こうした背景から、東京大学大学院工学系研究科に「レジリエンス工学研究センター」が2013年に開設。同センターの活動に関連する研究成果を踏まえ、レジリエンス工学を俯瞰的に紹介する。

2017.7 145p A5 ¥2300 ①978-4-8171-9624-8

◆ロボホンといっしょ。　シャープ監修　インプレスR&D, インプレス 発売　PDF版

【目次】オーナーインタビュー（ゆめさん―ロボホン・ファッションの第一人者！、流郷綾乃さん―No.1ロボホン伝道師の考える、これからのロボホン）、ロボホンがいっぱい！（ロボホンオーナーズミーティング in 大阪、ロボホンオーナーインタビュー）、みんなのロボホン活用術！、3つのお勧めアプリ登場！（高齢者見守りアプリ「あんしん」―1人暮らしをするお年寄りの生活をサポートします！、勉強アプリ「英語学習」―ロボホンと一緒に英語の勉強。発音はなんとネイティブ！、顔を判別して名前を答える「お顔みっけ！」、ロボホンの電話帳に顔写真を登録した人を見つけると名前を呼びかけてくれるアプリです。）、ロボホンにWi‐Fiモデルが登場！（モバイル通信と音声通話以外は、ロボホン（3G・LTE）と性能は一緒！、室内使用がメインならWi‐Fiモデルがオススメ！、Wi‐Fiモデルでも必要なココロプランとケアプランについて解説！）

2017.10 60p A5 ¥1400 ①978-4-8443-9777-9

◆Bilingual edition 計測工学―Measurement and Instrumentation　高偉, 清水裕樹, 羽根一博, 祖山均, 足立幸志著　朝倉書店　（本文：日英両文）

【要旨】日本語と英語で学ぶ計測工学。基礎から最新技術までの重要事項を精選、重要な内容に焦点を絞って、その基本となる数学的・物理的原理を丁寧に記述している。

2017.3 190p A5 ¥2800 ①978-4-254-20165-9

白書・年鑑・辞典・書誌ほか

◆科学技術研究調査報告　平成28年　総務省統計局編　日本統計協会

【目次】結果の概要、統計表（総括、企業、非営利団体・公的機関、大学等）、科学技術研究調査の概要、付録

2017 312p A4 ¥3800 ①978-4-8223-3939-5

◆コージェネレーション白書　2016　コージェネレーション・エネルギー高度利用センター編　日本工業出版

【目次】第1章 コージェネレーションの概要、第2章 コージェネレーションの関連政策、第3章 コージェネレーションの技術動向、第4章 コージェネレーションの普及拡大に向けた展望、第5章 コージェネレーションの導入状況、第6章 海外におけるコージェネレーション、第7章 参考資料 2016.12 293p A4 ¥3500 ①978-4-8190-2820-2

◆防災白書　平成29年版　内閣府編　日経印刷

【目次】特集 熊本地震を踏まえた防災体制の見直し（熊本地震の概要、熊本地震に対する対応 ほか）、第1部 我が国の災害対策の取組の状況等（災害対策による施策の取組状況、原子力災害に係る対策）、第2部 平成27年度において防災に関してとった措置の状況（法令の整備等、科学技術の研究 ほか）、第3部 平成29年度の防災に関する計画（科学技術の研究、災害予防 ほか）

2017.7 1Vol. A4 ¥2900 ①978-4-86579-094-8

先端技術・ハイテク

◆最新フォトレジスト材料開発とプロセス最適化技術　河合晃監修　シーエムシー出版　（エレクトロニクスシリーズ）

【目次】第1編 総論、第2編 フォトレジスト材料の開発、第3編 フォトレジスト特性の最適化と周辺技術、第4編 材料解析・評価、第5編 応用展開、第6編 レジスト処理装置

2017.9 320p B5 ¥82000 ①978-4-7813-1263-7

◆最先端の有機EL―基礎物理・材料化学・デバイス応用と解析技術　安達千波矢, 藤本弘編　シーエムシー出版

【目次】第1編 基礎物理（有機半導体への期待、電荷注入と界面物性、電荷輸送機構 ほか）、第2編 材料化学・デバイス物性（正孔輸送材料、電子輸送材料、蛍光材料（ホスト・ドーパント）ほか）、第3編 デバイス作製・解析技術・デバイス応用（生産用真空成膜装置、研究用真空成膜装置・分析装置、真空蒸着の基礎と蒸発源 ほか）

2017.4 426p B5 ¥90000 ①978-4-7813-1240-8

◆酸化亜鉛の最先端技術と将来　山本哲也監修　シーエムシー出版　（新材料・新素材シリーズ）　普及版

【目次】第1章 ZnOの基礎データ、第2章 単結晶基板と微粒子、第3章 薄膜成長、第4章 透明導電膜、第5章 発光ダイオード、第6章 電子・光デバイス、第7章 電気・光・スピン特性の制御と未来への展開

2017.2 287p B5 ¥5700 ①978-4-7813-1135-7

◆大気圧プラズマの技術とプロセス開発　沖野晃俊監修　シーエムシー出版　（新材料・新素材シリーズ）　普及版

【目次】第1編 プラズマ生成技術と機器開発（大気圧グロー放電プラズマの生成の経過、非平衡プラズマの種類と発生法 ほか）、第2編 表面処理・材料プロセス（親水化・撥水化処理、薄膜Si太陽電池開発に向けたプラズマCVD技術 ほか）、第3編 分析・環境応用（オゾンの生成と環境への応用、自動車の排出ガス処理 ほか）、第4編 化学・有機合成プロセス（大気圧プラズマによる天然ガス高度利用技術、低エネルギー放電を使った燃料転換 ほか）、第5編 医療・バイオ応用（プラズマ滅菌、プラズマ医療のための大気圧低温プラズマを用いた液体の効果的殺菌技術 ほか）

2017.11 268p B5 ¥5400 ①978-4-7813-1216-3

◆ナノカーボンの応用と実用化―フラーレン・ナノチューブ・グラフェンを中心に　篠原久典監修　シーエムシー出版　（新材料・新素材シリーズ）　普及版

【目次】第1章 ナノカーボン研究の展開と実用化に向けて（ナノカーボン研究のはじまりと展開、ナノカーボンは応用されなくては ほか）、第2章 フラーレン（工業生産と応用展開、ナノカーボン原料・材料 ほか）、第3章 カーボンナノチューブ（カーボンナノチューブの合成・販売、CNT透明導電フィルム ほか）、第4章 グラフェン（大面積低温合成、SiC上のグラフェン成長 ほか）、第5章 ナノカーボン材料の安全性（ナノカーボンの社会受容：総論、ナノカーボンの細胞毒性・発癌性 ほか）

2017.10 302p B5 ¥6000 ①978-4-7813-1212-5

◆光触媒/光半導体を利用した人工光合成―最先端科学から実装技術への発展を目指して　堂免一成, 瀬戸山亨監修　エヌ・ティー・エス

【目次】序論 人工光合成が拓くGreen Sustainable Technology―世界に先んずる技術確立を、第1編 光合成から人工光合成へ、第2編 材料・システム創製、第3編 光半導体的アプローチ、第4編 実用化に向けた取り組み、第5編 世界の動向、第6編 将来技術への展望―人工光合成がヒト・環境にもたらすもの

2017.1 230, 8p B5 ¥40000 ①978-4-86043-477-9

バイオテクノロジー

◆顔の老化のメカニズム―たるみとシワの仕組みを解明する　江連智暢著　日刊工業新聞社

【要旨】見た目の年齢を決める要因（ほうれい線、たるみ、シワなど）について、圧倒的に多くの図版を用いて、その実態や仕組みを丁寧に解説。顔の加齢変化の理解を深めるとともに、アンチエイジング研究の最前線がわかる必携の一冊。

2017.6 150p A5 ¥2000 ①978-4-526-07718-0

◆抗菌ペプチドの機能解明と技術利用　長岡功監修　シーエムシー出版　（バイオテクノロジーシリーズ）

【目次】第1編 合成・機能解明（抗菌ペプチドの構造・機能相関の研究、両生類の抗菌ペプチドとその多機能性、ラクトフェリンの抗菌・抗ウイルス作用機構 ほか）、第2編 機能評価・臨床試験（病原微生物を標的とした抗菌ペプチドの生体防御に関する多機能性評価、天然物由来抗菌ペプチドの同定および機能性評価、新規抗菌性ペプチドによる難治性皮膚潰瘍治療薬の臨床試験 ほか）、第3編 技術利用（Cathelicidin 抗菌ペプチドの作用メカニズムと敗血症治療への応用、納豆抽出抗菌ペプチドの抗がん剤への応用、抗菌ペプチドと皮膚疾患 ほか）

2017.5 239p B5 ¥74000 ①978-4-7813-1245-3

◆次世代バイオミメティクス研究の最前線―生物多様性に学ぶ　下村政嗣監修、バイオミメティクス研究会編　シーエムシー出版　（バイオテクノロジーシリーズ）　普及版

【目次】第1章 総論（ネオバイオミメティック・エンジニアリングとしての「生物規範工学」：材料技術のパラダイム・シフトとイノベーション、次世代バイオミメティクス研究の海外動向と我が国の現状 ほか）、第2章 機能解明（生物多様性がもたらす技術革新、生物はなぜ構造色をもつのか ほか）、第3章 機能開発（昆虫に学ぶMEMSセンサ、昆虫と植物の攻防に学ぶ接合技術 ほか）、第4章 製品開発（生物に学ぶトライボロジー：自動車部品への応用、ドット型周期微細構造 ほか）、第5章 データベース（バイオミメティック・データベースとしての昆虫インベントリー、バイオミメティック・データベースとしての魚類インベントリー ほか）

2017.11 350p B5 ¥7000 ①978-4-7813-1217-0

◆食のバイオ計測の最前線―機能解析と安全・安心の計測を目指して　植田充美監修　シーエムシー出版　（バイオテクノロジーシリーズ）　普及版

【目次】バイオ計測を用いた食の機能解析と安全・安心の向上、計測開発編（大学・研究機関の研究動向、メーカー（企業）の開発動向）、機能解析編（大学・研究機関の研究動向、メーカー（企業）の開発動向）、安全・安心の計測編（大学・研究機関の研究動向、メーカー（企業）の開発動向）

2017.8 277p B5 ¥5600 ①978-4-7813-1207-1

◆生体ガス計測と高感度ガスセンシング　三林浩二監修　シーエムシー出版　（バイオテクノロジーシリーズ）

【目次】第1編 呼気ならびに皮膚ガスによる疾病・代謝診断（生体ガスによる疾病診断及びスクリー

サイエンス・テクノロジー

ニングと今後の可能性、呼気・皮膚ガスによる疾病・代謝診断）、第2編 生体ガス計測のための高感度ガスセンシング技術（計測技術の開発、メーカーによる研究開発の動向）
2017.8 254p B5 ¥76000 ①978-4-7813-1250-7

◆体内時計の科学と産業応用　柴田重信監修
シーエムシー出版　（バイオテクノロジーシリーズ）　普及版
【目次】第1編 総論、第2編 医薬、第3編 食品、第4編 香粧品、第5編 農業、第6編 照明、第7編 運動、第8編 公衆衛生、第9編 計測
2017.6 253p B5 ¥5100 ①978-4-7813-1202-6

◆ビジュアル・バイオテクノロジー
Carolyn A. Dehlinger著、福井希一、内山進、松田史生監訳　（京都）化学同人
【目次】1章 バイオテクノロジーの誕生、2章 現代のバイオテクノロジー産業、3章 バイオインフォマティクス：ゲノミクス、プロテオミクス、フェノミクス、4章 バイオテクノロジーと、5章 生命科学と医療、6章 環境バイオテクノロジーと環境保全、7章 農業と食料生産、8章 科学捜査と生物防衛、9章 エボデボ：進化と発生をバイオテクノロジーでひもとく、10章 人類学におけるバイオテクノロジー、11章 バイオテクノロジーの未来
2017.4 261p 28×22cm ¥3800 ①978-4-7598-1920-5

◆マリンバイオテクノロジーの新潮流　伏谷伸宏監修　シーエムシー出版　（バイオテクノロジーシリーズ）　普及版
【目次】第1章 序論と展望（医薬開発、機能性食品素材および試薬（細菌および真菌、微細藻類および海藻ほか）、第3章 機能性食品（機能性食品素材開発の動向、脂肪酸およびカロテノイド ほか）、第4章 バイオマテリアル（バイオエネルギー、バイオミネラル ほか）
2017.12 242p B5 ¥4800 ①978-4-7813-1219-4

◆メタゲノム解析技術の最前線　服部正平監修　シーエムシー出版　（バイオテクノロジーシリーズ）　普及版
【目次】基礎編（総論、解析技術）、応用編（環境・海洋、医療・健康、農業）
2017.2 231p B5 ¥4600 ①978-4-7813-1133-3

◆リキッドバイオプシー—体液中腫瘍マーカーの検出・解析技術　落谷孝広監修　シーエムシー出版　（バイオテクノロジーシリーズ）
【目次】第1編 総論（リキッドバイオプシーの国内外の現状と将来展望、血中循環腫瘍細胞の発生機構と臨床的意義 ほか）、第2編 血中循環腫瘍細胞（CTC）（マイクロキャビティアレイ方式によるCTCの回収と遺伝子解析への応用、誘電泳動を用いた血中腫瘍細胞デバイスを組み込んだCTC高純度濃縮システム ほか）、第3編 血中循環腫瘍DNA（ctDNA）（塩基配列決定法NOIR - SeqS、EGFR - NGSチェック一次世代シーケンシングによる非侵襲性肺癌遺伝子検査法 ほか）、第4編 エクソソーム／マイクロRNA（miRNA）（加速するエクソソームリキッドバイオプシーの実用化、ナノバイオデバイスによる体液中エクソソーム解析 ほか）、第5編 メタボローム（メタボローム解析を活用したがん検出技術の開発、アミノインデックス - 血中アミノ酸プロファイルによるがん検出）
2017.8 288p B5 ¥80000 ①978-4-7813-1259-0

 資源・エネルギー

◆エナジー・エコノミクス—電力システム改革の本質を問う　南部鶴彦著　日本評論社　第2版
【目次】誰のための改革か—問題の所在、電気の生産と流通、相互連結—効率的な発電のスケジュール、相互連結のインセンティヴ、相互連結の一般理論—系統の給電システムの解明、「電場」による電力需要の形成と固定費の回収、小売市場の価格形成、発送電分離（アンバンドリング）は合理的か、需要関数と固定コスト：分析のツール、限界費用料金の帰結：消費者余剰と収支均衡、再生可能エネルギーの社会的コスト、アンバンドリンクの病理—治癒可能か、通信産業におけるFCCの参者保護政策の失敗と教訓
2017.5 246p A5 ¥2800 ①978-4-535-55859-5

◆エネルギー自由化は「金のなる木」70の金言+α　江田健二著　エネルギーフォーラム

【要旨】「黒字経営」にするヒントが満開！ まちの社長さん必携今が旬の金科玉条の一冊。
2017.8 293p B6 ¥1800 ①978-4-88555-481-0

◆エネルギー政策の新展開—電力・ガス自由化に伴う課題の解明　木船久雄、西村陽、野村宗訓編著　（京都）晃洋書房
【要旨】実務的な知見と産業の特性をわかりやすく記述し、総合的な視点での政策形成へ向けた重要な論点を提示する。大きな変革期を迎えているエネルギー政策への多面的アプローチ。
2017.3 174p A5 ¥2600 ①978-4-7710-2854-8

◆エネルギー政策論　高橋洋著　岩波書店
【要旨】原発事故後、エネルギー政策の重要性はかつてなく高まっている。原発をどうするか。再生可能エネルギーに頼ることはできるのか。公共政策論を基礎に、環境経済学や国際関係論、最低限の工学的知識など、多角的な視野が必要とされるエネルギー政策を体系的に理解するための最良のテキスト。日本や地球環境にとって喫緊の課題であるエネルギー問題が、この1冊ですべてわかる。
2017.11 245p A5 ¥2400 ①978-4-00-028918-4

◆エネルギー戦国時代はプロパンガスが制する　後藤庄樹著　幻冬舎メディアコンサルティング、幻冬舎 発売
【要旨】電力・ガスの自由化によって大変革期を迎えたエネルギー業界。熾烈な顧客争奪戦を勝ち抜くプロパンガス事業の強みと可能性を徹底解説。
2017.9 201p B6 ¥1500 ①978-4-344-91325-7

◆エネルギーデジタル化の未来　江田健二著　エネルギーフォーラム
【要旨】今世紀最大のビジネスチャンス到来！ 近い将来に起こる「変革」を展望。
2017.2 118p B6 ¥1200 ①978-4-88555-478-0

◆エネルギー白書　2017　経済産業省編　経済産業調査会
【目次】第1部 エネルギーを巡る状況と主な対策（福島復興の推進、エネルギー政策の新たな展開、エネルギー制度改革等とエネルギー産業の競争力強化）、第2部 エネルギー動向（国内エネルギー動向、国際エネルギー動向）、第3部 2016（平成28）年度においてエネルギー需給に関して講じた施策の状況（安定的な資源確保のための総合的な施策の推進、徹底した省エネルギー社会の実現とスマートで柔軟な消費構造の実現、再生可能エネルギーの最大限導入に向けた中長期的な自立化を目指して、原子力政策の展開、化石燃料の効率的・安定的な利用のための環境の整備 ほか）
2017.8 367p A4 ¥3000 ①978-4-8065-2996-5

◆欧米先進事例に学ぶデジタル時代の電力イノベーション戦略　アビームコンサルティング, ガスエネルギー新聞著　毎日新聞出版
【要旨】ビジネスチャンスか、デススパイラルの幕開けか？ 破壊的イノベーションが電力業界を直撃する！
2017.11 204p A5 ¥2500 ①978-4-620-32470-8

◆規制科学・規制工学概論　本田博、アラン・モギッシ共著　養賢堂
【要旨】本書は、科学・工学・技術と、社会・経済・司法・立法・行政などとの関係を、より合理的に人々を納得させる上で、望ましいとの考えからまとめられたものである。
2017 198p B5 ¥3400 ①978-4-8425-0560-2

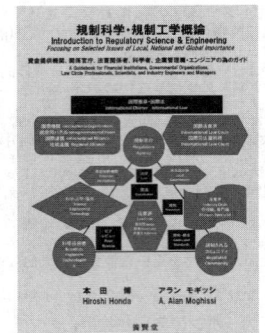

◆キーナンバーで綴る環境・エネルギー読本—市民から若手技術者まで（デマンドサイド関

係者）のための　環境技術交換会著　日本工業出版
【目次】序章 エネルギー・環境の歴史とデマンドサイドシステム構築の重要性、第1章 エネルギーの基礎、第2章 エネルギー資源、第3章 日本のエネルギー供給システム、第4章 マクロエネルギー消費とデマンドサイド対応の概要、第5章 家庭部門でのエネルギー消費とその改善、第6章 業務部門でのエネルギー消費とその改善、第7章 エネルギーと環境、第8章 エネルギー関連のコストとシステムの経済的評価、付録A 熱と仕事の相互変換（工業熱力学のさわり）
2017.3 269p B5 ¥3500 ①978-4-8190-2906-3

◆再生可能エネルギー政策の国際比較—日本の変革のために　植田和弘、山家公雄編　（京都）京都大学学術出版会
【要旨】欧米では、政策の強力な牽引力で再生可能エネルギーが導入されている。しかし日本では遅々として進まない。既存事業者の政治的経済的利害ももちろんあるが、そもそも日本で流通する情報には、誤解や不完全なものが多い。系統安定化問題、FIT（固定価格買取制度）の有効性、発電コスト、自治体の主体性や合意形成問題など、日本では否定的な材料として語られる諸論点に、欧米の事例を具体的に示すことで反証し、日本の策的積極性を求める。環境経済と再生可能エネルギー論でわが国をリードする研究者、政策推進者、実務家が一堂に会した最新の政策論。
2017.2 362p A5 ¥3500 ①978-4-8140-0065-4

◆再生可能エネルギーで地域を変える　久保田健, 神本正行監修　（弘前）弘前大学出版会　（知の散歩シリーズ 1）
【要旨】太陽、風、波、温泉、植物、そして人～青森にはエネルギーが満ちている～北日本新エネルギー研究所の挑戦！ 地球にも全ての生命に優しい、再生可能エネルギーの使い方を磨く。地域と共に新しいエネルギー創造を目指す！
2017.2 135p A5 ¥900 ①978-4-907192-44-0

◆再生可能エネルギーのメンテナンスとリスクマネジメント　安田陽著　インプレスR&D, インプレス 発売　PDF版
【要旨】再エネは「発電所を作っておしまい」のビジネスではない！ 発電を続けるにはメンテナンスとリスクマネジメントが必須。社会に受け入れられる持続的な再エネ発電のコンセプトとは。
2017.10 179p A5 ¥2500 ①978-4-8443-9798-4

◆資源・エネルギー統計年報　平成28年　経済産業省資源エネルギー庁資源・燃料部編　経済産業調査会　（本文：日英両文）
【目次】1 原油（原油地域別、原油別輸入、原油油種別輸入、非精製用出荷内訳 ほか）、2 石油製品（石油製品需給総括、石油製品製造業者・輸入業者受払、石油製品国内向月別販売 ほか）、参考資料（石油備蓄量推移、石油輸入価格推移、契約期間別、供給者区分別、地域別、国別原油輸入）、調査票様式
2017.8 101p A4 ¥4500 ①978-4-8065-1912-6

◆自然エネルギーと協同組合　村田武, 河原林孝由基編著　筑波書房
【目次】第1章 農協が取り組める畜産バイオガス発電（畜産バイオガス発電はどのように事業化されてきたか、集中型プラント—北海道鹿追町「環境保全センター」 ほか）、第2章 農協が取り組める営農型太陽光発電（ソーラーシェアリング）（農山漁村における自然エネルギー発電導入・促進の背景、自然エネルギー発電と土地利用 ほか）、第3章 生協が取り組める自然エネルギー産直（脱原発運動としての新電力事業、生活協同組合パルシステムの「産直」 ほか）、第4章 ドイツの「エネルギー大転換」と自然エネルギー村（ドイツにおけるエネルギー大転換とは、衝撃を与えた福島の過酷事故 ほか）
2017.8 112p B6 ¥1200 ①978-4-8119-0516-7

◆小水力発電事例集　2017　全国小水力利用推進協議会編　クリエイト日報出版部
【目次】事例（西目発電所—地元農家とともに歩む島海山の麓の発電所更新工事、最上川中流小水力南舘発電所—ESCO事業で生まれ変わる山形の土地改良区の発電所、小瀬谷発電所—歴史ある地域を保全する有志出資の小水力発電所建設 ほか）、特集（自然エネルギーの導入拡大に向けた柔軟な系統接続運用、Voice 再生の現場から）、地域団体の活動（北東北/北東北小水力利用推進協議会—小水力発電の導入と上北北の地域づくりを目指して、新潟県/新潟県小水力推進利用協議会—小さい落差で事業化できる新潟モ

デルの開発を目指して、鳥取県/鳥取県小水力発電協議会—集落の大黒柱、別府小水力発電所の更新工事 ほか）
2017.11 42p A4 ¥815 ①978-4-89086-307-5

◆衝突の一般論—「重さを与える機構による発電」温暖化及び環境対策に対応した即効性のある発電システム　松永宗男著　（伊丹）牧歌舎, 星雲社 発売　第3版
【要旨】最先端の物理学理論を縦横に駆使した注目のエネルギーシステム論。
2017.10 167p A6 ¥3500 ①978-4-434-20208-7

◆スッキリ！ がってん！ 再生可能エネルギーの本　豊島安健著　電気書院
【目次】1 再生可能エネルギーってなあに、2 エネルギーの技術史、3 太陽光発電、4 風力発電、5 水力発電、6 地熱発電、7 バイオマス、8 環境熱・その他、9 まとめ
2017.6 189p B6 ¥1200 ①978-4-485-60028-3

◆石油を読む　藤和彦著　日本経済新聞出版社（日経文庫）　第3版
【要旨】本書は、近年、再び注目が高まる原油について解説します。世界各国の情勢や今後を分析して価格乱高下の原因に迫り、日本が進む道を読み解きます。シェール革命で大産油国に復活しトランプ政権の動向が注目される米国、苦境に追い込まれたサウジアラビアなど湾岸産油国、接近する日本とロシアなど、最新の事情を盛り込みました。エネルギー関連企業や商社などのビジネスパーソンはもちろん、投資や経済動向の調査、国際情勢分析の観点から原油について知りたい方にも最適の一冊です。
2017.2 202p 18cm ¥860 ①978-4-532-11370-4

◆石油資料　平成29年　石油通信社編集局編　石油通信社
【目次】基礎資料、石油製品需要見通し、液化石油ガス需要見通し、エネルギー一般、原油・石油製品需給、精製・元売、流通、LPガス、備蓄、石油・天然ガス開発、予算・税制、OPEC、その他 2017.10 365p A6 ¥2500 ①978-4-907493-08-0

◆長期ゼロエミッションに向けて　茅陽一, 山口光恒, 秋元圭吾著　エネルギーフォーラム（エネルギーフォーラム新書）
【要旨】気候変動問題は地球規模での影響の大きさ、数世代にわたる長期性、科学や損害・対策コストをめぐる不確実性、各国の利害対立など複雑な事象を含み、対処が大変難しい問題である。気温上昇を止め、一定の水準で安定化するには、長期CO₂ゼロエミッションが必要という事である。
2017.10 254p 18cm ¥900 ①978-4-88555-485-8

◆電力・ガス自由化の真実　野村宗訓, 草薙真一共著　エネルギーフォーラム
【要旨】エネルギー競争にメリットはあるのか!? 斯界の双璧がその恩恵と弊害を検証。
2017.5 161p A5 ¥1600 ①978-4-88555-477-3

◆東大塾 水システム講義—持続可能な水利用に向けて　古米弘明, 片山浩之編　東京大学出版会
【要旨】豊かな水資源を守るために。世界の人口問題、水ビジネス、気候変動に伴う渇水、上下水道のインフラ、河川の環境…資源として重要な時代となった水について、多角的に分析する。東京大学による社会人むけ連続講座、「グレーター東大塾」の書籍化第三弾。
2017.1 296p A5 ¥3800 ①978-4-13-063361-1

◆21世紀の太陽光発電—テラワット・チャレンジ　荒川裕則著, 日本太陽光発電学会編　コロナ社　（シリーズ21世紀のエネルギー 12）
【目次】1 無尽蔵の太陽エネルギー、2 太陽電池の基礎、3 実用化されている太陽電池、4 これからの太陽電池、5 太陽光発電システム、6 21世紀の太陽光発電の計画と構想
2017.12 187p A5 ¥2500 ①978-4-339-06832-0

◆米国エネルギー法の研究—経済規制と環境規制の法と政策　草薙真一著　白桃書房
【要旨】著者は、エネルギー法を物語するには、幅広い視野で、現在の政策が今後どのようなものに変わりうるかという問題意識を持ちつつ現状の複雑な課題を的確に指摘することに繋がる、という確たる意図を持ち、エネルギー法の諸問題を丁寧に得り取り浮き彫りにしていく。第3部のエネルギー規制機関は論じられることの少ない問題だけに、日本の研究者にとり貴重な内容である。
2017.5 395p A5 ¥4000 ①978-4-561-76216-4

◆名門・県立浦和高校の白熱エネルギー講座　岡田直人著　エネルギーフォーラム
【要旨】徹底研究！ 日本の電力問題。文部科学省SGH（スーパーグローバルハイスクール）指定校 "公立の星" が取り組んだアクティブ・ラーニングの実践。
2017.3 225p B6 ¥1600 ①978-4-88555-475-9

◆リスクベースメンテナンス入門—RBM　日本学術振興会・産学連携第180委員会, 「リスクベース設備管理」テキスト編集分科会編　養賢堂
【要旨】リスクとは何か？ といった基本を学び、RBMを適用するための手順を示す入門書。
2017 181p A5 ¥3000 ①978-4-8425-0557-2

◆EDMC エネルギー・経済統計要覧 2017　日本エネルギー経済研究所計量分析ユニット編　省エネルギーセンター
【要旨】エネルギー問題を理解するための統計集!! 基本データから需要部門別、エネルギー源別の各種統計、世界の経済指標、CO₂排出量、超長期統計まで、各種データを加工して横断的にとりまとめた便利で使いやすいコンパクト版。
2017.2 373p A6 ¥2400 ①978-4-87973-462-4

◆EDMC/エネルギー・経済統計要覧（英文版） 2017　日本エネルギー経済研究所計量分析ユニット編　省エネルギーセンター （本文：英文）
【目次】Japan (Energy and Economics、Energy Demand by Sector、Supply and Demand by Energy、Long-term Statistics、Outlooks)、World、Appendix
2017.4 389p B6 ¥2900 ①978-4-87973-464-8

◆LPガス資料年報　VOL.52 2017年版　石油化学新聞社LPガス資料年報刊行委員会編　石油化学新聞社
【目次】第1編 需給、第2編 流通と価格、第3編 設備、第4編 利用、第5編 簡易ガスと一般ガス事業、第6編 関係資料
2017.3 333p A4 ¥17000 ①978-4-915358-63-0

地球温暖化

◆地球温暖化＆エネルギー問題総合統計 2017・2018　三冬社編　三冬社
【要旨】気候変動のリスクの減少と日本のエネルギー問題の将来像を考える。温暖化や新エネルギーまでの統計データを集録。
2017.4 346p A4 ¥14800 ①978-4-86563-024-4

◆トランプ・リスク—米国第一主義と地球温暖化　有馬純著　エネルギーフォーラム
【要旨】アメリカ・ファーストカードの衝撃。「パリ協定離脱」を巡る政権の内幕。
2017.10 206p B6 ¥1500 ①978-4-88555-483-4

環境問題・自然保護

◆アメリカ有害物質規制法の改正　辻信一著　（京都）昭和堂
【要旨】2016年、米国において化学物質管理の基本となる法律が、制定以来はじめて改正された。米国に製品を輸出する日本のメーカーにとって

も重要な法律だ。本書では、制定の経緯から始まり、改正前の問題点、改正の経緯、改正点を明らかにし、今後の課題を展望する。
2017.3 285p A5 ¥6400 ①978-4-8122-1620-0

◆いのちのふるさと海と生きる　田中克編　（福岡）花乱社　（森里海を結ぶ 1）
【要旨】コンクリートに覆われた日本の水辺。巨大化した人間の経済活動は生態系を破壊し続け、資源と環境の劣化は限界に来ている。今こそ持続可能な循環共生型「環境・生命文明社会」への転換を目指し、市場主義を変革する世界のモデルとなるために、環境蘇生に向けて最前線で奮闘する分野を横断した "知" を結集。健やかな水循環と豊かな自然を次世代へ繋ぐために—。
2017.6 271p A5 ¥1800 ①978-4-905327-74-5

◆海の温暖化—変わりゆく海と人間活動の影響　日本海洋学会編　朝倉書店
【目次】1 地球温暖化の現状と課題、2 海洋物理、3 海の物質循環の変化、4 海洋酸性化、5 海洋生態系への影響、6 古気候・古海洋環境変動、7 海洋環境問題
2017.7 154p B5 ¥3200 ①978-4-254-16130-4

◆エコツーリズム：こころ躍る里山の旅—飯能エコツアーに学ぶ　犬井正著　丸善出版
【要旨】現在、エコツーリズムをはじめとして農山村を舞台としたツーリズムが日本各地で胎動しています。もちろん、ツーリズムは農山村再生の万能薬ではありませんが、農山村再生の課題解決にむけての有効なツールの一つに成り得ると私は思っています。それだけでなく、エコツーリズムは多様な価値観を認め合いながら、自然と共生する社会の在り方を追求する一種の社会運動ではないかと思います。
2017.4 168p A5 ¥2000 ①978-4-621-30151-7

◆越境大気汚染の比較政治学—欧州、北米、東アジア　高橋若菜著　千倉書房
【要旨】風上に中国・韓国を抱える。風下国・日本の安全保障とは。
2017.3 402p A5 ¥7000 ①978-4-8051-1109-3

◆海洋汚染防止条約　2017年改訂版　国土交通省総合政策局海洋政策課監修　海文堂出版（本文：日英両文）
【目次】MARPOL73/78条約締約国リスト、MARPOL73 / 78条約の改正状況、MARPOL73 / 78条約の改正経緯一覧、1973年の船舶による汚染の防止のための条約、1973年の船舶による汚染の防止のための国際条約に関する1978年の議定書、1973年の船舶による汚染の防止のための国際条約に関する1978年の議定書によって修正された同条約を改正する1997年の議定書、付録：1973年の船舶による汚染の防止のための国際条約に関する1978年の議定書の附属書の2016・2017年改正（英文のみ）
2017.7 750p A5 ¥15000 ①978-4-303-37479-2

◆カラー版 最後の辺境—極北の森林、アフリカの氷河　水越武著　中央公論新社　（中公新書）
【要旨】地図上の空白地帯が失われてしまった現在も、文明の侵食を許さない隔絶された土地は存在する。ヒマラヤの高山氷河、アマゾン源流の大瀑布、アフリカ最奥部の密林地帯一人の手が地球上の隅々にまで及ぼうとするなか、厳しくも美しい極北と辺境で、豊かな自然の最後の砦だと言えよう。日本を代表する自然写真家が半世紀にわたって追い求めてきた最後の辺境を、見る者の心を揺さぶる写真で紹介します。
2017.7 184p 18cm ¥1050 ①978-4-12-102444-2

◆環境概論　勝田悟著　中央経済社, 中央経済グループパブリッシング 発売　第2版
【要旨】多くの人工的物質を生産されることは、多くのエネルギー資源が消費されること。その結果、地球上の物質バランスは崩れつつある。物質のバランスが崩れると生態系が破壊され、自然環境が変化し、人間の健康、生命の維持ができなくなる。環境問題の基礎的な現象面から説明し、社会システムによる解決策の方法までで、近年の動向を踏まえ基本的な内容を解説。
2017.4 195p A5 ¥2400 ①978-4-502-22821-6

◆環境自治体白書 2016・2017年版 外の力を活用した持続可能な地域づくり　中口毅博編著, 環境自治体会議環境政策研究所編集協力 生活社
【目次】第1部 外の力を利用した持続可能な地域づくり（外の力を利用とは、外の力を利用した持続可能な地域づくりの事例）、第2部 各地で進む

持続可能な地域づくり（地域における市民・自治体・企業の取り組み―東京会議から、環境自治体会議会員自治体の優良事例）、第3部 持続可能な地域づくりの今後の展望（持続可能な地域づくりの今後の展望）
2017.2 221p A5 ¥2500 ①978-4-902651-39-3

◆環境政策史―なぜいま歴史から問うのか　西澤栄一郎, 喜多川進編著　（京都）ミネルヴァ書房　（法政大学大原社会問題研究所叢書）
【要旨】本書は、環境政策に対して、歴史的視点からの分析を試みるものである。環境問題の研究は様々な学問分野に広がっていったが、政策の誕生背景、政策過程、その後の展開を丹念に解き明かした業績は決して多くない。今日の複雑な環境問題の諸相を理解し、環境政策の将来像を構想するためには、政策の来歴の解明が必要である。本書では環境政策史の理論的検討と、異なる時期や地域を対象としたケース・スタディを展開し、多様な環境政策史研究の方向性を示す。
2017.3 250p A5 ¥5000 ①978-4-623-07871-4

◆環境と生命の合意形成マネジメント　桑子敏雄編著　東信堂
【要旨】文理融合を実践してきた東工大桑子研究室の挑戦的知の論集。20世紀の人間が開発した科学技術は、人間の時間と空間に大きな影響をもたらした一方で大気・海洋汚染、食品公害、パンデミック、原発事故による放射線災害など人間環境と生命に危機的ダメージを与えてきた。このことは科学技術による自然環境と人間生命との共生をいかに進め災害から人命を守るかという問題を突き付けている。本書の執筆者は国土、病、森林、地域、土壌、都市、街、医療など環境と生命の現場で問題解決の合意形成にかかわる専門家である。それらの経験を生かした博士論文を基にまとめたものであり、鮮やかな問題解決に関係者はきっと驚きの声を得られるだろう。
2017.3 347p A5 ¥3200 ①978-4-7989-1419-0

◆環境と動物の倫理　田上孝一著　本の泉社
【目次】第1部 人間中心主義を超えて（環境倫理学に見る人間と動物の関係―現代文明再審への一視角、環境をめぐる規範理論の対抗―シンガーとレーガンとキャリコット、アルネ・ネスと反文明の倫理学）、第2部 動物の権利からベジタリアニズムへ（動物権利論の実像、牛肉食の神話、ベジタリアニズムの核心と可能性）、付録（環境問題から社会主義へ、オルタナティヴな社会主義の探求と食の問題―この一冊：ピーター・シンガー『実践の倫理』―論理的首尾一貫性の大切さ）2017.3 151p A5 ¥1200 ①978-4-7807-1607-8

◆環境の科学―人間の活動は自然環境に何をもたらすか　中田昌宏, 笠嶋義夫共著　三共出版　新版
【目次】1 地球温暖化、2 オゾン層の破壊、3 酸性雨と森林、4 人口増加と食糧問題、5 原子力発電―原子力発電は文明を支えるエネルギーとなり得るか、6 ダイオキシンと内分泌かく乱化学物質（環境ホルモン）、7 いま、文明はどこへ向かおうとしているのか
2017.3 166p A5 ¥1900 ①978-4-7827-0760-9

◆環境のための数学・統計学ハンドブック　住明正監修, 原澤英夫監訳　朝倉書店
【目次】基礎的換算、計算、モデル化とアルゴリズム、統計、リスクの測定、プール代数、経済、基礎工学、土質力学、バイオマスの基礎計算、基礎科学計算、環境保健と安全の計算、大気汚染制御の数学的概念、水質の数学的概念〔ほか〕
2017.9 809p A5 ¥20000 ①978-4-254-18051-0

◆環境破壊と現代奴隷制―血塗られた大地に隠された真実　ケビン・ベイルズ著, 大和田英子訳　凱風社
【要旨】消費資本主義の強欲は尽きることはない。人倫とか愛情とか他者への癒与―それらの人間的価値を金銭的価値に変質させる“近代の経済的繁栄”の陰には“新しい搾取”が同時的に進行している。『グローバル経済と現代奴隷制』『現代奴隷制に終止符を！』を著した行動する社会学者が献身的な現地調査の上で、報道されない実態を伝え、私たち“消費者”の行動と決断を問う渾身のルポルタージュ。
2017.7 379p B6 ¥2300 ①978-4-7736-4105-9

◆環境被害のガバナンス　永松俊雄著　成文堂　新版
【目次】序章 人間社会と環境被害、第1章 水俣病と被害者救済の経緯、第2章 原因企業救済の経緯、第3章 環境被害とフレーミング、第4章 環境被害の教訓、第5章 放射性物質汚染と行動選択、第6章 福島第一原発事故の被害補償と東電救済　2017.4 249p A5 ¥2500 ①978-4-7923-3360-7

◆環境法　北村喜宣著　弘文堂　第4版
【要旨】「環境法」学習のための10ポイントをおさえたスタンダード・テキスト。総論では、具体例を参照しながら実定法に共通する考え方や基本的仕組みを紹介していて、各論では、司法試験で前提とされる10法を中心に解説。カラフルな図表、「トリビア環境法」、基本的用語の確認問題が理解をサポート。技術的でむずかしいと思われがちな環境法の面白さを伝える具体例。リファレンス機能を充実させて環境法の世界を広げ深める循環的学習法の徹底。
2017.3 650p A5 ¥3300 ①978-4-335-35696-4

◆環境法の考えかた　1　「人」という視点から　六車明著　慶應義塾大学出版会
【要旨】「あなたの大切な人」にとってのよい環境とは何だろうか？1人1人がよい環境でいて欲しい。かつては裁判官として、また学生とともにある研究者として生きてきた著者が環境と法のもっとも基本であるべきことを考える。
2017.3 273p B6 ¥2600 ①978-4-7664-2404-1

◆環境法の考えかた　2　企業と人とのあいだから　六車明著　慶應義塾大学出版会
【要旨】会社や企業のまわりにある環境とは何だろうか？1人1人がよい環境でいて欲しい。企業と、またその中にいる人、そのまわりにいる人にとって、よい環境とは何だろうか。環境と法のもっとも基本であるべきことを考える。
2017.3 251p B6 ¥2600 ①978-4-7664-2405-8

◆環境法の冒険―放射性物質汚染対応から地球温暖化対策までの立法現場から　鷲坂長美著　清水弘文堂書房
【目次】第1章 環境法とは、第2章 公害被害への対応、第3章 環境法の理念と環境基本法、第4章 公害規制法、第5章 事業規制法、第6章 自然環境と生物多様性
2017.3 303p A5 ¥2500 ①978-4-87950-626-9

◆環境問題のとらえ方と解決方法　岡田光正, 藤江幸一編著　放送大学教育振興会, NHK出版 発売　（放送大学教材）
【目次】環境問題のとらえ方と解決方法のフレームワーク、環境問題のとらえ方、環境問題の発生原因とその解決方法、環境の望ましい状態、環境の指標、モニタリングと評価の方法、大気環境保全技術、水・地下水・土壌環境保全技術、廃棄物処理・資源保全技術、大気に関する環境問題とその解決方法、水・地下水・土壌に関する環境問題とその解決方法、環境問題に関する環境問題とその解決方法、都市のヒートアイランド現象とその対策、化学物質に関する環境問題とその解決方法、地球環境問題とその解決方法
2017.3 286p A5 ¥3200 ①978-4-595-31734-7

◆環境論ノート―地球のためにできること　久塚謙一著　（龍ヶ崎）流通経済大学出版会
【要旨】本書は、地球環境の保全に関心のある人々を対象に、環境・エネルギー・食料等の諸問題の動向と対応策のヒントを読み解くために著したものです。持続可能な社会の実現に向けて、知識を行動に結び付ける第一歩として、また、アクティブラーニングの教材として、本書を活用していただければ幸いです。
2017.1 192p B5 ¥2500 ①978-4-947553-72-0

◆"木・呼吸・微生物" 超先進文明の創造―自然共生のナチュラル・サイエンスへ 日本人だからこそ成し遂げられる　船瀬俊介, 伊藤好則ほか著　ヒカルランド
【要旨】これから日本の杉をどうするのか。そこから日本の本質へ遡ることができる。呼吸する木、微生物の生きている木、45度Cでの乾燥が奇跡の杉を生み出した。木造都市の夜明けが始まったのだ。使われなくなった田畑をどうするのか。そこからも日本文明の本質に迫らなくてはならない。宝物を生み出す田畑は住宅地の10分の1の値段しかつかない。なぜなのか？そして「愛工房」の杉が縁で、その歪みを正すヒントが生まれた。黒芯の杉さえも宝物に変える「愛工房」を杉山に設置できたなら、奇跡の杉を使った超付加価値のある建造物、家具がつくれたなら、過疎の村里が蘇生する。そして、杉伐採の跡地で伝統のごぼう栽培を復活させた、滋賀県桃原の試みとは？
2017.5 283p B6 ¥1815 ①978-4-86471-495-2

◆国立公園論―国立公園の80年を問う　国立公園研究会・自然公園財団編　（鹿児島）南方新社
【要旨】1931年に誕生した日本の国立公園制度は、その後1世紀弱を経て国土の5.8％におよぶ自然豊かな大面積を囲い込むことに成功した。原

点に立ち返り、今後の在り方を展望する。国内で指定されている全国立公園34の基本データを網羅。
2017.3 263p A5 ¥1800 ①978-4-86124-359-2

◆こころの環境革命　米田明人著　今日の話題社
【要旨】気温上昇2℃では危ない！「パリ協定採択」は脱炭素社会の開始！これからの世界の指針！ミレニアム開発目標（MDGs）の成果と今後の持続可能な開発目標（SDGs）とは！すでに進行している人類の危機への最終処方箋とは「足るを知る」こと。一人ひとりの"革命"が地球を救う！
2016.10 295p B6 ¥1200 ①978-4-87565-631-9

◆ごみを資源にまちづくり―肥料・エネルギー・雇用を生む　中村修著　農山漁村文化協会
【要旨】国連のSDGs（持続可能な開発目標）達成モデルと称賛される福岡県大木町、みやま市での経験をもとに、焼却炉も下水道も不要、人口減少・高齢化・経済縮小時代にマッチしたエコで安上がりな「循環のまちづくり」を大胆に提案する。
2017.8 141p B6 ¥1800 ①978-4-540-17167-3

◆最近の重要環境判例　人間環境問題研究会編　有斐閣　（環境法研究 第42号）
【要旨】特集 最近の重要環境判例（全体の動向―最近の重要環境判例、廃棄物、騒音、環境影響評価、化学物質 ほか）、書評（辻信一著『化学物質管理法の成立と発展―科学的不確実性に挑んだ日米欧の50年』、佐藤嘉幸・田口卓臣著『脱原発の哲学』）
2017.11 208p A5 ¥4300 ①978-4-641-22743-9

◆里地里山エネルギー―自立分散への挑戦　河野博子著　中央公論新社　（中公新書ラクレ）
【要旨】風力、太陽光、小水力など自然資源を使った「小さいエネルギー」。この電力で地域内の暮らしをまかなう試みの最前線に迫る。宮城県東松島、山形県庄内町、鹿児島県瓶島、岩手県紫波町、富山県南砺市/黒部市を事例に、「地産地消」「地方創生」はできるのか、その夢と現実を徹底検証。
2017.1 221p 18cm ¥780 ①978-4-12-150572-9

◆サルはなぜ山を下りる？―野生の動物との共生　室山泰之著　（京都）京都大学学術出版会　（学術選書）
【要旨】野生動物と人間の生活空間に緩衝地帯がなくなるにつれて、シカやイノシシ、サルによる害が顕著になってきた。本書ではニホンザルに焦点を当て、かれらが集落周辺に現れるようになった歴史的経緯と行動特性を紹介し、被害が発生する原因を考察する。そして、農家と行政の課題とその解決方法を検討し、ニホンザルと共生してゆく方策を探る。
2017.12 195p B6 ¥1800 ①978-4-8140-0121-7

◆サンゴ礁の人文地理学―奄美・沖縄、生きられる海と描かれた自然　渡久地健著　古今書院
【要旨】人間にとってサンゴ礁とは何か？漁師の海、国絵図・航海図に描かれたサンゴ礁、歌謡のなかの海洋生物、田中一村の熱帯魚…地理学の自然認識論。漁場語彙390語を収録！
2017.3 310, 38p B6 ¥4000 ①978-4-7722-4199-1

◆持続可能な開発目標とは何か―2030年へ向けた変革のアジェンダ　蟹江憲史編著　（京都）ミネルヴァ書房
【要旨】2015年9月の国連総会で決定した持続可能な開発目標（SDGs）は、ミレニアム開発目標（MDGs）に代わる国際開発目標として、2030年の世界のあり方を導こうというものであり、本書はSDGsに関する最初の概説書である。従来型の開発パターンから、サスティナビリティへ向けた変革を促すために必要なことは何か。特徴や内容紹介のほか、扱う課題などをわかりやすく解説する。
2017.3 310p A5 ¥3500 ①978-4-623-07779-3

◆湿地の科学と暮らし―北のウェットランド大全　矢部和夫, 山田浩之, 牛山克巳監修, ウェットランドセミナー100回記念出版編集委員会編　（札幌）北海道大学出版会
【目次】第1部 湿地の生態（泥炭形成と植物、泥炭地の物質循環 ほか）、第2部 湿地の生物（湿地のハンノキ林、類似品にご注意ください―水生植物とは？ ほか）、第3部 湿地の環境（泥炭地の水文と形成プロセス、大気・湿原生態系間の

水とエネルギー ほか）、第4部 湿地の人と歴史（石狩平野の海牛類化石と湿原、北海道島の文化変遷と湿地の科学―アイヌ文化史の視点からほか）、第5部 湿地の保全（生態系サービスと自然再生、湿地保全の社会システム ほか）
2017.4 364p A5 ¥3400 ⓘ978-4-8329-8228-4

◆**狩猟採集民からみた地球環境史―自然・隣人・文明との共生**　池谷和信編　東京大学出版会
【目次】狩猟採集民からみた地球環境史、1 先史狩猟採集民の定住化と自然資源利用（東南アジア・オセアニア海域に進出した漁撈採集民と海洋適応、気候変動と定住化・農耕化―西アジア・日本列島・中米 ほか）、2 農耕民との共生、農猟民・家畜飼養民への変化（狩猟採集と焼畑の生態学、東南アジア島嶼部における狩猟採集民と農耕民との関係 ほか）、3 王国・帝国・植民地と狩猟採集民（北東アジア経済圏における狩猟採集民と長距離交易、統治される森の民―マレー半島におけるオラン・アスリと隣人との関係史 ほか）、4 近代化と狩猟採集民（狩猟採集民の定住化と人口動態―半島マレーシアのネグリトにおける事例分析、国立公園の普及と中部アフリカの狩猟採集民 ほか）、地球の先住者から学ぶ
2017.3 307p A5 ¥6000 ⓘ978-4-13-060317-1

◆**狩猟日誌―元射撃選手がはじめて鹿を仕留めるまで**　今井雄一郎著　共栄書房
【要旨】クレー射撃の実績を買われて狩猟に誘われ、鉄砲を担いで山に入ったものの…想定外の出来事と迷いの連続、獲物と対峙して引き鉄をひくまで揺れる心。狩猟の世界で遭遇する新たな体験に魅せられた中年ハンター、3年間の記録。ジビエ料理実践例も多数収録。
2017.8 188p B6 ¥1800 ⓘ978-4-7634-1078-8

◆**白神学入門 2017**　弘前大学白神自然環境研究所編　（弘前）弘前大学出版会
【目次】世界自然遺産としての白神生態系と植物群落、リモートセンシングとGISデータから見える白神山地、白神山地の大地の生立ち、白神山地の自然環境の歴史的変遷―ヒトの活動との関与を検討する、森に支えられた河川生態系、白神山地の気象・気候および水・炭素循環、白神に棲息するプラナリアの知見から見た生殖様式転換機構に関する研究、土地と森林の結びつきを見る―白神山地の地すべり、白神山地の土壌、白神山地の植物―シラネアオイの生活史特性、春の咲く花達、白神山地は「緑のダム」になり得るか 白神山地が下流河川環境に及ぼす影響、白神山地におけるブナ林の遺伝子多様性について、白神山地に暮らす昆虫たち、白神山地のキノコ、ニホンジカ侵入と定着のインパクト
2017.3 99p A4 ¥1800 ⓘ978-4-907192-50-1

◆**新 環境と生命**　及川紀久雄編著、今泉洋、北野大、村野健太郎共著　三共出版 改訂版
【目次】環境の構成と生物圏、人間と環境・食料、水と生命、水環境と保全、大気環境の現状、土壌環境と生態系、化学物質の生産と安全管理、化学物質のリスク評価、ダイオキシン類、地球危機と生命―地球温暖化、地球危機と生命―成層圏オゾン層破壊、地球危機と生命―酸性雨、地球危機と生命―黄砂、放射能と生命、命を支えあう生物多様性
2017 215p B5 ¥2600 ⓘ978-4-7827-0765-4

◆**新・よくわかるISO環境法―ISO14001と環境関連法規**　鈴木敏央著　ダイヤモンド社 改訂第12版
【要旨】ISO環境法解説本の決定版・ベストセラー！ 審査員及び企業・自治体・団体の環境担当者必携。
2017.4 517p A5 ¥3600 ⓘ978-4-478-10216-9

◆**人類が絶滅する6のシナリオ**　フレッド・グテル著、夏目大訳　河出書房新社　（河出文庫）
【要旨】人類は自らの利益のために科学技術を発展させてきた。しかし、もしかしたら明日、その科学技術が世界の終わりをもたらすかもしれない。致死的ウイルスや気候変動、食糧危機、バイオテロ、コンピュータの暴走など、実際の事例を数多く紹介しつつ、現代文明の脆弱性を指摘し、もはや空想ではない世界の終焉を描く衝撃の書！
2017.10 397p A6 ¥1000 ⓘ978-4-309-46454-1

◆**図解 環境ISO対応 まるごとわかる環境法**　見目善弘著　産業環境管理協会、丸善出版 発売
【要旨】63の主要法令のうち、すべての工場・事業場に関係する14法令を厳選、わかりやすく徹底解説！
2017.12 471p A5 ¥3000 ⓘ978-4-86240-150-2

◆**図説 よくわかるフロン排出抑制法**　経済産業省製造産業局化学物質管理課オゾン層保護等推進室、環境省地球環境局地球温暖化対策課フロン対策室監修　中央法規出版
【要旨】業務用冷凍空調機器（第一種特定製品）の管理担当者必携！ フロン排出抑制法について図表を用いながらわかりやすく解説。法律・施行令・施行規則 “三段対照表” のほか関連法令・資料を併せて収載。
2017.4 313p A5 ¥2800 ⓘ978-4-8058-5485-3

◆**生物多様性と持続可能性―評価と提案**　環境法政策学会編　商事法務　（環境法政策学会誌 第20号）
【要旨】新しい法概念である生物多様性と持続可能性を両立させるためには何が求められるか―法政策の観点から各種アプローチを分析。
2017.3 270p A5 ¥3600 ⓘ978-4-7857-2506-8

◆**世界でいちばん受けたい 環境デザインの授業**　中村勉、三角真一、白江龍三、伊藤正和著　エクスナレッジ
【要旨】環境に配慮した建築デザイン、街づくりの手法がマルわかる！
2017.2 191p A5 ¥2200 ⓘ978-4-7678-2143-6

◆**船舶油濁損害賠償・補償責任の構造―海洋汚染防止法との連関**　小林寛著　成文堂
【目次】第1部 船舶油濁損害をめぐる責任制度の総合的考察（海洋汚染防止法の下での公法上の規律、タンカーに係る国際的油濁損害賠償・補償制度、一般船舶に係る油濁損害賠償制度）、第2部 船舶油濁損害と船主責任制限制度の適用関係に関する考察（船舶油濁損害と船主責任制限制度の適用関係、アメリカ1990年油濁法の下での責任制度との比較考察）、第3部 船舶以外の物・施設に起因する海洋汚染に関する責任制度の考察（海難残骸物の除去（船舶撤去）に関する責任制度―比較考察、洋上掘削施設に起因する油濁事故に関する責任制度―船舶との比較考察）、第4部 油以外の有害危険物質による海洋汚染に関する責任制度の考察（有害危険物質の海上輸送に関する民事責任―油濁との比較考察）、第5部 結語（本書のまとめ）
2017.11 304p A5 ¥6000 ⓘ978-4-7923-3368-3

◆**ダイオキシン物語―残された負の遺産**　林俊郎著　日本評論社
【要旨】地方自治体の財政破綻や構造不況の元凶はダイオキシン法にある！ 世界に類例のないダイオキシン法制定の経緯を通して、その功罪を明らかにする！
2017.2 260p B6 ¥1800 ⓘ978-4-535-78837-4

◆**ダム建設、水田整備と水生生物―ヒゲナガカワトビケラ オオカナダモ オイカワ シオカラトンボ**　松井明著　東京図書出版、リフレ出版 発売
【要旨】最小限の環境対策で最大限の環境保全が可能。動植物に配慮したダム、水田整備により人間にも望ましい環境が生まれる。
2017.7 149p A5 ¥1300 ⓘ978-4-86641-067-8

◆**ダムによらない治水は可能だ―天然アユの宝庫・最上小国川を守れ！**　最上小国川の清流を守る会編　花伝社、共栄書房 発売
【要旨】全国で建設・計画のすすむ「穴あきダム」（流水型ダム）は本当に「環境にやさしい」のか？ ダムによらない治水対策で、持続可能な地域の未来を！
2017.10 80, 6p A5 ¥800 ⓘ978-4-7634-0832-7

◆**地域環境学―トランスディシプリナリー・サイエンスへの挑戦**　佐藤哲、菊地直樹編　東京大学出版会
【要旨】地域環境知、レジデント型研究者、知識の双方向トランスレーター、そしてさまざまな地域の人々―地域社会生態系システムのふるまいと課題を多様なアクターとともに読み解き、意思決定とアクションを促して、世界中のフィールドで環境問題の解決に取り組む。ローカルとグローバルをつなぎ、持続可能な未来に向かってダイナミックに展開される知の共創のストーリー。
2018.1 430p A5 ¥4600 ⓘ978-4-13-060320-1

◆**地球を助けて!!メダカのお願い―NPOメダカの学校の “助ける！ シリーズ” その3**　藤榮子文　ルネッサンス・アイ、白順社 発売　（本文：日英両文；付属資料：CD1）英語版
【要旨】人間の自我や自己が地球を汚し、小さなホタルやミツバチ、川のメダカ達を消してしまう。自然を壊してしまったのは人間だけど、自

然を取り戻せるのも人間（陸のメダカ達）しかいない。小川にメダカの群れが帰ってくる日、地球の生命が蘇る。
2017.5 1Vol. B5 ¥1200 ⓘ978-4-8344-0212-4

◆**地球環境問題がよくわかる本**　浦野紘平、浦野真弥共著　オーム社
【目次】人間と環境、地球の気温が上がるのは止められるのか、原子力発電は必要なのか、空気はきれいになってきたのか、川や湖や海はきれいになってきたのか、土や地下水の汚れはなくなってきたのか、野生き物は守られ、砂漠は減ってきたのか、資源消費やゴミは減ってきたのか、食料・食品は今のままでよいのか、アレルギーは減らせるのか〔ほか〕
2017.8 188p A5 ¥1600 ⓘ978-4-274-22090-6

◆**中国ごみ問題の環境社会学―“政策の論理” と “生活の論理” の拮抗**　金太宇著　（京都）昭和堂
【要旨】北京を取り巻く「ごみ囲城」。彼の城壁が象徴するように、中国のごみ問題は、かつてない規模に拡大している。もちろん行政も手をこまねいているわけではない。しかし…。本書では、中国の廃棄物管理における制度と実態のズレに着目。貧困や経済格差に苦しみながらも生活を組み立て、社会の周縁で生きる「回収人」「拾荒人」のリアリティを描き出し、廃棄物管理の構築に、新たな視点を投入する。
2017.12 209, 7p B6 ¥3500 ⓘ978-4-8122-1639-2

◆**重複レジームと気候変動交渉：米中対立から協調、そして「パリ協定」へ**　鄭方婷著　（相模原）現代図書、星雲社 発売
【目次】第1章 序論：相互補完的な重複レジームはなぜ可能なのか、第2章 重複レジーム間の相互補完関係の形成に関する理論的考察、第3章 コペンハーゲン会議に向けた重層レジームの発展、第4章「ポスト京都議定書」をめぐる国際交渉の発展、第5章「パリ協定」の採択に至る経緯、第6章 中米協力関係の形成と国際合意、第7章 結論：国際制度の形成と米中関係
2017.3 224p A5 ¥4500 ⓘ978-4-434-23088-2

◆**“土” という精神―アメリカの環境倫理と農業**　ポール・B.トンプソン著、太田和彦訳　農林統計出版
【目次】第1章 土壌の倫理、第2章 農業に対する環境批評家の批判、第3章 生産至上主義者のパラダイム、第4章 農者のスチュワードシップと良き農民、第5章 食べものの本当のコストが計算する、第6章 全体論的な代替案、第7章 持続可能な農業
2017.7 344p B6 ¥3700 ⓘ978-4-89732-369-5

◆**抵抗と創造の森アマゾン―持続的な開発と民衆の運動**　小池洋一、田村梨花編　現代企画室
【目次】アマゾン開発と民衆運動、アグロエコロジーがアマゾンを救う、採取経済と森の持続的利用、アグロフォレストリー―人と森が共生する農業、先住民の現在と主体的で持続可能な未来、ベロモンテ水力発電所と先住民、土地への闘い―社会的再生手段としての土地なし農民運動、ソーシャルデザイン―地域文化の回復、フェアトレード―生産関係の変革、いのちを守る知恵―都市貧困地域のコミュニティで生まれる市民教育、森を活かして森を守る―アスフローラ（Asflora）の運動
2017.11 319, 15p A5 ¥2700 ⓘ978-4-7738-1722-5

◆**どうすれば環境保全はうまくいくのか―現場から考える「順応的ガバナンス」の進め方**　宮内泰介編　新泉社
【要旨】環境保全の現場には、さまざまなズレがある。科学と社会の不確実性のなかでは、人びとの順応性が効果的に発揮できる柔軟なプロセスづくりが求められる。前作『なぜ環境保全はうまくいかないのか』に続き、順応的な環境ガバナンスの進め方を考える。
2017.3 343, 15p A5 ¥2700 ⓘ978-4-7877-1701-6

◆**トコトンやさしい 土壌の本**　藤原俊六郎、安西徹郎、小川吉雄、加藤哲郎著　日刊工業新聞社　（B&Tブックス―今日からモノ知りシリーズ）
【要旨】土壌（土）は地球上の生物の営みを支えています。本書では、私たちの生活と密接に関係している土壌の成り立ち、農作物が好む土壌、土の種類、環境問題と土壌の関係などをていねいに解説します。
2017.6 159p A5 ¥1500 ⓘ978-4-526-07714-2

◆**都市、環境、エコロジー―教養としての総合政策**　関西学院大学総合政策学部編　（西宮）

サイエンス・テクノロジー

関西学院大学総合政策学部、(西宮)関西学院大学出版会 発売　(関西学院大学総合政策学部教育研究叢書)
【目次】ヒューマン・エコロジーの視点から政策を考える―関西学院と日本の近代化、第1部 都市、生活環境、土地利用、地域資源(阪神地域の都市化と生活環境の変化―都市化がもたらしたもの、都市デザインとエリアマネジメント、地域資源の再評価と市街地における新たな土地利用の可能性)、第2部 環境、政策、都市(環境問題の推移、現状、そして課題、経済学は気候変動を防げるのか?)
2017.7 211p A5 ¥1800 ①978-4-86283-243-6

◆日中外交関係の改善における環境協力の役割―学生懸賞論文集　宮本雄二監修, 日本日中関係学会編　日本僑報社　(若者が考える「日中の未来」Vol.3)
【要旨】2016年に日本日中関係学会が募集した第5回宮本賞(日中学生懸賞論文)で、最優秀賞などを受賞した15本の論文を全文掲載。
2017.3 228p A5 ¥3000 ①978-4-86185-236-7

◆日本の大気汚染状況　平成28年版　環境省水・大気環境局編　経済産業調査会　(付属資料:CD‐ROM1)
【目次】第1部 大気汚染状況の常時監視結果(一般環境大気測定局、自動車排出ガス測定局の測定結果報告、有害大気汚染物質に係る常時監視)、第2部 資料(一般環境大気測定局測定結果、自動車排出ガス測定局測定結果、有害大気汚染物質、環境基準関連資料等、CD‐ROM版平成27年度大気汚染状況報告書)
2017.10 877p A4 ¥9000 ①978-4-8065-3007-7

◆日本の屋敷林文化―美しい樹木景観を求めて　石村眞一著　山と溪谷社　(YAMAKEI CREATIVE SELECTION Pioneer Books)
【目次】1章 屋敷林を理解するために、2章 九州地方の屋敷林、3章 中国・四国地方の屋敷林、4章 近畿地方の屋敷林、5章 中部地方の屋敷林、6章 関東地方の屋敷林、7章 東北地方の屋敷林、8章 北海道の屋敷林、9章 福島県大玉村の屋敷林を通して、今後の屋敷林の継承を考える、10章 日本の屋敷林文化を考える
2017.2 369p B5 ¥5300 ①978-4-635-88653-6

◆人間と自然環境の世界誌―知の融合への試み　井上幸孝, 佐藤暢編　専修大学出版局　(SI Libretto)
【要旨】繋いだ「知」は「力」になる。マヤ文明、古人骨、年縞堆積物、ラクダ、疫病、文学、etc.分野を超えて人と自然のかかわりを考える。
2017.3 277p 18cm ¥900 ①978-4-88125-309-0

◆捏造されるエコテロリスト　ジョン・ソレンソン著, 井上太一訳　緑風出版
【要旨】本書は米国、英国やカナダにおける国家と企業による市民運動・社会運動の弾圧、とりわけ、環境保護運動や動物擁護運動に「エコテロリズム」なる汚名を着せて迫害するという近年の現象について、批判的見地から考察した書である。世界各国の実例によって明らかにされる活動家らの実態からは、搾取と抑圧の上に成り立つ現代社会が市民の管理統制へと向かうさまを窺い知ることができ、慄然とさせられるものがある。同時に、本書はその抑圧の背景に存在する企業や国家の代理人たちの犯罪を明らかにし、暴力と複雑なネットワーク、巨大企業が牛耳る行政・立法・司法・警察・産業複合体の全体像に迫る。
2017.7 464p B6 ¥3200 ①978-4-8461-1711-5

◆廃棄物法制の研究―環境法研究　2　阿部泰隆著　信山社
【要旨】廃掃法の運用、解釈、立法への指針。複雑難解で、行政も間違う廃棄物法制運用を、縦横無尽に切り裂く。廃棄物法制に物申す一書。
2017.2 521p A5 ¥8000 ①978-4-7972-3642-2

◆パリ協定で動き出す再エネ大再編―世界3大市場で伸びる事業を見極めろ　井熊均, 瀧口信一郎著　日刊工業新聞社　(B&Tブックス)
【要旨】ターゲットは伸びる風力、生き残る火力。アメリカ・中国・EU、そしてインドの台頭。変わる再エネビジネスの主戦場。
2017.3 160p A5 ¥2000 ①978-4-526-07695-4

◆微生物パワーで環境汚染に挑戦する　椎葉究著　コロナ社　(新コロナシリーズ63)
【目次】1 環境汚染の現状について(土壌の汚染、地下水や海洋水など水系の汚染の現状)、2 環境汚染対策の現状といろいろな環境修復技術(環境汚染対策、環境修復技術の比較)、3 微生物を用い
た環境修復技術について(微生物とはどのような生物か、微生物を用いる環境修復技術とはか)、4 微生物を用いた新しい環境修復技術の具体事例(建設廃棄物(汚泥や建設発生材)の再資源化、石油汚染土壌のバイオレメディエーション ほか)、5 微生物による環境修復技術開発の課題と今後について(効果の安定性確保、環境負荷の少ない(環境二次汚染がない)環境修復コストの低減 ほか)
2017.7 134p B6 ¥1200 ①978-4-339-07713-1

◆人びとの自然再生―歩く、見る、聞く　宮内泰介著　岩波書店　(岩波新書)
【要旨】自然と社会の未来の形は、どういうものが望ましいのだろうか。自然をめぐる合意形成はさまざまな "いとなみ" を、歩き、見て、聞いて、考えた。人と自然の相互関係とはどういうものか。自然をめぐる合意形成とは? 災害時や都市部での実践も含めながら、自然とコミュニティのこれからを活き活きと描き出す。
2017.2 206, 8p 18cm ¥780 ①978-4-00-431647-3

◆百姓夜話―自然農法の道　福岡正信著　春秋社
【要旨】人はどこから来て、どこにいてどこへ行こうとしているのか。不耕起・無肥料・無除草・無農薬―「福岡自然農法」の思想的背景、「無の哲学」の出発点となった記念碑的処女作(1958年刊)の新版。
2017.5 317p B6 ¥2000 ①978-4-393-74142-9

◆琵琶湖岸からのメッセージ―保全・再生のための視点　西野麻知子, 秋山道雄, 中島拓男編　(彦根)サンライズ出版
【目次】1章 琵琶湖沿岸域の特性と課題、2章 湖岸地形の特徴と変遷、3章 湖岸植生の特徴と近年の変化、4章 水草(沈水植物)の現状とその変遷、5章 底生動物の現状とその変遷、6章 魚類と湖岸環境の保全、7章 水鳥の現状とその変遷―価値ある湖岸湿地保全のために、8章 保全のための琵琶湖をみる視点、9章 沿岸域管理に向けて、終章 琵琶湖岸の風景の保全
2017.10 248p B5 ¥3500 ①978-4-88325-624-2

◆ブックガイド 環境倫理―基本書から専門書まで　吉永明弘著　勁草書房
【要旨】環境倫理学の基本文献を提示する、はじめてのブックガイド。基本書から専門書まで、現代環境倫理学の論点が総覧できる100冊。環境倫理学を学ぶ人のための入門書と重要文献に、身近で具体的な現場から環境倫理を考えるために必要な空間論、風土論、都市論、アメニティ論を加え、これからの環境倫理学の基本文献の全容を示す。
2017.12 228p A5 ¥2200 ①978-4-326-60300-8

◆不都合な真実　アル・ゴア著, 枝廣淳子訳　実業之日本社　(実業之日本社文庫)
2017.10 379p A6 ¥700 ①978-4-408-55393-1

◆不都合な真実 2　アル・ゴア著, 枝廣淳子訳　実業之日本社
2017.11 320p 23×19cm ¥2800 ①978-4-408-42079-0

◆ブルーカーボン―浅海におけるCO2隔離・貯留とその活用　堀正和, 桑江朝比呂編著　地人書館
【目次】第1章 ブルーカーボンとは―海洋が有する二酸化炭素の隔離・貯留機能の特徴、第2章 大気からのCO2の吸収―吸収源としての沿岸浅海域の実証と新たな吸収メカニズムの解明、第3章 日本沿岸の藻場における有機炭素の生成―その量的試算と課題、第4章 堆積物における長期炭素貯留のしくみと役割、第5章 沿岸浅海域で隔離された炭素の行方―藻場から深海底までの移動評価、第6章 沿岸浅海域における気候変動の緩和と人為影響、第7章 ブルーカーボンの応用と実例―横浜ブルーカーボン事業、第8章 ブルーカーボンの今後―地球環境問題への挑戦
2017.6 254p A5 ¥3200 ①978-4-8052-0909-7

◆法学・経済学・自然科学から考える環境問題　青木淳一, 秋山豊子, 大平哲, 金谷信宏, 小林宏之, 杉本憲彦, 六車明著　慶應義塾大学出版会
【要旨】これ一冊で、文理両面から同時に学べます! 安定した地球の未来と持続可能な社会を実現するために、循環型社会、生物多様性、気候変動と地球温暖化について、多様な視点をもった考え方を身につけるのに最適です。
2017.8 156p A5 ¥1800 ①978-4-7664-2446-1

◆北極がなくなる日　ピーター・ワダムズ著, 榎本浩之日本語版監修, 武藤崇恵訳　原書房
【要旨】二酸化炭素大量排出、メタンガスの噴出、失われていく北極の氷…いま破壊的に進行しつつある地球温暖化=破滅への道筋を、さまざまな見地から解明する。極地研究の世界的権威による警世のノンフィクション。
2017.11 308p B6 ¥2400 ①978-4-562-05444-2

◆「ほっとけない」からの自然再生学―コウノトリ野生復帰の現場　菊地直樹著　(京都)京都大学学術出版会　(環境人間学と地域)
【要旨】2005年9月、絶滅から34年の時を経て、コウノトリが再び人里に舞い降りた。「里の鳥」コウノトリの野生復帰は、地域の人びとと自然との間にどのような関係の変化をもたらしたのか。生態学的観点からの自然再生にとどまらず、人と自然の関わりを創り直す包括的再生を目指したコウノトリの野生復帰の取り組みを、当事者の視点から捉え返る。
2017.3 322p A5 ¥3400 ①978-4-8140-0082-1

◆ポリ塩化ビフェニル廃棄物の適正な処理の推進に関する特別措置法 逐条解説・Q&A　環境省大臣官房廃棄物・リサイクル対策部産業廃棄物課編　中央法規出版　改訂版
【目次】第1部 逐条解説(総則、ポリ塩化ビフェニル廃棄物の規制等、雑則、罰則)、第2部 Q&A(特別措置法制定の背景と趣旨、法律の目的等、ポリ塩化ビフェニル廃棄物等の定義、関係者の責務)、第3部 参考資料(法律、政令、省令、告示、通知、参考法令、その他)
2017.4 372p A5 ¥4600 ①978-4-8058-5487-7

◆まなざしのデザイン―"世界の見方"を変える方法　ハナムラチカヒロ著　NTT出版
【要旨】『まなざしのデザイン』というタイトルの本書で考えてみたいことは、モノの見方を変える方法である。当たり前の世界を改めて見直し、今見ている風景を違った角度から眺める。見方が自由になれば、私たちはより創造的になることができる。そして何かに捉われることが少なくなれば、物事がより正しく見えてくる。またモノの見方を変えることは、状況が困難であればあるほど必要なことである。私たちは日々の生活の中ですぐに何かに捉われてしまう。モノの見方が固定されてしまうと自由さを失い、物事が正しく見えないことがある。だから私たちは時々視点を変えて異なる方法で世界を見ることが必要である。そうするとこれまで見えなかった風景や、忘れていた大切なことが見えてくるかもしれない。そんなモノの見方を解放するための方法と可能性を探ることが本書の目的である。
2017.11 321p A5 ¥2000 ①978-4-7571-7049-0

◆マングローブ林―変わりゆく海辺の森の生態系　小見山章著　(京都)京都大学学術出版会　(学術選書)
【要旨】エビの養殖や炭焼き産業、スズの採掘で荒廃してきた生物多様性の宝庫「マングローブ林」は今や危機に瀕している。原生林が残る時代から ほぼ全域が二次林化した時代、荒廃地を植林で再生する時代へ、海辺の森の変貌を35年にわたって見つめてきた著者によるマングローブ研究の集大成。後戻りはしない自然とのつきあい方を探り、これからの地球環境を考える。
2017.3 273p B6 ¥2000 ①978-4-8140-0088-3

◆モンゴル国の環境と水資源―ウランバートル市の水事情　佐藤寛著　成文堂
【目次】第1章 モンゴル国の現在、第2章 モンゴル国の環境と水資源―ウランバートル市の水事情、第3章 ウランバートル市と熊本市の水道の比較、第4章 ウランバートル市の新水源地開発、第5章 ウランバートル市の都市開発とガッチョルト水源地開発、第6章 モンゴル国の水環境―ウランバートル市の中央下水処理場、第7章 モンゴル国トーラ川の汚染の実態―ウランバートル市のソンギノカンプ場周辺を中心に、第8章 モンゴル国の経済開発と河川汚染の問題
2017.3 157p A5 ¥2600 ①978-4-7923-8078-6

◆やんばる学入門―沖縄島・森の生き物と人々の暮らし　盛口満, 宮城邦昌著　木魂社
【要旨】三十三番目の国立公園になった沖縄県北部にひろがる「やんばる(山原)」とは? やんばるの生き物ウォッチングとやんばるには育ったエピソードを織り交ぜて、自然一生きもの―暮らしを描き出す「やんばる物語」。
2017.4 301p B6 ¥1800 ①978-4-87746-119-5

◆陸水環境化学　藤永薫編　共立出版
【目次】第1章 陸水環境を理解するために、第2章 地球の歴史と構成、第3章 水分子と陸水環境、第4章 陸水の酸性度、第5章 環境水中の溶存物質、第6章 陸水中の酸化還元、第7章 環境水中

の錯生成、第8章 河川、第9章 湖沼、第10章 湿地、沿岸域、付録 水質測定項目の原理
　2017.10 131p B5 ¥2600 ①978-4-320-04733-4

◆理想の住まい―隠遁から殺風景へ　オギュスタン・ベルク著、鳥海基樹訳　（京都）京都大学学術出版会　（環境人間学と地域）
【要旨】自動車社会の到来とともに、都市の人々はこぞって郊外に家を求め、今や地球環境を脅かす問題を引き起こしている。人はなぜそれほどまでに郊外脱出を望んだのか？ その根源には『桃花源記』に遡る隠遁への憧れがあった―。東西の古典・近代思想を縦横に逍遥し、近代郊外住宅の理想が現れた過程と人間の存在基盤を浮彫りにする。「KYOTO 地球環境の殿堂」第8回殿堂入りを果たしたオギュスタン・ベルク氏による都市論の集大成。
　2017.1 482p A5 ¥6000 ①978-4-8140-0051-7

◆レイチェル・カーソンに学ぶ現代環境論―アクティブ・ラーニングによる環境教育の試み　嘉田由紀子、新川達郎、村上紗央里編　（京都）法律文化社
【目次】第1部 レイチェル・カーソンを手がかりとした教育プログラム（レイチェル・カーソンの生涯と思い、レイチェル・カーソンから広がる新たな教育実践）、第2部 環境問題への理論的アプローチ（人間にとっての「環境」とは何か、環境問題や環境政策をどのように考えればよいのか、戦後日本公害史とレイチェル・カーソン）、第3部 環境問題への実践的アプローチ（エネルギー・温暖化問題から環境を考える、「水銀に関する水俣条約」をふまえた環境政策の現状、枯れ葉剤被害から環境を考える、身近な食生活と環境とのつながり）、第4部 現代に生きるレイチェル・カーソン（レイチェル・カーソンが伝えたかったこと、命にこだわる政治を求めて）、第5部「レイチェル・カーソンに学ぶ」教育実践の成果と課題（教育実践の成果と評価、アクティブ・ラーニングによる公共政策学導入教育の可能性）
　2017.10 207p A5 ¥2600 ①978-4-589-03875-3

◆ISO環境法クイックガイド　2017　ISO環境法研究会編　第一法規
【要旨】ISO14001をはじめとした各種環境マネジメントシステムの認証取得・運用に欠かせない主要環境法令78法を見やすい一覧表形式で収録。オリジナル注釈も記載！ ISO14001：2015全面対応！ クリーンウッド法を新規登載。建築物省エネ法施行に対応。土壌汚染対策法・廃棄物処理法の改正動向、パリ協定の動きに言及。
　2017.4 420p A5 ¥3800 ①978-4-474-05754-8

◆JunCture―超域的日本文化研究　08　特集：文化に媒介された環境問題　名古屋大学大学院文学研究科附属「アジアの中の日本文化」研究センター, 笠間書院 発売
【目次】特集：文化に媒介された環境問題（「南島」から「シマ」へ―崎山多美の文学における島嶼共同体と女性、「わが愛しのハイヒール」（2010）から「無用」（2007）に見る衣服―トランスナショナル・ドキュメンタリーにおける「相互連関」とエコクリティシズムの問題、アントロポセンの脱自然化―3.11原発災害後のドキュメンタリーによるランドスケープ、動物、場（所）、方法としての環境アクティヴィズム―日本の人間中心的環境主義 ほか）、研究論文（1930年代のニューヨークの邦人美術展覧会―日米外交政策を背景にして、川端康成「雪国」論―「天の河」句と連環する物語、対話を触発するドキュメンタリー―60年代学生運動映画の表象をめぐって、東映ポルノのジェンダー・ポリティクス―1970年代の日本映画と女性 ほか）、レヴュー
　2017.3 259p B5 ¥1800 ①978-4-305-00298-3

報告・便覧

◆環境白書/循環型社会白書/生物多様性白書　平成29年版　環境から拓く、経済・社会のイノベーション　日経印刷, 全国官報販売協同組合 発売
【目次】平成28年度環境の状況 平成28年度循環型社会の形成の状況 平成28年度生物多様性の状況（総合的な施策等に関する報告（地球環境の限界と持続可能な開発目標（SDGs）、パリ協定を踏まえた気候変動対策、生物多様性及び平成28年熊本地震からの復興と環境回復の取組）、各分野の施策に関する報告（低炭素社会の構築、生物多様性の保全及び持続

可能な利用―豊かな自然共生社会の実現に向けて、循環型社会の形成、大気環境、水環境、土壌環境等の保全 ほか））、平成29年度環境の保全に関する施策 平成29年度循環型社会の形成に関する施策 平成29年度生物の多様性の保全及び持続可能な利用に関する施策
　2017.6 400p A5 ¥2380 ①978-4-86579-079-5

◆水循環白書　平成29年版　内閣官房水循環政策本部事務局編　日経印刷
【目次】第1部 わたしたちのくらしと水の循環―その変遷と未来への展望（これまでの人と水との関わり、水循環に関する近年の取組、健全な水循環の維持又は回復に向けて）、第2部 平成28年度水循環に関して講じた施策（流域連携の推進等―流域の総合的かつ一体的な管理の枠組み、貯留・涵養機能の維持及び向上、水の適正かつ有効な利用の促進等、健全な水循環に関する教育の推進等、民間団体等の自発的な活動を促進するための措置 ほか）
　2017.7 133p A4 ¥1600 ①978-4-86579-096-2

水質汚濁・水辺環境

◆知っておきたい水問題　沖大幹, 姜益俊編著　（福岡）九州大学出版会
【要旨】水にまつわる様々な問題を多面的に解説。仮想水と食料自給率、地下水の過剰な汲み上げと灌漑農業の持続可能性、無謀な開発による河川の「緑藻ラテ」化、水資源をめぐる紛争と国際法など。
　2017.9 215p B6 ¥1800 ①978-4-7985-0192-5

◆水辺は叫ぶ―水辺の環境が無言で訴えるもの　宮澤成緒著　ミヤオビパブリッシング, （京都）宮帯出版社 発売
【目次】1 調査の目的と意義および方法、2 調査計画、3 各次調査の状況、4 調査結果、5 調査結果の検討、6 調査、検討結果にみる問題事項と対策、7 まとめ、8 先人との奇遇、9 あとがき、10 付属資料
　2017.6 182p B5 ¥1600 ①978-4-8016-0103-1

産業汚染・公害

◆イタイイタイ病と教育―公害教育再構築のために　向井嘉之編著　（金沢）能登印刷出版部
【目次】第1章 公害教育としてのイタイイタイ病教育、第2章 イタイイタイ病、今、教育の現場では、第3章 イタイイタイ病教育の現状、第4章 市民教育としてのイタイイタイ病、第5章 四大公害の教育現場、第6章 公害教育再構築のために
　2017.4 338p A5 ¥1600 ①978-4-89010-711-7

◆イタイイタイ病との闘い　原告 小松みよ―提訴そして、公害病認定から五〇年　向井嘉之著　（金沢）能登印刷出版部
【要旨】一九六八（昭和四三）年三月九日、提訴、原告は小松みよら患者九人と遺族一九人。そしてこの提訴から二年後の五月八日、国はイタイイタイ病を初の公害病と認定した。あの日から五〇年になる。今年、二〇一八（平成三〇）年は日本の近代化が始まってから一五〇年の節目の年になる。富国強兵、殖産興業の国策の下に突き進んだ戦前の日本、そして戦後もまた高度経済成長を時代の旗印とした。その歴史の影にあったイタイイタイ病という公害を通して日本の近代とは何であったのかを考えてみたいというのが本書の出発点である。
　2018.1 213p A5 ¥1500 ①978-4-89010-722-3

◆越境大気汚染の物理と化学　藤田慎一, 三浦和彦, 大河内博, 速水洋, 松田和秀, 櫻井達也共著　成山堂書店　改訂増補版
【要旨】越境大気汚染物質の正体は？ 大気の構造と運動の仕組みは？ 雲ができる仕組みと特徴は？ 大気汚染物質が除去される仕組みは？ 大気汚染物質の地球上の広がりは？ 物理と化学のエキスパート6名が執筆。正しい知識を学ぶ、待望のテキストを、大幅に改訂したうえで、新たな章、演習問題を設けた決定版！
　2017.2 292p A5 ¥3000 ①978-4-425-51362-8

◆基礎からわかるごみ焼却技術　タクマ環境技術研究会編　オーム社

【要旨】多くの図表を用いて、ごみ焼却技術とその関連建設について解説。
　2017.11 268p A5 ¥2700 ①978-4-274-50673-4

◆公害・環境問題の放置構造と解決過程　藤川賢, 渡辺伸一, 堀畑まなみ著　東信堂
【要旨】何が「解決」で何が「放置」されるのか？ 公害・環境問題は健康問題や社会問題との因果関係が見えにくく、「被害放置」の構造が現れやすい。そこには被害が認められず切り捨てられ、放置された被害者が残存しているのである。本書はこうした問題を抱えた各事例の検証を通じ、その解決過程には被害住民・地域ごとに異なった特性を有していることを明らかにする。福島第一原発事故以降、揺れる日本の公害・環境政策にも大いに示唆を与える研究。
　2017.2 322p A5 ¥3800 ①978-4-7989-1410-7

◆死民と日常―私の水俣病闘争　渡辺京二著　（福岡）弦書房
【要旨】怨の旗のもとに結集し、近代社会の論理では決して動かない患者たちの決意をうけて、彼らと共闘した行動の軌跡と「闘争」の本質的な意味を改めて語る。彼らは何を求めたのか。
　2017.11 281p B6 ¥2300 ①978-4-86329-146-1

◆"写真記録" これが公害だ―北九州市「青空がほしい」運動の軌跡　林えいだい著　新評論　復刻版
【要旨】反骨の記録作家の原点となった写真集（1968年刊）を完全復刻。戦後史アルバムともいえる貴重な写真約140点収録。当時全国的に注目を集めた「青空がほしい」運動の軌跡をたどり、その今日的意義を論じた詳細な解説を付加。初版に収められたという写真など充実の補足資料付。 2017.3 186p A5 ¥2000 ①978-4-7948-1064-9

◆新・公害防止の技術と法規 水質編　2017　公害防止の技術と法規編集委員会編　産業環境管理協会, 丸善出版 発売
【要旨】公害防止管理者等国家試験受験のための必携書。工場関係、環境担当者に欠かせない最新公害防止技術・法令を徹底解説！
　2017.1 3Vols.set B5 ¥9000 ①978-4-86240-143-4

◆新・公害防止の技術と法規 騒音・振動編　2017　公害防止の技術と法規編集委員会編　産業環境管理協会, 丸善出版 発売
【要旨】公害防止管理者等国家試験受験のための必携書。工場関係、環境担当者に欠かせない最新公害防止技術・法令を徹底解説！
　2017.1 737p B5 ¥6000 ①978-4-86240-144-1

◆新・公害防止の技術と法規 ダイオキシン類編　2017　公害防止の技術と法規編集委員会編　産業環境管理協会, 丸善出版 発売
【要旨】公害防止管理者等国家試験受験のための必携書。工場関係、環境担当者に欠かせない最新公害防止技術・法令を徹底解説！
　2017.1 676p B5 ¥6000 ①978-4-86240-145-8

◆新・公害防止の技術と法規 大気編　2017　公害防止の技術と法規編集委員会編　産業環境管理協会, 丸善出版 発売
【要旨】公害防止管理者等国家試験受験のための必携書。工場関係、環境担当者に欠かせない最新公害防止技術・法令を徹底解説！
　2017.1 3Vols.set B5 ¥9000 ①978-4-86240-142-7

◆生活排水処理改革―持続可能なインフラ整備のために　『生活排水処理改革―持続可能なインフラ整備のために』をつくる会編　中央法規出版
【要旨】人口減少・財源不足・老朽化で危機的状況に陥っている下水道。財政破綻を防ぎ、健全な水環境を維持するための、いまこそから始める「生活排水処理システム改革」を直言する！
　2017.3 183p A5 ¥1500 ①978-4-8058-5486-0

◆川内産廃の闇―知事、市長、経済界の裏側を裁判が照らす　森永満郎著　（鹿児島）南方新社
【要旨】不明朗な用地選定、法外な公金支出、地下への漏水問題、見かけの採算確保のために市当局と結託、反対する自治会潰し、はたまた原発ゴミも…。これが行政のすることだろうか。10年の歳月をかけて、闇に光を当てる。
　2017.2 207p A5 ¥2000 ①978-4-86124-352-3

◆誰でもわかる!!日本の産業廃棄物―知って得する廃棄物のこと　環境省監修、産業廃棄物処理事業振興財団編　大成出版社　改訂7版
【目次】1 産業廃棄物とは、2 産業廃棄物の排出・処理などの状況、3 産業廃棄物の適正処理・リ

サイクルを進める制度的枠組み、4 特別管理廃棄物対策、5 公共関与による施設整備等、6 産業廃棄物の不法投棄・不適正処理への対応、7 循環型社会に向けた取り組み、8 3R・廃棄物処理分野における国際協力

2017.7 48p B5 ¥800 ①978-4-8028-3294-6

◆**新潟水俣病を問い直す** 田中清松著 幻冬舎メディアコンサルティング, 幻冬舎 発売
（幻冬舎ルネッサンス新書）
【要旨】新潟水俣病が発生してから50年以上が経過。しかし、この問題に終止符が打たれる気配はない。本書は、新潟水俣病発生当時に阿賀野川沿いに住み新潟水俣病の原因に疑問を持った著者が、当時の資料を徹底的に調べ上げてたどり着いた「農薬原因説」を紹介する。新潟水俣病を新たな視点から見つめた貴重な一冊。

2017.1 255p 18cm ¥800 ①978-4-344-91079-9

◆**廃棄物処理法 虎の巻 2017年改訂版 —かゆいところに手が届く** 堀口昌澄著 日経BP社, 日経BPマーケティング 発売 第3版
【要旨】「処理」と「処分」はどこが違う？ どこからが廃棄物の保管場所？ 返送されたマニフェストに記載ミス、どうする？ 小型家電は産廃処理していいの？ テナントビルでの処理委託はどのように契約する？ 委託契約書、目からうろこの節税法とは？ 最新2017年改正に対応、現場の困りごとをこの一冊で解決！

2017.10 255p B5 ¥3800 ①978-4-8222-5996-9

◆**廃棄物処理法法令集 3段対照 平成29年版** （川崎）日本環境衛生センター
【目次】1 廃棄物の処理及び清掃に関する法律、2 廃棄物の処理及び清掃に関する法律施行令、3 廃棄物の処理及び清掃に関する法律施行規則

2017.6 851p B5 ¥3500 ①978-4-88893-145-8

◆**廃棄物処理法令（三段対照）・通知集—廃棄物の処理及び清掃に関する法律 平成29年版** 日本産業廃棄物処理振興センター オフィスTM, TAC出版 発売
【目次】第1章 総則、第2章 一般廃棄物、第3章 産業廃棄物、第4章 雑則、第5章 罰則、附則、廃棄物処理法 政省令・告示

2017.7 624, 7, 357, 6p B5 ¥4000 ①978-4-8132-8974-6

◆**廃棄物年鑑 2018年版 —循環型社会のみちしるべ** 環境産業新聞社
【目次】解説篇（循環型社会を形成するための法体系、環境省、環境再生・資源循環局を新設 ほか）、統計・資料篇（一般廃棄物、産業廃棄物 ほか）、名簿篇（中央官庁、関連団体 ほか）、施設篇（焼却（熱回収）施設、リサイクルセンター ほか）、企業名簿篇

2017.10 1000p A5 ¥12000 ①

◆**水俣を伝えたジャーナリストたち** 平野恵嗣著 岩波書店
【要旨】公式発見から六十年余。"水俣"はどのように伝えられてきたのか。組織ジャーナリズムの一員として、あるいはフリーの立場で。偶然の出会いによって、あるいは忠誠の気持ちを抱えながら、関わりが始まる。伝える側は、"水俣"とどのように向き合ってきたのか。現在につながる教訓と志を描き出す。

2017.6 202p B6 ¥1900 ①978-4-00-024884-6

◆**水俣の記憶を紡ぐ—響き合うモノと語りの歴史人類学** 下田健太郎著 慶應義塾大学出版会
【要旨】本書では、水俣病の経験を、運動・訴訟や社会的状況のみならず、個々人をとりまく生活世界とも連動しながら、記憶が紡がれてゆくプロセスとして描き出し、記憶が水俣に工場を設立して以降のおよそ二〇年という時間軸のなかに位置づけてゆく。モノや語りに表象される過去の水俣病経験ではなく、モノや語りを媒介としながら、今なお生きられる水俣病経験のダイナミックをあげりよう、被害/加害の対抗図式を超えて、「当事者」の"顔"を描き出す、気鋭の力作。

2017.10 283, 2p A5 ¥5000 ①978-4-7664-2483-6

◆**"水俣病"事件の61年—未解明の現実を見すえて** 富樫貞夫著 （福岡）弦書房
【要旨】この事件との50年近い取り組みを通して、何が事件の解明を妨げてきたのか、そこから何を教訓として学ぶべきかを、次代の人々に伝えたい。両生類以上に広がる水銀汚染から新たなメチル水銀中毒の被害を発生させないために。

2017.11 237p A5 ¥2200 ①978-4-86329-161-4

◆**水俣病小史** 二塚信著 （熊本）熊本出版文化会館, 創流出版 発売 （新熊本新書）

【目次】水俣病前史、水俣病の予兆、水俣病公式確認、原因物質の究明と対策の模索、法的規制ならず、原因物質に有機水銀浮上、昭和三四年秋 状況緊迫、熊本大学研究班に解散命令、事態の鎮静化 強まる有機水銀説攻撃、高度経済成長の陰に水俣病、胎児性水俣病の確認、熊本大学、ついに工場スラッジよりメチル水銀化合物検出、新潟水俣病の発生、水俣病対策市民会議の結成、工場の細川実験表面化、政府見解、水俣病の原因は工場のメチル水銀と断定

2017.4 86p 18cm ¥700 ①978-4-906897-41-4

◆**水俣病の病態に迫る—チッソ水俣病関西訴訟資料に基づいて** 横田憲一著 （宇都宮）随想舎
【要旨】水俣病患者公式確認60年を経た今日も「水俣病問題」は解決していない。何故、解決に至らないのかを検証して、水俣病問題の解決に必要な要件について考察を試みた。水俣病問題が解決しない根本原因は、「水俣病の病態」が明快に説明されず、曖昧なまま今日に至っているからだ。

2017.3 457p A5 ¥5000 ①978-4-88748-338-5

リサイクル

◆**資源政策と環境政策—日本の自動車リサイクル政策を事例に** 外川健一著 原書房
【目次】第1章 環境問題と経済地理学、第2章 日本の廃棄物・リサイクル政策の変遷：循環型社会形成政策に至る経緯、第3章 個別リサイクル3法による制度比較、第4章 日本の中古車市場における売買プロセス、第5章 使用済自動車リサイクルのフローと自リ法の2回の見直し、第6章 自動車フロン類回収・破壊システムの現状と課題、第7章 自動車エアバッグ類回収・再資源化システム、第8章 日本のASRリサイクル施設の特徴と立地について、第9章「自リ法」31条をめぐる論点：全部利用が進まないためにはなぜか、第10章 自動車の易解体設計の進捗状況について"予備的考察"、総括

2017.6 276p A5 ¥2800 ①978-4-562-09209-3

緑・湿地・森林保護

◆**温暖化対策で熱帯林は救えるか—住民と森林保全の相利的な関係を目指して** 奥田敏統編 文一総合出版
【目次】序論、第1章 熱帯地域の土地利用と地球温暖化緩和策の導入の問題点（緩衝帯の設定と炭素排出の抑制、REDD+を活用した森林保全）、第2章 地域住民と天然資源保全の相乗便益を図るための試み（国立公園をめぐる相克、カレン領域における境界画定と住民林業、国立公園内荒廃地の植生復元活動、保護林の住民利用とそれによる森林保護の可能性 ミャンマー、マンダレー管区の農山村の事例）、第3章 相乗便益を長期的に担保するための仕組みづくり（エコツーリズム導入による相乗便益の確保、二項対立回避へのアプローチ—農地開発に伴う生態系劣化と甦生）

2017.6 207p A5 ¥2500 ①978-4-8299-6529-0

◆**カラー版 東京の森を歩く** 福嶋司著 講談社 （講談社現代新書）
【要旨】高層ビル、住宅地に囲まれた都会の多様な自然。知られざる豊かな自然を楽しむための決定版ガイド。

2017.3 251p 18cm ¥980 ①978-4-06-288420-4

◆**樹木たちの知られざる生活—森林管理官が聴いた森の声** ペーター・ヴォールレーベン著, 長谷川圭訳 早川書房
【要旨】春から初夏には、新緑に心を洗われ、秋には紅葉に目を奪われる。そして色鮮やかな花に癒され、新鮮な空気を与えてもらう。わたしたちは、樹木とともにあり、さまざまな恩恵を受けている。樹木は身近で尊い友人なのだ。しかし、どれだけ彼らのことを知っているだろうか？ 樹木たちは子供を教育し、コミュニケーションを取り合い、ときに助け合う。その一方で熾烈な縄張り争いをも繰り広げる。学習をし、音に反応し、数をかぞえる。動かないように思えるが、長い時間をかけて移動さえする—。ドイツで長年、森林の管理をしてきた著者が、豊かな経験で得た知恵と知識を伝える、樹木への愛に満ちた名著。世界的ベストセラーが待望の邦訳！

樹木たちの密やかな生活の「真実」が明かされる 2017.5 263p B6 ¥1600 ①978-4-15-209687-6

◆**森林アメニティ学—森と人の健康科学** 上原巌, 清水裕子, 住友和弘, 高山範яет著 朝倉書店
【目次】森林アメニティ学とは？、地域福祉における森林保健活動、カウンセリング、心理分野における森林の活用、森林の医療利用、薬用樹木と樹木のヒーリング文化、地域医療における事例、海外における森林の保健休養の事例、森の幼稚園、森林美学、森林と芸術、森林アメニティの評価、森林アメニティの分野における課題と展望

2017.9 167p B5 ¥3400 ①978-4-254-47052-9

◆**森林景観づくり—その考え方と実践** 堀繁監修, 由田幸美著 日本林業調査会
【目次】景観、景観整備、視点の選定、視点場の整備、見通しの確保、見えているものの整備、森林景観、森林景観整備の必要性と難しさ、山地における視点の選定、山地における視点場の整備、山地における見通しの確保、眺望伐採における デザイン上の工夫、山地における見えているものの整備、森林景観整備事業の実施事例、シークエンス景観に配慮した整備、森林景観整備事業の合意形成、森林景観整備後の維持管理

2017.2 269p A4 ¥3500 ①978-4-88965-248-2

◆**森林バイオマスの恵み—日本の森林の現状と再生** 日本エネルギー学会編, 松村幸彦, 吉岡拓如, 山崎亨史共著 コロナ社 （シリーズ21世紀のエネルギー 13）
【目次】1 森林からの素材生産（日本の森林資源の現状、木材はどのようにして生産されるかほか）、2 副産物の利用—森林を資源にするために（特用林産物、野生動物 ほか）、3 エネルギー副産による経済性向上（木の持っているエネルギー、エネルギー副産の手法 ほか）、4 法律に基づく政策や規制（関連する法律、林業行政における政策と規制）、5 持続可能な林業の可能性

2018.1 161p A5 ¥2200 ①978-4-339-06833-7

◆**図説 日本の湿地—人と自然と多様な水辺** 日本湿地学会監修 朝倉書店
【目次】1 湿地の恵みを受ける（暮らしの必需品などを確保する、暮らしを豊かにする、暮らしを意味づける）、2 湿地を彩る個性派たち（動物たち、植物たち）、3 湿地の姿と仕組み（様々な姿を見せる湿地、湿地の仕組みと機能）、4 湿地を活かす仕組みと人々（変わりゆく湿地、湿地を守る仕組み・制度、湿地で活動する人々）

2017.6 212p B5 ¥5000 ①978-4-254-18052-7

◆**森の日本文明史** 安田喜憲著 古今書院
【目次】第1章 災害列島日本の森、第2章 森と海の日本文化、第3章 スギの森と日本人、第4章 ブナの森と日本文明の森、第5章 ナラ林文化と照葉樹林文化、第6章 アカマツ林と里山の文化 2017.3 400p A5 ¥5000 ①978-4-7722-8117-1

核・原発問題

◆**ウラルの核惨事** ジョレス・メドヴェージェフ著, 佐々木洋解題・監修, 名越陽子訳 現代思潮新社 （ジョレス・メドヴェージェフ, ロイ・メドヴェージェフ選集 第2巻）
【要旨】旧ソ連体制下で隠蔽された核惨事故—1957年、旧ソ連南ウラル地方で放射性廃棄物貯蔵所が爆発した。『ルイセンコの興亡』を米国で出版したことにより精神病院に収容され、その後ソ連国籍を剝奪された著者は、英国滞在中に検閲済みのソ連当局の資料を解読し、この事故を1976年に「ウラルの核惨事」として公表した。ソ連をはじめ、米・英も事故を否定。ようやく、チェルノブイリ事故後の1989年になって事故を認めた—。福島第一原発事故に関する論文のほか、新論稿を増補収録した決定版。

2017.5 262p A5 ¥3600 ①978-4-329-10003-0

◆**核を葬れ！—森瀧市郎・春子父娘の非核活動記録** 広岩近広著 藤原書店
【要旨】核実験が繰り返され、劣化ウラン弾が製造・使用され、「平和利用」の名のもと原発がはびこる現在をのりこえ、全世界的な"核"の悪循環を断ち切り、核被害者を出さないために!!

2017.8 349p B6 ¥2600 ①978-4-86578-130-4

◆**核開発時代の遺産—未来責任を問う** 若尾祐司, 木戸衛一編 （京都）昭和堂
【要旨】私たちは未来になにを残すのか!?地球を何度も破壊できるほどに進んだ核の軍備競争は、

一方で「平和利用」として輝く未来の夢に浮かされるように、多くの原発や関連施設を産んでいった。これら開発がもたらしたさまざまな施設やその影響は、いまや片づけることのできない「遺産」となって横たわっている。ヒロシマ・ナガサキ、そしてフクシマを抱く私たち日本人こそ、真摯にこの「遺産」と向き合わねばならない。

2017.10 344, 3p A5 ¥3500 ①978-4-8122-1634-7

◆**核惨事！（nuclear disaster）―東京電力福島第一原子力発電所過酷事故被災事業者からの訴え** 渡辺瑞也著 批評社 （Fukushima - hatsu Fh 叢書）
【要旨】第1章 事故直後から現在までの原発災の状況（原発の爆発と避難指示、帰還優先政策、地域復興再生問題とイノベーションコースト構想）、第2章 原発事故による放射線障害をめぐる問題について（いわゆる“年間20ミリシーベルト問題”をめぐって、放射線障害をめぐって、福島原発事故による健康障害）、第3章 福島原発事故被害者に対する損害賠償と救済の問題をめぐって（損害“賠償”の現状、原子力損害賠償に関する現行制度について、原子力損害賠償問題は一般法の適用が及ばない超法規的・治外法権的領域にある、被災者の疎外状況～見捨てられる「人間の復興」）、第4章 すべての皆さんにお伝えしたいこと―まとめに代えて（原発には常に重大リスクが付きまとっているが、そのことは常に隠されている、原発過酷事故と安全上で完全に収束させることはできない、発電装置としての原発を民間会社が経営することは、経済的にも技術的にも難しい、原発は一般法の適用を超えた超法規的な国家管理の領域に置かれている、原賠法の「責任の集中原則」が有する政治的意図）

2017.2 273p B6 ¥2500 ①978-4-8265-0658-8

◆**核大国ニッポン** 堤未果著 小学館 （小学館新書）
【要旨】2016年5月、現職米国大統領として初めて広島を公式訪問した前オバマ大統領。かつて彼が世界に向けて発信した“核なき世界”の集大成である訪問を、「世界唯一の被爆国」として非核を訴え続けた日本人は高く評価した。一方で、福島第一原発事故が改めて我々に突きつけた、核もまた「危険な核」であるという事実。大量の核弾頭を作れるだけのプルトニウムを持つ日本は、本当に「非核国」と言えるのか？そして核大国ニッポンの運命を握るXデーとは？『もうひとつの核なき世界』（2010年/小学館刊）に新章を加筆した、待望の新書版。

2017.8 254p 18cm ¥820 ①978-4-09-825312-8

◆**核に縛られる日本** 田井中雅人著 KADOKAWA （角川新書）
【要旨】「核兵器禁止条約」が国連で採択され、核時代の転換点が訪れる。しかし、日本は唯一の被爆国でありながら不参加を表明。なぜ、独自の立場を貫くことができないのか。最前線で取材してきた著者が、新聞には書けなかった核をめぐる日米外交の舞台裏・秘話に触れながら、日本の進むべき道を提議する。

2017.10 255p 18cm ¥840 ①978-4-04-082183-2

◆**核発電の便利神話―3・11後の平和学 パート2** 戸田清編著 長崎文献社
【要旨】核発電は火力発電に比べて、実は不便である。第一に…発電量の割に熱汚染が大きい。第二に…過酷事故時には現場に近づけず事故復旧が困難である。第三に…核のゴミの安全管理は10万年も続けなければならない。

2017.3 150p A5 ¥2000 ①978-4-88851-275-6

◆**崩れた原発「経済神話」―柏崎刈羽原発から再稼働を問う** 新潟日報社原発問題特別取材班著 明石書店
【要旨】執念の調査報道が明かす不都合な真実。原発を抱える地域から聞こえてくる経済効果への期待。だが、それは果たしてほんとうなのか―。データジャーナリズムと歴史的考察により、いまだはびこる「経済神話」の実態を浮き彫りにする。2017年度石橋湛山記念早稲田ジャーナリズム大賞公共奉仕部門奨励賞。

2017.5 338p A5 ¥2000 ①978-4-7503-4525-3

◆**決定版 原発の教科書** 津田大介, 小嶋裕一編 新曜社
【要旨】推進/反対の二項対立の先鋭化をよそに、原発新増設は着々と進む。それは本当に安全なのか？コストは安いのか？廃棄物をいったいどうする？そしてなぜ、私たちはこれほどまでに「原発」を忘れたいのか？一答えはすべてこの本に全部書かれている。関連各分野の第一人者による論考に、東浩紀と編者の鼎談「報道・

ネット空間・無気力の連鎖から、先へ」、泉田裕彦元新潟県知事インタビュー「歴史に対して責任を果たしたい」、小泉純一郎「夢からさめたこの国は、これからどこに向かうのか」、そして瞠目のコラム、もんじゅ君の描き下ろしマンガなど、この1冊で現在の、そして今後10年間の“原発問題”のすべてを見通す。

2017.9 365p A5 ¥2400 ①978-4-7885-1536-9

◆**原子力戦争の犬たち―福島第一原発訪問記** 釣崎清隆著 東京キララ社
【要旨】世界の無法地帯、紛争地域を渡り歩いてきた死体写真家・釣崎清隆が自らの目で見た原子力戦争最前線。剥き出しの3号機原子炉への「特攻」、「エアサーベイ」など、知られざる福島第一原発収束作業の実態!!そして、ゴールドラッシュならぬ放射能ラッシュに沸く福島に、一攫千金を夢見て群がる男達の群像劇。

2017.3 199p B6 ¥1600 ①978-4-903883-23-6

◆**原子力発電と日本社会の岐路―聖書と共に考える混成型共生社会と脱原発** 日本クリスチャン・アカデミー編, 姜尚中, 上山修平著 新教出版社
【要旨】福島の事故によって明らかとなった日本社会の病弊にたいして「混成型共生社会」を提唱する姜氏。教会とキリスト者は科学的批判精神と聖書的な信仰を携えて連帯しと訴える上山氏。キリスト教精神に基づく開かれた「はなしあい」の場を創り上げてきた日本クリスチャン・アカデミーが、2014年初春に催した白熱のシンポジウムの記録。

2017.3 187p B6 ¥1500 ①978-4-400-40742-3

◆**原発事故と福島の農業** 根本圭介編 東京大学出版会
【要旨】現地では何が起こったのか？現在の状況、そして今後の課題とは？2011年3月、農業王国「福島」を突然襲った原発事故。6年以上経過した今だからこそ見えてきた稲作・果樹・林業・畜産・土壌の現状を、震災直後から福島で農業被害の調査を続ける執筆者が克明に語り、再生に向けて取り組むべきことを問う。

2017.9 170p A5 ¥3200 ①978-4-13-063367-3

◆**原発事故6年目 現地情報から読み解くふるさと福島** 佐藤政男著 合同フォレスト, 合同出版 発売
【要旨】平穏な日常生活に戻す努力が原発事故を防ぐ！2012年末に福島へ戻った著者が、現地の実態、客観的なデータを紹介する。そこから、自分たちにできることが見えてくる。

2017.2 206p B6 ¥1600 ①978-4-7726-6077-8

◆**原発震災と避難―原子力政策の転換は可能か** 長谷川公一, 山本薫子編 有斐閣 （シリーズ被災地から未来を考える 1）
【要旨】被災地の声は届いているか。東日本大震災から6年半あまり、地震、津波、原発災害が絡み合った、未曾有の大災害を生み出した社会的メカニズムを、社会学の現地調査をもとに解明する。

2017.12 283p A5 ¥4200 ①978-4-641-17433-7

◆**原発は“安全”か―たった一人の福島事故報告書** 竹内峰子著 小学館
【要旨】リスクと向き合うために、いま知っておくべきことがあります。事故に関わったキーマンたちの貴重な証言と、取材で明らかになった真実とは。

2017.1 223p B6 ¥1000 ①978-4-09-388528-7

◆**原発問題の深層――宗教者の見た闇の力** 内藤新吾著 （大阪）かんよう出版
【目次】第1章 原発問題は、深く平和の問題である、第2章 放射能はそんなに心配ない、ということにしたい人々、第3章 平和や環境の問題を、国家にだけ委ねてはならない、第4章 いのちを愛し、平和をつくりだす者として歩むこと

2017.9 125p B6 ¥1500 ①978-4-906902-89-7

◆**原発より危険な六ヶ所再処理工場** 舘野淳, 飯村勲, 立石雅昭, 円道正三著 本の泉社
【要旨】原発の中では「5重の壁」に閉じ込められていた放射能が、「裸」（非密封）の溶液として大量に配管・機器の中を流れていく危険な化学プラント―これが再処理工場です。本書は、再処理工場で勤務した技術者の体験も含めて、再処理工場の仕組みや、漏洩、火災爆発、臨界、耐震性などの危険性をわかりやすく解説している。

2017.4 110p A5 ¥1200 ①978-4-7807-1612-2

◆**小池・小泉「脱原発」のウソ** 金子熊夫, 小野章昌, 河田東海夫著 飛鳥新社

【要旨】原発の是非を考える上での必読書。エネルギー問題を通じて日本の将来を真面目に考える人は、この本をお読みください。

2017.11 230p B6 ¥1389 ①978-4-86410-582-8

◆**しあわせになるための「福島差別」論** 池田香代子, 開沼博, 児玉一八, 清水修二, 野口邦和ほか著 （京都）かもがわ出版
【目次】第1章 福島原発事故はどんな被害をもたらしたか（特殊な性格をもつ放射能被害、沈殿した状態で消えない放射能不安 ほか）、第2章 善意と偏見―不幸な対立を乗り越えるために（事実を侮らず、過度に恐れず、理性的に向き合う、ある東京在住“反原発派”の7年 ほか）、第3章 7年たって考える放射能・被曝（測定と学習による確信の形成、測定値が信用できるか否かの見分け方 ほか）、第4章 被曝による健康被害はあるのかないのか（県民健康調査から何が見えるか、甲状腺がんについて知っておきたいこと ほか）、第5章 事故後現場のいまとこれから（2018年現在の福島問題の構造、福島第一原発廃炉の根本問題「何が分からないかが分からない」ほか）

2018.1 247p A5 ¥2300 ①978-4-7803-0939-3

◆**市場メカニズムとDCF法で決める 原発選択の是非―国家の庇護なき原発の市場競争力を問う** 茂腹敏明著 ロギカ書房
【要旨】電力のエネルギー源別発電事業の採算性比較。あなたは、一蓮托生のロシアンルーレットを選びますか？管理会計とDCF法の究極のテキスト!!

2017.12 327p A5 ¥3000 ①978-4-909090-09-6

◆**10万年待てますか？ 放射性廃棄物は極限光技術を使ってなくすことができる―原子炉を使わない方法** 山下幹雄著 （大阪）風詠社, 星雲社 発売
【要旨】地球の生命を脅かす原発事故。今後もこの発電方式を利用し続けるには、廃棄物を地下に長期保存するしか方法がないのだろうか。技術的な壁やコスト、永続性、安全性、装置サイズなどの課題に対して、最新の光技術が果たす可能性を探る。光研究の第一人者が著した必読の書で、世界に類を見ない方法を明示している。

2017.9 90p B5 ¥2500 ①978-4-434-23481-1

◆**初期被曝の衝撃―その被害と全貌** 山田國廣著 （名古屋）風媒社
【要旨】あなたは、いつ・どこで・どれだけ被曝したか。ネグレクトされた膨大な公表データから原発事故による汚染・被曝の真相を復活、環境学の視点より、事故の原因と責任、被害の全容を解明する。いまなお続く広域放射能汚染の実態を明らかにした驚愕の報告。3.11原発事故“消された被害”を追う。

2017.11 352p A5 ¥2000 ①978-4-8331-1123-2

◆**世界が見た福島原発災害 6 核の地獄を超えて** 大沼安史著 緑風出版
【要旨】福島第一原発事故から6年、海外メディアが伝えるフクシマの核の地獄！ライブカメラが捉える建屋上空のミステリアスな「閃光」、漂う霧は何を意味しているのか？完全防護の原発作業従事者の年間被ばく限度と同じ被曝地域を次々と避難解除し、住民を丸裸で「強制帰還」させている政府の政策は、人々を死の危険に曝す非人道的な犯罪であると、海外メディアは告発する。沈黙しフェイク・ニュースを流す国内メディア…本書は、海外メディアが伝える「フクイチ」の恐るべき現実、日本のメディアが絶対に伝えない真実を明らかにする第6弾！

2017.9 300p B6 ¥2000 ①978-4-8461-1716-0

◆**それでも原発が必要な理由** 櫻井よしこ, 奈良林直著 ワック
【要旨】人類のために日本の原子力技術が必要です。世界の潮流は原発推進に明確に向かっています。

2017.6 294p B6 ¥1600 ①978-4-89831-459-3

◆**脱原発と脱基地のポレミーク―市民運動の思想と行動** 土井淑平著 （鳥取）綜合印刷出版, 星雲社 発売
【要旨】脱原発運動の実践によって鍛えられた市民運動の思想を開示。沖縄の脱基地論は琉球独立論へと向かう。北朝鮮有事の6年、北のミサイルや特殊工作部隊の標的は、沖縄をはじめ在日米軍基地だけでなく、日本に林立する原発である。かくして、原発変じて自爆用の核爆弾に！

2017.7 387p B6 ¥2200 ①978-4-434-23556-6

◆**「旅する蝶」のように―ある原発離散家族の物語** 岩真千子著 リベルタ出版
【要旨】原発震災への怒りと涙の「半難民生活」。

2017.5 238p B6 ¥1700 ①978-4-903724-50-8

◆**原発は終わった**　筒井哲郎著　緑風出版
【要旨】2017年3月、東芝は子会社のウェスチングハウスの連邦破産法11条を申請し、全社的に原発事業からの撤退を決定した。このことは、発電産業の世代交代と原発が世界的に市場から敗退しつつあることを意味し、福島原発事故の帰結でもある。本書はプラント技術者の観点から、産業としての原発を技術的・社会的側面から分析し、電力供給の代替手段がないわけではないのに、甚大なリスクを冒して国土の半ばを不住の地にしかねない手段に固執する政策の愚かさを説く。
2017.12 264p B6 ¥2400 ①978-4-8461-1721-4

◆**つながりを求めて―福島原発避難者の語りから**　辰巳頼子, 鷹咲子編著　耕文社
【要旨】福島第一原発事故による放射線の影響を恐れ、東京に避難してきた母子避難者たち―避難生活と先の見えない不安、家族との葛藤、そのなかでどのように "つながり" を求め、日常を送っているのか。どのような "支援" が求められているか。本書はその聞き取りの記録である。
2017.8 155p B6 ¥1200 ①978-4-86377-047-8

◆**東芝はなぜ原発で失敗したのか**　相田英男著　電波社
【要旨】日本の原子力開発は破滅へと宿命づけられていたのか!? 現役の原発研究員が、東芝と日本の原発開発史の闇に迫る。
2017.10 262p B6 ¥1600 ①978-4-86490-119-2

◆**東電原発裁判―福島原発事故の責任を問う**　添田孝史著　岩波書店　（岩波新書）
【要旨】二〇一七年春、司法が大きな一歩を踏み出した。福島原発事故における東京電力の刑事責任を問う初公判が開かれたのである。津波の予知は不可能とする被告の主張は真実なのか。各地で継続中の賠償訴訟とともに、裁判を通じて明らかにされたデータと証拠から、事故の原因をあらためて検証する。
2017.11 205p 18cm ¥780 ①978-4-00-431608-6

◆**二〇ミリシーベルト―福島第一原発事故被ばくの深層**　空本誠喜著　論創社
【要旨】チェルノブイリやヒロシマと、フクシマはどこが違うのか？ SPEEDIは、なぜ活かされなかったのか？ フクシマの未来創造のために。放射線防護の第一人者小佐古敏荘教授（元内閣官房参与）の国際標準の考え方と判断、決断に迫る。
2017.4 231p B6 ¥2000 ①978-4-8460-1607-4

◆**日本はなぜ原発を拒めないのか―国家の闇へ**　山岡淳一郎著　青灯社
【要旨】米国の核戦略に従属する日本。崩壊する東芝と原発国策。地元で脱原発・再生の希望が芽生えはじめた。
2017.4 235p B6 ¥1600 ①978-4-86228-093-0

◆**はじめての原発ガイドブック―賛成・反対を考えるための9つの論点**　楠美順理著　創成社
【目次】準備編（判断の枠組み（簡単な例題で「判断」の仕方を考えよう、この本が提案する「判断」の仕方　ほか）、放射能と放射線についての基礎知識（放射能とは何か、放射能とは何か　ほか）、被ばく影響についての基礎知識（いくつかの被ばく影響の分類、低線量被ばくの影響がはっきりしない理由　ほか））、本編（原発の是非の判断（被ばく影響、地球温暖化　ほか）
2017.7 104p B5 ¥1400 ①978-4-7944-7075-1

◆**一橋大学環境法政策講座・国際シンポジウム 原発事故からの復興と住民参加―福島原発事故後の法政策**　高橋滋, 公益財団法人住友電工グループ社会貢献基金一橋大学環境法政策講座編著　第一法規　（一橋大学・公共政策提言シリーズ No.4）
【目次】基調講演 原子力安全の向上と福島第一原発事故からの教訓、1 福島原発事故後の法政策（原子力損害賠償制度―その現況と改革課題、放射性物質汚染対策1―事故後並びに放射性物質汚染廃棄物処理の現状と課題、放射性物質汚染対策2―除染法制の検証、国際的な原子力損害賠償の枠組み―洞察と示唆、パネルディスカッション「福島原発事故後の法政策」）、2 住民参加、リスクコミュニケーション（高レベル放射性廃棄物処分とリスクコミュニケーション、海外の取組み―住民参加・リスクコミュニケーション、オーフス条約と原子力、パネルディスカッション「住民参加、リスクコミュニケーション」）、3 福島原発事故後の安全規制（日本における安全規制―実用発電用原子炉に係る新規制基準について、原子力規制機関の組織・機能と原子力規制改革、福島第一原発事故後の東アジア諸国における原

子力規制、韓国における安全規制―その法システムと原発関連不祥事の防止を中心として、パネルディスカッション「福島原発事故後の安全規制」）
2017.3 231p B5 ¥2500 ①978-4-474-05735-7

◆**福島原発事故と左翼**　瀬戸弘幸著　青林堂
【要旨】左翼政治家や文化人、メディアが原発事故を最大限に利用し、福島を貶めた！ 福島在住の著者が震災以降見てきた反日左翼による反原発運動の6年間とは！
2017.2 250p B6 ¥1200 ①978-4-7926-0578-0

◆**福島第一原発1号機冷却「失敗の本質」**　NHKスペシャル『メルトダウン』取材班著　講談社　（講談社現代新書）
【要旨】官邸や東電本店の要請に従わず、海水注入を強行した吉田昌郎所長。日本中が喝采を送った「海水注入」だが、事故から5年半経って1号機の原子炉にほとんど水が入っていなかったことが判明した。6年にわたる検証取材で浮かび上がってきた数々の「1号機冷却失敗」の謎に迫る！
2017.9 284p 18cm ¥840 ①978-4-06-288443-3

◆**福島第一原発事故の法的責任論　1　国・東京電力・科学者・報道の責任を検証する**　丸山輝久著　明石書店
【目次】1部 福島第一原発の概要と過酷事故の原因（原発の仕組みと内包する危険、福島第一原発の概要、本件原発事故の経緯とその状況、福島第一原発設置時からの問題点、海水注入の遅れがSAの原因　ほか）、2部 福島第一原発事故の責任概論（東京電力の法的責任と根拠事実の整理、東京電力刑事役員の刑事上の責任、東京電力の民事上の責任、国の法的責任、「原子力ムラ」の実態とその関係者の責任　ほか）
2017.8 420p A5 ¥3200 ①978-4-7503-4558-1

◆**福島第一原発事故の法的責任論　2　低線量被曝と健康被害の因果関係を問う**　丸山輝久著　明石書店
【要旨】ICRP勧告を含む国際的な機関の意見書、わが国の公的意見、低線量被曝に関する書物及び報道などを適切に引用するとともに、いくつかの裁判例にも触れて、低線量被ばくの健康影響、すなわち、低線量被曝と健康被害の因果関係について検討する。
2017.12 428p A5 ¥3200 ①978-4-7503-4609-0

◆**福島へのメッセージ　放射線を怖れないで！**　須藤鎮世著　幻冬舎メディアコンサルティング, 幻冬舎 発売　（幻冬舎ルネッサンス新書）
【要旨】"放射線はどんなに微量でも線量に比例して害がある" と勧告されて以降、放射線への怖れが広がった。しかし、その勧告の根拠はなにか。現在まり10倍も高い放射線のなかから進化してきた私たちは、放射線に十分に対処できるどころか、むしろ体内で有効利用していたのである。福島第一原発の事故による放射線の影響はどの程度なのか。3.11後に現地で放射線量測定にあたった者だが、研究で明らかになった驚くべき事実を解説。
2017.2 182p 18cm ¥800 ①978-4-344-91113-0

◆**フクシマ6年後 消されゆく被害―歪められたチェルノブイリ・データ**　日野行介, 尾松浩著　（京都）人文書院
【要旨】福島原発事故後、多発が露見している甲状腺がん。唯一の参照先である「チェルノブイリ・データ」を都合よく歪め、福島の被害と健康被害の因果関係を否定する根拠として用いることで、強引に幕引きを図ろうとしている。気鋭のジャーナリストとロシア研究者が暴くこの国の暗部。
2017.3 209p B6 ¥1800 ①978-4-409-24115-8

◆**皆で考える原子力発電のリスクと安全―原子力発電所が二度と過酷事故を起こさないために**　原子力発電所過酷事故防止検討会編集委員会監修　科学技術国際交流センター, 実業公報社 発売　（原子力政策への提言 第3分冊）
【目次】1 安全と安心、2 原子力のリスク、3 リスク論、4 ハザードへの対応、5 リスクを扱う法制度、6 許容される社会リスク、7 提言、用語説明等、参考資料
2017.5 177p B6 ¥1000 ①978-4-88038-055-1

◆**みんなの危機管理―スウェーデン 10万年の核のごみ処分計画**　須永昌博著　海象社
【要旨】人間がすることには「絶対はなく」、人間の行為に「過ちは付き物」であると考える「安全神話を信じない」スウェーデン人が、3.11福

島原発事故のひと月前に国を挙げて行なった総合演習とは？
2017.10 210p A5 ¥1500 ①978-4-907717-45-2

◆**無の槍―福島第一原発事故に立ち向かった労働者の手記**　八里原守著　出版最前線, 星雲社 発売
【目次】海鳴り、避難、スクリーニング、リレー、避難所にて、通水、精神の被曝、隊員と「モノ」たち、責任と真実、アウト・オブ・コントロール、汚染水の行方、ラドー、書き置き、Jヴィレッジ、未知の世界、声、めぐる春
2017.3 123p B6 ¥1000 ①978-4-434-23099-8

◆**私たちの決断―あの日を境に…**　原発賠償京都訴訟原告団編　（大阪）耕文社
【目次】特別寄稿 弁護団からのメッセージ（原発被災者に対してご支援を！、原発賠償京都訴訟の概要と意義）、原告の思い（原発事故後、私たちに起きたこと、なぜ私は自主避難を選択せざるを得なかったのか　ほか）、特別寄稿 支援する会共同代表からのメッセージ（避難者の裁判に教えられ、原発事故賠償訴訟原告の証言はみんなを励まし勇気づける　ほか）、原告の思い～アンケートから（首都圏の放射性物質拡散のこと、取り返しのつかないこと放射能拡散　ほか）
2017.9 126p A5 ¥1200 ①978-4-86377-048-5

 原子力・放射線

◆**あなたの隣の放射能汚染ゴミ**　まさのあつこ著　集英社　（集英社新書）
【要旨】福島第一原発の事故で放出された放射性物質の総量は、ヨウ素換算値で約九〇京ベクレル。途方もない量が海や陸へ降り注ぎ、「放射能汚染ゴミ」となった。本書では、これらのゴミが、どこにどのような状態で存在するのかを調査した。そこで明らかになったのは、我々のすぐ身近な場所で、驚くほどずさんに処理・保管されている実態だった。一方、この放射能汚染ゴミが今、道路建設などの公共事業で地下に埋められようとしている。そうなれば日本中に放射性廃棄物がバラ撒かれ、史上類を見ない公害に発展する可能性がある。なぜこのようなことになったのか。その真相に迫る。
2017.2 215p 18cm ¥740 ①978-4-08-720871-9

◆**池上彰の講義の時間 高校生からわかる原子力**　池上彰著　集英社　（集英社新書）
【要旨】世界で唯一の被爆国、日本。原子力の怖さを熟知しているはずのこの国に、原子力発電所が沢山あるのはなぜなの？ 世界各国が目を光らせる、核兵器開発の競争は、どうして始まって、どこに向かうの？ そもそも、原子力って何？ 高校生に行った講義をもとに、池上さんがわかりやすく説明。いまさら人に聞けない基本の基本から、考えなくてはいけない未来のことまで、「原子力」の常識を知る必読本！
2017.12 246p A6 ¥600 ①978-4-08-745679-0

◆**海の放射能に立ち向かった日本人―ビキニからフクシマへの伝言**　奥秋聡著　旬報社
【要旨】かつて、この国には "闘う科学者" がいた―汚染の実態はなぜ隠されたのか。ビキニ事件から原発事故を問い直す。
2017.7 161p B6 ¥1400 ①978-4-8451-1503-7

◆**空気中に浮遊する放射性物質の疑問25―放射性エアロゾルとは**　日本エアロゾル学会編　成山堂書店　（みんなが知りたいシリーズ 6）
【要旨】どのくらいの距離を移動しますか？ 吸い込んだりなら体のどこへ行きますか？ マスクで防げますか？ 福島第一原発事故所事故で観測されたものは何ですか？ など25の疑問にエアロゾルの専門家がわかりやすく答える。
2017.12 148p B6 ¥1600 ①978-4-425-51431-1

◆**原子力安全基盤科学　1　原子力発電所事故と原子力の安全**　山名元総合編集, 仲谷麻希構成　（京都）京都大学学術出版会
【要旨】東京電力福島第一原子力発電所事故によって、原子力に対する信頼は大きく失われました。「安全神話」への失望は当然ですが、原子力の利用や管理一般に関して根拠に欠ける情報が飛び交う状況に至るのは危険です。原子力利用は、医療など様々な分野に広がっていますし、特に事故原子炉の廃炉が長い年月にわたる課題になる中、正しい知識や管理技術の継承が失われることで、かえって、危険が増してしまうからです。第1分冊では、事業者

や政府から独立した専門家の立場から、東電事故の全体像と原子力の安全管理に関する問題点について考えます。
2017.9 339p A5 ¥2800 ①978-4-8140-0107-1

◆**原子力安全基盤科学　2　原子力バックエンドと放射性廃棄物**　山名元総合編集,仲谷麻希構成　(京都)京都大学学術出版会
【要旨】原子力利用の是非を論じる際、常にないがしろにされてきたのは、そのバックエンドすなわち多種多様な廃棄物の処理と管理です。原子力利用を続ける場合でも、その終焉を選ぶ場合でも、原子力関連施設と蓄積された廃棄物をどう安全に管理していくかが不可欠の問題になるにもかかわらず、そのための課題や技術に対して、社会はあまりにも無頓着です。どうすれば廃棄物をコンパクトに、安定に、あるいは低線量にできるのか。どうすれば環境から遮蔽できるのか。第2分冊では、大学の研究炉ならではの立場から、最先端の考え方と技術的な可能性、課題を考えます。
2017.9 352p A5 ¥2500 ①978-4-8140-0108-8

◆**原子力安全基盤科学　3　放射線防護と環境放射線管理**　高橋千太郎総合編集,仲谷麻希構成　(京都)京都大学学術出版会
【要旨】放射線は人体に重大な影響を与えます。しかし放射線を全く受けたくないと思うなら、自然界に暮らすこと自体、出来ません。そもそも放射線は、どういうメカニズムで何にどれほどの影響を与えるのか。この第3分冊では、放射線と生物の関係について分子・細胞レベルでのメカニズムに遡って知ることで、なぜ原子力エネルギーは安全に管理されねばならないのか、その理由と方法を考えます。原子力発電はもちろん、全ての原子力利用を考えるために、放射線防護・放射線安全管理の基礎から現場の技まで、私たちに必須の知識を学びます。
2017.9 247p A5 ¥2500 ①978-4-8140-0109-5

◆**原子力安全文化の実装—想定外を想定する**　大木恵史著　エネルギーフォーラム　(エネルギーフォーラム新書)
【要旨】一番起きてほしくないことは必ず起きます。あとは、それがいつ起きるのかという問題です。十年後なのか千年後なのか、一万年後なのか…。起きる確率がどの程度によって、今現在の対応が異なるだけです。
2017.9 233p 18cm ¥900 ①978-4-88555-484-1

◆**原子力規制委員会—独立・中立という幻想**　新藤宗幸著　岩波書店　(岩波新書)
【要旨】福島第一原発の過酷事故をきっかけに作られた原子力規制委員会は、「世界一厳しい」と称する新規制基準を作り、再稼働や老朽原発の運転延長の審査を進めていった。政権や経済界からのプレッシャーを前に、独立性と中立性を維持できているのか。その組織構成と活動内容を批判的に検証し、あるべき原子力規制システムを構想する。
2017.12 225p 18cm ¥820 ①978-4-00-431690-9

◆**原子力規制委員会主要内規集**　大成出版社
第2事業部編　大成出版社
【目次】1（核原料物質、核燃料物質及び原子炉の規制に関する法律関連、実用発電用原子炉に関するもの）、2（研究開発段階炉に関するもの、試験研究炉等に関するもの、加工及び再処理事業に関するもの、貯蔵事業に関するもの、廃棄事業に関するもの、核燃料物質使用許可申請等に関するもの、輸送に関するもの、緊急時モニタリングに関するもの）
2017.12 2Vols.set A5 ¥11000 ①978-4-8028-3310-3

◆**原子力規制関係法令集　2017年**　原子力規制関係法令研究会編著　大成出版社
【目次】1（基本的法令、核原料物質、核燃料物質及び原子炉の規制に関するもの）、2（放射同位元素等による放射線障害の防止、防災対策、関係法令）
2017.12 2Vols.set A5 ¥12300 ①978-4-8028-3308-0

◆**原子力キーワードガイド**　原子力資料情報室　改訂版
【目次】原子核と核分裂、放射能・放射線、被曝、原子力発電、原子力発電所、核燃料サイクル、放射性廃棄物、核拡散・核セキュリティ、事故、地震、行政組織と法律、原子力発電所の建設・運転　2017.4 16p A4 ¥300 ①978-4-906737-08-6

◆**原子力実務六法　2017年版**　エネルギーフォーラム　エネルギーフォーラム
【目次】第1編　組織（原子力委員会設置法、国立研究開発法人日本原子力研究開発機構法 ほか）、第2編　原子力（原子力基本法、核原料物質、核燃料物質及び原子炉の規制に関する法律 ほか）、

第3編　電気事業（電気事業法）、第4編　防災対策等（災害対策基本法、原子力災害特別措置法）、第5編　条約（原子力事故の早期通報に関する条約、原子力事故又は放射線緊急事態の場合における援助に関する条約 ほか）
2017.1 2942p B6 ¥16000 ①978-4-88555-476-6

◆**原子力市民年鑑　2016‐17**　原子力資料情報室編　七つ森書館
【目次】巻頭論文（福島第一原発事故6年、ついに「もんじゅ」廃炉—「もんじゅ」に関する市民検討委員会提言書とこの間の動き、裁かれる原発—原発をめぐる裁判の現状と課題 ほか）、第1部　データで見る日本の原発 サイト別（日本の原子力発電所一覧、原発おことわりマップ、BWR（沸騰水型軽水炉）の概念図 ほか）、第2部　データで見る原発をとりまく状況 テーマ別（プルトニウム、核燃料サイクル、廃棄物 ほか）
2017.3 419p A5 ¥4500 ①978-4-8228-1769-5

◆**原子力年鑑　2018**　「原子力年鑑」編集委員会編　日刊工業新聞社
【目次】1 潮流—内外の原子力動向、2 将来に向けた原子力技術の展開、3 福島を契機とした原子力をめぐる動向、4 放射性物質等対策、5 原子力教育・人材育成、6 放射線利用、7 各国・地域の原子力年表・2000～2017年—日本と世界の出来事、原子力関連略語一覧
2017.10 479p 27×19cm ¥15000 ①978-4-526-07752-4

◆**原子力白書　平成28年版**　原子力委員会編　ミツバ綜合印刷
【目次】本編（東electric福島第一原発事故への対応と復興・再生の取組、原子力利用に関する基盤的活動、原子力のエネルギー・放射線利用、原子力の研究開発、国際的な取組）、資料編（我が国の原子力行政体制、原子力委員会、原子力委員会決定等、2016年度～2017年度我が国の原子力関係経費、我が国の原子力発電の状況と今後を取り巻く状況 ほか）　2017.12 322p A4 ¥2900 ①978-4-9904239-2-6

◆**原子力用炭素・黒鉛材料—基礎と応用**　奥達雄、丸山忠司、石原正博共著　(名古屋)三恵社
【目次】核分裂・核融合反応と炭素・黒鉛材料、高温ガス炉での炭素・黒鉛材料の利用、炭素・黒鉛の製法の概要、炭素材料と黒鉛材料、炭素・黒鉛材料の物理的性質、炭素・黒鉛材料の化学的性質、炭素・黒鉛材料の機械的性質、照射損傷の基礎、照射技術、原子炉使用条件下での炭素・黒鉛の各種特性変化、炭素・黒鉛材料の構造設計上の課題、高温ガス炉用炭素・黒鉛材料の選定法、C/C複合材料の原子力分野への応用、原子炉用高温の使用後廃棄処理技術
2017.12 252p A5 ¥3000 ①978-4-86487-777-0

◆**18F‐FDG PET基礎読本**　渡邉直行著　医療科学社
【目次】1 PET原理と画像化の基礎、2 サイクロトロンと放射性医薬品製造の基礎、3 PET臨床とがん、4 PET検査マネージメント、5 18F‐FDG画像所見の基本的な考え方、6 PET検査の放射線安全、7 CT（Computed Tomography）、8 PET装置の最近の展開
2017.11 586p A5 ¥8500 ①978-4-86003-495-5

◆**日本の原子力時代史**　西尾漠著　七つ森書館
【要旨】広島・長崎の原爆から9年後、1954年から日本の原子力開発が始まる。70年に本格的な原子力の時代に入り、約40年後に福島第一原発事故が起き廃炉の時代を迎えた。5年ごとに時代区分し、年・月を見出しに、この短い時代を詳細に論考する。1200余項目の索引付き（原発・核燃料サイクル施設/組織名/国名・自治体名・地名/事項）。
2017.7 643p A5 ¥8000 ①978-4-8228-1777-0

◆**放射線安全管理学**　川井恵一、松原孝祐著　通商産業研究社　(放射線双書)　改々題第3版
【目次】1 放射線管理と線量、2 国際放射線防護委員会の勧告と障害防止法、3 人類の被曝線量：放射線衛生学、4 放射線源、5 放射線防護の原則、6 施設・設備・機器と安全取扱い、7 環境の管理、8 個人の管理、9 医療施設の放射線管理、10 廃棄物の処理、11 事故と対策
2017.10 222p B5 ¥2400 ①978-4-86045-100-4

◆**放射線安全管理学—"付録"関係法規・測定機器**　福士政広、井上一雅著　医療科学社　第2版
【目次】第1章 序論、第2章 放射線障害、第3章 ICRP勧告の推移とその概要、第4章 放射線源からの被ばく、第5章 放射線源の安全取扱い、第6章 放射線管理の実際、第7章 関係法規の概要、付録 2017.3 163p B5 ¥2600 ①978-4-86003-484-9

◆**放射線安全基準の最新科学—福島の避難区域と食品安全基準**　放射線の正しい知識を普及する会著　勉誠出版
【要旨】世界各国の放射線科学の第一人者たちが語る福島と放射線の真実。福島第一原発の事故から5年。今こそ、誤った放射線に対する偏見と風評被害を克服し放射線科学の最先端からのパラダイム・シフトをここ日本でこそ実現するための警世の書。放射線に対する正しい知識による福島の復興と、日本のエネルギー問題の解決に向けて世界の科学者が提言する一冊。
2017.1 199p B6 ¥1600 ①978-4-585-24008-2

◆**放射線測定の基礎**　古野興平著　創英社/三省堂書店
【目次】放射能と原子核の発見、原子核の一般的性質、放射性原子核の崩壊、荷電粒子の物質通過、X線及びγ線の物質通過、中性子の物質通過、放射線量、放射線検出器、放射線測定におけるパルス信号と線型回路、放射線測定の電子回路要素〔ほか〕
2017.3 352p B5 ¥3000 ①978-4-88142-100-0

◆**みんなの知らない世界の原子力**　海外電力調査会編著　日本電気協会新聞部
【要旨】あの国の事情、この国の思惑…原発をめぐる世界の国々のはなし。
2017.3 377p B6 ¥1200 ①978-4-905217-62-6

◆**遺言—私が見た原子力と放射能の真実**　服部禎男著　かざひの文庫、太陽出版 発売
【要旨】闇に葬られた原子力技術とは…。電力業界の異端児がどうしても伝えたかったこと。真実を知らされていない国民への最後のメッセージ。 2017.12 255p B6 ¥1500 ①978-4-88469-920-8

 都市開発・都市問題

◆**新しい都市緑地・農地・公園の活用Q&A　平成29年改正対応**　都市緑地法制研究会編　ぎょうせい
【要旨】今回の改正により生産緑地買取り申出期限10年ごとの延長が可能！公園や農地を活用し、保育所やレストランの設置が可能！…新たな制度の運用ポイントを徹底解説！
2017.12 156p A5 ¥2500 ①978-4-324-10410-1

◆**かえよう東京—世界に類例のない国際新都心の形成**　都心のあたらしい街づくりを考える会都市構造検討委員会編,伊藤滋監修　鹿島出版会
【要旨】2020年、そして2030年へ—。首都をつくり直す新しい知恵と情報の集大成。
2017.4 235p B5 ¥3500 ①978-4-306-07334-0

◆**現代都市法の課題と展望—原田純孝先生古稀記念論集**　椛澤能生、佐藤岩夫、高橋寿一、高村学人編　日本評論社
【目次】第1部 都市法の基礎理論（近代と現代—都市法の架橋と対峙、現代都市法論と都市コモンズ研究—連結のための試論 ほか）、第2部 都市法の現代的変容（市民参加の権利性と権利主体について—再開発事業の同意権の法的性質と共通利益、風力発電設備の立地選定—国土整備計画と建設管理計画 ほか）、第3部 都市法と住宅・居住（住宅資産所有の不平等について、住居賃借人保護と民法典—ドイツ住居賃貸借法の近時の展開 ほか）、第4部 都市法と農地・農業（農業的土地利用と都市的土地利用の整序問題—その回顧と展望、農地制度運用における農業委員会の地域的秩序形成機能—農業委員会法2015年改正を手がかりとして ほか）、第5部 比較の中の都市法（ドイツ現代都市計画の日独比較、シャンパン生産地の文化的景観の保全 ほか）
2018.1 591p A5 ¥11000 ①978-4-535-52187-2

◆**人口減少と大規模開発—コンパクトとインバウンドの暴走**　中山徹著　自治体研究社
【目次】1章 新たな公共事業政策の展開（国際競争力強化を進める大都市政策、地域構造改革を進めるための地域再編 ほか）、2章 リニア新幹線、長崎・北陸新幹線に伴った大規模開発（リニア中央新幹線新駅に関連する開発計画、長崎新幹線新駅に関連する開発計画 ほか）、3章 MICEによる国際会議・展示会誘致競争（MICE施設整備競争に至る経緯、MICE施設整備の歴史 ほか）、4章 立地適正化計画による都心開発の再燃（立地適正化計画の概要、過大な人口減少予測 ほか）、

5章 人口減少時代におけるまちづくりのあり方（再び開発路線に舵を切った自治体、地域の活性化をどう進めるべきか）
2017.7 112p A5 ¥1200 ①978-4-88037-667-7

◆伝統を今のかたちに―都市と地域再生の切り札！　後藤治、オフィスビルディング研究所「歴史的建造物活用保存制度研究会」著　白揚社　（白揚社新書―シリーズ都市の記憶を失う前に）
【要旨】私たちが住む"まちの歴史"を強みに！歴史の証人ともいえる"まちの記憶を秘めた建造物"…"文化的な誇り"として魅力ある保存・継承が成功した事例を交えて、その仕組みを分かりやすく解説しています。
2017.8 269p 18cm ¥1200 ①978-4-8269-2102-2

◆東京新創造―災害に強く環境にやさしい都市　尾島俊雄編著、中嶋清三、市川徹、渋江玲、堀英祐、松本美怜著　早稲田大学出版部　（東京安全研究所・都市の安全と環境シリーズ 1）
【要旨】生活者にとって魅力ある持続可能な都市とは？水辺・緑地・風の道があり、安全と福祉を増進する新しい都市のインフラストラクチャーを提言する！
2017.1 173p A5 ¥1500 ①978-4-657-16018-8

◆道路建設とステークホルダー 合意形成の記録―四日市港臨港道路霞4号幹線の事例より　林良嗣、栗原淳孝　明石書店
【目次】第1章 四日市港臨港道路（霞4号幹線）はなぜ必要になったのか、第2章 計画検討のための"体制づくり"、第3章 多様な立場の人々（ステークホルダー）の意見を如何に拾い上げ、第4章 折り合いをつけるための様々な工夫、第5章 「道路ガイドプラン」と「臨港道路霞4号幹線計画について（提言）」、第6章 建設開始、そして次のステップへ、第7章 霞4号幹線事業から学んだこと、第8章 プロジェクトを振り返って、第9章 資料編
2017.3 137p A5 ¥2000 ①978-4-7503-4486-7

◆都市計画　川上光彦著　森北出版　第3版
【要旨】都市の基盤施設計画から景観設計まで幅広く取り上げ、都市の環境計画や防災計画を独立した章として充実。最新の都市計画制度について、ていねいに紹介。豊富な図表や写真を使い、わかりやすく解説している。
2017.10 182p B5 ¥2800 ①978-4-627-49613-2

◆都市計画のキホン　佐々木晶二著　ぎょうせい　（いちばんわかる知識＆雑学シリーズ）
【要旨】都市計画を知りたい人が「いちばん最初に読む」本！
2017.6 236p A5 ¥2000 ①978-4-324-10352-4

◆都市計画変革論―ポスト都市化時代の始まり　小林敬一著　鹿島出版会
【要旨】都市計画制度の再構築に向けたフィードバックの試み！これまでの都市計画的考え方を根底から見直し、新たな議論を喚起するための課題を提言する。
2017.2 179p A5 ¥2700 ①978-4-306-07331-9

◆都市計画法 開発許可の実務の手引　愛知県建設部建築局建築指導課監修、東海建築文化センター編　大成出版社　改訂第21版
【目次】序論、開発行為、開発許可申請、開発許可基準、市街化調整区域の許可基準、開発行為の工事完了、公共施設の管理者の同意及び土地の帰属、開発許可制の建築制限等、市街化調整区域内の建築行為に対する監督処分、認可申請手数料、関係法律の解説
2017.2 540p B5 ¥5200 ①978-4-8028-3281-6

◆都市交通計画　新谷洋二、原田昇編著　技報堂出版　第3版
【目次】第1章 都市と交通、第2章 都市交通計画の歴史的発達、第3章 都市の発展と交通の発達、第4章 都市交通の実態と特性、第5章 都市交通の調査、第6章 都市交通の予測と計画、第7章 都市の公共輸送計画、第8章 都市道路の計画と設計、第9章 地区交通計画、第10章 都市交通施設計画、第11章 都市交通計画の新たな展開
2017.8 247p A5 ¥3200 ①978-4-7655-1848-2

◆都市再開発から世界都市建設へ―ロンドン・ドックランズ再開発史研究　川島佑介著　吉田書店
【要旨】中央政府の選択、地方自治体の選択、そして両者の相互関係とは―都市における政府の役割とは何か。
2017.12 249p A5 ¥3900 ①978-4-905497-57-8

◆都市再開発実務ハンドブック 2017　国土交通省都市局市街地整備課監修　大成出版社
【目次】第1編 都市再開発の概要（都市再開発の目的と効果、都市再開発の主な推進手法）、第2編 新規事項（平成29年度関係予算、平成29年度新規事項 ほか）、第3編 再開発事業制度の概要と支援措置（各制度の概要と交付金等制度の運用、交付金交付申請等の手続き ほか）、第4編 法令・制度要綱等（社会資本整備総合交付金交付要綱（抄）、社会資本整備総合交付金に係る計画等について ほか）、第5編 関連資料（市街地再開発事業関連データ、市街地再開発に係る各種マニュアル等の整備 ほか）
2017.10 773p A5 ¥5600 ①978-4-8028-3309-7

◆都市縮小時代の土地利用計画―多様な都市空間創出へ向けた課題と対応策　日本建築学会編　（京都）学芸出版社
【要旨】無秩序に広がる空き地・空き家を、いかに誘導し、いかに活かすか。縮小の現状とज़実現の課題を把握し、現制度のもとで可能な具体的な対応策を含め計画がすべきこと、できることを提案する。
2017.8 230p 26×20cm ¥4400 ①978-4-7615-4092-0

◆都市の遺産とまちづくり―アジア大都市の歴史保全　鈴木伸治編著　（横浜）春風社
【要旨】急速な経済成長のもとで開発が進むなか、アジアの都市文化の多様性をどのように継承すべきか？バンコク、ハノイ、仁川、マカオ、マカティ、ペナン、台北、横浜・山手、東京・神楽坂の9都市における歴史と文化を活かした都市再生の先進事例を紹介・解説。新たな都市計画モデルを展望する。各国の執筆者らによる座談会やカラー口絵も収録。
2017.8 194p B5 ¥3200 ①978-4-86110-560-9

◆都市緑化の最新技術と動向　山田宏之監修　シーエムシー出版　（地球環境シリーズ）　普及版
【目次】都市緑化の現状と技術動向、第1編 都市緑化の効果と効果計画（ヒートアイランド軽減効果、熱遮蔽効果、冷熱輻射効果 ほか）、第2編 緑化技術と施工事例（屋上緑化、壁面緑化、緑のカーテン ほか）、第3編 自治体などの取組み（東京の既存建築物の屋上緑化について、大阪府「建築物の敷地等における緑化を促進する制度」について―ヒートアイランド現象の緩和へ向けた都市の緑の創出、京都府における緑化制度について ほか）
2017.7 308p B5 ¥6200 ①978-4-7813-1205-7

◆2017 第4回 都市・まちづくりコンクール in大阪　都市・まちづくりコンクール実行委員会、総合資格編　総合資格学院
【目次】1 審査員総評・審査員レポート、2 受賞作品紹介（最優秀賞、優秀賞、優秀賞、小林英嗣賞、中野恒明賞、江川直樹賞、角野幸博賞、総合資格賞）、3 作品紹介
2017.11 163p B5 ¥1800 ①978-4-86417-239-4

◆ひとり空間の都市論　南後由和著　筑摩書房　（ちくま新書）
【要旨】同調圧力が強い日本社会における「ひとり」。彼らが異質な存在としてみなされる一方で、現実の日本の都市には、カプセルホテル、ひとりカラオケ、ひとり焼肉店など、ひとり客向けの商業施設が溢れている。こうした孤独と自由が背中合わせの都市生活では、「ひとり」でいることこそ、歴史的にも"正常"だったはずだ。今日ではさらに、「ひとり」が存在する空間は、モバイル・メディアの普及を受けて増殖し、新しい形態へと進化を遂げつつある。その新しい特性とは何か。「みんな・絆・コミュニティ」へと世論が傾くいま、ひとり空間の現況と可能性を、いまいちど問い直す。
2018.1 264p 18cm ¥860 ①978-4-480-07107-1

◆復興デザインスタジオ―災害復興の提案と実践　東京大学復興デザイン研究体編　東京大学出版会
【要旨】地域の希望をリ・デザイン。阪神淡路、東北、東京、復興の過去と未来をつなぐ。
2017.10 205p A5 ¥3500 ①978-4-13-063816-6

◆包摂都市のレジリエンス―理念モデルと実践モデルの構築　阿部昌樹、水内俊雄、岡野浩、全泓奎編　水曜社　（文化とまちづくり叢書）
【要旨】「21世紀型のレジリエンス都市」のあるべき姿を探る、学際研究拠点10年の総和。大阪市立大学都市研究プラザ10周年記念論文集。
2017.3 247p A5 ¥3200 ①978-4-88065-410-2

◆ポスト2020の都市づくり　国際文化都市整備機構（FIACS）編　（京都）学芸出版社
【要旨】ソフトパワーによるイノベーティブなまちづくりへ。クリエイティブシティ、ポップカルチャー＆テクノロジー、アートマネジメント、エンターテインメント、ブランディング、エリアマネジメントのエキスパートが提案。
2017.7 285p B6 ¥2400 ①978-4-7615-2649-8

◆まちを読み解く―景観・歴史・地域づくり　西村幸夫、野澤康編　朝倉書店
【要旨】まちづくりにおける図的表現は、まちづくりの本質的な意味と密接に関係している。厳選された150点を超す図版を掲載し、まちづくりの専門家・市民のために、蓄積された図解を方法として整理し、技術として体系化する。
2017.10 146p B5 ¥3200 ①978-4-254-26646-7

◆まちづくり図解　佐藤滋、内田奈芳美、野田明宏、益尾孝祐編著　鹿島出版会
【要旨】まちづくりにおける図的表現は、まちづくりの本質的な意味と密接に関係している。厳選された150点を超す図版を掲載し、まちづくりの専門家・市民のために、蓄積された図解を方法として整理し、技術として体系化する。
2017.6 175, 4p B5 ¥3200 ①978-4-306-07337-1

◆まちづくりの法律がわかる本　坂和章平著　（京都）学芸出版社
【要旨】都市計画法だけを読んでも、まちづくりの法律はわからない！複雑・膨大な法体系に横串を通し、要点だけをわかりやすく解説。また、戦後の復興期から人口減少時代の現在まで、時代的・政治的背景も含めて読みとくことで、なぜ、どういう経緯で今の法体系になっているのか、実際のまちづくりにどう活かせるのかがわかる1冊。
2017.6 190p A5 ¥2500 ①978-4-7615-2643-6

◆まちの賑わいをとりもどす―ポスト近代都市計画としての「都市デザイン」　中野恒明著　花伝社、共栄書房 発売
【要旨】空洞化した中心市街はどうやってよみがえったのか？「まちへ戻ろう」のかけ声のもと、感性重視・人間中心の都市デザインで見事に再生した欧米の都市。豊富な事例と写真・図版が示す、再生への軌跡とめざすべき姿。現場での実践と国内外の事例収集を積み重ねてきた都市計画家が提起する、まち再生へのキーポイントとは。
2017.9 279p A5 ¥2000 ①978-4-7634-0829-7

防災

◆いのちを守り「災後」を生きるために くらしの防災　坂本廣子、坂本佳奈著　メタモル出版
【要旨】小手先ではない本当の防災とは？阪神淡路大震災の激震地で被災後20有余年、災害の国日本で生き抜くための防災哲学。弱者を守ることとみんなの命を救う「ユニバーサル防災」のすすめ。
2017.2 190p B6 ¥1400 ①978-4-89595-904-9

◆イラストで学ぶ火災防ぎょ　菊地勝也編著　東京法令出版　7訂版
【目次】火災の現象、消火の原則、火災防ぎょ行動の基本、安全管理、火災防ぎょ行動、ホース延長、進入要領、火災建物内の活動、破壊要領、人命救助、建物以外の火災防ぎょ、特殊施設の災害活動
2017.4 185p B5 ¥1600 ①978-4-8090-2429-0

◆化学防災読本―化学災害からどう身を守るか　門奈弘己著　緑風出版　（プロブレムQ&A）
【要旨】日常生活を送る地域や住宅など、意外と身近に多い「危険物」「毒物」「劇物」「高圧ガス」。化学災害は、化学工場やコンビナートだけでなく、どこでも発生しうる災害です。とりわけ住宅火災は単なる火事ではなく、有害化学物質が発生する化学災害ともいえます。本書は、このところ発生件数が高いまま推移している「化学災害」から身を守るためにどうしたら良いのかについてやさしく解説します。
2017.11 187p 21×14cm ¥1700 ①978-4-8461-1705-4

◆**火災予防条例の解説** 東京消防庁監修　東京法令出版　9訂版
【目次】第1編 総論、第2編 各論、第3編 参考資料　2017.1 955p A5 ¥4400 ①978-4-8090-2424-5

◆**危険物取扱者のための危険物まるわかり辞典** 危険物法令実務研究会編　第一法規
【要旨】危険物施設における位置、構造、設備についての用語や、危険物を貯蔵、取扱う際の技術基準について必要と思われる用語など、危険物関係法令に多く用いられている用語を厳選して編集。
2017.7 210p A5 ¥2100 ①978-4-474-05708-1

◆**建築消防advice　2017** 建築消防実務研究会編（名古屋）新日本法規出版
【目次】A 基礎知識、B 基本計画、C 消防用設備等、D 危険物、E その他、F チェックリスト、G 特例、H 附録
2017.3 1Vol. B5 ¥4900 ①978-4-7882-8219-3

◆**豪雨のメカニズムと水害対策—降水の観測・予測から浸水対策、自然災害に強いまちづくりまで** 中谷剛、三隅良平監修　エヌ・ティー・エス
【目次】序論 雨と河川に関する基礎知識、第1編 降水と災害（豪雨のメカニズム、雨量のリアルタイムデータ、気象情報の防災への有効活用）、第2編 浸水メカニズムと防災システム（内外水氾濫による浸水メカニズム、観測/予測システム、河川/下水施設モニタリングシステム開発、雨水制御システム）、第3編 まちづくりとリスク管理（浸水リスクを軽減するまちづくり、リスク管理/防災対策、自治体における水害対策の取組み、民間における対策・技術開発）
2017.2 372, 10p B5 ¥42000 ①978-4-86043-459-5

◆**公民館における災害対策ハンドブック** 全国公民館連合会編　第一法規　新訂
【目次】第1部 日常の防災活動（公民館を活用した防災学習、災害への備え ほか）、第2部 避難所としての対応マニュアル（避難所運営までのシミュレーション、避難所運営の実際 ほか）、第3部 事例（避難所運営に公民館機能をどのように生かしたか、「東日本大震災」における避難所対応について ほか）、第4部 各種参考様式（公民館防災度チェックリスト、災害時職員分担表 ほか）、第5部 資料（わが国の防災体制、社会教育施設への災害に関する補助、通知等 ほか）
2017.6 176p B5 ¥2000 ①978-4-474-05844-6

◆**これでいいのか日本の災害危機管理—危機管理の基本に学ぶ** 高見尚武著　近代消防社
【要旨】南海トラフ地震等への備えはよいか、東日本大震災から学ぶべき教訓とはなにか。リーダーシップ、事前対策はいかにあるべきか。災害リスク教育は幼児から大人まで。中央集権の危機管理から地方分権の危機管理へ。ソーシャル・リスクマネジメント学会賞受賞。
2017.5 338p B6 ¥2900 ①978-4-421-00897-5

◆**火災と消防の科学** 齋藤勝裕著（新潟）シーアンドアール研究所（SUPERサイエンス）
【要旨】「燃える」を科学すると「消す」がわかる！ものが燃える要素は「可燃物」「酸素」「温度」の3つ。この3要素が重なったとき火災が起きる。防火の方法も消火の方法もこの3要素がキーになる。江戸時代の消火方法、大油田の火災の消火方法などをひも解きながら、火災と消防を科学してみませんか？
2017.10 215p B6 ¥1630 ①978-4-86354-230-3

◆**災害に立ち向かう自治体間連携—東日本大震災にみる協力的ガバナンスの実態** 五百旗頭真敏著、大西裕編著（京都）ミネルヴァ書房（検証・防災と復興 3）
【要旨】大規模災害において有効に機能する自治体間連携のあり方とは何か。東日本大震災に際し、関西広域連合が行った比較分析や組織的特性について、行政学、政治学などの視点から広域災害に適用可能な理論的背景を提示。広域連合が有効に機能する条件とは何かについて実証的な解明を行う。人的・予算的リソースの確保や支援協定の検証などの示唆に富む提言の書。
2017.5 239p A5 ¥4500 ①978-4-623-08034-2

◆**最新 防災・復興法制—東日本大震災を踏まえた災害予防・応急・復旧・復興制度の解説** 佐々木晶二著　第一法規
【目次】序章 はじめに、第1章 災害予防—災害発生前の事前対策、第2章 緊急事態対応—巨大自然災害の発生直後、第3章 応急対策—巨大自然災害発生から72時間以降の応急時、第4章 復旧・復興対策—巨大自然災害からの復旧・復興時、終章 おわりに、参考資料
2017.2 323p A5 ¥2500 ①978-4-474-05758-6

◆**3人乗車でも1分で放水開始！ 渋消式火災防ぎょ戦術** 渋川広域消防本部編著　東京法令出版
【目次】第1章「渋消式」火災防ぎょ戦術の根拠とその前提（「渋消式」開発の経緯、「渋消式」火災防ぎょ戦術の前提 ほか）、第2章「渋消式」火災防ぎょ戦術の活動要領（活動要領の基本スタイル、吸管伸長 ほか）、第3章「渋消式」火災防ぎょ戦術の戦術パターン（戦術パターンの決定にあたって、地図の工夫 ほか）、第4章「渋消式」指揮隊の活動（指揮隊の設置、現場活動隊をバックアップする指揮隊の活動 ほか）
2017.8 102p B5 ¥1800 ①978-4-8090-2439-9

◆**市町村のための防災・危機管理　Part2 歴史を教訓とした作戦指揮・情報運用のあり方を提言する** 高木照男著（名古屋）ブイツーソリューション、星雲社 発売
【要旨】本書は、これからリーダーを目指す人が防災を極め、充実した人生を送るための必読書で、「読めば読むほど自信が湧く本」（Part2）です。
2017.2 158p A5 ¥1400 ①978-4-434-22963-3

◆**実践 地域防災力の強化—東日本大震災の教訓と課題** 島田明夫著　ぎょうせい
【目次】第1章 災害応急—東日本大震災における応急対策（初動体制の教訓、避難に係る行政体制、緊急輸送ルートの確保、情報通信の確保と必要物資の供給、避難所等における生活支援）、第2章 災害復旧—東日本大震災における復旧対策（民間賃貸住宅の活用、応急仮設住宅への移行、産業・雇用、復旧・復興の国庫負担）、第3章 災害復興・予防—東日本大震災における復興・予防対策（復興まちづくり、かさ上げ土地区画整理事業と防災集団移転促進事業、防災集団移転促進事業等と土地区画整理事業の組み合わせ、災害公営住宅の建設と福祉、災害復旧・復興財源、災害予防）、第4章 地域防災力の向上—東日本大震災を契機とした地域防災力の強化（地域防災力に関する法制度と人材育成、東日本大震災における教訓を踏まえた加美町地域防災計画の改定）
2017.7 239p B5 ¥3500 ①978-4-324-10348-7

◆**実は身近なNBC災害** 三好陸奥守著　東京法令出版
【目次】第1話 洋菓子店の地下倉庫内で起きた二酸化炭素中毒事故、第2話 硫化水素ガス中毒事故の救助事故、第3話 めっき工場火災事例（腐食性物質による化学熱傷）、第4話 公衆浴場（天然温泉）で発生した有毒ガス中毒事故（塩素ガス）、第5話 一酸化炭素中毒事故、第6話 カジキマグロによるアナフィラキシーショックの集団発生、第7話 ゾーニングのはなし（ハロゲン化物質中毒事故）、第8話 放射線防護のはなし、第9話 放射性物質のはなし、第10話 NBC訓練のやり方、第11話 教科書（例えば、活動マニュアル）には書かれていないこと
2017.8 196p B5 ¥1600 ①978-4-8090-2438-2

◆**消防防災関係財政・補助事務必携　平成29年度版** 消防財政研究会編　第一法規
【目次】消防財政制度のあらまし、市町村の消防財源、補助対象施設と補助率、補助対象規格（消防防災施設、緊急消防援助隊設備）、補助金交付事務手続、補助金事務執行上の留意点、実績報告、補助金交付要綱及び関係法令等、附録
2017.9 790p A5 ¥2800 ①978-4-474-05921-4

◆**消防用設備等設置基準実例集** 仙台市消防局監修、仙台市防災安全協会編　東京法令出版　全訂七版
【要旨】消防法施行令別表第1の病院・診療所及び福祉施設関係に関する事項や、それらの消防用設備等の設置基準等の改正事項を追加した全訂七版。
2017.5 844p A5 ¥5600 ①978-4-8090-2431-3

◆**震災から身を守る52の方法—大地震・火災・津波に備える** レスキューナウ編、目黒公郎監修　アスコム　改訂版
【要旨】「すぐに火を消せ」は大間違い。家具の転倒をカンタンに防ぐ裏ワザ。「歩いて帰宅」なんて大嘘、むやみに歩くな！地震発生後、家族の安否はこうやって確認しよう。水・食料の備蓄より、まずは自宅の安全が最優先。自宅の耐震性を事前に確認するチェックポイントとは？液状化—住んでいる家の地盤は大丈夫か。被災者の声を生かした防災グッズほか、役立つ情報が満載！
2017.3 156p A5 ¥800 ①978-4-7762-0946-1

◆**図解 実務で使える防火査察—予防技術検定対応版** 北村芳嗣編著　東京法令出版
【目次】第1章 立入検査、第2章 違反処理、第3章 火災予防措置、第4章 防火管理、第5章 防火防災対策、第6章 消防同意、第7章 共通科目
2017.12 301p B5 ¥2500 ①978-4-8090-2443-6

◆**図解よくわかる住宅火災の消火・避難・防火** 小林恭一、住宅防火研究会著　日刊工業新聞社
【要旨】頻発する地震や、高齢化が進む日本の住宅事情へのキチンとした対応が、火災を防ぐ鍵になる！
2017.9 157p A5 ¥1900 ①978-4-526-07741-8

◆**データと写真が明かす命を守る住まい方—地震に備え生存空間を作ろう** 中川洋一著　近代消防社
【要旨】最初の一瞬で生死が決まる地震災害。無事に乗り切ることができますか？地震で死なない、ケガをしない住環境。本書は、豊富なデータや写真を使い、それを明らかにしました。あなたの家には生存空間がありますか？
2017.5 197p B5 ¥2600 ①978-4-421-00896-8

◆**天地海人—防災・減災えっせい辞典** 矢守克也著（京都）ナカニシヤ出版
【目次】天の巻（オオカミ少年効果〈空振り〉、特別警報 ほか）、地の巻（熊本地震を経験して、10年＋10年としての阪神・淡路大震災 ほか）、海の巻（津波てんでんこ、2つの短歌と巨大想定 ほか）、人の巻（正常性バイアスと心配性バイアス、「正当にこわがる」/「正しく恐れる」 ほか）
2017.1 161p B6 ¥1700 ①978-4-7795-1124-0

◆**被災ママに学ぶちいさな防災のアイディア40—東日本大震災を被災したママ・イラストレーターが3・11から続けている「1日1防災」** アベナオミ著　学研プラス
【要旨】"いつか"はいつも急にくる!!「そのとき」に家族の命を救うのは、小さな積み重ね。大切なのは、続けられること。ミニマルな視点でLet'sオシャレ防災！
2017.2 143p A5 ¥1200 ①978-4-05-800722-8

◆**頻発する豪雨災害—防災・減災のための実践的アプローチ** 高橋和雄著（福岡）櫂歌書房、星雲社 発売
【目次】第1章 1993年鹿児島豪雨災害、第2章 1997年出水市土石流災害、第3章 2003年水俣市土石流災害、第4章 土砂災害関係情報の定着化に向けて、第5章 土砂災害警戒情報運用開始後の土砂災害、第6章 土砂災害対策を振り返る
2017.7 242p B5 ¥3704 ①978-4-434-23179-7

◆**防災をめぐる国際協力のあり方—グローバル・スタンダードと現場との間で** 五百旗頭真監修、片山裕編著（京都）ミネルヴァ書房（検証・防災と復興 2）
【要旨】多国間調整と多様なアクターになる防災協力。東日本大震災をはじめとするアジア各国の事例をもとに、受援機能や防災教育も視野に入れ、国際基準を考察する。
2017.7 262p A5 ¥4500 ①978-4-623-08063-2

◆**防災福祉のまちづくり—公助・自助・互助・共助** 川村匡由著　水曜社（文化とまちづくり叢書）
【要旨】わが国では、災害被災に対し事後措置として扱う制度・政策および事業・活動にとどまっている。本書は社会保障の視座に立ち、防災福祉という新たな概念を位置づけ、現状の把握を踏まえ、問題の解決策を提言した。
2017.3 191p A5 ¥2500 ①978-4-88065-404-1

◆**目でみてわかる消防ポンプ操法** 消防ポンプ操法研究会編　東京法令出版　2訂版
【目次】第1編 ポンプ車操法（ポンプ車操法の基礎知識、待機・集合—乗車・下車、第1線延長、第2線延長、放水中止、収納、身体・服装の点検、報告・解散、全部の収約）、第2編 小型ポンプ操法（小型ポンプ操法の基礎知識、待機・集合—定位につく、第1線延長、筒先員交替、放水中止）
2017.4 178p A4 ¥1900 ①978-4-8090-2428-3

◆**「もしも」に役立つ！ おやこで防災力アップ** 今泉マユ子著　清流出版
【要旨】そのとき？ そのあと？ そのまえ？防災対策＆即食レシピ。備蓄に最適・レトルト食品のアレンジレシピも掲載。
2017.8 123p A5 ¥1500 ①978-4-86029-466-3

サイエンス・テクノロジー

◆用途別消防設備設置基準　消防設備設置基準研究会編　（名古屋）新日本法規出版
【目次】第1章 消防用設備等の設置の義務付け（設置の義務付けに係る基本法令、市町村条例による付加規定 ほか）、第2章 防火対象物のとらえ方（防火対象物の定義、防火対象物の単位 ほか）、第3章 主たる用途別の消防設備設置基準（劇場・映画館・演芸場 又は観覧場、公会堂・集会場 ほか）、第4章 部分の用途に着目した消防設備設置基準（少量危険物を貯蔵し、又は取り扱うもの又は部分、指定可燃物を貯蔵し、又は取り扱うものの又は部分 ほか）
2017.3 267p B5 ¥3500 ①978-4-7882-8223-0

 技術・発明・特許

◆あなたの「アイデア」商品がお店に並びます！　遠藤伸一著、発明学会監修　日本地域社会研究所　（コミュニティ・ブックス）
【要旨】「アイデア」で数千万円の収入も夢じゃない！ 商品製作の基本、失敗しない商品開発を伝授！ 業者とのエピソード会話が面白くてウケ！ 奇想天外な販路戦略を公開！ ネットショップ開店の注意勧告！ 特許出願の前に考える大事なこと！ ためになるオトク情報が盛りだくさん！ アイデアを企業に売り込むヒントがここに！ あなたの素敵な発明が人を幸せにします！
2017.11 201p B6 ¥1700 ①978-4-89022-209-4

◆アメリカ特許法実務ハンドブック　高岡亮一著　中央経済社, 中央経済グループパブリッシング 発売　第5版
【要旨】本書は2013年3月に成立したリーヒー・スミス・米国発明法に準拠した実務書である。同法は、米国法を先発明者先願主義へと大転換を遂げた歴史的な改正である。第5版では、施行後に明らかになった情報を改めて精査し、特に「特許要件」については、大幅に記述の変更を行っている。
2017.6 511p A5 ¥5800 ①978-4-502-23441-5

◆意匠の理論　吉田親司著　経済産業調査会　（現代産業選書─知的財産実務シリーズ）
【要旨】「意匠の表現」、「意匠の実務」に続く、意匠シリーズ第三弾。本書「意匠の理論」は、約50年間になされた意匠関連の判決から構築し、併せて、その判決に係る各種の判例・引用意匠、また、本件意匠と被告意匠を掲載。判例の趣旨から意匠登録制度を学ぶことができる、意匠を理解するための最適の書。
2017.6 562p A5 ¥5500 ①978-4-8065-2993-4

◆意匠法　末吉亙著　中央経済社, 中央経済グループパブリッシング 発売　（知的財産法実務シリーズ 3）　新版; 第3版
【要旨】26年法改正・27年意匠審査基準改訂対応。豊富な基本判例を丁寧に収録。判例を踏まえた実務を総まとめ！ 図面・写真を多数掲載。
2017.3 279p A5 ¥3200 ①978-4-502-22031-9

◆欧州特許出願の基礎と実務─英日対訳・日本出願人のための手引き　ライナー・フリッチェ, マニュエル・ゼルデンワーグナー, クリストフ・フェーン, ティルマン・ミュラー著, 知財コーポレーション訳　東洋出版　（本文：日英両文）
【要旨】欧州特許法および実務の包括的テキスト。EPC制度の新たな動き、欧州統一特許制度の詳細情報を改めて収録。最新データを収録。英語・日本語の対訳を掲載。
2017.7 296p A5 ¥3500 ①978-4-8096-7877-6

◆会社の商標実務入門　正林真之監修　中央経済社, 中央経済グループパブリッシング 発売　第2版
【要旨】商標権で稼ぐことが求められる時代！ 外部に依頼するコストを削減しつつ、頼れる専門家を見極めにも役立つ基本的な知識を解説。欧州連合・米国・中国の商標制度にも言及する。
2017.12 264p A5 ¥3000 ①978-4-502-24831-3

◆解説 特許法─弁理士本試験合格を目指して　江口裕之著　経済産業調査会　（現代産業選書─知的財産実務シリーズ）　改訂5版
【要旨】平成26・27年法改正対応。図解・判例・実務の話を多数盛り込み、重要事項・論点について詳細に解説。
2017.9 756p A5 ¥6800 ①978-4-8065-3002-2

◆完全マニュアル！ 発明・特許ビジネス─発想から特許出願・商品化までノウハウ教えます　中本繁実著　日本地域社会研究所　（コミュニティ・ブックス）
【要旨】お金をかけずに特許がとれる！ 町の発明家が億万長者に大化けする!?特許出願のすべてを伝授。出願書類の書き方からそのまま使える見本・練習用紙付き。発想のヒントから企業への売り込み・商品化まで丁寧に解説！
2017.3 236p A5 ¥2200 ①978-4-89022-194-3

◆技術者・研究者のための特許検索データベース活用術─調査、検索、分析の実際　小島浩嗣著　秀和システム
【要旨】J‐Plat Pat による調査・検索のコツから、Excel による特許情報の分析・統計まで、特許検索データベースを使いこなして、目的の特許を見つけ技術潮流をつかんで、一大発明につなげよう！
2017.2 351p A5 ¥2500 ①978-4-7980-4945-8

◆産業財産権四法対照整理ノート　平成30年度版　PATECH企画企画部編　PATECH企画　第5版; 縮小版
【要旨】平成28年5月27日法律第51号対応。
2017.10 281p A5 ¥2800 ①978-4-908922-05-3

◆実務家のための知的財産権判例70選　2017年度版　弁理士クラブ知的財産実務研究所編　発明推進協会
【要旨】本書では、2016年度に出された裁判例の中から、特許庁における判断が見直された審決取消事例を含む70件を掲載しています。判例を（1）事実関係（2）争点（3）裁判所の判断（4）実務上の指針…の4つの視点から解説・論評し、1件4頁でコンパクトにまとめました。特に近年は判例の傾向に変化があらわれますので、その変化を把握し、実務にお役立てください。
2017.11 324p A5 ¥3000 ①978-4-8271-1303-7

◆商標審査基準　特許庁編　発明推進協会　改訂第13版
【目次】第3条第1項（商標登録の要件）、第3条第2項（使用による識別力）、第4条第1項及び第3項（不登録事由）、第5条（商標登録出願）、第6条（一商標一出願）、第7条（団体商標）、第7条の2（地域団体商標）、第8条（先願）、第9条（出願時の特例）、第10条（出願の分割）、第15条の2及び第15条の3、第16条（商標登録の査定）、第16条の2及び第17条の2（補正の却下）、第64条（防護標章登録の要件）、第65条の2、3及び4（防護標章登録に基づく権利の存続期間の更新登録）、第68条の9、10、11、12、13、15、16、17、18、29及び28（国際商標登録出願に係る特例）、附則第3条、第4条、第4条、第11条、第12条及び第24条（書換）、その他
2017.5 166p A5 ¥649 ①978-4-8271-1286-3

◆商標の類否　櫻木信義著　発明推進協会　改訂版
【要旨】対比する商標の類否判断は、企画部門の人も、その上司も、経営トップもそれぞれの見識に基づいて行います。それぞれの判断が異なる場合、商標担当者はどうすれば自分の見解を相手に理解してもらえるのでしょうか？ また、誤った「非類似」の判断を出せば その商標は新商品・新サービスに採択され、侵害争參を引き起こしさえしなければ、逆に「類似」の判断を出せば、企画部門は代替商標のネーミングをやり直さなければなりません。逆に「類似」と判断した他社のものに侵害警告を発した場合は、多大の迷惑を及ぼします。本書は、著者が数多くの商標の類否の審・判決を四半世紀にわたって蓄積・分析し、項目ごとにリスト化したものです。
2017.8 654p A5 ¥4500 ①978-4-8271-1290-0

◆商標法　末吉亙著　中央経済社, 中央経済グループパブリッシング 発売　（知的財産法実務シリーズ 2）　新版; 第5版
【要旨】27年法改正・28年商標審査基準改訂に準拠した最新実務書。豊富な基本判例を丁寧に収録。実務・学習の決定版！
2017.3 365p A5 ¥3500 ①978-4-502-21941-2

◆事例に見る特許異議申立ての実務　千葉成就著　経済産業調査会　（現代産業選書─知的財産実務シリーズ）
【要旨】平成29年6月まで特許庁において、異議の運用制度に参画するとともに、実際の異議事件の審理を多数経験した著者が、弁理士として の視点をもって、理論、運用を、事例に基づき解説。本文、事例集、様式の三章で構成。
2017.10 502p A5 ¥5000 ①978-4-8065-3005-3

◆新欧州特許出願実務ガイド　酒井国際特許事務所編　経済産業調査会　（現代産業選書─知的財産実務シリーズ）
【要旨】「実務ガイド」シリーズ、待望の新版。実務家のための欧州特許出願実務解説。EU特許パッケージ等の最新情報補充。読み易くて使い易い三部構成─基礎編、理論編、そして実務編。
2017.5 512p A5 ¥16000 ①978-4-8065-2991-0

◆新・注解 特許法　上巻　中山信弘, 小泉直樹編　青林書院　第2版
【要旨】特許法の理論・実務を細大漏らさず取り込んだ大増量の3分冊!!膨大な判例・文献を徹底網羅、特許法の“現在”を解明する!!上巻は第1章～第3章の2（第1条～第65条）を収録!!
2017.10 1Vol.23×17cm ¥16000 ①978-4-417-01717-2

◆新・注解 特許法　中巻　中山信弘, 小泉直樹編　青林書院　第2版
【要旨】特許法の理論・実務を細大漏らさず取り込んだ大増量の3分冊!!膨大な判例・文献を徹底網羅、特許法の“現在”を解明する!!中巻は第4章～第3節（第66条～第112条の3）を収録!!
2017.10 1Vol.23×17cm ¥18000 ①978-4-417-01718-9

◆新・注解 特許法　下巻　中山信弘, 小泉直樹編　青林書院　第2版
【要旨】特許法の理論・実務を細大漏らさず取り込んだ大増量の3分冊!!膨大な判例・文献を徹底網羅、特許法の“現在”を解明する!!下巻は第5章～第11章（第113条～第204条）、附則、判例索引、事項索引を収録!!
2017.10 1Vol.23×17cm ¥16000 ①978-4-417-01719-6

◆新米国特許法 対訳付き　2017年版　施行規則・AIA後の法改正と条約　服部健一著　発明推進協会
【目次】第1篇 米国憲法と米国特許制度（憲法主要条文、コモン・ロー（Common Law）ほか）、第2篇 新米国特許法解説（新米国特許法（AIA）とその後の改正の流れ、新法条文及び解説、先願主義審査ガイドラインと関係施行規則 ほか）、第3篇 新米国特許法基本問題分析（日本欧特許法比較、米国特許法基本問題の解釈（クレーム解釈、有効性、不公正行為、侵害）ほか）、第4篇 条文
2017.10 547p A5 ¥3500 ①978-4-8271-1298-6

◆すぐに役立つ 入門図解 特許・商標のしくみと手続き　渡辺弘司監修　三修社
【要旨】特許・商標の全体像がよくわかる！「特許異議の申立て制度の創設」「職務発明制度の見直し」「地域団体商標の登録主体の拡充」「色彩・音などの商標登録」など、話題の制度改正に対応！ 特許権、実用新案権、商標権の基本がよくわかる。出願方法や申請に必要な書式も豊富に掲載。権利侵害の対処法についても解説。特許情報プラットフォームの使い方もわかる。
2017.2 239p A5 ¥1800 ①978-4-384-04741-7

◆世界の商標ハンドブック　三枝国際特許事務所商標・意匠部編　発明推進協会
【要旨】99の国又は地域等の商標制度を網羅！ 保護対象、種類、分類、多区分の可否、早期審査、情報提供、公開特許公報、存続期間、更新期間、不使用取消、救済措置などの22項目を同じ視点で分析!!
2017.5 261p A5 ¥2500 ①978-4-8271-1285-6

◆世界のソフトウエア特許─その理論と実務　谷義一, 牛久健司, 新開正光, 河野英仁著　発明推進協会　改訂版
【要旨】ダイナミックに変化するソフトウエア保護の形。スマートフォンの世界的普及、IoTによるモノからサービスで稼ぐ時代へのシフト、自動運転の開発競争の激化、フィンテックの急速な普及に伴ない、ソフトウエア技術を保護する特許制度のあり方・裁判所による判決の動向も変化している。これらの動きを法律・裁判例・審査基準を集めて、分かりやすく解説した。
2017.3 949p A5 ¥8000 ①978-4-8271-1280-1

◆たった一人のビジネスモデル─知られたモノの組み合わせから特許になる発明を創り出す方法　川北喜十郎著　発明推進協会　改訂版
【要旨】弁理士が実践した発明の創意と起業。
2017.6 115p A5 ¥1112 ①978-4-8271-1288-7

◆楽しく学べる「知財」入門　稲穂健市著　講談社　（講談社現代新書）
【要旨】身近に感じられるユニークな事例（事件化したものに限定されない）をふんだんに盛り込み、「模倣」という切り口から知的財産について楽しく学べるようにした。特に、独自の調査や取材を通じて各事例の背景にある人間ドラ

マを描き出し、「事実は小説よりも奇なり」を体感してもらうことで、読者の理解を一層深まるようにした。面白さと実用性を両立させることで、知的財産権に関連した実践的な知識を自然と身に付けてもらい、それをビジネスなどに役立てられるようにした。知的財産権に含まれる各権利（著作権、特許権、実用新案権、意匠権、商標権など）の違いを際立たせた。さらに、各権利が交錯したエピソードを紹介することで、読者に対して複数の知的財産権を組み合わせた効果的な知財戦略を考えるヒントを示した。　2017.2 294p 18cm ¥860 ①978-4-06-288412-9

◆**知的財産契約実務ガイドブック—各種知財契約の戦略的考え方と作成**　石田正泰著　発明推進協会　第3版
【要旨】特許権だけでなく商標権、意匠権、著作権、営業秘密（ノウハウ）、商品化権などの知的財産契約を網羅。
　2017.7 392p B5 ¥4000 ①978-4-8271-1289-4

◆**知的財産権基本法文集　平成30年度版**
PATECH企画出版編集部編　PATECH企画　第9版
【要旨】平成28年12月16日法律第108号参考掲載。
　2017.8 482p A6 ¥1600 ①978-4-908922-04-6

◆**知的財産権訴訟要論（特許編）**　竹田稔、松任谷優子著　発明推進協会　第7版
【要旨】本書は、特許（実用新案）の侵害に関連する諸問題について多数の学説・判例を駆使して、詳細に解説しています。今回の第7版では、厚くなるのを避けるため意匠・商標の部分を別にし、近年の判例・学説の追加、特許法等の平成26年及び27年改正への対応等、大幅な改訂・増補を実施しました。企業の知財関係者・弁理士・弁護士試験受験生を対象とする実務研究書です。
　2017.12 657p A5 ¥5000 ①978-4-8271-1292-4

◆**知的財産権法概論**　紋谷暢男、紋谷崇俊著　発明推進協会
【要旨】種々の知的財産権法を横断的に解説することで、一つの創作に複数の権利が発生し、さらに標識が付されて流通し、実際に活用されるまで、諸法でどのような保護を受け、権利侵害にいかなる救済手段が用意されているかをわかりやすく示した唯一の書。重要判例要旨を抜粋して各所に掲載（判例一覧付き）。特許訴訟（国内・海外）の概要を掲載。巻末に関連条約を収録。
　2017.4 486p A5 ¥3250 ①978-4-8271-1282-5

◆**知的担当者になったら読むべき本**　大石憲一著　発明推進協会
【目次】1 総論、2 特許・実用新案、3 意匠、4 商標、5 契約、6 紛争対応、7 経営層への対応（アプローチ）、8 特許事務所との関係作り、9 他社等との関係作り
　2017.10 184p A5 ¥1760 ①978-4-8271-1291-7

◆**中国商標に関する商品及び役務の類似基準（日本語・英語訳付）及びその解説—国際分類第11版対応**　岩井智子編・解説・訳、李菲菲訳　発明推進協会　改訂第3版
【要旨】第1編は、中国商標局編集の「類似商品及び役務の区分表」（2017年）に日本語と英語の翻訳を対象形式により編集。第2編では中国商標局が「類似商品及び役務の区分表」に未掲載の商品及び役務について許容されるものを段階別に公表したものを纏め、第3編では、商品及び役務の類否が重要となった14の判決を紹介している。
　2017.9 484p B5 ¥4500 ①978-4-8271-1296-2

◆**電気・電子・機械系実務者のためのCEマーキング対応ガイド**　梶屋俊幸、渡邊潮共著　日本規格協会　新版
【要旨】NLF（新たな規制の枠組み）導入によるニューアプローチ指令への影響は？ RoHS2に代表される新たな規制分野は？ 何をどのように管理すればCEマーキング要件に合致するのか、わかりやすく解説。
　2017.6 147p A5 ¥2200 ①978-4-542-40409-0

◆**特許を取ろう！—技術者・研究者へ贈るコツとテクニック**　宮保憲治、岡田賢治共著　東京電機大学出版局
【目次】第1部 アイデアから特許まで（特許になるアイデア、ならないアイデア、「ひらめき」から具体的な発明まで、応用的な発明事例）、第2部 特許制度の基礎（特許制度の概要、特許を受けるための条件、優先権出願と分割出願ほか）、第3部 外国特許の取得と特許調査（外国出願の必要性と種類、公開情報の読み方、特許調査）　2017.9 156p A5 ¥2000 ①978-4-501-63080-5

◆**特許出願かんたん教科書—とっても簡単！自分で書ける「特許願」**　中本繁実著　中央経済社, 中央経済グループパブリッシング 発売　改訂版
【要旨】書類を書くのは難しい、大変だ、と思っていませんか？ 本書ではそういう方のために一から書き方を伝授します。ぜひ、「実は簡単。自分でもできる」ということを知っていただきたいと思います。ユニークなドリル式で、あなたの発明を書き込みながらマスターできるようになっています。書類の書き方のほかにも、特許の先行技術（先願）の調べ方や、特許を取るための手続きの仕方も丁寧に解説しています。
　2017.10 215p A5 ¥2200 ①978-4-502-24501-5

◆**特許訴訟の実務**　高部眞規子編　商事法務（裁判実務シリーズ 2）　第2版
【要旨】平成27年特許法改正等をふまえ、職務発明訴訟の解説を見直すとともに、新しい論点を追加した最新版。法書実務家必携の1冊。
　2017.1 632p B5 ¥6200 ①978-4-7857-2487-0

◆**特許にすべきものは何か—日本工業所有権法学会年報　第40号（2016）**　日本工業所有権法学会編　日本工業所有権法学会, 有斐閣 発売
【目次】1 巻頭言論文、2 研究報告、3 シンポジウム 特許にすべきものは何か—イノベーションモデルの変化に照らして、4 質疑応答、5 論説、6 その他　2017.5 240p A5 ¥4200 ①978-4-641-49917-1

◆**特許の取り方・守り方・活かし方—エンジニア・知財担当者のための**　岩永利彦著　日本能率協会マネジメントセンター
【要旨】本当は知財担当者には読ませたくない発明者ファーストの「特許実務の教科書」。理系弁護士が使える“特許実務”知識をノウハウ化。
　2017.8 261p A5 ¥2200 ①978-4-8207-5994-2

◆**特許法**　茶園成樹編　有斐閣　第2版
【要旨】特許法の「はじめての1冊」。図表を多く盛り込み、メリハリのある構成で特許法の基本事項をわかりやすく解説。さらに、より効果的に学ぶためのさまざまな工夫が凝らされた、はじめて特許法を学ぶ際に最適の1冊。
　2017.12 380p A5 ¥3200 ①978-4-641-24301-9

◆**なるほど図解 商標法のしくみ**　奥田百子著　中央経済社, 中央経済グループパブリッシング 発売　（CK BOOKS）　第4版
【要旨】商標というのは、簡単に言えば「ブランド」であり、今日ビジネスを行う上で必須のアイテムです。商標が重要であるために、著名な商標をめぐってトラブルとなったり偽ブランド品が横行したり、ということが起こるのです。本書は、話題になった事件をサンプルとして挙げながら、商標法をわかりやすく解説しています。
　2017.9 221p A5 ¥2200 ①978-4-502-23671-6

◆**なるほど図解 特許法のしくみ**　奥田百子著　中央経済社, 中央経済グループパブリッシング 発売　（CK BOOKS）　第4版
【要旨】特許法は、発明者を保護する代わりに、その発明を公開させ産業の発展を促進することを目的とした法律です。本書は、企業の特許担当者、特許法をいちから学びたい方、弁理士試験の受験生などを対象に、特許法を102のテーマに分け、図表をまじえた見開きで解説します。
　2017.9 233p A5 ¥2200 ①978-4-502-23651-8

◆**ネーミング発想・商標出願かんたん教科書**　松野泰明著　中央経済社, 中央経済グループパブリッシング 発売
【要旨】ようこそ！ 発明アイデア・ネーミングの世界へ。本書はネーミングの成功例やネーミング創作作法を余すところなく紹介。面白い商品名のおかげで大ヒットした企業のネーミング成功例も、ビジネスパーソンには大変参考になるはずです。また、大衆発明家や発明女子と呼ばれる方々が名づけた、一度聞いたら忘れられない楽しいネーミングも数々紹介しています。さらに、まったくの初心者の方でも発明・商標の楽しさや順序だった方法がわかるよう、考え方や手続きについて、順をおって丁寧に説明。商標出願書類が、一人で、しかも短時間に作れるようになります！
　2017.11 215p A5 ¥2400 ①978-4-502-23061-5

◆**年報知的財産法　2017・2018　特集 地理的表示の保護制度**　高林龍、三村量一、上野達弘編　日本評論社
【目次】法改正の動き 民法改正と知的財産法制、判例解説 マキサカルシトール事件最高裁判決、判例解説 最高裁判決『訂正の再抗弁を主張する要件』、特集 地理的表示の保護制度（ヨーロッパ

法およびドイツ法における地理的表示の保護制度、地理的表示保護制度に関する法的課題について一同法制度の内在的、外在的（制度間・国際間）な課題に着目して）、2017年判例の動向、2017年学説の動向、2017年政策・産業界の動向、2017年諸外国の動向
　2017.12 243p B5 ¥5200 ①978-4-535-00524-2

◆**ノウハウ秘匿と特許出願の選択基準およびノウハウ管理法**　高橋政宏著　経済産業調査会（現代産業選書—知的財産実務シリーズ）
【要旨】技術的な営業秘密をノウハウとして秘匿化すべきか、特許出願すべきか？ その選択基準及び選択を適切に行うためのシステム（社内体制）を社内に構築する方法並びにノウハウが漏洩した場合の救済措置（不正競争防止法）や先使用権について解説。
　2017.11 303p A5 ¥3300 ①978-4-8065-3003-9

◆**パクリ商標**　新井信昭著　日本経済新聞出版社（日経プレミアシリーズ）
【要旨】フランク三浦、PPAP、マリカー、クレヨンしんちゃん—国内外で次々と繰り出されている「パクリ商標」。商標とは何か？ どうやって守るのか？ 3000件を超える知財コンサルティングの実績を持つ著者が、様々なパクリの事例を紐解きながら商標の世界を語る、知的面白本。
　2017.10 216p 18cm ¥850 ①978-4-532-26352-2

◆**はじめてでもよくわかる！ 特許実用新案の手続き—最新法改正対応版**　コンデックス情報研究所編著　成美堂出版
【要旨】このアイデアは、特許？ 実用新案？ 意匠？ 商標？ 従業員の発明は、個人のもの？ 会社のもの？「どの書類」に「何を」記入する？ 費用は？ 個人事業主も技術者・研究開発者・法務担当者も必読！
　2017.4 207p A5 ¥1500 ①978-4-415-32157-8

◆**一人で特許の手続をするならこの1冊—実用新案・意匠・商標**　中本繁実著　自由国民社（はじめの一歩）　第5版
【要旨】書式見本でゼロから解説。特許を思いつきで終わらせない！ 特許、実用新案、意匠、商標の実践出願ノウハウを指南。最少費用で出願！ 知的財産権獲得マニュアル。
　2017.5 183p A5 ¥1500 ①978-4-426-12211-9

◆**標準特許法**　高林龍著　有斐閣　第6版
【要旨】法律論と技術論が絡まり合う特許法の世界。ここを迷わず歩けるようになるためにまず理解しておくべき標準を、本書は示す。旧版刊行以来3年間の進展を反映した第6版。特長：(1) 章や節の最初の箇所などに随所にナビゲーション的な記述。(2) 豊富な具体例。あまり高度でなくそれでいて興味深い例を精選。(3) 法律用語、業界用語などのなじみのない用語には言い換えや説明を付記。(4) 総花的な記述を避け、一貫した立場からメリハリをつけて叙述。
　2017.12 352p A5 ¥2600 ①978-4-641-24306-4

◆**米国特許実務—米国実務家による解説**　山下弘綱著　経済産業調査会（現代産業選書—知的財産実務シリーズ）
【要旨】著者の米国での経験を通じて習得した米国の実務を可能な限り具体的、平易に説明、説明。併せて、特許取得までの重要項目や留意点の解説を読み、ノウハウに重点を置いた必携の実務書。
　2017.1 409p A5 ¥4000 ①978-4-8065-2994-7

◆**米国特許出願書類作成および侵害防止戦略 U.S.Patent Application Drafting and Infringement Avoidance Strategies（PADIAS）**　ベンジャミン・J. ハウプトマン, キエン・T. リー共著, 川上桂子監修, 安江佳奈訳　経済産業調査会（現代産業選書—知的財産実務シリーズ）
【要旨】日常業務にすぐに応用できる実務ハンドブック。根本にある法原理の説明に次いで、完全な理解を促す学習の手引きを提供。発明者による発明開示書に基づき、具体例を用いて米国特許実務を解説。
　2017.9 400p A5 ¥4000 ①978-4-8065-2994-1

◆**目で見る機能安全**　神余浩夫著　日本規格協会
【目次】第1章 機能安全とは、第2章 家電と機能安全、第3章 鉄道と機能安全、第4章 自動車と機能安全、第5章 エレベーターと機能安全、第6章 ロボットと機能安全
　2017.4 204p A5 ¥2000 ①978-4-542-30703-2

◆**FinTech特許入門—FinTech・ブロックチェーン技術を特許で武装せよ**　河野英仁著

サイエンス・テクノロジー

経済産業調査会　（現代産業選書―知的財産実務シリーズ）
【要旨】FinTech アイデアのどの点が特許となるのか、どのようにすれば特許として日本及び諸外国で保護され、特許を武器に勢力を拡大する米国IT企業に対抗することができるのか。
　2017.9 163p A5 ¥2200 ①978-4-8065-3001-5

◆SEのための特許入門　情報サービス産業協会編、水谷直樹監修　情報サービス産業協会（JISAブックレット 5）　改訂第5版
【目次】1 特許制度の基本（知的財産権の概要、著作権の泣き所、特許対営業秘密 ほか）、2 ソフトウェア特許（ソフトウェア特許とビジネスモデル特許、ソフトウェアを特許出願してみよう！、ソフトウェアの発明の種類 ほか）、3 ビジネスと特許の接点（発明の見つけ方、出願準備に必要なこと、他社との共同開発・共同出願 ほか）
　2017.1 75p A5 ¥800 ①978-4-905169-05-5

JIS・規格

◆英訳版JISハンドブック 金属表面処理 2017　日本規格協会編　日本規格協会（本文：英文）
【目次】Electroplating, Chemical Plating, Vacuum Plating, Thermal Spraying, Hot-dip Galvanizing, Anodic Oxidation Coating, Surface Preparation of Steel Products
　2017.7 1137p A5 ¥27200 ①978-4-542-13721-9

◆英訳版JISハンドブック 鉄鋼 1 2017　日本規格協会編　日本規格協会（本文：英文）
【目次】Terms, Qualification and Certification, Test Methods of Metallic Materials, Test Methods of Steel, Raw Materials, Carbon and Alloy Steel for Machine Structural Use, Steel for Special Purpose, Clad Steel
　2017.7 2761p A5 ¥29100 ①978-4-542-13717-2

◆英訳版JISハンドブック 鉄鋼 2 2017　日本規格協会編　日本規格協会（本文：英文）
【目次】Steel Bars, Sections, Plates, Sheets and Strip, Steel Tubular Products, Wire Rods and Their Secondary Products, Castings and Forgings
　2017.7 2346p A5 ¥29400 ①978-4-542-13718-9

◆英訳版JISハンドブック 配管 2017　日本規格協会編　日本規格協会（本文：英文）
【目次】Basics, Seals, Pipes, Pipe Fittings, Pipe Flanges, Valves
　2017.7 2071p A5 ¥33100 ①978-4-542-13720-2

◆英訳版JISハンドブック 非鉄 2017　日本規格協会編　日本規格協会（本文：英文）
【目次】Test Methods of Metallic Materials, Inspection and Test Methods of Non-Ferrous Metals and Metallurgy, Raw Materials, Wrought Copper, Wrought Products of Aluminium and Aluminium Alloy, Wrought Products of Magnesium Alloy, Wrought Products of Lead and Lead Alloy, Wrought Products of Titanium and Titanium Alloy, Wrought Products of Other Metal, Powder Metallurgy, Castings, Reference
　2017.7 1984p A5 ¥25700 ①978-4-542-13719-6

◆改善に活かす！ ISO14001：2015年版への移行と運用の実務クイックガイド　小中庸夫著　第一法規
【要旨】そのEMSで大丈夫―？ 2015年改訂ノウハウ満載。組織と環境、そして社会のために。組織に活かす環境マネジメントシステム構築のヒント集！
　2017.4 161p A5 ¥2400 ①978-4-474-05723-4

◆完全イラスト版 ISO9001早わかり―ISO9001：2015最新規格準拠　大浜庄司著　オーム社
【目次】第1章 ISO9001規格の要求事項を知る（適用範囲、引用規格、用語及び定義 ほか）、第2章 内部監査について知る（監査とはどういうものか、監査には六つの原則がある、内部監査とはどういうものか ほか）、第3章 品質マネジメントシステムの運用を知る（ISO9001規格導入の事前準備をする、認証取得のための推進体制を組む、認証取得推進のための計画を立てる ほか）
　2017.2 198p A5 ¥2400 ①978-4-274-50652-9

◆基礎からわかるISO9001：2015　平川雄典監修　ナツメ社
【要旨】2008と2015の違いや、2015への移行の必要性、導入ステップと費用、システム維持のポイント、ISO9001：2015規格内容、要求される文書と記録。豊富なイラストとチャートでわかりやすく図解！
　2018.1 279p A5 ¥2000 ①978-4-8163-6368-9

◆国際標準の考え方―グローバル時代への新しい指針　田中正躬著　東京大学出版会
【要旨】ISO9000、CEマーク、ピクトグラム、…。私たちの身の回りにあふれる国際標準。世界市場で生き残るための企業戦略とは？ 持続的発展のための国際標準づくりとは？ そしてこれからの標準教育とは？ ASTM（米国材料試験協会）理事、PASC（太平洋地域標準会議）議長、日本規格協会理事長などを歴任し、国際標準組織で活躍してきた著者が、東京大学等での講義をベースに徹底解説。
　2017.3 268, 4p B6 ¥2800 ①978-4-13-063815-9

◆最新版 一番やさしい・一番くわしい図解でわかるISO14001のすべて―要求事項から環境マネジメントシステム構築のノウハウまで　大浜庄司著　日本実業出版社　最新2版
【要旨】「ISO14001規格を読んでもわからない…」と困っているあなたに贈る「目で見てわかる」完全図解。ISO14001規格の基礎知識から、要求事項の解説、認証取得のノウハウまで、ISO14001のすべてを網羅した一冊。
　2017.9 326, 7p A5 ¥2400 ①978-4-534-05521-7

◆最新版 図解でわかるISO9001のすべて―規格の詳細解説から認証取得のノウハウまで　大浜庄司著　日本実業出版社　最新3版
【要旨】「ISO9001規格を読んでもわからない…」と悩むあなたに贈る「目で見てわかる」完全図解。要求事項の解説から、認証取得のノウハウまで、ISO9001のすべてが詰まった一冊。2015年改訂版に完全対応！
　2017.1 334, 7p A5 ¥2400 ①978-4-534-05461-6

◆最新ISO27017とISO27018がよーくわかる本　打川和男著　秀和システム（図解入門ビジネス）
【要旨】クラウド上の個人情報保護規格とは？ クラウドベースのセキュリティ規格とは？ ISO/IEC27017の規格要求事項とは？ ISO/IEC27018の規格要求事項とは？ クラウドセキュリティの構築のポイントは？ クラウドセキュリティのISOを取得するには？ クラウドセキュリティの国際規格の要求事項から認証取得まで徹底解説！
　2017.3 222p A5 ¥1800 ①978-4-7980-4966-3

◆最新ISO9001 2015文例集　打川和男著　秀和システム（図解入門ビジネス）
【要旨】規格要求事項に対応した59の文例を掲載。全ての文例のダウンロードサービス付き！ 改訂対応や新規認証取得に必要な文例の全てがこの1冊に！
　2017.9 257p A5 ¥2000 ①978-4-7980-5210-6

◆小規模事業者のためのISO9001 何をなすべきか―ISO/TC176からの助言 2015年改訂対応　ISO編者, 中條武志, 須田晋介監訳　日本規格協会
【要旨】中小企業の経営者・管理者・スタッフ、認証審査員、コンサルタントのためのISO公式実践ガイド。ISO/TS 9002：2016と整合。QMS国際対応委員長、エキスパートによる分かりやすい訳出。
　2017.12 202p A5 ¥5000 ①978-4-542-40272-0

◆「商品及び役務の区分」に基づく類似商品・役務審査基準（国際分類第11・2017版対応）　特許庁編　発明推進協会　改訂第16版
【要旨】「類似商品・役務審査基準」作成の趣旨、類似商品・役務審査基準とは、商品及び役務の類似関係、本審査基準の運用について、国際分類の版の採用について、「商品・サービス国際分類表アルファベット順一覧表」参考表示について、指定商品及び指定役務の記載方法、凡例、役務審査基準、他類間類似商品・役務一覧表、新旧類似商品・役務及び役務の概要、類似商品・役務審査基準、備考類似商品・役務一覧表　2017.2 1Vol. A4 ¥2778 ①978-4-8271-1283-2

◆図解 新ISO9001―リスクベースのプロセスアプローチから要求事項まで　岩波好夫著　日科技連出版社
【要旨】15年ぶりに大幅に改訂された新しいISO9001。規格要求事項の解説にとどまること

なく、プロセスアプローチとリスク対応の実施方法について、図解によりわかりやすく解説。
　2017.6 195p A5 ¥2800 ①978-4-8171-9615-6

◆図解 よくわかるIATF16949―自動車産業の要求事項からプロセスアプローチまで　岩波好夫著　日科技連出版社
【要旨】自動車産業の品質マネジメントシステム規格IATF16949の要求事項とプロセスアプローチをわかりやすく解説！ 本書では、IATF16949認証制度、自動車産業の顧客志向にもとづくプロセスアプローチ、プロセスアプローチ内部監査、ならびにIATF16949規格要求事項について、図解によりわかりやすく解説しています。
　2017.4 237p A5 ¥3300 ①978-4-8171-9612-5

◆図解 IATF16949の完全理解―自動車産業の要求事項からコアツールまで　岩波好夫著　日科技連出版社
【要旨】本書では、IATF16949認証制度、自動車産業の顧客志向にもとづくプロセスアプローチ、IATF16949規格要求事項、ならびにコアツールについて、図解によりわかりやすく解説することを目的としています。IATF16949のすべてがわかる決定版といえます。
　2017.4 349p A5 ¥4000 ①978-4-8171-9614-9

◆対訳ISO13485：2016―医療機器における品質マネジメントシステムの国際規格　日本医療機器産業連合会ISOTC210国内対策委員会監修　日本規格協会（本文:英両文）
【要旨】2016年改訂対応！ ISO13485の認証及びQMS関連事務従事者必携。ISO中央事務局との翻訳出版契約による刊行。ISO13485とその日本語訳の英和対訳版。原文（英文）併記によって、要求事項の意味をより理解しやすい。ISO/TC210国内対策委員会WG1による訳出。
　2017.9 175p A5 ¥7400 ①978-4-542-40270-6

◆特別級・1級 筆記試験問題と解答例―2018年度版実題集（2013年秋～2017年春実施分）JIS Z 3410（ISO 14731）/WES 8103　産報出版編　産報出版
【要旨】第1部 1級試験問題編、第2部 特別級試験問題編。
　2017.12 319p A5 ¥1905 ①978-4-88318-175-9

◆2級 筆記試験問題と解答例―2018年度版実題集（2013年秋～2017年春実施分）JIS Z 3410（ISO 14731）/WES 8103　産報出版編　産報出版
【要旨】
　2017.12 244p A5 ¥1715 ①978-4-88318-176-6

◆よくわかるIATF16949 自動車セクター規格のすべて　長谷川武英, 西脇孝著　日刊工業新聞社
【要旨】ISO9001と自動車固有の両要求項目を併せて解説。内部監査・第二者監査に不可欠なリスクに基づくプロセスアプローチを解説。新規格による審査のポイントと流れを解説。
　2017.1 210p B5 ¥2800 ①978-4-526-07658-9

◆ISO9001：2015/ISO14001：2015統合マネジメントシステム構築ガイド　飛永隆著　日本規格協会
【要旨】経験豊富な現役審査員による事例を交えた解説！
　2017.7 167p A5 ¥2400 ①978-4-542-30674-5

◆ISO9001：2015（JIS Q9001：2015）規格改訂のポイントと移行ガイド 完全版　国府保ející著　日本規格協会　第2版
【要旨】ISO9001の2015年版の規格改訂の要点と移行の手引が一冊にまとまった解説書は本書だけ！ JIS Q9001：2015にも完全対応！
　2017.1 155p A5 ¥2400 ①978-4-542-30675-2

◆JISにもとづく標準製図法　大西清著　オーム社　第14全訂版
【要旨】最新のJIS規格に準拠。JIS B 0401-1：2016製品の幾何特性仕様（GPS）、JIS Z 3021：2016溶接記号、JIS B 0003：2012歯車製図等。「サイズ公差の表示法」対応。待望の全面改訂版。
　2017.11 234p A5 ¥1900 ①978-4-274-22118-7

◆JISハンドブック 2017 JIS総目録　日本規格協会編　日本規格協会
【目次】土木及び建築、一般機械、電子機器及び電気機械、自動車、鉄道、船舶、鉄鋼、非鉄金属、化学、繊維、鉱山、パルプ及び紙、管理シス

テム、窯業、日用品、医療安全用具、航空、情報処理、その他
2017.1 1404p A5 ¥5900 ①978-4-542-18500-5

◆JISハンドブック　2017 15　油圧・空気圧　日本規格協会編　日本規格協会
【目次】基本、油圧、空気圧、油圧・空気圧、ホース・継手類、パッキン・シール類、関連規格、参考　2017.6 2044p A5 ¥12900 ①978-4-542-18534-0

◆JISハンドブック　2017 1　鉄鋼1 用語/資格及び認証/検査・試験/特殊用途鋼/鋳鍛造品/その他　日本規格協会編　日本規格協会
【目次】用語、資格及び認証、金属材料の試験、鉄鋼材料の試験、原材料、機械構造用炭素鋼・合金鋼、特殊用途鋼、クラッド鋼、鋳鍛造品、電気用材料、関連、参考
2017.1 2640p A5 ¥12400 ①978-4-542-18501-2

◆JISハンドブック　2017 2　鉄鋼2 棒・形・板・帯/鋼管/線・二次製品　日本規格協会編　日本規格協会
【目次】棒鋼・形鋼・鋼板・鋼帯、鋼管、線材・線材二次製品、参考
2017.1 2107p A5 ¥11200 ①978-4-542-18502-9

◆JISハンドブック　2017 3　非鉄　日本規格協会編　日本規格協会
【目次】金属材料の試験、非鉄金属材料の試験・検査、原材料、伸銅品、アルミニウム及びアルミニウム合金の展伸材、マグネシウム合金の展伸材、鉛及び鉛合金の展伸材、チタン及びチタン合金の展伸材、その他の展伸材、粉末や金、鋳物、その他、参考
2017.1 1649p A5 ¥11600 ①978-4-542-18503-6

◆JISハンドブック　2017 4 - 1　ねじ1 用語・表し方・製図/基本/限界ゲージ/部品共通　日本規格協会編　日本規格協会
【目次】用語・表し方・製図、基本、ねじ用限界ゲージ、ねじ部品共通規格一寸法、ねじ部品共通規格一表面処理、ねじ部品共通規格一機械的性質、ねじ部品共通規格一試験・検査、参考
2017.6 165p A5 ¥8300 ①978-4-542-18527-2

◆JISハンドブック　2017 4 - 2　ねじ2 一般用のねじ部品/特殊用のねじ部品　日本規格協会編　日本規格協会
【目次】一般用のねじ部品一小ねじ、一般用のねじ部品一止めねじ、一般用のねじ部品一タッピンねじ、一般用のねじ部品一木ねじ、一般用のねじ部品一ボルト、一般用のねじ部品一ナット、一般用のねじ部品一座金、一般用のねじ部品一ピン、一般用のねじ部品一リベット、特殊用のねじ部品（ねじ関連部品を含む）、参考
2017.6 976p A5 ¥8100 ①978-4-542-18528-9

◆JISハンドブック　2017 5　工具　日本規格協会編　日本規格協会
【目次】切削工具一用語・バイト・ドリル・フライス、切削工具一リーマ・歯切工具、ねじ加工工具（転造ダイスを含む）、切削工具一超硬工具・ダイヤモンド/CBN工具・ハクソー・機械刃物・木工用のこ・やすり、研削工具、作業工具、保持具等、関連規格、参考
2017.6 2549p A5 ¥14100 ①978-4-542-18529-6

◆JISハンドブック　2017 6 - 1　配管1 基本　日本規格協会編　日本規格協会
【目次】基本、ねじ、ボルト・ナット、バルブ、管フランジ、シール、試験、その他、参考
2017.1 1580p A5 ¥11400 ①978-4-542-18504-3

◆JISハンドブック　2017 6 - 2　配管2 製品　日本規格協会編　日本規格協会
【目次】管、管継手、管フランジ、バルブ、ストレーナ、参考
2017.1 2207p A5 ¥13800 ①978-4-542-18505-0

◆JISハンドブック　2017 7　機械要素（ねじを除く）　日本規格協会編　日本規格協会
【目次】基本、軸関係、転がり軸受、滑り軸受、歯車・チェーン・ベルト、ばね、シール、参考
2017.1 2795p A5 ¥14600 ①978-4-542-18506-7

◆JISハンドブック　2017 8　建築1 材料・設備　日本規格協会編　日本規格協会
【目次】骨材・混和材料、コンクリート・セメント、コンクリート製品・タイル・れんが、ガラス、鋼材、ボード・下地材、屋根材料・床材料、エクステリア材・インテリア材、左官材料・塗装材、ルーフィング材、シーリング材・接着剤、目地材、接合材・金物、断熱材・吸音材料、建

具、設備、施工、参考
2017.1 2808p A5 ¥15400 ①978-4-542-18507-4

◆JISハンドブック　2017 9　建築2 試験　日本規格協会編　日本規格協会
【目次】設計・計画・一般、試験・測定一コンクリート、セメント、混和剤、試験・測定一金属、木材、シーリング材、試験・測定一パネル・ボード、浴槽、試験・測定一建具、防火・耐火、試験・測定一建築材料の燃焼性、試験・測定一室内空気のサンプリング及び分析、試験・測定一遮音・吸音、試験・測定一耐候性、省エネルギー、その他、参考
2017.1 2045p A5 ¥14000 ①978-4-542-18508-1

◆JISハンドブック　2017 10　生コンクリート　日本規格協会編　日本規格協会
【目次】レディーミクストコンクリート、基本、材料、再生骨材コンクリート、設備・器具、試験方法、工程管理用試験方法、品質管理、製品認証、マネジメントシステム、参考
2017.6 2040p A5 ¥10000 ①978-4-542-18530-2

◆JISハンドブック　2017 11　土木1 コンクリート製品・土木資材　日本規格協会編　日本規格協会
【目次】基本、製品認証、コンクリート製品、土木資材、生コンクリート、製造設備・器具、試験方法、その他、参考
2017.6 2964p A5 ¥14300 ①978-4-542-18531-9

◆JISハンドブック　2017 12　土木2 土工機械　日本規格協会編　日本規格協会
【目次】一般・特性・要素、ブルドーザ・積込機械・運搬機械、掘削機械、クレーン、基礎工事用機械、トンネル工事用機械・せん孔機械、コンクリート施工機械・機具、道路工事機械など（路盤・舗装・締固め機械）、その他施工機械・機具、参考
2017.6 1842p A5 ¥17400 ①978-4-542-18532-6

◆JISハンドブック　2017 13　工作機械　日本規格協会編　日本規格協会
【目次】基本、試験・検査、構成部品・周辺機器、参考
2017.6 2250p A5 ¥17700 ①978-4-542-18533-3

◆JISハンドブック　2017 16　ポンプ　日本規格協会編　日本規格協会
【目次】ポンプ、送風機・圧縮機、真空機器、その他、参考
2017.6 1896p A5 ¥13900 ①978-4-542-18535-7

◆JISハンドブック　2017 17　圧力容器・ボイラー 用語/構造/附属品・部品・その他　日本規格協会編　日本規格協会
【目次】用語、構造、附属品・部品・その他、参考
2017.6 2482p A5 ¥16200 ①978-4-542-18536-4

◆JISハンドブック　2017 19　電気設備1 一般/電線・ケーブル/電線管・ダクト・附属品　日本規格協会編　日本規格協会
【目次】一般、電線・ケーブル、電線管・ダクト・附属品、バッテリー、参考
2017.1 2647p A5 ¥15200 ①978-4-542-18509-8

◆JISハンドブック　2017 20 - 1　電気設備2 電気機械器具/低圧遮断器・配線器具　日本規格協会編　日本規格協会
【目次】電気機械器具、低圧遮断器・配線器具、参考
2017.1 2591p A5 ¥12400 ①978-4-542-18510-4

◆JISハンドブック　2017 20 - 2　電気設備3 照明・関連器具　日本規格協会編　日本規格協会
【目次】一般、口金・受金・ソケット、電球・ランプ、安定器、照明器具、関連器具、参考
2017.1 2434p A5 ¥14200 ①978-4-542-18511-1

◆JISハンドブック　2017 25　石油　日本規格協会編　日本規格協会
【目次】製品認証、製品規格、試験方法、試験器、関連規格、参考
2017.6 2282p A5 ¥16100 ①978-4-542-18537-1

◆JISハンドブック　2017 26　プラスチック1 試験　日本規格協会編　日本規格協会
【目次】状態調節・標準雰囲気・試験片、機械的性質、燃焼性質、熱的性質、物理的・化学的性質、電気的性質、暴露試験、フィルム・シート、繊維強化プラスチック、発泡プラスチック、熱可塑性プラスチック、生分解性プラスチック、熱硬化性プラスチック、参考
2017.1 2368p A5 ¥15200 ①978-4-542-18512-8

◆JISハンドブック　2017 27　プラスチック2 材料　日本規格協会編　日本規格協会
【目次】用語・記号・略語・データ表示、熱可塑性プラスチック、熱硬化性プラスチック、フィルム・シート・レザー・テープ、板・棒・構造材、フォーム、環境、参考
2017.1 1184p A5 ¥11100 ①978-4-542-18513-5

◆JISハンドブック　2017 28 - 1　ゴム・エラストマー1 ポリマー・配合剤の試験方法　日本規格協会編　日本規格協会
【目次】用語・略語、ポリマー・配合剤の試験方法一ポリマー/カーボンブラック/配合剤、ポリマー・配合剤の試験方法一化学試験、ポリマー・配合剤の試験方法一物理試験、参考
2017.6 1584p A5 ¥9600 ①978-4-542-18538-8

◆JISハンドブック　2017 28 - 2　ゴム・エラストマー2 製品及び製品の試験方法　日本規格協会編　日本規格協会
【目次】製品及び製品の試験方法一タイヤ/ベルト・プーリ、製品及び製品の試験方法一ホース、製品及び製品の試験方法一引布/軟質発泡材料、製品及び製品の試験方法一防振ゴム/免震ゴム/電線/オイルシール・パッキン/医療・日用品、製品及び製品の試験方法一はきもの、参考
2017.6 1686p A5 ¥9700 ①978-4-542-18539-5

◆JISハンドブック　2017 29　接着　日本規格協会編　日本規格協会
【目次】用語、共通、試験・測定、接着剤、粘着テープ、その他、参考
2017.1 842p A5 ¥10800 ①978-4-542-18514-2

◆JISハンドブック　2017 30　塗料　日本規格協会編　日本規格協会
【目次】用語、試験、製品規格、その他、参考
2017.1 1475p A5 ¥12500 ①978-4-542-18515-9

◆JISハンドブック　2017 31　繊維　日本規格協会編　日本規格協会
【目次】用語、表示・記号、試験方法一染色堅ろう度試験/繊維混用率試験、試験方法一特性試験、衣料のサイズ、衣料品・その他、参考
2017.6 2040p A5 ¥16200 ①978-4-542-18540-1

◆JISハンドブック　2017 32　紙・パルプ　日本規格協会編　日本規格協会
【目次】一般・共通、試験、紙・板紙、段ボール・箱、袋、紙加工品、参考
2017.1 934p A5 ¥9700 ①978-4-542-18516-6

◆JISハンドブック　2017 40 - 1　溶接1 基本　日本規格協会編　日本規格協会
【目次】用語、施工、試験、試験・検査、技術検定・認証、安全・衛生・環境、参考
2017.1 1907p A5 ¥12700 ①978-4-542-18517-3

◆JISハンドブック　2017 40 - 2　溶接2 製品　日本規格協会編　日本規格協会
【目次】材料、溶接機、ガス溶断、安全用品、参考　2017.1 1417p A5 ¥10200 ①978-4-542-18518-0

◆JISハンドブック　2017 41　金属表面処理　日本規格協会編　日本規格協会
【目次】共通、電気めっき、化学めっき、真空めっき、溶射、遮熱・耐酸化金属コーティング、溶融めっき、陽極酸化皮膜、鋼材の素地調整、参考　2017.1 912p A5 ¥11000 ①978-4-542-18519-7

◆JISハンドブック　2017 42　熱処理　日本規格協会編　日本規格協会
【目次】用語・記号・量、試験・測定方法、試験機・測定器、加工材料、関連規格、参考
2017.6 1926p A5 ¥15200 ①978-4-542-18541-8

◆JISハンドブック　2017 43　非破壊検査　日本規格協会編　日本規格協会
【目次】用語・記号、資格・認証・適合性評価、放射線透過試験、超音波探傷試験、浸透探傷試験、磁気探傷試験、渦電流探傷試験、漏れ試験、外観試験・目視観察、共通、参考
2017.6 1446p A5 ¥11400 ①978-4-542-18542-5

◆JISハンドブック　2017 46　機械計測　日本規格協会編　日本規格協会
【目次】ゲージ、長さ、角度、面・形状、基本（幾何特性）、関連、参考
2017.1 1364p A5 ¥9800 ①978-4-542-18520-3

◆JISハンドブック　2017 47　電気計測　日本規格協会編　日本規格協会

サイエンス・テクノロジー

サイエンス・テクノロジー

【目次】基本、試験・測定、電気計器、電気測定器、工業計器、参考
2017.1 2287p A5 ¥13600 ①978-4-542-18521-0

◆**JISハンドブック　2017 48 - 1　試薬1 K8001〜K8549**　日本規格協会編　日本規格協会
【目次】K8001〜K8093、K8101〜K8197、K8201〜K8295、K8304〜K8397、K8400〜K8498、K8500〜K8549、参考
2017.1 1793p A5 ¥14200 ①978-4-542-18543-2

◆**JISハンドブック　2017 48 - 2　試薬2 K8550〜K9906**　日本規格協会編　日本規格協会
【目次】K8550〜K8598、K8603〜K8699、K8701〜K8799、K8800〜K8899、K8900〜K8997、K9000〜K9906、参考
2017.1 1417p A5 ¥11400 ①978-4-542-18544-9

◆**JISハンドブック　2017 49　化学分析**　日本規格協会編　日本規格協会
【目次】標準物質、通則・分析方法、水、試験・測定方法、データの取扱い、参考
2017.1 1973p A5 ¥13800 ①978-4-542-18522-7

◆**JISハンドブック　2017 50　金属分析1 —鉄鋼**　日本規格協会編　日本規格協会
【目次】通則、分析方法—鉄及び鋼/フェロアロイ、分析方法—鉄鉱石/マンガン鉱石/クロム鉱石/ほたる石、参考
2017.6 2125p A5 ¥14700 ①978-4-542-18545-6

◆**JISハンドブック　2017 51　金属分析2 —非鉄**　日本規格協会編　日本規格協会
【目次】通則、分析方法—地金関係/銅及び銅合金、分析方法—ニッケル及びニッケル合金/マグネシウム合金/アルミニウム及びアルミニウム合金/チタン及びチタン合金/ジルコニウム及びジルコニウム合金/タンタル/その他、分析方法—鉱石、参考
2017.6 1716p A5 ¥14200 ①978-4-542-18546-3

◆**JISハンドブック　2017 52 - 1　環境測定1 - 1 大気**　日本規格協会編　日本規格協会
【目次】用語、通則、標準物質、サンプリング、大気、参考
2017.1 2269p A5 ¥13900 ①978-4-542-18523-4

◆**JISハンドブック　2017 52 - 2　環境測定1 - 2 騒音・振動**　日本規格協会編　日本規格協会
【目次】用語、騒音・振動—計器・測定、騒音・振動—個別測定、参考
2017.1 852p A5 ¥10900 ①978-4-542-18524-1

◆**JISハンドブック　2017 53　環境測定2 水質**　日本規格協会編　日本規格協会
【目次】用語、通則、サンプリング、水質、参考
2017.1 2185p A5 ¥12500 ①978-4-542-18525-8

◆**JISハンドブック　2017 55　国際標準化 —ISO/IEC標準専門家必携**　日本規格協会編　日本規格協会
【目次】国際規格作成—国際規格作成手順、国際規格作成—政策関係、国際規格作成—動向関係、国際標準化機関、その他
2017.1 634p A5 ¥15000 ①978-4-542-18526-5

◆**JISハンドブック　2017 56　標準化**　日本規格協会編　日本規格協会
【目次】用語、基本、コード・記号、参考
2017.7 1028p A5 ¥11600 ①978-4-542-18547-0

◆**JISハンドブック　2017 57　品質管理**　日本規格協会編　日本規格協会
【目次】用語・記号、通則、マネジメントシステム、抜取検査、管理図、統計的方法、品質工学、その他、参考
2017.7 1976p A5 ¥12000 ①978-4-542-18548-7

◆**JISハンドブック　2017 58 - 1　ISO9000**　日本規格協会編　日本規格協会
【目次】用語、要求事項、パフォーマンス改善、監査、プロジェクトマネジメント、顧客満足、コンサルタント、セクター別の適用、適合性評価、参考 2017.7 751p A5 ¥10900 ①978-4-542-18549-4

◆**JISハンドブック　2017 58 - 2　環境マネジメント**　日本規格協会編　日本規格協会
【目次】用語・仕様、監査、環境アセスメント、環境ラベル及び宣言、環境パフォーマンス評価、ライフサイクルアセスメント、温室効果ガス、環境側面、エネルギー、適合性評価、参考
2017.7 843p A5 ¥10900 ①978-4-542-18550-0

◆**JISハンドブック　2017 58 - 3　適合性評価**　日本規格協会編　日本規格協会
【目次】用語・一般、設定、認証、試験所及び校正機関、検査機関、試験所間比較による技能試験、自己適合宣言、適合マーク、JISマーク認証、参考 2017.7 578p A5 ¥11800 ①978-4-542-18551-7

◆**JISハンドブック　2017 58 - 4　リスク・セキュリティ・事業継続**　日本規格協会編　日本規格協会
【目次】基本、事業継続・危機管理、情報セキュリティ、個人情報保護、参考
2017.7 537p A5 ¥10700 ①978-4-542-18552-4

◆**JISハンドブック　2017 59　製図**　日本規格協会編　日本規格協会
【目次】製図、寸法、公差、許容値及びその表し方、その他、参考
2017.6 1325p A5 ¥12500 ①978-4-542-18553-1

◆**JISハンドブック　2017 68　金型**　日本規格協会編　日本規格協会
【目次】金型、関連、製図、寸法・形状、材料・その他、参考
2017.6 1169p A5 ¥10100 ①978-4-542-18554-8

◆**JISハンドブック　2017 69　鉄道**　日本規格協会編　日本規格協会
【目次】鉄道線路、電車線路、鉄道設備、信号・保安機器、鉄道車両、参考
2017.6 2761p A5 ¥16800 ①978-4-542-18555-5

◆**JISハンドブック　2017 70　電磁両立性（EMC）**　日本規格協会編　日本規格協会
【目次】基本、限度値、試験・測定技術、個別機器の要求事項・試験方法、人体ばく露、参考
2017.6 970p A5 ¥12100 ①978-4-542-18556-2

◆**JISハンドブック　2017 72　機械安全**　日本規格協会編　日本規格協会
【目次】基本、共通、電気装置、参考
2017.6 1048p A5 ¥10100 ①978-4-542-18557-9

 科学技術英語・論文

◆**アブストラクトで学ぶ理系英語構造図解50**　斎藤恭一、梅野太輔著　朝倉書店
【要旨】理系英語論文のアブストラクト（要旨）を例に重要表現を解説、一目でわかるように文の構造を図示。
2017.6 145p A5 ¥2300 ①978-4-254-10276-5

◆**これなら通じる技術英語ライティングの基本**　平野信輔著　日本能率協会マネジメントセンター
【要旨】工業・技術分野で必要なのは、情報を「素早く正しく」伝える英文を書くこと。その必須ポイントをわかりやすく解説！ 日本語をそのまま英語に訳すから苦労するばかりで通じない。「4つの主義」を身に付けて、「素早く伝える」英文にする！ 簡単な英文法をきちんと理解して、「正しく伝える」英文にする！ これで自信が持てる英語が書ける。解説は先生と生徒の対話形式。やさしくて、わかりやすい！ 表記法の説明やミニコラムも充実。誰もが知るべき基礎をまとめた一冊！
2017.2 210p A5 ¥1800 ①978-4-8207-5956-0

◆**楽しく悩ましい科学論文英語**　山崎登志成著　東京図書出版、リフレ出版 発売　増補改訂版
【要旨】科学論文英語の悩みを全て解消！ よくある誤りを残らず網羅。理系特有の表現と単語の使い方、単位の仕組みと付け方も詳しく記述。例文と解説を充実し、注意すべき単語と句を記載。 2017.7 268p B6 ¥2100 ①978-4-86641-039-5

◆**日経サイエンスで鍛える科学英語 医療・健康編**　日経サイエンス編集部編　日経サイエンス社、日本経済新聞出版社 発売
【要旨】肥満・老化対策から先端医療まで科学を学びながら英語力をアップ！ SCIENTIFIC AMERICANの健康科学コラムを英語と日本語で読み比べ！ 生きたニュース英語に親しみながら医療の最前線で話題になっているテーマを理解できる、一挙両得の科学英語入門！
2017.12 207p A5 ¥2000 ①978-4-532-52074-8

◆**理系学生が一番最初に読むべき！ 英語科学論文の書き方—IMRaDでわかる科学論文の構造**　片山晶子編・執筆、中嶋隆浩、三品由紀子執筆　中山書店
【要旨】論文英語は「英米語」でなく「国際語」。英語科学論文のルールを徹底解説！
2017.4 154p A5 ¥2000 ①978-4-521-74519-0

 経営工学・生産管理

◆**いま世界ではトヨタ生産方式がどのように進化しているのか！—取り残される日本のものづくり**　中野冠著　日刊工業新聞社
【目次】1 トヨタ生産方式は世界でどのように理解されているか？—トヨタ生産方式とリーン生産方式はどのように異なるのか？（海外の大学でトヨタ生産方式はどのように教えられているか？、トヨタ生産方式とリーン生産方式の違いとは？ ほか）、2 世界はトヨタ生産方式から何を学んだのか？—どのように取捨選択と拡張を行ったのか（欧米でリーンマネジメントとして拡張される「カイゼン」、日本人だけが知らないバリューストリームマッピングとは？ ほか）、3 トヨタ生産方式とリーン生産方式はなぜ違うのか？—ビジネスモデルと企業文化の違いを考える（欧米と日本のビジネスモデルの違い、日本企業に向いたサイマルテイニアスエンジニアリング ほか）、4 日本は海外から何を学べるのか？—取り残される日本のものづくり（日本企業の終身雇用制と長時間労働、日本企業の海外工場は本当に利益を上げているか？ ほか）
2017.6 194p A5 ¥1600 ①978-4-526-07722-7

◆**お金をかけずにすぐできる事例に学ぶ物流現場改善**　鈴木邦成著　日刊工業新聞社
【目次】1 物流アイデア改善の進め方、2 動線が変われば作業効率も変わる！、3 整理整頓・見える化の徹底で改善！、4 定位・定量・定着の徹底で物流現場を改善！、5 アイデア改善で作業効率を向上！、6 物流現場のしくみを改善！、7 現場力アップで改善！
2017.2 155p A5 ¥2000 ①978-4-526-07669-5

◆**過去問題で学ぶQC検定2級　2018年版**　仁科健監修、QC検定過去問題解説委員会著　日本規格協会
【要旨】2015〜2017年全6回（19〜24回）試験問題と、解答・解説を収録！ QC検定の出題内容を、実務者の立場から解説。“実践現場での活用方法”で、代表的な問題の現場での活用ポイントを紹介。
2017.12 391p A5 ¥2400 ①978-4-542-50507-0

◆**過去問題で学ぶQC検定3級　2018年版**　仁科健監修、QC検定過去問題解説委員会著　日本規格協会
【要旨】2015〜2017年全6回（19〜24回）試験問題と、解答・解説を収録！ QC検定の出題内容を、実務者の立場から解説。“実践現場での活用方法”で、代表的な問題の現場での活用ポイントを紹介。
2017.12 372p A5 ¥2000 ①978-4-542-50508-7

◆**金を掛けずに知恵を出す からくり改善事例集 Part3**　日本プラントメンテナンス協会編　日刊工業新聞社
【要旨】からくり改善とは、「オペレーターが知恵を出し」「手づくり」で製作する現場改善のことをいう。（1）メカニズムがシンプルであること。（2）お金を掛けない改善であること。（3）現場のムリ・ムダ・ムラを省く改善であること。（4）その結果、「生産性向上、品質向上、故障低減、保全性向上、操作性向上、点検の容易化、物流向上、安全性向上」などの成果が得られたものをいう。
2017.9 179p B5 ¥2300 ①978-4-526-07748-7

◆**現場から学ぶ最強SEになるための気づき塾**　気づき塾出版委員会編　日経BP社、日経BPマーケティング 発売
【目次】1 まずは基本をおさえよう（システムサービスとは、システム開発のポイント）、2 現場から“気づき”を学ぶ（障害を最小限にくい止める「何を作るか」と「どう作るか」、要件定義をシッカリ書く ほか）、3 最強SEになるための心得（求められる地頭の良さ、忙しくても破綻しない仕組みとは、プロジェクトを成功させるPMの心得 ほか）
2017.12 174p A5 ¥1600 ①978-4-8222-5769-9

◆現場力を高める実践的TPM入門—不良ゼロ・故障ゼロはどうすれば実現できるか　日本プラントメンテナンス協会監修、町田勝利著　日科技連出版社　改訂版；第2版
【要旨】本書は、2005年に発刊された『“速践ビジネスシリーズ”現場力を高める実践的TPM入門』の改訂版である。1971年、日本プラントメンテナンス協会により、生産保全のTPMが提唱されて以来、TPMは、「人づくり」や「儲かる会社への体質改善」に大きな成果をあげている。世界中に普及しているこのTPMを豊富な図版とともに見開き構成で解説する。
　　　2017.6 118p　A5　¥1800　①978-4-8171-9621-7

◆この1冊ですべてわかるSCMの基本　石川和幸著　日本実業出版社
【要旨】ビジネスモデルに合ったサプライチェーン、在庫の層別管理と輸送モードの選択、S&OP/PSIで計画業務を改革、連結経営の視点で生販統合体制を再構築、IoTとITによる“ビジネスプロセスのロボット化”etc.ほんとうに知っておくべきこと。
　　　2017.12 221p　A5　¥1700　①978-4-534-05539-2

◆この1冊ですべてわかる　生産管理の基本　富野貴弘著　日本実業出版社
【要旨】ものづくり企業の競争力とは。大量生産システムについての正しい理解。生産のQCD（品質・コスト・納期）管理。製品開発の役割とプロセス。ほんとうに知っておくべきこと。
　　　2017.2 214p　A5　¥1600　①978-4-534-05473-9

◆システム設計論　布広永示、今城哲二、大場みち子、中原俊政共著　コロナ社　改訂版
【目次】1 情報システムとその設計思想の変遷、2 クライアント/サーバシステム、3 システム設計・構築、4 インフラ設計、5 システム分析設計技法、6 アプリケーション設計・構築、7 データベース設計・構築、8 システム運用設計・歴史管理、9 データ記述・表現とWebサービス、10 トランザクション処理
　　　2017.9 206p　A5　¥2600　①978-4-339-02878-2

◆実行する技術 4DX—もう計画倒れしたくない個人のための目標達成メソッド「7つの習慣」×「実行の4つの規律」＝確実な成果　竹村富士徳著、フランクリン・コヴィー・ジャパン監修　PHP研究所
【要旨】目標を設定し、計画を立て、実行するための全技術。
　　　2018.1 266p　B6　¥1600　①978-4-569-83758-1

◆実践エンジニアリング・チェーン・マネジメント—IoTで設計開発革新　日野三十四著　日刊工業新聞社
【要旨】全社による設計開発革新で日本製造業は再びナンバーワンを目指す。SCMの成否はECMが決める！設計開発領域の標準化・システム化はこうして進める。
　　　2017.8 208p　A5　¥2400　①978-4-526-07736-4

◆実践プロセスアプローチ タートルチャートの活用—ISO9001/IATF16949対応　廣瀬春樹、安藤黎二郎、須田晋介、清水昌明著　日科技連出版社
【要旨】「タートルチャート」及びその進化形である「アクティブタートル」を活用した「プロセスアプローチ」を実践する方法を紹介。「プロセスアプローチ」の実践を通じて、内部監査での課題の抽出とマネジメントレビューでの改善に展開する方法も紹介している。
　　　2017.12 172p　A5　¥2600　①978-4-8171-9636-1

◆熟練・分業と生産システムの進化　坂本清著　文眞堂
【要旨】生産システムの進化とは、技術と人間労働の組織的展開（熟練・分業）としての、もの作りの原理の革新過程のことである。アメリカ産業革命からIoT時代に至る生産システムの発展過程を5フェーズに分け、もの作りの原理の歴史的な革新が企業の競争力のみでなく、国家の盛衰にも影響を及ぼすことを解明した。経営学を学ぶ者の必読の書。
　　　2017.10 449p　A5　¥3900　①978-4-8309-4966-1

◆図解でわかる！利益を出す生産性　藤原毅芳著　秀和システム
【要旨】生産性と効率化は別物なんです！生産性＝アウトプット÷インプット。最小の投資で最大の利益を出す！「生産性」にまつわる誤解が解消され、利益の出し方がわかる。リーダーの仕事〜ビジネスモデルまで、生産性の上げ方を伝授！
　　　2017.12 199p　B6　¥1200　①978-4-7980-5378-3

◆図解入門ビジネス 最新ロジスティクスの基本と実践がよーくわかる本—調達・生産・物流・販売の全体最適化入門　伊志井雅博著　秀和システム
【要旨】長年、現場で経験を積んだロジスティクスマネージャだからわかる知識とノウハウを解説！　2018.1 183p　A5　¥1600　①978-4-7980-5206-9

◆図解入門 よくわかる最新SAP & Dynamics 365　村上均著、池上裕司監修　秀和システム
【要旨】2大パッケージを使いこなす現場の知恵。逆引きリファレンスでERPの悩みを解決。ビジネス、経理、販売、経営者、監査人、SIerのよくある要望や疑問がたちまち解決！
　　　2017.11 327p　A5　¥2000　①978-4-7980-5114-7

◆図解 よくわかるこれからのヒューマンエラー対策—なるほど！これでわかった　吉原靖彦著　同文舘出版　（DO BOOKS）
【要旨】製造現場を悩ませるヒューマンエラーの「起因＝エラーの元である人間の認知特性」「誘因＝悪影響のある環境条件」「現象＝実際のエラー」に有効な現実的対策を解説。
　　　2017.10 190p　A5　¥1800　①978-4-495-53831-6

◆生産管理入門　坂本碩也、細野泰彦共著　オーム社　（機械工学入門シリーズ）　第4版
【要旨】組織の全体最適化を目指す俯瞰的視点からのアプローチ。生産管理に関連するマネジメント技術の全てを解説。
　　　2017.2 218p　A5　¥2200　①978-4-274-21995-5

◆生産技術の実践手法がよーくわかる本　菅間正二著　秀和システム　（図解入門ビジネス）
【要旨】生産技術の基礎知識がよくわかる！生産技術計画の進め方がよくわかる！生産技術統制の進め方がよくわかる！生産技術管理の進め方がよくわかる！生産技術を磨きQCDの向上を図る！多種少量生産時代を制する独自技術を確立する！
　　　2017.2 272p　A5　¥1600　①978-4-7980-4860-4

◆生産診断システム "HEPTA" による ものづくり経営革新　関西ものづくり支援パートナーズ、内藤秀治、鳥濱浩伸、顯谷敏也、大音和豊、島田尚登編著　同友館
【目次】第1章 HEPTAとは何か、第2章 HEPTA具体例（平均点・傾向等）、第3章 5Sで儲かる工場づくり、第4章 見える化でミス、ムダ、モレをなくす、第5章 流れ化でムダなく、スムーズな現場を作る、第6章 現場で活かせる情報化のすすめ方、第7章 儲かる経営計画の現場のしくみ、第8章 QCDをレベルアップする資材購売、第9章 現場活性化の進め方、第10章 HEPTAの応用・未来
　　　2017.11 176p　A5　¥1800　①978-4-496-05324-5

◆調達・購買パワーアップ読本　西河原勉著　同友館
【目次】調達・購買部門の機能強化、コスト低減、納期管理、品質マネジメント、取引先開拓・関係改善、開発購買、海外調達・購買、リスクマネジメント、情報収集と活用、コンプライアンス、教育・訓練、中小製造業の調達・購買業務活性化のポイント
　　　2017.9 206p　A5　¥2000　①978-4-496-05294-1

◆デンソーから学んだ本当の「なぜなぜ分析」　倉田義信著　日刊工業新聞社
【要旨】デンソーの元工場長が、発生面と管理面の課題を洗い出す。「事実の深掘り」から「なぜなぜ分析」を図解式に解説。
　　　2017.9 202p　A5　¥2000　①978-4-526-07713-5

◆トコトンやさしいコストダウンの本　岡田貞夫、田中勇次著　日刊工業新聞社　（B&Tブックス—今日からモノ知りシリーズ）　第2版
【要旨】開発設計の川上部門および販売やサービスなどの川下部門との連携を抜きに、コストダウンはもはや実現しません。生産条件の多様化やIT活用時代に即した全社的原価低減活動の要点をズバリ示します。
　　　2017.9 206p　A5　¥2000　①978-4-526-07655-8

◆「7つのムダ」排除次なる一手—IoTを上手に使ってカイゼン指南　山田浩實著　日刊工業新聞社
【要旨】現場の運用変化に柔軟に対応できる安価な情報機器・電子デバイス「デジタルからくり」。3現主義に則った現場データを自動で連続収集〜対策を指南する「データ解析と対策ナビ」。予兆検知・不良予告などの情報を工場・会社・顧客・

仕入先で共有し、付加価値を生む「設備のインテリジェント化」。現場の新「三種の神器」!!
　　　2017.10 179p　A5　¥2200　①978-4-526-07757-9

◆入門ガイダンス 経営科学・経営工学　古殿幸雄著　中央経済社、中央経済グループパブリッシング 発売　第2版
【要旨】企業経営のさまざまな問題に、有効な解決アプローチを提供してくれる、経営科学や経営工学の基本的考え方をコンパクトに概説した好評テキスト!!
　　　2017.3 264p　A5　¥2900　①978-4-502-21351-9

◆入門ガイダンス 経営情報システム　古殿幸雄著　中央経済社、中央経済グループパブリッシング 発売　第2版
【要旨】コンピュータやネットワークの誕生から、最先端の経営手法や業務・システムの全体最適化・評価・改善まで、現代のビジネスマンや学生に必須の最新知識を網羅！
　　　2017.9 238p　A5　¥2400　①978-4-502-23681-5

◆入門編 生産システム工学—総合生産学への途　人見勝人著　共立出版　第6版
【要旨】「生産システム工学」の入門編として、生産システムの基本的考え方、物の流れ（生産ロジスティクス）・情報の流れ（生産管理）両者のコンピュータによる統合自動生産システム（CIM）、ならびに原価の流れ（コスト・エンジニアリング）、さらに社会動態を視座に入れた21世紀の生産構想（社会的マニュファクチャリング・エクセレンス）について、キイワード主体に初歩的平易に論じてあり、現代生産の技術とマネジメント、そして産業経済の総合体系を把握できます。参考文献と問題、十分な索引も付与してあり、現代の総合生産学の教科書・参考書として好適です。
　　　2017.12 280p　A5　¥3400　①978-4-320-08218-2

◆プロジェクトを成功させる実践力が身につく本　北野利夫、向後思明、竹久友二、濱久人共著　オーム社
【要旨】情報処理推進機構（IPA）の元PMコミュニティメンバーが、11事例を交えてわかりやすく解説する。組織・チームを率いて、結果を出せるマネジャーになるための指南書。
　　　2017.2 193p　A5　¥2400　①978-4-274-22030-2

◆プロジェクトの「測る化」—変化に強い計画・問題発見の技術　藤貫美佐著　日経BP社、日経BPマーケティング 発売
【要旨】品質コスト、納期、スコープをうまく操る。プロジェクトマネジャー必見！
　　　2017.9 157p　24×19cm　¥2500　①978-4-8222-5966-2

◆プロセスデザインアプローチ—誰も教えてくれない「プロジェクトマネジメント」　芝本秀徳著　日経BP社、日経BPマーケティング 発売
【要旨】PMは「不確実性」を理解しなければならない。不確実性の源泉を知り、不確実性を乗りこなすアプローチを習得する。さすれば向かうところ敵なしとなる。本書には不確実性に勝つ術が書かれている。
　　　2017.11 223p　A5　¥2400　①978-4-8222-5850-4

◆ポイント図解 生産管理の基本が面白いほどわかる本　田島悟著　KADOKAWA　（『生産管理の基礎知識が面白いほどわかる本』加筆・再編集・改題書）
【要旨】製造業に携わるすべての人必読！「高品質・低コスト・短納期」を実現するポイント37。「ものづくり」の全体像がこの1冊で見える！つかめる！
　　　2017.11 159p　B6　¥1300　①978-4-04-602097-0

◆マンガでやさしくわかる5S　高原昭男著、星井博文シナリオ制作、松枝尚嗣作画　日本能率協会マネジメントセンター
【要旨】実家のドーナツ工場を継ぐことになった結衣は、5Sで職場を刷新することを宣言します。5Sコンサルタント・従兄弟の涼介やふだん目立たない従業員・日暮とともに満身創痍で奮闘します。最初は反対ばっかりだったみんなもそんな姿を見て、5Sの効果を実感してくると、少しずつ変わりはじめました。そしてアンチ5Sの筆頭だったベテラン工場長・古越を何とか取り込んだのはよかったけれど、また新たなピンチが訪れます。はたして結衣のドーナツ工場は生まれ変わることができるのでしょうか。
　　　2017.9 227p　B6　¥1600　①978-4-8207-1975-5

◆マンガでわかる トヨタ流の生産方式とマネジメント　高木徹監修, 梅屋敷ミタマンガ　マイナビ出版
【要旨】5S, カイゼン, 問題解決。トヨタ生産方式を生かしたマネジメントで「価値」「利益」,「やりがい」をつくる!
2017.1 191p B6 ¥1330 ①978-4-8399-6005-6

◆まんがでわかるランチェスター戦略　1　超入門　矢野新一著, 佐藤けんいち漫画　(新潟) シーアンドアール研究所
【要旨】多くの企業で成果を上げているランチェスター戦略は販売実績の向上, セールス活動の見直し, 同業他社の完全把握など山積された企業課題を理論的に解決する最大の武器だ。その難解と思われてきた理論と法則をマンガにして完全マスター可能にしたビジネスコミックシリーズ。
2018.1 174p A5 ¥2320 ①978-4-86354-795-7

◆ものづくり生産現場の社会システム―チームワーク研究の世界展開　野渡正博著　文眞堂
【要旨】F.W. テイラーは, 約100年前に生産現場の成り行き管理に対して科学的な管理法を実践し, その後の生産マネジメントを確立した。今日, 生産現場に残されている成り行き管理は, チームワークのマネジメントであり, これを形式知として生産マネジメントの管理対象に取り込む必要がある。従来のIE (生産工学) に基づく生産システムの評価と, チームワークに基づく社会システムの評価から成る社会生産性の構築は, 現在政府が進める「働き方改革」の生産現場における基軸となる。著者長年の研究成果。
2017.9 233p A5 ¥3200 ①978-4-8309-4960-9

◆利益&回転率がアップする最適在庫完全バイブル―「小さな会社」でもすぐ役立つ　横山英機著　すばる舎リンケージ, すばる舎 発売
(会社経営NEO新マニュアル)
【要旨】不良在庫をなくして, 現金化のスピードを上げる方法。メーカー, 卸, 小売まで, 幅広い業種で実績を出しているプロが, その実践的な手法を解説! 不動在庫で資金繰りが圧迫される悩みに応えます!
2017.8 383p A5 ¥3500 ①978-4-7991-0646-4

◆リスク管理・保険とヘッジ　日本金融・証券計量・工学学会編　朝倉書店　(ジャフィー・ジャーナル―金融工学と市場計量分析)
【目次】特集論文 (CoVaRによるシステミック・リスク計測: 確率的コピュラによる比較分析, リスクベース・ポートフォリオの高次モーメントへの拡張, 逐次推定・最適化に基づく生命保険負債の動的ヘッジ戦略, Contingent Capitalを用いた銀行のリスク管理に関する研究, 創業企業の信用リスクモデル), 一般論文 (外国為替取引におけるクラスタ現象のモデル化)
2017.3 189p B5 ¥3400 ①978-4-254-29026-4

◆例題で学ぶOR入門　大堀隆文, 加地太一, 穴沢務共著　コロナ社
【目次】1 OR入門, 2 日程計画, 3 線形計画法, 4 不確実性とOR, 5 予測, 6 在庫管理, 7 ゲームの理論, 8 AHP (物事を決めるには), 9 DEA (包絡分析法), 10 組合せ最適化
2017.4 189p A5 ¥2500 ①978-4-339-02874-4

◆例題と演習で学ぶ経営数学入門―待ち行列理論と在庫管理　藤本佳久著　学術図書出版社　第3版
【目次】第1章 待ち行列理論 (ケンドールの表記法, ポアソン到着 (ランダム到着), 待ち行列の在庫管理への応用, 安全在庫 ほか), 第2章 在庫管理 (発注量, 待ち行列の在庫管理への応用, 安全在庫 ほか), 第3章 確率のまとめ (確率変数, 確率分布 ほか)
2017.9 169p A5 ¥1800 ①978-4-7806-0598-3

◆レジリエンスエンジニアリング応用への指針―レジリエントな組織になるために　Christopher P. Nemeth, Erik Hollnagel編, 北村正晴監訳　日科技連出版社
【要旨】レジリエンスエンジニアリングを現場で実践した事例を数多く紹介することで, その取組みの指針を示す。自然災害対応, ガス供給インフラ, 医療, 情報システム, 建設, 鉄道, 9.11テロからの復旧などにおいて, どのようにレジリエンスエンジニアリングの考えを応用・実践したかを解説。これらの事例からレジリエンスエンジニアリングを産業の現場にどのように取り込むか, その示唆が得られる。
2017.10 209p A5 ¥3800 ①978-4-8171-9632-3

◆GOOD FACTORY―最強の工場をつくる48の工夫　日本能率協会GOOD FACTORY研究会著　日経BP社, 日経BPマーケティング発売
【要旨】日本のものづくりを支えるGOOD FACTORY。日系の海外工場28社の成功事例に学ぶ。2017.11 295p A5 ¥2000 ①978-4-8222-5962-4

◆"Hey Siri世界を変える仕事をするにはどうすればいいの?"―新規事業を立ち上げ, 育て, そしてトップになるための手引き　ヘンリー・クレッセル, ノーマン・ウィナースキー著, 長澤英二訳　日刊工業新聞社
【要旨】数々の革新的技術をもとに大きな市場を切り拓いてきたSRIの事業家ノウハウ。
2017.12 223p A5 ¥2400 ①978-4-526-07777-7

◆PMプロジェクトマネジメント―PMBOKガイド第6版対応　中嶋秀隆著　日本能率協会マネジメントセンター　改訂6版
【要旨】いちばんわかりやすい入門書。『PMBOKガイド』10の知識エリアとISO21500の10のサブプロジェクトグループを実務適用に組み替え,「標準10のステップ」として解説!
2017.11 245p A5 ¥2400 ①978-4-8207-2622-7

◆QC検定1級対応問題・解説集　細谷克也編著, QC検定問題集編集委員会著　日科技連出版社　(品質管理検定試験受検対策シリーズ 1)　新レベル表対応版; 第2版
【要旨】効率よく, 確実に, 合格力が身につく! 豊富な問題, わかりやすい解説。二次試験 (論述) 対策に完全対応!
2017.3 300p A5 ¥3000 ①978-4-8171-9605-7

◆WWS導入と運用のための99の極意　實藤政子, 秋川健次郎著　秀和システム　(図解入門ビジネス)　第2版
【要旨】WMSの導入から運用までの全てがわかる! 見える化推進計画のノウハウがわかる! プロセス分析と改善検討の秘訣がわかる! 改善効果の検証と分析方法がよくわかる! 業務改善プロジェクトの進め方がよくわかる! 物流センターの見える化, 現場力強化がすぐできる!
2017.9 231p A5 ¥1800 ①978-4-7980-5222-9

品質管理・PL

◆演習 工程解析　棟近雅彦監修, 金子雅明, 梶原千里, 安井清一, 川村大伸, 佐野雅隆著　日科技連出版社　(実践的SQC (統計的品質管理) 入門講座 4)
【目次】演習問題1 小型トラック用バンパー製造における塗装膜厚不良の低減 (解決すべき問題, 現状把握, 要因解析, 要因検証, 今後の調査・分析計画), 演習問題2 プラスチック製品の寸法不良の低減, 演習問題3 回路基板の製造工程における膜厚ばらつき低減, 演習問題4 レジスト寸法のばらつき低減, 演習問題5 調整工程の工数削減
2017.12 171p A5 ¥2700 ①978-4-8171-9635-4

◆監査品質の指標AQI　町田祥弘編著　同文舘出版
【要旨】監査人の選任・評価のための監査品質の指標とは?!アメリカをはじめ世界各国において, 監査事務所レベル, 監査業務レベルで報告・開示が検討されている「監査品質の指標」(AQI) を, 制度, 研究および実態の各側面から検討し, わが国での利用の可能性を探る!
2017.12 323p A5 ¥3400 ①978-4-495-20691-8

◆現代オペレーションズ・マネジメント―IoT時代の品質・生産性向上と顧客価値創造　圓川隆夫著　朝倉書店　(シリーズ・現代品質管理 5)
【目次】1 オペレーションズ・マネジメントはあらゆる変動との戦い, 2 組織的改善3T : TQM, TPM, TPS, 3 TOC (制約理論) : 変動を認めた最適化アプローチ, 4 Factory Physics : 変動の科学, 5 戦略的SCM, 6 CS (顧客満足) と顧客価値の創造
2017.3 178p A5 ¥2800 ①978-4-254-27570-4

◆実践事例! ISO9001―すぐできる2015年版　細谷克也編著, 青木昭, 澤田潔, 福山昌弘, 松本健著　日科技連出版社
【要旨】ISO9000ファミリーを正しく理解し, 品質マネジメントシステムをうまく構築していくための実践集。中堅企業のモデル会社を取り上げ, この会社の品質マニュアル, 規定及び帳票など品質文書・品質記録を全文作成し, 掲載し

ている。
2017.12 411p A5 ¥5400 ①978-4-8171-9634-7

◆失敗学 実践編―今までの原因分析と対策は間違っていた!　濱口哲也, 平山貴之著　日科技連出版社
【要旨】失敗学では, 動機的原因と不具合事象の関係を「ワナ」あるいは「失敗のカラクリ」と呼ぶ。最終的に起こる不具合事象はさまざまであるが, 人間がハマるワナは業種や職種にかかわらず同じで, そのワナの種類はそれほど多くはない。だからこそ, 過去に経験したワナを他分野で明らかにしたワナから, 自分野での未然防止ができるのである。前著『失敗学と創造学』で大反響を呼んだ著者が, さらに進化した実践的ノウハウを公開する。
2017.12 169p A5 ¥2500 ①978-4-8171-9599-9

◆新レベル表対応版 品質管理検定受験対策QC検定1級品質管理の実践70ポイント　福丸典芳著　日科技連出版社
【目次】QC的ものの見方・考え方, 品質の概念, 管理の方法, 新製品開発, 方針管理, 機能別管理, 日常管理, 標準化, 小集団活動, 人材育成, 診断・監査, 品質マネジメントシステム, 倫理・社会的責任, 品質管理周辺の実践活動
2017.1 202p A5 ¥2600 ①978-4-8171-9609-5

◆図解IATF16949よくわかるコアツール―APQP・PPAP・FMEA・SPC・MSA　岩波好夫著　日科技連出版社
【要旨】IATF16949で準備されているコアツールのうち, 先行製品品質計画 (APQP), 生産部品承認プロセス (PPAP, サービスPPAPを含む), 故障モード影響解析 (FMEA), 統計的工程管理 (SPC) および測定システム解説 (MSA) について, 実施事例を含めて図解によりわかりやすく解説。
2017.3 186p A5 ¥2700 ①978-4-8171-9613-2

◆図解 ISO 9001/IATF 16949プロセスアプローチ内部監査の実践―パフォーマンス改善・適合性の監査から有効性の監査へ　岩波好夫著　日科技連出版社
【要旨】"プロセスアプローチとは何か, どのように行えばよいのか, 内部監査を効果的に行うにはどうすればよいのか, プロセスアプローチ方式の内部監査はどのように行えばよいのか"ISO 9001認証組織だけでなく, プロセスアプローチの運用とプロセスアプローチ内部監査において先行しているIATF 16949の内容を解説する。内部監査における効果的な指摘の方法と是正処置の例, プロセスアプローチに不可欠なタートル図の例, および内部監査規定の例を紹介。自社の内部監査にすぐに活用できる。
2017.10 180p A5 ¥2600 ①978-4-8171-9633-0

◆トヨタ流品質管理に学ぶ! はじめての変化点管理　原嶋茂著　日刊工業新聞社
【要旨】5M1Eの変化点に囲まれた作業者よ, 五感を研ぎ澄ませ!!元デンソー生産技術部の著者がわかりやすく紹介。
2017.11 144p A5 ¥1800 ①978-4-526-07763-0

◆内部質保証システムと認証評価の新段階―大学基準協会「内部質保証ハンドブック」を読み解く　大学基準協会企画, 早田幸正, 工藤潤編著　エイデル研究所
【目次】第1部 大学基準協会「内部質保証ハンドブック」の視座と論点 (内部質保証に関する大学関係者の「現況」認識, 日本の大学における内部質保証の実質化のためのIRの取組の現状―「内部質保証」現況調査アンケートを基に, 教育改善マネジメントと内部質保証の実践), 第2部 大学基準協会「内部質保証ハンドブック」による提言 (内部質保証の効果的運用のための道程, 内部質保証システムの導入一その課題, そして具体的な施策一大学教育の実質化に向けた内部質保証システムの構築, 内部質保証システムの有効性と大学基準協会の役割一あわせて), 資料編 (「第3期認証評価における大学評価の基本方針」(大学基準協会大学評価企画立案委員会), 「第1回アンケート調査」実施要領及び様式, 「第2回アンケート調査」実施要領及び様式
2017.3 178p A5 ¥4500 ①978-4-87168-595-5

◆人が育つ小集団改善活動　日立オートモティブシステムズWe are One小集団活動事務局編, 有賀久夫, 藤沼洋, 小谷真一著　日科技連出版社
【要旨】小集団改善活動の理念の基本となる「小集団改善活動は業務の品質を上げる活動」とい

う考え方を理解し、自組織で活用・応用。日立オートモティブシステムズグループの“We are One 小集団活動”の紹介を通じて、「人財の育成、明るい職場づくり、会社の発展への寄与」といった小集団改善活動の本来の理念を実現するための取組みについて、事例を中心にまとめている。
2017.10 182p A5 ¥2000 Ⓘ978-4-8171-9627-9

◆**品質管理者のためのリーンシックスシグマ入門**　眞木和俊, 野口薫共著　日本規格協会
【要旨】「硬直した業務の仕組みを変えるために」「グローバルスタンダードの業務改善活動」「事例で学べるシックスシグマ活用法」「QCサークル、SQC活動とは切り口の違う部門を超えた取組み」―業務改善プロジェクトを仕切るのに必要なことはリーンシックスシグマが教えてくれる。 2017.11 134p A5 ¥1600 Ⓘ978-4-542-50273-4

◆**品質管理テキスト**　坂本碩也, 細野泰彦共著　オーム社　第4版
【要旨】「日本的品質管理」のすべてを基礎から学ぶ。ISO9001/ISO14001：2015“対応”。基礎理論から新しいマネジメント技法まで、科学的なアプローチにもとづく管理手法をコンパクトにまとめた、増補改訂“第4版”。工学系の学生・技術者の方々のテキスト・入門書として最適。
2017.3 260p A5 ¥2500 Ⓘ978-4-274-21996-2

◆**品質機能展開（QFD）の基礎と活用―製品開発情報の連鎖とその見える化**　日本品質管理学会監修, 永井一志著　日本規格協会（JSQC選書）
【要旨】QFDとは、情報を整理・整頓する方法論。連鎖の概念に基づく開発情報の整理により、“明確な”製品開発を進めるためのポイントを説く。 2017.9 148p B6 ¥1600 Ⓘ978-4-542-50484-4

◆**品質設計のための確率・統計と実験データの解析**　椹原弘之, 宮城善一著　日科技連出版社
【目次】第1部 記述統計にもとづく実験結果のデータ処理（実験の意味と分類、実験の準備と誤差の理解、偶然誤差の統計的処理、相関と回帰、最小二乗法による関数の当てはめ）、第2部 統計を理解するための基本概念（統計の利用と目的、統計を理解するための確率の基本概念、記述統計・ベイズ統計および推測統計学）、第3部 統計の工学的利用（品質工学とは何か、ばらつきの数理的解析、SN比と感度、直交表、パラメータ設計）、第4部 統計の科学的利用（推定・検定）、付表 2017.4 180p A5 ¥2500 Ⓘ978-4-8171-9619-4

◆**品質リスクの見える化による未然防止の進め方―FMP分析を活用した品質クレーム・ヒューマンエラー・設備事故の未然防止**　今里健一郎著　日科技連出版社
【要旨】本書は、現場で多発する品質クレーム、ヒューマンエラー、設備事故などを未然に防ぐための方法と進め方について、図解を中心に、やさしく解説してあります。想定外の潜在リスクを「FMP分析」により見える化することで、事前に対策を打つことができます。本書に掲載した手軽に使える2つの「見える化シート」を活用することで、未然防止活動の手順が自然に身につきます。
2017.9 136p A5 ¥2000 Ⓘ978-4-8171-9628-6

◆**ホワイトカラーの生産性向上―金賞を取るためのQCから仕事で使うためのQCへの転回**　市毛嘉彦著　東京図書出版, リフレ出版 発売
【要旨】形だけのQCでは意味がない！ 間接部門の生産性向上に直結するQC教育とは？
2017.12 214p A5 ¥1500 Ⓘ978-4-86641-089-0

◆**HACCP実践のポイント**　新宮和裕著　日本規格協会　改訂2版
【要旨】現場での実践事例を交えて、HACCPの導入から機能し定着するまでのノウハウを徹底解説。
2017.11 283p A5 ¥2900 Ⓘ978-4-542-30544-1

◆**IATF16949：2016解説と適用ガイド―IATF承認取得及び維持のためのルール第5版対応**　菱沼雅博著　日本規格協会
【要旨】IATF16949：2016要求事項を読み解くための逐次解説。ISO/TS16949：2009がISO9001の2015年改訂対応にあわせてIATF16949：2016として生まれ変わりました。大幅に追加された自動車産業固有要求事項を含む全ての要求事項を、（1）意図、（2）ポイント、（3）ガイドの視点から解説。認証ルール第5版に基づく“認証スキーム”をあわせて解説。
2017.5 404p A5 ¥6000 Ⓘ978-4-542-30672-1

◆**QCストーリーとQC七つ道具―失敗しない改善の手順と手法**　内田治, 吉富公彦著　日本能率協会マネジメントセンター
【要旨】問題解決の基本的な手順であるQCストーリー、データに基づく論理的な分析手法であるQC七つ道具。QCストーリーのどの場面でQC七つ道具をどう使うか！
2017.9 188p A5 ¥1800 Ⓘ978-4-8207-2618-0

◆**TQM実践ノウハウ集　第1編**　細谷克也編著, 西野武彦, 新倉健一著　日科技連出版社
【要旨】品質経営の実例とTQM実践のノウハウが豊富に盛り込んである。単に様式を示すだけでなく、実例・具体例を記述した実務的な帳票にしてある。どの産業分野、どの業種、どの製品にでも適用できる。デミング賞を受賞したエクセレンス企業の事例を示してある。エクセレンス経営モデルの実際がビジュアルにわかる。
2017.8 116p A5 ¥1800 Ⓘ978-4-8171-9629-3

◆**TQM実践ノウハウ集　第2編**　細谷克也編著, 西野武彦, 新倉健一著　日科技連出版社
【要旨】品質経営の実例とTQM実践のノウハウが豊富に盛り込んである。単に様式を示すだけでなく、実例・具体例を記述した実務的な帳票にしてある。どの産業分野、どの業種、どの製品にでも適用できる。デミング賞を受賞したエクセレンス企業の事例を示してある。エクセレンス経営モデルの実際がビジュアルにわかる。
2017.8 130p A5 ¥1800 Ⓘ978-4-8171-9630-9

◆**TQM実践ノウハウ集　第3編**　細谷克也編著, 西野武彦, 新倉健一著　日科技連出版社
【要旨】品質経営の実例とTQM実践のノウハウが豊富に盛り込んである。単に様式を示すだけでなく、実例・具体例を記述した実務的な帳票にしてある。どの産業分野、どの業種、どの製品にでも適用できる。デミング賞を受賞したエクセレンス企業の事例を示してある。エクセレンス経営モデルの実際がビジュアルにわかる。
2017.8 126p A5 ¥1800 Ⓘ978-4-8171-9631-6

◆**XCNクロスチェック付きなぜなぜ分析―設計品質リスクの見える化で品質トラブル未然防止**　鶴田明三著　日本規格協会
【要旨】不具合要因の想定を行うなぜなぜ分析と、ユーザーの使用条件・環境条件が製品内部に与える影響を列挙したチェックリストの組合せをクロスチェックすることで、使用段階での品質リスク要因を効率的にかつ高確率で抽出する新手法！ 設計・開発段階の適用でリスクに気づき、デザインレビューを充実化したり、設計仕様に織り込んだり、シミュレーションや試作での評価・検証条件に反映できる！
2017.6 138p A5 ¥1800 Ⓘ978-4-542-50272-7

工業基礎

◆**解析塾秘伝 CAEを使いこなすために必要な基礎工学！―現場技術者の構造解析、熱伝導解析、樹脂流動解析活用ノウハウ**　岡田浩著, CAE懇話会解析塾テキスト編集グループ監修　日刊工業新聞社
【目次】第1章 材料力学・機械力学（固有値解析）編（構造解析および固有値解析用CAEを対象）（材料力学・固有値計算の機械設計における役割、材料力学・固有値計算の基礎 ほか）、第2章 伝熱工学・熱応力編（熱伝導・熱応力解析用CAEを対象）（伝熱工学・熱応力の機械設計における役割、伝熱工学・熱応力の基礎 ほか）、第3章 樹脂成形編（樹脂流動解析用CAEを対象）（樹脂流動の機械設計における役割、樹脂成形（充填・保圧・収縮計算）の基礎 ほか）、第4章 品質のバラツキ原因と対策（基礎工学の数式から読み取れる、バラツキ原因の影響と評価方法、基礎工学・CAEだけでは評価できない品質のバラツキ原因と対策）
2017.1 173p A5 ¥2200 Ⓘ978-4-526-07644-2

◆**工業用ミシンと漉き機の基本操作とメンテナンス**　スタジオタッククリエイティブ
【目次】漉き機の基本操作とメンテナンス（漉き機の各部名称と働き、漉き機のセットアップ、漉き方の基本、漉き機の基本メンテナス）、モーターについて、工業用ミシンの基本操作とメンテナンス（上下送りミシンの基本操作とメンテナンス、ミシン縫いの基礎、押さえ・針・糸の話、17種ミシンと18種ミシン）
2017.11 143p B5 ¥2500 Ⓘ978-4-88393-794-3

◆**流体力学**　水島二郎, 柳瀬眞一郎, 百武徹共著　森北出版
【要旨】工学的な視点と物理学的な視点で、基礎がしっかり身につき、流体の現象と理論が深く理解できる。
2017.9 231p 22×16cm ¥3200 Ⓘ978-4-627-67571-1

電気工学

◆**圧電現象**　森田剛著　森北出版
【要旨】新しい圧電デバイスの研究・設計・解析のために。等価回路、圧電方程式、波動方程式。これらを結び付け、より深く本質的な理解ができる。
2017.3 240p A5 ¥4600 Ⓘ978-4-627-76101-8

◆**いまさら電磁気学？**　青野修著, パリティ編集委員会編　丸善出版　（パリティブックス）　新装復刊
【要旨】身近な現象から電磁気現象のおもしろさを再発見しましょう。力学とともに古典物理学とよばれる電磁気学の、完成された美しさを鑑賞するのもよいでしょう。でも、本書は体系的な講義ではありません。むしろ断片的に、物理科学の新しい発展の基礎となったことがら、発展しつつある分野で電磁気学が担う重要な役割を見ていきます。身近な現象や歴史的な話題をとりあげ、気ままに散策しつつ、目に見えない電磁場のイメージをとらえていきましょう。
2017.11 183p B6 ¥1700 Ⓘ978-4-621-30209-5

◆**イラストでわかる 電気管理技術者100の知恵PART2**　武智昭博著　電気書院
【目次】第1章 基礎強化・応用発展編（変圧器に関する知恵、コンデンサ・リアクトルに関する知恵、遮断器・避雷器に関する知恵、PAS・UGS・高圧ケーブルに関する知恵、発電機に関する知恵、UPSに関する知恵、計器・計測器に関する知恵、変電所等全般に関する知恵）、第2章 トラブル・事故例編（変圧器・コンデンサに関する知恵、UPSに関する知恵、その他機器・計器に関する知恵、変電所等全般に関する知恵）
2017.4 208p A5 ¥2000 Ⓘ978-4-485-66549-7

◆**エッセンシャル電気回路―工学のための基礎演習**　安居院猛, 吉村和昭, 倉持内武共著　森北出版　第2版
【要旨】IoT時代のエンジニアのために。計算過程を丁寧に解説、独習しやすい。内容を厳選、情報系や機械系の方に最適。
2017.11 150p 22×16cm ¥2200 Ⓘ978-4-627-73562-0

◆**絵ときでわかる電気電子計測**　熊谷文宏著　オーム社　改訂2版
【目次】1章 測定の基礎を学ぶ、2章 電気・磁気を測る、3章 アナログ式テスタとディジタルテスタの使い方、4章 回路素子を測る、5章 電気信号の波形観測、6章 高周波を測る、7章 センサを用いた応用計測
2017.10 216p A5 ¥2500 Ⓘ978-4-274-22117-0

◆**絵とき 電気設備技術基準・解釈早わかり 平成29年版**　電気設備技術基準研究会編　オーム社
【目次】電気設備技術基準・解釈とその概要（新電気設備技術基準の背景と概要、電気設備技術基準の解釈の位置づけとその概要 ほか）、「電気設備技術基準」早わかり（電気設備に関する技術基準を定める省令）、「電気設備技術基準・解釈」早わかり（総則、発電所並びに変電所、開閉所及びこれらに準ずる場所の施設 ほか）、規格/計算方法/別表/JESC/参考、「発電用風力設備技術基準・解釈」早わかり（発電用風力設備に関する技術基準を定める省令、発電用風力設備の技術基準の解釈について ほか）
2017.3 883p A5 ¥3200 Ⓘ978-4-274-50655-0

◆**絵とき 電気設備の現場試験・測定テクニック**　竹内則春, 熊谷文宏共著　オーム社　改訂4版
【要旨】本書は、電圧・電流計からインテリジェント測定器まで、多種多様な測定器・試験器類をとりあげ、現場の実態に合った多くのイラストによる図解と写真によって、測定・試験のしくみと実務を具体的にわかりやすく解説した実務指導書です。受電設備、生産設備などの管理・保全業務に携わる方々へおすすめ致します。
2017.11 168p B5 ¥3000 Ⓘ978-4-274-50598-0

◆**エレクトロニクスのための回路理論**　作田幸憲, 今池健, 永田知子共著　コロナ社

【目次】1 オームの法則、2 キルヒホッフの法則と回路解析、3 交流回路、4 交流回路の解析、5 回路網の解析、6 交流電力、7 線形解析の法則・原理、8 種々の回路例、9 二端子対（2ポート）回路、10 過渡現象、11 分布定数回路
2017.4 192p B5 ¥3000 ①978-4-339-00897-5

◆音のチカラ─感じる、楽しむ、そして活かす
岩宮眞一郎著　コロナ社
【目次】1 音の感性的側面に迫る、2 製品音の快音化とその評価、3 メッセージを伝えるサイン音のあり方を探る、4 サウンドスケープ─音環境と人間の関わりを探る、5 映像を活かす音のチカラ、6 聴能形成─音の感性を育成するトレーニング
2018.1 181p A5 ¥2500 ①978-4-339-00906-4

◆音響学入門ペディア　日本音響学会編　コロナ社
【目次】音響学入門ペディアって何ですか？、サンプリング定理をやさしく教えてください、畳み込みって何ですか？、フーリエ変換をやさしく教えてください、z変換をやさしく教えてください、窓関数って何ですか？、加工した音は元に戻りますか？、共鳴って何ですか？、粒子速度と音圧と音速と周波数の関係をやさしく教えてください、音声強調、雑音抑圧、音源分離の違いって何ですか？〔ほか〕
2017.3 200p A5 ¥2600 ①978-4-339-00895-1

◆解説 電気設備の技術基準　経済産業省商務流通保安グループ編　文一総合出版　第17版
【目次】1 総説（電気事業法における電気保安体制と技術基準、電気工作物の技術基準と関係法令、解釈制定及び改正のあゆみ、技術基準の在り方についての電力安全小委員会のワーキンググループ報告書概要、条文の読み方）、2 逐条解説（電気設備に関する技術基準を定める省令及び解説、電気設備の技術基準の解釈及び解説、電気設備の技術基準の解釈及び解説）、3 参考（電気設備の技術基準の省令の条文に対する解釈の条文の関係、電気技術基準の解釈の条文に対する省令の条文の関係、旧解釈と改正後の解釈の関係）
2017.2 1079p A5 ¥2400 ①978-4-8299-7705-7

◆過渡現象の基礎　吉岡芳夫, 作道訓之, 大澤直樹共著　森北出版　第2版
【目次】序章 過渡現象とその学び方、1章 本書の概要と過渡現象を学ぶための基礎、2章 直流電源に接続した電気回路の過渡現象、3章 交流電源に接続した電気回路の過渡現象、4章 電気エネルギー回路の過渡現象、5章 複合回路の過渡現象、6章 ラプラス変換とそれを用いた過渡現象解析法、7章 ラプラス変換法による電気回路の過渡現象解析
2017.1 181p A5 ¥2600 ①978-4-627-73552-1

◆完全図解 発電・送配電・屋内配線設備早わかり　大浜庄司著　オーム社
【要旨】この本は、現場技術者として知っておきたい知識を、電気の基礎から制御まで電気設備の実務と段階的に学習できるように工夫されています。(1)電気に関し、"1ページごとにテーマを設定"し、学習の要点を明確にしてあります。(2)ページの上欄にテーマの内容を絵と図で詳細に示し、"完全図解"することにより、容易に理解できるようにしてあります。(3)電気を初めて学ぶ人で、実際の機器、設備などの実際を見たことのない人のために、臨場感のある立体図に示してあります。
2017.3 162p A5 ¥2200 ①978-4-274-50657-4

◆聞くと話すの脳科学　廣谷定男編著, 日本音響学会編　コロナ社　（音響サイエンスシリーズ 17）
【要旨】音声コミュニケーションでは「話す」と「聞く」を一連の過程として考えることが必要となる。また、脳は「話す」と「聞く」の両方に中心的役割を持つ。これらを踏まえ、脳科学の観点から音声コミュニケーションの仕組みを紹介した。
2017.11 240p A5 ¥3500 ①978-4-339-01337-5

◆技術者のための電磁気学入門　安永守利著　コロナ社
【目次】電荷と電場、ガウスの法則、電位、静電容量とコンデンサ、電流と抵抗、応用技術、磁荷と磁場、電流と磁場、誘導とインダクタンス、マクスウェル方程式と電磁波
2017.11 195p A5 ¥2700 ①978-4-339-00904-0

◆基礎電気回路　伊佐弘, 谷口勝則, 岩井嘉男, 吉村勉, 見市知昭共著　森北出版　第2版; 新装版

【目次】回路素子、直流回路の基礎、直流回路網方程式、各種の直流回路、正弦波交流回路、周期変量の平均値と実効値、正弦波交流のフェーザ表示、インピーダンスとアドミッタンス、交流回路の記号的解法、交流波及変成器、回路理論における重要定理、グラフ理論と回路網方程式、2端子対回路、フェーザ軌跡
2017.1 176p A5 ¥2000 ①978-4-627-73293-3

◆現場からの電気事故・ヒヤリハット報告─経験から学ぶ電気管理の極意　東京電気管理技術者協会編　オーム社
【目次】第1章 外的要因により発生したヒヤリハット、事故、波及事故（PASパッキン不良で内部腐食し動作不良、PAS鉄箱腐食で雨水侵入し絶縁破壊波及事故 ほか）、第2章 内的要因により発生したヒヤリハット、事故、波及事故（所内機器の絶縁不良でPAS動作全停電、高圧ケーブルが地絡したりPASが動作せず波及事故 ほか）、第3章 人的要因により発生したヒヤリハット、事故、波及事故（悪状況のなか、無理な応動作業でPASトリップさせ全停電、PAS制御線の誤接続で動作不能 ほか）、第4章 低圧回路のヒヤリハット、事故（ゴム製CTが引っ張り割れして垂れ下がり短絡寸前、年次点検と停電工事の同時進行での危険 ほか）、付録（起きてしまった事故を波及事故にしないために、単線結線図 ほか）
2017.4 222p A5 ¥3200 ①978-4-274-22026-5

◆現場で役立つ電気の知識と心得　近藤晴雄, 戸谷次延著　秀和システム　（図解入門）　第2版
【要旨】仕事で遭遇する事柄のポイントがわかる！ 押さえておきたい勘所をアドバイス！
2017.9 258p A5 ¥2000 ①978-4-7980-5225-0

◆高圧・特別高圧電気取扱特別教育テキスト─講習用テキスト　日本電気協会編　日本電気協会, オーム社 発売　第2版
【要旨】本書の5大特長：イラスト・図表・写真など豊富に使用してわかりやすく解説。2色刷りで要点がひと目でわかる編集。救急処置・事故事例も豊富に掲載。充電電路の停電作業のみを行う者を対象にした実技教育を掲載。電気の基礎知識から説明。
2017.5 347p B5 ¥1500 ①978-4-88948-326-0

◆工学の基礎 電気磁気学　松本聡著　裳華房　修訂版
【要旨】本書では第1章において電気磁気学の全体像を述べ、その後、各論に入る構成とした。また、大学や高等専門学校において教科書として使われることを前提に各章の初めに学習の到達目標を掲げると共に、自分で学習の到達度を確認できるよう、章末にまとめと演習問題をとり上げた。内容は、学生あるいは技術者として最低限身につけておいて欲しいと思うものを優先的に選択した。また、電気磁気学は電気工学分野では基礎科目であると同時に、応用面では多岐の分野にわたる。したがって、なるべく多くの実用例を紹介しながら電気磁気学の基礎を学べるよう心掛けた。
2017.9 258p A5 ¥3800 ①978-4-7853-2258-8

◆高機能デバイス用耐熱性高分子材料の最新技術　高橋昭雄監修　シーエムシー出版　（エレクトロニクスシリーズ）　普及版
【目次】第1章 総論（耐熱性プラスチックの分子設計、高耐熱性エポキシ樹脂の分子設計と開発事例 ほか）、第2章 パワーデバイス（パワーデバイス耐熱性高分子材料の開発と技術動向、自動車、弱電・電子部品用パワーデバイスにおける高耐熱高放熱性材料の技術動向 ほか）、第3章 LED・レンズ（メタクリル樹脂の特性と耐熱性動向、ポリカーボネート樹脂のLED照明への応用 ほか）、第4章 電子機器・部品（耐熱性芳香族ポリエステル樹脂（ポリアリレート）、反応現像画像形成に基づく感光性ポリイミド・ポリカーボネート・ポリエステル ほか）
2017.6 213p B5 ¥4300 ①978-4-7813-1201-9

◆小形アンテナハンドブック　藤本京平, 伊藤公一編著　共立出版
【目次】第1章 はじめに、第2章 小形アンテナ、第3章 小形アンテナの取り扱い、第4章 アンテナ小形化の原理、第5章 小形アンテナ設計のための電磁シミュレーション法、第6章 小形アンテナの特性評価、第7章 アンテナ小形化の手法、第8章 小形アンテナの例、第9章 用途別小形アンテナの例、第10章 小形アンテナの展望、付録 各種小形アンテナ一覧表
2017.5 430p A5 ¥6000 ①978-4-320-08647-0

◆これでなっとくパワーエレクトロニクス
高木茂行, 長浜竜男共著　コロナ社
【目次】第1部 パワーエレクトロニクス回路（省エネ革命をもたらしたパワーエレクトロニクス、スイッチング機能を進化させたパワーデバイス、交流を直流に変換する整流回路と位相制御回路、直流の電圧を自在に調整するDC - DC変換器、直流から交流を作り出すインバータ、平均電圧可変なPWMインバータとその周辺技術）、第2部 パワーエレクトロニクスによるモータ駆動と制御（制御性、コスト、メンテナンス性に優れた永久磁石同期モータ、永久磁石同期モータの位置検出を理解する、少し難しいけれどベクトル制御の基本式、インバータによるベクトル制御）、第3部 パワーエレクトロニクスの計測（高速化、高調波による影響、電圧、電流、電力測定の方法、パワーエレクトロニクス計測の実際）
2017.7 216p A5 ¥2500 ①978-4-339-00898-2

◆最新ガスバリア薄膜技術─ハイグレードガスバリアフィルムの実用化に向けて　中山弘, 小川倉一監修　シーエムシー出版　（エレクトロニクスシリーズ）　普及版
【目次】第1編 ガスバリア薄膜技術（ガスバリア薄膜技術の基礎、低温真空成膜技術、高速真空成膜技術、真空ロールツーロール成膜技術、第2編 ガスバリアフィルム評価技術と高機能ベースフィルム（ガスバリア性評価技術、エレクトロニクス用プラスチックフィルム、ハイガスバリア性達成への技術開発例と課題）
2017.4 232p B5 ¥4600 ①978-4-7813-1196-8

◆磁界共鳴によるワイヤレス電力伝送　居村岳広著　森北出版
【要旨】回路の選択、パラメータ設定、コイルの配置、効率評価、制御─原理を本格的に理解でき、回路設計に活きる知識が身につく。
2017.2 400p A5 ¥7500 ①978-4-627-73661-0

◆自家用電気工作物のトラブル防止対策事例─現場の「ヒヤリ・ハット」をまとめました
中部電気保安協会著　電気書院
【目次】波及事故とは（自家用電気設備における波及事故の実態とその防止対策）、第1編 高圧電気設備（高圧雰囲気負荷開閉器の焼損による波及事故、電線接続コネクタ部が腐食により断線、高圧地絡継電器の動作原因不明に伴う究明、高圧電路の絶縁監視による地絡故障の未然防止、地絡継電器の不必要動作は「虫害」が原因！ ほか）、第2編 低圧電気設備（太陽光発電の思いもよらない出力低下、たびたび発生する漏電の発生原因を究明（漏電記録計による原因究明、問診や根気よい調査による究明）、作業中に損傷させた電線から漏電、配線の劣化・損傷から生じた漏電（配線類の劣化、ビニルコードの劣化・損傷）、異常電圧の発生は漏電が原因 ほか）
2017.10 239p A5 ¥2500 ①978-4-485-66550-3

◆実験でわかる電気をとおすプラスチックのひみつ　白川英樹, 廣木一亮共著　コロナ社
【目次】1 導入編（導電性プラスチックについて知ろう、ドーピング）、導電性プラスチックとセレンディビティ、2 実践編（もっとも簡単な実験─触媒酸化重合によるポリピロールの合成、電気でつくる電気をとおすプラスチック─電気化学重合によるポリアニリンとポリチオフェンの合成、電気を貯めるプラスチック─ポリピロールの二次電池への応用、これがスピーカー？─PEDOTの透明フィルムスピーカーへの応用、手づくりの有機EL素子─PEDOTとMEH - PPVを使った高分子有機EL素子、手づくりの太陽電池─PEDOTを使ったペロブスカイト型太陽電池、ポリアセチレン─電気をとおすプラスチックの原点）、化学実験教室の企画・開発・実施のコツ
2017.12 166p A5 ¥2500 ①978-4-339-06644-9

◆車載用リチウムイオン電池の高安全・評価技術　吉野彰, 佐藤登監修　シーエムシー出版　（エレクトロニクスシリーズ）
【目次】第1編 総論、第2編 リチウムイオン電池の高安全化技術、第3編 電池材料から見た安全性への取り組み、第4編 リチウムイオン電池の解析事例、第5編 電池評価技術、第6編 次世代電池技術、第7編 リサイクル、第8編 市場展望　2017.4 296p B5 ¥80000 ①978-4-7813-1242-2

◆詳解 電力系統工学　加藤政一著　東京電機大学出版局
【目次】第1章 電力系統の概要、第2章 電力系統と三相回路の基礎、第3章 変圧器、第4章 送電線、第5章 潮流計算、第6章 電力潮流計算、第7章 故障計算、第8章 安定度、第9章 電力系統における有効電力と周波数の関係、第10章 電力系統

における無効電力と電圧の関係、第11章 電力系統の経済運用
2017.6 287p A5 ¥3300 ①978-4-501-11770-2

◆**職業訓練教材 電気機器** 高齢・障害・求職者雇用支援機構職業能力開発総合大学校基盤整備センター編 雇用問題研究会 改定3版
【目次】第1章 変圧器、第2章 誘導機器、第3章 同期機、第4章 直流機、第5章 その他の電動機、第6章 パワーエレクトロニクス、第7章 配電盤・制御盤 2017 351p A5 ¥2100 ①978-4-87563-419-5

◆**職業訓練教材 電気製図** 高齢・障害・求職者雇用支援機構職業能力開発総合大学校基盤整備センター編 雇用問題研究会 改定3版
【目次】第1章 通則、第2章 電気製図一般、第3章 配線図、第4章 電気設備機器の外観図及び接続図、第5章 CADによる製図、資料
2017 218p B5 ¥2200 ①978-4-87563-418-8

◆**新人教育・電気設備** 日本電設工業協会編、単行本企画編集専門委員会監修 日本電設工業協会、オーム社 発売 新版改訂第2版
【要旨】電気設備技術者として知っておかなければならない法令や資格などをはじめとして、新人技術者の基礎となる設計、積算、施工に関する基本的な知識や技術者の業務、継続教育などを簡潔を要して解説。今回の改訂では、照明器具のLED化の普及に伴う見直しと日々進展を続ける情報通信、監視制御設備や再生可能エネルギーの分野における見直し、雷保護システム等の構成の見直しを行なった。
2017.12 273p A4 ¥3800 ①978-4-88949-104-3

◆**図解でわかるはじめての電気回路** 大熊康弘著 技術評論社 改訂新版
【要旨】電気回路の初学者がしっかり学べる、安心の一冊！ 定番のロングセラーを改定、より使いやすく改訂しました。記述がより適切になるように全面見直し、章末に復習用の練習問題を追加、発展学習のためのコラムを追加。前版同様、独習用、そして授業のサブテキストとしてフル活用できる、わかりやすくしっかり身につく一冊です。
2017.8 433p A5 ¥2380 ①978-4-7741-9131-7

◆**スッキリ！ がってん！ 太陽電池の本** 清水正文著 電気書院
【目次】1 太陽電池ってなあに（エネルギー問題と地球環境問題、太陽光発電システムの構成、太陽電池の種類と特徴、太陽電池モジュールの構造）、2 太陽電池のしくみと動作の基礎（太陽電池のしくみを理解するための半導体の基礎、pn接合ダイオードのエネルギー帯図、太陽電池のしくみと動作特性、結晶シリコン系太陽電池のつくり方、結晶シリコン系太陽電池の高効率化、その他の太陽電池とその構造）、3 太陽電池のこれから（太陽光発電の経済性改善シナリオと開発目標、結晶シリコン系太陽電池の現状と展望、次世代新材料太陽電池の現状と展望、第三世代太陽電池の現状とまとめ）
2017.8 139p B6 ¥1200 ①978-4-485-60027-6

◆**スッキリ！ がってん！ プラズマの本** 赤松浩著 電気書院
【要旨】中学生、高校生、高専生でも順を追って読み進められるよう、難しい数式は一切使用せず、文章と図でプラズマを説明。本格的な専門書を読む前の入門書として最適。
2017.12 114p B6 ¥1200 ①978-4-485-60024-5

◆**スッキリ！ がってん！ 有機ELの本** 木村睦著 電気書院
【目次】1 有機ELってなあに（有機EL登場!!、発光のしくみ、どのように使うか ほか）、2 有機ELの基礎（有機ELの材料、薄膜技術で作製、発光ダイオードにプラスアルファで ほか）、3 有機ELの応用（発光効率アップ！、カラーにするための3つの方式、白色の有機EL ほか）
2017.4 156p B6 ¥1200 ①978-4-485-60023-8

◆**スピントロニクス入門―物理現象からデバイスまで** 猪俣浩一郎著 内田老鶴圃 （材料学シリーズ）
【目次】第1章 スピントロニクスはいかに誕生したか、第2章 スピントロニクスを理解するための磁性の基礎、第3章 スピントロニクスの基礎、第4章 磁気抵抗効果、第5章 ハーフメタル、第6章 いろいろな磁化反転法、第7章 スピントロニクスデバイス、第8章 スピントロニクスの新展開
2017.3 202p A5 ¥3800 ①978-4-7536-5645-5

◆**スマートグリッドとEMC―電力システムの電磁環境設計技術** 電気学会スマートグリッドとEMC調査専門委員会編 （つくば）科学情報出版 （設計技術シリーズ）
【目次】1 スマートグリッドの構成とEMC問題、2 諸外国におけるスマートグリッドの概況、3 国内におけるスマートグリッドへの取り組み状況、4 IEC（国際電気標準会議）におけるスマートグリッドの国際標準への動向、5 IEC以外の国際標準化組織におけるスマートグリッドの動向、6 スマートメータとEMC、7 スマートホームとEMC、8 スマートグリッド・スマートコミュニティとEMC、付録 スマートグリッド・コミュニティに対する各組織の取り組み
2017.1 376p A5 ¥5500 ①978-4-904774-51-9

◆**スマートハウスの発電・蓄電・給電技術の最前線** 田路和幸監修 シーエムシー出版 （地球環境シリーズ） 普及版
【目次】第1編 概論（スマートハウスの概要と展望）、第2編 スマートハウスの現状と方向性（スマートハウスにおける政策動向、日本型スマートハウスの特徴と課題 ほか）：第3編 スマートハウスの導入に伴う太陽光/リチウムイオン電力貯蔵システム（スマートハウスの取り組み（HEMS、太陽光発電、他）、太陽電池の基礎知識 ほか）、第4編 スマートハウスにおける新規電力供給システムと省エネ技術（東北大学の取り組み、スマートハウスにおける配線システムとLED導入 ほか）、第5編 スマートハウスと次世代自動車（蓄電機能付き住宅の開発、電気自動車の開発と展望）
2017.4 277p B5 ¥5500 ①978-4-7813-1195-1

◆**製品事例から学ぶ現代の電気電子計測** 藤田吾郎著 コロナ社
【目次】ディジタルテスタ、オシロスコープ、指示計器、電圧と電流の計測、数学的取り扱い、交流回路の扱い、交流回路の計測、力と回転の計測、接地抵抗・絶縁抵抗の計測、磁気の計測 ほか 2017.11 155p A5 ¥2300 ①978-4-339-00905-7

◆**全部わかる電気―オールカラー** 三栖貴行監修 成美堂出版
【目次】第1章 電気の歴史、第2章 電気と磁気、第3章 直流回路、第4章 交流回路、第5章 発電と送電、第6章 電子部品とテクノロジー
2017.8 255p A5 ¥1500 ①978-4-415-32135-6

◆**続・電気技術者のための失敗100選 対策編** 大嶋輝夫著 オーム社
【要旨】本書は、「電気技術者のための失敗100選」（2010年4月発行）の続編にあたる。前書では全編に渡って事例を示したが、本書では「対策編」と題し、2部構成になっている。第1部では、2013年から『OHM』誌に連載した記事をもとに、工場・事業所などの現場において実際に起こった事故・トラブルについて、筆者が経験した事例、および同僚・先輩・上司から聞き込んだ事例を書籍用に書き下ろして収録した。第2部では、筆者が教訓として学んだ基本的事項および対策について、「若手技術者に学び取ってもらいたい」との思いでまとめたものである。
2017.10 190p A5 ¥2200 ①978-4-274-50674-1

◆**大写解 高圧受電設備―施設標準と構成機材の基本解説** 田沼和夫著 オーム社
【要旨】高圧受電設備の基本を極める!!豊富な現場実務写真で見て納得!!読んで納得!!
2017.1 220p A5 ¥2600 ①978-4-274-50644-4

◆**低圧電気取扱特別教育テキスト―講習用テキスト** 日本電気協会編 日本電気協会、オーム社 発売 第6版
【要旨】イラスト・図表・写真など豊富に使用してわかりやすく解説。2色刷りで要点がひと目でわかる編集。救急処置・事故事例も豊富に掲載。開閉器の操作業務のみを行う者を対象にした実技教育を掲載。電気の基礎知識を附録に掲載。
2017.3 249p B5 ¥1000 ①978-4-88948-323-9

◆**低周波音―低い音の知られざる世界** 土肥哲也編著、日本音響学会編 コロナ社 （音響サイエンスシリーズ 16）
【要旨】「低周波音」が持つ正と負の両面を紹介した。正の側面ではゾウが会話をしてクジラが歌う低い音の不思議な世界や、最先端の実験設備・対策・音の利用技術について雷やパイプオルガンなどの身近な事例を解説した。負の側面では低周波音問題としての調査・研究の歴史と現状について解説した。
2017.11 194p A5 ¥2800 ①978-4-339-01336-8

◆**テラヘルツ波新産業** 斗内政吉監修 シーエムシー出版 （新材料・新素材シリーズ） 普及版
【目次】第1編 総論（テラヘルツ波の産業応用に向けて）、第2編 テラヘルツ基盤技術（テラヘルツ時間領域分光法、テラヘルツ波光源、電子デバイス光源、テラヘルツ波検出技術）、第3編 新規機器開発（テラヘルツ分光イメージング装置、周波数コムを基準としたテラヘルツ周波数標準技術）、第4編 テラヘルツセンシング・イメージング応用（イメージング応用、バイオセンシング、様々な分光分析応用）、第5編 情報通信応用（テラヘルツ波の情報通信応用、120GHz 帯無線、300GHz 超の無線技術と課題、テラヘルツ無線の新しい応用）
2017.1 280p B5 ¥5600 ①978-4-7813-1130-2

◆**電気エネルギー工学―発電から送配電まで** 八坂保能編著 森北出版 新装版
【目次】第1章 電気エネルギーの発生と利用、第2章 現用発電方式、第3章 再生可能エネルギーによる発電、第4章 次世代発電方式、第5章 エネルギー貯蔵、第6章 電力輸送と変電、第7章 送電とその安定性、第8章 配電、第9章 エネルギーの効率的供給と利用
2017.4 214p A5 ¥2800 ①978-4-627-74292-5

◆**電気回路と伝送線路の基礎** 阿部真之, 土岐博共著 丸善出版
【要旨】マクスウェル方程式から伝送方程式を導き、そのうえで回路理論との接続を行う、シームレスに体系化された回路理論および伝送理論、電磁気学の重要な概念を理解できる構成。回路の問題を解くにあたっては、高度な数学は用いず、数値計算で解く直感的なアルゴリズムで説明している。
2017.10 229p A5 ¥2600 ①978-4-621-30206-4

◆**電気機器学** 白井康之編著 オーム社 （OHM大学テキスト）
【目次】電気機器を学ぶにあたって、電気機器と磁気回路、変圧器の構造と等価回路、変圧器の特性、電気・機械エネルギー変換、同期機の構造と等価回路、同期機の特性、誘導機の構造と等価回路、誘導機の特性、直流機の構造と原理、直流機の特製、パワーエレクトロニクス概説、電気機器制御とパワーエレクトロニクス、制御用モータ、これからの電気機器、付録 補遺（座標変換） 2017.8 278p A5 ¥2800 ①978-4-274-21677-0

◆**電気機器学** 三木一郎, 下村昭二共著 数理工学社, サイエンス社 発売 （電気・電子工学ライブラリ D7）
【目次】第0章 電気機器の基礎理論（電気機器、電気機器の基礎原理 ほか）、第1章 直流機（直流機の原理と構造、直流機の理論 ほか）、第2章 変圧器（変圧器の原理と構造、理想変圧器 ほか）、第3章 誘導機（三相誘導電動機の原理と構造、三相誘導電動機の理論 ほか）、第4章 同期機（同期機の構造と原理、同期機の理論 ほか）
2017.4 189p A5 ¥2800 ①978-4-86481-049-4

◆**電気技術者のための電気関係法規 平成29年版** 日本電気協会編 日本電気協会, オーム社 発売
【目次】第1章 総則（第1条・第2条）、第2章 電気事業、第3章 電気工作物、第4章 土地等の使用（第58条・第66条）、第5章 電気・ガス取引監視等委員会（第66条の2・第66条の17）、第6章 登録安全管理審査機関、指定試験機関及び登録調査機関、第7章 卸電力取引（第97条・第99条の12）、第8章 雑則（第100条・第114条の2）、第9章 罰則（第115条・第123条）、附則
2017.6 665p A5 ¥3000 ①978-4-88948-327-7

◆**電気工事と安全管理** 日本電設工業協会技術・安全委員会安全・防災専門委員会編 日本電設工業協会, オーム社 発売 改訂新版
【要旨】1 労働災害防止の取組み（安全管理に対する電気設備工事業としての取組み方、電気設備工事業としての事業者責任、感電による災害防止 ほか）、2 現場の災害防止（専門工事会社としての災害防止 ほか）、3 災害発生時の対応（災害発生時の緊急対応、救急処置 ほか）、4 労務管理（社会保険制度、健康診断 ほか）、5 法規、手続き、届出書類、資格等（管理体制と総括管理者の役割、電気取扱いの法的制約 ほか）
2017.2 156p A4 ¥2000 ①978-4-88949-102-9

◆**電気施設管理と電気法規解説** 鷹田康久編著 電気学会, オーム社 発売 13版改訂
【目次】序論、第1章 総論、第2章 電力需給計画及び調整、第3章 電気施設の建設と運用、第4章 電気料金、第5章 電気関係法令、第6章 電気設備技術基準とその解釈、電気主任技術者試験問題の例 2017.12 271p A5 ¥2500 ①978-4-88686-310-2

◆電気自動車工学―EV設計とシステムインテグレーションの基礎　廣田幸嗣, 小笠原悟司編著　森北出版　第2版
【要旨】EVを支える主要な技術を体系化し、設計の勘所をわかりやすく解説。第一線のエンジニアによるEV設計の入門書。
2017.7 229p A5 ¥3200 ①978-4-627-74312-0

◆電気自動車と電池開発の展望　佐藤登, 小林敏雄監修　シーエムシー出版　（エレクトロニクスシリーズ）　普及版
【目次】第1編 自動車と環境（自動車と環境技術の展望、電気自動車の変遷と将来展望 ほか）、第2編 電池開発の変遷と次世代電池の展望（リチウムイオン二次電池誕生までと今後の成長、電気自動車用電池の将来展望 ほか）、第3編 電気自動車用電池材料（資源・元素戦略、自動車用正極材料 ほか）、第4編 電気自動車用電池の評価技術（リチウム二次電池の電極評価法と解析、車載用リチウム二次電池の評価技術 ほか）、第5編 電気自動車のビジネスモデルと今後の展開（電気自動車に始まる二次電池の普及と環境対応型社会システムの構築―沖縄における グリーン・ニューディールプロジェクト、長崎県における電気自動車のビジネスモデル ほか）
2017.7 269p B5 ¥5400 ①978-4-7813-1203-3

◆電気設備技術基準・解釈　2017年版　オーム社編　オーム社
【目次】第1章 総則、第2章 発電所並びに変電所、開閉所及びこれらに準ずる場所の施設、第3章 電線路、第4章 電力保安通信設備、第5章 電気使用場所の施設及び小出力発電設備、第6章 電気鉄道等、第7章 国際規格の取り入れ、第8章 分散型電源の系統連系設備 ほか
2017.2 498p B6 ¥1000 ①978-4-274-22027-2

◆電気設備技術基準とその解釈　平成30年版　電気書院編　電気書院
【目次】電気設備に関する技術基準を定める省令（総則、電気の供給のための電気設備の施設、電気使用場所の施設）、電気設備の技術基準の解釈（総則、発電所並びに変電所、開閉所及びこれらに準ずる場所の施設、電線路 ほか）、付録（電気事業法（抄）、電気事業法施行令（抄）、電気事業法施行規則（抄） ほか）
2017.12 710p B6 ¥950 ①978-4-485-70627-5

◆電気設備の技術基準とその解釈　平成29年版　日本電気協会編　日本電気協会, オーム社 発売　第17版
【要旨】平成29年3月最終改正条文を反映。付録：日本電気技術規格委員会規格（JESC規格）。
2017.5 464p A5 ¥1000 ①978-4-88948-325-3

◆電気法規と電気施設管理　平成29年度版　竹野正二著　東京電機大学出版局　第23版
【目次】第1章 電気関係法規の大要と電気事業、第2章 電気工作物の保安に関する法規、第3章 電気工作物の施設に関する法規、第4章 電気に関する標準規格、第5章 その他の関係法規、第6章 電気施設管理　2017.2 342p A5 ¥2700 ①978-4-501-11760-3

◆電磁気学　江沢洋監修, 中村徹著　日本評論社（大学院入試問題から学ぶシリーズ）
【要旨】問題の解答と解説を通して、ポイントを押さえます。第2版では、「基礎のまとめ」と付録がさらに充実しました。問題を解きながら、電磁気学がわかる。
2017.3 236p A5 ¥2300 ①978-4-535-78824-4

◆電磁気学講義ノート　市田正夫著　サイエンス社（ライブラリ理学・工学系物理学講義ノート 5）
【目次】第1章 静電場、第2章 導体と静電場、第3章 電流と静磁場、第4章 電磁誘導と変位電流、第5章 マクスウェルの方程式と電磁波、第6章 物質中の電磁場、付章 身のまわりの電磁場、付録A ベクトル解析
2017.11 135p A5 ¥1500 ①978-4-7819-1412-1

◆電磁波工学の基礎　若林秀昭著　（岡山）大学教育出版
【要旨】本書では、電磁波工学の基礎を習得するために、最も基本的な電磁波の現象である平面波の伝搬、反射、透過、電磁波の放射の記述に重点をおいている。電磁波の現象を説明する際、電磁界成分と座標系の取り方については、必然性に基づいて記述し、電磁波の反射、透過は、近年の研究活動における考え方を取り入れて説明。電磁波の利用技術については、送受信アンテナを接続する給電線、代表的なアンテナの基本的な特徴、アンテナを利用するための基礎的な知識を記述。
2017.10 129p B5 ¥2200 ①978-4-86429-470-6

◆電力工学　江間敏, 甲斐隆章共著　コロナ社（電気・電子系教科書シリーズ 21）　改訂版
【目次】電力工学、火力発電、原子力発電、水力発電、再生可能エネルギー、送電方式、架空線路、架空送電線路と雷害との気象対策、地中送電線路、架空送電線路の線路定数、送電線路の等値回路、電力円線図と安定度、異常電圧、避雷器と誘導障害、故障計算と中性点接地方式、電力系統の電圧、無効電力、周波数制御、変電所と保護継電器、配電方式
2017.4 281p A5 ¥3000 ①978-4-339-01214-9

◆頭部伝達関数の基礎と3次元音響システムへの応用　日本音響学会編, 飯田一博著　コロナ社（音響テクノロジーシリーズ 19）
【目次】水平面の頭部伝達関数と方向知覚、正中面の頭部伝達関数と方向知覚、頭部伝達関数の個人性、任意の3次元方向の頭部伝達関数と音像制御、方向決定帯域とスペクトラルキュー、距離知覚と頭部伝達関数、音声了解度と頭部伝達関数、頭部伝達関数の測定方法、頭部伝達関数の信号処理、頭部伝達関数データベースの比較、3次元音響再生の原理、3次元聴覚ディスプレイ
2017.4 238p A5 ¥3800 ①978-4-339-01133-3

◆ネオジム磁石とそのエネルギ利用法　1　松本修身著　（大網白里）バト・リサーチ, パワー社 発売
【要旨】超図解、写真・イラスト満載。
2017.2 214p B5 ¥2000 ①978-4-8277-2511-7

◆ネオジム磁石とそのエネルギ利用法　2　松本修身著　（大網白里）バト・リサーチ, パワー社 発売
【目次】第1章 地磁気の不思議（タングステンの磁性、地磁気逆転の証拠 ほか）、第2章 磁気遮蔽・磁気力の実験―磁気の利用技術―（書物に書かれている磁気遮蔽の話、磁気遮蔽の実験ほか）、第3章 磁気と電気と発明・発明欲の世界（電気をつくる、2倍出力の発電機 ほか）、第4章 コアレス発電機による連続発電・電力システムの誕生（コアレス発電機誕生までの歴史、発電機とモータは必ずしも同じではない ほか）、第5章 DIY仕様の花弁形起電コイル「トルク脈動レス発電」（DIY仕様手作り4～6枚花弁形起電コイル29.6～44.5倍出力のXY型「トルク脈動レス発電機」の設計図、長穴あき小判形コイル＋長方形ネオジム磁石のXLX型機の増速性能）
2017.2 167p B5 ¥2000 ①978-4-8277-2512-4

◆配線器具入門　高橋秀憲, 川島政敏, 平井栄一共著　オーム社　改訂2版
【目次】第1章 配線器具の基本、第2章 配線器具の施工、第3章 配線器具の事故と予防、第4章 配線器具と法及び規格、第5章 配線器具の性質と適切な電線、極性表示、第6章 製品開発の留意点、第7章 配線器具・電材の市場動向と流通、付録
2017.9 230p A5 ¥2200 ①978-4-274-50665-9

◆白色有機EL照明技術　三上明義監修　シーエムシー出版（エレクトロニクスシリーズ）普及版
【目次】第1編 白色有機EL材料技術、第2編 白色パネル構造設計技術、第3編 白色有機EL光取り出し向上化技術、第4編 白色有機ELの長寿命・高信頼化技術、第5編 白色有機EL成膜プロセス・新規技術、第6編 白色有機EL照明の応用技術
2017.8 244p B5 ¥6000 ①978-4-7813-1208-8

◆はじめてのパワーエレクトロニクス　板子一隆著　オーム社
【要旨】本書は、現代社会に必要不可欠なパワーエレクトロニクス技術をはじめて学ぶ方のために、基本的な内容に絞り、なおかつ全体を網羅して学べるよう基本的な回路の動作から制御方法までをわかりやすくまとめたものです。デバイス、各種変換回路、さらに変換回路を制御するための基礎技術や回路製作時の基礎事項などを、豊富な図表を交えながら、やさしく丁寧に解説していきます。また、各章冒頭には解説の概要が端的に掴める「サマリーノート」を掲載し、全体像を把握しながら学習できます。本書を読めば、基本的なパワーエレクトロニクス回路の動作を理解でき、簡単なシステムを作って動かすための基礎知識がひと通り身につくはず
2017.9 198p A5 ¥2500 ①978-4-274-50649-9

◆はじめての人のためのテスターがよくわかる本　小暮裕明著　秀和システム（図解入門）　第2版
【要旨】基本のキホンからフル活用まで!!使い方と心得。テスターを0から解説！「困った…」にも対応！豊富な図解で手に取るようにわかる。
2017.8 239p A5 ¥1600 ①978-4-7980-5141-3

◆風力発電 鳥の衝突防止 バードストライクのパターンを回避したシステム　樋口節美著　発明開発連合会　（本文：日英両文）
【要旨】本書は、経済産業省、平成27年、発電用風力の規定後に対応した技術改良の出版となった。その内容は規定に沿った技術からバードストライク（風車に鳥が衝突）を解決したもので、猛禽類、天然記念物でもあるオジロワシ、オオワシ、海ワシ、ハゲワシ、イヌワシ、トビなどが風車への衝突防止によるものである。猛禽類に対して、2段構えによるシステムであり、これをカラーイラストなどで、バードストライクのパターンについて解説し、画像、動画では、分かりにくい衝突、または激突する方向の寸前をイラストで解説した。
2017.2 47p B5 ¥8500 ①978-4-938480-89-9

◆フレキシブル熱電変換材料の開発と応用　中村雅一監修　シーエムシー出版（エレクトロニクスシリーズ）
【目次】第1編 総論（有機系熱電変換材料研究の歴史と現状、そして展望、フレキシブル熱電変換技術に関わる基本原理と材料開発指針）、第2編 性能向上を目指した材料開発（フレキシブル熱電変換素子に向けた有機熱電材料の広範囲探索、高い熱電変換性能をもつ導電性高分子：PEDOT系材料について ほか）、第3編 モジュール開発（フレキシブルなフィルム基板上に印刷可能な熱電変換素子、インクジェットを活用したBi・Te フレキシブル熱電モジュールの開発 ほか）、第4編 材料特性評価（マイクロプローブ法を用いた熱電変換材料のゼーベック係数測定法の開発、異方性を考慮した有機系熱電材料の特性評価法 ほか）、第5編 応用展開（エネルギーハーベスティングの現状とフレキシブル熱電変換技術に期待されること、フレキシブル熱電変換技術の応用展開と技術課題 ほか）
2017.7 254p B5 ¥76000 ①978-4-7813-1255-2

◆文系でもわかる電気回路―"中学校の知識"ですいすい読める　山下明著　翔泳社　第2版
【要旨】この本は、はじめて電気回路を学ぶ方や本格的に勉強する前段階の方を対象としています。中学校で学ぶ程度の知識があれば無理なく読み進められるように工夫しましたが、必要に応じて補足も加えていますので安心してください。　2017.1 215p A5 ¥1800 ①978-4-7981-5076-5

◆粉体技術と次世代電池開発　日本粉体工業技術協会編, 境哲男企画監修　シーエムシー出版（エレクトロニクスシリーズ）　普及版
【目次】総論編（電池高性能化と粉体技術）、電極製造プロセス編（粉砕・分級・粒度調整、表面処理・複合化・造粒・ハンドリング、混合・分散・混練・塗工、材料焼成・乾燥、資源・リサイクル技術）、次世代リチウムイオン電池材料編（負極材料、正極材料、セパレータ、バインダー）、次世代型電池編（燃料電池型二次電池、硫化物系全固体リチウム二次電池、ナトリウムイオン二次電池、リチウム―空気電池の開発）
2017.6 291p B5 ¥5800 ①978-4-7813-1200-2

◆メタマテリアル　2　石原照也, 真田篤志, 梶川浩太郎監修　シーエムシー出版（新材料・新素材シリーズ）　普及版
【目次】第1編 基礎（メタマテリアルの物理的基礎、伝送線路メタマテリアルの基礎と設計 ほか）、第2編 現象（メタマテリアルの基礎的問題と旋光性媒質に対する無反射現象、磁性体からなる非相反メタマテリアル ほか）、第3編 デバイス・応用（電子部品のメタマテリアルへの応用、メタマテリアルのアンテナ応用 ほか）、第4編 作製（プラズモニック・メタマテリアル作製のための微細加工技術、金属ナノ構造作製のためのインプリント技術 ほか）
2017.9 278p B5 ¥5600 ①978-4-7813-1211-8

◆有機エレクトロニクス封止・バリア技術の開発　蛯名武雄監修　シーエムシー出版（新材料・新素材シリーズ）
【目次】第1編 フレキシブル有機エレクトロニクスとバリア技術（フレキシブル有機ELディスプレイの開発とバリア技術、大気安定な逆構造有機ELデバイス、プリンテッドエレクトロニクスと封止技術）、第2編 バリア・封止材料（プラズマCVD装置とガスバリア膜、Cat・CVD法による有機EL用ガスバリア膜作製、ALD法による水蒸気バリア膜 ほか）、第3編 バリア・封止材料評価技術（フィルムのバリア性測定、API・MSを用いた水蒸気バリア測定、差圧法DELTAP-ERMによる水蒸気透過率測定 ほか）
2017.6 254p B5 ¥76000 ①978-4-7813-1251-4

◆**例題で学ぶはじめての電磁気**　臼田昭司,
井上祥史著　技術評論社
【目次】第1章 電磁気学の基礎、第2章 電荷と電界、第3章 磁石の性質と電流がつくる磁界、第4章 磁界の強さ、第5章 磁束と磁束密度、第6章磁気回路、第7章 電磁誘導、第8章 自己誘導と相互誘導、第9章 やさしいマクスウェルの方程式、付録　2017.5 221p A5 ¥2180 ①978-4-7741-8923-9

◆**例題と演習で学ぶ 続・電気回路**　服藤憲司著　森北出版　第2版
【要旨】回路の双対性を使いこなすためには？ 初めて学ぶ読者に役立つポイントを解説。例題・演習問題121問掲載、詳細解答つき。
2017.11 227p 23×16cm ¥2800 ①978-4-627-73592-7

◆**例題と演習で学ぶ 電気回路**　服藤憲司著
森北出版　第2版
【要旨】回路から見た電池の役割は何だろうか？ 初めて学ぶ読者がつまずくポイントを解説。例題・演習問題176問掲載、詳細解答つき。
2017.11 231p 23×26cm ¥2600 ①978-4-627-73582-8

◆**レーダの基礎―探査レーダから合成開口レーダまで**　大内和夫平木直哉編著,木宣平,松田庄司,小菅義夫,小林文明,松波勲,佐藤源之著　コロナ社
【目次】1 序論：レーダの概要、2 レーダ方程式とマイクロ波の散乱、3 レーダクラッタ、4 レーダ信号処理、5 捜索・追尾レーダ、6 気象レーダ、7 車載レーダ、8 合成開口レーダ、9 地中レーダ
2017.3 273p A5 ¥4000 ①978-4-339-00894-4

◆**ワイヤレス給電技術入門**　クライソン・トロンナムチャイ,廣田幸嗣著　日刊工業新聞社
【要旨】イノベーションにつながる応用のヒント・考え方が満載。様々な給電方式の基礎知識から設計例、応用例まで解説。実用化への課題と改善ポイントがよく分かる。電機産業を再活性化させる可能性を秘めた技術。
2017.3 199p A5 ¥2200 ①978-4-526-07691-6

◆**わかりやすい電磁気学**　脇田和樹、小田昭紀、清水邦康共著　ムイスリ出版
【目次】第1章 序論、第2章 静電界、第3章 導体、第4章 誘電体、第5章 定常電流、第6章 電流と磁界、第7章 電磁誘導、第8章 電磁波
2017.4 156p B5 ¥2480 ①978-4-89641-258-1

◆**PWM DCDC電源の設計**　里誠著（つくば）科学情報出版　（設計技術シリーズ）
【目次】1 PWM DCDCコンバータ（DC‐AC‐DCコンバータ、方形波の採用とPWM ほか）、3 整流（平均化、平均化の条件 ほか）、3 二次系（整流回路、ダイオード回路 ほか）、4 一次系（スイッチング回路、PW‐MIC ほか）、5 三次系（スパイク対策、コモン・モード・ノイズ対策 ほか）、Appendix ベタ・パターン考
2017.11 298p A5 ¥4600 ①978-4-904774-63-2

◆**Raspberry Pi ZeroによるIoT入門―Zero W対応**　今井一雅著　コロナ社
【目次】1 ラズパイZero とIoTについて、2 マイクロSDカードのイメージ作成と設定、3 VNCによるGUIの利用について、4 ラズパイZero とラズパイZero W を便利に使う方法、5 ラズパイZero による音の再生について、6 ラズパイZero のGPIOの制御について、7 ラズパイZero による見守りシステム、8 Blynk によるIoTについて、9 ラズパイZero の拡張ボードとHATについて、付録
2017.10 167p A5 ¥2200 ①978-4-339-00901-9

電子工学

◆**アクティブノイズコントロール**　日本音響学会編、西村正治、宇佐川毅、伊勢史郎、梶川嘉延共著　コロナ社　（音響テクノロジーシリーズ 9）　新版
【目次】1 アクティブノイズコントロールの概要、2 アクティブノイズコントロールの物理、3 制御アルゴリズム、4 ハードウェアとシステム構成、5 アクティブノイズコントロールの適用例、6 音場再現への展開
2017.10 224p A5 ¥3600 ①978-4-339-01134-0

◆**アナログとデジタルの違いがわかる本**　吉本猛夫著　CQ出版　（HAM TECHNICAL SERIES）

【要旨】今さら人に聞けないエレクトロニクスの常識。
2017.9 95p 24×19cm ¥2000 ①978-4-7898-1567-3

◆**アルゴリズムとデータ構造**　田中秀明著
理工図書　（実践的技術者のための電気電子系教科書シリーズ）
【目次】アルゴリズムとは、配列データの処理、データの並べ替え（古典的なソート）、再帰と再帰的なプログラム、データの並べ替え（マージソートとクイックソート）、データの探索、順列・組合せの生成とバックトラッキング、数値計算の基礎、乱数とシミュレーション、リストとリスト処理、スタック、キュー、ヒープ、リスト処理その2、ハッシュ探索、木構造、付録
2017.3 272p A5 ¥3200 ①978-4-8446-0856-1

◆**今すぐ作れる！ 今すぐ動く！ 実用アナログ回路事典250―見つける・求める・製作の素がいっぱい！ プロの経験をソックリいただき！**　トランジスタ技術SPECIAL編集部編
CQ出版　（トランジスタ技術SPECIAL No. 137）
【目次】実験室にこの一冊！ 新人エンジニアに贈る、電源回路―基準電源回路からスイッチング・レギュレータまで、充電回路―リチウム/鉛電池/ニッケル水素電池に使える、フィルタ回路―LPF/HPF/BPF/BEFの出力がほしいときに、正弦波発振回路―定番のウィーン・ブリッジ型から周波数可変型まで、信号発生器―矩形波/三角波からホワイト＆ピンク・ノイズまで、増幅回路―小信号/差動出力/アイソレーション/プログラマブル・ゲイン・アンプなど、オーディオ・アンプ回路―ヘッドホン/スピーカ・アンプから電子ボリュームまで、高周波回路―高周波アンプ/高周波スイッチ/電力分配＆合成回路まで、変換回路―V‐I変換からインピーダンス変換回路まで、ドライブ回路―LED、モータ駆動からフォト・カプラ応用回路など、検出・計測用回路―電圧/電流モニタから警報/保護回路まで、各種機能回路―アナログ演算、波形整形、電子負荷、セレクタ、電圧調整回路など
2017.1 176p B5 ¥2400 ①978-4-7898-4677-6

◆**かんたん！ スマートフォン＋FlashAirで楽しむIoT電子工作**　小松博史著　オーム社
【目次】1 スマートフォンとUSBではじめるかんたん電子制御（アプリ開発の準備、USB‐IO2.0で電子制御、USB‐FSIO30でアナログ入力とPWMとI2C）、2 FlashAir でかんたん！ ワイヤレス電子制御（FlashAir の準備、FlashAir DIP IOボードで電子制御）、3 Twitter を使ってIoT電子工作にチャレンジ！（Twitter の準備）
2017.3 252p A5 ¥2000 ①978-4-274-22034-0

◆**基礎からのプリント基板製作―Autodeskの基板設計ソフト「EAGLE」を使う**　佐倉正幸著　工学社　（I・O BOOKS）
【要旨】プリント基板の基礎から始めて、基板設計ソフト「EAGLE」の使い方、製造業者への発注方法までを解説。
2017.5 255p A5 ¥2500 ①978-4-7775-2011-4

◆**基礎から学ぶ強相関電子系―量子力学から固体物理、場の量子論まで**　勝藤拓郎著　内田老鶴圃　（物質・材料テキストシリーズ）
【目次】第1章 電気伝導、第2章 局在モデルから遍歴電子、第3章 電子系へ、第3章 一電子系の量子力学、第4章 スピンと磁性・相転移、第5章 振動と波動の量子論、第6章 多電子系と第二量子化、第7章 遷移金属化合物の電子状態と物性、第8章 対称性、第9章 光学測定
2017.6 248p A5 ¥4800 ①978-4-7536-2310-5

◆**基礎からわかる「Bluetooth」―近距離に特化した無線通信規格**　瀧本往人著　工学社（I・O BOOKS）　増補版
【目次】序章「Bluetooth」の誕生（「Bluetooth」の概要、「Bluetooth」の歴史）、第1章 コントローラとインターフェイス（電波と物理層、「ベース・バンド」と「リンク層」、「周波数ホッピング」と「ピコネット」、インターフェイス）、第2章 ホストとセキュリティ（論理リンク制御、サービス層、接続ルール、セキュリティ）、第3章 プロファイルとアプリケーション（従来版プロファイル（Ver.1）、従来版プロファイル（Ver. 2）、「GATTベース」のプロファイル、アプリケーション）、第4章 これからのネットワークとは（ネットワークの多様性、給電）
2017.4 183p A5 ¥2000 ①978-4-7775-2000-8

◆**基本電子部品大事典**　宮崎仁編著　CQ出版
（トラ技Jr. 教科書）
【要旨】電子回路を作るために不可欠な各種の電子部品について、原理や基礎知識、外観写真、用途や種類、定番の使い方、プロが知っている使いこなしのノウハウなどの解説を集大成した電子部品事典です。どんな回路にも使われていておなじみの抵抗、コンデンサ、ダイオード、スイッチなど、決まった用途で職人のように仕事をこなしているコイル、トランス、水晶振動子、リレーなど、ふだんは気が付きにくいけれど電気的なトラブルから回路を守ってくれる保護素子、ノイズ対策部品など幅広い部品を網羅し、入門者から上級者まであらゆるニーズに応えられる一冊です。ぜひ、座右に置いてご活用ください。
2017.5 472p B5 ¥3000 ①978-4-7898-4529-8

◆**高トルク＆高速応答！ センサレス・モータ制御技術―シンプルで高信頼！ ベクトル制御で力強く、静かに回す**　岩路善尚, 足塚恭共著　CQ出版　（POWER ELECTRONICSシリーズ）　（付属資料：CD‐ROM1）
【要旨】永久磁石モータを自在に制御するには、モータの回転軸に取り付ける「回転位置センサ」を使います。それをソフトウェアに置き換えて、あたかもセンサが付いているような動きを実現する技術が「センサレス制御」です。センサレス化には多くのメリットがありますが、反面、制御が複雑であり、実現するにはさまざまなノウハウが必要です。本書では、その原理からソフトウェアの構築手法まで、実験を交えて解説します。
2017.6 191p B5 ¥3000 ①978-4-7898-4634-9

◆**国産マイコンボードGR‐SAKURAではじめる電子工作**　倉内誠妻　工学社　（I・O BOOKS）　改訂版
【要旨】ルネサスの「GR‐SAKURA」（ジーアール・サクラ）は、専門知識があまりない人でも手軽に電子工作ができる国産のマイコンボードで、海外のマイコンボードに比べて、日本語コミュニティが活発なのが大きな特長です。C言語ベースでプログラミングでき、ソフト開発できる環境が「クラウドベース」で用意されているため、「PC」や「スマートフォン」で作ったプログラムをUSB経由で「GR‐SAKURA」に入れて、すぐに実行できます。本書は、「マイコンってよく分からないけど使ってみたい」という方や、「Arduino を使ってたけど別のマイコンボードでも遊んでみたい」といった方を対象に、「GR‐SAKURA」を使った、さまざまな電子工作の作例を解説しています。
2017.1 191p A5 ¥2300 ①978-4-7775-1987-3

◆**材料電子論入門―第一原理計算の材料科学への応用**　田中功、松永克志、大場史康、世古敦人共著　内田老鶴圃
【目次】第1章 電子を記述する、第2章 シュレディンガー方程式の解法、第3章 原子の電子構造、第4章 分子の電子構造―分子オービタル法、第5章 遷移金属錯体の電子構造、第6章 結晶の電子構造―模式図、第7章 結晶の電子構造―バンド計算法、第8章 密度汎関数論による電子状態計算、第9章 結晶の電子構造―密度汎関数バンド計算法による計算手法、第10章 第一原理計算の材料科学への応用、付録
2017.10 188p A5 ¥2900 ①978-4-7536-5559-5

◆**酸化物薄膜・接合・超格子―界面物性と電子デバイス応用**　澤彰仁、藤原毅夫、藤森淳、勝藤拓郎監修　内田老鶴圃　（物質・材料テキストシリーズ）
【目次】第1章 薄膜作製・評価―微細加工技術、第2章 酸化物薄膜成長、第3章 酸化物ダイオード、第4章 酸化物トンネル接合、第5章 酸化物超格子と2次元電子系、第6章 酸化物界面型トランジスタ、第7章 酸化物薄膜の不揮発性メモリ応用　2017.4 324p A5 ¥4600 ①978-4-7536-2309-9

◆**実践Arduino！―電子工作でアイデアを形にしよう**　平原真著　オーム社
【目次】1 イントロダクション、2 まずは使ってみよう、3 電子工作の作法、4 色々なセンサーを使おう、5 表示装置を使おう、6 駆動部品を使おう、7 音を扱おう、8 PCと連動させよう、9 Arduino で作品づくりを始めよう、付録 ハンダ付け入門
2017.8 278p 24×19cm ¥2500 ①978-4-274-22081-4

◆**新マシンビジョンライティング 1 視覚機能としての照明技術―マシンビジョン画像処理システムにおけるライティング技術の基礎と応用**　増村茂樹著　産業開発機構

サイエンス・テクノロジー

【目次】照明が新しい未来を拓く、機械は物体をどのように見るか、機械にどのようにものを見せるか、物体の何をどのように見るか、物体光の分類と明るさ、明るさとは何か、物体光の明るさとその特性、機械の見る物体光を制御する、物体光の変化要素と照明設計、光物性と照明設計〔ほか〕
2017.11 197p A5 ¥3500 ⓘ978-4-86028-279-0

◆たのしい電子工作　神国民太郎著　工学社（I・O BOOKS）
【要旨】難しい部品は使わず、安価に製作！「キッチン・タイマー」「音声時計」「デジタル電圧計」「ブラシレス・モータ」など、全12種類の電子工作を紹介！
2017.7 159p B5 ¥2300 ⓘ978-4-7775-2020-6

◆たのしくできる光と音のブレッドボード電子工作　西田和明著，サンハヤトブレッドボード愛好会協力　東京電機大学出版局
【要旨】トランジスタやICを並べて、電子ホタルや電子ギターを作ってみよう。ブレッドボードを使えば、電子部品を差し込むだけでいろいろな回路を組み立てられるよ。
2017.7 105p B5 ¥1800 ⓘ978-4-501-33230-3

◆たのしくできる Intel Edison電子工作　牧野浩二著　東京電機大学出版局
【要旨】Intel Edison でIoTデバイスを製作しよう！Intel Edison はArduino 拡張ボードを使うことで簡単にプログラムや電子工作ができるようになります。Intel Edison をWi・Fi に接続してIoTを実現できる。
2017.7 167p B5 ¥2500 ⓘ978-4-501-33220-4

◆超音波フェイズドアレイ技術 基礎編 最新版一月刊「検査技術」特別企画2017「検査技術」編集部編　日本工業出版
【目次】第1章 超音波フェイズドアレイ技術と動向（歴史的背景、技術一般動向、適用市場動向、規格化、一般化の動向）、第2章 超音波フェイズドアレイ技術の基礎（超音波探傷の基礎、超音波フェイズドアレイ技術の基礎、深触子と装置、走査パターンと出力）、第3章 装置使用上の留意点（音場の基本的な挙動、妨害エコーと対策）、第4章 広がる適用分野（複合材への適用例、タービン翼付け根部の探傷事例、処理例、アンカーボルト探傷例）、第5章 超音波フェイズドアレイ用語集 2017.8 33p B5 ¥1000 ⓘ978-4-8190-2913-1

◆データ仮説構築―データマイニングを通して　岩下基著　近代科学社
【目次】第1章 データマイニングをする目的は明確か、第2章 仮説構築に適したデータを取得しているか、第3章 データをどのように加工するか、第4章 仮説構築時に注意することは何か、第5章 データはどのように行うのか、第6章 不確からさを考慮した仮説の構築、第7章 データマイニングの今後の展望
2017.9 143p A5 ¥2800 ⓘ978-4-7649-0549-8

◆電子工作の職人技一楽しく工作しながら電気の基礎をしっかり習得　高瀬和則著　技術評論社（職人技シリーズ）
【要旨】身近で使える便利な電子工作物のレシピが満載！
2017.2 127p A5 ¥1880 ⓘ978-4-7741-8707-5

◆電子工作パーフェクトガイド―工作テクニックと電子部品・回路・マイコンボードの知識が身につく　伊藤尚未著　誠文堂新光社
【要旨】なにかオモシロイ装置をつくってみたい。役立つグッズ、キラキライルミネーション、自動運転カーなどなど、ちょっと変わった装置を電子工作でつくりたい人、集まれ！オリジナル工作をつくる手順も紹介。ラズパイやArduino を使ってみたい。マイコンボードと電子工作をつなげて、プログラミングで制御する基本をわかりやすく解説。大人のホビーとして楽しむ本格的なものづくりが始められる。電気のことを楽しく学びたい。物理のお勉強はちょっと苦手だけど、電気について学んでおきたいというアナタ。豆電球を光らせるところからスタートするので、小学生から学べる。
2018.1 159p B5 ¥1800 ⓘ978-4-416-71713-4

◆電子部品ごとの制御を学べる！Raspberry Pi電子工作実践講座　福田和宏著　ソーテック社
【要旨】LEDやスイッチ、モーター、ボリューム、各種センサーなど電子部品ごとの制御方法をマスターしよう！サンプルプログラムで作って学ぶ！初心者でも安心！最新版Raspberry Pi Zero・Zero Wにも完全対応！
2017.12 287p 24×19cm ¥2480 ⓘ978-4-8007-1161-8

◆電子部品用エポキシ樹脂の最新技術　2　越智光一，岸肇，福井太郎監修　シーエムシー出版（エレクトロニクスシリーズ）　普及版
【目次】第1編 電子部品用エポキシ樹脂と副資材（エポキシ樹脂、硬化剤、添加剤）、第2編 エポキシ樹脂配合物の機能化（力学的機能、耐久性・耐候性、伝導的機能、光学的・電気的機能）、第3編 電子部品用エポキシ樹脂の用途と要求物性（基板材料、実装材料、注目用途へのエポキシ樹脂の展開）
2017.1 303p B5 ¥6100 ⓘ978-4-7813-1131-9

◆ノイズ対策を波動・振動の基礎から理解する！　鈴木茂夫著　日刊工業新聞社
【目次】第1章 EMCは波の世界である。波を知るところから始まる、第2章 波の基本（波のエネルギー）とノイズ対策、第3章 波源、波の伝搬、波の受信の考え方、第4章 定在波（ノイズエネルギーの最大）の発生とインピーダンスマッチング、第5章 電磁気学の原理を用いて波のエネルギーを最小にする、第6章 アンテナから波が放射（受信）されるしくみ、第7章 波をシールドするメカニズム、シールド特性を最大にするには、第8章 高周波の基礎とEMC、第9章 EMCに関する美しい方程式、波形とフーリエ級数、第10章 補足
2017.7 262p A5 ¥2500 ⓘ978-4-526-07727-2

◆光ファイバ通信入門　末松安晴，伊賀健一共著　オーム社　改訂5版
【目次】第1章 光通信のあらまし、第2章 光導波とその基礎、第3章 光導波路、第4章 発光と半導体レーザの基礎、第5章 通信用半導体レーザと光増幅・受光デバイス、第6章 光ファイバの基礎、第7章 光ファイバの伝送特性、第8章 光回路、第9章 光通信システムとその応用
2017.8 266p A5 ¥3600 ⓘ978-4-274-22094-4

◆ホログラフィ入門―コンピュータを利用した3次元映像・3次元計測　伊藤智義，下馬場朋禄著　講談社
【目次】第1章 光波とホログラフィの基礎（スカラー波、平面波と球面波 ほか）、第2章 電子ホログラフィと3次元映像（現状と課題、計算機合成ホログラム（CGH）ほか）、第3章 回折（ゾンマーフェルト回折積分、角スペクトル法（平面波展開）ほか）、第4章 デジタルホログラフィと3次元計測（デジタルホログラフィ、デジタルホロの問題点 ほか）、第5章 ホログラフィの応用事例（位相回復アルゴリズム、ホログラフィックメモリ ほか）
2017.8 171p A5 ¥4000 ⓘ978-4-06-156570-8

◆模型キットではじめる電子工作　馬場政勝著　工学社（I・O BOOKS）
【要旨】「ロボット」や「乗り物」の工作をはじめるときにお勧めなのが、市販の「キット」を利用すること。「キット」には、ギアやモータなどの駆動に必要な部品はもちろん、本体の見栄えを良くする部品が揃っているため、見た目のよい作品ができます。本書では、市販の「キット」を改造し、「電子部品」や「回路」を加えて、必要最小限の手間で本格的な電子工作をする方法を解説しています。
2017.8 143p A5 ¥1900 ⓘ978-4-7775-2022-0

◆モトローラ6800伝説―世界で2番めのマイクロプロセッサを動かしてみた！　鈴木哲哉著　ラトルズ
【要旨】誕生秘話＋電子工作＋パソコン。6800を徹底的に語り尽くす！当時の未来型6809も徹底的に語っています。
2017.12 245p A5 ¥2000 ⓘ978-4-89977-472-3

◆やさしくはじめるラズベリー・パイ―電子工作でガジェット＆簡易ロボットを作ってみよう　クジラ飛行机著　マイナビ出版
【要旨】ラズベリー・パイを使ったのたのしく、おもしろいガジェットを作ろう！ラズベリー・パイが初めての人や向けにやさしく解説。部品入手や環境構築もていねいに説明。手軽なガジェットをたくさん制作！プログラミング言語はPythonを使用。
2017.5 277p 24×19cm ¥2480 ⓘ978-4-8399-6163-3

◆ラズパイとスマホでラジコン戦車を作ろう！　山際伸一著　秀和システム（親子で電子工作入門）
【要旨】Android 4/Raspberry Pi 3対応。スマホでラジコン体験。パーツの便利な購入ガイド付き。
2017.4 159p 26×19cm ¥2000 ⓘ978-4-7980-5020-1

◆ArduinoとProcessingではじめるプロトタイピング入門　青木直史著　講談社
【要旨】「電子工作」超入門！手を動かしながら、しっかり理解。
2017.3 148p A5 ¥2300 ⓘ978-4-06-156569-2

◆Arduino Groveではじめるカンタン電子工作　浅居尚，大澤文孝著　工学社（I・O BOOKS）
【要旨】「Arduino Grove」（アルドゥイーノ・グローブ）は、「LED」「センサ」「モータ」をコネクタで「Arduino」につなぐ「シールド」（基板）です。回路が組み込まれた「Arduino Grove」なら、「ブロック」をつなぐように、各機能をもった「モジュール」を「コネクタ」でつなぐだけで、手軽かつ確実に電子工作が楽しめます。
2017.3 159p A5 ¥2300 ⓘ978-4-7775-1998-9

◆Autodesk Circuitsで学ぶ電子工作入門　蒲生睦男著　（新潟）シーアンドアール研究所
【要旨】PCとWeb ブラウザだけでお手軽に試作と試運転！シミュレーション機能は実際の動作を忠実に再現できるので、電子部品や電子回路についてしっかり学べる1冊です！
2017.7 262p A5 ¥2500 ⓘ978-4-86354-200-6

◆CCD/CMOSイメージ・センサの基礎と応用　米本和也著　CQ出版（C&E基礎解説シリーズ 7）　オンデマンド版
【目次】原理、構造、動作方式、諸特性からシステム概要まで。
2017.10 271p A5 ¥2600 ⓘ978-4-7898-5255-5

◆「ESP8266」で動かす「ミニ四駆」キット　Cerevo著　工学社（I・O BOOKS）
【要旨】格安Wi・Fi モジュール「ESP8266」は、単価が千円以下と非常に安価。さまざまな電子工作に組み込むことが、日本で電波を使うために必要な「技適」（技術基準適合）も通っていて、安心して使える。本書は、まず「ESP8266」を使って、簡単な「IoTデバイス」を作ってみます。次に、改造「ミニ四駆」製作キットを使って、ミニ四駆をスマホから操作できるように改造します。
2017.1 175p A5 ¥2300 ⓘ978-4-7775-1989-7

◆「GR-LYCHEE」ではじめる「電子工作」―「カメラ」と「無線」搭載…IoTプロトタイピング用ボード　GADGET RENESASプロジェクト著，IO編集部編　工学社（I・O BOOKS）
【要旨】「GR-LYCHEE」（ジーアール・ライチ）は、「ルネサス・エレクトロニクス」社の高性能CPU「RZ/A1H」（Arm Cortex-A9コア採用）を搭載した、「Mbed ボード」。「Mbed」のボードでありながら、「Arduino 互換」の拡張コネクタをもっているため、「Arduino Uno」に対応した各種シールドが使える。また、「Wi・Fi/Bluetooth 接続」「音声入出力端子」「LCDコネクタ」「カメラ・コネクタ」「SDカードスロット」「セキュリティ認証機能」…などデフォルトで多くの機能を搭載。このボード1枚でいろいろできる。本書では、「GR-LYCHEE」の、（1）ハードの特徴、（2）ソフトの特徴、（3）無線通信、（4）画像の描画と認識、（5）セキュリティ認証機能、（6）付属カメラモジュールなどについて、基礎知識や使い方を解説。
2017.12 159p B5 ¥2300 ⓘ978-4-7775-2038-1

◆Intel Edisonマスターブック―IoTデバイスをつくろう　北神雄太著　技術評論社
【要旨】Edison を扱う上でのポイントを解説しつつ、センサで測定したデータをスマートフォンに通知するという作例を通じて「IoT」とはどのようなものか体験。わかりやすい配線図も充実。
2017.5 190p 24×19cm ¥2980 ⓘ978-4-7741-8921-5

◆LINE BOTを作ろう！―Messaging APIを使ったチャットボットの基礎と利用例　立花翔著　翔泳社
【要旨】プログラマーがLINE BOTアプリの開発にチャレンジする際に、すぐ使える実際のサンプルを作りながら実装方法を楽しく学べる一冊。
2017.5 243p 24×19cm ¥2800 ⓘ978-4-7981-5073-4

電子回路

◆**基礎からのFritzing―「電子回路」設計用の「オープンソース・ソフト」** nekosan著 工学社 （I・O BOOKS）
【要旨】「Fritzing」は、オープンソースの「回路図作成ソフト」。他の回路図作成ソフトと違うのは、「ブレッドボード図」（実体配線図）が作れること。「ブレッドボード」に「電子部品」「マイコンボード」「オリジナル・パーツ」をGUIで配置して回路を設計できる。「Fritzing」の「導入」からはじめて、「基本操作」「オリジナル・パーツをFritzing に登録して使う方法」などについて、詳しく解説。
2017.9 223p A5 ¥2500 Ⓘ978-4-7775-2028-2

◆**現場で役立つオペアンプ回路―サーボ系を中心として** 涌井伸二著 コロナ社
【目次】1 オペアンプの活用（オペアンプという科目、オペアンプを使用する場面）、2 オペアンプ（パッケージ、ピンアサインメント ほか）、3 補償器（加減算回路、バッファアンプ ほか）、4 特殊回路（ゲイン調整・切替え、時定数の切替え ほか）、5 電流フィードバックとは（DCモータの電流ドライブ回路）、電流フィードバックの有無による比較 ほか）
2017.7 177p A5 ¥2700 Ⓘ978-4-339-00899-9

◆**図解でわかるはじめての電子回路** 大熊康弘著 技術評論社 改訂新版
【要旨】身の回りにあふれる電子機器は、多数の電子回路からできている。これらは、いったいどんなしくみになっているのだろう？ 電子とは？ 半導体とは？ 論理回路とは？ 電流とは？ この原理と基礎をじっくり解説。定番のロングセラーを、より使いやすく改訂。記述がより適切になるよう全面見直し、復習用の練習問題、「モータ制御」の章を追加。
2017.11 402p A5 ¥2380 Ⓘ978-4-7741-9379-3

◆**世界一わかりやすい電気・電子回路 これ1冊で完全マスター！** 藪哲郎著 講談社
【目次】第1章 直流回路の基礎、第2章 交流回路の基礎、第3章 交流回路の電力、第4章 回路に関するその他の知識、第5章 オペアンプ、第6章 ダイオード、第7章 トランジスタ、付録A 複素数の基礎
2017.10 335p A5 ¥2900 Ⓘ978-4-06-156573-9

◆**設計のための基礎電子回路** 辻正敏著 森北出版
【要旨】回路設計に役立つ、基礎知識を学ぶ！ 基礎的なものに絞って各種回路をしっかり説明します。力をつけるためにたくさんの問題を用意しています。学んだ知識をすぐにいかせるように実用的な回路を説明します。
2017.9 249p 22×16cm ¥2800 Ⓘ978-4-627-76141-4

◆**電気電子回路基礎** 山本伸一編著、伊藤國雄、西尾公裕著 学術図書
【目次】第1章 電気回路の基礎（直流）（電流と電圧、オームの法則、キルヒホッフの法則 ほか）、第2章 電気・電子回路の基礎（電圧と電流の時間変化（正弦波などの説明）、インピーダンスの記号表示、共振回路 ほか）、第3章 電気・電子回路の応用および発展（電気回路（交流）、電子回路、ディジタル電子回路）
2017.9 396p A5 ¥2800 Ⓘ978-4-485-30096-1

◆**電気の単位から！ 回路図の見方・読み方・描き方―どこから始めたらいいかわからないエレクトロニクス1年生に贈る** トランジスタ技術SPECIAL編集部編 CQ出版 （トランジスタ技術SPECIAL No.136）
【目次】Introduction 一流目指してスタートダッシュ！、第1章 素子・部品の特性や使い方がわかる！ 回路図記号のマメ辞典、第2章 電子回路設計の現場でよく使われている！ 回路図のお供に！ 電気の単位と定数、第3章 アナログ回路を速く正確に設計するための三種の神器！ 知っておきたい電気回路の三大法則、第4章 世界中のエンジニアが知っている！ 回路図の描き方コモンセンス、第5章 ディジタル時代のモヤモヤを大整理！ オーディオ便利帳、第6章 周波数の割り当てから測定法まで早見表満載！ 無線便利帳
2016.10 144p B5 ¥2200 Ⓘ978-4-7898-4676-9

◆**読める描ける電子回路入門** 千葉憲昭著 技術評論社
【要旨】初心者にも再学習者にも最適！ 基礎から電子回路の設計が学べる。
2017.9 223p A5 ¥1980 Ⓘ978-4-7741-9214-7

◆**例題で学ぶはじめての電源回路** 柿ヶ野浩明著 技術評論社
【目次】電源回路の概要、電源回路における受動素子、ダイオード整流回路、リニアレギュレータに使われる素子、シャントレギュレータ、シリーズレギュレータ、スイッチングレギュレータの概要、降圧チョッパ、非絶縁型チョッパ方式レギュレータ、フライバックコンバータ、絶縁型スイッチングレギュレータ、制御の基礎、降圧チョッパの制御、太陽電池に適用する昇圧チョッパ
2017.12 191p A5 ¥2180 Ⓘ978-4-7741-9401-1

◆**例題で学ぶ はじめての電子回路** 早川潔著 技術評論社
【目次】電子回路を学ぶ上でおさえておきたいこと、ダイオードの基本、トランジスタの基本、トランジスタの増幅動作、トランジスタの等価回路、トランジスタの接地回路、トランジスタのバイアス回路、多段結合増幅回路における基本事項、CR結合増幅回路、トランス結合増幅回路 ほか〕
2017.9 287p A5 ¥2260 Ⓘ978-4-7741-9113-3

◆**GHz時代の実用アナログ回路設計―ns応答の超高速ドライバから超広帯域RFアンプまで** Bob Dobkin, Jim Williams編著、アナログ・デバイセズ監訳、細田梨恵、枝一実、松下宏治、黒木翔訳 CQ出版 （アナログ・テクノロジシリーズ）
【目次】第1部 データ・コンバージョン（電池1本で動作する回路、部品性能と測定技術の向上が16ビットDACのセトリング・タイムを確定する―時間精度を保証する技術、A→Dコンバータの忠実度の試験―純正さの証明）、第2部 シグナル・コンディショニング（新しい電力バッファICのアプリケーション、計測および制御回路における熱テクニック、オペアンプのセトリング時間の測定法 ほか）、第3部 高周波／RFデザイン（スイッチング・レギュレータを使った低ノイズなバラクタ制御（バリキャップ）・バイアシング―バラクタ制御（バリキャップ制御）の性能低下を防ぐ、安価な結合方法でRFパワー検出器が方向性結合器を置き換える、RMSパワー検出器の出力精度の温度特性を向上させる〕
2017.11 442p B5 ¥7000 Ⓘ978-4-7898-4284-6

 集積回路・LSI・VLSI

◆**新／回路レベルのEMC設計―ノイズ対策を実践** 浅井秀樹監修 （つくば）科学情報出版 （設計技術シリーズ）
【目次】伝送系、システム系、CADから見た回路レベルEMC設計、分布定数回路の基礎、回路基板設計での信号波形解析と製造後の測定検証、幾何学的に非対称な等長配線差動伝送線路の不平衡と電磁放射解析、チップ・パッケージ・ボードの統合設計による電源変動抑制、EMIシミュレーションとノイズ波源としてのLSIモデルの検証、電磁界シミュレータを使用したEMC現象の可視化、ツールを用いた設計現場でのEMC・PI・SI設計、3次元構造を加味したパワーインテグリティ評価、計測機器におけるEMI対策設計のポイント〔ほか〕
2017.10 386p A5 ¥4600 Ⓘ978-4-904774-61-8

 電子デバイス・半導体デバイス

◆**はじめての半導体デバイス** 執行直之著 近代科学社
【目次】1章 半導体とMOSトランジスタの簡単な説明、2章 半導体の基礎物理、3章 pn 接合ダイオード、4章 バイポーラトランジスタ、5章 MOSキャパシタ、6章 MOSトランジスタ、7章 超LSIデバイス、付録
2017.3 143p A5 ¥2300 Ⓘ978-4-7649-0523-8

◆**プラズマプロセス技術―ナノ材料作製・加工のためのアトムテクノロジー** プラズマ・核融合学会編 森北出版
【要旨】最先端のプラズマ応用技術を解説！ 基礎理論から各種の応用事例、計測・評価技術まで。 2017.1 273p A5 ¥5600 Ⓘ978-4-627-77561-9

◆**よくわかる最新半導体プロセスの基本と仕組み―シリコンから半導体をつくり出す！** 佐藤淳一著 秀和システム （図解入門） 第3版
【要旨】微細化を阻む壁は三次元実装で突破。半導体製造工程がスッキリとわかる！
2017.12 232p A5 ¥1800 Ⓘ978-4-7980-5353-0

◆**例題で学ぶはじめての半導体** 臼田昭司著 技術評論社
【目次】第1章 半導体と結晶、第2章 真性半導体と不純物半導体、第3章 pn 接合、第4章 接合トランジスタ、第5章 ダイオードとトランジスタの電圧―電流特性、第6章 トランジスタ増幅回路、第7章 トランジスタ増幅回路の回路定数決定と動作実験、第8章 トランジスタのパラメータと等価回路、第9章 その他の半導体デバイス、付録 2017.2 207p A5 ¥2180 Ⓘ978-4-7741-8643-6

◆**「CPU」「GPU」「メモリ」―半導体技術の流れ** IO編集部編 工学社 （I・O BOOKS）
【要旨】本書は、「CPU」「GPU」「メモリ」の成り立ちから、現在の最新技術まで、その中でも特に重要なものについて解説していく。
2017.1 159p A5 ¥1900 Ⓘ978-4-7775-1988-0

 メカトロ・ロボット・制御工学

◆**イラストで学ぶロボット工学** 木野仁著、谷口忠大監修 講談社
【要旨】あれから3年、ホイールダック2号が帰ってきた!!ストーリー仕立てだから、ロボット工学の基本がいとも簡単に理解できる！ マニピュレータ制御における数学的・物理的なイメージも掴める！ 計算力が身につく章末問題が充実！
2017.11 209p A5 ¥2600 Ⓘ978-4-06-153834-4

◆**現代制御工学―基礎から応用へ** 江上正、土谷武士共著 産業図書
【目次】第1章 制御工学とは、第2章 数学的基礎、第3章 数式モデル、第4章 特性表現、第5章 安定性・安定度、第6章 フィードバック制御系、第7章 最適レギュレータ系、第8章 最適ディジタルサーボ系、第9章 リニアDCブラシレスモータの最適ディジタル位置決め制御
2017.9 303p A5 ¥3700 Ⓘ978-4-7828-5558-4

◆**現場で役立つ制御工学の基本（演習編）―解答と誤解答を学ぶ演習書** 涌井伸二、橋本誠司、高梨宏之、中村幸紀共著 コロナ社
【目次】1 諸言―本書を活用するにあたって、2 フィードバック制御の評解、3 ラプラス変換と伝達関数、4 時間領域から見るシステムの特性、5 周波数領域から見るシステムの特性、6 制御系の安定性を検討する手法、7 制御系設計時の留意点 2017.7 134p A5 ¥2000 Ⓘ978-4-339-03220-8

◆**工学基礎実習としてのメカトロニクス** 静岡大学工学部次世代ものづくり人材育成センター著 学術図書出版
【目次】第1部 デジタル回路実習（2進数とその演算、デジタル回路実習）、第2部 Boe・Bot 実習（Boe・Botのしくみとソフトウェアのインストール、Boe・Bot 実習）、第3部 Hama ボード製作実習（Hama ボードの製作準備、回路パターンの製作、電子部品取り付けのための基板処理、電子部品の実装（はんだ付け）と回路検証、Hama ボードの動作検証）、第4部 Hama・Bot 製作実習（Hama・Bot 製作1：シャーシの組み立て―平面加工、立体加工、Hama・Bot 製作2：触覚センサの作製とプログラミング、Hama・Bot 製作3：駆動系部品の組み立て、Hama・Bot 製作4：HamaBot 仕上げ）
2017.3 234p B5 ¥2200 Ⓘ978-4-7806-0561-7

◆**交流モータの原理と設計法―永久磁石モータから定数可変モータまで** 樋口剛、阿部貴志、横井裕一、宮本恭祐、大戸基道著 （つくば）科学情報出版 （設計技術シリーズ）
【目次】第1章 モータの原理と特性、第2章 モータの制御法、第3章 モータ設計の概要、第4章 電気回路設計、第5章 磁気回路設計、第6章 永久磁石モータの設計、第7章 誘導モータの設計、第8章 定数可変モータ
2017.3 291p A5 ¥3700 Ⓘ978-4-904774-53-3

◆**システム同定** 計測自動制御学会編、和田清、奥宏史、田中秀幸、大松繁共著 コロナ社 （計測・制御テクノロジーシリーズ 9）

【目次】1 はじめに（システム同定とは、例題─台車振子系の動特性 ほか）、2 システム同定の基礎（線形回帰モデル、離散時間システムの同定 ほか）、3 部分空間同定法（歴史、実現理論 ほか）、4 ニューラルネットワークによる同定（ニューラルネットワークの概要、代表的なニューラルネットワークの学習アルゴリズム ほか）、付録（記法と数学的準備、証明および式の導出）
　　　2017.3 254p A5 ¥3600 ①978-4-339-03359-5

◆実践ロバスト制御　平田光男著　コロナ社（システム制御工学シリーズ 11）
【目次】1 ロバスト制御のシナリオ、2 H∞制御理論、3 不確かさの表現とロバスト安定化、4 H∞制御系設計、5 ハードディスクドライブのH∞制御、6 μ設計法
　　　2017.4 215p A5 ¥3100 ①978-4-339-03311-3

◆「自動運転」革命─ロボットカーは実現できるか？　小木津武樹著　日本評論社
【要旨】無人の自動車は実現できるの？ 自動運転車が事故にあったら？ 自動運転車はクルマでなくなる？ etc.大学時代から一貫して自動運転研究を推進した気鋭の研究者が語る入門書。
　　　2017.3 201p B6 ¥1600 ①978-4-535-78791-9

◆スパースモデリング─基礎から動的システムへの応用　永原正章著　コロナ社
【目次】1 スパース性とは何か、2 曲線フィッティングで学ぶスパースモデリング、3 凸最適化アルゴリズム、4 貪欲アルゴリズム、5 スパースモデリングの応用、6 動的システムと最適制御、7 動的スパースモデリング、8 動的スパースモデリングのための数値最適化
　　　2017.10 208p A5 ¥3000 ①978-4-339-03222-2

◆ゼロからはじめる制御工学　竹澤聡著　講談社
【要旨】基本の「き」をていねいに解説！ 豊富な演習問題でしっかり理解。
　　　2017.12 233p A5 ¥2800 ①978-4-06-156554-8

◆闘え！ 高専ロボコン─ロボットにかける青春　菅原正嗣著、見ル野栄司イラスト、全国高等専門学校ロボットコンテスト事務局監修　ベストセラーズ
【要旨】祝30th。覚えてる？ 初めてスイッチを入れた時のこと。「動いてくれ！」と祈ったあの日。 2017.9 258p B6 ¥1400 ①978-4-584-13813-7

◆ディープラーニングがロボットを変える　尾形哲也著　日刊工業新聞社　（B&Tブックス）
【要旨】柔らかい形状のピッキング、料理や洗濯、人との本格的な対話など、これまで不可能とされたロボットの動き、思考を可能にするディープラーニング。ロボットという“身体”と人間らしい“感覚”を得た知能ロボットはどのように社会で動き、どのように社会を変えていくのか─。
　　　2017.7 189p B6 ¥1500 ①978-4-526-07732-6

◆テレロボティクスから学ぶロボットシステム　松日楽信人著　講談社
【目次】1 序論、2 操作装置、3 マスタアームの設計、4 作業用ロボットアーム、5 マスタスレーブ制御、6 遠隔操作を支援する機能、7 評価手法、8 さまざまな応用例、9 テレロボティクスの将来性
　　　2017.9 151p A5 ¥2700 ①978-4-06-156513-5

◆電気電子システムのための制御工学　佐々木清吾著　電気学会, オーム社 発売　（電気学会大学講座）
【要旨】大学の学部で習う基礎的な内容が詰まっているRLC直列回路を通じて制御工学を学ぶ、新しい視点に立った教科書です。RLC直列回路の基礎をもとに現代制御を主に、古典制御を従にして制御工学が理解できるようになっています。後半では、電気電子システムの解析・設計を通じて、制御工学の理解を深められるようになっています。ここでの内容は機械システムをはじめ、他のシステムにも適用できます。本書により学生から専門技術者まで、制御工学が深く理解できます。
　　　2017.12 208p A5 ¥2400 ①978-4-88686-309-6

◆倒立振子で学ぶ制御工学　川田昌克編著　森北出版
【目次】第1部 基礎編（倒立振子の概要と制御系設計の流れ、台車位置のPID制御、物理法則に基づくモデリングと系統的同定、システムの状態空間表現と安定性、可制御性と状態フィードバック、内部モデル原理とサーボ系、可観測性とオブザーバ）、第2部 発展編（LMIと制御、ディジタル制御、非線形制御）
　　　2017.2 226p A5 ¥3200 ①978-4-627-79221-0

◆入門 ロボット工学　高田洋吾著　森北出版
【要旨】やさしい題材を取り上げ、ポイントを押さえて解説。数式の導出もていねいに示されています。初学者にもおすすめです。
　　　2017.10 149p 24x16cm ¥2100 ①978-4-627-62521-1

◆人間とロボットの法則　石黒浩著　日刊工業新聞社　（B&Tブックス）
【要旨】鬼才ロボット工学者の着想と思考をヴィジュアル化。
　　　2017.7 129p B6 ¥1500 ①978-4-526-07731-9

◆ヒューマンロボティクス─神経メカニクスと運動制御　エティエンヌ・バーデット, デイビッド・W. フランクリン, テオドール・E. ミルナー著、渡邊嘉二郎, 小林一行, 栗原陽介監訳　丸善出版
【要旨】ロボット工学を医学や看護に生かす医工連携の取り組みが盛んである。生理学、工学、および神経科学からのアプローチを統合するうえで、運動制御の本質を理解することが求められている。本書は、神経制御システムと機械的制御システムの適応の両方の視点から、人の運動制御の取り扱い方を解説する。長年の研究と講義をもとに広い学問領域の知見がまとめられた、ロボット工学にかかわるすべての研究者に最適な一冊。
　　　2017.8 286p A5 ¥5400 ①978-4-621-30185-2

◆「リアル」を摑む！─力を感じ、感触を伝えるハプティクスが人を幸せにする　大西公平著　東京電機大学出版局
【要旨】リアルはバーチャルよりも奇なり。世界で初めて高精度の力触覚伝送を実現した大西教授。その概要と社会に与える巨大なインパクトについて語る。
　　　2017.2 174p B6 ¥1600 ①978-4-501-42000-0

◆ロボットは職を奪うか、相棒か？　ジョン・ジョーダン著, 久村典子訳　日本評論社（MITエッセンシャル・ナレッジ・シリーズ）
【要旨】人類とロボットはどこまで進化するか？ ロボットが何をすることができるか、またはすべきか。SF、IT、自動運転、軍事、経済など、あらゆる分野にわたりロボットを語りつくす！
　　　2017.10 260p B6 ¥2200 ①978-4-535-78822-0

◆ロボット解体新書─ゼロからわかるAI時代のロボットのしくみと活用　神崎洋治著　SBクリエイティブ　（サイエンス・アイ新書）
【要旨】「ロボット」と聞いて、どのようなカタチや存在を想像するでしょうか。現代のロボットは多種多様です。さまざまなモーターやセンサーで構成されたボディ、会話や認識等のソフトウェア技術、さらにクラウドと連携したAI関連技術などを駆使して求められた機能を実現しています。本書は、最低限知っておくべきロボットの種類としくみを厳選し、わかりやすい図や写真とともに解説します。また、最新のサービスロボット製品と特長や用途も紹介します。常に手元に置いておきたい、もっとも簡潔明瞭なロボット解説書。
　　　2017.2 179p 18cm ¥1000 ①978-4-7973-8936-4

◆ロボット制御学ハンドブック　松野文俊, 大須賀公一, 松原仁, 野田五十樹, 稲見昌彦編　近代科学社
【要旨】ロボットを思いどおりに動かすための制御技術を集大成！ なぜロボットに制御が必要なのか？ から始まり、モデリング→設計→実装までの一連の流れを理解し、実際に動けるよう構成。200名を超える執筆陣。
　　　2017.12 999p B5 ¥27000 ①978-4-7649-0473-6

◆ロボットと解析力学　有本卓, 田原健二共著　コロナ社　（ロボティクスシリーズ 10）
【目次】1 ニュートンの法則、2 質点系の運動、3 剛体系の運動、4 エネルギーと仕事量、5 一般化座標と仮想仕事の原理、6 ラグランジュの運動方程式、7 多関節構造体の運動方程式、8 ハミルトンの正準方程式、9 ロボット制御の基礎─解析力学とリーマン幾何学から、付録
　　　2018.1 193p A5 ¥2700 ①978-4-339-04521-5

◆ロボットの歴史を作ったロボット100　アナ・マトロニック著、片山美佳子訳　日経ナショナルジオグラフィック社, 日経BPマーケティング 発売
【要旨】懐かしのロボットから、最新のロボットまで！ 人類の友として、敵として、助手として、あの活躍にわくわくしたロボットが勢ぞろい。神話時代の人造人間といった夢物語から、個性的なロボットが活躍するSF作品まで。そして実際に作られた機械人形から、各国が開発するロボットまで。
　　　2017.1 223p 20x21cm ¥2800 ①978-4-86313-362-4

◆**Arduino**でロボット工作をたのしもう！　鈴木美朋志著　秀和システム　第2版
【要旨】本書は、多くの人に「ロボットを作ること」を楽しんでもらいたいと思っています。そこで、乾電池でLEDを光らせるなどの、小学生で学ぶような電気の基本からはじめました。市販のおもちゃにArduinoをくっつけた簡単なロボットから、自分の手で作る四足歩行する複雑なロボット、また、自分で動くロボットから、無線操縦でコントロールできるロボット。いろいろな工作が楽しい時間です。
　　　2017.8 361p 24x19cm ¥2400 ①978-4-7980-5140-6

◆**Raspberry Pi**で学ぶ**ROS**ロボット入門　上田隆一著　日経BP社, 日経BPマーケティング 発売
【要旨】Linux、GitHub、テストツールの基礎から、走行制御、地図生成まで。ロボットミドルウェア「ROS」を実機で使う知識とワザ。
　　　2017.4 324p 24x19cm ¥3700 ①978-4-8222-3929-9

◆「**Scilab**」で学ぶ現代制御　川谷亮治著　工学社　（I・O BOOKS）
【要旨】「制御」の計算は、手で行なうのは煩雑で、学習時は別として、実務では計算処理ソフトを使うのが一般的です。本書ではフランスのINRIA（国立情報学自動制御研究所）が開発したフリーの数値計算システム「Scilab」（サイラボ）を用いています。
　　　2017.8 223p A5 ¥2300 ①978-4-7775-2025-1

 化学工学

◆泡の生成メカニズムと応用展開　野々村美宗監修　シーエムシー出版　（ファインケミカルシリーズ）
【目次】第1編 泡に関する最新研究動向（泡の生成・消滅プロセス、起泡力と泡安定性 ほか）、第2編 起泡性製剤の原料（アミノ酸系界面活性剤、アルキリルン酸塩 ほか）、第3編 泡の評価法（動的表面張力、泡安定性の測定 ほか）、第4編 化粧品、医薬品等における応用展開（エアゾール製品の泡と化粧品への応用、マイクロバブル・ナノバブルの医療への応用 ほか）
　　　2017.4 227p B5 ¥74000 ①978-4-7813-1244-6

◆界面と分散コロイドの基礎と応用　川口正美, 早川和久著　シーエムシー出版
【目次】第1章 界面、第2章 界面現象、第3章 分散コロイドとは、第4章 泡、第5章 エマルション、第6章 サスペンション
　　　2017.9 148p B5 ¥8000 ①978-4-7813-1261-3

◆企業研究者たちの感動の瞬間─ものづくりに賭けるケミストの夢と情熱　有機合成化学協会, 日本プロセス化学会編　（京都）化学同人
【要旨】素晴らしい成功の裏に隠された苦労話や失敗の教訓。製品開発に賭けた情熱、努力、発見秘話が満載！
　　　2017.3 230p 24x19cm ¥1800 ①978-4-7598-1932-8

◆基礎式から学ぶ化学工学─Excelによるモデル解法で直観的にわかる　伊東章著　（京都）化学同人

【要旨】化学工学の各種モデルをミクロとマクロの基礎式から出発して、統一的に学習できます。移動論（流体、伝熱、物質）、反応工学、単位操作、制御を含む全範囲を網羅。1章で基礎収支式を学習することで、以降の章すべてをその展開として統一的に理解できるようにしました。2色印刷で変数を赤色で明示することで、これまでの微分方程式を扱った教科書より大変わかりやすくなっています。例題解法はすべてExcel上の数値解法で行い、読者が全例題のファイルをダウンロードして自分のパソコンで確認して理解できるようになっています。インターネット時代の新しい学習方法を推奨します。
2017.11 211p B5 ¥2800 ①978-4-7598-1942-7

◆計測・モニタリング技術—化学計測・計装の最先端とその応用　山下善之監修　シーエムシー出版　（ファインケミカルシリーズ）　普及版
【目次】第1章 総論（センシング・分析技術、システム化技術ほか）、第2章 先端計測分析技術（レーザ誘起蛍光法による水の温度と濃度の計測、第7周力顕微鏡による精密ナノ計測ほか）、第3章 システム技術（ソフトセンサ—測定困難な対象を高精度で推定する技術、多変量統計的プロセス管理ほか）、第4章 応用（装置材料の腐食モニタリング、石炭ボイラ内部の燃焼・灰溶融状態のモニタリングと運転管理ほか）
2017.11 231p B5 ¥4600 ①978-4-7813-1215-6

◆"ケムシェルパ"を活かしたよくわかる規制化学物質のリスク管理　東京環境経営研究所監修、松浦徹也、杉浦順、島田義弘編著　日刊工業新聞社
【要旨】RoHS指令、REACH規則が求める化学物質規制！世界標準を目指す化学物質管理伝達方式「ケムシェルパ」を活かした規制化学物質のリスク管理をやさしく解説。
2017.3 302p A5 ¥2800 ①978-4-526-07684-8

◆現場で使える発泡プラスチックハンドブック　秋元英郎著　シーエムシー出版
【目次】第1章 発泡体・多孔質体、第2章 発泡成形と発泡剤、第3章 発泡成形の種類、第4章 不活性ガスを発泡剤として用いる射出発泡成形、第5章 コアバック射出発泡成形、第6章 プラスチック発泡体の評価方法、第7章 気泡の生成と成長、第8章 発泡成形のシミュレーションの現状、第9章 発泡製品の用途、第10章 発泡用材料の技術動向 2017.9 140p B5 ¥20000 ①978-4-7813-1187-6

◆高機能アクリル樹脂の開発と応用　西久保忠臣監修　シーエムシー出版　（新材料・新素材シリーズ）　普及版
【目次】アクリル樹脂材料編（メタクリレートモノマー、グリシジルメタクリレート）、光硬化樹脂材料編（（メタ）アクリレートモノマーの一般特性と機能性モノマーの特徴、ジオキソランとオキセタンアクリレート、マレイミドアクリレート、エポキシアクリレートとウレタンアクリレート、リワーク型UV硬化樹脂、高性能光硬化性材料）、アクリル樹脂応用編（PMMAの光学部材への応用と高機能化、高温連続ラジカル重合による無溶剤型アクリルポリマーの応用、LCD光学フィルム用粘着剤への応用、アクリル系粘着剤の半導体プロセスなどへの応用、光硬化型接着剤への応用、無電解めっき用材料、光硬化樹脂応用編（プラスチックUVハードコーティング剤への応用、有機・無機ハイブリッドコート、新規なUV硬化含合フッ素ポリマーとディスプレー用反射防止への応用、ナノインプリント用光硬化樹脂、EUVレジストへの応用）
2017.5 241p B6 ¥4800 ①978-4-7813-1199-9

◆合成香料—化学と商品知識　合成香料編集委員会編　化学工業日報社　増補新版
【目次】合成香料概説（香りとは日常生活、香料会社の役割と日本の合成香料産業、合成香料の分類、香料合成と環境対応、合成香料の安全性および使用規制）、合成香料各論（炭化水素、アルコール、フェノールおよびその誘導体、アルデヒドおよびアセタール、ケトンおよびケタール、エーテル、オキサイド、合成ムスク、酸類、ラクトン類、エステル、窒素、硫黄を含有する化合物）
2016.12 849p A5 ¥15000 ①978-4-87326-677-0

◆高分子微粒子ハンドブック　藤本啓二監修　シーエムシー出版　（新材料・新素材シリーズ）
【目次】第1編 高分子微粒子とは、第2編 高分子微粒子の作製（合成的手法、コロイド化学的手法、生分解性高分子PLGA微粒子の調製と医薬・化粧品応用）、第3編 高分子微粒子の構造制御・機能化（分散技術・安定化、形状制御、相分離

ほか）、第4編 高分子微粒子の測定・分析（微粒子およびその表面を測定する分析法、微粒子のサイズ・ゼータ電位測定法、微粒子形状・運動性測定（超音波）ほか）
2017.12 316p B5 ¥82000 ①978-4-7813-1253-8

◆ゴムの弱さと強さの謎解き物語—この10年の目覚ましい進展　深堀美英著　ポスティコーポレーション　第2版
【目次】第1章 理想ゴムのエントロピー弾性とは何か（不思議なゴムのエントロピー弾性、ガウス分布を仮定するエントロピー弾性の捉え方ほか）、第2章 実在ゴムの理想論からのズレとは何か（理想ゴムのエントロピー弾性から実在ゴムの粘弾性へ、予測されている実在架橋ゴムの不均一構造ほか）、第3章 天然ゴムの伸長結晶化と自己補強と何か（NRの応力立ち上がりと高強度と密接に関係する伸長結晶化、架橋NRの伸長結晶化現象ほか）、第4章 ゴムのカーボンブラック補強とは何か（カーボンブラック補強効果の凄さ、カーボンブラックとゴムの強力な結合ほか）、第5章 熱可塑性エラストマーの自己補強とは何か（ポリウレタンのミクロ構造と破壊特性、筆者らのポリウレタン研究の概要ほか）
2017.7 210p A5 ¥2100 ①978-4-906102-89-1

◆酸化チタン—物性と応用技術　清野学、酸化チタン研究会著　技報堂出版　第2版
【目次】第1章 酸化チタン工業、第2章 酸化チタン顔料の製法、第3章 酸化チタン顔料の分類、第4章 酸化チタン顔料の表面処理、第5章 酸化チタン顔料の性質、第6章 隠ぺい力、第7章 着色力、第8章 耐候性、第9章 分散性、第10章 非顔料酸化チタン、第11章 化学物質管理
2017.1 320p A5 ¥6000 ①978-4-7655-0400-3

◆実務者のための化学物質等法規制便覧
2017年版　化学物質等法規制便覧編集委員会編　化学工業日報社
【目次】序章 化学物質総合管理に関する国内外の動向、第1章 化学物質等規制法令の概要、第2章 GHS概説、第3章 日本におけるSDS制度、第4章 化学物質の輸送に関する諸法規、第5章 各国の化学物質の登録制度、第6章 化学物質管理に関する国際条約、第7章 参考資料
2017.6 672p A4 ¥10000 ①978-4-87326-684-8

◆蒸留技術大全　大江修造著　日刊工業新聞社　（技術大全シリーズ）
【要旨】我々はモノに囲まれて生活している。モノは化学物質である。化学物質の原料は、多くの場合、蒸留技術によって、分離・精製される。しかし、化学原料を直接、目にすることは、ほとんどない。したがって、蒸留技術に直接触れることも、ほとんどない。しかし、化学物質の製造には必須の技術である。
2017.12 386p A5 ¥3600 ①978-4-526-07782-1

◆触媒の話　触媒工業協会編集委員会編　化学工業日報社　改訂3版
【目次】第1部 触媒工業の現状と将来（産業に果たす役割、触媒工業の概況、使用済み触媒の再資源化、触媒工業の将来への展望）、第2部 触媒の基礎知識（触媒の考え方と発展の歴史、触媒の種類）、第3部 触媒用語の解説、第4部 触媒関連会社一覧
2017.6 228p A5 ¥2500 ①978-4-87326-685-5

◆新生物化学工学　岸本通雅、堀内淳一、藤原伸介、熊田陽一共著　三共出版　第3版
【目次】第1章 化学工学の基礎、第2章 バイオプロセスと生体反応、第3章 バイオプロセスの設計と操作、第4章 高度な培養操作と自動制御、第5章 分離精製操作、第6章 代謝制御発酵、第7章 遺伝子組換え操作、第8章 組換えタンパク質の高発現技術
2017.9 204p B5 ¥2500 ①978-4-7827-0772-2

◆人体通信の最新動向と応用展開　根日屋英之監修　シーエムシー出版　（エレクトロニクスシリーズ）　普及版
【目次】第1編 人体通信の基礎（概要、人体近傍の人体通信、WBANとしての人体通信（電磁波方式）、要素技術、人体通信用ファントムほか）、第2編 人体通信のアプリケーション（電界式人体通信モジュールの開発—伝える新・技術「人体通信」、医療分野への応用—植込み型補助人工心臓装着患者の在宅遠隔モニタリングの必要性と人体通信技術を用いたモニタリングシステムの構想について、人体通信とナビゲーション、同軸マルチコアPOFを用いた光回転リンクジョイント、人体通信の介護ロボットへの応用ほか）
2017.9 221p B5 ¥4400 ①978-4-7813-1210-1

◆多様化するニーズに応えて進化するミキシング　化学工学会編、粒子・流体プロセス部会、ミキシング技術分科会著　化学工学会、（名古屋）三恵社 発売　（最近の化学工学 66）
【目次】基礎（総論、基礎（攪拌所要動力の推算）、固液攪拌槽内の諸現象の定量化、スタティックミキサーの混合原理とその応用、流れ場のフルボリューム計測と攪拌乱流への適用、攪拌翼の起動トルクと完全邪魔板条件における動力数、CFDと乱流モデルの基礎、流体混合機構の新しい考え方）、応用・実用化（用途別攪拌翼・攪拌装置の開発事例、小型攪拌翼の開発事例、高速攪拌機を用いた乳化分散技術、エムレボの挑戦 羽根のない攪拌体の導入事例と今後の展望、CFDによる攪拌解析技術、OpenFOAMによる攪拌槽解析事例、化粧品製造プロセスにおける攪拌混合の評価について、ローター・ステーター型ミキサーの性能評価方法とスケールアップについて、生産技術としてのミキシング技術開発と実用化、攪拌機の最適選定およびトラブル事例）
2017.1 210p B5 ¥3148 ①978-4-86487-615-5

◆トコトンやさしい高分子の本　扇澤敏明、柿本雅明、鞠谷雄士、塩谷正俊著　日刊工業新聞社　（B&Tブックス—今日からモノ知りシリーズ）
【要旨】高分子は古くて新しい素材、高分子の特性を決める、構造と結合様式、高分子製品はこうして作られる、汎用材料から機能材料まで…知りたいことがよくわかる。
2017.3 155p A5 ¥1500 ①978-4-526-07699-2

◆トコトンやさしい水素の本　水素エネルギー協会編　日刊工業新聞社　（B&Tブックス—今日からモノ知りシリーズ）　第2版
【要旨】地球環境を守りつつ人類が持続的に発展するために、水素エネルギーに対する期待はとても大きくなっています。本書では、水素エネルギーの上手な理解するために、水素のつくり方から技術の現状、貯蔵・輸送・供給の実際までをやさしく解説しました。
2017.11 159p A5 ¥1500 ①978-4-526-07765-4

◆トコトンやさしい洗浄の本　日本産業洗浄協議会洗浄技術委員会編　日刊工業新聞社　（B&Tブックス—今日からモノ知りシリーズ）　第2版
【要旨】汚れはどの程度落とせば満足？ 洗浄剤の種類はこんなに多いの？ 乾燥方法にはどんなのがあるの？ 金属を洗ったら錆びちゃった。洗浄剤の安全情報はここにある。
2017.11 159p A5 ¥1500 ①978-4-526-07766-1

◆バイオマスリファイナリー触媒技術の新展開　市川勝監修　シーエムシー出版　（ファインケミカルシリーズ）　普及版
【要旨】バイオマスリファイナリー触媒技術に関わる最新の研究開発と技術課題に加えて、実用化に向けた将来展望を集大成。バイオマスリファイナリーの経済性やインフラシステムなど、石油産業、ガス事業、化学産業、タイヤ・建築材産業、自動車メーカー、醸酵産業といった業界を広く取り込める内容に。
2017.5 298p B5 ¥6000 ①978-4-7813-1198-2

◆「配管設計」実用ノート—図と例題で読み解く　西野悠司著　日刊工業新聞社
【目次】配管材料を選択する、水力学的に管路を設計する、ポンプ・管路系を設計する、配管をレイアウトする、管・配管材の強度を評価する、適切に配管フレキシビリティをとる、材力で配管支持構造を設計する、配管振動に対処する、腐食・侵食に対処する、バルブを「適材適所」で使う、特殊任務を果たすスペシャルティ、配管支持装置を選択し配置する、ポンプ–配管系を実際に設計する
2017.3 239p B5 ¥3200 ①978-4-526-07682-4

◆プラスチック成形技術の要点—「不良ゼロ」のものづくり技術の構築　高野菊雄著　丸善出版
【目次】基礎編（選別なし・不良ゼロ成形への道、不良ゼロ成形のための樹脂基礎知識）、実際編（ショートショットの未然防止のための成形技術、ばりの未然防止のための成形技術、シルバーの未然防止のための成形技術、異物の未然防止のための成形技術、転写性不良の未然防止のための成形技術、ウエルド不良の未然防止のための成形技術、フローマークの未然防止のための成形技術、ボイドとひけの未然防止のための成形技術、焼けの未然防止のための成形技術、黒条の未然防止のための成形技術、寸法ばらつきの未然防止のための成形技術、そり・変形の未然防止のための成形技術、成形品破損の未然防

止のための成形技術、工程不良の未然防止のための成形技術）

2017.2 257p A5 ¥3000 ①978-4-621-30139-5

◆プラスチック成形材料商取引便覧―特性データベース 2018年版 化学工業日報社著 化学工業日報社 改訂第34版
【目次】1 熱硬化性樹脂（エポキシ樹脂"概要"、ジアリルフタレート樹脂"概要"、シリコーン樹脂"概要" ほか）、2 熱可塑性樹脂（アイオノマー樹脂"概要"、EEA樹脂"概要"、AAS(ASA)樹脂"概要" ほか）、3 特殊樹脂（熱硬化性特殊樹脂、熱可塑性特殊樹脂）、プラスチック成形材料物性項目の解説

2017.8 820p B5 ¥15000 ①978-4-87326-688-6

◆粉体用語ポケットブック 日本粉体工業技術協会編 日刊工業新聞社
【要旨】粉体を工業的に利用する場合に必要と思われる用語を、身近な用語から専門性の高い用語まで幅広く抽出し、150字以内で説明。1,500語以上にも亘る多くの用語についての説明を行った。

2017.9 226p 18cm ¥1800 ①978-4-526-07743-2

◆ポリイミドの機能向上技術と応用展開 松本利彦監修 シーエムシー出版 （新材料・新素材シリーズ）
【目次】第1編 ポリイミドの合成・分子設計（ポリイミドの機能化設計のための構造・特性と機能発現の制御、ポリイミドの合成）、第2編 ポリイミドの機能向上技術動向―設計・処理・複合/アロイ化・評価（無色透明ポリイミドの分子設計と高性能化技術、溶液加工性を有する低熱膨張性透明ポリイミド、自己組織化を利用する多孔化ポリイミド膜の創成、多分岐ポリイミド―シリカハイブリッドの合成と特性、熱可塑性ポリイミド/ポリヒドロキシエーテル系ポリマーアロイ、ポリイミドハイブリッド膜のガス透過性とガス分離性、紫外線照射表面濡れ性制御ポリイミド、ポリイミド/炭素繊維複合材料の作製と強度評価）、第3編 ポリイミドの応用展開（耐熱・低線膨張ポリイミドフィルムとその応用、感光性ポリイミドの展開と将来動向、ポリイミドからのグラファイト作製と応用、ポリイミドガス分離膜の設計開発、芳香族ポリイミドの炭素化による燃料電池用カソード触媒、バイオポリイミドの開発と有機無機複合化による透明メモリーデバイスの作製）

2017.4 237p B5 ¥74000 ①978-4-7813-1243-9

◆臨界ノズル―測定原理から新しい問題まで 中尾晨一著 日刊工業新聞社
【目次】1 臨界ノズルによる流量計測、2 臨界ノズルの流出係数の決定方法、3 臨界現象、4 臨界ノズルの気体力学、5 流出係数の理論解析、6 臨界ノズルの形状、7 実在気体とさまざまな気体の流出係数、8 臨界背圧比、9 未飽和臨界現象、10 臨界ノズルに関するいくつかの問題

2017.4 251p A5 ¥2600 ①978-4-526-07709-8

◆ロールtoロール技術の最新動向―プロセス最適化への課題と解決策 杉山征人監修 シーエムシー出版 （エレクトロニクスシリーズ）普及版
【目次】序章 ロールtoロールとは？（特徴と課題）、第1章 ロールtoロール用フレキシブル基板の開発、第2章 ロールtoロールによる成膜要素技術、第3章 ロールtoロール式ナノインプリントプロセス、第4章 ロールtoロール製造装置、第5章 プロセス最適化、第6章 応用展開

2017.5 249p B5 ¥4500 ①978-4-7813-1197-5

◆X線分析の進歩 48 日本分析化学会X線分析研究懇談会編 アグネ技術センター （X線工業分析 第52集）（付属資料：CD・ROM1）
【目次】1 総説・解説（私家版・レントゲンとその時代、超高速時間分解電子線回折法を用いた固体中の原子・分子ダイナミクス解析、和歌山カレーヒ素事件における水素化物生成原子吸光頭髪鑑定捏造、X線回折による固液界面の静的・動的構造、X線表面散乱法を用いた有機薄膜の構造形成と表面・界面モルフォロジーその場観察 ほか）、2 原著論文（全反射蛍光X線分析法による正下した食用可能野菜中のX線水中のカリウム（K）測定、海洋におけるAl・Mg合金の孔食のSEM・EDX分析、ボロン・K発光分光計測のための高回折効率広角ラミナー回折格子、結晶配向性と励起エネルギーを変化させたグラファイトにおけるC・K発光スペクトル、タングステンジルコニウム水酸化物結晶脱水過程のXRD/XAFS観察およびびX

の酸触媒特性 ほか）

2017.3 459, 10, 7p B5 ¥5500 ①978-4-901496-87-2

機械工学

◆圧縮性流体力学・衝撃波 佐宗章弘著 コロナ社
【目次】圧力波の伝播、気体粒子の運動と熱力学、流れの基礎式、不連続面、準一次元流れ、生成項を伴う系、二次元流れ、非定常一次元流れ、リーマン問題、特性曲線法、圧縮性流れの発生と利用、類似現象

2017.3 244p B5 ¥4300 ①978-4-339-04653-3

◆異種接合材の材料力学と応力集中 野田尚昭, 堀田源治, 佐野義一, 高瀬康和共著 コロナ社
【目次】1 異種接合材の材料力学（複合則と異種接合材の弾性係数の計算、有限要素法による等価縦弾性係数の計算、介在物の配列が不規則であることの影響について、3次元周期配列を有する複合材料の等価縦弾性係数、介在物の2次元周期配列と3次元周期配列の等価縦弾性係数の関係）、2 母材中に存在する介在物により生じる応力集中（固溶体、無限係中）、介在物による応力集中、2個の介在物による応力集中の干渉、一列に並んだ任意個の介在物による応力集中の干渉）、3 接着接合部に生じる応力集中と接合強度の評価法（応力集中を支配する弾性パラメータについて、接着接合の接合界面における応力分布、引張りを受ける接着接合板の特異応力場の強さ、面内曲げを受ける接着接合の特異応力場の強さ、接着強度の簡便な評価方法）、4 異種材料接合部の応用と展望（複合材料の特徴、今後の設計と複合材料）、付録 有限要素法と体積力法

2017.5 176p A5 ¥2600 ①978-4-339-04652-6

◆一番最初に読む設備保全の本 吉川達志著 日刊工業新聞社
【目次】第1章 故障は、なぜ起きるの？―設備保全の使命、第2章 設備保全ってなにをするの？―計画主導の論理的保全体制を創る、第3章 設備保全体制を創る―故障ゼロ化、ゼロ維持体制の構築、改善・進化の体制、第4章 データマネジメント―指標をマネジメントする、第5章 保全費をマネジメントする、第6章 保全活動を実践する―設備別・機械別保全活動、第7章 人材の育成

2017.8 223p A5 ¥2600 ①978-4-526-07737-1

◆いまからはじめるNC工作―Jw_cadとNCVCでかんたん切削 眞柄賢一著 オーム社 第2版
【目次】第1章 ソフトのインストールと初期設定、第2章 NC工作機械の準備とCAD/CAM基礎知識、第3章 基本的な加工、第4章 その他NCVCの機能紹介とロボット製作事例、第5章 NC旋盤とワイヤ放電加工機での切削、第6章 スクリプトとアドインによるNCVCの機能拡張、第7章 NCVCリファレンス

2017.11 283p 24×19cm ¥2800 ①978-4-274-22164-4

◆機械系の材料力学 山川宏, 宮下朋之著 共立出版
【目次】材料力学小史と機械系の材料力学、第1編 基礎材料力学（材料力学の基礎事項、弾性体における応力、ひずみ、構造方程式、棒状部材（一次元部材）材料の基礎、引っ張り、圧縮を受ける円形棒状部材の応力、ひずみ、変形、ねじりを受ける円形棒状部材（軸）の応力、ひずみ、変形、曲げを受ける棒状部材（はり）の応力、ひずみ、変形）、第2編 材料力学特論（圧縮を受ける細長い棒状部材（柱）の座屈、ねじりを受ける円形断面以外の棒状部材（はり）の応力、せん断を受ける棒状部材（はり）の応力、せん断中心、エネルギー原理による解法）

2017.10 299p B5 ¥3200 ①978-4-320-08217-5

◆機械・工具必携ハンドブック 2017 ―提案のかんどころ 産報出版編 産報出版
【要旨】どの業界でも扱える機械・工具でありながら、対面型営業が必須とされる商品の営業展開のヒント。

2017.2 65p B5 ¥2000 ①978-4-88318-049-3

◆機械・工具必携ハンドブック 2018 提案のかんどころ 産報出版編 産報出版
【要旨】どの業界でも扱える機械・工具でありながら、対面型営業が必須とされる商品の営業展開のヒントを探っていただけるこの一冊。

2017.11 59p B5 ¥2000 ①978-4-88318-052-3

◆機械構造用鋼・工具鋼大全 日原政彦, 鈴木裕著 日刊工業新聞社 （技術大全シリーズ）
【要旨】機械構造用鋼および工具鋼の材料特性と選択性について、大学生の教育用および中堅技術者にとって設計段階における選択方法や問題点を紹介し、効果的な使用法や有効な利用法を提案。

2017.3 308p A5 ¥3200 ①978-4-526-07680-0

◆機械設計 豊橋技術科学大学・高等専門学校教育連携プロジェクト著 実教出版 （専門基礎ライブラリー）
【目次】機械設計の基礎、材料と加工法、機械の運動と仕事、材料の強さと剛性、ねじ、締結用機械要素、軸と軸継手、軸受・密封装置、歯車伝動装置、巻掛け伝動装置、制動装置、カム・リンク、ばね、アクチュエータ、デジタルエンジニアリングツール

2017.11 343p B5 ¥3300 ①978-4-407-34063-1

◆機械設計―機械の要素とシステムの設計 吉本成香, 下田博一, 野口昭治, 岩附信行, 清水茂夫共著 オーム社 第2版
【要旨】機械システムを構築するために必要な機械要素の選定と、その組合わせを適切に行う方法を、豊富な図版、計算式、例題を用いて解説。歯車の選定を容易にするJGMA簡易計算法（ISO準拠）を記載、不等速運動機構として"リンク機構"カム機構"の動的挙動まで加筆、公差、ねじ、転がり軸受など、最新JIS改正にも対応した改訂版。

2017.11 349p A5 ¥3400 ①978-4-274-22145-3

◆機械設計技術者のための4大力学 朝比奈奎一監修, 廣井徹麿, 青木繁, 大高敏男, 平野利幸著 日本理工出版会
【目次】第1章 機械力学（静力学、動力学）、第2章 材料力学（応力とひずみ、ねじり ほか）、第3章 流体力学（流体の物理的性質、静水力学 ほか）、第4章 熱力学（温度と熱量、熱力学の第1法則と第2法則 ほか）

2017.10 334p A5 ¥2800 ①978-4-89019-637-1

◆機械設計製図 豊橋技術科学大学・高等専門学校教育連携プロジェクト著 実教出版 （専門基礎ライブラリー）（付属資料あり）
【目次】第1章 ねじジャッキ（豆ジャッキの設計製図、パンタグラフ形ねじ式ジャッキの設計製図）、第2章 歯車減速装置（歯車減速装置と設計仕様、装置全体構想 ほか）、第3章 手巻きウインチ（手巻きウインチの設計仕様、ワイヤーロープ ほか）、第4章 渦巻ポンプ（渦巻ポンプの基礎、ポンプの基礎理論 ほか）

2017.11 127p B5 ¥1900 ①978-4-407-34064-8

◆機械力学入門 堀野正俊著 オーム社 （機械工学入門シリーズ）第3版
【要旨】豊富な「例題」73問と、実際に即した「練習問題」102問を掲載。機械系学生の教科書として、機械系技術者の独習書としておすすめ！

2017.12 142p A5 ¥1800 ①978-4-274-22158-3

◆機械力学の基礎―力学への入門 宮野尚哉, 徳田功共著 数理工学社, サイエンス社 発売 （機械工学テキストライブラリ 2）
【目次】第1章 力学の基礎（運動の表現とベクトル、物理次元と無次元数 ほか）、第2章 質点の運動と保存則（ニュートンの運動の3法則、運動量と力積 ほか）、第3章 微小振動（非減衰系の自由振動、減衰系の自由振動 ほか）、第4章 中心力による質点の運動（固定点の周りにおける質点の回転運動、中心力による質点の円運動と角運動量の保存 ほか）、第5章 剛体の運動（剛体の力学―概観、剛体の重心 ほか）

2017.6 175p A5 ¥1800 ①978-4-86481-045-6

◆きちんと知りたい！ 軽自動車メカニズムの基礎知識 橋田卓也著 日刊工業新聞社
【要旨】158点の図とイラストでK（ケイ）のしくみの「なぜ？」がわかる！軽自動車の概要、軽自動車が誕生した経緯とその頃のモデル、規格変更に伴う排気量やボディサイズの変遷とそれぞれの時期に足跡を残したモデル、軽自動車に特徴的なメカニズムとそれを理解するための基礎知識、最近の安全運転支援システムやエコロジー技術の特徴などについてまとめた。

2017.10 175p A5 ¥2000 ①978-4-526-07753-1

◆きちんと学ぶレベルアップ機械製図―ベテラン設計者が教える基本から実践まで 河合優著 日刊工業新聞社
【目次】第1章 機械製図の基本（図面の決めごと、尺度 ほか）、第2章 図形の表し方（投影図の表し方、断面図の表し方 ほか）、第3章 寸法の表し

方（寸法と機能、寸法補助線と寸法線 ほか）、第4章 粗さと許容差の指示（表面性状の指示記号、サイズ公差 ほか）、第5章 機械製図の実践（トレース、ねじ製図 ほか）

2017.8 238p B5 ¥2400 ①978-4-526-07735-7

◆**計測機器：防爆規格適合製品ガイド 2017**　「計測技術」編集部編　日本工業出版（日工の知っておきたい小冊子シリーズ）

2017.3 68p B5 ¥1000 ①978-4-8190-2902-5

◆**現場で使える！「なぜなぜ分析」で機械保全**　竹野俊夫著　日刊工業新聞社
【目次】第1章 「なぜなぜ分析」の手法と機械保全、第2章 粗結結品編、第3章 軸受編、第4章 空気圧装置編、第5章 油圧装置編、第6章 伝達装置編、第7章 電動機編

2017.10 205p A5 ¥2000 ①978-4-526-07754-8

◆**工作機械の空間精度―3次元運動誤差の幾何学モデル・補正・測定**　茨木創一著　森北出版
【要旨】ISO/JIS規格対応。多軸機構の幾何学モデル理論から その応用まで、新しい精度評価の考え方をくわしく解説！

2017.4 170p A5 ¥2500 ①978-4-627-62511-2

◆**ころがり軸受実用ハンドブック**　Schaeffler Technologies AG&Co.KG編著、吉武立雄訳　日刊工業新聞社
【要旨】本書は、ドイツの世界的な軸受メーカー、シェフラー社の "Wälzlagerpraxis"（2015）の翻訳である。原著は全11章からなる、全部で1167ページに達する大著で原著の最後の2章（メカトロニクス部品のキャリアとしてのころがり軸受を論じた第10章と、ころがり軸受の設計と計算の実例を紹介した第11章）および各章に付属している。

2017.12 750p A5 ¥6400 ①978-4-526-07762-3

◆**細胞のマルチスケールメカノバイオロジー**　佐藤正明編著　森北出版
【要旨】工学から生物学・生命科学・医学へと展開しつつあるメカノバイオロジー（バイオメカニクス）。研究の第一人者が、細胞レベルのナノからマクロな領域までを一気に解説。

2017.5 151p A5 ¥3200 ①978-4-627-69141-4

◆**材料力学**　渋谷陽二、中谷彰宏共著　コロナ社（機械系コアテキストシリーズ A・1）
【目次】材料力学の概念とねらい、材料力学の基礎としての静力学、応力とひずみ、棒の引張りと圧縮およびブロックのせん断、はりの曲げ応力、はりのたわみ、はりのせん断応力、複雑なはりの問題、ねじり、応力とひずみの変換、回転対称殻に作用する軸対称な応力、エネルギー法、柱の座屈、材料の破損条件と強度設計

2017.6 335p A5 ¥3900 ①978-4-339-04531-4

◆**材料力学と材料強度学**　上辻靖智、上田整、西川出共著　養賢堂
【目次】第1章 序論、第2章 静力学の基礎、第3章 応力とひずみ、第4章 棒の引張りと圧縮、第5章 軸のねじり、第6章 静定はりの曲げ、第7章 材料強度学の基礎、第8章 不静定はりの曲げ、第9章 柱の座屈、第10章 弾性力学の基礎

2017.2 255p A5 ¥3600 ①978-4-8425-0554-1

◆**材料力学入門**　堀野正俊著　オーム社（機械工学入門シリーズ）第2版
【要旨】機械を構成する材料の強さはどのような考え方をもとにどのように計算すればよいの

か？「SI単位」に完全対応した改訂版。豊富な「例題」50問と、実際に即した「練習問題」119問を掲載。

2017.10 165p A5 ¥2000 ①978-4-274-22119-4

◆**自動車整備が一番わかる―点検・メンテナンス・修理・分解整備を理解する**　小倉学園専門学校東京自動車大学校監修、松平智敬著　技術評論社　（しくみ図解）
【目次】第1章 自動車整備とは何か（点検、メンテナンス ほか）、第2章 定期点検整備（舵取り装置、制動装置 ほか）、第3章 車両検査（同一性確認、外観検査 ほか）、第4章 一般整備（故障の傾向、故障診断 ほか）、第5章 トラブル防止のための日常点検（ブレーキの点検、タイヤの点検 ほか）、第6章 これからの自動車整備（進化する自動車と求められる技術、ハイブリッドカーの整備 ほか）

2017.7 174p A5 ¥1940 ①978-4-7741-9019-8

◆**自動車用プラスチック新材料の開発と展望**　シーエムシー出版　（新材料・新素材シリーズ）普及版
【目次】第1章 自動車樹脂部品の動向と将来展望、第2章 ボディー、第3章 燃料システム、第4章 機構部品、第5章 電装部品・ランプ、第6章 タイヤ―省燃費タイヤトレッド用変性S・SBRの開発動向、第7章 自動車用プラスチックの開発状況―主要樹脂別使用実態と開発の方向・話題

2017.4 224p B5 ¥4500 ①978-4-7813-1194-4

◆**衝撃塑性加工―衝撃エネルギーを利用した高度成形技術**　日本塑性加工学会編　コロナ社（新塑性加工技術シリーズ 7）
【目次】1 序論、2 高速変形の基礎と材料試験法、3 爆発加工、4 放電成形、5 電磁成形、6 衝撃ガス圧成形

2017.10 241p A5 ¥7800 ①978-4-339-04377-8

◆**職業訓練教材 機械工学概論**　高齢・障害・求職者雇用支援機構職業能力開発総合大学校基盤整備センター編　雇用問題研究会　改定3版
【目次】第1章 機械要素（ねじ、締結部品 ほか）、第2章 機構と運動（機械と機構、歯車伝動機構 ほか）、第3章 原動機（内燃機関、蒸気原動機 ほか）、第4章 機械一般（ポンプと液体伝動装置、空気機械 ほか）

2017 174p B5 ¥1300 ①978-4-87563-416-4

◆**職業訓練教材 機械材料**　高齢・障害・求職者雇用支援機構職業能力開発総合大学校基盤整備センター編　雇用問題研究会　改定3版
【目次】第1章 総説（機械材料の分類、金属材料の加工法 ほか）、第2章 鉄鋼（鉄鋼の分類と製造、炭素鋼 ほか）、第3章 非鉄金属材料（銅とその合金、軽金属と軽合金 ほか）、第4章 非金属材料（無機材料、有機材料 ほか）

2017 125p B5 ¥1400 ①978-4-87563-417-1

◆**図解カーメカニズム パワートレーン編**　高根英幸著、日経Automotive編　日経BP社、日経BPマーケティング 発売
【要旨】直噴エンジンからターボチャージャー、ハイブリッドシステムまで、基礎から最新動向まで解説。気筒休止、EGR、アイドリングストップ機構、後処理装置、DCTが分かる！

2017.3 326p A5 ¥3500 ①978-4-8222-3974-9

◆**図解 機械設計手ほどき帖**　渡辺康博著　日刊工業新聞社

【要旨】機械の作り方を学ぼう―「コストへの配慮」「設計ミスの防止」「加工しやすい」など、ベテラン設計者の知識と技が満載。設計実務の流れと現場のノウハウを集めた即役立つ入門書。

2017.4 247p A5 ¥2400 ①978-4-526-07704-3

◆**図解 金属3D積層造形のきそ**　京極秀樹、池庄司敏孝著　日刊工業新聞社
【要旨】新たな "ものづくり" がはじまる、原理からプロセス、製品設計の考え方まで総合的に解説。

2017.4 193p A5 ¥2400 ①978-4-526-07755-5

◆**図解 ゼロからわかる機械力学入門**　小峯龍男著　技術評論社　（わかる基礎入門シリーズ）
【目次】第1章 機械力学のはじめに、第2章 ベクトルの合成と分解、第3章 力のつり合い、第4章 物体の運動、第5章 力と運動、第6章 仕事とエネルギー、第7章 機械の運動

2017.2 279p A5 ¥2200 ①978-4-7741-8657-3

◆**図解 CFRPによる自動車軽量化設計入門**　小松隆著　日刊工業新聞社
【要旨】自動車軽量化設計の考え方と手順、どの部分をCFRPにしていくのか、熱硬化性と熱可塑性の選択の仕方、CFRPを使った製品戦略をどう考えるか。

2017.1 192p A5 ¥2300 ①978-4-526-07659-6

◆**スッキリ！ がってん！ 燃料電池車の本**　高橋良彦著　電気書院
【目次】1 燃料電池車ってなあに（まずは地球の生態系の話、自然エネルギーの利用、初期の電気自動車 ほか）、2 燃料電池車の基礎（燃料電池車のシステム構成、燃料電池の原理、各種蓄電デバイスの代表的特性 ほか）、3 燃料電池車の応用（小型燃料電池車の設計条件、小型燃料電池車の競技会、走行抵抗の計算 ほか）

2017.4 145p B5 ¥2300 ①978-4-485-60026-9

◆**図面って、どない描くねん！　LEVEL2―はじめての幾何公差設計法（GD&T）**　山田学著　日刊工業新聞社　第2版
【目次】第1章 サイズと幾何特性って、なにがちゃうねん！、第2章 なんで加工と計測の知識が要るねん！、第3章 基準を意味するデータムって、なんやねん！、第4章 幾何特性って、なんやねん！、第5章 サイズでは表現でけへん形状偏差って、なんやねん！、第6章 角度の代わりに使える姿勢偏差って、どない使うねん！、第7章 位置は寸法の公差を使わず位置偏差で表すねん！、第8章 回転部品に使う振れ偏差って、どこに使うねん！、第9章 幾何公差を効果的に使うテクニックって、なんやねん！

2017.1 226p A5 ¥2200 ①978-4-526-07643-5

◆**製品開発は "機能" にばらして考えろ―設計者が頭を抱える「7つの設計問題」解決法**　緒方隆司著、オリンパスECM推進部監修　日刊工業新聞社
【要旨】開発テーマがなかなか決まらない。課題設定に失敗して問題が解決しない。不具合原因の究明が進まない。他社特許を回避できない。有効なコストダウン対策が打てない。評価実験に時間が掛る。リスク回避の仕方が分からない。こんなときどうする？ 開発者が頭を抱える問題を目的別に大きく7つに分類し、解決方法を整理した。

2017.2 187p A5 ¥2200 ①978-4-526-07661-9

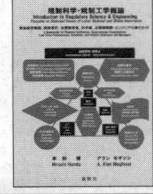

◆切削の本―ごく普通のサラリーマンが書いた機械加工お助けマニュアル　山下誠幸著　大河出版
【要旨】工場に勤務する「ごく普通のサラリーマン」の著者が、教科書には載っていない「切削の裏技」をわざわざ公開！　思わず共感の「切削エッセイ」16篇を収録！
2017.10 161p A5 ¥2000 ①978-4-88661-727-9

◆繊維強化プラスチックの耐久性　宮野靖、中田政之著　共立出版
【目次】粘弾性、樹脂の粘弾性特性係数のマスター曲線、FRPの力学および熱特性、CFRPの静的および疲労強度、FRPの静的強度の定式化、FRPの疲労強度の定式化、FRPのクリープ強度の定式化、応用1：吸水環境における一方向CFRPの種々の負荷方向の静的強度、応用2：吸水環境における種々のFRP積層板の静的および疲労の曲げ強度、応用3：CFRP／鋼ボルト継手の寿命予測、応用4：MMF/ATMに基づくCFRP構造物の寿命予測
2017.6 183p A5 ¥3300 ①978-4-320-08216-8

◆創造力を鍛えるマインドワンダリング―モヤモヤから価値を生み出す東大流トレーニング　中尾政之、上田一貴、井熊均、木通秀樹、劉磊著　日刊工業新聞社　（B&Tブックス）
【要旨】仮説から創造へ。AIにはできない、人間の能力を磨く。
2017.2 130p A5 ¥1600 ①978-4-526-07674-9

◆続・実際の設計―機械設計に必要な知識とモデル　畑村洋太郎編著、実際の設計研究会著　日刊工業新聞社　（実際の設計選書）（『続・実際の設計―機械設計に必要な知識とデータ』改訂・改題書）　改訂新版
【要旨】実際の設計に当たって設計者が持つべき基本的な知識と、その知識を今自分が設計している対象に当てはめるときに有効なモデルを提示。
2017.3 470p A5 ¥4600 ①978-4-526-07679-4

◆匠の技の科学 動作編　京都工芸繊維大学伝統みらい教育研究センター編　日刊工業新聞社　（B&Tブックス―おもしろサイエンス）
【目次】第1章 疲れない動作（壁塗りは疲れない動作が決め手、手編みで金網を連続作製 ほか）、第2章 素早い動作（旗頭の打刻は単純ゆえに難しい、京瓦の防水性は磨き工程がカギを握る ほか）、第3章 人間にしかできない動作（総火造り鍛の形状は叩きだけで作られる、包丁研ぎのコツは、大きく動かすこと ほか）、第4章 美しさを感じる動作（いけばなの美しさはその振る舞いから生まれる、美しいお辞儀は誠実な気持ちの表れ ほか）、第5章 現代工業での匠の動作（普通旋盤工のチャッキングのコツ、見えないバリを取れば超精密部品完成 ほか）
2017.3 151p A5 ¥1600 ①978-4-526-07693-0

◆正しい検図―自己検図・社内検図・3D検図の考え方と方法　中山聡史著　日刊工業新聞社
【目次】第1章 検図の現状と課題（アンケートに基づいた検図の実態と課題内容、検図の実態 ほか）、第2章 あるべき開発プロセスでの検図の仕組み（設計の基本原理、あるべき開発プロセスほか）、第3章 あるべき検図の詳細プロセスと検図に必要な内容（検図プロセス、検図に必要な準備物）、第4章 3DCADを活かした検図方法（間違った3DCADの使い方、本来の3DCADの使い方）、第5章 確実な自己検図を実施しよう（間違った自己検図方法（現状の自己検図方法）、自己検図の進め方）
2017.8 161p A5 ¥2200 ①978-4-526-07740-1

◆正しい工具の揃え方・使い方―写真・図解でプロが教えるテクニック　堀田源治著　日本能率協会マネジメントセンター
【要旨】実際の作業のコツが写真・図解で見てわかる。工具の図鑑ではなく、原理・原則、ノウハウを詳述。使い方とともに、工具の揃え方を学生に教える唯一の教育機関工業高等専門学校の技官陣。
2017.8 115p B5 ¥1400 ①978-4-8207-5954-6

◆楽しく学ぶ材料力学　成田史生、森本卓也、村澤剛著　朝倉書店
【目次】第1章 応力とひずみ、第2章「棒」の引張・圧縮、第3章「はり」の曲げ、第4章「軸」のねじり、第5章「柱」の座屈、第6章 組合せ応力、第7章 エネルギー法
2017.4 141p A5 ¥2300 ①978-4-254-23144-1

◆トコトンやさしい 3Dものづくりの本　柳生浄勲、結石友宏、河島巌著　日刊工業新聞社　（B&Tブックス―今日からモノ知りシリーズ）
【要旨】3D‐CADや3Dプリンタなどを使った3次元のものづくり手法「積層造形技術」。当初はラピッド・プロトタイピング（迅速な試作）が中心でしたが、徐々にラピッド・マニュファクチャリング（迅速な製造）に移行。市場規模も拡大しています。本書はその基礎と技術動向、さらに具体的な設計、活用方法をやさしく紹介します。
2017.6 155p A5 ¥1500 ①978-4-526-07721-0

◆トコトンやさしいバルブの本　小岩井隆著　日刊工業新聞社　（B&Tブックス―今日からモノ知りシリーズ）
【要旨】バルブは設備配管に設置され、流体を止めたり、流したり、流路を切り替えたりします。その存在は地味ですが、バルブは水道やトイレなど私たちの生活の中で重要な役割を担ってくれています。
2017.8 159p A5 ¥1500 ①978-4-526-07738-8

◆日本のものづくりを救う！ 最強の「すり合わせ技術」　津曲公二、酒井昌朗著　日刊工業新聞社　（B&Tブックス）
【目次】第1章 効率一辺倒はもうやめよう―わが国は「見えない資産（無形の資源）」の宝庫、第2章 国際標準に振りまわされる日本、第3章「すり合わせ技術」はニッポンの宝―わが国にある独自の資源を活かす、第4章 戦略に強くなるカギは「すり合わせ技術」、第5章 チーム力をみがくための技術者の役割、第6章 日本のビジネス道を世界に広める
2017.3 187p B6 ¥1500 ①978-4-526-07696-1

◆ねじとばねから学ぶ！ 設計者のための機械要素―わかりやすくやさしくやくにたつ　國井良昌著　日刊工業新聞社
【目次】第1章 料理よりやさしい機械要素の習得（本書の対象者と対象企業、無味乾燥な機械要素に関する学習方法、衝撃の機械要素ランキング（この順番で学ぶことが効果的）ほか）、第2章 使用頻度ランキング第1位のねじを学ぶ（ねじの加工方法、ねじのトラブル第1位はねじはずみ（ねじ山の破損）、事例：ねじの種類選択ミスとその対策 ほか）、第3章 使用頻度ランキング第2位のばねを学ぶ（使用頻度ランキング第2位はばね、ばねのトラブル第1位はへたり、事例：ばねの形状不具合とその対策 ほか）、付録 使用頻度ランキング第3位は軸
2017.2 234p A5 ¥2200 ①978-4-526-07660-2

◆バーチャル・エンジニアリング―周回遅れする日本のものづくり　内田孝尚著　日刊工業新聞社
【要旨】怒涛の勢いで進行するものづくりのパラダイムシフト。品質・コスト・イノベーション…。すべての面でピンチに立たされる我が日本。
2017.4 190p A5 ¥1400 ①978-4-526-07724-1

◆引抜き―棒線から管までのすべて　日本塑性加工学会編　コロナ社　（新塑性加工技術シリーズ 6）
【目次】1 概要、2 変形機構と力学、3 製造技術、4 引抜き材の性質と評価、5 特殊引抜き加工、6 鋼線、7 銅および銅合金線、8 鋼管、9 鋼および銅合金管、10 その他の金属線と管、11 新素材
2017.5 339p A5 ¥5200 ①978-4-339-04372-3

◆非線形有限要素法のための連続体力学　Javier Bonet, Richard D. Wood著、非線形CAE協会監訳、吉田純司、寺嶋隆史、生出佳介訳　森北出版　第2版
【要旨】基礎理論からプログラムの実装までを、初学者にもわかりやすく簡潔に解説。世界標準の入門書。
2017.6 346p A5 ¥6500 ①978-4-627-67512-4

◆必携「からくり設計」メカニズム定石集―ゼロからはじめる簡易自動化　熊谷英樹著　日刊工業新聞社
【目次】からくりとメカニズムの考え方、均等変換メカニズム、遊星ピニオンをもつメカニズム、レバーの運動変換とリンクによる連結、トグルを使った増力メカニズム、平行リンク、アームスライダ、ワーク送りのからくり、からくりを動かすアクチュエータとメカニズムの連結、からくりのメカニカルチャック、連続した回転運動を変換するメカニズム、クロッグ、スプリングフォロー、摩擦を使ったからくりメカニズム、からくり装置の設計
2017.6 182p B5 ¥2500 ①978-4-526-07719-7

◆フリーライブラリで学ぶ機械学習入門　堅田洋資、菊田遥平、谷田和章、森本哲也著　秀和システム
【要旨】機械学習の本当がわかる“動かして学ぶ体験入門書”。人工知能、AI、評判分析、画像認識、価格分析と売り上げ、顧客分類、レコメンデーションなどで大活躍する機械学習やディープラーニングを、Scikit‐learn、Kerasなどで学ぶ。
2017.3 34p 24×19cm ¥1800 ①978-4-7980-4961-8

◆やさしく学ぶ機械学習を理解するための数学のきほん―アヤノ＆ミオと一緒に学ぶ機械学習の理論と数学、実装まで　立石賢吾著　マイナビ出版
【要旨】機械学習にこれから取り組んでみたいエンジニア。機械学習に興味があるけれど数式がなかなか理解できない方。プログラムを書いて動かすところまでやってみたい方。会話形式だからすいすい読める、エンジニアのための入門書。
2017.9 255p A5 ¥2580 ①978-4-8399-6251-5

◆油圧ショベル大全　岡部信也、杉山玄六著　日本工業出版　改訂版；第2版
【要旨】実質世界シェア80%以上を席巻する日本の油圧ショベル！その生い立ちから社会ニーズに対応した進化変遷、主要技術、構造とメカニズムを一気に解説した初の油圧ショベル総合書。関連する業界の方々はもとよりユーザの方や技術系学生必見の書。
2017.3 297p A5 ¥3800 ①978-4-8190-2903-2

◆有限要素法による流れのシミュレーション―OpenMPに基づくFortranソースコード付　日本計算工学会編　丸善出版　第3版
【要旨】前半では基本となるGalerkin 有限要素法と安定化有限要素法について、その基礎理論からプログラミングに至るまでを丁寧に述べている。後半では近年注目を集めているアイソジオメトリック解析手法をはじめ、自由表面流れ、流体・構造連成問題の解析手法、乱流解析手法等について、最新の成果を含めた応用面に重点をおいて解説した。有限要素法による流れ解析に取組む人のための基礎的にして世界水準の一冊となっている。
2017.7 318p B5 ¥5200 ①978-4-621-30183-8

◆有限要素法・要素分割の勘どころ　岸正彦著　森北出版
【要旨】経験豊富な元エンジニアが構造の種類・解析目的に応じた「頼れる目安」を紹介。
2017.8 150p A5 ¥2400 ①978-4-627-67561-2

◆よくわかるデライト設計入門―ワクワクするような製品は天才がいなくとも作れる　大富浩一著　日刊工業新聞社
【要旨】製品に“デライト”（心の琴線に触れる喜び）を作り込む技術を解説。価値創造に本気で取り組む設計者必携の書。
2017.4 222p A5 ¥2400 ①978-4-526-07703-6

◆よくわかるSOLIDWORKS演習―モデリングマスター編　アドライズ編　日刊工業新聞社　改訂第2版
【要旨】フィーチャーやパターン、マルチボディ、サーフェスなど、複雑な形状の構築に欠かせない機能の使い方のコツを演習形式でわかりやすく解説。
2017.8 239p B5 ¥3200 ①978-4-526-07734-0

◆例題でわかる！ Fusion360でできる設計者CAE―Standard版対応　水野操著　日刊工業新聞社
【要旨】Fusion360 Standard 版のCAE機能のすべてを網羅！
2017.10 303p B5 ¥3200 ①978-4-526-07758-6

◆若い技術者のための機械・金属材料　矢島悦次郎、市川理衛、古沢浩一、宮崎亨、小坂井孝生、西野洋一共著　丸善出版　第3版
【要旨】本書は、機械・金属材料の基礎に加えて、現場技術者の多年にわたる実用的な知見がふんだんに取り入られ、初版刊行以来、大学学部および高専の機械・金属材料の教科書として、高い評価を得てきました。第3版は、初版・第2版の長所・内容の骨格をそのまま継承しつつ、近年の材料科学の成果を踏まえて内容をより充実させて改訂をはかったものです。また、JIS規格の改訂に合わせ、最新規格に準拠しています。
2017.1 377p A5 ¥3400 ①978-4-621-30124-1

◆わかる！ 使える！ マシニングセンタ入門―「基礎知識」「段取り」「実作業」　澤武一著　日刊工業新聞社

【要旨】「基礎知識」「準備・段取り」「実作業・加工」の "これだけは知っておきたい知識" を体系的に解説。"段取り" にもフォーカスした実務に役立つ入門書。

2017.12 166p A5 ¥1800 ⓒ978-4-526-07772-2

◆My フライス盤をつくる―切削加工機の自作ガイド　橋本大昭著　大河出版

【目次】My フライス盤をつくる、NC フライス盤の制御機構、NC 装置（コントロールユニット）の構成、NC ユニットの製作、NC フライス盤の設計、フライス盤の本体を設計する、安全カバー付き作業台をつくる、フライス盤を組立る、さらに加工精度を求めて、フライス盤が完成したら切削試験を、加工機の剛性を上げる、周辺機器編

2017.6 145p 21×19cm ¥3800 ⓒ978-4-88661-450-6

CAD／CAM

◆描きたい操作がすぐわかる！ AutoCAD LT 操作ハンドブック―2018/2017/2016/2015/2014/2013対応　鈴木孝子著　ソーテック社

【要旨】AutoCAD LT ユーザー必携！ 機能で引ける操作の完全ガイド！ リボン、コマンド入力、ボタン、メニュー―行いたい操作がすぐに引ける内容豊富な手元に1冊必携のハンドブックです。

2017.10 463p A5 ¥2580 ⓒ978-4-8007-1182-3

◆基礎からしっかり身につく AutoCAD LT 入門―2018/2017/2016/2015/2014/2013/2012/2011/2010/2009対応　芳賀百合著　ソシム

【要旨】作図、修正、画層、印刷、レイアウトなど基本を手厚く解説。操作の行程、具体的な手順、操作の結果を明記。ステップ・バイ・ステップで体系的に技術を習得！

2017.7 383p A5 ¥2400 ⓒ978-4-8026-1105-3

◆高校生から始める Jw_cad 建築製図入門―Jw_cad8対応版　櫻井良明著　エクスナレッジ　（付属資料：CD・ROM1）

【要旨】Jw_cad で建築製図を簡単にマスターするために最適の書。高校生が製図の授業を学ぶように建築図面の描き方を初歩からやさしく解説しています。

2017.12 239p B5 ¥2800 ⓒ978-4-7678-2423-9

◆高校生から始める Jw_cad 製図超入門（Jw_cad8対応版）　櫻井良明著　エクスナレッジ　（付属資料：CD・ROM1）

【目次】学習を始める前に、線をかく、線の色と種類を変える、複写・伸縮・コーナー処理・面取、線を消去・伸縮・連結する、矩形（長方形）をかく、矩形（正方形）をかき、複写・移動・消去する、平行2直線（2線）をかく、既存線の中心線・垂線・分割線をかく、円・円弧・楕円をかく〔ほか〕

2017.8 223p 28×22cm ¥2500 ⓒ978-4-7678-2377-5

◆これから CIM をはじめる人のための AutoCAD Civil 3D 入門―AutoCAD Civil 3D 2018/2017/2016/2015対応　芳賀百合著、福地良彦監修　エクスナレッジ

【目次】第1章 AutoCAD Civil 3D の基本、第2章 地形サーフェスの作成、第3章 平面線形の作成、第4章 縦断線形の作成、第5章 アライメントの作成、第6章 コリドーの作成、第7章 コリドーサーフェスの作成、第8章 横断ビューの作成、第9章 土量の計算、第10章 グレーディングの作成、第11章 コリドーやサーフェスの活用方法

2017.7 255p B5 ¥3600 ⓒ978-4-7678-2346-1

◆「こんなに簡単！ DRA-CAD15」2次元編―基礎からプレゼンまで　構造システム編　構造システム、建築ピボット　発売

【要旨】DRA-CAD の基礎をおぼえよう！ はじめて CAD を使う人でも作図しながら基本操作がわかる！ DRA-CAD の基本操作をはじめ、簡単な平面図の作成からプレゼン用図面の作成までを解説。

2017 358p B5 ¥2500 ⓒ978-4-87735-059-8

◆コンピュータで一流マシン製作！ 3D プリンタと CAD の始め方―Autodesk 123D Design 収録　岩永翔伍著　CQ出版　（ツール活用シリーズ）　（付属資料：CD・ROM1）

【目次】第1部 はじめて3D プリンタを使うための基礎知識（3D プリンタと3DCAD）、第2部 Autodesk 123D Design 操作ガイド（123D Design の入出力操作、123D Design の画面操作、123D Design のモデリング機能）、第3部 応用編―3D データの作成（小型ケース用プレートを3D プリンタで作る、中型ケース用プレートを3D プリンタで作る、3次元の造形に挑戦―ケースの製作）

2017.6 223p B5 ¥3600 ⓒ978-4-7898-4953-1

◆楽しく学ぶ AutoCAD LT ドリルブック―AutoCAD LT 2018/2017/2016/2015/2014対応　水坂寛著　技術評論社　（付属資料：CD・ROM1）

【要旨】最初にチェック、学習のポイント。操作を確認、基本例題。しっかり身につく、確認問題。AutoCAD LT の基本はこれでバッチリ！

2017.9 415p B5 ¥3800 ⓒ978-4-7741-8782-2

◆できる AutoCAD―2017/2016/2015対応　矢野悦子、できるシリーズ編集部著　インプレス（できるシリーズ）　（付属資料：CD・ROM1）

【要旨】「建築」「機械」「土木」など幅広く役立つ定番 CAD の一生使える入門書。基礎と応用が身に付く2部構成―各コマンドの使い方が学べる「基本編」と、機械部品とマンション平面図の図面を実際に作図する「実践編」の2部構成だから、基礎と応用がしっかり身に付きます。練習問題を豊富に掲載―操作方法をマスターしたつもりでも、いざ作図し始めると、分からないことが出てくるもの。本書の練習問題なら、作図の発想力を鍛えられます。すぐに使える素材が充実―作図を助ける DWG 形式のデータを付属 CD・ROM に500点収録！ レッスンで作成する図面ファイルも収録されているので、お手持ちのパソコンで紙面の操作をすぐに試せます。

2017.1 334p 24×19cm ¥2700 ⓒ978-4-295-00066-2

◆徹底解説 AutoCAD LT 2018/2017　鈴木裕二、伊藤美樹共著　エクスナレッジ

【要旨】新しい機能、基本の操作、作図の方法、便利なカスタマイズ、コマンドの使いこなし、これらの解説すべてを一冊に凝縮！

2017.12 447p B5 ¥3800 ⓒ978-4-7678-2400-0

◆7日でおぼえる Jw_cad―Jw_cad8対応　富田泰二著　エクスナレッジ　（付属資料：CD・ROM1）

【要旨】基本操作から作図・編集・印刷・データ変換のほか Jw_cad の設定や独自機能まで実務に直結する操作方法を7日でマスター。知りたい操作がすぐわかる！

2017.7 223p B5 ¥3200 ⓒ978-4-7678-2345-4

◆はじめて学ぶ AutoCAD LT 作図・操作ガイド―2018/2017/2016/2015対応　鈴木孝子著　ソーテック社

【要旨】これから始める方必読の入門テキストです！ 基本作図・操作に便利な使い方、画像や空間管理、平面図完成まで使い方を短期でマスター！ 基本操作から作図・修正、画層、印刷までを丁寧に解説！「練習問題」で CAD の資格試験にも役立ちます。LT2017/2016/2015ユーザーも使えます。

2017.6 295p 24×19cm ¥2380 ⓒ978-4-8007-1171-7

◆やさしく学ぶ Jw_cad8　Obra Club 著　エクスナレッジ　（付属資料：CD・ROM1）

【要旨】パソコンが苦手な方にもわかりやすい解説で、基本操作から、家具や建物の平面図から、さらに敷地図や日影図のかき方までやさしく学べます。 2017.10 287p B5 ¥3200 ⓒ978-4-7678-2387-4

◆やさしく学ぶ SOLIDWORKS　水越紀弥著　エクスナレッジ　（付属資料：DVD・ROM1）

【要旨】付録動画で操作を完全フォロー！ CAD 初心者に一番やさしい SOLIDWORKS 入門書。

2017.11 286p B5 ¥3200 ⓒ978-4-7678-2399-7

◆ARCHICAD でつくる BIM 施工図入門　安井好信監修、鈴木裕二、池田寛著　鹿島出版会　（付属資料：CD・ROM1）

【要旨】ARCHICAD で施工図を変える！ 情報管理を根本的に変えるBIM。施工図を BIM ツールで作成し、施工図品質の向上と業務の効率化を。本書では、施工図用のモデリングルールから施工図をつくるプロセスを詳細にわかりやすく解説。施工図サンプルデータ、鹿島建設仕様のテンプレート入り CD・ROM 付。ARCHICAD 20対応。

2017.6 238p B5 ¥3700 ⓒ978-4-306-03383-2

◆ARCHICAD21ではじめる BIM 設計入門 企画設計編　鈴木裕二、新貫美子、亀岡雅紀著　エクスナレッジ

【要旨】ARCHICAD BIM ガイドラインで学ぶ、BIM の実践テクニック！

2017.12 287p B5 ¥3600 ⓒ978-4-7678-2412-3

◆AutoCAD/AutoCAD LT 困った解決＆便利技―2015/2016/2017/2018対応　稲葉幸行著　技術評論社

【要旨】効率よく図面を描きたい！ 印刷のテクニックを知りたい！ サクッと図形を修正したい！ もっと使いやすくしたい！ AutoCAD&AutoCAD LT のギモンを解決！ つまずいたときにスグにお助けします。

2017.10 367p B5 ¥3400 ⓒ978-4-7741-9182-9

◆AutoCAD LT で学ぶ建築製図の基本―AutoCAD LT 2018対応　鳥谷部真著　エクスナレッジ

【目次】第1章 建築製図とは、第2章 AutoCAD LT 2018の基本、第3章 製図の準備、第4章 平面図の作成、第5章 立面図の作成、第6章 断面図の作成、第7章 Appendix

2017.9 255p B5 ¥3300 ⓒ978-4-7678-2370-6

◆AutoCAD 標準教科書―AutoCAD LT2018対応 入門者から実務者まですぐに役立つ！　中森隆道著　鳥影社

【要旨】25年以上にわたる AutoCAD の企業講習と職業訓練校での教育実績に基づく AutoCAD LT 解説の決定版！

2017.6 499、4p B5 ¥2800 ⓒ978-4-86265-623-0

◆Autodesk AutoCAD 2018/Autodesk AutoCAD LT 2018公式トレーニングガイド　井上竜夫著、オートデスク監修　日経BP社、日経BPマーケティング発売

【目次】第1部 AutoCAD の基礎（基本操作を理解する、オブジェクトを作成する、オブジェクトを編集する、図面注釈を作成する）、第2部 AutoCAD ビギナー編―図面を効率よく作成するために（図面を印刷し、パブリッシュする、異尺度対応注釈を使いこなす、表オブジェクトを使用する、ブロックを使用する、図面テンプレートを作成する）、第3部 AutoCAD エキスパート編―個人の生産性を向上させるために（パラメトリック図面を作成する、コンテンツを再利用する、AutoCAD をカスタマイズする、外部参照を使用する）、第4部 AutoCAD マネージャ編―設計チームのさらなる効率化のために（図面データを参照する、シートセットマネージャを使いこなす、A360クラウドサービスと連携する）

2017.7 483p B5 ¥3900 ⓒ978-4-8222-5334-9

◆Autodesk AutoCAD Mechanical 2018公式トレーニングガイド　西村将二著、オートデスク監修　日経BP社、日経BPマーケティング 発売

【目次】第1章 新規ファイル、第2章 プロパティと画層、第3章 ジオメトリの作成、第4章 ジオメトリの編集、第5章 コンテンツと計算、第6章 図面レイアウト、第7章 寸法と記号、第8章 部品表、第9章 環境設定、第10章 AutoCAD の基本

2017.9 286p B5 ¥4800 ⓒ978-4-8222-5337-0

◆Fusion360操作ガイド CAM・切削加工編―次世代クラウドベース3DCAD/CAM　三谷大暁、大塚貴、濱谷健史共著　カットシステム

【目次】第1章 加工の基礎知識、第2章 ドローンをつくろう、第3章 ORIGINALMIND Kit-Mill RZ300/420を使ってみよう、第4章 ルアーをつくろう、第5章 立体地図をつくろう、第6章 工具登録をしよう、第7章 おもちゃの車のタイヤをつくろう、第8章 Roland MDX-40A を使ってみよう、第9章 ボディを削ろう、第10章 電動ドライバーをつくろう、第11章 カスタムポストプロセッサをインポートしよう、第12章 ATC付きの機械を動かそう

2017.8 471p B5 ¥4400 ⓒ978-4-87783-418-0

◆Jw_cad で学ぶ建築製図の基本―Jw_cad8対応版　櫻井良明著　エクスナレッジ　（付属資料：CD・ROM1）

【要旨】建築基礎用語、図面の描き方、Jw_cad の操作が同時に学べる！

2017.7 271p B5 ¥3300 ⓒ978-4-7678-2355-3

◆Jw_cadハンドブック困った！＆便利技176　稲葉幸行, できるシリーズ編集部著　インプレス　（できるポケット）
【目次】Jw_cad の基礎知識、Jw_cad の基本操作と作図の事前準備、基本的な線の作図と点の取得、円と接線、接円の作図、長方形や正方形、さまざまな多角形の作図、さまざまな線の作図と線属性の取得、範囲選択とレイヤー管理、属性変更、図形の消去や移動、複写、さまざまな線や角の編集、図形の変形と塗りつぶし、文字や寸法の記入、Jw_cad のトラブル解決
2017.10 286p B6 ¥1980 ①978-4-295-00249-9

◆Tinkercadではじめる3D・CAD—「3Dプリンタ」や「マインクラフト」の3Dモデルが簡単に作れる！　東山雅延著　工学社　（I・O BOOKS）
【要旨】ブロックをレゴのように組み合わせるだけ！ 基本的な使い方や作品を3Dプリンタで出力する際のポイントなども詳しく解説。カメラ型キーホルダー、トランシーバ用のハンガー、電子回路用保護ケース、ネームプレート、リモコン・ホルダ、おもちゃの電車、スマホケース…スグに作れる！ 作例11種。
2017.11 207p A5 ¥2300 ①978-4-7775-2034-3

エンジン工学

◆古今東西エンジン図鑑—その生い立ち・背景・技術的考察　鈴木孝著　グランプリ出版
【要旨】新旧の自動車用、航空用、舶用、戦車用、汎用の個性的なエンジンを発掘し、そのエンジンの誕生と技術的・時代的背景を詳細なイラストとともに解説する、世界のエンジンのフィールドノート。
2017.1 232p A5 ¥2400 ①978-4-87687-349-4

◆毒舌評論 究極のエンジンを求めて　兼坂弘著　三栄書房, 復刊ドットコム 発売　復刊
【要旨】30年前に自動車エンジン界の現状と未来を徹底的に論破した毒舌評論。今読むからこそ、その凄さがわかる本。
2017.11 334p B5 ¥5000 ①978-4-8354-5521-1

建設・土木工学

◆確率統計による測量の誤差論 基本型—残差を使用した平均二乗誤差式の証明他　美馬聡著　（名古屋）ブイツーソリューション, 星雲社 発売
【目次】第1章 確率・統計（確率分布、正規分布の発見、ガウスの誤差曲線（正規分布の導出）、正規分布の性質）、第2章 測量の基準（測量体系、測量方法）、第3章 観測値の修正（簡易な調整値（最小二乗法によらない計算）、最確値（最小二乗法による計算））、第4章 観測の精度（誤差の関係式、観測の精度を表す指標、1地域（多地点）の標本標準偏差）、法律関係資料（測量法関係、国土調査法関係、不動産登記法関係）
2017.4 281p B5 ¥2950 ①978-4-434-23154-4

◆環境計量士（濃度関係）化学分析概論及び濃度の計量 解説と対策　日本計量振興協会編, 住吉孝一著　コロナ社　第3版
【要旨】平成21年度から平成28年度の計8回に出題された「化学分析概論及び濃度の計量」について、全出題問題を掲載。平成6年度から平成20年度の出題の中から最重要問題を抽出し、1問ずつ解答に至るまでの理論的な解説を行いつつ、範囲別・体系別に分類、整理を行っている。設問の解説については、法改正に対応すべく、公定分析法に最新の分析方法を盛り込んだ。
2017.7 439p A5 ¥5400 ①978-4-339-03221-5

◆環境工学　PEL編集委員会監修, 山崎慎一編著　実教出版　（Professional Engineer Library）
【目次】地球と人類の歴史、地球環境問題と国際的な取り組み、エネルギー問題と持続可能な社会、公害問題と環境政策、水質汚濁と富栄養化、上水道の役割としくみ、下水道の役割としくみ、廃棄物の処理とリサイクル、土壌環境の汚染と対策、大気環境の汚染とその対策、音・振動の評価と対策、生態系と生物多様性の保全、環境アセスメントとミティゲーション
2017.10 247p B5 ¥2300 ①978-4-407-34030-3

◆基礎からの土質力学　常田賢一, 澁谷啓, 片岡沙都紀, 河井克之, 鳥居宣之, 新納格, 秦吉弥著　理工図書
【目次】土の生成と土質力学の基本、土の物理的特性と試験法、有効応力と間隙水圧、締固め特性、透水特性、圧密特性、せん断特性、地盤特性と調査法、地盤内の応力と変位、土圧、支持力、斜面の安定、自然災害と地盤防災、地盤の設計基準別と安定化対策
2017.4 313p A5 ¥3300 ①978-4-8446-0857-8

◆基礎から学ぶ水理学　岡澤宏, 中桐貴生編著, 竹下伸一, 長坂貞郎, 藤川智紀, 山本忠男共著　理工図書
【目次】第1章 序論、第2章 静水圧、第3章 水の運動、第4章 管水路の流れ、第5章 開水路の流れ、第6章 オリフィスと水門（ゲート）、第7章 せき（堰）、第8章 地下水
2017.10 228p B5 ¥3000 ①978-4-8446-0861-5

◆基礎測量学　長谷川昌弘, 川端良和編著　電気書院　改訂2版
【目次】座標系、観測値の処理、距離測量、角測量、トータルステーションによる測量、基準点測量、水準測量、地形測量および写真測量、地図製作（作編集）とGIS、面積・体積計算と面積分割・境界調整、基礎測量実施
2017.8 315p B5 ¥3300 ①978-4-485-30253-8

◆建築水理学—水害対策の知識　桑村仁著　技報堂出版
【目次】第1章 建築物の水害、第2章 日本の建築事情と水害、第3章 建築物の安全性と使用性、第4章 建築に必要な水理学の知識、第5章 氾濫流の荷重効果、第6章 氾濫流に対する既存建築物の安全性、第7章 木造の耐水構造設計、第8章 鉄骨造の耐水構造設計、第9章 鉄筋コンクリート造の耐水構造設計、第10章 基礎の耐水構造設計、第11章 建築物の浸水
2017.7 240p A5 ¥2700 ①978-4-7655-2599-2

◆現場監理ノート 建築編 2017　日本建築家協会監修, 大阪府建築家協同組合編　（大阪）大阪府建築家協同組合　38版
【目次】一般事項、仮設工事、土工事、地業工事、鉄筋工事、コンクリート工事、鉄骨工事、ブロック及びALCパネル工事、防水工事、石工事〔ほか〕
2017.4 73p A4 ¥2500 ①978-4-901251-74-7

◆現場で役立つ管工事の基本と実際　原英嗣, 西川豊宏監修　秀和システム　（図解入門）
【要旨】管工事の王道を現場感覚で公開！ 1級・2級管工事学科試験に最適！ ベテラン技術者の知見とノウハウを完全公開！
2017.9 311p A5 ¥2000 ①978-4-7980-5232-8

◆公共住宅建設工事 機材の品質・性能基準 平成28年度版　公共住宅事業者等連絡協議会編　創樹社,（川崎）ランドハウスビレッジ 発売
【目次】総則編、建築編〔優良住宅部品評価基準において定めている性能等による機材、事連協が独自に性能等を定める機材〕、電気編〔優良住宅部品評価基準において定めている性能等による機材、事連協が独自に性能等を定める機材〕、機械編〔優良住宅部品評価基準において定めている性能等による機材、事連協が独自に性能等を定める機材〕
2017 113p A4 ¥1500 ①978-4-88351-110-5

◆構造力学　PEL編集委員会監修, 岩坪要編著　実教出版　（Professional Engineer Library）
【目次】構造力学のガイダンス、力のつり合い、構造物のモデル化、静定ばり、トラス、ラーメン、断面の性質、応力とひずみ、はりのたわみ、柱、影響線、仕事とエネルギー法、不静定構造
2017.10 255p B5 ¥3000 ①978-4-407-33787-7

◆左官読本 第8号 塗り壁の美学　小林澄夫責任編集　風土社
【目次】特集 塗り壁の美学、真の巻/塗り壁の美、行の巻/左官術のむこうにあるもの、草の巻/塗り壁を愛でる、対談/熟練左官職人と語る—中村康×小林澄夫
2017.6 32p B6 ¥926 ①978-4-86390-044-8

◆地すべり山くずれの実際—地形地質から土砂災害まで　高谷精二著　鹿島出版会
【目次】日本における地すべり・山くずれの背景、岩石の種類と地すべり、地すべり地形と微地形、山くずれの諸現象、風化作用、風化を進める岩石の構造、岩石の風化度、山地斜面の構造と動き、斜面崩壊に関わる水、地すべりに関わる粘土鉱物、植物と地すべり・山くずれ、農林業と地すべり
2017.11 255p A5 ¥3300 ①978-4-306-02489-2

◆実務測量に挑戦!!基準点測量　成岡市, 谷口光廣, 岡島賢治, 中村光司著　電気書院　改訂新版
【目次】基準点測量編（測量ことはじめ）（測量の歴史、測量の基準、測量の作業工程 ほか）、測量数学基礎編（十進法と六十進法、三角関数、基本的な統計処理 ほか）、測量実習編（器械の取り扱い、基準点踏査、距離測量（簡易距離測量）ほか）
2017.11 340p B5 ¥3000 ①978-4-485-30254-5

◆地盤の液状化—発生原理と予測・影響・対策　石原研而著　朝倉書店
【目次】クイックサンドと古今の液状化、液状化発生と被害の様相、液状化発生のメカニズム、液状化の発生と及ぼす諸因子、室内実験による液状化強度の求め方、地盤の状態を調査するための貫入試験、設計で用いる液状化強度の求め方、液状化が発生するか否かの判定、液状化の結果生ずる平坦な地盤の沈下、地表面の変状と側方流動、構造物や盛土の被害、液状化の対策と地盤改良、液状化対策の変遷と発展、その他の液状化現象
2017.4 105p A5 ¥2700 ①978-4-254-26170-7

◆社会基盤施設の建設材料—環境負荷軽減と資源の循環活用　関博, 井上武美, 木村秀雄, 秋山充良共著　理工図書
【目次】第1章 地球環境の変化と循環型社会、第2章 構造物の建設と環境アセスメント、第3章 産業副産物の活用、第4章 構造材としてのコンクリートの利用、第5章 構造材としての鋼材、第6章 補強材料としてのアスファルトの利用、第7章 社会の持続的発展のために建設分野が果たすべき役割
2017.4 217p A5 ¥3200 ①978-4-8446-0860-8

◆写真集 マンホールのふた—日本篇　林丈二写真・文　サイエンティスト社
【目次】東京篇（上水道、下水道、電信電話 ほか）、全国篇（沖縄県、福岡県、熊本県 ほか）、附録篇（マンホール蓋の歴史、マンホール周辺の出来事、マンホールの登場する小説 ほか）
2017.11 192p A4 ¥3500 ①978-4-914903-27-5

◆新規制定地盤工学会基準・同解説 過酸化水素水による土及び岩石の酸性化可能性試験方法（JGS 0271‐2016）　地盤工学会過酸化水素水による土及び岩石の酸性化可能性試験方法基準化委員会編　地盤工学会, 丸善出版 発売
【目次】地盤工学会基準「過酸化水素水による土及び岩石の酸性化可能性試験方法」、基準の解説（適用範囲、試験器具及び試薬、試料、試験方法）、試験結果の表示と解釈（試験結果の報告、試験結果の解釈、作成例）、規格・基準以外の試験方法試験結果の解釈の現状
2017.12 16p A4 ¥1600 ①978-4-88644-106-5

◆水理学演習 上　椿東一郎, 荒木正夫著　森北出版　POD版
【目次】第1章 概説、第2章 静水力学、第3章 流れの基礎原理、第4章 管水路の水理、第5章 オリフィスとセキ、第6章 水撃作用とサージタンク
2017.10 288p A5 ¥4000 ①978-4-627-49119-9

◆水理学演習 下　荒木正夫, 椿東一郎著　森北出版　POD版
【目次】第7章 開水路の定流、第8章 開水路の不定流、第9章 水文学、第10章 流砂、第11章 波と海岸の水理、第12章 地下水と浸透
2017.10 334p A5 ¥4400 ①978-4-627-49129-8

◆図説わかる水理学　井上和也編　（京都）学芸出版社　改訂版
【要旨】水の性質と流れのしくみをイラストで学ぼう！ 初学者の定本テキスト。
2017.9 158p B5 ¥2800 ①978-4-7615-2653-5

◆測地学入門—地球上の位置の決定　西修二郎著　技報堂出版
【目次】第1章 座標系、第2章 位置決定の原理、第3章 位置決定の方法論、第4章 地球重力場、第5章 これからの測地学、附章
2017.6 151p A5 ¥2500 ①978-4-7655-1846-8

◆沈黙の海・有明海—その不都合な真実　林重徳著　日刊工業新聞社
【目次】水産学・海洋環境学の“定説（？）”と“常識（？）”は、正確でしょうか？—「海水は底質へ浸透しない。」ならびに「海洋性硫酸還元菌」について、平成13年沈黙した「飯田海岸」の干潟、有明海はどのように形成され、どんな特徴

があるのでしょうか?―有明海の成り立ちと特徴を見てみましょう!、有明海は"濁っている"のに、なぜ"豊饒の海"だったのでしょう?―有明海域の特徴と生物たち、有明海の底質を左右する"分散化"および"綿毛化"とは"団粒化"、有明海で、何が起こっているのでしょうか?、湾奥部干潟域における底質調査、「酸処理剤」(ノリ活性化処理剤)の"底質"への影響、有明海における干潟"底質"の特性、"乳酸"を多く含む「新酸処理剤」の登場、有明海異変の"本質"、開発した「底質改善技術」、ノリ養殖業と貝類漁業・漁船漁業の"共存・共栄"への道、「有明海問題」―その不都合な真実、「有明海問題」から何を学ぶか?、余稿―「有明海問題」を通して思うこと 2017.10 196p A5 ¥2500 ①978-4-526-07761-6

◆**土質力学の基礎とその応用**　石橋勲、ハザリカ・ヘマンタ著　共立出版　(『土質力学の基礎』改訂・改題書)
【目次】土質力学への案内、土の物理的諸性質、粘土とその挙動、土の分類法、土の締固め、土中の水の流れ、有効応力、地表面荷重による土中の応力の増加、地盤の沈下、モール円の土質力学への応用、土の強度、構造物に作用する土圧、地盤調査、土の支持力と浅い基礎の設計、深い基礎の設計、斜面の安定
2017.3 350p B5 ¥4400 ①978-4-320-07436-1

◆**土木技術者のための木材工学入門**　土木学会木材工学委員会編　土木学会、丸善出版 発売
【目次】第1章 土木と木材、第2章 地球温暖化と木材、第3章 森林と林業、第4章 木材の性質と製品、第5章 木橋、第6章 治山治水、第7章 基礎・地盤補強、第8章 交通関連施設
2017.3 217p A5 ¥3000 ①978-4-8106-0919-6

◆**土木技術者倫理問題―考え方と事例解説 2**　土木学会技術推進機構継続教育実施委員会編　土木学会、丸善出版 発売　改訂版
【要旨】土木技術者が書いた土木技術者のための技術者倫理の本。
2017.12 213p A5 ¥1500 ①978-4-8106-0939-4

◆**土木計画学ハンドブック**　土木学会土木計画学ハンドブック編集委員会編　コロナ社
【目次】1 基礎編(土木計画学とは何か、計画論、基礎数学、交通学基礎、関連分野)、2 応用編(国土・地域・都市計画、環境都市計画、河川計画、水資源計画、防災計画 ほか)
2017.3 796p B5 ¥25000 ①978-4-339-05252-7

◆**土木・交通計画のための多変量解析**　川﨑智也、稲垣具志、寺内義典、石坂哲宏共著　コロナ社
【要旨】『土木・交通工学のための統計学―基礎と演習』の続刊としての多変量解析手法の入門書。理論や方法の解説に加え、交通分野における現実の課題に近い例題を多く用意した。
2017.7 231p A5 ¥3000 ①978-4-339-05251-0

◆**土木材料実験指導書 2017年改訂版**　土木学会コンクリート委員会土木材料実験指導書編集小委員会編　土木学会、丸善出版 発売
【目次】第1章 セメント、第2章 骨材、第3章 コンクリート、第4章 鉄筋、第5章 アスファルト・アスファルト混合物、第6章 品質管理・品質検査、第7章 コンクリート構造物の非破壊試験
2017.2 249p A4 ¥1500 ①978-4-8106-0890-8

◆**土木施工の実際と解説 上巻 一写真でみる土木工事の施工手順 国土交通省土木工事標準積算基準書に準拠**　「土木施工の実際と解説」編集委員会編著　建設物価調査会　改訂6版
【目次】第1章 一般事項、第2章 土工、第3章 共通工、第4章 基礎工、第5章 コンクリート工、第6章 仮設工、第7章 河川海岸、第8章 河川維持、第9章 砂防、第10章 地すべり防止工
2017.10 895p A4 ¥12000 ①978-4-7676-3807-2

◆**土木施工の実際と解説 下巻 一写真でみる土木工事の施工手順 国土交通省土木工事標準積算基準書に準拠**　「土木施工の実際と解説」編集委員会編著　建設物価調査会　改訂6版
【目次】第11章 道路舗装、第12章 道路付属施設、第13章 道路維持修繕、第14章 共同溝工、第15章 トンネル工、第16章 下水道、第17章 公園、第18章 土木工事標準単価、第19章 参考工種
2017.10 860p A4 ¥12000 ①978-4-7676-3808-9

◆**土木の基礎固め 水理学**　二瓶泰雄、宮本仁志、横山勝英、仲吉信人著　講談社
【要旨】独習可能な親切設計! フルカラーで水の動きを図解。カラー写真で現場のようすを紹介。演習問題を充実させた。
2017.11 232p A5 ¥2800 ①978-4-06-156572-2

◆**軟弱地盤の長期沈下と有限要素圧密解析入門**　赤石勝編著　(日野)インデックス出版
【目次】第1部 Excel VBAによる一次元圧密FE解析(軟弱地盤の長期沈下と二次圧密、弾塑性一次元圧密FE解析例、二次元圧密モデルと一次元圧密方程式、二次圧密を考慮した一次元圧密FE解析、二次圧密の初期速度の影響 BVCD.xlsm)、第2部 弾粘塑性FE圧密解析(弾粘塑性応力ひずみ時間関係、計算に用いる土質定数 CDOJ.xlsm&CDH.xlsm、一次元圧密過程のFE計算 ODC.for)、第3部 工事記録と計算例(バーチカルドレーンを施工した軟弱地盤の沈下)、附録
2017.5 49p B5 ¥2000 ①978-4-901092-83-8

◆**200の道路構造物の実例に学ぶ設計不具合の防ぎ方**　阪神高速道路・設計不具合改善検討会編　日経BP社、日経BPマーケティング 発売　増補改訂版
【要旨】点検義務化や大規模修繕事業化を踏え、不具合事例がさらに充実。阪神高速道路株式会社などの発注機関で発生した不具合の実例を、橋、トンネルなどの構造物別に紹介。図と写真を使って分かりやすく説明します。
2017.3 332p 29×22cm ¥5200 ①978-4-8222-3524-6

◆**入門・弾性波動理論―震源断層・多層弾性体の地震動や地盤振動問題への応用**　原田隆典、本橋英樹著　(相模原)現代図書、星雲社 発売
【要旨】震源断層・多層弾性体の地震動・地盤振動問題についての入門と弾性波動理論の詳細解説版!波動理論を使って工学的課題を解決し、新しい技術開発をするための数式等を詳細に解説。これ一冊で理論と応用への理解とヒントが得られる。
2017.12 325p B5 ¥10000 ①978-4-434-23955-7

◆**爆発・衝撃作用を受ける土木構造物の安全性評価―希少事象に備える**　土木学会構造工学委員会編　土木学会、丸善出版 発売　(構造工学シリーズ 27)
【目次】第1編 爆発作用を受ける土木構造物の安全性評価(爆発の基本、爆薬の爆轟理論、爆薬の爆発によって構造物に作用する爆発荷重 ほか)、第2編 落石防護構造物の性能照査設計に資する各種検討事例(我が国における性能設計導入の背景と経緯、設計供用期間についての考え及びその他の作用 ほか)、第3編 衝突作用を受ける各種構造物の性能設計(鋼製透過型砂防構造物の性能設計、港湾構造物における耐衝撃設計、竜巻飛来物の衝突による原子力施設防護対策に関する耐震適設計ガイド ほか)
2017.9 426p A4 ¥6000 ①978-4-8106-0940-0

◆**プラントレイアウトと配管設計**　大木秀之、紙遠辰男、西野悠司、湯原耕造共著　日本工業出版
【目次】配管設計という仕事、P&IDの読み方、石油精製・石油化学・ガス処理プラントのプロットプラン、石油精製・石油化学・ガス処理プラントの配管レイアウト、石油精製・石油化学・ガス処理プラントの配管サポート、火力・原子力発電プラントのプロットプラン、火力・原子力発電プラントの配管レイアウト、火力・原子力発電プラントの配管サポート、配管材料基準と配管材料選定、配管耐圧部の強度設計 (ほか)
2017.10 305p B5 ¥3500 ①978-4-8190-2919-3

◆**木材の物理**　石丸優、古田裕三、杉山真樹編　(大津)海青社　(木材科学講座 3)
【目次】第1章 木材の構造と形態(樹木と木材、肉眼的構造 ほか)、第2章 木材の物理的性質(密度、木材と水 ほか)、第3章 木材の力学的性質(弾性、粘弾性 ほか)、付章 竹の組織構造と物性(竹の概要、組織構造 ほか)、資料
2017.10 210p A5 ¥1845 ①978-4-86099-239-2

◆**木工手道具の基礎と実践―道具の種類・特徴から刃研ぎや仕込みの技術までをすべて網羅**　大工道具研究会編　誠文堂新光社
【目次】木工教室を訪ねる1 宮本木工教室、大工道具作りの現場から、木工教室を訪ねる2 神楽坂木工教室、写真でわかる大工道具、木工教室を訪ねる3 朝日カルチャーセンター、手道具の基礎知識、道具を仕立てる、作業の基本、接ぎ手の種類と削り、治具・定規の製作手順
2017.6 175p B5 ¥2400 ①978-4-416-61742-7

◆**物語 日本の治水史**　竹林征三著　鹿島出版会
【要旨】技術は失敗・事故の反省により進展してきた。河川浸水災害は繰り返し起きている。破堤・災害は河川の持つ遺伝子である。治水の失敗は歴史から消え去る。治水神・禹の伝説は脈々と四千年の系譜は続く。巨大災害の世紀、混迷を深める治水。治水の歴史から学ぶべきことが多い。
2017.6 253p B6 ¥2600 ①978-4-306-09447-5

◆**理解を深める土質力学320問**　常田賢一、澁谷啓、片岡沙都紀、河井克之、鳥居宣之、新納格、秦吉弥著　理工図書
【目次】土の生成と土質力学の基本、土の物理的特性と試験法、有効応力と間隙水圧、締固め、透水特性、圧密、せん断、地盤特性と調査法、地盤内応力、土圧、支持力、斜面の安定、自然災害と地盤防水、地盤の設計基準類と安定対策、総合問題・公務員試験問題
2017.4 295p A5 ¥3300 ①978-4-8446-0858-5

◆**流水型ダム―防災と環境の調和に向けて**　池田駿介、小松利光、角哲也編　技報堂出版
【目次】第1章 序論、第2章 ダム・貯水池における流水型ダムの位置づけ、第3章 流水型ダムの歴史と現状の課題、第4章 流水型ダムの新しい機能、第5章 流水型ダムにおける土砂動態、第6章 流水型ダムの物質・生物環境、第7章 流水型ダムの設計および管理、第8章 まとめ
2017.7 279p A5 ¥3300 ①978-4-7655-1847-5

◆**臨海産業施設のリスク―地震・津波・液状化・油の海上流出**　濱田政則著　早稲田大学出版部　(東京安全研究所・都市の安全と環境シリーズ 2)
【要旨】3大湾の被災による経済損失を予測する!国民生活を脅かし、世界経済にも深刻な影響を与える大都市臨海部の被害要因を探り、強靭化対策を提言する!
2017.6 132p A5 ¥1500 ①978-4-657-17002-6

◆**例題で身につける構造力学**　車谷麻緒、樫山和男著　丸善出版
【要旨】全115の例題・演習問題を収録。すべての例題を図を用いて解説し、構造物に作用するさまざまな力を直観的に把握する力学的センスを磨くことができるつくりとした。はりの支点反力や応力、たわみといった基礎から、エネルギー原理や不静定構造、マトリックス構造解析に至るまでをコンパクトにまとめている。
2017.10 287p A5 ¥3000 ①978-4-621-30210-1

◆**ICTデータ活用による交通計画の新次元展開―総合交通ネットワーク流動のモニタリングシステム**　飯田恭敬著　コロナ社
【目次】1 交通計画の新次元展開を求めて、2 リンク交通量型のOD交通量逆推定モデル、3 リンク交通量型逆推定モデルの事前データ作成法、4 ゾーン集中交通量型のOD交通量逆推定モデル、5 交通ネットワーク信頼性、6 総合交通ネットワーク流動のモニタリングシステム
2017.9 165p A5 ¥2400 ①978-4-339-05253-4

コンクリート土木

◆**コンクリート系道路橋計画**　伊澤閑、木田哲量共著　理工図書
【目次】第1章 橋梁計画、第2章 桁橋形式、第3章 版桁橋、第4章 箱桁橋、第5章 吊橋・連続桁式の橋、第6章 ラーメン橋・アーチ橋形式
2017.11 154p B5 ¥3500 ①978-4-8446-0865-3

◆**コンクリート工学**　大塚浩司、武田三弘、小出英夫、阿波稔、子田康弘著　朝倉書店
【目次】0 序章、1 セメント、2 水・骨材、3 混和材料、4 フレッシュコンクリート、5 コンクリートの施工と品質確保、6 コンクリートの強度、7 コンクリートの弾性・塑晴・体積変化、8 コンクリートの耐久性、9 コンクリートの配合設計、演習問題の解答例
2017.9 181p A5 ¥2800 ①978-4-254-26171-4

◆**コンクリート構造学**　小林和夫、宮川豊章、森川英典、五十嵐心一、山本貴士ほか共著　森北出版　第5版
【目次】緒論、コンクリート構造の設計法、コンクリート構造用材料の力学的性質、曲げに対する耐力、曲げと軸方向力に対する耐力、せん断に対する耐力、ねじりに対する耐力、使用状態の曲げ応力度、ひび割れと鋼材腐食、たわみ、疲労、プレストレストコンクリート、構造細目に関する重要事項、許容応力度設計法
2017.8 236p A5 ¥3000 ①978-4-627-42565-1

◆コンクリート診断—ASRの的確な診断/抑制対策/岩石学的評価　鳥居和之監修, 山田一夫編　森北出版（付属資料：CD‐ROM1）
【要旨】ASRを含むコンクリートの劣化に関する診断の全体像。より高度で専門的な詳細技術とメカニズム。2段構えで，コンクリート診断に関わるすべての方に役立つ。約100枚の貴重な偏光顕微鏡写真のCD‐ROM付き。
　2017.4 484p A5 ¥15000 ①978-4-627-45281-7

◆新設コンクリート革命—長持ちするインフラのつくり方　熱血ドボ研2030著, 岩城一郎, 石田哲也, 細田暁, 日経コンストラクション編　日経BP社, 日経BPマーケティング 発売
【要旨】品質と耐久性へのこだわり。東北と山口から始まる新時代のコンクリート。
　2017.3 296p A5 ¥3400 ①978-4-8222-3526-0

◆鉄筋コンクリート基礎構造部材の耐震設計指針（案）・同解説　日本建築学会編　日本建築学会, 丸善出版 発売
【目次】1章 総則, 2章 材料および材料強度, 3章 耐震目標性能と確認方法, 4章 耐震性能の判定, 5章 基礎構造部材の保有性能と構造規定, 6章 杭の靭性能と変形特性の設定
　2017.3 309p B5 ¥4600 ①978-4-8189-0640-2

◆プロが薦めるコンクリートポンプの機種選定　全国コンクリート圧送事業団体連合会編コンクリート新聞社
【目次】1 基本方針, 2 コンクリート圧送の基本事項（コンクリート圧送と技能者資格, コンクリートポンプの種類, コンクリートポンプの基本性能）, 3 コンクリートの圧送計画における留意事項（打込み区画・打込み順序・コンクリートポンプ車の設置, コンクリートの打込み量（圧送量）とコンクリートポンプの台数の設定, コンクリートの配合の留意点）, 4 コンクリートポンプ機種の選定方法（コンクリートポンプ機種と輸送管の選定手順, ブームによる圧送の可否の判定, 所要の吐出量のコンクリートポンプ機種と輸送管の選定）, 5 コンクリートポンプ機種の選定のケーススタディ（施工条件, コンクリートポンプ機種と輸送管の選定）, 6 施工事例：超高層集合住宅における高強度コンクリートの圧送, 資料編（コンクリートポンプの仕様一覧, コンクリート圧送関連用語・同解説）
　2017.3 76p 30×21cm ¥2500 ①978-4-915849-94-7

◆膨張材・収縮低減剤を使用するコンクリートの調合設計・製造・施工指針（案）・同解説　日本建築学会編　日本建築学会, 丸善出版 発売
【目次】1章 総則（適用範囲, 用語 ほか）, 2章 コンクリートの品質（乾燥収縮率 ほか）, 3章 膨張材コンクリート（総則, コンクリートの材料 ほか）, 4章 収縮低減剤コンクリート（総則, コンクリートの材料 ほか）, 5章 膨張材・収縮低減剤併用コンクリート（総則, コンクリートの材料 ほか）
　2017.2 141p B5 ¥3200 ①978-4-8189-1076-8

道路・橋梁・トンネル・水道工学

◆橋梁工学　林川俊郎著　朝倉書店　改訂新版
【目次】1 総論, 2 荷重, 3 鋼材と許容応力度, 4 連結, 5 床版と床組, 6 プレートガーダー, 7 合成げた橋, 8 支承と付属施設, 9 合成げた橋の設計計算例
　2017.3 287p A5 ¥4400 ①978-4-254-26168-4

◆橋梁工学　宮本裕ほか著　技報堂出版　第3版
【目次】第1章 総論, 第2章 橋梁計画と維持管理（橋のライフサイクル）, 第3章 荷重, 第4章 構造材料と許容応力度, 第5章 鋼桁の床版と床組, 第6章 鋼橋, 第7章 支承および付属施設, 第8章 応力集中, 設計計算例 活荷重合成桁橋
　2017.3 221p A5 ¥4600 ①978-4-7655-1842-0

◆景観に配慮した道路附属物等ガイドライン　道路のデザインに関する検討委員会編著　日本みち研究所, 大成出版社 発売
【目次】第1章 ガイドラインの概要（ガイドラインの目的と役割, 適用する道路と道路附属物の種類）, 第2章 道路附属物等の景観的配慮の考え方（景観的配慮の基本理念, 沿道の特性と道路の景観 ほか）, 第3章 道路附属物等のデザイン（防護柵, 照明 ほか）, 第4章 景観に配慮した道路附属物等整備の進め方（道路附属物等に係るマスタープランの策定, マスタープランに基づく道路附属物等の選定 ほか）, 参考資料（役割と使い方, 景観の種類ほか）
　2017.11 137p A4 ¥3500 ①978-4-8028-3314-1

◆下水道年鑑 平成29年度版　水道産業新聞社
【目次】年表・日誌, 第1部 下水道事業の概要, 第2部 統計・資料編, 第3部 官庁名簿編, 第4部 関連名簿編, 第5部 会社名簿編
　2017.9 890, 15p A5 ¥24000 ①978-4-915276-49-1

◆実践耐震工学　大塚久哲著　共立出版　第2版
【目次】第1編 地震被害と橋梁の耐震設計法の基礎（兵庫県南部地震による被害と教訓, 地震学の基礎と地震波形の特徴, 耐震設計の基本方針と考慮すべき荷重, 設計地震動 ほか）, 第2編 動的耐震設計法（振動工学の基礎, 減衰のエネルギー論的考察, モード解析法, 数値解析法による動的応答解析 ほか）
　2017.2 222p A5 ¥3300 ①978-4-320-07435-4

◆水浄化技術の最新動向　菅原正孝監修　シーエムシー出版　（地球環境シリーズ）　普及版
【目次】第1章 上水処理・海水淡水化技術（大規模な海水淡水化・都市下水再生処理への逆浸透（RO）膜の適用, 正浸透（FO）膜を用いた海水淡水化の原理と現状 ほか）, 第2章 下水・排水処理技術（PVDF膜を用いたMBRモジュールとその応用, 中空糸膜を利用した膜分離槽別置型MBRシステムの開発と適用例 ほか）, 第3章 環境水改善・浄化技術（環境水改善・浄化技術が備えるべき背景とは, アオコ抑制技術 ほか）, 第4章 水ビジネスの市場動向（海外"水ビジネス"における市場動向とビジネスチャンス, 中国"水ビジネス"の市場動向とビジネスチャンス ほか）
　2017.12 245p B5 ¥4000 ①978-4-7813-1218-7

◆水道年鑑 平成29年度版　水道年鑑編集室編　（大阪）水道産業新聞社
【目次】第1部 水道事業の概要編（水道行政について, 水道事業の経営, 水道技術の動向, 水道法の改正にむけて）, 第2部 統計資料（水道の普及状況, 施設整備の状況, 給水状況, 財政状況, 日本の水道事業ベスト10）, 第3部 官庁名簿編（中央官庁, 公団・事業団, 関係団体, 都道府県水道所管部局）, 第4部 関連名簿編（学術・商工・経済団体, 大学）, 第5部 会社名簿編（関係会社）
　2017.11 942, 15, 2p 22×17cm ¥24000 ①978-4-915276-79-8

◆水道法関係法令集—平成29年4月版　水道法令研究会監修　中央法規出版
【目次】1 水道法・水道法施行令・水道法施行規則 平成29年4月1日現在3段対照表, 2 水質基準に関する省令, 3 水道施設の技術的基準を定める省令, 4 給水装置の構造及び材質の基準に関する省令, 5 水道法第25条の12第1項に規定する指定試験機関を指定する省令, 6 水道法施行規則第17条第2項の規定に基づき厚生労働大臣が定める遊離残留塩素及び結合残留塩素の検査方法, 7 水質基準に関する省令の規定に基づき厚生労働大臣が定める方法
　2017.5 199p A5 ¥4000 ①978-4-8058-5496-9

◆世界の橋—巨大建築の美と技術の粋　マーカス・ビニー著, 黒崎篤嗣訳　河出書房新社
【要旨】有史以前の継ぎ石橋から最近10年の世界各地の最新の橋まで, 古今東西250の代表的な名橋を一望のもとに紹介する最新図鑑。オールカラー。見開き1テーマで時代順に並べ, 特徴に分類した展開。木, 石, レンガ, 鉄, 鋼鉄など, 建材と工法の変遷を追いながら歴史をたどる。重要な建築家の紹介とともにデザインと技術の工夫・発展をたどり, 建築に際しての事故や苦難を紹介。日本の橋も7つ収録。「錦帯橋」（山口）,「栗林公園の偃月橋」（香川）, 世界最長の「明石海峡大橋」（兵庫）,「梅の木轟公園の吊り橋」（熊本）,「川津七滝ループ橋」（静岡）,「ミホミュージアムの橋」（滋賀）,「樟原・木橋ミュージアム」（高知）。写真総数360点。巻末に,「用語集」と「橋索引」250項目,「事項索引」180項目。レファレンスが充実。
　2017.9 255p 25×31cm ¥6800 ①978-4-309-27838-4

◆世界の橋並み—地域景観をつくる橋　松村博著　鹿島出版会
【要旨】橋がつくってきた世界各地の橋並み探訪。景観・歴史・文化の側面から風土に育まれた魅力ある橋を紹介。
　2017.3 197p B5 ¥2800 ①978-4-306-02485-4

◆道路橋示方書 2 鋼橋編 2012年版　日本道路協会編　日本道路協会, 丸善出版 発売
（本文：英文）　英語版

【目次】GENERAL, FUNDAMENTALS OF DESIGN, ALLOWABLE STRESS, DESIGN OF MEMBERS〔ほか〕
　2017.2 436p A4 ¥7000 ①978-4-88950-717-1

◆道路橋示方書・同解説 1 共通編　日本道路協会編　日本道路協会, 丸善出版 発売
【目次】総則, 橋の耐荷性能に関する基本事項, 設計状況, 橋の限界状態, 橋の耐荷性能の照査, 橋の耐久性能に関する基本的事項と照査, 橋の使用目的との適合性を満足するために必要なその他検討, 作用の特性値, 使用材料, 上下部接続եル〔ほか〕
　2017.11 196p A5 ¥2000 ①978-4-88950-279-4

◆道路橋示方書・同解説 2 鋼橋・鋼部材編　日本道路協会編　日本道路協会, 丸善出版 発売
【目次】総則, 調査, 設計の基本, 材料の特性値, 耐荷性能に関する部材の設計, 耐久性能に関する部材の設計, 防せい防食, 疲労設計, 接合部, 対傾構及び横構〔ほか〕
　2017.11 700p A5 ¥6000 ①978-4-88950-280-0

◆道路橋示方書・同解説 3 コンクリート橋・コンクリート部材編　日本道路協会編　日本道路協会, 丸善出版 発売
【目次】総則, 調査, 設計の基本, 材料の特性値, 耐荷性能に関する部材の設計, 耐久性能に関する部材の設計, 接合部, 横桁及び隔壁, 床版, コンクリート桁〔ほか〕
　2017.11 404p A5 ¥4000 ①978-4-88950-281-7

◆道路橋示方書・同解説 4 下部構造編　日本道路協会編　日本道路協会, 丸善出版 発売
【目次】総則, 調査, 設計の基本, 材料の特性値, 耐荷性能に関する部材及び接合部の設計, 耐久性能に関する部材及び接合部の設計, 橋脚, 橋台, フーチング及び橋台背面アプローチ部の設計, 基礎の安定に関する設計, 直接基礎の設計, 杭基礎の設計〔ほか〕
　2017.11 569p A5 ¥5000 ①978-4-88950-282-4

◆道路トンネル維持管理便覧—付属施設編　日本道路協会編　日本道路協会, 丸善出版 発売
【目次】第1編 共通（総則）, 第2編 トンネル付属施設（概説, 点検, 診断, 措置, 記録, 換気施設, 照明施設, 非常用施設, 受配電・予備発電等施設, 遠方監視制御施設, その他の施設, 清掃）
　2016.11 243, 79p A5 ¥7000 ①978-4-88950-513-9

◆道路のデザイン—道路デザイン指針（案）とその解説　道路のデザインに関する検討委員会編著　日本みち研究所, 大成出版社 発売　補訂版
【目次】原論編（思想, 知識, 技術, 実践のイメージ）, 実践編（道路デザインの目的と方向性, 道路デザインの進め方, 地域特性による道路デザインの留意点, 構想・計画時のデザイン, 設計・施工時のデザイン, 管理時のデザイン, 道路デザインのシステム）, 事例編（日光宇都宮道路, 仙台の大通り, 福島西道路, 福島南道路, 大手前通り）
　2017.11 268p A4 ¥4500 ①978-4-8028-3313-4

◆トコトンやさしい水道管の本　高堂彰二著　日刊工業新聞社　（B&Tブックス—今日からモノ知りシリーズ）
【要旨】上下水道システムの配管である水道管。家庭でよく目にするものと違い, 地中深く埋設されるような用途では, 口径数キロメートルのものまであります。本書はこの水道管について, その歴史や種類, 調査・更生・修繕, 設計, 工法, トラブル対策にいたるまで, やさしくまとめました。
　2017.7 155p A5 ¥1500 ①978-4-526-07728-9

◆トンネル技術者のための地盤調査と地山評価　松井保監修, 災害科学研究所トンネル調査研究会編　鹿島出版会
【要旨】山岳トンネル建設の計画・設計・施工における地盤調査手法と地山評価手法について, 最新の物理探査技術と具体的な事例を混じえて系統的に解説している。地盤情報の把握という視点から, トンネル建設における事前調査から施工段階調査までを取扱い, より広い視点から纏められた内容で, 複数の地盤探査・調査手法を計画的に組み合わせる「複合探査」や施工段階調査としての「切羽前方探査」についても事例を混じえて解説している。
　2017.1 255p B5 ¥5400 ①978-4-306-02481-6

◆「橋」と「トンネル」に秘められた日本のドボク—びっくり！すごい！美しい！三浦基弘監修　実業之日本社　（じっぴコンパクト新書）

【要旨】地形を克服し、物流・移動を確保して国土の骨格を造り上げる橋からトンネルへ。海を渡る橋から街中の小さな橋、流動に「風穴を開けた」長大トンネルから歩行用の小さなトンネル、無数にあるそれらは一見、無骨で味気なく見えるけれど、視線を向けてみれば個性がそこここに散りばめられて、そこに造られた必然性や個々の事情も見えてくる。橋やトンネルの発展の歴史も、世界や日本の産業史とも強く関わっていて、とてもドラマチックなのだ。この1冊で、橋とトンネルの見え方が変わります！
2017.2 222p 18cm ¥800 ⓘ978-4-408-11206-0

◆**橋の臨床成人病学入門**　三木千壽著　建設図書
【目次】第1部 インフラの老朽化問題（インフラは老朽化するのか、インフラの宿命、米国の経験に学ぶ）、第2部 橋の強度と耐久性を考える（橋の構造設計と寿命、構造材料の経年劣化現象）、第3部 事故に学ぶ（経年劣化による事故、国内での大規模疲労対策プログラム）、第4部 事故を防ぐには（溶接構造物の疲労照査の方法、橋梁に生じる疲労とその分類、道路橋疲労の原因は過積載トラック、腐食および応力腐食割れによる事故）、第5部 これから何をすべきか（点検と診断の高度化、真の体力を知る新しい技術、プラス100年プロジェクトの提案）
2017.9 209p A5 ¥2500 ⓘ978-4-87459-220-5

◆**舗装技術の質疑応答　第12巻　「舗装」編**　集委員会監修　建設図書
【目次】構造設計、材料、アスファルト舗装、セメントコンクリート舗装、路床・路盤、環境対応技術、維持修繕、再生舗装、各種の舗装、施工と機械、品質管理・試験、その他
2018.1 194p A5 ¥2500 ⓘ978-4-87459-126-0

◆**水処理・水利用の技術と市場　2017年**　シーエムシー出版
【目次】技術編（海水淡水化・上水処理技術（海水淡水化膜の開発動向、無機系逆浸透（RO）膜の開発 ほか）、下水・排水処理技術（膜分離活性汚泥法（MBR：Membrane Bio Reactor）、PVDF平膜を用いたMBRモジュールとその応用 ほか）、水利用ビジネス（世界水ビジネスの動向と日本の水ビジネス戦略、水資源ビジネス（Blue Gold）））、市場編（水処理ビジネス、水処理装置・設備の市場と技術 ほか）
2017.9 263p B5 ¥85000 ⓘ978-4-7813-1265-1

◆**よくわかる最新水処理技術の基本と仕組み―用水・排水処理、リサイクルまで、要点を学ぶ**　和田洋六著　秀和システム　（図解入門）第3版
【要旨】生活、産業、環境を支える技術の全てを理解する！豊富な図解で手に取るようにわかる！
2017.12 241p A5 ¥1500 ⓘ978-4-7980-5224-3

◆**CIM初心者のためのInfraWorks入門**　松田郁子著、福地良彦監修　日経BP社、日経BPマーケティング　発売
【要旨】土木インフラ向けCIMアプリケーションInfraWorksの基本機能を解説。マニュアルではわからない操作上のヒントや注意点が満載。
2017.6 229p A5 ¥2800 ⓘ978-4-8222-9661-2

◆**Excelで学ぶ配管技術者のための流れ解析**　板東修著　オーム社
【目次】基礎編（管路流れの基本、管路流れとエネルギー）、構築編（新しい管路流れ計算法の概要、管路要素特性とその部分汎関数）、実践編（新しい計算法とExcel、Excelの便利な計算機能、液体管路流れ例題）、応用編（気体の管路流れ、分岐・合流損失を考慮した管路流れの計算）
2017.9 263p A5 ¥3400 ⓘ978-4-274-22049-4

◆**PC橋と構造力学―コンピューターソフトに頼らないPC橋設計の基本計算式を解説 手計算による設計計算例**　中野和義著　（大阪）星湖舎　（付属資料：手書き図面）
【目次】第1章 総論、第2章 プレテンション方式単純桁（道路橋）の設計計算例、第3章 ポストテンション方式3径間連続桁（道路橋）の設計計算例、第4章 主な式の追跡、第5章 構造力学、第6章 ラーメン、第7章 ギヨン・マソネー（Guyon・Massonett）の理論、第8章 床版の曲げモーメント、第9章 行列式およびフーリエ級数
2017.6 582p B5 ¥7500 ⓘ978-4-86372-089-3

河川工学・海辺土木

◆**河川堤防の技術史**　山本晃一著, 河川財団企画　技報堂出版
【要旨】河川管理施設として最も重要であり、かつ合理的機能評価が難しい堤防を取り上げ、現堤防技術の到達点を技術の変遷史として記し、さらに今後の技術の方向について論述。
2017.10 487p A5 ¥3400 ⓘ978-4-7655-1850-5

◆**港湾ロジスティクス論**　男澤智治著　（京都）晃洋書房
【要旨】筆者が2000年4月に大学教員になって以来、東アジア諸国の港湾を調査し、その経験をもとにまとめたもの。港湾を単なる海陸結節点として捉えるのではなく、企業のロジスティクスやサプライチェーン活動の一貫として捉える。
2017.12 226p A5 ¥2700 ⓘ978-4-7710-2953-8

建築文化・建築物

◆**新しい住宅デザイン図鑑**　石井秀樹、杉浦充、都留理子、長谷部勉、村田淳著　エクスナレッジ　改訂版
【目次】1 家のカタチ、2 部屋割（玄関、移動、各室、水廻り）、3 外廻り（外観、外構）、4 細部（家具、開口、階段など）、5 暮らしを見る
2017.11 219p 22×19cm ¥1900 ⓘ978-4-7678-2386-7

◆**ある建築設計士の足跡**　長谷昇著　幻冬舎メディアコンサルティング, 幻冬舎　発売
【要旨】思いをこめた4000人収容のNHKホール、自社敷地を建替え街並に寄与し容積率アップに成功！銀座数寄屋橋交差点近くの本社ビル受託の秘話、さいたまスーパーアリーナの逆転勝利の受託劇、世界一の独立鉄塔「東京スカイツリー」の思いもよらぬ縁、北海道支所長としての飛び込み営業の思い出etc。だれもが知っている風景のだれも知らない誕生ストーリー。
2017.11 189p A5 ¥1100 ⓘ978-4-344-91488-9

◆**アールヌーヴォーの残照―世紀末建築・人と作品**　小谷匡宏著　創英社/三省堂書店
【目次】イギリス、ベルギー、フランス、オーストリア、ドイツ、イタリア、オランダ、スペイン、ポルトガル、ルクセンブルク〔ほか〕
2017.11 490p B5 ¥3900 ⓘ978-4-88142-168-0

◆**安藤忠雄　建築家と建築作品**　安藤忠雄、松葉一清共著　鹿島出版会　（本文：日英両文）
【目次】第1部 安藤忠雄評伝―闘う建築論、作品、時代、社会（「わたしの存在感」「情念の基本空間」を求めて―都市生活者のアジトとしての住宅、商業建築に都市の"公性"を託す―道、広場、都市の文脈、"美"は"自然"と融合し、母なる大地に還る―国境を超える美術館の挑戦、「生き続ける近代建築」を目指して―建物と建築家"30年の物語"、"無"は魂の安らぎをもたらす―己の精神と向き合う宗教施設、ランドスケープ、まちづくりへ―「建築」に始まり、"建築"を超える、アンドウは如何にして建築家となりしや）、第2部 全346作品録
2017.10 481p 27×27cm ¥15000 ⓘ978-4-306-04656-6

◆**安藤忠雄　住宅**　安藤忠雄著　エーディーエー・エディタ・トーキョー　新版
【要旨】150軒の住宅からみえてくるもの。原点をひもとく1冊。現在の思いを追加収録。
2017.9 285p A5 ¥1600 ⓘ978-4-87140-691-8

◆**いいビルの世界　東京ハンサム・イースト**　東京ビルさんぽ著　大福書林
【要旨】名も知らぬすてきな古いビルさがし。問屋街・繁華街・金融街・住宅街へ。
2017.10 199p A5 ¥2000 ⓘ978-4-908465-05-5

◆**生きた建築ミュージアムフェスティバル大阪2017公式ガイドブック**　生きた建築ミュージアム大阪実行委員会編　（大阪）生きた建築ミュージアム大阪実行委員会,（大阪）140B　発売
【目次】ガイドブックの使い方・注意事項、参加方法、建物インデックス、巻頭言「イケフェス大阪2017に寄せて"、巻頭特集"御堂筋を歩けば大阪の建築の歴史がわかる"、プレイベント（みる、はじまる）、メインイベント（みる、るるる）、特集イベント（みる、つくる）、アフターイベント（みる、がんばる）、連携プログラム・関連イベント（みる、つながる）、全体マップ（みる、あるく）　2017.10 58p A5 ¥300 ⓘ978-4-903993-31-7

◆**イギリスの産業遺産**　片木篤文、増田彰久写真　柏書房
【要旨】世界を変えた産業革命とは何だったのか？その豊穣なデザインから産業革命の本性を読み解く！イギリスに残された産業遺産の写真・図版230点を収録。
2017.5 275p 26×20cm ¥2800 ⓘ978-4-7601-4782-3

◆**磯崎新と藤森照信の「にわ」建築談義**　磯崎新、藤森照信著　六耀社
【要旨】斎庭（ゆにわ）、御嶽（うたき）、楽園（パラダイス）、無何有郷（ユートピア）、庭園（ガーデン）、境内、仙境、公園など、「建築」の外にある、さまざまな外部空間"にわ"について、磯崎新と藤森照信が、建築、都市という視点から、縦横無尽に語り合った建築口伝集3冊。
2017.9 278p A5 ¥3400 ⓘ978-4-89737-998-2

◆**一建築家の眼差し―建築政治社会エッセイ集**　山本富士雄著　博進堂,夏雲社　発売
【目次】建築家シリーズ、街づくりシリーズ、住宅シリーズ、風水シリーズ、建築アラカルト、政治・社会問題シリーズ、地球環境シリーズ、思いつくままに、AIシリーズ、その他、トラベルシリーズ
2017.12 289p B6 ¥1800 ⓘ978-4-434-24019-5

◆**一度見たら忘れない奇跡の建物―異彩を放つ世界の名建築100**　MdN編集部編　エムディエヌコーポレーション、インプレス　発売
【要旨】宿泊客をワクワクさせるドラマチックなホテル、旅行者を驚かす大胆な造りの空港、人々の熱狂を後押しする斬新な外観のスタジアム、それ自体がアートとなっている美術館や博物館など、見る者を圧倒するような、独創的かつ美しいデザインの建物を厳選した一冊にまとめました。
2017.2 159p 25×19cm ¥1800 ⓘ978-4-8443-6644-7

◆**伊礼智の住宅設計作法　2　確かな住宅設計のための一問一答**　伊礼智著　新建新聞社
【要旨】建築家・伊礼智の住宅設計作法の続編。数々の質問に、素直で真面目に…、時にウィットにこたえる。その言葉には、心地よさの本質がさりげなく差し出されている。
2017.10 279p B5 ¥2700 ⓘ978-4-86527-071-6

◆**ウィーンのシュテファン大聖堂―ゴシック期におけるハプスブルク家の造営理念**　岩谷秋美著　中央公論美術出版
【目次】第1部 外観の造営（司教座設立への模索、ルードルフ四世の皇帝大聖堂構想、市民の南塔、皇帝の"フリードリヒ破風"）、第2部 荘厳空間の創出（段形ホールの特異性、権威の表象、リブ・ヴォールトの空間表現、図面とトレーサリー、内陣問題）
2017.2 575p A5 ¥17500 ⓘ978-4-8055-0787-2

◆**ヴェネツィアとラグーナ―水の都とテリトーリオの近代化**　樋渡彩著　鹿島出版会
【要旨】共和国時代の栄華をいまも感じさせる水の都・ヴェネツィア。チッタ・ウニカ（唯一の都市）と呼ばれたそのまちなみは、世界中から多くの人を惹きつけ、魅了してやまない。しかしこの街もまた多くの都市と同様に近代化の波を受けてきた。ヴェネツィアが都市構造を大きく変えた19世紀から20世紀に着目し、発展過程をラグーナ（潟）の環境と一体的に捉えた、新たな空間形成史。
2017.3 433p A5 ¥4000 ⓘ978-4-306-07335-7

◆**ヴェルサイユ宮殿**　クリストフ・ファン、トマ・ガルニエ、クリスチャン・ミレ、ディディエ・ソルニエ著、永田千奈訳　筑摩書房
【要旨】屋根裏、秘密の小部屋、隠し扉―誰も見たことのない宮殿内奥の秘密に迫ります。
2017.9 271p 37×27cm ¥6000 ⓘ978-4-480-87623-2

サイエンス・テクノロジー

◆動く大地、住まいのかたち—プレート境界を旅する　中谷礼仁著　岩波書店
【要旨】大地は動いている。地球の地殻を構成しているプレートは、それらの衝突、沈み込みによって大地の形を大きく変え、地震や噴火を引き起こす。動く大地は、日本を含むユーラシアのプレート境界域に何をもたらしたのか。本書は、環境を創造し、時に人間社会を壊滅させるプレート運動の驚異的なエネルギーと、その大地で生き抜く人々の叡智と暮らし、環境に応じた居住文化の姿や社会のあり方を、豊富なカラー写真、図版とともにありのままに活写する。インドネシアから、インド、ネパール、イラン、トルコ、ギリシア、マルタ、イタリア、アフリカ北部に及ぶ広大な地域を巡歴し、人間そして社会の存立条件を捉えなおした類を見ない建築論的旅の記録。
2017.3 268p B6 ¥2600 ①978-4-00-022235-8

◆美しい荘厳な芸術 ヨーロッパの大聖堂　ロルフ・トーマン編、アヒム・ベトノルツ写真、バルバラ・ボルンゲッサー文、忠平美幸訳　河出書房新社
【要旨】中世から近現代にわたって、ビザンツ、ロマネスク、ゴシック、ルネサンス、バロック、ロココなどの各建築様式を体現してきた、建築家たちによる技術の粋を極めた壮大な大聖堂がヨーロッパの各都市に建設されてきた。外観だけでなく、内部の構造、身廊から祭壇に至る眺め、天井画、装飾、彫刻、ステンドグラスなど、細部まで精密に撮影された美しい写真の数々に私たちは圧倒され、その静寂にひたり、沈黙する。静寂、癒し、至福—ヨーロッパ中を旅する構成で、主要11カ国125都市を網羅し、最も美しく最も重要な151聖堂・教会を収録した、かつてない規模の驚異的な写真図鑑。職人たちの技術と情熱、ヨーロッパ文化の極致ともいえる至宝をくまなく紹介する。
2017.5 399p A4 ¥9800 ①978-4-309-27820-9

◆営繕論—希望の建設・地獄の営繕　内田祥士著　NTT出版　（建築・都市レビュー叢書）
【要旨】"老いる"建築と都市を"保つこと"はなぜ困難なのか？ 技術の視点からモダニズムの急所をつく。
2017.12 249p B6 ¥2600 ①978-4-7571-6072-9

◆英文版 日本木造遺産—千年の建築を旅する　藤森照信、藤塚光政著、ハート・ラヴェレ訳　出版文化産業振興財団　（本文：英文）
【要旨】『家庭画報』で連載された建築史家・藤森照信と写真家・藤塚光政のエッセイおよび写真、構造工学者・腰原幹雄による解説をまとめたもの。
2017.3 203p B5 ¥5100 ①978-4-916055-82-8

◆描かれた都市と建築　並木誠士編　（京都）昭和堂　（KYOTO Design Lab Library 1）
【要旨】建築や都市は、デザインされ、つくられる。いつの時代もそうだ。そして、つくられた建築と都市のあいだには、生活や時の流れが織りなされてあらわされてゆく。人が行き交うこの3次元の世界を2次元の絵画に描き出すとき、つまり、建築と絵画というふたつの感性がひとつになったとき、そこには新たな感性が確かに立ち現われる。美術史と建築史の研究者が切り結ぶ、専心の対話の世界を開いてみよう。
2017.12 237, 8p A5 ¥3000 ①978-4-8122-1625-5

◆沿岸域の安全・快適な居住環境　川西利昌、堀田健治共著　成山堂書店　（海洋建築シリーズ）
【目次】第1章 沿岸域の気候、第2章 沿岸域と人間、第3章 沿岸域と建築、第4章 沿岸域の塩分、第5章 沿岸域の空気と湿気、第6章 沿岸域の温熱、第7章 沿岸域の光・色、第8章 沿岸域の紫外放射、第9章 沿岸域の災害と建築環境
2017.4 183p B5 ¥2500 ①978-4-425-56131-5

◆おかやまの文化財 建築　臼井洋輔著　（岡山）吉備人出版
【目次】鶴の棲む草葺民家、吉川八幡宮本殿（国指定重要文化財）、旧閑谷学校講堂（国宝）、吉備津神社本殿と拝殿（国宝）、本蓮寺本堂（国指定重要文化財）、大橋家住宅（国指定重要文化財）、正楽寺山門（県指定重要文化財）、旧吹屋小学校（県指定重要文化財）、京都、古代の復元家屋、銅板葺屋根（五香宮）、岡山県立津山高等学校本館（旧岡山県津山中学校）（国指定重要文化財）、穴門山神社本殿と拝殿（県指定重要文化財）、岡山の五塔（五重塔・三重塔・多宝塔）、ブータンと日本の建築、バタン島と日本の弦付大鋸
2017.5 106p B5 ¥1200 ①978-4-86069-503-3

◆荻野寿也の「美しい住まいの緑」85のレシピ　荻野寿也著　エクスナレッジ
【目次】1 美しい佇まいをつくる緑の作法、2 緑を楽しむ住まいのプラン、3 庭で過ごすアウトドアリビング、4 庭をセンスよく演出とディテール、5 庭づくりとお手入れ・メンテナンス、巻末 美しい住まいの植物図鑑140
2017.4 143p A5 ¥1600 ①978-4-7678-1990-7

◆お屋敷拝見　内田青蔵文、小野吉彦写真　河出書房新社　（らんぷの本）　新装版
【要旨】明治から昭和初期"戦前という時代"の香り豊かな洋館の生活。
2017.8 143p A5 ¥1600 ①978-4-309-75027-9

◆オーラルヒストリーで読む戦後学校建築—いかにして学校は計画されてきたか　日本建築学会編　学事出版
【目次】序章 学校計画の戦後史、第1章 学校建築計画概論、第2章 建築計画研究から生まれた設計、第3章 学校建築と補助制度、第4章 学校家具でおもうこと、第5章 オープンスクールの揺籃期から訪れて、第6章 学校建築の作品をふり返る
2017.4 142p B5 ¥2800 ①978-4-7619-2320-4

◆ガウディ完全ガイド　オーローラ・クイート、クリスティーナ・モンテス編、西森陸雄訳・監修、安藤宗一郎、根本玲子訳　エクスナレッジ
【目次】カサ・ビセンス、キハーノ邸/エル・カプリチョ、グエル別邸、サグラダ・ファミリア聖堂、グエル邸、アストルガ司教館、サンタ・テレジア学院、カサ・デ・ロス・ボティーネス、ボデーガス・グエル、カサ・カルヴェット〔ほか〕
2017.12 239p A4 ¥2800 ①978-4-7678-2409-3

◆河川閑話　鈴木幸一著　（松山）親和技術コンサルタント
【要旨】「水の世紀」ともされる21世紀。河川工学の第一人者が綴る、命はぐくむ水を人々に介する河川の話。
2017.11 183p B6 ¥1200 ①978-4-86087-136-9

◆カタルーニャ建築探訪—ガウディと同時代の建築家たち　入江正之著　早稲田大学出版部　（早稲田大学理工研叢書シリーズ No.29）
【目次】第1章 カタルーニャ・バルセロナの街へようこそ 街を歩く、第2章 タラゴナ—街々の建築を造形・装飾した異才の建築家 ジュゼップ・ジュジョール・イ・ジベール、第3章 バルセロナ"カタルーニャ・ムダルニズマ"を駆動させた建築家 ルイス・ドメーネック・イ・モンタネル、第4章 ジロナ—街の近代化を進めた建築家 ラファエル・マゾー・イ・バレンティー、第5章 タラッザ—繊維業で栄えた街の建築家 ルイス・ムンクニル・イ・バレリャーダ、第6章 ガウディ試論—日本に初めてガウディを紹介した建築家 今井兼次
2017.3 169p A5 ¥2000 ①978-4-657-17001-9

◆神奈川の建築家とつくる家　vol.2　建築ジャーナル編集部編　建築ジャーナル
【要旨】本書では、神奈川県内で活躍する建築家22人と彼らが建て主つくりあげた代表的な住まいを紹介しています。
2017.1 63p 31×23cm ¥1200 ①978-4-86035-104-5

◆鎌倉近代建築の歴史散歩　吉田鋼市著　（鎌倉）港の人
【要旨】美しい海山の景色と一体化した避暑地だった鎌倉。皇族や華族、財界人、文化人たちが優雅に暮らしていた鎌倉。明治期の近代化の華やぎをいまに伝える歴史ある建物から見どころある戦後の建築物まで、計50件を紹介。古きよき建築をめぐり、鎌倉の奥深い魅力に触れてみませんか。
2017.11 194p B6 ¥1600 ①978-4-89629-339-5

◆鉋 削りの技法—1/1000ミリを究める薄削りの極意を知る　削ろう会監修、大工道具研究会編　誠文堂新光社
【要旨】透き通るような薄い削りと、鏡のような削り肌を追求した職人たちの技の集大成を、この1冊に収録。
2018.1 175p B5 ¥3500 ①978-4-416-61753-3

◆キツカイのケンチク　杉本洋文著　（平塚）東海大学出版部
【目次】0 はじめに、1 木造建築との出会い、2 自然資源を活用する時代へ、3 木造建築の魅力と可能性、4 木造建築のデザインを考える、5 木造建築の設計、6 木造建築の未来、7 私が手がけた建築（作品目次）、8 最後に、付録
2017.9 276p B5 ¥3500 ①978-4-486-02117-9

◆機能主義を超えるもの—平良敬一建築論集　平良敬一著　風土社
【要旨】建築ジャーナリズムに携わって間もなく70年になる著者が、自ら主宰した数々の建築雑誌に綴ってきた膨大な量の著述の中から珠玉の18編を精選。近代建築が置き去りにしてきたもの、現代建築が見失っていることへ投げかけられた提言。
2017.5 287p A5 ¥3000 ①978-4-86390-043-1

◆木の国の物語—日本人は木造り文化をどう伝えてきたか　中嶋尚志著　里文出版
【要旨】法隆寺や古い街並みの木造り文化に触れて心のやすらぎを覚えるのはなぜか？ また、どのように木造り文化はまもられてきたのか？ それを解明しようと著した渾身の一冊！
2017.6 225p B6 ¥1600 ①978-4-89806-453-5

◆旧グッゲンハイム邸物語—未来に生きる建築と、小さな町の豊かな暮らし　森本アリ著　（大阪）ぴあ
【要旨】神戸の西にある小さな町「塩屋」。海沿いにある築100年超の洋館、「旧グッゲンハイム」邸。建築の再生と、まちづくりの物語。
2017.3 256p B6 ¥1500 ①978-4-8356-3812-6

◆「境界」から考える住宅—空間のつなぎ方を読み解く　大塚篤、是永美樹著　彰国社
【要旨】「仕切ってるのにつながってる？」「内にいるのに外みたい？」「見えないのに気配を感じる？」、住宅の「境界」の今がわかる！
2017.9 135p 26×20cm ¥3000 ①978-4-395-32097-4

◆京都・奈良の世界遺産 凸凹地形模型で読む建築と庭園　伊澤岬著　実業之日本社
【要旨】建築家だからこそ見える、微地形の息づかい。建物も見える1/2000の地形模型で見る世界遺産の「境内」の微地形。境内と奥山の関係、庭園の存在が必然性が一目瞭然に！
2017.2 159p A5 ¥2400 ①978-4-408-11211-4

◆京都の庭園—御所から町屋まで 上　飛田範夫著　（京都）京都大学学術出版会　（学術選書）
【要旨】御所・離宮と公家屋敷と寺社の町京都には歴史的な名庭園が数多く残されており、庶民もまたウナギの寝床と形容される独特の家屋「町屋」に趣向を凝らした庭を工夫してきた。将軍や大名の庭から庶民の園芸までが花開いた江戸や町人の文化が隆盛した大阪とはひと味もふた味も違う、世界遺産の都ならではの庭園の魅力をあますところなく描き出す。上巻は皇室と公家・武家屋敷の庭園を紹介。
2017.7 238p B6 ¥1900 ①978-4-8140-0101-9

◆京都の庭園—御所から町屋まで 下　飛田範夫著　（京都）京都大学学術出版会　（学術選書）
【要旨】御所・離宮や公家屋敷と寺社の町京都には歴史的な名庭園が数多く残されており、庶民もまたウナギの寝床と形容される独特の家屋「町屋」に趣向を凝らした庭を工夫してきた。将軍や大名の庭から庶民の園芸までが花開いた江戸や町人の文化が隆盛した大阪とはひと味もふた味も違う、世界遺産の都ならではの庭園の魅力をあますところなく描き出す。下巻は神社仏閣と町屋を紹介。
2017.7 251p B6 ¥1900 ①978-4-8140-0102-6

◆京都 和モダン庭園のひみつ　重森千青著、中田昭写真　ウェッジ
【要旨】庭でめぐる京。時を経てなお、モダンを感じさせる名庭のひみつを、美しい写真と、作庭家による解説で紹介—。
2017.10 137p A5 ¥1600 ①978-4-86310-192-0

◆今日、見に行くことができる国宝・重要文化財レトロ建築　伊藤隆之著・写真　地球丸
【要旨】日本に残された至宝3棟の国宝41棟の重要文化財からなる傑作近代建築を巡る旅。
2017.8 159p B5 ¥2300 ①978-4-86067-620-9

◆近現代建築史論—ゼンパーの被覆/様式からの考察　川向正人著　中央公論美術出版
【要旨】19世紀ドイツの建築家ゼンパー（1803・79）の思想には、建築を部分的に変化させるのではなく、現象として見える像の全体を変えてしまうほどの力がある。この場合、「現象として見える像の全体」とは様式に他ならず、それは新様式創生論とも言えるであろう。本書はその様式の本質と、わが国を初め現代建築への多大な影響を論じる。
2017.4 296p A5 ¥4800 ①978-4-8055-0785-8

◆近代大阪の小学校建築史　川島智生著　（吹田）大阪大学出版会
【要旨】大阪は各時代をリードし、明治は擬洋風・御殿スタイル／大正はルネサンス風鉄筋コンクリート造／昭和は外観まで標準化したモダンデザイン。これが戦後のモデルとなる。学校建築にかけたフリー・アーキテクトの実像と理念。
2017.2 510, 7p A5 ¥7700 ①978-4-87259-579-6

◆近代日本の洋風建築 栄華篇　藤森照信著　筑摩書房
【要旨】丸の内、田園調布など洋風建築による町作りが進み、西洋館を否定するモダニズムが台頭。「木造建築」対「石と煉瓦」格闘の歴史・その2。日本近代建築史学に衝撃を与えた藤森論文の集大成！
2017.3 443p A5 ¥4000 ①978-4-480-87390-3

◆近代日本の洋風建築 開化篇　藤森照信著　筑摩書房
【要旨】日本近代建築史学に衝撃を与えた藤森論文の集大成！ 開化篇＝お雇い外国人や擬洋風の大工の仕事から、辰野式の西洋館が日本各地に建造されるまで。
2017.2 396p A5 ¥3800 ①978-4-480-87389-7

◆空間へ　磯崎新著　河出書房新社　（河出文庫）
【要旨】世界的建築家・磯崎新。その軌跡の第一歩となる伝説的単著。著者本人が「日付のついたエッセイ」と呼ぶように、一九六〇年代を通じてさまざまな媒体に記された論文・エッセイがクロノロジカルに並ぶ。当時の困難な状況と対峙・格闘した若きイソザキの全記録がここにまとまる。
2017.10 578p A6 ¥1400 ①978-4-309-41573-4

◆景観計画の実践―事例から見た効果的な運用のポイント　日本建築学会編　森北出版
【要旨】美しいまちづくりの実現に向けた提言。全国の自治体の取り組み状況を調査し、運用の実態・問題点を整理。特徴的な27の自治体の取り組みの紹介・専門家へのインタビューも交え、今後の運用の指針を示す。
2017.3 202p B5 ¥3800 ①978-4-627-58181-4

◆決定版！ グリーンインフラ　グリーンインフラ研究会、三菱UFJリサーチ＆コンサルティング、日経コンストラクション編　日経BP社、日経BPマーケティング 発売
【要旨】新ビジネスで市場拡大へ！ 社会問題を丸ごと解決する新時代のインフラ。第一線の識者50人が国内外の最新事例を解説。都市から農山漁村まで、土木・建築から環境まで。あらゆる分野を網羅した必読の書です！
2017.1 392p A5 ¥3200 ①978-4-8222-3522-2

◆現代板金建築　北海鋼機デザインアワード記念誌編集委員会編著　北海鋼機デザインアワード記念誌編集委員会、鹿島出版会 発売
【目次】序 北海鋼機デザインアワードから見る板金と建築文化、1 建築の板金・鉄使い実例集―第1回～第3回北海鋼機デザインアワードから、2 北海道の設計者と板金職人が語る建築板金の現在、3 北海道の建築板金技術史、4 建築と板金の行方、資料編
2017.2 95p B5 ¥2000 ①978-4-306-08552-7

◆建築学生ワークショップ比叡山 2017　（大阪）アートアンドアーキテクチャフェスタ
（付属資料あり）
【要旨】全国の大学生を中心とした合宿による地域滞在型建築ワークショップ比叡山全収録。
2017.8 82p A4 ¥1852 ①978-4-905436-13-3

◆建築家の広がり―無名の公共デザイン　松本哲夫、松本哲夫のみかた会著　建築ジャーナル　（建築家会館の本）
【要旨】建築空間から「ヤクルト容器」「新幹線のぞみ」まで誰もが日常に使っている、ちょっと素敵なもののつくり方。
2017.7 125p A5 ¥1800 ①978-4-86035-105-2

◆建築規矩術 二軒隅　持田武夫著　（金沢）北國新聞社
【目次】支割の定規を作る、作図用のレイアウト線を引く、曲矩に円孤を描き、茅負下端の反り上りの差付け定規を作る、茅負図に差付け定規を用いて垂木の割付けをする、茅負下端の反り上り墨を引き、茅負上端の反り上りの差付け定規を作る、茅負図に茅負上端の反り上り墨を引き付ける、茅負図に垂木の断面を描く、茅負図に茅負前面の隅木口脇の投げ勾配墨を引く、茅負図に軒の出（茅負の

出）を求め、茅負隅・向う留を引く〔ほか〕
2017.3 103p 19×26cm ¥3500 ①978-4-8330-2096-1

◆建築新人戦 008　建築新人戦オフィシャルブック 2016　建築新人戦実行委員会著　総合資格
【目次】最優秀新人賞・塩浦一慧「Chanoyu Tea - ceremony lighthouse」：茶の湯・光露地Complex」、優秀新人賞（森下啓太朗「VACUUM CITY」、山本圭太「表裏の解体」、軽部蘭「広場化する街路」）、8選、16選、総合資格学院賞・大脇春「足跡～伊能忠敬メモリアル空間～」、アーキテクツスタジオジャパン賞・津田加奈子「くまいえ」、審査ドキュメント、特別企画 世界の設計課題を旅する
2017.3 115p A4 ¥1800 ①978-4-86417-222-6

◆建築人類学―読む・描く・造る　牧野冬生著　（横浜）春風社
【要旨】読み、描き、造ることから生まれる再帰的円環プロセスの可能性。生活のなかで住民によって身体化され、テクストとして社会に存在することで、独自に解釈される建築空間。再解釈された空間を読み直し、そこで得られた成果を住民と共有することで再度新たな空間を造っていく―。フィリピンの不法占拠地域の調査を通じて試みられる、建築人類学という挑戦！
2017.1 303, 12p A5 ¥3400 ①978-4-86110-539-5

◆建築的冒険者の遺伝子―1970年代から現代へ　ギャラリーIHA、法政大学デザイン工学部建築学科デザイン・ラボ・ユニット編　彰国社
【要旨】1970年代、日本では「種の爆発」のように、若手建築家の建築的冒険が沸き起こった。その遺伝子はどこへ引き継ぐのか？ 現代の若手建築家とともに探る5つのダイアローグ。
2017.8 263p B6 ¥2300 ①978-4-395-32096-7

◆建築という対話―僕はこうして家をつくる　光嶋裕介著　筑摩書房　（ちくまプリマー新書）
【要旨】建築家はそこに生きる人へ想像力を働かせ、土地や人と対話を重ね、その先に新しい空間を見つけ出す。建築家として大切なことは何か？ 生命力のある建築のために必要な哲学とは―。
2017.5 255p 18cm ¥880 ①978-4-480-68980-1

◆建築の条件―「建築」なきあとの建築　坂牛卓著　LIXIL出版
【要旨】社会が建築をつくる。建築を規定する条件とは何なのか。いま、われわれの「表現」は社会からどのように条件づけられているのだろう―。
2017.6 300, 10p A5 ¥2300 ①978-4-86480-029-7

◆建築のポートレート　香山壽夫写真・文　LIXIL出版
【要旨】1964年の渡米以来、アメリカおよびヨーロッパ各地を巡って建築家・香山壽夫が撮影した無数の写真から36点を厳選。数十年の時を経て、あらためて記憶の中の建築を問い直す。
2017.3 95p 17×20cm ¥2200 ①978-4-86480-027-3

◆建築物を読み解く鍵　キャロル・デイヴィッドソン・クラゴー著、鈴木宏子訳　ガイアブックス 新装版
【要旨】本書は建築物を見て理解するための実用的な入門書。建物に織りこまれている歴史的な、そして建築的な手がかりを読み取る案内書となる。ポケットに入れて持ち歩けるほどハンディながら内容は充実の総合的なガイドブック。古代ギリシャから現代まで、すべての時代について鍵となる特徴的な構造をくわしく取りあげる。建築物の来歴を確認し、歴史的な背景と関連づけて読みとく方法について専門的なアドバイスを掲載。建築様式と構造パーツについて詳細な図解と解説を多用、身近で便利なヴィジュアルガイドを実現。
2017.6 255p 17×14cm ¥1800 ①978-4-88282-985-0

◆建築への旅 建築からの旅　二川由夫企画、関拓弥、斎藤日登美、杉田義一、山口真、仲村明代編　エーディーエー・エディタ・トーキョー
【要旨】建築家70人の「旅」を収録。読めば、建築の旅に出たくなる。建築家ならではのエピソードが満載。パリ／ニューヨーク／ロンドン、3大都市建築マップ、旅の達人たちによる建築の旅、日本国内の所見、海外の見学可能な名作住宅リスト…。
2017.5 295p 26×19cm ¥2500 ①978-4-87140-690-1

◆建築 未来への遺産　鈴木博之著、伊藤毅編　東京大学出版会

【要旨】建築・都市に鋭いまなざしを向け、「近代」とは何かを論じ続けてきた建築史家・鈴木博之。その膨大な著作から、書籍未収録のテキスト中心に選り抜き、系統的に集成。広範すぎる活動の足跡と、その背景を貫く思想を通観する。
2017.6 417p A5 ¥3800 ①978-4-13-066857-6

◆古建築を復元する―過去と現在の架け橋　海野聡著　吉川弘文館　（歴史文化ライブラリー444）
【要旨】当時の姿を思い描くことができる、各地の遺跡の復元建物。その復元はどのように行われているのか。発掘遺構や遺物、現存する古代建築、絵画資料など、あらゆるピースを組み合わせて完成する復元の世界の魅力に迫る。
2017.3 259p B6 ¥1800 ①978-4-642-05844-5

◆ゴシック建築リブヴォールトのルーツ　五島利兵衛著　中央公論美術出版
【目次】第1章 序論、第2章 リブ論争とルーツ、第3章 ケルン大聖堂内陣石造天井の形態分析、第4章 リブヴォールトの腰固めと施工順序、第5章 石造天井築造石積み型式の分類と表記法、第6章 ケルン大聖堂内陣石造天井一部実物大模型実験、第7章 ランス大聖堂西正面の設計法、第8章 ケルン大聖堂南袖廊の飛梁取替え工事報告、第9章 ライン河流域の教会堂石造天井の調査、第10章 結び
2017.11 267p A5 ¥10000 ①978-4-8055-0794-0

◆古代寺院建築の研究　鈴木嘉吉著　中央公論美術出版
【目次】第1編 法隆寺の建築と年代（法隆寺の建築、聖徳太子と釜御堂の寺、西院伽藍と法隆寺式建築様式 ほか）、第2編 古代伽藍の配置と建築（古代寺院の発掘、興福寺の伽藍―奈良時代伽藍の再検討、古代寺院の伽藍計画 ほか）、第3編 日本建築の様式と技術（日本美術時代概説（建築）―古代・中世・近世、国宝概説―日本建築の発展と特質、建築の技術とその背景 ほか）
2017.9 573p 26×20cm ¥32000 ①978-4-8055-0763-6

◆こんな建物だれがどうしてつくったの？―建築史200の読み解き　ジョン・ズコウスキー著、藤井由理日本語版監修　東京美術
【要旨】過去70年間につくられた優れた建物のなかから興味の尽きない100の事例を取り上げる。構造や素材、機能性や芸術性、新しい技術との関わり、建築家と依頼主の関係などについて解説する。ミース、ファン、デル・ローエ、フランク・ゲーリー、ザハ・ハディドのように世界的に有名な建築家の作品から、ブルース・ゴフ、高松伸、坂茂のような反骨の建築家が生み出したものまで、卓越した創意を読み解く。
2017.8 224p 21×15cm ¥3200 ①978-4-8087-1082-8

◆埼玉建築設計監理協会主催第17回卒業設計コンクール作品集　埼玉建築設計監理協会編　総合資格
【要旨】1 審査員紹介、2 受賞作品紹介（最優秀賞／JIA埼玉最優秀賞―小笠原美沙（工学院大学建築学部）、優秀賞／JIA埼玉優秀賞―釜谷夏実（工学院大学建築学部）、優秀賞―小林ひらり（武蔵野美術大学造形学部）、埼玉賞―福田奎也（日本大学生産工学部）、準埼玉賞―宮澤祐太朗（東京理科大学理工学部）、埼玉県住宅供給公社賞―倉澤周作（東京電機大学未来科学部）、特別審査員賞／富士住宅石検査センター賞―山口咲樹（東京工業大学工学部）、特別審査員賞／総合資格学院賞―若杉勇（武蔵野美術大学造形学部）、特別審査員賞―林大也（東京理科大学理工デザイン学部）、総合資格学院賞―阿部智也（芝浦工業大学システム理工学部）、日建学院賞―李アルム（日本大学生産工学部））、3 埼玉賞対象作品紹介、4 作品紹介
2017.10 71p B5 ¥1000 ①978-4-86417-238-7

◆残像のモダニズム―「共感のヒューマニズム」をめざして　槇文彦著　岩波書店
【要旨】建築とは人間を知る旅でもある。半世紀をこえる創作と思索、その建築哲学の真骨頂。書き下ろし「変貌する建築家の生態」のほか、モダニストの先人I.M. ベイ、ルシオ・コスタとの対話、新国立競技場をめぐる一連の論考など、次世代へのメッセージを綴った待望の論集。
2017.9 328p A5 ¥5200 ①978-4-00-023065-0

◆「幸せ」を建てるしごと　clover住工房著　幻冬舎メディアコンサルティング、幻冬舎 発売
【要旨】亡くなった子の「想い」を引き継いだ家族、奥さんの夢をどうしても叶えたいご主人、酔った勢いで契約したからではの同窓生…鳥取の工務店を舞台に繰り広げられる、幸せを「カタチ」にした家族たちのストーリー。「いえづくり」

の知られざる舞台裏。
2017.10 159p B6 ¥1300 ①978-4-344-91420-9

◆下町の名建築さんぽ　大島健二文・絵　エクスナレッジ
【要旨】東京の下町で建築遺産を再発見。ノスタルジックで美しい商店街、商店、民家、駅、橋など100の建物・町並みをイラスト図解。
2017.3 223p 15×18cm ¥1600 ①978-4-7678-2147-4

◆実況・近代建築史講義　中谷礼仁著　LIXIL出版
【要旨】早稲田大学の「近代建築史」講義をまるごと実況中継！ フランク・ロイド・ライトまで、近代500年の建築史を全12回で駆け抜ける！
2017.10 207p A5 ¥1800 ①978-4-86480-032-7

◆写真集成近代日本の建築　第4期　清水組建築写真集　松波秀子監修・解題・解説、砂本文彦解題・解説、清水建設協力　ゆまに書房
【目次】20 清水組明治期建築写真集、21 清水組住宅建築図集 第1輯、22 清水組住宅建築図集 第2輯、23 清水組ホテル建築図集
2017.10 4Vols.set A4 ¥105000 ①978-4-8433-5306-6

◆写真で巡る 世界の教会　雷鳥社編　雷鳥社
【目次】1 絶対に行きたい美しい教会（ケルン大聖堂 ドイツ、ヴィースの巡礼教会 ドイツ ほか）、2 圧倒的な大きさを誇る教会（サン・ピエトロ大聖堂 バチカン市国、ノートルダム大聖堂 フランス ほか）、3 緻密な装飾で彩られた教会（サン・マルコ大聖堂 イタリア、シエナ大聖堂 イタリア ほか）、4 個性が際立つ教会（ロンシャンの礼拝堂 フランス、カンピ礼拝堂 フィンランド ほか）
2017.7 187p 15×21cm ¥1500 ①978-4-8441-3727-6

◆「ジャックの塔」100年物語―横浜市開港記念会館100周年記念誌・横浜市開港記念会館　中区制90周年・開港記念会館100周年記念事業実行委員会、横浜市中区役所編著、横浜市ふるさと歴史財団監修　（横浜）神奈川新聞社
【目次】貿易商人とともに歩んだ本町の町並み（幕末～明治10年代の本町、石川町の開店と岡倉天心 ほか）、開港記念横浜会館の誕生、そして震災からの復興（コンペ（設計競技）の実施、建築家山田七五郎の登場 ほか）、空襲、接収、返還と波乱の時代（再建後、多目的に利用、戦時下の公会堂利用 ほか）、復元・再生への道（県庁、税関とともに行われた屋根ドームの復元―平成元（1989）年、創建時の姿が甦った！ （復元プロジェクト始動、職人技が随所に生きる ほか）
2017.7 104p A4 ¥1389 ①978-4-87645-566-9

◆城郭史研究　第36号　日本城郭史学会、東京堂出版 発売
【目次】論考（大坂城真田丸を描いた最古の絵図―鹿田氏蔵「大坂冬の陣配陣図」をめぐって、天守台と櫓屋―[一階]平面の職能から見た江戸時代旗本陣屋について―同一基準による一覧表作成への試み、天守の壁―徳川三代の江戸城天守の壁を考察する）、研究ノート（奥羽国境の城・湯原館とその周辺）、砕玉類題（武蔵国寺尾城―謎多き諏訪氏の城）
2017.3 140p B5 ¥2700 ①978-4-490-30751-1

◆城の科学―個性豊かな天守の「超」技術　萩原さちこ著　講談社　（ブルーバックス）
【要旨】全国各地で訪れる人々を魅了する日本の城。「城」といっても多くの人がまず思い浮かべるのは、高くそびえ、圧倒的な存在感をもつ「天守」です。上下の階を貫く「通し柱」や、あえて古材を再利用する工夫など、さまざまな城造りの技術が見られます。ふたつとして同じものがない天守。国宝に指定されている姫路城、松本城、松江城、彦根城、犬山城を中心に、その構造や素材、装飾を解説していきます。
2017.11 281p 18cm ¥1200 ①978-4-06-502038-8

◆城バイリンガルガイド　三浦正幸監修、クリス・グレン英文　小学館　（本文：日英両文）
【目次】第1章 城のつくり方（城町、縄張 ほか）、第2章 城の歴史（弥生時代～平安時代、鎌倉時代～室町時代前期 ほか）、第3章 名城をめぐる（弘前城、松本城 ほか）、用語集、訪ねてみたい城祭り（春、夏 ほか）
2017.3 125p 19cm ¥1000 ①978-4-09-388543-0

◆新 可笑しな家―世界の奇想天外ハウス50軒　黒崎敏、ビーチテラス編著　二見書房
【目次】漁師の船屋（フランス）、船底の家（イギリス）、船体の家（フランス）、ブーツハウス（インド）、妖しの館（ベトナム）、鳥の食堂（タンザニア）、仮面の家（スペイン）、世界最狭の家（ポーランド）、からくり部屋（香港）、川に浮かぶ家（セルビア）〔ほか〕
2017.8 143p B6 ¥1900 ①978-4-576-17115-9

◆新宿駅西口広場―坂倉準三の都市デザイン　新宿駅西口広場建設記録刊行会編著　鹿島出版会
【要旨】太陽を招く大きな穴と、二重螺旋のスロープ、世にも不思議な公共施設。ル・コルビュジエの志を継いだ建築家坂倉準三の闘いの軌跡。
2017.2 131p 25×19cm ¥1900 ①978-4-306-07330-2

◆人生は満たされつつある建築で溢れている　鳴海雅人著　青弓社
【目次】プロローグ 人生の旅は続く―変わらないために変わり続ける、ありえたかもしれない瞬間を求めて―「美とモラルの空間」オリンピックTokyo2020・東京ビッグサイト増築、場所の空気を少し違った空気に変質させる建築―「白いねぶた」青森市新庁舎プロポーザル当選案、世の中で変わらないものは、「変化する」ということである―「個が自然の摂理と結び付く」中央省庁建築レトロフィット（霞ヶ関）、新聞はしぶとい―「その国の新聞を見ればその国がわかる」山陽新聞配送センター（岡山県）、人生とは不可能にたどり着く前に体験するいくつかの可能性かもしれない―「東京くじら・郷愁を感じる空間」昭島市生涯学習学習センター、さざれ石が巌となる研ぎ澄まされた原石のような建築―「苦しすぎての永遠の建築」岐阜市新庁舎、風音と潮騒が聞こえてくるだけで価値観が変わる場所―「生き続ける遺伝子」長崎県立・大村市立一体型図書館、馬を愛し世話する者が受ける報いは単純だが達成感に満ちている―「馬蹄の形・皇室と馬について」皇居内建築プロジェクト、誰でも感じることはできるが、具体的にすることは誰にでもできることではない―「シークレットガーデン」東邦大学薬学部新棟・健康科学部新棟、拘置環境、だからこそ見える世界―「その社会の寛容度のバロメーター」拘置所・刑務所建築（西日本）、すべての人がなんらかの檻に入れられているが、窓はいつも開いている―「ジョハリの窓」少年矯正医療センター（宇治市）、雑草とはその美点が発見されていない植物である―「心と庭・箱庭療法」世田谷区梅が丘福祉保健医療施設、言葉だけが形になる場所―「百花繚乱五島列島」島原市新庁舎（長崎県）、記憶は水のなかに漂う記録に命を吹き込む―「東京・わたし・計画」東京の水辺卸連構想提案、少ないもので集中し、多くの可能性を引き出す―「レス・イズ・モア、実用の極美」東京都立公文書館、純粋は欲望と隣り合わせ、欲望に忠実であることが純粋の証しだ―「美に向かうまなざし・グラスゴーから京都へ」京都女子大学図書館
2017.3 119p 21×19cm ¥2000 ①978-4-7872-9244-5

◆水琴窟の癒しCDブック　日本水琴窟フォーラム監修　自由国民社　（付属資料：CD1）
【要旨】リラックスした／集中したいときに心がやすらぐしずくの音宇宙。生の音を収録したCDと、その音色の効果的な聴き方をわかりやすく解説。水琴窟の歴史、その仕組みと作り方、よい状態の音を聴ける各地のスポットも紹介している。
2017.9 63p 19×15cm ¥1200 ①978-4-426-12268-3

◆図説 茨城の城郭　茨城城郭研究会著　国書刊行会　改訂版
【要旨】茨城県内で確認されている中・近世の城郭1100か所の中から歴史的意義のある代表的遺構140城を取り上げ、概念図と城跡の写真、歴史地理的解説を付す。初版刊行後11年の成果を元に全面改訂。
2017.7 291p A5 ¥2800 ①978-4-336-06153-9

◆図説 日本と世界の土木遺産―ものづくり技術遺産（土木の博物誌）　五十畑弘著　秀和システム
【要旨】歴史に生きづく土木技術の古今東西！ 日本と世界の代表的な土木建造物とその歴史を一望！ 土木遺産260箇所を500枚超の写真で紹介！
2017.10 442p A5 ¥2400 ①978-4-7980-5223-6

◆すまい再発見―世界と日本の珠玉の住宅76　住総研編　建築資料研究社
【要旨】建築家、研究者、そして住まい手が選んだ、近・現代の「正統派住宅」たち。通巻100号を迎えた住総研機関誌『すまいろん』の名連載記事を、完全収録。
2017.2 303p A5 ¥2300 ①978-4-86358-488-4

◆住まいと町とコミュニティ　大月敏雄著　（松戸）王国社
【要旨】今あらためてコミュニティの可能性を考える。『集合住宅の時間』以降、著者の思考と実践の全軌跡。
2017.4 219p B6 ¥1850 ①978-4-86073-064-2

◆住み継ぐ―町家の知恵、美しい暮らし 藤岡建築研究室の改修・再生と新築　藤岡龍介著　建築資料研究社
【要旨】暮らしやすくて美しい。時が経つほど味わいが増す。住みたい家には日本の知恵が生きていた。10軒の実例と知っておきたい改修の知識。
2017.9 189p B5 ¥1800 ①978-4-86358-512-6

◆生命の讃歌―建築家 梵寿綱＋羽深隆雄　梵寿綱、羽深隆雄編・著　美術出版社　（本文：日英両文）
【要旨】羽深隆雄「「木の狩人」の系譜―羽深隆雄、湧雲の望楼、台付欅の家、手業の装飾―羽深隆雄の意匠、仙寿庵ほか」、梵寿綱「ある寿舞、インディアナの家、ある美瑠、樹下美人図考、アート・コンプレックス運動について ほか」
2017.2 259p 30×24cm ¥5800 ①978-4-568-60545-2

◆世界遺産法隆寺から学ぶ すみずみまで楽しむ寺院の歩き方―寺院の構造と技術を読み解く　山田雅夫著　自由国民社
【要旨】現存する世界最古の木造建築は、何度行っても面白い。建築のプロフェッショナルが、ちょっとツウな見方を教えます。大人の修学旅行で、もういちど法隆寺に行ってみませんか？
2017.8 143p A5 ¥1500 ①978-4-426-12360-4

◆世界一の豪華建築バロック　中島智章著　エクスナレッジ
【目次】1 ITALY―カトリック改革とバロック建築の誕生（サンタ・クローチェ教会堂（イタリア／レッチェ）、サン・ピエトロ使徒座聖堂（バチカン市国）ほか）、2 SPAIN&PORTUGAL―「新世界」の入り口に到達した独自のバロック建築（メスキータ（スペイン／コルドバ）、トレド大司教座聖堂（聖母被昇天大司教座聖堂）（スペイン／トレド）ほか）、3 LATIN AMERICA&ASIA―世界を席巻するバロック建築（マードレ・デ・デウス教会堂（サン・パウロ天主堂跡）（中華人民共和国／マカオ）、サン・フランシスコ教会堂（ブラジル／バイーア州サウヴァドール）ほか）、4 AUSTRIA、GERMANY、RUSSIA、UKRAINE―外観とインテリアが混交するバロック建築の新展開（アウグストゥスブルク城館（ドイツ／ブリュール）、カールスキルヒェ（ザンクト・カール・ボロメウス教会堂）（オーストリア／ヴィーン）ほか）、5 FRANCE、UNITED ENGLAND―宮廷を華やかにする絶対王政のバロック建築（ルーヴル宮殿東側ファサード（フランス／パリ）、ヴェルサイユ宮殿鏡の間（フランス／ヴェルサイユ）ほか）
2017.7 141p B5 ¥1800 ①978-4-7678-2318-8

◆世界10000年の名作住宅　菊地尊也文　エクスナレッジ
【要旨】知っておきたい世界の名作住宅100を一挙紹介！ 住まいの全史に迫る至極の名作が満載！ 人間はこれまでどんな家に住んできたか？ 世界39ヶ国の住宅100を写真とイラストで読み解く。全事例にイラスト解説つき！
2017.3 207p 22×15cm ¥1800 ①978-4-7678-2284-6

◆世界のアーケード　アフロ写真、水野久美テキスト　（京都）青幻舎　（nomad books）
【要旨】19世紀にイタリア、フランスの都市に高いガラス屋根を架けた通り抜けの商店街が出現し、泥や雨で汚れる心配なく快適にショッピングできる歩行者にとって快適な場所として人々に絶大な人気を得た。この空間はアーケード（イタリアではガレリア、フランスではパサージュ）と呼ばれ、ヨーロッパをはじめとして世界各国に造られている。都市の散策やウインドウショッピングの楽しみを大いに高めてくれ、建築物としても魅力あふれる華麗な世界のアーケードの数々を紹介。国内外39の美しいアーケードを収録した。アーケードへの行き方や旅のプチガイド付き。
2017.7 157p B6 ¥1600 ①978-4-86152-577-3

◆世界の美しい色の建築　大田垣一文　エクスナレッジ
【要旨】ロイヤルハワイアンホテル、エカテリーナ宮殿、ハノイ歴史博物館、萌黄の館、ハンプトンコート宮殿、デンマーク王立図書館、ターマジハル、ムーランルージュ…赤、青、黒など、いろいろな色彩に溢れた建築。
2017.10 143p 25×19cm ¥1800 ①978-4-7678-2348-5

◆世界の美しい名建築の図鑑―THE STORY OF BUILDINGS　パトリック・ディロン文, スティーヴン・ビースティー画, 藤村奈緒美訳　エクスナレッジ
【要旨】建物の物語。なぜ, 建物を建てるのか。家のはじまりから現代建築まで, そこに込められた思いをたどる。子供から大人まで楽しく学べる, 深くてやさしい建築の歴史。
　2017.2 121p 30×26cm ¥2800 ①978-4-7678-2234-1

◆世界の庭園墓地図鑑―歴史と景観　菅野博貢著・写真　原書房
【要旨】景観を構成する要素, ランドスケープ・デザインの視点から世界の庭園型墓地を中心に紹介。わが国の今後の墓地形態, 循環利用から, 永続的利用のあり方を探る。オリジナル写真・図版500点以上収録。
　2017.6 394p B5 ¥8000 ①978-4-562-05414-5

◆世界の廃墟・遺跡60　リチャード・ハッパー著, 渡邉研司訳　東京書籍
【要旨】絶対に行きたい場所！ 絶対に行けない場所！ 全60話知られざる物語。
　2017.7 262p 25×20cm ¥2800 ①978-4-487-81043-7

◆世界の広場への旅―もうひとつの広場論　芦川智編著, 金子友美, 鶴田佳子, 高木亜紀子著　彰国社
【要旨】その都市の歴史と, 四半世紀の年月, 走行距離71, 354kmに及ぶ実測調査からひも解く広場論。広場のスケッチが, 読者をその空間へと誘います。
　2017.6 179p 25×22cm ¥2500 ①978-4-395-32090-5

◆世界の木造デザイン　日経アーキテクチュア編　日経BP社, 日経BPマーケティング 発売　(日経アーキテクチュアSelection)
【要旨】国内外の注目作を徹底リポート。木造美を捉えた写真や詳細図面も充実。坂茂氏, 隈研吾氏が語る「今, 木造の理由」。
　2017.6 192p 29×22cm ¥2400 ①978-4-8222-3837-7

◆世界のリノベーション　日経アーキテクチュア編　日経BP社, 日経BPマーケティング 発売　(日経アーキテクチュアSelection)
【要旨】国内外の注目作を網羅, 「プロセス」重視で解説。写真や図面も充実！
　2017.11 208p 28×21cm ¥2400 ①978-4-8222-5876-4

◆妹島和世論―マキシマル・アーキテクチャー 1　服部一晃著　NTT出版　(建築・都市レビュー叢書 01)
【要旨】"私"と"世界"の亀裂に向き合った妹島和世の世界を縦横に読み解く新世代の建築批評。
　2017.3 262p B6 ¥2400 ①978-4-7571-6070-5

◆"狭さ"の美学―草庵・茶室・赤ちょうちん　近藤祐著　彩流社　(フィギュール彩 87)
【要旨】"狭さ"には, 自由と永遠が宿る！ 鴨長明の『方丈記』, 利休の茶室, 大雅・蕪村の『十便十宜図』など, 日本文化史上の"狭さ"という価値観と美意識とは, 現代という過剰消費社会において排他的・敵対的な"広さ"に囚われた私たちに, どのようなアンチテーゼとなるのか。
　2017.4 218p B6 ¥1800 ①978-4-7791-7088-1

◆セルフビルドの世界―家やまちは自分で作る　石山修武文, 中里和人写真　筑摩書房　(ちくま文庫)
【要旨】フツーの人が手作りした驚嘆の家！ トタンでできたバー, トラック上の2階建住居, アウトサイダーアート的な「秘密の家」, びっしりの貝殻でできた公園, 湖に浮かぶ村, 0円～500万円で建てた家, 「磯崎新の隠れ家」など, 圧倒されまくる30の物件。自分の家という世界や, 共同体を作る熱い思い。文庫化にあたり2篇を新取材。迫力のカラー写真満載！
　2017.4 282p A6 ¥1400 ①978-4-480-43440-1

◆ゼロ・エネルギーハウス―新しい環境住宅のデザイン　田辺新一, 長澤夏子, 高口洋人, 小林恵吾, 中川純著　早稲田大学出版部　(早稲田大学理工研究叢書シリーズ No.27)
【要旨】学生たちが自ら設計し実際に形にした次世代の環境配慮住宅。エネルギー効率を社会的快適性や健康性の検証や, 競技会参加へのプロセスを一気に完まる奮闘記。
　2017.10 169p A5 ¥1800 ①978-4-89491-337-0

◆戦前日本の家具・インテリア―『近代家具装飾資料』でよみがえる帝都の生活 下巻　新井竜治編著　柏書房
【要旨】帝都東京の百貨店が顧客の富裕層向けに開催した新作家具展。戦前の裕福な家庭が実際

に求めたトップクラスの室内装飾や家具を1500点の写真で再現する。松坂屋, 白木屋, 松屋, 東横, 伊勢丹の展示会やアントニイ・レイモンドの家具作品などを紹介。充実の索引つき。
　2017.5 878p 31×22cm ¥23000 ①978-4-7601-4773-1

◆せんだいデザインリーグ2017 卒業設計日本一決定戦OFFICIAL BOOK　仙台建築都市学生会議, せんだいメディアテーク編　建築資料研究社
【目次】ファイナリスト・入賞作品, 1 予選, 2 セミファイナル, 3 ファイナル（公開審査）, 審査員紹介, 出展者・作品一覧, 付篇
　2017.9 163p 30×23cm ¥1800 ①978-4-86358-503-4

◆千少庵茶室大図解―利休・織部・遠州好みの真相とは？　長尾晃著　鳥影社
【要旨】国宝茶室「待庵」は, 本当に千利休の作なのか？ 利休の千家を継いだ二代目少庵。本作「西芳湘南亭」「麟閣」の徹底図解を中心に, 利休「待庵」, 織部「燕庵」, 遠州「密庵」との比較検証を通して, 不愚の天才茶人・千少庵の実像にせまる！
　2017.6 199p B5 ¥2200 ①978-4-86265-615-5

◆禅の庭 3　枡野俊明作品集 2010 - 2017　枡野俊明著　毎日新聞出版
【要旨】現代の石立僧・枡野俊明の空間デザイン。臨済宗・曹洞宗を通じて「禅の庭」に取り組む唯一無二の禅僧が贈る15件の最新作品群！ シンガポール, インドネシア, 中国, アメリカ…禅の境地から生み出された庭園の数々は今や国境を超え, そこに暮らす人々, 訪れる人々に心の平安をもたらしている。
　2017.11 142p B5 ¥3000 ①978-4-620-60673-4

◆装飾がすごい世界の装飾　パイ インターナショナル編　パイ インターナショナル
【目次】救世主顕栄教会, 血の上の教会, 血の上のドミトリー皇子教会, 聖ワシリイ大聖堂, 顕栄教会, 聖アンドリイ教会, 聖ミハイル黄金ドーム修道院, ブダペスト市街美術館, マーチャーシュ教会, キリスト降誕シプカ修道院〔ほか〕
　2017.5 143p B5 ¥1900 ①978-4-7562-4890-9

◆卒、SOTSUTEN―全国合同建築卒業設計展 '17　「卒、17」実行委員会編　総合資格
【要旨】1 審査員＆総評, 2 受賞作品（最優秀賞（1日目）：エベレストの迷宮―自己コラージュによる三次元空間の超越・野村健太郎（東京理科大学）, 最優秀賞（2日目）：吉村靖孝賞：蛇行する川―物理的切断と客観的偶然から生まれる建築・児林幸輔（日本大学）, 菅原大輔賞：小さな交通が都市を変える―車社会に対する新たなライフスタイルの提案・小林寛知（法政大学）, 種田元晴賞：第一海堡の九相図・伊東亮祐（日本大学）ほか）, 3 出展作品
　2017.6 192p B5 ¥1000 ①978-4-86417-242-4

◆対訳 日本の城と城下町　平井聖執筆, 渡辺洋英訳　市ケ谷出版社　(本文：日英両文)
【目次】江戸時代の城と城下町（中根図の姫路城内郭, 姫路城の現状, 内郭内の構成, 本丸（天守郭を含む）, 菱の門, 西の丸, 三の丸の御居城（西屋敷）, 三の丸の向屋敷, 武蔵野御殿・作事場, 外郭（城下町）の構成, 城を囲む土塁と堀ほか）, 日本各地の城
　2017.7 163p 25×19cm ¥2400 ①978-4-87071-293-5

◆高宮眞介建築史意匠講義 2　日本の建築家20人とその作品を巡る　高宮眞介, 大川三雄, 飯田善彦著　(横浜)飯田善彦建築工房/Archiship Library & Café　(Archiship Library 02)
【目次】第1回 日本近代建築史の見取り図, 第2回 西洋歴史建築様式を直写した"国家齎用達建築家"たち 辰野金吾・妻木頼黄・曾禰達蔵・片山東熊, 第3回 わが国独自の様式を模索した建築家たち 横河民輔・伊東忠太・長野宇平治・武田五一, 第4回 表現派モダニズムの建築家たち 渡辺仁・村野藤吾・吉田鉄郎・堀口捨己, 第5回 合理派モダニズムの建築家たち レーモンド・坂倉準三・前川國男・谷口吉郎, 第6回 国際舞台へ, 丹下健三とその弟子たち 丹下健三・槇文彦・磯崎新・谷口吉生, 第7回 シンポジウム「近代日本の建築家の現在」, 番外編 日本建築空間の美, "近代建築ツアー"丸の内・日本橋/横浜/上野公園
　2017.9 255p A5 ¥2700 ①978-4-908615-01-6

◆武田五一的な装飾の極意―茶室からアール・ヌーヴォーをめぐる建築意匠　谷藤史彦著　水声社

【要旨】山口県庁, 京都大学, 同志社女子大学などの公共施設をはじめ, 数多の作品を残し, 明治末期の欧州留学後アール・ヌーヴォー, ウィーン分離派などの新しいデザインを日本に紹介した関西近代建築の父の軌跡をたどる。
　2017.5 200p A5 ¥3200 ①978-4-8010-0219-7

◆武田五一の建築標本―近代を語る材料とデザイン　LIXIL出版
【目次】武田五一の横顔, 京都に残した建築デザイン標本（新たなる材料, 時代の流行, 近代的生活, 古典再考, 二十世紀初頭のデザイン表現）, 武田五一が伝えたもの（石田潤一郎）
　2017.3 74p 21×21cm ¥1800 ①978-4-86480-517-9

◆多民族"共住"のダイナミズム―マレーシアの社会開発と生活空間　宇高雄志著　(京都)昭和堂
【要旨】多民族国家マレーシアにおける民族共住の動向を建築学の視点で描き出す。1990年と2010年代のフィールドワークをもとに, カンポン（村）, 世界遺産都市, 開発フロンティアの新都市, 斜陽化する団地, 新首都造営地など, 開発により変貌する生活空間の20年間を論じる。
　2017.2 284p A5 ¥6000 ①978-4-8122-1611-8

◆団地図解―地形・造成・ランドスケープ・住棟・間取りから読み解く設計思考　篠沢健太, 吉永健一著　(京都)学芸出版社
【要旨】団地はどれも同じ…だなんて大間違い。地形を生かしたランドスケープ, コミュニティに配慮しつつ変化に富む住棟配置, 快適さを求めて生み出された間取りの数々。日を凝らせば, 造成から植木一本まで連続した設計思考が行き届き, 長い年月をかけ育まれた豊かな住空間に気づくはず。団地の読み解き方。
　2017.10 138p 26×20cm ¥3600 ①978-4-7615-3235-2

◆団地のはなし―彼女と団地の8つの物語　東京R不動産編著　(京都)青幻舎
【目次】アートワーク Noritake, 小説 マーリカの手記―一年の留学を終えて（山内マリカ）, 詩 ぼくらの心臓の間取りの数々（最果タヒ）, フォトエッセイ 巡る団地（茂木綾子）, 対談 共同体だからできること（ジェーン・スー×佐々木俊尚）, インタビュー 間取りのあしどり（菊池亜希子）, 漫画 P（カシワイ）, 小説 向かい合わせの二つの部屋（松田青子）, 写真（黒田菜月）, 漫画 P+6（カシワイ）
　2017.3 139p B6 ¥1500 ①978-4-86152-615-2

◆小さな平屋に暮らす。　山田きみえ編, 雨宮秀也写真　平凡社
【要旨】風景に溶け込む, 小さな平屋6例。郊外の住宅地, あるいは里山の比較的広い敷地に, あえて小さな家を建てて暮らす日々を, 住み手が綴り, あるいは語り, その家の設計者が, 小さな平屋の設計手法を解説。
　2017.10 126p A5 ¥1800 ①978-4-582-54460-2

◆知覚と建築―クロード・ペロー『五種類の円柱』とその読解史　土居義岳著　中央公論美術出版
【目次】翻訳 クロード・ペロー『太古人たちの方法による五種類の円柱のオルドナンス』, クロード・ペロー年譜, 解題（ヴォルフガング・ヘルマン『クロード・ペローの理論』一九七三年, ジョゼフ・リクワート『最初の近代人たち』一九八〇年, アルベルト・ペレス＝ゴメス『建築と近代科学の危機』一九八三年, アントワーヌ・ピコン『クロード・ペローあるいは古典主義者の好奇心』一九八八年, アルベルト・ペレス＝ゴメス『五種類の円柱』英語版 一九九三年 序文, アントワーヌ・ピコン『ウィトゥリウス建築十書』フランス語版 一九九五年 序文）, 知覚と建築―クロード・ペロー『太古人たちの方法による五種類の円柱のオルドナンス』の読み方
　2017.2 460p A5 ¥13000 ①978-4-8055-0778-0

◆千葉大学卒業設計展2017作品集　千葉大学工学部建築学科卒業設計2017実行委員会編　総合資格
【目次】受賞作品紹介（最優秀賞・新西草太, 栗生明賞・山下麟太郎, 中山英之賞・山内裕斗, 羽鳥達也賞・大久保陽平, 川添善行賞・西田安希ほか）, 作品紹介（芦原智也, 池田美月, 池田遼太, 石井俊吾, 内山雄基 ほか）
　2017.11 48p B5 ¥700 ①978-4-86417-233-2

◆千葉の建築家とつくる家 2　こころのこもった住空間　建築ジャーナル編集部編　建築ジャーナル
【要旨】本書では, 千葉県で活躍する建築家15人と彼らが建て主とつくりあげた代表的な住まい

サイエンス・テクノロジー

を紹介しています。このなかから、あなたの家づくりに最も合ったパートナーを見つけてください。

2017.12 47p 30×23cm ¥1200 ①978-4-86035-107-6

◆つくるガウディ　INAXライブミュージアム企画委員会企画　LIXIL出版
【目次】ガウディ建築実測図ノート、ガウディ建築「制作」ノート
2017.4 2Vols.set B5 ¥2500 ①978-4-86480-911-5

◆デザインホテル・グラフィックス＆インテリア―世界中のゲストを引きつけるコンセプトとアイデア　ヴィクショナリー編　グラフィック社
【要旨】本書では、コンセプト設定からその実践に至るまで、革新的な考えを持つホテル・オーナーが、ブランディングやインテリアをビジネスとしてどのように捉え、家具のセレクション、案内表示、ヴィジュアル・アイデンティティとともに見せているか検証。ケーススタディでは、見ごたえのある写真と、先見の明のある優秀なホテル経営経験者やブランディングの専門家のインタビューを通じて、時代を牽引する彼らがマーケットを動かし、世界中のゲストをどのように引きつけているのか、独自のコンセプトで興味深く解き明かしています。
2017.8 279p 26×20cm ¥3800 ①978-4-7661-3072-0

◆鉄楽―生活を彩るロートアイアン　松岡信夫著　建築資料研究社
【要旨】鉄、ガラス、木を用い、素材本来の美しさを引き出す造形家・松岡信夫。生活に彩りを与える花器、暖炉、カウンター、手摺、椅子、照明器具…。松岡信夫がつくり出す作品の魅力を余すところなく伝える。
2017.10 115p B5 ¥2300 ①978-4-86358-520-1

◆展示会データベース　2018年版　ピーオービー出版企画室
【要旨】全国主要展示会2年分の開催データ・資料、過去5年分の開催実績を一冊に収録。
2017.6 382p A4 ¥8500 ①978-4-908638-03-9

◆トウキョウ建築コレクション2017 Official Book―全国修士設計展・論文展・プロジェクト展・特別対談・特別企画　トウキョウ建築コレクション2017実行委員会建築資料研究社、日建学院
【目次】全国修士設計展（グランプリ・湯河原の家、太田佳代子宅・穴を綴る一生業と風土の関係性からまちを再考する、倉方俊輔賞・風力の都、鯵ヶ沢―青森鯵ヶ沢における角力文化の再考と都市・建築 ほか）、全国修士論文展（グランプリ・台湾原住民の伝統的住居におけるBIMを用いた継承の研究―台湾蘭嶼タオ族の伝統的住居を事例として、伊香賀俊治賞・下宿住所履歴の分析に基づく修学環境の変化に関する研究―桂キャンパス移転を中心として、川添善行賞・RCラーメンフレームの表現上の扱いに見る村野藤吾の多元的設計手法―日生劇場の考察を中心として ほか）、プロジェクト展（グランプリ・市川紘司賞・ARKHITEKTOME／アルキテクトーム―植物を育てるように建築を育てる、木下斉賞・Veneer House Project―Veneer House Kumamoto、吉村靖孝賞・GIVEN CODE―「カードとtab」による建築の分析手法 ほか）、特別対談 建築の内と外と、そのどちらでもないもの、特別企画 代官山まちあるきツアー
2017.7 367p A5 ¥2700 ①978-4-86358-504-1

◆東京の名教会さんぽ　鈴木元彦著　エクスナレッジ
【要旨】東京をはじめ神奈川、千葉、埼玉にある一度は訪れたい教会を紹介します。効率よく気に行けるようにエリア別に紹介。教会の歴史、建物の特徴を写真とイラストを使い分かりやすく解説しています。
2018.1 159p 25×19cm ¥1800 ①978-4-7678-2424-6

◆東京モダン建築さんぽ　倉方俊輔著、下村しのぶ写真　エクスナレッジ
【要旨】元祖タワマン、昭和最先端ワンルーム、宇宙船のような丸窓、職人技が光るタイル…昭和の匂いを色濃く残す、ビルやマンション。「本物のモダン」を感じる、東京の名建築48選。
2017.9 207p A5 ¥1800 ①978-4-7678-2383-6

◆東京臨海論―港からみた都市構造史　渡邊大志著　東京大学出版会
【要旨】海洋交易の根本である港湾の「倉庫」に、建築と都市のはじまりを重ね取ろうとする著者の思考に新しい知をみる。港湾倉庫による近代都市形成。
2017.2 369, 5p A5 ¥5400 ①978-4-13-061134-3

◆東西名品 昭和モダン建築案内　北凱川不可止文、黒沢永紀写真　洋泉社
【要旨】東京圏と京阪神圏の建築遺産を堪能する。アール・デコ、フランク・ロイド・ライト、病院、ホテル、時計塔、望楼、駅…17のテーマで東西の名建築を徹底比較！
2017.2 159p A5 ¥1800 ①978-4-8003-1134-4

◆灯台はそそる　不動まゆう著　光文社　（光文社新書）
【要旨】海の安全を守る灯台。役割が重要なのはもちろんだが、ポツンと立つ姿は、人工物ながら風景を邪魔せず、むしろ趣を与える。実はファンは多く、好みのあり様も豊富。ところが今、灯台はまさに"崖っぷち"だ。GPSの台頭と省エネの流れの中、減少の一途…。その灯火を絶やさぬよう・一人でもサポーターを増やすため、"灯台女子"が魅力と愛し方を余すところなく綴る。
2017.7 219p 18cm ¥920 ①978-4-334-03999-8

◆時がつくる建築―リノベーションの西洋建築史　加藤耕一著　東京大学出版会
【要旨】建物を創造的に再利用する、豊かな建築文化とは。長い歴史における数々の既存建物の再利用の事例を検証しながら、スクラップ＆ビルドの新築主義を脱却し、縮小時代の建築とのつきあいかたを示す。
2017.4 339, 25p A5 ¥3600 ①978-4-13-061135-0

◆棘のない薔薇―辺境から建築を問う　細田雅春著　日刊建設通信新聞社
【要旨】序 建築は社会の鏡、時代を映す記憶である、1 多様性と調和を求めて、2 都市・建築への眼差し、3 新たな農業を考える、4 グローバル社会を追う、5 分断と混乱を越えて
2017.10 293p A5 ¥2600 ①978-4-902611-74-8

◆都市・建築空間の史的研究　小寺武久著　中央公論美術出版
【目次】第1章 古代平安京の造型、第2章 平安京の空間的変遷―行幸路次を中心として、第3章 古代地方都市の造型、第4章 中世京都の都市空間、第5章 中世鎌倉の都市空間、第6章 近世の「町」の空間、第7章 近世城下町、第8章 近世名古屋の会所地
2017.2 374p A5 ¥12000 ①978-4-8055-0777-3

◆都市と環境とシステム展2017作品集―千葉大学都市環境システム学科卒業制作・論文展示会　都市と環境とシステム展2017運営団体編著　総合資格
【目次】受賞作品紹介（設計賞・中村駿介「畏れを想起する 明日香村役場建て替え計画」、総合資格賞・小島啓輔「文化を耕す 野沢温泉村の生活文化を育てる3つの舞台装置」）、作品紹介（草処章一郎「伝統の継承―桐生市における工房群の提案」、佐々木駿「街のコンバージョン 高齢者施設を用いた商店街再生の提案」、品田礼希「バブルの塔再考 新潟県湯沢町におけるリゾートマンションのコンバージョン提案」、鈴木寿明「スキまち建築 都市と建築の連続性を持つ空間の提案」、植木嘉一「地域コンテンツを表出するサイネージ空間の提案―千葉県・木更津を対象として」 ほか）、論文紹介、トークセッション、都市環境システム学科の概要
2017.8 39p B5 ¥700 ①978-4-86417-232-5

◆都市は人なり―Sukurappu ando Birudo プロジェクト全記録　Chim↑Pom著　LIXIL出版
【目次】第1部「また明日も観てくれるかな？」2016年10月15日～10月31日＠歌舞伎町商店街振興組合ビル（ステートメント、写真構成「また明日も観てくれるかな？」写真風景、座談会 不可能を可能にした展覧会―街とアートの関係の物語（手塚マキ×卯城竜太×三宅） ほか）、第2部 解体されるビルと生まれ変わるビル 2016年11月～2017年6月（写真構成 歌舞伎町商店街振興組合ビルの解体、写真構成 キタコレビルの改装）、第3部「道が拓ける」2017年7月29日～8月27日＠キタコレビル（道の開通にあたって、オープンハウスのご案内、写真構成「道が拓ける」展示風景 ほか）
2017.8 227p 20×23cm ¥1800 ①978-4-86480-031-0

◆中村好文 集いの建築、円いの空間　中村好文著、雨宮秀也写真　TOTO出版
【要旨】こころ満たされる空間のひととき。「好文スタイル」による住宅以外の作品を紹介。
2017.5 252p A5 ¥2500 ①978-4-88706-366-2

◆奈良・依水園―静寂の名庭、四季の彩り　上田安彦写真・文　（奈良）奈良新聞社　（本文：日英両文）

【要旨】「世界遺産」を借景に、東大寺と興福寺の間に位置し遠くに見える若草山や春日奥山、御蓋山などをも取り入れた素晴らしい日本庭園「名勝 依水園」。四季それぞれの美しい空間に、写真家・上田安彦が挑む。
2017.3 79p A5 ¥1500 ①978-4-88856-143-3

◆なるほど住宅デザイン　エクスナレッジ　（建築知識の本 05）
【目次】1 居室（床高の操作でワンルームを仕切る、凹凸プランでワンルームを仕切る ほか）、2 中間領域（室内に土間空間を設ける、外部から室内への視線を遮る ほか）、3 開口部（開口部の位置と大きさで採光量を調整する、開口部廻りの壁面形状で光を操作する ほか）、4 素材（露し天井を美しく見せる、素材ならではの質感を生かす ほか）
2017.10 153p A4 ¥2400 ①978-4-7678-2396-6

◆西山夘三のすまい採集帖　LIXILギャラリー企画委員会企画　LIXIL出版　（LIXIL BOOKLET）
【目次】1 漫画家志望、デザイナーズ住宅批判の向こうにある社会革命、2 実証的 住み方調査、3 体系的 すまい採集帖、4 自伝的 住み方記録、5 おそるべし、記録魔、西山住宅学とは何だったのか、国土・都市・景観を探究する執念、西山夘三の生涯と仕事―自身の生活史に関わる著作と西山文庫所蔵資料から
2017.6 112p 21×21cm ¥1800 ①978-4-86480-518-6

◆日本、家の列島　ヴェロニック・ウルス、ジェレミ・ステラ、マニュエル・タルディッツ、ファビアン・モデュイ、パナソニック汐留ミュージアム編　鹿島出版会
【要旨】建築家が個人住宅を手がける―近代以降の日本の社会に根づいた慣習にフランス人建築家は驚きを隠せない。「彼らのクライアントはなぜ建築家に建ててもらうことにしたのか？」ただひとつの疑問を胸に訪ね歩きまとめた、歴史的な名作から近年の秀作まで70軒を総覧する住宅図鑑。パリを皮切りに欧州各地で話題を呼んだ展覧会の日本開催公式図録。
2017.4 349p A5 ¥2000 ①978-4-306-04649-8

◆日本建築の形　2　齋藤裕著・写真　TOTO出版　（本文：日英両文）
【目次】円覚寺舎利殿、東福寺三門・禅堂、鹿苑寺金閣、慈照寺銀閣・東求堂、相國寺鐘楼、龍安寺方丈庭園、園城寺光浄院客殿、高台寺霊屋、姫路城、妙喜庵待庵「ほか」
2017.4 397p 35×27cm ¥18000 ①978-4-88706-363-1

◆日本建築の特質と心―創造性の根源を探る　枝川裕一郎著　鹿島出版会
【目次】第1章 日本人の創造性の特質（自然との共生、素材に対するこだわり、装飾を排した簡潔性、木の匠と匠の技、二極性と多様性、並立共存の精神）、第2章 日本建築のコンポジションの特質（非対称性、建増し文化、小空間への傾注、有機的形態、奥の概念、全容を見せない）、第3章 部分から全体へ（部分が全体に先行する「今＝ここ」主義、構成原理）、第4章「部分から全体へ」がもたらすもの（事例スタディー、自らの実践／二番町ガーデン）、第5章 まとめ
2017.6 157p A5 ¥2500 ①978-4-306-04651-1

◆日本庭園―箱根美術館、桂離宮に学ぶ美の源流　小杉左岐、小杉龍一、小杉文晴、アンドレアス・ハマバ著　万来舎　（本文：日英両文）
【目次】1 箱根美術館―神仙郷を巡る（箱根美術館・神仙郷とは、鑑賞のポイント、神仙郷を歩く、利用案内）、2 桂離宮―庭園を巡る（桂離宮の庭について、造園の歴史的背景、鑑賞のポイント、庭の配置図、庭を巡る、利用案内）、3 日本庭園―三要素と添景物（庭の中心となる池泉、庭の骨格をつくる石、四季の風情を際立たせる植栽、庭の風景を引き締める添景物、一期一会を楽しむ茶室・茶亭、薄茶の飲み方）
2017.1 128p 22×15cm ¥2500 ①978-4-908493-04-1

◆日本の美しい庭園図鑑　大野暁彦、鈴木弘樹著　エクスナレッジ
【目次】京都・奈良の庭園（天龍寺庭園―京都、依水園―奈良 ほか）、北海道・東北の庭園（毛越寺庭園―岩手、南湖公園―福島 ほか）、関東の庭園（小石川後楽園―東京、三溪園―神奈川 ほか）、甲信・東海の庭園（北畠氏館跡庭園―三重、光前寺庭園―長野 ほか）、関西・北陸の庭園（兼六園―石川、玄宮楽々園―滋賀 ほか）、中国・四国の庭園（岡山後楽園―岡山、縮景園―広島 ほか）、九州・沖縄の庭園（水前寺成趣園―熊本、

伝来寺庭園―大分 ほか）
2017.3 159p A5 ¥1600 ①978-4-7678-2302-7

◆**日本のステンドグラス黎明期―木内家資料によるデザインと近代建築**　金田美世著　中央公論美術出版
【目次】第1章 木内真太郎（木内真太郎の略歴、木内家資料の書誌、小結）、第2章 宇野澤組ステインド硝子製作所の歴史（萌芽期の製作所、設立者、木内真太郎の立場、後見者、山本鑑之進の立場、小結）、第3章 木内真太郎の主な業績（木内真太郎が関わった制作品、建築家とのまとまった仕事、小結）、第4章 木内真太郎関連、デザイン別の作品（抽象的と思われる作品、具象的と思われる作品、天窓、小結）、第5章 結び
2017.7 131p A4 ¥23000 ①978-4-8055-0789-6

◆**日本の最も美しい町――一度は訪れたい歴史と文化を今に伝える119の建築遺産群**　美しい町研究会著　エクスナレッジ
【要旨】日本全国に国が太鼓判を押す古くて美しい町並みが残るエリア（重要伝統的建造物群保存地区）が多数あります。本書はそのエリアとともに独自基準で選んだ全119ヵ所の美しい町並みを知るためのポイントをイラスト図解していますので、訪れたときに確認してみてください。
2017.9 159p B5 ¥1800 ①978-4-7678-2307-2

◆**日本木造校舎大全**　角皆尚宏著　辰巳出版
【要旨】気品ある美しさと人間味。「木の学び舎」の記録。かつて不登校だった若者が、全国各地の木造校舎を訪ね写真に収めてきた。その数、15年間で1200校余。彼の旅はまだ終わらない。
2017.4 125p A5 ¥1500 ①978-4-7778-1862-4

◆**ニーマイヤー 104歳の最終講義―空想・建築・格差社会**　オスカー・ニーマイヤー著、アルベルト・リヴァ編、阿部雅世訳　平凡社
【要旨】2012年、オスカー・ニーマイヤー104歳。この本に綴られているのは、1世紀を超えて生涯現役を貫いた不出世の建築家が、格差の時代に生きる現代の若者たちに向けて放った、彼の最後のメッセージである。「104年の人生を振り返って、改めて思う。この世の中は間違っている。社会は変わらなければならない。持たざるものは、その貧しさから抜け出さなければならず、与える者もまた、占有する富を減らさなければならない」。建築界の絶対的な主役を務め続けたニーマイヤーの哲学は、その仕事の中に凝縮されて、突き刺さっている。ニーマイヤーの建築は、常に社会をよりよくすることに向けられていた。「建築は、単にきっかけを作るに過ぎない。重要なのは、人々の日常の暮らしこそが、人である。人は、心と感情を持ち、正義と美に飢え、快適と刺激を渇望する、不思議な生き物である。これを、決して忘れてはならない」。彼の建築の根底にある、ゆるぎない信念を持って、彼は呼びかける。
2017.6 86p ¥1400 ①978-4-582-54458-9

◆**人気店舗 デザイン年鑑 2018 店舗デザインと集客・経営戦略を総合的に考える85事例**　アルファブックス/アルファ企画、現代企画室 発売
【要旨】飲食店の新規・改装・業態変更に必携の書籍。
2017.11 387p 30×23cm ¥14000 ①978-4-7738-8180-6

◆**人間の空間を創造する**　前橋工科大学編
（前橋）上毛新聞社　（前橋工科大学ブックレット）
【目次】銀座の街路灯ができるまで、景観論、人々が活躍する場・建築をデザインする、感動の建築を目指して、建築のスケールを目指して、まちづくりを支える都市デザインを目指して、住んでもよし、訪れてもよし、観光温泉地のまちづくり―伊香保温泉を事例として、人の生活をデザインする、「群馬建築ツアー」と「群馬美味！建築ガイドブック」、人間の空間をデザインする（メディア情報デザインについて）〔ほか〕
2017.6 106p A5 ¥1000 ①978-4-86352-180-3

◆**のらもじ―まちに出よう もじを探そう**　下浜臨太郎、西村斉輝、若岡伸也共著　エムディヌコーポレーション、インプレス 発売
【要旨】あの「のらもじ発見プロジェクト」が本になった！ 見つける→観察する→分析する→フォント化する！
2017.4 158p A5 ¥1580 ①978-4-8443-6663-8

◆**坂茂の建築―材料・構造・空間へ**　坂茂著　TOTO出版　（本文：日英両文）

◆**坂茂の建築現場**　坂茂著　平凡社
【要旨】行動する建築家坂茂の30年の軌跡。ただの建築論ではない、建築家の生き方論。
2017.3 359p A5 ¥2600 ①978-4-582-54456-5

◆**表現空間論―建築/小説/映画の可能性**　鈴木隆之著　論創社　（本文：日英両文）
【要旨】社会が成長を終えた現代、新しい空間の創出は可能か？ 従来の「建築」だけでなく、フィクショナルな空間における「設計」の事例から、建築や小説の概念を「想像力」で組み替えることで、社会の新たな可能性を開拓する。
2017.12 367p A5 ¥3800 ①978-4-8460-1632-6

◆**風景にさわる―ランドスケープデザインの思考法**　長谷川浩己著　丸善出版
【目次】1 思考の手がかり（風景に気づく、関係性に参加する、場所を設える、風景は公共空間である）、2 デザインの手がかり（風景を再編集する、場所が生まれる契機をデザインする、体験をデザインする、時間を生きるデザイン）
2017.9 124p A5 ¥2600 ①978-4-621-30204-0

◆**不法侵入―朽ち果てた廃墟の世界**　アンドレ・ゴヴィア著　グラフィック社
【要旨】都市探検家のパイオニアであるアンドレ・ゴヴィアはカメラを片手に世界22ヵ国を巡り、時代の流れに取り残された都会のデッド・スペースをとらえつづける。彼が切り取った「放置された世界」の数々は、脳裏に焼きついて離れない空間のショーケースともいえるだろう。哀愁。計り知れない悲しみ。そして不思議な魅力。それらを持つ、廃屋となった邸宅、自動車廃棄場、荒廃した病院といった建物、場所一人間がすることと全ての行く末を考えさせられると同時に、豊か過ぎない世界、野性的な空間、そしてそこから浮かびあがる波乱に満ちた人生への、ほんやりとした憧憬を抱かされる、新しい廃墟写真集。
2017.12 1Vol. 21×21cm ¥2500 ①978-4-7661-3115-4

◆**ふりかえれば未来がある―風土に学ぶ「神楽坂建築塾」の活動**　神楽坂建築塾編　建築資料研究社
【要旨】「まち」「建築」「風景」新しいものを"つくる"だけでなく歴史的なものを"残す"「活用する」ことを視野に入れ、座学＋フィールドワークを続けてきた現代版寺子屋「神楽坂建築塾」、1999年～2016年の実践記録。
2017.6 287p A5 ¥2800 ①978-4-86358-511-9

◆**ブルーノ・タウト研究―ロマン主義から表現主義へ 世紀転換期ドイツのモダニズムと神秘主義**　長谷川章著　（国立）ブリュッケ、星雲社 発売
【要旨】世紀転換期のドイツモダニズム建築思想へ浸潤し決定づけるドイツ神秘秘主義思想。建築、絵画、ドイツ観念論、神秘主義思想など、タウトを総合的に把握するツールを備えた著者にして、はじめてなしえた画期的なタウト論。
2017.10 705p A5 ¥8000 ①978-4-434-23444-6

◆**文明のサスティナビリティ**　野田正治著　鳥影社　改訂版
【要旨】なにが重要でなにが必要なのか―持続可能エネルギーによる都市の構築。化石燃料の枯渇は現代の文明に衝撃的な影響を及ぼすと考えられます。…持続可能な社会とは簡単に言えば枯渇してゆく化石燃料に頼らず、社会を動かすエネルギーを常に人類自ら生み出すことの出来る社会とすることです。再生可能なエネルギーを使って生活のできる社会です。
2017.3 251p B6 ¥1900 ①978-4-86265-599-8

◆**北京古代建築文化大系 1 橋・塔編**　北京市古代建築研究所編、宮島泉、富岡優理子訳　グローバル科学文化出版
【目次】古代建築梁（盧溝橋、万寧橋、断虹橋、永通橋と石道碑 ほか）、古代塔（燃灯塔、良郷塔、万仏堂・孔水洞及び塔、銀山塔林 ほか）
2017.7 220p A5 ¥2980 ①978-4-86516-002-4

◆**北京古代建築文化大系 2 宮殿編**　北京市古代建築研究所編、西尾颯記訳　グローバル科学文化出版
【目次】故宮（故宮前導区の建築、故宮外朝区の建築、故宮内廷区の後三宮建築、故宮内廷区の西六宮建築、故宮内廷区の御花園と神武門、故宮内廷区の外東路建築、故宮内廷区外西路の建築）、行宮（紫禁行宮、団河行宮、黄辛庄行宮、小湯山行宮）
2017.7 196p A5 ¥2980 ①978-4-86516-001-7

◆**北京古代建築文化大系 3 寺院・宮観編**　北京市古代建築研究所編、砂川妙華、安西辰彦訳　グローバル科学文化出版
【目次】仏教寺院建築（漢伝仏教寺院（潭柘寺、雲居寺 ほか）、チベット仏教寺院（妙応寺、雍和宮 ほか））、道教宮観建築（白雲観、大高玄殿 ほか）、イスラム教清真寺建築（牛街礼拝寺、通州清真寺 ほか）
2017.7 217p A5 ¥2980 ①978-4-86516-003-1

◆**北京古代建築文化大系 4 壇廟編**　北京市古代建築研究所編、水谷友美訳　グローバル科学文化出版
【目次】天地諸神壇廟（天壇、地壇、社稷壇、先農壇、日壇、月壇、都城隍廟後殿（寝祠））、祠廟（太廟、歴代帝王廟、北京孔廟、関岳廟、文天祥祠、于謙祠、袁崇煥墓・祠、楊椒山祠（松筠庵）、賢良祠、僧格林沁祠堂）
2017.7 186p A5 ¥2980 ①978-4-86516-005-5

◆**冒険する建築**　伊東豊雄著　左右社　（本文：日中英；付属資料：大判ポスター1）
【要旨】森・花びら・雲・うねり・踊る視線・身体。いくつものアイデアが、まだ見ぬ建築へとつながる。海をまたぐ建築家の、発想をめぐる大航海！
2017.6 117p 18×13cm ¥2500 ①978-4-86528-175-0

◆**北欧の建築―エレメント＆ディテール**　小泉隆著　（京都）学芸出版社
【要旨】北欧を代表する建築家の作品から、知られざる名作、話題の現代建築まで、多数のカラー写真と図面で巡る、シンプルで美しく機能的なディテール。アルヴァ・アールト、E・G・アスプルンド、アルネ・ヤコブセンなど、建築家50人の77作品を紹介。
2017.5 239p A5 ¥3200 ①978-4-7615-3232-1

◆**境界線（ボーダー）から考える都市と建築**　三宅理一監修、「境界線から考える都市と建築」制作実行委員会編　鹿島出版会
【目次】第1章 風化する遺産と記憶（失われつつある近代の住まい、宗教空間の再発見、集落と都市の形成、保存をめぐる紛争と制度上の諸問題）、第2章 脆弱で危機にさらされる社会（脆弱な都市と社会、開発途上国の過去と現在、伝統社会と近代化、災害と難民）、第3章 再生に向けたヴィジョンとデザイン（地域と構法、そしてイノベーション、復興支援と防災・減災、地球への新しいヴィジョン）
2017.8 427p A5 ¥2500 ①978-4-306-04652-8

◆**ポチョムキン都市**　アドルフ・ロース著、鈴木了二、中谷礼仁監修、加藤淳訳　みすず書房
【要旨】「私は平面図も立面図も断面図もつくらない。空間をつくるのです」。世紀末に出現した割割都市ウィーンを痛烈に批判した表題作ほか、モダニズム移行期の巨匠が縦横無尽に語った全45篇（本邦初訳38篇）、日本独自編集によるロース「第三の書」。
2017.9 327p A5 ¥5800 ①978-4-622-08567-6

◆**北海道ガーデン完全ガイド**　大泉省吾写真　世界文化社
【要旨】個性あふれる12ガーデンを徹底紹介。モデルコース付。
2017.6 143p A5 ¥1600 ①978-4-418-17216-0

◆**北海道卒業設計合同講評会 2017**　建築学生同盟北海道組編著　総合資格
【目次】1 審査員紹介・講評会レポート、2 受賞作品紹介（最優秀賞 八木悠（北海学園大学）、優秀賞 山蘇彩（北海道大学）、優秀賞 向山友記（室蘭工業大学） ほか）、3 作品紹介（若原大介（北海道科学大学）、村田知誠（北海道大学）、伊藤拓海（北海道大学） ほか）、4（北海道組紹介、北海道建築新人戦2016）
2017.6 81p B5 ¥1000 ①978-4-86417-227-1

◆**窓と建築をめぐる50のはなし―Windowology**　伊香賀俊治、五十嵐太郎、清家剛、塚本由晴、YKK AP窓研究所監修　エクスナレッジ
【目次】01 街並を彩る美しい窓、02 身近な窓の基本の「き」、03 やさしくわかる窓の構造、04 世界をめぐる窓の旅、05 人と地球にやさしい窓、06 芸術の世界で描かれる窓、07 伝統とともに働く窓
2017.9 143p B5 ¥1600 ①978-4-7678-2382-9

◆**三重の個性派住宅 4 建築家・小規模工務店による37の最新実例集**　月兎舎
（CASA NAGI）

サイエンス・テクノロジー

サイエンス・テクノロジー

【目次】木造なのに角丸フォルムDIYを続ける"ワーゲンバス"ハウス設計工房NEXT、順光で眺望を楽しむ北開口段差を活かした五層フロア村林桂建築設計事務所、住むほどに愛着が増すギャラリーのあるコートハウス アーキ設計、周辺環境となじむようにデザインと機能がグッドバランス Y's 建築設計事務所、軒の深い大屋根が家族の暮らしを優しく包む shu 建築設計事務所、あれもこれもの夢を叶えた円形ライブラリーのある家 SSD建築士事務所、大開口で内と外の一体感を楽しむ正方形モジュールの平屋 YUTANI DESIGN、合掌造りを現代流にアレンジ巧みに視線誘導した河畔のヒュッテ I設計室、里山風景にしっくりなじむ木のテラス席がある店舗付き住宅 DROPS〔ほか〕
2017.12 174p B5 ¥1000 ①978-4-907208-11-0

◆水の土木遺産―水とともに生きた歴史を今に伝える　若林高子、北原なつ子著　鹿島出版会
【要旨】水資源機構の広報誌に長年にわたり連載された記事を集大成し、日本の主な河川水系における先人達の偉業と現存する風土を、写真と親しみのある解説文で紹介する読本。全体を通読し、近代以前からの治水・利水の歴史が概観できる。
2017.5 204p A5 ¥2500 ①978-4-306-09446-8

◆見に行ける 西洋建築 歴史さんぽ　玉手義朗文、増田彰久写真　世界文化社
【要旨】ニッポンの近代化を導いてきた、全国各地45の建物たち。官公庁から学校、オフィスビル、ホテル、邸宅まで。時代とその建物を舞台として繰り広げられた人々の物語に焦点を当てながら、西洋建築を読み解きます。
2017.4 223p A5 ¥1700 ①978-4-418-17214-6

◆民家史論―わが民家研究80年　宮澤智士著　技報堂出版
【目次】1 日本民家史研究試論（日本民家史研究試論、関連文献・国内（会津の民家史研究、会津の享保期民家の比較研究―重文只見の五十嵐家・会津坂下の五十嵐家を中心にして）、会津滝沢本陣横山家住宅の特徴と建築年代）、2 実践的わが民家研究史（実践的わが民家研究史、関連文献・国内（近世民家普請の研究、結城家住宅、ぶなの木学舎、白川村合掌造建築工房「好々庵」、沖縄の石・水・祈りの空間力―北中城村・中城村・宜野湾市の石造物、関連文献・国外（カオハガン島の省エネそのものの暮らし、青洲十里古街まちの表情、イタリア中部の一山岳集落における民家調査報告））
2017.3 398p A4 ¥8000 ①978-4-7655-2597-8

◆みんなの建築ミニチュア―子供も大人も楽しめる世界の建造物1000　橋爪紳也、遠藤秀平編　芸術新聞社
【目次】1 ヨーロッパ（イギリス、アイルランドほか）、2 北米・中米・南米（アメリカ合衆国、メキシコ ほか）、3 アジア（中国、韓国 ほか）、4 アフリカ・オセアニア（エジプト、アルジェリアほか）、5 日本（西日本、東日本）
2017.9 149p 21×22cm ¥2000 ①978-4-87586-507-0

◆村野藤吾とクライアント―「近鉄」の建築と図面資料　京都工芸繊維大学美術工芸資料館、村野藤吾の設計研究会編　図書刊行会
【要旨】設計図面から読み解く村野藤吾と依頼主との機微。村野藤吾建築の特性を代表的企業クライアント「近鉄」との関係性とその図面資料から解説。日本を代表するリゾートホテル"志摩観光ホテル"や最高級ホテルとして著名な"都ホテル"のプランニングなど、貴重な図面資料と新事実多数を紹介。
2017.3 175p 29×22cm ¥4000 ①978-4-336-06154-6

◆メガシティ 5 スプロール化するメガシティ　村松伸、村上暁信、林憲吾、栗原伸治編　東京大学出版会
【要旨】メガシティと地球環境、相利共生の方法の探究。インドネシア・ジャカルタなどで見られる、都市と農村が混在したまま拡張し、建造環境・自然環境・社会環境に大きな負荷を与える新たなスプロール化現象に潜在する、都市と環境の相利共生の可能性。
2017.6 238p A5 ¥3800 ①978-4-13-065155-4

◆メガシティ 6 高密度化するメガシティ　村松伸、岡部明子、林憲吾、雨宮知彦編　東京大学出版会
【要旨】地球環境への負荷を軽減し、既存都市環境を活かし、生活の質向上を目指すため、メガシティに避けがたく生じるスラム化する高密度

居住に可能性を見出す、オルタナティブな介入手法―ラディカル・インクリメンタリズムの挑戦。 2017.1 278p A5 ¥3800 ①978-4-13-065156-1

◆メガフロートから海上都市へ―海洋空間を拓く　海洋建築研究会編著　成山堂書店
【要旨】メガフロートの持つ技術的特徴を振り返ると共に、人類が取り組んできた「海の上を如何に使うか」、その探求心と社会的要請を踏まえると共に「浮体式構造物の歴史」、海の上を利用するために「克服すべき環境条件」を解説。メガフロート技術を用いた「医療施設」の構想及び建築家の長年の夢であった海上都市建設について、日本と世界の動向について解説し、合わせて新しい国土の創造を担う海洋空間利用について解説していく。
2017.3 145, 頁 B6 ¥1700 ①978-4-425-56201-5

◆もがく建築家、理論を考える　東京大学建築学専攻Advanced Design Studies編　東京大学出版会　（T_ADS TEXTS 02）
【要旨】1964年と2020年―ふたつのオリンピックのはざまで、現代日本建築の格闘を丹下健三につづく4世代の建築家が語る。
2017.6 257p 18cm ¥1500 ①978-4-13-063851-7

◆木造都市の夜明け―コンクリートから木へ、ウッドファーストの時代。　伊藤好則編著　三五館
【要旨】日本初・KES構法による木造ビルが東京・板橋について出現！「体にいい」「命にいい」「自然にいい」「地球にいい」地震に負けない、安全な空気で満ちる、"呼吸住宅"のススメ。
2017.1 205p A5 ¥2000 ①978-4-88320-689-6

◆モダニスト再考 日本編―建築の20世紀はここから始まった　彰国社編　彰国社
【要旨】いまだわれわれを触発してやまないモダニズム建築。その生成の現場へ！日本独自のモダニズム建築を開花・発展させた30人。
2017.3 423p 21×14cm ¥3300 ①978-4-395-32086-8

◆モダニズムの臨界―都市と建築のゆくえ　北山恒著　NTT出版　（建築・都市レビュー叢書）
【要旨】時代が引きちぎられるとき、その亀裂に建築は生まれ、新たな都市の夢を描く。
2017.8 258p B6 ¥1700 ①978-4-7571-6071-2

◆最もくわしい屋根・小屋組の図鑑　建築知識編　エクスナレッジ　（付属資料：DVD・ROM1）
【要旨】屋根の形状から性能、素材、構造まで、設計に役立つ知識が満載。動画で分かる！DVD付き。意匠・構造の専門家がわかりやすく解説。
2017.3 119p A4 ¥2800 ①978-4-7678-2290-7

◆ヤマダの木構造　山田憲明著　エクスナレッジ　（建築知識の本 03）
【目次】1 事例編（無柱大空間を化粧小屋組でつくる方法、大屋根を生かして無柱・無壁の大空間をつくる方法、十字形プランを生かして開放的なLDKをつくる方法、構造用面材を使わず真壁を実現する方法、上下階でずれた壁を生かして開放的な空間をつくる方法 ほか）、2 基礎知識編（柱と梁の配置で注意すべきことは？、簡単な構造伏図の作成方法は？、柱は105mm 角よりも細くていい？、壁の隅部には105mm より太い柱のどちらを使うべき？、梁の断面寸法を抑えるにはどうすればいい？ ほか）
2017.5 189p A4 ¥2800 ①978-4-7678-2319-5

◆ユートピア都市の書法―クロード＝ニコラ・ルドゥの建築思想　小澤京子著　法政大学出版局
【要旨】ルドゥの建築と都市をめぐる構想は、「文字」と「言語」、「語り」についての方法論の模索でもあった。幻視的や奇矯といった形容とともに「呪われた建築家」とされてきた従来の像を刷新し、その特異性の本質を明らかにする。建築の起源としての幾何学性志向、都市構想と性愛、性的建築と身体管理、書物の構造が出来させる仮構的な都市空間―。新たな言語創造者による「都市の書法」の追究とともに、時代の認識と欲望のあり方を炙り出す。
2017.7 262, 18p A5 ¥4000 ①978-4-588-78609-9

◆ユートピアへのシークエンス　鈴木了二著　LIXIL出版
【要旨】近代建築が予感する、11の世界モデル。
2017.9 259p 15×15cm ¥2600 ①978-4-7630-1719-2

◆ユニバーサルトイレ―多様な利用者のための環境デザイン手法　老田智美、田中直人著　彰国社

【要旨】本書は、ユニバーサルデザインとして展開する公共トイレを「ユニバーサルトイレ」と称し、著者がこれまで行ってきた調査研究をはじめ、公共施設のトイレ計画・デザインから得た知見を紹介し、多様な人々の利用を想定したデザインモデルを提示するものです。
2017.3 95p B5 ¥2400 ①978-4-395-32087-5

◆夢のツリーハウス―いつかは手に入れたい天空の城　アラン・ロラン、ダニエル・デュフォール、ジスラン・アンドレ著、ジャック・ドラクロワ撮影、ダコスタ吉村花子訳　グラフィック社
【要旨】ひみつの隠れ家、癒しの楽園、空中図書館…、持ち主によってさまざまな顔を持つ究極のプライベート空間「ツリーハウス」。大人の夢とロマンを形にする専門工房「ラ・キャバーヌ・ペルシェ」が手がけた40ものツリーハウスを紹介。世界10か国以上に建てられた「夢の結晶」を堪能できるビジュアル・コレクション集。
2017.9 239p 27×21cm ¥3500 ①978-4-7661-3090-4

◆夢見る力―建築とアートを融合する　郡裕美著　（松）王国社
【要旨】ベルリンの戦争で破壊された教会でのインスタレーション、佐原の古民家再生における伝統をつなぐデザイン、ブラジルの砂糖工場跡の水と光によるあざやかな仕かけなど、建築家が最もときめく瞬間を綴った珠玉の書。写真・図版多数収録。世界各地で創作した貴重なドキュメント。
2017.12 222p B6 ¥1850 ①978-4-86073-066-6

◆様式の生成―十九世紀ドイツ建築論における「様式統合」理念に関する研究　石川恒夫著　中央公論美術出版
【目次】第1部 シンケルの「様式統合」理念―有機的全体の創造のために（序論―「様式統合」理念の諸問題、古典復興と中世回帰―有機的全体への憧憬、「様式統合」理念と若きシンケルの歴史観、シンケル作品の考察（一）―対比と緊張の構成、シンケル作品の考察（二）―調和と風景の創出）、第2部 「様式統合」理念の展開―二十世紀近代建築へ（「様式統合」と古典建築の「保持」―クレンツェにおける古典主義建築の展開について、古典建築と中世建築との内的融合―ヒュプシュにおける「ルントボーゲン様式」の展開について、「様式統合」と「マクシミリアン様式」―マクシミリアン二世と新しい建築様式の発見について、「様式統合」と鉄骨造の可能性―ペティヒャーと「有機的」造形について、「様式統合」と北方ルネサンス―シュティーアーと「絵画的」造形について、結論）、参考資料
2017.2 420p A5 ¥13000 ①978-4-8055-0779-7

◆翼竜のたまご―ステンレスは建築の絵の具だ　坂上直哉著　日経BP社、日経BPマーケティング 発売
【要旨】芸大を卒業後、「ステンレスで絵を描きたい」と企業の門をたたいた異色のアーティスト。ステンレスが透明になる？ステンレスが虹色に染まる？一枚の絵から建築空間、そして土木と数々のワークを通して熱く語るステンレスの魅力！
2017.7 165p B5 ¥2300 ①978-4-8222-5068-3

◆吉岡徳仁 光庵―ガラスの茶室　吉岡徳仁監修　求龍堂　（本文：日英両文）
【要旨】『ガラスの茶室・光庵』は、第54回ヴェネツィア・ビエンナーレ国際美術展Glasstress 2011にて建築プロジェクトとして発表され、2015年に京都の天台宗青蓮院門跡境内将軍塚青龍殿の大舞台に設置された。将軍塚青龍殿には、京都三大不動の一つに数えられる国宝・青不動明王が奉納されており、標高220メートルの大舞台からは京都市街を一望できる。そのガラスの茶室と自然の光が一体化することで、感覚の中に存在する日本文化の本質を見ることを試みた。
2017.9 259p 15×15cm ¥2600 ①978-4-7630-1719-2

◆47都道府県・公園／庭園百科　西田正憲著、飛田範夫、黒田乃生、井原縁著　丸善出版
【要旨】本書では、全国各地にある公園・庭園のうち約340事例を厳選し、地域固有の自然・風景・歴史・文化の魅力とともに楽しみ方を紹介する。
2017.8 327p B6 ¥3800 ①978-4-621-30180-7

◆ライト式建築　井上祐一、小野吉彦著　柏書房
【要旨】近代建築の巨匠が日本に遺したDNA。帝国ホテルや自由学園だけではない、ライトの建築哲学の真髄を受けついだ弟子たちによる日本各地の名建築を、オールカラーで一挙紹介！
2017.7 212p A5 ¥2800 ①978-4-7601-4876-9

◆リナ・ボ・バルディーブラジルにもっとも愛された建築家　和多利恵津子監修, リナ・ボ・バルディ財団協力　TOTO出版　(本文：日英両文)
【要旨】ブラジル建築の近代化、民主化を進め、ブラジル文化の中心人物であり続けた女性建築家リナ・ボ・バルディ。ダイナミックな写真と貴重な図面等の資料で作品を紹介するとともに、家具デザインやキュレーションなど、幅広いクリエーションの全容も詳しく紹介。
　2017 287p 25×19cm ¥4300 ①978-4-88706-369-3

◆わが町の建築遺産―飯能市に残るもの残すもの　浅野正敏, 市野彰俊, 須田修二文, 宮本和義写真　アトリエM5
【目次】中心部 (はじめに、絹甚、畑屋 ほか)、吾野方面 (高山家、大河原家 (こくや)、大河原家 ほか)、名栗方面 (豊仁家、原田家、安藤家 ほか)
　2017.9 96p A5 ¥1500 978-4-9905623-3-5

◆吾家の設計　ウイリアム・メレル・ヴォーリズ著, 一粒社ヴォーリズ建築事務所監修, 近江兄弟社協力 (大阪) 創元社 (ヴォーリズ著作集 1) 復刻
【要旨】「人の住居はその人を現わす」理想的な住まいの設計思想がいま甦る。数々の名建築を残したヴォーリズの代表的著作『吾家の設計』を完全翻刻のうえ、注と解説を加えて復刻。いかにして健全で良質な生活環境を整えるかを説いた普遍的で切実なメッセージ。
　2017.4 262p B6 ¥2500 978-4-422-50125-3

◆吾家の設備　ウイリアム・メレル・ヴォーリズ著, 一粒社ヴォーリズ建築事務所監修, 近江兄弟社協力 (大阪) 創元社 (ヴォーリズ著作集 2) 復刻
【要旨】「設備を見れば、その人の趣味、人格が分かる」個人住宅の充実に心血を注いだ建築家の普遍的メッセージ。住まいを構成する各部屋から家具、備品に至るまで、理想的な住宅設備のあり方を説いた名著『吾家の設備』を完全翻刻のうえ、注と解説を加えて復刻。ヴォーリズ建築を貫く生活思想がいま甦る。
　2017.4 222p B6 ¥2500 978-4-422-50126-0

◆早稲田建築学報　2017　木と火と建築の現代史　早稲田大学大学院創造理工学研究科建築学専攻, 早稲田大学創造理工学部建築学科, 早稲田大学建築学研究所編　早稲田大学大学院創造理工学研究科建築学専攻, 早稲田大学創造理工学部建築学科, 早稲田大学建築学研究所 発売
【目次】木と火と建築の現代史 (特集インタビュー1 木造のこれまでとこれから、特集インタビュー2 木造という未知に挑む、特集記事1 木質構造の可能性―梅郷礼拝堂、特集記事2 長谷見雄二研究室で学んだことを社会へ、特集記事3 木材を目に見える形で)、2015年度学生優秀作品 (修士計画優秀作品、卒業計画優秀作品、優秀修士論文、優秀卒業作品)
　2017.2 80p 28×22cm ¥1000 ①978-4-86358-457-0

◆APARTMENT―木造モルタルアパート夢のゆくえ　宮岡蓮二著　ワイズ出版
【目次】練馬区、新宿区、荒川区、文京区、足立区、台東区、中央区、豊島区、杉並区・世田谷区・港区、中野区、北区、大田区、葛飾区、江東区、墨田区、板橋区
　2017.8 381p A5 ¥2750 ①978-4-89830-308-5

◆BIOCITY　2017 No.69　特集 パブリックインタレストデザインの現場――studio・L アメリカ西海岸を訪ねて　糸長浩司監修　ブックエンド
【目次】巻頭言 アメリカ西海岸からコミュニティデザインが学んだこと、アートを採り入れたブレースメイキング―ザクロセンター、「美味しい革命」と食育菜園―エディブル・スクールヤード/ゼンガー・ファーム、地域を変えたDIY文化の殿堂―リビルディング・センター、コミュニティづくりを支える住宅地―カリー・グローブ、尊厳ある暮らしを支援する仮設村―ディグニティ・ヴィレッジ、子どもたちが町中で学べる教室―セージ・クラスルーム、コミュニティ・モビライゼーションによる人道支援―NGOマーシー・コー、「食」から健康をデザインする人気講座――イート・シンク・デザイン、コミュニティデザインからパブリックインタレストデザインへ―「studio・L橙実」受賞記念レクチャー、ヴィンテージ・アナログの世界 レコード・レーベルの黄金期12、ニワ初期の三等3 松花堂別邸と大師流, 現代総有宣言17 7 物語からの総有的住スタイル コレクティブハウス、動物たちの文化誌17 五七

調の鳥たち、社会を動かすアートの新潮流1 Socially Engaged Art、場を知ることから始めよう! 社会を動かすアートの可能性
　2017.1 127p B5 ¥2500 ①978-4-907083-40-3

◆Creative Neighborhoods―住環境が新しい社会をつくる　横浜国立大学大学院, 建築都市スクール "Y・GSA" 編　誠文堂新光社
【目次】1 Initiative for Neighborhoods (「イニシアティブ」をめぐる8のキーワード (山道拓人)、街への愛着のために (槇文彦)、参加型デザインと統合する力 (ディエゴ・トーレス)、WOWアムステルダム―ボス・エン・ロマーン地区の再生を誘導する都市のツボ)、2 Commons for Neighborhoods (「コモンズ」をめぐる8のキーワード (辻琢磨)、コモンズの歴史的存在と現代における意味 (北山恒)、住まうこと、それはすべての人にとっての喜びと豊かさ (ジャン・フィリップ・ヴァッサル)、建築のコモナリティ)、3 Informality for Neighborhoods (「インフォーマリティ」をめぐる8のキーワード (連勇太朗)、インフォーマルのパターン：概説 (ロドリゴ・ペレス・デ・アルセ)、小さな風景とインフォーマリティ (乾久美子)、都市開発をめぐるインフォーマルとインフォーマルの TYPOLOGY)
　2017.4 135p B6 ¥1800 ①978-4-416-91630-8

◆Diploma × KYOTO'17―京都建築学生之会合同卒業設計展　京都建築学生之会編著　総合資格
【目次】Day 1 (1位「結楼―グローバル社会において、外国人と街を融和させる住環境の提案」Jong-min Oh (関西大学)、2位「2500×5000の可能性―駐車場と建築の新しい関係」上西昂文 (滋賀県立大学)、3位「別の家」澤地祐輔 (大阪大学) ほか)、Day 2 (1位「都市型下町―新都市大阪福島における食と暮らしを紡ぐ最小限型多拠点居住を可能にするライフスタイルの提案」中原比香莉 (関西大学)、2位「小路の輪郭」小林章太 (京都大学)、3位「三川合流物語」川口昂史 (大阪市立大学) ほか)、Day 3 (1位「futu-futu」松原元 (関西学院大学)、2位「入り込み巡る―岐阜県前商店街里山化計画」澤村優佳 (滋賀県立大学)、3位「動く建築」角谷遊野 (京都大学) ほか)
　2017.10 195p B5 ¥1800 ①978-4-86417-241-7

◆Hidden Gardens of Japan―日本の秘庭　ジョン・ランダー著　IBCパブリッシング (本文：日英両文)
【目次】Tokyo Area (伝法院庭園、根津神社つつじ苑、蓬溪園 (柴又帝釈天) ほか)、Kyoto Area (智積院、真如堂、妙蓮寺 ほか)、Japan Other Areas (白鳥庭園、永保寺、紅葉山庭園 (駿府城公園) ほか)
　2017.10 175p 18×15cm ¥1800 ①978-4-7946-0504-7

◆Japan Pavilion La Biennale di Venezia―吉阪隆正＋U研究室｜ヴェネチア・ビエンナーレ日本館　斉藤祐子構成、北田英治写真　建築資料研究社　(本文：日英両文)
【目次】Promenade、私の歩み、ヴェネチア・ビエンナーレ日本館、不在の教え―私の吉阪講義録、ヴェネチア・ビエンナーレ日本館の60年と改修工事、吉阪隆正 建築家の出発点、ヴェネチア・ビエンナーレ国際建築展、美術展日本館実績年譜
　2017.12 64p 21×30cm ¥2500 ①978-4-86358-530-0

◆JUTAKU KADAI　05　住宅課題賞2016 建築系大学住宅課題優秀作品展　総合資格企画編著　総合資格
【目次】宇都宮大学工学部建設学科建築学コース、神奈川大学工学部建築学科建築デザインコース、関東学院大学建築・環境学部建築・環境学科すまいデザインコース、共立女子大学家政学部建築・デザイン学科建築コース、慶應義塾大学理工学部システムデザイン工学科、国士舘大学理工学部理工学科建築学系、駒沢女子大学人文学部住空間デザイン学科建築学コース〔ほか〕
　2017.6 259p B5 ¥2200 ①978-4-86417-229-5

◆NAGOYA Archi Fes 2017 中部卒業設計展　NAGOYA Archi Fes 2017中部卒業設計展実行委員会編著　総合資格
【目次】Prologue 告白建築、大会概要、審査方式、審査員紹介、The 1st day 個別審査・企画 (グループ講評) ダイジェスト、The 2nd day 公開審査、Award Winners 受賞作品紹介、Participation Designs 作品紹介、協賛企業紹介、Backstage Doc-

ument 活動内容紹介、実行委員紹介
　2017.9 154p B5 ¥2500 ①978-4-86417-235-6

◆NICHE 04　ドイツ建築探訪!　工学院大学建築学部同窓会NICHE出版会編著　Opa Press、丸善出版 発売　(本文：日独両文)
【目次】1 ブルーノ・タウト再考 (ブルーノ・タウトとエリカの生涯、タウトをめぐる思い出―田中辰明・廣瀬正史、ブルーノ・タウトと少林山達磨寺 ほか)、2 バウハウスとその時代 (クリスタリゼーション、バウハウスの誕生、ワイマールからデッサウへ ほか)、3 ドイツ派、妻木頼黄と矢部又吉 (ベルリンの妻木頼黄と彼をめぐる人々、ヴィルヘルム・ベックマンの作品を訪ねて、明治時代の建築における独日関係)、連載企画 近代建築を支えた建築家の系譜 (輝かしき先輩たち18 小川建設の創業者、小川清次郎)
　2017.8 281p 27×21cm ¥2400 ①978-4-908390-02-9

◆TOKYO WATER TOWER　オオタマサオ著, 太田準也写真　地球丸
【目次】MY FAVORITE TOKYO WATER TOWERS (祖師谷住宅、練馬区の集合住宅、金子町アパート、南田中アパート ほか)、TOKYO WATER TOWERS TYPOLOGY (昭島市の飛行機工場、三鷹市の旧飛行機工場、東大和市の食品工場、西多摩郡の食品工場 ほか)、給水塔ımı談
　2017.11 143p B5 ¥2700 ①978-4-86067-654-4

◆WindowScape 3　窓の仕事学　東京工業大学塚本由晴研究室編　フィルムアート社
【要旨】働くのは人だけではない。自然とともに窓も働く。ものを照らす光、干す風、加工する熱、燻す煙、蒸す湯気―窓がつなぐ、自然要素と人のふるまい、物質のふるまい。日本の手仕事の現場における、もの、人、自然、街を相互に連関させる窓のあり方を捉える。
　2017.2 285p B5 ¥2600 ①978-4-8459-1611-5

建築家群像

◆アイリーン・グレイ―建築家・デザイナー　ピーター・アダム著, 小池一子訳　みすず書房　新版
【要旨】ル・コルビュジエも称賛―どころか異様なまでに執着しつづけたモダニズム住宅の粋「E1027」の生みの親。晩年に交流したイギリス人映画プロデューサーによる初の本格評伝。図版多数収録。
　2017.11 320, 11p A5 ¥5400 ①978-4-622-08666-6

◆安藤忠雄の奇跡―50の建築×50の証言　日経アーキテクチュア編　日経BP社, 日経BPマーケティング 発売　(NA建築家シリーズ 特別編)
【要旨】建築も生き方も、その存在すべてが人々の心をつかんで離さない。安藤忠雄が社会に与えた影響とは? 設計活動50年の真実を、50の建築と50の視点であぶり出す。
　2017.11 351p B5 ¥2700 ①978-4-8222-5872-6

◆内田祥哉 窓と建築ゼミナール　内田祥哉著, 門脇耕三, 藤原徹平, 戸田穣, YKK AP窓研究所編　鹿島出版会
【要旨】建築家にして建築構法学の創始者が説く開口部論の極意。設計の真髄を「窓」から語り尽くす非公開講座の全記録、ついに完成。聴講者の総括座談会と、編者による書き下ろし論評を収録。
　2017.10 202p 25×16cm ¥2800 ①978-4-306-04655-9

◆おかやまと中国地方の建築家　おかやまと中国地方の建築家編集委員会編, (岡山) 日本建築家協会中国支部岡山地域会、(岡山) 吉備人出版 発売
【目次】岡山の建築家、広島の建築家、山口の建築家、島根の建築家、鳥取の建築家、特集 建築賞受賞作品紹介 (JIAの建築賞を受賞した作品、JIA中国建築大賞)
　2017.3 138p A4 ¥1500 ①978-4-86069-502-6

◆建築を気持ちで考える　堀部安嗣著　TOTO出版
【要旨】道標として現れて、進むべき道を教えてくれる28の建築。堀部安嗣がその空間に身を委ねたときの気持ちを、素直に言葉に置きかえる。独自の視点で捉えた写真をはじめ、水彩スケッチや手描き図面など、豊富なビジュアルとともに綴る。後半には、自作の設計から竣工まで43

作品の試作錯誤の軌跡を記録写真や図面を交えてテーマごとに紹介。堀部安嗣の建築への思いが詰まったこれ1冊。
2017.1 319p A5 ¥2200 ①978-4-88706-364-8

◆建築家の心象風景 3 大野正博 大野正博著 風土社
【目次】建築家の心象風景、作品選集、詳細図集、対談 平良敬一×大野正博、インタビュー 菊池武史、特別寄稿 大野めぐみ、経歴と主な作品リスト
2017.2 175p 30×22cm ¥4800 ①978-4-86390-039-4

◆建築のチカラ―闘うトップランナー 日経アーキテクチュア編、森清、有岡三恵著 日経BP社、日経BPマーケティング 発売
【要旨】安藤忠雄だって、内藤廣だって、坂茂だって、悩んだ、闘った、変わった！最前線の設計者・エンジニア10人の生き方。建築家は不要なんて言わせない。
2017.2 249p A5 ¥2200 ①978-4-8222-3933-6

◆丹下健三 ディテールの思考 豊川斎赫著 彰国社
【目次】低層ラーメン構造―広島平和記念公園、高層ラーメン構造（一）―旧東京都庁舎、高層ラーメン構造（二）―香川県庁舎、シェルを用いた大空間への挑戦―広島子供の家と愛媛県民館、折板構造―今治市庁舎と今治市公会堂、プレキャスト・コンクリート―倉敷市庁舎と電通大阪支社、HPシェルによる大聖堂の建設と改修―東京カテドラル聖マリア大聖堂、サスペンション構造―国立屋内総合競技場、ジョイントコア―山梨文化会館、スペースフレーム―日本万国博覧会お祭り広場、超高層―赤坂プリンスホテル新館
2017.12 269p B6 ¥3000 ①978-4-395-32101-8

◆丹下健三と都市 豊川斎赫著 鹿島出版会（SD選書）
【要旨】都市、そして日本を見据えた建築家。これまでの建築家にはなかった「全体から部分へ」というアプローチの実践は、建築から都市、首都、そして国土にいたるまでを貫く構想することであった。丹下と丹下シューレが「都市」に向けたまなざしを追う画期的論考。
2017.8 211p B6 ¥2000 ①978-4-306-05269-7

◆天主堂建築のパイオニア・鉄川與助―長崎の異才なる大工棟梁の偉業 喜田信代著 日貿出版社
【要旨】九州の最西端、五島列島には50を超える教会が在る。その多くはキリシタンたちによって、禁制から解放された明治・大正期に建てられた。それでは、いったい誰が教会を建築したのだろうか。その代表的人物が大工棟梁の鉄川與助。外国人宣教師の指導の元、西洋の建築技術と和風の伝統的工法を融合させ、独自のスタイルで多くの教会を建築して「長崎と天草地方の潜伏キリシタン関連遺産」を世界遺産に登録する動きの中で奥助の建てた教会も構成資産に含まれ、再注目されている。本書は生涯を天主堂建築に捧げた奥助の偉業を『手帳』や資料を参考に紹介する労作である。
2017.2 373p A5 ¥2800 ①978-4-8170-8231-2

◆天主堂二人の工匠―小山秀之進と鉄川与助 示庵石甫著 （福岡）海鳥社
【要旨】大浦天主堂やグラバー邸を建設し、高島炭坑や端島の開発にも関わった小山秀之進。青砂ヶ浦教会などを手がけ、浦上天主堂など、多くの天主堂を手がけた鉄川与助。日本の文化遺産に大きな足跡を残した二人の生涯を克明に描き出す。
2016.12 279p B6 ¥1800 ①978-4-87415-990-3

◆日本近代建築家列伝―生き続ける建築 丸山雅彦監修 鹿島出版会
【目次】第1部 西洋建築の導入（ジョサイア・コンドル―建築家という存在、辰野金吾―辰野式の秘密 ほか）、第2部 西洋建築の習得と自立（伊東忠太―挑戦の建築家、長野宇平治―悔いなき建築人生 ほか）、第3部 様式建築の新展開（ウィリアム・メレル・ヴォーリズ―オーディナリー、そして「永続的満足」という賜、ジェイ・ハーバート・モーガン―アメリカと日本を生きた建築家 ほか）、第4部 モダンデザインの先駆（本野精吾―モダニズムへの振幅、藤井厚二―時代の先を駆け抜けた住宅作家 ほか）
2017.1 390p A5 ¥4800 ①978-4-306-04645-0

◆日本の建築家はなぜ世界で愛されるのか 五十嵐太郎、東北大学都市・建築理論研究室著 PHP研究所 （PHP新書）
【要旨】槇文彦がニューヨークグラウンド・ゼロの再開発で手掛けたワールド・トレード・

センター、青木淳のルイ・ヴィトン店舗の設計、谷口吉生のMoMAの増改築、SANA-Aが国際コンペで勝ち取ったプロジェクトで生まれた建築物が世界中に点在している。世界の美術館で日本のアートが主流になっているわけではないのに対し、日本の現代建築家がそのハコを幾つも設計している。建築界のノーベル賞といわれるプリツカー賞の受賞者数は、アメリカに次ぐ第二位だ。日本人建築家が世界中で活躍し、愛される理由を活写。巻末に日本人建築家による世界各地の建築物リスト付。
2017.5 241, 12p 18cm ¥860 ①978-4-569-83598-3

◆坂茂 日経アーキテクチュア編 日経BP社、日経BPマーケティング 発売 （NA建築家シリーズ） 増補改訂版
【要旨】弱さを強さに―「紙管」が育んだ流麗な建築美。注目のラ・セーヌ・ミュジカル、震災復興の女川駅をリポート。30年の活動を網羅！プリツカー賞後の建築も。
2017.5 303p B5 ¥3500 ①978-4-8222-3836-0

◆107年の謎―プサン迫間別邸の調査記録 木津宗詮著 現代企画室
【要旨】韓国に残された数寄屋建築。明治42年の姿を追い求め、数奇な運命を辿った建物の謎に挑んだ日本人がいた。これは、その記録である。
2017.1 191p A5 ¥2500 ①978-4-7738-1621-1

◆平田晃久―建築とは "からまりしろ" をつくることである 平田晃久著 LIXIL出版 （現代建築家コンセプト・シリーズ 8）
【目次】第1章 生きている世界とつながること（海藻、ライプニッツ ほか）、第2章 人間から遠ざかること（観察者、親指 ほか）、第3章 発酵する幾何学（巨大、はたらきの幾何学 ほか）、第4章 生きているという倫理（より大きな秩序、建築と罪悪 ほか）
2017.10 159p A5 ¥1800 ①978-4-86480-311-3

◆僕はガウディ モリー・クレイプール文、クリスティナ・クリストフォロウ絵、岩崎亜矢監訳、井上舞訳 パイ インターナショナル （芸術家たちの素顔 10）
2017.9 80p 23×18cm ¥1600 ①978-4-7562-4910-4

◆宮本忠長の世界 宮本忠長建築設計事務所著 建築画報社
【目次】宮本忠長の作品と思考（長野市庁舎、あづみ農協会館、蓮香寺本堂、よろづや旅館よろづや本館 ほか）、宮本忠長の精神を次世代へ（特別養護老人ホーム高瀬荘、かんてんぱぱショップ小布施店、しなの鉄道中軽井沢駅くつかけテラス、高森町立高森中学校 ほか）、宮本忠長のパース・スケッチ・日誌、宮本忠長作品年表
2017.11 127p 22×30cm ¥3500 ①978-4-909154-61-3

◆403architecture "dajiba" 建築で思考し、都市でつくる 403architecture "dajiba" 著 LIXIL出版 （現代建築家コンセプト・シリーズ 24）
【目次】行き来する思考と実践のかたち（彌田徹）、Cycling between thought and practice（Toru Yada）、6 tags from 50 projects（材料転用、部た応用 ほか）、Feedback across 3,000 years（都市からの学びを歴史に見る（橋本健史）、History in the city（Takeshi Hashimoto）、Feedback across 9,500 kilometers（建築と都市が続いていくために（辻琢磨、アミカ・ダール）、Dialogue between architecture and the city（Takuma Tsuji, Amica Dall））
2017.9 159p A5 ¥1800 ①978-4-86480-030-3

民家・住宅論

◆検証 公団居住60年―"居住は権利" 公共住宅を守るたたかい 多和田栄治著 東信堂
【要旨】公団住宅は誕生して62年になる。著者は入居52年来、自治会活動をつづけてきた。まずは「まちづくり」に取り組み、1978年に公団住宅の家賃値上げに抗して家賃裁判に参加、「居住権利」を訴え、いまも住宅運動とコミュニティ活動の最前線に身をおく。日本住宅公団の設立から都市再生機構にいたる変遷の経路をたどり、公団業務・財務の実態を明かす。政府が公団住宅廃止を打ち出して20年。団地の住まいと公共住宅を守ってきた居住者連帯のたたかいを記録

し、住宅政策転換への国民共同を呼びかける。
2017.11 290p A5 ¥2800 ①978-4-7989-1445-9

◆HOUSERs／ハウザーズ―住宅問題と向き合う人々 中島明子編著 萌文社
【目次】1章 住まいを考える視点（地域居住政策―福島から考える、マイホーム時代の果てにはか）、2章 家族と住まいのビジョンを探る（家族のゆくえと住まい―高齢者を中心に、3共時代のシェア居住―共に住む、共に助け合い、共に生きる ほか）、3章 居住貧困をなくすために（東京の低家賃民間賃貸住宅、困窮する人々と居住支援 ほか）、4章 専門職はどうかかわるか（自由を育む家族と住まいづくり、UIFA JAPON（国際女性建築家会議日本支部）の活動をめぐって―その25年を振り返りながら ほか）、5章 住宅セーフティネット論を超えて―ハウジング・ファーストと地域居住政策
2017.3 222p A5 ¥2000 ①978-4-89491-330-1

室内装飾

◆インテリアプランニング・ベストセレクション 2016 日本インテリアプランナー協会監修、「インテリアプランニング・ベストセレクション2016」出版委員会編 丸善プラネット、丸善出版 発売
【要旨】本書は、インテリアプランニングの優れた作品の中から「第4回インテリアプランニングアワード」にて選ばれた50作品をそれぞれのプランナー自身が解説したもの。「インテリア」をより深く理解し、正しく評価する手助けとなるよう、作品を紹介するにあたり、与条件、デザインコンセプト、設計プロセスなどを付した。インテリアプランナーをはじめ、インテリアデザインにかかわるプロフェッショナル、そして、それらを目指す人々にとって必携の書。本書は新たに、インテリアプランナーを目指す若手を対象とした「インテリアプランニングコンペ2016」の入賞・入選45作品を掲載した。
2017.1 109p 30×22cm ¥2700 ①978-4-86345-313-5

◆グラフィックス×リノベーションでつくるこだわりのショップデザイン パイ インターナショナル編 パイ インターナショナル
【要旨】新たな価値やアイデアをプラスして、よりデザイン性を向上させたショップを87軒収録！ショップコンセプト、多様なショップツール、施工データ、見取り図を一挙公開。
2017.1 175p 30×23cm ¥3300 ①978-4-7562-4834-3

◆デザインキッチンの新しい選び方―設計者とインテリアコーディネーターが知っておきたい 本間美紀著 （京都）学芸出版社
【要旨】300人のキッチンを取材してわかった！脱システムキッチンの時代に、依頼主の想いを叶えるワンランク上のキッチンを提案するための最新ガイド。
2017.6 159p A5 ¥2400 ①978-4-7615-2647-4

◆テレンス・コンラン インテリアの色使い テレンス・コンラン著、大野千鶴訳 エクスナレッジ
【目次】第1章 色の作用、第2章 色別の特徴（青色、橙色、緑色、赤色、黄色、自然色、中間色）
2017.2 223p 26×21cm ¥3200 ①978-4-7678-2210-5

建築工学

◆アーバン・カタリスト―実践・都市再編集の現場から 藍谷鋼一郎著 彰国社
【目次】序章 都市を編集する、第1章 オリンピック・レガシー（ロンドン）、第2章 アイデア・ストア（大ロンドン市タワーハムレッツ区）、第3章 ハイライン（ニューヨーク）、第4章 十和田市現代美術館（青森県十和田市）、第5章 新町川（徳島）
2018.1 229p B5 ¥3400 ①978-4-395-32099-8

◆雨漏りトラブル完全解決―住宅トラブルの85%は雨漏り 日経ホームビルダー編 日経BP社、日経BPマーケティング 発売
【要旨】セオリー無視が「重大事故」生む！「軒ゼロ住宅」は危険がいっぱい！間違いだらけの「クレーム対応」！"今どきトラブル"の全貌が明らかに！役立つ事例が満載！
2017.10 152p 28×21cm ¥3400 ①978-4-8222-5969-3

◆今を映す「トイレ」―ユニバーサル・デザインを超えて、快適性の先に　彰国社編　彰国社
【目次】第1章 トイレ設計の基礎知識（トイレ空間 さまざまな関係性を極める、その設計の難しさ、トイレの設計プロセス、トイレの標準寸法、オフィスプランとトイレの関係、トイレとバリアフリー法 ほか）、GALLERY TOTO（クラインダイサムアーキテクツ）、特別養護老人ホームたまがわ（日建設計）、地域密着型特別養護老人ホームここのか（ゆう建築設計）、がくさい病院（KAJIMA DESIGN）、東京都済生会中央病院（KAJIMA DESIGN）ほか
2018.1 149p A4 ¥3300 ⓘ978-4-395-32104-9

◆エクステリアプランナー・ハンドブック
日本エクステリア建設業協会監修，エクステリアプランナー・ハンドブック編集委員会編　建築資料研究社　第8版
【要旨】本書は、エクステリアプランナー受験の公式テキストブックとして、制度創設以来、多くの受験者に支持されてきた必携の一冊です。1級受験者も2級受験者も、どこを学習すればよいかがすぐ分かる、使いやすい構成になっています。
2017.5 519p B5 ¥3500 ⓘ978-4-86358-497-6

◆屋外体育施設の建設指針―各種スポーツ施設の設計・施工　平成29年改訂版　日本体育施設協会屋外体育施設部会編　日本体育施設協会屋外体育施設部会、体育施設出版 発売
【目次】1 屋外体育施設の現状、2 各種体育施設の設計（共通事項、運動公園、陸上競技場、野球場 ほか）、3 グラウンドの舗装（グラウンド舗装、クレイ系舗装、芝生舗装、全天候型舗装）
2017.5 299p A4 ¥4000 ⓘ978-4-924833-66-1

◆海洋性レクリエーション施設―計画とデザイン・クルーズ観光からダイビングスポットまで　畔柳昭雄、齋藤浩行編著　技報堂出版　第2版
【目次】第1章 余暇とレクリエーション（余暇とレクリエーションの概要、海洋性レクリエーションの活動形態 ほか）、第2章 計画の視点（需要予測、自然環境 ほか）、第3章 海洋性レクリエーションの新たな流れ―大型クルーズ客船による海洋観光（大型クルーズ客船の概説、クルーズの現状と課題 ほか）、第4章 計画の進め方（マリーナの計画、海浜公園の計画 ほか）
2017.12 235p B5 ¥4400 ⓘ978-4-7655-2598-5

◆環境共生住宅早わかり設計ガイド―30の手法と10の住まい方 集合住宅編　環境共生住宅推進協議会編　創樹社、(川崎)ランドハウスビレッジ 発売
【目次】第1章 環境共生住宅とは（環境共生住宅がめざすもの、環境共生住宅の位置づけ、環境共生住宅の歴史と概要）、第2章 計画・設計編（住まいの立地環境を読み解き整える、周辺環境や地域資源を活かして住まいをつくる、低環境負荷型の設備・技術を組入れる、取り組みを総合的にマネジメントする）、第3章 住まい方編（夏に涼しさを得る、冬に暖かさを得る、小さなエネルギーで快適さを得る、廃棄物を減らし資源に回す、水循環に配慮し水を上手に利用する、緑や生きものを育む暮らしに、健康で快適な室内空気質、自然災害に備える、日常災害に備える、長く住み続けるために）
2017.6 218p A4 ¥2500 ⓘ978-4-88351-104-4

◆環境デザインのプロデュース・コンセプトクリエイション・イマジニアリング　三上訓顯著　井上書院
【目次】1 PRODUCE（これからのデザイン戦略におけるプロデュース・システムについて、プロジェクト・マネージメントについて）、2 CONCEPT CREATION（コンセプトクリエイションの基礎、コンセプトクリエイションの方法、コンセプトクリエイションの表現）、3 IMAGINEERING（環境デザイン教育におけるイマジニアリングについて、セカンドライフを用いた環境デザイン教育のイマジニアリング）
2017.1 133p 21×30cm ¥2500 ⓘ978-4-7530-1761-4

◆基礎教材 建築環境工学　垂水弘夫監修、鍵直樹、円井基史、小崎美希、冨田隆太著　井上書院
【目次】第1章 環境工学を21世紀に学ぶ建築環境工学（建築環境工学、CASBEEとZEB・ZEH ほか）、第2章 空気環境（室内の空気環境の概要、室内空気汚染物質 ほか）、第3章 熱環境（日照・日射、建築伝熱 ほか）、第4章 光環境（光・視環境の全体像、光のলল和・表し方・感じ方 ほか）、第5章 音環境（音の基礎、騒音評価 ほか）
2017.8 181p B5 ¥2700 ⓘ978-4-7530-1762-1

◆基礎力が身につく建築環境工学　三浦昌生著　森北出版　第2版
【要旨】『はじめて学ぶ方』ていねいな説明で基礎からわかる！『もう一度勉強したいと考えている方』分野全体をさらっと学べる！『数式の多さなどのため一度挫折した方』図や記述中心だから理解しやすい！『建築士試験の勉強を始める方』要点を絞って学習できる！ 試験問題の類題もある！
2017.11 133p A5 ¥2400 ⓘ978-4-627-58112-8

◆キーワード式 知りたい用語がすぐに見つかる！ 計量実務事典　計量実務研究会編　第一法規
2017.10 215p B6 ¥2500 ⓘ978-4-474-05721-0

◆建設技術者のための現場必携手帳―現場で活かす管理とスキル　鈴木正司著　経済調査会
【目次】第1章 現場で使う工事測量技術、第2章 土留め工、第3章 土工事、第4章 軟弱地盤の工事、第5章 コンクリート工、第6章 場所打ち杭工、第7章 施工管理、第8章 安全管理
2017.6 215p 13×10cm ¥2400 ⓘ978-4-86374-222-2

◆建設工事の環境法令集　平成29年度版
日本建設業連合会監修　富士経済ネットワークス、教育評論社 発売
【目次】第1章 環境課題と環境法規（環境課題と国際条約・国内法、地球環境関連国際条約と国内法）、第2章 建設工事に関わる環境法規（建設活動と環境課題、環境活動の基本法と環境法規）、第3章 環境関連法規の各種建設工事への適用（エコアクション21：2017年主な改訂点）、第4章 施工段階における環境法規制リスト（環境経営、大気汚染防止 ほか）、資料編（環境経営、大気汚染防止 ほか）
2017.7 222p A4 ¥3000 ⓘ978-4-86624-010-7

◆建築工事共通仕様書 2017年度版　日本建築家協会監修、大阪府建築家協同組合編 （大阪）大阪府建築家協同組合　（付属資料：CD・R1） 53版
【要旨】最新法令・規格と整合。品質・性能を確保するための手順。
2017.4 247, 63p A4 ¥6481 ⓘ978-4-901251-72-3

◆建築スケッチ・パース 基本の「き」　山田雅夫著　エクスナレッジ 増補版
【要旨】絵心ゼロでも大丈夫！スケッチや遠近表現、さらに着彩の基礎も楽しく身につくスケッチ・パース練習帳！
2017.5 159p 26×22cm ¥1800 ⓘ978-4-7678-2326-3

◆建築生産　古阪秀三編著　理工図書　改訂版
【目次】第1部 建築生産1（建築生産の世界、建設市場・建設産業・建設組織、建築生産を取り巻く社会のしくみ、建築生産システムとプロセス、プロジェクトのマネジメント、建築生産プロセス各論）、第2部 建築生産2（施工とは、施工計画、施工管理、建築施工における管理項目と技術、施工プロセス）
2017.5 258p B5 ¥3200 ⓘ978-4-8446-0863-9

◆建築設計学講義　岡河貢著　鹿島出版会
【要旨】「建築設計学」という新たな研究域を切り開く渾身の論考！一二人の建築家の設計や思考の方法を論ず。
2017.5 187, 21p A5 ¥2600 ⓘ978-4-306-04650-4

◆建築設計テキスト 高齢者施設　建築設計テキスト編集委員会編、山田あすか、古賀誉章監彰国社
【目次】1 概要（高齢者の生活と支える仕組み、高齢者施設の役割、入居型高齢者施設の概要 ほか）、2 設計・計画（高齢者のための環境デザインの原則、敷地・規模計画、構造計画 ほか）、3 設計事例（高齢者在宅サービスセンター永楽ふれあいの家/中村勉総合計画事務所、レスパイトハウスやさしいところ/大久手計画工房、第二宅老所よりあい/風土計画一級建築士事務所 ほか）、4 設計図面（特別養護老人ホームせんねん村矢留根/大久手計画工房）
2017.10 87p A4 ¥2200 ⓘ978-4-395-32066-0

◆建築物荷重指針を活かす設計資料 2 建築物の風応答・風荷重評価/CFD適用ガイド　日本建築学会編　日本建築学会、丸善出版 発売
【目次】第1編 建築物の風応答・風荷重評価（設計風速、風力係数・風圧係数、構造骨組の風応答と風荷重評価、外装材の設計用風荷重評価 ほか）、第2編 CFD適用ガイド（風荷重評価におけるCFDへの要件と算定の流れ、建築物の荷重の算定、計算結果の評価、風荷重以外の評価―地形の影響・居住性・空力不安定振動 ほか）
2017.2 434p A4 ¥5600 ⓘ978-4-8189-0638-9

◆建築物の省エネ設計技術―省エネ適判に備える　「建築物の省エネ設計技術」編集委員会編、大阪府監修　（京都）学芸出版社
【要旨】2020年までに進められる建築物の省エネ基準適合義務化を見据え、建築実務者はどう対応すべきか。省エネの動向から技術、技能と設計手法、効果をフルカラーでビジュアルに解説。住宅から超高層ビルまで、最新技術を取り入れた事例も掲載。住宅・非住宅に活かせる45の技術と設計のポイント。
2017.5 187p 26×20cm ¥3200 ⓘ978-4-7615-3231-4

◆鋼構造塑性設計指針　日本建築学会編　日本建築学会、丸善出版 発売　第3版
【目次】1章 基本事項、2章 塑性解析、3章 全塑性モーメント、4章 板要素の幅厚比、5章 梁、6章 柱、7章 ブレース、8章 接合部、9章 崩壊荷重の算定法、10章 骨組と部材の変形、11章 設計例
2017.2 274p B5 ¥4800 ⓘ978-4-8189-0637-2

◆構造物の補修補強　大塚久哲著　（福岡）権歌書房、星雲社 発売　（大塚総研アカデミック叢書5）
【目次】1章 変状・点検・調査・診断、2章 補修工法、3章 補強工法、4章 補修補強事例・補修の効果・劣化防止対策、5章 高耐久化のための配慮と事例、6章 劣化の将来予測、7章 鋼構造物の補修補強、8章 安全管理・環境保全、巻末問題
2017.10 76p B5 ¥4400 ⓘ978-4-434-23917-5

◆工法革命―インプラント工法で世界の建設を変える　北村精男著　ダイヤモンド・ビジネス企画、ダイヤモンド社 発売
【要旨】建設を科学し、既成概念を打破する。旧態依然とした建設業界に革命を起こす、GIKEN グループの挑戦。
2017.12 214p B6 ¥1800 ⓘ978-4-478-08417-5

◆古建築の実測調査―木工技能者としての仕事　木村英彦著　創英社/三省堂書店
【目次】第1節 野帳―実測調査（必要となる解体前野帳〈番付野帳、平面野帳、矩計野帳、造作野帳〉、必要となる解体中野帳〈造作野帳、小屋組野帳、軸組野帳、断面実測、サンプル採取・写真、解体時の注意点〉、第2節 作図、第3節 考察（桁下考察、小屋組考察、計画図まとめ）、第4節 修理施工手順、第5節 やってはならない行為、第6節 まとめ
2017.4 107p A5 ¥1200 ⓘ978-4-88142-118-5

◆コンクリート舗装の設計・施工・維持管理の最前線　土木学会舗装工学委員会コンクリート舗装小委員会編　土木学会、丸善出版 発売　（舗装工学ライブラリー16）
【目次】第1編 設計編（曲げ強度、曲げ疲労曲線）、設計曲げ疲労曲線の検証、目地段差量算定式 ほか）、第2編 材料・施工編（コンクリート舗装の材料および施工の現状調査、施工段階のひび割れの発生防止に関する検討、転圧コンクリート舗装での考慮事項および不具合対策について ほか）、第3編 供用性・維持管理編（コンクリート舗装の供用性、供用性データの分析、コンクリート舗装の補修工法 ほか）
2017.9 326p A4 ¥3900 ⓘ978-4-8106-0917-2

◆佐久間順三流SUISUIわかる木造住宅の耐震診断・耐震補強設計・補強工事の勘所　佐久間順三著、高橋義、芝沼健太協力　建築技術
【目次】第1章 基礎知識、第2章 耐震診断、第3章 耐震補強設計、第4章 耐震補強工事、第5章 優遇策、第6章 事例、第7章 付録
2017.7 252p A4 ¥3800 ⓘ978-4-7677-0156-1

◆実践テキスト 店舗の企画・設計とデザイン　商業施設技術団体連合会監修、高柳英明、飯田有登共編　オーム社
【目次】1編 商業施設の役割―企画・設計とマーケティングの基礎知識、2編 商業施設の分類―業種・業態、3編 商業施設（店舗）の構想立案、4編 商業施設（店舗）設計のアプローチと設計例、5編 店舗の企画・設計の進め方、6編 付帯設備と関連法規
2017.12 210p B5 ¥3000 ⓘ978-4-274-22165-1

◆住宅改修と地震対策でまちづくり　児玉道子著　社会保険出版社　（ジェロントロジー・ライブラリー3―高齢期の住まいと安全）
【要旨】地域防災とシニアの活躍というしくみの中に、公助、共助、互助、自助のすべてが組込

サイエンス・テクノロジー

サイエンス・テクノロジー

まれている！事例からわかるニーズの見極め方と改修のポイント。悪質リフォーム詐欺に遭わないための対策。住宅改修の注意点が利用者目線で見えてくる。住宅改修の盲点、地震対策と家具転倒防止の必要性。家具転倒防止の活動から"まちづくり"が見えてくる。
2017.11 106p A5 ¥2200 ①978-4-7846-0308-4

◆**住宅耐震リフォーム 決定版**　保坂貴司著
エクスナレッジ
【要旨】耐震補強、劣化改修、ライフスタイルの変化…etc.住宅のリフォームを考える人に必携の1冊。
2017.2 159p B5 ¥2400 ①978-4-7678-2223-5

◆**主として建築設計者のためのBIMガイド**
次世代公共建築研究会IFCBIM部会，
buildingSMART Japan，建築保全センター編
次世代公共建築研究会IFC/BIM部会，
buildingSMART Japan，建築保全センター，
大成出版社 発売
【目次】第1章 BIMの基本知識（BIM概論、米国の設計システムと日本の設計システムの相違（光井純氏インタビュー）、発注方式とBIMの活用 ほか）、第2章 企画・設計でのBIM活用（BIMに関する各社事例報告のマッピング、企業別、発注方式別のBIM活用事例、BIMとコミッショニング ほか）、第3章 ライフサイクルにわたるBIMの課題（設計から施工へのBIMデータ連携の課題、設計段階での維持管理へのデータ引渡しの課題、BIMの著作権 ほか）、第4章 ソフトウェア、機器など、資料編
2017.5 220p A4 ¥2700 ①978-4-8028-3239-7

◆**詳細ディテールを読み解く 木造住宅のつくり方—「朝霞の家」ができるまで**　熊澤安子著　オーム社
【要旨】「設計図を描く」という意味をよりよく理解するために。一軒分の設計詳細図をまるごと収録。
2017.5 213p B5 ¥2800 ①978-4-274-22051-7

◆**初学者の建築講座 建築計画**　長澤泰監修，佐藤考一，五十嵐太郎著　市ヶ谷出版社 第三版
【要旨】初めて建築を学ぶ人のための教科書！図・表を豊富に用い、ていねいに説明！建築士試験の出題範囲を網羅！
2017.1 187p B5 ¥2800 ①978-4-87071-029-0

◆**初学者の建築講座 建築材料**　長澤泰監修，橘高義典，小山明男，中村成春著　市ヶ谷出版社 第2版
【要旨】初めて建築を学ぶ人のための教科書！図・表を豊富に用い、ていねいに説明！建築士試験の出題範囲を網羅！
2017.1 209p B5 ¥2900 ①978-4-87071-026-9

◆**新 イラスト建築防火**　たかぎただゆき著，こばやしまきよし監修　近代消防社　新版
【要旨】イラストレーションを中心に法規を解説。今回の改訂では、一定の防火性能を講ずることで大規模な木造の建築物を可能にした平成26年の建築基準法の改正及び病院、社会福祉施設等へのスプリンクラー設備の設置義務強化に伴う火災発生時の延焼を抑制する機能を有した構造などの消防関係の改正を新たに付け加えている。
2017.10 146p A4 ¥2800 ①978-4-421-00902-6

◆**新世代 木材・木質材料と木造建築技術**
岡野健監修　エヌ・ティー・エス
【目次】第1編 資源としての木材とこれからの木質材料・木造建築（資源としての木材、これからの木質材料・木造建築）、第2編 木材・木質材料の開発・離燃化と評価技術（複合化・圧縮による木質材料の開発・加工技術、木質材料の難燃化技術、木質材料の耐久技術、木材・木質材料の劣化とその評価技術）、第3編 木造建築の設計・評価技術（木造建築の防耐火設計／耐久性設計、木造建築の設計と強度・耐久性・耐震性評価、木材・木造建築の快適性と居住性評価）、作品集
2017.11 439, 13p 表A5 ¥43000 ①978-4-86043-511-0

◆**新米建築士の教科書**　飯塚豊著　秀和システム
【要旨】スタッフ仕事・現場調査・設計・プレゼン、全技術が身につく!!面倒見のよい所長から、日々の作業の中で指導されそうなことが、全部網羅。
2017.3 271p A5 ¥1800 ①978-4-7980-5035-5

◆**図解 管工事技術の基礎—はじめて管工事技術を学ぶ人のために**　打矢瀅二，山田信亮，井上国博，中村誠，菊地至著　ナツメ社

【要旨】イラストでよくわかる最新の管工事の技術!!機器の設置据付け、冷暖房配管、空調・換気ダクト、給排水配管、リニューアル工事、労働安全、試運転調整、現場用語を網羅。基礎技術の習得に最適！
2017.6 196p B5 ¥2800 ①978-4-8163-6238-5

◆**図解 危険物施設基準の早わかり　3**　東京消防庁監修，危険物行政研究会編著　東京法令出版　9訂版
【目次】第1章 給油取扱所の基準（給油取扱所の一般基準、屋内給油取扱所、給油取扱所の基準の特例、給油取扱所に設ける消火・警報・避難設備）、第2章 販売取扱所の基準（第1種販売取扱所、第2種販売取扱所）、第3章 移送取扱所の基準（移送取扱所の定義、移送取扱所の危険物最大取扱量の算定、移送取扱所の基準の概要、移送取扱所の設置場所 ほか）
2017.10 331p B5 ¥3200 ①978-4-8090-2442-9

◆**スッキリ！がってん！感知器の本**　伊藤尚，鈴木和男著　電気書院
【要旨】1 燃えると消す（燃える、消す）、2 感知器ってなあに（まずは火災と感知器、煙感知器、熱感知器、炎感知器、いろいろな機能をもつ感知器、住宅用火災警報器ってなあに）、3 もっと知りたい感知器（感知器を見分けるためとは、火災の発生を知らせる受信機、感知器はどこにつけるの？、ほかにも検知方法はあるの？）
2017.2 166p B6 ¥1200 ①978-4-485-60025-2

◆**図表でわかる 建築生産レファレンス**　佐藤考一，角田誠，森田芳朗，角倉英明，朝吹香菜子著　彰国社
【要旨】日本経済を支える産業の一つ「建築生産」の特質を7テーマ93項目に分け、多くの図表とともにコンパクトに解説。建築生産の成り立ちと「いま」がよくわかる決定版！企画・設計・施工という建築プロジェクトの流れから、日本経済における位置づけ、既存建物の利用や国際化など新しい課題まで完全網羅。
2017.11 223p B6 ¥2300 ①978-4-395-32089-9

◆**3D図解による 建築構法**　松村秀一編著，小見康夫，清家剛，平沢岳人，名取発著　市ヶ谷出版社　第二版
【要旨】初めて「建築構法」を学ぶ人のための教科書。大幅に図版を見直し、カラー化（一部）！平易な文章とわかりやすい3D図解で解説！有名な建築物の「構法」をCGにより再現！
2016.12 181p B5 ¥2700 ①978-4-87071-007-8

◆**施工がわかる イラスト建築生産入門**　日本建設業連合会編集，川崎一雄イラスト　彰国社
【要旨】建築は技術の結晶。そして、技術は人がつくる。誰も見たことのない施工の世界！描いたイラスト800点!!
2017.11 207p A4 ¥3200 ①978-4-395-32100-1

◆**建物をつくるということ**　梶原一幸著　（大阪）清風堂書店
【目次】第1章 設計とは「無から有をつくり出す」（建物の基本形を作る—平面図・立面図・断面図、基本形を具体化する—意匠・構造・設備、パートナーを見つける—設計者の選定）、第2章 設計の前段階「設計を始める前に」（誰が建物を必要としているのか—発注者について、何のための建物か—建物の必要条件、土地がなければ建てられない—土地の特性）、第3章 工事費の算定「お金はとても大事」（工事費はどうやって算出するのか—出し出しと値入れ、工事費には幾つかの種類がある—見積金額と価格交渉、建物は買うのではなく注文するもの）、第4章 着工から竣工迄「いよいよ工事開始」（工事は勝手に始められない—着工までの手続き、なかなか設計図通りにいかない—工事と設計変更、工事の色柄は工事中に決める—意匠材の選定）、第5章 使用開始から維持管理「使い始めとメンテナンスが大切」（新しい間は硬さが残る—引渡しと初期対応、使い続けるには手入れが不可欠—機能維持と修繕計画、古い建物を活用する—意匠刷新と用途転換）
2017.11 97p B6 ¥1250 ①978-4-88313-867-8

◆**だれでもできる "超簡単" 建築パース**　村山隆司著　エクスナレッジ
【要旨】魅せるパースを簡単に描きたい！本書を読めば最小限の線と点のやりとりで、パースが描けるようになります。
2017.7 127p B5 ¥1800 ①978-4-7678-2329-4

◆**断熱建材ガイドブック**　断熱建材協議会著　建築技術
【要旨】1章 断熱建材の必要性（断熱建材の必要性に関わる背景、断熱建材の効果）、2章 断熱建

材の種類と特性（断熱材の特性と分類、断熱材の種類と特性、開口部材の種類と特性、開口を構成する材料と特長）、3章 断熱建材の設計計画（外皮の断熱設計の基本的な考え方、断熱設計計画、開口部の設計）、4章 断熱建材の施工計画と施工例（断熱施工の基本、部位別施工方法）、付録（建築物のエネルギー消費性能向上に関する法律、省エネルギー基準の変遷、省エネルギー住宅関連施策、建築材料の熱物性値、建築材料の透湿特性値、開口部の熱貫流率と日射熱取得率）
2017.6 253p B5 ¥3300 ①978-4-7677-0155-4

◆**地域の素材から立ち現れる建築—日本建築学会設計競技優秀作品集　2017年度**　日本建築学会編　技報堂出版
【目次】全国入選作品（最優秀賞、優秀賞、佳作、タジマ奨励賞）、支部入選作品
2017.12 112p A4 ¥2500 ①978-4-7655-2600-5

◆**超高層建築と地下街の安全—人と街を守る最新技術**　尾島俊雄編著，小林昌一，小林紳也，渋田玲，増田幸宏著　早稲田大学出版部（東京安全研究所・都市の安全と環境シリーズ 3）
【要旨】近い将来、高確率での発生が予測される首都直下型地震に備え、高層ビルや地下街の安全対策を提言する！
2017.8 155p A5 ¥1500 ①978-4-657-17009-5

◆**デザイン・コンピューティング入門—Pythonによる建築の形態と機能の生成・分析・最適化**　日本建築学会編　コロナ社
【目次】1 デザイン科学とコンピューティング、2 Python入門、3 形態の生成、4 分析、5 形態と性能の最適化、6 デザインに関する知識の処理、7 コンピューテーショナル・デザインの事例
2017.9 182p B5 ¥3000 ①978-4-339-05254-1

◆**なぞっておぼえる遠近法 スケッチパース インテリア編**　宮後浩，山本勇気，広畑直子著　秀和システム　第2版
【要旨】なぞるだけでインテリアの描き方が自然に身につく！80以上の作例に挑戦しよう！小物から室内スケッチまで。
2017.9 151p B5 ¥1500 ①978-4-7980-5190-1

◆**苦手克服！これで完璧！矩計図で徹底的に学ぶ住宅設計 S編**　杉浦伝宗，細谷功，長沖充，蕪木孝典，伊藤茉莉子，杉本龍彦共著　オーム社
【要旨】矩計図が読めれば、建築のしくみがよくわかり、自分なりの「本格的な矩計図」が自然と描けるようになる…、そんな本ができました。「平面図・立面図はわかるけど、矩計図は苦手」という方に特にオススメの、ありそうでなかった入門書。
2017.4 212p B5 ¥2800 ①978-4-274-22052-4

◆**配管技術—1960·1963**　「配管技術」編集委員会編　日本工業出版　復刻版
【要旨】配管技術通巻800号記念企画。プラントエンジニアの専門誌「配管技術」において1960年から1963年にかけて掲載された原稿や広告を、ほぼそのままの形で掲載。
2017.10 27p B5 ¥1600 ①978-4-8190-2917-9

◆**ハウジング・トリビューンが選ぶプレミアム住宅建材50　2017年度版**　ハウジング・トリビューン編集部編著　創樹社，（川崎）ランドハウスビレッジ 発売
【要旨】住宅事業者100人に聞いたこの建材がすごい!!、住宅事業者100人に聞いたこんな建材が欲しい!!、構造材、断熱材、内装材、外装材、開口部材、副資材、エクステリア、建具金物、接合金物
2017.10 117p A5 ¥1200 ①978-4-88351-111-2

◆**発想し創造する建築設計製図**　松本直司，夏目欣昇編著　理工図書
【目次】第1章 学ぶ／習う 本性、第2章 感じる／知る／考える、第3章 発想する／エスキス、第4章 イメージを固める／方向付けするフォーム、第5章 ものをおさめる／立てる／築く、第6章 しつらえる／設え／室礼／インテリア、第7章 発表する／伝える、第8章 図面作製法
2017.7 187p B5 ¥2800 ①978-4-8446-0862-2

◆**一目でわかる 小規模宅地特例100　2017年度版**　赤坂光則著　税務研究会出版局
【目次】第1編 小規模宅地の特例（特例のあらまし、特例の適用要件、小規模宅地等の特例についてのフローチャート、建物所有者別図解）、第2編 特定計画山林の特例及び特定計画山林についての相続税の納税猶予及び免除並びに非上場株式等の相続税の納税猶予及び免除（特定計画山林特例

の内容、山林についての相続税の納税猶予及び免除の内容、非上場株式等の相続税の納税猶予及び免除の内容)、第3編 事例と法令通達(事例集、法令・通達集)

2017.7 484p B5 ¥2600 ①978-4-7931-2252-1

◆ヒロシマソツケイ2017—広島平和祈念卒業設計賞作品集　2017　広島平和祈念卒業設計賞実行委員会編, 寺松康裕編集監修　総合資格
【目次】予備通過作品(最優秀賞・藤原徹平賞 生業がつなぐくらしの森—ID 040西山菜月(山口大学)、優秀賞・山本理顕賞 アートの拠点—ID 078藤原陽平(広島工業大学)、優秀賞 誘う小路—ID 026長谷葉月(島根大学)、優秀賞 垣根のない宿—ID 030長原みずほ(穴吹デザイン専門学校)、遠藤秀平賞 再起の宿—ID 077長木奈々(広島大学) ほか)、参加作品(近畿大学、広島工業大学、広島女学院大学、広島大学、福山大学 ほか)

2017.12 119p B5 ¥1800 ①978-4-86417-230-1

◆本質を理解しながら学ぶ建築数理　猪岡達夫, 中村研一, 石山央樹, 片岡靖夫著　丸善出版
【要旨】本書がどのような使われ方を想定しているかというと、第1に大学でこれから建築を学ぶ人のための教科書として、第2に建築の実務者が復習するときの教材として、第3に建築に興味ある方々に建築の面から建築を再発見していただく教本としてなどです。3つの編からなっています。前編:建築数理の基本、中編:建築構造からみる数理、見えない力の流れを読み解く、後編:建築デザインからみる数理、建築に隠された数理。

2017.12 163p B5 ¥2800 ①978-4-621-30211-8

◆ホントは安いエコハウス　松尾和也著, 日経ホームビルダー編　日経BP社, 日経BPマーケティング 発売
【目次】1 エコハウスを知る、2 エアコンの実力を知る、3 窓の強みと弱みを知る、4 改修に効く断熱と住宅設備を知る、5 設計の本質を知る、6 対策の効果を確かめる

2017.7 207p A5 ¥2200 ①978-4-8222-3838-4

◆木製建具デザイン図鑑—建築空間と建具の意匠・納まり 框戸・フラッシュ戸・桟戸・紙貼障子・襖　松本昌義, 新井正, 木製建具研究会共著　エクスナレッジ　(付属資料:CD-ROM1)　復刻版
【目次】建具材のすべてを知りたい「素材×デザイン」まるごと図鑑、これだけは知っておきたい建具のデザイン手帖「基礎編」、これで完璧!!建具の製作法と取合い部の納まり、事例にみる建築空間と建具のデザイン、すぐに役立つ建具のデザインBOOK「応用編」、すぐに使える建具表建具デザインシート100

2017.11 338p B5 ¥4800 ①978-4-7678-2247-1

◆木造建築設計ワークブック　実学融合教育研究会編　井上書院　(付属資料:CD-ROM1)　新版
【目次】第1章 木造住宅の設計にあたって、第2章 木造建築製図、第3章 企画設計、第4章 設計のポイント、第5章 構造設計、第6章 設備設計、第7章 工事監理、第8章 リフォーム

2017.11 176p B5 ¥3200 ①978-4-7530-1713-3

◆木力検定 2 もっと木を学ぶ100問　井上雅文, 東原貴志編著　(大津)海青社　改訂版
【目次】木と木材のつくりを学ぼう、木材の性質を学ぼう、木材の利用と木質材料を学ぼう、木のここちよさを学ぼう、木と環境について学ぼう、木材と社会とのつながりについて学ぼう

2017.5 123p B6 ¥1000 ①978-4-86099-330-6

◆木力検定 4 木造住宅を学ぶ100問　井上雅文, 東原貴志, 青木謙治, 秋野卓生編著　(大津)海青社
【目次】第1章 木造住宅の特徴を学ぼう!、第2章 家を建てよう!、第3章 設計プランを考えよう!、第4章 詳細プランを考えよう!、第5章 着工後の流れを確かめよう!、第6章 メンテナンスを考えよう!、第7章 建物に関する法律を学ぼう!

2017.8 124p B6 ¥1000 ①978-4-86099-294-1

◆やさしく学ぶ建築製図 最新版—平・立・断面図からパース、プレゼン図面まで　松下希和, 長沖充, 照内創著　エクスナレッジ
【要旨】ルイス・カーンの傑作「フィッシャー邸」を題材に分かりやすく解説。

2017.9 123p 21×29cm ¥2600 ①978-4-7678-2372-0

◆山留め設計指針　日本建築学会編　日本建築学会, 丸善出版 発売　第4版

【要旨】2002年版の「山留め設計施工指針」改定後、15年間で生じた社会的環境条件の変化や山留め技術の進展を反映、山留めの計算方法や周辺地盤の変状などの具体策について、複雑化・多様化する工事条件に対応できるよう改定した。

2017.11 429p B5 ¥5600 ①978-4-8189-0642-6

◆利用者本位の建築デザイン—事例でわかる住宅・地域施設・病院・学校 日本建築学会編　彰国社
【目次】1章 住まい手のちからを引き出す住宅(解説 住まい手自身も気づくことが難しいニーズを具現化するために、「できること」をあきらめない、自立生活継続のための住宅改修 S邸 ほか)、2章 ケアを必要とする人たちの共同の住まい(解説 1人で暮らせない人たちが地域で暮らすために、最重度の障害があっても暮らせる住まい。在宅でも施設でもないライフスタイル 重度身体障害者グループホーム やじろべえ ほか)、3章 在宅生活を支援する地域施設(解説「暮らし」は「住まい」と「地域」でつくられる、ワンストップよろず相談、空き店舗活用で地域の暮らしを支える 暮らしの保健室 ほか)、4章 日常生活の延長にある医療施設(解説 病気になっても「日常」を続けるために、看護師中心の組織で患者ニーズを反映した病棟づくり 三井記念病院 ほか)、5章 多様性をはぐくむ教育施設(解説 障害のある児童・生徒・学生の学びを支える環境づくり、障害学生の要望を実現するための、大学の環境整備における組織と工夫 大阪大学 ほか)

2017.2 142p A4 ¥2800 ①978-4-395-32085-1

◆和風デザイン図鑑—設計の基本と納まり 意匠・しつらい・造作 エクスナレッジ　(付属資料:CD-ROM1)　復刻版
【目次】「和風」の架構と納まり 構・工法編(木造り、造り方・基礎、墨付け・刻み・建て方、木組の接合)、「和風」の意匠と納まり 造作・仕上げ編(屋根、床・壁、階段、座敷、床の間、建具、玄関・外廻り、庭、茶室)

2017.8 462p B5 ¥2800 ①978-4-7678-2248-8

◆IEC61508認証安全PLC&計器製品ガイド 2017　「計測技術」編集部編　日本工業出版　(日工の知っておきたい小冊子シリーズ)

2017.10 39p B5 ¥5600 ①978-4-8190-2918-6

◆RC住宅のつくり方—「pallets」ができるまで　駒田剛司, 駒田由香, 深澤浩司共著　オーム社　(詳細ディテールを読み解く)
【要旨】「設計図を描く」という意味をより よく理解するために。図面を描くためには、住宅の施工手順を知ることが重要です。そこで、著者が実際に手がけた住宅「pallets」を通してまとめられたとき、より一層リアルに感じ取ることができます。誰にでもわかりやすく伝えるために。複雑な施工プロセスを二つの異なる視点から解き明かしています。一つは工場現場を統括する現場監督から見た俯瞰的な視点であり、もう一つは職人から見た局所的な視点です。誰にでも一目瞭然、直感的に理解できます。

2017.8 186p B5 ¥2600 ①978-4-274-22083-8

◆Rhinocerosで学ぶ建築モデリング入門　山梨知彦監修　ラトルズ
【要旨】実在する建物を教材に、すぐに使える建築モデリングの手法を解説。日建設計DDLのライノ・ユーザーらが執筆した渾身の一冊!

2017.6 270p B5 ¥3600 ①978-4-89977-465-5

建築法規・便覧

◆新しい建築法規の手びき 平成29年版　建築技術者試験研究会編　井上書院　第17次増補改訂版
【要旨】「建築基準法」解説の決定版!!法令の趣旨や内容を、図や表を使い分かりやすく解説!!法改正に準拠!!最新情報はこの1冊でOK! 建築士試験の参考書に、建築設計などの実務に大活躍!!

2017.2 535p 18×11cm ¥1800 ①978-4-7530-2140-6

◆井上建築関係法令集 平成30年度版　建築法令研究会編　井上書院　(付属資料:シール; CD-ROM1; 別冊1)
【要旨】試験場持込可。受験にも実務にも対応できる「法令」「告示」を一冊に収録! 「建築物省エネ法」施行に伴う最新改正規定に対応。

2017.12 1742p A5 ¥2700 ①978-4-7530-2144-4

◆確認申請マニュアル コンプリート版 2017-18　ビューローベリタスジャパン建築認証事業本部編　エクスナレッジ
【要旨】最新の建築基準法から関連法規まで! 確認申請を必ず通すならこの1冊。建築物省エネ法などの最新改正から図書の書き方、検査の手続きまでを網羅。申請業務のすべてが分かる!

2017.7 287p B5 ¥3800 ①978-4-7678-2357-7

◆河川六法 平成29年版　河川法研究会編　大成出版社
【目次】河川、ダム・水資源、砂利採取、水道原水、砂防、海岸、低潮線保全、社会資本整備重点計画、特別会計、水防、都市水害、災害、公有水面埋立て、運河、下水道、行政手続、環境保全・公害対策、参考法令

2017.8 2900p B6 ¥7500 ①978-4-8028-3301-1

◆基本建築関係法令集 "告示編" 平成29年版　国土交通省住宅局建築指導課, 建築技術者試験研究会編　井上書院　第16次改正版
【要旨】平成28年公布の最新改正規定に対応。新たに、建築基準法関係告示、建築物省エネ法関係告示21本を収録! 記号や別表見出しの表示等、見やすさに配慮。参照しやすい根拠条文順収録、年次別索引付き。一目でわかる「告示・切替え告示一覧」を掲載。"法令編"との併用がたいへん便利。収録本数311。

2017.1 1461p A5 ¥2800 ①978-4-7530-2138-3

◆基本建築関係法令集 "法令編" 平成29年版　国土交通省住宅局建築指導課, 建築技術者試験研究会編　井上書院　第44次改正版
【要旨】受験(1月1日現在施行法令集)・実務に使える最新版。建築物省エネ法施行令・同施行規則および、建築物省エネ法に基づく省令等を新たに収録! 平成29年4月1日施行の建築物省エネ法関係政令および、関係省令の改正規定にも完全対応!「基本的な告示」27本を厳選収録。試験勉強は "法令編" 1冊で万全!!

2017.1 1674p A5 ¥2800 ①978-4-7530-2137-6

◆基本建築基準法関係法令集 2018年版(平成30年版)　国土交通省住宅局建築指導課, 建築技術研究会編　建築資料研究社
【要旨】2017年4月1日施行「建築物省エネ法」(建築確認対象法令)、改正「建築基準法施行令/施行規則」、改正「耐火構造/準耐火構造告示」を収録。タテ書き/2段組/傍注付き/2色刷。

2017.11 1582p A5 ¥3800 ①978-4-86358-524-9

◆建築関係法令集 告示編 平成30年版　総合資格学院編　総合資格
【目次】建築基準法関係主要告示、建築基準法施行令関係主要告示、建築基準法施行規則関係主要告示、高齢者、障害者等の移動等の円滑化の促進に関する法律に基づく主要な告示、建築物の耐震改修の促進に関する法律に基づく主要な告示、住宅品質確保法/特定住宅瑕疵担保履行法に基づく主要な告示、建築士法に基づく主要な告示、建築業法に基づく主要な告示、その他の建築関係法令に基づく主要な告示〔ほか〕

2017.11 1071p B5 ¥2500 ①978-4-86417-252-3

◆建築関係法令集 法令編 平成30年版　総合資格学院編　総合資格
【要旨】建築士試験に必須!「建築基準法」「関係法令」「関係告示」を多数収録。ワイドサイズで、一覧性が抜群! 掲載条文が豊富で、表裏見開きで掲載され見やすい。実務でも役立つ! 建築基準法、同法施行令、同法施行規則、建築士法に改正履歴を付記。

2017.11 1151p B5 ¥2800 ①978-4-86417-250-9

◆建築関係法令集 法令編S 平成30年版　総合資格学院編　総合資格
【要旨】建築士試験に必須!「建築基準法」「関係法令」「関係告示」を多数収録。コンパクトサイズでも、一覧性がそのまま! 掲載条文が豊富で、表裏見開きで掲載され見やすい。実務でも役立つ! 建築基準法、同法施行令、同法施行規則、建築士法に改正履歴を付記。

2017.11 1151p A5 ¥2800 ①978-4-86417-251-6

◆建築関連法規の解説　熊谷組設計本部編著　理工図書　全訂新版
【要旨】建築基準法と消防法、用途別を中心に実務レベルで解説。法規の手引書として理解をより深められる図表を約1000点掲載。

2017.4 610p B5 ¥5000 ①978-4-8446-0853-0

◆建築基準法関係法令集　2018年版（平成30年版）　建築資料研究社、日建学院編　建築資料研究社
【要旨】2017年4月1日施行・新法「建築物エネ法」（建築確認対象法令）、改正「建築基準法施行令/施行規則」、改正「耐火構造/準防火構造告示」を収録。ヨコ書き/1段組/傍注付き/2色刷。
2017.11 1411p A5 ¥2800 ①978-4-86358-525-6

◆建築基準法令集　2018年版　オーム社編　オーム社
【目次】建築基準法、建築基準法施行令、建築基準法施行規則、建築基準法に基づく指定建築基準適合判定資格者検定機関等に関する省令、建築士法（抜粋）、建築士法施行令（抜粋）、建築士法施行規則（抜粋）、建設業法（抜粋）、建設業法施行令（抜粋）、都市計画法（抜粋）〔ほか〕
2017.11 945p B6 ¥1600 ①978-4-274-22146-0

◆建築基準法令集　告示編　平成29年度版　国土交通省住宅局、日本建築学会編　技報堂出版　第六十五次改正版
【要旨】平成29年3月までの官報掲載分に対応。昭和39年以降の280告示を、別表・様式を含め、一挙掲載。圧倒的な掲載数。
2017.3 1760p A5 ¥3200 ①978-4-7655-2596-1

◆建築基準法令集　法令編　平成29年度版　国土交通省住宅局、日本建築学会編　技報堂出版　第六十五次改正版
【要旨】平成29年3月までの官報掲載分に対応。改正建築基準法・同施行令・同施行規則・告示を全文収録。建築士法・同施行令・同施行規則の改正を反映、省令・告示を新たに収録。
2017.3 1444p A5 ¥3200 ①978-4-7655-2594-7

◆建築基準法令集　様式編　平成29年度版　国土交通省住宅局、日本建築学会編　技報堂出版　第六十五次改正版
【要旨】平成29年3月までの官報掲載分に対応。実務に不可欠の様式を集めて「様式編」として1冊に再編集。
2017.3 588p A5 ¥2800 ①978-4-7655-2595-4

◆建築設備関係法令集　平成29年版　国土交通省住宅局建築指導課、建築技術者試験研究会編　井上書院　第32次改正版
【要旨】建築基準法・消防関係法令・電気事業法等の最新改正に対応。建築物省エネ法施行令・同施行規則および建築物省エネ法に基づく省令を新たに収録。建築設備士試験に役立てる最新法令集。基本的な主要告示71本を精選収録。
2017.1 1113p A5 ¥4000 ①978-4-7530-2139-0

◆建築物の現場における電磁シールド性能測定方法規準・同解説―日本建築学会環境基準　AIJES・E0003-2017　日本建築学会編著　日本建築学会、丸善出版　発売
【目次】1 目的、2 適用範囲、3 用語の定義、4 測定量、5 挿入損失法による電磁シールド性能評価の基本、6 測定界および周波数、7 測定装置、8 測定方法、9 測定点、10 測定結果の整理方法および表示方法
2017.2 29p A4 ¥1500 ①978-4-8189-3629-4

◆建築法規用教材　日本建築学会編著　日本建築学会、丸善出版　発売
【目次】第1章 建築法規を学ぶために（建築法規とは、本書の主な構成 ほか）、第2章 建築法（目的、法令構成・内容 ほか）、第3章 建築関連法規（消防法、都市計画法 ほか）、第4章 資料（建築法規の歴史、建築基準法条文早見表 ほか）、付録 建築物のエネルギー消費性能の向上に関する法律の概要
2017.2 213p A4 ¥1900 ①978-4-8189-2237-2

◆住宅セーフティネット法の解説Q&A　平成29年改正　住宅セーフティネット法制研究会編　ぎょうせい
【目次】第1章 住宅セーフティネット法改正のポイントQ&A（改正の趣旨、住宅確保要配慮者 ほか）、第2章 改正住宅セーフティネット法支援制度Q&A（住宅確保要配慮者円滑入居賃貸住宅事業）、第3章 改正住宅セーフティネット法支援制度Q&A（登録住宅の特例、居住支援法人・居住支援協議会 ほか）、第4章 参考資料（関係法令、参考法令 ほか）
2017.8 170p A5 ¥2000 ①978-4-324-10365-4

◆初学者の建築講座　建築法規　長澤泰監修、塚田市朗専門監修、河村春美、鈴木洋子、杉田宣生著　市ヶ谷出版社　第三版
【要旨】初めて建築を学ぶ人のための教科書！図・表を豊富に用い、ていねいに説明！建築士

試験の出題範囲を網羅！

◆図解建築申請法規マニュアル　建築法規PRO 2017　図解建築法規研究会編　第一法規
【目次】第1章 総則、第2章 集団規定、第3章 防火・耐火規定、第4章 避難規定、第5章 単体規定・一般構造、第6章 建築設備規定、第7章 構造強度、第8章 関連法令等、第9章 住宅・エネルギー関連、第10章 手続規定、第11章 既存建築物
2017.3 340p 19×26cm ¥3800 ①978-4-474-05714-2

◆図解建築法規　国土交通省住宅局建築指導課編　（名古屋）新日本法規出版
【目次】第1章 建築法規を学ぶまえに（建築法規の歴史、建築に関する諸法令のあらまし ほか）、第2章 建築物の安全性を確保するための技術的基準（建築基準法における単体規定）（建築物の安全性の確保、建築物と敷地 ほか）、第3章 健全な街造りのための基準（建築基準法における集団規定）（都市の建築物に対する基準、道路による建築制限 ほか）、第4章 建築物ができてからなくなるまで―必要な手続など（建築工事が着工されるまで、建築工事の着工に伴って ほか）、第5章 用語の定義・法令（用語の定義（五十音順）、法令）
2017.3 1186p A5 ¥3200 ①978-4-7882-8217-9

◆世界で一番やさしい建築基準法　最新法改正対応版―113のキーワードで学ぶ　谷村広一著　エクスナレッジ　（『111のキーワードで学ぶ 12 世界で一番やさしい建築基準法』改訂・改題書）
【要旨】判断に迷う難解な条文がスラスラ理解できます。1級建築士試験のための入門書として最適！
2017.8 257p B5 ¥3000 ①978-4-7678-2374-4

◆建物漏水をめぐる法律実務　匠総合法律事務所編　（名古屋）新日本法規出版
【目次】第1章 建物漏水と建築所有者・占有者・管理者の責任（共同住宅における居室・テナント部分からの漏水、共同住宅における配管からの漏水、共同住宅における雨水による漏水、埋設管からの漏水）、第2章 請負人・設計者・監理者の責任（新築建物・改修建物その他の設備から生じた漏水、請負工事・作業に付随して生じた漏水）、第3章 売主・仲介業者の責任（中古建物の売買、新築建物の売買、共同住宅専有部分の売買）、第4章 賃貸人・賃借人の契約上の責任（修繕の要否が不明な場合の漏水、配管漏水部分が賃貸人の所有に属しない場合の賃借人に対する責任、賃借人自らの修繕行為の不備による漏水、修繕義務の不履行による解除、賃借人が漏水調査・修繕に協力しない場合における賃借人による解除、複数の原因が競合した場合の漏水）、第5章 損害賠償の範囲（建物及び建物内の物品に生じた損害、その他の損害 ほか）
2017.7 326p A5 ¥3700 ①978-4-7882-8303-9

◆電気鉄道周辺における変動磁場の計測・評価方法規準・同解説―日本建築学会環境基準　AIJES・E0004-2017　日本建築学会編著　日本建築学会、丸善出版　発売
【目次】1章 総則、2章 電気鉄道と変動磁場、3章 防護対象機器、4章 計測機器、5章 計測方法、6章 評価方法
2017.2 66p A4 ¥1800 ①978-4-8189-3630-0

◆判例で学ぶ建築トラブル完全対策　日経アーキテクチュア編　日経BP社、日経BPマーケティング　発売
【要旨】「高額化する損害賠償」「地盤問題の顕在化」「報酬未払い」「過労死」。建築紛争に詳しい弁護士が解説。独自入手！「図面作成は営業活動」判決文全収録。
2017.4 287p A5 ¥4500 ①978-4-8222-3835-3

◆必携 住宅・建築物の省エネルギー基準関係法令集　2017　国土交通省住宅局住宅生産課編・協力、創樹社編　創樹社、（川崎）ランドハウスビレッジ　発売
【要旨】住宅・建築物の省エネに関する「法律」「政令」「省令」「告示」を完全収録。省エネ基準の義務化へ向けた「必携の書」。
2017.7 390p A5 ¥4000 ①978-4-88351-109-0

◆プロのための主要都市建築法規取扱基準　建築規定運用研究会編　ぎょうせい　三訂版
【目次】1 総則「市場ニーズに追いつけるか！」（手続きはどうするか ほか）、用語の定義 ほか）、2 単体規定「進化する空間機能に対応する」（注目される一般構造、耐火構造、耐火建築物等 ほか）、3 集団規定「未熟な都市計画を補完する」

（敷地と道路の関係、用途別の用途地域制限 ほか）、4「空地等の扱い」（空地等の整理による各条文の一覧）
2017.9 483p B5 ¥6000 ①978-4-324-10380-7

◆見るだけで分かる！　建築基準法入門 最新法改正対応版　関田保行著　エクスナレッジ
【目次】1 法規×デザイン、2 用途、3 道路・敷地、4 面積、5 高さ、6 防火、7 避難、8 居室、9 階・階段
2017.5 158p B5 ¥2400 ①978-4-7678-2330-0

◆4コマ漫画でサクッと分かる建築基準法　ビューローベリタスジャパン建築認証事業本部著　エクスナレッジ
【要旨】肩の力を抜いて気楽にマスター。最新の改正内容も解説！
2017.2 176p A5 ¥2200 ①978-4-7678-2285-3

◆リアルイラストでスラスラわかる建築基準法　ユーディーアイ確認検査会　エクスナレッジ　（建築知識の本 02）
【目次】1 用途、2 道路、3 建ぺい率・容積率、4 高さ制限、5 防火、6 避難、7 防煙・排煙、8 居室
2017.3 131p A4 ¥2000 ①978-4-7678-2272-3

◆Q&A　建築物省エネ法のポイント　建築物省エネ法研究会編　（名古屋）新日本法規出版　改訂版
【目次】Q&A編（総論、基本的な方針等（法律第3～5条）、建築主等の努力義務等（法律第2・6条）、省エネ性能表示のガイドライン（法律第7条）、基準適合義務（法律第3章第1節）ほか）、資料編（建築物のエネルギー消費性能の向上に関する法律（平成27年法律第53号）、建築物のエネルギー消費性能の向上に関する法律施行令（平成28年政令第8号）、建築物のエネルギー消費性能の向上に関する法律施行規則（平成28年国土交通省令第5号）、建築物エネルギー消費性能基準等を定める省令（平成28年経済産業省・国土交通省令第1号）、建築物のエネルギー消費性能の向上に関する法律施行令の規定により、認定建築物エネルギー消費性能向上計画に係る建築物の床面積のうち通常の建築物の床面積を超えることとなるものを定める件（平成28年国土交通省告示第272号）ほか）
2017.8 256p A5 ¥1900 ①978-4-7882-8315-2

建築構造・施工・設備

◆イラストでわかる給排水・衛生設備のメンテナンス　田中毅弘改訂監修、中井多喜雄著、石田芳子イラスト　（京都）学芸出版社　改訂版
【要旨】ビルメンテナンスの現場で読み継がれる入門書、待望のリニューアル！最新データや法規にもしっかり対応。今更人には聞けない“水の設備”のキホンから、日々の管理の落とし穴、現場で役立つ点検のコツまで総ざらい。見やすくなった2色イラストで、水の通り道や器具の構造、重要語句も一目瞭然。時短でサクサク学びきろう！
2017.6 205p B5 ¥3000 ①978-4-7615-3233-8

◆伊礼智の住宅デザイン―DVDデジタル図面集　伊礼智著　エクスナレッジ　（建築知識の本 04）　（付属資料：DVD・ROM1）
【目次】第1章 プランニング（配置計画、プロポーション）、第2章 内部の設計（移動空間、LDK、居室、水廻り、内部造作の納まり、内部開口部、収納・家具）、第3章 外部の設計（中間領域、外部開口部、外壁・屋根、植栽）、第4章 居心地のよい住宅をつくる方法―実践編（琵琶湖湖畔の家―風景を取り込み、風景に溶け込む、花小金井の家―二世帯のいい距離感のつくり方、つむじ・i-works2015―永く快適に住み続けられるエコ住宅）、伊礼智の定番リスト
2017.7 143p A4 ¥2800 ①978-4-7678-2344-7

◆エクステリアの施工規準と標準図及び積算 床舗装・縁取り・土留め編　日本エクステリア学会編著　日本建築材料協会
【要旨】エクステリアの設計・見積・施工まで広く網羅した実務に必携の一冊。約50の代表的施工例について標準図、数量計算表、代価表を見開きページにまとめて掲載。
2017.2 189p A4 ¥2800 ①978-4-86358-487-7

◆環境共生世代の建築設備の自動制御入門　田崎茂、染谷博行著　日本工業出版　改訂版；第2版

【目次】第1編 基礎知識（空気調和の目的、PID制御とは ほか）、第2編 空調機器制御（空調機の構成、空調機の特性と制御 ほか）、第3編 熱源制御（熱源システムの構成、熱源機の種類と特性 ほか）、第4編 ビル管理システム（ビル管理システムの概要、システム構成 ほか）
　2017.3 220p B5 ¥8970 ①978-4-8190-2909-4

◆**給排水衛生設備計画設計の実務の知識**　空気調和・衛生工学会編　オーム社　改訂4版
【要旨】実務に必ず役立つ珠玉の解説書！ 長く支持され続けている、すべての衛生設備技術者の必携書。
　2017.3 394p B5 ¥4600 ①978-4-274-22037-1

◆**空気調和・衛生設備の知識**　空気調和・衛生工学会編　オーム社　改訂4版
【目次】1章 空気調和・給排水衛生設備の概要（地球環境時代における空気調和・給排水衛生設備、空気調和・空気環境、空気調和の負荷 ほか）、2章 空気調和設備（室内の温熱環境・空気環境、空気調和の負荷 ほか）、3章 給排水衛生設備（給水設備、給湯設備 ほか）、4章 空気調和・衛生設備に関する電気設備（電力設備の概要、通信・情報・防災・中央監視制御設備の概要 ほか）
　2017.3 283p B5 ¥3600 ①978-4-274-22039-5

◆**空気調和設備計画設計の実務の知識**　空気調和・衛生工学会編　オーム社　改訂4版
【要旨】実務に必ず役立つ珠玉の解説書！ 長く支持され続けている、すべての空調設備技術者の必携書。
　2017.3 337p B5 ¥4000 ①978-4-274-22038-8

◆**建築携帯ブック 安全管理**　現場施工応援する会編　井上書院　改訂2版
【要旨】労働災害を防ぐ！ 現場に潜む危険、有害要因をいち早く見つけ、事故のない快適な職場環境づくりに役立つ現場管理者必携ハンドブック！
　2017.4 132p 19cm ¥1900 ①978-4-7530-0561-1

◆**建築携帯ブック 設備工事**　現場施工応援する会編　井上書院
【要旨】品質のよい建物をつくる！ 建築工事との取合いや設備機器・器具類の納まりなど重要なポイントが一目でわかる現場管理者必携ハンドブック！ 最新関係法令準拠。
　2017.10 153p 18×10cm ¥2000 ①978-4-7530-0562-8

◆**建築構造設計・解析入門—Fortran解析プログラム付**　藤本大地、松本慎也著　丸善出版
【要旨】本書は4章構成となっている。1章ではまず、構造設計の基本となる構造計画や構造計算の概要をまとめています。2章では、模型を用いた載荷実験を通して建築物の壊れ方を体験的に学び、その結果と解析ソフトによる解析値を比較・考察することで構造力学的センスを養うことを目指しています。続く3章と4章では、構造解析に用いる有限要素法のしくみを骨組解析を例に解説するとともに、振動学のエッセンスを詳述しています。付録としてテーパー梁、トラス、骨組の有限要素解析プログラムと各種の地震応答解析プログラムを収録しています。
　2017.8 177p A5判 ¥4200 ①978-4-621-30187-6

◆**建築施工寸図の見かた描きかた**　清水建設生産技術本部建築技術部編　彰国社　新訂第二版
【目次】構造、屋上・屋根、外壁、バルコニー、置床、室別、その他
　2017.8 145p B5 ¥3200 ①978-4-395-32092-9

◆**建築設計テキスト 保育施設**　建築設計テキスト編集委員会編、山田あすか、藤田大輔著　彰国社
【目次】1 概要（子育ちと子育てを支える、乳幼児の生活・成長発達の局面としての保育）、2 設計・計画（敷地、構造・設備 ほか）、3 設計事例（むさしの幼稚園/宮里龍治アトリエ、木の実幼稚園/モノスタ'70 ほか）、4 設計図面（認定こども園あけぼの学園/竹原義二/無有建築工房）
　2017.4 81p A4判 ¥3200 ①978-4-395-32088-2

◆**建築設備工事共通仕様書　2017年度版**　日本建築家協会監修、大阪府建築家協同組合編（大阪）大阪府建築家協同組合　52版
【要旨】新法令・規格と整合。品質・性能を確保するための仕様書。
　2017.4 109, 131, 78p A4 ¥6944 ①978-4-901251-73-0

◆**建築設備 配管工事読本—空調衛生設備技術者必携**　安藤紀雄監修・著、小岩井隆、瀬谷昌男、堀尾佐喜夫、水上邦夫共著　日本工業出版社
【目次】建築設備配管材料の雑知識、配管用炭素鋼鋼管（SGP）の接合法、ステンレス鋼管と銅管の接合法、樹脂管の接合法、「切削ねじ接合」から「転造ねじ接合」の時代へ、ねじ配管とそのシール法、銅管の接合法の現状とライニング配管の施工法、銅使用の歴史と銅管の深化知識、排水配管工事の特殊と施工留意点、建築設備用バルブ類の基礎知識、配管の漏洩・耐圧試験など、建築設備配管の寿命と金属配管腐蝕
　2017.1 402p A5 ¥3500 ①978-4-8190-2901-8

◆**建築2次部材の構造計算—意匠設計者でもスラスラわかる**　山本満、四井茂一著　彰国社
【要旨】建物の手摺、カーテンウォールのファスナー、看板塔、吊り上げ治具など、経験豊富な著者が手持ちの材料をもとに構造計算を解き明かす。　2017.4 133p A5 ¥2000 ①978-4-395-32091-2

◆**「建築の設備」入門—空調・給排水衛生・防災・省エネルギー**　「建築の設備」入門編集委員会編著　彰国社　新訂第二版
【目次】1章 建築から建築設備へ、2章 建築内のエネルギーの流れ、3章 空調設備、4章 給排水衛生設備、5章 防災設備、6章 建築と省エネルギー、7章 設備計画とスペース
　2017.3 171p A5 ¥2600 ①978-4-395-32095-0

◆**現場監理ノート 設備編　2017**　日本建築家協会監修、大阪府建築家協同組合編（大阪）大阪府建築家協同組合　38版
【目次】1 一般事項、2 電気設備工事、3 衛生設備工事、4 空気調和設備工事、5 輸送設備工事、6 物品搬送設備工事
　2017.4 69p A4 ¥2500 ①978-4-901251-75-4

◆**鋼構造柱脚設計施工ガイドブック**　日本建築学会編　日本建築学会、丸善出版 発売
【目次】1章 鋼構造の柱脚の基本（柱脚形式と特徴、柱脚の考え方、柱軸力の影響、柱脚施工の考え方）、2章 設計（露出柱脚の設計、根巻き柱脚の設計、埋込み柱脚の設計）、3章 施工（アンカーボルトを用いた柱脚の施工、露出柱脚の施工、根巻き柱脚の施工、埋込み柱脚の施工）、4章 柱脚の地震被害（露出柱脚の被害例、根巻き柱脚・埋込み柱脚の被害例、置屋根定着部の被害例、施工・管理の不具合事例、地震被害を受けた柱脚の補修）、付録
　2017.2 113p B5 ¥2000 ①978-4-8189-0639-6

◆**構造・構築・建築—佐々木睦朗の構造ヴィジョン**　佐々木睦朗著　LIXIL出版
【要旨】建築と構造の創造的コラボレーション。現代構造デザインの理論と実践を牽引する、佐々木睦朗の思想と軌跡。
　2017.3 305p A5 ¥2400 ①978-4-86480-028-0

◆**構造材料の耐火性ガイドブック　2017**　日本建築学会編　日本建築学会、丸善出版 発売　第3版
【目次】第1章 総論、第2章 コンクリート材料、第3章 鋼材、第4章 木質系材料、第5章 アルミニウム合金、第6章 新材料、第7章 鉄骨系構造の耐火被覆
　2017.2 474p A4 ¥6300 ①978-4-8189-2713-1

◆**戸建て・集合住宅・オフィスビル建築設備パーフェクトマニュアル　2018・2019**　山田浩幸著　エクスナレッジ（建築知識の本06）
【要旨】建築設備の基礎知識から実践に必要な各種計算式まで、余すところなく解説。改訂増補、省エネ新基準・ZEH対応版。
　2017.12 335p A4 ¥3400 ①978-4-7678-2398-0

◆**シェアハウス図鑑**　篠原聡子、日本女子大学篠原聡子研究室編著　彰国社
【要旨】シェアハウス＆脱法ハウスは何が違う？ シェアハウスは都市の住まい方や住宅市場を変える？ 生活空間のおもしろさを生み出している、国内外23のシェアハウスを徹底解剖。設計や運営に役立つQ&A「正しいシェアハウスのつくり方」も収録！「空間」「生活」「モノ」のシェアのかたちを読み解く！
　2017.12 127p B5 ¥2850 ①978-4-395-32098-1

◆**写真でみる我が家の耐震診断**　西口功著　青山ライフ出版、星雲社 発売
【要旨】大地震対策の最初の一歩。命を守るのは「住宅の耐震化」と「家具の固定」です！
　2017.1 143p A5 ¥1600 ①978-4-434-22724-0

◆**集合住宅の騒音防止設計入門**　建築音響共同研究機構編（京都）学芸出版社
【要旨】マンションの騒音トラブルを起こさない！ 騒音の発生原因から、防止する対策と効果までゼネコン出身の音響設計のプロがわかりやすく解説。
　2017.9 157p A5 ¥2400 ①978-4-7615-2654-2

◆**住宅断面詳細図集—精緻なディテール満載**　田井幹夫著　オーム社
【要旨】精緻に描かれた断面詳細図とディテールを22軒分収録し、これまでの経験によって培われた上質な住宅の設計メソッドを丁寧に解説！
　2017.12 197p A4 ¥3600 ①978-4-274-22147-7

◆**初学者の建築講座 建築構造設計**　長澤泰監修、宮下真一、藤田香織著　市ケ谷出版社　第2版
【要旨】初めて建築を学ぶ人のための教科書！ 図・表を豊富に用い、ていねいに説明！ 建築士試験の出題範囲を網羅。
　2017.1 205p B5 ¥3000 ①978-4-87071-028-3

◆**食品工場の空間除菌—製造室のカビ・酵母対策**　HACCP実践研究会空間除菌部会編著　幸書房
【要旨】何故、カビクレームが減らないのか?!見落とされている空気中のカビ・酵母汚染。空間除菌を「フィルタ・危害分析・リセット洗浄・空間噴霧除菌」と「建築設備計画」からまとめた初めての成書。
　2017.5 151p B5 ¥4500 ①978-4-7821-0414-9

◆**図解 給排水・衛生施工図の見方・かき方**　施工図委員会編　オーム社　改訂2版
【要旨】実務に必ず役に立つ！ 作図手順から設備計画・設計の基本まで長く使える給排水衛生施工図の作成マニュアル。
　2017.3 205p B5 ¥3600 ①978-4-274-22036-4

◆**図説 やさしい構造力学**　浅野清昭著（京都）学芸出版社
【要旨】イラストでイメージできる力学入門。"手順"どおりで誰でも解ける建築士試験の自習・独学に最適！ 大好評の入門書を改訂。2色刷&練習問題増補！
　2017.9 203p 26×20cm ¥2700 ①978-4-7615-2655-9

◆**住みたい間取り—自分でつくる快適空間**　木村文雄著　日刊工業新聞社（B&Tブックス）
【要旨】ハウスメーカー出身者が建て主にどうしても教えたい"楽しい住宅設計！"長年住宅設計に携わってきた著者がまとめた1冊！
　2017.11 134p A5 ¥1600 ①978-4-526-07769-2

◆**スラスラ構造計算—スーパー略算法**　JSD著　エクスナレッジ リニューアル版
【要旨】事例も最新のものに刷新！ 新たに「耐震改修」の項目を追加！
　2017.8 215p B5 ¥2800 ①978-4-7678-2356-0

◆**静定構造力学の解法**　岡島孝雄著、大村哲矢改訂　オーム社　第2版
【要旨】基本事項の解説と豊富な例題およびその詳解によって、「静定構造力学」と「材料力学」の理論と応用が身に付く。ロングセラー待望の改訂版。「建築構造力学」を学ぶ学生の演習テキスト、一級建築士「国家試験」対策のはじめの一冊として最適。
　2017.4 179p A5 ¥2000 ①978-4-274-22035-7

◆**施工現場語読本—学校では教えてくれない**　秋山文生著　彰国社
【要旨】不思議な現場語が空を飛ぶ。新現場マンのみなさん！ 少しは疑問が解消されるかもしれません。これから活躍する現場マンの現場手引書。
　2017.7 187p 19cm ¥2000 ①978-4-395-32094-3

◆**設備設計スタンダード図集—建築設備の極意を伝授！**　ZO設計室、柿沼整三、伊藤教子共著　オーム社
【要旨】設備図面を読みやすく、わかりやすく伝えるために、1本1本の線と丁寧に向き合いつづけた、至高の設備設計図集！ オフィスからマンション、公共建築、戸建て住宅まで、9タイプの事例を掲載。機械設備は系統図・各種平面図・ダクト図・システムフロー等を収録。電気設備は盤結線図・系統図・配線図・機器姿図・照明平面図等を収録。図面の中には設計の決め方や留意すべき点など、一つひとつ丁寧に解説。
　2017.11 189p B5 ¥3800 ①978-4-274-22121-7

◆**耐震シェルターがわかる本**　耐震シェルター普及会企画、前田邦江著（京都）学芸出版社

【要旨】大規模地震での死因8割は「住宅の倒壊による圧死」。住宅全体の耐震改修は「予算がない」「引越しが大変」といった理由で難しい場合でも、コストを抑え寝室など主要な一室だけに施工できる「耐震シェルター」の10の工法を、多数の写真とイラストでわかりやすく紹介。「もしも」の時に命を守る究極の耐震技術がわかる一冊。
2017.8 165p A5 ¥2200 ①978-4-7615-2652-8

◆中大規模木造建築物の構造設計の手引き
稲山正弘著　彰国社
【要旨】道の駅、事務所、保育園、学校校舎、体育館…を木造でつくりたい！流通材を使って経済的に、架構をダイナミック見せた美しい木造建築をつくりたい！構造や防耐火の法的条件をクリアしながら、この要求を実現させる構造設計に、必携の1冊。
2017.2 109p A4 ¥4400 ①978-4-395-32065-3

◆電気設備工事　施工要領　日本電設工業協会著　日本電設工業協会、オーム社　発売　（現場実務シリーズ 3）　改訂第3版
【要旨】施工要領書は、設計図書に明示されていないが実際に施工を行う上で必要な事項、施工図にできない内容の詳細や、具体的な施工工方法などを、現場の工事関係者へ周知徹底するために作成します。本書は、工事種別ごとに項目を類似した構成となっており、今回の改訂では、LED照明器具の普及に伴う図面の検討、アップデートを中心に項目を体の見直し・充実を図り、新たに現状の施工に即した「二重床の配線器具の取付け」、「監視カメラの取付け」等の項目を追加した。
2017.5 176p B5 ¥3000 ①978-4-88949-103-6

◆特定共同住宅等の消防用設備等技術基準解説　特定共同住宅等防火安全対策研究会編　ぎょうせい　改訂版
【目次】第1章 特定共同住宅等に係る消防法令の運用、第2章 特定共同住宅等における必要とされる防火安全性能を有する消防の用に供する設備等に関する基準、第3章 特定共同住宅等のタイプ別の設計例、第4章 共同住宅等の防火管理、第5章 共同住宅等の防炎物品、第6章 参考資料
2017.4 277p A4 ¥4000 ①978-4-324-10268-8

◆都市の計画と設計　小嶋勝衛、横内憲久監修　共立出版　第3版
【目次】1章 都市の概要、2章 都市計画の概要、3章 近代都市計画の変遷、4章 地域計画と都市計画マスタープラン、5章 景観計画とアーバン・デザイン、6章 都市更新と都市開発、7章 都市計画に関する法制度、8章 今後の課題と展望
2017.3 245p B5 ¥3000 ①978-4-320-07718-8

◆ひとりで学べるRC造建築物の構造計算演習帳 許容応力度計算編　桃山健二、楠浩一著、日本建築センター編　日本建築センター、全国官報販売協同組合　発売　第3版
【目次】第1章 一般事項、第2章 準備計算、第3章 鉛直荷重時応力の算定、第4章 水平荷重時応力の算定、第5章 大梁の断面算定、第6章 柱の断面算定、第7章 柱梁接合部の算定、第8章 耐震壁の断面算定、第9章 小梁と床スラブの設計、第10章 基礎の設計、第11章 配筋の詳細
2017.5 255, 40p A4 ¥3000 ①978-4-89100-171-3

◆防水施工マニュアル（住宅用防水施工技術）　2017　日本住宅保証検査機構編、石川廣三監修　技報堂出版
【目次】第1章 まえがき（防水材料一覧、保険事故の分類 ほか）、第2章 木造住宅・屋根（勾配屋根、下ぶき ほか）、第3章 木造住宅・バルコニーおよび陸屋根（防水工法と防水下地、FRP系塗膜防水 ほか）、第4章 木造住宅・外壁（通気構法、乾式の外壁仕上げ ほか）、第5章 RC造住宅・防水工法（防水下地と排水ドレン、メンブレン防水 ほか）、第6章 RC造住宅・外壁（シーリング、セパレータ、コーン穴埋め）
2017.12 227p A4 ¥3200 ①978-4-7655-2601-2

◆木造建築物の防・耐火設計マニュアル—大規模木造を中心として　国立研究開発法人建築研究所監修、木造建築物の防・耐火設計マニュアル編集委員会編著、防火材料等関係団体協議会編集協力　日本建築センター、全国官報販売協同組合　発売
【目次】第1章 木造建築物の技術的基準の概要（背景、本マニュアルの趣旨と適用範囲、建築基準法の概要と建築物の避難安全上の要求、木造建築物の防・耐火上の要求性能、平成27年（2015年）施行の改正建築基準法関連法規の防・耐火に係る技術的基準の概要）、第2章 木造建築物の防火・避難計画（木造建築物の

避難施設、木造建築物の排煙設備、木造建築物の消火・消防活動支援、木造建築物の内装制限、耐火性能・防火区画、防火地域により求められる措置）、第3章 木造建築物の主要構造部、各部位の防・耐火設計（木造建築物の主要構造部等の防火設計、木造建築物の接合部等の防・耐火設計、防火区画貫通部等、防火壁および壁等）、第4章 設計事例
2017.3 296p A4 ¥6500 ①978-4-88910-170-6

◆木造住宅工事ハンドブック—"フラット35"対応　住宅金融支援機構編　井上書院　改訂2版
【要旨】平成28年省エネ基準対応、携帯できる木造住宅工事の「解説本」！
2017.4 227p 19cm ¥1806 ①978-4-7530-2479-7

◆木造・S造・RC造 現場リアルイラスト帖＋DVDビデオ　建築知識編　エクスナレッジ　（付属資料：DVD3）
【目次】1 木造（地盤・基礎、建方・屋根、断熱 ほか）、2 S造（地盤・基礎・柱脚、鉄骨加工工場、建方・床 ほか）、3 RC造（地盤・基礎・地下室、型枠・コンクリート打設、階段 ほか）
2017.2 242p A4 ¥7600 ①978-4-7678-2287-7

◆CFDガイドブック—はじめての環境・設備設計シミュレーション　空気調和・衛生工学会編　オーム社
【要旨】建築設備における空調・換気・熱環境の設計・評価に用いられる数値解析手法、初のガイドマニュアル。
2017.11 181p B5 ¥3800 ①978-4-274-22153-8

◆JSSI免震構造施工標準　2017　日本免震構造協会編　経済調査会
【目次】1 総則、2 施工計画の立案、3 製作管理、4 仮設計画、5 免震層の施工、6 免震継手および免震エキスパンションジョイントの施工、7 中間階免震の施工、8 付録
2017.8 136p A4 ¥2400 ①978-4-86374-223-9

建築積算

◆機械設備工事積算実務マニュアル　2017　全日出版社　第30版
【要旨】公共建築工事共通費積算基準・公共建築工事標準単価積算基準、平成28年12月版に準拠。平成29年3月から適用する公共工事設計労務単価及び最新の材料単価による複合単価。
2017.5 717p B5 ¥7000 ①978-4-915615-72-6

◆下水道工事積算の実際　建設物価調査会著　建設物価調査会
【要旨】下水道工事積算マニュアルの決定版。管きょの積算と実例。管きょ更生工の積算例も掲載。
2017.7 227p A4 ¥5000 ①978-4-7676-5427-0

◆下水道工事積算標準単価　平成29年度版　建設物価調査会著　建設物価調査会
【要旨】積上積算方式による。小口径管路施設（開削・高耐荷推進・低耐荷推進）。
2017.9 370p B5 ¥7000 ①978-4-7676-6123-0

◆建材・住宅設備統計要覧　2017/2018年版　特集：住設建材市場の現状と今後の展望　日本建材・住宅設備産業協会編　日本建材・住宅設備産業協会
【目次】特集 住設建材市場の現状と今後の展望、木質建材、窯業建材、プラスチック建材、金属建材、住宅用断熱材、インテリア、住宅設備機器、副資材、建材・住宅関連資料、各種相談機関、名簿
2017.11 1179p A4 ¥4200 ①978-4-9904902-8-7

◆建設工事標準歩掛　建設物価調査会　改訂54版
【目次】1 土木工事（土木工事の積算体系、土工 ほか）、2 建築工事（建築工事の積算体系及び歩掛、共通費 ほか）、3 電気設備工事（電気設備工事の積算体系及び歩掛、共通費 ほか）、4 機械設備工事（機械設備工事の積算体系及び歩掛、共通費 ほか）
2017.10 1567p B5 ¥15600 ①978-4-7676-1154-9

◆建設資材・工法年鑑　2017年度版　経済調査会編　経済調査会
【目次】NETIS・NNTD特集、商品ファイル（資材・工法の詳細情報）、分類インデックス、企業名50音インデックス、建設関連団体・協会一覧
2017.4 1Vol. A4 ¥4571 ①978-4-86374-211-6

◆建築工事積算実務マニュアル　2017（平成29年度版）　全日出版社　第2版
【要旨】公共建築工事共通費積算基準・公共建築工事標準単価積算基準、平成28年12月版に準拠。平成29年3月から適用する公共工事設計労務単価及び最新の材料単価による複合単価。
2017.5 717p B5 ¥7000 ①978-4-915615-73-3

◆建築数量積算基準・同解説　平成29年版　建築工事建築数量積算研究会制定、建築コスト管理システム研究所、日本建築積算協会編　建築コスト管理システム研究所、大成出版社　発売
【目次】第1編 総則、第2編 仮設、第3編 土工・地業、第4編 躯体、第5編 仕上、第6編 屋外施設等、第7編 改修、第8編 発生材処理
2017.7 227p A4 ¥4000 ①978-4-8028-3287-8

◆公共建築工事積算基準　平成29年版　国土交通省大臣官房官庁営繕部監修、建築コスト管理システム研究所編　建築コスト管理システム研究所、大成出版社　発売
【目次】公共建築工事積算基準（平成15年3月31日付け国営計第196号）最終改正（平成28年12月20日付け国営積第18号）、公共建築工事共通費積算基準（平成15年3月31日付け国営計第196号）最終改正（平成28年12月20日付け国営積第18号）、公共建築工事標準単価積算基準（平成19年2月15日付け国営計第145号）最終改正（平成28年12月20日付け国営積第18号）、公共建築数量積算基準（平成15年3月31日付け国営計第196号）最終改正（平成29年3月17日付け国営積第29号）、公共建築数量積算基準（平成15年3月31日付け国営計第196号）最終改正（平成29年3月17日付け国営積第29号）
2017.6 785p B5 ¥8300 ①978-4-8028-3285-4

◆公共工事と会計検査　芳賀昭彦著　経済調査会　改訂12版
【目次】第1章 会計検査院調査官による座談会、第2章 工事の過去5年間の指摘事例（平成23年度〜27年度）、第3章 工事の事態別指摘事例、第4章 用地・補償の過去5年間の指摘事例（平成23年度〜27年度）、第5章 用地・補償の事態別指摘事例、第6章 会計検査院の概要、第7章 平成29年次会計検査の基本方針
2017.9 571p A5 ¥4500 ①978-4-86374-227-7

◆公共住宅機械設備工事積算基準　平成29年度版　公共住宅事業者等連絡協議会編　創樹社、（川崎）ランドハウスビレッジ　発売
【目次】1編 総則（工事費の積算）、2編 数量（数量及び計測・計算、直接工事費、共通仮設費）、3編 単価（総則、標準歩掛り）、4編 機械設備工事内訳書標準書式（内訳書標準書式）、5編 機械設備工事参考資料（参考歩掛り）、付録 公共建築設備数量積算基準（平成29年版）
2017 160, 20p A4 ¥5000 ①978-4-88351-108-2

◆公共住宅建設工事共通仕様書　平成28年度版　公共住宅事業者等連絡協議会編　創樹社、（川崎）ランドハウスビレッジ　発売
【目次】建築編（一般共通事項、仮設工事、土工事 ほか）、電気編（一般共通事項、電力設備工事、受変電設備工事 ほか）、機械編（一般共通事項、共通工事、空気調和設備工事 ほか）
2017 869p A4 ¥8000 ①978-4-88351-105-1

◆公共建築工事積算基準　平成29年度版　公共住宅事業者等連絡協議会編　創樹社、（川崎）ランドハウスビレッジ　発売
【目次】1編 総則（工事費の積算）、2編 数量（直接工事費、共通仮設費）、3編 単価（総則、標準歩掛り（直接工事費、共通仮設費））、4編 建築工事内訳書標準書式（内訳書標準書式）、5編 参考資料（参考歩掛り）、付録 公共建築数量積算基準（平成29年版）
2017 215, 43p A4 ¥6000 ①978-4-88351-106-8

◆公共住宅電気設備工事積算基準　平成29年度版　公共住宅事業者等連絡協議会編　創樹社、（川崎）ランドハウスビレッジ　発売
【目次】1編 総則（工事費の積算）、2編 数量（数量及び計測・計算、直接工事費、共通仮設費）、3編 単価（総則、標準歩掛り）、4編 電気設備工事内訳書標準書式（内訳書標準書式）、5編 参考資料（参考歩掛り）、付録 公共建築設備数量積算基準（平成29年版）
2017 159, 20p A4 ¥5000 ①978-4-88351-107-5

◆公共土木工事 工期設定の考え方　国土交通省大臣官房技術調査課監修、建設システム研究会編著　建設物価調査会

【目次】第1章 適切な工期設定の意義、第2章 平準化と週休2日等休日拡大に係る施策、第3章 適切な工期設定の考え方、第4章 工期の定義と設定の手順、第5章 契約後の工期に関する適切な対応、第6章 週休2日の実施にあたっての留意事項（工程共有事例）
2017.8 151p B5 ¥2800 ⓘ978-4-7676-6202-2

◆工事歩掛要覧 建築・設備編 経済調査会積算研究会編 経済調査会 改訂21版
【目次】総論（工事費の積算、工事費の構成 ほか）、建築工事編（仮設、土工工事）、電気設備工事編（共通工事、電力設備工事 ほか）、機械設備工事編（共通工事、空気調和設備工事 ほか）
2017.10 734p B5 ¥7700 ⓘ978-4-86374-225-3

◆工事歩掛要覧 土木編 平成29年度版 上
経済調査会積算研究会編 経済調査会
【目次】第1編 総則（総則、工事費の積算 ほか）、第2編 共通土工（土工、共通工事 ほか）、第3編 河川（河川海岸工、河川維持工 ほか）、第4編 道路（道路舗装工、道路付属施設工 ほか）、基礎資料編（平成29年度国土交通省土木工事・業務の積算基準等の改定 i・Construction の更なる拡大に向けて、平成29年度土木工事標準歩掛改定概要 ほか）
2017.9 1885p B5 ¥11500 ⓘ978-4-86374-228-4

◆工事歩掛要覧 土木編 平成29年度版 下
経済調査会積算研究会編 経済調査会
【目次】総則、公園緑地工事、下水道工事、電気通信設備工事、港湾工事、漁港漁場関係工事、空港工事、土地改良工事、森林整備工事、上水道工事〔ほか〕
2017.9 1272p B5 ¥10500 ⓘ978-4-86374-229-1

◆国土交通省機械設備工事積算基準 平成29年度版 建設物価調査会
【目次】第1編 積算基準等通達資料、第2編 機械設備工事積算基準（一般共通、水門設備 ほか）、第3編 機械設備点検・整備積算基準（一般共通、水門設備 ほか）、第4編 機械設備設計業務委託積算基準（一般共通、水門設備 ほか）
2017.6 513p B5 ¥6800 ⓘ978-4-7676-4618-3

◆国土交通省機械設備工事積算基準マニュアル 平成29年度版 建設物価調査会
【目次】第1編 機械設備工事費の積算（積算の定義、公共請負工事の積算、請負工事費の構成 ほか）、第2編 機械設備工事積算基準の解説及び積算例（一般共通、河川用水門設備、ダム用水門設備 ほか）、第3編 機械設備点検・整備積算基準の解説及び積算例（一般共通、水門設備、揚排水ポンプ設備 ほか）
2017.10 701p B5 ¥7800 ⓘ978-4-7676-7316-5

◆国土交通省土木工事積算基準 平成29年度版 国土交通省大臣官房技術調査課監修 建設物価調査会
【要旨】最新、国土交通省公表、土木工事標準歩掛・施工パッケージ型積算基準。改正品確法に対応し、大幅改定。土木工事設計、積算担当者の必携書。
2017.5 1654p B5 ¥10800 ⓘ978-4-7676-1229-4

◆国土交通省土木工事積算基準による諸経費率早見表（諸経費計算システム付）―「農林水産省土地改良工事積算基準」諸経費計算システム付 建設物価調査会 改訂18版
【目次】第1編 国土交通省土木工事積算基準（土木工事積算基準等通達資料、土木工事工事費積算要領及び基準、土木工事工事費積算要領及び基準の運用 ほか）、諸経費率早見表（共通仮設費率早見表、現場管理費率早見表 ほか）、第2編 農林水産省土地改良工事積算基準（土木工事）（土地改良事業等請負工事の価格積算要綱等（土地改良事業等請負工事の価格積算要綱、土地改良事業等請負工事積算基準 ほか））
2017.6 797p B5 ¥6800 ⓘ978-4-7676-1921-7

◆新リフォーム 見積り＋工事管理 マニュアル―122の事例ですぐわかる 大菅力編著 建築資料研究社
【要旨】この工事いくら？ 注意点は？ 顧客対応からプランニング、見積り、発注、施工管理の急所を網羅。工務店・リフォーム会社必携！ 部位別/目的別リフォームCASE122。
2017.12 183p B5 ¥2800 ⓘ978-4-86358-527-0

◆推進工事用機械器具等基礎価格表―平成29年度版『建設物価』 建設物価調査会
【目次】第1編 大中小口径管開放型推進工法（刃口式推進工法）、第2編 大中小口径管閉型推進工法（泥水式推進工法・土圧式推進工法・泥濃式推進工法）、第3編 小口径管推進工法（高耐力力管

推進工法・低耐力力管推進工法）、第4編 鋼製管

推進工法（鋼製さや管推進工法・取付管推進工法）、第5編 改築推進工法（静的破砕推進工法・衝撃破砕推進工法・切削破砕推進工法・引抜推進工法）、第6編 濁水処理装置、第7編 ケーシング立坑、第8編 注入関係機材、第9編 管路更生工法 2017.6 301p A4 ¥7500 ⓘ978-4-7676-7017-1

◆推進工事用機械器具等基礎価格表―2017年度版積算資料 経済調査会編 経済調査会
【目次】第1編 大中小口径管開放型推進工法（刃口式推進工法）、第2編 大中小口径管閉型推進工法（泥水式推進工法・土圧式推進工法・泥濃式推進工法）、第3編 小口径管推進工法（高耐力力管推進工法・低耐力力管推進工法）、第4編 鋼製管推進工法（鋼製さや管推進工法・取付管推進工法）、第5編 改築推進工法（静的破砕推進工法・衝撃破砕推進工法・切削破砕推進工法・引抜推進工法）、第6編 濁水処理装置、第7編 ケーシング立坑、第8編 注入関係機材、第9編 管路更生工法、第10編 共通
2017.6 254p A4 ¥7500 ⓘ978-4-86374-220-8

◆推進工事用機械器具等損料参考資料 2017年度版 日本推進技術協会監修・編 日本推進技術協会、経済調査会 発売 （付属資料：CD・ROM1）
【目次】第1編 大中口径管開放型推進工法（刃口式推進工法）、第2編 大中口径管密閉型推進工法（泥水式推進工法・土圧式推進工法・泥濃式推進工法）、第3編 小口径管推進工法（高耐力力管推進工法・低耐力力管推進工法）、第4編 鋼製管推進工法（鋼製さや管推進工法・取付管推進工法）、第5編 改築推進工法（静的破砕推進工法・衝撃破砕推進工法・切削破砕推進工法・引抜推進工法）、第6編 濁水処理装置、第7編 ケーシング立坑、第8編 注入関係機材（注入機器・裏込め材・滑材・作泥材・添加材）、第9編 参考資料―資料積算基準、会員名簿
2017.4 715p A4 ¥7200 ⓘ978-4-86374-217-8

◆積算資料 北陸版 Vol.90（2017年度上期版）経済調査会北陸支部編 経済調査会
【目次】土木用コンクリート製品、同関連資料（縁石類、排水溝類、法覆ブロック類、基礎ブロック類、擁壁類、ボックス類、ヒューム管類、防雪・融雪類、橋桁類、その他）、生コンクリート・アスファルト混合物、公共工事設計労務単価、新技術・新工法事例、メーカー一覧
2017.4 174p B5 ¥3333 ⓘ978-4-86374-218-5

◆積算資料ポケット版 マンション修繕編 2017/2018 建築工事研究会編著 経済調査会
【目次】特集（マンション修繕工事における社会保険加入対策、マンションの管理の適正化に関する指針及び標準管理規約の改正の概要について ほか）、見積り実例（超高層マンションの第1回目の大規模修繕工事、給排水設備改修工事 ほか）、マンション大規模修繕工事の見積書分析結果（全体工事費、仮設工事/下地補修工事/防水工事/塗装工事/諸経費 ほか）、価格編（共用部分管理、仮設ほか）、参考資料（修繕工事単価の推移、マンション関連統計 ほか）
2017.9 355p A5 ¥2667 ⓘ978-4-86374-224-6

◆積算ポケット手帳 建築編 2018 建築材料・施工全般 建築資料研究会編 建築資料研究社
【目次】仮設工事、土工事、杭打ち・基礎工事、木工事（造作含む）、型枠・コンクリート工事、鉄筋・鉄骨工事、組積・ALC版工事、防水工事、断熱・外断熱工事、屋根・とい工事〔ほか〕
2017.12 840、33p A5 ¥3000 ⓘ978-4-86358-526-3

◆設計業務等標準積算基準書―設計業務等標準積算基準書（参考資料）平成29年度版 国土交通省大臣官房技術調査課監修 経済調査会
【目次】第1編 測量業務（測量業務積算基準、測量業務標準歩掛）、第2編 地質調査業務（地質調査積算基準、地質調査業務標準歩掛）、第3編 土木設計業務（土木設計業務等積算基準、土木設計業務等標準歩掛）、第4編 調査、計画業務（調査、計画標準歩掛）
2017.5 1Vol. A4 ¥4700 ⓘ978-4-86374-219-2

◆鉄骨積算の基礎知識―鉄骨積算の資料付 松本伊三男著 大成出版社
【目次】1 鉄骨の基礎知識（鋼材、高力ボルト ほか）、2 鉄骨の計算・計算（算定・積算基準の通則の解説、積算基準の各部分の計算・計算の解説 ほか）、3 その他の鉄骨積算について（鉄骨の概算数量について、図面の見方とポイント ほか）、4 モデル建物の計算・解説（Mビル新築工事設計図（鉄骨）、Mビルの数量計算書・解説）、5 鉄骨積算

の資料（鉄骨参考表（溶接延長換算表）、山形鋼の単位質量および塗装係数 ほか）
2017.7 209p A4 ¥2500 ⓘ978-4-8028-3297-7

◆電気設備工事積算実務マニュアル 2017 全日出版社 第34版
【要旨】公共建築工事共通費積算基準・公共建築工事標準単価積算基準、平成28年12月版に準拠。平成29年3月から適用する公共工事設計労務単価及び最新の材料単価による複合単価。
2017.5 717p B5 ¥7700 ⓘ978-4-915615-71-9

◆土木工事積算基準マニュアル 平成29年度版 建設物価調査会著 建設物価調査会
【目次】第1編 工事費積算の仕組みと手法、第2編 直接工事費の積算、第3編 間接工事費の積算、第4編 一般管理費等の積算、第5編 土木工事積算基準の解説、第6編 土木工事の積算例、付表、参考資料
2017.8 1552p B5 ¥10800 ⓘ978-4-7676-1329-1

◆土木工事積算標準単価 平成29年度版 建設物価調査会
【目次】1 ご利用の手引き（土木工事積算標準単価の構成、基準及び調査資料、土木工事積算標準単価利用上の留意事項 ほか）、2 土木工事積算標準単価（積上積算方式による）（共通工、基礎工、防食工 ほか）、3 土木工事積算標準単価（施工パッケージ型積算方式による）（土工、共通工、コンクリート工 ほか）
2017.8 1233p B5 ¥9200 ⓘ978-4-7676-5229-0

◆土木工事の実行予算と施工計画 建設物価調査会 改訂9版
【目次】1 解説編（実行予算の位置づけ、実行予算作成の基本、施工計画と実行予算、実行予算作成方法、実行予算資料の作り方・求め方）、2 事例編（盛土及び引留め擁壁工事、道路工事、公共下水道管築布設工事（開削））
2017.12 361p B5 ¥4800 ⓘ978-4-7676-5310-5

◆土木施工単価の解説 2017年度版 経済調査会編 経済調査会
【目次】土木工事市場単価（適用基準の解説）、下水道工事市場単価（適用基準の解説）、港湾工事市場単価（適用基準、参考資料）、平成29年度 適用基準の新旧対比表
2017.4 272p B5 ¥2857 ⓘ978-4-86374-215-4

◆初めて学ぶ建築実務テキスト 建築積算 佐藤隆良、田村誠邦著 市ヶ谷出版社 改訂版
【要旨】積算に必要な「建築施工」の流れがわかる。豊富なイラスト・図版で分かりやすく解説！ 手を動かして体で覚えていける（例題・演習が多い）。
2017.2 174p B5 ¥3000 ⓘ978-4-87071-157-0

◆ビルメンテナンスの積算＆見積（業務別・部位別目安料金）平成29年度版 日本ビル新聞社編 日本ビル新聞社
【目次】積算・見積情報、賃金情報、ホテル清掃業務、防火設備定期検査、ダクトクリーニング、清掃業務、警備業務、設備管理・環境衛生管理業務、管洗浄の積算・見積、ペストコントロール、官公庁施設の積算・見積、資材・機器類の目安価格、関連団体 2017.4 327p A4 ¥15000

 金属工学

◆オールカラー図解 最新熱処理のしくみと技術 仁平宣弘著 ナツメ社
【目次】第1章 鉄鋼材料の基本と性質、第2章 熱処理の種類と方法、第3章 熱処理の装置・設備、第4章 鉄鋼材料と熱処理、第5章 表面処理、第6章 熱処理の品質管理、第7章 熱処理品の破損とその調査法、第8章 これからの熱処理技術
2017.7 223p A5 ¥1800 ⓘ978-4-8163-6156-2

◆最新オールカラー図解 錆・腐食・防食のすべてがわかる事典 藤井哲雄監修 ナツメ社
【要旨】錆発生のメカニズム、環境による腐食の違い、各種金属の腐食、防食の方法等をわかりやすい図解で解説。
2017.6 255p A5 ¥1800 ⓘ978-4-8163-6243-9

◆実践！ 射出成形金型設計ワンポイント改善ノウハウ集 大塚正彦著 日刊工業新聞社
【目次】第1章 金型強度確保に関する改善ポイント（貫通穴部キャビティ・コア強度確保、入れ子組み付け穴部の強度確保 ほか）、第2章 成形段

サイエンス・テクノロジー

取り、保守・メンテナンスに関する改善ポイント（ロケートリング選定不良対策、モールドベース、型板の取り扱い容易化ほか）、第3章 成形性向上に関する改善ポイント（キャビティ・コアの組立・調整容易化、ガイドピン高さ・コア高さの関係ほか）、第4章 成形品品質に関する改善ポイント（ボス上面のヒケ発生防止、補強形状のヒケ防止ほか）
2017.2 152p A5 ¥2200 ①978-4-526-07662-6

◆図解 めっき技術の基礎―はじめてめっき技術を学ぶ人のために 星野重夫、斎藤囲、森崎重喜、松下哲夫、矢部賢著 ナツメ社
【要旨】イラストでよくわかる最新のめっき技術!! 各種めっきの基礎知識から特性、基本的な工程、前処理剤と後処理剤、めっきの方式と装置、めっき皮膜の試験法、環境対策までを網羅。基礎技術の習得に最適!
2017.3 207p B5 ¥1800 ①978-4-8163-6183-8

◆設計者のためのめっき設計仕様書の書き方 星野芳明著 日刊工業新聞社
【目次】第1章 めっきを必要とする部品設計における「めっき仕様」の問題点（めっき設計仕様書作成の衰退、設計品質と製造品質が機能品質をつくる ほか）、第2章 設計者のための基礎知識（その1）めっきの役割と機能（めっき加工技術とめっき皮膜の密着性、めっき加工技術による外観・色調（光沢性、耐変色性）ほか）、第3章 設計者のための基礎知識（その2）表面処理と成形加工（めっきとは、各種表面処理法ほか）、第4章 めっきを必要とする部品設計におけるめっき設計仕様書の作成法（めっき品質確保のための部品設計図面への表面性状（粗さ）表示必要性、めっき品質確保のための部品設計図面への表面調整表示の必要性 ほか）、第5章 各種めっき関連分野で定める表面処理仕様書への表示記号（ジュエリー及び貴金属製品の素材およびめっき仕様の表示方法、真空めっき加工におけるめっき仕様の表示方法 ほか）
2017.3 199p A5 ¥2400 ①978-4-526-07681-7

◆遷移金属酸化物・化合物の超伝導と磁性 佐藤正俊著 内田老鶴圃 （物質・材料テキストシリーズ）
【目次】1 固体電子論の進展、2 BCS理論の超伝導、3 exotic 超伝導探索（銅酸化物以外）、4 遷移金属酸化物の電子構造、5 銅酸化物高温超伝導体、6 多軌道系の超伝導、7 高温超伝導研究以後の物質科学の展開
2017.2 256p A5 ¥4500 ①978-4-7536-2308-2

◆内外溶接材料銘柄一覧　2018年版 産報出版編 産報出版
【目次】被覆アーク溶接棒、ソリッドワイヤ、ティグ棒・ワイヤ、フラックス入りワイヤ、サブマージアーク溶接、エレクトロスラグ溶接、エレクトロガス溶接、耐火鋼用、硬化肉盛用、特殊材料、関連資材メーカー一覧、付録
2017.11 277p A5 ¥2400 ①978-4-88318-556-6

◆板金加工大全 遠藤順一編著 日刊工業新聞社 （技術大全シリーズ）
【要旨】板金加工とは、金属薄板をせん断・切断、曲げ、溶接をして部品・製品を作ることを指す。塑性学の見地からは板金加工もプレス加工も同じだが、板金加工は2次加工を含めて広範囲に及ぶ。したがって加工機械や加工法の特性を十分理解して、加工法を選択することが望まれる。
2017.7 430p A5 ¥3800 ①978-4-526-07726-5

◆人はどのように鉄を作ってきたか―4000年の歴史と製鉄の原理 永田和宏著 講談社 （ブルーバックス）
【要旨】4000年前、アナトリアで発明された鉄ほど人類の社会と文明に影響を与えた物質はない。温度計もない時代に、どのように鉄を作ったのだろうか？ アナトリアの最古の製鉄法から現代の製鉄法、さらに日本固有の「たたら製鉄」も紹介しながら、鉄作りの秘密に迫る。
2017.5 254p 18cm ¥1000 ①978-4-06-502017-3

◆プレス成形難易ハンドブック 薄鋼板成形技術研究会編 日刊工業新聞社 第4版
【目次】第1章 自動車車体技術の変遷と成形難易評価の概念、第2章 自動車用鋼板、第3章 薄鋼板の成形性と成形試験法、第4章 鋼材成形限界と成形難易評価、第5章 面形状精度不良と成形難易評価、第6章 寸法精度不良と成形難易評価、第7章 プレス成形におけるトライボロジ、第8章自動車ボディ部品の張り剛性とデント特性、第9章 自動車用プレス部品の成形難易評価、第10章 プレス成形シミュレーション、資料
2017.2 722, 6p B5 ¥14000 ①978-4-526-07663-3

◆マクロおよびナノポーラス金属の開発最前線 中嶋英雄監修 シーエムシー出版 （新材料・新素材シリーズ） 普及版
【目次】第1章 マクロポーラス金属の作製方法（アルポラスの製法および特性、超軽量クローズドセル型ポーラス金属 ほか）、第2章 マクロポーラス金属の物性と特性（3D/4Dイメージングによるポーラス金属の物性的性質評価、ロータス型ポーラス金属の機械的性質 ほか）、第3章 マクロポーラス金属の応用（ポーラス金属を用いた生体材料設計、ポーラス金属を用いた生体材料 ほか）、第4章 ナノポーラス金属の作製方法（ナノポーラス金属間化合物の作製、脱合金化によるナノポーラス金属の創製 ほか）、第5章 標準化（日本工業規格）（標準化―用語、ポーラス金属の圧縮試験方法の標準化 ほか）
2017.8 281p B5 ¥5600 ①978-4-7813-1206-4

◆めっき大全 関東学院大学材料・表面工学研究所編 日刊工業新聞社 （技術大全シリーズ）
【要旨】めっき技術は日用品から電機製品にいたるまで、あらゆる分野に応用されている。本書では水溶液による電気めっきおよび無電解めっきを対象にし、めっきの分類や原理などの基礎知識から、それぞれのめっき条件や管理法、先端技術の応用例までを解説する。
2017.6 398p A5 ¥3800 ①978-4-526-07720-3

◆わかる！ 使える！ 溶接入門―「基礎知識」「段取り」「実作業」 安田克彦著 日刊工業新聞社
【要旨】「基礎知識」「準備・段取り」「実作業・加工」の“これだけは知っておきたい知識”を体系的に解説。“段取り”にもフォーカスした実務に役立つ入門書。
2017.12 158p A5 ¥1800 ①978-4-526-07775-3

航空工学・宇宙工学

◆宇宙建築　1　宇宙観光、木星の月 十亀昭人編著、TNL著、土谷純一企画・構成 （平塚）東海大学出版部
【目次】第1回 宇宙建築賞（入賞作品、その他注目作品）、対談 大貫×大貫―社会を築く宇宙建築、第2回 宇宙建築賞
2017.11 79p B5 ¥2000 ①978-4-486-02164-3

◆宇宙飛行の父ツィオルコフスキー―人類が宇宙へ行くまで 的川泰宣著 勉誠出版
【要旨】幼少期に病気で聴力を失うも、独学でロケットの理論を打ち立てたロシア人科学者。これまで日本で紹介されなかったこの宇宙開発における重要人物の偉業を「宇宙の語り部」的川泰宣が書き下ろす。
2017.12 306p B6 ¥1800 ①978-4-585-22196-8

◆宇宙ビジネス入門―NewSpace革命の全貌 石田真康著 日経BP社、日経BPマーケティング 発売
【要旨】イーロン・マスクやジェフ・ベゾスら世界の名だたる起業家は、なぜ今、宇宙ビジネスにのめり込むのか？ アポロ計画など国家主導の宇宙開発で世界をリードしてきた米国で、「NewSpace」とも呼ばれる民間主導の宇宙ビジネス・イノベーションが加速している。ロケット、小型衛星コンステレーション、宇宙旅行、資源探査など壮大なビジョンを起業家が掲げ、ビッグデータ、人工知能、ロボティクスなどが宇宙に適用されている。日本でも宇宙を目指すベンチャー企業や大手企業が増え、注目が高まる。世界と日本の宇宙ビジネスの全貌を第一人者が体系的に解説。
2017.9 246p A5 ¥1800 ①978-4-8222-5504-6

◆航空機構造―軽量構造の基礎理論 デイビッド J. ピアリン著、滝畑美訳 （安曇野）プレアデス出版 （原著第1版）
【目次】力の釣り合い、空間構造物、慣性力と荷重倍数、慣性能率、モールの円、せん断力、曲げモーメント線図、対称断面梁のせん断応力と曲げ応力、非対称断面の梁、セミモノコック構造の部材の解析、翼補方向の空気力分布、航空機の外部荷重、航空機構造用用材の力学特性、継手と結合金具、引張、曲げ、ねじりを受ける部材の設計、圧縮を受ける部材の設計、せん断ウェブの設計、構造の変位、不静定構造、特殊な解析方法
2017.4 644p A5 ¥5800 ①978-4-903814-81-0

◆航空機の飛行力学と制御 片柳亮二著 森北出版 POD版

【要旨】飛行力学の基礎となる運動方程式や飛行特性解析について、その導出過程を極力省略しないで詳細に記述している。また、入門者にはやや親しみにくいと思われる、飛行制御に関わる事項についても、多くの例題を通して平易に解説することをこころがけた。航空機設計開発に携わる現場技術者や、この分野の研究を目指す学生にとって必携のテキストとなる。
2017.11 242p 22×16cm ¥3800 ①978-4-627-69089-9

◆新・宇宙戦略概論―グローバルコモンズの未来設計図 坂本規博著 （つくば）科学情報出版
【目次】1章 国家戦略と宇宙政策、2章 日本の宇宙開発の歩み、3章 日本の宇宙産業、4章 安全保障と宇宙海洋総合戦略、5章 安全保障と我が国の電磁サイバー戦略、6章 グローバルコモンズの未来設計図
2017.2 227, 41p A5 ¥1800 ①978-4-904774-52-6

◆スペースシャトル・コロンビア号事故　1・16の真実―ここにアメリカ分裂の危機が予言されている ノベンバー・サゲヤ著 （札幌）柏艪舎、星雲社 発売
【要旨】2003年1月16日にフロリダから打ち上げられたスペースシャトル・コロンビア号は、2月1日の帰還時に空中分解し、搭乗員全ての命が失われた。事故原因は断熱材の破片によるものと調査委員会より発表されたが、これは真実なのだろうか。打ち上げ当日、現場に居合わせた著者が、本当の事故原因と、それにまつわる因縁めいた出来事を語る。
2017.9 197p B6 ¥1200 ①978-4-434-23773-7

◆デジタルアポロ―月を目指せ 人と機械の挑戦 デビッド・ミンデル著、岩澤ありあ訳 東京電機大学出版局
【要旨】国の存亡、パイロットの生死を賭けた壮大なプロジェクト。失敗が許されない極限状態の中、人はなにをどこまで「機械」に任せるのか。史実をもとに、アポロ計画における人と機械の関係性を探る。米国宇宙航行学会Emme賞受賞作品。
2017.1 424, 33p A5 ¥2500 ①978-4-501-63040-9

◆ドローンが拓く未来の空を知り安全に利用する 鈴木真二著 （京都）化学同人 （DOJIN選書）
【要旨】「空の産業革命」を拓くと期待される小型無人航空機、ドローン。これまで航空機が飛行できなかった空域において、空撮、測量などのほか、空輸、災害調査、インフラ点検など、さまざまな活用が考えられている。しかしその前提となるのは、有人の航空機と同じく、高い安全性の確保である。本書では、著者が携わったドローン利用の実証実験の様子や航空機開発の歴史も踏まえながら、ドローンの飛行原理、利用のルール、事故防止の考え方などを解説し、ドローンが飛び交う未来の空を展望する。
2017.11 212p A5 ¥1700 ①978-4-7598-1673-0

◆トンボに学ぶ飛行テクノロジーと昆虫模倣 小幡章著 技報堂出版
【目次】プロローグ トンボの飛行能力はすごい！、1章 低速空気力学と流れの可視化（渦と流れに魅せられて、可視化でわかったゆっくりとした流れの性質 ほか）、2章 トンボに学ぶ空気力学（トンボ翼の可能性、トンボの翅は空気の渦を部品にしたマイクロマシン ほか）、3章 トンボに学ぶ飛行テクノロジー（トンボ型飛行機の優れた直進安定性、超小型トンボ型飛行ロボットの開発 ほか）、4章 トンボ技術の空力装置への応用（紙製トンボ翼マイクロ風車、PET製トンボ翼マイクロ風車 ほか）、5章 昆虫模倣論としての進化アルゴリズム（ネイチャー・テクノロジーとバイオミミクリー、生物模倣から昆虫模倣へ ほか）、エピローグ トンボと進化アルゴリズムの描く夢
2017.2 153p A5 ¥2000 ①978-4-7655-3266-2

◆ニッポン宇宙開発秘史―元祖鳥人間から民間ロケットへ 的川泰宣著 NHK出版 （NHK出版新書）
【要旨】敗戦国が始めた宇宙開発は、いまや世界トップレベルの技術を持つに至った。本書は、笑いあり涙ありの舞台裏をまじえて、その道のりを活写。逆境と克服を繰り返した歴史を辿ると、日本が持つ真の力と今後の行く末が見えてきた！ なぜ私たちは宇宙をめざすのか？ 民間ロケットや「みちびき」は何をもたらすのか？「宇宙教育の父」が書き下ろす、一気読み間違いなしの決定版。
2017.11 221p 18cm ¥780 ①978-4-14-088533-8

◆**粘性流体力学**　日本航空宇宙学会編, 鈴木宏二郎, 安倍賢一, 亀田正治著　丸善出版　（航空宇宙工学テキストシリーズ）
【要旨】航空宇宙工学を初めて学ぶ大学生に向け、将来航空宇宙業界ですぐに役立つ知識に重点を置き編纂するテキストシリーズの1冊。私たちの日常ではまず実感することはないであろう空気の粘性から説き起こし、空気の粘性によって航空機が受ける影響とそのメカニズム、空気の粘性を踏まえた数理モデルについて詳しく解説する
　　　2017.7 198p A5 ¥3500 ①978-4-621-08754-1

◆**飛行力学**　嶋田有三, 佐々修一共著　森北出版
【要旨】これから学ぶ人のための「世界標準」のテキスト。「行列」表現を用いて定式化しているので、見通しがよく、計算機で扱いやすい。
　　　2017.1 293p A5 ¥4200 ①978-4-627-69121-6

◆**未知への飛翔―宇宙はすぐそこに　2**　澤岡昭著　（名古屋）中日新聞社
【要旨】「はやぶさ2」生命の起源を求めて…。帰還予定は2020年宇宙はずっとドラマチック。JAXAの研究総括が届ける意地と忍耐と度胸で夢に挑み続けた人たちの物語。
　　　2017.6 143p A5 ¥1111 ①978-4-8062-0726-9

◆**三菱航空エンジン史―大正六年から終戦まで**　松岡久光著, 中西正義監修　グランプリ出版　軽装版
【要旨】零戦、雷電など、数々の名機を生み出した三菱が飛行機製作に参入したのは機体からではなく、発動機（エンジン）からであった。本書は、数多くの三菱製航空エンジンと搭載された機体について その軌跡を語る。
　　　2017.8 187p A5 ¥2000 ①978-4-87687-351-7

◆**ロケットを理解するための10のポイント**　青木宏著　森北出版
【目次】第1部 なぜ、ロケットだけが宇宙に届くのか？―その原理と条件（宇宙を天翔けるための基本―ロケット力学入門、ロケットの基本―構造と打上げ、ロケットおよびロケットエンジンを完成させるには？―プロジェクト推進入門）、第2部 新しいロケットエンジンを設計する―ロケットエンジン設計入門（ロケットのどこが壊れるのか？、液体ロケットエンジンのシステムを組み上げる一目標は10年先の新製品、燃焼器を設計する―推進力の源泉、ターボポンプを設計する―ロケットエンジンの心臓、宇宙輸送の将来―大航海時代に向かって）
　　　2017.5 149p A5 ¥2400 ①978-4-627-69131-5

◆**Xプライズ 宇宙に挑む男たち**　ジュリアン・ガスリー著, 門脇弘典訳　日経BP社, 日経BPマーケティング 発売
【要旨】少年時代からの夢に向かって、宇宙飛行ビジネスの実現を目指すピーター・ディアマンディス。天才航空機設計者で民間宇宙機の開発に人生を捧げるバート・ルータン。難病を克服し、偉大な祖父のように横断飛行に挑戦するエリック・リンドバーグ。そして、彼らとともに宇宙への野望を胸に抱くイーロン・マスク、リチャード・ブランソン、ジェフ・ベゾス…。世界初の民間による有人宇宙飛行に挑み、新たな時代を切り拓いた男たちの驚異のストーリー、斬新なアイデアにあふれたイノベーション。国際賞金レース、Xプライズの誕生から数々の挫折、達成までをドラマティックに描く！
　　　2017.4 598p B6 ¥2200 ①978-4-8222-5516-9

📖 海洋・船・航海

◆**海運・造船会社要覧　2018**　日刊海事通信社
【目次】海運（川崎汽船、商船三井、日本郵船、海運会社、外国港湾・鉄道在日事務所一覧）、仲立・代理業、商社、造船、その他の中小型造船所、船用工業、その他の船用関連会社、関係団体等、国土交通省・地方運輸局・海上保安庁・海上保安本部
　　　2017.11 985p A5 ¥20000 ①978-4-930734-51-8

◆**海運と港湾―基礎から学ぶ**　池田良穂著　海文堂出版
【目次】海運と海運の基礎知識、外航海運と内航海運、定期船と不定期船、海運事業、海運に使われる船舶の特性、港湾、海陸複合輸送と国際複合一貫輸送、ロジスティクス、海運会社の役割、船の運航、港湾荷役、船の安全性、造船業、クルーズ客船ビジネス、コンテナ船ビジネス、港の在り方
　　　2017.9 213p A5 ¥2300 ①978-4-303-16407-2

◆**海運六法 平成29年版**　国土交通省海事局監修　成山堂書店　（海事法令シリーズ 1）
【目次】1 海運関係事業法令（海上運送法、外国等による本邦外航船舶運航事業者に対する不利益な取扱いに対する特別措置に関する法律 ほか）、2 海運関係助成法令（外航船舶建造融資利子補給臨時措置法、独立行政法人鉄道建設・運輸施設整備支援機構法 ほか）、3 海運関係私法令（商法（抄）、国際海上物品運送法 ほか）、4 その他の関係法令（海事代理士法、国民の祝日に関する法律 ほか）
　　　2017.3 1360, 15p A5 ¥16000 ①978-4-425-21295-8

◆**海事関連業者要覧 職員録　2018**　日本海運集会所
【目次】海運、仲立・代理・船舶管理、物流・港湾運送、造船・舶用機器、損害保険・P.I.保険、石油・商事・鉄鋼、金融、関係団体等、官庁、その他
　　　2017.10 1041p A5 ¥16500

◆**海事法**　海事法研究会編　海文堂出版　第10版
【目次】第1章 総論、第2章 船舶法、第3章 船員法、第4章 海商法、第5章 船舶安全法、第6章 海洋汚染等及び海上災害の防止に関する法律、第7章 船舶職員及び小型船舶操縦者法、第8章 水先法、第9章 海難審判法、第10章 検疫法、第11章 税関法、第12章 出入国管理、第13章 海事国際法
　　　2017.9 323p A5 ¥3200 ①978-4-303-23878-0

◆**海上衝突予防法史概説**　岸本宗久編著　成山堂書店　（付属資料：別冊資料集1）
【目次】序章 はしがきを兼ねて、第1章 古代―海上衝突予防法の淵源、第2章 中世―中世の3大海法と慣習法、第3章 近世―慣習法の確立と成文法の孝生、第4章 近代―国際的海上衝突予防規則の制定、SOLAS会議の開催、そして日本の海上衝突予防法、第5章 現代―IMCO（IMO）の創設と「国際海上衝突予防規則」の成立、終章 あとがきに代えて、附録 海上衝突予防法史略年表
　　　2017.2 2Vols.set 23×17cm ¥20370 ①978-4-425-30391-5

◆**海上衝突予防法の解説**　海上保安庁監修, 海上交通法令研究会編著　改訂9版
【目次】1 総論（海上衝突予防法制定及び改正の経緯、海上衝突予防法の概要、海上衝突予防法の特色、海上衝突予防法の基本原則、海上衝突予防法及び施行規則の改正の概要、他の法令との関係）、2 各論（総則・航法、灯火及び形象物、音響信号及び発光信号、補則、附則）
　　　2017.7 211, 25p A5 ¥3300 ①978-4-303-37516-4

◆**海上人命安全条約　2017年**　国土交通省海事局安全政策課監修　海文堂出版　（本文：日英両文）
【目次】1974年の海上における人命の安全のための国際会議最終議定書、1974年海上人命安全条約 1974年の海上における人命の安全のための国際条約、1988年議定書 1974年の海上における人命の安全のための国際条約に関する1988年の議定書、附属書 1974年の海上における人命の安全のための国際条約の附属書（1988年議定書、1997年9月1日より前に発効した改正を含む）、付録1 証書、付録2 2006年～2016年改正決議（英文）（2017年9月1日より前に発効したものを除く）
　　　2017.9 911p A5 ¥20000 ①978-4-303-38376-3

◆**海上の巨大クレーン これが起重機船だ―数千トンを吊り上げる「職人技の世界」**　出水伯明編・写真, 深田サルベージ建設協力　洋泉社
【要旨】巨大起重機船と作業員の男たちに魅せられた「空撮カメラマン」が、海上と陸、そして空から撮り下ろした迫力満載の書。統率された工事現場に同行し、男たちの想い、危険と隣り合わせの臨場感を伝える。極太なワイヤー、重いシャックルと格闘する汗や緻密な操船術の向こうに、かれらはどんな喜びを見出しているのか。男くさい起重機船の世界を覗いてみよう。
　　　2017.11 159p A5 ¥1600 ①978-4-8003-0776-7

◆**海上保安大学校 海上保安学校 採用試験問題集―その傾向と対策**　海上保安入試研究会編　成山堂書店
【目次】海上保安大学校（資料、実施試験問題・課題）、海上保安学校（資料、実施試験問題・課題）、海上保安学校（特別）（資料、実施試験問題・課題）、解答編（作文課題の解答は掲載しておりません。）
　　　2017.10 286p B5 ¥3200 ①978-4-425-97357-6

◆**海上保安庁 船艇・航空機ガイド　2017**　「海上保安庁船艇・航空機ガイド」制作委員会編著　シーズ・プランニング, 星雲社 発売
【要旨】全船艇・航空機をカラー写真で紹介！
　　　2017.6 191p A5 ¥1800 ①978-4-434-23460-6

◆**海上保安六法 平成29年版**　海上保安庁監修　成山堂書店　（海事法令シリーズ 4）
【目次】1 総則、2 警備救難、3 海洋汚染・海上災害、4 水路業務、5 海上交通、6 国際・危機管理、7 関係法令
　　　2017.3 1424, 5p A5 ¥16400 ①978-4-425-21355-9

◆**海事レポート　2017**　国土交通省海事局編　日経印刷
【目次】海の現場から（i‐Shipping の概要、造船の現場最前線 ほか）、海事この一年（海を取り巻く主な出来事、海事関係の5つの税制改正 ほか）、第1部 海事行政の主な取組（海事生産性革命―i‐Shipping とj‐Ocean、安定的な国際海上輸送の確保 ほか）、第2部 海を取り巻く現状と課題（海上輸送分野、船舶産業分野 ほか）、資料編「海の日」を迎えるに当たっての内閣総理大臣メッセージ、平成29年度税制改正大綱（抜粋） ほか）
　　　2017.7 255p A5 ¥2200 ①978-4-86579-085-6

◆**海事六法　2017年版**　国土交通省海事局監修　海文堂出版
【要旨】充実した収録法令・条約。重要法律には事項ごとに略称を表記。海事代理士試験の規程法令科目にも対応した収録内容。海技試験に必要な法令および条約には★マークを付け、明確に区別。口述試験場に持ち込める。
　　　2017.3 2037p A5 ¥4800 ①978-4-303-37147-0

◆**海法会誌 復刊第60号（通巻第89号）**　日本海法会編　勁草書房
【目次】追悼 鴻常夫先生の海法における業績、ニューヨーク国際会議報告（万国海法会第四二回国際会議（ニューヨーク国際会議）について、共同海損―「二〇一六年ヨーク・アントワープ規則」の採択、コスタ・コンコルディア号事件とクルーズ船旅客の権利、近時の海商法改正とEU海事法の動向、極域航行と北極圏を巡る規制の展開、船舶金融と旅団法・海洋環境法、無人船・自律船舶に係る法的問題、国際海事倒産、海上物品運送、ニューヨーク条約及び海事法、Wrongful Arrest に対する責任、海上保険、海運における サイバーセキュリティ、若手会員のセッション）、報告 万国海法会二〇一六年度総会報告、資料（海事新法令の経過（平成二七年度）、日本判決（平成二六年度）、雑報
　　　2017.3 279, 2p A5 ¥3000 ①978-4-326-44953-8

◆**海洋白書　2017 本格化する海洋をめぐる世界と日本の取組み**　笹川平和財団海洋政策研究所編　成山堂書店
【目次】第1部 本格化する海洋をめぐる世界と日本の取組み（大きく動き出した海洋をめぐる世界の取組み、わが国の新たな海洋政策の検討、海洋産業の振興と創出、海洋の総合管理と計画策定 ほか）、第2部 日本の動き、世界の動き（日本の動き（海洋の総合管理、海洋環境 ほか）、世界の動き（国際機関・団体の動き、各国・地域的国際機関等の動き ほか））、第3部 参考にしたい資料・データ（総合海洋政策本部参与会議意見書、有人国境離島地域の保全及び特定有人国境離島地域に係る地域社会の維持に関する特別措置法 ほか）
　　　2017.4 257p A4 ¥2000 ①978-4-425-53164-6

◆**危険物船舶運送及び貯蔵規則**　国土交通省海事局検査測度課編　成山堂書店　18訂版
【目次】危険物船舶運送及び貯蔵規則（総則、危険物の運送、危険物の貯蔵、常用危険物、雑則、罰則）、ほか）ならびに放射性物質等の運送基準の細目等を定める告示、危険物船舶運送及び貯蔵規則第38条第5項の外国を定める告示、液化ガスばら積船の貨物タンク等の技術基準を定める告示、船舶による危険物の運送基準等を定める告示、海洋汚染等及び海上災害の防止に関する法律及び施行規則（抜粋）
　　　2017.3 613p A4 ¥28500 ①978-4-303-38528-6

◆**基本航海法規**　福井淡原著, 淺木健司改訂　海文堂出版　新訂16版
【目次】第1編 海上衝突予防法（総則、航法、灯火及び形象物、音響信号及び発光信号、補則）、第2編 海上交通安全法（総則、交通方法、危険の防止、雑則、罰則）、第3編 港則法（総則、入出港及び停泊、航路及び航法、危険物、水路の保全、灯火等、雑則、罰則）
　　　2017.3 369p A5 ¥3800 ①978-4-303-23711-0

◆魚探とソナーとGPSとレーダーと船用電子機器の極意―蔵出しぎっしり117講座　須磨はじめ著　成山堂書店　改訂版
【要旨】FURUNO直出し！読むだけで釣果アップ!!　2017.12 254p A5 ¥2500 ①978-4-425-95492-6

◆現行海事法令集　2017年版　国土交通省大臣官房監修　海文堂出版
【目次】1 海運、2 船舶、3 安全、4 造船、5 港湾、6 船員、7 職員・水先、8 海上保安、9 海上交通、10 海難審判、11 海洋汚染、12 その他　2017.2 2Vols.set A5 ¥45000 ①978-4-303-37097-8

◆舷窓百話　鈴木邦裕著　海文堂出版
【目次】平和主義、ふざけた言葉、ネルソン提督の血、ある論争、蒙古来襲絵詞と愛国心、メデュースの筏―海水は飲めるのか、水飲まけての呪術、独学の欠点、幸福の尺度、宗教人〔ほか〕　2017.6 389p A5 ¥2800 ①978-4-303-63448-3

◆港運事業者要覧　2018年版　日本海事新聞社
【目次】索引（1）五十音順、索引（2）港運事業者運輸局別、港湾別、索引（3）（検数 鑑定 検量、港運関係事業者）、主要港湾管理者、港湾関係団体、その他の団体）　2017.10 961p B6 ¥10000 ①978-4-930799-15-9

◆航海学概論　鳥羽商船高専ナビゲーション技術研究会編　成山堂書店
【要旨】船員の職務や船舶の概要から運航に必要な知識や技術を豊富な図版、資料とともにわかりやすく解説。海と船にあこがれ、世界の海を航海することを夢見る若い人々のための入門書。　2017.4 210p A5 ¥3200 ①978-4-425-42373-6

◆高速艦船物語―船の速力で歴史はかわるのか　大内建二著　潮書房光人社　（光人社NF文庫）
【要旨】船を高速化する利点とは何であるのか。そのためには、何を行なえばよいのか。文明社会の急速な発達と共に求められた人員、物資の迅速な輸送、それに伴う、苦難の道とは―艦艇商船を造る材料の開発や建造技術、それを裏づけるための理論まで、船の速さの歴史に秘められた工夫、努力の航跡を辿った異色艦船史。　2017.8 247p A6 ¥770 ①978-4-7698-3021-4

◆港湾知識のABC　池田宗雄著　成山堂書店　12訂版
【目次】第1章 概説、第2章 港湾の種類、第3章 港湾と船舶、第4章 港湾と貨物、第5章 港湾に関係する官庁と企業、第6章 港湾施設、第7章 港湾に関する法令、第8章 港湾計画、第9章 港湾工事　2017.4 255p A5 ¥3400 ①978-4-425-39442-5

◆港湾六法　平成29年版　国土交通省港湾局監修　成山堂書店　（海事法令シリーズ 5）
【目次】1 港湾、2 港湾整備、3 外貿埠頭整備、4 公有水面埋立、5 海岸、6 災害、7 港湾運送、8 漁港、9 地方自治、10 国有財産、11 諸法、12 行政組織　2017.3 900, 15p A5 ¥12500 ①978-4-425-21375-7

◆国際船舶・港湾保安法及び関係法令―付：SOLAS関連附属書第11章の2及びISPSコード　国土交通省大臣官房危機管理・運輸安全政策審議官監修　成山堂書店
【目次】法律、政令、省令、告示、条約、参考　2017.6 286, 3p A5 ¥3800 ①978-4-425-25084-4

◆最新 船舶法及び関係法令　国土交通省海事局船員政策課監修、国土交通省船舶法研究会編　成山堂書店
【目次】船舶法、船員法第一条第二項第二号の港の区域の特例に関する政令、船員法第一条第二項第二号の港の区域を指定する件、船員法第一条第二項第三号の漁船の範囲を定める政令、漁業法、漁業法第五十二条第一項の指定漁業を定める政令、船舶法に基づく登録検査機関に関す

る政令、船員法第六十四条の二第一項の協定で定める労働時間の延長の限度に関する基準、船員法第八十条第二項の食料表を定める告示、船員の労働条件等の検査等に関する規則〔ほか〕　2018.1 596p A5 ¥5700 ①978-4-425-23151-5

◆最新 船舶職員及び小型船舶操縦者法関係法令　国土交通省海事局海技・振興課監修　成山堂書店
【目次】船舶職員及び小型船舶操縦者法（昭和二六年法律第一四九号）、船舶職員及び小型船舶操縦者法施行令（昭和五八年政令第一三号）、船舶法及び船舶職員法の一部を改正する法律の施行に伴う経過措置を定める政令（昭和五八年政令第一四四号）（抄）、船舶職員法の一部を改正する法律の施行に伴う経過措置を定める政令（平成一四年政令三四六号）、船舶安全法及び船舶職員法の一部を改正する法律附則第六条の規定による船舶職員及び小型船舶操縦者法の規定の技術的読替えに関する政令（平成一五年政令第四九七号）、船舶職員及び小型船舶操縦者法施行規則（昭和二六年運輸省令第九一号）、船舶職員法の一部を改正する法律の施行に伴う経過措置を定める省令（平成一五年国土交通省令第二八号）、船舶安全法及び船舶職員法の一部を改正する法律附則第三条に規定する経過措置に関する省令（平成一六年国土交通省令第八号）、小型船舶操縦士試験機関に関する省令（昭和四九年運輸省令第四号）、船舶職員及び小型船舶操縦者法第二十三条の二第二項の国土交通大臣が定める講習の課程を定める告示（平成一五年国土交通省告示第六四九号）〔ほか〕　2017.6 613p A5 ¥5700 ①978-4-425-23134-8

◆実用海事六法　平成29年版　国土交通省大臣官房総務課監修　成山堂書店
【目次】1 船員、2 航海、3 海運、4 漁船、5 関係法令、7 船舶　2017.4 2Vols.set B6 ¥20000 ①978-4-425-21395-5

◆市民の港 大阪港一五〇年の歩み―大阪港は市民のたからもの　森隆行著　（京都）晃洋書房
【要旨】度重なる苦難を乗り越えながら、市民とともに発展し、商都大阪を支えてきた大阪港。開港からこれまでの150年を振り返り、大阪港発展のために尽力してきた関係者たちの記録・物語を紡ぎ、これからの大阪港へと繋ぐ。　2017.7 157, 13p B6 ¥1700 ①978-4-7710-2917-0

◆図解 実用ロープワーク　前島一義著　成山堂書店　増補4訂版
【目次】第1章 ロープの基礎知識、第2章 基本的なロープの結び方、第3章 ロープの接合と端末の処理法、第4章 ロープの利用法、第5章 装飾的な結びと応用、第6章 ワイヤー・ロープ（鋼索）、シーマンの常識　2017.9 166p B5 ¥2200 ①978-4-425-48115-6

◆図説 海上交通安全法　福井淡原著、淺木健司改訂　海文堂出版　新訂14版
【要旨】海上交通安全法を120余りのカラー図面や表を用いて、分かりやすく逐条解説した新訂版。具体的に法律運用面のポイントや注意すべき事項などについても述べ、常に実際に船舶を運航する立場に立って解説。最近の海技試験の改正に即応した最新の内容に改訂。巻末に「海上交通安全法施行令」及び「海上交通安全法施行規制」を掲載。海技試験の受験に役立てるため、最近の海技試験問題をヒントを付して多数収録。　2017.4 200p A5 ¥3000 ①978-4-303-37819-6

◆図説 港則法　福井淡原著、淺木健司改訂　海文堂出版　改訂14版
【要旨】港則法（施行令・施行規則を含む。）を多数のカラー図面を用いて、分かりやすく逐条解説。前の版以降の法令の改正に即応した最新の内容に改訂。より具体的に内容を理解できるよう"具体例"の欄を付載。カラー図面は、施行規則第2章に掲載するすべての特定港について、できる限り最新のものを掲載。最近の海技試験問題にヒントを付して多数収録。　2017.4 182p A5 ¥3300 ①978-4-303-37866-0

◆設問式 船舶衝突の実務的解説　田川俊一監修、藤沢順著　成山堂書店
【要旨】船舶衝突事件の対応で必要となる法律・実務知識を83の設問でわかりやすく解説。初期対応から民事訴訟の実務までを網羅。　2017.8 157p A5 ¥2600 ①978-4-425-35331-6

◆船員にこだわる物言い　雨宮洋司著　（大阪）風詠社、星雲社 発売

【要旨】船員職業の特殊性を焦点に船員の確保・育成策と船員問題を考え、船舶運航学術の深化と広がりを願って、具体的政策や海運企業のありかたを批判的に模索した"海人"のための提言書。　2017.9 319p B6 ¥2000 ①978-4-434-23769-0

◆船員六法　平成29年版　国土交通省海事局監修、海事法令研究会編著　成山堂書店　（海事法令シリーズ 3）
【目次】上巻（労政関係法令、船員労働基準関係法令、船員職業安定関係法令、船員保険関係法令）、下巻（船舶職員及び水先関係法令、船員教育関係法令、その他の関係法令）　2017.4 2Vols.set A5 ¥32000 ①978-4-425-21335-1

◆船体関係図面の理解と利用　淺木健司著　海文堂出版
【目次】第1章 船体関係図面の概要、第2章 船体の配置・構造に関する図面、第3章 復原性資料の利用、第4章 ローディングマニュアルの利用、第5章 貨物固縛マニュアルの利用、第6章 図面を利用する上での関連知識　2018.1 135p A4 ¥3000 ①978-4-303-22430-1

◆船舶通信の基礎知識　鈴木治著　成山堂書店　2訂版
【要旨】船舶運航上、GMDSSをはじめとする重要な役割を持つ船舶通信。その内容を、運航場面別に豊富な図・写真を用いてやさしく解説。　2017.10 221p A5 ¥2800 ①978-4-425-40033-1

◆船舶六法　平成29年版　国土交通省海事局監修　成山堂書店　（海事法令シリーズ 2）
【目次】船舶法、小型船舶の登録等に関する法律、船舶のトン数の測度に関する法律、船舶安全法、海上衝突予防法、海洋汚染等及び海上災害の防止に関する法律、エネルギーの使用の合理化等に関する法律、国際船舶制度及び国際港湾施設の保安の確保等に関する法律、造船法、小型船造船業法〔ほか〕　2017.3 2Vols.set A5 ¥38500 ①978-4-425-21315-3

◆灯台に恋したらどうだい？　不動まゆう著　洋泉社
【要旨】あなたの知らない灯台の世界へようこそ！灯台女子がおくる灯台マニア入門！何気なく見ていた灯台が愛おしくなる、灯台愛あふれる灯台の教科書。　2017.4 143p A5 ¥1400 ①978-4-8003-1176-4

◆トコトンやさしい船舶工学の本　池田良穂著　日刊工業新聞社　（B&Tブックス―今日からモノ知りシリーズ）
【要旨】重い船が浮かぶわけ、飛行機と船の違い、船酔いはなぜ起こる？船を造る材料の歴史、日本独特のブロック建造法。　2017.1 156p A5 ¥1500 ①978-4-526-07653-4

◆内航船舶明細書　2017　日本海運集会所編　日本海運集会所
【目次】船名索引、船舶明細、船主索引、船主所有船表　2016.12 284, 81p B5 ¥20000

◆日本船舶明細書　2017 1　日本海運集会所編　日本海運集会所
【目次】船名索引、船舶明細、船主索引、船主所有船表、信号符字総覧　2016.12 178, 5, 44, 123p B5 ¥19500

◆日本船舶明細書　2017 2　日本海運集会所編　日本海運集会所
【目次】船舶明細、船主索引、船主所有船表　2016.12 125, 8, 65p B5 ¥10000

◆日本のコンテナ港湾政策―市場変化と制度改革、主体間関係　津守貴之著　成山堂書店
【目次】序章、第1章 日本のコンテナ港湾の「国際競争力低下」現象、第2章 日本のコンテナ港湾問題の背景、第3章 日本のコンテナ港湾問題、第4章 日本のコンテナ港湾政策の方向と内容、第5章 スーパー中枢港湾プロジェクトの特徴と問題点、第6章 スーパー中枢港湾プロジェクトの政策形成の背景、第7章 国際コンテナ戦略港湾政策の特徴と課題、第8章 国際コンテナ戦略港湾政策の課題とその背景、終章　2017.8 280p A5 ¥3600 ①978-4-425-39481-4

◆はじめての船しごと　商船高専キャリア教育研究会編　海文堂出版　（マリタイムカレッジシリーズ）
【目次】1 船しごと、初めの一歩、2 カッターの概要、3 カッター訓練の注意事項、4 カッターのプリング、5 セーリング、6 ロープワーク、7 安全の確保　2017.7 129p 19cm ¥1800 ①978-4-303-11110-6

◆ビジュアルでわかる船と海運のはなし　拓
海広志著　成山堂書店　新訂版
【要旨】船の歴史、種類や構造から、航海の基
本知識、港の役割、海運が物流のなかで果たし
ている機能などについて写真や図版を多く使っ
てビジュアルに、やさしく解説。この10年半の
海運と物流、貿易SCM（Supply chain manage-
ment：供給連鎖管理）とロジスティクスの世界
の大きな変化を反映させている。
2017.3 240p A5 ¥2600 ①978-4-425-91124-0

◆船会社の経営破綻と実務対応─荷主・海上
運送人はいかに対処するか　佐藤達朗、雨宮正
啓共著　成山堂書店
【要旨】船会社の経営破綻への対応で必要となる
法律・実務知識を、倒産制度の基礎から情報の
収集・開示のあり方に至るまで体系的に解説。
2017.11 281p A5 ¥3800 ①978-4-425-31331-0

◆水先案内人─瀬戸内海の船を守るものたち
森隆行著　（京都）晃洋書房
【要旨】海に精通し、船舶が行き交う港や海峡、内
海で、船舶を安全に導くという重要な役割を担
うスペシャリストたち。水先案内人という、知
られざる職業の魅力に迫る。
2017.3 159, 5p B6 ¥2000 ①978-4-7710-2864-7

◆よくわかる最新船舶の基本と仕組み　川崎
豊彦著　秀和システム　（図解入門）　第3版
【要旨】世界の物流を支える造船・海運の概要を
網羅。
2017.8 247p A5 ¥1400 ①978-4-7980-5215-1

◆NHKスペシャル ディープオーシャン 深
海生物の世界　NHKスペシャル「ディープ
オーシャン」制作班監修　宝島社
【要旨】発光、巨大化、超深海…カメラが捉えた
世界初の姿！ 最新科学で迫る！ 地球最後の秘
境と生き物のミステリー。
2017.10 127p B5 ¥1000 ①978-4-8002-7305-5

◆Outlook for the Dry‐Bulk and
Crude‐Oil Shipping Markets─海上
荷動きと船腹需給の見通し　2017　日本郵船
調査グループ編　日本海運集会所
【目次】第1章 需給展望（世界経済の概況と見通
し、エネルギー需給動向、一般炭 ほか）、第2章
船腹需要動向（鉄鉱石、原料炭 ほか）、第3章 船
腹供給動向（新造船の動向（竣工量、受注量、手
持工事の推移）、バルカーおよびタンカーの船
腹供給動向）、第4章 市況動向（ドライバルク市
況、タンカー市況）
2017.10 145p A4 ¥15239 ①978-4-930798-77-0

資格・試験問題集

◆1回で合格！ QC検定3級実戦問題集　高
山均著　成美堂出版　（付属資料：赤シート1）
【要旨】ジャンルごとに解いておきたい良問を徹
底収録！ 答え・ポイントを隠せる赤シート付。
見やすい原則見開き完結の誌面。解説が詳しく
ポイントがわかりやすい。QC検定3級合格の必
携書!!
2017.2 279p A5 ¥1500 ①978-4-415-22385-8

◆一級ボイラー技士試験合格問題集　三好康
彦著　オーム社
【要旨】最新2017年まで過去4年分、計8回の試験
問題をすべて掲載。
2017.8 284p A5 ¥2200 ①978-4-274-22088-3

◆1級ボイラー技士試験 公表問題解答解説
平成29年版　平成25年後期〜平成28年前
期　日本ボイラ協会編著　日本ボイラ協会
【要旨】最新の出題傾向がわかる！ 公表問題を
徹底分析してわかりやすく解説！ 解説に図表を
掲載。
2017.1 247p A5 ¥2000 ①978-4-907619-11-4

◆1級ボイラー技士試験 標準問題集　日本ボ
イラ協会編著　日本ボイラ協会　新版
【要旨】広範囲の問題を数多く解くことで理解度
アップ。充実の465問掲載。
2017.9 249p A5 ¥2000 ①978-4-907619-14-5

◆移動式クレーン運転士学科試験 徹底研究
不動弘幸著　オーム社　改訂2版
【目次】0編 移動式クレーン運転士とは、1編 移
動式クレーンに関する知識（移動式クレーンの
種類および形式、移動式クレーンの構造および

機能 ほか）、2編 原動機および電気に関する知
識（内燃機関、油圧装置 ほか）、3編 力学に関す
る知識（力（合成・分解・モーメントおよびつり
合い）、重心 ほか）、4編 関係法令（労働安全衛
生法、労働安全衛生規則およびクレーン等安全
規則中の関係条例 ほか）
2017.5 269p A5 ¥2500 ①978-4-274-22067-8

◆衛生管理 上 第2種用　中央労働災害防止
協会編　中央労働災害防止協会　第8版
【目次】はじめに、衛生管理体制、作業環境要素
と職業性疾病、作業環境管理、作業管理、健康
管理、健康保持増進対策とメンタルヘルス対策、
労働衛生教育、労働衛生統計、救急処置、労
働生理、有害業務に係る労働衛生概論
2017.3 319p B5 ¥1600 ①978-4-8059-1729-9

◆衛生管理 下 第2種用　中央労働災害防止
協会編　中央労働災害防止協会　第8版
【目次】1 労働安全衛生法関係法令（労働安全衛
生法、労働安全衛生法関係厚生労働省令）、2 労
働基準法、参考
2017.3 208p B5 ¥1000 ①978-4-8059-1730-5

◆衛生管理者過去問題と解説 第1種　加藤利
昭編著　法学書院　第6版
【要旨】6回分の公表過去問題を本試験の出題順
に掲載！ 詳細でわかりやすい解説！ 巻末の「要
点整理」で重要事項がわかる！
2017.2 336p A5 ¥2400 ①978-4-587-52176-9

◆エネルギー管理研修「修了試験」模範解答
集 熱・電気分野　2017年度版　省エネル
ギーセンター編　省エネルギーセンター
【要旨】エネルギー管理研修の「受講」から「修
了試験」までの試験情報を収録。5年分の「修了
試験」の問題と解答・解説を収録（平成24年〜28
年）。熱分野と電気分野の共通課目・専門課目を
すべて収録。
2017.3 283p B5 ¥2800 ①978-4-87973-463-1

◆エネルギー管理士試験講座 熱分野・電気
分野共通 1 エネルギー総合管理及び法
規─平成29年度改正省エネ法対応版　省エネ
ルギーセンター編　省エネルギーセンター
第4版
【目次】第1編 エネルギーの使用の合理化等に関
する法律及び命令（「エネルギーの使用の合理化
等に関する法律（省エネ法）」の概要、法律及び
命令の解説、第1編の演習問題）、第2編 エネル
ギー情勢・政策、エネルギー概論（エネルギー情
勢・政策、エネルギー概論、第2編の演習問題）、
第3編 エネルギー管理技術の基礎（エネルギー管理
の手法、エネルギー管理技術の基礎、第3編の演
習問題）
2017.8 277p A5 ¥2600 ①978-4-87973-468-6

◆エネルギー管理士試験 電気分野 直前整理
2017年版　省エネルギーセンター編　省エネ
ルギーセンター
【要旨】出題傾向を徹底分析!!分かりやすい構成
で試験直前の"総まとめ"に最適!!
2017.2 378p B5 ¥3400 ①978-4-87973-461-7

◆エネルギー管理士試験 熱分野 直前整理
2017年版　省エネルギーセンター編　省エネ
ルギーセンター
【要旨】出題傾向を徹底分析!!分かりやすい構成
で試験直前の"総まとめ"に最適!!
2017.2 369p B5 ¥3400 ①978-4-87973-460-0

◆エネルギー管理士徹底マスター 電気設備
及び機器　大関武治著　オーム社　改訂2版
【目次】1章 工場配電（工場配電の概要と省エネ
ルギー、受変電設備、受電方式、配電設備、配
電方式、配電線路の電気的特性とその改善、需
要と負荷、受配電設備の運用上の諸問題、受配
電設備と機器の保護、工場配電設備の維持管理、
分散型電源と系統連系）、2章 電気機器（電気機
器の基礎と省エネルギー、変圧器、誘導機、同
期機、直流機、半導体電力変換装置）
2017.11 330p A5 ¥3200 ①978-4-274-22126-2

◆エネルギー管理士徹底マスター 電気の基
礎　飯田芳一著　オーム社　改訂2版
【目次】1章 電磁気学（静電界、磁界 ほか）、2
章 電気・電子回路（回路理論の基礎、正弦波交
流 ほか）、3章 自動制御（自動制御の基本事項、
フィードバック制御 ほか）、4章 情報処理（コン
ピュータの基礎、情報の表現 ほか）、5章 電気
計測（計測の基礎、電気計器の種類 ほか）
2017.10 295p A5 ¥3200 ①978-4-274-22128-6

◆エネルギー管理士徹底マスター 電力応用
早苗勝重著　オーム社　改訂2版

【目次】1章 電動力応用（電動力応用の基礎、交
流電動機の可変速運転、電動力応用機器）、2章
電気加熱（電気加熱の特徴と加熱方式、伝熱の計
算、加熱設備の諸計算、温度測定、電気加熱装
置用材料）、3章 電気化学（電気化学の基礎、工
業電解、電池）、4章 照明（照明に関する基本的
事項、照明計算、光源とその、特徴、照明設計
と省エネルギー）、5章 空気調和（空気調和の基
礎、空気線図と空調負荷、熱源システムおよび
搬送システム、空調設備の省エネルギー）
2017.10 291p A5 ¥3200 ①978-4-274-22127-9

◆エネルギー管理士（電気分野）過去問題集
2018年版　オーム社編　オーム社
【要旨】12年間の問題と解答を完全収録。簡単に
分かる課目ごとの出題分類。出題傾向の分析と
学習のポイント。
2017.10 1Vol. B5 ¥2200 ①978-4-274-50671-0

◆エネルギー管理士 電気分野 模範解答集
平成30年版　電気書院編　電気書院
【要旨】平成18年〜平成29年の12年間の問題と解
説・解答を完全収録。
2017.11 854p A5 ¥2800 ①978-4-485-21218-9

◆エネルギー管理士（熱分野）過去問題集
2018年版　オーム社編　オーム社
【要旨】12年間の問題・解答完全収録。
2017.11 1Vol. B5 ¥2200 ①978-4-274-50672-7

◆エネルギー管理士熱分野模範解答集 平成
30年版　橋本幸博、島津路郎、細谷昌孝、井上
真著　電気書院
【要旨】2017年〜2008年の10年間の問題と解説・
解答を分野別に完全収録。
2017.11 780p A5 ¥2400 ①978-4-485-21219-6

◆乙種ガス主任技術者試験 模擬問題集
2017年度受験用　上井光裕著　（名古屋）三
恵社　ポケット版；改訂5版
【目次】第1章 科目別出題傾向と対策、第2章 基
礎理論科目、第3章 ガス技術科目 製造分野、第
4章 ガス技術科目 供給分野、第5章 ガス技術科
目 消費分野、第6章 法令科目、第7章 論述科目、
第8章 平成28年度試験過去問題と解答速報
2017.3 274p B6 ¥2352 ①978-4-86487-636-0

◆過去問題で学ぶQC検定1級　2017・
2018年版　仁科健監修、QC検定過去問題解
説委員会著　日本規格協会
【要旨】2015・2016年、全4回（19〜22回）試験問
題と、解答・解説を収録！ QC検定の出題内容
を、実務者の立場から解説！"実践現場での活用
方法"で、代表的な問題の現場での活用ポイン
トを紹介。
2017.1 326p A5 ¥3700 ①978-4-542-50503-2

◆完全図解テキスト＋過去問3年分×2 コン
クリート技士・主任技士試験対策　2017
年版　長瀧重義、篠田佳男、大野一昭、松田敦
夫著　秀和システム
【目次】第1部 テキスト解説資料と基本問題（写
真で見るコンクリート、コンクリート用材料、コ
ンクリートの性質、耐久性、配（調）合設計、配合
設計、製造・品質管理、施工、特殊コンクリー
ト、構造・設計）、第2部 コンクリート技士・主
任技士の試験問題と解答（技士編、主任技士編）
2017.4 435p B5 ¥3500 ①978-4-7980-4972-4

◆給水装置工事出題順問題集　平成29年度
版　横手幸伸、鈴木弘一、田中和美、飯田徹執筆
市ヶ谷出版社　（付属資料：別冊1）
【要旨】本試験と同じ形式で実践体験！ 解答・ワ
ンポイント解説付き。試験直前の自学自習に最
適！ 2017.4 158p A5 ¥2200 ①978-4-87071-919-4

◆給水装置工事主任技術者試験厳選過去問題
集　給水装置試験問題研究会編　電気書院
改訂新版
【目次】第1章 公衆衛生概論、第2章 水道行政、
第3章 給水装置工事法、第4章 給水装置の構造
及び性能、第5章 給水装置計画論、第6章 給水
装置工事事務論、第7章 給水装置の概要、第8章
給水装置施工管理法
2017.4 332p A5 ¥2800 ①978-4-485-22119-8

◆給水装置工事主任技術者試験 要点テキス
ト　29年度版　横手幸伸、鈴木弘一、田中和
美、飯田徹執筆　市ヶ谷出版社
【要旨】短期間の集中学習用テキスト！ 最新7年
間の出題から傾向分析！
2017.4 339p B5 ¥3000 ①978-4-87071-909-5

サイエンス・テクノロジー

◆給水装置工事主任技術者 出るとこだけ！
石原鉄郎著　翔泳社　（建築土木教科書）
（付属資料：赤シート1）
【要旨】よく出る項目の要点＆過去問が凝縮！ 試験によく出るポイントと重要過去問をセットで掲載。ベテラン講師の書き下ろし！ 試験のツボと得点源を知り尽くしている著者が厳選した項目のみを掲載。
2017.5 229p 19cm ¥2000 ①978-4-7981-5069-7

◆建設機械施工技術検定問題集　平成29年度版　建設物価調査会
【目次】一級記述式（A）問題（1級実地試験）、一級記述式（B）問題、一級択一式試験問題、土木工学一般、建設機械一般、トラクタ系建設機械、ショベル系建設機械、モータグレーダ、締固め建設機械、舗装建設機械、基礎工事建設機械、関係法令
2017.1 731p B5 ¥5600 ①978-4-7676-3629-0

◆建設機械施工技術必携　平成29年度版　建設物価調査会
【目次】第1章 土木工学一般、第2章 建設機械一般、第3章 トラクタ系建設機械、第4章 ショベル系建設機械、第5章 モータグレーダ、第6章 締固め建設機械、第7章 舗装建設機械、第8章 基礎工事建設機械、第9章 安全対策・関係法令、平成28年度建設機械施工技術検定問題
2017.1 601p B5 ¥7000 ①978-4-7676-3013-7

◆高圧ガス製造保安責任者試験 乙種機械 攻略問題集　2017‐2018年版　三好康彦著　オーム社
【要旨】最新2016年まで6年分の試験問題をすべて掲載。
2017.2 318p A5 ¥2800 ①978-4-274-22020-3

◆高圧ガス製造保安責任者試験 丙種化学（液石）攻略問題集　2017‐2018年版　三好康彦著　オーム社
【要旨】最新2016年まで5年分の試験問題をすべて掲載。
2017.2 269p A5 ¥2800 ①978-4-274-22029-6

◆高圧ガス製造保安責任者試験 丙種化学（特別）攻略問題集　2017‐2018年版　三好康彦著　オーム社
【要旨】最新2016年まで6年分の試験問題をすべて掲載。出題科目ごとに過去問を分類、重要・頻出箇所がすぐにわかる！ 過去問に詳しい解説を掲載。この1冊で受験対策は完璧。
2017.3 336p A5 ¥2800 ①978-4-274-22045-6

◆高圧ガス販売主任者試験 第二種販売 攻略問題集　2017‐2018年版　三好康彦著　オーム社
【要旨】最新2016年まで5年分の試験問題をすべて掲載。出題科目ごとに過去問を分類。選択肢ごとに詳しい解説を掲載。
2017.1 215p A5 ¥2400 ①978-4-274-22018-0

◆甲種ガス主任技術者試験 模擬問題集 2017年度受験用　上井光裕著 （名古屋）三恵社　ポケット版; 改訂4版
【目次】第1章 科目別出題傾向と対策、第2章 基礎理論科目、第3章 ガス技術科目 製造分野、第4章 ガス技術科目 供給分野、第5章 ガス技術科目 消費分野、第6章 法令科目、第7章 計算問題・重要事項、第8章 平成28年度主要試験問題と解答速報
2017.3 309p B6 ¥2407 ①978-4-86487-637-7

◆国家資格取得のための 新 衛生管理者受験六法 第1・2種用　衛生管理者試験問題研究会編　東京法令出版　七訂版
【目次】第1章 労働基準法（労働基準法（抄））、第2章 労働安全衛生法（労働安全衛生法（抄）、労働安全衛生法施行令（抄）、労働安全衛生規則（抄）ほか）、第3章 有害関係法令（東日本大震災により生じた放射性物質により汚染された土壌等を除染するための業務等に係る電離放射線障害防止規則（抄）、電離放射線障害防止規則、有機溶剤中毒予防規則（抄）ほか）、第4章 告示、通達（労働基準法第36条第1項の協定で定める労働時間の延長の限度等に関する基準、衛生管理者規程、労働安全衛生規則第44条第2項の規定に基づき厚生労働大臣が定める基準 ほか）
2017.4 324p A5 ¥2200 ①978-4-8090-3181-6

◆この一冊で合格！ コンクリート技士徹底図解テキスト　2017年版　コンクリート関連検定試験研究会著　ナツメ社 （付属資料：別冊1）
【要旨】材料、施工、各種コンクリートなどの出題範囲から、とくに試験に出るポイントを解説！ 過去10年の問題を分析、出題傾向を解説！ 平成28、27年の試験問題、解答例と解説を掲載。
2017.7 207p B5 ¥2500 ①978-4-8163-6263-7

◆この一冊で合格！ コンクリート診断士徹底図解テキスト　2018年版　コンクリート関連検定試験研究会著　ナツメ社 （付属資料：別冊2）
【要旨】「劣化診断ポイント攻略ブック」付き。過去7年分の記述問題の解答例を掲載。過去問題を分析！ 過去問題を徹底調査。平成29・28年の試験問題、解答例と解説を掲載。
2018.1 287p B5 ¥3200 ①978-4-8163-6380-1

◆これだけ覚える衛生管理者第1種・第2種 '17年版　村中一英著　成美堂出版 （付属資料：赤シート1）
【目次】1 労働生理（循環器系、血液系 ほか）、2 関係法令（共通）（安全衛生管理体制、安全衛生教育 ほか）、3 関係法令（有害）（安全衛生管理体制、機械等に関する規制 ほか）、4 労働衛生（共通）（衛生管理体制の概要、作業環境の分類 ほか）、5 労働衛生（有害）（有害物質の分類と状態、有害化学物質による疾病 ほか）
2017.2 287p 18cm ¥1400 ①978-4-415-22419-0

◆これだけ覚える！ 給水装置工事主任技術者試験　春山忠男著　オーム社　改訂3版
【要旨】最新の出題傾向を徹底分析！ 出る問題の重要な箇所だけ抽出した受験者必携ロングセラーの改訂3版!!
2017.3 245p A5 ¥2400 ①978-4-274-22042-5

◆コンクリート技士試験完全攻略問題集 2017年版　浅野工学専門学校監修、コンクリート主任技士・技士完全攻略問題集作成委員会著　コンクリート新聞社
【要旨】過去5年分の全試験問題の解答と解説。4年分は分野別に掲載。集中的に学習できる。分野別の演習問題で応用力も身につく。
2017.6 445p A5 ¥4000 ①978-4-915849-98-5

◆コンクリート技士試験 最短完全攻略 2017年度版　コンクリート技士問題研究会著　彰国社
【要旨】問題集にも参考書にもなるハイブリッドなつくり！ 過去15年間の全問題を選択肢ごとに徹底分析！
2017.7 548p A5 ¥3400 ①978-4-395-35045-2

◆コンクリート技士試験問題と解説　平成29年版　一付・「試験概要」と「傾向と対策」　大即信明、桝田佳寛編　技報堂出版
【要旨】出題傾向が自然にわかる!!最新の5年分の問題を分野別に整理し解説。過去10年の全問題と解答を掲載。
2017.6 400p A5 ¥2800 ①978-4-7655-1844-4

◆コンクリート主任技士/コンクリート診断士試験 キーワードを活用した小論文のつくり方　京牟禮実著　井上書院
【目次】1 コンクリート主任技士試験とコンクリート診断士試験の問題傾向と時間配分の要点、2 コンクリート業務に関する実務経験のたな卸し、3 文章の構成と作成のポイント、4 重要キーワードの整理方法、5 キーワード活用による文章作成方法、6 記述例・添削例、活用シート集
2017.6 107p A5 ¥2300 ①978-4-7530-2143-7

◆コンクリート主任技士試験完全攻略問題集 2017年版　浅野工学専門学校監修、コンクリート主任技士・技士完全攻略問題集作成委員会著　コンクリート新聞社
【要旨】過去5年分の全試験問題の解答と解説。小論文の記述例も掲載。4年分は分野別に掲載。集中的に学習できる分野別の演習問題で応用力も身につく。
2017.6 413p A5 ¥4000 ①978-4-915849-97-8

◆コンクリート主任技士試験問題と解説　平成29年版　一付・「試験概要」と「傾向と対策」　大即信明、桝田佳寛編　技報堂出版
【要旨】出題傾向が自然にわかる!!最新の5年分の問題を分野別に整理し解説。小論文対策模範記述例付き。過去10年の全問題と解答を掲載。
2017.6 386p A5 ¥3000 ①978-4-7655-1845-1

◆コンクリート診断士試験完全攻略問題集 2017年版　辻幸和、安藤哲也、地頭薗博、十河茂幸、鳥取誠一著　コンクリート新聞社
【要旨】写真・図版がカラーで見やすい！ 過去5年間の四肢択一式試験問題＋オリジナル演習問題100題。記述式過去問題は10年分を掲載。
2017.1 375p B5 ¥3800 ①978-4-915849-95-4

◆コンクリート診断士試験合格指南　2017年版　十河茂幸、平田隆祥著、日経コンストラクション編　日経BP社、日経BPマーケティング 発売
【要旨】記述式：キーワードを基に文章の組み立て方を指南。択一式：「出やすい」50問を厳選して詳しく解説。この1冊で試験対策は万全！
2017.1 391p A5 ¥3500 ①978-4-8222-3523-9

◆コンクリート診断士試験 項目別全過去問題集＋短期集中学習用要点レジュメ 2018年版　長瀧重義、篠田佳男、河野一徳著　秀和システム
【要旨】過去全ての四択問題を分類し学習しやすく配列。直近3年の本試験で力試し！ 記述問題A・Bもしっかり解説！ 巻頭大特集シノダ・レジュメ改2で短期集中5点UP！
2017.12 599p B5 ¥4300 ①978-4-7980-5149-9

◆コンクリート診断士受験対策講座　2017　木村克彦、毎田敏郎、篠川俊夫、降矢良男、星野富夫、峰松敏和、小野定、仲田昌弘著　技報堂出版
【要旨】厳選109問で総仕上げ!!過去に出題されたポイントを色分け表示。記述式問題解答のコツがわかる！
2017.1 383p B5 ¥3800 ①978-4-7655-1843-7

◆最短合格 2級ボイラー技士試験　日本ボイラ協会編　日本ボイラ協会　新版
【要旨】目で見て、読んで「わかりやすい」イラスト点数280点。
2017.6 405p A5 ¥2500 ①978-4-907619-13-8

◆さくさく理解！ 2級ボイラー技士試験合格テキスト　南雲健治監修、小谷松信一著　オーム社
【目次】1章 ボイラーの構造（熱と温度、圧力、伝熱 ほか）、2章 ボイラーの取扱い（点火前の点検および準備、点火操作 ほか）、3章 燃料および燃焼（燃料の基礎知識、液体燃料 ほか）、4章 ボイラーの関係法令（ボイラーの定義と適用、製造許可から使用検査までの規制 ほか）
2017.9 272p A5 ¥2000 ①978-4-274-22091-3

◆3級ガソリン・エンジン自動車整備士ズバリ一般合格問題集　大保昇編著　（大阪）弘文社　第5版
【目次】第1編 模擬テストと解答・解説、第2編 特別編集 合格虎の巻（最重要事項の整理）（エンジンのポイント、計算のポイント、法規のポイント、実技試験のポイント）
2017 236p A5 ¥1600 ①978-4-7703-2706-2

◆資格取得スピード王の "でる順" 衛生管理者第1種過去問題徹底研究　2017‐2018年版　高島徹治著　ナツメ社
【要旨】最短最速で合格を勝ち取る！ 本書だけー「どこが出るか」「どんな出方をするか」を徹底的に分析！「出る順」並んでいるので、優先項目ほど先に勉強できる！ 盲点・難点でもラクに克服できる高島式勉強法を紹介！ ツボを押さえてラクラク合格実践型問題集。
2017.10 334p A5 ¥1500 ①978-4-8163-6314-6

◆自主保全士検定試験公式学科問題集 2017年度版　日本プラントメンテナンス協会編　日本能率協会マネジメントセンター
【要旨】オペレーターのための検定試験。1級・2級対応模擬問題＆過去問。
2017.6 131p A5 ¥1300 ①978-4-8207-5980-5

◆自主保全士検定試験公式実技問題集 2017年度版　日本プラントメンテナンス協会編　日本能率協会マネジメントセンター
【要旨】オペレーターのための検定試験。1級・2級対応実技試験問題の解答・解説。
2017.6 300p A5 ¥1300 ①978-4-8207-5981-2

◆詳解 第1種衛生管理者過去6回問題集 '18年版　コンデックス情報研究所編著　成美堂出版 （付属資料：別冊1）
【要旨】平成29年問題1月問～平成26年後期実施試験を徹底分析！ よく出る問題をくり返し学習できる。ポイントがわかる詳しい解説。新傾向に完全対応！ 各科目の出題頻度と問題形式を収録。
2018.1 199p A5 ¥1300 ①978-4-415-22623-1

◆詳解 第2種衛生管理者過去6回問題集 '18年版　コンデックス情報研究所編著　成美堂出版 （付属資料：別冊1; マークシート1）

【要旨】平成29年前期～平成26年後期実施試験を徹底分析！
2018.1 143p A5 ¥1100 ①978-4-415-22612-5

◆詳解 2級ボイラー技士過去6回問題集 '17年版　コンデックス情報研究所編著　成美堂出版　（付属資料：別冊1）
【要旨】平成28年前期～平成25年後期、公表試験を徹底分析！ 最新傾向がわかる！ 科目別の出題データ。法令改正に完全対応！
2017.3 135p A5 ¥1500 ①978-4-415-22459-6

◆上級バイオ技術者認定試験対策問題集 平成29年12月試験対応版　日本バイオ技術教育学会上級バイオ技術者認定試験問題研究会編　つちや書店
【要旨】過去3年間（平成26～28年実施）の問題＆解答・解説を収載。試験問題作成のための“ガイドライン”や“キーワード”も収録された受験生必須の一冊。
2017.8 190p A5 ¥3500 ①978-4-8069-1615-4

◆新レベル表対応版 QC検定2級対応問題・解説集　細谷克也編著、QC検定問題集編集委員会著　日科技連出版社　（品質管理検定試験受検対策シリーズ 2）　第2版
【要旨】解説を読むことによって、詳細な知識が養成され、出題範囲を効率よく勉強できる。○×式、記号選択式、論述式など、過去の問題形式に従っているので、問題の形に馴れることができ、自然にその解答能力が身につく。本番で想定される問題を精選し、出題範囲を広くカバーしている。
2017.5 272p A5 ¥2800 ①978-4-8171-9606-4

◆図解QC検定対策3級基本テキスト＋問題＆模擬問題　今里健一郎著　秀和システム
【要旨】図解で基礎からステップアップ。解く力がしっかり身につくから、合格できる！ QC検定3級模擬試験付。
2017.6 271p A5 ¥1800 ①978-4-7980-4930-4

◆スーパー暗記法合格マニュアル 給水装置工事主任技術者　関根康明著　日本理工出版会　新版
【目次】第1章 公衆衛生概論、第2章 水道行政、第3章 給水装置の概要、第4章 給水装置の構造及び性能、第5章 給水装置工事法、第6章 給水装置施工管理法、第7章 給水装置計画論、第8章 給水装置工事事務論、第9章 法令
2017.4 262p A5 ¥2500 ①978-4-89019-847-4

◆スピード完成！ 第1種・第2種 衛生管理者合格直結300問　山根義信編著、佐藤その著　高橋書店
【要旨】試験直前、2週間で間に合う！ 短期集中プログラム。
2017.4 301p A5 ¥1600 ①978-4-471-21063-2

◆スラスラ解ける！ 第1種衛生管理者ウラ技合格法 '17年版　コンデックス情報研究所編著　成美堂出版
【要旨】社労士、行政書士、宅建士等のウラ技合格法を開発してきた編者が、誰でもカンタンに使えるウラ技を大公開!!
2017.2 239p A5 ¥1400 ①978-4-415-22451-0

◆スラスラ解ける！ 第2種衛生管理者ウラ技合格法 '17年版　コンデックス情報研究所編著　成美堂出版
【要旨】社労士、行政書士、宅建士等のウラ技合格法を開発してきた編者が、誰でもカンタンに使えるウラ技を大公開!!
2017.2 207p A5 ¥1200 ①978-4-415-22452-7

◆全解2級ボイラー技士過去問題と解説 平成29年度版　ボイラー技士研究委員会著　科学図書出版　第6版
【要旨】平成20年前期～28年後期試験の出題問題、全720問解答とポイント解説付。
2017.5 526p A5 ¥2500 ①978-4-903904-77-1

◆第1種衛生管理者 一問一答パーフェクト1500問 '17～'18年版　衛生管理者試験対策研究会著　秀和システム
【要旨】過去10年、20回分相当の試験問題を収録。各問題を条文別、項目別にスッキリ整理。重要度表示（★～★★★）で効率学習。重要THP指針、メンタルヘルス指針、快適職場指針、リスクアセスメント指針）対応。直近公表問題（H29前期）解答解説つき。1日50問、30日間でムリなくマスター！
2017.6 447p A5 ¥1800 ①978-4-7980-5108-6

◆第1種衛生管理者過去7回本試験問題集 '17～'18年版　衛生管理者試験対策研究会著　秀和システム　（付属資料：別冊1；赤シート1）
【要旨】試験の概要と合格のしかたがよくわかる！ 切り離して使える、2色刷りの別冊解答！5枚すべての選択枝について詳細に解説！ 法令科目は解答の根拠となる条文を表示！ 赤シート対応だから、直前の総復習にも最適！ 最新の試験傾向、関連情報も掲載！ 平成29年前期～平成26年前期の試験収録。
2017.5 214p A5 ¥1400 ①978-4-7980-5106-2

◆第1種衛生管理者過去8回本試験問題集 2017年度版　荘司芳樹監修　新星出版社　（付属資料：別冊1）
【要旨】平成28年前期～平成24年後期の全問題を徹底解説。最新の制度・法律に対応。別冊解答・解説つき。
2017.2 207p A5 ¥1300 ①978-4-405-03726-7

◆第1種衛生管理者過去8回本試験問題集 2018年度版　荘司芳樹監修　新星出版社　（付属資料：別冊1）
【要旨】平成29年前期～平成25年後期の全問題を徹底解説。最新の制度・法律に対応。別冊解答・解説つき。
2017.2 207p A5 ¥1300 ①978-4-405-03731-1

◆第1種衛生管理者試験模範解答集 2017年版　深井綾子解答・解説　電気書院
【要旨】11年春～16年秋の公表問題12回分を収録。最新の「合格への近道」を収載。心に残る「語呂合わせ」も掲載。
2017.1 512p A5 ¥2200 ①978-4-485-22117-4

◆第1種衛生管理者試験問題集 解答＆解説 平成29年度版　中央労働災害防止協会編　中央労働災害防止協会
【要旨】過去10回分（5年分）の公表問題を、テーマごとに整理。「解答にあたってのポイント」を掲載。類問の出題に対応。頻出問題を、繰り返し学習でき、苦手を克服。全ての選択肢に解説つき。出題傾向を的確に把握。最新の関係法令に対応。「衛生管理（上）（下）第1種用」（中災防発行）テキストに準拠。
2017.2 580p A5 ¥2200 ①978-4-8059-1723-7

◆第1種衛生管理者集中レッスン '17年版　加藤利昭監修、コンデックス情報研究所編著　成美堂出版　（付属資料：赤シート1）
【要旨】過去問を詳細に分析し、合格に必要な頻出テーマをピックアップしました。1テーマを見開き2ページでコンパクトに整理しました。理解と記憶のスピードアップのために、図表・イラストを数多く収録しました。「出題パターン」では過去問から作成した○×問題で理解度をチェックできます。試験前には「ポイント」のみをチェックすることで知識が総まとめが可能です。
2017.2 255p A5 ¥1400 ①978-4-415-22438-1

◆第1種衛生管理者集中レッスン '18年版　加藤利昭監修、コンデックス情報研究所編著　成美堂出版　（付属資料：赤シート1）
【要旨】過去問を詳細に分析し、合格に必要な頻出テーマをピックアップしました。1テーマを見開き2ページでコンパクトに整理しました。理解と記憶のスピードアップのために、図表・イラストを数多く収録しました。「出題パターン」では過去問から作成した○×問題で理解度をチェックできます。試験前には「ポイント」のみをチェックすることで知識の総まとめが可能です。
2018.1 255p A5 ¥1400 ①978-4-415-22613-0

◆第一種衛生管理者免許試験対策 合格水準問題集 平成29年度版　ジョイフルサークル編　全国労働基準関係団体連合会、労働調査会 発売
【要旨】これからの出題傾向を占う、最新の公表試験問題にまず挑戦！ 試験問題を公表された順番に解くことで、実戦感覚がすぐに身につく問題集です。
2017.2 444p A5 ¥2000 ①978-4-86319-584-4

◆第2種衛生管理者 一問一答パーフェクト900問 '17～'18年版　衛生管理者試験対策研究会著　秀和システム

【要旨】過去10年、20回分相当の試験問題を収録。各問題を条文別、項目別にスッキリ整理。重要度表示（★～★★★）で効率学習。新傾向（THP指針、メンタルヘルス指針、快適職場指針）対応。直近公表問題（H29前期）解答解説つき。1日30問、30日間でムリなくマスター！
2017.6 263p A5 ¥1500 ①978-4-7980-5109-3

◆第2種衛生管理者過去7回本試験問題集 '17～'18年版　衛生管理者試験対策研究会著　秀和システム　（付属資料：別冊1；赤シート1）
【要旨】試験の概要と合格のしかたがよくわかる！ 切り離して使える、2色刷りの別冊解答！5枚すべての選択枝について詳細に解説！ 法令科目は解答の根拠となる条文を表示！ 赤シート対応だから、直前の総復習にも最適！ 最新の試験傾向、関連情報も掲載！ 平成29年前期～平成26年前期の試験収録。
2017.5 155p A5 ¥1200 ①978-4-7980-5107-9

◆第2種衛生管理者過去8回本試験問題集 2017年度版　荘司芳樹監修　新星出版社　（付属資料：別冊1）
【要旨】平成28年前期～平成24年後期の全問題を徹底解説。最新の制度・法律に対応。別冊解答・解説つき。
2017.2 143p A5 ¥1100 ①978-4-405-03727-4

◆第2種衛生管理者過去8回本試験問題集 2018年度版　荘司芳樹監修　新星出版社　（付属資料：別冊1）
【要旨】平成29年前期～平成25年後期の全問題を徹底解説。最新の制度・法律に対応。別冊解答・解説つき。
2018.1 143p A5 ¥1100 ①978-4-405-03732-8

◆第2種衛生管理者試験問題集 解答＆解説 平成29年度版　中央労働災害防止協会編　中央労働災害防止協会
【要旨】平成28年後期～平成24年前期、過去10回分（5年分）の公表問題を、テーマごとに整理。「解答にあたってのポイント」を掲載。類問の出題に対応。頻出問題を、繰り返し学習でき、苦手を克服。全ての選択肢に解説つき。出題傾向を的確に把握。最新の関係法令に対応。「衛生管理（上）（下）第2種用」（中災防発行）テキストに準拠。
2017.3 366p A5 ¥1500 ①978-4-8059-1743-5

◆第2種衛生管理者集中レッスン '18年版　加藤昭昭監修、コンデックス情報研究所編著　成美堂出版　（付属資料：赤シート1）
【要旨】過去問を詳細に分析し、合格に必要な頻出テーマをピックアップしました。1テーマを見開き2ページでコンパクトに整理しました。理解と記憶のスピードアップのために、図表・イラストを数多く収録しました。「出題パターン」では過去問から作成した○×問題で理解度をチェックできます。試験前には「ポイント」のみをチェックすることで知識の総まとめが可能です。
2018.1 191p A5 ¥1400 ①978-4-415-22614-9

◆第二種衛生管理者免許試験対策 合格水準問題集 平成29年度版　ジョイフルサークル編　全国労働基準関係団体連合会、労働調査会 発売
【要旨】これからの出題傾向を占う、最新の公表試験問題にまず挑戦！ 試験問題を公表された順番に解くことで、実戦感覚がすぐに身につく問題集です。
2017.2 298p A5 ¥1600 ①978-4-86319-585-1

◆対話でわかる3級QC検定試験　福井清輔編著　（大阪）弘文社
【要旨】今までにない対話形式で楽しみながらの学習！ 単元ごとの学習ポイントで学習内容を明確にし、豊富な確認（確認・実戦・模擬）で実戦力強化！ 改定レベル表対応！
2017 238p A5 ¥1800 ①978-4-7703-2702-4

◆対話でわかる4級QC検定試験テキスト＆問題集　福井清輔編著　（大阪）弘文社
【要旨】今までにない対話形式で楽しみながらの学習！ 豊富な確認（確認・実戦・模擬）で一発合格！ 改定レベル表対応！
2017 153p A5 ¥1500 ①978-4-7703-2724-6

◆短期攻略 コンクリート診断士・試験合格のポイント解説 2017　福手勤編著者、佐野清史、内藤英晴、佐藤幸一、武田一久著　セメント新聞社
【要旨】学習分野別に60講。四択・記述式問題対策を一冊で。2012～2016年度の問題をすべて収録。 2017.2 523p A5 ¥3250 ①978-4-906886-42-5

サイエンス・テクノロジー

◆**中級バイオ技術者認定試験対策問題集　平成29年12月試験対応版**　日本バイオ技術教育学会, 中級バイオ技術者認定試験問題研究会編　滋慶出版/つちや書店
【要旨】過去3年間（平成26〜28年実施）の問題＆解答・解説を収載！各試験科目のガイドライン、キーワード、受験要項。完成度が測れる「確認用チェックマーク」つき。
2017.6 198p A5 ¥3000 ①978-4-8069-1614-7

◆**超スピード合格！ 衛生管理者第1種＋第2種テキスト＆問題集**　立石周志著　翔泳社（安全衛生教科書）　（付属資料：赤シート1）第2版
【要旨】衛生管理者試験を知り尽くした著者が徹底攻略！強力な4ステップで最短合格へと導きます。ステップ1、要点を押さえてスイスイ理解！ステップ2、「章末問題」で章の理解度チェック！ステップ3、模擬試験問題（2回分）にチャレンジ！ステップ4、「重要キーワード集」で仕上げ！
2017.3 311p A5 ¥1800 ①978-4-7981-5075-8

◆**できる合格給水過去6年問題集　2017年版**　諏訪公監修, SKC産業開発センター編　週刊住宅新聞社　新訂第15版
【要旨】厚生労働省「給水装置データベース解説」によるできる合格「給水装置基本テキスト」準拠。H23〜28年までの全30問を、初めての方でもわかり易く解説!!一目で出題傾向が分かりテキストに戻る立体学習であなたの合格をアシストする！
2017.3 400p A5 ¥3000 ①978-4-7848-0804-5

◆**出るとこマスター！ 衛生管理者試験　平成29年上期版**　公論出版
【要旨】平成28年10月〜平成25年4月の公表問題をジャンル別に収録！新聞にも対応！よくでる問題がひと目でわかる!!
2017.1 383p A5 ¥1852 ①978-4-86275-081-5

◆**出るとこマスター！ 衛生管理者試験　平成29年下期版**　公論出版
【要旨】最新の出題傾向がわかる！公表問題8回分。平成29年4月〜平成25年10月の公表問題をジャンル別に収録！
2017.7 391p A5 ¥1852 ①978-4-86275-095-2

◆**特級技能検定試験問題集　平成28年度 第1集**　中央職業能力開発協会
【目次】第1章 特級技能検定の概要、第2章 平成28年度特級技能検定試験問題（鋳造、金属熱処理、機械加工、放電加工、金型製作、金属プレス加工、工場板金、金属材料試験、電気機器組立て、半導体製品製造、内燃機関組立て、空気圧装置組立て、油圧装置調整）
2017 312p A5 ¥1700 ①978-4-88769-601-3

◆**特級技能検定試験問題集　平成28年度 第2集**　中央職業能力開発協会
【目次】第1章 特級技能検定の概要、第2章 平成28年度特級技能検定試験問題（めっき、仕上げ、機械検査、ダイカスト、プリント配線板製造、自動販売機調整、光学機器製造、建設機械整備、婦人子供服製造、紳士服製造、プラスチック成形、パン製造）
2017 314p A5 ¥1700 ①978-4-88769-602-0

◆**二級ボイラー技士試験合格問題集**　三好康彦著　オーム社
【要旨】最新2017年まで過去4年分、計8回の試験問題をすべて掲載。出題科目ごとに過去問を分類。重要・頻出箇所がすぐにわかる！選択肢ごとに詳しい解説を掲載。この1冊で受験対策は完璧。
2017.7 240p A5 ¥2300 ①978-4-274-20973-2

◆**2級ボイラー技士試験 公表問題解答解説 平成29年版　平成25年後期〜平成28年前期**　日本ボイラ協会編著　日本ボイラ協会
【要旨】最新の問題傾向がわかる！公表問題を徹底分析してわかりやすく解説！解説に図表を掲載。
2017.1 248p A5 ¥2000 ①978-4-907619-12-1

◆**8ヵ年全問題収録 給水装置工事試験完全解答**　設備と管理編集部編　オーム社　改訂5版
【要旨】平成21年度〜平成28年度の問題・解答解説。
2017.4 450p A5 ¥2500 ①978-4-274-50661-1

◆**ビル管理士出るとこだけ！**　石原鉄郎著　翔泳社（建築土木教科書）　（付属資料：赤シート1）

【要旨】頻出項目の要点整理と過去問。180項目で全範囲を総まとめ！
2017.1 243p B6 ¥1900 ①978-4-7981-4882-3

◆**フォークリフト運転士テキスト**　中央労働災害防止協会編　中央労働災害防止協会　第3版
【目次】第1編 総則、第2編 フォークリフトの走行に関する装置の構造および取扱いの方法に関する知識、第3編 フォークリフトの荷役に関する装置の構造および取扱いの方法に関する知識、第4編 フォークリフトの運転に必要な力学に関する知識、第5編 関係法令、参考資料
2017.2 261p B5 ¥1500 ①978-4-8059-1716-9

◆**プラスチック成形技能検定 公開試験問題の解説 射出成形1・2級─平成25・26・27・28年度出題全問題とその解答および解説**　全日本プラスチック製品工業連合会編　（横浜）三光出版社　第22版
【目次】1 技能検定（学科試験）受検要領、2 平成25・26・27・28年度プラスチック成形技能検定学科試験問題（原文）および解答・解説
2017.3 222p A5 ¥3619 ①978-4-879181-03-9

◆**本試験に合格できる問題集！ クレーン・デリック学科試験（クレーン限定）**　山本誠一著　（大阪）弘文社
【要旨】学科試験合格の最短コース。本試験の過去問題を徹底分析。一目で分かる合格ポイント。模擬試験問題付き。
2017 351p A5 ¥2300 ①978-4-7703-2700-0

◆**やさしい2級ボイラー技士 図解テキスト＆過去8回問題集　'17年版**　公論出版
【要旨】平成28年10月〜平成25年4月公表問題＋解説。
2017.1 303p A5 ¥1667 ①978-4-86275-082-2

◆**やさしい2級ボイラー技士 図解テキスト＆過去8回問題集 '17年4月公表問題収録版**　公論出版
【目次】第1章 構造に関する知識（熱及び蒸気、ボイラーの水循環と伝熱 ほか）、第2章 取扱いに関する知識（運転操作（点火前と点火時）、運転操作（圧力上昇時の取扱い）ほか）、第3章 燃料及び燃焼に関する知識（燃料概論、重油の性質 ほか）、第4章 関係する法令（ボイラーの伝熱面積、各種検査 ほか）、第5章 過去問題集＆解答・解説
2017.6 303p A5 ¥1667 ①978-4-86275-092-1

◆**要点まる暗記！ 衛生管理者第1種・第2種合格テキスト '18年版**　小林孝雄著　成美堂出版　（付属資料：別冊1; 赤シート1）
【要旨】第1種と第2種の両方に完全対応。合格に直結する重要事項を集中解説。文字を隠せる赤シートでラクラク暗記。
2017.12 311p A5 ¥1800 ①978-4-415-22577-7

◆**予防技術検定集中トレーニング**　予防技術検定問題研究会編著　東京法令出版　2・4訂版
【要旨】本書は、平成29年4月1日現在公布・施行された法令改正を収録。
2017.8 446p A5 ¥4000 ①978-4-8090-2440-5

◆**らくらく突破 衛生管理者第1種・第2種 合格教本**　奥田真史著　技術評論社
【要旨】本書は第1種衛生管理者試験、第2種衛生管理者試験、特例第1種衛生管理者試験を受験する方を対象としたテキストです。衛生管理者試験の通信講座、講習会を開催し、受講者の生の声を聴きながらノウハウの蓄積をしてきた著者が、わかりやすく、丁寧に解説しています。1つのテーマが2〜6ページ構成となっており、短時間でポイントを絞った学習が可能です。また、各章の演習問題は公表試験問題を掲載。実際の試験でも戸惑うことなく試験に臨めます。さらに巻末には模擬試験が付いています。試験の学習から問題演習まで1冊でカバーできます。
2017.5 351p A5 ¥1980 ①978-4-7741-8932-1

◆**6ヵ年全問題収録 浄化槽管理士試験完全解答**　設備と管理編集部編　オーム社　改訂5版
【要旨】平成23年度〜平成28年度の問題・解答解説。
2017.6 448p A5 ¥2500 ①978-4-274-50567-3

◆**わかりやすいコンクリート技士合格テキスト**　東和博編著　（大阪）弘文社
【要旨】この1冊で合格できる！特別付録として1回分の模擬テスト付き！
2017 326p A5 ¥2500 ①978-4-7703-2722-4

◆**わかりやすい第二種衛生管理者試験**　工藤政孝編著　（大阪）弘文社　改訂第2版

【要旨】最新の試験傾向に照準をしぼった大改訂新版！巻末に重要ポイントのまとめを「合格大作戦」と名づけて編集。ゴロ合わせを採用し、イラストを多用。
2017 281p A5 ¥1800 ①978-4-7703-2716-1

◆**QC検定4級模擬問題集**　子安弘美著　電気書院　（付属資料：赤シート1）
【要旨】合格への道と合格後の実務での活用ができる!!各項独立で自由に学べる!!企業活動の基本は、一般常識をわかりやすく記述!!手法編は基礎を容易に理解できるように解説!!実践編は言葉の定義と基本事項から実務での応用事例まで。
2017.2 126p A5 ¥1200 ①978-4-485-22118-1

◆**U‐CANの2級ボイラー技士合格テキスト**　U‐CANボイラー技士試験研究会編　ユーキャン学び出版, 自由国民社発売　（付属資料：別冊1）
【要旨】試験突破に必要な項目を凝縮。28日間で合格力完成へ！無理なく続けられるこの一冊は、全ての初学者に、必読の書！知識定着UP！レッスン末の○×確認テスト。図表が豊富！やさしい解説とイラスト！重要度表示！試験頻出の重要箇所を厳選。
2017.5 301, 13p A5 ¥2000 ①978-4-426-60968-9

弁理士・技術士

◆**過去問7年分＋本年度予想技術士第一次試験基礎・適性科目対策＋超重要項目短期攻略レジュメ　'17年版**　山口潤一郎著　秀和システム　（付属資料：別冊1）
【要旨】試験ガイド・傾向と対策。超重要項目短期攻略レジュメ。平成22〜28年度試験問題。平成29年度予想模擬試験。参考資料：基礎・適性頻出用語集・重要条文。平成22〜28年度試験正答・解説。平成29年度予想模擬試験正答・解説。
2017.3 393p A5 ¥2300 ①978-4-7980-4982-3

◆**過去問7年分＋本年度予想 技術士第一次試験 建設部門対策　'17年版**　浜口智洋著　秀和システム　（付属資料：別冊1）
【要旨】技術士試験の概要がよくわかる！正答・解説が別冊なので使いやすい！本年度予想模擬試験収録！毎日の学習、試験直前の総復習に最適！一次建設部門試験対策決定版！
2017.1 219p A5 ¥2500 ①978-4-7980-4871-0

◆**技術士試験 "建設部門" 傾向と対策 2017年度**　CEネットワーク編　鹿島出版会
【要旨】第二次試験の必須科目である択一式問題について、国土交通白書2016に基づく予想問題を掲載しています。平成28年度択一式出題問題の解答と解説を掲載しています。選択科目ごとに「専門知識と応用能力を問う問題」、「課題解決能力を問う問題」の出題傾向および予想問題の論文解答例等を多数掲載しています。選択科目ごとに出題傾向と対策及び平成29年度試験の出題予想を掲載しています。現役の技術士集団が執筆・編集しています。
2017.2 263p A5 ¥2500 ①978-4-306-02482-3

◆**技術士試験 "上下水道部門" 傾向と対策 2017年度**　CEネットワーク編　鹿島出版会
【要旨】第二次試験の必須科目である択一式問題について、出題頻度の高い予想問題を掲載しています。上工水は「水道施設設計指針2012」、下水道は「下水道施設計画・設計指針と解説2009年版」に準拠した予想問題を掲載しています。キーワード体系表により、合格に必要な学習事項と対策を短期間で習得できます。上工水・下水道とも「専門知識と応用能力を問う問題」と「課題解決能力を問う問題」の出題傾向および予想問題の論文解答例を多数掲載しています。現役の技術士集団が執筆・編集しています。
2017.2 271p A5 ¥2500 ①978-4-306-02483-0

◆**技術士試験 上下水道部門 択一式問題集**　CEネットワーク編　鹿島出版会
【要旨】平成25〜28年度第一次試験、第二次試験、択一式試験の出題問題を掲載。類似問題が出題された過去年度を記載。最新の設計指針等に基づく詳細な解説。正誤の根拠となる参考文献のページを明示。問題の各記述文に正誤選択肢の記入欄付き。問題に3回の演習チェック欄付き。
2017.3 247p A5 ¥2500 ①978-4-306-02486-1

◆**技術士試験 "総合技術監理部門" 傾向と対策 2017年度**　CEネットワーク編　鹿島出版会

【要旨】過去5年間の出題傾向を分析し、予想問題として厳選された100問を掲載しています。キーワード体系表を利用して、各管理分野の広範囲に及ぶ専門用語とその内容や位置づけを把握することができます。平成24～28年度記述式問題の論文解答例と論文作成の思考プロセスを掲載しています。総合技術監理部門の技術士として必要な専門知識を短期間で理解するために役立ちます。現役の技術士集団が執筆・編集しています。

2017.2 303p A5 ¥2500 ①978-4-306-02484-7

◆技術士第一次試験「環境部門」専門科目 問題と対策　技術戦略ネットワーク編著　日刊工業新聞社　第2版
【要旨】「環境部門」の過去問題集。過去問題から出題傾向を分析。過去問題の中から厳選して解説＋キーワードを紹介。

2017.3 233p A5 ¥2800 ①978-4-526-07686-2

◆技術士第一次試験「機械部門」専門科目過去問題 解答と解説　Net・P.E.Jp編著　日刊工業新聞社　第7版
【要旨】「機械部門」の過去問題集。平成28年度問題＋過去7年間に出題された過去問題の中から解答例＋解説＋キーワードを紹介。

2017.5 302p A5 ¥2400 ①978-4-526-07711-1

◆技術士第一次試験 基礎・適性科目完全解答　オーム社編　オーム社
【要旨】平成22～28年度までの基礎科目195問と適性科目105問の全問題と模範解答を完全収録！平成29年度予想問題付き！

2017.2 1Vol. A5 ¥2300 ①978-4-274-50647-5

◆技術士第一次試験「基礎・適性」科目キーワード700　Net・P.E.Jp編著　日刊工業新聞社　第5版
【目次】第1章 試験の概要と試験対策、第2章 基礎科目 設計・計画キーワード100、第3章 基礎科目 情報・論理キーワード100、第4章 基礎科目 解析キーワード100、第5章 基礎科目 材料・化学・バイオキーワード100、第6章 基礎科目 環境・エネルギー・技術キーワード100、第7章 適性科目 キーワード200

2017.4 282p A5 ¥2300 ①978-4-526-07701-2

◆技術士第一次試験「基礎・適性」科目予想＆過去問題集　平成29年度版　技術戦略ネットワーク編著　日刊工業新聞社
【要旨】出題年度別のキーワード分析で傾向把握。出題頻度の高い基本事項の学習。「基礎」と「応用」の2つからなる予想問題。平成28年度出題に対する平易な解説。

2017.3 299p A5 ¥2600 ①978-4-526-07677-0

◆技術士第一次試験「建設部門」受験必修問題300　平成29年度版　杉内正弘著　日刊工業新聞社
【要旨】オリジナル模擬問題300問＋平成28年度問題解答解説。

2017.3 324p A5 ¥2900 ①978-4-526-07688-6

◆技術士第一次試験「建設部門」専門科目受験必修過去問題集 解答と解説　平成29年度版　杉内正弘編著　日刊工業新聞社
【要旨】過去10年間（平成19～28年度）の試験問題＋解答解説をすべて網羅。

2017.3 378p A5 ¥2700 ①978-4-526-07668-8

◆技術士第一次試験「上下水道部門」専門科目択一式問題厳選250問 解答と解説　松山正弘、林知幸編著　日刊工業新聞社　第2版
【目次】第1章 技術士とは、第2章 技術士第一次試験制度について、第3章 過去の択一問題の分析、第4章 勉強法について、第5章 問題と解説

2017.3 295p A5 ¥2600 ①978-4-526-07689-3

◆技術士第一次試験「情報工学部門」専門科目 問題と対策　技術戦略ネットワーク編著　日刊工業新聞社
【要旨】「情報工学部門」の過去問題集。過去問題から出題傾向を分析。過去問題の中から厳選して解説＋キーワードを紹介。

2017.4 204p A5 ¥2500 ①978-4-526-07705-0

◆技術士第一次試験出るとこだけ！ 基礎・適性科目の要点整理　堀与志男著　翔泳社（付属資料：赤シート1）
【要旨】技術士第一次試験で出題頻度の高い、重要なテーマばかりを集めました。この1冊で「基礎科目」「適性科目」に対応しています。持ち歩きに便利なポケットサイズです。休み時間や通勤・通学時間など、ちょっとしたスキマ時間を

利用して学習できます。特に重要な用語や公式、正答を選ぶ際にポイントとなるキーワードについては、本書付属の赤いシートで隠せます。学習のおさらいに最適です。

2017.5 223p 19cm ¥2000 ①978-4-7981-5057-4

◆技術士第一次試験 電気電子部門 過去問題集 2017年版　前田隆文著　電気書院
【要旨】平成19年度～平成28年度、過去10年間の問題を収録。

2017.3 457p A5 ¥2800 ①978-4-485-22033-7

◆技術士第一次試験「電気電子部門」択一式問題200選　福田遵編著　日刊工業新聞社　第5版
【要旨】過去5年分の試験問題を中心にそれ以前の厳選問題も加えて、200問を超える問題を収録。2017.3 250p A5 ¥2800 ①978-4-526-07685-5

◆技術士第一次試験問題集基礎・適性科目パーフェクト 2017年版　堀与志男著　翔泳社（技術士教科書）
【要旨】試験実施年度ごとに、「問題文＋解答・解説」の順番で掲載しています。合格基準をクリアする実力を付けるのに十分な7回分の過去問題を収録しています。

2017.2 359p A5 ¥2200 ①978-4-7981-5056-7

◆技術士第二次試験「環境部門」問題と対策（論文例付）　技術戦略ネットワーク編著　日刊工業新聞社　第2版
【要旨】「環境部門」の過去問題集。記述式試験の論文例を掲載。過去問題の解説＋キーワードを紹介。

2017.3 248p A5 ¥3000 ①978-4-526-07687-9

◆技術士第二次試験「機械部門」要点と“論文試験”解答例　福田遵監修、大原良友著　日刊工業新聞社
【目次】第1章 技術士第二次試験について、第2章 選択科目（2・1）の要点と解答例、第3章 選択科目（2・2）の要点と解答例、第4章 選択科目（3）の要点と解答例、第5章 必須科目（1）について、第6章 口頭試験対策

2017.1 280p A5 ¥2500 ①978-4-526-07645-9

◆技術士第二次試験建設部門合格指南 2017年版　日経コンストラクション編　日経BP社、日経BPマーケティング 発売
【要旨】必須のキーワードを効率的に把握。頻出テーマを踏まえて択一式も攻略。合格論文の書き方がわかる！

2017.3 391p A5 ¥3500 ①978-4-8222-3525-3

◆技術士第二次試験建設部門最新キーワード100 2017年版　西村隆司、日経コンストラクション編著　日経BP社、日経BPマーケティング 発売
【要旨】解答に必須の知識を短期間で豊富な図表で要点を効率的に頻出テーマの背景や動向も理解。

2017.7 229p A5 ¥2800 ①978-4-8222-3529-1

◆技術士第二次試験建設部門択一式対策厳選100問 2017年版　日経コンストラクション編　日経BP社、日経BPマーケティング 発売
【要旨】必須の知識を想定問題で効率的に改正後の出題内容を全問解説。290の重要キーワードを一覧で。

2017.5 282p A5 ¥2800 ①978-4-8222-3528-4

◆技術士第二次試験「建設部門」択一式問題150選 平成29年度版　福田遵編著、羽原啓司著　日刊工業新聞社
【目次】第1章 技術士第二次試験について、社会経済と建設産業、社会資本整備と国土計画、交通と物流、入札・契約とコスト改善、品質確保、地域活性化とユニバーサル社会、情報化と国際化、安全・安心な社会の構築、循環型社会の構築、環境とエネルギー、建設政策・用語

2017.1 263p A5 ¥2200 ①978-4-526-07650-3

◆技術士第二次試験 建設部門 答案作成のテクニック—5つの手順で書いてみよう　森谷仁著　オーム社
【目次】1章 答案の書き方の基本を学ぼう（答案をわかりやすく書くこと、答案の書き方の基本事項、わかりやすい文を書く）、2章 5つの手順を使った答案の書き方（要点法について、5つの手順について、答案の概要を作成する、5つの手順を使って答案を書いてみよう）、3章 解答すべきことの要点（解答の要点）を考える（解答の要点を考えよう、各選択科目の問題）、4章 手順2から手順5の考え方を使った業務内容の詳細の書き方（業務内容の詳細、業務内容の詳細の書き方

いてみよう）、5章 手順3と手順4を日常業務の中で使ってみよう（手順3と手順4に慣れよう、手順3と手順4の日常業務の中での使い方）

2017.3 183p A5 ¥2000 ①978-4-274-22044-9

◆技術士第二次試験「建設部門」必須科目択一試験過去問題 解答と解説 平成29年度版　杉内正弘編著　日刊工業新聞社
【要旨】平成25～28年度および平成13～18年度までの択一試験過去問題を解答、新たに解説。

2017.1 382p A5 ¥2400 ①978-4-526-07648-0

◆技術士第二次試験「建設部門」必須科目択一対策キーワード 平成29年度版　杉内正弘著　日刊工業新聞社
【要旨】効率的なキーワード学習で二次試験をサクサク突破！

2017.1 359p A5 ¥2600 ①978-4-526-07647-3

◆技術士第二次試験「建設部門」要点と“論文試験”解答例　福田遵監修、羽原啓司著　日刊工業新聞社
【目次】第1章 技術士第二次試験について、第2章 選択科目（2・1）の要点と解答例、第3章 選択科目（2・2）の要点と解答例、第4章 選択科目（3）の要点と解答例、第5章 必須科目（1）について、第6章 口頭試験対策

2017.1 256p A5 ¥2500 ①978-4-526-07651-0

◆技術士第二次試験 最短ルートの正しい勉強法　技術士の学校監修、下所諭著　中央経済社、中央経済グループパブリッシング 発売
【要旨】誰も教えてくれなかった合格へのアプローチ。課題解決能力・応用能力を身につける。試験のルール、適切な勉強方法、計画の立て方や継続するための工夫を紹介。

2017.8 170p A5 ¥2000 ①978-4-502-23501-6

◆技術士第二次試験「電気電子部門」要点と“論文試験”解答例　福田遵著　日刊工業新聞社
【目次】第1章 技術士第二次試験について、第2章 選択科目（2・1）の要点と解答例、第3章 選択科目（2・2）の要点と解答例、第4章 選択科目（3）の要点と解答例、第5章 必須科目（1）について、第6章 口頭試験対策

2017.1 222p A5 ¥2500 ①978-4-526-07646-6

◆技術士第二次試験 評価される論文の書き方　技術士の学校監修、下所諭著　中央経済社、中央経済グループパブリッシング 発売
【要旨】技術士としてふさわしい論文を量産できるようになる！ 筆記試験（記述式）の評価基準を踏まえ、論文構成の検討から記述の方法までを、具体例を交えて丁寧に解説。

2017.9 166p A5 ¥2000 ①978-4-502-23511-5

◆絶対合格テキスト＆最新過去問＆予想模試 技術士第二次試験建設部門対策 ’18年版　浜口智洋著　秀和システム
【要旨】試験はもちろん！ 提出書類から面接までフルカバー！ テキスト＋過去問＋予想模試の全部入り！

2017.11 371p A5 ¥3500 ①978-4-7980-5327-1

◆弁理士 合格体験記と講師が教える学習法　弁理士受験新報編集部編　法学書院
【目次】第1部 講師が教える学習法（短答試験対策、論文試験（必須科目）対策）、第2部 合格者に学ぶ実践学習法（徹底した敗因分析と繰り返しが大切、出題傾向と問いの深さを早く知ることが重要、勉強の質と時間効率を重視した、ワーキングマザーの一年合格体験記、一緒に合格したいと思える仲間がいた、三つの試験は、やっぱり過去問が重要、自分の未来の可能性を信じて努力をする、戦い抜く力、望みを捨てぬまれのみが、道を開く、幅を広げすぎない勉強）

2017.3 224p B6 ¥1600 ①978-4-587-56157-4

◆弁理士試験 口述試験過去問題集 2017年度版　TAC弁理士講座編　早稲田経営出版
【要旨】口述試験合格に必要な情報はここにある！ 平成19年～平成28年の口述試験の過去問をQ&A形式で掲載。

2017.1 503p A5 ¥5600 ①978-4-8471-4270-3

◆弁理士試験 口述試験バイブル　TAC弁理士講座編著　早稲田経営出版　第5版
【要旨】口述試験で問われる用語をずばり掲載！ 過去の出題を徹底分析し、重要なテーマに絞り込んで解説。

2017.6 361p A5 ¥4200 ①978-4-8471-4308-3

◆弁理士試験 四法横断法文集　TAC弁理士講座編　早稲田経営出版　第6版

サイエンス・テクノロジー

サイエンス・テクノロジー

【要旨】弁理士試験短答式筆記試験に対応した法文集！四法を並列的に掲載しているので「横断的な学習」が可能。条文ごとに短答式本試験の問題番号および枝番号を掲載。
2017.12 804p A5 ¥4600 ①978-4-8471-4383-0

◆**弁理士試験体系別短答過去問 条約・著作権法・不正競争防止法 2018年版** LEC東京リーガルマインド編著 東京リーガルマインド 第14版
【要旨】平成20年から29年まで10年分の短答式試験の過去問を収録！
2017.11 431p A5 ¥2600 ①978-4-8449-9580-7

◆**弁理士試験体系別短答過去問 特許法・実用新案法・意匠法・商標法 2018年版** LEC東京リーガルマインド編著 東京リーガルマインド 第14版
【要旨】平成20年から29年まで10年分の短答式試験の過去問を収録！
2017.11 903p A5 ¥4100 ①978-4-8449-9579-1

◆**弁理士試験 体系別短答式過去5年問題集 2018年度版** TAC弁理士講座編 早稲田経営出版
【要旨】過去問を平成25年～29年の直近5年に絞り込み、詳細な解答・解説を体系別に収録!!
2017.10 857p A5 ¥5400 ①978-4-8471-4381-6

◆**弁理士試験 体系別短答式枝別過去問題集 2018年度版** TAC弁理士講座編 早稲田経営出版
【要旨】過去14年間に行われた短答式試験問題を精査、厳選！ 近年の出題傾向にあった枝を体系別に1,762枚掲載！
2017.10 707p A5 ¥4800 ①978-4-8471-4382-3

◆**弁理士試験法文集 平成29年度版** TAC弁理士講座編 早稲田経営出版
【要旨】平成29年1月10日時点で公表されている法文に対応。弁理士試験受験生・実務家に対応した法文集！ 論文本試験で配布される法文集と同一内容、同一形式で収録！
2017.2 1169p A5 ¥4000 ①978-4-8471-4271-0

◆**弁理士試験論文式試験過去問題集 2018年度版** TAC弁理士講座編 早稲田経営出版
【要旨】平成20年度～29年度の10年分の過去問題と解説を収録。『問題文の読み方』と『模範答案』も掲載！
2017.11 623p A5 ¥6300 ①978-4-8471-4384-7

◆**宮口式 弁理士試験一発合格バイブル** 宮口聡著 中央経済社, 中央経済グループパブリッシング 発売
【要旨】上四法の攻め方は？ 過去問は何回解く？ 論文式の"地雷原"って何？ 業界トップ講師が教える究極の攻略法。
2017.7 151p A5 ¥1800 ①978-4-502-23301-2

◆**世の中を元気にする技術士を目指せ** 本田潔編著 （大阪）弘文社
【要旨】勉強の仕方、解答の仕方、面接の受け方が分かれば！ あなたも明日から技術士の仲間入り。業務にもどの部門にも役立つ技術士二次試験必勝法。
2017 228p A5 ¥1800 ①978-4-7703-2714-7

電験・電気工事士・電子機器

◆**1回で受かる！ 1級電気工事施工管理技術検定合格テキスト** コンデックス情報研究所編著 成美堂出版 （付属資料：赤シート1）
【要旨】豊富な図版と要点がつかめる解説で、無理なく合格力アップ。用語を隠せる赤シート、ゴロ合わせで暗記対策も万全。学科試験と実地試験の両方に対応。
2017.9 423p A5 ¥2400 ①978-4-415-22450-3

◆**1回で受かる！ 第二種電気工事士合格テキスト '18年版** 河原康志著 成美堂出版 （付属資料：別冊1; 赤シート1）
【要旨】工具や材料、器具などはカラー写真で掲載。鑑定問題で確実に得点できるようになります。用語や数値を隠して覚える赤シート対応。理論、法令に関連した問題の対策に効果的。意外と手こずる計算問題を徹底攻略する別冊付。算数の基礎から無理なく学べます。
2018.1 255p A5 ¥1500 ①978-4-415-22621-7

◆**1級電気工事施工管理技士学科過去問解説集 2018年版** 1級電気工事施工管理技士教材研究会編著 建築資料研究社
【要旨】過去10年（平成20～29年）に出題された学科試験問題を年度別に収録。全920問に解答・解説を施し完全掲載した、過去問解説集の決定版！
2017.10 728p B5 ¥3500 ①978-4-86358-516-4

◆**1級電気工事施工管理技士学科基本テキスト 2018年版** 1級電気工事施工管理技士教材研究会編著 建築資料研究社
【要旨】過去の出題内容の分析に基づき、合格に必要な学習項目を網羅・解説。学習項目ごとにポイント、補足説明、用語解説、出題年度も明示。
2017.10 474p B5 ¥3000 ①978-4-86358-515-7

◆**1級電気工事施工管理技士実地試験対策集 2017年版** 1級電気工事施工管理技士教材研究会編著 建築資料研究社
【要旨】過去の出題内容を徹底分析！ ポイントを押さえた実戦的編集。必要項目を網羅・解説したテキスト編。近年の問題（平成19年度～平成28年度）の問題解説編。
2017.2 286p B5 ¥3000 ①978-4-86358-485-3

◆**1級電気工事施工管理技士出題順問題集 平成30年度版** 電気工事施工管理技士受験テキスト編修委員会編 市ヶ谷出版社 （付属資料：別冊1）
【要旨】超整理。実力UP！ 速攻合格。本試験と同じ形式で、実戦を体験しよう！（解答・ワンポイント解説書付き）試験直前の自学自習に最適！ 最新5年間（25～29年）の全問題を解説！
2017.10 1Vol. A5 ¥2200 ①978-4-87071-700-8

◆**1級電気工事施工管理技術検定試験模範解答集 平成30年版** 大嶋輝夫著 日本教育訓練センター
【要旨】平成24年～29年の6年間を収録。過去6年間に実施された筆記問題・実地試験の問題と、詳しくわかりやすい解説を収録。合格するためには、過去問のマスターが最も大切！
2017.11 483p A5 ¥2400 ①978-4-86418-077-1

◆**1級電気工事施工管理技術検定試験問題解説集録版 2018年版** 地域開発研究所編 地域開発研究所
【要旨】H24～H29問題・解説。H20～H23問題・ヒント。
2017.11 630p B5 ¥3400 ①978-4-88615-321-0

◆**1級電気工事施工管理技術検定実地試験問題解説集 平成29年版** 地域開発研究所編 地域開発研究所
【要旨】H19～H28問題・解説。施工経験記述問題対応!!良い評価をもらうための書き方。
2017.3 283p B5 ¥3000 ①978-4-88615-306-7

◆**一種電工技能試験―DVD付き 2017年公表問題版** オーム社編 オーム社 （付属資料：DVD1）
【要旨】姉妹書『2017年版第一種電気工事士技能試験公表問題の合格解答』で予想した施工条件を元に、全10問の施工作業映像を収録。問題ごとにさまざまな仕方で施工。新「欠陥の判断基準」対応。
2017.7 86p B5 ¥3200 ①978-4-274-50668-0

◆**一発合格！ やさしくわかる電験三種 機械テキスト&問題集** 鈴木淳著 ナツメ社 （付属資料：別冊1）
【要旨】最新の出題傾向を分析し、合格に必要な重要項目を網羅！ 章末の演習問題で各分野の理解度を把握！ 巻末に模擬試験と解答・解説を収録！ 別冊で重要ポイントやキーワードがいつでも確認できる！
2017.3 447p A5 ¥3000 ①978-4-8163-6169-2

◆**一発合格！ やさしくわかる電験三種 電力テキスト&問題集** 跡部康秀著 ナツメ社 （付属資料：別冊1）
【要旨】最新の出題傾向を分析し、合格に必要な重要項目を網羅！ 章末の演習問題で各分野の理解度を把握！ 巻末に模擬試験と解答・解説を収録！ 別冊でキーワードがいつでも確認できる！
2017.3 383p A5 ¥3000 ①978-4-8163-6170-8

◆**一発合格！ やさしくわかる電験三種 法規テキスト&問題集** 副島健生著 ナツメ社 （付属資料：別冊1）
【要旨】過去20年分の出題傾向を分析し、合格に必要な重要項目を網羅！ 章末の演習問題で各分野の理解度を把握！ 巻末に模擬試験と解答・解

説を収録！ 別冊でキーワードがいつでも確認できる！
2017.3 351p A5 ¥2400 ①978-4-8163-6171-5

◆**一発合格！ やさしくわかる電験三種 理論テキスト&問題集** 跡部康秀著 ナツメ社 （付属資料：別冊1）
【要旨】最新の出題傾向を分析し、合格に必要な重要項目を網羅！ 章末の演習問題で各分野の理解度を把握！ 巻末に模擬試験と解答・解説を収録！ 別冊でキーワードがいつでも確認できる！
2017.3 383p A5 ¥2600 ①978-4-8163-6168-5

◆**受かる電験2種一次 機械** 岡村幸壽著 電気書院
【目次】第1章 回転機、第2章 静止器、第3章 パワーエレクトロニクス、第4章 電動機応用、第5章 照明、第6章 電熱・電気加工、第7章 電気化学、第8章 自動制御・メカトロニクス、第9章 情報伝送および処理
2017.10 208p A5 ¥2800 ①978-4-485-10223-7

◆**受かる電験2種一次 電力** 植田福広著 電気書院
【目次】第1章 水力発電、第2章 火力発電、第3章 原子力発電、第4章 その他の発電方式、第5章 発電一般、第6章 変電、第7章 送電、第8章 配電、第9章 電気材料
2017.10 289p A5 ¥3400 ①978-4-485-10222-0

◆**受かる電験2種一次 法規** 田沼和夫著 電気書院
【目次】第1章 電気事業法（電気事業法の目的、電気工作物の種類 ほか）、第2章 電気工事士法、電気工事業法（電気工事の種類と資格、電気工事業の登録、電気用品安全法 ほか）、第3章 電気用品安全法（電気用品安全法、電気設備技術基準・解釈（用語の定義、電路の絶縁 ほか）、第5章 電気施設管理（負荷の種類と特性、周波数の調整 ほか）
2017.10 281p A5 ¥3200 ①978-4-485-10224-4

◆**受かる電験2種一次 理論** 跡部康秀著 電気書院
【目次】第1章 静電気、第2章 電滋気、第3章 直流回路、第4章 交流回路、第5章 三相交流、第6章 過渡現象、第7章 特殊現象、第8章 電気計測、第9章 半導体・電子回路
2017.10 276p A5 ¥3200 ①978-4-485-10221-3

◆**エクセレントドリル 1級電気工事施工管理技士試験によく出る重要問題集 平成29年版** 片上男次, 小坂睦夫, 本庄英智執筆 市ヶ谷出版社 （付属資料：別冊1）
【要旨】27年度までの問題を中心に、重要問題をピックアップ。出題傾向分析は、各章ごとに掲載。
2017.2 331p A5 ¥2700 ①978-4-87071-399-4

◆**完全マスター電験三種受験テキスト 電気数学** 大谷嘉能, 幅敏明共著 オーム社 改訂2版
【目次】1 数学の基礎事項、2 式の計算、3 方程式とその解き方、4 関数とグラフ、5 三角関数、6 ベクトルと複素数、7 伝達関数と周波数応答、8 2進法と論理式
2017.7 246p A5 ¥2400 ①978-4-274-22084-5

◆**合格マスター 電験三種 機械 平成30年度版** 東京電機大学電験研究会編 東京電機大学出版局 第13版
【要旨】平成29年度試験問題と答、過去10年間の出題傾向表。
2017.11 311p A5 ¥2800 ①978-4-501-21580-4

◆**合格マスター 電験三種 電力 平成30年度版** 東京電機大学電験研究会編 東京電機大学出版局 第13版
【要旨】平成29年度試験問題と答、過去10年間の出題傾向表。
2017.11 256p A5 ¥2500 ①978-4-501-21570-5

◆**合格マスター 電験三種 法規 平成30年度版** 東京電機大学電験研究会編 東京電機大学出版局 第13版
【要旨】平成29年度試験問題と答、過去10年間の出題傾向表。
2017.11 233p A5 ¥2300 ①978-4-501-21590-3

◆**合格マスター 電験三種 理論 平成30年度版** 東京電機大学電験研究会編 東京電機大学出版局 第13版
【要旨】平成29年度試験問題と答、過去10年間の出題傾向表。
2017.11 297p A5 ¥2700 ①978-4-501-21560-6

◆これだけ法規　石橋千尋, 霜出外茂治著　電気書院（電験第2種一次試験これだけシリーズ）改訂2版
【目次】第1章 電気事業法および関連法令（電気事業法の目的、電気工作物の分類 ほか）、第2章 電気工事士法および電気用品安全法（電気工事士法と電気工事業法、電気用品安全法 ほか）、第3章 電気設備技術基準とその解釈（用語の定義、電路の絶縁 ほか）、第4章 施設管理（電力系統の安定度、周波数の調整 ほか）
2017.9 290p A5 ¥2600 ①978-4-485-10047-9

◆最速合格！ 2級電気工事施工管理技士試験 学科50回テスト　若月輝彦編著　（大阪）弘文社（国家・資格シリーズ）第5版
【要旨】50回分のテーマ別小テストで構成。「電気設備の技術基準の解釈」の改正に対応！ 試験に出るところだけを絞り込んで、最小時間での合格到達をサポート。
2017 227p A5 ¥1700 ①978-4-7703-2713-0

◆詳解 第一種電気工事士筆記試験過去問題集 '17年版　コンデックス情報研究所編著　成美堂出版（付属資料：別冊1）
【要旨】直近5年分の筆記試験を完全解説。解答・解説は別冊取り外し式。答え合わせしやすい。筆記試験の要点がわかる充実解説。
2017.2 135p A5 ¥1200 ①978-4-415-22393-3

◆詳解 第一種電気工事士筆記試験過去問題集 '18年版　コンデックス情報研究所編著　成美堂出版（付属資料：別冊1）
【要旨】平成25年度～平成29年度の直近5年の筆記試験を完全解説。解答・解説は別冊取り外し式。答え合わせしやすい。筆記試験の要点がわかる充実解説。最新の電技解釈に対応。
2018.1 135p A5 ¥1200 ①978-4-415-22620-0

◆詳解 第二種電気工事士筆記試験過去問題集 '18年版　コンデックス情報研究所編著　成美堂出版（付属資料：別冊1）
【要旨】平成29～27年の3年分。配線図は特に丁寧に解説。最新の電技解釈に対応。筆記試験の要点がわかる充実解説。
2018.1 143p A5 ¥900 ①978-4-415-22622-4

◆詳解 三種過去5年間問題集 '17年版　菅原宏之監修　成美堂出版（付属資料：別冊1）
【要旨】平成28年～24年までの5年分の本試験問題と別冊の解答・解説。出題傾向分類表と29年度試験の科目別予想ポイントを掲載。
2017.2 292p A5 ¥1900 ①978-4-415-22414-5

◆すいーっと合格赤のハンディぜんぶ解くべし！ 第2種電気工事士筆記過去問 2018　藤瀧和弘著　ツールボックス, オーム社 発売
【要旨】過去問題560題、平成20年～29年の10年分。
2017.12 587p 19×13cm ¥980 ①978-4-907394-49-3

◆スーパー暗記法合格マニュアル 第1種電気工事士試験　関根康明著　日本理工出版会 新版
【目次】第1章 電気理論、第2章 配電理論・配線設計、第3章 電気機器、第4章 発電・送電、第5章 配線図、第6章 電気工事・検査、第7章 法令、第8章 技能試験
2017.6 248p A5 ¥2500 ①978-4-89019-301-1

◆ぜんぶ絵で見て覚える 第1種電気工事士技能試験すいーっと合格 2017年版　藤瀧和弘著　ツールボックス, オーム社 発売
【要旨】平成29年度候補問題の全想定解答！ 候補全問の詳細完成施工図付き！ 合格のための確実・最速作業手順を採用！ 手本をなぞって仕上げられる複線図の練習帳付き！ 独学の初心者でも安心の親切な基本作業解説！
2017.5 237p B5 ¥2000 ①978-4-907394-41-7

◆ぜんぶ絵で見て覚える第1種電気工事士筆記試験すいーっと合格 2017年版　池田隆一編、安永頼弘、池田紀芳共著　ツールボックス編　ツールボックス, オーム社 発売（付属資料：別冊1）
【要旨】繰り返し出る過去問題必須180選＋本試験式平成28年度問題。平成28年度改正の電気事業法及び施行規則に完全準拠。
2017.3 427p B5 ¥2800 ①978-4-907394-39-4

◆ぜんぶ絵で見て覚える 第2種電気工事士技能試験すいーっと合格 2017年版　藤瀧和弘著　ツールボックス, オーム社 発売（付属資料：別冊1; DVD1）

【要旨】平成29年度候補問題の全想定解答！ 実際の試験で施行条件がどう出題されてもよいように、想定対策をポイント解説しています。全問丁寧な作業手順付きだから、どの問題が出題されても対策は万全です。試験に合格するために最も合理的で作業が速く確実に進められる方法で説明しています。今年出る13問（解答と全詳細）。新しい合否判定基準に完全準拠。
2017.2 241p B5 ¥1900 ①978-4-907394-38-7

◆ぜんぶ解くべし！ 第2種電気工事士筆記試験すいーっと合格 2018年版　藤瀧和弘著　ツールボックス, オーム社 発売（付属資料：別冊1）
【要旨】繰り返し出る過去問題必須180選＋本試験式昨年度問題。
2017.11 379p B5 ¥1900 ①978-4-907394-48-6

◆ぜんぶ解くべし！ 第1種電気工事士 筆記過去問 2017　安永頼弘, 池田紀芳共著　ツールボックス, オーム社 発売（すいーっと合格赤のハンディ）（付属資料：赤シート1）
【要旨】拍子抜けするほど解きやすい！ 10日間で短期仕上げ。科目別にまとめてあるから解きやすく学習がトータルで大きく早く進む。繰り返し出る必須問題だけを最優先してざっと覚えられる。覚えやすくて点数が稼げる科目の順に配列構成。直近11年分の全問収録。平成28年度の電気事業法および施行規則の改正に完全準拠。
2017.3 479p 19×13cm ¥1600 ①978-4-907394-40-0

◆第一種電気工事士技能試験公表問題の合格解答 2017年版　オーム社編　オーム社
【目次】第1編 技能試験の公表問題10問、第2編 公表問題10問と合格解答、第3編 技能試験の基本知識と施工作業（技能試験の実施内容、電気回路図（配線図）の整理―単線図から複線図へ、施工基本作業の整理―写真でチェック!!基本作業、技能試験の合格規準と主な欠陥例、技能試験の実際―過去問で試験の流れを再現!!）、第4編 平成28年度の技能試験問題と解答
2017.5 262p A4 ¥2200 ①978-4-274-50662-8

◆第一種電気工事士技能試験候補問題の攻略手順 平成29年版　電気書院著　電気書院
【要旨】技能試験の初受験のために、第二種電気工事士の範囲から詳しく解説！ 平成29年度より適用の欠陥の判断基準対応。
2017.7 262p A4 ¥2300 ①978-4-485-20754-3

◆第一種電気工事士項目別過去問題集 平成29年版　電気書院編　電気書院
【要旨】3年増えた！ 10年間の問題を項目別に掲載！ 過去問から苦手が見つかるチェックリスト付き。
2017.5 307p B5 ¥2200 ①978-4-485-20751-2

◆第一種電気工事士筆記試験完全解答 2017年版　オーム社編　オーム社
【要旨】平成28年度～平成19年度10年間の問題と解答・解説。
2017.2 278p B5 ¥2200 ①978-4-274-50648-2

◆第一種電気工事士筆記試験模範解答集 平成29年版　電気書院編　電気書院
【要旨】平成18年度～28年度の試験問題と解答・解説。
2017.5 246p A4 ¥2500 ①978-4-485-20752-9

◆第一種電気工事士筆記問題集 2017年版　日本電気協会編　日本電気協会, オーム社 発売（黒本合格シリーズ）
【要旨】平成19年～平成28年の10年間の問題を科目ごとにわかりやすく分類・解説しています。出題頻度の多い問題がひと目でわかり、類似問題を多く解くことにより、学力アップができます。短期間で合格レベルまで達することができる効率的な学習内容になっています。
2017.2 399p A4 ¥2800 ①978-4-88948-322-2

◆第二種電気工事士技能候補問題の解説 2017年版　日本電気協会編　日本電気協会, オーム社 発売（黒本合格シリーズ）
【要旨】平成29年度の試験問題は必ずココから出題。合否の判定がより明確に！ 欠陥事例を写真付で掲載!!どこよりも詳しく解説！
2017.4 267p A4 ¥2800 ①978-4-88948-324-6

◆第二種電気工事士技能試験イラストAtoZ 平成29年版　電気書院編　電気書院（付属資料：DVD1）
【要旨】平成29年度より適用の欠陥の判断基準に対応。問題の作品完成までの手順を写真で解説。
2017.4 207p A4 ¥2200 ①978-4-485-21453-4

◆第二種電気工事士技能試験公表問題の合格解答 2017年版　オーム社編　オーム社
【要旨】新「欠陥の判断基準」完全対応!!13問完全予想！
2017.3 300p A4 ¥1200 ①978-4-274-50653-6

◆第二種電気工事士技能試験候補問題丸わかり 平成29年版　電気書院編　電気書院
【要旨】技能試験はこの中から出題！ 13問題完全攻略！ 平成29年度より適用される電気工事士技能試験、欠陥の判断基準対応。
2017.3 270p A4 ¥1800 ①978-4-485-21452-7

◆第二種電気工事士試験完全攻略 技能試験編 2017年版　佐藤共史著　技術評論社
【要旨】平成29年度の出題候補13問掲載！ 今年度から適用される欠陥の判断基準に完全対応！ 候補問題の複線図一覧表付き。
2017.4 319p B5 ¥1880 ①978-4-7741-8813-3

◆第二種電気工事士試験完全攻略 筆記試験編 2018年版　佐藤共史著　技術評論社
【要旨】平成29年度の問題と解説付き。過去問題203問掲載！
2017.12 335p B5 ¥1880 ①978-4-7741-9389-2

◆第二種電気工事士試験 筆記試験過去問題集 2018年版　佐藤共史著　技術評論社
【要旨】平成21年から29年までの第二種電気工事士の筆記試験問題を全問掲載し、解き方を豊富な写真や図を使ってわかりやすく解説しています。全ページフルカラーなので、本番試験さながらに学習できます。
2017.12 463p B5 ¥1880 ①978-4-7741-9390-8

◆第2種電気工事士筆記試験 完全合格テキスト&問題集 2018年版　石原鉄郎, 毛馬内洋典著　ナツメ社（付属資料：別冊1）
【要旨】鑑別写真がカラーだからわかりやすい！ ここが出る！ マークで頻出箇所がわかる！ 別冊には平成28年、29年2年分の上期・下期、計4回分の問題と解答解説を掲載。
2018.1 247p A5 ¥1400 ①978-4-8163-6388-7

◆第二種電気工事士（筆記試験）はじめての人でも受かる！ テキスト&問題集 2018年版　早川義晴著　翔泳社（電気教科書）
【要旨】過去13回分の筆記試験問題・解答・解説付き！
2018.1 331p B5 ¥1800 ①978-4-7981-5524-1

◆第二種電気工事士筆記試験標準解答集 2018年版　オーム社編　オーム社
【要旨】過去10年間の全問題と解答・解説を収録！ 直前対策に役立つ要点整理付き！
2017.11 398p A4 ¥1100 ①978-4-274-50675-8

◆第二種電気工事士筆記試験模範解答集 平成30年版　電気書院編　電気書院
【要旨】平成29年度（上期・下期）から平成20年度の試験問題と解答解説を収録。巻頭・重要事項のまとめ。
2017.12 390p A4 ¥1200 ①978-4-485-21460-2

◆第二種電気工事士筆記問題集 2018年版　日本電気協会編　日本電気協会, オーム社 発売
【要旨】教科書いらずの問題集。10年分の過去問を科目別・出題形式別に編集！ 各問に重要ポイントを掲載。
2017.12 411p A4 ¥1400 ①978-4-88948-328-4

◆第二種電気工事士 らくらく学べる筆記＋技能テキスト―フルカラーでわかりやすい　電気書院編　電気書院　改訂4版
【要旨】筆記から技能まで一冊に収録。苦手分数がみるみるわかる要点ノート付き。
2017.12 381p A5 ¥1800 ①978-4-485-21458-9

◆電気工事施工管理技術テキスト―1級・2級施工管理技士　地域開発研究所編　地域開発研究所　改訂第3版
【目次】第1編 電気工学（電気理論、電気機器）、第2編 電気設備等（発電設備、変電設備 ほか）、第3編 施工管理法（施工計画、工程管理 ほか）、第4編 法規（建設業法、公共工事標準請負契約約款 ほか）
2017.12 776p B5 ¥4400 ①978-4-88615-326-5

◆電験第3種 スイスイわかる電力　跡部康秀著　電気書院　第2版
【要旨】1 水力発電をマスタする、2 火力発電をマスタする、3 原子力発電をマスタする、4 特

殊発電をマスタする、5 変電所をマスタする、6 送配電線路をマスタする、7 配電線路をマスタする、8 電気材料をマスタする
　2017.6 306p A5 ¥2200 ①978-4-485-11807-8

◆**電験1種10年間模範解答集**　電験問題研究会著　電気書院　第3版
【要旨】本書は、技術士（電気電子部門）を目指す方が技術士第一次試験を突破することを念頭において、共通科目では数学、物理及び化学、専門科目では電気電子部門を選び、過去の出題傾向の分析と、出題頻度の高い問題を中心に詳しく解説を行っています。
　2017.10 1012p A5 ¥7400 ①978-4-485-12205-1

◆**電験1種模範解答集　平成29年版**　電気書院編　電気書院
【要旨】平成24年から平成28年の一次試験まで、最新5年間の全問題を年度順に掲載。標準的な解き方とともに、別解・問題の考え方をわかりやすく解説。最新年度から順に収録してあるので、出題傾向、出題範囲、出題レベルの推移がわかる。学習の第一歩を本書から始めれば、学習範囲が絞れ効果的に学習を進めることができる。
　2017.1 1Vol. A5 ¥6000 ①978-4-485-12144-3

◆**電験2種一次試験過去問マスタ 機械の15年間　平成29年版**　電気書院編　電気書院
【要旨】平成28年～14年の15年分を収録。
　2017.2 400p A5 ¥2600 ①978-4-485-10167-4

◆**電験2種一次試験過去問マスタ 電力の15年間　平成29年版**　電気書院編　電気書院
【要旨】平成28年～14年の15年分を収録。
　2017.2 415p A5 ¥2600 ①978-4-485-10166-7

◆**電験2種一次試験過去問マスタ 法規の15年間　平成29年版**　電気書院編　電気書院
【要旨】平成28年～14年の15年分を収録。
　2017.2 350p A5 ¥2600 ①978-4-485-10168-1

◆**電験2種一次試験過去問マスタ 理論の15年間　平成29年版**　電気書院編　電気書院
【要旨】平成28年～14年の15年分を収録。
　2017.2 378p A5 ¥2600 ①978-4-485-10165-0

◆**電験二種徹底マスター 機械**　新井信夫、飯田芳一、早苗勝重共著　オーム社
【目次】直流機、誘導機、同期機、変圧器、保護機器、パワーエレクトロニクス、電気鉄道と電動機応用、照明、電熱、電気化学、自動制御、情報伝送・処理
　2017.10 472p A5 ¥3800 ①978-4-274-22130-9

◆**電験二種徹底マスター 電力**　早苗勝重著　オーム社
【目次】1章 水力発電、2章 火力発電、3章 原子力発電、4章 新エネルギー発電、5章 発電一般、6章 変電、7章 送電、8章 配電、9章 電気材料
　2017.9 368p A5 ¥3800 ①978-4-274-22105-7

◆**電験二種徹底マスター 法規**　新井信夫著　オーム社
【目次】1章 電気事業法と関係法規（電気事業法の目的と電気工作物の種類、電気事業法施行規則の用語の定義、技術基準の規制内容と適用（ほか）、2章 電気設備技術基準とその解釈（用語の定義、電力ケーブル及び電路の絶縁、電路と変圧器の絶縁耐力、接地工事の種類と一線地絡電流の計算 ほか）、3章 電気施設管理（電力系統の計画、供給力の種別と発電電力の分担、周波数特性と連系系統 ほか）
　2017.9 287p A5 ¥3800 ①978-4-274-22106-4

◆**電験二種徹底マスター 理論**　飯田芳一著　オーム社
【要旨】電験二種徹底マスターシリーズの「理論」の受験対策書として、基本的事項をわかりやすく解説するとともに、将来に向けた更なるレベルアップも考慮し、最新の出題内容を厳選して掲載。
　2017.10 351p A5 ¥3800 ①978-4-274-22129-3

◆**電験二種 二次試験の完全研究**　新井信夫著　オーム社
【要旨】平成17年から平成28年までの問題をテーマ別に分類し120題全問掲載！
　2017.5 434p A5 ¥4600 ①978-4-274-22068-5

◆**電験2種二次試験標準解答集　2017年版**　電気書院編　電気書院
【目次】問題編、問題・解答・解説編（電力・管理、機械・制御）
　2017.7 377p A5 ¥3500 ①978-4-485-12147-4

◆**電験2種模範解答集　平成30年版**　電気書院編　電気書院
【要旨】平成25年から平成29年の一次試験まで、最新5年間の全問題を年度順に掲載。標準的な解き方とともに、別解・問題の考え方をわかりやすく解説。最新年度から順に収録してあるので、出題傾向、出題範囲、出題レベルの推移がわかる。
　2017.12 550p A5 ¥4700 ①978-4-485-12150-4

◆**電験三種（書き込み式）計算問題ドリル**　松川文弥著　翔泳社　（電気教科書）　第2版
【要旨】計算が苦手な方のために、小学校の算数からおさらいできるように構成しています。中学数学、高校数学と進むことで、無理なく学習できます。難しそうな理論や機械の問題も、その基本は高校までの物理です。公式や定理を中心に、電験三種に必要な知識を本書で学習できます。計算問題は実際に書いて解くことが、正解への近道です。公式をどう使って解くのか、穴埋め問題や実際の過去問を解いて身につけましょう。
　2017.12 215p B5 ¥2000 ①978-4-7981-5227-1

◆**電験3種過去問題集　平成30年版**　電気書院編　電気書院　（付属資料：赤シート1）
【要旨】10年間の全問題・解説と解答（平成29年から平成20年）。赤シート使い見開き構成。解説・解答部を隠せるブラインドシート付き。多くの図表でイメージがつかめる。
　2017.12 1225p B5 ¥2400 ①978-4-485-12148-1

◆**電験三種過去問題集　2017年版**　オーム社編　オーム社
【要旨】平成28～20年度9ヵ年の試験問題。正解に至るまでの考え方を徹底解説！
　2017.4 747p 24×19cm ¥2500 ①978-4-274-50654-3

◆**電験3種過去問マスタ 機械の15年間　平成30年版**　電気書院編　電気書院
【要旨】第3種電気主任技術者試験（電験第3種）の問題において、平成29年より平成15年まで過去15年間の問題を、各テーマごとに分類し、編集。機械の問題を12のテーマ、12章（直流機、誘導機、同期機、変圧器、保護機器、パワーエレクトロニクス、電動機応用、照明、電気加熱、電気化学、自動制御、情報）に分け、さらに問題の内容を系統ごとに並べて収録。各章ごとにどれだけの問題が出題されているか一目瞭然で把握でき、また、出題傾向や出題範囲の把握にも役立ちます。章ごとの問題も系統ごと、段階的に並んでいますから、1問ずつ解き進めることによって、基礎的な内容から、応用問題までしっかり身につきます。
　2017.12 534p A5 ¥2400 ①978-4-485-11867-2

◆**電験3種過去問マスタ 電力の15年間　平成30年版**　電気書院編　電気書院
【要旨】第3種電気主任技術者試験（電験第3種）の問題において、平成29年より平成15年まで過去15年間の問題を、各テーマごとに分類し、編集。電力の問題を8つのテーマ、8章（水力発電、汽力発電、原子力・その他の発電、変電、送電、地中送電、配電、電気材料）に分け、さらに問題の内容を系統ごとに並べて収録。各章ごとにどれだけの問題が出題されているか一目瞭然で把握でき、また、出題傾向や出題範囲の把握にも役立ちます。章ごとの問題も系統ごと、段階的に並んでいますから、1問ずつ解き進めることによって、基礎的な内容から、応用問題までしっかり身につきます。
　2017.12 416p A5 ¥2200 ①978-4-485-11866-5

◆**電験3種過去問マスタ 法規の15年間　平成30年版**　電気書院編　電気書院
【要旨】第3種電気主任技術者（電験第3種）の試験問題において、平成29年より平成15年まで過去15年間の問題を、各テーマごとに分類し、編集。法規の問題を6つのテーマ、6章（電気事業法、工事士法・用品安全法、電気設備技術基準（論説・空白）、施設管理等（論説・空白）、電気設備技術基準（計算）、施設管理（計算））に分け、さらに問題の内容を系統ごとに並べて収録。各章ごとにどれだけの問題が出題されているか一目瞭然で把握でき、また、出題傾向や出題範囲の把握にも役立ちます。章ごとの問題も系統ごと、段階的に並んでいますから、1問ずつ解き進めることによって、基礎的な内容から、応用問題までしっかり身につきます。
　2017.12 411p A5 ¥2200 ①978-4-485-11868-9

◆**電験3種過去問マスタ 理論の15年間　平成30年版**　電気書院編　電気書院
【要旨】第3種電気主任技術者（電験3種）の問題において、平成29年より平成15年まで過去15年間の問題を、各テーマごとに分類し、編集。

理論の問題を7つのテーマ、7章（静電気、磁気、直流回路、単相交流回路、三相交流回路、電気計測、その他）に分け、さらに問題の内容を系統ごとに収録。各章ごとにどれだけの問題が出題されているか一目瞭然で把握でき、また、出題傾向や出題範囲の把握にも役立ちます。章ごとの問題も系統ごと、段階的に並んでいますから、1問ずつ解き進めることによって、基礎的な内容から、応用問題までしっかり身につきます。
　2017.12 486p A5 ¥2400 ①978-4-485-11865-8

◆**電験3種科目別直前予想問題集　平成29年版**　電気書院編　電気書院
【要旨】試験と同じ形式の予想問題3セット。会場でも役立つもう一度確認したい460の項目。
　2017.4 236p A5 ¥2200 ①978-4-485-12028-6

◆**電験三種合格数学&予想問題―数学がわかればゼッタイうかる！**　坂林和重著　秀和システム
【目次】1 受験ガイダンス、2 電験三種の数学（四則計算、分数計算、文字式、方程式ほか）、3 試験によく出る公式や計算式（覚えておくべき記号や定数、試験によく出る公式や計算式、計算問題を解くコツ）、4 電験三種（理論、電力、機械、法規）、5 予想問題・解答と解説
　2018.1 290p A5 ¥1900 ①978-4-7980-5213-7

◆**電験三種 合格の数学―これでわかった電験の数学！**　石井理仁著　日刊工業新聞社　第3版
【目次】1 基礎の数学（最小公倍数は通分に使う？、文字を使って、数量関係を求に？ ほか）、2 三種の数学（三角関数、指数と対数、ベクトルと複素数、その他）、3 付録（二種への数学入門）（微分、積分って？、ラプラス変換って？ ほか）、4 練習問題の解説と解答
　2017.12 218p A5 ¥2300 ①978-4-526-07776-0

◆**電験三種 公式&用語集**　不動弘幸著　オーム社　（ポケット版要点整理）　第2版
【要旨】日々の学習から試験直前対策まで。いつでもどこでも、繰り返し学べます！全4科目完全収録。理論、電力、機械、法規。重要公式105テーマ、重要用語227用語。
　2017.4 237p 19cm ¥1100 ①978-4-274-50659-8

◆**電験三種 365問の完全攻略**　不動弘幸著　オーム社
【要旨】1日1問コツコツ解くだけでも、1年で基礎知識の強化ができる！
　2017.3 369p A5 ¥2600 ①978-4-274-22041-8

◆**電験三種実戦10年問題集　2018年版**　新電気編集部編　オーム社
【要旨】平成29～20年度の10年分を収録。マークシートページ付！実戦形式で試験に強くなる！
　2017.11 1Vol. B5 ¥2600 ①978-4-274-50676-5

◆**電験三種ステップアップ問題集　平成30年度試験版　―合格への総仕上げ！**　電験三種教育研究会編　実教出版
【要旨】「理論」「電力」「機械」「法規」をこの1冊で総仕上げ！総問題数567問。丁寧な解説で理解度アップ。節ごとに重要ポイントのまとめを掲載。
　2017.9 383p B5 ¥2500 ①978-4-407-34438-7

◆**電験3種超入門（電力・機械・法規篇）**　池田裕著　（府中）エコテクノ出版　第9版
【目次】電力のエジソン渓谷（みんなで変わればこわくない（発電のイントロ）、エッチはリバーサイド（水力発電1）、クハクハイータ見てしあわせに（水力発電2）ほか）、機械のアキバガ原（機械の四天王（変圧器、誘導機、直流機、同期機）のイントロ、よろしゅーたのむわ変圧器（変圧器1）、ややこしーや変圧器（変圧器2）ほか）、法規のカースミガ関（法規はのーすすまばいい？（条文題のイントロ）、条文のコトバの問題1（電技と解釈以外の法規1）（条文問題1）、条文のコトバの問題2（電技と解釈以外の法規2）（条文問題2）ほか）
　2017.1 827p B5 ¥2000 ①978-4-904630-24-2

◆**電験三種徹底解説テキスト 機械　平成30年度試験版**　電験三種教育研究会編　実教出版
【要旨】豊富な例題186問。章末問題116問で実力アップ。語呂合わせで公式をしっかり暗記。
　2017.9 415p A5 ¥2300 ①978-4-407-34441-7

◆**電験三種徹底解説テキスト 電力　平成30年度試験版**　電験三種教育研究会編　実教出版

【要旨】豊富な例題118問。章末問題134問で実力アップ。語呂合わせで公式をしっかり暗記。
　　　　2017.9 367p A5 ¥2600 ①978-4-407-34440-0

◆電験三種徹底解説テキスト 法規 平成30年度試験版　電験三種教育研究会編　実教出版
【要旨】豊富な例題126問。章末問題35問で実力アップ。語呂合わせで公式をしっかり暗記。
　　　　2017.9 255p A5 ¥2400 ①978-4-407-34442-4

◆電験三種徹底解説テキスト 理論 平成30年度試験版　電験三種教育研究会編　実教出版
【要旨】豊富な例題210問。章末問題156問で実力アップ。語呂合わせで公式をしっかり暗記。
　　　　2017.9 367p A5 ¥2400 ①978-4-407-34439-4

◆電験3種模範解答集 平成30年版　電気書院編　電気書院
【要旨】平成29年度から平成25年度の問題・解答・解説を収録。別解や問題の考え方を解説。出題傾向・出題範囲の把握に。文字が大きく見やすくなった。
　　　　2017.11 475p A5 ¥3600 ①978-4-485-12151-1

◆電験三種予想問題集 平成29年度　電験三種対策研究会編　オーム社
【要旨】本試験と同じ形式で自己採点ができる!! 出題傾向の分析と、学習のポイントを科目別に掲載。試験直前の実力試しに最適!!4科目×3セットで直前対策!!切り離せるマークシート付き。
　　　　2017.6 272p B5 ¥2200 ①978-4-274-50663-5

◆なぞって覚える第二種電気工事士技能試験複線図練習帳　オーム社編　オーム社
【要旨】手順を覚える、完成図をなぞる、見ないで書く、問題を解くの4ステップで確実に身につく! 簡単な問題(基本回路)から難しい問題(公表問題)まで100問の問題を掲載! 電線の切断寸法やリングスリーブの圧着なども学習できる!
　　　　2017.4 103p B5 ¥1000 ①978-4-274-22053-1

◆7日でできる! 第2種電気工事士筆記試験らくらく合格テキスト&一問一答　関根康明著　高橋書店
【目次】1日目 配線記号を覚えよう、2日目 工事で使う材料・器具・工具を覚えよう、3日目 電気の供給方法を覚えよう、4日目 施工の基本を覚えよう、5日目 検査内容と電気工事士が守るべき法令を覚えよう、6日目 単線図を複線図にする方法を覚えよう、7日目 電気理論を覚えよう
　　　　2017.3 287p B5 ¥1800 ①978-4-471-27609-6

◆2級電気工事施工管理技術検定試験重要事項と問題集　電気書院編　電気書院　改訂4版
【目次】第1章 電気工学、第2章 電気設備、第3章 関連分野、第4章 施工管理法、第5章 法規、第6章 実地試験
　　　　2017.4 470p A5 ¥2500 ①978-4-485-20933-2

◆2級電気工事施工管理技術検定試験模範解答集 平成29年版　大嶋輝夫著　日本教育訓練センター
【要旨】平成23年から平成28年までを収録。過去6年間に実施された筆記試験・実地試験の問題と、詳しくわかりやすい解説を収録。
　　　　2017.1 344p A5 ¥2400 ①978-4-86418-071-9

◆2級電気工事施工管理技術検定試験問題解説集録版 2017年版　地域開発研究所編　地域開発研究所
【要旨】学科・実地、H23〜H28問題・解説、H19〜H22問題・ヒント。
　　　　2017.3 547p B5 ¥3200 ①978-4-88615-305-0

◆二種電工技能試験 DVD付き 2017年公表問題版　オーム社編　オーム社　(付属資料:DVD1)
【要旨】施工手順&要点が映像でさくっと学べる!! 全13問の最初から最後まで施工映像を丸ごと収録!!
　　　　2017.4 86p B5 ¥2500 ①978-4-274-50658-1

◆年度別問題解説集 1級電気工事施工管理学科試験 平成29年度　本田嘉弘、森野安信著　GET研究所、丸善出版 発売　(スーパーテキストシリーズ)
【要旨】過去8年間全問集録。
　　　　2017.2 575p B5 ¥3200 ①978-4-905435-84-6

◆ひとりで学べる! 第一種電気工事士技能試験候補問題マスター 平成29年版　電気書院著　電気書院　(付属資料:DVD1)

【要旨】平成29年度より適用の欠陥の判断基準対応。今年公表された候補問題10問題の作業ポイントを解説したDVD付。
　　　　2017.8 92p A4 ¥2700 ①978-4-485-20755-0

◆ひとりで学べる! 第二種電気工事士技能試験候補問題マスター 平成29年版　電気書院著　電気書院　(付属資料:DVD1)
【要旨】平成29年度より適用の欠陥の判断基準対応。今年公表された候補問題13問題の作業ポイントを解説したDVD付。
　　　　2017.4 94p A4 ¥2500 ①978-4-485-21454-1

◆ひとりで学べる! 第2種電気工事士試験 2017年版　内野吉夫編著　ナツメ社　(付属資料:別冊1)
【要旨】筆記試験と技能試験を完全解説! 2017年1月に発表された技能試験の候補問題と、寸法を付加した単線図、複線図、使用材料例、配線見本を掲載!
　　　　2017.3 255p A5 ¥1500 ①978-4-8163-6211-8

◆フルカラー版 第一種電気工事士技能試験候補問題できた! 平成29年対応　電気書院著　電気書院
【要旨】技能試験の基本・作業解説と候補問題10問の解説。平成29年度より適用される「欠陥の判断基準」を解説!
　　　　2017.6 193p A4 ¥2300 ①978-4-485-20753-6

◆分野別問題解説集 1級電気工事施工管理技術検定学科試験 平成30年度　本田嘉弘、森野安信著　GET研究所、丸善出版 発売　(スーパーテキストシリーズ)
【要旨】過去10年間全問集録。
　　　　2017.10 695p B5 ¥3400 ①978-4-909257-05-5

◆分野別問題解説集 1級電気工事施工管理実地試験 平成29年度　本田嘉弘、森野安信著　GET研究所、丸善出版 発売　(スーパーテキストシリーズ)
【目次】本編(施工経験記述、施工管理(品質・安全)、施工管理(ネットワーク計算)、電気工事用語記述、電気法規)、攻略編(平成29年度1級電気工事施工管理技術検定実地試験第1回精選予想模試、平成29年度1級電気工事施工管理技術検定実地試験第2回精選予想模試)
　　　　2017.3 301p B5 ¥3000 ①978-4-905435-88-4

◆分野別問題解説集 2級電気工事施工管理技術検定実地試験 平成29年度　本田嘉弘、森野安信著　GET研究所、丸善出版 発売　(スーパーテキストシリーズ)
【目次】本編(施工経験記述、施工管理、ネットワーク計算、電気工事用語記述、電気法規)、攻略編(平成29年度第1回完全攻略問題、平成29年度第2回完全攻略問題)
　　　　2017.6 248p B5 ¥3000 ①978-4-905435-97-6

◆ポイントスタディ方式による第二種電気工事士筆記試験受験テキスト　電気書院編　電気書院　(付属資料:赤シート1)　改訂17版
【目次】電気理論、配電理論、配線設計、電気機器、配線材料、工具・材料、施工法、検査、法令、配線図 練習問題の答と解き方
　　　　2017.11 199p B5 ¥1100 ①978-4-485-21457-2

◆ポケット版 電気工事施工管理技士(1級+2級)学科要点整理　不動弘幸著　オーム社
【要旨】1冊で1級と2級をカバー。POINT(要点)+問題(例題)を見開きで掲載! 復習/総仕上げに最適な構成。いつでもどこでも、繰り返し学べます!
　　　　2017.9 310p 19cm ¥2000 ①978-4-274-22122-4

◆ポケット版 要点整理 電験三種4科目　陶山和信著　オーム社
【要旨】過去問題20年分をたっぷり分析。すっきりとした式の展開。覚えることをサポートする赤シート対応。持ち歩きに便利な軽量ポケットサイズ。
　　　　2017.2 270p 19cm ¥2400 ①978-4-274-50586-7

◆わかりやすい! 1級電気工事施工管理 学科　若月輝彦著　(大阪)弘文社
【要旨】見やすく、分かりやすく、使いやすい構成。過去問題を徹底分析! 本当に出るところだけを詳しく解説。
　　　　2017 376p B5 ¥3300 ①978-4-7703-2704-8

◆わかりやすい! 1級電気工事施工管理 学科 2018年版　若月輝彦編著　(大阪)弘文社　(付属資料:別冊1)

【要旨】見やすく、分かりやすく、使いやすい構成。過去問題を徹底分析! 本当に出るところだけを詳しく解説。
　　　　2018 376p B5 ¥3300 ①978-4-7703-2731-4

◆わかりやすい! 1級電気工事施工管理 実地　若月輝彦編著　(大阪)弘文社
【要旨】見やすく、分かりやすく、使いやすい構成。過去問題を徹底分析! 本当に出るところだけを詳しく解説。オリジナルの経験記述が誰でも書ける!
　　　　2017 185p B5 ¥2500 ①978-4-7703-2719-2

電気通信系資格

◆海上無線通信士第1級・第2級・第3級─無線従事者国家試験問題解答集　情報通信振興会編著　情報通信振興会
【要旨】既出問題全問収録。解説、出題状況表付き。
　　　　2017.7 1Vol. A5 ¥3800 ①978-4-8076-0845-4

◆完全合格! 特殊無線技士問題・解答集 2018年版　QCQ企画編　誠文堂新光社
【要旨】平成29年10月期までの最新試験情報を完全収録。
　　　　2017.12 399p A4 ¥2400 ①978-4-416-71744-8

◆合格精選240題 第二級陸上特殊無線技士試験問題集　吉川忠久著　東京電機大学出版局
【目次】無線工学(無線工学の基礎、変調方式、送信機、受信機、送受信方式・装置、レーダー、空中線・給電線、電波伝搬、電源、測定)、法規(目的・定義、無線局の免許、無線設備、無線従事者、運用、監督、業務書類)、試験前の直前チェック集
　　　　2017.2 197p A5 ¥2000 ①978-4-501-33210-5

◆工事担任者試験 DD3種受験マニュアル─受験の手続きから合格まで 2017年版　電気通信工事担任者の会編　電波新聞社
【要旨】2016年5月、2016年11月最新試験問題完全収録(標準問題・ポイント解説)。DD3種の資格で1Gb/sのインターネット回線の工事が出来ます! 見やすいわかりやすい覚えやすい2色刷り! この一冊で一気に合格!
　　　　2017.2 301p B5 ¥2300 ①978-4-86406-032-5

◆工事担任者 AI・DD総合種実戦問題 2017春　電気通信工事担任者の会監修, リックテレコム編　リックテレコム
【要旨】最新試験問題(2016年11月実施)をわかりやすく解説。実力直結の予想問題も豊富に掲載! 2017.2 263p A4 ¥2850 ①978-4-86594-083-1

◆工事担任者 AI・DD総合種実戦問題 2017秋　電気通信工事担任者の会監修, リックテレコム編　リックテレコム
【要旨】最新試験問題(2017年5月実施)をわかりやすく解説。実力直結の予想問題も豊富に掲載! 2017.8 263p A4 ¥2850 ①978-4-86594-103-6

◆工事担任者 DD1種実戦問題 2017春　電気通信工事担任者の会監修, リックテレコム編　リックテレコム
【要旨】最新試験問題(2016年11月実施)をわかりやすく解説。実力直結の予想問題も豊富に掲載! DD2種(2016年11月実施)問題・解説付き。
　　　　2017.2 263p A4 ¥2850 ①978-4-86594-082-4

◆工事担任者 DD1種実戦問題 2017秋　電気通信工事担任者の会監修, リックテレコム編　リックテレコム
【要旨】最新試験問題(2017年5月実施)をわかりやすく解説。実力直結の予想問題も豊富に掲載! DD2種(2017年5月実施)問題・解説付き。
　　　　2017.8 261p A4 ¥2850 ①978-4-86594-102-9

◆工事担任者 DD3種実戦問題 2017春　電気通信工事担任者の会監修　リックテレコム
【要旨】最新試験問題(2016年11月実施)をわかりやすく解説。実力直結の予想問題も豊富に掲載! 2017.2 183p A4 ¥2300 ①978-4-86594-081-7

◆工事担任者 DD3種実戦問題 2017秋　電気通信工事担任者の会監修　リックテレコム
【要旨】最新試験問題(2017年5月実施)をわかりやすく解説。実力直結の予想問題も豊富に掲載! 2017.8 183p A4 ¥2300 ①978-4-86594-101-2

◆**工事担任者 DD3種標準テキスト**　リック
テレコム書籍出版部編　リックテレコム　第5
版
【要旨】実際の出題傾向を反映、試験本番に強
い編集内容。「重要」マークでポイントがひとめ
でわかる。図表が豊富でわかりやすい。「練習問
題」、「実戦演習問題」付き。
2017.2 303p B5 ¥2400 ⓘ978-4-86594-080-0

◆**第一級陸上無線技術士試験 やさしく学ぶ
無線工学A**　吉川忠久、野崎里美共著　オー
ム社　改訂2版
【目次】1章 変調と復調、2章 デジタル伝送、3
章 送信機、4章 受信機、5章 通信システム、6
章 デジタル放送、7章 電源・雑音、8章 無線設
備に関する測定
2017.9 275p A5 ¥2800 ⓘ978-4-274-22103-3

◆**第一級陸上特殊無線技士国家試験問題解答
集**　情報通信振興会編著　情報通信振興会
第16版
【要旨】第一級陸上特殊無線技士既出問題全問収
録。平成24年2月期から平成28年6月期まで。
2017.1 474p A5 ¥2800 ⓘ978-4-8076-0829-4

◆**第一級陸上無線技術士試験 やさしく学ぶ
法規**　吉村和昭著　オーム社　改訂2版
【目次】1章 電波法の概要、2章 無線局の免許、3
章 無線設備、4章 無線従事者、5章 無線局の運
用、6章 業務書類等、7章 監督等
2017.8 223p A5 ¥2600 ⓘ978-4-274-22092-0

◆**第一級陸上無線技術士試験 やさしく学ぶ
無線工学の基礎**　吉川忠久著　オーム社　改
訂2版
【目次】1章 電気物理（電荷と電界、静電容量 ほ
か）、2章 電気回路（直流回路、抵抗の接続 ほ
か）、3章 半導体・電子管（半導体、ダイオード
ほか）、4章 電子回路（トランジスタ増幅回路、
FET増幅回路 ほか）、5章 電気磁気測定（誤差、
指示計器、測定範囲と測定波形 ほか）
2017.8 258p A5 ¥2800 ⓘ978-4-274-22093-7

◆**第一級陸上無線技術士試験 やさしく学ぶ
無線工学B**　吉川忠久著　オーム社　改訂2版
【目次】1章 アンテナの理論（電波（電磁波）、
自由空間の特性 ほか）、2章 アンテナの実際（MF
以下のアンテナ、HF送信用アンテナ ほか）、3
章 給電線と整合回路（分布定数回路、定在波比
と反射係数 ほか）、4章 電波伝搬（電波の伝わり
方、大地反射波による影響 ほか）、5章 測定（給
電線の測定、アンテナ利得の測定 ほか）
2017.11 304p A5 ¥2800 ⓘ978-4-274-22123-1

◆**第一級陸上無線技術士試験 吉川先生の過
去問解答・解説集A　2017・2018年版**　吉
川忠久著　オーム社
2017.3 1Vol. A5 ¥3000 ⓘ978-4-274-22043-2

◆**第三級海上無線通信士 法規**　情報通信振興
会編　情報通信振興会（無線従事者養成課程
用標準教科書）　3版
【目次】第1章 電波法の目的、第2章 無線局の免
許、第3章 無線設備、第4章 無線従事者、第5章
運用、第6章 業務書類、第7章 監督、第8章 罰則
等、第9章 関係法令、第10章 国際法規、資料編
2017.3 366p A5 ¥1200 ⓘ978-4-8076-0799-1

◆**電気通信主任技術者試験全問題解答集　1
共通編（伝送交換主任技術者、線路主任技
術者）　18～19年版**　電気通信主任技術者試
験研究会編著　日本理工出版会
【要旨】平成29年1回までの全試験問題解説！
伝送交換設備及び設備管理・法規（過去5年）、電
気通信システム・線路設備管理（過去4
年）を収録。既出問題の徹底分析により、出題傾
向をツカむ。各問題に的確な解説およびヒント
を付す。
2017.10 1Vol. B5 ¥6000 ⓘ978-4-89019-302-8

◆**電気通信主任技術者 法規 試験対策**　電気
通信主任技術者試験対策研究会編　電気通信協
会, オーム社 発売　改訂11版
【要旨】主要ポイントの解説と演習問題で実力
アップ！ 取得後も参考書として活用できる。
2017.11 471p B5 ¥3200 ⓘ978-4-88549-076-7

◆**無線従事者国家試験問題解答集 総合無線
通信士　1　法規・英語・地理編**　情報通信
振興会編著　情報通信振興会
【要旨】平成26年9月期から平成29年3月期まで。
2017.5 1Vol. A5 ¥3600 ⓘ978-4-8076-0841-6

◆**無線従事者国家試験問題解答集 第一級陸
上無線技術士**　情報通信振興会
【要旨】第一級陸上無線技術士既出問題全問収
録。平成25年1月期から平成29年7月期まで。解
説（法規除く）、出題状況表付き。
2017.11 1Vol. A5 ¥3000 ⓘ978-4-8076-0851-5

◆**無線従事者国家試験問題解答集 第二級陸
上無線技術士**　情報通信振興会編著　情報通
信振興会
【要旨】平成24年7月期から平成29年1月期まで第
二級陸上無線技術士既出問題全問収録。解説（法
規除く）、出題状況表付き。
2017.4 1Vol. A5 ¥3000 ⓘ978-4-8076-0839-3

◆**やさしく学ぶ第三級陸上特殊無線技士試験**
吉村和昭著　オーム社
【目次】1編 法規（電波法の概要、無線局の免許、
無線設備、無線従事者、運用、業務書類等、監
督）、2編 無線工学（電波の性質、電気回路、半
導体及びトランジスタ、通信方式、無線通信装
置と操作方法、空中線系、電波伝搬、電源、測
定）
2017.2 143p A5 ¥2400 ⓘ978-4-274-22028-9

◆**やさしく学ぶ第二級海上特殊無線技士試験**
吉村和昭著　オーム社
【目次】1章 法規（電波法の概要、無線局の免許、
無線設備、無線従事者 ほか）、2章 無線工学（電
波の性質、電気回路、半導体及びトランジスタ、
変復調方式 ほか）
2017.11 173p A5 ¥2600 ⓘ978-4-274-22124-8

◆**よくわかる第一級陸上特殊無線技士合格テ
キスト**　毛馬内洋典編著　（大阪）弘文社
【要旨】過去問題を徹底分析！ 頻出事項を一番
わかりやすく解説。実戦レベルの演習問題を多
数収録。
2017 285p A5 ¥2600 ⓘ978-4-7703-2718-5

 土木施工管理技術者

◆**いちばんわかりやすい！ 2級土木施工管理
技術検定合格テキスト**　コンデックス情報
研究所編著　成美堂出版　（付属資料：赤シー
ト1）
【要旨】過去問題を徹底分析し重要テーマを厳
選！ 基礎知識からの説明ではじめてでもよくわ
かる！ 覚えやすさ抜群の図表とゴロ合わせ。
2017.11 431p A5 ¥2000 ⓘ978-4-415-22455-8

◆**1級管工事施工管理技士試験 出題順問題集
平成29年版**　管工事施工管理技士受験テキ
スト編修委員会編　市ヶ谷出版社
【要旨】最新5年間の全問題を網羅！ 本試験と同
じ形式で実戦体験！（解答・ワンポイント解説
書付き。）
2017.4 138p A5 ¥2400 ⓘ978-4-87071-799-2

◆**1級管工事施工管理技士実戦セミナー 実地
試験 平成29年度版**　阿部洋, 渡邊光三編著
市ヶ谷出版社
【要旨】施工経験記述、学科記述を大幅に改訂！
施工経験記述の模範解答例を新規に更新！ 学科
記述を新体系で再編成！ 最新5年間の全問題を
収録！
2017.5 234p B5 ¥2700 ⓘ978-4-87071-539-4

◆**1級管工事施工管理技士実地試験対策**　種
子永修一編著　（大阪）弘文社　新訂版
【目次】第1章 施工全般（設備全般、工程管理、
法規）、第2章 施工体験（最近の出題問題、工程
管理と品質管理、安全管理と施工計画、総合的
な試運転調整又は完成に伴う自主検査を含む設
問、材料・機器の現場受入検査、品質管理とそ
の他）、付録（計測機器、機器仕様の記載事項、
SI単位換算表、主な接頭語の倍数、ギリシャ文
字）　2017 230p A5 ¥1900 ⓘ978-4-7703-2717-8

◆**1級管工事施工管理技士即戦問題集 平成
29年度版**　前島健, 栗原不二夫, 阿部洋執筆,
殿垣内恭平協力　市ヶ谷出版社
【要旨】効率よく、メリハリのきいた実力養成。
最新問題と新傾向問題は一目でわかる。基本事
項はまとめて覚えられるように配慮！
2017.4 241p B5 ¥2700 ⓘ978-4-87071-764-0

◆**1級管工事施工管理技術検定試験問題解説
集録版 2017年版**　地域開発研究所編　地
域開発研究所

【要旨】H23～H28問題・解説。H19～H22問題・
ヒント。
2017.4 519p B5 ¥4000 ⓘ978-4-88615-301-2

◆**1級管工事施工管理技術検定実地試験問題
解説集 平成29年版**　地域開発研究所編
地域開発研究所
【要旨】H19～H28問題・解説。施工経験記述問
題対応!!良い評価をもらうための書き方。
2017.6 325p B5 ¥3400 ⓘ978-4-88615-303-6

◆**1級管工事施工管理技士要点テキスト　平
成29年度版**　前島健監修, 阿部洋執筆　市ヶ
谷出版社
【要旨】最新10年間の出題頻度の高い内容掲載！
効率よく、短期間に実力養成できる。28年度の
問題と最新傾向問題から重要事項が一目でわか
る。メリハリのきいた体系的なまとめ。豊富な
図表と視覚的なページ構成！
2017.6 325p B5 ¥3200 ⓘ978-4-87071-069-6

◆**1級管工事施工 傾向と対策問題（ケイタイ
もん）**　地域開発研究所編　地域開発研究所
改訂第2版
【要旨】分野別攻略で学科・実地試験合格!!学科
201問と実地問題を集録!!出題傾向を分析し、良
問を厳選!!現場でも移動中でも学習できるコンパ
クト問題集。
2017.2 457p 19cm ¥2000 ⓘ978-4-88615-308-1

◆**1級土木施工 過去問題と解説　2017年版**
大嶋輝夫著　日本教育訓練センター
【要旨】2011年（平成23年）～2016年（平成28年）
の6年間に行われた1級土木施工管理技術検定試
験の学科・実地試験全問題とわかりやすい解説
を収録。
2017.3 420p A5 ¥2000 ⓘ978-4-86418-072-6

◆**1級土木施工管理技士学科試験テキスト
平成29年度版**　総合資格学院編　総合資格
【目次】土工、コンクリート、基礎工、共通工学、
施工計画、工程管理、安全管理、品質管理、環
境保全、建設副産物、法規、専門土木
2017.4 354p B5 ¥2100 ⓘ978-4-86417-223-3

◆**1級土木施工管理技士学科試験 要点チェッ
ク　平成30年版**　清水一都著　秀和システム
【要旨】合格に必要な60点を確実に取るコツ！ 誘
導問題対策、巻末に事例集を掲載!!よく出る問
題、覚えるだけで解ける問題を厳選！ 出る問題
で要点を覚えれば大丈夫！ 4択択一問題はザッ
クリ覚える方が間違わない！ 図版と赤字で概括
的に覚えることが4枚折一で点を取るコツ！
2017.12 191p B5 ¥2500 ⓘ978-4-7980-5292-2

◆**1級土木施工管理技士完全攻略学科ポイン
ト問題集**　日建学院教材研究会編著　建築資
料研究社
【要旨】最重要問題を分野別・項目別に厳選。不
適切な肢のポイントも徹底攻略！
2017.4 119p A5 ¥1000 ⓘ978-4-86358-486-0

◆**1級土木施工管理技士実戦セミナー実地試
験 平成29年度版**　高瀬幸紀, 佐々木栄三,
黒図茂雄編著　市ヶ谷出版社
【要旨】施工経験記述は、頻出4分野20事例を掲
載！（解答行数は28年度試験に合わせて変更し
た）学科記述は、次の内容で充実！（1）最新10
年間の出題傾向を分析。（2）年度別に、最新5年
間全問題の模範解答・解説。（3）分野別必要基
本知識を掲載！
2017.5 242p B5 ¥2500 ⓘ978-4-87071-589-9

◆**1級土木施工管理技士実地試験記述対策・
過去問題 2017年版**　清水一都著　秀和シ
ステム
【要旨】合格を目指すなら絶対に覚えないといけ
ない項目を厳選！ 合格に必要な60点を確実に取
るコツ！ 厳選した7事例に工程、品質、安全、環
境の答案事例を掲載。厳選26例×応用例×ヒン
トでスラスラ解答！ 過去10年分の問題と解答を
掲載。
2017.3 223p B5 ¥2400 ⓘ978-4-7980-4948-9

◆**1級土木施工管理技士 出題順問題集　平成
29年度版**　高瀬幸紀, 佐々木栄三著　市ヶ谷
出版社　（付属資料：別冊1）
【要旨】最新5年間の全問題を網羅！ 本試験と同
じ形式で実戦体験！（解答・ワンポイント解説
書付き）試験直前・自学自習！
2017.11 210p A5 ¥2200 ⓘ978-4-87071-039-9

◆**1級土木施工管理技士出題順問題集　平成
30年度版**　市ヶ谷出版社　（付属資料：別冊
1）

【要旨】最新5年間の全問題を網羅！本試験と同じ形式で実戦体験！解答・ワンポイント解説書付き。
2017.12 208p A5 ¥2200 ①978-4-87071-031-3

◆1級土木施工管理技士即戦問題集　平成29年度版　高瀬幸紀著　市ヶ谷出版社
【要旨】最新の出題問題と出題傾向が一目でわかる。見開き2ページの見やすいレイアウト。ていねいな問題解説と参考知識。
2017.1 299p B5 ¥2700 ①978-4-87071-724-4

◆1級土木施工管理技士即戦問題集　平成30年度版　高瀬幸紀著　市ヶ谷出版社
【要旨】出題頻度を優先、問題解法を詳説、豊富な図解資料。最新の出題問題と出題傾向が一目でわかる。見開き2ページの見やすいレイアウト。ていねいな問題解説と参考知識。
2017.12 299p B5 ¥2700 ①978-4-87071-725-1

◆1級土木施工管理技術検定試験徹底図解テキスト　2017年版　土木施工管理技術検定試験研究会著　ナツメ社　(付属資料：別冊1；赤シート1)
【要旨】学科試験と実地試験「学科記述問題」の出題範囲に完全対応！直近10年の出題傾向、最新平成28年の学科試験問題、解答と解説を掲載！
2017.2 383p B5 ¥3200 ①978-4-8163-6157-9

◆1級土木施工管理技術検定試験問題解説録版　2018年版　地域開発研究所編　地域開発研究所
【要旨】H23～H29問題・解説。
2017.12 614p B5 ¥3800 ①978-4-88615-312-8

◆1級土木施工管理技術検定実地試験 “記述例” 徹底解説テキスト　2017年版　水township俊幸監修, 土木施工管理技術検定試験研究会編著　ナツメ社　(付属資料：別冊1；赤シート1)
【要旨】経験記述の新傾向に対応！掲載解説文例数No.1の70例文！ポイントを効率よく復習できる赤シート付き！
2017.6 327p B5 ¥2800 ①978-4-8163-6240-8

◆1級土木施工管理技術検定実地試験問題解説集　平成29年版　地域開発研究所編　地域開発研究所
【要旨】施工経験記述問題対応!!良い評価をもらうための書き方。ヒント文章案全36例。失敗例の改善ポイント。実地試験の要点まとめ “基礎解説”。
2017.4 467p B5 ¥3400 ①978-4-88615-297-8

◆1級土木施工管理技士 要点テキスト　平成30年度版　高瀬幸紀, 佐々木栄三, 黒図茂雄執筆　市ヶ谷出版社
【要旨】最近10年間の出題頻度の高い内容掲載！短期間の集中学習で合格できる！
2017.10 386p B5 ¥2800 ①978-4-87071-080-1

◆1級土木施工管理実地試験合格ゼミ―ぜんぶまとめて集中学習！　吉田勇人著　オーム社
【目次】学習指針編、経験記述編―必須問題(経験記述の出題内容と受験対策、経験した土木工事の選び方、経験記述区分の構成とルール、経験記述の学習対策、出題傾向と対策のポイント)、学科記述編―選択問題(学科記述の出題内容と受験対策、土工、コンクリート、品質管理、安全管理、施工計画および建設副産物)
2017.7 285p B5 ¥2600 ①978-4-274-22087-6

◆エクセレントドリル1級土木施工管理技士試験によく出る重要問題集　平成29年度版　内山稔, 横手幸伸, 伊藤宏之, 飯田徹, 松島俊久執筆　市ヶ谷出版社
【要旨】徹底した過去問分析で必ず合格できる！合格の決め手は、多くの問題を解く！重要事項をしっかり覚える！豊富な図表と付録・視覚的なページ構成！
2017.4 378p A5 ¥2500 ①978-4-87071-774-9

◆エクセレントドリル1級土木施工管理技士試験によく出る重要問題集　平成29年版　佐々木栄三, 霜田宜久編著　市ヶ谷出版社
【要旨】過去問を解きながら身に付く問題集！合格の決め手は、多くの問題を解く、重要事項をしっかり覚える！豊富な図表と視覚的なページ構成！
2017.1 345p A5 ¥2800 ①978-4-87071-969-9

◆エクセレントドリル1級土木施工管理技士試験によく出る重要問題集　平成30年度版　佐々木栄三, 霜田宜久編著　市ヶ谷出版社

【要旨】過去問を解きながら身に付く問題集！合格の決め手は、多くの問題を解く！重要事項をしっかり覚える！豊富な図表と視覚的なページ構成！
2017.10 347p A5 ¥2800 ①978-4-87071-885-2

◆エクセレントドリル 2級土木施工管理技士試験によく出る重要問題集　平成29年度版　佐々木栄三, 霜田宜久編著　市ヶ谷出版社
【要旨】過去問を解きながら身に付く問題集！合格の決め手は、多くの問題を解く！重要事項をしっかり覚える！豊富な図表と視覚的なページ構成！
2017.4 297p A5 ¥2500 ①978-4-87071-979-8

◆ギュッとまとめて集中学習！ 2級管工事施工合格テキスト　今野祐二, 山田信亮, 打矢瀅二, 加藤諭共著　オーム社　(付属資料：赤シート1)
【要旨】出題傾向を完全分析。重要なポイントだけに絞ったわかりやすい解説！初学者も学習しやすい。補足解説として「暗記のPoint」「専門用語の説明」などを満載！間違い探しテストですぐ復習。付録の赤シートを使って学習効率が高まる!!
2017.6 219p B5 ¥2800 ①978-4-274-22077-7

◆これだけはマスター 1級土木施工管理技術検定試験(学科)　2018年版　國澤正和編著　(大阪)弘文社　(付属資料：別冊1)　第2版
【要旨】最近の出題問題の徹底分析。分野別・項目別学習の徹底。
2018 412p B5 ¥2800 ①978-4-7703-2730-7

◆これだけマスター 1級管工事施工 学科試験　山田信亮, 打矢瀅二, 今野祐二共著　オーム社　改訂2版
【要旨】最新傾向から最重要POINTを抽出して解説！出題可能性が高い問題だけで構成!!これ一冊あれば、最短コースで合格できる!!
2017.2 324p A5 ¥2800 ①978-4-274-22025-8

◆これだけマスター 1級管工事施工実地試験　打矢瀅二, 山田信亮, 加藤諭著　オーム社　改訂2版
【要旨】最新傾向から最重要POINTを抽出して解説！出題される可能性が高い問題だけで構成!!これ一冊あれば、最短コースで合格できる!!！
2017.7 191p A5 ¥2300 ①978-4-274-22055-5

◆これだけマスター 1級土木施工管理技士実地試験　オーム社編　オーム社　改訂2版
【要旨】これ1冊で実地試験対策は完璧！1．経験記述編：平成18年以降の出題傾向に沿った問題に完全対応。経験記述事例を工事種別に “60例文” 掲載！ “答案作成ノウハウ” & “合格のための心得” で合格最短コース！2．学科記述編：重要度が高い順に問題を掲載し効率的に学べる！平成18年以降の過去問題のうち、特に重要なものに絞って解説！
2017.4 294p A5 ¥2800 ①978-4-274-22055-5

◆実戦セミナー2級管工事施工管理技士実地試験　平成29年度版　阿部洋, 渡邊光三編著　市ヶ谷出版社
【要旨】はじめての2級専用実地試験テキスト！施工経験記述の模範解答例を新規に作成！学科記述の解答のしかたがよくわかる！最新7年間の全問題を収録！
2017.6 206p B5 ¥2600 ①978-4-87071-922-4

◆詳解 1級管工事施工管理技術検定過去5年問題集 ’17年版　コンデックス情報研究所編著　成美堂出版　(付属資料：別冊1)
【要旨】平成28年から24年まで最新「実地」もブログで完全フォロー!!最新の法改正に対応。すべての選択肢をわかりやすく解説。
2017.5 191p A5 ¥1600 ①978-4-415-22489-3

◆詳解 1級土木施工管理技術検定過去5年問題集 ’17年版　コンデックス情報研究所編著　成美堂出版　(付属資料：別冊1)
【要旨】平成28年から24年まで最新「実地」もブログで完全フォロー!!最新の法改正に対応。すべての選択肢をわかりやすく解説。
2017.2 263p A5 ¥1800 ①978-4-415-22384-1

◆詳解 1級土木施工管理技術検定過去5年問題集 ’18年版　コンデックス情報研究所編著　成美堂出版　(付属資料：別冊1)
【要旨】平成29年から25年まで。最新「実地」もブログで完全フォロー!!最新の法改正に対応。す

べての選択肢をわかりやすく解説。
2017.12 263p A5 ¥1800 ①978-4-415-22607-1

◆詳解 2級土木施工管理技術検定過去5年問題集 ’17年版　コンデックス情報研究所編著　成美堂出版　(付属資料：別冊1)
【要旨】平成28年から24年までの「学科」と「実地」を徹底分析。最新の法改正に対応。すべての選択肢をわかりやすく解説。
2017.3 183p A5 ¥1400 ①978-4-415-22458-9

◆図解でよくわかる1級管工事施工管理技士　平成29年版　打矢瀅二, 今野祐二, 山田信亮共著　誠文堂新光社
【要旨】1 原論、2 電気工学、3 建築学、4 空調設備、5 衛生設備、6 設備に関する知識、7 設計図書に関する知識、8 施工管理、9 法規、10 実地試験
2017.2 384, 63p A5 ¥2800 ①978-4-416-51740-6

◆図解でよくわかる1級土木施工管理技士学科試験　平成30年版　井上国博, 速水洋志, 渡辺彰, 吉田勇人共著　誠文堂新光社
【目次】1 土木一般、2 専門土木、3 法規、4 共通工学、5 建設機械、6 施工管理、7 建設工事に伴う対策
2017.12 384, 79p A5 ¥2200 ①978-4-416-71745-5

◆図解でよくわかる1級土木施工管理技士実地試験　平成29年版　速水洋志, 吉田勇人共著　誠文堂新光社
【要旨】土木工事種別経験記述50例文。平成28年度実地試験問題・解説・解答試案掲載。
2017.3 368, 15p A5 ¥2800 ①978-4-416-51743-7

◆図解でよくわかる2級土木施工管理技士 学科試験　平成29年版　井上国博, 速水洋志, 渡辺彰, 吉田勇人共著　誠文堂新光社
【要旨】平成28年度学科試験問題、解説・解答。実地試験問題解答試案掲載。
2017.2 367, 56p A5 ¥2800 ①978-4-416-51741-3

◆図解でよくわかる2級土木施工管理技士 実地試験　平成29年版　速水洋志, 吉田勇人共著　誠文堂新光社
【要旨】施工経験記述50例、学科記述過去9年問題・解説・解答例。平成28年度実地試験問題・解説・解答試案掲載。
2017.2 336, 15p A5 ¥2000 ①978-4-416-51742-0

◆図解 2級土木施工管理技士試験テキスト　平成29年度版　浅賀榮三編著, 市坪誠, 吉田真平著　実教出版
【目次】第1編 土木工学等―基礎的な土木工学(土工、コンクリート工 ほか)、第2編 土木工学等―分野別の土木工学(土木構造物、河川・砂防 ほか)、第3編 法規(労働基準法、労働安全衛生法 ほか)、第4編 施工管理法(測量、設計図書 ほか)、第5編 実地試験(出題傾向と学習の要点)
2017.3 386p B5 ¥2500 ①978-4-407-34165-2

◆スラスラ解ける！ 1級土木施工管理技術検定ウラ技合格法 ’17年版　コンデックス情報研究所編著　成美堂出版
【要旨】数多くの資格試験問題を分析し、ウラ技合格法を開発してきた編者が、誰でもカンタンに使えるウラ技を大公開!!
2017.2 239p A5 ¥1400 ①978-4-415-22383-4

◆スラスラ解ける！ 1級土木施工管理技術検定ウラ技合格法 ’18年版　コンデックス情報研究所編著　成美堂出版
【要旨】数多くの資格試験問題を分析し、ウラ技合格法を開発してきた編者が、誰でもカンタンに使えるウラ技を大公開!!
2018.1 239p A5 ¥1400 ①978-4-415-22608-3

◆2級管工事施工管理技士試験 出題順問題集　平成29年度版　管工事施工管理技士受験テキスト編修委員会編　市ヶ谷出版社
【要旨】最新5年間の全問題を網羅。
2017.5 119p A5 ¥1900 ①978-4-87071-899-9

◆2級管工事施工管理技士実地試験対策　種子永修一著　(大阪)弘文社　全訂版
【目次】第1章 施工全般(設備全般、工程管理、法規)、第2章 施工体験(施工計画、工程管理、品質管理、安全管理、本試験形式演習問題)
2017 180, 16p A5 ¥1800 ①978-4-7703-2725-3

◆2級管工事施工管理技士 即戦問題集　平成29年度版　前島健, 栗原不二夫, 阿部洋, 内山稔執筆　市ヶ谷出版社

サイエンス・テクノロジー

【要旨】効率よく、短期間に実力養成できる。28年度の問題と最新傾向問題から重要事項が一目でわかる。メリハリのきいた体系的なまとめ。豊富な図表と視覚的なページ構成！
2017.5 211p B5 ¥2600 ①978-4-87071-784-8

◆2級管工事施工管理技術検定試験問題解説集録版　2017年版　地域開発研究所編　地域開発研究所
【要旨】技術検定試験問題解説集録版。H23〜H28問題・解説、H19〜H22問題・ヒント。
2017.4 396p B5 ¥4000 ①978-4-88615-302-9

◆2級管工事施工管理技士　要点テキスト　平成29年度版　前島健監修、阿部洋執筆　市ヶ谷出版社
【要旨】効率よく、短期間に実力養成できる。28年度の問題と最新傾向問題から重要事項が一目でわかる。メリハリのきいた体系的なまとめ。豊富な図表と視覚的なページ構成！
2017.5 351p B5 ¥3000 ①978-4-87071-079-5

◆2級土木施工　過去問題と解説　2017年版　大嶋輝夫著　日本教育訓練センター
【要旨】平成23年（平成23年）〜2016年（平成28年）の6年間に行われた2級土木施工管理技術検定試験（種別：土木）の学科・実地試験全問題とわかりやすい解説を収録。
2017.3 248p A5 ¥1800 ①978-4-86418-073-3

◆2級土木施工管理技士学科試験・実地試験合格ガイド　中村英紀著　翔泳社　（建築土木教科書）
【要旨】本書は、長年土木分野を専門に扱い、教えてきた著者が、土木施工管理技士を目指す方々のために執筆した合格対策テキストです。この一冊を学習すれば合格できるように、学科試験・実地試験の両方について扱っています。苦手な方が多い実地試験の経験記述も、解答のコツをつかめるように、工夫を施します。出るところがハッキリ分かる─必要な知識をしぼり、試験によく出るところをコンパクトにまとめているので、短時間で無駄のない学習ができます。「経験記述」のコツがつかめる─過去受験者の答案を著者が添削する形式で、どのような点に注意すると合格に近づけるのか、ポイントを解説します。過去問題を解きながら学べる─単元内で学びながら過去問題が解けます。実際の出題形式が分かるから、何をどう覚えたらよいか、自然と分かります。
2017.2 359p A5 ¥2200 ①978-4-7981-5027-7

◆2級土木施工管理技士実戦セミナー　実地試験　平成29年度版　高瀬幸紀、佐々木栄三、黒図茂雄編著　市ヶ谷出版社
【要旨】施工経験記述の書き方、模範18事例掲載！　学科記述に必要な内容を充実！最新10年間の出題傾向を分析。年度別に、最新5年間全問題の模範解答・解説。分野別必要基本知識を掲載！
2017.6 200p B5 ¥2300 ①978-4-87071-470-9

◆2級土木施工管理技士実地試験─書き方添削と用語解説　中村英紀編著　彰国社　第四版
【要旨】経験記述の書き方に必要な「基礎知識」と「用語と数値の解説」。過去の実地試験問題の解答例と経験記述の書き方20例。指定された施工管理項目に関する、「技術的課題」「検討理由と内容」「対応処置」の書き方のポイント。
2017.5 269p A5 ¥2500 ①978-4-395-35042-1

◆2級土木施工管理技士出題順問題集　平成29年度版　高瀬幸紀、米川誠次執筆　市ヶ谷出版社　（付属資料：別冊1）
【要旨】最新5年間の全問題を網羅！本試験と同じ形式で実戦体験！解答・ワンポイント解説書付き。試験直前の自学自習に最適！
2017.4 150p A5 ¥1900 ①978-4-87071-169-3

◆2級土木施工管理技士il対戦問題集　平成29年度版　高瀬幸紀編著　市ヶ谷出版社
【要旨】出題頻度を優先。問題解法を詳説。豊富な図解資料。
2017.4 275p B5 ¥2600 ①978-4-87071-734-3

◆2級土木施工管理技士「土木」合格テキスト　学科と実地これ1冊　平成29年版　2級土木施工管理技士試験問題研究会編著　彰国社　（付属資料：別冊1）
【要旨】出題ピンポイント解説＋○×1,000本ノック。
2017.3 412p A5 ¥3200 ①978-4-395-35041-4

◆2級土木施工管理技術検定試験徹底図解テキスト　2017年版　土木施工管理技術検定試験研究会著　ナツメ社　（付属資料：別冊1;赤シート1）

【要旨】学科＋実地を完全解説！経験記述の新傾向に対応した45例文！直近10年の出題傾向を徹底分析！平成28、27年の試験問題、解答と解説を掲載！
2017.5 447p B5 ¥2200 ①978-4-8163-6239-2

◆2級土木施工管理技術検定試験問題解説集録版　2017年版　地域開発研究所編　地域開発研究所
【要旨】H22〜H28問題・解説。
2017.2 396p B5 ¥3400 ①978-4-88615-296-1

◆2級土木施工管理技士　要点テキスト　平成29年度版　高瀬幸紀監修、米川誠次、田島富男著　市ヶ谷出版社
【要旨】28年度の問題と最新傾向問題から、重要事項が体系的に学べるように要点をまとめた。豊富な図表を掲載。2色刷で重要項目を視覚的にわかりやすく。
2017.3 318p B5 ¥2800 ①978-4-87071-099-3

◆はじめて学ぶ2級土木施工管理受験テキストＱ＆Ａ　國澤正和、長谷川武司共著　（大阪）弘文社
【要旨】5年間の出題ポイントの総まとめ！基礎から合格までの道案内。この1冊で合格できる！
2017 350p A5 ¥2300 ①978-4-7703-2705-5

◆分野別問題解説集　1級管工事施工管理学科試験　平成29年度　森野安信編　GET研究所、丸善出版　発売　（スーパーテキストシリーズ）
【要旨】過去6年間全問集録。
2017.4 486p B5 ¥3400 ①978-4-905435-85-3

◆分野別問題解説集　1級管工事施工管理技術検定実地試験　平成29年度　森野安信編　GET研究所、丸善出版　発売　（スーパーテキストシリーズ）
【要旨】過去10年間全問集録。
2017.5 311p B5 ¥3200 ①978-4-905435-89-1

◆分野別問題解説集　1級土木施工管理技術検定学科試験　平成30年度　森野安信著、GET研究所編　GET研究所、丸善出版　発売　（スーパーテキストシリーズ）
【要旨】過去10年間全問集録。
2017.11 636p B5 ¥3600 ①978-4-909257-06-2

◆分野別問題解説集　1級土木施工管理技術検定実地試験　平成29年度　森野安信著、GET研究所編　GET研究所、丸善出版　発売　（スーパーテキストシリーズ）
【要旨】過去10年間全問集録。
2017.4 339p B5 ¥3400 ①978-4-905435-86-0

◆分野別問題解説集　2級管工事施工管理技術検定学科試験　平成29年度　森野安信編　GET研究所、丸善出版　発売　（スーパーテキストシリーズ）
【要旨】過去6年間全問集録。
2017.5 320p B5 ¥3000 ①978-4-905435-92-1

◆分野別問題解説集　2級管工事施工管理技術検定実地試験　平成29年度　森野安信編　GET研究所、丸善出版　発売　（スーパーテキストシリーズ）
【目次】本編（管工事経験記述講座（必須問題）、分野別技術力養成講座）、攻略編（平成29年度第1回完全攻略問題、平成29年度第2回完全攻略問題）。
2017.6 227p B5 ¥3000 ①978-4-905435-93-8

◆分野別問題解説集　2級土木施工管理学科試験　平成29年度　森野安信著　GET研究所、丸善出版　発売　（スーパーテキストシリーズ）
【要旨】初心者のための完全攻略本。過去7年間全問集録。
2017.4 371p B5 ¥3000 ①978-4-905435-90-7

◆分野別問題解説集　2級土木施工管理技術検定実地試験　平成29年度　森野安信編　GET研究所、丸善出版　発売　（スーパーテキストシリーズ）
【要旨】過去10年間全問集録。
2017.5 307p B5 ¥3000 ①978-4-905435-94-5

◆よくわかる！1級管工事施工管理技術検定試験　学科　種子永修一編著　弘文社
【要旨】詳しい解説と豊富な演習問題。重要テクで短期必勝。復習問題で項目ごとの確認ができる。模擬試験問題で最終確認ができる。
2017 462p A5 ¥3200 ①978-4-7703-2715-4

◆よくわかる！2級管工事施工管理技術検定試験　学科・実地　種子永修一編著　（大阪）弘文社
【要旨】詳しい解説と豊富な演習問題。重要マークで短期必勝。復習問題で項目ごとの確認ができる。実地試験対策もバッチリ！
2017 349p A5 ¥2800 ①978-4-7703-2723-9

土木・上下水系資格

◆下水道管理技術認定試験　管路施設　合格テキスト　2017 - 2018年版　関根康生著　オーム社
【目次】第1章 工場排水（下水処理、水質汚濁防止法と特定施設 ほか）、第2章 維持管理（管きょの計画下水量、計画下水量に対する余裕 ほか）、第3章 安全管理（管路施設における労働安全衛生対策、管路施設にかかわる事故 ほか）、第4章 法規（下水道法の目的、下水道法に定める用語の定義 ほか）
2017.2 295p A5 ¥3600 ①978-4-274-22019-7

◆下水道管理技術認定試験　管路施設　攻略問題集　2017 - 2018年版　関根康生著　オーム社
【要旨】最新2016年まで8年分の試験問題をすべて掲載。出題科目ごとに過去問を分類。選択肢ごとに詳しい解説を掲載。
2017.1 271p A5 ¥3600 ①978-4-274-22017-3

◆下水道第2種技術検定試験合格問題集　関根康生、飯島豊著　オーム社
【要旨】出題科目ごとに過去問を分類。重要・頻出箇所がすぐにわかる！選択肢ごとに詳しい解説を掲載。この1冊で受験対策は完璧。
2017.4 364p A5 ¥4500 ①978-4-274-22047-0

◆下水道第3種技術検定試験　合格テキスト　2017 - 2018年版　関根康生著　オーム社
【要旨】本試験の出題内容を効果的に分析。重要・頻出箇所がすぐにわかる！各章末に「重要項目チェックシート」を掲載。まとめと実力チェックがすぐにできる！
2017.1 339p A5 ¥3500 ①978-4-274-22009-8

◆下水道第3種技術検定試験　攻略問題集　2017 - 2018年版　関根康生著　オーム社
【要旨】最新2016年まで7年分の試験問題をすべて掲載。出題科目ごとに過去問を分類。選択肢ごとに詳しい解説を掲載。
2017.1 283p A5 ¥3200 ①978-4-274-22008-1

◆測量士補合格ガイド　松原洋一著　翔泳社　（建築土木教科書）　第2版
【要旨】長年の試験分析と現場での指導を反映した確かな内容。職業訓練施設および各種教育機関で長年教鞭を執り、試験の最新傾向を知り尽くした講師が執筆しています。初学者が学習しやすい基礎編と効率よく学べる実践対策編の2部構成。基礎編では、受験に必要の測量の単位や数学、測量機器について詳しく説明しています。実践対策編では、よく出るテーマについて厳選した問題と詳しい解説で合格力を養成します。「作業規程の準則」は、測量計画機関が公共測量を実施する際に準ずるべき規範となる規程であり、国土交通大臣により定められています。本書は、平成28年の作業規程の準則の改正に対応した増補改訂版です。
2017.2 409p A5 ¥2600 ①978-4-7981-5077-2

◆測量士補試験　攻略テキスト　水野哲著　オーム社
【目次】1章 測量に関する法律、2章 基準点測量、3章 水準測量、4章 地形測量、5章 写真測量、6章 地図編集、7章 応用測量、補講 測量のための基礎数学
2017.4 287p A5 ¥2700 ①978-4-274-22016-6

◆測量士補試験問題集　2017年版　林敏幸著　実教出版　（付属資料：別冊1）
【目次】測量法、距離測量、角測量、トラバース測量、細部測量、水則測量、測量の誤差、面積・体積、基準点測量、地形測量、路線測量、河川測量、写真測量、最新測量技術の応用
2017.1 196p B5 ¥2000 ①978-4-407-34167-6

◆測量士補試験問題集　2018年版　林敏幸著　実教出版　（付属資料：別冊1）
【目次】測量法、距離測量、角測量、トラバース測量、細部測量、水準測量、測量の誤差、面積・

体積、基準点測量、地形測量、路線測量、河川測量、写真測量、最新測量技術の応用

◆**測量士補問題解説集　平成30年度版**　市ヶ谷出版社
【要旨】28年度、29年度の過去問題を中心に再編成！測量の基礎が理解できる基本問題を付加。きめの細かい出題傾向分析表付き。頻出度・難易度を各問題に明示。
2017.12 329p A5 ¥2800 ①978-4-87071-590-5

◆**出たトコだけを学ぶ測量士補試験　平成30年版**　公論出版
【要旨】平成24年〜平成29年に出題された過去出題問題をジャンル別に収録。テキストを読む、問題を解く、解説を読むことで、合格に近づく！
2017.10 330p A5 ¥2315 ①978-4-86275-098-3

◆**鉄則！測量士補過去問アタック　2018年版**　東京法経学院編集部著　東京法経学院
【要旨】問題の解説を科目別に後半部分にまとめ、アウトプット学習と実力診断をしやすく配慮。過去10年間（平成20年〜29年）の本試験問題と解説を科目別・項目別に収録。平成21年度より科目内容が一新された新試験方式及び・公共測量・作業規程の準則に対応。
2017.12 526p A5 ¥3400 ①978-4-8089-2441-6

◆**日建学院　測量士補　過去問280　平成30年度版**　日建学院編著　建築資料研究社
【要旨】過去10年分を分野別・項目別に分類！最新の作業規程の準則完全対応!!
2017.9 437p A5 ¥2700 ①978-4-86358-514-0

◆**年度別問題解説集　1級舗装施工管理一般試験　平成30年度**　森野安信著、GET研究所編　GET研究所、丸善出版　発売（スーパーテキストシリーズ）
【要旨】過去9年間全問収録。
2017.9 526p B5 ¥4000 ①978-4-909257-01-7

◆**年度別問題解説集1級舗装施工管理応用試験　平成30年度**　森野安信著、GET研究所編　GET研究所、丸善出版　発売（スーパーテキストシリーズ）
【目次】第1編　経験記述の考え方・書き方講習、第2編　最新9年間の問題と解答・解説（1級舗装施工管理技術者応用試験出題傾向分析表、平成29年度1級舗装施工管理技術者応用試験、平成28年度1級舗装施工管理技術者応用試験、平成27年度1級舗装施工管理技術者応用試験 ほか）、第3編　1級舗装施工管理技術者応用試験スーパーテキスト（舗装工学重要事項集、舗装設計、舗装材料、舗装施工 ほか）、第4編　1級舗装施工管理技術者応用試験精選模試
2017.9 363p B5 ¥4000 ①978-4-909257-02-4

◆**年度別問題解説集　2級舗装施工管理一般試験・応用試験　平成30年度**　森野安信著、GET研究所編　GET研究所、丸善出版　発売（スーパーテキストシリーズ）
【要旨】過去9年間全問収録。
2017.11 512p B5 ¥4000 ①978-4-909257-03-1

◆**分野別・図解問題解説集　測量士補試験　平成30年度**　森野安信著　GET研究所、丸善出版　発売（スーパーテキストシリーズ）
【目次】第1分野　測量法規、第2分野　多角測量、第3分野　水準測量、第4分野　地形測量、第5分野　写真測量、第6分野　地図編集、第7分野　応用測量
2017.8 507p A5 ¥3400 ①978-4-909257-00-0

◆**ミヤケン先生の合格講義　1級造園施工管理試験**　宮入賢一郎著　オーム社
【要旨】学科試験＋実地試験対応！過去10年間の問題を完全分析！最新の出題傾向に基づいた合格メソッドを惜しみなく解説します!!
2017.4 360p A5 ¥3000 ①978-4-274-22054-8

◆**明快！よくわかる数学―測量士補・土地家屋調査士試験をめざして**　黒杉茂著　東京法経学院
【要旨】数学をやさしく、しっかりわかるように解説しますす!!本書は、ごく基本的な事項から一歩一歩段階的に学習できるように作られた入門書です。
2017.9 343p B5 ¥2800 ①978-4-8089-2442-3

環境計量士・公害防止管理者

◆**一般計量士・環境計量士国家試験問題解答と解説　3　法規・管理（計量関係法規/計量管理概論）（平成27年〜29年）**　日本計量振興協会編　コロナ社
【目次】1 計量関係法規 法規、2 計量管理概論 管理
2017.12 189p A5 ¥2300 ①978-4-339-03225-3

◆**一般計量士国家試験問題解答と解説　1　一基・計質（計量に関する基礎知識/計量器概論及び質量の計量）（平成27年〜29年）**　日本計量振興協会編　コロナ社
【目次】1 計量に関する基礎知識 一基、2 計量器概論及び質量の計量 計質
2017.12 155p A5 ¥2000 ①978-4-339-03223-9

◆**環境計量士国家試験問題の正解と解説　第43回―平成29年3月実施**　日本環境測定分析協会編　丸善出版　発売
【目次】1 濃度関係の専門科目（環境関係法規及び化学に関する基礎知識、化学分析概論及び濃度の計量）、2 騒音・振動関係の専門科目（環境関係法規及び物理に関する基礎知識、音響・振動概論並びに音圧レベル及び振動加速度レベルの計量）、3 共通科目（計量関係法規、計量管理概論）
2017.10 221p A5 ¥3300 ①978-4-931340-88-6

◆**環境計量士試験「濃度・共通」攻略問題集　2018年版**　三好康彦著　オーム社
【要旨】最新2017まで7年分の試験問題をすべて掲載。出題科目ごとに過去問を分類→重要・頻出箇所がすぐにわかる！選択肢ごとに詳しい解説を掲載→この1冊で受験対策は完璧。
2017.6 500p A5 ¥3800 ①978-4-274-22069-2

◆**環境計量士（濃度関係）国家試験問題解答と解説　2　環化・環濃（環境計量に関する基礎知識/化学分析概論及び濃度の計画）（平成27年〜29年）**　日本計量振興協会編　コロナ社
【目次】1 環境計量に関する基礎知識（化学）環化、2 化学分析概論及び濃度の計量 環濃
2017.12 230p A5 ¥2900 ①978-4-339-03224-6

◆**公害防止管理者試験　水質関係　合格テキスト　2018 - 2019年版**　青山芳之著　オーム社
【要旨】本試験の出題内容を徹底的に分析→重要・頻出箇所がすぐにわかる！各章末に「重要項目チェックシート」を掲載→まとめと実力チェックがすぐできる！
2017.12 284p A5 ¥2800 ①978-4-274-22160-6

◆**公害防止管理者試験　水質関係　攻略問題集　2018 - 2019年版**　三好康彦著　オーム社
【要旨】最新2017まで、6年分の試験問題をすべて掲載。出題科目ごとに過去問を分類→重要・頻出箇所がすぐにわかる！選択肢ごとに詳しい解説を掲載→この1冊で受験対策は完璧。
2017.12 324p A5 ¥3300 ①978-4-274-22161-3

◆**公害防止管理者試験　大気関係　合格テキスト　2018 - 2019年版**　青山芳之著　オーム社
【要旨】本試験の出題内容を徹底的に分析→重要・頻出箇所がすぐにわかる！各章末に「重要項目チェックシート」を掲載→まとめと実力チェックがすぐできる！
2017.12 320p A5 ¥2800 ①978-4-274-22162-0

◆**公害防止管理者試験　大気関係　攻略問題集　2018 - 2019年版**　三好康彦著　オーム社
【要旨】最新2017まで、6年分の試験問題をすべて掲載。出題科目ごとに過去問を分類→重要・頻出箇所がすぐにわかる！選択肢ごとに詳しい解説を掲載→この1冊で受験対策は完璧。
2017.12 320p A5 ¥2800 ①978-4-274-22163-7

◆**公害防止管理者等国家試験　正解とヒント―ダイオキシン類関係　平成24年度〜平成28年度**　産業環境管理協会、丸善出版　発売
【要旨】2017年度（平成29年度）試験完全対応！公害防止管理者等国家試験受験者必携。過去問5年収録。充実の過去5年分で合格レベルの実力養成。わかりやすい解説で知識が身につく。関連出題から出題傾向を分析できる。
2017.3 1Vol. A5 ¥4000 ①978-4-86240-149-6

◆**公害防止管理者等国家試験　正解とヒント―大気関係第1種〜第4種/特定粉じん関係/一般粉じん関係　平成24年度〜平成28年度**　産業環境管理協会、丸善出版　発売
【要旨】2017年度（平成29年度）試験完全対応！公害防止管理者等国家試験受験者必携。過去問5年収録。充実の過去5年分で合格レベルの実力養成。わかりやすい解説で知識が身につく。関連出題から出題傾向を分析できる。
2017.3 1Vol. A5 ¥5000 ①978-4-86240-146-5

◆**公害防止管理者等国家試験　正解とヒント―騒音・振動関係　平成24年度〜平成28年度**　産業環境管理協会、丸善出版　発売
【要旨】2017年度（平成29年度）試験完全対応！公害防止管理者等国家試験受験者必携。過去問5年収録。充実の過去5年分で合格レベルの実力養成。わかりやすい解説で知識が身につく。関連出題から出題傾向を分析できる。
2017.3 1Vol. A5 ¥4000 ①978-4-86240-148-9

◆**公害防止管理者等国家試験　正解とヒント―水質関係第1種〜第4種　平成24年度〜平成28年度**　産業環境管理協会、丸善出版　発売
【要旨】2017年度（平成29年度）試験完全対応！公害防止管理者等国家試験受験者必携。過去問5年収録。充実の過去5年分で合格レベルの実力養成。わかりやすい解説で知識が身につく。関連出題から出題傾向を分析できる。
2017.3 1Vol. A5 ¥5000 ①978-4-86240-147-2

建築士

◆**1級建築士過去問題集チャレンジ7　平成30年度版**　日建学院教材研究会編著　建築資料研究社
【要旨】平成29年〜平成23年の過去7年分の本試験問題を年度別に収録。
2017.12 1021p B5 ¥2700 ①978-4-86358-532-4

◆**1級建築士学科試験　要点チェック　2017年版**　山野大星、上田耕作、佐藤光則、真田一穂、小林猛、根本毅著　秀和システム
【要旨】分野別に出題傾向を分析。問題は四枝一択だからポイントを正しく理解できたか本番の穴埋め問題で自分の実力が効果的に確認できる！2017.1 287p A5 ¥2800 ①978-4-7980-4898-7

◆**一級建築士合格戦略　製図試験のウラ指導　2017年版**　教育的ウラ指導編著　学芸出版社
【要旨】合格するプランニング力を養うためにはコツがある。今まで誰も教えてくれなかった製図試験対策のノウハウを徹底解説。
2017.6 190p 30×22cm ¥3600 ①978-4-7615-0322-2

◆**1級建築士試験　学科　過去問スーパー7　2018（平成30年度版）**　総合資格学院編　総合資格
【要旨】オリジナル解説を付けた過去問7年分（平成23年度〜平成29年度）の問題集！875問収録。
2017.11 1012p A5 ¥4000 ①978-4-86417-246-2

◆**1級建築士試験　学科　厳選問題集500＋125　2018（平成30年度版）**　総合資格学院編　総合資格
【要旨】重要問題を分野別に収録！科目別問題500問＋平成29年本試験問題125問。
2017.11 1017p A5 ¥3300 ①978-4-86417-245-5

◆**1級建築士試験学科ポイント整理と確認問題　平成30年度版**　総合資格学院編　総合資格（付属資料：赤シート1）
【要旨】重要ポイントを要点学習、確認問題で理解度チェック！過去問から合格に必要な問題を厳選して分野別に収録！オリジナル解説を付けた過去問7年分の問題集！
2017.11 363p A5 ¥3300 ①978-4-86417-244-8

◆**1級建築士設計製図試験課題対策集　平成29年度版**　日建学院教材研究会編著　建築資料研究社（付属資料：原寸大答案例; 答案用紙）
【要旨】課題：小規模なリゾートホテル。「計画の要点」対策も万全！厳選課題を収録（原寸大答案例と答案用紙4枚付き）。
2017.8 153p A4 ¥3300 ①978-4-86358-505-8

◆**一級建築士設計製図試験 ステップで攻略するエスキース**　山口達也、製図試験.com著（京都）学芸出版社

サイエンス・テクノロジー

【要旨】受験生が一番悩む「エスキース」の手順を13ステップに分けて徹底解説。時間配分にもこだわり、6時間で時間を切る解答をめざす。豊富な図解で、計画の要点、作図の極意も加えた新しい受験対策本。
2017.7 126p 30×22cm ¥3000 ⓘ978-4-7615-3234-5

◆1級建築士設計製図試験 直前対策と課題演習 平成29年度　設計製図対策研究会著　彰国社　（付属資料あり）
【要旨】想定課題6題、すべて原寸大の解答例図面付き。近年の傾向を踏まえて難易度がステップアップする、この6課題に繰り返しトライすれば、合格圏内の設計力・製図力が身につきます！
2017.8 63p A4 ¥2870 ⓘ978-4-395-35049-0

◆1級建築士分野別厳選問題500＋125 2018（平成30年度版）　日建学院教材研究会編著　建築資料研究社
【要旨】厳選過去問500問と平成29年本試験問題を分野別・項目別に収録。
2017.12 833p B5 ¥2700 ⓘ978-4-86358-531-7

◆一級建築士本試験TAC完全解説 学科＋設計製図　2018年度版　TAC建築士講座編　TAC出版　（TAC建築士シリーズ）
【要旨】平成30年試験向け・受験ガイダンス。設計製図試験の詳細解説。学科試験の全問題・解答解説。
2017.12 234p B5 ¥1200 ⓘ978-4-8132-7400-1

◆1級建築士要点整理と項目別ポイント問題 平成30年度版　日建学院教材研究会編　建築資料研究社
【要旨】重要項目のチェックポイントと、頻出設問枝・計算問題を厳選して収録。平成29年本試験問題・解答付。
2017.12 491p A5 ¥2600 ⓘ978-4-86358-533-1

◆ヴィジュアルで要点整理 1級建築士受験基本テキスト 学科　2　環境・設備　大脇賢次著　彰国社　第三版
【目次】第1部 環境工学（日照・日射、採光・照明、色彩、室内・外部環境、換気、音響、熱・結露）、第2部 建築設備（空気調和設備、給排水・衛生設備、電気設備、消火・防災設備、昇降機設備、省エネルギー・維持管理）
2017.3 311p B5 ¥3000 ⓘ978-4-395-35040-7

◆エクセレントドリル 2級建築士試験設計製図課題対策　平成29年　─家族のライフステージの変化に対応できる三世代住宅（木造2階建て）　建築士設計製図研究会編　市ヶ谷出版社　（付属資料あり）
【要旨】課題公表後に本文を執筆！一計画力を求める試験に対応している。設計主旨の要点・書き方に言及！多様な設計条件に柔軟に対処！課題演習例5例はすべて手書き。
2017.6 76p A4 ¥2600 ⓘ978-4-87071-879-1

◆建築基準関係法令集　2018年度版　TAC建築士講座編　TAC出版
【要旨】1級・2級建築士受験に最適化！2冊に分解できるセパレート形式。vol.1：建築基準法・令・規則、建築士法・令・規則を全文掲載！vol.2：関連法規を出るところだけ厳選収録！
2017.11 871p B5 ¥2800 ⓘ978-4-8132-7399-8

◆合格対策 一級建築士受験講座 学科　1 計画　平成30年版　全日本建築士会編　地人書館
【目次】1 各種建物（住宅、事務所 ほか）、2 計画諸元（寸法、モジュール ほか）、3 建築生産（建築生産のかたち、建設の環境適合に関する法律ほか）、4 都市計画・環境関連（都市計画関連法制度、都市計画と再生 ほか）、5 建築史（日本と西洋の建築史の比較、日本の建築史 ほか）
2017.12 282p B5 ¥3000 ⓘ978-4-8052-0916-5

◆合格対策 一級建築士受験講座 学科　2（環境・設備）　平成30年版　全日本建築士会編　地人書館
【目次】はじめに SI単位（国際単位）、第1部 建築環境（室内環境、換気、通風、伝熱と結露、日照・日射、採光・照明、色彩、音響・振動）、第2部 建築設備（暖房設備・空調設備、給排水、衛生設備、電気設備・自動制御、消火設備、防災設備、防犯設備、省エネルギー、長寿命化の技術と評価システム、設備融合問題（解答と解説））
2017.12 356p B5 ¥3000 ⓘ978-4-8052-0917-2

◆合格対策 一級建築士受験講座 学科　3（法規）　平成30年版　全日本建築士会編　地人書館
【目次】1 建築基準法、2 建築士法、3 都市計画法、4 建設業法、5 消防法、6 住宅の品確法、7 高齢者移動等円滑化法、8 耐震改修促進法、9 景観法、10 その他の法令
2017.12 355p B5 ¥3000 ⓘ978-4-8052-0918-9

◆合格対策 一級建築士受験講座 学科　4 構造　平成30年版　全日本建築士会編　地人書館
【目次】1 構造計算（材料力学、構造力学、地盤と基礎構造）、2 一般構造（木構造、鋼構造、鉄筋コンクリート構造 ほか）、3 材料（木材、コンクリート、金属材料 ほか）
2017.12 295p B5 ¥3000 ⓘ978-4-8052-0919-6

◆合格対策 一級建築士受験講座 学科　5（施工）　平成30年版　全日本建築士会編　地人書館
【目次】1 施工計画（施工計画、工程計画）、2 工事管理（現場管理、品質管理（Quality Control）ほか）、3 各部工事（仮設工事、測量、地盤調査、地業工事 ほか）、4 請負業者の決定、請負契約（施工方式、請負業者の決定 ほか）
2017.12 291p B5 ¥3000 ⓘ978-4-8052-0920-2

◆詳解2級建築士過去7年問題集　'18年版　コンデックス情報研究所編著　成美堂出版　（付属資料：別冊1）
【要旨】平成29年～23年までの過去問を完全収録し、全選択肢の正誤とその根拠を明示しました。正答肢だけでなく全ての選択肢を詳細に検討することが短期合格の秘訣です。平成29年10月1日現在施行されている法令等に基づいて解説しています。出題時以降に改正があった問題についても対応させています。
2018.1 327p A5 ¥1800 ⓘ978-4-415-22611-8

◆スラスラ解ける！ 1級建築士ウラ技合格法 '18年版　コンデックス情報研究所編著　成美堂出版
【要旨】数多くの資格試験問題を分析し、ウラ技合格法を開発してきた著者が、誰でもカンタンに使えるウラ技を大公開!!
2018.1 239p A5 ¥1800 ⓘ978-4-415-22609-5

◆2級建築士過去問題集チャレンジ7　平成30年度版　日建学院教材研究会編著　建築資料研究社
【要旨】平成29年～平成23年の過去7年分の本試験問題を年別に収録。
2017.12 813p B5 ¥2700 ⓘ978-4-86358-535-5

◆2級建築士試験 学科 過去問スーパー7 2018（平成30年度版）　総合資格学院編　総合資格
【要旨】オリジナル解説を付けた過去問7年分（平成23年度～平成29年度）の問題集！700問収録。
2017.11 866p A5 ¥2800 ⓘ978-4-86417-249-3

◆2級建築士試験 学科 厳選問題集500＋100 2018（平成30年度版）　総合資格学院編　総合資格
【要旨】重要問題を分野別に収録！科目別問題500問＋平成29年本試験問題100問。
2017.11 919p A5 ¥2900 ⓘ978-4-86417-248-6

◆2級建築士試験学科ポイント整理と確認問題 平成30年度版　総合資格学院編　総合資格　（付属資料：赤シート1）
【要旨】重要ポイント編で要点学習、確認問題で理解度チェック！過去問から合格に必要な問題を厳選して分野別に収録！オリジナル解説を付けた過去問7年分の問題集！
2017.11 387p A5 ¥3100 ⓘ978-4-86417-247-9

◆2級建築士試験 設計製図課題集　平成29年度版　総合資格学院編　総合資格　（付属資料あり；別冊1）
【要旨】本年度課題に即対応！家族のライフステージの変化に対応できる三世代住宅（木造2階建て）
2017.7 96p A4 ¥3000 ⓘ978-4-86417-228-8

◆2級建築士試験設計製図テキスト　2017（平成29年度版）　総合資格学院編　総合資格
【要旨】木造からRC造まで、4色フルカラーで基礎から解説！近年の試験制度に対応したチャレンジ課題を収録！
2017.2 238p A4 ¥3800 ⓘ978-4-86417-221-9

◆2級建築士集中テキスト　'18年版　コンデックス情報研究所編著　成美堂出版　（付属資料：赤シート1）
【要旨】過去問を詳細に分析し、合格に必要な122テーマをピックアップ。図表・イラストを数多く収録。「出題パターン」では過去問から作成した○×問題で理解度をチェック。最新の法改正・学会基準、公共建築工事標準仕様書に完全対応！
2018.1 271p A5 ¥1400 ⓘ978-4-415-22610-1

◆2級建築士 設計製図試験課題対策集　平成29年度版　日建学院教材研究会編著　建築資料研究社　（付属資料あり）
【要旨】厳選4課題（本書収録課題＋原寸大「3課題」）付き。スピードアップ製図法を詳解！
2017.12 96p A4 ¥2400 ⓘ978-4-86358-506-5

◆2級建築士設計製図試験 直前対策と課題演習 平成29年度　設計製図試験研究会著　彰国社　（付属資料：別冊；別紙）
【要旨】課題「家族のライフステージの変化に対応できる三世代住宅（木造2階建て）」攻略のコツと4つの予想問題。
2017.7 55p A4 ¥2600 ⓘ978-4-395-35046-9

◆2級建築士分野別厳選問題500＋100 2018（平成30年度版）　日建学院教材研究会編著　建築資料研究社
【要旨】厳選過去問500問と平成29年本試験問題を分野別・項目別に収録。
2017.12 707p B5 ¥2700 ⓘ978-4-86358-534-8

◆二級建築士本試験TAC完全解説 学科＋設計製図　2018年度版　TAC建築士講座編　TAC出版　（TAC建築士シリーズ）
【要旨】平成30年試験向け・受験ガイダンス。設計製図試験の詳細解説。学科試験の全問題・解答解説。
2017.12 212p B5 ¥1000 ⓘ978-4-8132-7401-8

◆2級建築士要点整理と項目別ポイント問題 平成30年度版　日建学院教材研究会編　建築資料研究社
【要旨】重要項目のチェックポイントと、頻出設問枝・計算問題を厳選して収録。平成29年本試験問題・解答付。
2017.12 467p A5 ¥2200 ⓘ978-4-86358-536-2

◆木造建築士 資格研修テキスト　平成29年版　藤澤好一監修　井上書院
【目次】学科1 建築計画、学科2 建築法規、学科3 建築構造、学科4 建築施工、設計製図、厳選過去問題、平成28年木造建築士試験
2017.2 348p B5 ¥3000 ⓘ978-4-7530-2142-0

◆ラクラク突破の1級建築士スピード学習帳 2018　エクスナレッジ
【要旨】試験の科目別に、出題の多い分野はより多くのページ数を配分。さらに、得点アップの見込める「法規」科目の分量を増やしているので、自然と「受かるための学習法」を実践できます。効率よく・確実に、知識を蓄積するために、要点解説＋問題で1セット「1項目」になっています。反復練習が合格への確実な道です。文字だけでは分かりにくいものは、徹底的に写真・図・表を使って解説しました。施工現場での経験が少ない方にも、確認申請業務の経験が少ない方にもお薦めです。
2017.12 571p B5 ¥3000 ⓘ978-4-7678-2422-2

◆ラクラク突破の2級建築士スピード学習帳 2018　エクスナレッジ
【要旨】試験の科目別に、出題の多い分野はより多くのページ数を配分。さらに、得点アップの見込める「法規」科目の分量を増やしているので、自然と「受かるための学習法」を実践できます。効率よく・確実に、知識を蓄積するために、要点解説＋問題で1セット「1項目」になっています。反復練習が合格への確実な道です。文字だけでは分かりにくいものは、徹底的に写真・図・表を使って解説しました。施工現場での経験が少ない方にも、確認申請業務の経験が少ない方にもお薦めです。
2017.12 423p B5 ¥3000 ⓘ978-4-7678-2421-5

 インテリア系資格

◆インテリアデザイン技能検定公式テキスト　日本室内意匠協会編著　日本教育訓練センター

【目次】1 インテリアデザインに必要な知識（インテリア計画のための寸法、インテリアスタイルと各室のインテリア計画、インテリア構法）、2 インテリアデザインの製図技法（インテリア製図の種類と規則、インテリア製図の基本、インテリア製図の作図法）、3 インテリアデザイン技能検定の例題演習（インテリア技能検定の例題、インテリア技能検定の解法、インテリア技能検定試験の概要）
　　　　2017.7 111p A4 ¥2500 ①978-4-86418-076-4

◆最新5か年インテリアコーディネーター資格試験問題集　平成29年度版　解答・解説付　インテリアコーディネーター試験研究会編　井上書院
【目次】第34回（平成28年度）（学科試験（第1問〜第50問）、第33回（平成27年度）、第32回（平成26年度）、第31回（平成25年度）（インテリア商品と販売の基礎知識（第1問〜第25問）、インテリア計画と技術の基礎知識（第1問〜第25問））、第30回（平成24年度）
　　　　2017.3 294p A5 ¥2500 ①978-4-7530-2141-3

◆徹底解説 1次試験インテリアコーディネーター資格試験問題「学科試験」　平成29年版　産業能率大学出版部編著　産業能率大学出版部
【目次】1章 インテリアコーディネーター資格ガイダンス（インテリアコーディネーター資格試験制度とは、インテリアコーディネーター資格試験制度の概要）、2章 一次試験の傾向と対策（インテリアコーディネーターの誕生とその背景、インテリアコーディネーターの仕事、インテリアの歴史、インテリアコーディネーションの計画、インテリアエレメント・関連エレメント、インテリアの構造・構法と仕上げ、環境と設備、インテリア関連の法規、規格、制度）、3章 一次試験問題（インテリア商品と販売の基礎知識、インテリア計画と技術の基礎知識、学科試験）、4章 一次試験解答・解説
　　　　2017.1 248p B5 ¥2400 ①978-4-382-05744-9

◆徹底解説2次試験インテリアコーディネーター資格試験問題「論文・プレゼンテーション」　平成29年版　産業能率大学出版部編著　産業能率大学出版部
【目次】1 過去問題―解答例と解説（プレゼンテーション、論文）、2 予想問題―解答例と解説
　　　　2017.3 173p A4 ¥3500 ①978-4-382-05745-6

施工・消防系資格

◆いちばんわかりやすい！　1級建築施工管理技術検定合格テキスト　コンデックス情報研究所編著　成美堂出版　（付属資料：赤シート1）
【要旨】過去問題を徹底分析し重要テーマを厳選！基礎知識からの説明ではじめてでもよくわかる！覚えやすさ抜群の図表とゴロ合わせ。暗記ポイントを隠せる赤シート付き。3科目と実地を完全攻略！基礎知識からの説明ではじめてでもよくわかる！
　　　　2017.4 415p A5 ¥2500 ①978-4-415-22454-1

◆1級建築施工管理技士　学科項目別ポイント問題　日建学院教材研究会編著　建築資料研究社　改訂二版
【要旨】重要設問肢を分野別・項目別に厳選。1問1答形式の問題で、重要事項・ポイントを徹底攻略！
　　　　2017.2 295p A5 ¥1500 ①978-4-86358-481-5

◆1級建築施工管理技士　学科試験問題集　平成29年度版　総合資格学院編　総合資格
【要旨】過去問7年分を収録！平成22年〜平成28年の本試験全問題を項目別に分類し、出題年次順に掲載！
　　　　2017.1 591p B5 ¥2800 ①978-4-86417-216-5

◆1級建築施工管理技士学科試験 要点チェック　平成30年版　小山和則、清水一都著　秀和システム
【要旨】合格点の60点を確実に取るコツ！この1冊だけで一発合格。よく出る問題、覚えるだけで解ける問題、解きやすい問題で要点を覚えれば大丈夫！4択一問題はザックリ覚える方が間違えない！図版と赤字で概括的に覚えることが4枝択一で点を取るコツ！
　　　　2017.12 199p B5 ¥2600 ①978-4-7980-5290-8

◆1級建築施工管理技士 “学科” ジャンル別暗記ポイントと確認問題　平成29年度版　三原斉編、1級建築施工管理技士試験問題研究会著　彰国社
【要旨】広範囲の出題内容を分析し、暗記ポイントを簡潔に整理！“暗記←→解く”の繰り返しで確実に実力が身につく！忙しい人のための要点整理・試験直前の見直しに最適！平成28年度の学科試験の問題・解答を完全収録！
　　　　2017.2 301p B5 ¥3200 ①978-4-395-35039-1

◆1級建築施工管理技士学科問題解説集2018（平成30年度版）　日建学院教材研究会編著　建築資料研究社
【要旨】平成29年〜平成23年の過去7年分の本試験問題を全設問肢解説付で完全収録。
　　　　2017.12 648p B5 ¥2800 ①978-4-86358-537-9

◆1級建築施工管理技士実践セミナー 実地試験　平成29年度版　宮下真一、青木雅秀、清水憲一編著　市ヶ谷出版社
【要旨】施工経験記述の模範解答例と素材！一般記述の詳細！記述式問題を解説！
　　　　2017.5 259p B5 ¥2600 ①978-4-87071-988-0

◆1級建築施工管理技士実地試験 書ける・分かる記述例集　中島良明著　翔泳社　（建築土木教科書）
【要旨】本書は、受験対策講座の講師を長年つとめる著者が、受験生の声に応えて著した合格対策テキスト。働き盛りで忙しい現場監督の方や、専門職で施工全体についての知識が少ない方、実地経験が少ない方にも学習しやすいよう、さまざまな工夫を凝らしています。重要度が高い工事概要、施工経験記述の記述例とアドバイスを職種別に掲載。現場監督だけでなく、躯体工事／仕上げ工事を専門にする方にも使いやすい。正解となる記述に書きすぎは禁物。採点者にストレートに伝わる、最低限の言葉で書いた解答例を参考にすることが合格への近道。正解の例だけでなく不正解の例も提供。どうしたら良いのかだけでなく、陥りやすい失敗を防ぎ、改善点が分かる。
　　　　2017.7 291p B5 ¥2600 ①978-4-7981-5225-7

◆1級建築施工管理技士実地試験記述対策・過去問題　2017年版　小山和則、清水一都著　秀和システム
【要旨】受かる施工経験記述の書き方を徹底的に解説。高得点が稼げる3つのテーマ（品質管理／建築副産物対策／施工の合理化）。工種ごとに112の答案事例を用意！過去10年分の問題と解答を掲載。
　　　　2017.3 247p B5 ¥2800 ①978-4-7980-4921-2

◆1級建築施工管理技士 “実地試験” 実践問題と記述例集　“実地試験” 対策研究会編著　彰国社　第七版
【要旨】受験者の支持を得ている超定番！傾向を徹底分析した施工経験記述で効率よく学習できる。演習問題＋記述上のポイント解説で確実に覚える。
　　　　2017.7 229p B5 ¥2600 ①978-4-395-35047-6

◆1級建築施工管理技士実地試験の完全攻略　村瀬憲雄著　彰国社　第十三版
【要旨】施工経験記述が苦手な受験者必読！最新5年分の試験問題と解答例を収録。施工の合理化、建設副産物対策、重要な品質管理活動等、筋道立てた経験記述ができる書き方を収録。躯体工事、仕上げ工事、工程管理、品質管理、建設業法等、実践向け疑似問題286問とすぐに役立つ記述例。
　　　　2017.8 443p B5 ¥3600 ①978-4-395-35048-3

◆1級建築施工管理技士 実地試験問題解説集平成29年度版　日建学院教材研究会編著　建築資料研究社
【要旨】過去10年分（平成28年〜平成19年）の実地試験問題を完全収録。施工経験記述の解答例は各年度3例掲載。
　　　　2017.6 271p B5 ¥2500 ①978-4-86358-498-3

◆1級建築施工管理技士 “実地” 徹底攻略！記述添削と要点解説　平成29年度版　中村敏昭著　彰国社
【要旨】過去5年分の問題を完全収録！出題傾向がよくわかる！問題1【経験記述】を5つの記述例と添削で作文のコツをつかむ！問題2〜6は要点をおさえた解説で知識をバックアップ！あなたの実務経験を合格に導く最短・最適な1冊！
　　　　2017.5 316p A5 ¥2600 ①978-4-395-35043-8

◆1級建築施工管理技士即戦問題集　平成29年度　前島健、宮下真一、杉田宣生、片山圭二、平田啓子著　市ヶ谷出版社
【要旨】効率よく、メリハリのきいた実力養成。最新問題と新傾向問題は一目でわかる。基本事項はまとめて覚えられるように配慮！
　　　　2017.1 267p B5 ¥2700 ①978-4-87071-744-2

◆1級建築施工管理技士即戦問題集　平成30年度　前島健、宮下真一、杉田宣生、片山圭二、平田啓子著　市ヶ谷出版社
【要旨】効率よく、メリハリのきいた実力養成。最新問題と新傾向問題は一目でわかる。基本事項はまとめて覚えられるように配慮！
　　　　2017.11 267p B5 ¥2700 ①978-4-87071-745-9

◆1級建築施工管理技術検定試験問題解説集録版　2018年版　地域開発研究所編　地域開発研究所
【要旨】技術検定試験問題解説集録版。H24〜H29問題・解説。H20〜H23問題・ヒント。
　　　　2017.12 525p B5 ¥4000 ①978-4-88615-315-9

◆1級建築施工管理技術検定実地試験問題解説集　平成29年版　地域開発研究所編　地域開発研究所
【要旨】「施工経験記述」対策として、記述上のポイントと注意事項を解説。過去10年分の問題に解説＋実地試験の総まとめ「基礎解説」付き！
　　　　2017.4 532p B5 ¥3400 ①978-4-88615-300-5

◆1級建築施工管理技士 要点テキスト　平成30年度版　宮下真一、八代克彦、片山圭二、平田啓子著　市ヶ谷出版社
【要旨】最新10年間の出題頻度の高い内容掲載！短期間の学習で合格できる！29年度の問題と最新傾向問題から重要事項が一目でわかる。豊富な図表と視覚的なページ構成！
　　　　2017.10 344p B5 ¥2500 ①978-4-87071-040-5

◆1級建築施工管理 徹底図解テキスト＆問題集　2018年版　井上国博、黒瀬匠、三村大介著　ナツメ社　（付属資料：別冊1；赤シート1）
【要旨】建築学・施工管理・法令、イラスト図解で確実に理解！直前対策に役立つ！別冊問題集。平成29年度の学科試験の問題、解答・解説。過去10年の出題傾向から厳選した良問82。2018.1 511p B5 ¥3000 ①978-4-8163-6383-2

◆建築施工管理技術テキスト 技術・施工編・法規編―1級・2級施工管理技士　地域開発研究所　改訂第12版
【目次】技術・施工編（建築技術、建築材料、建築施工、施工管理）、法規編（建築一般、建築関係基本法令、建設業・許可関係法令、労働・安全衛生関係、環境関係基本法令）
　　　　2017.12 2Vols.set B5 ¥5800 ①978-4-88615-324-1

◆これだけはマスター！第4類消防設備士試験 製図編　工藤政孝著　（大阪）弘文社　第4版
【要旨】よく出る問題を豊富に収録！製図のコツがわかる！過去問を徹底分析！
　　　　2017 283p A5 ¥2500 ①978-4-7703-2698-0

◆試験にココが出る！消防設備士6類 教科書＋実践問題　ノマド・ワークス著　インプレス
【要旨】一冊で素早く合格力が身につく！本試験に近い「実践問題」を多数収録。豊富な図解と丁寧な解説で初学者も安心。ポイントがすぐわかる「重要度」、クイズ形式の「ミニテスト」付き。
　　　　2017.9 319p A5 ¥2400 ①978-4-295-00236-9

◆詳解 1級建築施工管理技術検定過去5年問題集　'18年版　コンデックス情報研究所編著　成美堂出版　（付属資料：別冊1）
【要旨】平成29年から25年まで最新「実地」もブログで完全フォロー！！最新の法改正に対応。すべての選択肢をわかりやすく解く。
　　　　2017.12 247p A5 ¥1700 ①978-4-415-22586-9

◆詳解 2級建築施工管理技術検定過去5年問題集　'17年版　コンデックス情報研究所編著　成美堂出版　（付属資料：別冊1）
【要旨】平成28年から24年までの「学科」と「実地」を徹底分析。最新の法改正に対応。すべての選択肢をわかりやすく解説。
　　　　2017.3 223p A5 ¥1700 ①978-4-415-22457-2

◆消防設備士受験準備のための消防設備六法―消防設備早見表付　平成29年度版　日本消

防設備安全センター編　日本消防設備安全センター
【目次】第1編 基本法令・関連法規（消防法規、危険物）、第2編 消防用設備等（技術基準（各設備共通、消火設備、警報設備、避難設備、電気設備、総合操作盤等、必要とされる防火安全性能を有する消防の用に供する設備等、基準の特例等、その他規格省令等及び基準告示）、検査・点検（検査、点検・報告）　2017.5 2161p A5 ¥1806

◆消防設備士第4類筆記・鑑別マスター　日本教育訓練センター編著　日本教育訓練センター
【要旨】甲種も乙種も筆記試験・鑑別試験は本書でマスター。短期間で合格できるよう必要事項を分かりやすく解説。
2017.2 226p A5 ¥2200 ①978-4-86418-067-2

◆スラスラ解ける！ 2級建築施工管理技術検定ウラ技合格法　'17年版　コンデックス情報研究所編著　成美堂出版
【要旨】数多くの資格試験問題を分析し、ウラ技合格法を開発してきた編著者が、誰でもカンタンに使えるウラ技を大公開！
2017.3 255p A5 ¥1400 ①978-4-415-22456-5

◆ぜーんぶまとめて集中学習！ 1級建築施工管理学科試験合格テキスト　井上国博、黒瀬匠、三村大介共著　オーム社
【要旨】過去10年間の出題傾向を完璧に分析！
2017.12 330p B5 ¥3000 ①978-4-274-22150-7

◆ぜーんぶまとめて集中学習！ 1級建築施工管理実地試験合格ゼミ　井上国博、黒瀬匠、三村大介共著　オーム社
【目次】経験記述編（施工経験記述）、学科記述編（躯体工事、仕上工事、施工管理、関係法規）
2017.6 224p B5 ¥2500 ①978-4-274-22074-6

◆直前マスター！ 第1類消防設備士　資格研究会KAZUNO編著　（大阪）弘文社
【要旨】直前必見！ 最重要ポイントと最重要問題のスピードまとめ。試験で特に問われる頻出ポイントを厳選！ 消防シリーズ初、演習問題は制限時間付き！ 模擬テストとしても使える決め手の1冊!!
2017 321p A5 ¥2400 ①978-4-7703-2695-9

◆2級建築施工管理技士学科項目別ポイント問題　日建学院教材研究会編著　建築資料研究社　改訂二版
【要旨】重要設問肢を分野別・項目別に厳選。1問1答形式の問題で、重要事項・ポイントを徹底攻略！
2017.3 199p A5 ¥1200 ①978-4-86358-489-1

◆2級建築施工管理技士学科試験テキスト 平成29年度版　総合資格学院編　総合資格
（付属資料：マジックシート1）
【要旨】学科試験過去問10年以上を分析！
2017.2 477p A5 ¥2200 ①978-4-86417-220-2

◆2級建築施工管理技士 学科試験テキスト 平成30年度版　総合資格学院編　総合資格
（付属資料：マジックシート1）
【要旨】学科試験過去問10年以上を分析！
2017.12 477p A5 ¥2200 ①978-4-86417-258-5

◆2級建築施工管理技士 学科・実地 問題解説 平成30年度版　総合資格学院編　総合資格（付属資料：別冊1）
【要旨】学科・実地過去問5年分を詳しく、わかりやすく解説！
2017.12 236p A5 ¥1700 ①978-4-86417-257-8

◆2級建築施工管理技士 学科問題解説集 平成29年度版　日建学院教材研究会編著　建築資料研究社
【要旨】平成28年～平成22年の過去7年分の本試験問題を分野別・項目別に収録。
2017.3 577p B5 ¥2200 ①978-4-86358-482-2

◆2級建築施工管理技士「実地」出題順 合格できる記述添削と要点解説 平成29年度版　三原斉、土田裕康著　彰国社
【要旨】豊富な施工経験記述例を赤ペン添削。作文テクが身につく！ 解く前のおさらい＆試験問題の取り組み例で実力がつく！ 平成28～24年度の問題を出題順に完全収録！ 忙しい人のための要点整理、試験直前の見直しができる！
2017.2 259p B5 ¥2800 ①978-4-395-35044-5

◆2級建築施工管理技士即戦問題集 平成29年度　前島健、宮下真一、杉田宣生、片山圭二、平田啓子執筆　市ヶ谷出版社

【要旨】出題頻度を優先。問題解法を詳説。豊富な図解資料。
2017.3 256p B5 ¥2600 ①978-4-87071-754-1

◆2級建築施工管理技士の実地試験の完全攻略　村瀬憲雄著　彰国社　第12版
【要旨】施工経験記述が苦手な受験者必読！ 最新5年分の試験問題と解答例を収録。「建築」「躯体」「仕上げ」担当工事の立場から記述できる。書き方例を工種別に大収録！ 巻末に参考問題と解答用紙付き。
2017.9 300p B5 ¥3000 ①978-4-395-35050-6

◆2級建築施工管理技術検定試験問題解説集録版 2017年版　地域開発研究所編　地域開発研究所
【目次】第1編 平成28年度～平成24年度学科試験問題と解説（平成28年度～平成24年度学科試験細目別出題内容一覧表、平成28年度学科試験問題とポイント解説、平成27年度学科試験問題と解説、平成26年度学科試験問題と解説、平成25年度学科試験問題と解説、平成24年度学科試験問題と解説）、第2編 平成28年度～平成24年度実地試験問題と解説（平成28年度実地試験問題"参考"、平成28年度～平成24年度実地別出題内容一覧表、第1節 施工経験記述"問題1"、第2節 施工管理用語"問題2"、第3節 施工管理"問題3"、建築施工"問題4"、法規"問題5"）
2017.2 418p B5 ¥4000 ①978-4-88615-299-2

◆2級建築施工管理技士 要点テキスト 平成29年度版　宮下真一、八代克彦、片山圭二、平田啓子執筆　市ヶ谷出版社
【要旨】28年度の問題と最新傾向問題から、重要事項が体系的に学べるように要点をまとめた。豊富な図表と視覚的なページ構成！
2017.4 290p B5 ¥2200 ①978-4-87071-059-7

◆年度別問題解説集1級建築施工管理学科試験 平成29年度版　森野安信編　GET研究所、丸善出版 発売　（スーパーテキストシリーズ）
【要旨】過去8年間全問集録。
2017.1 455p B5 ¥3400 ①978-4-905435-83-9

◆分野別問題解説集 1級建築施工管理技術検定学科試験 平成30年度　森野安信編　GET研究所、丸善出版 発売　（スーパーテキストシリーズ）
【要旨】過去10年間全問集録。
2017.9 547p B5 ¥3800 ①978-4-909257-04-8

◆分野別問題解説集 1級建築施工管理技術検定実地試験 平成30年度　森野安信著、GET研究所編　GET研究所、丸善出版 発売（スーパーテキストシリーズ）
【要旨】過去8年間全問集録。
2017.4 376p B5 ¥3400 ①978-4-905435-87-7

◆分野別問題解説集 2級建築施工管理学科試験 平成29年度　森野安信著、GET研究所編　GET研究所、丸善出版 発売　（スーパーテキストシリーズ）
【要旨】過去9年間全問集。
2017.3 451p B5 ¥3000 ①978-4-905435-91-4

◆分野別問題解説集 2級建築施工管理技術検定実地試験 平成29年度　森野安信編　GET研究所、丸善出版 発売　（スーパーテキストシリーズ）
【要旨】過去9年間全問集録。
2017.5 319p B5 ¥3000 ①978-4-905435-95-2

◆本試験によく出る！ 第1類消防設備士問題集　資格研究会KAZUNO編著　（大阪）弘文社　改訂第2版
【要旨】最新の出題傾向を掲載。ゴロあわせでラクラク暗記。この一冊で合格できる！ 無敵の消防設備士攻略本。
2017 397p A5 ¥3000 ①978-4-7703-2699-7

◆4週間でマスター 1級建築施工管理学科試験　井岡和雄編著　（大阪）弘文社
【要旨】過去問題から頻出60項目を厳選！ この一冊で簡単に総まとめ。
2017 393p A5 ¥2600 ①978-4-7703-2712-3

◆ラクラク解ける！ 5類消防設備士合格問題集　オーム社編　オーム社
【要旨】「ラクラク！」シリーズの実戦対応問題集！ 筆記＋実技問題を豊富に掲載。
2017.7 206p A5 ¥2300 ①978-4-274-22085-2

◆ラクラク解ける！ 6類消防設備士合格問題集　オーム社編　オーム社

【要旨】「ラクラク！」シリーズの実戦対応問題集！ 筆記＋実技問題を豊富に掲載。
2017.6 234p A5 ¥2200 ①978-4-274-22075-3

◆らくらくマスター 4類消防設備士（鑑別×製図）試験　末信文行著　オーム社
【要旨】「ラクラク！」シリーズ（鑑別・製図）の決定版！ 基礎から学べて理解が深まる。豊富な模擬問題で実力が身につく。
2017.10 178p B5 ¥2200 ①978-4-274-22125-5

◆ラクラクわかる！ 2類消防設備士集中ゼミ　オーム社編　オーム社
【要旨】短期間の集中学習で合格できる！ 見開きページユニットでさくさく読んで学べます。最新の問題傾向＆法令改正に完全準拠！ 出題されやすい事項にしぼって集中解説しています。『実技試験』を解くためのエッセンスを凝縮！ 苦手な『製図』もらくらくマスターできます。
2017.4 254p A5 ¥2300 ①978-4-274-22056-2

◆ラクラクわかる！ 7類消防設備士集中ゼミ　オーム社編　オーム社
【要旨】短期間の集中学習で合格できる！ 最新の問題傾向＆法令改正に完全準拠！『実技試験』を解くためのエッセンスを凝縮！ 模擬試験（2回分）付きで実戦力アップ！
2017.5 175p A5 ¥2300 ①978-4-274-22066-1

◆例解と演習 2級建築施工管理技士試験テキスト 平成29年度版　岡田義治、佐藤哲ほか著　実教出版　（付属資料：別冊1）
【要旨】「例題」と「解説」でしっかり学習。豊富な図・表でとにかくわかりやすい。
2017.2 339p B5 ¥2200 ①978-4-407-34166-9

◆わかりやすい！ 1級建築施工管理（学科試験） 2018年版　井岡和雄編著　（大阪）弘文社　（付属資料：別冊1）　第2版
【要旨】大きく見やすい図版とイラストでよくわかる！ 項目別に整理してよく出る問題を詳しく解説！ テキスト＋問題集の構成。
2018 491p B5 ¥3300 ①978-4-7703-2729-1

◆わかりやすい！ 第1類消防設備士試験　資格研究会KAZUNO編著　（大阪）弘文社　第2版
【要旨】これ1冊で合格できる「最強の消防設備士攻略本」！ 豊富な問題と詳しい解説。
2017 561p A5 ¥3300 ①978-4-7703-2703-1

◆わかりやすい！ 第4類消防設備士試験　工藤政孝編著　（大阪）弘文社　大改訂第2版
【要旨】ゴロ合わせですいすい暗記できる。豊富な問題と詳しい解説。鑑別・製図も本書で万全。甲種・乙種併用。
2018 442p A5 ¥3200 ①978-4-7703-2727-7

◆わかりやすい！ 第6類消防設備士試験　工藤政孝編著　（大阪）弘文社　改訂第3版
【目次】第1章 機械に関する基礎知識、第2章 消防関係法令、第3章 構造・機能、第4章 点検・整備の方法、第5章 規格、第6章 実技試験
2018 293p A5 ¥3200 ①978-4-7703-2726-0

船舶・海技士

◆一級海技士（機関）800題 問題と解答（26/7～29/4） 平成30年版　機関技術研究会編　成山堂書店　（最近3か年シリーズ）
【要旨】海技士国家試験の手引、試験科目と科目細目を完全掲載！
2017.8 262p A5 ¥3100 ①978-4-425-05573-9

◆一級海技士（航海）800題 問題と解答（26/7～29/4） 平成30年版　航海技術研究会編　成山堂書店　（最近3か年シリーズ）
【要旨】海技士国家試験の手引、試験科目と科目細目を完全掲載！
2017.8 290p A5 ¥3100 ①978-4-425-02573-2

◆1級小型船舶操縦士（上級科目）学科試験問題集 2017‐2018年版　舵社　（付属資料：マップ1）
2017.8 87p B5 ¥800 ①978-4-8072-3168-3

◆海技試験六法 平成29年版　国土交通省海事局海技・振興課監修　成山堂書店
【要旨】海事法令に関する海技試験は、一部の法令を除いて口述試験主体に行われ、所定の法令

に限り口述試験場への携帯が認められます。「海技試験六法」は、この試験場への携帯が認められている唯一の専用の六法です。また、本書の収録法令は、関係教育機関のカリキュラムにも合うよう、試験試験科目細目に定められたものをすべて網羅してありますので、関係各校の教材としても最適の六法です。1月5日現在で収録の最新版!!海技試験に出題される法令・条約を完全網羅!!船員法・船舶安全法など主要16法令は全て参照条文つき!!ジャンル別見出し(つめ)、巻頭に掲載の法令索引は検索に便利!!試験専用六法ならではのムダのない構成は素早い検索に断然有利!!

2017.3 1873p B6 ¥4800 ①978-4-425-21414-3

◆**海技士4E解説でわかる問題集** 商船高専海技試験問題研究会編　海文堂出版
【目次】機関その1(蒸気タービン、ガスタービンほか)、機関その2(各種ポンプ、冷凍装置及び圧縮空気装置 ほか)、機関その3(潤滑油、材料工学 ほか)、執務一般(当直、保安及び機関一般、船舶による環境の汚染の防止 ほか)

2017.5 345p A5 ¥3600 ①978-4-303-45090-8

◆**海技士6E解説でわかる問題集** 中島邦廣著海文堂出版
【目次】機関その1(ディーゼル機関等、プロペラ装置)、機関その2(各種ポンプ、冷凍装置及び圧縮空気装置、油清浄装置、電気、油圧装置及び甲板機械、測定装置、燃料油及び潤滑油、単位、密度、計算問題)、執務一般(当直、保安及び機関一般、船舶による環境の汚染の防止、損傷制御、船内作業の安全、海事法令)

2017.2 251p A5 ¥3000 ①978-4-303-45100-4

◆**三級海技士(機関)800題 問題と解答(26/7〜29/4) 平成30年版** 機関技術研究会編成山堂書店 (最近3か年シリーズ)
【要旨】海技士国家試験の手引、試験科目と科目細目を完全掲載!

2017.8 185p A5 ¥3100 ①978-4-425-05613-2

◆**三級海技士(航海)800題 問題と解答(26/7〜29/4) 平成30年版** 航海技術研究会編成山堂書店 (最近3か年シリーズ)
【要旨】海技士国家試験の手引、試験科目と科目細目を完全掲載!

2017.8 207p A5 ¥3100 ①978-4-425-02613-5

◆**特殊小型船舶操縦士学科試験問題集 2017・2018年版** 舵社

2017.7 167p B5 ¥1000 ①978-4-8072-3169-0

◆**二級海技士(機関)800題 問題と解答(26/7〜29/4) 平成30年版** 機関技術研究会編成山堂書店 (最近3か年シリーズ)
【要旨】海技士国家試験の手引、試験科目と科目細目を完全掲載!

2017.8 243p A5 ¥3100 ①978-4-425-05593-7

◆**二級海技士(航海)800題 問題と解答(26/7〜29/4) 平成30年版** 航海技術研究会編成山堂書店 (最近3か年シリーズ)
【要旨】海技士国家試験の手引、試験科目と科目細目を完全掲載!

2017.8 271p A5 ¥3100 ①978-4-425-02593-0

◆**2級小型船舶操縦士 学科試験問題集 2017・2018年版** 舵社
【要旨】兼・1級小型船舶操縦士(一般科目)用。小型船舶操縦者の心得及び遵守事項、交通の方法。解く! 合格る! ボート免許。

2017.6 199p B5 ¥1200 ①978-4-8072-3167-6

◆**四級海技士(機関)800題 問題と解答(26/7〜29/4) 平成30年版** 機関技術研究会編成山堂書店 (最近3か年シリーズ)
【要旨】海技士国家試験の手引、試験科目と科目細目を完全掲載!

2017.8 163p A5 ¥2300 ①978-4-425-06018-4

◆**四級海技士(航海)800題 問題と解答(26/7〜29/4) 平成30年版** 航海技術研究会編成山堂書店 (最近3か年シリーズ)
【要旨】海技士国家試験の手引、試験科目と科目細目を完全掲載!

2017.8 192p A5 ¥2300 ①978-4-425-03018-7

◆**四級・五級海技士(航海)口述試験の突破** 船長養成講会編　成山堂書店 7訂版
【目次】第1編 航海(航海計器、航程線航行、水路図誌 ほか)、第2編 運用(船舶の構造、設備、復原性及び損傷制御、当直、気象及び海象 ほか)、第3編 法規(海上衝突予防法、海上交通安全法、港則法 ほか)

2017.3 227p A5 ¥3600 ①978-4-425-03109-2

 ## 化学・金属・機械系資格

◆**1回で受かる! 甲種危険物取扱者合格テキスト** コンデックス情報研究所編著　成美堂出版 (付属資料:別冊1; 赤シート1)
【要旨】物質名や数値はゴロ合わせ+イラストでラクラク暗記。試験直前の総仕上げに最適な、予想模試を2回収録。

2017.7 439p A5 ¥2200 ①978-4-415-22323-0

◆**乙種1・2・3・5・6類危険物取扱者試験―科目免除者用 平成29年版** 平成28年・平成25年中に出題された470問を収録　公論出版
【目次】共通する性状―第1〜6類の概要等、第1類危険物―酸化性・固体、第2類危険物―可燃性・固体、第3類危険物―自然発火性物質及び禁水性物質・液体、固体、第5類危険物―自己反応性物質・液体、固体、第6類危険物―酸化性・液体

2017.6 255p A5 ¥1852 ①978-4-86275-091-4

◆**乙種第1・2・3・5・6類危険物取扱者 合格テキスト+問題集 一部免除者用** 飯島晃良著　技術評論社 (らくらく突破) (付属資料:別冊1)
【要旨】合格に必要な重点項目をわかりやすく解説。暗記項目をなるべく減らす→「考え方」で解説。小問題(259問)+5肢択一問題(136問)で実力アップ!

2017.2 255p A5 ¥1680 ①978-4-7741-8677-1

◆**乙種第4類危険物取扱者速習テキスト** 小川和郎著　電気書院 (付属資料:赤シート1)
【目次】第1編 危険物に関する法令(消防法の要点、危険物の規制に関する政令および規則の要点)、第2編 基礎的な物理学および基礎的な化学(物理学と化学の基礎、燃焼の基礎、消火の基礎)、第3編 危険物の性質並びにその火災予防および消火の方法(各危険物の性質、第四類危険物の性質、特殊引火物、第一石油類、アルコール類 ほか)

2017.11 219p A5 ¥1500 ①978-4-485-21037-6

◆**乙種4類危険物取扱者試験 合格テキスト 平成29年版** 公論出版 (付属資料:別冊1)
【目次】第1章 危険物に関する法令(消防法の法体系、消防法で規定する危険物、第4類危険物 ほか)、第2章 基礎的な物理・化学(燃焼の化学、燃焼の区分、有機物の燃焼 ほか)、第3章 危険物の性質・火災予防・消火の方法(危険物の分類、第4類危険物の性状、第4類危険物の消火 ほか)

2017.4 223p B5 ¥1389 ①978-4-86275-086-0

◆**完全攻略! ここが出る! 毒物劇物取扱者試験テキスト&問題集** 赤染元浩監修　ナツメ社 (付属資料:赤シート1)
【要旨】一般、農業用品目、特定品目のすべてに対応。出題傾向を三段階で表示。豊富な練習問題で記憶に定着。模擬試験2回分収録。試験直前の腕試しに最適!

2017.8 351p A5 ¥1800 ①978-4-8163-6277-4

◆**機械検査の1級学科過去問題と解説 29年度版** 機械検査研究委員会著　科学図書出版 第3版
【要旨】本書では、平成22年から平成28年までの7年間に出題された1級の学科試験全問題と解答に解説を付けて掲載しています。試験対策問題として真偽法30問と択一法30問の出題頻度の多い問題を中心に作成しています。

2017.11 186p A5 ¥1980 ①978-4-903904-83-2

◆**機械検査の2級学科過去問題と解説 29年度版** 機械検査研究委員会著　科学図書出版 第3版
【要旨】本書では、平成22年から平成28年までの7年間に出題された2級の学科試験全問題と解答に解説を付けて掲載しています。試験対策問題として真偽法30問と択一法30問の出題頻度の多い問題を中心に作成しています。

2017.11 178p A5 ¥1980 ①978-4-903904-84-9

◆**機械・仕上職種1・2級 技能検定学科の急所 上巻(2017年版)** 技能検定学科の急所編集委員会著, ジャパンマシニスト社編集部編ジャパンマシニスト社 (付属資料:別冊1)

【目次】機械要素、材料、材料力学、電気、潤滑、油圧および空圧、品質管理、製図、安全衛生

2017.4 374p B6 ¥2000 ①978-4-88049-871-3

◆**機械・仕上職種1・2級 技能検定学科の急所 下巻(2017年版)** 技能検定学科の急所編集委員会著, ジャパンマシニスト社編集部編ジャパンマシニスト社 (付属資料:別冊1)
【目次】旋盤作業、ボール盤作業、フライス盤作業、研削盤作業、形削り盤・立削り盤・平削り盤作業、中ぐり盤作業、歯切り盤作業、ブローチ盤作業、数値制御工作機械、電気加工法、けがき作業、仕上げ・組立て作業、工作測定、製造・鍛造・溶接・板金・製かん、表面処理

2017.4 374p B6 ¥2000 ①978-4-88049-872-0

◆**機械実技トレーニング 平成29年度版―技能検定機械保全機械系1・2・3級** 機械保全研究委員会著　科学図書出版
【目次】キー・ピンの名称及び特徴、ねじの特徴と用途、ボルト・ナット・座金の種類と特徴、作動油の汚染、潤滑油の粘度と選定、グリースの選定、潤滑油の汚染、NAS等級、潤滑油粘度グレード、流体の粘性 〔ほか〕

2017.8 122p A4 ¥3000 ①978-4-903904-81-8

◆**機械実技の教科書―機械保全の実技受験者向き** 機械保全研究委員会著, 畑明監修　科学図書出版 改訂版; 第2版
【目次】1 潤滑剤、2 転がり軸受、3 歯車、4 金属材料、5 火花試験、6 表面粗さ、7 弁(バルブ)、8 密封装置、9 機械要素、10 工作機械の寸法測定、11 油圧回路と油圧機器、12 空気圧回路

2017.7 183p A5 ¥3000 ①978-4-903904-80-1

◆**機械設計技術者試験問題集 平成29年版** 日本機械設計工業会編　日本理工出版会
【目次】1 機械設計技術資格認定制度について、2 3級機械設計技術者試験問題、3 3級機械設計技術者試験解答・解説、4 2級機械設計技術者試験問題、5 2級機械設計技術者試験解答・解説、6 1級機械設計技術者試験問題、7 1級機械設計技術者試験解答・解説

2017.6 210p B5 ¥2700 ①978-4-89019-636-4

◆**機械保全技能検定1・2級 機械系保全作業 学科試験 過去問題と解説 平成29年度版** 機械保全技術研究会編　日本教育訓練センター
【要旨】平成21年度〜28年度の8年間に出題された全問題を収録。出題分野別に収録してあり学習しやすい。

2017.6 307p A5 ¥2700 ①978-4-86418-075-7

◆**機械保全の過去問500+チャレンジ100―機械系学科1・2級 2017年度版** 日本能率協会マネジメントセンター編　日本能率協会マネジメントセンター
【要旨】1級・2級試験対応の定番問題集! 復習にも最適な「傾向の把握と実力確認」ができる一冊。過去の共通・機械系の学科5年分を完全掲載。出題傾向から精選したチャレンジ問題100問を掲載。

2017.8 330p A5 ¥2300 ①978-4-8207-5987-4

◆**機械保全の徹底攻略―電気系保全作業 2017年度版** 日本能率協会マネジメントセンター編　日本能率協会マネジメントセンター
【要旨】1級・2級の学科・実技試験に対応の定番テキスト! 章ごとに「出題の傾向と学習のポイント」と「実力確認テスト」が充実。過去6年の傾向をグラフで分析した「頻出問題」。巻末には実技試験の練習問題や2016年度の学科試験を収録。

2017.8 572p A5 ¥3000 ①978-4-8207-5986-7

◆**機械保全の徹底攻略―機械系・学科 2017年度版** 日本能率協会マネジメントセンター編日本能率協会マネジメントセンター
【要旨】1級・2級試験対応の定番テキスト! 章ごとに「出題の傾向と学習のPOINT」を掲載。重要項目は「Zoom Up」で詳しく解説。過去11年の傾向をグラフで分析した「頻出問題」。知識の定着を図る「実力確認テスト」。

2017.8 497p A5 ¥2600 ①978-4-8207-5985-0

◆**機械保全の徹底攻略 機械系・実技 2017年度版** 日本能率協会マネジメントセンター編　日本能率協会マネジメントセンター
【要旨】1級・2級試験対応の定番テキスト! 過去問題から分析した、試験と同じカラーの予想模擬問題。章ごとに「出題の傾向と学習のPOINT」を掲載。重要項目は「Zoom Up」で詳しく解説。

2017.9 378p A5 ¥2900 ①978-4-8207-5988-1

サイエンス・テクノロジー

◆機械保全の徹底攻略 設備診断作業　2017年度版　日本能率協会マネジメントセンター編
【要旨】1級・2級の学科・実技試験に対応の定番テキスト！ 章ごとに「学習ポイント」と「実力確認テスト」を掲載。巻末には2016年度の学科試験を収録。
2017.9 451p A5 ¥2700 ①978-4-8207-5989-8

◆技能検定機械保全1級過去問題集　2017　機械保全研究委員会編　科学図書出版　第4版
【目次】機械系保全作業1級、電気系保全作業1級、設備診断作業1級
2017.6 1Vol. A5 ¥2480 ①978-4-903904-78-8

◆技能検定機械保全2級過去問題集　2017　機械保全研究委員会編　科学図書出版　第4版
【目次】機械系保全作業2級、電気系保全作業2級、設備診断作業2級
2017.6 1Vol. A5 ¥2480 ①978-4-903904-79-5

◆技能検定1級 電子機器組立て学科過去問題と解説　平成29年度版　電子機器組立て編集委員会著、三上和正監修　科学図書出版　第6版
【要旨】平成19〜28年度出題問題全500問解答解説付。
2017.4 478p A5 ¥3480 ①978-4-903904-76-4

◆技能検定1・2級 電気実技の速攻法　機械保全研究委員会編、寺山一男監修　科学図書出版　改訂9版
【目次】第1章 基礎知識、第2章 シーケンス基礎問題、第3章 プログラマブルコントローラに関する基礎的応用命令、第4章 プログラマブルコントローラによる回路の組み立て、第5章 有接点シーケンスの修復作業、第6章 1級演習問題、第7章 2級演習問題、第8章 過去年度1級実技試験問題、第9章 過去年度2級実技試験問題、第10章 総合演習問題、第11章 最近の出題問題
2017.8 253p A5 ¥2780 ①978-4-903904-82-5

◆技能検定2級 電子機器組立て学科過去問題と解説　平成29年度版　電子機器組立て編集委員会著、三上和正監修　科学図書出版　第6版
【要旨】平成19年〜28年度の2級出題問題全問と解説・解答を掲載。
2017.3 428p A5 ¥3480 ①978-4-903904-75-7

◆現場と検定 問題の解きかた 機械加工編　2017年版　機械加工編問題の解きかた編集委員会著　ジャパンマシニスト社　(付属資料：別冊1)
【目次】共通問題(機械要素、材料、材料力学、製図、電気、安全衛生、機械工作法一般)、選択科目問題(旋盤作業法、フライス盤作業法、ボール盤作業法、形削り盤作業法、立削り盤作業法、平削り盤作業法、研削盤作業法、中ぐり盤作業法、数値制御工作機械作業法)
2017.4 261p A5 ¥2400 ①978-4-88049-873-7

◆現場と検定 問題の解きかた 仕上作業編　2017年版　仕上作業編問題の解きかた編集委員会著　ジャパンマシニスト社　(付属資料：別冊1)
【目次】共通問題(機械要素、材料、材料力学、製図、電気、安全衛生、機械工作法一般)、選択科目問題(機械組立て仕上げ法、治工具仕上げ法、金型仕上げ法、付録)
2017.4 252p A5 ¥2400 ①978-4-88049-874-4

◆甲種危険物取扱者試験　平成29年版　公論出版
【要旨】平成28年〜平成25年中に出題された612問を収録。
2017.4 463p A5 ¥2593 ①978-4-86275-087-7

◆最新 乙種第4類危険物取扱者合格完全ガイド　坪井孝夫、中野惣著　日本文芸社
【要旨】3つの科目別に学習ポイントをやさしく解説。項目別の暗記事項をわかりやすく簡潔に掲載。覚えておくべき重要な用語、数字がひとめでわかる。
2017.4 254p A5 ¥1500 ①978-4-537-21458-1

◆最速攻略 丙種危険物ででるぞー問題集　工藤政孝著　(大阪)弘文社　第4版
【目次】特別公開！ これが丙種試験だ！、第1編 危険物に関する法令(危険物と指定数量、製造所等の区分、製造所等における法規制(仮貯蔵と仮使用)ほか)、第2編 燃焼及び消火に関する基礎知識(燃焼の基礎知識、燃焼範囲と引火点・発火点、燃焼の難易ほか)、第3編 危険物の性質、

並びにその火災予防、及び消火の方法(第4類危険物に共通する特性など、各危険物に共通する特性値、各危険物に共通する性状 ほか)、第4編 模擬試験問題と解答
2017 192p A5 ¥1500 ①978-4-7703-2721-5

◆3種冷凍機械責任者試験 合格問題集　2017‐2018年版　三好康彦著　オーム社
【要旨】最新2016年まで6年分の試験問題をすべて掲載。出題科目ごとに過去問を分類、重要・頻出箇所がすぐにわかる！ 選択肢ごとに詳しい解説を掲載、この1冊で受験対策は完璧。
2017.3 229p A5 ¥2500 ①978-4-274-22031-9

◆試験に出る超特急マスター 甲種危険物取扱者問題集　リニカ研究所著　(大阪)弘文社
【目次】第1章 危険物に関する法令(消防法上の危険物、指定数量、製造所等の区分 ほか)、第2章 物理学・化学(物質の状態変化、気体の性質、熱 ほか)、第3章 危険物の性質と火災予防・消火方法(第1類危険物に共通する性質等、第1期危険物の品名ごとの性質等、第2類危険物に共通する性質 ほか)
2017 293p A6 ¥1300 ①978-4-7703-2701-7

◆ゼロからはじめる2種冷凍試験　オーム社編　オーム社　改訂2版
【目次】第1編 学識(冷凍サイクル、冷凍およびブライン、圧縮機 ほか)、第2編 保安管理技術(冷凍装置の運転と保守、凝縮器、蒸発器 ほか)、第3編 法令(高圧ガス保安法の目的・定義、事業、保安 ほか)
2017.6 327p A5 ¥2400 ①978-4-274-22078-4

◆速習 乙種第1類危険物取扱者試験‐科目免除で受験　資格試験研究会編　梅田出版　(付属資料：別冊解答1)　改訂4版
【目次】1 危険物に共通する事項(危険物の類ごとに共通する性質)、2 第1類危険物一共通する事項(第1類危険物の品名、性状、危険性及び火災予防、消火の方法 ほか)、3 第1類危険物一それぞれの物質(塩素酸塩類、過塩素酸塩類、無機過酸化物、亜塩素酸塩類、臭素酸塩類、硝酸塩類、ヨウ素酸塩類、過マンガン酸塩類、重クロム酸塩類、その他のもので政令で定めるもの)、4 模擬試験
2017 88p B5 ¥800 ①978-4-903999-41-4

◆第1・2種冷凍機械責任者試験模範解答集　平成29年版　電気書院編　電気書院
【要旨】平成24年から平成28年までを収録。過去5年間に出題された "法令" "保安管理技術" "学識" の全問題と解答・解説を収録。過去問対策に最適の一冊！
2017.4 526p A5 ¥3800 ①978-4-485-21125-0

◆第1種放射線取扱主任者試験 完全対策問題集　2018年版　三好康彦著　オーム社
【目次】第1部 試験科目別問題(精選問題)(物理学、化学、生物、管理技術、物理測定技術、法令)、第2部 出題年別問題(物理学、化学、生物、法令)
2017.10 559p B5 ¥4300 ①978-4-274-22108-8

◆第3種冷凍機械責任者試験合格テキスト　藤井照重著　電気書院
【目次】保安管理技術編(冷凍の基礎、冷凍の原理、冷媒・ブライン・潤滑油、圧縮機、蒸発器 ほか)、法令編(高圧ガス保安法、高圧ガス用語の定義と冷凍能力、高圧ガス製造の許可と届出、製造設備並びに製造の方法に係る技術上の基準、完成検査、高圧ガスの輸入検査 ほか)
2017.12 292p A5 ¥3000 ①978-4-485-21126-7

◆第3種冷凍機械責任者試験模範解答集　平成29年版　電気書院編　電気書院
【要旨】法令、保安管理技術ともに8年間の出題項目をまとめた一覧表を紹介。出題頻度が効率よく学習できる！ 平成21年から平成28年までを収録。過去8年間に出題された法令、保安管理技術の全問題と解答・解説を収録。過去問対策に最適の一冊！
2017.4 1Vol. A5 ¥3500 ①978-4-485-21124-3

◆第三種冷凍機械責任者試験問題と解説　平成29年版　東京都高圧ガス保安協会編　東京都高圧ガス保安協会　(高圧ガス国家試験対策シリーズ 1)　第50版
【要旨】過去6年間の試験問題と解説を掲載！ 受験に必要な準備や受験勉強のポイントをわかりやすく記載！
2017 310p A5 ¥2778 ①978-4-990864-33-0

◆対話でわかる 乙類危険物取扱者 テキスト＆問題集　リニカ研究所著　(大阪)弘文社

【要旨】対話形式を採用しているため、やさしくしっかり学習できます。実戦問題を豊富に収録しているため、合格実力をしっかり身につけることができます。わからない用語を調べるときのために、索引も充実させています。
2017 187p A5 ¥1400 ①978-4-7703-2711-6

◆直前マスター 甲種危険物取扱者試験　工藤政孝編著　(大阪)弘文社
【要旨】短期決戦のバイブル。直前対策に最適！ 最近の出題傾向と対策で合格の決め手に！ 重要ポイントと重要問題で短期総まとめ！
2017.4 ① A5 ①978-4-7703-2696-6

◆10日で受かる！ 乙種第4類危険物取扱者すいーっと合格　本山健次郎著、ツールボックス編　ツールボックス, オーム社 発売　(付属資料：別シート1; 赤シート1)　増補改訂2版
【要旨】最短で合格点を取るための本。必須130問＋本試験形式2回分収録。
2017.9 263p A5 ¥1600 ①978-4-907394-46-2

◆毒物劇物取扱者試験　平成29年版　公論出版
【要旨】「テキスト155ページ」&「過去問630問」&「過去問解説」を一冊に収録。平成28年度&27年度の問題を中心に収録！ 同類問題を集中的に解いて無理なく暗記！
2017 439p A5 ¥2315 ①978-4-86275-088-4

◆2級ガソリン自動車整備士 ズバリー発合格問題集　大保昇編著　(大阪)弘文社　第4版
【要旨】本試験形式！ この一冊で合格できる！
2017 301p A5 ¥1800 ①978-4-7703-2697-3

◆2種冷凍機械責任者試験合格問題集　2017‐2018年版　三好康彦著　オーム社
【要旨】最新2016年まで6年分の試験問題をすべて掲載。出題科目ごとに過去問を分類一重要・頻出箇所がすぐにわかる！ 選択肢ごとに詳しい解説を掲載、この1冊で受験対策は完璧。
2017.4 290p A5 ¥3000 ①978-4-274-22046-3

◆放射線取扱主任者試験問題集(第1種)　2018年版　通商産業研究社
【要旨】第57回(平成24年)〜第62回(平成29年)の問題を収録。
2017.11 971p A5 ¥4300 ①978-4-86045-103-5

◆放射線取扱主任者試験問題集(第2種)　2018年版　通商産業研究社
【要旨】第50回(平成20年)〜第59回(平成29年)の問題を収録。
2017.11 707p A5 ¥3400 ①978-4-86045-104-2

◆本試験形式！ 丙種危険物取扱者模擬テスト　工藤政孝編著　(大阪)弘文社　第3版
【要旨】模擬テスト(予想問題)を5回分収録！ この1冊で合格を確実にする！ ゴロ合わせをイメージ化して暗記力強化！
2017 128p A5 ¥1300 ①978-4-7703-2720-8

◆やさしい解説動画つき 乙種第4類危険物取扱者テキスト―合格カレンダーでラクしてうかる　ゼミネット著　誠文堂新光社　(付属資料：別冊1)
【要旨】「リズム暗記法」でスイスイ暗記。仕上げに最適！ 予想問題2回分つき。
2017.7 287p A5 ¥1800 ①978-4-416-51786-4

◆やさしく学ぶ毒物劇物取扱者試験合格テキスト　阿部正男著　オーム社
【要旨】「物質ごとの性状まとめ」と「特徴ごとの物質まとめ」のWまとめでよくわかる！ わかりにくいところや重要なところは吹出しで徹底解説！ 物質(毒物劇物)の索引を掲載。知りたい情報がすぐにわかる！ 全国の問題を徹底分析し、よく出る問題を掲載！
2017.11 246p A5 ¥2200 ①978-4-274-22104-0

◆よくわかる特級技能検定試験合格テキスト＋問題集　高野左千夫著　(大阪)弘文社
【要旨】試験合格に必要な知識をわかりやすく解説！ 豊富な図表やキーワード解説などスムーズな理解と効率的な学習のための工夫を満載しました。過去問を徹底分析！ 索引も充実！ 本書なら短期間での合格が可能です！ 全26職種に対応。
2017 312p A5 ¥1600 ①978-4-7703-2728-4

◆冷凍機械責任者試験「法令」マスタブック　石井助次郎著　電気書院
【要旨】覚えにくい法令をわかりやすく解説！ 3冷〜1冷の試験に対応！
2017.4 177p A5 ¥2200 ①978-4-485-21123-6

◆わかりやすい！ 毒物劇物取扱者試験　河合範夫編著　（大阪）弘文社　第4版
【要旨】合格するためのコツが満載！ 試験によく出る問題を徹底解説！ この一冊で合格できる！
2017 261p A5 ¥1200 ①978-4-7703-2708-6

◆わかりやすい！ 丙種危険物取扱者試験　工藤政孝著　（大阪）弘文社　第6版
【目次】第1章 燃焼および消火に関する基礎知識（燃焼の基礎知識、消火の基礎知識）、第2章 危険物の性質並びにその火災予防および消火の方法（第4類危険物の性質と貯蔵、取扱い、および消火の方法、各危険物の性質）、第3章 法令（危険物の定義と指定数量、製造所等の区分、製造所等の各種手続き、危険物取扱者免状と保安体制、定期点検と予防規程、製造所等の位置・構造・設備等の基準、貯蔵・取扱いの基準、運搬と移送の基準、消火設備・警報設備）、第4章 模擬テスト、問題の解答
2017 159p A5 ¥1200 ①978-4-7703-2710-9

◆U‐CANの乙種第1・2・3・5・6類危険物取扱者予想問題集　ユーキャン危険物取扱者試験研究会編　ユーキャン学び出版、自由国民社 発売　（付属資料：別冊1）
【要旨】厳選重要問題、予想模試のステップ学習でしっかり身につく！ ポイントがよくわかる詳しい解説。類ごとに重要事項をまとめた「まるごとCHECK!!」。復習に便利！ 姉妹書『速習レッスン』へのリンクつき。
2017.6 149p A5 ¥1400 ①978-4-426-60962-7

◆U‐CANの第3種冷凍機械責任者合格テキスト＆問題集　ユーキャン冷凍機械責任者試験研究会編　ユーキャン学び出版、自由国民社 発売　（付属資料：別冊1）
【要旨】独学でも安心の工夫が満載！ 1コマ漫画で学習内容を楽しくイメージできる。試験に必須の重要ポイントに絞って解説。総仕上げにぴったりの予想模擬試験つき。平成29年の法改正に対応！
2017.9 349p A5 ¥2300 ①978-4-426-60981-8

CAD利用技術者

◆建築CAD検定試験 公式ガイドブック 2017年度版　鳥谷部真著、全国建築CAD連盟監修　エクスナレッジ
【要旨】実際に出題された問題の解法例を掲載！ 試験に必要な基礎知識をわかりやすく解説！
2017.4 253p B5 ¥3200 ①978-4-7678-2320-1

◆CADトレース技能審査過去問題集　平成28年度出題　中央職業能力開発協会
【目次】第1章 CADトレース技能審査の紹介（CADトレース技能審査の概要、CADトレース技能審査の受験案内、試験の出題範囲、受験申請をされた方へ）、第2章 平成28年度CADトレース技能審査機械部門試験問題（実技試験問題と正解例、学科試験問題と正解・解説）、第3章 平成28年度CADトレース技能審査建築部門試験問題（実技試験問題と正解例、学科試験問題と正解・解説）
2017 182p A4 ¥1800 ①978-4-88769-749-2

◆CAD利用技術者試験 2次元1級（機械）公式ガイドブック 平成29年度版　コンピュータ教育振興協会著　日経BP社、日経BPマーケティング 発売
【要旨】機械図面の描き方を学ぶ。試験は公式ガイドブックに準拠して出題されます。平成28年度の試験問題と解答付き。
2017.2 233p B5 ¥3333 ①978-4-8222-9655-1

◆CAD利用技術者試験 2次元1級（建築）公式ガイドブック 平成29年度版　コンピュータ教育振興協会著　日経BP社、日経BPマーケティング 発売
【要旨】建築図面の描き方を学ぶ。試験は公式ガイドブックに準拠して出題されます。平成28年度の試験問題と解答付き。
2017.2 300p B5 ¥3333 ①978-4-8222-9656-8

◆CAD利用技術者試験 2次元2級・基礎公式ガイドブック 平成29年度版　コンピュータ教育振興協会著　日経BP社、日経BPマーケティング 発売
【要旨】CADと製図の基本技術を身につけよう。試験は公式ガイドブックに準拠して出題されま

す。2級試験と基礎試験のサンプル問題付き。
2017.2 363p A5 ¥3333 ①978-4-8222-9657-5

◆CAD利用技術者試験 3次元公式ガイドブック 平成29年度版　コンピュータ教育振興協会著　日経BP社、日経BPマーケティング 発売
【要旨】体系的に学ぶ3次元CADの基本。新しい実技試験のサンプル問題を収録しています。平成28年度の試験問題と解答付き。
2017.3 336p B5 ¥3333 ①978-4-8222-9658-2

気象予報士

◆気象予報士　金子大輔著　新水社　（シリーズ "わたしの仕事" 8）
【要旨】気象予報士を目指す人をメインにした本ですが、すべての若い人、また、保護者の方、先生方など、若い人とかかわる方にも読んでいただきたいという願いを込めています！ 生物が100万種いれば100万通りの生き方がある。人間70億人いれば70億通りの生き方がある。そんなダイナミックな自然科学的視点が21世紀には問われてくる。
2017.6 198p B6 ¥1500 ①978-4-88385-193-5

◆気象予報士試験精選問題集　平成29年度版　気象予報士試験研究会編著　成山堂書店
【要旨】気象予報士試験の決め手は、とにかく「多くの問題を解いてみる」ことです。実際に出題された問題には想像以上に多くの重要ポイントが詰まっています。本書に収録される学科193題・実技9題の精選問題をじっくり、繰り返し解いてみてください。それが合格への早道です。
2017.6 452p A5 ¥2800 ①978-4-425-97582-2

◆気象予報士試験 模範解答と解説 平成28年度第2回　天気予報技術研究会編　東京堂出版
【要旨】平成28年度第2回試験の全問題・全解答を掲載。問題の解き方、考え方を丁寧に解説。
2017.4 175p B5 ¥2500 ①978-4-490-20964-8

◆気象予報士試験 模範解答と解説 平成29年度第1回　天気予報技術研究会編　東京堂出版
【要旨】平成29年度第1回試験の全問題・全解答を掲載。問題の解き方、考え方を丁寧に解説。
2017.11 179p 26×20cm ¥2500 ①978-4-490-20975-4

◆気象予報士実技試験合格テキスト＆問題集 一読んでスッキリ！ 解いてスッキリ！　気象予報士試験対策研究会編著　ナツメ社　（付属資料：別冊1）
【要旨】最大の難関である実技試験をこの一冊で攻略。出題範囲の各ジャンルをじっくり丁寧に解説。出題頻度が高いテーマに効果的な対策を伝授。
2017.11 343p B5 ¥3200 ①978-4-8163-6309-2

◆解いてスッキリ！ 気象予報士学科試験 合格問題集　気象予報士試験対策研究会編著　ナツメ社
【要旨】過去問題をジャンルごとに分析。学習効果が高い問題を抽出。難易度が高い新傾向問題を採用。
2017.9 541p A5 ¥2500 ①978-4-8163-6308-5

◆読んでスッキリ！ 気象予報士試験 合格テキスト　気象予報士試験対策研究会編著　ナツメ社
【要旨】合格に必要な知識を図表で解説。難易度が増している学科試験に対応。実技試験対策の受験ガイドも掲載。
2017.9 511p A5 ¥2100 ①978-4-8163-6307-8

◆U‐CANの気象予報士これだけ！ 一問一答＆要点まとめ　ユーキャン気象予報士試験研究会編著　ユーキャン学び出版、自由国民社 発売　（付属資料：赤シート1）　第3版
【要旨】"これだけ！" は押さえておきたい必須項目を、○×問題と「重要ポイントまとめてCheck」で総点検。学科（一般・専門）630問と実技4題35問を収録。
2017.2 357p 18cm ¥1800 ①978-4-426-60943-6

サイエンス

◆アリエナクナイ科学ノ教科書―空想設定を読み解く31講　くられ著、薬理凶室協力　ソシム
【要旨】面白いのにタメになるエンタメ系サイエンス。科学的に解説します!!!
2017.3 253p B6 ¥1400 ①978-4-8026-1090-2

◆いかにして研究費を獲得するか―採択される申請書の書き方　G.M. Crawley, E. O'Sullivan著、尾崎幸洋監訳、櫻井香織訳　（京都）化学同人
【目次】研究のアイデア、審査のプロセス、申請書の下書き、申請書の推敲、パートナーシップ、研究のインパクト、引用、盗用、知的財産、予算、レビュワーのコメントへの対応、特別な助成金の選考、研究助成金の管理
2017.3 223p A5 ¥3600 ①978-4-7598-1929-8

◆いきなりサイエンス 日常のその疑問、科学が「すぐに」解決する！　ミッチェル・モフィット、グレッグ・ブラウン著、西山志緒訳　文響社
【要旨】世界600万人が支持した、ニューヨークタイムズベストセラー！ 知的好奇心が爆発する！ 読んだらきっと、誰かに言いたくなる。
2017.8 192p 19×13cm ¥1380 ①978-4-86651-009-5

◆偉大なる失敗―天才科学者たちはどう間違えたか　マリオ・リヴィオ著、千葉敏生訳　早川書房　（ハヤカワ・ノンフィクション文庫―"数理を愉しむ" シリーズ）
【要旨】あの天才科学者たちも失敗と無縁ではなかった。生命の進化や地球・宇宙の起源、分子生物学、相対性理論の各研究で輝かしい業績を残したダーウィン、ケルヴィン卿、ポーリング、ホイル、アインシュタインも大きなミスを犯しているのだ。しかし結果的に科学発展の原動力となったり、後年誤りではないことが判明したりと、彼らはその過ちさえ並外れていた！ 5つの偉大なる失敗と、その影響に迫る傑作科学ノンフィクション。
2017.2 484p A6 ¥1040 ①978-4-15-050487-8

◆一流の人ほど理系の雑談が上手い！―会話がはずむ教養知識　白鳥敬著　新紀元社
【要旨】最新トピックスから注目のワード、素朴な疑問まで―サイエンス分野の雑談が得意になると、物事を論理的・客観的に捉えることができる！「話題が個性的で、ひと味違う人」と一目置かれる！ 難しい内容でも、わかりやすく説明できる！ スマートで頭がキレる印象を与える！ 文系の人は、理系との複眼思考で発想豊かに！ 一本書でワンランク上のビジネスパーソンを目指そう!!明日のビジネスに役立つ話のネタ帳。
2017.2 239p B6 ¥1200 ①978-4-7753-1481-4

◆挑む！ 科学を拓く28人　日経サイエンス編集部編　日経サイエンス社、日本経済新聞出版社 発売
【要旨】日経サイエンス誌の人気連載を単行本化。世界のAI・ロボット研究をけん引するのは私たちだ！ AIやロボット、再生医療、こころの解明…松尾豊氏、石黒浩氏ら気鋭28人の軌跡。
2017.7 247p B6 ¥1600 ①978-4-532-52073-1

◆イノベーション政策とアカデミズム　科学技術社会論学会編集委員会編　（町田）玉川大学出版部　（科学技術社会論研究 13）
【目次】特集 イノベーション政策とアカデミズム（イノベーション政策とアカデミズムの特集に寄せて、イノベーション政策とアカデミズム―特集にあたって アカデミズムの主体性のゆくえ、高等教育の大衆化と科学研究、イノベーションの時代における科学コミュニティと多様な関係者をつなぐ場としてのサイエンストークス、1950‐60年代日本における産学協同の推進と批判、科学技術イノベーション政策の誕生とその背景、「科学技術イノベーション」の思想と政策、イノベーション再考、モード論の再検討、文部科学省の本分、大学の本分―政策立案現場にある背景思想と一意見、科学技術イノベーションに対する研究者のセルフ・テクノロジーアセスメント―九州大学におけるSTSステートメントの試み）、小特集 中山茂追悼（中山茂における科学史研究の方法論的特質、中山茂の高等教育論をめぐって、科学技術立国史観と中山茂）、論文（法科学における異分野間協働―異種混合性への批判と標準化、サイエンティフィック・イラスト

レーションの制作プロセスと制作者の視点―イラストレーターと脳科学研究者による協働制作のケーススタディ）、短報 心臓移植を「文化触変」で分析する試み、書評 杉山滋郎『中谷宇吉郎―人の役に立つ研究をせよ』
2017.3 229p B5 ¥4100 ①978-4-472-18313-3

◆色と光のはなし―科学の眼で見る日常の疑問　稲場秀明著　技報堂出版
【目次】光、色の見え方、水と色、宝石の色、色素と染料、顔料、発光、光を利用した技術、食品と色、暮らしと色、動物と色と光、植物と色
2017.9 178p A5 ¥2000 ①978-4-7655-4483-2

◆岩波データサイエンス　Vol.5　岩波データサイエンス刊行委員会編　岩波書店
【目次】特集 スパースモデリングと多変量データ解析（基礎編、展開編、応用編）、話題（ことばの見分け方―テキスト言語判定、医学研究におけるメタアナリシス―科学的根拠に基づく医療におけるエビデンス統合の方法）、計算機で作る面白いナンプレ5、掌編に溺れて"5 深い谷を渡る、掌編漫画1 偶然の気配
2017.2 144p A5 ¥1389 ①978-4-00-029855-1

◆岩波データサイエンス　Vol.6　特集 時系列解析―状態空間モデル・因果解析・ビジネス応用　岩波データサイエンス刊行委員会編　岩波書店
【目次】特集「時系列解析―状態空間モデル・因果解析・ビジネス応用」（状態空間モデル、Rによる状態空間モデリング―dlmとKFASを用いて、粒子フィルタを実装してみる、状態空間モデルのマーケティングへの応用、VARモデルによる因果関係の推論―内閣支持率と株価を例に）、小特集「シミュレーションとデータサイエンス」（シミュレーション、データ同化、そしてエミュレーション、天気予報とデータサイエンス、揺らぐタンパク質と老いる私―ミスフォールディング時代のデータサイエンス、リアルなSimCityの夢）、話題、パズル・小説・漫画
2017.6 152p A5 ¥1389 ①978-4-00-029856-8

◆美しい科学の世界―ビジュアル科学図鑑　知地国夫写真・文　東京堂出版
【要旨】不思議できれい。まるでアート！拡大・瞬間・光のマジック…身近なものも科学のレンズでのぞいてみると、こんなにも美しい。
2017.9 121p A5 ¥2200 ①978-4-490-20969-3

◆大人が読みたいニュートンの話―万有引力の法則の「完成」はリンゴが落ちて22年後だった!?　石川憲二著　日刊工業新聞社　（B&Tブックス）
【要旨】偶然をチャンスに変え、必ず成果を引き出す知的な人生力の磨き方。
2017.9 134p B6 ¥1200 ①978-4-526-07751-7

◆大人もおどろく「夏休み子ども科学電話相談」―鋭い質問、かわいい疑問、難問奇問に各界の個性あふれる専門家が回答！　NHKラジオセンター「夏休み子ども科学電話相談」制作班著　SBクリエイティブ　（サイエンス・アイ新書）
【要旨】常識にしばられない子どもの多様な質問、そして名だたる先生方の回答が飛び交う番組「夏休み子ども科学電話相談」。ときに身近な現象にひそむ事実にうなり、ときに意外なおもしろさに笑ってしまう。「お話」の数々を再現。楽しみながら科学的な思考法にも触れられる1冊。
2017.7 190p 18cm ¥1000 ①978-4-7973-9064-3

◆香りアロマを五感で味わう―魅惑の世界を科学する　廣瀬清一著　フレグランスジャーナル社　（香り新書 6）
【目次】第1章 人だけが味わえる豊かな世界（二つのアロマ経路 レトロネーザルアロマ、オルソネーザルアロマ、二つの美味しさ 脳が作る美味しさ、止められない美味しさ、和の味わい 和食、不思議な美味しさ 演出、不思議な美味しさ もどき、不思議な美味しさ クロスモーダル（感覚間相互作用））、第2章 隠れた能力（人の五感 求愛力、犬と人 鼻、赤ちゃんと母親）、第3章 香りの表現（言葉、ワインのアロマ、フレグランスのノート、コロケーション（言葉の繋がり））、第4章 柔軟な五感（潜在能力、錯覚と感覚特性）、第5章 身のまわりの香りアロマ（懐かしい香り、四季の香り）
2017.5 208p 18cm ¥1600 ①978-4-89479-284-5

◆「香り」の科学―匂いの正体からその効能まで　平山令明著　講談社　（ブルーバックス）
【要旨】何千年も前から人類は香料を利用してきましたが、じつは匂いを感じるメカニズムやその正体は長い間謎に包まれていました。自然にはどんな香りが存在するのか？人は新しい香りをどのように作りだしてきたのか？アロマテラピー、香水、シャンプーや石鹸などの香りは、人体にどのような影響を与えるのか？香りの神秘を最新科学で解き明かします。
2017.6 279p 18cm ¥1400 ①978-4-06-502020-3

◆科学を伝え、社会とつなぐサイエンスコミュニケーションのはじめかた　国立科学博物館編　丸善出版
【目次】サイエンスコミュニケーションのはじまり、第1部 サイエンスコミュニケーションの広がり（私たちの身の回りにあるサイエンスコミュニケーション、研究機関や企業のサイエンスコミュニケーション、地域や社会でのサイエンスコミュニケーション）、第2部 はじめよう！サイエンスコミュニケーション！（国立科学博物館の考えるサイエンスコミュニケータ、科学を「深める」、科学を「伝える」、科学と社会を「つなぐ」）、知の循環型社会に向けて
2017.9 178p A5 ¥1800 ①978-4-621-30197-5

◆科学をめざす君たちへ―変革と越境のための新たな教養　科学技術振興機構研究開発戦略センター編　科学技術振興機構研究開発戦略センター、慶應義塾大学出版会　発売
【要旨】科学と科学の未来を見通す珠玉の講演集！　2017.3 377p B6 ¥1800 ①978-4-7664-2403-4

◆科学技術のフロントランナーがいま挑戦していること―AI・ロボット・生命・宇宙…サイエンスとアートのフロンティア　川口淳一郎監修　秀和システム
【要旨】人間は、本能的にフロンティアを志向する動物だと言われる。このフロンティアを、人類・社会の「未来」として捉えれば、それは科学が目指すターゲットともなる。人類がフロンティアへと到達するのに、いったい何が必要なのか―。日本を代表する37名の識者・研究者が、最先端の知見を語る！
2017.10 287p B6 ¥1600 ①978-4-7980-5257-1

◆科学者の話ってなんて面白いんだろう―メタンハイドレートの対論会場へようこそ　青山千春著　ワニ・プラス、ワニブックス　発売
【目次】第1章 日本は変わり始めている（メタンハイドレートを政府は、本当はどうしようとしているのか、メタンハイドレート開発の予算は充分か？、メタンハイドレートという希望、探査部門に限れば日本には数多くの技術者が育ってきた。課題は生産部門か）、第2章 科学者の挑戦、生みの苦しみ（砂層型メタンハイドレートの基礎研究は、いまにもう充分？、日本海の表層型メタンハイドレートの政府側の調査は、どうなっているのか？、メタンハイドレートの基礎物性についての研究とそのデータは充分活用されているか、メタンハイドレートの生産方法についての研究はどこまで進んでいるか、砂層型メタンハイドレートの研究開発は確実に上がっている、技術の枠を官から民間に渡す、環境影響評価は前進している）、第3章 いよいよ使える自前資源の生産に向けて（メタンハイドレートから天然ガスを生産するのだから、それを運ぶパイプライン整備だ！、新発見！メタンハイドレートは採鉱がいちばん簡単か！、バイカル湖の体験を日本海で生かしたい、堺港の表層電所、その世界最優秀の技術者たちとの対話、メタンハイドレート由来のガスなら効率よく発電できる、メタンハイドレートの研究開発に水中ロボットを活用しよう）、まとめ 前へ進もう！自立は楽しい
2017.5 375p B6 ¥1800 ①978-4-8470-9545-0

◆科学のあらゆる疑問に答えます　ミック・オヘア編、水谷淳訳　SBクリエイティブ
【要旨】面白くて想像力あふれる質問と、生真面目かつ予想を裏切る回答。英国ナンバーワン科学雑誌『ニュー・サイエンティスト』が贈る、科学の面白さと不思議さに満ちた、痛快無比のQ&Aコラム集。
2017.1 312p B6 ¥1800 ①978-4-7973-8863-3

◆科学の技法―東京大学「初年次ゼミナール理科」テキスト　東京大学教養教育高度化機構初年次教育部門、増田建、坂口菊恵編　東京大学出版会
【要旨】東大発、理系のためのアクティブラーニング。問いを見つけ、解決する。第一線の研究者とともに、研究を進めていこう。基礎的なスキルをまとめ、多彩な授業を紹介し、その後の研究を展望する。理系大学生、必携。
2017.3 227p B5 ¥2500 ①978-4-13-062318-6

◆科学の最前線を歩く　東京大学教養学部編　白水社
【要旨】未来が見える！講義で感動したことありますか？ノーベル賞受賞者から大ベストセラー執筆者まで、"東大駒場"で数百人を前に語られた科学と技術のこれから。
2017.8 291p B6 ¥2400 ①978-4-560-09563-8

◆科学の不定性と社会―現代の科学リテラシー　本堂毅、平田光司、尾内隆之、中島貴子編　信山社
【要旨】科学を「開く」！科学は頼りになりますが、なんでも解決してくれるわけではありません。ときどき暴走もしてそうです。「科学」を過信せずに、しかし科学を活かす社会とは？
2017.12 215p A5 ¥1960 ①978-4-7972-1583-0

◆科学の本質と多様性　ジル＝ガストン・グランジェ著、松田克進、三宅岳史、中村大介訳　白水社　（文庫クセジュ）
【要旨】本書では、「科学とは何か」という極めて大きな問題をめぐるほぼ半世紀にわたる著者の議論のエッセンスが、分かりやすくまとめられている。二十世紀における科学の急激な発展と、それが引き起こした倫理的諸問題の考察にはじまり、科学には限界があるか、他の形態の知とどのような関係を保たねばならないのか、などの問いに挑む。
2017.11 161, 14p 18cm ¥1200 ①978-4-560-51016-2

◆科学立国 日本を築く　Part2　次代を拓く気鋭の研究者たち　榊椋之監修、丸文財団選考委員会編　日刊工業新聞社
【要旨】ITのさらなる進化、エネルギー問題の緩和、環境を改善する数々の研究など、次代の重要課題に取り組む気鋭の研究者が、挑戦の状況を平易に紹介。
2017.3 232p A5 ¥1500 ①978-4-526-07678-7

◆科研費獲得の方法とコツ―実例とポイントでわかる申請書の書き方と応募戦略　児島将康著　羊土社　改訂第5版
【目次】書き込んで使おう！科研費申請To Do & Checkリスト、1章 科研費の概略、2章 科研費応募の戦略、3章 申請書の書き方、4章 申請書の仕上げと電子申請、5章 採択と不採択、そこが知りたい！科研費あるあるQ&A、実際に採択された申請書1 基盤研究（B）の例、実際に採択された申請書2 挑戦的萌芽研究の例
2017.8 251p B5 ¥3800 ①978-4-7581-2081-4

◆感じ方考え方を科学する―事実と虚構を生み出す心の仕組み　辻義行著　合同フォレスト、合同出版　発売
【要旨】私たちは共有できる経験を表す言葉・数学・科学のみを無条件に共有できる。このことを確認しつつ、共有できない理念・主張から生じた人類の争いの歴史を検証してみよう。
2017.12 270p A5 ¥1900 ①978-4-7726-6104-1

◆感じる科学　さくら剛著　幻冬舎　（幻冬舎文庫）
【要旨】赤いスイートピーは赤いが、なぜ私たちはスイートピーが赤いとわかるのか？「超高速ですれ違う亀田兄弟」にとって、お互いのパンチはどのように見えるのか？もしも"もしもボックス"がこの世に存在するとしたら？光・相対性理論・重力・宇宙―真面目な科学の本質を、バカバカしいたとえ話で解き明かし、爆笑と共に世界の謎と不思議に迫る！
2017.8 319p A6 ¥600 ①978-4-344-42638-2

◆完全無欠の賭け―科学がギャンブルを征服する　アダム・クチャルスキー著、柴田裕之訳　草思社
【要旨】統計モデリングや物理学、シミュレーション科学、ゲーム理論に人工知能など、最新科学を総動員！宝くじから、ルーレット、ポーカーに競馬、果てはサッカーやバスケなどを対象としたスポーツベッティングまで、今やギャンブルのあらゆる領域で科学的攻略法が編み出されている。これら最新の攻略法は、「ギャンブルは運次第」という常識を覆し、驚くべき精度で結果を予測、ライバルやカジノの胴元を出し抜いて優位に立ち、儲けを出し続けている。科学的ギャンブル攻略法をレポートする、興奮の科学ノンフィクション！
2017.11 312p B6 ¥1800 ①978-4-7942-2306-7

◆技術者のための新サービス企画の提案法―プロジェクトの企画ノウハウをシステム開発の成功・失敗例から学ぶ　宮保憲治、小川猛志、塩本公平共著　コロナ社

【要旨】特にICT関連のネットワークサービスをターゲットに絞り、技術革新が進みつつあるセキュリティ技術、SDN、IoTおよびスマートグリッド等の新世代のネットワークサービスやユビキタスサービスを取り上げ、安全性・信頼性に配慮したサービスやシステムを実現するための基礎となる技術を具体的に解説。
2017.6 163p A5 ¥2200 ⓘ978-4-339-07800-8

◆**京都大学 アイデアが湧いてくる講義―サイエンスの発想法**　上杉志成著　祥伝社　（祥伝社黄金文庫）（『京都大学人気講義サイエンスの発想法』改題書）
【目次】第1講「嫌いなもの」でアイデアをつかもう！、第2講 サイエンス力をつけよう！、第3講 遺伝子の構造を書く、第4講 遺伝子を作る、第5講 タンパク質を作る、第6講 いろいろな物質を作るアイデア、第7講 甘いものと脂肪とアイデア、第8講 癌とウイルスを抑えるアイデア
2017.9 284p A6 ¥640 ⓘ978-4-396-31718-8

◆**協力する種―制度と心の共進化**　サミュエル・ボウルズ、ハーバート・ギンタス著、竹澤正哲監訳、大槻久、高橋伸幸、稲葉美里、波多野礼佳訳　NTT出版　（叢書"制度を考える"）
【要旨】ヒトはどうして「協力する種」になったのか。ラディカル政治経済学から出発したボウルズとギンタスが到達した社会科学の「極北」。
2017.2 453p A5 ¥5000 ⓘ978-4-7571-2289-5

◆**きらめくチャンスをつかまえて！ 理工系は女性の可能性を広げる―理工系女性のこれまでの歩みと将来に向けて**　小舘香椎子、小舘尚文著　アドスリー、丸善出版 発売
【目次】序章 理工系でよかった、第1章 女子教育のあけぼのと理工系女性の先駆者たち、第2章 戦後からの女性を取り巻く教育・職業選択の変化、第3章 広がる理工系女性への支援：理工系女性が活躍できる日本へ、第4章 多彩な道を拓く理工系女性たち、おわりに 光のリレー：いまをつかんで、明日につなげて！
2017.3 191p A5 ¥1600 ⓘ978-4-904419-66-3

◆**空想科学読本―3分間で地球を守れ!?**　柳田理科雄著　KADOKAWA　（角川文庫）
【要旨】マンガやアニメ、特撮映画などで描かれる設定やエピソードは、科学的にどこまで正しいのだろうか？ 初刊行から20年、累計500万部突破のベストセラー「空想科学読本」シリーズから、原稿31本を厳選、全面改訂して収録した。本書で検証するのは『ウルトラマン』『ONE PIECE』『名探偵コナン』『シン・ゴジラ』『おそ松さん』など、世代を超えて愛される作品の数々。爆笑の果てに、人間が描いた夢の世界の素晴らしさが見えてくる！
2017.2 249p A6 ¥640 ⓘ978-4-04-102626-7

◆**空想科学読本―正義のパンチは光の速さ!?**　柳田理科雄著　KADOKAWA　（角川文庫）
【要旨】マンガやアニメに登場する、驚異的なアイテムやすごい技は実現可能なのだろうか？ 無理やり実現したら、いったい何が起こるのか!? 『ドラえもん』のタケコプター、『ルパン三世』五エ門の斬鉄剣、『黒子のバスケ』緑間の3Pシュート、『弱虫ペダル』巻島先輩のダンシング走法…など、誰もが気になる32テーマを科学的に検証する。累計500万部突破のベストセラー『空想科学読本』シリーズから傑作原稿を厳選した第二弾！
2017.6 245p A6 ¥640 ⓘ978-4-04-102627-4

◆**決断科学のすすめ―持続可能な未来に向けて、どうすれば社会を変えられるか？**　矢原徹一著　文一総合出版
【目次】第1部 人間の科学―人間とはどんな動物なのか？（進化的な思考―人間と社会の理解の礎、リーダーシップ、決断を科学する）、第2部 社会の科学―私たちはどこから来て、どこへ行くのか？（私たちはどこから来て、どこへ行くのか？、持続可能な社会へ、社会をどうすれば変えられるか）、違いを認め合う社会へ
2017.3 381p B6 ¥2400 ⓘ978-4-8299-7106-2

◆**研究公正とRRI―科学技術社会論研究 第14号**　科学技術社会論学会編集委員会編　（町田）玉川大学出版部
【目次】研究公正とRRI特集にあたって―科学的合理性の再考、研究の不正とは何か―専門誌出版団体と研究者集団の自律性をめぐって、研究不正の時代、研究者集団の関係―幹細胞研究におけるSTAP細胞を例として、研究不正とピアレビューの社会認識論、オープンな科学コミュニケーションが公正な研究に資する可能性と役割、誰をオーサーにするべきか？―「オリジナリティー」の分野特性を考慮した自律的オーサー

シップの提案、研究公正のための利益相反対応へ向けて、研究公正・倫理教育におけるオンライン教材の利点と課題、私はテラスにいます―責任ある研究・イノベーションの実践における憂慮と希望、デュアルユース研究とRRI―現代日本における概念整理の試み、学会組織はRRI周りうりうるのか、公正な研究のための欧州行動規範
2017.11 198p B5 ¥3700 ⓘ978-4-472-18314-0

◆**元素をめぐる美と驚き 上 ―アステカの黄金からゴッホの絵まで**　ヒュー・オールダシー＝ウィリアムズ著、安部恵子、鍛原多惠子、田淵健太、松井信彦訳　早川書房　（ハヤカワ・ノンフィクション文庫）
【要旨】すべての物質は元素の組み合わせでできている。ゆえに私たちの知らないところで歴史や文化に深い影響を与えているのだ。古代エジプトやアステカで富と権力の象徴とされた金などの元素は時代とともにどう移り変わってきたのか。クリスティーがトリックに用いた毒物、コクトーが冥界の入口を表現した液体の鏡とは？ 元素周期表の考案者メンデレーエフが熱中した趣味とは？ 古今東西の逸話を満載した科学ノンフィクション。
2017.4 294p A6 ¥760 ⓘ978-4-15-050493-9

◆**元素をめぐる美と驚き 下 ―アステカの黄金からゴッホの絵まで**　ヒュー・オールダシー＝ウィリアムズ著、安部恵子、鍛原多惠子、田淵健太、松井信彦訳　早川書房　（ハヤカワ・ノンフィクション文庫）
【要旨】元素周期表には驚くほど豊かな物語が秘められている。かつては金銀より珍重されたのに今や安価なイメージの金属。クレオパトラが贅沢な晩餐会の主薬としたあるものとホワイトハウスとの関係。ゴッホら印象派の画家たちに色彩革命をもたらした顔料。7つもの新元素が発見されたスウェーデンの小さな村―歴史、地理、物理、経済、美術、文学、映画、ファッションまで、幅広い領域にわたる元素の文化史。
2017.4 314p A6 ¥760 ⓘ978-4-15-050494-6

◆**原典ルネサンス自然学 上**　池上俊一監修　（名古屋）名古屋大学出版会
【要旨】開かれるミクロコスモス―。身体から宇宙まで、料理から農事まで、魔術から機械まで、実験から教育まで、驚異から地理まで、計算から原子まで…。本邦初訳テキストと貴重図版により「科学的人文主義」の精華をつたえる待望のアンソロジー上巻。
2017.8 638, 2p A5 ¥9200 ⓘ978-4-8158-0880-8

◆**原典ルネサンス自然学 下**　池上俊一監修　（名古屋）名古屋大学出版会
【要旨】変貌するマクロコスモス―。身体から宇宙まで、料理から農事まで、魔術から機械まで、実験から教育まで、驚異から地理まで、計算から原子まで…。本邦初訳テキストと貴重図版により「科学的人文主義」の精華をつたえる待望のアンソロジー下巻。
2017.8 1280, 2p A5 ¥9200 ⓘ978-4-8158-0881-5

◆**採択される科研費申請ノウハウ―審査から見た申請書のポイント**　岡田益男著　アグネ技術センター　改訂版
【要旨】新審査システムでの審査方法や、採択される申請書の書き方がわかる!!総合審査の審査委員が良い評価をつけたくなる申請書の書き方をアドバイス。題目設定、研究計画書の各項目の書き方のポイントを紹介。教員、研究指導者等の為の特別研究員評価書や奨励研究推薦書の書き方も紹介。
2017.9 179p B5 ¥3800 ⓘ978-4-901496-89-6

◆**サービスサイエンスの事訳（ことわけ）―データサイエンスと数理科学の融合に向けて**　高木英明編著　（つくば）筑波大学出版会、丸善出版 発売
【要旨】『サービスサイエンスことはじめ』に続き、サービスの現場における人的資源に代わり得るデータを解析するサイエンスを、大学理工系1年生程度の線形代数、統計、微積分で解説。ブラックボックスとなっている最先端ソフトウェアも、仕組みを理解して使うことで、活用できる。
2017.9 340p A5 ¥3900 ⓘ978-4-904074-45-9

◆**猿と女とサイボーグ―自然の再発明**　ダナ・ハラウェイ著、高橋さきの訳　青土社　新装版
【要旨】霊長類学、免疫学、生態学など、生物科学が情報科学と接合される―。高度資本主義と先端的科学知が構築しつつける"無垢なる自然"を解読＝解体し、フェミニズムの囲い込みを突

破する闘争マニフェスト。
2017.6 527p B6 ¥3600 ⓘ978-4-7917-6990-2

◆**視覚情報処理ハンドブック**　日本視覚学会編　朝倉書店　新装版
【目次】結像機能と瞳孔・調節、視覚系生理の基礎、色覚、測光と表色システム、視覚の時空間特性、形の知覚、奥行き（立体）視、運動の知覚、眼球運動、視空間座標の構成、視覚的注意、視覚と他感覚との統合、発達・障害・傷害、視覚機能測定法、視覚機能のモデリングと数理理論
2017.4 656p B5 ¥19000 ⓘ978-4-254-10289-5

◆**自然魔術**　ジャンバッティスタ・デッラ・ポルタ著　澤井繁男訳　講談社　（講談社学術文庫）
【要旨】イタリア・ルネサンス後期の自然魔術師デッラ・ポルタの主著。動物・植物の生成変化、磁石の不思議、蒸溜の方法、芳香の作り方、レンズの実験など自然探究者・技術者としての知見が網羅される。錬金術が説く金や賢者の石の生成には懐疑的であり、「白魔術」に分類されるこの著作は、プリニウスの『博物誌』に並び称される。本書は全二十巻からの抄訳。
2017.5 277p A6 ¥980 ⓘ978-4-06-292431-3

◆**持続可能な未来のための知恵とわざ―ローマクラブメンバーとノーベル賞受賞者の対話**　林良嗣、中村秀昭編　明石書店　（名古屋大学環境学叢書）
【目次】第1部 記念講演―ローマクラブからの新たなメッセージ、第2部 トークセッション（持続可能な未来のための知恵とわざ、名古屋大学での思い出と青色発光ダイオードの実現、21世紀のビジョン「プラチナ社会」、ローマクラブと持続可能な社会―ハピネスを探して）
2017.7 135p A5 ¥2500 ⓘ978-4-7503-4551-2

◆**実験を安全に行うために**　化学同人編集部編　（京都）化学同人　第8版
【要旨】10年ぶりの大改訂！ 法規改正や実験現場の実情をふまえ、最新状況にマッチした手引書に。2色刷になって見やすくなりました！
2017.2 144p A5 ¥800 ⓘ978-4-7598-1833-8

◆**重力波は歌う―アインシュタイン最後の宿題に挑んだ科学者たち**　ジャンナ・レヴィン著、田沢恭子、松井信彦訳　早川書房　（ハヤカワ・ノンフィクション文庫）
【要旨】物体が運動したときに生じる時空のゆがみが光速で波のように伝わる現象「重力波」。100年前にアインシュタインが存在を予言しながら、これまで観測されていなかったこの波動を、米国の研究チームがついにとらえた。ノーベル物理学賞も確実視される偉業の裏には、どんなドラマがあったのか？ 天文学の新地平を切り拓く挑戦の全貌を関係者への直接取材をもとに描き出す、出色のサイエンス・ドキュメンタリー。
2017.9 334p A6 ¥780 ⓘ978-4-15-050509-7

◆**知れば知るほど面白い科学のふしぎ雑学**　小谷太郎著　三笠書房　（知的生きかた文庫）
【目次】はじめに「身の回りのふしぎ」に科学で答える本！、1章 科学でここまでわかった！「宇宙」のふしぎ、2章 地震、雷、竜巻…謎多き「自然現象」のふしぎ、3章「スマホ」で話せるのはなぜ？「光と電磁波」のふしぎ、4章 便利な世の中を支える「電気と磁石」のふしぎ、5章 知らないでは済まされない「原子と核」のふしぎ、6章 まさに驚異の小宇宙！「人体」のふしぎ
2017.2 237p A6 ¥630 ⓘ978-4-8379-8452-8

◆**信じちゃいけない身のまわりのカガク―あなたはそれで、本当に健康になれますか？**　渋谷研究所X、菊池誠著　リットーミュージック
【要旨】水素水やプラズマクラスター、マイナスイオンといったニセ科学をはじめ、有機農法、放射能、禁煙など、健康に影響を与えるキーワードを徹底検証。
2017.2 287p B6 ¥1800 ⓘ978-4-8456-2997-8

◆**人体 5億年の記憶―解剖学者・三木成夫の世界**　布施英利著　海鳴社
【要旨】私たち人間のからだは、魚であった時代の名残をたくさん抱えている。たとえば、私たちの顔で表情をつくり、口を開いて声や言葉を発する筋肉も、魚だった時代の「えら」の筋肉が変化したものだ。水中で生活する魚類では、顔面に味覚を感じる細胞が集中したが、上陸に伴い、ヒトでは乾燥を避けて口の中の舌でこの味覚を味わうようになった。東京大学の医学部の学生が特別講義を聞き終わった後、感動の余り拍手したという伝説の三木成夫の解剖学の話は、保母さんたちを相手にした一般講演でも笑いが絶えなかったという。そうした絶妙な語

り口に、入学したばかりの大学生だった著者も強く惹かれていく。不世出の天才、三木成夫の「人間の見方」の全体像を、ひとつのまとまりのある本として読者に提供すること、これが本書の挑戦である。解剖学は難しくない、人間の体や心の見方が180度変わる。
2017.3 246p B6 ¥2000 Ⓘ978-4-87525-330-3

◆図解 身近にあふれる「科学」が3時間でわかる本　左巻健男編著　明日香出版社　（アスカビジネス）
【要旨】身近な疑問を科学で解明！ 日常は、思った以上に科学まみれだ!!大人の教養・自由研究にも。　2017.7 213p B6 ¥1400 Ⓘ978-4-7569-1914-4

◆スキンケアのための科学　寺尾啓二著　健康ライブ出版社　（健康・化学まめ知識シリーズ 2）
【目次】1 毛穴から吸収されるスキンケア成分の効能効果、2 角質層のケア、3 表皮のケア―美白作用（黒ずみ毛穴の改善・シミの抑制、減少）、4 真皮のケア―開き毛穴の改善・シワ・たるみの改善、5 各種有効成分の肌への吸収、6 スキンケアのための科学のまとめ
2017.1 52p A5 ¥500 Ⓘ978-4-908397-03-5

◆聖書と科学のカルチャー・ウォー―概説 アメリカの「創造vs生物進化」論争　ユージニー・C. スコット著, 鵜浦裕, 井上徹訳　東信堂
【要旨】「神か、科学か」それとも「神も、科学も」か―。アメリカ社会では人類生誕の起源をめぐる「創造vs 生物進化」論争が延々と続いている。創造論と生物進化論の歴史はそれぞれ過去数百年に渡り、その時間はまた対立の歴史でもある。ダーウィンが与えた衝撃、20世紀初頭のスコープス裁判、1960年代教科書における生物進化論の復活から今日のネオ創造論までを含んだ、種の起源をめぐる創造論と生物進化論の果てなき論争に関する包括的概説書。
2017.12 290p A5 ¥3600 Ⓘ978-4-7989-1470-1

◆ぜったい成功する！ はじめての学会発表―たしかな研究成果をわかりやすく伝えるために　西澤幹雄著　（京都）化学同人
【要旨】ワンランク上の発表をめざそう！ 発表までの準備から、要旨の書き方、ポスター・スライドのつくり方、さらには英語での発表まで、魅力的な発表にするコツを徹底指南！ ゼロからわかる学会発表のすべて。
2017.4 119p A5 ¥1400 Ⓘ978-4-7598-1930-4

◆続 実験を安全に行うために―基本操作・基本測定編　化学同人編集部編　（京都）化学同人　第4版
【要旨】10年ぶりの大改訂！ 読者や現場などからのご要望をふまえ、いまの教育・実験現場に最適の手引書に。2色刷になって見やすくなりました！
2017.2 140p A5 ¥800 Ⓘ978-4-7598-1834-5

◆たけしの面白科学者図鑑 人間が一番の神秘だ！　ビートたけし著　新潮社　（新潮文庫）
【要旨】人間はどこから来て、どこへ行くのか―。誰もが知りたい究極の問いへの答えを探すため、たけしが最先端の科学者たちと語り合った。ヒトはいかにしてサルから進化した？ 人工知能やアンドロイドに乗っ取られる未来はやってくる？ 脳の複雑すぎるシステム、言葉と人との深い関係…。すべての謎は、ニンゲンから生まれていた！ 自分がもっと見えてくる刺激的サイエンストーク、人間編。
2017.4 293p A6 ¥550 Ⓘ978-4-10-122537-1

◆たけしの面白科学者図鑑 ヘンな生き物がいっぱい！　ビートたけし著　新潮社　（新潮文庫）
【要旨】世界には、まだまだ知られていない不思議な生き物がたくさんいる。乾燥すると不死身になるネムリユスリカや、人間くさい個性を持つ粘菌、深海に潜む謎のダイオウイカ…。ウナギやカラスといった身近な動物たちにも、実は意外な生態が！ だけど、もっと面白いのはそれを研究する科学者たち!?好奇心旺盛なたけしが個性豊かな学者たちの話を引き出す、知的で愉快なサイエンストーク、生物編。
2017.2 262p A6 ¥520 Ⓘ978-4-10-122535-7

◆「食べられる」科学実験セレクション―身近な料理の色が変わる？ たった1分でアイスができる？　尾嶋好美著　SBクリエイティブ　（サイエンス・アイ新書）
【要旨】ごくありふれた食材、調味料、料理にも、おもしろい実験のタネはひそんでいます。今回はそんな中から厳選して、「家庭で気軽に試せて」「最終的には食べられる」、一粒で二度おいしいアイデアや手順を一気に紹介！「どうしてそうなるのか」に迫る解説も添えています。写真などで記録して話題にしたり、家族や友人とわいわい楽しんだり、自由研究の参考にしたりできる1冊です。
2017.7 191p 18cm ¥1000 Ⓘ978-4-7973-9096-4

◆誰も教えてくれなかった実験ノートの書き方―研究を成功させるための秘訣　野島高彦著　（京都）化学同人
【要旨】なぜ実験ノートが必要なのか!?何をどうやって書けばよいのか!?実験ノートを工夫することで研究が順調に進みます！ 実験ノートからアイデアが生まれます！ 実験ノートを書くことで身につく能力や習慣があります！ 実験ノートは研究不正からあなたを守ってくれます！ 実験ノートは単なる記録ではありません。
2017.7 104p A5 ¥1200 Ⓘ978-4-7598-1933-5

◆小さき生きものたちの国で　中村桂子著　青土社
【要旨】農業革命、都市革命、科学革命、産業革命―そして“生命革命”の時代へ。38億年前の生きものの誕生から現代までの歴史を一望する「生命誌」の第一人者が、日本社会に向けて簡明直截に示す、“生命論的世界観”へのパラダイム・シフト。
2017.3 182p B6 ¥1800 Ⓘ978-4-7917-6971-1

◆つじつまを合わせたがる脳　横澤一彦著　岩波書店　（岩波科学ライブラリー）
【要旨】作り物とわかっているのに自分の手と思い込む。目の前にあるのに見落としてしまう。これらはいずれも脳のつじつま合わせが引き起こす現象。顔と声が別人の映画の吹き替えに違和感を覚えないのも同じ。われわれが安心して日常を過ごせるのも、こうした脳の特性のおかげなのだ。まさかと思う人も、もっと脳を深く知りたくなる本。
2017.1 108, 3p B6 ¥1200 Ⓘ978-4-00-029657-1

◆できない脳ほど自信過剰―パテカトルの万脳薬　池谷裕二著　朝日新聞出版
【要旨】「あいつ、たいしてできもしないのに自信満々だな」「うちの上司、人よりできると思ってるよな」そんな風に思うこと、ありませんか？ 実は脳ってうぬぼれやすいんです！ 人気脳研究者が綴る、脳の不思議なクセと科学の最新知見。
2017.5 241, 14p B6 ¥1400 Ⓘ978-4-02-331602-7

◆デロールの理科室から―美しい掛図と科学考察　ルイ＝アルベール・ド・ブロイ, シルヴィ・アルブ＝タバール編著, いぶきけい訳　グラフィック社
【要旨】世界中を魅了する、美しい掛図80点。20世紀中頃まで世界各国の学校教材として使われてきたデロールの掛図。本書では、生物学、植物学、昆虫学、動物学、古生物学、解剖学、物理学、化学、鉱物学、地質学と、分野ごとにまとめたコレクションを、フランスをはじめ世界の第一線で活躍する科学者の最新レポートとともに紹介します。
2018.1 239p 27×21cm ¥3800 Ⓘ978-4-7661-3116-1

◆動的平衡　3　チャンスは準備された心にのみ降り立つ　福岡伸一著　木楽舎
【要旨】生命現象の核心を解くキーワード、それは「動的平衡」。哲学する生物学者が問う生命のなりたち、ふるまい、ありよう―流麗な文章でつづられる、福岡生命理論の決定版。
2017.12 214p B6 ¥1500 Ⓘ978-4-86324-115-2

◆時計の科学―人と時間の5000年の歴史　織田一朗著　講談社　（ブルーバックス）
【要旨】人類が「時間」の存在に気づいたのは、いまから5000年以上も前のことです。太陽の動きを利用した「日時計」から始まり、周期を人工的につくりだす「機械式時計」の誕生、精度に革命を起こした「クオーツ時計」、そして、時間の概念を変えた「原子時計」まで。時代の最先端技術がつぎ込まれた時計の歴史を余すところなく解説します。
2017.12 238p 18cm ¥980 Ⓘ978-4-06-502041-8

◆なぜあなたの予測は外れるのか―AIが起こすデータサイエンス革命　小松秀樹著　育鵬社, 扶桑社 発売
【要旨】利益を倍増させる最強の統計学！ 大手企業も続々導入するT・AI（時間の人工知能）とは？ 在庫削減70%の秘密、ホワイトノイズ（予測誤差）とは、人間の楽観的予測と過剰反応…など、ビジネス統計モデル構築の草分け的著者がその真髄を明かす。
2017.2 209p B6 ¥1500 Ⓘ978-4-594-07664-1

◆なぜ人はドキドキするのか？―神経伝達物質のしくみ　中西貴之著　技術評論社　（知りたい！ サイエンス）
【目次】第1章 神経と脳とは何者なのか？、第2章 すべては神経伝達物質の創造物、第3章 神経伝達物質による生命の調整、第4章 こんな人の神経伝達物質はどうなっているのか、第5章 食品が神経伝達物質に与える影響、第6章 神経伝達物質やその受容体に作用する薬、第7章 幸せの青い鳥はどこにいるか
2017.2 207p B6 ¥1580 Ⓘ978-4-7741-8693-1

◆なぜペニスはそんな形なのか―ヒトについての不謹慎で真面目な科学　ジェシー・ベリング著, 鈴木光太郎訳　（京都）化学同人
【要旨】「物心がついてからずっと、ぼくは『不適切な』ことに真摯な興味を抱き続けてきたし、そう言いもしてきた。途中から自分でも気がつくことになったが、こうしたぼくの大真面目な疑問は、まわりの人間をぼくから少しずつ遠ざけた。ぼくが嫌われるのは、ちょっと分析的すぎるからなのかもしれない。いまも覚えているのは、小学六年の時に教室で隣の席の女の子に次のように聞いたことだ。『ぼくのおちんちんは立つと短剣じゃなくて三日月剣のような形になるんだけど、これってあたりまえのことなのかな？ それとも奇形ってことか』。…」ヒトの性・生・死をめぐる異色の科学エッセイ33篇。
2017.3 317, 13p B6 ¥2500 Ⓘ978-4-7598-1926-7

◆においと味を可視化する―化学感覚を扱う科学技術の最前線　都甲潔, 中本高道著　フレグランスジャーナル社　（香り新書 5）
【目次】第1章 においと味を感じる、第2章 においを記録する、第3章 においを再生する、第4章 味を記録する、第5章 味を再生する、第6章 五感融合の創る世界
2017.5 177p 18cm ¥1500 Ⓘ978-4-89479-285-2

◆日本人の9割が答えられない理系の大疑問100　話題の達人倶楽部編　青春出版社　（青春文庫）
【要旨】「料理・食べ物」などの身近な不思議から、「IT・デジタル」「宇宙・天体」「医学・人体」「地球・気象」「ノーベル賞の最先端科学」の疑問まで、なるほど、これなら理解できる！
2017.5 206p A6 ¥690 Ⓘ978-4-413-09671-3

◆日本の科学―近代への道しるべ　山田慶兒著　藤原書店
【要旨】日本独自に誕生していた近代科学！ 日本の科学の特殊性とは？「科学なき近代」といわれた日本・中国だが、科学はあった。（伊能忠敬は1817年に日本全図を完成、カッシーニ父子によるフランス全図完成は1790年）岩倉使節団の欧米視察によると、東西文明のタイムラグは50年程度である。日本最古の医学書『医心方』には、中国医学と異なる独自の医学体系が見られる。―受容史だけではない日本の科学史へのまなざし。
2017.9 309p A5 ¥4600 Ⓘ978-4-86578-136-6

◆人間をお休みしてヤギになってみた結果　トーマス・トウェイツ著, 村井理子訳　新潮社　（新潮文庫）
【要旨】仕事はパッとしないし、彼女に怒られるしで、ダメダメな日々を送る僕。いっそヤギにでもなって人間に特有の「悩む」ことから解放されることはできないだろうか…というわけで

本気でやってみました。四足歩行の研究のためにヤギを解剖し、草から栄養をとる装置を開発。医者に止められても脳の刺激実験を繰り返し―。イグノーベル賞を受賞した抱腹絶倒のサイエンス・ドキュメント。
2017.11 280p A6 ¥940 ①978-4-10-220003-2

◆ノースフェーラ―惑星現象としての科学的思考　ヴラジーミル・イヴァノヴィチ・ヴェルナツキイ著、梶雅範訳　水声社　（叢書・二十世紀ロシア文化史再考）
【要旨】"科学的思考と人間の労働の影響の下に、生物圏は、叡知圏（ノースフェーラ）という新たな状態に移行しようとしている。" 人類の科学的知識の増大を惑星地球の「進化」と位置づけ、人間思考の発展の歴史を辿りながら、生命と非生命とのダイナミックな交流に着目した、新たな学問領域「生物地球化学」をうち立てる。人間理性への信頼が揺らぐ第二次世界大戦前夜、人類の未来への希望を科学研究の絶え間ない営為の中に見いだした、ヴェルナツキイの思想的到達点を示す草稿集。
2017.7 442p B6 ¥4500 ①978-4-8010-0274-6

◆ノーベル賞の舞台裏　共同通信ロンドン支局取材班編　筑摩書房　（ちくま新書）
【要旨】湯川と朝永の嫉妬と友情、川端受賞の陰にあった、谷崎や三島の名前、繰り返される日本メディアの「ハルキ狂想曲」。科学を愛し平和を希求した、偏屈者の発明家・ノーベルの命日、最高に権威ある賞が、物理、化学、医学、文学、経済、平和貢献で功績を挙げた人々や団体に授与される。だが、賞の舞台裏は思いのほか取り散らかっている。ノーベルが遺言した「人種・国籍を超えた人類への貢献」という理想とは裏腹に、国家や著名大学の名誉欲が交差し、政治利用も見え隠れする現実。多くの関係者の証言を聞き、無数の資料をめくった記者たちの、ノーベル賞取材の集大成。
2017.11 291p 18cm ¥900 ①978-4-480-07103-3

◆ノーベル賞116年の記録　ノーベル賞の記録編集委員会編　山川出版社
【要旨】原爆から再生医療の可能性まで。ノーベルの理念、選考機関、選考方法、各賞の詳解、受賞時の時代背景が「この年の出来事」でわかる。全受賞者名881人、23団体の業績を掲載！
2017.10 159p B5 ¥6000 ①978-4-634-15123-9

◆刃物の科学　朝倉健太郎著　日刊工業新聞社　（B&Tブックス―おもしろサイエンス）
【目次】第1章 人類の進歩と刃物の進歩は付いて回る、第2章 「切る」という現象、第3章 切れる刃物の条件、第4章 人の肌を切る・剃る刃物、第5章 髪の毛を切るのは大変だ、第6章 食文化を支える刃物、第7章 家具・調度品を作る刃物、第8章 機械工業を支える産業用刃物
2017.2 144p A5 ¥1600 ①978-4-526-07672-5

◆左と右・対称性のサイエンス　広島大学大学院総合科学研究科編、佐藤高晴責任編集　丸善出版　（叢書インテグラーレ）
【要旨】左脳的人間と右脳的人間、脳と心の非対称性、動物の進化と体の対称性…。人と自然の様々な「左と右」「対称と非対称」から物事を捉えなおす！
2017.1 176p B6 ¥1900 ①978-4-621-30118-0

◆ビッグショット・オーロラ　廣川まさき著　小学館

【要旨】10年に一度の磁気嵐が吹き荒れた夜空には巨大な光の龍が舞った―極北アラスカの地で "オーロラ科学の世界的権威" である日本人科学者から受けた、幻想的なひと冬の個人授業。傑作ノンフィクション科学読本！
2017.4 253p B6 ¥1300 ①978-4-09-388550-8

◆ブルーバックス科学手帳　2017年度版　ブルーバックス編集部編　講談社
【要旨】週間スケジュールには、その日にまつわる科学の出来事を毎日掲載。さらに数学や物理の公式を、毎週ひとつずつ紹介。科学の基礎知識をまとめた資料ページつき。
2017.2 1Vol.18cm ¥1000 ①978-4-06-220489-7

◆本質から考え行動する科学技術者倫理　金沢工業大学・科学技術応用倫理研究所編　白桃書房
【目次】1章 科学技術の専門家として、2章 倫理問題の考え方、3章 組織の社会規範としての倫理綱領、4章 企業経営の価値観と倫理、5章 研究開発の倫理、6章 利益相反、補章 科学と技術の歴史　2017.4 183p B5 ¥1800 ①978-4-561-25699-1

◆身近な疑問がスッキリわかる理系の知識　瀧澤美奈子監修　青春出版社
【要旨】タイヤから抜ける空気が冷たいのはどうして？ 100℃のサウナに入ってもやけどしないのはなぜ？ 虹のたもとにはどうやってもたどり着けない？「あの現象のウラには、そんな "力" が働いていたのか！」学校では教えてくれなかった科学の小ネタが満載!!
2017.6 189p 19x13cm ¥1100 ①978-4-413-11216-1

◆身近に潜む危ない化学反応　齋藤勝裕著（新潟）シーアンドアール研究所　（SUPERサイエンス）
【要旨】「混ぜるな危険」は本当だった!?家庭での事故を防ぐために必要な化学の知識をイラストを多用して図解！
2017.3 255p B6 ¥1630 ①978-4-86354-213-6

◆水の不思議―科学の眼で見る日常の疑問　稲場秀明著　技報堂出版
【目次】水の特徴と特異性、冷えたコップにつく水滴、水の姿の変化、空に浮かぶ水滴、雪の姿の変化、氷の姿の変化、水に浮くもの沈むもの、表面張力、水に溶ける、暮らしと水、地球上の水の姿、飲む水、動物と水、植物と水
2017.9 180p A5 ¥2000 ①978-4-7655-4482-5

◆明治・大正期の科学思想史　金森修編著　勁草書房
【要旨】科学思想史の本当の研究対象は、自然というよりは "自然についての知識のあり方"、またはその "作られ方" である。科学思想史は、自然界の条理を探ろうとする人間の精神のあり方、つまり観察、概念構築、理論構成などを可能な限り緻密かつ複層的に捉えようとする。―金森修が構想、執筆者を集めた最後の書。明治以降の我が国の科学思想史を通覧する三部作、ここに完結。
2017.8 419, 36p A5 ¥7000 ①978-4-326-10261-5

◆吉川弘之対談集 科学と社会の対話―研究最前線で活躍する8人と考える　科学コミュニケーションセンター企画・編　丸善出版
【要旨】私たちの子孫が豊かな未来を生き延びていくために、科学者自身に何ができるのか？―本書では最前線で活躍する科学者・教育者が、現

代の科学と社会を自らの見方で捉え、語ります。
2017.3 217p B6 ¥1800 ①978-4-621-30149-4

◆理化学研究所―100年目の巨大研究機関　山根一眞著　講談社　（ブルーバックス）
【要旨】科学立国を目指し1917年に設立された「理研」。幅広い分野で研究者を輩出し、日本の基礎科学を支え続けてきた。今では450の研究室、3000人の研究者を擁し、研究範囲は一言では語れないほど深く広い。ノンフィクション作家・山根一眞が、113番元素ニホニウムから光科学、脳、スパコン、バイオまで研究現場を訪ね歩き、その「今」を明らかにする。
2017.3 238p 18cm ¥940 ①978-4-06-502009-8

◆例題で学ぶ環境科学15講　伊ino和男、久野章仁、小出宏樹共著　コロナ社
【目次】地球環境の危機、地球温暖化、オゾン層破壊、酸性雨および硫黄酸化物、窒素酸化物、光化学オキシダントとPM2.5、森林減少と都市緑化、放射線と環境、騒音、振動と環境、水質汚濁と環境、水の浄化と水資源、土壌・地下水の汚染、有害有毒物質、内分泌攪乱物質（環境ホルモン）、環境保全への取り組み、災害と環境
2017.2 148p B5 ¥2000 ①978-4-339-06642-5

◆歴史のなかの科学　佐藤文隆著　青土社
【要旨】長州ファイブ、アインシュタイン、工部大学校、重力波検出、ニュートリノ…科学界の第一線で活躍しつづけてきた著者が、社会の趨勢や制度の変化のなかで時代に寄り添いながら生きてきた「科学」の姿を描き出す。
2017.4 349p B6 ¥4500 ①978-4-7917-6983-4

◆私たちのワンダフルライフ―神経ペプチドに魅せられて　有村章、有村勝子著　工作舎
【要旨】一ドル三六〇円時代の一九五六年、わずか一〇ドルしか持ちだせずにイェール大学に留学した有村章。翌年、一五ドルを懐に単身渡米して妻となった有村勝子…。シャリー博士にノーベル賞をもたらした神経ペプチドLHRHの構造を解明することが分野の研究をリードし、日米の文化交流に尽力し、後進を育て、たえずお互いを励まし合った類い稀な夫婦の物語。
2017.12 339p B6 ¥8750 ①978-4-87502-489-7

◆我々みんなが科学の専門家なのか　ハリー・コリンズ著、鈴木俊洋訳　法政大学出版局　（叢書・ウニベルシタス）
【要旨】専門家には任せられない！では、どうすればよいのか？ 単純で極端な立場の対立図式ではなく、価値観の多様性を維持しつつ様々な場面で知識を評価・判断形成に参加するために、我々は科学技術にどう向き合えばよいのか。原発、気候変動、ワクチン接種など、日常生活に関わる事例とともに、科学論の第一人者が、「専門知」の適切な捉え方を提言する。
2017.4 217, 6p B6 ¥2800 ①978-4-588-01055-2

◆NATURE FIX 自然が最高の脳をつくる―最新科学でわかった創造性と幸福感の高め方　フローレンス・ウィリアムズ著、栗木さつき、森嶋マリ訳　NHK出版
【要旨】水と緑に触れるだけで、あなたの脳はこんなにも変化する！日本、アメリカ、フィンランドなど、世界中の最新研究をもとに徹底解明。都会でも15分で実感!!
2017.7 363, 26p B6 ¥1900 ①978-4-14-081718-6

サイエンス・テクノロジー

科学者の伝記・科学史

◆アインシュタイン - 大人の科学伝記―天才物理学者の見たこと、考えたこと、話したこと　新堂進著　SBクリエイティブ　（サイエンス・アイ新書）
【要旨】それまでの世界観をくつがえす相対性理論を提唱した天才科学者、アインシュタイン。苦労人で自由人、「ユーモラスなオッサン」でもあり、その言葉は今も、勇気や発見を与えてくれます。彼が当時、何を見、どう考えて相対性理論にたどり着き、そして周りの人々にどのようにかかわって生きたのか？それらをまとめて知るための、欲張りな1冊です。
2017.9 191p 18cm ¥1000 ①978-4-7973-8916-6

◆大人が読みたいアインシュタインの話―エジソンの発明と相対性理論の意外な関係　石川憲二著　日刊工業新聞社　（B&Tブックス）
【要旨】光への強いこだわりと人並みはずれた集中心で天才はつくられた！
2017.7 134p B6 ¥1200 ①978-4-526-07730-2

◆科学者と軍事研究　池内了著　岩波書店　（岩波新書）
【要旨】防衛省と大学との共同研究に道を開いた安全保障技術研究推進制度。発足わずか三年で一〇〇億円規模にまで増えた予算を背景に、大学での軍事研究がいよいよ本格化しつつある。潤沢な研究費と引き替えに、科学者たちは何を失うことになるのか。全国各地の大学で議論のきっかけを生んだ『科学者と戦争』の続編。
2017.12 215p 18cm ¥780 ①978-4-00-431694-7

◆寒暖計事始―日本における温度計の歴史　菱刈功著　中央公論事業出版
【要旨】十余年に及ぶ調査による本格的な温度計史。江戸初期から明治末期までの膨大な資料から気圧計などに触れつつ温度計の渡来や定着を解き明かす。図版多数。
2017.4 853p B5 ¥4500 ①978-4-89514-474-2

◆ささやかな知のロウソク―ドーキンス自伝2　科学に捧げた半生　リチャード・ドーキンス著、垂水雄二訳　早川書房
【要旨】『延長された表現型』から『神は妄想である』まで、話題作の意図と裏話を本人が詳細に語る解説。クリスマス講演「日本出版版」のエピソードや、ダイオウイカを見にお忍びで来日したときのエピソードなど、ファン必読の自伝完結編。
2017.2 629p B6 ¥3700 ①978-4-15-209671-5

◆ストックホルムへの廻り道―私の履歴書　大村智著　日本経済新聞出版社
【要旨】苦境を乗り越え、世紀の発見へ。誠を尽くせば、道は開ける―国をまたいだ産学共同研究で、ノーベル生理学・医学賞受賞。微生物と一緒に歩んだ半世紀を、数々の思い出と共に振り返る。
2017.9 220p B6 ¥1600 ①978-4-532-17623-5

◆創造的人間　湯川秀樹著　KADOKAWA　（角川ソフィア文庫）
【要旨】自然界のなかにもともと潜在していたさまざまな可能性を人間が見つけ出し、それを現実化した結果が科学文明である。しかし自動車を愛好すると同時に交通事故を、原子力発電を望むと同時に核爆発をおそれなければならなくなってきた。人間にとって都合のよいはずの文明が、どうして天使と悪魔の二面相を持つことになったのか。科学技術の進歩が顕著な現代だからこそ読みたい、日本人初のノーベル賞受賞者が残した鋭い考察。
2017.2 377p A6 ¥1000 ①978-4-04-400144-5

◆帝国日本の気象観測ネットワーク　5　南洋庁　山本晴彦著　農林統計出版
【目次】序章 課題と方法、第1章 ドイツにおける南洋群島の気象観測、第2章 南洋庁観測所の創設と拡充、第3章 南洋庁観測所および出張所の観測業務、第4章 南洋庁観測所の気象資料、終章
2017.12 262p A5 ¥3000 ①978-4-89732-375-6

◆ノーベル賞117年の記録　ノーベル賞の記録編集委員会編　山川出版社
【要旨】原爆から再生医療の可能性まで。ノーベルの遺志、選考機関、選考方法、各賞の詳細。「この年の出来事」で受賞時の世界がわかる。1901年から2017年まで全受賞者892人24団体の業績

を掲載！
2017.12 167p B5 ¥1600 ①978-4-634-15124-6

◆ふりがな付 山中伸弥先生に、人生とiPS細胞について聞いてみた　山中伸弥著、緑慎也聞き手　講談社　（講談社プラスアルファ新書）
【要旨】ノーベル賞受賞後初にして唯一の自伝。やさしい語り口とふりがなで、小学生から読める、山中先生の人生と科学の可能性！
2017.7 190p 18cm ¥800 ①978-4-06-220767-6

◆三上義夫著作集　第3巻　日本測量術史・日本科学史　三上義夫著、佐々木力総編集、柏崎昭文編集補佐　日本評論社
【目次】1 日本科学の歴史的位置（東西交渉史上に於ける科学の状態、科学の発達と社会の状態 ほか）、2 日本の伝統諸科学（日本科学の特質（天文）、気海観瀾及び広義に見えたる物理説 ほか）、3 軍事科学と弾道学（和漢数学史上に於ける戦乱及び軍事の関係、小出脩喜の弾道に関する研究 ほか）、4 日本測量術史（日本測量術史の研究、算法町見術―数学者の不正直 ほか）
2017.12 456p A5 ¥10000 ①978-4-535-60217-5

◆「未知」という選択―世界のレオ 創造の軌跡　江崎玲於奈著　（横浜）神奈川新聞社　（わが人生 12）
【要旨】エサキダイオードで世界のひのき舞台へ、ノーベル物理学者・江崎玲於奈。初々しい感性と飽くなき好奇心、研究と教育への情熱をひも解く。
2017.1 198p B6 ¥1389 ①978-4-87645-561-4

◆湯川秀樹 詩と科学　湯川秀樹著　平凡社　（STANDARD BOOKS）
【要旨】一日生きることは一歩進むことでありたい―。日本人初のノーベル賞学者、真心あふれる達意の35篇。
2017.2 217p 19cm ¥1400 ①978-4-582-53159-6

◆ラボ・ガール―植物と研究を愛した女性科学者の物語　ホープ・ヤーレン著、小坂恵理訳　（京都）化学同人
【要旨】研究を一生の仕事にすることを志した一人の女性が、男性中心の学問の世界で、理想のラボを築きあげていく情熱的な生き様を綴ったサイエンス・メモワール。著者ヤーレンの魅力はもちろんのこと、信頼できる相棒ともいに苦境を乗り越えていく、友情と信頼のエピソードが胸を打つ。人生とのアナロジーを想起させる植物の章が随所に挟まれ、文学作品のような魅力にもあふれる。
2017.7 387p B6 ¥2600 ①978-4-7598-1936-6

事典・書誌

◆科学技術白書　平成29年版　オープンイノベーションの加速―産学官共創によるイノベーションの持続的な創出に向けて　文部科学省編　日経印刷、全国官報販売協同組合 発売
【目次】特集 2016年ノーベル賞受賞、及び学術研究・基礎研究の振興に向けた我が国の取組（2016年ノーベル賞を受賞した研究の概要、革新的な学術研究・基礎研究を生み出した研究開発環境、基礎科学力の強化に向けた政府の取組）、第1部 オープンイノベーションの加速―産学官共創によるイノベーションの持続的な創出に向けて（なぜ今、オープンイノベーションなのか、オープンイノベーションを加速させるために、今後のオープンイノベーションで目指すもの）、第2部 科学技術の振興に関して講じた施策（科学技術政策の展開、未来の産業創出と社会変革に向けた新たな価値創出の取組、経済・社会的課題への対応、イノベーションの基盤的な力の強化、イノベーション創出に向けた人材、知、資金の好循環システムの構築、科学技術イノベーションと社会との関係深化、科学技術イノベーションの推進機能の強化）
2017.6 371p A4 ¥1852 ①978-4-86579-076-4

◆科学技術要覧　平成29年版（2017）　文部科学省科学技術・学術政策局編　ブルーホップ、全国官報販売協同組合 発売　（本文：日英両文）
【目次】1 海外及び日本の科学技術活動の概要（研究費、研究人材、研究成果）、2 日本の科学技術（総括、企業、非営利団体・公的機関 ほか）、3 各国の科学技術（各国の科学技術の概要、科学技

術関係予算、研究費 ほか）
2017.12 308p A5 ¥3400 ①978-4-9909954-0-9

◆科学への入門 レファレンスブック　日外アソシエーツ編　日外アソシエーツ、紀伊國屋書店 発売
【要旨】1990（平成2）年から2016（平成28）年10月までに日本国内で刊行された、自然科学、数学、物理学、化学、天文学・宇宙科学、地球科学・地学、生物学・植物学、動物学、技術・工学に関する参考図書を網羅。書誌、年表、事典、図鑑、年鑑・白書など1,658点を収録。様々な角度から検索できるよう、書名、著編者名、事項名の索引を完備。
2017.2 305p A5 ¥9250 ①978-4-8169-2644-0

◆環境年表　平成29・30年　国立天文台編　丸善出版　（理科年表シリーズ）
【目次】地球環境変動の外部要因、気候変動・地球温暖化、オゾン層、大気汚染、水循環、陸水・工海洋環境、陸域環境、ヒトの健康と環境、物質循環、産業・生活環境、環境保全に関する国際条約・国際会議
2017.1 515p A5 ¥2800 ①978-4-621-30100-5

◆「物理・化学」の単位・記号がまとめてわかる事典　齋藤勝裕著　ベレ出版
【要旨】7つの基本単位、長さ、質量、時間、電流、温度、物質量、光度から、自然界、量子世界、周期表、化学、工学、宇宙の単位・記号までをたっぷり収録。読み方・意味・由来などをスッキリ整理！
2017.10 302p A5 ¥1700 ①978-4-86064-527-4

◆理科年表　平成30年　第91冊　国立天文台編　丸善出版
【要旨】科学知識のデータブック。（地学部）「日本付近のおもな被害地震年代表」大改訂。西暦416年から現在に至るまでの被害地震記録を再調査、全面的に見直し。（物理/化学部）アジア圏初の発見で話題となった113番元素「ニホニウム」。同時決定したモスコビウム、テネシン、オガネソンとともに新4元素のデータを掲載。
2017.11 1118p A6 ¥1400 ①978-4-621-30217-0

◆理科年表　平成30年　第91冊　国立天文台編　丸善出版　机上版
【要旨】「日本付近のおもな被害地震年代表」大改訂、西暦416年から現在に至るまでの被害地震記録を再調査、全面的に見直し。アジア圏初の発見で話題となった113番元素「ニホニウム」。同時決定したモスコビウム、テネシン、オガネソンとともに新4元素のデータを掲載。
2017.11 1118p A5 ¥2800 ①978-4-621-30218-7

数学

◆アクチュアリー試験 合格へのストラテジー　数学　藤田岳彦監修、岩沢宏和企画協力、MAH著　東京図書
【要旨】アクチュアリー試験受験者を幅広く集めた研究会を主宰する著者。研究会での豊富な経験を基に、資格の概要、「数学」試験で出題される確率・統計・モデリング、その学習方法、そして試験問題の解法を、受験者に寄り添い分かりやすく解説します。
2017.6 295p A5 ¥3200 ①978-4-489-02270-8

◆暗号の数学―シーザー暗号・公開鍵・量子暗号…　ジョシュア・ホールデン著、松浦俊輔訳　青土社
【要旨】秘密のメッセージはいかにして作られ、またいかにして解読されるのか。歴史上のエピソードや豊富な実例をもとに、暗号文のなかで密かに働いている数理を明らかにし、来るべき暗号の未来をも展望する。
2017.5 451, 65p B6 ¥3200 ①978-4-7917-6984-1

◆意思決定の数理―最適な案を選択するための理論と手法　西崎一郎著　森北出版
【要旨】数理的しくみを体系的に解説。人の好みを定量的に評価し、最適な案を合理的に選択する、意思決定の理論。その体系を、パラメータの同定手法や具体的な数値例といった実践的な話題とともに解説。
2017.10 200p 22×16cm ¥3400 ①978-4-627-92221-1

◆5つのパターンで9割わかる！ 中学数学の文章題　石崎秀穂著　総合科学出版
【要旨】数学の問題形式の中でも苦手な人が多い文章題のパターンを5つに絞り、どんな問題にも

応用できる解き方のポイントとコツをわかりやすい絵や図にしながら。中学1年〜3年レベルの文章題について解説。ややこしい問題でも「コップ」や「はかり」などをイメージしたり、図にしたり、その一部を手で隠したりすることでドンドン理解でき、理解することで数学が好きになり、ほとんどの文章題が解けるようになっていきます！

2017.8 239p B6 ¥1480 ⓘ978-4-88181-863-3

◆いつでも・どこでも・スマホで数学！― Maxima on Android活用マニュアル　梅野善雄著　森北出版
【要旨】あなたのスマートフォンが頼れる数学ツールに。複雑な数式も入力ひとつでらくらく計算！

2017.12 146p B6 ¥926 ⓘ978-4-627-01201-1

◆イメージでつかむ機械学習入門―豊富なグラフ、シンプルな数学、Rで理解する　横内大介, 青木義充著　技術評論社
【要旨】ビッグデータをいかに活用するかというテーマの下で、人工知能の基礎となっている数学だけで各手法のイメージをつかむことができる、難解な数学が苦手な人向けの機械学習の入門書です。

2017.8 191p A5 ¥2340 ⓘ978-4-7741-9062-4

◆美しすぎる「数」の世界―「金子みすゞの詩」で語る数論　清水健一著　講談社（ブルーバックス）
【要旨】ごくありふれた日常の情景を感性豊かにとらえた金子みすゞの詩。ごくありふれた顔つきに見える数たちもまた、それぞれに情緒溢れていて、ふしぎな性質をもっている。みすゞの詩に導かれて、数の世界の「美しさ」を知る旅へ―。完全数、フェルマー数から、素数定理、相互法則まで。まったく新しいアプローチで数論の魅力を語る入門書。

2017.10 221p 18cm ¥920 ⓘ978-4-06-502036-4

◆岡潔先生をめぐる人びと―フィールドワークの日々の回想　高瀬正仁著　（京都）現代数学社
【要旨】読まなければ分からない岡潔先生像が明らかに。8年の歳月をかけた情緒溢れるフィールドワーク。そこで出逢った岡潔先生を知る人々との話を綴る。

2017.12 435p A5 ¥3800 ⓘ978-4-7687-0481-3

◆大人の楽しい数学考房　田中聰著　東京図書出版, リフレ出版 発売
【要旨】数学や科学の醍醐味は、なぜ？どうして？と考え、そうか！と叫ぶ至福のひととき。段階的に理解するのではなく、始めから大学程度の内容を解いていく。科学に親しむために例題や問題には科学の話題も取り入れる。

2017.9 278p B5 ¥2000 ⓘ978-4-86641-079-1

◆面白くて眠れなくなる数学　桜井進著　PHP研究所（PHP文庫）
【要旨】読めそうで読めない数式って何？おつりを簡単に計算するテクニックとは？無限にも大小があるってどういうこと？皆既日食と円周率の関係とは？―学生時代、苦手だった数学は実は、こんなに面白かった！これまでに数学者たちが発見してきた「数式」の裏話や「数」に隠された驚くべきエピソードを知ることで、美しい数学の世界に思わず感動する一冊。15万部のベストセラー、待望の文庫化。

2017.8 215p A6 ¥640 ⓘ978-4-569-76760-4

◆親子ではじめよう 算数検定6級　日本数学検定協会編　日本数学検定協会, 丸善出版 発売
（付属資料：別冊1）
【要旨】解説、例題、練習問題の3ステップ！教えるポイントがわかりやすい！算数パークで頭の体操！計算練習のミニドリル付き！

2017.7 127p H×19cm ¥900 ⓘ978-4-901647-71-7

◆親子ではじめよう 算数検定7級　日本数学検定協会編　日本数学検定協会, 丸善出版 発売
【要旨】解説、例題、練習問題の3ステップ！教えるポイントがわかりやすい！算数パークで頭の体操！計算練習のミニドリル付き！

2017.7 127p 21×19cm ¥900 ⓘ978-4-901647-72-4

◆親子ではじめよう 算数検定8級　日本数学検定協会編　日本数学検定協会, 丸善出版 発売
（付属資料：別冊1）
【要旨】解説、例題、練習問題の3ステップ！教えるポイントがわかりやすい！算数パークで頭

の体操！計算練習のミニドリル付き！
2017.7 127p 21×19cm ¥900 ⓘ978-4-901647-73-1

◆親子ではじめよう 算数検定9級　日本数学検定協会編　日本数学検定協会, 丸善出版 発売
（付属資料：別冊1）
【要旨】解説、例題、練習問題の3ステップ！教えるポイントがわかりやすい！算数パークで頭の体操！計算練習のミニドリル付き！

2017.7 127p 21×19cm ¥900 ⓘ978-4-901647-74-8

◆親子ではじめよう 算数検定10級　日本数学検定協会編　日本数学検定協会, 丸善出版 発売
（付属資料：別冊1）
【要旨】解説、例題、練習問題の3ステップ！教えるポイントがわかりやすい！算数パークで頭の体操！計算練習のミニドリル付き！

2017.7 113p 21×19cm ¥900 ⓘ978-4-901647-75-5

◆親子ではじめよう 算数検定11級　日本数学検定協会編　日本数学検定協会, 丸善出版 発売
（付属資料：別冊1）
【要旨】解説、例題、練習問題の3ステップ！教えるポイントがわかりやすい！算数パークで頭の体操！計算練習のミニドリル付き！

2017.7 115p 21×19cm ¥900 ⓘ978-4-901647-76-2

◆ガウスに学ぶ初等整数論　高瀬正仁著　東京図書（MATH+）
【目次】序章 初等整数論とは何か、第1章 合同式の世界、第2章 冪剰余をめぐって、第3章 平方剰余の理論に向う、第4章 基本定理への道、第5章 ルジャンドルの相互法則とガウスの基本定理

2017.10 212p B6 ¥1800 ⓘ978-4-489-02277-7

◆可換環論の勘どころ　後藤四郎著　共立出版（数学のかんどころ 32）
【目次】第1章 環のかたち、第2章 多項式環について、第3章 Noether 環とその構造について、第4章 加群論を展開しよう、第5章 Noether 加群とArtin 加群について、第6章 Homology 代数の基本をつかもう、第7章 正則局所環とSerre の定理について

2017.8 228p A5 ¥900 ⓘ978-4-320-11073-1

◆可換環論の様相―クルルの定理と正則局所環　新妻弘著　近代科学社（大学数学スポットライト・シリーズ 7）
【目次】可換環論小史、環とイデアル、R加群、局所化、準素イデアル、クルルの定理、正則局所環 2017.12 253p A5 ¥2800 ⓘ978-4-7649-0554-2

◆数のあそび 魔方陣をつくる　小泉武久著　創英社/三省堂書店
2017.2 20p B6 ¥850 ⓘ978-4-88142-108-6

◆数える・はかる・単位の事典　武藤徹, 三浦基弘編著　東京堂出版
【要旨】単位の世界は数えることから始まった。私たちの生活にかかせない、「数えること」「はかること」「単位」の誕生から測定器具、言葉の由来や人物、歴史的背景まで幅広く収録・解説。

2017.11 276p A5 ¥3200 ⓘ978-4-490-10894-1

◆神は数学者か？―数学の不可思議な歴史　マリオ・リヴィオ著, 千葉敏生訳　早川書房（ハヤカワ・ノンフィクション文庫 "数理を愉しむ" シリーズ）
【要旨】人間の純粋な思考の産物であるはずの数学。その数学がなぜ、宇宙構造や自然現象、遺伝の法則、株価の挙動など、現実の世界を説明するのにこれほどまでに役に立つのか？創造主は数学をもとにこの世界を創ったのか？ピタゴラスの定理から非ユークリッド幾何学、結び目理論まで数学の発展の歴史を追いながら、アインシュタインをも悩ませた「数学の不条理なる有効性」の謎に迫るポピュラー・サイエンス。

2017.9 412p A6 ¥960 ⓘ978-4-15-050507-3

◆完版 暗算の達人　アーサー・ベンジャミン, マイケル・シャーマー著, 岩谷宏訳　SBクリエイティブ
【要旨】本書は、大学の数学の先生でプロのマジシャンでもあるベンジャミン博士の、画期的な暗算テクニック―複雑な計算を信じられないほど速く簡単に行う暗算の技法―を、はじめの一歩からわかりやすくお教えするものです。これらのテクニックは、子どももお年寄りも、そして数学の苦手な人も、無理なく理解しマスターすることができます。脳トレにも最適です。さあ、いまから始めましょう。

2017.11 290p B6 ¥1500 ⓘ978-4-7973-9252-4

◆カントールの連続体仮説　市川秀志著　（大阪）パレード, 星雲社 発売
【要旨】無限小数は実数ではない。連続体仮説は命題ではない。

2017.5 411p B6 ¥3500 ⓘ978-4-434-23234-3

◆京都のアルゴリズム　岩間一雄著　近代科学社
【要旨】ようこそおこしやす、アルゴリズムの世界へ。アルゴリズム論の第一人者、岩間一雄教授が京都の風情を通じて語る！

2017.9 210p 21×14cm ¥2200 ⓘ978-4-7649-0547-4

◆グラハム数g1，000，000桁表　最終巻　TokusiN著　（柏）暗黒通信団
2017.3 1Vol. A5 ¥387 ⓘ978-4-87310-064-7

◆ゲルファント やさしい数学入門 関数とグラフ　I.M. ゲルファント, E.G. グラゴレヴァ, E.E. シノール著, 坂本實訳　筑摩書房（ちくま学芸文庫）
【要旨】グラフは数式や関数を目に見える形で表現したもの。私たちは中学校で一次関数を勉強したときから、関数をグラフで表すことを当たり前のようにやってきているが、数式が複雑になるとお手上げという人もいるかもしれない。必要なのは、基本となるグラフとの関係を見抜いて"類推"すること。そこから数学的思考力があれば、微積分の知識を使わなくても様々な関数のグラフを描くことができるし、さらに「そもそも関数とは何か」という深い本質も見えてくる。世界的数学者が初学者のために書き上げた、「やさしい数学」シリーズ第2弾。

2017.2 209p A6 ¥1200 ⓘ978-4-480-09782-8

◆現代数理論理学入門　J.N. クロスリーほか著, 田中尚夫訳　共立出版　復刊
【目次】第1章 歴史的概観、第2章 述語論理の完全性、第3章 モデル理論、第4章 チューリング計算機と帰納的関数、第5章 ゲーデルの不完全性定理、第6章 集合論、訳者解説

2017.4 185p A5 ¥4200 ⓘ978-4-320-11318-3

◆工学系学生のための数学入門　石村園子著　共立出版
【目次】1 数と式の計算、2 関数とグラフ、3 指数関数、4 対数関数、5 三角関数、6 ベクトル、7 複素平面と極形式、8 極限、9 微分、10 積分、11 練習問題、12 問題と練習問題の解答

2017.11 212p B5 ¥2000 ⓘ978-4-320-11323-7

◆合格ナビ！ 数学検定1級1次 解析・確率統計　日本数学検定協会監修, 江川博康著　東京図書
【目次】第0章 計算テクニック、第1章 極限、第2章 1変数関数の微分、第3章 1変数関数の積分、第4章 偏微分、第5章 重積分、第6章 微分方程式、第7章 確率・統計、付録 過去問題（1次・2次）

2018.1 122p A5 ¥2000 ⓘ978-4-489-02282-1

◆合格ナビ！ 数学検定1級1次 線形代数　日本数学検定協会監修, 江川博康著　東京図書
【目次】第0章 整数、第1章 行列、第2章 行列式、第3章 連立1次方程式、第4章 線形空間と線形写像、第5章 固有値と行列の対角化、第6章 2次形式と2次曲面、付録 過去問題（1次・2次）

2018.1 229p A5 ¥2000 ⓘ978-4-489-02283-8

◆高校数学 日本一になった少年　実盛川健著　ミヤオビパブリッシング, （京都）宮帯出版社 発売
【要旨】17才の夏。「難関大学の模擬試験」で数学はただ一人100点満点！並みいる有名進学校のライバルを抑えて数学で全国トップになった著者。京大工学部に進学した著者が高校時代にハマった数学の勉強方法とは？

2017.1 93p A5 ¥1111 ⓘ978-4-8016-0086-7

◆こうすれば解ける！ 文章題―問題の正しい読み方・解き方　黒須茂, 山川雄司, 横田正仁共著　パワー社
【目次】第0章 算数を教えるとは（はたして日本人は数学の得意な民族と誇れるだろうか、どの子も数学が得意となれるように ほか）、第1章 文章題とは（文章題とは、文章題とつきあう方法 ほか）、第2章 解けない問題とは（解けない問題、わからない情報が多い場合 ほか）、第3章 文章題を解くには（計算の規則、四則演算の例 ほか）、第4章 文章題をみてみよう（割合・比の問題、比例・反比例の問題 ほか）

2017.10 171p A5 ¥1700 ⓘ978-4-8277-3130-9

◆三角形の独り言　本瀬香著　（弘前）弘前大学出版会

【目次】第1章 観察、第2章 生活、第3章 極限、第4章 九点円、第5章 未知、第6章 祈り
2017.3 119, 3p A5 ¥1700 ⓘ978-4-907192-36-5

◆**算数MANIA**　初代算数仮面、弐代目算数仮面共著　（京都）現代数学社
【要旨】Deep な算数の世界へようこそ─数学を知る大人の眼から算数ならではの解法を楽しもう。　2017.1 373p A5 ¥3500 ⓘ978-4-7687-0457-8

◆**実践 ビジネス数学検定3級**　日本数学検定協会編　日経BP社，日経BPマーケティング 発売
【要旨】試験対策の厳選40問を掲載！
2017.3 189p A5 ¥1000 ⓘ978-4-8222-3936-7

◆**実践 ビジネス数学検定2級**　日本数学検定協会編　日経BP社，日経BPマーケティング 発売
【要旨】試験対策の厳選40問を掲載！
2017.5 199p A5 ¥1200 ⓘ978-4-8222-3743-1

◆**質的データの分析**　ウヴェ・フリック監修，グラハム・R. ギブズ著，砂上史子，一柳智紀，一柳梢訳　新曜社　（SAGE質的研究キット6）（原著第2版）
【要旨】質的研究の中核をなすデータ分析で、もう迷わない！ トランスクリプションやフィールドノーツをどのように作成するか、コーディング、比較分析はどのように行うか、ナラティヴやライフヒストリー研究の要点は何か、分析用ソフトウェアはどのように活用すべきか。データの膨大さや作業の緻密さにめげることなく、説得力があり、意義深い質的研究を行うための基本方略がここに！
2017.12 263p A5 ¥2900 ⓘ978-4-7885-1551-2

◆**実用数学技能検定過去問題集 算数検定6級**　日本数学検定協会編　日本数学検定協会，丸善出版 発売　（付属資料：別冊1）
【要旨】実用数学技能検定（算数検定）の過去問題を6回分収録した過去問題集です。各問題の解答と解説は別冊に掲載されています。この本1冊で算数検定の最新傾向と対策を確認できます。
2017.2 67p A5 ¥800 ⓘ978-4-901647-65-6

◆**実用数学技能検定過去問題集 算数検定7級**　日本数学検定協会編　日本数学検定協会，丸善出版 発売　（付属資料：別冊1）
【要旨】実用数学技能検定（算数検定）の過去問題を6回分収録した過去問題集です。各問題の解答と解説は別冊に掲載されています。この本1冊で算数検定の最新傾向と対策を確認できます。
2017.2 67p A5 ¥800 ⓘ978-4-901647-66-3

◆**実用数学技能検定過去問題集 算数検定8級**　日本数学検定協会編　日本数学検定協会，丸善出版 発売　（付属資料：別冊1）
【要旨】実用数学技能検定（算数検定）の過去問題を6回分収録した過去問題集です。各問題の解答と解説は別冊に掲載されています。この本1冊で算数検定の最新傾向と対策を確認できます。
2017.2 67p A5 ¥800 ⓘ978-4-901647-67-0

◆**実用数学技能検定過去問題集 算数検定9級**　日本数学検定協会編　日本数学検定協会，丸善出版 発売　（付属資料：別冊1）
【要旨】実用数学技能検定（算数検定）の過去問題を6回分収録した過去問題集です。各問題の解答と解説は別冊に掲載されています。この本1冊で算数検定の最新傾向と対策を確認できます。
2017.2 67p A5 ¥800 ⓘ978-4-901647-68-7

◆**実用数学技能検定過去問題集 算数検定10級**　日本数学検定協会編　日本数学検定協会，丸善出版 発売　（付属資料：別冊1）
【要旨】実用数学技能検定（算数検定）の過去問題を6回分収録した過去問題集です。各問題の解答と解説は別冊に掲載されています。この本1冊で算数検定の最新傾向と対策を確認できます。
2017.2 67p A5 ¥800 ⓘ978-4-901647-69-4

◆**実用数学技能検定過去問題集 算数検定11級**　日本数学検定協会編　日本数学検定協会，丸善出版 発売　（付属資料：別冊1）
【要旨】実用数学技能検定（算数検定）の過去問題を6回分収録した過去問題集です。各問題の解答と解説は別冊に掲載されています。この本1冊で算数検定の最新傾向と対策を確認できます。
2017.2 67p A5 ¥800 ⓘ978-4-901647-70-0

◆**実用数学技能検定過去問題集 数学検定準1級**　日本数学検定協会編　日本数学検定協会，丸善出版 発売　（付属資料：別冊1）
【要旨】実用数学技能検定（数学検定）の過去問題集です。各問題の解答と解説は別冊に掲載されています。本体からとりはずして使うこともできます。この本1冊で数学検定の最新傾向と対策を確認できます。
2017.2 95p A5 ¥1200 ⓘ978-4-901647-59-5

◆**実用数学技能検定過去問題集 数学検定準2級**　日本数学検定協会編　日本数学検定協会，丸善出版 発売　（付属資料：別冊1）
【要旨】実用数学技能検定（数学検定）の過去問題を4回分収録した過去問題集です。各問題の解答と解説は別冊に掲載されています。本体からとりはずして使うこともできます。この本1冊で数学検定の最新傾向と対策を確認できます。
2017.2 88p A5 ¥1000 ⓘ978-4-901647-61-8

◆**実用数学技能検定過去問題集 数学検定2級**　日本数学検定協会編　日本数学検定協会，丸善出版 発売　（付属資料：別冊1）
【要旨】実用数学技能検定（数学検定）の過去問題を4回分収録した過去問題集です。各問題の解答と解説は別冊に掲載されています。本体からとりはずして使うこともできます。この本1冊で数学検定の最新傾向と対策を確認できます。
2017.2 87p A5 ¥1000 ⓘ978-4-901647-60-1

◆**実用数学技能検定過去問題集 数学検定3級**　日本数学検定協会編　日本数学検定協会，丸善出版 発売　（付属資料：別冊1）
【要旨】実用数学技能検定（数学検定）の過去問題を4回分収録した過去問題集です。各問題の解答と解説は別冊に掲載されています。本体からとりはずして使うこともできます。この本1冊で数学検定の最新傾向と対策を確認できます。
2017.2 88p A5 ¥1000 ⓘ978-4-901647-62-5

◆**実用数学技能検定過去問題集 数学検定4級**　日本数学検定協会編　日本数学検定協会，丸善出版 発売　（付属資料：別冊1）
【要旨】実用数学技能検定（数学検定）の過去問題を4回分収録した過去問題集です。各問題の解答と解説は別冊に掲載されています。本体からとりはずして使うこともできます。この本1冊で数学検定の最新傾向と対策を確認できます。
2017.2 87p A5 ¥1000 ⓘ978-4-901647-63-2

◆**実用数学技能検定過去問題集 数学検定5級**　日本数学検定協会編　日本数学検定協会，丸善出版 発売　（付属資料：別冊1）
【要旨】実用数学技能検定（数学検定）の過去問題を4回分収録した過去問題集です。各問題の解答と解説は別冊に掲載されています。本体からとりはずして使うこともできます。この本1冊で数学検定の最新傾向と対策を確認できます。
2017.2 88p A5 ¥1000 ⓘ978-4-901647-64-9

◆**社会科学系学生のための基礎数学**　塩出省吾，上野信行，柴田淳子，中村光宏著　共立出版
【目次】第1章 数と式（数の概念、整式と分数式ほか）、第2章 数列と級数（等差数列、等比数列ほか）、第3章 さまざまな関数（1次関数、逆関数と合成関数 ほか）、第4章 微分法と積分法（関数の極限、微分法の基礎 ほか）、第5章 ベクトルと行列（ベクトルとその演算、行列とその演算 ほか）　2017.2 178p A5 ¥2400 ⓘ978-4-320-11133-2

◆**重要ポイント解説！ テキストと過去問で学ぶ数学検定3級**　日本数学検定協会監修，富永順一著　オーム社
【要旨】過去の検定問題の出題傾向を検討。出題範囲の基本的な学習事項を整理して練習問題で定着させる。過去の検定問題で実力を試すことができる。
2017.10 265p A5 ¥2000 ⓘ978-4-274-22013-5

◆**ジュニア数学オリンピック 2013 - 2017**　数学オリンピック財団編　（千葉）亀書房，日本評論社 発売
【要旨】中学生の挑戦！ 2018年度版。
2017.6 288p A5 ¥2200 ⓘ978-4-535-79812-0

◆**シュメール人の数学──粘土板に刻まれた古の数学を読む**　室井和男著，中村滋コーディネーター　共立出版　（共立スマートセレクション17）
【要旨】自然科学の各分野におけるスペシャリストがコーディネーターとなり、「面白い」「重要」「役立つ」「知識が深まる」「最先端」をキーワードにテーマを選びました。第一線で研究に携わる著者が、自身の研究内容も交えつつ、それぞ

れのテーマを面白く、正確に、専門知識がなくとも読み進められるようにわかりやすく解説します。
2017.6 117p B6 ¥1800 ⓘ978-4-320-00916-5

◆**乗馬療法とリハビリテーション**　慶野裕美編著　（名古屋）エルゴ
【目次】第1章 乗馬療法概論（乗馬療法の基礎、乗馬療法の歴史、乗馬療法の領域と目的）、第2章 観察と評価（活動、心身機能の評価法）、第3章 乗馬療法の計画（脳への働きかけ、介助の方法、時間配分、乗馬用具の工夫、乗馬の環境を整える）、第4章 対象別乗馬療法の実践（感覚が発達していないと診断された子供たち、自閉症スペクトラム、認知症、脳性麻痺、脳出血後遺症）、第5章 社会参加と就労支援（おまつり、行事、就労支援─多様な選択肢を用意できる中間的就労の場として、地域コミュニティーとしてのあり方）　2017.10 66p B5 ¥2000 ⓘ978-4-904932-04-9

◆**情報理論のための数理論理学**　板井昌典著　共立出版　（数学のかんどころ 31）
【目次】第1章 命題論理、第2章 述語論理、第3章 計算可能性とチューリング機械、第4章 命題論理の充足可能性問題、第5章 述語論理の決定不能性、第6章 ブール代数、第7章 形式手法と数理論理学
2017.8 200p A5 ¥1900 ⓘ978-4-320-11072-4

◆**初学者のための数論入門**　西来路文朗，清水健一著　講談社
【要旨】ユークリッド『原論』に記された数論の話題─「完全数」「素数の無限性」「素因数分解」「作図問題」。本書はこの4つを入口として、フェルマー、オイラー、ガウスらの天才たちが築いてきた「数論」という高峰に挑むものである。その頂上は数学の専門家にさえ霞んで見えるほどの高峰であるが、工夫を凝らした解説により、代数的整数、素イデアル分解、超越数など、可能な限りの高みへと案内する。
2017.4 230p A5 ¥1600 ⓘ978-4-06-219593-5

◆**スイスイ解ける高校数学**　間地秀三著　ベレ出版
【要旨】高校で習う数学の主要な内容をリズムよく効率よくおさらい！ 長年にわたって数学の個人指導を行なってきた経験がギュッとつまった間地式なら、数学の問題を解く力が確実に身につく！
2017.8 415p A5 ¥1800 ⓘ978-4-86064-518-2

◆**数学オリンピック2013〜2017**　数学オリンピック財団監修　日本評論社
【要旨】国際数学オリンピック「2017年ブラジル大会」と今回、ヨーロッパ女子数学オリンピック「2017年日本代表一次選抜試験＋スイス大会」の問題・解答を初めて収録。世界の高校生たちが挑む難問と良問の数々！
2017.9 225p A5 ¥2200 ⓘ978-4-535-78855-8

◆**数学基礎プラスα 金利編─金利でだまされないために 2017**　早稲田大学グローバルエデュケーションセンター数学教育部門編　早稲田大学出版部
【目次】第1章 講義ノート（単利と等差数列、複利と等比数列、複利計算と指数計算、いろいろな複利計算、複利計算と対数、ローンの金利、総復習と最終試験）、第2章 問題解答
2017.4 171p A4 ¥475 ⓘ978-4-657-17003-3

◆**数学基礎プラスα 最適化編─いかに利益を最大にするか？ 2017**　早稲田大学グローバルエデュケーションセンター数学教育部門編　早稲田大学出版部
【目次】行列とは、行列の計算、連立1次方程式と掃き出し法、最適化問題、さまざまな最適化問題、総復習と最終試験、問題の解答
2017.4 152p A4 ¥475 ⓘ978-4-657-17004-0

◆**数学基礎プラスβ 金利編─賢くローンを組もう 2017**　早稲田大学グローバルエデュケーションセンター数学教育部門編　早稲田大学出版部
【目次】第1章 講義ノート（基本的な金利計算、ローンの金利、ローン計算、数列の極限と元利均等返済、二項定理、ネイピアの数と連続複利、総復習と最終試験）、第2章 問題解答
2017.4 161p A4 ¥475 ⓘ978-4-657-17005-7

◆**数学基礎プラスβ 最適化編─利益の最大化は損失を最小にするか？ 2017**　早稲田大学グローバルエデュケーションセンター数学教育部門編　早稲田大学出版部

【目次】連立1次方程式と掃き出し法、行列の階数、逆行列と行列式、最大問題、最小問題、複雑な最小問題、総復習と最終試験、問題の解答
2017.4 218p A4 ¥475 ①978-4-657-17006-4

◆数学史のすすめ―原典味読の愉しみ　高瀬正仁著　日本評論社
【要旨】岡潔、ガウス、アーベル、オイラー、…と出会う。「数学を創造した人」の声に耳を傾け、直接言葉を交わし、問いかけに答えてきた著者が書き綴った、数論、微積分、多変数関数論の形成史。
2017.12 299p B6 ¥2700 ①978-4-535-78778-0

◆数学小辞典　矢野健太郎編著, 東京理科大学数学教育研究所第2版増補編集　共立出版　第2版増補
【要旨】多数の既存項目を見直して修訂増補を行い、100件近くの新規項目を追加。追加された項目には、グレブナー基底のような新しい話題や測度論の主要定理などにならび、帰納的極限や射影的極限あるいはテンソル代数などの数学的対象の抽象的構成法も含まれている。
2017.5 877p 20×15cm ¥5600 ①978-4-320-11319-0

◆数学 “超・超絶” 難問　小野田博一著　日本実業出版社
【要旨】“天才の卵”なら3割は解いてしまおう！ピュタゴラス数、スターリング数、ベータ関数、ガンマ関数、楕円積分など、“超・超絶”な難問が満載。
2017.8 206p B6 ¥1500 ①978-4-534-05516-3

◆スウガクって、なんの役に立ちますか？―ヘタな字も方向オンチも直る！数学は最強の問題解決ツール　杉原厚吉著　誠文堂新光社
【要旨】ジャンケンに勝てる確率を増やすには？役割分担…どうやって希望を叶える？余計な情報がミスを減らすってどういうこと？マーケティング部と営業部を公平に評価するか。スキーのコブをうまく滑る数学的なコツ。数理的に教えるブランコの上手な漕ぎ方。ビルで災害が起きたらあわてず避難が正解。やっかいな問題がスッキリ解けるスウガク的な思考のポイントを解説します。
2017.1 223p B6 ¥1300 ①978-4-416-61692-5

◆数学的コミュニケーション入門―「なるほど」と言わせる数字・論理・話し方　深沢真太郎著　幻冬舎　（幻冬舎新書）
【要旨】これからは文系ビジネスパーソンにも、数学的スキルが不可欠。といっても、数式の勉強が必要なのではない。大事なのはコミュニケーション。物事を数字で把握し、論理的に伝えられるようになろう。「見積もりは？」と聞かれたら、「○円くらいです」と概算して即答する。「今後の成長市場はここ」と、販売データを一目瞭然のグラフに加工してプレゼンする。「定義づけ」と「三段論法」で、ムダなく明快に説明してNOと言わせない等々一数字の苦手な人でも飛躍的な成果を上げられるノウハウを伝授！
2017.3 246p 18cm ¥800 ①978-4-344-98455-4

◆数学の研究をはじめよう　3　素数の織りなす世界を見てみよう　飯高茂著　（京都）現代数学社
【目次】第2の完全数とグロタンディエクの素数、完全数はエイリアンの親かもしれない、ユークリッド関数の陪関数、陪関数のグラフに折半あり、素数の織りなす多様な世界、初めてあかされる擬素数の神秘、擬素数の園に咲く巨大な花たち
2017.4 151p A5 ¥1600 ①978-4-7687-0465-3

◆数学の研究をはじめよう　4　完全数の新しい世界　飯高茂著　現代数学社
【要旨】別世界の出現！新展開を見せる数学研究。スーパー完全数、スーパーオイラー完全数、究極の完全数など完全数概念を一般化し、得られた数多の完全数を研究する。
2017.10 170p A5 ¥1800 ①978-4-7687-0479-0

◆数学の二つの心　長岡亮介著　日本評論社
【要旨】“良い先生”に習えば、数学が得意になるだろうか？数学が得意になるのは、なぜ“良いこと”なのか？そもそも、数学とは教育方法の研究であろうか？一安きに流れないことの大切さを訴える。時代の洪水に飲み込まれそうな若者たちと、若者と対峙する大人たちへ贈るエール！
2017.9 289p A5 ¥2000 ①978-4-535-78594-6

◆数学の問題をうまくきれいに解く秘訣　アルフレッド・S. ポザメンティア, スティーヴン・クルリック著, 桐木由美訳, 桐木紳監訳　共立出版
【目次】第1章 論理的に推論する、第2章 パターンを認識する、第3章 逆向きに考える、第4章 視点を変える、第5章 極端な場合を考える、第6章 単純化した問題を解く、第7章 データを整理する、第8章 図で視覚的に表現する、第9章 すべての可能性を網羅する、第10章 知的に推測し検証する
2017.9 190p A5 ¥2300 ①978-4-320-11321-3

◆数学の問題の発見的解き方　1　ジョージ・ポリア著, 柴垣和三雄, 金山靖夫訳　みすず書房　新装版
【要旨】問題を解決するための発見学。数学を例に方法を説く。1巻は、「幾何学の作図」「物理学からの一例」「パスカルの三角形」など。
2017.4 245p A5 ¥5400 ①978-4-622-08605-5

◆数学の問題の発見的解き方　2　ジョージ・ポリア著, 柴垣和三雄, 金山靖夫訳　みすず書房　新装版
【要旨】問題解決力を磨くためには？2巻は、「アイディアの到来」「頭の訓練法」「発見の規則？」など、より一般的な方法を分析する。
2017.4 236p A5 ¥5400 ①978-4-622-08606-2

◆数値文化論　岡部進著　ヨーコ・インターナショナル　（続・生活数学シリーズ No.2）
【要旨】数値文化が新しい文化を生み出している！いま数値が大量に捨てられ、大量に拾われている。こうした数値に人々は、どう向き合えばよいのか。その向き合い方は？また、数値には、その背後に「生活の中の数学」（生活数学）が潜んでいる。この数学とは？
2017.3 227p B6 ¥1500 ①978-4-9905889-4-6

◆数と図形の雑学百科　D. ウェルズ著, 宮崎興二編訳, 日野雅之, 鈴木広隆訳　丸善出版
【要旨】数と図形に関する古今東西の有名なパズルについて、歴史的な流れに沿って、それぞれのルーツを明示しながら列挙。だまし絵、錯覚、手品、一筆書き、虫食い算、魔方陣、タングラム、継子立てなど、さまざまなパズルを、身近な日常生活や歴史的事件に具体的に関係させて解説。パズルの世界をリードするサム・ロイド、ヘンリー・デュードニー、ルイス・キャロル、マーティン・ガードナーら総出演。一風変わった数学史を見せるように、アルキメデスやディオファントスなど歴史上著名な数学者も数多く登場。有名な難問の解法を、あっと驚くどんでん返しや笑いを誘うジョークを交えながら、手品の種明かしをするように簡単にわかりやすく解説。数理科学や図形科学を楽しく学ぶための頭の体操にもなる問題満載。
2017.10 381p A5 ¥6800 ①978-4-621-30181-4

◆すぐわかる応用計画数学　秋山孝正編著, 奥嶋政嗣, 武藤慎一, 井ノ口弘昭共著　コロナ社
【目次】1 社会的意思決定とゲーム理論（組合せ最適化問題、ゲーム理論の基礎知識 ほか）、2 社会システムの経済分析（経済分析の基本概念、消費者行動の理論 ほか）、3 プロジェクト評価手法（プロジェクト評価と費用便益分析、財務分析と便益帰着構成表 ほか）、4 都市交通の経済分析（交通行動の数理モデル、鉄道交通の経済分析 ほか）、付録（ロアの恒等式による解法（3章）、Excel ソルバーによる操作法（演習問題）
2018.1 188p A5 ¥2600 ①978-4-339-02879-9

◆ストラング：計算理工学　ギルバート・ストラング著, 日本応用数理学会監訳, 今井桂子, 岡本久監訳幹事　近代科学社　（世界標準MIT教科書）
【要旨】応用数理の体系を示す！
2017.1 735p B5 ¥9000 ①978-4-7649-0423-1

◆スマリヤン数理論理学講義　上巻　不完全性定理の理解のために　レイモンド・M. スマリヤン著, 田中一之監訳, 川辺治之訳　日本評論社
【要旨】スマリヤン論理学の集大成・決定版。数学者レイモンド・M. スマリヤン（1919 - 2017）。明快さと機知に富む多くの著作で知られる。その最後の著作となった、数理論理学（数学基礎論）の入門書。得意のパズルも交えた独特の筆致で読者を数理論理学の深い理解へと誘います。
2017.9 363p A5 ¥4000 ①978-4-535-78772-8

◆整数と群・環・体―素数と数の認識論　河田直樹著　（京都）現代数学社
【要旨】数論の面白さ、魅力の尽きない整数の世界へ。人間の精神、知性が生み出した群・環・体―その概念の歴史的必然性・宿命性とは？
2017.5 205p A5 ¥2300 ①978-4-7687-0467-7

◆正多角形の作図法　角の三等分と三次方程式の解法　高木清著　東京図書出版, リフレ出版 発売　（本文：英文）
【要旨】正九角形の作図法の発見に踏み込んで得られた体系、角の多等分の発見―第三次産業革命中に出てきた数学界革命の論文集。
2017.5 104p B5 ¥3000 ①978-4-86641-062-3

◆世界の名作数理パズル100―推理力・直観力を鍛える　中村義作著　講談社　（ブルーバックス）　（「選びに選んだスーパー・パズル」加筆・修正・改題書）
【要旨】人びとを魅了してきた、出色のパズルを厳選。気づけば簡単に解けるものから、高度な知識が必要なものまで、多種多様。パズル愛好者さえも唸らせる「名作」ばかり集めた。「ハノイの塔の問題」「魔方陣」などの古典をはじめ数学者フェルマーが17世紀に提案した問題、そして、歴代の数学パズル書より選び抜いた問題など、古今東西から集めた傑作選。
2017.11 220p 18cm ¥920 ①978-4-06-502039-5

◆世界は数字でできている―数の「超」活用法　野口悠紀雄著　新潮社　（新潮文庫）　（『数字は武器になる』改題書）
【要旨】「数字を見ると頭が痛くなる」「数字は無味乾燥」と思っていませんか？でも本当は、見慣れた世界を数字という鏡に映してみると、実に多くのことがわかってきます！統計データに潜むトリック、歴史を変えた数字のマジック、数で相手を説得するテクニック、ノーベル賞物理学者お得意の物事のざっくりした見積り方など、複雑極まる現代を生き抜くのに役立つ最強バイブル。
2017.7 310, 8p A6 ¥550 ①978-4-10-125629-0

◆世界は素数でできている　小島寛之著　KADOKAWA　（角川新書）
【要旨】素数とは、1と自分自身以外では割り切れない数のこと。「ままならない」数であるが、だからこそ「わくわくする」数でもある。本書は、そんな素数のすべてより総合的に解説する。めくるめく素数の世界を探索できる一冊。
2017.8 254p 18cm ¥800 ①978-4-04-082139-9

◆絶対数学の世界―リーマン予想・ラングランズ予想・佐藤予想　黒川信重著　青土社
【要旨】現代数学の第一人者による、瞠目すべき数学論の数々。絶対数学の基礎を成す数論から、日本人数学者の予想の成果までを論じ、今世紀最大の難問「リーマン予想」解決への途を探る。
2017.6 238p B6 ¥2000 ①978-4-7917-6997-1

◆ゼロからわかる虚数　深川和久著　KADOKAWA　（角川ソフィア文庫）
【要旨】ガウスやコーシーなど、名だたる数学者を魅了してきた虚数。「二乗してマイナスになる」という実体を持たない数で、英語では「imaginary number（想像上の数）」と呼ばれている。その一方、オイラーがつきとめたe i π＋1＝0が成り立つなど、虚数は数学の深遠さを次々と明らかにしてきた。この不思議な数の正体とは―1、2、3…といった自然数のしくみからスタートし、摩訶不思議な数の魅力と威力をやさしく伝える。
2017.4 239p A6 ¥880 ①978-4-04-105371-3

◆全経 電卓計算能力検定試験公式テキスト　全国経理教育協会監修　日本能率協会マネジメントセンター　（付属資料あり）
【要旨】これ1冊で合格できる！主催団体監修の唯一の公式テキスト！初級者が「速く」「正確に」電卓を使うために必要な機能や操作を丁寧に解説。合格に必要な知識と技能が例題を通して身につく。切り離して使える伝票問題の付録付き。2級・3級の過去問題を各5回分掲載。
2017.12 151p B5 ¥1200 ①978-4-8207-2627-2

◆専門へのステップアップ 理工系の基礎数学　金原粲監修　実教出版　（Primary大学テキスト）
【目次】1章（三角関数、指数関数と対数関数、微分、積分、微分方程式）、2章（ベクトル、行列、複素数、統計）、補充問題、付録
2017.10 216p B5 ¥2200 ①978-4-407-34460-8

◆創作数学演義　一松信著　（京都）現代数学社
【要旨】四角い三角…e の近似列…高次元正単体の体積…カークマンの女生徒問題…ユニークな発想から数学的知性を磨こう。
2017.9 249p A5 ¥2600 ①978-4-7687-0478-3

◆**素数はめぐる―循環小数で語る数論の世界**
西来路文朗，清水健一著　講談社　（ブルーバックス）
【要旨】こんなに面白い現象があったのか！142857と、先頭の1を末尾に回した428571。2等分して足すと、どちらも答えは999！（142+857，428+571）428571の先頭の4を末尾に回した285714でも同じ現象が！（285+714=999）142857を3等分して足すと、こんどは99！（14+28+57）ぐるぐる回る“ダイヤル数”のふしぎを生み出すのが素数!?簡単な四則演算で数の神秘を味わいながら、「1÷素数」が描き出す定理と法則を探訪する。初等整数論への新しいアプローチ。
2017.2 235p 18cm ¥920 ①978-4-06-502003-6

◆**素数姫の素数入門**　「素数に恋する女」製作委員会著　洋泉社
【要旨】神戸・三宮のとある居酒屋―妙齢の女性二人が、他愛のない話に花を咲かせています。いつも白衣の薬剤師、「まゆ」の高校時代は、漫画や小説よりも数学や理系の教科書を愛読していた典型的なリケジョ。貿易会社に勤める「とも」は、お金の計算は得意だけど、小学生の頃から算数が苦手。そんな2人が、居酒屋の片隅でほろ酔い素数トークを繰り広げます。
2017.2 143p A5 ¥1600 ①978-4-8003-1125-2

◆**大学新入生のためのリメディアル数学**　中野友裕著　森北出版　第2版
【要旨】中高の数学の要点を網羅。各項目を体系立てて丁寧に解説。理解度に応じて解き進められる豊富な問題（くわしい解答つき）。専門に応じて項目を選んで学べる。最新の中高学習指導要領を反映。
2017.10 279p 23×16cm ¥2400 ①978-4-627-05202-4

◆**対称性―不変性の表現**　イアン・スチュアート著，川辺治之訳　丸善出版　（サイエンス・パレット 035）
【要旨】対称性とは何でしょうか。「対称性」は現代科学の重要語の一つです。対称性といえば、虹、雪の結晶、貝殻などの線対称や回転対称な図形を連想し、その規則正しく並んだ模様に私たちは魅了されてきました。この対称性を現代科学で扱われているように抽象化するきっかけとなったのは、対称な図形・模様の分析・研究ではなく、方程式の解の探求といわれています。本書では対称性についての素朴なイメージからはじめ、対称性の抽象的定義、その性質の広がり、魅力をイアン・スチュアートが描きます。
2017.9 174p 18cm ¥1600 ①978-4-621-30203-3

◆**楕円曲線と保型形式のおいしいところ**　D.シグマ著　（柏）暗黒通信団
【目次】1 楕円関数、2 有理数体上の楕円曲線、3 保型形式、4 楕円曲線上の有理点と保型形式
2017.7 80p A5 ¥600 ①978-4-87310-098-2

◆**多様体入門**　松島与三著　裳華房　（数学選書 5）　新装版
【要旨】1965年の初版刊行以来、五十年あまりの長きにわたり多くの読者を魅了してきた一冊が、装いも新たに復刊。旧版を生かした、新しい組版技術によって新しく本文を組み直し、読者の便を図った。なお組版にあたっては一部の文字遣いをあらためにとどめ、本文は変更していない。　2017.3 284p A5 ¥4400 ①978-4-7853-1317-3

◆**探検！数の密林・数論の迷宮**　橋本喜一朗著　日本評論社
【要旨】見たことのない、数論の世界を探検しよう！「素数」にまつわる数学を主題に、美しく謎めいた迷宮やちょっと危険な密林などを数論の世界を知り尽くした名ガイドがご案内します。
2017.9 295p A5 ¥2700 ①978-4-535-78678-3

◆**チューリングの大聖堂　上　―コンピュータの創造とデジタル世界の到来**　ジョージ・ダイソン著，吉田三知世訳　早川書房　（ハヤカワ・ノンフィクション文庫“数理を愉しむ”シリーズ）
【要旨】現代のデジタル世界の発端は、数学者チューリングの構想した「チューリングマシン」に行きつく。理論上の存在だったそのマシンを現実に創りあげたのが万能の科学者フォン・ノイマン。彼の実現した「プログラム内蔵型」コンピュータが、デジタル宇宙を創成したのだ。開発の舞台となった高等研究所に残る文献や写真資料、インタビュー取材をもとに編纂した、決定版コンピュータ「創世記」。第49回日本翻訳出版文化賞受賞。
2017.3 426p A6 ¥1060 ①978-4-15-050491-5

◆**チューリングの大聖堂　下　―コンピュータの創造とデジタル世界の到来**　ジョージ・ダイソン著，吉田三知世訳　早川書房　（ハヤカワ・ノンフィクション文庫“数理を愉しむ”シリーズ）
【要旨】科学者たちがコンピュータ開発を成し遂げられたのは、学問の自由と独立を守るプリンストンの高等研究所という舞台があればこそであった。そこでフォン・ノイマンはどう立ち回り、アインシュタインやゲーデルを擁した高等研究所はいかにしてその自由性を守られたのか。彼らの開発を支えた科学者・技術者はどのように現代に直結する偉業を成し遂げたか。大戦後の混乱に埋もれていた歴史事情を明らかにした大作。
2017.3 357, 32p A6 ¥1060 ①978-4-15-050492-2

◆**「伝わらない」がなくなる数学的に考える力をつける本**　深沢真太郎著　講談社
【要旨】本書で身につくスキルとは!?ものごとの構造を把握する能力が飛躍的に高まる。1%の矛盾もなく、論証する技術が身につく。わかりやすく簡潔な、説明ができるようになる。ビジネス数学の第一人者が伝授！
2017.3 190p B6 ¥1400 ①978-4-06-272984-0

◆**ディープラーニングがわかる数学入門**　涌井良幸，涌井貞美著　技術評論社
【要旨】豊富な図解と具体例で、最適な入門書！ディープラーニングに必要な数学の知識を基本からしっかり学べる！
2017.4 239p A5 ¥2280 ①978-4-7741-8814-0

◆**データ分析をマスターする12のレッスン**　畑農鋭矢，水落正明著　有斐閣　（有斐閣アルマ）
【要旨】データの入手方法・整理方法・読み解き方、また仮説の導き方まで、データ分析に入る前の段階について、じっくり学ぶ。分析編では、回帰分析を中心に個別データの分析まで、基本的なデータ分析手法を紹介。具体例を豊富に、初学者がつまずきやすいところを丁寧に解説。
2017.10 342p B6 ¥2000 ①978-4-641-22103-1

◆**天球のラビリンス　3　自己回帰調和波と分数形式の加法合成原理**　佐俣満夫著　丸善プラネット，丸善出版　発売
【要旨】本書は「天球のラビリンス」シリーズの第3巻である。前半では傾斜した円環波、球、楕円体、トーラスなどの表面波、さらには多様体内部の流動波やラセン波など循環する多くの自己回帰調和波が詳細に述べられている。後半では分数形式の加法合成原理とその応用、そして卵形体とサナギ形多様体、波状環トーラスなどの興味深い球体類を記し、また無限を確率に取り込んだ確率表現について述べる。新たな方法論による今までにない幾何学書となっている。
2017.5 265p A5 ¥5500 ①978-4-86345-330-2

◆**同期現象の科学―位相記述によるアプローチ**　蔵本由紀，河村洋史著　京都大学学術出版会
【要旨】ホタルの発光、カエルの鳴き声、振り子やメトロノーム…自然界に自発的に生じる動きや形の担い手となる振動子はなぜ同期するのか。理論と解析をむすびながらその謎を解き明かす。
2017.3 353p A5 ¥3800 ①978-4-8140-0053-1

◆**統計学　基幹講座数学編集委員会編，中村和幸著　東京図書　（基幹講座 数学）
【要旨】現代のデータ社会に不可欠な統計学を身近な例からモンテカルロ法まで。体系的にまとめた骨太の教科書。若手統計学者が満を持して贈る。
2017.5 212p A5 ¥2200 ①978-4-489-02257-9

◆**どうして高校生が数学を学ばなければならないの？**　大竹真一編　（吹田）大阪大学出版会
【目次】1 数学を学ぶってどういうこと？（人生の道具箱に数学を一なかが数学、されど数学、若者と受験と数学と…、数学は嫌いになるものではありません、数学との出会い）、2 数学はどこへ広がっていく？（数字と文化をめぐる断想、「生命・宇宙・芸術」を理解するための数学、生物の「時間知覚」は数学で説明できるのか？一学際分野での数学、あなたは何を描いてもいいのです―論理と感性を紡いでいきましょう）、3 どうやって数学と向き合う？（数学の嫌いな文系学生が数理科学の論文を書くようになったのはなぜか？、数学は誰のためにあるの？、受験数学事始）
2017.7 251p A5 ¥1800 ①978-4-87259-554-3

◆**遠山啓―行動する数楽者の思想と仕事**　友兼清治編著　太郎次郎社エディタス
【要旨】先駆的な数学研究、水道方式と量の体系、数学教育の現代化、障害児の原数教科教育、競争原理批判…。その仕事の全貌を遠山本人の著述とともに描きだす。人間と文化を愛し、時代と格闘しつづけた四十年の軌跡。
2017.3 398p B6 ¥3000 ①978-4-8118-0799-7

◆**眺めて愛でる数式美術館**　竹内薫著　KADOKAWA　（角川ソフィア文庫）　（『へんな数式美術館』加筆・修正・改題書）
【要旨】無味乾燥で難解に見える数式はこんなにも美しく、ヘンテコで、バラエティ豊かだった！左右の値がちぐはぐなのにイコールで結ばれる、無限大になりそうなのに収束する、宇宙人のいる確率を求められる…古今東西から、目が点になる数式を収集。式の煩雑さには立ち入らず、その芸術性やイメージを、館長がやさしくおもしろく解説するので、数学が苦手でも大丈夫。数式を芸術として鑑賞できる、世界で唯一の数式美術館、開館！
2017.5 251p A6 ¥880 ①978-4-04-105372-0

◆**日中数学界の近代―西洋数学移入の様相**　薩日娜著　（京都）臨川書店
【目次】第1部 清末中国の数学教育（西洋数学との出会い、洋務運動期の数学教育）、第2部 近代日本の西洋数学（軍事教育施設と語学所、訓点版漢訳西洋数学書）、第3部 官制公布と西洋数学の普及（学制による数学教育制度の確立、日本数学界の変遷、西洋化する日本の数学界）、第4部 清末における教育制度改革（日本をモデルとした教育改革、中国人留日学生の数学教育、中国における近代数学の発展、中日数学の近代化が意味するもの）
2016.12 420p A5 ¥8500 ①978-4-653-04335-5

◆**はかりきれない世界の単位**　米澤敬著，日下明イラスト　（大阪）創元社
【要旨】トラサレーヌ―日光のなかに浮遊する塵の量。カッツェンシュプルング―猫がひと跳びする距離。アンプラマンス―現実と非現実の境界の薄さ。ギャラクシー―銀河の質量単位…近代化とともに使われなくなった、人間味あふれるちょっとおかしな単位を50紹介。
2017.6 106p 20×17cm ¥1600 ①978-4-422-70107-3

◆**はじめての物理数学―自然界を司る法則を数式で導く**　永野裕之著　SBクリエイティブ
【要旨】高校数学「微分・積分」で高校物理「ニュートン力学」を読み解く快感を味わおう！東大卒の超人気数学講師が明かした、珠玉の授業。テクニックを全部覚える“丸暗記”では、数学も物理もツライだけ。物理と数学の“つながり”を理解すれば、わかる楽しさは相乗効果！
2017.1 384p A5 ¥2700 ①978-4-7973-8457-4

◆**発見と創造の数学史―情緒の数学史を求めて**　高瀬正仁著　（横浜）萬書房
【要旨】数学を創った人びとによる、数学創造の瞬間。その根底にあるのは「知」ではなく「情」である。
2017.2 272p A5 ¥2700 ①978-4-907961-10-7

◆**ビジュアル高校数学大全**　涌井良幸，涌井貞美著　技術評論社
【要旨】数ⅠAから数2B、数3、行列まで！高校数学のエッセンスをすぐに理解できる158項目！豊富な例題と図解でわかりやすい！一生使える高校数学事典。ずっと手元に置いていつでもわかる学び直し大全！
2017.10 383p B5 ¥2980 ①978-4-7741-9226-0

◆**ビジュアル数学全史―人類誕生前から多次元宇宙まで**　クリフォード・ピックオーバー著，根上生也，水原文訳　岩波書店
【目次】紀元前1億5000万年ころ アリの体内距離計、紀元前3000万年ころ 数をかぞえる霊長類、紀元前100万年ころ セミと素数、紀元前10万年ころ 結び目、紀元前1万8000年ころ イシャンゴ獣骨、紀元前3000年ころ キープ、紀元前3000年ころ サイコロ、紀元前2200年ころ 魔方陣、紀元前1800年ころ プリンプトン322、紀元前1650年ころ リンド・パピルス〔ほか〕
2017.5 256p B5 ¥4200 ①978-4-00-006327-2

◆**必勝法の数学**　徳田雄洋著　岩波書店　（岩波科学ライブラリー）
【要旨】ついに将棋や囲碁で人間のチャンピオンがコンピュータに敗れる時代となってしまった。前世紀、簡単な山くずしのゲームからはじまった、必勝法にとりつかれた人々がはじめた研究は、百年のときを経てここまでたどりついたのだ。解明されたさまざまなタイプの必勝法の原

理と、その数理科学・経済学・情報科学への影響を解説する。

2017.7 124p B6 ¥1200 ①978-4-00-029663-2

◆100人の数学者—古代ギリシャから現代まで
数学セミナー編集部編 日本評論社
【要旨】古代ギリシャから現代までに活躍した100人を選び、生い立ちや人物像、数学上の成果を紹介。

2017.8 333p A5 ¥2500 ①978-4-535-78763-6

◆ファインマンの特別講義—惑星運動を語る
D.L. グッドスティーン, J.R. グッドスティーン著, 砂川重信訳 岩波書店 (岩波現代文庫)
【要旨】知られざるファインマンの名講義を再現。ニュートンの『プリンキピア』にならい、三角形の合同・相似の関係だけを使って、惑星の運動・万有引力の法則を説明する。その迫力と魅力を十分味わうために、著者らが徹底的に噛み砕いて補足説明を加えた。またファインマンと著者らの個人的なエピソードを含む回想がとても印象深い。

2017.12 219p A6 ¥1080 ①978-4-00-600371-5

◆フラットランド—たくさんの次元のものがたり エドウィン・アボット・アボット著, 竹内薫訳, アイドゥン・ブユクタシ写真 講談社 (講談社選書メチエ)
【要旨】ここはフラットランド。二次元の国。主人公の「正方形」はある日、夢で一次元に行く。しかし線の世界では正方形も「点」でしかなかった。平面世界に戻った彼の前に、奇妙な訪問者が現れる。空間世界から来た「球」だった。異なる次元は、いかにして捉えられるのか？ 三次元の住人たるわれわれは、どうすれば四次元を想像できるのか？ 子供から物理学者まで、世界中を虜にした不思議な物語。特別収録：アイドゥン・ブユクタシによる三次元の外へ誘う写真シリーズ "フラットランド"。

2017.5 163p B6 ¥1500 ①978-4-06-258653-5

◆フロックの確率 ジョセフ・メイザー著, 松浦俊輔訳 日経BP社, 日経BPマーケティング発売
【要旨】宝くじに4回当たった女性、マイアミで呼んだタクシーが3年前にシカゴで呼んだタクシーと同じ運転手だった女性、被疑者2名に全く同じDNA鑑定結果が出てしまった事件…それらはははたしてどれほどの確率で起こるのか？ 偶然の一致が起こる訳を、大胆な推測と確率論で解釈する。2017.6 315p B6 ¥2200 ①978-4-8222-8549-4

◆文系のための理数センス養成講座 竹内薫著 新潮社 (新潮新書)
【要旨】あなたが心の底で求めていたのは、数学や科学の「知識」ではなく、「知恵」そのものだったのではないか。「理系と文系は、そもそもどこが違うのか？」を入り口に、「論理的思考」の本質や「科学観」の育て方など、あなたの「理数センス」をサイエンス界の名ガイドが徹底的に磨き上げる。AI時代と最先端テクノロジーの捉え方や、研究不正といった科学のウラの顔の疑い方まで、現代を生き抜くための教養を一冊に凝縮。

2017.2 223p 18cm ¥760 ①978-4-10-610705-4

◆ベルヌーイ家の遺した数学 松原望著 東京図書 (MATH＋)
【目次】第1章 ベルヌーイ一家（スイス・バーゼルの薬種商、改革派精神 ほか）、第2章 ヤコブ・ベルヌーイ（ヤコブ・ベルヌーイ、『推測術』の世界 ほか）、第3章 ヨハン・ベルヌーイ（微積分学の第三の旗手ヨハン・ベルヌーイ、dx, dy の意味 ほか）、第4章 ダニエル・ベルヌーイ（ダニエル君の登場、水力学あるいは流体力学 ほか）

2017.2 255p B6 ¥2000 ①978-4-489-02264-7

◆保険と金融の数理 室井芳史著 共立出版 (クロスセクショナル統計シリーズ 6)
【目次】第1章 保険数学で用いられる確率分布、第2章 マルコフ連鎖、第3章 ランダム・ウォークと確率微分方程式、第4章 保険料原理論、第5章 生命保険の数学、第6章 破産理論

2017.2 208p A5 ¥3000 ①978-4-320-11122-6

◆マンガでおさらい中学数学 春原弥生, 佐々木隆宏著 KADOKAWA
【要旨】ニガテな人がつまずく部分から「何で数学やるの？」の素朴な疑問までマンガで解説。

2017.12 239p A5 ¥1200 ①978-4-04-601881-6

◆マンガでわかる！ 計算力の鍛え方 桜井進監修, 松下マイマイ著 宝島社
【要旨】瞬時に「計算」ができれば上司の見る目が変わる！ 電卓なしでも速算できる！ スゴ技

が満載！

2017.6 191p A5 ¥980 ①978-4-8002-7060-3

◆三上義夫著作集 第2巻 関孝和研究
佐々木力総編集、柏崎昭文編集補佐、小林龍彦編集解説 日本評論社
【目次】1 関孝和伝研究(関孝和先生伝に就いて、再び関孝和先生伝に就いて、関孝和伝論評、関孝和伝に就いて、沢口一之と関孝和伝に就いて、関流数学史論考(関孝和の業績と京坂の算家並に支那の算法との関係及び比較、関流数学の免許段階の制定と変遷、関流数学の免許段階の制定と変遷に就いて—長沢規矩也氏に答う、歴史の考証に対する科学的批判の態度)、3 円理史論(円理の発明に関する論証—日本数学史上の難問題、円理の発明に就て、関孝和と微分学、宅間流の円理)

2017.1 456p A5 ¥10000 ①978-4-535-60216-8

◆無限の果てに何があるか—現代数学への招待 足立恒雄著 KADOKAWA (角川ソフィア文庫)
【要旨】「自然の書物は数学という言葉によって書かれている」(ガリレオ) というように、全科学の共通言語である数学。その世界観を、そもそも「数」とは何なのか、「1+1はなぜ2なのか」といった身近な話題から紐解いていく。二乗するとマイナスになる「虚数」や、非ユークリッド幾何、論理・集合、無限、ゲーデルの不完全性定理など、難解な概念もていねいに解説。数学という「異文化」が身近になる、目から鱗の現代数学入門書。

2017.2 252p A6 ¥800 ①978-4-04-400246-6

◆群の表示 佐藤隆夫著 近代科学社 (大学数学スポットライト・シリーズ 6)
【目次】1 自由群、2 群の表示、3 部分群の表示、4 群の拡大と表示、5 自由積と融合積、6 線型群の表示、付録 PID上の加群の構造定理(単因子論) 2017.2 176p A5 ¥2400 ①978-4-7649-0533-7

◆ものづくりの数学のすすめ—技術革新をリードする現代数学活用法 松谷茂樹著 (京都)現代数学社
【要旨】現代数学がものづくりを復活させる！ 数学を活用させるための三十二条。

2017.3 312p B6 ¥2500 ①978-4-7687-0464-6

◆問題解決の数理 大西仁著 放送大学教育振興会、NHK出版 発売 (放送大学教材) 改訂版
【目次】線形最適化法(1)：一次式による問題の定式化、線形最適化法(2)：線形最適化問題の解法、ネットワーク最適化法、スケジューリング：プロジェクトの管理、在庫管理、階層分析法：主観と勘を有効活用する意思決定、ゲーム理論：協調と競合の数理、統計的決定：不確実状況下での決定、問題の状態空間モデルと探索、待ち行列理論：待ちの数理、非線形最適化法、統計モデル、組み合わせ最適化法、メタヒューリスティクス、行列とその演算、計算量の理論、待ち行列理論に関する補足

2017.3 286p A5 ¥2900 ①978-4-595-31740-8

◆やさしいMCMC入門—有限マルコフ連鎖とアルゴリズム Olle Häggström著, 野間口謙太郎訳 共立出版
【目次】確率の基本、マルコフ連鎖、マルコフ連鎖のコンピュータシミュレーション、既約かつ非周期的なマルコフ連鎖、定常分布、可逆なマルコフ連鎖、マルコフ連鎖モンテカルロ (MCMC)、MCMCアルゴリズムの収束速度、近似的数え上げ問題への応用、プロップ・ウィルソンアルゴリズム、プロップ・ウィルソンアルゴリズムと挟み撃ち法、プロップ・ウィルソンアルゴリズムと一度読み乱数法、最小化問題への応用、さらに読むべきは

2017.5 147p A5 ¥2500 ①978-4-320-11314-5

◆読む数学記号 瀬山士郎著 KADOKAWA (角川ソフィア文庫) (『数学記号を読む辞典 数学記号のキャラクターたち』改題書)
【要旨】記号の読み・意味・使い方を初歩から解説。専門領域にはあまり踏み込まず、小学校で習う「1・2・3」から始めて、中学・高校・大学初年レベルへとステップアップする。もちろん、興味ある頁から読んでも大丈夫。世界で最も成功した「共通言語」数学記号の意味を理解すれば、数学はもっと面白く身近になる！ 学び直しにも最適の一冊。

2017.11 248p A6 ¥800 ①978-4-04-400329-6

◆読むだけで楽しい 数学のはなし 池田洋介著 新紀元社

【要旨】YouTube で人気のパフォーマー＆数学講師が語る、身近な "不思議" が解ける40の面白い本！ 数学に秘められた魅力と魔力が味わえる本！ 2017.3 214p B6 ¥1200 ①978-4-7753-1482-1

◆ラマヌジャン探検—天才数学者の奇蹟をめぐる 黒川信重著 岩波書店 (岩波科学ライブラリー)
【要旨】およそ100年前、インド生まれの天才数学者ラマヌジャンはわずか30年ほどの生涯に数多くの公式を発見した。ヒンズー教の女神に伝授されたと彼が信じた、奇蹟ともいえるこれら公式は、数学の未来を照らし出し、フェルマーの大定理、リーマン予想や物理学の最先端でも活かされている。ラマヌジャンの数学とその着想を存分に味わい尽くす。

2017.2 110p B6 ¥1200 ①978-4-00-029658-8

◆離散数学 陳慰, 和田幸一共著 森北出版 (情報工学レクチャーシリーズ) 第2版
【目次】論理、証明、集合、関数、数え上げ、離散確率、アルゴリズムの基礎、アルゴリズムの実際、関係、グラフ、木：代数

2017.10 176p B5 ¥2600 ①978-4-627-81082-2

◆離散数学入門 五十嵐善英、舩田眞里子著 牧野書店、星雲社 発売 (数理情報科学シリーズ 30)
【目次】第1章 基本的な準備、第2章 基礎的な数え上げ、第3章 グラフ理論、第4章 母関数と再帰関係式、第5章 アルゴリズムの設計と解析、第6章 離散確率、第7章 数論と暗号理論、第8章 順序集合と束、第9章 ブール代数とその応用 2017.1 232p A5 ¥2600 ①978-4-434-22879-7

◆離散数学入門 豊泉正男、丸山文綱、藤田響著 学術図書出版社 第2版
【要旨】離散数学のわかりやすい入門書。基礎事項についてわかりやすく丁寧に解説。公立学校教員採用試験問題を掲載した。

2017.9 161p B5 ¥2000 ①978-4-7806-0556-3

◆リーマンの数学と思想 加藤文元著 共立出版 (リーマンの生きる数学 4)
【目次】第1章 リーマンとは誰であり何をした人なのか、第2章 西洋数学の「19世紀革命」、第3章 リーマンの関数概念、第4章 リーマンの空間概念、第5章 多様体とはなにか、第6章 リーマンから現代数学へ、第7章 建築学的数学と実在論 2017.5 187p A5 ¥4500 ①978-4-320-11237-7

◆リーマンの夢—ゼータ関数の探求 黒川信重著 (京都)現代数学社
【要旨】リーマン予想を追い求めるあなたへ。ゼータ関数、素数公式、絶対規則形式、解析接続、テンソル積構造、行列式表示…その緻密なリーマン数学の醍醐味に迫る。

2017.8 195p A5 ¥2100 ①978-4-7687-0469-1

◆和算百科 和算研究所編、佐藤健一編集代表 丸善出版
【要旨】江戸時代には庶民も巻き込んで一大ブームとなった和算。近年再び、日本独自の数学文化ということで和算への関心がかなり高まってきている。本書では、我が国唯一の和算研究機関である和算研究所が編集母体となり、和算の黎明期から誕生、確立、円熟、発展の各時期における、興味深い数々のトピックスを4〜6ページの中項目でまとめ上げる。和算の全体像が興味深いエピソードを通して理解できるユニークな百科。

2017.10 310p A5 ¥5800 ①978-4-621-30174-6

◆和算への誘い—数学を楽しんだ江戸時代 上野健爾著 平凡社 (ブックレット "書物をひらく" 7)
【要旨】和算は江戸時代に花開いた日本独特の数学である。中国の伝統数学を受け継ぐだけでなく、それを凌駕し、発展させていった。その一部は、同時代の西洋数学よりも進んでいた。そして江戸時代後期には、全国津々浦々に和算の愛好者が出現した。数学の問題を記した絵馬(算額)を今なお各地に残す近世の和算文化を、わかりやすく説く。

2017.7 89p A5 ¥1000 ①978-4-582-36447-7

◆D加群 竹内潔著 共立出版 (共立講座数学の輝き 11)
【目次】D・加群の基本事項、Cauchy・Kowalevski・柏原の定理、ホロノミーD・加群の正則関数解、D・加群の様々な公式、偏屈層、交叉コホモロジーの理論、近接および消滅サイクルの理論とその応用、D・加群の指数定理、代数的D・

加群の理論の概要、混合 Hodge 加群の理論の概要、トーリック多様体の交叉コホモロジーとその応用、多項式写像の無限遠点におけるモノドロミー
2017.8 309p A5 ¥4500 ①978-4-320-11205-6

◆Elements of Numerical Analysis—Computational Experimentation by Personal Computer　高橋亮一著（府中）エスアイビー・アクセス，星雲社 発売（本文：英文）改装版
【目次】1 Introduction, 2 Partial Differential Equations and Analytical Solutions—Hyperbolic, Parabolic and Elliptic equations, 3 Finite Difference Equation and Typical Scheme—Discrete approximation and scheme, 4 Change in qualitative property of system—Initial value problem, 5 Iterative Method for Elliptic Equation—Boundary value problem, 6 Applications—Mixed natures of PDEs
2017.4 186p A5 ¥3200 ①978-4-434-23275-6

◆Essential Mathematics for the Next Generation—What and How Students Should Learn　IMPULS編　東京学芸大学出版会（本文：英文）
2017 175p 26×19cm ¥3500 ①978-4-901665-48-3

◆Excelで学ぶ社会科学系の基礎数学　濱道生著（京都）晃洋書房　第2版
【目次】数学の基礎的事項と復習、数学のためのWordとExcelの基本事項、関数と情報処理、集合と論理、関数・方程式とグラフ、線形計画、色々な関数と社会科学の問題解法、数列と利率計算、指数関数と対数関数、微分、線形代数、統計の基礎
2017.11 292p A5 ¥2800 ①978-4-7710-2964-4

◆Rによるデータ駆動マーケティング　豊田裕貴著　オーム社
【要旨】ヒントを求めるデータ分析、直感的にわかる解説とRの演習を通じて、マーケティングで多用されるデータ分析手法・結果の読み方・活用法を徹底攻略。
2017.1 245p A5 ¥2600 ①978-4-274-21968-9

◆Rによるノンパラメトリック検定　内田治著　オーム社
【要旨】分析の対象となるデータが正規分布でないときやデータに異常値が含まれているときでも適用が可能なノンパラメトリック検定。「R」を使って問題を解きながら、理解を深めていきます。
2017.11 198p A5 ¥2700 ①978-4-274-22137-8

◆Rによるやさしいテキストマイニング 機械学習編　小林雄一郎著　オーム社
【要旨】機械学習で捗るテキストマイニング！ウェブからのデータ収集、効率的な前処理から可視化まで、わかりやすい文章とイメージ図でやさしく解説。
2017.9 241p A5 ¥2800 ①978-4-274-22100-2

◆RSA暗号を可能にしたEulerの定理　田中隆幸著　東京図書出版、リフレ出版 発売
【要旨】RSA暗号に使われた数論の定理を中心に整数論における有名な定理を解説。
2017.2 92p B5 ¥1500 ①978-4-86641-040-1

◆SAS Enterprise Guide 時系列分析編　SAS Institute Japan監修, 高柳良太著　オーム社
【目次】第1章 時系列分析とは、第2章 時系列データの準備、編集と時系列グラフ、第3章 自己相関、第4章 季節性の分解、第5章 次期の予測、第6章 ARIMAモデルと予測、第7章 自己回帰誤差付き回帰分析、第8章 パネルデータの回帰分析
2017.2 254p A5 ¥3800 ①978-4-274-22003-6

◆SPSSによる実践統計分析　林雄亮, 苫米地なつ帆, 俣野美咲共著　オーム社
【目次】第1部 準備編(統計分析にあたって、SPSSの基本操作、変数の作成と加工、データの加工と応用)、第2部 分析の特徴を知る：度数分布と記述統計、グループ間で平均値を比較する：平均値の差の検定、質的変数間の関連を調べる：クロス集計表、量的変数間の関連を調べる：相関係数と偏相関係数、複数の変数を重み付けして合成する：主成分分析、複数の変数の共通因子を探る：因子分析、量的変数に対する要因の影響力を調べる：重回帰分析、質的変数に対する要因の影響力を調べる：ロジスティック回帰分析)
2017.5 233p A5 ¥3000 ①978-4-274-22002-9

◆U-CANの数学検定準1級 ステップアップ問題集　日本数学検定協会監修　ユーキャン学び出版，自由国民社 発売（付属資料：別冊1）第2版
【要旨】出題傾向の分析に基づき、出るポイントを詳細に解説。合格のための実力が効率よく身につきます。出題範囲となる2級までの内容も、復習編を設けてしっかりフォローしているので安心です。
2017.6 254p A5 ¥1400 ①978-4-426-60970-2

◆U-CANの数学検定準2級 ステップアップ問題集　日本数学検定協会監修　ユーキャン学び出版，自由国民社 発売（付属資料：別冊1）第3版
【要旨】出題傾向の分析に基づき、出るポイントを詳細に解説。合格のための実力が効率よく身につきます。単元ごとのチャレンジ問題では実際の過去問題も掲載(正答率つき)。実践力も磨くことができます。
2017.6 173p A5 ¥1400 ①978-4-426-60972-6

◆U-CANの数学検定2級 ステップアップ問題集　日本数学検定協会監修　ユーキャン学び出版，自由国民社 発売（付属資料：別冊1）第3版
【要旨】出題傾向の分析に基づき、出るポイントを詳細に解説。合格のための実力が効率よく身につきます。出題範囲となる準2級までの内容も、復習編を設けてしっかりフォローしているので安心です。
2017.6 226p A5 ¥1200 ①978-4-426-60971-9

◆U-CANの数学検定3級 ステップアップ問題集　日本数学検定協会監修　ユーキャン学び出版，自由国民社 発売（付属資料：別冊1）第3版
【要旨】出題傾向の分析に基づき、出るポイントを詳細に解説。合格のための実力が効率よく身につきます。単元ごとのチャレンジ問題では実際の過去問題も掲載(正答率つき)。実践力も磨くことができます。
2017.6 192p A5 ¥1000 ①978-4-426-60973-3

◆U-CANの数学検定4級 ステップアップ問題集　日本数学検定協会監修　ユーキャン学び出版，自由国民社 発売（付属資料：別冊1）第3版
【要旨】出題傾向の分析に基づき、出るポイントを詳細に解説。合格のための実力が効率よく身につきます。単元ごとのチャレンジ問題では実際の過去問題も掲載(正答率つき)。実践力も磨くことができます。
2017.6 216p A5 ¥1000 ①978-4-426-60974-0

◆U-CANの数学検定5級 ステップアップ問題集　日本数学検定協会監修　ユーキャン学び出版，自由国民社 発売（付属資料：別冊1）第2版
【要旨】出題傾向の分析に基づき、出るポイントを詳細に解説。合格のための実力が効率よく身につきます。単元ごとのチャレンジ問題では実際の過去問題も掲載(正答率つき)。実践力も磨くことができます。
2017.6 216p A5 ¥1000 ①978-4-426-60975-7

 微積分・解析

◆新しい微積分 上　長岡亮介, 渡辺浩, 矢崎成俊, 宮部賢志著　講談社
【目次】0 大学の微積分に向かって、1 関数の多項式近似、2 テイラー展開、3 1変数関数の積分法、4 曲線、5 微分方程式、6 2階線形微分方程式、7 非斉次微分方程式、8 1変数関数の積分の応用
2017.2 241p A5 ¥2200 ①978-4-06-156558-6

◆新しい微積分 下　長岡亮介, 渡辺浩, 矢崎成俊, 宮部賢志著　講談社
【目次】9 2変数関数の微分、10 2変数関数の積分、11 ベクトル場の微積分、12 偏微分方程式、13 実数とは何か、14 関数の連続性とその応用、15 一様収束の概念とその応用
2017.2 275p A5 ¥2400 ①978-4-06-156559-3

◆ウイルス感染と常微分方程式　岩見真吾, 佐藤佳, 竹内康博著　共立出版（シリーズ・現象を解明する数学）
【目次】第1章 数理科学と実験ウイルス学の融合(次世代のウイルス学研究に向けて—計算ウイル

ス学の展開、ウイルス感染ダイナミクス定量化の試み、理論と実験の相互フィードバック型の研究へ)、第2章 ウイルス感染の数理モデル(ウイルスダイナミクス、生体内のウイルスダイナミクス、培養細胞内のウイルスダイナミクス)、第3章 抗HIV治療の数理モデル(単剤治療下におけるHIV-1の感染ダイナミクス、多剤併用治療下におけるHIV-1の感染ダイナミクス)、第4章 抗HCV治療の数理モデル(単剤治療下におけるHCVの感染ダイナミクス、多剤併用治療下におけるHCVの感染ダイナミクス)、第5章 リンパ球ターンオーバーの数理モデル(BrdU投与下における標識リンパ球のダイナミクス、重水素化グルコース投与下における標識リンパ球のダイナミクス)
2017.4 172p A5 ¥3000 ①978-4-320-11006-9

◆美しい無限級数—ゼータ関数とL関数をめぐる数学　若原龍彦著（安曇野）プレアデス出版
【目次】ゼータ関数入門、さまざまな無限級数、ネイピアの数eと円周率π、ベルヌーイ数とゼータ関数、ベルヌーイ数、オイラー数、もうひとつの数、自然数のべき乗の和、ゼータ関数がなす数列と級数、ガンマ関数、オイラーの定数、余接関数cot zとゼータ関数〔ほか〕
2017.11 213p A5 ¥2100 ①978-4-903814-85-8

◆応用微分方程式　小川卓克著　朝倉書店（現代基礎数学 10）
【目次】微分方程式とモデル、基本微分方程式と求積法、微分方程式の解の存在理論、線形微分方程式、連立線形微分方程式、微分方程式の級数解法、ラプラス変換とその応用、フーリエ級数、フーリエ変換、偏微分方程式の初期値境界値問題とフーリエ解析、偏微分方程式の初期値問題とその解法
2017.4 196p A5 ¥3200 ①978-4-254-11760-8

◆解析学入門　市原直幸, 増田哲, 松本裕行共著　培風館
【要旨】本書は、理工系学部の学生向けの微分積分学の教科書・演習書である。直感的な理解と問題演習により要点の大筋を理解することが重要である、という方針でまとめられている。高等学校における微分・積分を学んでいることを想定してはいるが、必要な事項はすべて重複をおそれることなく解説し、学習の基本である定義、定理、命題は枠で囲って目立たせ、図をできるだけ多く入れて直感的な理解ができるように工夫されている。また、日常の際に役立つよう、例や例題も多く取り入れ、問や章末の問題にも詳しい解答をつけている。一方で、ε-δ論法などによる厳密な議論を付録において与え、本格的に解析学へ学習を進める際の入門となるよう配慮されている。
2016.12 244p A5 ¥2400 ①978-4-563-01201-4

◆確率微分方程式とその応用　兼清泰明著　森北出版
【要旨】工学や経済学へ応用する方のための実用的入門書。ていねいな解説でわかりやすい。章を選択して効率的に学べる。
2017.8 324p A5 ¥4800 ①978-4-627-07781-2

◆基礎系 数学 フーリエ・ラプラス解析　東京大学工学教程編纂委員会編, 加藤雄介, 求幸年著　丸善出版（東京大学工学教程）
【目次】1 基礎的事項、2 Fourier 級数、3 直交関数系と一般化Fourier 級数展開、4 Fourier 変換、5 常微分方程式のGreen 関数とFourier 解析、6 Fourier 変換を用いた偏微分方程式の解法、7 Laplace 変換
2017.3 145p A5 ¥2500 ①978-4-621-30119-7

◆「極限」を使いこなす—微積分・微分方程式・確率統計　小谷潔著　東京大学出版会
【目次】第1講 極限をあやつる—微積分（数を入れると数が出てくる箱—関数、まがった線とまっすぐな線—微分と微分公式 ほか）、第2講 世の中の現象を読み解く—微分方程式（力学系の基礎、コンピュータに式を解かせる—数値解法 ほか）、補講 次のステップに進むために—いくつかの積分公式（部分積分・置換積分、ガンマ関数とベータ関数 ほか）、第3講 ランダムさと秩序との間に—確率統計（確率的な現象とその評価手法、正規分布を使いこなす ほか）、第4講 だから世界は美しい—数学の法則は分野をこえる（かけ算とたし算をつなぐ—ネイピア数eと大きな数の扱い方 ほか）
2017.10 251p A5 ¥3600 ①978-4-13-063903-3

◆現代複素解析への道標—レジェンドたちの射程　大沢健夫著（京都）現代数学社

【要旨】コーシー・アーベル・ワイアシュトラス・リーマン・シュワルツ・ポアンカレ・ベルグマン・岡潔・小平邦彦・小林昭七…レジェンドたちの研究の動機とアイディアを時系列に辿りながら綴る、複素解析における珠玉の定理をめぐる群像劇。

2017.11 256p A5 ¥2800 ①978-4-7687-0480-6

◆**工科のための偏微分方程式**　岩下弘一著　数理工学社, サイエンス社 発売　（工科のための数理 7）
【要旨】豊富な例、例題、演習問題を通して偏微分方程式の基礎をわかりやすく解説。常微分方程式や積分公式からの必要となる結果も可能な限り挿入し、読者の便をはかった。各章が独立していて、使いやすい構成。

2017.1 219p A5 ¥2900 ①978-4-86481-043-2

◆**古典的名著に学ぶ微積分の基礎**　高瀬正仁著　共立出版
【目次】第1章 微積分の名著と古典（二つの名著：高木貞治『解析概論』と藤原松三郎『数学解析』、古典の世界）、第2章 実数の創造と実数の連続性（無理数を創る、実数のいろいろ、微積分の厳密化とは）、第3章 昔の微積分と今の微積分（0を50で割る、変化量の微分と関数の微分、フーリエ解析のはじまり、不定積分から定積分へ）、第4章「玲瓏なる境地」をめざして（「関数」の定義を求めて、初等超越関数の解析性、解析的延長（解析接続））

2017.9 200p A5 ¥2500 ①978-4-320-11320-6

◆**齋藤正彦 数学講義 行列の解析学**　齋藤正彦著、長岡亮介、保野翔、松本幸夫、宮岡洋一解説　東京図書
【要旨】著者が東大での長年の講義経験を基に、微積分・線型代数とその先の "行列の微分学""非負行列" を語る。そして4人の解説者が、さらにその先にある "ペロン・フロベニウスの定理""多様体""リー群" 等や、また、大学数学を学ぶ際の心得について解説を付す。

2017.1 208p A5 ¥2200 ①978-4-489-02260-9

◆**時系列解析**　柴田里程著　共立出版　（統計学One Point 4）
【目次】第1章 時系列（定常性、スペクトル表現、スペクトル表現の具体例）、第2章 弱定常時系列の分解と予測（ウォルドの分解定理とMA（∞）表現、AR（∞）表現、ウォルドの分解定理の証明とその理解、最良線形予測の予測誤差）、第3章 時系列モデル（ARモデル、MAモデル、ARMAモデル、その他のモデル）、第4章 多変量時系列（多変量時系列の性質、時系列どうしの関係、多変量ARモデルと多変量ARMAモデル、状態空間モデル、状態空間モデルと多変量ARMAモデル）　2017.9 124p A5 ¥2200 ①978-4-320-11255-1

◆**実解析—測度論、積分、およびヒルベルト空間**　エリアス・M. スタイン、ラミ・シャカルチ著、新井仁之、杉本充、高木啓行、千原浩之訳　日本評論社　（プリンストン解析学講義 3）
【目次】緒言、第1章 測度論論、第2章 積分論、第3章 微分と積分、第4章 ヒルベルト空間：序説、第5章 ヒルベルト空間：いくつかの例、第6章 一般の測度論と積分論、第7章 ハウスドルフ測度とフラクタル

2017.12 432p A5 ¥5500 ①978-4-535-60893-1

◆**実用モード解析入門**　長松昌男, 長松昭男共著　コロナ社
【目次】第1章 初めに、第2章 1自由度系、第3章 多自由度系、第4章 信号処理、第5章 振動試験、補章A 数学基礎、補章B さらなる学習へ、補章C 自励振動、補章D 力学の再構成、補章E 粘性の正体

2018.1 387p B5 ¥5000 ①978-4-339-08227-2

◆**初学 微分と積分**　熊原啓作, 押川元重著　日本評論社
【要旨】微分と積分に登場するキーワードを通して、数学の考え方を身につける。

2017.3 244p A5 ¥2600 ①978-4-535-78841-1

◆**数学ガールの秘密ノート/積分を見つめて**　結城浩著　SBクリエイティブ
【要旨】"積分は微分の逆演算" って、こういうことだったのか！「僕」と三人の少女が、積分の秘密と力に迫る心ときめく数学トーク。

2017.7 280p B6 ¥1500 ①978-4-7973-9138-1

◆**数学基礎プラスγ 解析学編—効用を最大にするには？ 2017**　早稲田大学グローバルエデュケーションセンター数学教育部門編　早稲田大学出版部

【目次】第1章 講義ノート（復習、微分係数・導関数、微分公式、グラフの概形、経済学への応用、2変数関数と偏微分、条件付極値問題）、第2章 問題解答詳細

2017.4 134p A4 ¥475 ①978-4-657-17008-8

◆**数学3の微分積分の検定外教科書**　安田亨著　ホクソム、星雲社 発売　（崖っぷちシリーズ）
【目次】極限（数列の極限と公式、数列のいくつかの極限と無限級数 ほか）、微分法（微分法の基本定理、合成関数の微分法 ほか）、積分法（面積を求めたい、無限小（da*）ほか）、2次曲線と極座標の基本（2次曲線と座標、極座標の基本 ほか）

2017.12 231p B5 ¥1600 ①978-4-434-24133-8

◆**数値解析**　齊藤宣一著　共立出版　（共立講座 数学探検 17）
【目次】第1章 非線形方程式、第2章 数値積分と補間多項式、第3章 連立一次方程式、第4章 常微分方程式、第5章 浮動小数点数、第6章 計算の量と安定性

2017.3 199p A5 ¥2500 ①978-4-320-11190-5

◆**すぐわかる微分方程式**　石村園子著　東京図書　改訂版
【要旨】わかる！ 親切設計で完全マスター。微分方程式の分野別に解法を徹底解説。一つひとつの手順をていねいに繰り返して、体で覚える、書き込み式！

2017.4 164p A5 ¥2000 ①978-4-489-02263-0

◆**スチュワート微分積分学 1 微積分の基礎**　James Stewart著、伊藤雄二、秋山仁監訳、飯田博和訳　東京化学同人　（原著第8版）
【目次】1 関数と極限、2 導関数、3 微分法の応用、4 積分、5 積分の応用、付録、公式集

2017.9 477p B5 ¥3900 ①978-4-8079-0873-8

◆**ストラング：微分方程式と線形代数**　ギルバート・ストラング著, 渡辺辰矢訳　近代科学社　（世界標準MIT教科書）
【目次】第1章 1階常微分方程式、第2章 2階常微分方程式、第3章 図的および数値的方法、第4章 連立一次方程式と逆行列、第5章 ベクトル空間と部分空間、第6章 固有値と固有ベクトル、第7章 応用数学とATA、第8章 フーリエ変換とラプラス変換、行列の分解、行列式の性質、線形代数早わかり

2017.11 521p B5 ¥9000 ①978-4-7649-0476-7

◆**ゼロからスタート 明快複素解析**　小寺平治著　（京版）現代数学社
【目次】複素数と複素平面、複素関数、指数関数・対数関数、三角関数、円円対応、複素関数の微分法、コーシー・リーマンの方程式、写像の等角性、複素積分、コーシーの積分定理、実積分への応用、ε−σ式論法エトセトラ、コーシーの積分公式、テイラー展開、ローラン展開、極・真性特異点、留数定理

2017.2 205p A5 ¥2000 ①978-4-7687-0463-9

◆**専門基礎 微分積分学**　阿部誠, 岩本宙造, 島唯史, 向谷博明共著　培風館
【要旨】本書は大学の初年級の学生向けの微分積分学の教科書である。微分積分に関する基本的な知識と技能を修得して、各自の志す専門分野の学習に役立つことを念頭においてまとめられている。解説にあたっては、大学の高等学校での学習状況の多様性に対応できるように、「数学3」で学ぶ内容も含めて基本的なことから十分な説明を与えるように努め、さらには、定理などの記述においては、あいまいな表現を避け、証明もできる限り正確に記述するよう配慮されている。なお、各章の最後には近年の大学院入試問題を含め多くの演習問題を用意しており、自分の理解度を知るためにおおいに役立つであろう。

2016.12 231p A5 ¥2100 ①978-4-563-01207-6

◆**測度・確率・ルベーグ積分—応用への最短コース**　原啓介著　講談社
【要旨】測度論的な確率論の内容をやさしく、コンパクトに解説。特に、確率論を「道具として」使うために必要とされることを意識した。

2017.9 142p A5 ¥2800 ①978-4-06-156571-5

◆**多変量ノンパラメトリック回帰と視覚化—Rの利用とファイナンスへの応用**　Jussi Klemelä著、竹澤邦夫、西田喜平次、小林凌雅訳　共立出版
【目次】第1部 回帰手法と分類手法のいろいろ（回帰と分類の概観、線形手法とその拡張、カーネル法とその拡張、セミパラメトリックモデルと構造モデル、経験的リスク最小化）、第2部 視覚化（データの視覚化、関数の視覚化）

2017.3 432p A5 ¥7000 ①978-4-320-11132-5

◆**使い道がわかる微分積分—物理屋が贈る数学講義**　池末翔太著　技術評論社
【要旨】微分積分は難しい、計算が大変！ 微分積分で数学が嫌いになった…と思っていますか？ でも「微分は曲がったものをまっすぐにすることをイメージすること」と言われると、感覚をつかむことができませんか？ 本書は、数式や計算からではなく、微分と積分の概念を自然な流れで理解してもらうことから始めます。

2017.11 223p A5 ¥1680 ①978-4-7741-9386-1

◆**データ解析のためのロジスティック回帰モデル**　Jr., David W. Hosmer, Stanley Lemeshow, Rodney X. Sturdivant著、宮岡悦良監訳、早川有, 川﨑洋平, 下川朝代有訳　共立出版　（原著第3版）
【目次】1 ロジスティック回帰モデル入門、2 多重ロジスティック回帰モデル、3 当てはめたロジスティック回帰モデルの解釈、4 ロジスティック回帰におけるモデル構築、5 モデルの適合の評価、6 異なるサンプリング・モデルでのロジスティック回帰の応用、7 マッチドケース・コントロール研究におけるロジスティック回帰、8 多項応答と順応尺度に対するロジスティック回帰モデル、9 相関のあるデータの解析に関するロジスティック回帰モデル、10 特別なトピック

2017.2 514p A5 ¥8200 ①978-4-320-11140-0

◆**徹底入門 解析学**　梅田亨著　日本評論社
【要旨】トコトン掘り下げたいアナタに贈る。見慣れた風景がさまざまに変わる—そんな視点を存分に味わい堪能する贅沢をお届けする。解析学の基本に深く迫りたい人に必携の一冊！ 高木貞治の有名なダジャレの真相にも迫る。

2017.2 267p A5 ¥3000 ①978-4-535-78798-8

◆**電気系の複素関数入門**　吉岡良雄, 長瀬智行共著　（年前）弘前大学出版会
【要旨】はじめに、複素数表現・複素数演算、複素関数の微分、オイラーの公式、各種複素関数および極・特異点、複素関数の積分、コーシーの積分公式、級数展開式、ラプラス変換・逆変換、フーリエ変換・逆変換、過渡現象、システム解析、自動制御、四元数、まとめ

2017.3 131p B5 ¥2000 ①978-4-907192-46-4

◆**道具としての複素関数**　涌井貞美著　日本実業出版社
【要旨】複素数の基本から、複素関数の微分法、コーシーの積分定理、線形常微分方程式への応用など、複素関数の使い方を一気にマスター！ 応用数学で大切なフーリエ変換、ラプラス変換の計算もわかりやすく解説。実践的な複素関数入門の決定版！

2017.12 229p A5 ¥2700 ①978-4-534-05544-6

◆**道具としてのベクトル解析**　涌井貞美著　日本実業出版社
【要旨】ベクトルや微分・積分、曲線・曲面の知識から、スカラー場・ベクトル場の線積分・面積分、ベクトル場の発散・回転、ガウスの定理、ストークスの定理までを一気にマスター！ 初学者でも「直感的」にわかるように、イメージとして理解できるようにやさしく解説！

2017.7 222p A5 ¥2600 ①978-4-534-05506-4

◆**なるほど！ とわかる微分積分**　松野陽一郎著　東京図書
【目次】序章 はじめの準備（実数の区間に関する言葉と記号、関数について ほか）、第1章 微分と積分（微分とは、積分とは ほか）、第2章 1変数関数の微分積分学（微積演算の基本性質、初等関数の微分 ほか）、第3章 微分積分の応用に向けて（高階導関数と局所n次近似、テイラーの公式とテイラー展開 ほか）、第4章 2変数関数の微分積分（2変数関数とそのグラフ、2変数関数の微分とは ほか）、終章より 学ぶために

2017.4 261p A5 ¥2200 ①978-4-489-02265-4

◆**はじめての微分積分15講**　小寺平治著　講談社
【要旨】丁寧な解説と珠玉の例題で1変数の微分積分から多変数の微分積分まで大学の微分積分をすぐに理解。1日1章で15日で終わる！ 半期の授業（15回）の教科書に最好！

2017.9 159p A5 ¥2200 ①978-4-06-156564-7

◆**微分積分**　吉田伸生著　共立出版　（共立講座数学探検 1）
【目次】準備、連続公理・上限・下限、極限と連続1、多変数・複素変数の関数、級数、初等関数、極限と連続2—微分への準備、一変数関数の微分、極限と連続3—積分への準備、積分の基礎、微積

分の基本公式とその応用、広義積分、多変数関数の微分、逆関数・陰関数、多変数関数の積分、収束の一様性

2017.9 482p A5 ¥2400 ①978-4-320-11174-5

◆**微分積分**　基幹講座数学編集委員会編、砂田利一著　東京図書　（基幹講座数学）

【要旨】奇をてらわず正攻法で、体系的に王道を歩む。理工系の学生が学ぶ数学の「幹」となるべきものをまとめた骨太の教科書。数学者・教育者として、著者が満を持して贈る。

2017.10 289p A5 ¥2500 ①978-4-489-02244-9

◆**微分積分学**　関口次郎著　牧野書店、星雲社発売　改訂版

【目次】第1章 数列と連続性、第2章 微分、第3章 積分、第4章 偏微分、第5章 重積分、第6章 級数とベキ級数

2017.3 231p A5 ¥2200 ①978-4-434-23069-1

◆**微分積分学　第2巻　―数学解析第一編**　藤原松三郎著、浦川肇、高木泉、藤原毅夫編著　内田老鶴圃　改訂新編

【目次】第5章 多変数の関数（n 次元空間の点集合、連続関数 ほか）、第6章 曲線と曲面（平面曲線、空間曲線 ほか）、第7章 多重積分（多重積分の基本性質、積分の変換 ほか）、第8章 常微分方程式（一階微分方程式の解の存在問題 ほか）、第9章 偏微分方程式（準線形一階偏微分方程式、連立線形一階偏微分方程式 ほか）

2017.5 622p A5 ¥7500 ①978-4-7536-0164-6

◆**微分積分リアル入門―イメージから理論へ**　高橋秀慈著　裳華房

【要旨】本書では微分積分学について「どうしてそのようなことを考えるのか」という動機から始め、数式や定理のもつ意味合いや具体例までを述べ、また今日完成された理論のなかでは必ずしも必要とならないような事柄も説明することによって、ひとつの理論が出来上がっていく過程や背景を追跡した。直観と論理をつなぐ、ビギナーに贈る今までにない超入門書。「数学」以前から「数学」へと育っていく、その過程や背景を丹念に追跡する。

2017.9 240p A5 ¥2700 ①978-4-7853-1572-6

◆**微分方程式**　石崎克也著　放送大学教育振興会、NHK出版 発売　（放送大学教材）

【目次】微分方程式、変数分離形、1階線形微分方程式、完全微分方程式、数理モデル、高階線形微分方程式、定数係数線形微分方程式、連立線形微分方程式、級数解法、ラプラス変換、フーリエ級数、線形偏微分方程式、積分変換の応用、解の存在定理

2017.3 298p A5 ¥3100 ①978-4-595-31743-9

◆**微分方程式と数理モデル―現象をどのようにモデル化するか**　遠藤雅守、北林照幸共著　裳華房

【要旨】本書は、微分方程式のテキストである。しかし、類書のような式の羅列と解法に拘泥することはなく、ある物理や工学の問題は微分方程式でどのように表されるのか、そしてその微分方程式を解くことにより何がわかるのかといった、微分方程式の「活用」を主眼にして書かれている点に特徴がある。もう1つの特徴は、微分方程式の「解き方」以外の側面にも光を当てた点である。それは、微分方程式を解かなくてもわかる洞察でありて、また、一見全く異なる現象が、共通の微分方程式で記述できるという面白さである。

2017.11 224p A5 ¥2500 ①978-4-7853-1573-3

◆**微分方程式入門**　南部隆夫著　朝倉書店　新版

【目次】1 求積法、2 線形常微分方程式、3 常微分方程式の解の存在と一意性、4 常微分方程式のベキ級数による解法、5 常微分方程式系の安定性、6 1階偏微分方程式、7 楕円形偏微分方程式、8 双曲形偏微分方程式、9 放物形偏微分方程式　2017.3 255p A5 ¥3600 ①978-4-254-11149-1

◆**ベクトル解析からの幾何学入門**　千葉逸人著　（京都）現代数学社　改訂新版

【要旨】ベクトル解析から微分幾何・トポロジーまで！ベクトル解析の入門から微分形式の使い方、トポロジーの定理にまで至る壮大なストーリー。

2017.4 220p A5 ¥2600 ①978-4-7687-0466-0

◆**偏微分方程式への誘い**　井川満著　（京都）現代数学社

【要旨】「偏微分方程式」の有用さと面白さ。物理現象から数学へ展開し、偏微分方程式の魅

力を紹介。

2017.6 173p A5 ¥2000 ①978-4-7687-0468-4

◆**変分法と変分原理**　柴田正和著　森北出版

【要旨】解析力学、弾性体力学、電磁気学、…理論の基礎から詳細に解説し、幅広い応用までをスムーズにつなげる。

2017.3 367p A5 ¥5400 ①978-4-627-07751-5

◆**保型関数―古典理論とその現代的応用**　志賀弘典著、新井仁之、小林俊行、斎藤毅、吉田朋広編　共立出版　（共立講座 数学の輝き 10）

【目次】第1章 楕円曲線と楕円モジュラー関数、第2章 SL2(Z)に関する保型形式概説、第3章 合同部分群に関する保型形式、第4章 ヘッケ作用素と固有形式、第5章 ヤコビ・テータ関数、第6章 超幾何微分方程式から導かれた保型関数、第7章 クラインの保型関数とその応用例、第8章 超幾何保型関数と高次虚数乗法

2017.6 273p A5 ¥4300 ①978-4-320-11204-9

◆**マルコフ方程式―方程式から読み解く美しい数学**　小林吹代著　技術評論社　（数学への招待シリーズ）

【目次】1章 マルコフ方程式（マルコフ解と2次方程式―x2+y2+z2=3xyz の「無数」にある解は？、マルコフ解の家系図―マルコフ解は「家系図」にある解で全部？ ほか）、2章 4マルコフ解と5マルコフ解（4マルコフ方程式―x2+y2+z2=xyz+4では「未解決問題」が即解決？、4マルコフ解の家系図―4マルコフ解は「家系図」にある解で全部？ ほか）、3章 k マルコフ方程式（2・1マルコフ方程式―x2+y2+z2=2xyz+1と「同じ方程式」は？、k マルコフ方程式―「k の正負」で何がちがいはあるの？ ほか）、4章 k マルコフ解の拡張（「k が正」の k マルコフ解の家系図―「解をもたない k マルコフ方程式」は1≦k≦100の中でどれ？、「k が負」の k マルコフ解の家系図―「単独スタート解をもつ k マルコフ方程式」は-100≦k≦-1の中でどれ？ ほか）、5章 2・1マルコフ解と「不思議な多項式」（「見かけ」を変えた2・n マルコフ方程式―Z2=（X2-1）（Y2-1）と「同じ方程式」は？、（x2-1）（y2-1）=（z2-h2）2―「シェルピンスキー流の条件」下で見つかる無数にある解は？ ほか）

2017.8 255p B6 ¥1720 ①978-4-7741-9104-1

◆**読むだけでわかる数学再入門―微分・積分編**　今井博著　（日野）インデックス出版

【要旨】本書は、式変形を省略していないので、読むだけで、昔習った数学が思い出せます。理工学系で必要な例題を取り上げ、過去に置き去りにした数学を平易に解説していきます。どちらも、基本はすべて高校で学びますが、この「あやふやな人」や「苦手な人」が多いのも、この2つです。法則や定理を正確に理解するためにも一度、はじめから復習してみましょう。

2017.12 222p 18cm ¥980 ①978-4-06-502043-2

◆**理系のための微分・積分復習帳―高校の微分積分からテイラー展開まで**　竹内淳著　講談社　（ブルーバックス）

【要旨】変化を記述する微分、面積や体積、量を計算する積分―この2つは、科学や工学を学ぶ上でさらには、経済学でも最も重要な数学です。どちらも、基本はすべて高校で学びますが、この「あやふやな人」や「苦手な人」が多いのも、この2つです。法則や定理を正確に理解するためにも一度、はじめから復習してみましょう。

2017.2 183p A5 ¥2000 ①978-4-563-01209-0

◆**理工系新課程 微分積分演習―解法のポイントと例題解説**　山口睦、吉冨賢太郎共著　培風館

【要旨】微分積分学の重要な事項とつまずきやすい点に焦点をしぼり、問題を解くためのポイントと例題の解法の解説に重点をおいてまとめた演習書。各テーマの冒頭に微分積分学の基本的な概念の定義や定理などをまとめたうえで、問題の種類によって分けられたトピックごとに問題の解法の手順を解説した後、例題とその解答を答案に書く際の手本

となるように記す。

2017.4 136p B5 ¥2000 ①978-4-563-00395-1

◆**理工系微分方程式―解き方から基礎理論への入門**　宇佐美広介、齋藤保久、原下秀士、眞中裕子、和田出秀光共著　培風館

【要旨】本書は主に理工系・医薬系の学生を対象にした微分方程式の入門書である。微分積分・線形代数等の基礎的な内容を予備知識とし、前半の1章から4章では具体的に解を書き下すことができる微分方程式の解法を述べる。特に、線形方程式・連立線形方程式を詳細に解説する。後半はやや発展的な内容を扱う。5章ではべき級数による解法やスツルム・リウヴィル問題、6章でラプラス変換による解法を詳説し、7章では応用科学で頻出する力学系について概説する。

2017.5 201p A5 ¥2300 ①978-4-563-01151-2

◆**ルベーグ積分入門**　伊藤清三著　裳華房　（数学選書 4）　新装版

【要旨】1963年の刊行以来、半世紀以上の長きにわたり多くの読者に迎えられてきた必携の一冊が、装いも新たに登場。刊行を機に、最新の組版技術によって新しく本文を組み直し、読者の便を図った。お組版にあたっては原則、一部の文字遣いをあらためるにとどめ、本文は変更していない。

2017.3 311p A5 ¥4200 ①978-4-7853-1318-0

◆**例題とExcel演習で学ぶ多変量解析―生存時間解析・ロジスティック回帰分析・時系列分析**　菅民郎著　オーム社

【目次】第1章 多変量解析の概要、第2章 ロジスティック回帰分析、第3章 数量化2類、第4章 多群数量化2類、第5章 拡張型数量化2類、第6章 カプランマイヤー法と Cox 比例ハザードモデル、第7章 時系列分析、付録1 ベクトルと行列 の計算、付録2 距離、付録3 本書で利用する Excel の分析ツール及び「マルチ多変量ソフトウェア」　2017.1 357p A5 ¥3500 ①978-4-274-22011-1

◆**例題とExcel演習で学ぶ多変量解析―因子分析・コレスポンデンス分析・クラスター分析**　菅民郎著　オーム社

【目次】第1章 多変量解析の概要、第2章 主成分分析、第3章 因子分析、第4章 数量化3類、第5章 コレスポンデンス分析、第6章 クラスター分析、第7章 共分散構造分析、付録1 ベクトルと行列、付録2 距離、付録3 本書で利用する Excel の分析ツール及び「マルチ多変量ソフトウェア」　2017.2 309p A5 ¥3500 ①978-4-274-22022-7

◆**Dirac方程式のポテンシャル問題**　手塚洋一著　東海大学出版会、丸善出版 発売

【要旨】散乱問題ではベクトルポテンシャルを持つDirac 方程式がKlein パラドックスと呼ばれるおかしな現象を起こすが、束縛問題ではどうなのか。相対論的運動方程式である Dirac 方程式においてポテンシャルが引き起こすおかしな解について様々な角度から論究する。

2017.7 154p A5 ¥2000 ①978-4-908590-03-0

◆**Hirsch・Smale・Devaney 力学系入門　―微分方程式からカオスまで**　Morris W. Hirsch, Stephen Smale, Robert L. Devaney著、桐木紳、三波篤郎、谷川清隆、辻井正人訳　共立出版　（原著第3版）

【目次】1階微分方程式、2次元線形系、2次元線形微分方程式の相図、2次元線形微分方程式の分類、多次元の線形系、高次元線形系、非線形系、非線形系の平衡点、非線形系の大域的解析方法、閉軌道と極限集合、生物学での応用、回路理論への応用、力学への応用、ローレンツ系、離散力学系、ホモクリニック現象、存在と一意性再訪　2017.1 431p A5 ¥6600 ①978-4-320-11136-3

◆**Rで多変量解析**　渡辺利夫著　（京都）ナカニシヤ出版

【目次】1 Rの基礎、2 Rで重回帰分析、3 Rで因子分析、4 RでMDS、5 Rでクラスター分析、6 Rで判別分析、7 Rで数量化理論、8 Rで共分散構造分析

2017.3 126p B5 ¥2200 ①978-4-7795-1098-4

◆**Rで学ぶ多変量解析**　長畑秀和著　朝倉書店

【目次】1 導入、2 相関分析と単回帰分析、3 重回帰分析、4 判別分析、5 主成分分析、6 因子分析、7 正準相関分析、8 クラスター分析

2017.5 212p B5 ¥3800 ①978-4-254-12226-8

代数・幾何

◆新しく始める線形代数　小野公輔, 蓮沼徹共著　サイエンス社　（サイエンステキストライブラリ 12）
【目次】1 行列、2 行列の基本変形、3 行列式、4 線形空間と線形写像、5 行列の固有値とその応用、6 内積空間、略解とヒント
2017.11 145p A5 ¥1550 ①978-4-7819-1414-5

◆宇宙一美しいガロア理論　上村恒司著　幻冬舎メディアコンサルティング, 幻冬舎 発売
【要旨】「厳密さ」よりも群論の「完全イメージ化」を優先。ガロア理論攻略に必要な情報をすべて掲載。初心者むけに要点は繰り返し丁寧に説明。数学初心者から上級者まで「ガロア理論」解明の新地平。
2017.12 110p 18cm ¥800 ①978-4-344-91472-8

◆幾何学的ベクトル─反変ベクトルと共変ベクトルの図形的理解　ガブリエル・ワインライヒ著, 富岡竜太訳　（安曇野）プレアデス出版
【要旨】ベクトル解析の本質が絵的な立体図形で一目瞭然！目からウロコの稀有な数学書。
2017.7 125p A5 ¥2500 ①978-4-903814-83-4

◆幾何教程　上　A. オスターマン, G. ヴァンナー著, 蟹江幸博訳　丸善出版
【目次】第1部 古典幾何学（タレスとピュタゴラス、ユークリッドの原論、アルキメデスとアポロニウスと偉大な挑戦、ユークリッド幾何のさらなる結果、三角法、演習問題の解答）
2017.1 279p A5 ¥3600 ①978-4-621-30131-9

◆幾何教程　下　A. オスターマン, G. ヴァンナー著, 蟹江幸博訳　丸善出版
【目次】第6、7章では、代数を使わないと解けなかった問題が解かれ、第8章では定木とコンパスによる作図問題を解ける場合は解き、解けない場合はその証明ができるようになる。さらに次章では、高次元の図形を幾何的に扱い、ベクトル空間と線形写像による統一的な取り扱いや、さらには射影幾何も扱う。章末演習問題の解答を収録。 2017.11 350p A5 ¥3900 ①978-4-621-30212-5

◆基礎演習 線形代数　金子晃著　サイエンス社　（ライブラリ数理・情報系の数学講義 別巻1）
【目次】第1章 平面と空間のベクトル、第2章 行列と連立1次方程式、第3章 線形空間と線形写像、第4章 行列式、第5章 固有値と固有ベクトル、第6章 対称行列と2次形式、第7章 行列の解析的取扱い、第8章 工学への応用 2017.4 281p A5 ¥2500 ①978-4-7819-1400-8

◆具体例から学ぶ多様体　藤岡敦著　裳華房
【要旨】微分積分・線形代数・集合と位相がどのように使われるのか丁寧に示し、多様体の入門書として学ぶことの多い群論・複素関数論に関する必要事項を改めて述べた。一般の多様体とユークリッド空間内の曲線や曲面との中間的な位置付けとなる「径数付き部分多様体」も説明。本文中の例題や章末の問題のすべてに詳細な解答を付した。
2017.3 269p A5 ¥3000 ①978-4-7853-1571-9

◆グラフ理論とフレームワークの幾何　前原潤, 桑田孝泰著　共立出版　（数学のかんどころ 34）
【要旨】グラフと平面上のフレームワークに関する入門書。
2017.10 137p A5 ¥1700 ①978-4-320-11075-5

◆経済学のための線形代数　平口良司著　朝倉書店
【目次】第1章 数学的準備、第2章 ベクトル、第3章 ベクトルの図形的解釈、第4章 行列、第5章 行列式、第6章 逆行列、第7章 基本変形による連立方程式の解法、第8章 連立方程式の一般的な分析、第9章 固有値と固有ベクトル、第10章 対称行列、第11章 最適化問題への応用、付録 線形空間 2017.3 156p A5 ¥2500 ①978-4-254-11148-4

◆現代数学序説 集合と代数　松坂和夫著　筑摩書房　（ちくま学芸文庫）
【要旨】さまざまな概念が抽象的に基礎づけられた、現代数学の世界。高度なものと考えがちだが、高校数学の知識があれば、その奥深い不思議な世界を十分味わうことができる。本書は前半で集合や濃度、組合せ論について、後半では理論や群・環・体の代数的構造について解

説する。著者は『集合・位相入門』『数学読本』などの入門書・教科書で知られる数学者。いずれも著者も名著の誉れ高く、本書もまた初学者のための配慮が行き届いており、独習用としても好適。懇切丁寧な叙述で読者を現代数学の世界へといざなう。
2017.12 433p A6 ¥1400 ①978-4-480-09815-3

◆工学のための線形代数　村山光孝著　数理工学社, サイエンス社 発売　（工学のための数学 1）
【要旨】大学初年度向け「線形代数学」の教科書・参考書として解説。例や例題を多く取り入れて、できるだけ分かり易く説明し、直後に問を設けて理解が深まる様に工夫。各章の最後の補足では、本文では扱えなかった定理の証明や発展的な項目および応用を解説。章末問題は前半は計算問題を中心に基礎的な問題を、後半は標準的な問題や発展的な問題を掲載。
2017.12 231p A5 ¥2200 ①978-4-86481-050-0

◆工科系学生のための線形代数　橋本義武著　培風館
【要旨】理工科系の学生向けの線形代数学の入門的教科書。特に「線形形式」とよばれる関数を重視し解説されている。本文は頭に入りやすいよう短い項目に分割し、演習問題は「速くできるものを網羅的に」というコンセプトで並べた。
2017.4 179p B5 ¥2300 ①978-4-563-01210-6

◆高校生からわかるベクトル解析─専門数学への懸け橋　涌井良幸著　ベレ出版
【要旨】ベクトルを使って物事を解明する。ベクトルを微分・積分する。高校の復習もしながら丁寧に解説。現代の日常生活に必要な身近なものから最先端の科学にいたるまで、あらゆるところで活躍している「ベクトル解析」の、基本から応用までの基礎教養がしっかり身につく入門書。 2017.12 311p A5 ¥2000 ①978-4-86064-531-1

◆これだけ！ 線形代数　石井俊全著　秀和システム　（これだけ！ シリーズ）
【要旨】よくわかる！ 初めての人の、解きながら読む線形代数の基礎。線形代数、ベクトル、行列、掃き出し法、連立方程式、線形空間、線形写像、内積、対角化、行列式。機械学習や統計学に進むなら読んでおきたい。
2017.8 347p A5 ¥1800 ①978-4-7980-5015-7

◆3次元リッチフローと幾何学的トポロジー　戸田正人著　共立出版　（共立講座 数学の輝き 9）
【目次】第1章 幾何構造と双曲幾何（幾何構造の一般論、双曲モデルと双曲変換 ほか）、第2章 3次元多様体の分解（PL－構造と微分構造、3次元多様体内の曲面 ほか）、第3章 リッチフローの基本定理（方程式と特殊解、初期値問題 ほか）、第4章 リッチフローの特異性（局所L－幾何、局所非崩壊定理 ほか）、付録 ファイバー束と主束の接続
2017.3 321p A5 ¥4500 ①978-4-320-11203-2

◆信号処理のための線形代数　張賢達原著, 和田清龍訳, 楊子江, 金江春植訳　森北出版 POD版
【目次】基礎事項の整理、特殊な行列、行列の変換と分解、テープリッツ行列、ベクトル空間理論とその応用、特異値分解、全最小二乗法、最尤法および最小二乗法の拡張、補助変数法、固有空間の解析、部分空間の追従と更新
2017.11 434p 22×16cm ¥8500 ①978-4-627-78559-5

◆新修代数学　永田雅宜著　（京都）現代数学社　新訂版
【目次】自然数、n を法とする合同、実数、複素数、多項式、代数方程式の解法、演算をもつ集合、準同型と同型、置換群と対称式、可換環、代数拡大体、ガロア理論の応用
2017.10 158p B5 ¥2800 ①978-4-7687-0477-6

◆数学基礎プラスγ 線形代数学編─行列の対角化とその応用　2017　早稲田大学グローバルエデュケーションセンター数学教育部門編　早稲田大学出版部
【目次】第0章 受講する前に、第1章 2次と3次の行列式、第2章 n 次の行列式、第3章 固有値と固有ベクトル、第4章 2次正方行列の対角化、第5章 3次及びn 次正方行列の対角化、第6章 対角化の社会科学への応用（マルコフ連鎖）、第7章 対角化の物理への応用
2017.4 122p A4 ¥475 ①978-4-657-17007-1

◆図解と実例と論理で、今度こそわかるガロア理論　鈴木智秀著　SBクリエイティブ

【要旨】都立高校での "数学の授業の達人" の著者が、2次方程式が解ける（数学1）程度の知識があれば読めるように執筆。各項目を見開きでコンパクトにまとめながら、「5次方程式が代数的に解けないこと」につながる論理解説を厳密に行っている。
2017.2 203p B6 ¥2000 ①978-4-7973-9020-9

◆線形代数─ベクトルからベクトル空間・線形写像まで　川嶋俊雄著　森北出版
【要旨】線形代数の意味がわかる！図形的意味の解説を豊富に交えながら、ベクトル・1次変換・ベクトル空間と、それらのつながりをていねいに解説。
2017.9 233p 22×16cm ¥2600 ①978-4-627-09671-4

◆線形代数　桂田英典, 竹ヶ原裕元, 長谷川雄之, 森田英章共著　学術図書出版社
【目次】第1章 行列、第2章 連立1次方程式、第3章 行列式、第4章 線形空間、第5章 線形写像、第6章 行列の固有値と対角化、第7章 幾何学的ベクトル、問と問題の解答
2017.10 310p A5 ¥2000 ①978-4-7806-0603-4

◆線型代数学　隈部正博著　放送大学教育振興会, NHK出版 発売　（放送大学教材）　新訂
【目次】ベクトルと図形、行列、正規直交基底と直交補空間、合同変換と直交行列、複素ベクトル空間、基底の変換、対称行列、正規行列、行列の三角化、広義固有空間、行列の標準形、2次形式と2次曲線、2次曲面の合同変換、2次曲面の標準形
2017.3 294p A5 ¥3100 ①978-4-595-31744-6

◆線形代数とネットワーク　高崎金久著　日本評論社
【要旨】典型的なネットワークである電気回路から、ネットワークを背後に隠した全正値行列や団代数にいたるまで、幅広い題材を駆使して線形代数とネットワーク理論の関係を解説。
2017.3 196p A5 ¥2500 ①978-4-535-78829-9

◆線形代数の基礎講義　島田伸一, 廣島文生著　共立出版
【要旨】本書は予備知識を仮定せず、行列の定義から始めて、ハウ・ツーで解けるジョルダン標準形と実対称行列の対角化までを通年講義で終えられるように書かれている。線形空間、線形写像、行列、行列の標準形（ジョルダン標準形・正規行列・実対称行列・実交代行列の標準化）などの抽象論・一般論は付録にまわした。
2017.4 209p B5 ¥2200 ①978-4-320-11312-1

◆線型代数＋α　小林雅人著　（岡山）大学教育出版
【目次】ベクトルと行列、内積と外積、諸定理、行列の積：基礎、行列の変形、連立一次方程式：基礎、連立一次方程式：応用、逆行列と基本行列、行列式、行列式の性質、余因子展開、複素数、オイラーの公式
2017.4 161p B5 ¥2000 ①978-4-86429-448-5

◆専門基礎 線形代数学　久保富士男監修, 栗田多喜夫, 飯間信, 河村尚明共著　培風館
【要旨】本書の目的は、線形代数の応用そのものを目指すことではなく、将来専門課程で学ぶ諸分野の習得に最小限必要な基礎知識を効率よく学んでもらうことである。そのために、必要な記述はなるべく丁寧に書くこと、理解を助ける例や定理を載せるといった基本的なことを重視してまとめられている。本書を丁寧に読むことで線形代数学の基本的な考え方が身につき、それは結局、専門科目を学ぶうえでおおいに役立つことであろう。
2017.1 206p A5 ¥2000 ①978-4-563-01208-3

◆双曲平面上の幾何学　土橋宏康著　内田老鶴圃
【目次】1 ユークリッド幾何学と非ユークリッド幾何学（ユークリッド原論の第五公準、非ユークリッド幾何学の誕生 ほか）、2 双曲平面上の点、直線、円（P点とP直線、垂心 ほか）、3 双曲平面上の二次曲線（二次P曲線とパスカルの定理、二次P曲線の接線とブリアンションの定理 ほか）、4 双曲平面の多角形による敷き詰め、5 三次元以上の双曲空間（P点とP超平面、デザルグの定理 ほか）、6 問題の解答とヒント
2017.4 115p A5 ¥3000 ①978-4-7536-0200-1

◆代数・解析パーフェクト・マスター─めざせ、数学オリンピック　鈴木晋一編著　日本評論社
【要旨】手応えのある問題を解いて腕力を付けよう！基礎から上級までを網羅した精選問題集。
2017.5 242p A5 ¥2400 ①978-4-535-79811-3

◆代数学入門─先につながる群、環、体の入門
川口周著　日本評論社　（日評ベーシック・シリーズ）
【要旨】代数学の入り口である群・環・体の基礎を学び、そのつながりを俯瞰的に眺められる一冊。高校からのつながりを意識し、なんのためにこれを学ぶかをつねに伝えるよう具体的に記述。「例」や「例題」が豊富で、「なるほど！」と納得できる。
2018.9 256p A5 ¥2300 ①978-4-535-80635-1

◆低次元の幾何からポアンカレ予想へ─一世紀の難問が解決されるまで　市原一裕著　技術評論社　（数学への招待）
【目次】第1章 ポアンカレ予想（宇宙の形と3次元多様体、次元とは ほか）、第2章 多様体の幾何構造（サーストンの幾何化予想とは、曲面の幾何化 ほか）、第3章 サーストンの幾何化予想（定曲率幾何構造、直積幾何構造 ほか）、第4章 ペレルマンの証明（リーマン計量、曲率とリッチ曲率 ほか）、付録 非ユークリッド幾何について（球面幾何について、双曲幾何について）
2018.1 207p B6 ¥1580 ①978-4-7741-9478-3

◆特異点をもつ曲線と曲面の微分幾何学　梅原雅顕、佐治健太郎、山田光太郎著　丸善出版　（現代数学シリーズ 19）
【要旨】微分幾何学の立場からの近寄りがたさを解消し、特異点を親しみやすい対象として紹介し解説。平面曲線と、空間内の曲面に現れる特異点に限定して、特異点の紹介と判定法、そして、その幾何学やトポロジーへの応用を述べる。
2017.11 319p A5 ¥4800 ①978-4-621-30215-6

◆なるほど！ とわかる線形代数　松野陽一郎著　東京図書
【目次】序章 はじめの準備（実数と複素数について、集合について ほか）、第1章 線形代数の動機（符号つき面積の線形性、行列を捌くポイントは）、第2章 ベクトル空間（ベクトルと行列空間、次元と基底 ほか）、第3章 線形写像と行列（線形写像とは、Im と Ker ほか）、第4章 行列の標準形（固有値と固有ベクトル、正方行列の三角化 ほか）、終章 より学ぶために（転置行列、行列式の展開 ほか）
2017.4 255p A5 ¥2200 ①978-4-489-02266-1

◆入門入門群論─代数的構造への第一歩　石谷茂著　（京都）現代数学社　新装版
【目次】第1章 半群は半群にあらず、第2章 半群を構成的にみる、第3章 半群 半群を構成的にみる、第4章 半群を変換で表現する、第5章 逆算から群の概念へ、第6章 群を構成的にみる、第7章 群の構造をくらべる、第8章 群を分解する、第9章 分解して商群を作る、第10章 群の応用 - 変換群
2017.6 165p B5 ¥3000 ①978-4-7687-0472-1

◆初めて学ぶ線形代数　宮崎直、勝野恵子、酒井祐貴子共著　培風館
【目次】1 行列、2 連立1次方程式、3 行列式、4 線形空間、5 固有値、付録 多変量解析への応用
2017.10 184p A5 ¥2000 ①978-4-563-01211-3

◆はじめて学ぶベクトル空間　碓氷久、高遠節夫、濱口直樹、松澤寛、山下哲共著　大日本図書
【目次】1章 ベクトル・行列・行列式、2章 数ベクトル空間、3章 線形変換と線形写像、4章 部分空間、5章 いろいろなベクトル空間、補章 ジョルダン標準形
2016.12 147p A5 ¥1600 ①978-4-477-03049-4

◆はじめて学ぶリー群─線型代数から始めよう　井ノ口順一著　日本評論社
【要旨】線型代数とリー群のギャップを克服！ 本格的にリー群・リー環について学ぶための線型代数の本。
2017.7 259p A5 ¥2800 ①978-4-7687-0470-7

◆パリコレで数学を─サーストンと挑んだポアンカレ予想　阿原一志著　日本評論社
【要旨】ファッションブランドが「ポアンカレ予想」に挑む！ 幾何化予想の提唱者ウィリアム・サーストンより贈られた「8つの宇宙の絵」の謎に迫る！
2017.8 186p A5 ¥2500 ①978-4-535-78814-5

◆複素数と複素数平面─幾何への応用　桑田孝泰、前原潤著　共立出版　（数学のかんどころ 33）
【目次】第1章 複素数（複素数の演算、複素数と2次方程式の解 ほか）、第2章 複素数平面（複素数平面、和と実数倍 ほか）、第3章 複素幾何への応用（垂直条件、3点の共線条件 ほか）、第4章 複素数と正射影（直交系の正射影、ガウスの定理 ほか）

か）、第5章 閉曲線の巻き数（曲線の角関数、単純閉曲線の像の巻き数 ほか）
2017.8 136p A5 ¥1700 ①978-4-320-11074-8

◆平面代数曲線のはなし　今野一宏著　内田老鶴圃
【目次】第0章 複素射影平面、第1章 直線と2次曲線、第2章 射影平面曲線、第3章 3次曲線、第4章 楕円関数と楕円曲線、第5章 平面曲線の局所構造、第6章 プリュッカーの公式、章末問題の略解　2017.1 170p A5 ¥2600 ①978-4-7536-0203-2

◆ベクトル空間からはじめる抽象代数入門─群・体・テンソルまで　飯高茂監修、松田修著　森北出版
【要旨】ベクトル空間は、理解しやすい数ベクトルから始め、だんだん抽象度を上げて解説。そのほかの抽象代数の概念（群・体・テンソル）は、ベクトル空間に関連付けながら解説。具体的な計算・図形的な意味・ベクトル空間との関連などを通して、「抽象代数」の概念を実感をもって理解できるようになります。
2017.10 213p A5 ¥2600 ①978-4-627-08191-8

◆ベーシック圏論─普遍性からの速習コース　T. レンスター著、斎藤恭司監修、土岡俊介訳　丸善出版
【要旨】圏論はしばしば数学における共通の構成やパターンを浮き彫りにするために用いられてきたが、数学に分け入っていくほどに圏論での重要な概念である普遍性に出合うことになる。本書では普遍性の考え方に焦点を当てるため、圏論の最も基本的な内容のほかはあえて割愛した。圏と関手の基本的な語彙を確立した後、随伴関手、表現可能関手、極限という一見異なる三つの見かけの普遍性の現れを学び、最後にこれらの関係を解明する。本書では新しい概念を説明するたびに十分すぎるほどの例を与えてある。これらの例をすべて理解できる必要はないが、重要なことは、例を通じてすでに知っている数学と新しい概念を関連づけることである。演習問題についてはすべて解くことを強く推奨する。基礎レベルの圏論においては問題文が理解できることは解答を知っていることとほとんど等価であるが、とくに日本語への翻訳にあたり解答を付した。普遍性の理解を通じて圏論の要点を速習できる一冊である。
2017.1 273p A5 ¥3700 ①978-4-621-30070-1

◆曲がった空間の幾何学─現代の科学を支える非ユークリッド幾何とは　宮岡礼子著　講談社　（ブルーバックス）
【要旨】現代数学の中の大きな分野である幾何学。紀元前3世紀ごろの数学者、ユークリッドによる『原論』にまとめられたユークリッド幾何からさらに発展したさまざまな幾何の世界。20世紀には物理の大きな役割を果たしアインシュタインが相対性理論を構築する基盤となったその深遠な数学の世界を解説します。
2017.7 203p 18cm ¥1080 ①978-4-06-502023-4

◆見える！ 群論入門　脇克志著　日本評論社
【要旨】大学の抽象的な数学で活躍する、有望な記述・表現方法である「群」の世界を徹底図解！ 数字の計算だけでは物足りない。そんなあなたに贈ります。
2017.6 239p A5 ¥2800 ①978-4-535-78796-4

◆面心の代数幾何学　硲文夫著　東京電機大学出版局
【目次】多角形の面心、面心と連分数、代数幾何学への準備、チェビシェフ曲線の特異点、チェビシェフ多様体の特異点、イデアル、面心多様体の定義イデアルと有理性、面心多様体の特異点、カッコの定理、第3章 チェビシェフ多様体の部分多様体、面心多様体の部分多様体、面心多角形の具体例
2017.7 213p A5 ¥3200 ①978-4-501-63060-7

◆モーデル・ファルティングスの定理─ディオファントス幾何からの完全証明　森脇淳、川口周、生駒英晃共著　サイエンス社　（ライブラリ数理科学のための数学とその展開 AL1）
【目次】第0章 モーデル・ファルティングスの定理とは、第1章 代数体と整数環（有限次分離拡大のトレースとノルム、代数的整数と判別式 ほか）、第2章 有理点の高さの理論（代数体の絶対値、積公式 ほか）、第3章 モーデル・ファルティングスの定理に向けての準備（ジーゲルの補題、多変数多項式のガンマ ほか）、第4章 モーデル・ファルティングスの定理の証明（モーデル・ファルティングスの定理の証明の鍵、定理4.4、定理4.5、定理4.6の証明に必要な技術的設定 ほか）
2017.4 186p A5 ¥2770 ①978-4-7819-1402-2

◆四次元の幾何学─回転、積分、微分　島田義弘著　（安曇野）プレアデス出版
【目次】ベクトル、行列の基本、パラメータ表示と方程式、平行移動と回転、線分、正方形、立方体、超立方体、体積と積分、面積の計算への準備、n 次元空間内k 重積分の方法、三次元のナブラ、四次元のナブラ、ナブラに関してまとめ、電磁気学と四次元のナブラ、積分の演算
2017.6 256p A5 ¥2400 ①978-4-903814-82-7

◆例題から展開する線形代数演習　海老原円著　サイエンス社　（ライブラリ例題から展開する大学数学 別巻1）
【目次】第1章 ベクトルと行列、第2章 行列式、第3章 線形空間と線形写像、第4章 行列の対角化とその応用、総合問題、問題解答
2017.2 231p A5 ¥1950 ①978-4-7819-1393-3

確率・統計

◆演習でまなぶ情報処理の基礎　鶴田陽和編著　朝倉書店
【目次】コンピュータ入門、インターネットの利用とネット社会のリテラシー、ワープロ、表計算ソフトウェア、プレゼンテーション、HTML、ネットワーク、コンピュータにおけるデータ表現、VBA入門
2017.4 200p A5 ¥3000 ①978-4-254-12222-0

◆回帰診断　養谷千鳳彦著　朝倉書店　（統計ライブラリー）
【目次】1 正規線形回帰モデルにおける最小2乗法の主要な結果、2 回帰診断、3 影響分析、4 外れ値への対処─削除と頑健回帰推定、5 微小影響分析、6 ロジットモデルの回帰診断
2017.3 247p A5 ¥4500 ①978-4-254-12838-3

◆確率がわかる　小泉力一著　技術評論社　（ファーストブック）
【要旨】集合から確率計算、ベイズの定理、確率分布まで統計やコンピュータサイエンスを学ぶ上で欠かすことのできない確率をしっかり身につける！
2017.3 191p A5 ¥1680 ①978-4-7741-8806-5

◆確率・統計　中田寿夫、内藤貫太共著　学術図書出版社
【目次】第1章 データの整理、第2章 確率の基礎、第3章 確率分布の基礎、第4章 いろいろな確率分布と極限定理、第5章 統計的推測、第6章 回帰分析、付録A
2017.10 185p A5 ¥1800 ①978-4-7806-0596-9

◆確率と統計がよくわかる本　矢沢サイエンスオフィス編著　学研プラス
【要旨】もしや、あなたもダマされている!?現代社会を生き抜くための必須科目、確率・統計の世界へようこそ──。データ社会の最強理論とそのカラクリを知る！
2017.5 223p B6 ¥590 ①978-4-05-406556-7

◆確率論講義ノート─場合の数から確率微分方程式まで　大平徹著　森北出版
【要旨】確率論の "気持ち" がわかる！ 数学以外の視点をとりいれた具体的な解説。高校数学の知識で理解できる。
2017.3 194p A5 ¥2800 ①978-4-627-07771-3

◆確率論史─パスカルからラプラスの時代までの数学史の一断面　アイザック・トドハンター原著、安藤洋美訳　（京都）現代数学社　新装版
【目次】カルダン, ケプラー, ガリレオ, パスカルとフェルマー, ホイヘンス, 組合せについて、死亡率と生命保険、1670年から1700年までのいろいろな研究、ヤコブ・ベルヌイ、モンモール、ド・モワブル、1700年から1750年までのいろいろな研究、ダニエル・ベルヌイ、オイレル、ダランベール、ベイズ、ラグランジュ、1750年から1780年までのいろいろな研究、コンドルセ、トランプレ、1780年から1800年までのいろいろな研究、ラプラス
2017.5 530p B5 ¥9000 ①978-4-7687-0475-2

◆確率論の黎明─確率論前史 パスカル以前の確率概念の系譜　安藤洋美著　（京都）現代数学社　新装版
【目次】第1部 確率論前史（賭けの精神、神意と占い、古代における蓋然論の概念、古代蓋然論の没落、中世・焦れったい時代、古代・中世の

組合せ論)、第2部 確率計算の曙(マイモニデス、トマス・アクィナス、12世紀から15世紀までの西欧でのいろいろな研究)、第3部 古典確率論の陣痛期(カルダーノ、16世紀のいろいろな研究、ガリレオ・ガリレイ、1600年から1650年までのいろいろな研究、パスカル・フェルマー・ホイヘンス、死亡表と生命保険(政治算術)、17世紀後半の諸研究)
2017.7 280p 22×16cm ¥3200 ①978-4-7687-0476-9

◆**機械学習—データを読み解くアルゴリズムの技法**　竹村彰通監訳　朝倉書店
【目次】プロローグ：機械学習サンプラー、機械学習の三大要素、二値分類および関連するタスク、二値分類を超えて、概念学習、木モデル、ルールモデル、線形モデル、距離ベースのモデル、確率モデル、特徴量、モデルアンサンブル、機械学習実験、エピローグ
2017.3 375p A5 ¥6200 ①978-4-254-12218-3

◆**欠測データ処理—Rによる単一代入法と多重代入法**　高橋将宜、渡辺美智子著　共立出版（統計学One Point 5)
【目次】Rによるデータ解析、不完全データの統計解析、単一代入法、多重代入法の概要、多重代入法のアルゴリズム、多重代入モデルの診断、量的データの多重代入法1：平均値の検定、量的データの多重代入法2：重回帰分析、質的データの多重代入法1：ダミー変数のある重回帰分析、質的データの多重代入法2：ロジスティック回帰分析、時系列データの多重代入法：ARIMAモデル、パネルデータの多重代入法：固定効果と変量効果、感度分析：NMARの統計解析、事前分布の導入
2017.12 192p A5 ¥2200 ①978-4-320-11256-8

◆**現代数理統計学の基礎**　久保川達也著　共立出版（共立講座 数学の魅力 11)
【目次】確率、確率分布と期待値、代表的な確率分布、多次元確率変数の分布、標本分布とその近似、統計的推定、統計的仮説検定、統計的区間推定、線形回帰モデル、リスク最適性の理論、計算統計学の方法、発展的トピック：確率過程
2017.4 313p A5 ¥3200 ①978-4-320-11166-0

◆**現代統計学**　統計教育大学間連携ネットワーク監修、美添泰人、竹村彰通、宿久洋編　日本評論社
【要旨】ビッグデータを自在に使いこなすために身につけておきたい、統計学の基礎理論がここにある。
2017.3 245p A5 ¥2700 ①978-4-535-78818-3

◆**現場主義統計学のすすめ—野外調査のデータ解析**　島谷健一郎著　近代科学社（統計スポットライト・シリーズ 1)
【目次】第1部 クマさんの桃源郷を探す—移動軌跡データと動物目線の動物学（データを観ながら現場を歩く、データ解析で現場に行く、植物と動物のデータを重ねて現場に立つ）、第2部 森林の長期研究—モニタリングで観る最近と年輪で観る過去（森林モニタリングデータと年輪データ、成長が好転した時点をみつける統計モデリング、現場で検証する統計モデルによる推定法とパッチ形成過程）、第3部 クローンで広がるスズランの生活史—地上の観察と地下の情報（スズランのお花畑で浮かぶ疑問、果実が実る過程の確率モデル：最尤法と赤池情報量規準AIC、掘り起しによる地下情報とシミュレーションモデル）
2017.8 124p A5 ¥2200 ①978-4-7649-0543-6

◆**恋する統計学—ベイズ統計入門**　金城俊哉著　秀和システム
【要旨】統計学に恋をする。日本一わかりやすい統計学の手ほどき！
2017.12 223p A5 ¥1500 ①978-4-7980-5074-4

◆**恋する統計学 因子分析入門—多変量解析2**　金城俊哉著　秀和システム
【要旨】統計学に恋をする。日本一わかりやすい統計学の手ほどき！
2017.11 261p A5 ¥1500 ①978-4-7980-5073-7

◆**恋する統計学 回帰分析入門—多変量解析1**　金城俊哉著　秀和システム
【要旨】統計学に恋をする。日本一わかりやすい統計学の手ほどき！
2017.11 259p A5 ¥1500 ①978-4-7980-5072-0

◆**恋する統計学「記述統計入門」**　金城俊哉著　秀和システム
【要旨】統計学に恋をする。日本一わかりやすい統計学の手ほどき！
2017.9 237p A5 ¥1500 ①978-4-7980-5070-6

◆**恋する統計学 推測統計入門**　金城俊哉著　秀和システム
【要旨】数式ギライでもつまづかない！ 目からウロコの統計学超入門！ Excelの作法も意味からわかる！ 確率、推定、検定、t分布、x2分布…日本一わかりやすい統計学の手ほどき！
2017.10 243p A5 ¥1500 ①978-4-7980-5071-3

◆**高校生が感動した確率・統計の授業**　山本俊郎著　PHP研究所（PHP新書)
【要旨】「2枚の100円玉を投げたとき、両方とも表が出る確率はいくらでしょう？」この問いに対して、多くの小学生は「三分の一だよね」と答えますが、正解は四分の一。100円玉に区別をつけずに考えると（表表）（表裏）（裏裏）の3通りと思ってしまいますが、区別があると（表表）（表裏）（裏表）（裏裏）の4通りです。確率は、このように自らの解き方の間違いをきちんと把握することが大切。そのためにとにかくイメージを丁寧に伝えることを心がけました。一方統計では、「標準偏差」「相関係数」などの基礎知識をしっかり身につけることに主眼を置きました。10代から大人まで楽しめる一冊です。
2017.9 368p 18cm ¥980 ①978-4-569-83619-5

◆**これならわかる！ 図解 場合の数と確率**　佐藤敏明著　ナツメ社
【要旨】大学入試、公務員試験、就職試験によく出る。場合の数から集合、順列、組合せ、その発展である確率までをていねいに解説！
2017.8 303p A5 ¥1580 ①978-4-8163-6287-3

◆**こんなふうに教わりたかった！ 流れるようにわかる統計学**　佐々木隆宏著　KADOKAWA
【要旨】ビッグデータ、正規分布、偏差値、…私たちの身近にあふれている統計の、原理から実生活との接点まで「ぜんぶ載せ」。中学の数学の基礎知識があればラクラク読める！ 50のテーマがつながっていて、「流れるように」スッキリわかる！ 学校でちゃんと教わったことがない方でも、「統計学」のおもしろさと有益さに、生まれてはじめて気づくでしょう。この本を読めば、単位もとれて、仕事もうまくいく!?
2017.2 319p A5 ¥2300 ①978-4-04-600478-9

◆**最小二乗法・交互最小二乗法**　森裕一、黒田正博、足立浩平著　共立出版（統計学One Point 3)
【目次】第1章 最小二乗法（原理、統計手法への利用、最小二乗問題の計算と性質、最小二乗問題の計算におけるその他の話題）、第2章 交互最小二乗法（原理、交互最小二乗法の代表例、交互最小二乗法にできることとその評価法、統計解析法への応用）、第3章 関連する研究と計算環境（交互最小二乗法による計算の加速化、非計量主成分分析の計算：Rパッケージhomals)
2017.9 109p A5 ¥2200 ①978-4-320-11254-4

◆**挫折しない統計学入門—数学苦手意識を克服する**　浅野晃著　オーム社
【要旨】本書は「統計学が必要だけど数学は苦手、だから統計学は敷居が高い」と感じる人に向けた書籍です。数学準備編、統計学基礎編、統計学発展編。この三段階を踏むことで、挫折することなく自然に、実務に役立つ統計学の知識が身に付く書籍となっています。
2017.1 248p A5 ¥2200 ①978-4-274-22012-8

◆**情報可視化—データ分析・活用のためのしくみと考えかた**　高間康史著　森北出版
【要旨】様々なデータから価値を引き出す、体系的な可視化技術を身につける。基本的な統計グラフから複雑な可視化技術、可視化システム設計の指針まで網羅。IoT/ビッグデータ時代を新たな視点から切り拓く1冊。
2017.3 117p A5 ¥2400 ①978-4-627-85351-5

◆**スタンダード 統計学基礎**　岩崎学編著、西郷浩、田autre正章、中西寛子共編、姫野哲人共著　培風館
【要旨】本書は、大学基礎課程における統計学の入門的テキスト・参考書である。著者らが実際に大学で行った講義に基づき、前半では記述統計について、後半では数理統計学の基礎を、具体的なデータをもとにした解析例をあげながら懇切丁寧に豊富に解説している。さらに、演習問題も豊富に掲げ、学生の自学自習に資するため詳しい解答を巻末に与える。大学でのテキストとしてだけでなく、統計学に興味をもち、統計学をより深く学ぼうとするすべての人にとって有益な書である。
2017.5 241p A5 ¥2600 ①978-4-563-01017-1

◆**生物・農学系のための統計学—大学での基礎学修から研究論文まで**　平田昌彦編著、宇田津徹朗、河原聡、榊原啓之著　朝倉書店
【目次】第1部 統計の基礎知識（統計調査の方法、変数の種類と尺度、データ分布の要約、確率分布）、第2部 基本的統計解析手法（正規変量に関する推定と検定、2つの正規変量間の関係、非正規変量への対応：変数変換）、第3部 発展的統計解析手法（実験計画法と分散分析、非正規変量への対応：ノンパラメトリック手法、その他の統計手法）、第4部 統計データの表示手法（表の作成、グラフの作成）
2017.4 217p A5 ¥3600 ①978-4-254-12223-7

◆**ゼロからはじめる統計モデリング**　堀裕亮著　（京都）ナカニシヤ出版
【目次】第1章 記述統計、第2章 推測統計の基礎、第3章 ベクトルと行列、第4章 線形モデル、第5章 一般化線形モデル、第6章 混合モデル
2017.4 142p B5 ¥2200 ①978-4-7795-1136-3

◆**大学4年間の統計学が10時間でざっと学べる**　倉田博史著　KADOKAWA
【要旨】データ社会を生き抜くための必須教養！ 記述統計から推測統計、ARCHモデルまで、わかりやすさで東大生に評判の授業が1冊に凝縮！
2017.7 221p B6 ¥1500 ①978-4-04-602000-0

◆**ダメな統計学—悲惨なほど完全なる手引書**　アレックス・ラインハート著、西原史暁訳　勁草書房
【要旨】科学者が陥る統計の誤用を分析し、防ぐ方法をレクチャー。ウェブ版に大幅加筆してさらに読みやすくなり、待望の邦訳がついに刊行。実際に統計を使う科学者、科学者を目指す学生、そして仕事で統計を扱う人に向けた必読書！
2017.1 185p A5 ¥2200 ①978-4-326-50433-6

◆**使えないとアウト！ 30代からは統計分析で稼げ**　蛭川速著　明日香出版社（アスカビジネス)
【要旨】「行き当たりばったり」「根拠のない自信」ではもう売れない！ 統計分析が「知ってる」から「使える」に変わります。
2017.9 205p B6 ¥1500 ①978-4-7569-1927-4

◆**統計学が最強の学問である"数学編"—データ分析と機械学習のための新しい教科書**　西内啓著　ダイヤモンド社
【要旨】ディープラーニングの裏側まで。機械学習の本質もこの1冊で。
2017.12 548p B6 ¥2400 ①978-4-478-10451-4

◆**統計学序論**　山本義郎著　（平塚）東海大学出版部 改訂版；第2版
【目次】第1章 記述統計、第2章 事象と確率、第3章 確率変数と確率分布、第4章 主要な確率分布、第5章 多次元の確率分布、第6章 標本分布、第7章 推定、第8章 仮説検定、第9章 分散分析、第10章 回帰分析
2017.4 205p A5 ¥2400 ①978-4-486-02133-9

◆**統計学図鑑**　栗原伸一、丸山敦史共著、ジーグレイプ制作　オーム社
【要旨】統計学は科学の文法である。今の世の中、私たちの身の回りで「統計学」が重要になってきています。名前は聞くけれど、一体何をどうすればわからない。授業で習った気もするけれど、実際にどんな手法を使えばいいのかわからない。そう思っていないでしょうか？ この『統計学図鑑』は、そんな私たちがイラストと丁寧解説で「統計学」の基礎から応用まで、しっかり学ぶことができます。きっと難しい事はありません、統計学の世界へ出かけてみましょう。
2017.9 299p A5 ¥1900 ①978-4-274-22080-7

◆**統計学のキホンQ&A100—いまさら聞けない疑問に答える**　ニール・J・サルキンド著、山田剛史、寺尾敦、杉澤武俊、村井潤一郎訳　新曜社
【要旨】初心者がいきなりつまずく統計学の用語。基礎から推測統計学まで、100の疑問を精選して1〜2ページで解説。辞書より詳しく、数学なしで基本概念の意味から使い方、Excelを使った計算法まで理解できる、これまでになかったガイドブック。
2017.9 183p A5 ¥1900 ①978-4-7885-1541-3

◆**統計学の要点—基礎からRの活用まで**　森本義廣、黒瀬能聿、加島智子著　共立出版
【目次】第1章 確率（確率の基本的な性質、統計資料、確率変数と分布、例と問の復習、練習問

題）、第2章 統計（統計的方法、母集団と標本、標本の取り出し方、データの分類、標本抽出と統計量、各種分布と統計量、区間推定、仮説検定、仮説検定（練習問題）、第3章 統計ソフトRによる統計計算（Rの基本的な使い方、Rによる基本的な統計計算、Rによる各種実習）
2017.11 156p A5 ¥2200 ①978-4-320-11322-0

◆**統計は暴走する**　佐々木彌著　中央公論新社（中公新書ラクレ）
【要旨】「統計」とは、あくまで誰かが編集して分析したものであり、その裏には必ず「意図」が存在することを私たちは忘れがちだ。一方でAIの存在意義が高まるこれから、統計を正しく使い、読み解く力が必須となり、「統計学が世界の共通言語になる」と著者は主張する。二酸化炭素は温暖化とは関係ない？ タバコすら吸ってもガンにならない？ データがヘイトスピーチを加速する？ あなたもきっと「統計」に操られている！
2017.9 254p 18cm ¥780 ①978-4-12-150594-1

◆**なるほど統計学とおどろきExcel統計処理**
山崎信也著　医学図書出版　（付属資料：CD・ROM1）　改訂第8版
【目次】1 なるほど統計学（汎用比較統計―いわゆる有意差検定、その他の比較統計、適切な比較統計法の選択チャート、統計に関する基本的事項、データマネジメント）、2 おどろきExcel統計処理（統計処理とExcelについて、ystat2018使用の流れ、ystat2018の全般的解説、各種統計方法のシートの解説、 統計とExcelのワークシート、統計数値表）
2017.11 141p B5 ¥4800 ①978-4-86517-243-0

◆**日本語教育のためのはじめての統計分析**
島田めぐみ、野口裕之著　ひつじ書房
【目次】1 統計の基礎1 統計的記述（1変量の統計、2変量の統計）、2 統計の基礎2 統計的推測（統計的推測の考え方、平均値の差の検定 t 検定、クロス表の分析 x2検定）、3 少し進んだ分析法（分散分析―複数の母集団の平均値の差を検討する、因子分析―データに共通する概念を探る）
2017.11 153p A5 ¥1600 ①978-4-89476-862-8

◆**ネットワーク分析**　鈴木努著　共立出版
（Rで学ぶデータサイエンス 8）　第2版
【目次】ネットワークデータの入力、最短距離、ネットワーク構造の諸指標、中心性、ネットワーク構造の分析、ネットワークの類似性、統計的ネットワーク分析、社会ネットワークの調査分析法、ソーシャル・メディアのネットワーク分析、複雑ネットワークのシミュレーション、ネットワーク描画
2017.5 346p B5 ¥3700 ①978-4-320-11315-2

◆**はじめての統計学**　道家暎幸、伊藤真吾、宮崎直、酒井祐貴子共著　コロナ社
【目次】1 データの整理、2 確率、3 確率分布、4 標本分布、5 推定、6 仮説検定、7 分散分析法、付録
2017.2 209p A5 ¥2200 ①978-4-339-06113-0

◆**ビジネスマンがはじめて学ぶベイズ統計学―ExcelからRへステップアップ**　朝野熙彦編著、土田尚弘、小野滋著　朝倉書店
【目次】第1章 確率分布の早わかり、第2章 ベイズの定理の再解釈、第3章 ナイーブベイズで即断即決、第4章 事前分布を組み入れた推定、第5章 ノームを手軽に更新、第6章 MCMCで事後分布を推定、第7章 階層ベイズ・モデルでコンジョイント分析、第8章 空間統計モデルで地域分析、第9章 ビジネスの中のベイズ統計
2017.2 216p A5 ¥3200 ①978-4-254-12221-3

◆**必携 統計的大標本論―その基礎理論と演習**
Thomas S. Ferguson著、野間口謙太郎訳　共立出版
【目次】第1部 確率論の基本（いろいろな収束、定理1の部分的な逆 ほか）、第2部 統計的大標本論の基礎（スラッキーの定理、標本積率の関数 ほか）、第3部 特殊な話題（定常m―従属列、順位統計量 ほか）、第4部 推定・検定の有効性（大数の一様強法則、最尤推定量の強一致性 ほか）
2017.1 281p A5 ¥4000 ①978-4-320-11137-0

◆**ファイナンスの確率解析入門**　藤田岳彦著　講談社　新版
【要旨】大学3年生からはじめるデリバティブ価格理論。
2017.3 185p A5 ¥3200 ①978-4-06-156568-5

◆**プロ野球でわかる！ はじめての統計学**
佐藤文彦著、岡田友輔監修　技術評論社

【要旨】野球のデータで統計の基本を楽しく学ぶ。自分で試せるプロ野球のデータも公開！
2017.3 229p A5 ¥2280 ①978-4-7741-8727-3

◆**ベイズ統計学**　松原望著　（大阪）創元社
（やさしく知りたい先端科学シリーズ 1）
【要旨】数学が苦手でも、文系でも、今すぐ基本を知りたい人に。最もやさしく、わかりやすいベイズ統計のしくみ。人文・社会科学から自然科学まで多分野に対応した基本理論と実例をイラスト図解。
2017.12 174p A5 ¥1800 ①978-4-422-40033-4

◆**ベイズ統計モデリング―R、JAGS、StanによるチュートリアルHD**　John K. Kruschke原著、前田和寛、小杉考司監訳　共立出版　（原著第2版）
【目次】本書はどのような本か（はじめに読むこと！）、第1部 モデル、確率、ベイズの公式、そしてR（導入：確信度、モデル、パラメータ、R言語、確率と呼ばれるものはいかなるものか？）、第2部 2値の確率を推定する基礎のすべて（正確な数学的分析による二項確率の推論、マルコフ連鎖モンテカルロ法、JAGS ほか）、第3部 一般化線形モデル（一般化線形モデルの概略、1つもしくは2つの群における量的変数を予測する、1つの量的説明変数で量的変数を予測する ほか）
2017.7 771p B5 ¥8200 ①978-4-320-11316-9

◆**ポアソン分布・ポアソン回帰・ポアソン過程**　島谷健一郎著　近代科学社　（統計スポットライト・シリーズ 2）
【目次】0 序章、1 ポアソン分布の2つの起源、2 ポアソン分布モデルと最尤法、3 ポアソン回帰モデルと赤池情報量規準（AIC）、4 AICの根拠をシミュレーションで納得する、5 空間点過程モデルの第1歩：非定常ポアソン過程
2017.10 124p A5 ¥2800 ①978-4-7649-0546-7

◆**マンガでやさしくわかる統計学**　小島寛之著、葛城かえでシナリオ制作、薙澤なお作画
日本能率協会マネジメントセンター
【要旨】ある出来事をきっかけに、勤めていた会社を辞めて、実家の三浦洋食店の手伝いをすることになった三浦晴香（26）。さまざまな施策を施してきたものの、三浦洋食店のお客さんは減る一方。そこで晴香は、思いついたアイデアを試してみるが、お客さんはさらに減ってしまった。そんな時、常連客の数沢九十九（33）から言われたひと言をきっかけに、統計学を学び始める。商店街の再生ストーリーを元に、統計学とはどのようなものか、何の役に立つのか、そして、どのように考えて計算していくのか、その手法と考え方をマンガと図解で解説する。
2017.5 231p A5 ¥1800 ①978-4-8207-5972-0

◆**マンガでわかるベイズ統計学**　高橋信著、上地優歩作画、ウェルテ制作　オーム社
【目次】序章 ベイズ統計学を学びたい！、第1章 ベイズ統計学とは？、第2章 基礎知識、第3章 尤度関数、第4章 ベイズの定理、第5章 マルコフ連鎖モンテカルロ法、第6章 マルコフ連鎖モンテカルロ法の活用例、付録
2017.11 221p 24×19cm ¥2200 ①978-4-274-22135-4

◆**マンガでわかるやさしい統計学**　小林克彦監修、智、サイドランチ漫画　池田書店
【要旨】統計学の基礎知識が暮らしや仕事の質を変える。情報の整理ができる。数式の読み方がわかる。Rが活用できる。議論の質が変わる。プレゼン能力が上がる。挫折した人もはじめての人も最後まで読めるように "オススメの順番" で解説。
2017.10 223p A5 ¥1400 ①978-4-262-15560-9

◆**目からウロコの統計学―データの溢れる世界を生き抜く15の処方箋**　廣野元久著　日科技連出版社
【要旨】統計学は文系・理系を問わず仕事を支える基盤となる技術であり、その役立つ領域は他の学問に比べて圧倒的に広い。その反面、データ分析に関する誤解・誤用が多く、統計学に対する情緒的なアレルギーも多い。われわれは無意識のうちに自身の経験や性格からくる思いグセで、事態をさらに悪化させているケースが多くある。そこで本書は、統計的な考え方を養い、この思いグセを解きほぐす方法を物語（全15話）にしてみた。できるだけ数式は使わずに統計的な考え方の道筋を示してある。かつてない着眼点から観た、まさに『目からウロコの統計学』！！！
2017.5 196p A5 ¥2600 ①978-4-8171-9622-4

◆**もうひとつの重回帰分析―予測変数を直交化する方法**　豊田秀樹編著　東京図書

【要旨】偏回帰係数の誤った解釈により、重回帰分析に誤解を招いています。予測変数を直交化し、解釈が容易な偏回帰係数を使いましょう
2017.6 202p 22×19cm ¥2800 ①978-4-489-02269-2

◆**やさしい統計学―保健・医薬・看護・福祉関係者のために**　片平洌彦編　桐書房　第6版
【要旨】統計学はどう役立つか。統計処理の基本的な考え方。多変量解析の演習・解釈。疫学研究のデザイン方法。
2017.3 262p A5 ¥2400 ①978-4-87647-869-9

◆**ロバスト統計―外れ値への対処の仕方**　藤澤洋德著　近代科学社　（ISMシリーズ：進化する統計数理 6）
【目次】1 ロバスト統計とは、2 簡単なロバスト推定、3 M推定に基づいたロバスト推定、4 線形回帰モデル、5 多変量解析、6 ランク検定、7 パラメータ推定アルゴリズム、8 ロバストネスの尺度、9 漸近的性質、10 ダイバージェンスに基づいたロバスト推定、11 ロバストかつスパースなモデリング
2017.7 160p 24×19cm ¥3500 ①978-4-7649-0542-9

◆**わかりやすいデータ解析と統計学―医療系の解析統計をExcelで始めてみよう**　高橋龍尚著　オーム社
【目次】解析編（ヒストグラム、基本統計量、正規分布、相関分析、回帰分析、周波数解析、グラフ、モデル関数のあてはめ）、統計編（関連2群の差の検定、独立2群の差の検定、独立3群以上の差の検定、関連3群以上の差の検定、分割表の検定、生存時間解析）
2017.11 250p A5 ¥3000 ①978-4-274-22111-8

◆**JMPではじめる統計的問題解決入門**　三井正著　オーム社
【要旨】SAS Institute のビジュアル探索型データ分析ソフトウェア『JMP』を使用し、技術者・研究者向けにJMPの操作方法および統計を使った問題解決やイノベーションに至る手順を解説する。
2017.8 304p 24×19cm ¥3200 ①978-4-274-22071-5

◆**Pythonで体験するベイズ推論―PyMCによるMCMC入門**　キャメロン・デビッドソン＝ピロン著、玉木徹訳　森北出版
【要旨】Python でMCMCを走らせれば、ベイズ推論のエッセンスが見えてくる。プログラミングを通して学ぶ、ベイズ推論の新しい入門書。実践的なPython コードを多数掲載。
2017.4 249p A5 ¥3200 ①978-4-627-07791-1

◆**Rで統計を学ぼう！ 文系のためのデータ分析入門**　長島直樹、石田実、李振爺　中央経済社、中央経済グループパブリッシング 発売
【要旨】実際にフリーソフトのRを使うことで分析を「実感」できます！ 「本章のポイント」「キーワード」の他、 実習するためのExercise など自習ができるように構成しています！ 文系学生の意見を豊富に取り入れた、かゆいところに手が届く解説と14章構成が嬉しい！
2017.11 243p A5 ¥2500 ①978-4-502-24411-7

◆**Rで学ぶ統計学入門**　嶋田正和、阿部真人著　東京化学同人
【目次】統計学を学ぶ大切さ、母集団と標本、大数の法則、正規分布、母集団限定定理、検定と誤差、2標本の平均値間の有意差検定：t 検定、一元配置の分散分析や多重比較、多元配置の分散分析と交互作用、相関、回帰、一般化線形モデル（GLM）、一般化線形混合モデル（GLMM）と過分散対応、ノンパラメトリック検定（1）：観測度数の利用、ノンパラメトリック検定（2）：順位の利用、ベイズ統計の基礎
2017.1 281p A5 ¥2700 ①978-4-8079-0859-2

◆**Rによるテキストマイニング入門**　石田基広著　森北出版　第2版
【要旨】フリーの環境で、実践しながらやさしく学べます。基本的な手法はもちろん、ウェブスクレイピング、トピックモデルといった、最近注目の技術までをカバー。
2017.6 183p A5 ¥2600 ①978-4-627-84842-9

◆**Rによるデータサイエンス―データ解析の基礎から最新手法まで**　金明哲著　森北出版　第2版
【要旨】網羅性と実用性の高さから、多くのRユーザーの評価を得てきたロングセラー。Rのバージョンアップへの対応に加え、深層学習やネットワーク分析などの内容を追加した第2版。
2017.3 319p 22×16cm ¥3600 ①978-4-627-09602-8

◆Rビジネス統計分析「ビジテク」―3.X対応　豊澤栄治著　翔泳社
【要旨】ビジネステクニック、略してビジテク。現在、企業においてビッグデータをどう分析して活かすかが製品やサービスの成功を決める大きな要因になりつつあります。本書ではビジネスの現場によく存在する題材をテーマにデータ分析に必要な統計分析の基本を解説しつつR を利用した明快な解を求める手法を数多く紹介しています。
2017.5 255p B5 ¥3000 ①978-4-7981-4950-9

◆SPSSでやさしく学ぶ統計解析　石村貞夫, 石村友二郎著　東京図書　第6版
【要旨】「これ以上やさしくは統計解析を説明できない」という著者の声がきこえてくる本です。統計といえば平均くらいしか知らなかった人でも、この本の指示通りにSPSSを操作していけば、かなりの手法が扱えるようになります。統計を理解するコツはまず「慣れる」こと。さあ、あなたもさっそくページをひらいて…マウスをカチッ。この本には難しい数式の計算はありません！ いちばんやさしいSPSS本。
2017.12 241p 21×19cm ¥2500 ①978-4-489-02259-3

◆SPSSによるアンケート調査のための統計処理　石村光資郎著, 石村貞夫監修　東京図書
【要旨】迷わず入力、迷わず分析、結果の解釈にも迷わない！ SPSS本の定番。ていねいでわかりやすいクリックするだけの統計入門。SPSS25から搭載されたベイズ統計も。SPSSのバージョンによっては画面の表記が一部異なるところがあります。
2018.1 286p 21×19cm ¥2800 ①978-4-489-02281-4

物理

◆アトキンス物理化学　上　Peter Atkins, Julio de Paula著, 中野元裕, 上田貴洋, 奥村光隆, 北河康隆訳　東京化学同人　（原書第10版）
【目次】第1部 熱力学（気体の性質、第一法則、第二法則と第三法則、純物質の物理的な変態、単純な混合物、化学平衡）、第2部 構造（量子論への導入、運動の量子論、原子の構造とスペクトル、分子構造、分子の対称）
2017.3 501, 36p B5 ¥5700 ①978-4-8079-0908-7

◆アトキンス物理化学　下　Peter Atkins, Julio de Paula著, 中野元裕, 上田貴洋, 奥村光隆, 北河康隆訳　東京化学同人　第10版
【目次】第2部 構造（回転スペクトルと振動スペクトル、電子遷移、磁気共鳴、統計熱力学、分子間相互作用、高分子と自己集積体、固体）、第3部 変化（分子の運動、化学反応速度論、化学反応動力学、固体表面における諸過程）
2017.9 1063p B5 ¥5800 ①978-4-8079-0909-4

◆アトキンス物理化学 問題の解き方（学生版）　Charles Trapp, Marshall Cady, Carmen Giunta著　（Oxford）Oxford University Press, 東京化学同人 発売　（本文：英文）第10版/英語版
【目次】The properties of gases、The First Law、The Second and Third Laws、Physical transformations of pure substances、Simple mixtures、Chemical equilibrium、Introduction to quantum theory、The quantum theory of motion、Atomic structure and spectra、Molecular structure ［ほか］
2017.2 735p 25×19cm ¥6000 ①978-4-8079-0910-0

◆一般相対性理論を一歩一歩数式で理解する　石井俊全著　ベレ出版
【要旨】本書は、高校の数学・物理を履修した人向けに書かれています。まず、専門の内容に入る前に、数学、物理の準備をしましょう。次に、相対論を読むときの第一関門となる「テンソル」を具体的な計算をしながら説明します。直線のテンソルを分かったところで、いったん特殊相対性理論に進みます。次に直線のテンソルの話を曲線・曲面のテンソルに拡張し、その中で第二関門である「共変微分」をじっくりと学習します。最後に一般相対論のキーコンセプトとなる曲率の意味を手に入れれば、あとは一気に一般相対性理論を理解することができます。重力場の方程式の一番単純な解から、重力波の方程式までを解説します。
2017.3 671p A5 ¥3500 ①978-4-86064-498-7

◆いまさらエントロピー？　杉本大一郎著　丸善出版（パリティブックス）新装復刊
【要旨】エントロピーはわかりにくい。重要な概念なのに、わかったつもりでいざ使おうとすると、つまずいてしまう…。そんなときは、具体的なものに目を向けてみましょう。生命、地球、宇宙、情報、日常生活のさまざまな場面に顔を出すエントロピーを、いろいろな角度から眺めてみることで、その全体像が浮かび上がってきます。そして、自然現象をさらに深く理解することができます。
2017.5 102p B6 ¥1500 ①978-4-621-30162-3

◆いまさら流体力学？　木田重雄著, パリティ編集委員会編, 大槻義彦責任編集　丸善出版（パリティブックス）新装復刊
【要旨】私たちの身のまわりの現象はすべて流体力学だ、といっても過言ではありません。なま玉子の中から、野球の変化球、乗りものの速さ、雲の動き、雨粒の波紋、海流などなど…。先駆者によって、流体の運動方程式がほぼ確立され、「後は解くだけ」といわれながら、この運動方程式がなかなか解けず、流体のふるまいは知れば知るほど複雑でおもしろいのです。本書ではさまざまな現象をとり上げて流れの"からくり"を少しずつ解き明かします。身近な例で、流体力学の基本的考え方や解析手法がわかる一冊です。
2017.6 197p B6 ¥1800 ①978-4-621-30208-8

◆いまさら量子力学？　町田茂, 原康夫, 中嶋貞雄著, パリティ編集委員会編　丸善出版（パリティブックス）新装復刊
【要旨】物質の二重性や確率解釈など日常感覚とは異なる量子の世界を、鍵となる概念や典型的現象から読み解く。量子力学が描き出す自然の姿は、私たちの常識に反する面をもっています。しかし、量子力学の基本的部分の理解は理論的にも実験的にも急速に進歩し、応用面への展望もふまえて新しい段階へ進もうとしています。素粒子の世界からマクロな世界まで、あらゆる場面に現れる量子力学特有の不思議な現象。その基本的な考え方と物理的意味を、3人の著者がユニークな視点からリレー解説。
2017.11 137p B6 ¥1500 ①978-4-621-30220-0

◆イラストでわかる物理現象 CGエフェクトLab.　近藤啓太著, 赤崎弘幸監修, ジェットスタジオ制作　ボーンデジタル
【要旨】CGWORLDの人気連載が待望の書籍化！ なぜ焚き火の炎は三角形になるのか？ 爆発のキノコ雲はなぜできるのか？ 身近な物理現象のしくみを図解し、エフェクトを組み立てる工程を丁寧に解説。
2017.9 189p 24×19cm ¥3000 ①978-4-86246-395-1

◆医療系のための物理学入門　木下順二著　講談社
【要旨】使いやすい！ 学びやすい！ わかりやすい！ 物理学は、人体にどのように応用されるのか？ 筋肉、内臓、血液の働きから点滴、視力検査、画像診断の原理まで、医療に役立つ物理学の基礎を幅広く取り扱う。具体例に富んだ、教養教育に最適のテキスト。
2017.10 183p B5 ¥2000 ①978-4-06-156325-4

◆エッセンシャル統計力学　小田垣孝著　裳華房
【要旨】ミクロな状態の時間変化などをインタラクティブな動画で仮想体験することで理解がより深められ、現象のイメージも掴める。統計力学が誕生するまでの熱力学の発展を、プロローグとして本書の冒頭にまとめた。熱力学の基本とよく使われる数学の公式、量子力学に関する必要な知識なども付録にまとめた。
2017.8 208p A5 ¥2500 ①978-4-7853-2255-7

◆演習しよう振動・波動―これでマスター！ 学期末・大学院入試問題　鈴木久男監修, 引原俊哉著　数理工学社, サイエンス社 発売　（ライブラリ物理の演習しよう 6）
【目次】第1章 予備知識（微分方程式・テイラー展開、三角関数・指数関数）、第2章 1自由度系の振動（単振動、減衰振動、強制振動）、第3章 N自由度系・連続体の振動（連成振動、連続体の振動、フーリエ解析）、第4章 波動（1次元の波動、波の干渉、2、3次元の波動）、演習問題解答
2017.8 165p A5 ¥2000 ①978-4-86481-046-3

◆応用物理計測学―練習問題および解答例付　梶谷剛著　アグネ技術センター
【要旨】「誤差」の正しい取り扱いこそが研究の質を維持する鍵です。本書は「誤差」の取り扱い方を含めた「計測」と「制御」についての講義ノートと講義資料をまとめたものです。各章に

例題や練習問題をつけてあり、巻末に解答例を付してありますから自習して下さい。本書の利用に際しては（最小二乗法により）回帰関数が計算できる電卓かパソコンを用意して下さい。分布関数、仮説検定、計測法、伝達関数など必要事項を説明しました。
2017.4 169p A5 ¥2000 ①978-4-901496-86-5

◆解析力学　十河清著　日本評論社　（日本評論社ベーシック・シリーズ）
【要旨】多くの「良い問題」を取り上げて、変分原理の考え方を多角的に説く。
2017.5 222p A5 ¥2000 ①978-4-535-80639-9

◆解析力学　小出昭一郎著　岩波書店　（物理入門コース）新装版
【要旨】数学を使うのは思考の節約のため。系の運動を計算するのに便利なように直交直線座標を離れ、変数を自由に選ぶラグランジュの方法を解説。ラグランジュの方程式がニュートンの運動方程式からどのように導かれるかを学び、実例を通してこの方法が自由に使いこなせるようになることを目標とする。歴史的意義のある変分法、正準方程式も取り上げる。
2017.12 176p A5 ¥2300 ①978-4-00-029862-9

◆ガシオロウィッツ 量子力学 1　ガシオロウィッツ著, 林武美, 北門新作共訳　丸善出版（原書第2版）
【要旨】本書は定評のある量子物理の入門書であり、総括的で網羅的な内容を無駄なく非常に要領よくまとめてある。その特徴は物理的直観を育てるための基礎を重視していて、また説明のさいには応用に重点をおいたことである。そして、入門書のレベルに合わせて数学的な構成は簡単でわかりやすいものとなっている。大学の学部学生の基礎的な量子物理の教科書、またはゼミナールのテキストとして最適と思われる。もちろん大学院の学生にとっても身近において役立つ参考書だろう。
2016.12 213p B5 ¥4200 ①978-4-621-30132-6

◆神の物理学―甦る素領域理論　保江邦夫著　海鳴社
【要旨】湯川秀樹が提唱した素領域理論、それはニュートン以来の物理学から問い直す壮大なものだった。テンデモノニナラナイ（点で物にならない）の、冗談半分でいっていた湯川。質点など領域のない点を中心に展開してきたこれまでの物理学に、素領域という概念を持ち込み、そこから物理学を組み替える！ その結果形而上学をも含む世界の組み替えにいたる物理学が、ここに誕生。
2017.11 189p B6 ¥2000 ①978-4-87525-336-5

◆基礎物理学実験 2017　明治大学理工学部基礎物理学実験テキスト編集委員会編　学術図書出版社
【要旨】はじめに、体積の測定、ヤング率、起電力、電気回路、屈折率、光のスペクトル、ねじれ振動、オシロスコープ、電気素子、電気抵抗、光の回折と干渉、単振り子の実験、各種定数表および数学公式集
2017.4 132, 4p B5 ¥1500 ①978-4-7806-0550-1

◆基礎物理学実験 2017秋・2018春　東京大学教養学部基礎物理学実験テキスト編集委員会編　学術図書出版社　第5版
【目次】序章（実験を始める前に、測定量の扱い方）、実験（物理実験入門、オシロスコープ、交流回路の特性、減衰振動・強制振動、磁束密度の測定 ほか）、付録（物理学実験の基礎知識、単位系と基礎物理定数、測定値の分布と誤差論）
2017.9 261p A5 ¥1800 ①978-4-7806-0594-5

◆教習所の珍・物理学　文京科学大学著　（柏）暗黒通信団
2017.2 24p A5 ¥300 ①978-4-87310-066-1

◆結晶学と構造物性―入門から応用、実践まで　野田幸男著　内田老鶴圃　（物質・材料テキストシリーズ）
【目次】第1章 はじめに、第2章 結晶のもつ対称性、第3章 第一種空間群（シンモルフィックな空間群）、第4章 結晶の物理的性質と対称性、第5章 第二種空間群と磁気空間群、第6章 X線回折、第7章 中性子回折、第8章 回折実験の実際と構造解析、第9章 相転移と構造変化、第10章 結晶・磁気構造解析の例
2017.1 306p B5 ¥4800 ①978-4-7536-2307-5

◆原子核物理―物質の究極の世界を覗く　フランク・クローズ著, 名越智恵子訳　丸善出版（サイエンス・パレット 033）

サイエンス・テクノロジー

【要旨】原子の構造、性質、原子核そして放射線の正体は何か、の不思議を求めて偉大な科学者たちが研究を積み重ねて、原子核物理の学問が成り立ってきました。原子核物理学の分野でも発展系の素粒子物理学の分野でも、日本人の物理学者たちも大いに活躍しています。本書は、科学者たちの深い考えをたどりながら、原子核物理学の奥深さを感じられるとともに、理解を深めることができます。また、宇宙の成り立ちを解く鍵の一つとして、新しい元素探求の原理として、いまでは欠かせない医学、原子力分野への応用原理として、この分野を理解することができます。小さい核が世界を動かしているのです。
2017.4 172p 18cm ¥1000 ①978-4-621-30165-4

◆**原子力・量子・核融合事典　第1分冊　原子核物理とプラズマ物理・核融合**　原子力・量子・核融合事典編集委員会編　丸善出版　普及版
【目次】1章 原子核物理学・核反応（原子核の質量と崩壊、原子核構造 ほか）、2章 高エネルギー密度物理・レーザー核融合（高エネルギー密度プラズマの生成と物理、高エネルギー密度プラズマからの放射 ほか）、3章 核融合プラズマ物理学（基礎プラズマ物理学、磁場閉じ込めの概念 ほか）、4章 核融合炉工学（核融合炉の条件と基本構成、核融合炉の設計 ほか）、5章 核融合炉材料工学（核融合システムと材料、ブランケット構造材料 ほか）
2017.11 300p B5 ¥14000 ①978-4-621-30225-5

◆**原子力・量子・核融合事典　第2分冊　原子炉工学と原子力発電**　原子力・量子・核融合事典編集委員会編　丸善出版　普及版
【目次】1章 原子力利用の歴史と現状（原子力開発の歴史、世界のエネルギー・原子力利用の現状 ほか）、2章 原子炉と原子力発電（原子炉の核的な特性、原子力発電の原理 ほか）、3章 原子力発電所の設計・建設、運転管理（原子力発電所の設計・建設、原子力発電所の運転管理 ほか）、4章 原子力発電所の安全確保（原子力発電所の立地、安全確保 ほか）、5章 原子力と社会（原子力安全規制、原子力プラントの規格 ほか）
2017.11 245p A5 ¥14000 ①978-4-621-30226-2

◆**原子力・量子・核融合事典　第3分冊　原子力化学と核燃料サイクル**　原子力・量子・核融合事典編集委員会編　丸善出版　普及版
【目次】1章 同位体、2章 アクチノイド化学、3章 原子力化学、3章 核燃料サイクル、6章 新燃料サイクル技術、7章 放射性廃棄物処理・処分と原子力施設の廃止措置
2017.11 311p B5 ¥14000 ①978-4-621-30227-9

◆**原子力・量子・核融合事典　第4分冊　量子ビームと放射線医療**　原子力・量子・核融合事典編集委員会編　丸善出版　普及版
【目次】1章 量子ビーム（量子ビームの基礎、ビーム源 ほか）、2章 放射線物質相互作用・計測（放射線とは、放射線と物質の相互作用 ほか）、3章 放射線利用・研究炉、4章 放射線診断・治療（X線診断・装置、CT ほか）、5章 医学物理・保健物理（医学物理教育、放射線安全）
2017.11 247p B5 ¥14000 ①978-4-621-30228-6

◆**原子力・量子・核融合事典　第5分冊　東日本大震災と原子力発電所事故**　原子力・量子・核融合事典編集委員会編　丸善出版　普及版
【目次】0章 序論、1章 地震・津波、2章 事故の状況、3章 安全性の問題点と今後の対策、4章 放射線、5章 放射性廃棄物の処理・処分と環境修復、6章 社会影響
2017.11 230p B5 ¥14000 ①978-4-621-30229-3

◆**原子力・量子・核融合事典　第6分冊　総目次、総索引、分冊索引（CD・ROM付）**　原子力・量子・核融合事典編集委員会編　丸善出版　（付属資料：CD・ROM1）　普及版
2017.11 133p B5 ¥14000 ①978-4-621-30230-9

◆**弦とブレーン**　京都大学基礎物理学研究所監修、細道和夫著　朝倉書店　（Yukawaライブラリー 2）
【目次】1 弦理論の生い立ち、2 弦理論の基礎、3 共形不変性とワイルアノマリー、4 ボソン弦の量子論、5 超弦理論、6 開いた弦、7 1ループ振幅、8 コンパクト化とT双対性、9 Dブレーンの力学、10 双対性の究極理論、11 少し進んだ話題　2017.2 218p A5 ¥3500 ①978-4-254-13802-3

◆**ケンヨン 一般相対論**　I.R. Kenyon著、三上恵成訳　丸善プラネット、丸善出版 発売

【要旨】1990年に出版された『General Relativity』は、現在バーミンガム大学素粒子物理学グループの名誉教授であるケンヨン教授によって書かれた入門書である。理系学部学生向けに書かれたこの本は、一般相対論の基本となる考え方を簡潔かつ論理明快に解説しており、物理学の基礎の理解を深める手助けとなるであろう。
2017.11 340p A5 ¥5500 ①978-4-86345-360-9

◆**光学**　谷田貝豊彦著　朝倉書店
【目次】幾何光学、波動と屈折、反射、偏光、光の干渉、回析、フーリエ光学、光情報処理、ホログラフィ、物質と光、発光と受光、光の散乱と吸収、結晶中の光、光ファイバーと不均質媒質中の光、ガウスビームの伝搬、測光と測色
2017.5 358p A5 ¥6400 ①978-4-254-13121-5

◆**講義と演習 理工系基礎力学**　高橋正雄著　共立出版
【目次】第1部 力と運動の表し方（三角比とベクトル、力のつり合い ほか）、第2部 運動の法則（運動の法則、運動の法則の適用 ほか）、第3部 エネルギーと運動量（仕事とエネルギー、力学的エネルギー保存の法則 ほか）、第4部 振動と円運動（三角関数、単振動 ほか）、第5部 剛体の力学（力のモーメント、剛体のつり合い ほか）、解答　2017.12 162p B5 ¥2000 ①978-4-320-03602-4

◆**構造物性物理とX線回折**　若林裕助著　丸善出版
【要旨】あらゆる物質は原子の組み合わせでできている。その配列は様々で、特定の構造を持つ。この構造と、物質が持つ伝導性や磁性といった性質との関係をより深く理解できれば、より高度な機能を持つ物質を設計することも可能となる。本書では「普通の物質」を理解することで、個々の研究で問題になるような特殊な性質を浮かび上がらせることを目的としている。伝導性や磁性と"構造"がどのように関係しているか理解を深め、自身の研究を進めるために必要な知識を身につけることができる一冊。
2017.9 280p A5 ¥3800 ①978-4-621-30195-1

◆**高分子ゲルの物理学—構造・物性からその応用まで**　酒井崇匡編　東京大学出版会
【目次】1 高分子の基本的性質、2 高分子溶液の性質、3 高分子ゲルの定義とゴム弾性、4 膨潤と収縮、5 応力・伸びの関係、6 ゲル内における物質拡散
2017.9 198p A5 ¥3800 ①978-4-13-062843-3

◆**固体物理と半導体物性の基礎**　牧本俊樹著　コロナ社
【目次】結晶構造、回折条件と逆格子、ブリルアンゾーン、フォノン、金属の自由電子モデル、バンド理論、固体内の電気伝導、半導体材料とバンド構造、半導体中のキャリア濃度、半導体中の少数キャリア、pn 接合とショットキー接合、トランジスタ、ヘテロ接合と半導体光デバイス
2017.3 206p A5 ¥2800 ①978-4-339-00896-8

◆**個別量子系の物理—イオントラップと量子情報処理**　占部伸二著　朝倉書店
【要旨】孤立したイオンを捕獲するイオントラップおよびレーザー冷却技術の動作原理、量子状態の操作や測定、関連する物理理論、さらに応用が進められる量子情報処理技術への展開について丁寧に解説。
2017.10 222p A5 ¥4000 ①978-4-254-13123-9

◆**これからの光学—古典論・量子論・物質との相互作用・新しい光**　大津元一著　朝倉書店
【目次】1 光学への道しるべ、2 古典光学とその限界、3 量子光学とその限界、4 光と物質の相互作用論と問題の限界、5 新しい光を学ぶ、6 ドレスト光子の物理的描像、7 フォノンとの結合と新現象、8 ドレスト光子の応用技術、9 さらに新しい光の学
2017.10 167p A5 ¥2800 ①978-4-254-13124-6

◆**材料物理学入門—結晶学、量子力学、熱統計力学を体得する**　小川恵一著　内田老鶴圃　（材料学シリーズ）
【目次】1 材料物理学とは—石英を例に考える、2 2次元結晶の周期的構造と対称性、3 3次元結晶の周期的構造と対称性、4 金属の自由電子、ブロッホの定理、5 バンド理論—準自由電子近似 vs. 強束縛近似、6 再訪—ヒューム・ロザリー則の電子論、7 ボルツマン方程式—電子の動的性質、8 再訪—相転移の熱統計力学、9 相変態—ランダウ方程式
2017.6 282p A5 ¥4000 ①978-4-7536-5646-2

◆**視覚でとらえるフォトサイエンス 物理図録**　数研出版編集部編　数研出版　改訂版

【要旨】実験や現象の写真が豊富で詳しい—物理でよく行う実験写真を豊富に収録し、実験の推移やその結果をわかりやすく示してあります。また、各項目に関連する身近な現象などの写真も積極的に取り入れ、物理と日常生活を結びつけるようにしました。図解が充実していて、公式や法則がわかりやすい—物理で扱う多くの公式や法則が登場します。しかし、式や文章だけでこれらのイメージを膨らませることは、なかなか難しいと思われます。本書では写真や図版を多用し、公式や法則の直観的な理解ができるように工夫しました。巻末資料が充実—巻末の資料編が26ページ。調べたいデータがすぐに見つかり便利です。
2017.3 176p 26×21cm ¥1050 ①978-4-410-26513-6

◆**時間とはなんだろう—最新物理学で探る「時」の正体**　松浦壮著　講談社　（ブルーバックス）
【要旨】誰にでも同じように流れて、逆回しにできないもの—普段思い描く時間の姿は、実はごく限られた一面。最先端の物理学では、時間は、"空間・物質・力を含む巨大な構造の一部"と考えられはじめています。ニュートン力学、カオス、特殊相対性理論、一般相対性理論、電磁気学、場の量子論、超弦理論…物理学の歴史を辿っていくと、美しく壮大な、時間の真の姿が見えてくる！
2017.9 244p 18cm ¥1000 ①978-4-06-502031-9

◆**時空のからくり—時間と空間はなぜ「一体不可分」なのか**　山田克哉著　講談社　（ブルーバックス）
【要旨】物質と相互作用する時間と空間のふしぎ—。時間と空間が融合した「時空」とは何か？個別に分けて考えることができないのはどうしてか？「時空のゆがみ」こそが重力の本質であるとはどういうことか？ この宇宙に「絶対的」なものは唯一、光速度だけであり、時間と空間を含むその他すべてのものを「相対化」したアインシュタインの画期的なアイデアが時空を生み出した！ おどろきとふしぎに満ちた時空の性質を一から解き明かし、相対性理論の「宇宙観」をゼロから理解する。
2017.6 301p 18cm ¥1000 ①978-4-06-502019-7

◆**シッカリ学べる！「光学設計」の基礎知識**　牛山善太著　日刊工業新聞社
【目次】光学設計の概念、幾何光学と光線について、近軸理論、光学系の理論を決めるもの、球面収差、軸外の収差、コマ収差、非点収差と像面湾曲、歪曲収差と射影関係、色収差、総合的収差をとらえる、周辺光量、光学系の評価と最適化　2017.5 194p A5 ¥2000 ①978-4-526-07712-8

◆**シュレディンガーの猫—実験でたどる物理学の歴史**　アダム・ハート＝デイヴィス著、山崎正浩訳　（大阪）創元社　（創元ビジュアル科学シリーズ 2）
【要旨】1つの実験、変わる世界。古代ギリシアの四大元素からヒッグス粒子検出実験まで、代表的な50の実験によって、物理学を概観する。万物の理はどこまで解明されたのか？
2017.2 176p A5 ¥1800 ①978-4-422-41426-3

◆**初歩から学ぶ固体物理学**　矢口裕之著　講談社
【要旨】学問に王道なし。数式と正面から向き合おう。はじめて固体物理学を学ぶ本として最適！ 知識の詰め込みではなく、基本概念の説明に重きをおいた。学生1人の力で読める部分が無いよう、わかりやすい解説を心がけた。重要な式を得るまで数式の導出・近似の説明をていねいに行った。
2017.2 312p B5 ¥3600 ①978-4-06-153294-6

◆**初歩の量子力学を取り入れた力学**　窪田高弘著、鹿児島誠一、米谷民明編　朝倉書店　（シリーズ"これからの基礎物理学" 2）
【目次】古典力学と電子の量子論的振る舞い、ベクトルの微分、座標系、運動量、古典力学の基礎、一様磁場中の原子内電子の運動、クーロン斥力によるアルファ粒子の散乱、クーロン引力のもとでの電子の運動、古典力学と幾何光学、物質波から波動力学へ、剛体の力学と電子スピン、オイラー・ラグランジュ方程式、ハミルトンの運動方程式、ハミルトン・ヤコビ方程式、ボーアの原子模型、断熱不変量と断熱仮説、ゾンマーフェルトの量子条件、角変数と作用変数、古典力学における摂動論と量子力学、行列形式の量子力学
2017.12 226p A5 ¥3400 ①978-4-254-13718-7

◆**深化する一般相対論—ブラックホール・重力波・宇宙論**　田中貴浩著　丸善出版

【要旨】一般相対論は重力を記述する理論です。日常の経験とはかけ離れた現象を予言し、その発表から100年を超えてなお、尽きない謎が広がっています。本書では、論理的な思考を一歩一歩積み上げていくことで、一般相対論に対して抱かれがちな納得のいかない気分を払拭していきます。重力が検出され、その観測から広がる新しい観測的相対論の時代がいま、拓かれようとしています。特殊相対論や等価原理といった基礎から、曲がった時空の取り扱いや座標変換、さらに、ブラックホールの物理や重力波の観測、宇宙論の進展まで、相対論の奥深い世界を堪能しましょう。パリティ誌の好評連載を、加筆して単行本化。
2017.11 193p A5 ¥2000 ①978-4-621-30231-6

◆振動・波動　森成隆夫著　朝倉書店
【要旨】数値計算の基礎を解説するとともに、数値シミュレーションの実例も紹介。巻末の付録にはgnuplotについての必要最低限な解説を含めてある。
2017.3 157p A5 ¥2500 ①978-4-254-13122-2

◆図解 ヤバすぎるほど面白い物理の話　小谷太郎監修　宝島社
【要旨】フィギュアスケートで7回転ジャンプは可能か？ 人工衛星で皆既日食をつくれる？ 光速でボールを投げたらどうなる？ 前代未聞の紙上実験。
2017.10 221p B6 ¥800 ①978-4-8002-7405-2

◆すごい物理学講義　カルロ・ロヴェッリ著、竹内薫監訳、栗原俊秀訳　河出書房新社
【要旨】だれもが興奮できる究極の世界原理！ 最新「ループ量子重力理論」まで！ これほどわかりやすく、これほど感動的な物理本はなかった──長い物理学の歴史から導き出された最前線の宇宙観！ 世界的な名著、ついに邦訳刊行！「メルク・セレーノ文学賞」「ガリレオ文学賞」を受賞。
2017.5 286p B6 ¥2200 ①978-4-309-25362-6

◆図で読み解く 特殊および一般相対性理論の物理的意味　小林啓祐著　日本評論社
【目次】第1部 特殊相対性理論(ピタゴラスの定理の解析的延長と座標系の回転、光探求の歴史と光速度不変の原理、ローレンツ変換式の導出およびミンコフスキー空間の歴史、パラドックス、相対論的運動方程式、光の非相対論的および相対論的ドップラー効果、特殊相対性理論による宇宙論)、第2部 一般相対性理論(等価原理と質量による重力場、質点の運動方程式、重力場での光の運動、強い重力場での運動、付録)
2017.12 405p A5 ¥4400 ①978-4-535-78856-5

◆生物物理学における非平衡の熱力学　A.カチャルスキー、ピーター・F.カラン著、青野修、木原裕、大野宏毅訳　みすず書房　新装版
【要旨】古典的熱力学から発展した、不可逆過程の熱力学の定量的記述から、非平衡を基本とする生物学的問題への応用の可能性を示す。古典的熱力学の概観から始め、不可逆過程の熱力学の基礎に進み、具体的な応用例を扱う。訳者の詳細な補遺を付し、非平衡の熱力学そのものの理解にも役立つ。
2017.4 271p A5 ¥5600 ①978-4-622-08608-6

◆世界でもっとも美しい量子物理の物語　ロバート・P.クリース、アルフレッド・シャーフ・ゴールドハーバー著、吉田三知世訳　日経BP社、日経BPマーケティング 発売
【要旨】量子物理を巡る科学史・カルチャー史ストーリー!!次々と現れる量子の新しいイメージをほとんど数式なしで解釈する！
2017.2 491p B6 ¥2000 ①978-4-8222-8547-0

◆先生、それって「量子」の仕業ですか？　大関真之著　小学館
【要旨】箱の中の猫は「死んでいて、かつ生きている」??文系でも2時間でわかる、世界一やさしい「量子力学」の講義。
2017.2 190p B6 ¥1400 ①978-4-09-388515-7

◆相対性理論　小林努著　日本評論社 (日評ベーシック・シリーズ)
【要旨】論理の飛躍やブラックボックスを極力なくし、式変形の過程をていねいに見せる。身近なものから話を出発点に話題を展開。数式だけでなく、文章や図で伝える工夫を凝らし、「なるほど！」と納得できる。
2017.8 201p A5 ¥2200 ①978-4-535-80640-5

◆相対性理論　中野董夫著　岩波書店 (物理入門コース) 新装版
【要旨】空間・時間概念の歴史的変遷、ニュートン力学、光の性質を概説したうえで、特殊相対性と光速不変という2つの簡単な原理から導かれる

特殊相対性理論を解説。さらに、19世紀後半に完成されたマクスウェル方程式が、アインシュタインの相対性原理を満たすことを示す。最後に、一般相対性理論の基礎概念を述べる。
2017.12 220p A5 ¥2900 ①978-4-00-029869-8

◆相転移・臨界現象とくりこみ群　高橋和孝、西森秀稔共著　丸善出版
【要旨】物質の性質が急激に変化する相転移。さまざまなスケールに生じるこの現象は、熱力学関数に現れる特異性であり、やっかいであるが、きわめて興味深い現象である。本書では、相転移とは何かから始まり、相転移はどのように起こり何が見えるのか、相転移に伴う臨界現象の普遍的性質、各種の模型や近似法などを解説する。
2017.4 385p A5 ¥5200 ①978-4-621-30156-2

◆第一人者が明かす光触媒のすべて──基本から最新事例まで完全図解　藤嶋昭著　ダイヤモンド社
【要旨】2017年度「文化勲章」受章！ ノーベル化学賞候補がぜんぶ書きおろした、発見50周年の永久保存版。
2017.11 252p A5 ¥2200 ①978-4-478-10160-5

◆楽しみながら学ぶ電磁気学入門　山崎耕造著　共立出版
【目次】電荷と静電気力1(電荷と静電流導)、電荷と静電気力2(静電気力とクーロンの法則)、電場と電位1(電場とガウスの法則)、電場と電位2(電位と導体)、電気容量と誘電体1(キャパシタンス)、電気容量と誘電体2(静電気エネルギーと誘電体)、電流と回路1(電流とオームの法則)、電流と回路2(電力と回路)、磁場と電流1(磁石と電流の作る磁場)、磁場と電流2(アンペールの法則とローレンツ力)、電磁誘導1(電磁誘導の法則)、電磁誘導2(インダクタンスと磁気エネルギー)、交流と回路、マックスウェルの方程式と電磁波
2017.9 111p B5 ¥2000 ①978-4-320-03601-7

◆多波長銀河物理学　アレッサンドロ・ボセッリ著、竹内努訳　共立出版
【目次】第1部 銀河における輻射源と輻射過程(X線、紫外線-可視光線、X線外線、赤外線 ほか)、第2部 多波長データから導かれる物理量(高温X線放射ガスの性質、ダストの性質、電波の性質 ほか)、第3部 銀河進化の探求(統計量、スケーリング則、銀河の物質循環 ほか)
2017.7 320p A5 ¥5800 ①978-4-320-04730-3

◆弾性体と流体　恒藤敏彦著　岩波書店 (物理入門コース) 新装版
【要旨】弾性体や流体の力学は身のまわりの自然現象を理解するのに不可欠である。固体、液体、気体いずれも、広がりをもつ物体の変形をともなう運動であり、それを支配するのはニュートン力学には違いないが、質点系の力学とは異なる連続体の力学が必要になる。基本的な考え方と物理的内容の理解を目指し、数学的な取り扱いは最小限にして解説。
2017.12 250p A5 ¥2900 ①978-4-00-029868-1

◆中間子原子の物理──強い力の支配する世界　比連崎悟著　共立出版 (基本法則から読み解く物理学最前線 15)
【目次】第1章 はじめに、第2章 相対論的量子力学入門、第3章 ハドロン物理学の面白さ、第4章 中間子-原子核束縛状態の構造と生成、第5章 中間子-原子核束縛系─最新の研究から、第6章 おわりに
2017.3 171p A5 ¥2000 ①978-4-320-03535-5

◆超準解析と物理学　中村徹著　日本評論社 (数理物理シリーズ) 増補改訂版
【要旨】無限大を実無限としてとらえる解析学「超準解析」の基礎と、物理学への応用を解説。確率微分方程式への応用を増した。
2017.9 322p A5 ¥5500 ①978-4-535-78838-1

◆超伝導磁束状態の物理　門脇和男編著　裳華房
【目次】第1章 超伝導理論の基礎、第2章 超伝導磁束状態と非従来型超伝導の理論、第3章 第2種超伝導体の混合状態、第4章 さまざまな超伝導体、第5章 高温超伝導体と固有ジョセフソン効果、第6章 基礎から応用へ、第7章 超伝導材料
2017.4 674p A5 ¥15000 ①978-4-7853-2922-8

◆電磁気学 1 電場と磁場　長岡洋介著　岩波書店 (物理入門コース) 新装版
【要旨】電荷や電流の働きによって空間にある種の変化が生じる。それが電場だが、物体の運動とは違って、目に見えない。日常のなかで存在を実感しにくい電磁場がひとつの物理的実在であることを実感するには、第1冊のテーマ

である静電場と静磁場のみならず、第2冊のテーマである時間的に変動する電磁場の取り扱いが不可欠である。
2017.12 1Vol. A5 ¥2400 ①978-4-00-029863-6

◆電磁気学 2 物質中の電磁気学　益川敏英監修、植松恒夫、青山秀明編、大野木哲也、田中耕一郎著　東京図書 (基幹講座物理学)
【目次】第1章 物質中の電場と磁場、第2章 物質中のマクスウェル(Maxwell)方程式、第3章 真空中および物質中での電磁波の伝搬、偏光、第4章 物質中の電磁波と境界条件、第5章 電磁放射の基礎、第6章 電磁波(光)の散乱と回折、第7章 物質の非線形な光学応答─非線形光学序説
2017.10 275p A5 ¥3400 ①978-4-489-02245-6

◆電磁気学 2 変動する電磁場　長岡洋介著　岩波書店 (物理入門コース) 新装版
【要旨】電荷や電流のはたらきによって空間にある種の変化が生じる。それが電磁場だが、物体の運動とは違って、目に見えない。日常のなかで存在を実感しにくい電磁場がひとつの物理的実在であることを実感するには、第1冊のテーマである静電場と静磁場のみならず、第2冊のテーマである時間的に変動する電磁場の取り扱いが不可欠である。
2017.12 1Vol. A5 ¥1800 ①978-4-00-029864-3

◆統一的に考える進歩性とクレーム解釈──「物理・化学の原理とその利用のし方」と「物体系・物質系の発明の分類」から　影山光太郎著　経済産業調査会 (現代産業選書─知的財産実務シリーズ)
【要旨】原理・利用の分析による統一的な進歩性判断とクレーム解釈。
2017.11 259p A5 ¥3000 ①978-4-8065-3008-4

◆なるほど統計力学　村上雅人著　海鳴社
【目次】分子運動論、熱力学、熱力学関数と微分形、エントロピーと状態数、ミクロカノニカル集団、ミクロカノニカル分布の応用、カノニカル集団、グランドカノニカル集団、量子統計、理想フェルミ気体、理想ボーズ気体、連続関数の確率、ガウスの積分公式、ガンマ関数とベータ関数、体積要素の極座標変換、n次元球の体積、フェルミ粒子とボーズ粒子、ゼータ関数とガンマ関数
2017.1 270p A5 ¥2800 ①978-4-87525-329-7

◆21世紀の物理学 2 潜察エネルギー多重空間論　長池透著　今日の話題社
【要旨】ニュートン、テスラ、アトランティス！ いまだ知られざるエネルギーの核心と活用に挑む。
2017.4 187p A5 ¥1800 ①978-4-87565-635-7

◆入門 振動・波動　福田誠治著　裳華房
【要旨】数式の変形過程を省略せずに丁寧に記述しました。式の変形過程がわかりにくいと思われる箇所には吹き出しをつけて、なぜそのように変形されるかを示します。初学者がつまずきやすい箇所では、丁寧に説明するとともにNOTEを付して補足説明を行っています。それによって、他書を参照しなくても本書だけで勉強できるように配慮しました。すべての章末問題に解答をつけてあります。それによって、読者が自学自習によって内容の理解を深められるようにしました。
2017.11 152p B5 ¥2000 ①978-4-7853-2256-4

◆入門 連続体の力学　半揚稔雄著　日本評論社
【要旨】地球科学や機械・航空工学へも繋がる物理学がここにある。「連続体の力学」とは、弾性体と流体を連続体と捉え、その全体を扱う理論である。本書では、その物理学的基礎から応用までをコンパクトに学ぶことができる。
2017.9 168p A5 ¥2700 ①978-4-535-78853-4

◆ニュートリノってナンダ？─やさしく知る素粒子・ニュートリノ・重力波　荒舩良孝著　誠文堂新光社 増補改訂新版
【要旨】"幽霊のような粒子"ニュートリノってナンダ？ ノーベル物理学賞2015年「ニュートリノ振動の発見」2017年「重力波の直接観測」がよくわかる！
2017.12 135p B6 ¥1200 ①978-4-416-71751-6

◆ニュートン主義の罠─バイオエピステモロジー 2　米本昌平著　書籍工房早山
【目次】第1章 バイオエピステモロジーの目指すもの──ドローン的視野獲得と、最深度の科学評論、第2章 熱運動嫌悪症と「ニュートン主義の罠」、第3章 自然哲学史上の事件としてのH・ドリーシュ─熱力学第二法則の二重性と生命現象、

第4章 C象限メソネイチャー：熱運動浮遊の上の生命世界、第5章 希望としての「薄い機械論」の脱構築―熱運動断層の向こう岸をめざして、終章 立ち現われた認識論的課題
2017.8 267p B6 ¥2000 ①978-4-904701-50-8

◆**熱電材料の物質科学―熱力学・物性物理学・ナノ科学** 寺崎一郎著 内田老鶴圃 （物質・材料テキストシリーズ）
【目次】第1章 熱電変換技術、第2章 熱電素子の熱力学、第3章 固体の電子状態、第4章 格子振動、第5章 熱電材料の設計指針、第6章 熱電半導体、第7章 非従来型の熱電材料、第8章 ナノ構造による性能向上
2017.9 242p A5 ¥4200 ①978-4-7536-2311-2

◆**熱・統計力学** 戸田盛和著 岩波書店 （物理入門コース） 新装版
【要旨】熱現象の間の一般的な関係を2つの法則から導き出す熱力学と、熱現象を分子論的に考察する基礎としての統計力学を解説。熱力学は巨視的な観点に立ち、物理学の中で理論的体系としての独特な美しさをもつ。一方、統計力学は物質の分子的な構造を設定することで、物質の熱的な性質を具体的に導く。量子論的な体系も最後に取り上げる。
2017.12 218p A5 ¥2500 ①978-4-00-029867-4

◆**熱・統計力学講義ノート** 森成隆夫著 サイエンス社 （ライブラリ理学・工学系物理学講義ノート 4）
【目次】第1章 熱力学の基礎と第1法則、第2章 熱力学第2法則とエントロピー、第3章 熱力学関数とその応用、第4章 統計力学の原理、第5章 正準分布と大正準分布、第6章 フェルミオン系とボソン系、第7章 相転移、付録A 数学公式、付録B 解析力学、付録C 量子力学
2017.3 191p A5 ¥1800 ①978-4-7819-1397-1

◆**熱力学入門講義** 風間洋一著 培風館 （現代物理学入門講義シリーズ 3）
【要旨】本書は、著者が東京大学の理系の学生に対して行った熱力学の講義をもとにまとめた入門的教科書である。熱力学の基礎的な事項を、特に、その本質的な構造を明確に理解してもらうことに力点をおいて、できる限りわかりやすくかつコンパクトに解説する。高校で履修した経験的な熱学から、大学での熱力学の基本的な構造の理解へと、歴史的な経緯や例を交え物理的な観点を強調しながら説明していくことで、熱力学の論理構造とともにその有用性を学ぶことができる。さらに、数学的な予備知識については高校で習う微積分で十分なように配慮し、重要な原理を刻印した後には具体的な例題と演習問題を掲げることで、実際に「熱力学」を使えるようになることを重視してまとめられている。
2017.9 149p A5 ¥2500 ①978-4-563-02323-2

◆**熱力学の基礎** 森成隆夫著 （岡山）大学教育出版 改訂版; 第2版
【目次】1 はじめに（高校で学んだ熱力学、大学で学ぶ熱力学 ほか）、2 理想気体の熱力学（熱平衡状態、変化の過程と準静的過程 ほか）、3 熱力学の体系（熱力学で対象とする系、熱力学第0法則と示量変数 ほか）、4 熱力学の応用（実在気体とファン・デル・ワールス状態方程式、ジュール・トムソン効果 ほか）、5 相転移（相、相転移とその分類 ほか）
2017.4 105p A5 ¥1800 ①978-4-86429-449-2

◆**はじめまして物理** 吉田武著 （平塚）東海大学出版部
【要旨】物理を学んで「リアル（現実）」を摑め！読みたいと思った"今"が適齢期。小学生から読める本格的入門書、第二弾！
2017.1 589p A5 ¥2700 ①978-4-486-02061-5

◆**橋元流解法の大原則 電磁気・熱・原子―イメージでわかる物理基礎＆物理** 橋元淳一郎著 学研プラス （大学受験BOOKS）
【目次】1 電磁気学―電磁気（静電気力（クーロン法則と電場、電場と電位、導体と誘電体）、コンデンサー（基本と5大公式、並列と直列の回路）、電流とオームの法則 ほか）、2 熱力学―熱（熱と温度と比熱、理想気体の状態方程式、理想気体の内部エネルギー ほか）、3 原子物理―原子（20世紀の大革命、アインシュタイン、光電効果の謎を解く、水素原子の謎を解く ほか）
2017.8 391p A5 ¥1300 ①978-4-05-304662-8

◆**波動と場の物理学入門** 糸山浩司著 （京都）京都大学学術出版会
【要旨】「波動と場」は、電磁気学や光学、音響学、機械工学などさまざまな応用分野の基礎で

あり、理論と実験の両面により支えられている物理学の最先端の上でも必要不可欠である。数学的な波動の記述から、本格的な波動方程式による取り扱いまでを中心に、簡明な解説と具体的な例題・章末問題で波動の基礎を学び、21世紀物理学の中核を占める「場」の概念をつかむ。 2017.8 192p A5 ¥2200 ①978-4-8140-0118-7

◆**非線形波動の物理** 田中光宏著 森北出版
【要旨】「種々の方程式は、どのような考え方のもとに導かれているのか」「解のふるまいは、実際の現象とどのように結びついているのか」といった、物理的な背景を丁寧に記述した入門書。
2017.1 245p A5 ¥3600 ①978-4-627-15591-6

◆**ファインマン物理学 問題集 1** R.P.ファインマン, レイトン, サンズ著, 河辺哲次訳 岩波書店
【要旨】名著『ファインマン物理学』に完全準拠する初の問題集。ファインマン自身が講義した当時の演習問題を再現し、ほとんどの問題に解答を付けた。『問題集1』は、主として『ファインマン物理学』の1、2巻に対応して、力学、光・熱・波動を扱う。初学者のために標準的な問題に限って、日本語版独自の「ヒントと略解」を加えた。
2017.4 43p B5 ¥2700 ①978-4-00-061195-4

◆**ファインマン物理学 問題集 2** R.P.ファインマン, レイトン, サンズ著, 河辺哲次訳 岩波書店
【目次】電磁気学、ベクトル場の微分法、ベクトル場の積分法、静電気、ガウスの法則の応用、さまざまな状況での電場、静電エネルギー、誘電体、誘電体の内部、静電アナログ〔ほか〕
2017.4 43p B5 ¥2300 ①978-4-00-061196-1

◆**ファーストステップ 力学―物理的な見方・考え方を身に付ける** 河辺哲次著 裳華房
【要旨】本書は、大学の理工系学部における基礎教育レベルの力学のテキスト。物理的なモノの見方・考え方を身に付けてもらえるように、解法のストラテジーを入れた。各章末には、基礎と標準レベルに分けた、合計20題程度の問題を用意し、各問題の末尾には、関連する学習項目も明記した。スモールステップで学んでいけるように、各章は10頁程度のボリュームにした。
2017.11 154p B5 ¥2200 ①978-4-7853-2257-1

◆**複雑性の探究** G.ニコリス, I.プリゴジン著, 安孫子誠也, 北原和夫訳 みすず書房 新装版
【要旨】「複雑性の科学」というパラダイムを、散逸構造理論の研究者が論じた本格的入門書。カオス、フラクタル、自己組織化などの概念から、宇宙・生命・社会の秩序形成過程を探り、新しい自然観・世界観を展望する。
2017.4 338p A5 ¥4200 ①978-4-622-08607-9

◆**物理を教える―物理教育研究と実践に基づいたアプローチ** R.D.ナイト著, 並木雅俊監訳 丸善出版
【要旨】物理教育研究で得られた成果から、学生が陥りやすいつまずきや誤概念を示し、効果的な授業や演示実験、アクティブ・ラーニング、試験問題が提案されている。方程式を解く方法ではなく、物理現象の本質を教えるために、「物理学入門」を20年以上担当してきた著者からのヒントが詰まった一冊。
2017.2 329p A5 ¥3800 ①978-4-621-08998-9

◆**物理が明かす自然の姿―奥底を訪ねる軽いジョギング** 日置善郎著 （京都）吉岡書店
【目次】1 物理の世界はどんな世界？、2 地球は不動？ 地球は宇宙の中心？、3 小石も天体も同じ法則に従う？、4 世界を繋ぐ電磁波、5 熱は絶対に逆流しないのか？、6 物体は縮み時間は遅れる、7 電子が波で光が粒子？、8 現代の科学は万能か？、付録
2017.6 142p A5 ¥2500 ①978-4-8427-0369-5

◆**物理化学Monographシリーズ 下** 山崎勝義著 （東広島）広島大学出版会 （広島大学出版会オンデマンド 8） 第2版
【目次】Pauli 原理とSlater 行列式、衝突頻度と平均自由行程、有効Lennard - Jones ポテンシャルの極値問題、Jahn - Teller 効果とRenner - Teller 効果の統一理解、化学ポテンシャルと平衡定数、統計熱力学における古典統計と量子統計の関係、対称性低下法による電子状態のterm 決定法、Wigner - Witmer 相関則の導出、球対称点群（Kh）の直積と対称積・反対称積、核交換操作と核スピン統計、Born - Oppenheimer 近似と断熱近似、量子論におけるブラ・ケット表記、相律における成分の数
2016.11 1Vol. B5 ¥1800 ①978-4-903068-40-4

◆**物理学 1** 物理学編集委員会編, 小向得優, 満田節生, 坂田英明, 梅村和夫, 二国徹郎著 丸善出版 （理工系の基礎）
【目次】第1部 力学（力学の基礎数学、質点の運動、質点系と剛体の運動、解析力学）、第2部 電磁気学（電磁気学の基礎数学、序論、静電場、静磁場、変動する電磁場）
2017.4 223p B5 ¥2700 ①978-4-621-30163-0

◆**物理学実験** 大阪工業大学工学部一般教育科物理実験室編 学術図書出版社
【目次】はじめに、よりよい実験を行うために、レポート、グラフ、有効数字、誤差、基本的な測定器の使用法、受講、基礎実験、課題実験 振り子による重力加速度の測定、力学、熱、光、振動・波動、電磁気、原子物理
2017.2 151p B5 ¥1600 ①978-4-7806-0557-0

◆**物理学実験** 千葉工業大学物理教室編 学術図書出版社 第3版
【目次】1 物理学実験における基礎知識（実験題目一覧表、実験上の注意、レポートの作り方、グラフの書き方、電圧計、電流計の使用法 ほか）、2 実験（ノギス、マイクロメーター、面積計、ボルダの振り子、落体の運動 ほか）
2017.3 230p B5 ¥1900 ①978-4-7806-0551-8

◆**物理学実験** 物理学実験指導書編集委員会編 学術図書出版社 第5版
【目次】第1部 実験を始める前に（一般的注意、測定値の処理、誤差とその処理 ほか）、第2部 実験（重力加速度、ヤング率の測定、フランク・ヘルツの実験 ほか）、第3部 付録（物理定数、その他）
2017.3 145p B5 ¥1900 ①978-4-7806-0575-4

◆**物理学実験** 大阪府立大学高等教育推進機構物理学グループ編 学術図書出版社 第6版
【目次】金属棒の密度の測定、落下の実験、単振り子、ボルダの振り子、ユーイングの装置によるヤング率、弦の固有振動、バネ振動の実験、光学：光とは何か？、光の屈折、光の干渉〔ほか〕
2017.3 177p B5 ¥2000 ①978-4-7806-0559-4

◆**物理学実験―「物理・化学実験」テキスト** 静岡大学工学部共通講座物理学教室編 学術図書出版社
【目次】第1章 はじめに、第2章 落下運動、第3章 波と振動、第4章 分光器によるスペクトルの測定、第5章 レーザー光の回折と干渉、第6章 磁束密度の測定、第7章 電子の比電荷、第8章 β線の計数測定、第9章 超伝導、基礎物理定数
2017.3 96p B5 ¥850 ①978-4-7806-0562-4

◆**物理学者の墓を訪ねる―ひらめきの秘密を求めて** 山口栄一著 日経BP社, 日経BPマーケティング 発売
【要旨】最も偉大な物理学者が眠るのは、遊び心満載の"遊園地"だった。インスピレーションの源泉は墓にあった。
2017.2 246p B6 ¥1600 ①978-4-8222-3732-5

◆**物理学は世界をどこまで解明できるか―真理を探究する科学全史** マルセロ・グライサー著, 藤田貢崇訳 白揚社
【要旨】実用面で成果を挙げる物理学が、未だに宇宙の真理にたどり着けないのはなぜか？ 世界に関する知識の歴史・物理法則・人間の認知から浮き彫りになる「限界」を通して、科学がもつ力をとらえなおす。
2017.7 390p B6 ¥2500 ①978-4-8269-0196-3

◆**物理2600年の歴史を変えた51のスケッチ** ドン・S.レモンズ著, 村山斉解説, 倉田卓信訳 プレジデント社
【要旨】天才たちのひらめきは、地面に書いた1本の線、紙ナプキンに描いた落書きから生まれた！ 2017.9 353p B6 ¥1800 ①978-4-8334-2241-3

◆**物理学の基礎的13の法則** 細谷暁夫著 丸善出版
【要旨】物理学の根幹をなす基礎法則を先生と2人の生徒（香織と春樹）が対話形式で議論。物理のどこが重要なのか、何が問題なのか、をはっきりさせ、現代物理学の全体像を照らし出しま古典力学、電磁気学、熱統計力学、量子力学などいろいろな分野の根本を問い直し、それらの関連を考え、読者を物理学のさらなる深みにいざなします。
2017.7 131p A5 ¥1900 ①978-4-621-30189-0

◆**物理の世界** 岸根順一郎, 松井哲男著 放送大学教育振興会, NHK出版 発売 （放送大学教材）

【目次】物理の世界への序章、力と運動の基本法則、運動に潜む保存量、質点系から剛体へ、熱とエネルギー、熱とエントロピー、振動から波動へ、波の伝播と干渉、電気と磁気の世界：場のとらえ方、電場と磁場の法則、電磁場と物質、時間と空間：相対論の世界、光子と電子：量子論の世界、極微の世界へ、物理の世界を問う
2017.3 292p A5 ¥3400 ①978-4-595-31745-3

◆**物理のための数学** 和達三樹著 岩波書店（物理入門コース） 新装版
【要旨】物理学は数少ない基本法則から構成され、それらの基本法則がいろいろな現象を統一的に数学で記述する。大学の物理課程に登場する順序に数学を並べ直し、基本的な知識、ベクトルと行列、常微分方程式、ベクトルの微分とベクトル微分演算子、多重積分・線積分・面積分と積分定理、フーリエ級数とフーリエ積分、偏微分方程式の7章で構成。
2017.12 272p A5 ¥2600 ①978-4-00-029870-4

◆**物理文化論** 濱田敏博著 （高知）リーブル出版
【目次】第1章 医学・物理学などにおける知覚・印象量の研究、第2章 知覚・感覚に関する印象量（ΔΦ）(m/im)の性質について、第3章 光子(think)と印象量について、第4章 脳死判定後の生命体のリアリティーについて
2017.1 32p A5 ¥926 ①978-4-86338-169-8

◆**ヘクト 光学 1 基礎と幾何光学** Eugene Hecht著, 尾崎義治, 朝倉利光訳 丸善出版（原書第4版）
【要旨】本書は計測・通信・情報処理・医療・加工など非常に広範な領域で必要とされる光学という学問を基礎（1、2巻）から大学院レベル（3巻）までを図版と写真を多用してわかりやすく述べたものである。教育に主眼をおきつつも記述の仕方を現代的にし、最新の内容を盛り込むという基本方針は前の第3版（原書）を踏襲している。この版にはいくつかの目的がある。一つは、光学のほぼすべての場面において原子の散乱が演じる中心的な役割を理解させること、一つは、広い見通しの得られるフーリエ理論による考え方をできるだけ早く示すこと、一つは、根底にある光の量子力学的性質を明らかにしてゆくことである。章末には豊富な練習問題を用意し、巻末に解答を付けたが、教育上の配慮から一部は省いてある。
2017.2 449p B5 ¥4800 ①978-4-621-30145-6

◆**ヘクト 光学 2 波動光学** Eugene Hecht著, 尾崎義治, 朝倉利光訳 丸善出版（原書第4版）
【要旨】本書は計測・通信・情報処理・医療・加工など非常に広範な領域で必要とされる光学という学問を基礎（1、2巻）から大学院レベル（3巻）までを図版と写真を多用してわかりやすく述べたものである。教育に主眼をおきつつも記述の仕方を現代的にし、最新の内容を盛り込むという基本方針は前の第3版（原書）を踏襲している。この版にはいくつかの目的がある。一つは、光学のほぼすべての場面において原子の散乱が演じる中心的な役割を理解させること、一つは、広い見通しの得られるフーリエ理論による考え方をできるだけ早く示すこと、一つは、根底にある光の量子力学的性質を明らかにしてゆくことである。章末には豊富な練習問題を用意し、巻末に解答を付けたが、教育上の配慮から一部は省いてある。
2017.2 365p B5 ¥5000 ①978-4-621-30146-3

◆**ペンローズのねじれた四次元―時空はいかにして生まれたのか** 竹内薫著 講談社（ブルーバックス） 増補新版
【要旨】現代物理学の奇才＝ロジャー・ペンローズの宇宙観を、エキサイティングに解きほぐす―。相対論と量子論の"はざま"に生まれた鬼子"スピノール"。この奇妙な"物体"を無数に集めてネットワーク化すると、そこに「時空」が生まれる!?私たちの宇宙はなぜ「四」次元なのか？そして、四次元だけがもつ特異な性質とは？ 宇宙の終わりに「次の宇宙」の始まりがある世界。相対論と量子論は、果たして「ねじれた四次元」で邂逅するのか。
2017.12 302p 18cm ¥1080 ①978-4-06-502040-1

◆**身近な物理 川の流れから量子の世界まで―The Wonders of Physics 2** L.G. Aslamazov, A.A. Varlamov著, 村田恵三訳 丸善出版 （原書第2版）
【要旨】日常の生活で目にしていることを、少し違う視点で眺めてみましょう。耳を澄まし目を凝らし、ちょっと考えてみると、当り前に思っ

ていることの背景にある物理の楽しさが見えてくる。不思議に見えても、身近になりつつある量子の世界を通じ、進展する物理学の一端も紹介します。
2017.1 166p A5 ¥2200 ①978-4-621-08751-0

◆**メタマテリアルのための光学入門** 左貝潤一著 森北出版
【要旨】常識を打ち破る新技術―その基礎理論がよくわかる。従来の光学および結晶光学の関連理論を、メタマテリアルを含む形に拡張・再構成して体系的に解説。メタマテリアルの応用や、その特性の理解に必要な知識が身につく。
2017.7 257p A5 ¥4800 ①978-4-627-77601-2

◆**目に見える世界は幻想か？―物理学の思考法** 松原隆彦著 光文社（光文社新書）
【要旨】現代の物理学は、人間の思考を根底から支配している常識を捨て去ることで進展してきた。天上世界と地上世界は同じ法則によって動いていることを明らかにしたニュートン。時間や空間が誰にとっても同じものではないことを示し、世界の見方を変えたアインシュタインetc.。人間の存在は、この物理的世界の中でどのような位置を占めているのか。近代物理学の誕生の経緯、そして物理学に大きな革命をもたらした量子論と相対論の成り立ちを概観。物理学とは、常識に対する挑戦である―。日々の生活のヒントにもなる、数式・図表を用いない物理学の入門書。
2017.2 280p 18cm ¥780 ①978-4-334-03968-4

◆**儲かる物理―人生を変える究極の思考力** 鈴木誠治著 技術評論社
【要旨】物理を知らなくても「速さ」から始めてエネルギー、エントロピーなどの高度な概念が理解できるように説明。物理的な思考力を身につけると儲かる方法が見えてくる。
2017.12 255p A5 ¥1540 ①978-4-7741-9302-1

◆**世にも不思議で美しい「相対性理論」** 佐藤勝彦著 実務教育出版（素晴らしきサイエンス）
【要旨】"相対性理論"というメガネをかければ、世界の驚きの姿が見える！
2017.6 230p B6 ¥1400 ①978-4-7889-1140-6

◆**力学** 御領潤著 日本評論社（日評ベーシック・シリーズ）
【要旨】初学者が詰まりそうなところに配慮し、基本をていねいに解説。身近なものや現象を出発点に話題を展開。数式だけでなく、文章や図で伝える工夫を凝らし、「なるほど！」と納得できる。
2017.4 239p A5 ¥2400 ①978-4-535-80638-2

◆**力学** 戸田盛和著 岩波書店（物理入門コース） 新装版
【要旨】力学は、自然現象の中から法則を見出す方法や、自然現象を数理的に扱うことを学ぶのに適している。力学では振動、波動などの現象も扱うが、これらは電気振動や電磁波など他の分野の現象や法則を理解する基礎としても大切である。本書は特に基礎的な現象を取り上げ、各章で物理法則および物理概念と結びついた数学的事項を導入する。
2017.12 244p A5 ¥2400 ①978-4-00-029861-2

◆**理工系学生のための基礎物理学―Webアシスト演習付** 大澤智興, 桑田精一, 田中公一, 藤原真, 廣瀬英雄, 小田部荘司共著 培風館
【要旨】本書は、理工系の学生を対象とした大学初年級の物理学の教科書である。「力学」「波動」「熱力学」「電磁気学」および「現代物理学」として相対論・量子力学の基礎について、例題や図表を多く用いてやさしく解説している。またWeb上にオンライン学習サイトを設けて、章末の演習問題の詳細な解答・解説や利用者の理解度に応じた問題等を適宜用意している。高校物理から大学物理へのスムーズな橋渡しを心がけた書である。
2017.4 183p B5 ¥2700 ①978-4-563-02517-5

◆**理工系の物理学入門** 大成逸夫, 田村忠久, 渡邊靖志共著 裳華房 スタンダード版
【目次】物理学とは？ なぜ物理学を？、物体の位置、速度、加速度、力学の基本法則、質点の静力学、質点の運動、エネルギー保存則、運動量保存則、質点系と剛体の静力学、波動、熱平衡状態と温度、熱学、熱力学第1法則〔ほか〕
2017.11 164p B5 ¥2000 ①978-4-7853-2259-5

◆**量子革命―アインシュタインとボーア、偉大なる頭脳の激突** マンジット・クマール著, 青木薫訳 新潮社（新潮文庫）
【要旨】1900年、放射線の不可思議な現象を説明するため、M.プランクは「量子」という概念を考案した。その後、天才たちはこれを武器にニュートン力学を覆して、新しい世界像を提示し続ける。量子力学の解釈をめぐるアインシュタインとボーアの論争を軸に、ハイゼンベルク、ド・ブロイ、シュレーディンガーなどの人間ドラマも交え、物理学百年の流れを追った白熱の科学ノンフィクション。
2017.2 697, 20p A5 ¥990 ①978-4-10-220081-0

◆**量子情報工学** 富田章久著 森北出版
【要旨】量子力学の物理と数学を、量子情報に必要な内容に絞って解説。「量子ビット」「量子回路」「量子もつれ」などのキーコンセプトを平易に導入。すでに実現されている/実現可能性の高い物理系を取り上げ、量子暗号・量子計算の具体的な動作を説明。
2017.2 247p A5 ¥3400 ①978-4-627-85381-2

◆**量子力学―現代的アプローチ** 牟田泰三, 山本一博共著 裳華房（裳華房フィジックスライブラリー）
【要旨】単一の原理原則から出発して定式化。論理構成を重視し、現象を明解に説明。応用に配慮し、実験事実との関わりかを明示。前期量子論や量子力学の定式化、基本概念、量子基礎論の概説や場の理論の導入まで、"現代的"なアプローチで量子力学の本質に迫る。
2017.9 300p A5 ¥3300 ①978-4-7853-2253-3

◆**量子力学** 畠山温著 日本評論社（日本評論社ベーシック・シリーズ）
【要旨】大学で学ぶ物理の花形「量子力学」の基礎がわかる！ 少ない予備知識で、論理の飛躍なしに、一歩一歩じっくり読み進めるテキスト。身近なものや現象を出発点に話題を展開。数式だけでなく、文章や図で伝える工夫を凝らし、「なるほど！」と納得できる。
2017.11 218p A5 ¥2200 ①978-4-535-80641-2

◆**量子力学 1 原子と量子** 中嶋貞雄著 岩波書店（物理入門コース） 新装版
【要旨】マクロな物理現象の基本法則として確立された力学や電磁気学に対し、量子力学は電子や原子のミクロな運動をあつかう。第1冊ではミクロな運動を支配する新たな物理法則が納得でき、新たな物理的直観が得られるように丁寧に誘導。第2冊では量子力学を具体的な問題に応用するのに必要な基本法則、基礎概念、計算方法を解説。
2017.12 1Vol, A5 ¥2600 ①978-4-00-029865-0

◆**量子力学 2 基本法則と応用** 中嶋貞雄著 岩波書店（物理入門コース） 新装版
【要旨】マクロな物理現象の基本法則として確立された力学や電磁気学に対し、量子力学は電子や原子のミクロな運動をあつかう。第1冊ではミクロな運動を支配する新たな物理法則が納得でき、新たな物理的直観が得られるように丁寧に誘導。第2冊では量子力学を具体的な問題に応用するのに必要な基本法則、基礎概念、計算方法を解説。
2017.12 1Vol, A5 ¥2600 ①978-4-00-029866-7

◆**量子力学的古典力学** 嵐山源二著 （柏）暗黒通信団
2017.5 32p A5 ¥300 ①978-4-87310-068-5

◆**量子力学と経路積分** R.P.ファインマン, A.R.ヒッブス著, D.スタイヤー校訂, 北原和夫訳 みすず書房 （普及版）（原書校訂版）新装版
【要旨】経路積分の概念を用いて量子力学の諸法則が記述され、シュレーディンガー方程式表示とのつながりが示される。そこでは、摂動論、統計力学、量子電気力学、変分原理などの諸領域が多くの具体例とともに扱われる。そこには、さまざまな系における経路積分の可能性を探るファインマンの苦闘の痕が刻まれており、読者は非凡なセンスをもった物理学者の洞察、きらめくアイデアに触れることができる。また、ここにはファインマンが経路積分法に託していた大きな構想も、声高にではないがはっきりと提示されている。
2017.3 373p A5 ¥5800 ①978-4-622-07897-5

◆**例題から展開する力学** 香取眞理, 森山修共著 サイエンス社（ライブラリ 例題から展開する大学物理学 1）
【目次】第1章 力学の基本、物理学の基本、第2章 位置、速度、加速度、第3章 運動の典型的な例、第4章 仕事と力学的エネルギー、第5章 運

動量、第6章 角運動量、第7章 剛体の力学の初歩、付録 数学公式

2017.5 166p A5 ¥1700 ①978-4-7819-1399-5

◆**歴史を変えた100の大発見 物理—探究と創造の歴史** トム・ジャクソン著、新田英雄監訳、ヴォルフガング・フォグリ、フォグリ未央訳 丸善出版

【要旨】自宅の納屋で地球の密度を測った英国貴族。現代の発電システムの基礎を築いたマッド・サイエンティスト。「科学史上もっともすばらしい失敗」第五元素の検出実験。ひとりでに容器からこぼれ落ちる奇妙な液体。ついに捉えられた時空のさざ波「重力波」。100の大発見でたどる物理の歴史。

2017.1 148p 29×22cm ¥3800 ①978-4-621-30134-0

◆**歴史をかえた物理実験** 霜田光一著, パリティ編集委員会編, 大槻義彦責任編集 丸善出版 (パリティブックス) 新装復刊

【要旨】物理史上には、世界観や考え方、学問の方向性をかえた実験があります。本書では、電磁気学と光学に関する重要な実験にスポットを当て、その独創的なアイディアとともに、それらがどのような動機で遂行され、何が重要で、その後の理論にどう影響したかを、わかりやすく解説します。多くの図から、昔の実験も具体的に把握でき、現代物理学発展の契機がわかります。

2017.10 209p B5 ¥4000 ①978-4-621-30207-1

◆**ARPESで探る固体の電子構造—高温超伝導体からトポロジカル絶縁体** 高橋隆, 佐藤宇史著, 須藤彰三, 岡真監修 共立出版 (基本法則から読み解く物理学最前線 16)

【目次】第1章 はじめに、第2章 角度分解光電子分光（ARPES）、第3章 高温超伝導体、第4章 鉄系高温超伝導体、第5章 グラフェン、第6章 トポロジカル絶縁体

2017.4 101p A5 ¥2000 ①978-4-320-03536-2

◆**Brown粒子の運動理論—材料科学における拡散理論の新知見** 沖野隆久著 エヌ・ティー・エス

【目次】第1章 Brown運動、第2章 単一Brown粒子の挙動、第3章 拡散方程式の典型的な解析方法、第4章 放物空間における拡散方程式、第5章 拡散方程式に関する座標系の議論、第6章 典型的な相互拡散問題の解析、第7章 拡散問題に関連した基礎数学、第8章 拡散問題に関連した基礎物理学

2017.1 217p B5 ¥20000 ①978-4-86043-489-2

◆**SOI Lubistorの物理学と応用** 大村泰久著 (吹田)関西大学出版部

【目次】第1部 pn接合デバイスの歴史の概要と近年のデバイス応用間、第2部 SOI Lubistor の物理学とモデルの検討—厚い半導体層のデバイス、第3部 SOI Lubistor の物理学とモデルの検討—薄い半導体層のデバイス、第4部 回路応用、第5部 SOI Lubistor の光学応用、第6部 試験、評価手段としてのSOI Lubistor、第7部 SOI Lubistor の将来にわたる発展の見通し、第8部 半導体デバイス解析のためのデバイス物理学及び数学のまとめ

2017.2 401p A5 ¥4800 ①978-4-87354-645-2

◆**X線の非線形光学—SPring-8とSACLAで拓く新踏領域** 玉作賢治著, 須藤彰三, 岡真監修 共立出版 (基本法則から読み解く物理学最前線 14)

【目次】第1章 X線の非線形光学、第2章 X線と物質の相互作用の基礎、第3章 X線の散乱の基礎、第4章 基本的なX線光学系、第5章 非線形な散乱過程、第6章 X線領域のX線パラメトリック下方変換、第7章 非線形な吸収過程、第8章 X線非線形光学の展望、付録

2017.2 171p A5 ¥2000 ①978-4-320-03534-8

 素粒子・量子論

◆**いま、もう一つの素粒子論入門** 益川敏英著 丸善出版 (パリティブックス) 新装復刊

【要旨】場の理論の超入門に、ご案内します。素粒子を支配している法則は、時空の幾何学と関係が深い一般相対性やゲージ原理と深くかかわっています。場の理論は素粒子の世界を語る言葉。計算すればいろいろ予言できます。そこまでになるのはたいへんですが、まずは言葉に

親しみましょう。最小限の前提から始めて素粒子の標準理論まで、素粒子論の発展の要点が著者の視点でコンパクトにまとめられ、全体を俯瞰することができます。

2017.5 165p B6 ¥1500 ①978-4-621-30161-6

◆**佐藤文隆先生の量子論—干渉実験・量子もつれ・解釈問題** 佐藤文隆著 講談社 (ブルーバックス)

【要旨】最先端の量子力学実験は、我々の科学認識に大きな変更を要求している。「観測」とは何か？「物理量」は実在するのか？二重スリット実験を巧妙に発展させた、最先端の干渉実験は何を教えてくれるのか？量子力学の腑に落ちない感覚を見つめ直す。新しい量子論。

2017.9 216p 18cm ¥980 ①978-4-06-502032-6

◆**12歳の少年が書いた量子力学の教科書** 近藤龍一著 ベレ出版

【要旨】10歳にしてあらゆるジャンルの本を読み漁り（年間3000冊）、自分の志す道は物理学にあると考えるに至った著者が、独学で量子力学を学ぶ上で感じた「こんな本があれば」という想いを形にした渾身の一冊。入門者が数式を飛ばして読んでも概要を理解できる！

2017.7 319p A5 ¥1700 ①978-4-86064-513-7

◆**地球蘇生プロジェクト「愛と微生物」のすべて—思いは一瞬で宇宙の果てまで届く 新量子力学入門** 比嘉照夫, 森美智代, 白鳥哲著 ヒカルランド

【要旨】微生物の"蘇生の力"は今福島を「うつくしまEMパラダイス」に変えている！ この事実を知って世界に広げる。

2017.9 257p B6 ¥1815 ①978-4-86471-535-5

◆**ディラック量子力学** P.A.M.ディラック著, 朝永振一郎, 玉木英彦, 木庭二郎, 大塚益比古, 伊藤大介共訳 岩波書店 (原書第4版改訂版)

【要旨】世界的にもっとも著名な量子力学の教科書。2017.11 449p A5 ¥7800 ①978-4-00-006151-3

◆**フォック空間と量子場 上** 新井朝雄著 日本評論社 (数理物理シリーズ) 増補改訂版

【要旨】豊かな数理をもつ量子場の数学的な理論の基礎であるフォック空間と量子場を詳述。新たな節を補い、読みやすさに配慮して改訂した。

2017.7 355p A5 ¥5800 ①978-4-535-78839-8

◆**フォック空間と量子場 下** 新井朝雄著 日本評論社 (数理物理シリーズ) 増補改訂版

【要旨】上巻で解説した理論の応用編。個々のモデルを構成し基本的性質を論じる。概念や項目を追加し、近年の進展を加筆した。

2017.9 365p A5 ¥5800 ①978-4-535-78840-4

◆**まんがでわかる 量子論** 竹内薫著, 藤井かおり執筆協力, 松野時緒漫画 PHP研究所 新装増補版

【要旨】失恋の痛手が癒えない少年勇貴は、なぜか量子のことばかりを話す不思議な少女あいりと出会う。しかし、やがて読者だけに知らされる衝撃的な事実…。なんと、彼女の耳はネコの耳だった!!死後の世界、魂、パラレルワールドを最新の物理学で解き明かす!?

2017.8 220p B6 ¥556 ①978-4-569-83848-9

◆**量子群点描** 山下真善 共立出版

【目次】第1章 Fourier変換と双対性、第2章 Yang-Baxter方程式、第3章 SLq（2）、SUq（2）、第4章 Lie環やr行列の量子化、第5章 変形量子化、第6章 代数的量子群、第7章 作用素環に基づく理論、第8章 テンソル圏

2017.5 145p A5 ¥2800 ①978-4-320-11313-8

◆**量子散乱理論への招待—フェムトの世界を見る物理** 緒方一介著 共立出版

【目次】第1章 断面積とは何か？、第2章 ラザフォードによる原子核の発見、第3章 弾性散乱の量子力学的記述、第4章 平面波近似に基づく反応解析と原子核の密度分布、第5章 アイコナール近似に基づく反応解析、第6章 全反応断面積で探る不安定核の性質、第7章 チャネル結合法と光学ポテンシャルの起源、第8章 散乱問題の純量子力学的解法、第9章 クーロン相互作用の取り扱い、第10章 連続状態離散化チャネル結合法を用いた宇宙元素合成研究、付録

2017.3 285p A5 ¥4800 ①978-4-320-03600-0

◆**量子力学的手法によるシステムと制御** 伊丹哲郎, 松井伸之, 乾徳夫, 全卓樹共著 コロナ社 (計測・制御テクノロジーシリーズ 6)

【目次】1 マクロシステムの「量子」的な解析（日常の世界になぜあえて「量子」を持ち込むの

か？、量子力学の基本構成 ほか）、2 最適フィードバック制御の量子力学（非線形フィードバックの「重ね合わせ原理」による最適化、ディラック括弧と波動方程式 ほか）、3 量子計算知能（量子計算知能の誕生、量子計算 ほか）、4 量子意思決定論と量子ゲーム理論（量子力学的確率、量子意思決定論 ほか）、5 量子機械と量子グラフ（量子アクチュエータ、ナノメカニカル共振器 ほか）

2017.12 242p A5 ¥3400 ①978-4-339-03356-4

◆**量子力学入門—その誕生と発展に沿って** 松下貢著 裳華房 (物理学講義)

【要旨】初学者を対象に、直観が通じないミクロな世界の現象をどのようにとらえ、どのように考える分野であるかをわかりやすく説明。初めから量子力学が出来上がったものとして解説するのではなく、量子力学がどうして必要とされるようになったのかを、科学の歴史をたどりながら解きほぐし、量子力学の誕生から現代科学への応用までの発展に沿って、スモールステップで解説した。量子力学の誕生に至るまでに、かつての物理学者が古典物理学の範囲内でどのように格闘したか、関連した話題を付録にも詳しく記した。

2017.6 276p A5 ¥2900 ①978-4-7853-2254-0

◆**量子力学の数学理論—摂動論と原子等のハミルトニアン** 加藤敏夫稿、黒田成俊編注 近代科学社

【要旨】遺品のノート5冊に記されていた、戦後発表され世界をリードした研究の「原石」を完全復元。

2017.11 433p 24×19cm ¥8000 ①978-4-7649-0545-0

◆**量子論から科学する「見えない心の世界」—一心の文明とは何かを極める** 岸根卓郎著 PHPエディターズ・グループ, PHP研究所発売

【要旨】科学と宗教が統合される時、何が見えてくるのか？「人間という存在」の意味を探究する著者の知的到達点！

2017.7 453p B6 ¥2000 ①978-4-569-83663-8

◆**量子論はなぜわかりにくいのか—「粒子と波動の二重性」の謎を解明する** 吉田伸夫著 技術評論社 (知の扉シリーズ)

【要旨】「粒子であると同時に波である」???それって、結局どういうこと？ 量子論の具体的なイメージが描きずくじけがちな初学者へ向け、リアルなモデルを使ってていねいに解説する。今度こそわかりたいあなたのための量子論入門。

2017.4 205p A5 ¥1580 ①978-4-7741-8818-8

 化学

◆**アルカロイドの科学—生物活性を生みだす物質の探索から創薬の実際まで** 高山廣光編 (京都)化学同人 (DOJIN ACADEMIC SERIES 8)

【目次】第1部 アルカロイドの探索、第2部 アルカロイドの生合成、第3部 アルカロイドの全合成、第4部 アルカロイドの薬理、第5部 アルカロイドの創薬への展開、第6部 アルカロイドと危険ドラッグ

2017.8 546p A5 ¥11000 ①978-4-7598-1418-7

◆**16817の化学商品 2017年版** 化学工業日報社

【要旨】商業的に生産されている化学物質のうち市場性の高い化学品を30類に分類して収録。特性、用途、製法など化学品の基礎データを記載。

2017.1 2200p B5 ¥49000 ①978-4-87326-678-7

◆**美しい元素—あらゆる物質の「基本要素」がよくわかる！** 大嶋建一監修 学研プラス (学研の図鑑) 新版

【要旨】ニホニウム、放射性元素、レアメタル、人体の必須元素…118種類の元素を美しい写真でやさしく解説！

2017.1 143p A5 ¥580 ①978-4-05-406521-5

◆**卜部の高校化学の教科書** 卜部吉庸著 三省堂

【要旨】もういちど化学を学び直したい社会人から、化学の基礎・基本から学習し直したい高校生まで使える、とてもやさしい化学の教科書。

2017.1 367p A5 ¥2600 ①978-4-385-36412-4

◆**ウレット・ローン 基本有機化学** Robert J. Ouellette, J.David Rawn著, 狩野直和訳 東京化学同人

【目次】有機化合物の構造、有機化合物の性質、アルカンとシクロアルカン、アルケンとアルキン、芳香族化合物、立体化学、求核置換反応と脱離反応、アルコールとフェノール、エーテルとエポキシド、アルデヒドとケトン、カルボン酸とエステル、アミンとアミド、糖質、アミノ酸、ペプチド、タンパク質、合成高分子、分光法　2017.9 309p B5 ¥3200 ⓘ978-4-8079-0911-7

◆液晶―基礎から最新の科学とディスプレイテクノロジーまで　日本化学会編、竹添秀男、宮地弘一著　共立出版（化学の要点シリーズ 19）
【目次】第1章 液晶とは、第2章 分子の形と液晶の種類、第3章 液晶の基本物性、第4章 液晶と界面、第5章 液晶ディスプレイ、第6章 液晶の未来　2017.2 148p B6 ¥1700 ⓘ978-4-320-04424-1

◆えっ！ そうなの?!私たちを包み込む化学物質　浦野紘平、浦野真弥共著　コロナ社
【目次】1 化学物質とはなにか、いつごろから急に増えたのか（化学物質ってなんのことなのか、合成化学物質はいつごろから急に増えたのか）、2 身近な貢献はどんな貢献をしているのか（農業の省力化と収穫量の増加や安定化に貢献している、プラスチックによって生活が豊かになっている、機能性化学物質によって生活が豊かになっている、家庭での化学物質使用によって生活の質が向上している）、3 化学物質によって被害がでた例（化学物質によってある特定場所で被害がでた例、化学物質によってある地域が汚染されて被害がでた例、化学物質によって地球が汚染されて被害がでている例）、4 化学物質を管理する法律はどうなっているのか（化学物質管理の法律全体はどうなっているのか、特定の有害性がある化学物質の管理はどうなっているのか、農業用の化学物質の管理はどうなっているのか、工業用や医療用の化学物質の管理はどうなっているのか、職場や家庭等での化学物質の管理はどうなっているのか、化学物質による環境汚染のこれからはどうなっているのか）、5 化学物質管理のこれまでとこれから（化学物質管理のこれまでと改善方法、これからの新しい方向）　2018.1 193p A5 ¥2500 ⓘ978-4-339-06643-2

◆エネルギー変換型光触媒　日本化学会編、久富隆史、久保田純、堂免一成著　共立出版（化学の要点シリーズ 21）
【目次】第1章 光触媒概論（はじめに、光触媒の歴史 ほか）、第2章 エネルギー変換型光触媒の原理（半導体のバンド構造、フェルミ準位・不純物半導体 ほか）、第3章 半導体光触媒の特性（光子のエネルギー、量子収率 ほか）、第4章 光触媒・光電極材料の設計と実例（水分解用光触媒に求められる熱力学的条件、可視光応答性光触媒材料 ほか）、第5章 水の分解反応の反応機構と速度論的検討（光触媒反応の時間スケール、電気化学的立場から見た光触媒反応 ほか）　2017.6 125p B6 ¥1700 ⓘ978-4-320-04462-3

◆演習で納得!!理工系学生のための化学基礎　川泉文男著　学術図書出版社　第2版
【目次】気体の性質、凝集体の構造と性質、原子の構造、化学結合、分子構造の決定法、熱力学第一法則、熱力学第二法則、相平衡と相変化、化学平衡、電池と起電力、溶液の性質（1）、溶液の性質（2）―電解質溶液、化学反応速度、放射線の科学、生物学・生体機能と化学　2017.10 84p B5 ¥2400 ⓘ978-4-7806-0599-0

◆演習無機化学―基本から大学院入試まで　田中勝久、平尾一之、中平敦、幸塚広光、滝澤博胤著　東京化学同人　第2版
【目次】1 原子の構造と周期律、2 化学結合、3 元素の性質と化合物、4 溶液化学、5 配位化学、6 固体化学　2017.6 182p A5 ¥2400 ⓘ978-4-8079-0924-7

◆面白くて眠れなくなる化学　左巻健男著　PHP研究所（PHP文庫）
【要旨】ロウソクの火が消えると酸素はどうなる？ コーラを飲むと歯や骨が溶ける？ ケーキの銀色の粒の正体は？ 紅茶にレモンを入れると色が変わる理由は？―人気シリーズ「面白くて眠れなくなる」の第三弾は「化学」がテーマ。身の回りのものにこんな秘密があるなんて！ と驚くネタが満載です。化学の世界は不思議とドラマに満ちている！ 面白く読めて、教養も身に付く一冊。　2017.4 209p A6 ¥640 ⓘ978-4-569-76725-3

◆界面化学　近藤保著　三共出版　新版
【目次】第1章 序論、第2章 気体‐液体界面、第3章 不溶性単分子膜、第4章 液体‐液体界面、第5章 固体‐液体界面、第6章 界面の電気的性質、第7章 固体‐気体界面、第8章 エマルション、第9章 泡と泡沫、第10章 動的界面現象　2017.2 156p A5 ¥2300 ⓘ978-4-7827-0761-6

◆化学英語30講――リーディング・文法・リスニング　宮本惠子著　朝倉書店（やさしい化学30講シリーズ 5）
【目次】リーディング（まずはボキャブラリー：化学の専門用語を英語で言えますか？、面白理科実験：小学校レベル、化学結合と化学反応：中学校レベル ほか）、リスニング（ion はイオンではありません：正しい英語の発音を確認、アルカンはアルケン、アルケンはアルキン、アルキンはアルカン?!、リスニング問題初級編：リピーティングとシャドーイングで力をつける ほか）、文法（英語の文の構造（1）：第一文型と第二文型、英語の文の構造（2）：第三文型、第四文型、第五文型、冠詞の話：a とthe の違い ほか）　2017.10 173p A5 ¥2400 ⓘ978-4-254-14675-2

◆化学系学生にわかりやすい 熱力学・統計熱力学　湯浅真、北村尚斗共著　コロナ社
【目次】1 化学および統計熱力学の基本用語および基本法則（基本用語、基本法則）、2 熱力学（理想気体と諸法則および状態方程式、状態とエネルギー：熱力学第一法則、状態変化とエントロピー：熱力学第二、三法則、熱力学関数）、3 統計熱力学（統計熱力学（気体分子運動論、分子の分布とその応用、統計熱力学）、付録　2017.4 177p A5 ¥2400 ⓘ978-4-339-06640-1

◆化学系のための安全工学―実験におけるリスク回避のために　西山豊、柳日馨編著　（京都）化学同人
【目次】第0章 安全を学ぶ意義―実験室は危険と隣り合わせ、第1章 火災や爆発の危険性がある化学物質、第2章 実験室での火災への対処法、第3章 毒性のある化学物質、第4章 高圧ガスの危険とその安全な取り扱い、第5章 X線およびレーザー光の危険、第6章 電気の危険、第7章 安全とリスクに対する考え方、第8章 化学物質の生体への影響、第9章 実験系の廃棄物　2017.10 204p A5 ¥2000 ⓘ978-4-7598-1948-9

◆化学結合論―分子の構造と機能　橋本健ији編著　放送大学教育振興会、NHK出版 発売（放送大学教材）
【目次】原子、分子の世界、量子化学の基礎、水素原子・水素様原子、原子と周期表、化学結合ができる仕組み、共有結合とイオン結合、有機化合物：混成軌道がもたらす構造多様性、分子間相互作用と固体、液体、π共役系と色素、分子結晶と有機半導体、電離放射線の生態影響、タンパク質の構造、生命機能とタンパク質の立体構造、タンパク質の立体構造と医薬品　2017.3 258p A5 ¥3100 ⓘ978-4-595-31746-0

◆化学史事典　化学史学会編　（京都）化学同人
【目次】985p A5 ¥22000 ⓘ978-4-7598-1839-0

◆化学者たちの京都学派―喜多源逸と日本の化学　古川安著　（京都）京都大学学術出版会
【要旨】異なる分野の学びから創造力が生まれる！ 喜多源逸から福井謙一・野依良治へと続く伝統。　2017.12 334p A5 ¥3600 ⓘ978-4-8140-0122-4

◆化学と空想のはざまで―青い地球と韻文対話　北條正司著　（松山）創風社出版
【要旨】化学に関連する身近なお話から遙かなる真理の空へ童話、エッセイ、対話で綴る未来への熱い思い。　2016.12 289p B6 ¥1800 ⓘ978-4-86037-240-8

◆化学の基本シリーズ 2 有機化学　久保拓也、細矢憲著　（京都）化学同人
【目次】0 大学で学ぶ有機化学とは、1 有機化合物の分離、検出、構造解析、2 有機化合物の命名法と立体化学、3 原子、分子の成り立ち、電子の働き、4 有機反応の基礎、5 置換と脱離、6 付加反応、7 生体関連物質と合成高分子　2017.12 153p B5 ¥2400 ⓘ978-4-7598-1845-1

◆化学反応論―分子の変化と機能　安池智一編著　放送大学教育振興会、NHK出版 発売（放送大学教材）
【目次】序論：Alchemy to chemistry、化学平衡と反応の駆動力、化学反応の速度、酸塩基反応、酸化還元反応、分子軌道から見た化学反応、有機化学1：炭素骨格の構築、有機化学2：官能基変換、有機化学3：光学異性体を作り分ける、無機化学：金属錯体の反応、電気化学：電池と酸化還元反応、エネルギー変換の化学、触媒化学：人類を救った化学反応―速度式の取扱い（1）、

化学反応が支える生命：酵素の生化学―速度式の取り扱い（2）、複雑な化学反応ネットワークの理解に向けて―速度式の取り扱い（3）　2017.3 269p A5 ¥3100 ⓘ978-4-595-31747-7

◆化学品ハンドブック　2017　重化学工業通信社・化学チーム編　重化学工業通信社
【目次】1 化学製品の基礎知識（化学工業の現状、日本の化学工業の歩み ほか）、2 化学製品の製造プロセス系統図（基礎原料、中間原料 ほか）、3 化学製品の需給実績（総括編）（無機化学製品の生産・輸出入実績、石油化学製品の生産・輸出入 ほか）、4 化学製品の動向と生産能力（各論編）―下線の製品は世界ランキング表付（基礎原料、中間原料 ほか）、5 化学企業関連データ（化学業界年表、国内外の業界再編の動き ほか）　2017.6 508, 8p B6 ¥9000 ⓘ978-4-88053-176-2

◆からだの中の化学　立屋敷哲著　丸善出版
【要旨】食べた物がからだの中でどのように化学反応し、私たちの身となり健康を支えているのだろう。化学的基礎がからだの仕組みや消化・吸収、代謝、栄養などどうつながっているのか、自分のからだの中で起こっていることは化学的にどういうことなのか、基礎から応用へしっかり解説。　2017.3 206p B5 ¥2800 ⓘ978-4-621-30141-8

◆環境化学　西村雅吉著　裳華房　改訂版；オンデマンド版
【目次】1 太陽系、地球、2 大気圏、水圏、生物圏、3 分析値の意味するもの、4 物質の動き、5 化学物質による汚染、6 地球規模の環境問題、7 おわりに　2017.8 163p A5 ¥2400 ⓘ978-4-7853-0635-9

◆環境と化学―グリーンケミストリー入門　荻野和子、竹内茂彌、柘植秀樹編　東京化学同人　第3版
【目次】1 空気をきれいに、2 貴重な水資源、3 気候変動の化学、4 オゾン層を護ろう、5 エネルギーを大切に、6 役に立つ物質をつくる、7 高分子の化学、8 廃棄物のリサイクル　2018.1 206p A5 ¥2200 ⓘ978-4-8079-0933-9

◆環境分析化学　合原眞、今任稔彦、岩永達人、吉塚和治、脇田久伸共著　三共出版　第3版
【目次】第1編 環境分析化学を学ぶための基礎（分析化学基礎、分析化学に見られる化学平衡）、第2編 環境分析化学（環境問題への取り組み、サンプリング、大気環境の分析、水の環境の分析、土壌環境の分析、放射性物質の分析、環境分析に利用される機器分析法）　2017.3 263p B5 ¥2900 ⓘ978-4-7827-0768-5

◆基礎化学実験　大阪市立大学大学院理学研究科基礎教育化学実験グループ編　（岡山）ふくろう出版　改訂3版
【目次】化学実験の基礎知識、基礎化学実験1（陽イオンの定性分析、原子スペクトル分析、有機化合物の合成と合成、時計反応、酸化還元滴定）、基礎化学実験2（アジピン酸の合成（ケトン‐エノラートの酸化）、安息香酸メチルの合成（カルボン酸のエステル化反応）、ジベンザルアセトンの合成（アルドール縮合）、2‐クロロ‐2‐メチルプロパンの合成（SN1反応）、1‐プロモブタンの合成（SN2反応）ほか）、付録　2017.2 243p B5 ¥2400 ⓘ978-4-86186-686-9

◆基礎物理化学―能動的学修へのアプローチ　勝木明夫、伊藤冬樹、手老省三共著　三共出版
【目次】第1章 原子の電子構造、第2章 化学結合、第3章 物質の状態、第4章 熱力学第一法則、第5章 変化の方向とGibbs エネルギー、第6章 物質の相平衡（ΔGの応用1）、第7章 化学平衡（ΔGの応用2）、第8章 化学エネルギーと電気エネルギー、第9章 反応速度　2017.3 225p B5 ¥2700 ⓘ978-4-7827-0764-7

◆基礎有機化学　小林啓二著　裳華房（有機化学スタンダード）
【要旨】多くの基礎有機化学教科書のような「官能基別」の章立てをとらず、有機化学本来の基礎（語学における文法に当たるもの）とは何か、を提言する新しいタイプの教科書。各論的な説明ではなく、有機化学の体系の全体を見通しての解説がなされている。　2017.10 173p B5 ¥2600 ⓘ978-4-7853-3422-2

◆緊急時応急措置指針―容器イエローカードへの適用　ERG2016版　田村昌三監訳、日本化学工業協会編　日本規格協会
【目次】A 緊急時応急措置指針と容器イエローカード（緊急時応急措置指針、容器イエローカー

ド（ラベル方式）、国連番号の付け方（参考）、B 緊急時応急措置指針（利用上の注意、国連／ID番号順索引、物質名50音順索引、指針（指針番号順）） 2017.7 273p A5 ¥3500 ①978-4-542-02008-5

◆**クライン 有機化学　上**　D.R. クライン著、岩澤伸治監訳　東京化学同人　（原著第2版）
【目次】一般化学の概説：電子、結合、分子の性質、分子の表記法、酸と塩基、アルカンとシクロアルカン、立体異性、化学反応性と反応機構、置換反応、アルケン：構造と脱離反応による合成、アルケンへの付加反応、アルキン〔ほか〕
2017.4 582, 9p B5 ¥6100 ①978-4-8079-0903-2

◆**クライン 有機化学　下**　クライン著、岩澤伸治監訳　東京化学同人　（原著第2版）
【目次】赤外分光法と質量分析法、核磁気共鳴分光法、共役π電子系とペリ環状反応、芳香族化合物、芳香族置換反応、アルデヒドとケトン、カルボン酸とその誘導体、α炭素の化学：エノールとエノラート、アミン、糖質〔ほか〕
2018.1 1179p 26×20cm ¥6100 ①978-4-8079-0904-9

◆**クリスチャン分析化学　2　機器分析編**
Gary D. Christian, Purnendu K. Dasgupta, Kevin A. Schug著、今任稔彦、角田欣一監訳　丸善出版　（原著7版）
【要旨】本書は、大学学部初学年の入門講義から高学年の専門講義まで広く利用できる分析化学の教科書である。初歩から高度な内容までを網羅した詳細な解説に加え、多彩な実例をもとにした「発展例題」を多数掲載。実際の分析をイメージしながら学習を進めることができる。「2. 機器分析編」では、それぞれの分析法の歴史的発展を紹介するとともに、その原理や特長、最先端のトピックまでを、実例を交えて幅広く記述している。これらの内容は、講義にとどまらず、分析機器を自ら使用して研究を進めていくさいにも大いに役に立つことだろう。分析化学はたんなる机上の学問ではなく、実践をともなう生きた学問である。本書は、それを実感できる教科書である。
2017.1 368p B5 ¥4200 ①978-4-621-30110-4

◆**クリスチャン Excelで解く分析化学**
Gary D. Christian, Purnendu K. Dasgupta, Kevin A. Schug著、角田欣一、戸田敬監訳　丸善出版　（原書第7版）
【要旨】数値計算や統計処理を行うことが多い分析化学では、Excelを活用すると、より効果的・効率的に学習や解析を行うことができる。また、Excelでは、滴定曲線の描画やクロマトグラフィーの分離のシミュレーションなど、分析過程における化学種の挙動を可視化することもできる。本書は、Christian著"Analytical Chemistry, 7th ed."より、Excelの基礎的な使用方法から、ソルバーやゴールシークを用いた計算やマクロの活用事例などの解説部分を抜粋し、まとめたものである。計算プログラムの入ったExcelファイルをwebサイトより無料でダウンロードでき、実際に操作をしながら読み進めることができる。講義の副読本や自習書としてはもちろん、分析や分析法の開発を行っている大学院生や技術者の参考書としても、幅広く活用できる一冊。
2017.3 127p B5 ¥2400 ①978-4-621-30154-8

◆**元素生活 完全版**　寄藤文平著　（京都）化学同人　（付属資料あり）
【要旨】ついに、出そろいました。メンデレーエフの周期表発見からほぼ150年。118の元素がやっとこ完全コンプリート！絵とキャラクターで見るイキイキ元素の世界、完全版。
2017.3 213p 18×15cm ¥1400 ①978-4-7598-1927-4

◆**元素に恋して―マンガで出会う不思議なelementsの世界**　千代田ラフト原作、若林文高監修、さかわよこ漫画　（大阪）創元社
【要旨】怪しげな骨董屋を舞台に、セーラー服の少女と謎めいた店長がくりひろげる元素にまつわる物語。ニホニウムを含む完全版周期表つき。
2017.3 175p A5 ¥1200 ①978-4-422-42007-3

◆**元素の名前辞典**　江頭和宏著　（福岡）九州大学出版会
【要旨】ニホニウムを含む全118元素の名前の由来について、元になったギリシャ語やラテン語はもとより、ギリシャ・ローマ神話の登場人物、地名や人名などの語源に遡って解説する。命名に関連する発見の逸話や、『古事記』や『日本書紀』での元素の記述も紹介する。命名が名づけに込めた思いに迫り、「ことば」の面から元素を考える。英・独・仏・スウェーデン・ギリ

シャ・ロシア語の元素名と読みのカタカナも記載。 2017.8 278p B6 ¥2400 ①978-4-7985-0210-6

◆**元素118の新知識―引いて重宝、読んでもおもしろい**　桜井弘編　講談社　（ブルーバックス）
【要旨】それぞれに個性的で、独自の働きや機能をもつ118種の元素たち。その全貌がよくわかる「読む元素事典」の決定版！アジア初・日本発の新元素「ニホニウム」掲載！「立花隆選の100冊」に選出！累計16万部突破のベストセラーがバージョンアップ！新たに命名された新元素を徹底解説。
2017.8 542p 18cm ¥1400 ①978-4-06-502028-9

◆**現代の化学環境学―環境の理解と改善のために**　御園生誠著　裳華房
【要旨】化学者・化学技術者の立場から具体的提言を続けてきた著者の集大成。地球環境の現状をふまえた"できるだけ正しい"処方箋。
2017.9 233p A5 ¥2300 ①978-4-7853-3513-7

◆**工学基礎化学実験**　静岡大学工学部共通講座化学教室編　学術図書出版社　第7版
【目次】分析化学実験（金属陽イオンの定性分析、陰イオンの定性分析、比色分析"真ちゅう釘中の銅の定量"）、物理化学実験（反応速度定数と活性化エネルギー、緩衝作用）、有機化学実験／演習（色素、有機化学演習）、付録
2017.3 76p B5 ¥1000 ①978-4-7806-0555-6

◆**高校教師が教える化学実験室―高校大学の授業にプラスアルファ！ユニークな実験集**　山田暢司著　工学社　（I・O BOOKS）　三訂版
【目次】物質・原子・分子・イオン、物質量と化学変化、熱化学、酸と塩基、酸化還元反応、電気と電池、色と光で化学分析、反応速度、有機化学、食品、環境、アート、工作、新技術・新素材、不思議・マジック・遊び
2017.8 199p A5 ¥2400 ①978-4-7775-2024-4

◆**高分子ゲル**　高分子学会編、宮田隆志著　共立出版　（高分子基礎科学One Point 6）
【目次】第1章 高分子ゲルとは、第2章 ゲルの基礎理論、第3章 ゲルの形成、第4章 ゲルの構造、第5章 ゲルの物性、第6章 ゲルの機能
2017.5 173p B5 ¥1900 ①978-4-320-04440-1

◆**高分子材料シミュレーション―OCTA活用事例集**　新化学技術推進協会編　化学工業日報社　増補版
【目次】第1部 高分子材料シミュレーション（高分子材料においてはシミュレーションはなぜ必要か？、高分子シミュレーションツールの現状 ほか）、第2部 高分子材料シミュレーションツールOCTA（OCTA概要、粗視化分子動力学シミュレータCOGNAC ほか）、第3部 事例集（プラスチック材料、ゴム・エラストマー ほか）、Appendix（OCTAを使うための高分子化学基礎、本書利用上の注意、OCTAおよびサンプルデータダウンロード方法）
2017.7 378p B5 ¥15000 ①978-4-87326-687-9

◆**固体触媒**　内藤周弌著、日本化学会編　共立出版　（化学の要点シリーズ 22）
【目次】第1章 固体触媒とその役割（触媒とは？、触媒の4要素 ほか）、第2章 固体触媒の構造と触媒反応（固体結晶構造と表面構造、固体触媒反応場の構造 ほか）、第3章 固体触媒の調製と評価（調製原理、種々の固体触媒調製法 ほか）、第4章 固体触媒反応の素過程と反応速度論（表面での素過程、表面の反応速度論 ほか）、第5章 固体触媒の利用（工業触媒、エネルギー関連触媒 ほか）
2017.9 128p B6 ¥1900 ①978-4-320-04464-7

◆**コロイド化学史**　北原文雄著　サイエンティスト社
【目次】序章 コロイドとは（コロイドの定義、コロイドの分類と用語 ほか）、第1章 "コロイド"の先駆者たち―19世紀初期から中期まで（時代背景、コロイド研究の黎明―リヒターとラウス ほか）、第2章 コロイドの誕生とその実験的発展―19世紀中期から末期まで（時代背景、コロイド概念の出現 ほか）、第3章 コロイド化学の成立とその発展―20世紀初期から1930年頃まで（時代背景特にドイツを巡る情勢、コロイド化学の成立 ほか）、第4章 コロイド化学からコロイド科学へ―1930年頃から1970年頃まで（時代背景と科学界の情勢概観、疎水コロイド安定性の理論を求めて ほか）
2017.9 225p A5 ¥2500 ①978-4-86079-085-1

◆**最初に読む 光化学の本**　前田秀一編著　日刊工業新聞社

【目次】第1章 光と電子の振る舞い、第2章 分子による光エネルギーの吸収、第3章 光エネルギーにより励起した分子の振る舞い、第4章 励起した分子の化学反応、第5章 自然と光化学、第6章 産業と光化学
2017.2 141p A5 ¥2200 ①978-4-526-07667-1

◆**坂田薫のスタンダード化学―無機化学編**　坂田薫著　技術評論社
【要旨】わかりやすさで定評のある講義がこの1冊に凝縮！4回の講義でしっかり学び、手を動かして学ぶ例題できっちり定着。無機化学の知識がきちんと身につきます。
2017.12 271p A5 ¥1480 ①978-4-7741-9380-9

◆**視覚でとらえるフォトサイエンス 化学図録**　数研出版編集部編　数研出版　三訂版
【要旨】物質や反応の写真が豊富で詳しい。一化学ではたくさんの物質や反応が登場します。本書は、教科書や参考書に登場する多くの物質や反応を、豊富な写真でお見せします。化合物の色や反応の様子が一目瞭然です。実験の流れが手にとるようにわかる。一実験のページでは、操作手順を省略せず、すべての過程を写真で追うことができるようにしています。予習しておけば、流れをつかんで見通しよく実験できるでしょう。また、試験前に実験操作を復習すれば、実験をテーマにした問題に対処できるはずです。図解が充実していて法則や理論がわかりやすい。一本書は図版を写真と対比させ、現象のメカニズムがつかめるようにしました。また、原子や結晶構造など、随所でコンピュータグラフィックスが見えない世界のイメージがわくよう工夫しました。最新の話題や身のまわりの化学が豊富で楽しい。一新聞やニュースでよく目や耳にする話題や、身のまわりの物質や現象を、特集・コラム・ズームアップなどで化学的な視点で解説しています。楽しみながら化学を学ぶことができます。巻末資料が充実。一巻末の資料編が25ページに。調べたいデータがすぐ引つかり便利です。
2017.3 280p 26×21cm ¥1100 ①978-4-410-27386-5

◆**資源天然物化学**　秋久俊博、小池一男編　共立出版　改訂版
【目次】序論―資源天然物化学の役割、抽出、分離および精製、構造決定、立体化学、生合成、糖質（炭水化物）、脂質、テルペノイド、ステロイド、芳香族化合物、アミノ酸とペプチド、アルカロイド、生物活性物質、抗性物質、生物間相互作用物質、食品の機能性成分、植物精油（エッセンシャルオイル）と香料
2017.4 361p B5 ¥3700 ①978-4-320-04452-4

◆**周期表に強くなる！―身近な例から知る元素の構造と特性**　齋藤勝裕著　SBクリエイティブ　（サイエンス・アイ新書）　改訂版
【要旨】すべての物質を形づくっているのは周期表に載っているわずか118種類の元素。周期表がわかれば、物質もわかる。いわば周期表は科学の「あいうえお」。身近な例から元素の構造と特性をわかりやすく解説。日本発・アジア初の113番元素「ニホニウム」についても理解が深まる、周期表解説書の決定版。
2017.12 207p 18cm ¥1000 ①978-4-7973-9519-8

◆**臭素およびヨウ素化合物の有機合成―試薬と合成法**　鈴木仁美監修、マナック（株）研究所著　丸善出版
【要旨】医薬、農薬、色素、香料、液晶や機能性薄膜に代表される有機電子材料など、私たちの日常生活に欠かせないさまざまな物質の製造において、臭素およびヨウ素化合物は合成中間体として不可欠で重要な役割を担っている。本書では、これらのハロゲン化合物の合成法と試薬を体系的に分類して、その特性、適用可能な範囲、反応の機構などを具体例で示しながら、わかりやすく解説している。また、多くの合成例について、その反応条件、収率、文献などを表形式で提示し、合成法をデザインする際の便宜が図られている。わが国で初めて出版されるこの分野の専門書であり、有機合成にかかわる研究者および技術者が携えるべき書といえる。
2017.1 644p A5 ¥9800 ①978-4-621-30123-4

◆**シュライバー・アトキンス 無機化学　下**　Mark Weller, Tina Overton, Jonathan Rourke, Fraser Armstrong著、田中勝久、高橋雅英、安部武志、平尾一之、北川進訳　東京化学同人　（原書第6版）
【目次】第2部 元素と化合物（つづき）（16族元素、17族元素、18族元素、d‐ブロック元素、d 金属錯体：電子構造と物性、配位化学：錯体の反応、

d 金属の有機金属化学、f‐ブロック元素）、第3部 最先端の研究（材料化学とナノ材料、触媒、生物無機化学、医学における無機化学）、付録
　2017.1 1078p B5 ¥6500 ①978-4-8079-0899-8

◆触媒化学―基礎から応用まで　田中晴裕、山下弘巳編著　講談社　（エキスパート応用化学テキストシリーズ）
【目次】第1章 触媒・触媒化学の歴史、第2章 化学産業と触媒プロセス、第3章 触媒反応の反応機構および反応速度論、第4章 石油精製プロセスおよび石油化学プロセス、第5章 工業触媒、第6章 ファインケミカルズ合成触媒1：不均一系触媒、第7章 ファインケミカルズ合成触媒2：均一系触媒、第8章 環境触媒、第9章 エネルギー関連触媒、第10章 光触媒、第11章 触媒のキャラクタリゼーション
　2017.11 276p A5 ¥3000 ①978-4-06-156811-2

◆新化学インデックス　2018年版　化学工業日報社
【目次】第1部 化学名インデックス（50音順）、第2部 商品名インデックス（50音順）、第3部 機能別インデックス（プラスチック添加剤、二次加工樹脂、有機ゴム薬品、合成染料、顔料、界面活性剤、塗料用薬剤、紙・パルプ薬品 ほか）、第4部 住所録（50音順）（製造業者住所録、販売業者住所録）
　2017.8 1333p B5 ¥27000 ①978-4-87326-690-9

◆水素機能材料の解析―水素の社会利用に向けて　日本学術振興会材料中の水素機能解析技術第190委員会編、折ः慎一、犬飼潤治編著　共立出版
【目次】第1章 水素機能材料に求められる特性（水素用構造材料―水素に長期間耐えうる、水素透過材料―水素が自由に通り抜ける、水素貯蔵材料―水素がたくさん貯まる ほか）、第2章 水素機能材料の特性を引き出す解析（水素用構造材料―高圧水素と液体水素にどの程度耐えうるか、水素透過材料―水素はどのように通り抜けるか、水素貯蔵材料―水素はどのように貯まるか ほか）、第3章 参照の水素の解析―水素機能材料の高度化を目指して（昇温脱離による解析―水素の存在状態を調べる、電子顕微鏡による解析―水素を見る、中性子小角散乱による解析―ナノ欠陥と水素との関係を調べる ほか）　2017.12 157p A5 ¥4000 ①978-4-320-04453-1

◆水素分子はかなりすごい―生命科学と医療効果の最前線　深井有著　光文社　（光文社新書）
【要旨】メタボリックシンドローム、パーキンソン病、脳梗塞後遺症…etc.を抑えた水素分子（水素水・水素ガス）医学は人類を救うか？
　2017.6 272p 18cm ¥900 ①978-4-334-03993-6

◆数学フリーの分析化学　齋藤勝裕著　日刊工業新聞社
【目次】第1章 溶液と濃度、第2章 化学反応と平衡、第3章 酸・塩基と酸化・還元、第4章 定性分析、第5章 重量分析、第6章 容量分析、第7章 電気化学分析、第8章 化合物の分離操作、第9章 クロマトグラフィー、第10章 機器分析
　2017.2 124p A5 ¥1600 ①978-4-526-07665-7

◆数学フリーの「無機化学」　齋藤勝裕著　日刊工業新聞社
【目次】第1章 原子の構造と性質、第2章 周期表が教えてくれるもの、第3章 無機分子の結合と構造、第4章 物質の状態と性質、第5章 酸・塩基と酸化・還元、第6章 電気化学、第7章 典型元素の種類と性質、第8章 遷移元素の種類と性質、第9章 レアメタル・レアアースの化学、第10章 放射性元素と原子力
　2017.2 142p A5 ¥1600 ①978-4-526-07664-0

◆好きになる化学基礎実験　丸田銓二朗、山根兵、丸田俊久、佃俊明共著　三共出版
【目次】1 無機定性分析（陽イオンの定性分析、第1族陽イオンの分析 ほか）、2 重量分析法と吸光光度法（てんびん、重量分析法の一般操作 ほか）、3 容量分析（誤差と測定値の取り扱い、標準溶液 ほか）、4 無機・物理化学実験（温度計と恒温水槽、過酸化水素の分解速度 ほか）、5 有機化学実験（有機定性分析、アセトアニリドの合成 ほか）、補遺（pHの測定―pHメーターの使い方、電気分解―水溶液の電気分解）
　2017.3 109p B5 ¥1700 ①978-4-7827-0757-9

◆スミス有機化学　上　ジャニス・グジュイニスキ・スミス著、山本尚、大嶌幸一郎監訳、髙井和彦、忍久保洋、依光英樹訳　（京都）化学同人　（原著第5版）　第5版

◆生態学と化学物質とリスク評価　加茂将史著　共立出版　（共立スマートセレクション）
【目次】1 リスクの話をざっくりと、2 リスクを計算してみよう、3 化学物質リスク評価の決まり事、4 生態リスク評価の新たな視点、5 種のばらつきを考慮する、6 金属の評価手法、7 化学物質の複合影響、8 おわりに―こぼれ話の落ち穂拾い　2017.7 161p B6 ¥1800 ①978-4-320-00917-2

◆世界でいちばん素敵な元素の教室　栗山恭直、東京エレクトロン監修、森山晋平文　三才ブックス
【要旨】こんな元素の本、初めて！ 美しい写真で楽しむ全118元素。新元素「ニホニウム」も紹介！
　2017.11 159p A5 ¥1500 ①978-4-86673-013-4

◆ゼロからの最速理解 量子化学　佐々木健夫著　コロナ社
【目次】1章 量子論の誕生、2章 Schrödinger 方程式と量子力学の誕生、3章 量子力学の基本、4章「箱の中の粒子」モデル、5章 振動と回転、6章 水素原子、7章 電子のスピンと量子状態、8章 多電子系の扱いと近似計算、9章 化学結合の基本、10章 分子軌道法、11章 位相軌道反応論、付録　2017.5 253p A5 ¥3300 ①978-4-339-06639-5

◆走査型プローブ顕微鏡　日本分析化学会編、淺川雅、岡嶋孝治、大西洋著　共立出版　（分析化学実技シリーズ―機器分析編 15）
【目次】1 走査型プローブ顕微鏡のイロハ、2 AFMにはじめてさわる、3 形状像の見方、4 もう一歩先へ：生体物質の測定、5 さらに一歩先へ：弾性測定、6 さらに一歩先へ：局所仕事関数の測定、7 さらに一歩先へ：プローブのいろいろ
　2017.12 107p A5 ¥2500 ①978-4-320-04454-8

◆大気を変える錬金術―ハーバー、ボッシュと化学の世紀　トーマス・ヘイガー著、渡会圭子訳、白川英樹解説　みすず書房　新装復刊
【要旨】空中窒素固定法という化学史上最大の発明が生物圏を変容させ、戦争を駆動した戦慄の歴史を掘り起こす。
　2017.9 303, 29p B6 ¥4400 ①978-4-622-08658-1

◆超分子化学　日本化学会編、木原伸浩著　共立出版　（化学の要点シリーズ 23）
【目次】第1章 超分子とはなにか、第2章 分子間相互作用、第3章 クラウンエーテル、第4章 疎水相互作用による分子認識、第5章 水素結合による分子認識、第6章 分子協調作用、第7章 インターロック分子
　2017.10 128p B6 ¥1900 ①978-4-320-04463-0

◆電子スピン共鳴分光法　日本化学会編、大庭裕範、山内清語著　共立出版　（化学の要点シリーズ 20）
【目次】第1章 分光法としての磁気共鳴―スピン分光法（分光法の概要、電磁波と分子の相互作用 ほか）、第2章 電子スピンとそのエネルギー（電子スピン、電子スピンを含む相互作用）、第3章 ESRの時間依存性と分子のダイナミクス（熱平衡とスピン緩和、化学反応によるスピンの生成と消滅 ほか）、第4章 電子スピン共鳴の測定法（ESR法の原理、時間領域・磁場変調ESR ほか）、第5章 応用例（金属錯体の構造と電子状態、固体の励起三重項における状態の混合 ほか）
　2017.6 209p B6 ¥1900 ①978-4-320-04461-6

◆トコトンやさしいクロスカップリング反応の本　鈴木章監修、山本靖典、江口久雄、宮崎高則著　日刊工業新聞社　（B&Tブックス―今日からモノ知り）
【要旨】クロスカップリング反応は、異なる分子の炭素と炭素を自在につなげることができる有機合成反応です。私たちの社会を支える高機能な有機化合物（電子材料、医農薬など）の製造に利用されています。
　2017.5 157p A5 ¥1500 ①978-4-526-07715-9

◆トコトンやさしい元素の本　石原顕光著　日刊工業新聞社　（B&Tブックス―今日からモノ知りシリーズ）
【要旨】日本が見つけた新しい元素、元素と原子の違い、周期表誕生までの歴史、周期表の読み

方、元素の性質の違いは？ 知りたいことがよくわかる。
　2017.2 159p A5 ¥1500 ①978-4-526-07670-1

◆「なぜ」に答える化学物質審査規制法のすべて　北野大編著　化学工業日報社
【目次】第1章 化学物質に関する我が国の法体系、第2章 化学物質審査規制法制定の背景と改正、第3章 逐条解説、第4章 経済協力開発機構の活動と化審法への影響、第5章 試験法制定の背景と試験条件、判定基準の決め方及びデータの審査、第6章 高分子フロースキーム制定の経緯と現状、第7章 リスク評価の実際、第8章 今後の化学物質管理のあり方、第9章 アジア諸国への貢献
　2017.8 419p A5 ¥3500 ①978-4-87326-691-6

◆二次元物質の科学―グラフェンなどの分子シートが生み出す新世界　日本化学会編　（京都）化学同人　（CSJ Current Review 25）
【目次】第1章 基礎概念と研究現場（Interview フロントランナーに聞く（座談会）、二次元物質の基礎、Present and future 二次元ナノシートの現状と将来展望）、2 研究最前線（グラフェンの物性理論―量子化学的観点から、グラフェンの伝導特性とエネルギーギャップ形成、グラフェンの磁性 ほか）、3 役に立つ情報・データ（この分野を発展させた革新論文44、覚えておきたい関連最重要用語、知っておくと便利！ 関連情報）
　2017.3 208p B5 ¥4200 ①978-4-7598-1385-2

◆熱分析　吉田博久、古賀信吉編著　講談社　第4版
【要旨】各種熱分析法の基本的な原理および長所・短所を理解できる。目的に応じた熱分析法と温度制御法を選択し、測定条件を適切に設定できる。測定結果から本質的な情報を得るための解析方法を習得できる。
　2017.12 436p A5 ¥3300 ①978-4-06-154396-6

◆はじめての電子状態計算―DV‐Xα分子軌道計算への入門　足立裕彦、小笠原一禎、小和田善之、坂根弦太、水野正隆共著　三共出版　新版
【目次】1 電子状態計算とは、2 必要な計算環境の構成、3 DV‐Xα 分子軌道計算の基本操作、4 各種プログラムの解説、5 クラスターによる結晶の計算、6 DV‐Xα 法のための統合支援環境、7 いろいろな計算、8 付録
　2017.11 275p B5 ¥3000 ①978-4-7827-0767-8

◆ハリス分析化学　上　D.C. ハリス著、宗林由樹監訳、岩元俊一訳　（京都）化学同人　（原著9版）
【目次】分析化学の手順、化学測定、分析に用いる器具、実験誤差、統計学、品質保証と検量法、化学平衡、さあ滴定を始めよう、活量および平衡の系統的解析法、一プロトン酸・塩基の平衡、多プロトン酸・塩基の平衡、酸塩基滴定、EDTA滴定、平衡の概説とトピックス、電気化学の基礎、電極とポテンシオメトリー、酸化還元滴定
　2017.2 490p B5 ¥5200 ①978-4-7598-1835-2

◆ハリス分析化学　下　D.C. ハリス著、宗林由樹監訳、岩元俊一訳　（京都）化学同人　（原著9版）
【目次】電気分析法、分光分析法の基礎、分光分析法の応用、分光分析実験、原子分光法、質量分析法、分離の基礎、ガスクロマトグラフィー、高速液体クロマトグラフィー、種々のクロマトグラフィーとキャピラリー電気泳動、重量分析と燃焼分析、試料調製
　2017.9 1Vol. B5 ¥5200 ①978-4-7598-1836-9

◆反応速度論　真船文隆、廣川淳著　裳華房　（物理化学入門シリーズ）
【要旨】前半は基礎的な事項を丁寧に解説し、後半は応用的な話題（固体表面や溶液中での反応、光化学反応など）を取り上げた。遷移状態理論や分配関数など高度な議論は付録にしてまとめ、全体として見通しのよい展開を心がけた。数式をあまり省略することなく過程をきちんと示すことで、基本から学ぶことができるように配慮した。
　2017.9 225p A5 ¥2600 ①978-4-7853-3420-8

◆腐食の電気化学と測定法　水流徹著　丸善
【要旨】腐食防食は産業の基盤といっても過言ではなく、近年のインフラストラクチャーの劣化にみるように建築から電子機器まで様々な産業分野において安全性にかかわる喫緊の課題であり、その対策にとって必須な概念である電気化学の理解は大変重要になっています。本書では腐食の状況の判定、腐食速度の測定、腐食機構の

解明および多種多様な腐食の電気化学的測定法について、測定法と測定結果の解析・解釈を含めてできるだけわかりやすく解説しました。これから腐食の電気化学的測定を使おうとする人たちにとって極めて有用な指針となる一冊です。
2017.12 322p A5 ¥3400 ①978-4-621-30242-2

◆**物性　2　高分子ナノ物性**　高分子学会編、田中敬二、中嶋健著　共立出版　（高分子基礎科学One Point 10）
【目次】第1章 界面の考え方、第2章 表面構造、第3章 表面物性、第4章 界面構造、第5章 界面物性、第6章 薄膜構造と物性
2017.5 132p B6 ¥1900 ①978-4-320-04444-9

◆**フッ素化合物の分解と環境化学**　日本化学会編、堀久男著　共立出版　（化学の要点シリーズ 24）
【目次】第1章 有機化合物を分解するさまざまな方法（紫外線照射（UV）、促進酸化法（AOP）、フェントン反応（Fenton's reaction）ほか）、第2章 フッ素化合物の分解方法（なぜ分解技術の開発が必要なのか、PFCA類の分解方法、PFAS類の分解方法 ほか）、第3章 フッ素化合物の環境化学（大気の構造、海洋の構造、成層圏のオゾン ほか）
2017.11 99p B6 ¥1900 ①978-4-320-04465-4

◆**ブラディ・ジェスパーセン一般化学　上**　Neil D. Jespersen, Alison Hyslop, James E. Brady著、小島憲道監訳、小川桂一郎、錦織紳一、村田滋訳　東京化学同人　（原書第7版）
【目次】0 化学史概説、1 科学的測定、2 元素、化合物、および周期表、3 モルと化学量論、4 水溶液における反応、5 酸化還元反応、6 エネルギーと化学変化、7 量子力学における原子、8 化学結合の基礎、9 結合と構造の理論、10 気体の性質、11 分子間力、液体、および固体の性質、12 溶液の物理的性質
2017.3 404, 22p A5 ¥3200 ①978-4-8079-0920-9

◆**ブラディ・ジェスパーセン一般化学　下**　Neil D. Jespersen, Alison Hyslop, James E. Brady著、小島憲道監訳、小川桂一郎、錦織紳一、村田滋訳　東京化学同人　（原書第7版）
【目次】13 化学反応速度論、14 化学平衡、15 酸と塩基、16 水溶液における酸塩基平衡、17 溶解度と平衡、18 熱力学、19 電気化学、20 核反応と化学、21 金属錯体、22 有機化合物、ポリマー、生体物質
2017.10 739p B5 ¥3100 ①978-4-8079-0921-6

◆**文系のための有機化学講座**　寺尾啓二著　健康ライブ出版社　（健康・化学まめ知識シリーズ 5）
【目次】その1 自然界で生まれる最初の有機化合物とは（グルコース（ブドウ糖）―すべてのもととなる有機化合物、α‐グルコース、β‐グルコース ほか）、その2 有機化学は石油から「石油」の発見と利用、石油を私たちはどのように使っているか）、その3 石油からプラスチック、そして…（石油からプラスチック〈ポリマー〉、ポリマーの異性体（ナイロン、ペット…）ほか）、その4 医薬品開発も有機化学（有機化学による医薬品などの開発）、その5 有機化学の発展から未来まで（有機化学の発展と現在の二つの問題、まず、一つ目の地球環境問題… ほか）
2017.10 41p A5 ¥400 ①978-4-908397-07-3

◆**分子軌道法―定性的MO法で化学を考える**　友田修司著　東京大学出版会
【目次】定性的分子軌道法のすすめ、原子軌道の準位と広がり、定性的分子軌道法、軌道相互作用の原理、共役π電子系の分子軌道―芳香族性を考える、AH型分子の分子軌道―結合距離・結合強度を考える、2原子分子の分子軌道―共有結合を考える、AH2型分子の分子軌道―水分子はなぜ屈曲構造か？、AH3型分子の分子軌道―アンモニア分子の構造を考える、AH4型分子の分子軌道―メタンの軌道を考える、フロンティア軌道と化学反応、軌道概念で化学現象を俯瞰する
2017.1 299p A5 ¥3900 ①978-4-13-062511-1

◆**分子集合体の科学**　齋藤勝裕著　（新潟）シーアンドアール研究所　（SUPERサイエンス）
【要旨】全ての物質は分子の集合体でできている！液晶モニターの液晶分子の原理や仕組み、分子膜を使った抗ガン剤・ワクチンの開発や医療分野への応用、有機超伝導体・磁性体の研究など分子科学の最先端でもある分子集合体についてイラスト入りでわかりやすく解説！
2017.12 191p B6 ¥1820 ①978-4-86354-233-4

◆**分子マシン驚異の世界**　齋藤勝裕著　（新潟）シーアンドアール研究所　（SUPERサイエンス）
【要旨】分子でできている世界最小の機械「分子マシン」。ロタキサン、カテナン、アクアマテリアル、分子ピンセット、分子自動車など、ナノレベルで動く分子マシンの基礎知識から最先端の研究情報までイラスト入りでわかりやすく解説！
2017.11 215p B6 ¥1820 ①978-4-86354-231-0

◆**分子マシンの科学―分子の動きとその機能を見る**　日本化学会編　（京都）化学同人　（CSJ Current Review 26）
【目次】1 基礎概念と研究現場（フロントランナーに聞く（座談会）、生体分子マシンの基礎、合成分子マシンの基礎 ほか）、2 研究最前線（高速AFMによる動作中の生体分子マシンのビデオ撮影、マイクロチップを用いて明らかにするATP合成酵素の作動機構、細胞骨格ゲルのダイナミクスで駆動される回虫精子のアメーバ運動 ほか）、3 役に立つ情報・データ（この分野を発展させた革新論文28、覚えておきたい関連最重要用語、知っておくと便利！ 関連情報）
2017.8 200p B5 ¥4200 ①978-4-7598-1386-9

◆**ポリマーブラシ**　高分子学会編、辻井敬亮、大野工司、榊原圭太著　共立出版　（高分子基礎科学One Point 5）
【目次】第1章 ポリマーブラシの合成、第2章 ポリマーブラシの機能・物性、第3章 ポリマーブラシの機能、第4章 ボトルブラシ、第5章 ポリマーブラシ付与微粒子の種類、第6章 ポリマーブラシ付与微粒子の精密合成、第7章 ポリマーブラシ付与微粒子の構造と機能、第8章 ポリマーブラシ付与微粒子の応用
2017.5 86p B6 ¥1900 ①978-4-320-04439-5

◆**本質的な理科実験 金属とイオン化合物がおもしろい**　前田幹雄著　本の泉社
【目次】1章 子どもの自然変革と金属（金属の機械的性質―弾性変形、塑性変形、破壊を調べよう、錫、鉛、アルミ、銅の粒を叩いて金属箔をつくる ほか）、2章 金属から金属酸化物 イオン化合物（塩＝エン）の世界へ（銅粉を酸素で燃やす、塩素をつくる ほか）、3章 イオン化合物から金属へ（塩酸で金属酸化物（さび）を溶かす、塩酸でマグネシウムリボンを溶かす ほか）、4章 非金属原子―炭素原子Cとケイ素原子Si の世界（木炭（炭素）を燃やす、石油ベンジンC5～C6、灯油（C10～C16）を燃やそう ほか）
2017.8 187p B5 ¥1700 ①978-4-7807-1633-7

◆**マクマリー有機化学　上**　John McMurry著、伊東椒、児玉三明、荻野敏夫、深澤義正、通元夫訳　東京化学同人　（原書第9版）
【目次】構造と結合、極性共有結合：酸と塩基、有機化合物：アルカンとその立体化学、有機化合物：シクロアルカンとその立体化学、四面体中心における立体化学、有機反応の概観、アルケン：構造と反応性、アルケン：反応と合成、アルキン：有機ハロゲン化物、ハロゲン化アルキルの反応：求核置換と脱離、構造決定：質量分析法と赤外分光法、構造決定：核磁気共鳴分光法、共役化合物と紫外分光法
2017.1 518, 19p A5 ¥4600 ①978-4-8079-0912-4

◆**マクマリー有機化学　中**　John McMurry著、伊東椒、児玉三明、荻野敏夫、深澤義正、通元夫訳　東京化学同人　原書第9版
【目次】15 ベンゼンと芳香族性、16 ベンゼンの化学：芳香族求電子置換反応、17 アルコールとフェノール、18 エーテルとエポキシド、チオール・スルフィド、19 アルデヒドとケトン：求核付加反応、20 カルボン酸とニトリル、21 カルボン酸誘導体：求核アシル置換反応、22 カルボニルα置換反応、23 カルボニル縮合反応
2017.2 1Vol. A5 ¥4500 ①978-4-8079-0913-1

◆**マクマリー有機化学　下**　John McMurry著、伊東椒、児玉三明、荻野敏夫、深澤義正、通元夫訳　東京化学同人　（原書第9版）
【目次】24 アミンと複素環、25 生体分子：糖質、26 生体分子：アミノ酸、ペプチド、タンパク質、27 生体分子：脂質、28 生体分子：核酸、29 代謝経路の有機化学、30 軌道と有機化学：ペリ状反応、31 合成ポリマー
2017.2 1Vol. A5 ¥4500 ①978-4-8079-0914-8

◆**マクマリー有機化学概説**　John E. McMurry著、伊東椒、児玉三明訳　東京化学同人　（原書第7版）
【目次】構造と結合、酸と塩基、アルカン：有機化合物の性質、アルケンとアルキン：有機反応

の性質、アルケンとアルキンの反応、芳香族化合物、四面体中心における立体化学、有機ハロゲン化物：求核置換と脱離、アルコール、フェノール、エーテル、および硫黄類似体、アルデヒドとケトン：求核付加反応、カルボン酸とその誘導体：求核アシル置換反応、カルボニル化合物のα置換反応と縮合反応、アミン、構造決定、生体分子：糖質、生体分子：アミノ酸、ペプチド、タンパク質、生体分子：脂質と核酸、代謝経路の有機化学
2017.12 668p A5 ¥5200 ①978-4-8079-0927-8

◆**マクマリー 有機化学概説 問題の解き方 英語版**　マクマリー著　東京化学同人　（本文：英文）　第7版
【目次】Structure and Bonding, Acids and Bases, Alkanes : The Nature of Organic Compounds, Alkenes and Alkynes : The Nature of Organic Reactions, Reactions of Alkenes and Alkynes, Aromatic Compounds, Stereochemistry at Tetrahedral Centers, Organohalides : Nucleophilic Substitutions and Eliminations, Alcohols, Phenols, and Ethers, and Their Sulfur Analogs, Aldehydes and Ketones : Nucleophilic Addition Reactions, Carboxylic Acids and Derivatives : Nucleophilic Acyl Substitution Reations〔ほか〕
2017.12 449p 28×22cm ¥3700 ①978-4-8079-0928-5

◆**マクマリー有機化学 問題の解き方**　マクマリー著　東京化学同人　（本文：英文）　第9版/英語版
【目次】Structure and Bonding, Polar Covalent Bonds, Acids and Bases, Organic Compounds : Alkanes and Their Stereochemistry, Organic Compounds8 Cycloalkanes and Their Stereochemistry, Stereochemistry, An Overview of Organic Reactions, Alkenes : Structure and Reactivity, Alkenes : Reactions and Synthesis, Alkynes : An Introduction to Organic Synthesis, Organohalides〔ほか〕
2017.12 1116p 28×22cm ¥5900 ①978-4-8079-0915-5

◆**無機化学の基礎**　坪村太郎、川本達也、佃俊明著　（京都）化学同人
【目次】元素と原子の起源、原子核反応と原子力、周期表と元素の性質の周期性、電子配置、電子の軌道と波動関数、ルイス構造式と共鳴構造、VSEPR理論、混成軌道と多重結合、分子軌道法、固体と結晶の基礎、酸化還元反応と酸塩基反応、無機化学と環境、資源、産業とのかかわり、単体の構造と性質〔ほか〕
2017.3 261p B5 ¥2800 ①978-4-7598-1837-6

◆**モノの見方が180度変わる化学**　齋藤勝裕著　秀和システム
【要旨】スマホから家電、食品、服、収納ケースまで化学発見シートと仕組み解説で家の中のモノのふしぎが見えてくる!!
2017.3 223p B6 ¥1500 ①978-4-7980-4956-4

◆**薬学系の基礎がため 化学計算**　和田重雄、木藤聡一著　講談社
【目次】単位の接頭語と指数、数値の表記と単位の変換、物質量と質量、物質量とモル濃度、モル濃度の求め方と連分数、未知数の活用法、pHと対数、酸水溶液のpH、化学反応計算の表の作成、化学反応計算の練習、過不足反応の計算、中和反応とpH、溶液のパーセント濃度、溶液の濃度変化、散剤のパーセント濃度
2017.8 104p B5 ¥1800 ①978-4-06-156323-0

◆**薬学系の基礎がため 有機化学**　和田重雄、木藤聡一著　講談社
【目次】第1部 有機化学超入門―これだけわかれば、有機の基本は大丈夫（有機化学の構造式の書き方、炭化水素と水素の付加反応、アルコールと酸化反応、カルボン酸と脱水縮合反応、芳香族化合物と置換反応、同じ分子と異なる分子の見分け方（異性体とその見分け方）、第1部のまとめ）、第2部 薬学系有機化学の第一歩―有機化学を考えながら効率的に学ぶ方法（有機化学の学習の準備、アルカンと置換反応、アルケン・アルキンと付加反応、付加反応のおこり方、芳香族炭化水素と求電子置換反応、炭素の級、アルコールとその反応、ハロゲン化アルキルとその反応、電気陰性度と電荷の偏り、ハロゲン化アルキルの求核置換反応、カルボニル化合物と付加反応、カルボン酸と酸の強弱、物質の安定性と反応のおこりやすさ）
2017.12 111p B5 ¥1800 ①978-4-06-156326-1

◆薬学生のための分析化学　楠文代, 渋澤庸一編　廣川書店　第4版
【目次】第1章 分析化学の基礎としての化学平衡、第2章 容量分析、第3章 定性反応と重量分析、第4章 電気化学分析、第5章 光分析、第6章 分子構造解析のための分析、第7章 分離分析、第8章 熱分析法、第9章 生物学的分析、第10章 実試料の分析に向けて
2017.2 391p B5 ¥5800 ①978-4-567-25583-7

◆やさしい化学物質のリスクアセスメント―化学の基礎から学ぶ　沼野雄志著　中央労働災害防止協会　第4版
【目次】第1章 労働安全衛生マネジメントシステム（OSHMS）とリスクアセスメント（RA）、第2章 化学物質とリスクアセスメント、第3章 リスクアセスメントとは、第4章 SDSの内容、第5章 化学物質リスクアセスメントの進め方、第6章 指針に示された定性的方法、第7章 コントロール・バンディング、第8章 3つのリスクアセスメント手法の比較検討、第9章 リスク低減措置の検討と実施について、第10章 作業現場でのSDSの活用
2017.3 82p B5 ¥800 ①978-4-8059-1726-8

◆有機化学スタンダード 立体化学　木原伸浩著　裳華房
【要旨】分子の三次元構造を二次元で表し、相手に伝える。二次元の分子式から、分子の構造を思い描き、その反応での変化を正しく予測する。初学者には取っつきにくく、つまずきやすい立体化学を、多数の実例および工夫された図を用い明快かつ平易に解説した教科書・参考書。章末には数多くの演習問題が付されている。読者は自らの達成度を確認しながら学習を進めることができ、立体化学を確実に身につけることができる。
2017.11 144p A5 ¥2400 ①978-4-7853-3423-9

◆有機化学命名法―IUPAC2013勧告および優先IUPAC名　Henri A. Favre, Warren H. Powell編著, 日本化学会命名法専門委員会訳著　東京化学同人
【目次】一般原則、規則および慣例、母体水素化物、特性基（官能基）と置換名、名称をつくるための規則、優先IUPAC名の選択と有機化合物の名称の作成、個々の化合物種類に対する適用、ラジカル、イオンおよび関連化学種、同位体修飾化合物、立体配置と立体配座の特定〔ほか〕
2017.4 1136p B5 ¥19000 ①978-4-8079-0907-0

◆有機反応機構―有機反応を深く理解するために　奥山格著　丸善出版
【目次】基礎的事項、酸と塩基、有機反応の機構、カルボニル基への求核付加と付加-脱離による置換、飽和炭素における求核置換反応、脱離反応、C=C結合への求核付加と付加-脱離による置換、エノラートイオンとその反応、一般酸塩基触媒、求核触媒、そして芳香分子触媒、求電子性C=C結合への求核付加と求核置換反応、転位反応、ラジカル反応
2017.11 136p B5 ¥2800 ①978-4-621-30213-2

◆溶液における分子認識と自己集合の原理―分子間相互作用　平岡秀一著　サイエンス社（ライブラリ大学基礎化学）
【目次】第1章 分子認識や自己集合における化学結合（可逆な化学結合の重要性、定性的な分子軌道の解析）、第2章 分子認識、自己集合における溶媒の役割と性質（分子認識、自己集合における溶媒の重要性、溶液における溶媒分子の配置 ほか）、第3章 分子間相互作用（イオンが関わる相互作用、ファン・デル・ワールス力 ほか）、第4章 分子認識（結合定数と自由エネルギー、定圧熱容量変化 ほか）、第5章 自己集合（自己集合の分類、生命系に見られる自己集合 ほか）
2017.7 220p A5 ¥2150 ①978-4-7819-1403-9

◆理工系学生のための化学基礎　野村浩康, 川泉文男共編, 卜部和夫, 平澤政廣, 松井恒雄共著　学術図書出版社　第7版
【要旨】第6版第6刷に相当する第7版。総括の意味を含めて「化学基礎と材料の世界」という章を追加した。
2017.10 287p B5 ¥2200 ①978-4-7806-0597-6

◆理工系のための一般化学　鈴木隆之編著, 石丸臣一, 小林大祐, 保倉明子, 宮坂誠, 籔内直明共著　東京電機大学出版局
【目次】第1章 原子の電子配置と周期表、第2章 化学結合、第3章 化学反応、第4章 気体・液体・固体、第5章 分子集団と熱力学、第6章 溶液、

第7章 反応速度論、第8章 化学平衡、第9章 電気化学
2017.3 212p B5 ¥2400 ①978-4-501-63050-8

◆量子材料化学の基礎　足立裕彦著　三共出版
【目次】1 序論、2 波動力学、3 水素原子の波動力学、4 多電子原子の原子軌道、5 分子軌道論、6 簡単な分子の分子軌道、7 πオキソアニオンの分子軌道、8 遷移金属錯体の電子状態と化学結合、9 金属化合物の電子状態と化学結合、10 分子と電磁波との相互作用
2017.5 307p B5 ¥3500 ①978-4-7827-0766-1

◆リンの事典　大竹久夫, 小野寺真一, 黒田章夫, 佐竹研一, 杉山茂ほか編　朝倉書店
【目次】第1章 リンの化学、第2章 リンの地球科学、第3章 リンの生物学、第4章 人体とリン、第5章 工業用素材、第6章 農業利用、第7章 工業利用、第8章 リン回収技術、第9章 リンリサイクル
2017.11 344p A5 ¥8500 ①978-4-254-14104-7

◆レーダー 生物無機化学　Dieter Rehder著, 塩谷光彦訳　東京化学同人
【目次】周期表の生体元素、生命誕生以前と原始生命体:極限環境微生物、アルカリ金属およびアルカリ土類金属、鉄:無機化学と生化学からみた一般的特徴、酸素運搬と電子伝達系、鉄、マンガン、銅が関与する酸化還元酵素、モリブデン、タングステン、バナジウムに基づくオキソ転移タンパク質、硫黄循環、ニトロゲナーゼおよび窒素循環を担う酵素、メタン循環とニッケル酵素、光合成、亜鉛の生化学、金属―炭素結合、無機医薬品
2017.11 288p A5 ¥4700 ①978-4-8079-0918-6

◆連続流れ化学分析法―オートアナライザーの実用知識　ビーエルテック編　日刊工業出版プロダクション, 日刊工業新聞社 発売
【目次】第1章 連続流れ分析装置（CFA）とは、第2章 連続流れ分析法の装置、第3章 CFA分析法と比色分析法の基礎概念、第4章 CFA分析法により自動化されたオプション技法、第5章 CFA分析装置の信頼性および精度の管理、第6章 CFA分析装置の保守とトラブル対策、第7章 連続流れ分析（CFA分析技法）の用途、第8章 新たにCFA分析法を作成する方法（自動化技法）、第9章 連続流れ分析法の誕生、付録
2017.2 189p A5 ¥2000 ①978-4-526-07675-6

◆LC/MS、LC/MS/MS Q&A100 龍の巻　中村洋企画・監修, 日本分析化学会液体クロマトグラフィー研究懇談会編　オーム社
【目次】1 支援技術（ギリシア文字、ウムラウト、仏語の母音など、英語のアルファベットにはない文字の入力方法を教えて下さい。、和文をMS明朝、英数字をCenturyで入力する際、欧文を入力する方法はありますか? ほか）、2 質量分析関連の基礎知識（「準平衡理論」について教えて下さい。、「ホモリティック開裂」と「ヘテロリティック開裂」について説明して下さい。 ほか）、3 質量分析計とイオン化（LC/MSにおける質量分析のメンテナンスの基本を教えて下さい。、衝突セルの構造にはメーカーによる違いがありますか? ほか）、4 LC（LC/MSシステムの日常的な始業点検項目は、どのように定めるのが良いのでしょうか?、LC/MSが日本薬局方に採用されている例はありますか? ほか）
2017.9 269p A5 ¥3200 ①978-4-274-22102-6

◆NMR入門―必須ツール 基礎の基礎　P.J. Hore著, 岩下孝, 大井高, 楠見武徳訳　（京都）化学同人（Chemistry Primer Series 2）（原書第2版）
【目次】1 はじめに、2 化学シフト、3 スピン・スピンカップリング、4 化学交換、5 スピン緩和、6 NMR実験
2017.3 132p B5 ¥2500 ①978-4-7598-2000-3

◆X線結晶学入門　William Clegg著, 大場茂訳　（京都）化学同人（Chemistry Primer Series 1）（原書第2版）
【目次】1 X線結晶学の基礎（結晶構造解析と他の解析法との比較、目と顕微鏡の類似性 ほか）、2 X線結晶解析の手順（試料の調製と選択、回折パターンの測定 ほか）、3 X線結晶解析の実例（例1:水銀(2)チオラート錯体、例2:溶媒和したキラルなロジウム錯体 ほか）、4 関連する研究ならびに測定法（単結晶中性子回折、粉末による回折 ほか）
2017.3 132p B5 ¥2500 ①978-4-7598-2001-0

◆X線・光・中性子散乱の原理と応用　橋本竹治著　講談社

【目次】第1部 基礎編（X線・可視光・中性子の散乱機構の比較、散乱流波の干渉とBorn 近似:波動力学に基づく散乱の記述、X線・可視光の散乱 ほか）、第2部 X線・中性子散乱（等方性散乱 ほか）（孤立粒子の散乱、ゆらぎに散乱:散乱の統計理論と散乱体の統計的評価、粒子間干渉効果（その1:液体）ほか）、第3部 光散乱（固体・凝集体からの光散乱、実験装置および方法、ゆらぎによる光散乱 ほか）
2017.8 402, 3p A5 ¥7000 ①978-4-06-154397-3

◆XAFSの基礎と応用　日本XAFS研究会編　講談社
【目次】第1章 序論（物質と電磁波の相互作用、X線吸収分光の歴史）、第2章 XAFSの理論（一回散乱EXAFS、多重散乱理論 ほか）、第3章 XAFSの解析（EXAFSの解析、REXを用いたXAFS解析 ほか）、第4章 XAFS実験（放射光光源、ビームライン光学系 ほか）、第5章 関連手法（軟X線磁気円二色性、線二色性、硬X線磁気円二色性 ほか）
2017.7 341p A5 ¥4600 ①978-4-06-153295-3

生化学

◆医学系のための生化学　石崎泰樹編著　裳華房
【要旨】人体の正常な機能を理解し、疾患を理解するために欠かせない生化学の基礎、要点をコンパクトにまとめた新しい共通プラットフォーム。症例を用いた章末問題で、bench - to - bedside 的な視点を提供。
2017.10 322p B5 ¥4300 ①978-4-7853-5235-6

◆ヴォート 基礎生化学　Donald Voet, Judith G. Voet, Charlotte W. Pratt著, 田宮信雄, 八木達彦, 遠藤斗志也, 吉久徹訳　東京化学同人　第5版
【目次】1 生化学の基礎（生命の化学、水の性質）、2 生体分子（ヌクレオチド、核酸、遺伝情報、アミノ酸 ほか）、3 酵素（酵素触媒、酵素の反応速度論、阻害、調節 ほか）、4 代謝（代謝、グルコースの異化代謝 ほか）、5 遺伝子の発現と複製（核酸の構造、DNA:複製、修復、組換え ほか）
2017.9 774p 31×22cm ¥7600 ①978-4-8079-0925-4

◆驚きの菌ワールド―菌類の知られざる世界　日本菌学会編　（平塚）東海大学出版部
【目次】水と戯れる菌類:水生不完全菌類、黒い壁で陣地を守れ:偽菌類プレートの話、ワムシの捕食菌と寄生菌、ある時は線虫捕食菌、そしてまたある時は…、海に漂う海生菌の胞子、クワガタの便乗ダニ「クワガタナカセ」を泣かせる? 菌、糞に生える巨大なキノコ・ヒゲカビ、ウシグソヒトヨタケ柄細胞伸長時のセプチン繊維、植物と共生するアーバスキュラー菌根菌、大豆さび病菌の3食付マンション〔ほか〕
2017.2 89p 22×19cm ¥2000 ①978-4-486-02136-0

◆生物を知るための生化学　池北雅彦, 榎並勲, 辻勉著　丸善出版　第4版
【要旨】「生化学に親しみと興味をもってもらう」ことを最大の目的に、生化学のおもしろさを伝える入門書。各章の冒頭で学習テーマを確認。複雑な化学式、構造式を最小限に、わかりやすい言葉で伝える。最新のテーマなどをトピックスで紹介。
2017.11 223p A5 ¥2500 ①978-4-621-30222-4

◆生命の内と外　永田和宏著　新潮社（新潮選書）
【要旨】生物はあたかも「膜」のようである。内と外との境界で、閉じつつ開きながら、必要なものを摂取し、不要なものを拒み、排除している。恒常性（ホメオスタシス）とは、そうして生命を維持させていくシステムのこと。身体のあらゆる器官で機能しているその緻密で考え抜かれた生命の本質を、日本を代表する細胞生物学者が平易な言葉で説く。
2017.1 259p B6 ¥1300 ①978-4-10-603794-8

◆タンパク質とからだ―基礎から病気の予防・治療まで　平野久著　中央公論新社（中公新書）
【要旨】私たちのからだの20%を占めるタンパク質。皮膚の弾力を維持するコラーゲンや筋肉を伸び縮みさせるミオシン、血糖値を下げるインスリン、酸素を運ぶヘモグロビンなど、形や役目、存在する場所も様々だ。近年、プロテオミクス（タンパク質の生命科学）の発展によって、

その種類や役割などが急速に明らかになりつつある。日本における第一人者が、最新の成果をわかりやすく解説し、病気治療への応用なども紹介する。

2017.1 208p 18cm ¥800 ⓘ978-4-12-102417-6

◆**トコトンやさしいアミノ酸の本**　味の素編
著　日刊工業新聞社　（B&Tブックス―今日からモノ知りシリーズ）
【要旨】日本が誇るアミノ酸発酵工業、料理をおいしくする仕組み、うま味は5基本味の1つ、体のコンディションを整える、アミノ酸で地球を守る…知りたいことがよくわかる。

2017.3 159p A5 ¥1500 ⓘ978-4-526-07692-3

◆**日本の国菌―コウジキンが支える社会と文化**
一島英治著　　（仙台）東北大学出版会
【要旨】ユネスコ無形文化遺産に登録された「和食」には、日本を代表する微生物・コウジキンの働きが欠かせない。酵素科学の専門家でコウジキン研究の大家である著者が、学術・文化・社会の様々な面から日本人とコウジキンの深い関わりをひもとき、日本の「国菌」とされる由縁を明らかにする。

2017.12 84p B6 ¥2000 ⓘ978-4-86163-293-8

◆**乳酸菌、宇宙へ行く**　ヘルシスト編集部編
文藝春秋
【要旨】腸内フローラ・ブームで大人気となった乳酸菌。医師も病院も存在しない宇宙において、乳酸菌は「究極の予防医学」となりうるのだろうか。私たちの健康を支える乳酸菌と腸内細菌の不思議な働きを科学で解き明かす、最新腸内フローラ研究の決定版。

2017.3 237p B6 ¥1500 ⓘ978-4-16-390599-0

◆**比較内分泌学入門―序**　和田勝著　裳華房
（ホルモンから見た生命現象と進化シリーズ 1）
【要旨】生物の進化、ホルモンとは何か、系統発生・個体発生の視点から、昆虫のホルモン、信号分子による調節機構の進化…内分泌から見た生物って、こんなに面白い！

2017.4 236p A5 ¥2500 ⓘ978-4-7853-5114-4

◆**マクマリー生物有機化学―生化学編**　John E. McMurry, David S. Ballantine, Carl A. Hoeger, Virginia E. Peterson著,菅原二三男,倉持幸司監修　丸善出版　（原書8版）
【要旨】『生化学編』では、生命現象とその背景にある有機化学が簡潔に示されており、生命現象の"必然性"が理解できる構成になっている。また、生化学的現象と日常生活との結びつきも多数例示し、興味関心がներ深まるよう工夫されている。バイオ系、生命科学系、食品系や理学系、工学系で、生命科学を学ぶ学生に理解してもらうことを目標に、視覚的な図や写真、ポイントを強調した化学式を使って解説する。また、原書8版では生命現象のみならず、生化学と日常生活の中の化学との関連も強調して解説する。生化学の要点をより簡潔に、かつ多面的に理解するのに非常に適した教科書である。

2018.1 393p B5 ¥4900 ⓘ978-4-621-30240-8

◆**マクマリー生物有機化学―有機化学編**
John E. McMurry, David S. Ballantine, Carl A. Hoeger, Virginia E. Peterson著,菅原二三男,倉持幸司監訳,浪越通夫,宮下和之,矢島新訳　丸善出版　（原書8版）
【要旨】『有機化学編』では、有機化学の簡潔な解説の随所で、関連する生命現象についての話題や、日常生活との関連が盛り込まれ、有機化学を学ぶ意味が理解できる。さらに、有機化学とその化学反応を理解する延長上で、生化学反応を自然に配慮されている。バイオ系、生命科学系、食品系や理学系、工学系で、生命科学を学ぶ学生に理解してもらうことを目標に、視覚的な図や写真、ポイントを強調した化学式を使って解説する。原書8版では新たに"Hands - on Chemistry"が追加され、これまで以上に自分で体感しながら化学を理解しやすい構成となっている。"生命の不思議"は連続的な化学反応の積み重ねである。本書を通して、その生命の不思議を理解する基礎となる有機化学を身につけることができるだろう。

2018.1 257p B5 ¥4500 ⓘ978-4-621-30241-5

◆**レクチン―多彩な顔を持つ糖識別たんぱく質**
長田嘉穂著　講談社エディトリアル
【要旨】およそ130年前に赤血球を凝集させる物質として発見され、現在では臨床検査、薬学、理学、農学関連の領域でも盛んに利用されているレクチンだが、生物の持つ機能たんぱく質の中では酵素や抗体に比べて知名度が低く、その機能も不明の点が多く残されている。そのレクチ

ンを30年以上にわたり研究してきた著者が、「キノコをはじめとする菌類レクチンの分子構造に基づく系統分類」と「生物にとってレクチンを持つことの意味」を模索し、考察した自伝的レクチン論。

2017.8 138p A5 ¥1500 ⓘ978-4-907514-86-0

◆**わかりやすい生化学―疾病と代謝・栄養の理解のために**　石黒伊三雄,篠原力雄監修,斉藤邦明編　ヌーヴェルヒロカワ　（付属資料：別冊1）　第5版
【目次】生体の成り立ちと生体分子、タンパク質の性質、酵素の性質と働き、糖質の代謝、脂質の代謝、アミノ酸およびタンパク質の代謝、核酸の役割―生命の設計図が書き込まれた不思議な鎖、ホルモン、ビタミン、内部環境の恒常性―ホメオスタシス、消化・吸収と栄養価―霞を食べては生きられない、体液、血液、尿、免疫系、運動系、消化器系

2017.1 288p B5 ¥2300 ⓘ978-4-86174-069-5

天文学・宇宙科学

◆**隕石―迷信と驚嘆から宇宙化学へ**　マテュー・グネル著,米田成一監修,斎藤かぐみ訳　白水社　（文庫クセジュ）
【要旨】天空から地球に飛来した石。その年齢は太陽系の年齢であり、人類が手にできる最古の物体である。一方、その研究には最先端の機器を使用する。過去と現在、博物学と先端科学を架橋する、それが隕石だ。本書は、隕石の基礎知識から、発見の歴史、宇宙化学の現在までを網羅する。「解説」（国立科学博物館・米田成一）では、日本の隕石についても補足。

2017.5 147, 3p 四六 ¥1200 ⓘ978-4-560-51012-4

◆**宇宙を見た人たち―現代天文学入門**　二間瀬敏史著　海鳴社
【要旨】宇宙は、ブラックホール、超新星爆発、暗黒物質、暗黒エネルギーなど、さまざまな"魔物"や不可思議な現象の存在なしには考えられない。この驚天動地の現代天文学の歴史を築いてきた巨人たち―その活躍を、時代背景・生い立ち・人柄などを交え、いきいきと語る。

2017.10 270p B6 ¥1800 ⓘ978-4-87525-335-8

◆**宇宙人に、いつ、どこで会えるか？―地球外生命との遭遇**　二間瀬敏史著　さくら舎
【目次】第1章 生存可能な系外惑星を探す、第2章 星と惑星はどうやってできたか、第3章 すごい天変地異を乗り越えた地球、第4章 ハビタブル惑星の生命大変革、第5章 地球外生命の最有力候補は何か、第6章 宇宙人とのコンタクト

2017.7 202p B6 ¥1500 ⓘ978-4-86581-109-4

◆**宇宙生命科学入門―生命の大冒険**　石岡憲昭著　共立出版
【要旨】地球の誕生に遡り、生物の進化をもたらしながら現在の地球環境に至った諸要因を考察することから始め、地球環境をより良く理解して、生命にとっての宇宙の特殊性の本質に迫る。宇宙における生命の起源、進化、分布、そして未来についてまで考え、我々人類が未来に向けて宇宙をどのように活用し利用していったらよいのか、人類が宇宙に進出する意味について考える。

2017.11 202p A5 ¥2700 ⓘ978-4-320-04732-7

◆**宇宙に「終わり」はあるのか―最新宇宙論が描く、誕生から「10の100乗年」後まで**　吉田伸夫著　講談社　（ブルーバックス）
【要旨】現在は、宇宙が誕生した「直後」にすぎない―。今から138億年前、宇宙はビッグバンで生まれた。この「138億年」は、宇宙にとってはほんの一瞬である。宇宙は、現在までの138億年を序盤のごく一部として含み、今後少なくとも「10の100乗年」にわたる未来を有する。この遠い未来の果てに、宇宙は「終わり」を迎えるのか？宇宙の誕生から終焉までを最新科学に基づいて見渡し、人類の時間感覚とはまったく異なる、壮大な視点に立つ。

2017.2 280p 18cm ¥980 ⓘ978-4-06-502006-7

◆**宇宙には、だれかいますか？―科学者18人にお尋ねします**　佐藤勝彦監修,縣秀彦編　河出書房新社
【要旨】生物学、化学、物理学、生命科学、天文学…各分野のトップランナーが集結。新成果をもとに、究極の謎に出した答えとは―。科学者自筆の宇宙人イラストも収録！

2017.2 221p B6 ¥1500 ⓘ978-4-309-25361-9

◆**宇宙の観測　1　光・赤外天文学**　家正則,岩室史英,舞原俊憲,水本好彦,吉田道利編　日本評論社　（シリーズ現代の天文学 第15巻）第2版
【要旨】世界をリードするすばる望遠鏡の技術と成果、さらにその先を目指すTMT（30m 望遠鏡）まで光・赤外観測の現在を伝える。

2017.11 326p A5 ¥3700 ⓘ978-4-535-60765-1

◆**宇宙の大地図帳―地図で旅する宇宙空間「最果ての地」「未来の姿」とは!?**　渡部潤一監修　宝島社　（付属資料：ポスター）
【要旨】インフレーション、ビッグバン、加速膨張…誕生から100兆年後宇宙を「時系列」でたどる！　2017.6 127p A4 ¥700 ⓘ978-4-8002-6921-8

◆**宇宙はなぜ「暗い」のか？―オルバースのパラドックスと宇宙の姿**　津村耕司著　ベレ出版
【要旨】「夜が暗い」という不思議―宇宙の明るさから探る宇宙の姿。「宇宙が暗いなんて当たり前じゃないか」と思われるかもしれません。確かに私たちは毎日、太陽が沈んで夜になると、空が暗くなることを知っています。この夜の暗さこそが、「宇宙の暗さ」です。この当たり前に思えることは、じつはとても不思議なことで、「無限の空間に無数の恒星が一様に散らばっているとしたら、空は全体が太陽面のように明るいはず」という問題として、オルバースのパラドックスと呼ばれています。本書では、さまざまな角度から「宇宙の明るさ」について探ることその疑問を解き明かし、その過程において、宇宙に関する基礎的な知識も自然に学んでいきます。

2017.1 191p B6 ¥1500 ⓘ978-4-86064-501-4

◆**宇宙138億年の謎を楽しむ本―星の誕生から重力波、暗黒物質まで**　佐藤勝彦監修　PHP研究所　（PHP文庫）　（「最新宇宙論と天文学を楽しむ本」加筆・再編集・改題書）
【要旨】100年前にアインシュタインで予言された重力波が、2016年に直接観測された。天文学のめざましい進歩は、神秘のベールに包まれた宇宙の謎を次々と解きつつあるのだ！本書は、宇宙論の第一人者である佐藤先生が、太陽系や星のなりたちといった基本から、ビッグバン理論やインフレーション理論などの最新宇宙論までを図解付きでやさしく説明。宇宙研究の最前線を手軽に体感できる一冊。

2017.2 275p A6 ¥750 ⓘ978-4-569-76667-6

◆**宇宙用語図鑑**　二間瀬敏史著,中村俊宏構成,德丸ゆう絵　マガジンハウス
【要旨】私たちの頭の上にある宇宙には、想像もできないような謎と驚きと、ロマンが満ちています。「ことば」はその胸の高鳴りに近づくための入り口です。「ことば」とそこに含まれる意味や歴史や物語を知ることで、誰もが時空を超えて、限りなくつづく星空へと旅をすることができるのです。無限の興奮を1冊に凝縮！知っておきたい宇宙の基礎知識300。

2017.11 303p A5 ¥1800 ⓘ978-4-8387-2973-9

◆**カリスマ解説員の楽しい星空入門**　永田美絵著,八板康麿写真,矢吹浩星座絵　筑摩書房　（ちくま新書）
【要旨】古代より人間は、星から多くの情報を得て暦をつくり、想像力たくましく神話を語り継いできた。ストーリーを楽しみながら、雨季や洪水の時季、種まきや収穫といった農作業のタイミング、狩りや旅の針路、戒めの寓話や歴史を伝承するなど、生活に必要な知恵も星から学んだ。晴れた日には夜空を見上げよう。星をかいせば、恋人たちのロマンチックな夜の会話や、親子のコミュニケーションも盛り上がる。星座の探し方から神話や歴史、宇宙についての基礎知識まで完全ガイド。紙上プラネタリウムの開演です！

2017.7 186p 18cm ¥840 ⓘ978-4-480-06971-9

◆**完訳 天球回転論―コペルニクス天文学集成**
ニコラウス・コペルニクス著,高橋憲一訳・解説　みすず書房
【要旨】1543年、ニコラウス・コペルニクスが地球中心説（天動説）から太陽中心説（地動説）へと理論を革新させた、科学史上第一級の古典全6巻をここに完訳。さらにコペルニクスが太陽中心説の構想を初めて著した未刊の論考『コメンタリオルス』、ヨハン・ヴェルナーの著作を批判した書簡を収録し、コペルニクス天文学のすべてを凝集する。コペルニクスはいかにして、そしてなぜ地動説へと辿りついたのか？全編に付した精緻な訳注、天文学史を古代から"コペルニクス以後"まで詳細に綴った訳者解説「コペルニクスと革命」によって明かされる、革命の全貌。

2017.10 707p A5 ¥16000 ⓘ978-4-622-08631-4

サイエンス・テクノロジー

◆**巨大ブラックホールの謎—宇宙最大の「時空の穴」に迫る** 本間希樹著 講談社（ブルーバックス）
【要旨】200年以上前にその存在が予言されながら、いまだ多くの謎に包まれており、厳密にはその存在すら確認されていない。一般相対性理論による理論的裏付けから1世紀、「ブラックホール」という命名から半世紀、人類はついに「黒い穴」を直接見る力を手に入れようとしている。最新望遠鏡が解き明かす、巨大ブラックホールの謎を第一人者が解説する。
2017.4 270p 18cm ¥1000 ①978-4-06-502011-1

◆**銀河宇宙観測の最前線—「ハッブル」と「すばる」の壮大なコラボ** 谷口義明著 海鳴社
【要旨】日本が誇る光学・赤外線望遠鏡「すばる」。その真価が国際プロジェクト「コスモス」を通じて世界の天文界にとどals。著者らの血の滲むような努力と、深宇宙における銀河宇宙進化の研究を、ドキュメント風に伝える。
2017.4 244p B6 ¥1600 ①978-4-87525-332-7

◆**系外惑星と太陽系** 井田茂著 岩波書店（岩波書店）
【要旨】天文学の革命的な進展により、いまや太陽系から数千個もの惑星が発見されている。想像を超えた異形の星たち。ホット・ジュピター、エキセントリック・ジュピター、スーパーアース。その姿は、太陽系とは何か、地球とは何かという根本的な問いへとわれわれを誘う。「天空の科学」が明らかにする別世界の旅へ。
2017.2 200p 18cm ¥820 ①978-4-00-431648-0

◆**決定版 宇宙がまるごとわかる本** 宇宙科学研究倶楽部編 学研プラス
【要旨】太陽系や銀河の新事実から最新の宇宙論まで。
2017.7 126p A5 ¥590 ①978-4-05-406572-7

◆**古代文明に刻まれた宇宙—天文考古学への招待** ジューリオ・マリ著、上田晴彦訳 青土社
【要旨】モアイ像はなにをまなざしているのか？ピラミッドの通気孔はなにを意味しているのか？ストーンヘンジのすき間から夕陽が見えるのはなぜか？ 従来の考古学では解明できなかった古代文明の謎が、天文学の最新技術から次々に明かされる。まったく新しい切り口で文明の謎に迫る「天文考古学」の冒険。
2017.7 340p B6 ¥2800 ①978-4-7917-6986-5

◆**この宇宙の片隅に—宇宙の始まりから生命の意味を考える50章** ショーン・キャロル著、松浦俊輔訳 青土社
【要旨】世界的な理論物理学者が、ダーウィン、アインシュタインから、生命、意識、宇宙の起源までを縦横無尽に語り、この宇宙でわれわれが生きる意味を解き明かす。
2017.11 625, 5p B6 ¥3200 ①978-4-7917-7020-5

◆**時空のさざなみ—重力波天文学の夜明け** ホヴァート・シリング著、斉藤隆央訳 （京都）化学同人
【要旨】重力波—アインシュタインが100年前に存在を予言していたそれが、ついに検出され、一般相対性理論に裏付けを与えた（2017年ノーベル物理学賞）。この大発見に至るまでには、何十年にもわたる冒険的な研究と、巨大科学プロジェクトをおびやかした多くの諍いもあった。天文学専門の科学ライターである著者は、世界を飛び回って取材し、「重力波天文学」黎明期の国際的努力とその科学的内容をわかりやすく魅力的に語る。LIGO、日本のKAGRA、南極のBICE-P…世界中の観測機器の写真も見ごたえ十分。
2017.12 403p B6 ¥3000 ①978-4-7598-1959-5

◆**14歳からの天文学** 福江純著 日本評論社
【要旨】宇宙って素敵。著者の中学時代のエピソードや好きなSF、アニメに脱線しながら、天文・宇宙の世界に誘う。
2017.7 233p B6 ¥1500 ①978-4-535-78808-4

◆**重力で宇宙を見る—重力波と重力レンズが明かす、宇宙はじまりの謎** 二間瀬敏史著 河出書房新社
【要旨】アインシュタインの2つの奇妙な予言、重力波と重力レンズは、21世紀の新たな宇宙論の扉をどのように開いたのか—。「時空」のゆがみに切り込み、宇宙誕生の謎、そして宇宙の真の姿に迫る!!
2017.10 158p B6 ¥1500 ①978-4-309-25374-9

◆**重力波で見える宇宙のはじまり—「時空のゆがみ」から宇宙進化を探る** ピエール・ビネトリュイ著、安東正樹監訳、岡田好惠訳 講談社（ブルーバックス）
【要旨】重力—もっとも弱く、謎に包まれていた力が、この宇宙に大きな影響を与えている。アインシュタインが重力波を予言してから100年。ついに「重力波天文学」が幕を開けた。我々の宇宙観はどのように変わるのか？インフレーション、ブラックホール、量子真空、ダークエネルギー、量子重力理論…。宇宙を理解する上でかかせない理論をやさしく解説しながら、宇宙誕生と進化の謎に迫る。
2017.8 354p 18cm ¥1200 ①978-4-06-502027-2

◆**重力波発見！—新しい天文学の扉を開く黄金のカギ** 高橋真理子著 新潮社（新潮選書）
【要旨】アインシュタインがその存在を予言したのが約100年前。観測を始めておよそ50年で、人類はそれを捉えた。ここから、今まで知ることができなかった宇宙の謎の解明が始まる。重力波がどんなものかが分かれば、宇宙の成り立ちが理解できてくる。熟達の科学記者が、重力波発見にいたる物語から時空間の本質まで分かりやすく説く。
2017.9 271p B6 ¥1300 ①978-4-10-603816-7

◆**初歩からの宇宙の科学** 吉岡一男著 放送大学教育振興会, NHK出版 発売 （放送大学教材）
【目次】中世以前の天文学、近代までの天文学、現代までの天文学、地球と月、太陽とその影響、惑星の世界、太陽系小天体の世界、恒星の世界、多様な恒星、恒星の進化、天の川銀河とその発見、銀河とその種類、銀河の集団と大規模構造、相対性理論に基づく宇宙、宇宙の進化
2017.3 298p A5 ¥3400 ①978-4-595-31749-1

◆**新版 よくわかる星空案内—プラネタリウム名解説者が教えてくれる** 木村直人著 誠文堂新光社
【目次】星座とは、春の星空、夏の星空、秋の星空、冬の星空、そのほかの星
2017.9 127p A5 ¥1400 ①978-4-416-71742-4

◆**人類の住む宇宙** 岡村定矩、池内了、海部宣男、佐藤勝彦、永原裕子編 日本評論社（シリーズ現代の天文学 第1巻） 第2版
【要旨】21世紀の天文学を担う若い人に向けて…急速に発展する天文学の「現在」を切り取り、将来を見通すシリーズ。第1巻は、シリーズ全体の入門書でもあり、天文学を広く『「宇宙・地球・人間」の科学』ととらえ、概観します。
2017.3 374p A5 ¥2700 ①978-4-535-60751-4

◆**彗星パンスペルミア—生命の源を宇宙に探す** チャンドラ・ウィックラマシンゲ著、松井孝典監修、所源亮訳 恒星社厚生閣
【要旨】パンスペルミア説とは…この宇宙には生命が満ち溢れており、宇宙から生命が何らかの方法で地球に運ばれてきたという考えのこと。著者のチャンドラ・ウィックラマシンゲとフレッド・ホイルは「彗星パンスペルミア説」を初めて唱えた。一彼らは科学界の異端者か？ それとも先駆者なのか?!
2017.5 225p A5 ¥1900 ①978-4-7699-1600-0

◆**スーパー望遠鏡「アルマ」の創造者たち—標高5000mで動き出した史上最高の"眼"** 山根一眞著 日経BPコンサルティング, 日経BPマーケティング 発売
【要旨】「日本が自信を取り戻す」日本人必読の熱いドラマ。「東京から大阪の1円玉が見える望遠鏡を作ろう！」天文学者から町工場まで、創造者たち100人が語った無謀なまでの夢と辛酸、そして歓喜。壮大プロジェクトを描く大型ノンフィクション！
2017.7 279p B6 ¥1500 ①978-4-86443-042-5

◆**星界の報告** ガリレオ・ガリレイ著, 伊藤和行訳 講談社（講談社学術文庫）
【要旨】地動説にまつわる宗教裁判や落下法則の発見で知られるガリレオ・ガリレイ（一五六四-一六四二年）。彼を歴史という舞台に上げたのは望遠鏡による天体観測だった。わずか数ヵ月で当時最高の性能をもつ望遠鏡の製作に成功するガリレオがレンズの先に目にした宇宙の姿とは？ 月の表面から始まった天体観測は、天の川、そして木星の衛星に向かう。
2017.5 120p A6 ¥600 ①978-4-06-292410-8

◆**星座の図鑑—星座の探し方と神話がわかる** 沼澤茂美、脇屋奈々代著 誠文堂新光社
【要旨】全天88星座をわかりやすい紹介、観察ガイドも収録。各星座の詳しい紹介、観察ガイドも収録。四季の星空を美しい写真で紹介。星空の魅力に触れよう。季節ごとの見てきた天体をセレクト。星雲・星団・銀河を多数収録。
2017.7 207p A5 ¥1600 ①978-4-416-61777-9

◆**世界"宇宙誌"大図鑑** マイケル・ベンソン著, 野下祥子訳 東洋書林
【要旨】テーマ別10章のもと、前2000年から現代に至る世界認識の諸相を概観する"宇宙誌/宇宙図"集成!!壮大きわまる古代の遺物から現代美術さながらのデジタル解析図へと飛躍する美麗図版300点が誘う、視覚知のミクロコスモス！
2017.10 320p B5 ¥5000 ①978-4-88721-824-6

◆**世界でいちばん素敵な宇宙の教室** 多摩六都科学館天文グループ監修, 日本星景写真協会, NASA写真, 森山晋平文 三才ブックス
【要旨】ビッグバンからハビタブルゾーン（生命居住可能領域）まで果てしなく美しい138億年の物語。世界一に認定されたプラネタリウムの解説員が解説。
2017.7 159p A5 ¥1400 ①978-4-86199-963-5

◆**ぜんぶわかる宇宙図鑑** 渡部潤一監修 成美堂出版
【目次】第1章 宇宙の誕生、第2章 地球・太陽・月、第3章 太陽系惑星、第4章 恒星、第5章 銀河、第6章 系外惑星と生命探査、第7章 宇宙観測
2017.8 207p A5 ¥1400 ①978-4-415-32379-4

◆**それでも宇宙は美しい！—科学の心が星の詩にであうとき** 佐治晴夫著 春秋社
【要旨】この地球にあるものは、みな星のかけら、星の子ども。私たちを圧倒する天体や量子のふしぎと文学や音楽が交差する、センス・オブ・ワンダーに満ちた魅惑の科学エッセイ。
2017.1 281p B6 ¥1800 ①978-4-393-36063-7

◆**太陽系旅行ガイド** マーク・トンプソン著, 山田陽志郎, 永山淳子訳 地人書館
【要旨】少なくとも理論上、太陽系を回って見知らぬ世界を訪れることができるかどうか確かめるという夢の延長。
2017.12 283p B6 ¥2300 ①978-4-8052-0915-8

◆**地球外生命は存在する！—宇宙と生命誕生の謎** 縣秀彦著 幻冬舎（幻冬舎新書）（『地球外生命体』加筆・修正・改題版）
【要旨】「人類が21世紀中に、地球以外の星で生命を見つける可能性は50%以上」と著者。というのも、地球外生命が存在する可能性が高い、地球とよく似た環境の系外惑星（太陽ではない恒星を周回する惑星）が、最近になって次々と発見されているからだ。地球外生命は、人類のような生命体なのか、それともはるかに進化した生命体なのか？ そもそも生命がどのように誕生するのか。生命誕生の謎から系外惑星探査の最新動向まで、わかりやすくドラマチックに解説。人類究極の謎に迫る一冊。
2017.5 235p 18cm ¥800 ①978-4-344-98456-1

◆**超巨大ブラックホールに迫る—「はるか」が創った3万kmの瞳** 平林久著 新日本出版社
【要旨】世界で初めての超巨大な電波望遠鏡による観測計画「VSOP」の中心となった衛星「はるか」。電波天文衛星として、宇宙で直径8mのアンテナ展開など史上初の実験を次々成功させ、地上の電波望遠鏡と結ぶ地球の3倍の瞳で、ブラックホールなどの宇宙の謎を観た。そこに見えてきたものは？
2017.2 175p A5 ¥1500 ①978-4-406-06119-3

◆**月のきほん—ウサギの模様はなぜ見える？ 満ち欠けの仕組みは？ 素朴な疑問からわかる月の話** 白尾元理著 誠文堂新光社（ゆかいなイラストですっきりわかる）

【要旨】毎日、満ち欠けをして形を変える月。見える位置や時刻も毎日違う。それはどうして？ 月はいつできたのか？ どうして地球の周りを回るの？ ウサギに見える表面の模様は何？ 月にはどんな石が付いているの？ そんな月にまつわる疑問について答えながら、月について、やさしく紹介。
2017.10 159p A5 ¥1500 ①978-4-416-61759-5

◆**天体の位置と運動** 福島登志夫編　日本評論社 （シリーズ現代の天文学 13）　第2版
【要旨】位置天文学および天体力学を学び、天体の位置と運動を正確にとらえる。旧版以降の、光時計など時と長さの計測技術の進展を反映した1章、大幅改訂した2章より、第2版化した。
2017.7 260p A5 ¥2500 ①978-4-535-60763-7

◆**天文宇宙検定公式テキスト 3級 星空博士 2017～2018年版**　天文宇宙検定委員会編 恒星社厚生閣
【目次】1章 星の名前七不思議、2章 星座は誰が決めたのか、3章 空を廻る太陽や星々、4章 太陽と月、仲良くして、5章 太陽系の仲間たち、6章 太陽系の彼方には何がある、7章 天文学の歴史、8章 そして宇宙へ
2017.5 131p B5 ¥1500 ①978-4-7699-1605-5

◆**天文宇宙検定公式テキスト 2級銀河博士 2017～2018年版**　天文宇宙検定委員会編 恒星社厚生閣
【目次】1章 宇宙七不思議、2章 太陽は燃える火の玉か？、3章 まだ謎だらけ（！）の太陽系、4章 十人十色の恒星たち、5章 星々の一生、6章 銀河系は何からできているのか？、7章 銀河の世界、8章 天文学の歴史、9章 人類の宇宙進出と宇宙工学、10章 宇宙における生命
2017.5 158p B5 ¥1500 ①978-4-7699-1604-8

◆**天文年鑑 2018年版**　天文年鑑編集委員会編　誠文堂新光社
【目次】巻頭口絵（天文年鑑とともに70年、ずらり天文年鑑せいぞろい、2017年8月21日にアメリカで見られた皆既日食 ほか）、こよみ（展望、毎月の空、日食と月食 ほか）、データ（天文基礎データ、軌道要素からの赤経・赤緯の計算、太陽面現象 ほか）
2017.11 351p B6 ¥1000 ①978-4-416-71740-0

◆**天文の世界史** 廣瀬匠著　集英社インターナショナル, 集英社 発売 （インターナショナル新書）
【要旨】西洋だけでなく、インド、中国、マヤなどの天文学にも迫った画期的な天文史。神話から最新の宇宙物理までを、時間・空間ともに壮大なスケールで描き出す。人類は古来、天からのメッセージを観察し、解読しようと、天文現象を観察。天文学は、地域や文化の壁を越えて発達し、政治や宗教とも深く関わってきた。天体を横軸に、歴史を縦軸に構成。学者たちの情熱、宇宙に関する驚きの事実や楽しい逸話も織り込んでいる。
2017.12 254p 18cm ¥760 ①978-4-7976-8017-1

◆**眠れなくなるほど宇宙がおもしろくなる本** 縣秀彦監修　宝島社
【要旨】夜空を見上げるのが楽しくなる。宇宙の始まりからブラックホールまで、285の雑学。普段理系本を敬遠している人にこそ読んでほしい宇宙雑学本の決定版です。
2017.10 383p B6 ¥950 ①978-4-8002-7533-2

◆**ハッブル宇宙望遠鏡でたどる果てしない宇宙の旅** 伊中明著　技術評論社 （立体写真館 3）　新装改訂版（付属資料：3Dメガネ1）
【要旨】地球からはるか彼方へ。宇宙の始まりと未来を探して。
2017.12 122p 20×14cm ¥2380 ①978-4-7741-9374-8

◆**ハッブル宇宙望遠鏡で見る驚異の宇宙** 伊中明著　技術評論社 （立体写真館 2）（付属資料：3Dメガネ1）　新装改訂版
【要旨】誕生から死、そして再生。星の一生と銀河の進化の物語。
2017.12 122p 20×14cm ¥2280 ①978-4-7741-9375-5

◆**138億年宇宙の旅** クリストフ・ガルファール著, 塩原通緒訳　早川書房
【要旨】「車いすの天才」ホーキングの元で理論物理学を学び、のちにホーキングのベストセラー（『宇宙への秘密の鍵』）の共著者となったフランスのサイエンスライター、ガルファール。彼は本書でのアインシュタイン流の思考実験を大々的に展開することで読者がイメージを喚起しやすいよう導き、難しいことで知られるが不思議

現象満載の先端宇宙論をまるで見てきたようにベストサイエンスブック・オブ・ザ・イヤーを受賞、「レクスプレス」誌のベストセラーリストもにぎわせた科学解説、待望の邦訳。
2017.11 510p B6 ¥2400 ①978-4-15-209723-1

◆**秒速8キロメートルの宇宙から 宇宙編** 大西卓哉, 宇宙航空研究開発機構著　教育評論社
【要旨】宇宙服が入らない!?なぜかトイレが壊れる!?地球に還れるのか!?宇宙飛行士のリアルな日常。大西卓哉のISS滞在日記。
2017.6 239p A5 ¥1500 ①978-4-86624-008-4

◆**秒速8キロメートルの宇宙から 訓練編** 大西卓哉, 宇宙航空研究開発機構著　教育評論社
【要旨】ガス漏れ、急減圧、最後は火災!?採血の血が出てこない！ 人間遠心機、4Gのはずが6G!?宇宙飛行士のリアルな日常。大西卓哉の宇宙飛行士訓練日記。
2017.6 255p A5 ¥1500 ①978-4-86624-007-7

◆**藤井旭の天文年鑑 2018年版 ―スターウォッチング完全ガイド** 藤井旭著　誠文堂新光社
【目次】毎月の星空ガイド、惑星、流星群、星食、変光星、月食、彗星、接近、観測ガイド、カコミ、記事
2017.12 119p B6 ¥1000 ①978-4-416-71709-7

◆**ブラックホールをのぞいてみたら** 大須賀健著　KADOKAWA
【要旨】猛烈な勢いであらゆるものを吸い込みつづけるブラックホール。一度のみ込まれたら、抜け出すことは決してできないというSFのような天体はアインシュタインによって予言され、2015年、重力波の検出で存在が証明されました。でも、そもそも、なんで、どうやって吸い込んでいるの？ 吸い込むとどうなくなったときの宇宙の姿は？ やさしい文章とたくさんのイラストで不思議な天体の魅力とメカニズムを紹介。
2017.7 251p B6 ¥1300 ①978-4-04-106184-8

◆**ブラックホールで死んでみる 上 ―タイソン博士の説き語り宇宙論** ニール・ドグラース・タイソン著, 吉田三知世訳　早川書房 （ハヤカワ・ノンフィクション文庫）
【要旨】宇宙はいかにして生まれ、仕組みはどうなっていて、どう変わっていくのか。ビッグバンから140億年にわたる歴史、ブラックホール、ダーク・マターなどさまざまな現象や理論が解明されてきたが、いまも尽きることのない新たな発見がなされている。全米で最も著名な天体物理学者タイソン博士が、宇宙にまつわる幅広いトピックを、先端理論にもとづく斬新な切り口から時にユーモラスに考察する。天文学の愉しみにあふれた科学エッセー集。
2017.1 285p A6 ¥900 ①978-4-15-050484-7

◆**ブラックホールで死んでみる 下 ―タイソン博士の説き語り宇宙論** ニール・ドグラース・タイソン著, 吉田三知世訳　早川書房 （ハヤカワ・ノンフィクション文庫）
【要旨】宇宙で最も華々しく死ぬ方法はブラックホールに落ちること。しつこく強い重力が人間の体に及ぼす想像を絶する影響とは？ 人間が発した電波は宇宙のどこまで届いている？ 地球外生命体が発見される可能性は？ 映画「タイタニック」と『コンタクト』の科学的な誤りとは？ 『ナチュラル・ヒストリー』誌に掲載された、人気天体物理学者タイソン博士の宇宙エッセーを厳選して収録。壮大な宇宙が身近に感じられる一冊。
2017.1 326p A6 ¥900 ①978-4-15-050485-4

◆**ホーキング、ブラックホールを語る―BBCリース講義** スティーヴン・W・ホーキング著, 佐藤勝彦監修, 塩原通緒訳　早川書房
【要旨】車いすの天才、ホーキング博士のBBCラジオ「リース講義」を完全書籍化。宇宙最大の謎、ブラックホールとは何かを一般向けにわかりやすく語りかける。
2017.6 87p B6 ¥1400 ①978-4-15-209694-4

◆**星がとびだす星座写真** 伊中明著　技術評論社 （立体写真館 1）（付属資料：3Dメガネ1）　新装版
【要旨】春・夏・秋・冬、四季折々の星座と日本から見られない南天の星座。
2017.12 124p 20×14cm ¥2280 ①978-4-7741-9376-2

◆**星屑から生まれた世界―進化と元素をめぐる生命38億年史** ベンジャミン・マクファーランド著, 渡辺正訳　（京都）化学同人
【要旨】かのグールドは偶然性にとらわれ、生命のテープを巻き戻して再生しても人類が現れる

可能性はゼロに近いとみた。けれど著者は、生命が使える元素は地球の地質史が決めたため、何度テープを再生しても、進化はほぼ同じ道をたどると主張する。多様な分野の視点と先人の研究を踏まえれば、地球に生命が生まれ、体内のしくみを洗練してきた道筋の理解には、化学の原理つまり元素と周期表がカギだと解く―さまざまな要素が交錯する壮大な進化の物語が、ミステリーの謎解きのような面白さで描かれる。
2017.12 388p B6 ¥2800 ①978-4-7598-1951-9

◆**星空ガイド 2018年**　藤井旭企画・構成　誠文堂新光社
【要旨】15年ぶりに地球に大接近する火星。皆既月食が年に2回起こる！ 46P／ウィルタネン彗星が地球に最接近…2018年の天文現象をカレンダー風にまとめた星空ガイドブック。12ヵ月の星空をわかりやすい図と解説で紹介。
2017.12 56p A4 ¥1000 ①978-4-416-71726-4

◆**ほしぞらの探訪―肉眼・双眼鏡・小望遠鏡による** 山田卓著　地人書館　新装版
【目次】観望の前に（星座の名前、星の名前、星の住所と天球、星座の位置、星の南中時刻と南中高度、星の明るさ、星の色、重星、星雲・星団・銀河の名前、星団のいろいろ、星雲のいろいろ、銀河のいろいろ）、観望のために（肉眼も立派な天体望遠鏡、手軽で便利な双眼鏡、ばかにできない小口径望遠鏡）、四季の星座（春の星座、夏の星座、秋の星座、冬の星座）
2017.4 320p A5 ¥2000 ①978-4-8052-0908-0

◆**星空の地図帳―星座物語** スザンナ・ヒスロップ著, ハンナ・ウォルドロン挿画, 佐藤利恵訳　柊風舎
【要旨】夜空の星々を線で結ぶと、さまざまなモチーフが浮び上がる。獅子、大熊、狩人、乙女、カメレオン、不死鳥、望遠鏡に羅針盤…漆黒のカンバスに描かれる88星座のストーリー。
2017.5 281p A5 ¥6500 ①978-4-86498-045-6

◆**星空の見方がわかる本―星座の探し方から星の神話まで** 縣秀彦著　学研プラス
【要旨】星座を見つける！ 星を読む！ どこへでも、手軽に持ち運べるコンパクトな星空ウォッチングのパートナー。季節ごとの全天星図、方位別星図、メイン星座やみどころ紹介、さらには星にまつわる神話まで。星空観察の楽しさを徹底解説！
2017.7 239p B6 ¥1400 ①978-4-05-406574-1

◆**星とくらす** 田中美穂著, 木下綾乃絵　WAVE出版
【要旨】星を眺めようとすると、暗いところへ、暗いところへ、意識が向く。「ただ、星を見るのが好き」な、天文初心者のための理科エッセイ。カラーイラストと美しい天体写真が満載！
2017.6 159p 20×15cm ¥1600 ①978-4-86621-042-1

◆**ますます眠れなくなる宇宙のはなし―「地球外生命」は存在するのか** 佐藤勝彦著　宝島社 （宝島SUGOI文庫）
【要旨】宇宙論の権威、佐藤勝彦氏が贈るロングセラー「宇宙のはなし」シリーズ第2弾、待望の文庫化！ 今回のテーマは「地球外生命」。火星の地下や、木星や土星の氷衛星の内部海で、生命が見つかる？ 宇宙には生命を宿す「第2の地球」が無数にある？ 宇宙人からの通信はいつキャッチできる？ 最新情報を加筆して、「宇宙における生命」という究極の謎に迫る研究の最前線を紹介。 2017.7 238p A6 ¥600 ①978-4-8002-7085-6

◆**幻の惑星ヴァルカン―アインシュタインはいかにして惑星を破壊したか** トマス・レヴェンソン著, 小林由香利訳　亜紀書房
【要旨】人々の欲望が生み出し、そして消し去られた惑星があった。ニュートン理論に基づいて考えれば、ここには未発見の惑星があるに違いない―まだ見ぬ惑星を探し求める人々、そしてアインシュタイン。未知の惑星探査を通じて、科学の進歩とパラダイムシフトを描く、ロマンあふれるサイエンス・ノンフィクション！
2017.11 237, 39p 19×13cm ¥2200 ①978-4-7505-1528-1

◆**マルチバース宇宙論入門―私たちはなぜ"この宇宙"にいるのか** 野村泰紀著　星海社, 講談社 発売 （星海社新書）
【要旨】我々が生きる「この宇宙」は、物理法則も次元の数も異なる無数の「宇宙たち」の一つにすぎない…。宇宙論の最前線である"マルチバース宇宙論"が描く驚くべき宇宙像は、20世紀末から本格的に行われた宇宙膨張に関する詳

細な観測と、超弦理論やインフレーション理論といった最新の理論物理学の進展から、自然な帰結として導き出された。その先進性から、かつては研究者の間ですら「哲学」であると揶揄されるものであったことの描像は、近年になって急速に受け入れられつつある。このマルチバース宇宙の核心部分へと読者を誘うこと、それが本書の目標である。
　　　　2017.7 190p 18cm ¥920 ①978-4-06-138616-7

◆メシエ天体＆NGC天体ビジュアルガイド—メシエ天体110個＋主なNGC・IC天体を収録　中西昭雄著　誠文堂新光社　（『メシエ天体ビジュアルガイド』増補・改訂・改題書）
【目次】メシエ天体（超新星残骸 おうし座、球状星団 みずがめ座、球状星団 りょうけん座、球状星団 さそり座、球状星団 へび座 ほか）、主なNGC・IC天体（不規則銀河 ちょうこくしつ座、渦巻銀河 くじら座、渦巻銀河 ちょうこくしつ座、散光星雲 カシオペヤ座、渦巻銀河 ちょうこくしつ座 ほか）
　　　　2017.9 287p B5 ¥2800 ①978-4-416-71729-5

◆藪内清著作集　第1巻　定本中国の天文暦法　藪内清著、『藪内清著作集』編集委員会編（京都）臨川書店
【目次】第1編 中国の天文暦法（序論 中国における天文暦法の展開、中国の天文暦法、西方の天文学、天文計算法、補遺、付録）、第2編 歴代の暦　2017.12 457p A5 ¥4800 ①978-4-653-04441-3

◆ゆかいなイラストですっきりわかる 星のきほん—星はなぜ光る？ 素朴な疑問から知る星と宇宙の話　駒井仁南子著　誠文堂新光社
【目次】1 星と星座（星と星座、誕生星座って何？ ほか）、2 星って何？（一番星って何？、星もいろいろ ほか）、3 太陽系のしくみ（地球は太陽系の星、太陽と太陽系 ほか）、4 星と現象（星団に星が見えないのはなぜ？、宇宙はなぜ暗く見える？ ほか）、5 星と人（星がたくさん見える場所はどこ？、流れ星を見たいなら ほか）
　　　　2017.6 159p A5 ¥1500 ①978-4-416-61749-6

◆夜ふかしするほど面白い「月の話」　寺薗淳也著　PHP研究所　（PHP文庫）
【要旨】古代から太陽と並んで身近な存在だった月。人類が初めて月に降り立ってからも約半世紀たった。しかし、最も近い天体にもかかわらず、未解明な部分も多く、月の内部の構造や地球との関係、誕生の秘密など、謎は尽きない。本書は、最新研究を紹介しつつ、こうした謎の解明に迫ろうというもの。現在、月への有人飛行も計画されており、今後ますます月から目が離せなくなるだろう。
　　　　2018.1 251p A6 ¥680 ①978-4-569-76877-8

◆惑星ガイド 木星の向こうへ—月刊天文ガイド2000年4月号～2007年7月号惑星観測報告　伊賀祐一著　誠文堂新光社
【目次】惑星現象トピックス（木星の永続白斑の合体、木星観測のポイント、28年ぶりの大黄雲、ToUcam Pro による惑星観測、Tan Wei Leong 氏を迎えての京都ミーティング ほか）・惑星の近況・惑星サロン（2000年1月の惑星観測報告、2000年2月の惑星観測報告、2000年3月の惑星観測報告、2000年4月の惑星観測報告、2000年5月の惑星観測報告 ほか）
　　　　2017.12 231p B5 ¥2500 ①978-4-416-91765-5

◆惑星探査機の軌道計算入門—宇宙飛翔力学への誘い　半揚稔雄著　日本評論社
【要旨】数値計算をしながら宇宙飛行の楽しさを味わう！人工衛星や惑星探査機における軌道計算と軌道決定のカラクリを、高校数学、物理の知識をもとに分かりやすく紹介！
　　　　2017.9 132p A5 ¥2200 ①978-4-535-78845-9

◆惑星のきほん—ゆかいなイラストですっきりわかる 宇宙人は見つかる？ 太陽系の星たちから探る宇宙のふしぎ　室井恭子、水谷有宏著　誠文堂新光社
【要旨】惑星とは、太陽のように自ら光を放つ天体の周りを回る球状の星のこと。私たちの住む地球も、そんな「惑星」の一つです。なぜ「惑う星」と書くのか？ 今、話題のハビタブルゾーンとは？ 文字で書くとむずかしくなるこれらの疑問を、かわいいイラストとわかりやすい文章でやさしく解説します。知れば知るほど夜空を見上げたくなる、宇宙が好きになる。本書は、子どもから大人まで楽しめる惑星の新しい入門書です。
　　　　2017.8 159p A5 ¥1500 ①978-4-416-61752-6

◆「惑星」の話—「惑星形成論」への招待　佐々木貴教著　工学社　（I・O BOOKS）

【要旨】この太陽系は、自ら光る恒星である太陽を中心に、8つの惑星とそれらの周りを回る多数の衛星、さらに無数に存在する小天体などから構成される。小惑星探査機「はやぶさ」の帰還、土星の衛星「エンケラドス」からの噴水の観測、地球に似た系外惑星の発見など、近年大きな盛り上がりをみせる「惑星科学」の世界を満喫していただきたい。
　　　　2017.7 143p A5 ¥1900 ①978-4-7775-2019-0

地球科学・地学・地質学

◆雨はどのような一生を送るのか—降る前から降った後までのメカニズム　三隅良平著　ベレ出版
【要旨】古代から科学者たちは「雨はどのようにして降り、降った後はどこへ行くのか？」という問題にずっと頭を悩ませてきた。雨が降るまでのメカニズム、そして、降った後もつづく地球をめぐる水の旅について、私たち人類はどのように迫ってきたのか！？雨にまつわるサイエンスヒストリーから見えてくる「雨の一生」。
　　　　2017.6 307p B6 ¥1700 ①978-4-86064-512-0

◆歩いてわかった地球のなぜ!?　松本穂高著　山川出版社　（『自然地理のなぜ!?48』増補・改題書）
【要旨】ペンギンはなぜ南半球だけにいる!?伏見の酒はなぜうまい!?石油はなぜ砂漠に眠る!?…全ての写真を著者撮影。著者が世界中を歩いて探った51テーマを収録。『自然地理』が教えてくれる地球のふしぎな風景、絶景のなぞ。『自然地理のなぜ!?48』に写真やテーマを追加し、装丁やレイアウトを一新した増補新版。
　　　　2017.4 229p A5 ¥1800 ①978-4-634-15115-4

◆「異常気象」の考え方　木本昌秀著　朝倉書店　（気象学の新潮流 5）
【目次】1 異常気象とは—さまざまな時間・空間スケールでゆらぐ大気運動（最近の異常気象、異常気象＝低頻度気象 ほか）、2 グローバル気象の考え方—大気大循環のキホン（放射と南北気温差、大気・海洋による熱・水輸送、ミニマム気象学 ほか）、3 異常気象の考え方（異常気象をもたらす大気循環のゆらぎ—ゆらぎの生ずる理由（1）、異常気象の「力学」の考え方 ほか）、4 気候変動の考え方（エルニーニョ現象の概要、海面水温の決まり方—大気海洋相互作用のキホン ほか）、5 異常気象を予測する（7天気予報の限界—カオスの壁、長期予報可能性 ほか）
　　　　2017.10 219p A5 ¥3500 ①978-4-254-16775-7

◆異常気象はなぜ増えたのか—ゼロからわかる天気のしくみ　森朗著　祥伝社　（祥伝社新書）
【要旨】「観測史上1位」「記録的」がめずらしくなくなった最近の日本の気象現象。災害が身近に迫った時、警報・注意情報・避難情報への的確な対処が求められるが、それには気象に関する最低限の知識が不可欠である。本書は天気図の見方、雨・雪・風などのしくみ、実は謎が多い日本の気象、現在も解明が続く異常気象など、天気・気象現象を解き明かすものである。
　　　　2017.10 200p 18cm ¥780 ①978-4-396-11517-3

◆動く地球の測りかた—宇宙測地技術が明らかにした動的地球像　河野宣之、日置幸介著（平塚）東海大学出版部
【目次】第1章 動く大地：地震とプレートテクトニクス、第2章 巻尺で届かない距離をどう測るか、第3章 宇宙測地技術で大陸間の距離を測る：大陸は豆腐の80年代（SLRとVLBI）、第4章 宇宙測地技術でとらえられたプレート運動、第5章 4つの衛星で位置を測るGNSSと海底測位：宇宙測地技術が日本列島の動き、第6章 GNSSによる高密度な観測と日本列島の動き、第7章 基準座標系と地球回転変動、第8章 宇宙測地技術の将来
　　　　2017.12 124p 21×14cm ¥1800 ①978-4-486-02128-5

◆海に沈んだ大陸の謎—最新科学が解き明かす激動の地球史　佐野貴司著　講談社　（ブルーバックス）
【要旨】地球の大陸がいつから存在し、いかに成長してきたかは、現代の地球科学においても未解決の問題である。ただ、現在の大陸分布は一時的なものにすぎず、大陸が合体と分裂を繰り返してきたことは間違いない。より詳細な歴史と「地球のからくり」を理解する鍵は、岩石の中のミクロな鉱物が握っている。プレートテク

トニクス、ジルコンによる最新の年代測定、そして世界が注目する「ジーランディア」の調査を解説する。
　　　　2017.7 238p 18cm ¥980 ①978-4-06-502021-0

◆海のミュージアム—地球最大の生態系を探る　ルイス・ブラックウェル著、千葉啓恵訳　（大阪）創元社
【要旨】40億年の軌跡、魅惑的な生き物の営み、人と海とのかかわり—海にまつわる科学エッセイ×世界の写真家のベストショット105。
　　　　2017.1 238p 22×22cm ¥2800 ①978-4-422-43021-8

◆衛星画像で読み解く 噴火しそうな日本の火山　福田直熊著　日本評論社
【要旨】これが日本の火山の実態だ！日本初！資源探査衛星ランドサットのカラー画像から日本全域の火山を読み解く。
　　　　2017.4 118p B5 ¥2400 ①978-4-535-78843-5

◆絵でわかる地震の科学　井出哲著　講談社　（絵でわかるシリーズ）
【要旨】日本列島周辺では、1年に10万回以上、つまり分に1回以上地震が起きています。もちろん、この数には大小さまざまな規模の地震が含まれます。では、「マグニチュード7以上」とか「8以上」の大きな地震はどの程度の頻度で起きるのでしょうか？ また、それらの発生を予測することはできるのでしょうか？ 本書は、地震のメカニズムや法則を探る最先端の科学を解説します。
　　　　2017.2 183p A5 ¥2200 ①978-4-06-154781-0

◆温泉の科学—おもしろサイエンス　西川有司著　日刊工業新聞社　（B&Tブックス）
【要旨】温泉は地球の恵みとして地下から湧出し、湯治、療養、観光など、私たちの生活を豊かにしてくれます。多くの人が温泉に行き、天然の温泉を大自然のなかで楽しみ、癒されています。でも、どうして温泉にはそんな力があるのでしょうか。その秘密を解き明かしていきます。
　　　　2017.7 151p A5 ¥1600 ①978-4-526-07729-6

◆海水の疑問50　日本海水学会編、上ノ山周編著　成山堂書店　（みんなが知りたいシリーズ 4）
【要旨】50の疑問に専門家29名がわかりやすく答えます。
　　　　2017.9 192p B6 ¥1600 ①978-4-425-83091-6

◆海洋地震学　末広潔著　東京大学出版会
【目次】第1章 地震と海洋地震学（海洋地震学、大地震と津波 ほか）、第2章 観測データ（波の記述、波の励起 ほか）、第3章 海洋の地震観測（観測の窓、センサー ほか）、第4章 海洋からの地震データを使う（データの活用、反射法による構造 ほか）、第5章 海洋地震学の実践（海洋底の拡大、海洋底の沈み込み ほか）
　　　　2017.2 236p A5 ¥4800 ①978-4-13-060762-9

◆海洋の物理学　花輪公雄著　共立出版　（現代地球科学入門シリーズ 4）
【要旨】地球の海、海水の性質、地球の熱収支、海洋への強制力、海洋の成層構造、海洋の大循環、海水の運動方程式と地衡流、海洋大循環論、海洋の短周期波動、海洋の長周期波動、潮汐と潮流、海洋の観測と監視、気候変動と海洋、地球温暖化と海洋
　　　　2017.4 210p A5 ¥3600 ①978-4-320-04712-9

◆かき氷前線予報します—お天気お姉さんのマーケティング　小越久美著　経済法令研究会　（経法ビジネス新書）
【要旨】ビジネスマン必須の気象現象と消費行動の特徴的変化をお天気お姉さんが解説します。
　　　　2017.6 180p 18cm ¥1600 ①978-4-7668-4815-1

◆火山学　吉田武義、西村太志、中村美千彦著　共立出版　（現代地球科学入門シリーズ 7）
【目次】第1章 火山学概観、第2章 火成岩と火山岩、第3章 火山の噴火と噴出物、第4章 マグマプロセスとマグマの成因、第5章 火山の観測とモニタリング、第6章 噴火のダイナミクス、第7章 火山の恩恵と災害、第8章 火山防災・火山減災　2017.5 392p A5 ¥4800 ①978-4-320-04715-0

◆火山全景—写真でめぐる世界の火山地形と噴出物　白尾元理、下司信夫著　誠文堂新光社
【要旨】息をのむダイナミックな景観、眼前に迫る灼熱の溶岩、平凡な風景に隠された大噴火の証拠、地球の歴史を変えた巨大火山の痕跡—。身近な日本の火山から世界の絶景まで、大迫力の大判写真と気鋭の火山学者による解説で、雄大

かつ繊細な驚くべき火山の姿を描き出す。
2017.8 191p 27×22cm ¥3800 ①978-4-416-61739-7

◆化石の植物学—時空を旅する自然史　西田治文著　東京大学出版会　（Natural History）
【目次】第1章 植物化石と古植物学、第2章 分類と進化、第3章 陸上植物の初期進化、第4章 多様化する維管束植物、第5章 種子の誕生、第6章 シダ植物の多様化、第7章 裸子植物の多様化、第8章 被子植物の台頭、第9章 変化する地球環境と生態系
2017.6 310p A5 ¥4800 ①978-4-13-060251-8

◆カラー図鑑 日本の火山　高田亮監修　ナツメ社
【要旨】火山の基本的な知識から、それぞれの火山の特徴まで、わかりやすく解説。過去の火山活動がわかる「日本活火山年表」付き。日本の活火山111をすべて掲載。
2017.10 239p A5 ¥2200 ①978-4-8163-6332-0

◆岩石薄片図鑑—精細写真で読み解く鉱物組成と生い立ち　青木正博著　誠文堂新光社
【要旨】岩石を光が透き通るぐらいに薄く研磨した "岩石薄片" を顕微鏡で観察すると、そこには鉱物が織りなす色鮮やかで美しい世界が広がっています。いま、岩石薄片を観察することによって、含まれている鉱物などから、岩石の生い立ちや移り変わりを知ることができます。灼熱のマグマ、地下深部の高圧、深い海の底のできごとが約30マイクロメートルの厚さに詰まっています。本書に掲載した薄片は、世界でも最高水準の技術により作製されていて、ほかでは見られない貴重なものです。岩石、鉱物についての解説も充実した、価値ある一冊です。
2017.1 143p B5 ¥2400 ①978-4-416-61662-8

◆完全解説 日本の火山噴火　島村英紀著　秀和システム
【要旨】常時観測火山50の危険度と噴火の可能性を、4つの指針と過去の人的被害を踏まえて徹底検証！
2017.4 239p A5 ¥1600 ①978-4-7980-5008-9

◆関東周辺の潮位表　2017年　気象庁、国立天文台資料　クライム気象図書出版
【目次】潮位表（東京、川崎、横浜、江ノ島、大島、伊東、御前崎、千葉港、布良、銚子、鹿島、大洗）、潮位表の利用法、東京湾の高潮の記録、季節暦（東京の日の出・月の出・入）
2016.11 88p A5 ¥880 ①978-4-904518-22-9

◆気候変動を理学する—古気候学が変える地球環境観　多田隆治著, 日立環境財団協力　みすず書房　新装版
【要旨】古気候学の研究者と市民の熱意から生まれた、気候科学のエキサイティングな講義。古気候学とは、堆積物や氷床などに残る痕跡を手がかりに気候変動の歴史を復元し、地球環境を造形するメカニズムを明らかにする学問だ。その成果は地球の理解そのものを確実に変えつつある。第一線で活躍する研究者が、生きた講義の中で発せられる疑問を丁寧に拾いながら、複雑で動的な地球システムの本質を説き明かす。まず古気候学の面白さに、きっと圧巻なのである。歴史と本物の科学がみごとに融けあっている。億年〜数年という異なる時間軸を縦横に飛び移る思考。日本海から掘り出した堆積物と数万年前に極地を覆っていた氷床を関連づけるような、壮大なかつ美しいメカニズムの学問だ。研究者たちは過去の気候が遺した暗号を丹念に読みこなし、地球温暖化のメカニズムと脆弱さの謎に迫っていく。地球温暖化はウソかホントかといった表層的な議論はもうたくさん、今度こそ地球と環境の実像を掴みたいという読者が、この質の高いレクチャーを追体験してもらいたい。豊富な図版も紙芝居とは違う。科学的教材を自ら一つ一つ読み解く過程にこそ、「理学する」手ごたえがある。サイエンスカフェ参加者の探求欲にも染染せずにはすまない、充実の地球システム学入門。
2017.12 287, 11p B6 ¥3400 ①978-4-622-08672-7

◆気候変動の事典　山川修治, 常盤勝美, 渡来靖編　朝倉書店
【目次】第1章 多大な影響をもたらす異常気象・極端気象、第2章 地球温暖化の実態、第3章 地球温暖化など気候変化の諸影響、第4章 大気・海洋相互作用からさぐる気候システム変動、第5章 極域・寒冷圏からさぐる気候システム変動、第6章 自然要因からさぐるグローバル気候システム変動、第7章 歴史時代における気候環境変動、第8章 数百〜数千年スケールの気候環境変遷、第9章 自然エネルギーの利用法
2017.12 460p A5 ¥8500 ①978-4-254-16129-8

◆気象業務はいま　2017　—守ります人と自然とこの地球　気象庁編　（岡山）研精堂印刷
【目次】特集 防災意識社会や社会の生産性向上に資する気象情報（防災意識社会を支える気象業務、社会の生産性向上に資する気象データとその利用の推進）、トピックス（自然のシグナルをいち早く捉え、迅速にお伝えするために、長期の監視から地球の今を知り、将来に備えるために）、第1部 気象業務の現状と今後（国民の安全・安心を支える気象情報、地震・津波と火山に関する情報 ほか）、第2部 気象業務を高度化するための研究・技術開発（大気・海洋に関する数値予報技術、新しい観測・予測技術 ほか）、第3部 気象業務の国際協力と世界への貢献（世界気象機関（WMO）を通じた世界への貢献、国連教育科学文化機関（UNESCO）を通じた世界への貢献 ほか）、第4部 最近の気象・地震・火山・地球環境の状況（気象災害、台風など、天候、異常気象など ほか）
2017.6 181p A4 ¥2700 ①978-4-904263-08-2

◆気象災害から身を守る大切なことわざ　弓木春奈著　河出書房新社
【要旨】匂い、音、気温、湿度、雲の形、川の流れ…迫りつつある天災は五感を鋭くすることでキャッチできる。命を脅かす危険からいち早く逃れるために覚えておきたい「警句」をやさしく解説!!
2017.12 219p B6 ¥1400 ①978-4-309-22720-7

◆奇妙で美しい石の世界　山田英春著　筑摩書房　（ちくま新書）
【要旨】草木が中に閉じ込められているようなデンドリティック・アゲート、現実の風景のミニチュアのような絵が石の中にあるパエジナ・ストーン、深い緑色でロシア女帝エカチェリーナ二世を魅了した孔雀石—この世に無数に存在する石の中には、目を引く美しい模様を持ち、人を不思議な気持にさせる魅力をもつ石が多くある。本書は、瑪瑙を中心に、美しい石のカラー写真を多数掲載。さらに、石に魅了された人たちの数奇な人生や歴史上の逸話など、国内外のさまざまな石の物語を語る。
2017.6 190p 18cm ¥920 ①978-4-480-06967-2

◆雲を愛する技術　荒木健太郎著　光文社　（光文社新書）
【要旨】豊富な写真と雲科学の知見から、身近な存在でありながら、まだまだよく知られていない雲の実態に迫り、その心を読み解いていく。雲研究者の著者が留まるところを知らない愛と情熱を注いだ、雲への一級りのラブレター。
2017.12 331, 7p 18cm ¥1200 ①978-4-334-04329-2

◆決定版 地球46億年の秘密がわかる本　地球科学研究倶楽部編　学研プラス
【要旨】最先端の科学は人類誕生のはるか昔—46億年前の地球の姿をも明らかにしつつある。原始の地球でどのように海が、陸地が、大気が生まれたのかどのように生命が進化してきたのか。そしてこれから地球や、地球に暮らす生命がどのような未来をあゆんでいくのか。地球が刻んだ46億年分の記憶とこれから刻まれる新たな可能性をひとつずつひも解いていこう。
2017.10 255p B6 ¥1300 ①978-4-05-406598-7

◆鉱物 人と文化をめぐる物語　堀秀道著　筑摩書房　（ちくま学芸文庫）
【要旨】「この砂はみんな水晶だ。中で小さな火が燃えてゐる」（『銀河鉄道の夜』）。冒頭の宮沢賢治はなぜ石が好きになったのか」からはじまり、ミケルアンジェロと竜安寺の関係、モーツァルトが石の名前になったわけ、吉良上野介の墓石など、鉱物の深遠にして、不思議な真実が次々と披瀝される。石に対する深い愛と学識に裏打ちされ、優しい語り口で紹介される「砂漠のバラ」、「火星の石」、「黄鉄鉱」、「ラピスラズリ」は、愛好家ならずとも思わず魅了される。「珠玉」のエッセイ。図版多数収録。
2017.12 383p A6 ¥1300 ①978-4-480-09835-1

◆最新 気象学のキホンがよーくわかる本　岩槻秀明著　秀和システム　（図解入門）　第3版
【要旨】気象に関する基礎的な概念・知識を平易な図版＆シンプルな表現でわかりやすく解説。気象予報士試験対策の「一冊目に読む入門書」としても最適！
2017.12 485p A5 ¥2300 ①978-4-7980-5367-7

◆山岳　マーティン・F. プライス著, 渡辺悌二, 上野健一訳　丸善出版　（サイエンス・パレット 034）
【要旨】地球の陸地の4分の1を占める『山岳』。山は、主要な河川の源に、私たちの生活に欠かせない水を供給しています。山の存在は、気象バ

ターンに影響を与え、生物や文化の多様性をはぐくむ中心的な役割を担ってきました。地下資源鉱物の宝庫を、レクリエーションの場も提供しています。いま、気候変化の影響を強く受け、山は急激に変化しています。本書は、山に関して、いま私たちが知っておくべきことを国際的な視点で非常にコンパクトにまとめています。そして、山の恩恵を受けてきた私たちの社会が、山の変化に対して地球規模で取り組むべき課題を提示しています。本書を読み終わった時、山の見方が変わっているかもしれません。
2017.7 176p 18cm ¥1000 ①978-4-621-30172-2

◆地震・火山や生物でわかる地球の科学　松田准一著　（吹田）大阪大学出版会　（阪大リーブル）
【要旨】世界中の石や火山・温泉を調べると見えない地球が見えてくる！
2017.2 241p B6 ¥1600 ①978-4-87259-441-6

◆自然地理学—地球環境の過去・現在・未来　松原彰子著　慶應義塾大学出版会　第5版
【要旨】地球でいま何が起きているのか。温暖化をはじめとする地球環境問題および地震・火山災害などの諸課題を自然地理学の立場から解説した入門書。大気・海洋・地盤環境の過去から現在までの変化過程とその原因、さらに将来予測について、豊富な図表・写真を交えて平易に説明した待望の増補改訂版。
2017.3 234p B5 ¥2400 ①978-4-7664-2400-3

◆人類と気候の10万年史—過去に何が起きたのか、これから何が起こるのか　中川毅著　講談社　（ブルーバックス）
【要旨】現代とはまるで似ていない気候激変の時代を生き延びてきた人類。福井県の水月湖に堆積する「年縞」。何万年も前の出来事を年輪のように1年刻みで記録し、現在、年代測定の世界標準となっている。その年縞が明らかにしたのが、現代の温暖化を遥かにしのぐ「激変する気候」だった。過去の精密な記録から気候変動のメカニズムに迫り、人類史のスケールで現代を見つめなおす！
2017.2 218p 18cm ¥920 ①978-4-06-502004-3

◆図説 鉱物肉眼鑑定事典　松原聡著　秀和システム
【要旨】驚きと発見にあふれる鉱物鑑定の世界！ルーペと条痕色で見分ける鉱物鑑定のポイント！主要鉱物から始める肉眼鑑定入門。道具の選定、劈開、光沢、硬度、色、条痕色、結晶面、その他の物性から産状にいたるまで、肉眼鑑定の全手法を一挙公開！116種の主要鉱物を400枚の写真で紹介！
2017.10 267p A5 ¥1600 ①978-4-7980-5233-5

◆図説 空と雲の不思議—きれいな空・すごい雲を科学する　池田圭一著　秀和システム
【要旨】大人も子どもも！ ワクワク感とセンス・オブ・ワンダー！ 奇妙な雲は決して不吉ではない。珍しい雲、虹などの美しい現象を探して楽しもう。"天井世界"を科学する！
2017.3 207p A5 ¥1600 ①978-4-7980-4888-8

◆スッキリ！ がってん！ 雷の本　乾昭文著　電気書院
【目次】1 雷ってなあに（雷のもと、雷はどうやって発生するの、雷は放電である、雷に通り道ってあるの、どこに落ちるの、エネルギーはどれくらい）、2 雷の基礎（どんな雷があるの、季節によって違うの、上向きの雷があるの、自然災害・事故に関連した雷があるの、宇宙にも雷はあるの、直撃しなくても被害するの）、3 雷の応用（雷が近づくのがわかるか、雷は避雷針で防げるか、ゴム製品は雷を通さない—だから安全？、雷エネルギーは利用できるか、お米が豊作になる）
2017.4 91p 19×13cm ¥1000 ①978-4-485-60021-4

◆駿河湾学　村山司編著　（平塚）東海大学出版部
【目次】身近な深海・駿河湾、駿河湾の地形・地質、地震と駿河湾、駿河湾と気象、駿河湾の水はどこから？、静岡の地下圏微生物によるメタン生成と新たなエネルギー資源、静岡県の化石、駿河湾にすむ深海生物、駿河湾の深海ザメ、開国による駿河湾魚類研究の夜明け〔ほか〕
2017.8 150p 21×14cm ¥2800 ①978-4-486-02144-5

◆駿河湾の形成—島弧の大規模隆起と海水準上昇　榮正博著　（平塚）東海大学出版部
【目次】駿河湾という湾—湾の地形と海水準、駿河湾の地形と海水—日本一深い湾の自然、三保半

島の形成―安倍川の礫と駿河湾の波がつくった砂嘴、牧ノ原台地の形成―大井川の河原と遠州灘の海岸段丘、有度丘陵の形成―隆起した安倍川の三角州、小笠丘陵の形成―隆起した大井川の三角州、庵原丘陵の形成―隆起した富士川の三角州、駿河湾の形成―沈んだ陸地と隆起する海底、掛川層群の地層と化石―地層の形成と海水準変動、富士川谷の地層と褶曲―陸上で見られる駿河湾の基盤、伊豆半島の地質と生物、静岡県の大地と赤石山脈―赤石山脈は付加体か、太平洋のギヨーと海水準上昇、地震分布の実態―東海地震はいつ起こる、まとめ―駿河湾の形成
2017.11 406p A5 ¥3000 ①978-4-486-03737-8

◆世界でいちばん素敵な地球の教室　円城寺守監修　三才ブックス
【要旨】絶景には理由がある。自転軸の傾きがもたらした美しい季節。マグマの活動が生み出した息をのむ絶景。豊かな生命をはぐくむ青く輝く海。奇跡の惑星、46億年の秘密。
2017.12 158p A5 ¥1500 ①978-4-86673-014-1

◆雪氷学　亀田貴雄, 高橋修平著　古今書院
【目次】第1章 氷、第2章 雪結晶、第3章 積雪、第4章 氷河、氷床、第5章 凍土、凍上、第6章 海氷、第7章 雪氷災害、第8章 宇宙雪氷
2017.8 349p B5 ¥7500 ①978-4-7722-4194-6

◆全国気象データと熱負荷計算プログラムLESCOM　武田仁, 磯崎恭一郎著　井上書院　(付属資料：DVD‐ROM1)
【目次】1 熱負荷計算プログラムの開発経緯（はじまり、委員会での検討、プログラムの名称 ほか）、2 気象データ作成の経緯（気象庁観測データ、SDPデータ ほか）、3 建物データの作成法（直接作成法、LESassistによる方法 ほか）、4 インプットデータ作成例と計算結果（オフィスビル、戸建木造住宅 ほか）、付 DVDに入っているデータ
2017.12 112p A4 ¥54000 ①978-4-7530-3852-7

◆そうだったのか！ 驚きの名水のチカラ―名水博士が語る水と健康、食、酒…　佐々木健著　地人書館
【要旨】名水というと、歴史上の著名人物が使った由緒ある湧水や様々な効き目が宣伝される機能水などが連想されるが、実は「名水」の定義はない。バイオ環境化学の研究者という本業の傍ら、日本各地の名水をたずね歩き、舌でなめ、水質分析を行い、「名水鑑定」をライフワークとしてきた著者は、どんな水を「名水」と結論づけたのか。これまであまり知られていない名水の機能と活用事例について楽しく語る。
2017.7 186p B6 ¥1800 ①978-4-8052-0913-4

◆太平洋の地質構造と起源　Boris I. Vasiliev著, 星野通平監訳, 石田光男, 杉山明訳　（安曇野）『太平洋の地質構造と起源』刊行会, （平塚）東海大学出版部 発売
【目次】第1部 太平洋巨大海盆の概要（西太平洋（北西太平洋海盆とその周辺域、赤道太平洋の西部海域、中部太平洋海盆）、東太平洋（北東太平洋海盆、ポリネシア海膨、東太平洋海膨と太平洋・南極海膨、太平洋南東部、太平洋巨大海盆発達の主要ステージ））、第2部 太平洋漸移帯の内部（太平洋漸移帯の西部（東アジア地域、南アジア（フィリピン海）地域、オーストラリア・メラネシア地域、南極地域）、太平洋漸移帯の東部（南アメリカ地域、中央アメリカ地域、北アメリカ地域、太平洋漸移帯内部の地質学的性質と地質発達の主要ステージ））、第3部 太平洋の起源に関する諸問題（海洋の内成起源仮説と太平洋‐アフリカ非対称性、地球‐月系の形成に関する仮説）
2017.6 413p B5 ¥5000 ①978-4-486-03736-1

◆太陽系の化学―地球の成り立ちを理解するために　海老原充著　裳華房　（化学新シリーズ）　第2版; オンデマンド版
【目次】第1章 元素と原子核、第2章 太陽系の元素の起源、第3章 太陽系の元素組成、第4章 太陽系初期の元素の挙動、第5章 太陽系の始原物質、第6章 太陽系の同位体存在度、第7章 太陽系の年代学、第8章 太陽系惑星の化学
2017.8 230p A5 ¥3200 ①978-4-7853-0634-2

◆たけしの面白科学者図鑑 地球も宇宙も謎だらけ！　ビートたけし著　新潮社　（新潮文庫）
【要旨】我々が暮らす地球には、解明されていない不思議がいっぱい。南極の厚い氷の下に生物はいる？ 生命の起源の手がかりは深海にあった。宇宙はいくつも存在するってホント？ そんな遠大な謎を解くため、極地から海の底まで地球のあらゆる場所を調査し、宇宙の果てを思考する研究者たち10人にたけしが出会った！ 命の始まりや遙かな未来に思いを馳せる超面白サイエンストーク、地球＆宇宙編。
2017.3 261p A6 ¥520 ①978-4-10-122536-4

◆地学ノススメ―「日本列島のいま」を知るために　鎌田浩毅著　講談社　（ブルーバックス）
【要旨】地学の「おもしろいところ」「ためになるところ」だけを抜き出した、かつてない「教養の書」！ 何枚ものプレートが接する日本列島は、外国人から見れば人が住んでいることさえ恐ろしいと思うほどの地理的条件にあります。にもかかわらず、日本の高校・大学ではいま、「地学離れ」が進み、日本人の「地学リテラシー」は中学生レベルで止まったままともいわれています。地球の構造から巨大地震・巨大噴火の可能性まで、日本人にとって必須の教養をいまこそ身につけよう！
2017.2 286p 18cm ¥980 ①978-4-06-502002-9

◆地球大気の科学　田中博著　共立出版　（現代地球科学入門シリーズ 3）
【目次】地球大気の歴史、地球大気の鉛直構造、太陽放射と熱のバランス、地球大気の南北構造、雲と降水、大気力学・熱力学の基礎、プリミティブ方程式系、循環と渦度、大気中の波動、大気中のエネルギー、連続流体のハミルトニアンシステム、数値予報の原理、大気大循環
2017.6 305p A5 ¥3800 ①978-4-320-04711-2

◆地球の科学―変動する地球とその環境　佐藤暢著　北樹出版　改訂版
【目次】1 惑星地球の概要、2 プレートテクトニクス、3 地震の科学、4 マグマ学、5 地球の年代学、6 地球環境の変遷、7 新生代の地球環境と人類、8 応用地球科学、付録 地球科学の理解を深めるための物理・化学・生物
2017.10 141p B5 ¥2100 ①978-4-7793-0552-8

◆地球はなぜ「水の惑星」なのか―水の「起源・分布・循環」から読み解く地球史　唐戸俊一郎著　講談社　（ブルーバックス）
【要旨】水から地球の歴史が見える！ 地球は「水の惑星」と呼ぶにふさわしい天体だ。しかし、地球の水の「起源・分布・循環」という三つの謎は、大きな未解決問題として残されている。本書は、水がこの惑星にどんな影響を与えてきたかの謎に、地球誕生からプレートテクトニクスまで、さまざまな角度で迫る。「水」は、地球史をいかに語るのだろうか？ 地球科学を俯瞰する、最良の入門書。
2017.3 270p 18cm ¥1000 ①978-4-06-502008-1

◆地球は本当に丸いのか？―身近に見つかる9つの証拠　武田康男文・写真　草思社
【要旨】当たり前なのに、なかなか実感できない「地球が丸い」ということ。でも、実は風景や空の現象の中に、地球が丸い証拠はたくさんあるのです。本書を読めば「え！ これも地球が丸いせいだったの？」「地球は意外と丸かった！」と驚くこと間違いなし。読み終えたら、外へ出て、山の上へ、海辺へ、あるいはビルの展望台へ、地球の丸さの証拠を探しに行きましょう！
2017.6 63p A5 ¥1200 ①978-4-7942-2287-9

◆地形現象のモデリング―海底から地球外天体まで　遠藤徳孝, 小西哲郎, 西森拓, 水口毅, 柳田達雄編　（名古屋）名古屋大学出版会
【要旨】複雑な自然の本質を捉える。地球上はもとより、他の惑星の地形に対しても有力であるモデリング。河川・砂丘・柱状節理・クレーターほかの地形現象を具体的にモデル化し、シミュレーションや縮小実験などの手法で解析。地形の共通原理を探究する初の成書。
2017.10 279p A5 ¥5400 ①978-4-8158-0887-7

◆地質学でわかる！ 恐竜と化石が教えてくれる世界の成り立ち　芝原暁彦著　実業之日本社　（じっぴコンパクト新書）
【要旨】福井県や岩手県は恐竜の化石が出ることで知られていますが、一方、東京の都心で恐竜の化石が見つかったということは聞いたことがありません。全国的にも、あらゆる場所に分布しているわけではなさそうです。とはいえ化石は恐竜だけではありません。1mm 以下の生物や分子構造から植物まで、さまざまな化石があり、それらは、いろいろなことを教えてくれます。なるべく身近な感覚で例えながら、東京周辺の地形の成り立ちも考えてみましょう。
2018.1 191p 18cm ¥800 ①978-4-408-33761-6

◆地層の見方がわかるフィールド図鑑―岩石・地層・地形から地球の成り立ちや活動を知る　青木正博, 目代邦康著　誠文堂新光社　増補改訂版
【要旨】"生きている地球" が感じられる場所や、そこに現れる岩石・鉱物を、写真を用いて解説しています。実際にこれから訪れることができる場所の話題も多く含まれています。自然探索の気軽な手引き書として、お役立てください。本書は、2008年に初版を、2015年に増補版を刊行した同名の書籍をもとに、新たに「ゼノリス」、「土柱」、「砂鉄」、「砂州と陸繫島」、「岩石肉眼鑑定の手引き」の項目を加え、既存の項目についてもタイトルを見直し、記述や写真を加えています。
2017.7 239p A5 ¥2200 ①978-4-416-61782-3

◆超ヤバい話―地球・人間・エネルギーの危機と未来　長沼毅著　さくら舎
【要旨】近未来に文明崩壊＆人類全滅のカタストロフィーは起こるのか!?地球は温暖化、それとも寒冷化!?アメリカ人が本気で恐れるイエローストーン大噴火！ 原子力や化石燃料に代わりうる夢の新エネルギー！ 遺伝子操作で世界平和が実現!?
2017.8 213p B6 ¥1500 ①978-4-86581-111-7

◆帝国日本の気象観測ネットワーク 3 水路部・海軍気象部　山本晴彦著　農林統計出版
【目次】課題と方法、水路部の創設と気象観測の実施、鎮守府における気象観測、海軍航空隊における気象業務、海軍における気象要員の養成、水路部における気象業務の拡充、気象観測所の開設と展開、海軍気象部の特設、独立と終焉、特設気象隊の創設と展開、水路部修技所と海軍気象学校の設立と展開、海軍の気象資料、終戦時の気象業務
2017.1 589p A5 ¥5800 ①978-4-89732-360-2

◆帝国日本の気象観測ネットワーク 4 樺太庁　山本晴彦著　農林統計出版
【目次】序章 課題と方法、第1章 樺太における気象観測の創始、第2章 樺太庁観測所の気象業務と展開、第3章 樺太庁観測所・樺太庁気象台の職員、第4章 樺太の気象資料、第5章 薩哈嗹軍政部と亜港観測所、第6章 終戦時の樺太地方気象台、終章
2017.6 377p A5 ¥4000 ①978-4-89732-367-1

◆デージーワールドと地球システム―The Earth Systemの抄訳と編著者のノートから　能田成著　（堺）大阪公立大学共同出版会
【目次】第1章 地球システムとデージーワールド（システム、デージーワールド、地球システム）、第2章 地殻と大気はどのように進化したか（プレートテクトニクスと地球の構造、地球大気の形成、元素の地球化学的循環、炭素を例に）、第3章 地球の気温と温室効果（太陽光のエネルギー、大気の循環、海洋の循環）、第4章 第四紀氷河活動（ミランコヴィッチサイクル、氷期と間氷期の間の温度変化、ヤンガードリアス期、氷河期のフィードバックループ）、第5章 現在の気候変動：地球温暖化（完新世での三つの気候変動、海洋循環と気候変動、現在の地球温暖化と二酸化炭素、2011年3.11以前の原発推進派、CO2低減への提案）
2017.3 157p A5 ¥1800 ①978-4-907209-66-7

◆天気のしくみ―雲のでき方からオーロラの正体まで　森田正光, 森さやか, 川上智裕著　共立出版
【要旨】お天気本の決定版！ 知っているようで知らなかった雲、雨、雪、台風、雷のしくみを本と動画ですっきり理解！ イラストに付いているQRコードから、お天気キャスター森田さん、森さん解説のCG動画（全24本）が見られます。
2017.8 183p B6 ¥1500 ①978-4-320-04731-0

◆どうしてこうなった!?奇跡の「地球絶景」　ライフサイエンス著　三笠書房　（知的生きかた文庫）
【要旨】「大地・気象・生命・水」…自然が創る驚きの景観。
2017.5 222p A6 ¥780 ①978-4-8379-8470-2

◆トコトンやさしい異常気象の本　日本気象協会編　日刊工業新聞社　（B&Tブックス―今日からモノ知りシリーズ）
【要旨】地球温暖化に伴う気候変動の影響から、甚大な災害が発生するリスクが懸念されています。急激に変化しつつある気象を異常気象という観点から見つめなおし、しっかり備えましょう。
2017.2 159p A5 ¥1500 ①978-4-526-07654-1

サイエンス・テクノロジー

◆鳥取砂丘学　鳥取大学国際乾燥地研究教育機構監修、小玉芳敬、永松大、高田健一編　古今書院

【目次】鳥取砂丘の概要と近現代の変遷、流域流砂系からみた鳥取砂丘、鳥取砂丘の風況と飛砂、砂丘にみられる微地形の成因、鳥取砂丘にみられる砂丘形態の特性、鳥取砂丘のオアシス、鳥取砂丘にみられる生態系、鳥取砂丘の植生管理と動植物への影響、鳥取砂丘の成立史と環境変遷、砂丘遺跡・遺物からみた人々の暮らし、鳥取砂丘と文学・芸術、砂丘研究から海外乾燥地研究へ　2017.3 102p B5 ¥3200 ①978-4-7722-5296-6

◆ドローンで迫る伊豆半島の衝突　小山真人著　岩波書店　（岩波科学ライブラリー）

【要旨】地震、噴火、浸食により、あるときは急激に、あるときはゆっくりと、大地の姿は変わっていく。美しくダイナミックな地形・地質を約100点のドローン撮影写真で読み解く。伊豆半島と本州の衝突が進行し、富士山・伊豆東部火山群・箱根山・伊豆大島などの火山活動が活発な地域を中心に取り上げる。ドローン撮影のノウハウも紹介。オールカラー。
2017.12 147p B6 ¥1700 ①978-4-00-029668-7

◆南極観測60年 南極大陸大紀行―みずほ高原の探検から観測・内陸基地建設・雪上車の開発　南極OB会編集委員会編　成山堂書店

【要旨】前人未踏の南極大陸内陸地域。気象条件が厳しく、生物が生息せず、目印さえほとんどない地域を、どのように切り開き、どんな成果が得られたのか。苦難の探検から衣・食・住に至るまで、隊員自ら語った貴重な記録。
2017.5 232p A5 ¥2400 ①978-4-425-94861-1

◆日本の地下で何が起きているのか　鎌田浩毅著　岩波書店　（岩波科学ライブラリー）

【要旨】東日本大震災が引き金となり、日本列島の地盤は千年ぶりの「大地変動の時代」に入った。内陸での直下型地震や火山噴火が数十年も続き、約20年後には「西日本大震災」が迫る。富士山は噴火するのか、カルデラ噴火は起こるのか？「伝える技術」を総動員して、市民の目線で本当に必要なことを包み隠さずに伝える。いま何を準備すべきなのか、「命を守る」行動を説く。
2017.10 154p B6 ¥1400 ①978-4-00-029666-3

◆日本の沖積層―未来と過去を結ぶ最新の地層　遠藤邦彦著　冨山房インターナショナル　改訂版

【要旨】日本地理学会賞（優秀著作部門）受賞。東京や関東平野を大幅増補！一万年前から現代に至る地層の形成過程を、綿密な地質調査と発掘された海産貝類などを基に科学的に解く。
2017.4 475p A5 ¥5500 ①978-4-86600-027-5

◆日本列島100万年史―大地に刻まれた壮大な物語　山崎晴雄、久保純子著　講談社　（ブルーバックス）

【要旨】1500万年前、ユーラシア大陸の東の端から分かれて生まれた日本列島。現在、私たちが目にする風景を主に形作った100万年前以降（第四紀後半）を中心に、複雑な地形に富んだ列島の成り立ちを解き明かします。見慣れた景色に隠された意外な歴史。足下に広がるドラマチックワールドへようこそ！
2017.1 270p 18cm ¥1000 ①978-4-06-502000-5

◆眠れなくなるほど地球がおもしろくなる本　荒舩良孝監修　宝島社

【要旨】「話のネタがないにもない」…そんなあなたに贈る地球、気象、生物にまつわるおもしろネタ満載の一冊です。「現在の地球は氷河期にある？」「台風はどうして起こるの？」「象の鼻はなぜ長い？」など天文学から気象、気象、生物の進化まで…ついつい人に話さずにはいられない雑学を、これでもかと詰め込みました。学生時代に地学・生物学が嫌いだった人にこそ読んでほしい「地球雑学本」の決定版です。
2017.4 221p B6 ¥980 ①978-4-8002-6315-5

◆はじめての自然地理学　吉田英嗣著　古今書院

【目次】地球のすがた（わたしたちがいるところ）、地球のなりたち（激動の46億年をふりかえる）、大気のはたらき（身にまとう変幻自在の「衣」）、海洋のはたらき（ザ・ブルー・マーブル」の神秘）、気候（熱と水にはぐくまれて）、地球史における「最近」の自然変動（揺らいでいる環境の実像）、プレートテクトニクス（ヒビ割れた「ゆで卵」の表面では何が？）、火山（地球の熱き鼓動）、地震（現代社会の底力を問う試金石）、地殻変動（脈動する大地）〔ほか〕
2017.12 100p B5 ¥2400 ①978-4-7722-7145-5

◆はじめての地質学―日本の地層と岩石を調べる　日本地質学会編著　ベレ出版

【要旨】地球の歴史も地殻変動も環境変化も地質学が読み解き、資源も建造・建築も防災も減災も地質学が担っている！
2017.9 247p B6 ¥1600 ①978-4-86064-522-9

◆ひとりで探せる川原や海辺のきれいな石の図鑑　2　柴山元彦著　（大阪）創元社

【要旨】水辺で見つかる色とりどりの鉱物・宝石を、見比べやすい原石のままの姿で紹介する、新しい石探しガイドブック。鉱物図鑑21種＋大増！全国47か所の採集スポットガイド付き。拾った石のみがき方やアクセサリーの作り方、世界の石拾い事情まで、石探しを存分に楽しむための情報が満載！
2017.3 159p B6 ¥1500 ①978-4-422-44009-5

◆ひとりで学べる地学―「地学基礎」「地学」に対応　大塚韶三、青木寿史、荻島智子編著　清水書院　（COLOR LECTURE）　最新第3版

【目次】第1編 地球の姿、第2編 地表の変化、第3編 地層の観察と地殻の変化、第4編 地史と生物界の変遷、第5編 地球の熱収支と大気中の水、第6編 大気と海洋の運動、第7編 宇宙の構成
2017.9 287p A5 ¥1950 ①978-4-389-20138-8

◆ひまわり8号と地上写真からひと目でわかる日本の天気と気象図鑑　村田健史、武田康男、菊池真以著　誠文堂新光社

【要旨】同じ日の衛星画像、地上写真、天気図を比較。雲の読み解き方が“リアル”にやさしくわかる！
2017.7 158p B5 ¥1600 ①978-4-416-71618-2

◆深読み！絵本『せいめいのれきし』　真鍋真著　岩波書店　（岩波科学ライブラリー）

【要旨】半世紀以上にわたって読み継がれてきたバージニア・リー・バートンの絵本『せいめいのれきし』。この絵本をこよなく愛し、改訂版を監修した恐竜博士が、地球が生まれてから今この瞬間まで続く、長い長い命のリレーのお芝居の見どころを解説。隅ずみにまで描き込まれたしかけを読み解き、最新の情報を紹介。カラー版。
2017.4 179p 19×13cm ¥1500 ①978-4-00-029660-1

◆プレートテクトニクスの拒絶と受容―戦後日本の地球科学史　泊次郎著　東京大学出版会　新装版

【要旨】1960年代後半に登場したプレートテクトニクスは、欧米では70年代初めには地球科学の支配的なパラダイムとなった。しかし、日本の地質学界ではその受容に10年以上の遅れが見られた。なぜこのような事態が生じたのか？
2017.5 258p A5 ¥3900 ①978-4-13-060319-5

◆宝石と鉱物の大図鑑―地球が生んだ自然の宝物　スミソニアン協会監修、諏訪恭一、宮脇律郎日本語版監修、高橋佳奈子、黒輪篤嗣訳　日東書院本社

【要旨】宝石と鉱物、そして有名な美しい宝飾品まで世界中の自然の宝をまとめた豪華な一冊。比類なき魅力を放つ、地球の指の宝石やジュエリーを美しい写真と興味をそそる逸話の数々とともに紹介。きらびやかな宝石の世界の奥深さを知ることができ、鉱物と宝石のレファレンスとしても充実している総合的な宝石図鑑！
2017.11 440p 31×26cm ¥8800 ①978-4-528-02010-8

◆街の中で見つかる「すごい石」―地質のプロが教える　西本昌司著　日本実業出版社

【要旨】ビルの外壁、石畳の歩道、デパートの階段、地下街の柱、公園のモニュメント、石垣…身近な石が気になってくる！「大理石」と「御影石」の違いって何？ 縞模様にはどんな意味があるの？ 学校では教えてくれない、石の愉しみ方。2017.7 155p B6 ¥1600 ①978-4-534-05507-1

◆三つの石で地球がわかる―岩石がひもとくこの星のなりたち　藤岡換太郎著　講談社　（ブルーバックス）

【要旨】「水の惑星」地球は「石の惑星」でもある。太陽系で最も多くケイ素が集まったため、ほかの惑星にはない多彩な岩石が生みだされた。しかし種類が多いだけに「石の世界」は複雑で、名前を見ただけで嫌気がさしてしまいがちだ。本書では初心者が覚えるべき石を三つ選び、それらを主役に、石と地球の進化を語っていく。読めば「石の世界」が驚くほどすっきりわかる！
2017.5 222p 18cm ¥920 ①978-4-06-502015-9

◆宮沢賢治の地学教室　柴山元彦著　（大阪）創元社

【要旨】土神ときつね/イーハトーボ農学校の春/双子の星/銀河鉄道の夜/グスコーブドリの伝記/気のいい火山弾/十力の金剛石/台川/楢ノ木大学士の野宿/イギリス海岸/春と修羅序/柳沢/東岩手火山/風野又三郎/雨ニモマケズ。宮沢賢治作品を多数引用し、そこに描かれている地学の世界をひもときながら、地学の基礎を学ぶ。高校の地学基礎科目に合わせた5章立て。カラー図版をたっぷり収録、森の学校のケンジ先生と、動物の生徒たちとの会話で授業が進むので、地学が苦手な人も楽しく学べる、文系のための地学の本。
2017.11 159p A5 ¥1700 ①978-4-422-44010-1

◆ミュオグラフィ―ピラミッドの謎を解く21世紀の鍵　田中宏幸、大城道則著　丸善出版

【要旨】ミュオグラフィは、素粒子ミュオンを使って巨大物体の内部を描き出す最先端の科学技術である。50年前に一人の男を惹きつけたピラミッドがミュオグラフィ観測の初舞台となり、10年前、火山を対象にミュオグラフィは花開いた。そして今、ミュオグラフィは再びピラミッドへ戻ろうとしている。この歴史的経緯に習い、本書は2部構成とする。第1部では、主対象であるピラミッドについて知るために、現在「ピラミッドに関してどこまでわかっているのか」を多角的に探求する。敵＝研究対象を知ってこそ、戦い方＝研究方法がわかるというものだ。第2部では、ミュオグラフィの聡明からみた我が国における火山透視の初成功、火山からさまざまな観測対象への展開そして急速な世界への波及について論ずる。
2017.9 352p B6 ¥3000 ①978-4-621-30194-4

◆レーダで洪水を予測する　中尾忠彦著　成山堂書店　（気象ブックス 043）

【要旨】水没したクルマ、河川の濁流、浸水した街…今年も各地で水害が発生しています。川が氾濫する水害は、完全に防ぐことが無理でも、予測して逃げられる自然災害になりました。遙か遠くの雨雲をとらえて雨量を予測するレーダ雨量計は、すでにスマホで見られる時代です。レーダ雨量計の開発と普及に携わってきた実務者が、洪水予測の最新技術を紹介します。
2017.10 167p A5 ¥1600 ①978-4-425-55421-8

◆60歳からの夏山の天気　日本気象協会著　成山堂書店　（気象ブックス）

【要旨】さっきまで晴れていたのに突然の大雨…山の天気が変わりやすいのはなぜ？ 山の天気の特徴から高層天気図の読み方、天気の急変を察知する方法まで登山前・登山中に役立つ天気のポイントを登山が大好きな気象のスペシャリストたちが教えます。天気を味方につけて夏山を楽しもう！
2017.6 152p A5 ¥2000 ①978-4-425-55411-9

◆NHKスペシャル 列島誕生ジオ・ジャパン 激動の日本列島誕生の物語　NHKスペシャル「列島誕生ジオ・ジャパン」制作班監修　宝島社

【要旨】この地球に、奇跡の大地があること。ご存知でしょうか？ それは、私たちの住む日本列島です。驚くほど表情豊かな四季――。国土の真ん中にそびえる3000m級の山々－。流氷からサンゴ礁まで驚くほど多様な四方を囲む海－。そして、密集する110もの活火山－。こんな場所は地球上に日本列島しかありません。知られざる大地の物語を紐解き、奇跡の列島誕生の秘密に迫ります。
2017.8 157p A5 ¥1380 ①978-4-8002-7106-8

恐竜

◆カラー図解 古生物たちのふしぎな世界―繁栄と絶滅の古生代3億年史　土屋健著、田中源吾協力　講談社　（ブルーバックス）

【要旨】恐竜だけが古生物じゃない！ 前恐竜時代にもさまざまな古生物が生きていた。三葉虫が繁栄し、アノマロカリスがカンブリア紀の覇者となる。デボン紀にはアンモナイトの仲間がまっすぐのびた円錐形からしだいに丸くなって、ドイツ型とクケターリクが"腕立て伏せ"をはじめる。古生代最後のペルム紀には、イノストランケヴィアをはじめとする単弓類が覇権をにぎる！ ダイナミックかつドラマチックな古生代の物語。100点に及ぶ精緻なカラーイラスト＆化石写真で解説！
2017.6 253p 18cm ¥1200 ①978-4-06-502018-0

◆**恐竜探偵 足跡を追う─糞、嘔吐物、巣穴、卵の化石から**　アンソニー・J.マーティン著,野中香方子訳　文藝春秋
【要旨】オーストラリア・クイーンズランド州で発見された三三〇〇もの恐竜の足跡化石。一九七九年、二人の古生物学者がその足跡を丹念に調査し、驚くべき論文「白亜紀のクイーンズランド州における恐竜の暴走」を発表する。「これらの足跡はすべて同じ方向に向く一〇〇匹以上の小型の恐竜のものだ。左方から登場する大型の三本指の足跡を見たまえ。これは大型の肉食恐竜だ。小型の恐竜たちはパニックを起こして一斉には逃げたのだ」だが一三年後、別の古生物学者がまったく違う推理を提起する。「これは湖岸を走った跡ではない、川で下流に向かって泳いだ時について足跡だ。何日もかけて刻まれたものである」と。日本人の古生物学者らと共に、恐竜の巣穴の化石を発見した著者が辿る、恐竜たちが生きた痕跡の化石の物語。
2017.8 454p B6 ¥2200 ①978-4-16-390702-4

◆**語源が分かる恐竜学名辞典─恐竜類以外の古生物(翼竜類・魚竜類など)の学名も一部含む**　小林快次、藤原慎一監修、松田眞由美著　北隆館
【要旨】学名を楽しもう！ アルゲンティノサウルス…アルヘンティノサウルス…アルゼンチノサウルス…(みな同じ恐竜??)。学名を日本語で表記するとき、発音の仕方などでいろいろな読み方が混在して、混乱が生じてしまうことがあった。この本はそれを解消してくれる手がかりだ。きっと、これから新聞や雑誌、博物館展示などで、この本の学名の読み方が使われるようになるのではないだろうか。恐竜などの学名が1069種、学名に使われる単語が2000語以上も解説された書籍は世界初だろう。短い学名の中に込められた研究者たちの意図や想いを知れば、その恐竜が今までとは違ったものに見えてくるはずだ。そんな体験への旅を始めてみませんか？
2017.1 540p A5 ¥9000 ①978-4-8326-0734-7

◆**ここまでわかった！「図解」恐竜の謎**　ライフサイエンス著　三笠書房　(知的生きかた文庫)
【要旨】恐竜研究の最新成果を追及のカラーCGで紹介！ また、進化上の定義から、種類や生態、絶滅にいたるまで、恐竜の基本をおさらい！ その謎と素顔に多角的に迫ります。
2017.8 222p A6 ¥750 ①978-4-8379-8486-3

◆**生命史図譜**　土屋健著,群馬県立自然史博物館監修　技術評論社　(生物ミステリーPRO)
【目次】第1部 生命史図譜(海綿動物、刺胞動物、棘皮動物、脊索動物、脊椎動物、腕足動物、軟体動物、鰓曳動物、有爪動物、節足動物 ほか)、第2部 シリーズ総索引
2017.8 215p A5 ¥2680 ①978-4-7741-9075-4

◆**マンモス─絶滅の謎からクローン化まで**　福田正己著　誠文堂新光社
【要旨】マンモスの肉はウマイのか？ 人とマンモスの深い関係。
2017.7 255p B6 ¥2000 ①978-4-416-61738-0

◆**ルーツを追って─恐竜時代前に天下をとったほ乳類の祖先たち**　長尾衣里子著　誠文堂新光社
【目次】口絵(盤竜類たち、獣弓類たち)、南アフリカ共和国カルー盆地発掘大作戦、ディメトロドンたちの帆くらべ、ゴルゴノプス類の感覚ヒゲ、ラキオケファルスの第三の目、毒牙をもつテロケファルス類、成長の止まったほ乳類、キノドン類、最後の生き残りは日本に!?
2017.3 95p A5 ¥1000 ①978-4-416-91702-2

自然観察・野外観察

◆**奄美群島の外来生物─生態系・健康・農林水産業への脅威**　鹿児島大学生物多様性研究会編(鹿児島)南方新社
【要旨】奄美群島は熱帯・亜熱の外来生物の日本への侵入経路であり、世界自然遺産候補の島でもある。農業被害をもたらし感染症をまん延させる昆虫や、在来種を駆逐する魚や爬虫類、大規模に展開されたマングース駆除や、昨今浮き彫りになってきたノネコ問題など、外来生物との闘いの最前線を報告する。
2017.3 245p A5 ¥2800 ①978-4-86124-361-5

◆**西表島探検─亜熱帯の森をゆく**　安間繁樹著　あっぷる出版社

【要旨】ハブやヒルもなんのその。サソリだってムカデだってへっちゃらに死にやしない。1965年、イリオモテヤマネコ研究のため初めて西表島に入り、以来50年にわたって島を歩き続けてきた筋金入りのフィールドワーカーが書く秘境単独踏破行。笹森儀助『南嶋探験』の足跡を辿りつつ、観光では味わうことのできない西表島最深部の魅力を紹介する。
2017.6 339p A5 ¥2400 ①978-4-87177-342-3

◆**大人の里山さんぽ図鑑**　おくやまひさし著　交通新聞社
【要旨】国土の70%は山林という日本は、まさに緑の国だし、花の国だし、たくさんの宝物を秘めた自然の国なのです。野や林や水辺、時には熊の出そうな深い森や見晴らしのいい高原など、著者と著者の仲間たちが巡り歩いた体験をもとに、とっておきの里山の楽しみ方を皆さんに紹介しましょう。
2017.12 241p B5 ¥1800 ①978-4-434-24046-1

◆**川の自然文化誌─矢部・星野川流域を歩く**　野田英作著　(福岡)櫂歌書房、星雲社 発売
【要旨】変貌する河川環境、瀕死の有明海、生き物たちは泣いている！ 古代有明海文化圏の一翼を担った矢部川流域。いのちを支えた堰と回水路は、今なお現役。矢部・星野川学入門編。
2017.12 241p B5 ¥1800 ①978-4-330-76817-5

◆**観察が楽しくなる美しいイラスト自然図鑑─野菜と果実編**　ヴィルジニー・アラジディ著, エマニュエル・チュクリエル画, 泉恭子訳(大阪)創元社
2017.11 75p A4 ¥1900 ①978-4-422-40026-6

◆**季節の生きもの観察手帖─自然を楽しむ二十四節気・七十二候**　自然観察大学企画・編　全国農村教育協会
【要旨】草・木・鳥・虫…季節の自然・生き物をまるごと観察。日々の暮らしに新鮮な発見や、驚きと感動が生まれる。写真と解説付きで、知的好奇心を満たす情報が満載。観察記録を書き込むことができて、自分だけの観察手帖づくりを楽しめる。これから自然観察をはじめてみようという方にも、最適なガイドブック。自然観察の楽しさを共有したい方へのプレゼントにも最適。
2017.4 219p A5 ¥2500 ①978-4-88137-192-3

◆**喰ったらヤバいいきもの**　平坂寛著　主婦と生活社
【要旨】沖縄県産サソリモドキの天ぷら、アマゾン産デンキウナギの蒲焼き、フィリピン産フナクイムシの踊り食い、神奈川県産ガーパイクの丸焼き、タスマニア産キングクラブの浜恋で…etc. 北は知床から南は石垣島、果ては香港ドブ川、アマゾン奥地まで、大人気の"キモうま"生物ライターが「脳が拒絶する」生き物を探して獲って喰ってみた。
2017.9 195p B6 ¥1400 ①978-4-391-15045-2

◆**自然観察のポイント─生態系と生物多様性を五感でとらえる**　桜谷保之著　文一総合出版
【要旨】並べたり、グラフを作ったり、野菜を観察したり。外に出なくても楽しい取り組みもたくさん。花・鳥・虫・獣から日食・月食まで、観察力と思考力をはぐくむアイデア集。
2017.4 159p A5 ¥2000 ①978-4-8299-7215-1

◆**素晴らしき洞窟探検の世界**　吉田勝次著　筑摩書房　(ちくま新書)
2017.10 253p 18cm ¥920 ①978-4-480-06997-9

◆**世界自然環境大百科　8　ステップ・プレイリー・タイガ**　大澤雅彦監訳　朝倉書店
【目次】温帯ステップと乾燥プレイリー(短茎草本の乾いた森、ステップとプレイリーの生物、ステップとプレイリーの人々、ステップとプレイリーの保護区と生物圏保存地域)、北方針葉樹林すなわちタイガ(針葉樹の王国、タイガの生物、タイガの人々、タイガの保護地域と生物圏保存地…)
2017.4 464p 29×22cm ¥28000 ①978-4-254-18518-8

◆**田島ケ原のサクラソウとノウルシらをめぐる記録**　名取史織著　研成社
【要旨】可憐でか弱そうなサクラソウだが、この調査・研究データを検証すると、ある程度の冠水にも乾燥にも耐えて生き延びていることが分かってきた。競合する河原植物が存在しても生き残る能力があり、人が少し手を貸してあげれば、これからも可憐な花を毎年楽しむことができるだろう。本書は、サクラソウ愛好者等が観察するときの参考資料となると思う。
2017.5 82p A5 ¥1500 ①978-4-87639-905-5

◆**都会の自然の話を聴く─玉川上水のタヌキと動植物のつながり**　高槻成紀著　彩流社
【目次】第1章 ことの始まり、第2章 玉川上水とは、第3章 観察会の記録─春から秋、第4章 観察会の記録─夏から秋、第5章 タヌキを調べる、第6章 糞虫を調べる、第7章 植物と昆虫、果実を調べる、第8章 生きものを調べて考えたこと
2017.12 262p A5 ¥2300 ①978-4-7791-2386-3

◆**日光の気象と自然**　辻岡幹夫著　(宇都宮)随想舎
【目次】第1部 日光の気象と自然のかかわり、第2部 春の天気、第3部 夏の天気、第4部 秋の天気、第5部 冬の天気、第6部 登山・ハイキングに当たって、専門的用語の解説
2017.10 159p A5 ¥1800 ①978-4-88748-349-1

◆**日本のすごい森を歩こう**　福嶋司著　二見書房　(二見レインボー文庫)(『いつまでも残しておきたい日本の森』改訂増補・改題書)
【要旨】一見どこにでもありそうな森に、植物の生存戦略、人間の生活の知恵、激変する地球の歴史が秘められています。植物を観察しながらゆっくり森を歩いてみませんか？ 北海道から沖縄まで、植生学者がおすすめの貴重な森を紹介。ハイマツがないのは富士山の謎、鹿島神宮の肉桂の不思議、6億トンの雪が降る白山の森など驚きの森がいっぱい！
2017.11 333p A6 ¥900 ①978-4-576-17167-8

◆**ひょうごの自然 フィールドガイド─身近な生きものたち**　兵庫県生物学会編　(神戸)神戸新聞総合出版センター
【要旨】この「フィールドガイド」は、生態系を細かなフィールド(田んぼ、ため池、海岸、まち、など)に分けることによってそれぞれの生きものが調べられる。
2017.11 175p A5 ¥1600 ①978-4-343-00969-2

◆**風蓮湖流域の再生─川がつなぐ里・海・人**　長坂晶子編著　(札幌)北海道大学出版会
【目次】第1章 風蓮湖流入河川流域とは、第2章 亜寒帯汽水湖(風蓮湖)の環境特性と低次水生物産過程の特徴、第3章 陸水域─汽水域の溶存鉄の動きを追う、第4章 物質の環の再生、第5章 地域住民の環の再生、第6章 座談会 風蓮湖流域のプロジェクトを振り返って
2017.3 258p A5 ¥4500 ①978-4-8329-8227-7

◆**身近な自然の観察図鑑**　盛口満著　筑摩書房　(ちくま新書)
【要旨】長年自然の中を歩き、観察を楽しみ、教えてきた著者が、自然観察に必要な視点や魅力を丁寧に解説。精細なスケッチも満載です。さあ、この一冊を持って、街へ、林へ、飛び出そう。道ばた、公園、家、スーパー。近所は発見の宝庫！
2017.4 270p 18cm ¥860 ①978-4-480-06954-2

生物

◆**アーキア生物学**　日本Archaea研究会監修,石野良純、跡見晴幸編著　共立出版
【目次】第1章 アーキア研究の歴史と展開、第2章 アーキアの進化と生態、第3章 アーキアの細胞学、第4章 アーキアのDNA代謝、第5章 アーキアの遺伝情報発現、第6章 アーキアにおける物質変換、第7章 網羅的分子生物学的手法とアーキア研究、第8章 アーキアとバイオテクノロジー、第9章 アーキア研究の展望
2017.10 200p B5 ¥3900 ①978-4-320-05785-2

◆**新しい教養のための生物学**　赤坂甲治著　裳華房
【要旨】本書は、分子の視点から出発して、生物の戦略の概念を理解し、その概念をもとに、人体、病気、環境、進化、社会を理解することを目的とする。必要な知識のポイントを押さえつつ、専門書のように数式を用いたり厳密な論理を展開したりするのではなく、普通の人間の感性で理解できる表現を用いる。本文は最も基本的な内容に絞り、発展的な内容は「コラム」または「参考」を設けた。
2017.2 156p B5 ¥2400 ①978-4-7853-5234-9

◆**「生きものらしさ」をもとめて**　大沢文夫著　藤原書店
【要旨】「生物物理」第一人者のエッセンス！「段階はあっても、断絶はない」。単細胞生物ゾウリムシにも、ヒトにも"自発性"はある！ では

"心" はどうだろう？ ゾウリムシを観察すると、外からの刺激にかかわらず方向転換したり、"仲間" が多いか少ないかでも、行動は変わる。機械とは違う、「生きている」という「状態」とは何か？「生きものらしさ」の出発点「自発性」への問いから、「生きもの」の本質にやわらかく迫る！
2017.5 187p 20×13cm ¥1800 ①978-4-86578-117-5

◆いのち愛づる生命誌（バイオヒストリー）
—38億年から学ぶ新しい知の探究　中村桂子著　藤原書店
【要旨】「人間中心」ではなく、"いのち" を中心にした社会へ。"生命知" の探究者の全貌！ DNA研究が進展した1970年代、細胞、DNAという共通の切り口で、「人間」を含む生命を総合的に問う「生命科学」の出発にかかわった中村桂子。次第に「科学と日常との断絶」に悩んだが、DNAの総体「ゲノム」を手がかりに、歴史の中ですべての生きものを捉える新しい知「生命誌」を創出。「科学」をやさしく語り、アートとして美しく表現する思想は、どのように生まれたか？
2017.10 296p B6 ¥2600 ①978-4-86578-141-0

◆歌うカタツムリ—進化とらせんの物語　千葉聡著　岩波書店　（岩波科学ライブラリー）
【要旨】なんだか地味でパッとしないカタツムリ。しかし、生物進化の研究においては欠くべからざる華だった。偶然と必然、連続と不連続…。木村資生やグールドらによる論争の歴史をたどりつつ、行きつ戻りつしながらもじりじりと前進していく研究の営みと、カタツムリの進化を重ねて描き、らせん状の壮大な歴史絵巻を織り上げる。
2017.6 202p B6 ¥1600 ①978-4-00-029662-5

◆ウニはすごい バッタもすごい—デザインの生物学　本川達雄著　中央公論新社（中公新書）
【要旨】ハチは、硬軟自在の「クチクラ」という素材をバネにして、一秒間に数百回も羽ばたくことができる。アサリは天敵から攻撃を受けると、通常の筋肉より25倍も強い力を何時間でも出し続けられる「キャッチ筋」を使って殻を閉ざす—。いきものの体のつくりは、かたちも大きさも千差万別。バッタの跳躍、クラゲの毒針、ウシの反芻など、進化の過程で姿を変え、武器を身につけたいきものたちの、巧みな生存戦略に迫る。
2017.2 321p 18cm ¥840 ①978-4-12-102419-0

◆衛生動物をめぐる生物学　芳賀英吉監修　アドスリー, 丸善出版 発売
【目次】第1章 衛生害虫を知る（衛生害虫とは、ゴキブリ類の特徴、ゴキブリ類の成長と繁殖、ゴキブリ類の害および健康に与える影響、日本で見られるおもなゴキブリ種 ほか）、第2章 家ネズミを知る（家ネズミとは、ネズミの解剖・生理、ネズミの繁殖、ドブネズミ、クマネズミ ほか）　2017.11 102p B6 ¥1600 ①978-4-904419-71-7

◆絵でわかる生物多様性　鷲谷いづみ著, 後藤章絵　講談社（絵でわかるシリーズ）
【要旨】長い生命の歴史がつくりだした壮大なしくみ「生物多様性」。高校生物の補足に最適。オールカラー。
2017.9 135p A5 ¥2000 ①978-4-06-154782-7

◆江戸の博物学—島津重豪と南西諸島の本草学　高津孝著　平凡社　（ブックレット "書物をひらく" 6）
【要旨】江戸後期、日本における博物学の視線は、北は蝦夷地、南は琉球へと向かった。藩主島津重豪に主導された薩摩の博物学は南へと視線を注ぐ。もう一つの特徴は鳥類研究である。国際的な珍獣珍鳥交易のなか、大名趣味としての鳥飼いは、薩摩で養禽書、鳥名辞典、鳥類百科事典へと結実した。重豪を中心に近世本草学・博物学の展開をたどる。
2017.7 111p A5 ¥1000 ①978-4-582-36446-0

◆落ち葉の下の小さな生き物ハンドブック　皆越ようせい著, 渡辺弘之監修　文一総合出版
【目次】ミミズの仲間、カタツムリの仲間、ワラジムシの仲間、ヤスデの仲間、ムカデの仲間、トビムシの仲間、コムカデ・エダヒゲムシ・ヤイトムシ・ヨシはムシ・コムシ・シミ・イシノミ・ガロアムシ、ゴキブリの仲間、ハマトビムシ・サソリモドキ・シロアリモドキ、クモの仲間、カニムシの仲間、ダニの仲間、ザトウムシの仲間、ハサミムシの仲間、バッタの仲間、ウズムシの仲間、ヒルの仲間
2017.3 120p 18cm ¥1600 ①978-4-8299-8145-0

◆おっぱいの進化史　浦島匡, 並木美砂子, 福田健二著　技術評論社　（生物ミステリー）
【要旨】哺乳類なら、おっぱいのことをもっと知るべきである。
2017.2 215p A5 ¥1880 ①978-4-7741-8679-5

◆カメムシの母が子に伝える共生細菌—必須相利共生の多様性と進化　細川貴弘著, 辻和希コーディネーター　共立出版　（共立スマートセレクション 21）
【目次】1 昆虫と共生細菌の必須相利共生、2 マルカメムシの共生細菌とカプセル、3 クヌギカメムシの共生細菌とゼリー、4 ベニツチカメムシの共生細菌と母親による子の世話、5 チャバネアオカメムシの共生細菌と置換、6 ホソヘリカメムシの共生細菌と環境中からの獲得、7 ヒメナガカメムシの共生細菌と菌細胞の進化、8 トラジラミの共生細菌と寄生から相利共生への進化、異種の助け合いとは何か—ナチュラリストの先端生物学
2017.11 161p B6 ¥1600 ①978-4-320-00921-9

◆危険生物ファーストエイドハンドブック—海編　武蔵野自然塾編　文一総合出版
【目次】海に出かける前に、危険生物ファーストエイドに役立つ道具、環境別・危険生物が潜むポイント集、危険生物検索表、心肺蘇生法、危険生物図鑑、危険生物ケーススタディ集、危険生物に対処する講習会、危険生物による被害に関する相談先
2017.7 96p 19cm ¥1400 ①978-4-8299-8148-1

◆危険生物ファーストエイドハンドブック—陸編　武蔵野自然塾編　文一総合出版
【目次】野外に出かける前に、危険生物ファーストエイドに役立つ道具、環境別・危険生物が潜むポイント集（市街地、河川・河原、森林、農地・ため池）、危険生物検索表（生物の外見から、被害に遭ったときの傷痕から）、危険生物図鑑（昆虫類、ムカデ、ヤスデ類、クモ類、ダニ類、魚類、両生類、爬虫類、哺乳類、植物）
2017.5 128p 19cm ¥1400 ①978-4-8299-8147-4

◆驚異の未来生物—人類が消えた1000万年後の世界　マルク・ブレー, セバスチャン・ステイエ著, 森健人監修, 遠藤ゆかり訳　（大阪）創元社
【要旨】肉食恐竜のようなオウム!?巨大なオタマジャクシ!?驚きのクリーチャー全20種が登場。進化を遂げたハイクオリティCGと臨場感あふれるストーリーが織りなす、壮大な知的SFエンターテインメント。
2017.8 159p 26×21cm ¥2300 ①978-4-422-43025-6

◆教養としての生命科学—いのち・ヒト・社会を考える　小泉修著　丸善出版
【要旨】人工生殖、卵子冷凍保存、臓器移植、脳死、再生医療、万能細胞、遺伝子操作、認知症…。ヒトの生命とは何かを科学的に解きながら、近年のニュースで見かける話題を興味深いエピソード（脇注）とともにわかりやすく解説。図版を多用し、ときには他の動物と比較しながら具体的に説明した、文系理系問わず知識ゼロからでも理解できる大学教養テキスト。
2017.1 162p B5 ¥2400 ①978-4-621-30116-6

◆現代人のための放射線生物学　小松賢志著　（京都）京都大学学術出版会
【要旨】人の体には修復機構がある。しかしそれは万能ではない。福島の事故から5年あまりを経ても、根拠のない楽観論の一方で過剰な恐怖が語られることがある。放射線を正しく評価するには、それが人体に与える影響を分子レベルから理解することが必須だ。「放射線の実体」から始め、生物影響・医学利用・環境放射線・放射線防護・原子力災害まで幅広く解説。
2017.3 342p A5 ¥3000 ①978-4-8140-0084-5

◆工学生のための基礎生態学　町村尚, 惣田訓, 露崎史朗, 西田修三, 大場真, 岸本亨, 齊藤修, 吉田謙太郎, 林希一郎, Philip Gibbons, 松井孝典著　理工図書
【目次】生物と地球の共進化とバイオーム、生物生産と食物連鎖、生態系物質循環、個体群と群集、生態系のダイナミクス、河川流域と沿岸地域の生態系、生態系情報学、生態系と人間社会の軋轢、生態系と生物多様性のアセスメント、気候変動と生態系、生物資源、生態系サービスの意義・現状・将来、生態系サービスの経済評価、生物多様性オフセットとバンキング、人類生態学
2017.7 163p B5 ¥2800 ①978-4-8446-0864-6

◆高校で教わりたかった生物　趙大衛編著, 松田良一監訳/編者　日本評論社　（シリーズ大人のための科学）
【要旨】日本の高校生物には、「ヒトの生物学」がない！ 思春期の高校生にとって必要な「ヒトの生物学」と食品、医療、環境を扱う台湾の教科書から21世紀を生きるための生物リテラシーを学ぶ。
2017.6 167p A5 ¥1800 ①978-4-535-60033-1

◆心を操る寄生生物—感情から文化・社会まで　キャスリン・マコーリフ著, 西田美緒子訳　インターシフト, 合同出版発売
【要旨】寄生生物が脳を操るワザはアッと驚くほど巧妙だ！ 気分や体臭、人格・認知能力を変えたり、空腹感もコントロール。ネコやイヌからうつる寄生生物が、交通事故や学習力低下の要因になりうることも明らかに。人々の嫌悪感に働きかけ、道徳や文化・社会の相違にもかかわる。この分野（神経寄生生物学）の先端科学者たちに取材、複雑精緻なからくりに迫っていく。
2017.4 323p B6 ¥2300 ①978-4-7726-9555-8

◆細胞生物物理学者への道—井上信也自伝　井上信也著, 馬渕一誠監訳, 谷知己, 佐瀬一郎訳　青土社
【要旨】シンヤスコープと呼ばれる顕微鏡によって、細胞生物物理学の発展に多大な貢献をした井上信也の生涯と研究をたどる第一級の自伝。
2017.7 373p B6 ¥2200 ①978-4-7917-6999-5

◆サステイニング・ライフ—人類の健康はいかに生物多様性に頼っているか　エリック・チヴィアン, アーロン・バーンスタイン編著, 小野展嗣, 武藤文人監訳　（平塚）東海大学出版部
【目次】第1章 生物多様性とは何か？、第2章 人類の生活が生物多様性に与える脅威、第3章 生態系サービス、第4章 自然界からの薬品、第5章 生物多様性と生物医療研究、第6章 絶滅危機にある医学上有用な生物、第7章 生態系の撹乱、生物多様性の消失および人間の感染症、第8章 生物多様性と食料生産、第9章 遺伝子組み換え作物（GM作物）と有機農業、第10章 生物多様性の維持のために一人ひとりが何を為すべきか
2017.10 488p B5 ¥5600 ①978-4-486-01898-8

◆視覚でとらえるフォトサイエンス 生物図録　鈴木孝仁監修, 数研出版編集部編　数研出版　三訂版
【要旨】図解が充実していて、複雑なメカニズムもよくわかる。一生物では呼吸・光合成・発生などの複雑なメカニズムが扱われます。本書では、これらのメカニズムを見やすい図でわかりやすく表現しました。また、図だけでは実物のイメージがわからない、写真だけでは細部がわからない。そういったものには、図を写真と対比させ、構造やメカニズムがつかみやすいようにしました。生きものの写真が豊富。一生物にはたくさんの生きものも登場します。それらはふつう目にすることが難しく、なかなか実物を見る機会がありません。本書は、教科書や参考書に登場する多くの生きものを豊富な写真でお見せします。実験の手順や結果も一目瞭然。一実験のページでは、操作手順や結果も見やすい写真とわかりやすい解説文で紹介しました。顕微鏡の使い方と基本的な実験を序章で8ページにわたってくわしく解説。さらに、おもな実験（探究活動）については、本文中でページを割いて手順を説明しています。■のバックにピンクがあるところが、実験のページです。最新の話題を「特集 生物学の最前線」で紹介。一ニュースなどでよく取り上げられている話題やわたしたちの実生活に関わるもの、見開きで特集を組みました。各分野それぞれ興味深い内容ばかりですので、より深く幅広い知識を得ることができます。
2017.3 280p 26×21cm ¥1130 ①978-4-410-28166-2

◆したたかな寄生—脳と体を乗っ取り巧みに操る生物たち　成田聡子著　幻冬舎　（幻冬舎新書）
【要旨】ゴキブリを奴隷のように仕えさせる宝石バチや、泳げないカマキリを入水自殺させるハリガネムシ、化学物質を放出してアリの脳を支配し時期が来ると菌に誘って殺すキノコなど、恐るべき支配力を持つ寄生者を紹介。一見小さく弱い彼らが数倍から数千倍大の宿主を操り、時に死に至らしめる。地球の片隅で密やかに繰り広げられる生存戦略を報告。
2017.9 220p 18cm ¥780 ①978-4-344-98470-7

◆実用SAS生物統計ハンドブック—SAS9.4/R3.2.0対応　浜田知久馬監修, 臨床評価研究会（ACE）基礎解析分科会執筆, SAS

Institute Japan協力　サイエンティスト社　新版

【要旨】経時測定データにおける一般化推定方程式（GEE）、一般化線形混合モデルによる解析（MIXED, GENMOD, GLIMMIXプロシジャ）、欠測データの多重補完と解析（MIとMIANALYZEプロシジャ）をはじめとした、SASの最新の機能を多数追記。それぞれの理論から結果の解釈までを解説。

2017.6 407p A5 ¥4400 ①978-4-86079-084-4

◆**少数性生物学**　永井健治, 冨樫祐一編　日本評論社

【要旨】1個でも多数でもない"少数派"の個性豊かな振る舞いが頑健な生命ануを構築している一って本当？ 生命現象の新パラダイム"少数性生物学"が開く"おもろい"バイオロジーへ招待。

2017.3 178p A5 ¥2300 ①978-4-535-78816-9

◆**知られざる地下微生物の世界―極限環境に生命の起源と地球外生命を探る**　タリス・オンストット著, 松浦俊輔訳　青土社

【要旨】放射能を利用する微生物、火星から来た生物、地下三千メートルに棲む細菌…。気鋭の地質学者が、地下生命の謎を解き明かすために行ったさまざまな命がけの調査を、ユーモアを交えつつ語るサイエンス・ノンフィクションの決定版。

2017.9 457, 81p B6 ¥2800 ①978-4-7917-7010-6

◆**深海散歩―極限世界のへんてこ生きもの**　藤倉克則監修　幻冬舎

【要旨】びっくりすると光る液を吐くエビ。目立たない色は赤・黒・銀・透明。深海ザメの目はなぜ緑色なのか。ピンポン玉みたいな肉食カイメン。4年半、卵を抱き続けたタコ。深海にはジャンプするナマコがいる。最新研究で判明した、生きる工夫をわかりやすく解説。

2017.6 79p 15×21cm ¥1300 ①978-4-344-03137-1

◆**新・付着生物研究法―主要な付着生物の種類査定**　日本付着生物学会編　恒星社厚生閣

【目次】海綿類、ヒドロ虫類、イシサンゴ類、イソギンチャク類、管様多毛類 ケヤリムシ科とカンザシゴカイ科、コケムシ類、フジツボ類、イガイ類、フナクイムシ類、ホヤ類、海藻類・海草類―特に緑藻アオサ類に注目して、海産底生珪藻類

2017.4 278p B5 ¥5800 ①978-4-7699-1599-7

◆**数理生物学講義 展開編―数理モデル解析の講究**　齋藤保久, 佐藤一憲, 瀬野裕美著　共立出版

【目次】第1章 出生・死亡過程の数理モデル、第2章 捕食過程の数理モデル、第3章 構造をもつ個体群の数理モデル、第4章 感染症伝染ダイナミクスモデル、第5章 個体群ダイナミクスの格子モデル、付録

2017.9 324p B5 ¥4400 ①978-4-320-05782-1

◆**生痕化石からわかる古生物のリアルな生きざま**　泉賢太郎著　ベレ出版

【要旨】地層に刻まれた、太古の生物の行動の痕跡から恐竜やアンモナイト、三葉虫といった古生物の生々しい生態や、壮大な進化の歴史に迫る！ 古生物のウンチ化石を研究する著者が、知られざる生痕化石の世界を案内する！

2017.10 159p A5 ¥1500 ①978-4-86064-526-7

◆**生物科学の歴史―現代の生命思想を理解するために**　ミシェル・モランジュ著, 佐藤直樹訳　みすず書房

【要旨】人は生物と生命をどのように考えてきたのだろうか。生物科学の「複雑なダイナミクス」と生命思想の展開を最先端の場から描く。歴史が現代生物学を照らしだす！

2017.3 394, 32p B6 ¥5400 ①978-4-622-08561-4

◆**生物環境物理学ことはじめ**　高見晋一著　(堺) 大阪公立大学共同出版会

【目次】第1部 基本的概念（単位とその変換、因果関係と最少律、エネルギーと物質の輸送）、第2部 生産環境と一次生産（地表付近の大気環境と地表面の応答、地表付近の水環境と植物の応答、物理環境の人為的改変、調節：光環境と植物の応答、物質生産、環境資源の補足・変換過程としての生産）、第3部 地球環境と生物圏との相互作用（地球環境のあらまし、生物圏におけるエネルギーの流れと物質循環、炭素循環と気候変動）　2017.8 202p A4 ¥1500 ①978-4-907209-75-9

◆**生物圏の形而上学―宇宙・ヒト・微生物**　長沼毅著　青土社

【要旨】宇宙はなぜ"果てない"のか、ヒトはなぜ"考える"のか、微生物はなぜ"小さい"のか

一分野を横断し、時制を越境して、生きものの可能性をラディカルに照らす、生物学界の「風雲児」長沼毅の集大成。

2017.6 225p B6 ¥2000 ①978-4-7917-6993-3

◆**生物多様性概論―自然のしくみと社会のとりくみ**　宮下直, 瀧本岳, 鈴木牧, 佐野光彦著　朝倉書店

【目次】第1章 生物多様性とは何か、第2章 生物多様性の生態学理論、第3章 生物多様性の維持プロセスとその保全、第4章 森林生態系の機能と保全、第5章 沿岸生態系とその保全、第6章 里山と生物多様性、第7章 生物多様性と社会

2017.3 184p A5 ¥2800 ①978-4-254-17164-8

◆**生物の進化と多様性の科学**　二河成男編著　放送大学教育振興会, NHK出版 発売　(放送大学教材)

【目次】生物の進化と多様化、自然選択と適応、中立進化と偶然、生命の誕生、ミクロな生物の進化、カンブリアの大爆発と多細胞動物の起源、顕生代の絶滅事件：オルドビス紀末を例に、植物の陸上進出と多様化、花の進化：陸上植物の生殖器官の進化、動物の発生と進化、ゲノムの進化と生物の多様性、寄生―その生態と進化、内部共生がもたらした進化、性と進化、人類の進化

2017.3 260p A5 ¥3000 ①978-4-595-31748-4

◆**生命科学の静かなる革命**　福岡伸一著　集英社インターナショナル, 集英社 発売　(インターナショナル新書)

【要旨】これまでに二十八人のノーベル賞受賞者を輩出してきたロックフェラー大学。かつて同校で研鑽を積んだ著者が、その歴史と偉大な先人たちの業績をたどりながら生命科学の道のりを今一度振り返り、「社会的利益を実現し得る学問」ばかりを偏重する現代の科学研究に警鐘を鳴らす。また、ノーベル賞受賞者三人を含む、研究者五人との対談も収録。ベストセラー『生物と無生物のあいだ』の執筆後に判明し、科学誌『ネイチャー』に取り上げられた新発見についても綴る。

2017.1 189p 18cm ¥700 ①978-4-7976-8004-1

◆**世界は変形菌でいっぱいだ**　増井真那著　朝日出版社

【要旨】16歳の"ぼく"が10年間一緒に暮らす、動物でも植物でもない生きもの"変形菌"。生活と研究の記録。内閣総理大臣賞ほか数々の賞に輝いた研究も掲載。

2017.11 151p A5 ¥2000 ①978-4-255-01030-4

◆**ゼロからはじめる生命のトリセツ**　長沼毅著　KADOKAWA　(角川文庫)　(『14歳の生命論―生きることが好きになる生物学のはなし』加筆・改題書)

【要旨】138億年前に創成された宇宙で、20万年前に「ヒトと成った」わたしたち。では、自分はなぜ生きる・死ぬのか。誰もが抱いたことのある疑問の答えは、サイエンスの中にこそあった！ 人類の源となる4つの元素を生み出した「17分間の錬金術」から「ヒトをヒトたらしめた『3%のゲノム』」の秘密など。現代科学の最先端の謎を誰もが知っている7つの物語をベースに長沼毅が超解説！ 生きることが楽しくなる生命の取扱説明書。

2017.2 205p A6 ¥680 ①978-4-04-104928-0

◆**センス・オブ・ワンダーを探して―生命のささやきに耳を澄ます**　福岡伸一, 阿川佐和子著　大和書房　(だいわ文庫)

【要旨】生命の美しさに心を奪われ、生物学者を志したもと昆虫少年・福岡ハカセと、少女の頃に出会った物語の主人公たちの不思議な冒険に憧れたアガワ。二人の生物学者とインタビューの名手が語り合うその向こうに、かつて確かに感じた喜びと驚き、畏怖と憧憬、世界を生き生きと受け止めるために不可欠な視点が浮かび上がる。生命、生と死、動的平衡、遺伝子の話から文明論まで、大人のセンス・オブ・ワンダーと出合い直すための発見と共感と刺激に満ちた一冊！

2017.6 254p A6 ¥700 ①978-4-479-30655-9

◆**戦争の生物学序説**　今泉忠芳著　(大阪) 風詠社, 星雲社 発売

【要旨】世界の歴史は争いで出来ている。性別、増殖、保存、覇権、防衛、報復…。生物としての特徴を取り入れば、様々なことが説明できる。時代や風土によって形作られた宗教には、人間の持つ精神世界が集約される。なぜヒトは戦争をするのか。その問いこそが「平和を築く道」につながっていくのだろう。

2017.4 53p B6 ¥500 ①978-4-434-23171-1

◆**大学生のための生態学入門**　原登志彦監修, 西村尚之著, 若土もえ作画　共立出版

【目次】生物圏と生態学、生物種の系統と進化、生物の生活資源と個体群、個体群の成長過程と密度効果、生物群集と生態系、種間競争と種の共存、生活史の進化と多様性、生態系における物質の生産と循環、世界の生物の分布とバイオーム、日本の森林植生、植生の遷移と更新、生態系と生物多様性、人間活動と生態系

2017.12 247p A5 ¥2400 ①978-4-320-05786-9

◆**超能力微生物**　小泉武夫著　文藝春秋　(文春新書)

【要旨】美味なる酒や発酵食品をもたらす微生物には謎が多い。地球上にはまだ未知の微生物が無数に存在し、濃硫酸の中でも生存したり、強力放射能の被曝にも耐えられる種が新たに発見されている。人間の常識を超える微生物の正体にスリリングに迫る。

2017.4 221p 18cm ¥800 ①978-4-16-661125-6

◆**土の中の生きものからみた横浜の自然―ダンゴムシ・大型土壌動物・ササラダニ**　原田洋, 栗城源一, 大久保慎二, 先崎優著　(大津) 海青社

【目次】第1章 ダンゴムシ（横浜に棲んでいるダンゴムシの概略、ハナダカとオカが分布する金沢自然公園 ほか）、第2章 大型土壌動物（大型土壌動物とは何か？、大型土壌動物各群の紹介 ほか）、第3章 ササラダニ（ササラダニとは何か？、ダニ類の種類 ほか）、第4章 土壌動物による横浜の自然の評価（大型土壌動物を調べる準備と名前（何の仲間か）調べ、大型土壌動物による評価 ほか）

2017.9 157p B6 ¥1600 ①978-4-86099-328-3

◆**テロメア 生命の回数券―健康長寿の秘密おしえます**　白鳥早奈英著　自由国民社 改訂版

【要旨】寿命がわかる染色体構造「テロメア」と酵素「テロメラーゼ」のしくみをわかりやすく解き明かしてして実践可能な健康長寿の秘訣を具体的に指南する、生きた科学の本。

2017.10 222p B6 ¥1400 ①978-4-426-12374-1

◆**動的平衡―生命はなぜそこに宿るのか**　福岡伸一著　小学館　(小学館新書) 新版

【要旨】「人間は考える『管』である」「私たちが見ている『事実』は脳によって『加工済み』」「歳をとると、нечなぜか過ぎるのは、実際の時間の経過に、自分の生命の回転速度がついていけないから」などの身近なテーマから「生命とは何か」という本質的な命題を論じていく。発表当時、各界から絶賛されベストセラーになった話題作に、最新の知見に基づいて大幅加筆。さらに、画期的な論考を新章として書き下ろし、「命の不思議」の新たな深みに読者を誘う。

2017.6 318p 18cm ¥840 ①978-4-09-825301-2

◆**動物・植物相互作用調査法**　内海俊介, 中村誠宏著　共立出版　(生態学フィールド調査法シリーズ8)

【目次】第1章 動物・植物相互作用研究への誘い、第2章 トラップや動力を利用した昆虫採集法、第3章 林冠の昆虫・植物における相互作用の調査法、第4章 群集の記述と評価の方法、第5章 さまざまな生物間相互作用とその調査法、第6章 地球温暖化が植食性昆虫に与える影響の調査法、第7章 進化を調べる

2017.6 138p A5 ¥2200 ①978-4-320-05756-2

◆**動物進化形態学**　倉谷滋著　東京大学出版会 新版

【目次】脊椎動物の基本形態―バウプランと形態発生的拘束、原型と相同性、グッドリッチの遺産―分節動物のボディープランの起源、解剖学的形態学―胚に由来する形態、形態パターン生成の発生学的基盤―骨格形態の進化、骨格系の分類と進化的新規性、発生生物と頭部進化―頭部分節性の再登場、発生拘束とその解除―相同性と進化的新形態、脊椎動物の進化―形態的変容のパターンとプロセス、円口類の進化形態学、発生拘束と相同性―概念、発生拘束―統合

2017.1 748p A5 ¥12000 ①978-4-13-060198-6

◆**毒持ちさん**　一迅社

【要旨】怖くて、奇妙で、ミステリアスな隣人、全52種類の有毒生物をイラストでかわいく解説！ 5人のイラストレーターによるイラスト付き！

2017.6 95p A5 ¥1700 ①978-4-7580-1548-6

◆**ナマケモノはなぜ「怠け者」なのか―最新生物学の「ウソ」と「ホント」**　池田清彦著　新潮社　(新潮文庫)　(『生物学の「ウソ」と「ホント」最新生物学88の謎』改題書)

【要旨】不老不死は可能なの？ 外来生物はやっぱり悪者？ 女心と秋の空は本当に変わりやすいの？ 分子の世界から地球の生態系まで、いま生物学は日進月歩。定説を覆す新しい発見が次々発表されている。その最新成果と未だ解けない難問のありかを、池田センセイが愉快に説く。文庫本一冊に森羅万象100テーマを収めた、生物学エッセイ登場！
　　　　2017.10 335p A6 ¥550 ①978-4-10-103531-4

◆日本のルイセンコ論争　中村禎里著、米本昌平解説　みすず書房　新版
【要旨】なぜ、非科学的な遺伝学説は支持され続けたのか？ 科学と政治の緊張関係や捏造事件について考える際の必読書を今日的な視点で読み直す。
　　　　2017.7 248, 6p B6 ¥3800 ①978-4-622-08620-8

◆眠れなくなるほど面白い図解 生物の話　廣澤瑞子監修　日本文芸社
【要旨】知れば知るほど面白い！ 生命の誕生、進化から最先端医学、地球環境、未来まで生物学でひもとく60のナゾとフシギ！
　　　　2017.12 127p A5 ¥680 ①978-4-537-21539-7

◆粘菌 知性のはじまりとそのサイエンス―特徴から研究の歴史、動画撮影法、アート、人工知能への応用まで　ジャスパー・シャープ、ティム・グラバム著、川上新一監修　誠文堂新光社
【目次】はじめに―ようこそ粘菌の世界へ、粘菌の真の正体を明らかにするために―映画「The Creeping Garden」の誕生、共同監督ティムとの出会い―映画の構想、粘菌との出会い―キノコから粘菌へ、宇宙人の侵攻―テキサスに現れた謎の物体、粘菌を探し求めて―見つけるのも難しい、粘菌研究の歴史―粘菌の映画、論文、標本採集、粘菌のライフサイクル―姿形を変えながら成長する粘菌の一生、粘菌の生育―自宅での育て方、粘菌の撮影法を考える―表現手段と伝達方法、タイムラプス撮影［ほか］
　　　　2017.12 191p B5 ¥2800 ①978-4-416-71720-2

◆発酵文化人類学―微生物から見た社会のカタチ　小倉ヒラク著　木楽舎
【目次】1 ホモ・ファーメンタム―発酵する、ゆえに我あり、2 風土と菌のブリコラージュ―手前みそとDIYムーブメント、3 制限から自由への多様性―マイナスをプラスに醸すデザイン術、4 ヒトと菌の贈与経済―巡り続けるコミュニケーションの環、5 醸造芸術論―美と感性のコスモロジー、6 発酵的ワークスタイル―醸造家たちの喜怒哀楽、7 よみがえるヤマタノオロチ―発酵の未来は、ヒトの未来
　　　　2017.5 383p B6 ¥1600 ①978-4-86324-112-1

◆ビギナーズ生物学　太田安隆、高松信彦著（京都）化学同人
【要旨】フルカラーイラストをふんだんに用い、視覚的に理解できる。細胞生物学と分子生物学のエッセンスを易しくときほぐした。生物科学入門に最適の一冊。
　　　　2017.9 175p B5 ¥2600 ①978-4-7598-1937-3

◆プラナリアたちの巧みな生殖戦略　小林一也、関井清乃共著　裳華房（シリーズ・生命の神秘と不思議）
【要旨】生物はミステリアスでおもしろい！ 生き残りのための風変わりな作戦。新シリーズ第2弾！ プラナリア（ウズムシ、ヒラムシ、マクロストマ）の興味深い生殖方法を知ることで、動物界における生殖戦略の多様性と共通性を学び、「性」の意味や進化について理解を深めることができる。
　　　　2017.11 167p B6 ¥1400 ①978-4-7853-5125-0

◆変形菌　川上新一著、佐藤岳彦写真　技術評論社（Graphic voyage）
【目次】変形菌とは（変形菌、見たことありませんか？、変形菌とは何か、変形菌の近縁グループ、生物分類上の位置、変形菌の生活環 ［ほか］）、変形菌図譜（ツノホコリ属、クビナガホコリ属、アミホコリ属、ハシラホコリ属、ドロホコリ属 ［ほか］）
　　　　2017.8 207p B5 ¥2980 ①978-4-7741-9143-0

◆北大古生物学の巨人たち　越前谷宏紀、田中嘉寛、疋嶋竜司、田中公教著（札幌）北海道大学出版会
【目次】五人の巨星（長尾巧、大石三郎、早坂一郎、湊正雄、加藤誠）、恐竜研究の幕開け（ニッポノサウルス・サハリネンシス、デスモスチルス・ヘスペルス）、N118標本室 石狩幹男、北大の宝
　　　　2017.1 95p 29×22cm ¥2000 ①978-4-8329-1406-3

◆哺乳類の生物地理学　増田隆一著　東京大学出版会
【目次】第1章 生物地理学とはなにか―系統地理学への発展、第2章 進化の生物地理学―適応と種分化、第3章 境界線の生物地理学―ブラキストン線とヒグマ、第4章 固有種の生物地理学―イタチ類の動物、第5章 ミクロの生物地理学―糞の生物学、第6章 都市動物の生物地理学―キツネとタヌキ、第7章 外来種の生物地理学―ハクビシン、第8章 生物地理学の課題―過去・現在・未来
　　　　2017.6 183p A5 ¥3800 ①978-4-13-060252-5

◆骨から見る生物の進化　ジャン＝バティスト・ド・パナフュー著、パトリック・グリ写真、グザヴィエ・バラル編、小畠郁生監修、吉田春美訳　河出書房新社（原著新版）コンパクト版
【要旨】神秘的な美しい姿に隠された進化の記憶！ 脊椎動物200体の「骨格」写真集。
　　　　2017.11 423p 24×18cm ¥3900 ①978-4-309-25368-8

◆森の探偵―無人カメラがとらえた日本の自然　宮崎学著、小原真史文・構成　亜紀書房
【要旨】オリジナルの撮影システムを駆使し、野生動物たちの素顔を撮り続けてきた写真家が明かす、撮影の秘密と森の歩き方。写真を読み解き、カメラを仕掛け…森の中で撮影された、"決定的瞬間"の数々！ 野生動物たちの事件簿。
　　　　2017.7 333p B6 ¥1800 ①978-4-7505-1500-7

遺伝子・分子生物学

◆意識の進化的起源―カンブリア爆発で心は生まれた　トッド・E. ファインバーグ、ジョン・M. マラット著、鈴木大地訳　勁草書房
【要旨】意識はいつ、どのように生まれたのか―鍵は、動物が一気に多様化したカンブリア爆発と、世界をイメージとして捉える視覚の進化にあった。意識研究者と生物学者がタッグを組み、原初の意識、そして意識のハード・プロブレム自体の起源を探る。感情の進化、さらには昆虫やイカ・タコ類の意識も論じながら、多角的なアプローチが収斂していく道筋に知的興奮を覚える1冊。
　　　　2017.8 356p A5 ¥4000 ①978-4-326-10263-1

◆遺伝学―遺伝子から見た生物　鷲谷いづみ監修、桂勲編　培風館
【要旨】多様化した遺伝学の考え方・手法・成果を簡潔にまとめて解説した生命科学系の学生向けの教科書。大腸菌からヒトまでを研究の対象とし、分子・細胞から個体・集団といったミクロからマクロまでの階層について、遺伝学における基本的概念を解説する。さらに、現在注目されている、ゲノム、がん、遺伝子診断、iPS細胞などとの関連について遺伝学の視点から言及する。今後の社会を考えるうえで必要な遺伝学の知識と思考法をしっかりと身につけることができる。
　　　　2017.1 246p A5 ¥2600 ①978-4-563-07822-5

◆遺伝子に話しかけなさい 自閉症は回復できる！―Dr.Amy Yaskoの回復プロトコール　鈴木淳著、北原健監修　セルバ出版、創英社／三省堂書店 発売
【要旨】Dr.Amy Yasko プロトコールを実施する上で必要な生化学的な知識や理論、使用するサプリメントの使用目的、使用するバイオケミカル検査に関する情報、プロトコールの進め方などについて記載。
　　　　2017.3 359p A5 ¥4000 ①978-4-86367-321-2

◆遺伝子は、変えられる。―あなたの人生を根本から変えるエピジェネティクスの真実　シャロン・モアレム著、中里京子訳　ダイヤモンド社
【要旨】最新科学「エピジェネティクス」のすべてを、全世界注目の「遺伝学者×医師」が解き明かす！ 食事、仕事、人間関係、環境…何気ない日常が、遺伝子を変える!? 世界18か国で大絶賛！　2017.4 340p B6 ¥1800 ①978-4-478-02826-1

◆遺伝子発現制御機構―クロマチン、転写制御、エピジェネティクス　田村隆明、浦聖恵編著　東京化学同人
【目次】基礎生物学における遺伝子発現制御研究の状況とその展望、第1部 クロマチンの構造とその変換（クロマチンの構造と染色体、ヒスト

ンバリアント ほか）、第2部 転写制御の素過程（RNAポリメラーゼ2、転写の開始 ほか）、第3部 生命現象と転写制御（発生と分化、細胞増殖とがん化 ほか）、第4部 エピジェネティックな転写制御（位置効果バリエゲーション、ゲノムインプリンティング ほか）
　　　　2017.3 250p A5 ¥3400 ①978-4-8079-0917-9

◆生命を支えるATPエネルギー―メカニズムから医療への応用まで　二井將光著　講談社（ブルーバックス）
【要旨】体内でエネルギーを運搬し、私たちの生命を維持するのに欠かせないATP（アデノシン3リン酸）。ATPを取り巻く酵素やタンパク質に不具合を生じるとさまざまな病気、ガン、胃潰瘍、骨粗鬆症、認知症などの病気を引き起こすことが解明されてきました。ATP合成のしくみから医療への応用まで、最新の研究を交えながら解説します。
　　　　2017.9 230p 18cm ¥1000 ①978-4-06-502029-6

◆エピジェネティクスの生態学―環境に応答して遺伝子を調節するしくみ　種生物学会編、荒木希和子責任編集　文一総合出版
【目次】第1部 エピジェネティクスへの招待（クロマチン修飾が制御するエコロジカル・エピジェネティクス、アサガオの模様を生み出すエピジェネティクス、エピ異変：その安定性と表現型へのインパクト）、第2部 環境応答とエピジェネティクス（環境ストレスと進化：ストレス活性型トランスポゾンと宿主の関係、冬の記憶：FLCのエピジェネティック制御から明らかとなる植物の繁殖戦略、野生クローン植物集団に見られるエピジェネティック空間構造、進化学を照らす新しい光？：エピジェネティクスによる適応的継代効果）、第3部 進化のメカニズムとエピジェネティクス（進化の単位としてのエピゲノム：配列特異性を変える細菌のDNAメチル化系からの仮説、有機物を含めた比較解析から考えるゲノムインプリンティングの進化の謎）、第4部 手法編（DNAメチル化解析法、植物自然集団におけるヒストン修飾の解析法）
　　　　2017.2 245p A5 ¥3200 ①978-4-8299-6207-7

◆科学者の冒険―クジラからシクリッド、シーラカンス、脳、闘魚…進化に迫る　岡田典弘著　クバプロ
【目次】第1章 普通の子ども時代 演劇青年から科学者へ、第2章 tRNAとの出会い、第3章 反復配列の発見、第4章 SINEはどうやって増えるのか、第5章 サケからクジラの進化へ 広がるSINE法、第6章 ビクトリア湖で種分化に挑む、第7章 シーラカンスがやってきた、第8章 SINEが哺乳類の脳をつくった
　　　　2017.2 283p A5 ¥3200 ①978-4-87805-151-7

◆核DNA解析でたどる 日本人の源流　斎藤成也著　河出書房新社
【要旨】日本列島人20万年の旅のミステリー。アフリカを出た人類は、どのように日本へたどり着いたのか？ 先端科学を駆使した"知的謎解き"に挑む！
　　　　2017.11 215p B6 ¥1400 ①978-4-309-25372-5

◆カラー図解 進化の教科書 第2巻 進化の理論　カール・ジンマー、ダグラス・J. エムレン著、更科功、石川牧子、国友良樹訳　講談社（ブルーバックス）
【要旨】生き生きとしたイメージがわくイラストや写真、具体的な例が満載。説明は簡潔ですが、きみよいテンポで話が展開。進化の歴史から最先端の研究まで網羅。
　　　　2017.1 309p 18cm ¥1600 ①978-4-06-257991-9

◆カラー図解 進化の教科書 第3巻 系統樹や生態から見た進化　カール・ジンマー、ダグラス・J. エムレン著、更科功、石川牧子、国友良樹訳　講談社（ブルーバックス）
【要旨】ハーバード大学、プリンストン大学他、全米200校を超える大学で採用！ 生物はなぜ、これほど多様なのか？ 形質と行動のドラマティックな進化のプロセス。シリーズ完結編。38億年の生命の痕跡から生物の進化を繙く。
　　　　2017.8 411p 18cm ¥1800 ①978-4-06-257992-6

◆基礎講義 遺伝子工学 1 アクティブラーニングにも対応　山岸明彦著　東京化学同人
【目次】遺伝子工学とは何か、遺伝子工学の遺伝学的基礎、遺伝子工学の道具：制限酵素とメチル化酵素、遺伝子工学の道具：さまざまな酵素、遺伝子工学の道具：プラスミドベクター、遺伝子工学の道具：M13ファージとλファージ、遺伝

子工学の道具：λファージベクターと複合ベクター、大腸菌の取扱い、大腸菌の形質転換と効率のよいライゲーション、PCR、ライブラリー作製、ハイブリッド形成法、さまざまなクローン検出法、遺伝子解析法、酵母の遺伝子工学
2017.9 170p A5 ¥2500 ①978-4-8079-0926-1

◆ゲノム解析は「私」の世界をどう変えるのか─生命科学のテクノロジーによって生まれうる未来　高橋祥子著　ディスカヴァー・トゥエンティワン
【要旨】生命科学で今何が起きているか？ 寿命がわかる？ 体型は遺伝子で決まっている？ 個人情報は大丈夫？ 遺伝子操作につながるの？ もう、そんなの知らないでは済まされない！
2017.9 231p B6 ¥1500 ①978-4-7993-2167-6

◆ゲノムが語る人類全史　アダム・ラザフォード著、垂水雄二訳、篠田謙一解説　文藝春秋
【要旨】考古学ではわからなかった「世界史」の最先端。ヒトゲノム計画以降、急速な進化を遂げたDNA解読技術によって、私たちは数万年前の人類のゲノムも抽出・分析できるようになった。それにより、遺骨や遺跡の存在が不可欠だった従来の歴史学は一変。ゲノムの痕跡を辿ることで、骨さえ見つかっていない太古の人類から現在の私たちへと繋がる、祖先の知られざる物語が解明される。科学者が書き換えたサピエンス20万年の歴史。
2017.12 446p B6 ¥2250 ①978-4-16-390774-1

◆ゲノム編集を問う─作物からヒトまで　石井哲也著　岩波書店　（岩波新書）
【要旨】「ゲノム編集」とは一体何で、何が問題なのか。狙った遺伝子を痕跡残さず改変できる技術が生命のありようをいま変えようとしている。作物や家畜の品種改良、またヒトの医療におけるその可能性と課題を探り、革新技術にいかに向き合うべきかを真摯に問う。規制と推進とで揺れる中、より良き未来のための対話が求められている。
2017.7 209, 3p 18cm ¥780 ①978-4-00-431669-5

◆サルは大西洋を渡った─奇跡的な航海が生んだ進化史　アラン・デケイロス著、柴田裕之、林美佐子訳　みすず書房
【要旨】翅をもたない昆虫、飛べない鳥モアの祖先、植物、カエル、トカゲ、そしてサルも"海越えができない"はずの生きものたちの驚くべきルーツ、そして歴史生物地理学のパラダイムにいま起きつつある変革の物語。
2017.11 412, 56p B6 ¥3800 ①978-4-622-08649-9

◆種子─人類の歴史をつくった植物の華麗な戦略　ソーア・ハンソン著、黒沢令子訳　白揚社
【要旨】米やパンなどの主食、コーヒー、綿など、人間の衣食と経済を支え、文明発祥からアラブの春まで歴史に影響を及ぼしてきた種子。毒を使った暗殺事件や種子銀行など、人間との多彩な関わりを紹介しながら種子の進化の謎に迫る。
2017.12 349p B6 ¥2600 ①978-4-8269-0199-4

◆進化論の最前線　池田清彦著　集英社インターナショナル、集英社 発売　（インターナショナル新書）
【要旨】『種の起源』を著し、人類に「進化」という概念を示したチャールズ・ダーウィンと、その進化論に対し真っ先に異を唱えたアンリ・ファーブル。現代進化論の主流派であるネオダーウィニストたちは、一九世紀の人物であるファーブルの批判を、いまだ論破できていない。果たして我々は本当に進化について理解しているのか。進化論と生物学の最先端を解説する。
2017.1 189p 18cm ¥700 ①978-4-7976-8002-7

◆人体六〇〇万年史─科学が明かす進化・健康・疾病　上　ダニエル・E・リーバーマン著、塩原通緒訳　早川書房　（ハヤカワ・ノンフィクション文庫）
【要旨】人類が類人猿から分岐し二足歩行を始めてから600万年。人類の身体は何に適応しどのように進化してきたか。速さ、強さ、運動能力で他より劣るにもかかわらず厳しい自然選択を生き残ったのはなぜか。両手が自由になり長距離走行が可能になったことで得た驚くべき身体的進化。「裸足への回帰」を提唱する進化生物学者リーバーマンが、人類進化の歴史をたどりながら現代人の抱える健康問題の原因を明らかにする。
2017.11 374p A6 ¥920 ①978-4-15-050511-0

◆人体六〇〇万年史─科学が明かす進化・健康・疾病　下　ダニエル・E・リーバーマン著、

塩原通緒訳　早川書房　（ハヤカワ・ノンフィクション文庫）
【要旨】農業革命、産業革命を経てヒトの生活は便利で快適になり、寿命はこれまでになく延びた。だが飢餓や感染症が激減した一方で、2型糖尿病、肥満、心臓病、認知症、アレルギーなどの慢性病は増加の一途をたどっている。進化に重要な役割を果たしたはずの脂肪や糖がなぜ病の誘因となりうるのか。生活様式の変化が人体の進化のペースを上回った結果生じた「進化のミスマッチ」を解明し、状況改善への道を探る。
2017.11 398p A6 ¥920 ①978-4-15-050512-7

◆人類の輝き─細菌から進化した奇跡の生命　河合聡著　西田書店
【要旨】生物進化の見地から「人類の輝き」を説き明かす。約三八億年前、一個の細菌であった私たちが、今ここにいる奇跡。その恩寵をかみしめよう。よりよく生きるための土台はここから生まれ、私たちは「生き抜くことの素晴らしさ」を発見する。
2017.3 170, 3p B6 ¥1200 ①978-4-88866-615-2

◆すごい進化─「一見すると不合理」の謎を解く　鈴木紀之著　中央公論新社　（中公新書）
【要旨】スズメバチにうまく擬態しきれないアブ、他種のメスに求愛してしまうテントウムシのオス。一見不合理に見える生き物たちのふるまいは、進化の限界を意味しているのか。それとも、意外な合理性が隠されているのだろうか。1970年代に生物学に革新をもたらした「ハンディキャップ理論」「赤の女王仮説」から、教科書には載っていない最新の仮説までたっぷり紹介。わたしたちの直感を裏切る進化の秘密に迫る！
2017.5 245p 18cm ¥860 ①978-4-12-102433-6

◆生体分子化学─基礎から応用まで　杉本直己編著　講談社　（エキスパート応用化学テキストシリーズ）
【目次】序章、有機化学の基礎、物理化学の基礎、高分子化学の基礎、核酸、セントラルドグマ、タンパク質、酵素、糖、脂質と生体膜、天然有機化合物、バイオマテリアル
2017.4 292p A5 ¥3200 ①978-4-06-156806-8

◆生物はウイルスが進化させた─巨大ウイルスが語る新たな生命像　武村政春著　講談社　（ブルーバックス）
【要旨】数十億年前、いま最も注目を集めるあるウイルスの祖先が誕生した。ヒトや細菌とは遺伝的系統を異にする彼らが、私たちの"共通祖先"に感染し、生物の発展・繁栄に不可欠なDNAや細胞核をもたらした!?そして、その子孫たる「巨大ウイルス」が明らかにする、生命と進化の知られざるからくりとは？ 日本初の巨大ウイルス=トーキョーウイルスの発見者が語る、生物進化のアナザーヒストリー。
2017.4 254p 18cm ¥980 ①978-4-06-502010-4

◆生命進化の偉大なる奇跡　アリス・ロバーツ著、斉藤隆央訳　学研プラス
【要旨】生命の系統樹で出かける私たちの枝をたどける旅！ BBCで人気の美人人類学者が私たちの体に刻まれた進化の歴史を語る。
2017.11 384, 20p B6 ¥1900 ①978-4-05-406278-8

◆生命に部分はない　アンドリュー・キンブレル著、福岡伸一訳　講談社　（講談社現代新書）（『ヒューマンボディショップ』一部修整・加筆・改題版）
【要旨】血液、臓器から、胎児、遺伝子、はては新種生物やクローン生物までもが効率的に生産され、市場で売買される時代。その萌芽はすでに半世紀前から始まっていた。「人間部品産業（ヒューマンボディショップ）のリアルな実態に警告を発した歴史的名著を『生物と無生物のあいだ』の福岡伸一氏が翻訳。福岡ハカセが「原点」ともなる作品をついに新書化。
2017.6 578p 18cm ¥1200 ①978-4-06-288434-1

◆世界は細菌にあふれ、人は細菌によって生かされる　エド・ヨン著、安部恵子訳　柏書房
【目次】動物園への旅、生きている島々、見たいと思った人々、体を造るものたち、諸条件が適用される島、病めるときも健やかなるときも、長いワルツ、お互いの成功を保証しあう、大きな進化は速いテンポで、微生物アラカルト、微生物研究の未来
2017.6 442p B6 ¥2700 ①978-4-7601-4843-1

◆デザイナー・ベビー─ゲノム編集によって迫られる選択　ポール・ノフラー著、中山潤一訳　丸善出版

【要旨】本書では遺伝子組換え研究の幕開けから、クローン動物の作製、体外受精の成功など今に至るまでの技術の進歩とそこでなされてきた議論に加えて、優生学、映画や小説のような社会・文化的な側面からもデザイナー・ベビーについて考察しており、迫りくる未来を考えるために必読の一冊である。
2017.8 392p B6 ¥2800 ①978-4-621-30193-7

◆てんかん分子生物学　絵でつなぐ─遺伝子変異と病態・治療　鬼頭正夫著　丸善プラネット、丸善出版 発売
【目次】第1章 てんかん症候群遺伝子一覧とてんかん症候群ゲノムマップ、第2章 遺伝子変異とアミノ酸、タンパク質、第3章 イオンチャネルのてんかん症候群、第4章 シナプスのてんかん症候群、第5章 細胞内情報伝達・遺伝子発現のてんかん症候群、第6章 てんかん症候群の遺伝子変異、プラス
2017.10 59p B5 ¥1700 ①978-4-86345-352-4

◆動物遺伝育種学　祝前博明、国枝哲夫、野村哲郎、万年英之編著　朝倉書店
【目次】1 動物の育種とは、2 形質と遺伝、3 遺伝子とその構成、4 質的形質とその遺伝、5 集団の遺伝的構成とその変化、6 質的形質とその遺伝、7 選抜と選抜反応、8 交配とその様式、9 交雑と交雑育種、10 ゲノム育種とその進展、11 動物集団の遺伝的多様性の管理と保全、12 持続可能な生産のための動物育種、13 動物育種のこれから
2017.3 204p A5 ¥3400 ①978-4-254-45030-9

◆なぜ・どうして種の数は増えるのか─ガラパゴスのダーウィンフィンチ　Peter R. Grant, B.Rosemary Grant著、巌佐庸監訳、山口諒訳　共立出版
【目次】生物多様性とダーウィンフィンチ、起源と歴史、種分化の様式、島への移入と定着、自然淘汰、適応、そして進化、生態的相互作用、生殖隔離、交雑、種と種分化、ダーウィンフィンチ類の放散を再現する、適応放散の促進要因、適応放散の生活史、ダーウィンフィンチ類の放散の要約　2017.1 223p A5 ¥3200 ①978-4-320-05784-5

◆ナノバイオ・メディシン─細胞核内反応とゲノム編集　宇理須恒雄編著　近代科学社　（ナノ学会編シリーズ：未来を創るナノ・サイエンス&テクノロジー 第4巻）
【目次】第1章 バイオ領域に挑むナノテク─序論（ナノテク・ナノバイオ・ナノメディシンの展望、ゲノム編集の最新動向）、第2章 遺伝子ひしめく核内の科学─細胞核内反応の化学・計測（核酸化学の最近の状況、蛍光顕微鏡を用いた生細胞内1分子可視化解析技術）、第3章 遺伝子発現の新常識─クロマチン制御（ゲノムDNAを収納するクロマチンの構造基盤、クロマチン構造変換複合体と核構造によるクロマチン動態制御、クロマチンの化学修飾とその制御機構、クロマチン高次構造の役割と解析技術）、第4章 ぬり替わる！ RNAの姿─ノンコーディング（ノンコーディングRNA、piRNAの諸相、ノンコーディングRNA研究の今後の展望）、第5章「DNA改変」の時代へ─ゲノム編集の基礎と応用（ゲノム編集の歴史と現状、ゲノム編集技術と立体培養技術の融合）2017.5 216p A5 ¥3600 ①978-4-7649-5028-3

◆培養細胞による治療　ハワード・グリーン著、大和雅之訳　コロナ社
【目次】1 細胞培養の黎明期、2 ケラチノサイトの培養の始まり、3 火傷の治療、4 ケラチノサイトの幹細胞としての性質を定義する、5 他人の培養表皮細胞による処置、6 目の病気の処置、7 遺伝子治療、8 培養軟骨細胞による処置、9 胚性幹細胞による治療の将来性、最後の哲学的内省　2017.12 127p B6 ¥1500 ①978-4-339-06755-2

◆ビジュアル 進化の記録─ダーウィンたちの見た世界　ロバート・クラーク写真、ジョセフ・ウォレス本文、渡辺政隆監訳　ポプラ社
【要旨】生命の進化、その神秘を探究する旅へ─歴史を変えた「ダーウィンの進化論」とは何だったのか？ 200枚以上の美しい写真とともに生物学の根幹を学ぶ。
2017.12 239p 29×22cm ¥6500 ①978-4-591-15553-0

◆ヒトはなぜ病み、老いるのか─寿命の生物学　若原正己著　新日本出版社
【要旨】有限な寿命を科学的に解き明かす。
2017.7 238p B6 ¥1700 ①978-4-406-06154-4

◆ヒトiPS細胞研究と倫理　澤井努著　（京都）京都大学学術出版会　（プリミエ・コレクション）

サイエンス・テクノロジー

【目次】第1章 ヒトiPS細胞研究における道徳的共犯性の検討（ヒト胚の道徳的地位とヒトES細胞研究への含意、ヒトiPS細胞研究の道徳的共犯性）、第2章 ヒトiPS細胞の道徳的価値の検討（ヒトES細胞の道徳的位置づけ、ヒトiPS細胞の道徳的位置づけ）、第3章 人・動物キメラ胚の作製・利用に伴う倫理的問題の検討（人・動物キメラ胚の技術的背景、人・動物キメラ胚の作製・利用に伴う倫理的問題、日本における人・動物キメラ胚の作製・利用の在り方）、第4章 ヒトiPS細胞由来の配偶子の作製・利用に伴う倫理的問題の検討（iPS細胞由来の配偶子作製の技術的背景、ヒトiPS細胞由来の配偶子の作製・利用に伴う倫理的問題、日本におけるiPS細胞由来の配偶子の作製・利用の在り方）、第5章 iPS細胞研究における優先順位の設定（iPS細胞を用いた再生医療研究、疾患特異的iPS細胞を活用した研究、iPS細胞研究における優先順位の設定）
　2017.3 245p A5 ¥3000 ①978-4-8140-0077-7

◆フンボルトの冒険―自然という "生命の網" の発明　アンドレア・ウルフ著、鍛原多惠子訳　NHK出版
【要旨】19世紀前半、ナポレオンと並ぶ絶大な影響力をもち、胸躍る冒険と緻密な観測で世界中を魅了した稀有な科学者フンボルト。その目は、植生や山肌の細部を読みとると同時に、自然と人間のあらゆる現象の連鎖を鋭く見抜いた。科学を起点として、政治、経済、歴史等あらゆる分野を俯瞰し、「地球はひとつの生命である」と唱えたのだ。環境破壊や武力紛争等、自然と人間の営みが複雑に絡み合う現代において、博物学最後の巨人の今日的意味を描き出し、科学界をはじめ欧米メディアで絶賛された決定版伝記、ついに邦訳！
　2017.1 494, 6p B6 ¥2900 ①978-4-14-081712-4

◆ポイントがわかる薬科微生物学　荒牧弘範、下川修、麁志毛信広編　廣川鉄男事務所　新装第3版
【目次】第1章 身近な微生物たち、第2章 微生物学総論、第3章 感染症総論、第4章 病原微生物学各論、第5章 化学療法剤総論、第6章 化学療法剤各論、第7章 医療への貢献例
　2017.1 447p B5 ¥5800 ①978-4-908996-04-7

◆保全遺伝学入門　Richard Frankham, Jonahan D. Ballou, David A. Briscoe著、西田睦監訳、高橋洋、山崎裕治、渡辺勝敏訳　文一総合出版　オンデマンド版
【目次】第1部 自然集団の集団遺伝学（遺伝的多様性、遺伝的多様性の評価：単一遺伝子座、遺伝的多様性の評価：量的変異 ほか）、第2部 集団サイズの縮小の影響（小集団における遺伝的多様性の消失、近親交配、近交弱勢 ほか）、第3部 理論から実践へ（分類学的問題の解決と管理単位の決定、野生集団の遺伝学と管理、飼育集団の遺伝的管理 ほか）
　2017.7 751p A5 ¥7200 ①978-4-8299-6528-3

◆メンデルの軌跡を訪ねる旅　長田敏行著　裳華房　（シリーズ・生命の神秘と不思議）
【要旨】遺伝の法則を発見したメンデル（Gregor Johann Mendel）は、研究の材料として有名なエンドウだけでなく、ブドウも用いて研究を行っていました。そのメンデルブドウは、じつは日本とチェコとの架け橋となっていたのです─。中学校、高等学校の教科書にも登場し、よく知られていると思われているメンデルの事績を丹念に追跡し、メンデルの実像を捉え直します。
　2017.7 179p B6 ¥1500 ①978-4-7853-5123-6

◆ワトソン 遺伝子の分子生物学　James D. Watson, Tania A. Baker, Stephen P. Bell, Alexander Gann, Michael Levine, Richard Losick著、中村桂子監訳、滋賀陽子、滝田郁子、羽田裕子、宮下悦子訳　東京電機大学出版局　（原書第7版）
【要旨】DNA構造の解明から60年、基礎を踏まえながら、生命の起源と進化の過程の考察へと進む新たな教科書。RNAの構造を大幅に加筆。タンパク質の構造について新章を追加。生命の起源と初期の進化について新章を追加。遺伝子の調節について新たなトピックスを紹介。研究の視野を広げる新たな実験的アプローチを提示。章末問題を新設。
　2017.1 875p 29×23cm ¥1000 ①978-4-501-63030-0

◆我々はなぜ我々だけなのか―アジアから消えた多様な「人類」たち　川端裕人著、海部陽介監修　講談社　（ブルーバックス）
【要旨】教科書に載っているジャワ原人や北京原人だけではない。我々ホモ・サピエンスの出現前、アジアには実に多様な「人類」がいたことがわかってきた。そして「彼ら」は、我々の祖先と共存する「隣人」だったかもしれない！ならば、なぜ今、我々は我々だけなのだろうか？ アジア人類進化学の第一人者に導かれ、「我々とは何か」を問いつづけた著者が最後に出会った衝撃の仮説とは？ 知的興奮に満ちた、我々のための新しい人類学！
　2017.12 283p 18cm ¥1000 ①978-4-06-502037-1

◆DNAの98%は謎―生命の鍵を握る「非コードDNA」とは何か　小林武彦著　講談社　（ブルーバックス）
【要旨】ヒトゲノム（全遺伝情報）のうち、遺伝子部分はわずか2%。残りの98%は「非コードDNA」と呼ばれ、意味のない無駄なものと長らく考えられてきました。ところが、じつはそれこそが生命の不思議に迫る重要な役割を担っていることが分かってきたのです。サルとヒトの違いを生み出し、老化と寿命に関わり、進化の原動力ともなる「非コードDNA」の仕組み、そして驚きの発見の数々をエピソード豊富に紹介します。
　2017.10 239p B6 ¥920 ①978-4-06-502034-0

◆Re：ゼロから始めるPCR生活　Salicin著　（柏）暗黒通信団
　2017.12 39p A5 ¥320 ①978-4-87310-108-8

植物

◆アジサイはなぜ葉にアルミ毒をためるのか―樹木19種の個性と生き残り戦略　渡辺一夫著　築地書館
【要旨】日本を代表する樹木19種を、「森の案内人」のエキスパートである著者が解説。外見の特徴、生き残るための多様な身近な自然木の魅力にあっと驚く本格樹木ガイド。
　2017.5 201p B6 ¥1800 ①978-4-8067-1536-8

◆失われゆく植物たち―長野県レッドデータ植物図鑑　土田勝義編著　（長野）信濃毎日新聞社
【要旨】土地開発、乱獲、農薬、食害…絶滅の危機に直面する身近な植物。貴重な写真で見る210種のカラー図鑑。七つの立地に分けて生育地や分布、特徴等を解説。長野県版レッドリスト2014掲載の約900種の一覧も収録。
　2017.7 255p A5 ¥920 ①978-4-7840-7311-5

◆ウメハンドブック　大坪孝之著、亀田龍吉写真　文一総合出版
【目次】ウメ品種図鑑（野梅系、緋梅系、豊後系、その他の品種）、庭ウメの育てかた、鉢ウメの育てかた、果実の利用法
　2017.1 96p 19cm ¥1400 ①978-4-8299-8142-9

◆落ち葉のふしぎ博物館―ゲッチョ先生の落ち葉コレクション　盛口満文・絵　少年写真新聞社
【目次】はじめに 待っているのは、だれ？、街・公園（落ち葉くらべ、黄色い葉 ほか）、里山（雑木林、大小いろいろ葉 ほか）、照葉樹林（神社の森、落ちる、落ちない葉 ほか）、命のつながり（枯れ木のにぎわい、虫こぶの木 ほか）
　2017.8 63p B6 ¥1800 ①978-4-87981-608-5

◆オランダ最新研究 環境制御のための植物生理　エベ・フゥーヴェリンク、タイス・キールケルス著、中野明正、池田英男ほか監訳　農山漁村文化協会
【要旨】「施設栽培」と「植物生理」をつないだ初の解説書。現場の課題に応える栽培技術と、それを裏付ける生理・生態などの基礎科学。病害虫管理、生産物の品質も含めて、栽培に必要な広い分野について記述。科学者が内容を正確に伝え、ジャーナリストが読みやすく解説。
　2017.3 221p B5 ¥4900 ①978-4-540-16119-3

◆考える花―進化・園芸・生殖戦略　スティーブン・バックマン著、片岡夏実訳　築地書館
【要旨】子孫を残すため、花が昆虫に花粉を運ばせるためにとる秘策とは？ 人は花本来の姿をどのように操作してきたのか？ 植物の生殖器としての花がたどった進化や花粉媒介者とのかかわりから、多様な花の栽培技術やグローバルな流通・貿易事情の歴史まで、花をめぐる科学と文化のすべてがわかる。
　2017.8 218p B6 ¥2200 ①978-4-8067-1542-9

◆感じる花―薬効・芸術・ダーウィンの庭　スティーブン・バックマン著、片岡夏実訳　築地書館
【要旨】なぜ人は花を愛でるのか？ 花の味や香りは人の暮らしをどのように彩ってきたのか？ 太古の時代から続く芸術や文学の重要なモチーフとしての花の姿から、グルメや香水など人の娯楽、遺伝子研究や医療での利用まで、花をめぐる文化と科学のすべてがわかる。
　2017.8 187p B6 ¥2200 ①978-4-8067-1543-6

◆官能植物　木谷美咲著　NHK出版
【要旨】各地の神話や伝説の中から、古今の植物学・博物学・心理学などの蓄積の中から、「植物に性を見るまなざし」を探り出す。植物の姿形や生態に対する精緻な観察を通して、深い思索と奔放なイマジネーションを繰り広げる─。暗がりに放り込まれていた「官能」が、あざやかに立ち上がる。
　2017.5 198p A5 ¥3700 ①978-4-14-009356-6

◆キク大事典　農文協編　農山漁村文化協会
【要旨】キクの原産・来歴から、生理・生態、品種、病害虫対策、経営戦略、栽培管理まで収録したキク栽培の大事典。執筆陣は第一線の研究者・指導者約90名。全国のすぐれた生産者事例を23例収録。知りたいことがすぐわかる便利な索引付き。
　2017.2 967p B5 ¥20000 ①978-4-540-16176-6

◆樹と暮らす―家具と森林生態　清和研二、有賀恵一著　農山漁村文化協会
【要旨】「雑木」と呼ばれてきた66種の樹木の、森で生きる姿とその木を使った家具・建具。森の豊かな恵みを丁寧に示し、森で生きる人と木の暮らしを考える。
　2017.5 209p A5 ¥2200 ①978-4-8067-1535-1

◆キノコとカビの生態学―枯れ木の中は戦国時代　深澤遊著　共立出版　（共立スマートセレクション）
【目次】1 木材腐朽菌と木材、2 木材腐朽菌による材分解の多様性、3 枯れ木の中は戦国時代、4 木材腐朽菌の生活史戦略、5 ブナの原生林へ、6 シイタケのホダ木の中をのぞく、7 木材腐朽菌群集と分解機能
　2017.5 158p B6 ¥1800 ①978-4-320-00919-6

◆きのこ年鑑　2017年度版　きのこ年鑑編集部編　特産情報きのこ年鑑編集部、プランツワールド 発売
【目次】序章 韓国・台湾・中国におけるきのこ類の生産・消費動向と今後の展望、第1章 きのこ類の生産と流通動向、第2章 きのこ類の輸（出）入動向、第3章 きのこ類の家計消費動向と日本食品標準成分表（七訂）によるきのこ類の成分、第4章 きのこ生産に関する関係制度、第5章 きのこの経営指標、第6章 安全なしいたけ原木供給政策ときのこ振興施策、第7章 統計・資料、第8章 名簿
　2017.6 339p B5 ¥20000 ①978-4-931205-92-5

◆樹のミュージアム―樹木たちの楽園をめぐる　ルイス・ブラックウェル著、千葉啓恵訳　（大阪）創元社
【要旨】3億7000万年前から過酷な地球環境を生き抜き、多くの種と調和しながら繁栄してきた木々。その興味深い生態と人間とのかかわりを説く科学エッセイに、美しい写真が融合した新感覚の"紙上"ミュージアム。世界の写真家による美麗写真94点。
　2017.7 212p 21×21cm ¥2800 ①978-4-422-43024-9

◆草の辞典―野の花 道の草　森乃おと著　雷鳥社
【目次】第1章（春、夏、秋冬）、第2章（草のこと葉、花のこと葉）、第3章（薬草の庭）
　2017.1 287p 16×12cm ¥1500 ①978-4-8441-3710-8

◆検証キノコ新図鑑　城川四郎著、神奈川キノコの会編　筑波書房
【目次】ハラタケ類、イグチ類、ラッパタケ・スッポンタケ類、硬質菌類・その他、ベニタケ類、キクラゲ類、子嚢菌類
　2017.5 250p B5 ¥3700 ①978-4-8119-0510-5

◆コケに誘われコケ入門―みずみずしいコケたちに元気をもらう。　文一総合出版　（生きもの好きの自然ガイド No.7）
【要旨】コケの「基本（分類や生態）」も「観察の方法」も「身近な種類の識別」もすべてスッキリ!!初心者から専門家までコケが好きな人は必読のガイドブック。写真とイラストが豊富で、楽しく、わかりやすくコケを知ることができる！コケの名所案内やコケをつかった遊びなど、観

察を楽しむための情報、世界最大のコケ、コケで生活する生きものなど驚きの話題も多数収録。2014年発行のものを大幅に加筆・編集して再構成。　2017.9 95p B5 ¥1600 ①978-4-8299-7392-9

◆**コケの生物学**　北川尚史著、しだとこけ談話会編　研成社　（のぎへんのはる）
【要旨】小さな植物であるが、極寒の地でも生命維持が可能、数千年生きられる、子孫繁栄に複数の方法を持つなど、他の生物にない力を「コケ」は持っている。「コケ」について他の植物とも対比しながら、見識の広い著者が生物学の視点から、総合的に解説する。
2017.1 284p B6 ¥1600 ①978-4-87639-533-0

◆**心に響く 樹々の物語**　ダイアン・クック、レン・ジェンシェル写真・文、黒田眞知訳　日経ナショナルジオグラフィック社
【要旨】シッダールタが悟りを得たとされる菩提樹の子孫、ニュージーランドのマオリ族が魂の帰り道と信じる愛の木、大統領が亡き妻を偲んで植えたタイサンボク、そして活動家ジュリア・バタフライ・ヒルが738日間にわたって座り込みを続けて伐採から守ったレッドウッド。人々の文化を形づくり、無数の人生に影響を与えてきた樹々の物語にやさしく寄り添い、写真と文章で紹介。万病を癒やす、慈悲深い存在「女神シータラーの木」、再生と力強さを象徴する「9.11を生き延びた木」、万有引力の法則発見の契機「ニュートンのリンゴの木」…など59話。
2017.10 189p 23×25cm ¥2750 ①978-4-86313-393-8

◆**怖くて眠れなくなる植物学**　稲垣栄洋著　PHPエディターズ・グループ、PHP研究所発売
【要旨】食虫植物ハエトリソウ、死骸の花ラフレシア、絞め殺し植物ガジュマル、百獣の王を殺すライオンゴロシ、美しき悪魔ホテイアオイ、植物の毒の誘惑…。読み出したらとまらないおそろしい植物のはなし。
2017.7 221p B6 ¥1400 ①978-4-569-83664-5

◆**菜樹の巻―恵みの稔り**　工作舎編　工作舎　（江戸博物文庫）
【要旨】『本草図譜』より野菜・果物から松竹梅まで約180種を紹介。傑作植物図集第2弾。
2017.7 191p 18×11cm ¥1600 ①978-4-87502-485-9

◆**桜でいやされるための図鑑**　大貫信彦著　誠文堂新光社
【目次】序章 桜の花の構造、1章 桜道造、2章 春爛漫一重桜、3章 半八重桜、八重桜、4章 桜の比較、撮影地の紹介など
2017.4 135p A5 ¥1000 ①978-4-416-91600-1

◆**雑草キャラクター図鑑―物言わぬ植物たちの意外な知恵と生態が1コマンガでよくわかる**　稲垣栄洋著　誠文堂新光社
【要旨】こんな人いるいる！ あなたはどのタイプ？ 雑草ワールドへようこそ。都会でしくみる雑草をキャラクター化！ キャラにしてみれば、雑草の素顔がよくわかる。面白いやつ、ヤバいやつ、誰かに似てるやつなど、濃いキャラ揃い。動くことも話すこともせずにどうやって都会を生き抜いているのか。彼らの見事な生存戦略に励まされることまちがいなし！
2017.6 215p A5 ¥1600 ①978-4-416-51642-3

◆**雑草は軽やかに進化する―染色体・形態変化から読み解く雑草の多様性**　藤島弘純著　築地書館
【要旨】雑草たちはそれぞれ個性的な種分化（進化）の歴史を抱え、大地を支えて生きている。人がつくり出す空間で生きることを選択した雑草たちの花・葉・種子などの形態的変化や染色体数の変異をたんねんに読み解き、地理的・生態的分布から、雑草たちの進化の謎に迫る。
2017.10 273p B6 ¥2400 ①978-4-8067-1546-7

◆**雑草はなぜそこに生えているのか―弱さからの戦略**　稲垣栄洋著　筑摩書房　（ちくまプリマー新書）
【要旨】「抜いても抜いても生えてくる、粘り強くてしぶとい」というイメージのある雑草だが、実はとても弱い植物だ。そのゆえに生き残りをかけた驚くべき戦略をもっている。厳しい自然界を生きぬくたくましさの秘密を紹介する。
2018.1 213p 18cm ¥840 ①978-4-480-68995-5

◆**サボテン―PETCHTAMSEEの写真図鑑**　カイモック・チャウィーワナコン著　グラフィック社
【要旨】今や世界有数のサボテン栽培園数をほこるタイ。中でもラヨーン県の美しい海辺にある

ベッタムシィー・サボテン栽培園は、伝統的なものから希少な斑入りのものまで、すぐれた品質のサボテンを栽培することで知られた東南アジアの一流栽培園です。本書はその創立者かつオーナー、そして育種家でもあるカイモック・チャウィーワナコンが人生をかけて愛し、育てたサボテンの中から特に優れたものを厳選し、ディレクションした写真図鑑です。登場する150以上のサボテンは、生来の美しさを伝えたいという想いから、画像加工等は行わず掲載しました。ふたつとして同じ顔をもたず、時に宝石のように美しく、時にモンスターのように荒々しいフォルムのサボテン。圧倒的なその姿は見る者すべてにアーティスティックなインスピレーションを与えることでしょう。
2017.4 1Vol. 19×18cm ¥2000 ①978-4-7661-3017-1

◆**詩歌の植物 アカシアはアカシアか？**　高階杞一著　（大阪）澪標
【要旨】あれは菜の花？ ツバキは唾の木？ 詩歌に現れる植物へのさまざまな疑問。その謎を解き明かすべく、疑問の源流へとさかのぼる。目からウロコの17篇。
2017.5 225p B6 ¥1800 ①978-4-86078-360-0

◆**静岡の植物図鑑 静岡県の普通植物 下 草本編**　杉野孝雄著　（静岡）静岡新聞社
【要旨】被子植物 離弁花類、被子植物 合併花類、被子植物 単子葉類
2017.9 328p A5 ¥1800 ①978-4-7838-0553-3

◆**湿原の植物誌―北海道のフィールドから**　冨士田裕子著　東京大学出版会
【目次】第1章 湿原への招待（湿原との出会い、太古の沖積平野の森と湿原、湿原とは何か）、第2章 湿原の自然誌（泥炭地湿原と非泥炭地湿原、北海道の湿原の分布状況、湿原の起源、湿原の形成、湿原の植生）、第3章 湿原の植物（ミズバショウ―北の気候に適応したサトイモ科の不思議な植物、ムセンスゲ―植物地理学的・植生地理学的視点から、チョウジソウ―絶滅が心配される氾濫原の草本植物、ハンノキ―湿地で耐えるための戦略）、第4章 失われつつある湿原（湿原の変遷、なぜ失われつつあるのか―減少の理由と保護状況、静好湿原、石狩泥炭地、釧路湿原）、第5章 よみがえれ湿原（植生復元と自然再生とは、復元目標の設定と復元の手順、新たな模索と試み）
2017.5 242p A5 ¥4400 ①978-4-13-060250-1

◆**知って納得！ 植物栽培のふしぎ―なぜ、そうなるの？ そうするの？**　田中修、高橋亘著　日刊工業新聞社　（B&Tブックス）
【要旨】本書では、畑や花壇で実践される栽培の技術、田園の風景の中で見かける栽培の方法、ビニールハウスや温室で利用される栽培の原理、植物工場で使われる栽培の設備、無重力という宇宙での植物栽培への挑戦などを紹介。身のまわりで行われている植物の栽培の中から、野菜や草花、コメやムギ、トウモロコシなどの作物の栽培に見られる、なぜ？ を取り上げた。
2017.4 159p B6 ¥1200 ①978-4-526-07708-1

◆**植物医科学の世界―植物障害の診断を極め、食料・環境の未来を拓く**　西尾健監修、堀江博道、橋本光司、鍵和田聡編著　農林産業研究所、大誠社 発売　（植物医科学叢書）
【要旨】植物医科学の実像と目指すものとは。植物の健康に向き合い切実な基礎と実践。植物の健康に向き合う技術者が実践に必要な知識と情報が満載!!
2017.4 391p B5 ¥6481 ①978-4-86518-073-2

◆**植物園で樹に登る―育成管理人の生きもの日誌**　二階堂太郎著　築地書館
【要旨】国立科学博物館筑波実験植物園の植物管理を務める、植木職人であり樹木医、森林インストラクターの著者が、地上20メートルから見た景色、梢で感じる三次元の風一。造園会社と植物園で20年間、樹木と対話する中で見つけた、植物の不思議でおもしろい世界。
2017.10 191p B6 ¥1800 ①978-4-8067-1547-4

◆**植物学名入門―植物の名前のつけかた**　L.H.ベイリー著、編集部訳 八坂書房　（『植物の名前のつけかた―植物学名入門』新装・改題書）新装版
【要旨】植物や動物には〝むずかしそうな〟学名がつけられている。いったい学名とは何なのだろうか？ どのようにしてつけられるのだろうか？ 多くの事例をあげながら易しく説き、植物を愛するすべての人々の基本図書として読み継がれてきた古典的名著。
2017.7 238p B6 ¥2800 ①978-4-89694-237-8

◆**植物雑記 ひと駅、一草。―一駅からぶらり、花散歩。**　井野上一寿著　幻冬舎メディアコンサルティング、幻冬舎 発売
【要旨】駅、川沿い、公園。いつもの散歩道を彩るのは、足元に咲く野草たち。関東エリアの駅を中心に収めたノスタルジックな風景と植物の写真とともにつづる紀行エッセイ。56駅からの植物を掲載！
2017.2 141p A5 ¥1500 ①978-4-344-91124-6

◆**植物生理学概論**　桜井英治、柴岡弘郎、高橋陽介、小関良宏、藤田知道共著　培風館　改訂版
【要旨】本書は植物生理学の基本事項を生物系学部学生、大学院生向けに解説した教科書・参考書である。生命活動の基礎をなす生化学、分子生物学、細胞・組織の構造について概説したのち、エネルギー代謝、植物に特徴的な光合成、植物ホルモン、生長生理、代謝生理、発育の調節などを中心に、総合的に解説している。改訂にあたっては、近年大きく進歩した遺伝子の発現調節機構ならびに遺伝子組換えにおけるゲノム編集技術、分析機器の進歩によるオミクス解析の深化、植物細胞・組織・器官の環境応答の機構、光化学系の微細構造と機能などについて、最新の情報に書き改めた。また、社会的関心の高い遺伝子組換え生物の利用、地球温暖化などについてもふれている。
2017.9 246p B5 ¥3500 ①978-4-563-07825-6

◆**植物と微気象―植物生理生態学への定量的なアプローチ**　ハムリン・ゴードン・ジョーンズ著、久米篤、大政謙次監訳　森北出版　（原書第3版）　第3版
【要旨】熱、放射、気体、水、エネルギーなどの周辺環境の基本要素と、それらに対する植物の応答を明快に説明。
2017.2 486p A5 ¥8500 ①978-4-627-26113-6

◆**植物バイオテクノロジー**　日本バイオ技術教育学会監修、池上正人著　理工図書　（新バイオテクノロジーテキストシリーズ）
【目次】第1章 植物バイテクの基礎（植物の細胞と組織、植物細胞の構造と機能 ほか）、第2章 植物細胞組織培養（種子植物の細胞組織培養研究の発展、培地の組成 ほか）、第3章 植物の形質転換（Agrobacterium tumefaciens によるクラウンゴール形成機構、植物の形質転換―アグロバクテリウム法 ほか）、第4章 ゲノム解析（cDNAライブラリーの作製とcDNAの解析、DNA配列にもとづくDNAマーカー ほか）　2017.3 218p A5 ¥2500 ①978-4-8446-0859-2

◆**植物はそこまで知っている―感覚に満ちた世界に生きる植物たち**　ダニエル・チャモヴィッツ著、矢野真千子訳　河出書房新社　（河出文庫）
【要旨】視覚、聴覚、嗅覚、位置感覚、そして記憶―多くの感覚を駆使して、高度な世界に生きる植物たちの知られざる世界を紹介。知能が問題なのではなく、植物たちが「知っているか」という意味では、科学が確かに証明している。光や色も、香りも、人間が手で触れたときの感触も、重力の方向も、以前にかった感染病や寒かった気候の記憶も、「知っている」のだ。
2017.3 199p A6 ¥800 ①978-4-309-46438-1

◆**植物はなぜ薬を作るのか**　斉藤和季著　文藝春秋　（文春新書）
【要旨】それは「動かない」という選択をした植物の「生き残り」戦略だった。ポリフェノール、解熱鎮痛薬、天然甘味料、抗がん薬まで―。なぜ、どのように植物は「薬」を作るのかを、植物メタボロミクスの専門家が最先端の研究成果で読みあかす。
2017.2 239p 18cm ¥880 ①978-4-16-661119-5

◆**植物はなぜ自家受精をするのか**　土松隆志著、斎藤成也、塚谷裕一、高橋淑子監修 慶應義塾大学出版会　（シリーズ遺伝子から探る生物進化 5）
【要旨】自家受精は遺伝子が壊れて進化した！ ある植物は自家受精ばかり行ない、また別の植物は自家受精をかたくなに拒む。このちがいは何なのか。長年の論争に遺伝子解析から挑む。
2017.8 151p B6 ¥2400 ①978-4-7664-2299-3

◆**植物プランクトン―白幡沼の浮遊性藻類 種類と量の変化を調べる**　小川なみ著　悠光堂
【要旨】身近な池や沼の植物プランクトンを調べたいあなたに！ 一つの沼の調査からプランクトンの世界が見えてくる。一種ごとに数枚の写真

サイエンス・テクノロジー

と図が載る。入門書として、図鑑として、至極の一冊。
2017.3 223p B5 ¥3400 ①978-4-906873-85-2

◆調べてなるほど! 花のかたち　縄田栄治監修, 柳原明彦絵・文　(大阪)保育社　(絵で見るシリーズ)
【目次】花壇の花、野の花、水辺の花、潅木の花、木の花、変わった植物
2017.3 141p B5 ¥2700 ①978-4-586-08563-7

◆神農本草経の植物―植物由来生薬の原色写真　小根山隆祥, 佐藤知嗣, 飛奈良治著　たにぐち書店
【目次】巻柏(ケンバク)、烏韮(ウキュウ)、石長生(セキチョウセイ)、狗脊(クセキ)、貫衆(カンジュウ)、石葦(セキイ)、松脂(ショウシ)、柏実(ハクジツ)、麻黄(マオウ)、彼子(ヒシ)(榧実)〔ほか〕
2017.6 535p A5 ¥10000 ①978-4-86129-307-8

◆新分類 牧野日本植物図鑑　牧野富太郎原著, 邑田仁, 米倉浩司編　北隆館
【目次】検索表、有節植物門、緑藻植物門、褐藻植物門、紅藻植物門、担子菌門、子嚢菌門、植物の用語図解、学名解説、日本名索引
2017.6 1627p 28×21cm ¥30000 ①978-4-8326-1051-4

◆神話と伝説にみる花のシンボル事典　杉原梨江子著　説話社
【要旨】季節ごとに私たちの身近にある様々な花。花の名前が生まれた背景、意味、物語、歴史を知る本―あなたの人生を豊かにする事典!
2017.8 295p A5 ¥2800 ①978-4-906828-35-7

◆スイカのタネはなぜ散らばっているのか―タネたちのすごい戦略　稲垣栄洋, 西本眞理子絵　草思社
【要旨】オオバコのタネは、靴の裏にくっついて移動! 蘭のタネは、カビから栄養分を奪って発芽! テッポウウリのタネは、時速200kmでぶっ飛ぶ! 子孫繁栄を願い、タネたちはがんばっている!
2017.9 253p B6 ¥1300 ①978-4-7942-2298-5

◆スイゼンジノリとサクランの魅力　サクラン研究会編　(熊本)サクラン研究会, (熊本)熊日出版　発売
【目次】第1章 スイゼンジノリの魅力と可能性、第2章 スイゼンジノリ養殖の現状と将来展望、第3章 全ゲノム解読を目指すスイゼンジノリ細胞の単離、第4章 驚愕の「超」超巨大分子サクラン、第5章 サクラン水溶液の物性と糖鎖の形態、第6章 放射光散乱による糖鎖の溶液化学、第7章 サクランのスキンケア効果、第8章 サクランの医療への応用について
2017.3 167p B6 ¥1500 ①978-4-908313-21-9

◆図解 九州の植物 上巻　平田浩著　(鹿児島)南方新社
【要旨】総ページ数1,400ページ。39年をかけた1,502種の細密画が遂に完成した。植物同定の決定版である。上巻はAPG分類体系のシダ類、種子植物の裸子植物、被子植物の単子葉類、および真正双子葉類のヤナギ科までを収録した。
2017.8 1Vol. A5 ¥9000 ①978-4-86124-367-7

◆図解 九州の植物 下巻　平田浩著　(鹿児島)南方新社
【要旨】総ページ数1,400ページ。39年をかけた1,502種の細密画が遂に完成した。植物同定の決定版である。下巻はAPG分類体系の被子植物真正双子葉類のスミレ科からキク科までを収録した。
2017.8 1Vol. A5 ¥9000 ①978-4-86124-368-4

◆図説植物の不思議―ミクロの博物学　西永奨写真, 西永裕著　秀和システム
【要旨】花の生殖戦略をミクロから迫る!「すべての花は生殖器である」とは植物学者牧野富太郎の言葉だが、その色彩と形は生殖のための戦略である。花はなぜ美しいのか? 華麗な花々に隠された進化の秘密を走査型電子顕微鏡によるミクロ写真を通して解説する。
2017.9 219p A5 ¥1900 ①978-4-7980-5059-1

◆図説 日本の植生　福嶋司編著　朝倉書店
第2版
【目次】第1部 日本の植生(日本の植生の特徴、日本の植生変遷史)、第2部 日本の植生分布(亜熱帯・暖温帯常緑広葉樹林帯域の植生、亜熱帯・暖温帯常緑広葉樹林帯域の二次植生、中間温帯域の植生、冷温帯・山地帯落葉広葉樹林帯域の植生、亜寒帯・亜高山帯常緑針葉樹林帯域の植

生、高山地域の植生、湿原植生、島嶼植生、海岸植生、河川敷の植生、都市の植生)、第3部 地域固有の植生分布とその要因(縞枯れ現象、季節風効果、平尾根効果)
2017.6 186p B5 ¥4800 ①978-4-254-17163-1

◆世界の樹木　トニー・ラッセル文, 後藤真理子訳　(京都)化学同人　(ネイチャーガイド・シリーズ)
【要旨】500種以上の樹木の最新情報がぎっしり。針葉樹、広葉樹、熱帯樹などの主要グループの樹木データ(種名・英名・学名・科名、木の高さ、枝の広がり)、落葉樹・常緑樹の区別、葉で見分ける方法、分布、近縁種(種名や学名など)を解説。美しいカラー写真を豊富に掲載し、樹木識別の鍵となる樹皮、葉、花、果実または種子などの特徴(色や形)や樹形(冬と夏)の描写を大きく取り上げている。
2017.4 352p 23×74cm ¥2800 ①978-4-7598-1840-6

◆続・メルヘンの植物たち　江村一子著　研成社
【要旨】日本でもそうですが、どこの地域でもその地に根ざした伝説や物語があり、登場する植物も多彩です。アンデルセンのおやゆび姫の「すいれん」、白鳥の王子の「いらくさ」、ハンガリー伝説に出てくる「すずらん」など、今回はヨーロッパ各地から選びました。
2017.6 169p A5 ¥1600 ①978-4-87639-534-7

◆卓上版 牧野日本植物図鑑　牧野富太郎著　北隆館
【要旨】1940年10月、植物学者・牧野富太郎が15年の歳月を経て世に問うた『牧野日本植物図鑑』。それはそれまで図譜でしかなかった「図鑑」が、はじめてサイエンスの後ろ盾を得て真の「図鑑」となった瞬間であった。写真図鑑隆盛の現在もなお、色あせることのない牧野植物学の集大成。
2017.9 1Vol. B6 ¥2300 ①978-4-8326-0741-5

◆チューリップよもやま話　木村敬助著　西田書店
【目次】1 チューリップがヨーロッパの園芸界に登場したころの話、2 日本にチューリップが渡来したころの話、3 チューリップの野生種の話あれこれ、4 日本画家の描いたチューリップ画の話あれこれ、5 チューリップ観光の話あれこれ、6 チューリップよもやま話あれこれ、7 チューリップ文化史紀行
2017.5 253p A5 ¥1800 ①978-4-88866-613-8

◆超絶能力で生きのびる! 世にも驚異な植物たち　博学こだわり倶楽部編　河出書房新社　(KAWADE夢文庫)
【要旨】性転換する花、"かさぶた"をつくる葉、躍る草…外敵から身を守り、子孫を残すために獲得した、植物たちの驚くべき"生き残り能力"に迫る!
2017.3 223p A6 ¥680 ①978-4-309-49963-5

◆ツワブキ―栽培管理・育種・歴史・多様な変異形質がわかる　奥野善也著　誠文堂新光社　(ガーデンライフシリーズ)
【目次】1 ツワブキの歴史(文献にみるツワブキ、文献にみるツワブキ園芸品種)、2 ツワブキの植物学(ツワブキの分類と分布、ツワブキの形態、ツワブキの細胞遺伝学)、3 ツワブキの変異形質と栽培品種(変異に関する用語の定義)、4 ツワブキの栽培管理(栽培管理)、5 ツワブキの育種(育種)
2017.9 239p 26×20cm ¥4800 ①978-4-416-51766-6

◆テイツ/ザイガー 植物生理学・発生学　リンカーン・テイツ, エドゥアルド・ザイガー, イアン・M・モーラー, アンガス・マーフィー編, 西谷和彦, 島崎研一郎監訳　講談社　(原書第6版)
【目次】1部 水と溶質の輸送、および転流(水と物質の細胞、植物における水収支、無機栄養 ほか)、2部 生化学と代謝(光合成:光反応、光合成:炭素代謝、光合成:生理学的・生態学的考察 ほか)、3部 成長と発生(細胞壁:構造、構築、伸展、シグナルとシグナル伝達、太陽光シグナル ほか)
2017.2 813p A4 ¥12000 ①978-4-06-153896-2

◆ときめく花図鑑　中村文文, 水野克比古写真, 多田多恵子監修　山と溪谷社
【要旨】最近、「季節の花」と暮らしはじめました。花を巡る5つのストーリー。
2017.2 127p A5 ¥1600 ①978-4-635-20234-3

◆毒毒植物図鑑―自然と生きる基礎知識　川原勝征文・写真　(鹿児島)南方新社
【要旨】植物の汁でひどいカブレ、とげでケガ、野草を食べるはずが毒草を食べた―などと、い

うことがないように。野外活動の基本書。中毒、皮膚障害、とげ、花粉症等、毒草192種収録。
2017.7 128p A5 ¥1800 ①978-4-86124-365-3

◆となりの地衣類―一地味で身近なふしぎの菌類ウォッチング　盛口満著　八坂書房
【要旨】2011年3月11日の原発事故を前に、生き物屋としての自分にできることは何かと考えはじめたゲッチョ先生。地衣類が放射性物質を体に貯め込む性質があると知り、追いかけるうちにその面白さにハマる。地衣を求めて南へ北へ、そしてついには地衣を食べて生きるトナカイが生息するフィンランドへと…。となりにいても気づかない、とっても地味な地衣を通して見えてくるものとは?
2017.11 246p B6 ¥1900 ①978-4-89694-242-2

◆日本園芸界のパイオニアたち―花と緑と、20の情熱　椎野昌宏著　(京都)淡交社
【要旨】アサガオ、アジサイ、ユリ、ハナショウブ…植物に込めた大きな夢、深い愛情。明治・大正・昭和にかけて、新たな時代の園芸を切り拓いた人々―園芸家・企業家・研究者・編集者・作家・俳優ら先駆者たちの、20の物語。
2017.7 239p B6 ¥1800 ①978-4-473-04187-6

◆日本産シダ植物標準図鑑 2　海老原淳著, 日本シダの会企画・協力　学研プラス
【目次】メシダ科、キンモウワラビ科、オシダ科、ツルキジノオ科、タマシダ科、ナナバケシダ科、シノブ科、ウラボシ科
2017.4 507p 31×22cm ¥20000 ①978-4-05-405357-1

◆日本人ときのこ　岡村稔久著　山と溪谷社　(ヤマケイ新書)
【要旨】なぜ人は、こんなにもきのこに魅了されるのか? 奈良時代から江戸時代まで、昔の説話や日記から読み解く、楽しくおかしい日本人ときのこの歴史。
2017.10 270p 18cm ¥900 ①978-4-635-51046-2

◆日本人なら知っておきたい四季の植物　湯浅浩史著　筑摩書房　(ちくま新書)
【要旨】日本には四季の美しさがある。それを豊かに彩る植物がある。わが国は古くから植物に関心が寄せられ、暮らしと結びついてきた。日本人と花とのつき合いも深くて長く、すでに万葉人が野から庭に移し愉しむ。ふだん何気なく見ている景観や、ありきたりと思っている行事の習俗など、その主役が植物であることは、少なくない。本書では、豊富なカラー写真を交えながら、環境と伝統のなかで培われた植物に対する日本人の感受性と文化をみつめなおす。
2017.3 190p 18cm ¥880 ①978-4-480-06948-1

◆日本の海岸植物図鑑　中西弘樹著　(大阪)トンボ出版
【目次】1 海岸の環境と海岸植物、2 海浜植物、3 塩生植物と半マングローブ植物、4 海岸崖地植物、5 海岸林・林縁部の植物、6 南西諸島の海岸植物、7 北日本の海岸植物
2018.2 271p B5 ¥12000 ①978-4-88716-137-5

◆日本のタケ亜科植物　小林幹夫著　北隆館　(原色植物分類図鑑)
【目次】1 タケ亜科植物とは何か(イネ科におけるタケ亜科の位置と特徴、多様な世界のタケ類)、2 日本のタケ亜科植物(日本産タケ亜科植物に関する用語解説と検索、日本産タケ亜科植物の分類と分布)、3 ササ属植物の研究紹介(ミクラザサの生活史の研究、日本列島におけるササ属およびスズダケ属(アルンディナリア連:タケ亜科)の初期の系統分岐と分布域拡大に関する一仮説)
2017.4 435p B5 ¥23000 ①978-4-8326-1004-0

◆日本の野生植物 4　アオイ科～キョウチクトウ科　大橋広好, 門田裕一, 木原浩, 邑田仁, 米倉浩司編　平凡社　改訂新版
【要旨】30年ぶりの改訂。新分類体系APG3・4による最新植物図鑑。新しい知見を加え、検索表も写真も一新!
2017.3 348p B5 ¥22000 ①978-4-582-53534-1

◆日本の野生植物 5　ヒルガオ科～スイカズラ科　大橋広好, 門田裕一, 邑田仁, 米倉浩司, 木原浩編　平凡社　(付属資料:別冊総索引1)　改訂新版
【要旨】30年ぶりの改訂。新分類体系APG3・4による最新植物図鑑。新しい知見を加え、検索表も写真も一新! 別冊「総索引」付き。
2017.9 474p B5 ¥24000 ①978-4-582-53535-8

◆ハオルチアアカデミー写真集　Vol.3　佐藤勉著、ハオルチアアカデミー編　(福島)日本カクタス企画社、(下関)新日本教育図書 発売
【要旨】原種から交配種・斑入りまで網羅。
2017 141p A4 ¥6500 ①978-4-88024-553-9

◆花色見本帖─色で探せる花図鑑　世界文化社　新版
【要旨】名前を知らなくても大丈夫！日常のアレンジからウエディングの打ち合わせまで使える。写真で880種の花が探せる花図鑑です。人気フラワーショップ24店のアレンジ＆ブーケ147例。各色のウエディングブーケ75例。基本がわかる！ウエディングの花選び解説付き。
2017.3 159p B5 ¥1800 ①978-4-418-17407-2

◆花草の巻─四季を彩る　工作舎 編　工作舎　(江戸博物文庫)
【要旨】江戸期植物図鑑の最高傑作『本草図譜』から、草と花、約180種を紹介。
2017.2 191p 18×12cm ¥1600 ①978-4-87502-481-1

◆花と草木の歳時記　甘糟幸子著　CCCメディアハウス　新装版
【要旨】慌ただしく過ぎる日々だからこそ、花や草木の息吹に触れ、四季の訪れを感じる歓び。野草を食卓に並べ、草花を部屋に飾る。自然と寄り添う暮らしのヒントがここに。
2017.3 261p B6 ¥1500 ①978-4-484-17209-5

◆花の辞典　新井光史著　雷鳥社
【要旨】春、夏、秋、冬・周年の季節ごとに見られる206種類の花を掲載し、すべてに花言葉を添えている。巻末コラムには花を楽しむ情報やノウハウを幅広く盛り込んだ。
2017.10 182p B6 ¥1500 ①978-4-8441-3728-3

◆花の果て、草木の果て─命をつなぐ植物たち　田中徹著　(京都)淡交社
【要旨】自然のなかで、枯れ、朽ちていく植物の最期の姿に迫る『なれの果て図鑑』。「果て」はくり返され、命は果てしなく続く─
2017.7 182p B6 ¥1500 ①978-4-473-04165-4

◆花のルーツを探る─被子植物の化石　高橋正道著　裳華房　(シリーズ・生命の神秘と不思議)
【要旨】被子植物の花はいつ出現し、どのように進化してきたのか─最新の成果を紹介。花の化石から探る進化。
2017.6 217p B6 ¥1900 ①978-4-7853-5121-2

◆ハンディ版　よくわかる日本のキノコ図鑑　保坂健太郎監修　学研プラス
【要旨】愛らしいフォルムと不思議な生態で多くの人々を魅了してくれるキノコ。日本には約5000種が存在するといわれ公園や道ばたなど、意外と身近な所でその姿を見ることができる。この本をもっていれば、いつも通る道も美しく、面白く、ちょっと危険なキノコの世界が楽しめる！
2017.10 244p B6 ¥1400 ①978-4-05-800843-0

♭ヒガンバナ探訪録　有園正一郎著　(名古屋)あるむ
【目次】序章 ヒガンバナは不思議な花、第1章 ヒガンバナの履歴書、第2章 ヒガンバナが日本に来た時期、第3章 ヒガンバナが日本に来た道、第4章『和泉国日根野村絵図』域のヒガンバナの自生地分布、第5章 豊橋におけるタンポポ・ヒガンバナ・セイタカアワダチソウの自生地分布および面積と土地利用との関わり、終章 ヒガンバナとのつきあい方
2017.4 96p A5 ¥1200 ①978-4-86333-118-1

◆ボタニカム─ようこそ、植物の博物館へ　ケイティ・スコット絵、キャシー・ウィリス著、多田多恵子日本語版監訳　汐文社
【要旨】24時間、365日開いていて、小さな藻類から80メートルの高さにそびえ立つ樹木まで、植物たちの素晴らしいコレクションを展示。植物はどのように進化してきたのか？なぜ、こんなにも個性豊かな植物が生まれてきたのか？さまざまな視点から植物をとらえ、博物館の展示室に見立てて紹介。
2017 102p 38×28cm ¥3200 ①978-4-8113-2392-3

◆北海道樹木図鑑　佐藤孝夫著　(札幌)亜璃西社　増補新装版
【要旨】自生種をほぼ100パーセント網羅し、導入種や園芸品種も収録。葉430種・冬芽331種・タネ318種の写真全1079点が、全596種の解説部と連動。2000カットを超える写真で、樹形・葉・樹皮・葉・果実などを解説。巻頭特集「チシマザクラの世界」を増補！個性豊かなチシマザ

クラの多彩な姿を紹介。
2017.3 350p A5× ¥2800 ①978-4-906740-25-3

◆牧野富太郎─植物博士の人生図鑑　コロナ・ブックス編集部編　平凡社　(コロナ・ブックス)
【要旨】草木を無類の友とし、愛人とし、命とした「日本植物分類学の父」94年の生涯。豊かな言葉とスケッチ、写真で綴るビジュアル版の自叙伝決定版。
2017.11 127p 22×17cm ¥1600 ①978-4-582-63510-2

◆牧野富太郎 通信─知られざる実像　松岡司著　(大阪)トンボ出版　(トンボ新書)
【目次】序章 生涯、通信、前編(故郷の香、天性の開花、桜花爛漫、冬来たりなば)、後編(青雲の志、愛しの妻子、寝ても覚めても、故郷は佐川の人よ)
2017.3 228p 18cm ¥750 ①978-4-88716-250-1

◆水草はどんな草？─それは今　浜島繁隆著　(大阪)トンボ出版　(トンボ新書)
【目次】第1章 水草はどんな草？(水草たちのグループ分け、水草の起源を探る ほか)、第2章 話題の水草と生活環(話題の水草、水草の生活環)、第3章 人の暮らしと水草(人間は考える葦(アシ)である、葦が片側につく「片葉のヨシ(アシ)」ほか)、第4章 姿を消した水草たち(ため池から姿を消した水草たち、農業用の水路から姿を消した水草たち)
2017.3 175p 18cm ¥750 ①978-4-88716-251-8

◆水辺の樹木誌　崎尾均著　東京大学出版会
【目次】第1章 水辺林とはなにか─流域に生きる、第2章 樹木の生活史─水辺に適応する、第3章 樹木の共存─時空の狭間に生きる、第4章 水辺の撹乱─ストレスに耐える、第5章 外来樹種─水辺に侵入する、第6章 水辺林の保全─次世代に伝える
2017.7 267p A5 ¥4400 ①978-4-13-060235-8

◆実とタネキャラクター図鑑─個性派植物たちの知恵と工夫がよくわかる　多田多恵子著　誠文堂新光社
【要旨】野菜や果物の中に入っているタネって地味に気になる存在ですよね。もちろん、よく見かける木や草花たちの多くもタネをつくって次の世代を育てています。色や形もさまざまで、小さくてふだんは気づかないけれど、きれいなものの、カッコいいもの、賢いものにヘンなもの、タネの世界はまさに多種多様なんです。動物や昆虫、風、水など、自然をうまく利用する戦略も実にあっぱれ。その工夫やアイデアの面白さを知ったらきっとタネのとりこになるでしょう。
2017.8 223p A5 ¥1600 ①978-4-416-61649-9

◆森の巨人たち 巨樹と出会う─近畿とその周辺の山　草川啓三著　(京都)ナカニシヤ出版
【要旨】森の主に向かい合い、じっと目を瞑っていると、巨樹が発するあらゆる感情が五官の中に響いてくる。森の主の声を聞く。
2017.8 175p A5 ¥1800 ①978-4-7795-1184-4

植物観察ガイド

◆秋の樹木図鑑─紅葉・実・どんぐりで見分ける約400種　林将之著　廣済堂出版
【要旨】果実や葉など秋の見所がある樹木約400種類を落葉広葉樹、常緑広葉樹、針葉樹の3編に分け葉の形態で並べて掲載。巻末に学名さくいん、和名さくいんが付く。
2017.10 191p A5 ¥1600 ①978-4-331-52126-7

◆観察が楽しくなる美しいイラスト自然図鑑─樹木編　ヴィルジニー・アラジディ著、エマニュエル・チュクリエル画、泉恭子訳　(大阪)創元社
【目次】第1部 広葉樹(単葉で、葉の縁がなめらかな樹木、葉の縁がギザギザしたり、とがったり、とげを持つ樹木、葉に浅いさけ目のある樹木、複葉が茂る樹木)、第2部 針葉樹、第3部 ヤシ科の植物
2017.11 67p A4 ¥1800 ①978-4-422-40027-3

◆きのこ図鑑─しっかり見分け観察を楽しむ　吹春俊光監修、中島淳志著、大作晃一写真　ナツメ社
【要旨】野外で使えるきのこ図鑑の決定版！身の周りから山野まで、よく見られる代表的なきのこ309種を掲載。しっかり見分けるためのポイントはもちろん、手ざわりやにおいなどの五感

を使った観察や、ふしぎで面白いエピソードを豊富に紹介。膨大な文献収集と、その解析をもとにしたデータも満載。
2017.10 319p 19cm ¥1300 ①978-4-8163-6303-0

◆くらべてわかる木の葉っぱ　林将之写真・文　山と溪谷社
【要旨】日本国内で見られるおもな木の葉っぱ約550種類をくらべて紹介。似ているものの同士を見くらべれば、ちがいが一目瞭然！
2017.3 159p B5 ¥1850 ①978-4-635-06353-1

◆原寸で楽しむ身近な木の実・タネ 図鑑＆採集ガイド　多田多恵子著　実業之日本社　(大人のフィールド図鑑)
【要旨】写真で引ける索引つき。名前の由来や学名の解説つき。街の中、自然の中の身近な木の実全160種。
2017.3 157p A5 ¥1600 ①978-4-408-45628-7

◆神戸・六甲山の樹木ハンドブック─京阪神で見られる樹木351種　清水孝之撮影・著　(長野)ほおずき書籍、星雲社 発売　増補改訂版
【目次】1 植物用語の説明、2 六甲山とは、3 六甲山の森林の四季、4 六甲山の森林植生、5 神戸・六甲山の樹木、6 神戸・六甲山の落葉樹と半落葉樹の冬芽、7 樹木トレッキングコース
2017.5 392p 19cm ¥2000 ①978-4-434-23296-1

◆子どもと一緒に覚えたい道草の名前　稲垣栄洋監修、加古川利彦絵　(静岡)マイルスタッフ, インプレス 発売
【要旨】道草の相棒、スミレ、タンポポ、ツクシ、オオイヌノフグリ、シロツメクサ、ヘビイチゴ、カラスノエンドウ、ナガミヒナゲシ、ヘクソカズラ [ほか]
2017.5 144p 21×20cm ¥1900 ①978-4-295-40069-1

◆子どもに教えてあげられる散歩の草花図鑑　岩槻秀明著　大和書房　(ビジュアルだいわ文庫)
【要旨】道端、公園、土手…身近な場所で出会える四季の草花を249種類たっぷり紹介！
2017.7 271p A6 ¥800 ①978-4-479-30660-3

◆里山さんぽ植物図鑑　宮内泰之監修　成美堂出版
【要旨】野山や水辺で見られる草花と樹木395種。美しい細密イラストで植物のふしぎワールドを大公開！
2017.4 319p A5 ¥1400 ①978-4-415-32258-2

◆散歩が楽しくなる 樹の手帳　岩谷美苗著　東京書籍
【要旨】いつも通るあの道の、あの樹のことがよくわかる。身近な樹木102種の雑学！地味な樹木にも、奇想天外な生き方が！
2017.8 243p 16×10cm ¥1600 ①978-4-487-81068-0

◆知りたい会いたい 特徴がよくわかるコケ図鑑　藤井久子著、秋山弘之監修　家の光協会
【要旨】気になるコケの名前がわかる、会いたいコケが必ず見つかる。身近なコケから、不思議な生態のコケまで182種を紹介！
2017.4 175p A5 ¥1800 ①978-4-259-56538-1

◆高尾山の花と木の図鑑　菱山忠三郎著　主婦の友社　(『高尾山 花と木の図鑑』再構成・改題版)
【要旨】高尾山で見られる植物570種を、800枚以上の写真で解説。ハイキングコース別、植物一覧表つき。
2017.7 231p B6 ¥1700 ①978-4-07-424958-9

◆タンポポハンドブック　保谷彰彦著　文一総合出版
【目次】日本のタンポポ検索表、日本のタンポポ図鑑、ちょっと変わったタンポポ、タンポポの倍数性について、タンポポの雑種とは？、タンポポのタネ(痩果)図鑑、タンポポQ&A、タンポポと似た植物、タンポポ調査の歴史、タンポポを育ててみよう！、参考資料
2017.2 87p 19cm ¥1250 ①978-4-8299-8143-6

◆東京名木探訪　近田文弘著, 川嶋隆義写真　技術評論社　(プロの目線で散歩気分)
【目次】1 都心編MAP(首賭けイチョウ─日比谷公園、ソメイヨシノ─千鳥ヶ淵、三百年の松─浜離宮恩賜庭園 ほか)、2 武蔵野・多摩地域編MAP(エノキ─野川公園、ケヤキ─梅岩寺、カヤ─梅岩寺 ほか)、3 西多摩地区編MAP(カゴノキ─地蔵院、シダレアカシデ─幸神社、フジ─大久野 ほか)
2017.8 222p A5 ¥2380 ①978-4-7741-9108-9

◆**日本の地衣類 630種 携帯版―「木毛」ウォッチングのための手引き上級編**　山本好和著　（名古屋）三恵社
【要旨】地衣類、小さき愛しき生きものたち。野山には人知れずひっそりと生き抜く生物は数多い。中でも地衣類はその小さな姿と目立たない色合いゆえに忘れ去られている。地衣類に少しでもスポットライトを当てたい、そんな気持ちでこの冊子を作りました。
2017.12 310p A5 ¥4630 ①978-4-86487-782-4

◆**ポケット版 木の実さんぽ手帖**　亀田龍吉著　世界文化社
【目次】野山の木の実（青桐、青葛藤、赤四手、犬四手、熊四手 ほか）、食べられる木の実（秋茱萸、木通、三葉木通、郁子、一位 ほか）
2017.9 159p 16×12cm ¥1200 ①978-4-418-17241-2

◆**ポケット版 雑草さんぽ手帖**　亀田龍吉著　世界文化社
【目次】春の雑草（赤詰草 アカツメクサ、白詰草 シロツメクサ、亜米利加風露 アメリカフウロ ほか）、夏の雑草（荒地花笠 アレチハナガサ、犬莧 イヌビユ、狗尾草 エノコログサ ほか）、秋の雑草（茜 アカネ、秋の鰻摑み アキノウナギツカミ、秋の麒麟草 アキノキリンソウ ほか）
2017.2 159p A6 ¥1200 ①978-4-418-17209-2

◆**野草の名前 秋・冬―和名の由来と見分け方**　高橋勝雄写真・解説、松見勝弥絵　山と渓谷社（ヤマケイ文庫）
【要旨】街中から野山で秋から冬に花を咲かせる野草約300種類の和名の由来と見分け方を解説。植物の和名には、現在は馴染みのうすい昔の生活用品、生活文化、身近な動植物などが関係しています。そこで本書では、どうして植物にこの名前がつけられたかを写真やイラストを交えて分かりやすく紹介。さらに、野山で間違えやすい種類との見分け方も解説しました。名前の由来が分かると、その植物により親しみをおぼえることでしょう。
2017.9 269p A6 ¥1000 ①978-4-635-04836-1

◆**野草の名前「夏」―和名の由来と見分け方**　高橋勝雄解説・写真　山と渓谷社（ヤマケイ文庫）
【要旨】街中から野山で夏に花を咲かせる野草約300種類の和名の由来と見分け方を解説。植物の和名には、現在は馴染みのうすい昔の生活用品、生活文化、動植物などが関係しています。本書では、どうしてこの名前がつけられたかを写真やイラストを交えて分かりやすく紹介。さらに、間違えやすい種類との見分け方も解説しました。名前の由来が分かると、その植物により親しみが湧き、名前も覚えやすくなります。
2017.6 270p A6 ¥1000 ①978-4-635-04835-4

動物

◆**秋田犬**　宮沢輝夫著　文藝春秋（文春新書）
【要旨】凜とした佇まい、「忠犬ハチ公」に象徴される主人に忠実な性質…そんな秋田犬が今世界中で大人気となっている。その一方、日本では存亡の危機に瀕する。世界的に珍しいDNAを持つ「孤高の日本犬」の謎に迫る。
2017.12 237p 18cm ¥860 ①978-4-16-661152-2

◆**あざらしのきもち**　出口大芳著　（札幌）北海道新聞社
2017.10 39p 13×14cm ¥800 ①978-4-89453-880-1

◆**アナグマはクマではありません**　福田幸広写真・文　東京書店
【要旨】ニホンアナグマ初写真集。
2017.11 96p 21×27cm ¥2200 ①978-4-88574-067-1

◆**生きた化石 摩訶ふしぎ図鑑**　北村雄一絵・文　（大阪）保育社（「生きもの摩訶ふしぎ図鑑」シリーズ）
【目次】ヤマネ、ナキウサギ、そしてガー、ハイギョとシーラカンス、ポリプテルスとラブカ、カモノハシとバクとシャミセンガイ、オウムガイ、カブトエビとカブトガニ
2017.7 131p B6 ¥1800 ①978-4-586-08586-6

◆**生きものの世界への疑問**　日高敏隆著　朝日新聞社（朝日文庫）
【要旨】蝶はなぜヒラヒラと舞うのか？ 動物は雄雌をどう見分けるのか？ 動物に自意識はあるのか？ 何気なく見ている生きものの生態を、動

物行動学者の目で観察すると、世界は新たな発見に満ちている。生きものへの愛と興味に溢れたエッセイ（巻末エッセイ・日高喜久子）。
2018.1 345p A6 ¥740 ①978-4-02-261918-1

◆**生きものは円柱形**　本川達雄著　NHK出版（NHK出版新書）
【要旨】私たちの指や血管は、円柱の形をしている。いやいや、ナマコやミミズ、ゾウの鼻やネコの胴体だって―。なぜ自然界にはかくも円柱形が溢れているのだろうか？ 生きものが総じてやわらかいのはどうしてだろう？ 物理的時間とは異なる、生きものの「円い」時間とは？ 私たちが五感で捉えることのできる実感を手掛かりに、生きものの本質へと大胆に迫る、本川生物学の真骨頂！
2018.1 296p 18cm ¥900 ①978-4-14-088540-6

◆**井の頭公園いきもの図鑑**　高野丈編著　（三鷹）ぶんしん出版
【要旨】公園で観察できる生きもの200種余を美しい写真で紹介。哺乳類や鳥類、昆虫、植物からクモや変形菌までを掲載。セミの羽化観察や変形菌の見つけ方や自然観察入門など、公園での観察に役立つ情報も満載。
2017.5 255p 18×12cm ¥1600 ①978-4-89390-132-3

◆**ウサギ―住まい、食べ物、接し方、健康のことがすぐわかる！**　大野瑞絵著、井川俊彦写真　誠文堂新光社（小動物★飼い方上手になれる！）
【目次】1 ウサギってどんな動物？、2 ウサギを迎える前に、3 ウサギの住まい作り、4 ウサギの食事、5 ウサギの世話、6 ウサギとのコミュニケーション、7 ウサギの健康、8 もっと教えてウサギのこと
2017.9 111p A5 ¥1000 ①978-4-416-71703-5

◆**ウサギ学―隠れることと逃げることの生物学**　山田文雄著　東京大学出版会（Natural History Series）
【目次】第1章 ウサギと人間―古くからのつきあい、第2章 ウサギ概論―分類・分布・進化、第3章 ノウサギ―走ることへの適応、第4章 アナウサギ―穴居生活への適応と侵略的外来種問題、第5章 アマミノクロウサギ―日本の特別天然記念物、第6章 ウサギ学のこれから―保全生物学の視点
2017.2 275p A5 ¥4500 ①978-4-13-060199-3

◆**うさ語辞典―しぐさや行動からうさぎのキモチがわかる！**　中山ますみ監修　学研プラス（Gakken Pet Books）
【要旨】うさぎのキモチ＝「うさ語」を読み取って、うさぎともっともっと仲よくなろう！ SNSで話題のアイドルうさぎさんが多数登場!!
2017.5 143p A5 ¥900 ①978-4-05-800760-0

◆**英語対訳で読む動物図鑑―生態の不思議を話したくなる！**　飯野宏監修、グレゴリー・パットン英文執筆　実業之日本社（じっぴコンパクト新書）（本文：日英両文）
【要旨】名前をつけられたものだけでも190万種以上いるといわれる地球上の生きものたち。その中から、私たちにおなじみの動物をピックアップして、その生態や習性をわかりやすい中学レベルの英語と日本語で解説。アザラシとアシカは、どうやって見分けるの？ 日本の法律では、キリンをペットとして飼える!?ハリネズミの針は、何本くらいあるの？ 意外と知らなかった常識、ワクワクする雑学で満載。オモシロさ100倍！ついつい誰かに話したくなってしまう1冊。
2018.1 207p 18cm ¥800 ①978-4-408-33765-4

◆**エゾユキウサギ、跳ねる**　富士元寿彦著　（札幌）北海道新聞社
【要旨】ウサギ観察歴50年。ベテラン動物写真家が贈る北海道のノウサギたちの日常！
2017.3 143p B6 ¥1500 ①978-4-89453-856-6

◆**えぞりすのきもち**　西尾博之著　（札幌）北海道新聞社
2017.10 39p 13×14cm ¥800 ①978-4-89453-879-5

◆**大型陸上哺乳類の調査法**　小池伸介、山﨑晃司、梶光一著　共立出版（生態学フィールド調査法シリーズ 9）
【目次】第1章 調査・研究に関連する法令の理解と動物の取り扱いの倫理、第2章 行動観察のための捕獲と標識の装着、第3章 行動に関する研究方法と解析手法、第4章 捕獲個体からの科学的データ収集、第5章 生態・生理データのサンプリング、第6章 食性にかかわる調査、第

7章 生息環境の評価、第8章 個体群動態の把握
2017.7 167p A5 ¥2600 ①978-4-320-05757-9

◆**オオカミ―その行動・生態・神話**　エリック・ツィーメン著、今泉みね子訳　白水社 新装版
【目次】オオカミ―最上級の動物、最初はアンファだった、行動の発達、オオカミの「ことば」、順位、順位の発展、性、交尾、子育て、順位の機能、群れの結びつき、まとまり、統率、社会的戦略の適応的価値、オオカミの生態に寄せて、アブルッツィのオオカミ、オオカミ―崇拝され、誤解され、誹謗される
2017.7 493, 10p B6 ¥5800 ①978-4-560-09238-5

◆**沖縄の河川と湿地の底生動物**　鳥居高明、谷田一三、山室真澄著　（平塚）東海大学出版部
【目次】生物の仲間識別（琉球列島陸水ベントス）、各科の解説（扁形動物門 有棘状体綱 三岐腸目、軟体動物門 腹足綱 アマオブネガイ目、軟体動物門 腹足綱 新生腹足目、軟体動物門 腹足綱 汎有肺目、環形動物門 環帯綱 イトミミズ目 ほか）
2017.9 104p 22×14cm ¥2800 ①978-4-486-02156-8

◆**驚くべき世界の野生動物生態図鑑**　小菅正夫日本語版監修、黒輪篤嗣訳　日東書院本社
【要旨】人間の常識など、はるかに超えた驚くべき動物たちとの出会い一息をのむほどの自然界の多様さ、そこに棲む生きものたちの知られざる生態が明らかになる！ コスタリカの熱帯雨林の奥深くから、氷に覆われた南極大陸まで、世界の野生動物（哺乳類・鳥類・魚類・両生類・爬虫類・昆虫類）を地理的に分類し、地球上の美しく重要な生息地において、生き生きと暮らす、野生動物たちの真実の姿を解説している。
2017.6 400p 31×26cm ¥7400 ①978-4-528-02005-4

◆**泳ぐイノシシの時代―なぜ、イノシシは周辺の島に渡るのか？**　高橋春成著　（彦根）サンライズ出版（びわ湖の森の生き物 6）
【要旨】中山間地や隣接する市街地での被害が注目されがちなイノシシだが、近年、琵琶湖もふくめ瀬戸内海や九州・沖縄の海を泳いで島へと渡る姿が多数目撃されるようになった。イノシシ研究の第一人者である著者が、島のある市町村へのアンケートをもとに現地を調査し、アジアやヨーロッパの事例も交え、知られざる現状をとりまとめ、イノシシの泳力、泳ぐ理由などを考察。
2017.2 169p B6 ¥1800 ①978-4-88325-610-5

◆**オールカラー大図鑑 世界の危険生物―凶暴・人喰い・猛毒・獰猛100種!!!**　今泉忠明監修、日本博物館倶楽部著　PHP研究所
【要旨】ヒグマやナイルワニ、ライオン、ホホジロザメといった代表的な危険生物から、マムシやヒアリなど身近な存在までを幅広く取り上げ、圧倒的な能力や知られざる生態に加え、被害に遭わないために注意するポイントを紹介。特に動物たちが持つ能力や攻撃手段などはCG図解によって解説している。生物たちの「残念な話」など意外な一面も紹介した。
2017.7 95p 29×21cm ¥850 ①978-4-569-83643-0

◆**終わりなき侵略者との闘い―増え続ける外来生物**　五箇公一著、THE PAGE編集部編　小学館クリエイティブ、小学館 発売
【要旨】日本に定着した外来生物、その防除と駆除の最前線。近年、話題となっている外来生物種に焦点をおて、それぞれの外来生物の導入経緯や被害の現状、世界的な動向を掘り下げて分析し、これからどのように外来生物と向き合っていくべきかを考える。
2017.9 159p A5 ¥1400 ①978-4-7780-3534-1

◆**外来種のウソ・ホントを科学する**　ケン・トムソン著、屋代通子訳　築地書館
【要旨】何が在来種で何が外来種か？ 外来種の侵入によって間違いなく損失があるのか。駆除のターゲットは正しかったのか。人間の活動による傷跡に入りこんだだけではないのか。英国の生物学者が、世界で脅威とされている外来種を例にとり、在来種と外来種にまつわる問題を、文献やデータをもとにさまざまな角度から検証する。
2017.3 316p B6 ¥2400 ①978-4-8067-1533-7

◆**数をかぞえるクマサーフィンするヤギ―動物の知性と感情をめぐる驚くべき物語**　ベリンダ・レシオ著、中尾ゆかり訳　NHK出版
【要旨】おしゃべりするプレーリードッグ、仲間を助けるネズミ、葬式をするカササギ、人間と駆け引きするイルカ―。科学の研究が進むにつれて、動物たちは想像以上に賢く、優れた感性をもち、高い能力を秘めていることがわかって

きた。びっくりするような行動や、思わず吹き出してしまうようなエピソードが、百点以上の表情豊かな写真とともに綴られた、愛すべき動物エッセイ。
2017.12 246p B6 ¥1600 ①978-4-14-081729-2

◆カメの家庭医学百科―飼育の基礎と病気　小家山仁著　（神戸）アートヴィレッジ
【目次】1 カメの基礎知識、2 飼育の基礎知識、3 動物病院へのかかり方、4 餌と栄養、5 サルモネラ菌感染症について、6 飼育環境と病気（屋内飼育を中心として）、7 症状から推測される主な病気、8 病気と予防
2017.5 288p A5 ¥5000 ①978-4-905247-62-3

◆カラーアトラス エキゾチックアニマル 爬虫類・両生類編―種類・生態・飼育・疾病　霍野晋吉、中田友明著　緑書房
【目次】第1章 爬虫類と両生類の生物学的特徴、第2章 爬虫類の分類、第3章 両生類の分類、第4章 爬虫類の身体的・解剖学的・生理学的特徴、第5章 両生類の身体的・解剖学的・生理学的特徴、第6章 爬虫類の種類と飼育、第7章 両生類の種類と飼育、第8章 診察、第9章 疾病、第10章 検査、第11章 薬剤投与
2017.2 526p B5 ¥5800 ①978-4-89531-288-2

◆観察が楽しくなる美しいイラスト自然図鑑―動物編　ヴィルジニー・アラジディ著、エマニュエル・チュクリエル画、泉恭子訳　（大阪）創元社
【目次】北極や南極にいる生き物、海の生き物、熱帯雨林にいる生き物、砂漠にいる生き物、サバンナの生き物、温帯の山にいる生き物、温帯の森にいる生き物、水辺の生き物、人の近くにいる生き物、農園にいる生き物
2017.11 75p A4 ¥1900 ①978-4-422-40025-9

◆熊が人を襲うとき　米田一彦著　つり人社
【要旨】事故はどのように起き、進行するか。助かる方法とは？ 自身も過去に8回襲われ、遭遇・目撃は数知れず。ツキノワグマを追い続けて46年の著者が数々の人身事故を読み解く。平成28年秋田県鹿角市の連続死亡事故も取材！
2017.5 223p B6 ¥1500 ①978-4-86447-098-8

◆熊！ に出会った 襲われた 2 現代クマ・サバイバルの実際―釣り/山菜採り/山スキー/狩猟etc.　つり人社書籍編集部編　つり人社
【要旨】クマに出会わないために・出会った時のために。遭遇した人、襲われた人、クマを撃つ人、クマ研究家、さまざまな人の視点と出会いの体験が照らし出す、現代のツキノワグマとヒグマの実像！
2017.10 159p B6 ¥1111 ①978-4-86447-308-8

◆クマ問題を考える―野生動物生息域拡大期のリテラシー　田口洋美著　山と溪谷社　（ヤマケイ新書）
【要旨】深刻化する野生動物と人間の遭遇。保護か、捕獲か、駆除か。解決の糸口はあるのか？ 第一人者による、まったなしの緊急出版！
2017.5 223p 18cm ¥880 ①978-4-635-51042-4

◆子供に言えない動物のヤバい話　パンク町田著　KADOKAWA　（角川新書）
【要旨】実は野生のままでいるより、動物園で飼育されるほうが長生きできる動物は多い。読んだその日から動物、動物園、そして人間を見る目が変わる！ 子供には話せないような仰天エピソードも多数収録！
2017.3 231p 18cm ¥820 ①978-4-04-082130-6

◆これからの爬虫類学　松井正文編　裳華房
【目次】第1編 爬虫類学の現状（爬虫類学と日本における研究史）、第2編 爬虫類の生態と行動（爬虫類の生態学の最前線、キノボリトカゲの生態・行動一体サイズの雄間の二型の内側について ほか）、第3編 爬虫類の遺伝と系統分類（単為発生の爬虫類、イシガメ科の系統分類 ほか）、第4編 爬虫類の保全・飼育・防除（爬虫類の保全、ウミガメ類の研究の現状と保全 ほか）、第5編 爬虫類学の未来（爬虫類学の現状と将来に向けて）
2017.2 272p A5 ¥4500 ①978-4-7853-5867-9

◆サバイブ―強くなければ、生き残れない　麻生羽呂漫画、篠原かをり原作　ダイヤモンド社
【要旨】最強は、誰だ？ 自然界における、最強の生き方。パワー、集団戦、知略、愛、タフネス、集中力、逃げ足。計72種+αが登場！ 生物学の天才と奇才漫画家が描く新感覚のビジネス書。
2017.11 225p A5 ¥1250 ①978-4-478-10281-7

◆30年にわたる観察で明らかにされたオオカミたちの本当の生活―パイプストーン一家の興亡　ギュンター・ブロッホ著、ジョン・E. マリオット写真、喜多直子訳、今泉忠明監修　エクスナレッジ
【要旨】カナディアン・ロッキーに現れた、あるオオカミ一家の盛衰を追った貴重な記録。臨場感あふれる写真とともに、「アルファ雄」「序列」「パック」といった従来のオオカミにまつわる概念を覆す、最新の知見を盛り込んだ一冊。
2017.8 211p 19×26cm ¥2800 ①978-4-7678-2368-3

◆深海生物の「なぜそうなった？」がわかる本　北村雄一著　秀和システム
【要旨】摩訶不思議な姿形と生態の謎を解き明かす!! 2017.5 239p A5 ¥1500 ①978-4-7980-5009-6

◆水族館哲学―人生が変わる30館　中村元著　文藝春秋　（文春文庫）
【要旨】廃館寸前の水族館を独自の斬新な手法で蘇らせてきた水族館プロデューサーの著者。水族館について全てを知り尽くす著者が、数多ある中から30館を選りすぐり、その常識の枠を超えた「展示」の本当の魅力や見所を紹介する。地球と生き物の神秘、日本のアニミズム、水中世界の癒しなど、超ユニークな視点で綴られた驚異の一冊。
2017.7 220p A6 ¥890 ①978-4-16-790895-9

◆図解 なんかへんな生きもの　ぬまがさワタリ絵・文　光文社
【要旨】ふわふわ不死身「ベニクラゲ」、秋を告げる肉食処刑人「モズ」、触手なインテリジェンス「マダコ」、洗わないレクマでもない「アライグマ」、仮面のサイレントキラー「メンフクロウ」、深海のふしぎメガ蟲「ダイオウグソクムシ」、世界最大の有毒生物「コモドオオトカゲ」、漂う毒天使「アオミノウミウシ」など全40種をゆるっと掲載！ キュートでシビアな生きものワールド！
2017.12 93p A5 ¥1000 ①978-4-334-97968-3

◆世界一ゆるいいきもの図鑑　高橋のぞむ著　池田書店　（付属資料：下じき1）
【目次】砂のもふもふまんじゅう―サバクキンモグラ、密林の白ちぎりパン―シロヘラコウモリ、十本足のあんこもち―ダンゴイカ、泳ぐ一口サイズ―ダンゴウオ、ぽかぽかおねむ―ネズミ―ヤマビスカッチャ、海のもこもこしろウサギ―ゴマフビロードウミウシ、ミステリースマイルフェイス―カタカケフウチョウ、タコ界のミスターかくし芸―メジロダコ、トゲトゲフシギアニマル―ハリモグラ、ついに頭角を現したヘビ―サハラツノクサリヘビ［ほか］
2017.6 31p A5 ¥590 ①978-4-262-15520-3

◆世界で一番美しい馬の図鑑　タムシン・ピッカラル著、アストリッド・ハリソン写真、川岸史訳　エクスナレッジ
【要旨】本書では、80種を超える馬種の進化の歴史をたどるとともに、この気高く威厳に満ちた動物がいかに人間社会において重要な役割を果たしてきたかを、美しい写真を交えながら紐解いていく。
2017.9 287p 30×25cm ¥3800 ①978-4-7678-2315-7

◆世界の美しいトカゲ―Lizard　パイ インターナショナル編著、加藤英明監修　パイ インターナショナル
【要旨】つぶらな瞳のヤモリ、恐竜のようなイグアナ、変幻自在のカメレオンまで！ バリエーション豊かで楽しいトカゲの仲間たち、130種！
2017.9 191p 15×16cm ¥1800 ①978-4-7562-4949-4

◆せつない動物図鑑　ブルック・バーカー著、服部京子訳　ダイヤモンド社
【要旨】112の生き物のクスっと笑えるびみょうな真実。
2017.7 183p B6 ¥1000 ①978-4-478-10213-8

◆セレンゲティ・ルール―生命はいかに調節されるか　ショーン・B. キャロル著、高橋洋訳　紀伊國屋書店
【要旨】本書で著者は、生命の恒常性という概念を提唱したウォルター・キャノンや、"食物連鎖"の仕組みを示して生態学の礎を築いたチャールズ・エルトン、分子レベルの調節の原理を解き明かしたジャック・モノーほか、生物学・医学における数々の発見の過程を活写する。生体内における分子レベルの"調節"と生態系レベルで動物の個体数が"調節"される様相とのあいだに見出した共通の法則と、絶滅した生態系の回復に成功した実例を、卓越したストーリーテラーの才を発揮していきいきと綴っている。
2017.6 343p B6 ¥2200 ①978-4-314-01147-1

◆先生、犬にサンショウウオの捜索を頼むのですか！―鳥取環境大学の森の人間動物行動学　小林朋道著　築地書館
【要旨】自然豊かな大学を舞台に起こる動物と人をめぐる事件の数々を人間動物行動学の視点で描く。
2017.5 213p B6 ¥1600 ①978-4-8067-1538-2

◆その凄い形と機能 骨格百科―スケルトン　アンドリュー・カーク著、布施英利監修、和田侑子訳　グラフィック社
【要旨】この自然界でもっとも目を引く造形、それは骨。ゾウがみずからの巨体を支える、コウモリが暗闇に羽ばたく、モグラが地中を掘り進む、ヒトが抱彩思考する。動物の特徴的な能力を支えるのは骨格だ。本書は、動物の骨格を描いた多数の美しいイラストレーションを掲載し、その多様な形、大きさ、構造が、いかに動物の生きかたとリンクし、いかなる進化の歴史を辿ってきたのかを読み解く一冊である。
2017.12 255p 21×17cm ¥1800 ①978-4-7661-3075-1

◆その道のプロに聞くふつうじゃない生きものの見つけかた　松橋利光著　大和書房
【要旨】近所の公園には、びっくりするほどいろんな生きものが。フクロウ、ムササビ、ウミガメの産卵、タツノオトシゴだって、ぜんぶ自分の目で見てみよう！ 全135種!!
2017.8 121p A5 ¥1500 ①978-4-479-39298-9

◆それでも美しい動物たち―亜南極からサバンナまで、写真で知る「生き方」のリアル　福田幸広著　SBクリエイティブ　（サイエンス・アイ新書）
【要旨】自らの体や経験を頼りに、過酷な環境でも暮らす野生動物。理不尽に翻弄されているようでありひょうひょうともしている彼らにじっと目を凝らすと、意外な事実や生き方の本質が見えてきます。そこで本書では、1年につき200日以上、国内外をたずね、数々の動物を見つめ続ける写真家がその作品を披露し、実際の生態を語ります。人に通ずる、あるいは想像を超えた動物の素顔に迫る1冊。
2017.9 180p 18cm ¥1000 ①978-4-7973-9302-6

◆たいへんな生きもの―問題を解決するとてつもない進化　マット・サイモン著、松井信彦訳　インターシフト、合同出版 発売
【要旨】生きものたちの"問題"、その"解決策"で全編構成。リアル（面白）イラスト満載！ サイエンスライターならではの深いうんちく。進化の不思議がぐんぐんわかる！
2017.10 325p B6 ¥1800 ①978-4-7726-9557-2

◆珍獣図鑑―シュールすぎる、89種の飼える哺乳類たち　助川昭宏監修、しょうのまきイラスト　雷鳥社
【目次】第1章 ねずみの珍獣たち、第2章 リスの珍獣たち、第3章 うさぎの珍獣たち、第4章 さるの珍獣たち、第5章 ウシ・ウマの珍獣たち、第6章 とべる珍獣たち、第7章 ハンターの珍獣たち、第8章 ふしぎな珍獣たち
2017.3 191p 16×13cm ¥1500 ①978-4-8441-3718-4

◆ツキノワグマ―すぐそこにいる野生動物　山崎晃司著　東京大学出版会
【要旨】野生動物の世界と人間の世界が交差する現代において、動物たちのために、私たちのためにしなくてはならないことはなにか。極端な排除主義や過激な愛護思想はいらない。奥多摩、日光、ロシアなど、さまざまなフィールドでたくさんのツキノワグマと向き合ってきたクマ学者が、静かに、そして熱く問いかける。
2017.8 258, 18p B6 ¥3600 ①978-4-13-063348-2

◆動物園飼育員・水族館飼育員になるには　高岡昌江著　ぺりかん社　（なるにはBOOKS）
【要旨】いきものたちの命を預かる！ 世話をする以外にも、生態系や環境、種の保存に関する知識や技能が求められます。それぞれの専門性、なりかたや養成課程も詳しく解説！
2017.1 167p B6 ¥1600 ①978-4-8315-1457-8

◆動物園ではたらく　小宮輝之著　イースト・プレス　（イースト新書Q―仕事と生き方）
【要旨】逃げ出した動物の捕獲獲、徹夜で出産を見守り…動物園の舞台裏は想像以上に忙しない。飼育係をはじめとするスタッフは存在自体が動物たちの「生存環境」であり生命線なのだ。動物園の役割は時代とともに変化する。ときには外交のためにパンダが贈られ、現在は稀少動物の絶滅を防ぐ「種の保存」を担う。進化し続ける園で40年間働き、飼育係から園長までを務め

サイエンス・テクノロジー

た著者が語る、動物と触れ合う喜びと驚きに満ちた日々。
2017.11 269p 18cm ¥880 ①978-4-7816-8035-4

◆**動物実験の闇—その裏側で起こっている不都合な真実** マイケル・A. スラッシャー著、井上太一訳 合同出版
【要旨】長年研究者として動物実験に携わった著者が、自ら行なってきた動物実験業務の過去を振り返る。決して外部に明かされることのない動物実験の実態を、内部関係者の目線から包み隠さず描き出す衝撃の話題作。
2017.12 247p B6 ¥2200 ①978-4-7726-1332-3

◆**動物になって生きてみた** チャールズ・フォスター著、西田美緒子訳 河出書房新社
【要旨】アナグマとなって森で眠り、アカシカとなって狐犬に追われみる…動物の目と鼻、耳を通して世界を見て、嗅いで、聞いてみることで、自然のなかで動物として生きるとはどういうことかを考えた。世界12カ国で刊行のニューヨークタイムズ・ベストセラー！ イグ・ノーベル賞生物学賞受賞！
2017.8 295p B6 ¥1900 ①978-4-309-25369-5

◆**動物の境界—現象学から展成の自然誌へ** 菅原和孝著 弘文堂
【要旨】動物と人は異なる生き物なのか？ 人類とは何かを問う、渾身の大作。フッサール、メルロ=ポンティの現象学、ユクスキュルの生物学をベースに、敬愛するダーウィン、今西錦司、伊谷純一郎、レヴィ=ストロースを批判的に検討。雄大な構想力で、動物と人との境界、人と人の境界を根底から問う。
2017.2 718p A5 ¥4500 ①978-4-335-55185-7

◆**動物翻訳家—心の声をキャッチする、飼育員のリアルストーリー** 片野ゆか著 集英社 (集英社文庫)
【要旨】誰もが行ったことのある動物園。そこには知られざるドラマがある！ 自然を知らない"箱入り"ペンギン、仲間に馴染めないチンパンジー、500km 以上を飛翔したハゲコウの追跡…動物たちが暮らしやすく、より魅力的な施設にしたい。動物園の飼育員は、強い思いを胸に、動物たちの心の声に耳を傾け続けている。彼らの愛情あふれる奮闘の日々に迫るお仕事ルポ！ 写真やコラムを大幅追加した決定版。
2017.11 390p B6 ¥720 ①978-4-08-745666-0

◆**都会のいきもの図鑑** 前田信二著 メイツ出版
【要旨】大都市から地方都市まで。ほ乳類・は虫類・両生類・鳥類・節足動物（昆虫、クモ他）・植物・菌類、他。
2017.3 255p B6 ¥2000 ①978-4-7804-1921-4

◆**毒々生物の奇妙な進化** クリスティー・ウィルコックス著、垂水雄二訳 文藝春秋
【要旨】進化する毒は薬にもなる。世にも奇妙な毒々研究の世界。
2017.2 278p B6 ¥1600 ①978-4-16-390601-0

◆**トゲもふ！ はりねずみのあずき** 角田修一写真・文 KADOKAWA
【要旨】ある日、Instagram で「リンゴを食べるあずき」の動画が海外のメディアで紹介されたのがきっかけで、世界中で瞬く間にフォロワーが増えたあずき。スプーンに乗せたリンゴをほおばりながら、怒った顔がみるみる笑顔になり、足がぴこんと飛び出すその愛らしさが大評判に。TVや雑誌で紹介され、世界中で人気の勢いが止まらない。そのあずきの初めてのフォトエッセイ集。日々の愛すべきInstagram の写真をはじめ、本格的なアート写真まで。計250点以上！ 飼い方、日々のケアなどの実用面に加え、写真を撮るための写真テクニックなど、ハリ飼いさんたちが今、最も知りたい情報が満載。
2017.9 95p 19×15cm ¥1100 ①978-4-04-105759-9

◆**どこに行ってしまったの⁉アジアのゾウたち—あなたたちが森から姿を消してしまう前に** 新村洋子著 合同出版
【要旨】69歳のとき、東京・杉並の地で「ベトナムのアジアゾウ保護 ヨックドンの森の会」を設立。絶滅の危機にありながらも、悠々と森に生きるアジアのゾウたち。8年に及ぶアジアのゾウたちや森の保護活動の記録。
2017.9 142p B6 ¥1500 ①978-4-7726-1318-7

◆**トレーニングという仕事—水族館トレーナーの知恵と技** 志村博著 （平塚）東海大学出版部

【目次】1 トレーニングという日常、2 トレーニングとは何か？ 3 トレーナーからみるイルカという動物、4 イルカのトレーニング、5 イルカのトレーナーと水族館、付録：水族館トレーナーの仕事Q&A
2017.6 188p 22×14cm ¥2400 ①978-4-486-02151-3

◆**似ている動物「見分け方」事典** 北澤功監修, 木村悦子執筆 ベレ出版
【要旨】そっくりな動物の違い、いくつ知っていますか？ 空飛ぶ座布団・ムササビ！ 風に舞うハンカチ・モモンガ！ 誰かに話したくなる動物80種！
2017.9 144p A5 ¥1600 ①978-4-86064-500-7

◆**日本産ミジンコ図鑑** 田中正明, 牧田直子著 共立出版
【目次】概説編（ミジンコとは、ミジンコの分類、形態、生態、地理分布）、図鑑編（節足動物門（甲殻上綱（鰓脚綱（ミジンコ綱）（ノロ上目、枝角上目、異脚目、鉤脚目）））
2017.6 520p A5 ¥6500 ①978-4-320-05783-8

◆**日本人と動物の歴史 1 家畜** 小宮輝之著 ゆまに書房
【目次】イヌ、ブタ、ウマ、ウシ、ネコ、ヒツジ、ヤギ、ウサギ、ラット・マウス、モルモット、ミツバチ、カイコ、ロバ、ラクダ
2017.9 57p 27×19cm ¥2800 ①978-4-8433-5222-9

◆**日本人と動物の歴史 2 野生動物** 小宮輝之著 ゆまに書房
【目次】シカ、カモシカ、イノシシ、サル、タヌキ・アナグマ、キツネ、クマ、ノウサギ、ネズミ、リス・ムササビ、モグラ、カワウソ・ラッコ、アシカ・アザラシ、クジラ、ゾウ、トラ・ライオン、キリン、パンダ
2017.10 65p 27×19cm ¥2800 ①978-4-8433-5223-6

◆**日本のカニ学—川から海岸までの生態系研究史** 和田恵次著 （平塚）東海大学出版部
【目次】第1章 日本における潮間帯性カニ類の生態研究史、第2章 淡水のカニ：サワガニ、第3章 汽水域のカニ、第4章 干潟のカニ、第5章 塩性湿地のカニ、第6章 マングローブ湿地のカニ、第7章 砂浜海岸のカニ：スナガニ属、第8章 転石海岸のカニ、第9章 岩礁海岸のカニ、第10章 川と海を往き来するカニ
2017.3 173p A5 ¥3000 ①978-4-486-02134-6

◆**日本のシカ—増えすぎた個体群の科学と管理** 梶光一, 飯島勇人編 東京大学出版会
【目次】現代のシカの科学と管理、1 基礎編（個体群の密度依存性、自然植生への影響、森林への影響、昆虫群集への影響、中大型食肉目への影響、捕食者再導入をめぐる議論）、2 実践編（南アルプス高山帯でのシカの影響とその管理、知床世界自然遺産地域のエゾシカ管理、北海道のエゾシカ個体群の順応的管理、丹沢のシカ総合管理、屋久島世界自然遺産のシカ管理、シカの管理目標のあり方）、将来のシカの科学と管理
2017.8 256p A5 ¥4600 ①978-4-13-060234-1

◆**ネコの行動学** パウル・ライハウゼン著, 今泉みね子訳 丸善出版 （原著第6版）
【要旨】イエネコや野生ネコ類の綿密な行動観察と、慎重な実験、幅広い比較研究をもとに、獲物捕獲行動、未知のネコとの出会い、なわばり行動、性行動、子育てなどを、多数の写真とイラストをまじえて詳述する。これは「ネコ博士」として世界的に有名な著者の、40年にわたる調査研究の集大成であり、ネコをより深く知るための必読書である。
2017.5 368p B6 ¥3500 ①978-4-621-30143-2

◆**はたらく動物と** 金井真紀文・絵 ころから
【要旨】動物と人のがまんしない関係。
2017.2 139p B6 ¥1600 ①978-4-907239-24-4

◆**爬虫類マニュアル** 宇根有美, 田向健一監修, Simon J. Girling, Paul Raiti編 学窓社 （BSAVAマニュアルシリーズ） 第二版
【要旨】『BSAVA爬虫類マニュアル』第一版は、当時最先端の爬虫類の獣医学的ケアを取り上げていた。この改訂版である第二版は、フルカラーで素晴らしい画像を用いて有用な情報を追加し高い水準の情報を提供する。
2017.5 439p A4 ¥23000 ①978-4-87362-756-4

◆**はではでカエル** クリス・アーリー著, 北村雄一訳 （京都）化学同人 （けったいな生きもの）
【要旨】かわいい！ おかしい！ 愛おしい！ 思わず笑いがこぼれるカエルたちのショータイム。大迫力の写真で54種を紹介！ おもしろポイント

を解説！
2017.12 67p 19×19cm ¥1300 ①978-4-7598-1955-7

◆**パルダリウムで楽しむヤドクガエル—Poison dart frog & Paludarium** 大美賀隆編・写真, 矢寿愛好会監修 （横浜）エムピージェー （アクアライフの本）
【目次】ヤドクガエル図鑑、ヤドクガエルの自生地へ、ヤドク飼育&パルダリウムに必要な機材、パルダリウムを作ろう、パルダリウムギャラリー、ヤドクガエルの繁殖、ヤドクガエルの病気・症状・原因・予防
2017.7 154p B5 ¥2287 ①978-4-904837-59-7

◆**パンダ通** 黒柳徹子, 岩合光昭著 朝日新聞出版 （朝日文庫）
【要旨】日本パンダ保護協会名誉会長の黒柳徹子と、日本人として初めて野生パンダの撮影に成功した岩合光昭。日本を代表する「パンダ通」の二人が、それぞれで不思議な動物、パンダの魅力を紹介。100点を越す豊富な写真とエッセイ・対談もついた、パンダ愛あふれるフォトエッセイ。
2017.3 208p A6 ¥700 ①978-4-02-261895-5

◆**日高敏隆—ネコの時間** 日高敏隆著 平凡社 （STANDARD BOOKS）
【要旨】この地球上にはなんとさまざまな生物がいることか！—。いきものの不思議を追った、動物行動学の第一人者の機知。
2017.10 217p 18×12cm ¥1400 ①978-4-582-53163-3

◆**人を襲うクマ—遭遇事例とその生態** 羽根田治著, 山崎晃司解説 山と渓谷社
【要旨】1970年7月、日高・カムイエクウチカウシ山で起きた悲惨なヒグマ事故を教訓にして、最近、増え続けるクマの事故を検証し、未然に防ぐ方策に迫る—。
2017.10 220p B6 ¥1600 ①978-4-635-23007-0

◆**ひと目で見分ける340種 野山の生き物ポケット図鑑** 久保田修著 新潮社 （新潮文庫）
【要旨】都会の喧騒を離れて、近くの野山を訪れるだけで、普段見ることのない動物に会うことができます。カモシカ、タヌキ、ヤマネなどの哺乳類、サンショウウオやカエルといった両生類、野鳥や昆虫など日本国内には多くの動物が生息しています。そんな豊かな自然を理解するための、登山家や自然愛好家必携の一冊。さらに、クマに出くわしたときに、どう危険を回避すればいいのかをまとめた一冊。
2017.4 171p A6 ¥790 ①978-4-10-130794-7

◆**ヒョウモントカゲモドキ—育て方、食べ物、接し方、病気のことがすぐわかる！** 佐々木浩之著 誠文堂新光社 （爬虫類・両生類☆飼い方上手になれる！）
【目次】1 ヒョウモントカゲモドキってどんな動物？、2 迎える前の準備、3 ヒョウモントカゲモドキとの暮らし、4 ヒョウモントカゲモドキの食事、5 日々のお世話、6 ヒョウモントカゲモドキのバリエーション、7 ヒョウモントカゲモドキの病気と健康管理、8 ヒョウモントカゲモドキの繁殖、9 ヒョウモントカゲモドキ飼育のQ&A
2017.12 191p A5 ¥1200 ①978-4-416-71727-1

◆**ヒョウモントカゲモドキ完全飼育** 海老沼剛著, 川添宣広編・写真 誠文堂新光社 （PERFECT PET OWNER'S GUIDES）
【要旨】飼育・繁殖・さまざまな品種のことがよくわかる。
2017.10 223p A5 ¥2600 ①978-4-416-71721-9

◆**フィールドで出会う哺乳動物観察ガイド—生態写真でわかる探し方や見わけ方のポイント** 山口喜盛著 誠文堂新光社
【要旨】本書は、フィールドで出会う哺乳動物を多くの貴重な生態写真で紹介しています。また、その見わけ方や観察のポイント、動物たちが残したフィールドサインについて詳しく解説しています。動物の探し方や観察の心得も学べるため、実際のフィールドで役立つ一冊です。
2017.1 207p A5 ¥1800 ①978-4-416-61639-0

◆**ボクが逆さに生きる理由—誤解だらけのこうもり** 福井大, 高田礼人監修, 中島宏章著 ナツメ社
【要旨】こうもりの生態、生息地、飛び方から、謎に満ちた進化、免疫、長寿まで最新情報をたのしく解説！
2017.11 247p B6 ¥1500 ①978-4-8163-6345-0

◆ぼくの村がゾウに襲われるわけ。―野生動物と共存するってどんなこと？　岩井雪乃著　合同出版
【要旨】賢いゾウと共存するには？　アフリカの人々が絞った知恵の物語。
　2017.7 135p A5 ¥1400 ①978-4-7726-1316-3

◆モノに心はあるのか―動物行動学から考える「世界の仕組み」　森山徹著　新潮社（新潮選書）
【要旨】石にも心はある！ ダンゴムシ研究者がたどり着いた斬新な世界観。永年にわたるダンゴムシやオオグソクムシなどの研究を通じて、心とは「隠れた活動体」であると定義した動物行動学・比較心理学者による最新作。「心」は、ヒト以外の生物はもちろん、石などの無生物にさえもあると説き、私たちが「何かをしたいと思う気持ち」にも、話す言葉にも「隠れた存在」はあるのだと、新たな世界の見方を提示する衝撃的な論考。
　2017.12 217p B6 ¥1200 ①978-4-10-603821-1

◆私に触れたぞうたち　坂本小百合著　光文社
【目次】第1章 夢のはじまり（ミッキー―運命の出会いと調教、ライティ ほか）、第2章 国内繁殖への挑戦（リョウ、ソンポーンとユキ ほか）、第3章 ゾウの楽園（テリー、プーリー、マミー、勝浦の土産 ほか）、第4章 繁殖成功、そして未来へ（「勝浦ぞうの楽園」オープン、動物の分類について ほか）
　2017.11 143p A5 ¥1500 ①978-4-334-97959-1

◆わたしのクマ研究　小池伸介著　さ・え・ら書房
【要旨】本書は、クマの生態調査・研究を、食物や森などにいろいろな角度から、わかりやすく紹介。正しいクマの姿を伝えようとしている。
　2017 127p B6 ¥1300 ①978-4-378-03919-0

◆わらういきもの　松阪崇久監修, 近藤雄生文　エクスナレッジ
【目次】1 ほほえみ（クチジロペッカリー、ムナテンブダイ ほか）、2 にやっとぽくわらう（ジャイアントパンダ、バッタの仲間 ほか）、3 口をあけてわらう（グラシリスカメレオン、モンキーフェイスオーキッド ほか）、4 みんなでわらう（ジンメンカメムシ、サビウツボ ほか）
　2017.12 159p A5 ¥1600 ①978-4-7678-2411-6

◆Baby Panda あかパン　バイ インターナショナル編著, 土居利光監修　バイ インターナショナル
【要旨】パンダの赤ちゃん写真集。
　2017.11 103p 15×15cm ¥1200 ①978-4-7562-5011-7

◆ENDANGERED―絶滅の危機にさらされた生き物たち　ティム・フラック写真　（京都）青幻舎インターナショナル,（京都）青幻舎発売
【要旨】地球上から彼らが姿を消す前に―眼差しが語りかける究極の動物写真。その種が直面している脅威や現実を浮き彫りにする文章、とりわけ、この自然界で起きている変化が悲痛なほど速いものであることを示す説得力のある文章が添えられている。
　2017.11 335p 26×21cm ¥4200 ①978-4-86152-640-4

◆PHOTO ARK 動物の箱舟―絶滅から動物を守る撮影プロジェクト　ジョエル・サートレイ写真著, 関谷冬華訳　ナショナルジオグラフィック社, 日経BPマーケティング 発売
【要旨】フォト・アークとは世界の動物園・保護施設で飼育されている1万2000種の動物をすべて写真で記録するプロジェクト。写真家のジョエル・サートレイが中心となって立ち上げました。動物の姿を記録し、発表することで、絶滅の危機にある動物への関心をもってもらい、また未来の世代に動物の姿を伝えることを目的としています。アークは箱舟のことをさし、フォト・アークとは「写真版ノアの箱舟」を意味します。サートレイは撮影のために25年を費やす予定で、本書制作時に6000種まで撮影し終えました。本書には「フォト・アーク」からおよそ400種を掲載しています。それぞれの動物の絶滅の可能性について国際自然保護連合の基準を示しました。
　2017.8 400p 21×21cm ¥3600 ①978-4-86313-395-2

◆Zoo（ズー）っとたのしー！ 動物園―小さい耳にはワケがある！ 大きな角には意味がない？　小宮輝之著　文・写真　文一総合出版
【要旨】動物園の「なんで？」がわかる最強ガイド。
　2017.7 135p A5 ¥1800 ①978-4-8299-7219-9

サル学・人類学

◆温泉ザル―スノーモンキーの暮らし　和田一雄著　彩流社（ファギュール彩 78）
【要旨】いまや日本の風物詩となりつつある、温泉でくつろぐサルの姿。この、湯浴みする姿に代表される、雪国で暮らすサルたちはいつしか「スノーモンキー」と呼ばれるようになり、その愛らしさやいじらしさで人々を魅了している。しかし、それは彼らのほんの一面に過ぎない。はたして本来のスノーモンキーの暮らしとはどのようなものなのか。なぜ彼らは雪国に適応したのか。そして、人との関わりはどうあるべきなのか。スノーモンキー研究の第一人者が解説。
　2016.12 187p B6 ¥1800 ①978-4-7791-7049-2

◆乾燥疎開林に謎のチンパンジーを探して―タンザニアあちこち大作戦　小川秀司著　（名古屋）ユニテ
【要旨】東アフリカのタンザニアは、チンパンジー分布域の端に位置する。その中でも生息地の東限にあたるのがウガラ地域。そこには、ゾウやライオンが住み、長い乾季の終盤には川の水も干上がってしまう乾燥疎開林（サバンナ・ウッドランド）が広がっている。かつて人類が進化していった舞台の一つで、チンパンジーは何処でどんな暮らし方をして生き延びてきたのか。謎につつまれたチンパンジーを探してタンザニア各地を歩きまわった、笑いあり涙ありのフィールド・ワーク（現地調査）の記録。
　2017.11 349p A5 ¥2500 ①978-4-8432-3084-8

◆ゴリラは戦わない―平和主義、家族愛、楽天的　山極壽一, 小菅正夫著　中央公論新社（中公新書ラクレ）
【要旨】ゴリラの世界は、誰にも負けず、誰にも勝たない平和な社会。石橋を叩いても渡らない慎重な性格で、家族を愛し、仲間を敬い、楽天的に生きる。人間がいつのまにか忘れてしまった人生観を思い出させてくれる「ゴリラ的生き方」とは何か？ 京都大学総長と旭山動物園前園長が、ゴリラの魅力について存分に語り合った話題の一冊！
　2017.2 190p 18cm ¥800 ①978-4-12-150575-0

◆『サピエンス全史』をどう読むか　河出書房新社
【要旨】各界の著名人が絶賛した衝撃の大ベストセラーは何を問うのか！ 入門とその核心。
　2017.11 142p A5 ¥1000 ①978-4-309-22717-7

◆サルの子育て ヒトの子育て　中道正之著　KADOKAWA（角川新書）
【要旨】赤ん坊が母にしがみつく行動は霊長類が生き残るためにとても大事な行動であり、能力である。進化の隣人を通して、いま、私たちの親子関係を考えよう。サル研究40年、日本霊長類学会会長による子育て、抱っこ論。
　2017.8 280p 18cm ¥820 ①978-4-04-082131-3

◆人類学講座　1　総論　人類学講座編纂委員会編　雄山閣　新装版
【目次】1 人類学序説（人類学とは何か、人類学の研究内容 ほか）、2 人間理解の系譜と歴史―自然人類学の観点から（人間をどう把握するか、ギリシャの人間観―個人としての人間観の確立 ほか）、3 人類学の歴史（自然の体系と人類―人類学前史、洪水以前の人類―更新生人類の発見 ほか）、4 人類学の現況（化石人類の研究、日本列島人の時代的変化に関する研究 ほか）、5 付論・人類学、その対立の構図（人類という語の独占、ヒト・人間 ほか）
　2017.7 249p A5 ¥5000 ①978-4-639-02505-4

◆人類学講座　2　霊長類　人類学講座編纂委員会編　雄山閣　新装版
【目次】1 現生霊長類の分類と分布、2 霊長類の遺伝性、3 霊長類の形態、4 霊長類の生態、5 霊長類の伝達機構、6 ニホンザルの社会構造、7 チンパンジーの社会構造
　2017.7 316p A5 ¥5600 ①978-4-639-02506-1

◆人類学講座　3　進化　人類学講座編纂委員会編　雄山閣　新装版
【目次】1 ヒト化の概念（人類進化の段階とヒト化の概念、猿人および東アフリカのいわゆる原始的"ホモ属"、ラマピテクス小考、ヒト化の要因―ラマピテクス）、2 ヒト化の過程と要因（ロコモーションとヒト化、進化と体温調節、脳からみて）、3 ヒトの特性（ヒトの特性とその意味、身体の行動の特性、ヒトの特性に関

する学説）、4 身性の時流化（身性の時流化とは、四肢骨の扁平性とくに扁平脛骨について、短頭化現象について、身長とくに下肢長の増大）
　2017.7 288p A5 ¥5200 ①978-4-639-02507-8

◆人類学講座　4　古人類　人類学講座編纂委員会編　雄山閣　新装版
【目次】1 年代学（年代学の意義と方法、第三紀、第四紀、猿人の年代、新しい年代測定法、原人・旧人・新人の年代）、2 化石霊長類（序論、各論）、3 第四紀洪積世人類（本章の構成、下部洪積世の人類：Australopithecus ならびにその同時代者、中部洪積世の人類：Homo erectus ならびにその同時代者、上部洪積世の人類（Homo sapiens neanderthalensis ならびにその同時代者、Homo sapiens sapiens）
　2017.7 237p A5 ¥4800 ①978-4-639-02508-5

◆人類学講座　5　日本人　1　人類学講座編纂委員会編　雄山閣　新装版
【目次】1 緒言、2 旧石器時代人骨、3 縄文時代人骨、4 弥生時代人骨、5 古墳時代人骨、6 中世・近世時代人骨、7 北海道の古人骨、8 日本古人骨の形態学的変異―扁平脛骨と蹲踞面、9 日本古人骨の疾患と損傷、10 古人骨の歯牙について
　2017.7 264p A5 ¥5000 ①978-4-639-02509-2

◆人類学講座　6　日本人　2　人類学講座編纂委員会編　雄山閣　新装版
【目次】1 日本人の地域変異、2 日本人の筋肉系と動脈系、3 日本人の皮膚隆線系、4 日本人の生体計測、5 日本人の骨、6 日本人の歯、7 日本人の遺伝的多型
　2017.7 265p A5 ¥5000 ①978-4-639-02510-8

◆人類学講座　7　人種　人類学講座編纂委員会編　雄山閣　新装版
【目次】1 人種とは何か（人種という言葉の多義性、人種の定義、人種形成、人種の優劣）、2 人種特徴（生体計測的特徴、生体観察的特徴、解剖学的特徴、生化学的・機能的特徴）、3 人種の分類と分布（オーストラロイド大人種、コーカソイド大人種、ネグロイド大人種、モンゴロイド大人種）、4 混血と人種（混血の生物学的理解、世界の混血とその研究、混血による身体形質の遺伝）、5 人種主義と人種的偏見（人種的優劣思想の発生、人種主義の確立、国家主義と人種主義、現代の人種主義―黒人劣等説、おわりに―人種主義の構造）
　2017.7 279p A5 ¥5200 ①978-4-639-02511-5

◆人類学講座　8　成長　人類学講座編纂委員会編　雄山閣　新装版
【目次】1 研究の歴史と方法（ヒトの一生、研究の歴史、研究の方法）、2 発生―受精から出生まで（卵と精子、受精と着床、発育の各時期）、3 発育―出生から成人まで（新生児、発育の経過、発育と時間、発育の性差、発育期区分）、4 遺伝と環境（発育と遺伝、発育と環境（胎生期、生後）、心身障害と成長）、5 老化（老化の変異、老化の時期、加齢と死）
　2017.7 309p A5 ¥5500 ①978-4-639-02512-2

◆人類学講座　9　適応　人類学講座編纂委員会編　雄山閣　新装版
【目次】1 人類適応論、2 霊長類の適応、3 人類の力学的適応、4 直立二足歩行への適応、5 バイオリズムと時間生物学、6 海女、7 技術と適応、8 遊牧民の二つの適応戦略―トゥルカナとレンディーレの社会・生態学的比較、9 文化的適応
　2017.7 258p A5 ¥5000 ①978-4-639-02513-9

◆人類学講座　10　遺伝　人類学講座編纂委員会編　雄山閣　新装版
【目次】1 集団遺伝学の基礎理論、2 遺伝距離、3 移住、4 遺伝生化学、5 ヒト・免疫グロブリンの遺伝、6 血液型、7 細胞遺伝学、8 量的遺伝
　2017.7 256p A5 ¥5000 ①978-4-639-02514-6

◆人類学講座　11　人口　人類学講座編纂委員会編　雄山閣　新装版
【目次】1 人口分析の方法と人口モデル（人口増加、生命表 ほか）、2 人口人類学（古人口学の概念、碑銘による死亡年齢の研究 ほか）、3 人口と遺伝―人口傾向からみた人類の将来（人類の存続を脅かすもの、ブカレスト会議と世界人口行動計画 ほか）、4 霊長類の個体群研究（霊長類個体群の静態と動態、ニホンザルの経年的個体群資料の解析 ほか）
　2017.7 299p A5 ¥5500 ①978-4-639-02515-3

◆人類学講座　12　生態　人類学講座編纂委員会編　雄山閣　新装版
【目次】1 人間の活動と生態、2 霊長類の生態学、3 道具の生態学、4 歩行の生態学、5 食物の生態

学、6 生業の生態学、7 個人差の生態学、8 性差・年齢差の生態学、9 集落の生態学、10 環境観の生態学、11 生態系の構造、12 進化と生態
2017.7 435p A5 ¥7000 ①978-4-639-02516-0

◆人類学講座　13　生活　人類学講座編纂委員会編　雄山閣　新装版
【目次】1 生活行動の人類学、2 生活とエネルギーの再生産、3 生活行動の発達、4 衣生活における造形、5 食生活と栄養、6 ヒトの再生産
2017.7 284p A5 ¥5200 ①978-4-639-02517-7

◆人類学講座　別巻1　人体計測法　人類学講座編纂委員会編　雄山閣　新装版
【目次】第1部 生体計測法（生体計測の諸前提・人体方向用語、人体運動用語 ほか）、生体計測法各論（頭部計測点、頭部計測法 ほか）、第2部 人骨計測法（人骨計測法総論・人体方向用語、基準面・線・軸 ほか）、人骨計測法各論（頭蓋計測法、体幹・体肢骨計測法）
2017.7 359p A5 ¥6000 ①978-4-639-02518-4

◆人類学講座　別巻2　人類学用語　人類学講座編纂委員会編　雄山閣　新装版
2017.7 305p A5 ¥5500 ①978-4-639-02519-1

◆人類の祖先はヨーロッパで進化した　ディヴィッド・R. ビガンド著,馬場悠男監訳・日本語版解説,野中香方子訳　河出書房新社
【要旨】ヨーロッパからヒト逆戻りして、人類が誕生した！人類誕生以前の、3000万年にわたる知られざる類人猿の進化を明かす！
2017.8 321p B6 ¥2500 ①978-4-309-25370-1

◆図解でわかるホモ・サピエンスの秘密　インフォビジュアル研究所著　太田出版
【目次】類人猿とホモ・サピエンスをつないだ人類の仲間たちの興亡。脳の機能の違いがホモ・サピエンスを生き残らせた!?狩猟採集生活は、実は豊かで快適!?etc…この1冊を手に、謎だらけの人類700万年史をたどる、長い長い旅に出よう。14歳から読める！わかる！カラー図版満載!!
2017.6 95p B5 ¥1200 ①978-4-7783-1577-1

◆図解　ホモ・サピエンスの歴史　人類史研究会著　宝島社
【要旨】恐竜が絶滅すると霊長類の時代が来た。そのなかで類人猿から進化したホモ・サピエンスが地球の頂点に立った。直立二足歩行をし、言語を駆使し、ネアンデルタール人を駆逐し、多くの生命を絶滅に導いた人類。そして、彼らはどのように日本へたどり着いたのか。人類30万年の歴史が明らかになる。
2017.7 121p A4 ¥741 ①978-4-8002-7306-2

◆世界で一番美しいサルの図鑑　京都大学霊長類研究所編　エクスナレッジ
【要旨】動物園でもイケメンと話題のゴリラ、ペットとしても人気のリスザル、哺乳類には珍しく毒をもつスローロリス、童謡でも有名なアイアイ、日本人にはおなじみのニホンザルから、ヒトに最も近いチンパンジーやボノボまで。知っているようであまり知らない世界中のサル約130種を、「南米」、「アジア」、「マダガスカル」、「アフリカ」の4つの地域ごとに紹介。厳選された美しい写真と、現役の研究者によって書かれた最先端の解説で楽しめる、めくるめくサルたちの物語がここに！
2017.11 223p 26×21cm ¥2800 ①978-4-7678-2402-4

◆絶滅の人類史―なぜ「私たち」が生き延びたのか　更科功著　NHK出版　（NHK出版新書）
【要旨】700万年に及ぶ人類史は、ホモ・サピエンス以外のすべての人類にとって絶滅の歴史に他ならない。彼らは決して「優れていなかった」わけではない。むしろ「弱者」たる私たちが、彼らのいいとこ取りをして生き延びたのだ。常識を覆す人類史研究の最前線を、エキサイティングに描き出した一冊。
2018.1 249p 18cm ¥820 ①978-4-14-088541-3

◆日本のサル―哺乳類学としてのニホンザル研究　辻大和, 中川尚史編　東京大学出版会
【目次】日本の哺乳類学とニホンザル研究の過去から現在、1 ニホンザル研究の再考（食性と食物選択、毛づくろいの行動学、亜成獣期の存在に着目した社会行動の発達、行動の伝播、変容と文化的地域変異、オスの生活史ならびに社会構造の共通性と多様性）、2 ニホンザル研究の新展開（中立的・機能的遺伝子の多様性、四足歩行や二足歩行による身体の移動、コミュニケーションと認知、群れの維持メカニズム、寄生虫との関わり、他種との関係）、3 人間生活とニホンザル（動物園の現状と課題、共存をめぐる現実と未

来、福島第一原発災害による放射能汚染問題）、これからニホンザル研究
2017.5 328p A5 ¥4800 ①978-4-13-060233-4

◆パンツをはいたサル―人間は、どういう生物か　栗本慎一郎著　現代書館　増補版
【要旨】ヒトの社会に充満する混乱を解きほぐすために、あらゆる学問の障壁を取り払い、「過剰」「蕩尽」「パンツ」というキーワードで、ヒトの本質を解明した名著の増補版。
2017.4 235p B6 ¥2000 ①978-4-7684-5805-1

◆歩行熱―ヒトはひたすら歩いて進化した　松田行正著　牛若丸, 星雲社 発売
【要旨】30分でわかるヒトの進化史。
2017.12 133p 19×11cm ¥2400 ①978-4-434-23997-7

◆ホモ・サピエンスの誕生と拡散　篠田謙一監修　洋泉社　（歴史新書）
【要旨】700万年の人類史と日本人の成立史をひとつに。現代の最新科学が解き明かしたグレートジャーニーの過程がいっきにわかる！最新研究の成果を52項目で解説!!
2017.6 189p 18cm ¥900 ①978-4-8003-1265-5

◆野生チンパンジーの世界　ジェーン・グドール著, 杉山幸丸, 松沢哲郎監訳　（京都）ミネルヴァ書房　新装版
【要旨】アフリカの自然のなかで、チンパンジーたちがくりひろげる行動パターンは、われわれの文化、コミュニケーション、言語、社会組織とは何かを教える新しい視点を提供しつづける。彼らは、もうヒトの姿を背負っている！
2017.12 637p 27×19cm ¥9000 ①978-4-623-08229-2

◆霊長類―消えゆく森の番人　井田徹治著　岩波書店　（岩波新書）
【要旨】アフリカ、アジア、中南米など世界各地で霊長類の姿を追い、研究と保護に取り組む研究者や急速に減る生息地を取材してきた著者。体長わずか6センチのピグミーネズミキツネザルから体長180センチ体重200キロ超にもなるヒガシローランドゴリラまで、現在496種、亜種まで含めると695種を数える霊長類の未来は？
2017.5 239, 3p 18cm ¥1020 ①978-4-00-431662-6

◆若い読者のための第三のチンパンジー―人間という動物の進化と未来　ジャレド・ダイアモンド著, レベッカ・ステフォフ編著, 秋山勝訳　草思社　（草思社文庫）
【要旨】チンパンジー（コモンチンパンジー）、ボノボ（ピグミーチンパンジー）と人間の遺伝子はじつに「98.4%」が同じ。つまり人間は三番目のチンパンジーともいえるのだ。たった「1.6%」の差異が、なぜここまで大きな違いを産み出したのか？分子生理学、進化生物学、生物地理学等の幅広い知見と視点から、壮大なスケールで「人間とは何か」を問いつづけるダイアモンド教授の記念すべき第一作『人間はどこまでチンパンジーか？』を、より最新の情報をふまえて約半分のボリュームに凝縮。名著『銃・病原菌・鉄』『文明崩壊』で展開されるテーマが凝縮された、より広い読者のための「ジャレド・ダイアモンド入門」。
2017.6 391p A6 ¥850 ①978-4-7942-2280-0

昆虫

◆アリ！なんであんたはそうなのか―フェロモンで読み解くアリの生き方　尾崎まみこ著　（京都）化学同人　（DOJIN選書）
【要旨】迷子にならず自分の巣に帰るアリ。クロシジミの幼虫にせっせと餌を運ぶアリ。体臭の違いによって、敵か味方かを識別しているアリ。"働かない"働きアリもひっくるめて巣を構成するアリ。全世界を股にかけてコロニーを拡大させるアリとその阻止を目論むヒト…。「アリ、なんでああんたはそうなのか」の問いを胸に、アリと会話し、アリ目線の自然に身を置き、脱線を繰り返しながら読み解く、アリの生き方。前代未聞のアリの本、誕生。
2017.8 182p B6 ¥1500 ①978-4-7598-1675-4

◆茨城の昆虫生態図鑑　茨城昆虫同好会, 茨城生物の会編　メイツ出版
【目次】チョウ目、トンボ目、コウチュウ目、バッタ目、カメムシ目、ハチ目、ハエ目、アミメカゲロウ目、カゲロウ目、カワゲラ目、トビケラ目、ヘビトンボ目、カマキリ目、ナナフシ目、シリアゲムシ目、ゴキブリ目・シロアリ目、ガロア

ムシ目、ハサミムシ目
2017.3 255p B5 ¥1800 ①978-4-7804-1857-6

◆おもろい虫　マイケル・ウォレック著, 北村雄一訳　（京都）化学同人　（けったいな生きもの）
【要旨】すごい！なにこれ！どうして？思わず声が出る虫たちのショータイム。大迫力の写真で58種を紹介！おもしろポイントを解説！
2017.12 67p 19×19cm ¥1300 ①978-4-7598-1953-3

◆オールカラー版　珍奇な昆虫　山口進著　光文社　（光文社新書）
【要旨】小学生に人気のノート「ジャポニカ学習帳」の表紙写真を発売から40年以上にわたって撮り続けてきたカメラマンが綴る世界の昆虫探訪記。希少なシーンをオールカラーで味わえる豪華版！他人の子を食らうチョウ、タケノコが主食のカブトムシ、ゾウの糞の中で育つ巨大フンチュウ、"音"でコミュニケーションするアリ…世界中の奇妙で面白い昆虫たちが大集結！
2017.2 290p 18cm ¥1000 ①978-4-334-03970-7

◆蚊のはなし―病気との関わり　上村清編　朝倉書店
【目次】第1章 蚊とは、第2章 蚊の生態、第3章 蚊の生理、第4章 身近にいる蚊の見分け方、第5章 蚊に対する蚊の見分け方、第6章 蚊がうつす病気、第7章 蚊の防ぎ方、第8章 蚊の退治法、第9章 蚊の調査法
2017.8 148p A5 ¥2800 ①978-4-254-64046-5

◆カラー版　昆虫こわい　丸山宗利著　幻冬舎　（幻冬舎新書）
【要旨】体長わずか数ミリメートルの昆虫を求めて、アマゾンの密林や広大なサバンナへと世界を旅する著者は、数々の恐ろしい目に遭ってきた。ペルーでは深夜の森で、帰り道の目印にと置いた紙片をアリに運ばれ遭難しかけたり、カメルーンではかわいい毒虫たるハエに刺されて死の病に怯えたり、ギアナでの虫探りが楽しすぎて不眠症になったり…。「昆虫こわい」と半ば本気で、半ば興奮を戒めるなかにつも、やはり好奇心に突き動かされる著者の旅を追ううちに、虫の驚くべき生態や知られざる実態がわかる、笑いと涙の昆虫旅行記。
2017.7 263p 18cm ¥820 ①978-4-344-98463-9

◆観察が楽しくなる美しいイラスト自然図鑑―昆虫編　ヴィルジニー・アラジディ著, エマニュエル・チュクリエル画, 泉恭子訳　（大阪）創元社
【目次】コウチュウ目、チョウ目、ハエ目、ハチ目、シロアリ目、トンボ目、カメムシ亜目、ゴキブリ目、シラミ目、ハサミムシ目、ヨコバイ亜目、キリギリス亜目、バッタ亜目、カマキリ目、ナナフシ目
2017.11 43p A4 ¥1600 ①978-4-422-40028-0

◆完訳　ファーブル昆虫記　第10巻 下　ジャン＝アンリ・カジミール・ファーブル著, 奥本大三郎訳　集英社
【目次】キンイロオサムシ―"庭師"と呼ばれる虫の食物、キンイロオサムシの結婚―捕食者の繁殖生態、ミヤマクロバエの産卵―雌が卵を産みつける場所、ミヤマクロバエの蛆虫―蛹の蛹で地中から脱出する蛹、コマユバチ―ハイイロニクバエの天敵、幼年時代の思い出―ハシグロヒタキの青い卵、昆虫ときのこ―虫が食べるきのこは安全なのか、忘れられぬ授業―化学という学問の素晴らしさ、応用化学―さあ働こう！、ツチボタル―雌雄で異なる形態、キャベツのアオムシ―栽培植物と天敵とその寄殖
2017.5 439p A5 ¥3800 ①978-4-08-131020-3

◆きもかわチョウとガ　ロナルド・オレンスタイン著, トーマス・マレント写真, 北村雄一訳　（京都）化学同人　（けったいな生きもの）
【要旨】わーっ！こわい！でも見たい！思わず手が止まるチョウとガのショータイム。大迫力の写真で48種を紹介！おもしろポイントを解説！
2017.12 67p 19×19cm ¥1300 ①978-4-7598-1956-4

◆教養のための昆虫学　平嶋義宏, 広渡俊哉編著　（平塚）東海大学出版部
【要旨】昆虫の体のつくりや生態の面白さを、多くのイラストとカラー写真を使って分かりやすく紹介したビジュアルテキスト。
2017.7 227p B5 ¥3000 ①978-4-486-02081-3

◆クマムシ博士のクマムシへんてこ最強伝説　堀川大樹著　日経ナショナルジオグラフィック社, 日経BPマーケティング 発売　（付属資料：シール）

【要旨】極限状態でも生きていられる、驚くべき生物クマムシ。クマムシの信じがたい生態から愛すべき弱点まで、クマムシ博士の研究室の成果を、たくさんのイラストとともにお送りする。クマムシシール付き。
2017.2 191p B6 ¥1400 ①978-4-86313-380-8

◆くらべてわかる昆虫　永幡嘉之文・写真、奥山清市写真　山と渓谷社
【要旨】数多い昆虫のなかでもよく見られる基本種を中心に約750種紹介。似たもの同士の違いが、一目瞭然でわかる！
2017.6 143p B5 ¥1800 ①978-4-635-06349-4

◆ゲンゴロウ・ガムシ・ミズスマシ ハンドブック　三田村敏正、平澤桂、吉井重幸著、北野忠監修　文一総合出版　(水生昆虫)
【要旨】ゲンゴロウを中心に水生の甲虫160種を紹介した水生昆虫の図鑑。
2017.6 176p 19cm ¥1800 ①978-4-8299-8151-1

◆原色図鑑 世界の美しすぎる昆虫　丸山宗利監修　宝島社
【要旨】エメラルドブルーのセミ、黄金のコガネムシ、ガラスのような柔らかな光を放つチョウ、コケと見分けがつかないツユムシ、アリそっくりの極小カマキリ、おしゃれな模様で着飾った昆虫の数々…息を呑むほど美しい！『森の宝石』たちの写真200点。
2017.5 159p A5 ¥800 ①978-4-8002-7024-5

◆原色で楽しむカブトムシ・クワガタムシ図鑑＆飼育ガイド　安藤"アン"誠起著　実業之日本社　(大人のフィールド図鑑)
【要旨】タイプ別の飼育方法を詳細解説！日本と世界の人気種をカラーで紹介。必ず成功する飼い方がわかる！
2017.7 142p A5 ¥1600 ①978-4-408-33709-8

◆ゴキブリ退治に殺虫剤は使うな！　大久保柾幸著　白夜書房
【要旨】毎年、シーズンになるとゴキブリが出て困っている。「ごきぶりホイホイ」をずっと置きっぱなしにしている。家の中のゴキブリを全滅させることは無理だと思っている。子どもや家族の健康によくないモノは使いたくない。本書はゴキブリが大嫌いな、こんな人のお役に立ちます！
2017.4 207p B6 ¥1400 ①978-4-86494-128-0

◆昆虫―信じられない能力に驚くべき本　ライフ・サイエンス研究班編　河出書房新社　(KAWADE夢文庫)
【要旨】地球で4億年も繁栄しつづける小さな生き物。変身する、食糧を確保する、攻撃する、移動する…生き抜くために彼らが獲得した、想像を超えるワザに迫る！
2017.7 221p A6 ¥680 ①978-4-309-49970-3

◆昆虫の行動の仕組み―小さな脳による制御とロボットへの応用　山脇兆史著、巌佐庸コーディネーター　共立出版　(共立スマートセレクション 13)
【目次】1 はじめに、2 姿勢を保つ補償運動、3 目標に合わせて動きを制御する―視覚定位、4 目標に合わせて動きを制御する―一脚の運動制御、5 運動のタイミングの制御、6 筋肉と運動ニューロン、7 中枢による運動制御、8 ロボットへの応用
2017.3 171p B6 ¥1600 ①978-4-320-00913-4

◆昆虫の交尾は、味わい深い…。　上村佳孝著　岩波書店　(岩波科学ライブラリー)
【要旨】ワインの栓を抜くように、鯛焼きを鋳型で焼くように―！？昆虫の交尾は、奇想天外・摩訶不思議。その謎に魅せられた研究者が、ときには吸血昆虫を飼育するため自らの血を与え、観察中の大切な相手が自分が虫の餌になったように感動しながら、徹底した観察と実験で真実を解き明かしてゆく、サイエンス・エンタメノンフィクション！
2017.8 113, 5p B6 ¥1300 ①978-4-00-029664-9

◆探そう！ ほっかいどうの虫　堀繁久著　(札幌)北海道新聞社　増補改訂版
【要旨】昆虫採集のポイント、樹液採集やトラップ採集のコツ、採集スタイルや道具について/写真の撮り方、野外で注意すべき生き物など。これ1冊でほっかいどうの虫採りキング！
2017.7 159p 26×22cm ¥1667 ①978-4-89453-872-6

◆新カミキリムシハンドブック　鈴木知之著　文一総合出版
【目次】ホソカミキリムシ科、カミキリムシ科/ノコギリカミキリ亜科、クロカミキリ亜科、ハ

ナカミキリ亜科、ホソコバネカミキリ亜科、カミキリ亜科、フトカミキリ亜科
2017.3 128p 19cm ¥1600 ①978-4-8299-8146-7

◆水生昆虫　2 タガメ・ミズムシ・アメンボ ハンドブック　三田村敏正、平澤桂、吉井重幸著、北野忠監修　文一総合出版
【目次】タイコウチ科、コオイムシ科、ミズムシ科、コバンムシ科、ナベブタムシ科、マツモムシ科、マルミズムシ科、タマミズムシ科、ミズカメムシ科、イトアメンボ科、ケシミズカメムシ科、カタビロアメンボ科、アメンボ科
2017.7 159p 19cm ¥1600 ①978-4-8299-8152-8

◆図説 日本の珍虫 世界の珍虫―その魅惑的な多様性　平嶋義宏編　北隆館
【目次】第1章 日本の珍虫、第2章 外国の珍虫(近隣諸国、ニューギニア・ソロモン諸島、オーストラリア・ニュージーランド、ヨーロッパ、ハワイ、南北アメリカ、アフリカ・マダガスカル、離島と南極)、第3章 珍虫よもやま話、第4章 昆虫の微細構造と電子顕微鏡写真
2017.11 176p 19cm ¥33000 ①978-4-8326-0742-2

◆生態系の王者・オオスズメバチ―ミツバチを飼う人のために　御園孝著　高文研　(付属資料：DVD1)
【要旨】オオスズメバチは、日本の生態系を守る王者だ。でも、ミツバチを襲う憎い敵でもある。オオスズメバチを駆除せず共存するにはどうすれば良いか？ここに、一つの答えがある！
2017.6 78p A5 ¥2500 ①978-4-87498-619-6

◆世界でいちばん素敵な昆虫の教室　須田研司監修、近藤雅弘監修協力、森山晋平文　三才ブックス
【目次】美しい昆虫を見てみたい！、日本で見られる美しい昆虫は？、大きな昆虫を見てみたい！、日本にも、大きな昆虫はいるの？、世界でいちばん強い昆虫は？、小さな昆虫は、みんな弱いの？、飛ぶスピードが速い昆虫は？、世界でいちばん長距離を移動する昆虫は？、「昆虫」と「虫」は違うの？、昆虫は全部で何種類いるの？ここに、一つの答えがある！〔ほか〕
2017.8 159p A5 ¥1400 ①978-4-86199-983-3

◆世界の奇虫図鑑―キモカワイイ虫たちに出会える　田邊拓哉著　誠文堂新光社
【目次】はじめに(奇虫とは、代表的な奇虫)、世界の奇虫図鑑(昆虫、節足動物、その他)、奇虫の飼育
2017.5 127p 18×15cm ¥1600 ①978-4-416-51500-3

◆ダニ博士のつぶやき　青木淳一著　論創社
【要旨】ダニ博士、顕微鏡で"世間"を覗く。
2018.1 193p B6 ¥1600 ①978-4-8460-1679-1

◆どんどん虫が見つかる本―虫を楽しむ！ 365日　鈴木海花著、尾園暁写真　文一総合出版
【目次】トンボ、ナナフシ、バッタ・カマキリ、カメムシ、コウチュウ、チョウ・ガ、クモなどの仲間ごとに、虫が見つかる場所と時期、時間帯、探し方のポイントを解説。第一線で活躍する研究者と写真家7名が、長年の経験に裏打ちされた「虫の見つけ方」と「観察ポイント」を余すことなく伝授。見ておきたい美麗種や形が面白い虫約290種の図鑑付き。
2017.5 159p B6 ¥1800 ①978-4-8299-7218-2

◆トンボのすべて―増補・世界のトンボ　井上清、谷幸三共著　(大阪)トンボ出版　新装改訂版
【目次】水質とトンボ、世界のトンボ・日本のトンボ、流水にすむトンボ、止水にすむトンボ、特殊な環境を好むトンボ、トンボの一生、トンボのすむ環境を考えよう、トンボの行動いろいろ、トンボを飼育してみよう、トンボのとり方・標本の作り方、トンボの名前を調べよう、日本の環境指数、日本のトンボ全種・分布の地方区分図、日本のトンボ全種の表、世界のトンボ全科の解説、トンボの情報コーナー
2017.6 183p B5 ¥2800 ①978-4-88716-240-2

◆日本昆虫目録　第2巻 旧翅類　日本昆虫目録編集委員会編　日本昆虫学会、櫂歌書房、星雲社 発売
【目次】蜉蝣目(カゲロウ目)(トビイロカゲロウ科、カワカゲロウ科、モンカゲロウ科、シロイロカゲロウ科、ヒメシロカゲロウ科、マダラカゲロウ科、ヒメフタオカゲロウ科、コカクマダラカゲロウ科、ガガンボカゲロウ科、フタオカゲロウ科、チラカゲロウ科、ヒトリガカゲロウ科、ヒラタカゲロウ科)、蜻蛉目(トンボ目)(均翅亜目、不均翅

亜目)
2017.12 94p B5 ¥4600 ①978-4-434-23772-0

◆日本のクモ　新海栄一著　文一総合出版　(ネイチャーガイド)　増補改訂版
【要旨】日本のクモ生態図鑑の決定版。大幅リニューアル!!日本新記録種など、未発表写真を収録してパワーアップ。掲載種も20種追加。クモ観察に役立つ「環境別に見られるクモ」「網からクモを識別」など、新コンテンツも充実。
2017.2 407p A5 ¥5500 ①978-4-8299-8405-5

◆ハエトリグモハンドブック　須黒達巳著　文一総合出版
【目次】ハエトリグモはこんなクモ、ハエトリグモの生活史、この本の使い方、部位の名称・行動の説明、ハエトリグモの見つけ方、見つけたハエトリグモの種を絞る、ハエトリグモ図鑑、新種候補のハエトリグモたち、タイのハエトリグモたち、種名索引
2017.6 144p 19cm ¥1800 ①978-4-8299-8149-8

◆バッタを倒しにアフリカへ　前野ウルド浩太郎著　光文社　(光文社新書)
【要旨】バッタ被害を食い止めるため、バッタ博士は単身、モーリタニアへと旅立った。それが、修羅への道とも知らずに…。『孤独なバッタが群れるとき』の著者が贈る、科学冒険就職ノンフィクション！
2017.5 378p 18cm ¥920 ①978-4-334-03989-9

◆バッタハンドブック　槐真史著　文一総合出版
【目次】バッタ科(トノサマバッタ、クルマバッタ、クルマバッタモドキ、イナゴモドキ、ツマグロバッタ、マダラバッタ、ヤマトマダラバッタ、イボバッタ、カワラバッタ、ナキイナゴ、ヒロバネヒナバッタ、ヒナバッタ、セグロイナゴ、ツチイナゴ、ハネナガイナゴ、コバネイナゴ、ハネナガフキバッタ、ショウリョウバッタ、ショウリョウバッタモドキ)、オンブバッタ科(オンブバッタ)
2017.6 160p 19cm ¥1800 ①978-4-8299-8150-4

◆ポケット版 身近な昆虫さんぽ手帖　森上信夫著　世界文化社
【要旨】身近な昆虫150種を掲載。名前の由来や生態的特徴、注目ポイントも紹介。巻末に五十音順の索引が付く。
2017.6 159p A6 ¥1200 ①978-4-418-17219-1

◆まちぶせるクモ―網上の10秒間の攻防　中田兼介著、辻和希コーディネーター　共立出版　(共立スマートセレクション 14)
【目次】1 まちぶせと網、2 仕掛ける、3 誘いこむ、4 止める、5 見つける、6 襲いかかる
2017.3 136p B6 ¥1600 ①978-4-320-00914-1

◆招かれない虫たちの話―虫がもたらす健康被害と害虫管理　日本昆虫科学連合編　(平塚)東海大学出版部
【要旨】世間をにぎわす虫たちと正しくつき合うための19のヒント教えます。
2017.3 222p 21×14cm ¥3300 ①978-4-486-02125-4

◆ミツバチと暮らす―ミツバチの飼い方がよーくわかる！　藤原誠太著　地球丸　(自然暮らしの本)
【要旨】ミツバチの驚くべき生態から飼育法、はちみつの知られざるパワーまで大公開！
2017.3 155p 24×19cm ¥1700 ①978-4-86067-599-8

◆ミツバチの教科書　フォーガス・チャドウィック、スティーブ・オールトン、エマ・サラ・テナント、ビル・フィッツモーリス、ジューディー・アール著、中村純監修、伊藤伸子訳　エクスナレッジ
【要旨】とても不思議なミツバチたちの世界、養蜂のノウハウ、ハチミツの楽しみ…。
2017.7 221p 25×21cm ¥2800 ①978-4-7678-2305-8

◆ミツバチの世界へ旅する　原野健一著　(平塚)東海大学出版部　(フィールドの生物学24)
【要旨】もう一つの社会を作る巧みなシステム。その核心に迫る！
2017.12 343p B6 ¥2400 ①978-4-486-02145-2

◆蟲の饗宴―僕はこうして虫屋になった　奥本大三郎著　世界文化社
【要旨】幼少期から昆虫と文学に親しんできた"現代のファーブル"奥本大三郎による24の昆虫をめぐるエッセイ集。
2017.10 124p B6 ¥1400 ①978-4-418-17247-4

◆ゆるふわ昆虫図鑑—気持ちがゆるーくなる虫ライフ　じゅえき太郎著　宝島社
【要旨】Twitter フォロワー10万人突破！超人気虫コミック待望の書籍化！「クスッ」と「あるある」がてんこもり。虫たちの生活のぞき見マンガ！
2017.10 127p 19×15cm ¥980 ①978-4-8002-7413-7

◆琉球列島の蚊の自然史　宮城一郎, 當間孝子著　（平塚）東海大学出版部
【目次】第1章 琉球列島の蚊相とその特徴、第2章 蚊科の分類研究を始めるに際して、第3章 蚊の生活史、第4章 蚊の採集と飼育方法、第5章 各島の蚊、第6章 蚊の珍しい生態、第7章 琉球列島に生息する蚊（成虫、幼虫）の検索表、第8章 沖縄県で過去に流行した蚊が媒介する病気
2017.3 217p B5 ¥4800 ①978-4-486-02129-2

◆わたしのカブトムシ研究　小島渉著　さ・え・ら書房
【要旨】カブトムシは、だれもが知っている大人気の昆虫・甲虫だ。すがたも良いし、大きいし、強そうだ。でも、それだけじゃない。カブトムシを幼虫の時代から飼育・観察していると、いろんな不思議に気がつく。本書は、そんなカブトムシの謎を解き明かそうと、様々な調査・研究をしている若き研究者の記録である。
2017.12 126p B6 ¥1300 ①978-4-378-03918-3

◆THE INSECTS OF JAPAN—日本の昆虫　Vol.8　ヒメバチ科、ウスマルヒメバチ亜科、ハマキヒメバチ族　渡辺恭平著　（福岡）櫂歌書房, 星雲社 発売　〔本文：英文〕
【目次】MATERIALS AND METHODOLOGY（Materials examined、 Terminology、 Methods of morphological examination）、TAXONOMY（Revision of Japanese Glyptini、 Nomenclatural summary）、 DISCUSSIONS（Evaluation of morphological characters for classification、 Species diversity and zoogeography、 Bionomics、 Conclusion）
2017.3 402p B5 ¥15000 ①978-4-434-23178-0

鳥類・野鳥

◆インコ＆オウムのお悩み解決帖　柴田祐未子著　大泉書店
【要旨】咬みつき、毛引き・自咬、オンリーワン、呼び鳴きなど…突如として現れた鳥さんの問題行動。「いったいどうして？」「何があったの？」と悩む飼い主さんを導く、ケーススタディを多数収録。鳥さんをもっともっと幸せにしたいと願うすべての飼い主さんへ。
2017.1 191p A5 ¥1400 ①978-4-278-03915-3

◆インコがおしえるインコの本音—飼い主さんに伝えたい130のこと　磯崎哲也監修, 朝日新聞出版編　朝日新聞出版
【要旨】"インコ"ってなんだろう？幸せなインコライフのヒントは、インコを知ることにあり！
2017.7 191p B6 ¥1000 ①978-4-02-333165-5

◆インコ語辞典—しぐさや行動からインコのキモチがわかる　細川博昭監修　学研プラス（Gakken Pet Books）
【要旨】本書では、基本のしぐさ、行動などから読み取れる「インコ語」を解説しています。「基本」をヒントに、インコを観察してみると、そこにオリジナリティーの詰まった我がインコならではの「インコ語」を発見することもあるでしょう。たくさんの「インコ語」を受け止めて、インコとの絆をもっと深めていきましょう！
2017.12 143p A5 ¥1000 ①978-4-05-800829-4

◆歌う鳥のキモチ　石塚徹著　山と溪谷社
【要旨】暴かれた本音と浮気心。二重人格のオス!?独身と既婚の歌い方。鳥たちの面白すぎる私生活と歌うオスたちのキモチに迫る。
2017.11 293p B6 ¥1400 ①978-4-635-23008-7

◆うちの鳥の老いじたく—小鳥から大型インコまで さいごの日まで幸せに暮らすための提案　細川博昭著, ものゆうイラスト　誠文堂新光社
【要旨】鳥の老いって何？ 老鳥との生活、老鳥のかかりやすい疾患、メンタルケア、看取る日のために—うちの子、歳をとってきたかな？と感じたら読んでほしい。
2017.11 143p A5 ¥1600 ①978-4-416-71739-4

◆おしえてカラスさん　おしえて編集室文（京都）ヴィッセン出版　（おしえてシリーズ）
【目次】カラスはなんのなかま？、日本にはどんなカラスがいるの？、カラスはみんな黒いの？、カラスは何年くらい生きるの？、カラスに天敵はいますか？、カラスはどこに住んでいるの？、カラスは遠くまで飛んで行かないの？、カラスはなにを食べるの？、カラスの巣はどんな巣？、カラスは、いつ、どれくらい卵を産むの？〔ほか〕
2017.11 109p A5 ¥1600 ①978-4-908869-03-7

◆飼い方・気持ちがよくわかる かわいいインコとの暮らし方　濱本麻衣監修　ナツメ社
【要旨】楽しく健やかな毎日のために大切なこと。ただ「飼う」だけではなく、インコの生活の質を上げる。最新の「インコの飼い方事情」がよくわかる！
2017.5 191p A5 ¥1200 ①978-4-8163-6228-6

◆カラスと人の巣づくり協定　後藤三千代著　築地書館
【要旨】カラスはなぜ電柱に巣をつくるの？止めさせることはできないの？ 30年に及ぶ研究でわかった、なわばり意識と巣づくりの習性。カラスの巣を減らすには、「撤去」ではなく「設置」が鍵だった！カラスの生態研究を通してカラスと人が共生するやさしい社会を作り出す画期的な研究。
2017.6 126p B6 ¥1600 ①978-4-8067-1540-5

◆カラス屋の双眼鏡　松原始著　角川春樹事務所　（ハルキ文庫）
【要旨】『カラスの教科書』で一躍人気者になった松原先生は、動物行動学者。研究対象のカラスをはじめ、鳥、ムシ、けもの、微生物。頭上も足元もあらゆる生き物で賑わうこの世界は、先生にとって楽しみに溢れた宝庫です。ときにカラスと会話しながら研究に勤しむかたわら、カラスのヒナを世話し、炎天下の川原でチドリの巣を探し、ときに大蛇を捕まえ、猫王様の機嫌を伺い、夕食を釣りに行く一すべての生き物への親しみをこめてユーモアいっぱいに語る、自然科学の身近なはなし。
2017.3 268p A6 ¥660 ①978-4-7584-4078-3

◆かわいいスズメたち　小宮輝之監修　二見書房
【目次】ホオグロスズメ、カーボベルデスズメ、サバクスズメ、オオスズメ、イエスズメ、インドスズメ、ケニヤスズメ、ハシブトハイガシラスズメ、イワスズメ、ミナミハイガシラスズメ、ユキスズメ、ミナミハイガシラスズメ、スペインスズメ、スズメ
2017.11 133p 15×15cm ¥1500 ①978-4-576-17146-3

◆かわいいふくろう　♪鳥くん監修　エムディエヌコーポレーション、インプレス 発売
【要旨】愛くるしいふくろうたちがたくさん登場！かわいいフクロウのとくにかわいいシーン満載の写真集。
2017.12 103p 15×15cm ¥1300 ①978-4-8443-6727-7

◆季節とフィールドから鳥が見つかる—1年で240種の鳥と出会う　中野泰敬著　文一総合出版
【要旨】鳥ってどこにいるんだろう？「季節」と「フィールド」から240種の野鳥を逆検索！バードガイド歴30年以上の著者が、鳴き声の特徴や好みの場所など、鳥を見つけるコツを伝授。
2017.11 111p A5 ¥1600 ①978-4-8299-7220-5

◆キメキメ鳥　クリス・アーリー著, 北村雄一訳　（京都）化学同人　（けったいな生きもの）
【要旨】かっこいい！イカす！芸術的！ほれぼれする鳥たちのショータイム。大迫力の写真で58種を紹介！おもしろポイントを解説！
2017.6 172p 16×19cm ¥1800 ①978-4-7598-1954-0

◆小鳥 飛翔の科学　野上宏著　築地書館
【要旨】飛翔の瞬間をとらえた！ 小鳥はどの羽をどのように使って飛ぶのか？ 野外での撮影に成功した著者の93枚の写真とともに、飛び立ち、急制動、失速防止飛翔、採餌飛翔、争い飛翔など、14種類の飛び方について解説する。新しく深いバードウォッチングのすすめ。
2017.1 109p A5 ¥2200 ①978-4-8067-1532-0

◆幸せの青い鳥　真木広造撮影・監修　メイツ出版
【目次】オナガ、カワセミ、イソヒヨドリ、アオハライソヒヨドリ、アオバト、オオルリ、サンコウチョウ、オガワコマドリ、ルリビタキ、コルリ〔ほか〕
2017.11 79p 15×15cm ¥1250 ①978-4-7804-1955-9

◆四季で楽しむ野鳥図鑑　真木広造監修　宝島社
【要旨】色、羽の形、鳴き声、羽音、特徴を知って、楽しく観察。全400種の野鳥の見分け方がパッとわかる！
2017.4 127p A4 ¥800 ①978-4-8002-6945-4

◆知っているようで知らない鳥の話—恐るべき賢さと魅惑に満ちた体をもつ生きもの　細川博昭著　SBクリエイティブ　（サイエンス・アイ新書）
【要旨】たくさんの人が行きかう街から赤道直下の密林、南極の氷原まで、さまざまな場所に鳥はいます。上空1万メートルを軽々と渡る鳥もいれば、体に毒をたくわえる鳥もいます。一方で、「概念」を理解して人間と話す鳥、最大4000か所の位置を記憶する鳥、凝った構造物をつくる鳥も。そんなすごい鳥の秘密としくみ、身近にいる鳥の意外な事実をつめこんだのが本書です。美しく楽しげで、少し怖い、鳥の世界をご案内。
2017.3 189p 18cm ¥1000 ①978-4-7973-8920-3

◆小動物☆飼い方上手になれる！ 文鳥—育て方、食べ物、接し方、病気のことがすぐわかる！　伊藤美代子著　誠文堂新光社
【目次】1 ヒナから育てる「文鳥ってどんな鳥？、文鳥の迎え方 ほか）、2 成長のお世話（文鳥の1日、文鳥の1年 ほか）、3 手乗りの魅力（手乗り文鳥とは、信頼関係を築くには ほか）、4 文鳥の健康管理（体のしくみと部位の名称、雌雄の見分け方 ほか）、5 ペアリングと繁殖（文鳥を繁殖させるということと、文鳥の発情 ほか）
2017.11 111p A5 ¥1000 ①978-4-416-71725-7

◆新 日本の探鳥地 首都圏編—東京都、神奈川県、埼玉県、千葉県、茨城県、栃木県、群馬県　BIRDER編集部編　文一総合出版
【要旨】都会の公園から近隣の山まで、関東1都6県の探鳥地92か所を収録。それぞれ探鳥地をホームグラウンドとする野鳥のスペシャリストたちが、シーズンごとに実地調査し、探鳥コースの状況や観察できた鳥を記録、バードウォッチングに最適な時期やコース上の鳥の出現ポイントを案内します。車でのアクセスに便利なマップコード付き。
2017.10 191p A5 ¥1900 ①978-4-8299-7506-0

◆世界一の珍しい鳥—破格の人 "ハチスカ・マサウジ" 博物随想集　蜂須賀正氏著, 杉山淳編　原書房
【要旨】『世界の涯』に収録されたエッセイを中心に、『鳥』『野鳥』などから採録された、エキゾチックな旅行記や、辺境の驚異、絶滅鳥類を題材とした文章をおさめた。
2017.7 267p A5 ¥3800 ①978-4-562-05420-6

◆世界で一番美しいフクロウの図鑑　マイク・アンウィン著, デヴィッド・ティプリング写真, 五十嵐友子訳　エクスナレッジ
【要旨】本書では50種を超えるフクロウそれぞれの知られざる生態や、私たちとの関わりなどについて、200点以上の美しい写真とともに紹介する。
2017.2 287p 30×25cm ¥3800 ①978-4-7678-2233-4

◆世界でいちばん素敵な鳥の教室　斉藤安行監修, 森山晋平文　三才ブックス
【要旨】美しい鳥、かわいい鳥、珍しい鳥、大集合。鳥はぜんぶで何種類？ 世界でいちばん大きな鳥は？ フクロウとミミズクは違うの？ 鳥にまつわる98の疑問に楽しくやさしく答える！
2017.4 159p A5 ¥1400 ①978-4-86199-961-1

◆世界の美しい鳥の神話と伝説　レイチェル・ウォーレン・チャド, アダム・ナイマン・テイラー著, 上田恵介監修, プレシ南日子, 日向やよい訳　エクスナレッジ
【要旨】人類にとって鳥たちはいつも身近で魅力的な存在でした。賢明なフクロウ、勝者のワシ、赤ちゃんを運んでくるコウノトリなど、有史以来、人間は鳥たちにさまざまな特性を投影し、幅広い言い伝えを生み出してきました。では、こうした言い伝えはどのように生まれたのでしょう？ 合理的な根拠があるのでしょうか？ 本書では歴史的解説や科学的文献をひもときながら、多種多様な鳥たちにまつわる伝説や神話を検証します。コマドリやムクドリ、カケスといった身近な鳥から、ヒクイドリ、フラミンゴ、フウチョウ（別名：ゴクラクチョウ）などの珍しい外国の鳥まで、鳥たちの容姿や習性がどのように影響して伝説が生まれたのかを解き明かしていく。
2018.1 303p 26×20cm ¥3200 ①978-4-7678-2376-8

サイエンス・テクノロジー

◆世界の原色の鳥図鑑　川上和人監修, 柴田佳秀解説, 澤井聖一企画・構成　エクスナレッジ
【目次】red、pink、blue、yellow
2017.9 256p 27×22cm ¥3200 ①978-4-7678-2362-1

◆世界の国鳥　アフロ写真, 水野久美テキスト（京都）青幻舎
【要旨】国鳥とは、各国が国のシンボル、象徴にしている鳥のこと。1782年アメリカ合衆国が、議会でハクトウワシを国鳥に制定したのが最初で、日本では1947年に日本鳥学会でキジが選ばれた。日本でキジが選ばれたのは、キジが日本特産であるだけでなく、童話、芸術などで親しまれ、勇気と母性愛に富むという点などがあげられている。このように、各国の国鳥を見ていくと、その国の自然と文化の関わり方が見えてくる。本書では、世界36ケ国の国鳥を取り上げ、その美しく可憐な姿や迫力の生態とそれぞれの国との結びつきを紹介していく。
2017.9 157p B6 ¥1600 ①978-4-86152-641-1

◆中国のトキを慕いて　村本義雄著（金沢）橋本確文堂
2017.10 72p 17×18cm ¥1500 ①978-4-89379-187-0

◆鳥獣保護管理法の解説　環境省自然環境局野生生物課鳥獣保護管理室監修　大成出版社改訂5版
【目次】1 我が国の鳥獣法制の沿革、2 逐条解説（総則（第1条・第2条）、基本指針等（第3条・第7条の4）、鳥獣保護管理事業の実施、狩猟の適正化、雑則（第75条・第82条）、罰則（第83条・第89条））、3 参考資料
2017.3 795p A5 ¥6600 ①978-4-8028-3235-9

◆鳥類学者だからって、鳥が好きだと思うなよ。　川上和人著　新潮社
【要旨】出張先は火山にジャングル、決死の上陸を敢行する無人島だ！知られざる理系蛮族の抱腹絶倒、命がけの日々！すべての生き物好きに捧げる。
2017.4 221p B6 ¥1400 ①978-4-10-350911-0

◆とちぎの探鳥地ガイド―バードウォッチングに行こうよ！　日本野鳥の会栃木編著（宇都宮）随想舎
【要旨】バードウォッチングに行こうよ！野鳥観察のフィールド県内33コースを紹介したガイドブック。
2017.5 159p A5 ¥1800 ①978-4-88748-340-8

◆鳥・ストーリー―鳥漫画家とその妻が北海道で鳥ざんまい！　よはきち・エウ著　イーフェニックスBook - mobile
【要旨】鳥好きがこうじて、鳥漫画を描く漫画家とその妻が、お金もないのに冬の北海道へ大移動！波乱万丈の引っ越しや、鳥との奇想天外な出会いやふれあい。野鳥天国の北海道で、二人はどんな鳥と出会ったのか？そして生活は成り立つのか？手に汗握る日常を、ほっこりとお贈りします。
2017.8 155p A5 ¥900 ①978-4-908112-25-6

◆鳥の巻―天地に舞う　工作舎編　工作舎（江戸博物文庫）
【要旨】江戸を代表する14篇の鳥類図譜より選りすぐりの約150種を紹介。
2017.2 191p 18×12cm ¥1600 ①978-4-87502-480-4

◆鳴き声が聴ける 世界の美しい鳥図鑑 上　田恵介監修　宝島社
【要旨】世界の空を彩る150羽。見て聴いてときめく、新感覚のアートブック。かざすだけで鳥の歌が聴こえる！
2017.11 139p A5 ¥800 ①978-4-8002-7577-6

◆鳴き声から調べる野鳥図鑑―おぼえておきたい85種音声データCD付き　松田道生文・音声, 菅原貴徳写真　文一総合出版（付属資料：CD1）
【目次】出会いのはじまりは鳥たちの鳴き声、鳥の鳴き声とは、野鳥の声のおぼえ方、春を連れてくる鳥の声―公園・田んぼ・河原、さえずりが降りそそぐ夏―森林・高原・ヨシ原・亜高山・夜、渡り鳥が去り、やって来る秋―干潟・岩燐・雑木林、鳴たちの鳴き合いをじっくりと聞く冬―池沼・公園、鳴き声カレンダー、野鳥の鳴き声を録る、鳥の主を見てみたい！バードウォッチング初心者向け講座
2017.4 127p A5 ¥3000 ①978-4-8299-8809-1

◆なんでそうなの 札幌のカラス　中村眞樹子著（札幌）北海道新聞社

【要旨】「やられた！」の前に…基礎知識から珍しい行動まで知っておきたい48の気になるギモン。2017.10 199p B6 ¥1400 ①978-4-89453-878-8

◆にっぽんスズメしぐさ　中野さとる写真　カンゼン
【要旨】一羽で、仲間たちと一スズメたちの毎日を凝縮！スズメたちの愛らしい姿がもっと楽しい！大好評のスズメ写真集シリーズ第2弾が登場！『きょうのスー』マツダユカさん描きおろし作も収録！
2017.3 103p A5 ¥1400 ①978-4-86255-397-3

◆日本人と動物の歴史 3 鳥　小宮輝之著　ゆまに書房
【目次】ニワトリ、キジ・ヤマドリ、ウズラ・コジュケイ、スズメ、カラス、ガン・ガチョウ、アヒル・マガモ、オシドリ・カモ、ツル、コウノトリ〔ほか〕
2017.11 79p B5 ¥2800 ①978-4-8433-5224-3

◆日本のかわいい小鳥　♪鳥くん監修　エムディエヌコーポレーション, インプレス 発売
【要旨】日本のかわいい小鳥のかわいい場面が満載で、バ～ドナドレナリンがどばどば～ど！
2017.6 103p 15×15cm ¥1300 ①978-4-8443-6670-6

◆日本のかわいい鳥 世界の綺麗な鳥　上田恵介著　大和書房（ビジュアルだいわ文庫）
【要旨】身近な小鳥から異国の珍鳥まで華やかで繊細な身だもが魅せる！鮮明な写真オールカラー135点。
2017.4 246p A6 ¥780 ①978-4-479-30648-1

◆ハヤブサ―その歴史・文化・生態　ヘレン・マクドナルド著, 宇丹貴代実訳　白水社
【要旨】魂の象徴から軍事利用まで。最速のハンターと人間との複雑な関係を読む。英米50万部超のベストセラー『オはオオタカのオ』の著者による、「自然界の貴族」の文化誌。カラー・モノクロ図版多数。
2017.5 221, 18p B6 ¥2700 ①978-4-560-09543-0

◆フィールド図鑑 日本の野鳥　水谷高英イラスト, 叶内拓哉解説　文一総合出版
【要旨】日本の鳥635種、外来種22種を美しいイラストで紹介する野鳥図鑑。雌雄や齢、羽衣の違い、特徴的な生態、飛翔図を、すべて描き下ろしによる精細なイラストで紹介。識別の参考になる鳥の行動や生態、類似種との識別ポイントを解説。羽や頭部の拡大比較など、識別ポイントをわかりやすく解説するための小カットも多数掲載。
2017.12 431p 21×13cm ¥3800 ①978-4-8299-8810-7

◆フクロウが来た―ぽーのいる暮らし　苅谷夏子著　筑摩書房
【要旨】フクロウの子ぽーとの暮らしをユーモラスに描く。「ぽーのアルバム」「フクロウコラム」つき。
2017.4 188p B6 ¥1600 ①978-4-480-81536-1

◆身近な鳥のすごい事典　細川博昭著　イースト・プレス（イースト新書Q）
【要旨】驚異の能力で千キロ超の距離を飛び帰巣するハト。神の遣いから一変、ある時代から嫌われ者になってしまったカラス。二千年も人と暮らし、その関係が濃すぎる故に数を減らしつつあるスズメ。遙かな昔から私たちの傍には鳥の姿があった。現代、東京の空にはインド・スリランカ産の群やかな緑色のインコが飛び、いずれ「日本の鳥」となるといわれる。鳥たちの歴史は長くその世界は驚くほど広い。身近に見られる35種の鳥たちの意外な歴史とたくましい生き方を紹介する。
2018.1 207p 18cm ¥780 ①978-4-7816-8038-5

◆目立ちたがり屋の鳥たち―面白い鳥の行動生態　江口和洋著（平塚）東海大学出版部
【要旨】鳥たちが繰り広げる野外劇。それは、際限ない協同と対立のゲーム。あるとき、オスは芸術家、服飾デザイナー、歌手、また、あるときは建築家。評論家であるメスの評価はいつも厳しい。
2017.4 240p 22×14cm ¥2800 ①978-4-486-02140-7

◆もふもふインコ川柳　コンパニオンバード編集部編　誠文堂新光社
【要旨】インコとの暮らしは、おもしろい発見の連続。それを写真とともに五、七、五の川柳に仕立てたのが『もふもふインコ川柳』です。鳥の専門誌『コンパニオンバード』の写真に、編集部で考えた川柳を組み合わせました。
2017.8 127p B6 ¥1000 ①978-4-416-61794-6

 魚類

◆アクアリウム☆飼い方上手になれる！ 熱帯魚―選び方、水槽の立ち上げ、メンテナンス、病気のことがすぐわかる！　佐々木浩之著　誠文堂新光社
【目次】1 水槽を立ち上げる、2 魚の導入と毎日の管理、3 熱帯魚の仲間たち、4 熱帯魚の病気と健康管理、5 ステップアップ熱帯魚飼育、6 熱帯魚飼育のQ&A
2017.11 111p A5 ¥1400 ①978-4-416-71738-7

◆朝だよ！ 貝社員 爆笑!!マジでめっちゃオモロイ 海のいきもの図鑑　渡辺政隆監修　ディー・エル・イー
【要旨】生きものふしぎを貝社員がオモロく貝説!!
2017.8 125p B6 ¥1300 ①978-4-9900586-2-6

◆イカ先生のアオリイカ学―これで釣りが100倍楽しくなる！　富所潤著　成山堂書店
【要旨】釣り人を魅了してやまないアオリイカ。でもハマればハマるほどアオリイカへの疑問が湧きませんか？本書は釣り人の知りたい情報や疑問から釣り人にありがちな誤解までアオリ釣りのスペシャリストが楽しくお伝えします。知らなくてもきっとあなたはアオリイカが釣れます。けれど知ってしまったらきっとあなたはアオリイカがもっと好きになること間違いなしです！
2017.9 151p A5 ¥1800 ①978-4-425-95601-2

◆いただきますの水族館―北の大地の水族館で学ぶ「いのち」のつながり　中村元, 山内創著（高松）瀬戸内人
【要旨】魚が魚を捕食する行動を見せる人気イベント「いただきますライブ」で知られる、北海道・北の大地の水族館。NHK「探検バクモン」やTBS「マツコの知らない世界」出演で話題沸騰の水族館プロデューサー・中村元が、館長・山内創とともに、水中世界の驚きと、北の大地の水族館の展示にこめた「いのち」への思いをたっぷり紹介します。
2017.7 95p 18×15cm ¥1400 ①978-4-908875-09-0

◆愛しのオクトパス―海の賢者が誘う意識と生命の神秘の世界　サイ・モンゴメリー著, 小林由香利訳　亜紀書房
【要旨】タコほど人間とかけ離れた動物はそうそういない―個性豊かなタコたちとの交流を通じて見えてきた、「もうひとつの知性」の可能性。愛すべきタコたちと彼らを取り巻く人々との思い出を綴る。
2017.3 344, 5p B6 ¥2200 ①978-4-7505-1503-8

◆上から見る！ 風流に金魚を飼うための本　菊池洋明著　秀和システム
【要旨】火鉢や睡蓮鉢で和を楽しむ。浮き草で涼しさを感じる。金魚の姿と色にこだわる！
2017.5 175p A5 ¥1200 ①978-4-7980-4989-2

◆美しい海の浮遊生物図鑑　若林香織, 田中祐志著, 阿部秀樹写真　文一総合出版
【要旨】海の浮遊生物250種以上を掲載した世界初の生態写真図鑑。クラゲ、クシクラゲ、ゾウクラゲ、カメガイ、イカ・タコの幼体、エビ・カニの幼生、タルマワシ、稚魚、放散虫など、海に漂う多様で多彩な生物を高精細な美しい写真とともに紹介。観察や撮影のポイントも収録。
2017.11 179p A5 ¥2400 ①978-4-8299-7221-2

◆美しき貝の博物図鑑―色と模様、形のバリエーション／フリーク／ハイブリッド　池田等著, 松本泰裕写真　成山堂書店
【要旨】貝殻が魅せるさまざまな姿―色や模様、形のバリエーション、突然変異やハイブリッド。数万、数十万にたった一つの希少なコレクション。見る目が変わる、他に例を見ない圧倒的美の世界。
2017.7 189p B5 ¥2600 ①978-4-425-88681-4

◆海のクワガタ採集記―昆虫少年が海へ　太田悠造著　裳華房（シリーズ・生命の神秘と不思議）
【要旨】ウミクワガタ―その姿は甲虫のクワガタムシによく似ていますが、昆虫ではなく海に棲んでいる甲殻類の仲間で、エビのような尻尾があります。この不思議で奇妙な動物に、昆虫少年であった著者はどのように魅了され、そしてどのような日々を過ごしながら研究を営んでいるのでしょうか。研究者の実情を赤裸々に語り

サイエンス・テクノロジー

ながら、ウミクワガタの魅力に迫ります。
2017.7 148p B6 ¥1500 ①978-4-7853-5124-3

◆エビ・カニの疑問50　日本甲殻類学会編
成山堂書店　（みんなが知りたいシリーズ 5）
【要旨】読めばあなたもエビ・カニ博士！ Q. どうしてシオマネキのハサミは片方だけ大きいの？ Q. カニは横にしか歩かないの？ Q. 深い海底や寒い海にはおいしいエビがいるって本当？ Q. イセエビの子どもたちは長い旅をするって本当？ など50の疑問にエビ・カニの専門家23名がわかりやすく答えてくれます。
2017.9 171p B6 ¥1600 ①978-4-425-83101-2

◆おいしさと鮮度の見方がわかる！ 旬の魚事典　飯田知彦監修　宝島社
【要旨】初心者でも簡単！ 激ウマ魚の選び方。イケメン・小顔の魚がおいしい？ 脂の乗りは天然より養殖のほうが上？ 白身と赤身で保存方法が違う？ 魚をおいしく食べる「答え」がここに！
2017.7 127p A5 ¥600 ①978-4-8002-7313-0

◆怪魚大全　小塚拓矢著　扶桑社
【要旨】「釣れるまで、帰れない。」計49カ国、1075の若者が駆け抜けた、"怪"なるボーケンの記録。
2017.7 328p B6 ¥1800 ①978-4-594-07677-1

◆岐阜県の魚類　向井貴彦編著　（岐阜）岐阜新聞社
【目次】1 岐阜県の河川と環境、2 各魚種の解説（ヤツメウナギ目ヤツメウナギ科、ポリプテルス目ポリプテルス科、カー目ガー科、アロワナ目アロワナ科、ウナギ目ウナギ科、コイ目コイ科、コイ目ドジョウ科、ナマズ目ギギ科、ナマズ目アカザ科、ナマズ目アメリカナマズ科 ほか）
2017.7 214p A5 ¥3500 ①978-4-87797-240-0

◆魚類学　矢部衛、桑村哲也、都木靖彰編　恒星社厚生閣
【目次】魚類とは、形態と遊泳、体表の構造、筋肉、骨格系、摂食・消化、鰓・呼吸器、循環系と血液、排出と浸透圧調節、内分泌系、神経系、感覚、生殖、仔魚・稚魚、生活史と回遊、繁殖行動、社会関係、種間関係、個体群と群集、適応と種分化、魚類の歴史、現生魚類の分類、無顎類、軟骨魚類、硬骨魚類
2017.9 377p A5 ¥4500 ①978-4-7699-1610-9

◆元気な魚が育つ水槽作り―海水もOK！ 臭わない・にごらない水槽で水換えなし！　青木崇浩著　日東書院本社
【要旨】特許取得・活エサで育てる！ 青木式ミジンコ連続培養。
2017.6 160p A5 ¥1600 ①978-4-528-02099-3

◆原寸で楽しむ美しい貝 図鑑＆採集ガイド　池田等著　実業之日本社　（大人のフィールド図鑑）
【要旨】生態から文化までよくわかる。採集、標本のつくり方ガイドつき。日本の海で見つかる！ オールカラー全271種。
2017.3 157p A5 ¥1600 ①978-4-408-45629-4

◆魚だって考える―キンギョの好奇心、ハゼの空間認知　吉田将之著　築地書館
【要旨】実験に使う魚は自分たちで釣ってくる。実験器具はほぼ手づくり。研究の現場は、常に汗と涙にまみれている。トビハゼの機嫌をとり、イイダコをけしかけ、魚が考えていることを知りたい先生と学生たちの、ローテクだけど情熱あふれる、広島大学「こころの生物学」研究室奮戦記。
2017.9 202p B6 ¥1800 ①978-4-8067-1545-0

◆魚の形は飼育環境で変わる―形態異常はなぜ起こるのか？　有瀧真人、田川正朋、征矢野清編　恒星社厚生閣
【要旨】形態異常という問題の解決や、形態異常の研究から見えてきた新知見を紹介。6編のコラムは飼育現場からの問題提起やこぼれ話となっている。
2017.8 153p B5 ¥2400 ①978-4-7699-1606-2

◆魚の巻―水界の王族たち　工作舎編　工作舎　（江戸博物文庫）
【要旨】遊泳する色と形。豊かな日本の自然を彩る多彩な魚たち。日本の魚水族を中心に収録。
2017.7 191p 18×11cm ¥1600 ①978-4-87502-486-6

◆魚はすごい　井田齊著　小学館　（小学館新書）
【要旨】約400年生きるニシオンデンザメ、奄美大島沖の海底でミステリーサークルをつくりオスにアピールするアマミホシゾラフグ、ウツボ

そっくりに化けて敵を遠ざけるシモフリタナバタウオ…など、川や海で生きる魚たちのさまざまな生存戦略を紹介。さらに、養殖ウナギはほとんどオスであることや、フナ（ギンブナ）はオスがいなくても産卵することなど、身近な魚の知られざる生態についても言及。人類の英知を超える生命の不思議に驚愕する一冊。
2017.8 222p 18cm ¥900 ①978-4-09-825295-4

◆サケマス・イワナのわかる本　井田齊、奥山文弥著　山と溪谷社　改訂新版
【要旨】サケ科魚類学のバイブル待望の改訂！ 最新の調査・研究データと貴重な写真資料を収録。
2017.5 263p A5 ¥2200 ①978-4-635-36076-0

◆サワガニ "青" の謎　古屋八重子、山岡達善（高知）南の風社
【目次】1 仁淀川のお宝を再発見しよう！、2 サワガニのことを知る、3 調査の基準を作る、4 "青色" の衝撃、5 青いサワガニは茹でても赤くならない？、6 仮説が崩れ、謎が深まる、7 四国ではどうなるのだろう？、8 青いサワガニの卵は何色だろう？、9 サワガニの色は一生同じなのだろうか？、10 ミトコンドリアDNAの分析結果が出る、11 青と赤のサワガニが混在しているわけ？、12 色の謎の解明へのヒント
2017.12 115p B5 ¥1350 ①978-4-86202-091-8

◆したたかな魚たち　松浦啓一著　KADOKAWA　（角川新書）
【要旨】60度傾いて泳ぐ、♂→♀、♀→♂と自在に性転換、目が頭の上を移動、子育ては口の中で…これ、すべて本当にいる魚の話。行動の理由はただ一つ、生き残って子孫を残すため！ 大人にもあるそうな行動ぶり？、8 青いサワガニにでもなりたい、でもどこかユーモラスな魚たちの生き残り作戦を紹介します。
2017.3 251p 18cm ¥800 ①978-4-04-082054-5

◆すばらしい海洋生物の世界　アレックス・マスタード写真、カラム・ロバーツ著、武田正倫監修、北川玲訳　（大阪）創元社
【要旨】変わりゆく海で、躍動する命―巨大なウバザメに人懐っこいアザラシ、群れをなす小さな魚からカラフルなウミウシまで、200点をこえる鮮やかな生態写真で見る海の生き物たちの適応と生存のための知恵。
2017.5 236p 27×26cm ¥3800 ①978-4-422-43022-5

◆世界で一番美しいクラゲの図鑑　リサ＝アン・ガーシュウィン著、ドゥーグル・リンズィー監修、的場知之訳　エクスナレッジ
【要旨】クラゲ研究の第一人者が、不思議な魅力をもつ50種のクラゲによって自然史と生物学を詳しく解説し、急速に変化し悪化しつつある海洋環境と、クラゲとの関係についても考察。この本を読めば、死んでも蘇る不死身のクラゲや、海藻や貝殻のなかにカモフラージュして紛れ込むなど、様々なクラゲとその世界について学ぶことができます。読みやすく書かれ、色鮮やかで美しいこの本は、最新の生物学的知見が盛り込まれた、クラゲというはかない海の不思議を読み解くための頼もしいガイドです。
2017.8 224p 25×22cm ¥3800 ①978-4-7678-2282-2

◆世界の貝大図鑑―形態・生態・分布　M.G. ハラセウィッチ、ファビオ・モレゾーン著、平野弥生訳　柊風舎
【要旨】貝殻の美しい形や色は私たちの目を楽しませてくれるだけではなく、その貝の生態―生息場所や過去の出来事についても物語っています。厳選した600種の貝の実物大写真と拡大・縮小写真、分布地図とともに、貝の驚くべき多様性と歴史を解説します。
2017.2 655p 28×19cm ¥19000 ①978-4-86498-043-2

◆セックス・イン・ザ・シー　マラー・J. ハート著、桑田健訳　講談社　（講談社選書メチエ）
【要旨】食卓でおなじみのイカがどんなセックスをしているか、あなたは知っていますか？ この本では、クジラやイルカから、エイ、ロブスターまで、海の生き物の性生活がドラマチックに、そしてロマンチックに描き出されます。驚きに満ちた営みの数々を知れば知るほど「海の中のセックス」の大切さが理解できることでしょう。私たちの生命の源でもある海の神秘に迫る旅へようこそ！
2017.8 391p B6 ¥2100 ①978-4-06-258659-7

◆タカラガイ・ブック―日本のタカラガイ図鑑　池田等、淺見慶彦著、広田行正写真　成山堂書店　改訂版
【要旨】タカラガイの特徴は、成長の過程で殻が変化することにある。幼貝から亜成貝、成貝ま

でに、形はもとより、色や模様まで、まるで別の種類のように変わっていく。また、海岸に打ち上げられた個体は摩耗しており、本来の姿とは違った状態であることが多い。本書は、これらの特徴に合わせ、日本産タカラガイのすべてに関して可能な限り数多くの標本を掲載し、加えて分布や生態環境、出現頻度などの情報も網羅した、究極の "タカラガイ・ガイドブック" である。
2017.9 214p A5 ¥3200 ①978-4-425-88691-3

◆ときめく金魚図鑑　尾園暁写真・文、岡本信明監修　山と溪谷社
【要旨】最近、「きんぎょ」と暮らしはじめました。金魚を巡る5つのストーリー。
2017.8 127p A5 ¥1600 ①978-4-635-20240-4

◆ニッポン貝人列伝―時代をつくった貝コレクション　奥谷喬司監修, 石木君代文　LIXIL出版　（LIXIL BOOKLET）
【目次】私財を投じて尽力した、日本貝類学の先駆者―平瀬與一郎、父・平瀬與一郎の遺志を継ぎ、日本初のカラー貝類図鑑を刊行―平瀬信太郎、100歳まで研究を続け、日本の貝類学を開花させた泰斗―黒田徳米、兄弟で紡いだ貝の夢、菊池貝類館と阪神貝類談話会―菊池典男、今、再び脚光を浴びる、岩手博物界の太陽―鳥羽源藏、貝類愛好家の裾野を広げた、偉大なるアマチュア―吉良哲明、日本人で初めて、南洋で鳥や貝、虫を採集した貝類学者―山村八重子、日本の貝類学を世界水準に押し上げた第一人者―波部忠重、老舗の鳥すき屋の主にして、鉱物学博士で貝類コレクター―櫻井欽一、美麗貝から微小貝まで、ダンディズム溢れる貝類コレクター―河村良介〔ほか〕
2017.12 78p 21×21cm ¥1800 ①978-4-86480-520-9

◆日本近海産貝類図鑑　奥谷喬司編著　（平塚）東海大学出版部　第二版
【要旨】最新の分類配列による世界最大の海産軟体動物図鑑。日本近海産の軟体動物全8綱5927種を図示・記載。
2017.1 2Vols.set B5 ¥38000 ①978-4-486-01984-8

◆日本最北端の水族館で会える フウセンウオ　ノシャップ寒流水族館監修　二見書房
【要旨】ノシャップ寒流水族館―日本で最も北にあるこの水族館は、秀峰利尻富士と礼文島、サハリンを展望できるノシャップ岬に建っており、北方系の生き物を中心に120種約1300点を飼育展示。寒い北の海からの潮風を感じながら、その海域でたくましく生きる魚やアザラシたちを間近に見ることができる。フウセンウオの人工ふ化に日本で初めて成功しており、彼らの不思議でおちゃめな姿に出会うこともできます。
2017 95p 15×15cm ¥1300 ①978-4-576-17101-2

◆日本産フグ類図鑑　松浦啓一著　（平塚）東海大学出版部
【目次】ウチワフグ科、フグ科、トラフグ属をめぐる問題、ハリセンボン科、マンボウ科、フグ類の系統と分類、日本産フグ類の多様性、フグ類の毒性、フグ類の繁殖生態
2017.3 127p B5 ¥7200 ①978-4-486-02127-8

◆日本のドジョウ―形態・生態・文化と図鑑　中島淳文、内山りゅう写真　山と溪谷社
【要旨】日本に分布する全33種・亜種を網羅した初めての図鑑！ 身近な存在でありながら謎多き魚・ドジョウ。初公開を含む貴重な写真と最新の研究に基づく解説で、その正体に迫る決定版。
2017.3 223p B5 ¥4000 ①978-4-635-06287-9

◆ぴかぴか深海生物　エリック・ホイト著、北村雄一訳　（京都）化学同人　（けったいな生きもの）
【要旨】思わず見とれちゃう海の生物たちのショータイム。ヘンすぎ！ なんで？ でもきれい！ 大迫力の写真で50種を紹介！ おもしろポイントを解説！
2017.12 67p 19×15cm ¥1300 ①978-4-7598-1957-1

◆深き海の魚たち―資源開拓と有効利用に向けて　落合芳博編著　丸善プラネット, 丸善出版発売　（キヤノン財団ライブラリー）
【要旨】今、深海魚から目が離せない！ 海面の面積の約9割に相当する深海―200メートル以深、最大深度1万メートル超の深海域は地球最後のフロンティアである。低温、高圧、かつ暗黒のベールに包まれた世界には奇妙な生命が存在するが、今でも謎の部分が多く残されている。深海魚がこれまでに見せてくれた素顔の一端、そして資源としての有用性や利用の可能性について紹介

する。
2017.4 162p B6 ¥1400 ①978-4-86345-325-8

◆プロ直伝！ メダカの飼い方―繁殖＆交配ガイド 水谷正一監修 実業之日本社 （大人のフィールド図鑑）
【要旨】丈夫できれいなメダカが育つ。基本から応用まで全網羅！ プロが秘密にしたがるテクニック満載！
2017.7 157p A5 ¥1400 ①978-4-408-33710-4

◆マンボウのひみつ 澤井悦郎著 岩波書店 （岩波ジュニア新書）
【要旨】人気者なのに謎すぎる魚・マンボウ。なんであんな形なの？ 夜光る、すぐ死ぬ、おぼれる人を助けた、3億個産卵して生き残るのは2匹…伝説の真相は？ 古い文献探しから先端技術での生態調査、料理やサブカルまで、マンボウのひみつを解き明かそうと挑んだ若き研究者が、悲喜こもごもの研究ワールドへご招待！ （カラー頁多数）。
2017.8 187p 18cm ¥1000 ①978-4-00-500859-9

◆よみがえる魚たち 高橋清孝編著 恒星社厚生閣
【要旨】淡水魚の最後の砦を守れ！ ブラックバスを根絶し、シナイモツゴ、メダカ、ウナギなどを復元した戦略と戦術―最新の自然再生活動モデルのノウハウが詰まった手引書。
2017.6 182p B5 ¥3400 ①978-4-7699-1607-9

◆レッドビーシュリンプの飼育Q&A100 シュリンプクラブ編集部編 （横浜）エムピージェー （アクアライフの本）
【要旨】定番のチェリーシュリンプ、話題のハイブリッドシュリンプも！ レッドビーの一生は？ 健康な個体を選ぶコツは？ 最初に必要な用品類は？ ソイルの厚さはどのくらい？ ろ過について教えて！ 水槽の立ち上げ期間はどれくらい？ 水草が危険？ と聞いたけれど…水換えはしなくても大丈夫？ 繁殖には何ベアが必要？ なかなか抱卵しません…稚エビが産まれたら隔離した方がいい？ どうしたら白の濃い個体が増える？ レッドビー水槽に出る侵入生物は？ 殺虫剤でエビが全滅!?…100の疑問に答える！
2017.5 143p A5 ¥1500 ①978-4-904837-55-9

 ## メディカル

◆医療事務の現場で役に立つ公費説明のポイント 医療事務総合研究会著 秀和システム
【要旨】公費制度の内容や申請方法、関連業務がわかる！
2017.2 137p B5 ¥1500 ①978-4-7980-4887-1

◆医療制度改革の比較政治――一九九〇・二〇〇〇年代の日・米・英における診療ガイドライン政策 石垣千秋著 （横浜）春風社
【要旨】誰が医療をめぐる政治を左右するのか？ 医療の質を保ちつつ、医療費を抑制する一各国で行われた医療制度改革は、医学界に新しいパラダイムをもたらした。技術的な専門性が高く、不確実性が高い分野の政治はどう展開するのか。三か国での改革の経緯を丹念に追い、現代の専門職政治の様相を明らかにする。
2017.2 363, 20p A5 ¥5400 ①978-4-86110-534-0

◆医療通訳学習テキスト―医療現場で必要な多言語コミュニケーションのための6ヶ国語対応 沢田貴志医学監修、西村明夫編 創英社／三省堂書店
【要旨】基本から応用までを包括した、独習も可能な実践型「医療通訳テキスト」として、医療通訳の現場で、いま最も必要とされる英語、中国語、ポルトガル語、スペイン語、韓国語、インドネシア語を網羅した「医療通訳辞典」としてもお使いいただける医療通訳従事者必携の書。
2017.2 433p A5 ¥3500 ①978-4-88142-957-0

◆医療と特許―医薬特許発明の保護と国民の生命・健康維持のための制度的寄与 知的財産研究教育財団編 創英社／三省堂書店 （IIP研究論集 14）
【要旨】人類の生命・健康を維持するために医療関連分野における特許保護はどうあるべきか。医療関連分野の知的財産について、関心を寄せる多くの方々に参考となる論文集。
2017.4 299p A5 ¥5500 ①978-4-88142-126-0

◆医療の現場で役立つイラストカット＆写真素材集3500 林泰史監修 ナツメ社 （付属資料：DVD・ROM1）
【要旨】ポスターやチラシ、案内板、ホームページにも、自由に使える素材を満載！
2017.2 231p B5 ¥3000 ①978-4-8163-6154-8

◆医療ビジネスとICTシステム―医療を巡る今日的課題 斎藤正武、堀内恵編著 （八王子）中央大学出版部 （中央大学企業研究所研究叢書 38）
【目次】第1部 医療の経営的視点（医療の質と病院経営の質、医療観光（医療ツーリズム）の現状と今後の展望、人角平和計画による安全保障に関わる医薬品生産を目的としたソーシャルビジネス、レセプトシステムの日韓比較、PFSの課題と今後の展開）、第2部 医療連携における実践（地域連携の実践、医療介護のための地域包括ケアとICT、次世代を守るための災害時地域連携とPHRシステム構築、地域・医療機関での多職種連携）、第3部 医療でのICTシステムの活用（破壊的イノベーションに基づく日本の医療情報戦略策定に向けて、医療連携情報システムの情報品質評価、医療従事者からみたビックデータの情報活用）
2017.1 378p A5 ¥4700 ①978-4-8057-3237-3

◆医療保障の課題と政策―医療保障訴訟の事例を通して 番匠谷光晴著 （京都）晃洋書房
【目次】研究の視点（研究の目的、先行研究の状況、医療保障の範囲）、第1部 医療保障の三極（医療保障の構成について、行政庁、医療供給体制、利用者）、第2部 三極間の判例の検討（採用文献について、三極間の判例における将来予測のための前提について、フローチャートを用いた判例のグループ分けの方法、「利用者と行政庁」間の判例（給付の判例）、「医療供給体制と行政庁」間の判例（指定の判例）、「利用者と医療供給体制」間の判例（契約の判例）、医療保障の将来の課題）、医療保障政策の方向性―訴訟社会にしないために（医療保障の課題と政策の方向性、医療保障の課題と政策）
2017.3 304p A5 ¥3800 ①978-4-7710-2819-7

◆医療用医薬品のバーコード活用事典 日本工業出版 （日工の知っておきたい小冊子シリーズ）
【目次】バーコード編、バーコードリーダ編、薬局におけるGS1データバー活用事例、調剤薬局におけるGS1コードの活用と効果、流通システム開発センターにおける取り組み、日本自動認識システム協会の医療に関する取り組み、参考：厚生労働省「医療用医薬品へのバーコード表示の実施要項」、医療用バーコード読取対応製品ガイド
2017.6 170p B5 ¥3000 ①978-4-8190-2915-5

◆子どもの保健 2 演習 白野幸子著 医歯薬出版 第6版
【目次】序章 こどもの保健2 演習について、第1章 保健活動の計画および評価、第2章 子どもの保健と環境、第3章 子どもの疾病と適切な対応、第4章 事故防止および健康安全管理、第5章 心とからだの健康問題と地域保健活動
2017.12 208p B5 ¥2200 ①978-4-263-23697-0

◆最新 医事関連法の完全知識―これだけは知っておきたい医療関係88法 2017年版 安藤秀雄、望月稔之、並木洋共著 医学通信社 第22版
【目次】1 医療事務と法規、2 社会福祉と社会保障、3 医療施設に関する法規、4 医療従事者に関する法規、5 予防衛生・保健衛生に関する法規、6 薬事に関する法規、7 保険診療に関する法規、8 労働に関する法規、9 社会福祉に関する法規、10 その他の公費負担に関する法規、11 環境衛生に関する法規、12 その他の関連法規、13 各種担当規則、14 付表
2017.4 426p B5 ¥3200 ①978-4-87058-655-0

◆そのまま使える災害対策アクションカード 吉田修、横田耕治、加藤之紀、小尾口邦彦著 中外医学社 （付属資料：CD・ROM1）
【要旨】災害対策に悩む病院のための強力スタータブック。いきなり分厚いマニュアル作りをめざすのは挫折への道。まずはアクションカードの作成から始めよう！ アクションカードテンプレートを各施設の実情に合わせてカスタマイズしよう!!
2017.2 174p B5 ¥3800 ①978-4-498-06690-8

◆超実践マニュアル 医療情報 VERSUS研究会監修、奥田保男、谷川琢海、横岡由姫編 医療科学社 改訂版

【要旨】医療関係者には "医療情報システムの構築・運用・更新の具体的なポイント" を、企業スタッフ（SE）やベンダ関係者には "臨床現場のユーザーの思いと医療のなかのニーズ" を提示。医療情報分野の矢面に立つ "すべての医療スタッフ" をサポートする入門書の改訂版。近年の情報処理技術、法令・ガイドラインの変化に対応。システム導入に加えてリプレイスにも対応。
2017.3 290p A5 ¥3800 ①978-4-86003-485-6

◆投資型医療―医療費で国が潰れる前に 武内和久、山本雄士著 ディスカヴァー・トゥエンティワン （ディスカヴァー携書） （「僕らが元気で長く生きるのに本当はそんなにお金はかからない」改訂・改題書）
【要旨】自分も家族も健康そのもので、医療の世話になることはほとんどないという人たちにとっても、医療の「これから」は他人事ではない。皆保険という制度では、医療を使う使わないに関係なく、医療を支払わなくてはならないのだ。つまり社会全体の負担はあなたの肩に、いや財布に重くのしかかっている。医療は病気があるから生まれたのではなく、健康を損なわないために生まれた。医療が病気を治すためにあるのか、病気から守るためにあるのか、この違いは大きい。本書を読んで、ぜひ健康のケアそのものを目的とする「投資型医療」への転換を考えてほしい。それが必ず大きな力となって、やがて社会を変えていくのだ。
2017.9 287p 18cm ¥1500 ①978-4-7993-2162-1

◆ナノテクノロジーが拓く未来の医療 片岡一則編著 丸善プラネット, 丸善出版 発売 （キヤノン財団ライブラリー）
【要旨】「必要な時に、必要な部位で、必要な機能」を「いつでも、どこでも、誰にでも」身体的・経済的負担を最小限にしながら必要な検出／診断／治療を提供したい。それを可能にするのが、本書で紹介するナノテクノロジーに立脚した次世代医療技術。ウイルスサイズのナノマシンが私たちの体内を隈なく巡回し健康管理をしてくれる夢の体内病院（In・body hospital）により、人々が自律的に健康になる社会を目指す。
2017.12 254p B5 ¥3800 ①978-4-86345-363-0

◆日米がん格差―「医療の質」と「コスト」の経済学 アキ よしかわ著 講談社
【要旨】国際医療経済学者、「ステージ3B」のがんになる。医療ビッグデータと実体験から浮かび上がったニッポン医療「衝撃の真実」！
2017.6 231p B6 ¥1800 ①978-4-06-220631-0

◆日本の医療、くらべてみたら10勝5敗3分けで世界一 真野俊樹著 講談社 （講談社プラスアルファ新書）
【要旨】肺がんの術後5年生存率アメリカの1.6倍、ドイツの2倍！ 医者の技術力、看護師の質、薬の値段ほか、世界の公式データが語る「本当の実力」。
2017.2 189p 18cm ¥840 ①978-4-06-272980-2

◆病院からの全患者避難―災害医療フォーラム全講演 福田幾夫編 （大阪）医療ジャーナル社
【目次】序論 病院避難に関する文化的検討、第1回災害医療フォーラム in 福島（病院からの患者避難：東日本大震災・高田病院の場合、阪神・淡路大震災の火災からの病院避難、できたこと・できなかったこと、そして教訓―新潟県中越地震で全患者避難の経験を通して、大学病院：避難患者の中継基地としての機能について、NYを襲ったハリケーン・サンティからの全ライン避難計画とその実際ほか）、第2回災害医療フォーラム in 東京（病院避難の経験を共有する、迫り来る大災害への準備と対応）
2017.9 215p B5 ¥4600 ①978-4-7532-2851-5

◆暴言・暴力・ハラスメントから職員を守る段階的対応―医療法務弁護士が提案する 井上清成編著 日本看護協会出版会
【要旨】患者・家族・遺族から寄せられる意見の中身を見きわめ、信頼関係を築く対処法をまとめました！ すべての医療スタッフが、患者トラブルへの対応と法的知識の基本を理解するための1冊！
2017.2 200p 23×17cm ¥3000 ①978-4-8180-2033-7

◆融合医療―世界の民族伝統医療に学ぶ日本の医療 廣瀬輝夫著 三冬社
【要旨】世界の民族伝統医療を調査・研究。日本の融合医療のあるべき姿を提言する。
2017.9 223p A5 ¥2000 ①978-4-86563-027-5

◆**Beyond Human 超人類の時代へ—今、医療テクノロジーの最先端で** イブ・ヘロルド著、佐塚やえ訳　ディスカヴァー・トゥエンティワン
【要旨】250歳になっても、若々しい肉体。止まることのない人工心臓。細胞の損傷を直ちに修復するナノボット。AIと直接結びついた脳。最先端医療により不老不死が、現実となる!?そのとき、私たち人類に何が起こるのか。
2017.6 381p B6 ¥2500 ①978-4-7993-2116-4

医学よみもの

◆**悪性新生物の正体** ジョージ北峰著　文藝書房
【要旨】癌治療には二つの基本法則がある。この法則を理解すれば「癌治療」の正しい方向性が定まる。その基本法則とは？ まずは本書を読んでみて下さい。
2017.4 123p B6 ¥1200 ①978-4-89477-463-6

◆**明日この世を去るとしても、今日の花に水をあげなさい** 樋野興夫著　幻冬舎　（幻冬舎文庫）
【要旨】「たった2時間の命にも役割がある」「いい人生だったか、悪い人生だったかは、最後の5年間で決まる」「大切なものはゴミ箱にある」「病気になっても病人ではない」—どんなに辛い境遇でも、困った時でも「よい言葉」を持つことでいまよりずっと楽に生きられる。3千人以上のがん患者、家族に生きる希望を与えた「がん哲学外来」創始者の言葉の処方箋。
2017.4 251p A6 ¥500 ①978-4-344-42606-1

◆**あなたが「名医」と出会うための5つのヒント** 村田幸生著　大空出版
【目次】ヒント1 名医とはどんな医者かを知る（「言葉の力で安心させてくれる」、「丁寧に説明してくれる」ほか）、ヒント2 無医村、過疎地診療に名医の神髄を見る（「なぜ医者は初心を忘れてしまうのか」、ベテランの医者ほど慎重になっていく ほか）、ヒント3 主治医とセカンドオピニオンを使い分ける（自分にとっての名医をどうやって探すか、いいかかりつけ医を選ぶための二つのアプローチ ほか）、ヒント4 医者の説明をしっかり受けとめる（あなたが手術の同意書にサインするとき、「十分に理解して同意する」とは何か ほか）、ヒント5 医者と患者はよきパートナー（わたしが個人的に考える「名医の条件」、「寝たきり」患者の治療の意味がわからない医者たち ほか）
2017.3 155p B6 ¥1200 ①978-4-903175-69-0

◆**家で生まれて家で死ぬ** 矢島床子、新田954夫、佐藤有里、三砂ちづる著　（旭川）ミツイパブリッシング
【要旨】ゆたかな生と死は取り戻せるのか？ 日本を代表する在宅医療の専門医と開業助産師、がん患者家族らが語り尽くす、少子高齢化社会への処方箋。
2017.11 141p B6 ¥1200 ①978-4-907364-07-6

◆**医学教育概論の実践 第2巻 医学生の学びから初期研修医の学びへ** 北條亮著　現代社　（現代社白鳳選書 46）
【目次】第1部 科学的医療体系の理論的研鑽編（事実と論理について、弁証法と認識論の上達法、その過程を具体的に学ぶ、事実から現象の全体像へ、さらに論理的な構造像への過程を学ぶ、人間は認識的である事と学問的に捉える大事さを学ぶ、弁証法の現象的構造を事実で学ぶ ほか）、第2部 科学的医療体系の理論的実践編（科学的医療体系を学んだアタマでの対象の捉え方—一体系的でないアタマと比較して、初期研修医の医療現場の日常—突然倒れた患者の初期対応、医療現場で弁証法を使うということ—一像の弁証法的発展を実感する、『医学教育概論』の実践とは自力で辿り返すことである—再措定するということ、それが実践の中身である、社会人としての医師の心構えを学ぶ—素を出す医師はプロではない ほか）
2017.2 163p B6 ¥1600 ①978-4-87474-179-5

◆**イグノーベル的バランス思考—極・健康力** 新見正則著　新興医学出版社
【目次】タバコが嫌いです、不快な環境で生きる、本当に死ぬ薬と資本主義、うつ病の動物モデル、暑熱馴化、平均寿命と漢方、ビッグデータ、やっぱり死にたくないモード、医療はまだ進化の途中、脳死移植について〔ほか〕
2017.4 183p 17cm ¥2000 ①978-4-88002-198-0

◆**医師の経済的自由—豊かな人生と理想の医療を両立できる第3のキャリアパス** 自由気ままな整形外科医著　中外医学社
【要旨】日本の医師は国家による医療財政に養われる準公務員です。しかし、医療界だけがいつまでも聖域とされ続けるわけではありません。医師は医療のことだけを考えていればよい。そんな古き佳き時代は過ぎ去ろうとしています…いま、わたしたち医師に必要なのは「経済的に自由な状況」です。それを実現できる単なる勤務医でも、開業医でもない第3のキャリアパスとはズバリ「医師＋投資」。勤務医を続けながら「経済的自由」を確立した著者がその秘訣を明かします！
2017.1 203p B6 ¥2600 ①978-4-498-04842-3

◆**医者の罪と罰** 石井光著　幻冬舎
【要旨】がんの放置を勧めて治療のチャンスを奪う大罪。知っておいてほしい、がんの発生のしかた。がんにはがんの免疫がある。希望する治療を受けさせないのは法律違反。「抗がん剤しか方法はない」と言う医者。安すぎる手術料が病院を抗がん剤漬けにしている。標準治療の奴隷になった歌舞伎界の名優。「自由診療は高い」「自由診療は安い」というまやかし。一知らなかったではすまされないがん治療の真実。
2017.1 214p 18cm ¥1100 ①978-4-344-03057-2

◆**痛い在宅医** 長尾和宏著　ブックマン社
【要旨】本書で描かれている「物語」は作り話ではない。まったくのノンフィクションである。世に数ある、お別れの中の「たった一つの物語」に過ぎないかもしれないが、そこに、現代の在宅医療が抱える課題がすべて包含されていることに気がついた。末期がんの在宅医療のすべてが、この本にある。
2017.12 246p B6 ¥1300 ①978-4-89308-894-9

◆**痛いっの素—痛み専門医（ペインクリニシャン）が教える痛みの対処法** 小川節即著　駒草出版
【要旨】40年以上にわたり、3000件以上の症例を診察。数多くの研究発表や院長職、学会の理事などをこなし、今なお現場に立ち続ける「痛みのスペシャリスト」が、痛みの全容（しくみ、診療方法、処方等）から周辺情報までを語る。
2017.6 165p B6 ¥1800 ①978-4-905447-80-1

◆**一精神科医のエッセイ—心の憩い** 山口成良著　（金沢）北國新聞社
【目次】第1章 エッセイ集（医学教育カリキュラム、指導教授制、母からのお願い、マグーン教授のご逝去を悼む、金沢大学医学部百三十年 ほか）、第2章 人物伝記（八甲田山雪中行軍で遭難した永井軍医の言動、わが国の神経精神医学の開拓者松原三郎、国会議員、金沢市長等を歴任した波瀾万丈の岡良一、ヒトの脳波の発見者ハンス・ベルガー、恩師秋元波留夫先生 ほか）
2017.1 196p B6 ¥1111 ①978-4-8330-2081-7

◆**いのちを呼びさますますの ひとのこころとからだ** 稲葉俊郎著　KTC中央出版
【要旨】医療の枠を越えて生命を語る東大病院医師、稲葉俊郎が描き出すあたらしい人間讃歌。
2018.1 284p 20×13cm ¥1600 ①978-4-87758-773-4

◆**いのちのリスク—いのちの危険因子をみつめる** 松原純子著　冨山房インターナショナル
【要旨】戦争、自然災害、事故、放射線、有害化学物質、感染症、がん、生活習慣病…今まで、どんな理由でどれくらいの人々がいのちを落としてきたのか。今、私たちの身の回りにはどんな危険があるのか。
2017.4 221p B6 ¥1800 ①978-4-86600-029-9

◆**祈る医師 祈らない医師—ホリスティック医療の明日へ** 要明博著　（丹波）あうん社　（手のひらの宇宙BOOKs 第11号）
【目次】第1章 ホリスティック医療のいま、第2章 甲状腺という小宇宙からのメッセージ、第3章 自然治癒力はサムシンググレートの贈り物、第4章 病気になりにくい人、なりやすい人（健康とストレス）、第5章 祈る医師、祈らない医師、第6章 HSJが目指すホリスティック医療、第7章 魂は永遠なり
2017.2 275p B6 ¥1800 ①978-4-908115-10-3

◆**医療事故に「遭わない」「負けない」「諦めない」** 石黒麻利子著　扶桑社　（扶桑社新書）
【要旨】医学博士でもある専門弁護士が医療事故の内幕を全部書いた一「医師や看護師が少し考えれば防げた医療事故ばかり。患者側も医師にすべてお任せという姿勢ではいけない」。「患者

◆**医療者が語る答えなき世界—「いのちの守り人」の人類学** 磯野真穂著　筑摩書房　（ちくま新書）
【要旨】私たちは病院に、答えを得るために足を運ぶ。心身の不調の原因が明らかになり、それを取り去るすべが見つかることを期待する。しかし実際の医療現場は、私たちが想う以上のあいまいさに満ちており、期待した答えが得られない場合も多い。そんな時私たちは、医療者に失望するが、それは医療者も同様に悩み、考えるときでもある。本書は、医療者のそんな側面を、本人たちへのインタビューをもとに紹介する。病気になったとき、私たちは医療者とともにいかに歩むことができるのか。かれらの語りを通じて考えてほしい。
2017.6 231p 18cm ¥800 ①978-4-480-06966-5

◆**院長妻から院長夫人への42のメッセージ—自分らしく無理せず楽するコツ** 永野光著　（大阪）プリメド社
【目次】院長妻が不安視される背景、現場に入るときの心構え、現場に入ってから、対院長、対スタッフ、院長夫人へのマネジメント学
2017.9 127p A5 ¥1800 ①978-4-938866-62-4

◆**映画に描かれた疾患と募る想い—安東教授のシネマ回診** 安東由喜雄著　医歯薬出版
【目次】「メモリー・キーパーの娘」—ダウン症、「モリー先生との火曜日」—ALS、「アルバート氏の人生」—性同一性障害、「愛、アムール」—脳動脈塞栓症、「リンカーン」—マルファン症候群、「フェイシズ」—相貌失認、「フライト」「東ベルリンから来た女」—医師というもの、「太陽がいっぱい」—青い瞳、「25年目の弦楽四重奏」—パーキンソン病の治療、「50/50フィフティ・フィフティ」—神経線維肉腫〔ほか〕
2018.1 271p B6 ¥2000 ①978-4-263-73180-2

◆**おかげさまで生きる** 矢作直樹著　幻冬舎　（幻冬舎文庫）
【要旨】肉体の死は誰にも等しくやって来るが、死後の世界は私たちの身近にあり、再会したい人とも会える。今世の経験から学び、「おかげさま」という感謝の姿勢で自分の生を全うする。東大病院救急部のトップとして15年間、生と死の現場で生と向き合った医師がたどりついた究極の死生観とは。「人はなぜ生きるのか」の真実に触れる異色エッセイ。
2017.4 225p A6 ¥500 ①978-4-344-42609-2

◆**隠された造血の秘密—腸管造血説と幻の造血幹細胞** 酒向猛著　（札幌）Eco・クリエイティブ
【要旨】STAP細胞は、「存在しない」と言い切れるのか。千島学説研究の第一人者が、それでも「STAP細胞は存在するするする」と語る、その真意は…納得か？ 驚愕か？ 進化する科学の世界で、この書籍は、既成の生物学を超えた千島学説の新たなるチャレンジである。
2017.11 383p B6 ¥2000 ①978-4-9909592-4-1

◆**神になりたかった男 徳田虎雄—医療革命の軌跡を追う** 山岡淳一郎著　平凡社
【要旨】救世主？ キワモノ？ 医師会との死闘、札束が飛び交う選挙、英蘭の銀行との駆け引き、徳洲会事件、ALS罹患…一代で、世界有数の病院グループを築いた男の実像に迫る。
2017.11 319p B6 ¥1800 ①978-4-582-82486-5

◆**感染源—防御不能のパンデミックを追う** ソニア・シャー著、上原ゆうこ訳　原書房
【要旨】10億人規模、世界的不況を誘発するパンデミックがいつ起きてもおかしくない。コレラの歴史的道筋をたどり、世界の感染源にみずから足を運んだ気鋭の科学ジャーナリストが問う「感染症時代」。
2017.1 356p B6 ¥2500 ①978-4-562-05371-1

◆**感染地図—歴史を変えた未知の病原体** スティーヴン・ジョンソン著、矢野真千子訳　河出書房新社　（河出文庫）
【要旨】コッホがコレラ菌を発見する三十年前、「疫学の父」と後に呼ばれたジョン・スノーは、ロンドンを襲った「見えない敵」と闘っていた。原因も治療法もわからない恐怖や惨劇のなかで次々と人が死んでいく。ミステリー風でスリルあふれる歴史読み物でありながら、大疫病の感染源を究明するために「ビッグデータ」を彷彿とさせる手法を用いたことに現代性を感じさせ

る名著。
　　2017.12 368p A6 ¥980 ①978-4-309-46458-9

◆がん治療の選択肢を増やそう！　医療大麻入門　医療大麻を考える会監修, 長吉秀夫著　キラジェンヌ　（veggy Books）
【要旨】医療大麻はがん治療の救世主か、法律で禁止するべき猛毒植物か!?末期がん患者が使用し逮捕された「山本正光医療大麻裁判」を通して大麻問題の本質を学ぶ。
　　2017.1 118p A5 ¥1300 ①978-4-906913-59-6

◆血液型人生学新書―「ダーウィンの進化論」から解読する　福間進著　鳥影社
【目次】第1章 血液型と性格の研究略史、第2章 進化から見た新しい血液型と性格、第3章 血液型と性格の形成、第4章 血液型と性格の形成と特徴、第5章 書籍や映画から読み解く血液型と性格、第6章 日本と外国の偉人・有名人の血液型と性格、第7章 日本人の血液型と国民性
　　2017.7 342p B6 ¥1500 ①978-4-86265-619-3

◆見天地人―医療 現在と未来をみつめて　藤澤武彦著　（千葉）千葉日報社
【要旨】医療合併から10年、県予防財団の過去・現在・未来。戦前・戦後、医療の先進県として栄えた千葉。今再び、予防医学先進県へと突き進む
　　2017.4 202p B6 ¥1400 ①978-4-904435-71-7

◆荒野のジャーナリスト稲田芳弘―愛と共有の「ガン呪縛を解く」　稲田陽子著　（札幌）Eco・クリエイティブ
【要旨】ガンの三大療法を拒否し、「抗ガン剤ムラ社会」という荒野を足取りも軽く歩いた一人のジャーナリストが体験した最期の日々とは…。その「隠された真実」を私が黙っていることは許されない。衝撃の事実を語る問題作。
　　2017.11 200p B6 ¥1500 ①978-4-9909592-5-8

◆『サレルノ養生訓』とヒポクラテス―医療の原点　大槻真一郎著, 澤元亙監修　コスモス・ライブラリー, 星雲社 発売　（ヒーリング錬金術 1）
【要旨】医学のメッカ・サレルノで生まれた中近代ヨーロッパのベストセラー『サレルノ養生訓』をラテン語原典から訳出し、その基本となるヒポクラテス医学の特質をギリシア哲学との関連からユニークに解説。「人間本来の自然を知り、自然に立ち返る」―医療の原点がここにある！
　　2017.4 194p B6 ¥1400 ①978-4-434-23284-8

◆社会医学原論―古代ローマ帝国、産業革命から国際保健　荒記俊一著　ポリッシュ・ワーク　鳥影社 発売
【要旨】産業保健、公衆衛生、疫学、医学統計を統合する広義の概念。「社会医学」とは、何か。環境汚染、原発事故、労働災害、貧困など、産業革命以降に激増した新たな健康問題に応え続けてきた社会医学。鉛中毒の世界的権威が、世界史と日本史における学の歴史と展望を明らかにし、様々な分野に分割された学問の統合を試みた唯一無二の書。
　　2017.6 421p B6 ¥3600 ①978-4-906907-08-3

◆小児科医のアナムネーシス　土居悟者　（大阪）せせらぎ出版
【目次】ぜんそくはコントロールできます、秘密の花園、アレルギーはなぜ増えているのか、子どもと遊び、フランス語について、そうじについて、食べて走ると、犬と暮らせば、賢治の手帳、神谷先生〔ほか〕
　　2017.4 165p A5 ¥1500 ①978-4-88416-255-9

◆診察室の窓　2　小林永子著　ヨベル
【要旨】人々はまさにこのようにして生きてきた…。医の現場から、聖書と共に振り返る15年。聖書から診察室へと遣わされ、病人に寄り添い、またみことばへと帰っていく信仰の往環。神経内科医としての歩みの中から生まれた想念を簡潔な断章でまとめた『診察室の窓』、その待望の第2集。
　　2017.2 334p B6 ¥1500 ①978-4-907486-45-7

◆人生でほんとうに大切なこと―がん専門の精神科医・清水研と患者たちの対話　稲垣麻由美著　KADOKAWA
【要旨】精神腫瘍科を知っていますか？ それは、がん専門の精神科・心療内科のことです。がん患者とその家族の「不安、苛立ち、痛み、怒り、涙、うつ、悲しみ、孤独、絶望」などの混乱に手を傾けます。がん専門病院や大学病院などに設置されている「精神腫瘍科の存在をがん患者とその家族に知ってもらいたい」という、一人のがん患者の切実な願いから生まれ

ました。
　　2017.10 197p B6 ¥1400 ①978-4-04-069390-3

◆診療所の窓辺から―いのちを抱きしめる、四万十川のほとりにて　小笠原望著　（京都）ナカニシヤ出版
【要旨】四万十川に架かる、橋のたもとの診療所。移り変わる四季と、ドラマだらけの臨床に身を置いたひとりの医師が辿りついた境地―。「ひとのいのちも自然のなかのもの」。死を生きるひとと、すべてにかかわる「いのち」のシーンを、柔らかに、しなやかに、描きます。
　　2017.4 197p B6 ¥1500 ①978-4-7795-1152-3

◆精神科病院で人生を終えるということ―その死に誰が寄り添うか　東徹者, 日経メディカル編　日経BP社, 日経BPマーケティング 発売
【要旨】死は希望だ―一介の若手精神科医の独白。人々の目に触れることがない精神科単科病院の「身体合併症病棟」。ここがどのような場所で、どのような人がどう生き、そして死ぬのか。精神科疾患を有する人の日常や精神科医療の実際、胃瘻造設や延命治療の是非、誤嚥性肺炎、患者家族への説明の難しさといった終末期医療における課題を描き出す。精神医療の入門書として最適な1冊。
　　2017.3 257p B6 ¥3500 ①978-4-8222-3963-3

◆総合診療医として生きる―芸術力で西洋医学と東洋医学をつなぐ　周東寛著　コスモ21
【目次】1 「病気主体」ではなく「患者さん主体」の医療を目指す（トータルヘルスケア、生活習慣と生活環境、医の扱いはデリケートに、糖尿病治療革命 ほか）、2 儒教の歴史に深くつながる医師の家系（中国の近代化を推し進めた周敦頤の子孫たち、中国における儒教の変遷、台湾から見える日本―儒教の受容と変遷）
　　2017.10 275p B6 ¥1500 ①978-4-87795-359-1

◆続々 凡医閑話（ぼんいのむだばなし）　岳野圭明著　（福岡）梓書院
【要旨】脳神経外科医が選んだ「医」に関する本のかずかず。専門分野から漫画にいたるまでジャンルを超えて紹介された本に著者のことばを添えたエッセイ集。
　　2017.9 299p B6 ¥1389 ①978-4-87035-611-5

◆大学病院の奈落　高梨ゆき子著　講談社
【要旨】群馬大学病院第二外科で、患者18人が連続死していた―異常な det度で高度医療に挑む「野心家」医師と、ポストに執着する教授たちが引き起こした惨劇。なぜ変わらないのか。なぜ変われないのか。終わりなき「白い巨塔」―新聞協会賞受賞記者が書き尽くした、驚異の医療ノンフィクション。
　　2017.8 278p B6 ¥1600 ①978-4-06-220758-4

◆たたかいはいのち果てる日まで―医師中新井邦夫の愛の実践　向井承子著　エンパワメント研究所, 筒井書房 発売　（復刻：2007年刊）
【要旨】障害者の地域における暮らしを支えるシステムはどうあるべきか。自らの死に至る病をかえりみることもなく、その答を求め続けたひとりの医師の壮絶な生きざま。
　　2017 286, 32p B6 ¥1600 ①978-4-907576-18-9

◆たたかうきみのうた　宮本和俊著　幻冬舎 発売
【要旨】耳をすませば生きる希望に燃える子どもたちの声がきこえる―日本最北の地で小さな命と日々向き合う小児科医。その診療現場と日常生活に舞い降りたほっこり心温まるエピソード。　2017.1 247p B6 ¥1000 ①978-4-344-91103-1

◆正しく怖がる感染症　岡田晴恵著　筑摩書房　（ちくまプリマー新書）
【要旨】新型インフルエンザ、ジカ熱、エボラ出血熱、結核、梅毒…。多種多様な感染症をその経路別に整理して正しい知識を持ち、いたずらに怖がり過ぎず来たるべき脅威に備えよう。
　　2017.3 206p 18cm ¥820 ①978-4-480-68978-8

◆多田富雄コレクション　3　人間の復権―リハビリと医療　多田富雄著　藤原書店
【要旨】脳梗塞による右半身麻痺と構音・嚥下障害の身体は多田富雄をいかに変えたか。世界的免疫学者として各地を飛び回っていた多田を、突如襲った脳梗塞の発作。新しい「自己」との出会い、リハビリ闘争、そして、死への道程…。生への認識がいっそう深化した、最晩年の心揺さぶる言葉の数々。
　　2017.9 309p B6 ¥2800 ①978-4-86578-137-3

◆治療家の持つべき力　関城一己著　（大阪）パレード, 星雲社 発売

【要旨】「治療家の持つべき力」を身につければ、患者様は2倍3倍になります！ 目立たない場所で1日来院数100人以上を25年以上続ける先生が教える、選ばれる治療家とは？
　　2017.3 205p A5 ¥2300 ①978-4-434-23068-4

◆治療のこころ　第22巻 問いに答える　10　神田橋條治著　花クリニック神田橋研究会
【目次】結果がすべて―平成二十八年（二〇一六）三月二十六日 第六十一回、脳は発達する―平成二十二年（二〇一〇）十一月六日 第四〇回
　　2017.3 202p B6 ¥880 ①978-4-915694-50-9

◆ドクトゥール白ひげ 回顧録　齋藤晴比古著　近代文藝社
【要旨】人を愛し、医に心を尽くす。様々な症例と人生に寄り添い、卓越した知識と技量、そして何より温かな人間性で人々を癒し魅了するドクトゥール・白ひげ。その、とっておきのエピソード、13話!!
　　2017.8 160p B6 ¥1500 ①978-4-7733-8042-2

◆悩めるセラピストへ―下町的指南書　福井勉著　ヒューマン・プレス
【目次】第1部 臨床・研究・教育・創造のヒント（臨床のヒント、研究のヒント、教育のヒント、創造のヒント）、第2部 尻の穴を広げるために（尻の穴とは、尻穴拡大計画、尻の穴を広げるケツ論）
　　2017.3 147p B6 ¥1500 ①978-4-908933-03-5

◆登り道―鳥甲山から産婦人科医へ　太田八千穂著　幻冬舎メディアコンサルティング, 幻冬舎 発売
【要旨】「あの頃」があるから「いま」がある。日本が誇る「膣式手術」スペシャリストの原点を綴ったエッセイ。
　　2017.9 171p B6 ¥1300 ①978-4-344-91351-6

◆バイオセーフティ　4　国立感染症研究所と住民との対話2016年　ストップ・ザ・バイオハザード国立感染研の安全性を考える会編　桐書房
【目次】1 「安全性を考える会」の質問書に対する感染研の回答（感染性生物の脅威に対する認識について、建築基準法の観点から見た不適地について、管理運営の改善について、平穏生活権の侵害の想定について、エボラ出血熱等の脅威と対策について）、2 質問書をふまえた質疑応答（情報開示請求に基づく調査結果をふまえた質疑応答、川本氏質問への回答）、3 地域参加者との質疑応答（広域避難地域での安全対策は、万一の際の地域住民への広報は、地域と合同の避難訓練をやってほしい、ジカ熱と蚊の駆除対策、事故等危機管理の対策は十分か、この話し合いの内容は所内に周知されるのか、安全管理、移転の問題をどう受け止めるか、共同シンポジウムの開催を、論争は未解決のまま、移転は今後の感染研発展のチャンス）、資料 感染研への質問項目
　　2017.4 47p A5 ¥500 ①978-4-87647-874-3

◆はしかの脅威と驚異　山内一也著　岩波書店　（岩波科学ライブラリー）
【要旨】はしかはかつて多くの人が感染するウイルス病だったが、現在はほぼ根絶され、軽視されている病気でもある。しかし、このウイルスはエイズと同じく免疫力を低下させ、体内に10年も潜み脳の難病を引き起こす恐ろしいウイルスなのだ。一方、このウイルスを利用して癌を治療する試みも注目されている。知られざるはしかの話題が満載。
　　2017.9 110, 7p B6 ¥1200 ①978-4-00-029665-6

◆白夜の病棟日誌―脳死下臓器移植と高社会福祉政策の国スウェーデンより　高井公雄著　（福岡）花乱社
【要旨】泌尿器科の医師として30年。人生の転機となったスウェーデン留学時代のさまざまな見聞と経験をもとに、この世界同時的な激動期に超高速で高齢化が進む日本の社会と医療システムを考える。話題の豊富さ、ユーモアを交えた率直な文体が好評の『下関医師会報』連載エッセイの単行本化。
　　2017.8 306p B6 ¥1000 ①978-4-905327-64-6

◆ヒューマンファーストのこころの治療―現代病が増えつづける日本の社会　榎本稔著　幻冬舎メディアコンサルティング, 幻冬舎 発売
【要旨】こころの病を抱える人が生きるためには、デイナイトケアの治療しかない。日本精神医学・医療の常識と闘いつづけている著者が語る。
　　2017.10 204p B6 ¥1200 ①978-4-344-91376-9

◆病院で働く心理職―現場から伝えたいこと　野村れいか編著, 国立病院機構全国心理療法士協議会監修　日本評論社
【要旨】次世代の心理職および公認心理師を目指す人のために。多職種協働や保健医療分野への入り方、医療現場で役立つ知識などのノウハウを得るための最適な1冊。
2017.9 254p A5 ¥2200 ①978-4-535-56360-5

◆病院は東京から破綻する―医師が「ゼロ」になる日　上昌広著　朝日新聞出版
【要旨】老老医療の混乱のなか、若手医師はアルバイトに忙しく、名門病院さえ赤字続きで、首都圏に無医村地区が発生する。看護師も理学療法士も足りず、寝たきりと孤独死のリスクが跳ね上がる―。医師不足が招く深刻な危機をどう生き抜けばよいのか。医療ガバナンスを研究する著者がデータをもとに解説する。
2017.3 191p B6 ¥1500 ①978-4-02-331493-1

◆不養生訓―帯津良一ときめきのススメ　帯津良一著　山と溪谷社
【要旨】大酒、美食、不摂生、メタボ、何でもOK！ 81歳でピンピンしている著者が証明。
2017.10 191p B6 ¥1200 ①978-4-635-49024-5

◆プルーフ・オブ・ヘヴン―脳神経外科医が見た死後の世界　エベン・アレグザンダー著, 白川貴子訳　早川書房　（ハヤカワ・ノンフィクション文庫）
【要旨】脳神経外科医として25年のキャリアをもち、長年ハーバード・メディカル・スクールで教えてきた医師が、ある日突然原因不明の髄膜炎に襲われ昏睡状態に陥った。意識や感情をつかさどる脳の領域が働いていなかったはずの7日間に、彼が見た驚くべき光景とは？ 死後の世界を否定してきた彼を変えた決定的な出来事とは？ 発表されるや賛否の渦を巻き起こし、日本のテレビ番組でも紹介された驚愕の書。
2018.1 270p A6 ¥820 ①978-4-15-050515-8

◆北緯43度のドン・キホーテ　西村昭男著　（札幌）財界さっぽろ
【要旨】「日本は北の国から夜が明ける！」伝説のドクターが次世代の医療者に伝える熱き想い―「私は"捨て子"同然の病院を引き受け、ここから日本の医療を変えよう、ここから新風を巻き起こそうと決心した日のことを、いまでも鮮明に覚えている」―常に日本の医療界をリードしてきた"北緯43度のドン・キホーテ"が波瀾万丈の半生を振り返る！
2017.6 288p B6 ¥1700 ①978-4-87933-519-7

◆ホモピクトルムジカーリス―アートの進化史　岩田誠著　中山書店
【要旨】「言葉」を得て、「絵」を描き、「歌」い「踊」り「演奏」する。「ヒト」はいかにして「表現者」になったか。
2017.5 232p B6 ¥2800 ①978-4-521-74522-0

◆ホリスティック医学私論―来し方・いま・行く末　帯津良一著　源草社
【要旨】食道がんの手術に明け暮れるなかで、西洋医学の限界を感じ中国医学を併せることを思いついたのが1970年代後半…がん治療を旗印に病院開設…試行錯誤を重ねながらホリスティックへ。理想を追い求めてきた30年余を評価…「人間まるごとを診る」たどりついた"真の治癒"とは…。
2017.10 247p B6 ¥1500 ①978-4-907892-12-8

◆本当は健康寿命が短い日本人の体質　寺尾啓二著　宝島社
【要旨】日本人の健康寿命は平均寿命より10歳も短かった！ 肉より魚！ 牛乳NG！ 脂肪が天敵！ タバコはNO！ 日本人の体質にあった食材の選び方、栄養素の摂り方を最新医学が明かす！
2017.6 223p B6 ¥1300 ①978-4-8002-7114-3

◆枕と寝具の科学　久保田博南, 五日市哲雄著　日刊工業新聞社　（B&Tブックス―おもしろサイエンス）
【目次】第1章 人間はなぜ生涯の3分の1も眠って過ごすのか、第2章 人はなぜ枕を必要とするのか、第3章 快眠をよぶ布団へのこだわり、第4章 快眠をもたらすベッドとマットレス、第5章 寝間着も大事な睡眠の要素、第6章 良く眠る（熟睡）ための環境づくり
2017.3 159p A5 ¥1600 ①978-4-526-07694-7

◆誠をつなぐ―岩手医科大学さきがけの軌跡　榊悟著　（盛岡）岩手日報社
【要旨】岩手医科大学創立120周年記念出版。岩手県医療の礎を築き、医学教育の発展に寄与した歴史をひもとく地域医療の未来を展望する待望の書。
2017.4 199p A5 ¥2500 ①978-4-87201-418-1

◆身軽に生きる　矢作直樹著　海竜社
【要旨】救急医療の現場で生と死を見つめてきた医師が伝えたい、すこやかな生き方。
2017.4 211p 18cm ¥1000 ①978-4-7593-1533-2

◆無分別智医療の時代へ―人間の知性を超えた「宇宙の叡智」を活かす　天外伺朗著　内外出版社
【要旨】科学では説明できないが、実効性のある医療を「無分別智医療」と名付け、宗教や科学の歩み、「気」の仕組み、量子力学などの最新科学の知見から、「無分別智医療」とは何かを紐解き、それをどう活かしていくのか―。現代医学では到達できない新たな地平を拓く、医療革命の書!!
2017.7 313p B6 ¥2300 ①978-4-86257-309-4

◆「病」だけ診るな「人」をみよ―老医のモノローグ　神野哲夫著　ルネッサンス・アイ, 白順社 発売
【要旨】著者は、脳神経外科医であり、元藤田保健衛生大学病院長。同大学病院を退任後も医療の現場に立ち、その一方で、国際医療連携機構（JI-MCO）を設立。現在も開発途上国の医療支援活動に尽力している。さまざまな立場に立ち、内省により見えてきた「医療の未来とあるべき姿」。人間性の欠如した医療人たちや、グローバルに変わろうとしている医療界に対するモノローグであり、厳しくも温かい助言である。
2017.1 248p B6 ¥1200 ①978-4-8344-0200-1

◆養生の力　松本孝一著　（豊川）シンプリ
【要旨】世の中に、目的地が分からなくて辿り着ける人は、一人もいない。健康とはどんな景色で、思い浮かべれば誰もが近づけると気づいた時、すでに、養生の力が働き始めている…。今、そしてこれからも身体のしくみを使うこと「養生」は、病める人にとっては、究極の対症療法であり、健康な人々にとっては、病になっても治りやすい身体をつくる、究極の日本を救う手段であることに違いない。
2017.5 179p B6 ¥1852 ①978-4-908745-01-0

◆予期せぬ瞬間―医療の不完全さは乗り越えられるか　アトゥール・ガワンデ著, 古屋美登里, 小田嶋由美子訳, 石黒達昌監修　みすず書房
【要旨】「テニスプレーヤー、オーボエ奏者などと同じく、医師も上達するには練習が欠かせない。ただし、医師には一つだけ違いがある。それは、練習台が人間であるという点だ」腰痛、吐き気、肥満…私たちにとって身近な病いでも、医療にはなぜミスがつきまとい、医師にも思い通りにならないことが多いのか？ 研修先の病院で医療の不完全さを知るうちに、ガワンデはあることに気づく―咳がいつまでも治まらないときに人々が頼りにするのは、完全な科学知識などではなく、熟練した医師なのだ。混乱と不安と驚きに満ちた現場で、医師はどんな瞬間に医療の不完全さを知り、どう乗り越えてゆくのか。『死すべき定め』の著者が研修医時代に著した、衝撃のデビュー作。
2017.9 278, 10p B6 ¥2800 ①978-4-622-08639-0

◆離島の保健師―狭さとつながりをケアにする　青木さぎ里著　青土社
【要旨】海に囲まれた3つの小さな島で働くことになった3人の新人保健師の成長を、丁寧な聞き取りから描き出す、本格派の研究が登場！ 自身もかつて保健師として離島で働いた著者が示すのは、特殊な地域ケアの現場か、それとも超高齢社会の未来図か。
2017.11 235p B6 ¥2200 ①978-4-7917-7024-3

◆臨終医のないしょ話　志賀貢著　幻冬舎
【要旨】数千人を看取った医師がこっそり教える、幸せな最期を迎えるためのとっておきの方法。幸せに死ねるのは「在宅」か？「病院」か？ 心穏やかに臨終を迎えるために、どうしても知ってもらいたいこと。
2017.7 238p 19cm ¥1100 ①978-4-344-03142-5

医師・医者

◆医者の稼ぎ方―フリーランス女医は見た　筒井冨美著　光文社　（光文社新書）
【要旨】大学病院の教授の権威は失墜し、野心溢れる若手医師が目指す存在ではなくなった。いま、封建的で年功序列の組織に飛び込んで行っても、将来のポストの保証はない。その代わりに、医師たちは将来のキャリアに役立つ都心のブランド病院に殺到し、健康診断や当直などのアルバイトで食いつなぐフリーター医師も出現した。また、専門的なスキルを売りにして腕一本で高額な報酬を得るフリーランス医師は、病院にとって不可欠となった。変革の時代にある医療現場の実情、医師たちの本音とは―100以上の病院を渡り歩いた現役麻酔科医が辛口で書き綴る。
2017.1 206p 18cm ¥740 ①978-4-334-03967-7

◆手術実績で探す名医のいる病院　2018　東日本編　医療新聞社, 永岡書店 発売
【要旨】東日本（北海道～静岡県）独自徹底調査！ 最新手術実績を一挙掲載。
2017.11 264p B5 ¥907 ①978-4-522-43599-1

◆手術実績で探す名医のいる病院　2018　西日本編　医療新聞社, 永岡書店 発売
【要旨】西日本（愛知県～沖縄県）独自徹底調査！ 最新手術実績を一挙掲載。
2017.11 240p B5 ¥907 ①978-4-522-43600-4

◆信頼の主治医 明日の医療を支える信頼のドクター　2018年版　ぎょうけい新聞社編著, 産經新聞生活情報センター企画　（大阪）ぎょうけい新聞社,（大阪）浪速社 発売　（名医シリーズ）
【目次】医療法人自報会グループ―理事長・白昌善、医療法人社団森愛会鶴見クリニック―理事長・鶴見隆史、湯川リウマチ内科クリニック―院長・湯川宗之助、中島歯科医院―院長・中島和敏、皮膚科岡田佳子医院―院長・岡田佳子、医療法人慈正会丸山記念総合病院―理事長・丸山正董、金子耳鼻咽喉科Ear&Nose Clinic―院長・金子敏彦、医療法人本原会産科婦人科本原クリニック―理事長・本原信幸、医療法人白寿会ハートフルクリニック―理事長・院長・平良茂、医療法人地塩会大宮レディスクリニック―院長・出居貞義、すずきこどもクリニック―院長・鈴木幹啓、GENE東京クリニック―院長・津坂憲政、医療法人財団順和会山王病院―リプロダクション・婦人科内視鏡治療センター長・藤原敏博、医療法人つじもとクリニック―理事長・辻本達寛、医療法人財団鳳凰会フェニックスメディカルクリニック―理事長・院長・賀来宗明、医療法人しのざき整形外科―院長・篠崎進一、堤洋之歯科医院―院長・堤洋之、医療法人薫陽会くろつち福岡春日リハビリテーションクリニック―理事長・山下信哉
2017.12 215p A5 ¥1800 ①978-4-88854-510-5

◆病気を引き寄せる患者には理由がある。―医者だから教えられる、病院を上手に使うコツ　北條元治著　イースト・プレス
【要旨】「がん放置」は信用できる？「医者言葉」に隠された成功率とは？ 医者は自分の「実績」のためにやらなくてもいい手術を行う？ そんな不安を、この本で解消します。最高の診療を受けるための、本当の医者とのつき合い方。
2017.11 180p B6 ¥1300 ①978-4-7816-1606-3

◆65歳医師がなぜ開業できるのか？―埼玉県は日本一の医療過疎地　吉尾卓著　幻冬舎メディアコンサルティング, 幻冬舎 発売
【要旨】交通網の充実、医療状況、開業支援体制…定年退職後の暮らし方に悩んだリウマチ専門医が、分析のうえに導き出したのは、埼玉県「東部」での開業だった。
2017.12 169p 18cm ¥800 ①978-4-344-91499-5

闘病・看護記

◆あのね、かなちゃんに聞いてほしいことがあるの―緩和ケアが音楽を奏でるとき　儀賀理暁著　日本医事新報社
【目次】プロローグ「私、いつまで生きられるの？」、第1章「あのね、かなちゃんに聞いてほしいことがあるの」、第2章「生ききる、ゆたかに」、第3章「幸せだなぁ」、第4章「出番だよ」、第5章「私は毎日写真を撮りたい！」、第6章「Amazing!!」、エピローグ「お父さんの口紅」
2017.1 190p B6 ¥1800 ①978-4-7849-4334-0

◆生きて、もっと歌いたい―片足のアイドル・木村唯さん、18年の軌跡　芳垣文子著　朝日新聞出版

【要旨】2015年10月14日、木村唯さんは18歳2カ月でこの世を旅立った。東京の老舗遊園地「浅草花やしき」で活動をしていた、ご当地アイドルのメンバー。「がん」と闘いながらも、歌うことを諦めなかった。どうしてもステージに戻りたい―。その生き方を通して、唯さんが周囲の人たちに残した多くのこと。
2017.10 175p B6 ¥1100 ①978-4-02-251494-3

◆医者が妻を看取る―夫婦でがんと闘った3年10カ月の記録　小野寺久幸著　中央公論新社
【要旨】外科医として数多くのがん患者を救ってきた医師が妻の大腸がんを見つけた日から、日記は始まる。医師として冷静にがんと立ち向かいながら、夫として苦しむ日々。
2017.11 253p B6 ¥1400 ①978-4-12-005026-8

◆一得一失―腎臓がんで得たもの、失ったもの　辻英夫著　日本文学館
【要旨】無心にひたむきに歩んでいこう―。腎臓のひとつを失うほどの手術を経験した筆者による詳細・リアルな腎臓がん闘病体験記。
2017.7 186p B6 ¥1300 ①978-4-7765-3934-6

◆"思う"ことで変えられる―「60歳まで必ず生きる」腎臓病エンジニアがゆく　古薗勉著　はる書房
【目次】プロローグ ののさま―脳死と移植、第1章 腎臓病を知る(腎不全の青春、思うこと、雲泥の差)、第2章 臨床工学技士そして工学博士になる(命の炎、工学博士第1号、留学、アメリカの地に立つ)、第3章 研究というシーズ(種)(一生のテーマ、驚異の在宅血液透析)、エピローグ 腎臓病と私の人生
2017.11 91p B6 ¥1300 ①978-4-8331-5343-0

◆温故知新の家族学―長寿の母を看取るまで短歌とエッセイでつづる　大和田道雄著 (名古屋)風媒社
【目次】高齢者の一人暮らし、高齢化社会の現実、団塊の世代、第三の人生、一日一分の親孝行、姉妹は虹の架け橋、義兄弟の支援、遠くの親戚より近くの他人、実りのない稲穂、在宅医療、千羽鶴への想い、親より先に死ぬ親不幸、半島の思い出、在宅介護の日課、去って逝った家族、家族の絆の原点、いつまでも子供、姥捨山、親不幸の息子　2017.11 91p B6 ¥1300 ①978-4-8331-5343-0

◆がんを味方につけた生き方―一生遺者たちが私に教えてくれたこと　野本篤志著　太陽出版
【目次】がんになってわかること、第1章 出会いがあなたの人生を変える(相談者からの手紙、がんとの出会いが人生を変える ほか)、第2章 カウンセリング面談(すべては自然治癒力を上げるために、相談者からの手紙 ほか)、第3章 サイモントン療法ってなに?(サイモントン療法の当たり前の発見、医学界で通用しない「病は気から」ほか)、第4章 いつも元気に、ニコニコと!(新しい経験を喜んで迎える人、がんとコミュニケーションを取ろうとしない人 ほか)
2017.10 195p B6 ¥1300 ①978-4-88469-917-8

◆がんが消えた奇跡のスムージーと毎日つづけたこと　林恵子著　宝島社 (宝島SUGOI文庫) 増補決定版
【要旨】夫のリンパにがんの転移が見つかり、ステージ4aの宣告。でも…がんは消えた!!「からだにいい生活習慣」を続けるという選択。研究を重ねて完成した奇跡のスムージー、悩み抜きすぐに使えるレシピ、がんになったら心掛けたい考え方―夫が治ると信じてがんと過ごした7ヵ月の記録。がんが消えてから8年目の今と、新たにスムージー、ビタミン・レシピを追加した増補決定版で、待望の文庫化!
2017.12 223p A6 ¥700 ①978-4-8002-7858-6

◆がんサバイバー―ある若手医師のがん闘病記　フィッツヒュー・モラン著, 改田明子訳　ちとせプレス
【要旨】32歳の医師の胸に、がんが見つかった。壮絶な闘病生活を乗り越え、再発への不安や後遺症に悩まされつつも、"がん"とともに生きていく。医師でもあり患者でもある視点から、長期入院・療養生活中の治療や日々の出来事、医療従事者・家人との交流、医療システムの抱える問題などを鮮やかに描く闘病記。
2017.5 218p B6 ¥2300 ①978-4-908736-04-9

◆患者よ、がんと賢く闘え!―放射線の光と闇　西尾正道著　旬報社
【要旨】科学的な知識が健康を守る。がん罹患者が年間100万人を超える時代をどう生きるのか。3万人にも及ぶがん患者とかかわってきた放射線医が語る放射線の光と闇の世界。これからの日本

の医療と健康を考えるために。
2017.12 268p A5 ¥1600 ①978-4-8451-1518-1

◆がんになった外科医元ちゃんが伝えたかったこと　西村元一著　照林社
【要旨】看護師、医師をはじめがんとむきあうすべての人に。
2017.8 195p B6 ¥1300 ①978-4-7965-2508-4

◆ガンにも感謝! これが私の生きる道　稲葉澄子著　知道出版
【要旨】美容室5店舗を展開する女性経営者の波瀾万丈の人生! 逆境でも、ガンでも、心一つですべてが好転する!
2017.11 195p B6 ¥1500 ①978-4-88664-291-2

◆がんばりすぎない、悲しみすぎない。―「がん患者の家族」のための言葉の処方箋　樋野興夫著　講談社
【要旨】「がん哲学外来」の提唱者が、初めて「がん患者の家族」のために書いた一冊。「支える側」の悩みや不安に優しく寄り添うQ&A集。
2017.8 189p 18cm ¥1200 ①978-4-06-220615-0

◆がんまんが―私たちは大病している　内田春菊著　ぶんか社　(BUNKASHA COMICS)
【要旨】癌で人工肛門になるまでを描いてみました!!　2018.1 198p A5 ¥1300 ①978-4-8211-3566-8

◆希望のごはん―夫の闘病を支えたおいしい介護食ストーリー　クリコ著　日経BP社, 日経BPマーケティング 発売
【要旨】最愛の夫、ガンで噛む力を失う。妻、奮起! おいしい手料理で復活へ。「ええっ、これ、流動食なの?」夫の生きる力を支えた妻の涙と笑いと愛情あふれるラブストーリー。夫婦のノンフィクション。トンカツからフレンチトーストまで「介護ごはん」レシピ33収録!
2017.3 254p B6 ¥1400 ①978-4-8222-5927-3

◆ケ・セラ・セラで生きた3年　たねきち, たねきちの妻著　幻冬舎メディアコンサルティング, 幻冬舎 発売
【要旨】その日から始まった、"ふたり"と"2羽"と仲間たちの1095日間の闘病記。50歳、会社員、健康診断で肺がん発覚。大好きなゴルフ、プロ友との交流、抗がん剤との決別…生きることを諦めず、"なんとかなるさ"で余命を延ばした男の小さな日々。
2017.12 268p B6 ¥1200 ①978-4-344-91473-5

◆呼吸器の子　松永正訓著　現代書館
【要旨】「在宅人工呼吸器の生活が楽しい」―2歳までのいのちとされるゴーシェ病2型の凌雅くん(14歳)とその家族、関わる人たちの日常を追い、究極の生きる意味を問う。
2017.6 242p B6 ¥1600 ①978-4-7684-3555-7

◆心いってもうた―主治医も驚愕! 重度の適応障害、経営者自身が1年で完治させた行動習慣とは　金本祐介著, 呉家学監修　セルバ出版, 創英社/三省堂書店 発売
【要旨】『重度の適応障害』と告げられた飲食店経営者、学んできたコーチングを自分自身に落とし込み、日々実践することで、約1年でこの病を克服。その克服方法と心身のバランスの保ち方についてわかりやすく解説。
2017.4 183p B6 ¥1600 ①978-4-86367-329-8

◆33歳漫画家志望が脳梗塞になった話　あやめゴン太著, 冨田泰彦監修　集英社 (ふんわりジャンプ)
【要旨】他人事ではない!?一度は読んでおきたいポジティブ脳梗塞体験。
2017.10 195p A5 ¥1000 ①978-4-08-780811-7

◆失語症・右半身不随・高次脳機能障害との闘い―脳卒中の方の気持ちが、よく分かる本。　吉村正夫著 (名古屋)風媒社
【目次】前書き等(この本は『手記こっちに、おいで…』の続編です)、全国版の本を出そう!!、編集長さんに言われる。「これは、いけません!!"、両手・両足のない方: 中村久子(岐阜県高山市)の母親"あや"の言葉。作業所に、行き始める。『手記こっちに、おいで…』が、発刊される。出版は、したけれども…、同じ境遇な方、その家族等に、光を与えて下さい。岡山県の失語症を患っている方から、手紙が来ました。この本が、学術研修会等に紹介される(熊本県、青森県、等)、「失語症等の、友の会」をつくるような物を、作りたい。失語症・半身不随・高次脳機能障害の苦しみは、分かりますか? 本当に意味での失語症等の苦しみは、分かりますか? それは、言葉等が出来ないことによる、恐怖

感、孤独感、そして、もう死にたいという絶望感です。よって、閉じこもってしまう。意思疎通ヘルパー、言語聴覚士、失語症友の会の役割について。高次脳機能障害について。母親が、脳梗塞(失語症等)になられてしまわれた方、菅麻菜美さん(岐阜県大垣市、中学3年生)の作文(総理大臣賞受賞)等。脳卒中の方は、退院してからが、勝負です。そして、「手紙による交流の場 失語症・高次脳機能障害友の会。」は?、終章、補足
2016.12 105p B5 ¥1800 ①978-4-8331-5317-1

◆手記 こっちに、おいで…―可能性を信じて!!失語症・右半身不随・高次脳機能障害との闘い　吉村正夫著 (名古屋)風媒社 新版
【目次】吉村正夫の脳画像、前書き、等、2007年1月23日倒れた…、下呂温泉病院の様子、『シクラメン』、『こころ』の様子、これでは、ダメだ!!、そら "が"、はれた。(助詞の使い方が分かった! 書けた!)、2009年からの、目標を立てよう!(手記の始まり)、(不安定ながら、杖なしで、)歩けた!!、「手記ありがとう」の、締めくくり。中日新聞に載る、テイラー博士からのメッセージ、また、…、テイラー博士の本『奇跡の脳』、中津高校での講演会、終章、捕足
2016.12 102p B6 ¥1500 ①978-4-8331-5332-4

◆杉村太郎、愛とその死―人生の「絶対」を信じて生きた　杉村貴子著　茉莉花社, 河出書房新社 発売
【要旨】創刊25年、累計発行部数156万部、いまも新卒大学生のための就職ガイドブックとして、大学生協売り上げNO.1を誇る杉村太郎の「絶対内定」。著者は5年前に原発不明癌という希少がんで47歳の短い生涯を終えた。闘病7年半。手術4回、抗がん剤投与5回、放射線治療30回、そして、死。壮絶きわまりない病魔との戦いだった。　2017.1 358p B6 ¥1600 ①978-4-309-92115-0

◆世界初の人工舌で「夢の会話」に生き甲斐―舌がんで言葉を失った「がん学者」　小崎武著　東京図書出版, リフレ出版 発売
【要旨】がんと闘いながらも命のある限りがん学者あるいは口腔外科医として一「舌がん」に立ち向かった小崎健一教授。
2017.12 134p B6 ¥1300 ①978-4-86641-098-2

◆だけど、生きている　後藤晃江著　東京図書出版, リフレ出版 発売
【要旨】42歳まで健康診断結果はオールAでした…午前に手術、午後には仕事に復帰。誰にも言わずに、たった一人で乳がん闘病記。
2017.4 57p B6 ¥1000 ①978-4-86641-058-6

◆閉じこめられた僕―難病ALSが教えてくれた生きる勇気　藤元健二著　中央公論新社
【要旨】大好きなうどんも食べられない。ディズニーランドにも行けない。呼吸もできない。それでも僕は、前向きだ! 家族と音楽を愛する男(53歳)が、ある日突然ALS(筋萎縮性側索硬化症)を発症。「永遠の金縛り」のなか、"眼"だけで綴った衝撃の「難病ノンフィクション」。
2017.3 262p B6 ¥1500 ①978-4-12-004953-8

◆泣いて笑って食べた!―大腸がんステージ4を乗り越えて　高野久美子著 (名古屋)ゆいぽおと, KTC中央出版 発売
【要旨】2005年に大腸がん発覚。その後、肝臓、肺へ転移。2011年春に5度目の手術を受け、今や血液検査は100点満点。仕事にも恋愛にもやっぱり全力投球!
2017.7 165p B6 ¥1300 ①978-4-87758-465-8

◆74歳 肺がん2回目の手術を乗り越えて　高橋邦雄著　幻冬舎メディアコンサルティング, 幻冬舎 発売
【要旨】末期型肺がんに対する臨床試験がスタートした、最新のがん治療法「光線力学的治療 "PDT"」とは―? 国内初の臨床試験に参加した一人の患者が、自らの体験をもとに、がんを克服するために重視したことと、PDT治療の実感を語る。がんサバイバーとして、また経営コンサルタントとして磨いた俯瞰的視野から、望ましいがん闘病のあり方を考察し、がんと告知された人にこれからどう行動すべきかを提案する、患者目線の一冊。
2017.2 149p 18cm ¥800 ①978-4-344-91116-1

◆難病患者になりましたっ!―漫画家夫婦のタハツセーコーカショーの日々　岡田がる著　朝日新聞出版 (ソノラマ+コミックス)
【要旨】ノホホン生活を送っていた漫画家夫婦に襲いかかった突然の病魔。原因も病名も治療法もわからず、日々悪化する症状に焦る2人。「倒

サイエンス・テクノロジー

れるときは前のめり！」を合言葉に、夫婦愛で難病に立ち向かう。笑って泣いて元気が出て、難病のこともちょっとわかる。医療系☆パワフルコミックエッセイ！

2017.11 156p B6 ¥1000 ①978-4-02-214241-2

◆難病患者の恋愛・結婚・出産・子育て―若年性パーキンソン病を生きる患者と家族の物語　秋山智編著　あっぷる出版社
【要旨】ふるえても、すくんでも、それでも恋し、家庭をつくる。若いパーキンソン病患者さんへのエール！

2017.3 299p B6 ¥2200 ①978-4-87177-341-6

◆脳神経外科の脊椎手術 首と腰の狭窄症手術体験記　柴田美智子著　東京図書出版, リフレ出版 発売
【目次】第1章 手術の成功とは（手術の成功を決めるもの よい医療 手術の時期 リハビリ）、第2章 運命の出会い（脳神経外科医との出会い）、第3章 脊椎狭窄症手術（首と腰の手術体験記）、第4章 私の狭窄症履歴（原因の追究）、第5章 回復リハビリ生活、第6章 回復過程 喜びと不安の日々、第7章 手術談義 巷の話題、第8章 痛みとしびれ、こわばりの改善対策、第9章 養生記、第10章 素人が語る脊椎疾患と脊椎の構造、カギ穴手術の説明図

2017.12 254p B6 ¥1300 ①978-4-86641-082-1

◆バクバクっ子の在宅記―人工呼吸器をつけて保育園から自立生活へ　平本歩著　現代書館
【要旨】生後半年で呼吸器をつけ、バクバクっ子（人工呼吸器をつけた子）の在宅生活の草分けとして、保育園～高校、大学受験、講師をしたり遊んだり、親から独立し自立生活を開拓してきた著者の半生記。

2017.8 190p B6 ¥1600 ①978-4-7684-3558-8

◆不治の病・劇症1型糖尿病から回復へ（2型糖尿病にも朗報）―「実録」私は糖尿病の苦境を脱して元の日常を取り戻した　和地義隆著（大阪）風詠社, 星雲社 発売
【目次】第1章 突然の発症、パニック（正月に身体が何となく、それは突然に起きた ほか）、第2章 闘病・何とか治したい（アシタバを限界量まで食べる、インスリン注射が効き過ぎる？ ほか）、第3章 インスリンが出始めた？（自力での血糖値コントロールに挑戦する、回復し始めたのではないか ほか）、第4章 回復へのメカニズムの研究（再現実証と効果物質の特定、再現実証研究について ほか）

2017.6 151p A5 ¥2778 ①978-4-434-23521-4

◆不死身のひと―脳梗塞、がん、心臓病から15回生還した男　村串栄一著　講談社（講談社ブラスアルファ新書）
【要旨】過換気症候群、胃がん、食道がん（5回）、胃切除（2/3）、中咽頭がん（3回）、腎臓病、心房粗動、心房細動、下咽頭がん、舌がん（2回）、心原性脳塞栓、白内障…満身創痍、55歳からの14年にわたる壮絶な、しかし前向きな闘病記。

2017.7 198p 18cm ¥840 ①978-4-06-291500-7

◆ホーザーブラジルからのおくりもの 日本でがんと闘ったバルの記録　佐々木郁子著　幻冬舎メディアコンサルティング, 幻冬舎 発売
【要旨】乳がんの発覚から11年9ヵ月―。愛する日本で、愛する人たちに囲まれて、輝かしい命を全うしたブラジルから来た娘・バルの闘病記。

2017.10 237p B6 ¥1500 ①978-4-344-91426-1

◆北海道でがんとともに生きる　大島寿美子編（札幌）寿郎社
【要旨】1 がんと言われて、2 化学療法・放射線治療を受けて、3 家族・周りに支えられて、4 再発・転移を乗り越えて、5 がんとともに生きるということ、6 北海道からエール―がん体験者座談会

2017.5 237p B6 ¥2000 ①978-4-902269-96-3

◆末期がんでも元気に生きる―「がんとの共存」を目指して　石弘光著　ブックマン社
【要旨】経済学者が、ステージ4b の膵臓がんと言われて1年半が経過。抗がん剤治療を続けながら、変わらぬ生活を保つために。

2017.10 237p B6 ¥1500 ①978-4-89308-889-5

◆ママを殺した　藤真利子著　幻冬舎
【要旨】画面から消えていた11年間。女優藤真利子の壮絶な記録。

2017.11 247p B6 ¥1300 ①978-4-344-03207-1

◆見落とされた癌　竹原慎二著　双葉社
【要旨】医者の診断は絶対ではなかった…。諦めず、セカンドオピニオン、サードオピニオンと

受け続けた。医者に遠慮してはいけない。自分のたったひとつしかない命なのだから―。元ミドル級世界チャンピオン・竹原慎二が膀胱癌ステージ4からの生還を果たした奇跡の物語。

2017.9 269p B6 ¥1300 ①978-4-575-31261-4

◆未完の贈り物―「娘には目も鼻もありません」　倉本美香著　小学館（小学館文庫）
【要旨】誕生：二〇〇三年、ニューヨークの産院で生まれた長女・千璃（せり）ちゃんは、いくつもの障害を持っていた。葛藤：目、鼻、脳、心臓の相次ぐ検査。先の見えない中、両親は周囲の人々の反応に深く傷つくこともしばしばだった。試練：生後10ヵ月で、目の中に義眼を入れるスペースを作る器具を入れる手術を受けて以来、千璃ちゃんは小さな体で8年間に26回の手術を繰り返すことになる。見えない、話せない、歩けない長女を育てながら前向きであり続ける母の、胸を打つ闘いの記録。

2017.9 365p A6 ¥670 ①978-4-09-406450-6

◆メイク・ア・ウィッシュ―夢の実現が人生を変えた　大野寿子著　KADOKAWA　新装増補版
【要旨】夢はゴールじゃない新たなスタートになる。約2900人の難病と闘う子どもたちの夢を応援してきた、メイク・ア・ウィッシュの奇跡の物語。

2017.9 293p B6 ¥1400 ①978-4-04-069068-1

◆我がおっぱいに未練なし　川崎貴子著　大和書房
【要旨】起業して、結婚して、子どもを産み、離婚してシングルマザーになり、再婚してまた子どもを産み、乳がんに罹患して治療中（←今ココ）の著者が綴る、「年をとるたびに幸せになる女」のつくり方とは!?

2017.10 214p B6 ¥1300 ①978-4-479-78399-2

◆Life―彼女の生きた道　河村晴代, 岩崎順子著（大阪）せせらぎ出版
【要旨】奇跡の話でもなく、成功者の話でもなく、普通の女性が普通に生きて人生の最後の最後に気付いたことは―

2017.6 205p B6 ¥1204 ①978-4-88416-256-6

📖 ターミナルケア

◆安楽死を遂げるまで　宮下洋一著　小学館
【要旨】安楽死、それはスイス、オランダ、ベルギー、ルクセンブルク、アメリカの一部の州、カナダで認められる医療行為である。超高齢社会を迎えた日本でも、昨今、容認論が高まりつつある。しかし、実態が伝えられることは少ない。安らかに死ぬ―。本当に字義通りの逝き方なのか。患者たちはどのような痛みや苦しみを抱え、自ら死を選ぶのか。遺された家族はどう思うか。79歳の認知症男性や難病を背負う12歳の少女、49歳の躁鬱病男性。彼らが死に至った過程を辿るほか、スイスの自殺幇助団体に登録する日本人や、「安楽死事件」で罪に問われた日本人医師らを訪ねた。当初、安楽死に懐疑的だった筆者は、どのような「理想の死」を見つけ出すか。

2017.12 348p B6 ¥1600 ①978-4-09-389775-4

◆生死（いきたひ）―生前四十九日　長谷川ひろ子, 長谷川秀夫夫著（神戸）アートヴィレッジ
【要旨】妻はなぜ夫の死を映画にしたのか。天地合同製作ドキュメンタリー映画『いきたひ』が誕生した理由と必然性。

2017.6 157p B6 ¥1200 ①978-4-905247-65-4

◆岡安大仁 これからの緩和ケアとホスピス・マインドを語る　岡安大仁著, 佐々木久夫聞き手・編　人間と歴史社
【要旨】良いケアであれば、死は苦しまずに迎えることができる。もし末期において身体的苦痛が存在するなら、それは最新の苦痛軽減の技術が使われていないからである。

2017.12 304p B6 ¥3000 ①978-4-89007-209-5

◆お坊さんのいる病院―あそかビハーラ病院の緩和ケア　あそかビハーラ病院編（京都）自照社出版
【要旨】話しやすいお坊さんがいる。料理ができる。土いじりができる。ペットにもあえる。まるで家族と自宅にいるように、苦痛をやわらげる医療を受けつつ、安らぎとぬくもりのなか、いのちの刹那までともに生きる。―あそかビハーラ病院。こんな病院で最期まで生きたい。

2017.4 140p A5 ¥1200 ①978-4-86566-039-5

◆哀しみを得る 看取りの生き方レッスン　村中李衣著（京都）かもがわ出版
【要旨】愛も葛藤もある母の想いのなかで、それは、あたりまえに、突然、始まりました。それぞれに個性的な父、夫、娘、娘と織りなす看病、介護、看取りの日々。それぞれに真剣に、でも、どこかやわらかなユーモアに包まれているのでした。生きること、死すこと、家族であること、愛すること…深い介護に思いをいたす心のドキュメンタリー。小さないのちを見つめ続けてきた児童文学作家・村中李衣が、綴らずにはいられなかった全編書き下ろし。

2017.1 153p B6 ¥1600 ①978-4-7803-0900-3

◆がんと命の道しるべ―余命宣告の向こう側　新城拓也著　日本評論社
【要旨】がんを抱えて生きるあなたへ。数多くの患者・家族に寄り添い続けてきた医師がみた、真実と希望。

2017.7 229p B6 ¥1700 ①978-4-535-98455-4

◆緩和医療・終末期ケア　長尾和宏専門編集　中山書店（スーパー総合医）
【目次】1章 緩和医療（日本の緩和ケアの歴史と展望、がん患者の包括的評価―患者・家族の苦痛を知り、ケアに活かすために、疼痛、呼吸器症状、消化器症状、神経症状、悪液質、食欲不振、倦怠感、精神症状、緊急対応など、がん患者における痛み以外のさまざまな症状緩和、インターベンション―画像診断技術を利用した積極的な症状緩和、在宅での緩和ケア）、2章 終末期ケア（死に至る自然経過、コミュニケーション、意思決定支援、スピリチュアルケア・グリーフケア、終末期における栄養・摂食嚥下、非がんの終末期の対応、終末期における緩和的リハビリテーション、小児の終末期―小児の緩和ケアの課題と今後、苦痛緩和のための鎮静―最期のときまで穏やかに過ごせるために、法医学）、付録「緩和ケア普及のための地域プロジェクト『これからの過ごし方について』」

2017.2 298p B6 ¥9500 ①978-4-521-73907-6

◆今日も、「いのちの小さな奇跡」を見つめて。―最後まで自分らしく生きられる32のヒント　奥野滋子著　大和出版
【要旨】たとえどんな状況にあったとしても、人は新たな物語の中で自分を輝かせる力を持っているんです。2,500人を看取った医師が明かす、"今"が尊く感じる極意。

2017.9 233p B6 ¥1300 ①978-4-8047-6281-4

◆"暮らしの中の看取り"準備講座　大井裕子著　中外医学社
【要旨】「看取り」について、あなたにできること。地域（自宅や介護施設）での看取りが必須となるこれからの時代。医療者、家族、そして家族の皆さんが、安心して「より良い看取り」を支えるために…。

2017.10 113p B5 ¥2800 ①978-4-498-05722-7

◆こころの終末期医療―スピリチュアルペインを乗り越えて　入江吉正著　フォレスト出版（フォレスト2545新書）
【要旨】「聖路加国際病院チャプレン」たちの終末期ケアの現場を通じて、"痛み"の正体を知り、乗り越える方法を探る。

2017.9 273p 18cm ¥900 ①978-4-89451-973-2

◆こだますいのち―今一度、ホスピスの意味を問う 2　末永和之著（福岡）図書出版木星舎
【目次】いのちの言葉（受けいれる、遺される人たちへ、母の祈り、「今」を生き抜きる、先人たちの言葉、私自身のいのちを思う言葉）、今、ここにいるあなたへ（いただいたいのち、東日本大震災・喪に服す）、まるごといのち（監察医時代、「まるごといのち」を受けとめる、在宅ホスピスのすすめ）、ホスピスの意味を問う（スピリチュアルペイン、在宅という選択肢、「死の臨床研究会」と日本のホスピス運動）、生き方・終え方ノート（私のホスピス活動の軌跡、「もう良いよ」と言える生き方、終え方、耕作は無の世界に通ずる、奇跡のリンゴに学ぶ）

2017.2 167p A5 ¥1600 ①978-4-901483-91-9

◆サイエンスとアートとして考える生と死のケア―第21回日本臨床死生学会大会の記録 日本臨床死生学会増刊号　小山千加代編著　エム・シー・ミューズ
【目次】大会長挨拶 サイエンスとアートとして考える生と死のケア、特別講演「父を看る―心が通い合うまでの道のり」、特別講演 ナラティヴ・アプローチ、特別講演 豊かな最晩年をつくる―最期まで美しい寝姿を求めて、第1部 病む人の「生の終焉」に寄り添うために、第2部 遺

された人と「悲しみ」を分かち合うために、大会記録号編集委員論考 がん末期患者である妻を在宅で介護・看取った夫の特徴、大会記録号編集委員会論考 看護師と "死" 看護職のキャリア形成の視点から、大会記録号編集委員論考 死者の意味について―「生者/生体」と「死者/死体」　2017.3 204p A5 ¥2800 ①978-4-904110-17-1

◆最後の時を自分らしく―在宅医療ができること　レシャード・カレッド著　新日本出版社
【要旨】高齢者医療・介護の現場に必要なものは。
2017.5 149p B6 ¥1600 ①978-4-406-06138-4

◆しあわせな看取り―果樹園の丘の訪問看護ステーションから　岸本みくに著　いのちのことば社
【要旨】「死」という人生最大の危機をどのように受けとめ、乗り切るかは人生の1人だけでなく、ご家族にとっても大変な出来事です。
2017.3 126p 19cm ¥1100 ①978-4-264-03623-4

◆幸せに死ぬ義務がある　山本孝之著　パブラボ, 星雲社 発売
【要旨】もし、あなたの愛する人がいつのまにか認知症になっても。もし、ある日突然あなたが障がいを抱えることになっても一人の幸せを守るため60年間尽力した医師による、悔いのない人生を送るための言葉。
2017.8 250p B6 ¥1500 ①978-4-434-23654-9

◆シシリー・ソンダース初期論文集1958-1966―トータルペイン 緩和ケアの源流をもとめて　シシリー・ソンダース著, 小森康永編訳　(京都)北大路書房
【要旨】ホスピス、緩和ケア、トータルペイン、スピリチュアルケア…人々が人生を終えるためのもっと家のような場所を創造したい。
2017.5 212, 23p B6 ¥2800 ①978-4-7628-2967-3

◆死にゆく人のかたわらで―ガンの夫を家で看取った二年二カ月　三砂ちづる著　幻冬舎
【要旨】夫は、わたしの腕の中で、息をひきとった。悲しみはなかった。わたしに残ったのは、感謝と明るさだけだった。「末期ガン。余命半年」の宣告。「最後まで家で過ごしたい」と願った夫と、それをかなえたいと思った妻。満ち足りて逝き、励まされて看取る、感動の記録。
2017.3 211p B6 ¥1400 ①978-4-344-03084-8

◆終末期医療のエビデンス　Stephen J. McPhee, Margaret A. Winker, Michael W. Rabow, Steven Z. Pantilat, Amy J. Markowitz著, 日経メディカル編　日経BP社, 日経BPマーケティング 発売
【要旨】JAMA誌の画期的連載を1冊に集約。終末期医療と緩和ケアを巡る42のテーマについて、約4000本の文献をレビューしたエビデンスの集大成。終末期医療の未来はここから始まる。
2017.12 675p 28×21cm ¥18000 ①978-4-8222-3959-6

◆空にかかるはしご―天使になった子どもと生きるグリーフサポートブック　濱田裕子監修, 空にかかるはしご編集委員会編　(福岡)九州大学出版会
【要旨】「ひとりじゃないって伝えたい」その悲しみを、本当にはわかってあげられなくても。それでも、必要とされるそのときを待って、ずっとそばにいる。かけがえのない子どもを喪った悲しみに、そっと寄り添う一冊。
2017.9 163p 21×16cm ¥1400 ①978-4-7985-0213-7

◆抱きしめて看取る理由―自宅での死を支える「看取り士」という仕事　荒川龍著　ワニ・プラス, ワニブックス 発売 (ワニブックスPLUS新書)
【要旨】現在、亡くなる人の約75%は病院で最期を迎えている。しかし人生最期の2週間程度は自宅で家族と過ごし、大病院のうら寂しい裏口ではなく、狭くても自宅玄関から肉親を堂々と送り出したいと考える人たちが近年増えている。背景には病院のベッドで寝たきりで、口さえきけない状態で生きのびつづける延命治療への生理的な嫌悪感があることは間違いない。自宅での看取りを本人や家族から依頼され、臨終から納棺までに寄り添い、本人の死への恐怖をやわらげ、家族の不安に対応する「看取り士」という人たちがいる。
2017.9 254p 18cm ¥880 ①978-4-8470-6116-5

◆地域を耕す ホームホスピス たんがくの夢　樋口千恵子著　(福岡)木星舎
【要旨】今まで暮らしてきた地域の中で、お互いの存在を認め合いながら、穏やかに歳を重ねる。

たとえ認知症になっても、末期がんや重い病になっても、ここで、安心して暮らしつづける。それが「たんがく」の夢です。そして今、地域づくりに向けての熱いメッセージを、「たんがく村」より発信します。
2016.12 135p A5 ¥1500 ①978-4-901483-90-2

◆終の選択―終末期医療を考える　田中美穂, 児玉聡著　勁草書房
【要旨】看取り、緩和ケア、安楽死、生命維持治療の中止―。終末期医療をめぐる日本の現状を正しく理解し、安心して人生の最期に向き合うために。個人と社会の取組みへの具体的な提言。
2017.12 253, 63p A5 ¥3200 ①978-4-326-70101-8

◆ナースのためのシシリー・ソンダース―ターミナルケア 死にゆく人に寄り添うということ　シシリー・ソンダース著, 小森康永編訳　(京都)北大路書房
【要旨】死にゆく人を援助するためには、私たちはもっと知らなければならないことがある。痛みや苦痛から患者をいかに解放するか、いかにして患者を理解し、がっかりさせないかだけでなく、いかに沈黙し、いかに話を聴き、そしていかに唯、そこにいるのかを学ぶのである。
2017.5 173, 4p B6 ¥2400 ①978-4-7628-2968-0

◆なんとめでたいご臨終　小笠原文雄著　小学館
【要旨】おひとりさまでもがんになってもボケても誰だって、最期まで家で朗らかに生きられる！ 常識では考えられないような笑顔と奇跡のエピソードが満載。
2017.6 319p B6 ¥1400 ①978-4-09-396541-5

◆ひまわり―在宅ホスピス医による提言　斎藤忠雄著　ルネッサンス・アイ, 白順社 発売
【要旨】生きることは次世代へとつなぐこと。卵巣がんを発症した女性の「最終章の日々」が綴られる。女性は、第一子出産後、高年齢で不妊治療を受けていた。患者のみならず家族の命とも向き合う著者の目には、確実に命のバトンが引き継がれていくのが見えた。高年齢の不妊治療に警鐘を鳴らす衝撃作！
2017.7 120p B6 ¥1200 ①978-4-8344-0213-1

◆訪問看護師ががんになって知った「生」と「死」のゆらぎ　川越博美著　日本看護協会出版会
【要旨】病や死は、いつも私たちの身近にある。月刊誌「コミュニティケア」好評連載。「訪問看護師ががん患者になって考えた死にゆく人に寄り添い支えること」全28回に大幅加筆！
2017.1 287p B6 ¥1600 ①978-4-8180-2032-0

◆ホスピス医が自宅で夫を看取るとき　玉地任子著　(京都)ミネルヴァ書房
【要旨】地域の在宅死にながく携わってきた著者は、同じく医師である夫の癌宣告を受けて彼のサポートに専念する覚悟を決めた。しかしともに医療の世界で生きる長年連れ添った夫婦であっても、病は温厚だった夫の人格を変え、妻を周囲の生活を混乱させてゆく―。妻として、医師として、在宅で夫の最期を看取り、深い喪失感から回復途中の心境をていねいに綴った珠玉のエッセイ。これまでの看取りの経験を振り返りつつ、患者家族の生と死を知る哀しみと、現実をみつめるなかで見出した希望を、前向きな筆致で描く。
2017.9 241p B6 ¥1800 ①978-4-623-08088-5

◆ホスピスで死にゆくということ―日韓比較からみる医療化現象　株本千鶴著　東京大学出版会
【目次】死にゆくことの社会学, 第1部 ホスピスを分析する視点と枠組み（ホスピスの「医療化」とは何か?、ホスピスの「医療化」への三つの過程）, 第2部 ホスピスの「医療化」の背景と実態（日韓ホスピスの歴史、制度化によるホスピスの「医療化」）, 第3部 ホスピスを推進する医療者の認識（ホスピス実践と運動、専門化と制度化、ホスピスの「医療化」と望ましいホスピス）, ホスピスの構想にむけて
2017.3 298, 27p A5 ¥4800 ①978-4-13-066409-7

◆ホスピス わが人生道場　下稲葉康之著　いのちのことば社
【要旨】ここは「生きる」ことを教えてくれた場。人生の最後に忘れ得ぬ言葉を残して逝ってくださった患者さんとの出会いと心の触れ合い、自らの歩み、栄光病院ホスピスの理念と長年支えてきたものを綴る感動の一冊！
2017.2 175p B6 ¥1200 ①978-4-264-03615-9

◆マザーテレサ 夢の祈り―看取り士20人の想いと願い　柴田久美子編著　(丹波)あうん社　(手のひらの宇宙BOOKs 第17号)
【目次】そこにはいつも愛がある、あの時、あの瞬間、看取り士になったきっかけは父の死、必然的に看取り士になった、穏やかな看取りとは、看取り士が二人いる訪問看護ステーション、命どう宝、終わりのないプレゼント、新たな旅立ちに向かって、マザーテレサの夢の続き―看取り士養成講座イン・カナダ〔ほか〕
2017.9 269p B6 ¥1500 ①978-4-908115-15-8

◆看取りとつながり―認知症高齢者に寄り添う医師が観察する、科学と仏教の出会い　大井玄著　サンガ
【要旨】生老病死をありのままに受けとめ、幸せに満たされて生きる。あらゆる存在は他者と相互に関係し合い、つながり合っている。つながりが実感できれば、不安はなくなり幸福になる―慈悲のまなざしで人々の一生を見つめ、手を差し伸べてきた医師による科学と仏教に見出した幸福の法則。
2017.3 241p B6 ¥2200 ①978-4-86564-078-6

◆看取りのお医者さん　CBCラジオ原案, ひぐらしカンナ漫画　KADOKAWA
【要旨】訪問医・杉本由佳が叶えるのは、余命を告げられた患者の「家で暮らしたい」という願い。闘病で忘れかけていた家族との日常。そこにはたしかな幸福と、今まで気づけなかった深い愛があった一切なくなられた大切な家族が、5つの別れの物語。日本民間放送連盟賞ラジオ教養番組部門最優秀賞、文化庁芸術祭優秀賞に輝いたCBCラジオドキュメンタリー「看取りのカタチ」原案のマンガ作品。
2017.4 127p A5 ¥1200 ①978-4-04-068903-6

◆看取るあなたへ―終末期医療の最前線で見えたこと　細谷亮太, 内藤いづみ, 小澤竹俊, 秋山正子, 鈴木雅法ほか著　河出書房新社
【要旨】人はどのように生き、最期を迎えるのだろう？ 終末期医療の最前線に立つ二〇人が綴る、その死生観。大事な人とともに今を生きるためのヒントに満ちた書。
2017.9 253p B6 ¥1500 ①978-4-309-24826-4

◆もしあなたが「看取りケア」をすることになったら―本人の意思をかなえる平穏な最期を迎えるお手伝い　諏訪免典子著　ぱる出版
【要旨】基本方針の決め方は？ どう進めたらいいの？ 看取りケアの方針の説明と意思確認の仕方とは？ 看取りケアにはどんな医療行為が必要？ 他の施設等との連携はどうする？ 看取りケアのこれからの課題は？ たった1回のケアである「看取りケア」には何が求められているの？ 介護現場で「あなたが取り組む」看取りケアの進め方・実践入門教科書。
2017.1 207p A5 ¥2500 ①978-4-8272-1031-6

◆逝くひとに学ぶ―在宅医が看取りを通して語る　二ノ坂保喜, 後藤勝彌著　(福岡)木星舎
【要旨】私たちがいつか行く道を、少しさきに歩いて行った人。彼らの苦悩、絶望、悲しみ、怒り…そして慰め、勇気と希望。在宅ホスピスの現場には、これらを凝縮した時が流れていく。本書は、二人の在宅医が、これまで見送った人の闘病生活を振り返り、病が進行していった過程をたどり、彼らの最後の願いに思いを馳せ語り合った記録であり、かけがえのない「いのちの教科書」です。
2017.2 183p A5 ¥1600 ①978-4-901483-92-6

◆ラストディナー―高齢者医療の現場から　老寿サナトリウム編　幻冬舎メディアコンサルティング, 幻冬舎 発売
【要旨】「闘病」ではなく「穏やかに過ごす」という本人の選択でその人らしい人生の締めくくりができる。患者と家族が過ごす最後の時間を綴った"8編のストーリー"。
2017.6 229p B6 ¥1300 ①978-4-344-91232-8

◆「理想の最期」の条件　木暮裕著　幻冬舎メディアコンサルティング, 幻冬舎 発売
【要旨】本人が望まない治療を強いられながら最期を迎える高齢者が多いことを知っていますか―。本人の意向を汲み取れない周囲の人間が、わずかな希望にすがる思いで治療を続けさせたいと願うからです。「病院に任せるしかない」という思い込みを捨てて、本人の言葉に耳を傾ければ、家族や周囲の人も患者本人の気持ちを理解することができ、穏やかな人は「理想の最期」を迎えることができます。元勤務医で現「看取り」の訪問医の著者が、それぞれの「理想の最期」に

辿りつけるよう、読者を優しく誘うガイドブック。　2017.9 174p 18cm ¥800 ①978-4-344-99374-7

◆臨終、ここだけの話―現場で見つめた、患者と家族の事情　志賀貢著　三五館
【要旨】医師歴50年、数千の看取りの瞬間を彩った、涙と哀愁の事件カルテ。
　2017.5 214p B6 ¥1200 ①978-4-88320-697-1

◆臨終の七不思議―医師が見つめた、その瞬間の謎と心構え　志賀貢著　三五館
【要旨】なぜ臨終に立ち会うべきなのか？　臨終の際、意識はどうなるのか？　自分の死期は悟れるのか？　もっとも幸せな臨終の形とはどんなものか？　臨終を迎えるのは自宅がいいか、病院がいいか？　臨終にまつわる"あの不思議"に答えます。
　2017.2 214p B6 ¥1200 ①978-4-88320-691-9

◆わが家で最期を。一家族の看取り、自分の"そのとき"に後悔しない50の心得　千場純著　小学館
【要旨】在宅死率全国1位横須賀の看取り医が1000の死から教わったこと。役立つ、身近なQ＆A集。
　2017.4 224p B6 ¥1300 ①978-4-09-388551-5

医療・倫理

サイエンス・テクノロジー

◆あなたが信じてきた医療は本当ですか？
田中佳著　評論社
【要旨】医者の興味＝病気、患者の興味＝人生。医者と皆さんでは治るの意味が違う。未来の医療には、もっと多様性と自由がある。
　2017.11 247p B6 ¥1200 ①978-4-566-05180-5

◆生命（いのち）の問い―生命倫理学と死生学の間で　大林雅之著　東信堂
【要旨】万能細胞の研究が進むなど、再生医療技術が格段に成長を見せている今日、生命倫理学―バイオエシックス―の理解が急務となっている。しかし、元々アメリカから導入された学問としてのバイオエシックスは、文化や価値観の異なるわが国においてうまく受容されていない現状にある。本書はこうした危惧を受け、日本独自の文化や死生観を踏まえた上でわが国に適したバイオエシックスのかたちを模索する、まさに時宜を得た研究である。
　2017.10 160p A5 ¥2000 ①978-4-7989-1444-2

◆医療を深めるための瞑想的考察と指導―医師と医学生のための講演　ルドルフ・シュタイナー著，佐藤俊夫訳　ルネッサンス・アイ，白順社 発売
【要旨】個体、液体、気体、熱組織からなる人体への本質的アプローチとは。霊・魂・体を見据えた第2の認識法、治療法を解く。年7回の連続講義と質疑応答。クリスマス講座、復活祭講座に続き回報と瞑想指導を収録。
　2017.5 239p A5 ¥2800 ①978-4-8344-0207-0

◆医療・介護における個人情報保護Q＆A―改正法の正しい理解と適切な判断のために　飯田修平編著，宮澤潤、長谷川友紀、森山洋素　じほう
【目次】改正個人情報保護法・改正マイナンバー法への対応―改正法の正しい理解と適切な判断のために、個人情報保護法、利用目的の通知方法、呼び出し・外来での対応、入院患者・面会者への対応、家族などへの対応、電話での対応、院内および職員による個人情報利用、第三者への情報提供、学会発表時などでの注意事項、院内体制と職員への対応、外部業者への対応、その他日常業務での注意事項、開示に関する注意事項、情報開示、苦情への対応、その他・プライバシーマーク
　2017.9 173p A5 ¥2400 ①978-4-8407-5009-7

◆医療・介護に携わる君たちへ　斉藤正身著　幻冬舎メディアコンサルティング
【要旨】過酷な労働環境に耐えられないかもしれない。患者・利用者のためになっているのかわからない。―もう辞めたほうがいいのだろうか。そんな悩める医療・介護従事者たちへ、スタッフ900人超を抱える医療・社会福祉法人の理事長が送る"心のモヤモヤ"を吹き飛ばすメッセージ！
　2017.10 204p B6 ¥1500 ①978-4-344-91398-1

◆医療・介護連携で実現する高齢者のための地域医療　佐藤貴久著　幻冬舎メディアコンサルティング，幻冬舎 発売

【要旨】世界トップレベルの長寿大国・日本で増加する寝たきり高齢者。2025年問題を目前に控え、医療と介護はどう連携すべきなのか―。6つの高齢者施設と病院を運営して医療を支える医学博士が提言。高齢者医療のあるべき姿。
　2017.6 212p B6 ¥1200 ①978-4-344-91320-2

◆医療過誤の処罰とその制限　于佳佳著　成文堂
【目次】第1章 日本法上の対応（早期の医療過誤に対する処罰、医療の前提条件の欠如 ほか）、第2章 ドイツ法上の対応（注意義務違反、注意義務の標準 ほか）、第3章 イギリス法上の対応（早期の対応状況、刑事上の過失の定義 ほか）、第4章 アメリカ法上の対応（初期の刑事司法関与、医療上の注意基準 ほか）、第5章 医療過誤の処罰のあり方（医療の前提条件の欠如、診療中の怠慢 ほか）
　2017.10 310p A5 ¥7500 ①978-4-7923-5220-2

◆医療危機―高齢社会とイノベーション　真野俊樹著　中央公論新社（中公新書）
【要旨】国民皆保険制度のもと、日本の医療は「費用」「受診しやすさ」「治療の質」の点で、世界でも高い水準にあった。しかし高齢者の増加に加え、技術の高度化・一般化によって国民医療費は年間四〇兆円以上に及び、対GDP比で世界第三位となっている。本書では、参考にしうる諸外国の医療改革を概観し、患者と医療者の取り組みを紹介。技術面にとどまらない医療サービス全般のイノベーションにより、医療崩壊を防ぐ方策を示す。
　2017.8 258p 18cm ¥880 ①978-4-12-102449-7

◆医療機器ソフトウェア―検証、妥当性確認、およびコンプライアンス 医療用ソフトウェア開発では避けて通れない「バリデーション」の本質を理解し、FDA規制をクリアするため　デビッド・ボーゲル著，酒匂寛監訳，坂井務、酒井郁子訳（府中）エスアイビー・アクセス，星雲社 発売
【目次】第1部 背景（医療機器ソフトウェア妥当性確認の進化と本書の位置付け、規制の背景、FDAによるソフトウェア妥当性確認規制とソフトウェアの妥当性確認が必要な理由 ほか）、第2部 医療機器ソフトウェアの妥当性確認（概念フェーズアクティビティ、ソフトウェア要件フェーズアクティビティ、設計およびコード実装フェーズアクティビティ ほか）、第3部 非機器ソフトウェアの妥当性確認（自動化プロセスソフトウェアの妥当性確認：背景、非機器ソフトウェアの妥当性確認を計画する、意図した使用と意図した使用を実現する要件 ほか）
　2017.8 359p B5 ¥15000 ①978-4-434-23722-5

◆医療基本法―患者の権利を見据えた医療制度へ 医療基本法会議編 エイデル研究所
【目次】第1部 総論：医療基本法とは何か（基本法とは何か、医療基本法の意義、医療基本法の現在地、医療基本法と患者の権利）、第2部 各論：医療基本法に関わる様々な問題（医学教育における医療基本法の役割、産婦人科医療から考察する医療基本法の検討課題、医療保障の理念からみた救急医療の課題、精神科医療と医療基本法、「医療基本法制定に伴う医事関係法規の整備に関する法律」の必要性―医療基本法制定後の課題）
　2017.11 325p A5 ¥3200 ①978-4-87168-607-5

◆医療人の基礎知識　鈴鹿医療科学大学底力教育推進センター編 （津）三重大学出版会 第2版
【要旨】いのちと医療の倫理学。医学を学ぶための基礎知識。社会の中の人と医療。チーム医療と他職種理解。
　2017.3 147p B5 ¥1900 ①978-4-903866-40-6

◆医療人の底力実践　鈴鹿医療科学大学底力教育推進センター編 （津）三重大学出版会 第2版
【目次】介護の基礎知識、救急救命技術、コミュニケーション、接遇・敬語・マナー、薬物、タバコ、メンタルヘルス、チーム活動、情報収集・情報発信、ボランティア
　2017.3 153p B5 ¥1800 ①978-4-903866-38-3

◆遠隔医療が高齢者医療を救う―AIがひらく個別化医療の時代　前田俊輔著　PHP研究所
【要旨】病気の早期発見、寝たきり防止の切り札、次世代型医療システムの活用事例と未来予想図。各分野の第一人者との対談も収録。
　2017.5 207p B6 ¥1500 ①978-4-569-83803-8

◆欧州医療制度改革から何を学ぶか―超高齢社会日本への示唆　松田晋哉著　勁草書房

【要旨】ヨーロッパの経験から我が国の採るべき途を探る。少子高齢化と経済の低迷による医療制度の持続可能性不安。日本に先んじてこの状況を経験した欧州4か国（英仏蘭独）が実施してきた制度改革の概要を俯瞰、そのエッセンスから日本の医療制度の課題を論考する。
　2017.10 318p A5 ¥3200 ①978-4-326-70100-1

◆犠牲になる少女たち―子宮頸がんワクチン接種被害の闇を追う　井上芳保著　現代書館
【要旨】グローバル製薬産業に政・官・学、マスコミまでが一体化し、予防医学・先制医療への欲望が煽られるなか、思考停止が生みだす阿鼻叫喚。
　2017.5 278p B6 ¥2200 ①978-4-7684-5806-8

◆こうすれば日本の医療費を半減できる　武久洋三著　中央公論新社
【要旨】医療費が増え続ける背景には、必要なケアを受ければ回復できる高齢者を"寝たきり"にさせてしまう病院側の問題がある。病気やけがの治療後すぐに、高齢者が自宅で生活できる能力を取り戻すための"早期リハビリ"を徹底して行って入院日数を減らし、"急性期病床の削減"を行って過剰な医療費を減らせば、医療費半減も夢ではない。病院が変われば、日本の未来は変わる―。
　2017.10 206p B6 ¥1400 ①978-4-12-005015-2

◆国際・未来医療学―健康・医療イノベーション　中田研、山崎慶太編　（大阪）大阪大学出版会
【目次】第1部 移植医療から再生医療へ、第2部 癌治療の現状と新たな取り組み、第3部 高齢社会における医療の問題点と取り組み、第4部 感覚器官や中枢神経領域における先進医療、第5部 海外の医療事情・医療支援活動―海外で医師や研究者として働くということ、第6部 国際・未来共生社会に向けての課題と取り組み、第7部 未来医療へのステップ―新規医療技術の開発と知財保護・医学・医療教育と人道支援
　2017.9 458p A5 ¥2500 ①978-4-87259-591-8

◆国民視点の医療改革―超高齢社会に向けた技術革新と制度　翁百合著　慶應義塾大学出版会
【要旨】医療提供者側からの視点だけでなく、利用者＝患者側の便益にも、より配慮した制度設計の推進によって健康寿命延伸、健康関連産業の発展、医療費増加抑制へと結びつけることを提言する。
　2017.9 232p B6 ¥2500 ①978-4-7664-2441-6

◆最強の地域医療　村上智彦著　ベストセラーズ（ベスト新書）
【要旨】今回初めて「患者」の立場になって、これまで見えてこなかった医療の問題点が浮かび上がってきました。皆さんには病院や入院、患者、現在の医療についてお尻していきたいと思います。今、地方が抱えている医療問題は「まちづくり」によって解決できるのです。
　2017.4 188p 18cm ¥800 ①978-4-584-12547-2

◆在宅医療をはじめよう！ 医療を変える、地域を変える、文化を変える　永井康徳、永吉裕子著，こしのりょう作画　南山堂
【要旨】たんぽぽ先生こと永井康徳先生の成功＆失敗、手の内すべてお見せします！ 在宅医療の質＝理念×システム×制度の知識で決まる！
　2017.4 170p B5 ¥2800 ①978-4-525-20741-0

◆社会運動　No.427　市民セクター政策機構，ほんの木 発売
【目次】特集 ワクチンで子どもは守れるか？―医療と製薬会社の瘡着を問う、1 薬害の構造を根本から見直す（FOR READERS 何も知らない子どもたちを被害者にしないために、なぜ薬害は繰り返されるのか、外資系製薬会社の「実験場」日本）、2 ワクチン被害、予防接種の今を知る（予防接種に行く前に一知っておきたいワクチンのこと、MMR（新三種混合）ワクチン被害を伝える 被害児の家族としての体験から被害者支援を行う、「子宮頸がんワクチン」薬害を伝える 二度と同じ被害を繰り返さないために、「子宮頸がんワクチン」の薬害訴訟が目指すもの、ワクチン問題Q＆A）、悼みの列島 日本を語り伝える第4回 神戸の碑文に見るさまざまな戦争の記憶、おしゃけりマコの知りたがりの日々・レッツ想定外！ 最終回 調べて考えモノ言って、社会運動しましょうぜ
　2017.7 147p A5 ¥1000 ①978-4-7752-0106-0

◆生命倫理学入門　今井道夫著　産業図書（哲学教科書シリーズ）　第4版

【要旨】健康と病気の問題、医療の問題は、昔から人々の関心事であったはずである。それは現在、以前の何倍もの関心を人々に呼び起こしているようにみえる。その背景は何であろうか。
2017.2 208p A5 ¥2400 ①978-4-7828-0213-7

◆続・在宅医療が日本を変える―キュアからケアへそしてケアからキュアへのパラダイムシフト ナカノ理論（問題解決理論）の構築とその実践　中野一司著　（鹿児島）ナカノ会、ドメス出版　発売
【要旨】キュア・ケア志向の在宅医療（狭義）＝病院外（地域＝在宅や施設）医療＝慢性期医療という新たな医療哲学の構築。
2017.4 155p A5 ¥1200 ①978-4-8107-0834-9

◆長寿の国を診る　大島伸一著　（名古屋）風媒社
【要旨】超高齢社会をどう乗り切っていけばいいのか。その処方箋は「地域づくり」しかないという著者が、時々の時代の断面に即して考えたこの国の医療と介護、そして私たちの未来。「中日新聞」の好評連載「長寿の国を診る」を1冊に！
2017.5 256p B6 ¥1800 ①978-4-8331-1119-5

◆沈黙の医療―スリランカ伝承医療における言葉と診療　梅村絢美著　風響社
【要旨】患者のナーデ（病）を読み取る治療家の指先。診断から薬草の処方までの問診や応答なき治療。言語や発話を忌避し、分析を超越した医療体系は、積徳としての診療、供物としての代価の応答でもあった。伝統医療の根底に潜む生命観・世界観に迫る。
2017.3 318p A5 ¥5000 ①978-4-89489-240-8

◆鉄腕アトムのような医師―AIとスマホが変える日本の医療　髙尾洋之著　日経BP社、日経BPマーケティング　発売
【要旨】安倍首相も言及した遠隔医療、クラウドに医療情報を記録するPHR、認知症のAI診断、未来の医療はすぐそこに。
2017.10 231p B6 ¥1200 ①978-4-8222-5953-2

◆統合医療の哲学―ジャングルカンファレンス 理論編　小池弘人著　平成出版、星雲社　発売
【目次】第1章 代替医療、第2章 統合医療、第3章 多元主義、第4章 プラグマティズム、第5章 統合医療からみた現代医療の再考、第6章 コミュニケーションの転回
2017.10 271p B6 ¥1800 ①978-4-434-23888-8

◆日本の医療と介護―歴史と構造、そして改革の方向性　池上直己著　日本経済新聞出版社
【要旨】医療・介護費急増の真因と対策を探る必読書。複雑な医療・介護保険制度の成り立ちと全体像を解明。直面する課題を整理し、長期ケア保険への再構築を第一人者が提唱する。
2017.4 211p A5 ¥2200 ①978-4-532-13469-3

◆入門・医療倫理　1　赤林朗編　勁草書房 改訂版
【要旨】倫理と法の二つの軸をもって医療倫理の諸問題を考える、標準的かつ体系的な教科書の改訂版。定評のある旧版に脳神経科学の章を新たに加え、分野の飛躍的な発展に沿うようアップデート。
2017.2 412p A5 ¥3300 ①978-4-326-10260-0

◆不老超寿　高城剛著　講談社
【要旨】手軽な最先端技術が、「100歳で元気」を実現する。アンチエイジングを超えたハイパーエイジングの時代へ。
2017.8 187p B6 ¥1400 ①978-4-06-220721-8

◆ヘルスサービスリサーチ入門―生活と調和した医療のために　田宮菜奈子、小林廉毅編　東京大学出版会
【目次】1 ヘルスサービスリサーチの基礎知識、2 医療システムのマネジメント、3 医療システムのモデル評価、4 関連領域との協働、5 医療におけるヘルスサービスリサーチ、6 各種現場におけるヘルスサービスリサーチ、終章 まとめ
2017.12 257p A5 ¥3500 ①978-4-13-062419-0

◆みんなの検索が医療を変える―医療クラウドへの招待　イラド・ヨム＝トフ著、石川善樹監修、山本久美子訳　NTT出版
【目次】第1章 検索データは僕たちそのものである（オンライン行動はいかなるデータを生みだすか？、デジタルデータがもたらすリアルな情報、ネットデータとプライバシーへの脅威、ネットデータを利用する研究は倫理的たりうるのか？、医学研究におけるネットデータの利用法）、第2章 医者にすべてを相談できるわけではない（人はなぜネットで医療情報を検索するのか？、オンライン上の医学情報は有益か？、ユーザが提供するデータはどこまで正確なのか？）、第3章 オンラインで悪化する病気―拒食症のケースから（拒食症応援サイト「プロアナ」、拒食症とメディアの関係は実証できるのか？、善意による有害な介入）、第4章 みんなの検索が公衆衛生の役に立つ！（ネットデータを利用して薬の安全性をモニターする、過去から病気のリスク要因を発見する、感染症を予知するシステムは可能か？）、第5章 患者が本当に欲しい医療情報とは？（「悲しみの五段階」を定量化する、検索クエリから躁うつ状態を察知する）
2017.5 179p, 15p B6 ¥2000 ①978-4-7571-0372-6

◆迷走患者―"正しい治し方"はどこにある 岩瀬幸代著　春秋社
【要旨】"私らしい治療"を求めて、今日も今日とて、ほふく前進。代替医療を取材してきたライターが、恐怖のステロイド治療をうけるはめに。この医者で大丈夫？自然治癒力を信じちゃダメですか？医療選択とは何かを問いかける、体当たりドキュメント。
2017.4 251p B6 ¥1800 ①978-4-393-71081-4

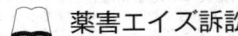 薬害エイズ訴訟

◆薬害エイズ事件の真相　長山淳哉著　緑風出版
【要旨】血友病は男性に発症し、治療用の血液製剤を通じてエイズウイルスが患者の40%、1500人ほどに感染、約600人がエイズで死亡した。薬害エイズ事件である。2001年、東京地裁は血友病研究の第一人者で薬害エイズを放置した安部英帝京大医学部長に無罪の判決を下し、その後、東京高裁で安部そのものが打ち切られ無罪が確定した。はたして安部は無罪なのか？当時の厚生省、医療機関は何をしていたのか？患者がエイズウイルスに感染することを知りながら、何の措置も取らずに血液製剤メーカーの利益に奉仕していたのか？医学者の著者が薬害エイズ事件の真相に迫る。
2017.10 265p B6 ¥2000 ①978-4-8461-1717-7

◆薬害エイズで逝った兄弟―12歳・命の輝き 坂上博、鈴木英二著　（京都）ミネルヴァ書房 （シリーズ・福祉と医療の現場から 2）
【要旨】一九八〇年代、血友病の患者に投与された非加熱血液製剤が、HIVへの感染を招いた「薬害エイズ」問題。この薬害エイズにより、ともに十二歳でなくなった二人の兄弟がいた。当時、二人の遺族に取材したルポルタージュの復刊。
2017.5 206p B6 ¥2000 ①978-4-623-08052-6

 医院・病院・医薬品産業

◆安心して生活できる"ゆたかな地域社会"を目指して―県民の皆さんとともに歩む島根県立中央病院　島根県立中央病院編著　バリューメディカル、（広島）南々社　発売
【要旨】チームで患者さんを支援します―温かな医療を提供。医師、看護師、メディカルスタッフたちがわかりやすく紹介55項目。
2017.1 131p A4 ¥1200 ①978-4-86489-060-1

◆医院・歯科医院の税務ハンドブック―平成29年1月改訂 図解と計算例でわかる 平成29年3月申告用/決算書・確定申告書の書き方つき 藤本清一、東昭生共著　（大阪）実務出版
【目次】第1編 医院・歯科医院の所得の計算（医業・歯科医業の所得の計算、医業・歯科医業以外の所得の計算、医業・歯科医業の消費税―消費税の仕組と主な所得の提出期限別）、第2編 医院・歯科医院の決算と確定申告（医院・歯科医院の決算と確定申告の流れ、医院・歯科医院の決算と確定申告の注意点（医院・歯科医院の決算と確定申告の準備、医院・歯科医院の決算書の書き方、医院・歯科医院の（所得税消費税）確定申告書の書き方）、第3編 医院・歯科医院の決算書と確定申告書の記入例（事例でわかる『決算書』の記入の仕方、事例でわかる『所得税の確定申告書』の記入の仕方、事例でわかる『消費税の確定申告書』の記入の仕方）、附録（白色申告と青色申告の違い、個人経営の医院・歯科医院の開業・廃業・事業承継と税務手続、医療法人の税務、医院・歯科医院の相続・贈与）、参考（復興特別所得税・復興特別個人住民税、マイナンバー制度、ふるさと納税）
2017.2 419p B5 ¥3426 ①978-4-906520-61-9

◆医院ホームページ作成の教科書 院長が知っておくべき増患のための6原則　河村伸哉著　（豊中）マスプレーン
【要旨】Googleに開業せよ！数百件の医療機関ホームページをプロデュースした著者が教える、患者に選ばれる視点とGoogleに選ばれる視点の2つを併せ持つ、オンライン診療時代のホームページ作成の原則。
2017.2 149p A5 ¥1500 ①978-4-904502-24-2

◆医業経営を"最適化"させる36メソッド―機能選択・経営マネジメント・診療報酬の最適化マニュアル　小松大介著　医学通信社
【要旨】2018年同時改定から2025年への道なき道を進む、病院＆クリニック経営のための36枚のロードマップ。経営戦略・機能選択・コストパフォーマンス・診療報酬・組織マネジメントを見直し、「診療単価×患者数－コスト」を最適化させ、「収益」を最大化させる―医業経営プロフェッショナルの全ノウハウを1冊に凝結！
2017.11 327p A5 ¥2800 ①978-4-87058-663-5

◆医師のための節税読本―院長が知っておくべき税務対策のすべて　西岡篤志著　日本医事新報社
【要旨】医療専門の税理士が教える忙しいクリニックでも本当に実行できる効果的な80の方法。
2017.5 186p B5 ¥1800 ①978-4-7849-4610-5

◆医薬品 2018年度版　医療業界研究会編　産学社　（産業と会社研究シリーズ 8）
【要旨】医療制度改革と薬価改定に揺れる日本の医薬品業界。拡大するバイオ医薬品市場や再生医療の行方は？業界の最新動向、しくみ、仕事がこの1冊でわかる！
2017.1 196p B6 ¥1300 ①978-4-7825-3454-0

◆医療安全と業務改善を成功させる 病院の文書管理実践マニュアル―ISO9001、病院機能評価、JCIに対応！　矢野真、棟近雅彦監修、田中宏明、金子雅明、棟近雅隆編著　（大阪）メディカ出版
【要旨】チェックシートで自病院の現状を把握。豊富な取り組み事例紹介。役立つツールWebダウンロード。
2017.7 187p B5 ¥3400 ①978-4-8404-6179-5

◆医療＆介護 職場のルールBOOK　鷹取敏昭監修・著、岡本真之み、福間みゆき共著　医学通信社
【要旨】社会人の基本、仕事のルール、職場のマナー150カ条。
2017.9 184p B6 ¥1400 ①978-4-87058-659-8

◆医療・介護制度改革へ向けた病院経営戦略―2018年度同時改定からはじまる　石井富美著　日本医療企画　（医療経営士テキスト必修シリーズ 3）
【要旨】団塊の世代が後期高齢者となる2025年、社会保障制度の将来像として描かれる2035年、団塊ジュニアが70歳となり日本の人口が1億人を下回る2045年一、刻々とハイパー超高齢社会、人口減少社会に向かいつつある日。医療・介護・社会保障制度改革を「保健医療2035」等が示す日本の将来像を重要施策＆キーワードから理解し、これからの医療経営の視点、考え方を身に付けるための1冊。
2017.8 147p B6 ¥1500 ①978-4-86439-607-3

◆医療関連法規　医療秘書教育全国協議会編、長谷川正志、福島吉晴、西方元邦共著　建帛社　（新 医療秘書実務シリーズ 4）　第2版
【目次】1 日本の医療制度・社会保障制度、2 医療施設関係法、3 医療従事者関係各法、4 健康保険法、5 健康保険法以外の被用者保険法、6 国民健康保険法、7 後期高齢者医療制度、8 公費負担医療制度、9 労災保険制度と年金制度、10 現代医療の課題
2017.1 195p B5 ¥2400 ①978-4-7679-3728-1

◆医療機関エキスパート税理士の指南書 医療法人制度Q&A―第7次医療法改正への実務対応　安部勝一著　税務経理協会
【要旨】理事会や役員についての規定明確化、医療法人の分割、MS法人との取引状況の報告等、第7次改正を踏まえて医療法人制度の要点を素早く網羅。「定款の変更」、「理事や監事の報酬」等、重要改正点を網羅。医療法の基本から「出資持分なし」医療法人への移行まで、改正以外の重要論点も丁寧に解説。
2017.7 326p A5 ¥3700 ①978-4-419-06462-4

◆医療機関の経営力―事業性評価の基礎　青山竜文著　金融財政事情研究会、きんざい　発売

サイエンス・テクノロジー

【要旨】医療と金融、対話を深化させる補助線。地域医療構想・地域包括ケアシステム…etc、医療施策が大きく変化する状況下、質の高い医療提供の持続に向けて、医療機関には将来を見据えた強固な経営戦略とマネジメントが求められている。医療機関が抱えるさまざまな課題・定性的要素を各種データ分析によって明らかにし、金融機関による事業性評価の実践に必要となる基礎材料を提示する。

◆医療事務の現場で役に立つ 外国人患者の接遇と会話──医療事務員のためのスキルアップノート　医療事務総合研究会著　秀和システム
【要旨】英語・中国語・韓国語対応。指差し会話帳で外国語が苦手でも大丈夫！
2017.9 119p B5 ¥1400 ①978-4-7980-5187-1

◆医療法人制度の実務Q&A──設立・運営・承継・再編の法務・会計・税務　山田&パートナーズ編　中央経済社、中央経済グループパブリッシング 発売　第2版
【要旨】設立・運営から事業承継・組織変更・再編まで、医療法人の実務上の手続と税務の留意点を100のQ&Aで解説。
2017.11 379p A5 ¥4000 ①978-4-502-24471-1

◆医療法人の会計と税務　石井孝宜、五十嵐邦彦編著　同文舘出版　第2版
【要旨】平成29年4月2日以降開始事業年度より適用の医療法改正（平成27年9月）に伴う会計制度および税務上の措置を解説した最新版！使い易さを配慮した新たな構成で、さらに充実した実務書の超ロングセラー。
2017.8 A5 ¥5800 ①978-4-495-20581-2

◆医療法人の事業承継完全ガイド──新税制・医療法対応　青木惠一監修、青木会計編著　ぎょうせい
【要旨】「持分なし医療法人」移行の新たな運営8要件。医療法人のタイプ別相続税・事業承継対策を徹底解説！
2017.11 260p A5 ¥2700 ①978-4-324-10414-9

◆医療法人の設立認可申請ハンドブック　医業経営研鑽会編、西岡秀樹、岸部宏一、森淵隆志、佐藤千咲著　日本法令
【要旨】設立趣意書、議事録、事業計画書等の実例を多数収録！ローカルルールや役立つ実務ネタも満載！
2017.9 241p A5 ¥2400 ①978-4-539-72560-3

◆院長のためのクリニック労務Q&A──50のピンチを切り抜けるための実践ガイド　日本医業総研編著（豊中）マスブレーン
【要旨】「着替えは労働時間？」「学会に有休はあてられる？」「院内勉強会にも給与は払うべき？」「働きぶりの悪い職員の給与は下げられる？」…こんなとき、どうする？医療機関専門社労士が実例をもとに解説！
2017.7 205p A5 ¥1200 ①978-4-904502-29-7

◆ガマンしない、させない！院内暴力対策「これだけは」──ひとコマイラストでわかる！医療安全学習にそのまま使える　日本医療マネジメント学会監修、三木明子著編（大阪）メディカ出版　（医療安全BOOKS 6）
【要旨】あらゆる暴力への対応を掲載。現場から17の取り組み例を紹介。
2017.7 175p A5 ¥2500 ①978-4-8404-6185-6

◆患者に選ばれるクリニック──クリニック経営ガイドライン　蓮池林太郎著　合同フォレスト、合同出版 発売
【要旨】来院患者数1日400人のクリニック院長が経営のノウハウを公開。
2017.9 198p B6 ¥1600 ①978-4-7726-6093-8

◆完全理解！医療法人の設立・運営・承継と税務対策　青木惠一著　税務研究会出版局　全訂六版
【目次】第1章 医療法人制度（医療法人制度の通則、設立等、医療法人の機関 ほか）、第2章 地域医療連携推進法人制度（制度の趣旨・役割・認定と社員、医療連携推進業務 ほか）、第3章 医療法人の形態と税務上の取扱い（医療法人の形態と法人税法上の取扱い、基金拠出型医療法人制度と税務 ほか）、第4章 経過措置医療法人と持分（経過措置医療法人、持分問題を巡る判例等 ほか）、第5章 医療法人の税務（法人税、消費税 ほか）
2017.4 681p A5 ¥3000 ①978-4-7931-2241-5

◆関東病院情報　2017年版　医事日報　第36版
【目次】東京都の部、神奈川県の部、千葉県の部、埼玉県の部、群馬県の部、栃木県の部、茨城県の部、巻末付録（病院異動・老健施設一覧）、病院名索引
2017.11 1226p B5 ¥24000 ①978-4-908599-07-1

◆近畿病院情報　2017年版　大阪・京都・兵庫・奈良・和歌山・滋賀・三重　医事日報　第35版
【目次】大阪府の部、京都府の部、兵庫県の部、奈良県の部、和歌山県の部、滋賀県の部、三重県の部 2017.9 954p B5 ¥22000 ①978-4-908599-04-0

◆クイズ式QAハンドブック 医療事務100問100答　2017年版──医療事務の必須基礎知識1冊まるごとQ&A　清水祥友著　医学通信社　第5版
【要旨】クイズ感覚でチャレンジして、自然と医療事務の基礎知識が身につく。初級者入門・クイズ式QAハンドブック!!
2017.4 252p B6 ¥1200 ①978-4-87058-656-7

◆経営に強い院長になる歯科医院のマネジメント読本　MMPG（メディカル・マネジメント・プランニング・グループ）編著　清文社
【要旨】保健請求業務や労務管理などの「基本」から、税務・会計といった医院運営にまつわる「数字」、顧客対応や治療法、院内環境、医療設備による他院との「差別化」といった他院・歯科医院の経営に必要なノウハウ、戦略的手法を解説。
2017.2 191p B5 ¥2200 ①978-4-433-64686-8

◆これから開業する君へ──すべての勤務医にささぐ　中内一揚著　（神戸）エピック
【要旨】開業場所の探し方。広告を出すタイミング。開業前研修。院内レイアウト。患者の満足度を上げるには！ドタバタ開業準備。継承&遡及手続き。スタッフ採用と気配り術。経費削減。前院長との駆け引き…実際に継承開業した医師の体験に学ぶ。 2018.1 125p A5 ¥1500 ①978-4-89985-198-1

◆最新 医療事務のすべてがわかる本　青地記代子監修
【要旨】仕事の実際と資格の取り方をくわしく解説！医療事務の仕事と魅力を徹底紹介！医療事務の種類と資格。現場の仕事がくわしくわかる。資格取得のコツをやさしく解説。
2017.4 207p A5 ¥1300 ①978-4-537-21459-8

◆最新 医療費の仕組みと基本がよ~くわかる本──複雑な医療費の仕組みをやさしく解説！　伊藤哲雄、畑山宏大編著　秀和システム　（図解入門ビジネス）
【要旨】医療費の仕組みと、医療機関の分類・特徴、在宅医療の診療報酬の基本などが体系的に学べる一冊。患者さんへの対応に自信が持てます！
2017.12 199p A5 ¥1600 ①978-4-7980-4926-7

◆裁判例を踏まえた病院・診療所の労務トラブル解決の実務　田村裕一郎編著、古田裕子、上村遥奈、柴田政輝、山本幸宏、井上紗和子共著　日本法令
【要旨】医師の労働者性、仮眠時間や宿日直の労働時間性、医師の年俸制および定額残業代、患者からの暴力（安全配慮義務）、看護師の能力不足による普通解雇…医療機関にまつわる25の設例と対応策、関連書式を収録。
2017.9 395p A5 ¥2900 ①978-4-539-72551-1

◆ジェネリックvs.ブロックバスター──研究開発・特許戦略からみた医薬品産業の真相　山中隆幸著　講談社
【要旨】武田、アステラス、第一三共、ファイザー…ブロックバスターをいかに守ったのか。1,500件以上の特許情報を分析した著者が初めて明かす"各社の戦略"とは。
2017.6 237p A5 ¥1600 ①978-4-06-156322-3

◆歯科医院の上手なたたみ方・引き継ぎ方──閉院/事業承継/相続の手順とポイント　税理士法人トゥモローズ著　清文社
【要旨】引退後のライフプランをどう組み立てるか、各種手続はいつまでにどこで行うのか、税金の取扱いはどうなるのか…早めの検討・対策

で後悔のないリタイアを目指す！盛りだくさんな「やるべきこと・考えるべきこと」を筋道立ててわかりやすく解説！
2017.5 180p A5 ¥2200 ①978-4-433-62697-6

◆施設基準適時調査マニュアル──2016年度診療報酬改定対応版　竹田和行著　経営書院　（付属資料：CD・ROM1）
【目次】第1章「基礎知識」編──適時調査の新しい実施方法と概要（調査の実施方法）、第2章「事前準備」編──適時調査の通知から事前準備まで（事前に提出する書類、当日に準備する書類一式）、第3章「調査実践」編──施設基準ごとの確認事項（一般事項、基本診療料 ほか）、第4章「結果指摘」編──適時調査結果通知書の対応方法、書式資料集 2017.6 1177p B5 ¥28000 ①978-4-86326-238-6

◆実務対応 病院会計──病院会計準則・医療法人会計基準に準拠　トーマツヘルスケアインダストリー編　清文社
【要旨】病院会計準則をもとに、各開設主体の会計基準や病院特有の論点を押さえて解説！勘定科目別の会計処理が豊富な仕訳と設例でわかりやすい。新たに公表された医療法人会計基準との相違点や組替方法も紹介。
2017.4 540p A5 ¥4500 ①978-4-433-66597-5

◆初級者のための医療事務"BASIC"問題集 2017　医学通信社　第7版
【要旨】全国医療福祉教育協会が主催する"実務能力認定試験"の過去問題集。
2017.4 185p A4 ¥2000 ①978-4-87058-649-9

◆新 医療法人制度の解説　表宏橋、原田謙司共著　日本法令
【要旨】新制度制、会計基準、事業再編等、最新の医療法人制度を詳細解説。医療法、準用条文、通知、関係法令まで網羅。
2017.7 1331p A5 ¥8800 ①978-4-539-72547-4

◆診療所経営の教科書──院長が知っておくべき数値と事例　大石佳能子監修、小松大介著　日本医事新報社　第2版
【要旨】統計データを一新、待望の改訂版。診療所経営を取り巻く環境を、カラーグラフで視覚化。独自のデータ分析により、安定経営の指標を示した。
2017.9 227p 24×19cm ¥4500 ①978-4-7849-4378-4

◆診療所のための開業マニュアル　渡邉滋巳著　創英社/三省堂書店
【目次】開業を志される先生方に向けて、診療所開業で成功するために、開業基本プランの作成、立地選定と診療圏調査、診療所設計・施工、医療サービス内容の検討、患者吸引策の検討、人材の採用と育成、院内管理体制の整備、新規開業の届け出・申請手続き、歯科診療所を例にとった院内管理
2017.2 249p B5 ¥4600 ①978-4-88142-608-1

◆診療点数早見表──2016年4月/2017年4月増補版　医学通信社
【目次】第1編 医科診療報酬点数表（基本診療料、特掲診療料、介護老人保健施設入所者に係る診療料、経過措置）、第2編 厚生労働大臣が定める基準等（材料価格基準、入院時食事療養費・入院時生活療養費、基本診療料の施設基準等、特掲診療料の施設基準等、入院患者数・医師等の員数の基準等 ほか）、診療報酬請求書・明細書等の記載要領
2017.4 1574p B5 ¥4500 ①978-4-87058-642-0

◆診療報酬・完全攻略マニュアル　2017年4月補訂版 点数表全一覧&レセプト請求の要点解説 ビジュアル速解　青山美智子著　医学通信社
【目次】第1章 医療保険制度の基礎知識（医療保険制度と保険診療、保険医療機関の分類と役割）、第2章 診療報酬点数一覧（初診料、再診料/外来診療料、入院基本料・加算 ほか）、第3章 診療報酬請求に関する基礎知識（和暦・西暦による満年齢一覧、レセプトの上書き（頭書き）の記載要領、保険証~カルテ台紙~レセプト用紙への記入の流れ ほか）
2017.4 462p A4 ¥2800 ①978-4-87058-646-8

◆診療報酬完全マスタードリル──重要ポイント全300問 2017年補訂版　内芝信子著　医学通信社
【目次】問題（初診料、再診料・外来診療料、医学管理等、在宅医療、投薬、注射、処置、手術、麻酔、検査・病理診断、画像診断、その他、入院料）、解答・解説
2017.4 128p A4 ¥1200 ①978-4-87058-648-2

◆診療報酬Q&A　2017年版　点数から保険制度まですべてがわかる1038問　杉本恵申著　医学通信社　第13版
【目次】第1章 保険診療・明細書・点数表(保険診療、明細書(レセプト))、点数表「全体」は1、第2章 点数表「各部」(基本診療料、入院時食事療養費・生活療養費、医学管理等 ほか)、第3章 社会保険制度等(医療保険、介護保険、公費負担医療等 ほか)
2017.3 667p B5 ¥3000 ①978-4-87058-644-4

◆図解で学ぶ医療機器業界参入の必要知識―法令・規制、技術規格と市場　宇喜多義敬監修、宇喜多白川医療設計者　じほう　第2版
【目次】第1章 医療機器市場と医療機器業界(医療機器市場、医療機器業界)、第2章 医療機器事業新規参入のポイントと特徴(新規参入のポイント、製品化プロセスの特徴 ほか)、第3章 医療機器業界参入のための法を知る(法規制の基礎知識、日本の法規制―医薬品医療機器等法 ほか)、第4章 医療機器業界参入のための規格を知る(国際規格の基礎知識、品質マネジメントシステム規格 ほか)、第5章 医療機器事業参入、付録
2017.9 376p B5 ¥9000 ①978-4-8407-4995-4

◆成功する病院経営戦略とマネジメント　井上貴裕編著　ロギカ書房
【要旨】医療費抑制の環境下、病院をどこに導けばいいのか!!17病院の院長・幹部が、真摯に向き合った実践記を寄稿!!
2017.6 426p A5 ¥4400 ①978-4-909090-02-7

◆整骨院・接骨院 完全自費移行戦略マニュアル―どん底院長が実践した接骨院再建テクニック　細谷隆広著　(大阪)パレード、星雲社 発売
【要旨】自費移行請負人が語る、成功する自費移行。6ヶ月で売上4倍を実現する方法、教えます。
2017.3 200p B6 ¥2000 ①978-4-434-23078-3

◆"整体院・治療院"商売の始め方・儲け方―誰も教えてくれない　整体師NAGAOKA著　ぱる出版
【要旨】年収1000万円を超えるための簡単ロードマップ。ダントツに効く"チラシ"新規集客!!絶対に外せない"ホームページ"!!開業準備はとてもカンタン!顧客対応とリピート対策。自由自在のマインドセット、ワーク。
2017.6 189p A5 ¥2000 ①978-4-8272-1069-9

◆税理士が知っておきたい 開業医の税務と生涯設計(ライフプラン)　椿祐輔著、中間葉月監修　中央経済社、中央経済グループパブリッシング 発売
【要旨】医師・歯科医師などの開業医の先生は、病医院を経営するにあたり、多くのお悩みを抱えています。税理士をはじめとした専門家が、クライアントである開業医の先生の生涯設計(ライフプラン)を考慮して、適切なアドバイスをすることで、信頼度が高まり、長期的なパートナーとなる可能性が高まります。税理士が知っておくべき、生涯設計を考慮した税務等の実務の留意点を解説しています。
2017.2 175p A5 ¥2600 ①978-4-502-21161-4

◆世界一わかりやすい 病院・医療業界のしくみとながれ　イノウ編著　ソシム
【要旨】診療報酬の体系と医療の動向を、マンガとキャラで楽しく解説! 現場で役立つ基本が図解でスッキリわかります。診療報酬の最新情報に完全対応。
2017.4 191p A5 ¥1800 ①978-4-8026-1051-3

◆"攻める"診療報酬 戦略と選択―自院のポジショニングと機能をいかに最適化させるか 2018年同時改定から2025年へ　工藤高著　医学通信社
【要旨】現状維持に甘んじていては、"ジリ貧"確率100%の時代一。2018年同時改定から2025年へ向けて、医療機関の施設基準をどうデザインして診療報酬を最適化するか、地域でのポジショニングと機能をどう選択するか一実際のコンサルティング事例に基づいて多角的にシミュレーションを行い、中・長期戦略を提案。"できない理由"を並べる前に"どうすればできるか"を考える、地域医療構想・地域包括ケアに追随するのではなく、それを好機として捉えて"反転攻勢"に出る一2018年同時改定・2025年モデルへの攻略の書!
2017.10 165p B5 ¥2500 ①978-4-87058-664-2

◆ゼロからはじめる病院のPDCA―医療の質の見える化と改善　伏見清秀監修、本橋隆子、金沢奈津子編　医歯薬出版
【要旨】はじめてでもうまくいく! 手順どおりにPDCAサイクルを回して、医療の改善につなげよう。自院のデータで臨床指標を算出できる! 診療情報分析システムMEDI‐ARROWSを活用! Excelのみでの分析可能!
2017.9 153p B5 ¥2750 ①978-4-263-23695-6

◆そばに寄り添い、ともに闘う平塚市民病院の最新医療　平塚市民病院編著　バリューメディカル、(広島)南々社 発売
【要旨】病気や治療、手術のこと…医師・看護師・医療スタッフがやさしく解説。46項目。
2018.1 123p A4 ¥1200 ①978-4-86489-074-8

◆大変だ!!地方中核病院長奮闘記―病院経営の可能性を探った4年間の記録　後藤敏和著　ロギカ書房
【目次】第1章 医師確保について―"すべては研修医集めから始まった"、第2章 学術的業績は外からの評価に重要、第3章 救命救急センターが本来のミッションを果たせるようにするために―救命救急センター副所長、山形市医師会理事としての6年間、第4章 災害対策委員長奮闘記―"見えなかったものが見えた、見なくてよかったものも見てしまった"、第5章 監査で散々指摘された医療安全部長―同志を得る、第6章 院長としての4年間―こんなに業績上げて何で赤字なの?、第7章 県民に愛され親しまれる病院を目指して、第8章 職員やその家族が当院で働くことに誇りを持ってもらうために、第9章 さまざまな思い、第10章 院長に必要なもの
2017.10 243p A5 ¥3000 ①978-4-909090-07-2

◆たった一声で評価アップ! 医療現場の「おもてなし」会話術　下枝三知与著　秀和システム
【要旨】不安になっている患者さんにはどんな言葉をかけたらいい? 患者さんからクレーム、どう対応するのがベスト? 病院内のコミュニケーション、どうしたらスムーズになる? 患者さんが喜び、あなたの評価も上がる「会話術」。
2017.3 247p B6 ¥1400 ①978-4-7980-4959-5

◆チームワークで県民の医療をささえる―沖縄県立中部病院　沖縄県立中部病院編著　バリューメディカル、(広島)南々社 発売
【要旨】専門医・看護師・コメディカルが、病気や治療についてわかりやすく解説。59テーマ。
2017.8 127p A4 ¥1200 ①978-4-86489-067-0

◆中国・四国病院情報　2017年版　医事日報　第29版
【要旨】岡山・広島・鳥取・島根・山口・徳島・香川・愛媛・高知の病院情報。
2017.6 603p B5 ¥20000 ①978-4-908599-05-7

◆中部病院情報　2017年版　医事日報　第30版
【目次】静岡県の部、愛知県の部、岐阜県の部、福井県の部、石川県の部、富山県の部、新潟県の部、長野県の部、山梨県の部
2017.9 739p B5 ¥20000 ①978-4-908599-06-4

◆東北の小さな大企業―圧倒的な技術と品質で世界の医薬品業界に挑む　鶴蒔靖夫著　IN通信社
【要旨】山形県天童市から世界へ。最高水準の技術と品質で躍進する日新製薬はいま、新たなステージへ。
2017.6 244p B6 ¥1800 ①978-4-87218-434-1

◆"虎"の病院経営日記―コバンザメ医療経営のススメ　東謙二著　日経メディカル開発、日経BPマーケティング 発売
【要旨】サブアキュートで生き残れ! 民間病院院長、診療所院長、必読! 熊本の63床民間病院院長が赤裸々に語る、病院経営、救急医療、医療連携、震災医療…全国の悩める院長に希望と勇気を与える、どこにもなかった医療経営書!
2017.11 479p B6 ¥2700 ①978-4-931400-85-6

◆はじめての人でも成功する! 治療院リラクゼーション経営塾　花谷博幸著　かんき出版
【要旨】集客から顧客化、ブランディング、リピート率アップまでこの1冊ですべてわかる! 業界最大のPCC治療家塾から導かれた開業・運営マニュアルの決定版。
2017.1 207p A5 ¥1600 ①978-4-7612-7234-0

◆病院経営が驚くほど変わる8つのステップ―患者・職員の満足度が向上すれば経営は必ず改善する　濱川博招著　ダイヤモンド社
【要旨】患者・職員の声を聞いてますか? 組織をブラッシュアップすることで病院は、財務が生まれ変わる! 病院改革実践理論決定版!
2017.9 235p B6 ¥1500 ①978-4-478-10045-5

◆病院経営実態調査報告　平成28年　全国公私病院連盟
【目次】1 調査方法の概要、2 調査票、3 用語の説明及び指標の計算式、4 調査結果の概要、5 調査結果の年次推移、6 統計表(病院概要、経営収支の状況、医業収益の状況、給与費の状況、薬品費および経費の状況、減価償却費および支払利息の状況、付加価値額および付加価値率の状況、労働生産性、労働分配率および労働装備率の状況、有形固定資産額、有形固定資産回転率および資本生産性の状況)　2017.3 787p A4 ¥12000

◆病院経営分析調査報告　平成28年　全国公私病院連盟
【目次】1 調査方法の概要、2 調査票、3 用語の説明及び指標の計算式、4 調査結果の概要、5 調査結果の年次推移、6 統計表(病院数・病床数・病床利用率・病床1日平均・選定療養費、診療科・在宅医療・設備、機器保有状況、病院の黒字・赤字分布、延床面積、有形固定資産…　2017.3 759p A4 ¥16000

◆病院計画総覧　2017年版　開始された2025年医療体制への準備　産業タイムズ社
【目次】巻頭特集、第1章 全国病院ネットワーク/グループの最新動向、第2章 医療業界の最新トレンド、第3章 最新病院設計とソリューション、第4章 国の必要病床推計と都道府県別の地域医療構想、第5章 全国都道府県別の個別病院整備計画　2017.2 911p B5 ¥25000 ①978-4-88353-254-4

◆病院再生の設計力　久米設計病院設計タスクチーム著　幻冬舎メディアコンサルティング、幻冬舎 発売　増補改訂版
【要旨】病院の設計から、経営を改善する一数々の病院を再生させてきた百戦錬磨のプロ集団が、設計のプロセスを公開。
2017.8 184p B6 ¥1500 ①978-4-344-91338-7

◆病院事務のための医療事務総論/医療秘書実務　日本医療福祉実務教育協会監修、有吉澄江、沖山圭子編著　建帛社
【目次】序章 医療事務の必要性、第1章 病院の組織、第2章 社会保障と社会保険制度、第3章 医療事務に関する法規、第4章 医療秘書実務、第5章 統計業務、第6章 メディカルマナー
2017.4 260p B5 ¥3200 ①978-4-7679-3726-7

◆病院大連携時代へ―「地域医療連携推進法人」制度を利用して　長隆監修　財界研究所
【要旨】団塊世代の全員が後期高齢者(75歳以上)となる2025年。今の医療・介護サービス提供の仕組みのままでは地域崩壊は不可避。どう回避するかの知恵比べが始まった―。
2017.7 187p B6 ¥1500 ①978-4-87932-126-8

◆病院賃金実態資料　2017年版　医療経営情報研究所編　経営書院
【目次】第1部 解説 自院の人件費総額の適正水準を維持し、病院の安定を図る一病院賃金実態の分析(職員一人当たりの人件費を適正な水準に保つことに注力を、病院賃金調査の分析、これからの中小病院における人事制度のあり方)、第2部 調査集計結果(病院規模別・地域別(職種別・経験年数別にみた月額賃金と年間賃金、職位別にみた月額賃金・役付手当と年間賃金)、第3部 個別病院賃金実態一覧(職種別・経験年数別にみた実在者賃金(月額賃金と賞与・一時金)、地域別・職位別にみた月額賃金と賞与・一時金および役付手当、病院別・職種別にみた年俸額一覧)、第4部 付帯調査 歯科医師・歯科衛生士の賃金実態(解説 多様化する病院における歯科医師・歯科衛生士の賃金水準、歯科医師・歯科衛生士の賃金実態一覧)
2017.1 413p B5 ¥9200 ①978-4-86326-233-1

◆病院で役に立つ ゆびさし6カ国語会話手帳　芦田ルリ編著　メジカルビュー社
【目次】1 基本の単語、2 基本の表現、3 受付、4 診察室、5 検査室、6 入院、7 手術とリハビリ、8 退院、9 服薬指導、10 緊急時
2017.5 215p 19×11cm ¥1500 ①978-4-7583-0962-2

◆病院のマネジメント　医療秘書教育全国協議会編、藤井昌弘、岸田敏彦、刀祢清美共著　建帛社　(新 医療秘書実務シリーズ 2)

サイエンス・テクノロジー

【目次】病院の沿革、病院の目的と機能、診療部門、看護部門、副診療技術部門、事務部門、施設管理・環境整備部門、病院管理、病院管理の方法、病院の組織〔ほか〕
2017.11 186p B5 ¥2400 ①978-4-7679-3730-4

◆病院崩壊　吉田静雄著　幻冬舎メディアコンサルティング, 幻冬舎 発売
【要旨】医療消費税、非課税のごまかし、複雑すぎる「診療報酬制度」、患者のためにならない徹底した医療費削減…etc. 医療の平成維新一迫りくる超高齢社会に改革は待ったなし。医療の根深い問題と解決の糸口とは。
2017.5 227p B6 ¥1500 ①978-4-344-91226-7

◆貧乏治療院と繁盛治療院―開業から分院展開までの成功の道though　根岸靖著　合同フォレスト, 合同出版 発売
【要旨】著者が見てきた貧乏治療院と繁盛治療院の違いに、成功経営者になるためのヒントが！考えなしに開業しても、うまくいかない。成功するためには、正しい知識と適切な実技、そして何より経営のノウハウが必要だ!!
2017.2 190p B6 ¥1400 ①978-4-7726-6081-5

◆平成29年4月からの医療法人と社会福祉法人の制度改革―ガバナンス(法人統治)は、どう変わるのか　彌榮会計社, あおぞら経営税理士法人編　(大阪)実務出版
【要旨】行政監査・監事監査・会計士監査、その違いと法人の対応をアドバイス！
2017.7 327p B5 ¥2963 ①978-4-906520-66-4

◆ヘルスケア産業のデジタル経営革命―破壊的変化を強みに変える次世代ビジネスモデルと最新戦略　ジェフ・エルトン, アン・オリオーダン著, 永田満監訳, 三木俊哉訳　日経BP社, 日経BPマーケティング 発売
【要旨】医療・製薬・ライフサイエンス業界の最先端ビジネスモデルに乗り遅れるな！日本語版向け特別章を収載。
2017.10 374p B6 ¥2000 ①978-4-8222-5531-2

◆変貌する医療市場―研究・技術革新・社会実装　木村廣道監修　(東京大学医学・工学・薬学専門連続講座 13)
【要旨】日本のグローバル化、ベンチャー起業の活性化、IT・AIが拓く新しい医療産業、メディカルイノベーションエコシステム。基礎科学の「研究力」をいかに積み上げ、社会に貢献するか？
2017.11 305p A5 ¥2300 ①978-4-7612-7299-9

◆よくわかる！図解 病院の学習書　梶葉子著　ロギカ書房　(『図解 病院のしくみが面白いほどわかる本』修正・加筆・改題書)
【要旨】激変する病院の医療現場が分かる・見える・学べる。最新の医療現場を徹底ガイド！
2017.11 208p A5 ¥1600 ①978-4-909090-05-8

◆予約でいっぱいになる評判の治療院・サロンをはじめる本　向茂光著　秀和システム
【要旨】ヒマな院と予約でいっぱいになる人気院の違いとは！立地探しから内装までステップ式でゼロからフォロー！患者さんが行きたくなる院づくりのポイントがわかる！ネットを使った集患のノウハウとツボがすべてわかる！よろこばれる治療院・サロン経営のキョウカ書。
2017.3 207p A5 ¥1500 ①978-4-7980-4946-5

◆労災診療費算定実務講座　平成29年度版　労災保険情報センター　新訂版
【目次】第1編 基本診療料等、第2編 医学管理等・検査料・画像診断料、第3編 リハビリテーション料・処置料、第4編 手術料、第5編 その他の特例、第6編 労災診療費の請求手続き
2017.5 230p A4 ¥2241 ①978-4-903286-68-6

◆65歳、医師 はじめて挑む病院経営　川村一彦著　幻冬舎メディアコンサルティング, 幻冬舎 発売
【要旨】「不撓不屈」の精神で病院再生を成し遂げた"新人経営者"10年のリアルストーリー。医師歴40年、経営経験ゼロで突然訪れた再生の未来―。理事長就任で初めて知った多額の負債、大規模な組織改革、MS法人との対立…。
2017.8 179p 18cm ¥800 ①978-4-344-91346-2

◆CSがつくった最高の病院　柿原まゆみ著　あさ出版
【要旨】こんな病院、あったんだ…。CS(患者様満足)とES(職員満足)の車の両輪です。患者様の心を満たすことができなければ、職員の心を満たすことはできません。その逆もしかりです。

今、石橋内科・広畑センチュリー病院は、この両輪が非常によくバランスよく、回っています。それによって、職員の病院に対する"忠誠心"や、良好な風土づくりなど、さまざまなメリットがもたらされています。
2017.11 236p B6 ¥1400 ①978-4-86667-028-7

◆DPC請求NAVI―DPCコーディング＆請求の完全攻略マニュアル 2017　須貝和則著　医学通信社　第5版
【目次】第1章 DPC入門：ポイント31、第2章 DPC制度の基礎知識(診断群分類(DPC)、対象病院 ほか)、第3章 DPCの2016年度改定(DPCと診療報酬改定について、近年の改定の動向 ほか)、第4章 DPC請求の実践知識(対象患者・対象外患者、包括の範囲 ほか)、第5章 DPCマネジメントの実際(DPC対象病院になる前のポイント、DPC導入のポイント ほか)、第6章 DPC請求の実践事例(くも膜下出血、脳内出血 ほか)
2017.3 261p B5 ¥2600 ①978-4-87058-635-2

◆DPC点数早見表―診断群分類樹形図と包括点数・対象疾患一覧 2016年4月/2017年4月増補版　医学通信社編集部編, 日本診療情報管理士会監修　医学通信社　(付属資料：CD-ROM1)　第13版
【要旨】診断群分類から手術・処置等の有無を経て該当する点数に至るまでを表現した「樹形図(ツリー図)」と、その各項目に対応する「診断群分類点数表」、「ICD名称」、「手術・処置等」などの一覧表がひと目で参照できるようにレイアウト。厚生労働省から発出されているDPCにかかわる「告示」と「通知」の原文と解説、厚生労働省から発出された「事務連絡(Q&A)」も掲載している。
2017.4 596p A4 ¥4500 ①978-4-87058-643-7

◆DPCの基礎　医療秘書教育全国協議会編, 菊池優子, 岸村秀樹, 秋山貴志共著　建帛社　(新医療秘書実務シリーズ 6)
【目次】1 DPCの成り立ち、2 DPC制度、3 ICD(国際疾病分類)、4 DPCコーディングの実際、5 DPCにおける算定ルール、6 DPCレセプトの作成と記載、資料：診療報酬請求書等の記載要領
2017.11 110p B5 ¥1900 ①978-4-7679-3734-2

◆MBA的医療経営 目指せ!!メディカルエグゼクティブ　角田圭雄著　幻冬舎メディアコンサルティング, 幻冬舎 発売
【要旨】「全体最適」の視点を持つメディカルエグゼクティブ育成に必要な経営学の知識を網羅。英国国立ウェールズ大学経営大学院にて「医療経営学修士号」を取得した臨床医が、医療経営の最新情報を解説。
2017.12 267p B6 ¥1800 ①978-4-344-91469-8

◆Q&A医療法人会計の実務ガイダンス　新日本有限責任監査法人編　中央経済社, 中央経済グループパブリッシング 発売
【要旨】29年4月2日以後開始事業年度から適用。新会計基準の概要から決算処理、初年度の留意点、内部管理、税務まで解説！介護施設の会計・内部管理についても言及。医療法改正を踏まえた実務対応チェックリスト付。
2017.7 366p A5 ¥4000 ①978-4-502-23341-8

◆Q&A地域医療連携推進法人の実務　松田紘一郎執筆代表, JPBM医療経営部会編　中央経済社, 中央経済グループパブリッシング 発売
【要旨】2025年に向け、地域医療提供モデルの変革がスタート！地域包括ケアの担い手となる「連携推進法人」のつくり方・課題(理念、設立・運営、税務、労務、監査、資金、施設)。
2017.10 340p A5 ¥4000 ①978-4-502-24101-7

◆Q&Aでわかる "医療事務" 実践対応ハンドブック 2017年版　日本病院事務研究会著　医学通信社　第9版
【目次】第1章 実践対応事例Q&A (保険資格、保険給付・保険診療、外国人の保険診療、後期高齢者医療制度、DPC/PDPS ほか)、第2章 医療関連データBOX (医療保険制度等、保険請求・臨床知識、その他)
2017.4 182p A5 ¥1800 ①978-4-87058-652-9

医学

◆汗はすごい―体温、ストレス、生体のバランス戦略　菅屋潤壹著　筑摩書房　(ちくま新書)

【要旨】もっとも身近な生理現象なのに、誤解される汗。風邪の高熱は汗をかけば解熱する。汗っかきは持久力がひくい、わきの下や喉元や頭皮は汗をかきやすい。どれもこれも科学的には誤った考えである。いい汗とは何か。暑さになれると上手に汗をかくことができ、暑い夏もへっちゃらに乗り切れる！最新の脳科学の成果からさまざまな疾患による影響まで、汗のすべてを発汗生理学の権威が解き明かす。
2017.6 265p 18cm ¥860 ①978-4-480-06958-0

◆あなたの健康のために―島根大学医学部附属病院の最新治療　島根大学医学部附属病院編著　バリューメディカル, (広島)南々社 発売
【要旨】地域の皆さまの健康を守る。医師、看護師、メディカルスタッフたちが病気や治療についてやさしく解説。52項目。
2017.7 119p A4 ¥1480 ①978-4-86489-066-3

◆あなたも名医！もう困らない救急・当直 ver.3 当直をスイスイ乗り切る必殺虎の巻！　林寛之編著　日本医事新報社　(jmed mook 51)
【目次】時間外救急の心得十箇条、発熱一帰すと死んじゃう発熱を見逃すな！、頭痛―怖い頭痛を見逃さないスヌーピー(SNOOPY)になろう！、胸痛―胸痛は最も怖い主訴！、急性腹症―ジェロ・プレショックを見逃すな！、関節痛―とにかく怖いのは化膿性関節炎、めまい―中枢性めまいを疑うHINTS(ヒント)を確認しよう！、ショックーショックではエコーが腕の見せドコロ！、失神―心血管性失神と出血を見逃すな！、痙攣―痙攣患者をみて逃げるな！〔ほか〕
2017.8 274p B5 ¥3500 ①978-4-7849-6651-6

◆あなたも名医！Phaseで見極める！小児と成人の上気道感染症―ほとんどの上気道感染症で抗菌薬はいらない?!　永田理希著　日本医事新報社　(jmed mook 48)
【目次】1 根拠を持って戦略(Strategy)を決めよう！、2 上気道感染症に関わる微生物(Bacterium)について語ろう！、3 上気道感染症に関わるワクチン(Vaccine)について語ろう！、4 上気道感染症に関わる経口抗菌薬(Drugs)について語ろう！、5 PK/PD理論から戦略(Strategy)について語ろう！、6 急性中耳炎の診断(Diagnosis)について語ろう！、7 急性鼻副鼻腔炎の診断(Diagnosis)について語ろう！、8 急性咽頭炎の診断(Diagnosis)について語ろう！
2017.2 255p B5 ¥3500 ①978-4-7849-6448-2

◆「天の岩戸開き」で観えてくる21世紀のニューメディカル　三角大慈著　医学舎, 星雲社 発売
【要旨】妊娠中の母親の心音を使った医療の場における「天の岩戸開き」。
2017.3 127p B6 ¥1300 ①978-4-434-22993-0

◆アーユルヴェーダ―さらなる学習の指針　弓田久子著　東京図書出版, リフレ出版 発売
【要旨】約5000年前のアーユルヴェーダの智慧。そこには現代の難病や悩みを解決する術や医学に通ずる光が輝いている。それらを賢者たちの遺稿から学ぶ。
2017.1 190p B5 ¥2800 ①978-4-86641-023-4

◆アルコールと医学生物学 Vol.35 アルコール性臓器障害 機序解明の継往開来　アルコール医学生物学研究会編　(札幌)響文社
【目次】アルコール健康障害対策基本法について、わが国のアルコール関連法案、アルコール健康障害対策基本法における早期介入、アルコール健康障害対策基本法によって何が変わるか―研究のナショナルセンターの設立と研究費の増額に向けて、アルコール健康障害対策基本法―内科医の立場からの医療連携、アルコール健康障害対策基本法におけるソーシャルワーカーの役割、脂肪性肝障害における肝線維化病態でのコレステロールの役割、アルコール性肝障害の発症・進展における自然免疫系の関与、腸内細菌からみた脂肪性肝炎関連肝発癌、アルコール依存症と消化管腫瘍〔ほか〕
2017.3 85p B5 ¥4000 ①978-4-87799-131-9

◆医学・医療系学生のための総合医学英語テキスト Step2　日本医学英語教育学会編　メジカルビュー社
【要旨】日本医学英語教育学会「医学英語教育ガイドライン」のMinimum Requirements に対応。
2017.10 181p B5 ¥3000 ①978-4-7583-0449-8

◆**医学概論** 北村諭著 中外医学社 （コメディカルのための専門基礎分野テキスト） 改訂6版
【目次】医学の定義とその使命、医学の歴史、近代医学の発展と医の倫理、人体の構造と機能、臨床医学総論―主要症状からその原因を探る、臨床医学各論―主要な疾患とその対応、人口統計と疾病の変化、健康状態と受療状況、医療保障制度、医療関係の職種と現状、医療施設の種類と現状、保健医療対策、医師法・薬事法・衛生法規
　　　2017.3 198p A5 ¥2400 ①978-4-498-07917-5

◆**医学原論―医学教育講義** 上巻 瀬江千史著 現代社
【要旨】「医学原論」とは医学体系の要となる理論である。本書は医学体系とは何かを、その構築過程をも含めて明らかにするとともに、なぜ医学体系が必要なのかを説いている。それは見事な医療実践及び医学教育に必須であるからこそ、医学教育を担う教育達に、自らを理論的に武装し、医学という理論体系から医学生を教育し、実力のある医師を輩出してほしいという、私自身の願いをこめて、副題を「医学教育講義」とした。
　　　2017.12 286p B6 ¥2800 ①978-4-87474-183-2

◆**医学部に行きたいあなた、医学生のあなた、そしてその親が読むべき勉強の方法** 岩田健太郎著 中外医学社
【目次】なぜ今、医学部なのか、医者は実は頭がよくない？、能力は努力なしでは劣化する、英語力のない日本の医学生、日本人は英語が苦手、の誤謬、なぜ医学生は英語を学ばないのか、外的動機付けがなくても、効率と非効率、なぜ日本人は勉強熱心ではないのか、「学問のすすめ」はアンチ学問的〔ほか〕
　　　2017.10 215p B6 ¥1600 ①978-4-498-04854-6

◆**石井均 糖尿病ビジュアルガイド―患者さんの疑問にどう答えますか？** 石井均著 医歯薬出版 （付属資料：CD‐ROM1） 第2版
【目次】1 糖尿病の基本、2 食事療法、3 運動療法、4 肥満と減量、5 飲み薬、6 注射薬（インスリンおよびGLP‐1受容体作動薬）、7 非常時、8 合併症予防、9 ライフステージ、10 こころのケア、11 お金と情報
　　　2017.5 108p B5 ¥3200 ①978-4-263-23651-2

◆**医師たちが選んだプラセンタ療法** 景山同著、長瀬眞彦監修 現代書林
【要旨】病院でも薬でもよくならず悩んでいませんか？ 体にやさしいが、しっかり効く胎盤パワーの秘密。
　　　2017.5 189p B6 ¥1500 ①978-4-7745-1630-1

◆**医者は患者をこう診ている―10分間の診察で医師が考えていること** グレアム・イースト著、葛西龍樹日本語版監修、栗木さつき訳 河出書房新社
【要旨】ある日の午前中、著者は18人の患者を診察する。ドアをあけて入ってくるまでは、なんの病気であるかはわからない。複雑な医療制度のなかで、時間に追われつつも、患者を一人一人の人間として見つめ、より良い医療を求めて苦闘する医師の知られざるドラマ！
　　　2017.6 440p B6 ¥2300 ①978-4-309-24809-7

◆**痛みに悩んでいるあなたへ** 外須美夫著 （福岡）九州大学出版会 （KUP医学ライブラリ）
【要旨】痛みとは何か、痛みはどうして起きるのか、痛みから解放されるにはどうしたらいいのか。痛みに関する知識と痛みへの具体的な対処法を示した。
　　　2017.7 195p B6 ¥1600 ①978-4-7985-0209-0

◆**1時間でわかる！ 家族のための「在宅医療」読本** 内田貞輔著 幻冬舎メディアコンサルティング、幻冬舎 発売
【要旨】通院・入院よりお金がかかる？ どんな治療を受けられる？ ウチの親でも得てもらえる？「最期まで自宅で」という親の願いを叶える唯一の選択に―在宅医療のメリット＆利用のポイントを徹底解説！ 不安や疑問をこれ一冊で解消！
　　　2017.11 182p A5 ¥1000 ①978-4-344-91345-5

◆**イナダ（研修医）も学べばブリ（指導医）になる―現場のプロと臨床理論のプロが教える診断能力アップ術** 林寛之、大西弘高編著 南山堂
【目次】1 診断推論（足が腫れたんですけど…、首にしこりが…、めまいが、めまいがぁぁぁ ほか）、2 診断と確率論（太っただけ!?、頭がしめつけられる、突然…??、風邪なんですけど… ほか）、3 治療やマネジメントも含めた推論（赤は、止まれ！、先生！ おじいちゃんの鼻血が止まりませんけど!!、なぜショック？ ステロイドもステたもんじゃない!? ほか）
　　　2017.8 181p B6 ¥3000 ①978-4-525-28181-6

◆**医の智の会話―ジャングルカンファレンス 実践編** 小池弘人、山本広高、松井弘樹著 平成出版、星雲社 発売
【目次】第1章 ジャングルカンファレンスとは何か（ジャングルカンファレンスの誕生、通常のカンファレンスとの相違 ほか）、第2章 ジャングルカンファレンスをめぐるシステム（ジャングルカンファレンスの変遷、学会発表講座 ほか）、第3章 チーム医療の実践の場としてのジャングルカンファレンス（チーム医療とは？、ジャングルカンファレンスにおけるチーム医療）、第4章 ジャングルカンファレンスの実際（整形外科的問題、内科的問題 ほか）、第5章 拡大する！ジャングルカンファレンス（各地で開催されるジャングルカンファレンス、医の智を臨床へ！―施設紹介）
　　　2017.11 185p B6 ¥1800 ①978-4-434-23985-4

◆**医の知の羅針盤―良医であるためのヒント** ロバート・B．テイラー著、石山貴章監修、三枝小夜子訳 メディカル・サイエンス・インターナショナル
【要旨】「良医」と「名医」はどう違う？ 医学部入学から引退までの医師人生の節目節目で、「良医」はどんな選択をするか？「家庭医療の父」が、半世紀におよぶ診療・学生生活の中で丹念に集めてきた古今東西の医師の「医学の知恵（医の知）」を紐解き、「良医」のあるべき姿を描き出す。
　　　2017.2 343p A5 ¥3600 ①978-4-89592-872-4

◆**今すぐ治す下肢静脈瘤―最先端レーザーによる日帰り治療** 菅重尚著 幻冬舎メディアコンサルティング、幻冬舎 発売
【要旨】キレイな脚がよみがえる。手術が必要？ 痛くないの？ あとが残ったら？ 診療・手術・術後の不安を専門医がすべて解説。
　　　2017.4 174p B6 ¥1200 ①978-4-344-91173-4

◆**イラストと写真で学ぶ 逆子の鍼灸治療** 形井秀一編著 医歯薬出版 （付属資料：別冊1） 第2版
【目次】1 現代日本の鍼灸の現状、2 東洋医学にみる逆子（産婦人科領域の鍼灸史）、3 現代の逆子の概念と鍼灸治療―EBM、メカニズム、安全性、4 逆子の鍼灸治療の進め方、5 逆子治療を安全でより確かなものにするために、6 逆子の鍼灸治療の研究、7 逆子の鍼灸治療を受けた患者の結果と印象―アンケート調査、骨盤位の鍼灸治療の手引き 2017年版
　　　2017.6 187p A4 ¥5200 ①978-4-263-24076-2

◆**医療安全管理学** 日本放射線技術学会監修、佐藤幸光、東村享治共編 オーム社 （放射線技術学シリーズ）
【目次】第1章 概論 医療安全の基礎知識（安全文化、医療安全の目的 ほか）、第2章 放射線診療における安全管理（感染対策、体内インプラント・カテーテル ほか）、第3章 放射線検査別の安全に関する留意点（一般撮影・造影検査・超音波、CT検査 ほか）、第4章 放射線機器の安全管理（医療機器の安全管理体制、医療機器安全管理責任者の配置 ほか）
　　　2017.3 282p B5 ¥4500 ①978-4-274-21959-7

◆**医療を学ぶあなたへ** 末廣謙裕編著、伊東久男、紀平知樹、常見幸、西田喜平次著 二瓶社
【目次】第1章 人体の構造と機能、第2章 医療の歴史、第3章 医療の概要、第4章 人口統計と疾病の変化、第5章 医療と健康、第6章 医療安全、第7章 医療倫理、第8章 チーム医療、第9章 医療制度と医療経済
　　　2017.4 143p B5 ¥1600 ①978-4-86108-079-1

◆**医療を目指す人・従事する人のためのみんなの医学書―医学史から臨床医学まで** 岡田康孝著 （大阪）清風堂書店
【要旨】医師、看護師、管理栄養士、理学療法士…などなど、医療に携わる人のために書かれたオールラウンド医学書。豊富な実例、イラスト＆写真で理解しやすい！ 巻頭には、わかりやすい「見てわかるカラー図集」つき。
　　　2017.6 238p B5 ¥3600 ①978-4-88313-856-2

◆**医療界キーパーソンに聞く PART4** 長野祐也編著 世界日報社 （View P BOOKS）
【要旨】日本は超高齢社会を乗り越えられるのか？ 社会保障の核心に迫る対談集！ 第4弾。厚生政務次官や川崎医療福祉大学客員教授を務めた長野祐也が、健康・医療・薬事・介護関係のエキスパートと厚生労働省の担当者を交え熱く語る！
　　　2017.10 344p A5 ¥2500 ①978-4-88201-095-1

◆**医療関係法規ハンドブック** 本井治著 （京都）共和書院 2版
【目次】1章 法の理解、2章 法と社会保障、3章 医事関係法規、4章 薬事関係法規、5章 保健衛生関係法規、6章 福祉関係法規、7章 環境衛生関係法規、8章 その他の関係法規
　　　2017.12 245p A5 ¥2300 ①978-4-905681-63-2

◆**医療関連法規** 医療秘書教育全国協議会編、清水祥友、西方元邦、福島吉郎共著 建帛社 （新医療秘書実務シリーズ 4） 改訂版
【要旨】今回の改訂に当たっては、 法改正の最新動向を盛り込むとともに、「Introduction」を新設。わが国の法体系、法律文に特有の用語法など、医療関連法規を学び理解するに際して土台となる知識をあらかじめ身につけられるよう配慮した。
　　　2017.10 212p B5 ¥2500 ①978-4-7679-3732-8

◆**医療機器＆材料ディテールBOOK―イラスト＆写真でわかる 主要60種類・臨床での適応とマネジメント術** 上野雅巳著 医学通信社
【要旨】機器・材料の基礎知識に加えて、運用・管理、購入・請求に関するマネジメント術を事例も交えて解説。主要な機器・材料60品目を網羅し、それらの目的や機能、構造と特徴、実際の使用法、関連する診療報酬・材料をピックアップし、2017年10月現在の点数・法制度に準拠したディテールをわかりやすく解説している。
　　　2017.10 148p B5 ¥2500 ①978-4-87058-660-4

◆**医療供給政策の政策過程―地域医療計画の形成・決定・実施過程と政策の変容** 中島明彦著 同友館
【目次】政策過程分析の方法と課題、第1部 地域医療計画の形成・決定・実施過程（医療供給政策における政策過程の特性、地域医療計画の形成・決定・実施過程（ケース1）、2）、政策過程の変容）、第2部 地域医療計画の実施過程と政策の変容（医療施設類型別化と機能分化政策の政策過程（ケース4）、医療体系化政策の政策過程（ケース5）、政策の変容）
　　　2017.11 445p A5 ¥5000 ①978-4-496-05258-3

◆**医療経営士が知っておきたい医学の基礎知識** 上塚芳郎著 日本医療企画 （「医療経営士」基礎力UP講座）
【目次】第1章 人体を構成する要素と代表的な病気（人体を構成する要素、器官系の役割 ほか）、第2章 診断と検査（診断の方法、検査の種類と分類 ほか）、第3章 治療の実際（自然治癒力、薬物療法 ほか）、第4章 外来・入院からリハビリ、医師の仕事まで（外来でできること、入院が必要な場合、リハビリテーションとは ほか）、巻末資料―院内の各種委員会とそこで用いられる医療用語（経営会議、保険委員会 ほか）
　　　2017.11 87p B5 ¥2000 ①978-4-86439-625-7

◆**医療経営データ集―数値で理解する医療・介護業界の最新動向 2017** 日本政策投資銀行、日本経済研究所監修・編 日本医療企画 （医療経営士サブテキスト）
【要旨】地域の実情を把握し、経営戦略策定に使える！ 最新の統計データが満載。新規データを加えさらに内容充実！ 特別対談・医療経営現場からの視点。
　　　2017.10 275p A4 ¥3000 ①978-4-86439-608-0

◆**医療現場の応対用語―簡単、すぐに使える、患者満足につながる** 江藤かをる著 サイオ出版
【目次】第1章 きっかけづくりの言葉や用語（挨拶は、人間関係づくりの第一歩、挨拶と返事の言葉、挨拶ことば（言葉）は無形）、第2章 PS応対用語（患者満足（PS）5つの物差し、方言について）、第3章 一歩差がつく応対用語（電話応対、注意が必要な場面―院内アナウンス、各シーンでの言葉、会話のきっかけは？、高齢者応対、敬語について、禁句事、反応）、第4章 PS応対レベルアップ用語（苦情対応のポイント、苦情を未然に防ぐことが重要、接遇教育について、専門用語について、職場間で注意が必要な言葉）
　　　2017.1 207p B6 ¥1900 ①978-4-907176-55-6

◆**医療原論―いのち・自然治癒力** 渡邉勝之編著 医歯薬出版 第2版
【目次】医療原論の構想、総論、PHC・統合医学・始原医学とは、医学と医療、文字文化成立以前における医学・医療（始原医術）、西洋における医学・医療の歴史、インドにおける医学・医療の歴史、中国における医学・医療の歴史、日

本における医学・医療の歴史、"いのち"の哲学と"CORE"medicineの提唱、いのち学としての全一学、いのちに立脚した『医学・医療原論』の骨子、実践・始原東洋医学
2017.3 225p B5 ¥4200 ①978-4-263-24074-8

◆**医療者のためのカーボカウント指導テキスト――「糖尿病食事療法のための食品交換表」準拠** 日本糖尿病学会編・著 文光堂
【目次】1 カーボカウントとは（カーボカウントの基本、カーボカウントによる食事療法の特徴）、2 基礎カーボカウント（基礎カーボカウントとは、基礎カーボカウント教育の進め方）、3 応用カーボカウント（応用カーボカウントとは、応用カーボカウントの実際）、4 外食・中食時におけるカーボカウントのポイント（外食・中食の利用時の基本的な考え方、外食・中食の利用時におけるカーボカウントの実際）
2017.4 54p B5 ¥1500 ①978-4-8306-6063-4

◆**医療情報管理** 医療秘書教育全国協議会編、野田雅司、伊藤敦子共著 建帛社 （新医療秘書実務シリーズ 3） 改訂版
【目次】病院情報システムの歴史と基礎知識、医療にかかわるさまざまなシステム（病院情報システム、レセプト電算処理システムとオンライン請求、地域医療システムと遠隔医療システム、クラウドを利用した電子カルテシステム）、医師事務作業補助者の文書作成（医師事務作業補助者、医療機関が交付する文書、SOAP形式によるカルテの代行入力）
2017.10 106p B5 ¥1900 ①978-4-7679-3731-1

◆**医療スタッフのための微生物検査のススメ** 柳原克紀編 ヴァンメディカル
【目次】1 感染症と微生物の関係（感染症の捉え方、微生物とその特徴、感染症と微生物を取り巻く環境）、2 微生物検査の基本（微生物検査の重要性、微生物検査の対象者―感染症を疑う時、微生物検査の種類―検査の特徴とメリット・デメリット）、3 微生物検査の臨床応用（臨床応用のための検査プロセス、診断・治療への応用、感染対策への応用）、4 臨床応用の実際（薬剤感受性検査による診断確定例、抗体検査による診断確定例、遺伝子検査による診断確定例、抗菌薬選択への活用例1（de-escalation の実際）、抗菌薬選択への活用例2（系統変更））、5 微生物検査のこれから（感染症診療・院内感染対策における微生物検査のこれから）
2017.2 179p A5 ¥2300 ①978-4-86092-124-8

◆**医療百論 2017** 先見創意の会著 東京法規出版
【目次】1 医療・福祉（光と生体メカニズムの関係、地域包括ケアにおける市町村の役割・課題と改善策：地域マネジメント力の強化に向けてほか）、2 政治・行政（日本の少子化と、GHQによる"人災"だった、労働力不足対策より「本当に足らぬ人」の見極めが先だほか）、3 経済（資本主義は破綻したのか？、情報の非対称性ほか）、4 法律・倫理（平成28年度税制改正、改正医療法関係の解説ほか）、5 社会・視点（省エネ節電プロジェクト、植物工場ほか）
2017.4 271p A5 ¥1600 ①978-4-924763-47-0

◆**医療ミスを防ぐ技術――外来診療の訴訟事例に学ぶ** Kevin Barraclough, Jenny du Toit, Jeremy Budd, Joseph E. Raine, Kate Williams, Jonathan Bonser著、竹本毅訳 日経BP社、日経BPマーケティング 発売
【要旨】総合診療医（GP）の診療ミスとして医療訴訟の場に登場する病態は決して多くない。英国の解析では、虫垂炎、虫垂癌、くも膜下出血、肺塞栓などの40症例が訴訟の95%を占める。本書は、その40症例を専門医と司法の視点から徹底的に分析。誤診に至る医師の思い込み、"認知の罠"を回避する術も紹介する。
2017.5 199p B5 ¥5400 ①978-4-8222-3958-9

◆**院内医療事故調査の考え方と進め方――適切な判断と委員会運営のために** 飯田修平編著 じほう
【目次】1 医療事故調査の考え方（なぜ、医療事故調査か、安全とは何か、医療・病院医療、医療事故とは、医療事故調査とは、医療事故報告（書）、医療自己調査に関する検討の経緯、医療事故調査制度の問題、院内医療事故調査のあり方と方法、厚生労働科学研究費事業、諸外国における医療事故調査）、2 院内医療事故調査の実践（日常活動における院内医療事故調査、本制度における院内医療事故調査の実践）
2017.4 107p B5 ¥3200 ①978-4-8407-4963-3

◆**インフルエンザ診療ガイド 2017-18** 菅谷憲夫編著 日本医事新報社

提言）

【要旨】抗インフルエンザ薬、投与するor しない？ 迅速診断、するor しない？ 臨床上の疑問に答える1冊！
2017.10 236p B5 ¥3400 ①978-4-7849-5478-0

◆**うつみんの凄すぎるオカルト医学 まだ誰も知らない "水素と電子" のハナシ** 内海聡、松野雅樹、小鹿俊郎著 ヒカルランド
【要旨】辛口ドクターうつみんもビックリ！ 人体の無限の可能性を教えてくれる"水素"と"電子"の奥深い世界がここにある。未来医療の大革命のはじまりはじまり～♪
2017.6 276p B6 ¥1815 ①978-4-86471-489-1

◆**運動・からだ図解 痛み・鎮痛のしくみ** 橋口さおり監修 マイナビ出版 （付属資料：赤シート1）
【要旨】医療＆スポーツ関係者の「学習」と「現場対応」に役立つ知識。脳と身体のメカニズムを理解して痛みを断つ!!トリガーポイントや漢方薬まで解説。
2017.7 239p A5 ¥1840 ①978-4-8399-6316-3

◆**運動とは医療そのものである――ケア環境から見たヒトの可能性** 田場隆介著 クロスメディア・マーケティング、インプレス 発売
【要旨】人生「まんかい」の花を咲かせる、あたらしい医療施設の誕生。
2017.8 238p B6 ¥1480 ①978-4-295-40097-4

◆**運動のつながりから導く肩の理学療法** 千葉慎一編 文光堂
【目次】1 肩関節障害の評価と理学療法、2 肩甲上腕関節の機能に着目した肩の理学療法、3 肩甲胸郭関節、肩鎖関節・胸鎖関節の機能に着目した肩の理学療法、4 肩甲上腕リズムに着目した肩の理学療法、5 胸郭の機能に着目した肩の理学療法、6 体幹の機能に着目した肩の理学療法、7 下肢の機能に着目した肩の理学療法、8 姿勢調整に着目した肩の理学療法、9 肘、前腕、手関節の機能に着目した肩の理学療法、10 投球動作への応用
2017.4 174p B5 ¥4000 ①978-4-8306-4554-9

◆**運動療法としてのピラティスメソッド――アスリートに対する実践的プログラミング** 近貞明嗣監修、桑原匠司編 文光堂
【目次】1 ピラティスとその周辺領域（ピラティスとは―歴史と日米の現状、医師に学ぶ運動療法としてのピラティスの可能性、アスレティックトレーナーにとってのピラティス ほか）、2 部位別・疾患別ピラティスの進め方（肩・肘関節、体幹、股関節 ほか）、3 実践プロトコル編―ピラティスの応用（ウォームアップとウォームダウンとしてのピラティス、陸上・長距離、野球 ほか）
2017.11 237p B5 ¥4000 ①978-4-8306-5185-4

◆**エビデンスから身につける物理療法――PT・OTビジュアルテキスト** 庄本康治編 羊土社
【目次】第1章 総論（物理療法とは、痛みの生理学と病理学、関節可動域、温熱療法に必要な物理学と生理学）、第2章 治療法各論（ホットパック、パラフィン浴、水治療法、超短波療法、極超短波療法、超音波療法、寒冷療法、光線療法、電気を用いた治療、圧迫療法、牽引療法、振動刺激療法）
2017.8 299p B5 ¥5200 ①978-4-7581-0221-6

◆**江部康二の糖質制限革命――医療、健康、食、そして社会のパラダイムシフト** 江部康二著 東洋経済新報社
【要旨】糖尿病、肥満だけでなく、そのほかの生活習慣病や、がん、アルツハイマー、健弘増進などにも効果を発揮。「糖質制限ダイエットに失敗」や「慎重論」のほとんどは「正しい知識」が欠如しているだけ。糖質制限食の創始者が、「ケトン体」など最新動向も網羅して、「正しい知識」と今後の展望を解説した、目からウロコの一冊。
2017.4 191p B6 ¥1300 ①978-4-492-76234-9

◆**縁助レジリエンス――医療機関の福島原発危機対応と避難** 日本再建イニシアティブ著 東洋出版 第2版
【目次】序―検証もう一つのフクシマ・フィフティー―「縁助」ネットワークに支えられた病院の危機対応、第1章 避難弱者（20-30km圏内の病院の危機対応、相双地域の地域医療が抱えた問題）、第2章 病院機能を支えるロジスティクス（病院機能継続上の盲点、「官」の対応、「縁助」、「縁助」の事例、「縁助」の背景にあるもの、ロジスティクス編）、第3章 異なるリスクのトレードオフ（移動リスク、被ばくリスク）、第4章 原発事故の教訓（事故後の取り組み、

2017.5 151p 26×17cm ¥1500 ①978-4-8096-7868-4

◆**王子様のくすり図鑑** 木村美紀著、松浦聖作画、石川淳一臨床アドバイザー じほう
【要旨】病気のとき、からだの調子がよくなるようにくすりを飲みます。それは知っていますよね。でも、同じ病気なのに違うくすりを使うこともあります。それは、くすりにチカラの違い＝個性があるから。そこで本書は王子様は「子どものくすり」を知るための冒険に出ます。そこで出会うくすりたちは、魔法使いや騎士など個性的な姿をしています。彼らの姿は、くすりの特徴をあらわしたものなのです。登場するのは66種類のキャラクター。くすりの世界を冒険しながら、病気とくすりを楽しく学べる絵巻物的大図鑑の第2弾!!
2017.1 142p 19×15cm ¥1600 ①978-4-8407-4909-1

◆**お酒を飲んで、がんになる人、ならない人――知らないと、がんの危険が200倍以上** 横山顕著 星和書店
【要旨】どんな体質の人がお酒を飲むとがんになりやすいのか？ あなたの遺伝子は、がんになりやすいタイプかもしれない。酒飲みのさまざまな運命を左右するびっくり話が満載。
2017.4 214p B6 ¥1500 ①978-4-7911-0954-8

◆**教えて！ ICU Part3 集中治療に強くなる** 早川桂著 羊土社
【目次】第1章 教えて！ 緊急対応、第2章 教えて！ 意識、第3章 教えて！ 呼吸、第4章 教えて！ 循環、第5章 教えて！ 血栓、第6章 教えて！ 感染
2017.10 227p A5 ¥3900 ①978-4-7581-1815-6

◆**オールカラー まるごと図解 腎臓病と透析** 小林修三監修、日高寿美編 照林社
【要旨】どこから読んでもわかりやすい。解剖生理、病態をつなげて理解できる。イラストを眺めるだけでも勉強になる。臨床の実践ポイントが充実。
2017.6 119p 26×21cm ¥2200 ①978-4-7965-2410-0

◆**オールカラー まるごと図解 摂食嚥下ケア** 青山寿昭編著 照林社
【要旨】どこから読んでもわかりやすい。解剖生理、病態をつなげて理解できる。イラストを眺めるだけでも勉強になる。臨床の実践ポイントが充実。
2017.11 171p 26×22cm ¥2500 ①978-4-7965-2416-2

◆**海外医学留学のすべて** 島田悠一編著 日本医事新報社 改題改訂2版
【要旨】医学留学希望者のバイブル！ 米国はじめ様々な国々への留学、学生時代の留学等々も加えて全面改訂。
2017.11 447p A5 ¥3500 ①978-4-7849-4351-7

◆**改訂 医療秘書** 医療秘書教育全国協議会編、寺田智昭、大塚敏、森合恵子共著 建帛社 （新医療秘書実務シリーズ 1） 改訂版
【目次】1 わが国の医療と医療秘書（日本の医療、医療界の現状ほか）、2 医療界の現状と将来（欧米の医療秘書、日本の医療秘書 ほか）、3 医療秘書の役割と業務（医療秘書の役割、医療秘書に求められる能力 ほか）、4 医療秘書の実務（基本編、実務編 ほか）、5 総合実務演習―インバスケット（インバスケットとは、実務演習）
2017.10 129p B5 ¥2000 ①978-4-7679-3729-8

◆**改訂 医療用語** 医療秘書教育全国協議会編、井上肇、瀧本美也共著 建帛社 （新医療秘書実務シリーズ 5） 改訂版
【目次】索引・略語、1 病院・診療機関に関する用語、2 人体の名称、3 薬に関する用語、4 診療科別用語、5 検査に関する用語
2017.11 126p B5 ¥2000 ①978-4-7679-3733-5

◆**書いて覚える！ ハローキティの人工呼吸器ノート** 南雲秀子、中西美貴著 ナツメ社 （付属資料：別冊1；赤シート1）
【要旨】人工呼吸ケアは苦手、難しい、わかりにくいと思っていませんか？ 本書では呼吸のしくみ、人工呼吸器等の働きから疾患別の使い方までわかりやすく整理し、解説しています。穴埋め式の解説文にキーワードを"書き込む"だけで、臨床に役立つ知識とケアのコツがしっかり身につくはず。別冊解答集と付属の赤シートを使えば、スキマ時間にパパッと復習できます。ハローキティといっしょに、苦手意識を克服しましょう！ 2017.3 79p B5 ¥1600 ①978-4-8163-6151-7

◆書いて覚える！ ハローキティのモニター心電図ノート　徳野慎一著　ナツメ社　(付属資料：別冊1; 赤シート1)
【要旨】"リクツ"がわかるから、無理なく身につく！ もう心電図は怖くない！ 基本知識から波形ごとの対処法まで、ビジュアルでわかる！ 看護のヒントも満載！
2017.4 79p B5 ¥1600 ①978-4-8163-6210-1

◆外来診療のUncommon Disease　Vol.2　生坂政臣編著　日本医事新報社
【目次】全身の症状、皮膚の症状、神経・精神の症状、頭頸部の症状、胸・腰背部の症状、腹部の症状、四肢の症状
2017.9 151p B5 ¥4400 ①978-4-7849-5601-2

◆外来で診る！ 手足のしびれ・痛み診療　寺尾亨, 金景成編　日本医事新報社
【目次】第1章 総論、第2章 上肢のしびれ、第3章 下肢のしびれ、第4章 日常診療で知っておくと役立つ生活習慣病によるしびれ、第5章 これだけは知っておきたい稀な脊髄疾患由来の手足のしびれ、第6章 しびれ・痛みと精神疾患
2017.7 226p B5 ¥5000 ①978-4-7849-4630-3

◆外来で診る不明熱―発熱カレンダーでよくわかる不明熱のミカタ　加藤温監修, 國松淳和著　中山書店
【要旨】どうする？ 繰り返す発熱！ 『内科で診る不定愁訴』の姉妹書。「ジェネラリスト」としての視点とともに、随所に「スペシャリスト」としての診かたが織り込まれ、診断だけではなく、治療対応の勘所も押さえられている。
2017.8 238p A5 ¥3500 ①978-4-521-74539-8

◆帰ってきた竜馬先生の血液ガス白熱講義22問　田中竜馬著　中外医学社
【要旨】あの白熱講義が帰ってきた!!血液ガスになるための登竜門。『竜馬先生の血液ガス白熱講義150分』を読み終えた方も、読んでないけど血液ガスは自信のある方も…今度の症例はちょっと手強いぞ！ でも大丈夫！ 竜馬先生が難解な血液ガスの解釈を懇切丁寧にレクチャーします。
2017.11 150p A5 ¥2500 ①978-4-498-13038-8

◆かぜ診療マニュアル―かぜとかぜにみえる重症疾患の見わけ方　山本舜悟編著　日本医事新報社　第2版
【目次】1章 成人の"かぜ"のみかた（"かぜ"の分類のしかた、"かぜ"診療における医師の役割、地雷を踏まないために ほか）、2章 小児の"かぜ"のみかた（せき、はな、のど型（普通感冒）、はな型（急性鼻・副鼻腔炎）、のど型（急性咽頭・扁桃炎） ほか）、3章 妊婦・授乳婦の"かぜ"のみかた（妊婦が"かぜ"でやってきた、授乳婦が"かぜ"でやってきた、薬剤の適応と治療）
2017.2 400p A5 ¥4000 ①978-4-7849-4401-9

◆カーボカウントの手びき―「糖尿病食事療法のための食品交換表」準拠　日本糖尿病学会編・著　文光堂
【目次】1 カーボカウントの基本、2 基礎カーボカウント（基礎カーボカウントとは、基礎カーボカウントの進め方、基礎カーボカウントを成功させるコツ）、3 応用カーボカウント（応用カーボカウントとは、応用カーボカウントの実際）
2017.4 45p B5 ¥1000 ①978-4-8306-6064-1

◆身体が求める運動とは何か―法則性を活かした運動誘導　水口慶高, 山岸茂知, 舟波真一著　文光堂
【目次】1 運動をどうとらえてどう介入するのか？、2 運動が達成されるための3つの学習戦略、3 運動誘導は治療、4 運動は身体が選ぶ、5 根源的な歩行システムと足部機能、6 運動は紡がれ続ける、7 左右特異性と運動誘導、8 感じる力、9 歩行誘導に効果的な教師信号、10 幹が変われば枝葉が変わる
2017.5 100p A5 ¥2500 ①978-4-8306-4553-2

◆カラダはすごい！―モーツァルトとレクレター博士の医学講座　久坂部羊著　扶桑社　(扶桑社新書)
【要旨】ようこそ、ミステリアスな医療の世界へ。
2017.5 249p 18cm ¥820 ①978-4-594-07706-8

◆肝疾患治療マニュアル―ガイドラインを理解し、応用する　竹原徹郎, 持田智編　南江堂
【要旨】エキスパートが伝える、肝疾患治療の「今」。各種ガイドラインを紹介した上で、実臨床での対応をレクチャー。最新の薬剤情報・手技・治療法を収載。肝疾患治療の最新情報をお

さえるのに最適な一冊。

◆患者さん中心でいこう ポリファーマシー対策―意思決定の共有と価値観に基づく医療の実践　宮田靖志, 矢吹拓編　日本医事新報社
【目次】1章 ポリファーマシー概論、2章 よくある処方/止めにくい薬（スタチンを含む脂質異常症治療薬、便秘薬 ほか）、3章 ポリファーマシー症例への実際のアプローチ（その浮腫、どこから？、この咳を止めるのは、あなた。 ほか）、4章 薬剤師の視点から（在宅訪問して初めてわかること、調剤薬局のカウンターにて医師と患者の間で垣間見えること ほか）、5章 ポリファーマシー外来の実践（多職種チームで取り組むポリファーマシー外来）
2017.4 311p A5 ¥3700 ①978-4-7849-4600-6

◆患者に寄り添う医療コミュニケーション―"信じて待つ"面談エピソード集　廿日出庸治著　サンルクス, サンクチュアリ出版 発売
【要旨】改善されない「痛み」の原因は「心」にあった!?本人も気づかない「心」の問題を読み解き、患者の不安や悩みを解消すれば治療効果もUP！ そのヒントを筆者が体験をもとに紹介します。患者の心を読み解く実例7話!!
2017.2 183p B6 ¥2200 ①978-4-86113-284-1

◆感染症内科―ただいま診断中！　伊東直哉著, 倉井華子監修　中外医学社
【目次】感染症診療の基本的アプローチ―感染症診療のロジック、感染症診療における臨床推論と問診―問診の理論と実践、感染症診療におけるバイタルサインと身体所察、感染症診療におけるグラム染色、血液培養で診断を詰める―日々是血培、胸水貯留患者の診断アプローチ―胸水穿刺はBecause it's there、腹水貯留患者の診断アプローチ、髄膜炎患者の診断アプローチ―慌てず、焦らず、急ぐ、関節炎患者の診断アプローチ―化膿性関節炎を見逃さない、感染症診療におけるバイオマーカーの運用―CRPと周辺のバイオマーカーについて ほか
2017.10 418p A5 ¥6800 ①978-4-498-02126-6

◆鑑別診断ニモニクス　徳田安春編著　メディカル・サイエンス・インターナショナル
【目次】心疾患、呼吸器疾患、消化器疾患、腎疾患、感染症、血液疾患/腫瘍、リウマチ性疾患、内分泌疾患、神経疾患、皮膚疾患、眼・耳鼻咽頭系、精神科、婦人科、中毒
2017.4 212p A5 ¥3800 ①978-4-89592-874-8

◆気管支喘息　井上博雅専門編　中山書店　(呼吸器疾患診断治療アプローチ 1)
【目次】1章 気管支喘息の現況、2章 気管支喘息の危険因子と病態生理、3章 気管支喘息の検査・診断・評価、4章 気管支喘息の発症予防、5章 気管支喘息の管理・治療、6章 気管支喘息患者の教育・指導、7章 特殊な喘息
2017.7 369p B5 ¥11000 ①978-4-521-74525-1

◆気管支肺胞洗浄（BAL）法の手引き　日本呼吸器学会びまん性肺疾患学術部会厚生労働省難治性疾患政策研究事業びまん性肺疾患に関する調査研究班編　克誠堂出版 改訂第3版
【要旨】実践編では、全国160施設にアンケートを実施。各論編ではポイントも記載。
2017.10 204p 28×21cm ¥7600 ①978-4-7719-0489-7

◆君ならどうする!?ER症例に学ぶ救急診療の思考プロセス　薬師寺泰匡編, EM Alliance教育班著　日本医事新報社
【目次】60代男性―飲酒後に階段で寝ていたけれど？、69歳男性―意識障害。救急の疾患。ちゃんと対応できますか？、50歳男性―陰嚢腫脹と全身脱力、35歳女性―インフルエンザシーズンに訪れた妊婦。発熱、60歳女性―突然の意識障害？、87歳男性―トイレで倒れていた…病歴だけでも怖いけど？、14歳女性―思春期に息苦しいって何？、38歳女性―繰り返す嘔気と腹痛。病歴が大切、52歳男性―意識障害。薬の空き殻？ 薬中から、36歳男性―発熱患者がまた病院にやってきた…〔ほか〕
2017.3 214p B5 ¥3900 ①978-4-7849-4575-7

◆救急外来 診療の原則集―あたりまえのことをあたりまえに　坂本壮著　シーニュ
【要旨】教育への情熱で磨かれたキーフレーズとその解説。
2017.11 326p A5 ¥4200 ①978-4-9909505-1-4

◆救急患者支援 地域につなぐソーシャルワーク―救急認定ソーシャルワーカー標準テキスト　救急認定ソーシャルワーカー認定機構

監修, 救急認定ソーシャルワーカー認定機構研修・テキスト作成委員会編　へるす出版
【目次】第1部 総論（救急医療の現状、救急医療におけるソーシャルワーカーの役割、倫理的課題とソーシャルワーク、救急医療に必要な法制度、精神科救急医療におけるソーシャルワーカーの役割）、第2部 各論（救急医療におけるソーシャルワーク実践の展開、患者・家族への心理社会的支援、救急医療における多職種協働の行動モデル、救急医療におけるソーシャルワークの知識・技法）、第3部 事例（心理社会的ハイリスク、医学的ハイリスク、その他）、第4部 関連（臓器移植、在宅と救急医療、災害、対人援助専門職）、第5部 資料（ガイドラインを利用するにあたって）
2017.9 306p A4 ¥4600 ①978-4-89269-936-8

◆救急技術マニュアル　救急業務研究会編著　東京法令出版　5訂版
【目次】第1編 総論（救急隊員、救急処置 ほか）、第2編 観察（観察に必要な人体の解剖、観察の実際 ほか）、第3編 救急処置（救命処置、気道確保 ほか）、第4編 傷病者管理（体位管理、保温 ほか）、参考資料（ポンプ小隊等と救急隊の連携要領、トリアージの実施要領）
2017.5 258p B5 ¥3800 ①978-4-8090-2433-7

◆救急・救助六法　救急救助問題研究会編集　東京法令出版　7訂版
【目次】第1編 基本法令、第2編 救急業務、第3編 救助業務、第4編 航空消防防災体制、第5編 財政、第6編 参考法令、第7編 参考資料
2017.6 3465p 22×17cm ¥6700 ①978-4-8090-2436-8

◆救急救命スタッフのためのITLSアクセス―車両事故における外傷受傷者救出のプロトコール　R.L.アルソン, W.B.パターソン編著, ITLS日本支部訳・編・監訳　（大阪）メディカ出版　(原著第3版) 第2版
【目次】序論 必要な資機材、第1章 状況評価、第2章 救援（応援）要請と準備、第3章 車両の安定化、第4章 車内へのアクセス、第5章 傷病者の状態の安定化、第6章 車両からの離脱、第7章 パッケージングと搬送、第8章 特殊な状況を認識する（固定翼・回転翼航空機）
2017.10 91p 26×21cm ¥3800 ①978-4-8404-6206-8

◆救急処置スキルブック 上巻　田中秀治総監修, 櫻井勝医学監修, 芦沢猛, 齊藤英一, 髙橋宏幸, 張替喜世一責任編集　晴れ書房　新訂版
【目次】観察スキル、CPRスキル、窒息解除スキル、呼吸管理スキル、循環管理スキル、傷病者搬送スキル、救急活動における現場連携スキル、バイオメカニクスと傷病者搬送スキル、止血・創傷処置・固定スキル、小児傷病者に対する救急管理スキル、分娩管理スキル、在宅医療スキル、自己啓発スキル、消防機関における実習スキル
2016.12 333p B5 ¥4500 ①978-4-908980-01-5

◆救急処置スキルブック 下巻　田中秀治総監修, 櫻井勝医学監修, 秋濱裕之, 加藤義則, 喜熨斗智也, 髙橋宏幸責任編集　晴れ書房　新訂版
【目次】救急救命士と救急救命処置、除細動スキル、アドバンス気道確保スキル、気管挿管スキル、静脈路確保スキル、薬剤投与スキル、特殊環境対応スキル、多発外傷管理スキル、多数傷病者管理スキル、リスクマネージメントと安全管理スキル、コミュニケーションスキル、感染管理スキル、病院内での実習スキル
2017.3 442p B5 ¥5500 ①978-4-908980-02-2

◆救急隊の成長を促すレシピ―そのノーブレス・オブリージュなるもの　窪田和弘著　近代消防社
【要旨】救急救命の技術の持つ意義や傷病者の救護について、自分の見方・考え方を通してプロフェッショナルとして保持すべき品性・資質・行動、そして社会に受け入れられる救急隊の姿とは！ 2017.2 189p B5 ¥1800 ①978-4-421-00892-0

◆急性リンパ性白血病（ALL）の基礎と臨床　薄井紀子編　（大阪）医薬ジャーナル社
【目次】第1章 総論、第2章 診断・検査、第3章 病理分類、第4章 予後予測、第5章 治療総論、第6章 治療各論、第7章 支持療法、第8章 ALLの新規薬剤・新規治療法、第9章 晩期合併症
2016.12 286p B5 ¥6000 ①978-4-7532-2826-3

◆救命救急・集中治療エキスパートブックR35　三宅康史著　日本医事新報社
【要旨】外してはいけない重要項目を濃縮して概説。明日からカンファレンスで披露できる重要

サイエンス・テクノロジー

文献のエビデンスを網羅。Q&A形式で、各疾患の最新トレンドを解説。執筆者の長い経験に基づいて日常診療で行っているちょっとDEEPなワザを紹介。
2017.3 359p A5 ¥5500 ①978-4-7849-4590-0

◆**9割の誤えん性肺炎はのどの力で防げる**　浦長瀬昌宏著　KADOKAWA　（中経の文庫）
【要旨】日本人の死因3位となっている「肺炎」。なかでも、高齢者を中心とする中高年世代に多発する誤えん性肺炎は、のどの力、つまり「飲みこみ力」が弱まることで発症することがほとんどです。本書は、のどの力＝「飲みこみ力の低下が引き起こす「えん下障害」、そして「誤えん性肺炎」を防ぐためのトレーニング法「浦長瀬メソッド」をわかりやすくまとめた一冊です！
2017.10 189p A6 ¥640 ①978-4-04-602177-9

◆**胸郭運動システムの再建法―呼吸運動再構築理論に基づく評価と治療（Web動画付）**　柿崎藤泰編　ヒューマン・プレス　第2版
【目次】第1章 胸郭運動システムとは、第2章 胸郭運動の特徴、第3章 胸郭運動システムの概要、第4章 胸郭運動システムの再建にかかわる中心の要素、第5章 機能解剖学的視点からの胸郭と体幹筋の関係、第6章 胸郭運動システムの再建を行うための糸口、第7章 パフォーマンスの向上、第8章 胸郭運動システムを用いた臨床例
2017.5 303p B5 ¥6000 ①978-4-908933-06-6

◆**教養の健康科学**　高井茂、中井定孝著　創成社
【目次】第1章 日本人の健康と病気、第2章 現代人のかかりやすい病気、第3章 感染症、第4章 ストレスと健康―ストレスに関する基礎知識、第5章 ストレスと健康2―ストレス軽減のための方法、第6章 身体観の変遷、第7章 健康と運動
2017.8 308p A5 ¥3000 ①978-4-7944-8058-1

◆**局所と全身からアプローチする運動器の運動療法**　小柳磨毅、中江徳彦、井上悟編　羊土社　（PT・OTビジュアルテキスト）
【目次】第1部 総論（運動器の運動療法とは、運動療法の基礎、運動器損傷の評価と治療 ほか）、第2部 各論1 基礎・実習・臨床を結ぶ部位別の視点（肩関節と肩甲帯、肘関節と手関節・手指 ほか）、第3部 各論2 基礎・実習・臨床を結ぶ全身の視点（姿勢と運動連鎖、疾患別で押さえておきたいポイント）
2017.9 339p B5 ¥5000 ①978-4-7581-0222-3

◆**極める膝・下腿骨骨折の理学療法―全身的・局所的視点からみた新たな理学療法の本質**　斉藤秀之、加藤浩、常盤直孝編　文光堂　（臨床思考を踏まえる理学療法プラクティス）
【目次】1 膝・下腿骨骨折後理学療法の基礎知識（骨折治療に必要な単純X線画像のみかた、骨折治療の固定方法を知る、骨折部位の病態特性を理解する ほか）、2 部位別にみた膝・下腿骨骨折における理学療法（膝蓋骨骨折、膝蓋骨骨折の理学療法、脛骨近位端骨折 ほか）、3 膝・下腿骨骨折における理学療法のポイント―熟練者における全身的アプローチ（膝・下腿骨骨折後の理学療法の本質を考える、膝・下腿骨骨折と自律神経機能、膝・下腿骨骨折と身体重心補正 ほか）
2017.11 270p B5 ¥5500 ①978-4-8306-4563-1

◆**緊急度判定支援システム JTAS2017ガイドブック**　日本救急医学会、日本救急看護学会、日本小児救急医学会、日本臨床救急医学会監修　へるす出版　第2版
【目次】緊急度とは、コースの概要（コースの目標、コースの構成 ほか）、モジュール1 緊急度判定の基本（学習目標、学習内容のアウトライン ほか）、モジュール2 JTASの適用と成人の緊急度判定（学習目標、学習内容のアウトライン ほか）、モジュール3 JTASの適用と小児の緊急度判定（学習目標、小児における小児の緊急度判定 ほか）、モジュール4 特別な病態（学習目標、学習内容のアウトライン ほか）
2017.5 84p B6 ¥3000 ①978-4-89269-925-2

◆**筋骨格系の触診マニュアル―トリガーポイント、関連痛パターンおよびストレッチを用いた治療**　ジョセフ・E. マスコリーノ著、丸山仁司監修、藤田真樹子訳　エルゼビア・ジャパン、ガイアブックス 発売　（原書第2版）改訂新版; 第2版
【要旨】優れた触診を行うには、指だけでなく脳（心）も使って感じ取ることが必要である。本書は、筋肉の個々の触診だけでなく、トリガーポイントとその関連痛パターン、ストレッチ、個々の筋肉の治療などを詳しく取り上げている。4色で描かれた素晴らしい挿絵とカラー写真に描か

れた図で筋肉の触診を示す。確認問題、発展問題、ケーススタディなどを新たに加え、総合的な臨床理論的スキルの獲得とマッサージ療法における触診テクニックの正しい理解へと導く。
2017.3 561p 28×22cm ¥8000 ①978-4-88282-981-2

◆**筋肉増強による基礎代謝の改善**　寺尾啓二著　健康ライブ出版社　（健康・化学まめ知識シリーズ 3）
【目次】1 筋肉増強による基礎代謝の改善（「食べても太らない」―基礎代謝をあげるには筋肉を増やす、「どこの筋肉をどうしたら増やせばいいのか」―歩くこと（下半身の筋肉で基礎代謝量を維持）、有酸素運動と無酸素運動と成長ホルモン）、2 筋肉増強、筋力の低下を防ぐ機能性成分（L-カルニチンは筋肉量を増やし、肉体的精神的疲労を軽減し、認知機能を改善する、n-3不飽和脂肪酸摂取による筋肉増強作用、筋力低下を防ぐための更なる情報として、ヒトケミカルとともに摂取すべきフィトケミカルであるウルソール酸について、CoQ10による筋肉保護でアスリート達のパフォーマンスは維持できる）、3 体力に劣る日本人アスリートが知るべきスポーツ栄養学（運動とタンパク質摂取のタイミング、分岐鎖アミノ酸BCAA摂取の大切さ、グリコーゲンローディングとγオリゴ糖―γオリゴ糖の持久力向上作用について）
2017.3 44p A5 ¥400 ①978-4-908397-05-9

◆**クリニカルリーズニングで運動器の理学療法に強くなる！**　相澤純也監修、中丸宏二、廣幡健二編　羊土社
【目次】第1章 クリニカルリーズニングとは（クリニカルリーズニングの定義とプロセス、クリニカルリーズニングの学習方法）、第2章 クリニカルリーズニングの実際（非特異的腰痛症―椅子から立ち上がる時々長く立っている時に腰が痛むとき、肩関節周囲炎―手が後ろに回らない、投球障害肩―投球のフォロースルーの時に肩が抜けそうな感じがする、橈骨遠位端骨折―手首を返すと痛い、股関節唇損傷―外側に踏み込むと股関節が痛い、股関節症・人工股関節置換術後―脚が長く感じて歩きづらい、膝関節症・人工膝関節置換術後―前に踏み込むと膝が痛い、膝前十字靭帯損傷・再建術後―膝が不安定で回り返すようなステップ動作が怖い、練習後に膝の前が痛くなる、内側脛骨ストレス症候群／シンスプリント―長い距離を走るとスネの内側が痛くなる、足関節捻挫―バランスが悪く、踏ん張りが効かない、サルコペニア―足が攣りやすい、長く歩けない、よく転ぶ）
2017.5 237p B5 ¥4900 ①978-4-7581-0218-6

◆**クリニカルリーズニングで内部障害の理学療法に強くなる！**　相澤純也監修、田屋雅信、渡邉陽介編　羊土社
【要旨】フローチャート・表を多用し、よく出会う症状・現象へのアプローチを解説！ 原因を想定して結果を出すための思考プロセスが学べる！ さまざまな評価をふまえて、多角的に仮説を考え、絞り込んでいくスキルが身につく！
2017.5 222p B5 ¥5200 ①978-4-7581-0219-3

◆**グローバルヘルス―世界の健康と対処戦略の最新動向**　リチャード・スコルニク著、木原正博、木原雅子監訳　メディカル・サイエンス・インターナショナル　（原書第3版）
【目次】第1部 グローバルヘルスの概念、測定指標、そして健康と開発の関係（グローバルヘルスとは何か―その概念と目標、健康、教育、貧困、および経済 ほか）、第2部 グローバルヘルスに共通するテーマ（グローバルヘルスにおける倫理と人権、保健医療システム ほか）、第3部 疾病負荷（疾病と環境、栄養とグローバルヘルス ほか）、第4部 グローバルヘルスで活躍する主な機関と組織―協働の意義と課題（自然災害と人道緊急事態、グローバルヘルスで活躍する主な機関、組織―協働の意義と課題 ほか）、第5部 グローバルヘルス分野におけるキャリア（グローバルヘルス分野におけるキャリアパス、グローバルヘルスで活躍する人々）
2017.9 522p 29×21cm ¥9200 ①978-4-89592-897-7

◆**ケースで学ぶ徒手理学療法クリニカルリーズニング**　藤縄理編、林寛、岩貞吉寛編集協力　文光堂
【目次】第1部 総論（徒手理学療法の体系、徒手理学療法におけるクリニカルリーズニング、Kaltenborn・Evjenth concept、Australian approach、McKenzie method、Mulligan concept、Schroth method、神経系モビライゼーション、筋と筋膜に対するアプローチ、徒手理学療法のエビデンス）、第2部 各論（頭部および頸椎の評価と治療、胸椎・肋骨と腰椎の評価と

治療、肩甲帯・上肢の評価と治療、骨盤帯・下肢の評価と治療）
2017.5 340p B5 ¥5800 ①978-4-8306-4558-7

◆**ケースに学ぶ高齢者糖尿病の診かた―患者さんを支える43のヒント**　荒木厚、稲垣暢也編　南山堂
【目次】1 総論（知っておきたい高齢糖尿病のABC）、2 見逃せない！ 知っておきたい急性期反応とその対応（高血糖高浸透圧症候群（HHS）の診断はなぜむずかしい？、重症低血糖をどう防ぐ？、糖尿病ケトアシドーシス（DKA）はどんなときに起こる？ ほか）、3 ここに注意！ 加齢・老年化に伴う諸問題（動脈硬化の評価はどうする？、血圧管理目標の設定はどうする？、脂質管理目標の設定はどうする？ ほか）、4 多職種連携で取り組む！ ケア＆療養指導（食事療法ではどう対応する？、効果的な運動療法をどう行う？―工夫することと配慮すること、在宅ではどう対応する？）
2017.5 274p B5 ¥3800 ①978-4-525-23451-5

◆**血圧の科学**　毛利博著　日刊工業新聞社　（B&Tブックス―おもしろサイエンス）
【目次】第1章 血圧のメカニズムを知ろう！、第2章 血圧は人間の身体を支えている、第3章 血圧を正しく測るのは結構難しい、第4章 血圧と血液はどのように関係しているのか、第5章 血圧をコントロールするには生活習慣病の克服が最優先です、第6章 高血圧で怖い動脈硬化をどう予防するか
2017.2 139p B5 ¥1600 ①978-4-526-07671-8

◆**血液浄化療法ハンドブック 2017**　透析療法合同専門委員会企画・編　協同医書出版社
【要旨】透析技術認定士をめざす臨床工学技士、看護師、准看護師のための、資格取得のためのテキスト。
2017.2 441p B5 ¥5500 ①978-4-7639-5024-6

◆**結核**　光山正雄、鈴木克洋編　（大阪）医薬ジャーナル社　改訂版
【目次】1 結核の歴史と現状、2 結核菌の基礎、3 結核の発症と免疫、4 結核と防御ワクチン、5 抗酸菌症の検査、6 結核の臨床、7 非結核性抗酸菌（NTM）症、8 特殊病態と抗酸菌症、9 結核の社会医学
2017.7 447p B5 ¥7400 ①978-4-7532-2842-3

◆**結核の統計―付・結核登録者情報調査年報集計結果 2017**　結核予防会編　結核予防会
【目次】結核死亡率の年次推移―各国の比較、世界の結核の状況、結核罹患率の推移、都道府県別にみた全結核罹患率（2016年）、都道府県別にみた全結核罹患率の推移、都道府県別にみた全結核死亡率（2016年）、治療成績の現状、高齢者結核の疫学、結核登録者情報システムにおける「入力率・把握率」について、「小児結核診療のてびき」の紹介〔ほか〕
2017.9 131p A4 ¥3000 ①978-4-87451-309-5

◆**血管を強くして突然死を防ぐ！**　池谷敏郎著　PHP研究所　（PHP文庫）
【要旨】元気に過ごしている人にも、突然ふりかかってくる血管の病気。首尾よくポックリ逝くことができる人はごく少数で、ほとんどは後遺症に悩む不自由な身体となります。誰にでも起こり得る突然死ですが、あなたの危険度はどれくらいでしょうか？ 本書の算定表を参考に、正しい医療知識や、切れない・詰まらない血管を作るための食事、毎日続けられる簡単な運動などを"血管の名医"が丁寧に解説！
2017.12 247, 6p A6 ¥640 ①978-4-569-76795-6

◆**健康格差―不平等な世界への挑戦**　マイケル・マーモット著、栗林寛幸監訳、野田浩夫訳者代表　日本評論社
【目次】悲惨のはじまり、誰の責任なのか、公平な社会、健康な生活、誕生時からの公平、教育とエンパワーメント、生きるために働く、おとなしく流されてはいけない、回復力のあるコミュニティを築く、公平な社会、この世界で公平に生きる、希望のはなし
2017.8 365, 48p A5 ¥2900 ①978-4-535-55880-9

◆**「健康からの医学」を求めて―農村医学から予防医学へ**　小山和作著　鳥影社
【要旨】働く者への愛とヒューマニズムのメッセージ。日本の予防医学をリードした著者五〇年の足跡！
2017.10 246p B6 ¥1500 ①978-4-86265-636-0

◆**言語聴覚士のための臨床実習テキスト 成人編**　深浦順一、爲数哲司、内山量史編著　建帛社

【要旨】成人編では、情報収集に関してそれぞれの項目のもつ目的を丁寧に説明している。ケーススタディは失語・高次脳機能障害や摂食・嚥下障害にとどまらず、耳鼻咽喉科領域の音声障害や聴覚障害にも紙面を割き、言語聴覚士が担当する分野を網羅した。
2017.4 253p B5 ¥3400 ①978-4-7679-4539-2

◆**言語聴覚士のためのAAC入門**　知念洋美
編著　協同医書出版社
【目次】第1章 総論—AACと5W1H（WHAT？ AACの定義〜AACって何？、WHY？ AACの背景と目的〜なぜ導入するのか？ ほか）、第2章 知的能力障害および小児期発症の運動機能障害におけるAAC（言語症状と予後の概観、AAC導入のための掘り下げ検査 ほか）、第3章 自閉スペクトラム症におけるAAC（主な症状と予後の概観、AAC導入のために行う評価 ほか）、第4章 構音障害におけるAAC（言語症状と予後の概観、AAC導入のための掘り下げ検査 ほか）、第5章 失語症と発語失行におけるAAC（言語症状と予後の概観、AAC導入のための掘り下げ検査 ほか）
2018.1 239p B5 ¥4000 ①978-4-7639-3054-5

◆**言語治療ハンドブック**　伊藤元信,吉畑博代編　医歯薬出版
【目次】言語発達遅滞（知的障害を中心に）、自閉症スペクトラム障害、学習障害・特異的言語発達障害、小児の機能性構音障害、小児の器質性構音障害、脳性麻痺、吃音、聴覚障害、失語症、高次脳機能障害、認知症、成人の構音障害と発語失行、音声障害（発声障害）、小児の摂食嚥下障害、成人の摂食嚥下障害
2017.3 349p B5 ¥6400 ①978-4-263-21744-3

◆**検査値ガイドブック**　江口正信,水口國雄編著　サイオ出版　第2版
【要旨】『検査値早わかりガイド』のコンパクト版。看護のポイントもよくわかる。
2017.3 439p 18cm ¥2000 ①978-4-907176-59-4

◆**検査値から考える周術期血液凝固異常**　香取信之編著　克誠堂出版
【目次】1 総論（生体内と生体外の血液凝固は何が違うのか？）、2 凝固系検査の測定原理と解釈（プロトロンビン時間（PT）、活性化部分トロンボプラスチン時間（APTT）、アンチトロンビン（AT）、トロンビン・アンチトロンビン複合体（TAT）ほか）、3 線溶系検査の測定原理と解釈（フィブリン・フィブリノゲン分解産物（FDP）、Dダイマー、プラスミン・α2プラスミンインヒビター複合体（PIC（PAP））ほか）、4 周術期に遭遇する血液凝固異常と検査所見・治療（凝固因子欠乏症、アンチトロンビン欠乏症、プロテインC/S欠乏症 ほか）
2017.6 218p B5 ¥6900 ①978-4-7719-0485-9

◆**検査なんか嫌いだ**　鎌田實著　集英社
【要旨】忙しい、面倒くさい、痛い、結果が怖い、高い、信じられない。検査なんか、医者の僕も嫌いだ。とはいえ、検査の発達は、医療の進歩に役に立っている。元気で楽しく長生きするために、辛くない最小限の検査って何だろう。
2017.2 255p 18cm ¥1000 ①978-4-08-781617-4

◆**検査/病理診断/画像診断 検査と適応疾患**
レセ電コード付　平成29年4月版　櫻林郁之介編集　社会保険研究所、じほう　発売
【目次】検査、病理診断、検体検査、生体検査、診断穿刺・検体採取、病理診断、画像診断、疾患別検査一覧
2017.4 433p A5 ¥2700 ①978-4-8407-4952-7

◆**研修医・コメディカルスタッフのための保健所研修ノート**　安武繁著　医歯薬出版　第4版
【目次】序章 地域保健の研修・実習について、1章 地域保健サービスの体系を理解する、2章「健やか親子21」を推進する、3章 精神障害者の社会復帰対策について理解する、4章 学校保健の課題を理解する、5章 メタボリックシンドローム予防、6章 産業保健の重要課題に取り組む、7章 災害医療体制、医療安全対策、8章 結核対策、9章 エイズ予防対策、10章 食中毒対応、11章 感染症の危機管理（特にSARS、鳥インフルエンザ対策）
2017.10 208p B5 ¥3800 ①978-4-263-73179-6

◆**研修医指南書「今の若者は…」って、嘆いていませんか？**　志賀隆編著　メディカルサイエンス社
【目次】今どきの若者は、というあなたへ、教え方、メンタルケア・ウェルネスについて、新時代の面接法、どうやって研修医を集めるか、あなたはあなた自身を分かっていますか？、自己管理
2017.11 265p A5 ¥4500 ①978-4-909117-02-1

◆**原発性アルドステロン疾患診療マニュアル**
成瀬光栄,平田結喜緒,田辺晶代編　診断と治療社（内分泌シリーズ）　改訂第3版
【目次】1 基礎編（アルドステロン発見の歴史、アルドステロンの合成、生体リズム異常と原発性アルドステロン症 ほか）、2 臨床編（総論、診療ガイドライン、診断 ほか）、3 トピックス（18-オキソコルチゾール、新たな画像診断法、調選択的副腎静脈採血（SS-AVSまたはS-AVS）ほか）
2017.4 195p B5 ¥5500 ①978-4-7878-2242-0

◆**原発性免疫不全症候群診療の手引き**　日本免疫不全症研究会編　診断と治療社
【目次】総論（原発性免疫不全症候群）、各論（複合免疫不全症、免疫不全を伴う特徴的な症候群、液性免疫不全を主とする疾患、免疫調節障害、原発性食細胞機能不全症および欠損症、自然免疫異常、先天性補体欠損症）
2017.4 192p B5 ¥4500 ①978-4-7878-2295-6

◆**高次脳機能障害—医療現場から社会をみる**
山口研一郎著　岩波書店
【要旨】「高次脳機能障害」とは何か。その原因や症状は？ 当事者の生活や社会復帰をめぐる実情は？ 長年、当事者に寄り添いながら治療や相談、リハビリに携わってきた著者が、現代社会の構造・矛盾の縮図とも言えるこの障害を適切に理解するための情報を、様々な角度から示すとともに、診療の現場から見えてくる命をめぐる諸問題を解く道筋を探る。
2017.12 256, 2p B6 ¥2200 ①978-4-00-022958-6

◆**高次脳機能障害領域の作業療法—プログラム立案のポイント**　鈴木孝治編著　中央法規出版
（クリニカル作業療法シリーズ）
【要旨】状態像の理解—すなわち正確な評価が介入への最短距離！ 情報収集や観察・面接、神経心理学的検査、画像所見の活用方法を細かく解説！
2017.9 259p B5 ¥3600 ①978-4-8058-5323-8

◆**甲状腺クリーゼ診療ガイドライン　2017**
日本甲状腺学会,日本内分泌学会編　南江堂
【目次】1 甲状腺クリーゼの全国疫学調査と診断基準の策定、2 甲状腺クリーゼの診断と治療ガイドライン（第1版）（甲状腺クリーゼの診断ガイドライン作成の背景と基本方針、甲状腺クリーゼ診断の実際、甲状腺クリーゼの抗甲状腺薬、無機ヨウ素薬、副腎皮質ステロイド薬、β遮断薬、解熱薬による治療、甲状腺クリーゼにおける血漿交換による治療、甲状腺クリーゼにおける中枢神経症状の治療、甲状腺クリーゼにおける頻脈と心房細動の治療、甲状腺クリーゼにおけるうっ血性心不全の治療、甲状腺クリーゼにおける消化器症状と肝障害の治療、甲状腺クリーゼの集中治療室入室基準と合併症の治療、甲状腺クリーゼの予後予測 ほか）
2017.9 112p B5 ¥3000 ①978-4-524-25236-7

◆**抗生物質と人間—マイクロバイオームの危機**　山本太郎著　岩波書店（岩波新書）
【要旨】拡大する薬剤耐性菌、増加する生活習慣病。その背後には抗生物質の過剰使用がある。撹乱され危機にさらされるヒト・マイクロバイオーム。万能の薬はいまや効力を失うだけでなく、私たちを「ポスト抗生物質時代」に陥れつつある。最新の科学的知見をもとに、その逆説の意味を問う。
2017.9 179p 7p 18cm ¥760 ①978-4-00-431679-4

◆**交通事故診療 コミック版**　羽成守監修,日本臨床整形外科学会編　創耕舎
【要旨】交通事故診療における医療機関の対応方法や問題点をわかりやすく解説!!—括払い、健康保険への切替え要求、後遺障害診断書等、問題となっているテーマを厳選!!
2017.10 88p B5 ¥2100 ①978-4-908621-05-5

◆**高度物理刺激と生体応答**　佐藤岳彦,大橋俊朗,川野聡恭,白樫了編著　養賢堂
【要旨】本書は「高度物理刺激」を力学刺激、電気刺激、プラズマ刺激、低酸素刺激として紹介し、加えて本分野で重要な基礎技術である「生体応答」の「計測と予測」について、最新の研究成果を紹介。
2017 198p B5 ¥3200 ①978-4-8425-0562-6

高度物理刺激と生体応答
佐藤岳彦 大橋俊朗 川野聡恭 白樫了 編著
養賢堂

◆**高齢者糖尿病診療ガイドライン　2017**　日本老年医学会,日本糖尿病学会編・著　南江堂
【目次】高齢者糖尿病の背景・特徴、高齢者糖尿病の診断・病態、高齢者糖尿病の総合機能評価、高齢者糖尿病の合併症評価、血糖コントロールと認知症、血糖コントロールと身体機能低下、高齢者糖尿病の血糖コントロール目標、高齢者糖尿病の食事療法、高齢者糖尿病の運動療法、高齢者糖尿病の経口血糖降下薬治療とGLP-1受容体作動薬治療、高齢者糖尿病のインスリン療法、高齢者糖尿病における低血糖対策とシックデイ対策、高齢者糖尿病の高血圧、脂質異常症、介護施設入所者の糖尿病、高齢者糖尿病の終末期ケア
2017.6 162p B5 ¥3000 ①978-4-524-25284-8

◆**誤嚥性肺炎で困らない本—むせずに飲み込める！口・のど元気術**　寺本浩平,寺本民生著　河出書房新社
【要旨】「誤嚥→肺炎」を嫌うのではなく口&のどの若々しさを保とう!!お口とのどのカンタン体操で誤嚥も窒息も防げる。摂食と嚥下の専門医が教える健康で長生きの重要ポイント。
2017.11 189p 18cm ¥1200 ①978-4-309-25375-6

◆**呼吸器感染症**　三嶋理晃総編集,藤田次郎専門編集　中山書店（呼吸器疾患診断治療アプローチ 2）
【目次】1章 呼吸器感染症診療の基礎知識（呼吸器感染症とは—その動向、呼吸器感染症の分類と特徴 ほか）、2章 呼吸器感染症の診断・検査—確定診断までのアプローチ（呼吸器感染症の診断的ポイント、呼吸器感染症を疑った場合に行う検査—手順とポイント）、3章 呼吸器感染症の診断と治療（かぜ症候群、インフルエンザ ほか）、4章 特殊病態下（免疫抑制患者）の呼吸器感染症（HIV感染者における呼吸器感染症、免疫不全者の呼吸器感染症 ほか）、5章 抗菌薬の使い方のポイント（抗菌薬使用の原則—de-escalation therapy（DET）、PK/PDに基づく抗菌薬の使い方 ほか）
2017.9 354p B5 ¥11000 ①978-4-521-74526-8

◆**呼吸器疾患—最新の薬物療法　2　感染症・免疫アレルギー・びまん性肺疾患ほか**　川名明彦,江口研二編,副島研造,関順彦編集協力　克誠堂出版
【要旨】コメディカルから専門医まで、多岐にわたる呼吸器疾患の薬物療法がこの1冊でまるわかり！「悪性腫瘍」に続く、第二弾！
2017.1 256p B5 ¥6900 ①978-4-7719-0473-6

◆**呼吸器疾患：Clinical-Radiological-Pathologicalアプローチ—臨床・画像・病理を通して理解できる！**　藤田次郎,大須祐治編　南江堂
【目次】総論 呼吸器疾患におけるCRPの重要性（呼吸器疾患の病態の捉え方、胸部画像診断の基本的理解、肺病理診断の基本的理解）、各論 呼吸器疾患のCRPの実践（呼吸不全と呼吸調節障害、呼吸器感染症、間質性肺疾患、気道系疾患、間質性肺疾患、免疫・アレルギー性肺疾患、肺循環障害、全身性疾患による肺病変、腫瘍性疾患、職業性肺疾患、先天性異常・形成不全）
2017.4 271p B5 ¥10000 ①978-4-524-25964-9

◆**ここが知りたい遺伝子診療はてな？**
BOOK　野村文夫,羽田明,長田久夫編著　中外医学社
【要旨】遺伝子レベルの情報が盛んに応用される時代となり、今や一部の医師や研究者だけが利用するものではなくなってきた。そこで本書は、初学者に向け、遺伝子診療の基本、臨床遺伝学や遺伝子関連検査、遺伝カウンセリングの基礎知識はもちろん、生殖・周産期関連などのテー

サイエンス・テクノロジー

マも含めて平易にわかりやすく説明した。臨床医、プライマリケア医、遺伝カウンセラー、臨床検査技師、看護師など、様々な立場の医療者の入門書として最適な一冊。
2018.1 308p A5 ¥4800 ①978-4-498-00852-6

◆ここが知りたい！糖尿病診療ハンドブックVer.3　岩岡秀明、栗林伸一編著　中外医学社　改訂3版
【要旨】糖尿病診療に必須の最新情報がここが重要！これはご法度で一目瞭然！ライゾデグ・トルリシティ・ジャディアンスやウィークリー製剤などの薬剤に関する新情報も追加。
2017.1 369p A5 ¥3600 ①978-4-498-12374-8

◆ここがすごい！富山大学附属病院の最新治療　富山大学附属病院編著　バリューメディカル，(広島) 南々社 発売
【要旨】最新トピックス11テーマ、Q&Aでわかる最新治療59テーマ。当院のスタッフが最新治療をわかりやすく解説。
2017.6 191p A4 ¥1500 ①978-4-86489-063-2

◆ここがポイント！高齢者救急　Iona Murdoch, Sarah Turpin, Bree Johnston, Alasdair MacLullich, Eve Losman著、日経メディカル　日経BP社，日経BPマーケティング 発売
【要旨】複数の慢性疾患を抱えた高齢者が救急受診したら、何をチェックすれば見落としを防げるのか、本書が指針を示します。
2017.5 301p B5 ¥6400 ①978-4-8222-3954-1

◆「心は遺伝する」とどうして言えるのか―ふたご研究のロジックとその先へ　安藤寿康著，(大阪) 創元社
【要旨】知能や性格、精神疾患など「心」もまた遺伝するという衝撃の事実を明らかにしてきたふたご研究のバックステージ。研究方法の基本から多変量遺伝解析、エピジェネティクスなど最先端のアプローチまで、進化し続けるふたご研究の現在形を詳しく紹介。
2017.9 240, 18p B6 ¥1800 ①978-4-422-43026-3

◆5分以内で助けよう！誤嚥・窒息時のアプローチ　井上登太編著，(名古屋)　gene (gene・books―みどりの町のクマ先生シリーズ 1)
【要旨】目の前で窒息事故が起こった。でも、動けなかった…をなくした。食事介助の「いざという時」に役立つ、つまらせないための本。
2017.11 138p A5 ¥1980 ①978-4-905241-99-7

◆これが知りたかった！糖尿病診療・療養指導Q&A　岩本安彦監修, 吉田洋子編　中山書店
【目次】1 糖尿病の考え方、2 検査・治療・療養指導、3 食事療法・食事指導、4 運動療法・運動指導、5 薬物療法・薬物指導、6 合併症の検査・治療・療養指導、7 妊娠や小児・思春期の糖尿病、特殊な病態での糖尿病治療、8 療養指導を行う環境づくり・療養指導に役立つ843の知識
2017.6 299p B5 ¥4000 ①978-4-521-74523-7

◆これからの医療政策の論点整理と戦略的病院経営の実践　井上貴裕編著　日本医療企画 (医療経営士実践テキストシリーズ 6)
【要旨】2025年に向けた経営課題解決のための"次の一手"をどう打つか。戦略的思考力を磨き、収益力を上げる経営処方箋49。
2017.3 295p A5 ¥3000 ①978-4-86439-564-9

◆これから始める！シェアード・ディシジョンメイキング―新しい医療のコミュニケーション　中山健夫編　日本医事新報社
【目次】第1章 SDM入門・総論、第2章 SDMの具体的な方法、第3章 SDM研究の概観、第4章 意思決定支援ツール（ディシジョンエイド）の作成・活用、第5章 臨床におけるSDM：多発性嚢胞腎、第6章 臨床におけるSDM：未破裂脳動脈瘤、第7章 臨床における遺伝学的検査に向けたSDMを考える
2017.9 105p A5 ¥3300 ①978-4-7849-4639-6

◆これで一次救命処置はわかった AHAガイドライン2015に沿ったBLSの理解のために　瀬尾憲司著　医歯薬出版
【目次】1 確認と救急の出動要請まで、2 成人が1人で行う一次救命処置（心停止の確認、心肺蘇生術の開始、気道の確保と換気、2人で行う心肺蘇生法）、3 AEDの使い方（AEDが届いたら、AED使用に際して注意すべきこと、AEDを使用してはいけない状況）、4 小児・乳児の心肺蘇生術（年齢区分の定義、2人以上で対応する場合、1

人で対応しなければならない場合）、5 窒息の解除
2016.12 67p B5 ¥3600 ①978-4-263-44488-7

◆こんな時どうすれば!?腎臓・水電解質コンサルタント　深川雅史監修、小松康宏、和田健彦編，(京都) 金芳堂　第2版
【目次】CKD患者が入院してきたら、透析患者が入院してきたら、腎移植患者が入院してきたら、クレアチニンが上がってきたら、電解質異常をみたら、酸塩基平衡異常をみたら、血圧が上がってきたら、溢水（浮腫・うっ血性心不全等）が疑われたら、「脱水」が疑われたら、尿量の異常をみたら、尿所見異常をみたら、尿路感染・濃尿・細菌尿、妊娠管理、周術期管理、血糖管理、全身性障害と腎障害
2017.11 445p A5 ¥6600 ①978-4-7653-1728-3

◆今日の診療のために ガイドライン外来診療 2017　泉孝英編集主幹　日経メディカル開発，日経BPマーケティング 発売 (付属資料：別冊1)
【要旨】糖尿病、心疾患、がん、認知症など主要96疾患。ガイドラインを踏まえた最新の診療情報がわかる。
2017.2 663p B5 ¥15000 ①978-4-931400-81-8

◆最新アミロイドーシスのすべて―診療ガイドライン2017とQ&A　安東由喜雄監修、植田光晴編　医歯薬出版
【目次】第1章 アミロイドーシス診療の基礎知識（アミロイドーシスの分類、アミロイドーシスの発症機構と病理、アミロイドーシスの診断、アミロイドーシスの最新治療）、第2章 アミロイドーシス最新診療ガイドラインとQ&A（遺伝性ATTRアミロイドーシス/トランスサイレチン型家族性アミロイドポリニューロパチー、老人性全身性アミロイドーシス、ALアミロイドーシス、AAアミロイドーシス、透析アミロイドーシス、脳アミロイドーシス (1) 脳アミロイドアンギオパチー、脳アミロイドーシス (2) Alzheimer病、プリオン病のアミロイドーシス、動物のアミロイドーシス）
2017.3 250p B5 ¥9400 ①978-4-263-73175-8

◆最新医学図解 詳しくわかる腎臓病の治療と安心生活　山縣邦弘監修　主婦と生活社
【要旨】慢性腎臓病（CKD）―IgA腎症（慢性糸球体腎炎）、糖尿病性腎症、腎硬化症、ループス腎炎、痛風腎、慢性腎盂腎炎。急性腎臓病（AKD）―急性糸球体腎炎、急性腎障害。ステージ悪化を防ぐ治療。食事療法と生活の知恵。透析療法に取り組むコツ。腎臓の働きやしくみといった基本から、腎臓病の診断と治療法について丁寧に紹介。
2017.7 159p A5 ¥1400 ①978-4-391-15022-3

◆最新運動療法大全 2 実践編―身体の各部位の運動療法 脊椎、肩甲帯、肘と前腕複合体、手関節、股関節、膝関節、足部、全身の機能的トレーニング、骨盤底、リンパ系疾患の管理etc.　キャロリン・キスナー、リン・アラン・コルビー著、黒澤和生日本語版監修　ガイアブックス（原書第6版）第6版
【要旨】「実践編」では、身体の各部位の運動療法と運動療法の特殊分野を詳述。為になる図解プログラム！解剖図・線画・写真・X線写真などフルカラーの解り易さ。新たな内容！脊椎マニピュレーション・脊椎手術・術後管理・上級機能トレーニングのための運動。女性の出産と骨盤底。リンパ系疾患。新たなモデル！Nagiモデルを用いた国際生活機能分類（ICF）の言語使用。新たなヒント！運動療法の臨床適用の新たなヒントを重視した「エビデンス情報」掲載。
2017.3 603p 28×22cm ¥7200 ①978-4-88282-983-6

◆最新検査・画像診断事典 2016-17年版 保険請求・適応検査がすべてわかる　宮澤幸久、米山彰子監修、日本臨床検査医学会編集協力　医学通信社
【目次】検体検査（検体検査、生体検査、診断穿刺・検体採取）、病理診断編、画像診断編
2017.4 419p B5 ¥2800 ①978-4-87058-657-4

◆最新 人工心肺―理論と実際　上田裕一、碓氷章彦編，(名古屋) 名古屋大学出版会　第5版
【要旨】人工心肺・体外循環についてもれなく解説した、医師・臨床工学技士・看護従事者必携の書。定評ある旧版をアップデートし、周辺知識をまとめた付録の増補や、視覚に訴える読みやすいデザインなど、初学者へのさらなる配慮を加えた。
2017.2 281p B5 ¥6000 ①978-4-8158-0864-8

◆再生医療と医事法　甲斐克則編　信山社 (医事法講座 第8巻)
【要旨】再生医療の現状と課題を幅広い視座から検討。
2017.12 229p A5 ¥8000 ①978-4-7972-1208-2

◆再生医療用培養容器とケミカルス2017―技術と市場　シーエムシー出版
【目次】第1編 再生医療編（再生医療の開発と国際市場―ビジネス化動向/開発動向/適応領域、日本と世界の再生・細胞医療産業化 ほか）、第2編 培養容器材料編（多能性幹細胞スフェロイドの高密度形成および培養用微細加工容器、三次元細胞培養容器 ほか）、第3編 細胞搬送・輸送編（細胞搬送・輸送）、第4編 市場編（培養容器の市場動向、培養液（培地）の市場動向 ほか）
2017.9 235p B5 ¥85000 ①978-4-7813-1266-8

◆在宅医療Q&A 平成29年版 服薬支援と多職種協働・連携のポイント　日本薬剤師会監修、じほう編　じほう
【要旨】在宅訪問前に読んで「ポイント」をチェック！認知症や緩和ケアの知識も身につく必携本。
2017.8 265p A5 ¥4600 ①978-4-8407-4986-2

◆「作業」って何だろう―作業科学入門　吉川ひろみ著　医歯薬出版　第2版
【目次】第1章 作業科学の誕生（作業の力、正式な学問としての作業科学 ほか）、第2章 作業の意味（引き起こされる感情、世界とのつながり ほか）、第3章 作業科学の諸概念（作業の視点、作業的存在 ほか）、第4章 作業科学と作業療法（作業療法を取り巻く状況の変化、作業療法の発展 ほか）、第5章 作業科学の夢（幸福の実現、理想社会の創造）、資料 作業科学学術誌掲載論文（概要）、用語集
2017.7 178p B5 ¥2800 ①978-4-263-21667-5

◆作業療法士の自律性と独自性　山野克明著，(福岡) 櫂歌書房, 星雲社 発売
【目次】第1章 作業療法は医行為と見なされるものか（作業療法士とはいかなる職種か、医学的リハビリテーションに携わる医師の臨床実践 ほか）、第2章「医師の指示」から見た作業療法士の自律性（リハビリテーション・医学的リハビリテーション・リハビリテーション医学、作業療法士と「医師の指示」の変遷 ほか）、第3章 理学療法士との関係から見た作業療法士の独自性（理学療法士とはいかなる職種か、わが国における理学療法士と作業療法士の違い ほか）、第4章 チーム医療の中での作業療法士の独自性（チーム医療に関する概説、医学的リハビリテーションにおけるチーム医療 ほか）
2017.3 207p B6 ¥2500 ①978-4-434-23244-2

◆錯視の科学　北岡明佳著　日刊工業新聞社 (B&Tブックス―おもしろサイエンス)
【要旨】錯視、すなわち目の錯覚。皆さんも日常で出くわしたこと、自ら気づいていないかもしれませんし、ただ、見て楽しむのも良いのですが、そのメカニズムを知るとさらに錯視の世界が広がります。人間の知覚の不思議を理解することにもつながるかもしれません。
2017.1 134p A5 ¥1600 ①978-4-526-07657-2

◆査読者が教える医学論文のための研究デザインと統計解析　森本stedt著　中山書店
【目次】1章 臨床研究と統計解析、2章 これだけは覚えておきたい統計基礎、3章 データ収集とデータクリーニング、4章 臨床研究で使われる統計基礎、5章 臨床研究のデザインのしかた、6章 研究計画書（プロトコル）作成、7章 論文化に向けて、Topic マーカー研究と診断初検
2017.4 163p A5 ¥3000 ①978-4-521-74508-4

◆サルコペニア診療ガイドライン 2017年版　サルコペニア診療ガイドライン作成委員会編　日本サルコペニア・フレイル学会, 国立長寿医療研究センター, ライフサイエンス出版 発売
【目次】第1章 サルコペニアの定義・診断（サルコペニアの定義は？、サルコペニア肥満の定義と意義は？ ほか）、第2章 サルコペニアの疫学（一般集団における疫学、各種疾患における疫学）、第3章 サルコペニアの予防（栄養・食事がサルコペニア発症を予防・抑制できるか？、運動がサルコペニア発症を予防・抑制できるか？ ほか）、第4章 サルコペニアの治療（運動療法はサルコペニアの治療法として有効か？、栄養療法はサルコペニアの治療法として有効か？ ほか）
2017.12 66p 28×21cm ¥2200 ①978-4-89775-365-2

◆産業保健マニュアル　森晃爾総編集　南山堂　改訂7版
【目次】産業保健の目的と活動内容、労働衛生管理体制、外部資源、企業の基本、産業保健に関連する法令、労働衛生活動の基本情報、産業保健活動に関連する機関、総括管理的産業保健活動、作業環境管理、作業管理、健康管理、労働衛生教育、化学的健康障害要因とその対策、物理的健康障害要因とその対策、生物的健康障害要因とその対策、人間工学的健康障害要因とその対策、心理社会的健康障害要因とその対策、業種別・作業別の産業保健、労働者の特性・就業形態別の産業保健　ほか
　2017.5 431p 30×21cm ¥6800 ①978-4-525-18457-5

◆次世代アジュバント開発のためのメカニズム解明と安全性評価　石井健監修　シーエムシー出版　（ファインケミカルシリーズ）
【目次】第1章 アジュバント総論─現状と将来展望（アジュバントとは、アジュバントの可能性 ほか）、第2章 アジュバントの作用機序（アジュバント受容体の立体構造およびそのリガンド認識機構、アジュバントによる生体反応の網羅的解析 ほか）、第3章 アジュバント各論（微生物由来、核酸アジュバント ほか）、第4章 前臨床・臨床事例（アジュバント入りがんワクチンの開発、アジュバントによるがん免疫療法の新展開 ほか）、第5章 評価・審査行政（アジュバントのデータベースとバイオマーカー、アジュバントの安全性と有効性のバイオマーカー ほか）
　2017.3 355p B5 ¥86000 ①978-4-7813-1238-5

◆私説・イタイイタイ病は何故に女性に多発してきているのか　松波淳一著　（富山）桂書房　改訂版
【目次】第1部 自然・社会環境からみたイタイイタイ病について（"イタイイタイ病"とCd汚染、男女のCd摂取量に差があったのか、イタイイタイ病対策協議会の役員の方々の戦中・戦後）、第2部 医学的観点からみるイタイイタイ病について（"イタイイタイ病"とはなにか、"イタイイタイ病"はなぜに女性に多発しているのかの理由は明らかにされていない、腎障害が女性に多発するのはなぜなのか、骨障害（"イタイイタイ病"）はなぜに女性に多発してきているのか、一応のまとめ）
　2017.6 104p B6 ¥800 ①978-4-86627-030-2

◆持続可能性のある日本のプライマリ・ケア提供体制─機能ユニット統合システムを中心にして　伊藤敦著　日本評論社
【目次】第1章 プライマリ・ケアの概念、第2章 診療所開業医の源流と開設形態の変遷、第3章 日本のプライマリ・ケアの現状と課題、第4章 機能ユニット統合システムの設計、第5章 機能ユニット統合システムの有効性に関する検証、第6章 プライマリ・ケア提供体制の設計
　2017.2 318p A5 ¥7800 ①978-4-535-98448-6

◆知っておきたい感染症と予防接種─海外に行く前に　髙山直秀、菅沼明彦、城青衣、中山栄一著　『海外渡航者のための予防接種と感染症の知識』改訂・改題書）　改訂改題新版
【要旨】世界の感染症の現状、予防接種の最新情報。ロングセラーの改訂改題版。ジカ熱、重症急性呼吸器症候群etc.の新たに問題となった感染症を追加。2016年10月から定期予防接種ワクチンとなったB型肝炎ワクチン、WHOによる経口ポリオワクチンの3価から2価への変更、黄熱ワクチンの有効期間の延長など、ワクチンに関する情報を更新。国内中のワクチンを、日本で承認され、市販されているもの、日本で承認されているが、市販されていないもの、海外では使用されているが、日本では未承認で市販されていないものに分類して解説。新開発や開発中のワクチンについての新情報も収載。
　2017.12 210p A5 ¥2100 ①978-4-88267-067-4

◆疾病の成立と回復促進　岡田忍、佐伯由香編著　放送大学教育振興会、NHK出版 発売　（放送大学教材）
【目次】イントロダクション 疾病の原因と細胞・組織障害、再生と修復、基本的な病変とその機序、健康状態を脅かす微生物と生体防御、疾病に対する抵抗、神経機能の障害、呼吸機能の障害、循環機能の障害、造血機能の障害、免疫機能の障害、消化機能の障害、栄養バランスの障害、排泄機能の障害、内部環境調節機能の障害、運動機能の障害、生殖機能の障害
　2017.3 266p A5 ¥2900 ①978-4-595-31721-7

◆シトリン欠損症─医者も知らない特異な疾患　佐伯武頼著　（大阪）風詠社、星雲社 発売

【要旨】甘いものが嫌い。酒は飲めないが、酒のたんぱく・高脂肪食を好む偏食の方が無理して糖質を取れば発症の可能性が…。こんな特異な疾患の歴史と発症のメカニズム、さらに治療法について解説。
　2017.4 128p B5 ¥1500 ①978-4-434-22979-4

◆自分名人への道─医療と介護と死に方についてマオじいの結　佐藤眞生著　茨木未来倶楽部、かんぽう 発売
【目次】1 最高の名医はあなたです、2 最良の介護者はあなたです、3 病院・介護施設の功罪─妻の入院・入所実見録590日、4 医療・介護の仕組が低品質なワケ、5 生老病死の通念のウソ、6 自分名人への道、特別付録「朧マニュアル」
　2017.9 177p B6 ¥1000 ①978-4-909201-01-0

◆若年性特発性関節炎診療ハンドブック 2017　日本リウマチ学会小児リウマチ調査検討小委員会編　（大阪）メディカルレビュー社
【目次】第1章 小児の慢性関節炎の概念と分類、第2章 若年性特発性関節炎の疫学、第3章 若年性特発性関節炎の病態生理、第4章 若年性特発性関節炎の診断、第5章 若年性特発性関節炎の治療、第6章 若年性特発性関節炎の管理、第7章 注意すべき病態に対する治療・管理
　2017.4 83p A5 ¥6000 ①978-4-7792-1881-1

◆重症患者における炎症と凝固・線溶系反応　松田直之専門編集　中山書店　（救急・集中治療アドバンス）
【目次】1章 総論、2章 炎症と凝固・線溶系反応の定義と診断、3章 炎症と凝固・線溶のマーカー、4章 基礎疾患との関連性、5章 治療法、6章 鑑別診断において重要な疾患・病態
　2017.3 323p B5 ¥10000 ①978-4-521-74333-2

◆シュタイナーのアントロポゾフィー医学入門　日本アントロポゾフィー医学の医師会監修　（相模原）ビイング・ネット・プレス
【目次】第1章 アントロポゾフィーの思想（ルドルフ・シュタイナーとアントロポゾフィー─人知の新しい地平へ）、第2章 アントロポゾフィーの思想の医学への応用（アントロポゾフィー思想の医学への拡大とアントロポゾフィー医学の基礎）、第3章 アントロポゾフィー医学の実践（内科─アントロポゾフィー医学の内科疾患における考え方と治療、小児科─子どもの健康と病気をどうみるか？ ほか）、第4章 アントロポゾフィー医学に特有の治療法（オイリュトミー療法─生命に宿る意志のちから─オイリュトミー療法（運動芸術療法）、絵画・造形療法─世界の魂の言らいとしての絵画・造形療法 ほか）
　2017.2 267p A5 ¥3500 ①978-4-908055-14-0

◆術後回復を促進させる周術期実践マニュアル─患者さんにDREAMを提供できる周術期管理チームをめざして　谷口英喜著編　日本医療企画
【要旨】栄養管理からリハビリテーション患者中心の周術期チーム医療が学べる！諸外国で推進される術後回復促進策を日本の医療機関のなかで進められるよう実践をもとにわかりやすくまとめたテキスト。周術期管理における多職種連携のノウハウを満載！
　2017.4 242p B5 ¥2800 ①978-4-86439-542-7

◆症状・訴えで見分ける患者さんの「何か変？」　高木靖監修　（名古屋）日総研出版
【要旨】主要4大看護領域＋ER・ICU対応。診療看護師ならではの深い観察力！異変に気づいた時の行動がわかる。
　2017.3 175p B5 ¥3000 ①978-4-7760-1820-9

◆小児気管支喘息治療・管理ガイドライン 2017　荒川浩一、足立雄一、海老澤元宏、藤澤隆夫監修、日本小児アレルギー学会作成　協和企画
【目次】JPGL2017の作成方法・CQ、定義、病態生理、診断、重症度分類、疫学、危険因子とその対策、病態評価のための検査法、薬物療法、吸入指導、長期管理に関する薬物療法、急性増悪（発作）への対応、乳幼児期の特殊性とその対応、思春期・青年期管理、呼吸器関連合併症、日常管理、ガイドラインの今後の課題、主な抗喘息薬一覧表
　2017.11 234p B5 ¥4200 ①978-4-87794-192-5

◆小児・思春期1型糖尿病の診療ガイド　日本糖尿病学会・日本小児内分泌学会編・著　南江堂
【目次】定義と分類、診断基準、病因と病態、疫学、コントロール目標、治療のプランニング、

インスリン療法（持続皮下インスリン注入療法（CSII）、SAPを含む）、血糖自己測定（SMBG）と連続皮下グルコース濃度測定（CGM）、食事療法（カーボカウントを含む）、糖尿病ケトアシドーシスとその治療、低血糖とその治療、シックデイ・外科手術への対応、保育施設・幼稚園、学校生活での指導、心理指導、災害時の対策、糖尿病キャンプ、就職、結婚への対応、小児医療から成人医療へ
　2017.6 95p B5 ¥1800 ①978-4-524-25618-1

◆症例解説でよくわかる甲状腺の病気　山内泰介著　現代書林
【要旨】年間20,000人を診察する甲状腺疾患専門外来のドクターが、甲状腺の原因・特徴、最新の検査・治療法から日常生活のアドバイスまで徹底解説。
　2017.11 174p B6 ¥1300 ①978-4-7745-1644-8

◆症例動作分析─動画から学ぶ姿勢と動作　隈元庸夫著　ヒューマン・プレス
【目次】第1章 姿勢・動作分析（姿勢・動作分析とは、姿勢・動作分析の目的、姿勢・動作分析の手順 ほか）、第2章 姿勢・動作とは（背臥位、寝返り、起き上がり ほか）、第3章 症例動作分析の実際（軽度弛緩性片麻痺を有する片麻痺、中等度痙性片麻痺を有する片麻痺、重度痙性片麻痺を有する片麻痺 ほか）
　2017.9 243p B5 ¥6000 ①978-4-908933-09-7

◆職人としての家庭医─筋力検査と運動療法　本永英治著　（さいたま）カイ書林　（「日本の高価値医療」シリーズ 1）
【目次】第1章 運動器診と認知エラーを学ぶ症例（風邪症候群高齢者が寝たきりにさせられる 医療従事者も知らない、身体の思い込みエラー症例─運動器診は必要なし、身体の思い込み欠如による過剰入院─思い込みエラー症例 ほか）、第2章 コモンディジーズ 誤用症候群と高齢者サルコペニア患者の運動療法を学ぶ症例（日常ベッドサイドで遭遇する上腕骨外側病、日常遭遇する上腕骨内顆炎 ほか）、第3章 コモンディジーズにおける運動療法・運動学の基本を学ぶ症例（サタディナイト症候群に頭部CT 下垂手─橈骨神経麻痺─高・低価値医療、五十肩 肩回旋腱板炎（断裂）─運動療法のホームエクササイズで指導 ほか）、第4章 多様性と臨床運動学の視点から学ぶ症例（足関節偽痛風を蜂窩織炎と診断し入院後10日間抗生物質点滴─低価値医療）、炎症と多発関節炎の背景に潜む病態を理解する─ACTH単独欠損症 ほか）
　2017.3 337p A5 ¥3000 ①978-4-904865-30-9

◆女子高校生の子宮頸がん予防行動に関する心理社会的要因─保健行動モデルを使ったワクチン接種行動の検討　小林優子著　風間書房
【目次】序章、第1章 女子高校生における子宮頸がん予防ワクチン接種プロセスに関する質的研究、第2章 女子高校生における子宮頸がん予防ワクチン接種の実態と尺度開発、第3章 女子高校生における子宮頸がん予防ワクチンの接種行動の予測、第4章 女子高校生における子宮頸がん予防ワクチンの接種意向の予測、第5章 本研究の総括
　2017.1 134p A5 ¥5000 ①978-4-7599-2157-1

◆女性内分泌クリニカルクエスチョン90　百枝幹雄編　診断と治療社
【目次】思春期、原発性無月経、続発性無月経、PCOS、排卵障害、黄体機能不全、早発卵巣不全、異常子宮出血、月経随伴症状、子宮内膜症、子宮筋腫・子宮腺筋症、妊娠・分娩・産褥、避妊、更年期障害、閉経後のヘルスケア、子宮内膜増殖症・子宮内膜癌、乳癌、ホルモン製剤
　2017.4 378p B5 ¥4800 ①978-4-7878-2283-3

◆自力で防ぐ誤嚥性肺炎─のどの筋肉を鍛えて寿命をのばす！　稲本陽子著　日本文芸社
【要旨】のど、舌の体操・トレーニングをイラスト紹介。あなたは大丈夫？「飲み込み力」セルフチェック付き。
　2017.11 127p A5 ¥1200 ①978-4-537-21513-7

◆新・生き方としての健康科学　山崎喜比古監修、朝倉隆司編　有信堂高文社
【目次】1 健康に生きるとは、健康に生きる力、社会的健康とは（生涯発達と健康、社会、生き方、健康に生きる力）、2 健康のために何をするか、何が健康を阻害するか（食と健康、身体、身体的健康、睡眠と健康、薬品、薬物と健康、心と身体の病気、口腔保健と医療・健康サービス）、3 健康に生きていく場、健康を阻害する場（生活の場「大学、職場、家庭、地域」と健康、国境

サイエンス・テクノロジー

を越える人の移動と健康、環境・自然災害と健康）、4 生き方の多様性と選択（セックス、ジェンダー、セクシュアリティと健康、病・障害の体験、老いること、死にゆくこと、先端医療と医療に関わる社会のルール）、5 市民として社会制度を使う、変える（健康、医療と福祉を支える社会のしくみ）
2017.4 242p B5 ¥2900 ①978-4-8420-6589-2

◆**人工呼吸器とケアQ&A—基本用語からトラブル対策まで**　岡元和文編　総合医学社　第3版
【目次】人工呼吸器の役割、人工呼吸器の基本構成、人工呼吸器の基本表示、人工呼吸器に関連したやさしい呼吸生理学、人工呼吸の種類、基本的な換気モード、新しい領域の人工呼吸法、呼吸器回路の組み立てと注意点、人工呼吸器の点検法、人工呼吸の開始とケア、気管挿管のケア、気管チューブとケア、口腔（オーラル）ケア、人工呼吸中の肺炎とケア、人工呼吸と呼吸理学療法、人工呼吸と精神ケア、人工呼吸中の痛み・不穏・せん妄ケア、病態からみた人工呼吸とケア、人工呼吸器からの離脱（ウィーニング）とケア、人工呼吸器とリスクマネジメント
2017.7 332p 26×21cm ¥3600 ①978-4-88378-651-0

◆**腎性低尿酸血症診療ガイドライン**　日本痛風・核酸代謝学会監修　（大阪）メディカルレビュー社
【目次】第1章 診療アルゴリズム、第2章 腎性低尿酸血症の疫学、第3章 腎性低尿酸血症の病態、第4章 腎性低尿酸血症の診断指針と検査、鑑別、第5章 腎性低尿酸血症の合併症（運動後急性腎障害）、第6章 腎性低尿酸血症の合併症（尿路結石症）、第7章 クリニカルクエスチョンと推奨、付録 アスリートの患者よりガイドラインによせて
2017.4 45p B5 ¥2000 ①978-4-7792-1884-2

◆**身体知性—医師が見つけた身体と感情の深いつながり**　佐藤友亮著　朝日新聞出版　（朝日選書）
【要旨】武道家で医師の著者による、刺激に満ちた身体論！ 身体知性が人の感情と判断を担っている。フーコーの『臨床医学の誕生』や肉眼解剖学をもとに、西洋医学の言葉による身体の分析的追求の特徴を論じる。しかし現実の医療現場では、分析だけでは太刀打ちできない短時間で合理的な判断が必要だ。このとき活躍するのが身体知性。救命救急医のクロスケリーは医師の感情変化が誤診へとつながると指摘し、神経生理学者のダマシオは「ソマティック・マーカー仮説」で人間の判断に影響を与える感情の形成と身体の関係をたどる。また武道における東洋的な身体観と鍛練は、人間の判断において重要だ。天才チェスプレーヤーが出会った太極拳、精神病者の新しい治療法「オープンダイアローグ」、北海道浦河町の「べてるの家」を身体知性から分析するとどうなるのか。合気道家で思想家の内田樹氏との対談『武道と医学と身体をむすぶ』を収録。
2017.10 251p B6 ¥1500 ①978-4-02-263064-3

◆**人体の構造と機能および疾病の成り立ち 3 疾病の成り立ち**　津田謹輔、伏木亨、本田佳子監修、田中清編　中山書店　（Visual栄養学テキストシリーズ）
【目次】疾病の恒常性、加齢・疾患に伴う変化、疾患診断の概要、疾患治療の概要、栄養障害と代謝疾患、消化器系、循環器系、腎・尿路系、男性生殖器、内分泌系、神経系、呼吸器系、運動器（筋・骨格系）、女性生殖器系、血液・造血器・リンパ系、免疫・アレルギー、感染症
2017.9 182p A4 ¥2700 ①978-4-521-74286-1

◆**心電図のはじめかた**　杉山裕章著　中外医学社
【要旨】大のニガテから『心電図の壁』を乗り越えた新進気鋭の著者が心電図が難しい苦手嫌いと感じる全ての人に気軽に楽しく勉強をはじめてもらいたいと願って作った優しさあふれる"次につながる"入門書です。
2017.2 199p A5 ¥2600 ①978-4-498-03792-2

◆**新版 下肢静脈瘤**　保坂純郎著　主婦の友社　（よくわかる最新医学）
【要旨】体への負担が少ないレーザー治療のすべて。足のむくみ、だるさなどを軽減する日常ケアと再発予防法。美容的な問題も解消。進化する最新の治療がよくわかる。
2017.4 127p A5 ¥1380 ①978-4-07-423290-1

◆**新ブラッシュアップ理学療法—新たな技術を創造する臨床家88の挑戦**　福井勉編　（横浜）ヒューマン・プレス

【目次】頭部・頚部（目の運動から身体を整える、二重視に対する理学療法—振動刺激を用いた方法 ほか）、上肢（肩甲骨運動の新たな定義と肩甲骨運動制御障害の改善エクササイズ、肩関節外転位保持機能を即座に改善する ほか）、体幹（片側性腰部痛・頚部痛に対する胴体区分を考慮した治療展開、スポーツにおける望ましい姿勢の獲得—広背筋ストレッチと胸椎の選択的な伸展 ほか）、下肢（歩行動作改善に対する骨盤側方運動の一視点、歩行立脚相の重心側方移動の不足を軽減する ほか）、姿勢・動作のコントロール（背臥位において考える人工呼吸器装着患者、寝たきり患者において姿勢・運動機能を考慮し理学療法介入をする、相対的回転リズムにおける不良座位姿勢に対するアプローチ ほか）
2017.10 367p B5 ¥5800 ①978-4-908933-10-3

◆**心理・医療・教育の視点から学ぶ 吃音臨床入門講座**　早坂菊子、菊池良和、小林宏明著　学苑社
【要旨】専門家3人のコラボによる独自性あふれる吃音入門書。吃音の問題について、心理、医療、教育という3つの点からそれぞれの専門家が講義したものをまとめたテキスト。臨床経験豊富な著者による知識と知見は、吃音当事者と社会をつなぐかけ橋となる専門家、保護者にとって、適切なサポートへと導く足掛かりとなるであろう。
2017.8 112p B5 ¥2400 ①978-4-7614-0793-3

◆**診療・研究にダイレクトにつながる 遺伝医学**　渡邉淳著　羊土社
【要旨】病気を遺伝子から理解する。ゲノムの基本から検査、診断、遺伝カウンセリングまで、患者さんと向き合う時欠かせない知識がこの1冊に。　2017.5 244p B5 ¥4300 ①978-4-7581-2062-3

◆**髄液検査データブック**　水澤英洋監修、太田浄之、石原正一郎著　新興医学出版社
【目次】1 手技、検体取り扱いの注意事項、2 髄液検査基準値、カットオフ値一覧表、3 髄液検査項目解説、4 神経感染症、5 神経免疫疾患、6 神経変性疾患、7 末梢神経疾患、8 脳腫瘍、9 内科疾患、代謝性疾患、10 脳血管障害、11 脊髄、脊椎疾患、12 その他の疾患
2017.10 136p 18×11cm ¥2400 ①978-4-88002-406-6

◆**図を見てわかる膵疾患のMRI—知っておきたい撮像と読影・診断のポイント**　渡邉祐司、永山雅子編著　日本メディカルセンター
【目次】膵胆管の先天異常、急性膵炎、慢性膵炎、自己免疫性膵炎、外傷性膵損傷、膵嚢胞性腫瘍、膵管内腫瘍、充実性偽乳頭状腫瘍、膵神経内分泌腫瘍、膵癌、膵外原発癌の膵への転移と直接浸潤、膵悪性リンパ腫、膵周囲腫瘍、膵、胆道の血管病変
2017.9 251p B5 ¥6000 ①978-4-88875-297-8

◆**スキ間で極意!!いつでもどこでも心電図判読88問**　上嶋健治著　克誠堂出版
2017.3 289p 17×13cm ¥3700 ①978-4-7719-0475-0

◆**すぐ使える若葉マークのための鍼灸臨床指針—臓腑病、経脈病、経筋病の診断と治療法**　篠原昭二、和辻直共著　（西東京）ヒューマンワールド
【目次】第1部 基礎篇（日本の鍼灸臨床方式は多様である、整体観と愁訴、新しい経絡病証体系（仮説）、鍼灸医学の四診法）、第2部 臨床篇（肩上肢痛の診断と治療、腰痛・寝違いの診断と治療、むち打ち症の診断と治療、胸郭出口症候群の診断と治療、肩こりの診断と治療 ほか）
2017.3 179p B5 ¥3400 ①978-4-903699-61-5

◆**すぐに使えてよくわかる 養護教諭のフィジカルアセスメント 2**　北垣毅著　少年写真新聞社
【要旨】けいれん、発疹、過呼吸など学校でよく見られる病気やけがについて、重症かどうか、緊急搬送が必要かなど症状を見極めるポイントを、総合診療を専門とする医師が解説。雑誌『健』の連載をもとに大幅加筆しています。
2017.8 175p A5 ¥1700 ①978-4-87811-606-1

◆**図説 国民衛生の動向 2017/2018 特集 がん対策**　厚生労働統計協会編　厚生労働統計協会
【要旨】基礎知識を図と解説にまとめ整理。
2017.10 127p A5 ¥1528 ①978-4-87511-732-2

◆**スタンダード フローサイトメトリー**　日本サイトメトリー技術者認定協議会編　医歯薬出版　第2版
【目次】1章 血液の基礎知識、2章 フローサイトメトリー検査の基礎知識、3章 検体の採取と保

存、4章 フローサイトメトリーの検査法、5章 データ解析と結果の評価、6章 フローサイトメトリーの応用、7章 保守管理、8章 業務管理、9章 フローサイトメトリーの具体的測定例、10章 フローサイトメトリー検査の各種ガイドライン
2017.6 167p B5 ¥4800 ①978-4-263-22282-9

◆**スタンダード輸血検査テキスト**　認定輸血検査技師制度協議会カリキュラム委員会編　医歯薬出版　第3版
【目次】認定輸血検査技師制度、輸血医学の歴史、基礎医学、輸血検査と精度管理、血液製剤の適応と管理・供給、輸血療法、輸血副作用とリスクマネジメント、Patient Blood Management、血液事業、倫理的問題、輸血に関する法制度と指針、輸血機能評価認定制度（I&A）
2017.9 361p B5 ¥5600 ①978-4-263-22284-3

◆**頭痛が治る、未来が変わる！—痛みの頻度による新たなアプローチ**　山田洋司著　三宝出版
【目次】1 頭痛外来とは、2 なぜ頭痛を4層に分類するのか—頭痛が起こる頻度による新たな分類の試み、3 第1層の頭痛—普段は頭痛がない人に生じる頭痛、4 第2層の頭痛—1年に数日から、多くても1カ月に2日までの習慣性の頭痛、5 第3層の頭痛—1カ月に3日以上、15日未満の頻度で生じる習慣性の頭痛、6 第4層の頭痛—1カ月に15日以上生じる習慣性の頭痛、7 頭痛は人生を守る「ガードレール」—頭痛の深層を読み解く
2017.4 181p B5 ¥1600 ①978-4-87928-110-4

◆**図表でみる世界の保健医療—OECDインディケータ 2015年版**　OECD編著、鐘ヶ江葉子訳　明石書店
【要旨】本書『図表でみる世界の保健医療OECDインディケータ』の新版は、OECD加盟各国の保健医療制度の運営についての最新の国際比較可能なデータを掲載しています。可能な場合には、非加盟諸国（ブラジル、中国、コロンビア、コスタリカ、インド、インドネシア、ラトビア、リトアニア、ロシア、南アフリカ）のデータも報告しています。前版と比較すると、この新版は保健医療指標のダッシュボードの新しいセットを掲載し、健康と保健医療制度の運用に関するさまざまな主要指標について、OECD加盟各国の相対的に強いところや弱いところを明確な使い易い方法で簡潔にまとめ、また、医薬品部門に特別に焦点を当てたものも有しています。
2017.7 219p B5 ¥6000 ①978-4-7503-4540-6

◆**すべての医療従事者が知りたい！ 医学系研究、論文投稿上のQ&A**　浅井隆、廣田和美、山蔭道明編　日本医事新報社
【目次】第1章 医学系論文の意義を知ろう！、第2章 論文、雑誌について知ろう！、第3章 研究計画前にすべきことを知ろう！、第4章 研究計画の立て方を知ろう！、第5章 研究の仕方を知ろう！、第6章 論文作成の仕方を知ろう！、第7章 論文の投稿の仕方を知ろう！
2017.8 173p B5 ¥3400 ①978-4-7849-4635-8

◆**成人病は予防できる—活性酸素と成人病のメカニズム**　三石巌著　阿部出版　（健康自主管理システム 5）
【要旨】自分の健康は自分で管理しよう。分子生物学に基づいた理論を確立し、健康自主管理を実践した三石巌。本書では活性酸素と成人病の関係を中心に、心不全、脳卒中、糖尿病などの予防について詳しく解説。テレビやインターネットの情報にはもう惑わされない。あなたの健康を維持するための正しい知識がやさしく学べる。三石理論による「健康自主管理システム」のシリーズ第5巻。
2017.9 209p B6 ¥1200 ①978-4-87242-656-4

◆**世界に「かゆい」がなくなる日**　髙森建二監修、柿木隆介著　ナツメ社
【要旨】最新知見と研究データで解き明かすドライスキン、アトピー性皮膚炎、虫刺され—「かゆい」なんていらない感覚？ かゆみの世界は謎だらけ！
2017.11 189p B6 ¥1500 ①978-4-8163-6340-5

◆**脊椎の機能障害—徒手検査とモビライゼーション**　カルラ・シルト＝ルドルフ、ガブリエレ・ハルケ、ヨヘン・ザクセ著、髙田治実日本語版監修　ガイアブックス　（原書第6版）
【要旨】『脊椎機能障害の検査・診断・治療方法』をドイツ徒手療法の第一線で活躍する医師たちがわかりやすく解説。徒手療法とオステオパシー療法の融合。脊椎（腰椎、胸椎、頚椎）を中心としながら顎関節（口腔、顔面）も取り上げ、300

を超える検査、治療テクニックを紹介。259点の図と写真による、臨床現場で役立つことに重点を置いた編集。リハビリテーション、予防医学も記述。
2017.12 253p B5 ¥5800 ①978-4-88282-995-9

◆ゼロからわかる人工呼吸器ケア　小谷透監修　成美堂出版　(付属資料：別冊1; 赤シート1)
【要旨】マンガと図解でスッキリわかる。まったくのゼロからでも、人工呼吸器ケアの基礎、超急性期から回復期までのケアの流れ、看護のポイントを無理なく理解できる。本冊で取り上げたテーマの中から、特に重要な、絶対押さえておきたいことだけを抽出し別冊にまとめました。覚えやすい赤シート対応。
2017.5 239p B5 ¥1500 ①978-4-415-32101-1

◆線維筋痛症診療ガイドライン　2017　日本線維筋痛症学会, 日本医療研究開発機構線維筋痛症研究班編著　日本医事新報社
【目次】第1部 疾患の解説とトピックス（ガイドライン改定の背景、疾患の解説、トピックス）、第2部 繊維筋痛症診療ガイドライン2017（作成手順、Clinical Questions（CQs）一覧、Clinical Questions の推奨文と解説）、第3部 資料（線維筋痛症における傷病手当、身体障害者等級、障害年金の診断書等の発行についての基本的な考え方、診断基準・治療方針・薬物療法のエビデンスと推奨度一覧ほか）
2017.10 215p B5 ¥4500 ①978-4-7849-5425-4

◆1336専門家による私の治療　2017 - 18年度版　猿田享男, 北村惣一郎監修　日本医事新報社
【要旨】PCでもタブレットでもスマホでも読みやすい、HTML形式の電子版付き。23領域1123疾患を網羅。第一線のドクターによる「超実践型」の治療法総覧。偶発症・合併症への対応、非典型例・高齢者・在宅…状況ごとの対処法を記述。一手目…二手目…病状の変化に即した処方変更が一目瞭然。
2017.7 1734p 23×17cm ¥9000 ①978-4-7849-4650-1

◆喘息とCOPDのオーバーラップ（Asthma and COPD Overlap：ACO）診断と治療の手引き　2018　日本呼吸器学会喘息とCOPDのオーバーラップ（Asthma and COPD Overlap：ACO）診断と治療の手引き2018作成委員会編　日本呼吸器学会, メディカルレビュー社 発売
【目次】第1章　全体の要約　AT A GLANCE、第2章 疾患概念と定義、第3章 疫学、第4章 病態の理解、第5章 診断、第6章 多面的評価、第7章 慢性気流閉塞、第8章 治療
2017.12 104p 28×21cm ¥2800 ①978-4-7792-1980-1

◆「ぜんそく」のことがよくわかる本　松瀬厚人監修　講談社　(健康ライブラリーイラスト版)
【要旨】発作の前の小さなサインをキャッチして。症状がない時期こそしっかりケアを！ 治療を中断すると炎症が進み、発作をまねく。正しい治療の進め方と発作を防ぐ生活のコツ。ひと目でわかるイラスト図解。
2017.10 98p 21×19cm ¥1300 ①978-4-06-259818-7

◆造血細胞移植学会ガイドライン　第4巻　日本造血細胞移植学会ガイドライン委員会編　(大阪)医薬ジャーナル社
【目次】皮膚、眼、口腔、呼吸器、消化管、肝臓、感染症、心血管、腎・泌尿器、神経・認知障害・易疲労、骨・筋肉、内分泌・代謝、性腺・不妊、二次がん、QOLとサバイバーシップ支援、移植後に推奨されるスクリーニング項目のまとめ
2017.5 141p B5 ¥4200 ①978-4-7532-2838-6

◆総合診療専門医のためのワークブック―専門医試験対策　草場鉄周編集主幹, 金井伸行専門編集　中山書店　(総合診療専門医シリーズ3)　(付属資料：赤チェックシート1)
【目次】1章 臨床知識ベーシックドリル（一般的な症候アプローチ、一般的な疾患・病態アプローチ、ライフサイクルごとの健康問題への対応、多様な診療の場に基づく医療、ジェネラリスト・アプローチ）、2章 臨床実践ワークブック（公衆衛生・EBM、コミュニケーション、日常病、女性・男性医療、周産期医療、小児・思春期医療、高齢者医療、メンタルヘルス、急性疾患・救急医療、整形疾患、緩和医療）、3章 臨床技能ワークブック（総論、各論）
2017.6 434p B5 ¥6800 ①978-4-521-74190-1

◆総合診療専門医マニュアル　伴信太郎, 生坂政臣, 橋本正良編　南江堂
【要旨】この1冊で総合診療医のすべてがわかる！ジェネラリストが遭遇する全身の症候、主要疾患のみかたを小児から高齢者まで1冊で網羅！
2017.5 531p 19cm ¥6300 ①978-4-524-26614-2

◆ソーシャルワーカーによる退院における実践の自己評価　小原眞知子, 高山恵理子, 高瀬幸子, 山口麻衣著　相川書房
【目次】第1章 ソーシャルワーク実践の評価、第2章 ソーシャルワーカーによる退院における実践の自己評価：枠組みと活用方法、第3章 ソーシャルワーカーによる退院における実践プロセスの評価、第4章 ソーシャルワーカーによる退院における実践のアウトカムの評価、第5章 省察：評価の効果的活用、補章「退院支援業務におけるソーシャルワークの評価方法と評価マニュアル作成に関する研究」研究経過
2017.5 124p B5 ¥1800 ①978-4-7501-0395-2

◆第一線呼吸器科医が困った症例から学んだ教訓　吉澤靖之監修　克誠堂出版
【要旨】病態生理、肺循環動態の理解がよりよい治療につながると肝に銘じよ！ 免疫抑制状態においては非典型的経過の結核に注意。喀血の問診時に周期性を聞け！ 自然消退しても、あまくみるな。胸水ADA高値でも結核性とはかぎらない…経験を科学に―メンターからの一喝！
2017.3 199p B5 ¥5800 ①978-4-7719-0476-7

◆大学生の健康ナビ―キャンパスライフの健康管理　2017　山本眞由美監修　(岐阜)岐阜新聞社
【目次】第1章 健康診断について、第2章 健康的な生活習慣、第3章 大学生活のけがや病気、第4章 大学生のこころの健康、第5章 大学生のための病気の知識、第6章 日本の医療制度
2017.4 199p 24×19cm ¥1000 ①978-4-87797-239-4

◆大ホリスティック医学入門　帯津良一著　春秋社
【要旨】がん治療の新天地へ！ 近年の免疫療法の進歩により、患者を、「人間まるごと」だけでなく、その周囲の環境全体から見据え、西洋医学のみならず漢方薬、気功などあらゆる治療を総合的に駆使してがんに立ち向かう、ホリスティック医学の新しい入門書。
2017.8 193p B6 ¥1900 ①978-4-393-71405-8

◆唾液のチカラQA　小川郁子, 北川雅恵著　デンタルダイヤモンド社
【目次】1章 総論（唾液腺はどこにあるの？、唾液はどこに出ているの？、唾液腺はいつごろから作られるの？　ほか）、2章 ドライマウス（ドライマウスってどんな病気？、ドライマウスの原因は？、ドライマウスの検査は？　ほか）、3章 唾液と検査、疾患（唾液とう蝕原性菌との関係は？、唾液と歯との関係は？、唾液を用いるう蝕活動性検査とは？　ほか）
2017.4 106p 20×19cm ¥3400 ①978-4-88510-373-5

◆誰も教えてくれなかった高血圧診療の極意―患者さんと治療同盟を結ぶための高血圧医療学　宮川政昭著　文光堂
【要旨】血圧の状況把握は、患者さんと医師の共同作業。すべての始まりは、生活リズムの聞き取りから。患者さんに最もふさわしい血圧測定を設定する。運動は日常生活の中に上手く取り込む。服薬忘れチェックの来院間隔は、4週後。など珠玉の教えが盛りだくさん。
2017.3 75p A5 ¥2000 ①978-4-8306-1022-6

◆知のフロンティア―生存をめぐる研究の現場　立命館大学生存学研究センター監修, 渡辺克典編　(西東京)ハーベスト社　(知のアート・シリーズ 4)
【目次】1 生存をめぐる "病い" を考える（まだ終わっていない "病"―ハンセン病をめぐる現場、スティーブンス・ジョンソン症候群を通じて「治療」を考える ほか）、2 生存をめぐる "関係" を考える（生殖補助医療技術と「親になる資格」、生殖補助技術の現場―非配偶者間人工授精の現在・過去・未来 ほか）、3 生存をめぐる "仕組み" を考える（再生医療/研究にコミットする当事者団体から見えてくるもの、京都・西陣における地域医療の変遷 ほか）、4 生存を "際（きわ）" から考える（日本人がアルゼンチン人になるまで、パナマ東部先住民エンベラのもとで調査すること ほか）
2017.3 107p A5 ¥1000 ①978-4-86339-085-0

◆チャコール―世界で最も効力のある吸着物質　アガサ・スラッシュ, カルビン・スラッシュ共著, 井深光子訳, 日本健生協会編　(神川町)日本健生協会　改訂第3版
【要旨】米国で最も歴史と信頼ある自然医療機関の医師夫妻による「チャコール」（活性炭）の驚くべき作用と使用法の実用書。体験談も掲載。
2016.11 113p A5 ¥1200 ①978-4-931402-05-8

◆チャートでわかる糖尿病治療薬処方のトリセツ―未来を護るベストチョイス！　野見山崇著　南江堂
【目次】第1部 チャートでわかる！ 糖尿病治療薬処方のトリセツ（スタンダードな2型糖尿病治療ストラテジー、食後高血糖を狙い打て！、高齢者糖尿病の人生設計、とにかく私はやせたいの―肥満2型糖尿病の対策、糖毒性を解除せよ！、そろそろ腎機能が悪化してきた！ どうしよう？）、第2部 $+\alpha$ の知識とトリセツ―さらなる血糖コントロールの境地を求めて（心血管疾患を悪化させないための注意点、認知症を悪化させないための注意点、がんを避ける糖尿病診療のポイント、低血糖を避ける糖尿病診療のポイント ほか）
2017.9 166p A5 ¥3200 ①978-4-524-25153-7

◆超音波診断装置が有用な運動器疾患診断治療ガイド　奥田泰久, 臼井要介, 中本達夫, 山内正憲編　克誠堂出版
【要旨】ポケットマニュアルのように簡潔。見開き、箇条書き。超音波診断装置の運動器疾患に対する診断と治療における有用性について、超音波解剖を提示したうえで、優れた画質の描出法と得られた画質の解釈、目標とする部位へのブロック針の刺入などについて、分かりやすい懇切丁寧な説明や図・写真を用いて示してある。
2017.11 187p B5 ¥6800 ①978-4-7719-0491-0

◆超・急性期脳梗塞治療への挑戦！―初期症状の気づきで命を救う　荒木攻著　(鴻巣)みずほ出版新社, 日興企画 発売
【目次】第1章 脳卒中を正しく理解しよう（脳卒中とはどんな病気か？、脳卒中の種類 ほか）、第2章 急性期脳梗塞治療で多くの人を救いたい（今までの治療法では脳梗塞は治せない、画期的な治療法―t - PA静注療法 ほか）、第3章 基本的な検査と治療の実際（検査にはどんなものがあるか、画像検査の発達が診断と治療を飛躍的に進歩させた ほか）、第4章 脳卒中の予防と再発の防ぎ方（脳卒中の予防は最善の対策を知ること、生活習慣、食生活はどう改善すればいいか ほか）、第5章 地域の医療連携が重要課題（発症までの治療をスムースにするためには？、病診連携の重要性 ほか）
2017.1 160p B6 ¥1400 ①978-4-88877-925-8

◆痛覚のふしぎ―脳で感知する痛みのメカニズム　伊藤誠二著　講談社　(ブルーバックス)
【要旨】日常生活のさまざまな場面で体験する「痛み」。痛みは、生きていくうえでの防御機能のため、警告の役割もしています。私たちが受ける刺激は、皮膚下の侵害受容器を活性化させ、感覚神経を通って脊髄に伝わり、大脳で痛みとして認識されます。体内で起きている「痛み」のメカニズムを解説。
2017.3 218p 18cm ¥920 ①978-4-06-502007-4

◆デカルト 医学論集　ルネ・デカルト著, 山田弘明, 安西なつめ, 澤井直, 坂井建雄, 香川知晶, 竹田扇訳・解説　法政大学出版局
【要旨】デカルトによる医学・解剖学関連のテキストを本邦初訳・初集成。ヴェサリウス、ファブリキウス、ボアンやハーヴィなど、当時最先端の医学・生理学の知と渡り合い、自ら解剖実践を繰り返しながら執筆した全5篇を収録。機械論的自然観・生命観の成立において、哲学史・科学史全般に大きな影響をもたらした第一級の資料。最高の訳者陣による注・解説と、学界の第一人者ビトボル - エスペリエス氏による序を付す。
2017.3 317p A5 ¥4800 ①978-4-588-15082-1

◆天気痛―つらい痛み・不安の原因と治療方法　佐藤純著　光文社　(光文社新書)
【要旨】片頭痛、うつ、腰痛、肩こりetc. 今の季節、なぜか調子が悪くなる…。「気圧」のせいかもしれません！
2017.5 245p 18cm ¥780 ①978-4-334-03990-5

◆透析療法ネクスト　21　秋葉隆, 秋澤忠男編　医学図書出版
【目次】座談会 透析患者におけるHCV治療の新たな展開、特集 透析患者におけるHCV治療の新たなる展開―透析患者もC型肝炎が治る時代に（HCVとは、HCV感染透析患者の現況と対策、透析患者におけるHCV1型治療、HCV治療を積極的に進めていくためには）
2017.2 68p A4 ¥3500 ①978-4-86517-198-3

サイエンス・テクノロジー

◆透析療法ネクスト　22　高リン血症治療の新たな選択肢—スクロオキシ水酸化鉄の果たす役割　秋葉隆、秋澤忠男編　医学図書出版
【目次】座談会 特性に応じたリン吸着薬の選択—スクロオキシ水酸化鉄の役割は？、特集 高リン血症治療の新たな選択肢—スクロオキシ水酸化鉄の果たす役割（リン代謝とリン毒性（CKDにおけるミネラル代謝異常の病態、食事性リンと血管内皮機能障害、ミネラル代謝異常と冠動脈疾患、栄養管理を踏まえたリン管理—高齢化する透析患者で栄養状態の悪化をどう防ぐか）、高リン血症治療におけるスクロオキシ水酸化鉄の位置づけ（分類によって理解する経口P吸着薬、鉄を用いたリン吸着薬開発の歴史、スクロオキシ水酸化鉄の薬理学的特性および製剤学的特性、スクロオキシ水酸化鉄の海外における臨床実績、スクロオキシ水酸化鉄の国内臨床試験の成績、臨床試験から得られた結果をどのように解釈するか？）、実臨床におけるスクロオキシ水酸化鉄の有用性（炭酸ランタンからの切り替え—血液透析患者の高リン血症症例に対して炭酸ランタンからスクロオキシ水酸化鉄への切り替え投与を検討する臨床検討、スクロオキシ水酸化鉄の使用経験—P, Ca, FGF23と排便スコアの検討、FGF23への効果、スクロオキシ水酸化鉄のFGF23および鉄動態に対する影響）、リン吸着薬のアドヒアランス（服薬アドヒアランスの評価方法と教育、リン吸着薬処方量の多寡と服薬アドヒアランスに関連するか？、服薬アドヒアランスの医療経済））
2017.11 142p A4 ¥2600 ①978-4-86517-240-9

◆当直医マニュアル　2017　井上賀元編集代表　医歯薬出版　第20版
【要旨】臨床研修医の必修事項を完全収載。25年を超えて読み継がれる信頼の書。四肢の麻痺、妊娠・授乳中の画像検査ほか新設。最新のガイドライン・EBMを重視した改訂。臨床医・薬剤師による薬剤ダブルチェック。
2017.1 892p 15×8cm ¥5000 ①978-4-263-73441-4

◆当直医マニュアル　2018　井上賀元編集代表　医歯薬出版　第21版
【要旨】臨床研修医の必修事項を完全収載。30年にもわたり読み継がれる信頼の書。外国人患者への接し方、悪性症候群ほか新設。最新のガイドライン・EBMを重視した改訂。臨床医・薬剤師による薬剤ダブルチェック。
2018.1 904p 15×8cm ¥5000 ①978-4-263-73442-1

◆糖尿病　河盛隆造、綿田裕孝編　(大阪)医薬ジャーナル社　（インフォームドコンセントのための図説シリーズ）　改訂版
【目次】1 糖尿病ってどんな病気？（食後の糖のながれと空腹時の糖のながれ、糖尿病の病態、糖尿病の症状、なぜ糖尿病を治療しなければならないのだろうか？、糖尿病の分類）、2 診断（糖尿病の診断、経口ブドウ糖負荷試験、境界型耐糖能異常、HbA1c（ヘモグロビンA1c、糖化ヘモグロビン）、血糖コントロールの目安について）、3 合併症（糖尿病の合併症、急性合併症、慢性合併症を見逃さないために、低血糖症）、4 治療法（食事療法、運動療法、経口薬療法、インスリン療法）
2017.2 87p 29×22cm ¥4800 ①978-4-7532-2782-2

◆糖尿病医学史談—臨床・研究の歴史をひもとく　葛谷健著　医歯薬出版　（プラクティス・セレクション）
【目次】糖尿病の概念の変遷—症候学から代謝異常、成因、慢性合併症へ、インスリン治療、合併症1 三大合併症の確立、合併症2 血糖コントロールと合併症の関係、食事療法、経口血糖降下薬、糖尿病の2つの病型、2型糖尿病の病態を巡る議論、糖尿病と妊娠、糖尿病の疫学と検査、病態・治療の指標、米国と英国の学会・協会、なんのために糖尿病を治療するのか—治療目標の変遷
2017.5 242p B5 ¥5000 ①978-4-263-23650-5

◆糖尿病医療を志す—先達から若き人へ贈る言葉129　『プラクティス』編集委員会企画、野田光彦、吉岡成人、三浦義孝立案　医歯薬出版　（プラクティス・セレクション）
【要旨】わが国の糖尿病医療をリードしてきた先達は、何を考え、どう行動してきたのか。129人の先達から若き人へ伝えたい糖尿病医療の真髄。
2017.2 275p A5 ¥3000 ①978-4-263-23649-9

◆糖尿病を診るポケット検査事典　『プラクティス』編集委員会企画、島田朗、黒瀬健、三浦義孝編著　医歯薬出版　（プラクティス・セレクション）

◆糖尿病学　2017　門脇孝編　診断と治療社
【目次】基礎研究（腸管上皮とマクロファージの相互作用による全身のインスリン感受性制御、GCN5‐CITED2‐PKAモジュールを介した血糖調節機構、肝臓における「選択的インスリン抵抗性」の分子機構、カロリー制限と腸幹細胞制御、脂肪組織マクロファージのHIF‐1αとインスリン抵抗性、膵β細胞のインスリン分泌におけるオートファジーの果たす役割、グルカゴン・ルネッサンス、内皮細胞DPP‐4が演じる病理学的意義の解明、SGLT2阻害薬の心保護・腎保護作用）、展開研究・臨床研究（インクレチン関連薬と心血管疾患、ケトン体の臓器作用、出生時体重の全ゲノム関連解析と2型糖尿病との相関、近赤外時間分解分光法を用いた片褐色脂肪組織の計測、日本人糖尿病の死因の変遷、糖尿病腎重症化予防プログラム、免疫チェックポイント阻害薬に関連した1型糖尿病、妊婦の糖代謝異常の診断と管理、新しいGAD抗体の測定法の現状と問題点、持続血糖モニター（CGM）の進歩と展望、糖尿病の予防・療養行動を左右する社会的構造要因）
2017.8 164p B5 ¥9500 ①978-4-7878-2301-4

◆糖尿病克服宣言Pro　3　インクレチン関連薬の臨床Plus　鈴木吉彦監修・著、佐野元昭著　医学と看護社
【目次】第1章 総論、第2章 DPP‐4阻害剤の比較（スイニー、テネリア、グラクティブ、エクア＆エクメット、トラゼンタ、ジャヌビア、マリゼブ、その他のインクレチン製剤）、第3章 GLP‐1受容体作動薬（バイエッタ、ビクトーザ、リキスミア、ビデュリオン、トルリシティ）、第4章 持効型インスリン（なぜ本書で持効型インスリンを解説するのか？、ランタスXR、トレシーバ、グラルギン・リリー、グラルギン・富士フイルムファーマ）
2017.2 126p 26×19cm ¥3000 ①978-4-906829-73-6

◆糖尿病専門医研修ガイドブック—日本糖尿病学会専門医取得のための研修必携ガイド　日本糖尿病学会編・著　診断と治療社　改訂第7版
【目次】糖尿病の疾患概念、糖尿病の疫学、血糖調節機構とその異常、糖尿病の診断、糖尿病の成因と分類、臨床検査の意義と評価法、治療総論、食事療法、運動療法、薬物療法（ほか）
2017.5 509p B5 ¥9500 ①978-4-7878-2302-1

◆糖尿病治療の手びき　2017　日本糖尿病学会編・著　南江堂　（付属資料あり）　改訂第57版
【目次】糖尿病とはどんな病気か？、なぜ私が糖尿病に？—検査と診断、糖尿病の原因は？、糖尿病が長く続くとどうなるのか？—合併症を考える、合併症を予防するためにどうするか？—経過をみよう、1型糖尿病はどのように治療するのか？、2型糖尿病はどのように治療するのか？、妊娠中の糖尿病はどのように治療するのか？、緊急治療を必要とする意識障害が起こったらどうするか？、低血糖にどのように対応するか？、ほかの病気にかかって体調不良の場合（シックデイ）や手術を受けるときはどうするか？、治療中のこころの問題にどう対応すべきか？、子どもの糖尿病はどのように治療するのか？、高齢者の糖尿病はどのように治療するのか？、日常生活で糖尿病と上手に付き合うには？
2017.6 141p B5 ¥650 ①978-4-524-25616-7

◆糖尿病療養指導ガイドブック　2017　糖尿病療養指導士の学習目標と課題　日本糖尿病療養指導士認定機構編・著　日本糖尿病療養指導士認定機構、メディカルレビュー社 発売
【目次】1章 糖尿病療養指導士の役割・機能、2章 糖尿病の概念、診断、成因、検査、3章 糖尿病の現状と課題、4章 糖尿病の治療（総論）、5章 糖尿病の基本治療と療養指導、6章 糖尿病患者の心理と行動、7章 療養指導の基本（患者教育）、8章 ライフステージ別の療養指導、9章 合併症・併存疾患の治療・療養指導、10章 特殊な状況・病態時の療養指導、症例ファイル
2017.5 241p 29×21cm ¥3000 ①978-4-7792-1868-2

◆東洋医学おさらい帳　根本幸夫編著　じほう
【要旨】東洋医学の本来の意味を明らかにするとともに、陰陽虚実や三陰三陽、気血水といった

難解な基礎理論をやさしく紹介。繁用される35の漢方処方を選び、ひとめで処方の特徴がわかるイラストを多用しながら解説を加え、症状別の治療法では、医療現場でよく目にする27の病症を、漢方的な見方でまとめた。
2017.9 263p A5 ¥2800 ①978-4-8407-5003-5

◆ドクター・プレジデント—開業医の戦略的事業拡大ストーリー　田畑陽一郎著　幻冬舎メディアコンサルティング、幻冬舎 発売
【要旨】事業拡大のエピソードから学ぶ「医療・介護施設」経営成功のカギとは。「一代で11の医療・介護施設を開業」「千葉県医師会会長就任」…名医でありながら経営者としても辣腕を振るう稀代の開業医が、四半世紀にわたる医療法人経営の軌跡を明かす。
2017.11 209p B6 ¥1400 ①978-4-344-91409-4

◆特発性間質性肺炎（IIP）のすべて—私はIIPをこう診てきた　本間行彦著　西村書店
【要旨】原因不明といわれている「特発性間質性肺炎（IIP）」。半生をかけて本症を診てきた著者が、その「病因の推定」と一定の成果を示している「漢方治療の実際」について、あますところなく綴った。
2017.4 113p B5 ¥6800 ①978-4-89013-474-8

◆トンプソン＆トンプソン遺伝医学　ロバート・L. ナスバウム、ロデリック・R. マキネス、ハンチントン・F. ウィラード著、福嶋義光監訳　メディカル・サイエンス・インターナショナル　（原書第8版）　第2版
【目次】序論、ヒトゲノム入門、ヒトゲノム：遺伝子の構造と機能、ヒトの遺伝学的多様性：変異と多型、臨床細胞遺伝学的解析とゲノム解析の原理、染色体およびゲノムの量的変化にもとづく疾患：常染色体異常と性染色体異常、単一遺伝子疾患、多因子疾患の遺伝学、集団における遺伝学的多様性、ヒト疾患における遺伝学的基礎の解明、遺伝性疾患の分子遺伝学的原理：ヘモグロビン異常症から学ぶ一般原理と教訓、遺伝性疾患の分子生物学的、生化学的、細胞学的基礎、遺伝性疾患の治療、発生遺伝学と先天異常、腫瘍遺伝学と腫瘍ゲノム学、リスク評価と遺伝カウンセリング、出生前診断と着床前診断、医療、個別化医療へのゲノム学の応用、遺伝医学とゲノム医学における倫理的社会的課題
2017.3 615p B5 ¥9000 ①978-4-89592-875-5

◆内痔核治療の変遷と英国St.Mark's病院—絵で見る先達とその治療　石川博文著　(京都)知人社
2017.11 73p 28×22cm ¥2800 ①978-4-924902-17-6

◆内部障害理学療法学　高橋哲也編　医歯薬出版　（ビジュアルレクチャー）　第2版
【要旨】最新ガイドラインと厚労省データをアップデート。わかる！つながる！できる！ビジュアルなテキスト。コアカリ準拠。
2017.1 296p B5 ¥4800 ①978-4-263-21812-9

◆なぜあなたの疲れはとれないのか？—最新の疲労医学でわかるすっきり習慣36　梶本修身著　ダイヤモンド社
【要旨】どんな方法でも「とれなかった疲れ」を解消し、「疲れない体」が手に入る習慣！疲労の原因は「体」ではなく「脳」である。日本で唯一の疲労医学の教授が教える、科学的に正しい疲労回復法。
2017.9 239p B6 ¥1300 ①978-4-478-10245-9

◆なぜ母親は、子どもにとって最高の治療家になれるのか？　長谷澄夫著　和器出版
【要旨】20年間で25万人の身体の不調を引き受け、1000人を超えるプロの治療家を育ててきた「治療家のための治療家」が"母力"から学んだ結論。
2017.3 203p B6 ¥1400 ①978-4-908830-07-5

◆南学 腎臓病学　南学正臣著　中山書店
【目次】第1章 腎臓と腎臓病学、第2章 腎臓病の所見と検査、第3章 水・電解質と酸・塩基平衡の異常、第4章 糸球体腎炎とネフローゼ、第5章 全身性疾患と腎臓病、第6章 遺伝性腎臓病、第7章 AKI（急性腎障害）、第8章 CKD（慢性腎臓病）、第9章 腎代替療法、第10章 高血圧
2017.6 150p A5 ¥3200 ①978-4-521-74524-4

◆苦い経験から学ぶ！緩和医療ピットフォールファイル　森田達也、濱口恵子編　南江堂
【要旨】「苦い経験」のまま終わらせるか、「得難い教訓」へと繋げるか。第一線の熟練医師・看護師の「苦い経験」から導く55の教訓。
2017.6 227p B5 ¥3500 ①978-4-524-25979-3

◆日本アロマセラピー学会エビデンス集　2　最新5年間（2012〜2016年）の歩み・論文集　日本アロマセラピー学会学会誌編集委員会編　日本アロマセラピー学会, メディカルレビュー社 発売
【目次】総説 未利用森林資源から抽出された日本産精油の成分分析（稲本正、今井貴規）、原著論文 精油芳香の嗜好が作業能率に与える影響（中山洋、トランケズ・ラハマン、藤倉純子、武藤志真子）、原著論文 看護ケアへのアロマセラピー導入 第1報—東京警察病院の取り組み（大塚満寿美、横田実恵子、甲田雅一）、原著論文 看護ケアへのアロマセラピー導入 第2報—東京警察病院におけるアロマセラピーリソースナースの活動（横田実恵子、大塚満寿美）、原著論文 妊婦・授乳婦の鼻アレルギーに対する、ティートリーを用いた蒸気吸入の有用性（江川雅彦）、原著論文 マカダミアナッツオイルのインスリン感受性亢進作用（阪上未紀、前田和久、須見遼子、林紀行、須藤昌子、東城博雅、伊藤壽記）、原著論文 精油から生成する活性酸素種の同定（田島規子、荒川秀俊）、症例報告 一症例における高度アルツハイマー病患者に対するアロマセラピーの有効性（春田博之、神保太樹）、症例 東日本大震災の被災地でアロマセラピーを行うということ（藤田愛）、総説 精油成分から見た精油の安全性と危険性—文献調査による検証（甲田雅一、柴伸昌）〔ほか〕
2017.11 214p A4 ¥2350 ①978-4-7792-1870-5

◆日本アロマセラピー学会症例報告集—20年間（1998〜2017年）の歩み　日本アロマセラピー学会第20回学術総会実行委員会学会誌編集委員会編　日本アロマセラピー学会, メディカルレビュー社 発売
【目次】妊娠継続が不可能と思われた切迫早産に対して（上田しのぶ）、エッセンシャルオイル内服における臨床報告（野崎豊）、アロマセラピーが有効であった乳汁うっ滞（藤田愛ほか）、コミュニケーションとしてのアロママッサージ（小山登志美ほか）、ティートリー塗布により改善をみたMRSA全身感染症の一症例（平井一弘ほか）、シソ精油のMRSAへの抗菌作用（山下真理ほか）、褥瘡治療・陰部洗浄・膀胱洗浄におけるティートリーの使用経験（古屋郁子ほか）、レモン精油による慢性動脈閉塞の治療判定について（宇野剛一）、末梢血行障害をもつ透析患者にアロマセラピーが著効した1例（山崎裕子）、高齢者介護におけるアロマセラピー導入の試み—痴呆症の事例を中心に（安達映子）〔ほか〕
2017.11 131p A4 ¥2500 ①978-4-7792-1983-2

◆日本転倒予防学会認定転倒予防指導士公式テキストQ&A　日本転倒予防学会監修, 武藤芳照, 奥泉宏康, 北湯口純編著　新興医学出版社
【目次】転倒予防の基本理念と展望、転倒予防および転倒予防の現状と課題、転倒後の外傷に対する治療とその予後、転倒予防および転倒予防の運動療法、疾病と転倒予防の関係、薬剤と転倒予防、栄養、ビタミンDと転倒予防、認知症と転倒、転倒・転落リスクアセスメント、病院における転倒予防のポイント、介護保険施設の転倒予防対策、地域社会における転倒予防、環境要因と転倒との関係、転倒予防グッズ、転倒予防体操、フレイルと転倒
2017.7 143p B5 ¥3800 ①978-4-88002-773-9

◆日本プライマリ・ケア連合学会 基本研修ハンドブック　日本プライマリ・ケア連合学会編　南山堂 改訂2版
【目次】1 ポートフォリオで学ぶ家庭医療・総合診療（なぜ、ポートフォリオなのか？、ポートフォリオと家庭医療・総合診療研修 ほか）、2 基本研修リスト（人間中心のケア、包括的統合ケア ほか）、3 実例で学ぶポートフォリオ（「人間中心のケア」に関連する例、「包括的統合アプローチ」に関連する例 ほか）、4 ポートフォリオに関連した教育理論（家庭医療・総合診療の教育・学習と学習理論、カリキュラム開発における学習と評価について ほか）
2017.5 458p B5 ¥5000 ①978-4-525-20212-5

◆乳房オンコプラスティック・サージャリー　2　症例から学ぶ手術手技　矢野健二, 小川朋子, 佐武利彦編著　克誠堂出版
【要旨】乳腺外科医、形成外科医必携！ あの大好評「オンコプラスティックサージャリー」に、続刊が登場！ 症例を挙げて詳述しています。整容性を重視した乳房の手術、乳がん術式に対応した乳房再建、乳房再建における脂肪注入の基礎＆応用。
2017.9 198p B5 ¥12000 ①978-4-7719-0487-3

◆乳房の科学—女性のからだとこころの問題に向きあう　北山晴一責任編集, 山口久美子, 田代眞一編　朝倉書店
【要旨】私たちの身体は、ただモノとしてそこにあるわけではない。成熟する乳房と思春期の不安、加齢変化、乳がん治療の現在、乳房再建、授乳の歓びと悩み、母乳の大切さと課題…乳房をとりまく「いま」をやさしく読み解く！
2017.6 185p A5 ¥2400 ①978-4-254-10279-6

◆尿検査の数値が気になる方へ—腎臓専門医が教える腎機能を守るコツ　菅野義彦著　同文書院
【要旨】自覚症状のない新たな国民病—成人の8人に1人は腎臓病予備群です。
2017.8 174p 18cm ¥1000 ①978-4-8103-3178-3

◆寝ころんで読む傷寒論・温熱論　入江祥史著　中外医学社
【要旨】漢方治療の基本中の基本を説いた超重要テキスト「傷寒論」と温病学を気軽に学べる！ 古典を読んで臨床力UP！
2017.1 244p A5 ¥2600 ①978-4-498-06918-3

◆ねじ子とバン太郎のモニター心電図　大上丈彦著・構成, 森皆ねじ子著・絵　エス・エム・エス, インプレス 発売　（ナース専科BOOKS—ナース専科ポケットブックシリーズ　4）改訂版; 第2版
【目次】とっさに使える便利な図表たち、1 心電図のキホン、2 波形を読む（モニターでよく見る心電図、有名な疾患の心電図、ペースメーカー心電図、エラー心電図 ほか）、3 バン太郎と学ぶ心電図講義（VfとVTをわかるようになろう、心室期外収縮はなぜ幅広？、リエントリーってなんじゃい、心房はP波 ほか）、4 早引き集
2017.4 171p A6 ¥1300 ①978-4-295-40082-0

◆熱中症—日本を襲う熱波の恐怖　日本救急医学会監修, 三宅康史企画・編　へるす出版 改訂第2版
【目次】第1章 熱中症の新常識（体温調節の仕組み—体温調節の基礎から臨床まで、熱中症の病態、熱中症の疫学（変遷）ほか）、第2章 日本における熱中症の現状（統計から見るわが国の熱中症、一次二次救急医療機関における熱中症、三次救急医療機関における熱中症 ほか）、第3章 熱中症の予防と対策：最新事情（熱中症における基礎実験の成果、重症度、予後に寄与するファクターの臨床研究、行政における熱中症対策 ほか）
2017.5 166p B5 ¥4000 ①978-4-89269-923-8

◆脳に効く香り—精油の効果をモノアミンで考える　鳥居伸一郎著　フレグランスジャーナル社　（香り新書 3）
【目次】第1章 香りと脳と神経伝達物質の働き（自然治癒力とホメオスタシス、考える脳と感じる脳 ほか）、第2章 脳に効く西洋医薬（精神疾患はモノアミンバランスの乱れから）、向精神薬と抗精神病薬 ほか）、第3章 脳に作用する精油（ハイブリッド脳で捉える精油の作用、ノルアドレナリンに作用する精油 ほか）、第4章 医療と精油の将来（セルフメディケーション/医者が関わらない医療へ、精油の可能性 ほか）
2017.2 116p 18cm ¥1400 ①978-4-89479-282-1

◆肺炎診療—どう見極め、まず何をすべきか　青島正大編　羊土社
【要旨】画像診断、重症度判定、抗菌薬の使い方、予防のポイント、etc。診療の流れを系統立ててわかりやすく解説！ まず行うべき初期対応をはじめ、診療の基本となる考え方や決まり事！市中肺炎の場合・院内肺炎の場合、典型例から診断困難な症例まで…よくある状況別のケーススタディで、現場で必要な考え方と実践力が身につきます！ 一般内科医・総合診療医・開業医にオススメ！
2017.7 158p B5 ¥3800 ①978-4-7581-1811-8

◆肺炎は「口」で止められた！—健康寿命が延びる1日5分の習慣　米山武義著　青春出版社　（青春新書PLAYBOOKS）
【目次】第1章 なぜ、肺炎の人が増えたのか—食べ物の誤嚥がなくても肺炎は起こる（肺炎が増えた原因は「口」にあった！、これから肺炎はさらに増える!? ほか）、第2章「食べる力」が「飲み込み力」をつくる—嚥下反射を高める「サブスタンスP」の秘密（「飲み込み力」は自分で鍛えられる！、嚥下に関わる神経伝達物質「サブスタンスP」 ほか）、第3章 肺炎は「口」で止められた！—病気にならない「口腔ケア」（「薬の飲みすぎ」が肺炎リスクを上げる!?、「唾液力」を高めて肺炎を防ぐ ほか）、第4章 健康長寿のカギは「口」にある！—脳も体も元気にな
（下段へ続く）

るヒント（人間は「口」で生きている、口からはじめる認知症予防 ほか）
2017.11 189p 18cm ¥1000 ①978-4-413-21101-7

◆排泄ケアガイドブック—コンチネンスケアの充実をめざして　日本創傷・オストミー・失禁管理学会編　照林社
【要旨】尿失禁・便失禁の治療とケア。実践的アプローチを集大成！
2017.2 317p B5 ¥3500 ①978-4-7965-2402-5

◆パーキンソン病とともに生きる—幸福のための10の鍵　マイケル・S.オークン著, 大山彦光, 服部信孝訳　アルタ出版
【目次】第1章 症候を知る、第2章 人生にはタイミングが重要、パーキンソン病では決定的に重要、第3章 脳に電極を入れたらパーキンソン病は良くなるのかたずねよう、第4章 うつと不安を積極的に治療しよう、第5章 快適な睡眠、第6章 パーキンソン病にも起こる中毒様症状、第7章 運動は脳機能を改善する、第8章 入院に備えよう、第9章 常に新しい治療法についてたずねよう、第10章 幸福と有意義な人生への希望に火をつける
2017.1 131p A5 ¥2400 ①978-4-901694-92-6

◆はじめてでも安心 血友病の診療マニュアル　宮川義隆, 天野景裕編　（大阪）医薬ジャーナル社
【目次】血友病の症状、検査、血友病の遺伝形式、出血への対応、治療 定期補充療法、半減期延長型製剤、インヒビター出現、バイスペシフィック抗体製剤、家庭注射（在宅注射療法）、自己注射〔ほか〕
2017.10 295p A5 ¥4600 ①978-4-7532-2854-6

◆ハート先生の心電図教室 バイリンガル版　市田聡著　（昭島）医学同人社　（本文：日英両文）
【目次】刺激伝導系のイメージ、心房収縮と心室収縮の関係、心筋細胞の放電（脱分極）と充電（再分極）、刺激の発生、心電図波形が描かれる原則、第12誘導の特徴、基本心電図波形と正常洞調律、洞性頻脈、洞性徐脈、洞不全症候群〔ほか〕
2017.3 119p A5 ¥2000 ①978-4-904136-34-8

◆パラダイムシフトをもたらすエクソソーム機能研究最前線—シグナル伝達からがん、免疫、神経疾患との関わり、創薬利用まで　落谷孝広監修　エヌ・ティー・エス
【目次】序論 エクソソーム研究が明らかにするもの、第1編 分離精製・観察（エクソソーム分離精製技術、エクソソームの差分化手法、エクソソーム体内動態解析を可能とするエクソソーム標識法、エクソーム・マイクロRNAの実用化と課題）、第2編 機能研究（情報伝達における機能、神経系における機能、免疫系における機能、がん細胞におけるエクソソーム、創薬—DDS/新規バイオマーカー）、第3編 エクソソーム創薬、治療と診断（間葉系幹細胞由来エクソソームによる疾患治療の可能性、エクソソームによるがん早期診断法開発、エクソスクリーンによる体液中の疾患関連エクソソームの定量）
2017.3 282, 7p B5 ¥4000 ①978-4-86043-465-6

◆非がん性呼吸器疾患の緩和ケア—全ての人にエンドオブライフケアの光を！　津田徹, 平原佐斗司編編　南山堂
【目次】1 非がん性呼吸器疾患の緩和ケアを巡って、2 非がん性呼吸器疾患の症状と緩和、3 疾患ごとの呼吸不全末期の緩和・治療、4 症状緩和の方法、5 呼吸不全のサポーティブケア、6 予後予測と意思決定支援、7 ソーシャルサポートとケアマネジメント、8 非がん性呼吸器疾患患者を支えるシステム
2017.7 267p B5 ¥3800 ①978-4-525-24881-9

◆必携 救急観察処置スキルマニュアル　安田康晴著　ぱーそん書房
【目次】1 感染防止、2 観察1、3 観察2、4 処置、5 特定行為、6 体位管理・搬送
2017.2 191p A4 ¥3500 ①978-4-907095-35-2

◆人はなぜ太りやすいのか—肥満の進化生物学　マイケル・L.パワー, ジェイ・シュルキン著, 山本太郎訳　みすず書房
【要旨】世界中で増加する肥満。背景には進化的適応がある。太る仕組みを知ることで分かる真の健康。それを手に入れるには？ 近道はないが、確実な道のヒントがここに。
2017.7 338, 44p B6 ¥4200 ①978-4-622-08553-9

サイエンス・テクノロジー

サイエンス・テクノロジー

◆肥満と疾患―どこまで解明されたか？　群馬健康医学振興会編　(前橋)上毛新聞社
【目次】第1章 肥満とは(肥満者は増加しているか？、肥満とは？ BMIとは？ ほか)、第2章 肥満と疾患(肥満とメタボリックの症候群、肥満と糖尿病 ほか)、第3章 肥満症の治療(肥満の食事療法、肥満の運動療法 ほか)、第4章 肥満研究最前線(肥満は遺伝か？、肥満の原因遺伝子はどこまでわかったか？ ほか)
2017.8 215p B5 ¥2200 ①978-4-86352-187-2

◆病院再編・統合ハンドブック―破綻回避と機能拡充の処方箋 地域医療連携推進法人と新公立病院改革ガイドライン　日経メディカル開発、日本税理士法人編　日経メディカル開発、日経BPマーケティング 発売　第2版
【目次】1 地域医療連携推進法人制度(解説 地域医療連携推進法人、地域医療連携推進法人ケーススタディー)、2 新公立病院改革ガイドライン(解説 新公立病院改革ガイドライン、新公立病院再編・統合ケーススタディー)、資料編(地域医療連携推進法人制度(仮称)の創設及び医療法人制度の見直しについて、医療法の一部を改正する法律の概要と地域医療関連推進法人関連資料、医療法施行令の一部を改正する政令案(概要)、医療法施行規則の一部を改正する省令案(概要)、大学の設置基準の一部を改正する省令案について、大学の設置基準の一部を改正する省令、公立病院改革ガイドラインQ&A(改訂版)、公立病院に係る財政措置の取扱いについて(通知)、公立病院改革ガイドライン実践、長隆氏講演録「奥州市の公立病院再編に向けての提言」)
2017.2 254p B5 ¥4000 ①978-4-931400-80-1

◆病院前救護学の構築に向けた理論的基盤　窪田和弘著　近代消防社
【要旨】病院前救護における活動特性、傷病者との関わり等を踏まえた理論作りの実際を追究し、自らの、自らによる、自らのための病院前救護学の構築を提唱した待望の書。
2017.6 124p A4 ¥1200 ①978-4-421-00893-7

◆福井大学病院の得意な治療がわかる本―最高・最新の医療を安心と信頼の下で　福井大学医学部附属病院編著　バリューメディカル、(広島)南々社 発売
【要旨】病院スタッフが疾患・治療などをわかりやすく解説。84テーマ。
2017.7 160p A4 ¥1500 ①978-4-86489-064-9

◆複雑な症状を理解するためのトリガーポイント大事典　デヴィン・J.スターリアル、ジョン・シャーキー著、伊藤和憲監訳、皆川陽一、皆川智美訳　緑書房
【要旨】107ヶ所の筋肉の特徴と関連痛パターンを解剖図付きで解説。筋筋膜疼痛症候群から線維筋痛症まで、トリガーポイントによって発生する痛みの診断方法を掲載。トリガーポイントによる兆候と症状を部位別のリストで紹介。施術者と患者が痛みについての情報を共有できる書き込み式の関連痛パターンチャートを掲載。
2017.12 317p A4 ¥6800 ①978-4-89531-323-0

◆不確かな医学　シッダールタ・ムカジー著、野中大輔訳　朝日出版社
【要旨】医学はそもそも科学だろうか？―かつて若き研修医だった著者はその後の医師人生を変える1冊に出会い、普遍的な「医学の法則」を探し始める。事前の推論がなければ検査結果を評価できない。特異な事例からこそ医学が前進する。どんな医療にも必ず人間のバイアスは忍び込む。共通するのは、いかに「不確かなもの」を確かにコントロールしつつ判断するかという問題。がん研究の歴史を描いたピュリツァー賞も受賞した医師が、「もっとも未熟な科学」の具体的症例をもとに、どんな学問にも必要な情報との向き合い方を発見する。
2018.1 133p B6 ¥1350 ①978-4-255-01036-6

◆プライマリケアのためのインフルエンザ診療　2016-2017　渡辺彰編著　(大阪)医薬ジャーナル社
【目次】1 2016～2017シーズンに向けて―最新知識とトピックス(2015～2016年シーズンのインフルエンザ流行レベルマップ推移からの考察と過去10年間との流行状況比較、オセルタミビル・ペラミビル耐性は現在どうなっているのか？、家族内感染に及ぼすワクチンと治療の影響、鳥インフルエンザA(H7N9)及びA(H5N1)およびA(H3N2)vの今後は？、インフルエンザワクチンの現状、問題点および展望)、2 インフル

エンザの予防対策(学校内感染の予防と対策、抗インフルエンザ薬予防投与の効果はどのくらいあるのか？)、3 日常診療でよくある疑問・質問(漢方製剤の治療効果、予防効果、インフルエンザワクチンと肺炎球菌ワクチンの同時接種は有効で安全である、インフルエンザ患者で抗菌薬投与は必要か？ 必要ならどのようなケースか？、インフルエンザ脳症は成人にもあるのか？)
2016.12 87p 28×21cm ¥2600 ①978-4-7532-2832-4

◆ヘルスリテラシーとは何か？―21世紀のグローバル・チャレンジ　ドン・ナットビーム、イローナ・キックブッシュ著、島内憲夫編訳、大久保菜穂子、鈴木美奈子訳　垣内出版　(21世紀の健康戦略シリーズ 7)
【目次】第1章 ヘルスリテラシーの概要と戦略(ヘルスリテラシーの展望、ヘルスリテラシーの応用：21世紀のグローバル・チャレンジ、公衆衛生の目標としてのヘルスリテラシー：21世紀の現代的健康教育とコミュニケーション戦略の挑戦、ヘルスリテラシー：健康と教育の区別に取り組む)、第2章 ヘルスリテラシーとは何か？―その理解を深めるために(ヘルスリテラシーの定義、ヘルスリテラシーの形成過程と形成要因、ヘルスリテラシーの評価、ヘルスリテラシーを高める健康教育的支援方法、おわりに)
2017.7 110p A5 ¥2000 ①978-4-7734-0409-8

◆放射線関係法規概説―医療分野も含めて　川井恵一著　通商産業研究社　第7版
【目次】第1章 法令の構成と放射線関係法規(法体系と法令の構成、放射線関係法規 ほか)、第2章 放射線障害防止法(放射線障害防止法の目的・規制対象、放射線障害防止法の構成 ほか)、第3章 医療法施行規則(医療法の構成、放射性同位元素の数量及び濃度 ほか)、第4章 労働法関係法令と放射線関係法令の比較(電離則及び労働安全衛生法令、電離則及び工事院規則の要点 ほか)、第5章 診療放射線技師法(診療放射線技師法の解説、診療放射線技師法(抄))
2017.2 242p B5 ¥3000 ①978-4-86045-097-7

◆放射線機器学　2　放射線治療機器・核医学検査機器　齋藤秀敏、福士政広監著　コロナ社　改訂新版
【目次】第1編 放射線治療機器(概論、線形加速、診療用高エネルギー放射線発生装置、円形加速、診療用粒子線照射対策装置、外部放射線治療機器の品質管理、診療用放射線照射装置および診療用放射線照射器具、小線源治療の品質管理)、第2編 核医学検査機器(核医学の誕生、核医学検査装置の変遷、放射線測定器の種類、試料測定装置と体外測定装置、RI画像診断装置、断層イメージング装置、核医学イメージング装置性能評価)
2017.4 287p B5 ¥4700 ①978-4-339-07242-6

◆放射線生物学　杉浦紳之、鈴木崇彦、山西弘城著　通商産業研究社　(放射線双書)　五訂版
【目次】放射線とその基礎、放射線生物学の概観、線量概念と単位、分子レベルの影響、細胞レベルの影響、臓器・組織レベルの影響、個体レベルの影響、遺伝性影響、胎児影響、放射線影響の修飾要因、内部被ばく、放射線防護―医療被ばくと自然放射線
2017.2 165p B5 ¥2800 ①978-4-86045-098-4

◆放射線治療学　井上俊彦、小川和彦、小泉雅彦編　南山堂　改訂6版
【目次】癌の疫学と放射線腫瘍学、放射線治療の基礎、治療機器・周辺機器、放射線影響・防護、頭頸部、肺・縦隔・胸腺腫瘍、食道癌、乳癌、胃・小腸・結腸、直腸・肛門管〔ほか〕
2017.4 439p B5 ¥6300 ①978-4-525-27096-4

◆放射線と安全につきあう―利用の基礎と実際　西澤邦秀、柴田理尋編　(名古屋)名古屋大学出版会
【要旨】RIからX線・シンクロトロン光まで、利用にあたって必要な知識を体系的に整理するとともに、図表を多用して視覚的に解説。大学や企業などで実際に放射線を取扱う人はもちろん、中学高校で放射線教育に携わる教員にも最適なテキスト。
2017.5 238p B5 ¥2700 ①978-4-8158-0875-4

◆訪問診療の診かた、考えかた　大久保光夫著　中外医学社
【要旨】初めての訪問診療。押さえるべきはこれだけ！ 10の症状、10の疾患、10の知識＆手技。本書は、大病院も在宅診療所もどちらも経験したマクロな視点を持つ著者が、訪問診療という大海を泳ぐための「海図」である。
2018.1 225p A5 ¥3400 ①978-4-498-05914-6

◆ポケット呼吸器診療　2017　林清二監修、倉原優著　シーニュ
【目次】基礎知識、感染症(肺炎)、閉塞性肺疾患、間質性肺疾患、肺悪性腫瘍、免疫・アレルギー性肺疾患、じん肺、慢性咳嗽、呼吸不全、睡眠時無呼吸症候群、肺高血圧症、薬品名一覧、略語一覧
2017.2 204p 18×11cm ¥1800 ①978-4-9907221-9-7

◆保健医療ソーシャルワーク―アドバンスト実践のために　日本医療社会福祉協会、日本社会福祉士会編　中央法規出版
【目次】第1章 保健医療分野におけるソーシャルワークの歴史、第2章 医療政策の動向とソーシャルワーク、第3章 ソーシャルワーク倫理と意思決定支援、第4章 ダイレクトソーシャルワーク実践におけるアセスメント、第5章 ソーシャルワーカー組織のチームビルドとマネジメント、第6章 地域に展開する保健医療ソーシャルワーク―メゾレベルを起点とした連携実践、第7章 ソーシャルワーク実践の評価
2017.6 375p B5 ¥3700 ①978-4-8058-5524-9

◆保健師業務要覧　2017年版　井伊久美子、荒木田美香子、松本珠実、堀井とみamong、村嶋幸代、平野かよ子著　日本看護協会出版会　新版第3版
【目次】第1部 基礎編(公衆衛生看護の定義・概念、公衆衛生看護の活動の場、基礎技術、法と制度、実践に必要な研究力)、第2部 実践編(公衆衛生看護管理、地域診断に基づく展開事例)
2017.2 406p B5 ¥4200 ①978-4-8180-2028-3

◆母体救命アドバンスガイドブック J-MELS　日本母体救命システム普及協議会(J-CIMELS)総監ース、J・MELS「日本母体救命システム」アドバンスコースプログラム開発・改定委員会監修、J-MELSアドバンスガイドブック編集委員会編　へるす出版
【目次】1 総論(J-CIMELSの成り立ちと役割、妊娠分娩に関する基礎知識、母体急変におけるプライオリティー(優先順位)、周産期・新生児専門医とJ・MELS、初期診療(病院前含む)における教育手法)、2 J-MELSアドバンスコースの実際(SAMコンセプトとプログラムの実際、Aアプローチ：系統立った診療を進めるシナリオの概要、Sスキル：習得すべき技術と知識、Mマネジメント、J・MELSベーシックコース(京都プロトコール)との連携)、3 他科と連動すべき病態・システム(産科救急の麻酔、肺塞栓症、妊産婦の心血管疾患、妊産婦の脳卒中、心停止後脳障害(蘇生後脳症)、本プログラムを生かすための院内整備)
2017.4 311p B5 ¥7400 ①978-4-89269-921-4

◆ホルモンのしくみ―疾患別ケアのポイント　赤水尚史編　メディカルレビュー社
【要旨】「○○ホルモンってどんな働きをしているの？」「△△ホルモンってどこから分泌されるの？」そんなホルモンに関するギモンにお答えします！
2017.11 177p B5 ¥2800 ①978-4-7792-2007-4

◆慢性期医療のすべて　武久洋三監修　メジカルビュー社
【目次】慢性期病院のリハビリテーション、あらためて身体抑制廃止宣言！、慢性期病院の栄養管理、薬剤投与の考え方、慢性期病院の感染症、慢性期病院の循環器疾患、慢性期病院の呼吸器疾患、慢性期病院の消化器疾患、慢性期病院の内分泌疾患、慢性期病院の精神疾患、皮膚疾患、慢性期病院の整形外科疾患、症候性てんかん、急変時対応と緩和ケア
2017.10 397p B5 ¥7000 ①978-4-7583-1803-7

◆慢性便秘症診療ガイドライン　2017　日本消化器病学会関連研究会慢性便秘の診断・治療研究会編　南江堂
【目次】第1章 定義・分類・診断基準(便秘の定義、慢性便秘(症)の分類 ほか)、第2章 疫学(有病率、発生のリスク ほか)、第3章 病態生理(慢性便秘の病態生理学(小腸運動、大腸運動、直腸肛門運動(運動、知覚、反射))、慢性便秘症を起こす基礎疾患 ほか)、第4章 診断(問診票、身体診察 ほか)、第5章 治療(慢性便秘症に生活習慣の改善は有効か？、慢性便秘にプロバイオティクスは有効か？ ほか)
2017.10 95p B5 ¥2800 ①978-4-524-25575-7

◆身近な病気がよくわかる！ 病気＆診療完全解説BOOK―101疾患の診断・治療から費用まで　東京逓信病院編著　医学通信社

【要旨】本書では、日常診療のほとんどを占める24診療科101疾患を厳選して、疾患ごとに、（1）原因（2）症状（3）予防法（4）診断法（5）治療法（6）入院期間（7）クリニカルパス（8）予後と療養（9）医療費までを"完全解説"。病気の解説書や事典は数あれど、「病気」の全ディテールと「診療」の全工程を使える医療解説している書籍は本書のみ。一般の読者、患者・家族にとっては、必読・必携、わかりやすさ抜群の診療ガイドブック！医療関係者にとっては医療全体が理解できる実践・臨床入門書。インフォームドコンセントにもそのまま使える医療解説書の傑作！本書1冊あれば、医療の現場で起こる大抵のことはわかります！
　2017.1 369p B5 ¥2400 ①978-4-87058-641-3

◆**見る！わかる！救急手技の基本とポイント** 玉川進編著　東京法令出版　3訂版
【目次】1 感染防止（感染防御、清潔操作）、2 呼吸の管理（聴診器、酸素マスク ほか）、3 循環の管理（パルスオキシメータ、血圧計 ほか）、4 体位の管理（ニュートカラー、バックボード）、5 救急活動のノウハウ（覚知と準備、現場到着 ほか）　2017.2 147p B5 ¥2400 ①978-4-8090-2425-2

◆**みんなの医療統計 多変量解析編―10日間で基礎理論とEZRを完全マスター！** 新谷歩著　講談社
【要旨】本書を読めば、統計ソフトEZRが使えるようになる。修士・博士論文に必要な多変量解析ができる。有意差を出せる、検定法を適切に選べる。統計に強くなる!!
　2017.5 261p A5 ¥2800 ①978-4-06-156321-6

◆**メディカルスタッフのための白血病診療ハンドブック** 木崎昌弘編著　中外医学社
【要旨】多職種が渾滞なく連携しながら質の高い白血病診療を遂行するために、診療に関わるスタッフ全員が一定水準の知識を共有しておく必要があります。本書では看護師をはじめとした医療スタッフに役立つ白血病診療の基本知識、最新の治療法や治療成績、移植医療や化学療法の知識など現場で求められる情報を精選し、第一線のエキスパートが解説しました。
　2017.10 321p A5 ¥4800 ①978-4-498-22508-8

◆**免疫力を高めるアマデウスの魔法の音** 和合治久著　アチーブメント出版　（付属資料：CD1）
【要旨】毎日聴くだけで病気に負けない身体になる―ストレス・高血圧・動脈硬化・がん・誤嚥性肺炎・心筋梗塞・脳梗塞・認知症…さまざまな医学的効果が期待できる。免疫音楽療法の第一人者が選曲、驚きのモーツァルト効果。
　2017.9 120p 19×16cm ¥1300 ①978-4-86643-013-3

◆**もう焦らない!!英語で伝える検査手順 採尿編** ジェレミー・ウィリアムズ、小島多香子著　医歯薬出版　（付属資料：ポスター1）
【要旨】「採血」に引き続く第2弾。検査の流れに沿って、よく使われる英語表現を収録。シンプルに！スマートに！伝えられる、手順書ポスター付き。
　2017.7 47p 19×13cm ¥2000 ①978-4-263-73176-5

◆**もうワクチンはやめなさい―予防接種を打つ前に知っておきたい33の真実** 母里啓子著　双葉社　改訂版
【要旨】予防接種は強制ではありません！感染症の危険が激減した日本では、ワクチンの不利益のほうが大きい!!ワクチンは、人間にとっての異物を体内に入れるという行為です。決して安全なことではないし、その結果の変化はだれにも responsibility できません。このことは、接種するほうも、受けるほうも、十二分に覚悟の上でワクチンを選択すべきなのです。
　2017.11 238p 18cm ¥1100 ①978-4-575-31312-3

◆**"もっと"嚥下の見える評価をしよう！頸部聴診法トレーニング―嚥下音波形と周波数分析で"嚥下音の見える化"をプラスして、さらにわかりやすくなったDVD付き！** 大野木宏彰著　（大阪）メディカ出版　（付属資料：DVD1；『嚥下の見える評価をしよう！頸部聴診法トレーニング』加筆・修正・改訂・改題書）　第2版
【目次】A 異常を知るから、まず正常から（摂食嚥下障害の基礎知識、摂食嚥下器官の解剖、摂食嚥下のメカニズム）、B 摂食嚥下機能の変化と病態（加齢による嚥下機能低下、摂食嚥下障害の病態理解、症例）、C 嚥下機能の評価と頸部聴診法（頸部聴診法、総合評価、症例）、D 食事援助の実際とリハビリテーション（嚥下食、介助方法と環境の調整、摂食リハビリテーション、リス管理）
　2017.9 150p B5 ¥6200 ①978-4-8404-6196-2

◆**よくわかるみんなの救急―ガイドライン2015対応** 坂本哲也編　大修館書店
【要旨】あなたは、「いざというとき」にできること、知っていますか？救急車が現場に到着するまでは、通報から約8分です。家庭に、学校に、職場に、各施設に1冊！
　2017.6 136, 8p B5 ¥2000 ①978-4-469-26818-8

◆**米盛病院の最新医療――一秒を救う一生につなぐ** 米盛病院編著　バリューメディカル、（広島）南々社 発売
【要旨】命と向き合い、その人らしい生活が送れるようになるまで―診断から検査法、最新治療などを専門医がやさしく解説。トピックス3本、30項目。
　2017.7 91p A4 ¥1000 ①978-4-86489-065-6

◆**予防理学療法学要論** 大渕修一、浦辺幸夫監修、吉田剛、井上和久編　医歯薬出版
【要旨】予防理学療法学にかかわる領域・制度の理解、理学療法士の役割、各項の必要知識を網羅。各項の"かなめ"に用語解説、豊富な図表を盛り込み、初学者にも理解しやすい記述。学際的内容から実際の取り組み例までを紹介し、広く臨床家の興味と意欲に応える内容。
　2017.1 239p B5 ¥4600 ①978-4-263-21740-5

◆**ライフスタイル改善の成果を導くエンパワーメントアプローチ―メタボリック症候群と糖尿病の事例をもとに** 安達美佐、山岡和枝、渡辺満利子、渡邉純子、丹後俊郎著　朝倉書店
【目次】1 ライフスタイル改善プログラム（ライフスタイル改善プログラムの基本的考え方、ライフスタイル改善プログラムSILEの特徴、血糖コントロールのためのSILEの実施手順、メタボリックシンドローム改善への利用、ライフスタイル改善におけるエンパワーメントアプローチ）、2 青少年向け食育プログラムPADOKによるライフスタイル改善（PADOKの概要、PADOKによる食育プログラムの実際、PADOKによる食育の効果）、3 栄養アセスメントのための食事摂取量の評価（半定量式食物摂取量頻度調査票FFQW82、FFQW82の使い方、FFQW82の結果の説明、翻訳版FFQW82）
　2017.9 128p A4 ¥3000 ①978-4-254-64045-8

◆**ラクトフェリン 2017 ラクトフェリンの医療分野での現状と今後への期待** 日本ラクトフェリン学会第7回学術集会2016年度臨床ラクトフェリン研究会合同大会実行委員会編　アイ・ケイコーポレーション
【目次】特別講演 海外招聘講演―Lactoferrin：A Dental Clinician's experience with the systemic use of orally administered lactoferrin、シンポジウム 超高齢社会のラクトフェリン活用（皮膚損傷に対するラクトフェリンの効果、ラクトフェリン経口投与による高齢ラット涙腺の組織的変化に関する観察 ほか）、一般講演（角化細胞におけるケモカイン受容体CXCR4のラクトフェリン受容体としての役割、ウシラクトフェリンによるヒト表皮角化細胞の分化とバリア機能の強化 ほか）、ポスターセッション（AGEs 結合因子の同定とその病態生理学的解析、Caco‐2細胞によるラクトフェリンの取込みと放出：定量的質量分析による放出断片の解析 ほか）
　2017.12 128p B5 ¥5000 ①978-4-87492-355-9

◆**リアルワールドデータの真っ赤な真実―宝の山か、ゴミの山か** 山下武志著　南江堂
【要旨】あふれるRWDにおぼれるな！医療ビッグデータ時代の今だからこそ、賢く読み解く術をこの1冊に。
　2017.7 134p A5 ¥2700 ①978-4-524-25273-2

◆**理学療法士のためのウィメンズ・ヘルス運動療法** 上杉雅之監修、山本綾子、荒木智子編著　医歯薬出版
【目次】第1章 女性に対する運動療法の必要性、第2章 女性に対する運動療法における基礎知識（解剖学、生理学・内分泌学、運動学、妊娠・出産にかかわる基礎知識）、第3章 女性にみられる病態・症状別の運動療法（産前産後女性に対する運動療法（評価および運動療法）、女性特有の病態・疾患に対する運動療法）、第4章 ライフイベントに応じた運動指導の実践（育児にかかわる運動指導、働く女性にかかわる運動指導）
　2017.5 278p B5 ¥4800 ①978-4-263-21574-6

◆**理学療法テキスト 内部障害理学療法学 呼吸** 石川朗総編集、玉木彰責任編集　中山書店　（15レクチャーシリーズ）　第2版
【目次】呼吸理学療法総論―呼吸の概念と呼吸リハビリテーションの必要性の理解、呼吸器系の解剖学・運動学、呼吸器系の生理学、呼吸不全の病態と呼吸器疾患、呼吸理学療法のための評価（1）―医療面接（病歴聴取、問診）とフィジカル・アセスメント、呼吸理学療法のための評価（2）―その他の評価法、呼吸理学療法基本手技（1）―コンディショニング、呼吸理学療法基本手技（2）―排痰法：排痰で用いる徒手的手技、呼吸理学療法基本手技（3）―呼吸困難軽減のための手技、呼吸理学療法基本手技（4）―運動療法、酸素療法と呼吸理学療法、人工呼吸器と呼吸理学療法、疾患別呼吸理学療法（1）―慢性呼吸不全、疾患別呼吸理学療法（2）―急性呼吸不全（外科手術前後）、吸引
　2017.3 175p A4 ¥2600 ①978-4-521-74493-3

◆**理学療法テキスト 内部障害理学療法学 循環・代謝** 石川朗総編集、木村雅彦責任編集　中山書店　（15レクチャーシリーズ）　第2版
【目次】循環器系および腎臓の構造と機能、心電図・不整脈の診かた、エネルギー代謝と栄養、運動耐容能とその評価―運動時のエネルギー代謝と循環器の応答、病態・検査と治療―虚血性心疾患、病態・検査と治療―弁膜疾患・心筋症、病態・検査と治療―大動脈および末梢動脈疾患、病態・検査と治療―心不全、糖尿病の病態・検査と治療、糖尿病の合併症と治療―急性合併症、三大合併症と足病変、腎疾患・腎機能障害と心血管病、心臓・腎臓リハビリテーション総論、心・腎血管疾患および糖尿病患者の評価、心血管理学療法の実際―運動療法の実施プログラム、疾病管理および患者教育、糖尿病に対する理学療法の実際―糖尿病患者の理学療法評価と運動療法、患者教育
　2017.8 188p A4 ¥2600 ①978-4-521-74492-6

◆**理学療法テキスト 理学療法概論** 石川朗総編集、浅香満責任編集　中山書店　（15レクチャーシリーズ）
【目次】理学療法概要、理学療法の背景（1）―障害の概念・分類、保険制度、理学療法の背景（2）―歴史・法律、職業倫理、日本理学療法士協会、理学療法の構成、理学療法に必要な知識と実習、理学療法の主対象（1）―中枢神経系、理学療法の主対象（2）―運動器系、理学療法の主対象（3）―内部障害系、理学療法の主対象（4）―がん、介護予防、病期・職域別の理学療法（1）―急性期、病期・職域別の理学療法（2）―回復期、病期・職域別の理学療法（3）―生活期（維持期）、病期・職域別の理学療法（4）―在宅における役割、病期・職域別の理学療法（5）―行政における役割、病期・職域別の理学療法（6）―研究における役割
　2017.10 164p A4 ¥2600 ①978-4-521-73233-6

◆**竜馬先生の血液ガス白熱講義150分** 田中竜馬著　中外医学社
【要旨】集中治療医田中竜馬先生の人気セミナーをまるごと書籍化！呼吸状態をみたい時、意識障害のある患者さんをみた時、酸・塩基平衡の異常を疑っている時…さまざまな局面でとっても役に立つ血液ガスを今こそマスターしよう！
　2017.2 136p A5 ¥2600 ①978-4-498-13028-9

◆**臨床現場で求められるコミュニケーションのヒント** 山岸弘子著　デンタルダイヤモンド社
【要旨】医療従事者としての専門力を活かすのはコミュニケーション力。高齢者や、保護者、小児とかかわる際のヒントが満載！
　2017.3 174p 18cm ¥1200 ①978-4-88510-369-8

◆**臨床工学技士のための人工呼吸療法** 磨田裕、廣瀬稔編　学研メディカル秀潤社、学研プラス 発売
【目次】1 人工呼吸療法の基礎（血液ガス分析、呼吸不全 ほか）、2 人工呼吸器の換気モード（換気モードの基本を理解する、換気モード ほか）、3 人工呼吸器からのウィーニング（「人工呼吸器離脱に関する3学会合同プロトコル」の概要、ウィーニングの実際 ほか）、4 事例から学ぶトラブル対処法（人工呼吸療法中のトラブルの現状、トラブル事例と対処 ほか）、5 酸素療法（病態に適した酸素療法を行うために必要な知識）
　2017.8 295p B5 ¥3200 ①978-4-7809-0955-5

◆**臨床工学技士のための生体計測装置学** 西村生哉、三田村好矩共著　コロナ社
【目次】1 計測の基礎（計測、誤差、雑音）、2 生体信号の取得（電気信号、超音波、エックス線、磁気計測、光計測、温度計測、血液ガス）、3 信

サイエンス・テクノロジー

号処理、表示・記録、データ伝送（信号処理に使われる演算、記録計の種類と特徴、医療用テレメータ）
2017.7 214p A5 ¥2800 ①978-4-339-07243-3

◆**臨床試験のためのデータモニタリング委員会実践ガイドブック**　Susan S. Ellenberg, Thomas R. Fleming, David L. DeMets著, 平川晃弘監訳　サイエンティスト社
【目次】第1章 序論、第2章 データモニタリング委員会の責務と実例、第3章 データモニタリング委員会の構成、第4章 独立性と利益相反の回避、第5章 機密保持、第6章 会議の実施、第7章 データモニタリング委員会と試験に関与する個人・組織との関係性、第8章 統計学的、哲学的、倫理的な課題、第9章 データモニタリング委員会が必要な試験、第10章 規制要件
2017.6 183p A5 ¥4200 ①978-4-86079-083-7

◆**臨床実践足部・足関節の理学療法**　松尾善美監修, 橋本雅至編　文光堂　（教科書にはない敏腕PTのテクニック）
【目次】病態・評価・治療方針の理解（足部・足関節の機能解剖を理解する、足部に加わる力学的特性と腱や靱帯の病態について理解する、足部・足関節機能と身体運動との関係をとらえる、足部・足関節の機能評価と機能的な運動療法を理解する、テーピング・インソールを用いて足部・足関節の機能障害に挑む）、実践と結果に基づく理学療法手技（扁平足障害─足部・足関節の機能的特徴を踏まえ介入する、外反母趾─足部・足関節の機能的特徴を踏まえ介入する、後脛骨筋腱、腓骨筋腱の障害─足部・足関節の機能的特徴を踏まえ介入する、アキレス腱炎・足底腱膜炎─足部・足関節の機能的特徴を踏まえ介入する、足関節捻挫─足部・足関節の機能的特徴を踏まえ介入する、リスクを見極め循環障害を有する足部と向き合う、糖尿病足病変の病態を理解しフットケアを実践する）
2017.5 179p B5 ¥4500 ①978-4-8306-4556-3

◆**臨床倫理入門**　日本臨床倫理学会監修, 箕岡真子著　へるす出版
【要旨】治療継続を拒んだがん患者、認知症患者への告知、高齢者虐待、施設における身体拘束、DNAR指示、代理出産を希望し挫折した夫婦、医療資源の公正配分、未発症の遺伝性疾患の診断など「臨床倫理」初学者に向けた入門書。
2017.7 140p B5 ¥4000 ①978-4-86269-930-6

◆**臨地実習ガイドブック**　前田佳予子, 高岸和子編著, 林宏一, 谷野永和, 岸本三香子共著　建帛社　三訂版
【目次】第1章 臨地実習・校外実習の目的と目標、第2章 実習の心得、第3章 臨地実習で習得・体得すべき事項、第4章 臨地実習の課題、第5章 臨地実習施設での発表および報告、第6章 臨地実習・校外実習報告書、第7章 関連法規、資料（大量調理施設衛生管理マニュアル）
2017.12 122p A4 ¥2500 ①978-4-7679-0618-8

◆**例解 救急救助業務**　救急救助問題研究会編著　東京法令出版　10訂版
【目次】1 救急編（救急業務の沿革・法制等、救急業務の基本的諸問題 ほか）、2 救助編（救助活動の沿革・法制等、救助活動の実施体制 ほか）、3 広域消防応援体制編（消防組織法第44条の改正の経緯について述べよ。大規模特殊災害時における広域航空消防応援の実施はどのように行われるのか。ほか）、4 航空編（航空消防防災体制の沿革・法制等、航空消防活動の実施体制 ほか）、5 報告要領編（報告義務関係、出場件数関係 ほか）
2017.9 380p A4 ¥4000 ①978-4-8090-2441-2

◆**レジデントのための腎臓教室─ベストティーチャーに教わる全14章**　前嶋明人著　日本医事新報社
【要旨】すべてのレジデントに知って欲しい腎臓病学のエッセンス。
2017.11 433p 24×16cm ¥4500 ①978-4-7849-4713-3

◆**老化と活性酸素─若々しさを維持するために**　三石巌著　阿部出版　（健康自主管理システム3）
【要旨】自分の健康は自分で管理しよう。分子生物学に基づいた理論を確立し、健康自主管理を実践した三石巌。本書ではアンチエイジングの正しい知識を分子栄養学の立場から詳しく解説。テレビやインターネットの情報にはもう惑わされない。若々しく健康な身体を維持するための正しい知識がやさしく学べる。三石理論による「健康自主管理システム」のシリーズ第3巻。
2017.7 199p B6 ¥1200 ①978-4-87242-654-0

◆**労災医療ガイドブック**　労災保険情報センター　改訂5版
【目次】第1部 治療から治ゆ、そして社会復帰のために（労災医療とは、労災保険における「治ゆ」（症状固定）の考え方、二次健康診断等給付、社会復帰促進等事業、労災保険指定医療機関等の制度）、第2部 労災医療に関する各種手続き（療養（補償）給付の請求方法、労災診療費等の請求方法と支払い、労災保険指定医療機関等の指定）、参考
2017.1 191p A4 ¥2037 ①978-4-903286-67-9

◆**若返りの科学─医学が実証した本当のアンチエイジング**　藤田紘一郎著　SBクリエイティブ　『マンガでわかる若返りの科学』加筆・再編集・改題書）
【目次】第1章 これだけは知っておきたい！ 若さを保つための基礎知識、第2章 長寿遺伝子をオンにする生活習慣、第3章 寿命の回数券テロメアを長く保つ方法、第4章 長寿ホルモンを活発化させる、第5章 活性酸素と老化の関係、第6章 老化の元凶・AGEから体を守る
2017.4 111p A5 ¥648 ①978-4-7973-9163-3

◆**ワクチン副作用の恐怖**　近藤誠著　文藝春秋
【要旨】必要もないのに、最悪の毒々死ぬかもしれない。そんな「予防治療」がまかり通っている。専門家は戦慄すべき毒性をひた隠し、事故が起きても自己責任。本書で正しい自己決定を。
2017.11 223p B6 ¥1200 ①978-4-16-390754-3

◆**ACLSプロバイダーマニュアル─AHAガイドライン2015準拠**　American Heart Association著　シナジー　（付属資料：別冊1）
【目次】1 はじめに（コースの内容と目的、コースの目標 ほか）、2 治療システム（心肺蘇生、急性冠症候群 ほか）、3 効果的な高いパフォーマンスチームダイナミクス（高いパフォーマンスチームのリーダーおよびメンバーの役割、効果的な高いパフォーマンスチームダイナミクスの要素）、4 体系的なアプローチ（体系的なアプローチ、BLSアセスメント ほか）、5 ACLSのケース（呼吸停止ケース、急性冠症候群のケース ほか）
2017.2 189p A4 ¥4200 ①978-4-916166-71-5

◆**AGP活用インスリン治療─高血糖低血糖を見逃さない**　西村理明著　南山堂
【目次】血糖コントロールが安定してみえる症例でも…？、追加インスリンの最適化とは？、間食の現況を把握する、食後の血糖上昇の背景を探る、基礎インスリンと追加インスリンを最適化する、解決すべき点に優先順位をつける、追加インスリン量の最適化をどうするか？、夕食から就寝前・夜間の血糖変動を是正する、夜間低血糖の原因を見きわめる、順番にひとつずつ解決すべき？、すべてで解決すべき？、高血糖と低血糖のビミョーな関係、基礎インスリンを変更すべき？、血糖値の平たんな推移が意味することとは？、インスリンを追加するとき何に気をつけるポイントは？、食事のタイミングが一定でないときの対応策は？、CSIIにおける治療変更時の留意点とは？、CSIIにおける基礎インスリンポイントとは？、CSIIにおける基礎インスリン調整の極意とは？、CSII使用時の複雑な課題に順番つけて解決するには？
2017.6 131p A5 ¥2800 ①978-4-525-23681-6

◆**AIS 2005 Update 2008 日本語対訳版**　日本外傷学会監訳, 日本外傷学会トラウマレジストリー検討委員会訳　へるす出版　（本文：日英両文）
【目次】手引書の使い方（一般的な様式、損傷記載の変更、四肢と骨盤、両側性、AIS98とAIS2005の一致点、"9" 不明の意味、臓器損傷スケール、Functional Capacity Index）、AISコード選択のルールと指針、AIS2005における損傷部位の特定：ローカライザー、AIS2005における受傷原因の記載、複数損傷の評価、AISの手引書（頭部、顔面、頸部、胸部、脊椎、上肢、下肢・骨盤・殿部、体表（皮膚）および熱傷/その他の外傷）
2017.3 182p A4 ¥18000 ①978-4-89269-903-0

◆**B型・C型肝炎の抗ウイルス療法─最前線の治療エッセンス**　持田智編　（大阪）医薬ジャーナル社
【目次】1 治療指針とガイドライン、2 B型肝炎の抗ウイルス療法（IFN、Peg‐IFN、核酸アナログ製剤）、3 C型肝炎の抗ウイルス療法（IFN、Peg‐IFN：単独およびリバビリンとの併用療法、NS3/4Aプロテアーゼ阻害薬：Peg‐IFN、リバビリンとの3剤併用療法、ダクラタスビルとアスナプレビルの併用療法、ソホスブビル/レジパスビル配合薬による治療、オムビタスビル/パ

リタプレビル/リトナビル配合薬による治療、ソホスブビルとリバビリンの併用療法、エルバスビルとグラゾプレビルの併用療法）、4 抗ウイルス療法の課題と留意点（B型肝炎、C型肝炎、医療経済）
2017.7 195p B5 ¥4200 ①978-4-7532-2843-0

◆**Dr. 辻本の乳腺診断─カテゴリー分類US vs MMG**　辻本文雄著　ベクトル・コア
【要旨】超音波検査vsマンモグラフィ。同一施設で両方の検査を受け、カテゴリーが付けられた83症例（2年間の連続症例）を、超音波検査のカテゴリーに基づいて並べてみると…読んで役立つコラムも満載。
2017.11 209p B5 ¥6800 ①978-4-906714-54-4

◆**Dr. とらますくの採血＆静脈ルート確保手技マスターノート**　佐藤智寛著　ナツメ社
【要旨】一に選択、二に姿勢、三四に固定、五に角度。ステップby ステップで習得！ ニガテ意識を克服＆成功率アップ！
2017.3 127p B5 ¥1500 ①978-4-8163-6198-2

◆**Dr. 林＆今の外来でも病棟でもバリバリ役立つ！ 救急・急変対応**　林寛之, 今明秀著　（大阪）メディカ出版　（メディカのセミナー濃縮ライブシリーズ）
【目次】講義を始める前に、1時間目 トリアージ総論─臨床救急看護診断学とキーワード、2時間目 ゲゲエ！ ショックだぁ！─ショックの初期対応と鑑別のための問診、3時間目 頭が悪いの？─意識障害、失神、頭痛など、4時間目 胸が悪いの？─胸痛、呼吸困難など、5時間目 お腹が悪いの？─腹痛、吐血、下血、嘔吐、下痢など、講義を終えて
2017.10 239p A5 ¥2800 ①978-4-8404-6201-3

◆**Emergency Severity Index（ESI）─救急外来緊急度判定支援ツール**　日本臨床救急医学会緊急度判定体系のあり方に関する検討委員会訳　日本臨床救急医学会, へるす出版 発売　Version 4
【目次】第1章 Emergency Severity Index とは：調査研究に基づくトリアージツール、第2章 Emergency Severity Index の概要、第3章 ESIレベル2、第4章 ESIレベル3〜5、必要な医療資源の予測、第5章 ESI レベル3におけるバイタルサインの役割、第6章 小児トリアージにおけるESIの使用、第7章 ESIトリアージシステムの実施導入のために、第8章 評価と質の改善、第9章 練習症例、第10章 評価用症例
2017.9 118p A4 ¥3000 ①978-4-89269-932-0

◆**ER・救急999の謎**　志賀隆監修, 山上浩, 佐藤信宏, 舩越拓編　メディカル・サイエンス・インターナショナル
【目次】総論、プレホスピタルケア、災害医療、蘇生、循環系、呼吸器系、消化器、腎・泌尿器系、神経系、感染症、内分泌、血液、外傷、外傷以外の筋骨格の障害、中毒、環境系による障害、特殊領域、検査とクリニカルプレディクションルール、その他
2017.10 645p 23×15cm ¥5500 ①978-4-89592-902-8

◆**ER必携 救急外来Tips1121**　山本基佳編　日本医事新報社
【目次】1 内科（内科一般、消化器内科 ほか）、2 外科（外科一般、整形外科 ほか）、3 その他の診療科（アレルギー科、産婦人科 ほか）、4 マナーと心得（問診と診察・診断、診療の心得）
2017.4 292p B6 ¥3700 ①978-4-7849-4605-1

◆**@ER×ICU めざせギラギラ救急医**　薬師寺泰匡著　日本医事新報社
【要旨】救急医って何者!?ブログ『@ER×ICU救急医の日常』や日経メディカルOnline のコラム連載で人気の著者が贈る、救急医の実態調査レポート。
2017.11 222p A5 ¥2700 ①978-4-7849-4718-8

◆**ER・ICU100のスタンダード**　志馬伸朗編著　中外医学社
【要旨】エキスパートが基本としているプロトコルを厳選し、それらを活用するための思考、診療戦略をナビゲート。
2017.10 289p A5 ¥3800 ①978-4-498-06692-2

◆**Excelによる医用画像処理入門**　篠原広行, 橋本雄幸著　医療科学社
【目次】第1章 画像の作成と表示、第2章 画像の幾何学的変換、第3章 畳み込みと空間フィルタ処理、第4章 ラドン変換、第5章 フーリエ変換、

第6章 ウェーブレット変換、第7章 相互情報量、第8章 MR画像の成り立ち

2017.2 241p B5 ¥3800 ①978-4-86003-483-2

◆HIV/AIDSソーシャルワーク—実践と理論への展望　小西加代留編著　中央法規出版
【要旨】多領域にわたる30年の英知を結集！価値に根ざしたソーシャルワークの視点から、包括的地域生活支援を理論化！

2017.11 346p B5 ¥3500 ①978-4-8058-5598-0

◆JMPによる医療・医薬系データ分析—分散分析・反復測定・傾向スコアを中心に　内田治、石野祐三子、平野綾子著　東京図書
【要旨】JMPを使ってデータが語ることを読み取ろう！パワフルな統計機能をもつJMPを使って、医療・医薬分野の主に実験・観察データの分析手法を解説。データの効率的な収集方法から、平均値の比較、質的因子・量的因子の解析、繰り返しのないデータ、繰り返しのあるデータ、乱塊法や分割法、反復測定・経時測定のデータ、交絡因子の調整や傾向スコアの分析…あなたのデータが語っていることは何ですか？

2017.9 253p 21×19cm ¥3200 ①978-4-489-02274-6

◆JMPによるよくわかる統計学 保健医療データ編　猫田泰敏著　東京図書
【目次】準備編（JMPとは、JMPを入手するにはほか）、データの記述編（データの種類と列情報、データに関する論考 ほか）、統計的推測編（統計的推測の考え方一母集団と標本、統計的推測における基本的知識 ほか）、目的別統計手法Q&A

2017.9 161p 21×19cm ¥2600 ①978-4-489-02275-3

◆JPTECインストラクターテキスト　JPTEC協議会編著　へるす出版　改訂第2版
【目次】第1章 インストラクターコースについて、第2章 指導技法総論、第3章 JPTE-Cコースの概要、第4章 プロバイダーコース等の指導要領、第5章 情報管理、第6章 JPTE-Cについて

2017.1 1Vol. A4 ¥2400 ①978-4-89269-912-2

◆Lattice Vol.5 海を越える医療人たち　ワイエムエス教育企画、丸善出版 発売
【要旨】Latticeは一「医のアートの追求」「アジア途上国への医療貢献」を二大テーマとし、医学生をはじめとする若き医療人が、国内外の医療現場でのさまざまな体験、そして現在の医療問題をレポートします。そして、第一線で活躍する医師たちが、若き医療人たちへメッセージを送ります。志のある若き医療人たちの成長をバックアップする本です！

2017.4 167p B5 ¥2000 ①978-4-9908978-1-9

◆MCLS・CBRNEテキスト—CBRNE現場初期対応の考え方　日本集団災害医学会監修, 大友康裕編　ぱーそん書房
【目次】1 MCLS・CBRNEの基本的コンセプト、2 MCLSコースの復習、3 CBRN-E災害共通の対応（All hazard 対応）、4 CBRNE災害現場活動、5 CBRNE災害種別特性、View point Advanced クライムシーンでの活動

2017.2 103, 3p A4 ¥9000 ①978-4-907095-36-9

◆NPPVとネーザルハイフロー—明日から使うための必修メソッド　滝澤始著　文光堂
【要旨】「シンプルレスピレータ」の第二弾！NPPVとネーザルハイフローによる呼吸管理の基本のテキスト！導入、初期設定のみならず、数日から数週間の経過、設定の変更、離脱・気管挿管への移行の判断などにも重点を置いて具体的に解説。全21症例を仮想体験しながら、呼吸管理法が自然と身につく。

2017.4 154p B5 ¥4500 ①978-4-8306-1734-8

◆NR・サプリメントアドバイザー必携　日本臨床栄養協会編　第一出版　第3版
【目次】NR・サプリメントアドバイザーの役割と倫理、基礎の生理学、基礎の生化学、人間栄養学、生活習慣病概論、臨床栄養と臨床検査、身体活動と栄養、食品安全衛生学、健康食品、臨床薬理学、食品機能の科学的根拠、行動科学とカウンセリング、国内外の関連法規—食品の健康表示と安全性

2017.3 494p B5 ¥4500 ①978-4-8041-1356-2

◆PCASトレーニング・マニュアル：追補—「心拍再開後ケアと体温管理療法トレーニング・マニュアル」追補　日本蘇生協議会編　日本蘇生協議会出版部、学樹書院 発売
【目次】心拍再開後ケアにおける神経蘇生、ECPR：「適切な循環補助」（43）への追補、体温管理システムCritiCool：「適切な温度管理」（61）

への追補、PCASの神経集中治療における全身管理と脳循環代謝管理「概説：モニタリング」（17）への追補、ガイドラインの改訂に伴う変更点：「概説：低体温療法」（15）への追補

2017.3 19p A5 ¥600 ①978-4-906502-42-4

◆PTマニュアル 脊髄損傷の理学療法　武田功編著、羽田晋也、水野智仁、川村和之、奥田邦晴、岩崎崎著　医歯薬出版　第3版
【目次】第1章 脊髄損傷の基礎的知識、第2章 理学療法評価、第3章 呼吸理学療法、第4章 理学療法（治療指導）、第5章 車いす処方と練習、第6章 精神・心理的適応とアプローチ、第7章 排尿・尿路障害、第8章 性機能障害への援助、第9章 脊髄損傷とスポーツ、第10章 脊髄損傷と自動車運転

2017.2 241p B5 ¥4500 ①978-4-263-21483-1

◆PT・OT・STのための診療ガイドライン活用法　中山健夫監修、日高正巳、藤本修平編　医歯薬出版
【目次】第1章 EBMと診療ガイドライン（EBMの成り立ちとエビデンスの3つの側面、診療ガイドラインを用いたヘルスコミュニケーションへ、診療ガイドラインとは、診療ガイドラインの役割について、診療ガイドラインと治療への患者参加、診療ガイドラインの質と普及）、第2章 エビデンスの評価と批判的吟味に必要な知識（研究デザイン・エビデンスレベルとは、診断検査の研究を解釈するうえで必要な知識、介入研究を解釈するうえで必要な知識、横断研究、コホート研究、ケース・コントロール研究を解釈するうえで必要な知識、メタアナリシス、システマティックレビューを解釈するうえで必要な知識、症例報告（ケースシリーズを含む）、ナラティブレビューを解釈するうえで必要な知識、質的研究を解釈するうえで必要な知識）、第3章 診療ガイドラインの基礎知識（診療ガイドラインと作成過程の実際、診療ガイドラインの質評価について）、第4章 診療ガイドラインの活用法（診療ガイドラインとshared decision making（SDM）、教育における診療ガイドラインの活用法、エビデンスと診療ガイドラインの活用の実際）

2017.5 170p B5 ¥3600 ①978-4-263-21575-3

◆Rによる医療統計学　Peter Dalgaard著、岡田昌史監訳　丸善出版（原書2版）
【要旨】フリーソフトRを使った医療統計解析の入門書。統計学を使う医学・薬学・生物学系の学生・研究者に向けて、基本を解説。医学・生物学分野から多くの実例をとっており、統計学的な視点からの注意点もあるため、端的に統計学の基本を理解することができる。もちろん、本文で紹介するコード・図版は、すべてRで実行可能である。原書2版では、初学者がつまずくデータの扱い方、統計学的手法の普及に伴い必要となった高度な解析手法などを大幅に加筆。最新のバージョン進化に合わせたストレスにならない解説を行う。

2017.1 328p B5 ¥3800 ①978-4-621-08775-6

◆Surgery for Hyperparathyroidism—Focusing on Secondary Hyperparathyroidism　冨永芳博著　東京医学社 （本文：英文）
【目次】History of parathyroid gland、Embryology and anatomy of parathyroid gland、Pathology of parathyroid gland、Definition of hyperparathyroidism、Pathophysiology、Parathyroid cell proliferation and tumorigenesis in SHPT、Epidemiology and background of SHPT、Clinical manifestations of SHPT、Preoperative image diagnosis、Treatment for SHPT、Postoperative management、Outcomes of PTx for SHPT、Persistant and recurrent SHPT、Tertiary hyperparathyroidism（THPT）、Primary hyperparathyroidism（PHPT）、Surgical treatment of hyperparathyroidism in the future

2017.3 100p 26×21cm ¥5400 ①978-4-88563-277-8

◆VR/AR医療の衝撃—ヘルスケアから医療現場、教育、コンテンツビジネスへ　杉本真樹編著　ボーンデジタル
【要旨】Virtual Reality（VR：仮想現実）、Augmented Reality（AR：拡張現実）。VRによる外科手術ナビゲータや人体解剖教育、ARを応用した脳卒中の機能障害治療など。3D医用画像活用の第一人者が世に問う、VR/AR医療ソリューションと実践のすゝめ。

2017.2 95p B5 ¥2200 ①978-4-86246-371-5

 医学史・伝記

◆医学の歴史—歩みを担った人たち、そして体制　多田羅浩三著　左右社 （放送大学叢書）
【要旨】なぜ、ナイチンゲールはすごいのか。医師、病理学者、看護師たち…さまざまな人びとの手によって育てられてきた医学の歴史を公衆衛生研究の第一人者が医学への感謝の気持ちを込めて多くの引用と挿話で綴る。誰が医学を作ったか。医療従事者、看護学生必携!!

2017.11 333p B6 ¥2300 ①978-4-86528-184-2

◆『医心方』事始—日本最古の医学全書　槇佐知子著　藤原書店
【要旨】984年に丹波康頼が朝廷に献上した『医心方』とは!?国宝『医心方』の全貌を俯瞰！不幸にも歴史の中に埋もれてきたこの書の魅力を、奇怪な文字のからくりを解き明かして全訳精解をなしとげた著者が余すところなく紹介。

2017.6 380p A5 ¥4600 ①978-4-86578-112-0

◆醫の肖像—日本大学医学部コレクション　日本大学医学部同窓会編　櫻雲社、人間と歴史社 発売
【目次】第1章 古代の医学・医療、第2章 中世の医学・医療、第3章 近世の医学・医療、第4章 医学の進歩と江戸庶民の健康、第5章 近代の医学・医療、第6章 近代から現代の医学へ

2017.6 287p A5 ¥2500 ①978-4-89007-208-8

◆医療化する社会—身体管理の二〇世紀　平体由美、小野直子編著　彩流社
【要旨】20世紀初頭に社会の医療化を推進したさまざまなアクターの活動を通して、かつては個人の自由と裁量に任されていた健康問題が公的な意味を持ち、制度化されていく過程を描く。医療もの、アメリカの政治、法律、経済、人種・民族問題などが見えてくる。

2017.3 259p B6 ¥2500 ①978-4-7791-2293-4

◆衛生と近代—ペスト流行にみる東アジアの統治—医療・社会　永島剛、市川智生、飯島渉編　法政大学出版局
【要旨】アジアでペストが流行した。その混乱と葛藤のなかから「近代」が現れる。列強の拠点となった中国の開港都市、外国人居留地が撤廃された神戸、日本の植民地になってまもない台湾と朝鮮、オランダ統治下のジャワ。国境を越えて広がる脅威が引き起こした近代の実像に迫る。

2017.4 254, 6p A5 ¥4800 ①978-4-588-37604-7

◆汪昂著「医方集解」和訳 医方集解 学習ノート　医方集解研究会編　医方集解研究会、燎原書店 発売
【目次】補養の剤、発表の剤、涌吐の剤、攻裏の剤、表裏の剤、和解の剤、理気の剤、理血の剤〔ほか〕

2017.7 853p A5 ¥11000 ①978-4-89748-123-4

◆烏山の烏　東田浄土著　郁朋社
【要旨】江口襄は明治25年、相馬事件の際に陸奥中村藩主相馬誠胤の死因の疑義解明のため青山墓地に葬られた遺骸を掘り起こし、胃部、心臓部などの局部解剖を行った。日本において、法医学鑑定という科学的手法が確立した重要な事跡である。

2017.8 138p B6 ¥1000 ①978-4-87302-649-7

◆ガレノス—西洋医学を支配したローマ帝国の医師　スーザン・P・マターン著、澤井直訳　白水社
【要旨】ローマ帝国で歴代の皇帝から庶民までの治療を手がけ、著作がヨーロッパとイスラム世界において、約千五百年にわたり医学の最高権威であり続けたガレノス。最新の研究を生かしてその人物と生涯を追いながら、著作にふれつつ、当時のローマ世界の健康意識や衛生状態を解説する。「医学の第一人者」初の評伝。

2017.11 311, 72p B6 ¥4800 ①978-4-560-09584-3

◆血液循環理論前史 アラビアの医師—イブン・ナフィス　藤倉一郎著　近代文藝社
【要旨】イブン・ナフィスの肺循環の発見はアラビア医学の高度な発展を示す。アラビアの医師イブン・ナフィスはハーベイの血液循環発見のさきがけであり、13世紀の偉大な生理学者として高く評価されなければならない。

2017.2 85p B6 ¥1000 ①978-4-7733-8026-2

サイエンス・テクノロジー

◆**杉田玄白 晩年の世界―『鶊（い）斎日録』を読む** 松崎欣一著　慶應義塾大学出版会
【要旨】江戸社会のさまざまな出来事を冷静に記録し、折々の心境を漢詩や和歌に託す。『解体新書』の翻訳で知られる蘭学者・臨床医の、豊かな「晩年の世界」。
2017.11 507, 13p A5 ¥8400 ①978-4-7664-2249-8

◆**須藤かく―日系アメリカ人最初の女医** 広瀬寿秀著　（弘前）北方新社
【目次】プロローグ、父、須藤新吉郎、上京、英語修業、共立女学校、岡見京、阿部はな、アデリン・ケルシー、渡米、シンシナティ、シンシナティ美術館、日本への帰国、横浜婦人慈善会病院、失意の再渡米、成田一家、おわりに
2017.8 62p B5 ¥800 ①978-4-89297-240-9

◆**「タブー」にメスを入れた外科医** 榊原宣著　田畑書店　改訂第三版
【要旨】創設者・榊原亨の生涯を描き、医療事業の原点たる名著、復活！社会医療法人社団十全会心臓病センター榊原病院創立85周年記念出版。
2017.4 245p 18cm ¥800 ①978-4-8038-0341-9

◆**毒と薬の文化史―サプリメント・医薬品から危険ドラッグまで** 船山信次著　慶應義塾大学出版会
【要旨】毒と薬、薬学、薬剤師について考える！毒や薬にまつわる事件や事故、薬がたどってきた歴史、薬の危険性、薬を扱う専門家である薬剤師とその養成機関である大学薬学部、人を虜にしてしまう麻薬・覚醒剤・大麻や危険ドラッグを広く解説。
2017.11 165p A5 ¥2400 ①978-4-7664-2479-9

◆**原三信と日本最古の翻訳解剖書** 原寛著　（福岡）石風社
【要旨】杉田玄白の「解体新書」に先立つこと八十七年、日本最古の翻訳解剖書があった。筑前藩医・六代原三信が長崎・出島にて蘭方外科医の免状を受け、その際筆写したヨハン・レメリン著「小宇宙鑑」の翻訳解剖書（本木庄太夫訳）。
2017.9 164p B6 ¥1000 ①978-4-88344-274-4

◆**メアリー・シーコール自伝―もう一人のナイチンゲールの闘い** メアリー・シーコール著, 飯田武郎訳　彩流社
【要旨】ジャマイカ出身の黒人医師兼看護婦、メアリー・シーコール。十九世紀人種差別の時代、ナイチンゲールにも劣らない偉業を達成。稀有なる女性の半生。本邦初訳。
2017.6 260p B6 ¥2800 ①978-4-7791-2329-0

◆**歴史が医学に出会う時―医学史から見る韓国社会** 黄尚翼著, 李恩子, 李達富訳　（西宮）関西学院大学出版会
【目次】第1部 死後の生（「人生七十、古来稀なり」と生命表の話、「子育て半分収穫」の時代、母性死亡と出生率 ほか）、第2部 医学の中の歴史（ホメロスと神聖病、ソクラテスの遺言、ヒポクラテスとは誰か？ ほか）、第3部 韓国近代史の中の医学（徐載弼と金益南の対照的な生、最初の近代西洋式国立病院、宣教医師たちの同床異夢と盗人猛々しさ ほか）
2017.6 246p A5 ¥2600 ①978-4-86283-242-9

辞典・便覧・統計

◆**医学の歴史大図鑑** スティーヴ・パーカー監修, 酒井シヅ日本版監修　河出書房新社
【要旨】ネアンデルタール人の歯の化石から現代のナノ医療や幹細胞治療などの最先端医療を、5万年を一冊で網羅。医療器具の写真、19世紀以前の症例の絵画、解説用のCG図解など、約550点の豊富な図版を存分に駆使在したオールカラー図鑑。見開き1テーマでポイントをわかりやすく解説。時代順に進む構成で、各時代のトピックもひと目でわかる。重要人物の詳しい紹介、手術用器具や顕微鏡などの写真総覧ページ、各時代の巻頭に配置するイラスト年表などのほか、特集コーナーも充実。巻末に、「用語解説」300項目以上（項目名英文付き）と、「索引」1800項目以上（人名欧文付き）。
2017.10 288p 31×26cm ¥7800 ①978-4-309-25575-0

◆**医者も知りたい面白医学英語事典** 木村専太郎著　（福岡）花乱社
【要旨】よく使われる医学英語から約1500語を取り上げ、発音を示し、易しい解説に加え関連した

事項やさまざまなエピソードを紹介。12年間に及ぶ米国滞在経験、その後の臨床医学者としての実績と幅広い教養が盛り込まれた労作。1984～2010年の27年間、九大医学部同窓会雑誌『學士鍋』に好評連載された「医学英語落書ノート」を加筆編纂。愉しい寄り道話もたっぷりのユニークな医学英語事典。
2017.7 461p 27×19cm ¥7000 ①978-4-905327-76-9

◆**医療機器システム白書 2018** 月刊新医療編 エム・イー振興協会　（月刊新医療データブック・シリーズ）
【目次】第1章 画像診断機器（論文 CTおよびMRIなどの画像診断機器の最新潮流ならびに今後のあり方、導入レポート 徳島大学病院 ほか）、第2章 放射線治療機器（導入レポート 大阪国際がんセンター、リニアック・マイクロトロン設置施設名簿 ほか）、第3章 手術支援システム（DATA ダビンチ設置施設名簿）、第4章 医療情報システム（論文 2018年最新医療情報システムの動向を探る、病院情報システム（HIS）導入施設一覧）、第5章 医用画像情報システム（論文 2018年最新医用画像情報システムの動向を探る、導入レポート 宮崎県立宮崎病院 ほか）
2017.10 480p 28×22cm ¥27500 ①978-4-901276-46-7

◆**医療機器承認便覧 平成28年版** 薬務公報社
【目次】医療機器の承認品目の概要、医療機器の製造承認状況、医療機器の輸入承認状況、医療機器の製造販売承認状況、医療機器の外国特例承認状況（平成27年）、旧薬事法下で承認され、新薬事法下で申請・承認された品目、医療機器・第三者認証機関による認証品目の概要、医療機器認証品目（平成27（2015）年1月～平成27（2015）年12月）、医療機器の生産、輸出入、衛生材料等、医療機器の売上高、医療機器の市販後安全対策について、医療機器不具合等報告について、医療機器の回収報告の状況について、医療機器の安全性情報（平成27年1月～平成27年12月）
2017.9 135p B5 ¥4000 ①978-4-89647-253-0

◆**医療白書 2017-2018年版 AIが創造する次世代型医療―ヘルスケアの未来はどう変わるのか** 西村周三監修、ヘルスケア総合政策研究所企画・制作　日本医療企画
【要旨】人工知能は医療課題を解決する救世主となれるのか？国内外の最新事例、有識者からの提言を通して最先端テクノロジーが切り拓く医療新時代を読み解く！
2017.8 198p B5 ¥4500 ①978-4-86439-567-0

◆**医療六法 平成29年版** 中央法規出版
【要旨】医療関係法令・通知を体系的に編集。50音索引、年次索引、インデックスシールなどを備えた、使いやすい実務六法。
2017.1 3390p A5 ¥6400 ①978-4-8058-5450-1

◆**医療六法 平成30年版** 中央法規出版
【要旨】医療関係者必携、最新版。医療関係法令・通知を体系的に編集。50音索引、年索引、インデックスシールなどを備えた、使いやすい実務六法。
2018.1 3391p A5 ¥6400 ①978-4-8058-5614-7

◆**国民健康・栄養の現状―平成26年厚生労働省国民健康・栄養調査報告より** 医療基盤・健康・栄養研究所監修　第一出版
【目次】調査の概要、結果の概要、第1部 栄養素等摂取状況調査の結果、第2部 身体状況調査の結果、第3部 生活習慣調査の結果、第4部 年次別結果、付録
2017.11 207, 47p A4 ¥3700 ①978-4-8041-1372-2

◆**国民の栄養白書 2017-2018年版 最期まで自分らしく生きる命の栄養ケア 介護栄養の時代** 『ヘルスケア・レストラン』栄養企画編集委員会監修、ヘルスケア総合政策研究所企画・制作　日本医療企画
【要旨】「介護栄養」の最前線で活躍する豪華17人の医療人が見据えるめざすべき栄養の明日がここにある！
2017.10 183p B5 ¥4000 ①978-4-86439-590-8

◆**手の百科事典** バイオメカニズム学会編　朝倉書店
【目次】1 構造編（手骨、手の関節と靱帯 ほか）、2 機能編（運動制御系の機能構成、小脳適応制御 ほか）、3 動物編（手の起源、両生類 ほか）、4 人工の手編（ロボットハンド、グリッパ ほか）、5 生活編（食べる手、働く手 ほか）
2017.6 594p B5 ¥18000 ①978-4-254-10267-3

◆**年報 医事法学 32** 日本医事法学会編　日本評論社
【目次】第46回医事法学会総会研究大会記録（透明性ガイドラインに関する最近の世界の動きと日本の課題、医療廃棄物の法的課題―医療廃棄物の排出主体と廃棄責任の関係 ほか）、ワークショップ（小児医療における意思決定、医事法と経済 ほか）、判決紹介（宗教上の理由から未成年子の手術に伴う輸血を拒否する親権者の職務の執行を停止し、職務代行者に児童相談所長を選任した事件、心臓疾患についてリンパ節郭清を伴う低位前方切除術を受けたところ、多臓器不全で患者が死亡し、賠償金として約2億円の支払義務が病院側に認められた事例 ほか）、文献紹介（鈴木利廣・水口真寿美・関口正人編著『医薬品の安全性と法―薬事法学のすすめ』、シーラ・ジャサノフ著『法廷に立つ科学―「法と科学」入門』 ほか）、医事法トピックス（公認心理師、拡大治験と患者申出療養 ほか）
2017.8 305p A5 ¥4200 ①978-4-535-05432-5

◆**やさしくわかる医学・看護略語カタカナ語事典** 奥原秀盛監修　サイオ出版
【要旨】医学の現場でよく使われる略語をアルファベット順に配列、略語、欧文フルスペル、和文の順に記載した看護・医学略語と臨床現場や看護場面でよく使われるカタカナ語を五十音順に配列、見出し語、カタカナ語の意味を記載したカタカナ用語の事典。
2017.11 378p 18cm ¥2500 ①978-4-907176-20-4

解剖・生理学

◆**アナトミカル・ヴィーナス―解剖学の美しき人体模型** ジョアンナ・エーベンステイン著　グラフィック社
【要旨】18世紀から19世紀にかけて解剖学的に正しく分解できる精緻な人体模型が穏やかならぬ数で作られ世界各地の博物館や移動式遊園地で女性解剖模型として展示されていた。その数奇な歴史と矛盾に満ちた存在、医学と神話、奉納品と民芸品、キワモノと芸術の狭間を揺れ動いてきたヴィーナスたちを、鋭い弁説が追い、検証する。カラー図版324点を含む、図版366点を掲載。
2017.2 224p 24×18cm ¥2800 ①978-4-7661-2944-1

◆**イラスト解剖学** 松村讓兒著　中外医学社　第9版
【要旨】フルカラーになって、一層わかりやすくなりました。「イラ解」、20年目の全面リニューアル！
2017.1 800p B5 ¥7600 ①978-4-498-00043-8

◆**ウエスト呼吸生理学入門 正常肺編** ジョン・B. ウエスト, アンドルー・M. ラックス著, 桑平一郎訳　メディカル・サイエンス・インターナショナル（原著第10版）第2版
【目次】1 構造と機能：肺の構造はその機能をどのように助けるか、2 換気：ガスはどのように肺胞に到達するか、3 拡散：ガスはどのように肺胞・毛細血管関門を越えるか、4 血流と代謝：肺循環系はどのように肺からガスを取り込むか、そして代謝産物を処理するか、5 換気と血流の関係：換気‐血流比はどのようにガス交換を規定するか、6 血液によるガス輸送：ガスはどのように末梢組織に、そして末梢組織から運ばれるのだろうか、7 換気のメカニクス：肺はどのように支えられ換気運動を行うか、8 呼吸調節：ガス交換はどのように調節されるか、9 ストレスと呼吸器系：ガス交換は、運動時、低圧および高圧環境下、そして出生時にどのように営まれるか、10 呼吸機能検査：呼吸生理学はどのように呼吸機能の測定に応用されるか
2017.1 245p 25×19cm ¥3800 ①978-4-89592-871-7

◆**おもしろい解剖学―筋と骨のキホンがマンガでわかる！** 戸村多郎原案, 仙波恵美子監修, あさいもとゆき, 坂元曄弥, サイドランチ漫画（横須賀）医道の日本社
【目次】人体の почти心と方向―お姉さん相談部にやってきた！、骨と骨格―ヒト型ロボットがつくりたい！（前編）、関節の種類と運動―ヒト型ロボットがつくりたい！（後編）、筋の構造と種類―ボディ内部の留学生、脊柱、頸部の骨と筋―中川淳子の災難！、胸部の骨と筋―この胸の痛み、もしかして…、腹部・腰背部の筋―ボディ内部の留学生、再び、肩の骨と筋―教授の

つらいお悩み、上腕・前腕の骨と筋—テニスプレイヤーの憂鬱（前編）、手の骨と筋—青春協奏曲、骨盤の骨と筋—ダンスを踊ろう！（前編）、大腿の骨と筋—ダンスを踊ろう！（後編）、膝・下腿の骨と筋—風船と女の子（前編）、足の骨と筋—風船と女の子（後編）、頭部の骨と筋—テニスプレイヤーの憂鬱（後編）
　　2017.7 191p A5 ¥1600 ①978-4-7529-3121-8

◆カラーアトラス 組織・細胞学　岩永敏彦、木村俊介、小林純子著　医歯薬出版　新編
【目次】総論（細胞、上皮組織、結合組織、軟骨組織、骨組織 ほか）、各論（血液と骨髄、循環器、リンパ性器官、歯、口腔 ほか）
　　2017.8 393p B5 ¥12000 ①978-4-263-45805-1

◆カラー 運動生理学大事典—健康・スポーツ現場で役立つ理論と応用　ビクター・カッチ、ウィリアム・マッカードル、フランク・カッチ著、田中喜代次、西平賀昭、征矢英昭、大森肇監訳　西村書店　（原書第4版）
【要旨】栄養摂取、サプリメントの活用、エネルギー代謝、呼吸器・循環器・神経筋系・ホルモンとの相互作用、トレーニングの科学的原則、体重調節、疾病予防、臨床応用…運動生理学のすべてをこの1冊で！ 筋肉量と除脂肪量の差、除脂肪量のLBMとFFMの違いなど、貴重な情報も！ 2017.9 635p B4 ¥9800 ①978-4-89013-477-9

◆カラー図解 新しい人体の教科書　上　山科正平著　講談社　（ブルーバックス）
【要旨】迫力のメディカルイラストで人体の構造と機能の全てが分かる。圧倒的な迫力のメディカルイラストを多数収録。
　　2017.4 353p 18cm ¥1680 ①978-4-06-502013-5

◆カラー図解 新しい人体の教科書　下　山科正平著　講談社　（ブルーバックス）
【要旨】分子細胞生物学、解剖学、生理学などの必須知識を網羅。迫力のメディカルイラストで人体の構造と機能のすべてが分かる。
　　2017.10 478p 18cm ¥2000 ①978-4-06-502024-1

◆カラー図解 人体の正常構造と機能—全10巻縮刷版　坂井建雄、河原克雅総編集　日本医事新報社　改訂第3版
【目次】呼吸器、循環器、消化器、肝・胆・膵、腎・泌尿器系、生殖器、血液・免疫・内分泌、神経系1 中枢神経系の構造・高次神経機能、運動系、神経系2 末梢神経系の構造・自律神経機能・感覚系、運動器
　　2017.1 879p B5 ¥18000 ①978-4-7849-3180-4

◆カラー図解 人体の正常構造と機能　1 呼吸器　牛木辰男、小林弘祐著　日本医事新報社　改訂第3版
【目次】呼吸器系の概観、鼻腔、喉頭、気管・気管支、呼吸器系、肺胞でのガス交換、換気と血流、血液によるガス運搬、呼吸による酸塩基調節、肺循環、肺と呼吸運動、肺気量と呼吸の力学、肺の代謝機能と防御機構
　　2017.2 86p A4 ¥5800 ①978-4-7849-3218-4

◆カラー図解 人体の正常構造と機能　2 循環器　大谷修、堀尾嘉幸著　日本医事新報社　改訂第3版
【目次】循環器系の概観、心臓、心筋の興奮と収縮、全身の動静脈、毛細血管・リンパ系、循環動態の調節、循環器系の疾患、心臓・大血管の発生 2017.2 106p A4 ¥5800 ①978-4-7849-3219-1

◆カラー図解 人体の正常構造と機能　3 消化管　河原克雅、佐々木克典著　日本医事新報社　改訂第3版
【目次】消化管の概観、顎・口腔、咽頭、食道、胃、小腸、栄養素の消化と吸収、大腸、消化管の病態、消化管と腹膜の発生
　　2017.2 86p A4 ¥5600 ①978-4-7849-3220-7

◆カラー図解 人体の正常構造と機能　4 肝・胆・膵　泉井亮、妹尾春樹、金田研司、安田宏、眞嶋浩聡、大野秀樹著　日本医事新報社　改訂第3版
【目次】腹部内臓の概観、肝臓・胆嚢、代謝、胆汁、膵臓、膵液、血糖の調節、肝・胆・膵の発生 2017.2 72p A4 ¥5600 ①978-4-7849-3221-4

◆カラー図解 人体の正常構造と機能　5 腎・泌尿器　坂井建雄、河原克雅著　日本医事新報社　改訂第3版
【目次】人体の中の腎臓、腎臓の概観、腎小体（糸球体とボウマン嚢）、尿細管、腎循環、水・電解質・pHの調節、尿管・膀胱、泌尿器系の発生
　　2017.2 89p A4 ¥5600 ①978-4-7849-3222-1

◆カラー図解 人体の正常構造と機能　6 生殖器　年森清隆、川内博人著　日本医事新報社　改訂第3版
【目次】生殖器の概観、男の生殖器、女の生殖器、骨盤底・会陰、妊娠・分娩、思春期と更年期、生殖器の発生
　　2017.2 76p A4 ¥6000 ①978-4-7849-3223-8

◆カラー図解 人体の正常構造と機能　7 血液・免疫・内分泌　河田光博、松村讓兒、多久和陽、萩原清文著　日本医事新報社　改訂第3版
【目次】血液・免疫（血液の組成、造血、物質輸送、赤血球、止血機構、血小板と血餅 ほか）、内分泌（内分泌系の概観、視床下部と下垂体、甲状腺・副甲状腺（上皮小体）、副腎 ほか）
　　2017.2 100p A4 ¥6200 ①978-4-7849-3224-5

◆カラー図解 人体の正常構造と機能　8 神経系（1）中枢神経系の構造・高次神経機能・運動系　河田光博、稲瀬正彦著　日本医事新報社　改訂第3版
【目次】神経系の概観、神経系における情報伝達の仕組み、脳・脊髄の構造、高次神経機能、運動系、脳・脊髄を包む構造、脳循環、神経系の発生 2017.2 86p A4 ¥6200 ①978-4-7849-3225-2

◆カラー図解 人体の正常構造と機能　9 神経系（2）末梢神経系の構造・自律神経機能・感覚系　久野みゆき、安藤啓司、杉原泉、秋田恵一著　日本医事新報社　改訂第3版
【目次】脊髄神経、自律神経系、脳神経、体性感覚、視覚、聴覚と平衡覚、嗅覚と味覚、外皮
　　2017.2 94p A4 ¥6200 ①978-4-7849-3226-9

◆カラー図解 人体の正常構造と機能　10 運動器　坂井建雄、宮本賢一、小西真人、工藤宏幸著　日本医事新報社　改訂第3版
【目次】運動器の概観、骨格系、筋系、上肢、下肢、体幹、頭部
　　2017.2 101p A4 ¥6800 ①978-4-7849-3227-6

◆からだのしくみマスターブック—解剖生理学を学ぶ人のための　高辻功一監修　つちや書店
【目次】1 呼吸器、2 運動器、3 心臓と腎、4 体液と血液、5 内分泌、6 消化器と肝、7 脳と神経、8 生殖器
　　2017.4 207p B5 ¥3700 ①978-4-8069-1617-8

◆カラダの知恵—細胞たちのコミュニケーション　三村芳和著　中央公論新社　（中公新書）
【要旨】ケガや病気からカラダを守り、他者の表情から瞬時に感情を読みとるヒトの細胞。傷ついた患部に白血球はどう集まり、血小板はどうなるのか。他者への共感をもたらすミラーニューロンはどんなものか。細胞たちのコミュニケーションには、人間社会にもまさるとも劣らない大胆で精緻な仕組みが隠されている。本書は体内で行われる37兆個に及ぶ細胞たちの情報伝達をわかりやすく解説。人間のカラダに潜む知恵と不思議に迫る一冊。
　　2017.5 249p 18cm ¥880 ①978-4-12-102435-0

◆看護学生のための解剖学ドリル　飯島治之、飯島美樹著　技術評論社　（メディカル・ポケットブックシリーズ）
【要旨】「基礎」「応用」「統合」の難易度に合わせた3タイプ。学習レベルに応じて、自分のペースで学習できる。豊富なイラスト満載で、知識定着にピッタリ！ 「応用編、もっと勉強しておけばよかった…」悩める学生に贈る初歩から学べるプチ問題集。看護学生必携の1冊。
　　2017.5 202p A4 ¥1480 ①978-4-7741-8931-4

◆筋骨格系のオステオパシー—基礎と実践をひとつにまとめたわかりやすいチェックリスト　アンドレアス・マースセン著、平backlog晃一監修、吉水淳子訳　ガイアブックス
【要旨】75の適応症について、筋骨格系オステオパシー治療の実践に役立つ情報を紹介。運動器系の解剖学的な基礎知識、診断のための重要なテスト、治療テクニックと、考えられる筋骨格系障害の原因や、これらの原因と内臓系・頭蓋系とのオステオパシー的な関連を明らかにしている。
　　2017.10 489p A5 ¥4400 ①978-4-88282-992-8

◆筋トレのための人体解剖図　石井直方、肥田岳彦監修　成美堂出版
【要旨】筋肉の名称、位置連動する筋肉のすべてがわかる。
　　2018.1 175p B5 ¥1600 ①978-4-415-31437-2

◆クルスティッチ 立体組織学アトラス　R.クルスティッチ著、牛木辰男、金澤寛明訳　西村書店
【要旨】驚くほど精緻な手描きの細密画！ 新たなる「解体新書」!!278点の手描き3D図で、人体の「細胞」「組織」「器官」の有り様を究める！ 光顕像、透過電顕像、走査電顕像から得た知見を頭の中で再構築したうえで、3次元微細構造として組織学的な側面から捉えなおしたスゴイ1冊。
　　2017.4 344p B5 ¥4800 ①978-4-89013-472-4

◆血管インパクト—イラストと雑学で楽しく学ぶ解剖学　原田晃著　（横須賀）医道の日本社
【目次】1 血管の基本（体循環と肺循環、血管の構造、吻合／門脈）、2 動脈系（上行大動脈・大動脈弓の分枝、胸大動脈・腹大動脈の分枝、総腸骨動脈の分枝、上肢の動脈の分枝、下肢の動脈の分枝）、3 静脈系（心臓の静脈、頭頸部の静脈の分枝、下大静脈・総腸骨静脈の分枝、椎骨静脈叢、門脈系の分枝、上肢の動脈の分枝、下肢の動脈の分枝）
　　2017.8 103p B6 ¥1500 ①978-4-7529-3123-2

◆心はいつ脳に宿ったのか　小島比呂志、奥野クロエ著　海鳴社
【目次】序論：神経科学の源流をたずねて、古代の脳に関する記述、古代ギリシャ・ローマにおける脳に関する発見、ヨーロッパ中世における脳の認識、外科医アンブロワーズ・パレ：幻肢の報告とその現代的解釈、ベルギーの解剖学者：アンドレアス・ヴェサリウス、17世紀の新しい科学革命、デカルトの自然哲学とこころの問題、機械的生理学と動物精気の検証実験、生物電気の発見：近代神経生理学の夜明け、実験医学とデテルミニスム（決定論）、ベルナール以後の神経生理学、心身問題の近現代への流れ：ラ・メトリーからメルロ＝ポンティへ、ニューロンとシナプスの生理学と脳機能、自由意志とリベットの研究、量子力学と脳科学、まとめ
　　2017.7 346p A5 ¥3500 ①978-4-87525-334-1

◆しくみがまるわかり！ 骨のビジュアル図鑑　ベン・モーガン、スティーブ・パーカー著、戸田一雄日本語版監修、太田てるみ訳　岩崎書店　（付属資料：ポスター1）
【要旨】おなかの中の赤ちゃんにも骨はあるの？ 人間と動物の骨は、どこがちがう？ 折れた骨はどうなるの？ 動きのしくみや形状の分かりやすさにこだわった、骨のビジュアル図鑑。
　　2017.12 72p 31x26cm ¥4000 ①978-4-265-85113-3

◆シングルセル解析プロトコール—わかる！使える！ 1細胞特有の実験のコツから最新の応用まで　菅野純夫編　羊土社　（最強のステップUPシリーズ）（「実験医学」別冊）
【目次】レビュー編—シングルセル解析の重要性（シングルセル解析とは何か？ なぜ今なのか？、がん研究とシングルセル解析、免疫研究とシングルセル解析—1細胞粒度の細胞社会学 ほか）、プロトコール編—シングルセル解析の実際（オーバービュー、1細胞分取の実際、ゲノム解析 ほか）、発展編—高度なシングルセル解析・データ解析（多階層シングルセルオミクス解析、シングルセルにおけるncRNA解析、細胞の分化系譜：Cell-Tree ほか）
　　2017.10 342p B5 ¥8000 ①978-4-7581-2234-4

◆神経解剖学　Alan R. Crossman, David Neary著、水野昇、野村嶬監訳　エルゼビア・ジャパン、三輪書店 発売　（イラストレイテッドカラーテキスト）（原著第5版；付属資料：電子書籍1）
【要旨】明瞭で詳細な図を多数収載。神経解剖学のコアが短期間で学べる！ 神経学との関連がよくわかる！
　　2017.11 228p A4 ¥5800 ①978-4-89590-598-5

◆身体運動学—関節の制御機構と筋機能　市橋則明編　メジカルビュー社
【要旨】各関節を受動的に制御する関節包や靱帯、能動的に制御する筋の役割を詳細に解説。エビデンスに基づいた最新の運動学テキスト。
　　2017.10 459p A4 ¥5800 ①978-4-7583-1712-2

◆人体解剖図鑑　高野秀樹著　ベストセラーズ　（ベスト新書）
【要旨】人体を知ることは自分を知ること！ 不思議で美しい！ 人体の驚くべき機能を徹底解説！ 初心者でも目で見てわかる！ 脳神経、感覚器、循環器、呼吸器、消化器、腎・泌尿器…。あらゆる構造を紹介。病気がわかるコラムつき。
　　2017.3 223p 18cm ¥1110 ①978-4-584-12545-8

サイエンス・テクノロジー

◆**人体の構造と機能：解剖生理学**　荒木英爾，藤田守編著書　建帛社　（Ｎブックス）改訂版
【目次】人体の構成，消化器系の構造と機能，循環器系の構造と機能，腎・尿路系の構造と機能，内分泌器官と分泌ホルモン，神経系の構造と機能，呼吸器系の構造と機能，運動器系の構造と機能，生殖器系の構造と機能，妊娠と分娩，血液・造血器・リンパ系の構造と機能，免疫・アレルギー
2017.2 212p B5 ¥2500 ①978-4-7679-0592-1

◆**人体のふしぎ―精密な解剖図でカラダの仕組みがよくわかる！**　矢沢サイエンスオフィス編著　学研プラス
【要旨】カラダの中で起きている，知っておきたいスゴイはたらき！脳や心臓，肺などの臓器から，骨格や筋肉，細胞，遺伝子とDNAまでオールカラーでやさしく図解！
2017.6 127p A5 ¥630 ①978-4-05-406567-3

◆**人体 ミクロの大冒険―60兆の細胞が紡ぐ人生**　NHKスペシャル取材班著　KADOKAWA　（角川文庫）
【要旨】人はどのような細胞の働きによって生かされ，そして，なぜ老い，死ぬのか。生命が40億年の歳月をかけてつくりあげた壮大な仕組みを知り，命の尊さ，命を育む環境に思いを馳せる。本書は私たちが体として生まれ，成長し，死ぬ仕組みを読み解こうという壮大な「旅」である。遺伝子の仕組みに比べて解明が遅れていた「育ちのメカニズム」が今，明らかに―。大反響を呼んだNHKスペシャル同名番組を文庫化。
2017.4 323p A6 ¥760 ①978-4-04-104958-7

◆**図解神経機能解剖テキスト**　浦上克哉，北村伸，小川敏英編　文光堂
【目次】1 脳神経系，2 運動系，3 感覚系，4 大脳，5 脳幹，6 脳血管，7 脳脊髄液系，8 脊髄，9 自律神経，10 末梢神経
2017.4 334p B5 ¥16000 ①978-4-8306-1546-7

◆**図説 人体の不思議 1 血液と臓器の小宇宙**　西永奨写真，西永裕著　秀和システム
【要旨】驚異と神秘の走査型電子顕微鏡の世界！血液と臓器の小宇宙にミクロから迫る！世界一美しい極彩色・極微の世界！英国サイエンス・フォトライブラリーの電子顕微鏡写真を一挙公開！極微の世界はどんなだろう？ 好奇心を思いっきりくすぐる奇跡の人体！
2018.1 175p A5 ¥1600 ①978-4-7980-5057-7

◆**生理学実習NAVI 別冊実習ノート付**　大橋敦子監修　医歯薬出版　（付属資料：別冊1）第2版
【目次】血圧・心拍数の測定1―安静時および体位変換，血圧・心拍数の測定2―運動負荷および氷水刺激，心電図―深呼吸および精神負荷，呼吸数・呼吸機能の測定，酸素飽和度・呼気CO2の測定，血液の観察，血球数とヘマトクリット値の計測，消化液の作用，体温の測定―深部体温と皮膚温，温熱性発汗〔ほか〕
2017.1 81p A4 ¥2500 ①978-4-263-24072-4

◆**生理学テキスト**　大地陸男著　文光堂　第8版
【目次】細胞の環境，構造，機能調節，活動電位，イオンチャネル，骨格筋の収縮，シナプス伝達，自律神経系，運動系，体性感覚，味覚，嗅覚，聴覚，前庭感覚，視覚，脳の統合機能，血液，心臓，循環，呼吸，消化と吸収，内分泌，生殖，腎機能，酸塩基平衡，日常の生理学
2017.2 580p B5 ¥5000 ①978-4-8306-0229-0

◆**世界一ゆる―いイラスト解剖学 からだと筋肉のしくみ**　有川譲二著　髙橋書店
【要旨】筋肉を知れば，なりたいからだになれる！ゆるいからこそよくわかる！不調の原因からケアまでまるっと解剖。
2017.1 127p 22×19cm ¥1200 ①978-4-471-03251-7

◆**楽しく学べる味覚生理学―味覚と食行動のサイエンス**　山本隆著　建帛社
【目次】食べること，味わうこと，歯と咀嚼，唾液分泌，味の受容，味覚感受性の測定，味を変える物質，味の相互作用と合成，だし，うまみ，コク，香辛料，味覚情報の伝達と中枢処理，おいしさの感覚要素，おいしさと食行動，味覚学習と食べ物の好き嫌い，味覚と健康，味覚の発達と老化
2017.4 167p A5 ¥2300 ①978-4-7679-6188-0

◆**トートラ人体解剖生理学**　ジェラルド・J.トートラ，ブライアン・ダリクソン著，佐伯由香，細谷安彦，髙橋研一，桑木共之編訳　丸善出版　（原書10版）

【要旨】組織学・発生学から臨床応用まで，解剖生理学のスタンダードな教科書。わかりやすい平易な文章と大きなイラストで，学習ポイントがわかりやすい各章のQ&A問題は試験に適応。
2017.1 667p B5 ¥6900 ①978-4-621-30069-5

◆**「なぜ？」からはじめる解剖生理学**　松村讓兒監修　ナツメ社
【要旨】身近な疑問を入り口に人体の基本構造，各器官のはたらきをわかりやすく解説。
2017.8 255p A5 ¥1600 ①978-4-8163-6294-1

◆**ニューロメカニクス―身体運動の科学的基盤**　ロジャー・M.エノーカ著，鈴木秀次総監訳，関口浩文，井上恒，小川哲也，植松梓，小林裕央訳　西村書店　（原書第5版）
【要旨】バイオメカニクスと神経生理学を統合した新しい研究分野「ニューロメカニクス」により，ヒトの身体運動のしくみを多角的に解説する。
2017.2 332p B5 ¥5500 ①978-4-89013-470-0

◆**ビジュアルで学ぶ 筋膜リリーステクニック Vol.2 頚部、頭部、体幹（脊柱・肋骨）**　Til Luchau著，齋藤昭彦監訳　（横須賀）医道の日本社
【目次】1 背部編，2 呼吸制限，3 むち打ち，4 頚部の問題，5 顎関節，6 頭痛，7 締めくくりと順序
2017.6 248p B5 ¥4700 ①978-4-7529-3122-5

◆**人受精胚と人間の尊厳―診断と研究利用**　盛永審一郎著　リベルタス出版　（リベルタス学術叢書）
【要旨】「受精卵と娘は大して変わらない」山中教授のこの新しい「思考の帽子」が「ノーベル倫理学賞」とも評された「生理学・医学賞」へと導いた。なぜか？
2017.7 190p A5 ¥3800 ①978-4-905208-07-5

◆**ひと目でわかる体のしくみとはたらき図鑑**　大橋順，桜井亮太日本語版監修，千葉喜久枝訳　（大阪）創元社　（イラスト授業シリーズ）
【要旨】脳・心臓・血管などの「器官別」だけでなく，細胞分裂・免疫・消化などの「しくみ別」に学べるから，全身のはたらきが理解できます。適度にディフォルメされたオールカラー・イラストで，複雑なしくみも一目瞭然。リアルな解剖図は苦手…という方も安心。それぞれのテーマは見開き（2ページ）単位で簡潔にまとまっているので，興味に合わせてどこからでも，短い時間で読むことができます。「応用コラム」，「Q&Aコラム」，「雑学コラム」など，各テーマが多彩なコラム形式でまとまっているので，長々とした文章を読む必要がありません。体の物理的な構造だけでなく，ホルモンなどの化学的な反応，脳や神経に関わる精神的な事柄まで，人体の不思議をさまざまな切り口で解説しています。
2017.7 255p 25×21cm ¥2800 ①978-4-422-41095-1

◆**プラクティカル解剖実習―四肢・体幹・頭頸部**　千田隆夫，小村一也著　丸善出版
【要旨】解剖の手順を写真と図で明示。
2017.3 223p A4 ¥3300 ①978-4-621-30140-1

◆**まんが 人体の不思議**　茨木保著　筑摩書房　（ちくま新書）
【要旨】知っているようで，実は知らないことが多い身体のしくみ。たとえば，肝臓はどんな働きをしている臓器か，ぱっと答えられる人は少ないし，ホルモンってよく聞くけど，どの部位から出ていて，どんな働きがあるのか，わからない人も多いだろう。医学的な話になると，素人には難しくて，手も足も出ないと思いがちだが，本書は「まんが」で説明しているから，誰にでも理解できるはず。これ一冊読んでおけば，診察室での専門用語にも対応できるに違いない。
2017.5 315p 18cm ¥940 ①978-4-480-06964-1

◆**理学療法士・作業療法士 PT・OT基礎から学ぶ生理学ノート**　中島雅美著　医歯薬出版　（付属資料：別冊1）第3版
【目次】生理学総論，神経・末梢神経系，中枢神経系，感覚器系，循環器系，呼吸器系，消化器系，栄養と代謝，泌尿器系，生殖器系，内分泌系
2018.1 275p B5 ¥4000 ①978-4-263-26551-2

◆**NHKスペシャル「人体―神秘の巨大ネットワーク」 1**　NHKスペシャル「人体」取材班編　東京書籍
【要旨】有史以来，人類は自らの体を探求し続けてきた。個々の臓器の役割を解き明かし，それぞれの臓器で働く細胞の機能を解明し，背後から支配する遺伝子の世界にも踏み込んだ。そして，細胞や遺伝子といった目には見えない

微小な世界の秘密を探るうち，思いもよらないひとつの大きな秘密にたどり着いた。科学者たちは語る。「人体の真の姿は，巨大なネットワークだ」いま，医学の世界で起きている大転換。最新科学が明らかにした，驚くべき人体の新たな姿に迫る。
2018.1 162p 25×19cm ¥2700 ①978-4-487-81095-6

生化学・医化学

◆**医療・診断・創薬の化学―医療分野に挑む革新的な化学技術**　日本化学会編　（京都）化学同人　（CSJ Current Review 24）
【目次】1 基礎概念と研究現場（フロントランナーに聞く（座談会），医療応用のための基礎，医療科学（バイオマテリアル）の歴史と未来展望），2 研究最前線（バイオセンサーの歯科への応用，アプタマーの医療応用，ナノ粒子による精密診断ほか），3 役に立つ情報・データ（この分野を発展させた革新論文39，覚えておきたい関連最重要用語，使える！便利！関連情報）
2017.9 194p B5 ¥4400 ①978-4-7598-1384-5

◆**ウイルス・ルネッサンス―ウイルスの知られざる新世界**　山内一也著　東京化学同人　（科学のとびら 62）
【要旨】ウイルスといえば病原体を思い浮かべるが，“善玉ウイルス”の側面があることがわかってきた。小型細菌よりも大きな“巨大ウイルス”が見つかり，海洋や腸内細菌に共存する膨大な数の未知ウイルスについても網羅的な解析が始まっている。ウイルスを用いた新世代ワクチン，がん治療，遺伝子治療など医療への応用も拡大している。ウイルス研究の新展開は計り知れない。
2017.2 146, 4p B6 ¥1400 ①978-4-8079-1503-3

◆**エピジェネティクス実験スタンダード―もう悩まない！ゲノム機能制御の読み解き方**　牛島俊和，眞貝洋一，塩見春彦編　羊土社　（「実験医学」別冊）
【目次】1 エピジェネティクス解析ナビ，2 DNAメチル化解析，3 ヒストン化学修飾解析，4 非コードRNA解析，5 核内高次構造解析，6 その他の新技術
2017.6 394p B5 ¥7400 ①978-4-7581-0199-8

◆**科学知と人文知の接点―iPS細胞研究の倫理的課題を考える**　京都大学iPS細胞研究所上廣倫理研究部門編，山中伸弥監修　弘文堂
【要旨】科学知と人文知の最先端の叡智が結集して，人類が初めて直面する問題群に挑む。
2017.10 363p A5 ¥3500 ①978-4-335-75017-5

◆**食卓の生化学**　三浦義彰，小野直美，橋本洋子著　医歯薬出版　第2版
【目次】砂糖物語，食物繊維，n-3系不飽和脂肪酸，抗酸化ビタミン，食品中のプリン化合物と高尿酸血症，鉄欠乏性貧血―まだ鉄は足りない，高血圧では食塩が悪者にされている，骨粗鬆症，肥満のサイエンス，筋肉をつくる食事，がん予防を考える食生活，長寿と食事，現代人の食べ物―患者さんの食事への質問に備えて
2017.5 202p A5 ¥4000 ①978-4-263-70721-0

◆**代謝ナビゲーション―ミトコンドリアを中心とする代謝ネットワーク**　ナヴディープ・S.チャンデル著，大竹明，岡崎康司，村山圭監訳　メディカル・サイエンス・インターナショナル
【目次】代謝入門，代謝の基礎，糖輸送，ミトコンドリア，NADPH：忘れられた還元当量，糖質，脂質，アミノ酸，ヌクレオチド，シグナル伝達と代謝，増殖細胞の代謝，代謝研究の展望，生物システムにおける代謝の解析
2017.9 245p B5 ¥4800 ①978-4-89592-900-4

◆**臨床微生物学**　松本哲哉編著　医歯薬出版　（最新臨床検査学講座）
【目次】第1章 微生物学（序論、総論），第2章 臨床微生物学（細菌学各論 ほか），第3章 微生物検査法（基本操作、顕微鏡による観察 ほか），第4章 微生物検査結果の評価（感染症との関連、緊急連絡を要する検査結果（パニック値）とその取り扱い ほか），第5章 サーベイランス（サーベイランスの目的、各種サーベイランスの特徴 ほか）
2017.2 422p B5 ¥5800 ①978-4-263-22370-3

◆**miRNAの最新知識―基礎領域から診断・治療応用まで**　落谷孝広編　（大阪）医薬ジャーナル社

【目次】血中miRNA研究の現状、がんmiRNAとエピジェノミクス、miRNAが形成する遺伝子発現制御ネットワークとヒト疾患、多層的疾患オミックス解析による創薬標的・バイオマーカー探索、がん臨床現場でのマーカー意義とmiRNAマーカーへの期待、miRNA研究と認知症─バイオインフォマティカルアプローチ、がん臨床とmiRNA研究の現状、神経変性疾患分野のmiRNA研究の現状、臨床検査における血中miRNAマーカーへの期待、血中miRNAマーカー実用化のための検査標準物質開発、マーカー探索を支援するバイオインフォマティクス技術の現状、人工核酸によるmiRNA検出法の高感度化、miRNA検出測定用ツールの最新の成果、小分子核酸を利用した大腸がん医療構築戦略と核酸医療による新しいドラッグデザイン、miRNAによる検査診断ツールおよび核酸医薬開発の現状

2017.6 195p B5 ¥4800 ⓘ978-4-7532-2844-7

 脳・神経科学

◆赤ちゃんの脳と心で何が起こっているの？　リザ・エリオット著、小西行郎日本版監修者、福岡洋一訳　楽工社
【要旨】脳科学者であり、3人の子どもの母親でもある著者が、“赤ちゃんの脳と心の発達メカニズム”を詳しく解説。科学的根拠を示しながら、“健康で賢い子に育てるために親に何ができるのか”を紹介する。妊娠初期から5〜6歳児までのための「科学的」育児書の決定版。
2017.11 689p B5 ¥3200 ⓘ978-4-903063-79-9

◆アトラス脳腫瘍病理　中里洋一編著　中外医学社
【要旨】WHO分類改訂第4版によるパラダイムシフトを踏まえ、選りすぐられた組織・電顕写真、マクロ画像から脳腫瘍の真の姿に迫る決定版。
2017.10 500p B5 ¥8000 ⓘ978-4-498-22864-1

◆あなたの脳のはなし─神経科学者が解き明かす意識の謎　デイヴィッド・イーグルマン著、大田直子訳　早川書房
【要旨】意識は傍観者であって、主導権をにぎってなどいない─脳にかんする私たちの思い込みを粉々にして衝撃を与えた神経科学者が、脳科学の最新知見を駆使してあなたの「真の物語」を説き語る最新作。
2017.9 282p B6 ¥1800 ⓘ978-4-15-209706-4

◆運動失調のみかた、考えかた─小脳と脊髄小脳変性症　宇川義一編　中外医学社
【要旨】小脳の解剖、生理、生理学的異常と検査から、近年大きく評価が発展した脊髄小脳変性症の発生機序・分子病態までを精緻に解説。最新情報から明日の診療に役立つ実践的知識まで網羅した決定版。
2017.9 358p B5 ¥9200 ⓘ978-4-498-22890-0

◆演習で学ぶ脳画像─読影からリハ介入まで　酒井保治郎監修・著、小宮桂治編著、高村浩司著　羊土社
【要旨】脳画像が読めれば臨床が変わる！　臨床現場ですぐに役立つ症状予測からリハの進め方までを徹底解説！　演習形式でリハスタッフのための脳画像読影のポイントがよくわかる。
2017.12 247p B5 ¥4800 ⓘ978-4-7581-21677-4

◆カラー図解 脳神経ペディア─「解剖」と「機能」が見える・つながる事典　渡辺雅彦著　羊土社
【要旨】解剖、機能。バラバラになりがちな知識のピースをぴたりとはめ、脳神経をすっきり理解！　2017.8 285p B5 ¥6800 ⓘ978-4-7581-2082-1

◆稀少てんかんの診療指標　日本てんかん学会編　診断と治療社
【目次】第1章 稀少てんかんの原因─総論（遺伝子異常とてんかん、染色体異常症とてんかん ほか）、第2章 疾患の特徴と診療指標（てんかん症候群、神経皮膚症候群におけるてんかん ほか）、第3章 稀少てんかんの検査（生理検査、画像検査 ほか）、第4章 稀少てんかんの治療とケア（治療総論、ケアとサポート）、第5章 稀少てんかんQ&A（検査・遺伝に関連するQuestion、診断についてのQuestion ほか）
2017.4 259p B5 ¥5800 ⓘ978-4-7878-2309-0

◆基礎からよくわかる実践的CFD（数値流体力学）入門 脳血管編─今すぐ始められる！研究用CFDフリーソフト付き！　山本誠総監修、根本繁、高尾洋之編　（大阪）メディカ出版

【目次】序章 流体力学の基本知識、第1章 脳血管疾患と血流の流れ、第2章 血流解析に必要な流体力学の基礎、第3章 血流解析に必要なCFDの基礎、第4章 脳血流に対するCFD解析、第5章 さまざまな血流解析、第6章 CFDの実践、第7章 CFDを用いた医療
2017.4 277p B5 ¥8000 ⓘ978-4-8404-6147-4

◆虐待が脳を変える─脳科学者からのメッセージ　友田明美、藤澤玲子著　新曜社
【目次】虐待とは、虐待の種類、虐待の歴史と現状、愛着障害、思春期・青年期における虐待の影響、発達障害の虐待への影響、虐待の引き起こす精神疾患、脳の役割と発達、精神疾患と脳の画像診断、虐待経験者の脳の画像研究、精神トラブルの無い虐待経験者の脳を調べる、癒やされない傷、虐待は受け継がれる、癒やされる傷、現代社会における育児、治療から予防へ、育児に関わる人たちへ
2018.1 185p B6 ¥1800 ⓘ978-4-7885-1545-1

◆筋力発揮の脳・神経科学─その基礎から臨床まで　大築立志、鈴木三央、柳原大編著　市村出版　（ヒトの動きの神経科学シリーズ 3）
【題名】筋力発揮の基礎的神経機構（運動単位からみた筋力制御の基本特性）、筋力の随意調節（筋出力の随意調節、負荷予測と筋力発揮：筋出力の準備と修正、複数筋の同時収縮による発揮筋力の低下）、動きのための筋力発揮（摘み力の制御、素早い筋力発揮に先行する筋放電抑止）、筋力発揮能力の個体内変動（筋力トレーニングの神経機構、筋疲労の神経機構）、筋力異常を引き起こす神経障害とその治療（整形疾患のスポーツ障害のケースでの筋力回復、学童期の筋性麻痺児の治療を通してバランスと筋力、パーキンソン病における筋力低下の原因と治療、筋萎縮性側索硬化症（ALS）とその治療）
2017.3 188p B5 ¥3800 ⓘ978-4-902109-43-6

◆クリニカルリーズニングで神経系の理学療法に強くなる！　相澤純也監修、中村学、藤野雄次編　羊土社
【要旨】“デキるPT”の頭の中をビジュアル化！　フローチャート・表を多用し、よく出会う症状・現象へのアプローチを解説！　原因を追究して結果を出すための思考プロセスが学べる！　さまざまな評価をふまえて、多角的に仮説を考え、絞り込んでいくスキルが身につく！
2017.7 246p B5 ¥4900 ⓘ978-4-7581-0220-9

◆高次脳機能障害の理解と診察　平山和美編著　中外医学社
【要旨】Clinical Neuroscienceで大人気の連載、待望の書籍化。いつでもどこでも知りたいテーマを辞書を引くように学べる構成。「難しい」「暗記もの」「複雑」という高次脳機能障害のイメージががらりと変わります。
2017.12 315p B5 ¥6800 ⓘ978-4-498-22894-8

◆「高齢者てんかん」のすべて　久保田有一著　アーク出版
【要旨】急速な高齢化の進展とともに、意識が突然、途切れてしまう「高齢者てんかん」を患う患者さんが増えている。しかし、症状が認知症と似ているため、適切な処置が受けられず、病気を進行させてしまうケースが多い。薬を服用すれば治る病気だけに、早期発見・早期治療が大切になる。どんな病気？　どんな症状がある？　どうやって診断する？　どうやって治す？　親族に高齢者を持つ人はもちろん、老人ホームやデイサービスで仕事にあたるスタッフ、そして家庭医や内科医などの医療関係者まで、いま喫緊の話題である高齢者てんかんについて、知っておくべき情報をまとめた本。
2017.8 173p A5 ¥1600 ⓘ978-4-86059-174-8

◆ざんねんな脳─神経科学者が語る脳のしくみ　ディーン・バーネット著、増子久美訳　青土社
【要旨】神経科学のプロにして コメディアンでもある著者がユーモアを交えながら語る、驚きの脳科学。
2017.12 333p B6 ¥1850 ⓘ978-4-7917-7025-0

◆自己と他者を認識する脳のサーキット　浅場明莉著、一戸紀孝監修、市川眞澄編　共立出版　（ブレインサイエンス・レクチャー 4）
【目次】第1章 はじめに、第2章 自己の身体を認識する、第3章 自己の心を理解する“自己意識”、第4章 他者との関係を認識する、第5章 他者の動きから心を理解する、第6章 他者の情動が伝染する、他者の情動に共感する、第7章 他者の心を理解する“心の理論”、第8章 “ミラーニューロン”と“共感”と“心の理論”の違い
2017.4 190p A5 ¥3200 ⓘ978-4-320-05794-4

◆小児神経学の進歩　第46集　日本小児神経学会教育委員会編　診断と治療社
【目次】小児神経の最近のトピックス（急性脳症の診断：新しいガイドラインの解説、重症心身障害児に対する在宅医療の現状と課題、ブレイン・マシン・インターフェースによる脳卒中片麻痺の機能回復、神経筋疾患の診断と治療アップデート、原因不明の小児神経疾患の遺伝子診断、水頭症と髄液循環について、発達障害の薬物療法）、Clinical Pathological Conference（C.P.C.）（広範囲の皮膚病変に重度の精神運動発達遅滞を伴う4歳男児）、小児神経の最近のトピックス（熱性けいれん診療ガイドライン2015について）、Clinical Conference（C.C）（異常眼球運動、精神運動退行、睡眠時喉頭喘鳴を呈した1歳女児）
2017.6 110p B5 ¥6200 ⓘ978-4-7878-2296-3

◆新 近代ボバース概念─発展する理論と臨床推論 成人中枢神経疾患に対する治療　ベンテ・バッソ・ジェルスビック、リン・サイアー著、新保松雄監修、金子唯史、佐藤和命訳　ガイアブックス　（原書第2版）
【要旨】国際的に著名なボバースインストラクター、ベンテ・ジェルスビックによる改訂新版。本書では、中枢神経系疾患患者の評価と治療をより洗練したものにするために、最新の知見、研究論文、臨床ガイドラインなど、エビデンスに基づく臨床実践指向のガイドを提供。また本著は、中枢神経系、筋骨格系、運動、機能などの間にある相互作用の理解を促す事で、中枢神経系疾患患者のリハビリテーション場面における臨床推論に基づいた仮説検証を可能とし、日々の臨床と治療仮説との間にあるギャップを埋める。
2017.7 285p 24×18cm ¥5000 ⓘ978-4-88282-986-7

◆神経原性発声発語障害─dysarthria　苅安誠著　医歯薬出版
【目次】基礎編（dysarthria の定義と基本的事項、音声言語コミュニケーションの基本、発声発語の基盤）、臨床編1 概論（臨床の構図）、臨床編2 評価と鑑別診断（患者の臨床像の把握、音声言語病理の探求（印象、病態生理、神経病理、発声発語能力からみた特徴と関連する能力）、音声言語の評価と鑑別診断）、臨床編3 リハビリテーション（リハビリテーションの設計、発声発語の訓練・指導の原則と技術、発声発語の基礎（機能）訓練、発声発語の実用訓練）、補足（機器による発声発語機能評価）
2017.4 361p B5 ¥7200 ⓘ978-4-263-21749-8

◆神経疾患治療ストラテジー─既存の治療・新規治療・今後の治療と考え方　辻省次総編集、祖父江元専門編集　中山書店　（アクチュアル脳・神経疾患の臨床NEXT）
【目次】1 神経疾患の治療法（薬物療法、食事・栄養指導、運動療法・リハビリテーション ほか）、2 今後の治療法への展開（遺伝子・核酸治療、再生医療・iPS細胞を用いた細胞移植治療、治療法開発に向けて（神経治療薬開発におけるレジストリ・コホート研究の意義、筋ジストロフィーの核酸治療、iPS細胞でのドラッグスクリーニング ほか）
2017.9 451p B5 ¥14000 ⓘ978-4-521-74543-5

◆神経伝導検査ポケットマニュアル　正門由久、高橋修編　医歯薬出版　第2版
【目次】1 原理と意義、2 検査を実際に行う際のポイントと注意点、3 実践編、4 結果の解釈、5 疾患編、6 針筋電図の基礎知識
2017.11 208p 19cm ¥3000 ⓘ978-4-263-21678-1

◆神経理学療法学─コアカリ準拠　潮見泰藏編著　医歯薬出版　（ビジュアルレクチャー）
【目次】1章 神経系理学療法学総論、2章 脳血管障害、3章 パーキンソン病、4章 脊髄小脳変性症・多系統萎縮症、5章 頭部外傷・脳腫瘍、6章 筋ジストロフィー症、7章 筋萎縮性側索硬化症、8章 多発性硬化症、9章 ギラン・バレー症候群（ニューロパチー）、10章 末梢神経損傷、11章 脳性麻痺
2017.3 293p B5 ¥6200 ⓘ978-4-263-21813-6

◆救える脳を救いたい─そして救える人生を救いたい　郭水泳著　（鴻巣）みずほ出版新社、日興企画 発売
【要旨】脳卒中の患者さんに寄添って、剃毛せずに外科手術。年間2,000名の患者さんを救う、3人のスーパードクターからのメッセージ！
2017.11 197p B6 ¥1190 ⓘ978-4-88877-926-5

◆図とイラストで学ぶ 小児てんかんのインフォームドコンセント入門　小国弘量編著　(大阪) 医薬ジャーナル社
【目次】1章 小児てんかんとは(総論)(疫学)、2章 てんかん各論(てんかん発作、てんかん発作型の診断、てんかん発作の診断に必要な検査法とそのステップ、てんかん、てんかん症候群分類、治療方針の選択、てんかんの予後、遺伝の話、日常生活の留意点、治療中止の判断と断薬の手順、再発の場合の留意点)
2017.7 97p B5 ¥3600 ⓘ978-4-7532-2845-4

◆ストレスの脳科学―予防のヒントが見えてくる　田中正敏著　講談社
【要旨】心と体のすべてをコントロールしている脳は、ストレスを受けた時、どのように変化しているのだろうか。その瞬間をとらえることができれば、これほど根源的なストレス対策の指標となるものはないだろう。本書では、私たちを取り巻くさまざまなストレス状況を設定し、最新の神経化学的方法でストレス時の脳の変化を測定した貴重な実験を紹介する。そこで積み重ねられた知見から、ストレスから心と体を守るには何をすればよいのか、予防のヒントが見えてくる。
2017.9 223p B6 ¥1500 ⓘ978-4-06-220768-3

◆すべての疲労は脳が原因　3　仕事編　梶本修身著　集英社　(集英社新書)
【要旨】過労や長時間労働が問題となっている今、苦痛を伴わずに、脳を休息させながら仕事のパフォーマンスを上げる方法が求められている。疲労を防ぐ、脳の「トップダウン処理」、「メタ認知」という情報処理能力、「ワーキングメモリ」を生かして仕事の効率を上げる方法、人間関係のストレスへの具体的な対処法など、"疲れずに仕事をする方法"を丁寧に解説する。疲労のメカニズムを科学的に解説した第一弾、食事・睡眠・生活環境での疲労予防や改善法を具体的に示した第二弾につづく、『すべての疲労は脳が原因』シリーズの第三弾。
2017.9 220p A6 ¥740 ⓘ978-4-08-720898-6

◆続 メカ屋のための脳科学入門―記憶・学習/意識編　高橋宏知著　日刊工業新聞社
【目次】手法編(顕微鏡―脳のミクロ構造を見る、診断装置―外部から脳を見る ほか)、記憶・学習編(海馬(1)―記憶の生成装置、海馬(2)―脳のナビゲーションシステム ほか)、意識編(大脳辺縁系―情動と感情、脳のゆらぎ―無意識な意志決定 ほか)、倫理編(骨相学に学ぶ、社会が価値を決める ほか)
2017.7 217p A5 ¥2200 ⓘ978-4-526-07725-8

◆単純ヘルペス脳炎診療ガイドライン　2017　日本神経感染症学会, 日本神経学会, 日本神経治療学会監修,「単純ヘルペス脳炎診療ガイドライン」作成委員会編　南江堂
【目次】1 単純ヘルペス脳炎の疫学、2 単純ヘルペス脳炎の転帰・後遺症、3 単純ヘルペス脳炎の症状・症候、4 単純ヘルペス脳炎の検査、5 単純ヘルペス脳炎における単純ヘルペスウイルスの遺伝子診断、6 単純ヘルペス脳炎における感受性遺伝子の検索、7 単純ヘルペス脳炎の鑑別診断、8 単純ヘルペス脳炎の治療
2017.8 99p B5 ¥3300 ⓘ978-4-524-25222-0

◆チームで取り組むせん妄ケア―予防からシステムづくりまで　DVD付　長谷川真澄, 粟生田友子編著　医歯薬出版　(付属資料：DVD1)
【目次】第1章 医療機関におけるせん妄ケアの課題と対策(せん妄ケアの課題と対策、組織改善・チームづくり)、第2章 せん妄ケアの基本的知識(せん妄の基本的知識、アセスメントのポイント、予防ケア、発症時のケア)、第3章 医療機関におけるせん妄対策の実践(せん妄のチームケア)
2017.3 135p B5 ¥3600 ⓘ978-4-263-23689-5

◆中枢神経系 古代篇―構造と機能 理論と学説の批判的歴史　ジュール・スーリィ著, 萬年甫, 新谷昌宏訳　みすず書房
【要旨】いつから人間は「脳」や「神経」に注目するようになったのか。古代から19世紀末までの膨大な学説を纏め上げた、フランスの神経学者による世紀を越える金字塔的大著を公刊。渾身の訳業成る！
2017.5 469p A5 ¥20000 ⓘ978-4-622-08584-3

◆続ける脳―最新科学でわかった！ 必ず結果を出す方法　茂木健一郎著　SBクリエイティブ　(SB新書)
【要旨】「成功とは生まれつきの才能で決まり、努力で挽回できるものではない」。最近までそう信じ込まれてきました。しかし、今その常識がひっくり返されようとしています。「才能」や「IQ」よりも大切な要素は「困難があっても続ける力」であると、心理学的エビデンスをもとに提唱されたのです。これが世界的に話題を集める「グリット」です。では「続ける力」はどうしたら身につくのか。脳科学的なアプローチで独自に解説しましょう。
2018.1 180p 18cm ¥800 ⓘ978-4-7973-8950-0

◆てんかんと意識の臨床　兼本浩祐著　日本評論社　(こころの科学叢書)
【要旨】てんかん診療において精神科医が果たす役割は想像以上に大きい。にもかかわらず、担い手は少ない。しかし、脳の疾患とこころの病との境界線を引く作業は精神科医が磨くべき診断技術であり、臨床実践である。豊かなてんかんの臨床実践を通じて、意識にまつわる様々な病を考察し、精神科医の身につけるべき作法を語る。
2017.11 237p B6 ¥2000 ⓘ978-4-535-80440-1

◆てんかんフロンティア―未来へのNew Trend　鶴紀子, 池田昭夫, 田中達也編著　新興医学出版社
【目次】第1部 臨床てんかんの診断と治療の最前線(てんかんのデジタル脳波診断、てんかんと高周波振動、小児てんかんの特徴とその治療、成人てんかん治療：薬剤と生理学的手法の可能性、てんかんの精神症状―全般性と局在性の観点から、てんかんの外科治療、てんかん外科の発作転帰とその評価方法の問題点、新規抗てんかん薬の使用経験と実践)、第2部 臨床てんかん研究―基礎的アプローチ(新規抗てんかん薬と近未来抗てんかん薬、中心脳性てんかん：実験てんかんからのアプローチ、レンノックス - ガストー症候群(LGS)の病態生理―臨床 - 電気生理学的研究と最近の生理学的研究から、てんかんの外科病理診断と病理学的研究、てんかん発作の発現機序、てんかんと可塑性、てんかんとナトリウムチャネル異常、てんかんモデル動物の網羅的遺伝子発現解析によるてんかん発症分子機構の解明、ELマウスで神経幹細胞移植を用いた抑制性神経可塑性導入によるてんかんの治療、その可能性と問題点)
2017.6 141p B5 ¥3300 ⓘ978-4-88002-766-1

◆年をとるほど賢くなる「脳」の習慣　バーバラ・ストローチ著, 池谷裕二監修・解説, 浅野義輝訳　日本実業出版社
【要旨】40 - 65歳が物事をいちばん賢く考えられる。最新の脳科学研究でわかったのは、「人生の満足度は65歳で頂点に達する」こと。真の年齢とは生後何年経過したかではなく、この先、何年生きられるか。本当はすごい、「大人の脳」の秘密。
2017.12 317p B6 ¥1650 ⓘ978-4-534-05530-9

◆日常と非日常からみる こころと脳の科学　宮崎真, 阿部匡樹, 山田祐樹ほか編著　コロナ社
【目次】トピック(危険な経験はスローモーション―脳は命に関わる出来事を事細かに記憶する、天井のしみが人の顔に見える―パレイドリア：脳の中で作られる顔、音や数に色が見える―共感覚：五感どうしの複雑な関係、皮膚の上を跳びはねていく小さなウサギ―逆行する脳の中の時間、あなたも体験できる体外離脱―体外離脱体験を利用して探る自己身体の認識を形成する脳の仕組み、自分でくすぐるとくすぐったくない―自身と外界を見分ける脳の仕組み、時間よ、止まれ！―身体の動きによって引き伸ばされる脳の中の時間、オフサイド判定で誤審が起こりやすいわけ―フラッシュラグ効果 ほか)、用語集、キーワード脳部位マップ
2017.10 198p A5 ¥2600 ⓘ978-4-339-07814-5

◆ニュースタンダード 脳神経外科学　生塩之敬, 種子田護, 山田和雄編　三輪書店　第4版
【目次】神経系の形態と機能、主要神経症候と病態、診断法、補助診断法、基本的処置と手術手技、血管内治療、脳腫瘍、脳血管障害、頭部外傷、先天異常、水頭症、中枢神経系の炎症性疾患、機能的脳神経外科、脊髄・脊椎疾患、末梢神経の外科、脳神経外科疾患とリハビリテーション
2017.10 567p B5 ¥7000 ⓘ978-4-89590-613-5

◆脳―心の謎に迫った偉人たち　トム・ジャクソン著, 石浦章一監訳, 大森充香訳　丸善出版　(歴史を変えた100の大発見)
【要旨】脳を切り取ってうつ病を治す？ 人の性格を映し出す「脳の鏡」？ 猫を電気で生き返らせる？ 頭の形で性格がわかる？ すばらしき大発見と(あやしげな)小発見でたどる脳科学の歴史。「魂はここに宿る」ダ・ヴィンチが信じた脳のなかの不思議な空間。体が無意識のうちに動き始める病「舞踏病」。失ったはずの手足に痛みを感じる退役軍人たち。右脳と左脳を分断された人間が見る世界のすがた。意識はどのようにして生み出されるのか？ 脳と心の謎に迫った100の物語。
2017.11 150p 25×22cm ¥3800 ⓘ978-4-621-30202-6

◆脳を守ろう―脳梗塞・認知症を予防するために　岩田誠著　岩波書店　(岩波ブックレット)
【目次】1 脳について知ろう(脳はよく働く、睡眠は、「使用済み燃料」が溜まって起こる、長い高齢期を生きること―脳梗塞と認知症、脳ドックで何がわかるか、脳細胞はなぜ減るのか、脳の重さと知能、認知症かどうかはこう診断できる)、2 脳梗塞は予防できる(動脈硬化による脳梗塞、心臓に由来する脳梗塞、高血圧が原因の脳梗塞)、3 認知症(アルツハイマー型認知症)との付き合い方(アルツハイマー病の原因、高齢者の脳からわかったこと、「脳のゴミ」を消すと、どうなるか、その人その人の「脳のゴミの溜まり方」を知る)、4 脳の鍛え方、休め方(手や口を使って表現しましょう、脳は何のためにあるのか、動物との交流、音楽療法)
2017.6 63p A5 ¥520 ⓘ978-4-00-270967-3

◆脳科学は人格を変えられるか？　エレーヌ・フォックス著, 森内薫訳　文藝春秋　(文春文庫)
【要旨】人生の明るい面に目がいくか、暗い面に目がいくか。その差は脳の活動パターン自体に関連していた。エジソン、チャーチル、マンデラ…逆境に打ち勝つ偉人はみな「楽観主義者」。"楽観脳"と"悲観脳"は何が違うのか、心理学、分子遺伝学、神経科学を横断しながら人格形成の神秘を明らかにする「白熱教室」。
2017.8 397p A6 ¥920 ⓘ978-4-16-790898-0

◆脳画像解析で1万人以上の患者を救った名医が教える 悩まない脳の作り方　加藤俊徳著　辰巳出版
【要旨】悩みの原因は「心」ではない！ 最新脳科学による究極の感情コントロール法。
2017.8 199p B6 ¥1300 ⓘ978-4-7778-1775-7

◆脳機能改善のための栄養素について　寺尾啓二著　健康ライブ出版社　(健康・化学まめ知識シリーズ 4)
【目次】第1章 総論からn3多価不飽和脂肪酸の有効性序論、第2章 n3多価不飽和脂肪酸の有効性、第3章 クリルオイルの有効性、第4章 アルツハイマー型認知症予防とその栄養素、第5章 脳血管性認知症予防とその栄養素、第6章 R - αリポ酸、第7章 L - カルニチン、第8章 CoQ10
2017.9 47p A5 ¥400 ⓘ978-4-908397-06-6

◆脳血管外科手術器具＆機器―必ず知っておきたい　飯原弘二監修, 菱川朋人編　(大阪) メディカ出版　(『脳神経外科速報』2017年臨時増刊)
【要旨】実臨床の使用感に基づいた、「臨床医目線のカタログ」。手術器具＆機器の特性、使用上のコツ・ピットフォールが一目瞭然。若手医師必読！ 主な手術トレーニング機器やビデオ編集のポイントを解説。さまざまなタイプの手術室についても詳述。機器開発にも役立つ！ 開発者による「開発秘話」を収載。
2017.10 254p B5 ¥8000 ⓘ978-4-8404-6123-8

◆脳血管障害診療のエッセンス　日本医師会編　日本医師会, メジカルビュー社 発売　(日本医師会生涯教育シリーズ)
【目次】カラー口絵、1 総論、2 疫学、3 脳卒中の診断手順、4 病型分類、5 脳血管障害の危険因子、6 脳血管障害の画像検査・血液学的検査、7 主な脳血管障害の診断と治療、8 その他の脳血管障害の診断と治療、9 無症候性脳血管障害、10 脳梗塞の再発予防、11 脳血管障害に伴う慢性期症状の管理、12 リハビリテーション、13 脳卒中医療連携
2017.7 346p B5 ¥5500 ⓘ978-4-7583-1778-8

◆脳卒中治療ガイドライン　2015　追補2017対応　日本脳卒中学会脳卒中ガイドライン委員会編　協和企画
【目次】1 脳卒中一般、2 脳梗塞・TIA、3 脳出血、4 くも膜下出血、5 無症候性脳血管障害、6 その他の脳血管障害、7 リハビリテーション
2017.10 341p A4 ¥4540 ⓘ978-4-87794-194-9

◆脳卒中に対する標準的理学療法介入―何を考え、どう進めるか？　潮見泰藏編　文光堂　第2版

【目次】基礎編(脳卒中に対する標準的理学療法介入の必要性─脳卒中理学療法の新しいパラダイム、脳卒中の病態と診断、脳画像の基本、画像情報の活かし方、脳卒中に対する標準治療、脳卒中後の回復メカニズム ほか)、実践編(脳卒中患者に対する介入方略、半側空間無視に対する対応、Pusher症候群に対する対応、装具の選択基準と適応、嚥下障害に対する対応 ほか)
2017.4 385p B5 ¥6500 ①978-4-8306-4549-5

◆脳卒中・片麻痺理学療法マニュアル　長澤弘編　文光堂　第2版
【目次】1 脳卒中・片麻痺のとらえかた(脳卒中・片麻痺の理解と障害構造、脳卒中・片麻痺に対する理学療法の進めかた)、2 脳卒中・片麻痺の疫学、診断学、内科・外科的治療(疫学、診断学、脳卒中の内科・外科的治療)、3 脳卒中・片麻痺の理学療法評価と治療介入(理学療法評価、課題志向型治療介入、長期療養へむけて)、付録
2017.3 453p A5 ¥6500 ①978-4-8306-4551-8

◆脳電場ニューロイメージング　C.M.ミッシェル, T.ケーニック, D.ブランダイス, L.R.R.ギアノッティ, J.ワッカーマン編、尾崎久記、平田幸一、木下利彦監訳
【要旨】脳波(EEG)は脳内の時空間動態を完全かつ非侵襲的に観察する手立てであるが、今日では技術革新により実験的・臨床的研究での様々な事例をミリ秒の時間精度で直接記録する最新の機能的イメージング法が登場している。それらをいかに活用するのか。Electrical Neuroimaging:電気的神経画像の研究方法の基礎から新しい応用法まで解説する。
2017.5 191p B5 ¥7000 ①978-4-89013-476-2

◆脳動静脈奇形治療のこれまでとこれから─脳神経外科のエベレスト登山　森田明夫、伊達勲編、菊田豊担当編集委員　メジカルビュー社　(新NS NOW No.10)
【目次】1 総論(脳動静脈奇形(AVM)の概念、病理、疫学、歴史、脳動静脈奇形の手術器具とモニタリング─バイポーラー、ICG videoangiography、術中DSA、脳動静脈奇形の最新モニタリング─Hybrid ORとナビゲーション、脳動静脈奇形に対するNBCAを用いた塞栓術、脳動静脈奇形の塞栓術Onyx、脳動静脈奇形の定位放射線治療)、2 各論(脳動静脈奇形急性期の手術、テント上大脳半球AVMの手術─手術の基本(Spetzler・Martin grade 1、2)、テント上大脳半球high grade AVMの手術─Spetzler・Martin grade 3・5、テント上深部AVM─側頭葉、特に海馬、内側型、テント上深部AVM(脳梁、松果体部、基底核・視床、島回)の手術、テント下脳動静脈奇形(小脳AVM)の手術、テント下脳動静脈奇形(小脳上面)の手術、High grade AVMに対するmultimodal treatment、脳動静脈奇形手術における術中トラブルとその克服)
2017.5 197p A4 ¥11000 ①978-4-7583-1570-8

◆脳内環境辞典　高橋良輔、山中宏二、樋口真人、漆谷真編　(大阪)メディカル ドゥ
【目次】アストロサイト、アディポネクチン(APN)、アファディン、アミロイドβタンパク質、アルギニンバソプレッシンV1a、V1b受容体、アルツハイマー病、遺伝子コード型Ca2+プローブ(GECI)、エクソソーム、オステオポンチン、温度感受性TRPチャネル〔ほか〕
2017.3 156p B5 ¥2500 ①978-4-944157-64-8

◆脳の意識 機械の意識─脳神経科学の挑戦　渡辺正峰著　中央公論新社　(中公新書)
【要旨】物質と電気的・化学的反応の集合体にすぎない脳から、なぜ意識は生まれるのか。多くの哲学者や科学者を悩ませた「意識」という謎。本書は、この不可思議な領域から、クオリアやニューロンなどの知見を手がかりに迫る。さらには実験成果なども踏まえ、人工意識の可能性に切り込む。現代科学のホットトピックであり続ける意識研究の最前線から、気鋭の脳神経科学者が、人間と機械の関係が変わる未来を描きだす。
2017.11 317p 18cm ¥920 ①978-4-12-102460-2

◆脳の神秘を探ってみよう─生命科学者21人の特別授業　朝日新聞出版編、テルモ生命科学芸術財団「生命科学DOKIDOKI研究室」協力　朝日新聞出版　(いのちの不思議を考えよう3)
【要旨】記憶力は高められるの? トップアスリートの脳の使い方って? 病気を防ぐ? 人間の体にも心にも関わる脳。その秘密を解き明かす脳科学の最新動向を、注目の生命科学者たちが語ります。
2017.3 223p A5 ¥1200 ①978-4-02-331583-9

◆脳の誕生─発生・発達・進化の謎を解く　大隅典子著　筑摩書房　(ちくま新書)
【要旨】私たちの脳は、たった1個の受精卵という細胞から、どのように出来上がったのだろう。本書は、四次元でダイナミックに生まれていく脳のドラマを解説する初の入門書である。神経組織やニューロンが作られ、脳の枠組みが出来上がる「発生」ステージ、ニューロンが突起を伸ばし繋ぎ合わされて大人の脳に成熟していく「発達」ステージ、地球史・生物史の視点からヒトの脳へ至る道筋をたどる「進化」ステージ──以上三部構成で、30週、20年、10億年の各スケールに立ち、脳という小宇宙が形作られる壮大なメカニズムを追う!
2017.12 260, 3p 18cm ¥860 ①978-4-480-07101-9

◆脳の非凡なる現象─私が知っている　西崎知之著　三五館
【要旨】最先端の医学者が到達した、脳科学の最前線。脳トレやDHA、ココナッツオイルの信用度は!?最新の認知症対策・治療法・脳の病気百科も収録!
2017.4 221p B6 ¥1300 ①978-4-88320-695-7

◆脳はいいかげんにできている─その場しのぎの進化が生んだ人間らしさ　デイヴィッド・J.リンデン著、夏目大訳　河出書房新社　(河出文庫)
【要旨】脳はその場しのぎの、場当たり的な進化によってもたらされた! 脳は燃費が悪くて、情報伝達も遅くて非効率。だからこそ「人間らしさ」がもたらされた。性格や知能は氏か育ちか、男女の脳の違いとは何か、なぜ奇想天外な夢を見るのか、宗教が存在する理由とは、などの身近な疑問を説明しながら、脳にまつわる常識を覆す名著!
2017.5 367p A6 ¥980 ①978-4-309-46443-5

◆脳は変わる─ニューロプラスティシティ　モーヘブ・コスタンディ著、水谷淳訳　日本評論社　(MITエッセンシャル・ナレッジ・シリーズ)
【要旨】脳は柔軟である! 英語のことわざ「老犬に新たな技を教えることはできない」は、最新の脳の研究によって覆された。ニューロプラスティシティ(=神経可塑性)によって、脳の変化は一生続く!
2017.6 173p B6 ¥2000 ①978-4-535-78823-7

◆脳は「ものの見方」で進化する　ボー・ロット著、桜田直美訳　サンマーク出版
【要旨】「私の見ている世界」が「あの人の見ている世界」と違うのは、実はこんな理由だった! 錯覚し、勘違いし、脳をつく脳を私たちは「この方法」で見破り、そして進化させる! 人生が変わる「脳の本」。
2017.11 411p B6 ¥1700 ①978-4-7631-3492-9

◆パーキンソン病─発症機序に基づく治療　水野美邦著　中外医学社
【要旨】パーキンソン病研究・治療のオーソリティが、約半世紀をかけて積み上げてきた膨大な経験値とパールの数々を凝縮。
2017.3 209p A5 ¥7000 ①978-4-498-22880-1

◆パーキンソン病　山之内博監修、主婦の友社編　主婦の友社　(よくわかる最新医学)
【要旨】パーキンソン病を正しく理解するために。最新の薬物療法と治療法で症状をコントロールする。日常を支える効果の高いリハビリとは。
2017.8 159p A5 ¥1400 ①978-4-07-425350-0

◆はじめてのてんかん・けいれん診療─上手な説明・コンサルテーションの仕方　小出泰道編著　日本医事新報社
【目次】1章 てんかん・けいれん一般(けいれんの原因や病態─けいれんはなぜ起こるのですか?、てんかんの定義─てんかんって何ですか? ほか)、2章 対処(発作時の対処についての指導─発作を起こしているときはどうしたらいいですか? してはいけないことはありますか?、救急車を呼ぶべき場合の指導─発作を起こしたときは救急車を呼ぶべきでしょうか? ほか)、3章 診断・検査(脳波検査のてんかん診療での役割─脳波検査って何ですか? どういう意味があるのでしょうか?、脳波検査とてんかんの関係─脳波に異常があればてんかんですか? ほか)、4章 薬物療法(抗てんかん薬選択の実際─薬はどうやって選んでいるのですか?、薬剤変更のタイミングと方法─そろそろ薬を変えたらよいでしょうか? ほか)、5章 生活・制度など(日常生活一般について話しておくべきこと─どういう生活をさせればよいでしょうか? 1人で行動させてもいいですか?、運動指導─水泳やスポーツ、部活動はやらせてもよいですか? ほか
2017.3 151p A5 ¥3600 ①978-4-7849-4566-5

◆必携 脳卒中ハンドブック　高嶋修太郎、伊藤義彰編　診断と治療社　改訂第3版
【目次】1 総論─解剖、病型、診察、検査、2 脳卒中の一般治療、3 脳梗塞、TIA、4 脳出血、5 くも膜下出血(SAH)、6 無症候性脳血管障害、7 その他の脳血管障害、8 若年者の脳卒中、9 リハビリテーション、10 脳卒中専門医に必要な基礎的トピックス、11 脳血管障害の疫学・社会医学　2017.9 476p A4 ¥15000 ①978-4-7878-2236-9

◆ピッチと和声の神経コード─心は脳の音楽　ゲラルト・ラングナー著、根本幾訳　東京電機大学出版局
【目次】和声の歴史的側面、音と周期性、基音の不在の発見─Missing Fundamental、ピッチの謎、聴覚における時定数、聴覚の伝達路、脳幹における周期性の符号化、聴覚における周期性の符号化、周期性の符号化の理論、ピリオドトピー、和音の神経符号、振動する脳
2017.2 270p A5 ¥3500 ①978-4-501-55520-7

◆プライム脳神経外科 2 脳虚血　木内博之監修、斉藤延人監修・編　三輪書店
【要旨】外科治療の最前線! エキスパートのテクニカルノート。臨床で活躍する第一級の執筆陣。複数の手技やデバイスの使い方、内科学的治療も詳述。
2017.9 259p A4 ¥14000 ①978-4-89590-588-6

◆ブレインサイエンス・レビュー 2017　廣川信隆編　クバプロ
【目次】グルタチオンによる神経保護作用、脳回路活動の構造解析、眼を動かしても外界が動いて見えないのはなぜか、神経幹細胞の増殖・分化の光制御と生後脳・成体脳ニューロン新生、シナプス刈り込みにおけるグリア細胞の役割、メダカを用いた「魚類社会脳」の分子神経基盤の解明、心理ストレスによる自律生理反応を駆動する中枢神経回路機構、水/塩欲求制御に関わる神経機構、統合失調症の、帯域皮質活動異常の解明、食欲による神経前駆細胞の静止期制御機構、幼少期ストレスが成体海馬神経前駆細胞に及ぼす作用とそのメカニズムの解明を通して見た神経幹細胞疾患研究を、新しい磁気刺激リハビリテーション開発と可塑性の解明、先天性神経疾患に対する新しい治療戦略
2017.2 308p A5 ¥3200 ①978-4-87805-150-0

◆まるごと図解 神経の見かた─オールカラー　山口博孝　照林社
【要旨】基礎を楽しくしっかり学ぶ、神経の解剖&機能。知識を身に付けよう、神経障害の症状。意識障害、高次脳機能障害、認知症。患者さんと接するときのポイントも! "世界一わかりやすい神経の本"。
2017.12 171p 26×22cm ¥2400 ①978-4-7965-2422-3

◆「めんどくさい」がなくなる脳　加藤俊徳著　SBクリエイティブ
【要旨】課題の先送り、新しいことが苦手、行動力がない、人づき合いがめんどくさい……、これらはあなたの性格のせいでも、やる気のせいでもない。脳のクセがあなたの人生をじゃましてた! もう脳に「NO!」とは言わせない! 最新脳科学が明かす脳の強化メソッド。
2017.3 203p B6 ¥1300 ①978-4-7973-8908-1

◆やさしいパーキンソン病の自己管理　村田美穂編著　(大阪)医薬ジャーナル社　改訂3版
【目次】1 パーキンソン病の基礎知識(パーキンソン病とは、パーキンソン病の原因と診断、パーキンソン症候群、認知症状、精神症状)、2 パーキンソン病の治療(薬物療法、薬物療法における副作用・注意点、外科治療、心理療法)、3 パーキンソン病のリハビリテーション(自宅でできる運動、飲み込み・しゃべり方の障害)、4 自宅での介護の要点(住宅改修・整備、看護の立場から、社会支援)
2017.3 123p A4 ¥2800 ①978-4-7532-2836-2

◆臨床につながる脳疾患学　岡島康友編著　医歯薬出版
【目次】01 くも膜下出血、02 視床出血─脳内出血、03 橋出血若年性海綿状血管腫─脳内出血、04 アミロイド血管炎性疾ば下出血─脳内出血、05 心原性脳塞栓症─脳梗塞、06 ラクナ梗塞─脳梗塞、07 アテローム血栓性脳梗塞─脳梗塞、08 慢性硬膜下血腫、09 脳腫瘍、10 外傷性脳損傷、11 もやもや病、12 特発性正常圧水頭症
2017.9 103p B5 ¥2800 ①978-4-263-21672-9

◆臨床脳波検査スキルアップ 所司睦文, 小野澤裕也著 金原出版 第2版

【目次】第1章 脳波計測、第2章 基礎律動（基礎波）の評価、第3章 脳波賦活試験の評価、第4章 脳波に混入するノイズ、第5章 疾病・病態と問題脳波、第6章 法的脳死判定の脳波検査、第7章 頭蓋内脳波、第8章 臨床脳波検査の実際、第9章 臨床脳波所見記録者の書き方、補章 臨地実習での学生指導
2017.9 306p B5 ¥5200 ①978-4-307-05051-7

◆Advanced脳血管内治療——一歩上の治療を目指して 吉村紳一担当編集委員、森田明夫、伊達勲、菊田健一郎編集委員 メジカルビュー社 （新NS NOW No.11）

【目次】1 動脈瘤、2 再開通療法、3 頸動脈ステント留置術、4 頭蓋内動脈ステント留置術、5 硬膜動静脈瘻、6 脊髄動静脈奇形、7 脳動静脈奇形
2017.9 189p A4 ¥11000 ①978-4-7583-1571-5

◆Annual Review 神経 2017 鈴木則宏、荒木信夫、宇川義一、桑原聡、川原信隆編 中外医学社

【要旨】各年の神経学分野の進歩をいち早く伝える伝統の人気書籍。「Annual Review 神経」は、大隅栄誉教授のノーベル生理学・医学賞受賞で脚光を浴びた「オートファジー」に関するトピックをはじめ、再生医療の最新知見や酸化ストレスの数値による評価など、本書ならではのコンテンツは必読！
2017.11 281p A5 ¥6800 ①978-4-498-22876-4

◆CD-ROMでレッスン 脳画像の読み方 石原健司著 医歯薬出版 （付属資料：CD-ROM1）第2版

【目次】総論（脳画像を読むために必要な神経解剖、剖検脳で見る大脳・脳幹・小脳の位置関係、MRIで見る大脳・脳幹・小脳の位置関係、脳溝と脳回、大脳の側面像と脳裏、前頭葉の細分、側頭葉の細分、頭頂葉の細分、復習、アトラスの見方、側面像と水平断面の画像をつなげる、前方から後方に辿ってみる、MRI読影にあたって）、正常編（水平断、冠状断、矢状断）、症例編
2017.6 250p B5 ¥4600 ①978-4-263-21577-7

病理・細菌・免疫・寄生虫学

◆ウイルス大感染時代 NHKスペシャル取材班、緑慎也著 KADOKAWA

【要旨】未知のウイルスの脅威に、立ち向かう時代がやってきた。最新のウイルス研究から導き出された闘い方とは…!?エボラ出血熱、MERS、デング熱など、従来では考えられなかった相次ぐ感染拡大にどう立ち向かうのか!?
2017.10 191p B6 ¥1500 ①978-4-04-601877-9

◆おべんきょ抗菌薬——医療関連感染と抗菌薬のお話 森澤雄司監修 （名古屋）リーダムハウス （感染管理おべんきょブックス 2）

【目次】1 臨床で必要な抗菌薬の理解（抗菌薬の理解が必要なワケ、医師が行う抗菌薬治療のプロセス、臨床で知っておきたい抗菌薬の3要素、抗菌療法のバックボーン）、2 医療関連感染vs抗菌薬（カテーテル関連血流感染と抗菌薬、カテーテル関連尿路感染と抗菌薬、手術部位感染と抗菌薬、人工呼吸器関連肺炎と抗菌薬、クロストリジウム・ディフィシル感染症と抗菌薬）
2017.3 114p B5 ¥2700 ①978-4-906844-13-5

◆解明 病理学——病気のメカニズムを解く 青笹克之総編集、加藤光保、菅野祐幸編 医歯薬出版 第3版

【目次】総論（細胞傷害と細胞、組織の反応、炎症、循環障害、遺伝疾患 ほか）、各論（循環器、呼吸器、消化管、肝・胆・膵 ほか）
2017.10 818p 26×21cm ¥16000 ①978-4-263-73178-9

◆カラー ルービン病理学——臨床医学への基盤 ラファエル・ルービン、デイヴィド・S.ストレイヤー編、鈴木利光、中村栄男、深山正久、山川光徳、吉野正監訳 西村書店 （原書第6版）改訂版

【要旨】欧米で最も読まれている病理学の定本！ 疾病の病理pathologyと病因論pathogenesisを理解するための必須情報（分子生理から病態生理後の臨床の事項まで）を要領よくまとめた、基礎医学と臨床医学のかけはしとなる病理学の決定版。
2017.11 1441p B5 ¥12500 ①978-4-89013-478-6

◆感染症専門医テキスト 第1部 解説編 日本感染症学会編 南江堂 改訂第2版

【要旨】日本感染症学会編集による感染症診療のバイブル待望の全面改訂!!「敗血症」は2016年の新定義に基づく解説に全面改訂。薬剤耐性菌（「薬剤耐性アシネトバクター感染症」ほか）の解説を増補し、医薬品の適正使用に関わる記載をさらに充実。新たな感染症（ジカウイルス感染症、MERS、SFTSなど）の解説を追加し、国内発生および旅行感染症を網羅してさらに情報量をアップ。その他の項目も全面的に見直しを行い、最新情報にヴァージョンアップ。
2017.4 1279p B5 ¥5000 ①978-4-524-26156-7

◆感染症に挑む——創薬する微生物 放線菌 杉山政則著、高橋洋子コーディネーター 共立出版 （共立スマートセレクション 22）

【目次】1 人類を襲う感染症、2 感染症治療薬の歴史、3 抗生物質の種類と作用機序、4 抗生物質耐性菌の脅威、5 抗生物質を生む放線菌、6 次世代感染症治療薬
2017.12 151p B6 ¥1800 ①978-4-320-00923-3

◆感染症プラチナマニュアル 2017 岡秀昭著 メディカル・サイエンス・インターナショナル 第3版

【要旨】ユーザー目線で、さらに充実！ 付録に薬剤相互作用表を追加。2章の微生物の見出しに届出感染症を表記。2章で耳鼻科や歯科口腔外科、眼科、性感染症の項目を追加。誤嚥性肺炎や急性膵炎も追加。新結核菌、リケッチアの追加。ガイドラインが新しくなった多数の項目を刷新（アスペルギルス、疥癬、糞線虫）。寄生虫も追加（イベルメクチン、疥癬、糞線虫）。コモンなウイルス感染の充実。
2017.4 333p 15×9cm ¥2000 ①978-4-89592-881-6

◆感染対策のレシピ 矢野邦夫著 （名古屋）リーダムハウス 第2版

【目次】1 感染予防策、2 医療と感染、3 感染対策で重要な病原微生物、4 抗菌薬と微生物検査、5 ワクチン、6 その他
2017.3 215p B5 ¥3400 ①978-4-906844-12-8

◆感染と免疫 John H.L. Playfair, Gregory J. Bancroft著、入村達郎、伝田香里監訳、加藤健太郎、佐藤佳代子、築地信訳 東京化学同人 第4版

【目次】1 感染性生物（序論：寄生生物、病原体、免疫、ウイルス、細菌 ほか）、2 免疫系（防御、免疫、免疫系、外部防御：侵入と排出、自然免疫 ほか）、3 宿主と病原体の均衡（疫学、感染症対策：ワクチン接種、感染症対策：化学療法 ほか）
2017.9 248p B5 ¥3200 ①978-4-8079-0897-4

◆寄生虫病学——獣医学教育モデル・コア・カリキュラム準拠 日本獣医寄生虫学会監修 緑書房 改訂版

【目次】第1章 寄生虫学・寄生虫病学総論、第2章 原虫、第3章 吸虫、第4章 条虫、第5章 線虫、第6章 節足動物、第7章 検査法
2017.3 229p B5 ¥4800 ①978-4-89531-291-2

◆これだけは知っておきたい日常診療で遭遇する耐性菌ESBL産生菌——診断・治療・感染対策 松本哲哉編著 （大阪）医薬ジャーナル社

【目次】1 ESBL産生菌の全般的特徴と位置づけ（ESBL産生菌の細菌学的特徴、ESBL産生菌の疫学的特徴、ESBL産生菌感染症の臨床的背景）、2 ESBL産生菌感染症の診断（ESBL産生菌感染症の臨床的診断のポイント、ESBL産生菌の検査におけるポイント）、3 ESBL産生菌と抗菌薬の適正使用（ESBL産生菌のリスクを高めないための抗菌薬の適正使用、ESBL産生菌感染症における抗菌薬選択のポイント、薬剤耐性（AMR）対策アクションプラン）、4 各診療領域におけるESBL感染症の実際（小児科領域におけるESBL産生菌感染症、泌尿器科領域におけるESBL産生菌感染症、外科領域におけるESBL産生菌感染症、免疫不全患者におけるESBL産生菌感染症）、5 ESBL産生菌の感染対策（ESBL産生菌感染症の保菌者への対応、ESBL産生菌の院内アウトブレイクへの対応、介護施設における感染対策のポイント）
2017.10 193p A5 ¥3800 ①978-4-7532-2853-9

◆こわいもの知らずの病理学講義 仲野徹著 晶文社

【要旨】ひとは一生の間、一度も病気にならないことはありえません。ひとは必ず病気になって、死ぬんです。だとすれば、病気の成り立ちをよく知って、病気とぼちぼちつきあって生きるほうがいい。書評サイト「HONZ」でもおなじみ、

大阪大学医学部で教鞭をとる著者が、学生相手に行っている「病理学総論」の内容を、「近所のおっちゃん・おばちゃん」に読ませるつもりで書き下ろした、おもしろ病理学講義。しょもない雑談をかましながらも病気のしくみを笑いとともに解説する、極上の知的エンターテインメント。
2017.9 373p B6 ¥1850 ①978-4-7949-6972-9

◆怖くて眠れなくなる感染症 岡田晴恵著 PHPエディターズ・グループ、PHP研究所発売

【要旨】世界各地で大流行MERS、国内で激増中の梅毒、3000万人を殺したペスト、激烈な痛みを伴うデング出血熱、アフリカの発の奇病エボラ出血熱、致死率ほぼ100%の狂犬病…知れば知るほど怖くなる"感染"のはなし。
2017.3 216p B6 ¥1400 ①978-4-569-83561-7

◆知って・やって・覚えて 医療現場の真菌対策 矢野邦夫著 ヴァン メディカル

【要旨】真菌は風林火山で攻めてくる！
2017.1 139p A5 ¥2000 ①978-4-86092-123-1

◆新型ワクチン——感染症の恐怖から解放する 奥田研輔著 創英社/三省堂書店

【要旨】インフルエンザの予防接種をしているのに罹ってしまったのは、なぜなのか???本書はその理由を紐解いている。新しいワクチン開発に取り組む筆者が、臨場感あふれる筆致で書き下ろす。
2017.3 187p B6 ¥1200 ①978-4-88142-115-4

◆新毒性病理組織学 日本毒性病理学会編 西村書店

【要旨】毒性病理学の最新情報をあますところなく記載！ 毒性病理学のエキスパートたちを執筆陣にそろえた網羅的な研究書。日本毒性病理学会が2000年に刊行して好評を博した『毒性病理組織学』が、図表の増補、読みやすい新レイアウトによって内容充実の改訂オールカラー版に。実験動物にみられる種々の毒性変化や腫瘍性病変を詳細に解説。
2017.3 813p 31×22cm ¥28000 ①978-4-89013-471-7

◆シンプル免疫学 中島泉、高橋利忠、吉開泰信共著 南江堂 改訂第5版

【目次】基礎編Introduction、基本編Part1（免疫系全体の枠組み、自然免疫、液性獲得免疫：B細胞免疫 ほか）、基本編Part2（感染免疫、免疫不全症、アレルギー疾患 ほか）、展開編Introduction（感染防御、免疫不全症の展開、アレルギー疾患の展開 ほか）
2017.9 302p B5 ¥2900 ①978-4-524-25446-0

◆ぜんぶわかる血液・免疫の事典——血液細胞のしくみ、免疫の働きを目で見て理解 奈良信雄監修 成美堂出版

【要旨】体内を循環する血液のしくみ、病原体から体を守る免疫のメカニズムを豊富なイラストと図表でわかりやすく解説。
2017.2 159p B5 ¥1800 ①978-4-415-32264-3

◆それでは実際、なにをやれば免疫力があがるの？——一生健康で病気にならない簡単習慣 飯沼一茂著 ワニブックス

【要旨】いつもの習慣をすこし変えるだけ！ 本書にあるちょっとしたコツを知らないで病気や不調になったら、後悔しか残りません！
2017.3 211p B6 ¥1300 ①978-4-8470-9544-3

◆チャンドラセカール 移植・免疫不全者の感染症 プラナタルール・H.チャンドラセカール編、青柳有紀、兒子真之監訳 メディカル・サイエンス・インターナショナル

【目次】1 がん患者の感染症（下肢浮腫の苦悩、先生、私は病気になってばかりです ほか）、2 固形臓器移植レシピエントにおける感染症（シアトルでの息切れ、金目鯛的咳嗽 ほか）、3 造血幹細胞移植患者の感染症（移植後早期のひどい下痢、予期せぬトラブル ほか）、4 免疫抑制薬使用患者における感染症（硬結に仰天、ネコとネズミのゲーム ほか）、5 さまざまな原因による免疫抑制患者での感染症（どうして私の感染症は治らないの？、なぜ鼠径部におきるが…？ ほか）
2017.9 380p 26×19cm ¥3800 ①978-4-89592-898-4

◆治療に役立つグラム染色一感染症の有無をみる！ 菌を推定する！ 抗菌薬の感受性がわかる！ 髙橋幹夫、櫻井滋著 メジカルビュー社

【要旨】感染症の病態把握に活きる！ 適切な抗菌薬使用の用心棒。
2017.5 178p B5 ¥3800 ①978-4-7583-1772-6

◆**入門病理学―病気の形態となりたち**　町並陸生著　丸善出版
【要旨】医学の歴史を繙きつつ、形となって現れる病気の姿を理解できる、病理学の入門テキスト。総論編で病気の「なりたち」を形態学の立場から解説し、各論編で豊富なカラー写真とともに各器官系における特徴的で重要な疾患の「形態」を取り上げる。
2017.2 162p B5 ¥3700 ①978-4-621-30137-1

◆**病院での感染症をどう予防するか―プロジェクトの立ち上げと現場で役立つ対策**　サンジェイ・セイント、サラ・L．クレイン、ロバート・W．ストック著、齋藤昭彦、徳田安春監修、坂本史衣監訳、佐々木重喜訳　西村書店
【要旨】設備もマニュアルも完璧！ なのに、効果があがらないのはナゼ？ プロジェクトの立ち上げ方や、取り組みに非協力的な関係者へのタイプ別対処法、協働へのアプローチ、持続可能性の実現など…誰もが直面する問題に対するリアルな答え！
2017.10 119p A5 ¥2800 ①978-4-89013-479-3

◆**病原細菌・ウイルス図鑑**　新居志郎編集委員代表　（札幌）北海道大学出版会
【目次】細菌編（リケッチア目（リケッチア科、アナプラズマ科、バルトネラ科、ブルセラ科 ほか）ほか）、ウイルス編（ポックスウイルス科、ヘルペスウイルス科、アデノウイルス科、ポリオーマウイルス科 ほか）
2017.11 906p A4 ¥60000 ①978-4-8329-8229-1

◆**みんなの体をまもる免疫学のはなし―一対話で学ぶ役立つ講義**　坂野上淳著　（吹田）大阪大学出版会　（阪大リーブル 62）
【要旨】妊婦にネコが危ないわけ、ワクチンが効くしくみ、なぜビタミンDが骨粗鬆症治療につかわれるのか？ などなど。日和見感染、難病、メタボと免疫の関係など、身近にかかることも。免疫と細胞のびっくりな仕事ぶりに、ちょっと感動。2017.12 221p B6 ¥1600 ①978-4-87259-444-7

◆**免疫学**　山元弘編　（京都）化学同人　（ベーシック薬学教科書シリーズ 10）
【要旨】New！ 改訂薬学教育モデル・コアカリキュラム準拠。
2017.5 254p B5 ¥4000 ①978-4-7598-1624-2

◆**免疫検査学**　窪田哲朗、藤田清貴、細井英司、梶原道子編　医歯薬出版　（最新臨床検査学講座）
【目次】第1章 免疫系のしくみ（免疫系の構成要素、自然免疫 ほか）、第2章 免疫学的検査が有用な疾患（感染症、腫瘍性疾患 ほか）、第3章 免疫学的検査の現場（免疫学的検査の原理、免疫学的検査の実際）、第4章 輸血・移植のための検査学（輸血療法とは、輸血用血液製剤の種類と特性 ほか）
2017.2 421p B5 ¥5600 ①978-4-263-22369-7

◆**免疫ペディア―101のイラストで免疫学・臨床免疫学が変わる！**　熊ノ郷淳編　羊土社
【要旨】がん免疫、アレルギー、腸内細菌など…。重要テーマが視覚的・体系的にわかる、新たなキーワード事典！
2017.7 316p B5 ¥5700 ①978-4-7581-2080-7

◆**もやしもんと感染症屋の気になる菌辞典**　岩田健太郎著、石川雅之絵　朝日新聞出版
【要旨】『もやしもん』のキャラも全72種！ 書き下ろし原稿、漫画、作者2人の対談も収録！
2017.3 176p A5 ¥1800 ①978-4-02-331584-6

◆**臨床医のための免疫キーワード110**　矢田純一著　医学書院新報社　第4版
【目次】リンパ球、自然免疫、抗体、抗原認識、免疫応答、リンパ組織、補体、サイトカイン、感染防御、免疫不全症、腫瘍性疾患、アレルギー、自己免疫疾患、腫瘍免疫・移植免疫・生殖免疫、免疫学的検査・予防・治療
2017.7 299p A5 ¥4500 ①978-4-7849-3069-2

◆**ワクチンは怖くない**　岩田健太郎著　光文社　（光文社新書）
【要旨】インフルワクチン、結局打つ方がいい？ 子宮頸がんワクチンって実際どうなの？ 何度も打つのは一体なぜ？ 付き合い方を知り、本質を探っていく、画期的なワクチンの入門書。
2017.1 236p 18cm ¥740 ①978-4-334-03965-3

◆**NET・下垂体・副甲状腺・副腎**　笹野公伸、亀山香織編　文光堂　（腫瘍病理鑑別診断アトラス）

【目次】神経内分泌腫瘍neuroendocrine neoplasm（NEN）―総論、1 消化管NET、2 膵NET、3 肺・呼吸器NET、4 下垂体、5 副甲状腺、6 副腎皮質、7 副腎髄質腫瘍―パラガングリオーマ
2017.4 275p B5 ¥16000 ①978-4-8306-2251-9

臨床医学・法医学

◆**今こそ変えよう臨床実習！ 作業療法のクリニカル・クラークシップ（CCS）ガイド**　小林幸治、岩崎テル子編　三輪書店
【要旨】従来型臨床実習に変わる、クリニカル・クラークシップ（CCS）方式とはどのようなものなのか？ なぜいまCCS方式が求められるのか。CCS方式臨床実習について、養成校・実習施設双方の視点より、導入から具体的な実践まで懇切丁寧にまとめた本邦初、作業療法のためのCCS臨床実習実践の手引書！
2017.8 253p B5 ¥4000 ①978-4-89590-604-3

◆**胃X線検診のための読影判定区分アトラス**　日本消化器がん検診学会胃がん検診精度管理委員会、胃X線検診の読影基準に関する研究会編　南江堂
【目次】第1章 総論（「胃X線検診のための読影判定区分」作成の経緯、「胃X線検診のための読影判定区分」の概要、胃X線検診読影に際して踏まえておくべきこと、主な疾患とカテゴリーの関係）、第2章 各論（カテゴリー1の判定で注意すべきこと、カテゴリー2と3a の判定で注意すべきこと、症例と解説：カテゴリー3a、カテゴリー3b の基本概念と適用上の留意点、症例と解説：カテゴリー3b、カテゴリー4・5が推奨される胃X線画像の概説、症例と解説：カテゴリー4・5）、第3章 胃X線検査による胃炎・萎縮診断と応用（H.pylori 感染胃炎の胃X線診断について、症例と解説：胃炎診断、背景胃粘膜診断と胃がん検診の2本立て診断法）
2017.6 99p A4 ¥4500 ①978-4-524-25485-9

◆**エキスパートの臨床知による検査値ハンドブック**　中原一彦監修　総合医学社　第2版
【要旨】総勢96名のベテラン医師らが、臨床の現場で知り得た貴重な臨床知（経験知）を満載！
2017.8 283p B6 ¥2000 ①978-4-88378-654-1

◆**基本的臨床医学知識―医師ともっと話せるようになるための**　大八木秀和監修、杉田直哉、山田雅也編　じほう
【要旨】もっと病態を深く理解して薬物治療に参加するには？ 薬剤師の専門知識を医師にもっとうまく伝えるには？ すべての薬剤師に役立つ医学知識を「理論的」に解説！ 暗記を減らしてスッキリ頭に入ります。
2017.4 371p B5 ¥3600 ①978-4-8407-4966-4

◆**今日の臨床検査 2017‐2018**　櫻林郁之介監修、矢冨裕、廣畑俊成、山田俊幸、石黒厚至編　南江堂
【目次】臨床検査 最近の動向、主要病態の検査（脂質異常症、糖尿病、甲状腺機能異常、高血圧、虚血性心疾患 ほか）、検査解説（尿検査、便検査、喀痰検査、末梢血液検査、骨髄検査 ほか）
2017.9 674p B6 ¥4800 ①978-4-524-25477-4

◆**血液製剤の使用にあたって**　じほう　第5版
【目次】最近の指針／ガイドラインの改正について（「輸血療法の実施に関する指針」及び「血液製剤の使用指針」について（薬食発1112第12号、平成26年11月12日）、「輸血療法の実施に関する指針」及び「血液製剤の使用指針」の一部改正について（薬食発0306第4号、平成24年3月6日）ほか）、1章 輸血療法の実施に関する指針（輸血療法の考え方、輸血の管理体制の在り方 ほか）、2章 血液製剤の使用指針（血液製剤の使用の在り方、赤血球液の適正使用 ほか）、3章 血液製剤等に係る遡及調査ガイドライン（基本的考え方、遡及調査の定義 ほか）、4章 その他の法令、通知など（安全な血液製剤の安定供給の確保等に関する法律、薬事法等の一部を改正する法律等の施行等について ほか）
2017.9 194p B5 ¥4000 ①978-4-8407-5004-2

◆**言語聴覚士のための臨床実習テキスト 小児編**　深浦順一、内山千鶴子編著　建帛社
【目次】第1章 臨床実習の概要（臨床実習の目的、臨床実習の種類と目的）、第2章 情報収集の実習と方法およびその解釈（基礎情報、現症に関する情報 ほか）、第3章 言語聴覚療法の評価・診断

◆の知識（知的障害領域、自閉症スペクトラム障害 ほか）、第4章 ケーススタディ（精神遅滞領域、自閉症スペクトラム障害 ほか）、付章 重度心身障害児とのかかわり方
2017.5 199p B5 ¥2800 ①978-4-7679-4540-8

◆**ここに気をつける！ 誘発電位ナビ―はじめの一歩から臨床と研究のヒントまで**　飛松省三著　南山堂
【目次】第1部 はじめの一歩（誘発電位を楽しもう！、誘発電位を理解するための基礎知識）、第2部 誘発電位各論（誘発電位の種類、視覚誘発電位、聴性脳幹反応 ほか）、第3部 臨床と研究のヒント（聴覚系を究める、体性感覚系を究める、運動系を究める ほか）
2017.9 266p A5 ¥3500 ①978-4-525-22551-3

◆**死体格差―解剖台の上の「声なき声」より**　西尾元著　双葉社
【要旨】リストラ後、家賃滞納のアパートで凍死（50代男性）、独り暮らしの自宅で熱中症により死亡（70代女性）、認知症の妻を介護入浴中に溺死（80代男性）…老いや貧困が"悲しい死"に直結する現実。
2017.3 199p B6 ¥1000 ①978-4-575-31228-7

◆**診断X線領域における吸収線量の標準測定法**　日本放射線技術学会監修、根岸徹編　オーム社　（放射線技術学スキルUPシリーズ）
【目次】第1章 測定に必要な基礎知識、第2章 一般撮影領域の線量測定、第3章 乳房撮影領域の線量測定、第4章 CT撮影領域の線量測定、第5章 血管撮影（IVR）領域の線量測定、第6章 校正、第7章 不確かさ、第8章 ワークシート、付録
2017.6 185p B5 ¥4500 ①978-4-274-22032-6

◆**心房細動患者を「脳梗塞」から守るのは誰か？―スペシャリストの治療戦略　DOAC？ 左心耳閉鎖？ それともカテーテルアブレーション？**　井上耕一、金子英弘編著　（大阪）メディカ出版　（CIRCULATION Up‐to‐Date Books 19）
【要旨】心房細動が引き起こす心原性脳梗塞はいまだに年間死亡率40%。その発症メカニズムから予防、診断、治療について多面的に解説する。
2017.8 239p A5 ¥4000 ①978-4-8404-6184-9

◆**診療画像技術学 2a X線撮影技術学**　森浩一、西冨誠示、五反田瑞樹著　医療科学社
【目次】第1章 診療放射線技師の役割と義務、第2章 チーム医療と診療放射線技師、第3章 診療放射線技師として備えるべき救急救命措置、第4章 画像の成り立ち、第5章 X線撮影法概論、第6章 被ばくと軽減、線量評価、第7章 単純撮影、第8章 特殊撮影、第9章 造影検査、第10章 X線CT検査、第11章 その他の撮影と検査
2017.10 341p B5 ¥4000 ①978-4-86003-491-7

◆**生理機能検査学**　東條尚子、川良徳弘編著　医歯薬出版　（最新臨床検査学講座）
【目次】第1章 生理機能検査とは、第2章 循環器系検査、第3章 神経・筋機能検査、第4章 呼吸器系検査、第5章 感覚機能検査、第6章 画像検査
2017.1 418p B5 ¥6000 ①978-4-263-22368-0

◆**全身性エリテマトーデス臨床マニュアル**　橋本博史著　日本医事新報社　第3版
【目次】1章 概念・疫学、2章 病因、3章 検査所見、4章 診断、5章 病型分類、亜型、6章 治療、7章 臨床病態と治療・管理、8章 臨床評価/日常生活指導
2017.9 393p B5 ¥6000 ①978-4-7849-5412-4

◆**読影の基礎―診療画像技術学のための問題集**　読影の基礎編集委員会編　立之出版　第4版
【目次】例題解説編（CT画像、MR画像）、問題演習編（骨部、胸腹部、造影部、CT（頭部、その他）、MRI（頭部、その他）、RI、超音波、眼底写真、問題演習解答）
2017.12 502p A5 ¥4000 ①978-4-320-06185-9

◆**徒手筋力検査ビジュアルガイド―臨床の質を高める技術と機能評価**　Karin Wieben, Bernd Falkenberg著、斉藤明義監訳　（横須賀）医道の日本社
【目次】1 基礎、2 筋機能の全体像を評価する―クイックテスト、3 頭部と顔面、4 脊柱、5 上肢、6 下肢、7 徒手筋力検査のテスト問題
2017.2 361p A5 ¥3600 ①978-4-7529-3120-1

◆**内部障害リハのための 胸部・腹部画像読影のすすめ**　美津島隆、山内克哉監修、鈴木啓介、櫻田隆悟著　メジカルビュー社

【要旨】肺、心血管、肝胆膵、消化管など、内部障害のリハビリテーションに関わる画像を網羅！リハの視点から画像を読んで、臨床に活かす！
2017.9 309p B5 ¥4200 ①978-4-7583-1902-7

◆内分泌臨床検査マニュアル　肥塚直美編著　日本医事新報社
【目次】A ホルモン測定と機能検査（負荷試験）、B 内分泌検査の注意事項、C 内分泌機能検査の注意、D 画像検査の一般的注意事項、E 検査各論、F 内分泌疾患緊急マニュアル
2017.2 276p B5 ¥5600 ①978-4-7849-5545-9

◆一目でわかるMRI超ベーシック　キャサリン・ウエストブルック著、百島祐貴、押尾晃一訳　メディカル・サイエンス・インターナショナル　（原書第3版）
【要旨】見開き2ページ、美しいイラストで、MRIの全体像がわかる！初学者にもやさしい解説。
2017.1 140p 23×22cm ¥3200 ①978-4-89592-869-4

◆ヒト臨床研究のための統計解析ハンドブック一目で見てわかる統計手法の選び方　山田和正、杉本典夫、室谷健太著　化学工業日報社
【要旨】初学者向け統計解析手法選択の決定版。
2017.9 150p B5 ¥3200 ①978-4-87326-692-3

◆4ステップ臨床力UPエクササイズ　6　腎機能編　勝見康男、三浦崇則監修　じほう
（付属資料：赤シート1）
【要旨】病態・治療・患者対応までまるごと身につく！腎機能を本気で極めたい薬剤師のための「現場直結型」問題集。
2017.8 163p A5 ¥2400 ①978-4-8407-4997-8

◆臨床医のための腰痛診断・治療指針　宮本雅史編著　（大阪）医薬ジャーナル社
【目次】腰痛の定義、腰痛の疫学、腰痛と職業について、腰痛と生活習慣について、姿勢と腰痛、腰痛の診断、腰痛の安静治療、腰痛の薬物治療、腰痛の物理療法、装具療法、腰痛の運動療法、腰痛治療としての患者教育、心理行動的アプローチ、腰痛の手術療法、腰痛の評価法、腰痛の手術療法、腰痛の予防
2017.6 183p A5 ¥3600 ①978-4-7532-2835-5

◆臨床神経生理検査入門一神経症状の客観的評価　宇川義一編　中山書店
【目次】針筋電図検査（針筋電図の基本、針筋電図での異常所見 ほか）、神経伝導検査（運動神経伝導検査の基本、運動神経伝導検査での異常所見 ほか）、脳波検査（脳波波形の基本、てんかん波形 ほか）、誘発電位検査（体性感覚誘発電位SEP、聴性脳幹反応ABR ほか）、画像検査（骨格筋CTと骨格筋MRI、末梢神経・筋エコー）
2017.10 271p B5 ¥6800 ①978-4-521-74545-9

◆臨床データから読み解く理学療法学　安保雅博監修、中山恭秀編著　南江堂
【要旨】まとまった患者数による基礎データ＋臨床データ。同院4病院でデータを積み重ねてきた7疾患を掲載。
2017.5 164p B5 ¥4200 ①978-4-524-25498-9

◆臨床微生物検査技術教本　日本臨床衛生検査技師会監修　丸善出版　（JAMT技術教本シリーズ）
【目次】A 医学検査の対象と疾病との関連（微生物学の歴史と分類、形態、構造および性状、染色法、発育と培養、遺伝と変異、滅菌と消毒、化学療法、感染と発症）、B 病因・生体防御検査学（細菌、真菌、ウイルス、プリオン、検査法、微生物検査結果の評価）
2017.3 456p A4 ¥5800 ①978-4-621-30086-2

◆臨床微生物検査ハンドブック　小栗豊子編　三輪書店　第5版
【要旨】新項目として寄生虫検査を追加！検査材料別検査法を見直し、検出菌の表を充実！薬剤耐性菌のメカニズムおよびその検査法のUp-date！抗菌薬の体内動態についてわかりやすく解説！微生物検査の基本操作、アウトブレイクの定義を追加！学生さんにも臨床家にも使いやすい、必携の1冊。
2017.6 428p A4 ¥5000 ①978-4-89590-597-8

◆臨床法医学入門一コメディカルにも役立つ虐待・性犯罪・薬物対応の基礎知識　美作宗太郎監修、山田典子編著　明石書店
【目次】1 総論（ゆりかごから墓場までの法医学）、2 各論（死亡診断書と死体検案書、死体現象、損傷、窒息、証拠の採取と保存、写真撮影の方法、子ども虐待、乳幼児突然死症候群（SIDS）、DV・性暴力、高齢者虐待、中毒、医療事故、死後画像診断）、3 臨床法医学と看護（臨床法医学と近接するフォレンジック看護学とはなにか、わが国の医療システムと関連法規）
2017.12 216p B5 ¥2500 ①978-4-7503-4600-7

◆臨床歩行分析ワークブック　武田功監修、廣瀬浩昭、弓岡光徳、西守隆執筆　メジカルビュー社　改訂第2版
【要旨】基礎から学び臨床へつなげる14+1歩!!「異常歩行とクリニカルプラクティス」Web動画付き!! 2017.10 225p B5 ¥4200 ①978-4-7583-1905-8

◆臨床脈管学　日本脈管学会編　日本医学出版
【目次】総論（血管の発生と新生、血管壁の構造と機能、血管病変の成因と病理、血栓形成と血小板凝固線溶異常、脈管疾患の病態生理と血行動態）、各論（大動脈解離、大動脈瘤、特殊な動脈瘤、末梢動脈瘤、内臓動脈瘤 ほか）
2017.12 405p A4 ¥7000 ①978-4-86577-027-8

◆臨床免疫検査技術教本　日本臨床衛生検査技師会監修　丸善出版　（JAMT技術教本シリーズ）
【目次】1章 免疫の概念と免疫系、2章 免疫と疾患、3章 臨床免疫検査法の原理と技術、4章 臨床免疫検査に関わる基礎知識、5章 その他の臨床免疫検査、6章 臨床免疫検査法
2017.3 212p A4 ¥5800 ①978-4-621-30065-7

◆臨床ROM一測定からエクササイズまで（Web動画付き）　隈元庸夫編　ヒューマン・プレス　（実践リハ評価動作マニュアルシリーズ）
【目次】第1章 関節可動域測定とエクササイズ（関節可動域測定、関節可動域エクササイズ）、第2章 頸部・体幹における関節可動域測定（頸部屈曲、頸部伸展 ほか）、第3章 上肢における関節可動域測定（肩甲帯屈曲、肩甲帯伸展 ほか）、第4章 下肢における関節可動域測定（股関節屈曲、膝関節伸展での股関節屈曲（SLR） ほか）、第5章 関節可動域エクササイズ（頸部・体幹の関節可動域エクササイズ、上肢の関節可動域エクササイズ ほか）、付録
2017.5 259p B5 ¥4200 ①978-4-908933-07-3

◆レジデントのための腹部画像教室　山崎道夫編　日本医事新報社
【要旨】腹部画像診断の "はじめの一歩"
2017.9 260p B5 ¥4400 ①978-4-7849-4700-3

◆AHCC臨床ガイドブック一Evidence-Based Nutritional Immunotherapy　伊藤壽記監修・編・監訳、アニル・D・クルカルニ、フィリップ・C・カルダー編、西澤幸雄、佐藤健司監訳　統合医療機能性食品国際学会、ライフ・サイエンス　発売
【目次】1 序論（機能性食品の規制・制度と医療現場での活用、統合医療と機能性食品）、2 概論（製造工程、組成、安全性評価）、3 各論（免疫調節、がん、感染症）、4 症例研究（がん、慢性B型肝炎に対するAHCCの効果、炎症性腸疾患：クローン病および潰瘍性大腸炎、薬剤耐性てんかん一小児の難治性てんかんに対するAHCCの効果、シェーグレン症候群、慢性呼吸疾患終末期におけるキノコ食による代替療法の有用性）、付録：CASE LIST（がん、その他疾患）
2017.6 246p B5 ¥3000 ①978-4-89801-585-8

◆Dr. 林&Ph. 堀の危ない症候を見分ける臨床判断　Part2　林寛之、堀美智子著　じほう
【要旨】危ない症候（訴え・症状）をどう見分ける？ Ph. 堀からの現場目線の質問にDr. 林がわかりやすく回答。豊富なイラストで要点を完全マスター！
2017.8 101p A5 ¥2000 ①978-4-8407-4993-0

◆MMTナビ一臨床で役立つ徒手筋力検査法　青木主税、根本悟子、大久保敦子著　ラウンドフラット　（付属資料：DVD2）
【要旨】動画とCGイラストで徒手筋力検査法が見てわかる！上肢・下肢・体幹の検査法に加え、頸部損傷筋の臨床測定も収録。医療従事者だけでなく、誰にもわかりやすい！
2017.10 246p B5 ¥5800 ①978-4-904613-39-9

◆SHOX異常症一基礎から最新知見まで　緒方勤監修、神崎晋、深見真紀編　診断と治療社
【目次】1 SHOX研究の背景と歴史（ヒト性染色体の進化と構造、擬似常染色体領域の進化 ほか）、2 SHOX遺伝子とSHOXタンパク、3 臨床の特徴（自然歴・成長パターン、骨X線所見 ほか）、4 遺伝学的診断（CNVの検出法、遺伝子内塩基置換の検出法 ほか）、5 治療（内分泌学的治療、外科的治療）、6 今後の課題（SHOX遺伝子とSHOXタンパク、SHOX異常症の分子基盤 ほか）

◆SPECT基礎読本　渡邉直行著　医療科学社
【目次】1 SPECTへの第一歩（SPECTとは何か？、フィルタリングとは何か？ ほか）、2 SPECTへの第二歩（SPECTデータ収集時の大原則とは何か？、大原則から外れる要因は再構成画像でどのような影響を及ぼすのか？ ほか）、3 SPECTへの第三歩（多検出器型SPECTシステム、逐次近似画像再構成 ほか）、4 SPECT／CTの臨床（臨床SPECTイメージングでの画像融合の必要性、画像の位置合わせの選択肢 ほか）、5 心筋血流SPECT（心臓の解剖と生理、心筋血流SPECTの放射性医薬品 ほか）、6 脳血流SPECT検査（脳の解剖と生理、脳血流SPECT用放射性医薬品 ほか）
2017.10 320p A5 ¥6500 ①978-4-86003-494-8

📖 ＣＴ・磁気・超音波診断法

◆アクシデント＆エマージェンシー X線読影サバイバルガイド　Nigel Raby, Laurence Berman, Simon Morley, Gerald de Lacey原著、金子和夫監訳　エルゼビア・ジャパン、医歯薬出版 発売　（原書第3版）
【要旨】単純X線写真の読影とその正確な解釈を必要とするすべての医療従事者のために。各章は、正常解剖/画像分析/よくみられる損傷/まれであるが重要な損傷/ピットフォール等で構成、診断のキーポイントをわかりやすく解説。
2017.2 382p B5 ¥4500 ①978-4-263-73173-4

◆痛み治療のための超音波ガイド下神経ブロック実践テキスト　齊藤洋司、奥田泰久編　南江堂
【目次】総論、各論（頭部領域、頸部領域、上肢領域、体幹領域、下肢領域、全身領域）
2017.7 216p A4 ¥5000 ①978-4-524-26151-2

◆こんなに役立つpoint of care超音波一救急ICUから一般外来・在宅まで　鈴木昭広編　メジカルビュー社
【要旨】超急急、一般外来、在宅医療…。さまざまな場面で役立つpoint of care 超音波の超実践入門書がついにできました。押さえておきたい全身管理のポイント、本書のみで身につきます！
2017.6 179p A5 ¥3600 ①978-4-7583-1599-9

◆透析スタッフのためのバスキュラーアクセス超音波検査　春口洋昭編著　医歯薬出版
【目次】1章 総論（透析スタッフとVA管理、透析室におけるVAエコーの必要性）、2章 各論（バスキュラーアクセスの基礎、VAエコーの基礎、機能評価と形態評価、マッピング、穿刺とエコー、治療における臨床工学技士の役割）、3章 これからのVAエコー（VAエコーを用いたチーム連携と情報共有、透析室におけるこれからのVAエコーの活用法）
2017.6 157p B5 ¥4800 ①978-4-263-22283-6

◆乳腺エコーお悩み解決塾一3人娘の会話でわかる！エコーをみるコツ、活かすコツ 悩みをきっかけに知識と理解を深めよう！　小柳敬子、ハーリー弘子、河田晶子著、佐野宗明監修　メジカルビュー社
【要旨】乳腺エコー検査を行い、「あれ、これはどう考えたらいいんだろう」「推奨カテゴリーは何だろう」と悩んだことはありませんか？ 皆さんと同じ悩みをもった3人娘が、紙上ディスカッション！乳腺エコーをみるコツ、読めるコツが知らない間に身につきます！
2017.7 225p A5 ¥3500 ①978-4-7583-1604-0

◆入門 運動器の超音波観察法 実技編一プローブ走査を中心に　日本超音波骨軟組織学会編　医歯薬出版
【目次】基礎編（表示方法）、上肢編（肩関節、肘関節、手関節、手指部）、下肢編（股関節、膝関節、下腿部、足関節、足部）、体幹編（肋骨）
2018.1 171p B5 ¥5200 ①978-4-263-24077-9

◆腹部超音波検査のあっ!?あれ何だっけ？一走査のポイントと測定・評価のコツ　小川眞広、平山みどり著　（大阪）メディカ出版　（US Labシリーズ 3）
【目次】第1章 良い画像を撮るための必須事項は？（検査を始める前に、プローブ・周波数とは）、第2章 目的の臓器を抽出するのに必要な解剖学

の知識は？（なぜ解剖学が必要なのか、解剖図1（正面から見た図）ほか）、第3章 腹部スクリーニング検査の撮影順と方法は？（客観性のある画像を撮影しよう、25断面一覧）、第4章 ほかの臓器はどうやって見る？（胃、小腸（十二指腸・空腸・回腸）ほか）、第5章 評価はどのようにすれば良い？（腹部大動脈の評価方法、下大静脈の評価方法 ほか）
　2017.6 189p 19cm ¥2700 ①978-4-8404-6160-3

◆腹部のCT　陣崎雅弘編 メディカル・サイエンス・インターナショナル 第3版
【目次】腹部の正常CT解剖、検査法、肝臓、胆嚢・胆管、膵臓、脾臓、消化管、副腎、腎臓、腎盂・尿管・膀胱、腹膜腔・後腹膜腔、腹部大動脈・下大動脈、リンパ節（悪性リンパ腫と類縁疾患を含む）、急性腹症と外傷
　2017.4 686p B5 ¥13000 ①978-4-89592-877-9

◆もう焦らない!!英語で伝える検査手順—胸部X線写真撮影編　ジェレミー・ウィリアムス、小島多香子著 医歯薬出版
【目次】レッスン編（リスニング、会話、練習）、撮影手順の応用場面編（カルテ受付、撮影、撮影終了）　2018.1 39p B6 ¥2000 ①978-4-263-73181-9

◆離島発とって隠岐の外来超音波診療—動画でわかる運動器エコー入門：肩こり・腰痛・五十肩・膝痛のみかた　白石吉彦著 中山書店
【要旨】総合診療医による超音波診療の入門書。整形外科学の知識、解剖学の知識、針先を描出する技術、これら3つの知識と技術があれば、専門が何科であろうが関係なくエコーを自在に操って運動器疾患を診ることができます。
　2017.6 165p B5 ¥6000 ①978-4-521-74520-6

◆ABCD sonography—あなたもできる！病態生理の"ナゾ解き" 超音波テクニック　鈴木昭広、野村岳志編 メディカル・サイエンス・インターナショナル （LiSAコレクション）
【目次】1 何がどう見えるのか（描出設定とノモロジー、プローブの特徴—最適な画像を得るために、各種設定を調節してみよう、Airway：気道エコー—空気が織りなす虚像と実像から気道を観察しよう、Breathing:肺エコー—肺も超音波で診る時代、ベッドサイドで活用しよう ほか）、2 臨床応用の方法（心肺蘇生中の食道挿管—胸骨圧迫中の気管挿管は気道エコーで確認できる、肺外の反回神経麻痺—超音波で声帯の動きを非侵襲的に観察できる、COPD患者の呼吸困難—肺エコーでCOPDと心原性肺水腫を鑑別する ほか）、3 ABCD sonography ワークショップ（気道コース、肺コース、心臓コース ほか）
　2017.9 260p A5 ¥4500 ①978-4-89592-899-1

◆CT撮影技術学　日本放射線技術学会監修、山口功、市川勝弘、辻岡勝美、宮下宗治、原田耕平共編 オーム社 （放射線技術学シリーズ） 改訂3版
【目次】基礎編（CT装置の原理と構造、画像再構成と画像表示、CTスキャン、X線CT画像のアーチファクト、CTの画像処理、CTの性能評価、CTにおける線量評価、臨床編（造影検査、CTの安全管理、CT検査の実際）
　2017.11 261p B5 ¥4800 ①978-4-274-22132-3

◆MR撮像技術学　日本放射線技術学会監修、笠井倫安、土井司共編 オーム社 （放射線技術学シリーズ） 改訂3版
【目次】第1章 MR撮像技術の原理、第2章 MR装置の構成、第3章 MRの物理と数学の基礎知識、第4章 MRI造影剤、第5章 アーチファクト、第6章 評価法、第7章 安全性と管理、第8章 各種MR検査法
　2017.11 422p B5 ¥5300 ①978-4-274-22109-5

癌

◆悪性リンパ腫　堀田知光編 （大阪）医薬ジャーナル社 （インフォームドコンセントのための図説シリーズ） 改訂3版
【目次】1 悪性リンパ腫とは、2 診断と分類、3 病気の広がり（臨床病期）、4 リスク分け、5 治療方針、6 治療の実際と副作用対策
　2017.10 71p 29×21cm ¥4800 ①978-4-7532-2855-3

◆医者に頼らなくてもがんは消える—内科医の私ががんにかかったときに実践する根本療法　内海聡著 ユサブル

【要旨】がん患者の自然治癒力が蘇る5つの方法。末期がんが消えるのは奇跡ではない。その理由と治癒への方法をFB上最も有名な医師が初執筆。
　2017.7 245p B6 ¥1400 ①978-4-909249-00-5

◆遺伝性乳がん・卵巣がんと生きる　スー・フリードマン、レベッカ・サトフェン、キャシー・ステリゴ著、田口淳一監訳、青木美保、堀尾留里子訳 彩流社
【要旨】あなたが遺伝的に乳がんや卵巣がんになる可能性が高い家系だったら—どこで誰に相談しますか？遺伝子検査を受けて原因遺伝子を受け継いでいるかを調べますか？リスクをどう理解し、対処すれば良いでしょう？信頼性の高い情報を今すぐ必要としている人に向けた実用書。がんのリスクを抱える女性たちに寄り添い、ひとりで困難に直面しないように、医療者と当事者が協力して、医学的知識の基本と研究結果から得られた情報を提供。
　2017.7 301p A5 ¥2500 ①978-4-7791-2335-1

◆今こそ知りたい！ がん治療薬オプジーボ　佐々木治一郎著 廣済堂出版 （健康人新書）
【要旨】"夢のがん治療薬"として話題沸騰のオプジーボ。「患者ではないよ」と免疫をうまく騙して増殖するのががん細胞なら、がん細胞の偽装を邪魔してやればいい—この画期的な発想から生まれたオプジーボは肺がんをはじめ複数のがん腫で使用され、注目されている。まさにがん治療の未来を切り開いたと言えるオプジーボ。オプジーボががんを退治する仕組みから、どうしたら正しい治療が受けられるかまで、北里大学病院でがん治療の最前線に立つ医師がわかりやすく解説。
　2017.2 190p 18cm ¥850 ①978-4-331-52077-2

◆ウルトラ図解 乳がん—最新の正しい知識で不安を解消　斉藤光江監修 法研
【目次】第1章 女性の大敵、乳がんの見つけ方（増加が止まらないのはなぜ。あなたは大丈夫？、乳がんとはどんな病気なのか ほか）、第2章 正しい診断で治療方針を決める（「乳がんの疑いあり」といわれたら、いよいよ診断がついたら ほか）、第3章 手術・放射線療法・薬物療法の実際（乳がん治療のおおまかな流れ、手術療法で病巣を取り除く ほか）、第4章 いきいき暮らし続けるためのヒント（「乳がんだから」とあきらめない、日常生活を取り戻す ほか）
　2017.3 159p A5 ¥1500 ①978-4-86513-282-3

◆オンコネフロロジー—がんと腎臓病学・腎疾患と腫瘍学　ケナール・D. ジャバイリー、アブドゥラ・K. サラーフッディーン編、和田健彦監訳、井上美貴訳 メディカル・サイエンス・インターナショナル
【目次】癌患者の急性腎障害、癌患者における慢性腎臓病（CKD）、固形腫瘍や血液学的悪性腫瘍でみられる糸球体疾患、化学療法に使用される薬物の腎毒性、生物学的癌治療と腎臓、腎不全患者に対する合理的な化学療法薬投与方法、癌患者の電解質異常、腫瘍崩壊症候群、腎細胞癌の外科的・内科的管理、腎細胞癌と慢性腎臓病、造血幹細胞移植後の腎疾患、放射線腎症、異常蛋白血症と腎疾患、アミロイドーシス、癌患者における閉塞性腎疾患、腎移植患者の癌、癌、緩和ケアと急性腎障害：透析を推奨するかどうかという難しい決断
　2017.3 391p 23×16cm ¥7800 ①978-4-89592-880-9

◆考える胃癌化学療法 胃癌化学療法の要点と盲点　島田安博、室圭、朴成和編 文光堂
【目次】1 胃癌治療ガイドラインの解説、2 胃癌化学療法の選択のポイント、3 胃癌特有の病態に応じた治療の選択、4 副作用の予防と対応、5 緩和治療、6 Controversy 2017.2 153p B5 ¥5500 ①978-4-8306-1899-4

◆がんが再発・転移した時、あなたは？—「末期がん」と共に生きる知恵　岩崎瑞枝、清水大一郎、原口勝、江崎泰斗、五十嵐享平編著、ファイナルステージを考える会編集協力 中央法規出版
【要旨】がんが再発・転移しても適切な治療を受けることでQOLの高い終末期を過ごすことができますが、最initial期の死に至るまで抗がん剤による治療を希望し、強い副作用などによって痛ましい死を迎える患者さんが少なくありません。しかし、抗がん医療だけでなく、早期から生き抜くための緩和ケアを行えば、苦痛を取り除くだけでなく寿命を延ばすことにつながります。本書は、最新の抗がん剤治療の内容や緩和ケアの知識、医療を受ける心構えなど患者さん・家族に知って欲しい医療者のホンネを示します。
　2017.12 191p B6 ¥1600 ①978-4-8058-5621-5

◆がん患者自立学　近藤誠著、三砂ちづる聞き手 晶文社
【要旨】著者は人への医療の過剰な介入について、警鐘を鳴らしてきた。がん治療をはじめ、何をどのように変えたいと思ってきたのか？なぜ、がんを治療せず、放置したほうがいいと思うようになってきたのか？その考え方の根本を聞く。患者として人として自立し、自分の意志で選ぶために—近藤誠医師のがんという病気をめぐる講義録であり、近藤理論のわかりやすい入門書である。
　2017.4 197p B6 ¥1250 ①978-4-7949-6957-6

◆がん研有明病院の口とのどのがん治療に向きあう食事—頭頸部がん　比企直樹監修、佐々木徹編・医療解説 女子栄養大学出版部
【要旨】誤嚥が心配だけど、なにをどう食べたらいいの？ 口とのどのがん（頭頸部がん）治療後の食事のとり方がわかります。
　2017.9 111p 24×19cm ¥1800 ①978-4-7895-1835-2

◆がん研べからず集 内視鏡手術編—ビデオでみるトラブルシューティング（DVD付）　山口俊晴監修、比企直樹、小西毅、石沢武彰編 南江堂 （付属資料：DVD1）
【目次】A 手術計画、体位とセッティング、B 安全な機器の使用法、C 雰囲気づくり、D 術野展開と視野確保、E 正しい層を保った剥離法、F Oncological safety、G 出血の予防と対応、H 臓器損傷の予防、I 閉創時のトラブル回避、J 教育・学習 2017.5 130p B5 ¥9000 ①978-4-524-25443-9

◆肝細胞癌に対するレゴラフェニブ チーム レゴラフェニブ—国立がん研究センター東病院のチーム医療　池田公史監修、国立がん研究センター東病院チームレゴラフェニブ編 （大阪）メディカルレビュー社
【目次】第1章 レゴラフェニブの基礎データ、第2章 レゴラフェニブの臨床成績、第3章 レゴラフェニブの対象、第4章 レゴラフェニブの投与方法、第5章 レゴラフェニブの治療効果判定（RECISTとmRECISTによる評価）、第6章 レゴラフェニブの副作用マネジメントのポイント、第7章 副作用対策（チームレゴラフェニブでの対応）、第8章 それぞれの立場でのマネジメント、第9章 がん患者への経済的支援
　2017.11 137p A4 ¥7200 ①978-4-7792-1921-4

◆癌診療指針のための病理診断プラクティス 皮膚腫瘍　青笹克之総編集、清水道生、新井栄一専門編集 中山書店
【目次】1章 病理診断の流れとポイント、2章 診断のための基本知識（皮膚腫瘍の免疫組織化学、ダーモスコピー、皮膚科領域の画像診断 ほか）、3章 皮膚腫瘍の概要と鑑別診断（表皮系腫瘍、付属器系腫瘍、メラノサイト系腫瘍 ほか）、4章 病理検体の取り扱い（皮膚検体の取り扱い）、5章 症例の実際（汗孔癌の鑑別、keratoacanthomatous lesion の鑑別、Spitz 母斑の鑑別 ほか）
　2017.9 394p B5 ¥21000 ①978-4-521-74270-0

◆がん体験者との対話から始まる就労支援—看護師とがん相談支援センターの事例から　小迫昌美惠、清水奈緒美編、神奈川県がん診療連携協議会相談支援部会就労支援ワーキンググループ協力 日本看護協会出版会
【要旨】相談支援のエキスパートが、看護師による就労支援を詳しく解説！病棟、外来、すべてのケアの中にニーズがあります。
　2017.2 171p A5 ¥1800 ①978-4-8180-2034-4

◆がん治療革命の衝撃—プレシジョン・メディシンとは何か　NHKスペシャル取材班著 NHK出版 （NHK出版新書）
【要旨】余命一〜二年と診断された進行がんの患者が、五年後も元気でいられる時代が来た。遺伝子解析にもとづく医療が、がん治療に革命的な変化をもたらした。最先端の抗がん剤とはまったく異なる仕組みでがんを攻撃する画期的な新薬を使った治療法とは？ 二〇一六年一一月に放送されて大反響を呼んだNHKスペシャルの内容に、二〇一七年七月現在の最新情報を加えて出版化。
　2017.9 219p 18cm ¥780 ①978-4-14-088527-7

◆がん治療中の女性のためのLIFE ＆ Beauty　さとう桜子著 主婦の友社
【要旨】スキンケア、メイク、ネイル、ヘアケア、ボディケア—治療中の女子の悩みにすぐに役立つ美容と暮らしのヒント。
　2017.6 93p A5 ¥1500 ①978-4-07-422669-6

◆がんで助かる人、助からない人―専門医がどうしても伝えたかった「分かれ目」　近藤慎太郎著　旬報社
【要旨】著者が自作マンガで解説。生死の分かれ目はココ！年間10万人を救う、賢いがんとのたたかい方。
2017.3 207p B6 ¥1300 ①978-4-8451-1496-2

◆がんとの共存を目指す新しい概念の免疫治療―長期免疫記憶でがんの進行・再発・転移を防ぐ　谷口克著　LUFTメディアコミュニケーション
【要旨】がん治療が抱えるさまざまな課題を解決するiNKTがん治療のしくみと効果をわかりやすく解説！
2017.8 155p B6 ¥1300 ①978-4-906784-44-8

◆がんに効く最強の統合医療―がんの名医が厳選したベスト治療　星野惠津夫著、日本統合医療学会監修　マキノ出版
【要旨】漢方、鍼灸、血管内治療、温熱療法、免疫療法、サイバーナイフ、腹水治療、腹腔内化学療法、粒子線治療、栄養療法、サプリメント、瞑想…最先端の西洋医学的治療法に加え、がんの名医が厳選した、がん患者に役立つ古今東西のさまざまな治療法からセルフケアまで一挙公開！
2017.6 231p B6 ¥1500 ①978-4-8376-1304-6

◆がんになる前に乳房を切除する―遺伝性乳がん治療の最前線　小倉孝保著　文藝春秋
【要旨】二〇一三年五月、女優アンジェリーナ・ジョリーの両乳房切除手術の発表は世界中を驚かせた。だがその二十年前、二十年以上前、一九九二年に世界に先駆けて健康な自らの乳房にメスを入れた女性がいた。当時三十七歳の英国人、ウェンディ・ワトソン。母親も祖母もがんで亡くした彼女は、がんの遺伝など非常識だった時代、世間の偏見と闘い、その行動にはダイアナ元妃もエールを送った一。
2017.9 261p B6 ¥1600 ①978-4-16-390727-7

◆がんのしおり　2016・17　編集部編　社会保険出版社
【目次】がんの知識、がんの動向、わが国のがん対策、たばことがん、食物とがん、がんの治療、がん検診、がん患者への支援、がんの将来予測、がんの地域性〔ほか〕
2017.3 117p A4 ¥1300 ①978-4-7846-0303-9

◆がんの治療と暮らしのサポート実践ガイド―通院・在宅治療の継続を支える　キャンサーリボンズ編　エス・エム・エス、インプレス発売
【目次】1 暮らしをサポートする（患者さんの考え方を知る、サポートするということ、セルフマネジメントを支える）、2 暮らしのシーン別にサポートする（よりよく食べる、暮らしと運動習慣、暮らしの中での感染予防、元気を支える容貌ケア：脱毛編、元気を支える容貌ケア：メイク編、がん治療と働くこと、一人ひとりの妊娠・出産、家族との関係を再構築する）、3 治療と暮らしをサポートする（抗がん薬治療と副作用、抗がん薬治療と感染症、がんの痛みへの対応、吐き気・嘔吐への対応、口腔ケア、スキンケア、リンパ浮腫ケア）、4 役立つ資源を知る・活用する（制度を知る・活用する、正しい情報を知る・活用する）、5 こころを支える（こころを支える、こころを支える―丸田俊彦の遺した言葉から）
2017.2 212p A4 ¥2000 ①978-4-295-40065-3

◆がんのプレシジョン免疫学―最適化治療への指針　星野泰三著、吉田朋子共著　東邦出版
【要旨】新型ペプチドワクチン搭載樹状細胞＋がん新薬・抗PD-1抗体を中心とする思者さんにやさしく、切れ味鋭い最適化治療を紹介。医師も驚く劇的治療例多数掲載。
2017.8 149p A5 ¥1500 ①978-4-8094-1516-6

◆がんの未来学　小林博著　（札幌）札幌がんセミナー、（札幌）コア・アソシエイツ発売
【目次】1 二〇一三年五月、がん罹患年齢の高齢化（高齢者のがんが増えてきた、がん死亡年齢が延びてきた、がん罹患年齢も延びてきた、がん罹患年齢なぜ延びたか）、2 老化とがん化の関係（老化とがん化の親密な関係、願わくば年老いてから逝く、がん解決の見通しを考える）、3 高齢化の何が問題なのか（高齢化に伴うがんの増加、高齢者のがん治療の注意点、高齢化による医療費の膨張）、4 次世代に期待のがん予防（「罹患年齢の延び」の真相、がん予防に留意したいこと、罹患年齢をさらに延ばしたい）
2017.5 130p B6 ¥1200 ①978-4-9906505-5-1

◆がんの理学療法　井上順一朗、神津玲責任編集　三輪書店　（理学療法MOOK 21）
【要旨】本邦初！理学療法士のためのがんの本。基本的な知識や技術をわかりやすく解説！
2017.5 269p B5 ¥4200 ①978-4-89590-601-2

◆ガンは予防できる―活性酸素とガンのメカニズム　三石巌著　阿部出版　（健康自主管理システム 4）
【要旨】自分の健康は自分で管理しよう。分子生物学に基づいた理論を確立し、健康自主管理を実践した三石巌。本書ではガン発生のメカニズムと科学的な予防を、活性酸素とガンの関係を中心に詳しく解説。テレビやインターネットの情報にいちいち惑わされない、がんの健康を維持するための正しい知識がやさしく学べる。三石理論による「健康自主管理システム」のシリーズ第4巻。
2017.7 205p B6 ¥1200 ①978-4-87242-655-7

◆がん光免疫療法の登場―手術や抗がん剤、放射線ではない画期的治療　永山悦子著、小林久隆協力　青灯社
【要旨】オバマ米前大統領が年頭教書演説で紹介。がん治療の一大革命として今、世界が注目。
2017.8 178p B6 ¥1500 ①978-4-86228-095-4

◆がん・放射線療法　2017　大西洋、唐澤久美子、唐澤克之編著　学研メディカル秀潤社、学研プラス発売
【要旨】AJCC/UICC TNM分類（2017）をはじめ、最新診断基準を掲載。頼りになる“教科書”として、関連基礎学から各領域の治療計画までを、この1冊で網羅。放射線療法の総合書『がん・放射線療法』が、より見やすく、わかりやすく、7年ぶりに改訂。
2017.7 1255p A4 ¥30000 ①978-4-7809-0943-2

◆がんリハビリテーション―原則と実践完全ガイド　マイケル・D. スタブフィールド、マイケル・W. オデール原著責任監修、高倉保幸日本語版監修、盛谷明美訳　ガイアブックス
【要旨】高い信頼を誇るリハビリテーションの専門家36名の執筆による、がんケアの決定版ガイド。がんリハビリテーションのあらゆる局面について、その最新治療および一般原則・概念を包括的に概説する。様々ながんの種類、評価・管理といった基礎レベルの解説から、がんそのものや治療によって生じる機能障害・能力障害の同定、評価、治療まで、本書はがんサバイバーのケアに携わる医療スタッフの喫緊のニーズに応える一冊になることを目指して作られた。
2018.1 264p B5 ¥5800 ①978-4-88282-994-2

◆がんリハビリテーション心理学　保坂隆編著　医歯薬出版
【目次】第1章 リハビリテーション心理学のパラダイムシフト、第2章 がんリハビリテーションの実際と問題点、第3章 がんリハビリテーション心理学に必要な知識、第4章 がんリハビリテーションにおけるトータル・ペイン、第5章 がんリハビリテーション心理学の臨床技法、第6章 事例でみるがんリハビリテーション心理学の臨床技法
2017.6 128p B5 ¥2900 ①978-4-263-21579-1

◆企業ができるがん治療と就労の両立支援実務ガイド　遠藤源樹著　日本法令
【要旨】がんの種類から推定する復職率・退職率・療養日数・勤務継続率。データから読み解く「効果的な復職支援制度」と「必要な支援期間」。対象社員ゼロ期／療養制期／療養期／復職期／復職後…ステージ別対応実務。両立支援のための衛生管理者・産業医・社労士・産業看護職の活用法。乳がん・胃がん・大腸がん種類別（がん種と就労の両立支援）のポイント。本邦初の実態追跡調査結果と産業医学に基づいて第一人者が対応急務の実務をわかりやすく解説！
2017.9 293p A5 ¥2900 ①978-4-539-72537-5

◆「きっと治せる！」信じる医師と「治してみせる！」と決めた人たちが生んだ がん治療 希望の物語　堀田由浩著　（広島）本分社、コスモの本発売
【目次】プロローグ あなたの体は「自ら治る力」を持っている、物語（進行胃がん、胃がん、子宮体がん、肺系がん、子宮体がん、前立腺がん、乳がん、膀胱がん、悪性腫瘍、食道がん、喉頭がん、胆管がん）、エピローグ ようこそ希望のがん治療、堀田式 希望のがん治療、著者の言葉
2017.9 98p B5 ¥900 ①978-4-86485-034-6

◆ケーススタディで学ぶ がん患者ロジカル・トータルサポート　片山志郎、平井みどり監修、高瀬久光、井手口直子編著　じほう

【要旨】患者との会話から症状を読み取り処方提案しよう！支持療法、メンタル、在宅の問題解決力・先読み臨床力を磨く！ロジカル・トータルサポートが医療コミュニケーションを変える。
2017.5 331p A5 ¥4200 ①978-4-8407-4825-4

◆結腸癌・直腸癌　山口俊晴監修、上野雅資編　メジカルビュー社　（がん研スタイル 癌の標準手術）
【目次】1 総論（大腸癌に対する腹腔鏡手術の治療成績、大腸癌の術前治療戦略）、2 結腸癌の手術（回盲部切除―後腹膜剥離先行アプローチ法、右半結腸切除―内側アプローチ先行、横行結腸癌に対する内側アプローチによる腹腔鏡下横行結腸切除、左半結腸切除、S状結腸切除）、3 直腸癌の手術（低位前方切除、括約筋間直腸切除術、Diverting ileostomy の造設・閉鎖、腹会陰式直腸切断術、側方リンパ節郭清、腹腔鏡下骨盤内臓全摘）、4 他臓器合併切除、再建（膵頭十二指腸切除、大腸癌・直腸癌における尿管膀胱合併切除）、5 その他の手術（大腸癌局所再発に対する腹腔鏡手術成績、大腸腫瘍に対する腹腔鏡・内視鏡合同手術―LECS・CR、laparoscopy endoscopy cooperative surgery）
2017.8 170p A4 ¥13000 ①978-4-7583-1510-4

◆抗がん剤・放射線治療と食事のくふう―症状で選ぶ！がん患者さんと家族のための　山口建監修、静岡県立静岡がんセンター編　女子栄養大学出版部　（がんよろず相談Q&Aシリーズ）　改訂版
【目次】第1章 簡単でおいしい食事のくふう（症状で選ぶおすすめメニュー176品、目で見て選ぶおすすめメニュー102品、おすすめメニュー176品のレシピ集、主食、主菜 ほか）、第2章 症状別・ほほと食事のくふう（食欲不振、吐き気・おう吐、味覚の変化、嗅覚の変化、口内炎（口腔内の炎症・乾燥）ほか）
2018.1 191p 26×22cm ¥2000 ①978-4-7895-5013-0

◆抗がん薬おさらい帳　倉橋基尚、後藤愛実、坂井大介、竹内雅代、細田洋平、眞緒賢一著　じほう
【要旨】なぜがんができるのか？副作用で気をつけたいポイントとは？治すため？緩和のため？抗がん薬治療の目的の違いとは？抗がん薬治療のポイントをこの1冊で！
2017.7 213p A5 ¥2600 ①978-4-8407-4985-5

◆ここまできた重粒子線がん治療―がん病巣をピンポイントで攻撃 しかも副作用が少ない最先端医療のいま　辻井博彦監修・著、鎌田正著　産学社
【目次】第1章 今や国民病になる、がんという病気、第2章 重粒子線は放射線がん治療の大きな武器となる、第3章 患者さんに優しい重粒子線治療、第4章 重粒子線は、治療が難しいがんにも立ち向かう、第5章 重粒子線治療を受けて患者さんたちの声、終章 重粒子線治療は、さらに前へ
2017.5 275p B6 ¥2000 ①978-4-7825-3464-9

◆子どもと一緒に知る「がん」になるってどんなこと？　林和彦著　セブン＆アイ出版
【要旨】医学部教授が教員免許をとってまで子どもたちに伝えたいこと―それが「がん教育」。人生を強く生き抜く力を今、教える！
2017.2 222p B6 ¥1400 ①978-4-86008-718-0

◆最新 乳がん治療―“納得して自分で決める”ための完全ガイド　福田護監修　主婦と生活社　（「あなたが選ぶ治療法」シリーズ）
【要旨】乳房は温存したい！妊娠出産もあきらめない。治療の副作用は軽く、再発のリスクは小さく、1日も早く元の生活に！
2017.9 159p A5 ¥1300 ①978-4-391-15002-5

◆最新 肺がん治療―“納得して自分で決める”ための完全ガイド　坪井正博監修　主婦と生活社　（「あなたが選ぶ治療法」シリーズ）
【要旨】手術、放射線、薬物治療…多彩な組み合わせからあなたにベストな治療がわかる！呼吸の機能を維持して1日も早く元の生活に！
2017.8 159p A5 ¥1300 ①978-4-391-15043-8

◆最新放射線治療でがんに勝つ―サイバーナイフとトモセラピーが、がん治療を変える　佐藤俊彦著　幻冬舎
【要旨】サイバーナイフとトモセラピーが、がん治療を変える。痛みなし、副作用なし、入院なし。手術のいらない、まったく新しいがん治療とは？
2017.10 222p 18cm ¥1100 ①978-4-344-03201-9

◆**最先端治療 乳がん**　国立がん研究センター中央病院乳腺外科、乳腺・腫瘍内科、他編著　法研　（国がん中央病院がん攻略シリーズ）
【要旨】一人ひとりのがんの特性に合わせた個別化治療が進む乳がん。多くの科がチームで取り組む最新の集学的治療、各専門分野の先進の研究がこの1冊に凝縮されています。
2017.1 159p 23×19cm ￥1800 ①978-4-86513-278-6

◆**子宮頸癌治療ガイドライン 2017年版**　日本婦人科腫瘍学会編　金原出版　第3版
【要旨】主な追加・改変・変更点：文献・エビデンス収集に文献検索式を採用。必要なCQに「明日への提言」を掲載。CQ、推奨、推奨グレードをまとめて掲載。鏡視下手術、子宮温存術式、センチネルリンパ節生検。治療後のホルモン補充療法。
2017.7 221p B5 ￥3200 ①978-4-307-30133-6

◆**静がんメソッド 肺癌編―静岡がんセンターから学ぶ最新化学療法&有害事象マネジメント**　高橋利明編　日本医事新報社　第2版
【目次】1 SCC院内ガイドライン、2 レジメン・有害事象マネジメント（非小細胞肺癌（NSCLC）、小細胞肺癌（SCLC）、悪性胸膜中皮腫、胸腺腫、厚放射線療法レジメン）
2017.11 416p B5 ￥5700 ①978-4-7849-5614-2

◆**実践！ 遺伝性乳がん・卵巣がん診療ハンドブック―HBOC管理とがん予防のためのネクストステップ**　山内英子編　（大阪）メディカ出版　（女性ヘルスケアpractice 2）
【要旨】拾い上げから診断・治療、サーベイランス、遺伝カウンセリング、サポート体制まで、すっきりつかめる"これからの"予防医療。
2017.8 165p A5 ￥3600 ①978-4-8404-6189-4

◆**小児がん支持療法マニュアル**　小児白血病研究会（JACLS）編、篠田邦大編集責任者　（大阪）医薬ジャーナル社
【目次】総論 入院から退院まで（化学療法を始める前に、寛解導入療法の注意、主な抗がん剤、輸血、食事の管理 ほか）、各論 各種合併症に対する支持療法（感染症の予防と治療、間質性肺炎、敗血症性ショック（septic shock）、DIC（播種性血管内凝固症候群）、TLS（腫瘍崩壊症候群）ほか）
2016.12 123p 19cm ￥2800 ①978-4-7532-2823-2

◆**症例を時間で切って深く知る！ がん緩和医療**　有賀悦子著　日本医事新報社
【目次】症例1 88歳男性、肺がん、骨転移の症例（診断から初期治療における症状緩和、あいまいな病状理解。次のステップに進むためには、どう伝える？ どう支える？、退院に向けて、在宅医療でできること、End of life ケアも）、症例2 50歳男性、大腸がんの症例（がん治療過程のサポート、複数の痛みと心の沈みに対処する、がんを抱えながら仕事を続けるとき、病状が急速に悪化をしはじめたとき、症状が日単位から時間単位となったとき）
2017.6 244p B5 ￥5200 ①978-4-7849-4625-9

◆**知れば怖くない本当のがんの話**　中川恵一著　中央公論新社
【要旨】「がんもどき理論」を信じますか？「がんにならない」のは難しい。でも、「がんで死なない」備えはできる。2人に1人ががんになる時代。がん格差社会が訪れます。そのときがん下流にいないために、あなたに必要なのは、正しい情報です。大人のためのがん教育、始めましょう。『日経新聞』大好評連載を書籍化！
2017.1 251p 18cm ￥1100 ①978-4-12-004933-0

◆**進行がんステージ4でも怖くない**　大田浩右著　時空出版
【要旨】無доб治療を選んだ脳神経外科医が試行錯誤のすえ低用量抗がん剤と食事療法で末期がんから生還。なぜ、進行がんから寛解に至ったか、具体的にその医学的な根拠を解説。
2017.11 219p B6 ￥1700 ①978-4-88267-066-7

◆**新世代の膵癌診療・治療バイブル―研修医・レジデント必携**　藤井努、川井学編　（大阪）メディカ出版
【要旨】『膵癌診療ガイドライン2016年版』準拠。加えて最先端診療・治療（分子生物学的診断、ナノナイフ、IMRT、EUS・CDSなど）を収載。膵癌取扱い規約とUICCとの比較も掲載。
2017.5 359p B5 ￥4000 ①978-4-8404-6171-9

◆**図解免疫細胞療法―NK細胞でがんと闘う**　藤井真則著　幻冬舎メディアコンサルティング、幻冬舎 発売

◆**がんは免疫病一。免疫病には免疫療法が必要。**免疫細胞治療のメカニズムを豊富な図解でわかりやすく解説。
2017.4 125p A5 ￥1200 ①978-4-344-91228-1

◆**スタンダード小児がん手術―臓器別アプローチと手技のポイント**　田口智章、黒田達夫編　メジカルビュー社
【目次】1 術前の検査、処理、2 手術のための基礎知識と基本手技、3 各臓器へのアプローチ法、4 術中の対応、処置、5 各小児がんの手術手技、6 術後の処置・手術
2017.8 313p A4 ￥15000 ①978-4-7583-0465-8

◆**尊厳あるがん治療 CDC6 RNAi療法**　阿保義久著　医学舎、星雲社 発売
【目次】1 遺伝子治療の衝撃、2 なぜ遺伝子治療が必要なのか、3 がん遺伝子治療（CDC6 RNAi療法）、4 スキルス胃がん治療例、5 進行乳がん治療例、6 その他の症例、7 治療の意義・適用・課題、8 尊厳あるがん治療、9 おわりに
2018.1 181p B6 ￥1300 ①978-4-434-24057-7

◆**大腸がんを生きるガイド**　杉原健一、石黒めぐみ監修、日経メディカル編　日経BP社、日経BPマーケティング 発売
【要旨】大腸がんは他の臓器にできるがんと比べると、進行が比較的ゆっくりで、早期に発見できれば、体に負担の少ない治療法によって治りやすい。大腸がんに関する正しい知識を得て、大腸がんと向き合っていく姿勢が大切です。あなたの治療を担当する医師とよく話し合い、納得してその治療を受けるために、本書の情報をぜひ参考にしてください。
2017.9 191p B5 ￥2400 ①978-4-8222-5944-0

◆**胆道癌の外科―世界制覇への軌跡**　二村雄次著、名古屋外科支援機構編集協力　へるす出版
【目次】黎明期のチャレンジャー達、肝の外科解剖と胆道癌の夜明け、胆道癌に対する根治手術の夜明け、Aggressive surgery の到来とともに日本が世界の仲間入りをした、1980年代以降の東西逆転、日本発のイノベーション、今世紀に入ってからの肝門部胆管癌手術の日米比較、胆嚢癌根治手術の開発と日本式左大肝分手術の流れ、血管合併切除を伴う肝切除術、肝門部胆管癌治療における転移根手術の介入、欧米の動き、世界のhigh volume center での肝門部胆管癌手術の現状、リンパ節郭清とリンパ節転移のステージ分類、術前胆管ドレナージ：東西競争の草創、肝門部胆管癌手術の最近の東西比較、胆道癌に対する新たなチャレンジ、胆道癌に対する日本発の究極の拡大手術：HPDの歴史と変遷、胆道癌に対する鏡視下手術
2017.4 335p A4 ￥9000 ①978-4-89269-922-1

◆**つらくないがん治療―高濃度ビタミンC点滴療法**　柳澤厚生著　G.B.
【要旨】「がん」と診断されたらすぐに始めたいがんの基本治療。つらい副作用ゼロ！ の福音。体調がよくなるがん治療。
2017.3 191p B6 ￥1500 ①978-4-906993-37-6

◆**どう診る!?がん性疼痛―二刀流の緩和ケア医が教える、病院でも在宅でも使える緩和医療薬処方のコツ**　廣橋猛著　（大阪）メディカ出版　（いますぐ役立つがん患者症状カンファレンス）
【目次】基礎編（痛みをとるのは何のため？、痛みの評価なくして、緩和はならず、WHO方式がん疼痛治療法5原則と3段階除痛ラダーを読み解く、非オピオイドも軽視できない、処方しやすい弱オピオイドの功罪 ほか）、事例編（弱い痛みに対する鎮痛薬の導入をするとき何を処方すればよいか、鎮痛薬の導入でNSAIDsをまず考えるとき―NSAIDs から開始するときに気を使うこと、オピオイドの導入を考えるその1―どのオピオイドを選んだらよいのか、オピオイドの導入を考えるその2―強オピオイドを導入するときに気を使うその1、オピオイドの便秘に困ったとき―オピオイドと併用する下剤の工夫 ほか）
2017.7 186p A5 ￥3400 ①978-4-8404-6161-0

◆**治るがんの愛と運の法則―松野博士のがん治癒「プロトコール」続・がんは誰が治すか**　松野哲也著　（札幌）Eco・クリエイティブ
【要旨】抗がん剤研究者が偶然手にしたプロビタミ ナ…その世界的な研究が、自らの進行がんの運を大きく変えた。ゼロ・フィールドが解き明かす自らのがん癌とそのメカニズムに迫る。
2017.5 181p B6 ￥1000 ①978-4-9909592-0-3

◆**なぜ関空に世界中からがん患者が集まるのか？**　堀信一著　宝島社

◆**がん治療に革命が起きていた！ 手術、放射線治療、全身化学療法とも異なる「動脈塞栓術」の第一人者が初めて語った新しいがん治療法、「動脈塞栓術」とは？**
2017.6 220p B6 ￥1300 ①978-4-8002-6592-0

◆**なぜがんと闘うのか**　小林博著　（札幌）札幌がんセミナー、（札幌）コア・アソシエイツ 発売
【目次】第1部「がん」の本質を知る、第2部「生と死」からみたがん―がんは憎いか、第3部「老い」からみたがん
2017.9 80p 19×13cm ￥600 ①978-4-9906505-6-8

◆**乳がん患者ケア パーフェクトブック**　阿部恭子、矢形寛編　学研メディカル秀潤社、学研マーケティング 発売
【要旨】乳がんとはどんな疾患か、乳がんの診断はどのように行うのか、乳がん患者にはどのような治療が行われるのか、乳がん患者が日常生活を取り戻すには、どのようなケアが必要か。患者中心の、患者に寄り添うケア。そのために必要な知識がここにある！
2017.8 359p B5 ￥3500 ①978-4-7809-1255-5

◆**乳がん・子宮がんに負けないために―手術できない・再発・転移があるをどうするか**　渡邉一夫、堀智勝監修、宮崎紳一郎、福島孝徳著　近代セールス社　（サイバーナイフ治療シリーズ）
【要旨】乳がん・子宮がんへのPETCTとサイバーナイフを使った高精度の放射線治療を紹介！ 婦人科領域の治療について多くの症例を取り上げ具体的に解説！
2017.11 199p A5 ￥2400 ①978-4-7650-2086-2

◆**「乳がん死ゼロの日」を目指して―乳がん診療の歴史を生きた専門医の記録**　冨永健著　星の環会
【目次】乳がん医としての出発、日本の乳がん研究と診療の夜明け、症例集1 最近経験した貴重な症例、乳がん手術法の移り変わり、乳房温存療法とはどんな手術法か、がん治療後のフォロー、再発と転移、症例集2 これまでに経験した忘れ得ぬ症例、再発・転移を克服する最新治療法、症例集3 再発・転移から生還した人々、乳がん診療におけるわたしの個別化治療の波、わたしの診療の基本（診療理念）、4Dスタイルによる乳腺疾患の診療、乳がん特有の治療法・ホルモン治療、症例集4 忘れ得ぬ患者さんたち、抗がん剤による化学療法の現状と今後、H老人ホームの施設長になって
2017.7 207p B6 ￥1200 ①978-4-89294-566-3

◆**乳がん薬物療法副作用マネジメント プロのコツ**　増田慎三編　メジカルビュー社
【要旨】全身多岐に渡る副作用症状に、正しく対応できていますか？「もっと安全に、もっと効果的に」プロの技術と知識をここに結集！
2017.9 423p 19×11cm ￥1800 ①978-4-7583-1800-6

◆**肺がん**　坪井正博著　主婦の友社　（よくわかる最新医学）　『肺がんの最新治療』改訂・再編集・改題書
【要旨】肺がんの最新治療が手に取るようによくわかる。話題の最新免疫療法をはじめ、手術・放射線・抗がん剤治療をじっくり解説。術後のケア、高額医療費対策など、患者と家族の立場に立った情報も。
2017.7 167p A5 ￥1400 ①978-4-07-423479-0

◆**肺がん**　西條長宏監修、大江裕一郎、鈴木健司編　医薬ジャーナル社　（インフォームドコンセントのための図説シリーズ）　改訂5版
【目次】肺の構造と機能、肺がんとは、肺がんの種類、肺がんの遺伝子異常、転移性肺腫瘍、縦隔腫瘍、胸膜中皮腫（メソテリオーマ）、肺がんの症状、肺がんの病期分類、予後と治療選択、肺がん診療ガイドライン、肺がんの治療
2017.8 250p 28×21cm ￥7200 ①978-4-7532-2831-7

◆**肺癌診療Q&A―一つ上を行く診療の実践**　弦間昭彦編　中外医学社　3版
【要旨】ガイドラインの改訂、個別化治療のさらなる進展、免疫チェックポイント阻害薬の登場など、激変する肺癌診療の現場で発生する難問に、気鋭のエキスパートが個人的見解を含めて回答する。もちろん掲載項目の多くを刷新し、「一つ上を行く」肺癌診療を実践的に指南！
2017.10 521p B5 ￥12000 ①978-4-498-13100-2

◆**ハイパーサーミア―患者からがん温熱療法を希望されたら**　古倉聡著　診断と治療社

サイエンス・テクノロジー

【要旨】読んで理解！癌治療に携わる医師に知っていただきたいハイパーサーミアの「エビデンス」。見て納得！実際にハイパーサーミア併用療法を行った51例の治療前後の「アトラス」。疑問に答える！医師と患者の疑問に答えるための「アンサー」がこの1冊に…。
2017.8 102p B5 ¥4200 ⓘ978-4-7878-2305-2

◆皮膚からの吸収・ばく露を防ぐ！―オルト‐トルイジンばく露による膀胱がん発生から学ぶ　田中茂著　中央労働災害防止協会
【目次】1「経皮ばく露」とは何？（経皮ばく露のメカニズム、経皮ばく露のおそれのある化学物質について）、2「経皮ばく露」を防止する保護具―正しい選び方と使い方（保護具の選び方、化学防護手袋、化学防護服の選定のための情報源）、3化学防護手袋の使用上の注意および保守管理について（使用前のチェック、洗浄・保管の留意点）、4化学防護服の使用上の注意および保守管理について（使用前のチェック、使用前の準備で確認、着脱時の留意点、保守・管理の留意点、廃棄の留意点）、参考資料（経皮吸収ばく露が危惧される化学物質に対する推奨保護具一覧表、災害事例）
2017.2 48p B5 ¥500 ⓘ978-4-8059-1741-1

◆福島甲状腺がんの被ばく発症　宗川吉汪著
（京都）文理閣
【目次】第1章 本書の目的、第2章 福島の甲状腺検査、第3章 福島小児甲状腺がんの特徴、第4章 甲状腺検査の結果、第5章 患者総数の統計的推定、第6章 罹患率の比較、第7章 結論、第8章 被ばく発症の否認、第9章 核災害の被害の本質―ヒバク、資料
2017.5 67p A5 ¥920 ⓘ978-4-89259-810-4

◆フローチャートがん漢方薬―サポート医療・副作用軽減・緩和に！　新見正則著　新興医学出版社
【目次】1 がんのサポート医療（がんのサポート医療、がんと闘うために必要な5つの些細なことほか）、2 モダン・カンポウ入門（西洋医学のためのモダン・カンポウ、漢方薬の副作用）、3 フローチャートがん漢方薬（がんのサポート（がんになったら、PS0～1のがん治療の補助療法（参考癌剤）ほか）、4 巻末付録
2017.4 183p 19×11cm ¥3000 ⓘ978-4-88002-199-7

◆末期がん患者を救った男―がん治療"逆転"の軌跡　白木茂者、山田正文医療監修　幻冬舎メディアコンサルティング、幻冬舎 発売
【要旨】病魔に蝕まれた最愛の娘。難攻不落の敵"がん"に挑み続けた起業家がついに辿り着いたヨウ素製剤による治療法とは？ 多くの患者を末期がんから生還させた男の奇跡のストーリー。
2017.10 198p B6 ¥1300 ⓘ978-4-344-91322-6

◆末期がんでもまず10年元気で共存できる条件―がんサバイバー（生還者）ががん患者のために書いた本　山本幸司著　青蘭堂
【要旨】前立腺がんの骨転移、すい臓がん、悪性中皮種、など厳しいがん病状と共存する患者たち。日本甲状腺外科学会などでも注目されたトロンの力。余命宣告期間を大きく超えて生きるがん患者の声！
2017.3 188p B6 ¥1200 ⓘ978-4-908273-04-9

◆免疫革命 がんが消える日　日本経済新聞社編　日本経済新聞出版社 （日経プレミアシリーズ）
【要旨】がん治療の「最終兵器」として注目を集める免疫薬「オプジーボ」。どういう人に、どれくらい効果があるのか。薬価（公定価格）はなぜ引き下げられたのか。どんな類似薬が出てくるのか―日経の専門記者がもっとも知りたい疑問に答える。
2017.2 185p 18cm ¥830 ⓘ978-4-532-26331-7

◆やさしいがん患者の代謝と栄養管理―病態の変化にそった実践法　東口髙志編著　（大阪）医薬ジャーナル社
【目次】がん細胞の生きる糧、がんの生体への影響、がんの症状と栄養障害、がん悪液質とサルコペニア、外科治療と栄養管理、化学療法と栄養管理、放射線療法と栄養管理、緩和ケアと栄養管理、腫瘍患者の栄養療法、顔面・頭頸部がん患者の栄養療法 ほか）
2017.1 163p A4 ¥3700 ⓘ978-4-7532-2828-7

◆臨床で活かす がん患者のアピアランスケア　野澤桂子、藤間勝子編　南山堂

【目次】第1章 アピアランスケアに必要な基礎知識（アピアランスケアとは、がんの治療とそれに伴う外見の変化）、第2章 身体症状別 アピアランスケア（毛髪の変化、皮膚症状 ほか）、第3章 事例からみるアピアランスケア（復職時に不安や抑うつを呈した男性の事例―精神科医としてのかかわり、七五三のお祝いを通じて多職種で連携し、患児とその家族へアピアランスケアを行った事例 ほか）、第4章 アピアランスケアの実践に向けて（美容専門家・企業との連携、施設内でのアピアランス支援体制の構築 ほか）、資料（薬物療法の副作用に関わる資料、香粧品に関する情報 ほか）
2017.7 310p B5 ¥3500 ⓘ978-4-525-42161-8

◆ワインバーグ がんの生物学　ロバート・A.ワインバーグ著、武藤誠、青木正博訳　南江堂（原書第2版）
【要旨】第2版は、急速に拡大するがんの生物学の分野の最も重要な進歩を入念に取り入れて最新化し、世界中の多くの学生、教官、研究者、そして臨床家達から賞賛された第1版での折紙付の特徴を維持している。がんの分子的および細胞的な基礎を学ぶ学部生、大学院生、医学部生レベルの人々のための教科書である。がん生物学の諸原理が組織的に、適切にかつ、徹底的に提示されている。完璧な多色刷りの図版と多くの教育学的配慮に支えられた明快な書法は本書を取っ付きやすく、読者を惹きつけて止まない。重要な諸実験が提示されて行くと次第に明らかにされる情報は、読者に自分が発見しているような感覚を与え、現代のがん生物学の背後にある基礎概念への洞察が得られるようになっている。教科書としての価値に加えて、医学生物学の研究室で働く人々や、臨床の専門家達にとっても有益な参考書である。
2017.6 875p 28×22cm ¥14000 ⓘ978-4-524-26581-7

◆ESDのための食道癌術前診断　小山恒男編　南江堂
【目次】1章 内視鏡診断で知っておきたいこと（食道癌の基本構造、内視鏡的切除の適応を考える、側方範囲診断、深達度診断）、2章 食道癌の病型を診る（O‐Is 型食道癌、O‐Ip 型食道癌、O‐Isp 型食道癌、O‐IIa 型食道癌、O‐IIb 型食道癌、O‐IIc 型食道癌、O‐III型食道癌、表層拡大型食道癌）、3章 鑑別診断を身に付ける（深達度は？、組織型は？、診断は？）
2017.6 163p B5 ¥9000 ⓘ978-4-524-25869-7

◆Q&Aでスッキリわかる前立腺癌　鈴木啓悦編　メジカルビュー社
【目次】1 疫学・統計、2 検診・診断、3 監視療法・根治療法、4 薬物療法（ホルモン療法）、5 薬物療法（去勢抵抗性前立腺癌）、6 予後・緩和・救急・その他
2017.8 243p A5 ¥6000 ⓘ978-4-7583-1267-7

内科学

◆息切れで悩むCOPD―酸素療法と呼吸リハビリのすべて　木田厚瑞著　法研
【要旨】呼吸器ベストドクターが語る、患者の伴走者として伝えたい、本当に必要な「情報」とは…。増悪を防いで快適に過ごすために。
2017.9 247p A5 ¥1700 ⓘ978-4-86513-405-6

◆オーダーメイド医療をめざした生活習慣病の遺伝子診断ガイド　山﨑義光著　日本医事新報社 第2版
【目次】遺伝子検査の目的とは？、遺伝因子―疾患の発症に関わる遺伝子とは？、遺伝子診断の検査の流れは？、遺伝子検査で何を測る？、遺伝子情報1 肥満遺伝子とは？、遺伝子情報2 酸化ストレス、体内老化関連遺伝子とは？、遺伝子情報3 動脈硬化関連遺伝子とは？、遺伝子情報4 コレステロール関連遺伝子とは？、遺伝子情報5 高血圧関連遺伝子とは？、遺伝子情報6 高血糖関連遺伝子とは？〔ほか〕
2017.8 190p B5 ¥3800 ⓘ978-4-7849-5441-4

◆肝のすべてがわかる本―C型肝炎・B型肝炎・NASHの最新治療　泉並木監修　講談社（健康ライブラリー イラスト版）
【要旨】治療の最終目標は肝がんの防止！進行をくいとめる最新の治療法と治療効果を最大限に引き出す生活術！
2017.1 98p 21×19cm ¥1300 ⓘ978-4-06-259808-8

◆血液内科グリーンノート　木崎昌弘編著　中外医学社

【要旨】エキスパート執筆陣の「全力」が詰まった、価値ある一冊！急速な病態解析研究の進歩により、その疾患概念や診断、治療法が大きく変化し続けている血液疾患。その治療に携わる医師が、最新の情報に基づいた最善の治療を患者に実践するための価値ある手引書―それが本書です。
2017.10 492p 19cm ¥6800 ⓘ978-4-498-22506-0

◆これだけで十分 内科医のための処方集　北村諭編著、池口邦彦、坂東政司、西村芳興共著　中外医学社 改訂6版
【目次】呼吸器疾患、循環器疾患、消化器疾患、肝・胆・膵疾患、血液疾患、内分泌疾患、代謝性疾患、神経疾患、腎疾患、膠原病、アレルギー性疾患、感染症、精神科境界領域、整形外科境界領域、泌尿器科境界領域、耳鼻科境界領域、皮膚科境界領域、産婦人科境界領域、中毒、その他
2017.1 207p A6 ¥2300 ⓘ978-4-498-01781-8

◆シンプル内科学　寺野彰総編集、菅谷仁、清水輝夫、羽田勝征編　南江堂 改訂第2版
【目次】診療のすすめ方、臨床検査と治療法、新しい医療システム、新しい医学・医療、救命救急、中毒・環境要因による疾患、循環器疾患、呼吸器疾患、消化管・腹膜疾患、肝・胆道・膵疾患、腎・尿路系疾患、内分泌・代謝疾患、自己免疫・アレルギー疾患、血液疾患、脳神経・筋疾患、精神症状と精神疾患
2017.10 710p B5 ¥6500 ⓘ978-4-524-26658-6

◆内科学　矢﨑義雄総編集　朝倉書店 第11版
【目次】1（内科学総論、老年医学、症候学、治療学、感染症）、2（循環器系、血圧、呼吸器系）、3（消化管・腹膜、肝・胆道・膵、リウマチ・アレルギー）、4（腎・尿路系、内分泌系、代謝・栄養）、5（血液・造血器、神経系、環境要因・中毒）
2017.3 5Vols.set B5 ¥24800 ⓘ978-4-254-32271-2

◆内科学　矢﨑義雄総編集　朝倉書店 第11版机上版
【目次】内科学総論、老年医学、心身医学、症候学、治療学、感染症、循環器系、血圧、呼吸器系、消化管・腹膜、肝・胆道・膵、リウマチ・アレルギー、腎・尿路系、内分泌系、代謝・栄養、血液・造血器、神経系、環境要因・中毒
2017.3 2385, 161p 26×20cm ¥26800 ⓘ978-4-254-32270-5

◆内科学　北村諭編著、川村謙、菅間康夫、坂東政司、重永哲洋共著　中外医学社 （コメディカルのための専門基礎分野テキスト） 6版
【目次】第1部 内科学総論（内科概論、循環器疾患、腎疾患、水電解質異常、消化器疾患 ほか）、第2部 内科学各論（循環器疾患、腎臓・泌尿器疾患、呼吸器疾患、消化管疾患、肝・胆・膵疾患 ほか）
2017.4 416p A5 ¥3800 ⓘ978-4-498-07671-6

◆内科当直医のためのERのTips―ジェネラルケースのディープアプローチとエビデンス　安藤裕貴著　三輪書店
【要旨】ER型救急医による高齢者救急診療の指南書!!好評本『ERのTips』（2016年3月発刊）では取り上げなかった、ER特有の思考戦略についてまとめるシリーズ本の第1弾！豊富なエビデンスと臨床経験が導く、最善からのアプローチレベルまでを身につけたい研修医・内科当直医へ。
2017.10 490p A5 ¥5400 ⓘ978-4-89590-608-1

消化器・循環器病

◆胃炎をどうする？―ABC胃がんリスク層別化で・内視鏡で・X線で 検診・診療・予防　三木一正編　日本医事新報社 第2版
【要旨】胃がんリスク層別化検査の新基準に対応！Hp IgGの各社ラテックス法キットに関する情報も掲載！H.pylori感染の診断と治療のガイドライン2016に準拠！
2017.10 267p B5 ¥4200 ⓘ978-4-7849-4501-6

◆胃癌の京都分類Q and A　春間賢監修、加藤元嗣、井上和彦、村上和成、鎌田智有編　日本メディカルセンター
【目次】重要所見、萎縮、A型胃炎、びまん性発赤、胃ポリープ、胃底腺ポリープ、皺襞腫大、RAC、腸上皮化生、鳥肌、点状発赤、稜線状発赤、除菌後の所見、内視鏡機種の影響、薬剤の影響、胃癌リスクスコア、胃癌スクリーニング
2017.10 76p B5 ¥3400 ⓘ978-4-88875-300-5

◆インターベンション医必携 PCI基本ハンドブック　伊苅裕二編著　南江堂
【目次】1 PCIとは何か、2 PCI術者のための心臓の解剖、3 知っておくべき病態の知識、4 カテーテル室の基本的要件、5 PCIのための画像診断・読影法、6 PCIデバイスの種類・特徴・基本手技・デバイス関連合併症、7 患者管理、PCI施行時のワークフロー、8 各病変におけるPCI基本治療戦略とその手技、9 合併症の予防および対策、10 PCIに関連する薬剤とその使い方
　2017.7 312p B5 ¥7200 ①978-4-524-26130-7

◆技師&ナースのための消化器内視鏡ガイド―検査・治療・看護　田村君英編　学研メディカル秀潤社 発売　学研プラス発行　改訂第2版
【目次】第1章 消化器内視鏡の基礎知識（内視鏡の種類と特徴、高周波装置の安全な取り扱い ほか）、第2章 内視鏡室の感染管理（内視鏡室での感染管理、環境整備と個人防護具 ほか）、第3章 内視鏡室の安全管理（検査前の安全管理、検査中の安全管理 ほか）、第4章 消化器内視鏡検査と介助・看護（上部消化管内視鏡検査、小腸内視鏡検査 ほか）、第5章 消化器内視鏡治療と介助・看護（内視鏡的止血術、内視鏡的異物摘出術 ほか）　2017.5 359p B5 ¥3000 ①978-4-7809-1282-1

◆行列のできる胃カメラ屋　倉持章著　幻冬舎メディアコンサルティング、幻冬舎 発売（幻冬舎ルネッサンス新書）
【要旨】胃ガンは内視鏡検査ではほぼ100%発見できる。5万件を超える検査経験をもつ内視鏡医が胃・大腸検査を受ける前に理解しておきたいことをわかりやすく解説。近年注目されている胃ガンハイリスク検診（ABC検診）についても言及。
　2017.12 148p 18cm ¥800 ①978-4-344-91428-5

◆グロスマン・ベイム 心臓カテーテル検査・造影・治療法　Mauro Moscucci編、絹川弘一郎監訳　南江堂（原書8版）
【要旨】第5版の改変としてテキストをカラー印刷とし、そのなかで基本的な構成は維持されている。心臓カテーテルやインターベンションの領域での大きな進歩に応えるため、章の総数も34から46へ増加。以前の版にある章も必要に応じて更新され、血行動態のデータや圧記録、インターベンション手技にさらに重きを置き、新しい図表を付け加えるなどの拡充も行った。
　2017.5 1313p B5 ¥30000 ①978-4-524-25777-5

◆経食道心エコー法テクニカルガイド　樋江幸彦、福田芽森、神野雅史著　ヌンク、診断と治療社 発売（newLearners'）
【目次】1 経食道心エコーの基礎（経食道心エコーの手技、基本的断面像、ドプラ法）、2 疾患各論（弁膜症（Valvular Heart Disease：VHD）、心臓の腫瘍（Cardiac Tumors）、大動脈疾患（Diseases of the Aorta）、先天性心疾患（Congenital Heart Disease：CHD）、冠動脈疾患（Coronary Artery Disease：CAD）、心膜疾患（Pericardial Disease））2017.4 89p A5 ¥3800 ①978-4-7878-2306-6

◆国循 心臓リハビリテーション実践マニュアル　後藤葉一編著　（大阪）メディカ出版
【要旨】エビデンスと豊富な経験に基づいて国循で実施されている心リハの実際を医師・看護師・理学療法士らが明快に解説！
　2017.8 263p B5 ¥5800 ①978-4-8404-6150-4

◆ここが知りたい 循環器の薬と使い方　佐藤幸人編　中外医学社
【要旨】予防から急性期まで、知りたいことがここにある！機序に関する薬理知識、投薬根拠となる代表的臨床試験、副作用と処方のポイント。
　2017.3 345p A5 ¥5000 ①978-4-498-13430-0

◆これならわかる！ 心電図の読み方―モニターから12誘導まで　大島一太著　ナツメ社（ナースのための基礎BOOK）
【要旨】波形の特徴がオールカラーの図解でよくわかる！！豊富な症例で判読のコツを教えます！異常波形の読み取り方を徹底解説！ドクターコールの的確な伝え方を紹介。難しい12誘導心電図をやさしく解説。
　2017.9 207p B5 ¥1580 ①978-4-8163-6306-1

◆ザ・ベスト・トリートメント！ 心臓弁膜症―ガイドラインを深読み・先読みする　伊藤浩編　文光堂
【目次】1 僧帽弁閉鎖不全症（MR）のThe Best Treatment（MR患者の臨床経過を理解しよう、手術適応と重症MRをどのように診断する？―一次性MRと二次性MRで異なる重症度診断、pri-maryMRの手術適応と術式、secondaryMRの手術はいつどのように施行する？）、2 大動脈弁狭窄症（AS）のThe Best Treatment（重度ASの生命予後はいわれているほど悪いのか？、重症ASを診断する、ASの手術はいつどのように施行する？）、3 大動脈弁閉鎖不全症（AR）のThe Best Treatment（重症ARの生命予後はそんなに悪いのか？、重症ARを診断する？、ARの手術はいつどのように施行する？、para-valvular leak の診断と手術適応）、4 三尖弁閉鎖不全症（TR）のThe Best Treatment（手術の判定に必要なTRの重症度評価とは？、他の心臓手術に合わせて行うTRの手術適応と術式）、5 感染性心内膜炎（IE）のThe Best Treatment（IEの手術適応―その決め手となる所見は？、IEの外科治療、術後の抗菌薬管理はどうする？）
　2017.3 155p B5 ¥7000 ①978-4-8306-1934-2

◆滋賀医科大学心臓血管外科編 成人心臓血管外科手術スキルアップガイド　鈴木友彰、浅井徹編著　中外医学社
【要旨】すでに多くの書籍で語られている手術の本筋部分は極力省き、そこで語られてこなかった部分にフォーカス。最高映像技術で術野の限界接写を行った写真を掲載。まさに術者の目に見えているような画像の収録に成功。
　2017.3 280p B5 ¥8600 ①978-4-498-03916-2

◆失神外来を始めよう！―失神のリスク評価の考え方・進め方　古川俊行著　文光堂
【目次】1 失神とは―定義と原因、2 失神診療の目的とガイドラインの使い方、3 First touch―失神患者が訪れたら、4 Second touch―さらなる検査、5 失神の治療、6 失神診療の発展―Syncope Unit とは
　2017.5 116p A5 ¥3000 ①978-4-8306-1938-0

◆十二指腸内視鏡ATLAS―観察法/拡大内視鏡/鑑別診断　藤城光弘、山本頼正、遠藤昌樹、角嶋直美、牛久哲男編　日本メディカルセンター
【目次】第1章 総論（十二指腸の正常構造、正常内視鏡像、正常の内視鏡検査法、十二指腸上皮性腫瘍（非乳頭部）の内視鏡診断、十二指腸疾患の内視鏡による鑑別診断、十二指腸疾患の病理による鑑別診断）、第2章 疾患別症例アトラス（非腫瘍性病変、腫瘍性病変（腺腫）、腫瘍性病変（粘膜内癌）、腫瘍性病変（SM癌）、腫瘍性病変：乳頭部腫瘍、腫瘍性病変（進行癌）、リンパ腫、GIST（gastrointestinal stromal tumor）、神経内分泌腫瘍（Nneuroendocrine tumor：NET）、転移性腫瘍、その他の腫瘍）
　2017.8 200p B5 ¥8000 ①978-4-88875-299-2

◆循環器救急の真髄教えます―明日のアクションが変わる　川上将司著　中外医学社
【要旨】臨床実地でエビデンスを"使いこなす"ための、とっておきの12の話。
　2017.3 418p A5 ¥6400 ①978-4-498-13432-4

◆循環器疾患　近藤大志郎、山科章編　日本医事新報社（New専門医を目指すケース・メソッド・アプローチ）第3版
【目次】労作時の胸部圧迫感を訴えて受診した70歳代男性、労作時の胸痛発作を主訴に紹介された60歳代男性、胸痛と呼吸困難を訴え、ショック状態で搬送された60歳代男性、胸痛を訴え、院外心停止となった60歳代男性、嘔気と冷汗を伴う胸部圧迫感を訴え、救急車で搬送された60歳代男性、呼吸困難が出現し、臥位になれなくなり、救急外来に独歩で受診した60歳代男性、胸痛消失を主訴として心機能低下を伴う40歳代男性、失神発作を認める70歳代女性、意識消失をきたし緊急搬送された30歳代男性、ふらつきがあり心室頻拍が認められ紹介された50歳代男性〔ほか〕　2017.10 372p B5 ¥6000 ①978-4-7849-

◆循環器疾患・救急医療/血液疾患　厚田幸一郎監修・共編、久保田理恵、前田定秋共編　オーム社（病気と薬物療法）
【要旨】薬学教育モデル・新コアカリキュラムに対応。病気の「概要」から「薬物療法」「服薬指導」まで網羅。「処方例」と「処方解説」で薬物療法の評価ポイントがわかる！
　2017.6 220p B5 ¥2800 ①978-4-274-21994-8

◆循環器診療ザ・ベーシック 心筋症―知識を習得し、実践で活かす最強のメソッド　筒井裕之著　メジカルビュー社
【要旨】心筋症患者を救うメソッドを基礎知識と実践にわけ簡潔解説。治療方針決定の一助となる1冊。
　2017.10 185p B5 ¥6000 ①978-4-7583-1438-1

◆循環器診療ザ・ベーシック 弁膜症―知識を習得し、実践で活かす最強のメソッド　筒井裕之編集主幹、山本一博編　メジカルビュー社
【要旨】超高齢化社会で激増する弁膜症患者を救う方法がここにある。治療選択肢が増える2017.10 221p B5 ¥6500 ①978-4-7583-1439-8

◆消化管内視鏡診断テキスト　1　食道・胃・十二指腸　小池和彦監修、藤城光弘編　文光堂　第4版
【目次】1 総論、2 上部消化管内視鏡、3 上部消化管の解剖、4 頭頸部・食道、5 胃、6 十二指腸、7 知っておきたい基礎知識
　2017.10 328p B5 ¥8500 ①978-4-8306-2101-7

◆消化管EUSパーフェクトガイド　藤城光弘編　日本医事新報社
【目次】総論（EUSのための基礎知識、超音波内視鏡装置・機種、スコープ別の準備・適応・基本走査、超音波内視鏡下穿刺吸引針生検EUS-FNA ほか）、各論（粘膜下腫瘍、上皮性腫瘍、上皮性非腫瘍、静脈瘤・その他）
　2017.12 191p B5 ¥8600 ①978-4-7849-4722-5

◆消化器画像診断アトラス　下瀬川徹監修、小池智幸、遠藤克哉、井上淳、正宗淳編　中山書店
【要旨】消化器病診療で長い歴史と伝統を誇る東北大学の下瀬川徹教授陣容のもと、第一線で活躍する同大学消化器内科と、関連施設のベテランを中心に執筆。上部・下部消化管と肝胆膵を含む消化器領域をカバーし、主要な疾患の高品質画像（内視鏡、US、CT、MRI、PET、EUS、ERCP、病理所見等）を豊富に収載。疾患ごとに「概要」「典型的な画像所見とその成り立ち」「確定診断へのプロセス」「治療」の要点を簡潔に解説。「典型的な画像所見とその成り立ち」では、解説中に図番号を明示し、一般の消化器医にもわかりやすい。形態形成の機序については可能な範囲で言及。「確定診断へのプロセス」では、鑑別診断の手順とポイントを具体的に解説。2017.9 538p A4 ¥15000 ①978-4-521-74544-2

◆消化器外科手術 起死回生の一手　杉山政則、正木忠彦、阿部展次編　メジカルビュー社
【目次】1 上部消化管（胃、食道）、2 下部消化管（直腸癌手術：側方郭清時の骨盤内大量出血に対するトラブルシューティング、直腸癌手術：吻合のトラブルシューティング、直腸癌腹腔鏡手術のトラブルシューティング―腹腔鏡下直腸癌手術における吻合トラブルとその対策術 ほか）、3 肝・胆・膵（肝切除術、胆摘術、膵切除術、脾摘術）
　2017.10 331p B5 ¥8500 ①978-4-7583-1528-9

◆消化器外科専門医へのminimal requirements―知識の整理と合格へのチェック　北野正剛監修　メジカルビュー社　改訂第2版
【目次】総論（消化器外科的診察法・検査法、消化器外科基本手技・処置、術前・術後管理・合併症、外科とリスクマネージメント ほか）、各論（食道、胃、小腸、大腸、肝臓、胆道、膵臓、脾臓、腹膜・腹壁）
　2017.8 637p B5 ¥9800 ①978-4-7583-1530-2

◆消化器疾患になったときかかりたい病院 広島記念病院　広島記念病院編著　（広島）南々社
【目次】特集 クローズアップ・胃・大腸がんの体にやさしい治療（早期胃がんを切らずに治すESD、患者さんにやさしい、大腸がんの腹腔鏡手術）、Q&Aでわかる広島記念病院治療最前線―消化器の病気（良性・悪性）（苦しくない内視鏡検査を受けたいのですが？、食道がんの手術は1年の手術と聞きましたが、どのような手術ですか？、胃の機能を温存する手術って、どんな手術ですか？、「ピロリ菌」の検査・治療を受けたいのですが、どうすればよいですか？、大腸がんの内視鏡治療はどこまでできるのですか？、直腸がんだと、人工肛門になりますか？、C型慢性肝炎（B型慢性肝炎）といわれていますが、何に気をつければよいでしょうか？、膵がんは予後が悪いといわれますが、どんな病気ですか？ ほか）　2017 39p A4 ¥700 ①978-4-86489-073-1

◆消化器内視鏡ハンドブック　日本消化器内視鏡学会監修、日本消化器内視鏡学会卒後教育委員会責任編集　日本メディカルセンター　改訂第2版
【目次】総論、咽頭・食道、胃・十二指腸、小腸、大腸、胆膵・乳頭部
　2017.5 525p B5 ¥5000 ①978-4-88875-295-4

サイエンス・テクノロジー

◆症候から診断・治療へ―循環器診療のロジックと全人的アプローチ　磯部光章著　メディカル・サイエンス・インターナショナル
【要旨】東京医科歯科大学ベストティーチャーの臨床講義を再現。頼られる臨床医を目指す若手医師・研修医・医学生への熱いメッセージ。
2017.3 189p B5 ¥4000 ①978-4-89592-876-2

◆食道・胃・十二指腸の診療アップデート　木下芳一専門編集、佐々木裕総編集、下瀬川徹、渡辺守編集委員　中山書店　（プリンシプル消化器疾患の臨床 1）
【目次】1章 上部消化管疾患総論（疾患概念、病態生理）、2章 検査・診断（検体検査、画像診断ほか）、3章 治療法総論（薬物療法、内視鏡的切除術ほか）、4章 治療法各論（機能性疾患、炎症ほか）
2017.2 330p B5 ¥10000 ①978-4-521-74442-1

◆心エコー臨床のギモン厳選50―教科書だけではわからない解決法、教えます　エコー動画もWEBで見られる　日本心エコー図学会編（大阪）メディカ出版
【目次】第1章 心機能・計測・心不全（傍胸骨左縁長軸像で計測したLV径と心尖部長軸像で計測したLV径では、心尖部長軸像で計測したLV径のほうが小さくなるように思います。本当でしょうか？ 本当だとすればどうですか？、PWやCWで流速を計測する際、どうしてもビームと血流が平行になる断面を得られない場合があります。角度補正はいいですか？ その際に気をつけることがあれば教えてください。ほか）、第2章 弁膜症（大動脈弁にひも状のエコーが付着している例があります。これはなんですか？ 鑑別診断についても教えてください。大動脈二尖弁の診断について教えてください。典型例ではいいのですが、三尖で一部の交連が硬化変性して癒合しているのか、その部分がrapheなのかの判断はどのようにすればいいのでしょうか。ほか）、第3章 心筋・心膜疾患（S字状中隔の定義や評価方法と注意すべき点について教えてください。臨床的な意義はありますか？、HCMの心室中隔壁厚計測はどこで行えばいいのですか？ 右室壁をどこまで含めるのか、通常の中隔の計測部位でよいのか、最も肥厚した部位を計測するのか、基部のみが丸く突出したようになっている場合どのように計測するかなど、教えてください。ほか）、第4章 先天性・塞栓症・その他（VSD症例で、欠損孔通過血流速度と収縮期血圧から右室圧を推定しようとしたのですが、TRの流速からの右室圧と一致しません。どのような原因が考えられますか？ VSDの流速にベルヌーイの式をあてはめてよいですか？、ドプラ法を用いたQp/Qs計測のピットフォールや、正確に計測する方法を教えてください。また、計測した値が妥当かどうか評価する方法はあるのでしょうか？ ほか）
2017.5 163p A5 ¥3800 ①978-4-8404-6172-6

◆心血管エコー用語・略語・数値スーパーリファレンス　西上和宏編著、堀端洋子、坂東美佳著（大阪）メディカ出版（US Labシリーズ 2）
【目次】第1章 冠動脈疾患、第2章 弁膜症、第3章 右心不全疾患、第4章 感染・炎症性疾患、第5章 心筋疾患、第6章 心臓腫瘍、第7章 先天性心疾患、第8章 大動脈疾患、第9章 末梢動脈疾患、第10章 静脈疾患
2017.6 179p 19×12cm ¥4000 ①978-4-8404-6138-2

◆心臓弁形成手術書―スペシャリストのコツ、技とキレ　磯村正、小宮達彦、國原孝共著　南江堂
【目次】第1章 僧帽弁形成術（僧帽弁形成術に必要な臨床解剖、僧帽弁形成術のための体外循環の接続と僧帽弁への到達法と展開、経心房中隔左房上縁到達法（transseptal・superior approach）ほか）、第2章 三尖弁形成術（三尖弁形成術に必要な臨床解剖、手術の実際）、第3章 大動脈弁形成術（大動脈弁形成術に必要な臨床解剖、手術の実際）、第3章 大動脈弁形成術（大動脈弁形成術に必要な臨床解剖、手術の実際）、第3章 大動脈弁形成術：二尖弁、自己弁温存基部置換術）
2017.9 152p 31×22cm ¥15000 ①978-4-524-25537-5

◆人体のメカニズムから学ぶ臨床工学 循環器治療学　市場晋吾監修、白山武司、八木克史編　メジカルビュー社
【要旨】解剖・生理・病態生理をベースに、循環器治療学を学べる1冊！
2017.10 355p B6 ¥5800 ①978-4-7583-1716-0

◆心不全管理をアートする―脚本はどう作るのか　猪又孝元著　メジカルビュー社
【要旨】治療をギアチェンジする―選択した治療を、一体何のためにやるのか―「目に見える治療」なのか、「目に見えない治療」なのか―時間軸のなかで揺れ動く適材適所を常に意識し、脚本を書く、今日の心不全管理アート。
2017.10 111p A5 ¥3500 ①978-4-7583-1442-2

◆心房細動ホットバルーンカテーテルアブレーション　佐竹修太郎著　（京都）金芳堂
【目次】1部 心房細動の機序と治療法（心房細動の発生機序、心房細動の保存的治療 ほか）、2部 ホットバルーンカテーテルの実施（ホットバルーンアブレーションの原理、心房中隔穿刺とガイドシース：トレワルツの挿入 ほか）、3部 臨床例（一般的な症例における心房細動ホットバルーンアブレーションの手順、肺静脈口が拡大しPVからLAの移行が緩やかな症例ほか）、4部 アブレーション戦略・合併症・応用（BOX Isolation、大静脈前領域ブロックライン ほか）
2017.4 144p B5 ¥7400 ①978-4-7653-1703-0

◆新ME早わかりQ&A　2　人工心肺・補助循環装置　「新ME早わかりQ&A」編集委員会編、見目恭一編集担当　南江堂
【目次】1 人工心肺（人工心肺とは、血液ポンプ、人工肺、貯血槽、動脈フィルタ、熱交換器、限外濾過器、人工肺回路と生体との接続法、人工肺とモニタリング、循環撹拌、体外循環の病態生理、心筋保護、人工心肺操作の実際、特殊体外循環、人工心肺の安全管理）、2 補助循環（IABP、PCPS、V‐Aバイパス、ECMO、VAD）
2017.6 300p B5 ¥4200 ①978-4-524-26692-0

◆図解 よくわかる下肢静脈瘤―きれいな脚がよみがえる!!最新治療と正しい知識　両国あしのクリニック監修　日東書院本社
【要旨】自分で予防・改善から、日帰り手術までをわかりやすく解説。
2017.4 159p B6 ¥1200 ①978-4-528-02148-8

◆続・循環器医が知っておくべき漢方薬―患者満足度を上げる次の一手　田邊一明監修、北村順著　文光堂
【目次】はじめに 前作上梓から4年経って思うこと、患者満足度を上げるための漢方薬、漢方エキス製剤の基本的な使い方、小児・妊婦・CKD患者への漢方処方、漢方薬を上手く使うコツ、処方の実際、漢方薬を使えば…『もっと色々な治療ができる』、続・知っておくと便利な処方 様々な症状・病態に使える漢方、循環器診療で役に立つ漢方薬のおさらい
2017.3 119p A5 ¥2800 ①978-4-8306-1933-5

◆その心房細動、治しますか？ 付き合いますか？　山根禎一著　中外医学社　第4版
【目次】第1部 心房細動ってどういう病気なんだろう、第2部 心房細動の治療法について、第3部 脳梗塞の予防、第4部 目の前の心房細動の患者さんを分析しよう、第5部 カテーテルアブレーションとはどんな治療なのか、第6部 心房細動をいかにして早期発見するか：かかりつけ医の役割、第7部 心房細動周辺の諸々のお話、第8部 具体例で見る心房細動の患者さんの治療、第9部 心房細動のイメージ
2017.4 252p A5 ¥4000 ①978-4-498-13635-9

◆正しいリンパ浮腫の診断・治療　廣田彰男著　日本医事新報社
【要旨】1万人以上のリンパ浮腫患者を診察してきた"リンパ浮腫専門"医が送る渾身の一冊。
2017.4 249p B5 ¥4000 ①978-4-7849-4585-6

◆腸疾患診療の現在　渡辺守専門編集、佐々木裕総編集　中山書店　（プリンシプル消化器疾患の臨床 2）
【目次】1章 下部消化管疾患総論（疾患概念、疫学 ほか）、2章 検査・診断（腹部、下痢、血便の鑑別診断の進め方、便潜血 ほか）、3章 治療法総論（薬物療法、内視鏡治療 ほか）、4章 治療法各論（炎症性腸疾患、腫瘍性疾患 ほか）、ミニレクチャー（ゲノムワイド関連解析（GWAS）、IBD疾患バイオマーカー ほか）
2017.8 323p B5 ¥10000 ①978-4-521-74443-8

◆手稲渓仁会病院消化器病センター 胆膵Clinico‐Pathological Conference―厳選36例から学ぶ　真口宏介編著　南江堂
【目次】膵癌or 腫瘤形成性膵炎？、IPMNに併存した小膵癌？、限局性の主膵管狭窄、膵腺房発育を示す膵腫瘤？、下部胆管狭窄？、膵嚢胞性腫瘍or 充実性腫瘍？、膵管内腫瘍？、分葉状を呈する膵腫瘤？、充実性病変と嚢胞の併存？、拡張主膵管をはさんだ二つの腫瘤？〔ほか〕
2017.5 252p B5 ¥10000 ①978-4-524-25718-8

◆糖尿病と循環器病 一歩進んだ糖尿病循環器学―Diabetic Cardiology　檜垣實男監修、綿田裕孝、大石充編　（大阪）医薬ジャーナル社
【目次】1章 糖尿病と循環器病の疫学、2章 糖尿病と循環器病の共通病態、3章 糖尿病の血管合併症、4章 糖尿病と循環器病の血管機能検査、5章 糖尿病合併循環器病の病態と治療、6章 生活習慣の改善は意味があるのか？、7章 循環器薬、8章 糖尿病治療薬の循環器疾患関連エビデンス
2017.3 375p B5 ¥6800 ①978-4-7532-2837-9

◆ナースが知っておく 循環器これだけガイド　明石嘉浩著　学研メディカル秀潤社, 学研プラス 発売
【要旨】このポイントだけおさえておけば、循環器のことは全部乗り切れる！
2017.10 151p 26×21cm ¥2400 ①978-4-7809-1298-2

◆日本の循環器診療現場（リアル）への招待―Shinken Databaseから見えてきたもの　山下武志編、鈴木信也、嘉納寛人、加藤祐子著　南山堂
【目次】1 総論（Shinken Database とは何か？）、2 不整脈に関する日本人の疑問（心房細動患者の生命予後は日本人でどうなの？、心房細動患者の脳梗塞発症率は欧米人と同じ？、日本ではワルファリンはどのように使われている？ ほか）、3 冠動脈疾患に関する日本人の疑問（安定冠動脈疾患にPCIをすれば、その後は大丈夫？、今どきの急性冠症候群の予後はどうなの？、ステントの進化は日本の診療現場にどんなインパクトをもたらした？ ほか）、4 心不全に関する日本人の疑問（心不全入院患者の予後はどうなの？、日本人におけるHFpEFとHFrEF…実情は？、日本人拡張型心筋症の予後はどうなの？ ほか）
2017.9 159p B5 ¥4600 ①978-4-525-24581-8

◆はじまりは心房細動―脳梗塞にならないために　渡邉英一、奥井裕司著　ライフメディコム　改訂版; 第2版
【目次】第1章 心房細動を知る前に…、第2章 心房細動を知ろう！、第3章 心房細動を引き起こす主な要因、第4章 心房細動になってしまったら―様々な治療法、第5章 心房細動と合併症―脳梗塞と心不全、心房細動と上手に付き合うためのQ&A
2017.4 151p A5 ¥1500 ①978-4-89813-284-5

◆パスの中の看護過程がひとめでわかる！ 消化器外科病棟ケア―新配属ナースお助けガイド　大阪医療センター看護部編著　（大阪）メディカ出版
【要旨】9疾患の病態生理と12手術の標準看護計画＆パス、8つの消化器外科看護技術、よく使われる略語、を収載。
2017.6 199p B5 ¥3800 ①978-4-8404-5427-8

◆早引き 消化器看護ケア事典　道又元裕監修　ナツメ社　（ナース3年目からのスキルアップ！）
【要旨】臨床の看護ケアに不可欠な「臨床解剖生理」「疾病の構造」「疾病の症状」「診断のための検査」「疾病の治療」「フィジカルアセスメント」「看護ケアのポイント」を余すことなく、わかりやすくシェーマを多用しながら、必要頻度の高い知識を優先させて、コンパクトにまとめた。
2017.5 341p 19×14cm ¥3000 ①978-4-8163-6251-4

◆判読力を高める！ 循環器超音波検査士への最短コース　中谷敏監修、仲宗根出編　文光堂
【目次】1章 弁膜疾患、2章 冠動脈疾患、3章 大動脈疾患、4章 心膜・心筋疾患、5章 先天性心疾患、6章 心機能評価、7章 負荷心エコー、8章 経食道心エコー、9章 心臓腫瘍
2017.1 151p B5 ¥4800 ①978-4-8306-3752-0

◆日ごろの"?"をまとめて解決 消化器ナースのギモン　西口幸雄、久保健太郎編著　照林社
【要旨】よくわからない…でも、ちょっと聞きづらい…もやもやするあの指示、あのケアの根拠がわかる150のQ&A。
2017.5 245p B5 ¥2500 ①978-4-7965-2406-3

◆非薬物療法で心不全をコントロールして癒す　瀬尾由広編　文光堂
【目次】1 総論―非薬物療法、2 心臓を再同期させる、3 不整脈をコントロールする、4 心室リモデリングへの対応、5 自律神経をコントロールする、6 再生医療に期待する
2017.5 127p B5 ¥6000 ①978-4-8306-1937-3

◆病気と薬物療法 消化器疾患　厚田幸一郎監修、伊東明彦、前田定秋、山元俊憲共編　オーム社

【要旨】薬学教育モデル・新コアカリキュラムに対応。病気の「概要」から「薬物療法」「服薬指導」まで網羅！「処方例」と「処方解説」で薬物療法の評価ポイントがわかる！

2017.3 194p B5 ¥2800 ①978-4-274-21975-7

◆ピロリ除菌治療パーフェクトガイド　榊信廣著　日本医事新報社　2版

【目次】第1章 除菌治療を行うために必要な知識―保険診療で認められた治療が基本！（除菌治療が必要な人は？―ヘリコバクター・ピロリ感染専門医を診断する―侵襲的な検査法、非侵襲的検査法と診断の補助 ほか）、第2章 除菌治療の効果（ピロリ胃炎の内視鏡診断と除菌後の変化―「胃炎の京都分類」に基づいて、早期胃癌の内視鏡的切除後胃での二次発癌の抑制―除菌療法での有効性が少ない二次発癌 ほか）、第3章 除菌治療の応用（小児の除菌治療方法と対象疾患―小児の投与量・期間、特徴的な疾患、小児の過敏症状―除菌判定のポイントと感染予防の指導 ほか）、第4章 ピロリ菌とは？―患者さんの質問に答えるために（「ピロリ菌ってどんな菌ですか？」と聞かれたら―電子顕微鏡で見るピロリ菌、「いつ、どのように感染するのですか？」と聞かれたら―感染経路と主な感染年齢 ほか）、第5章 ピロリ除菌治療の基礎知識（除菌療法の歴史的変遷―除菌率と安全性を考慮し選択されてきたレジメンの変遷、自費診療の基本と注意点―三次除菌や薬剤アレルギーなどで保険診療ができない場合は自費診療 ほか）

2017.10 213p B5 ¥4200 ①978-4-7849-4496-5

◆深読みしないDr. 田宮&Dr. 村川の心電図ディスカッション　田宮栄治、村川裕二著　日本医事新報社

【目次】正常心電図―症状なく、心電図と心エコーに異常を認めなかった2枝閉塞例、下壁のST-EMI―下壁のST上昇を認めた冠動脈疾患の1例、下壁のSTEMI―対側誘導におけるST低下のほうが顕著であった下壁のSTEMI、前壁中隔のSTEMI―高度のST上昇を認めた前壁中隔STEMI、前壁中隔のNSTEMI―重症3枝病変であったTI波軽度陰転化のみのNSTEMI、PSVT―ATPの急速静注にて15連のVT後、洞調律に戻ったPSVT、PSVT―著明なST低下により、冠動脈疾患の合併が示唆されたPSVT、通常型AFL―ベラパミルとピルシカイニドを使用した頻拍性通常型AFL、洞頻拍―運動時に胸痛を訴えた小児の洞頻拍、高齢者のAF―ワルファリン使用中の高齢者のAF〔ほか〕

2017.2 173p B5 ¥4500 ①978-4-7849-4285-5

◆ベッドサイド型人工膵臓取り扱いマニュアル　中條大輔、山田和彦編　診断と治療社

【目次】医師編（概要、人工膵臓を用いた治療法―目的、理論、適応、実施要領・注意点、実例に基づいた人工膵臓治療の解説、人工膵臓を用いた治療法（グルコースクランプ法）、検査および治療の依頼手順、実施体制、検査および治療の保険収載について）、看護師編（人工膵臓の目的、人工膵臓の導入と看護師の役割、装置準備から処置終了までの流れ、記録について、チェックリスト、事務的事項）、臨床工学技士（ME）編（人工膵臓業務への臨床工学技師のかかわり、人工膵臓装置の原理、準備物品、STG・55のセットアップ手順、運用開始から運用終了まで）

2017.5 131p A5 ¥4500 ①978-4-7878-2298-7

◆眼でみる実践心臓リハビリテーション　安達仁編著　中外医学社　改訂4版

【目次】心臓リハビリテーションプラン、入院中の心臓リハビリテーション―離床と患者教育、外来心臓リハビリテーションの骨格、運動処方、運動療法、運動負荷、栄養指導、禁煙指導、心臓手術、心不全、大血管術後、冠危険因子、健康増進と運動

2017.3 371p B5 ¥5400 ①978-4-498-06713-4

◆読める！モニター心電図　土居忠文著、杉浦哲朗監修　医歯薬出版

【要旨】会話形式で読みやすい！見開き完結だからわかりやすい！イメージがつかめる動画QRコード付き。

2017.10 138p 26×22cm ¥2700 ①978-4-263-23369-5

◆45症例で極める冠動脈疾患の画像診断―最適なモダリティを選び・活かす　赤阪隆史、久保隆史編　文光堂

【目次】冠動脈疾患の解剖学・機能的診断法の現状と将来、1 狭心症（Balanced ischemia と考えられる1例、負荷心筋シンチグ

ラフィを施行したが、非梗塞領域の虚血評価に苦慮した1例 ほか）、2 不安定狭心症（MDCT検査で確定診断に至った非典型的胸痛を有した1例、2Dスペックルトラッキング法による心筋ストレイン解析により左室壁運動を評価した1例 ほか）、3 急性心筋梗塞（プラーク破裂が原因と考えられた急性心筋梗塞の1例、OCTでびらんが一因と考えられた1例 ほか）、4 診断技術の概説（冠動脈造影、IVUS、VH‐IVUS、iMAP、IB‐IVUS ほか）

2017.3 182p B5 ¥5800 ①978-4-8306-1935-9

◆臨床工学技士のための透析医療　篠田俊雄、峰島三千男、本間崇編　学研メディカル秀潤社、学研プラス 発売

【目次】1 透析の基礎（血液透析の原理と血液透析膜の種類・特徴、血液透析膜の機能分類と病態による選択 ほか）、2 透析患者の合併症（心血管合併症、骨・ミネラル代謝異常 ほか）、3 透析医療の事故防止対策（透析医療事故の特徴、各立場からみた透析医療事故防止対策 ほか）、4 透析医療の災害対策（災害時の情報共有、災害時の共助体制 ほか）

2017.7 270p B5 ¥3000 ①978-4-7809-0956-2

◆冷凍カテーテルアブレーション治療ハンドブック　沖重薫著　南江堂

【目次】冷凍の物性を理解する、装置のセッティング、バルーンカテーテル挿入に適した心房中隔穿刺のポイント、鎮静方法、アイスマッピング、心房粗動治療の実践、房室結節回帰頻拍治療の実践、WPW症候群治療の実践、ATP感受性心房頻拍治療の実践、心室頻拍治療の特徴、各立場からみた心房粗動治療の実践、心房細動治療の実践、合併症、術後管理とフォロー、冷凍カテーテルアブレーションの臨床成績

2017.7 132p A5 ¥4200 ①978-4-524-25614-3

◆わかる！つかえる！なおせる！消化管症候への漢方薬　石毛敦、西村甲編著　南山堂

【要旨】外科やがん・緩和領域の症例もわかりやすく解説している！

2017.6 250p A5 ¥3600 ①978-4-525-47071-5

◆Eisenmenger症候群―小児から成人まで　丹羽公一郎、村上智明編　（大阪）医薬ジャーナル社

【目次】第1章 基礎（概論と歴史、疫学、臨床経過、基礎疾患と自然歴の特徴、肺動脈の組織学的特徴）、第2章 診断（診断：症状、身体所見、検査所見、画像診断：心エコー、画像診断：MRI、CT、心臓カテーテル検査と診断：肺抵抗の評価）、第3章 治療1：合併症に対する治療（チアノーゼに起因する全身多臓器合併症と治療、妊娠・出産、心血管系合併症：心不全、心血管系合併症：不整脈）、第4章 治療2：Eisenmenger症候群（肺動脈肺塞栓病変）に対する治療（内科的治療法：抗凝固、酸素療法、一酸化窒素（NO）、肺高血圧療法と治療の進歩、Treat and repair の実際、肺移植、心肺移植、今後の治療薬の展望）、第5章 治療の進歩のための取り組み（ES-MCS（Eisenmenger syndrome multicenter study）登録制度）

2017.1 159p A4 ¥4600 ①978-4-7532-2830-0

◆Kyoto Classification of Gastritis―胃炎の京都分類（英語版）　春間賢監修、加藤元嗣、井上和彦、村上和成、鎌田智有編　日本メディカルセンター　（本文：英文）

【目次】1 History of the Classification of Gastritis,2 Endoscopic Findings of Gastritis,3 Endoscopic Findings for Risk Stratification of Gastric Cancer, 4 Recording Endoscopic Findings of Gastritis

2017.9 126p B5 ¥5800 ①978-4-88875-298-5

 老人医学・リウマチ

◆関節リウマチの画像診断―診断の基本から鑑別診断まで　杉本英治、神島保編　メディカル・サイエンス・インターナショナル

【目次】1 関節炎の画像検査法、2 関節炎の画像診断（関節疾患読影の基本：単純X線診断、早期関節リウマチ、活動期関節リウマチ）、3 関節リウマチの鑑別診断、4 関節リウマチの定量評価（スコアリング、定量的解析）、Appendix 画像診断に必要なRAの知識

2017.9 353p B5 ¥7200 ①978-4-89592-894-6

◆ケアに役立つ徹底図解 ここがポイント！見てわかる高齢者の糖尿病―糖尿病のケア

に役立つ用語集つき　門脇孝監修　（大阪）メディカ出版

【要旨】困ったときに役立つ「あるあるエピソード」を掲載！

2017.10 79p 19×19cm ¥2300 ①978-4-8404-6199-3

◆高齢者を低栄養にしない20のアプローチ―「MNA（簡易栄養状態評価表）」で早期発見　吉田貞夫編著　（大阪）メディカ出版

【目次】1章 高齢者と低栄養の危険な関係（楽しく、おいしく食べられることの幸せ、高齢者が食べられなくなるさまざまな要因、高齢者にしのびよる低栄養 ほか）、2章 高齢者の低栄養予防は「MNA」におまかせ！（高齢者にMNAを行う5つのメリット、MNAの質問項目とケアを行う上での意義、MNAは実際にどのように応用されているの？）、3章 高齢者を低栄養にしないために食事がとれなくなる？、口腔ケアですっきりさっぱり！ 食事摂取量アップ！ ほか）

2017.7 167p B5 ¥2480 ①978-4-8404-6176-4

◆高齢者のための漢方診療　岩崎鋼、高山真著、岩田健太郎監修　丸善出版

【要旨】世の中には漢方の世界観が理解できないとか漢方にはエビデンスがないという人もいます「個々の患者」に焦点を当て（いわく「弁証」…！）目の前の患者にとって「最良のエビデンス」を提供している（いわく「論治」…！）というEBMの考え方をシンプルに体現するのが「漢方診療」ともいえます。目の前の患者にベストを尽くすこと。本書では、その「ベスト」を岩崎医師と高山医師が語ります。

2017.8 144p B5 ¥3200 ①978-4-621-30186-9

◆高齢者の肺炎―治療・リハビリテーション・予防　松本慶蔵総監修、佐々木英忠、福地義之助監修、山谷睦雄編　（大阪）医薬ジャーナル社　改訂版

【目次】1 序説（高齢者肺炎の歴史、高齢者誤嚥性肺炎予防法開発の経緯 ほか）、2 高齢者誤嚥性肺炎（総論（疫学と病態、診断）ほか）、各論（高齢者の肺炎原因微生物と口腔内衛生状況、高齢者肺炎の病態と対応 ほか）、3 誤嚥性肺炎以外の高齢者肺炎（細菌性肺炎、高齢者結核 ほか）、4 インフルエンザウイルス感染（総論、季節性インフルエンザ ほか）

2017.10 305p B5 ¥7000 ①978-4-7532-2848-5

◆高齢者理学療法学　島田裕之総編集、牧迫飛雄馬、山田実編　医歯薬出版

【目次】1章 高齢者の理学療法、2章 時期（場所）による理学療法の特徴、3章 高齢者の評価、4章 高齢者理学療法における管理、5章 疾患における高齢者理学療法、6章 老年症候群における理学療法、7章 高齢者理学療法の実践―基本編、8章 高齢者理学療法の実践―応用編

2017.3 613p B5 ¥9000 ①978-4-263-21743-6

◆最新知識と事例がいっぱい リウマチケア入門―リウマチ治療はここまで変わった！　神崎初美、三浦靖史編　（大阪）メディカ出版

【目次】第1章 これだけは知っておきたいリウマチ最新知識（疾患概念・疫学、病態 ほか）、第2章 リウマチと多職種連携（リウマチ患者さんとかかわる必要のある職種職、在宅療養中のリウマチ患者さんの注意すべきポイント ほか）、第3章 リウマチ患者さんが必要としているケア（リウマチ患者さんの意思決定支援、リウマチ患者さんの抱いている心理状態の把握・支援 ほか）、第4章 患者会や各種制度・研究会の紹介（患者会の紹介―公益社団法人日本リウマチ友の会、医療者の活動紹介―日本リウマチ財団登録リウマチケア看護師制度・日本リウマチ看護研究会）

2017.4 223p B5 ¥3200 ①978-4-8404-6163-4

◆シェーグレン症候群診療ガイドライン2017年版　厚生労働科学研究費補助金難治性疾患等政策研究事業自己免疫疾患に関する調査研究班編　診断と治療社

【目次】第1章 作成組織・作成経過（ガイドライン作成組織、作成経過）、第2章 スコープ（疾患トピックの基本的特徴、診療ガイドラインがカバーする内容に関する事項、システマティックレビューに関する事項、推奨作成から最終化、公開までに関する事項）、第3章 推奨（診断、治療方針の決定に有用な口腔検査は何か、診断、治療方針の決定に有用な眼科検査は何か）、第4章 公開後の取り組み（公開後の組織体制、導入、有効性評価、改訂）、第5章 付録（クリニカルクエスチョン設定表、エビデンスの収集と選定、外部評価まとめ）

2017.4 119p A4 ¥2800 ①978-4-7878-2303-8

◆すぐに使える高齢者総合診療ノート　大庭建三編著　日本医事新報社　第2版
【要旨】近年、重要性が高まっている「人工の水分・栄養補給」「エンドオブライフケアの実際」を新規項目として追加するなど、初版刊行後の最新知見を盛り込みリニューアル！ より実践的になった高齢者総合診療のバイブル。
2017.12 473p B5 ¥6000 ①978-4-7849-4414-9

◆パーフェクト臨床実習ガイド 老年看護　正木治恵編　照林社　第2版
【要旨】看護技術：スタンダートかつ最新の技術と看護の展開を、時系列・病院における項目別の組み合わせで解説。ケーススタディ：臨床実習で遭遇する頻度の高い対象の特性、疾患、健康問題、治療法、看護ケアを網羅。
2017.5 345p B5 ¥3000 ①978-4-7965-2409-4

◆プライマリケア医のための実践フレイル予防塾―めざせ健康長寿　荒井秀典編著　日本医事新報社
【目次】第1章 総論（超高齢社会におけるフレイルの意義）、第2章 地域・病院におけるフレイル予防（地域におけるフレイル予防、病院におけるフレイル予防のための集団指導）、第3章 各疾患におけるフレイル予防（口腔疾患におけるフレイル予防、循環器疾患におけるフレイル予防、腎疾患におけるフレイル予防、糖尿病におけるフレイル予防、慢性閉塞性肺疾患におけるフレイル予防、骨粗鬆症・ロコモにおけるフレイル予防）、第4章 対策編（フレイル予防のための栄養対策、フレイル予防のための運動処方、フレイル予防のために気をつけるべき薬とは？、フレイルに対する薬物治療の可能性）、第5章 フレイルに対するアプローチ編（身体的フレイルの症例へのアプローチについて、精神心理的フレイルの症例へのアプローチについて、社会的フレイルの症例へのアプローチについて）
2017.10 125p B5 ¥3200 ①978-4-7849-4708-9

精神医学・神経病学

◆あたらしい狂気の歴史―精神病理の哲学　小泉義之著　青土社
【要旨】人間の精神は思想・学問・制度・権力にとりまかれてきた。そこから社会制度や医療現場が形づくられるとして、そこで人間と「狂気」とはどのように取り扱われているのだろうか。歴史を透徹したまなざしでとらえかえし、人間の精神と社会との関係を、未来にまで射程をひろげながら思考する。
2018.1 285p B6 ¥2600 ①978-4-7917-7036-6

◆アディクション・パーソナリティ障害の看護ケア　日本精神科看護協会監修, 榊明彦, 實田穂, 林直樹編　中央法規出版　（精神科ナースのアセスメント＆プランニングbooks）
【要旨】患者本人の治療への主体的な参加を動機づけるために。事例でリアルに看護計画がわかる。
2017.12 239p B5 ¥2700 ①978-4-8058-5539-3

◆あなたは本当にうつ？　後生川礼子著　ごま書房新社
【要旨】あなたは本当にうつ？ 今のあなたに、「本当に精神科の薬は必要なの？」あなたが『はっ…』と気づいてしまったら、この声を無視しないでください。
2017.11 181p A5 ¥1300 ①978-4-341-13256-9

◆アメリカ精神医学会BPSDに対する抗精神病薬治療ガイドライン―認知症の焦燥や精神病症状に対して　新井平伊監訳　ワールドプランニング
【要旨】アメリカ精神医学会による「BPSDに対する抗精神病薬治療ガイドライン」翻訳版、完成!!認知症医療にかかわるすべての医師、看護・介護関係者にとっての実践書。抗精神病薬治療に関して重要な15の推奨声明を明確なかたちで記載。診療内容の解説を詳述、さらに結論を導くための手法や限界について記載。検索し得たすべての論文について、臨床試験の概要を薬剤ごとに掲載。エキスパート・コンセンサスの情報を提供。
2017.11 230p B5 ¥4600 ①978-4-86351-131-6

◆アルコール依存症者のリカバリーを支援するソーシャルワーク理論生成研究―一般医療機関での実践を目指して　稗田里香著　（岐阜）みらい
【目次】序章 研究への誘い、第1章 研究の背景と問題の実態、第2章 一般医療機関におけるアルコールソーシャルワーク 実践の支援課題、第3章 一般医療機関におけるアルコールソーシャルワーク 実践理論の生成に向けた研究、第4章「リカバリーの三次元的構造理論」生成の詳解、第5章 グラウンデッド・アクションの第1段階「ソーシャルワーク実践方法検討のための文献研究、第6章 グラウンデッド・アクションの第1段階2 説明的グラウンデッド・セオリーの生成、第7章 グラウンデッド・アクションの第2～6段階『実践ガイド』の作成と評価・分析、第8章 研究の総括と結論：一般医療機関におけるアルコール関連問題ソーシャルワーク実践、終章 政策を具現化する実践の科学としてのソーシャルワーク研究の推進
2017.4 238p A5 ¥2800 ①978-4-86015-404-2

◆ある精神医学者の一生―長崎大学医学部精神科初代教授石田昇 その生涯と業績　中根允文著　（長崎）長崎新聞社
【要旨】黎明期の精神医学にかかわり、32歳の若さで長崎医専（長崎大学医学部の前身）の初代精神科教授となった石田昇。先見性を持った医学者だった彼は、次第に精神を崩壊させ、ついには他国で発砲殺人事件を起こす。"後輩"にあたる元長崎大精神神経学教授が、万感の思いで彼の生涯と業績を追った研究の書。
2017.11 198p A5 ¥2300 ①978-4-86650-004-1

◆移住者と難民のメンタルヘルス―移動する人の文化精神医学　ディネッシュ・ブグラ, スシャム・グプタ編, 野田文隆監訳, 李創鎬, 大塚公一郎, 鵜川晃訳　明石書店
【目次】序論：現状、第1部 疫学と格差（移住と精神疾患の疫学的側面、移住と精神疾患：ある疫学的見解 ほか）、第2部 移住の影響（移住および精神病の精神病理に対するその影響、アイデンティティ、慣用表現と格差：南アジア系女性に対する精神療法 ほか）、第3部 特別な集団（高齢者の移住とメンタルヘルス、子どものメンタルヘルスへの移住の影響 ほか）、第4部 マネジメント、サービスおよび研修（移住者と少数民族のニーズに合わせたメンタルヘルスサービスの改善、多文化間の仲介：エルメスの再生―メッセンジャーが発言権を得るとき ほか）、第5部 世界の事例（中国―主なき地？―における移住者のメンタルヘルス、カナダの移住者と難民のメンタルヘルス：教訓と今後の見通し）、結論
2017.4 554p A5 ¥5000 ①978-4-7503-4497-3

◆いのちはモビール―心から身体から　神田橋條治, 白柳直子著　（福岡）木星舎　（精神科医と整体師の技術対話）
【要旨】心身不二―「抱え」「揺さぶり」をはじめ、神田橋條治の技の真髄を整体師・白柳直子が丁寧に問うていく流れのなかで、独創的に卓越した二人の技がダイナミックに響きあう。
2017.8 212p A5 ¥2500 ①978-4-901483-96-4

◆祈りと救いの臨床　2017 Vol.3/No.1 第3回学術研究大会特集　日本「祈りと救いとこころ」学会編著　日本評論社
【目次】第3回学術研究大会特集 人は何を求めているのか―神の理解とケアを考える（大会長講演 人は何を求めているのか―その理解とケアを考える、教育講演 Coming Home（帰郷）―存在の故郷の喪失とその回復、基調講演 人は宗教に何を求めているのか）、メイン・シンポジウム 人は何を求めているのか―その理解とケアを考える（失語と向き合う20年―障害の語りの変遷から見えるもの、施設で生きることと終の棲家について、「生と死のはざま」を支える魂のゆくえ―緩和ケア病棟：スピリチュアルケア師としての視座 ほか）、一般演題（現代人の新たな宗教観―ネットゲームの依存症者から考察する、塀の中の「祈りと救いとこころ」―刑務所の話、海外駐在における帯同配偶者のメンタルの現状と課題 ほか）
2017.7 203p A5 ¥2000 ①978-4-535-06682-3

◆イメージの治療力をめぐって　友久茂子著　（大阪）創元社　（箱庭療法学モノグラフ 第6巻）
【目次】今なぜ「イメージ」なのか、第1部 心理臨床実践における「私」の体験（「イメージ」を受けとめることの困難、「イメージ表現」の重要性、イメージの境界性、発達障害傾向の若者の増加とイメージ体験）、第2部 情報化社会に求められる日本人のイメージ（現代文化としての「母性的風土」（「母性社会」と日本の「風土」、『遠野物語』にみる日本人のイメージ、母性的風土としての茶湯）、母性的風土を培うこととイメージ体験の重要性
2017.10 215p A5 ¥3400 ①978-4-422-11476-7

◆「内なる外国人」A病院症例記録　北山修編著, 飯島みどり, 大森智恵解説, 金坂弥起, 児玉恵美, 田中裕記訳　みすず書房
【要旨】北山修が英国で精神分析と出会った折に診た二人の患者の治療記録。母国語と外国語のはざまで蠢き始めた分析的思考の原点。解説、症例論文、英国における精神分析的精神療法の紹介論文を付す。
2017.11 214p A5 ¥3000 ①978-4-622-08659-8

◆うつ病―回復に向けた対話　パスカル＝アンリ・ケレル著, 阿部又一郎, 渡邊拓也訳, 井原祐子協力　白水社　（文庫クセジュ）
【要旨】本書はメランコリーやアケディアといった古典的概念から近代社会へ、そして現代精神医学のバイブルとなった米国DSMマニュアルへと向かう変遷について概観している。フランスのみならず、英米圏での最近の知見や議論についても紹介し、この「世紀の災厄mal du siècle」について、経験豊富な心理臨床家の立場から考察。現代人が抱えるこの苦悩の、その先の治癒や回復を目指すための手がかりとは。
2017.6 171, 10p 18cm ¥1200 ①978-4-560-51013-1

◆うつ病から相模原事件まで―精神医学ダイアローグ　井原裕著　批評社
【要旨】―私は、すでに精神保健指定医として、精神科救急にも、医療観察法審判にも関わって…患者の人権と社会の安全という相互に衝突する価値観の間で困難な状況下にいる…でも、精神医学における「強制」は控えにすべきです。
2017.11 183p B6 ¥1700 ①978-4-8265-0657-1

◆うつ病・双極性障害の看護ケア　日本精神科看護協会監修, 高橋良斉, 中庭良枝, 米山奈奈子編　中央法規出版　（精神科ナースのアセスメント＆プランニングbooks）
【要旨】医学的因子、生活・社会能力、患者の価値観から、確かな支援を導く。事例でリアルに看護計画がわかる。
2017.12 283p B5 ¥2700 ①978-4-8058-5540-9

◆うつ病臨床のこんな疑問に答える―脳科学からのアプローチ　樋口輝彦監修, 朝田隆, 内富庸介, 熊野宏昭, 野村総一郎, 渡邉義文編集委員（大阪）医薬ジャーナル社　（Depression Frontier 2）
【目次】1 うつ病の原因については、どのようなことが言われているのですか？―うつ病発症に及ぼす因子相互作用、2 うつ病の発症に幼少期のストレスは関係がありますか？―幼少期ストレスとうつ病、3 うつ病は脳の問題ですよね？詳しく教えて下さい―神経細胞新生とうつ病、4 うつ病って遺伝するのですか？ 原因となる遺伝子はわかっているのですか？―うつ病の遺伝子研究うつ病のなかでも自殺する人について、なにか原因はわかっていますか？―自殺の遺伝子研究、6 私はうつ病になりやすいのか。検査でそれを証明できませんか？―うつ病の血液診断マーカー、7 新聞で、うつ病はBDNFという遺伝子変化が関係すると知りました。詳しく教えてください。―BDNF遺伝子のDNAメチル化を指標としたうつ病診療、8 精神科の病気は脳の炎症が原因だとなにかで読みました。本当でしょうか？―うつ病の炎症仮説、うつ病概念再考―うつ病はどこへ行くのか、うつ病治療の最新―精神療法の実際 マインドフルネス認知療法―脱中心化と受容のスキル、うつ病研究の動向―うつ病のニューロフィードバック治療、トラウマティクストレスとうつ―東日本大震災―現場からの報告、治療困難な症例のケーススタディ、Depression Café
2016.12 138p B5 ¥3800 ①978-4-7532-2829-4

◆ウルトラ図解 統合失調症―理解を深めて病気とともに歩む　糸川昌成監修　法研
【目次】第1章 統合失調症とは、どんな病気？（原因不明の精神疾患「統合失調症」、脳の働きが心をコントロールする ほか）、第2章 統合失調症の症状について（統合失調症は患者さんに病識がないことが多い、統合失調症の特徴的な症状 ほか）、第3章 診断と急性期の治療について（病気か否かの自己判断より、まずは受診を、病気を突きとめる診察の流れ ほか）、第4章 維持療養について（休息期・回復期の心得、治療は継続して行われる ほか）、第5章 病気とともに生きるために（統合失調症を患者さんとともに克服する、入院中に家族ができること ほか）
2017.12 161p A5 ¥1500 ①978-4-86513-284-7

サイエンス・テクノロジー

◆榎本稔著作集　5　社会・文化精神医学　4
榎本稔著　日本評論社
【目次】成長・発展する外来精神医療（成長・発展する外来精神医療—これからを展望する、包括的医療としてのデイ（ナイト）ケア治療、多機能を生かしたデイケア医療の在り方—現代社会のニーズに応える必要がある）、メンタルヘルス（グローバル化社会の心の問題—鬱病にならないために）、イタリア型と日本型の比較考察（ヒューマンファーストの地域精神医療福祉センターへ—イタリア型精神医療と日本型精神医療の比較考察を通じて）、性とこころ（性依存症の精神病理、露出する男たち、セックス依存症の男たち、風俗通いの男たち、下着盗癖の男たち）、祈りと救いところ（精神医療の先—祈りと救いのこころへ、現代人の「祈りと救いところ」）
2017.10 274p A5 ¥3000 ①978-4-535-98452-3

◆音楽療法はどれだけ有効か—科学的根拠を検証する　佐藤正之著　（京都）化学同人（DOJIN選書）
【要旨】近年、非薬物療法の一つとして注目が集まる「音楽療法」。音楽のもつ、心理的・社会的・生理的な効果を応用して医療に役立てる方法である。しかしその効果のエビデンスは、まだ十分に確立されているわけではない。本書では、世界中で研究が続く音楽療法について、有効性の検証が進んでいるもの、まだ研究途上にあるものを峻別しながら、認知症やパーキンソン病、失語症などへの対応状況を紹介。さらには、医療の現場でも広く受け入れられる音楽療法のあり方を、自身の体験に基づいて考える。
2017.6 206p B6 ¥1600 ①978-4-7598-1674-7

◆解離—若年期における病理と治療　フランク・W.パトナム著、中井久夫訳　みすず書房　新装版
【要旨】病院としての児童虐待や性的虐待、多重人格性障害の診断、発達途上の児童/青年に行なう治療—危急の問題に方向性を示す。「解離」を包括的に描いたはじめての書。
2017.7 471, 73p A5 ¥8000 ①978-4-622-08636-9

◆解離の舞台—症状構造と治療　柴山雅俊著　金剛出版
【要旨】ヒステリーの幻影は未だ潜勢している—当事者の主観的世界を触知する症状構造論から、交代人格の諸相、境界例、自閉症スペクトラム障害、統合失調症との鑑別診断論、そして夢と現実の境界線上に安全な「いま・ここ」を構築し、交代人格との交流を通じて回復に至る段階的治療論まで、解離性障害を理解・支援するための比類なき決定書。
2017.1 326p A5 ¥4200 ①978-4-7724-1531-6

◆過食症短期入院治療プログラム—精神科のスキルを生かして摂食障害治療に取り組もう　西園マーハ文著　群馬会群馬病院摂食障害治療チーム著　星和書店
【要旨】過食、嘔吐、下剤の乱用…多くの人が摂食障害で苦しんでいる。しかし、「摂食障害は難しい…」と治療を敬遠する病院も多い。多くの患者を救う4週間の短期入院治療プログラムを詳細に解説する。
2017.5 139p A5 ¥2000 ①978-4-7911-0956-2

◆過食症の症状コントロールワークブック
西園マーハ文著　星和書店
【要旨】このワークブックは、過食症に悩む患者さんと治療者が共有する1冊です。治療者の方は、この本を患者さんに勧め、治療に活用してください。患者さんはこの本に自分の症状を記録し、治療者に伝えてください。双方で活用すれば、過食症の治療が前に進みます。
2017.5 45p B5 ¥900 ①978-4-7911-0957-9

◆家族ケア　日本精神科看護協会監修、岡本眞子、萱間真美編　中央法規出版　（精神科ナースのアセスメント＆プランニングbooks）
【要旨】精神障害のある人にも各家族にも個別性があり、一定の決まったアセスメントや看護計画があるわけではありません。それだけに精神科の看護師には、アセスメントする力が求められています。本書は、精神障害のある患者・家族の理解に役立つ家族システムや家族発達といった理論、ケアラーズケアやストレングスといった支援方法をわかりやすく解説。豊富な事例から、精神科での家族ケアに役立てられるポイントがわかります。
2017.9 287p B5 ¥2700 ①978-4-8058-5538-6

◆企業の精神疾患社員への対応実務—採用選考から私傷病休職、リハビリ勤務、退職まで　布施直春著　経営書院
【要旨】社員がうつ病、統合失調症、パニック障害などの精神疾患になった場合、あるいはアスペルガー症候群などの発達障害である場合、会社の関係者がどのように対応したらよいかを説明した実務書。
2017.11 453p A5 ¥3200 ①978-4-86326-252-2

◆巨大なる空転　日本の精神科地域処遇はなぜ進まないのか—昭和40年代精神神経学会「混乱」の再検討　中澤正夫著　（名古屋）風媒社
【要旨】遅々として進まないわが国の精神医療改革。その原因は「政治の季節」に起きた「学会の混乱」にある。混乱はなぜ起きたか—。どういう経過をたどり、今日に至っているのか—。その全容を明らかにし、新しい精神医療を切りひらく道筋を示す。
2017.10 207p B6 ¥2315 ①978-4-8331-1122-5

◆クイズ　あなたならどう診る!?ジェネラリストのための精神症状—おまけ　歌舞伎にも強くなる　上田ゆかり著　（京都）金芳堂
【目次】1 基礎編（妄想とは—一次妄想 ほか）、2 面接と診断（精神症状を聞き取る、予診を読み解く ほか）、3 服薬指導・生活指導（統合失調患者の肥満、統合失調症患者の服薬指導と対応 ほか）、4 薬物療法（ベンゾジアゼピン系薬剤の使い方、抗うつ薬の使い方 ほか）、5 診療の実際と応用（統合失調症患者の急変、度重なる急な動悸 ほか）
2017.11 217p B5 ¥3600 ①978-4-7653-1730-6

◆空間と表象の精神病理　伊集院清一著　岩崎学術出版社
【目次】第1章 精神的危機と作家の作風の変化—治療学としての病跡学を求めて、第2章「持続性離人」の精神病理学—離人症スペクトラムの提唱、第3章 非տ感性・器質性精神病の臨床表現病理—「認知症性」疾患を視野に入れて、第4章 絵画療法の精神療法としての治療可能性、第5章 芸術療法の観点からみた統合失調症の心的機制、第6章 拡大風景構成法—統合失調症における空間表象の治療を交えて、第7章 書評：イレーネ・ヤカブ『精神医学における絵画表現』、第8章 キャンパス空間の精神病理、第9章「寄り添う療法」について考える、第10章 芸術の視点からみた風景構成法、第11章 21世紀の芸術療法・表現精神病理学に向けて
2017.6 215p B6 ¥3600 ①978-4-7533-1116-3

◆ケースに学ぶ音楽療法　1　阪上正巳、岡崎香奈編著　岩崎学術出版社
【目次】第1章 音楽を身にまとった子ども—自閉的傾向のあるダウン症知的障碍児との6年間、第2章 "表現" を支える環境をつくる—副腎白質ジストロフィーを患う少年の事例、第3章 児童対象の音楽心理療法—他害行動がある子どもの変容プロセス、第4章 コミュニティ音楽療法の視点でみるノルウェーの小学校での音楽療法、第5章 認知症高齢者への個人音楽療法—即興演奏がもたらす内的世界の変容について、第6章 重度認知症高齢者への集団音楽療法—鈴村の活動への参加を通して得られた成果と意義、第7章 生きてきたように生きたい—緩和ケアにおける音楽療法、第8章 音楽を通して引き継がれる思い—緩和ケア病棟における音楽療法
2017.3 172p A5 ¥2800 ①978-4-7533-1114-9

◆ケースに学ぶ音楽療法　2　阪上正巳、岡崎香奈編著　岩崎学術出版社
【目次】第1章 スイミーが帰るまで—分析的音楽療法を受けた大学生の事例、第2章 人格再構築までの道程：部分と全体—被虐待経験をもつ20代女性への分析的音楽療法、第3章「私を見て！ 私を私としてあるがままに認めてほしい」—境界性人格障害と音楽療法、第4章 うつ病（大うつ病）に対する即興個人音楽療法の治療意義、第5章 音声・精神療法による「失われた身体像」の回復—自験例との25年間を批判的に振り返って、第6章 音楽療法は統合失調症のどこに、どのように、なぜ効くのか—精神病理学と音楽心理学をふまえて考える、第7章 音楽による「喜び」と統合失調症—解体型事例の語りとピアノ療法、第8章 病と歌とともに歩んだ道、特別寄稿 生きている事と音・楽
2017.3 204p A5 ¥2800 ①978-4-7533-1115-6

◆月経前不快分障害（PMDD）—エビデンスとエクスペリエンス　山田和男著　星和書店
【要旨】DSM-5において、抑うつ障害群の下位診断名として独立した疾患となった月経前不快気分障害（PMDD）。月経前症候群（PMS）や精神疾患の月経前の悪化ときちんと鑑別し、適切な治療を行うために必携の1冊。
2017.3 102p A5 ¥2300 ①978-4-7911-0948-7

◆幻覚　5　器質・力動論　2　アンリ・エー著、宮本忠雄、小見山実監訳、影山任佐、阿部隆明訳　金剛出版
【要旨】エー最大の業績である「器質・力動論（L'organo-dynamisme）」という壮大な精神医学理論大系の全貌が前巻に続いて展開されている。後半部には監訳者影山による精密な解題「エーを読む 蘇るアンリ・エー」（500枚にわたる、難解であるエー理論を読み解くための、良質で明快な入門編）を付与した。
2017.3 654p A5 ¥8500 ①978-4-7724-1532-3

◆現代精神医学を迷路に追い込んだ過剰診断—人生のあらゆる不幸に診断名をつけるDSMの罪　ジョエル・パリス著、村上雅昭訳　星和書店
【要旨】過剰診断は、当事者の置かれた状況とは無関係に薬物による過剰診療と密接に関係している。精神科医はどのようにしてこのような問題を抱えてしまったのか？ そして精神医学はこれからどこへ向かうのか？
2017.5 182p B6 ¥2300 ①978-4-7911-0958-6

◆現場から考える精神療法—うつ、統合失調症、そして発達障害　村上伸治著　日本評論社
【要旨】1つの原則でなく、100通りの例外による流浪の精神療法。
2017.9 217p A5 ¥2500 ①978-4-535-98457-8

◆向精神薬、とくにベンゾ系のための減薬・断薬サポートノート　嶋田和子著　（横浜）萬書房
【目次】第1章 向精神薬の基礎知識、第2章 ベンゾと医療の関係、第3章 ベンゾの減薬の実際、第4章 離脱症状の特徴とその対策、第5章 離脱症状緩和法、第6章 減薬・断薬成功のコツ、第7章 断薬後について
2017.12 126p B6 ¥1600 ①978-4-907961-12-1

◆こころの医学入門—医療・保健・福祉・心理専門職をめざす人のために　近藤直司、田中康雄、本田秀夫編　中央法規出版
【要旨】精神科臨床の「いま」がわかる。第一線の臨床家たちが執筆する新しい精神医学のテキスト。公認心理師・精神保健福祉士・看護師・作業療法士養成課程の方々向けて基礎的な医学知識に加え、臨床経験に基づく精神科医療のポイントを解説。
2017.9 330p B5 ¥3200 ①978-4-8058-5495-2

◆こころの疾患と香り—香りがこころに効く秘密　小森照久著　フレグランスジャーナル社（香りで美と健康シリーズ 7）
【要旨】おもしろく、力強く、おだやかに、香りとの出会い、精神神経免疫学、先達の研究とアロマコロジー、香りと精神神経免疫学、香りの抗ストレス作用、香りの抗うつ作用の検討、動物実験、うつ病の本質と症状、うつ病は風邪のようには治らない、うつ病の治療、ストレスからうつ病に至るプロセス、抗うつ薬の作用機序〔ほか〕
2017.8 137p A5 ¥1600 ①978-4-89479-289-0

◆こころの病いときょうだいのこころ—精神障害者の兄弟姉妹への手紙　滝沢武久著　（京都）松籟社
【目次】きょうだいとして生きた内面の記録（きょうだいの発病とこころの歩み、ソーシャルワーカーとしての歩み、制度改革への歩み）、みちしるべ—精神障害者のきょうだいのために（病気について、人間関係について、自分のことについて）、サポートについて、不安を乗り越えるために）
2017.9 206p B6 ¥1500 ①978-4-87984-358-6

◆コミックエッセイ アスペルガー症候群 家族の上手な暮らし方入門　西脇俊二著、アベナオミイラスト　宝島社
【要旨】「言うことを聞かない」「注意しても直らない」には理由があります！ それは脳機能のかたより原因です。大人の対応次第で、子どもは「生きづらさ」を克服できる。
2017.8 143p A5 ¥1100 ①978-4-8002-7375-8

◆コレクティフ—サン・タンヌ病院におけるセミネール　ジャン・ウリ著、多賀茂、上尾真道、川村文重、武田宙也訳　（調布）月曜社
【要旨】人びとが集団を形作りながら個々の特異性を尊重するための「ほんのちょっとしたこと」とは何か。「コレクティフ＝人びとが集まるこ

サイエンス・テクノロジー

と、動くこと」をめぐる思索と対話。「病気の病気」を治す「制度を使う精神療法」の理論と実践　2017.11 417p B6 ¥3800 ①978-4-86503-053-2

◆最新図解 やさしくわかる精神医学　上島国利監修　ナツメ社
【要旨】DSM‐5にもとづいたこころの病気の種類、診断基準を臨床現場の視点から解説。病気の原因と症状、薬物療法・精神療法などの治療法。社会復帰を支える専門家と社会制度。
2017.7 238p A5 ¥1800 ①978-4-8163-6268-2

◆サリヴァンの精神科セミナー　H.S.サリヴァン著、ロバート・G.クヴァーニス、グロリア・H.パーロフ編、中井久夫訳　みすず書房　新装版
【要旨】サリヴァンが講じたケース・セミナーの記録。患者本人の治療とリアルタイムに連係して続いたため、類をみない実践的な症例研究となっている。読者の理解を促すべく、訳者がポイントを頭注で示し、詳細な訳注を付し、さらに本書のアクチュアルな意義についてあとがきで解説している。
2017.7 385p A5 ¥6200 ①978-4-622-08635-2

◆私家版 精神医学事典　春日武彦著　河出書房新社
【要旨】五十音順でもなければアルファベット順でもなく、「連想」の連続によって見出し語を紡いでゆく―博覧狂記の精神科医が10年の歳月をかけた渾身の奇書、誕生！
2017.8 490p B6 ¥2800 ①978-4-309-24817-2

◆シナプスの笑い　Vol.33　特集 イタリアの精神科医療　（鹿児島）ラグーナ出版
【目次】特集 メディアの役割、病気 地域へひろがる精神医療と保健福祉 イタリア地域精神医療 中編、特別連載 統合失調症で見逃されやすい症状 前編、座談会 精神科とはなにか、連載 探究―統合失調症とはどんな病気か？ 第八回 中井久夫を患者の視点から読み解く、連載 マインド・マターズMind Mattersの紹介 第二十回 人生のための教育、連載 ショットの世界 第一回ショット大会開催、連載小説、投稿作品、連載 福祉就労事業所紹介―就労継続支援A型事業所「いっぽいっぽ」〔ほか〕
2017.10 122p A5 ¥741 ①978-4-904380-66-6

◆自閉症の世界―多様性に満ちた内面の真実　スティーブ・シルバーマン著、正高信男、入口真子予訳　講談社　（ブルーバックス）
【要旨】20世紀半ばに研究が始まった自閉症。さまざまな誤解と偏見を経て、脳科学的に理解されるまでをたどりながら、知的障害ではなく、精神疾患でもない、感じ方や考え方が異なる人たち―自閉スペクトラムの真の姿に迫る。「脳多様性（ニューロダイバーシティ）」という新たな視点から捉え直す科学ノンフィクション。「ニューヨーク・タイムズ」ベストセラー、英国で最も権威あるノンフィクション賞BBC Samuel Johnson Prize 受賞。
2017.5 631p 18cm ¥1600 ①978-4-06-502014-2

◆社交不安症の臨床―評価と治療の最前線　貝谷久宣、不安・抑うつ臨床研究会編　金剛出版
【要旨】社交不安症（Social Anxiety Disorder：SAD）は、一般人口の20％前後が人生の一時期を悩まされるようなポピュラーな疾患でありながら、二次的な合併症のために最終的に社交不安症と診断されることがなく、十分な治療を受けられないことも少なくない。本書では、SAD治療の世界的な専門家であるステファン・G・ホフマン教授らによる薬物療法と認知行動療法の組み合わせを用いた効果的な治療についての講演録をはじめ、SADの社会的・文化的な影響への考察やSADに対する薬物の作用機序と最新の治療薬の解説、また、SADの評価尺度であるLSASとTSASについての比較研究や、薬物療法と心理療法、およびそれらの併用療法の効果についての考察、さらに回避性パーソナリティ障害を併存する例やうつ病と共通する症状である不安・抑うつ発作、併発リスクとなる拒絶過敏性についても紹介する。最後は長年SAD治療に携わってきた編者が、日常の診療から最新の脳科学研究まで縦横に語り、そのエッセンスを余すところなく伝える。日々、患者と向き合っている臨床家たちが、社交不安症をあらゆる角度から解析し、薬物療法と心理療法を中心とした現状における治療の到達点を示した臨床ガイドブックである。
2017.2 205p A5 ¥3800 ①978-4-7724-1541-5

◆シャーマニズムと現代文化の病理―精神科臨床の現場から　久場政博著　弘文堂

◆宗教と精神科は現代の病を救えるのか？　島田裕巳、和田秀樹著　ベストセラーズ　（ベスト新書）
【要旨】メディア、いじめ、学力低下、自殺問題…現代の病の根源に「宗教」と「精神医学」の見地から導き出される明快な処方箋。
2017.3 220p 18cm ¥800 ①978-4-584-12546-5

◆小児の向精神薬治療ガイド―世界の添付文書が示す小児への使い方　稲田俊也編著、萩倉美奈子、遠藤洋考　じほう
【要旨】小児・思春期領域に特化した向精神薬のハンドブック。わが国で使用可能なすべての向精神薬を収録し、各向精神薬について、前半は一般的な薬剤特性を要約し、日本人成人における標準的な使い方を明示。後半は世界の添付文書にみられる小児投与の際の留意点を国別に要約し、小児に対する使い方のポイントを紹介。エビデンスの少ないわが国の児童精神科領域の薬物療法に対して、日本人成人と海外小児の臨床エビデンスを即時に外挿して処方検討の手助けとなる有力な薬物療法支援ツール。
2017.6 274p B6 ¥4800 ①978-4-8407-4972-5

◆初期統合失調症　中安信夫、関由賀子、針間博彦著　星和書店　新版
【要旨】「初期分裂病」、27年ぶりの大改訂。自験282症例に基づく、初期統合失調症研究の到達点。著者の臨床的な歩みとともに深化・拡充を遂げてきたオリジナル概念の全貌がいま明らかになる。
2017.6 791p A5 ¥9000 ①978-4-7911-0959-3

◆資料集成 精神障害兵士「病床日誌」　第2巻 神経衰弱編　2　細渕富夫、清水寛編　六花出版　編集復刻版
2017.6 395p A4 ¥32000 ①978-4-86617-025-1

◆新時代のやさしいトラウマ治療―NLP、マインドフルネス・トレーニング、EFT、EMDR、動作法への招待　岡本浩一、角藤比呂志編　春風社　（東洋英和女学院大学社会科学研究叢書 4）
【要旨】最新の臨床心理学の成果をもとに、トラウマ治療の手法を模倣適応して提供。自然災害によるトラウマや職場・家庭における各種ハラスメントにも短期間で効力を発揮する。アメリカを代表する心理催眠療法家・大谷彰博士と編者2名との鼎談も併録。
2017.3 335p B6 ¥4800 ①978-4-86110-545-6

◆診断の技と工夫　原田誠一編　中山書店　（外来精神科診療シリーズ part1―精神科臨床の知と技の新展開）
【目次】1 精神科診断概論、2 精神療法の各流派からみた診断のコツとポイント、3 精神科リハビリテーションからみた診断のコツとポイント、4 精神科診断に関するエッセイ、5 当事者からみた精神科の診断―実態と問題点、6 精神科診断に役立つ質問票・症状評価尺度―概要と利用法、7 精神科診断をめぐる往復書簡
2017.2 347p B5 ¥8000 ①978-4-521-74006-5

◆新編 分裂病を耕す　星野弘著　日本評論社　（こころの科学叢書）
【目次】精神科医の常識であってよいであろうこと、新米精神科医時代の体験から学んだこと、電撃療法のこと、病棟・思者・看護スタッフ・医師のこと、精神病院の夜回診のこと、再発のこと、慢性分裂病の治療とたかが体重などのこと―初歩的な中医学・漢方・舌診をふくめて、月経のこと、いわゆる治療困難・処遇困難例について、安定しない慢性病態について、薬物療法についての雑感
2017.5 272p B6 ¥2000 ①978-4-535-80435-7

◆精神医療からみたわが国の特徴と問題点　原田誠一編　中山書店　（外来精神科診療シリーズ part3―メンタルクリニックの果たすべき役割）
【目次】1 現在の日本社会の特徴―精神医療の視点からみたわが国の「いま・ここ」の特徴と問題点、2 「児童～思春期～青年期」の現在、3 職場のメンタルヘルス、4 超高齢社会―ターミナルケア、5 地域における ケアとメンタルクリニ

ク、6 依存と嗜癖―現状とこれからの展開、7 暴力と現代―被害者/加害者双方へのアプローチ、8 災害～大事故、9 格差社会～貧困
2017.12 366p B5 ¥8000 ①978-4-521-74008-9

◆精神医療、脱施設化の起源―英国の精神科医と専門職としての発展1890‐1930　高林陽展著　みすず書房
【要旨】現在、日本の精神科病床数は30万床。英国は約2万床、精神医療の脱施設化が進められた結果である。その起源はいかなるものだったのか。近現代英国の精神科医という専門職に注目し、その政治的言説、職階構造、診療実践、病院経営、他専門職との競争のありかたを検討する。精神科医が創った歴史。
2017.2 282, 35p A5 ¥5800 ①978-4-622-08595-9

◆精神医療の危機―その背景と新たな道　氏家憲章編著、上野秀樹、増田一世著　（さいたま）やどかり出版
【要旨】精神医療の展望を切り拓く（待ったなしの精神医療の変革、精神科病院の現状、差別的な扱いを受ける背景は何か、つくり過ぎた精神病床、精神科病院の経営崩壊が始まる、今後予想される3つのケース、日本でも精神医療改革は可能）、認知症の人こそ地域で（私の診療経験から、なぜ認知症の人が精神科病院に入院するのか―認知症の種類の症状、認知症の人の精神科入院 家族-介護者の立場から、認知症の人の精神科入院 厚労省調査から、日本の認知症施策、これまでの認知症施策を再検証、精神科病院の役割を強調した新オレンジプラン、必要なサービスの提供を、暮らしの場は地域に―待ったなしの精神医療改革（精神医療改革への期待、精神医療改革のために行うこと）
2017.4 66p A5 ¥500 ①978-4-904185-39-1

◆精神科医がうつ病になった　小松順一著　星和書店
【要旨】60年間、挫折体験などなく絶対の自信をもって生きてきた精神科医が重症のうつ病になった。うつ病に罹患した精神科医は、客観的な診断を下せるのだろうか。発症のきっかけは何だったか、どんな経過を辿ったのかなど、専門家ならではの解剖を交え、心の内も真っ正直に綴っていく。回復するために何を心がけたらよいか？本書は、精神科医が自らのうつ病をモニターした報告である。
2017.10 125p B6 ¥1800 ①978-4-7911-0966-1

◆精神科医の戦略＆戦術ノート―精神科救急病棟で学んだこと　白鳥裕貴著　星和書店
【要旨】長年の精神科救急の経験から得た知恵やコツ、後輩医師や研修医に話してウケがよかった話など、気軽に読めて役に立ち、たまにクスッと笑える覚え書。臨床や病棟運営などのノウハウが満載！
2017.1 279p B6 ¥1800 ①978-4-7911-0946-3

◆精神科医はくすりを出すときこう考える　仙波純一著　日本評論社
【要旨】心の病気をくすりで治すってどういうこと？どのくらい効くのか、「カウンセリング」との違い、薬物療法以前の工夫―「リアルな理屈」を開陳！
2017.9 228, 8p B6 ¥1700 ①978-4-535-98459-2

◆精神科医療ガイド　2017年度版　NOVA出版
【目次】特集1 地域移行を支えるチーム医療の現状（スタッフの意識の新陳代謝とチームモデルの変化―長期入院精神障害者の地域移行に関する連携と協働、精神科病院における心理職のはたらき、医療機関で子どもたちを援助する専門職―チャイルド・ライフ・スペシャリスト、地域移行で期待されるピアサポートの現状と課題）、特集2 地域で働くこと、普通に生きること（障害者雇用の現状とその課題、精神科医療における患者さんたちの恋愛、結婚、子育て支援）、特集3 超高齢社会における認知症サポート（認知症の患者さんやご家族にとっての医療を実現するための訪問診療、地域活動で支える若年認知症）、病院・施設ガイド
2017.1 94p A4 ¥1000 ①978-4-905441-12-0

◆精神科医療ガイド　2018年度版　NOVA出版
【目次】特集：精神科医療における家族支援のあり方（医療ばかりではなく「みんな」で支えあえる社会を実現したい、丁寧なかかわりでご家族の気もちをくみ取る支援、「家族心理教育」―モデルケース：国府台式家族心理教育、精神科病院における「家族心理教育」の実践―駒木野病

院、技術とスピリットで家族の支援ニーズに応えていく―英国メリデン版訪問家族支援、患者さんやご家族の看護ニーズを読み解く―「デスカンファレンス」からの学び、発達障害児・者の育ちを支える家族支援）、病院・施設ガイド
　2017.11 94p A4 ¥1000 ①978-4-905441-13-7

◆**精神科、気軽に通って早めに治そう**　長牛慶順著　現代書林
【要旨】「薬の副作用が心配…」「一人で受診、通院するのが不安…」「医師に何をされるかよくわからない…」精神科治療の疑問、不安に専門医がホンネで答えます！
　2017.6 207p B6 ¥1300 ①978-4-7745-1642-4

◆**精神科身体ケア**　日本精神科看護協会監修、金子亜矢子、小林美和、八戸正子、吉浜文洋編　中央法規出版　（精神科ナースのアセスメント＆プランニングbooks）
【要旨】「身体」をみるのは苦手ですか？　でも、認知症の増加、患者の高齢化などから、精神科でも身体合併症患者をケアすることが当たり前になりつつあります。本書では、フィジカルアセスメントの基礎知識・手技をわかりやすく解説。豊富な事例から、臨床に役立てられるポイントがわかります。
　2017.6 230p B5 ¥2500 ①978-4-8058-5537-9

◆**精神科リエゾンチームガイドブック―はじめ方からトラブル対応まで**　秋山剛、宇佐美しおり編　医歯薬出版
【目次】第1章 精神科リエゾンチームの経緯、第2章 精神科リエゾンチームの病院のなかでの機能、第3章 精神科リエゾンチームのはじめ方、第4章 精神科リエゾンチームの介入、第5章 精神科リエゾンチームにおける各種職の役割とチームの調整、第6章 他科スタッフとの協働、第7章 トラブル時の対応
　2017.9 206p B5 ¥4200 ①978-4-263-23692-5

◆**精神疾患の光トポグラフィー検査ガイドブック―NIRS波形の臨床判読**　福田正人監修、西村幸香編　中山書店　改訂第2版
【要旨】2014年（平成26年度）診療報酬改定において保険収載されたことに伴い、内容を整理し直した。保険適応で実施するために必要な知識を前半に、研究や実用化に関する取り組みを後半にまとめている。
　2017.10 146p A4 ¥6000 ①978-4-521-74540-4

◆**精神障害の下部構造―精神医学的思考様式の革新**　ピエール・マルシェ著、藤元登四郎訳　金剛出版
【要旨】人工思考システム・モデルとは何か？ 生物学、論理学、システム工学、数学、構成主義的情報科学、芸術等の学際的視点から、現代精神医学が進むべき方向性を探る壮大な試み。
　2017.5 267p A5 ¥6000 ①978-4-7724-1549-1

◆**「精神病」の正体**　大塚明彦著　幻冬舎メディアコンサルティング、幻冬舎 発売
【要旨】うつ病、統合失調症、発達障害…次々と細分化され、症状も治療もバラバラ。人々を苦しめる心の病とは何なのか―。最新の薬、治療、診断が解き明かす、精神病の"本当"の正体
　2017.7 205p B6 ¥1400 ①978-4-344-91327-1

◆**精神病理学の基本問題**　深尾憲二朗著　日本評論社
【要旨】あなたが患者に対して行っていることは、精神病の名に値するだろうか？
　2017.9 213p B6 ¥2500 ①978-4-535-98460-8

◆**精神病理学 臨床講義**　濱田秀伯著　弘文堂　第2版
【要旨】臨床経験、古典文献、文学作品から集められた118症例をもとに症状のとらえかた、診断の進めかた、こころの病の概念を、精緻にして華麗な文体で解説した独創的な症例講義録。精神病の根底に、自由を求めてやまぬ人間の高貴な精神性を見つめつつ、名著『精神症候学』を補完する実践・姉妹編。最新の知見をさらに盛り込んだ待望の改訂新版。
　2017.3 365p A5 ¥6500 ①978-4-335-65174-8

◆**精神保健学／序説**　篠崎英夫著　へるす出版
【目次】第1章 精神医学と医療の歩み、第2章 日本の精神保健と精神医療の歩み、第3章 日本人の精神保健の危機、第4章 認知症患者への総合的アプローチ、第5章 精神障がい者の人権を考える、第6章 戦後医療のエポックと医療行政（対談）　2017.5 297p B6 ¥3000 ①978-4-89269-920-7

◆**精神療法の技と工夫**　原田誠一編　中山書店　（外来精神科診療シリーズ part1―精神科臨床の知と技の新展開）
【目次】1 精神療法概論、2 精神療法の各流派からみたコツとポイント、3 精神科リハビリテーションからみた精神療法のコツとポイント、4 精神療法に関するエッセイ、5 当事者からみた精神療法―実態と問題点、6 疾患ごとの精神療法のコツ、7 精神療法をめぐる往復書簡
　2017.6 378p B6 ¥8000 ①978-4-521-74007-2

◆**青年期精神療法入門**　篠原道夫、松本京介、福森高洋編著　日本評論社　（日評ベーシック・シリーズ）
【要旨】揺れ動く青年期をつかむ。青年期のクライエントとセラピストをとりまく鍵概念（モチーフ）を、具体的事例を通じて学ぶ。
　2017.2 210p A5 ¥2200 ①978-4-535-80660-3

◆**成年後見人のための精神医学ハンドブック**　五十嵐禎人著　日本加除出版
【要旨】ありそうでなかった！ 実務に必要な知識をカバーする貴重な一冊！ 認知症・知的障害・統合失調症など、被後見人の理解に必要な医学の知識をコンパクトに解説！「自己決定支援」のあり方とは？ 被後見人との接し方に不安や悩みを持つ方は必読！
　2017.2 290p A5 ¥2900 ①978-4-8178-4371-5

◆**せん妄予防のコツ―静岡がんセンターの実践**　松本晃明編著　星和書店
【要旨】事後対応から予防へ！ 睡眠薬に着目した「目から鱗」のせん妄予防対策！ 高齢患者の"医療安全"のために必読の書！ 静岡がんセンターのチーム医療のノウハウやコツを詳説！
　2017.1 205p A5 ¥2900 ①978-4-7911-0962-3

◆**双極性障害の家族焦点化療法**　デイヴィッド・J. ミクロウィッツ著、大野裕、三村將監訳、中川敦夫訳　金剛出版
【要旨】気分障害の治療における家族の関与はきわめて重要である。外来治療でも入院治療でも家族の協力を欠かすことはありえない。定型的な家族療法が行われることは少ないにしても、家族と協働で治療を行うことは一般的に行われている。そうした考えから開発された家族焦点化療法（Family Focused Therapy：FFT）という心理教育的介入について、本書では(1)この治療の開発を進めた研究と臨床の背景について、(2)評価の実施法、心理教育、コミュニケーション・トレーニング、問題解決モジュールの実施に関するマニュアルについて、の2つの面に分けて解説する。
　2017.6 369p A5 ¥6500 ①978-4-7724-1536-1

◆**双極性障害のことがよくわかる本**　野村総一郎監修　講談社　（健康ライブラリーイラスト版）　新版
【要旨】「最高」から「最低」へ気分が激変！ 躁と、うつが入れ替わりあらわれる心の病。正しい見極め方、原因、治療法を完全図解！
　2017.6 98p 21×19cm ¥1300 ①978-4-06-259813-2

◆**太陽が破裂するとき―統合失調症の謎**　クリストファー・ボラス著、館直彦監訳　（大阪）創元社
【要旨】"精神分析家という名の詩人" ボラスの創造的な言葉にあふれた事例の数々。精神病者たちとの経験から生まれた独自の思考や着想が、読者の連想を喚起する。
　2017.11 243p A5 ¥3200 ①978-4-422-11639-6

◆**地域精神医療の真髄**　和迩秀浩編著　日本評論社
【要旨】往診・訪問の極意を語る。
　2017.9 209p B6 ¥1700 ①978-4-535-98456-1

◆**地域における多機能型精神科診療所実践マニュアル―乳幼児から成人までの地域包括ケアシステムを目指して**　大嶋正浩編著　金剛出版
【要旨】多機能型精神科診療所、浜松での多機能型精神科診療所展開の概要、崩壊しつつある地域、多機能型精神科診療所の胎動期、多機能型精神科診療所の模索期（平成10年から19年）の概観、多機能型精神科診療所の展開期、地域支援における研修会やNPO法人等の役割、当法人の考える治療（往診部門、デイケア部門、就労支援部門、訪問支援部門、親なき後を見据えた関わりについて、地域生活者としてのメンバーとスタッフについて）
　2017.2 200p B5 ¥3200 ①978-4-7724-1535-4

◆**治療者としてのあり方をめぐって―土居健郎が語る心の臨床家像**　土居健郎、小倉清著（三鷹）遠見書房　（遠見こころライブラリー）
【要旨】"甘え" 理論の土居健郎と、その弟子であり児童精神医学の大家ともなった小倉清による対談集。土居の死後、長らく絶版になっていたものをこのたび再刊しました。厳しくも暖かい精神医学の良心とも言われた土居は、今もなお、優れた治療者として名高い存在です。その土居が語る「こころの治療者のあり方」とは何か？ 治療者の心構えは何か？ 精神医学が生きる道はどこなのか。ユーモアあふれる2人の対談は今もなお輝きを失っていません。
　2017.10 154p B6 ¥2000 ①978-4-86616-036-8

◆**テキストブック児童精神科臨床**　井上勝夫著　日本評論社
【要旨】臨床を振り返るのに最適と評判のテキスト第2弾！ 医療職から心理職、初心者から中堅まで、児童思春期医学の精神症状の見方・考え方、面接での心構えとコツを実践的に伝授する。
　2017.9 236p A5 ¥2400 ①978-4-535-98446-2

◆**統合失調症あるいは精神分裂病―精神医学の虚実**　計見一雄著　講談社　（講談社学術文庫）
【要旨】昏迷・妄想・幻聴・視覚変容…これらの症状は何に由来するのか。病名の誕生当初から「人格の崩壊」「知情意の分裂」などと理解されてきた謬見が次第に正されつつある。患者はどうして、どんな不具合を抱えているのか。精神科臨床に長年携わってきた著者が、脳研究の成果も参照し、治療につながる病の本態と人間の奥底に蠢く「原基的なもの」を語る。
　2017.3 338p A6 ¥1130 ①978-4-06-292414-6

◆**統合失調症治療イラストレイテッド**　渡邉博幸著　星和書店　（シリーズ治療・イラストレイテッド 1）
【要旨】統合失調症の治療に明日から活用できる「わかりやすい説明」と「知識の共有」。疾患の情報を短時間で、わかりやすく伝え、「これで治療がうまくいく」という解決策を示す。
　2017.12 120p A5 ¥2000 ①978-4-7911-0970-8

◆**統合失調症の看護ケア**　日本精神科看護協会監修、遠藤淑美、武山明広、南方英夫編　中央法規出版　（精神科ナースのアセスメント＆プランニングbooks）
【要旨】"患者の全体像" をとらえていますか？ 本書では、統合失調症の看護で必要なバイオ・サイコ・ソーシャルモデルの基礎知識・看護への活用方法をわかりやすく解説。豊富な事例から、臨床に役立てられるポイントがわかります。
　2017.6 263p B5 ¥2500 ①978-4-8058-5536-2

◆**統合失調症の臨床病理**　熊倉伸宏著　新興医学出版社
【目次】第1部 統合失調症との出会い、第2部 症例研究（症例ハル、症例アキ、「真実」を求めて）、第3部 臨床病理学の諸問題（「父となるもの」と「母となるもの」の神経、英雄オデュッセウスの「真意」、裁判官は腹話術師、患者は人形、インフォームド・コンセントの臨床言語学）、第4部 統合失調症の臨床病理学（「人間」との出会い、臨床精神医学の誕生、「現実」とは何か、「否定」の彼岸について、「了解不能なもの」とは何か、「否定」の歴史的展望、「否定」の意味、精神疾患の臨床病理学）
　2017.6 188p B6 ¥2800 ①978-4-88002-197-3

◆**統合失調症は癒える**　中井久夫と考える患者制作委員会編、中井久夫監修・解説　（鹿児島）ラグーナ出版　（中井久夫と考える患者シリーズ 3）
【目次】第1章 統合失調症は癒える（中井久夫）（説き語り 回復への信頼と希望（中井久夫×森越まや）、治療者へ 若干の原則的な提言 ほか）、第2章 統合失調症の経験（考える患者）、第3章 統合失調症の治療（中井久夫）（治療の目安としての症状、精神療法 ほか）、第4章 信頼と希望を育む治療関係（中井久夫、考える患者）（信頼と希望の土台となるもの、はじめて出会うとき ほか）、解説 私の精神科医療への取り組みと中井久夫（近藤廉治）
　2017.10 254p B6 ¥2500 ①978-4-904380-54-3

◆**トラウマ関連疾患心理療法ガイドブック―事例で見る多様性と共通性**　ウルリッヒ・シュニーダー、マリリン・クロワトル編、前田正治、大江美佐里監訳　誠信書房
【目次】イントロダクション、トラウマ曝露による身体的影響、外傷後早期介入、持続エクスポー

サイエンス・テクノロジー

サイエンス・テクノロジー

ジャー療法、PTSDの認知療法―記憶の上書きとトラウマのためのEMDRセラピー、ナラティブ・エクスポージャー・セラピー（NET）―トラウマティック・ストレスや恐怖、暴力に関する記憶の再構成、PTSDの短期折衷心理療法、感情と対人関係調整のスキルトレーニング・ナラティブセラピー、遷延性悲嘆障害に対する複雑性悲嘆治療（CGT）、トラウマと物質乱用―臨床家のための実践ガイド、PTSDと境界性パーソナリティ障害の治療、トラウマを受けた人々の慢性疼痛の複雑性―診断と治療の課題、エビデンスに基づいた児童青年期の治療、誰に対して何が有効か
　2017.9 390p A5 ¥5000 ①978-4-414-41468-4

◆中井久夫集　1　働く患者―1964 - 1983
中井久夫著　みすず書房
【要旨】われわれの時代に鮮やかなかなしるしを刻んできた精神科医・中井久夫。半世紀におよぶ思考と実践の道筋を、全11巻に追う。第1巻は「世に棲む患者」ほか初期20編。
　2017.1 323p B6 ¥3200 ①978-4-622-08571-3

◆中井久夫集　2　1983 - 1987 家族の表象
中井久夫著　みすず書房
【要旨】第2巻には、1982年刊行の2冊『分裂病と人類』『精神科治療の覚書』でその名が非専門家にも知れ渡りはじめた時期の文章、長短36編を収録する。
　2017.4 338p B6 ¥3200 ①978-4-622-08572-0

◆中井久夫集　3　世界における索引と徴候―1987 - 1991　中井久夫著　みすず書房
【要旨】索引は一つの世界を開く鍵である―「統合失調症の精神療法」「「昭和」を送る」「微視的群れ論」「家族の深淵」はじめ、多様な分野をテーマに精神科以外の読者を獲得していた時期の文章、26編を収録。
　2017.9 340p B6 ¥3200 ①978-4-622-08573-7

◆中井久夫集　4　統合失調症の陥穽―1991 - 1994　中井久夫著　みすず書房
【要旨】ある老婦人との交友を緒として自らの過去を幾層にも織りなした「Y夫人のこと」ほか、「精神科医がものを書くとき」「ある少女」精神病棟の設計に参与する」など32編。
　2017.9 331p B6 ¥3400 ①978-4-622-08574-4

◆中井久夫集　5　1994 - 1996 執筆過程の生理学　中井久夫著　みすず書房
【要旨】患者と治療者、病院が同時に被災した神戸で精神科医療はいかに行われたのか。「災害がほんとうに襲った時」をはじめ精神科医による震災の記録を中心に編む。
　2018.1 345p B6 ¥3400 ①978-4-622-08575-1

◆乳幼児精神保健の基礎と実践―アセスメントと支援のためのガイドブック　青木豊, 松本英夫編著　岩崎学術出版社
【要旨】人間のこころは、胎生期から乳幼児期にかけて重要な発達の基盤が作られる。そのエビデンスが臨床から神経科学にいたる領域において集積されてきており、「乳幼児精神保健」の意義は、いっそうその重要性を増している。発達障害をもつ乳幼児や死亡率の高い乳幼児虐待へのアセスメントと介入、育児不安を起こす親とその乳幼児へのアプローチ、代理養育（保育士、里親）の質など、いくつもの重要な乳幼児精神保健の課題がある。本書はそうした課題を理解し、乳幼児のこころの発達を支えるためのテキストブックとして編まれた。クリニックや病院、母子健康センター、児童養護施設、保育園など、さまざまな場所で、乳幼児のこころの健康を支える仕事に携わるすべての方々の手引きとなる1冊である。
　2017.6 278p B5 ¥3800 ①978-4-7533-1120-0

◆人形遊びの心理臨床　菱田一仁著　（大阪）創元社　（箱庭臨床学モノグラフ 第7巻）
【目次】序章 心理臨床における人形、第1章 心理臨床と人形の歴史、第2章 「私」の人形、「私」ではないものとしての人形、第3章 人形と人間性、第4章 遊びと人形、第5章 人形の意義と心理臨床の中での役割、第6章 現代の人形、第7章 心理臨床のテーマと人形、終章
　2017.10 323p A5 ¥3600 ①978-4-422-11477-4

◆バザーリア講演録 自由こそ治療だ!―イタリア精神保健ことはじめ　フランコ・バザーリア著, 大熊一夫, 大内紀彦, 鈴木鉄忠, 梶原徹訳　岩波書店
【要旨】世界に先駆けて精神病院（マニコミオ）を廃止し、社会に開かれた地域精神保健サービス体制を確立したイタリア。その大変革をリード

したのが、精神科医フランコ・バザーリアだった。最晩年に行われた「ブラジル講演」では、バザーリアのラディカルな実践と人間味あふれる思想が、聴衆の疑問や批判に応えながら生き活きと語られている。精神保健の未来を切り拓く「知」と「技術」が凝縮したバザーリアの遺言が、いま日本に伝わる!
　2017.10 266, 4p B6 ¥2900 ①978-4-00-024485-5

◆パーソナリティ障害 正しい知識と治し方
市橋秀夫監修　講談社　（健康ライブラリー イラスト版）
【要旨】その生きづらさ、パーソナリティ障害では?「境界性」と「自己愛性」を中心に障害の特徴、背景から治すためにできること、家族や周囲の正しい対応法まで。
　2017.7 98p 21×19cm ¥1300 ①978-4-06-259814-9

◆発達障害の薬物療法を考える　嶋田和子著　彩流社　（フィギュール彩 93）
【要旨】ここ数年、急激に話題に上るようになった発達障害。「大人の発達障害」というキャンペーンで、現代の流行病と言ってもいいほどになっている。医療界でも精神科での「治療」では治らないことは承知の上で、症状をただ抑えるだけの目的で投薬が行なわれている。そこで使われる薬の多くは劇薬であり、なおかつ長期的には効果が無いことが様々な研究論文でも指摘されている。長年、当事者や家族の声を聞いてきた著者が、薬物療法の危険性に警鐘を鳴らす。様々なケースで実態を紹介し、悩む本人や親の声を伝え、そのなかで新たな道を探る親や医療者、学校関係者の取組みを紹介。
　2017.7 211p B6 ¥1900 ①978-4-7791-7095-9

◆犯罪学と精神医学史研究　2　影山任佐著　金剛出版
【要旨】人間学を欠いた犯罪学は冏く、科学を欠いた犯罪学は殆い。犯罪精神医学の展延と深化の追求のなかで著者が積重ねてきた「総合犯罪学」から「統合犯罪学」への道程と、フランス精神病理学の泰斗アンリ・エーの器質・力動論を導きの糸に、犯罪学史・精神医学史の草創にわけいり、没理論的精神医学の現状に抗して、犯罪学・人間学の精緻化の健とその基盤となる人間学を探索する。有機的に重層する各章を通して、著者の壮大な理論的・実践的構想を垣間見る論集の第二弾。
　2017.12 332p A5 ¥6000 ①978-4-7724-1601-6

◆不安や心配を克服するためのプログラム：患者さん用ワークブック　ミッシェル・G.クラスケ, デイビッド・H. バーロウ著, 伊藤雅臣監訳, 沖田麻優子訳　星和書店　（原書第2版）
【要旨】「心配性だ」「すぐ緊張してしまう」という人、不安にとらわれて勉強や仕事や家事が手につかない人など、全般性不安障害（全般不安症）をもつ人、その傾向のある人のためのワークブック。不安に振り回されない生活を手に入れるために。治療者と共に使うテキストとしても最適。
　2017.10 177p B5 ¥2400 ①978-4-7911-0967-8

◆保安処分構想と医療観察法体制―日本精神保健福祉士協会の関わりをめぐって　樋澤吉彦著　生活書院
【要旨】構造的類似性から一種の保安処分と同定できる医療観察法。なぜ、日本精神保健福祉士協会は実質的且つ積極的に関与を表明するに至ったのか!「再犯のおそれ」と「医療の必要性」という、相反的であり且つ相補的でもある処遇要件を完備した医療観察法。その法へのPSWの関与の強度の過程を精査することを通して、精神保健福祉士（PSW）の活動の価値基盤の中にもともと強制性が内包されていたという必然を解題する。
　2017.10 312, 16p A5 ¥3000 ①978-4-86500-072-6

◆法と精神医療　第32号（2017）　法と精神医療学会編　成文堂
【目次】論説（責任能力論における弁識・制御能力、大阪精神医療人権センターの活動史―人権保障の30年）、講演（精神障害者の権利とは何か?、シンポジウム「わが国における精神障害者の強制入院について」（障害者の権利に関する条約と非自発的医療のあり方、保護者制度廃止（法改正）後の問題点と課題、医療観察法申立および精神保健福祉法強制入院での警察・検察の対応の検討））
　2017.12 117p A5 ¥1500 ①978-4-7923-5230-1

◆保健、医療、福祉、教育にいかす簡易型認知行動療法実践マニュアル　大野裕, 田中克

俊著・監修　ストレスマネジメントネットワーク、きずな出版 発売
【目次】定型的認知行動療法と簡易型認知行動療法、第1部 認知行動療法の基本を理解する（認知行動療法の全体像を理解する、症例（事例）の概念化・定式化相談者をひとりの人として理解する、認知行動療法的面接の基本構造、主要な認知行動療法のスキル）、第2部 簡易型認知行動療法を心身の健康生活にいかす（こころの健康教育に活用する、食事・運動教育に活用する、睡眠教育に活用する）
　2017.1 254p A5 ¥1800 ①978-4-907072-79-7

◆マッド・トラベラーズ―ある精神疾患の誕生と消滅　イアン・ハッキング著、江口重幸、大前晋, 下地明友, 三脇康生, ヤニス・ガイタニディス訳　岩波書店
【要旨】一九世紀末のフランスを中心に流行し、その後まもなく消え去った精神疾患「徘徊自動症」。なぜはそれはその時その地域にだけ出現し、消滅したのか? そもそもその病気は実在のものなのか? ボルドーからモスクワまで連走の旅をした最初の事例アルベール・ダダの資料を詳細に分析し、疾病と社会との相互作用を劇的に描き出したイアン・ハッキングの代表作。
　2017.8 319, 22p A5 ¥5400 ①978-4-00-024822-8

◆メンタルヘルスケアのための統合医学ガイド　リチャード・P. ブラウン, パトリシア・L.ゲルバーグ, フィリップ・R. マスキン著, 飯野彩人訳　法研
【要旨】薬草、ハーブ、ヨガ、栄養…統合医学を治療に取り入れたい方のためのガイド。
　2017.4 428p A5 ¥3500 ①978-4-86513-383-7

◆薬物離脱ワークブック　松本俊彦, 伊藤絵美監修、藤野京子, 鷲野薫, 藤掛友希, 両全会薬物プログラム開発会著　金剛出版
【要旨】薬物をやめるのは簡単だが、やめ続けるのは難しい。簡単にやめられるからこそ「いつでもやめられるから、たまにはいいだろう」という油断が生じ、再利用を引き起こしやすいのである。本書は、SMARPPとスキーマ療法を合わせた2部構成の薬物離脱ワークブックである。第1部では、薬物を中心に据え、薬物を使うことの弊害ややめ続けていくにはどうしたらいいか、などを扱う。第2部では、薬物に頼らず社会適応していく方法を提示する。第1部からでも第2部からでも、また交互に読み進めてもヒントが得られるようになっている。
　2017.9 347p B5 ¥2800 ①978-4-7724-1576-7

◆ユング派精神療法の実践―西洋人との夢分析の一事例を中心として　武野俊弥著　（大阪）創元社
【要旨】それぞれの人生をいかに見て、いかに意味づけるか。眼前の患者から、その患者にだけ通用する理論を見いだそうとするユング派精神療法。その要諦と実践内容をつまびらかにする。
　2017.11 124p B6 ¥2200 ①978-4-422-11671-6

◆よくわかる境界性パーソナリティ障害　林直樹監修　主婦の友社　（こころのクスリBOOKS）　新版
【要旨】感情や思考をコントロールするのが苦手で、人間関係のトラブルを起こしやすく、自傷行為などの衝動的行動におよんでしまうこともある境界性パーソナリティ障害。不安定な自分を変えていく、治療とセルフケアの方法を、わかりやすく紹介します。
　2017.3 127p 21×19cm ¥1400 ①978-4-07-422920-8

◆読めば気持ちがすーっと軽くなる本人・家族に優しい統合失調症のお話　功刀浩監修　翔泳社　（ココロの健康シリーズ）
【要旨】リカバリーのカギは食事と運動! 最新の研究から症状改善に有効な方法をご紹介!
　2018.1 159p 19×19cm ¥1400 ①978-4-7981-5332-2

◆臨床医のための司法精神医学入門　日本精神神経学会司法精神医学委員会編　新興医学出版社 改訂版
【目次】第1章 司法精神医学への招待、第2章 刑事精神鑑定、第3章 医療観察法、第4章 精神保健福祉法、第5章 民事精神鑑定、第6章 虐待防止法・薬物規制法・道路交通法（運転免許制度）、第7章 少年事件と鑑定、第8章 司法精神医学倫理
　2017.9 179p A5 ¥4500 ①978-4-88002-866-8

◆臨床行動分析のすすめ方―ふだんづかいの認知行動療法　芝田寿美男著　岩崎学術出版社

【要旨】本書では、日常臨床において行動分析をどのようにすすめていくかを、豊富な臨床例に沿って解説しました。混乱した病状や状況を前にしても、丁寧な行動分析により問題を理解把握し、少しずつできるところから治療介入を積み重ねれば、患者の生活はささやかながらも変化し、いつか健康な日常を取り戻せるのです。患者のみならず、治療者も支えてくれる、この非侵襲的で優しい精神療法、それを使いこなすための行動分析を、あなたも身につけてみませんか。

2017.9 237p A5 ¥2800 ①978-4-7533-1123-1

◆臨床哲学対話 いのちの臨床　木村敏著　青土社　（木村敏対談集 1）
【要旨】「臨床」のエキスパートたちとの対話を通して明らかにされる臨床哲学の妙味。著者初の対談集、待望の刊行。

2017.4 373p B6 ¥2900 ①978-4-7917-6976-6

◆MMPI・1/MINI/MINI・124ハンドブック―自動診断システムへの招待　村上宣寛、村上千恵子著　筑摩書房　改訂版
【目次】MMPIとは何か、コンピュータ化されたMMPI、翻訳への疑問、標準化、信頼性、実施法、妥当性尺度、臨床尺度、プロファイル・タイプ、特殊尺度、MINI MINI・124システムの誕生、心理検査の導入から報告まで、臨床的応用、基本情報

2017.4 334p B5 ¥5500 ①978-4-480-97020-6

◆PTSD・物質乱用治療マニュアル「シーキングセーフティ」　リサ・M・ナジャヴィッツ著、松本俊彦、森田展彰監訳　金剛出版
【要旨】PTSDと物質乱用への心理療法に関する研究は、比較的最近になって進められており、長年の間、治療においても、研究においても別々の問題として取り扱われてきた。本書で展開される治療モデルは、重複障害に対するものとしては、世界で初めて学術的な効果検証が行われた治療法であり、患者やセラピストにきわめて望ましい効果をもたらすことが示されている。この治療モデルでは、患者の安全の確立こそが解決のためにもっとも必要な支援であるとする「シーキングセーフティ」という原則にもとづいて、PTSDと物質乱用に対する心理療法を構成する、25回分のセッションをとりあげている。認知・行動・対人関係という3つの領域に大別されるすべてのセッションで、両疾患に関するセーフティ（安全）な対処スキルが示される。ここで提示された治療モデルは、かぎられた時間のなかですぐに使えるツールを求めている、臨床の最前線にいるセラピストにとっては、現状においてもっとも有用な治療アプローチである。

2017.12 489p B5 ¥6000 ①978-4-7724-1600-9

 小児科学

◆新しい小児外来疾患のみかた、考えかた　西村龍夫著　中外医学社
【要旨】医療の基本はDo no harm であり、患者に不利益なことは避けなければいけない。外来を訪れるすべての子どもと保護者のために、今までの「当たり前の小児診療」に代わる新たな視点の小児外来診療のあり方を示す。

2017.3 169p A5 ¥2800 ①978-4-498-14544-3

◆アルポート症候群診療ガイドライン 2017　日本小児腎臓病学会編　診断と治療社
【目次】1 アルポート症候群について、2 疫学・予後、3 診断、4 治療、5 腎外徴候、6 遺伝カウンセリング、7 成人期の諸課題

2017.6 89p B5 ¥3200 ①978-4-7878-2312-0

◆学校保健安全法に沿った感染症―乳幼児から高校生まで　岡部信彦著　少年写真新聞社　（写真を見ながら学べるビジュアル版 新健康教育シリーズ）　最新改訂14版
【目次】第1種（エボラ出血熱、クリミア・コンゴ出血熱、ペスト ほか）、第2種（インフルエンザ（季節性インフルエンザ）、百日咳 ほか）、第3種（コレラ、細菌性赤痢 ほか）、その他の感染症（溶連菌感染症、ウイルス性肝炎 ほか）

2017.3 61p B5 ¥900 ①978-4-87981-601-6

◆患者説明にそのまま使える/不安なパパ・ママにイラストでやさしく解説 こどもの潰瘍性大腸炎・クローン病と治療―炎症性腸疾患（IBD）のことがよくわかる　田尻仁編著　（大阪）メディカ出版

【目次】1章 潰瘍性大腸炎・クローン病ってどんな病気？、2章 こどもの潰瘍性大腸炎・クローン病の検査と治療、3章 薬物療法、4章 栄養・食事療法、5章 手術療法、6章 入院から退院までの流れ、7章 病気とうまくつきあう生活、8章 助成制度・支援

2017.9 99p B5 ¥2400 ①978-4-8404-6188-7

◆起立性調節障害の子どもの正しい理解と対応　田中英高著　中央法規出版　改訂版
【要旨】怠け者って、呼ばないで―不登校、うつ、ひきこもりなどとも混同される「起立性調節障害」。その兆候から、診断・治療のプロセス、サポート方法など、わかりやすく解説した好評書を、最新ガイドラインを踏まえて改訂しました。「小児起立性調節障害診断・治療ガイドライン（改訂第2版）」対応！

2017.3 144p B6 ¥1600 ①978-4-8058-5475-4

◆起立性調節障害の子どもの日常生活サポートブック　田中英高著　中央法規出版　改訂版
【要旨】将来のために、今できること―「起立性調節障害」の子どもの高校進路選択や学校生活、就職・就労や対人関係など、思春期を迎えることで新たに生まれる戸惑い・悩みに応える好評書を、最新ガイドラインを踏まえて改訂しました。「小児起立性調節障害診断・治療ガイドライン（改訂第2版）」対応！

2017.3 156p B5 ¥1600 ①978-4-8058-5476-1

◆子どもが元気になる在宅ケア　梶原厚子編著　南山堂
【目次】1章 成長と発達を促す関わりを知ろう（乳幼児期の関わりで大切にしていること、子どもの認知機能（感覚と運動）の発達と遊び ほか）、2章 子どもの捉え方とケアを知ろう（子どもの健康を守る、子どもの成長と発達 ほか）、3章 子どもの病態と看護のポイントを知ろう（呼吸器疾患、重症心身障害 ほか）、4章 子どもが受ける医療を知ろう（NICU、小児科外来・病棟 ほか）、5章 障害児・者支援を知ろう（相談支援専門員、障害児が利用できる制度 ほか）

2017.7 320p B5 ¥4600 ①978-4-525-50291-1

◆子どもの脳を傷つける親たち　友田明美著　NHK出版　（NHK出版新書）
【要旨】マルトリートメント（不適切な養育）が子どもの脳を"物理的"に傷つけ、学習欲の低下や非行、うつや統合失調症などの病を引き起こすことが明らかになった。脳研究に取り組む小児精神科医が、科学的見地から子どもの脳を解明し、傷つきから守る方途と、健全なこころの発達に不可欠である愛着形成の重要性を説く。

2017.8 221p 18cm ¥780 ①978-4-14-088523-9

◆これからの小児救急電話相談ガイドブック　福井聖子、白石裕子著、日本小児保健協会小児救急の社会的サポートに関する検討委員会編　へるす出版
【要旨】医療従事者は電話でも、つい対面臨床と同じ対応になりがち。電話相談には、理論に基づいたスキルが必要です。本書は、公益社団法人日本小児保健協会主催の小児救急電話相談研修会に準拠。実際の業務にも有用な必携書です。

2017.7 142p B5 ¥2600 ①978-4-89269-927-6

◆最新ガイドライン準拠 小児科診断・治療指針　遠藤文夫総編集　中山書店　改訂第2版
【目次】診療の基本、新しい画像技術、診療技法・処置法、小児保健・学校保健、重症心身障害児、小児栄養、先天異常・出生前診断、新生児医療、救急医療、先天代謝異常・代謝疾患 ほか

2017.4 1236p B6 ¥26500 ①978-4-521-74486-5

◆最新子ども保健　澤田淳、細井創編　日本小児医事出版社　第2版
【目次】子ども保健序論、発育、子どもの栄養と食生活、子どもの心理、知能、情緒、社会性の発達と保健、発達障害、日常生活と環境、小児在宅医療、集団の保健、主な疾病、主な症状と救急処置 ほか

2017.12 437p A5 ¥2200 ①978-4-88924-255-3

◆重症心身障害児のトータルケア―新しい発達支援の方向性を求めて　浅倉次男監修　へるす出版　改訂第2版
【目次】1 重症心身障害児とは、2 臨床実践のポイント、3 合併症に対する留意点 医学的視点からみたケアのポイント、4 生活環境の整備と留意点、5 重症心身障害児を取り巻く人々からのメッセージ、6 重症心身障害児施設職員の連携・チームワークと施設運営、7 エピソード、8 関連学会の紹介と研究動向

2017.9 398p B5 ¥4800 ①978-4-89269-934-4

◆小児科漢方 16の処方　黒木春郎著　中外医学社　改訂2版
【要旨】今日から使える「子どもの漢方」16処方を掲載。システムバイオロジー（System Biology）と漢方、漢方薬の処方量と飲ませ方など、最先端の動向・最新のノウハウを盛り込んだ。

2017.10 138p A5 ¥2400 ①978-4-498-06905-3

◆小児科診察室―シュタイナー教育・医学からの子育て読本　ミヒャエラ・グレックラー、ヴォルフガング・ゲーベル著、入間カイ訳、"小児科診察室"研究会監修　水声社　増補改訂版
【要旨】乳児期から青少年期まで、「教育と医学のつながり」から子どもの発達を心身ともに支える新しい育児書。初版刊行以来三〇年以上、数多くの言語に訳され世界中の父母・保育者らに読みつがれてきた、子ども一人ひとりの「私らしさ」を育てる決定・定番の育児読本。

2017.8 576p A5 ¥5000 ①978-4-8010-0165-7

◆小児気管支喘息の患者教育―子どもと家族への健康心理学的アプローチ　飯尾美沙著　早稲田大学出版部　（早稲田大学エウプラクシス叢書 5）
【目次】第1章 慢性疾患における患者教育、第2章 小児気管支喘息の患者教育、第3章 小児喘息の患者教育効果を評価する心理指標の開発、第4章 小児喘息の長期管理行動に影響を与える要因、第5章 小児喘息テイラー化教育プログラムの開発、第6章 テイラー化教育プログラムの効果の検証、第7章 テイラー化教育プログラムの改良修正および評価、第8章 小児喘息患者に対する患者教育の成果および課題、第9章 本書のまとめ

2017.8 268p A5 ¥3600 ①978-4-657-17803-9

◆小児けいれん重積治療ガイドライン 2017　日本小児神経学会監修、小児けいれん重積治療ガイドライン策定ワーキンググループ編　診断と治療社
【目次】第1部 総論（ガイドラインの対象、定義と分類（definition&classification）、疫学（epidemiology）、海外の治療ガイドライン）、第2部 各論（けいれん発作に対して重積化を防ぐために早期に治療介入することは必要か、医療機関受診時にけいれん発作が続いている場合、最初に試みるべき治療は何か、けいれん発作が持続しているが、静脈ルートがとれなかった場合、どのような対処があるか、けいれん発作を起こした小児で、入院（入院可能な病院への搬送）の適応はどう判断するか、ベンゾジアゼピン系薬剤で発作が消失した場合、発作再発予防のための薬剤追加は有効か ほか）

2017.6 97p B5 ¥3000 ①978-4-7878-2260-4

◆小児疾患の身近な漢方治療　15　現代の子育て環境と漢方　現代小児漢方交流会企画・編　メジカルビュー社
【目次】特別報告 エピジェネティクスからみた子育て環境と疾患、基調報告 子育て環境と漢方―小児漢方の新たな視点と可能性を探る、報告1 いのちを繋ぐ女性に使う漢方―妊娠から胎児・乳児を意識した漢方の使用経験、報告2 漢方治療からみた家族の調和、報告3 小児在宅医療と漢方、報告4 発達障害児を育てる母親への漢方と西洋のハイブリッドアプローチの試み、特別提言 漢方医学の可能性、誌上座談会 現代の子育て環境と漢方

2017.4 80p B5 ¥4000 ①978-4-7583-0494-8

◆小児神経専門医テキスト　日本小児神経学会編　診断と治療社
【目次】1 総論（神経発達、神経解剖・組織、小児神経医療倫理、小児神経遺伝学、小児神経医療経済 ほか）、2 疾患各論（小児神経疾患の救急医学、先天異常症候群、神経発生異常、先天代謝異常、神経変性疾患 ほか）

2017.6 362p B5 ¥9000 ①978-4-7878-2277-2

◆小児腎血管性高血圧診療ガイドライン 2017　日本小児腎臓病学会編　診断と治療社
【目次】1 総論（疫学、病因・病態 ほか）、2 診断（臨床症状は小児腎血管性高血圧の診断に有用か、血液検査、血漿レニン活性の測定は小児腎血管性高血圧の診断に有用か ほか）、3 治療（内科的治療（内科的治療は小児腎血管性高血圧の治療法として推奨されるか、アンジオテンシン変換酵素（ACE）阻害薬、またはアンジオテンシン受容体拮抗薬（ARB）は小児腎血管性高血圧の治療薬として推奨されるか ほか）、カテーテル・外科的治療（経皮的腎動脈形成術は小児腎

血管性高血圧の治療として推奨されるか、腎動脈ステント留置術は小児腎血管性高血圧の治療として推奨されるか ほか））
2017.9 41p B5 ¥3200 ①978-4-7878-2319-9

◆**ショック**　日本小児集中治療研究会編　メディカル・サイエンス・インターナショナル（小児救命救急・ICUピックアップ 1）
【要旨】小児救急・集中治療のなかで遭遇しやすいが、病態がわかりにくく対処しにくい「ショック」がテーマ。ショックにおいては、症状から原因疾患、治療に至るまで多くの点で小児は成人と異なる点を念頭において、小児のショックに関する基本的事項から最新の知見までを網羅し、診断・治療の指針を提示すると同時に、この分野でのホットな話題を提供している。
2017.11 133p B5 ¥3800 ①978-4-89592-903-5

◆**ステップアップ新生児呼吸管理—Q&Aで違いが分かる・説明できる**　長和俊編著　（大阪）メディカ出版
【目次】第1章 新生児の呼吸器症状と検査・モニタリング、第2章 新生児の呼吸管理法、第3章 新生児呼吸管理における薬物療法、第4章 新生児呼吸管理における手技、第5章 新生児呼吸管理におけるトラブル・合併症、第6章 新生児用/在宅用人工呼吸器徹底比較
2017.11 165p A5 ¥3800 ①978-4-8404-6165-8

◆**専門医をめざす！　小児科試験問題集**　水口雅、三牧正和編　中山書店　改訂第2版
【目次】小児保健、成長発達、水電解質異常、新生児、先天異常、先天代謝異常・代謝性疾患、内分泌、生体防御・免疫、小児リウマチ・膠原病、アレルギー、感染症、呼吸器、消化器・栄養、循環器・川崎病、血液・悪性腫瘍、腎・泌尿器、神経・筋疾患、精神疾患・心身医学、救急
2017.5 438p A5 ¥6300 ①978-4-521-74509-1

◆**育てにくさの理解と支援—健やか親子21（第2次）の重点課題にむけて**　秋山千枝子、小枝達也、橋本創一、堀口寿広編　診断と治療社
【目次】1 総論、2 4つの要因へのアプローチ法（子どもの要因、親の要因、親子の関係性による要因、親子をとりまく環境の要因）
2017.4 143p A5 ¥3200 ①978-4-7878-2254-3

◆**チームで育む病気の子ども—新しい病弱教育の理論と実践**　西牧謙吾監修、松浦俊弥編著　北樹出版
【目次】第1章 病弱教育の基本、第2章 病弱教育の対象となる子ども（教育支援資料から）、第3章 病弱児の指導・支援、第4章 通常の学校での病弱教育（心の病と不登校）、第5章 「病気の子ども」の教育課題（心の病と不登校）、第6章 「病気の子ども」と社会、第7章 「病気の子ども」と養護教諭（学校における病気の子どもの心身の支援ならびに理解者として）、第8章 医療と教育の連携
2017.10 165p A5 ¥2000 ①978-4-7793-0551-1

◆**東大病院新生児診療マニュアル**　東京大学医学部小児科編　診断と治療社
【目次】第1章 一般管理、第2章 主な疾患、第3章 治療法と手技、第4章 検査、第5章 退院管理、第6章 その他、付録
2017.4 398p 19cm ¥4000 ①978-4-7878-2304-5

◆**ヌーナン症候群のマネジメント**　緒方勤監修、『ヌーナン症候群のマネジメント』編集委員会編　メディカルレビュー社
【目次】1 臨床診断、2 病態、3 遺伝子診断、4 類縁疾患、5 治療、6 患者団体、患者向け使用体
2017.12 117p A4 ¥3500 ①978-4-7792-2002-9

◆**100症例に学ぶ小児診療**　金子一成監修、日経メディカル編　日経BP社、日経BPマーケティング 発売
【要旨】小児疾患100例を鑑別の難易度別に出題！日経メディカル誌「日経メディクイズ」のコーナーに連載された小児症例（疾患）をまとめたもの。
2017.11 221p B5 ¥5800 ①978-4-8222-5997-6

◆**ベッドサイドの小児神経・発達の診かた**　桃井眞里子、宮尾益知、水口雅編　南山堂　改訂4版
【目次】診察の基本、一般所見の診かた、新生児の神経の診かた、精神発達と機能の診かた、運動発達と機能の診かた、反射の診かた、感覚の診かた、脳神経系の診かた、不随意運動の診かた、脳性麻痺の診かた ［ほか］
2017.5 351p B5 ¥7200 ①978-4-525-28554-8

◆**ポイントで学ぶ小児麻酔50症例**　蔵谷紀文監修、小原崇一郎、釜田峰都編　克誠堂出版
【要旨】本書では一般に麻酔科医を対象として小児麻酔の代表的な疾患や病態を取り上げた。すべての項目において実際の症例呈示から始まって、その後に、その疾患の病態生理の解説があり、それに基づいた術前評価の注意点に関する記述が続く形で、臨床現場での担当症例の評価から具体的な麻酔管理計画の策定に続く流れをイメージしている。周術期管理の解説では、単にマニュアル的な記述とならないように編集を行った。麻酔管理において専門家の中でも意見が分かれている項目に関してはPros&Consの形でまとめた。
2017.11 265p B5 ¥7400 ①978-4-7719-0493-4

◆**まるわかりワクチンQ&A—予防接種の現場で困らない！**　中野貴司編著　日本医事新報社　第2版
【要旨】初版刊行以降3年間の変化を踏まえて全面改訂！予防接種の間違い防止対策の章も追加。
2017.12 440p A5 ¥4800 ①978-4-7849-4472-9

◆**Autism 自閉症スペクトラム障害—一般小児科医・療育関係者のためのガイドブック**　米国小児科学会編、岡明、平岩幹男監修　日本小児医事出版社　（原書第2版）
【要旨】はじめに（自閉症スペクトラム障害の子どもたちの発見および評価について、自閉症スペクトラム障害を抱えた子どもたちへの対応 ほか）、発見（発達サーベイランスとスクリーニング検査、サーベイランスとスクリーニングのアルゴリズム：自閉症スペクトラム（ASD）ほか）、照会（早期介入プログラム照会用紙、推奨治療に対する保険適応について書類を作成する際のヒント ほか）、臨床家向け資料（アスペルガー症候群、行動原理 ほか）、家族向け資料（行動の問題、自閉症スペクトラム障害の診断について子どもと話し合う ほか）
2017.4 297, 29p A5 ¥9000 ①978-4-88924-250-8

外科学・麻酔科学

◆**胃カメラのおいしい飲ませ方**　中島恒夫著、日経メディカル編　日経BP社、日経BPマーケティング 発売　（付属資料：DVD1）
【要旨】日経メディカルOnlineの人気連載が待望の書籍化。全29項目を「胃カメラをおいしく飲ませる方法」を分かりやすく解説！撮り下ろし解説動画（全30分）を収録した特典DVD付き。
2017.12 101p B5 ¥4500 ①978-4-8222-5890-0

◆**痛み診療におけるオピオイド治療：ブプレノルフィン貼付剤の可能性**　山口重樹編　真興交易医書出版部
【目次】第1章 痛み診療におけるオピオイド治療：総論（慢性疼痛に対するオピオイド治療とは、慢性疼痛に対するオピオイド治療の問題と対策、慢性疼痛治療におけるブプレノルフィンの可能性）、第2章 ブプレノルフィン貼付剤の基礎（ブプレノルフィン貼付剤とは、ブプレノルフィンの薬理作用、ブプレノルフィンの薬物動態、ブプレノルフィンの肝臓、腎臓への影響）、第3章 ブプレノルフィン貼付剤の臨床応用（本邦におけるブプレノルフィン貼付剤の臨床：適応・処方・中止方法、欧米でのブプレノルフィン貼付剤の臨床、ブプレノルフィン貼付剤の副作用とその対策）、第4章 ブプレノルフィン貼付剤使用症例の提示（整形外科領域での使用症例、ペインクリニック領域での使用症例）
2017.7 194p A5 ¥3000 ①978-4-88003-917-6

◆**いちばんやさしい 痛みの治療がわかる本**　伊藤和憲著　（横須賀）医道の日本社
【要旨】あらゆる「痛み」に対して正しい診察・的確な治療はできていますか？エビデンスに基づいたまったく新しい診察手順を身につけられる！
2017.1 245p 24×19cm ¥3400 ①978-4-7529-1153-1

◆**いまさら訊けない！ 透析患者薬剤の考えかた、使いかたQ&A**　加藤明彦編著　中外医学社　改訂2版
【要旨】病態を知り、薬剤を知れば、百戦危うからず。好評書の全面改訂版！
2018.1 375p B6 ¥4600 ①978-4-498-22423-0

◆**今さら聞けない麻酔科の疑問108—基本事項から専門医が知っておきたい知識・テクニッ**クまで　山藏道明監修、枝長充隆、平田直之編　文光堂
【要旨】1章 基礎編：麻酔科学ってどんなもの？誰もが知っておくべき基礎知識Q&A（麻酔科学ってどんな学問ですか？、麻酔薬ってどう効くのですか？、麻酔はなぜ怖いと思われるのでしょうか？ ほか）、2章 実践編：初期研修ではここまで押さえておこうQ&A（笑気ガスをほとんど使用しなくなったのはなぜですか？ また、笑気の利点は？、気管挿管が上達するコツは？、術中輸液のスタンダードを教えてください ほか）、3章 応用編：ここまでわかれば専門医レベルのQ&A（術前検査は、どこまで必要ですか？、術前診察時のリスク評価は、どうしているのですか？、糖尿病患者は、どの指標がどこまでコントロールされていれば麻酔が可能でしょうか？ ほか）
2017.2 266p 24×19cm ¥5000 ①978-4-8306-2842-9

◆**イラストでわかる外科手術基本テクニック**　R.M. Kirk著、幕内雅敏監訳　エルゼビア・ジャパン　原著第6版
【要旨】待望の改訂版。必要不可欠な手技をカラーで丁寧に解説。330点余の豊富な図版。見て理解し、より実践に活かせる。基本手技から腹腔鏡下手術や低侵襲手術などを網羅。習得すべきポイント、上達するためのコツ、陥りやすい過ちを"Key Point"に集約。
2017.6 236p B5 ¥6300 ①978-4-86034-908-0

◆**映像で学ぶMicrosurgery—基礎と指再接着**　黒島永嗣著　南江堂　（付属資料：DVD1）
【目次】A Microsurgery 基礎編—すべて（顕微鏡の設置と調整、器材特性と取り扱い ほか）、B —いかに学ぶ—成功には理由がある（Artery only 指再接着、粉砕・欠損 ほか）、C 戦略—無用な戦いを避ける（戦略はここから始まる、解剖の思い込みの修正 ほか）、D 指再接着—できない理由を探さない、あきらめない（救急室にて、手術室にて ほか）、E 次世代へ—マイクロを始める者へ
2017.5 137p 26×20cm ¥13000 ①978-4-524-25523-8

◆**描かれた手術—19世紀外科学の原理と実際およびその挿画**　リチャード・バーネット著、中里京子訳　河出書房新社　（Wellcome collection）
【要旨】床屋の延長から科学の神殿へ—神聖にして残酷な人間の営み、その進化の歴史のすべて。進化のプロセスを読者の目に焼きつける鮮烈なヴィジュアル素材は、前著『描かれた病』同様、英国ウェルカム・コレクションの貴重な逸品。驚愕の医学博物誌シリーズ第二弾。
2017.10 255p B5 ¥3800 ①978-4-309-25579-8

◆**大原アトラス 4 皮膚外科手術アトラス**　大原國章著　学研メディカル秀潤社、学研プラス 発売
【要旨】大原國章の、初の皮膚外科手術アトラス。疾患別、部位別、手技別にVisualに図解！
2017.7 399p B5 ¥17000 ①978-4-7809-0945-6

◆**オンラインHDFの基礎と臨床—透析患者の予後と合併症の改善を目指して**　土田健司編　（大阪）メディカ出版
【目次】第1章 血液透析（HD）とオンラインHDFの原理、第2章 オンラインHDFとは、第3章 オンラインHDFの水質管理、第4章 オンラインHDFの透析液、第5章 オンラインHDFの機械と危機管理、第6章 オンラインHDFのフィルタ、第7章 オンラインHDFと臨床効果、第8章 オンラインHDFの栄養療法、第9章 オンラインHDFの保険請求、第10章 オンラインHDFの目指すところ、第11章 オンラインHDFにおける各職種の役割、第12章 オンラインHDF私の処方
2017.7 205p A5 ¥4000 ①978-4-8404-6178-8

◆**外保連試案 2018 手術・処置・生体検査・麻酔・内視鏡試案**　外科系学会社会保険委員会連合編　医学通信社　（付属資料：CD・ROM1）　第4版
【目次】第1編 手術試案（第9.1版）（手術報酬に対する外保連試案の理論と実際、手術の診療報酬額、手術の新しい評価軸）、第2編 処置試案（第7.1版）（処置報酬に対する外保連試案の理論と実際、処置の行為別診療報酬額）、第3編 生体検査試案（第7.1版）（一般生体検査試案（第7.1版）、放射線画像検査試案（第1.3版））、第4編 麻酔試案（第1.4版）（麻酔報酬に対する外保連試案の理論と実際、麻酔の診療報酬額）、第5編 内視鏡試案（第1.2版）（内視鏡試案の考え方、内視鏡の診療報酬額）
2017.11 501p A4 ¥10000 ①978-4-87058-666-6

◆下肢静脈瘤—最新の日帰り治療できれいな足を取り戻す　広川雅之監修　講談社（健康ライブラリー イラスト版）
【要旨】気になる足のボコボコがすっきり消える！知って安心。最新の血管内治療を徹底解説！受診後の選び方から血行改善の生活術まで。
2017.5 98p 21×19cm ¥1300 ①978-4-06-259812-5

◆下肢静脈瘤 自分で治す！ 防ぐ！　阿部吉伸著　あさ出版
【要旨】9割は手術の必要がありません！ 治療実績2万人超。血管外科の名医が伝授。大きいイラストでマッサージ・ストレッチの方法がわかりやすい。
2017.1 151p A5 ¥1100 ①978-4-86063-961-7

◆肩関節再建術—腱板断裂、肩関節不安定症の治療戦略　末永直樹編著　（大阪）メディカ出版
【要旨】保存的治療、鏡視下手術、オープン手術、リハビリテーション。基本から応用まで。豊富な写真とイラストによるページ展開で手術の流れがよくわかる。手術テクニック、術中のピットフォールを詳しく解説。
2017.7 285p B5 ¥12000 ①978-4-8404-6183-2

◆基礎からわかる透析療法パーフェクトガイド　篠田俊雄、萩原千鶴子監修　学研メディカル秀潤社、学研プラス 発売　改訂第2版
【要旨】刊行から6年。このあいだにも透析医療は日々進歩しており、新たな知見や治療法が考案され、その効果も報告されてきている。こうした透析医療の変化や進歩に合わせup to dateな内容になるように、追加・修正、さらに今現在の臨床の場に必要な新たな項目を加え、「改訂第2版」とした。
2017.7 352p B5 ¥3400 ①978-4-7809-1271-5

◆木村理 膵臓病の外科学　木村理著　南江堂
【要旨】膵臓外科学の第一人者による理念と手術手技をすべて披露！「膵手術連続430例（膵頭十二指腸切除術275例を含む）で手術死亡0」はいかにして成し遂げられたか？ 外科医だけでなく内科医必読の知識も凝縮。
2017.9 317p B5 ¥18000 ①978-4-524-25934-2

◆極める大腿骨骨折の理学療法—医師と理学療法士の協働による術式別アプローチ　斉藤秀之,加藤浩責任編集　文光堂（臨床思考を踏まえる理学療法プラクティス）
【目次】1 骨折・術後疼痛学の基礎知識（骨折時に大腿骨へ作用する力とは？,骨折の治癒過程を知る ほか）、2 術式にみた大腿骨骨折に対する理学療法（大腿骨頚部骨折—ハンソンピン（Hansson pin）の場合、大腿骨頚部骨折—cannulated cancellous hip screw（CCHS）の場合 ほか）、3 術式別にみた大腿骨転子部・転子下骨折に対する理学療法（大腿骨転子部・転子下骨折—compression hip screw（CHS）の場合 - Evans 分類（group1、2）、Type1 安定型、大腿骨転子部・転子下骨折—ガンマネイル（γ - nail）の場合 - Evans 分類（group3、4）、Type2 不安定型）、4 術式別にみた大腿骨骨幹部・顆部骨折に対する理学療法（大腿骨中央・近位部の骨折—順行性髄内釘（interlocking nail）の場合、大腿骨遠位部の骨折（顆上骨折）—逆行性髄内釘（retrograde intramedullary nail）の場合 ほか）
2017.5 283p B5 ¥5500 ①978-4-8306-4552-5

◆外科系医師が知っておくべき創傷治療のすべて　日本創傷外科学会監修、鈴木茂彦, 寺師浩人編　南江堂
【要旨】形成外科専門医が伝える創傷と瘢痕の治療。創傷治療に関わるすべての医師・看護師に役立つ。
2017.4 302p B5 ¥10000 ①978-4-524-25486-6

◆股関節・骨盤の画像診断　川原康弘編著　メディカル・サイエンス・インターナショナル
【目次】総論（MRIによる正常解剖、筋肉の起始・停止・支配神経、各種画像の撮像法）、各論（股関節疾患（大腿骨頭疾患、感染疾患、腫瘍疾患、代謝性疾患など、小児疾患）、股関節周囲・骨盤疾患（骨折、骨折類似疾患、腫瘍、腫瘍類似疾患：骨、腫瘍、腫瘍類似疾患：軟部組織疾患、その他）
2017.9 325p B5 ¥7800 ①978-4-89592-879-3

◆骨髄腫治療を理解するためのMyeloma Biology　清水一之, 安倍正博, 島崎千尋, 鈴木憲史, 張高明編　（大阪）医薬ジャーナル社（多発性骨髄腫Updating 第10巻）
【目次】1 骨髄腫の病因（正常形質細胞の分化と骨髄腫の発がん分子機序、骨髄腫幹細胞）、2 骨髄腫の進行をもたらす骨髄腫細胞の分子病態（細胞遺伝学的異常、エピジェノム、microRNA、circulating microRNA、骨髄腫内クローンと進展、表面形質 マルチカラーフローサイトメトリー、生存・増殖シグナル、骨髄腫細胞におけるプロテアソーム阻害と小胞体ストレス・オートファジーの誘導）、3 骨髄腫を育む骨髄微小環境（腫瘍免疫の抑制、骨髄腫微小環境と多発性骨髄腫細胞、Hypoxia、血管新生VEGFほか、骨病変と腫瘍進展）
2017.11 126p B5 ¥3800 ①978-4-7719-0490-3

◆実際に手を動かしている医師・ナース・技師による 必携！ 血管外科診療ハンドブック　末田泰二郎編著　南江堂
【目次】1 血管外科手術患者の術前ルーチンワーク、2 手術前後の検査（無侵襲検査）、3 バスキュラーナースと血管外科、4 下肢静脈瘤手術とコツ、5 末梢動脈疾患手術とコツ、6 腹部大動脈瘤手術とコツ、7 腹部ステントグラフト治療（EVAR）とコツ、8 胸部大動脈瘤手術とコツ、9 胸部ステントグラフト治療（TEVAR）とコツ、10 血管外科治療とコツ
2017.4 194p B5 ¥5000 ①978-4-524-25573-3

◆知っておきたい！ 予後まで考える!!周術期輸液・輸血療法KEYNOTE　飯島毅彦著　克誠堂出版
【目次】1 輸液 基本編、2 輸液 理論編（サードスペースとは何か？、Starling の法則の改訂、循環血液量とは何か？、グリコカリックス ほか）、2 輸血（あなたの輸血で予後は変わるか？、血液製剤で知っておかなければならないこと、2 輸血を必要とする病態とその対応、輸血に伴う合併症 ほか）
2017.11 126p B5 ¥3800 ①978-4-7719-0490-3

◆重症患者ケア vol6 no2 特集 ICU3年目までに必ず身につけたい！ゴールデンテクニック—すぐに役立つ手技・コツ・ワザ　岡元和文, 道又元裕編集委員　総合医学社
【目次】呼吸器系関連、循環器系関連、脳神経系関連、消化器・栄養・代謝関連、輸液・体液関連、凝固・線溶関連、鎮痛・鎮静関連、感染管理関連、ポジショニング・モビライゼーション、ドレーン管理関連、スキンケア、画像のみかた、急変時の対応
2017.6 430p 24×19cm ¥3400 ①978-4-88378-918-4

◆重度四肢外傷の標準的治療—Japan Strategy　土田芳彦編著　南江堂
【要旨】基礎編「Basic Point」と応用編「Case Learning」から構成。「Basic Point」は25項目とし、それぞれ第一線で活躍する外傷再建外科医が執筆。「Case Learning」では教育的示唆に富んだ24症例を選択し、治療の考え方を述べている。重度四肢外傷は「再建専門医」以外に救急医、整形外科レジデント、フェローなど様々な医師が関与するので、それぞれの項目を「非専門家編」と「専門家編」に分け記載した。
2017.5 276p B6 ¥10000 ①978-4-524-25909-0

◆手術の流儀—東京大学医学部肝胆膵外科、人工臓器・移植外科　國土典宏編、阪本良弘編集幹事　南江堂
【要旨】開腹肝胆膵手術から腹腔鏡下手術・肝移植まで手術のコツをイラスト、写真、動画で詳説。肝臓16例、胆道3例、膵臓5例、腹腔鏡下手術4例、肝移植7例。その他、コラム"流儀・勘どころ"にて術者が手術のポイントを解説。
2017.5 347p A4 ¥18000 ①978-4-524-25981-6

◆新合併症患者の麻酔スタンダード—他科依頼にいかに答えるか　武田純三編　克誠堂出版
【目次】全身状態、呼吸、気道、循環、脳神経、血液・凝固、肝臓、腎臓、産科、内分泌、代謝、精神、神経、筋、薬物・薬剤、その他
2017.6 353p B5 ¥4000 ①978-4-7719-0484-2

◆人工股関節のバイオマテリアル—材料選択からデザインまで　山本謙吾編　メディカルビュー社
【要旨】人工股関節インプラントに関する過去から現在までの科学的歩みを理解しさらに未来の発展を予見するうえで手助けとなるようインプラントの歴史から、市場の動向、合併症、材質・デザインなどの最先端の材料学的トピックスまでをわかりやすく記述。重要項目を厳選し、コンパクトに編集している。
2017.5 265p 26×20cm ¥9000 ①978-4-7583-1376-6

◆心臓血管外科の基本知識と患者ケア—病態生理の理解に基づく　新田隆監修　総合医学社
【目次】序章 心臓血管外科の歴史、第1章 心臓の解剖生理と看護に役立つ基礎知識、第2章 術前の患者把握と指導、第3章 術後管理の実際、第4章 術後管理の実際、第5章 心臓血管外科手術の周術期管理（種類別）
2017.8 169p B5 ¥2800 ①978-4-88378-653-4

◆腎臓・透析療法・透析患者の体イラスト図鑑—病態生理から合併症までまるっとわかる！　友雅司編著　（大阪）メディカ出版（「透析ケア」2017年夏季増刊（通巻306号））
【目次】第1章 腎臓のはたらきと腎不全（腎臓の構造とはたらき、体の水分を調節する、老廃物を尿として体外に出す ほか）、第2章 透析療法の仕組み（血液透析、腹膜透析、そのほかの血液浄化療法）、第3章 透析患者の体の変化（腎不全で起こる変化、透析治療に関連する変化、食事にまつわる変化 ほか）
2017.6 263p B5 ¥4000 ①978-4-8404-5966-2

◆「その病気」入院ナシで治せます—日帰り手術がさらに進化した「超短時間手術」　柳健著　幻冬舎メディアコンサルティング, 幻冬舎発売
【要旨】第1章 命は大事、でも仕事も大事。"超多忙"を理由に手術に踏み切れない現代人（体を犠牲にして仕事を優先しがちな現代人、治療を先延ばしにしてしまう最大の理由とは ほか）、第2章 長期入院は今や非常識。手術の「短時間化」「日帰り化」はここまで来た（平均在院日数は19日。先進各国と比較して入院日数が長過ぎる日本、米国は4回、日本は13回。受診回数も多い日本 ほか）、第3章 最新技術だからできる。わずか1時間で手術を完了させる「超短時間」日帰り手術（超短時間手術の特徴、超短時間手術の流れとは ほか）、第4章 あらゆる病を超短時間で治す日は近い。超短時間手術は日本医療の問題を解決する可能性を秘めている（高齢化に伴い、日本の医療費は増加の一途、医療費の個人負担は今後増えていく見込み ほか）
2017.10 177p 18cm ¥800 ①978-4-344-91399-8

◆頭頚部・体幹のスポーツ外傷　永廣信治, 西良浩一編　メジカルビュー社
【目次】1 スポーツ外傷（スポーツの頭部外傷、スポーツの頚部外傷 ほか）、2 頭部外傷（急性硬膜下血腫、急性硬膜外血腫 ほか）、3 頚部外傷（頚椎・頚髄損傷、頚椎椎間板ヘルニア ほか）、4 腰部外傷（腰椎椎間板ヘルニア、腰椎分離症 ほか）
2017.10 211p B5 ¥7500 ①978-4-7583-1578-4

◆ピコ秒レーザー治療入門—美容皮膚科医・形成外科医のために　葛西健一郎著　文光堂
【要旨】「ピコ秒レーザーって何？」「何に効くの？」「どうやって使うの？」ピコ秒レーザーの素朴な疑問に日本でいち早く2機種を使いこなしてきた著者が答える！「コラム」、「コメント」欄ではベテランならではの貴重なアドバイスが満載!!
2017.10 111p B5 ¥7000 ①978-4-8306-2634-0

◆肥満・糖尿病の外科治療—手術テクニックからチーム医療の実際まで/Web手術動画つき　佐々木章, 笠間和典編　（大阪）メディカ出版
【目次】第1章 肥満症患者の病態と治療の基本（性格特性を踏まえた肥満外科治療、肥満症の病態と治療体系 ほか）、第2章 肥満・糖尿病外科治療総論（肥満症に対する外科治療の歩み、肥満外科手術の適応と種類 ほか）、第3章 肥満外科治療の実際（手術手技、肥満患者の麻酔管理 ほか）、第4章 肥満外科治療の準備とチーム医療（チーム医療と各職種の役割、外科紹介のタイミングと症例検討会 ほか）
2017.7 191p B5 ¥8800 ①978-4-8404-6180-1

◆日めくり麻酔科エビデンスアップデート—1日1つ、3カ月で100の知見を得る　山蔭道明監修, 新山幸俊編　克誠堂出版
【目次】麻酔の作用機序、吸入麻酔、静脈麻酔、筋弛緩薬、局所麻酔薬・神経ブロック、補液・輸血、呼吸管理、循環管理、麻酔合併症、脳外科手術、心臓手術、整形外科手術、呼吸器外科手術、その他の手術、小児麻酔、産科麻酔・無痛分娩、救急医療、集中治療、ペインクリニック、緩和医療とオピオイド
2017.4 239p A5 ¥5700 ①978-4-7719-0481-1

◆婦人科・乳腺外科疾患ビジュアルブック　落合慈之監修、角田肇, 針原康編　学研メディカル秀潤社, 学研プラス 発売　第2版
【要旨】見てわかる、イメージできる婦人科・乳腺外科疾患。医療従事者に必要な共通知識をビジュアルで解説！ 収録疾患数を増やし、写真・イラスト・図表をさらに充実。最新のガイドラインや取扱い規約に沿って、疾患概念・分類・診

断・治療法をアップデート。
　2017.10 403p B5 ¥3400 ⓘ978-4-7809-1128-2

◆**マギル胸部外科研修クイックマニュアル**
Amin Madani, Lorenzo Ferri, Andrew Seely
編著, 本間崇浩訳　南山堂
【目次】第1章 胸部外科患者の術前評価、第2章
術中、術後に考えるべきこと、第3章 肺と気道
疾患、第4章 胸膜疾患、第5章 縦隔疾患、第6章
胸膜疾患、第7章 胸部外傷、第8章 良性食道疾
患、第9章 食道癌
　2017.4 239p 19×12cm ¥4200 ⓘ978-4-525-31231-2

◆**末梢神経ブロックの疑問Q&A70**　大嶽浩
司監修,上嶋浩順編著　中外医学社
【要旨】いまや周術期疼痛管理における必須手技
となった超音波ガイド下末梢神経ブロックをわ
かりたいあなたに！ 末梢神経ブロックは、まだ
その歴史も浅く、基本から応用まで現場で遭遇
する疑問はつきないもの。それらの"?"に末梢
神経ブロックを愛してやまないエキスパート達
がズバリ回答します！
　2017.11 235p A5 ¥4800 ⓘ978-4-498-05532-2

◆**ミニマム創手術の来た道、行く道**　木原和
徳著　医学図書出版
【要旨】ひとつの孔から、CO2を使わず、腹膜を
温存して、高いコストをかけずに行うウエアラ
ブル・ロボット手術（自動手術）を目指して。
　2017.6 130p B5 ¥1200 ⓘ978-4-86517-224-9

◆**腰部と骨盤の手技療法―機能解剖に基づく
臨床技法とセルフケア**　ジョセフ・E.マスコ
リーノ著, 木戸正雄監訳, 信岡真理子, 伊藤直子
訳　緑書房
【要旨】800枚以上のカラー写真とイラストで、施
術の方法などが一目瞭然。腰部や骨盤の状態を
理解するために必要な基礎知識から評価・各種
治療手技・セルフケアなど、腰部・骨盤の治療
にまつわる情報を網羅。臨床で役立つ施術の手
順やワンポイント・アドバイス、多様なテク
ニックのバリエーションなどを囲み記事で紹
介。治療テクニックを解説する章では、実際に
あった事例を基にした症例検討問題を掲載し、巻
末に習得知識の理解度を深める解答解説も収録。
同義語が複数あるものや一般的な名称とその関連
などについては、監訳注で解説をした、他文献と
の用語の不統一にも対応。
　2017.11 423p A4 ¥7800 ⓘ978-4-89531-316-2

◆**臨床実戦 呼吸器外科の裏ワザ51―知って
役立つ現場のテクニック**　浦本秀隆, 常塚宣男
著　南江堂
【目次】1 呼吸器外科的解剖、2 呼吸器外科の基
本、3 裏ワザのオペ準備、4 胸腔ドレーン、5 血
管の剥離、6 気管支、7 葉間の問題、8 裏ワザの
診断法、9 困ったときの対応、10 その他
　2017.5 153p A5 ¥4000 ⓘ978-4-524-25137-7

◆**Dr.BABAのメディカルイラストレー
ション講座 完成度の高い手術イラストの
描き方**　馬場元毅著　三輪書店　（付録資料：
DVD1)
【目次】第1部 メディカルイラストレーション概
論（手術記録の意義と役割、手術イラストの意
義と役割、何をどう描くか、よい完成度の高い
手術記録を書くために）、第2部 メディカルイ
ラストレーション実習（道具を揃える、奥行きを
つかむ、形をとらえる、手術イラストを構成す
るパーツの描画を練習する、彩色 ほか）、第3部
メディカルイラストレーション描き方の実例
　2017.12 117p A4 ¥5800 ⓘ978-4-89590-616-6

◆**ESD手技ダイジェスト**　田尻久雄, 五十嵐
正広監修, 藤城光弘, 山本頼正編　日本メディ
カルセンター
【目次】第1章 ESDの適応と根治度基準、第2章
抗凝固薬・抗血小板薬服用中の患者の取り扱い、
第3章 併存基礎疾患を有する患者の取り扱い、第
4章 鎮静薬の使用方法、術中管理・モニタリン
グ、第5章 安全なESDのコツと偶発症の対処、第
6章 ESD周術期管理、第7章 フォローアップ、第
8章 食道・胃・大腸ESDの教育プログラム
　2017.10 218p B5 ¥5800 ⓘ978-4-88875-301-2

◆**GPのためのマイクロスコープを応用した
ウルトラソニックインスツルメンテーション**
阿部修, 大野純一, 景山正登著　医歯薬
出版
【目次】1 メインテナンスにおけるインスツルメ
ンテーション、2 インスツルメンテーションと
マイクロスコープ、3 使用器材、4 マイクロス
コープを応用したインスツルメンテーションテ
クニック、5 歯周病専門医としてマイクロスコー

プをどのように捉え活用するか、6 歯周外科処置
におけるウルトラソニックインスツルメンテー
ション、7 ケースプレゼンテーション
　2017.6 80p 28×21cm ¥6000 ⓘ978-4-263-44495-5

◆**Mobile Bearingの実際―40年目を迎える
LCSを通して**　小堀眞, 八木知徳, 新垣晃編
全日本病院出版会
【目次】1章 LCSのインプラントデザイン（LCS
のデザイン特徴・デザイン変遷、特徴的なプラ
テラグルーブ、インプラントデザインとpopli-
teus tendon 損傷リスクの関係）、2章 LCSの手術
手技（Original gap technique、Offset saw cap-
ture を使用したLCS・TKAの手術手技―Offset
saw capture の工夫、私の手術手技のコツ、Con-
servative cut technique、Spacer block とten-
sioning device などによる術中gap 評価、Os-
teotomy gap とcomponent gap、Gap tech-
nique における大腿骨および脛骨の回旋位
―Mobile Bearing の有用性）、3章 LCS
の動態解析（LCS APGの生体内動態解析、
LCS RPの生体内動態解析、Mobile Bear-
ing (LCS)のIn vivo 動態解析）、4章 LCS
の臨床成績（LCS多施設共同研究―SAMU-
RAI Knee Study、LCSセメントレスの臨床成
績、膝蓋骨非置換LCS RPの長期臨床成績―可
動域の推移および膝蓋骨の画像評価、LCSの10
年以上の長期臨床成績―弛緩・スポーツにも耐
えられるか?、LCSの10年以上の長期臨床成績
―自験例による考察）
　2017.5 123p B5 ¥4500 ⓘ978-4-86519-222-3

◆**Non - Surgical 美容医療超実践講座**　宮
田成章編著　全日本病院出版会
【目次】1 準備編（Non - Surgical 美容医療を始
めるにあたって）、2 総論（各種治療総論、疾
患ごとの考え方）、3 各論（レーザーによる治療、
高周波による治療、ボツリヌス菌毒素による治
療、注入剤による治療、糸による治療、スキン
ケアによる治療、手術による治療）、4 経営（経
営についての一般論・国内美容医療の状況）
　2017.7 389p B5 ¥14000 ⓘ978-4-86519-224-7

◆**OS NEXUS　No.11　スポーツ復帰の
ための手術 肩・肘**　岩崎倫政担当編集委員,
宗田大, 中村茂, 西良浩一編集委員　メジカル
ビュー社
【目次】1 肩（スポーツによる肩関節不安定症の病
態と診断、超音波によるスポーツ肩・肘障害の診
断、肩鎖関節脱臼に対する鏡視下烏口鎖骨靭帯再
建術、スポーツ選手に対する腱板断裂修復術、外
傷性肩関節前方不安定症に対する鏡視下Latar-
jet - Bankart 法、外傷性肩関節前方不安定症に対
する直視下Laterjet - Bankart 法、loose shoul-
der に対する手術療法、スポーツによる胸郭出
口症候群の診断と手術法）、2 肘（スポーツによ
る尺骨神経障害に対する手術法、肘頭骨端離開・
疲労骨折に対する診断と手術法、肘内側側副靭
帯再建術、肘離断性骨軟骨炎に対する膝骨軟骨
柱移植術、肘離断性骨軟骨炎に対する肋骨肋軟
骨柱移植術、肘離断性骨軟骨炎に対する膝骨軟
骨柱移植術―関節鏡下手法、肘関節外側不安定
症に対する手術療法、肘スポーツ障害に対する
鏡視下手術）
　2017.8 169p A4 ¥11000 ⓘ978-4-7583-1390-2

◆**PBLDで学ぶ周術期管理―各科手術編**　森
本康裕, 駒澤伸泰編　克誠堂出版
【目次】第1章 救急外科麻酔、第2章 脳神経外科
麻酔、第3章 呼吸器外科麻酔、第4章 心臓血管
外科麻酔、第5章 産科麻酔、第6章 小児麻酔
　2017.8 169p A4 ¥11000 ⓘ978-4-7719-0448-0

◆**PICC―末梢挿入式中心静脈カテーテル管理
の理論と実際**　井上善文著　じほう
【要旨】患者にやさしい、恐怖感を軽減できる安
全な中心静脈カテーテル：PICCを使い始める医
療者のための入門専門書。
　2017.9 93p B5 ¥3200 ⓘ978-4-8407-5008-0

整形・リハビリ

◆**足関節疾患のリハビリテーションの科学的
基礎**　福林徹, 金岡恒治監修, 蒲田和芳, 小林
匠総編集, 吉田昌弘, 星賢治, 坂田淳編　ナップ
（Sports Physical Therapy Seminar Series
11）
【目次】第1章 急性内反捻挫（疫学・受傷機転・危
険因子、病態・評価、治療・予防）、第2章 外反
捻挫と腓骨骨折（疫学・受傷機転・危険因子、病

態・評価、治療・予防）、第3章 慢性足関節不安
定症・捻挫後遺症・変形性足関節症（疫学・危険
因子、病態、治療・予防）、第4章 筋・腱・骨・軟
骨損傷（腓骨筋腱損傷・後脛骨筋腱損傷、骨軟骨
損傷・インピンジメント症候群、アキレス腱断
裂）、第5章 足関節疾患に対する私の治療法（急
性内反捻挫に対する私の治療法、慢性足関節不
安定症に対する私の治療法、外反捻挫・腓骨骨
折に対する私の治療法）
　2017.3 181p B5 ¥3000 ⓘ978-4-905168-46-1

◆**伊豆高原の桜に惹かれて―脳出血で倒れた
電子物理工学者の型破りなリハビリ法**　泉勝俊
著　東京図書出版, リフレ出版 発売
【要旨】脳血管障害起因で一時寝たきりに。自ら
を被験者として実践した驚きのリハビリ法！―
4年半にして杖歩行300メートル、自動車の運転
も可能に！
　2017.12 126p A5 ¥1400 ⓘ978-4-86641-103-3

◆**運動器スペシャリストのための整形外科保
存療法実践マニュアル**　日本臨床整形外科
学会編　中山書店
【目次】頸椎疾患の保存療法、胸腰椎疾患の保存
療法、肩・肩甲帯の疾患の保存療法、肘・手関
節・手指の疾患の保存療法、股関節疾患の保存
療法、膝周辺疾患の保存療法、下腿疾患の保存
療法、足部・足関節疾患の保存療法、運動器不
安定症、ロコモティブシンドロームの予防、運
動器検診、対談
　2017.8 326p B5 ¥12000 ⓘ978-4-521-74538-1

◆**エビデンスに基づく骨盤底の理学療法―科
学と臨床をつなぐ**　Kari Bo, Bary
Berghmans, Siv Morkved, Marijke Van
Kampen原著, 野村昌良, 鈴木重行監訳　医歯
薬出版　（原著第2版）
【目次】骨盤底機能障害のための理学療法の概要、
骨盤底に対する理学療法の介入効果に関するラ
ンダム化比較試験とシステマティックレビュー
の批判的吟味、女性の骨盤底の機能解剖学、骨
盤底筋の神経解剖学と神経生理学、骨盤底筋の
機能および筋力の測定と骨盤臓器脱、骨盤底と
運動科学、女性の骨盤底機能障害とエビデンス
に基づく理学療法、男性の骨盤底機能障害とエ
ビデンスに基づく理学療法、男女共通の骨盤筋
機能障害に対するエビデンスに基づく理学療法、
小児における骨盤底の理学療法のエビデンス、高
齢者における骨盤底の理学療法：どこにエビデ
ンスがあるのか?、神経疾患に対する骨盤底の
理学療法のエビデンス、エリートスポーツ選手
における骨盤底機能障害の予防と治療、診療
ガイドラインの作成
　2017.10 472p B5 ¥13000 ⓘ978-4-263-21674-3

◆**エビデンスに基づく理学療法クイックリ
ファレンス**　内山靖編　医歯薬出版
【要旨】理学療法の主要29領域における評価124
項目、治療148項目を推奨。「標準的な評価指標」
と「推奨される治療/介入」が一目でわかる！
　2017.9 189p A5 ¥4800 ⓘ978-4-263-21673-6

◆**解剖・動作・エコーで導くFasciaリリー
スの基本と臨床―筋膜リリースからFascia
リリースへ**　木村裕明編集主幹, 高木恒太朗,
並木宏文, 小林只編　文光堂　（Fasciaの評価
と治療）
【目次】1 エコーガイド下fascia リリースとは、2
fascia リリース治療概論、3 治療部位検索、4 fas-
cia リリースの方法（注射）、5 fascia リリース
の実践（注射）、初学者のためのQ&A集
　2017.3 168p B5 ¥4500 ⓘ978-4-8306-2736-1

◆**カイロプラクティック各論　1　見る・観
る・診る**　仲井康二著　たにぐち書店
【目次】重心移動、スラスト時の呼吸、ハンド
アーチ、ファースト・ステップ、どこを治する
か?、まずは屈曲/伸展変位?、次は回旋・側屈
変位?、彎曲の重要性、骨盤、アート50%科学
50%〔ほか〕
　2016.12 155p A4 ¥5000 ⓘ978-4-86129-303-0

◆**傾いた垂直性―Pusher現象の評価と治療の
考え方**　網本和編　ヒューマン・プレス
【目次】第1章 序論―傾いた垂直性、第2章 Pusher
現象の臨床像、第3章 Pusher 現象の垂直性、第4
章 半側空間無視の垂直性、第5章 パーキンソン
病の垂直性、第6章 Pusher 現象の治療アプロー
チ、第7章 理学療法の実際―症例提示
　2017.5 304p A5 ¥3000 ⓘ978-4-908933-05-9

◆**看護の現場ですぐに役立つ整形外科ケアの
キホン**　宮原明美著, 永木和載監修　秀和シス
テム　（ナースのためのスキルアップノート）

【目次】1 骨、筋肉、神経の名称と主な働き、2 検査の種類とその目的、3 腰痛を伴う疾患とケア、4 肩や手の痛みを伴う疾患とケア、5 下肢の痛みを伴う疾患とケア、6 リウマチ性疾患の種類とケア、7 小児の整形外科疾患とケア、8 整形外科特有のケア
2017.8 167p B6判 ¥1600 ①978-4-7980-5039-3

◆患者さんがみるみる元気になるリハビリ現場の会話術　矢口拓宇著　秀和システム
【要旨】口ベタなほどうまくいく！ 天気やテレビの話になっていませんか？ お話し上手な人ほど気が付かない本当の会話術。自身も障害者である療法士だから書けた、真に患者に寄り添うための「聴き方」と「話し方」がここにあります。
2017.11 237p B6判 ¥1400 ①978-4-7980-5101-7

◆患者とできるフォームローラーパーソナルセラピー　福辻鋭記, 市川繁之, 伊藤和憲, 石原新菜, 長谷川洋介ほか監修（横須賀）医道の日本社
【要旨】6人の専門家が考案した、治療に生かすセルフケアテクニック。
2017.12 111p B5判 ¥2600 ①978-4-7529-9032-1

◆義肢製作マニュアル　日本義肢装具士協会監修, 田澤英二編　医歯薬出版
【目次】第1章 義肢装具に必要な工学知識、第2章 義肢装具基本工作論、第3章 義足製作マニュアル、第4章 義手製作マニュアル、第5章 術直後義肢、第6章 関係法規
2017.1 310p B5判 ¥7800 ①978-4-263-21741-2

◆基本手術手技（DVD付）　戸山芳昭専門編集　中山書店 （整形外科手術イラストレイテッド）（付属資料：DVD1）
【要旨】第1章に基本的な手術器具の使い方を、第2章には皮膚（縫合と縫皮、皮弁術など）、筋・腱（剥離・縫合、移植、移行・固定術など）、骨（移植・延長術など）、末梢神経（剥離、縫合、移植、移行術など）、関節の手術（滑膜切除、固定、人工関節置換術など）や四肢切断術、マイクロサージャリー（血管縫合、切断再接着、血管柄付き骨移植術など）、感染症や腫瘍に対する手術の基本を、第3章には日常診療の基本手技を収載。実際に役立つ手術手技のポイントを、動画や美しく見やすいイラストで分かりやすく説明した。
2017.3 353p A4判 ¥26000 ①978-4-521-73155-8

◆急性期病院リハビリテーションマニュアル　安保雅博, 角田亘編　新興医学出版社
【目次】1章 総論（急性期病院におけるリハ、急性期病院リハ科スタッフが知っておくべきことほか）、2章 各疾患・病態に対するリハ（脳神経経疾患、脊髄損傷ほか）、3章 リハが直面するチームプロジェクト（転倒予防チーム、栄養サポートチーム ほか）、4章 付録（急性期リハに求められる医療連携、知っておくべき医療制度ほか）2017.7 284p 19cm ¥3500 ①978-4-88002-200-0

◆局所皮弁　第1巻 顔面・頸部・体幹　小川令, 工藤俊哉, 平瀬雄一編　克誠堂出版
【目次】総論、各論（頭頸部・顔面・眼瞼部、耳部、頬部、鼻部、口唇部、頸部、乳房部、前胸部、腋窩部、臍部、腹部、肩甲部・背部、仙骨部、外陰部・会陰部）
2017.12 253p B5判 ¥12500 ①978-4-7719-0494-1

◆局所皮弁　第2巻 上肢・手指　平瀬雄一編2巻責任編集, 小川令, 工藤俊哉編　克誠堂出版
【要旨】手や指の再建は、よく動き（運動性）痛くなく（知覚）形も良い（整容性）の3つの目的を達した方法が最も優れた方法です。手術の特性を十分理解したうえでの「皮弁の選択」が求められています。
2017.4 183p B5判 ¥9800 ①978-4-7719-0477-4

◆言語聴覚士リスク管理ハンドブック―養成校では学べない臨床の智恵　山本徹, 清水宗730編　ヒューマン・プレス
【目次】第1章 急性期におけるリスクと情報の管理（疾患の理解と医療的リスク、情報収集の方法、コミュニケーション状態の評価、摂食嚥下状態の評価・訓練・開始基準・通過、第2章 回復期（入院期）におけるリスクと情報の管理（情報収集の方法、コミュニケーション状態の評価、摂食嚥下・栄養状態の評価、摂食の開始、収集した情報のまとめ方と伝え方、訓練実施の際のリスク管理）、第3章 回復期（退院期）におけるリスクと情報の管理（退院前訪問指導、退院前の再評価とカンファレンス、退院認定）
2017.6 408p A5判 ¥4200 ①978-4-908933-08-0

◆現場に学ぶ 訪問リハセラピストのフィジカルアセスメント　宇田薫著　三輪書店

【要旨】フィジカルアセスメントが不安なあなたへ、訪問リハセラピストのためのフィジカルアセスメントのポイントを事例とともにピックアップ！ 2017.5 93p A5判 ¥2000 ①978-4-89590-595-4

◆高齢者（75歳以上）の運動器変性疾患に対する治療　「整形外科」編集委員会編, 竹下克志編　南江堂 （「別冊整形外科」No.72）
【要旨】上肢では最近診療機会が増し高齢者特有といえる腱板断裂や母指手根中手関節症などに対する治療内容、下肢ではもっとも罹患率の高い変形性膝関節症、変形性股関節症・強剛母趾に対する運動療法から骨切り、人工関節まで幅広い治療内容を報告。脊椎では腰部脊柱管狭窄症や腰椎症、頸髄症などを紹介。さらに骨粗鬆症についても項を加えて、治療デバイスや意識変容・チーム医療など整形外科単独では解決が厳しい領域への論文を掲載。
2017.10 180p A4判 ¥6800 ①978-4-524-27772-8

◆骨折の治療指針とリハビリテーション―具体的プロトコールから基本をマスター！　酒井昭典, 佐伯覚編　南江堂
【目次】1 総論（骨折の分類、骨折治癒時期の決定ほか）、2 上肢の骨折（鎖骨骨折、上腕骨近位端骨折ほか）、3 下肢の骨折（大腿骨頸部骨折、大腿骨転子部骨折ほか）、4 脊椎の骨折（環椎骨折（Jefferson 骨折）、軸椎骨折（ハングマン骨折）ほか）
2017.6 450p B5判 ¥8500 ①978-4-524-25973-1

◆姿勢から介入する摂食嚥下―脳卒中患者のリハビリテーション　森若文雄監修, 内田学編　メジカルビュー社
【要旨】摂食嚥下障害に対する理学療法・作業療法アプローチ。姿勢調節異常という観点から解説し、摂食行為における評価と介入について紹介。 2017.9 212p B5判 ¥4500 ①978-4-7583-1904-1

◆集中治療における早期リハビリテーション―根拠に基づくエキスパートコンセンサス ダイジェスト版　日本集中治療医学会編　日本集中治療医学会, 医歯薬出版 発売
【目次】方法、早期リハビリテーションの定義について、早期リハビリテーションの効果について、早期リハビリテーションの禁忌、開始基準・中止基準について、早期リハビリテーションの体制について、略語、利益相反の開示、著作権
2017.3 61p A5判 ¥1700 ①978-4-263-21745-0

◆上肢の画像診断　岡本嘉一, 橘川薫著　メディカル・サイエンス・インターナショナル
【目次】第1章 筋腱付着部と支配神経、第2章 MRI断層解剖、第3章 一般的な上肢MRI検査法、第4章 スポーツ障害、第5章 神経絞扼、第6章 外傷、第7章 腫瘍と腫瘍類似疾患、第8章 炎症性疾患、変性性疾患、その他の疾患
2017.3 253p B5判 ¥7000 ①978-4-89592-870-0

◆症例から見る整形外科領域の臨床超音波画像　篠﨑達也編著　メディカルレビュー社
【目次】指骨、手部（中手骨・手根骨）、前腕骨、上腕骨、鎖骨、肋骨、骨盤、膝蓋骨、下腿骨（腓骨・脛骨）、足部（中足骨・足根骨）、趾骨、軟部組織疾患・外傷など
2017.5 200p A4判 ¥8000 ①978-4-7792-1871-2

◆知りたいことがよく分かる整形外科Q&Aハンドブック　井尻慎一郎著（大阪）創元社
【要旨】患者さんのリクエストを元に選んだ184の疑問や質問に、行列のできる神戸の整形外科医が分かりやすく、お答えします！
2017.1 238p B6判 ¥1400 ①978-4-422-41093-7

◆新編 内部障害のリハビリテーション 上　月城正博編著　医歯薬出版 第2版
【目次】内部障害、運動医学、呼吸器機能障害、循環機能障害、腎臓機能障害、肝臓機能障害、小腸機能障害、代謝障害、直腸・膀胱機能障害、臓器移植、摂食嚥下障害、がんのリハビリテーション、HIV感染症（AIDS）、内部障害の認定要項など
2017.6 497p B5判 ¥9200 ①978-4-263-21578-4

◆髄内釘による骨接合術―全テクニック公開、初心者から達人まで　渡部欣忍, 白濱正博, 野々宮廣章, 井上尚美, 最上敦彦編　全日本病院出版会
【目次】1 総論（髄内釘固定法とは）、2 新鮮骨折に対する骨内釘の実践テクニック（大腿骨骨折に対する髄内釘固定、脛骨骨折に対する髄内

釘固定、上腕骨骨折に対する髄内釘固定、前腕骨骨折に対する髄内釘固定、鎖骨骨折に対する髄内釘固定、小児下肢骨折に対するelastic nail 固定―小児大腿骨骨幹部骨折に対するEnder nail 法、特殊症例に対する困ったときのEnder 法、手・足部の骨折に対する髄内ピン、髄内整復法、開放骨折に対する髄内釘固定）、3 癒合不全・感染の治療：実践テクニック（遷延癒合・癒合不全（偽関節）に対する治療、深部感染・骨髄炎に対する治療）
2017.5 245p 28×22cm ¥10000 ①978-4-86519-221-6

◆図解 運動療法ガイド　内山靖, 奈良勲編　文光堂
【目次】1部 総論、2部 実際、3部 対象、4部 理論・制度、クリニカルヒント
2017.3 1301p B5判 ¥10000 ①978-4-8306-4550-1

◆整形外科学　全国柔道整復学校協会監修, 松下隆, 福林徹, 田澤健一編　南江堂 改訂第4版
【目次】整形外科とは、1 運動器の基礎知識、2 整形外科診察法、3 整形外科検査法、4 整形外科的治療法、5 骨・関節損傷総論、6 スポーツ整形外科総論、7 リハビリテーション総論、8 疾患別各論、9 身体部位別各論
2017.3 278p B5判 ¥5600 ①978-4-524-25944-1

◆成人脊柱変形治療の最前線　日本側彎症学会編　南江堂
【目次】1章 総論（成人脊柱変形治療の歴史、病態、診断・評価、治療）、2章 各論（各病態における治療戦略（変性側弯症（de novo）、二次性を含む）、脊椎固定術後後弯症、骨粗鬆症性後弯症）、手術手技（各種解離法と骨切り術、インストゥルメンテーション））
2017.7 358p B5判 ¥8000 ①978-4-524-25986-1

◆脊椎固定術―匠のワザ　西良浩一担当編集委員, 宮田大, 中村茂, 岩崎倫政編集委員　メジカルビュー社 （OS NEXUS No.10）
【目次】1 低侵襲を支える匠のワザ（PPS：腰椎すべり症矯正術、PPS：多椎間固定とロッドテクニックMis - long fixation、PPS：側臥位での挿入法、PPS：腰椎分離症修復術Smiley Face Rod Method、CBT：仙骨を含む多椎間固定、CBT：腰椎すべり症矯正術、CBT - PS：ハイブリッド法でのすべり矯正術、安全に行うXLIF、安全に行うOLIF、椎体形成術 PMMA骨セメント、CPC、HAブロックの各種特徴）、2 大侵襲を支える匠のワザ（骨切り術：pedicle subtraction osteotomy（PSO）、骨切り術：Ponte骨切り、骨切り術：後方全脊柱骨切り術、骨盤アンカリング（S1 PS、S2 AIS、従来法IS）、特発性側弯症に対する矯正手技、成人脊柱変形に対する矯正手技）
2017.5 191p A4判 ¥11000 ①978-4-7583-1389-6

◆セラピストのためのハンズ・オンガイド 姿勢コントロール　Jane Johnson著, 武田功, 弓岡光徳監訳, 奥村裕, 金澤佑治, 弓岡光也, 山川友康, 弓岡まみ訳　医歯薬出版
【要旨】本書は、臨床で活躍するセラピストが、クライエントを治療する時によく目にする30の姿勢の知識と不良アライメントへの対処方法について紹介している。姿勢を評価して美しい姿勢にすることよりも、症状軽減を目的とした姿勢を改善させるための特別な治療テクニックを紹介している。セラピストのためのハンズ・オンガイドシリーズの一冊であり、マッサージセラピスト、オステオパス、フィットネスのインストラクターなどのボディワーカーに有用な優れた評価と治療方法について紹介している。
2017.7 217p B5判 ¥4500 ①978-4-263-21580-7

◆専門医の整形外科外来診療―最新の診断・治療　冨士武史, 田辺秀樹, 大川淳編　南江堂
【要旨】専門医による専門医のための外来診療ガイド。症候診断から始まる治療選択、保存的治療の実際と奥の手、知っておくべき最新治療を一冊に凝縮！ 病棟でも試験でも役立つ
2017.4 445p B5判 ¥9500 ①978-4-524-25836-9

◆チームで診る高齢者脆弱性骨折 手術と周術期管理　遠藤直人編（大阪）医薬ジャーナル社
【目次】1 総論（骨粗鬆症とは―フレイル、サルコペニア、ロコモとの関連から、骨粗鬆症および骨粗鬆症性骨折の経過と予後、診察のポイント、診断・手順、看護のポイント、周術期、クリニカルパスの活用と治療継続のために、病院そして地域の多職種連携で支える高齢者の医療と生

活─医療連携部門の役割、高齢者の特徴と周術期管理と合併症への対策、疾病管理）、2 各論：骨折への手術と周術期管理のための実践（骨折とそのマネージメント、周術期における合併症とマネージメント、急性期と慢性期の薬剤とポリファーマシーへの対応、運動器看護の立場から注意すべきこと─高齢の運動器障害患者、脆弱性骨折患者に対する転倒・転落予防への看護、リハビリテーションの立場から）

2017.5 219p B5 ¥4800 ①978-4-7532-2839-3

◆動画DVD付 顔面神経麻痺のリハビリテーション 栢森良二著 医歯薬出版（付属資料：DVD1）第2版
【目次】顔面神経麻痺の原因、近位部病変・遠位部病変による顔面神経麻痺、表情筋の解剖と機能、顔面神経と顔面筋の特殊性、顔面筋の役割と顔面神経麻痺の病態生理、急性期と慢性期の症状と徴候、顔面神経麻痺のグレード分類、電気生理学的検査、顔面神経麻痺の回復過程、急性期のリハビリテーション、慢性期のリハビリテーション、中枢性リハビリテーション

2018.1 141p B5 ¥7400 ①978-4-263-21679-8

◆橈骨遠位端骨折診療ガイドライン 2017
日本整形外科学会、日本手外科学会監修、日本整形外科学会診療ガイドライン委員会、橈骨遠位端骨折診療ガイドライン策定委員会編 南江堂 改訂第2版
【要旨】日常診療で感じた疑問に対する回答をQ&A形式で記載。クリニカルクエスチョンを修正、追加し、up to dateな内容とした。

2017.5 143p B5 ¥3800 ①978-4-524-25286-2

◆当直でよく診る骨折・脱臼・捻挫 渡部欣忍著 医歯薬新報社
【要旨】当直で必ず遭遇する転倒・転落・子供のケガ。骨折を見落とさないためにはどうするか？ギプスのシーネか、コンサルトの判断は？初期治療の要点を明快に解説しました。

2017.5 287p B5 ¥4400 ①978-4-7849-4615-0

◆豚足に憑依された腕─高次脳機能障害の治療 本田慎一郎著 協同医書出版社
【要旨】半側空間無視、嚥下障害、失語、失行、痛み…試行錯誤もそのままの、とてつもなく魅力的な、臨床の、「治療」の記録。

2017.11 582p A5 ¥5500 ①978-4-7639-2143-7

◆内部機能障害への筋膜マニピュレーション理論編 Luigi Stecco, Carla Stecco原著, 竹井仁監訳 医歯薬出版
【目次】第1部 臓器‐筋膜（o‐f）単位（臓器‐筋膜（o‐f）単位の解剖、臓器‐筋膜（o‐f）単位の進化、臓器‐筋膜（o‐f）単位の生理学 ほか）、第2部 臓器‐筋膜（a‐f）配列（臓器‐筋膜（a‐f）配列の解剖学、臓器‐筋膜（a‐f）配列の進化、懸垂線（カテナリー）および遠位の張筋 ほか）、第3部 システム（系）（システム（系）の解剖、システム（系）の進化、浅筋膜の四分円 ほか）

2017.3 332p 28×21cm ¥12000 ①978-4-263-21746-7

◆日本整形外科学会症候性静脈血栓塞栓症予防ガイドライン 2017 日本整形外科学会監修, 日本整形外科学会診療ガイドライン委員会, 日本整形外科学会症候性静脈血栓塞栓症予防ガイドライン策定委員会編 南江堂
【目次】前文（症候性VTE予防の必要性とその限界、わが国でVTE予防ガイドラインを作成するライン策定の経緯 ほか）、第1章 総論（症候性VTEの疫学と病因・病態、症候性VTEの予防法ほか）、第2章 各論（人工関節置換術（THAおよびTKA）、膝関節鏡視下手術 ほか）、第3章 付録（わが国で保険適応のあるVTE予防薬、VTE予防薬としてのアスピリン ほか）

2017.5 85p B5 ¥2800 ①978-4-524-25285-5

◆脳解剖から学べる 高次脳機能障害リハビリテーション入門─ライフステージに沿った支援のために 橋本圭司, 上久保毅編著 診断と治療社 改訂第2版
【目次】第1章 脳の解剖を理解する（中枢神経系を取り囲む構造、中枢神経系の構造 ほか）、第2章 高次脳機能障害の診断と評価・対応法（高次脳機能障害者とは、症状・サイン ほか）、第3章 脳画像でおさえるべきポイント（高次脳機能障害をきたす疾患と画像診断、脳血管障害 ほか）、第4章 高次脳機能障害者のリハビリテーション（リハビリテーションの考え方、集団認知リハビリテーション ほか）

2017.6 111p B5 ¥3600 ①978-4-7878-2314-4

◆脳卒中後の自動車運転再開の手引き 武原格, 一杉正仁, 渡邉修編著 医歯薬出版

【要旨】リハ専門職必携！ 現場で役立つ運転再開支援のポイントをコンパクトに解説。

2017.10 141p 19cm ¥2400 ①978-4-263-21876-1

◆病気がみえる vol.11 運動器・整形外科
医療情報科学研究所編 メディックメディア
【要旨】2000点のイラスト・画像で、解剖から骨折、椎間板ヘルニアまで徹底ビジュアライズ。運動器も整形外科もこの1冊でみえる！

2017.6 500p B5 ¥3800 ①978-4-89632-632-1

◆「びんぼうゆすり」で変形性股関節症は治る！─人工股関節にちょっと待った！ 脚を小刻みに動かすだけで股関節の激痛が消えて軟骨が再生した例が続出 井上明生, 広松聖夫共著 エイチアンドアイ
【要旨】「びんぼうゆすり（ジグリング）」で、杖なしで歩けた！ 階段をスタスタ昇れた！ 人工股関節の手術を受ける前の必読書！

2017.3 122p A5 ¥1000 ①978-4-908110-05-4

◆変形性関節症─関節が老いたのか、関節軟骨の変性とはなにか 伊藤宣, 石島旨章, 岡崎賢著 （京都）ミネルヴァ書房 （シリーズ・骨の話 4）
【要旨】シニア時代を「骨」から考える。関節が老いる、軟骨が老いる。年齢を超えて「歩く」ために、三人の関節外科医が軟骨の「変性」を解く。

2017.1 350, 4p B6 ¥2200 ①978-4-623-07723-6

◆変形性脊椎症─背骨の痛み、どうして痛いのか、痛みと付き合う法 播广谷勝三著 （京都）ミネルヴァ書房 （シリーズ・骨の話 6）
【要旨】臨床現場の最前線で戦う脊椎外科医が背骨（脊椎）と神経の関係を熱く語る。

2017.3 348, 6p B6 ¥2200 ①978-4-623-07725-0

◆片麻痺の人のためのリハビリガイド─感じることで動きが生まれる 中里瑠美子著 協同医書出版社
【目次】第1章 脳卒中になる前の、脳とからだの関係性─リハビリテーションの目標地点（自由に動けるということはどういうことなのでしょうか、脳はいつでも「学習」しています）、第2章 脳卒中で傷ついた、脳とからだの関係性─リハビリテーションで考慮すべきこと（傷ついた脳が脳自身を守るための戦略─ネットワークの応急手当とその影響）、第3章 片麻痺のリハビリテーションの基本ルール（感じることが自分にとって都合の良い動きを創る）、第4章 生活の中で作られること─思い通りに動くからだを創るために（自分でできる練習の提案、自分の文化としてのからだの動き）

2017.2 100p B5 ¥2200 ①978-4-7639-2141-3

◆歩行再建─歩行の理解とトレーニング 大畑光司著 三輪書店
【要旨】他にはない、歩行リハビリテーションの技術体系。歩行評価やトレーニング方法の紹介だけではない、再び歩くことをあきらめない人へのメッセージ。

2017.5 265p B5 ¥4000 ①978-4-89590-599-2

◆骨・関節X線撮影マニュアル 京極伸介監修, 山﨑信, 北條昇, 豊田美咲, 小泉達也編 PILAR PRESS 改訂版
【目次】1 頭部、2 胸部、3 脊椎、4 骨盤、5 上肢、6 下肢

2017.1 320p A4 ¥4200 ①978-4-86194-170-2

◆間違いだらけのリハビリテーション─「起立‐着席運動」のすすめ 三好正堂著 現代書林 新版;新装版
【目次】第1章 我が国のリハビリテーションは問題だらけ、第2章 本当に効果の大きなリハビリ「起立‐着席運動」、第3章 肥満の体重を減らせば歩けるようになる、第4章 歩行障害を起こす病気のいろいろ、第5章 驚異的な回復をした人たち、終章 明るい高齢化社会を目指して

2017.10 222p B6 ¥1300 ①978-4-7745-1660-8

◆無刀流整形外科─メスのいらない運動器治療 柏口新二編著 日本医事新報社
【要旨】先生、その手術、本当に必要ですか？ 運動器を巡る最新の知見から読み解く"メスのいらない"運動器治療の神髄！

2017.5 312p 26×22cm ¥7400 ①978-4-7849-4620-4

◆リハ研究の進め方・まとめ方 志波直人著 医歯薬出版
【要旨】研修医・PT・OT・ST。若手研究者のためのリハビリテーション研究入門書。

2017.5 148p B5 ¥2900 ①978-4-263-21875-4

◆リハビリテーション医学 真柄彰, 鴨下博編 理工図書 （メディカルスタッフ専門基礎科目シリーズ）
【目次】脳卒中・頭部外傷のリハビリテーション、摂食・嚥下のリハビリテーション、脊髄損傷のリハビリテーション、障がい者スポーツ、中枢性疾患のリハビリテーション、末梢神経疾患のリハビリテーション、筋疾患のリハビリテーション、小児のリハビリテーション、循環器疾患のリハビリテーション、内部障害のリハビリテーション、関節リウマチのリハビリテーション、切断のリハビリテーション、運動器疾患のリハビリテーション、装具療法、悪性腫瘍（がん）のリハビリテーション、熱傷のリハビリテーション

2017.11 330p B5 ¥5000 ①978-4-8446-0869-1

◆リハビリテーション概論 真柄彰, 鴨下博著 理工図書 （メディカルスタッフ専門基礎科目シリーズ）
【目次】リハビリテーションの理念、急性期・回復期のリハビリテーション、生活期のリハビリテーション、チーム医療、国際障害分類（ICID-H）、国際生活機能分類（ICF）、理学療法、作業療法、言語聴覚療法、神経心理リハビリテーション、車いすシーティング、栄養とリハビリテーション、歩行評価、機能・能力評価、日常生活動作評価

2017.10 277p B5 ¥4700 ①978-4-8446-0868-4

◆リハビリテーション基礎からナビゲーション─リハビリテーション医療職をめざすあなたに 橋詰直孝, 丸山仁司監修, 川手信行, 秋山純和, 齋藤信夫, 栗山明彦編 第一出版
【目次】1章 リハビリテーションとはどのようなものか、2章 リハビリテーションはなぜ必要か、3章 リハビリテーションにかかわる医療職種って何？、4章 授業前に身につけたい基礎知識、5章 人間の身体を見てみよう、6章 身近なリハビリテーション、7章 実習における心がまえとレポートの書き方

2017.11 143p B5 ¥2300 ①978-4-8041-1375-3

◆リハビリテーション・ADLトレーニング写真CD‐ROM付─患者さんに渡せる姿勢・動作指導71 高橋仁美, 金子奈央編著 医歯薬出版 （付属資料：CD‐ROM1）
【要旨】介護予防にも最適!!通院時リハビリテーション指導に活用できる！ 531の写真を使って、指導プログラムを自在につくろう！ すぐに使える姿勢・ADLの指導例71項目付。

2017.5 108p B5 ¥3600 ①978-4-263-21576-0

◆レジデント・コンパス 整形外科編 高橋和久, 菅野伸彦, 大島精司監修 ライフ・サイエンス 第3版
【目次】1 診断編（頸椎・胸椎および脊髄疾患、肩関節疾患、肘関節疾患、手の疾患、腰椎疾患 ほか）、2 治療編（頸椎・胸椎および脊髄疾患、肩関節疾患、肘関節疾患、手関節および手の疾患、腰椎疾患 ほか）

2017.4 303p 17×10cm ¥3200 ①978-4-89801-587-2

◆若手医師のための基本から理解する人工膝関節置換術（TKA）─適応、術前計画、基本手技、合併症対策 松本秀男編著 （大阪）メディカ出版 （整形外科SURGICAL TECHNIQUE BOOKS 4）
【目次】第1章 手術適応と術前計画（変形性膝関節症に対する手術適応、変形性膝関節症に対する手術適応の特殊例、大腿骨内側顆壊死・関節リウマチに対するTKAの手術適応）、第2章 TKAの機種選択、追加の器械の準備、術前計画、準備）、第2章 手術基本手技（手術室での準備、進入法、TKAの手術手技）、第3章 術後管理（術後の合併症対策、術後のリハビリテーション）

2017.5 238p 28×22cm ¥10000 ①978-4-8404-6174-0

◆DVD映像でよく分かる入院中から始める脳卒中片マヒのリハビリ「川平法」 川平和美監修 小学館 （付属資料：DVD1）
【目次】上肢のためのプログラム（肩を上げる・下げる、出す・引く、指を外へ開く・内へ閉じる、指を曲げる・伸ばす、腕を外へ回す・内へ回す、手を顔に近づける、手を大きく動かす、ひじだけを曲げる）、下肢のためのプログラム（ひざを倒す、足を開く・閉じる、つま先を上げる・下ろす、健足で立って移動する、座位でバランスをとる、立位でバランスをとる）

2017.9 39p 21×19cm ¥1600 ①978-4-09-310860-7

◆M‐Test基本ガイド─経絡テストからの展開 向野義人著 医歯薬出版

【目次】第1部 M - Test 概説（M - Test とは、診断と治療の概略、M - Test の特徴）、第2部 M - Test の基礎（症状と身体の動き、動きの分析に経絡概念の応用、経絡に沿った動きの制限、身体の動きと経絡、身体の動きと経穴、経絡・経穴ネットワークと身体の動き）、第3部 M - Test の臨床（M - Test 診断を構成する要因、診断と治療の大原則、診断と治療の実際、Decision Tree）
2017.5 110p B5 ¥3400 Ⓘ978-4-263-24075-5

◆Must ＆ Never 大腿骨頚部・転子部骨折の治療と管理 安藤謙一編 南江堂
【要旨】Must（行わねばならないこと）、Never（してはならないこと）、豊富な症例が満載。
2017.5 183p B5 ¥6000 Ⓘ978-4-524-26697-5

◆PT・OTのための治療薬ガイドブック―リハビリテーション実施時の注意点 本間光信監修, 高橋仁美編 メジカルビュー社
【要旨】リハの現場で役立つ薬の知識について解説！ 効果的なプログラム実践とリスク管理のために。
2017.9 407p 18cm ¥4500 Ⓘ978-4-7583-1903-4

歯科学

◆あなたの歯科医院でもできるがん患者さんの口腔管理―がん患者さんサポートで歯科医療の価値が高まる！ 杉政和著 （武蔵野）インターアクション （付属資料：別冊1）
【目次】第1章 すべてのがん患者にキュアとケアの垣根を越えた口腔管理が必要とされている（『歯科医師ががん患者をサポートする』ことの意味、がん患者に対する口腔管理はなぜ重要か？ ほか）、第2章 口腔トラブルの種類―がん患者の口腔内に何が起こっているのか（口腔トラブルががん患者のQOLを大きく下げている、がん治療により起こる口腔トラブル ほか）、第3章 口腔トラブルの診断―的確な問診と口腔内診査が正しい診断を生む（肉眼的所見が最も重要な口腔トラブルの診断、口腔トラブル診断（臨床診断）までの手順）、第4章 口腔トラブルへの対応―キュア・ケア一体型対応ガイド（口腔粘膜炎、感染症（口腔カンジダ症、細菌感染症） ほか）
2017.4 92p 30×21cm ¥6800 Ⓘ978-4-909066-01-5

◆アナトミーからのインプラント外科手順チェックリスト ルーイ・アル＝ファラジュ著, 坪井陽一監訳, 高橋恭久, 中居伸行, 丸尾勝一郎, 今一裕訳 クインテッセンス出版
【目次】1 治療計画、2 外科、3 ミニインプラントおよびナローインプラント、4 術後指導、5 インプラント手術用器具の準備、6 緊急合併症
2017.2 95p A5 ¥3600 Ⓘ978-4-7812-0543-4

◆イチからわかる！ 歯科医師が知っておきたい肝疾患のキホン 長尾由実子, 斎藤貴史, 佐田通夫編 南山堂
【目次】第1章 肝疾患の基礎知識（肝疾患を理解するための基本、ウイルス性肝炎、自己免疫性肝疾患、肝硬変、肝癌、肝外病変、肝疾患患者の食生活と日常生活）、第2章 口腔疾患と肝疾患（扁平苔癬とHCV感染、口腔癌とHCV感染、シェーグレン症候群とHCV感染、シェーグレン症候群と自己免疫性肝疾患、肝疾患患者に対する歯科治療の注意点）、第3章 症例から学ぶ肝疾患患者の口腔診療（C型肝硬変患者にみられた難治性口内炎の精査、C型肝癌治療後、C型肝硬変患者にみられた難治性口内炎の精査、扁平苔癬の発症がきっかけとなりHCV感染を発見できた症例、C型肝硬変にみられた口腔扁平苔癬からの悪性転換、性器扁平苔癬、食道癌を発症した重複癌症例、インターフェロン（IFN）治療中に扁平苔癬が憎悪し、のちに喉頭癌を発症した症例、原発性胆汁性胆管炎（PBC）に対して生体肝移植後に扁平苔癬が治癒した症例、肝硬変患者の抜歯を行う場合）
2017.5 112p B5 ¥2900 Ⓘ978-4-525-80101-4

◆今読むべきインパクトの高いインプラント80論文＆88症例 日本インプラント臨床研究会編 クインテッセンス出版
【目次】巻頭特別企画 骨補填材料2017・移植材料応用の比較―非吸収性vs 吸収性、1章 骨造成、2章 デジタル歯科、3章 上顎洞底挙上術、4章 即時インプラント埋入、5章 矯正用インプラント、6章 歯槽堤保存術、7章 インプラントオーバーデンチャー、8章 上部構造・補綴
2017.7 141p 29×22cm ¥7000 Ⓘ978-4-7812-0565-6

◆イラストで楽しく学ぶデンタルオフィス入門―新人さんのためのText Book Welcome to Dental Office 高橋英登監修, 対馬ゆか, 遠山佳之著 医歯薬出版 第2版
【目次】第1章 歯科医院ってどんなところ？（歯科医院で働く―はじめて歯科医院で働くみなさんへ、歯科医院の人々―歯科医師のほかに、どんな人々が働いているのでしょう ほか）、第2章 歯科医院のナゾ（まずはユニットまわりを観察しよう―実際にさわってたしかめましょう、用語のナゾ―歯科って、聞いたことのない言葉のオンパレード ほか）、第3章 器材の取り扱いを覚えよう（基本セットの準備―最初に覚えるもの、器材の名前と使用目的を覚えよう―器材の特徴を見てみましょう ほか）、第4章 チェアサイドアシスタント入門（どこから覚える？―チェアサイドアシスタント・ステップアップ、ライト・バキューム・エアーまず原則を理解して、臨機応変に ほか）
2018.1 128p B5 ¥3200 Ⓘ978-4-263-44516-7

◆インプラントオーバーデンチャーの臨床とエビデンスQ＆A―インプラントをしていてよかったと思ってもらうために 前田芳信, 和田誠大編 クインテッセンス出版
【目次】1章 なぜオーバーデンチャー、なぜインプラントなのか、2章 治療計画、3章 設計・製作、4章 診断・埋入、5章 人工歯排列と咬合、6章 維持装置、7章 ライフステージに合わせた上部構造（固定性から可撤性への移行）、8章 インプラントオーバーデンチャーのメインテナンス、9章 インプラントオーバーデンチャーの効果とコストパフォーマンス
2017.3 246p A4 ¥14500 Ⓘ978-4-7812-0547-2

◆インプラント材料Q＆A―臨床の疑問に答える マテリアル編 吉成正雄著 医歯薬出版
【目次】1 チタンの物理的・機械的性質、2 チタンの腐食と生体為害性、3 リン酸カルシウム、4 ジルコニア、5 表面、6 表面と生体反応、7 光活性化、超親水性、8 骨補填材（基礎編）
2017.12 141p 28×21cm ¥9000 Ⓘ978-4-263-46133-4

◆インプラント材料Q＆A―臨床の疑問に答える クリニカル編 吉成正雄著 医歯薬出版
【目次】1 インプラント材料としての適性、2 組み合わせによる不快事項、3 市販インプラント表面、4 HAコーティングインプラントの特徴と問題点、5 ジルコニアインプラントの特徴と問題点、6 インプラント周囲骨の吸収（インプラント周囲炎）、7 メインテナンス：デブライドメント、8 力の関与、9 骨補填材（臨床編）、10 展望
2017.12 149p 28×21cm ¥9000 Ⓘ978-4-263-46134-1

◆インプラント治療の理論と実践―低侵襲で長期安定のために 中村社綱著 医歯薬出版
【目次】1 インプラントの基礎知識、2 インプラントのリスクファクターとその解決策、3 デジタルソリューションの活用、4 インプラントの治療計画、5 インプラントと歯周治療・修正治療、6 荷重時期に対する考え方、7 インプラント手術、8 インプラントの骨造成法、9 さまざまな骨形態への対応、10 補綴装置、11 インプラントのメインテナンス、症例
2017.8 331p 29×21cm ¥25000 Ⓘ978-4-263-44506-8

◆インプラントの最新治療―安心して受けられる 辻本仁志著 農山漁村文化協会 （健康双書）
【要旨】歯は歯であって歯だけにあらず。歯と口腔、あるいはその機能を人間の発生史論的角度から説き起こし、人間の体全体の構造や形態、機能と密接不可分の関係にあることを明らかにし、5千を超える造骨治療や1万5千超のインプラント手術、その補綴例から得た観察結果と具体的な治療例を、最新の「ガイド手術」も交えながら解説。インプラントに伴うトラブルの原因や、歯はもとより、歯以外の様々な身心の不調も、著者を中心としたチーム医療で快癒した多くの実際例を詳解。
2017.9 252p B6 ¥1600 Ⓘ978-4-540-17102-4

◆インプラントのための軟組織マネジメントを極める―オッセオインテグレイション・スタディクラブ・オブ・ジャパン 15thミーティング抄録集 水上哲也監修 クインテッセンス出版 （別冊「Quintessence DENTAL Implantology」）
【目次】シンポジウム1 インプラント埋入部の軟組織マネジメント、シンポジウム2 上部構造との調和のための軟組織マネジメント、教育講演、会員発表、正会員コンテスト、ハンズオンコース/歯科技工士/歯科衛生士セッションレポート
2017.2 141p 29×22cm ¥4800 Ⓘ978-4-7812-0542-7

◆インプラントYEAR BOOK 2017 特集 インプラント治療の10年後を予測する―メーカーの視点から見た現状と未来像 クインテッセンス出版 （別冊the Quintessence）
【目次】AQBインプラントシステム、AQBインプラントシステムの臨床応用、カムログインプラントシステム、カムログインプラントの臨床応用、レガシー/インタラクティブ/スウィッシュアクティブ/インプラントシステム、インタラクティブインプラントとLandmark System を使用して、レガシーショートインプラントと象牙質移植DDM（Demineralized Dentin Matrix）で対応した骨吸収部位へのアプローチ、オステムインプラントシステム、オステム TS 3 HAインプラントの臨床応用、BioHorizons Laser - Lok インプラントシステム〔ほか〕
2017.4 403p 28×22cm ¥6400 Ⓘ978-4-7812-0554-0

◆絵でわかる「か強診」歯科医院の機能アップ―医療・介護同時改定に向けた必須対策 梅村長生, 小塩裕, 細野純著 医歯薬出版
【目次】まずは「か強診」の届けを出すゾウ！、「か強診」届け出へのStep1～3！、“か強診”“歯援診”“一般”施設基準の比較、「か強診」どうすればなれる？、「か強診」医療機器・器具、「か強診」の届出は大変なの？、「か強診」算定できる項目と包括項目、「か強診」の質の向上につながる訪問診療、歯科訪問診療と歯科医師の役割、「か強診」のワンランクアップ機能、高齢者を知るために大切なこと、そもそも「口腔ケア」って何？、薬の安全情報は必須、医療情報共有のための紹介状・照会状の書き方、知っておきたい医療事故調査制度、同時改定に向けての医院戦略―2025年モデルの歯科医療のキーワードは口腔疾患重症化予防、口腔機能維持、歯科訪問診療
2017.6 49p 26×22cm ¥2500 Ⓘ978-4-263-44499-3

◆外来・訪問診療のためのデンタル・メディカルの接点―見逃さないオーラルフレイル 明日から役立つ口腔ケア デンタルがメディカルにもたらすメリット クインテッセンス出版 （別冊「the Quintessence」）
【目次】1 デンタルとメディカルの接点―デンタルがメディカルの治療の成否を左右する（医科・歯科の連携―オーラルマネジメント“CREATE”が決めるメディカルの治療の成否、閉塞性睡眠時無呼吸症候群（OSAS）―睡眠時無呼吸への歯科的対応と医科との連携方法、ARONJ・MRONJ―Dr とDHが見逃さないARONJ・MRONJの兆候、進行させないための対処、周術期のケア―口腔ケアで頭頚部・食道の手術の予後がよくなる？、口腔がん―口腔がん・前がん病変の早期発見のために ほか）、2 オーラルディスオーダー 歯の欠損・咀嚼・嚥下障害と介護―よく噛めることと口腔ケアが介護予防に（オーラルフレイル―オーラルフレイルの兆候とは？、口腔の機能低下を止めるには1―機能低下を止める・ゆるめる機能的口腔ケア、口腔の機能低下を止めるには2―高齢者の咀嚼困難の原因は義歯か？ 口腔機能の低下か？ 見分け方と対応法、認知症―義歯が認知症のリスクを低くする可能性、誤嚥性肺炎1―義歯清掃が誤嚥性肺炎のリスクを減らす ほか）、3 歯周病と非感染症（NCD）―ペリオドンタルメディスン（ペリオと糖尿病など―歯周病と生活習慣病（NCD）の関係 エビデンスとその質2017）、巻末APPENDIX 提供文書など―すぐ使える！ 他の職種と連携のためのサンプル・書式例13
2017.9 174p 29×22cm ¥6000 Ⓘ978-4-7812-0574-8

◆下顎平衡機能から考える 直立二足歩行と歯科医療 臼井五郎著 医歯薬出版
【目次】第1章 直立歯科医学のすすめ（歯はヒトの直立を支える局部、自然人類学にみるヒトの特性、歯科に欠かせない直立姿勢への視点 ほか）、第2章 ヒト直立における下顎骨の役割とスウィング医療（ヒト直立における下顎骨の役割、直立に必要な構造、ヒト直立における舌体の役割 ほか）、第3章 スウィング医療のケース研究（不定愁訴とスウィング干渉、スウィングキーバーロス、全体平衡を守るための局部破壊―壊れるようにできている、平衡機能的適応としての顎骨形態の変化 ほか）
2016.11 85p A5 ¥3800 Ⓘ978-4-263-44484-9

◆限られた時間・限られた器材で行う 訪問診療における義歯修理のコツ 水口俊介監修, 戸原玄監修・著, 竹前健彦, 野本亜希子著 医歯薬出版

サイエンス・テクノロジー

【目次】1 訪問診療の現場で行う全部床義歯のリベースを第一に考える、「リベース」と「リライン」について ほか）、2 全部床義歯と部分床義歯の考え方、対応の違い（部分床義歯設計の3原則、部分床義歯の安定 ほか）、3 短時間でクラスプ・床の修理、咬合調整を行う（はじめに一義歯を使用できなくなる理由、クラスプの修理について ほか）、4 残存歯の活用により、義歯性能をアップさせる（遊離回復のためには義歯が訪問下での床外形の決め方 ほか）、5 舌接触補助床（PAP）と軟口蓋挙上装置（PLP）（PAP、PLP）

2017.6 81p B5 ¥4800 ①978-4-263-44501-3

◆顎関節症のリハビリトレーニング―よく動く関節は痛くない！　木野孔司著　医歯薬出版　（付属資料あり）

【要旨】膝の関節が痛い時、整形外科に行ってリハビリで膝の曲げ伸ばしをしますよね？ 顎の関節も同じで、機能回復のためには緩めるだけでも動かすことが重要です。「リハビリトレーニング」は、東京医科歯科大学第一口腔外科および顎関節治療部で年間数千人もの新患者に行ってきた運動療法で、とても有効で安全な治療法です。本書を参考に、ぜひ実践してみてください。症状改善効果を実感できるはずです。

2017.6 120p 28×22cm ¥7800 ①978-4-263-44494-8

◆家庭でできる口腔ケア―QRコードから動画が見られる　東野督子、前田恭子、齋藤拓実、鈴木俊夫編著　口腔保健協会

【目次】第1章 家庭における口腔ケアの実践（どうしたら上手にうがいをしてあげられますか？、どうしたら上手に歯磨きをしてあげられますか？、口臭を失くすには、すぐにむせる人の口腔ケア、舌苔って、なんですか？ そのままではいけないの？、口の中と顔のマッサージ、運動、体操、口から食事ができない人への口腔ケア、意識障害がある人へのケア、認知症の人への口腔ケア、顔面に麻痺がある人への口腔ケア、終末期にある人への口腔ケア）、第2章 家庭で行う口腔ケア（どうして口の中を清潔にしなくてはならないの？、口の中をどう見たらいいのですか？、どのくらいきれいにしたらいいのですか？、口をきれいにするには、何が必要ですか？）、第3章 そろえておきたい口腔ケア用品（口腔の清掃のために、うがい薬の選び方、義歯の取り扱いと洗浄と保管）、第4章 家庭で行う口腔ケアの大切さ

2017.3 81p B5 ¥1800 ①978-4-89605-330-2

◆「かみつきがいい」入れ歯―かめない義歯のイニシャルプレパレーション　河原英雄著　生体の医療

【目次】1章 咬合の考え方、2章 リマウント調整法の手順、3章 セントリックバイトの採得、4章 リマウント、5章 咬合調整、6章 フードテスト、7章 症例報告

2016.12 126p A5 ¥4500 ①978-4-9909176-0-9

◆患者さんの心をつかむ総義歯臨床―「できない」が「できる！」に変わるスキルアップのコツ　森谷良彦、深水皓三監修、森谷良行著　（武蔵野）インターアクション

【目次】1 患者に喜んでもらうための心構え（義歯治療は楽しい、歯を失うとはどういうことか、生体に適合した義歯の効果、義歯臨床でつまづかないために）、2 総義歯治療成功の秘訣（義歯の安定に必要な2つの力、脱落を防止する力「維持力」を理解する、咬合に耐える力「支持力」を理解する、筋平衡を理解する、咬合平衡を理解する）、3 目からウロコの義歯製作9つのステップ（患者＆ラボサイドとの信頼関係が大事、問診―他の義歯医院との違いを感じてもらおう、完成―完成義歯があっていない時の対処法、調整―スタッフに患者の声を聞いてもらおう、メインテナンス―よりよい状態を長く保つために）、4 さらなる高みを目指した総義歯治療の実践（機能を取り込む義歯とは、機能取り込み義歯の製作手順）、5 ケースで学ぶ総義歯臨床（違和感が強く義歯装着できなかった患者に対処した症例、審美を追求することで歯冠頂線を超えて排列した症例）

2017.11 131p 30×21cm ¥7300 ①978-4-909066-03-9

◆気鋭歯科医師が歯を残す・守るそのエビデンスとテクニック、患者説明　クインテッセンス出版　（別冊「the Quintessence YEARBOOK 2018」）

【目次】1 総論（天然歯をできる限り残すことが歯科医師の本分）、2 気鋭歯科医師プレゼンテーション（さまざまなオプションを駆使して1本の歯の保存に努めた症例、歯髄が残れば歯も残る―露髄した歯髄の何を見るのか？、ディシジョ

ンツリーに基づく歯周組織再生療法による歯の保存―一切開・縫合法および骨移植術の選択、重度歯周病罹患症例における歯の保存と限界について、二次固定（可撤性補綴装置）による歯の保存、病的歯牙移動をともなう広範性重度侵襲性歯周炎患者への包括的治療、歯軸傾斜の強い下顎小臼歯を保存に対し重度の再植で保存を試みた症例、ホープレスと考える前に保存を一考することの重要性、重度骨欠損に対する歯周組織再生療法―長期予防メインテナンス患者における歯科衛生士、GP、専門医のチームアプローチ、可及的に歯を保存するための治療戦略を考える―重度歯周疾患症例をとおして、根管内破折ファイル除去による歯の保存、天然歯の保存を考慮した多数歯欠損症例におけるインプラント治療―天然歯・インプラント・可撤式義歯の被圧変位を考慮した、欠損補綴修復、エムドゲインとBio-Oss を用いた歯周組織再生療法および歯槽堤保存術、MTMを利用した外傷歯の保存―矯正的挺出による歯冠・歯根比の改善と生物学的幅径の再確立）

2018.1 217p 28×21cm ¥6000 ①978-4-7812-0597-7

◆義肢装具と作業療法―評価から実践まで　大庭潤平、西村誠次、柴田八衣子編　医歯薬出版

【目次】序章 義肢装具と作業療法、1章 義肢総論、2章 義肢各論（事例）、3章 装具総論、4章 装具各論（疾患別・事例）、付章

2017.9 379p B5 ¥6600 ①978-4-263-21669-9

◆基礎から学ぶCAD/CAMテクノロジー　日本デジタル歯科学会、全国歯科技工士教育協議会監修、末瀬一彦、宮崎隆編　医歯薬出版

【目次】第1章 歯科用CAD/CAMシステムの現状、第2章 CAD/CAMシステムの基礎的知識、第3章 歯科用CAD/CAMシステムの構成、第4章 歯科用CAD/CAMシステムで使用する材料、第5章 歯科用CAD/CAMシステムの基礎的研究、第6章 歯科用CAD/CAMシステムの臨床応用、第7章 歯科用CAD/CAMシステムのソリューション化、第8章 歯科用CAD/CAMシステムに関するエビデンス、第9章 歯科用CAD/CAMシステムの将来展望

2017.8 176p B5 ¥7000 ①978-4-263-43362-1

◆矯正歯科治療 この症例にこの装置　後藤滋巳、清水典佳、槇宏太郎、森山啓司、石川博之編著　医歯薬出版　第2版

【目次】1 矯正歯科治療にあたって（矯正歯科治療とは、矯正歯科治療の特殊性、矯正歯科治療の流れ）、2 矯正装置の種類と適応症（リンガルアーチ（舌側弧線装置）、拡大装置、機能的矯正装置、白歯部遠心移動装置、顎外固定装置 ほか）

2017.12 351p B4 ¥19000 ①978-4-263-44514-3

◆矯正歯科の基礎知識　飯塚哲夫著　愛育出版　第4版

【目次】序章 矯正歯科の常識と歴史の考察、第1章 総論（矯正治療とは、歯の移動 ほか）、第2章 検査（治療が必要かどうかの検査、Skeletal relationship の検査 ほか）、第3章 矯正装置（矯正装置とは、Multibracket 装置 ほか）、第4章 矯正治療の基本方針（Class1症例の治療、Class2症例の治療 ほか）

2017.7 567p B5 ¥12037 ①978-4-909080-23-3

◆矯正歯科のための重要16キーワードベスト320論文―世界のインパクトファクターを決めるトムソン・ロイター社が選出　小野卓史、小海暁監修　クインテッセンス出版

【目次】重要16キーワード（Root resorption、TAD / mini - implant、Cleft lip and palate、Orthognathic surgery、Early treatment）、講演や雑誌でよく見る、矯正歯科の分類および文献（セファログラムにおける計測点と計測項目、フェイシャルパターンとスケレタルパターン、矯正歯科用歯列模型と模型分析法（Bolton分析とトゥースサイズレイシオ）、Angle 分類とターミナルプレーン、成長発育をどう評価するか ほか）

2017.10 199p 28×21cm ¥9000 ①978-4-7812-0579-3

◆きれいが歯科を変える！ デンタルクレンリネスプロジェクト　小林宏著　デンタルダイヤモンド社

【要旨】「通いたい」「働きたい」歯科医院、新しい"予防"が実現します。クレンリネス＝"予防"清掃。この新しい"予防"の定義は、歯科医院にきれいさとたくさんのメリットを呼び込みます。クレンリネスが院内でシステム化されると、患者さんや院長、スタッフにとって「いい

こと」が起こります。そのひみつを、ぜひあなたにも。

2017.2 107p 20×19cm ¥3200 ①978-4-88510-366-7

◆口から見える貧困―健康格差の解消をめざして　兵庫県保険医協会編著　（京都）クリエイツかもがわ

【要旨】身体の健康と密接な関係にある歯科疾患の予防と口腔ケアが重要なことはよく知られている。「学校歯科治療調査」で未受診率65%、口腔崩壊の子どもが35%の学校にいるという衝撃的な実態から、健康格差は口腔内でも見られ、貧困問題との関係を明らかにする。

2017.10 140, 17p A5 ¥1600 ①978-4-86342-222-3

◆クラウンブリッジ補綴学　本木克彦、星憲幸著　医歯薬出版　（歯科国試パーフェクトマスター）

【目次】1 総論（クラウンブリッジによる治療の利点と欠点、下顎位と下顎運動 ほか）、2 治療計画の立案（クラウンの種類と特徴、ブリッジの種類と構成 ほか）、3 臨床操作（前処置、支台築造ほか）、4 技工操作（作業用模型、ワックスパターン（ろう型）形成（ワックスアップ）ほか）

2018.1 119p B6 ¥3000 ①978-4-263-45814-3

◆外科的矯正治療カラーアトラス　上山吉哉、森悦秀編著　九州大学出版会

【目次】第1部 矯正（サージカルスプリントの作製、顎関節の診断・治療格位）、第2部 矯正外科（下顎枝矢状分割術（Sagittal Splitting Ramus Osteotomy）、下顎枝垂直骨切り術（Intra - Oral Vertical Ramus Osteotomy）、Le Fort I型骨切り術（Le Fort I Osteotomy）、近位骨片の位置決め復位システム、下顎小術）、第3部 周術期管理（外科的矯正治療周術期管理について、顎矯正手術の麻酔、挿管チューブの固定、顎矯正手術後の神経障害について）、第4部 症例報告（上気道シミュレーションを用いて鼻腔通気状態を評価した、上下顎歯列の狭窄を認めた症例、上顎骨前方部骨延長術（MASDO）をREDシステムを用いて施行した口唇口蓋裂症例、Treacher - Collins 症候群に伴う小下顎症に起因する下顎沈下と呼吸障害に対して下顎骨延長を施行した症例、上顎分割を併用した上下顎骨骨切り術を施行した骨格性開咬症）

2017.9 77p B5 ¥4800 ①978-4-7985-0214-4

◆外科的歯内療法―マイクロスコープを用いたモダンテクニックの実際　石井宏著　医歯薬出版　（世界基準の臨床歯内療法2）

【目次】1 外科的歯内療法の目的、2 歯根端切除術の成功率、3 歯根端切除術、4 意図的再植術、5 術後評価、6 偶発症への対応、7 歯内・歯周病変に対する外科的歯内療法・骨欠損への対応・歯根端切除術に伴うGTR法についての考察、外科的歯内療法（モダンテクニック）に用いる器材

2017.3 126p A4 ¥12000 ①978-4-263-44479-5

◆口腔保健・予防歯科学　安井利一、宮﨑秀夫、鶴本明久、川口陽子、山下喜久、廣瀬公治編　医歯薬出版

【目次】第1編 口腔保健・予防歯科学総論（序論、口腔の組織と発育・機能 ほか）、第2編 予防歯科臨床（齲蝕予防、歯周病予防 ほか）、第3編 地域口腔保健（地域口腔保健活動、母子の口腔保健 ほか）、第4編 国際口腔保健と災害時口腔保健（国際口腔保健、災害時の口腔保健）

2017.2 303p B5 ¥4600 ①978-4-263-45802-0

◆咬合の謎を解く！―なぜ、咬合は見た目で診断できないのか？　中村健太郎著　クインテッセンス出版　（中村健太郎の補綴即解シリーズ 01）

【目次】第1の謎 なぜ、美しく整った形態が正常咬合と言えるのか？（正常咬合の本当の意味を知っているか？、不正咬合を理解できているのか？ ほか）、第2の謎 なぜ、下顎頭から正常咬合が求められるのか？（中心位の定義を見直せ！、中心位による顎間記録を見直せ！ ほか）、第3の謎 なぜ、ヒトには咬合が不可欠なのか？（咬合は何のために備わっているのか？、咀嚼機能と咬合の関連は？）、第4の謎 咬合や咀嚼の診断で何に注目するべきなのか？（咬合の診断を見直す！、咬合に必要な咬合、それは咀嚼運動終末位！ ほか）、第5の謎 なぜ、咬合や咀嚼の検査が必要なのか？（咬合検査を見直す！、咬合を検査する！ ほか）

2017.12 215p A4 ¥14000 ①978-4-7812-0595-3

◆高齢患者へのインプラント治療　Daniel Wismeijer, Stephen Chen, Daniel Buser編、黒江敏史、船越栄次監訳　クインテッセンス（ITI Treatment Guide Volume 9）

【要旨】『ITI Treatment Guide』シリーズは、日常臨床における、エビデンスに基づいたインプラント治療テクニックと術式の概要である。第9巻はITIのインプラント歯学に対する全人的アプローチと、過去にインプラント治療を受けて加齢していく患者だけではなく、インプラント歯学が今日提供できる材料と技術の進歩から得られる恩恵を人生の最終盤において享受するかもしれない高齢の患者に対しても、職業的責任を全うする姿勢を示すものである。
　2017.1 294p 29×22cm ¥12000 ①978-4-7812-0535-9

◆**高齢者の歯科診療はじめの一歩 介護・介助の基本スキル**　内藤徹、秋竹純、牧野路子、水谷慎介著　医歯薬出版
【目次】1章 なぜ介護・介助スキルが必要か、2章 高齢者歯科診療のためのコミュニケーションのポイント（高齢者に伝わりやすい話し方、ご家族とのコミュニケーション ほか）、3章 歯科診療所・施設での要介護高齢者への対応（バリアフリーの歯科診療所環境の整備、杖をついた患者さんの歩行介助 ほか）、4章 寝たきり高齢者への対応（寝たきり高齢者でチェックしなければならない項目、患者さんの体位と安全な診療姿勢 ほか）、5章 要介護高齢者への対応を充実させるための必要な技術（要介護高齢者の治療時に役立つスキル、あると便利な機材や器具 ほか）
　2017.11 95p B5 ¥3000 ①978-4-263-44512-9

◆**高齢者のドライマウス—口腔乾燥症・口腔ケアの基礎知識**　阪井丘芳著　医歯薬出版
【目次】1 基礎知識の再確認、2 ドライマウスによって起こる症状、3 ドライマウスの原因、4 加齢による口腔内の変化、5 ドライマウスへの対応法、6 ドライマウスに遭遇したら?、7 症例別対応法の実際
　2017.6 58p B5 ¥1900 ①978-4-263-44500-6

◆**高齢者への戦略的歯科治療—自立高齢者にしておきたいこと 寝たきり高齢者にすること**　北村知昭、藤井航、鱒見進一編　医歯薬出版
【目次】第1章 高齢者の各ライフステージに応じた歯科治療と口腔健康管理、第2章 口腔健康管理、第3章 口の治療、第4章 歯周治療、第5章 補綴（欠損）治療、第6章 口腔外科治療、第7章 摂食嚥下リハビリテーション
　2017.9 125p 28×21cm ¥7000 ①978-4-263-44507-5

◆**このまま使えるDr.もDHも! 歯科医院で患者さんにしっかり説明できる本—歯科教育に重要なトピック14**　朝波簇一郎、伊藤加代子、井上誠、北迫勇一、倉治ななえ、児玉実晴、小牧令二、品田佳世子、下野正基、代田あづさ、杉田典子、須崎明、関野愉、高木景子、高橋治、高橋未哉子、浪越建男、柳井智恵、吉江弘正著　クインテッセンス出版　（付属資料：カード14）
【目次】ブラークコントロールの大切さについてこう説明しましょう、歯石がついているとなぜよくないかこう説明しましょう、歯周病をどのように治すかは、こう説明しましょう、う蝕のリスクは人によって異なります患者さんのリスクに沿った説明をしましょう、フッ化物の安全性は、こう説明しましょう、酸蝕歯が気になる患者さんに、こう説明しましょう、唾液の役割や唾液減少の原因をこう説明しましょう、口臭が気になると訴える患者さんにこう説明しましょう、歯周病と全身疾患の関係についてこう説明しましょう、服用薬が歯科治療にも関係することをこう説明しましょう、喫煙がお口の健康に与える影響についてこう説明しましょう、妊娠による口腔内の変化と赤ちゃんへの影響をこう説明しましょう、ホワイトニングが気になる患者さんにこう説明しましょう、お子さんにMFTが必要な理由はこう説明しましょう
　2017.10 162p 28×21cm ¥6900 ①978-4-7812-0581-6

◆**最新口腔外科学—Oral and maxillofacial Surgery**　榎本昭二、道健一、天笠光雄、小村健監修　医歯薬出版　第5版
【目次】第1章 口腔外科学序論、第2章 口腔外科診断学総論（診察法、主要症候）、第3章 口腔外科疾患総論（先天異常および発育異常、損傷 ほか）、第4章 口腔外科学総論（薬物・免疫療法 ほか）、第5章 口腔外科学各論（歯・歯周組織の疾患の治療、先天異常の治療 ほか）2017.9 889p B5 ¥29000 ①978-4-263-45806-8

◆**最新歯科技工士教本 矯正歯科技工学**　全国歯科技工士教育協議会編　医歯薬出版
【目次】1 矯正歯科治療とは、2 矯正歯科技工学の意義と目的、3 正常咬合と不正咬合（咬合異常）、4 矯正歯科治療の進め方、5 矯正歯科技工用器具、材料、6 矯正歯科技工の手技、7 矯正用口腔模型の製作、8 矯正装置の必要条件

と分類、9 矯正装置の製作法（動的矯正装置）、10 保定装置（静的矯正装置）
　2017.2 92p B5 ¥3000 ①978-4-263-43169-6

◆**最新のエビデンスとナラティブが今、解き明かす伝説の歯科医療**　山田康彦、山田桂子著、山田晃久編著　医歯薬出版
【目次】1 知られざる先人の教え（現代日本の歯科医療を取り巻く環境、歯科医療への道Part1 "職人芸"から "医療"へ ほか）、2 Technique テクニック（技術の習得、経験と実績と ほか）、3 歯科医療の自由を求めて（自由への5ステップ The Winning Combination—A Philosophy, Section 1 : Mission 使命 ほか）、4 行動変容理論のエビデンスが解明する "伝説の歯科医療"（行動変容理論が歯科医療を変える、変化のステージ Trans-theoretical model ほか）
　2016.12 142p B5 ¥3800 ①978-4-263-44486-3

◆**最新薬理学—疾病の成り立ち及び回復過程の促進**　大浦清、戸苅彰史編　学建書院　（歯科衛生士テキスト）
【目次】1 総論（歯科臨床における薬理学・歯科薬理学の意義、薬物療法と薬理作用 ほか）、2 一般薬理学（末梢神経系に作用する薬物、中枢神経系に作用する薬物、呼吸器系・循環器系に作用する薬物 ほか）、3 歯科薬理学（局所麻酔に用いる薬物、止血・抗凝血に用いる薬物、痛みに用いる薬物 ほか）
　2017.1 174p B5 ¥2700 ①978-4-7624-0168-8

◆**歯科医院でできる「食べる」機能の評価と対応**　石田瞭著　医歯薬出版
【目次】1 患者の高齢化で気をつける点は?、2 摂食嚥下障害の原因となる疾患は?、3 普段の歯科診療から摂食嚥下障害を予測する、4 診療所での対応の流れ、5 歯科医院で摂食嚥下機能の評価を考える—診療所でできる問診〜スクリーニング、6 栄養状態を知る、7 歯科医院でできる摂食嚥下障害の対処法—摂食機能療法、8 嚥下内視鏡検査、9 食事場面で最低限注意したいものほかのこと、まとめ 歯科医院で行う摂食嚥下リハビリテーション、付 摂食機能療法の算定要件　2017.9 53p B5 ¥3600 ①978-4-263-44509-9

◆**歯科医院での実用英会話—音声DL付**　土田和範、廣畠英雄、笘吹恵美子、上沖晃一著　医歯薬出版　第2版
【要旨】受付から治療まで、ショートストーリーで実践的な英会話を学べる! 重要表現のシャドウイングでネイティブのような発音が身につく! Dental Touch&Talk（英語版・中国語版）で指さし会話もできる!
　2017.12 87p B5 ¥3600 ①978-4-263-44513-6

◆**歯科医志望者が絶対に知っておくべき32のこと**　奥原利樹著　幻冬舎メディアコンサルティング、幻冬舎 発売
【要旨】人口約5万人の小手指で2万人の患者を診た地域No.1歯科医が語る「業界の実情」と「歯医者の魅力」とは?
　2017.1 218p 18cm ¥800 ①978-4-344-91091-1

◆**歯科英語**　全国歯科技工士教育協議会編　医歯薬出版　（最新歯科技工士教本）
【目次】なぜ「英語」が必要か、1 一般的な会話（あいさつ、国際交流 ほか）、2 歯科医院での会話（「歯が痛い」、「入れ歯を入れたい」ほか）、3 2カ国語図鑑（歯の名前、歯の構造、歯式、クラウンの製作（間接法）ほか）、4 各種文書、電話、インターネットの基本（E-mail、FAX、手紙、封筒の宛名の形式、各種文書の作成 ほか）
　2017.3 140p B5 ¥3600 ①978-4-263-43167-2

◆**歯科衛生士の一日**　WILLこども知育研究所編著　（大阪）保育社　（医療・福祉の仕事 見る知るシリーズ）
【目次】1 歯科衛生士の一日を見て! 知ろう!（歯科衛生士の基本的な仕事、病院で働く歯科衛生士の一日、口腔リハビリにたずさわる歯科

衛生士の一日、インタビュー編 いろいろな場所で働く歯科衛生士さん）、2 目指せ歯科衛生士! どうやったらなれるの?（歯科衛生士になるには、どんなルートがあるの?、いろいろな学校があるみたいだけど、ちがいは何?、歯科衛生士の学校って、どんなところ?、学校ではどんな授業が行われているの?、気になる学費は、どのくらいかかるの? ほか）
　2017.9 79p A5 ¥2800 ①978-4-586-08575-0

◆**歯科衛生士の質的研究—患者に寄り添う支援のために**　隅田好美著　医歯薬出版
【目次】第1章 歯科衛生学分野に役立つ質的研究、第2章 研究デザイン、第3章 質的研究の進め方（事前準備）、第4章 聞き取り調査、第5章 フィールドワーク、第6章 グラウンデッド・セオリー・アプローチによる質的研究、第7章 論文の書き方、第8章 具体的な質的研究
　2017.7 104p B5 ¥3900 ①978-4-263-42230-4

◆**歯科衛生士のための齲蝕予防処置法**　中垣晴男、加藤一夫、石飛國子、高阪利美、犬飼順子編著　医歯薬出版　第2版
【目次】1 総論編（齲蝕予防処置法序説、齲蝕の知識、歯および唾液とフッ化物応用の知識、齲蝕活動性（リスク）試験、齲蝕抑制効果の評価およびスクリーニング手法）、2 実習編（齲蝕予防処置法のアウトライン、齲蝕予防処置法の基礎実習、フッ化物溶液歯面塗布法、フッ化物ゲル（ゼリー）歯面塗布法、フッ化ジアンミン銀溶液塗布法、小窩裂溝填塞法、早期齲蝕検出、齲蝕活動性（リスク）試験、齲蝕抑制効果評価とスクリーニング指標算出、齲蝕予防処置法の臨床）、3 集団応用編（齲蝕予防処置集団応用の考え方、齲蝕予防処置集団応用実習）
　2017.12 220p B5 ¥4000 ①978-4-263-42241-0

◆**歯科衛生士のための歯科診療報酬入門**　日本歯科衛生士会監修、鳥山佳則、石井拓男、武井典子、吉田直美、金澤紀子編　医歯薬出版
【目次】1 歯科衛生士と診療報酬、2 医療保険制度の概要、3 歯科点数表総論、4 歯科点数表の特徴、5 初診料と再診料、6 各論、7 事例、関係法令等
　2017.5 240p B5 ¥3700 ①978-4-263-42226-7

◆**歯科衛生士のためのペリオ・インプラント重要12キーワードベスト240論文—世界のインパクトファクターを決めるトムソン・ロイター社が選出**　和泉雄一、佐藤秀一監修　クインテッセンス出版
【目次】重要12キーワード（プロービング、電動歯ブラシ、歯間部清掃、歯磨剤・洗口剤、手用スケーリング ほか）、Q&Aで深める歯科衛生士臨床（プロービングは何歳から行いますか?、スケーリング・ルートプレーニング（SRP）後のプロービングは、いつからできますか?、電動歯ブラシを使用すると、手用歯ブラシよりプラークコントロールが良くなりますか?、どのタイプの電動歯ブラシがおすすめですか? 使用法や注意点も教えてください。タフトブラシ（ワンタフト、ペリオブラシなど）はどのようなところに使用するのでしょうか? ほか）
　2017.12 163p 28×21cm ¥8800 ①978-4-7812-0589-2

◆**歯科がかかわる地域包括ケアシステム入門**　市川哲雄、白山靖彦編　医歯薬出版
【目次】1 地域包括ケアシステムを知る、2 地域包括ケアシステムで連携する、3 地域包括ケアシステムで治療する、4 地域包括ケアシステムを活用する、5 地域包括ケアシステムをつくる、地域に寄り添う医療のために—徳島大学病院の役割と歯科医療への期待
　2017.9 118p B5 ¥4500 ①978-4-263-44508-2

◆**歯科機器**　全国歯科衛生士教育協議会監修　医歯薬出版　（最新歯科衛生士教本）
【目次】1章 歯科診療における機器の概説（歯科診療における機器の管理と整理）、2章 一般診療用機器（歯科用ユニット、ユニット周辺の大型機器 ほか）、3章 歯科衛生にかかわる機器（口腔清掃用機器）、4章 検査・診断・治療用機器（全身管理用機器、麻酔用機器 ほか）、5章 歯科技工用機器（歯科技工室にかかわる機器、歯科技工作業にかかわる機器）
　2017.3 197p B5 ¥3200 ①978-4-263-42850-4

◆**歯科技工管理学**　全国歯科技工士教育協議会編　医歯薬出版　（最新歯科技工士教本）
【目次】1 歯科技工学概論（歯科技工と歯科技工士、歯科技工士の役割、顔および口腔組織の形態と機能、歯科疾患と周ател組織の変化、歯科臨床と歯科技工、歯科技工の管理と運営、口腔と全身の

健康管理、情報リテラシー、コミュニケーション）、2 歯科技工士関係法規（衛生行政、歯科技工士法、医療法、歯科医師法、歯科衛生士法）
2017.3 198p B5 ¥5400 ①978-4-263-43170-2

◆歯科技工実習　全国歯科技工士教育協議会編　医歯薬出版　（最新歯科技工士教本）
【目次】1 歯科技工の基本（歯科技工実習を始めるにあたって、機器・材料の扱い方、感染対策、歯科技工士の任務、臨床見学・臨床実習、訪問歯科診療における歯科技工士の役割）、2 臨床歯科技工（歯科補綴物における歯科技工、有床義歯と歯科技工、CAD/CAMシステムと歯科技工、歯周治療における歯科技工、顎口腔機能治療における歯科技工、スポーツ歯科における歯科技工、顎顔面補綴における歯科技工）
2017.4 215p B5 ¥6600 ①978-4-263-43171-9

◆歯科技工造形学　全国歯科技工士教育協議会編、桑田正博、木下浩志、田中誠著　医歯薬出版　（最新歯科技工士教本）
【目次】1 美とは、2 歯の観察に至るまで、3 歯の形態表現（鉛筆デッサン）、4 前歯のスケッチから着彩・造形表現、5 顔の観察、6 歯科技工と色彩、7 歯科臨床における色彩、8 コンピュータグラフィックス
2017.3 74p B5 ¥2800 ①978-4-263-43168-9

◆歯科矯正学事典　亀田晃監修・編　クインテッセンス出版　新版
2018.1 554p 23×17cm ¥18000 ①978-4-7812-0599-1

◆歯科材料　全国歯科衛生士教育協議会監修　医歯薬出版　（最新歯科衛生士教本）
【目次】1編 歯科材料と歯科衛生、歯科材料の基礎知識）、2編 歯科材料の種類と特性（歯科材料にかかわる材料、印象材、模型用材料、合着材・接着材、成形修復材、仮封材、暫間修復材と仮着用セメント、ワックス、金属、セラミックス、その他の歯科材料）
2017.3 174p B5 ¥3500 ①978-4-263-42851-1

◆歯科診療補助論　全国歯科衛生士教育協議会監修　医歯薬出版　（最新歯科衛生士教本）第2版
【目次】1編 歯科医療における歯科診療補助（歯科診療補助の概念、医療安全と感染予防、歯科診療における歯科臨床と歯科衛生士、歯科診療で扱う歯科材料）、2編 歯科衛生士がかかわる医科疾患の歯科（主な全身疾患とその対応、周術期における歯科診療の補助、歯科訪問診療における対応）
2017.3 331p B5 ¥6000 ①978-4-263-42840-5

◆歯科治療読本─保険で良質の歯科治療を受けるために　笠原浩著　東京図書出版, リフレ出版 発売
【要旨】歯科医療費大公開！『賢い患者』になるための歯科のすべて。
2017.3 293, 4p A5 ¥1800 ①978-4-86641-031-9

◆歯科保険請求　2017　お茶の水保険診療研究会編、東京医科大学歯科同窓会社会医療部監修　クインテッセンス出版
【要旨】掲載症例増！現場に役立つ350超のケースを網羅。正しいカルテ作成や請求に役立つアドバイス満載。
2017.4 882p A4 ¥9000 ①978-4-7812-0552-6

◆歯科薬物療法学　筒井健夫著　一世出版　第6版
【目次】薬物療法の種類、医薬品医療機器等法と医薬品、薬理作用、薬物の作用部位と作用機序、薬物体内動態、薬物の相互作用、薬物の反復作用（連用）、薬効に影響を及ぼす因子、薬物の副作用と有害作用、薬物の適用方法と適用上の注意〔ほか〕
2017.3 235p A4 ¥5000 ①978-4-87078-183-2

◆歯冠修復技工学　全国歯科技工士教育協議会編　医歯薬出版　（最新歯科技工士教本）
【目次】1 歯冠修復技工学の概要、2 クラウンの概要と種類、3 ブリッジの概要と種類、4 クラウンとブリッジの具備要件、5 クラウンとブリッジの製作、6 歯冠修復物と部分被覆冠、7 全部被覆冠、8 ブリッジ、9 インプラント、10 CAD/CAMシステム
2017.3 181p B5 ¥5600 ①978-4-263-43166-5

◆歯周外科 見て学んで始めるガイド─歯周基本治療から手技習得のポイント、術後のケアまで　小方頼昌編著　クインテッセンス出版
【目次】歯周治療の進め方、歯垢染色、口腔内指導、歯ブラシと補助清掃用具、スケーリング・

ルートプレーニング、PMTC、歯周外科治療の種類と目的、術前の器具の準備、患者への術前・術中・術後の配慮、ドレーピングと手指消毒、麻酔、キュレッタージ、新付着術、歯肉切除術、フラップ手術、GTR法による再生療法、エムドゲインを用いた再生療法、リグロスを用いた再生療法、遊離歯肉移植術と結合組織移植術、縫合、歯周パックの使い方、術後の投薬、抜糸の時期、再評価の時期、メインテナンスとSPT
2017.10 166p 28×21cm ¥11000 ①978-4-7812-0582-3

◆歯周病悪化の原因はこれだ─リスクファクターを知れば難症例も怖くない　稲垣幸司, 南崎信樹編・著　デンタルダイヤモンド社
【目次】第1章 生物学的な要因はこれだ（喫煙と歯周病─ニコチン依存症の真実、口呼吸と歯周病、糖尿病患者の歯周治療時に歯科医師が留意すべきポイント ほか）、第2章 術者・患者側の要因はこれだ（患者の理解と医院側の説明対応、プラークコントロールが困難な症例への対応、家族や周囲の環境 ほか）、第3章 知っておきたい関連因子はこれだ（口腔からの誤嚥性肺炎予防、妊婦の歯周治療を難しくさせる要因と対応のポイント）
2017.4 155p A4 ¥7600 ①978-4-88510-372-8

◆歯周病学サイドリーダー　沼部幸博著　学建書院　第5版
【目次】歯周組織の構造、歯周組織の発生、歯周病の理解に必要な病理の知識、歯周病の理解に必要な免疫と炎症の知識、歯周病の病原因子とリスクファクター、歯周病の症状、特殊な歯周病、歯周医学（ペリオドンタルメディシン）、歯周組織の加齢変化〔ほか〕
2016.12 152p B5 ¥3000 ①978-4-7624-4146-2

◆歯周病患者のインプラント治療　弘岡秀明, 古賀剛人著　医歯薬出版
【目次】1 インプラント治療の変遷（インプラント治療の源流を探る─なぜインプラント治療はEBMたりえなかったか、インプラントの生物学的成功と失敗のクライテリア、オッセオインテグレーションの条件─オッセオインテグレーション獲得を左右する臨床的ファクター、無歯顎患者へのインプラントの応用、部分欠損歯列患者へのインプラントの応用）、2 歯周病患者のインプラント治療（Save the tooth or place an implant？─歯周治療の成功率vsインプラントの成功率、歯周病患者のインプラント治療は長期に成功するのか？、歯周病による骨吸収で埋入困難な症例への対処法、歯周病患者における各種補綴処置の予後、歯周インプラント補綴による機能回復）、3 インプラント周囲病変への対処（インプラント周囲病変とは？、インプラント周囲病変の疫学、インプラント周囲病変のリスクファクター、インプラント周囲病変の診断と治療、インプラント治療におけるサポーティブセラピー）
2017.6 246p 29×22cm ¥18500 ①978-4-263-44496-2

◆歯周病と全身疾患─最新エビデンスに基づくコンセンサス　日本臨床歯周病学会監修, 二階堂雅彦, 築山鉄平編・著　デンタルダイヤモンド社
【目次】第1章 歯周病の病因論（歯周病とは、歯周病の進行の病因論、歯周炎から全身に波及する感染と炎症）、第2章 歯周病と全身疾患の関連メカニズム（歯周病と糖尿病、歯周病と心血管疾患・アテローム性動脈硬化症、歯周病と周産期合併症、歯周病と肥満・メタボリックシンドローム、歯周病と関節リウマチ、歯周病と慢性閉塞性肺疾患（COPD）、歯周病とその他の疾患1 慢性腎臓病、歯周病とその他の疾患2 認知症、歯周病とその他の疾患3 がん）
2017.4 138p A4 ¥7500 ①978-4-88510-374-2

◆歯周病なんか怖くない─歯学部教授が書いたやさしい歯と歯ぐきの本　村上伸也編（吹田）大阪大学出版会　（阪大リーブル 061）
【要旨】みんなの毎日を笑顔に！自分の歯を生涯守れたら、どんなに良いかを伝えたい。歯周病をみんなで予防して健康長寿。
2017.11 223p B6 ¥1300 ①978-4-87259-442-3

◆歯周病の病因論と歯周治療の考え方　岡賢二, 藤木省三著　（武蔵野）インターアクション　（HOME DENTIST PROFESSIONAL Vol. 1）
【目次】Prologue（「病因論」を歯科臨床の基盤に据える、「人」としての歯を診る ほか）、1 最新科学で学ぶ歯周病（著者と一緒に辿る40年の歯周治療の旅）、2 歯周治療のコンセプトと実

際（臨床判断はこう変わる─歯周治療の実際、地域の歯科医院としてのコンセプトと目標）、Epilogue（「疾患概念」う蝕も歯周炎も疾患概念は同じである、「治療手段」歯周基本治療が最も効果的な治療であるほか）
2017.10 112p 30×21cm ¥8800 ①978-4-909066-02-2

◆磁性アタッチメントの臨床─症例から学ぶ実践テクニック　石上友彦著　口腔保健協会
【目次】第1章 磁性アタッチメントの特徴、第2章 磁性アタッチメントの歴史と変革、第3章 臨床術式、第4章 症例、第5章 問題点への対応、第6章 メインテナンス、第7章 トラブルへの対応
2017.3 113p B5 ¥3500 ①978-4-89605-329-6

◆歯痛の文化史─古代エジプトからハリウッドまで　ジェイムズ・ウィンブラント著, 忠平美幸訳　朝日新聞出版　（朝日選書）
【要旨】人類誕生、いや動物が歯を持って以来、歯の悩みは常につきまとってきた。恐竜の歯化石には歯周病の跡があり、洞窟人の歯は髄が出るほどすり減っていた。古代、虫歯は悪魔や虫の仕業だとされた。中世、旅回り詐欺師が街の広場の歯抜きショーで客を集め、怪しい民間療法が横行した。歯抜きは理髪や瀉血と共に床屋外科の仕事だった。近世にも患者は麻酔なしで床に寝て施術を受け、歯の治療は相変わらず「血と痛み」の世界だった。その後、麻酔やレントゲン、治療用椅子などの進歩があり、今日の歯科は治療・美容両面へと変貌する。恐怖と嫌悪で語られる「歯治療の世界」を、患者の視点からエピソードたっぷりに綴った"笑える歯痛の世界"。
2017.6 346, 6p B6 ¥1700 ①978-4-02-263061-2

◆知っておきたい顎・歯・口腔の画像診断　山下康行監修, 金田隆, 中山秀樹, 平井俊範, 生鴫一朗編著　学研メディカル秀潤社, 学研プラス 発売　（『画像診断』別冊KEY BOOKシリーズ）
【要旨】最新の歯原性病変のWHO分類に準拠！充実した総論と、120疾患178症例から、顎・歯・口腔領域の画像診断がよくわかる!!放射線科医、歯科口腔外科医、耳鼻咽喉科医、医・歯学生など必携の書。
2017.8 366p B5 ¥7400 ①978-4-7809-0939-5

◆歯内療法成功のためのコーンビームCT活用術　シャノン・パテル, シモン・ハーベイ, ハガイ・シェメシュ, コナー・デュラック, 月星光博編・著, 興地隆史翻訳監訳　クインテッセンス出版
【要旨】歯科用コーンビームCT（CBCT）は近年ますます普及している。歯内療法をはじめ歯科医療全般で幅広く用いられている。本書『歯内療法成功のためのコーンビームCT活用術Cone Beam Computed Tomography in Endodontics』は、この画期的な画像診断法を歯内療法の臨床に適切に応用し、そのレベルアップを図るための集大成である。
2018.1 142p 29×22cm ¥11000 ①978-4-7812-0598-4

◆ジャパニーズエステティックデンティストリー　2018　山﨑長郎編集委員長　クインテッセンス出版　（『QDT』別冊）
【要旨】日本発・世界を牽引する最新審美症例集。
2017.12 150p 28×21cm ¥6400 ①978-4-7812-0593-9

◆小児歯科学　白川哲夫, 飯沼光生, 福本敏編　医歯薬出版　第5版
【目次】第1編 小児歯科学概論、第2編 成長・発達、第3編 診察・検査・処方・治療計画、第4編 歯・口腔の疾患、第5編 口腔管理、歯健康教育、口腔保健、第6編 心身障害児および全身疾患児への歯科的対応
2017.12 463p B5 ¥13000 ①978-4-263-45807-5

◆小児歯科技工学　全国歯科技工士教育協議会編, 内川喜盛, 白瀬敏臣, 尾﨑順män著　医歯薬出版　（最新歯科技工士教本）
【目次】1 小児歯科技工概説、2 歯・顎・顔面の成長発育、3 小児の歯冠修復、4 咬合誘導装置の種類、5 保隙装置、6 スペースリゲーナー、7 口腔習癖除去装置、8 咬合誘導装置に用いる維持装置
2017.2 84p B5 ¥2800 ①978-4-263-43164-1

◆小児の口腔科学　朝田芳信, 大須賀直人, 尾崎正雄, 清水武彦, 田中光郎ほか編　学建書院　第4版
【目次】小児歯科学と小児歯科医療、小児の成長発育、頭蓋顎顔面の発育、歯の発育と異常、歯列・咬合の発育と異常、小児歯科臨床の流れ、医療安全と危機管理、小児の臨床における対応、齲

蝕と予防、齲蝕治療、歯周疾患、顎・口腔軟組織疾患、外科的処置、歯の外傷と処置、咬合誘導、小児の口腔保険と医療連携、障害児の歯科診療、小児歯科臨床と遺伝、治療時に留意すべき小児疾患 2017.3 389p B5 ¥12000 ①978-4-7624-3646-8

◆知ると得する歯科麻酔—ようこそ！ 歯科麻酔の世界へ　大井久美子著　口腔保健協会（OHブックス）
【要旨】歯科麻酔って何？ 医科の麻酔とどこが違うの？ そもそも歯科医師が全身麻酔をかけてもいいの？ 歯科麻酔科医ってどんな仕事をしているの？ あまり知られてない歯科麻酔の世界へようこそ！ 全身麻酔が発達した歴史と歯科麻酔との関係、歯科麻酔が果たしてきた役割をわかりやすく解説。歯科麻酔科医が語る読んでお得なエッセイ。
2017.1 280p 18cm ¥1600 ①978-4-89605-328-9

◆心身の健康を取り戻す新しい歯列矯正法　海老澤博著　（高崎）全人歯科医学研究所, 農山漁村文化協会 発売　（歯科は新しい時代に入った—全人歯科医学研究所が贈る、歯の宝石箱シリーズ 2）
【目次】1 体調不良を抱えた歯列不正はこう治す（なぜ、現代人は咬み合わせ不良が多いのか？、咬み合わせが良くなると姿勢の歪みも治る ほか）、2 従来法と決定的に異なる全人的矯正治療（全人的歯列矯正とは何か？、歯列矯正は「諸刃の剣」 ほか）、3 体と心が健康になる歯列育成の秘訣（咬み合わせと下顎位は表裏一体、歯列弓を安易に狭くしてはいけない ほか）、4 正しい矯正治療の実際例を見る（改善例・23歳女性—典型的なクラウディング改善例、改善例・25歳女性—スプリントを用いた機能性反対咬合改善例 ほか） 2017.3 53p A5 ¥600 ①978-4-540-17124-6

◆新スタンダード口腔病理学　槻木恵一, 岡田康男編　学建書院
【目次】第1部 本編（顎口腔領域の病理検査、口腔・顎顔面領域の炎症性疾患、口腔・顎顔面領域の嚢胞、口腔・顎顔面領域の腫瘍・腫瘍類似疾患、唾液腺疾患、口腔・顎顔面領域の先天異常、口腔・顎顔面領域に症状を現す疾患、歯と歯周組織の疾患、疾患の治癒に伴う病理学的変化）、第2部 補足解説編
2017.3 206p B5 ¥7000 ①978-4-7624-0703-1

◆新編 口腔外科・病理診断アトラス　下野正基, 山根源之監修　医歯薬出版
【目次】口腔外科臨床における診断学、口腔外科臨床における病理診断学、CT、MRIによる画像診断、軟組織の炎症性疾患、顎骨の疾患、口腔粘膜疾患、嚢胞、腫瘍、唾液腺疾患、唾液腺腫瘍、血液疾患（全身疾患に関連し、口腔に症状が現れる病変）、先天性疾患（顎顔面奇形）
2017.1 528p A4 ¥22000 ①978-4-263-44487-0

◆新 よくわかる顎口腔機能—咬合・摂食嚥下・発音を理解する　日本顎口腔機能学会編　医歯薬出版
【目次】基本的事項（筋活動、顎運動、咬合力、咬合）、応用的事項（顎機能障害、顎口腔機能検査、治療への応用、咀嚼、嚥下、発音、歯の動き、咬合、小児の咬合、咬合に関する治療方針）
2017.2 287p B5 ¥8000 ①978-4-263-44489-4

◆信頼がうまれる患者対応の技術—歯科医院のための医療面接スタートガイド　西田亙監著, 香川県歯科医療研鑽の会著　クインテッセンス出版　（別冊「歯科衛生士」）
【要旨】マスクの有無やイスの位置で、チェアサイドが様変わり?!患者さんだけでなく、歯科医院も幸せになれる驚きの“技術”が満載！ さまざまなタイプの6つの歯科医院が実践！ すぐにマネできる実例がたっぷり。
2017.12 87p 29×22cm ¥3400 ①978-4-7812-0590-8

◆信頼できるかかりつけ歯科医—“かかりつけ歯科医機能強化型歯科診療所（か強診）”認定医院ガイド　2017‐2018完全保存版　日本医院開業コンサルタント協会（JPCA）歯科医院経営研究部会編著　クロスメディア・マーケティング, インプレス 発売
【要旨】“か強診”認定歯科475医院掲載。認定率10%!?新制度“か強診”って何なの？ なぜ、かかりつけ歯科医がいる人は長生きなのか。どうして？ を統計データから解明！
2017.10 96p B5 ¥1200 ①978-4-295-40092-9

◆スタンダード全身管理・歯科麻酔学　小谷順一郎編　学建書院　第4版
【目次】概論、麻酔に必要な基礎知識、術前管理—全身状態評価、管理上問題となる疾患、全身麻酔法、術中管理、術後管理、歯科の日帰り全身麻酔、心身障害者の麻酔、小児の麻酔、高齢者の麻酔、精神鎮静法、局所麻酔法、ペイントクリニック（疼痛治療）、歯科治療における全身的偶発症、救急救命処置、医療安全管理
2017.3 344p A4 ¥8000 ①978-4-7624-3668-0

◆頭痛、肩コリ、腰痛を咬み合わせで治す！　亀井琢正著　（高崎）全人歯科医学研究所, 農山漁村文化協会 発売　（歯科は新しい時代に入った—全人歯科医学研究所が贈る、歯の宝石箱シリーズ 3）
【目次】1 原因不明の肩コリ、首コリ、腰痛は咬み合わせが原因だった、2 歯と顎は全身につながっている、3 咬み合わせを無視する怖さ、4 従来法と違う全人的咬合治療、5 体と心が快調・健康になる理由—実例でより深く咬合を考える、6 咬み合わせで悩まない、後悔しないために
2017.3 63p A5 ¥600 ①978-4-540-17125-3

◆ステップアップ歯科衛生士7Stepで挑戦！ ザ・シャープニング　佐藤昌美著　医歯薬出版
【目次】第1部 シャープニングについて（シャープニングってなに？—切れるスケーラー、切れないスケーラー、グレーシーキュレットの構造、グレーシーキュレットの特徴と刃部 ほか）、第2部 シャープニングをしてみよう（シャープニングの手順、グレーシーキュレット#6のシャープニング、グレーシーキュレット#5のシャープニング ほか）、第3部 臨床から学ぼう—症例編（失敗からシャープニングの大切さを学ぶ、歯肉の変化を学ぶ、SRPの効果を学ぶ ほか）
2017.5 115p 28×21cm ¥4500 ①978-4-263-42227-4

◆スペシャルニーズデンティストリー 障害者歯科　日本障害者歯科学会編　医歯薬出版　第2版
【目次】1編 総説（序論、スペシャルニーズと社会保障）、2編 スペシャルニーズ各論（精神発達・心理的発達と行動の障害、神経・運動障害、感覚障害、音声言語障害、摂食嚥下障害、精神および行動の障害、歯科治療時に配慮すべき疾患・症候群）、3編 スペシャルニーズのある人の歯科医療（行動調整、スペシャルニーズのある人の健康支援、スペシャルニーズのある人の歯科治療、リスク評価と安全管理）
2017.2 383p B5 ¥9500 ①978-4-263-45801-3

◆すべての歯科医師のための臨床解剖学に基づいたComprehensive Dental Surgery　岩永譲編者代表, 伊原木聰一郎, 築山鉄平, 丸尾勝一郎編　医歯薬出版
【目次】臨床医のための口腔解剖、外科手術の原則と基本手技、歯科治療における出血と止血、局所麻酔、下顎埋伏智歯抜歯、歯根嚢胞（直視下手術）、Endodontic Microsurgery、歯周外科治療、インプラン、舌強直症、自家歯牙移植・再植、完全脱臼永久歯の再植、膿瘍、レーザー
2017.4 161p 28×22cm ¥9200 ①978-4-263-44491-7

◆3Dイラストで見るペリオドンタルプラスティックサージェリー 天然歯編—エビデンスに基づいた切開・剥離・縫合　中田光太郎, 木林博之監著, 岡田素平太, 小田師巳, 園山亘, 山羽徹著　クインテッセンス出版
【目次】1章 ペリオドンタルプラスティックサージェリーのための外科基本手技（歯槽頂切開・歯肉溝内切開・減張切開、全層弁・部分層弁剥離、縫合・結紮）、2章 結合組織採取（口蓋よりの結合組織採取、上顎結節よりの結合組織採取）、3章 ペリオドンタルプラスティックサージェリーの臨床テクニック（遊離歯肉移植術、歯冠長延長術、歯肉増生術 ほか）
2017.11 159p A4 ¥16500 ①978-4-7812-0586-1

◆3D根管解剖—CGを操作してイメージする髄腔開拡・根管形成　木ノ本喜史監著　医歯薬出版
【目次】上顎—Maxilla（上顎中切歯、上顎側切歯、上顎犬歯、上顎第一小臼歯 ほか）、下顎—Mandibule（下顎中切歯、下顎側切歯、下顎犬歯、下顎第一小臼歯 ほか）
2017.7 93p B5 ¥12000 ①978-4-263-44503-7

◆摂食嚥下障害のキュアとケア—臨床の口腔生理学に基づく　舘村卓著　医歯薬出版　第2版
【要旨】「病態や責任疾患に依存しない」「在宅や施設でも」「対象者とコミュニケーションが可能かどうかに関わらず」それらに共通して適用が可能な、臨床口腔生理学に基づいた手法をフローチャートで明解に提示！
2017.9 241p B5 ¥5300 ①978-4-263-21670-5

◆ゼロから見直す根尖病変 基本手技・難症例へのアプローチ編　倉富覚、著　医歯薬出版
【目次】1 抗原の徹底除去のポイント（再治療歯への対応—ポストコアの除去、しつこい敵—ガッタパーチャポイント ほか）、2 根管消毒＆根管充填（根管洗浄、根管貼薬 ほか）、3 難症例へのアプローチ（いわゆる難症例と考えられる要因、エンド・ペリオ病変 ほか）、4 外科的歯内療法と歯根嚢胞へのアプローチ（外科的歯内療法の適応症と術式選択、歯根破折 ほか）、5 経過観察の重要性（メインテナンスに入る前に—治療結果の説明、診断へのフィードバック—根管充填は歯内療法のゴールではない ほか）
2017.1 159p 29×22cm ¥9000 ①978-4-263-44485-6

◆全科実例による社会保険 歯科診療—平成29年4月版　歯科保険研究会編　医歯薬出版
【目次】第1部 巻頭特集（歯科診療報酬点数早見表、レセプトマスター（一般用/加算用/歯科訪問診療用）、平成28年改定以降の歯科医療に関する制度改革の動き—これからの歯科医療機関で考慮すべき点、診療報酬改定後（2016→2017）の誤りやすいポイント・その後の情報、新症例 ほか）、第2部 症例解説（基本診療料—保険解説、医学管理料等—保険解説、在宅医療—保険解説、検査—保険解説、画像診断—保険解説 ほか）
2017.4 791p A4 ¥9000 ①978-4-263-44845-8

◆総義歯治療で最も大事なことは何か？　阿部二郎, 亀田行雄編著　ヒョーロン・パブリッシャーズ　（HYORONブックレット）
【目次】1 導入（“患者に受け入れられる総義歯”を文献から考察する）、2 適切な下顎位を得るために大事なこと（「咬合」が最も大事！、「ゴシックアーチ」が最も大事！）、3 十分な維持力を発揮する下顎義歯を作るために大事なこと（「レトロモラーパッド」が最も大事！、「舌のポジション」が最も大事！ ほか）、4 まとめ（総義歯治療で最も大事なことは何か？）
2017.11 79p 28×21cm ¥4800 ①978-4-86432-041-2

◆早期治療—成長発育のエビデンスと治療戦略　アリアクバル・バフレマーン著, 嶋浩人, 石谷徳人訳　クインテッセンス出版
【目次】1 早期治療の臨床的・生物学的原理（早期治療のエビデンス、歯列と咬合の発育、診査・早期発見・治療計画）、2 非骨格性の問題に対する早期治療（歯列交換期のスペースマネジメント、切歯部叢生のマネジメント、口腔習癖のマネジメント、歯数不足症のマネジメント、過剰歯のマネジメント、小帯付着異常のマネジメント、萌出障害の早期発見と治療）、3 歯性骨格性の問題に対する早期治療（前後的な問題のマネジメント—2級および3級不正咬合、水平的な問題のマネジメント—臼歯部交叉咬合、垂直的な問題のマネジメント—開咬と過蓋咬合）
2017.10 425p 29×23cm ¥28000 ①978-4-7812-0578-6

◆象牙質知覚過敏症—目からウロコのパーフェクト治療ガイド　冨士谷盛興, 千田彰編著　医歯薬出版　第3版
【目次】第1章 理解しておきたい3つの治療戦略、第2章 歯がしみる—こんな場合にはどうする？、第3章 象牙質知覚過敏症の治療に使えるレーザー、第4章 この患者さんにはこの材料—作用を知って正しく使おう、第5章 象牙質知覚過敏—その生理学、形態学、機序と治療法、第6章 チーム医療としての知覚過敏抑制治療—生活習慣病としてとらえよう
2017.10 70p 28×21cm ¥3700 ①978-4-263-44511-2

◆続 このインプラントなに？—他医院で治療されたインプラントへの対応ガイド　簗瀬武史, 竹島明道, 栗山壮一, 大橋功編　医歯薬出版
【目次】「このインプラントなに？ 他医院で治療されたインプラントへの対応ガイド」を応用したインプラントシステム特定の勘所と実際、インプラントシステムの形態分類（Parallel walled（バイオホライズンズエクスターナルインプラント、バイオホライズンズインターナルインプラント ほか）、Tapered anatomic（バイオホライズンズレーザーロックテーパード、バイオホライズンズフルレーザーロックテーパード ほか）、Others（ノーベルアクティブ3.0、ノーベルアクティブWP ほか）、Others（One‐piece）（マグフィットMIPフィクスチャー、OSインプラント ほか））
2017.6 96p 29×21cm ¥10000 ①978-4-263-44497-9

◆チェアサイド オーラルフレイルの診かた—歯科医院で気づく、対応する口腔機能低下症　菊谷武著　医歯薬出版

【目次】1章 オーラルフレイルを「知る」（フレイルとサルコペニア―加齢と全身の身体機能低下の関係、オーラルフレイル―加齢・疾患による口腔機能の変化と運動障害性咀嚼障害、オーラルフレイルを理解するための摂食嚥下のメカニズムとその低下）、2章 オーラルフレイルを「評価する」―「気づく」ための必須事項（主訴を読み取る―こんな訴え！口腔機能低下症かもしれません、高齢者が診療室に来たら、ここをチェックしよう、口腔内を診てわかること、舌、口唇、頬、軟口蓋の機能評価、口腔機能低下（摂食嚥下障害）のスクリーニング法、認知面のフレイル、栄養の基礎と対応）、3章 オーラルフレイルに「対応する」―チェアサイドでの実際、歯科としてできること（口腔機能訓練、口腔機能低下に合わせた義歯への配慮、咀嚼機能を考慮した食形態の決め方）
　2017.6 121p 28×21cm ¥6000 ①978-4-263-44502-0

◆超高齢社会のための専門的口腔ケア―要介護・有病者・周期期・認知症への対応　角保た編著、大野友久、守谷恵未著　医歯薬出版　新読版
【要旨】口腔の専門家だからこそ担える“専門的口腔ケア”をより深く理解し、実践するために
　2017.6 182p B5 ¥4200 ①978-4-263-42228-1

◆治療効率がUP！良好な予後につながるラバーダム法　宮崎真至編著、阿部修、天川由美子ほか著　医歯薬出版
【要旨】動画で基本手技が学べる！
　2017.6 64p 28×22cm ¥3600 ①978-4-263-46131-0

◆内科医から伝えたい歯科医院に知ってほしい糖尿病のこと　西田亙著　医歯薬出版
【目次】第1編 糖尿病の基礎知識（なぜ歯科医院で糖尿病の知識が必要なのか？、糖尿病の歴史とインスリン、血糖値とカロリーを理解する、糖尿病の診断と分類、糖尿病は血管病、歯科医院で注意すべき糖尿病患者の症状）、第2編 歯科と全身のかかわり（歯周病と糖尿病、歯科領域における歯科への期待と支援、口腔感染制御が医科と歯科、そして社会を結ぶ）
　2017.7 78p B5 ¥3200 ①978-4-263-42229-8

◆日本外傷歯学会学術用語集　日本外傷歯学会編　クインテッセンス出版
　2017.12 102p B5 ¥3800 ①978-4-7812-0591-5

◆日本人に適した審美修復治療の理論と実際　貞光謙一郎著　医歯薬出版
【目次】1 Basic for Esthetic Dentistry（審美修復治療の基本、資料の分析と治療ゴールの設定、日本人の歯の特徴、日本人の歯の色に適したマテリアルセレクション、オールセラミック修復の流れ、オールセラミッククラウンのホワイトニング）、2 Practice for Esthetic Dentistry（オールセラミッククラウンの支台歯形成、コンポジットレジン充填、コンポジットレジンのさらなる活用、接着、ラミネートベニアの基本、日本人に適したラミネートベニア修復、ラミネートベニア修復症例）
　2017.4 229p A4 ¥16000 ①978-4-263-46419-9

◆脳卒中の摂食嚥下障害―Web動画付　藤島一郎、谷口洋著　医歯薬出版　第3版
【目次】第1章 脳卒中と摂食嚥下障害、第2章 嚥下障害、第3章 嚥下障害と呼吸器疾患、第4章 摂食嚥下障害の検査・診断、第5章 摂食嚥下障害のリハビリテーション、第6章 摂食嚥下障害の薬物療法の外科的対応、第7章 脳卒中患者の摂食嚥下訓練の実際、第8章 摂食嚥下障害における倫理の問題、第9章 症例
　2017.9 383p B5 ¥8000 ①978-4-263-21671-2

◆ハイジニストワークのクリニカルQA　NDL監修　デンタルダイヤモンド社
【要旨】DHが知りたい“技術”と“コミュニケーション”の悩みに早く効く一冊です。
　2017.1 230p 20×19cm ¥4800 ①978-4-88510-365-0

◆一からわかる抜歯の臨床テクニック―動画DVD付　角保徳著　医歯薬出版（付属資料：DVD1）　第2版
【目次】抜歯総論（抜歯の基本方針、検査と診断、抜歯と全身の関連、口腔解剖の知識、X線撮影ほか）、抜歯症例（下顎前歯普通抜歯術、上顎大臼歯抜歯、下顎大臼歯抜歯（歯根分割抜歯）、上顎智歯抜歯、下顎智歯普通抜歯ほか）
　2017.7 248p B5 ¥12000 ①978-4-263-44504-4

◆プレオルソで治す歯ならび＆口呼吸―子どもにやさしいマウスピース型矯正装置　大塚淳監著　クインテッセンス
【目次】1「プレオルソ治療」はどんな歯科矯正治療？（「プレオルソこども歯ならび矯正法」は、

マウスピース型の矯正装置を用いた、3～10歳ごろのお子様にぴったりな治療法です。お子様によっては、プレオルソ治療後に本格矯正をすることもあります。プレオルソ装置による治療は、起きている間最低1時間と寝ているときだけで生活するだけです。ご家庭では、お口の周囲筋のトレーニングもしていただきます。プレオルソ治療を行うと、たくさんのいいことがあります。ほか）、2「プレオルソ治療」で治した例―お子様のお口の治療結果をイメージしてみましょう（上下顎の前歯が強い凸凹をともなう出っ歯、前歯の凸凹と重度の出っ歯、前歯のすき間をともない、咬み合わせが深い強度の出っ歯、前歯の凸凹とすき間をともなう出っ歯、前歯の凸凹、上顎の内側から生えた歯など）
　2017.1 95p 21×28cm ¥7000 ①978-4-7812-0537-3

◆プロフェッショナルが語る顎関節症治療　中沢勝宏、田口望、和気裕之、高野直久編　医歯薬出版
【目次】1 なぜいま顎関節症を勉強したほうがいいのか？、2 術者による運動療法、3 患者自身による運動療法、4 精神科との連携、5 矯正治療と顎関節症、6 スプリントとセルフケア指導―歯科口腔リハビリテーション料2をめぐって
　2017.7 119p B5 ¥5200 ①978-4-263-46132-7

◆ベーシックプレスセラミックス―失敗しないためのプレスセラミックスガイド　赤坂政彦著　クインテッセンス出版　（「QDT」別冊）
【目次】1 製作理論編（プレスセラミックスのメカニズムを知ろう、セメントスペーサーは必要？、埋没作業におけるワポイントtips ほか）、2 臨床実践編（プレスセラミックスにおける入射光の反射と透過光、ステイン法、カットバック法、レイヤリング法を整理する、フレームデザインの違いによるインゴット選択の指針 ほか）、3 巻末付録編（あると便利なオリジナルグッズ、調整・研磨に使用するポイントなど、国内の主要なプレスセラミックスシステム ほか）
　2017.3 172p A4 ¥5000 ①978-4-7812-0568-7

◆包括的歯科診療入門―現象と時間の視点から　小川廣明著　デンタルダイヤモンド社
【目次】第1章 なぜ包括的歯科診療なのか？なぜ基礎が重要なのか、第2章 包括的な視点から病態を診断するための3つの柱、第3章（1）病態分析、第4章（2）炎症と力、第5章（3）時間軸、第6章 包括的歯科診療における修復治療、第7章 咬合崩壊と咬合再構成、第8章 包括的歯科診療を実践するには、第9章 フォローアップからみる経年的変化
　2017.11 243p A4 ¥13000 ①978-4-88510-390-2

◆訪問歯科診療のすすめ―口腔ケアで「元気で長生き！」　日本訪問歯科協会監修　現代書林
【要旨】うまく飲み込めない、食事をこぼす、口臭がきつい、食べ物がかみ合わない…など。家族の介護者、ヘルパー、ケアマネジャー必読。「お口の介護」がよくわかる本。
　2017.11 215p B6 ¥1300 ①978-4-7745-1663-9

◆保存修復学専門用語集　日本歯科保存学会編　医歯薬出版　第2版
【要旨】保存修復学の教育・研究および臨床に必要と判断された用語について1110語を収録。
　2017.3 92p B5 ¥3800 ①978-4-263-45803-7

◆またまたホンマ堪忍やで、歯科個別指導PART2 生活保護編　歯科保険研究会個別指導部著　（大阪）バレード、星雲社 発売
【要旨】ナニワの歯科医vs 市役所の生活保護課。コンサルではわからない実態がつかめない生活保護の歯科個別指導。厚生局の個別指導とどう違うのか？その実情をガッツリ紹介。
　2017.8 199p B6 ¥1500 ①978-4-434-23477-4

◆ママになった歯科医師・歯科衛生士・管理栄養士が伝えたい！食育とむし歯予防の本　神山ゆみ子、今村幸恵、鈴木和子、今村智之著、丸森英史監修　医歯薬出版
【要旨】お口と食のプロフェッショナルが子育てで実践してきた「なんでも食べる」からはじめるむし歯予防！
　2018.1 127p 28×21cm ¥3200 ①978-4-263-44515-0

◆みがこう！コミュニケーション・センス―歯科医院での医療安全のために　中島丘、長坂浩、松田裕子編著　医歯薬出版
【目次】総論（医療安全に必要なコミュニケーションとは何か、ノンテクニカルスキルの向上、チーム力を高めるKYT）、各論（倫理的課題「コミュニケーションエラー」「インフォームド・アセント」、介護予防教室に導入したTeam STEP-

PS、手術に必要なコミュニケーション―タイムアウト、小児歯科・障がい児の歯科臨床で求められるスキル、カンファレンス時のコミュニケーション ほか）
　2017.8 132p B5 ¥3800 ①978-4-263-42231-1

◆遊離端欠損の戦略的治療法―パーシャルデンチャー・インプラント・IARPD　亀田行雄、諸隈正和著　医歯薬出版
【目次】臨床編 治療オプションの比較と選択のための戦略的考察（なぜ遊離端欠損か、遊離端欠損をパーシャルデンチャーでどう攻める、遊離端欠損をインプラントでどう攻める、遊離端欠損をIARPDでどう攻める、遊離端欠損をオーバーデンチャーでどう攻める、遊離端欠損を自家歯牙移植でどう攻める、遊離端欠損を補綴しないという選択肢―SDA（短縮歯列））、基礎編 それは遊離端欠損なのか、ショートデンタルアーチなのか エビデンスから紐解く遊離端欠損の捉え方（遊離端欠損をSDAとして捉える、遊離端欠損を「欠損」として捉え補綴治療を行う）
　2017.2 168p 29×22cm ¥10000 ①978-4-263-44490-0

◆よく治る全人的歯周治療―1つの大革命2つの大進化　丸橋賢著（高崎）全人歯科医学研究所、農山漁村文化協会 発売（歯科は新しい時代に入った―全人歯科医学研究所が贈る、歯の宝石箱シリーズ 1）
【目次】1 体も心も元気に若返り従来法とは全く違う治り方（私の歯周病原因別分類、人間の目は曇りやすい、貧血低血圧型歯周病の所見 ほか）、2 人間にはもともと歯周病はほとんどない（歯周病はいつから増えたか、ブータンの都市と山村の調査から、ブータン山村の歯と体と食 ほか）、3 生命力を上げ、技術の粋を融合させると重症例もここまで治る（まずざっと治療してから22年後を比較、X線写真で比較する歯槽骨の回復、良く治るために不可欠な二つの条件 ほか）
　2017.3 44p A5 ¥600 ①978-4-540-17123-9

◆よくわかる口腔インプラント学　赤川安正、松浦正朗、矢谷博文、渡邊文彦編　医歯薬出版　第3版
【目次】第1章 口腔インプラント学序説、第2章 口腔インプラントのための基礎科学、第3章 診断と治療学、第4章 口腔インプラント治療と医療安全、第5章 口腔インプラント治療の実際、第6章 リコールとメインテナンス、第7章 高齢患者と口腔インプラント治療、第8章 口腔インプラントの新しい方向―将来の展望
　2017.2 315p B5 ¥10000 ①978-4-263-45800-6

◆リクッチのエンドドントロジー その時、歯髄に何が起こっているのか？―世界でもっとも美しい組織像と臨床画像でわかる最新のエンド　Domenico Ricucci, Jr., José F. Siqueira著、月星光博、泉英之、吉田憲明監訳　クインテッセンス出版
【目次】1 象牙質歯髄複合体、および歯根周囲組織、2 う蝕に対する歯髄反応と修復機序、3 生活歯髄療法、4 歯根周囲組織の病理、5 歯内感染、6 臨床的歯内療法：治療法、7 歯内療法後の歯根周囲組織の治癒、8 根管充填の問題、9 歯内療法の失敗、10 歯内および歯周の相互関係
　2017.2 424p 29×22cm ¥26000 ①978-4-7812-0538-0

◆臨床家のための口腔疾患カラーアトラス　神部芳則、大橋一之編著　医歯薬出版
【目次】歯の異常、口腔粘膜疾患、炎症性疾患、先天異常・発育異常、外傷、嚢胞、良性腫瘍、悪性腫瘍、唾液腺疾患、顎関節および不の関連疾患、神経疾患、全身疾患に関連した口腔病変1 血液疾患、全身疾患に関連した口腔病変2 その他の疾患
　2017.4 95p A4 ¥7000 ①978-4-263-44492-4

◆臨床に一滴！デンタルアロマセラピー　日本デンタルアロマセラピー協会監修、中村真理、柿木保明著　医歯薬出版
【要旨】歯科医院から、病院で、訪問診療で、すべての歯科臨床で使える完全ガイド！
　2017.9 142p A4 ¥2800 ①978-4-263-46316-1

◆ルーティンで行う歯科医療リスクマネジメント　宗像雄、花田真也編著　弘文堂
【要旨】歯科医療事例を、弁護士目線+歯科医師目線で分析。トラブル予防としてのルーティンワーク！
　2017.2 125p B5 ¥2300 ①978-4-335-76019-8

◆老化と摂食嚥下障害―「口から食べる」を多職種で支えるための視点　藤本篤士、糸田昌隆、葛谷雅文、若林秀隆編著　医歯薬出版

【目次】1 老化と摂食嚥下障害をめぐる諸問題および展望—高齢者の「口から食べる」を多職種・地域で支えるために、今何をなすべきか（老化に伴う食べる機能の変化、健やかな超高齢社会推進のためのキーワード ほか）、2 老化に伴う代表的要介護要因（フレイル、サルコペニア、ロコモティブシンドロームの概念とज とそれらの重要性、サルコペニア ほか）、3 摂食嚥下障害・オーラルサルコペニアへの臨床現場での対応（摂食嚥下障害・オーラルサルコペニアをめぐる諸問題—Part3の総論として、口から食べるための包括的アプローチ ほか）、4 住み慣れた地域で口から食べて豊かな老後を（摂食嚥下障害に対する介護保険行政の取り組み、地域高齢者におけるサルコペニアの予防・治療のアプローチ ほか）
2017.9 175p B5 ¥4500 ⓘ978-4-263-42233-5

◆わかりやすいイラスト 口腔外科小手術
朝波惣一郎、植木輝一、田辺晴康、扇内秀樹著 クインテッセンス出版
【要旨】ゴールドスタンダードな口腔外科小手術。ベテラン口腔外科医がテクニック満載。術式の各ステップをイラストで解説。術前のイメージトレーニングに最適。安全・確実な手術術式。『イラストでみる口腔外科手術』の姉妹版。
2017.2 119p A4 ¥11000 ⓘ978-4-7812-0541-0

◆31TOPICSで先取りする歯科臨床の羅針盤　2017　阿部二郎、天川由美子、天野敦雄、石川知弘、石谷徳人ほか著　（武蔵野）インターアクション
【目次】1 ホームデンティストが主役の時代がやってくる—歯周病・う蝕対策の要は「生涯にわたる口腔管理」（「地道なバイオフィルムの管理」こそが、科学にのっとった歯周治療である—21世紀の歯周治療は「管理医療」、病因論の進化が、歯周治療の「臨床判断」を変える ほか）・「病因論が変わってもやることは同じ…」ではない ほか）、2「Optimal Treatment とは何か」を再考する—インプラントバブル後の今日的臨床課題—欠損の判断基準—患歯と総合的評価から考える、いつの時代でも「医原性」の問題を起こしてはならない—B・philosophy と治療3原則 ほか）、3 新材料・機器のポテンシャルを最大限に引き出す—その使い方、応用法は適切か？（接着により、歯の外形を規定する因子はどう変わったのか？—接着技術の進化の恩恵は、修復処置の原理・原則を変える、高機能性を具備したコンポジットレジンが保存修復を変える—進化の歴史から読み解く次世代のコンポジットレジンの姿 ほか）、4「口腔管理型」という新しい付加価値—すでに動き出している歯科医療の新スタンダード（成熟期を迎えた歯科医療の次なる課題は何か？—今、時間軸で患者に寄り添う歯科医療が求められる、口腔管理型医院に向けてのCLINIC RENOVATION—高度な治療技術は、高度な口腔管理システムがあってこそ生かされる ほか）、5 最先端治療技術の今—エキスパートが整理する今日の頂点（Periodontal hyper responder への歯周治療戦略—歯周病は一様ではない、歯周外科の「今」を考える—オプションは多々あるが、直線的でない術式選択を ほか）
2017.4 200p 30×21cm ¥8600 ⓘ978-4-909066-00-8

◆CAD/CAMマテリアル完全ガイドブック—臨床に役立つ材料選択と操作 フルジルコニアクラウン プレスセラミックス 保険適用ハイブリッドレジン 金属冠　伴清比編著　医歯薬出版
【目次】第1章 CAD/CAMマテリアル概論、第2章 セラミックス系CAD/CAMマテリアル（ジルコニア、ガラスセラミックス）、第3章 レジン系CAD/CAMマテリアル（レジン系CAD/CAMマテリアルの種類、保険適用CAD/CAMハイブリッドレジンの特徴、CAD/CAMマテリアルの接着操作）、第4章 金属系CAD/CAMマテリアル（金属系CAD/CAMマテリアルの種類と性質、金属系CAD/CAMマテリアルの接着操作）
2017.12 96p 28×22cm ¥4800 ⓘ978-4-263-46420-5

◆Endodontology　石井宏監修　デンタルダイヤモンド社　（藤本研修会Standard Textbook 1）
【目次】1 根管治療の成功率、2 診査・診断・意思決定、3 基本的な治療プロトコール、4 歯内療法処置術における典型症例、5 歯内療法、6 外科的歯内療法、7 歯内療法とその隣接領域
2017.10 228p A4 ¥14000 ⓘ978-4-88510-386-5

◆Health Dentistry（健口歯科）　2 フレイル予防は口にあり　増田純一著　グレードル
【目次】1 口蓋のかたち（6年間の経過観察が語る、口蓋型の見分け方 ほか）、2 口蓋の型と口腔機能不全（口蓋の型は、無歯期・前歯期・奥歯期でつくられる、乳歯列の△型・V型口蓋は永久歯の歯列を悪くする ほか）、3 患者指導の実践（指導対応の仕方と心構え、指導者のためのMFTのポイント ほか）、4 症例検討（本来の口腔機能を取り戻す、永久歯列期での対応 ほか）
2017.3 133p A4 ¥8000 ⓘ978-4-908138-39-3

◆Impact—Color and internal shape of Anteriores　山本尚吾著　医歯薬出版　（本文：日英両文）
【目次】Maxillary central incisor and Lateral incisor、Internal structure and optical properties of maxillary anterior teeth、Fluorescence、Prologue Linked to Palatal—The influence of tooth crown colors according to 3 types of internal structure、Mamelon Type、Mamelon Type + Box Type、Box Type、Alteration、Anterior Root、Devil Head M Type、Devil Head B Type、Taper Type、Enamel、Lateral incisor、Canine、Lower anteriores
2017.4 143p 31×22cm ¥15000 ⓘ978-4-263-46213-3

◆MTAの開発者Dr.トラビネジャッドによるMTA全書—その特性から臨床テクニックまで　マモウド・トラビネジャッド編著、寺内吉継監訳　クインテッセンス出版
【要旨】MTAは、20年以上前に根管系への通路を封鎖する用途で開発された。現在では、MTAは封鎖性や生体親和性など他の材料と比べて優れた特性があることから歯内療法専門医に積極的に用いられており、有意に良好な治療結果が得られている。本書では、MTAを用いた歯内治療の研究チームの総責任者であり、またMTAの第一人者でもあるDr.Torabinejad によるMTAを使用するうえでの注意事項や推奨される処置方法が、生活歯髄療法（覆髄や断髄）、アペキシフィケーション、歯根端切除術、根管穿孔部充填、逆根管充填、正根管充填などMTAの臨床応用に的を絞って示されている。また、掲載されている図表や臨床上のエックス線写真を参照することで、適切なテクニックを学ぶことができる。初めてMTAを用いた治療の手順を学ぶ歯学部学生や歯内療法研修医、さらには治療成績を向上させたいと思っている開業医や歯内療法専門医にとっても最適な1冊である。
2017.9 346p B5 ¥15000 ⓘ978-4-7812-0577-9

◆NEW DENTAL CLINIC DESIGN—医院デザインと経営戦略を一体的に考える歯科70事例　アルファブックス，現代企画室 発売（InDeXy 3）
【要旨】30の有力設計会社が手がけた、秀逸な歯科情報書籍。「ニューデンタルクリニックデザイン」が注目の発刊。詳細集患方法や月間患者数、導入ユニット機器名、70事例の院内写真、詳細平面図、宣伝方法、広告費用。世界の歯科医院デザイン等、圧倒的な事例数を収録。資料性・閲覧性・保存性に優れ、今までにない最強の一冊。リフォーム、移転、分院、経営参考をお考えの先生に最強の一冊!!
2017.4 351p 28×24cm ¥14000 ⓘ978-4-7738-8164-6

◆ONE FILE ENDOの臨床—根管を1本のファイルで形成するために　中川寛一著　医歯薬出版
【要旨】本当に煩わしい根管形成、根管の形態とファイルによる切削、根尖孔へ—パスファインディング、NiTi ファイルの歴史、NiTi ファイルプレパレーション（基本事項、レシプロカルモーション）、安全な根管形成のためにファイル破折を考える、根管充填、根管清掃
2017.4 57p 29×22cm ¥5500 ⓘ978-4-263-44493-1

◆Periodontics for Special needs Patients 障害者・有病者の歯周治療　和泉雄一、長田豊監・著　デンタルダイヤモンド社
【要旨】障害者・有病者（スペシャルニーズペイシェント）の歯周治療に取り組んでいる・取り組みたい歯科医師や歯科衛生士の実践の書！
2017.1 168p A4 ¥9000 ⓘ978-4-88510-364-3

◆Q&AでわかるMuscle Wins！の矯正歯科臨床　近藤悦子著　医歯薬出版
【目次】なぜ尖骨位を重視するのですか？、抜歯、非抜歯は何をみて決めるのですか？、抜歯のタ

イミングと抜歯部位はどのように考えたらよいのでしょうか？、顎部筋の異常は顎顔面骨格にどのような影響を及ぼすのでしょうか？、顎関節の健全な育成のためには、いつ治療を開始したらよいのでしょうか？、MWにおけるフォースシステムはどのようなものですか？、開咬症例と過蓋咬合症例の違いをどのように考えたらよいのでしょうか？、2級開咬症例はどのように治すのですか？、3級開咬症例はどのように治すのですか？、2級過蓋咬合症例はどのように治すのですか？、3級過蓋咬合症例はどのように治すのですか？、長期咬合の安定にはどのような共通点がありますか？、睡眠時無呼吸症候群の改善にMWの矯正治療は効果があるのでしょうか？
2017.9 196p A4 ¥22000 ⓘ978-4-263-44505-1

◆The Fabric of the Modern Implantology—近代インプラント治療のテクニックとフィロソフィ　船登彰芳、山田将博、吉松繁人編著　医歯薬出版
【目次】インプラントシステムの再考—マクロデザイン、理想的な初期固定を得るためには？、臨床医のための骨結合とインプラント表面性状の科学、インプラント表面性状のジレンマとその克服戦略、Ridge Preservation Technique の再考、GBRを成功へと導くための原理と術式、インプラント周囲における角化歯肉の必要性をどのように考えるか？、上顎前歯部におけるインプラント周囲のソフトティッシュマネジメント、審美インプラント治療：過去からの定石と現在の潮流（最終補綴を考慮した最三次元的インプラント埋入タイミングの検討と周囲組織の再構築）、CAD/CAMテクノロジーはどこまでインプラント治療に応用できるのか？〔ほか〕
2017.12 238p A4 ¥15000 ⓘ978-4-263-46135-8

◆This is Suction Denture！　佐藤勝史著　デンタルダイヤモンド社
【要旨】2014年発刊の『What is Suction Denture？』に続く、"吸着"下顎総義歯マニュアル書籍の第二弾。より義歯の安定度が増し、より吸着度が増すためのアドバンス編。前作同様、内容が読者に伝わるよう、よりビジュアル化に努めて制作した。吸着至極なPicture Book。
2017.12 110p 26×21cm ¥9000 ⓘ978-4-88510-391-9

衛生・公衆衛生・疫学

◆医療スタッフのための衛生学エッセンス 2017　荒川浩久監修・執筆、川村和章、宋文群、荒川勇喜著　学建書院　第3版
【目次】衛生・公衆衛生学の概要、人口、環境と健康、疫学、感染症、生活習慣病と生活習慣病、食品と健康、地域保健、母子保健、学校保健、成人・高齢者保護、産業保護、精神保健、がんと難病対策
2017.4 132p B5 ¥2500 ⓘ978-4-7624-2695-7

◆衛生管理　上　第1種用　中央労働災害防止協会編　中央労働災害防止協会　第8版
【目次】はじめに、衛生管理体制、作業環境要素、職業性疾病、作業環境管理、作業管理、健康管理、健康保持増進対策とメンタルヘルス対策、労働衛生教育、労働衛生管理統計、救急処置、労働生理　2017.2 425p B5 ¥2000 ⓘ978-4-8059-1727-5

◆衛生管理　下　第1種用　中央労働災害防止協会編　中央労働災害防止協会　第3版
【目次】1 労働安全衛生関係法令（労働安全衛生法、労働安全衛生法関係厚生労働省令、じん肺法及び同法施行規則、作業環境測定法（抄）、炭鉱災害による一酸化炭素中毒症に関する特別措置法）、2 労働基準法
2017.2 455p B5 ¥2000 ⓘ978-4-8059-1728-2

◆エビデンスにもとづく公衆衛生学—WEB連動テキスト　城憲秀、宮下和久、武田眞太郎共編著　培風館
【要旨】本書は、公衆衛生学の基礎事項について最新の知見を盛り込みながら、やさしく解説したテキスト・参考書である。集団における健康増進、疾病対策、食品衛生、環境衛生、地域保健、産業保健、学校保健などについて、図表を多用し幅広い視点から紹介する。また、随所に関連するWEB情報へのアクセスができるように配慮されている。栄養士や管理栄養士を志す人はもちろん、医療関連の専門職を志す人をはじめ、健康づくりのための意識向上に関心のあ

るすべての読者にお勧めしたい。
2017.6 220p B5 ¥2900 ⓘ978-4-563-07366-4

◆**看護疫学入門―基本からわかる**　大木秀一著
医歯薬出版　第3版
【要旨】基本となる考え方のつながりや用語の意味をストーリーとして理解！わかりにくいこと、誤解しやすいことは図表化して整理した。保健師国家試験の過去問題で理解度のチェックと学習内容の定着を図る。
2017.12 188p B5 ¥3000 ⓘ978-4-263-23698-1

◆**公衆衛生**　高橋茂樹、西基著　海馬書房
（Simple Step）
【目次】保健医療論（予防医学と健康増進、疫学、人口統計・保健統計、社会保障制度と医療経済、保健・医療の仕組み ほか）、公衆衛生各論（母子保健、成人保健、高齢者保健および介護保険、障害者保健福祉、精神保健 ほか）
2017.11 419p B5 ¥5200 ⓘ978-4-907921-16-3

◆**公衆衛生学**　伊達ちぐさ、松村康弘編著　建帛社　（管理栄養士講座）　三訂第3版
【目次】第1章 公衆衛生の意義、第2章 人口・保健統計、第3章 健康状態・疾病の測定と評価、第4章 環境と健康、第5章 生活習慣（ライフスタイル）の現状と対策、第6章 主要疾患の疫学と予防対策、第7章 環境・医療・福祉の制度、第8章 保健対策、第9章 情報の入手と取扱い
2017.10 263p B5 ¥3600 ⓘ978-4-7679-0614-0

◆**公衆衛生学 2017/2018**　中村信也編著　同文書院　第八版
【目次】健康と公衆衛生、環境と健康、保健統計、疫学と情報、生活習慣と健康、主要疾患、感染症とその予防、精神疾患、社会保障と行政、医療制度、福祉制度、地域保健、母子保健、成人保健、高齢者保健、産業保健、学校保健と安全、国際保健
2017.4 249p B5 ¥2500 ⓘ978-4-8103-1464-9

◆**社会・環境と健康 公衆衛生学 2017年版**
柳川洋、尾島俊之編著　医歯薬出版
【目次】健康と公衆衛生、環境と健康、健康、疾病、行動にかかわる統計、疫学、情報とコミュニケーション、生活習慣（ライフスタイル）の現状と対策、主要生活習慣病の疫学と予防対策、感染症対策、精神保健対策、保健・医療・福祉のしくみ、医療制度、福祉制度、地域保健、母子保健、成人保健、高齢者保健・介護、産業保健、学校保健、国際保健
2017.2 186p B5 ¥2600 ⓘ978-4-263-70678-7

◆**スタンダード衛生・公衆衛生**　安井利一、神原正樹、荒川浩久編　学建書院　第15版
【目次】衛生・公衆衛生学序論、健康の保持増進、疫学の方法と実際、疾病予防と健康管理、環境と健康、食生活と健康、人口問題、地域保健と保健行政、母子保健、学校保健、成人・高齢者保健、産業保健、精神保健、社会保障
2017.3 284p B5 ¥2600 ⓘ978-4-7624-8625-8

◆**手洗いの疫学とゼンメルワイスの闘い**　玉城英彦著　人間と歴史社
【要旨】歴史上初めて手洗い・消毒の重要性を訴え、接触感染による産褥熱の死から若い母親たちを守った感染防護の父・ゼンメルワイス―。その悲劇の生涯と研究のあり方を疫学的観点から検証し、事実に基づく科学的視点の重要性を説く！　2017.2 223p A5 ¥1800 ⓘ978-4-89007-207-1

◆**よくわかる専門基礎講座 公衆衛生**　松木秀明編　金原出版　第8版
【目次】健康の概念と公衆衛生学、人口統計と保健統計、衛生行政と地域保健疫学、母子保健、学校保健、成人保健、高齢者保健、感染症、食品衛生、国民栄養、環境保健、社会保障と社会福祉、精神保健と障害者保健、産業保健、国際保健
2017.2 357p B5 ¥2600 ⓘ978-4-307-70229-4

皮膚・眼・耳鼻咽喉・泌尿器・産婦人科学

◆**一冊でわかる婦人科腫瘍・疾患―周産期疾患、生殖・内分泌疾患、乳癌を含む**　片渕秀隆、森谷卓也編　文光堂
【目次】1章 総論（分類、病因と疫学（疾患の成り立ち）、概念（用語）解説、免疫染色一覧表）、2章 各論（子宮頸部腫瘍・疾患、子宮体部腫瘍・疾患、卵巣腫瘍、卵管腫瘍・疾患、腹膜腫瘍・疾患 ほか）
2017.8 167p B5 ¥8000 ⓘ978-4-8306-3123-8

◆**疣贅（いぼ）のみかた、治療のしかた**　江川清文編著　学研メディカル秀潤社、学研プラス発売
【要旨】「江川疣贅学」の集大成がついに完成！疣贅治療に携わるすべての人が読むべき一冊！
2017.9 349p B5 ¥11000 ⓘ978-4-7809-0947-0

◆**ヴォイス・ケア・ブック―声を使うすべての人のために**　ガーフィールド・デイヴィス、アンソニー・ヤーン著、大橋数章監訳、小林武夫、西浦美佐子、西浦佐知子、河原香織、池間陽子訳　音楽之友社
【要旨】"声が命"のプロ必携。メトロポリタン歌劇場専属とロイヤル・オペラ・ハウス顧問、2人の名ヴォイス・ドクターによるアドバイス・解説集。
2017.10 223p A5 ¥3200 ⓘ978-4-276-14264-0

◆**眼科医が考案！ ながめるだけで近視と老眼がよくなる本**　本部千博著　宝島社　（付属資料：眼筋ほぐしめがね1; ポスター1; 視力検査表1）
【要旨】ほんべ眼科視力回復教室ではその場で9割の人が視力が0.3アップすると大評判！眼筋をゆるめれば目はよくなる！
2017.5 93p B5 ¥980 ⓘ978-4-8002-7244-7

◆**眼科診療ビジュアルラーニング 1 角膜、結膜**　大鹿哲郎、大橋裕一シリーズ総編集、井上幸次編　中山書店
【目次】1 基礎編（解剖と構造、生理と機能、発生 ほか）、2 診断編（ウイルスによる感染、細菌による感染、その他の病因による感染 ほか）、3 治療編（アデノウイルス角結膜炎―多発性角膜上皮下浸潤がみられた流行性角結膜炎、細菌性結膜炎―難治性の結膜炎を呈する症例、巨大乳頭結膜炎―目を温めて悪化した巨大乳頭結膜炎の症例 ほか）
2017.6 255p B5 ¥10000 ⓘ978-4-521-74510-7

◆**眼瞼・眼窩・涙道の外科―スグに役立つ基本知識～高度技術**　細川亙、垣淵正男、不二門尚編著　克誠堂出版
【要旨】眼瞼・眼窩・涙道はどの診療科が担当する？眼形成外科の「広く深く」を欲張りました！
2017.4 223p B5 ¥13000 ⓘ978-4-7719-0479-8

◆**眼底疾患パーフェクトアトラス**　飯田知弘、近藤峰生、石龍鉄樹編著　文光堂
【目次】1 黄斑部疾患、2 血管異常、3 遺伝性疾患、4 先天・発育異常、小児網膜疾患、5 網膜剥離、6 強度近視、7 視神経疾患、8 ぶどう膜炎、9 腫瘍、10 視神経疾患、11 全身、症候群、外傷、薬剤、その他
2017.3 382p B5 ¥12000 ⓘ978-4-8306-5549-4

◆**漢方眼科診療35年―眼疾患に漢方は効く**　山本昇吾著　（京都）メディカルユーコン
【目次】眼科疾患の漢方治療、眼精疲労、再発性眼疾患、上眼窩神経痛（三叉神経痛を含む）、中心性漿液性脈絡網膜症、アレルギー性結膜炎、春季カタル、ブドウ膜炎、ドライアイ、シェーグレン症候群、調節痙攣（偽近視）、高度近視、白内障、眼底出血、視神経疾患、円蓋角膜、混合感染症、緑内障、チック、眼瞼痙攣、顔面痙攣など、顔面神経麻痺、眼筋麻痺、網膜色素変性症、その他：難病・症症への応用
2017.1 522p A5 ¥4600 ⓘ978-4-901767-33-0

◆**ケースで学ぶ視能矯正臨床思考―POSの活用**　三木淳司監修、高橋裕子、岡真由美編　文光堂
【目次】POSによる視能矯正、視能矯正編（小児の視能評価、不同視弱視、斜視（屈折性調節性内斜視、間欠性外斜視、先天上斜筋麻痺、外転神経麻痺、滑車神経麻痺）、斜性眼精疲労）、視能障害編（円錐角膜、白内障、糖尿病網膜症、加齢黄斑変性、正常眼圧緑内障、網内障発作、視神経炎、脳下垂体腫瘍による視野障害）、医療面接実習、客観的臨床能力試験
2017.6 218p B5 ¥8500 ⓘ978-4-8306-5602-6

◆**向精神薬と妊娠・授乳**　伊藤真也、村島温子、鈴木利人編　南山堂
【目次】第1章 妊娠・授乳期に関する基礎知識の整理（母体内科領域の基礎知識、添付文書情報の捉え方 ほか）、第2章 向精神薬投与と妊娠・出産・育児（妊娠と薬情報センターにおける向精神薬の適正使用―適正使用相談事例、挙児希望者・妊娠に対する向精神薬の考え方（SSRI・SNRI・NaSSA、三環系・四環系抗うつ薬 ほか）、第4章 周産期の精神障害概論（産褥精神病、ボンディング障害 ほか）、第5

章 症例から学ぶ―精神症状のコントロールと妊娠・授乳（うつ病、双極性障害 ほか）
2017.7 250p B5 ¥3500 ⓘ978-4-525-38232-2

◆**これからはじめる周産期メンタルヘルス―産後うつかな？ と思ったら**　宗田聡著　南山堂
【目次】1 総論 周産期メンタルヘルスとは（周産期をとりまく大きな変化、精神疾患合併妊娠が増えている!? ほか）、2 各論 周産期における精神疾患（マタニティブルー、周産期うつ ほか）、3 応用 早期発見と診断のために（いつから対応する？、どうやってスクリーニングするか？ ほか）、4 情報と知識 周産期メンタルヘルスにおける連携（いつ、どこで、誰が、何を？、本人と家族・友人知人 ほか）、5 最新情報 民間のさまざまな試み、資料
2017.5 80p B5 ¥2000 ⓘ978-4-525-33651-6

◆**これで治る！ 褥瘡「外用薬」の使い方**　古田勝経著　照林社
【要旨】褥瘡は「治らない？」とあきらめていませんか？ 古田メソッド、外用薬はうまく使うと褥瘡は治る！
2017.9 114p B5 ¥2100 ⓘ978-4-7965-2414-8

◆**こんなに役立つ皮膚科エコー―しこりに潜むのは腫瘍だけじゃない―一般外来から在宅まで**　清島真理子、渡邉恒夫編　メジカルビュー社
【要旨】皮膚科領域で役立つ"皮膚科エコー"の撮り方、読み取り方を簡潔解説。case別に臨床所見、超音波所見、MRI所見、病理所見、診断、疾患の基礎知識にわけて掲載。エコー所見も比較して解説した皮膚科エコーの集大成！
2017.6 163p A5 ¥5000 ⓘ978-4-7583-1598-2

◆**産業看護学 2017年版**　河野啓子著　日本看護協会出版会　（地域看護学習Guide）
【目次】第1章 産業保健・産業看護の理念、第2章 衛生管理を推進するための体制、第3章 わが国における産業保健・産業看護の実態、第4章 産業保健の基本と産業看護活動、第5章 主な産業看護活動の実際、第6章 これからの産業保健・産業看護
2017.2 288p B5 ¥4500 ⓘ978-4-8180-2017-7

◆**産後ケア―ここから始まるコミュニティづくり**　福島富士子監修　財界研究所
【要旨】シェアハウスと産後ケアを巡る異色対談掲載。2017.9 95p B6 ¥1200 ⓘ978-4-87932-127-5

◆**産後リハにおける腹部・骨盤へのアプローチ―腟・会陰部のケア、尿失禁、骨盤臓器脱、会陰・骨盤痛の予防のためのエクササイズ**　Kathe Wallace著、田舎中真由美訳、木野秀郷監修　丸善出版
【要旨】本書は、理学療法士や助産師が産後の女性の痛みをきちんと把握し、産後リハビリのアプローチのために書かれた米国の女性セラピストの本です。
2017.9 136p A5 ¥4000 ⓘ978-4-621-30196-8

◆**産褥期のケア/新生児期・乳幼児期のケア**　横尾京子責任編集　日本看護協会出版会　（助産師基礎教育テキスト 2017年版 第6巻）
【目次】産褥期のケア（助産師が行う産褥期のケア、産褥期の適応とアセスメント、褥婦のニーズとセルフケア、母乳育児支援、親子の絆とアタッチメントの形成、家族計画）、新生児期・乳幼児期のケア（助産師が行う新生児期・乳幼児期のケア、新生児の適応生理、新生児のフィジカルイグザミネーション、新生児のニーズとケア、乳幼児の発達と健診）
2017.2 237p B5 ¥4000 ⓘ978-4-8180-2026-9

◆**産婦人科・新生児領域の血液疾患 診療の手引き**　日本産婦人科・新生児血液学会編　メジカルビュー社
【要旨】日常診療で遭遇する産婦人科新生児領域の血液疾患の管理に役立つ！ ガイドラインでは手に入らない知識をエキスパートが解説！
2017.8 167p B5 ¥6000 ⓘ978-4-7583-1747-4

◆**耳鼻咽喉科標準治療のためのガイドライン活用術**　小林俊光、高橋晴雄、浦野正美編　中山書店　（ENT臨床フロンティアNext）
【目次】第1章 耳・めまい（急性中耳炎、滲出性中耳炎 ほか）、第2章 アレルギー・鼻（アレルギー性鼻炎、舌下免疫療法（SLIT）ほか）、第3章 頭頸部・咽喉頭（急性咽頭・扁桃炎、味覚障害 ほか）、第4章 関連領域（遺伝性血管性浮腫、

Sjögren 症候群 ほか）

2017.5 304p B5 ¥12000 ①978-4-521-74518-3

◆斜視治療のストラテジー―症例検討で学ぶエキスパートの思考と対処法 佐藤美保編 三輪書店
【要旨】53症例（画像760点）で学ぶエキスパートの思考と治療戦略。

2017.6 256p B5 ¥10000 ①978-4-89590-593-0

◆周産期初期診療アルゴリズム―PC3（ピーシーキューブ）公式コースガイド 荻田和秀、渡部広明編、Perinatal Critical Care Course運営協議会著 （大阪）メディカ出版
【要旨】外傷外科戦略に基づく周産期集中治療戦略。 2017.9 127p A4 ¥4800 ①978-4-8404-5753-8

◆周産期における医療の質と安全 成田伸貴任編集 日本看護協会出版会 （助産師基礎教育テキスト 2017年版 第3巻）
【目次】第1章 周産期医療における質と安全の保証、第2章 日本の周産期医療システム、第3章 世界の周産期医療システム、第4章 周産期医療の質管理、第5章 助産サービス管理の実際、第6章 地域における助産サービス、第7章 周産期におけるリスクマネジメント

2017.2 237p B5 ¥3400 ①978-4-8180-2023-8

◆出生前診断 受ける受けない誰が決めるの？―遺伝相談の歴史に学ぶ 山中美智子、玉井真理子、坂井律子編著 生活書院
【要旨】出生前診断を議論するとき金科玉条のように語られる「遺伝カウンセリングの充実」。しかし、その内容はきちんと検証されてきただろうか？ 検査への手続きになってはいないだろうか？ 長年にわたり遺伝カウンセリングを実践し、そのあり方を模索してきた先人たちに学び、技術ばかりが進展する出生前診断とどう向き合うかを、立ち止まって考える。

2017.11 242p A5 ¥2200 ①978-4-86500-074-0

◆褥瘡治療薬使いこなしガイド―"治らなかった褥瘡"がフルタ・メソッドで治る！ 古田勝経著 じほう
【目次】病態評価編（褥瘡の分類の仕方には、どのような種類がありますか？、褥瘡の病期は、どのように分類されるのでしょうか？、DESI-GNツールとは、どのようなものですか？、DE-SIGN以外では何を観察すべきでしょうか？、軟膏基剤はどのように選べばよいのでしょうか？、創に適した外用剤を入手できない場合は、どうすればよいでしょうか？、残存する壊死組織に対して、外用剤をどのように選べるべきでしょうか？ ほか）、病態評価の実際、創固定の実際、付録 褥瘡治療薬一覧

2017.9 114p B5 ¥3000 ①978-4-8407-5006-6

◆助産概論 工藤美子責任編集 日本看護協会出版会 （助産師基礎教育テキスト 2017年版 第1巻）
【目次】第1章 助産師とは、第2章 助産師が行うケア、第3章 助産実践の倫理、第4章 女性の健康と人権、第5章 日本の母子保健の動向と課題、第6章 世界の母子保健の動向と課題、第7章 お産の歴史と文化

2017.2 280p B5 ¥3400 ①978-4-8180-2021-4

◆助産師が行う災害時支援マニュアル―すべての妊産婦と母子および女性の安全のために 日本助産師会災害対策委員会編 日本助産師会出版 部会
【目次】1 災害とは、2 災害時の助産師の役割とケアの実際、3 日本助産師会災害支援ネットワーク、4 災害ボランティア計画 助産師の役割と心得、5 災害対策と災害時の対応（現地の助産師のために）、6 災害時ケアの教育と訓練、7 妊産婦および女性への防災対策の啓発、巻末資料

2017 79p A5 ¥1500 ①978-4-905023-24-1

◆助産師業務要覧 1 基礎編 2017年版 福井トシ子編 日本看護協会出版会 新版；第2版
【目次】第1章 助産師とは、第2章 助産師の教育、第3章 助産師と倫理、第4章 助産師の業務、第5章 リプロダクティブ・ヘルスにかかわる助産実践、第6章 活動場所の特性と業務、第7章 組織管理、第8章 助産師の業務改善と今後の課題 2017.2 324p B5 ¥3000 ①978-4-8180-2029-0

◆助産師業務要覧 2 実践編 2017年版 福井トシ子編 日本看護協会出版会 新版；第2版

【目次】第1章 国民の求める助産師像、第2章 助産師に求められるチーム医療、第3章 助産師のキャリア開発・支援、第4章 助産師の業務、第5章 助産師に必要な教育・研修、第6章 助産業務管理、第7章 院内助産システム、第8章 助産業務と経済評価

2017.2 329p B5 ¥3000 ①978-4-8180-2030-6

◆助産師業務要覧 1 基礎編 2018年版 福井トシ子編 日本看護協会出版会 新版第3版
【要旨】助産師業務の法的根拠や、基本となる関連文書を学習。

2017.11 297p B5 ¥2800 ①978-4-8180-2058-0

◆助産師業務要覧 2 実践編 2018年版 福井トシ子編 日本看護協会出版会 新版第3版
【要旨】「助産師のコア・コンピテンシー」に基づく、女性のライフサイクル全般を見すえた助産実践に重点を置いて編集。

2017.11 347p B5 ¥2800 ①978-4-8180-2059-7

◆助産師業務要覧 3 アドバンス編 2018年版 福井トシ子編 日本看護協会出版会 新版第3版
【要旨】より高度な助産実践を展開するために必要な、マネジメントの視点を紹介。

2017.11 213p B5 ¥2200 ①978-4-8180-2060-3

◆女性の健康とケア 吉沢豊予子責任編集 日本看護協会出版会 （助産師基礎教育テキスト 2017年版 第2巻）
【目次】第1章 女性の身体のしくみ、第2章 生涯における女性のケア、第3章 現代社会に特別に支援を要する健康問題、第4章 性科学、第5章 性の多様性、第6章 性感染症とヘルスプロモーション、第7章 セクシュアルヘルス

2017.2 336p B5 ¥4400 ①978-4-8180-2022-1

◆知られざる後鼻漏―鼻から始まるその不快感の正体とは 呉孟達著 幻冬舎メディアコンサルティング、幻冬舎 発売
【要旨】鼻水がノドに回る！ そのような症状、すなわち「後鼻漏」が起こりやすい人とは？ 後鼻漏の完全バイブル!!

2017.5 403p B6 ¥1600 ①978-4-344-91283-0

◆腎疾患患者の妊娠：診療ガイドライン2017 日本腎臓学会学術委員会腎疾患患者の妊娠：診療の手引き改訂委員会編 診断と治療社
【目次】1 慢性腎臓病（CKD）の重症度分類、2 妊娠が腎臓に及ぼす生理的な影響、3 CKD患者が妊娠を希望した場合のリスク評価（ネフローゼ症候群の患者の妊娠は合併症のリスクが高いか？、蛋白尿（3.5g/日以下）が持続している患者の妊娠は合併症のリスクが高いか？ ほか）、4 CKD患者の妊娠管理（妊娠中の腎機能はどのように評価するか？、妊娠中の蛋白尿はどのように評価するか？ ほか）、5 妊娠中に使用できる薬物（妊娠中の高血圧に対して推奨される降圧薬はどれか？、妊娠中に使用できる免疫抑制薬はどれか？ ほか）、6 産褥期の注意点（腎疾患関連薬で授乳中に禁忌となる薬は何か？、妊娠中に出現した蛋白尿が遷延した場合、出産後どのくらいで腎生検を考慮すべきか？ ほか）

2017.4 65p 28×21cm ¥1800 ①978-4-7878-2286-4

◆腎臓疾患 柏原直樹編 日本医事新報社 （New専門医を目指すケース・メソッド・アプローチ）第3版
【目次】眼瞼浮腫を主訴に受診した14歳女児、下腿浮腫を主訴に受診した68歳男性、両下腿浮腫からネフローゼ症候群と診断され、精査・加療目的で入院となった33歳男性、IgA腎症フォロー中に浮腫が生じた63歳男性、3年前から健診で指摘されている腎検査異常の精査のため外来受診した44歳女性、下肢および足背に点状出血斑が出現し、強い腹痛を呈した6歳女児、術後にMRSAに感染し無尿をきたした60歳代男性、抗菌薬不応性の発熱、好酸球増多と腎機能低下をきたした68歳男性、感冒を契機にした腎不全経過中に低酸素血症を呈した58歳女性、糖尿病の既往とC型肝炎ウイルスを伴い、3度高血圧とネフローゼ症候群を呈した58歳男性〔ほか〕

2017.12 469p B5 ¥7200 ①978-4-7849-5502-2

◆腎・泌尿器疾患ビジュアルブック 落合慈之監修、渋谷祐子、志賀淑之編 学研メディカル秀潤社、学研プラス 発売 第2版
【要旨】腎・泌尿器疾患のすべてをビジュアル化！ 収録疾患数を増やし、写真・イラスト・図表をさらに充実。疾患概念・診断・治療法をアップ

デートし、レーザー手術やロボット手術も収載。医師、看護師、理学療法士、作業療法士…etc や医療従事者を目指す学生のための決定版テキスト。 2017.10 421p B5 ¥3800 ①978-4-7809-1152-7

◆診療所で診る皮膚疾患 中村健一著 日本医事新報社 第2版
【目次】第1章 皮膚科診療のための基本（皮膚科診療に必要な道具類、ステロイド外用薬――一般医が知らない皮膚科医の常識 ほか）、第2章 皮膚科診療Q&A（皮膚科診療に必要な言葉を教えて下さい。、よくある疾患を部位別に教えて下さい。 ほか）、第3章 患者の訴え別症状・対処法紹介（頭にフケが出た！ 痒い！、髪の毛がない。 ほか）、第4章 患者の疾患別症状・対処法紹介（こすり過ぎと痺による皮膚炎、クレンジングによるこすり過ぎ皮膚炎 ほか）、第5章 皮膚診察Tips 集（手湿疹に似た病変は？―一手の紅斑、丘疹のそっくりさん、突然、水疱ができました！―水疱のそっくりさん ほか）

2017.3 287p A4 ¥7500 ①978-4-7849-5189-5

◆スキンケアガイドブック 日本創傷・オストミー・失禁管理学会編 照林社
【要旨】ナースが行うスタンダード技術。基本的知識から病態・状態別の具体的ケア方法まで。

2017.5 311p B5 ¥3500 ①978-4-7965-2408-7

◆図説CTGテキストアドバンス―助産実践能力習熟段階（クリニカルラダー）レベル3認証必須研修アドバンス助産師更新に必要なCTG対応テキスト 中井章人著 メジカルビュー社
【目次】第1章 CTG判読・評価の基礎（復習編）（CTGを判読するには、心拍数の調節、CTG判読の基本 ほか）、第2章 さまざまな低酸素状態と胎児の対応（典型的なCTG所見とその対応、慢性的な低酸素状態―最初の変化、持続する低酸素状態―有る有る有害な一過性徐脈の可能性 ほか）、第3章 ケースカンファレンス（微妙なCTG、悩ましいCTG、最後の一過性頻脈 ほか）

2017.7 119p B5 ¥3500 ①978-4-7583-1748-1

◆すっきりフローチャートで診る産科重症患者ケア 照井克生著 克誠堂出版
【要旨】妊婦急変対応、産科疾患、心疾患、脳血管疾患、呼吸器疾患、血液疾患、内分泌疾患、肝疾患、神経筋疾患、脊椎・骨系統疾患、麻酔科の問題、新生児

2017.6 114p B5 ¥3500 ①978-4-7719-0486-6

◆大丈夫！ 何とかなります 過活動膀胱―あなたのその症状、もしかして？ 横山修監修 主婦の友社
【要旨】40代から年齢が上がるにつれて、患者数が増える「過活動膀胱」。ほうっておくと、常に尿失禁や頻尿を起こるようになってしまうことも。そうならないためにも、過活動膀胱について知り、快適な毎日を過ごせるようにしましょう。タイプ別尿トラブルから、症状、原因、治療法、症状改善のための生活習慣のコツまでを、わかりやすく紹介します。

2017.9 159p 18cm ¥1000 ①978-4-07-425099-8

◆中医皮膚科学 徐宜厚、王保方、張賽英編著、村上元編訳・訳、田久和義隆訳 （市川）東洋学術出版社
【要旨】日本初の体系的な中医皮膚科の大著。230種に及ぶ疾患・症状を網羅し、内服・外用・針灸・その他の療法を駆使した効果的な治療法を提示。

2017.11 984p A5 ¥9600 ①978-4-904224-46-5

◆どう診てどう治す？ 円錐角膜 島﨑潤、前田直之、加藤直子編 メジカルビュー社
【要旨】若年者の視力低下にひそむ円錐角膜を見逃さない！

2017.10 191p B6 ¥9000 ①978-4-7583-1630-9

◆特殊な型BSケア―赤ちゃんの母乳吸啜メカニズムに基づく乳房ケア 寺田恵子、浅野美智留著 （名古屋）日総研出版 （付属資料：DVD1）
【目次】第1章 赤ちゃんの癒しの吸啜（基本の母乳吸啜と特殊な母乳吸啜）（母乳を飲むことを嫌がるように見える赤ちゃんからの推論、赤ちゃんの癒しの吸啜とは ほか）、第2章 赤ちゃんが母乳を飲み取ることを目的とした特殊な型を用いた支援（特殊な型の適応、乳管の完全・不完全閉塞への支援 ほか）、第3章 授乳期間中に遭遇する現象とBSケア実践編（お母さんに起こる現象を通して展開）（乳房の病的な緊満・乳管閉塞によるしこり・分泌過多（母乳分泌増加過程・バランス調整過程）、母乳不足感と母乳分泌不足

（母乳分泌量バランス調整過程）ほか）、第4章 BSケア実践における現象のとらえ方（ケアをする専門職にとっての身体と現象、適応する力の現れが乳房の現象（乳房の声）ほか）
2017.12 135p B5 ¥4500 ①978-4-7760-1846-9

◆逃げない！ 攻める！ 皮膚科救急テキスト
出光俊郎編集 文光堂
【目次】総論 皮膚科救急の基本（こんなにある皮膚科の救急疾患、救急で役立つ小外科スキル、救急で役立つ写真撮影・iPad 活用、病院経営からみた皮膚科救急）、各論（薬疹・蕁麻疹・ショック・アレルギー、感染症（細菌・ウイルス）、外傷・事故・術後トラブル、慢性疾患の急性増悪、救急でみる歯科口腔疾患）
2017.2 342p B5 ¥12000 ①978-4-8306-3464-2

◆二分脊椎に伴う下部尿路機能障害の診療ガイドライン 2017年版 日本排尿機能学会、日本泌尿器科学会編 リッチヒルメディカル
【目次】1 ガイドラインの定義・目的・作成組織・背景・作成方針ほか、2 診療アルゴリズム（新生児期・乳児期に診断された二分脊椎児の下部尿路機能障害診療アルゴリズム、晩期に発見された潜在性二分脊椎患者の下部尿路機能障害診療アルゴリズム）、3 基礎知識（疫学、病態、診断、治療）、4 Clinical Questions（CQ）（二分脊椎の患者において、腎障害の危険因子はどのようなものがあるか？、二分脊椎の患者において、症候性尿路感染の危険因子にはどのようなものがあるか？、二分脊椎の患者において、尿失禁の危険因子にはどのようなものがあるか？、二分脊椎患児に対して、乳児期（1歳未満）に透視下（ビデオ）尿流動態検査を行い、その結果に基づいて予防的介入療法を行うことは腎障害防止のために推奨されるか？ ほか）
2017.10 125p B5 ¥3700 ①978-4-903849-39-3

◆妊娠期の診断とケア 森恵美責任編集 日本看護協会出版会 （助産師基礎教育テキスト 2017年版 第4巻）
【目次】第1章 助産師が行う妊娠期のケア、第2章 妊娠の生理と確定診断、第3章 妊娠経過と産科学的診断、第4章 妊娠の心理社会的側面のアセスメント、第5章 妊娠経過に対応したケア、第6章 妊娠の日常生活におけるケア、第7章 妊娠や家族の親準備・出産準備へのケア
2017.2 221p B5 ¥3600 ①978-4-8180-2024-5

◆妊婦と赤ちゃんに学んだ冷え性と熱中症の科学 久保田史郎著 東京図書出版, リフレ出版 発売
【要旨】発達障害・SIDSは防げる！ 日本のお産の常識が生まれ変わる時。
2017.11 158p A5 ¥1500 ①978-4-86641-106-4

◆ハイリスク妊産褥婦・新生児へのケア 遠藤俊子責任編集 日本看護協会出版会 （助産師基礎教育テキスト 2017年版 第7巻）
【目次】第1章 ハイリスク妊娠と出産のケア、第2章 妊娠期の異常とそのケア、第3章 分娩期の異常とそのケア、第4章 産褥期の異常とそのケア、第5章 ハイリスク新生児の病態とそのケア、第6章 心理社会的ハイリスク妊産婦と家族へのケア、第7章 出生前診断を考える患者の意思決定へのケア、第8章 不妊症治療後妊娠におけるケア 2017.2 390p B5 ¥4500 ①978-4-8180-2027-6

◆皮膚科カラーアトラス―臨床像と組織像
石川治編 中外医学社 第3版
【目次】湿疹・皮膚炎、蕁麻疹、薬疹、紅斑症、紫斑病、血管炎、血行障害、物理化学的原因による皮膚腫瘍、水疱症、膿疱症、炎症性および非炎症性角化症、自己免疫性リウマチ性疾患、類縁疾患、代謝異常症、沈着症、結合組織疾患 ほか] 2017.1 378p B5 ¥16000 ①978-4-498-06360-0

◆皮膚の悩みに光を！「乾癬」の原因とは？
三戒堂水宝著 （札幌）柏艪舎、星雲社 発売
【要旨】乾癬の症状に苦しんでいる方は、世界で一億人を越えると言われています。それなのに世間では乾癬のことは驚くほど知られていません。本書は、なぜ乾癬が消えるのかを説明し、また様々な症例を元に、乾癬は消えるものである、ということを知らしめる書籍です。
2017.8 154p A5 ¥1500 ①978-4-434-23681-5

◆皮膚リンパ腫アトラス 岩月啓氏, 大島孝一, 島田眞路, 菅谷誠, 戸倉新樹, 中村栄男編 文光堂 改訂・改題第3版
【目次】総論（概念・疫学、分類、病因 ほか）、各論（皮膚T/NK細胞リンパ腫、皮膚B細胞リンパ腫、前駆細胞性および非樹状細胞腫瘍 ほか）、治療（治療総論、外用療法、免疫療法 ほか）
2017.5 233p B5 ¥16000 ①978-4-8306-3465-9

◆婦人科疾患の鑑別診断のポイント 山下康行編著 学研メディカル秀潤社, 学研プラス 発売 （「画像診断」2017年増刊号）
【要旨】今すぐ臨床に役立つ！ エキスパート達による鑑別診断のポイントが満載!!産婦人科領域の39の所見からアプローチ。
2017.9 252p B5 ¥5000 ①978-4-7809-0954-8

◆プライマリケアで一生使える耳鼻咽喉科診療 高橋優二, 梅木寛, 宮崎浩充, 宗謙次, 桂資泰著 日本医事新報社
【目次】疾患編（症状からの鑑別フローチャート、プライマリケアでよく出会う耳疾患、プライマリケアでよく出会う鼻疾患、プライマリケアでよく出会う咽喉頭疾患、プライマリケアでよく出会うめまい、プライマリケアでよく出会う顔面神経麻痺、プライマリケアでよく出会う喉下障害）、Q&A プライマリケア医から耳鼻咽喉科医への質問、資料編（耳鼻咽喉科で使用される略語、耳鼻咽喉科で使用される点耳薬：耳鼻咽喉科で使用される点鼻薬）
2017.3 193p B5 ¥4500 ①978-4-7849-4595-5

◆プログラムフローチャートですすめる図解眼科検査法 湖崎克将監修、滋慶学園グループ視能訓練士養成校特別編集 滋慶出版/つちや書店 （『プログラムフローチャートですすめる眼科検査法40―迷わない！ まちがわない！』改題書）
【要旨】46の検査法をわかりやすく解説。
2017.3 263p B5 ¥4800 ①978-4-8069-1607-9

◆分娩期の診断とケア 町浦美智子責任編集 日本看護協会出版会 （助産師基礎教育テキスト 2017年版 第5巻）
【目次】第1章 助産師が行う分娩期のケア、第2章 分娩経過の診断に必要な知識、第3章 分娩経過の診断・アセスメントの視点、第4章 分娩経過に伴う診断・アセスメントとケア、第5章 分娩介助技術、第6章 分娩進行に伴う正常経過逸脱の予測と予防
2017.2 225p B5 ¥3600 ①978-4-8180-2025-2

◆平成の助産師会革命 岡本喜代子著 日本助産師会出版
【目次】歴代会長、巻頭言 平成23年8月号（65巻3号）～29年5月号（71巻2号）、平成の助産師会革命 平成28年2月号（70巻1号）～29年5月号（71巻2号）、本会赴任以降の雑感、本会と母子保健の動向（平成元年～29年）
2017.6 90p A4 ¥1000 ①978-4-905023-23-4

◆見てわかる産婦人科疾患 吉川史隆, 梶山広明, 岩瀬明, 小谷友美編 南江堂
【目次】1 総論：各診断手法における原理と見え方（超音波、CT、MRI、FDG・PET）、2 各論：疾患編（産科領域（異所性妊娠、胎児の異常所見、胎盤・臍帯の異常所見）、婦人科領域（多嚢胞性卵巣症候群、卵巣過剰刺激症候群、卵管性不妊症、子宮奇形・性分化異常、子宮内膜症、骨盤内膿瘍、腫瘍と類腫瘍））
2017.4 196p B5 ¥8500 ①978-4-524-25774-4

◆無痛分娩の極意 奥富俊之著 克誠堂出版
【要旨】教科書では学べない経験知がここに！
2017.11 126p A5 ¥3700 ①978-4-7719-0492-7

◆目でみる耳鼻咽喉科疾患 池田勝久編 文光堂
【目次】第1部 症状から診断へ（聴覚障害、耳鳴りほか）、第2部 疾患編（外耳道異物、耳の外傷ほか）、第3部 リハビリテーション・介護医療編（補聴器、人工中耳・人工内耳ほか）、付録（薬物、難聴のスクリーニングほか）
2017.5 249p 27×22cm ¥6000 ①978-4-8306-3329-4

◆読めばわかる！ わかれば変わる！ ドライアイ診療 島﨑潤著 メジカルビュー社
【目次】イントロダクション ドライアイ診療オーバービュー、1 問診のポイント、2 スリットの上で勝負が決まる、3 徹底解説！ タイプを見極める、4 検査法とそのポイント、5 関連疾患 "2大疾患の診療のポイント"、6 関連疾患 "見逃してはならないポイント/外因性要因"、7 関連疾患 "見逃してはならないポイント/摩擦関連疾患・その他"、8 治療、9 症例別診療の進め方
2017.10 181p B5 ¥5000 ①978-4-7583-1632-3

◆ワンランク上の産科麻酔に必要なエビデンス 照井克生監修、松田祐典, 田中基編 克誠堂出版
【目次】第1章 帝王切開の麻酔（脊髄くも膜下麻酔後低血圧予防、術前管理 ほか）、第2章 産痛緩和（硬膜外鎮痛の開始、硬膜外鎮痛が分娩予後に与える影響 ほか）、第3章 安全管理：母体編（妊娠高血圧症候群、産科危機的出血 ほか）、第4章 安全管理：胎児編（不妊治療の麻酔、胎児治療の麻酔 ほか）
2017.6 240p B5 ¥6400 ①978-4-7719-0483-5

◆NICUグリーンノート 内山温編著 中外医学社
【要旨】東京女子医科大学母子総合医療センターNICUチームが総力を結集しておくる、新生児医療に関わる全てのスタッフ必携のポケットマニュアル。
2017.10 367p 19cm ¥4500 ①978-4-498-14554-2

◆Simple Step 眼科 秋山健一監修, 江口弘芳著 海馬書房 （Simple Step SERIES）
【目次】総論（眼の構造、眼の機能と検査法、主要症候、診察・検査、治療 ほか）、各論（視機能障害、眼球運動障害、眼瞼疾患、涙器疾患、結膜疾患 ほか）
2017.3 290p B5 ¥4300 ①978-4-907921-14-9

看護学・看護師

◆アクティブ・ラーニング時代の看護教育―積極性と主体性を育てる授業づくり 新井英靖編著 （京都）ミネルヴァ書房
【要旨】「自ら、主体的に、考える看護師」を育てる。学生がアクティブに学ぶための授業づくりと評価、学級づくり、学生指導の方法をわかりやすく解説。
2017.4 152p B5 ¥2400 ①978-4-623-07938-4

◆いかにして患者の「気持ちいい」は生まれるのか 島田多佳子著 日本看護協会出版会 （シリーズ看護の知）
【目次】1 プロローグ―患者の「気持ちいい」体験を探るために（患者の「気持ちいい」体験とは、「気持ちいい」をめぐる現状 ほか）、2 患者の語り（樋口さんの語り、有馬さんの語り ほか）、3 患者の語りからみえてきたこと（「気持ちいい」体験の生起の在りよう、「気持ちいい」を語ることから生起されるもの ほか）、Appendix（付記）（文献の探求、方法論の探求 ほか）
2017.10 231p A5 ¥2800 ①978-4-8180-2062-7

◆"生きる" をささえる看護―西淀病院・希望の医療 矢吹紀人著、淀川勤労者厚生協会編 （大阪）日本機関紙出版センター
【要旨】「いのちの平等」の実践全10話と、座談会・看護の魅力って何？
2017.7 191p B6 ¥1000 ①978-4-88900-948-4

◆一般病棟ナースのためのせん妄ケア―もう悩まない！ 聖マリアンナ医科大学病院多職種せん妄対策プロジェクト編 照林社
【要旨】この1冊があれば、せん妄対策は、バッチリ!!ナース主体のチームで進める「アセスメント」「ケア」「予防」の "ココが知りたい" に答える！
2017.12 151p B5 ¥2200 ①978-4-7965-2417-9

◆いのちをつなぐ―移りし刻を生きた人とともに 川嶋みどり著 看護の科学社
【要旨】人の暮らしを見据え続ける人生の眼差し。回想の人々を愛しみ、老いと生死観を想う。辰巳芳子（料理研究家）、田畑正久（医師）との対談を収載。
2018.1 183p B6 ¥2300 ①978-4-87804-103-7

◆**イメージできる臨床薬理学**　ナーシング・サプリ編集委員会編　（大阪）メディカ出版（ナーシング・サプリ）（『Gsuppleイメージできる臨床薬理学』加筆・修正・改題書；付属資料：別冊1）
【要旨】国試合格へ向けて実力アップ！「これだけは必要！」な基礎問題集。わかりやすい図表で理解をサポート！　臨床薬理学の基礎が見える!!予習で使えば授業がわかる、復習すれば授業の整理ができる。看護師国家試験の過去問題は、薬理学に特化したものだけを収録。苦手意識を克服するための新章「投与量計算」を追加！穴埋め・○×・国試類似問題を繰り返し解けば、実力UP間違いなし！
2017.9　158p　B5　¥2200　①978-4-8404-6170-2

◆**イラストでわかる元気になる看護管理—誰でもできるみんなが変わる**　角田直枝著　中央法規出版
【要旨】「部下が突然辞めたいと言う」「話し合いがまとまらない」「自分のやる気が落ちた」「忙しくてできないと言われた」「部署をよくしたい」…。ちょっと整理すれば、生き生きと働く上司に成長できる！そのための方法を紹介。看護師長の日頃のモヤモヤ、イライラを解決！看護師を幸せにする魔法がわかる。
2017.10　150p　A5　¥2400　①978-4-8058-5587-4

◆**医療関係法規**　今西春彦編　（大阪）メディカ出版（ナーシング・グラフィカ健康支援と社会保障 4）　第4版
【目次】看護師と関係法規のかかわり、基本となる法規、看護師にかんする法規、医師にかんする法規、そのほかの職種にかんする法規、薬物にかんする法規、感染症予防にかんする法規、母子の保健と福祉にかんする法規、小児の保健と福祉にかんする法規、高齢者の保健と福祉にかんする法規、障害者の保健と福祉にかんする法規、そのほかの保健にかんする法規、保険にかんする法規、労働衛生にかんする法規、環境・食品・公害にかんする法規、そのほか覚えておきたい法規
2018.1　342p　28×21cm　¥3000　①978-4-8404-6131-3

◆**医療看護イノベーション—組織に変化を起こす2035年生き残り戦略の教科書**　松下博宣著　（大阪）メディカ出版
【目次】第1章 サービス・サイエンスとサービス・イノベーション、第2章 自分をちょっと変える：自分イノベーション、第3章 イノベーションと越境型知性、第4章 サービスをイノベートする、第5章 ヘルスケアサービス・イノベーションを俯瞰する、第6章 ヘルスケアサービス・エコシステム、第7章 システミック・デザイン思考を身に付ける、第8章 共創のための実践ツールボックス　2017.9　255p　B5　¥3000　①978-4-8404-6195-5

◆**ヴァージニア・ヘンダーソン語る、語る。—論考集・来日の記録**　小玉香津子編、ヴァージニア・ヘンダーソンほか著　日本看護協会出版会
【目次】1 論考（ヴァージニア・ヘンダーソン）（ヘルスケアは誰もの務め、看護ケア計画とその歴史について、専門職業人として"書く"ことについて、ザ・ナーシング・プロセス—この呼び名はこれでよいだろうか？、再び看護過程について）、2 ヴァージニア・ヘンダーソン来日の記録（看護研究—その発展の経過と現状（1982年11月東京講演）、ヴァージニア・ヘンダーソンに関く看護師の行為と、ヘンダーソンの定義と、ナイチンゲールの定義と、看護の定義について、また看護理論、看護学、看護過程のそれぞれが何を意味するか（1982年11月京都講演）、ヘンダーソンさんとのひとときもたらしたもの、ヴァージニア・ヘンダーソン来日のエキサイティング、私は日本にホームシックですーヴァージニア・ヘンダーソン）、3 ヴァージニア・ヘンダーソンの足跡（ヴァージニア・ヘンダーソンの足跡、ヴァージニア・ヘンダーソン主要著作リスト）
2017.12　189p　A5　¥2200　①978-4-8180-2069-6

◆**ウェルネス看護診断にもとづく母性看護過程**　太田操編著　医歯薬出版　第3版
【目次】第1章 看護過程とは（看護過程の概念、母性看護における看護過程）、第2章 ウェルネス看護診断（ウェルネス看護診断の考え方、ウェルネス看護診断の展開—ウェルネス看護診断をどんどん作っていこう）、第3章 看護過程の実際—事例展開（妊婦の事例展開、産婦の事例展開、褥婦の事例展開、新生児の事例展開）
2017.2　126p　29×22cm　¥3700　①978-4-263-23687-1

◆**江川隆子のかみくだき看護診断**　江川隆子著　（名古屋）日総研出版　改訂9版

【要旨】看護過程の超基礎＋現場で活かす考え方がわかる。
2017.3　167p　B5　¥2482　①978-4-7760-1829-2

◆**エビデンスに基づく循環器看護ケア関連図**　森山美知子、木原康樹、宇野真理子、中麻規子編　中央法規出版
【要旨】解剖生理、フィジカルアセスメント、心電図の基本をカラーで示しているので新人からベテランまで活用できる！5つの症状、18の疾患別、5つの病期・治療別に病態生理・看護ケアを詳細に解説！臨床に役立つ最新情報までサポート！具体的な治療法、看護の援助法などの知識を多数のコラムで掲載。
2017.2　375p　26×21cm　¥3200　①978-4-8058-5466-2

◆**オールカラー やさしくわかるICU看護**　市川幾惠監修、松木恵里編　ナツメ社
【要旨】病態・疾患：原因、メカニズム、症状、検査・診断、治療等、やさしく解説。適正、イラストや写真（画像）で紹介。看護：「合併症に備えるケア」という基本をしっかりおさえ、ケアの目的や根拠を解説。
2017.4　263p　B5　¥2750　①978-4-8163-6197-5

◆**学校看護学**　松浦賢長、笠井直美、渡辺多恵子編著　講談社（保健の実践科学シリーズ）
【目次】学校保健関係法規、学校保健のしくみ、学校環境衛生基準、健康診断、健康観察、健康相談、学習指導要領、保健学習、保健指導、感染症対策
2017.3　255p　B5　¥3000　①978-4-06-156320-9

◆**看護学生・看護職が知りたい統計学—問題解決への道しるべ**　山田覚、井上正隆著　東京図書
【要旨】ロングセラー『医療・看護のためのやさしい統計学 基礎編』をベースに、看護学・看護の現場で求められる因子分析や重回帰分析、共分散構造分析など実践的な解析手法を加えた看護統計の入門書。
2017.4　253p　B5　¥2800　①978-4-489-02267-8

◆**看護学生スタディガイド 2018**　池西静江、石束佳子編　照林社（付属資料：別冊1）第4版
【要旨】全科目の授業・実習・国試に必要な知識がまとまった参考書。別冊は必修問題集＋看護師国試の傾向と対策・単問の状況設定対策。
2017.3　1363p　22×17cm　¥5300　①978-4-7965-2400-1

◆**看護学生のための疾患別看護過程（ナーシングプロセス） 1**　メヂカルフレンド社編集部編　メヂカルフレンド社（看護学生のためのよくわかるBOOKs）第2版
【要旨】事例展開で「疾患」と「看護」がよくわかる。病態関連図つき！
2017.3　404p　B5　¥3300　①978-4-8392-1581-1

◆**看護学生のための疾患別看護過程（ナーシングプロセス） 2**　メヂカルフレンド社編集部編　メヂカルフレンド社（看護学生のためのよくわかるBOOKs）第2版
【要旨】事例展開で「疾患」と「看護」がよくわかる。病態関連図つき！
2017.3　393p　B5　¥3300　①978-4-8392-1582-8

◆**看護学生のための精神看護学**　東中須恵子編著　（岡山）大学教育出版
【目次】精神を病むとは、精神医療の歴史、精神看護が展開される場と看護師の役割、観察と記録、主な治療法と看護、検査と検査時の介助、症状別看護—精神症状の分類と症状、自立に向けての地域における支援—社会資源とその活用、児童・思春期精神看護、精神科救急医療、精神科身体合併症医療、司法精神看護、精神看護と看護の関わり
2017.7　320p　A5　¥3000　①978-4-86429-457-7

◆**看護学生のための臨地実習ガイド—先輩たちの事例から学ぶ**　塚本康子、中山和美編　桐書房
【要旨】臨地実習をわかりやすく、イメージしやすいように事例を多用。巻末資料は必要な部分を必要なところに掲載できるように掲載した。
2017.5　107p　A5　¥1300　①978-4-87647-873-6

◆**看護が見える患者に見せる看護記録を書こう—倫理面に配慮した表現と的確なSOAP記載の要点**　石綿啓子、鈴木明美、遠藤恭子著　（名古屋）日総研出版
【要旨】記録力・表現力を高め、誰が見てもわかる記録とを！良くない記録はどこが悪いのか？問題点と改善ポイントの解説で、スタッフ指導にも

活用できる。開示請求に対応できるレベルの書き方がわかる。豊富な記載例で、的確なSOAP記載の要点がわかる。
2017.11　157p　B5　¥2778　①978-4-7760-1850-6

◆**看護関係統計資料集 平成28年**　日本看護協会出版会編　日本看護協会出版会（本文：日英両文）
【目次】1 就業状況（就業者数、医療施設就業者、その他）、2 養成状況（教育制度、学校養成所数及び定員、入学状況、卒業状況、女子進学状況、その他）、3 参考資料（第七次看護職員需給見通しに関する検討会報告書（概要）（平成22年12月21日）、国家公務員看護師等俸給表、平成29年度看護関係予算案の概要（厚生労働省医政局看護課）、都道府県看護主管課一覧、ナースセンター所在地一覧、看護系大学・短期大学一覧（課程別））　2017.3　201p　A4　¥2600　①978-4-8180-2015-3

◆**看護関係法令—健康支援と社会保障制度 4**　森山幹夫著　医学書院（系統看護学講座 専門基礎分野）　第49版
【目次】第1章 法の概念、第2章 看護法、第3章 医事法、第4章 保健衛生法、第5章 薬務法、第6章 環境衛生法、第7章 社会保険法、第8章 福祉法、第9章 労働法と社会基盤整備、第10章 環境法、附録 看護関係法令
2017.2　348p　B5　¥2400　①978-4-260-02855-4

◆**看護管理**　吉田千文、志田京子、手島恵、武村雪絵編　（大阪）メディカ出版（ナーシング・グラフィカ 看護の統合と実践 1）　第4版
【目次】1 人々の生活と看護のかかわり、2 看護管理の基本となるもの、3 看護師の仕事とその管理、4 看護の質向上、5 看護管理に求められる能力、6 看護職とキャリア、7 看護と経営、8 看護活動をとりまく法律・制度
2018.1　230p　28×21cm　¥2800　①978-4-8404-6135-1

◆**看護管理概説 2017年度刷**　井部俊子監修・編、中西睦子監修　日本看護協会出版会（看護管理学習テキスト 第1巻）　第2版
【要旨】第1巻はテキストシリーズの導入部であり、看護管理領域を俯瞰することができます。さらに、各巻で詳述する領域のエッセンスを紹介します。
2017.4　202p　B5　¥2200　①978-4-8180-2041-2

◆**看護管理学研究 2017年度刷**　中西睦子監修・編、井部俊子監修、上泉和子、増野園惠編　日本看護協会出版会（看護管理学習テキスト 第8巻）　第2版
【要旨】日々の問題解決に、管理者は研究をどう活かし、かかわればよいかを解説。看護管理、制度、政策の研究に必須の知識・視点を網羅し、看護管理に活かす視点からの論文レビューを新たに収載しました。
2017.4　202p　B5　¥2200　①978-4-8180-2048-1

◆**看護管理者の目標達成意欲を高めるマネジメントラダー**　根本康子、髙崎由佳理編、杏林大学医学部付属病院看護部執筆　（名古屋）日総研出版
【要旨】主任・師長・部長職それぞれの役割・行動目標を見直す指針に！行動目標を共有し、実践レベルに落とし込む具体手順。
2017.10　167p　B5　¥2778　①978-4-7760-1843-8

◆**看護管理ポイントブック—できるリーダーが必ず実践している**　太田加世著　学研メディカル秀潤社、学研プラス 発売
【要旨】8つのマネジメントのポイントが満載！看護の全シーンで使えるマネジメントスキルが身につく！
2017.8　159p　A5　¥2400　①978-4-7809-1263-0

◆**看護技術ベーシックス**　藤野彰子、長谷部佳子、間瀬由記編著　サイオ出版　新訂版、第2版
【要旨】看護技術のスタンダードがここにある！「看護基礎教育における技術のあり方に関する検討会（厚生労働省）」に沿った約90項目を掲載！各項目のフローチャートが学びの目的と重要なポイントを指し示す！臨地実習に役立つ"看護技術とその根拠"が理解できる!!
2017.3　783p　B5　¥4800　①978-4-907176-57-0

◆**看護経営・経済論 2017年度刷**　井部俊子、中西睦子監修、金井Pak雅子編　日本看護協会出版会（看護管理学習テキスト 第6巻）　第2版
【要旨】看護における「経営・経済」とは何か—医療福祉におけるヒト・モノ・カネの動きを追

サイエンス・テクノロジー

いながら、効果的・効率的なケアを保証する経営管理的手法を解説します。診療報酬の解説、新しい起業の事例なども盛り込みました。
2017.4 188p B5 ¥2200 ①978-4-8180-2046-7

◆看護 形態機能学―生活行動からみるからだ
菱沼典子著　日本看護協会出版会　第4版
【要旨】生活行動の枠組みから「からだ」を解説し、からだのつくりと営みを、日常生活行動との関係から再構築。第4版では、私たちのからだが、どのような環境下で誕生したのかを振り返り、その環境と現代の環境の違いから、からだの機能を捉え、第12章として加筆した。
2017.10 213p B5 ¥3100 ①978-4-8180-2061-0

◆看護研究　川村佐和子編　（大阪）メディカ出版　（ナーシング・グラフィカ基礎看護学 4）第3版
【目次】1 研究と実践活動、2 研究の種類と特徴、3 事例研究の重要性、4 事例研究の進め方、5 事例研究の実際、6 看護研究のクリティーク、7 研究における倫理
2018.1 142p 28×21cm ¥2400 ①978-4-8404-6133-7

◆看護師・看護学生のためのなぜ？ どうして？　4 内分泌・代謝/腎・泌尿器　2018 - 2019　医療情報科学研究所編　メディックメディア　第7版
【要旨】『レビューブック』と『クエスチョン・バンク』に対応。糖尿病の看護をストーリーで体感できる。CKDの病態や治療をわかりやすく解説。国試によく出る内容や必修問題として出題されるテーマを中心にストーリーを構成。
2017.4 350p B6 ¥1500 ①978-4-89632-666-6

◆看護師・看護学生のためのなぜ？ どうして？　5 免疫/血液/感染症/呼吸器　2018 - 2019　医療情報科学研究所編　メディックメディア　第7版
【要旨】『レビューブック』と『クエスチョン・バンク』に対応。免疫の解剖生理からCOPDを理解できる！ 関節リウマチやSLEの大事なポイントがわかる。国試によく出る内容や必修問題として出題されるテーマを中心にストーリーを構成。
2017.4 439p B6 ¥1500 ①978-4-89632-667-3

◆看護師・看護学生のためのなぜ？ どうして？　6 脳・神経/運動器/感覚器　2018 - 2019　医療情報科学研究所編　メディックメディア　第7版
【要旨】『レビューブック』と『クエスチョン・バンク』に対応。パーキンソン病などの神経疾患をやさしく解説。骨折、関節症など運動器の頻出疾患がわかる。国試によく出る内容や必修問題として出題されるテーマを中心にストーリーを構成。
2017.4 394p B6 ¥1500 ①978-4-89632-668-0

◆看護師・看護学生のためのなぜ？ どうして？　7 老年看護学/小児看護学　2018 - 2019　医療情報科学研究所編　メディックメディア　第7版
【要旨】過去8回分の看護師国試を徹底的に分析。国試問題を織り込んだストーリーを制作。さらに臨床で活躍する医師、看護師の監修。だから読むだけで国試が解ける！
2017.4 399p B6 ¥1500 ①978-4-89632-669-7

◆看護師・看護学生のためのなぜ？ どうして？　8 女性生殖器/母性看護学　2018 - 2019　医療情報科学研究所編　メディックメディア　第7版
【要旨】過去8回分の看護師国試を徹底的に分析。国試問題を織り込んだストーリーを制作。さらに臨床で活躍する医師、看護師の監修。だから読むだけで国試が解ける！
2017.4 457p B6 ¥1500 ①978-4-89632-670-3

◆看護師・看護学生のためのなぜ？ どうして？　9 精神看護学/在宅看護論　2018 - 2019　医療情報科学研究所編　メディックメディア　第7版
【要旨】過去8回分の看護師国試を徹底的に分析。国試問題を織り込んだストーリーを制作。さらに臨床で活躍する医師、看護師の監修。だから読むだけで国試が解ける！
2017.4 433p B6 ¥1500 ①978-4-89632-671-0

◆看護師・看護学生のためのなぜ？ どうして？　10 看護の統合と実践/健康支援と社会保障　2018 - 2019　医療情報科学研究所編　メディックメディア　第7版

【要旨】過去8回分の看護師国試を徹底的に分析。国試問題を織り込んだストーリーを制作。さらに臨床で活躍する医師、看護師の監修。だから読むだけで国試が解ける！
2017.4 489p B6 ¥1500 ①978-4-89632-672-7

◆看護師国家試験 国試過去問題集　2018年版　杉本由香編　学研メディカル秀潤社、学研プラス 発売
【要旨】第107回看護師国試は『ガラッと』変わる?!平成30年版 "新出題基準" 完全対応の国試過去問題集。出題傾向が一目でわかる！ 小項目ごとに効果的な学習ができる！
2017.8 1079p B5 ¥4000 ①978-4-7809-1286-9

◆看護師国家試験対策 要点がわかる成人看護学　2018年 上　守本とも子監修、松浦純平編著、明神一浩著　PILAR PRESS
【要旨】「看護師国家試験出題基準（平成30年版）」準拠。中項目別にみた要点と過去問題集。第100回～第106回看護師国家試験問題収録。
2017.4 142p B5 ¥2000 ①978-4-86194-189-4

◆看護師国家試験対策 要点がわかる出題傾向がみえる成人看護学　2018年 下　守本とも子監修、松浦純平編著、大山末美、梶村郁子、田塚真理著　PILAR PRESS
【要旨】「看護師国家試験出題基準（平成30年版）」準拠。中項目別にみた要点と過去問題集。第92回～第106回看護師国家試験問題収録。
2017.12 146p B5 ¥2000 ①978-4-86194-181-8

◆看護師のためのアドラー心理学―人間関係を変える、心に勇気のひとしずく　岩井俊憲、長谷静香共著　日本医療企画　（看護師のしごととくらしを豊かにする 2）
【要旨】折れそうな心、疲れた心への処方箋。元気・活気・やる気・勇気が湧いてくる！「完璧な看護師」よりも「幸せな看護師」に。看護学校講師の、看護師の実体験を踏まえ、看護師目線で悩みを解決！
2017.10 207p B6 ¥1500 ①978-4-86439-616-5

◆看護師のための早引き透析ケアBOOK
永井美裕貴、相澤裕監修・著、中田康夫監修　ナツメ社
【要旨】写真と図版を豊富に掲載。基礎からしっかりわかる。
2017.9 183p 19×12cm ¥1400 ①978-4-8163-6305-4

◆看護者の基本的責務　2017年版　定義・概念/基本法/倫理　手島恵監修　日本看護協会出版会
【目次】1 看護の基本となる定義と概念（ナイチンゲールによる看護の定義、ヘンダーソンによる看護の定義、看護 "概念的定義" "歴史的変遷" "社会的文脈"（日本看護協会）、ICN看護の定義（国際看護師協会）、ICM助産師の定義（国際看護師協会）、ICM助産師の国際定義（国際助産師連盟））、2 看護業務を規定する法と倫理（看護の基本法、関係法規、倫理、行動指針）
2017.1 93p B5 ¥1100 ①978-4-8180-2000-9

◆看護主任・リーダーのための「教える技術」―ナースのOJTの教科書　葛田一雄著　ぱる出版　（New Medical Management）
【要旨】OJTはなんのためにするの？ キホンは？ 進め方は？ 目標の立て方は？ なぜ組織ぐるみで実践しないとOJTは効果があがらないの？「人をその気にさせる」動機づけのコツとは。ナースの育成にもPDCAサイクルが効果的。OJTリーダーに必要なマネジメントセオリー入門。失敗してもくじけない「折れない心」の作り方とナースの人間力の高め方。仕事の責任をきちっと果たす看護師の教え方・育て方!!
2017.3 207p B5 ¥2500 ①978-4-8272-1049-1

◆看護情報管理論　2017年度刷　井部俊子、中西睦子監修、上泉和子、太田勝正編　日本看護協会出版会　（看護管理学習テキスト 第5巻）第2版
【要旨】日常的に扱う情報のとらえ方、倫理的な取り扱い方から、「看護必要度」や電子カルテの情報のマネジメントへの活用、管理システムの構築・体制づくりまでがわかります。2017年春に数値データを更新し、法律や基準の改正等に伴う記述を見直しています！
2017.4 212p B5 ¥2300 ①978-4-8180-2045-0

◆看護職・看護学生のための「痛みケア」
守本とも子編著　PILAR PRESS
【要旨】患者の痛みは、その程度が分からずケアに困ることがある。そのような看護師のために、

本書では、疼痛発生のメカニズム、評価法、看護計画のほか、慢性疼痛、検査、手術、がん、出産時疼痛の事例とアセスメントを紹介。さまざまな患者の "痛み" のケアに役立てることができる。
2017.3 175p B5 ¥2000 ①978-4-86194-172-6

◆看護職プロフェッションの誕生―国立がんセンター創成期の看護職群像　関口恵子著　学研プラス
【要旨】初代総婦長石本茂の下、国立がんセンター創成期の熱気あふれる看護現場の語りを、それを経験した著者自らが描く。その看護は、患者・家族に寄り添い、看護師として主体性をもち医師との対等な連携を求めて行われた。まさに看護職プロフェッションの誕生であった。
2017.4 116p B5 ¥1500 ①978-4-05-406542-0

◆看護制度・政策論　2017年度刷　井部俊子監修、中西睦子監修・編　日本看護協会出版会　（看護管理学習テキスト 第7巻）第2版
【要旨】保健医療福祉の主要な法律、それを基盤に築かれるシステムを概説。看護職の仕事を大きく規定する制度の中に看護実践を位置づけて論じました。政策の背景や目的とその決定過程が理解できます。2017年春に数値データを更新し、法律や基準の改正等に伴う記述を見直しています！
2017.4 216p B5 ¥2300 ①978-4-8180-2047-4

◆看護組織論　2017年度刷　井部俊子監修・編、中西睦子監修、勝原裕美子編　日本看護協会出版会　（看護管理学習テキスト 第2巻）第2版
【要旨】経営学の諸理論やツールを用い、また法律の解釈等を通じ、看護管理者が所属組織を分析し、多面的にとらえることができる内容構成です。組織のパワーを発揮させるために役立ちます。2017年春に数値データを更新し、法律や基準の改正等に伴う記述を見直しています！
2017.4 232p B5 ¥2300 ①978-4-8180-2042-9

◆看護における研究　南裕子、野嶋佐由美編　日本看護協会出版会　第2版
【要旨】看護研究を学ぶ・実践する人のためのロングセラー・テキスト、待望の改訂！ 研究課題の絞り込み、研究デザインに沿ったデータの収集・分析方法、研究論文の構成方法や評価方法などが豊富な研究例を通して学べます。
2017.11 290p B5 ¥2900 ①978-4-8180-2066-5

◆看護における人的資源活用論　2017年度刷　井部俊子、中西睦子監修、手島恵編　日本看護協会出版会　（看護管理学習テキスト 第4巻）第2版
【要旨】優れた人材を育成・活用するためのマネジメントを解説。キャリア開発や教育、法律、人事システム、賃金体系に加え、タイム・マネジメント、ストレス・マネジメントなどの新項目を収載しました。
2017.4 242p B5 ¥2300 ①978-4-8180-2044-3

◆看護の現場ですぐ実行！ 結核感染対策スマートガイド　永井英明編　ヴァンメディカル
【目次】第1章 結核の基本（現代社会の結核、結核の病態 ほか）、第2章 即実行 結核対策の実際（隔離対策、空気感染予防策 ほか）、第3章 結核対策におけるコミュニケーション（患者・家族への啓発方法、職員への啓発方法 ほか）、第4章 結核の治療法（抗結核薬治療、直接服薬確認療法（DOTS））
2017.3 147p B5 ¥2800 ①978-4-86092-126-2

◆看護の現場ですぐに役立つ看護研究のポイント　大口祐矢著　秀和システム　（ナースのためのスキルアップノート）
【要旨】研究計画から論文作成までをロードマップと共にアドバイス！
2017.12 121p B5 ¥1600 ①978-4-7980-5131-4

◆看護の現場ですぐに役立つ感染症対策のキホン　大口祐矢著　秀和システム　（ナースのためのスキルアップノート）
【要旨】患者さんが安心できる処置が身に付く！ 感染症への正しい理解は患者さんの信頼にもつながります！
2017.2 135p B5 ¥1500 ①978-4-7980-4896-3

◆看護の現場ですぐに役立つ検査値のキホン　中尾隆明、岡大嗣著　秀和システム　（ナースのためのスキルアップノート）
【要旨】臨床検査値のホントの意味と薬とのかかわりがわかる！ 看護師さんなら知っておきたい

検査値の知識！
2017.4 137p B5 ¥1400 ①978-4-7980-4977-9

◆看護の現場ですぐに役立つ口腔ケアのキホン―患者さんを安心させるケアの知識が身に付く！　中澤真弥著　秀和システム　（ナースのためのスキルアップノート）
【要旨】患者さんの笑顔が見たいと思いませんか？ トラブルを抱える患者さんへの対応ポイントがよくわかる！
2017.12 131p B5 ¥1400 ①978-4-7980-5249-6

◆看護の現場ですぐに役立つ注射・採血のキホン　佐藤智寛著　秀和システム　（ナースのためのスキルアップノート）
【要旨】患者さんを安心させる注射の知識！ 薬の理解から事故の予防まで。穿刺のすべてがよくわかる！
2017.11 133p B5 ¥1400 ①978-4-7980-5245-8

◆看護の現場ですぐに役立つドレーン管理のキホン―患者さんを安心させる処置法が身に付く！　レアネットドライブ ナースハッピーライフ編集グループ著、長尾和宏監修　秀和システム　（ナースのためのスキルアップノート）
【要旨】正しい観察とケアのポイントがよくわかる！ 2017.4 153p B5 ¥1500 ①978-4-7980-4978-6

◆看護のためのリフレクションスキルトレーニング　田村由美、池西悦子著　看護の科学社
【目次】第1章 リフレクション学習の基礎知識（看護におけるリフレクションとは、リフレクションの学習サイクル、リフレクション学習の基本ステップ）、第2章 演習を通して学ぶリフレクションの基本（リフレクションを始めるための準備、基本となるスキルとそのトレーニング）、第3章 リフレクション学習の方法（エス・イー・エイ（SEA）法、リフレクト（REFLECT）モデルを使った方法、グループで行うリフレクション学習）、第4章 教育の場におけるリフレクション学習（看護基礎教育での取り組み、看護継続教育での取り組み）、第5章 リフレクション思考の自己アセスメント（アセスメント指標）
2017.6 88p B5 ¥1600 ①978-4-87804-100-6

◆看護法令要覧　平成29年版　勝又浜子、門脇豊子、清水嘉与子、森山弘子編　日本看護協会出版会
【目次】第1編 看護、第2編 保健、第3編 予防、第4編 医事、第5編 保険、第6編 社会福祉、第7編 労働、第8編 学校教育
2017.3 929、20p A5 ¥4200 ①978-4-8180-2016-0

◆看護マネジメント論　2017年度刷　井部俊子、中西睦子監修、木村チヅ子、村上美好編　日本看護協会出版会　（看護管理学習テキスト　第3巻）　第2版
【要旨】看護におけるマネジメントの基本から、BSCなどの手法を用いた実践までを解説。近年変化した医療安全の概念を整理し、医療安全管理の実際などを、事例を用いてよりわかりやすく示す。2017年春に数値データを更新し、法律や基準の改正等に伴う記述を見直しています！
2017.4 215p B5 ¥2300 ①978-4-8180-2043-6

◆看護留学へのパスポート―専門職の道　日米医学医療交流財団編　はる書房　（シリーズ日米医学交流 No.16）
【要旨】ナースプラクティショナーや看護麻酔師、がんやホスピス、ウィメンズヘルスの分野で働くスペシャリストたちに、看護教育からも、国内、在米の大学教育が加わった。25名の執筆者が語る、留学、看護師としての自分、米国の大学院教育、資格とその専門性、医療の現場、日本との関わり、そしてこれから。
2017.3 429p A5 ¥2000 ①978-4-89984-161-6

◆看護六法　平成29年版　看護行政研究会編（名古屋）新日本法規出版
【目次】第1編 基本法令及び通知（基本法令、基本通知）、第2編 参考法令及び通知（保健、予防、社会福祉、医事、労働、学校教育、免許・登録手数料・地方自治、守秘義務等、行政手続）、第3編 資料（看護制度の変遷、基本法令の改正経緯、統計資料）
2017.3 1701、13p B6 ¥3800 ①978-4-7882-8229-2

◆看護論―定義およびその実践、研究、教育との関連 25年後の追記を添えて　ヴァージニア・A・ヘンダーソン著、湯槇ます、小玉香津子訳　日本看護協会出版会　追悼版新装版
【目次】1 看護の定義を求めて、2 私の看護の概念の形成過程、3 看護の概念と看護実践、4 看護の概念と看護研究、5 看護の概念と看護教育

（学校の組織機構、学生の選考、臨床教師陣の選択、設備と資源、カリキュラム、内容およびデザイン ほか）
2017.10 141p A5 ¥1800 ①978-4-8180-2063-4

◆基礎と臨床がつながる疾患別看護過程 PART2　菅原美樹、瀬戸奈津子総監修　学研メディカル秀潤社、学研プラス 発売
（Nursing Canvas Book 12）
【要旨】実習でよく出会う24疾患を第一線の臨床ナースが実践に即して解説！ 患者さんとの会話・注目すべき言葉がマンガでわかる！「情報収集の視点」や「看護問題の優先順位」が具体的にわかる！ 看護計画の立案・経過記録まで、一連の流れがわかる！
2017.9 667p 26×21cm ¥4300 ①978-4-7809-1296-8

◆行政看護学　金子仁子編著　講談社　（保健の実践科学シリーズ）
【目次】第1部 地区活動（行政保健師が行う公衆衛生看護活動の目的、地区活動、地域の人々の生活、地区診断、保健指導 ほか）、第2部 地区活動の展開（事例：都会、事例：地方）
2017.9 293p B5 ¥3500 ①978-4-06-156324-7

◆口から食べる幸せを守る―生きることは食べる喜び　小山珠美著　主婦の友社
【要旨】いま医療現場では「食べること」が軽視されている。「食べられない」という診断、本当に正しい!?20年間で9000人以上の食事介助をしてきたカリスマ看護師が伝えたいこと。
2017.7 191p B6 ¥1500 ①978-4-07-423539-1

◆ケアの実践とは何か―現象学からの質的研究アプローチ　西村ユミ、榊原哲也編著　（京都）ナカニシヤ出版
【要旨】看護、ドナー、助産師、統合失調症、養護教諭、リハビリ―広く多様な「ケア」の豊かな営みの諸相を明らかにする。
2017.9 276p B6 ¥2000 ①978-4-7795-1200-1

◆検査値早わかりガイド　江口正信、水口國昭編著　サイオ出版　第3版
【要旨】検査の基準値はどうなっているのか、その基準値から外れると、どのような疾患が考えられるのか、それを写真や図を用いてわかりやすく解説。特別添付・検体検査基準値ポケットブック。
2017.2 430p A5 ¥3000 ①978-4-907176-60-0

◆公衆衛生看護学.jp　荒賀直子、後閑容子編　インターメディカ　第4版；データ更新版
【目次】第1章 公衆衛生看護学概論、第2章 地域保健活動のエレメント、第3章 地域保健活動のツール、第4章 地域保健の対象アプローチ、第5章 健康危機管理、第6章 生活集団と保健活動、第7章 公衆衛生看護管理、第8章 保健師活動の展望
2017.4 539、36、9p B5 ¥4400 ①978-4-900828-76-5

◆高度実践看護―統合的アプローチ　Ann B. Hamric, Charlene M. Hanson, Mary Fran Tracy, Eileen T. O'Grady著、中村美鈴、江川幸二監訳　へるす出版
【目次】1 高度実践看護の歴史的および発展的側面（米国における高度実践看護師の歴史的概要、高度実践看護の概念化 ほか）、2 高度実践看護のコンピテンシー（直接的臨床実践、ガイダンスとコーチング ほか）、3 高度実践の役割：高度実践看護の操作的定義（専門看護師、プライマリケアを担うナースプラクティショナー ほか）、4 高度実践看護環境に重要な要素（事業計画と医療費還流機構、マーケティングと交渉 ほか）
2017.6 705p A5 ¥8000 ①978-4-89269-928-3

◆国際看護学―看護の統合と実践 開発途上国への看護実践を踏まえて　柳澤理子編著　PILAR PRESS　改訂版
【目次】概論（国際看護学の概念、世界の健康問題、国際看護の主要概念、多文化共生看護学概論、国際協力諸機関と協力のしくみ ほか）、各論（国際協力における情報収集・アセスメント、国際看護の展開、保健事情、リプロダクティブ・ヘルス、感染症対策 ほか）
2017.8 256p B5 ¥2800 ①978-4-86194-176-4

◆ここから始める！ 看護学校入学前ドリル　菊地よしこ著　照林社　（プチナースBOOKS）
【要旨】看護学校の勉強に役立つ基本的な知識がいっぱい！ 看護学生として最低限必要な知識を網羅。入学してからも使えるように、レポートの書き方や看護の重要用語の読み方なども入れ、入学前も入学後も一人で学習できるように工夫している。
2017.12 113p B5 ¥1000 ①978-4-7965-2418-6

◆これからのナースに実践してほしいこと―日野原重明から医療者へのメッセージ　日野原重明著　中山書店
【目次】1章 ナースがプライマリ・ケアを担う時代がやってくる、2章 ナースにも明るさ、そして機転、3章 看護も変わらないと時代遅れになる、4章 首から下げている聴診器は使うためにある、5章 バイタル・サインは生きてる証拠、6章 看護を支えるための大きな医学をしっかり学ぼう
2017.12 189p B6 ¥2200 ①978-4-521-74574-9

◆これだけは知っておきたい高齢者看護学―総まとめ！ 看護師国家試験準備に最適！　工藤綾子編著　PILAR PRESS
【目次】1 高齢期の理解、2 高齢者の健康、3 高齢者と家族、4 高齢者看護の特徴、5 高齢者の生活を支える看護、6 高齢者に特有な症候・疾患・障害と看護、7 治療を受ける高齢者の看護、8 高齢者の終末期の看護、9 高齢者を介護する家族への看護、10 介護保険・医療保険と高齢者看護 2017.10 147p B5 ¥2800 ①978-4-86194-178-8

◆根拠がわかる看護マッサージ―患者を癒やすリラクセーション技術　岡本佐智子著　中央法規出版
【要旨】すぐに実践できるリラクセーション技術が満載！ ハンドマッサージ、アロマテラピー、足浴、呼吸法…。
2017.8 166p B5 ¥2400 ①978-4-8058-5564-5

◆コンサルテーションを学ぶ　川野雅資著　クオリティケア　改訂版
【目次】1 コンサルテーションの背景―定義と枠組み、2 コンサルテーションの4つのモデル、3 Task Oriented（課題あるいはコンテントに向かう）とProcess Oriented（プロセスに向かう）、4 コンサルタントの役割、5 コンサルテーションのプロセス、6 メンタルヘルスコンサルテーションの特別な特徴の要約、7 地域における効果的なコンサルテーションプログラムの発展に必要な要因、8 コンサルテーションの実際、9 コンサルテーションの将来性
2017.1 52p B5 ¥2200 ①978-4-904363-58-4

◆こんな看護師は100％嫌われる―チーム医療を円滑にするための医師とのコミュニケーション術　安田透著　（京都）ライティング, 星雲社 発売
【要旨】医師が指示することだけをやる看護師は、もう古い！ 医師とのコミュニケーションが、これでわかる！ 事例で学ぶ、円滑な報告のしかた。
2017.2 127p B6 ¥980 ①978-4-434-22686-1

◆最新 公衆衛生看護学 各論　1 2017年度　宮崎美砂子、北山三津子、春山早苗、田村須賀子編　日本看護協会出版会　第2版
【要旨】保健師を目指す学生のための基礎教育から大学院教育、さらには専門看護師養成まで、幅広く応用できる内容をコンパクトにまとめています。国家試験の出題基準を踏まえつつも、独自の構成の中に、将来保健師として就業する際に必要な普遍的要素を含めて、内容を凝縮しました。章ごとに学習ポイントを整理するとともに、多数の活動事例を紹介することにより、読みやすい紙面構成とあいまって自己学習をサポートします。
2017.2 390p B5 ¥4600 ①978-4-8180-2019-1

◆最新 公衆衛生看護学 各論　2 2017年版　宮崎美砂子、北山三津子、春山早苗、田村須賀子編　日本看護協会出版会　第2版
【要旨】保健師を目指す学生のための基礎教育から大学院教育、さらには専門看護師養成まで、幅広く応用できる内容をコンパクトにまとめています。国家試験の出題基準を踏まえつつも、独自の構成の中に、将来保健師として就業する際に必要な普遍的要素を含めて、内容を凝縮しました。章ごとに学習ポイントを整理するとともに、多数の活動事例を紹介することにより、読みやすい紙面構成とあいまって自己学習をサポートします。
2017.2 300p B5 ¥3600 ①978-4-8180-2020-7

◆最新 公衆衛生看護学 総論　2017年版　宮崎美砂子、北山三津子、春山早苗、田村須賀子編　日本看護協会出版会　第2版
【要旨】保健師を目指す学生のための基礎教育から大学院教育、さらには専門看護師養成まで、幅広く応用できる内容をコンパクトにまとめています。国家試験の出題基準を踏まえつつも、独

サイエンス・テクノロジー

サイエンス・テクノロジー

自の構成の中に、将来保健師として就業する際に必要な普遍的要素を含めて、内容を凝縮しました。章ごとに学習ポイントを整理するとともに、多数の活動事例を紹介することにより、読みやすい紙面構成とあいまって自己学習をサポートします。
2017.2 394p B5 ¥4600 ⓘ978-4-8180-2018-4

◆**最新版 ナースのための早わかり検査値事典**　小橋隆一郎著　主婦の友社
【目次】検査についてあらかじめ知っておいていただきたいこと、検体採取についての知識、こんなときどうする？（検査時によく起こるトラブルとその対策）、検査数値の単位、健診とドックの基本的検査、病気を診断するための専門的検査、検査についての患者からのよくある質問に答えます
2017.7 287p 17cm ¥1300 ⓘ978-4-07-424540-6

◆**最新版 ナースのための早わかりモニター心電図の読み方と心臓病の検査**　小橋隆一郎著　主婦の友社
【目次】心臓の働きと心電図（心臓の組織とその働き、拍動をコントロールする刺激伝導系 ほか）、不整脈の見つけ方（心電図解読のためのフローチャート、洞性不整脈（呼吸性不整脈）ほか）、虚血性心疾患を見つける心電図とその他の検査（画像診断、血圧と血液検査 ほか）、心臓病検査についてのQ&A、覚えておきたい略語一覧
2017.7 191p 17cm ¥1300 ⓘ978-4-07-424556-7

◆**在宅看護の実習ガイド―事例とSTEPで可視化・言語化する 教員・訪問看護師・学生すべてが活用できる**　清水準一, 柏木聖代, 川村佐和子編　日本看護協会出版会
【要旨】好評の『コミュニティケア』2015年11月臨時増刊号「訪問看護師・教員・学生すべてが成長できる"在宅看護"実習」が、細部の丁寧な見直しと46ページを加えて、ここに書籍化！実習に取り組むに当たって、まず考えたい「4つのSTEP」（事前準備／実習目標／実習の方法／実習の方向性）で、よりよい実習のポイントを整理。すぐに役立つ内容が満載です。
2017.3 187p 28×22cm ¥2400 ⓘ978-4-8180-2037-5

◆**在宅看護論**　河野あゆみ, 永田智子編著　放送大学教育振興会, NHK出版 発売　（放送大学教材）
【目次】在宅看護の目的と変遷、在宅看護の様々な対象と役割、在宅看護と家族支援、在宅ケアの社会資源とケアマネジメント、訪問看護の役割と機能、在宅看護過程の展開、生活を支える看護技術、在宅看護における医療管理、要介護高齢者に対する在宅看護、難病の人に対する在宅看護、精神障害のある人に対する在宅看護、在宅看護における終末期ケア、訪問看護におけるリスクマネジメント、超高齢社会における地域包括ケア、退院支援と医療機関と地域の連携
2017.3 268p A5 ¥2600 ⓘ978-4-595-31724-8

◆**在宅療養を支える技術**　臺有桂, 石田千絵, 山下留理子編　（大阪）メディカ出版　（ナーシング・グラフィカ在宅看護論 2）
【目次】1 訪問看護生活を支える基本的な技術、2 在宅療養生活を支える看護技術、3 日常生活を支える看護技術、4 療養を支える看護技術（ほか）、5 在宅療養を支える災害対策、6 事例で学ぶ在宅看護の技術、付録 やってみよう！訪問看護演習
2018.1 230p 28×21cm ¥4000 ⓘ978-4-8404-6134-4

◆**残念なナースが職場のリーダーに変わる「魔法の会話術」**　葛田一雄著　ぱる出版　（NEW MEDICAL MANAGEMENT）
【要旨】聞いてるようで聞いてない、伝わってるようで伝わってない。たったひと言で人は変わる！対話で人が動く、人が育つ、職場環境が良くなる!!ナースのコミュニケーション力が高まる職場の"会話"練習ノート。巻末・会話ヒント集・残念なナースの心に響く言葉の心理術。
2017.4 207p A5 ¥2500 ⓘ978-4-8272-1052-1

◆**自然科学の基礎知識を知る**　草間朋子監修・著, 脊山洋右, 松本純夫監修, 今井秀樹, 高木晴良, 松本和史著　東京化学同人　（基本を学ぶ看護シリーズ 1）
【目次】第1部 数学（量の表現、割合 ほか）、第2部 物理（原子とイオン、固体・液体・気体 ほか）、第3部 化学（物質の分類、さまざまな有機化合物 ほか）、第4部 生物（細胞の構造と機能、からだの仕組みと働き ほか）
2017.4 177p B5 ¥2400 ⓘ978-4-8079-1800-3

◆**師長・主任のためのPDP活用入門―ワークシートで「真のプロブレム」を見つける**　井本寛子, 平林慶史編著　（大阪）メディカ出版
【目次】PDPの考え方、PDPワークの実践例、PDP活用のためのファシリテーション、院内で看護管理者が学び続ける、組織的な活用の事例、PDPでレジリエンスが高まる
2017.9 151p B5 ¥4000 ⓘ978-4-8404-6187-0

◆**実習でよく挙げる看護診断・計画ガイド**　小田正枝編著　照林社　（プチナースBOOKS）
【要旨】各領域・病棟でよく使う50の看護診断の診断の意味と標準看護計画。
2017.1 159p 26×21cm ¥2200 ⓘ978-4-7965-2395-0

◆**疾病と治療**　林正健二, 山内豊明編　（大阪）メディカ出版　（ナーシング・グラフィカ健康の回復と看護 7）
【目次】血液・造血器疾患、循環器疾患、呼吸器疾患、消化管・消化器疾患、代謝・栄養疾患、腎・尿路疾患、水・電解質異常、内分泌疾患、生殖器疾患、運動器疾患、神経・筋疾患、自己免疫疾患、アレルギー疾患、免疫不全、感覚器疾患、感染症、精神疾患
2018.1 358p 28×21cm ¥3800 ⓘ978-4-8404-6130-6

◆**社会保障・社会福祉―健康支援と社会保障制度 3**　福田素生ほか著　医学書院　（系統看護学講座 専門基礎分野）　第18版
【目次】第1章 社会保障制度と社会福祉、第2章 現代社会の変化と社会保障・社会福祉の動向、第3章 医療保障、第4章 介護保障、第5章 所得保障、第6章 公的扶助、第7章 社会福祉の分野とサービス、第8章 社会福祉実践と医療・看護、第9章 社会福祉の歴史
2017.2 298p B5 ¥2200 ⓘ978-4-260-02856-1

◆**写真でわかる実習で使える看護技術アドバンス―学生・指導者が、一体となってケアを展開するために！**　吉田みつ子, 本庄恵子編著　インターメディカ　（付属資料：DVD1）
【要旨】臨地実習のための決定版テキスト！DVD動画83分と鮮明な写真で実習に必要な技術のポイントをリアルに解説！この1冊で、学生も指導者も安心・充実！
2017.10 335p B5 ¥4800 ⓘ978-4-89996-364-6

◆**周術期看護―安全・安楽な看護の実践**　中村美知子監修, 坂本文子指導　インターメディカ　（付属資料：DVD1）　改訂版
【要旨】入院から退院までの過程で手術患者に寄り添う病棟看護師、手術室の器械出し・外回り看護師の動きを、リアルで鮮明な動画で再現！必要な知識・技術を写真・図表を用いたテキストで詳しく解説します。
2017.9 171p B5 ¥3900 ⓘ978-4-89996-370-7

◆**新人ナースの心構え**　高橋恵子編　日本看護協会出版会　第2版
【要旨】新人ナースの悩みやギモンに先輩がアドバイス！Q&A形式で、社会人やナースとしての心構えをわかりやすく解説。日本看護協会「看護者の倫理綱領」全15条に基づくアドバイス。記入式シート「自分の目指すナース像を書いてみよう」と「1年後に振り返ってみよう」を活用して、モチベーションUP！すぐに役立つ「資料：新人ナースの基本マナー」を収載。卒業のプレゼントや新人研修のサブテキストにもおすすめ！
2017.3 157p B6 ¥1200 ⓘ978-4-8180-2036-8

◆**新生児の観察と看護技術―カラー写真で学ぶ**　櫛引美代子著　医歯薬出版　第2版
【目次】1 姿勢、2 新生児の生理的変化、3 外表の観察、4 新生児の反射、5 新生児の処置と看護技術、6 新生児の異常、7 新生児の表情、8 資料
2017.9 88p B5 ¥1800 ⓘ978-4-263-23694-9

◆**新母性看護学テキスト―女性の健康と看護**　立岡弓子編著　サイオ出版
【目次】第1章 女性の健康への理解（女性の健康とは、プレコンセプショナルヘルス ほか）、第2章 女性の日常生活と健康（女性と嗜好品・薬物・環境、女性と栄養 ほか）、第3章 女性とリプロダクティブヘルスをめぐる課題（女性と出産をめぐる医療と看護、がん妊孕 ほか）、第4章 女性と暴力、女性の社会進出（ほか）
2017.12 302p B5 ¥3500 ⓘ978-4-907176-49-5

◆**素敵ナースの練習帳―人工呼吸管理・急変対応・ドレーン管理・心電図対応**　道又元裕監修　学研メディカル秀潤社, 学研プラス 発売
【要旨】MEMOスペースにポイントを書きこめる。チェックリストで達成度を確認。ここまで

できれば合格！の150ポイント
2017.5 175p 26×22cm ¥2400 ⓘ978-4-7809-1291-3

◆**ステップアップ基礎看護技術ノート**　山口瑞穂子編著　サイオ出版　（付属資料：別冊1）
【目次】基礎看護学、看護過程、コミュニケーション、バイタルサイン、フィジカルアセスメント、記録・報告、病床環境、活動制限時の援助（体位変換、移乗・移送）、休息と睡眠、栄養と食事、排泄、清潔・衣生活、感染管理、安全・安楽、診察・検査、与薬、創傷管理、褥瘡ケア、呼吸・循環、罨法、救命救急処置、看取り
2017.12 127p B5 ¥1700 ⓘ978-4-907176-65-5

◆**精神看護学 1 精神看護の基礎**　武井麻子著者代表　医学書院　（系統看護学講座 専門分野 2）　第5版
【目次】第1章 精神看護学で学ぶこと、第2章 精神保健の考え方、第3章 人間の心のはたらきとパーソナリティ、第4章 関係の中の人間、第5章 精神科で出会う人々、第6章 精神科での治療、第7章 社会のなかの精神障害
2017.2 392p B5 ¥2700 ⓘ978-4-260-02773-1

◆**精神看護学 2 精神看護の展開**　武井麻子著者代表　医学書院　（系統看護学講座 専門分野 2）　第5版
【目次】第8章 ケアの人間関係、第9章 回復を助ける、第10章 安全をまもる、第11章 身体をケアする、第12章 サバイバーとしての患者とその家族、第13章 地域における精神保健と精神看護、第14章 リエゾン精神看護、終章 看護における感情労働と看護師のメンタルヘルス
2017.2 416p B5 ¥2800 ⓘ978-4-260-02774-8

◆**専門基礎 5 保健医療福祉のしくみ 看護と法律**　田中良明ほか著　医学書院　（新看護学 5）　第17版
【目次】保健医療福祉のしくみ（健康と保健・医療・福祉、公衆衛生と保健のしくみ、医療のしくみ、社会保障と社会福祉のしくみ）、看護と法律（看護関係の法律を学ぶにあたって、看護職のための法、医事法、保健衛生法、薬務法、環境衛生法・環境法、社会保険法、福祉・生活・社会基盤に関する法）
2017.2 255p B5 ¥2000 ⓘ978-4-260-02854-7

◆**対人関係がラクになる！ ナースの感情整理術―交流分析で納得、今日からできるコミュニケーションのコツ**　白井幸子著　（大阪）メディカ出版
【目次】第1章 まずは自分を知ろう！（自我状態）、第2章 良好な関係を築くために（やりとりの分析、ストロークへの欲求とディスカウント、人生における基本的構え ほか）、第3章 人生がうまくいくHappyな人間関係の築き方（あなたを駆り立てる価値観や判断は―ストロークへの欲求とドライバ、末期医療と交流分析、他人を変えようとしてもダメ ほか）
2017.10 158p B5 ¥2600 ⓘ978-4-8404-5448-3

◆**他科に誇れる精神科看護の専門技術 メンタルステータスイグザミネーション 1**　武藤教志編著　精神看護出版
【要旨】他科のナースが解剖生理学や病態生理学の知識に基づいて、臨床経験の基礎として習得する技術フィジカルイグザミネーション。その精神科版がメンタルステータスイグザミネーションです。精神科看護領域の超難解な知識をやさしくていねいに整理した、わが国初の現場の教科書です。Vol.2とあわせてご活用ください！
2017.12 398p A5 ¥3000 ⓘ978-4-86294-058-2

◆**多重課題クリアノート―できるナースの動き方がわかる**　三上剛人, 藤野智子監修　学研メディカル秀潤社, 学研プラス 発売　（付属資料：別冊1）
【要旨】臨床業務を紙上シミュレーション！「多重課題」の場面から、優先順位の根拠、解決に導くコツがわかる。取り外せるドリル付きで書いて学べる！
2017.9 191p B5 ¥2400 ⓘ978-4-7809-1297-5

◆**患者接遇マナー基本テキスト―医療に従事する人のための**　田中千恵子編　日本能率協会マネジメントセンター　（付属資料：別冊1）　改訂版
【要旨】ケーススタディと演習問題で、医療の現場で必要な知識とマナー・応対の基本がしっかり身につく！新たに「自分自身へのケア」の章を設けて、心と身体のセルフケアについて解説！
2017.2 254p B5 ¥1800 ⓘ978-4-8207-5953-9

◆短大・専門学校卒ナースがもっと簡単に看護大学卒になれる本―2週間で書ける学修成果レポート！ 大学改革支援・学位授与機構で学士（看護学）をめざす　秋場研、松本肇、宮子あずさ著、ほうごなつこ画　エール出版社　改訂4版
【目次】第1章 10分でわかる学士（看護学）への道、第2章 最大の難関「学修成果」とは何か、第3章 これが合格レポートだ、第4章 合格する学修成果作成法、第5章 学修成果と試験をラクラク突破する本、第6章 学士（看護学）のための情報収集テクニック、第7章 終わってみれば「たかが学修成果レポート」、第8章 そして私たちはこのレポートで合格した、第9章 論文・学修成果・看護研究の違い解説
2017.6 246p B6 ¥1700 ⓘ978-4-7539-3385-3

◆ナイチンゲール、ドラッカー、クリステンセンに学ぶ看護イノベーション―あなたも組織も元気になる今日からできるアイデア満載！　松村啓史著　（大阪）メディカ出版
【目次】1章、看護にイノベーションが必要なわけ―日本の看護は、「愛を基盤にした未来産業」、2 イノベーションは常に楽しい仕事の価値を見つける、3 「経済」と「幸福」の相関関係―日本経済が発展してきた理由、4 歴史的イノベーターから学ぶ新しい価値の創造―ナイチンゲール、ドラッカー、クリステンセン、5 これからの看護に必要なイノベーション―イノベーションは、「ひらめき」「ときめき」「やるき」の三位一体、6 病院のイノベーション事例、7 イノベーションを起こそう！―イノベーションに役立つシート集
2017.9 119p A5 ¥2200 ⓘ978-4-8404-6191-7

◆ナーシング・ポケットマニュアル 精神看護学　田中美恵子、濱田由紀編著　医歯薬出版　第2版
【目次】1 精神看護学とは、2 精神看護の実際、3 精神疾患と看護、4 精神状態別の看護、5 生活と看護、6 身体症状と看護、7 治療と看護、8 法制度と社会資源、付録
2017.3 283p A6 ¥2400 ⓘ978-4-263-23972-8

◆ナースが書いた看護に活かせる心臓ペースメーカー・CRT・ICDノート　鈴木まどか著、林英守医学監修　照林社
【要旨】ペースメーカーと、心臓再同期療法（CRT）、植込み型除細動器（ICD）がしっかり学べる。
2017.2 113p B5 ¥2000 ⓘ978-4-7965-2403-2

◆ナースのための基本薬　木津純子編　照林社
【要旨】よく使われる500薬、なじみのある商品名、すぐに役立つナースのための知識。
2017.3 339p B6 ¥2400 ⓘ978-4-7965-2398-1

◆ナースのためのヘルスケアMBA　羽田明浩著　創成社
【目次】第1章 ヘルスケア機関の特徴、第2章 経営戦略論、第3章 組織論、第4章 マーケティング論、第5章 アカウンティング＆ファイナンス、第6章 フレームワーク、第7章 ケースメソッド
2017.3 239p A5 ¥2600 ⓘ978-4-7944-2497-6

◆ナースのためのやさしくわかる訪問看護―ひとりでの対応がスムーズにできる　椎名美恵子、家崎芳恵監修　ナツメ社
【要旨】アセスメント、食事、排泄、清潔ケアから疾患別のケアまで、写真でよくわかる！
2018.2 223p B5 ¥2400 ⓘ978-4-8163-6389-4

◆ナースの内科学　奈良信雄編著　中外医学社　改訂10版
【目次】総論、循環器、腎・水電解質、呼吸器、消化管、肝、胆、膵、脾、膵臓、代謝・内分泌、感染症、寄生虫疾患、免疫、アレルギー、膠原病、血液、神経、中毒
2017.4 735p B5 ¥8400 ⓘ978-4-498-07591-7

◆ナースの悩みに応えます！（患者・家族編）―心理学的手法で対応した看護事例集　大木桃代、小林康司編　真興交易医書出版部
【目次】第1部 ケース紹介（糖尿病、膠原病、脳腫瘍、脳出血、急性心筋梗塞 ほか）、第2部 実践トレーニングガイド（はじめに―看護に役立つカウンセリングのトレーニング、カウンセラーが備えておくべき態度、カウンセリングの態度のトレーニング、カウンセリングの応答のトレーニング、カウンセリングのトレーニングを看護に役立てるために）、第3部 用語解説
2017.9 237p A5 ¥2800 ⓘ978-4-88003-254-2

◆なんとなくわかる敗血症　吉本昭著　（大阪）メディカ出版　（ナースのための疾患はてなBOOK）
【目次】1章 敗血症診療、その前に、2章 敗血症の定義、3章 敗血症の初期蘇生、4章 輸液、5章 カテコラミン、6章 抗菌薬治療、7章 敗血症によるARDSの管理、8章 鎮痛・鎮静について、9章 敗血症の栄養療法、10章 集中治療後症候群（PICS）
2017.10 125p A5 ¥2200 ⓘ978-4-8404-6207-5

◆二人三脚の看護管理―師長・主任それぞれの役割と行動　高橋弘枝監修　（名古屋）日総研出版
【目次】師長・主任の役割行動スキル（管理者としてのビジョン―師長・主任としてのビジョンの持ち方・伝え方・使い方とは？、病棟管理における師長の役割と責任―主任の理解と協力を得るにはどうしたらいい？ ほか）、病棟運営とマネジメント（SWOT/クロス分析による現状分析と目標設定―部署の問題の本質をつかみ、目標につなげる、病棟目標を達成しよう！―部署目標を周知徹底し、達成へのアクションと評価 ほか）、労務管理と職場づくり（就業規則と労務管理―どうして就業規則って知っておかないといけないの？、勤務表―勤務表作成時に考慮しないといけないことは？ どんな作成基準が必要か？ ほか）、人材育成と教育・指導（部署の教育目標―部署の状況にマッチした教育目標をどのように立てればいい？、部署の教育体制―師長、主任、リーダー、新教育担当、プリセプター…どういう教育体制が望ましい？ ほか）
2017.12 231p B5 ¥3300 ⓘ978-4-7760-1848-3

◆日本腎不全看護学会誌 第19巻第2号　日本腎不全看護学会編　（横浜）日本腎不全看護学会、医学書院 発売
【目次】実践報告（外来維持透析患者に対する運動療法が身体機能と生活の質（QOL）に与える影響）、資料（腹膜透析患者のボディイメージおよびセルフケア能力の特性、公的介護保険制度定年以降の事例研究における高齢者の血液透析継続上の看護問題・課題に関する文献研究）
2017.11 42p A4 ¥2400 ⓘ978-4-260-03534-7

◆認知症者の転倒予防とリスクマネジメント―病院・施設・在宅でのケア　日本転倒予防学会監修、武藤芳照、原田敦、鈴木みずえ編著　日本医事新報社　第3版
【目次】総論（認知症の定義と分類、そして考え方、新オレンジプランとは：日本の認知症施策について）、Q&A（認知症とは？―転倒予防に必要な認知症高齢者の基礎知識、認知症高齢者の転倒の実態と特徴―実例に基づいて、認知症高齢者の転倒予防とリスクマネジメントの方法、認知症高齢者の転倒予防に関する最新情報）
2017.10 408p B5 ¥4800 ⓘ978-4-7849-6179-5

◆脳の看護 ポイントチェック―画像・観察ポイント "ここだけ" 押さえる！　池田亮著　（名古屋）日総研出版
【要旨】重要な解剖、機能解剖と画像の見方、主要な症状の観察、看護へのつなげ方に必要な観察のポイントをまとめ、NIHSSやCAM・ICUなどのアセスメントツールやドレーンのセット、クランプ手順も掲載。
2017.10 116p B5 ¥2000 ⓘ978-4-7760-1849-0

◆ハート先生の看護学生のための心電図教室　心臓病看護教育研究会編　（昭島）医学同人社
【目次】心電図なんて勉強しなくても構わない、心電図波形を作る原動力、心電図の波形はどのようにして出来るのか、電気的な仕事と機械的な仕事、仕事の号令を発する方々、交感神経（看護部長）と副交感神経（副看護部長）、リーダーとスタッフらの仕事のようす、興奮の伝搬と心電図波形の関係、心臓の病気の在りかを判定するための役割、各誘導の眼の位置〔ほか〕
2017.3 122p B5 ¥2000 ⓘ978-4-904136-35-5

◆パーフェクト臨床実習ガイド 小児看護　筒井真優美監修、飯村直子、江本リナ、西田志穂編　照林社　第2版
【要旨】看護技術―スタンダードかつ最新の技術と看護の展開を、時系列と項目別の組み合わせで解説。ケーススタディ―臨床実習で遭遇する頻度の高い対象の特性、疾患、健康問題、治療法、看護ケアを網羅。
2017.3 457p B5 ¥3300 ⓘ978-4-7965-2401-8

◆パーフェクト臨床実習ガイド 母性看護　堀内成子編　照林社　第2版
【要旨】オールカラーで、さらにわかりやすく！看護技術―スタンダードかつ最新の技術と看護

の展開を、時系列と項目別の組み合わせで解説。ケーススタディ―臨床実習で遭遇する頻度の高い対象の特性、疾患、健康問題、治療法、看護ケアを網羅。
2017.8 407p B5 ¥3200 ⓘ978-4-7965-2411-7

◆早引き呼吸器看護ケア事典　道又元裕監修　ナツメ社　（ナース3年目からのスキルアップ！）
【要旨】本書では呼吸器系を取り上げ、臨床の看護ケアに不可欠な「臨床解剖生理」「疾病の構造」「疾病の症状」「診断のための検査」「疾病の治療」「フィジカルアセスメント」「心機能検査のポイント」を余すことなく、わかりやすくシェーマを多用しながら、必要頻度の高い知識を優先させて、コンパクトにまとめた。
2017.8 295p 19cm ¥1600 ⓘ978-4-8163-6288-0

◆早引き 循環器看護ケア事典―ナース3年目からのスキルアップ　道又元裕監修　ナツメ社
【目次】1章 解剖生理、2章 症状（胸痛・胸部圧迫感、息切れ・呼吸困難 ほか）、3章 検査（フィジカルアセスメント、心機能検査 ほか）、4章 治療（カテーテル治療（冠動脈インターベンション）、薬物療法 ほか）、5章 疾患（弁膜症、虚血性心疾患 ほか）
2017.4 311p 19×12cm ¥1600 ⓘ978-4-8163-6174-6

◆早引き 脳神経看護ケア事典　道又元裕監修　ナツメ社
【要旨】ナース3年目からのスキルアップ！ ケアのポイントがみえてくる！
2017.9 371p 19×12cm ¥1600 ⓘ978-4-8163-6319-1

◆早わかり混合研究法　ジョン・W・クレスウェル著、抱井尚子訳　（京都）ナカニシヤ出版
【目次】第1章 混合研究法の基本的特徴、第2章 混合型研究をデザインする手順、第3章 混合研究法の実践に必要なスキル、第4章 混合研究法の基本型と応用型デザイン、第5章 手続きダイアグラムの描画法、第6章 混合型研究の序論を書く、第7章 サンプリングと統合の課題、第8章 出版用に混合型研究論文を執筆する、第9章 混合型研究の質を評価する、第10章 混合研究法の発展と進化
2017.9 149p A5 ¥2400 ⓘ978-4-7795-1192-9

◆日ごろの "?" をまとめて解決 循環器ナースのギモン　三角和雄監修、飯塚大介、須藤麻美編　照林社
【要旨】よくわからない…でも、ちょっと聞きづらい…"モヤモヤ" を自信に変えるQ&A。
2017.8 213p B5 ¥2300 ⓘ978-4-7965-2407-0

◆病態生理学　山内豊明編　（大阪）メディカ出版　（ナーシング・グラフィカ疾病の成り立ち1）　第5版
【目次】1 病理病態論（人間の身体における本来の働きとその乱れ、体液の異常、血行障害、炎症と修復、免疫および免疫疾患 ほか）、2 病態生理論（身体の不調はどう現れるか、咳嗽・喀痰・喀血、呼吸困難、動悸、不整脈 ほか）
2018.1 350p 28×21cm ¥3600 ⓘ978-4-8404-6129-0

◆ファーストエイド―すべての看護職のための緊急・応急処置　日本救急看護学会監修、日本救急看護学会ファーストエイド委員会編　へるす出版　改訂第2版
【要旨】ファーストエイドコースの目的：救急・急変時に、看護職として適切な緊急・応急処置ができる人材を育成し、学会が認定するファーストエイドナースの名称を付与することで、わが国の救急医療の質向上に貢献する。
2017.9 236p A4 ¥4800 ⓘ978-4-89269-931-3

◆部署内の教育・研修の進め方―看護現場のOJT事例　佐藤ひとみ監修・執筆　（名古屋）日総研出版
【要旨】看護現場の教育担当者に必要な3つの能力、論理的思考・問題解決力・気づきを促す力。忙しくても教育を充実させるスキル、部署単位で行う教育・研修の企画～実施～評価。12の看護部署のOJT例、教育・研修の進め方と担当者の実践。
2017.10 223p B5 ¥3300 ⓘ978-4-7760-1845-2

◆ヘルスアセスメント―臨床実践能力を高めるWeb動画付　三上れつ、小松万喜子編　南江堂　（看護学テキストNiCE）　改訂第2版
【目次】第1章 ヘルスアセスメントの概要（看護過程とヘルスアセスメント、ヘルスアセスメントの基本技術（面接・問診、観察、測定、身体診査、記録）、アセスメントの具体的な進め方）、

サイエンス・テクノロジー

第2章 対象を理解するための系統的アセスメント—ゴードンの機能的健康パターンに沿って（身体的側面のアセスメント、心理社会的側面のアセスメント、背景となる理論 ほか）、第3章 フィジカルアセスメント（フィジカルアセスメント総論、外皮系、特殊感覚（眼、耳、鼻、舌） ほか） 2017.10 256p B5 ¥3600 ①978-4-524-25748-5

◆ヘルスアセスメント 松尾ミヨ子、城生弘美、習田明裕編 （大阪）メディカ出版 （ナーシング・グラフィカ基礎看護学 2） 第5版 【目次】1 ヘルスアセスメントと看護の役割、2 フィジカルアセスメントの必要物品、アセスメントのテクニック、3 系統別のアセスメント、4 成長発達に伴うアセスメント、5 心理的・社会的側面のアセスメント、6 アセスメントガイドを用いた情報の整理と看護計画、7 フィジカルアセスメントの活用（事例）ゴードンとヘンダーソンをを用いた情報の整理と看護計画 2018.1 350p 28×21cm ¥3200 ①978-4-8404-6132-0

◆訪問看護お悩み相談室—報酬・制度・実践のはてなを解決 平成29年版 日本訪問看護財団編 中央法規出版 【要旨】329のQ&Aを収載!!報酬・制度の落とし穴がスッキリわかる!!診療・介護報酬の最新情報を、実務に活かせるよう丁寧に解説。在宅でも課題の「感染対策」の項目を追加した。 2017.7 342p A5 ¥2600 ①978-4-8058-5530-0

◆訪問看護実務相談Q&A 平成29年版 全国訪問看護事業協会編 中央法規出版 【目次】第1部 訪問看護制度の概要（訪問看護業務の概要、平成27年度介護報酬改定の概要、平成28年度診療報酬改定の概要 ほか）、第2部 訪問看護実務相談Q&A（運営に関する事項、訪問看護指示に関する事項、記録に関する事項 ほか）、第3部 関係法令・通知、資料（主な関係省令・告示・通知一覧表、主な法令・告示・通知、様式集 ほか） 2017.7 481p B5 ¥3400 ①978-4-8058-5542-3

◆訪問看護の安全対策—マニュアルの作成とヒヤリハット報告書の活用 全国訪問看護事業協会編 日本看護協会出版会 第3版 【要旨】事故事例から学ぶ、法的責任を学ぶ。報告書を活用し、職員研修会でレベルアップ。この1冊で、すぐに使える「安全管理マニュアル」がつくれます！ 2017.12 274p B5 ¥2800 ①978-4-8180-2067-2

◆マネジメントを始めるようになったら読む本—現場ナースの目線による超実践本 濱本実也編著 総合医学社 【目次】1 今日から使えるHow to マネジメント（マネジメントを始めるための、病棟運営のノウハウ、目標管理のキホン ほか）、2 初心者のためのマネジメントガイド（マネジメントは、変える、リーダーは入る ほか）、3 失敗から学ぶ、マネジメントを成功に導くためのヒント（「病棟の○○を変えたい！」一抵抗しるスタッフへの対応、昨日まで同僚、今日から上司！ ため口で話してくるスタッフへの対応は？、動いてくれない、モチベーションの低いスタッフを「動かす！」ほか） 2017.7 157p B5 ¥2700 ①978-4-88378-652-7

◆見てできる臨床ケア図鑑 在宅看護ビジュアルナーシング 東京訪問看護ステーション協議会編 学研メディカル秀潤社、学研プラス発売 【要旨】在宅看護に携わるナースへ。在宅看護に必要な実践を豊富な写真とイラストで解説。 2017.6 339p B5 ¥3600 ①978-4-7809-1199-2

◆めざせマグネットホスピタル—て・あーての実践と福祉用具の活用 「チーム美須賀」の挑戦 重見美代子、窪田静編、美須賀病院看護部著 看護の科学社 【要旨】変革のカギは福祉用具の活用と看護の原点「て・あーて」の実践！ 愛媛県にある美須賀病院は、チーム一丸となってマグネットホスピタルに挑戦！ 患者・家族と職員の笑顔あふれる実践記録。付録に「美須賀病院で使われている福祉用具の概要」の一覧！ 2017.9 183p A5 ¥2200 ①978-4-87804-102-0

◆養護教諭、看護師、保健師のための学校看護—学校環境と身体的支援を中心に 岡田加奈子、遠藤伸子、池添志乃編著 （京都）東山書房 改訂版 【目次】第1章 学校看護概論、第2章 養護実践のプロセス（特にけがや急病の症状の訴えに対する救急処置活動が必要な場面）、第3章 学校にお

ける看護的技術、第4章 基本的生活習慣と支援（援助）技術（発達段階別）、第5章 急性期の症状を訴える子供に対する支援・援助、第6章 「特別な支援を要する身体上の課題のある子供と家族」の理解と支援、資料 2017.1 317p B5 ¥2300 ①978-4-8278-1551-1

◆要点チェック外回りオペ看護 小成聡編著 日総研出版 【要旨】術前・術後に観察・聴取すべきことや、DVT、せん妄、痛みのアセスメントもわかる。挿管・抜管など麻酔関連業務も慌てず対応。モニタリング・アセスメントの要点を押さえて先読みした準備・対応。鏡視下手術ならではの注意点も押さえる。 2017.12 111p A6 ¥1940 ①978-4-7760-1847-6

◆よくわかる看護研究の進め方・まとめ方 横山美江編 医歯薬出版 第3版 【目次】第1部 看護研究の基礎知識（看護研究を始めるにあたって、主な研究方法と留意点）、第2部 研究の各ステップ—研究計画から成果発表まで（どのような流れで研究を進めていくか：研究全体の流れ、研究計画の立案、研究の実施と分析、研究成果のまとめ・発表、研究指導をするために、投稿する雑誌の選択） 2017.8 207p B5 ¥3400 ①978-4-263-23690-1

◆よくわかる看護組織論 久保真人、米本倉基、勝山貴美子、志田京子編著 （京都）ミネルヴァ書房 （やわらかアカデミズム・わかるシリーズ） 【目次】第1部 組織論と看護（組織論の基礎、看護組織の基礎）、第2部 個人レベルの組織論（モチベーション、プロフェッション、看護師のキャリア、ストレスマネジメント）、第3部 集団レベルの組織論（リーダーシップ、人事制度、医療・看護サービスの質保証、チーム医療と多職種連携）、第4部 経営管理（病院経営、経営環境、看護と法）、第5部 リスクマネジメント（看護現場のハザード、リスクマネジメント） 2017.5 255p B5 ¥2800 ①978-4-623-07892-9

◆よくわかる専門基礎講座 関係法規 春日斉編 金原出版 第7版 【目次】第1章 公衆衛生と衛生法規、第2章 医事法規、第3章 医薬品医療機器等に関する法規、第4章 予防衛生法規、第5章 保健衛生法規、第6章 環境衛生法規、第7章 社会福祉関係法規、第8章 社会保険関係法規、第9章 労働関係法規、第10章 医療安全に関する法律 2017.3 297p B5 ¥2400 ①978-4-307-70230-0

◆臨床生化学 宮澤恵二編 （大阪）メディカ出版 （ナーシング・グラフィカ人体の構造と機能 2） 第5版 【目次】代謝総論、生命維持に必要な栄養素の構造と性質、酵素、糖質代謝、脂質代謝、タンパク質とアミノ酸の代謝、核酸・ヌクレオチドの代謝、エネルギー代謝の統合と制御、遺伝情報、先天性代謝異常 2018.1 150p 28×21cm ¥2600 ①978-4-8404-6128-3

◆老年看護学—高齢者の健康生活を支える看護 太田喜久子編著 医歯薬出版 第2版 【目次】第1章 高齢者の健康生活とは、第2章 生活と場、第3章 老年看護モデルに基づく看護援助の方法、第4章 高齢者の健康生活状態の特徴、変化と看護援助、第5章 豊かな生涯を全うするための援助、第6章 健康生活を維持するための治療的看護援助 2017.9 263p B5 ¥2800 ①978-4-263-23693-2

◆ICFモデルを用いた在宅看護過程の展開 関永信子著 （岡山）ふくろう出版 改訂版 【目次】1 ICF概念の活用、2 在宅看護過程の展開（目標、紙上事例内容、在宅看護過程の方法 ほか）、3 在宅看護の事例（脳梗塞による後遺症で長期臥床状態となった事例、家族の協力で在宅療養が可能となったアルツハイマー型認知症の療養者、地域住民の支えで在宅療養を継続している統合失調症の療養者 ほか）、4 事前学習内容、5 在宅看護記録の書き方（自己紹介書、経過問題看護記録、訪問看護記録 ほか） 2017.4 66p A4 ¥1750 ①978-4-86186-694-4

◆ICU3年目ナースのノート 道又元裕総監修、露木菜緒監修・解説 （名古屋）日総研出版 改訂増強版 【要旨】若手の視点でまとめたノートに認定ナースが実践的なアドバイス。 2017.3 263p A4 ¥3200 ①978-4-7760-1826-1

便覧・書誌

◆看護白書 平成29年版 日本看護協会編 日本看護協会出版会 【要旨】地域包括ケアシステムの推進により、日本の医療は、生活者としての療養者を最期まで支える在宅医療へと移行しつつあります。訪問看護は、"地域における看護の最前線" としての役割が期待され、その拡充が喫緊の課題となっています。『平成29年版看護白書』では、これからの在宅療養を支える訪問看護の役割について特集いたします。小児から高齢者までの "全世代を対象とした地域包括ケア" における看護の方向性を解説し、訪問看護ステーションと医療機関双方の視点から、生活と医療をつなぐ看護の新たな取り組みを報告していただきます。 2017.11 299p B5 ¥3200 ①978-4-8180-2065-8

看護リポート・エッセイ

◆精神科ナースになったわけ 水谷緑著 イースト・プレス （コミックエッセイの森） 【要旨】人はなぜ、心を病むんだろう。患者さんと向き合って、少しずつ見えてくるそれぞれの理由、それぞれのルール。精神科のリアルな現場を描くコミックエッセイ。 2017.4 158p A5 ¥1000 ①978-4-7816-1528-8

◆ナースは今日も眠れない！一配属されたのは、「魔の病棟」でした。 田中ひろみ著 サンマーク出版 【要旨】毎日厳しい教育主任に叱られ、ひと癖もふた癖もある患者たちと奮闘し、たくさんの死と向かい合ってきた、新人ナースの物語。 2017.8 190p A5 ¥1200 ①978-4-7631-3637-4

薬学・薬理学

◆アカデミア創薬の実践ガイド—スタンフォード大学SPARKによるトランスレーショナリリサーチ ダリア・モックリー＝ローゼン、ケビン・グリムス編、加藤益弘、木村廣道総監訳、木村紘子、岸暁子監訳 東京大学出版会 【要旨】基礎研究から実用化までこの1冊でわかる。シーズの発見、臨床試験の準備、技術の移転、ライセンス化、市場販売—大学発ベンチャーの草分けスタンフォード大学による医薬品開発の手引き。 2017.2 255p A5 ¥3800 ①978-4-13-062417-6

◆明日から役立つ急性心不全薬物治療のテクニック 佐藤直樹編、松崎益德監修、伊藤浩、筒井裕之責任編集 文光堂 （Management of Heart Failure） 【目次】1 まずは病態把握ありき！（総論、心原性肺水腫、体液貯留、低心拍出、右心不全）、2 薬剤特性を識らずして実践無し！（血管拡張薬、利尿薬、強心薬・昇圧薬、抗不整脈薬）、3 薬物治療の実践（総論、急性心原性肺水腫、体液貯留、低心拍出、右心不全、致死的不整脈） 2017.3 100p A5 ¥6000 ①978-4-8306-1965-6

◆イチから使う 医薬統計教室—SPSS 五所正彦著 メジカルビュー社 【目次】1 Start up・SPSSのトリセツ（SPSSって何？、本書で使用するデータセット、データセットの読み込みと変数の属性、データハンドリング、2 データを要約しよう！（グラフを作成する、統計量を算出する）、3 いざ実践！ シチュエーション別解析・結果解釈法（連続する値のデータを評価する、2つに分類したデータを評価する、イベント発生までに時間を評価する） 2017.10 263p A5 ¥3200 ①978-4-7583-1776-4

◆いちばんやさしい薬理学 木澤靖夫監修 成美堂出版 （付属資料：赤シート1） 【要旨】薬理学の基礎的な知識を見やすいオールカラー図解、豊富なイラストでやさしく解説。各章の最後にはコンパクトな内容まとめ付き。 2017.10 255p A5 ¥1600 ①978-4-415-32417-3

◆**医薬アクセス―グローバルヘルスのためのフレームワーク**　ローラ・J. フロスト, マイケル・R. ライシュ著, 津谷喜一郎監訳　明石書店
【目次】第1章 医薬アクセスの課題、第2章 医薬アクセスのフレームワーク、第3章 プラジカンテル―医薬品へのアクセス、第4章 B型肝炎ワクチン―ワクチンへのアクセス、第5章 マラリア迅速診断テスト―診断法へのアクセス、第6章 ノルプラント(皮下埋込式避妊薬)―避妊法へのアクセス、第7章 ワクチン・バイアル・モニター―医療機器へのアクセス、第8章 女性用コンドーム―二重保護へのアクセス、第9章 総括―医薬アクセスなくして成功なし
2017.3 314p A5 ¥4500 ①978-4-7503-4477-5

◆**医薬品情報学**　上村直樹, 下平秀夫編　(京都)化学同人　(ベーシック薬学教科書シリーズ 21)　第2版
【目次】1章 医薬品情報の重要性、2章 医薬品情報、3章 情報源、4章 情報の収集・評価・加工・提供・管理、5章 EBM、6章 生物統計、7章 臨床研究デザインと解析、8章 医薬品の比較・評価：病院・薬局における医薬品の採用・選択、9章 患者情報、10章 セルフメディケーション
2017.3 234p B5 ¥3800 ①978-4-7598-1625-9

◆**医療薬学 2 薬理・病態・薬物治療 2**　日本薬学会編　東京化学同人　(スタンダード薬学シリーズ2 2 6)
【目次】第1部 免疫・炎症・アレルギーおよび骨・関節の疾患(抗炎症薬、免疫・炎症・アレルギー疾患の薬、病態、治療、骨・関節・カルシウム代謝疾患の薬、病態、治療、化学構造と薬効)、第2部 循環器系・血液系・造血器系・泌尿器系・生殖器系の疾患と薬(循環器系疾患の薬、病態、治療、血液・造血器系疾患の薬、病態、治療、泌尿器系、生殖器系の薬、病態、治療、化学構造と薬効)
2017.3 251p B5 ¥3800 ①978-4-8079-1713-6

◆**医療薬学 3 薬理・病態・薬物治療 3**　日本薬学会編　東京化学同人　(スタンダード薬学シリーズ2 6)
【目次】第1部 呼吸器系・消化器系の疾患と薬(呼吸器系疾患の薬、病態、治療、消化器系疾患の薬、病態、治療、化学構造と薬効)、第2部 代謝系・内分泌系の疾患と薬(代謝系疾患の薬、病態、治療、内分泌系疾患の薬、病態、治療、化学構造と薬効)、第3部 感覚器・皮膚の疾患と薬(眼疾患の薬、病態、治療、耳鼻咽喉疾患の薬、病態、治療、皮膚疾患の薬、病態、治療、化学構造と薬効)
2017.4 213p B5 ¥3400 ①978-4-8079-1714-3

◆**医療薬学 4 薬理・病態・薬物治療(4)**　日本薬学会編　東京化学同人　(スタンダード薬学シリーズ2 6)
【目次】第1部 病原微生物(感染症)・悪性新生物(がん)と薬(抗菌薬、抗菌薬の耐性、細菌感染症の薬、病態、治療、ウイルス感染症およびプリオン病の薬、病態、治療、真菌感染症の薬、病態、原虫・寄生虫感染症の薬、病態、治療、悪性腫瘍、悪性腫瘍の薬、病態、治療、がん終末期医療と緩和ケア、化学構造と薬効)、第2部 バイオ・細胞医薬品とゲノム情報(組換え体医薬品、遺伝子治療、細胞、組織を利用した移植医療)、第3部 要指導医薬品・一般用医薬品とセルフメディケーション(要指導医薬品・一般用医薬品とセルフメディケーション)、第4部 医療の中の漢方薬(漢方薬の基礎、漢方薬の応用)、第5部 薬物治療の最適化(総合演習)
2017.6 410p B5 ¥5500 ①978-4-8079-1715-0

◆**医療薬学 5 薬物治療に役立つ情報**　日本薬学会編　東京化学同人　(スタンダード薬学シリーズ2 6)
【目次】第1部 医薬品情報(情報、情報源、収集・評価・加工・提供・管理、EBM ほか)、第2部 患者情報(情報と情報源、収集・評価・管理)、第3部 個別化医療(遺伝的素因、年齢的要因、臓器機能低下、その他の要因 ほか)
2017.10 296p B5 ¥4200 ①978-4-8079-1716-7

◆**医療薬学 7 製剤化のサイエンス**　日本薬学会編　東京化学同人　(スタンダード薬学シリーズ2 6)
【目次】第1部 製剤の性質(固形材料、半固形・液状材料、分散系材料 ほか)、第2部 製剤設計(代表的な製剤、製剤型試験法、生物学的同等性)、第3部 DDS(薬物送達システム)(DDSの必要性、コントロールドリリース(放出制御)、ターゲティング(標的指向化) ほか)
2017.10 223p B5 ¥3500 ①978-4-8079-1718-1

◆**エッセンシャル天然薬物化学**　池田剛, 井上誠, 大山雅義, 羽田紀康, 藤井勲編著　医歯薬出版　(薬学セレクト)　第2版
【目次】総論 植物成分の構造と生合成―はじめに(植物における二次代謝と二次代謝、植物における代謝経路と代謝産物、植物二次代謝産物と生合成経路の分類、二次代謝産物の生合成経路)、各論(糖質、脂質、ポリケタイド、フェニルプロパノイド、フラボノイド、その他の芳香族化合物、テルペノイド、アルカロイド、微生物由来(含海産)の天然薬物)
2017.3 246p B5 ¥4400 ①978-4-263-73174-1

◆**「選ばれる薬剤師」の接遇・マナー―患者さん対応のプロをめざす!**　村尾孝子著　同文舘出版　(DO BOOKS)
【要旨】相談しやすい、わかりやすい説明、適切なアドバイス。患者さんが安心・信頼してくれるコミュニケーション力の磨き方。「かかりつけ薬剤師制度」対応にも。医療の現場で役立つQ&A80。
2017.7 184p A5 ¥1800 ①978-4-495-53771-5

◆**乾くんの教えて! 中薬学**　石井尊子著　(市川)東洋学術出版社
【要旨】本書では「本草商店街」を舞台に、漢方薬局に勤める薬剤師の姜乾(きょうかん)と、そのお父さんで中医師の姜生(きょうしょう)が、中薬の性能・炮製技術・産地と採集などの事柄から中薬学の面白さを再発見していきます。あなたもどうぞご一緒に。ページをめくると物語のはじまりです。
2017.10 197p A5 ¥3600 ①978-4-904224-49-6

◆**緩和治療薬の考え方、使い方**　森田達也著, 白土明美編集協力　中外医学社　ver.2
【要旨】初版から3年、改訂版が登場! 豊富な経験と実践をもとに、最新のエビデンスも加味した緩和治療薬の「有用な使いこなしかた」を示した。
2017.10 269p A5 ¥3800 ①978-4-498-01797-9

◆**機能形態学演習**　佐藤進編著　廣川鉄男事務所　(Web版Hybrid Book)
【目次】人体の構成・細胞膜・神経、自律神経系、中枢神経系、受容体と情報伝達系、生理活性物質、循環器系、呼吸器系、血液・リンパ系、消化器系、骨格・筋肉系、泌尿器系、内分泌系
2017.1 533p B6 ¥4400 ①978-4-908996-02-3

◆**くすりをつくる研究者の仕事―薬のタネ探しから私たちに届くまで**　京都大学大学院薬学研究科編　(京都)化学同人
【要旨】知りたい薬の世界がザックリわかる。くすりをデザインする。合成する。くすりが効く仕組みを追求する。くすりをつくるさまざまな研究の醍醐味を、第一線の研究者が解く。
2017.3 295p B6 ¥1900 ①978-4-7598-1931-1

◆**くすりと薬理**　海本浩一編著, 岩谷博次著　東京電機大学出版局　(臨床工学テキスト)
【目次】総論、抗感染症薬、中枢神経系作用薬、末梢神経系作用薬、循環器系作用薬、腎臓作用薬、血液作用薬、抗炎症薬、呼吸器系作用薬、ホルモン系作用薬、消化器系作用薬
2017.9 175p B5 ¥2700 ①978-4-501-33240-2

◆**「薬のやめ方」事典―病気の起こり方、治し方**　浜六郎著　三五館
【要旨】薬をやめても、死にはしない! 薬害研究の第一人者が徹底的に科学にこだわって各種クスリを検討・追究・判定!
2017.4 282p B6 ¥1500 ①978-4-88320-696-4

◆**ゲノム創薬科学**　田沼靖一編　裳華房
【要旨】ヒトゲノム情報を基点とした論理的創薬「ゲノム創薬科学」の進展状況と可能性を、各分野で活躍するエキスパートがあますところなく解説した、これまでにない新しい教科書・参考書。
2017.10 308p A5 ¥4400 ①978-4-7853-5236-3

◆**抗悪性腫瘍薬コンサルトブック―薬理学的特性に基づく治療**　南博信編集　南江堂　改訂第2版
【目次】1 抗悪性腫瘍薬の臨床薬理学―総論(がん薬物療法の基本的考え方、 抗悪性腫瘍薬の分類、 薬包結合、 drug delivery system (DDS) ほか)、2 各薬剤の臨床薬理学的特徴と使い方(分子標的治療薬、殺細胞性抗がん薬、その他の薬剤)、3 各領域におけるがん薬物療法のとらえ方(頭頸部扁平上皮がん、肺がん、消化器がん、乳がん ほか)
2017.8 430p 19cm ¥5000 ①978-4-524-25886-4

◆**効果につなげる薬物治療アドヒアランスの改善―残薬問題への処方箋**　石井均編　(大阪)医薬ジャーナル社
【目次】1章 総論(薬剤アドヒアランス総論―概念の変遷、効果との関係、測定法、関係要因、QOL、アドヒアランスに関する要因、薬剤アドヒアランスを高める方法、薬剤アドヒアランス―薬剤師の立場から、残薬の実態と問題点、薬剤師―薬局の対応)、2章 各論(糖尿病治療薬、高血圧―降圧薬アドヒアランス向上のために、脂質異常症―特にコレステロール血症：スタチン製剤のアドヒアランスを考える、骨粗鬆症の薬プリファレンス―治療選択のコツ)、3章 総合的取り組み(アドヒアランス向上を目指した医院と薬局の総合的取り組み)
2017.8 187p B5 ¥4200 ①978-4-7532-2850-8

◆**高齢者の服薬支援―総合力を活かす新知識と実践**　秋下雅弘, 倉田なおみ編　講談社
【要旨】高齢者の特性から疾患別薬物療法、在宅医療での実際、多職種連携のポイントなどを幅広くわかりやすく解説。栄養サポート、嚥下障害、口腔ケア、サルコペニア・フレイル予防、緩和ケアなど、チーム医療に必要な基礎知識を、実例・症例とともに紹介。
2017.11 295p B5 ¥2800 ①978-4-06-156318-6

◆**こどもと薬のQ&A―現場の困った! をエキスパートが解決**　石川洋一監修, 小児薬物療法研究会編　じほう
【要旨】作り方・使い方・飲ませ方。現場の疑問に直接答える小児薬物療法研究会MLの内容が1冊に。
2017.9 204p A5 ¥2500 ①978-4-8407-5014-1

◆**今日の治療薬 2017年版**　浦部晶夫, 島田和幸, 川合眞一編　南江堂　第39版
【要旨】多剤併用で注意したい高齢者の薬物療法に注目し、解説に「高齢者への投与」を新設。便覧は高齢者への注意喚起マークを挿入。便覧は新規追加適応をマークと下線で差別化。配合剤の「逆引き」表記(単剤一般名から配合剤の商品名がわかる)を新設。
2017.1 1183, 154p B6 ¥4600 ①978-4-524-25532-0

◆**コンパス薬理学**　櫻田司編　南江堂　改訂第2版
【目次】1 薬の作用(薬の作用、薬の運命、薬効の変化と副作用)、2 薬の効き方(自律神経系に作用する薬、体性神経系に作用する薬・筋の疾患、中枢神経系疾患の薬、免疫・炎症・アレルギー疾患の薬、骨・関節・カルシウム代謝疾患の薬、循環器系疾患の薬、血液・造血器系疾患の薬 ほか)
2017.8 501p B5 ¥5000 ①978-4-524-40348-6

◆**在宅医療のKEY & NOTE―薬学の知識と臨床が出会う場所**　日本在宅薬学会, 医学アカデミー薬学ゼミナール企画　(川越)薬ゼミ情報教育センター　(薬ゼミファーマブック)
【目次】1 総論(現場の視座から、法律の視座から、教育の視座から、薬剤師の使命と倫理)、2 各論(在宅医療と薬剤師、薬学的介入の実際、地域の取り組み)、3 確認問題(がん、緩和ケア、高血圧、糖尿病、心疾患、脳血管障害、精神・神経疾患、感染症、免疫・アレルギー疾患、栄養と輸液)
2017.2 185p A4 ¥2500 ①978-4-904517-70-3

◆**残薬対策ハンドブック―実際に残薬を減らした16のアプローチ**　秋下雅弘監修, 篠原久仁子編著　じほう
【要旨】飲み忘れ? 理解不足? 副作用? 残薬解消のカギは原因別の対策にあり! 成功事例のノウハウをパターン別で解説。オリジナルのチェックシートを使って残薬を98%削減!
2017.9 115p A5 ¥2400 ①978-4-8407-5015-8

◆**ジェネリック―それは新薬と同じなのか**　ジェレミー・A. グリーン著, 野中香方子訳　みすず書房
【要旨】ジェネリック薬は先発薬とどのように「同じ」なのか。同等性をめぐる激しい論争、製薬会社の攻防、医療政策など、ジェネリックの歴史を初めて明らかにする。
2017.12 378, 89p B6 ¥4600 ①978-4-622-08651-2

◆**次世代経皮吸収型製剤の開発と応用**　杉林堅次監修　シーエムシー出版　(ファインケミカルシリーズ)　普及版
【目次】第1編 総論編(経皮吸収メカニズムと応用)、第2編 基礎編(製剤設計、実験/評価・測定法、経皮吸収の改善/促進方法)、第3編 応用編

サイエンス・テクノロジー

サイエンス・テクノロジー

（化粧品応用、医薬品応用、臨床応用）
2017.9 250p B5 ¥5000 ①978-4-7813-1209-5

◆知っておきたい薬のハンドブック―安全ながん薬物療法のために　小松嘉人監修、石岡明子、三宅亜矢編　ヴァンメディカル
【要旨】五十音順、抗悪性腫瘍薬の事典＋副作用対策。
2017.3 265p A5 ¥2500 ①978-4-86092-125-5

◆疾病の回復を促進する薬　櫻井隆、服部信孝編著　放送大学教育振興会、NHK出版 発売
（放送大学教材）
【目次】薬理学総論、末梢神経に作用する薬、中枢神経系に作用する薬、循環器系に作用する薬、呼吸器・消化器系に作用する薬、代謝・内分泌系に作用する薬、抗感染症薬と消毒薬、抗アレルギー薬、抗炎症薬、免疫調整薬、抗がん薬、救急領域で用いられる薬、妊娠・授乳中、小児への薬の使用、チーム医療と薬の安全な使用
2017.3 263p A5 ¥2800 ①978-4-595-31722-4

◆小児薬物療法テキストブック　板橋家頭夫総監修、石川洋一、河田興、冨家俊弥監修、日本小児臨床薬理学会教育委員会編　じほう
【目次】第1章 総論（小児薬物療法における薬剤師の役割、小児科学概論 ほか）、第2章 疾患と薬剤（新生児疾患、精神・神経疾患 ほか）、第3章 薬剤業務（微量調剤、希釈調剤、粉砕調剤、注射薬調剤、製剤 ほか）、第4章 服薬指導（発達段階の特徴を踏まえたコミュニケーションのポイント、服薬指導のポイント ほか）、第5章 栄養（母乳育児〔授乳〕・離乳・母乳育児と栄養、経腸栄養と経静脈栄養）、第6章 地域医療（小児のプライマリケアと対症療法薬、学校薬剤師の役割）2017.9 265p B5 ¥3600 ①978-4-8407-5010-3

◆生薬学　西岡五夫、北川勲著　廣川書店　第9版
【目次】総論の部（生薬、生薬研究の歩み、生薬成分の分類と生合成、植物の分類、薬局方抜粋（生薬関連事項）、日本薬局方収載生薬の品質評価）2017.1 603p B5 ¥7200 ①978-4-567-42210-9

◆生薬・薬用植物研究の最新動向　髙松智監修　シーエムシー出版　（シーエムシカルシリーズ）
【目次】第1編 栽培技術・品質管理（薬用植物の新たな苗生産技術、漢方生薬「黄連」の加工調製方法の変化に伴うアルカロイド含量への影響 ほか）、第2編 薬理（カンカニクジュヨウ（Cistanche tubulosa）の耐糖性改善作用成分、パフィアエキスパウダーの経口美肌素材としての研究 ほか）、第3編 創薬シード（古典から考える天然資源の利用と新たな創薬シーズの探索、薬用資源植物からの生物活性アルカロイドの探索 ほか）、第4編 臨床応用（柴胡加竜骨牡蠣湯の血管内皮前駆細胞保護作用、腸管のアクアポリンに対する生薬大黄の作用 ほか）2017.8 229p B5 ¥74000 ①978-4-7813-1264-4

◆図解 薬害・副作用学―みてわかる薬学　川西正祐、小野秀樹、賀川義之編　南山堂　改訂2版
【目次】1章 総論（薬害の歴史的変遷、医薬品の安全評価、副作用の種類と発症のメカニズム ほか）、2章 臓器における代表的副作用（薬剤に対する過敏症、薬剤性血液障害、薬剤性腎・泌尿器・生殖器障害 ほか）、3章 薬剤による副作用（中枢神経系に作用する薬、自律神経系に作用する薬、知覚神経系・運動神経系に作用する薬 ほか）2017.9 543p B5 ¥4700 ①978-4-525-72072-8

◆ステロイド療法の極意―その患者・その症例にいちばん適切な使い方がわかる　川合眞一編　じほう
【要旨】最小の副作用で最大の効果を得るには？ 妊婦・授乳婦や小児、高齢者での使用時の注意点は？ 副作用を見逃さないためには？ ステロイド療法の悩みをこの一冊が解決！
2017.9 287p A5 ¥3600 ①978-4-8407-5007-3

◆製剤の達人による製剤技術の伝承 製剤設計・製造技術の新たな潮流　岡田弘晃、吉野廣祐監修、日本薬剤学会製剤技術伝承委員会編　じほう
【目次】序論―製剤技術の新たな潮流、製剤設計総論―固形製剤の品質設計、固体分散体製剤技術による経口吸収性変動の抑制、経口製剤のバイオアベイラビリティと生物学的同等性、原薬物性の評価と製剤設計、製剤品質を左右する粉砕・造粒・乾燥・整粒・混合工程、良好な混合均一性/含量均一性の確保と打錠工程のスケールアップ、製剤工程におけるメカノケミストリー、

医薬品の苦味の評価と苦味マスキング、微粒子コーティング技術 〔ほか〕
2017.5 559p B5 ¥12000 ①978-4-8407-4969-5

◆続 処方せん・店頭会話からの薬剤師の臨床判断　堀美智子著　じほう
【要旨】「疑義照会に自信がない」「服薬指導の質を上げたい」「情報の活用が苦手」etc. 医師の処方意図、併用の可否、副作用の可能性、服薬支援のアプローチ…よくあるシチュエーションをもとに、考える視点と解決のヒントを解説。得られた情報を "薬学的に料理するセンス" が磨ける好評書、第2弾！
2017.9 343p A5 ¥2400 ①978-4-8407-4994-7

◆治療薬インデックス 2018　笹嶋勝監修、日経ドラッグインフォメーション編　日経BP社、日経BPマーケティング 発売　第6版
【要旨】先発品、後発品ごとに…一包化に関する注意事項が一目で分かる！ 剤形・規格の情報をまとめて記載。代表的な商品名や配合ների後発品の統一ブランド名も見出し語に掲載。
2017.12 887p 19×cm B5 ¥8222-5825-2

◆適応・用法付 薬効別薬価基準保険薬事典Plus＋・プラス　平成29年4月版　薬業研究会編　じほう
【要旨】適応・用法情報も確認できる薬効別薬価基準の最新刊！ 一般名でも商品名でも探せて、2色刷りで見やすい！ 剤形・薬価別にまとめ、薬価の違いがひと目でわかる！
2017.4 973p A5 ¥4600 ①978-4-8407-4947-3

◆透析患者への投薬ガイドブック―慢性腎臓病（CKD）の薬物治療　平田純生、古久保拓編著　じほう 改訂3版
【目次】総論 透析と薬物療法―投与設計へのアプローチ（プロプラノロールとアテノロールの違いからADMEを知ろう、腎機能低下患者に特徴的な薬物動態の変化、各種血液浄化法と薬物除去に影響する諸因子、腎機能低下患者の投与設計）、データ編 白鷺病院における透析患者に対する投薬ガイドライン（鎮痛薬・抗炎症薬・抗リウマチ薬、高尿酸血症治療薬、中枢神経用薬、自律神経用薬、その他の神経系用薬 ほか）
2017.6 1083p A5 ¥6000 ①978-4-8407-4975-6

◆内科医のための漢方製剤の使い方―118症状別選択と処方のポイント　篠原誠監修、趙基恩、中村雅生編著　医歯薬出版
【目次】第1編 症状による漢方製剤の選択と処方（上気道・胸部の症状、消化器の症状、泌尿器の症状、精神・神経の症状、神経の症状 ほか）、第2編 常用漢方製剤の臨床応用（葛根湯〔傷寒論〕、葛根湯加川芎〔きゅう〕辛夷〔本朝経験方〕、乙字湯〔原南陽経験方〕、安中散〔和剤局方〕、十味敗毒湯〔華岡青洲経験方〕ほか）
2017.8 305p B5 ¥6000 ①978-4-263-73177-2

◆日経DIクイズ 19　日経ドラッグインフォメーション編　日経BP社、日経BPマーケティング 発売
【要旨】全ての薬剤師のための「日経DIクイズ」書籍第19弾。服薬指導、疑義照会、在宅医療、健康サポート他。解説をアップデート！ 全62題。
2017.11 199p B5 ¥4700 ①978-4-8222-5875-7

◆日経DIクイズ 精神・神経疾患篇　日経ドラッグインフォメーション編、笹嶋勝監修　日経BP社、日経BPマーケティング 発売
【要旨】うつ病、不眠症、統合失調症、認知症、パーキンソン病、てんかん、頭痛―精神・神経疾患のクイズ50題を厳選！ 7疾患の治療指針を第一線の臨床医が詳しく解説。
2017.6 223p B5 ¥5300 ①978-4-8222-5904-4

◆パワーアップ問題演習 薬理学　鈴木正彦著　サイオ出版　（付属資料：別冊1）　新訂版；第2版
【目次】薬理学の基礎知識、末梢神経系作用薬、中枢神経系作用薬、オータコイド・アレルギー薬、心臓血管系作用薬、血液循環系作用薬、呼吸器系作用薬、消化器系作用薬、生殖器系作用薬、物質代謝作用薬、抗感染症薬、抗悪性腫瘍薬、生物学的製剤、計算問題
2017.11 147p B5 ¥1900 ①978-4-907176-66-2

◆非がん性慢性疼痛に対するオピオイド鎮痛薬処方ガイドライン　日本ペインクリニック学会非がん性慢性疼痛に対するオピオイド鎮痛薬処方ガイドライン作成ワーキンググループ編　真興交易医書出版部　改訂第2版
【目次】1 オピオイドとは（オピオイドとは？、オピオイド受容体とは？ ほか）、2 慢性疼痛のオ

ピオイド鎮痛薬による治療（総論、オピオイド鎮痛薬による治療の開始 ほか）、3 がん患者の慢性疼痛（がん患者が訴える痛みにはどのようなものがあるか？、がん直接の原因となる痛みに対するオピオイド鎮痛薬による治療は？ ほか）、4 術後痛（オピオイド鎮痛薬による治療は術後痛に有効か？、術後痛のオピオイド鎮痛薬による治療の期間は？ ほか）
2017.7 262p B5 ¥2200 ①978-4-88003-916-9

◆必携 実務実習ノート 2017年度改訂版―現場がいきいき動き出す　薬学共用試験研究会監修　（川越）薬ゼミ情報教育センター（薬ゼミファーマブック）
【要旨】実習前から新人として臨床に出るまでに、あなたに知ってほしいこと。
2017.2 213p 19×12cm ¥2000 ①978-4-904517-69-7

◆病院薬剤師業務推進実例集 5 医療機能に合わせた病棟薬剤業務と薬物療法の最適化 中小病院の実践事例を中心に　日本病院薬剤師会監修、日本病院薬剤師会中小病院委員会編　（川越）薬ゼミ情報教育センター（薬ゼミファーマブック）
【要旨】医療機能別に求められる「病棟薬剤業務」や、「薬物療法の最適化」に取組む方法を、具体的事例で紹介しました。薬剤師がどのように考えて処方提案を行いその結果は…「薬剤師の介入前後の処方の変化」に薬物療法を最適化するさまざまなヒントを見ることができます。43事例。2017.11 218p B5 ¥3000 ①978-4-904517-75-8

◆標準薬剤学―医療の担い手としての薬剤師をめざして　渡辺善照、芳賀信、外山聡編　南江堂　改訂第4版
【目次】1 序論：薬剤学と薬剤師、2 医薬品の開発と生産、3 剤形と基礎理論（製剤化のサイエンス）、4 薬物の投与経路および体内動態の評価と基礎理論（薬の生体内運命）、5 製剤の作用性能の改善、6 医療と薬剤学
2017.4 750p B5 ¥7600 ①978-4-524-40346-2

◆美容薬学検定試験 公式ガイド＆テキスト 平成29年版　日本セルフケア支援薬剤師センター薬学検定事務局著　一ツ橋書店
【要旨】トータル・ビューティケアの知識でライフワークをサポート！ 美容関係の企業への就職・転職にも有利！
2017.2 187p A5 ¥1100 ①978-4-565-18270-8

◆麻薬・向精神薬・覚せい剤管理ハンドブック　じほう　第10版
【要旨】麻薬、向精神薬等の適正使用・取扱・管理ならびに不正流通・乱用防止のための最新手引。各業務規制の概要を解説、最新の麻薬及び向精神薬取締法に対応。関係通知・法令を規制区分別に配列。麻薬・向精神薬・指定薬物等の構造式を掲載。キーワードから検索できる関連通知索引を巻末に掲載。
2017.9 1697p A5 ¥11500 ①978-4-8407-4991-6

◆○×問題でマスター 薬理学　山本浩一著、大和谷厚監修　医歯薬出版　第2版
【目次】第1章 薬物と薬剤、第2章 薬物に対する生体の反応、第3章 薬物の体内動態、第4章 薬物中毒、第5章 投与方法と薬理作用、第6章 主な治療薬とその特徴、第7章 放射線検査に用いる薬物とその特徴、第8章 薬物療法
2017.3 200p B6 ¥2400 ①978-4-263-24073-1

◆マンガでわかる薬理学　枝川義邦著、しおざき忍作画、ビーコムプラス制作　オーム社
【目次】第1章 薬の基礎知識、第2章 薬の作用、第3章 受容体に働きかける薬の作用、第4章 酵素に働きかける薬の作用、第5章 イオンチャネルに働きかける薬の作用、第6章 トランスポーターに働きかける薬の作用、第7章 核酸に働きかける薬の作用、第8章 疾患別：薬物療法
2017.12 229p 24×19cm ¥2200 ①978-4-274-22134-7

◆薬学英語基本用語用例集　瀬谷幸男、西村月満、高津昌宏、平井清子、和泉元義博、中村文紀著　南雲堂　（付属資料：CD・ROM1）
【目次】1 薬学専門用語を学ぶ前に、2 医薬品関連用語、3 薬事関連用語、4 病気の名称、5 生物学関連用語、6 化学関連用語、7 薬学系の学問の名称 2017.5 308p A5 ¥2200 ①978-4-523-26556-6

◆薬学研究　日本薬学会編　東京化学同人（スタンダード薬学シリーズ2 8）
【目次】第1部 研究の心構え（研究倫理、研究の進め方、研究成果のプレゼンテーション（論文

および学会発表））、第2部 研究例―先達に学ぶ（序論、大学など公的機関における研究、民間企業における研究）

2017.9 170p B5 ¥2900 ①978-4-8079-1722-8

◆薬学と社会―医療経済・多職種連携とチーム医療・地域医療・在宅医療　乾賢一監修、望月眞弓担当編集、武居光雄、狭間研至ゲスト編集　中山書店　（臨床薬学テキストシリーズ）

【目次】序章 医療と薬剤師、第1章 社会保障制度と医療経済（社会保障制度、地域の保健、医療、福祉において活用可能な社会資源、医療経済的視点の重要性）、第2章 多職種連携における薬剤師（保健、医療、福祉、介護における多職種協働の必要性とチーム医療、チーム医療における薬剤師の役割）、第3章 病院でのチーム医療と薬剤師の役割（病院における各種医療チーム、病院と地域の医療連携）、第4章 地域医療・在宅医療と薬剤師の役割（在宅医療・介護、在宅医療・介護にかかわる薬剤師に必要な知識とスキル、地域保健における薬剤師の役割 ほか）

2017.9 318p B5 ¥4800 ①978-4-521-74448-3

◆薬学必修講座 薬学と社会 2018 「法規・制度」「地域薬局」及び「医薬品の開発と生産」　薬学教育センター編　評言社

【目次】1 薬剤師を取り巻く法律と制度（医療の担い手としての使命、法令の構成 ほか）、2 薬害と副作用被害（健康被害救済制度、薬害 ほか）、3 社会保障制度と薬剤経済（社会保障制度、医療保険制度 ほか）、4 地域薬局（地域薬局・薬剤師、医薬分業 ほか）、5 医薬品の開発・治験（医薬品開発のコンセプト、医薬品の承認 ほか）

2017.4 563p B5 ¥4400 ①978-4-8282-0417-8

◆薬学倫理・医薬品開発・臨床研究・医療統計学　乾賢一監修、安原眞人担当編集、佐藤俊哉、平山佳伸ゲスト編集　中山書店　（臨床薬学テキストシリーズ）

【目次】第1章 薬学と倫理（医療と生命倫理、研究倫理 ほか）、第2章 医薬品開発とレギュラトリーサイエンス（レギュラトリーサイエンスと法規制、探索研究 ほか）、第3章 臨床研究（倫理性と科学性、臨床試験のデザイン ほか）、第4章 医療統計学（EBHCと医療統計学、検定の考え方 ほか）

2017.4 289p B5 ¥4800 ①978-4-521-74447-6

◆薬剤師がすすめるビタミン・ミネラルの使い方　福井透編著　丸善出版　第2版

【要旨】疲れやすい、やる気が出ない、ゆううつである、いらいらする、よく眠れないなどのとき、ビタミン、ミネラルの僅かな欠乏状態にあるのかもしれません。私たちは意外に栄養不足に気づかないケースが多いようです。現代の食事は豊かと言われても過信していません。こんなときマルチビタミン剤をのんで様子を見ることを薦めえます。薬局に並ぶサプリメントの選び方をお教えします。サプリメントを上手に使うことで病気を未然に防ぐことができます。

2016.12 198p 23×19cm ¥3400 ①978-4-621-30130-2

◆薬剤師・管理栄養士のための 今日からはじめる薬局栄養指導　日経メディカル開発編　日経メディカル開発、日経BPマーケティング発売

【要旨】「薬剤師による薬局栄養指導」&「薬局での薬剤師と管理栄養士の協働」のノウハウが満載! 薬局での栄養・食事指導に先進的に取り組む薬剤師、管理栄養士が、疾患ごとの指導を徹約解説。疾患・症状対応、おすすめ33レシピ付き。

2017.8 175p B5 ¥3600 ①978-4-931400-82-5

◆薬剤師による処方提案―こうすればうまくいく!　青島周一編著　中外医学社

【要旨】薬剤師の処方提案は医療の質の向上につながる! 具体的にどうすれば薬剤師による処方提案がスムーズに実践できるのか、そのための方法論はどのようなものか、医師と薬剤師の信念対立解消の糸口はあるのか、といった内容について多数の事例をまじえながら解説。

2017.12 323p A5 ¥4400 ①978-4-498-07922-9

◆薬剤師のための医学論文の読み方・使い方　名郷直樹、青島周一著　南江堂

【目次】1章 医薬品情報提供者のプロフェッショナルとして（医療全体の中での薬剤師の役割―調剤室をエビデンスセンターに、医薬品情報を製薬メーカーに依存してよいのか）、2章 知っておきたいキーワード（薬剤効果の側面と事実的側面、代用のアウトカムと真のアウトカム ほか）、3章 「効果がある薬」の実体：統計学的検討と構造主義科学論的検討（存在論的に考えるか、認識論的に考えるか、統計学的検討の王

道、検定推定統計 ほか）、4章 クリニカルクエスチョン（エゼチミブの有効性はどの程度か?、心血管疾患に対する低用量アスピリンの一次予防効果は? ほか）、5章 チーム医療：医師との真の連携とは（連携の現状、職種間のギャップ ほか）

2017.7 191p B5 ¥3800 ①978-4-524-25947-2

◆薬毒物試験法と注解 2017　日本薬学会編　東京化学同人

【目次】1 総論（薬毒物中毒概論、臨床薬毒物分析、免疫測定法、薬毒物中毒の救急処置、法中毒薬毒物分析 ほか）、2 各論（有害性ガス試験法、シアン化物・アジ化物試験法、有機溶剤試験法、麻薬試験法、大麻試験法 ほか）

2017.5 458p B5 ¥9000 ①978-4-8079-0922-3

◆薬理学演習　佐藤進編著　廣川鉄男事務所　（Web版Hybrid Book）

【目次】総論、自律神経系薬、体性神経系薬、中枢神経系薬、平滑筋に作用する薬物、利尿薬、呼吸器系に作用する薬物、オータコイド、心臓血管系に作用する薬物、皮膚作用薬、抗炎症薬、消化器系に作用する薬物、血液・造血器官に作用する薬物、病原生物に作用する薬物、抗悪性腫瘍薬、免疫機能薬、内分泌系薬、生殖器作用薬、確認問題

2017.1 464p B6 ¥3500 ①978-4-908996-01-6

◆薬局ですぐ使える 接遇・英会話・手話マナーブック　総合メディカル薬局事業本部監修　じほう　第2版

【目次】第1章 マナーと接遇（考え方と必要性、身だしなみ、話し方・言葉遣い、挨拶（自己紹介）と訪問、患者のプライバシーへの配慮）、第2章 ビジネスレターとビジネスメール（ビジネスレター、ビジネスメール）、第3章 コミュニケーション（コミュニケーションの考え方と必要性、具体的なスキルの紹介と解説、具体的な対応の仕方）、第4章 英会話と中文表現（窓口で必要な外国語会話、準備しておくこと、具体的な対応の仕方、参考）、第5章 手話（窓口で必要な手話、準備しておくこと、具体的な対応の仕方）

2017.5 152p A5 ¥2500 ①978-4-8407-4964-0

◆薬局で使える実践薬学　山本雄一郎著、日経ドラッグインフォメーション編　日経BP社、日経BPマーケティング 発売

【要旨】ARBの変更で尿酸値が上昇? 半減期24時間の睡眠薬は飲むと1日中眠くなる? 抗不整脈のQT延長にどう注意? CCrとeGFRの使い分けは?―ひのくに∇薬局で、添付文書情報や薬学部で学んだ知識を120%活かすための“考え方”を学びませんか?

2017.3 447p B5 ¥5800 ①978-4-8222-3961-9

◆薬効評価　佐久間昭著、五所正彦、酒井弘憲、佐藤泰憲、竹内久朗編　東京大学出版会　新版

【目次】第1章 生体データ、第2章 統計的推論、第3章 計数データ、第4章 計量データ、第5章 線形モデルと分散分析、第6章 2特性データ、第7章 計量的反応、第8章 計数的反応、第9章 重回帰分析、第10章 ノンパラメトリック法

2017.2 407p B5 ¥5200 ①978-4-13-062416-9

◆薬効分類別 服薬指導のエッセンス―薬剤師のための患者さんへの接し方と服薬指導　鹿嶋直純著　東京図書出版、リフレ出版

【要旨】これは「がん」の薬ですか? 夕食後のオルメテックは朝食後に飲んでいいですか? レンドルミンは強い薬ですか? 続けていたらボケますか? 患者さんから問われたとき、あなたはどう答えていますか? 患者さんのココロや状況を考え、患者さんが納得・安心して服薬できるようにするためのベターな回答とは? 新卒からベテランまで「真の患者さん本位の薬剤師」を目指す方々へ。

2017.6 306p A5 ¥1800 ①978-4-86641-051-7

◆ライフステージや疾患背景から学ぶ臨床薬理学―テーラーメイド薬物治療の基本知識と処方の実際　大井一弥著　羊土社

【目次】薬物体内動態と変動因子、薬効と用法、日周リズムと疾患の治療、副作用発現とフィジカルアセスメント、代表的な副作用と治療、妊婦・授乳婦の生理機能と薬物治療、新生児・小児の生理機能と薬物治療、肝臓病を有する患者の薬物治療、腎臓病を有する患者の薬物治療、透析患者の薬物治療、高齢者の生理機能と薬物治療の概要、高齢者の特徴的な薬物動態と薬物治療、化学療法薬（抗がん剤・抗菌薬）の臨床薬理、特徴的な栄養状態における薬物治療

2017.9 189p B5 ¥3700 ①978-4-7581-0936-9

◆臨床薬学 1 臨床薬学の基礎および処方箋に基づく調剤　日本薬学会、日本薬剤師会、日本病院薬剤師会、日本医療薬学会編　東京化学同人　（スタンダード薬学シリーズ27)

【目次】第1部 臨床薬学の基礎（早期臨床体験（早期臨床体験と一次教命処置）、臨床における心構え（臨床現場で学ぶための準備、臨床現場で学ぶ心構え）、臨床実習の基礎（薬剤師業務の概要と社会との関連、入院患者に対する薬剤師業務と薬学的管理の概要）)、第2部 処方箋に基づく調剤（調剤業務の基本事項、処方箋と疑義照会、処方箋に基づく医薬品の調製、患者・来局者応対、服薬指導、患者教育、医薬品の供給と管理、安全管理）

2017.10 256p B5 ¥4000 ①978-4-8079-1719-8

◆若手Dr&DHのための全身疾患別で学ぶくすりの知識　金子明寛監修、川辺良一執筆　デンタルダイヤモンド社

【目次】1章 代謝性疾患、2章 循環器疾患、3章 脳神経疾患、4章 消化器疾患、5章 呼吸器疾患、6章 アレルギー・自己免疫疾患、7章 血液疾患・腫瘍

2017.3 167p 20×19cm ¥4500 ①978-4-88510-368-1

◆Clear Q&A75 筋弛緩薬を知りつくす　鈴木孝浩著　克誠堂出版

【目次】1 薬理編（神経筋の化学的伝達とは、どういうこと?、安全域とは?、筋弛緩薬は受容体にどのように結合するの?、筋弛緩薬は終板の受容体以外にも作用するの? ほか）、2 モニター編（利き腕と逆の腕、モニターはどちらに付けるの?、電極の貼り方は?、適切な神経刺激の大きさは?、TOFウォッチのキャリブレーションとは?、刺激のパルス幅とは? ほか）

2017.2 179p B5 ¥4900 ①978-4-7719-0474-3

◆MR育薬学　メディカルエデュケーション編集部編　SCICUS

【目次】第1章 MRの働くフィールド（MRが扱う薬とは、そもそも医薬情報担当者（MR）とは、MRが所属する製薬企業とは ほか）、第2章 MRが知らなければならないルール（医薬品医療機器等法（薬機法）とは、医療保障制度とは、診療報酬制度とは ほか）、第3章 MRが取り組む育薬の実際（なぜ育薬は必要なのか、PMSとは、再審査制度・安全性定期報告とは ほか）

2017.1 109p B5 ¥2200 ①978-4-903835-87-7

医薬品・薬事法

◆医薬品・医薬部外品製造販売業者等における コンピュータ化システム適正管理ガイドライン入門―よくわかるCSVとデータインテグリティ　蛭田修著　じほう　第3版

【目次】第1章 GQP、GMPの分野で使われるコンピュータ化システム、第2章 コンピュータ化システムの信頼性の考え方、第3章 コンピュータ化システム適正管理ガイドラインの概要、第4章 ガイドライン解説、第5章「医薬品・医薬部外品製造販売業者等におけるコンピュータ化システム適正管理ガイドラインに関する質疑応答集（Q&A）について」の補足、第6章 コンピュータ化システムの管理における実務のポイント、第7章 日本の規制当局の査察方針、FDA Warning Letterを踏まえたコンピュータ化システム管理の自己点検、第8章 データインテグリティ入門、第9章 表計算ソフトスプレッドシートのバリデーション事例

2017.7 236p B5 ¥4500 ①978-4-8407-4990-9

◆医薬品開発入門　古澤康秀監修・著、大室弘美、児玉庸夫、成川衛著　じほう　第2版

【目次】第1章 医薬品開発の流れ、第2章 非臨床試験（開発段階で実施される試験）、第3章 臨床試験、第4章 承認審査、第5章 品質の確保、第6章 製造販売後調査（市販後調査）、第7章 医療経済、第8章 健康被害救済制度、付録　2017.3 299p B5 ¥3600 ①978-4-8407-4940-4

◆医薬品登録販売者のための薬局・薬店ワークの基礎知識　医療教育部会薬業分科会教材研究委員会監修　滋慶出版/つちや書店

【要旨】受験前のはじめの1冊。医薬品業界で働くために必要な専門常識と基礎知識をポイント解説!!

2017.3 143p A5 ¥2380 ①978-4-8069-1598-0

◆医療用医薬品識別ハンドブック　2018
医薬情報研究所編　じほう　（付属資料：CD－ROM1）
【要旨】剤形グループごとにまとめて記載し、さらに検索しやすくなりました。先発・ジェネリックの分類、同一成分グループの代表的な薬剤がひと目でわかります。「一般名処方のための標準的記載」に対応し、加算の種別がマークでわかります。持参薬鑑別報告書が簡単に作成できるCD－ROM付！
2017.9 902p B5 ¥5000 ①978-4-8407-4984-8

◆革新的医薬品の科学―薬理・薬物動態・代謝・安全性から合成まで　Jie Jack Li,
Douglas S. Johnson編、只野金一訳　（京都）化学同人
【目次】1 感染症治療の創薬、2 がん治療の創薬、3 心血管疾患治療の創薬、4 中枢神経系疾患治療の創薬、5 炎症性疾患治療の創薬、6 いずれにも属さない疾患治療の創薬
2017.12 296p B5 ¥6800 ①978-4-7598-1958-8

◆業務の流れにあわせた薬局実務実習ハンドブック―指導薬剤師のための必携書　倉田なおみ編　じほう
【要旨】全国で薬局チェーンを展開する9社が集まり薬局実務実習のノウハウを一冊にまとめました！ 4段階のルーブリックで適切な評価ができる！ 改訂モデルコアカリキュラム対応！ 習得度の確認ができる国試問題付き！
2017.9 189p B5 ¥3200 ①978-4-8407-4970-1

◆薬の見分け方―効かない薬・効く薬　石浦章一著　朝日新聞
【要旨】最先端医学で不要な薬がわかる！ 薬が効く人・効かない人の違いはどこにある？ 脳梗塞防止に小児用バファリンが効く！ 高齢者に成人と同量の薬は危険！ 嫌な記憶を消す薬…脳研究の第一人者が科学的・医学的知見で解き明かす！　2017.6 187p B6 ¥1350 ①978-4-255-01000-7

◆現場で使える新人登録販売者便利帖 症状から選ぶOTC医薬品　仲宗根恵著　翔泳社
【要旨】「どの薬がいいですか？」と聞かれた時に必要なのは、症状＋病態→成分→商品の知識！「咳が止まらない」「胃が痛い」「かゆみを抑えたい」…店頭で多い相談に、適切に答えるための知識をわかりやすく解説します。
2017.11 263p 21×19cm ¥2600 ①978-4-7981-5277-6

◆ジェネリック医薬品パーフェクトBOOK
日本ジェネリック製薬協会編　南山堂
【目次】第1章「ジェネリック医薬品」総論、第2章 ジェネリックを用いる医療の研究開発、第3章 承認申請時に要求される添付資料、第4章 市販後の対応、第5章 ジェネリック医薬品と診療報酬・薬価、第6章 ジェネリック医薬品のさらなる使用促進のためのロードマップ、第7章 倫理
2017.4 104p B5 ¥2000 ①978-4-525-70471-1

◆ジェネリック医薬品リスト　平成29年8月版　―商品名・一般名からさがす　医薬情報研究所制作　じほう
【要旨】2017年9月収載の後発品を収録。最新の診療報酬に対応！ 一般名処方加算1・2が分かる、後発医薬品の置換え率の計算にも、類似剤形・規格の比較にも役立つ！！ 一般名でも商品名でも知りたい情報をすぐに検索できます。製品ごとの適応をコンパクトにまとめたほか、最低薬価や製剤特性、各製品の供給情報なども表示。
2017.8 535, 85p A5 ¥3400 ①978-4-8407-4953-4

◆実践 微生物試験法Q&A―医薬品・食品質管理の正しい理解とアプローチ こんなときどうする？ 現場の困った！に答える　佐々木次雄、棚元憲一、菊池裕編　じほう
【目次】第1章 GMPと微生物管理、第2章 知っておきたい基本的事項、微生物の取り扱い（安全キャビネットの適正な使い方、微生物試験の培養条件、微生物の取り扱い、消毒法および除染法）、第3章 医薬品の微生物試験法（無菌試験法、マイコプラズマ否定試験法、微生物限度試験法、生薬に関わる微生物限度試験法、エンドトキシン試験法、発熱性物質試験法、保存効力試験法、抗生物質の微生物学的力価試験法）、第4章 食品の微生物試験法、第5章 工程管理における微生物試験法（倍地充填試験、環境微生物試験法、最終滅菌工程の微生物管理試験法、ろ過滅菌フィルターの管理、製薬用水の微生物管理、微生物迅速試験法）
2017.4 228p B5 ¥6000 ①978-4-8407-4967-1

◆詳説 薬機法　團野浩編著　ドーモ　第4版

【目次】総則、地方薬事審議会、薬局、医薬品、医薬部外品及び化粧品の製造業及び製造販売業、医療機器及び体外診断用医薬品の製造販売業及び製造業等、再生医療等製品の製造販売業及び製造業、医薬品、医薬部外品及び再生医療等製品の販売業等、医薬品等の基準及び検定、医薬品等の取扱い、医薬品等の広告、医薬品等の安全対策、生物由来製品の特例、監督、指定薬物の取扱い、希少疾病用医薬品、希少疾病用医療機器及び希少疾病用再生医療等製品の指定等、雑則、罰則
2017.1 1045p B5 ¥10000 ①978-4-9906155-8-1

◆診療報酬×薬剤リスト　平成29年版　―医科点数表の薬剤名がわかる　保険薬剤研究会編　じほう
【要旨】医科点数表の薬剤名がわかる診療報酬編、薬剤名から診療報酬項目が探せる薬剤リスト編の2部構成。業界初！ 薬剤選定に役立つ事典。
2017.4 758, 32p B5 ¥5000 ①978-4-8407-4951-0

◆図解で学ぶPIC/S GMPガイド―Current PIC/S GMPガイドPart1（医薬品製剤）の解説　榊原敏之著　じほう　（付属資料：CD－ROM1）　第2版
【目次】PIC/S GMP、医薬品品質システム（医薬品品質保証システム）、職員、施設および設備、文書化、製造、品質管理およびバリデーション、品質管理、外部委託業務、苦情、品質不良、回収、自己点検、PIC/S GDP（医薬品流通基準）ガイド、サイトマスターファイルとバッチ証明書
2017.8 217p 28×21cm ¥8000 ①978-4-8407-4992-3

◆適切な査察対応が見えてくる！ Q&Aで学ぶデータインテグリティ　荻原健一著　じほう
【目次】第1部 各国当局が求めるデータインテグリティ対応の実際（データインテグリティに関するガイダンスの発出状況、MHARの動向とデータインテグリティガイダンス、WHOのデータインテグリティ ほか）、第2部 データインテグリティQ&A集（背景と経過、適用、データガバナンス ほか）、付録 データインテグリティガイダンス要件別一覧表（適用対象、データガバナンス、組織関与 ほか）
2017.9 233p B5 ¥6000 ①978-4-8407-4996-1

◆投薬禁忌リスト　平成29年版　医薬情報研究所編　じほう
【要旨】処方チェックを強力にサポート!!警告・禁忌・併用禁忌および妊婦・授乳婦・小児・高齢者への禁止事項、重大な副作用の代表的な症状を製品ごとに掲載。併用禁忌は""、""の記号を用いて表現を簡潔にまとめ、見やすく、わかりやすい！「飲食物・嗜好品等と医薬品の相互作用一覧」など便利な付録も充実。
2017.4 498, 148p B5 ¥3900 ①978-4-8407-4950-3

◆日本医薬品集 一般薬　2018‐19　日本医薬品集フォーラム監修　じほう　（付属資料：CD－ROM1）
【要旨】国内の薬局・ドラッグストアなどで販売されている要指導医薬品・一般用医薬品（配置用医薬品含む）・指定医薬部外品約11, 500品目の製品情報について、製薬企業各社への調査に基づき、そのリスク区分、成分と分量、効能・効果、用法・用量、使用上の注意を、見やすく、わかりやすい「飲食物・嗜好品等と医薬品の相互作用分類に収載。今版では2017年1月よりスタートしたセルフメディケーション税制対象品目にもマークを付加。各薬効の承認基準や使用上の注意などの資料をCD－ROMに収載し、検索の利便性を高めました。対面販売での情報提供のみならず、インターネット販売においても必要とされる最新情報を網羅した、店頭・オフィス必携の年鑑です。
2017.8 1245p B5 ¥10000 ①978-4-8407-4987-9

◆日本医薬品集 医療薬　2018　日本医薬品集フォーラム監修　じほう
【目次】製剤識別コード一覧（数字編、アルファベット編、マーク編）、会社コード・マーク一覧、付録（新薬一覧、経過措置期間終了成分一覧、適応外使用・審査事例一覧、会社連絡先一覧、薬剤師会が開設する消費者くすり相談窓口一覧）、医薬品安全性情報報告書、化粧品・医薬部外品安全性情報報告書、医療機器安全性情報報告書
2017.8 3580, 260p B5 ¥13000 ①978-4-8407-4982-4

◆日本医薬品集 医療薬 セット版　2018　日本医薬品集フォーラム監修　じほう　（付属資料：別冊1; CD－ROM1）
【要旨】医薬品情報書籍の決定版「日本医薬品集医療薬2018年版」に院内医薬品集作成機能付CD

－ROM最新版をセット！（Win&Mac 対応。ハードディスク完全インストール済。
2017.8 3580, 260p B5 ¥23000 ①978-4-8407-4983-1

◆日本の医薬品構造式集　2017　日本医薬情報編　日本医薬情報センター、丸善出版 発売
2017.3 169p B5 ¥1800 ①978-4-86515-108-4

◆ポケット医薬品集　2017年版　龍原徹、澤田康文著　（福岡）白文舎　第26版
【要旨】医薬品情報の肝を提示！ 医療者の知りたいポイントを反映！ 一行一行に手作り情報を凝集！ 百文字の情報を十六文字で簡潔表現！ 規則を設けない！ 型にはまらない！ 他に例を見ない独自の薬効分類を堅持！
2017 1405p 19×11cm ¥4700 ①978-4-9904003-6-1

◆保険薬事典Plus＋・プラス－　平成29年8月版　―適応・用法付 薬効別薬価基準　薬業研究会編　じほう
【要旨】適応・用法情報も確認できる薬効別薬価基準の最新刊！ 一般名でも商品名でも探せて、2色刷りで見やすい！ 剤形・薬価別にまとめ、薬価の違いがひと目でわかる！
2017.8 987p A5 ¥4600 ①978-4-8407-4981-7

◆薬剤識別コード事典　平成29年改訂版
医薬ジャーナル社編集部編　（大阪）医薬ジャーナル社　改訂40版
【要旨】数字コード、アルファベット、会社ロゴマーク、記号など、あらゆる手がかりからの検索をサポート。メーカー別掲載（50音順）。商品名と成分名が同時にわかり、スピーディな情報収集が可能に。主成分含有量も記載され、より実用的に！ 便利な外用剤索引付き！
2017.2 598p 26×21cm ¥4800 ①978-4-7532-2827-0

◆薬価基準点数早見表　平成29年4月版　じほう編　じほう
2017.4 961, 80p A5 ¥3600 ①978-4-8407-4948-0

◆薬価・効能早見表　2017　薬剤の適応疾患・禁忌疾患・用法用量・薬価の全覧―保険請求・レセプト点検に必須　医学通信社
【目次】内用薬、注射薬、外用薬、歯科用薬剤、付録 2017.4 1264p B5 ¥5600 ①978-4-87058-650-5

◆レセプト事務のための薬効・薬価リスト　平成29年版　医薬情報研究所制作　じほう
【要旨】保険請求事務・審査事務の決定版!!薬価、効能・効果、用法・用量、禁忌・併用禁忌を1冊にまとめました。各製品の規格単位ごとのYJコード（薬価情報コード）、レセ電コード（医薬品請求コード）を網羅！ 投与日数に制限のある内用薬・外用薬一覧つき。薬効分類の複数表記、抗不安薬の多剤投与に係るマークに加え、一般名索引に加算マークが付いてより便利に！
2017.4 960, 104p B5 ¥6500 ①978-4-8407-4949-7

◆JAPIC一般用医薬品集　2018　日本医薬情報センター編　日本医薬情報センター、丸善出版 発売
【要旨】医薬品医療機器総合機構（PMDA）・日本製薬団体連合会（日薬連）と連携し、最新の一般用医薬品添付文書を網羅的に収載。付録には、国内副作用報告の状況、重篤副作用疾患別対応マニュアル（スティーヴンス・ジョンソン症候群他）、セルフメディケーション税制（医療費控除の特例）対象品目一覧、リスク区分情報等を収録。2017.9 252p B5 ¥4800 ①978-4-86515-113-8

◆JAPIC医療用医薬品集普及新版
日本医薬情報センター編　日本医薬情報センター、丸善出版 発売　（付属資料：ルーペ1）
【要旨】約40年の歴史を持つJAPIC医療用医薬品集をA5判のハンディ版として再編集。添付文書から重要かつ必要な効能、用法、警告、禁忌、使用上の注意（相互作用、副作用、妊産婦投与、高齢者投与、小児投与等）、半減期の情報を収録。2017.3 1860p A5 ¥4800 ①978-4-86515-109-1

 食品科学・食品衛生

◆甘いもの中毒―私たちを蝕む「マイルド・ドラッグ」の正体　宗田哲男著　朝日新聞出版（朝日新書）
【要旨】「甘いもの」は「麻薬」である…。ごはんを「3分の1」にするだけでも効果あり！ いわ

ゆる覚せい剤などの「ハード・ドラッグ」ほどではないものの、「甘いもの」には依存性があります。甘い砂糖やごはんなどに含まれる「糖質」は、私たちの意志に関係なく、脳に直接働きかけて糖質過多になるように誘うことができる物質（マイルド・ドラッグ）なのです。その甘い誘惑から逃れる方法を、解説します。
　　2018.1 262p 18cm ¥780 ①978-4-02-273749-6

◆泡をくうお話―ふわふわ、サクサク、もちもちの食べ物　日本調理科学会監修、畑江敬子著　建帛社　（クッカリーサイエンス 008）
【要旨】メレンゲ・カステラ・饅頭・はんぺん、これらに共通するのは「泡」。泡をうまく利用した調理の素晴らしい世界へ。
　　2017.5 134p B6 ¥1600 ①978-4-7679-6191-0

◆エッセンシャル給食経営管理論―給食のトータルマネジメント　富岡和夫、冨田教代編著　医歯薬出版　第4版
【目次】1 総論、2 経営管理、3 栄養・食事管理、4 品質管理、5 会計・原価管理、6 食材料管理、7 生産（調理）管理、8 安全・衛生管理、9 施設・設備管理、10 人事・事務管理
　　2017.1 277p B5 ¥3100 ①978-4-263-70661-9

◆おいしさの科学とビジネス展開の最前線　都甲潔、柏柳誠編著　シーエムシー出版　（食品シリーズ）
【目次】おいしさ基礎編（味覚受容機構、水棲ほ乳類の味覚受容体、味細胞の発生・再生と培養 ほか）、おいしさ応用編（味覚センサの開発、嗅覚センサ実現に向けた総合的研究開発、嗅覚ディスプレイの開発 ほか）、おいしさビジネス編（味覚センサを用いた味の物差し作り、感性数値化技術を活用した「おいしさの見える化」による島根県産品販売戦略、だしのおいしさの可視化 ほか）
　　2017.7 439p B5 ¥86000 ①978-4-7813-1249-1

◆カレント 食べ物と健康 2 食品の成分と加工　青柳康夫、津田孝範編著　建帛社
【目次】第1章 食料の生産と流通、第2章 食品の加工と成分変化、第3章 植物性食品の成分とその加工、第4章 動物性食品の成分とその加工、第5章 油脂、調味料、香辛料、し好飲料の成分とその加工、第6章 微生物利用食品の成分とその加工　2017.5 190p B5 ¥2400 ①978-4-7679-0595-2

◆カレント 食べ物と健康 3 食品衛生学　川井英樹、丸井正樹、川村堅編著　建帛社　第2版
【目次】第1章 食品衛生と法規、第2章 微生物の基礎、第3章 食品の変質、第4章 食中毒、第5章 食品による感染症・寄生虫症、第6章 食品中の有害物質、第7章 食品添加物、第8章 食品衛生管理、第9章 器具と容器包装、第10章 食品の新しい安全性問題
　　2017.9 202p B5 ¥2500 ①978-4-7679-0616-4

◆機能性食品開発のための初期評価試験プロトコール集　山本（前田）万里監修　シーエムシー出版
【目次】第1編 試料調製（抽出、ろ過 ほか）、第2編 機能性評価（整腸作用、血圧降下作用 ほか）、第3編 成分単離・同定、作用機序解析（成分単離・同定、作用機序解析 ほか）、第4編 安全性評価（安全性評価の考え方、機能性関与成分の安全性の評価について）
　　2017.6 366p B5 ¥85000 ①978-4-7813-1248-4

◆機能性食品学　今井伸二郎著　コロナ社
【目次】第1編 機能性食品概要（既存の機能性食品制度、新しく制定された機能性表示食品制度、タンパク質の代謝とその機能、脂質の代謝とその機能）、第2編 主要栄養素の機能（主要3大栄養素、糖質の代謝とその機能）、第3編 機能性食品成分と疾病のかかわり（免疫、ガン・腫瘍、循環器、脳・神経、糖尿病、骨代謝性疾患、脂質異常症）、第4編 機能性食品の課題（機能性食品の安全性、機能性食品の今後の動向）
　　2017.3 186p A5 ¥2600 ①978-4-339-06753-8

◆機能性糖質素材・甘味料の開発と市場　シーエムシー出版
【目次】第1編 開発編（エピラクトースの実用的合成法と生理機能、希少糖D-アロースの大量生産、N-アセチルグルコサミン含有オリゴ糖、ゴマ種子由来微量オリゴ糖の探索、トレハロースの特性を活かした機能性技術としての開発―エネルギー源、ストレス応答、オートファジー、パラチノース（イソマルツロース）、ガラクトオリゴ糖、ラクチュロース（ミルクオリゴ糖）の機能性、機能性糖質素材「キチンオリゴ糖」の応

用、リン酸化オリゴ糖カルシウムの機能性食品への応用）、第2編 市場編（国内の機能性糖質市場、甘味料市場の動向、機能性糖質・甘味料の製品別動向、メーカー動向）
　　2017.6 209p B5 ¥3500 ①978-4-7813-1252-1

◆機能性表示食品―適正な研究レビューのための必携マニュアル　上岡洋晴、折笠秀樹編著　ライフサイエンス出版
【要旨】消費者庁の検証事業報告書（2016年3月）に対応した、良質なSR作成のための必携書。
　　2016.12 61p A4 ¥2500 ①978-4-89775-353-9

◆給食経営管理論実習　石田裕美編著　建帛社
【目次】序章 実習の目標、1 実習の設定、2 栄養・食事管理、3 献立管理、4 サブシステムの計画・実施・評価、5 総合評価、6 献立の立案、7 栄養管理報告書の作成、8 実習の展開
　　2017.4 149p B5 ¥2300 ①978-4-7679-0557-0

◆給食の運営 給食計画・実務論　富岡和夫著　医歯薬出版　第5版
【目次】1 総論、2 経営管理、3 栄養管理、4 食材料管理、5 衛生・安全管理、6 給食の施設・設備、7 作業管理、8 給食施設の種類と特徴
　　2017.1 271p B5 ¥2800 ①978-4-263-70436-3

◆健康を担う「日本の食」病気を生む「欧米の食」　長谷山俊郎著　農林統計出版
【目次】第1部「小麦は食べるな！」の衝撃―「炎症」の元を知る、第2部 高たんぱく質は病気をもたらす―植物性食品で未精製・未加工が大事、第3部 糖尿病も認知症の食の摂り方で―両方とも防げる時代に、第4部「酸化の鎖を外す」と健康になる―体の「サビ」をぬこう、第5部 微生物が人の健康を果たす―共生の仲間に「エサ」を、第6部 日本人が選んできた食の意義―「日本の食」の核心、むすび―一体の浄化力が大事、おわりに―わかりやすい「健康学」の創出を
　　2017.10 288p B6 ¥1800 ①978-4-89732-373-2

◆健康と調理のサイエンス―調理科学と健康の接点　大越ひろ、品川弘子編著　学文社　第4版
【目次】1 食べ物の嗜好性と機能（食べ物の嗜好性、食べ物の機能と環境）、2 おいしさを演出する食品素材のサイエンス（調味料・香辛料・だしがおいしさに果たす役割、ハイドロコロイドがテクスチャーを変化させる仕組み）、3 調理操作のサイエンス（調理操作の基礎サイエンス、調理操作のサイエンス、調理場設備・機器とエネルギー、新調理システム）、4 食事の設計（献立と食事設計、料理様式分類の活用、食卓構成と食事文化）、5 食品素材の調理による変化とサイエンス―物性・栄養成分・機能性など（炭水化物を多く含む食品素材のサイエンス、たんぱく質を多く含む食品素材のサイエンス、ビタミン・無機質を含む食品素材のサイエンス、油脂を多く含む食品素材のサイエンス、嗜好飲料と嗜好食品の調理とサイエンス）
　　2017.3 195p B5 ¥2700 ①978-4-7620-2707-9

◆小麦粉の科学　大槻秀樹著　日刊工業新聞社　（B&Tブックス―おもしろサイエンス）
【要旨】小麦粉は、水を加え捏ねると粘りや弾力が生じ、加熱すると崩れにくく溶けにくい性質となり、快い歯ごたえを生み出します。また、発酵させることで新たな製品を創り出してきました。小麦粉は、食品としての消費量も多く、多様な食べ方が可能なオールラウンドプレーヤーなのです。
　　2017.9 157p A5 ¥1600 ①978-4-526-07749-4

◆食行動の科学―「食べる」を読み解く　今田純雄、和田有史編　朝倉書店　（食と味嗅覚の人間科学）
【目次】第1部 食行動科学の基礎（食行動研究の基礎、食行動と感覚・知覚、食行動と社会的認知、食行動の心身統合的理解）、第2部 食行動の生涯発達（食行動の生涯にわたる変化、食に関する理解の発達、高齢者の食、ヒトの生物性と文化性を結ぶ食認知）、第3部 食行動科学の応用（官能評価、栄養教育、食事療法による生活習慣病の予防、応用行動分析学：体重減量のプログラム、肥満に関連する食行動と介入プログラム、新たな食行動科学へ向けて：ビッグデータを用いた食行動の分析）
　　2017.4 239p A5 ¥4200 ①978-4-254-10667-1

◆食鳥処理衛生ハンドブック　日本食品衛生協会　第4版
【目次】1 公衆衛生概論、2 家きん解剖・生理学、3 家きん疾病学、4 食鳥肉衛生学1―食鳥肉の衛生、5 食鳥肉衛生学2―食鳥検査の方法、6 食鳥

検査法令、7 関連法令
　　2017.1 249p B5 ¥3500 ①978-4-88925-087-9

◆食と微生物の事典　北本勝ひこ、春田伸、丸山潤一、後藤慶一、尾花望、齋藤勝晴編　朝倉書店
【目次】第1章 発酵食品をつくる微生物（日本酒、麹菌 ほか）、第2章 食材に付加価値をつける微生物（細菌による生理活性イノシトール生産、乳酸菌がつくる多糖類の免疫調節機能 ほか）、第3章 食品の腐敗と微生物（食品の腐敗・変敗、食品の変色・異臭・軟化と微生物 ほか）、第4章 食とヒト常在微生物（ヒト常在微生物、食生活と口腔微生物 ほか）、第5章 食料生産と微生物（農業に関わる微生物、土壌バイオマスと土壌呼吸 ほか）
　　2017.7 490p A5 ¥10000 ①978-4-254-43121-6

◆食品安全マネジメント―一般衛生管理による　角直樹、中村滋男著　幸書房
【要旨】HACCP義務化A、B、（C）規格対応への第1歩。食品安全経営の確立とHACCP前提条件の必須アイテム満載!!特別寄稿、食品安全に関する法律体系、ガイドライン全文、衛生管理度調査表掲載。
　　2017.4 224p A5 ¥3500 ①978-4-7821-0413-2

◆食品衛生学―管理栄養士国家試験改定ガイドライン対応　伊藤武、古賀信幸編著　建帛社　（Nブックス）　新版第2版
【目次】食品衛生学総論、食品と微生物、食品の変質と防止、食中毒、経口感染症、衛生指標菌と異物、飲食品と寄生虫、有害物質による食品汚染、食品添加物、農薬・動物用医薬品および放射線照射食品、遺伝子組換え食品、器具および容器・包装に関する衛生、食品従事者による食品衛生対策
　　2017.2 229p B5 ¥2600 ①978-4-7679-0593-8

◆食品衛生学―食の安全性を理解するために　西瀬弘、桧垣俊介、和島孝浩著　（京都）化学同人　〈"はじめて学ぶ"健康・栄養系教科書シリーズ 11〉
【目次】1章 食品衛生と法規、2章 食品の変質、3章 食中毒、4章 経口感染症・寄生虫症、5章 食品中の汚染・有害物質、6章 食品添加物、7章 食品の衛生管理、8章 食品の安全性問題
　　2017.8 166p B5 ¥2600 ①978-4-7598-1860-4

◆食品衛生学―食べ物と健康 5　川添禎浩編　（京都）化学同人　（新 食品・栄養科学シリーズ）　新版
【目次】食品の安全、食品衛生法と関連法規、食品衛生行政、食中毒の発生状況、細菌性食中毒、食品媒介感染症、動物性自然毒食中毒：魚介類、植物性自然毒食中毒、化学性食中毒、真菌中毒症、食品の変質、食品添加物、食品の器具・容器包装、異物、衛生動物、食品汚染物質、食品の毒性学
　　2017.9 194p B5 ¥2500 ①978-4-7598-1644-0

◆食品衛生検査指針 理化学編追補 2016　日本食品衛生協会
【目次】第6章 食品中の汚染物質および変質物（「食品中の有害物質等に関する分析法の妥当性確認ガイドライン」及び「ミネラルウォーター中の各種化学物質」追補の概要、食品中の有害物質等に関する分析法の妥当性確認ガイドライン（通知）、ミネラルウォーター類中の化学物質等）、第7章 自然毒（下痢性貝毒）
　　2016.12 76p B5 ¥3400 ①978-4-88925-086-2

◆食品学 1 食品成分とその機能を正しく理解するために　佐藤薫、中島肇編　（京都）化学同人　（ステップアップ栄養・健康科学シリーズ 4）
【目次】第1章 人間と食品、第2章 食品機能と食品学、第3章 食品の一次機能、第4章 食品の二次機能、第5章 食品の三次機能、第6章 食品成分の相互作用、第7章 食品表示の規格：健康や栄養に関する食品表示、付録
　　2017.4 174p B5 ¥2300 ①978-4-7598-1894-9

◆食品学 1 食品の化学・物性と機能性　中山勉、和泉秀彦編　南江堂　改訂第3版
【目次】1章 序論、2章 食品の主要成分、3章 食品の嗜好成分、4章 食品成分の反応、5章 食品の物性、6章 食品の機能性
　　2017.1 220p B5 ¥2800 ①978-4-524-25598-6

◆食品学 2 食品の分類と特性・用途を正しく理解するために　中島肇、佐藤薫編　（京都）化学同人　（ステップアップ栄養・健康科学シリーズ 5）
【目次】第1章 人間と食品、第2章 食品成分表（七訂）を使いこなすために、第3章 植物性食品、第

4章 動物性食品、第5章 油脂類、菓子類、し好飲料類、調味料及び香辛料類、調理加工食品類、第6章 食品成分表（七訂）に記載された調理条件、注意を要する食品、第7章 食品表示法、付録
2017.5 174p B5 ¥2300 ①978-4-7598-1895-6

◆食品学　2　食品の分類と利用法　中山勉，和泉秀彦編著　南江堂　改訂第3版
【目次】1章 序論、2章 食品成分表、3章 植物性食品、4章 動物性食品、5章 油脂類、6章 甘味料・調味料・香辛料・嗜好飲料、7章 微生物利用食品、8章 バイオ食品、9章 食品の保存・加工・流通　2017.9 228p B5 ¥2400 ①978-4-524-25599-3

◆食品学実験書　藤田修三、山田和彦編著　医歯薬出版　第3版
【目次】1 食品の基礎実験（実験の基礎、容量分析 ほか）、2 食品成分の定性実験（たんぱく質・アミノ酸の定性、糖質の定性 ほか）、3 日本食品標準成分表に基づく定量実験（日本食品標準成分表、エネルギー値の算出 ほか）、4 食品の応用実験（食品の分離、食品の色 ほか）
2017.3 222p B5 ¥2500 ①978-4-263-70720-3

◆食品学実験書　青柳康夫編著、青木隆子、石井裕子、春日敦子、佐々木弘子、藤原しのぶ共著　建帛社　新版改訂
【目次】第1章 基礎実験（実験を始める前に、器具およびガラス細工 ほか）、第2章 食品成分の性質と変化（アミノ酸、たんぱく質に関する実験、脂質に関する実験 ほか）、第3章 『食品成分表』策定に用いられている分析法（試料の取り扱い、水分 ほか）、第4章 その他の成分分析法（水分活性、アミノ酸、たんぱく質の分析 ほか）、第5章 食品の表示と品質検査（食品の表示、食品の品質検査 ほか）
2017.4 228p A5 ¥2400 ①978-4-7679-0596-9

◆食品とオゾンの科学―微生物的原因とその制御　内藤茂三著　建帛社
【目次】第1章 オゾン殺菌、第2章 オゾン脱臭、第3章 オゾンの生理的効果、第4章 食品原材料のオゾン殺菌、第5章 食品のオゾン殺菌、第6章 食品工場のオゾン殺菌、第7章 オゾンを用いた無菌充填技術、第8章 オゾンの毒性と安全性
2017.7 419p A5 ¥6500 ①978-4-7679-6190-3

◆食品の界面制御技術と応用―開発現場と研究最前線を繋ぐ　松村康生、松宮健太郎、小川晃弘監修　シーエムシー出版　（食品シリーズ）普及版
【目次】第1編 食品における界面化学の基礎（液状乳化系食品、固体分散系食品、気泡分散系食品 ほか）、第2編 界面制御に関わる食品素材（乳化剤、油脂、高分子）、第3編 界面制御技術の応用例（小麦加工品、乳製品、油脂製品、菓子類、飲料、調味料）
2017.10 254p B5 ¥5100 ①978-4-7813-1213-2

◆食品の正しい知識―毎日の健康自主管理のために　三石巌著　阿部出版　（健康自主管理システム 2）
【要旨】自分の健康は自分で管理しよう。分子生物学に基づいた理論を確立し、健康自主管理を実践した三石巌。本書では食品の正しい知識を分子栄養学の立場から詳しく解説。テレビやインターネットの情報にはもう惑わされない。あなたの健康を維持するための正しい知識がやさしく学べる。三石理論による「健康自主管理システム」のシリーズ第2巻。
2017.7 195p B6 ¥1200 ①978-4-87242-653-3

◆食品の変敗微生物―その原因菌と制御　内藤茂三著　幸書房　改訂増補
【目次】第1章 食品変敗と原因微生物、第2章 乳酸菌による食品変敗と制御、第3章 Bacillus 属細菌による食品変敗、第4章 嫌気性耐熱性芽胞細菌による食品変敗、第5章 Micrococcus 属細菌による食品変敗と制御、第6章 低温性細菌による食品変敗、第7章 酵母による食品変敗と制御、第8章 カビによる食品変敗と制御、第9章 食品保存料および殺菌剤の耐性菌による食品変敗と制御、第10章 ヒト感染性微生物による食品変敗と制御
2017.12 341p A5 ¥5400 ①978-4-7821-0423-1

◆食品表示検定認定テキスト・中級　食品表示検定協会編著　ダイヤモンド・リテイルメディア、ダイヤモンド社 発売　改訂版第5版
【要旨】解説分野の拡大と豊富な実例により、内容を一層充実させ、大幅増ページ！「食品表示」の重要ポイントが1冊で学べる検定試験認定テキスト！2017年6月以降の中級試験に対応！
2017.1 363p A5 ¥2500 ①978-4-478-09051-0

◆食物学概論　藤原葉子編著　光生館　第2版
【目次】第1章 人と食物（食物の変遷と日本の食文化、人と食物）、第2章 食と栄養（食と健康、栄養素の機能と役割、食品中のその他の成分、食生活の設計）、第3章 食品と調理・加工（食物と食品、食品の機能、植物性食品、動物性食品、その他の食品）、第4章 食と社会環境（日本の食を取り巻く状況の変化と課題、食品の安全）、第5章 食育の役割（食育とは、食育基本法と食育活動、食に関する指導と家庭科における食教育の充実）
2017.9 198p A5 ¥1800 ①978-4-332-04065-1

◆スパイス入門　山崎春栄著　日本食糧新聞社　（食品知識ミニブックスシリーズ）改訂4版
【要旨】スパイスで「食卓に、自然としあわせを」素材のおいしさを引き出し、古来、人々の健やかな生活をささえてきたスパイスの魅力と優れた機能をご紹介。
2017.3 239p 18cm ¥1200 ①978-4-88927-251-2

◆スパイス・ハーブの機能と最新応用技術　中谷延二監修　シーエムシー出版　（食品シリーズ）普及版
【目次】第1編 総論（スパイス・ハーブとは、スパイス・ハーブの歴史、スパイス・ハーブと生薬 ほか）、第2編 素材（スパイス・ハーブの食品としての機能、シソ科植物と機能、ショウガ科植物と機能 ほか）、第3編 製造技術と応用開発（スパイス・ハーブの調理特性、ドライコートスパイス（香辛料抽出物製剤）の製造技術およびその特性と応用例、スパイス系シーズニングオイルの製造開発 ほか）
2017.2 288p B5 ¥5800 ①978-4-7813-1134-0

◆製菓衛生師教本　全国製菓衛生師養成施設協会編　学研プラス
衛生法規、公衆栄養学、食品栄養学、社会、栄養学、食品学、製菓理論、製菓実技
2017.3 2Vols.set B5 ¥6700 ①978-4-05-800712-9

◆全施設における臨地実習マニュアル―給食経営管理・給食の運営　松﨑政三、名倉秀子編著　建帛社　（付属資料：別冊1）第3版
【目次】序章（臨地実習（校外実習含む）の目的・目標、実習のまとめと報告、臨地・校外実習の準備と心得）、1 給食経営管理実習（実習の目的、実習事項）、2 給食の運営（実習の目的、実習事項）、3 実習に必要な知識（医療保険制度、介護保険制度、医療におけるプライバシーの保護―守秘義務と個人情報保護法、ISO、給食経営管理に使われる用語、帳票類）
2017.3 118p A4 ¥2300 ①978-4-7679-0609-6

◆素朴な疑問―食品の裏側から くらしの中の添加物・調味料入門　安部司著　（福岡）不知火書房
【要旨】添加物から離れる食生活。添加物の働きを知り、そのメリットとデメリットを考える。加工食品に表示されているラベルの読み解き方を知り、購入時に役立てる。塩、砂糖、酢、醤油、味噌、みりん―いい素材と手間・暇をかけて作られた基本調味料の使いこなし方を知り、地域の作り手を支える。西日本新聞生活面で連載。
2017.6 161p A5 ¥1200 ①978-4-88345-113-5

◆だしの科学　的場輝佳、外内尚人編　朝倉書店　（食物と健康の科学シリーズ）
【目次】1 だしの文化、2 だしの食品学、3 だしの調理学、4 だしの栄養学、5 だしの生理学、6 だしの社会学、7 だしの教育学
2017.5 198p A5 ¥3400 ①978-4-254-43554-2

◆多職種で取り組む食支援―急性期から看取りまで僕なら私なら「こう食べていただきます！」　古屋聡編　南山堂
【目次】1章 すべての医療職が知っておくべき基礎知識、2章 あなたの患者が困っていたら、誰に相談する？、3章 強制栄養と看取りをめぐって、4章 病院でも在宅でも医療機器を活用する、5章 食支援と地域活動―病院NSTから地域へ、6章 熊本地震の際のDNST活動
2017.10 169p B5 ¥2700 ①978-4-525-20731-1

◆食べ物と健康　1　食品の化学と機能―カレント　青柳康夫、津田孝範編著　建帛社
【目次】第1章 人間と食品、第2章 食品の分類と食品成分表、第3章 食品の一次機能と化学、第4章 食品の二次機能と化学、第5章 食品の三次機能、第6章 食品の表示と規格・基準
2017.5 202p B5 ¥2500 ①978-4-7679-0594-5

◆食べ物と健康　1　食品学総論―食品の成分と機能　津田謹輔、伏木亨、本田佳子監修、寺尾
純二、村上明編　中山書店　（Visual栄養学テキストシリーズ）
【目次】1章 人間と食品（食文化と食生活、食生活と健康、食料と環境問題）、2章 食品の機能（一次機能、二次機能、三次機能）、3章 食品の表示と規格基準（食品表示制度、健康や栄養に関する表示の制度）
2018.1 148p A4 ¥2700 ①978-4-521-74287-8

◆食べ物と健康　2　食品学各論―食品の分類・特性・利用　津田謹輔、伏木亨、本田佳子監修、土居幸雄編　中山書店　（Visual栄養学テキストシリーズ）
【目次】1章 食品の分類、2章 食品成分表、3章 植物性食品（分類、特性、利用）、4章 動物性食品（分類、特性、利用）、5章 微生物利用食品、6章 油脂・甘味料・調味料・香辛料・嗜好飲料、7章 食品の保存と加工、8章 食品の加工と食品の変化　2018.1 156p A4 ¥2700 ①978-4-521-74288-5

◆食べ物と健康 食品学各論・食品加工学（演習問題付）　谷口亜樹子編著　光生館
【目次】第1章 食品の分類、第2章 植物性食品、第3章 動物性食品、第4章 食用油脂、第5章 甘味料・調味料・香辛料・嗜好飲料、第6章 調理加工食品、第7章 微生物利用食品、第8章 食品の加工　2017.3 190p B5 ¥2200 ①978-4-332-04063-7

◆食べ物と健康 食品学・食品機能学・食品加工学　長澤治子編著　医歯薬出版　第3版
【目次】1 人間と食べ物、2 食品の分類と食品成分表の理解、3 食品の機能、4 食品保存・加工に伴う食品成分の変化と食品学、5 食品の加工・保存・流通と栄養、6 食品の表示と規格基準、7 各種食品の栄養特性・機能特性
2017.2 278p B5 ¥2600 ①978-4-263-70715-9

◆食べ物と健康 食品学総論（演習問題付）　谷口亜樹子編著　光生館
【目次】第1章 人間と食品、第2章 食品の成分、第3章 食品の嗜好成分、第4章 食品の反応、第5章 食品の物性、第6章 食品の機能
2017.3 166p B5 ¥2600 ①978-4-332-04062-0

◆食べ物と健康・食品と衛生 新食品衛生学要説　2017年版　細見祐太郎、松本昌雄、廣末トシ子編　医歯薬出版　第10版
【目次】序論、食品衛生行政、食品衛生関係法規、食品と微生物、食品の変質、変質の防止、食中毒、経口的寄生虫疾患、食品と感染症、有害物質による食品汚染、食品添加物、食品中の発がん物質、食品の器具・容器包装、台所用洗浄剤、農産食品の衛生、畜産食品の衛生、水産食品の衛生、食品衛生対策、食品の安全性
2017.3 259p B5 ¥2800 ①978-4-263-70719-7

◆炭水化物が人類を滅ぼす "最終解答編"―植物vs.ヒトの全人類史　夏井睦著　光文社　（光文社新書）
【要旨】ベストセラー『炭水化物が人類を滅ぼす』の刊行から4年。この間、糖質制限を取り巻く社会の状況は大きく変化した。批判的な記事は数を減らし、代わってスーパーや外食チェーンには糖質オフ商品が続々登場。今や糖質制限市場ともいうべき巨大マーケットが形成されている。それは何より消費者の側が、健康への効果を体感しているからだろう。続編となる本書では、前作で未解決だったいくつかの問題を解決し、実践者からの大規模アンケートの結果を公開。さらに糖質セイゲニストの立場から、全生命史、全人類史を縦横無尽に試みに挑む。「糖質まみれの近・現代人」による研究は初期人類（糖質ゼロ）の姿を見設ついる。19世紀的知識の呪縛、シアノバクテリアの呪いから我々の脳を解き放ち、糖質に操られる生活から人生を取り戻すべく、縦横無尽に新説・仮説を展開しながら語る。
2017.10 293p 17cm ¥840 ①978-4-334-04317-9

◆調理科学のなぜ？―楽しい食品成分のふしぎ　松本仲子監修　朝日新聞社
【目次】1 調理以前のこと（おいしさのこと、たんぱく質とでんぷんのこと、酵素のこと、アルカリ性、酸性のこと）、2 肉のうまい食品―魚、肉、大豆、卵、牛乳（魚介類の特性、肉類の特性、大豆の特性、卵の特性、牛乳の特性）、3 ビタミン無機質を含む食品―野菜、いも、大豆以外の豆（野菜の特性、いもの特性）、4 でんぷん質の食品―米、小麦粉、大豆（米の特性、小麦粉以外の粉（米の特性、小麦粉の特性、小麦粉以外の粉類の特性）
2017.5 255p A5 ¥1200 ①978-4-02-333155-6

◆調理学―食品の調理特性を正しく理解するために　河内公恵編　（京都）化学同人　（ステップアップ栄養・健康科学シリーズ 7）

【目次】第1章 調理の意義、第2章 炭水化物を多く含む食品、第3章 たんぱく質を多く含む食品、第4章 ビタミン・無機質を多く含む食品、第5章 その他の食品、第6章 調理操作と調理機器、第7章 食事設計論、第8章 食べ物のおいしさと評価、第9章 食料と環境問題、資料
2017.4 174p B5 ¥2300 ①978-4-7598-1897-0

◆解いて学ぶ！ 食品安全・衛生テキスト＆問題集　藤井建夫,塩見一雄著　講談社
【要旨】管理栄養士の国家試験対策。268の五択問題で力だめし！
2017.3 263p A5 ¥2600 ①978-4-06-139847-4

◆流れと要点がわかる調理学実習─豊富な献立と説明　香西みどり,綾部園子編著　光生館　第2版
【目次】第1部 講義編（日本料理・中国料理・西洋料理について、献立作成について）、第2部 実習編（ガイダンス：調理実習を学ぶにあたって、日本料理、中国料理、西洋料理、正月料理、クリスマス料理、介護食、菓子類、単品料理）、付録（実習献立と関連のある実験データ、献立表）
2017.3 179p B5 ¥2800 ①978-4-332-05041-4

◆日本食品大事典─電子版付　杉田浩一,平宏和,田島眞,安井明美編　医歯薬出版　新版
【要旨】一般的に見られる食品を約4000項目、写真2000点以上収録。「日本食品標準成分表2015年版（七訂）追補2016年」の食品も収載。
2017.3 945p A5 ¥9000 ①978-4-263-70716-6

◆発酵と醸造のいろは─伝統技法からデータに基づく製造技術まで　エヌ・ティー・エス
【目次】食文化における発酵技術、第1編 発酵・醸造の基礎（発酵とは：主な発酵微生物とその取扱い─性質、選別、育種、培養、利用など、食品発酵でおこる化学反応、食品工場へのHACCP導入と発酵食品の衛生管理）、第2編 発酵・醸造食品製造における伝統技術と最新技術（日本酒、ワイン、ビール生産の歴史と製造技術、本格焼酎の歴史と製造技術 ほか）
2017.10 368, 12p B5 ¥32000 ①978-4-86043-519-6

◆フード・マイレージ─あなたの食が地球を変える　中田哲也著　日本評論社　新版
【目次】1 フード・マイレージを考える背景（「食」に関する情報の氾濫、食生活の変容と、それがもたらした問題点 ほか）、2 私たちの食と地球環境問題（なぜ地球環境問題か─三つの局面での問題点、輸入国の資源・環境に与えている負荷 ほか）、3 フード・マイレージの考え方と輸入食料のフード・マイレージ（フードマイルズ運動とフード・マイレージ、輸入食料のフード・マイレージ ほか）、4 フード・マイレージと地産地消、食育（地産地消の取り組みの隆盛とその背景、食育の場でのフード・マイレージの活用 ほか）、5 フード・マイレージから「食」を考える（フード・マイレージから見えてきた私たちの「食」、食を考える視点 ほか）
2018.1 255p B6 ¥1800 ①978-4-535-58713-7

◆免疫機能性食品の基礎と応用　上野川修一監修　シーエムシー出版　（食品シリーズ）普及版
【目次】基礎編（腸管免疫系の構造と特性、腸内フローラとその食物による変動 ほか）、免疫賦活編（乳酸菌の免疫調節作用、乳酸菌がつくるEPS（多糖体）の免疫賦活作用 ほか）、抗アレルギー編（乳酸菌の花粉症抑制作用、しょうゆ諸味由来乳酸菌Tetragenococcus halophilus KK221（Th221株）の抗アレルギー作用 ほか）、低アレルゲン編（ミルクアレルギーの赤ちゃんのためのペプチドミルク、低アレルゲン化大豆加工食品の開発 ほか）、検査・安全性編（アレルギー物質を含む食品の検査法、加工食品にも対応可能な食品アレルギー用検査キット ほか）
2017.1 227p B5 ¥4500 ①978-4-7813-1132-6

◆四訂 フードスペシャリスト論　日本フードスペシャリスト協会編　建帛社　四訂第4版
【目次】1 フードスペシャリストとは、2 人類と食物、3 世界の食、4 日本の食、5 現代日本の食生活、6 食品産業の役割、7 食品の品質規格と表示、8 食情報と消費者保護
2017.2 195p A5 ¥2000 ①978-4-7679-0604-1

◆料理の科学加工─加工・加熱・調味・保存のメカニズム　齋藤勝裕著　SBクリエイティブ（サイエンス・アイ新書）
【要旨】料理を作るという行為は化学の実験と同じだ！ 食材を洗浄する意味とは？ 加熱で食材はどう変化するか？ 調味がもたらす効果は？ 腐

敗と中毒を防げ！ 料理がもっとおもしろくなるお役立ち知識が満載！
2017.6 191p 18cm ¥1000 ①978-4-7973-9184-8

 栄養科学

◆医療概論　河田光博,小澤一史,渋谷まさと編　講談社　（栄養科学シリーズNEXT）
【目次】医療、医学と保健、福祉、医療提供施設と医療の担い手、医行為の変遷と診療の補助、生命倫理、医の倫理、プロフェッショナリズム、職業倫理、臨床研究と倫理、全人的医療、患者の権利、障害者の権利〔ほか〕
2017.11 162p B5 ¥2400 ①978-4-06-155396-5

◆ウエルネス公衆栄養学　2017年版　前大道義子,松原知子編　医歯薬出版　第13版
【目次】1 公衆栄養の概念、2 健康・栄養問題の現状と課題、3 栄養政策、4 栄養疫学、5 公衆栄養マネジメント、6 公衆栄養プログラムの展開
2017.3 250p B5 ¥2800 ①978-4-263-70717-3

◆美しくやせる食べ方 ディフェンシブ─体を守る栄養学　藤本幸弘著　学研プラス
【要旨】脂肪がつく原因は栄養素不足だった！ 糖質制限でキレイになれない！ ちまたに溢れる健康情報に振り回されている人へ。身体を守り、老化・不調と戦うために、知っておきたい栄養学の新常識。アンチエイジングの専門医が研究した、栄養の真実。
2018.1 190p B6 ¥1200 ①978-4-05-800860-7

◆栄養関係法規集　栄養関係法規集編集委員会編　建帛社　第9版
【目次】第1章 栄養士・管理栄養士に必要な栄養関係の法令・通知（栄養士法、栄養士法施行令ほか）、第2章 栄養士・管理栄養士の配置規定並びに栄養士業務に係る法令・通知（学校給食、病院給食 ほか）、第3章 栄養指導・健康増進関連の法令・通知（21世紀における国民健康づくり運動（健康日本21）、健康日本21（第二次）ほか）、第4章 その他の関係法令（地域保健法、地域保健法施行令 ほか）
2017.7 337p A5 ¥2500 ①978-4-7679-6192-7

◆栄養管理プロセス 基礎と概念　日本栄養改善学会監修,木戸康博,小倉嘉夫,眞鍋祐之編　医歯薬出版　（管理栄養士養成課程におけるモデルコアカリキュラム2015準拠 第1巻）　第2版
【目次】1 栄養管理の基礎（栄養管理の概念、栄養管理の過程、栄養支援の内容 ほか）、2 栄養管理プロセス（栄養スクリーニングの方法、栄養評価の方法、栄養診断 ほか）、3 栄養管理プロセスの事例（公衆栄養における栄養管理、栄養教育における栄養管理、臨床栄養における栄養管理 ほか）
2017.9 122p B5 ¥2200 ①978-4-263-70681-7

◆栄養教育論　田中敬子,前田佳予子編　朝倉書店　（テキスト食物と栄養科学シリーズ 8）第2版
【目次】1 栄養教育の概念（栄養教育の目的・目標、栄養教育の対象と機会）、2 栄養教育のための理論的基礎（栄養教育と行動科学、行動科学の理論とモデル ほか）、3 栄養教育マネジメント（栄養教育マネジメントの概要、健康・食物摂取に影響を及ぼす要因のアセスメント ほか）、4 ライフステージ・ライフスタイル別栄養教育の展開（妊娠・授乳期の栄養教育、乳幼児期の栄養教育 ほか）、5 栄養教育における国際的動向（先進国における栄養教育、開発途上国における栄養教育）
2017.3 173p B5 ¥2700 ①978-4-254-61660-6

◆栄養教育論　吉田勉監修,土江節子編著　学文社　（食物と栄養学基礎シリーズ 9）　第四版
【目次】1 栄養教育の概念（栄養教育の目的・目標、栄養教育の対象と機会）、2 栄養教育のための理論的基礎（行動科学の理論やモデルと栄養教育、行動科学の理論とモデル ほか）、3 栄養教育マネジメント（健康・食物摂取に影響を及ぼす要因のアセスメント、栄養教育の目標設定 ほか）、4 ライフステージ・ライフスタイル別栄養教育（妊娠・授乳期の栄養教育、乳幼児期の栄養教育 ほか）、5 栄養教育の国際的動向（わが国と諸外国の食生活の比較、先進国における栄養教育 ほか）
2017.4 167p B5 ¥2500 ①978-4-7620-2723-9

◆栄養教育論実習・演習　逸見幾代編　ドメス出版

【目次】第1章 栄養教育の概念と基礎理論、第2章 栄養教育マネジメントのアセスメント、第3章 栄養教育マネジメントの計画・実施、第4章 栄養教育マネジメントの評価、第5章 栄養教育マネジメントの実践（集団栄養教育と個別栄養教育）、第6章 栄養教論論
2017.4 148p B5 ¥2700 ①978-4-8107-0833-2

◆栄養教諭論─理論と実際　金田雅代編著　建帛社　三訂第3版
【目次】栄養教論の制度と役割、学校給食の教育的意義と役割、学校組織と栄養教論の位置づけ、学校給食の歴史と食文化の変遷、子どもの発達と食生活、「食に関する指導」の全体計画、「食に関する指導」の展開、給食の時間における食に関する指導、食に関する指導と小学生用食育教材、小学校「家庭科」、中学校「技術・家庭科」における食に関する指導、「体育科・保健体育科」における食に関する指導、「道徳・特別活動」における食に関する指導、「生活科」における食に関する指導、「総合的な学習の時間」における食に関する指導、個別栄養相談指導、家庭・地域との連携、資料
2017.1 226p B5 ¥2700 ①978-4-7679-2108-2

◆栄養・健康データハンドブック　2017/2018　藤澤良知編著　同文書院　第十八版
【目次】栄養士法および栄養士法、健康増進法およびその解説、食育基本法、人口問題とその動態、生活習慣病予防と栄養、メタボリックシンドロームと特定健診・特定保健指導、公衆衛生関係統計、国民栄養・食生活、栄養改善の諸制度、食事摂取基準・食品分類法、健康・栄養行政、健康増進活動、健康増進のための食生活指導、健康増進のための運動・休養指導、母子栄養、学齢児期の栄養、高齢者の栄養と介護問題、特定給食施設（集団給食）指導、世界の栄養政策・食料政策　2017.4 521p A5 ¥2700 ①978-4-8103-1463-2

◆栄養・管理栄養士をめざす人の調理・献立作成の基礎　坂本裕子,森美奈子編著　（京都）化学同人
【目次】1 調理や食品の基礎を学ぶ（献立作りのために調理の基礎を学ぼう、バランスのよい献立を作るために食品を知ろう）、2 献立作成の基礎を学ぶ（献立作成に必要な基礎知識を学ぼう、献立作成の手順と評価を学ぼう、大量調理を学ぶための基礎を身に付けよう）
2017.1 99p B5 ¥1500 ①978-4-7598-1826-0

◆栄養士のための栄養指導論　芦川修武,田中弘之編　学建書院　第5版
【目次】総論（栄養指導の概念、栄養指導の歴史と現状、栄養指導に関連するおもな法令、栄養指導に関連するおもな指標、栄養状態の評価と栄養調査、栄養指導に必要な基礎知識、栄養指導関連の諸施策、栄養指導と情報の収集・処理）、各論（栄養指導の技術と方法、ライフステージ別の栄養指導、高齢者障害と栄養指導、特定給食施設における栄養指導）
2017.3 359p B5 ¥3000 ①978-4-7624-4875-1

◆栄養・食事管理のための対象者別給食献立　鈴木久乃,殿塚婦美子,長田早苗編著　建帛社
【目次】1 給食経営管理における献立の位置づけ（給食の運営管理の中核となる機能と役割、献立作成の手順と評価、事業所給食を例にして─栄養・食事計画、給食の運営管理の実習・演習における献立作成の意義と役割、給食システム・調理機器の変化と献立）、2 対象者別施設の特徴と献立計画（保育所、学校、事業所、高齢者施設、病院、新調理システム）、3 対象者施設別献立例
2017.4 192p B5 ¥2500 ①978-4-7679-0601-0

◆栄養素じてん─キャラで図解！　牧野直子監修,松本麻希イラスト　新星出版社
【要旨】体のなかで、走ったり流したり、栄養素がキャラになって、またまた大活躍！ 実践編・スピンアウト本！
2017.11 127p B6 ¥1200 ①978-4-405-09351-5

◆演習 栄養教育　大里進子、城田知子編著　医歯薬出版　第7版
【目次】1 演習栄養教育の基本概念、2 栄養教育の基礎知識、3 実態把握の方法、4 医学的検査法、5 栄養アセスメント、6 栄養教育法、7 食生活に関する情報の収集、8 情報処理と栄養統計、9 調査研究のまとめ方
2017.2 267p B5 ¥2900 ①978-4-263-70679-4

◆応用栄養学　田中敬子、爲房恭子編　朝倉書店（テキスト食物と栄養科学シリーズ 7）第2版
【目次】1 栄養ケア・マネジメント、2 食事摂取基準の基礎的理解、3 成長、発達と加齢（老化）、4 妊娠期・授乳期の栄養、5 新生児期・乳児期の栄養、6 成長期の栄養、7 成人期・更年期の栄養、8 高齢期の栄養、9 運動・スポーツと栄養、10 環境と栄養、付表 日本人の食事摂取基準2015
2017.3 190p B5 ¥2800 ①978-4-254-61649-1

◆応用栄養学　五明紀春、渡邉早苗、山田哲雄、吉野陽子編　朝倉書店（スタンダード人間栄養学）第2版
【目次】第1部 栄養管理の基礎（人の栄養必要量（食事摂取基準）、人の成長・発達と加齢（老化）、栄養管理プロセス）、第2部 ライフステージと栄養管理（妊娠期の栄養管理、授乳期と新生児期・乳児期の栄養管理、幼児期の栄養管理、学童期の栄養管理、思春期・青年期の栄養管理、成人期・更年期の栄養管理、老年期の栄養管理）、第3部 運動・ストレス・環境と栄養管理（運動・スポーツと栄養管理、ストレス、生体リズムと栄養管理、環境と栄養管理）
2017.4 155p B5 ¥2700 ①978-4-254-61062-8

◆応用栄養学―ライフステージ別の栄養ケア・マネジメントを正しく理解するために　北島幸枝編　（京都）化学同人（ステップアップ栄養・健康科学シリーズ 10）
【目次】第1章 日本人の食事摂取基準、第2章 栄養ケア・マネジメント、第3章 成長、発達、加齢、第4章 妊娠期、授乳期、第5章 新生児期、乳児期、第6章 成長期（幼児期、学童期、思春期）、第7章 成人期、第8章 高齢期、第9章 運動・スポーツと栄養、第10章 環境と栄養
2017.9 232p B5 ¥2800 ①978-4-7598-1900-7

◆応用栄養学 栄養マネジメント演習・実習　竹中優、土江節子編　医歯薬出版　第4版
【目次】栄養マネジメントの基礎知識、妊娠期の栄養、授乳期の栄養、乳児期の栄養、幼児期の栄養、学童期の栄養、思春期の栄養、成人期の栄養、高齢期の栄養、運動・スポーツと栄養、環境と栄養
2017.3 230p B5 ¥3000 ①978-4-263-70658-9

◆応用栄養学概論　渡邉早苗、松田早苗、真野由紀子編著　建帛社（Nブックス）
【目次】成長・発達・加齢（老化）、栄養マネジメント、妊娠期、授乳期、乳児期、幼児期、学童期、思春期、成人期、更年期、高齢期、障がい者と栄養、栄養必要量の科学的根拠、運動・スポーツと栄養、環境と栄養
2017.11 164p B5 ¥2600 ①978-4-7679-0612-6

◆応用栄養学実習―ケーススタディーで学ぶ栄養マネジメント 『日本人の食事摂取基準（2015年版）』準拠　五関正江、小林三智子編著　建帛社 三訂版
【目次】栄養マネジメント、栄養必要量の科学的根拠、エネルギー・栄養素等摂取量の算出、栄養適正量の算定と献立作成、妊娠期・授乳期の栄養、新生児期・乳児期の栄養、幼児期の栄養、学童期の栄養、思春期の栄養、成人期の栄養、更年期（閉経期）の栄養、高齢期の栄養、運動・スポーツと栄養、環境と栄養
2017.2 201p B5 ¥2700 ①978-4-7679-0599-0

◆かしこく摂って健康になる くらしに役立つ栄養学　新出真理監修　ナツメ社
【要旨】正しい知識と毎日の食事から家族の健康を守る。この一冊でスッキリわかる！バランスのとれた食事を摂るコツ、ライフステージにあった栄養の摂り方、イラストでわかる栄養素の種類と働き、栄養素で体と心の不調を改善する方法。
2018.1 255p A5 ¥1400 ①978-4-8163-6385-6

◆カラー版 ビジュアル治療食300 電子版付―栄養成分別・病態別栄養食事療法　宗像伸子、宮本佳代子、横山淳一編　医歯薬出版　第2版
【要旨】栄養ケアプランの項の前に疾患について簡単な解説を収載し、「疾病の知識」を確認。各疾患の栄養ケアプランについて概説、献立作成の要点を明らかにし、コラムにその献立を別の疾患に応用する方法や、その疾患の献立作成に役立つ情報を掲載した。料理の作成に当たっては、盛り付けや食器の選び方にも配慮し、見た目にも「おいしさ」を演出している。今回の改訂にあたっては、『日本人の食事摂取基準（2015年版）』のほか、最新の診療ガイドラインの情報を反映させ、料理の栄養価は『日本食品標準成分表2015年版（七訂）』を用いて再計算を行った。
2017.4 353p A4 ¥6000 ①978-4-263-70662-6

◆患者給食関係法令通知集　平成29年版　日本メディカル給食協会編　ぎょうせい
【目次】医事法規関係、保健衛生法規関係、介護・福祉法規関係、予防衛生法規関係、環境衛生法規関係、医療保険法規関係、その他関連法規
2017.6 569p A5 ¥3000 ①978-4-324-10350-0

◆管理栄養士・栄養士になるための臨床栄養学実習 食事療養実務入門―日本人の食事摂取基準（2015年版）対応　芦川修弍、服部富子、古畑公編　学建書院　第7版
【目次】第1章 臨床栄養学実習をはじめる前に、第2章 治療食の種類、第3章 一般治療食、第4章 特別治療食、第5章 検査食、第6章 入院時食事療養制度概説
2017.3 157p A4 ¥2300 ①978-4-7624-6864-3

◆管理栄養士・栄養士必携―データ・資料集 2017年度版　日本栄養士会編　第一出版 新装改訂第8版
【目次】食事摂取基準、健康づくり対策、健康・栄養・食品関連統計、公衆衛生関連統計、栄養指導・栄養教育、栄養生理・生化学、母子栄養、高齢者栄養、介護・福祉、臨床栄養、食品の成分・表示、食品衛生・食品安全、給食管理、調理・調理科学、管理栄養士・栄養士・調理士の免許と業務、栄養関連法規、その他の関連資料
2017.4 632p B6 ¥2600 ①978-4-8041-1357-9

◆管理栄養士ちょいと便利な資料集―CHOI-BEN 2018　管理栄養士国家試験対策「かんもし」編集室編　インターメディカル 第12版
【目次】第1章 健康づくり（健康日本21（第二次）、特定健康診査・特定保健指導 ほか）、第2章 栄養指導（日本人の食事摂取基準（2015年版）、学校給食摂取基準 ほか）、第3章 食品の表示・安全（食品表示の法体系、食品表示の種類（食品表示基準）ほか）、第4章 健康・栄養関連統計調査（人口・保健統計、平成27年度食料需給表 ほか）、第5章 制度と法律（入院時食事療養と診療報酬、介護保険制度 ほか）
2017.4 314p ¥1800 ①978-4-900828-77-3

◆基礎栄養学　吉田勉監修、佐藤隆一郎、加藤久典編　学文社（食物と栄養学基礎シリーズ 7）第二版
【目次】1 栄養の概念、2 食物の摂取、3 消化・吸収と栄養素の体内動態、4 たんぱく質の栄養、5 炭水化物の栄養、6 脂質の栄養、7 ビタミンの栄養、8 ミネラル（無機質）の栄養、9 水・電解質的意義、10 エネルギー代謝
2017.2 164p B5 ¥2600 ①978-4-7620-2704-8

◆基礎栄養学　五明紀春、渡邉早苗、山田哲雄、宮崎由子編　朝倉書店（スタンダード人間栄養学）第2版
【目次】第1部 人間栄養学（栄養の概念（現代の食生活）、食物の摂取、消化・吸収と栄養素の体内動態（身体と栄養）、エネルギー代謝）、第2部 栄養素の代謝と役割（たんぱく質の栄養、炭水化物の栄養、脂質の栄養、ビタミンの栄養、ミネラル（無機質）の栄養、水と電解質の栄養、栄養素の発見と推進）
2017.4 131p B5 ¥2600 ①978-4-254-61061-1

◆給食経営管理論　朝見祐也、小松龍史、外山健二編著　建帛社（管理栄養士講座）三訂版
【目次】給食経営管理の理念、給食経営管理の概念、関連法規と給食の指導、給食経営のマネジメント、マーケティング、食品の流通、給食における食事サービスと食事環境、給食のための栄養管理、食材料管理、安全・衛生管理〔ほか〕
2017.4 244p B5 ¥3300 ①978-4-7679-0563-1

◆給食の運営―栄養管理・経営管理　逸見幾代、平林眞弓編著　建帛社（Nブックス）
【目次】第1章 給食の概念、第2章 給食の栄養・食事管理、第3章 給食の安全・衛生管理、第4章 給食の調理管理、第5章 給食の施設・設備管理、第6章 保健・医療・福祉・介護における給食施設、第7章 給食の組織・人事管理、第8章 給食の会計・原価管理、第9章 給食の情報処理管理、第10章 給食の業務委託と配食サービス
2017.9 167p B5 ¥2200 ①978-4-7679-0611-9

◆**研修医・医学生のための症例で学ぶ栄養学**　折茂英生、勝川史憲、田中芳明、吉田博編著　建帛社
【目次】第1章 医学と栄養学（医学における栄養学とは、症例が結ぶ医学と栄養学）、第2章 栄養学の基礎―医師のためのミニマムエッセンス（ヒトの体組成、エネルギー ほか）、第3章 栄養学の応用―医師のためのアプリケーション（ライフステージと栄養、食事摂取基準 ほか）、第4章 家族療法―医師のためのベーシックセオリーとスキル（栄養療法とチーム医療、栄養アセスメント ほか）、第5章 症例と栄養（糖尿病、高齢者の糖尿病 ほか）
2017.3 185p B5 ¥3500 ⓘ978-4-7679-3420-4

◆**公衆栄養学**　八倉巻和子、井上浩一編著　建帛社（Nブックス）　五訂版第2版
【要旨】日本人の食事摂取基準（2015年版）準拠。
2017.2 211p B5 ¥2600 ⓘ978-4-7679-0610-2

◆**公衆栄養学**　古畑公、松村康弘、鈴木三枝編著　光生館　第5版
【目次】第1章 公衆栄養の概念、第2章 健康・栄養問題の現状と課題、第3章 栄養政策、第4章 栄養疫学、第5章 公衆栄養マネジメント、第6章 公衆栄養プログラムの展開、第7章 諸外国の状況
2017.3 232p B5 ¥3000 ⓘ978-4-332-02102-5

◆**公衆栄養学―一人ひとりの健康維持・増進のために**　黒川通典、森久栄、今中美栄、山下絵美著（京都）化学同人　（"はじめて学ぶ" 健康・栄養系教科書シリーズ 12）
【目次】公衆栄養の概念、公衆栄養のマネジメントサイクル、公衆栄養プログラム、公衆栄養活動の進め方、栄養疫学の概要・栄養疫学調査、食事調査、国民の健康状態と公衆栄養調査、国民健康・栄養調査と食事摂取基準、食生活の変遷、少子高齢社会の健康・栄養問題、食料需給と自給率、公衆栄養施策と法規、国の健康増進基本計画と地方計画、健康・栄養指導のガイドライン、諸外国の健康・栄養政策
2017.9 164p B5 ¥2000 ⓘ978-4-7598-1861-1

◆**公衆栄養学　2017年版　地域・国・国際レベルでの栄養マネジメント**　日本栄養改善学会監修、伊達ちぐさ、酒井徹編　医歯薬出版　（管理栄養士養成課程におけるモデルコアカリキュラム準拠 第8巻）　第4版
【目次】1 公衆栄養学の概念、2 健康・栄養問題の現状と課題、3 健康づくり施策と公衆栄養活動、4 栄養疫学の概要、5 公衆栄養マネジメント、6 公衆栄養プログラムの展開
2017.2 191p B5 ¥2800 ⓘ978-4-263-70995-5

◆**公衆栄養学概論　2017/2018**　芦川修貮監修、古畑公、田中弘之編著　同文書院（エスカベーシック）　第六版
【目次】1 公衆栄養学の概念、2 わが国の健康・栄養問題の現状と課題、3 公衆栄養マネジメント、4 栄養疫学、5 わが国の栄養・食料政策、6 諸外国の健康・栄養政策、7 日本人の食事摂取基準
2017.4 236p B5 ¥1905 ⓘ978-4-8103-1465-6

◆**これは効く！　食べて治す　最新栄養成分事典**　中嶋洋子、蒲原聖可監修　主婦の友社（『完全図解版 食べ物栄養事典』加筆・再編集・改題書）
【要旨】ビタミン、ミネラル、アミノ酸、食物繊維から、ポリフェノールなどのファイトケミカルまで、からだによく効く栄養成分の最新知識と、からだによい食べ方を具体的に紹介。生活習慣病など気になる病気を未然に防ぎ、改善するレシピがたっぷり。
2017.10 223p A5 ¥1400 ⓘ978-4-07-425840-6

◆**コンパクト栄養学**　脊山洋右、廣野治子監修、久保田俊一郎、寺本房子編　南江堂　改訂第4版
【目次】第1章 栄養、第2章 消化吸収―栄養素と人体、第3章 栄養素とその機能、第4章 エネルギー代謝、第5章 栄養状態の評価、第6章 ライフステージと栄養、第7章 栄養管理、第8章 治療食の実際、第9章 食品
2017.9 219p B5 ¥2200 ⓘ978-4-524-25945-8

◆**雑穀のポートレート**　平宏和著　（横浜）錦房
【要旨】いま話題の雑穀を徹底的に解明！ さらに雑穀の長い歴史と芸術まで、その伝統文化を知るのも楽しい。健康の薬膳レシピも収載。栄養学・植物学・農学など、等身大の雑穀像にフォーカス。日本における文化・社会・民俗などとのかかわりの軌跡もたどる。
2017.11 126p A5 ¥2500 ⓘ978-4-9908843-1-4

◆**実践に役立つ栄養指導事例集**　井川聡子、斎藤トシ子、廣田直子編著　理工図書
【目次】1 個別栄養指導編（個別栄養指導の概要、妊娠高血圧症候群（PIH）者への指導、食物（卵）アレルギー児の母親への指導、特定保健指導（肥満改善）、2型糖尿病患者の指導 ほか）、2 集団栄養指導編（集団栄養指導の概要、妊婦・授乳婦を対象とした指導「マタニティスクール」、幼児を対象とした指導「食育教室」、中学生を対象とした指導「家族の食のお弁当づくり」、高校生を対象とした指導「減塩ルネサンス運動」 ほか）
2018.1 181p A4 ¥2600 ⓘ978-4-8446-0870-7

◆**脂肪酸の種類と健康への影響**　寺尾啓二著　健康ライブ出版社　（健康・化学まめ知識シリーズ 6）
【目次】その1 飽和脂肪酸と不飽和脂肪酸、まずは、飽和脂肪酸、その2 不飽和脂肪酸、その3 オリーブオイルとアボカドオイル（一価不飽和脂肪酸）…食べて塗って美肌を手に入れる、その4 悪玉の一価不飽和脂肪酸、トランス脂肪酸とは、その5 ココナッツオイル摂取によるケトン体の補給と健康増進作用とは、その6 α オリゴ糖を用いた新規ココナッツミルクパウダーとは、その7 ω 6系不飽和脂肪酸の健康・美容への良し悪し、その8 共役リノール酸とは
2017.11 48p A5 ¥400 ⓘ978-4-908397-08-0

◆**社会・環境と健康 健康管理概論**　東あかね、關戸啓子、久保加緒編著　講談社（栄養科学シリーズNEXT）　第3版
【目次】健康マネジメント編（世界の健康、日本の健康、健康管理を担う施設と従事するスタッフ）、ライフステージごとの健康編（妊婦と胎児の健康、乳児の健康、幼児の健康、児童（学童）の健康、生徒の健康、学生の健康、成人の健康、高齢者の健康）
2017.2 183p B5 ¥2600 ⓘ978-4-06-155391-0

◆**食事のせいで、死なないために 食材別編 ―スーパーフードと最新科学であなたを守る、最強の栄養学**　マイケル・グレガー、ジーン・ストーン著、神崎朗子訳　NHK出版
【要旨】私たちを死に至らしめるのは、運命ではなく毎日の食事だ！ もっとも健康によい食べ物選びが一目瞭然でわかる「食の信号システム」。理想的な食事に必要な食べ物を取り入れるのに役立つ「毎日の12項目チェックリスト」。二重盲検試験やランダム化比較試験など徹底した科学的エビデンスに裏打ちされた栄養学という「命を救う科学」の実践を、誰もが生活に取り入れるための具体的なアイデアが詰まった一冊！
2017.8 283p B6 ¥1800 ⓘ978-4-14-081721-6

◆**食事のせいで、死なないために 病気別編 ―もっとも危ない15の死因からあなたを守る、最強の栄養学**　マイケル・グレガー、ジーン・ストーン著、神崎朗子訳　NHK出版
【要旨】本書は、この栄養学という「命を救う科学」によって、一人でも多くの方々が助かって欲しい、という願いから書かれた。まず病気別編では、あなたが亡くなる原因として最も可能性の高い現代の死因トップ15を取り上げ、それらを予防し、進行を食い止め、逆行させる食事を徹底紹介する。
2017.8 459p B6 ¥2300 ⓘ978-4-14-081720-9

◆**食品学**　和泉秀彦、三宅義明、舘和彦編著　朝倉書店　（栄養科学ファウンデーションシリーズ 5）
【目次】1 人間と食品、2 食品成分表と食品の分類、3 食品の主成分、4 食品の分類、5 食品の物性、6 食品の表示と規格基準、7 加工・保蔵と食品成分の変化
2017.4 172p B5 ¥2700 ⓘ978-4-254-61657-6

◆**新版ヘルス21 栄養教育・栄養指導論**　辻とみ子、堀田千津子編　医歯薬出版
【目次】1 総論（栄養教育の概念、栄養教育のための理論的基礎、栄養ケア・マネジメント（栄養ケアプロセス））、2 各論（ライフステージ・ライフスタイル別栄養教育の展開、傷病者および障害者の栄養教育）、3 資料編
2017.3 293p B5 ¥2800 ⓘ978-4-263-70718-0

◆**ステップアップ臨床栄養管理演習―基本症例で学ぶ栄養ケアプロセスの実際**　永井徹、長谷川輝美編著　建帛社
【目次】1 臨床栄養管理総論（新しい栄養管理システム、病院における栄養管理、栄養管理の意義とプロセス ほか）、2 臨床栄養管理の実際（疾患の理解、必要な情報の収集、収集した情報に基づく栄養アセスメント ほか）、3 基本症例に

よる栄養管理（肥満症、2型糖尿病、脂質異常症 ほか）、解答付―3. 基本症例による栄養管理・症例2
2017.4 138p B5 ¥2000 ⓘ978-4-7679-0600-3

◆**スポーツ栄養学―科学の基礎から「なぜ？」にこたえる**　寺田新著　東京大学出版会
【要旨】ついつい食べ過ぎてしまうのは、なぜ？ エネルギーをためる脂肪と消費する脂肪の違いとは？「腹八分目」で得られる効果とは？ 筋はなぜ肥大するのか？ そこに食事はどのように影響するのか？ 高糖質食、糖質制限食、高脂肪食、ケトン食、それぞれの効果の違いは？ etc.―そのメカニズムについて、細胞・分子レベルからくわしく解説！
2017.10 244p A5 ¥2800 ⓘ978-4-13-052706-4

◆**生化学・基礎栄養学**　池田彩子、石原健吾、小田裕昭編著、西村直道、松尾道憲、本山昇、山田貴史、山本ななみ著　朝倉書店　（栄養科学ファウンデーションシリーズ 4）　第2版
【目次】人体の構造、酵素、生体エネルギーと代謝、糖質の構造・代謝と栄養、たんぱく質、アミノ酸の構造・代謝と栄養、脂質の構造・代謝と栄養、ビタミンの栄養、ミネラルの栄養、水と電解質の代謝、食物の摂取と食生活スタイル〔ほか〕
2017.9 179p B5 ¥2700 ⓘ978-4-254-61658-3

◆**世界一やさしい！ 栄養素図鑑**　牧野直子監修、松本麻希イラスト　新星出版社
【要旨】体のあちらこちらで大奮闘！ 栄養素がこんなに面白いキャラだったなんて！ 楽しく知ってキレイに！
2016.9 159p B6 ¥1200 ⓘ978-4-405-09325-6

◆**セーフティ・ネットの栄養学―微量元素科学の誕生から生体制御科学の時代へ**　川又淳司著　（京都）文理閣
【要旨】栄養不良時代から飽食の時代まで科学はなにを考えてきたか―ミネラル・ビタミンの発見、ヘモグロビン研究、そして最新の活性酸素説に至る栄養学発展のプロセスを追跡。
2017.5 280p A5 ¥3500 ⓘ978-4-89259-799-2

◆**ゼン先生の栄養管理講座　1**　井上善文著（大阪）フジメディカル出版
【目次】静脈経腸栄養ガイドライン第3版を買うことから臨床栄養の修行は始まる！―栄養管理は栄養アセスメントから始まる！、栄養障害の分類としては、マラスムスとクワシオルコルではもう古い！、SGAという栄養指標は、栄養障害を見落とさず、拾い上げるために用いるのです、サーベイランスは、日本の臨床栄養のこれからを考える基本となる大事な仕事！、栄養障害の新しい分類を提唱しますので、考えてみてください、PPN製剤は感染しやすいからできるだけ使わないほうがいい？ それは、栄養を知らない素人の言うことですよ！、胃瘻バッシングの影響は、かなり深刻です！ 間違った医療が広がっています、薬剤部ですべてのTPN輸液を無菌調製している病院もあります：本当は当然…ですが、カテーテル感染が克服できたら、もっとレベルの高い栄養管理ができる、NST加算のおかげでNSTが多くの病院に設立されて、栄養管理レベルが上がった？〔ほか〕
2017.12 340p A4 ¥3500 ⓘ978-4-86270-166-4

◆**大学で学ぶ食生活と健康のきほん**　吉澤みな子、武智多与理、百木和著　（京都）化学同人
【目次】私たちの食生活と健康、炭水化物―その体内での働き、たんぱく質―その体内での働き、脂質―その体内での働き、ビタミンとミネラル―その体内での働き、おいしさと健康のための調理、食品の機能性、妊娠期・授乳期の食生活

サイエンス・テクノロジー

と健康、乳児期・幼児期の食生活と健康、学童期・思春期の食生活と健康、成人期・更年期の食生活と健康、高齢期の食生活と健康、健康づくりと食生活、食生活と安全、日本の伝統的食文化「和食」
2017.8 147p B5 ¥2200 ①978-4-7598-1828-4

◆**食べ物と健康、給食の運営 基礎調理学**
大谷貴美子、松井元子編　講談社　（栄養科学シリーズNEXT）
【目次】食事をデザインしよう（食事とは、献立をつくろう、台所からみる環境問題）、基本的な調理操作（調理の意義、計量、味付け、非加熱調理（器具も含む）、加熱調理）、食品の特性を知って調理する（植物性食品の調理による変化を知ろう、動物性食品の調理による変化を知ろう、成分抽出素材、調味料、香辛料、加工食品（乾物などの保存食品を含む）、嗜好飲料）、安全な食事を供するには（食中毒の予防）
2017.3 167p B5 ¥2600 ①978-4-06-155394-1

◆**食べ物と健康、食品と衛生 食品加工・保蔵学**　海老原清、渡邊浩幸、竹内弘幸編　講談社　（栄養科学シリーズNEXT）　（『食品保蔵・加工学 食べ物と健康』設計・改題書）
【要旨】「食品表示法」「食品表示基準」に準拠！ HACCPの項目も新設し、フルカラーにてリニューアル。
2017.7 195p B5 ¥2600 ①978-4-06-155395-8

◆**食べる時間を変えれば健康になる―時間栄養学入門**　古谷彰子著、柴田重信監修　ディスカヴァー・トゥエンティワン　（ディスカヴァー携書）　（『時間栄養学が明らかにした「食べ方」の法則』加筆・編集・改訂・改題書）
【要旨】「何を食べるか」より「いつ食べるか」最新の研究成果による時計遺伝子と食事の関係。ダイエット、睡眠、運動、服薬、花粉症…「時間栄養学が明らかにした「食べ方」の法則」携書化。
2017.7 211p 18cm ¥1000 ①978-4-7993-2127-0

◆**食べるのが楽しくなる！ 栄養学一年生**
中屋豊監修　宝島社
【要旨】栄養素のはたらきが2時間でわかる！ ビタミン、ミネラル、鉄、ケトン体…。消化・吸収のしくみをこの一冊で網羅！ かしこく食べて健康になる栄養学入門。
2017.4 159p A5 ¥600 ①978-4-8002-7315-4

◆**認定NSTガイドブック 2017**　日本病態栄養学会編　南江堂　改訂第5版
【目次】1 病態栄養の基礎（栄養不良がもたらす影響、栄養評価のための栄養スクリーニング）、2 栄養投与法（栄養投与法の選択、経口可能な補助食の使い方ほか）、3 病態別栄養管理（重症患者における栄養管理、術前・術後における栄養管理ほか）、4 症候別栄養療法（電解質異常、酸・塩基平衡異常、摂食・嚥下障害ほか）、5 演習（NSTでの実際の管理）
2017.7 310p B5 ¥3800 ①978-4-524-25148-3

◆**非栄養素の分子栄養学**　日本栄養・食糧学会監修、芦田均、薩秀夫、中野長久責任編集　建帛社
【目次】非栄養素の分子栄養学の概説、第1編 解毒代謝・炎症の分子栄養学（フラボノイドによるAhR形質転換抑制機構、ニンニク成分の遺伝子発現を介した生体調節機構、Nrf2・ARE経路の食品成分による活性化、食品成分による転写因子を介した腸管上皮解毒酵素系の制御、食品由来フラボノイドのマクロファージを標的とした機能性発現機構）、第2編 がん・脂質代謝の分子栄養学（DNAマイクロアレイにみるイソチオシアネート化合物の生体調節機能、食品因子センシングの調節による食品因子の機能性増強、抗肥満性ホルモンFGF21の転写制御と機能性食品成分、リポタンパク質受容体ファミリーを介する生体恒常性の維持機構）、第3編 骨格筋の分子栄養学（骨格筋量とエストロゲン受容体β アゴニスト―大豆イソフラボンの可能性、運動による AMPキナーゼ活性化と転写制御による代謝改善効果、ポリフェノールによるPPAR機能制御と骨格筋代謝改善効果、萎縮筋における細胞内シグナルとその制御による筋萎縮治療、遺伝子改変動物を用いた分枝アミノ酸の生理機能研究の新展開、転写調節因子FOXO1、PGC1α による骨格筋機能の発現制御）
2017.5 251p A5 ¥3900 ①978-4-7679-6189-7

◆**分子栄養学のすすめ―健康自主管理の基礎知識**　三石巌著　阿部出版　（健康自主管理システム 1）

【要旨】自分の健康は自分で管理しよう。分子生物学に基づいた理論を確立し、健康自主管理を実践した三石巌。本書ではその基本となる「分子栄養学」のメカニズムを詳しく解説。テレビやインターネットの情報にはもう惑わされない。あなたの健康を維持するための正しい知識がやさしく学べる。三石理論による「健康自主管理システム」のシリーズ第1巻。
2017.7 195p B6 ¥1200 ①978-4-87242-652-6

◆**保健・栄養系学生のための健康管理概論**
宮城重二著　光生館　三訂版
【目次】第1章 健康の概念、第2章 健康の現状、第3章 健康増進対策、第4章 健康阻害要因と疾病予防、第5章 健康管理の進め方、第6章 情報処理と健康管理
2017.11 209p B5 ¥2400 ①978-4-332-00055-6

◆**薬剤師がすすめるビタミン・ミネラルのとり方**　福井透著　丸善出版　新版
【目次】ビタミンとは、ミネラルとは、ビタミン、ミネラルの摂取が不足、食品の組み合わせと栄養素、食品の組み合わせとビタミン、食品の組み合わせとミネラル、ビタミン不足の体内変化、顔に現れるビタミン、ミネラル欠乏症状、B含有量重要注意食品、バランスの良い食事は健康のもと〔ほか〕
2017.2 195p A5 ¥2200 ①978-4-621-30144-9

◆**ライフステージ実習栄養学―健康づくりのための栄養と食事**　内田和宏、大石明子、小川洋子、城田知子、林辰美、森脇千夏著　医歯薬出版　第6版
【目次】第1章 栄養学実習の基本理念、第2章 献立作成の基礎知識、第3章 成長期の栄養、第4章 青年期の栄養、第5章 壮年期の栄養、第6章 高齢期の栄養、第7章 妊産婦の食事（母性栄養）、第8章 スポーツ栄養
2017.3 146p B5 ¥2400 ①978-4-263-70660-2

◆**ライフステージ別栄養管理・実習**　吉岡慶子、三成由美、徳井教孝編著　建帛社　改訂版
【目次】食事マネジメント、妊娠期の栄養、授乳期の栄養、新生児期・乳児期の栄養、幼児期の栄養、学童期の栄養、思春期の栄養、成人期の栄養、高齢期の栄養、環境と栄養
2017.3 237p B5 ¥2700 ①978-4-7679-0598-3

◆**臨床栄養学**　石川俊次、本間康彦、藤木穂波編　朝倉書店　（スタンダード人間栄養学）
【要旨】前半は総論で、医療の領域においてチーム医療の一員として役割をはたす重要性についても触れられている。後半の疾患・病態別ケア・マネジメントでは、各種の疾患・病態を取り上げ、それらの成因、症候、予後、治療について栄養学の深いかかわりとそれぞれの専門医師が、栄養管理の実際についてエキスパートの管理栄養士が執筆している。
2017.4 190p B5 ¥3300 ①978-4-254-61060-4

◆**臨床栄養学―疾患別の栄養管理プロセスを正しく理解するために**　東山幸恵編著　（京都）化学同人　（ステップアップ栄養・健康科学シリーズ 12）
【目次】臨床栄養学とは、臨床における栄養評価とその手法、栄養教育、栄養障害、代謝・内分泌疾患の栄養アセスメントと栄養ケア、消化器疾患の栄養アセスメントと栄養ケア、循環器疾患の栄養アセスメントと栄養ケア、神経疾患、摂食障害の栄養アセスメントと栄養ケア、呼吸器疾患の栄養アセスメントと栄養ケア、血液系の疾患・病態の栄養アセスメントと栄養ケア、筋・骨格疾患の栄養アセスメントと栄養ケア、免疫・アレルギー疾患の栄養アセスメントと栄養ケア、がんの栄養アセスメントと栄養ケア、外科分野、感染症の栄養アセスメントと栄養ケア、摂食機能障害、要介護者の栄養アセスメントと栄養ケア、乳幼児・小児疾患、妊産婦・授乳婦疾患の栄養アセスメントと栄養ケア、栄養方法、薬と栄養、医療制度・福祉制度と管理栄養士
2017.10 266p B5 ¥3200 ①978-4-7598-1902-1

◆**臨床栄養学**　飯田薫子、市育代、近藤和雄、青山洋右、丸山千寿子編　東京化学同人　（新スタンダード栄養・食物シリーズ 12）
【目次】第1部 臨床栄養の概念と、傷病者・要介護者の栄養ケア・マネジメント（臨床栄養の概念、傷病者・要介護者の栄養ケア・マネジメント）、第2部 疾患・病態別の栄養ケア・マネジメント（栄養障害、肥満と代謝疾患、消化器疾患、循環器疾患、腎・尿路疾患 ほか）
2017.12 329p B5 ¥3500 ①978-4-8079-1672-6

◆**臨床栄養学実習**　塚原丘美編　講談社　（栄養科学シリーズNEXT）　第2版
【目次】1 臨床栄養管理に必要な技能（管理栄養士として必要な技能、職域別管理栄養士に必要な技能）、2 総論：栄養管理プロセス（栄養評価、栄養診断、栄養計画、診療記録）、3 各論：各疾患ごとの栄養管理（入院患者の栄養管理（一般治療食）、特別治療食の展開：展開食、糖尿病（DM）患者の栄養管理、高度肥満症患者の栄養管理 ほか）
2017.3 165p A4 ¥2700 ①978-4-06-155393-4

◆**臨床栄養学実習献立集**　今井克己編著　同文書院　第二版
【目次】総論（臨床栄養学とは、一般治療食（常食）、一般治療食（軟食/粥食）ほか）、各論（消化性潰瘍、肝臓病（肝硬変代償期・非代償期）、膵臓病（急性期、回復期）ほか）、巻末献立例（常食（1,800kcal）、軟食/粥食（1,200kcal）、普通流動食（850kcal）ほか）
2017.4 111p B5 ¥1000 ①978-4-8103-1466-3

◆**臨床栄養管理ポケット辞典**　松崎政三、福井富穂、田中明編著　建帛社　三訂版
【目次】第1章 栄養素の働きと代謝、第2章 栄養補給法、第3章 栄養アセスメント、第4章 栄養食事療法、栄養教育に必要な検査値の解釈、第5章 年代・疾患別 栄養食事療法、資料編
2017.12 356p 18cm ¥2800 ①978-4-7679-6195-8

◆**わかりやすい臨床栄養学**　吉田勉監修、飯嶋正広、井上久美子、今井克己、近江雅代、恩田理恵、小林美智子共著　三共出版　第5版
【目次】総論編（臨床栄養学の基礎、傷病者の栄養アセスメント、栄養管理の計画、実施、評価とその記録、疾患治療の種類および方法と特徴、栄養法（栄養補給法））、各論編（生活習慣病概説、代謝性疾患、消化器疾患、腎・尿路疾患、循環器疾患、血液系疾患、骨・筋骨格疾患、がん、呼吸器疾患、術前・術後の栄養管理、クリティカルケア、栄養障害、摂食障害、ライフステージにおける臨床栄養問題、感染症）
2017.3 301p B5 ¥2900 ①978-4-7827-0763-0

◆**私たちの食と健康―食生活の諸相**　吉田勉監修、宮沢栄次、堀坂宣弘編著　三共出版　第2版
【目次】1 食生活の意義、2 食の歴史、3 健康と栄養の歴史と制度・行政、4 世界と日本の食、5 栄養面から見た食生活、6 安全面から見た食生活、7 環境面から見た食生活、8 健康のための食生活
2017.3 173p B5 ¥2300 ①978-4-7827-0758-6

資格ガイド・試験問題集

◆**あん摩マッサージ指圧師・はり師・きゅう師・柔道整復師国家試験 生理学―受験と学習マニュアル**　坂本歩監修、猪狩知之編　桐書房　新訂版
【目次】生理学基礎、循環と血液、呼吸、消化と吸収、代謝・体温、排泄、内分泌、生殖と成長、神経、筋、身体の運動、感覚、生体の防御機構、ホメオシターシスと生体リズム
2017.12 214p B5 ¥4000 ①978-4-87647-877-4

◆**医事コンピュータ関連知識―医事コンピュータ技能検定テキスト**　医療秘書教育全国協議会編、菊池聖一、野口孝之共著　建帛社　改訂版
【目次】1 コンピュータの基礎知識―学習水準：医事コンピュータ技能検定3級（コンピュータと情報表現、コンピュータの仕組みと動作、ソフトウェア）、2 インターネットと情報活用―学習水準：医事コンピュータ技能検定2級（ネットワークの基礎とインターネット、情報活用の基礎、保健医療情報システムの基礎知識）、3 ネットワークとセキュリティ―学習水準：医事コンピュータ技能検定準1級（ネットワークの接続形態、セキュリティ対策とプライバシー保護、医療情報活用）
2017.4 152p B5 ¥2500 ①978-4-7679-3725-0

◆**医事コンピュータ技能検定問題集3級 2 第39回-第42回 2017年度版**　医療秘書教育全国協議会医事コンピュータ技能検定試験委員会編　つちや書店
【要旨】医療事務・実技（オペレーション）。医療保険制度、診療報酬の基礎システム、レセプト作成実技など、領域1・3に対応した過去問を完全収録。過去4回の公式検定問題集。丁寧でわ

かりやすい解説付き。
2017.4 75, 43p B5 ¥1600 ①978-4-8069-1613-0

◆医事コンピュータ技能検定問題集3級 1 第39回 - 第42回 2017年度版 医療秘書教育全国協議会医事コンピュータ技能検定試験委員会編 つちや書店
【要旨】コンピュータ関連知識。PC操作、各種メディア、表計算ソフトの必須知識など、領域2に対応した過去問を完全収録。過去4回の公式検定問題集。丁寧でわかりやすい解説付き。
2017.4 27, 49p B5 ¥1600 ①978-4-8069-1612-3

◆医師事務作業補助者 演習問題集 伊藤典子編著 オーム社 改訂2版
【目次】1章 代行入力にあたって―カルテの型(SOAP)の構成(医師と患者の会話から、カルテの型(SOAP)に従いまとめてみましょう。、救急外来の医師の診断カルテの型(SOAP)に従ってカルテの病状詳記欄を作成しましょう。)、2章 実技問題(診断書・傷害保険診断書、入院・手術証明書、退院サマリー ほか)、3章 学科問題(医師事務作業補助者とは、医療関連法規 ほか)、4章 解答・解説(実技問題、学科問題)
2017.3 176p B5 ¥2500 ①978-4-274-22040-1

◆いちばんわかりやすい! 登録販売者合格テキスト コンデックス情報研究所編著 成美堂出版 (付属資料:赤シート1)
【要旨】文系にも分かりやすい解説。赤シートで「穴埋め問題」を攻略。一問一答○×問題で知識を総チェック。イラスト+ゴロ合わせでラクラク暗記。
2017.8 383p A5 ¥1700 ①978-4-415-22527-2

◆医薬品登録販売者試験対策テキスト―「手引き」の出題ポイントがひと目でわかる マツモトキヨシホールディングス著 じほう (付属資料:赤シート1)
【要旨】全国の過去問厳選120題で知識をしっかり身につける! 登録販売者養成で定評のある大手ドラッグストアが教える試験対策セミナーのエッセンスをこの1冊に!
2017.6 475p B5 ¥3200 ①978-4-8407-4973-2

◆医療事務 診療報酬請求事務能力認定試験(医科)合格テキスト&問題集 2017年版 森岡浩美編著 日本能率協会マネジメントセンター (付属資料:別冊2)
【要旨】医療事務資格試験の最難関といわれる診療報酬請求事務能力認定試験で、多数合格の実績を持つ講師陣が開発したテキスト。試験対策のため最適な内容・構成。受験に必要な基礎知識とテクニックが、1冊でしっかり身に付く。2017年4月現在の点数・法令等に完全対応。2016年12月実施の第45回認定試験の問題&解答・解説も収録。
2017.4 250p B5 ¥2300 ①978-4-8207-5976-8

◆医療情報技師能力検定試験 過去問題・解説集 2017 日本医療情報学会医療情報技師育成部会編 南江堂
【要旨】本問題・解答集は、一般社団法人日本医療情報学会医療情報技師育成部会が実施している医療情報技師能力検定試験の第10回(2012年度)から第14回(2016年度)までの5回分の試験問題、ならびに解説を掲載したものです。
2017.4 330p B5 ¥3000 ①978-4-524-25198-8

◆医療情報の基礎知識―第10～15回医療情報基礎知識検定試験問題付 日本医療情報学会医療情報技師育成部会編 南江堂
【要旨】医療情報の基礎知識が2週間(90分×12日)でマスターできる! 480問の検定試験問題付。 2017.4 293p B5 ¥2600 ①978-4-524-25853-6

◆医療秘書概論・実務 医療情報処理学 医療関係法規概論 日本医師会監修 メヂカルフレンド社 (医療秘書講座 4)
【目次】医療秘書概論・実務(医療秘書概論、医療秘書実務)、医療情報処理学(医療情報とは、診療録(カルテ)と診療報酬明細書(レセプト)、コンピュータとインターネットの基礎 ほか)、医療関係法規概論(医療関係法規とは、保健医療提供体制に関連する法規、保健衛生対策に関連する法規 ほか)
2017.3 313p B5 ¥4700 ①978-4-8392-2163-8

◆医療秘書技能検定実問題集2級 1 領域1・2対応 第53回 - 第57回 2017年度版 医療秘書教育全国協議会試験委員会編 つちや書店 (付属資料:別冊1)
【要旨】医療秘書実務、医療機関の組織・運営、医療関連法規、医学的基礎知識、医療関連知識。領域1・2に対応した過去問を完全収録。
2017.3 56p B5 ¥1400 ①978-4-8069-1610-9

◆医療秘書技能検定実問題集2級 2 領域3対応 第53回 - 第57回 2017年度版 医療秘書教育全国協議会試験委員会編 つちや書店
【要旨】医療事務、レセプト作成、診療報酬点数表の理解。領域3に対応した過去問を完全収録。
2017.3 42p B5 ¥1400 ①978-4-8069-1611-6

◆医療秘書技能検定実問題集3級 1 領域1・2対応 第53回 - 第57回 2017年度版 医療秘書教育全国協議会試験委員会編 つちや書店 (付属資料:別冊1)
【要旨】医療秘書実務、医療機関の組織・運営、医療関連法規、医学的基礎知識、医療関連知識。領域1・2に対応した過去問を完全収録。
2017.3 61p B5 ¥1400 ①978-4-8069-1608-6

◆医療秘書技能検定実問題集3級 2 領域3対応 第53回 - 第57回 2017年度版 医療秘書教育全国協議会試験委員会編 つちや書店
【要旨】医療事務、レセプト作成、診療報酬点数表の理解。領域3に対応した過去問を完全収録。
2017.3 26p B5 ¥1400 ①978-4-8069-1609-3

◆うかる! 登録販売者過去問題集 2017年度版 堀美智子著 日本経済新聞出版社 (付属資料:別冊1)
【要旨】2013～2016年に全都道府県で出題された重要問題を厳選し、出題項目ごとに収録。苦手分野に集中して取り組むことができる!「解答・解説」には、堀先生のワンポイントアドバイスを随所に挿入。覚えておきたいこと、重要なポイントがよくわかる! 出題内容や出題都道府県が一目でわかる「解答一覧」付き。
2017.7 295p A5 ¥1600 ①978-4-532-40930-2

◆救急救命士国家試験対策 出題分野別国試問題・解説集 A・B問題編 2018年版 小関一英編著, 菊川忠臣著 晴れ書房
【要旨】第36回～40回の国家試験問題のA・B問題(全750問)について、正答への考え方を徹底解説。「国家試験出題基準」(国家試験出題順序)に沿って分野別に配列し、『改訂第9版救急救命士標準テキスト』に準拠したわかりやすい構成。出題傾向がよくわかり、この1冊でA・B問題は完全マスター。
2017.12 447p B5 ¥4200 ①978-4-908980-03-9

◆クエスチョン・バンク―総合内科専門医試験予想問題集 vol.2 医療情報科学研究所編 メディックメディア
【要旨】対策しにくいup to date 問題の予想問題を多数作成。過去の出題情報を参考に、出題内容を類推・予想した問題の掲載。受験者から寄せられた出題情報とほぼ同内容の医師国家試験の問題を一部改変して掲載。ポイント・キーワードを整理し、各選択肢の解説もT寧に示し、図表も多数掲載。『イヤーノート』『イヤーノートTOPICS』と連携し復習を容易化。1巻目に未掲載の疾患と最新の情報を多数掲載。
2017.7 447p B5 ¥8000 ①978-4-89632-685-7

◆クエスチョン・バンク―保健師国家試験問題解説 2018 医療情報科学研究所編 メディックメディア 第10版
【要旨】最新国試+厳選過去問+オリジナル予想問題全795問収録! 法律年表と法律要点集を収録!
2017.4 686, 98, 6p B5 ¥3500 ①978-4-89632-657-4

◆クエスチョン・バンク理学療法士国家試験問題解説 2018 専門問題 医療情報科学研究所編 メディックメディア (付属資料:別冊1) 第9版
【要旨】第52～37回(過去問16回分)専門問題を分野別に掲載!
2017.9 1004p B5 ¥4500 ①978-4-89632-680-2

◆クエスチョン・バンク 理学療法士・作業療法士国家試験問題解説 2018 共通問題 医療情報科学研究所編 メディックメディア (付属資料:別冊1; 赤チェックシート1) 第10版
【要旨】第52～37回共通問題を分野別に掲載!
2017.7 907p B5 ¥4500 ①978-4-89632-679-6

◆クエスチョン・バンクCBT 2018 vol.5 最新復元問題 国試対策問題編集委員会編 メディックメディア 第9版
【目次】A 基本事項、B 医学・医療と社会、C 医学一般、D 人体各器官の正常構造と機能、病態、診断、治療、E 全身におよぶ生理的変化、病態、診断、治療、F 診療の基本、多選択肢型、順次解答型4連問
2017.7 447p B5 ¥5400 ①978-4-89632-674-1

◆健康運動指導士試験攻略トレーニング問題集―テキスト平成26～28年対応 呉泰雄, 仲立貴共著 (長野)ほおずき書籍, 星雲社 発売
【要旨】合格に必要な知識と実戦力が身に付く!!
2017.1 309p A5 ¥2800 ①978-4-434-22901-5

◆健康運動指導士試験攻略トレーニング問題集―テキスト平成26 - 29年対応 呉泰雄, 仲立貴共著 (長野)ほおずき書籍, 星雲社 発売
【目次】健康管理概論、健康づくり施策概論、生活習慣病(NCD)、運動生理学、機能解剖とバイオメカニクス(運動・動作の力源)、健康づくり運動の理論、運動傷害と予防、体力測定と評価、健康づくり運動の実際、救急処置、運動プログラムの実際、運動負荷試験、運動行動変容の理論と実際、運動とこころの健康増進、栄養摂取と運動
2017.10 309p A5 ¥2800 ①978-4-434-23896-3

◆言語聴覚士国家試験過去問題3年間の解答と解説 2018年版 言語聴覚士国家試験対策委員会編 (我孫子)大揚社, 星雲社 発売
2017.7 412p A5 ¥3500 ①978-4-434-23274-9

◆呼吸療法認定士 "合格チャレンジ" 100日ドリル―毎日使えて基礎が身につく! 2017 - 2018 西信一監修 (大阪)メディカ出版 (『呼吸器ケア』別冊; 付属資料:100日スケジュールシート)
【目次】呼吸療法総論、呼吸管理に必要な解剖生理、血液ガスの解釈、肺機能とその検査法、呼吸不全の病態と管理、薬物療法、呼吸リハビリテーション、吸入療法、酸素療法、人工呼吸器の基本構造と保守点検および医療ガス、気道確保と気道管理、人工呼吸とその適応・離脱、NPPVとその管理法、開胸・開腹手術後の肺合併症、新生児・乳幼児の呼吸管理、人工呼吸中のモニタ、呼吸不全中の集中治療、在宅人工呼吸、チーム医療 2017.7 221p B5 ¥3800 ①978-4-8404-6175-7

◆これだけ覚える! メンタルヘルス・マネジメント検定2種(ラインケアコース) 桜又彩子編 オーム社 改訂2版
【要旨】公式テキスト(第4版)に対応! 出題傾向を押さえた吹出し解説付き。過去問題だけでなく、新しい内容に関する予想問題も豊富に掲載。コラムでは、実際のメンタルヘルスのケアやマネジメントに役立つ情報も!
2017.11 224p A5 ¥2000 ①978-4-274-22151-4

◆これだけ覚える! メンタルヘルス・マネジメント検定3種(セルフケアコース) 桜又彩子著 オーム社 改訂2版
【要旨】公式テキスト(第4版)に対応! 出題傾向を押さえた吹出し解説付き。過去問題だけでなく、新しい内容に関する予想問題も豊富に掲載。コラムでは、実際のメンタルヘルスのセルフケアに役立つ情報も!
2017.11 160p A5 ¥1600 ①978-4-274-22152-1

◆最新版 薬学検定試験 対策&過去問3級4級 日本セルフケア支援薬剤師センター著, 相繭泰生, 森下宗夫, 同前孝志監修 一ツ橋書店 (付属資料:別冊1)
【目次】第1部 受験要項(薬学検定試験)、第2部 薬学総論(薬学概論、薬の服用方法、薬の形(剤形) ほか)、第3部 お薬各論(解熱鎮痛薬、鎮咳去痰薬、鼻炎用薬(内服用・外用) ほか)、第4部 過去問題
2017.4 295p A5 ¥1600 ①978-4-565-18251-7

◆作業療法士国家試験過去問題集 専門問題10年分 2018年版 電気書院編集部編 電気書院
【要旨】第43回～第52回。問題・解答のみ、解説はありません。
2017.6 183p B5 ¥1400 ①978-4-485-30410-5

◆作業療法士になろう! 齋藤さわ子著 青弓社
【要旨】作業療法のやりがいを通して仕事の魅力を伝え、作業療法の治療的パワーと作業療法の社会性を確認し、病気やけがからの回復を促進して健康的で主体的な生活に導く作業療法士になれるようにガイドする。これからめざす人だけではなく、すでに作業療法士になっている人も自分の作業の知識と技術をみがくことができるように実践的に解説する。
2017.1 220p B6 ¥1600 ①978-4-7872-1053-1

サイエンス・テクノロジー

◆歯科医師国家試験問題解説書—解説書/写真集/問題集　第110回(2018)　DES歯学教育スクール編　テコム
【要旨】正答率＆解答率を掲載！ 解答率と識別指数に基づいた「合格チケット」で受験生が陥りやすい選択肢が一目瞭然！
2017.6 531, 101p B5 ¥5400 ①978-4-86399-402-7

◆歯科医師になるには　笹田久美子著　ぺりかん社　（なるにはBOOKS）
【要旨】むし歯や歯周病の治療、高齢者の歯科疾患やインプラント、審美歯科、矯正歯科の需要増加など、最新の動向を踏まえた仕事の実際を紹介し、なり方を詳しく解説。
2017.2 157p B6 ¥1500 ①978-4-8315-1479-0

◆歯科衛生士国試対策集—2018年対応 第1〜26回全重要問題解説　歯科衛生士国試対策研究会編　クインテッセンス出版
【目次】1 人体の構造と機能、2 歯・口腔の構造と機能、3 疾病の成り立ち及び回復過程の促進、4 歯・口腔の健康と予防に関わる人間と社会の仕組み、5 歯科衛生士概論、6 臨床歯科医学、7 歯科予防処置論、8 歯科保健指導論、9 歯科診療補助論
2017.6 384p B5 ¥3500 ①978-4-7812-0564-9

◆歯科衛生士・歯科技工士になるには　宇田川廣美著　ぺりかん社　（なるにはBOOKS 47）
【要旨】歯科医療に欠かせないスペシャリスト！ 歯科医師をサポートし口腔ケアを行う歯科衛生士と、入れ歯や差し歯、矯正装置などを作る歯科技工士。それぞれが担う役割などをくわしく紹介。
2017.2 156p B6 ¥1500 ①978-4-8315-1458-5

◆歯科技工士国家試験問題集　2018年版　全国歯科技工士教育協議会編　医歯薬出版
（付属資料：別冊1）
【要旨】平成27・28年度歯科技工士国家試験問題・解答・解説収載。
2017.9 270p B5 ¥5600 ①978-4-263-43235-8

◆歯科国試パーフェクトマスター 口腔組織・発生学　中村浩彰著　医歯薬出版
【要旨】歯科医師国家試験出題基準対応。
2017.8 90p B5 ¥2700 ①978-4-263-45804-4

◆歯科国試パーフェクトマスター 小児歯科学　河上智美編著　医歯薬出版 第3版
【目次】小児の全身発達、歯の発育と異常、歯列と咬合の成長発育、乳歯および幼若永久歯の特徴、小児齲蝕の特徴、齲蝕の予防と進行抑制、歯周病、歯冠修復、歯内療法、歯の外傷、外科的処置、口腔軟組織疾患、咬合誘導、歯科治療時に留意すべき小児疾患、小児患者への歯科的対応、障害児の歯科診療
2016.12 172p B6 ¥3000 ①978-4-263-45799-3

◆歯科国試パーフェクトマスター 保存修復学　奈良陽一郎、柵木寿男著　医歯薬出版
【目次】歯の構造と加齢による変化、歯の硬組織疾患、齲蝕の病因と病態、齲蝕の予防・管理、減歯・消毒と感染対策、口腔検査、齲蝕の治療、非齲蝕性硬組織疾患の治療、歯質の切削、窩洞、歯髄保護法、治療の前準備、修復物の具備すべき形状と面、コンポジットレジン修復、グラスアイオノマーセメント修復、メタルインレー修復、コンポジットレジンインレー修復、セラミックインレー修復、ベニア修復、合着・接着・歯髄保護に用いるセメント
2017.12 167p B6 ¥3000 ①978-4-263-45809-9

◆歯科国試ANSWER　2018 vol.4　社会歯科・口腔衛生学　DES歯学教育スクール編　テコム
（付属資料：別冊1）
【要旨】正答率と解答率は12年分（99〜110回）を掲載！
2017.5 639p B5 ¥4800 ①978-4-86399-382-2

◆歯科国試ANSWER　2018 vol.10　歯科補綴学　2　DES歯学教育スクール編　テコム
（付属資料：別冊1）
【要旨】正答率と解答率は12年分（99〜110回）を掲載！
2017.5 580p B5 ¥4800 ①978-4-86399-388-4

◆歯科国試ANSWER　2018 vol.12　口腔外科学（2）　DES歯学教育スクール編　テコム
（付属資料：別冊1）
【要旨】正答率と解答率は12年分（99〜110回）を掲載！
2017.5 715p B5 ¥4800 ①978-4-86399-390-7

◆柔道整復師国家試験問題解答集　平成30年(2018年)度用　第13回〜第25回（2005年〜2017年）　あ・は・き師、柔整師教育研究会編　桐書房
【要旨】第13回（2005年）〜第25回（2017年）の国家試験問題をすべて収載。出題傾向がわかるように、問題を系統（科目）別に分類。問題、解答、解説を1ヵ所にまとめ、使いやすく解説。
2017.7 758p B5 ¥5500 ①978-4-87647-875-0

◆柔道整復師の一日　WILLこども知育研究所編著　（大阪）保育社　（医療・福祉の仕事見る知るシリーズ）
【目次】1 柔道整復師の一日を見て！ 知ろう！（整骨院で働く柔道整復師の一日、整形外科で働く柔道整復師の一日、インタビュー編—いろいろな場所で働く柔道整復師さん）、2 目指せ柔道整復師！ どうやったらなれるの？（柔道整復師になるには、どんなルートがあるの？、いろんな学校があるみたいだけど、ちがいは何？、柔道整復師の学校って、どんなところ？、学校ではどんな授業が行われているの？、気になる学費は、どのくらいかかるの？ ほか）
2017.10 79p A5 ¥2800 ①978-4-586-08578-1

◆出題傾向徹底分析！ 診療放射線技師国家試験重要問題集　熊谷孝三編　メジカルビュー社
【要旨】出題傾向に沿った問題を解きながら、国試突破のためのテクニックが身に付く！
2017.10 301p B5 ¥4800 ①978-4-7583-1906-5

◆助産師になるには　加納尚美編著　ぺりかん社　（なるにはBOOKS）
【要旨】家族や地域に寄り添い誕生と人の営みを支える！ 妊娠・出産だけでなく、産後のケア、育児相談、教育活動など、生命の誕生について幅広く関わり活躍する姿を紹介し、なり方から心構えなどを解説。
2017.8 155p B6 ¥1500 ①978-4-8315-1486-8

◆診療放射線技師イエロー・ノート 臨床編　福士政広編　メジカルビュー社 第4版
【要旨】「平成32年版国試出題基準」に準拠した改訂第4版。2018、2019年実施の国試受験者にも対応！ ブルー/イエローの2冊で国試を完全網羅!!
2017.8 490p B5 ¥6800 ①978-4-7583-1729-8

◆診療放射線技師国家試験 完全対策問題集—精選問題・出題年別　2018年版　オーム社編　オーム社
【目次】第1部 試験科目別問題（精選問題）（放射化学、診療画像機器学、診療画像検査学、核医学検査技術学、放射線治療技術学、医用画像情報学、基礎医学大要、放射線生物学、放射線物理学、医用工学、放射線計測学、X線撮影技術学、画像工学、放射線安全管理学）、第2部 出題年別問題
2017.5 900p B5 ¥8000 ①978-4-274-22063-0

◆診療放射線技師国家試験 合格！ Myテキスト—過去問データベース＋模擬問題付　2018年版　オーム社編　オーム社
【目次】放射化学、診療画像機器学、診療画像検査学、核医学検査技術学、放射線治療技術学、医用画像情報学、基礎医学大要、放射線生物学、放射線物理学、医用工学、放射線計測学、X線撮影技術学、画像工学、放射線安全管理学
2017.5 780p B5 ¥7800 ①978-4-274-22062-3

◆診療放射線技師の一日　WILLこども知育研究所編著　（大阪）保育社　（医療・福祉の仕事見る知るシリーズ）
【目次】1 診療放射線技師の一日を見て！ 知ろう！（画像診断部門で働く診療放射線技師の一日、放射線治療部門で働く診療放射線技師の一日、インタビュー編—いろいろな場所で働く診療放射線技師さん（検診機関で働く診療放射線技師、医療機器メーカーで働く診療放射線技師、放射線管理にたずさわる診療放射線技師））、2 目指せ診療放射線技師！ どうやったらなれるの？（診療放射線技師になるには、どんなルートがあるの？、いろんな学校があるみたいだけど、ちがいは何？、診療放射線技師の学校って、どんなところ？、学校ではどんな授業が行われているの？、気になる学費は、どのくらいかかるの？ ほか）
2017.10 79p A5 ¥2800 ①978-4-586-08577-4

◆診療放射線技師ブルー・ノート 基礎編　福士政広編　メジカルビュー社 第4版
【要旨】「平成32年版国試出題基準」に準拠した改訂第4版。2018、2019年実施の国試受験者にも対応！ ブルー/イエローの2冊で国試を完全網羅!!
2017.8 560p B5 ¥6800 ①978-4-7583-1728-3

◆新・臨床心理士になるために　平成29年版　日本臨床心理士資格認定協会監修　誠信書房
【目次】1 臨床心理士に求められるもの（臨床心理士の専門性と資格資質）、2 専門教育、資格試験、専門業務（どのような指定大学院・専門職大学院を選ぶのか、資格試験について、専門業務の活躍像）、3 資格試験問題の公開（平成28年度試験問題）、4 資格試験問題の正答と解説（平成28年度試験問題の正答と解説）
2017.7 136p A5 ¥2400 ①978-4-414-41628-2

◆精神保健福祉士国家試験 専門科目キーワード　長坂和則著　へるす出版
【要旨】過去19年分のキーワードを凝縮！ 精神保健福祉士国家試験専門科目の過去問を徹底分析！ 出題基準をベースとしながらも、より理解しやすいよう独自にカテゴリー化！
2017.7 141p A5 ¥2200 ①978-4-89269-929-0

◆先輩に聞いてみよう！ 臨床心理士の仕事図鑑　植田健太、山蔦圭輔編　中央経済社、中央経済グループパブリッシング 発売　（先輩に聞いてみよう！ 仕事図鑑シリーズ）
【要旨】みんなが憧れるプロフェッショナルの世界。現役臨床心理士11人が仕事を語る！ 新国家資格「公認心理師」も誕生！ 心理のプロを志す人のためのガイド。
2017.6 135p A5 ¥1500 ①978-4-502-22691-5

◆第17回〜第19回精神保健福祉士国家試験問題 専門科目 解答・解説集　日本精神保健福祉士協会編　へるす出版
【要旨】第18回（精神疾患とその治療、精神保健の課題と支援、精神保健福祉相談援助の基盤、精神保健福祉の理論と相談援助の展開、精神保健福祉に関する制度とサービス、精神障害者の生活支援システム）、第18回、第17回
2017.6 290p B5 ¥3000 ①978-4-89269-926-9

◆第16回〜第25回 徹底攻略国家試験過去問題集 あん摩マッサージ指圧師用　2018　明治東洋医学院編集委員会編　（横須賀）医道の日本社　（付属資料：別冊1; 赤シート1）
【要旨】第16回〜第25回国家試験の全問題を収録！ 科目別＆「国家試験出題基準」項目順に、全問題を分類！ 過去10年間の出題傾向がよくわかり、ウィークポイントを強化しやすい！ 冊子タイプの付録に、試験当日と同じ通し問題を3年分収録！ 赤シート付き！ 解答・重要語をもっと活用できる！
2017.6 418p B5 ¥4300 ①978-4-7529-5184-1

◆第16回〜第25回 徹底攻略国家試験過去問題集 柔道整復師用　2018　明治東洋医学院編集委員会編　（横須賀）医道の日本社
【要旨】第16回〜第25回国家試験の全問題を収録！ 科目別＆「国家試験出題基準」項目順に、全問題を分類！ 過去10年間の出題傾向がよくわかり、ウィークポイントを強化しやすい！ 冊子タイプの付録に、試験当日と同じ通し問題を3年分収録！ 赤シート付き！ 解答・重要語をもっと活用できる！
2017.6 571p B5 ¥5200 ①978-4-7529-5186-5

◆第16回〜第25回 徹底攻略国家試験過去問題集 はり師・きゅう師用　2018　明治東洋医学院編集委員会編　（横須賀）医道の日本社　（付属資料：別冊1; 赤シート1）
【要旨】第16回〜第25回国家試験の全問題を収録！ 科目別＆「国家試験出題基準」項目順に、全問題を分類！ 過去10年間の出題傾向がよくわかり、ウィークポイントを強化しやすい！ 冊子タイプの付録に、試験当日と同じ通し問題を3年分収録！ 赤シート付き！ 解答・重要語をもっと活用できる！
2017.6 459p B5 ¥4200 ①978-4-7529-5185-8

◆第47回視能訓練士国家試験問題・解説—視能訓練士セルフアセスメント第6版追補版　丸尾敏夫、久保田伸枝編　文光堂
【目次】1 基礎医学大要（人体の構造と機能及び心身の発達・加齢、疾病と障害の成り立ち及び回復過程の促進、視覚機能の基礎と検査機器、保健医療福祉と視能障害のリハビリテーションの理念）、2 基礎視能矯正学（視能矯正の枠組み、両眼視機能と眼球運動、視覚生理学の基礎、生理光学）、3 視能検査学（眼科検査学、眼科薬理学）、4 視能障害学（眼疾病学）、5 視能訓練学（斜視、弱視、両眼視、ロービジョン、臨床心理、視能訓練）
2017.6 68p B5 ¥1500 ①978-4-8306-5601-9

◆第48・52回 理学療法士・作業療法士 国家試験問題 解答と解説　2018　医歯薬出

版編　医歯薬出版　（付属資料：CD・ROM1）
第27版
【要旨】国家試験問題をくりかえし解いて学べるCD・ROM付。第42回・51回を収録。平成28年版国家試験出題基準対応。Windows10/8.1/7対応。
　　　　2017.5 1Vol. B5 ¥6200 ①978-4-263-21463-3

◆第40回救急救命士国家試験問題 解答・解説集　山本保博監修　へるす出版
　　　　2017.5 143p B5 ¥1600 ①978-4-89269-924-5

◆超音波検査士認定試験対策 基礎編—過去問分析—出題のポイントで学ぶ！　東京超音波研究会如月会編著　ベクトル・コア　四訂版
【要旨】模擬試験5×35＋クイック復習ノート。超音波検査士認定試験の出題傾向の変化をいち早く反映！
　　　　2017.6 226p A5 ¥4300 ①978-4-906714-52-0

◆超重要！ 登録販売者過去問題集　'17年版　コンデックス情報研究所編著　成美堂出版　（付属資料：別冊1; 赤シート1）
【要旨】厚生労働省改正「試験問題の作成に関する手引き」に基づき完全解説！ 再出題の可能性が高い厳選400問。
　　　　2017.4 247p A5 ¥1600 ①978-4-415-22435-0

◆徹底分析！ 年度別歯科衛生士国家試験問題集　2018年版　平成29年版歯科衛生士国家試験出題基準対応—第22回—第26回　歯科衛生士国試問題研究会編　医歯薬出版　（付属資料：別冊1）
【目次】歯科衛生士国家試験受験Q&A、傾向と対策（出題基準分類表、難易度一覧表）、問題&解答・解説
　　　　2017.6 385p B5 ¥3500 ①978-4-263-42088-1

◆登録販売者試験 厳選問題240　本間克明著　技術評論社　（らくらく突破）　（付属資料：別冊1）
【要旨】平成28年度登録販売者試験の問題のみを使用！ 全国10ブロックで出題された1200問から240問を厳選！ 短時間で過去問題が解ける！
　　　　2017.8 159p A5 ¥1580 ①978-4-7741-9151-5

◆登録販売者試験対策必修ポイント450　2017年版　新井佑朋著　秀和システム　（付属資料：別冊1）
【要旨】イラストつきでおもいっきり具体的！ かんたんな説明だから記憶に残る！ とにかくルビ（ふりがな）が多い！ とにかくわかりやすい！ 市販薬を知りたい人に必携の解説本！ 厚労省「試験問題の作成に関する手引き」（2016年3月正誤表反映版）対応。別冊○×カクニン＋過去問付き！
　　　　2017.3 403p A5 ¥1900 ①978-4-7980-4944-1

◆登録販売者になる！ いちばんわかるテキスト！　米山博史著　（大阪）メディカルレビュー社　（付属資料：赤シート1）　第5版
【要旨】『試験問題作成に関する手引き』（平成28年3月正誤表反映版）に準拠。重要語句を隠して覚える便利な赤シート付！ 過去の出題傾向を分析して作成した模擬試験120問も収載!!登録販売者試験はこれ一冊でOK！
　　　　2017.6 524p A5 ¥3200 ①978-4-7792-1895-8

◆7日間でうかる！ 登録販売者テキスト&問題集　2017年度版　堀喜智子著　日本経済新聞出版社
【要旨】出題ポイントのみをピックアップ。短期間で合格点を目指す！ 成分名は一覧表でスッキリ理解。漢方処方は薬効ごとの分類でわかりやすい！ 出題率が高い医薬品の知識を重点的に解説。店頭に立ってからも役立つ！ 2016年度出題問題で一問一答＋過去問＋模擬テストを構成。最新の出題傾向で実力判断できる！ 重要箇所や頻出ポイントはアイコンで表示！
　　　　2017.5 403p A5 ¥1800 ①978-4-532-40928-9

◆2018年新出題基準別助産師国家試験重要問題集—第101回助産師国試対策ブック　大橋一友医学監修, 葉久真理編　（大阪）メディカ出版　（付属資料：赤チェックシート1）　第13版
【要旨】出題基準平成30年版に対応！ オリジナル重要問題を収載。ポイントを押さえた解説がさらに充実。一問一答形式問題で最終チェックも万全！
　　　　2017.7 198p A5 ¥2600 ①978-4-8404-6181-8

◆2018年新出題基準別助産師国家試験問題—過去5回分完全収載！ 第101回助産師国試対

策ブック　大橋一友医学監修, 葉久真理編　（大阪）メディカ出版　第33版
【要旨】出題基準平成30年版に対応！ 過去5回の出題傾向を徹底分析！ 試験に役立つ資料付き。
　　　　2017.7 358p B5 ¥3400 ①978-4-8404-6182-5

◆ひとりで学べる診療報酬請求事務能力認定試験テキスト&問題集　2017年版　青山美智子著　ナツメ社　（付属資料：別冊2; 赤シート1）
【要旨】本書では、とくに診療報酬請求事務能力認定試験（医科）の合格をサポートするために、過去5年間、10回分の問題分析を行い、「どこを押さえておくべきか」出題傾向などを明らかにしました。本書は、主要部分に、ていねいな説明が加えてあるだけでなく、各章末には一問一答形式の問題を掲載しています。これから基本を習得しようとしている方はもちろん、すでに基礎知識をマスターした方にも、利用できるようにしました。
　　　　2017.6 223p B5 ¥2200 ①978-4-8163-6272-9

◆ひとりで学べるメンタルヘルス・マネジメント検定2種・3種合格テキスト&問題集　小出真由美著　ナツメ社　（付属資料：赤シート1）
【要旨】公式テキスト第4版に完全対応した最新版！ この1冊で2種（ラインケアコース）・3種（セルフケアコース）ダブル合格がねらえる！
　　　　2017.10 255p B5 ¥2000 ①978-4-8163-6327-6

◆ポイントチェック歯科衛生士国家試験対策1 人体の構造と機能/歯・口腔の構造と機能/疾病の成り立ち及び回復過程の促進　歯科衛生士国家試験対策検討会編　医歯薬出版　第5版
【目次】1編 人体の構造と機能（組織・細胞・器官、循環器系 ほか）、2編 歯・口腔の構造と機能（口腔・顎顔面・頭頸部、歯と歯周組織 ほか）、3編 疾病の成り立ち及び回復過程の促進—病因と病態（病因論、遺伝性疾患と先天異常 ほか）、4編 疾病の成り立ち及び回復過程の促進—感染と免疫（一般性状、観察方法 ほか）、5編 疾病の成り立ち及び回復過程の促進—生体と薬物（薬理作用、投与 ほか）
　　　　2018.1 213p B5 ¥2600 ①978-4-263-42491-9

◆ポケットマスターPT/OT国試必修ポイント 基礎医学　2018　医歯薬出版編　医歯薬出版　（付属資料：赤シート1）　第4版
【要旨】過去問10年分を反復&徹底攻略！
　　　　2017.8 206p 19cm ¥1900 ①978-4-263-26512-3

◆ポケットマスターPT/OT国試必修ポイント臨床医学　2018　医歯薬出版編　医歯薬出版　（付属資料：赤シート1）　第4版
【要旨】過去問10年分を反復&徹底攻略！
　　　　2017.9 267p 19×12cm ¥1900 ①978-4-263-26513-0

◆ポケットマスター PT/OT国試必修ポイント OT実地問題　2018　医歯薬出版編　医歯薬出版　（付属資料：赤シート1）　第4版
【要旨】過去問10年分を反復&徹底攻略！
　　　　2017.9 303p 19cm ¥1900 ①978-4-263-26515-4

◆ポケットマスター PT/OT国試必修ポイント PT実地問題　2018　医歯薬出版編　医歯薬出版　（付属資料：赤シート1）　第4版
【要旨】過去問10年分を反復&徹底攻略！
　　　　2017.9 361p 19cm ¥1900 ①978-4-263-26514-7

◆保健師国試スキルアップブックNEO　西基著　海馬書房　第3版
【目次】第1章 公衆衛生看護学概論、第2章 公衆衛生看護方法論、第3章 対象別公衆衛生看護活動論、第4章 学校保健・産業保健、第5章 健康危機管理、第6章 公衆衛生看護管理論、第7章 保健医療福祉行政論、第8章 疫学・保健統計、第9章 統計データ
　　　　2017.11 402p B5 ¥3100 ①978-4-907921-17-0

◆保健師国家試験のためのレビューブック 2018　医療情報科学研究所編　メディックメディア　第18版
【要旨】最新の法改正に対応。姉妹本「QB保健師」と参照ページで相互リンク!!10年分の保健師国家のポイントをカバー！
　　　　2017.4 355p A5 ¥4500 ①978-4-89632-658-1

◆麻酔科専門医認定筆記試験問題解説集　第55回（2016年度）　麻酔科専門医試験対策研究会編　克誠堂出版

【目次】A問題（オピオイド、鎮痛薬：レミフェンタニル、オピオイド、鎮痛薬：トラマドール、薬力学、薬物動態：薬物動態学的概念：クリアランス ほか）、B問題（麻酔の歴史、医事法制：事故調査委員会、術前合併症と対策：呼吸器疾患：喫煙 ほか）、C問題（循環モニタリング：心内圧測定：中心静脈圧、小児心臓外科手術の麻酔：各種手術：VSD手術、呼吸モニタリング：換気力学モニター：流量、換気量 ほか）
　　　　2017.5 272p B5 ¥4200 ①978-4-7719-0482-8

◆マッサージ・はりきゅう・柔道整復 国家試験模擬問題集　医道の日本社編集部編, 鈴木一, 本郷芳治, 桑田哲監修　（横須賀）医道の日本社　（付属資料：別冊3）
【要旨】本番を想定した模擬問題集です。あん摩マッサージ指圧師模擬問題1回分（150問）、はり師きゅう師模擬問題1回（160問）、柔道整復師模擬問題1回分（230問）の問題冊子と、解答・解説がセットになっています。国家試験にこれまで出題された過去問にアレンジを加えたもの（一部はオリジナル）と、過去問を流用したものとで構成されています。巻末には、あん摩マッサージ指圧師、はり師きゅう師、柔道整復師の求人情報も掲載。
　　　　2017.2 123p B5 ¥1200 ①978-4-7529-5182-7

◆薬学検定試験過去問題集3級4級（第17回〜第22回）　日本セルフケア支援薬剤師センター著　一ツ橋書店
【要旨】第17回から第22回までの問題・解答を完全収録！
　　　　2017.7 196p B5 ¥1400 ①978-4-565-18254-8

◆薬学検定試験公式ガイド&問題集—受験願書付き　日本セルフケア支援薬剤師センター著・監修, 相薗泰生, 瀬口正晴, 辻啓介, 同前孝志監修　一ツ橋書店　（付属資料：別冊1）
【目次】セルフケアとセルフメディケーション、薬学検定試験とは、薬学検定試験、薬学検定試験と就職活動（就活）、薬学検定試験、受験の申込 "個人申込"、受験の申込 "団体申込"（団体受験）、学習方法と参考書（問題集）、受験に際しての注意事項、合格者の顕彰（各級取得の証など）、よくある質問、"4級"の出題分野、"3級"の出題分野、"2級"の出題分野、"1級"の出題分野
　　　　2017.4 206p A5 ¥1300 ①978-4-565-18252-4

◆薬学検定試験 対策&過去問1級2級　日本セルフケア支援薬剤師センター著, 森下宗夫, 同前孝志監修　一ツ橋書店　（付属資料：別冊1）
【目次】第1部 受験要項（薬学検定試験）、第2部 医療用医薬品（中枢神経系に作用する薬、末梢神経系に作用する薬、抗炎症薬 ほか）、第3部 疾患名（循環器系の疾患、呼吸器系の疾患、消化器系の疾患 ほか）、第4部 過去の試験問題
　　　　2017.4 239p A5 ¥1500 ①978-4-565-18250-0

◆理学療法士国家試験過去問題集 専門問題 10年分　2018年版　電気書院編集部編　電気書院
【要旨】第43回〜第52回。問題・解答のみ、解説はありません。
　　　　2017.6 191p B5 ¥1400 ①978-4-485-30409-9

◆理学療法士・作業療法士国家試験過去問題集 共通問題10年分　2018年版　電気書院編集部編　電気書院
【要旨】第43回〜第52回。問題・解答のみ、解説はありません。
　　　　2017.6 129p B5 ¥1200 ①978-4-485-30408-2

◆臨床検査技師国家試験解説集 Complete+MT　2018 Vol.1　臨床検査総論/医動物学/臨床検査医学総論　日本医歯薬研修協会編　滋慶出版/つちや書店
【目次】第1部 臨床検査総論（検査総合管理学、一般検査、その他の問題）、第2部 医動物学（寄生虫学）、第3部 臨床検査医学総論
　　　　2017.7 367p A5 ¥3000 ①978-4-8069-1621-5

◆臨床検査技師国家試験解説集 Complete+MT　2018 Vol.2　臨床生理学　日本医歯薬研修協会編　滋慶出版/つちや書店
【目次】1 循環系の基礎、2 循環器系検査、3 呼吸系の基礎、4 呼吸機能検査、5 神経・運動器系の基礎、6 神経・筋系検査、7 睡眠の基礎と検査、8 超音波検査の基礎、9 超音波検査、10 磁気共鳴画像検査、11 その他の生理検査、12 その他の問題
　　　　2017.6 381p A5 ¥3000 ①978-4-8069-1620-8

サイエンス・テクノロジー

◆臨床検査技師国家試験解説集
Complete+MT　2018 Vol.3　臨床化学／遺伝子・染色体検査分野　日本医歯薬研修協会編　滋慶出版/つちや書店
【目次】1 生化学、2 分析の原理と方法・目的、3 放射性同位元素、4 計算問題、5 染色体・遺伝子検査分野、6 その他の問題
　　2017.7 409p A5 ¥3000 ⓘ978-4-8069-1622-2

◆臨床検査技師国家試験解説集
Complete+MT　2018 Vol.4　病理組織細胞学　日本医歯薬研修協会編　滋慶出版/つちや書店
【要旨】第54回〜第63回収載。
　　2017.9 369p A5 ¥3000 ⓘ978-4-8069-1625-3

◆臨床検査技師国家試験解説集
Complete+MT　2018 Vol.5　臨床血液学　日本医歯薬研修協会編　滋慶出版/つちや書店
【目次】1 血液の基礎、2 血球の基礎、3 止血・凝固・線溶系の基礎、4 血球形態に関する検査、5 血小板、凝固・線溶系検査、6 赤血球系疾患、7 白血球系疾患、8 造血器腫瘍系疾患、9 凝固・線溶系疾患、10 その他の問題
　　2017.9 258p A5 ¥2500 ⓘ978-4-8069-1624-6

◆臨床検査技師国家試験解説集
Complete+MT　2018 Vol.6　臨床微生物学　日本医歯薬研修協会編　滋慶出版/つちや書店
【目次】1 微生物学、2 細菌、3 真菌、4 ウイルス、5 検査法、6 その他の問題
　　2017.10 290p A5 ¥3000 ⓘ978-4-8069-1628-4

◆臨床検査技師国家試験解説集
Complete+MT　2018 Vol.7　臨床免疫学　日本医歯薬研修協会編　滋慶出版/つちや書店
【要旨】第54回〜第63回収載。
　　2017.6 254p A5 ¥3000 ⓘ978-4-8069-1619-2

◆臨床検査技師国家試験解説集
Complete+MT　2018 Vol.8　公衆衛生学／医用工学概論　日本医歯薬研修協会編　滋慶出版/つちや書店
【要旨】第54回〜第63回収載。
　　2017.7 272p A5 ¥3000 ⓘ978-4-8069-1623-9

◆臨床検査技師国家試験問題集　2018年版
日本臨床検査学教育協議会編　医歯薬出版
（付属資料：CD・ROM1）　第15版
【要旨】「新出題基準（ガイドライン）」完全準拠。既出問題を中心に精選、国試科目別に系統的に分類。10年間の出題傾向を項目別に整理・分析。2017年2月国試（第63回）問題・解答を収載。
　　2017.5 526p B5 ¥7000 ⓘ978-4-263-22183-9

◆臨床工学技士の一日　WILLこども知育研究所編　（大阪）保育社　（医療・福祉の仕事見る知るシリーズ）
【目次】1 臨床工学技士の一日を見て！知ろう！（7：45 出勤、8：00 手術室での業務、9：00 血液浄化室での業務、10：00 病棟巡回、ある日の仕事 院内での勉強会 ほか）、2 目指せ臨床工学技士！どうやったらなれるの？（臨床工学技士になるには、どんなルールがあるの？、いろんな学校があるみたいだけど、ちがいは何？、臨床工学技士の学校って、どんなところ？、学校ではどんな授業が行われているの？、気になる学費は、どのくらいかかるの？ ほか）
　　2017.6 79p A5 ¥2800 ⓘ978-4-586-08576-7

◆臨床心理士試験 徹底対策テキスト&予想問題集　'17→'18年版　心理学専門校ファイブアカデミー著　ナツメ社　（付属資料：別冊1）
【要旨】DSM-5対応。心理学の各分野をコンパクトに解説！過去問題との関係もしっかりフォロー！事例問題、論文、面接などの試験対策を充実解説！本試験はもちろん、指定大学院受験にも役立つ！別冊出題傾向分析&模擬試験2回付き！
　　2017.2 399p A5 ¥2300 ⓘ978-4-8163-6159-3

◆臨床心理士等心理系大学院院試&資格試験のための心理学標準テキスト　'17〜'18年版　浅井伸彦ほか編著　秀和システム
【要旨】よく出る・カンタンなものから学べるテキスト+詳細ガイダンス、論述対策etc 総合対策ですぐ合格できます！院試・資格試験のどちらにも対応！
　　2017.3 575p A5 ¥2500 ⓘ978-4-7980-4987-8

◆臨床発達心理士 わかりやすい資格案内
臨床発達心理士認定運営機構編　金子書房　第3版
【目次】第1章 臨床発達心理学とは何か（臨床発達心理学とは何か、臨床発達心理士とは何か ほか）、第2章 臨床発達心理士になるには（どういう人が臨床発達心理士になれるのか、資格申請に必要な条件とは ほか）、第3章 臨床発達心理士の資格を取得したあと（多様で質の高い研修、資格取得後の倫理と専門性 ほか）、第4章 臨床発達心理士の社会貢献（東京支部の特別支援教育専門相談員の養成、震災等発生時の臨床発達心理士による支援 ほか）、第5章 臨床発達心理士のさまざまな実践（臨床発達心理士が活躍するさまざまな職域、愛着修復プログラムの実践—愛着障害・発達障害への支援 ほか）
　　2017.4 112p A5 ¥1300 ⓘ978-4-7608-3822-6

◆CBT問題集TECOMこあかり！　プール3 多肢・連問形式篇 2018　『CBT問題集』編集委員会編　テコム
【要旨】出題傾向を完全分析！平成28年度改訂版コア・カリキュラムにも対応！アクセスナンバー付き！
　　2017.4 593p B5 ¥5000 ⓘ978-4-86399-397-6

◆CBT問題集TECOMこあかり！　プール1 五肢択一形式篇A・B・C・F・G 2018　『CBT問題集』編集委員会編　テコム
【要旨】すべて再現問題！平成28年度改訂版コア・カリキュラムにも対応！アクセスナンバー付き！
　　2017.4 535p B5 ¥5000 ⓘ978-4-86399-395-2

◆CBT問題集TECOMこあかり！　プール2 五肢択一形式篇D・E 2018　『CBT問題集』編集委員会編　テコム
【要旨】再現問題を厳選！平成28年度改訂版コア・カリキュラムにも対応！アクセスナンバー付き！
　　2017.4 813p B5 ¥5000 ⓘ978-4-86399-396-9

◆Complete+ EX—第110回歯科国試解説書
日本医歯薬研修協会編　滋慶出版/つちや書店
【目次】A 必修問題／一般問題、B 臨床実地問題、C 必修問題／一般問題、D 臨床実地問題
　　2017.4 621p A5 ¥5000 ⓘ978-4-8069-1616-1

◆MR認定試験過去問題集　2017年度版
水八寿裕、遠藤さちこ編著　TAC出版　（付属資料：別冊1）
【要旨】第20回（2013年）〜第23回（2016年）の4年分を収載！頻出ワードを一気に覚える直前まとめノートつき。
　　2017.3 251p A5 ¥3500 ⓘ978-4-8132-7133-8

◆PT/OP国家試験必修ポイント 障害別PT治療学 2018　医歯薬出版編　医歯薬出版　第10版
【要旨】第52回（2017年2月実施）国試を詳細解説で100%マスター。徹底対策！第42回から10年間の国試問題を完全制覇！頻出過去問に基づく「自己評価テスト」で実力評価。付録「第49回〜第51回国試」にチャレンジ！
　　2017.7 461p B5 ¥4700 ⓘ978-4-263-21634-7

◆PT/OT国家試験必修ポイント基礎OT学 2018　医歯薬出版編　医歯薬出版　（付属資料：別冊1）　第10版
【目次】第1章 作業療法の基礎（作業療法概要、正常動作分析）、第2章 作業療法評価学（運動系感覚系の評価、発達の評価、高次脳機能障害の評価、日常生活活動の評価、作業能力・職業関連活動の評価、日常生活活動・作業能力・職業関連活動の総合評価）、第3章 作業療法治療学（基本介入手段）（基本介入手段、義肢学、装具学、自助具・福祉用具）、第4章 地域作業療法学（地域生活支援・家庭生活支援）
　　2017.7 568p B5 ¥5000 ⓘ978-4-263-21635-4

◆PT/OT国家試験必修ポイント 基礎PT学 2018　医歯薬出版編　医歯薬出版　（付属資料あり）　第10版
【要旨】PT/OT国試合格への決定版！第52回（2017年2月実施）国試を詳細解説で100%マスター。徹底対策！第42回から10年間の国試問題を完全制覇！
　　2017.7 410p B5 ¥4700 ⓘ978-4-263-21633-0

◆PT/OT国家試験必修ポイント障害別OT治療学 2018　医歯薬出版編　医歯薬出版　第10版

◆PT/OT国家試験 必修ポイント 専門基礎分野 基礎医学 2018　医歯薬出版編　医歯薬出版　（付属資料：別冊1）　第10版
【要旨】PT/OT国試合格への決定版！第52回（2017年2月実施）国試を詳細解説で100%マスター。徹底対策！第42回から10年間の国試問題を完全制覇！
　　2017.6 300p B5 ¥4200 ⓘ978-4-263-21631-6

◆PT/OT国家試験必修ポイント 専門基礎分野 臨床医学 2018　医歯薬出版編　医歯薬出版　第10版
【要旨】PT/OT国試合格への決定版！第52回（2017年2月実施）国試を詳細解説で100%マスター。徹底対策！第42回から10年間の国試問題を完全制覇！
　　2017.6 438p B5 ¥4400 ⓘ978-4-263-21632-3

◆U-CANの登録販売者速習テキスト&重要過去問題集　ユーキャン登録販売者試験研究会編　ユーキャン学び出版、自由国民社 発売　（付属資料：別冊1; 赤シート1）
【要旨】「試験問題作成に関する手引き」の重要ポイントを、右ページ「30日分」に収録！「受験生からよくある質問」などコーナーも充実。合否を左右する「医薬品の知識」を徹底解説！よく出る漢方名には「頻出度マーク」つき。重要過去問200題全てにテキスト編とのリンク表示。復習しやすい！
　　2017.10 503p A5 ¥2000 ⓘ978-4-426-60977-1

 医師国家試験

◆医師国家試験のためのレビューブック必修・禁忌　国試対策問題編集委員会編　メディックメディア　（付属資料：赤シート1）　第4版
【要旨】主要症候、診察と手技、初期救急。基礎から合格まで、必修特有の知識がこれだけ。診察・手技のイラスト多数掲載！平成30年版必修ガイドライン網羅！
　　2017.7 1Vol. 22×14cm ¥4500 ⓘ978-4-89632-624-6

◆クエスチョン・バンク 医師国家試験問題解説 2018 Vol.7 必修問題　国試対策問題編集委員会編　メディックメディア　第19版
【目次】必修問題1（国試に出る！医療器具セレクション、医師のプロフェッショナリズム、社会と医療 ほか）、必修問題2（検査の基本、臨床判断の基本、救急初期診療 ほか）、必修問題3（主要疾患・症候群、治療の基本、基本的手技 ほか）
　　2017.7 3Vols.set B5 ¥11000 ⓘ978-4-89632-677-2

◆第111回医師国家試験問題解説　国試対策問題編集委員会編　メディックメディア
【要旨】3分冊で国試をシミュレーション。専門医による実践的かつ的確な解説。
　　2017.5 3Vols.set B5 ¥6000 ⓘ978-4-89632-660-4

◆CBT・医師国家試験のためのレビューブック産婦人科 2018 - 2019　国試対策問題編集委員会編集　メディックメディア　（付属資料：赤シート1）　第8版
【要旨】産婦人科の重要ポイントを凝縮！過去の国試を徹底分析。はじめは『病気がみえる』で学習し、携帯性に優れる本書で要点を繰り返し復習する使い方がオススメです！付属の赤シートで重要事項の赤字を隠せるため、効率よくインプット&アウトプットができます。
　　2017.7 318, 4, 9p 22×13cm ¥3500 ⓘ978-4-89632-682-6

◆CBT・医師国家試験のためのレビューブック 内科・外科 2018 - 2019　国試対策問題編集委員会編　メディックメディア　（付属資料：赤シート1）
【要旨】内科・外科分野の膨大な情報から、国試合格レベル（約70%）確保のために必要な内容を凝縮。最新の平成30年版医師国家試験出題基準も反映しています。
　　2017.9 1Vol. 22×14cm ¥5000 ⓘ978-4-89632-675-8

看護学校試験・看護
師国家試験

◆看護医療学校受験オープンセサミシリーズ
参考書　1　国語　東京アカデミー編　（名
古屋）ティーエーネットワーク, 七賢出版 発売
【要旨】基礎を固めるポイントを簡潔に明示！ 出
題率の高い問題を徹底網羅！ 精選された過去問
を詳しく解説！
　　　2017.2 373p A5 ¥1800 ①978-4-86455-283-7

◆看護医療学校受験オープンセサミシリーズ
参考書　2　数学1・A　東京アカデミー編
（名古屋）ティーエーネットワーク, 七賢出版
発売
【要旨】基礎を固めるポイントを簡潔に明示！ 出
題率の高い問題を徹底網羅！ 精選された過去問
を詳しく解説！
　　　2017.2 407p A5 ¥1800 ①978-4-86455-284-4

◆看護医療学校受験オープンセサミシリーズ
参考書　3　英語　東京アカデミー編　（名
古屋）ティーエーネットワーク, 七賢出版 発売
【要旨】基礎を固めるポイントを簡潔に明示！ 出
題率の高い問題を徹底網羅！ 精選された過去問
を詳しく解説！
　　　2017.2 440p A5 ¥1800 ①978-4-86455-285-1

◆看護医療学校受験オープンセサミシリーズ
参考書　4　生物　東京アカデミー編　（名
古屋）ティーエーネットワーク, 七賢出版 発売
【要旨】基礎を固めるポイントを簡潔に明示！ 出
題率の高い問題を徹底網羅！ 精選された過去問
を詳しく解説！
　　　2017.2 378p A5 ¥1800 ①978-4-86455-286-8

◆看護医療学校受験オープンセサミシリーズ
問題集　1　アクセス 国語　東京アカデ
ミー編　（名古屋）ティーエーネットワーク, 七
賢出版 発売　（付属資料：別冊1）
【目次】評論・論説, 小説, 随筆, 詩歌, 漢文・
語句, 文学史, 古典
　　　2017.2 296p A5 ¥1200 ①978-4-86455-287-5

◆看護医療学校受験オープンセサミシリーズ
問題集　2　アクセス 数学1・A　東京アカ
デミー編　（名古屋）ティーエーネットワーク,
七賢出版 発売　（付属資料：別冊1）
【目次】数学1（数と式, 2次関数, 図形と計量）,
数学A（場合の数と確率, 図形の性質）, ベーシッ
ク編, 総合問題
　　　2017.2 117p A5 ¥1200 ①978-4-86455-288-2

◆看護医療学校受験オープンセサミシリーズ
問題集　3　アクセス 英語　東京アカデ
ミー編　（名古屋）ティーエーネットワーク, 七
賢出版 発売　（付属資料：別冊1）
【目次】第1章 文, 第2章 動詞, 第3章 構文, 第
4章 品詞, 第5章 発音, 会話, 第6章 実践問題,
第7章 総合問題
　　　2017.2 195p A5 ¥1200 ①978-4-86455-289-9

◆看護医療学校受験オープンセサミシリーズ
問題集　4　アクセス 生物　東京アカデ
ミー編　（名古屋）ティーエーネットワーク, 七
賢出版 発売　（付属資料：別冊1）
【目次】第1章 生物と遺伝子, 第2章 生物の体内
環境の維持, 第3章 生物の多様性と生態系, 第
4章 生命現象と物質, 第5章 生殖と発生, 第6章
生物の環境応答, 第7章 生物の進化と系統, 第8
章 総合問題
　　　2017.2 250p A5 ¥1200 ①978-4-86455-290-5

◆看護・医療学校受験問題集　'18年版　成
美堂出版編集部編著　成美堂出版
【要旨】国語, 英語, 数学, 生物, 化学, 物理,
面接, 小論文を教科別に編集。わかりやすい解
説付き。
　　　2017.2 303p A5 ¥1200 ①978-4-415-22413-8

◆看護医療系の英語総合—これで合格　杉山
一志編著　（京都）文英堂　（シグマベスト）
（付属資料：別冊1）
【要旨】最近の入試問題を細かく分析・研究し,
よく出題される傾向のものを厳選しました。問
題のレベルや出題形式は, 本番に準じるものに
なっています。また「長文読解」編では, 看護
医療系入試によく出るテーマを掲載しています。
「発音・アクセント」「文法・語法」「イディオム」
「会話」「長文読解」のように分野別に配列して

おり, 短時間で効率よく入試の準備ができます。
入試によく出る項目を丁寧に説明してい
ます。「文法・語法」編では英文法を50項目に
分けて説明しているので体系的に学習ができ, 入
試に必要な基礎力を確実に身につけることがで
きます。
　　　〔17.7〕172p B5 ¥1300 ①978-4-578-25031-9

◆看護医療系の現代文—これで合格　貝田桃
子編著　（京都）文英堂　（シグマベスト）
（付属資料：別冊1）
【要旨】本書で使用している問題はすべて看護医
療系の専門学校で出された入試問題です。受
験指導の経験豊かな著者が, 入試現代文を研究
した結果を踏まえて, 現代文の解き方をわかり
やすく教えます。入試現代文によく出る「抜き
出し問題」「記号選択問題」「記述問題」などの
設問パターンごとに考え方を解説します。現代
文の勉強に取り組む前段階として, 「評論」「小
説」「随筆」の違いや「設問文を読むときのポイ
ント」「字数の数え方のポイント」などをてい
ねいに解説しています。
　　　〔17.7〕175p B5 ¥1300 ①978-4-578-25034-0

◆看護医療系の国語常識—これで合格　文英
堂編集部編著　（京都）文英堂　（シグマベス
ト）（付属資料：別冊1）
【要旨】本書は, 過去の入試から「国語常識」に
関するデータを収集して詳細に研究し, その結
果を踏まえて作りました。入試によく出る事項
を集中的に学習することができます。本書では,
漢字・語句・文法・敬語・文学史といった「国語
の知識分野」にあたる内容を扱っています。お
もに, 頻出問題によるトレーニングのページと,
重要事項の解説・整理のページから成っていま
す。毎日コツコツと, あるいはすきま時間に
ササッと, 効率的に学習しやすいよう, 各単元
をコンパクトにまとめました。
　　　〔17.7〕175p B5 ¥1300 ①978-4-578-25037-1

◆看護師国試　2018　必修問題完全予想
550問　看護師国家試験対策プロジェクト編
照林社　（付属資料：別冊1）　第9版
【要旨】最新出題基準の全小項目の問題を収載。
オール予想問題で新傾向対策もバッチリ。5回分
の必修模試で実力試し＆実力アップ。第107回か
ら適用される平成30年版改定出題基準に対応。
　　　2017.7 223p B5 ¥2500 ①978-4-7965-2413-1

◆看護師国試ここだけ覚える！　看護師国家
試験対策プロジェクト編　照林社
【要旨】平成30年版出題基準の次ねらわれる項目
で差をつける！ 過去20年分の頻出ポイントをま
るごと覚えて点数アップ！
　　　2017.9 195p A5 ¥1500 ①978-4-7965-2415-5

◆看護師国試満点獲得！ 完全予想模試
2018年版　三吉友美子, 藤原郁, 山田静子編著
成美堂出版　（付属資料：別冊1; 赤シート1）
【要旨】本試験そっくり模試2回分/全480問！
　　　2017.9 119p 26×21cm ¥1400 ①978-4-415-22530-2

◆看護師国家試験対策ブック デルカン
2018　—ここがよく出る看護師国家試験ポイ
ント　御供泰治編著　（大阪）メディカ出版
（付属資料：赤シート1）　第22版
【要旨】試験によく出るポイントだけを凝縮！ イ
ラストや語呂合わせが満載で覚えやすい!!看護師
国試出題基準平成30年版に対応！
　　　2017.7 270p A5 ¥1800 ①978-4-8404-6167-2

◆看護師国家試験対策ブック 必修問題まん
てんGET！　2018　看護師国家試験対策
研究会編　（大阪）メディカ出版　（付属資料：
赤チェックシート1）　第15版
【要旨】頻出項目にオリジナル予想問題228問収
載！ 看護師国試出題基準平成30年版に対応！
　　　2017.7 238p A5 ¥1400 ①978-4-8404-6169-6

◆看護師国家試験対策 要点がわかる 出題傾
向がみえる 基礎看護学　2018年　守本と
も子監修, 中馬佳子編著　PILAR PRESS
【要旨】「看護師国家試験出題基準（平成30年版）」
準拠。中項目別にみた要点と過去問題集。予
想問題付。第86回～第106回看護師国家試験問
題収録。
　　　2017.11 143p B5 ¥2000 ①978-4-86194-188-7

◆看護師国家試験対策 要点がわかる 出題傾
向がみえる 在宅看護論　2018年　守本と
も子監修, 安藤邑惠編著, 川口ちづる, 井上葉子
著　PILAR PRESS
【要旨】「看護師国家試験出題基準（平成30年版）」
準拠。中項目別にみた要点と過去問題集。第

89回～第106回看護師国家試験問題収録。
　　　2017.12 111p B5 ¥2000 ①978-4-86194-192-4

◆看護師国家試験対策 要点がわかる出題傾
向がみえる小児看護学　2018年　守本とも
子監修, 芝田ゆかり, 田場真理, 瀬山由美子編著
PILAR PRESS
【要旨】「看護師国家試験出題基準（平成30年版）」
準拠。中項目別にみた要点と過去問題集。第
97回～第106回看護師国家試験問題収録。
　　　2017.11 139p B5 ¥2000 ①978-4-86194-182-5

◆看護師国家試験対策 要点がわかる出題傾
向がみえる 精神看護学　2018年　守本と
も子監修, 松浦純平編著　PILAR PRESS
【要旨】「看護師国家試験出題基準（平成30年版）」
準拠。中項目別にみた要点と過去問題集。第
100回～第106回看護師国家試験問題収録。
　　　2017.12 110p B5 ¥2000 ①978-4-86194-191-7

◆看護師国家試験対策 要点がわかる出題傾
向がみえる 必修問題　2018年　守本とも子
監修, 新谷奈苗編著　PILAR PRESS
【要旨】「看護師国家試験出題基準（平成30年版）」
準拠。中項目別にみた要点と過去問題集。第
94回～第106回看護師国家試験問題収録。
　　　2018.1 201p B5 ¥2000 ①978-4-86194-184-9

◆看護師国家試験対策 要点がわかる出題傾
向がみえる 母性看護学　2018年　守本とも
子監修, 服部律子編著　PILAR PRESS
【要旨】「看護師国家試験出題基準（平成30年版）」
準拠。中項目別にみた要点と過去問題集。第
100回～第106回看護師国家試験問題収録。
　　　2017.10 109p B5 ¥2000 ①978-4-86194-190-0

◆看護師国家試験対策要点がわかる出題傾向
がみえる 老年看護学　2018年　守本とも
子監修, 吉村雅世編著　PILAR PRESS
【要旨】「看護師国家試験出題基準（平成30年版）」
準拠。中項目別にみた要点と過去問題集。第
103回～第106回看護師国家試験問題収録。
　　　2017.10 109p B5 ¥2000 ①978-4-86194-183-2

◆看護師国家試験予想問題720　2018年版
杉本由香編著　学研メディカル秀潤社, 学研プ
ラス 発売
【要旨】信頼度の高い240問×3回分で全範囲を網
羅！ 必修・一般・状況設定全分野・全範囲対応！
　　　2017.10 720p B5 ¥4000 ①978-4-7809-1294-4

◆看護師国家試験PASS NOTE　2018年
版　杉本由香編著　学研メディカル秀潤社, 学
研プラス 発売　（付属資料：別冊1）
【要旨】近年の頻出項目と, 平成30年版 "新出題
基準" を徹底分析！
　　　2017.8 231p A5 ¥2100 ①978-4-7809-1293-7

◆看護師採用試験面接試験攻略法—看護師就
活のプロが教える面接の攻略本　濱田安岐子監
修　慈慶出版/つちや書店
【要旨】実際の面接でよく聞かれる質問55。面接
で差がつくマナーと常識をプラス。自分だけの
回答を導く方法。
　　　2018.1 191p A5 ¥1450 ①978-4-8069-1631-4

◆看護師・保健師国家試験対策ブック 公衆
衛生・関係法規・社会福祉 直前α　2018
今西春彦編著　（大阪）メディカ出版　（付属資
料：赤チェックシート1）　第19版
【要旨】法律制度や保健・医療施策をわかりやす
くまとめる。演習問題135問とポイント学習で実
力アップ！ 直前の重要項目チェックにも便利！
看護師国試出題基準平成30年版に対応！
　　　2017.7 222p A5 ¥1400 ①978-4-8404-6168-9

◆クエスチョン・バンク 看護師国家試験問
題解説　2018　医療情報科学研究所編　メ
ディックメディア　第18版
【目次】基礎医学, 基礎看護学, 成人看護学総論,
消化管疾患, 肝・胆・膵疾患, 循環器疾患, 内分
泌・代謝疾患, 腎・泌尿器疾患, 免疫・アレル
ギー性疾患/膠原病, 血液・造血器疾患〔ほか〕
　　　2017.4 2Vols.set B5 ¥5400 ①978-4-89632-642-0

◆クエスチョン・バンクSelect必修—看護師
国家試験問題集　2018　医療情報科学研究所
編　メディックメディア　（付属資料：別冊1）
第13版
【要旨】予想問題560問＋過去問150問, 全710問
を収録。予想問題は昨年から135問追加!!平成26
年版出題基準の全項目を完全カバー。はじめて

の国試対策はこの1冊から！
2017.4 463, 4p B5 ¥2300 Ⓘ978-4-89632-659-8

◆**これで完璧！ 看護国試過去問完全攻略集 2018年版**　さわ研究所編　啓明書房
【要旨】一般・状況設定問題（必修問題を除く）。予備校講師による徹底分析＆解説！ 総問題数約3500問16年分掲載！ 過去問題を繰り返し出題するプール制に対応！ らくらくポイントが押さえられるトレーニング式過去問集。
2017.5 12Vols.set B5 ¥6019 Ⓘ978-4-7671-1276-3

◆**これで完璧！ 看護国試必修完全攻略集 2018年版**　さわ研究所編　啓明書房
【要旨】予備校講師による徹底分析＆解説！ 読むだけで解答・理解・知識につながる誌面講義！ 第93回から第106回に出題された必修問題580問を全問掲載！
2017.6 451p B5 ¥3241 Ⓘ978-4-7671-1277-0

◆**准看護師試験合格ガイド―全科総まとめ**　進藤千恵子編著　メヂカルフレンド社　第3版
【要旨】毎日の予習復習から試験対策まで、これ1冊で！ 予習復習に：全科目の重要ポイントを効率的に身につけられる！ 試験対策に：試験でよく問われる“おさえておきたい”ポイントがわかる！
2017.1 431p B5 ¥3500 Ⓘ978-4-8392-1613-9

◆**第106回看護国試全問解説集**　さわ研究所編　啓明書房
【要旨】2017年2月実施の「第106回看護師国家試験」問題を全問掲載。必修問題50問を含む全240問。選択肢ひとつひとつにていねいな解説。正解の根拠が分かりやすく理解できる！ 直近の看護国試問題の出題傾向をつかむのに最適。
2017.4 148p B5 ¥1000 Ⓘ978-4-7671-1275-6

◆**でた！ でた問 102〜106回試験問題 看護師国家試験 高正答率過去問題集**　東京アカデミー編　（名古屋）ティーエーネットワーク，七賢出版 発売　（付属資料：別冊1）
【要旨】看護師国家試験の20, 514人の受験者の解答データを実際に徹底分析。正答率70%以上の過去問題約900問を科目を超えて類似・関連問題別に編集。問題編と解答解説編は切り離して可能。各問題には、チェック欄、出題時期、正答率を設け、勉強スタイルの幅を広げられる工夫をしています。
2017.6 491p A5 ¥1429 Ⓘ978-4-86455-309-4

管理栄養士国家試験

◆**栄養士実力認定試験過去問題集 2017年版**　全国栄養士養成施設協会編　建帛社　（付属資料：別冊1）
【要旨】2012〜2016年度実施分。
2017.2 85p A4 ¥1089 Ⓘ978-4-7679-0607-2

◆**管理栄養士国試合格のエッセンス 8**　日本医歯薬研修協会編　滋慶出版/つちや書店　（管理栄養士国家試験対策オリジナル問題集）
【要旨】新ガイドライン準拠模擬試験形式の問題集200問。
2017.11 341p A5 ¥2500 Ⓘ978-4-8069-1630-7

◆**管理栄養士国家試験過去問解説集 2018 第27回〜第31回5年分徹底解説**　管理栄養士国試対策研究会編　中央法規出版
【要旨】30年以上発行し続けている過去問集の決定版。最新の法改正や動向、出題基準をふまえ、解説を全面リニューアル。
2017.7 301p B5 ¥3000 Ⓘ978-4-8058-5547-8

◆**管理栄養士国家試験 合格のためのワークノート150日**　女子栄養大学管理栄養士国家試験対策委員会編　女子栄養大学出版部　第7版
【要旨】毎年200名以上の合格実績をもつ女子栄養大学国試対策の決定版！ 1ページ1テーマ，300テーマを厳選。1日2ページ進めると、150日でクリアできる！
2017.10 303, 23p A5 ¥3000 Ⓘ978-4-7895-2438-4

◆**管理栄養士国家試験 受験必修応用力試験問題集**　女子栄養大学管理栄養士国家試験対策委員会編　女子栄養大学出版部　第3版
【要旨】毎年200名以上の合格実績をもつ、女子栄養大学国試対策の決定版！ 問題を読み解くポイントを徹底解説。正解に導くていねいな解答解説。チャレンジしよう！ 過去問題と予想問題。覚えておくべき基礎知識、知っておけば差がつく知識。腕だめしにこの一冊！ 応用力試験20問を確実にモノにしよう！
2017.12 153p B5 ¥2000 Ⓘ978-4-7895-2439-1

◆**管理栄養士国家試験 受験必修過去問集 2018**　女子栄養大学管理栄養士国家試験対策委員会編　女子栄養大学出版部
【要旨】2017年3月実施の第31回国試問題の解答・解説を速報！ 5年分の過去問、全1000問を完全収載！ 国から毎年発表される頻出データも掲載。
2017.5 381p B5 ¥3300 Ⓘ978-4-7895-2437-7

◆**管理栄養士国家試験対策完全合格教本 上 人体・疾病/基礎栄養学/応用栄養学/臨床栄養学 2018年版**　東京アカデミー編　（名古屋）ティーエーネットワーク，七賢出版 発売　（オープンセサミシリーズ）
【要旨】出題傾向を徹底分析！ 膨大な国家試験の範囲をコンパクトにまとめ、国家試験対策として必要かつ充分な内容を完全網羅！
2017.6 595p B5 ¥2381 Ⓘ978-4-86455-310-0

◆**管理栄養士国家試験対策完全合格教本 下 社会・環境/食べ物と健康/栄養教育論/公衆栄養学/給食経営管理論 2018年版**　東京アカデミー編　（名古屋）ティーエーネットワーク，七賢出版 発売　（オープンセサミシリーズ）
【要旨】出題傾向を徹底分析！ 膨大な国家試験の範囲をコンパクトにまとめ、国家試験対策として必要かつ充分な内容を完全網羅！
2017.6 583p B5 ¥2381 Ⓘ978-4-86455-311-7

◆**管理栄養士国家試験 得点アップのための一問一答TOKU‐ICHI 8 公衆栄養学**　郡俊之監修　インターメディカル
【要旨】国家試験の過去問とオリジナル問題から、重要・頻出選択肢を精選。科目別だから、コンパクトなのに充実の問題数。赤シートを使えば穴埋め問題や正文集としても使用可能。「TOKU‐ICHIゼミ」で頻出範囲は見やすい図表に。通勤・通学時に、すきま時間の勉強に役立つ赤シート付き。
2017.10 111p B6 ¥1200 Ⓘ978-4-900828-73-5

◆**管理栄養士国家試験 頻出ワード別一問一答―出るトコ徹底分析 2018**　管理栄養士国試対策研究会編　中央法規出版
【要旨】過去問の一問一答×出るトコ徹底分析＝「絶対合格圏」へ！ 第32回国家試験を突破するツボ、押さえてます。
2017.10 325p B6 ¥2200 Ⓘ978-4-8058-5549-2

◆**管理栄養士ちょいと便利な資料集 CHOI‐BEN 2017**　管理栄養士国家試験対策「かんもし」編集室編　インターメディカル　第11版
【目次】第1章 健康づくり（健康日本21（第二次）、健康日本21最終評価（概要）ほか）、第2章 栄養指導（日本人の食事摂取基準（2015年版）、学校給食摂取基準 ほか）、第3章 食品の表示・安全（食品表示の法体系、食品表示の種類（食品表示基準）ほか）、第4章 健康・栄養関連統計調査（人口・保健統計、平成27年度食料需給表 ほか）、第5章 制度と法律（入院時食事療養と診療報酬、後期高齢者医療制度 ほか）
2017.1 300p A5 ¥1800 Ⓘ978-4-900828-75-9

◆**基礎からしっかり学ぼう！ 管理栄養士国家試験の要点 2018年版**　栄養セントラル学院編著　中央法規出版　（付属資料：赤シート1）
【要旨】見やすいレイアウトでパワーアップ！ イラストや図解も満載で学びやすい！「科目編」と「共通重要項目編」の二部構成で体系的に学習！「最新法令」＋「最新統計」に対応！ 効率よく学べる「ポイント」と「語句解説」。
2017.8 715p B5 ¥4000 Ⓘ978-4-8058-5548-5

◆**クエスチョン・バンク 管理栄養士国家試験問題解説 2018**　医療情報科学研究所編　メディックメディア　（付属資料：別冊1；『なぜ？ どうして？』お試し版1）　第14版
【要旨】学習効率を上げる過去問を836問収録（第30・31回国家試験は全問収録）。イラストや図解を多数追加！ 初学者にも最適な1冊。第30・31回国家試験について先輩たちの正答率を掲載。約4, 500語の使いやすい索引。
2017.7 939p B5 ¥4500 Ⓘ978-4-89632-678-9

◆**よくわかる管理栄養士合格テキスト**　安部隆雄編著　（大阪）弘文社　（付属資料：赤シート1）　改訂3版
【要旨】最新出題基準対応。全受験者必修の基礎知識を科目別にわかりやすく解説！ 豊富な図解と工夫を凝らした問題形式で楽しく学習できる。
2017 351p A5 ¥2500 Ⓘ978-4-7703-2709-3

◆**SGS管理栄養士国家試験/過去問題＆解説集 2018**　SGS管理栄養士国家試験受験対策委員会編，安部隆雄監修　花伝社，共栄書房 発売
【要旨】第27回‐第31回。最新ガイドライン対応。過去問5年分全1000問収録。
2017.6 406p B5 ¥2600 Ⓘ978-4-7634-0817-4

◆**U‐CANの管理栄養士これでOK！ 要点まとめ 2018年版**　ユーキャン管理栄養士試験研究会編　ユーキャン学び出版，自由国民社 発売　（付属資料：赤シート1）　第5版
【要旨】おさえておきたい厳選100テーマ。頻出テーマごとに見開きで解説。よくでる統計データなど、役立つ資料編つき。
2017.7 255p B6 ¥2200 Ⓘ978-4-426-60976-4

◆**U‐CANの管理栄養士でる順！ ポケット過去問 2018年版**　ユーキャン管理栄養士試験研究会編　ユーキャン学び出版，自由国民社 発売　（付属資料：赤シート1）
【要旨】おさえておきたい厳選260問。2018年試験にでる問題を大予想。実力チェックから直前期の復習まで活躍。
2017.9 286p B6 ¥2200 Ⓘ978-4-426-60979-5

薬剤師国家試験

◆**薬剤師国家試験対策 必須問題集 1 2018**　薬学教育センター編　評言社
【目次】物理（物質の物理的性質、化学物質の分析、生体分子の構造）、化学（化学物質の性質と反応、ターゲット分子の合成、生体分子・医薬品の化学、天然物由来薬物、医薬品の開発と生産）、生物（生命体の成り立ち、分子レベルの生命理解、感染症と生体防御）、衛生（健康、環境）
2017.4 351p 21×13cm ¥2400 Ⓘ978-4-8282-0418-5

◆**薬剤師国家試験対策 必須問題集 2 2018**　薬学教育センター編　評言社
【目次】薬理（薬物の効き方）、薬剤（薬物の体内動態、製剤）、病態・薬物治療（薬物治療、薬物治療に役立つ情報）、法規・制度・倫理（薬学と社会、医薬品の開発と生産、ヒューマニズム）、実務（薬剤師業務、病院業務、薬局業務）
2017.4 367p 21×13cm ¥2400 Ⓘ978-4-8282-0419-2

著 者 名 索 引

あ

阿井 渉介 ……… ②67
藍 りんこ ……… ①963
藹藹会 ………… ②62
藍敦 ………… ①1138
藍井 恵 …
　　　①1138, ①1397
アイヴィー、アレク
　サンドラ ……… ②1343
逢上 央士 ……… ①1069
愛上 陸 ……… ①1402
相上 おかき ……… ①1138
愛内 なの ……… ①1397
相内 八重 ……… ①1303
アイエムジェイ
　………………… ②527
相生 芳晴 ……… ①678
アイオサ、フェデリ
　カ ……………… ②313
アイオブザイヤー実
　行委員会 ……… ①23
相川 愛三 ……… ②550
愛川 晶 ………… ①1069
相川 充 …①412, ①419
会川 いち ……… ①1138
相川 清明 …
　　　②516, ②518
藍川 京 …
　　　①1396, ①1397
相川 潔 ………… ②526
相川 圭子 ……… ①100,
　①103, ①104, ①142
相川 浩一 ……… ①980
逢川 沙伎 ……… ①171
哀川 翔 ………… ①208
相川 真 …
　　　①361, ①1138
相川 眞一 …
　　　②495, ②499
藍川 せりか …
　　　①1138, ①1303
藍川 竜樹 ……… ①1138
相川 司 ………… ①564
相川 翼 ………… ①492
相川 俊英 ……… ②156
相川 秀希 ……… ②287
芦川 雅哉 ……… ①190
相川 泰一 ……… ②300
相川 悠紀 ……… ①980
相川 良彦 ……… ①916
あいき もりとし
　………………… ①864
愛敬 浩二 ……… ②201
鮎京 正訓 ……… ②144
逢倉 千尋 ……… ①827
相倉 久人 ……… ①812
アイケーブリッジ外
　語学院 ……… ①667
愛甲 弘志 ……… ①919
愛甲 玲 …………

愛坂 タカト ……… ①1138
逢坂 千紘 ……… ①1138
相坂 桃花 ……… ①1138
相坂 ゆうひ ……… ①370
アイザックエアライ
　ンスクール ……② 470
藍里 まめ …
　　　①1138, ①1139
逢沢 明 …②274, ②264
藍沢 羽衣 ……… ①347
愛沢 えみり ……… ②289
相澤 奏恵 ……… ②537
相澤 淳 ………… ①577
会澤 久仁子 ……… ①476
相沢 幸悦 ……… ②242
相沢 沙呼 …
　　　①980, ①1069
相澤 純也 …
　　　①714, ②729
相澤 譲治 ……… ②53,
　②57, ②64, ②80
相沢 真一 ……… ②106
相沢 ちせ ……… ①1139
相澤 貞順 ……… ①612
相澤 照明 ……… ①828
相澤 紀子 ……… ①270
相澤 虎之助 ……… ②87
相澤 直人 ……… ①821
会沢 信彦 …
　　　①703, ①708
相澤 仁 ………… ①691
相沢 康夫 ……… ①878
相澤 裕介 ……… ②545
相澤 裕 ………… ②764
相沢 梨紗 ……… ①766
愛沢 リフ ……… ①780
相澤 りょう ……… ①980
アイ・ジェイ ……… ①808
アイ社会保険労務士
　法人 ………… ②273
愛須 隆介 ……… ①1026
藍月 要 ………… ①1139
あいすくりーむと
　じょし委員会 … ①40
アイスランド・サガ
　………………… ①925
アイゼンク、マイケ
　ル・W. ……… ①498
アイゼンバーグ、J.デ
　ビッド ………… ②522
アイゼンハート、
　キャスリーン
　………………… ②357
相薗 泰生 …
　　　②779, ②781
逢空 万太 ……… ①1139
会田 薫子 ……… ①458
アイダ サキ ……… ①1139
英田 サキ …
　　　①1302, ①1303
合田 周平 ……… ①111
会田 卓司 ……… ②244
相田 冬二 ……… ①1067
會田 朋哉 ……… ①980
相田 信男 ……… ①494
相田 英男 ……… ②580
会田 弘継 …………

相田 美紅 ……… ①1139
合田 拍子 ……… ①1139
藍谷 鋼一郎 ……② 616
愛知 ソニア ……… ①137
愛知学院大学法学部
　同窓会 ……… ②189
愛知教育大学附属岡
　崎小学校 ……… ①720
愛知県建設部建築局
　建築指導課 ……② 582
愛知県獣医師会
　………………… ①702
愛知県弁護士会刑事
　弁護委員会 ……② 212
愛知総合法律事務所
　………………… ①218
愛知大学現代中国学
　部中国現地研究調
　査委員会 ……… ②89
愛知大学現代中国学
　会 …………… ①782
愛知大学国際問題研
　究所 ………… ①580
愛知大学中部地方産
　業研究所 ……… ②246
愛知中世城郭研究会
　………………… ①556
愛知東邦大学地域創
　造研究所 …
　　　①537, ②160
アイデア編集部
　………………… ①805
アイディアファクト
　リー …①281, ①282,
　①843, ①846, ①1215
アイテック IT 人材教
　育研究部 ……… ②517,
　②521, ②561, ②563,
　②565, ②566,
　②567, ②568
アイデミール、ユー
　ジェル ……… ①164
相戸 結衣 ……… ①1139
アイドル研究会
　………①768, ①771
愛七 ひろ ……… ①1139
アイヌ民族に関する
　人権教育の会
　………………… ②119
藍野 仁 ………… ①1140
逢野 冬 ………… ①1303
相野 みちる …
　　　①1349, ①1386
愛の体験編集部 …② 35
相葉 キョウコ … ①1302
相場 幸子 ……… ①489
饗庭 伸 ………… ②161
相場 妙 ………… ①636
相場 春夫 ……… ①197
相場 英雄 …
　　　①1026, ①1069
相場 吉子 ……… ①648
相田 鈴 …①364, ①370
相原 あきら ……… ①1140
粟飯原 文子 ……① 1329
合原 一幸 …
　　　②520, ②523
相原 舜 ………… ①1140

②93, ②136
相原 健一 ……… ②213
相原 耕作 ……… ①462
相原 里美 ……… ①664
相原 茂 ………… ①665
相原 精次 …
　　　①541, ①545
相原 孝夫 …
　　　②341, ②344
相原 俊樹 ……… ①443
あいはら 友子 … ①131
相原 延英 ……… ①449
相原 秀起 ……… ①579
相原 博 ………… ①470
相原 ひろみ …
　　　①1367, ①1377
あいはら ひろゆき
　………………… ①303,
　①329, ①345
合原 眞 ………… ②669
相原 正道 ……… ①216
相原 嘉之 ……… ①542
藍藤 遊 ………… ①1140
あいみ ……… ①1140
藍蜜 紗成 ……… ①1303
藍本 松 ………… ①362
藍杜 雫 ………… ①1397
愛山 雄町 ……… ①1117
＊あいら＊ ……… ①1140
アイリアノス …… ①926
アイリッシュ、ウィ
　リアム ……… ①1343
あいわ税理士法人
　………………… ②402
アインシュタイン研
　究会 …①274, ①275
アーヴァイン、アレッ
　クス ………… ①371,
　①372, ①375
アーヴィン 香苗
　………①100, ①101
アーヴィング、ジョ
　ン ……………… ①1327
アーヴェリス、コー
　リン ………… ①316
アウエルバッハ、ア
　ニー ………… ①378
阿吽 正望 ……… ②145
亜円堂 ………… ①390
粟生 慧 ………… ①1397
阿尾 正子 …
　　　①1327, ①1351
藍飴 ………… ①859
青生 恵 ………… ①1140
葵 瞬一郎 ……… ①1069
蒼井 翔太 ……… ①193
葵 せきな ……… ①1140
青井 千寿 ……… ①1397
蒼井 紬希 ……… ①1140
蒼井 夏海 ……… ①1140
蒼井 ブルー ……… ①977
あおい みつ ……… ①363
青井 未帆 ……… ②163
葵居 ゆゆ …
　　　①1140, ①1303
蒼井 蘭子 ……… ①1141
葵 龍之介 ……… ①1136
蒼井 凛花 ……… ①1397
青池 憲司 ……… ①575
「青いとり保育園一斉

解雇事件」裁判原
　告一同 ……… ①692
青い日記帳 ……… ①825
粟生 こずえ …
　　　①354, ①1136
青江 健二 ……… ①860
青江 誠一郎 ……… ①25
青木 昭 ………… ②590
青木 聡 …①15, ①478
青木 敦子 ……… ①50
青木 昭 ………… ①589
青木 愛弓 ……… ①265
葵木 あんね ……… ①354
青木 育志 ……… ②15
あおき えい ……… ①1068
青木 栄一 ……… ②157
青木 映子 ……… ①975
青木 恵理子 ……… ①74
青木 紀 ………… ①251
青木 治 ………… ②211
青木 理 …②123, ②147
青木 薫 ………… ②667
青木 和子 ……… ①78
青木 一龍 ……… ①243
青木 勝彦 ……… ①788
青木 ガリレオ＆出泉
　アン ………… ①330
青木 紀久代 ……… ①176,
　①496, ①691
青木 清 ………… ①700
青木 紀代美 ……… ①448
青木 邦子 ……… ①980
青木 惠一 ……… ②327,
　②403, ②708
青木 恵子 ……… ②39
青木 恵都 ……… ①313
青木 月兎 ……… ①971
青木 健児 ……… ②298
青木 謙治 ……… ②619
青木 康一 ……… ②321
青木 五郎 ……… ①596
青木 さぎ里 ……② 702
青木 仁志 ……… ①89,
　①104, ①126,
　①449, ②295
青木 三郎 ……… ①670
青木 さや ……… ①246
青木 茂人 ……… ②329
青木 慧 …①189, ②600
青木 茂 ………… ①577
青木 俊 ………… ①1069
青木 淳 …①258, ①977
青木 淳一 …
　　　②576, ②695
青木 淳子 ……… ②12
青木 順子 ……… ①310
青木 俊造 ……… ②15
青木 翔子 ……… ①1370
青木 信二 ……… ①787
青木 純子 ……… ①1355
青木 荘太郎 ……… ①196
青木 高夫 ……… ①1338
青木 隆子 ……… ②774
青木 敬 ………… ①544
青木 崇浩 ……… ①698
青木 隆浩 …
　　　①665, ②118

青木 健生 …
　　　①124, ②349
青木 毅 …②333, ②366
青木 丈 …②400, ②402
青木 主税 ……… ②734
青木 千草 ……… ①105
青木 千鶴 ……… ①1349
青木 健 ………… ①382,
　①911, ①913
あおき てつお ……① 110
青木 利勝 ……… ①152
青木 俊直 ……… ①1017
青木 俊憲 ……… ①636
青木 寿幸 ……… ②419
青木 奈緒 …
　　　②32, ①939
青木 直史 ……… ②596
青木 直己 ……… ①36
青木 伸生 ……… ①388,
　①722, ①725
青木 信子 ……… ①305
青木 伸広 ……… ①786
青木 登 ………… ②210
青木 創 ………… ①1348,
　①1351, ②254
青木 玲 ………… ①937
青木 久子 ……… ①698
青木 寿史 ……… ①680
青木 清 ………… ①269
青木 英孝 ……… ①291
青木 英憲 ……… ②215
青木 人志 ……… ②224
あおき ひろえ
　………②327, ①331
青木 裕子 ……… ①884
青木 宏 ………… ②625
青木 弘行 ……… ②571
青木 牧子 ……… ①117
青木 亮 ………… ②429
青木 正一 ……… ②417
青木 正次 ……… ①898
青木 正人 ……… ②82
青木 雅秀 ……… ②641
青木 正博 …
　　　②679, ②738
青木 勝 ………… ②438
青木 真理 ……… ①748
青木 真也 ……… ①711
青木 道郎 ……… ①577
青木 峰郎 ……… ②547
青木 美保 ……… ②735
青木 美保子 ……① 831
青木 美加 ……… ①860
青木 美和子 ……② 63
青木 萌 ………… ①919
青木 祐子 …
　　　①1069, ①1141
青木 ゆか ……… ①639
青木 由香 ……… ①203
青木 豊 …①825, ②746
青木 由弥子 ……① 964
青木 ゆり子 ……① 425
青木 洋司 ……… ①467
青木 羊耳 …
　　　①110, ①496
青木 謙知 …②166,
　②167, ②437
青木 義充 ……… ②651
青木 善保 ……… ①961

著者名索引

青木会計 ……… ②708
青木画廊 ……… ①825
青蔵 千草 ……①1141
青坂 一寛 ……①174
青崎 有吾 ……①1070
青笹 克之 ……
　　　②732, ②735
青地 伯水 ……①924
青島 周一 ……②771
青島 武 ……①1070
青島 広志 ……①818
青島 昌子 ……①832
青島 正大 ……②721
青空 純 ……①383
蒼空 チョコ ……①1141
あおぞら経営税理士
　法人 ……②710
青田 孝 ……②433
粟生田 友子 ……②730
青竹 美佳 ……
　　　②190, ②208
青谷 優子 ……①643
青地 記代子 ……②708
青塚 美穂 ……①977
蒼月 海里 ……
　①980, ①1070,
　①1117, ①1141
青砥 あか ……①1397
青砥 一 ……①672
青砥 隆仁 ……②548
青沼 貴子 ……①939
青沼 陽一郎 ……
　　②448, ②455
青猫 草々 ……①1141
青野 修 …②591, ②665
蒼野 和人 ……①608
碧野 圭 ……
　①980, ①1070
青野 聡 ……①1337
青野 純子 ……①829
青野 ちなつ ……①1303
青野 照市 ……
　①248, ①249
青野 渚 ……②362
青野 典子 ……①169
青野 雅夫 ……②377
青葉 ミカ ……①1397
青羽 悠 ……①981
青葉 優一 ……①1141
青橋 由高 ……①1397
蒼磨 奏 ……①1397
あおむろ ひろゆき
　　　……①13
青目 海 ……②85
青谷 真未 ……①1141
青柳 碧人 ……
　①1026, ①1068,
　①1070, ①1117
青柳 いづみこ ……①816
青柳 英治 ……②5
青柳 馨 ……②203
青柳 健二 ……①188
青柳 臣一 ……②557
青柳 武彦 ……
　①571,
　①584, ②145
青柳 伸子 ……
　①1329, ①1357
青柳 浩明 ……①465
青柳 正規 ……①837
青柳 雅文 ……①473
青柳 康夫 ……
　②773, ②774
青柳 有紀 ……②732
青柳 幸州 ……①156
青柳 佳子 ……②71
青柳 喜郎 ……②290
青柳 璃乃 ……①655
青山 修 …②197, ②210

青山 和裕 ……①396
青山 克子 ……①488
青山 邦彦 ……①429
青山 健一 ……①182
青山 謙二郎 ……①482
青山 剛昌 ……
　①397, ①427,
　①443, ①801
蒼山 サグ ……①1141
青山 繁晴 ……
　①928, ②20
青山 繁 ……②227
青山 俊董 ……②85,
　①98, ①508, ①939
青山 淳平 ……①577
青山 そらら ……①1141
青山 剛 …①216, ①235
青山 忠正 ……①568
青山 竜文 ……②707
青山 千春 ……②646
青山 透子 ……①931
青山 友美 ……①323,
　①336, ①340,
　①353, ①355
青山 尚樹 ……①172
青山 直子 ……②396
青山 七恵 ……①981
青山 寿昭 ……②712
青山 秀明 ……②665
青山 裕一 ……②529
青山 弘之 ……①129
青山 浩行 ……①381
青山 浩之 ……
　　②448, ②455
阿雅佐 ……①436
阿坂 厚 ……①219
赤坂 甲治 ……①681
赤坂 真二 ……①704,
　①705, ①706, ①707,
　①708, ①716, ①748
赤坂 幸史 ……①860
赤阪 隆史 ……②741
赤坂 治績 ……①787
赤坂 憲雄 ……①568,
　①907, ②116
赤坂 政彦 ……①758
赤坂 光則 ……②618
赤坂 桃子 ……①336
赤坂 亮太 ……②188
赤坂 渉 ……①24
赤崎 正一 ……①878
赤崎 弘幸 ……②663
朱里 コウ ……①1142
赤澤 晃 ……①409
赤澤 かおり ……①878
赤澤 史朗 ……①581,
　①611, ②145
赤澤 竜也 ……①981
赤沢 八重子 ……①585
赤沢 亮正 ……②213
赤石 赫々 ……①1142
明石 克彦 ……②37
明石 純一 ……②107
明石 順平 ……②137
明石 恒重 ……②280
明石 伸子 ……①670
あかし 瑞穂 ……①1142
明石 元紹 ……②149
明石 康 ……①592
明石 嘉浩 ……②740
あかしあ労働福祉セ
　ンター ……②51
明石箱庭療法研究会
　　　……①494
明石家 さんま ……①981
朱白 あおい ……①1135
赤須 孝之 ……①831
赤瀬川 原平 ……

赤江 雄一 ……②103
赤尾 勝己 ……②95
赤尾 でこ ……①353
赤尾 宜幸 ……①20
赤尾 秀子 ……
　①1351, ①1360
赤尾 光春 ……
　①925, ②128
銅 大 ……①1117
赤川 明 ……①332
赤川 圭 ……②194
赤川 浄友 ……①509
赤川 次郎 ……
　①96, ①386,
　①1070, ①1142
赤川 学 ……②140
赤川 ミカミ ……①1398
赤川 安正 ……①758
赤木 明登 ……①872
赤木 和重 ……①683,
　①693, ①747
赤木 かん子 ……
　①405, ①406
赤木 完爾 ……①589
紅木 春 ……①352
赤木 崇敏 ……①595
赤木 孝之 ……①761
赤木 智子 ……①872
赤木 春恵 ……①766
赤城 啓昭 ……①16
赤城 大空 ……
　①345, ①1142
赤城夫婦 ……②26

赤染 元浩 ……②643
縣 俊介 ……②209
安形 輝 ……②518
縣 秀彦 ……①402,
　②674, ②675, ②676
縣 将貴 ……②529
赤地 茂 ……②218
赤塚 きょう子 ……①434
赤塚 忠 ……①632
赤塚 高仁 ……②452
赤塚 聡 ……②164
赤塚 敬子 ……①1342
赤塚 不二夫 ……①366,
　①649, ①1134, ②32
赤塚 麻里 ……
　①644, ①911
赤塚 隆二 ……①912
暁月 ……①1142
赤月 カケヤ ……①1142
暁 一翔 ……①1142
明月 千里 ……①1142
朱月 十話 ……
　①1142, ①1398
暁 なつめ ……①844,
　①1133, ①1143
暁 雪 ……①1143
我妻 俊樹 ……①1117
アカデミーデュヴァ
　ン ……①46
アガード, ジョン …②4
赤土 亮二 ……
　①45, ②427
赤根 彰子 ……①162
赤根 洋子 ……①934
赤平 工作 ……①1143
赤羽 研三 ……①621
赤羽 末吉 ……①309,
　①336, ①339
赤羽 悠 ……②475
赤羽 雄二 ……②282,
　②354, ②366
赤旗編集局 ……②142
アカバネ ……①847
赤羽 亨 ……①875
赤羽 じゅんこ ……①351
赤羽 美希 ……①692
赤羽 美鳥 ……①662
赤羽目 匡由 ……①543
赤林 朗 ……②707
赤平 幸枝 ……①32
赤福 大和 ……①1143
赤星 晋作 ……①747
赤星 文明 ……①538
赤堀 侃司 ……①699
赤堀 楠雄 ……②457
赤堀 三郎 ……②100
赤堀 久士 ……②329
赤堀 博行 ……
　①736, ①738
赤堀 芳和 ……①909
あかま きみこ ……①965
赤間 公太郎 ……
　②529, ②543
赤間 世紀 ……②380
赤松 絵利 ……①22
赤松 啓介 ……②113
赤松 健 ……①839
赤松 兼次 ……①690
赤松 中学 ……①1143
赤松 秀岳 ……②204
赤松 浩 ……②593
赤松 義正 ……①976
赤松 利恵 ……①673
赤松 梨恵 ……①929
赤松 良子 ……①929
赤水 尚史 ……②722
赤嶺 淳 ……②457

アーカムメンバーズ
　　　……①278
赤村 いさみ ……①446
赤雪 トナ ……①1143
東江 日出郎 ……②130
東江 浩美 ……②54
アカリク ……①291
明るい選挙推進協会
　　　……②146
アカロフ, ジョージ・
　A. ……②265
阿川 イチロヲ ……①654
阿川 佐和子 ……①107,
　①937, ①939, ①960,
　①981, ②683
阿川 せんり ……①981
阿川 大樹 ……①1071
阿川 尚之 ……
　①604, ①783
阿川 弘之 ……
　①939, ①981
アガンベン, ジョル
　ジョ ……①454
あき ……②387
秋 赤音 ……①862
秋 亜綺羅 ……①939
秋 冴斗志 ……①981
阿木 慎太郎 ……①1071
安芸 宗一郎 ……①1026
安芸 とわこ ……①1143
秋枝 美保 ……①917
秋尾 敏 ……①906
秋風 からこ ……①1143
秋川 健次郎 ……②590
秋川 滝美 ……
　①981, ①1144
秋川 リサ ……②71
秋木 真 ……①358,
　①359, ①361
秋ぎつね ……①1143
秋草学園福祉教育専
　門学校介護福祉士
　テキスト作成委員
　会 ……②76
秋草学園福祉教育専
　門学校 ……②76
あきさか あさひ
　　　……①978
秋里 信子 ……①349
秋澤 忠男 ……②719
秋下 雅弘 ……②769
秋人 こお ……①1303
秋月 三郎 ……①627
秋月 準也 ……①784
秋月 鈴音 ……①1144
アキタ, ジョージ
　　　……①571
秋田 巌 …①169, ①494
秋田 喜代美 ……①693,
　①696, ①720,
　①748, ①749
秋田 恵一 ……②727
秋田 茂 ……①575
秋田 みやび ……
　①1137, ①1144
秋田 美代 ……①728
秋田 恭子 ……①496
秋田 禎信 ……①1116,
　①1133, ①1144
秋田 倫子 ……②5
秋竹 純 ……②755
秋田県立博物館
　　　……①256
秋津 学 ……①397
現津 みかみ ……①249
秋津 元輝 ……②445
秋月 煌介 ……①1144
秋月 達郎 ……①1026

秋月 陽澄 ……①1144
秋杜 フユ ……①1144
秋友 克也 ……①288,
　①839, ①847, ①848,
　①851, ①852,
　①857, ①858,
　明菜 ……①359, ①361
秋永 芳郎 ……①583
秋野 一之 ……①981
秋野 公造 ……
　①178, ②289
秋之 桜子 ……①364
秋野 真珠 ……
　①1145, ①1398
秋野 太作 ……①792
秋野 卓生 ……②619
秋野 史 ……①1145
明野 みる ……
　①155, ①421
秋野 有紀 ……②84
アキノ隊員 ……①400
秋場 研 ……②767
秋葉 亜子 ……①668
秋葉 賢也 ……②141
あきば さやか ……①6,
　①29, ①30
秋葉 四郎 ……①904
秋葉 隆 ……②719
秋葉 剛史 ……①453
秋葉 丈志 ……②222
秋葉 哲生 ……①174
秋庭 葉瑠 ……
　①1370, ①1384
秋葉 洋 ……①585
秋葉 誠 ……②560
秋葉 都子 ……②71
秋庭 裕 ……①501
秋濱 裕之 ……②713
秋原 アン ……①1145
秋久 俊博 ……②670
秋保 親成 ……②243
秋保 雅男 ……②500
秋丸 美帆 ……①232
秋道 智彌 ……②112
秋光 淳生 ……①713
秋月 人 ……①93
秋元 薫 …①51, ①61
秋元 炯 ……①963
秋元 圭吾 ……②573
秋本 俊二 ……①437
秋元 千明 ……①124
秋本 つばさ ……①217
秋本 鉄次 ……①789
秋元 由崇 ……①873
秋元 英郎 ……②599
秋元 正博 ……②519
秋元 真夏 ……①776
秋元 実治 ……①642
秋本 実 ……①582
秋元 美由起 ……
　①1384, ①1385
秋元 雄史 ……②22
秋元 由紀子 ……①1373
秋元 征紘 ……②367
秋谷 直矩 ……②461
秋山 聡 ……①828
秋山 一男 ……①182
あきやま かぜさぶろ
　う ……①324,
　①424, ①428
秋山 香乃 ……①1026
秋山 圭 ……①981
秋山 虔 ……①632,
　①725, ①888
秋山 健一 ……②762
秋山 謙一郎 ……②27,
　②229, ②381

秋山 憲治 ……… ②248
秋山 賢司 ……… ①972
秋山 浩司 ……… ①1071
秋山 浩三 ……
　　　①541, ①613
秋山 智美 ……
　　　①634, ②99
秋山 智 ……… ②704
秋山 次郎 ……… ①247
秋山 仁 …①673, ②657
秋山 進 ……… ②366
秋山 純和 ……… ①752
秋山 貴志 ……… ②710
秋山 孝正 ……… ②653
秋山 高善 ……… ②407
あきやま ただし
　　…①333, ①340
秋山 忠人 ……… ②406
秋山 千枝子 …
　　　①168, ②748
秋山 剛 ……… ②745
秋山 哲雄 ……… ①548
秋山 哲茂 ……… ②32
秋山 哲之介 …… ②48
秋山 友宏 ……
　　　②400, ②402
秋山 豊子 ……… ②576
秋山 豊寛 ……… ②447
秋山 訓子 ……… ①238
秋山 英夫 ……… ①467
秋山 浩子 ……… ①413
秋山 弘之 ……… ②689
秋山 二三雄 …… ②441
秋山 文生 ……… ②621
秋山 正子 ……… ②705
秋山 眞人 ……
　　　①136, ①451
秋山 昌廣 ……… ②120
秋山 勝 ……… ①937,
　②119, ②127, ②694
秋山 まりあ ……
　　　①101, ①125
秋山 道雄 ……… ②576
秋山 みち花 …… ①1304
秋山 充良 ……… ②604
秋山 緑 ……… ①701
秋山 基夫 ……… ①962
秋山 靖浩 ……
　　　②208, ②209
秋山 夕日 ……… ①720
秋山 裕 ……… ②274
秋山 佳胤 ……
　　　①164, ②26
秋山 義継 ……
　　　②159, ②326
秋山 里絵 ……… ②227
秋山 龍三 ……… ①162
アキユウ …… ①1145
秋吉 信子 ……… ①563
秋吉 貴雄 ……… ②172
秋吉 敏子 ……… ①812
秋吉 ユイ ……… ①982
秋吉 理香子 …①365,
　　①1067, ①1071
秋吉 理帆 ……… ①1145
アキ よしかわ …②699
洸 ……… ①1304
阿久 真子 ……… ②36
阿久 悠 ……… ①803
アークアカデミー
　　……… ①635
安居院 猛 ……… ②591
阿久澤 さゆり …②40
阿久澤 祥二郎 …①939
アクシスパワーマス
　タリーメソッド協
　会 ……… ①216
アクセス ……… ②408

アクセス就活 … ①295
アクセント ……… ①266
芥河 晋 ……… ②233
芥川 靖彦 ……… ②401
芥川 龍之介 …①352,
　①819, ①902,
　①939, ①976
アクタス税理士法人
　　②316, ②386
圷 香織 ……… ①1354
安久津 和巳 …… ①129
阿久津 洋巳 …… ①480
阿久津 良和 …… ②533
肥土 伊知郎 …… ①44
悪徳詐欺の手口を学
　ぶ研究会 …… ②40
アグネ技術センター
　編集部 ……… ②745
悪ノP（mothy）
　　……… ①1145
アクリ, マシモ …①823
安家 周一 ……… ①691
暁方 ミセイ …… ①967
明田 作 ……… ②448
明田 鉄男 ……… ①557
明田川 融 ……
　　①615, ②149
浅野 岳司 ……… ①20
浅野 勁 ……… ①1072
浅野 美佐子 …… ①20
明場 由美子 …… ①647
明橋 大二 ……
　　①13, ①423
上松 佑二 ……… ①463
上水 研一朗 …… ①236
阿古 智子 ……
　　①425, ②126
阿古 真理 …①35, ①39
アゴスジャパン
　　……… ①659
阿佐 志保 ……… ②551
浅井 淳 …②557, ②558
浅井 佳代子 …… ①788
浅井 京子 ……… ①831
浅井 建爾 ……… ①617
浅井 咲希 ……… ①1398
浅井 咲子 ……
　　①142, ①488
浅井 秀一 ……… ②390
浅居 尚 ……… ②596
浅井 晶子 ……… ①1356
浅井 隆 ……
　②82, ②242, ②247,
　②330, ②376, ②382,
　②395, ②718
浅井 千晶 ……… ①920
浅井 徹 ……… ②739
浅井 俊典 ……… ①552
浅井 成海 ……… ①520
浅井 伸彦 ……… ①782
あさい のりあき …②49
浅井 春夫 ……
　　①679, ②53
浅井 秀明 ……… ②372
浅井 秀樹 ……… ②597
朝井 まかて … ①1026
朝井 牧子 ……… ①84
浅井 正秀 ……… ①729
あさい もとゆき
　　……… ②726
浅井 優一 ……… ②111
浅井 裕理 ……… ①663
浅井 ラボ …… ①1145
朝井 リョウ …①939,
　①982, ①1116
アサウラ …… ①1145
浅尾 敦則 ……

朝尾 幸次郎 …… ①639
朝尾 直ḥ弘 ……… ①616
浅生 ハルミン … ①984
浅岡 旭 ……… ①1145
淺田 恵真 ……… ①513
浅田 和茂 ……… ②214
麻田 弘潤 ……… ①868
浅田 次郎 ……… ①104,
　①982, ②21
浅田 すぐる ……… ②359
朝田 隆 ……… ①175,
　①177, ①862,
　①865, ②742
浅田 孝幸 ……… ②315
浅田 勁 ……… ①536
阿佐田 哲也 …… ①939
浅田 統一郎 …… ②266
浅田 英夫 ……… ①508
浅田 秀子 ……… ①632
浅田 弘幸 ……… ①390
浅田 真央 ……… ①218
浅田 政志 ……… ①776
浅田 真人 ……… ①245
浅田 正彦 ……… ①219
麻田 雅文 ……… ①609
あさだ みほ …①345,
　①346, ①443
朝日 康幀 ……… ①159
朝日 芳信 ……… ②756
朝倉 健二 ……
　②537, ②538
浅妻 章如 ……… ②399
アーサーディリトル
　ジャパン ……
　　②367, ②430
安里 アサト … ①1146
朝戸 ころも …… ②349
朝戸 まり ……… ①1367,
　①1374, ①1376
朝波 惣一郎 ……
　②755, ②759
淺沼 圭司 ……… ①795
浅沼 信爾 ……… ②267
淺沼 道郎 ……… ②362
浅野 晃 ……… ②661
浅野 明 ……… ①1146
あさの あつこ …
　①979, ①982,
　①1027, ①1146
浅野 淳博 ……… ①529
浅野 詠子 ……… ①930
浅野 和生 ……… ①593
浅野 勝人 ……… ①592
浅野 清昭 ……… ②621
浅野 清彦 ……… ②256
浅野 恵玉 ……… ①419
浅野 健一 ……… ①574
あざの 耕平 …… ①1147
浅野 桜 …②540, ②542
浅野 秀剛 ……
　①835, ①836
浅野 純 ……… ①803
麻野 進 …②366, ②368
浅野 孝夫 ……
　②547, ②548
浅野 卓 ……… ②186
浅野 輝雄 ……… ①255
浅野 智久 ……… ①229
浅野 ななみ …… ①691
浅野 則明 ……… ①191
あさの ハジメ … ①1147
浅野 英樹 ……… ①716
浅野 裕子 ……
　①104, ①112
浅野 博宣 ……… ①198
朝野 熙彦 ……… ②662
浅野 正敏 ……… ②615
浅野 美智留 …… ②761
あさの みどり …①315

浅野 美穂子 …… ①495
浅野 恭正 ……… ①260
浅野 祐一 ……… ①557
浅野 裕一 ……… ①596
浅野 義輝 ……… ②401
浅野 里沙子 …… ①1072
麻野 涼 ……
　①982, ①1072
浅野工学専門学校
　　……… ②628
淺場 明莉 ……… ②729
淺羽 宏一 ……… ①174
浅羽 隆史 ……… ②376
浅葉 なつ ……… ①1147
浅場 眞紀子 …… ①655
あさば みゆき …①359
あさば 深雪 …… ①1147
浅羽 祐樹 ……
　①575, ②131
浅葉 ルウイ …… ①1147
浅原 昭生 ……… ①114
浅原 須美 ……… ①117
浅原 孝子 ……
　①663, ①719
浅原 宣治 ……
　①235, ①432
浅原 勝 ……… ①236
朝原 勇 ……… ①688
あさひ 木葉 … ①1305
朝日 雅也 ……… ②72
旭 義雄 ……… ①1147
朝日会館会館芸術研
　究会 ……… ②8
朝日川 日和 ……
　①363, ①371
旭研究所 ……… ②21
朝日小学生新聞
　①388, ①394,
　①406, ①414, ①426
朝日新聞アメリカ大
　統領選取材班
　　……… ②136
朝日新聞経済部
　　……… ②404
朝日新聞社 ……… ①799,
　①968, ①971, ②2,
　②143, ②430
朝日新聞社会部 …②38
朝日新聞社文化くら
　し報道部 …… ②2
朝日新聞取材班 … ②40
朝日新聞出版 …… ①63,
　①75, ①76, ①81,
　①82, ①191, ①195,
　①202, ①205, ①209,
　①265, ①288, ①387,
　①392, ①830, ①833,
　②31, ②696, ②731
朝日新聞東京社会部
　　……… ②108
朝日新聞文化くらし
　報道部 …②247, ①250
朝日新聞論説委員室
　…②649, ②9, ②10
朝日税理士法人
　　……… ②401
朝日大学大学院グ
　ローバルロジス
　ティクス研究会
　　……… ②418
朝日中高生新聞編集
　部 ……… ②289
朝比奈 あすか …①982
朝比奈 佳尉 …… ①671
朝比奈 希夜 …… ①1147
朝比奈 奎一 …… ②600

朝日奈 呈 ……… ①1398
朝比奈 和 ……… ①1147
朝比奈 蓉子 …… ①356
朝日乃 ケイ …… ①1148
朝日脳活ブックス編
　集部 ……… ②274,
　①277, ①625
朝日文庫編集部
　　……… ①448
あさひまち …… ①653,
　①713, ①730
朝日夜 ……… ①126
旭屋出版書籍編集部
　　……… ②38
旭屋出版編集部
　　……… ②40,
　①47, ①48, ①49,
　①54, ①55, ①56,
　①58, ①67, ①68,
　①69, ①71, ②428
朝吹 香菜子 …… ②618
朝吹 まり ……… ①367,
　①368, ①390
朝吹 亮二 ……… ①967
淺部 伸一 ……… ①44
浅間 正通 ……… ②518
亜沙美 …①358, ①365
浅海 ……… ①114
あさみ いくよ …①330
麻見 和史 ……
　①983, ①1072
浅見 子緒 ……… ①671
浅見 淳子 ……… ②62
浅見 昇吾 ……… ①109
浅海 ……… ②145
浅見 俊雄 ……… ①229
麻未 知花 ……… ②34
浅見 洋 ……… ①461
浅見 帆帆子 …… ①86,
　①87, ①104, ①426
浅見 茉莉 ……
　①1305, ①1398
浅見 泰司 ……… ②423
浅海 ユウ …… ①1148
麻実 ゆう子 …… ①716
朝見 祐也 ……… ②776
浅見 よう ……… ①369
浅皇 龍古 ……… ①1027
浅見 龍介 ……… ①834
麻宮 楓 ……… ①1148
朝元 照雄 ……… ①593
浅山 太一 ……… ①501
朝山 道央 ……… ②211
あざらしそふと
　　……… ①279
浅利 誠 ……… ①631
浅利 美鈴 ……… ①414
アジア学生文化協会
　　……… ①745
アジア経済研究所
　　……… ②249
アジア考古学四学会
　　……… ①614
アジア資本市場研究
　会 ……… ②249
アジア太平洋研究所
　　……… ②271
亜細亜堂 ……… ①345
アジアにおける日本
　研究ゼミナール
　　……… ②19
アジアンデザイン研
　究所 ……… ①878
アジェンデ, イサベ
　ル ……… ①1327
味香 興郎 ……… ②415
芦川 智 ……… ②611
芦川 修武 ……… ②775,

著者名索引

②776, ②777
芦川 登美子 ……①809
安食 雄二 ………①69
蘆口 真史 ………①245
芦澤 一洋 …………
　②232, ①939
芦沢 猛 …………②713
芦澤 唯志 ………①297
芦澤 多美 …………①5
味澤 ペンシー …
　①52, ①56
芦沢 央 …………①983,
　①1067, ①1072
足塚 恭 …………②595
アシスタント背景美
　塾MAEDAX派
　………………①861
芦田 均 …………②778
芦田 博 …………②287
芦田 ルリ ………②709
芦田 麗子 ………②58
足高 たかみ ……①1148
芦谷 遼 …………①983
足と靴と健康協議会
　………………①29
味の素 …………②674
芦原 一郎 ………②195
葦原 かも ………①358
芦原 伸 …………①793,
　①913, ②431
芦原 すなお ……①1072
葦原 瑞穂 ………①457
芦原 夕貴 ………①781,
　①1333, ①1339
葦舟 ナツ ………①1148
芦辺 拓 …………①380,
　①381, ①1072
芦部 信喜 ………②226
安次嶺 隆幸 ……
　②437, ①708
芦村 朋子 ………①977
アジャ, デイビッド
　………………①848
アジャイルソフト
　ウェア開発技術者
　検定試験コンソー
　シアム …………②561
アジャロサントゥプ
　テン …………①515
亜州IR …②394, ②396
アジュオルジュ, シ
　ルヴァン ………①258
アシュフォード,
　ノーマン・J. …②437
アシュリー, アン
　………………①1399
アシュリー, クリス
　ティン …………①1343
アシュール, レイラ
　………………①808
あじろ ふみこ …①14
明日 央 …………
　①1134, ①1148
あすか …………①1305
飛鳥 昭雄 ………①136,
　①139, ①142,
　①543, ②31
飛鳥 けい ………①1148
飛鳥 幸子 ………
　②90, ②251
飛鳥 高 …………①1072
飛鳥井 千砂 ……①983
飛鳥井 雅道 ……①573
明日香村教育委員会
　………………②614
足助 次朗 ………①148
足助 照子 ………①148
梓 林太郎 ………

①983, ①1072
あずさ監査法人
　………………②196,
　②299, ②316, ②326,
　②328, ②329
あずさ監査法人パブ
　リックセクター本
　部 ……………②316
梓澤 和幸 ………
　②142, ②198
梓澤 要 …………①1027
あーすじぷしー
　naho maho …①102
安土 茂亨 ………②552
アスティエ・ド・
　ヴィラット, ブノ
　ワ ……………②208
アストン, ダイアナ
　………………①308
あすな ゆう ……①1397
小豆畑 毅 ………①550
アスファオ, ブルハ
　ネ ……………①612
我妻 和男 ………①918
東 和博 …………②630
東 香名子 ………②529
東 謙二 …………②709
吾妻 重二 ………
　①571, ①616
東 園子 …………①390,
　①786, ②27
東 辰之介 ………①924
東 直己 …………①1068
東 秀紀 …………①920
東 浩紀 …………①907, ②98
東 弘子 …………②535
東 芙美子 ………①1148
東 史彦 …………②528
東 信 …………②270
東 正則 …………②119
東 万里央 ………①1148
東 光春 …………②89
東 みなみ ………①1374,
　①1375, ①1376,
　①1378, ①1393
東 義和 …………②339
東 隆眞 …………②509
東根 ユミ ………①909
あずまの 章 ……①1148
安積 明子 ………②140
安曇 祈 …………①440
阿隅 和美 ………②359
安澄 加奈 ………①1148
あずみ 圭 ………①1148
安曇 ひかる ……①1305
安住 洋子 ………①1027
アスミックエース
　………………①789
安曇野ちひろ美術館
　………………①193
アスリートケア
　………………②215
阿施 光南 ………②437
畔上 司 …………①100
畔地 里美 ………①978
畦地 良平 ………②54
アセンシ, マティル
　デ ……………①1343
アセンションファシ
　リテーターAi
　………………①138
麻生 かづこ ……
　①361, ①370
麻生 九美 ………①1329
麻生 恵 …………
　①1391, ②452

麻生 けんたろう
　………………②360
麻生 周一 ………
　①360, ①1132
麻生 泰 …………②23
麻生 はじめ ……①798
麻生 羽呂 ………
　①442, ②691
麻生 歩波 ………①254
麻生 正秋 ………①819
麻生 ミカリ ……①1398
麻生 夕貴 ………①939
麻生 裕子 ………①247
麻生 由美 ………①969
麻生 芳伸 ………①786
麻生 れいみ ……
　①146, ①163
あそかビハーラ病院
　………………②704
麻生川 静男 ……
　①599, ②90
あそどっぐ ……①775
あそびクリエイター
　ズ ……………①687
「あそびと環境0.1.2
　歳」編集部リボン
　グラス ………①691
阿曽村 智子 ……①16
阿多 静香 ………①203
奥 真司郎 ………①210
安達 章浩 ………②298
安達 かおる ……②34
安達 薫 …………①828
安達 一彦 ………②375
足立 和節 ………①181
足立 佳菜 ………①749
足立 香代子 ……
　①25, ①162
安立 公彦 ………①973
足立 幸志 ………②571
足立 浩平 ………①661
安達 里江 ………②51
安達 純子 ………②349
安達 淳哉 ………②87
足立 紳 …………①983
足立 眞一 ………②393
安達 瑞光 ………②513
足立 晋 …………①632
安達 誠司 ………②247
足立 武志 ………②393
安達 忠夫 ………①675
足立 辰雄 ………②296
安達 千波矢 ……②571
足立 照嘉 ………②38
安達 敏男 ………②186,
　②191, ②193, ②293
安達 智則 ………
　②757, ②157
安達 奈緒子 ……
　①1067, ①1068
足立 直子 ………①725
あだち なみ ……①329
足立 恒雄 ………②655
安達 のり子 ……①814
足立 倫行 ………②34
足立 悠 …………②551
足立 光 …………①216
足立 英之 ………②266
安達 仁 …………②741
足立 裕彦 ………
　②671, ②673
足立 啓美 ………①709
足立 昌勝 ………②142
安達 まみ ………①782
安達 眞弓 ………①1350
安達 美佐 ………②723
足立 康史 ………
　②14, ②148

足立 雄一 ………②717
足立 雄三 ………②274
安達 裕哉 ………②350
安達 瑶 …………
　①983, ①1073
足立 泰美 ………②260
足立 好幸 ………
　②324, ②400
安谷屋 徳章 ……②146
アタミ, オマユーン
　………………②299
アダム, ピーター
　………………②615
アダムズ, エイドリ
　アン …………②316
アダムズ, ダグラス
　………………①1343
アダムズ, ニール
　………………①855
アダムズ, ミシェル
　………………①1343
アダム徳永 ………
　①184, ②31
新 貴美子 ………②603
新 茂之 …………②455
新 将命 …………②276,
　②284, ②342, ②365
新 正幸 …………②202
アタリ, ジャック
　………………②18
阿智 太郎 ………①1149
アーチャー, アダム
　………………①850
アーチャー, コニー
　………………①1343
アーチャー, ジェフ
　リー …………①1327
アーチャー, ジョ
　ディ …………②525
アーチャー, ミー
　シャ …………①312
あちゃみ, ベン …①1149
アッカーマン, アン
　ジェラ …………①884
アッカーマン, ジェ
　ラルド・M. ……①836
アッカーマン, ダイ
　アン …………①937
アッカーマン, ダン
　………………①936
阿津川 辰海 ……①1073
厚木 彩 …………①823
厚木 淳 …………①1363
アックス財産コンサ
　ルタンツ協会
　………………②328
阿辻 哲次 ……①133,
　②628, ②632
アッシャー, サム
　………………①310
厚田 幸一郎 ……
　②739, ②741
熱田 茂 …………①515
熱田神宮 ………①615
アッティオグベ, マ
　ガリ …………①306
アッテンボロー, デ
　イビッド ………①828
アットウッド, クリ
　ス ……………①94
アットウッド, ジャ
　ネット ………①94
@cats_of_instagram
　………………②266
@dogsofinstagram
　………………②264
アップリカ育児研究
　所 ……………①9

アップルビー, ミカ
　エル・C. ………②456
アップロード知財教
　育総合研究所
　………………②507
アッヘンバッハ, ハ
　ンス …………②216
アーツ前橋 ………①884
渥美 英紀 ………②334
渥美 雅之 ………②375
渥美 幸雄 ………②517
渥美坂井法律事務
　所・外国法共同事
　業 ……………②377
渥美坂井法律事務所
　外国法共同事業
　Fintechチーム
　………………②298
アディーチェ, チマ
　マンダ・ンゴズィ
　………………②36
アティル, エフタ・
　ライチャー …①1343
アディーレ会計事務
　所 ……………②302
アディーレ法律事務
　所 ……②195, ②302
あてきち ………①1149
あでゅー …………①983
アテンシオ, ルイス
　………………②560
阿藤 通明 ………②281
阿藤 玲 …………①1073
阿刀田 高 ………
　①915, ①978
アトウッド, トニー
　………………①492
アトウッド, マーガ
　レット ………①1327
アトキンソン, ウィ
　リアム・W. ……①141
アトキンソン, デービ
　ッド ……②243, ②244
アドサークル ……②245
アートセラピー研究
　会 ……………①495
アートデイズ ……①517
後野 仁彦 ………①820
後平 和明 ………①665
跡部 蛮 ……②556, ①564
跡部 康秀 ………
　②632, ②633
アードマンアニメー
　ションズ ………②325
跡見 晴幸 ………②681
後山 茂 …………②289
アドラー, デビッド・
　A. ……………②396
アドラー, パトリシ
　ア・A. …………②106
アドラー, ピーター
　………………②106
アドラー, ルー ……②309
アドライズ ………②602
アトリー, アリソン
　………………①306
アドリア洋菓子店
　………………①70
アトリエさくら
　eXtra …………①1397
アトリエセントー
　………………①887
アトリエFil ……①79
アドルノ, グレーテ
　ル ……………①470
アドルノ, テオドー
　ル・W. …………①473
穴井 隆二 ………②330

穴口 恵子 ………①136
穴沢 務 …………②590
アナスン, マリーネ・
　フリース ………②461
阿南 大 …………②538
阿南 友亮 ………②134
アナルカン ………①1398
アナログデバイセズ
　………………②597
姉川 恭子 ………①678
アネコ ユサギ ……①1149
姉小路 祐 ………①1073
姉村 アネム ……①1305
アネラ …………①263
阿野 幸一 ………①736
アーノット, キャサ
　リーン …………①508
『あの町工場から世界
　へ』編集室 ……①411
アーノルド, アン
　………………①315
アーバー, ジェイン
　………………①1373
阿波 稔 …………②605
あはき師 ………②780
アバタイト ………
　①1396, ①1397
アパダッシュ ……①1396
アパーテ, カルミネ
　………………①1327
阿原 一志 ………②660
アパリシオ, フリオ・
　ビジョリア ……①672
阿波連 正一 ……②168
アーバン出版局
　………………①723
安孫子 信 ………①475
安孫子 誠也 ……②666
我孫子 武丸 ……①1073
安彦 忠彦 ………①717
安孫子 ミチ ……①356
吾孫子 豊 ………①603
アビームコンサル
　ティング ………②572
畔蒜 晴幸 ………①1149
畔蒜 正雄 ………①983
あびる やすみつ
　………………②529
アビンク, ジョブ
　………………①40
アービンジャーイン
　スティチュート
　……①101, ②278
アファー …………①1149
虻川 枕 …………①1149
安福 信二 ………①826
アブー・スライマー
　ン, アブドゥルハ
　ミード …………①529
アブドゥッラ, カマ
　ル ……………①1327
安武内 ひろし …①648,
　①654, ①745
アブネット, ダン
　………………①849
アフマートヴァ, ア
　ンナ …………①975
油吉アビトス事業部
　………………②558

アブラショフ, マイケル ……②365
アフロ ……①256,
②434, ②610, ②697
阿部 藍樹 ……①1149
阿部 暁子 ……①1149
阿部 昭 ……①562
阿部 亮 ……②83
阿部 絢子 ……
①108, ①110
阿部 泉 ……①426
安部 悦生 ……②370
阿部 治 ……①722, ②162
阿部 海太 ……
①341, ①405
阿部 香織 ……②537
阿部 学 ……①690
阿部 嘉昭 ……①966
阿部 一男 ……①145
阿部 和重 ……①1067
阿部 和俊 ……①617
阿部 和厚 ……①410
阿部 和広 ……①419,
①420, ①720,
②548, ②549
阿部 和穂 ……
①176, ①423
阿部 和也 ……①554
阿部 克自 ……①812
阿部 恭子 ……②213,
②214, ②737
安部 杏子 ……①1372
阿部 清美 ……①792
阿部 謹也 ……①601
阿部 久美 ……①969
あべ けいこ ……①128
安部 恵子 ……①446,
②647, ②685
阿部 圭司 ……②379
阿部 賢一 ……①309,
①828, ①1330
安倍 賢一 ……②625
安部 元気 ……①960
あべけん太 ……②51
阿部 浩志 ……①404
阿部 重夫 ……①1363
阿部 重利 ……②278
阿部 修 ……②750, ②758
阿部 修平 ……
②391, ②392
阿部 淳 ……①406
阿部 潤 ……①621
阿部 淳一郎 ……②365
阿部 順子 ……②61
阿部 二郎 ……
②757, ②759
安倍 晋三 ……②144
阿部 寿美代 ……①606
阿部 寿孝 ……①973
安部 清哉 ……①625
あべ 善太 ……①856
阿部 大地郎 ……①647
阿部 大輔 ……①157
阿部 高明 ……
①433, ①895
阿部 隆明 ……②743
安部 隆雄 ……②784
阿部 岳 ……②168
阿部 貴志 ……②597
阿部 崇 ……
①475, ①1088
阿部 高之 ……①342
阿部 隆幸 ……
①708, ①716
阿部 卓 ……①733
阿部 琢郎 ……①716
阿部 武司 ……
②268, ②307

安部 武志 ……②670
阿部 武彦 ……②517
阿部 肇 ……①728
阿部 智海 ……①939
阿部 智里 ……
①1027, ①1073
阿部 ちづる ……
①775, ①778
安部 司 ……②774
阿部 恒久 ……①730
阿部 哲夫 ……②214
阿部 哲也 ……②365
阿部 典英 ……①877
阿部 恭志子 ……①886
阿部 利彦 ……①707,
①709, ①714, ①719
阿部 稔哉 ……①198
阿部 敏郎 ……①89
阿部 友直 ……①660
阿部 直子 ……①645
阿部 直人 ……①227
安部 直文 ……①635
阿部 直美 ……
①439, ①698
阿部 日顕 ……①521
阿部 展次 ……②739
阿部 修士 ……①477
阿部 信行 ……
②542, ②543
阿部 一 ……①640
阿部 秀男 ……①926
阿部 秀樹 ……②697
安部 博枝 ……①94
あべ 弘士 ……①309,
①325, ①328, ①329,
①331, ①335
阿部 宏 ……①621
阿部 紘久 ……①634
阿部 宏行 ……①739
阿部 牧郎 ……①927
阿部 誠 ……
②336, ②657
安倍 誠 ……②251
阿部 正男 ……②644
阿部 匡樹 ……②730
阿部 昌樹 ……
②155, ②582
安倍 雅史 ……①593
阿部 真次 ……①662
阿部 公彦 ……①639,
①914, ①921
阿部 正浩 ……
①677, ②261
安倍 正博 ……②749
阿部 雅行 ……②344
阿部 真之 ……②593
阿部 正行 ……①1150
阿部 雅世 ……②613
阿部 司 ……②541
あべ 美佳 ……①983
阿部 美香 ……①588
阿部 幹雄 ……②233
阿部 光麿 ……①894
阿部 恵 ……①325,
①329, ①693
阿部 純 ……②10
安倍 寧 ……①783
阿部 泰隆 ……
②225, ②576
阿部 泰久 ……
②207, ②407
阿部 結 ……①198
阿部 又一郎 ……②742
阿部 祐二 ……②349
阿部 裕二 ……②78
阿部 悠人 ……

②513, ②514
阿部 雪子 ……②323
阿部 幸弘 ……①489
阿部 洋 ……②636, ②637
阿部 祥子 ……①663
安倍 嘉一 ……②468
安部 吉伸 ……②749
安部 慶喜 ……②299
阿部 隆行 ……①741
安部 龍太郎 ……①531,
①1026, ①1027
阿部井窪片山法律事
務所 ……②194
安部川 元伸 ……②122
アベド, バナ ……②129
アベロワ, フィリッ
プ ……②878
安保 邦彦 ……①771
安保 雅博 ……
②734, ②751
阿保 義久 ……①159,
①163, ②737
アボット, エドウィ
ン・アボット ……②655
天満 利麿 ……①463
天池 健治 ……②410
天池&パートナーズ
税理士事務所
……②410
あまうい 白一 ……①1150
尼岡 邦夫 ……①406
あまおか けい ……②84
雨海 弘美 ……①1363
雨蛙 ミドリ ……①366
天笠 啓祐 ……
①154, ②448
天笠 茂 …①717, ①719
天笠 光雄 ……②755
尼ヶ崎 彬 ……②116
尼崎 武 ……①968
甘粕 潔 ……②384
甘糟 幸子 ……②689
甘糟 りり子 ……①983
天方 エバン ……②420
天川 晃 ……②137
雨川 みう ……①124
天川 由美子 ……②758
天川 竜治 ……②156
天城 ケイ ……①1150
雨木 シュウスケ
……①1150
天樹 征丸 ……①360
天城 悠理 ……①1397
天岸 淨圓 ……①513
天草 白 ……
①1151, ①1398
天児 都 ……①534
尼子 騒兵衛 ……①393
雨越 康子 ……①391
天咲 心良 ……①983
あまさき みりと
……①1151
天崎 僚介 ……①1398
天酒之 瓢 ……①1151
天沢 退二郎 ……①891
天沢 夏月 ……
①1133, ①1151
甘沢 林檎 ……①1151
甘塩 コメコ ……①362
天瀬 ふゆ ……①1152
数多 久遠 ……①1073
甘竹 秀企 ……②293
尼丁 千津子 ……
②123, ②129
アマード, ジョルジ
……①1327
天都 しずる ……①1152
天那 光汰 ……①1152

天那 コータ ……①1398
天内 大樹 ……①876
アマナ ネイチャー＆
サイエンス ……①308,
①401, ①407
アマナVRチーム
……②300
天沼 春樹 ……
①378, ①1362
天音 のわる ……①1152
天音 マサキ ……①1152
天音 優希 ……①102
天祢 涼 ……①1068,
①1073, ①1152
天彬 彬 ……①480
天野 敦雄 ……②759
天野 郁夫 ……①679
天野 恵美子 ……②335
天野 景裕 ……②721
天野 かづき ……①1305
天野 健太郎 ……①316
天野 頌子 ……①1152
天野 譲二 ……①283
天野 真吾 ……②421
天野 純希 ……
①1025, ①1027
天乃 聖樹 ……
①1152, ①1398
天野 節子 ……①983
天野 大輔 ……②191
天野 隆 ……②191
天野 忠幸 ……
①551, ①556
天野 珠路 ……
①688, ①694
天野 太郎 ……
②433, ②436
天野 司 ……②546
天野 直紀 ……②518
天野 暢子 ……②357
天野 ハザマ ……①1152
天野 英晴 ……②519
天野 博史 ……②526
天野 文雄 ……①788
天野 誠 ……①406
雨野 マサキ ……①1152
天野 雅博 ……②275
天野 ミチヒロ ……①140
天野 みどり ……①621
天野 行人 ……①1028
尼野 ゆたか ……①1153
天野 喜孝 ……①839,
①842, ①843
天野 礼子 ……①939
天野川 ミク ……②15
アマノコトネ ……①142
あまのじゃくとへそ
まがり ……①77
天橋立世界遺産登録
可能性検討委員会
……②530
アマビール, テレサ
……②295
天美 幸 …①784, ①785
天美 大河 ……①1028
天見 ひつじ ……①983
天海 佑人 ……①1398
天宮 伊佐 ……①1153
天宮 うり ……①1134
雨宮 和希 ……①1153
雨宮 処凛 ……②14,
②58, ②94, ②96,
②98, ②102, ②461
雨宮 慶 ……①1398
雨宮 天 ……①775
雨宮 茉莉 ……①1153
雨宮 れん ……①1153

アーマーモデリング
編集部 ……
①288, ②167
アマラ ……
①1118, ①1153
甘里 君香 ……①968
甘利 公人 ……②386
甘利 庸子 ……②68
アマーリエ ……①135,
①136, ①140,
①141, ①143
アマン, ユルク ……③311
あまん きみこ ……①338
亜未 ……①932
網島 聖 ……①588
アミタ マリ ……①777
網谷 祐一 ……①457
アーミテイジ, デイ
ヴィッド ……①610
網岡 徹哉 ……①610
編乃肌 ……①1153
網野 善彦 ……①533,
①535, ①550, ①611
網野 義紘 ……①913
アミの会(仮) ……①979
編乃肌 ……①1153
網本 和 ……②750
網本 尚子 ……
②33, ②703
アミューズメントメ
ディア総合学院
……①863
アムスタッツ, ブラ
イアン ……①826
アームストロング,
カレン ……①529
アームストロング,
ヘレン ……①876
アームストロング, リ
ンゼイ ……
①1368, ①1389
アムラーウォッ
チャー編集部
……①767
雨こんこん ……①682
アメタロウ ……①440
あめのもり ようこ
……①25
アメーバ経営学術研
究会 ……②275
雨宮 寛二 ……
②103, ②514
雨宮 四季 ……①1305
雨宮 精二 ……①263
雨宮 知彦 ……②614
雨宮 秀也 ……
②611, ②612
雨宮 正啓 ……②627
雨宮 由未子 ……①933
雨宮 洋司 ……②626
飴屋 法水 ……①983
アメリカ大統領選挙
研究会 ……②254
アメリカの労働運動
を原書で読む会
……②465
アメル, カロリーヌ
……③315
アモオブミグヒメネ
ス ……①288, ②167
アモール, エヴァ
……②119
アモレッティ, ジョ
ヴァンニ ……①672
亜門 虹彦 ……①105
阿門 禮 ……②83
あや ……①52

杏耶 ……①62
綾 ちはる ……①1305
あやあこ ……①335
綾井 桜子 ……①751
綾織 次郎 ……①125
綾崎 隼 ……①1154
綾里 けいし ……①1154
綾瀬 てる ……②296
綾瀬 麻結 ……①1154
彩瀬 まる ……①976,
①977, ①983
綾辻 行人 ……
①1069, ①1074
綾波 リュウ ……①863
彩寧 一叶 ……①1305
綾野 馨 ……①1398
綾野 かずえ ……①5
綾野 はるる ……①349
綾野 美由紀 ……①116
綾小路 きみまろ
……①767,
①785, ①786
綾部 貴淑 ……②488
綾部 園子 ……②775
綾部 六郎 ……②223
綾見 洋介 ……①1074
あやめ ゴン太
……②33, ②703
綾目 広治 ……①912
綾女 欣伸 ……①204
彩本 和希 ……①1154
アヤロン, オフラ
……①490
逢優 ……①1154
朏裕 ……①863
鮎川 潤 ……②211
アユカワ タカヲ
……②422
鮎川 哲也 ……
①1074, ①1342
あゆかわ のぼる
……②159
歩川 友紀 ……②362
鮎川 由美 ……
①1340, ①1341
あゆみ ……①332
歩 平 ……①582
あよな ……①1154
荒 了寛 …①93, ①582
新井 朝雄 ……②668
新井 敦史 ……①553
荒井 悼見 ……①914
荒井 栄一 ……②735
新井 恵美子 ……①790
荒井 和枝 ……①714
荒井 一成 ……②513
荒井 和人 ……①405
新井 和宏 ……
①93, ②260
荒井 克俊 ……②458
新井 貴和 ……①638
新井 和二郎 ……①695
新井 健一 ……②365
新井 幸吉 ……①149
新井 光史 ……②689
新井 康平 ……②326
荒井 咲紀 ……①829
荒井 禎雄 ……②245
荒井 聡 ……②450
荒井 修子 ……①1074
荒井 潤 ……①980
新井 祥 ……①852
新井 仁子 ……②76
新井 慎太朗 ……
②546, ②562
荒井 太一 ……②468
荒井 隆男 ……②209
新井 崇嗣 ……

著者名索引

著者名索引

①39, ①806
新井 貴浩 ……… ①223
新井 正 ……… ②619
新井 民夫 ……… ②282
新井 敏夫 ……
①220, ①267
新井 敏之 ……… ②293
新井 利昌 ……… ②447
新井 敏之 ……… ②244
新井 智一 ……… ②171
新井 豊吉 ……… ①966
新井 直之 ……… ②352
新井 なつこ ……… ①78
新井 信昭 ……… ②585
新井 信夫 ……… ②634
新井 信子 ……… ①939
新井 紀充 ……… ②227
新井 一 ……… ②277
荒井 秀規 ……
①541, ①543
荒井 秀樹 ……… ②58
荒井 秀典 ……… ②742
新井 英靖 ……… ②762
新井 仁之 ……
②657, ②658
新井 等 ……… ①648
新井 宏 ……… ②412
新井 ひろみ ……
①1369, ①1394
荒井 浩道 ……… ②60
あらい ひろゆき
……… ①302
荒井 宏幸 ……
①183, ①330
新井 洋行 ……… ①304,
①306, ①326, ①334,
①335, ①336, ①338
新井 平伊 ……
①175, ②742
荒井 真紀 ……… ①334
新井 信 ……… ①175
新井 誠 …②224, ②377
荒井 雅之 ……… ②260
荒井 将司 ……… ②466
荒井 正憲 ……… ①50
荒井 正児 ……… ②194
新井 満 …②802, ①938
新井 見枝香 ……… ①939
新井 美智代 ……… ①925
荒井 皆子 ……… ①188
新井 美保子 ……… ①690
新井 素子 ……… ①937,
①978, ①983, ①1118
新井 基洋 ……… ①168
荒井 弥栄 ……… ①643
新居 佑 ……… ①1398
新井 夕花 ……… ①1154
荒井 裕樹 ……… ②71
荒井 裕介 ……… ①234
新井 優佑 ……… ①432
新井 雄介 ……… ②555
新井 由performa……① 781
新井 雪江 ……… ①254
荒井 幸博 ……… ①789
荒井 義明 ……… ②177
あらい りゅうじ
……… ①1154
新井 竜治 ……… ②611
荒井 良二 ……… ①340
荒井 和生 ……… ①118
新泉 司 ……… ①1116
荒尾 美代 ……… ①557
あらおし 悠 ……… ①1398
荒賀 直子 ……… ②765
新垣 晃 ……… ②750
新垣 毅 ……… ②168
新垣 治男 ……… ②22
荒金 直人 ……… ①474

荒川 歩 ……… ①478
荒川 和久 ……
②104, ②282
あらかわ しずえ
……… ①341
荒川 俊治 ……… ①198
荒川 詔四 ……… ②366
荒川 巧也 ……
②550, ②557
荒川 恒子 ……… ①822
荒川 達 …①80, ①872
荒川 浩一 ……… ②717
荒川 裕志 ……… ①156
荒川 裕則 ……… ②573
荒川 弘 ……
①839, ①1116
荒川 誠 ……… ②377
荒川 雅志 ……… ①146
荒川 正憲 ……… ①509
荒川 美保 ……… ①29
荒川 祐一郎 ……… ②553
荒川 裕喜 ……… ②759
荒川 裕子 ……
①829, ①836,
①931, ①1028
荒川 好夫 ……… ②430
荒川 善夫 ……… ①553
荒川 佳洋 ……… ①912
荒木 浅吉 ……… ①585
荒木 厚 ……… ②714
荒木 英爾 ……… ②728
荒木 攻 ……… ②719
荒木 和秋 ……… ②451
荒木 寿友 ……… ①737
荒木 弘範 ……… ②550
荒木 希和子 ……… ②684
荒木 源 ……
①984, ①1074
荒俣 宏 ……… ①419,
①887, ①1362, ②110
荒又 美陽 ……… ①617
新目 真紀 ……… ①491
麤谷 敏也 ……… ①589
新山 彰二 ……… ②423
荒山 徹 ……… ①534
荒山 元秀 ……… ②302
あららぎ 蒼史 ……… ①827
蘭 由岐子 ……
①857, ②44
アラン ‥①473, ①474
アラン, アンソニー
……… ①658
アラン, マルセル
……… ①1342
アーリー, クリス
①255, ①256, ①257
アリー, R.W. ……… ①319
ありい めめこ ……① 1135
有泉 豊明 ……… ②40
アリーイブンアビー
ターリブ ……… ①529
蟻生 俊夫 ……… ②373
アリエッタ, マ
リー=クレア ‥①11
アリエリー, ダン
……… ②254
有岡 利幸 ……… ①34
有岡 三恵 ……… ②616
有岡 由利子 ……… ①76
有賀 圭吾 ……
②481, ②506
有賀 妙子 ……… ②560
有賀 暢迪 ……… ①399
有賀 久夫 ……… ②590
ありが ひとし ……… ①387

荒木 洋介 ……
②193, ②195
荒木 義修 ……… ①171
あらき りつこ ……① 843
荒木田 隆介 ……… ①886
荒木田 美香子 ……① 722
荒邦 啓介 ……… ②225
荒崎 一海 ……… ①1028
新崎 盛暉 ……… ①584
嵐 圭史 …①96, ①783
嵐田 源二 ……
①446, ②667
アラジディ, ヴィルジ
ニー ……… ②681,
②689, ②691, ②694
嵐山 光三郎 ……① 902,
①939, ①984, ②433
荒澤 浩造 ……… ①287
荒澤 誠 ……… ②557
荒澤 真庭 ……… ①1358
荒澤 真理 ……… ①557
荒沢 ゆう希 ……… ①977
荒地 榮一郎 ……… ②755
有栖川 有栖 ……① 885,
①979, ①1074
亜璃西社 ……… ①191
アリスター ……… ①305
アリストテレス
……… ①468
有薗 正一郎 ……… ②689
有薗 眞琴 ……… ②457
有薗 正俊 ……… ①170
荒野 泰典 ……… ②611
荒原 文 ……… ②252
荒原 邦博 ……… ①891
荒舩 良孝 ……
②665, ②680
荒牧 英治 ……… ②516
荒牧 重人 ……… ②50
有田 朗 ……… ②59
有田 恭二 ……… ②433
有田 恵子 ……… ②161
有田 節子 ……… ②631
有田 千代子 ……… ①819
有田 奈央 ……… ①323
有田 秀穂 ……… ①1008
有田 富美子 ……… ②516
有田 賢臣 ……… ②326
有田 正広 ……… ①819
有田 美江 ……… ①939
有瀧 真人 ……… ②698
有近 六次 ……… ①581
有野 和真 ……… ②545
有野 晋哉 ……… ②62
有林 重仁 ……… ②21
在原 竹広 ……… ①1155
有一 一郎 ……… ①655
有間 カオル ……
①1028, ①1155
有馬 桓次郎 ……… ①51
有馬 純 ……… ②573
有馬 晋作 ……② 139
有馬 哲夫 ……② 578
有馬 智子 ……… ②387
ありま みまこ ……… ①337
有馬 美季子 ……… ①1028
有馬 佑介 ……… ①707
有馬 義貴 ……… ①894
有馬 頼義 ……
①984, ①1074
有馬 頼底 ……… ①96
有光 興記 ……… ①96
有光 美穂子 ……… ①1390
有村 章 ……② 649
有村 勝子 ……② 649
有村 さやか ……… ①697
有村 俊秀 ……… ②256
有村 友見 ……… ②333
有村 久春 ……
①709, ①717
有本 香 ……… ②139

有賀 誠 ……… ②171
有賀 祥隆 ……… ①833
蟻川 謙太郎 ……… ①405
蟻川 譲二 ……
①158, ②728
蟻川 トモ子 ……… ①33
在川 浩 …①979, ①984
①98, ②341, ②354
アリキヴィ, ラウル
……… ②128
有坂 あこ ……… ①1134
有坂 多絵子 ……… ①872
有実 ゆひ ……… ①1305
有沢 佳映 ……… ①359
有沢 瞳子 ……… ①1368
有澤 浩道 ……… ①287
有吉 玉青 ……… ①937
有吉 尚哉 ……
②194, ②204
有吉 与志恵 ……
①216, ①222
アリーン, コザ ……② 265
アール, ジュディー
……… ②695
アルヴァレズ, アン
……… ①490
有賀 悦子 ……… ②737
有賀 恵一 ……… ②686
有賀 誠司 ……… ①216
有賀 文宣 ……… ②406
アルカン, ネリー
……… ①1327
アルク出版編集部
……① 635,
①641, ①667
アルク文教教材編集
部 ……①394, ①652
アルコール医学生物
学研究会 ……… ②710
アルシーノフ ……① 609
アルスエレクトロニ
カ ……… ②83
アルステルダール,
トーヴェ ……… ①1327
アルスノー, イザベ
ル ……… ①313
アルソン, R.L. ……② 713
アルダ, アラン ……① 97
アルトー, アントナ
ン ……… ②113
アルト, マット ……② 110
アルトーグ, フラン
ソワ ……… ①600
アルパカ子 ……… ①113
アルバータリ, ベッ
キー ……… ①1327
アルビトマン, ロマ
ン ……… ①1329
アルビン, リチャー
ド・W. ……… ①682
アルファノート
……… ①821
アル=ファラジュ,
ルーイ ……② 753
アルフォナ, エイド
リアン ……… ①858
アルブ=タバール,
シルヴィ ……② 648
アルペイディン, エ
テム ……… ②522
アールボム, イェン
ス ……… ②447
亜留間 次郎 ……② 29
アルマン, シルヴァ
ン ……… ①617
あるや ……… ①380
アルリス, ジェフ
……… ①809
アレキサンダー,
ジェシカ・ジョエ
ル ……… ①14

有本 卓 ……… ②598
有元 秀文 ……… ②153
有元 光彦 ……② 629
有元 美津世 ……① 643
在本 彌生 ……① 868
有元 葉子 ……… ②18,
①48, ①59,
①64, ①937
②303, ②383
アリヤ, ガルチン
……… ①1327
有安 信吾 ……② 432
有坂 澄江 ……② 709
有吉 玉青 ……… ①937
有吉 尚哉 ……
②194, ②204
アリーン, コザ ……② 265

アレキサンダー, ロ
ニー ……… ①342
アレクサンダー ‥① 48
アレグザンダー, エ
ベン ……… ②702
アレクサンダー,
スーザン ……① 1373
アレクサンダー,
ターニャ ……① 1343
アレグザンダー, ヘ
ザー ……① 430
アレクサンダー, メ
グ …①1385, ①1403
アレクサンドラトス,
レア ……① 828
アレッチ, シッラ
……… ②14
アレーニ, ジュリオ
……… ①589
アレマニー, マルタ・
ソレル ……① 672
アレン, ジェームズ
……… ①93
アレン, ジョン・G.
……… ①488
アレン, トーマス・
B. ……… ①123
アレン, フランチェ
スカ ……… ①305
アレン, ルイーズ
……… ①1385
アレン, ロバート・
C. ……… ①589
アレン玉井 光江
……… ①394
アーレント, ハンナ
①470, ①471
アロー, ケネス・J.
……… ②268
新朗 恵 ……… ①1340
アロハ座長 ……① 1155
あろまーる ……① 1398
アーロン, イアン
……… ②335
アーロン, ジェイソ
ン …①848, ①851
アロンソ, フェルナ
ンド ……… ②376
アロンソン, マーク
……… ②35
アワー, ジェームス・
E. ……… ②149
阿波 新九郎 ……① 1028
安房 直子 ……… ①357
粟倉 大輔 ……② 47
泡坂 妻夫 ……
①1028, ①1074
淡路 修三 ……② 246
淡路 水 ……… ①1306
淡路 剛久 ……② 209
粟津 賢太 ……① 507
粟津 大慧 ……② 323
粟津 卓郎 ……② 220
粟竹 愼太郎 ……② 351
あわむら 赤光 ……① 1155
粟村 哲志 ……① 222
粟屋 憲太郎 ……
①616, ①891
杏 ……… ②2
安 世鴻 …①578, ②13
アン マサコ ……① 326
アン ミカ ……① 21
アン ミジョン ……① 119
アンウィン, マイク
……… ②696
アンカ, ダリル ‥① 143
アンガー, J.マーシャ
ル ……① 623

アンカーブロ ‥ ②542, ②546
暗記マスター編集委員会 ‥‥‥‥ ②81
アンギャル, エリカ ‥‥‥‥ ①24, ①28
アンク ②552, ②555, ②559, ②560
あんぐる ‥‥ ①40, ①194
アングルバーガー, トム ‥‥ ①373
安home 達也 ‥‥‥ ①934
安渓 遊地 ‥‥‥ ②114
暗黒通信団 ‥‥‥ ②512
暗黒童貞団 ‥‥‥ ②30
安西 明子 ‥‥‥ ②217
安西 カオリ ‥‥ ①323
安斎 かなえ ‥‥ ①939
安西 順子 ‥‥ ①695, ①703
安西 辰彦 ‥‥ ②613
安西 徹郎 ‥‥ ②575
安西 なつめ ‥‥ ②719
安斎 伸彰 ‥‥ ①247
安西 洋之 ‥‥ ①878, ②290
安斎 正人 ‥‥ ①540
安西 愈 ‥‥‥ ②467
安西 水丸 ‥‥ ①323, ①954
安斉 幸彦 ‥‥ ①984
安西 リカ ‥‥ ①1306
アンシー ‥‥‥ ①161
アンジャンジェ, ヴェロニク ①77, ①178
アーンショー, クリストファー ①591
安生 正 ‥‥‥ ①1074
安城市教育委員会 ‥‥‥‥ ①539
杏亭 リコ ‥‥ ①1156
アンソロジーしずおか編集委員会 ‥‥‥‥ ①976
庵田 定夏 ‥‥ ①1156
アンダーソン, サラ・M. ‥‥ ①1382
アンダーソン, ヘザー・アーント ‥‥‥‥‥ ①37
アンダーソン, ロンゾ ‥‥‥ ①316
アンダーソン 夏代 ‥‥‥‥‥ ①68
アンダトン, スーザン ①659, ①660
アンダーヒル, イヴリン ‥‥‥ ①522
アンタレス, イシュター ‥‥ ①136
あんちゃ ‥‥‥ ①85
アンディ松本 ‥ ①768
アンデルセン, ハンス・クリスチャン ‥‥‥‥‥ ①379
アーント, マイケル ‥‥‥‥‥ ①374
安藤 藍 ‥‥‥ ②54
安藤 馨 ‥‥‥ ②156
安藤 篤史 ‥‥ ②543
安東 あや ‥‥ ①1156
安藤 "アン"誠起 ‥‥‥‥‥ ②695
安藤 栄一 ‥‥ ②281
安藤 馨 ‥‥‥ ②225
安藤 和彦 ‥‥ ②56
安藤 和代 ‥‥ ②38
安藤 香子 ‥‥ ①973

安藤 潔 ‥‥‥ ①921
安藤 清志 ‥‥ ②110
安藤 究 ‥‥‥ ②109
安藤 邦廣 ‥‥ ②111
安藤 謙一 ‥‥ ②753
安藤 健二 ‥‥ ②33
安藤 宏基 ‥‥ ②291
安藤 広大 ‥‥ ②310
安藤 詩緒 ‥‥ ②261
安藤 秀 ‥‥‥ ②219
安藤 寿康 ‥‥ ②716
安藤 潤 ‥‥‥ ②254
安藤 俊介 ‥‥ ①120, ①125, ①126, ①483
安藤 真太朗 ‥ ②67
安藤 信平 ‥‥ ②192
安藤 青太 ‥‥ ②779
安藤 宗一郎 ‥ ②608
安藤 孝夫 ‥‥ ②408
安藤 貴子 ‥‥ ①297, ②373
安藤 隆人 ‥‥ ①228
安藤 高行 ‥‥ ②200
安藤 武博 ‥‥ ①273
安藤 丈将 ‥‥ ②104
安藤 忠雄 ‥‥ ②607
安藤 たむ ‥‥ ②848
安藤 哲也 ‥‥ ①14, ②628
安藤 哲行 ‥‥ ①1336
安藤 邑惠 ‥‥ ②783
安藤 友子 ‥‥ ②716
安藤 直子 ‥‥ ①189
安東 夏子 ‥‥ ①32
安藤 紀雄 ‥‥ ②621
安東 德子 ‥‥ ②279
安藤 紀子 ‥‥ ①313, ①315, ①316
安藤 秀雄 ‥‥ ②699
安藤 啓司 ‥‥ ②727
安藤 宏 ‥‥‥ ①453
安藤 裕貴 ‥‥ ②738
安藤 洋美 ‥‥ ②660
安藤 史江 ‥‥ ②372
安藤 雅旺 ‥‥ ②359
安東 正樹 ‥‥ ②675
安藤 昌代 ‥‥ ②506
安藤 勝 ‥‥‥ ①544
安東 みきえ ‥ ①340, ①354, ①1156
安藤 美冬 ‥‥ ①3, ②296
安藤 至大 ‥‥ ②423
安藤 百福 ‥‥ ①38
あんどうやすし
安東 泰志 ‥‥ ②377
安藤 優一郎 ‥ ①532, ①564, ①565, ①566
安東 祐介 ‥‥ ①984
安東 由喜雄 ‥ ①700, ②716
安藤 幸央 ‥‥ ②557
安藤 由紀子 ‥ ①1345
安東 能明 ‥‥ ①1074
安藤 よしかず ②342
安藤 由朗 ‥‥ ①179
安東 隆司 ‥‥ ②73
安藤 礼二 ‥‥ ①446
安藤 黎二郎 ‥ ②589
アントニー, スティーブ ‥ ①317, ①337
アンドラージ, マリオ・ジ ‥‥ ①1327
アンドラダ, エレナ・ガジェゴ ‥‥ ②672
アントラム栢木 利美 ‥‥‥‥‥ ①16
アンドリュー, エド

ワード・グラント ‥‥‥‥‥ ①449
アンドルー, シルヴィア ‥‥ ①1402
アンドルーズ, イローナ ‥‥ ①1393
アンドルーズ, ジェス ‥‥‥‥ ①377
アンドレ, ジスラン ‥‥‥‥‥ ②614
アントレックス ‥ ①52
安中 繁 ②330, ②464
安中 千絵 ‥‥ ②25
アンニョリ, アントネッラ ‥‥ ②6
庵乃 音人 ‥‥ ①1398
安野 光雅 ‥‥ ①313, ①842, ①845, ①939
安野 モヨコ ‥ ①979
安濃 豊 ‥‥‥ ①580
安野 玲 ‥‥‥ ①960
安納 令奈 ‥‥ ①234, ①266
安蒜 政雄 ‥‥ ①540
あんびる やすこ ①345, ①352, ①354, ①355
安蒜政雄先生古希記念論文集刊行委員会 ‥‥‥ ①613
安部 和彦 ②399, ②402, ②413
安部 勝一 ‥‥ ②707
アーンヘム, ステファン ‥ ①1343
アンベール, マルク ‥‥‥‥‥ ②96
安保 亮 ‥‥‥ ①811
安保法制違憲訴訟の会 ‥‥‥‥ ②46
安間 匡明 ‥‥ ②255
アンメンゴール, マネル ‥‥‥ ②902
アンモライト ‥ ①1396
アンユム, ラニ・リ ‥‥‥‥‥ ①453
安用寺 孝功 ‥ ①248
安樂 瑛子 ‥‥ ①198
安楽 拓也 ‥‥ ①219

【い】

イ ジニ ‥‥‥‥ ①310
イ ミョンエ ‥‥ ①310
イ ヨンエ ‥‥ ①49
イ ヨング ‥‥ ②88
尉 立東 ‥‥‥ ②252
イアコッペ ‥‥ ①65
井伊 久美子 ‥ ②722
井伊 大輔 ‥‥ ①43
井伊 春樹 ‥‥ ①774
井伊 雅子 ‥‥ ②259
飯尾 牧子 ‥‥ ①642
飯尾 美沙 ‥‥ ②747
飯尾 洋一 ‥‥ ①814
飯岡 拓也 ‥‥ ①778
飯城 勇三 ‥‥ ①885
飯窪 真也 ‥‥ ①728
飯久保 正弘 ‥ ②755
飯倉 章 ‥‥‥ ①607
飯倉 晴武 ‥‥ ①3

飯倉 洋一 ‥‥ ①615, ①899
飯倉 義之 ‥‥ ①562, ①887
飯沢 耕太郎 ‥ ①251
飯澤 文夫 ①538, ②8
飯柴 智亮 ‥‥ ②164
飯島 晶子 ‥‥ ①127, ①969
飯島 彰仁 ‥‥ ②301
飯島 晃良 ‥‥ ②643
飯島 勲 ‥‥‥ ②143
飯島 栄治 ‥‥ ②250
飯島 啓子 ‥‥ ①666
飯島 幸永 ‥‥ ①257
飯島 聡 ‥‥‥ ②559
飯島 さなえ ‥ ①686
飯島 滋明 ‥‥ ①198, ②201
飯島 淳子 ‥‥ ②202
飯島 隆博 ‥‥ ①194, ②380
飯島 毅弘 ‥‥ ②749
飯島 太千雄 ‥ ①869
飯島 敏子 ‥‥ ①330
飯島 敏宏 ‥‥ ①797
飯島 奈美 ‥‥ ①69
飯島 勇人 ‥‥ ②692
飯島 治之 ‥‥ ②727
飯島 英雄 ‥‥ ①870
飯島 寛騎 ‥‥ ①775
飯島 寛之 ‥‥ ②380
飯嶋 正広 ‥‥ ①778
飯島 美樹 ‥‥ ②727
飯嶋 美知子 ‥ ①636
飯島 みどり ‥ ②742
飯島 裕一 ‥‥ ①188
飯島 裕希 ‥‥ ②732
飯島 裕子 ‥‥ ②60
飯島 豊 ‥‥‥ ②638
飯島 渉 ‥‥‥ ②725
飯塚 一幸 ‥‥ ①573
飯塚 大介 ‥‥ ②767
飯塚 哲夫 ‥‥ ①182, ②754
飯塚 まこと ‥ ①1398
飯塚 美幸 ‥‥ ②404
飯塚 有紀子 ‥ ①69
飯塚 容 ‥ ①891, ②89
飯塚 隆太 ‥‥ ①68
飯塚 礼子 ‥‥ ①84
飯塚事件弁護団 ②42
飯田 朝子 ‥‥ ②339
飯田 有登 ‥‥ ②617
飯田 一史 ‥‥ ①985
飯田 薫子 ‥‥ ②778
飯田 和人 ‥‥ ②256
飯田 一博 ‥‥ ②594
飯田 潔 ‥‥‥ ①158
飯田 邦男 ‥‥ ②190
飯田 孝一 ‥‥ ②30
飯田 耕一郎 ‥ ②194
飯田 耕司 ‥‥ ②163
飯田 耕二郎 ‥ ②927
飯田 修平 ‥‥ ②706, ②712
飯田 順 ‥‥‥ ②284
飯田 順子 ‥‥ ①701
飯田 真悟 ‥‥ ②318
飯田 隆 ‥‥‥ ②468
飯田 卓 ‥‥‥ ②115
飯田 武郎 ‥‥ ②726
飯田 辰彦 ‥‥ ①874
飯田 恒夫 ‥‥ ②396
飯田 哲也 ‥‥ ②97
飯田 徹 ‥②627, ②637

飯田 敏晴 ‥‥ ①488
飯田 知弘 ‥‥ ②760
飯田 知誉 ‥‥ ②698
飯田 暢子 ‥‥ ①114, ①491
飯田 秀総 ‥‥ ②196
飯田 博和 ‥‥ ②657
飯田 冊子 ‥‥ ①369
飯田 実樹 ‥ ①1156, ①1306
飯田 道子 ‥‥ ②84
飯田 美弥子 ‥ ②201
飯田 泰子 ‥‥ ①785
飯田 恭敬 ‥‥ ②605
飯田 泰之 ‥‥ ②158, ②257, ②258, ②263, ②265
飯田 祐子 ‥‥ ①915
飯田 豊 ②10, ②11
飯田 芳一 ‥‥ ①1156
飯田 慈子 ‥‥ ②538
飯田 善彦 ‥‥ ②611
飯田 剛弘 ‥‥ ②521
飯田 龍 ‥‥‥ ②525
飯田 亮介 ‥ ①936, ①1336
飯高 茂 ②653, ②660
飯高 陽子 ‥‥ ①431
飯田橋文学会 ‥ ①909
飯沼 一茂 ‥‥ ②732
飯沼 康祐 ‥‥ ①51
飯沼 光生 ‥‥ ②756
飯沼 好永 ‥‥ ①653
飯沼 彰人 ‥‥ ②746
飯野 和好 ‥ ①337, ①338
飯野 公央 ‥‥ ②433
飯野 謙次 ‥‥ ②350
飯野 順子 ‥‥ ①683
飯野 笙子 ‥‥ ①1028
飯野 晴子 ‥‥ ①495
飯野 敏 ‥‥‥ ②343
飯野 たから ‥ ②190, ②204
飯野 武夫 ‥‥ ①542
飯野 敏夫 ‥‥ ②243
飯野 宏 ‥‥‥ ②690
飯野 布志夫 ‥ ①542
飯野 祐樹 ‥‥ ②115
飯野 悠介 ‥‥ ②194
飯野 りさ ‥‥ ①819
「いい話」プロジェクトメンバー一同 ‥‥‥‥‥ ②294
飯原 一乗 ‥‥ ②215
飯原 弘二 ‥‥ ②730
飯原 裕美 ‥‥ ①1334
飯法師 昭誠 ‥ ②265
飯間 浩明 ‥‥ ①632, ①903
飯村 信 ‥‥‥ ②659
飯村 勲 ‥‥‥ ②579
飯村 茂樹 ‥ ②408, ②409
飯村 淳子 ‥‥ ②806
飯村 直子 ‥‥ ②767
飯村 均 ①532, ①533
飯村 雅子 ‥‥ ②963
飯森 明子 ‥‥ ①575
飯山 晄朗 ‥‥ ②94
飯山 千枝子 ‥ ①604
飯山 幸伸 ‥‥ ①590
飯山 嘉昌 ‥‥ ①873
井内 由佳 ‥‥ ①116
井浦 新 ‥‥‥ ①255
井浦 秀夫 ‥‥ ①1067

イヴルルド 遥華 ①114, ①128
家 正則 ‥‥‥ ②674
イェイツ, W.B. ‥‥‥ ①818, ①1327
家入 一真 ‥‥ ②263
家入 龍太 ‥‥ ②441, ②505
イエーガー, ポール・T. ‥‥‥‥‥ ②6
イェークストロム, オーサ ‥‥ ①856
家坂 圭一 ‥‥ ①298, ②181, ②182
家崎 カオン ‥ ①161
家崎 芳恵 ‥‥ ②767
家田 荘子 ‥ ①109, ①115
家高 将明 ‥‥ ②54
家近 良樹 ‥‥ ①564
イエーツ, メイシー ‥‥‥‥‥ ①1373
家永 真幸 ‥‥ ②132
家原 英生 ‥‥ ①1075
家村 和幸 ‥‥ ①544, ①549
家本 芳郎 ‥‥ ①703
イエローテールコンピュータ ‥ ②565
イエロフ, アイナ ‥‥‥‥‥ ①40
イェン, コリーナ ‥‥‥‥ ②516
井生 明 ‥‥‥ ①426
いおか いつき ‥ ①1306
井岡 和雄 ‥‥ ②642
井岡 瞬 ‥‥‥ ①1075
伊尾木 将之 ‥ ②424
五百旗頭 薫 ‥ ①575
五百旗頭 真吾 ②380
五百旗頭 真 ‥ ②41, ②583
井奥 成彦 ②269, ②307
五百田 達成 ①482, ①483, ①485
イオッフェ, A.D. ‥‥‥‥‥ ②256
伊織 ‥‥‥‥‥ ①1156
伊 功雄 ①631, ①635
伊織 みな ‥‥ ①1398
伊緒里 優子 ‥ ①784
庵谷 賢一 ‥‥ ②500
イーオン ‥‥‥ ①639
伊賀 健一 ‥‥ ②596
井賀 孝 ‥‥‥ ①240
伊賀 祐一 ‥‥ ②677
猪飼 隆明 ‥‥ ②462
伊貝 武臣 ‥‥ ②513
伊香賀 俊治 ‥ ②67, ②613
伊垣 久大 ‥‥ ①1156
医学アカデミー薬学ゼミナール ‥ ②769
医学通信社編集部 ‥‥‥‥‥ ②710
筏田 かつら ‥ ①984
井形 慶子 ‥‥ ①18
井形 ちづる ‥ ①817
伊兼 源太郎 ‥ ①1075
五十嵐 愛子 ‥ ①420
五十嵐 明彦 ‥ ②492
五十嵐 郁代 ‥ ①148
五十嵐 かおる ②345
五十嵐 加奈子 ①438, ①828
五十嵐 かほる ②280
五十嵐 享平 ‥ ②735

五十嵐 清 ……②220、②224
五十嵐 邦彦 ……②708
五十嵐 邦正 ……②315
五十嵐 佳子 ……①977、①1028
五十嵐 健太 …②259、①265、①266
五十嵐 公一 ……①832
五十嵐 浩司 ……①801
五十嵐 聡 …②563、②564、②566
五十嵐 茂樹 ……②428
五十嵐 順子 ……②565
五十嵐 仁 ……②139
五十嵐 心一 ……②605
五十嵐 大介 ……①391
五十嵐 隆 ……①15、①181
五十嵐 敬喜 ……①514、②92
五十嵐 貴久 ……①884、①984、①1075
五十嵐 貴文 ……②437
五十嵐 貴之 ……②557
五十嵐 隆幸 ……①509
五十嵐 太郎 …②613、②616、②618
五十嵐 哲也 ……①701
五十嵐 透子 ……①489
五十嵐 友子 ……②696
五十嵐 蕗子 ……①1340
五十嵐 真希 ……①1340
五十嵐 雅郎 ……②374
五十嵐 正子 ……①894
五十嵐 正広 ……②750
五十嵐 賢 ……①189
五十嵐 美紀 ……①489
いがらし みきお ……①939
五十嵐 充 ……②467
五十嵐 美和子 …①435
五十嵐 素子 ……②461
五十嵐 康彦 ……①159
五十嵐 雄策 ……①1156
五十嵐 悠紀 ……②521
五十嵐 善維 ……①148
五十嵐 良雄 ……②62
五十嵐 芳樹 ……②74
五十嵐 槇人 ……②745
五十嵐 善英 ……②655
五十嵐 涼子 …①792、①843
碇 卯人 ……①380、①1067、①1075
イガリ シノブ …①40
猪狩 知之 ……②778
伊苅 裕二 ……②739
猪刈 由紀 ……①525
碇本 学 ……①1069
イカロス ……①408
伊川 健二 ……①553
井川 香四郎 …①1028
井川 聡子 ……②777
井川 ちとせ …②97
井川 俊彦 ……①262、②690
井川 直子 ……①42
伊川 正樹 ……②205、②401
井川 充雄 ……②108
井川 満 ……②658
井川 意高 ……①909、①930
井川 ゆり子 …①340
イーガン、エリザベス ……①1327
イーガン、グレッグ …………①1360
イーガン、ケイト ……①378
壱岐 田鶴子 ……①265
壱岐 はる子 ……①574
生きた建築ミュージアム大阪実行委員会 ……②607
「生きている！ 殺すな」編集委員会 ……②49
「粋な古伊万里」図録編集部 ……①873
医業経営研鑽会 ……②708
イギリス会社法制研究会 ……②219
郁 青 ……①664
生井 久美子 ……①178
幾威 空 ……①1156
いくえみ 綾 ……①978
井草 剛 ……②261
生坂 政臣 ……②713、②719
生島 あゆみ ……①195
生嶋 一朗 ……②756
幾島 幸子 ……②260
生島 ヒロシ ……①17
生島 美紀子 …①815
生田 かおる ……①494
生田 一朗 ……②65
生田 ケイ子 ……①787
生田 信一 ……②17、②541
生田 敏康 ……②207
生田 誠 …②257、②430、②432
生田 魅音 ……①939
生田 昭久 ……①310
生田 與克 ……②14
生田 美子 ……①809、①817
生田 竜司 ……①343
イクタケ マコト ……①706
井口 昭久 ……①939
井口 千里 ……①54
井口 登與志 ……①180
井口 壽乃 ……①829、①906
井口 範之 ……②446
井口 正人 ……①399、①400
井口 裕子 ……②426
生野 壮一郎 …②559
生乃 久法 ……①813
幾原 邦彦 ……①766
生馬 直樹 ……①1075
井熊 長幸 ……②209
井熊 均 ……②284、②576、②602
井倉 ひとみ ……①112
イーグランド、ジェーン ……①316
イーグル、アラン ……②515
イーグルトン、テリー ……②90
イーグルマン、デイヴィッド ……②729
池 修 ……①881
池 享 ……①187
池 央耿 ……①934
井計 翼 ……①1118
池井 優 ……①107
池井戸 潤 ……①984、①1075
池内 紀 ……①110、①380、①453、①888、①924、①939、②2
池内 敏 …①560、①571
池内 了 …②21、②139、①163、②650、②675
池内 孝啓 ……②555、②556
池内 規行 ……①911
池内 宏 ……②437
池内 泰明 ……②227
池尾 愛子 ……②257
池尾 和人 ……②244
池岡 義孝 ……②107、②109
池上 彰英 ……②449
池上 彰 ……①109、①293、①410、①411、①414、①417、①425、①428、①499、①603、①733、①754、②9、②17、②82、②85、②121、②123、②125、②128、②135、②146、②242、②244、②253、②255、②262、②348、②580
池上 永一 ……①984、①1029
池上 英子 ……①495
池上 悟朗 ……①120
池上 俊一 ……①424、②647
池上 純一 ……①815
池上 純哉 ……①1067
池上 健 ……②404
池上 岳彦 ……②271
池上 正 …①228、①230
池上 直己 ……②707
池上 英洋 …①603、①827、①829、②83
池上 弘子 ……①815
池上 寛 ……②437
池上 文雄 …②155、①163、①269
池上 正樹 ……①718
池上 正子 ……①64
池上 正人 ……②687
池上 麻由子 ……①111
池上 裕司 ……②589
「池上彰のニュースそうだったのか!!」スタッフ…①499、②9
イケガメ シノ …②413
池谷 裕二 …②14、②648、②730
池川 明 ……②9、①136、①139、①455
池北 雅彦 ……②673
池口 英司 ……②433
池口 邦彦 ……②738
池迫 浩子 ……①266
池澤 威郎 ……②334
池澤 智 ……②27
池澤 夏樹 ……①888、①894、①917、①939、①1075、②353
池澤 春菜 ……②202
池澤 龍三 ……②155
池下 章裕 ……①308
池嶋 貫二 ……②58
池嶋 真策 ……②194
池嶋 知明 ……①718
池庄司 敏孝 …②601
池尻 良治 ……①170
池末 翔太 ……②657
池添 志乃 ……②768
池添 素 ……②60
池内 紀 ……①110、
いけだ あきこ …①303
池田 あきこ ……②843
池田 晶子 ……①452
池田 明子 ……①22
池田 栄一 ……②4
池田 修 ……②708、②724、②546
池田 一弥 ……②513
池田 勝久 ……②762
池田 香代子 …②379、②202、②262、②579
池田 紀芳 ……②633
池田 潔 …②301、②303
池田 清 ……①589
池田 清貴 ……②58
池田 清彦 ……②100、②683、②685
池田 蔵人 ……②418
池田 圭一 ……②678
池田 佳子 ……①621
池田 啓子 ……①940
イケダ ケイスケ ……①368
池田 賢太 ……②201
池田 弘一 ……①819
池田 紘一 ……①482
池田 浩一郎 …②196
池田 耕平 ……①79
池田 ことみ ……①21
池田 彩子 ……②777
池田 聡子 ……①808
池田 潤 ……①588
池田 純 ……①223
池田 純一 ……②137
池田 駿介 ……②605
池田 丈佑 ……②94
池田 慎二 ……②233
池田 慎太郎 …②141
池田 真哉 ……②327
池田 節子 ……②547
池田 大作 ……①501
池田 太臣 ……②107
井桁 大介 ……②123
池田 尚史 ……②554
池田 貴将 ……②352
池田 タツ ……①231
池田 辰彰 ……①465
池田 辰夫 ……②217
池田 千恵 ……①3
池田 千紗 ……①685
池田 常道 ……②233
池田 健 ……①176
池田 剛 ……②769
池田 敏雄 ……①523
池田 利夫 ……②544
池田 敏和 ……①388、①728
池田 俊秀 ……②34
池田 年穂 ……②612、②935
池田 利道 ……①187
池田 友子 ……②547
池田 知久 ……①465、①466
池田 直子 ……②399
池田 奈緒子 …①693
池田 尚隆 ……②547
池田 直美 ……②460
池田 信夫 ……②283
池田 信寛 ……②294
池田 春香 ……②392
池田 久輝 ……①1075
池田 久代 ……①499
池田 英男 ……②686
池田 秀幸 ……①237
池田 寿 ……①531
池田 等 ……②400、②697、②698
池田 浩明 ……①33、②34、②37、②249、②43、②249
池田 寛 ……②603
池田 浩 ……①480
池田 弘乃 ……②223
池田 浩伸 ……①189
池田 弘 ……②159
池田 美美 ……①835
池田 平太郎 …①1029
池田 まき子 ……①404
池田 真紀子 …①659、①1328、①1350、①1357
池田 真朗 …②207、②209、②225
池田 政一 ……①173
池田 匡克 ……①36
池田 正隆 ……①511
池田 雅典 ……①597
池田 公史 ……②735
池田 まさみ ……①482
池田 学 ……①837
池田 愛美 ……①68
池田 真理 ……①488
池田 美紀 ……②137、②163
池田 美智雄 …②383
池田 満 ……②748
池田 美代子 …①364、①367
池田 宗彰 ……②453
池田 宗雄 ……②626
池田 靖章 ……②718
池田 泰優 ……①50
池田 唯一 ……②382
池田 勇諦 ……②512
池田 有日子 …②126
池田 幸恭 ……②487
池田 裕 …②523、②634
井桁 容子 ……②11、①691
池田 洋介 ……②655
池田 陽介 ……②301、②393
池田 洋三 ……②421
池田 善昭 ……②463
池田 義博 ……②126
池田 良穂 ……②625、②626
池田 嘉郎 ……②609
池田 理恵子 …②329
池田 隆一 ……②633
池田 亮 ……②767
池田 良一 ……②253
池田 良平 ……①837
池田 理代子 …①641、①856、①866
池田 魯參 ……②512
池田 書店編集部 ……②17、①73、①107、①390、①421、①424、②839、②77、
「池田大作とその時代」編纂委員会 ……①501
池谷 孝司 ……①700
池谷 敏郎 …①146、①147、①150、①159、①166、①167、②714
池谷 秀登 …②58、②59
池谷 朗 ……①774
池田眞規著作集刊行委員会 ……②46
池田理代子プロダクション ……①800
イゲット 千恵子 ・①11
池戸 裕子 ……①1306、①1398
池中 織奈 ……①1157
池永 和子 ……①969
池永 陽 ……①1075
池波 正太郎 …①940、①1025、①1026、①1029
池西 悦子 ……②765
池西 静江 ……②763
池埜 聡 …②51、②63
池上 裕子 ……①556
池坊 専好 ……①271
池端 美和 ……①117
池原 研 ……①402
池原 真佐子 …①115
池辺 晋一郎 …①813、①814
池邊 祐子 ……②325
池間 哲郎 ……②83
池間 陽子 ……②760
池見 澄隆 ……②511
池村 彰子 ……①1327
池村 聡文 ……①156
池村 千秋 ……②276、②310
池村 正道 ……②202
池本 修 ……②301
池本 克之 ……②365
池本 喜巳 ……②684
池本 正玄 ……②129
池本 尚美 ……①376
池本 幹雄 ……①1137
池本 征男 ……②184
池本 征男 ……②410
池森 寛 ……②434
池谷 和信 ……②575
池谷 さやか ……①488
池谷 壽夫 ……①748
猪郷 久義 ……①402
伊郷 ルウ ……①1306、①1398
生駒 あさみ …①545
生駒 幸子 ……①674
生駒 孝臣 ……①548
生駒 俊明 ……②448
生駒 英晃 ……②660
生駒 正文 ……②221
生駒 幸恵 ……②336
伊佐 智子 ……②223
伊佐 知美 ……②25
伊佐 右介 ……②592
井齋 偉矢 ……①174
キ坂 暁 ……①1118
井坂 英二 ……①1030
伊坂 幸太郎 …①885、①936
井坂 清信 ……①556
伊坂 邦雄 ……①984
伊坂 幸犬郎 …①980
井坂 幸太郎 …①307、①984、①1067、①1075
伊坂 奈々 ……①1370、①1395
居酒屋 東京十月 ・①67
砂川 伸幸 ……②377
伊三次 ちえ …①173
伊佐治 文彦 …②282
諫早 勇一 ……①1335
イザベラ、ジュード ……①309
諫山 創 ……①440
伊佐良 紫築 …①1157
伊澤 幸介 ……①694
伊澤 関 ……②605
井沢 省吾 ……②442

伊澤 東一 ……①920
井澤 友美 ……①252
伊澤 直人 ……①234
勇沢 梛木 ……
　　　　①366, ①390
伊澤 岬 ……②608
井沢 元彦 ……①500,
　①531, ①552, ①563,
　①564, ①572, ①984,
　①1030, ②89, ②245
井澤 由美子 ……
　　　　①59, ①66
伊澤 亮介 ……②14
遺産分割研究会 ……
　　　　②411
石 寒太 ……①972
石 弘光 ……②704
石井 明男 ……②250
石井 光 ……②700
石井 朗 ……①451,
　①829, ①830
石井 麻子 ……①81
石井 あすか ……①29
石井 至 …②506, ②508
石井 栄子 ……①12
石井 栄次 ……①286
石井 栄二 ……①730
石井 夏生利 ……②140
石井 和人 ……②488
石井 一馬 ……①246
石井 克枝 ……①34
石井 京子 ……②58
石井 聖岳 ……①326,
　①331, ①358, ①386
石井 久美子 ……①630
石井 健次 ……①1030
石井 研士 ……①186
石井 賢二 ……①164
石井 公成 ……①534
石井 光太 ……①929,
　①932, ①985, ②40
石井 茂 ……②306
石井 志都子 ……①818
石井 忍 ……②219
石井 純一 ……②189
石井 順治 ……①716
石井 淳蔵 ……②308
石井 助次郎 ……②644
石井 洗二 ……②57
石井 ぜんじ ……②30
石井 颯良 ……①985
石井 大輔 ……①600
石井 妙子 ……
　　②189, ②466
石井 尊子 ……②769
石井 貴士 ……①120,
　①676, ②15, ②341,
　②349, ②353
石井 隆之 ……
　　①639, ①660
石井 隆行 ……①150
石井 孝宜 ……②708
石井 拓男 ……②755
石井 健 ……①611,
　②570, ②717
石井 辰哉 ……①661
いしい つとむ ……①351
石井 勉 ……①727
石井 哲也 ……②685
石井 英真 ……②712,
　①717, ①719,
　①721, ①749
石井 てる美 ……①90
石井 俊全 ……②280,
　②659, ②663
石井 登志子 ……①937
石井 敏彦 ……
　　②403, ②409

石井 俊光 ……①732
石井 としろう ……①676
石井 知章 ……
　　①597, ②89
石井 直方 ……①156,
　①215, ①216, ②727
いしゐ のぞむ ……①593
石井 伸夫 ……①553
石井 更幸 ……②49
石井 悠 ……①539
石井 聖 ……①683
石井 直己 ……①179
石井 秀樹 ……①607
石井 均 …②711, ②769
石井 博明 ……①173
石井 裕晶 ……①571
石井 弘樹 ……①226
いしい ひろし ……①316,
　①325, ①333
石井 宏 …②754, ②759
石井 啓文 ……①539
石井 宏宗 ……②286
石井 広行 ……②318
石井 裕之 ……②94
石井 富美 ……②707
いしい まき ……
　　②26, ①170
石井 麻木 ……②41
石井 まこと ……②104
石井 真 ……①125
石井 誠 ……②404
石井 正敏 ……
　　①543, ①549
石井 正則 ……①162
石井 理仁 ……②634
伊志井 雅博 ……②589
石井 正広 ……①731
石井 雅巳 ……①450
石井 正己 ……①887,
　②901, ②111, ②113
石井 美勇 ……①641
石井 摩耶子 ……①574
石井 美樹子 ……①388
いしい みちこ ……①709
石井 みつこ ……①162
石井 光子 ……
　　①288, ①439
石井 美保 ……
　　②21, ②111
いしい むつみ ……①315
石井 睦美 ……①317,
　①334, ①350,
　①379, ①985
石井 桃子 ……①886
石井 モルナ ……②552
石井 康敬 ……②163
石井 悠宇 ……①928
石井 裕子 ……②774
石井 ゆかり ……①131
石井 由紀子 ……①12
石井 由梨佳 ……①220
石井 洋佑 ……
　　①644, ①662
石井 良佳 ……①668
石井 克則 ……①931
石井 頼子 ……①868
石井 里枝 ……②264
石井 里津子 ……②446
石井 怜子 ……①635
石内 都 ……①255
石浦 章一 ……①160,
　②730, ②772
石浦 外喜義 ……②238
石岡 明子 ……②770
石岡 憲昭 ……②674
石垣 憲一 ……①809

石垣 幸二 ……
　①405, ①406
石垣 繁 ……①887
石垣 千秋 ……②699
石垣 尚男 ……①232
石垣 英俊 ……②343
石垣 博孝 ……①887
石上 阿希 ……①835
石上 善應 ……①519
石神 聰 ……①985
石上 友彦 ……②756
石上 則子 ……①738
石上 浩美 ……①695
石上 正志 ……①80
石神 茉莉 ……①873
石亀 泰郎 ……①258
石川 明人 ……①940
石川 晃弘 ……②83
石川 昭義 ……
　①690, ①695
石川 彰 ……①620
石川 明 ……②285
石川 朗 ……②723
石川 伊織 ……①472
石川 伊津 ……
　①663, ①861
いしかわ えみ ……①361
石川 えりこ ……①336,
　①343, ①345
石川 治 ……②762
石川 和男 ……
　②309, ②371
石川 和夫 ……②395
石川 和司 ……②388
石川 和幸 ……
　②326, ②589
石川 香代 ……
　①663, ①861
石川 北二 ……①380
石川 九楊 ……①625,
　①869, ①870
石川 恭三 ……①108
石川 清 ……②61
石川 桂子 ……
　①842, ①912
石川 桂郎 ……①906
石川 健治 ……①568
石川 憲二 ……②276,
　②646, ②650
石川 賢治 ……②255
石川 幸一 ……②250
いしかわ こうじ ……
　①334, ①339
石川 佐智子 ……①461
石川 智士 ……
　②262, ②263
石川 滋子 ……①657
石川 准 ……①685
石川 順也 ……②300
石川 晋 ……①717
石川 伸一 ……①40
石川 慎一郎 ……①622
石川 慎治 ……②220
石川 聖龍 ……①449
石川 園枝 ……
　①1385, ①1387
石川 大我 ……①44
石川 大雅 ……
　①492, ②326
石川 喬司 ……①1069
石川 貴教 ……
　②380, ②476
石川 敬史 ……②136
石川 貴康 ……
　②209, ②391
石川 拓治 …①37, ②22
石川 啄木 ……①672,
　①817, ①904,

石川 ……①905, ①976
石川 巧 …①583, ②108
石川 毅 ……①661
石川 岳彦 ……
　①541, ①596
石川 千晶 ……
　①804, ①808
石川 温 ……②350
石川 勉 ……①68
石川 馨 ……②260
石川 恒夫 ……①614
石川 徹 ……①888
石川 俊次 ……①146,
　①147, ②778
石川 朋子 ……①673
石川 智健 ……①1075
石川 知弘 ……②759
石川 直樹 ……①256
石川 尚久 ……②377
石川 尚子 ……①121
石川 智也 ……②185
石川 遥輝 ……①221
石川 久 ……②259
石川 栄和 ……②516
石川 秀樹 ……②179
石川 秀人 ……②309
石川 博章 ……①832
石川 博子 ……②28
石川 博 ……①937
石川 博品 ……①1157
石川 廣三 ……②622
石川 宏千花 ……
　①354, ①1157
石川 博文 ……②720
石川 博之 ……②754
石川 文洋 ……②13
石川 牧子 ……②684
石川 雅美 ……
　②409, ②410
石川 雅之 ……②733
石川 マサル ……①827
石川 円華 ……②130
いしかわ☆まりこ ……
　①81, ①430, ①436,
　①439
石川 眞理子 ……①80
石川 三知 …①37, ①53
石川 三千夫 ……①671
石川 三千花 ……①793
石川 道子 ……①447
石川 宗徳 ……②191
石川 基子 ……②340
石川 裕一郎 ……②198
石川 結貫 ……①493
石川 祐基 ……②436
石川 祐二 ……②318
石川 裕人 ……①848,
　①851, ①854
石川 幸子 ……②83
石川 由美子 ……②396
石川 洋一 ……
　②712, ②769
石川 洋資 ……②557
石川 善樹 ……②26,
　①98, ①333, ②291,
　②342, ②707
石川 恵子 ……②156
石川 好 …①598, ②148
石川 利江 ……①487
石川 理沙子 ……①333
石川 隆介 ……①1335
石川 颯馬 ……②309
石川 瞭子 ……②54
石川県栄養士会食育
　グループ ……②69

石倉 昇 ……①247
石倉 ヒロユキ …①335,
　①433, ①839
イシグロ, カズオ ……
　　　　①1327
石黒 厚至 ……②733
石黒 伊三雄 ……②674
石黒 克彦 ……
　①535, ①560
石黒 清子 ……②205
石黒 圭 ……①623,
　①633, ①634
石黒 建吉 ……①241
石黒 伸 ……①176
石黒 尚久 ……②377
石黒 達昌 ……②702
石黒 千秋 ……①266
石黒 裕紀 ……①56
石黒 浩 ……①104,
　①985, ②524, ②598
石黒 大岳 ……②128
石黒 太 ……①633
石黒 麻利子 ……②700
石黒 マリーローズ ……
　　　　②21
石黒 めぐみ ……②737
石黒 源之 ……①150
石黒 由紀子 ……①266
石黒 順子 ……①1075
石毛 敦 ……②741
石毛 泰道 ……①459
石毛 博道 ……①574
意思決定支援機構 ……
　　　　①176
石河 康国 ……①170
石坂 アツシ ……
石坂 廬 ……①816
石坂 薫 ……②445
石阪 京子 ……①6
石坂 啓 ……①856
石坂 敬一 ……①809
石坂 浩二 ……①770
石坂 哲宏 ……②605
石坂 典子 ……①99
石坂 美także男 ……①1030
石坂 好樹 ……①495
石崎 楓 ……①42
石崎 克也 ……②658
石崎 朔子 ……①236
石崎 貴比古 ……①506
石崎 千景 ……①478
石崎 なおこ ……①339
石崎 直義 ……①887
石嵜 信憲 ……②332
石嵜 秀穂 ……②650
石崎 等 ……①902
石崎 洋司 ……①309,
　①347, ①365, ①381
石崎 博嵩城 ……②343
石崎 雅人 ……
　①621, ②69
石崎 泰樹 ……②673
石崎 裕美子 ……②332
石崎 嘉彦 ……②93
石嵜山中総合法律事
　務所 ……②194
石澤 清美 ……②26,
　①48, ①53, ①59,
　①60, ①70, ①71
石沢 武彰 ……②735
石澤 哲郎 ……①493
石澤 徹 ……①635
石沢 真貴 ……②103
石澤 靖治 ……②124
石島 博 ……②379

石島 正貴 ……②211
石島 旨章 ……②752
石津 嵐 ……①1117
いしづ ちひろ ……
　①318, ①336
石津 ちひろ ……①309,
　①312, ①315, ①317,
　①336, ①341
いしず まさし ……①335
石津 優子 ……②542
石塚 章夫 ……②228
石塚 克彦 ……①783
石塚 勝美 ……①122
石束 佳子 ……①763
石塚 謙二 ……
　①685, ①708
石塚 諭 ……①741
石塚 伸一 ……①507
石塚 徹 ……①696
石塚 二葉 ……②130
石塚 正英 ……
　①507, ②121
石塚 義高 ……①447
石附 賢道 ……①518
石角 完爾 ……
　②297, ②379
石田 明男 ……②519
石田 正 ……②319
石田 衣良 ……
　①985, ①1075
石田 英一郎 ……
　②67, ②111
石田 香織 ……①985
石田 一志 ……①820
石田 勝紀 ……③3, ①11,
　①12, ①13, ①15
石田 可奈 ……①844
石田 義一郎 ……①1030
石田 淳 ……①111,
　①169, ②100, ②347,
　②351, ②352
石田 久仁子 ……②113
石田 圭子 ……①826
石田 啓介 ……①190
石田 賢示 ……②95
イシダ コウ ……①409
石田 ごうう ……①811
石田 栞音 ……①333
石田 周二 ……②435
石田 周平 ……②462
石田 純子 ……②29
石田 昇二 ……①199
石田 慎二 ……②56, ②65
石田 スイ ……①791
石田 享 ……①1346
石田 節子 ……①32
石田 千 …①940, ①985
石田 空 ……①1157
石田 卓夫 ……②456
石田 武臣 ……②229
石田 剛 …②205, ②209
石田 達郎 ……②332
石田 千絵 ……②766
石田 智恵 ……②110
石田 力 ……②268
石田 哲也 ……②606
石田 輝也 ……②236
石田 敏郎 ……①479
石田 直裕 ……②248
石田 晴久 ……②547
石田 久二 ……①449
石田 秀輝 ……
　①400, ①403
石田 浩 …②95, ②108
石田 比呂志 ……①969
石田 裕美 ……②773
石田 文子 ……①884
石田 眞 ……①291

著者名索引

石田 正昭 ……②448
石田 雅男 ……①108
石田 正治 ……②434
石田 正美 ……②250
石田 真康 ……②624
石田 正泰 ……
　②186, ②585
石田 雅 ……②547
石田 真弓 ……①496
石田 真理 ……①441
石田 美智代 ……①667
石田 光男 ……
　②256, ②679
石田 満 ……②386
石田 実 ……②526, ②662
石田 美帆 ……②488
石田 みゆ ……②19
石田 基広 ……
　②556, ②662
石田 保輝 ……②547
石田 泰松 ……①452
石田 勇治 ……①607
石田 結実 ……②117
石田 洋子 ……②18
石田 洋 ……①44
石田 芳子 ……②620
石田 順朗 ……①526
石田 理恵 ……①12
石田 瞭 ……②755
石田 リンネ ……①1157
石田 累 ……
　①1157, ①1398
石田和男教育著作集
　編集委員会 ……①748
石谷 茂 ……②660
石谷 徳人 ……
　②757, ②759
石谷 尚子 ……①376
いしたに まさき
　……②517, ②520
伊地知 英信 ……①400
伊地知 紀子 ……②201
石戸 諭 ……②108
石戸 奈々子 ……②718
石戸 信也 ……①536
石戸 光 ……②252
石堂 倭文 ……①236
石堂 典秀 ……②224
石堂 藍 ……②33
石飛 國子 ……②755
石飛 博光 ……
　①869, ①870
石飛 道子 ……①509
石戸谷 結子 ……①816
石鍋 忠 ……②54
石野 香奈子 ……①529
石野 径一郎 ……①856
石野 好一 ……①670
石野 人衣 ……②380
石野 みどり ……①490
石野 雄一 ……
　①1066, ②380
石野 裕子 ……②602
石野 祐三子 ……②725
石野 良純 ……②681
石之宮 カント ……①1157
石ノ森 章太郎 ……
　①1117, ①1134
石森 プロ ……①840
石破 茂 ……②144, ②244
石橋 勲 ……②605
石橋 映二 ……②157
石橋 かおり ……①70
石橋 孝次 ……②257
石橋 淳子 ……①973
石橋 真二 ……②68
石橋 孝夫 ……②166
石橋 拓也 ……②301

石橋 武昭 ……②298
石橋 千尋 ……②633
石橋 哲成 ……①689,
　①695, ①697
石橋 とくゑ ……①912
石橋 知也 ……①744
いしばし なおこ
　……①429
石橋 春男 ……
　②250, ②267
石橋 正孝 ……
　①909, ①1328
石橋 三紀 ……①972
石橋 由紀子 ……①682
石畑 宏明 ……②550
石花井 ヒロミ ……①932
石濱 照子 ……①490
石原 顕光 ……②671
石原 杏奈 ……
　①1376, ①1377
石原 薫 ……②40, ②292
石原 加受子 ……①87,
　①104, ①106, ①116
石原 享一 ……①664
石原 清貴 ……①727
石原 健吾 ……②777
石原 健司 ……②732
石原 健次 ……②406
石原 研而 ……②604
石原 左知子
　……①18, ②26
石原 日月 ……①973
石原 俊 ……②96
石原 正一郎 ……②718
石原 心 ……①215
石原 慎士 ……②371
石原 慎太郎 ……①500,
　①928, ①985, ②146
石原 壮一郎 ……
　①99, ①633
石原 宙 ……①1134
石原 太流 ……①869
石原 千秋 ……
　①894, ①915
石原 恒和 ……①348
石原 鉄郎 ……②628,
　②630, ②633
石原 照也 ……②594
石原 敏子 ……①885
石原 俊彦 ……
　①677, ②162
石原 智之 ……②661
石原 豊昭 ……②187,
　②189, ②190, ②204
石原 新菜 ……①114,
　①153, ①157,
　①163, ②751
石原 肇 ……②163, ②167
石原 晴美 ……①508
石原 比伊呂 ……①547
石原 秀樹 ……①968
石原 ひでみ ……②536
石原 裕也 ……②314
石原 まき子 ……①767
石原 まこちん ……①645
石原 正博 ……②581
石原 まどか ……
　①136, ①1348
石原 真弓 ……①645
石原 美奈子 ……②86
石原 結實 ……①147,
　①150, ①152, ①156
石原 豊 ……②291
石原プロモーション
　……①767, ①781

石踏 一榮 ……①1158
石部 基実 ……①157
伊島 薫 ……①259
伊島 薫太朗 ……①259
井島 正博 ……①632
石丸 沙織 ……①269
石丸 次郎 ……②131
石丸 臣一 ……②673
石丸 元章 ……①768
石丸 優 ……②605
石丸 由理 ……①697
石丸 喜晴 ……①253
石水 創 ……②304
石光 真清 ……①573
石光 真人 ……①572
石村 修 ……②221
石村 耕治 ……②398
石村 光資郎 ……②663
石村 康生 ……①702
石村 貞夫 ……②663
石村 眞一 ……②576
石村 園子 ……①1158
　②651, ②657
石村 貴博 ……①724
石村 卓也 ……
　①705, ①750
石村 智 ……②546
石村 真紀 ……①491
石村 友二郎 ……②663
石村 柳三 ……①569
石牟礼 道子 ……①909,
　①940, ①1030
いじめ問題研究会
　……①711
石母田 正 ……①545
石持 浅海 ……①1075
石本 君代 ……②698
石本 眞八 ……②260
石本 道明 ……①467
石本 祐二 ……①758
石森 真由子 ……①692
いしもり よしひこ
　……①404
医歯薬出版 ……①166,
　②780, ②782
イシヤマ アズサ
　……①329, ①349
石山 永一郎 ……①579
石山 修武 ……②611
石山 健一 ……②265
石山 さやか ……①706
石山 俊 ……②112
石山 淳 ……①484
石山 貴章 ……②711
石山 卓磨 ……②196
石山 透 ……①1030
石山 直樹 ……②50
石山 勇人 ……①42
石山 央樹 ……②619
石山 雄規 ……①1158
石山 雄貴 ……②271
石山 幸弘 ……①573
伊集院 光 ……②249
伊集院 くれあ ……①355
伊集院 静 ……①88,
　①940, ①985
伊集院 清一 ……②743
伊集院 要 ……②63
井尻 慎一郎 ……②751
井尻 直志 ……①892
井尻 直彦 ……②258
石脇 俊司 ……②328
石綿 啓子 ……②763
泉 均 ……①789
石渡 佑矢 ……②290
石渡 洋平 ……②552
いしわたり 淳治
　……①985

石渡 嶺司 ……
　①289, ①678
石割 透 ……①902, ①910
伊豆 平成 ……①382
いづい さちこ ……②59
出石 稔 ……②155
出岡 直也 ……②469
柞刈 湯葉 ……①1158
伊月 ジュイ ……①1158
イズシロ
　ン ……①1158
五十鈴 スミレ ……①1158
井土 紀州 ……①349
井筒 俊彦 ……②452,
　①457, ①529
井筒 豊子 ……①446
イーストマン, ケビ
　ン ……①857
イーストン, グレア
　ム ……①711
いづの かじ ……①364
イスパニカ ……①672
泉
和泉 昭子 ……①109
泉 麻人 ……①185,
　①256, ①985
和泉 あや ……①1158
泉 いはほ ……①972
イズミ エゴタ ……①1398
泉 恵美子 ……
　①734, ①736
泉 恵理子 ……②352
いずみ おきなが
　……①630
唯純 楽 ……①1159
泉 和夫 ……②432
泉 勝俊 ……②750
和泉 桂 ……
　①1159, ①1306
泉 鏡花 ……①847, ①976
泉 恭子 ……②681,
　②689, ②691, ②694
和泉 潔 ……②525
泉 賢太郎 ……②683
泉 光一 ……①69
泉 修二 ……②276
和泉 潤 ……②40
泉 孝英 ……②716
泉 宜宏 ……①724
泉 卓也 ……②223
泉 岳樹 ……①617
泉 忠司 ……②282
泉 龍雄 ……②19
泉 千勢 ……①693
和泉 つばす ……①1159
泉 徳治 ……②202, ②227
和泉 智 ……①351
泉 智子 ……
　①1379, ①1380,
　①1381, ①1386
泉 知論 ……②517
和泉 なおふみ ……①962
泉 並木 ……①180, ②738
泉 式之 ……①1159
泉 ハナ ……①985
いずみ 光 ……①1030
和泉 秀彦 ……
　②773, ②777
泉 英之 ……②758
泉 正樹 ……①249
泉 正人 ……②288, ②349
和泉 真理 ……②447
和泉 みお ……①369
泉 康夫 ……①647
泉 雄一 ……
　②755, ②759
泉 有香 ……②659
泉 ゆたか ……①1030
泉 由梨子 ……①1366,

　①1370, ①1387
いずみ 吉紘 ……
　①976, ①1132
泉澤 陽子 ……①977
泉澤 義明 ……
　②276, ②529
泉田 玉堂 ……
　①513, ①871
泉田 もと ……
　①352, ①389
泉田 由美子 ……①819
泉田 良輔 ……②382
泉谷 閑示 ……②368
泉野 ジュール ……①1159
泉谷 閑示 ……
　①93, ①119
泉谷 玄作 ……①253
泉屋 ゆり子 ……①1383
泉谷 渉 ……②248
出雲 さち ……①1351
出雲 春明 ……①470
出雲 充 ……②295
出雲寺 ぜんすけ
　……②540
五浦 マリ ……①354
イスラエル, ジョナ
　サン ……①452
イスラーフィール
　……①1159
伊瀬 史郎 ……②595
伊瀬 ネキセ ……①1159
伊勢 白山道 ……①94,
　①137, ①499, ②341
いせ ひでこ ……
　①337, ①940
伊勢 弘志 ……①571
伊勢 方信 ……①970
伊勢 雅臣 ……
　①675, ②287
伊関 龍太 ……①485
イセケヌ ……①442
伊勢崎 賢治 ……
　②141, ②149
伊勢田 奈緒 ……①602
伊勢原 ささら ……①307
イセーレス, インバ
　リ ……①377
磯 直樹 ……②106
磯 博 ……②560
磯 水絵 ……①550
磯 光雄 ……①848
磯谷 明徳 ……②266
磯谷 圭秀 ……①148
磯貝 武連 ……①1398
イソガイ マサト
　……①791
五十川 満 ……①265
磯崎 淳寛 ……②26
磯崎 敦仁 ……②131
磯崎 新 ……②607, ②609
磯崎 憲一郎 ……①985
磯崎 哲也 ……②696
磯崎 典世 ……②575
磯崎 初仁 ……
　②155, ②156
磯﨑 文雄 ……①146
磯田 健一郎 ……①940
磯田 道史 ……①533,
　①557, ①568, ①912
磯竹 克人 ……②330
イソップ ……①309
磯野 英治 ……①635
磯野 真穂 ……②700
五十畑 弘 ……②610
イソビ研究所 ……①327
磯淵 猛 ……①47
磯邊 和男 ……②322,

　②323, ②324
磯部 加代子 ……①1326
磯部 隆 ……①1030
磯部 武秀 ……①355
磯部 俊夫 ……②567
磯部 文雄 ……②50, ②64
磯部 征尊 ……②709
磯部 百香 ……②425
磯部 祐子 ……①899
磯部 芳郎 ……②456
磯部 涼 ……①804, ②25
磯村 正 ……②740
磯村 陸子 ……①763
礒本 光広 ……②320
磯山 友幸 ……
　②228, ②460
井田 京子 ……
　②381, ②395
井田 茂 ……①141, ②675
依田 高典 ……②262
井田 千秋 ……
　①355, ①866
井田 徹治 ……②694
井田 齊 ……②698
井田 良 ……②211,
　②212, ②214, ②225
井田 武 ……②135
井田 仁康 ……①419,
　①425, ①428, ①588,
　①714, ①731
板井 昌典 ……②652
板生 郁衣 ……①471
伊高 浩昭 ……①935
板垣 英憲 ……①143,
　①532, ②121
板垣 勝彦 ……②155,
　②157, ②203
板垣 晴朗 ……①231
板垣 節子 ……
　①1329, ①1353
板垣 都志美 ……①710
板垣 寛 ……②581
板垣 雄三 ……②529
板垣 竜太 ……①576
板垣 典代 ……①482
板口 典応 ……①718
板倉 香代 ……
　①708, ①730
板倉 はるみ ……②297
板倉 宏昭 ……②372
板倉 弘重 ……①25,
　①167, ①177, ①181
板倉 聖哲 ……①832
板倉 正子 ……②6
板倉 雅宣 ……①877
板倉 陽一郎 ……②185
板倉 一隆 ……②594
板越 正彦 ……②368
板坂 剛 ……①808, ①916
板坂 則子 ……①557
板嶋 牧弘 ……①556
井谷 善惠 ……①873
板野 博行 ……①723
板野 陽一 ……②48
いたのくまんぼう
　……②533
板橋 敦子 ……①335
板橋 江利也 ……①745
板橋 家原夫 ……②770
板橋 克己 ……①863
板橋 興宗 ……①96
板橋 拓己 ……
　②171, ②172
伊丹 昌一 ……①688
伊丹 哲郎 ……②668
伊丹 俊彦 ……②213

板見 浩史……①252
伊丹 敬之……②242, ②282, ②308
伊丹 三樹彦……①933
板谷 圭一……②400
いたや さとし……①372, ①378
板谷 成雄……②17
板谷 孝雄……①639, ①649
板谷 敏彦……①573
板谷 雄二……②516
市 育代……②778
市 大樹……①545
市居 愛……②390
市井 あさ……①359
市井 雅哉……①478
市居 みか……①319, ①332
一石 月下……①1159
一江左 かさね……①1159
市尾 彩佳……①1159
市岡 久典……①488
市岡 雅史……②178
市ヶ谷 洋子……①973
一ケ谷 兼乃……②546
イチカラム……①282
イチからわかるSIMフリー研究会……②531
市川 顕……②267
市川 明……①924
市川 幾恵……②763
市川 恵里……①604
市川 猿之助……①787
市川 佳居……②460
市川 薫……①917
市川 覚峯……②307
市川 勝弘……②735
市川 里美……①341
市川 紗弓……①1307
市川 繁之……②751
市川 純……①377
市川 伸一……①716
市川 慎一……①198
市川 眞一……②242
市川 須美子……①757
市川 創……①698
市川 太祐……②519, ②556
市川 拓司……①985
市川 千秋……①712
市川 力……①11
市川 哲雄……②755
市川 哲也……①1075
市川 鼇子……①972
市川 徹……②582
市川 友章……①386
市川 智生……②725
市川 智茂……①442
市川 直樹……②283
いちかわ なつこ……①355
市川 希……①440, ①698
市川 宣子……①348
市川 則文……①706
市川 英憲……②42
市川 春子……①839
市川 秀志……②651
市川 秀之……②117
市川 宏雄……①186
市川 博……②551
市川 博久……①224
市川 裕文……①851
市川 ひろみ……②122
市川 雅子……①315
市川 雅士……②375
市川 正人……②227

市川 勝……②599
市川 眞澄……②729
市川 真人……①907
市川 真由美……①336
市川 水緒……①879
市川 康明……④404
市川 泰男……②601
市川 裕士……①551
市川 憂人……①1076
市川 洋子……②562
イチカワ ヨウスケ……①63
市川 芳治……②528
市川 ラク……①940
市川 理恵……①615
市川 理衛……②602
市川 隆一郎……①907
一木 広治……②461
一木 晃次……②294
一木 伸夫……②355
市来 秀男……②545
一倉 定……②280
市毛 嘉彦……②591
一小路 武安……①800
一坂 太郎……①568, ①791
市澤 英利……①543
伊知地 国夫……②646
九 星鳴……①985
一島 英治……②674
一条 景明……①1159
一條 和生……②307, ②370
一条 真也……②16, ①109, ①459, ①466, ①516
一條 貴彰……②557
一條 麻美子……①601
一條 三子……①577
市瀬 悦子……①49, ①51, ①52, ①59, ①60
市瀬 まゆ……①349
一前 悦郎……①548
一前 春子……①696
市田 泉……①1360, ①1362, ①1365
一田 和樹……①985, ①1076, ①1159, ②39, ②534
市田 聡……②721
一田 憲子……③3, ②25
市田 ひろみ……②111
市田 正夫……②594
一高 良彦……④455
一高 龍司……②398
市坪 誠……②637
市中 芳江……①122
壱日 千次……①1159
いちにのさんぽ会……①186
市野 彰俊……②615
市野澤 剛士……②66
一ノ川 一夹……②310
一ノ瀬 亜子……①1134
いちのせ かつみ……②387
一瀬 粂吉……②384
一之瀬 志郎……②102
一ノ瀬 千景……①1159
一ノ瀬 俊也……①571
一之瀬 はち……②29
一瀬 文秀……②148
一ノ瀬 三葉……①359, ①362
市ノ瀬 美麗……①1336, ①1355

一戸 紀孝……②729
いちのへ 義孝……①189
一宮 寿山……①127
市橋 織江……①261, ①778
市橋 則明……②727
市橋 秀夫……②746
一橋 文哉……②38
一花 洋介……①1349
市原 悦子……①771
市原 一裕……②660
市原 茂……①480
市原 淳……①318, ①342
市原 順子……①920
市原 真……①149
市原 直幸……②656
市原 久幸……②211
市原 眞記……①757
一原 みう……①1159
いちはらアート×ミックス実行委員会……①823
一番町女子アナ取材班……①767, ①769
一穂 ミチ……①915, ①1135, ①1307
一枚田 清行……①434
一宮 梨華……①1160
一明 源……①116
市村 一雄……②449
市村 哲……②516, ②548
市村 操一……②218
市村 崇……②441
市村 鉄之助……①1398
市村 奈央……①1307
市村 均……①412
市村 弘……①552
市村 博……②441
市村 弘正……①464
いちむら まさき……①810, ①811
市本 百合枝……①940
一文字 鈴……①1307
一安 裕美……②403
一柳 梢……②652
一柳 智紀……②652
市吉 則浩……①667
一楽 真……①520
一力 遼……①246
一柳 和也……①1398
一粒社ヴォーリズ建築事務所……②615
いつか……①114, ①119
一花 カナウ……①1160
一海 知義……①940
五日市 哲雄……②702
五木 寛之……①85, ①103, ①109, ①110, ①148, ①452, ①864, ②12
逸木 裕……①1076
一季出版……①219
1級建築施工管理技士試験問題研究会……②641
1級電気工事施工管理技士教材研究会……②632
井辻 朱美……①816
一之瀬 志郎……①102
一色 一凛……①1160
一色 清……①568
一色 さゆり……①1076
一色 次郎……①1030
一色 高明……①155
一色 広己……②409
一色 美穂……①168
一色 美津季……①1160
一色 由美子……①22

壱島 良男……①985
一心寺……①938
一新塾……②101
一星……①1160
一斗まる……①1134
一般常識対策研究会……①298
一歩を越える会……①221
逸村 裕……②6
いつも……②513
「いつもありがとう」作文コンクール書籍制作委員会……①977
伊東 和子……①555
伊藤 茜……①57
伊藤 朱里……①985
伊藤 亜記……②72
伊藤 昭男……②158
伊藤 亜希子……①703
伊藤 彰敏……①723
伊藤 彰紀……①777
伊藤 彰記……②367
伊東 明彦……②741
伊藤 彰彦……②247, ①766
伊藤 彰浩……①25
伊藤 昭弘……①537
伊東 章……②598
伊藤 昌……①838
いとう あさこ……①940
伊藤 飛鳥……①521, ①522, ①526
伊藤 敦子……②712
伊東 淳史……①209
伊藤 篤……②64
伊藤 敦……②717
伊藤 亜人……②88
伊藤 歩……①223, ②419
伊藤 郁太郎……①874
伊東 一郎……①1327
伊東 伊那男……①940
伊藤 雨氷……①244, ①245

伊藤 絵美……①169, ②493, ②746, ①730, ①742
伊藤 和明……②40, ②41
伊藤 和男……②649
伊藤 和夫……①638
伊藤 和子……①76, ①77
伊藤 和憲……①173, ②316, ②722, ②748, ②751
伊東 和彦……①555
伊藤 一彦……①904
伊藤 和弘……①150
伊藤 一馬……①595
伊藤 和磨……①155
伊藤 和行……①675
伊藤 勝治……①238
伊藤 克洋……②542
伊藤 加代子……②755
伊藤 嘉余子……②51, ②53, ②56, ②64
伊藤 勘司……②513
伊藤 公雄……②102, ②140
伊藤 仁彦……①93, ①138
伊藤 公哉……②398
伊藤 恭……②425
伊藤 京子……①577
伊藤 邦雄……②328
伊藤 國雄……②597
伊藤 クミコ……①361, ①367
伊東 啓……②379
伊藤 桂一……①586
伊藤 圭子……①740
伊藤 圭介……①559
伊藤 圭太……②287
伊藤 元……①705
伊藤 健市……②464
伊藤 健次……①190
伊藤 憲二……②375
伊藤 玄二郎……②42
伊藤 健太……②287, ②335
伊藤 功……①136, ①138
伊藤 航……①971
伊藤 剛……②438
伊藤 洸……①480
伊藤 公一……①166, ②592
伊藤 浩一……②535
伊藤 公一朗……②262, ②290
伊東 浩司……①412
伊藤 公介……②305
伊藤 公文……②3
伊藤 菜衣子……②29
伊藤 ささみ……①714
伊藤 定良……①607
伊藤 祥雄……①665
伊東 哲……①183
伊藤 悟……②44
伊藤 沙奈……①268
伊藤 史織……①673
伊藤 詩織……②40
伊藤 滋夫……②208, ②209
伊藤 滋……①159, ②581
伊藤 茂……①537, ①123, ②257
伊藤 周平……②47
伊藤 壽記……②734

①1025, ①1030
伊藤 純……①563, ②107
伊藤 淳一……②551
伊東 ぢゅん子……①441
伊藤 純子……①199
伊藤 俊治……①95
伊東 順二……①876
伊藤 淳二……②290
伊東 春水……①6
伊藤 純郎……①425
伊藤 椒……②672
伊藤 禳一……①105
伊藤 詔子……①920, ①923
伊藤 庄平……②528
伊藤 慎吾……①437, ①894, ①895, ①898
伊藤 真吾……①250, ②662
伊藤 進吾……①37
伊藤 進司……①803
伊藤 信哉……①570
伊藤 真也……②760
伊藤 益……①511
伊藤 晋……①891
伊藤 誠……②173, ②260
いとう せいこう……①805, ①889, ①905, ①916, ①985, ②123
伊藤 誠二……②719
伊藤 成人……①15
伊藤 清三……②658
伊藤 政則……①804
伊藤 節子……①181, ①986
伊東 大鑑……①870
伊東 大介……①176
伊東 大介……①668
伊藤 大輔……①709, ①832, ①978, ②289
伊東 峻志……①707
伊藤 崇……①498
伊藤 隆敏……②259
伊藤 隆壽……①514
伊藤 たかみ……①986
伊藤 崇達……①713
伊東 貴之……①597, ①863, ②608
伊藤 拓真……①830
伊東 毅……①738
伊藤 剛……②533
伊藤 武……①773
伊藤 建……①198
伊藤 忠治……②160
伊藤 たつき……①1160
伊藤 龍峰……②321
伊藤 達也……②558
伊東 玉美……①392, ①894
伊藤 誓……①917
伊藤 千紗……②17
伊藤 千鶴……②400
伊藤 千尋……②83
伊東 知代子……②534
伊東 維年……②257
伊藤 毅……①419, ①610, ②609
伊藤 剛志……②267, ②399
伊藤 哲雄……②708
伊藤 徹也……①34
伊東 禅夫……①456
伊藤 敏雄……①699
伊藤 利男……②158
伊東 利洋……②47

著者名索引

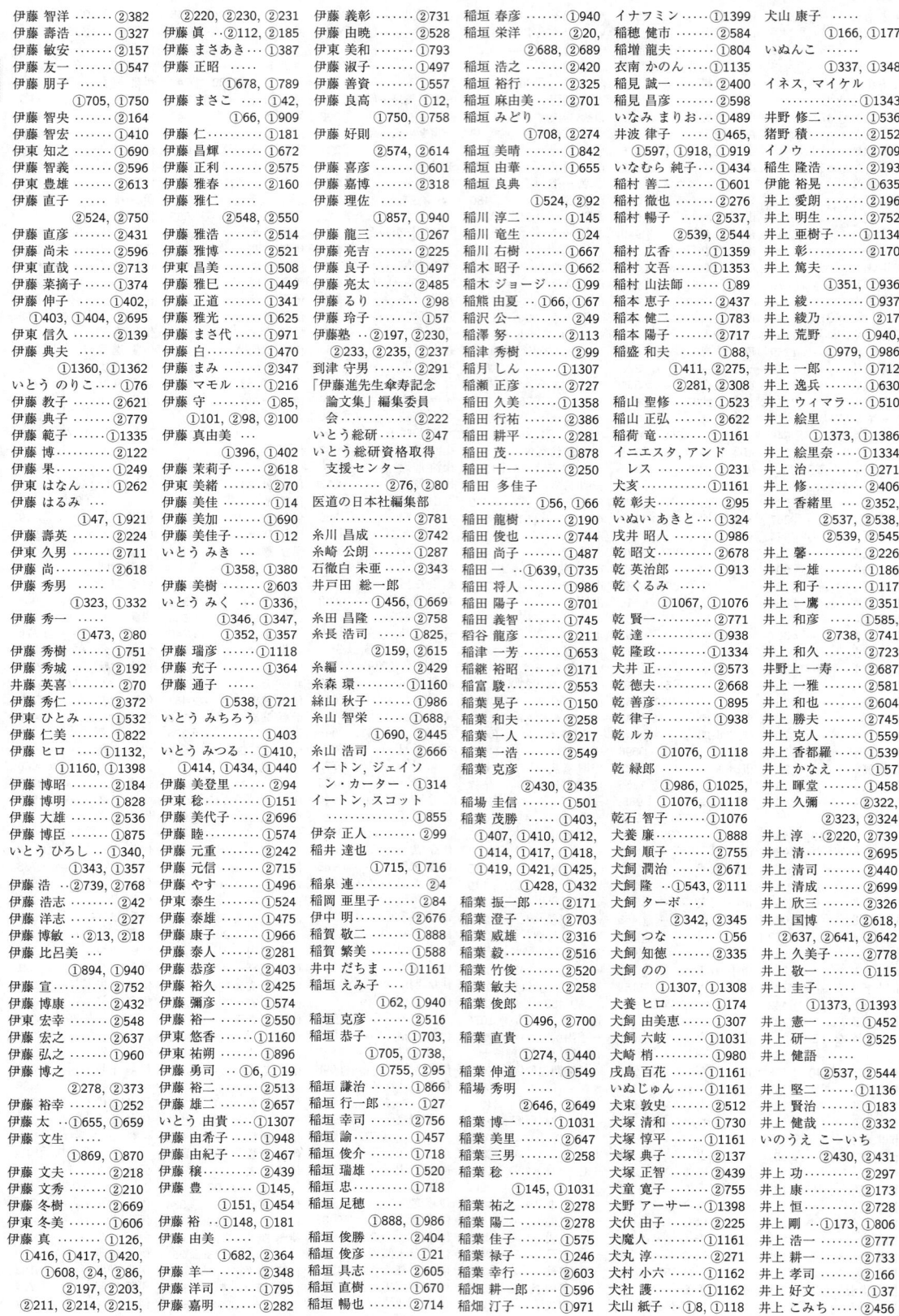

伊藤 智洋 ……②382
伊藤 壽浩 ……①327
伊藤 敏安 ……①157
伊藤 友一 ……①547
伊藤 朋子 …
　①705, ①750
伊藤 智央 ……①164
伊藤 智宏 ……①410
伊東 知之 ……①690
伊藤 智義 ……②596
伊藤 豊雄 ……②613
伊藤 直子 …
　②524, ②750
伊藤 直子 ……②431
伊藤 尚未 ……②596
伊東 直哉 ……②713
伊藤 菜摘子 ……①374
伊藤 伸子 …①402,
　①403, ①404, ②695
伊東 信久 ……②139
伊藤 典夫 …
　①1360, ①1362
いとう のりこ ……①76
伊藤 教子 ……②621
伊藤 典子 ……②779
伊藤 範子 ……①1335
伊藤 博 ……②122
伊藤 果 ……①249
伊東 はなん ……①262
伊藤 はるみ …
　①47, ①921
伊藤 壽英 ……②224
伊東 久男 ……②711
伊藤 尚 ……②618
伊藤 秀男 …
　①323, ①332
伊藤 秀一 …
　①473, ②80
伊藤 秀樹 ……①751
伊藤 秀城 ……②192
井藤 英喜 ……②70
伊藤 秀仁 ……②372
伊東 ひとみ ……①532
伊藤 仁美 ……①822
伊藤 ヒロ ……①1132,
　①1160, ①1398
伊藤 博昭 ……②184
伊藤 博明 ……①828
伊藤 大雄 ……②536
伊藤 博臣 ……①875
いとう ひろし …①340,
　①343, ①357
伊藤 浩 …②739, ②768
伊藤 浩志 ……②42
伊藤 洋志 ……②27
伊藤 博敏 …②13, ②18
伊藤 比呂美 …
　①894, ①940
伊藤 宣 ……②752
伊藤 博康 ……②432
伊東 宏幸 ……②548
伊藤 宏之 ……②637
伊藤 弘之 ……①960
伊藤 博之 …
　②278, ②373
伊藤 裕幸 ……①252
伊藤 太 …①655, ①659
伊藤 文生 …
　①869, ①870
伊藤 文夫 ……②218
伊藤 文彦 ……②210
伊藤 冬樹 ……②669
伊東 冬美 ……①606
伊藤 真 …①126,
　①416, ①417, ①420,
　①608, ②4, ②86,
　②197, ②203,
　②211, ②214, ②215,

②220, ②230, ②231
伊藤 眞 …②112, ②185
伊藤 まさあき ……①387
伊藤 正昭 …
　①678, ①789
伊藤 まさこ …①42,
　①66, ①909
伊藤 仁 ……①181
伊藤 昌輝 ……①672
伊藤 正利 ……②575
伊藤 雅春 ……②160
伊藤 雅仁 …
　②548, ②550
伊藤 雅実 ……②514
伊藤 雅博 ……②521
伊東 昌美 ……②508
伊藤 雅巳 ……①449
伊藤 正道 ……①341
伊藤 雅光 ……①625
伊藤 まさ代 ……①971
伊藤 美緒 ……①470
伊藤 まみ ……②347
伊藤 マモル ……①216
伊藤 守 ……①85,
　①101, ①98, ②100
伊藤 真由美 …
　①396, ①402
伊藤 茉莉子 ……②618
伊東 美緒 ……①270
伊藤 美佳 ……①14
伊藤 美加 ……①690
伊藤 美佳子 ……①12
いとう みき …
伊藤 美樹 ……②603
いとう みく …①336,
　①346, ①347,
　①352, ①357
伊藤 瑞彦 ……①1118
伊藤 充子 ……①364
伊藤 通子 …
　①538, ①721
いとう みちろう …
　①403
いとう みつる …①410,
　①414, ①434, ①440
伊藤 美登里 ……②94
伊東 稔 ……①151
伊藤 美代子 ……②696
伊藤 睦 ……①574
伊藤 元重 ……②242
伊藤 元信 ……②715
伊東 泰生 ……①524
伊東 泰雄 ……①475
伊藤 康子 ……①966
伊藤 泰人 ……②281
伊藤 恭彦 ……②403
伊藤 裕久 ……②425
伊藤 彌彦 ……②574
伊藤 裕一 ……②550
伊東 悠香 ……①1160
伊東 祐朔 ……①896
伊藤 勇司 …①6, ①19
伊藤 裕二 ……②513
伊藤 雄三 ……②657
いとう 由貴 ……①1307
伊藤 由希子 ……①948
伊藤 由紀子 ……②467
伊藤 穣 ……②439
伊藤 豊 …①145,
　①151, ①454
伊藤 裕 …①148, ①181
伊藤 由美 …
　①682, ②364
伊藤 羊一 ……②348
伊藤 洋司 ……①795
伊藤 嘉明 ……②282

伊藤 義彰 ……②731
伊藤 由暁 ……②528
伊東 美和 ……①793
伊藤 淑子 ……①497
伊藤 善資 ……①557
伊藤 良高 …①12,
　①750, ①758
伊藤 好則 …
　②574, ②614
伊藤 喜彦 ……②601
伊藤 嘉博 ……②318
伊藤 理佐 …
　①857, ①940
伊藤 龍三 ……①267
伊藤 亮吉 ……②225
伊藤 良子 ……①497
伊藤 亮太 ……②485
伊藤 るり ……②98
伊藤 玲子 ……①57
伊藤塾 …②197, ②230,
　②233, ②235, ②237
到津 守男 ……②291
「伊藤進先生傘寿記念
　論文集」編集委員
　会 ……②222
いとう総研 ……②47
いとう総研資格取得
　支援センター
医道の日本社編集部
　……②781
糸川 昌成 ……②742
糸崎 公朗 ……①287
石徹白 未亜 ……②343
井戸田 総一郎 …
　①456, ①669
糸田 昌隆 ……②758
糸長 浩司 ……①825,
　②159, ②615
糸谷 龍彦 ……②211
糸津 一芳 ……①653
糸継 崇昭 ……②171
糸富 駿 ……②553
絲山 秋子 ……①986
糸山 智栄 …①688,
　①690, ②646
糸山 浩司 ……②666
イートン, ジェイソ
　ン・カーター ……②314
イートン, スコット
　……②855
伊奈 正人 ……②99
稲井 達也 …
　①715, ①716
稲泉 連 ……②4
稲岡 亜里子 ……②84
稲中 明 ……②676
稲賀 敬二 ……①888
稲賀 繁美 ……①588
井中 だちま ……①1161
稲子 えみ子 …
　①62, ①940
稲垣 克彦 ……②516
稲垣 恭子 …①703,
　①705, ①738,
　①755, ②95
稲垣 謙治 ……①866
稲垣 行一郎 ……①27
稲垣 幸司 ……②756
稲垣 諭 ……①457
稲垣 俊介 ……①718
稲垣 瑞雄 ……①520
稲垣 忠 ……①718
稲垣 足穂 …
　①888, ①986
稲垣 俊勝 ……②404
稲垣 俊彦 ……②21
稲垣 具志 ……②605
稲垣 直樹 ……①670
稲垣 暢也 ……②714

稲垣 春彦 ……①940
稲垣 栄洋 …②20,
　②688, ②689
稲垣 浩之 ……②420
稲垣 裕行 ……②325
稲垣 麻由美 ……②701
稲垣 みどり …
　①708, ②274
稲垣 美晴 ……①842
稲垣 由華 ……①655
稲垣 良典 …
　①524, ②92
稲川 淳二 ……①145
稲川 竜生 ……①24
稲川 右樹 ……①667
稲木 昭子 ……①662
稲木 ジョージ ……①99
稲熊 由夏 …①66, ①67
稲沢 公一 ……②49
稲澤 努 ……②113
稲津 秀樹 ……②99
稲瀬 正彦 ……②727
稲田 久美 ……①1358
稲田 行祐 ……②386
稲田 耕平 ……②281
稲田 茂 ……①878
稲田 十一 ……②250
稲田 多佳子 …
　①56, ①66
稲田 龍樹 ……①190
稲田 俊也 ……②744
稲田 尚子 ……①487
稲田 一 …①639, ①735
稲田 将人 ……①986
稲田 陽子 ……②701
稲田 義智 ……②745
稲谷 龍彦 ……②211
稲継 裕昭 ……②171
稲葉 晃子 ……①150
稲葉 和夫 ……②258
稲葉 一人 ……②217
稲葉 一浩 ……②549
稲葉 克彦 …
　②430, ②435
稲葉 茂勝 …①403,
　①407, ①410, ①412,
　①414, ①417, ①418,
　①419, ①421, ①425,
　①428, ①432
稲葉 振一郎 ……②171
稲葉 澄子 ……②703
稲葉 威雄 ……②316
稲葉 穀 ……②516
稲葉 竹俊 ……②520
稲葉 敏夫 ……②258
稲葉 俊郎 …
　①496, ②700
稲葉 直貴 …
　①274, ②440
稲場 秀明 …
　②646, ②649
稲葉 博一 ……①1031
稲葉 美里 ……②647
稲葉 三男 ……②258
稲葉 稔 …
　①145, ①1031
稲葉 祐之 ……②278
稲葉 陽二 ……②278
稲葉 禄子 ……①575
稲葉 禄子 ……②246
稲葉 幸行 ……②603
稲畑 耕一郎 ……①596
稲畑 汀子 ……①971

イナフミン ……①1399
稲穂 健市 ……①584
稲増 龍夫 ……①804
衣南 かのん ……①1135
稲見 誠一 ……②400
稲見 昌彦 ……②598
いなみ まりお ……①489
井波 律子 ……①465,
　①597, ①918, ①919
いなむら 純子 ……①434
稲村 善二 ……①601
稲村 徹也 ……②276
稲村 暢子 …②537,
　②539, ②544
稲村 広香 ……①1359
稲村 文吾 ……①1353
稲村 山法師 ……①89
稲本 恵子 ……②437
稲本 健二 ……①783
稲本 陽子 ……②717
稲盛 和夫 …①88,
　①411, ①275,
　①281, ②308
稲山 聖修 ……①523
稲山 正弘 ……②622
稲荷 竜 ……①1161
イニエスタ, アンド
　レス ……①231
亥 ……①1161
乾 彰夫 ……②95
いぬい あきと ……①324
戌井 昭人 ……①986
乾 昭文 ……②678
乾 英治郎 ……①913
乾 くるみ …
　①1067, ①1076
乾 賢一 ……②771
乾 達 ……①938
乾 隆政 ……①1334
犬井 正 ……②573
乾 徳夫 ……②668
乾 一雅 ……②581
乾 善彦 ……①895
乾 律子 ……①938
乾 ルカ …
　①1076, ①1118
乾 緑郎 …
　①986, ①1025,
　①1076, ①1118
乾石 智子 ……①1076
犬養 廉 ……①888
犬飼 順子 ……②755
犬飼 潤治 ……②671
犬飼 隆 …①543, ②111
犬飼 ターボ …
　②342, ②345
犬飼 つな ……①56
犬飼 知徳 ……②335
犬飼 のの …
　①1307, ①1308
犬養 ヒロ ……①174
犬飼 由美恵 ……①307
犬飼 六岐 ……①1031
犬崎 梢 ……①980
戌島 百花 ……①1161
いぬじゅん ……①1161
犬束 敦史 ……②512
犬童 清和 ……①730
犬塚 惇平 ……①1161
犬塚 典子 ……②137
犬塚 正智 ……②439
犬童 寛子 ……②755
犬野 アーサー ……①1398
犬伏 由子 ……②225
犬魔人 ……①1161
犬丸 淳 ……②271
犬村 小六 ……①1162
犬社 護 ……①1162
犬山 紙子 …②8, ①118

犬山 康子 …
　①166, ①177
いぬんこ …
　①337, ①348
イネス, マイケル
　……①1343
井野 修二 ……①536
猪野 積 ……①152
イノウ ……②709
稲生 隆浩 ……②193
伊能 裕晃 ……①635
井上 愛朗 ……②196
井上 明生 ……②752
井上 亜樹子 ……①1134
井上 彰 ……②170
井上 篤夫 …
　①351, ①936
井上 綾 ……①937
井上 綾乃 ……②17
井上 荒野 ……①940,
　①979, ①986
井上 一郎 ……②712
井上 逸兵 ……①630
井上 ウィマラ ……①510
井上 絵里 …
　①1373, ①1386
井上 絵里奈 ……①1334
井上 治 ……①271
井上 修 ……②406
井上 香緒里 …②352,
　②537, ②538,
　②539, ②545
井上 馨 ……②226
井上 一雄 ……①186
井上 和子 ……①117
井上 和彦 …②585,
　②738, ②741
井上 和久 ……②723
井野上 一寿 ……②687
井上 一雅 ……②581
井上 和也 ……②604
井上 勝夫 ……②745
井上 克人 ……②559
井上 香都羅 ……②539
井上 かなえ ……①57
井上 暉堂 ……①458
井上 久彌 …②322,
　②323, ②324
井上 淳 …②220, ②739
井上 清 ……②695
井上 清司 ……②440
井上 清成 ……②699
井上 欣三 ……②326
井上 国博 …②618,
　②637, ②641, ②642
井上 久美子 ……②778
井上 敬一 ……①115
井上 圭子 …
　①1373, ①1393
井上 憲一 ……①452
井上 研一 ……②525
井上 健語 …
　②537, ②544
井上 堅二 ……①1136
井上 賢治 ……①183
井上 健哉 ……②332
いのうえ こーいち
　…②430, ②431
井上 功 ……②297
井上 浩 ……②173
井上 恒 ……②728
井上 剛 …①173, ①806
井上 浩一 ……②777
井上 耕一 ……②733
井上 孝司 ……②166
井上 好文 ……①37
井上 こみち ……②456

いのうえ さきこ ‥‥②363
井上 さく子 ‥‥①694
井上 里 ‥‥①233, ①371, ①373, ①377
井上 聡 ‥‥①385
井上 悟 ‥‥②714
井上 紗和子 ‥②708
井上 ジェイ ‥①807
井上 滋樹 ‥‥②346
井上 繁規 ‥‥②217
井上 重義 ‥‥②75
井上 繁 ②447, ②455
井上 順一朗 ‥②736
井上 章一 ‥‥①224, ①447, ②23, ②106
井上 象英 ‥‥①134
井上 祥史 ‥‥②595
井上 譲二 ‥‥②238
井上 真 ‥①593, ②627
井上 信也 ‥‥②682
井上 誠一郎 ‥②521
井上 大輔 ‥‥②521
井上 太一 ‥‥①35, ②576, ②692
いのうえ たかお ‥‥①342
いのうえ たかこ ‥‥①350
井上 たか子 ‥②113
井上 誠 ‥‥‥②769
井上 隆史 ‥‥①913, ①916
井上 岳久 ‥‥②340
井上 貴裕 ‥‥②709, ②716
井上 孝代 ‥‥①497
井上 卓也 ‥‥①1076
井上 岳一 ‥‥②284
井上 大成 ‥‥①404
井上 岳則 ‥‥①1026
井上 武美 ‥‥②604
井上 達夫 ‥‥②104, ②199, ②223
井上 達雄 ‥‥①872
井上 辰雄 ‥‥①633
井上 竜夫 ‥‥②603
井上 達 ‥‥‥②297
井上 登太 ‥‥②716
井上 徹 ‥‥‥②648
井上 透 ‥‥‥②219
井上 寿一 ‥‥①580
井上 俊彦 ‥‥②722
井上 知明 ‥‥①533
井上 智重 ‥‥①974
井上 智洋 ‥‥②523, ②524
井上 直樹 ‥‥②162
井上 尚登 ‥‥①1076
井上 直久 ‥‥①846
井上 尚美 ‥‥②751
井上 尚之 ‥‥②415
井上 なおあ ‥①864
井上 信孝 ‥‥①160
井上 のぼる ‥‥②499, ②502
井上 肇 ‥‥‥②712
井上 ハルヲ ‥①1308
井上 明美 ‥‥①690, ①692, ①696
井上 久男 ‥‥②442
井上 ひさし ‥①784, ①909, ①937
井上 寿美 ‥‥②51
井上 英大 ‥‥②47
井上 秀一 ‥‥①512
井上 廣和 ‥‥②430
井上 浩輝 ‥‥①260

井上 弘貴 ‥‥②108
井上 大剛 ‥‥
井上 博雅 ‥①134, ②438
井上 弘美 ‥‥②713
井上 弘美 ‥‥①540
井上 廣美 ‥‥①608
井上 博之 ‥‥②533, ②534
井上 裕之 ‥‥①92, ②354
井上 浩義 ‥‥①163
井上 史雄 ‥‥①623
井上 冬彦 ‥‥①308
井上 舞 ‥①376, ②616
井上 麻衣 ‥‥②310
井上 真偽 ‥‥①1162
井上 牧子 ‥‥②59
井上 誠 ‥‥‥②755
井ノ上 正男 ‥②322
井上 正和 ‥‥②527
井上 正隆 ‥‥②763
井上 正信 ‥‥①8
井上 政典 ‥‥①505
井上 雅彦 ‥‥①986, ①1118, ②316, ②319
井上 雅人 ‥‥①31, ①876
井上 正仁 ‥‥②215
井上 雅文 ‥‥②619
井上 正三 ‥‥①839
井上 正之 ‥‥②226
井上 優 ‥‥‥①783
井上 學 ‥‥‥②46
井上 摩耶 ‥‥①963
井上 眞弓 ‥‥①896
井上 美貴 ‥‥②735
井上 美珠 ‥‥①1162, ①1398
井上 満郎 ‥‥①195
井上 碧 ‥‥‥①1387
井上 ミノル ‥①857
井上 泰至 ‥‥①553, ①906
井上 泰浩 ‥‥①639
いのうえ ゆう ‥①326
井上 優 ‥‥‥①963
井上 悠宇 ‥‥①1162
井上 有一 ‥‥①871
井上 祐一 ‥‥②614
井上 裕一郎 ‥②293
井上 雄介 ‥‥②302
井上 愉可里 ‥‥①418, ②551
井上 由季子 ‥②70
井上 由紀子 ‥①782
井上 幸孝 ‥‥②576
井上 由美 ‥‥②364
井上 由美子 ‥‥①979, ②421
井上 裕美子 ‥‥①54, ①56
井ノ上 陽一 ‥‥②319, ②492
井上 よう子 ‥①356
井上 葉子 ‥‥②783
井上 洋士 ‥‥②52
井上 洋治 ‥‥①526
井上 洋介 ‥‥①329, ①340, ①839
井上 幸次 ‥‥②760
井上 義教 ‥‥②384
井上 義治 ‥‥②47
井上 嘉仁 ‥‥②223
井上 善博 ‥‥②160
井上 善文 ‥‥②750, ②777
井上 賀元 ‥‥②720
井上 芳保 ‥‥②706

井上 善行 ‥‥②75
井上 義朗 ‥‥②267
井上 理津子 ‥②4
井上 龍司 ‥‥②347
井上 亮 ‥‥‥①575
井上 涼 ‥‥‥①866
井上 林子 ‥‥①349, ①363
井上 弥 ‥‥‥①709
井内 敏夫 ‥‥①610
猪浦 道夫 ‥‥①637
猪岡 達夫 ‥‥②619
猪川 なと ‥‥①396
井ノ川 博行 ‥①492
井口 克郎 ‥‥②47
井口 耕二 ‥‥②300, ②304, ②368, ②391
井ノ口 順一 ‥①660
猪谷 孝 ‥①451, ②109
井ノ口 弘昭 ‥②653
猪熊 兼樹 ‥‥②531
猪熊 弘子 ‥‥①694
猪熊 雄治 ‥‥①902
猪鹿庁 ‥‥‥①234
井下 千比子 ‥①677
猪塚 元 ‥‥‥①672
井野瀬 久美惠 ‥①604
猪股 直樹 ‥‥①564, ①568, ②143, ②170, ②369
猪ノ瀬 広和 ‥②328
猪瀬 優理 ‥‥①507, ②115
命を守る水害読本編集委員会 ‥②40
いのちのことば社出版部 ‥‥①523
井の中の井守 ‥①1399
猪股 健太郎 ‥②552
猪股 浩一郎 ‥②593
猪股 佐登留 ‥②99
猪又 孝元 ‥‥②740
猪俣 武範 ‥‥②344
いのまた のりこ ‥‥①1336
猪俣 美江子 ‥①1352
猪俣 友紀 ‥‥①80
猪股 良樹 ‥‥①575
猪股 涼子 ‥‥①1331
伊波 和正 ‥‥①625
伊波 義安 ‥‥①168
伊庭 潔 ‥‥‥②393
伊波 達也 ‥‥①410
伊庭 保 ‥‥‥②305
伊庭 治彦 ‥‥②451
伊庭 斉志 ‥‥②523
伊庭 正康 ‥‥②347, ②348, ②351, ②359
維羽 裕沙 ‥‥①1162
井端 和男 ‥‥②319
井林 たつのり ‥②158
井原 慶一郎 ‥①792
井原 今朝男 ‥①515
伊原 柊人 ‥‥①1162
伊原 健人 ‥‥②407
井原 千恵 ‥‥①193
井原 奈津子 ‥①875
井原 裕 ‥①170, ②742
井原 道也 ‥‥①1118
井原 勇 ‥‥‥①579
井原 猛嘉 ‥‥②213
井原 祐子 ‥‥①742
井原 裕子 ‥‥①66
井原 縁 ‥‥‥②614
伊原 力也 ‥‥②547
井原 亮 ‥‥‥①407
伊原 亮司 ‥‥②306
茨木 和生 ‥‥①904

茨木 創一 ‥‥②601
伊原木 聰一郎 ‥②757
茨木 竹二 ‥‥①477
茨木 保 ‥①410, ①849, ②728
茨木 のり子 ‥①49
茨城県近代美術館 ‥‥①837
茨城県弁護士会 ‥‥②224
茨城県北芸術祭実行委員会 ‥‥①825
茨城昆虫同好会 ‥‥②694
茨城城郭研究会 ‥‥①537, ②610
茨城新聞社 ‥‥①618, ②22
茨城生物の会 ‥②694
揖斐 高 ‥‥‥①899
伊比 輝治 ‥‥①258
井深 光子 ‥‥②719
いぶき けい ‥②648
伊吹 契 ‥‥‥①1162
伊吹 雅也 ‥‥①244
伊吹 有喜 ‥‥①986
指宿 信 ‥②211, ②214
イブンタイミーヤ ‥‥②169
井部 俊子 ‥‥②763, ②764
伊部 泰弘 ‥‥②338
イベンターノート ‥‥①767, ①798
医方集解研究会 ‥‥②725
井堀 利宏 ‥‥②257, ②260
菴 連也 ‥‥‥①343
今井 晶子 ‥‥①875
今井 照 ‥‥‥②156
今井 敦 ‥‥‥①935
今井 絵美子 ‥‥①986, ①1031
今井 修 ‥‥‥①617
今井 一彰 ‥‥①410
今井 一雅 ‥‥②595
今井 克己 ‥‥②778
今井 恭子 ‥‥①347, ①348
今井 激 ‥‥‥②395
今井 清光 ‥‥①724
今井 慶一郎 ‥②408
今井 桂子 ‥‥②653
今井 宏平 ‥‥①593, ②170
今井 小の実 ‥②63
今井 茶環 ‥‥①1308
今井 重孝 ‥‥①752
今井 しのぶ ‥①252
今井 志乃ぶ ‥②538
今井 駿 ‥‥‥①198
今井 二朗 ‥‥①504
今井 恵子 ‥‥①878
今井 信吾 ‥‥①929
今井 伸二郎 ‥②773
今井 進 ‥‥‥①87
今井 澄子 ‥‥①829
今井 聖 ‥‥‥①904
今井 孝 ‥‥‥②345
今井 崇雅 ‥‥②512
今井 勇 ‥‥‥①579
今井 猛嘉 ‥‥②213
今井 知加 ‥‥①2
今井 千尋 ‥‥②367
今井 翔 ‥‥‥①127
今井 敏裕 ‥‥②563
今井 豊彦 ‥‥②53
今井 のり子 ‥①76

今井 寿 ‥①67, ①69
今井 秀和 ‥‥①562
今井 秀樹 ‥‥②766
今井 博 ‥‥‥②658
今井 宏昌 ‥‥②164
今井 文世 ‥‥①961
今井 慎 ‥‥‥①466
今井 真士 ‥‥②169
今井 雅子 ‥①7, ①986
今井 勝信 ‥‥②554
今井 雅晴 ‥‥①507, ①520
今井 昌代 ‥‥①327
今井 真理 ‥‥①739
今井 道夫 ‥‥①467, ②706
今井 むつみ ‥①11
今井 康博 ‥‥①678
今井 雄一郎 ‥②575
今井 雄太 ‥‥②527
今井 由美子 ‥②734
今井 洋子 ‥①70, ①72
今井 慶宗 ‥‥②53, ②56, ②64, ②66
今井 亮 ‥②49, ①56
今井 良 ‥②39, ②154
今井 亮一 ‥‥①848, ①856
今池 健 ‥‥‥②591
今泉 明美 ‥‥①697
今泉 敦子 ‥‥①1348
今泉 喜一 ‥‥①631
今泉 久美 ‥②49, ①55
今泉 定助 ‥‥①615
今泉 慎一 ‥‥①555
今泉 太爾 ‥‥②440
今泉 隆雄 ‥‥①542
今泉 忠明 ‥‥①264, ①265, ①304, ①308, ①403, ①404, ①405, ①406, ①408, ①414, ②690, ②691
今泉 忠淳 ‥‥①256
今泉 忠芳 ‥‥②683
今泉 智樹 ‥‥①489
今泉 吉晴 ‥‥②575
今泉 マユ子 ‥‥①53, ②583
今泉 みね子 ‥‥②690, ②692
今泉 宜子 ‥‥②150
今泉 宜親 ‥‥②389, ②534
今枝 由郎 ‥‥①512
今重 重孝 ‥‥①15
今尾 恵介 ‥①185, ①617, ②432, ②434
今尾 文昭 ‥‥①614
今城 純 ‥‥‥②733
今川 香代子 ‥①920
今川 秀樹 ‥‥①244
今木 加代子 ‥①110
今泉 純 ‥‥‥①776
今里 健一郎 ‥①279
今里 健二郎 ‥②629
今里 哲久 ‥‥①872
今沢 真 ‥‥‥②305
今慈 ムジナ ‥①1162
今宿 麻美 ‥‥①10
今城 けい ‥‥①1308
今城 哲二 ‥‥②589
今津 貴美 ‥‥①161, ①162

今津 孝次郎 ‥‥①700, ①705
今津 美樹 ‥‥②293
今津 有梨 ‥‥①453
今津 嘉宏 ‥‥①152
今津屋 直子 ‥①434
今関 敏子 ‥‥①900
イマセン ‥‥①354
今田 純雄 ‥‥②773
今田 東 ‥‥‥①986
今田 美奈子 ‥‥①70, ②120
今田 洋輔 ‥‥①67
今谷 鉄柱 ‥‥①486
今任 稔彦 ‥‥②669, ②670
今富 節子 ‥‥①972
今仲 清 ‥‥‥②302, ②329, ②401
今中 博章 ‥‥①681
今中 美栄 ‥‥②777
今西 敦司 ‥‥②413
今西 幸蔵 ‥‥①680
今西 淳子 ‥‥②129
今西 乃子 ‥‥①390
今西 乃子 ‥‥①384
今西 春彦 ‥‥②763, ②783
今西 浩之 ‥‥②323
今西 祐一郎 ‥①897
今西 芳一 ‥‥②429
今野 勉 ‥‥‥①917
今橋 理子 ‥‥①831
今林 修 ‥‥‥①653
今福 龍太 ‥①447, ①448, ①456, ①986, ②114
今政 肇 ‥‥‥②108
今道 友信 ‥‥①926, ②92
今道 幸夫 ‥‥②305
イマーム ‥‥①1162
今村 欣史 ‥‥①903
今村 啓爾 ‥‥②540
今村 佐智子 ‥②722
今村 翔吾 ‥‥①1031
今村 神針 ‥‥①173
今村 楯夫 ‥‥①199
今村 敏明 ‥‥①191
今村 知明 ‥‥①181
今村 智之 ‥‥②758
今村 夏子 ‥‥①986
今村 伸哉 ‥‥①165
今村 昌弘 ‥‥①1076
今村 幹雄 ‥‥①157
今村 泰也 ‥‥①621
今村 ゆうこ ‥②537
今村 幸憲 ‥‥②758
今村 洋一 ‥‥①574
今村 遼平 ‥‥①597
今本 忠彦 ‥‥①493
今度 珠美 ‥‥①718
イム ギュソク ‥①327
今村 克也 ‥‥②541, ②542, ②546
今村 君江 ‥‥①922
今村 久美子 ‥①235
今村 圭壮 ‥‥①689, ②56
今村 佐都美 ‥②324
今村 丈夫 ‥‥②75
居村 岳広 ‥‥②592
今村 彰 ‥‥‥②324
井村 誠孝 ‥‥②548
井村 靖子 ‥‥②93
井村屋 ‥‥‥①49
イメトモ ‥‥①857

著者名索引

著者名索引

伊本 貴士 ……②298
井元 剛 ……②525
井元 秀剛 ……①670
井本 寛子 ……①766
いもとようこ ……①309,
　①328, ①330, ①331,
　①334, ①335
いもの子30周年記念
　出版編集委員会
　……①51
医薬基盤健康栄養研
　究所 ……②726
医薬業界研究会
　……②707
医薬ジャーナル社編
　集部 ……②772
医薬情報研究所
　……②772
井山 裕太 ……①246
伊豫 雅臣 ……②746
伊予おさんぽ倶楽部
　……①196
伊能 美和子 ……①123
いよのいし ……①139
伊与原 新 ……①1118
伊豫願 紀子 ……①7
入江 敦彦 ……①1076
入江 泉 ……①655, ①659
入江 一子 ……①837
入江 公康 ……②96
入江 浩司 ……①673
入江 さやか ……①624
入江 俊輔 ……①399
入江 進 ……①580
入江 たまよ ……①671
入江 珠代 ……①814
入江 直之 ……②427
入江 信子 ……①371
入江 久絵 ……
　①114, ①420
入江 真佐子 ……①376
入江 正之 ……②608
入江 祥史 ……
　①174, ②721
入江 吉正 ……②704
入江 礼子 ……①690
入口 敦志 ……①898
入口 真夕子 ……②744
入澤 宣幸 ……
　①426, ①534
入澤 充 ……①753, ②224
入沢 康夫 ……①891
入谷 淳 ……②324
入野 和生 ……②304
入不二 基義 ……①447
入村 達郎 ……②732
煎本 増夫 ……②149
いりやま さとし
　……①338, ①430
入山 さとし ……①323
医療基本法会議
　……②706
医療教育部会薬業分
　科会教材研究委員
　会 ……②771
医療経営情報研究所
　……②709
医療経済研究社保
　険福祉協会 ……②38
医療事務総合研究会
　……②708
医療情報科学研究所
　……②77,
　②78, ②752, ②764,
　②779, ②783, ②783
医療大麻を考える会
　……②701
医療的ケアネット

……②49
医療秘書教育全国協
　議会 ……②707,
　②709, ②710, ②711,
　②712, ②778
医療秘書教育全国協
　議会医事コン
　ピュータ技能検定
　試験委員会 ……②778
医療秘書教育全国協
　議会試験委員会
　……②779
医療ビッグデータコ
　ンソーシアム
　……②519
医療評価ガイド編集
　部 ……①155
イルコ ……①252
イルゴイエンヌ, マ
　リー＝フランス
　……②108
イルスト, イルダ
　……①1327
入間 カイ ……②747
入間 眞 ……
　①1359, ①1364
入間 人間 ……①1162
伊禮 規与美 ……②524
伊礼 智 ……②607, ②620
色川 大吉
　……①198, ①933
色川 武大
　……①940, ①986
イロドリミドリ新聞
　部 ……①280
色のチカラ研究会
　……①876
色部 恭子 ……②67
岩 央泰 ……①67
岩井 昭 ……①928
岩井 映子 ……①872
岩井 和由 ……②198
岩井 恭平 ……①349
岩井 喜代仁 ……①497
岩井 久美子 ……
　②219, ②220
岩井 志麻子 ……
　①1076, ①1118
岩井 秀一郎 ……①580
岩井 俊 ……②216
岩井 俊二 ……①361,
　①365, ①987, ①1132
岩井 俊雄 ……①332
岩井 俊憲 ……①13,
　①85, ①478, ②764
岩井 奉信 ……②144
岩井 智子 ……②585
岩井 伸晃 ……②205
岩井 博樹 ……②533
岩井 洋 ……①679
岩井 宏實 ……
　②113, ②117
岩井 光子 ……①384
岩井 三四二 ……
　①1026, ①1032
岩井 雄一 ……①684
岩井 雪乃 ……②693
岩井 嘉男 ……②592
祝前 博明 ……②685
祝田法律事務所
　……②327
岩尾 エマはるか
　……②556
岩岡 中正 ……②41
岩岡 秀明 ……②716
岩壁 茂 ……①495
岩壁 義光

岩上 敬人 ……①524
岩上 直樹 ……①820
岩上 真珠 ……①107
岩城 一郎 ……②606
岩木 一麻 ……①1076
岩城 佳津美 ……①23
岩城 けい ……①987
岩城 賢 ……①88
岩城 宏之 ……①815
岩城 眞佐子 ……①691
岩城 みずほ ……①389
岩切 沙樹 ……①598
岩切 正一郎 ……
　①784, ①967
岩切 大地 ……①199
いわきり なおと
　……①831
岩隈 久志 ……①223
岩倉 幹良 ……②228
岩合 光昭 ……①257,
　①263, ①265, ②692
岩佐 壯四郎 ……①903
岩佐 孝人 ……①42
岩佐 毅 ……②312
岩佐 美代子 ……①893
岩佐 靖夫 ……①636
いわさ ゆうこ ……①336
巌佐 庸 ……②685, ②695
岩佐 義樹 ……①634
岩坂 彰 ……①488
イワサキ, フェルナ
　ンド ……①1328
イワサキ アキラ
　……②539
岩崎 亜矢 ……②616
岩崎 育夫 ……①594
岩崎 功 ……②314
岩崎 う大 ……②342
岩崎 和子 ……①437
岩崎 和巳 ……②446
岩崎 邦彦 ……②447
岩崎 圭 ……②549
岩崎 啓子 ……①49,
　①53, ①54,
　①63, ①66
岩崎 鋼 ……②741
岩崎 沙織 ……②29
岩崎 覚史 ……②291
岩崎 周一 ……②602
岩崎 淑 ……①815
岩崎 順治 ……②704
岩崎 真治 ……②379
岩崎 晋也 ……
　②338, ②366
岩崎 宗治 ……①975
岩崎 堯子 ……①969
岩崎 尊史 ……②515
岩崎 拓哉 ……①253
岩崎 健久 ……
　②320, ②322
岩崎 剛幸 ……②428
岩崎 忠 ……②155
岩崎 達也 ……②11
いわさき ちひろ
　……①576
岩崎 力 ……①1339
岩崎 哲也 ……①812
岩崎 テル子 ……②733
岩崎 徹 ……①782
岩崎 敏夫 ……①586
岩崎 と志子 ……①10
岩崎 友太郎 ……①238
岩崎 夏海 ……①318
岩崎 倫政 ……
　②750, ②751
岩崎 久志 ……②460
岩崎 日出俊 ……②344
岩崎 博孝 ……②507

岩崎 房子 ……②47
岩崎 昌洋 ……①871
岩崎 正洋 ……②144
岩崎 正芳 ……①701
岩崎 学 ……②661
岩崎 瑞枝 ……②735
岩崎 稔 ……①473, ①602
岩崎 慕了 ……②299
岩崎 保則 ……①941
岩崎 雄司 ……②288
岩崎 由美 ……②34
岩崎 洋 ……②725
岩貞 吉寛 ……②714
岩貞 るみこ ……
　①379, ①384
岩沢 藍 ……①1163
岩澤 ありあ ……②624
岩澤 伸治 ……②670
岩沢 宏和 ……
　①274, ②650
岩沢 雄司 ……②218
岩邊 善尚 ……②595
岩重 多四郎 ……①287
岩重 佳治 ……②58, ②60
岩下 明裕 ……②161
岩下 明日香 ……②86
岩下 慶一 ……
　②135, ②376
岩下 孝 ……②673
岩下 忠吾 ……②186,
　②328, ②412
岩下 哲典 ……①561,
　①563, ①567, ①590
岩下 直行 ……②380
岩下 宣子 ……①16,
　②117, ②365
岩下 尚史 ……①88
岩下 弘一 ……②657
岩下 廣美 ……②317
岩下 基 ……②596
岩下 悠子 ……①1076
岩島 忠彦 ……①524
いわじょう よしひと
　……①310
岩尻 誠 ……①747
岩瀬 彰 ……①574
岩瀬 明 ……②762
いわせ あさこ ……①74
岩瀬 敦智 ……②486
いわせ かずみ ……①987
岩瀬 恭子 ……①419
岩瀬 幸代 ……
　①198, ②707
岩瀬 成子 ……
　①352, ①358
岩瀬 透 ……②557
岩瀬 直樹 ……
　①707, ①708
岩瀬 徳子 ……①1355
岩瀬 昌美 ……②353
岩関 昂道 ……①1163
岩田 昭男 ……②514
岩田 明子 ……②337
岩田 明 ……①176
岩田 一平 ……
　①252, ①289
岩田 一男 ……①663
岩田 和男 ……①906
岩田 和壽 ……②227
岩田 一成 ……②107
岩田 佳代子 ……
　①47, ①234
岩田 健 ……①712
岩田 健太郎 ……②711,
　②733, ②741
岩田 弘三 ……①752
岩田 重則 ……①532
祝田 秀全 ……①591

岩田 純一 ……①696
いわた 慎二郎 ……①343
岩田 貴子 ……②334
岩田 宇史 ……①559
岩田 岳 ……②486
岩田 年浩 ……①676
岩田 洋季 ……①1163
岩田 誠 ……②702, ②730
岩田 正美 ……
　①576, ②78
岩田 松雄 ……
　②347, ②365
岩田 美喜 ……①782
岩田 光央 ……①769
岩田 みみ ……①313
岩田 安雄 ……②539
岩田 靖 ……①741
岩田 やすてる ……①442
岩田 優子 ……①202
岩田 ユキ ……①702
岩田 由美 ……①972
岩田 芳子 ……①894
岩田 悦之 ……②319
岩田 亮 ……②394
岩田 リョウコ ……①47
岩瀧 大樹 ……①481
岩竹 美加子 ……①755
岩田合同法律事務所
　……②207
岩立 志津夫 ……①499
岩舘 野良猫 ……①1163
岩舘 正了 ……①216
岩谷 誠治 ……
　②316, ②405
岩谷 時子 ……①961
岩谷 尚 ……①941
岩谷 宏 ……②651
岩谷 博次 ……②769
岩谷 美苗 ……②689
岩津 航 ……①1329
岩槻 邦男 ……①514
岩月 啓氏 ……②762
岩附 信行 ……②600
岩槻 秀明 ……
　②678, ②689
岩坪 要 ……②604
岩坪 滋 ……②50
岩城 あさこ ……②466
岩手大学情報教育教
　科書編集委員会
　……②518
岩手大学宮澤賢治セ
　ンター ……②916
岩手日報社出版部
　……①188, ①221
岩長 咲耶 ……①1163
岩永 讓 ……②757
岩永 翔伍 ……②603
岩永 忠康 ……②424
岩永 達人 ……②669
岩永 敏彦 ……②727
岩永 利彦 ……②585
岩永 尚介 ……②85
岩永 嘉弘 ……
　②282, ②337
岩中 祥史 ……②22
岩永 明 ……①685, ②39
岩波 好夫 ……
　②586, ②590
岩波 零 ……①1163
岩波書店編集部
　……①756,
　②41, ②202
岩波データサイエン
　ス刊行委員会
　……②646
岩成 政和 ……②430
岩成 祐樹 ……②555

岩野 開人 ……②54
岩野 久美子 ……②54
岩野 卓司 ……
　②454, ①906
岩野 響 ……②54, ②57
岩野 弘明 ……①273
岩野 美代治 ……②148
岩橋 和彦 ……①489
岩橋 崇至 ……①255
岩橋 康子 ……①270
岩鼻 通明 ……①513
岩原 紳作 ……②195
岩原 宏子 ……①672
岩淵 喜代子 ……①972
岩淵 達治 ……①784
岩淵 デボラ ……①650
岩淵 宏子 ……①907
岩渕 円花 ……②894
岩船 晶 ……①1163
岩堀 美雪 ……①125
岩間 一雄 ……②651
岩和 和人 ……②450
岩間 史朗 ……
　①326, ①400
岩間 千 ……②579
岩間 隆寿 ……②488
岩間 龍男 ……①592
いわま てつ ……①341
岩間 伸之 ……②59
岩間 信之 ……
　②40, ②104
岩間 正春 ……②417
岩間 廣 ……②212
岩間 優希 ……②15
岩政 大樹 ……②231
岩松 研吉郎 ……②101
岩松 了 ……①783, ①979
岩見 真吾 ……②656
石見 泰介 ……②295
石見 徹 ……②259
岩見 良太郎 ……②143
石見銀山資料館 ……②91
岩見沢市立南小学校
　……①726
岩宮 眞一郎 ……②592
いわむら かずお
　……①324
岩村 暢子 ……①35
岩村 水樹 ……②464
岩室 史英 ……②674
岩本 亜希子 ……①140
岩本 充史 ……②466
岩元 綾 ……②49
岩本 勲 ……②173
岩本 薫 ……①189,
　①1163, ①1308
岩元 健一 ……①390
岩本 晃一 ……②302
岩本 浩一 ……
　①47, ②281
岩元 茂之 ……①929
岩元 俊一 ……②671
岩本 一 ……①737
岩本 章吾 ……②203
岩本 ゼロゴ ……①1157
いわもと たかこ ……②34
岩本 高周 ……①586
岩本 武範 ……②361
岩本 千晴 ……②262
岩本 宙造 ……②657
岩本 勉 ……①223
岩本 俊幸 ……②336
岩本 俊郎 ……
　①704, ①737
岩本 正明 ……②255
岩本 正恵 ……①1328
岩本 将直 ……①987
岩本 麻奈 ……

①101, ①118
岩本 宗春 ……①182
岩本 安彦 ……②716
岩本 佳浩 ……①1138
岩本 隆二 ……①543
岩谷 秋美 ……②607
いわや きくこ …①406
岩谷 貴久子 ……①250
巌谷 國士 …①379, ①830, ①890
イン, ミンシェン ……②553
尹 海東 ……①570
尹 智鉉 ……①622
因 利恵 ②50, ②76
殷 文怡 ……①664
尹 文九 ……①259
尹 雄大 …①10, ①457
インガーソル, カレン・S. ……①490
イングベン, ロバート ……①313
イングランド, ノーマン ……①793
インクルーシブ教育データバンク ……①719
『インクルーシブ教育の未来研究会』……①685
インゲルス, ビャルケ ……②262
インコグラボ …②278
インゴルド, ティム ……①116
インサイトイメージ ……②545
インサイトエディションズ ……①438, ①794
印刷加工テクニックブック編集部 ……①876
印刷庁 ……②226
インストール, デボラ ……①1328
インソース ……②378
インターネットユーザー協会 ……①412
インタービジョン21 ……②391
インターフェース編集部 ……①262
インターブランドジャパン ……②294
いんちき番長 ……①285, ②29
インテリアコーディネーター試験研究会 ……②641
「インテリアプランニングベストセレクション2016」出版委員会 ……②616
印東 道子 ……①610
インドリダソン, アーナルデュル ……①1343
印南 敦史 …①485, ②3
印南 一路 ……②285
印南 洋 ……①734
インフェリーゼ, マリオ ……①600
インフォテリア ……②527
インフォビジュアル研究所 ……②378, ②694

インプレス書籍編集部 ……②28
インプレス総合研究所 ……②17, ②273, ②515
インモネン, スチュアート ……①855
胃X線検診の読影基準に関する研究会 ……②733

う

ウー ウェン ……①51
于 佳佳 ……②706
ヴァイキング, マイク ……①101
ヴァインホルト, カール ……①668
ヴァグネル, シャルル ……①473
ヴァーケヴカー ……①492
ヴァザーリ, ジョルジョ ……①829
ヴァーデイ, ジェイミー ……①229
ヴァヘンハイム, 3世, エドガー ……①395
ヴァールー, ペール ……①1342
ヴァルキエ, ソフィー ……①31
ヴァルツィコス, ヤニス …①43, ①47
ヴァルディヴィエソ, マリア ……②299
ヴァレリー, ポール ……①474
ヴァレンタイン, ジェニー ……①377
ヴァレンティーノ, セレナ ……①378
ヴァン・ウァーグネン, マーヤ ……①960
ヴァン・ヴォークト, A.E. ……①1360
ヴァン・ヴリース ウィジク, M. …①493
ヴァン・クリーヴ, キャサリン …①378
ヴァンス, ウィリアム・A. ……②359
ヴァンス, ジャック ……①1360
ヴァンス, J.D. …②91
ヴァンダーカム, ローラ ……②341
ヴァン・デア・ゼー, カレン ……①1378
ヴァンナー, G. …②659
ヴァンパテン, ビル ……①663
ヴァン・ワイク, ハンリ ……①878
宇井 圭子 ……①1391
宇井 志緒利 ……②125
宇井 眞紀子 ……①254
ヴィアー, エド …①317
ウィアー, ヘレン ……①304

ヴィヴィ ……①1399
ヴィエトタンウェン ……①1344
ヴィガレロ, ジョルジュ ……②94
ウィーガンド, ウェイン・A. …②5
ヴィクショナリー ……①875, ①876, ②612
ウィークス, マーカス ……②378
ウィークックナビ ……①49
ヴィグネロン, ジョマル ……①526
ウィグリー, マーク ……②93
ウィザードノリリー ……①799
ヴィスコンティ, トニー ……①807
ウィーズナー, マサミ・コバヤシ ……①622
ヴィータネン, カイサ ……①218
ヴィターリ, ジョー ……①95
ヴィダル, アレクサンダー ……①406
ウィタル, イヴォンヌ …①1366, ①1378, ①1389
ヴィターレ, ジョー ……①387
ウィッカム, ハドリー ……②556
ウィック, ウォルター …①303, ①316
ウィックラマシンゲ, チャンドラ …②675
ウィッタ, ゲイリー ……①1359
ウィットウェル, マーク ……①162
ウィットマン, ロバート・K. …①933
ウィットル, ジャネット ……①862
ウイトル, マックス …①98, ①314
ウィナースキー, ノーマン ……②590
ヴィニャ, ポール ……②376
ウィーバー, ダスティン ……①848
ヴィヒャルト 千佳こ ……①680
ウィベンス, フェボ ……②274
ウィラード, ハンチントン・F. …②720
ウィーラン, イヴォンヌ ……①588
ウィーラン, チャールズ ……②392
ウィリアムズ, オーウェン ……①792
ウィリアムズ, キャシー …①1370, ①1372, ①1374
ウィリアムズ, ジェレミー …②723, ②735
ウィリアムズ, ジョーン・C. …①134
ウィリアムズ, ニア ……①865
ウィリアムズ, ネイ

サン ……②299
ウィリアムズ, ブライアン ……①377
ウィリアムズ, フローレンス ……②649
ウィリアムズ, ポール ……①923
ウィリアムズ, レイチェル ……①407
ウィリアムズ, ロブ ……①553
ウィリアムズ, ロブ ……①851
ウイリアムス 春美 ……①819
ウィリアムソン, オリバー・E. …②256
ウィリアムソン, カレン ……①306
ウィリス, キャシー ……②689
ウィリス, ジャンヌ ……①376
ウィリス, ジョン ……②536
ウィリス, ジーン ……①316
ウィリモン, W.H. ……①524
ウィリンガム, ビル ……①849
ウイリング ……②505
ウィール, アン ……①1374
ウィルコックス, クリスティー …②692
ウィルザー, ジェフ ……①156
ウィルス, クリステル ……①15
ウィルソン, ゲイル ……①1385
ウィルソン, ケヴィン ……①1328
ウィルソン, ジョン・J. …②216
ウィルソン, スカーレット ……①1379
ウィルソン, ビー ……①37
ウィルソン, レイ ……②535
ウィルソン, G.ウィロー …①858, ①1360
ウィルソン 夏子 ・②38
ウィルハイド, エリザベス ……①877
ヴィロルド, アルベルト ……①160
ウィーン, フランシス ……②255
ウイングフィールド, R.D. ……①1344
ウィンストン, サム ……①316
ウィンストン, ロバート ……①399
ウインズビア, ヴァイオレット …①1367, ①1368, ①1369, ①1370, ①1371, ①1389
ウィンスロップ, サイモン ……①490
ヴィンター, エヤル ……①254
ヴィンター, デトレフ・G. ……①1357,

①1358, ①1359
ウインターズ, レベッカ …①1366, ①1368, ①1372, ①1379, ①1387, ①1389
ウィンプラント, ジェイムズ …②756
ウ・ウィジャーナンダー・サヤドー ……①460
ウー・ヴィジャーナンダ僧正 …①511
ウェア, ルース ……①1344
ウェイ, マーガレット …①1326, ①1390
ウェイアント, クリストファー …①313
ウェイド, ゲイリー ……①1341
ウェイド, ダニー ……①1382
ウェイド, ポール ……①217
ウェイド, マイケル ……②289
ヴェイユ, シモーヌ ……①474
ウェイリー, アーサー ……①897
ウェイン, エリザベス ……①1344
ウェインライト, トム ……②264
上尾 真道 …①475, ①495, ②743
上岡 一世 ……①684
上垣 一彦 ……①689, ①697
上垣 康成 ……②455
植上 一希 ……①703
ヴェガラ, イザベル・サンチェス …①390
上川 典子 ……①53
上木 さよ子 ……①1370, ①1385, ①1386
植木 哲也 ……①564
植木 輝一 ……②759
植木 俊裕 …②58, ①62
植木 俊哉 ……②219
植木 雅俊 ……①511
植木 もも子 ……①51
植木 保雄 ……②397
植木 康彦 ……②406
植木 行宣 ……②116
うえき りえ ……①328
植木 理恵 ……①479
植草 一秀 …②243, ②247
植草 桂子 ……②223
ウェグナー, ニーナ …①650, ①651
上倉 エク ……①365
うえくらえり …①357, ①375, ①376
上倉 えり ……①1163
宇江佐 真理 ……①1032
上坂 和美 ……①391
上阪 徹 …①633, ②676, ②69, ②284
上坂すみれの文化部は夜歩く ……②29
植沢 淳一郎 ……②2
上地 優歩 …①364, ①370, ①399, ①477, ②662
植島 啓司

上嶋 健治 …①120, ②95
上島 周子 ……②718
上嶋 浩順 ……②750
上栖 綴人 ……①1163
上江洲 由正 ……②321
……①89, ①95
上杉 和央 ……①588
植杉 伸介 …②495, ②499
上杉 隆 …②13, ②142
上杉 季明 ……②881
上杉 隼人 …①371, ①372, ①375, ①376, ①387, ①801, ①847
上杉 秀文 ……②405
上杉 雅之 ……②723
上杉 志成 ……②647
ウェスティング, ジェンマ …①302
ウェスト, アニー ……①314
ウエスト, アニー ……①1374
ウェスト, ジョン・B. ……②726
ウエスト, ナサニエル ……①1328
ウェストコット, アラン ……②165
ウエストブラン …①40
ウエストブルック, キャサリン …②734
上田 昭子 ……①971
上田 秋成 …①365, ①898
上田 惇生 …②280, ②298
上田 敦子 ……②259
上田 篤 ……①143
植田 育典 ……①127
植田 一三 …①640, ①655, ①663
上田 悦子 …②521, ②555
上田 恵陶奈 ……②463
上田 和勇 …②325, ②374, ②386
植田 和男 ……②378
上田 一貴 ……②602
上田 和彦 ……①906
植田 和弘 …②300, ②572
上田 勝美 ……②200
上田 寛 ……②220
上田 香子 ……①850
植田 今日子 ……②107
上田 恵介 …②696, ②697
上田 元 ……②86
植田 健太 ……②780
上田 幸輝 ……②60
上田 耕作 ……②639
上田 晃司 …①251, ①253
植田 幸 ……②420
上田 悟 ……①638
上田 早夕里 …①987, ①1076
植田 彩芳子 ……①838
うえだ しげこ …①335, ①340
上田 滋夢 ……①214
上田 修一 ……②6
植田 淳 ……②219
上田 潤一 ……②194
上田 純一 ……①34

上田 淳子 ……①48,①59,①60,①68
上田 純子 ……②193,②197
上田 二郎 ……②324,②399
上田 信治 ……①974
上田 真也 ……①411
上田 益 ……①817
上田 寿美子 ……①197
上田 整 ……②601
上田 精一 ……①673
上田 勢子 ……①169,①318,②45
植田 誠治 ……①741
上田 惣子 ……①48
上田 妙美 ……①660
上田 孝典 ……①680
植田 剛彦 ……①571
上田 岳弘 ……①987
上田 貴洋 ……②663
上田 敏子 ……①640,①655
上田 ながの …①1399
ウエダ ノブユキ ……①315
上田 紀行 ……②369
上田 敏丈 ……①694
上田 晴彦 ……②560,②675
上田 秀人 …①1032
上田 博子 ……①165
植田 宏文 ……②257
上田 広美 ……①667
上田 敏 ……①818
植田 福広 ……②632
植田 文博 …①1076
上田 真樹 ……①817,①818
上田 信 …①165,②166
上田 誠 ……①783
植田 真 ……①308,①351,①358
上田 正信 ……①542
上田 雅夫 ……②338
上田 正仁 ……①99
上田 雅大 ……②193
上田 真梨子 ……①777
上田 瑞穂 ……①204
上田 倫子 ……①968
植田 光晴 ……②716
植田 充美 ……②571
上田 実 ……①255
植田 美弥 ……①407
上田 美和 ……①349
植田 康夫 ……①888,②16
上田 恭子 ……②349
上田 恭史 ……①820
上田 安彦 ……②612
上田 弥生 ……①167
上田 裕一 ……②716
植田 祐次 ……①924
上田 ゆかり ……②743
上田 幸夫 ……②158
上田 征三 ……①681
上田 寛 …②259,②349
上田 泰 ……②255
上田 由美子 ……①817
上田 容子 ……①103
上田 洋子 ……①787
上田 嘉太郎 ……①501
上田 好春 ……①524
上田 隆一 ……②598
上田 洋一 ……①259
上平 恒 ……②115
植竹 朋文 ……②517
上谷 実礼 ……①486

うえたに夫婦 …①338
上地 一美 ……①117
植地 毅 ……①791
上塚 芳郎 ……②711
植月 惠一郎 …①1331
植月 彩織 ……②385
植月 宏 ……①543
上辻 靖智 ……②601
ウェッジホールディングス ……①284,①843
ウェッタシンハ, シビル ……①315
ウェットランドセミナー100回記念出版編集委員会 ……②574
ウエップ, ポーラ・T. ……②394
ヴェデキント, F. ……①784
上戸 彩 ……①937
植戸 貴子 ……②80
上永 哲矢 ……①189,①517,①595
植西 聰 ……①87,①88,①89,①91,①93,①100,①101,①102,①106,①113,①125,①494,②352
上西 左大信 ……②408
上西 順子 ……②320
上西 淳二 ……①153
上西 昌弘 ……②554
上西 充子 ……①291
上沼 紫野 ……①412
上野 歩 ……①1076,①1163
上野 勇 ……①779
上野 一孝 ……①973
上野 英信 ……①927,①930
上野 修 ……①474
上野 和子 ……①305
上野 一彦 ……①681,①686
上野 和彦 ……②24
上野 勝之 ……①530
上野 清貴 ……②315,②320
植野 恵三郎 ……①779
上野 恵司 ……①664,①941
上野 健一 ……②678
上野 健爾 ……②655
上野 仁 ……①446
上埜 進 ……②320
上野 太祐 ……①788
上野 貴子 ……①905
上野 達彦 ……②220
上野 達弘 ……②585
上野 千鶴子 …①458,②13,②18,②37,②102
上野 敏彦 ……①36
上野 俊哉 ……①446
上野 信行 ……②652
上野 登 ……②400
上野 紀子 ……①337
上乃 久子 ……①647
上野 秀樹 ……②744
上野 裕和 ……①249
上野 誠 …①245,①542,①623,①900,①901
上野 雅資 ……②736
上野 正彦 ……①151,

②901,①929
植野 雅巳 ……②711
植野 正巳 ……①46
上野 昌之 ……①590
上野 真弓 ……①827
上野 万梨子 ……①60
上野 三樹 ……①806
上野 実咲 ……①810
上野 美千代 ……①258
上野 光夫 ……①352
上野 宗則 ……①460,①525
上野 元美 ……①171,①1339
上野 遊 ……①1163
上野 陽子 ……①117,①643
上野 洋三 ……①902
上野 与志 ……①340,①344
上野 義雄 ……①631
上野 義治 ……②389
上野法律セミナー ……②178,②180
上宮 将徳 …①1163
上野谷 加代子 …②96
上野山 小百合 …①715
上野山 達哉 ……②374
ウェーバー, ダリル ……②335
ウェーバー, バーナード ……①310
ウェーバー, マックス ……①449,②171,②268
上羽 陽子 ……①419
上橋 菜穂子 …①411,①459,①941,①1118
上馬場 和夫 ……①146
上原 梓 ……②308
上原 巌 ……②578
上原 かおり ……①919
植原 和彦 ……①704
上原 賢司 ……②96
上原 作和 ……①894
上原 聡 ……②338
上原 正三 ……①987
植原 翠 ……①1164
上原 敬 ……②540,②542
上原 孝之 ……②563
上原 千寿子 ……②68
上原 哲太郎 ……②534
上原 敏夫 ……②206,②217
上原 朋己 …①1131
上原 久 ……②59
上原 公子 ……②227
上原 文 ……②689
上原 まり子 ……①52
上原 光晴 ……①574
上原 みどりこ …①668
上原 ゆうこ …②700
上原 行雄 ……②31,②120
上原 裕美子 …②98,②253,②287,②311,②339
上原 洋允 ……①677
上原 善広 …①199,①614,①933,①987
上原 隆平 ……①274
上原 りょう …①1399
上原 稜 ……①1399
植原 亮 ……①450
上廣倫理財団 …①938
ウェブ, エイミー

ウェブ, ティム …①44
ウェブ解析士協会（WACA）カリキュラム委員会 ……②561
ウェブスター, ジーン …①379,①1328
上淵 寿 ……②98
上間 陽子 ……①931,②49,②60
植松 明石 ……②117
植松 梓 ……②728
植松 健一 ……②198
植松 香一 ……②406
植松 紫魚 ……①941
植松 努 …①99,②346
植松 恒夫 ……②665
植松 なつみ ……①816
植松 三十里 …①987,①1026,①1033,②308
植松 靖夫 ……①618,①1331
植松 良枝 …①55,①57,①206
ウエミチ メグミ ……①206
上村 元順 ……②89
上村 淳志 ……②258
植村 亜美 ……①863
植村 和秀 ……①910
植村 勝明 ……①965
植村 勝彦 ……①487
植村 勝慶 ……②198
植村 邦彦 ……②170
植村 玄輝 ……②457,②471
上村 剛 ……②194
植村 幸也 ……②220
植村 修一 ……②379
上村 昂史 ……①668
植村 隆 ……①576
上村 武男 ……①506
上村 雄彦 ……②247
上村 忠男 ……①454,①467,①611,①612
うえむら ちか…①49
上村 敏之 ……②266
植村 信保 ……②386
植村 博恭 ……②266
植村 誠 ……②211
植村 正久 ……①902
植村 八潮 …②6,②7
上村 恭子 ……②545
上村 由美子 ……①174
上村 悦子 …①1369
植村 立郎 ……②212,②217
植本 一子 ……①927,①928,①943
上本 裕子 ……①677
上森 三郎 ……①138,①139
植森 美緒 ……①25
上山 和雄 ……①186,①570
上山 修平 ……②579
植山 俊宏 ……①724
上山 吉哉 ……②754
ウェルカー, グラント ……①934
ウェルザード ……①366
ウェルシュ, アーヴィン …①1328
ウェルシュ, ジェニファー ……②127
ウェルシュ＝オフ

チャロフ, ボゴミラ ……①836
ウェルズ, ゼブ ‥①858
ウェルズ, レイチェル …①1328
ウェルズ, ロビン ……②257
ウェルズ, D. ……②653
ウェルズ恵子 ……②90
ウェルチ, デイヴィッド・A. ②122
ウェルテ ……②662
ヴェルナツキイ, ヴラジーミル・イヴァノヴィチ ……②649
ヴェルヌ, ジュール ……①671,①891,①1328
ヴェルフリ, アドルフ ……①839
ウエルベック, ミシェル …①923,①1328
ヴェンカテッシュ, スディール …②99
ウェンセル, ウリセス ……①376
ウェンディグ, チャック ……①852
ウェントワース, サリー …①1387
ウェンブリー ……①643
ウェンライト, クリス ……①262
ウォー, キャシー ……①373
ヴォイト, ベン …①881
ヴォヴィリエ, フランソワ ……②167
ウォーカー, ケイト ……①1367,①1368,①1374
ウォーカー, デイヴィッド …①311,①312
ウォーカー, ニコラス ……①640
ウォーカー, リズ ……②158
魚住 昌心 …①838
魚住 直子 …①1164
魚住 ユキコ …①1399
魚住 りえ ……②361
魚田 勝臣 ……②517
ウォータース, アリス ……①315
魚谷 はづき …①1399
ヴォーダマン, キャロル ……①396,①698,②549
魚柄 仁之助 …①34,①35,②30
ウォード, サイモン ……①792
ウォード, ベンデルトン ……①848
ヴォート, リサ ……①329,①338,①395,①637,①643,①652,①653
ウォード, J.R. ……①1344
魚戸 おさむ …①363
魚留 元章 ……①262
ヴォネガット, カート …①960,①1328
魚野 真美 ……①962
ウォーホル, アンディ ……①310

ウォラード, キャシー …①305,①306
ヴォーリズ, ウイリアム・メレル ②615
ウォリス, ジョン・ジョセフ ……①612
ウォリック, ジョビー ……②86
ウォーリマン, ドミニク …①398,①403
ウォール, カレン ……①306
ウォルシュ, アンソニー ……①485
ウォルシュ, ケビン ……①402
ウォルシュ, メラニー ……①316
ウォルツ, アンナ ……①376
ウォルツ, ケネス ……②121
ヴォルテール …①475
ウォルトディズニージャパン …①303,①320,①322,①304,①465,①470,①486,①646,①793,①798,①842
ウォルドロン, ケヴィン ……①315
ウォルドロン, ハンナ ……②676
ウォルトン, エヴァンジェリン ‥①1360
ウォルトン, ジョー ……①1360
ウォルパート, ジェイ ……①1359
ヴォルフ, ギーター ……①313
ウォルフ, ロレーヌ・E. ……①488
ヴォルフター, C.C. ……①750
ヴァールレーベン, ベーター ……②578
ウォレス, ジェーン ……①128
ウォレス, ジョセフ ……②685
ウォレック, マイケル ……②694
ヴォレンベルク, エーリヒ ……②171
ヴォワザン, ティエリー ……①68
ヴォヴチュリエ, タンクレード ‥①1328
ウォン, ハリー …①708
ヴォーン, ブライアン・K. ……①858
ウォン, ローズマリー ……①708
ウォング, ジュンコ ……①288
宇賀 克也 …②156,②189,②202
鵜飼 奈津子 …①491
鵜飼 真知 …①56
鵜養 幸雄 ……②152,②153
鵜飼 良平 …①50
鵜飼 礼子 …①941
宇賀神 修 ……①987
宇賀神 貴宏 ……②335
烏賀陽 弘道 ……①806,②14

烏賀陽 正弘……①933
うかれ猫 ………①1164
鵜川 晃 ………②742
鵜川 洋樹 ………②447
宇川 義一 ………②729,
　②732, ②734
浮穴 みみ ………①1033
浮海 啓 ………①967
うきこ ………①49
浮世 草子 ………①1164
宇喜多 義敬 ………②709
宇喜多白川医療設計
　………②709
浮世 満理子 ………①127
ヴクサヴィッチ, レ
　イ ………①1360
ウクレレYoutuber
　GAZZ ………①803
受川 環大 ………②372
請川 滋大 ………①691
雨月 夜道 ………①1308
宇佐 和通 ………
　①87, ①645
宇佐江 みつこ ………①857
宇佐川 晶子 ………①1344
宇佐川 毅 ………②595
宇佐川 ゆかり ………①1399
宇咲 愛 ………①88,
　①117, ①136
羽咲 うさぎ ………①1164
うさぎ やすぽん
　………①1164
うさぎ出版 ………
　①320, ①322
うさぎの時間編集部
　………①974
兎塚 エイジ ………①846
うさぴょん ………①1164
宇佐見 英治 ………①828
宇佐美 清 ………②298
宇佐美 しおり ………②745
宇佐美 月明 ………①1164
宇佐美 典也 ………②9
宇佐美 ひさし ………①172
宇佐美 広介 ………②658
宇佐美 牧子 ………①360
宇佐美 まこと ………①1077
宇佐見 方宏 ………②202
宇佐南 美恋 ………①1164
宇佐美 豊 ………②384
宇佐美 百合子 ………①102
兎村 彩野 ………①863
鵜澤 碧美 ………①257
宇沢 弘文 ………②257,
　②258, ②262, ②268
宇治 琢美 ………②150
宇治 美知子 ………①729
氏家 憲章 ………②744
氏家 幹人 ………
　①558, ①560
牛尾 篤 …②920, ①998
丑尾 健太郎 ………①1068
潮 弘樹 ………①511
牛尾 治朗 ………②285
牛尾 慎司 ………②65
潮 千穂 ………①959
牛尾 ひさし ………①512
生塩 之敬 ………②730
牛尾 則明 ………①65
潮 匡人 ………②121,
　②144, ②200
牛尾 理恵 ………①51,
　①59, ①64
潮田、滋彦 ………①93
潮田 登久子 ………
　①257, ②3
牛木 辰男 ………②727
牛久 健司 ………②584

牛久 哲男 ………②739
牛窪 恵 …①113, ②27
牛窪 良太 ………①340
氏家 覚勝 ………
　①510, ①515
氏家 富緒 ………①523
牛米 努 ………②398
牛島 浩二 ………②389
牛島 信 …②284, ②308
牛島 万 ………①604
牛嶋 勉 …②325, ②466
牛島 利明 ………①269
牛島 俊和 ………②728
牛島 裕康 ………②435
氏田 雄介 ………①961
牛谷 正人 ………②52
艮 香織 ………①679
宇治橋 泰二 ………①140
氏原 基余司 ………①626
氏原 寛 ………①487
牛原 眞弓 ………
　①649, ①650
氏原 庸子 ………①636
牛丸 聡 ………②271
牛山 克巳 ………②574
牛山 佳菜代 ………②156
牛山 善太 ………②664
牛山 隆信 ………
　②432, ②436
有子山 博美 ………
　①640, ①648
牛山 恭範 ………①744
牛山 隆一 ………②248
後 恵子 …①966, ②87
宇城 憲治 ………①124
うしろ よしあき
　………①344
後田 亨 ………②387
牛渡 亮 ………②262
うずー ………①334
うすあじ ………②554
薄味メロン ………①1164
碓水 章彦 ………②716
臼井 明 ………②289
臼井 愛美 ………①5
笛吹 恵美子 ………②755
臼井 治 …①465, ①509
臼井 由米 ………①155
碓井 孝介 ………
　①124, ②191
臼井 五郎 ………②753
薄井 シンシア ………②343
臼井 俊雄 ………①652
碓井 敏正 ………①737
薄井 尚樹 ………①450
臼井 紀子 ………②713
臼井 紀幸 ………①564
碓氷 久 ………②660
臼井 寛 ………②584
碓井 文夫 ………①874
臼井 真幸 ………②526
臼井 実稲子 ………②258
臼井 由紀 ………①120
臼井 幸彦 ………①789
臼井 陽一 ………①564
臼井 洋輔 ………②608
臼井 要介 ………②719
臼井 美子 ………①1332
臼井 儀人 ………①359,
　①391, ①413, ①442
宇塚 悠介 ………②238
薄金 孝太郎 ………②217
卯月 ………①389, ①441
卯月 陶子 ………①1338
卯月 みつぴ ………①1164
兎月 山羊 ………①1164
兎月 竜之介 ………①1164
臼倉 美里 ………

　①654, ①734
薄鋼板成形技術研究
　会 ………②624
臼田 昭司 ………
　②595, ②597
磨田 裕 ………②723
臼土 きね ………①15
渦原 実男 ………②338
太秦 あを ………①1165
宇田 薫 ………②751
宇多 喜代子 ………①972
宇多 賢治郎 ………②534
宇田 周平 ………②556
宇田 大志 ………①821
宇多 直久 ………①924
うだ ひろえ ………①5
宇田 学 ………
　①980, ①1069
鵜田 良江 ………①1359
宇田 隆哉 ………
　②516, ②548
宇田 亮一 ………①464
宇内 日呂志 ………②20
宇高 通成 ………①788
宇高 雄志 ………
　①529, ②611
宇高 良哲 ………①562
泡沫 ………①864
宇田川 一美 ………
　①17, ①863
宇田川 佳子 ………①268
宇田川 敬介 ………
　①1033, ②166
宇田川 妙子 ………②111
宇田川 武久 ………①555
宇田川 敏正 ………②281
歌川 広重 ………①835
宇田川 廣美 ………①780
宇田川 勝 ………②308
宇田川 まなみ ………②529
宇田川 幸洋 ………①792
歌工房 ………②552
ウダジオ ………①1136
唱田 士始矢 ………①129
宇多田 ヒカル ………①767
宇田津 徹朗 ………②661
ウタトエスタジオ
　………①335
歌野 晶午 ………
　①987, ①1077
宇多丸 …①455, ①773
宇丹 貴代実 ………②697
羽智 遊紀 ………①1165
内池 久貴 ………①567
内海 和佳子 ………①119
内門 弘子 ………①7
打川 和男 ………
　②517, ②586
打越 忠夫 ………①213
内澤 旬子 ………①941
内芝 修子 ………②708
内島 美奈子 ………
　②537, ①825
内田 暁 ………①215
内田 勲 ………②252
内田 治 ………②591,
　②656, ②725
打田 峨者ん ………①972
内田 かずひろ ………①429
内田 和宏 ………②778
内田 勝一 ………②193
内田 要 ………②161
内田 慶市 ………
　①598, ①621
内田 賢二 ………①456
内田 健介 ………①787
内田 悟 ………②450

内田 彩香 ………②337
内田 静枝 ………①843
内田 春菊 ………②703
内田 聖子 ………②247
内田 直 …①171, ①215
内田 聖ニ ………①653
内田 青蔵 ………
　②249, ②608
内田 聡 ………②376
内田 孝尚 ………②602
内田 拓也 ………①190
内田 健 ………①1165
内田 達二 ………①178
内田 樹 ………①446,
①454, ①464, ①474,
①500, ②92, ②104,
②108, ②129, ②151
内田 貞輔 ………②711
内田 輝和 ………①156
内田 知行 ………①591
内田 直仁 ………②412
内田 奈芳美 ………
　②161, ②582
内田 伸子 ………
　①12, ①499
内田 信也 ………②379
内田 勇人 ………①102
内田 日出海 ………②429
内田 百閒 ………
　①888, ①941
内田 弘樹 ………①1165
ウチダ ヒロコ ………①373
内田 洋子 ………①941
内田 弘 ………①473
内田 博文 ………②223
内田 雅章 ………②286
内田 雅敏 ………②132
内田 まさみ ………②397
内田 昌之 ………
　①1362, ①1366
内田 益充 ………①189
内田 学 ………②751
内田 真美 ………
　①69, ①202
内田 麻由子 ………②412
内田 美紗 ………②257
内田 満 ………①557
内田 宗治 ………②434
内田 康夫 ………
　①987, ①1077
内田 康雄 ………②337
内田 裕子 ………②425
内田 幸隆 ………②212
内田 侑里香 ………①489
内田 陽子 ………①175
内田 祥士 ………②608
内田 祥哉 ………②615
内田 能嗣 ………②922
内田 嘉弘 ………①189
内田 律雄 ………②538
内田 隆三 ………①885
内田 良 …①701, ①754
内田 麟太郎 ………①324,
②335, ②339, ②341,
②357, ②384
内田 若希 ………①480
内田 会計 ………②412
内館 牧子 ………①941
内館屋 薫子 ………①270
内富 庸介 ………②742
内沼 晋太郎 ………①204
内野 篤 ………②210
内野 勝行 ………①158
内野 吉夫 ………②635
内野 月化 ………①1165
内野 敏子 ………①173
内野 安彦 ………②6, ②7
内堀 優一 ………①1165

内海﨑 貴子 ………①703
内村 鑑三 ………①462,
　①524, ①526
内村 光一 ………②541
内村 航平 ………①235
内村 周子 ………①12
内村 尚志 ………①404
うちむら ひろゆき
　………①343
打矢 澄二 ………
　②618, ②637
内山 明好 ………①167
内山 晟 ………①308
内山 温 ………①762
内山 絵美子 ………①754
内山 和樹 ………①285
内山 量史 ………②714
内山 勝利 ………①468
内山 興正 ………①518
内山 繁 ………①813
内山 純 ………①1078
内山 進 ………②572
内山 直 ………②26
内山 大助 ………①408
内山 千鶴子 ………②733
内山 九十九 ………②427
内山 力 ………②297
内山 登紀夫 ………①498
内山 治樹 ………①227
内山 ミエ …②2, ①20
内山 稔 ………②637
内山 宗昭 ………②738
内山 靖 ………②750
内山 靖二郎 ………①278
内山 悠子 ………②330
内山 葉子 ………①164
内山 りゅう ………②258,
　①404, ②698
宇宙科学研究倶楽部
　………②676
宇宙航空研究開発機
　構 ………②676
宇宙戦艦ヤマト2202
　製作委員会 …①1117
宇宙船編集部 ………
　①286, ①797
ウーツェル, ジョナ
　サン ………②374
宇津木 久仁子 ………①179
宇都木 景一 ………①813
宇津木 聡史 ………①409
美しい日本語を研究
　する会 ………②117
美しい町研究会
　………②613
うっけ ………①348,
　①352, ①353
鬱沢 色素 ………①1165
ウッズ, キャサリン
　………①650
ウッズ, ピート ………①852
ウッズ, マイカ ………①219
空蝉 ………①1397
宇津田 晴 ………
　①348, ①1165
ウッダード, コリン
　………①604
宇都出 雅巳 ………②2,
　②348, ②352

ン …②402, ①410
ウッド, ブライアン
　………①849
ウッド, フランシス
　………①595
ウッドコック, ジョ
　ン ………②549
ウッドコック, フィ
　オーナ ………①316
宇都宮 一成 ………①197
宇都宮 健児 ………①142
宇都宮 大地 ………①141
宇都宮 徹壱 ………①231
宇都宮 トモ子 ………①197
宇都宮 直子 ………①218
うつのみやし総務事
　務研究会 ………②156
内海 愛子 ………①584
内海 克泰 ………①647
内海 聡 ………①90,
　①139, ②712, ②735
内海 俊介 ………②683
内海 徹 ………②190
内海 康文 ………②280
内海 里香 ………②91
宇津呂 鹿太郎 ………①144
うつわさんぽ編集室
　………①2
ウーティス, ネー
　モー ………①975
宇都 正行 ………①20
宇藤 裕子 ………①73
烏兎沼 佳代 ………①903
ウートラム, ドリン
　ダ ………①448
うどん あこ ………
　①329, ①336
うどんが主食 ………①42
宇奈月 香 ………
　①1165, ①1399
宇波 彰 ………①475
宇波 弘貴 ………②271
卯波 ひろみ ………①1367
ウナムーノ ………①452
ウナル ………①1399
宇仁 美咲 ………②192
うなぎ いちろう …①40
鵜沼 憲晴 ………②56
鵜沼 秀行 ………①484
鵜沼 裕子 ………①524
羽沼 真理世 ………①460
宇根 豊 ………②445
宇根 有美 ………②692
采尾 英理 ………
　①90, ①127
宇野 藍子 ………①615
宇野 彰 ………①680
宇野 亞喜良 ………①309,
　①336, ①941, ①961,
　①962, ①1116
宇野 薫 ………①13
鵜野 和夫 ………②422
宇野 和義 ………
　①311, ①374
宇野 佳奈子 ………②542
宇野 邦一 ………①783,
　①923, ②113
宇野 浩二 ………①888
宇野 弘蔵 ………
　②261, ②267
宇野 維正 ………①804
宇野 重規 ………②95
宇野 信義 ………①406
宇野 全智 ………①518
宇野 常寛 ………①800
宇野 徹 ………②422
宇野 利泰 ………
　①1333, ①1343

宇野 信行 ……… ①92
宇野 元 ………①524
宇野 弘恵
　　①708, ①710
宇野 博幸 ………②154
宇野 文夫 ………①941
宇野 朴人 ………①1165
宇野 真理子 ……②763
宇野 洋太 ………①498
宇野 陽太 ………②553
鵜浦 直子 ………②64
鵜浦 裕 ………②648
ウノ・カマキリ …①785
鵜木 桂 ………①129
鵜野澤 啓祐 ……①864
鵜野澤 亮 ………②211
卯花 かなり ……①1165
うのわ 周行 ……①669
宇場 稔 ………①140
姥澤 愛水 ………①974
宇畑 知樹 ………①821
鵜林 尚靖 ………②536
生方 淳一 ………②506
生形 大 ………②388
生形 貴重 …①556,
　①895, ①896
冲方 丁
　①1025, ①1033,
　①1069, ①1116,
　①1117, ①1166
生方 直 ………①716
生方 正也 ………②357
生方 良雄 ………②432
生太 ………①1308
郁子 匠 ………①1166
馬居 政幸 ………①721
馬詰 政美 ………②324
馬田 啓一
　②247, ②250
馬田 隆明 ………②348
馬野 友之 ………①707
馬屋原 吉博 ……①535
U35 ………②346,
　①367, ①368, ①862
海猫沢 めろん …①987
海野 幸 ………①1308
海野 忍 ………②292
海のポスターコンテ
　スト『うみぽすグ
　ランプリ2016』実
　行委員会 ………①839
海本 浩一 ………②769
うめ …①420, ②515
梅 佳代 ………①257
梅垣 ルナ ………①811
うめきうめ ……①1166
梅木 寛 ………②762
梅崎 和子 ………①60
梅崎 創 ………②250
梅崎 司 ………②229
梅崎 伸幸 ………①273
梅澤 亜由美 ……①903
梅澤 重昭 ………①614
梅澤 志乃 ………②509
梅澤 真一 ……
　①390, ①714
梅澤 高明 ………②299
梅沢 富美男
　①769, ①770
梅下 新介 ………①238
梅津 時比古 ……①813
梅田 泉 ………①635
梅田 径 ………②7
梅田 さとえ ……①339
梅田 悟司 ………①97
梅田 俊作 ………①325
梅田 智世 ………①401
梅田 亨 ………②657

梅田 智彦 ………①188
梅田 直美
　　①689, ②44
梅田 弘之 ………②517
梅田 文夫 ………①180
梅田 紅子 ………②84
梅田 正己 ……
　①567, ①571
梅田 みか ………①365
梅田 泰宏 ………②317
梅田 優子 ………①697
梅田 幸子 ………②346
梅田 悦生 ………①45
梅田 佳子 ………①325
梅谷 百 ………①1166
ウメ種 ………①1166
梅津 哲也 ………①253
梅津 有希子 ……②62
梅永 雄二 …①168,
　①497, ①681, ①686
梅森 歩 ………①1166
梅野 圭史 ………①741
梅野 太輔 ………②588
梅野 善雄 ………②651
梅野隆の眼刊行委員
　会 ………①823
梅林 秀行 ………①195
梅林 宏道
　　②46, ②149
梅原 彰 ………②447
梅原 淳 …①435, ②430
梅原 亜也子 ……①22
梅原 英司 ………①137
梅原 猛 …①463,
　①520, ①542
梅原 雅顕 ………②660
梅原 満知子 ……①1166
梅原 裕一郎 ……①772
梅原 ゆかり ……
　①187, ②205
梅原 嘉介 ………②548
梅村 敦子 ………①191
梅村 絢美 ………②707
梅村 長生 ………②753
梅村 和夫 ………②666
梅村 博昭 ………①1329
梅本 マルティナ …①183
梅本 健次 ………①941
梅本 晃一 ………①219
梅本 清一 ………②148
梅森 充 ………②30
梅屋 潔 ………②115
梅屋 真一郎 ……②385
梅屋敷 ミタ …①389,
　①442, ②590
宇山 あゆみ ……②117
宇山 佳佑 ………①987
宇山 聡 ………②210
宇山 佳栄 ………①588
宇山 環 ………②456
宇山 智彦 ………①609
うよ たかやま …①344
浦 功 ………②213
浦 聖恵 ………②684
浦 達雄 ………②256
浦 倫之 ………②372
浦賀 和宏 ……
　①987, ①1078
浦上 克哉 ……①175,
　①176, ②62, ②728
浦上 大輔 ………①361
浦上 弘明 ………①699
浦上 満 ………①833
浦川 愼二 ………①522
浦川 登志夫 ……②204
浦河 信吉 ………①921
浦川 肇 ………②658
浦川 道太郎 ……

②223, ②224
浦川道太郎先生内田
　勝一先生鎌倉薫先
　生古稀記念論文集
　編集委員会 ………②208
ウラク ………①9
浦坂 純子 ………①85
浦崎 直浩 ………②302
浦澤 久美子 ……①971
浦沢 直樹 ………①853
裏地 桂子 ………①2
浦路 直彦 ………①1399
裏地 ろくろ ……①1166
倉敷商工会議所青年
　商 ………②436
浦島 匡 ………②682
浦島 久 ………①639
浦田 一郎 ………②200
浦田 健二 ………①257
浦田 秀次郎 ……②248
浦田 穂一 ………②113
浦田 泰宏 ………①431
ウーラード, ジョン
　　………①757
浦長瀬 昌宏 ……
　①181, ②714
浦西 和彦 ……
　①618, ①914
浦西 友樹 ………②548
浦野 和夫 ………②118
浦野 紘平 ……
　②575, ②669
浦野 聡 ………①588
浦野 真弥 ……
　②575, ②669
浦野 正美 ………②760
浦野 由紀子 ……②192
裏の処世術研究倶楽
　部 ………②29
浦部 晶夫 ………①769
うらべ 壱鉄 ……①1137
卜部 和夫 ………②673
占部 伸二 ………②664
浦部 尚志 ………②660
占部 千代子 ……①91
浦辺 登 ………②169
占部 玄海 ………①539
占部 洋之 ………②209
卜部 正夫 ………②285
占部 正尚 ………②368
浦辺 幸夫 ………②723
卜部 吉庸 ………②668
浦本 秀隆 ………②750
ウラモト ユウコ
　　………①102
ウリ, ジャン …②743
ヴリアミー, クララ
　　………①376
宇理須 恒雄 ……②685
瓜生 真也 ………②556
瓜生 中 …①509, ②118
有涼 汐 ………①1166
ウール, ジョセフ・
　ウェズリー ……①47
ウールガー, マット
　　………②17
漆 紫穂子 ………①117
漆澤 恭子 ………①681
漆澤 その子 ……①788
漆谷 真 ………②183
うるしばら ともよし
　　………①323
漆原 弘 ………②158
漆間 理乃 ………②537
漆原 麗 ………①1378,
　①1390, ①1391
ウルス, ヴェロニッ
　ク ………②612

ヴルチェク, エルンス
　ト ………①1357,
　①1358, ①1359
宇留野 主税 ……①548
漆葉 成彦 ………①711
ヴルピッタ, ロマノ
　　………①602
ウルフ, アレクサン
　ドラ ………②135
ウルフ, アンドレア
　　………②686
ウルフ, ヴァージニ
　ア …①921, ①1328
ウルフ, ジーン
　　………①1344
ウルフ, トマス
　　………①1328
ウルフ, トレイシー
　　………①1382
ウルフ, マーティン
　　………②262
梗間 剛 ………②52
漆間 順子 ………①863
うるまでるび ……①332
ヴレイ, A. ………①478
嬉野 秋彦 ………①1166
嬉野 君 ………①1166
嬉野 雅道 ………①941
うれま 庄司 ……①1166
虚淵 玄 ………①1117
ヴロンスキー, ピー
　ター ………②39
上泉 雄一 ………①296
「噂の真相」を究明す
　る会 …②30, ②125
宇和島伊達文化保存
　会 ………①538
上野 善道 ………①632
上野 そら ………①356
上野 岑三 ………①332
上符 正志 ………①151
上部 一馬 ………①179
うわみ くるま …①1167
上屋 梨影子 ……①793
ウンスエータ, アン
　ヘル ………①851
海別 いるか ……①136
海野 和男 ……
　①251, ①308
海野 公子 ………①520
海野 惠一 ………②313
海野 禎子 ……
　②234, ②236
海野 聡 ………②609
海野 そら太 ……①442
海野 弘 ………①590,
　①610, ①830, ①843
海野 裕也 ………②549
海野 優 ………①604
運命波学研究所
　　………①127
雲造 ………①968
運輸振興協会 ……
　②174, ②415

【え】

エー, アンリ ……②743
エアーズ, オナー
　　………①307
エアーダイブ …

①340, ②518
エアラ戦車 ………①861
エーアールティ鎌倉
　編集部 ………①193
永 拓実 ………①769
江井 秀雄 ………①535
永 六輔 ………①768
エイヴェント, ライ
　アン ………②263
エイヴヤード, ヴィ
　クトリア …①1360
英『エコノミスト』
　誌 ………②271
英『エコノミスト』
　編集部 ………②18
『永遠の夏目雅子』制
　作委員会 ………①789
映画英語アカデミー
　学会 ………①645
映画館 ……
　①1134, ①1167
映画秘宝編集部
　………①789,
　①791, ①793, ①796
営業のK ………①1118
英国YOUチーム
　　………①105
英語法文法学会
　　………①653
英語出版編集部
　　………①643
「英語年鑑」編集部
　　………①638
英語パズル研究会
　　………①394
英語便 ………①662
映島 巡 ………①1135
衛生管理者試験対策
　研究会 ………②629
衛生管理者試験問題
　研究会 ………②628
映像翻訳アカデミー
　　………②380
エイソン, ジェーム
　ス ………①715
榮田 卓弘 ………①941
永地 …①361, ①365
エイチエス ………①20
えいちだ ………①1167
エイブラハム, ジェ
　イ …②295, ②336
エイブラハム, リン
　ディー ………②116
エイブラム, デイ
　ヴィッド ………①467
エイブラムス, J.J.
　　………①374
栄前田 勝太郎 ②522,
　②527, ②557
榮村 聡二 ………②493
栄養関係法規編集
　委員会 ………②775
栄養セントラル学院
　　………①763, ②784
エヴァーソン 朋子
　　①864, ①865
エヴァニアー, デイ
　ヴィッド ………①792
エヴァン, ジャン＝
　ポール ………①71
エヴァンス, スザン
　ヌ・E. ………①607
エヴァンス, ブルッ
　ク・ディジョヴァ
　ンニ ………①431
エヴァンス, ブロン
　ウェン ………①1328

エヴァンス, ベリル
　　………①313
エーヴィヒ, オイゲ
　ン ………①600
エウィング, アル
　　………①857
エーヴェルス, H.G.
　①1358, ①1359
エヴェレスト, D.D.
　　………①371
えがお写真館 ……①24
えがお相続相談室
　　………①110
江頭 和宏 ………②670
江頭 憲治郎 ……①196
えがしら みちこ
　………①324,
　②326, ①336, ①337
江頭 路子 ………①338
エガーズ, デイヴ
　　………①1344
江上 栄子 ………①50
江上 治 ………②276,
　②333, ②388
江上 佳奈美 ……①50
江上 剛 ………①235,
　①987, ①988, ①1066
江上 茂 ………①237
江上 正 ………②597
江上 千惠子 ……②329
江上 英雄 ………①754
江上 広仁 ………①383
江上 綏 ………①872
江上 喜朗 ………②286
江川 晃史 ………①458
江川 清文 ………②760
江川 幸二 ………②765
江川 純一 ………①507
江川 淳子 ………①75
頴川 晋 ………①179
江川 隆男 ………①449
江川 隆子 ………②763
江川 崇 ………②557
江川 博康 ………②651
えきさいたー …①1167
えきた ゆきこ …①354
エキス ………②461
エクスタイン, ボブ
　　………②5
エクステリア工学会
　　………①268
エクステリアプラン
　ナーハンドブック
　編集委員会 ②617
江口 明男 ………②431
江口 和洋 ………①697
江口 克彦 ……
　②295, ②368
江口 恵子 ………①43
江口 研二 ………②715
江口 之隆 ………①137
江口 五郎 ……
　①530, ①587
江口 重幸 ………①746
江口 泰子 …①105,
　②85, ②299
江口 恒明 ………①832
江口 直光 ………①815
江口 尚純 ………①391
江口 久雄 ………①671
江口 寿志 ………①849
江口 裕之 …①638,
　①649, ②584
江口 弘芳 ………②762
江口 正夫 ………②193
江口 昌克 ………①495
江口 昌樹 ………②132
江口 正信 ……

②715, ②765
江口 康久万 ……①691
江口 泰広 ……②337
江口 祐輔 ……②446
えぐち よしこ ……①328
江口 美子 ……①1391
えぐち りか ……①338
江口 連 ……①1167
江國 香織 ……①314, ①988
エクペリ, ペーテル ……①447
会下 和宏 ……②433
エーコ, ウンベルト ……①925, ①1328
江湖山 さおり ……②75
伊格言 ……①1344
エコール辻東京 ……①69
江崎 士郎 ……①729
江崎 双六 ……①1078
江崎 泰斗 ……②735
江崎 徳秀 ……②552
江崎 ぴす子 ……①941
江崎 美恵子 ……①33
江崎 道朗 ……①578, ①582
江崎 玲於奈 ……②650
江刺家 丈太郎 ……①548
江澤 香織 ……①196
江澤 健一郎 ……①475
江沢 洋 ……②594
恵志 泰成 ……①441
江島 顕一 ……①714
江島 周 ……①1078
江島 尚俊 ……①506
江島 由裕 ……②275
エジャトン, デービッド ……①605
エシュト, エマニュエル ……①590
江尻 潔 ……①834
江尻 寛正 ……①735
江津 水澄 ……①988
エスアイケイアイ出版部 ……①635, ①746
エースゴルフクラブ ……①219
エスターハス, スージー ……①409
エストラーダ, リタ・C. ……①1368
エスパー小林 ……①88, ①128
エスピーシー出版 ……①196
エスピン, サルバ ……①853
えすみ 梨奈 ……①1308
江面 弘也 ……①245
エーヅラ・オールスン, ユッシ ……①1344
江連 智暢 ……①22, ②571
江添 佳代子 ……①39
江田 証 ……①164, ①165, ①166, ①179
枝 一実 ……②597
江田 健二 ……②572
江田 憲治 ……①584, ②134
江田 浩司 ……①904
江田 さだえ ……①1385
榎田 ユウリ ……①366, ①988, ①1118
枝川 裕一郎 ……②612
枝川 義邦 ……②770
枝川朝鮮学校支援都民基金 ……②46

エダジュン ……①50
枝長 充隆 ……②748
枝廣 淳子 ……②576
枝光 聖人 ……①217
枝村 一弥 ……②456
枝元 なほみ ……①50
えちがわ のりゆき ……①844, ①856
越前 敏弥 ……①374, ①884, ①917, ①1345, ①1362
越前屋 俵太 ……①769
越前谷 宏紀 ……②684
エチャリ, ミケル ……①230
エッサム ……②297, ②413, ②423
エッジ ……①684
エッジ, クリストファー ……①373
エーティーオー財産相談室 ……②405
エディット ……①194
エディテージ ……①653
エディフィストラーニング ……②561, ②563
エーディーワークス海外事業部 ……②421
絵手紙いずみの会 ……①862
江戸 西音 ……①36
絵区 太郎 ……①1167
江戸 奈穂子 ……①335
江戸 伸禎 ……②306
衛藤 晃 ……②65
江藤 亜由美 ……①8
江藤 かをる ……②711
江藤 茂博 ……①885, ②11
江藤 淳 ……①464
衛藤 純司 ……①620
江藤 省三 ……①220
衛藤 夏子 ……①941
江藤 秀一 ……①601, ①734
衛藤 幹子 ……②170
エドガー, エイミー ……①372
「江戸楽」編集部 ……①192, ①193
江戸川 乱歩 ……①380, ①888, ①1078, ①1134, ①1167
江戸肉割烹築地ささや ……①67
エドバーグ, ピア ……②29
エドモンドソン, マット ……①438
エドワーズ, ウォーレス ……①420
エドワーズ, ニール ……①851
エドワード・スミス ……①1168
恵中 瞳 ……①644
江夏 健一 ……②379
江夏 由樹 ……②265
江夏 怜 ……①236
榎並 勲 ……②673
江南 和幸 ……①53
江波 光則 ……①1118
エニス, ガース ……①850, ①855
エニスモアガーデン ……①69
エネルギーフォーラ ……

ム ……②581
榎井 縁 ……②50
エノーカ, ロジャー・M. ……②728
えのき のこ ……①13, ①58, ①107, ①491, ①645
エノキ ユウ ……①1399
榎木 ユウ ……①1168
榎木 りか ……①360
榎田 二三子 ……①688
榎澤 幸広 ……①198, ②226
榎沢 良彦 ……①704
榎本 秋 ……①566, ①884
榎本 あつし ……②309
榎本 温 ……②552
榎本 篤史 ……②158
榎本 海月 ……①884
榎本 恵一 ……②73
榎本 櫻湖 ……①968
榎本 滋民 ……①786
榎本 俊一 ……②373
榎本 昭二 ……②755
榎本 珠良 ……②122
榎本 元 ……②529
榎本 英雄 ……①665
榎本 英剛 ……①101
榎本 博明 ……①169, ①483, ①493, ①495, ①639, ②277, ②288, ②342, ②461
榎本 浩之 ……②576
榎本 誉 ……①191
榎本 正己 ……②509
榎本 まみ ……②290
榎本 稔 ……②701, ②743
榎本 保朗 ……①523
榎本 洋介 ……②341
榎本 良三 ……①941
榎本事務所 ……①884
エフロン, ノーラ ……①960
江辺 香織 ……①287
江部 康二 ……①14, ①27, ①57, ①163, ①164, ①165, ②712
えばた えり ……①330
江畑 哲男 ……①905
江幡 美美江 ……①256
江幡 吉昭 ……②411
絵鳩 毅 ……①578
江波戸 哲夫 ……①988
エバハート, ミニオン・G. ……①1344
江間 敏 ……②594
江原 昭善 ……②113
江原 絢子 ……①35, ①343
江原 伸一 ……②218
江原 健 ……①848, ①851, ①858
江原 規由 ……①251
江原 裕美 ……①50
江原 啓之 ……①87, ①93, ①97, ①130, ①145
榎原 雅治 ……①551
エピクテトス ……①468
海老澤 信一 ……②518
海老澤 尚 ……①170
海老澤 信一 ……①547
海老澤 博 ……②757
海老澤 元宏 ……①181, ②410, ②717
海老沢 泰久 ……①1033
海老澤 豊 ……①920
恵比須 清司 ……①1168
胡 正則 ……②537
海老塚 修 ……①214

戎光祥出版 ……①573
エビスコム ……②554, ②557
海老名 香葉子 ……①576, ①941
海老名 久美 ……②535
蛯名 武雄 ……②594
海老名 龍人 ……①1168
蝦名 信英 ……②537, ②550
海老名 めぐみ ……①71
海老沼 剛 ……②692
蝦沼 ミナミ ……①1396, ①1399
海老根 宏 ……①922
海老根 祐子 ……①322
海老原 淳 ……②688
海老原 清 ……①778
海老原 志穂 ……①1335
えびはら 武司 ……①856
海老原 嗣生 ……①90, ②258
海老原 円 ……②660
海老原 充 ……②373
愛媛県西条市「千の風」手紙プロジェクト ……①938
えびも ……①861, ①862, ①864
江平 望 ……①549
エフスタイル ……②510
エプストン, ベッキー・スー ……①45
エプストン, デイヴィッド ……①486
エブリー, ニコラス ……①485
エブリスタ ……①1133
エーブルソン, マイ ……①879
エーブルソン 友理 ……①879

柄本 和昭 ……①1132
江本 秀幸 ……①259
江本 マシメサ ……①988, ①1168
江本 萌 ……①1391
江本 嘉伸 ……①929
江本 リナ ……②767
江本 冷子 ……①971
江森 備 ……①1033
江森 丈晃 ……①804
江守 哲 ……②396
江森 智之 ……①493
絵門 仁 ……①256
江良 亮 ……①260, ①1396, ①1399
江良 至 ……①367, ①1132
江良 俊郎 ……②340
エーラース, ディルク ……①221
エリアス, ノルベルト ……①470, ②101
エリアス, レイラ・サルーム ……①920
エリオット, テッド ……①1359
エリオット, リザ ……①729
エリオット, J.H. ……①612
エリカ ……①117, ①119
江利川 春雄 ……①733
エリクソン, エリク・H. ……①488
エリクソン, ミルトン・H. ……①497
えりごりやん ……①255
エリス, カーソン ……①314
エリス, シャロン ……①162
エリス, チャールズ ……①390
エリス, デボラ ……①372
エリス, ローレン ……①440
エーリスマン, グスタフ ……①668
エリスン, ハーラン ……①1360
エリソン, J.T. ……①1344
エリチエ, フランソワーズ ……①113
エポック社 ……①285
エリックカール絵本美術館 ……①825
エリック宮城 ……①821
江竜 喜之 ……①188
エリン, カール=ヨハン ……①311
エル=アッカド, オマル ……①1344
エルヴァ, ソルディス ……①936
エルガー, ディートマー ……①826
エルキン, ベンジャミン ……①315, ①372
エール出版社 ……①746, ②233, ②237
エルスモア, ウォーレン ……①288
エルソン, ミリアム ……①480
エルダキン, スーザン ……①884
エルタール, シドニー ……①824
エルドリッヂ, ロバー

ト・D. ……②42
……②137, ②138
エルトン, ジェフ ……②710
エルベン, カレル・ヤロミール ……①309
エルボラフ, トラビス ……①200
エルマン, リチャード ……①920
エルロッド, ハル ……①124
エルンスト, ゲルハルト ……①454
エレイラ, アラン ……①605
エレクトリップ ……①1397
エレマリア ……①865
鄔 一龍 ……②132
苑 志佳 ……②264
円 純庵 ……①94, ①98
円 聖修 ……①136
円 復修 ……①714
袁 了凡 ……①465
閻 連科 ……①1328
煙楽 ……①368
圓川 隆夫 ……②590
演劇と文学研究会 ……①766
エンゲル, エドアルド ……②255
「えん罪欧州拉致」刊行委員会 ……①574
槐 真史 ……②695
円城 塔 ……①1116, ②3
円上 行元 ……①1033
円浄寺 鳳水 ……①988
円城寺 正市 ……①1168
円城寺 守 ……②679
園城寺の仏像編纂委員会 ……①834
遠田 和子 ……①650
エンタテインメントビジネス総合研究所 ……②434
エンターテインメントロイヤーズネットワーク ……②193
エンツェンスベルガー, ハンス・マグヌス ……①608
エンツェンスベルガー, H.M. ……②255
エンデ, ミヒャエル ……①380
猿渡 義市 ……②521
遠藤 榮子 ……②575
遠藤 英嗣 ……②191
遠藤 寛博 ……②325, ②404
遠藤 克哉 ……②739
遠藤 恭子 ……②763
遠藤 記代子 ……①159
遠藤 邦彦 ……②680
遠藤 ケイ ……②419
遠藤 慧 ……②167
遠藤 佐絵子 ……①77
遠藤 さちこ ……②782
遠藤 周作 ……①86, ①375, ①941, ①1033
遠藤 秀平 ……②614
遠藤 舜 ……②541
遠藤 順一 ……②624
円道 正三 ……②579
遠藤 伸一 ……②584
遠藤 信一郎 ……②189, ②303

遠藤 真司 ……①700
遠藤 K.貴則 ……②333
遠藤 貴也 ……①779
遠藤 武文 ……①1078
遠藤 珠紀 ……①615
遠藤 司 ……②52
遠藤 勉 ……②425
遠藤 哲人 ……②143
遠藤 東路 ……②467
遠藤 徹 ……①787,
　　　　①979, ②33
遠藤 利克 ……①868
遠藤 俊子 ……②762
遠藤 利彦 ……①687
遠藤 斗志也 ……②673
遠藤 突無也 ……①794
遠藤 巴子 ……①699
遠藤 尚太郎 ……①261
遠藤 直人 ……②751
遠藤 尚美 ……①812
遠藤 奈穂美 ……①818
遠藤 奈美子 ……②529
遠藤 伸子 ……②768
遠藤 展ゆり ……①913
遠藤 野ゆり ……①705
遠藤 徳孝 ……②679
遠藤 英樹 ……
　　　　②11, ②104
遠藤 英俊 ……①160
遠藤 宏昭 ……①1357
遠藤 寛子 ……②77
遠藤 洋 ……②744
遠藤 裕行 ……①130
遠藤 不比人 ……
　　　①920, ①921
遠藤 文夫 ……②747
遠藤 文子 ……①1118
遠藤 誉 ……②123, ②132
遠藤 誠 ……①46,
　　　①203, ②251
遠藤 昌樹 ……②739
遠藤 雅司 ……①64
遠藤 正敬 ……②97
遠藤 政治 ……①321
遠藤 真美 ……②249
遠藤 雅守 ……②658
遠藤 雅義 ……①643
遠藤 守 ……②523
遠藤 まり ……
　　　①362, ①363
遠藤 美季 ……
　　　①423, ②512
遠藤 貢 ……②87
遠藤 元男 ……①557
遠藤 源樹 ……②736
遠藤 靖昭 ……①257
遠藤 泰生 ……①603
遠藤 保雄 ……②244
遠藤 康子 ……①1373,
　　　①1375, ②347
遠藤 靖子 ……①1351
遠藤 保仁 ……②347
遠藤 雄高 ……①685
遠藤 侑介 ……②549
遠藤 ゆかり ……①488,
　①529, ①827, ②682
遠藤 ゆり子 ……①549
遠藤 洋二 ……②54
遠藤 淑美 ……②745
遠藤 理平 ……②553
遠藤 遼 ……
　　　①988, ①1169
遠藤 和佳子 ……②62
遠藤周作文学館
　　　　　　……①910
エンバウンド ……①1169
円満字 二郎 ……①626
円満字 洋介 ……①540

円満相続を応援する
　税理士の会 ……②413
円茂 竹縄 ……
　　　②355, ②418
塩谷 祐人 ……①670

お

呉 泰雄 ……②779
オ ヨンソン ……②540
尾家 祐二 ……②520
及川 彩 ……②343
及川 儀右衛門 ……①887
及川 紀久雄 ……②575
及川 賢治 ……
　　　①324, ①1116
及川 早月 ……①988
及川 祥平 ……②110
及川 伸 ……②455
及川 信 ……①529
及川 拓馬 ……①249
及川 智早 ……①508
及川 均 ……①182
及川 ひろかつ ……①331
老川 慶喜 ……
　　　②307, ②435
及川 留美 ……①721
生地 新 ……②55
美味しい朝ごはん調
　査隊 ……①62
老田 智美 ……②614
老田 勝 ……①320, ①321
生出 佳 ……②602
生出 寿 ……①580,
　　　①581, ①583
老松 克博 ……
　　　①478, ①485
王 英燕 ……②372
王 柯 ……①664
王 海霞 ……①831, ①834
王 学群 ……①664
王 義楷 ……②132
王 旭峰 ……①46
王 慶祥 ……①598
王 蒙 ……①501
王 財源 ……①23
王 小強 ……①596
王 振国 ……①174
王 成 ……②220
王 静 ……①271
王 雪萍 ……②126
王 丹 ……①664
王 婷婷 ……①663
王 徳威 ……①919
王 保方 ……②761
王 銘琬 ……①246
王 利明 ……②220
オーウィグ, サラ
　　　　　　……①1382
桜雲社 ……①846
オーウェル, ジョー
　ジ ……①650
オーウェンズ, スー
　ザン ……①828
横幹 "知の統合" シ
　リーズ編集委員会
　　　　　　……②99
旺季 志ずか ……①988
仰木 日向 ……①811
扇澤 敏明 ……②599
扇屋 悠 ……①1169

円満相続を応援する
王子自動車学校
　　　　　　……①243
逢坂 かおる ……①1372
逢坂 剛 ……
　　①1033, ①1078
逢坂 時響 ……②554
逢坂 ねがい ……①1169
逢阪 まさよし ……①187
王寺 賢太 ……①455
王子経営研究会
　　　　　　……②318
王城 夕紀 ……
　　①979, ①1118
大内田 わこ ……①602
オウチーノ ……
　　　　①19, ①20
追手門学院大学ベン
　チャービジネス研
　究所 ……②294
欧日協会ドイツ語ゼ
　ミナール ……①669
応仁の乱研究会
　　　　　　……①548
旺文社 ……①412,
　①415, ①416, ①420,
　①423, ①627, ①628,
　①655, ①656, ①657,
　①658, ①723, ①726,
　①727, ①729, ①731,
　①734, ①742, ①743,
　①745, ①746
逢魔プロジェクト
　　　　　　……①144
近江 泉美 ……①1169
近江 堅一 ……②366
青海 まこ ……
　　①1370, ①1389
近江 雅代 ……②778
近江 良和 ……②366
近江兄弟社 ……②615
近江屋 一朗 ……①362
「応用機械工学」編集
　部 ……②435
大饗 里香 ……①173
大饗 広之 ……①490
大朝 雄二 ……①897
大井 一弥 ……②771
大井 久美子 ……②757
大井 玄 ……②705
大井 浩一 ……
　　①463, ②105
大井 浩二 ……①604
大井 幸子 ……②393
大井 佐代子 ……①934
大井 高 ……②673
大井 正之 ……①645
大井 実 ……②5
大井 三代子 ……②5
大井 雄紀 ……①281
大井 裕子 ……②704
大井 渉 ……②549
大石 明子 ……②778
大石 篤史 ……①194
大石 亜矢子 ……②52
大石 英司 ……
　　①1079, ①1128
大石 悦子 ……①971
大石 和子 ……①969
大石 佳能子 ……②708
大石 華法 ……①23
大石 清美 ……②23
大石 圭 ……
　　①1079, ①1119
大石 憲一 ……②585
大石 紘一郎 ……②171
大石 剛一郎 ……②58
大石 幸二 ……①682
大石 滋昭 ……①221

大石 直嗣 ……①248
大石 直紀 ……①977,
　　①1066, ①1079
大石 直記 ……①456
大石 日應 ……①521
大石 ねがい ……①1399
大石 久和 ……②20
大石 文朗 ……①735
大石 眞 ……②146
大石 学 ……①389,
　①426, ①427, ①442,
　①530, ①557,
　①567, ①780
大石 守人 ……①542
大石 麻貴 ……①775,
　①778, ①781
大石 守 ……②299
大石 真由香 ……①901
大石 充 ……②740
大石 泰史 ……①551
大石 裕 ……②14
大石 芳裕 ……②335
大石 良 ……②526
大泉 啓一郎 ……
　②48, ②252
大泉 光一 ……
　②551, ①555
大泉 省吾 ……②613
大泉 貴 ……①1169
大泉 常長 ……②253
大泉 溥 ……①486
大泉 実成 ……②94
大泉 洋 ……①1089
大泉 義一 ……①715
大泉書店編集部
　　　　　　……②290
大分県宇佐市 ……②16
大分県弁護士会
　　　　　　……②222
大岩 俊之 ……②275
大岩 直人 ……②347
大岩 尚宏 ……②553
大石 元 ……①420
大岩 秀樹 ……①653
大上 ミカ ……②25
大内 いづみ ……①83
大饗 里香 ……①988
大内 一郎 ……①988
大内 和夫 ……②595
大内 建二 ……
　②166, ②626
大内 伸哉 ……
　②466, ②468
大内 大輔 ……②325
大内 孝夫 ……①802
大内 孝子 ……①875, ②9
大内 田鶴子 ……②104
大内 照雄 ……①583
大内 紀彦 ……②746
大内 信也 ……①891
大内 裕和 ……①758
大内 博勝 ……①254
大内 洋 ……①215
大内 優 ……②340
大内 容子 ……②238
大内 利före ……①7
大内田 康徳 ……②257
大海原 宏 ……②457
おおうみ あかし
　　　　　　……①340
大海 一雄 ……②25
大浦 清 ……②755
大浦 春堂 ……①505
大浦 健志 ……①521
大浦 溥 ……②289
大浦 ふみ子 ……①988
大浦 雅弘 ……①811
大浦 隆典 ……①908
大仁 加代 ……②386
大江 恵子 ……①688
大江 健三郎 ……①909
大江 修造 ……②599

大江 舜 ……②292
大江 隆史 ……②216
大江 忠 ……②207
大江 近 ……①705
大江 千束 ……②44
大江 敏江 ……①690
大江 英樹 ……①111,
　②386, ②388,
　②390, ②394
大江 秀人 ……①542
大江 麻貴 ……
　①778, ①781
大江 美佐里 ……②745
大江 守之 ……②58
大江 靖雄 ……②451
大江 達 ……②527
大駅 寿一 ……①778
おおえだ けいこ
　　　　　　……①690
大岡 昇平 ……
　　①988, ①1033
大岡 千恵子 ……②54
大岡 敏昭 ……①557
大岡 信 ……①904, ①905
大家 友和 ……①224
大賀 英徳 ……②177
大貝 健二 ……②303
大上 丈彦 ……②721
大川 淳 ……②751
大川 一夫 ……①885
大川 謙作 ……①1335
大川 恒 ……②298
大川 晃一 ……②549
大川 咲也加 ……
　①502, ①504
大川 紫央 ……
　①338, ①503
大川 周明 ……
　①533, ①572
大川 翔 ……①674
大川 豪司 ……②120
大川 直樹 ……①503
大川 直人 ……①260
大川 紀男 ……①582
大川 英明 ……①110
大川 宏洋 ……
　①790, ①988
大川 雅臣 ……①1169
大川 正義 ……①802
大川 三雄 ……②611
大川 美和子 ……①691
大川 裕太 ……
　①502, ①503
おおかわ よしえ
　　　　　　……①325
大川 善邦 ……②559
大川 隆法 ……①502,
　①503, ①504
大川 玲子 ……①529
大川内 隆朗 ……②558
大川内 夏樹 ……①904

大河原 浩一 ……
　①273, ②541
大河原 修一 ……

大河原 伸 ……②446
大河原 多津子 ……
　①11, ②446
大川原 竜一 ……①542
大河原 礼三 ……①528
大木 あきこ ……①325
大木 明子 ……①942
大木 いづみ ……①165
大木 一 ……①622
大木 清弘 ……②371
大木 恵史 ……②581
大木 茂 ……②258
大木 志門 ……①913
大北 秀一 ……②760
大來 尚順 ……①625
大木 毅 ……①602,
　①607, ①610
大木 剛 ……②379
大木 貞一 ……②171
大木 トオル ……
　①334, ①805
大木 富 ……②116
大木 秀之 ……②605
太木 裕子 ……②550
大城 光子 ……①67
大木 桃代 ……②767
大木 裕子 ……②371
大木 祐悟 ……②423
大木 ゆきの ……①88,
　①116, ①323
大木 啓至 ……①260
大樹 連司 ……①1117
大喜多 健吾 ……①510
大喜多 利哉 ……②536
大北 はるか ……①1067
おおぎやなぎ ちか
　　　①346, ①351
大桐 代真子 ……①192
大串 章 ……①971
大串 祥子 ……①256
大串 夏身 ……②6
大串 肇 ……②516
大櫛 陽一 ……①148
大楠 秀樹 ……②773
大口 祐矢 ……②764
大国 正美 ……①573
大久保 敦子 ……②734
大久保 雨咲 ……①356
大久保 和郎 ……
　①470, ①471
大久保 喜市 ……①988
大久保 恭子 ……①19
大久保 圭太 ……②278
大久保 貞義 ……②68
大久保 茂徳 ……①326
大久保 忍 ……①163
大久保 純一 ……
　①832, ①835
大久保 昭平 ……①322
大久保 史郎 ……②465
大久保 慎二 ……②683
大久保 隆夫 ……②533
大久保 孝治 ……②107
大久保 孝俊 ……②286
大久保 達弘 ……①406
大久保 恒臣 ……①786
大久保 恒夫 ……②311
大久保 友博 ……①865
大久保 菜穂子 ……②722
大久保 信子 ……①32
大久保 開 ……
　①359, ①360
大久保 洋介 ……①21
大久保 寛 ……①1363
大久保 博 ……①1334
大久保 雅章 ……②571
大久保 柾幸 ……②695

大久保 光夫 ……②722
大久保 康雄 ……①1353
大久保 裕司 ……①942
大久保 有加 ……①406
大久保 幸夫 ……②310
大久保 庸子 …
　　　　①34, ①606
大熊 一夫 ……②746
大熊 重之 ……②422
大熊 将八 ……②322
大熊 希美 …
　　　　②349, ②530
大熊 廣明 ……①432
大隈 宏 ……①126
大熊 康弘 …
　　　　②593, ②597
大倉 喜八郎 ……②263
大倉 源次郎 ……①787
大倉 季久 ……①108
大倉 崇裕 …
　　　　①381, ①1079
大倉 直 ……①933
大倉 得史 ……①692
大倉 史生 ……②548
大倉 典子 ……②570
大蔵財務協会 …②399,
　　　　②404, ②407
大栗 道榮 ……①516
大黒 尚人 ……①1169
大胡 由紀 ……②537
大河内 冬華 ……①974
大河内 博 ……②577
大越 和孝 ……①724
オオゴシトモエ
　…………………①286
大越 ひろ ……②773
大越 基裕 ……①46, ①64
大胡田 誠 ……②52
大坂 健 ……①259
大阪医療センター看
　護部 ……②740
大阪株式懇談会
　…………………①196
大阪教育大学社会学
　研究会 ……①748
大阪教育大学附属池
　田小学校 ……①703
大阪工業大学工学部
　一般教育科物理実
　験室 ……②666
大阪コピーライター
　ズクラブ ……②340
大阪自治体問題研究
　所 ……②156
大阪社会保障推進協
　議会 ……②61
大阪商工会議所
　…………………②22,
　　　②508, ②509
大阪市立大学大学院
　理学研究科基礎教
　育化学実験グルー
　プ ……②669
大阪誠昭会 ……②61
大阪総合保育大学総
　合保育研究所絵本
　プロジェクト
　…………………①688
大阪大学アーカイブ
　ス ……②676
大阪大学国際教育交
　流センター ……②658
大阪大学大学院文学
　研究科比較デザイ
　ン学クラスター美
　学研究室 ……①880
大阪大学未来共生プ
　ログラム ……②42

大阪大学COデザイ
　ンセンター ……②678
大阪俳句史研究会
　…………①904, ①971
大阪府 ……②617
大阪府建築家協同組
　合 ……②604,
　　　②617, ②621
大阪府立大学高等教
　育推進機構物理学
　グループ ……②666
大阪府立大学マネジ
　メント研究会
　…………………②374
大阪弁護個立証研究
　会 ……②215
大阪弁護士会 ……①711
大阪弁護士会中小企
　業支援センター
　…………………②194
大阪弁護士会取調べ
　の可視化大阪本部
　…………………②215
大阪弁護士会民法改
　正問題特別委員会
　…………………②204
大阪弁訳「法華経」
　制作委員会 ……①516
大阪法務局不動産登
　記部門地図整備筆
　界特定室 ……②210
大阪ボランティア協
　会 ……②63
大阪毎日新聞社
　…………………①573
大阪料理会 ……①67
大崎 章弘 ……①423
大﨑 麻子 ……①113
大崎 功 ……①636
大崎 梢 ……①976,
　　①988, ①1079
大崎 貞和 …
　　　②377, ②395
大嵜 幸子 ……②277
大崎 晴由 …
　　②210, ②235
大崎 悌造 ……①387
大崎 知仁 ……①1138
大崎 博 ……①458
大崎 瑶 ……②547
大作 晃一
　…①406, ②689
大作 道子 ……①378
大迫 閑歩 …
　　①464, ①901
大迫 ちあき ……①439
大迫 秀樹 ……①532
大笹 吉雄 ……①783
大里 秀介 ……①659,
　　①660, ①661
大里 進子 ……②776
大沢 章子
　　①611, ①935
大沢 晶 ……①1366
大沢 在昌 ……①1079
大沢 幸子 ……①353
大澤 聡 ……①464,
　①907, ①908, ②102
大澤 茂雄 ……②497
大沢 健夫 ……②656
大澤 千加 ……①309
大澤 智興 ……②667
大澤 力 ……①713
大澤 輝嘉 ……①677
大澤 俊一 ……②271
大澤 直樹 ……②592
大澤 肇 ……②126
大澤 秀雄 ……②258

大沢 秀介 ……
　　①476, ②224
大沢 秀介 …
　　②199, ②219
大沢 裕 ……①689,
　　①695, ①697
大澤 裕 ……①638
大沢 洋美 ……①691
大沢 文夫 ……①681
大澤 文孝 ……①521,
　②522, ②526, ②527,
　②547, ②550,
　②560, ②596
大澤 文護 ……②131
大沢 雅紀 ……①1169
大澤 真幸 ……①510,
　　①589, ①914,
　②102, ②109
大澤 雅彦 ……②681
大澤 正道 ……①926
大沢 衛 ……①1328
大澤 美穂子 ……②205
大澤 めぐみ ……①1169
大澤 幸生 ……②519
大澤 豊 ……②488
大塩 あゆ美 ……①65
大鹿 哲郎 ……②760
大鹿 靖明 ……②305
大茂 利充 ……①665
大重 史朗 ……②10
大重 美幸 …
　　②531, ②549
大下 宇陀児
　　①1069, ①1080
大下 英治 ……①791,
　　①930, ②147,
　②148, ②308
大下 伸悦 ……②449
大下 大圓 ……①517
大下 武 ……①558
太下 義之 ……②137
大柴 弘子 ……②112
大芝 亮 ……②31,
　②120, ②122
大島 晃 ……①463
大島 明 ……②216
大島 一洋 ……②269
大島 一朗 ……②434
大島 かおり ……①471
大島 薫 ……①516
大島 一太 ……②739
大島 和隆 ……②393
大島 一悟 ……②206
大島 一彦 ……①1329
大島 騎頼 ……②554
大嶋 建一 ……②668
大島 健二 ……②610
大島 孝一 ……②762
大嶌 幸一郎 ……②671
大島 さくら子 ……①641
大嶋 祥誉 ……②351
大島 里美 ……①988
大嶋 重徳 ……①522
大島 惇平 ……①942
大島 純 ……①749
大島 伸一 ……②707
大島 信三 ……①510
大島 寿美子 ……②704
オオシマ ダイスケ
　…………………①821
大島 妙子 ……①362
大島 隆明 ……②215
大島 隆 ……②120
大島 丈志 ……①886
大島 武 ……②373
大嶋 輝夫 ……②593,
　②632, ②635,
　②636, ②638

大島 利一 ……①596
大島 智子 ……①846
大島 直行 ……①613
大嶋 信頼 ……①91,
　①98, ①493, ①497
大島 仁 ……①673
大嶋 仁 ……①456
大島 宏 ……①525
大島 廣志 ……①886
大島 浩之 ……②479
大嶋 扶美代 ……①988
大嶋 正浩 ……②745
大島 真寿美 ……①988
大島 真理 ……②3
大島 通義 ……②471
大島 泰克 ……②458
大島 幸雄 ……②547
大島 由起子 ……②923
大島 豊 …
　　①1364, ①1366
大島 陽子 ……②458
大島 良子 ……②213
大島 義則 ……②188
大島 義史 ……①197
大嶋 利佳 …
　　②363, ②364
大城 賢 …①734, ①735
大城 聡 ……②142
大城 純男 ……②156
大城 太 ……①465,
　②347, ②388
大城 建夫 ……②321
大城 直樹 ……①606
大城 密 ……①988
大城 道則 …
　　①458, ②680
大城 竜聖 ……①598
大頭 眞一 ……①523
大図 まこと ……①78
大須賀 昭彦 ……②536
大須賀 健 …
　　①402, ②676
大須賀 公一 ……②598
大菅 力 ……②623
大菅 俊幸 ……①510
大須賀 直子 ……①660
大須賀 直人 ……②756
大須賀 正人 ……②645
大須賀 瑞夫 ……①931
大須賀 祐 ……②281
大杉 昭英 ……①712,
　①719, ①758
大杉 幸毅 …
　　①149, ①183
大杉 栄 ……②467
大杉 潤 ……②344
大杉 住子 ……①746
大杉 日香理 …
　　①130, ①143
大杉 正明 ……①637
大杉 みどり ……②426
大鈴 佳花 ……①118
大隅 乙郎 ……②228
大隅 和雄 …
　　①520, ①533
大隅 典子 ……②731
大角 良太 ……①190
大瀬 由生子 ……①71
大関 武治 ……②627
大関 直樹 ……①437
大関 雅弘 ……②97
大関 真之 ……②665
大曽根 育代 ……①972
大曽根 匡 ……②517
大薗 治夫 ……①988
大空 なごむ …
　　②358, ①381
大空 なつき …

①359, ①361
大空 メイ …
　　①476, ②648
太田 愛 …
　①1066, ①1080
太田 晶子 ……①55
太田 明 ……①1033
太田 敦雄 ……①267
太田 篤志 ……①684
太田 栄一 ……②409
太田 悦子 ……①734
太田 一樹 ……②334
太田 和志 ……①684
太田 和彦 …
　　①942, ②575
太田 和博 ……②429
太田 一穂 ……②548
太田 勝正 ……②764
太田 加世 ……②763
太田 喜久子 ……②768
太田 牛一 ……①552
太田 清隆 ……①779
太田 浄文 ……②718
太田 邦幸 ……②367
太田 健 ……①182
太田 光一 ……①900
太田 幸司 ……①221
太田 浩右 ……②737
太田 佐絵子 …②601,
　②85, ②91,
　②127, ②133
太田 差惠子 ……②68
太田 桜子 ……①817
太田 さやか ……①878
太田 紫織 …
　①1080, ①1170
太田 成男 ……①148
太田 茂 …②213, ②214
太田 順子 ……②161
太田 準也 ……②615
太田 省一 ……②768
太田 省一 ……②610
太田 勝造 ……②261
太田 晋 ……②802
太田 心平 ……①114
太田 宗達 ……②273
太田 大輔 ……①325
太田 猛 ……②307
太田 忠司 ……①1080
太田 忠道 ……①68
太田 達也 ……①259,
　②260, ②196, ②211,
　②315, ②323, ②326
太田 恒久 ……②189
太田 てるみ ……②727
太田 俊明 ……①989
おおた としまさ
　…………………②675,
　①702, ①714, ①743,
　②109, ②463
太田 知子 …
　　①13, ①423
太田 朋子 …
　①1379, ①1380,
　①1382, ①1384
太田 尚樹 ……①110
太田 直子 …②162,
　②101, ②105,
　②266, ②729
太田 直史 ……②203
太田 信夫 ……①478,
　①479, ①480, ①481,
　①485, ①487,
　①498, ②110
太田 登 ……①888
太田 肇 ……②344,
　②353, ②373
太田 光 ……①989
太田 寿 ……①443

太田 秀樹 ……②70
太田 仁志 ……①129
太田 響 ……②192
太田 博明 ……②168
太田 寛行 ……②451
太田 誠 ……①726
オオタ マサオ ……②615
太田 将司 ……②419
太田 昌孝 ……①904
太田 昌秀 …
　　①577, ②168
太田 雅幸 ……②281
大田 昌幸 ……②521
太田 勝 ……①443
太田 操 ……①763
太田 光洋 ……①704
太田 充 ……②261
太田 峰夫 ……①815
太田 美帆 ……①476
大田 美和 ……①922
太田 美和子 ……①934
太田 素子 ……①557
太田 康夫 ……②376
太田 康介 ……①266
太田 安隆 ……②684
太田 康成 ……①964
太田 泰弘 ……①36
太田 八千穂 ……②701
太田 雄貴 ……①431
太田 裕子 ……②749
太田 裕二 …
　①747, ②370
太田 悠介 ……①475
太田 悠造 ……②697
太田 由加里 ……②55
太田 幸昌 ……①942
太田 百合子 ……①55,
　①692, ②533
太田 洋 …②736,
　②185, ②267,
　②326, ②399
太田 陽子 ……①636
太田 仁樹 ……②173
太田 良典 ……②547
太田 好治 ……①775
太田 義弘 ……②52
太田 義祥 ……①653
太田 亮児 ……②490
大平 一枝 ……①107,
　①942, ②167
大平 万里 ……①150
大高 敏男 ……②600
大高 正樹 ……①684
大高 未貴 ……①575
大高 保二郎 …
　①390, ①837
大高 勇治 ……①586
大高 洋司 ……①832
太田垣 章子 ……②424
大瀧 彩乃 ……①30
大瀧 雅之 ……②267
大瀧 満 ……①966
大滝 みや子 …
　②565, ②566
大瀧 隆太 ……②521
大瀧 令嗣 ……②309
太田記念美術館
　…………………①835
大田黒 奉之 …
　　①808, ②299
大嶽 あおき …
　　②193, ②419
大竹 昭子 …
　　①257, ①989
大竹 明 ……②728
大竹 修 ……②456
大竹 くみ ……①817
大竹 稽 ……①724

著者名索引

大竹 恵子 ……①482
大竹 功太郎 ……②39
大竹 聡 ……①44
大竹 智 …①695, ②60
大竹 しのぶ ……①773
大竹 秀一 ……①633
大嶽 正泰 ……①513
大竹 真一 ……②654
大竹 愼一 ……②381
大竹 真一郎 ……①151, ①164
大竹 晋 ……①510
大竹 敏之 ……②24
大竹 智也 ……②554
大竹 延幸 ……②99
大竹 のり子 ……②75
大竹 久夫 ……②673
大嶽 秀夫 ……②144, ②172
大竹 英洋 ……①929
大嶽 浩司 ……②750
大嶽 広展 ……①690, ①693
大竹 文雄 ……②256, ②369
大竹 奉一 ……①23
大嶽 真康 ……①531
大竹 道茂 ……①434
大竹 龍史 ……②545, ②562
太田市美術館図書館 ……①823
大舘 昭彦 ……①736
大谷 晃 ……①427
大谷 彰 ……①486
大谷 栄一 ……①507
大谷 修 ……②727
大谷 和美 ……①336
大谷 嘉能 ……②632
大谷 貴美子 ……②39, ②778
大谷 清文 ……①244
大谷 恵 ……②341
大谷 幸市 ……①540
大谷 悟 ……①11
大谷 純 ……②519
大谷 翔平 ……①224
大谷 じろう ……①45, ①442
大谷 節子 ……①788
大谷 卓史 ……②512
大谷 多摩貴 ……①650
大谷 暢順 ……①513
大谷 哲夫 ……①518
大谷 徹奘 ……①104, ①420
大谷 俊郎 ……①215
大谷 尚子 ……①752
大谷 英暉 ……②405
大谷 弘至 ……①900
大谷 政泰 ……①930
大谷 真弓 ……①1364, ①1365
大谷 真理子 …①1366, ①1382, ①1388
大谷 みどり ……①636
大谷 峯子 ……①942
大谷 基道 ……②153
大谷 泰夫 ……②66
大谷 八葉 ……②9
大谷 雄司 ……①286
大谷 由香 ……①515
大谷 由里子 ……②282, ②344
大谷 義夫 ……②153
太田和 順子 ……②6
大多和 雅絵 ……①756
大地 真介 ……①923

大地 陸男 ……②728
大津 悦夫 ……①704
大津 秀一 ……①86, ①458
大津 真作 ……①467
大津 透 …①532, ①547
大津 紀子 ……①715
大津 浩 ……②200
大津 雅光 ……①185
大津 光央 ……①1080
大津 美保 ……①136
大津 元一 ……②664
大津 由紀雄 ……①733
大塚 章男 ……①648
大塚 明彦 ……②745
大塚 晃 ……②49
大塚 淳 ……②758
大塚 篤 ……②608
大塚 あや子 ……①77, ①79
大塚 いちお ……①328
大塚 英志 ……①1080, ②10, ②17, ②33, ②113
大塚 修 ……①591
大塚 角満 ……①273, ①282, ①942
おおつか けいり ……①356
大塚 謙二 ……①734
大塚 健太 ……①343
大塚 健太郎 ……①707
大塚 公一郎 ……②742
大塚 耕平 ……①514
大塚 咲 ……①933
大塚 潔 ……①228
大塚 茂樹 ……②199
大塚 滋 ……②198
大塚 静正 ……①344
大塚 韶三 ……②680
大塚 真一郎 ……①366
大塚 せつ子 ……①70
大塚 泰造 ……①296
大塚 貴 ……②603
大塚 卓嗣 ……①1033
大塚 武一 ……②228
大塚 剛史 ……①108
大塚 千紗子 ……①895
大塚 知昇 ……①622
大塚 友広 ……①219
大塚 朝美 ……①734
大塚 友美 ……②101
大塚 菜生 ……①320, ①322
大塚 寧々 ……①770
大塚 信一 ……①833
大塚 野百合 ……①525
おおつか のりこ ……①372, ①378
大塚 典子 ……①387
大塚 紀弘 ……①550
大塚 初重 ……①614
大塚 ひかり ……①530
大塚 映 ……②712
大塚 久哲 ……②606, ②617
大塚 英明 ……②225
大塚 英樹 ……②307
大塚 寛 ……②525
大塚 浩司 ……②605
大塚 正彦 ……②623
大塚 正之 ……②190
大塚 益比古 ……②668
大塚 美津江 ……②270
大塚 みちこ ……①942
大塚 宗春 ……②321
大塚 桃 ……①1328

大塚 康生 ……①431
大塚 雄介 ……②376, ②391
大塚 葉 ……②309
大塚 陽子 ……①670, ②64
大塚 宜明 ……①614
大塚 玲奈 ……②367
大槻 彰 ……①109
大槻 邦雄 ……②229
大槻 健 ……②521
大槻 ケンヂ ……①93, ①989
大月 純子 ……②44
大槻 真一郎 …①590, ①612, ②701
大月 宇美 ……②527
大築 立志 ……②729
大槻 哲也 ……②502
大月 敏雄 ……②67, ②610
大槻 知史 ……②247
大槻 智之 ……②332
大槻 奈那 ……②380
大即 信明 ……②628
大槻 久 ……②647
大月 博司 ……②374
大槻 雅弘 ……①189
大月 康弘 ……②265
大槻 有一郎 ……②533, ②549
大胎 祐治 ……②715
大槻 幸雄 ……②330
大槻 義彦 ……②663, ②668
大辻 隆弘 ……①904
大坪 和敏 …①197, ②204, ②209, ②227, ②228
おおつぼ かずみ ……①326
大坪 圭輔 ……①739
大坪 砂男 ……①1069
大坪 孝之 ……②686
大坪 利絹 ……①900
大坪 知樹 ……②533
大坪 併治 ……①629
おおつぼ ほまれ …①71
大坪 靖直 ……①703
大坪 庸介 ……②109
大坪 喜幸 ……①734
大坪 玲子 ……②86
大津留 厚 ……①600
大鶴 暢彦 ……②544
おおで ゆかこ ……①332
大出 幸夫 ……①411
樗木 厚 ……①717
大音 和豊 ……②589
大戸 基道 ……②597
大利 実 ……①220
大富 浩一 ……②602
大友 育美 ……②62
大友 克洋 ……①847
おおとも たけし ……①310
大友 剛 ……①315
大友 信勝 ……②56
大友 秀俊 ……②36
大友 浩 ……①438
大友 康裕 ……②725
大友 良英 ……①496, ①802, ①805
大鳥館研究会 ……①530
大鳥 精司 ……②752
鳳 蘭 ……①96
大中 真 ……②94
大成 逸夫 ……②667
おおなり 修司

……①330, ①339
大成 信一朗 ……①100
大西 愛子 ……①844
大西 英玄 ……①509
大西 克典 ……①601
大西 克幸 ……②139
大西 公恵 ……①747
大西 清 ……②586
大西 景子 ……①79
大西 健丞 ……②247
大西 皓久 ……①509
大西 公平 ……②598
大西 祥世 ……②140
大西 晶允 ……①509
大西 尚子 ……②70
大西 城司 ……①722
大西 慎也 ……②290
大西 すみこ ……②540
大西 誠一 ……①172
大西 拓一郎 ……①629
大西 卓哉 ……②676
大西 琢朗 ……①451
大西 健夫 ……①334
大西 武 …②555, ②557
大西 稚恵 ……①203
大西 寿男 ……②16
大西 朋 ……①972
大西 知生 ……②397
大西 直樹 ……①923
大西 農夫明 ……②310
大西 延英 ……①685
大西 巨人 ……①909
大西 肇 ……②300
大西 秀樹 ……①488, ①496
大西 秀隆 ……①964
大西 斎 ……②225
大西 仁 ……②655
大西 洋 ……②425, ②671, ②736
大西 弘高 ……②711
大西 昧 ……①377
大西 磨希子 ……①834
大西 亮 ……①1331
大西 守 ……②460
大西 美智子 ……①910
大西 泰正 ……①552
大西 康之 ……②305
大西 裕 ……②146, ②170, ②583
大西 洋平 ……②548
大西 玲央 ……①227
大貫 恵水 ……①871
大貫 伸樹 ……①875
大貫 隆 ……②522
大貫 卓也 ……①880
大貫 信彦 ……②687
大貫 喜也 ……①961
大沼 えり子 ……②49
大沼 ショージ ……②37
大沼 長清 ……②322, ②323, ②324
大沼 直紀 ……①681
大沼 紀子 ……①1170
大沼 真 ……②195
大沼 安史 ……②579
大沼 由樹 ……①22
大沼 良子 ……①688
大沼 芳幸 ……②23
大沼田 伊勢彦 ……①1170
大根 仁 …①365, ①781, ①987, ①1132
大野 暁彦 ……②612
大野 章 ……①471
大野 篤史 ……①227
大野 歩 ……②115
大野 勲 ……②423

大野 治 ……②524
大野 薫 ……②379
大野 一昭 ……②627
大野 和基 ……①638, ②260
大野 桂 ……①727
大野 宏毅 ……②665
大野 工司 ……②672
大野 志保 ……②375
大野 純一 ……②750
大野 精一 ……①674
大野 貴史 ……②274
大野 貴広 ……①733
大野 高裕 ……①420
大野 千鶴 ……①876, ①879, ②616
大野 徹也 ……②209
大野 敏明 ……①625
大野 俊一 ……①428
大野 俊也 ……①805
大野 敏哉 ……①370
大野 富次 ……①569
大野 智久 ……①729
大野 友久 ……②758
大野 智弘 ……①320
大野 朝行 ……①236
大野 直人 ……①412, ①419
大野 夏代 ……②22
大野 久子 ……②400
大野 寿子 ……①923, ②704
大野 英樹 ……①622, ①631
大野 秀樹 ……②727
大野 英子 ……①382
大野 裕之 …①195, ①793, ①794
大野 風柳 ……①906
大野 文彰 ……②432
大野 誠 ……①605
大野 正人 ……①419
大野 正博 ……②616
大野 正道 ……①575, ②302
大野 益人 ……①215
大野 益通 ……②205
大野 美砂 ……①920
大野 瑞絵 ……①262, ②690
大野 瑞男 ……①558
大野 睦仁 ……①708, ①710
大野 萌子 ……②61, ②363
大野 靖志 ……①506
大野 八生 …①336, ①372, ①406
大野 裕 …①89, ①125, ①488, ②745, ②746
大野 裕美子 ……①22
大野 百合子 ……①130
大野木 哲也 ……②665
大野木 宏彰 ……②723
大野木 裕明 ……①690
大庭 英子 …①49, ①53, ①56, ①57, ①61, ①62
大場 一央 ……①465
大庭 萱朗 ……①940, ①950
大庭 桂 ……①427
大庭 健三 ……②742
大庭 賢哉 ……①361, ①382
大羽 孝児 ……②67
大場 吾郎 ……②15

大庭 さよ ……①478
大庭 茂 …②497, ②673
大庭 秀一 ……①262
大庭 純 ……①184
大庭 潤平 ……②754
大庭 健 ……①477
大場 龍男 ……②52
大場 敏明 ……①151, ①175
大場 俊雄 ……②25
大場 俊彦 ……①167
大場 登 ……①493
大場 鳩太郎 ……①1170
大場 秀章 ……①830
大場 史康 ……②595
大場 真 ……②682
大庭 三枝 ……②250
大場 美鈴 ……②14
大場 みち子 ……②589
大場 美和 ……②241
大場 博幸 ……①622
大場 ヤス子 ……②537
大庭 裕範 ……②671
大場 ゆかり ……①812
大場 理恵子 ……①636
大場 惑 ……①370
大場 敦子 ……②728
大場 功 ……②757
大橋 一弘 ……②781
大橋 一人 ……①734
大橋 一之 ……②758
大橋 喜美子 ……①691
大橋 慶子 ……①398, ①434
大橋 賢一 ……①724
大橋 謙策 ……②78
大橋 康二 ……①873
大橋 弘祐 ……①645
大橋 聡史 ……②340
大橋 盛徳 ……②527
大橋 忍 …①865, ①867
大橋 順 ……②728
大橋 昭一 ……②242
大橋 真由美 ……②556
大橋 卓生 ……①214
大橋 高広 ……②330
大橋 崇行 ……①387, ①911
大橋 毅彦 ……①902
大橋 力 ……①142
大橋 俊朗 ……②715
大橋 尚泰 ……①671
大橋 直義 ……①896
大橋 信弥 ……①541
大橋 弘子 ……①972
大橋 拓文 ……①246, ①248
大橋 広好 ……②688
大橋 正明 ……②87, ②125, ②127
大橋 昌信 ……②15
大橋 松貴 ……②157
大橋 真由美 ……②157, ②238
大橋 美加 ……①770
大橋 美紀 ……①663
大橋 みちこ ……①50
大橋 緑 ……①35
大橋 基 ……①451
大橋 裕一 ……①760
大橋 由香 ……①60
大橋 幸泰 ……①559
大橋 洋一 ……①90, ②203
大橋 洋一郎 ……②130
大橋 義輝 ……①895
大橋 喜之 ……①602
大橋 理枝 ……①637

大橋 竜太 ……①605
大橋 玲子 ……①672
大畑 光司 ……①752
大畑 利則 ……①718
大畑 裕史 ……①237
大旗 勇一 ……①989
大浜 庄司 ……②586, ②592
おおはま ちひろ ……①317
大浜 千尋 ……①311, ①316
大庭みな子研究会 ……①910
大林 清 ……①930
大林 啓吾 ……②198, ②199, ②202, ②219
大林 宣彦 ……①790
大林 日名子 ……①1389
大林 寛 ……①875
大林 弘道 ……②420
大林 正智 ……②7
大林 雅之 ……①706
大原 葵 ……①1364
大原 鮎美 ……①963
大原 國章 ……②748
大原 慶子 ……②466
大原 興三郎 ……①350
大原 竜男 ……②558
大原 千鶴 ……①49, ①50, ①65, ①66, ①67
大原 秀記 ……①190
大原 昌明 ……②320
大原 まゆみ ……①81, ①867
大原 良夫 ……①491
大原 良友 ……②631
大原学園大原簿記学校 ……②451, ②469, ②473
大原社会問題研究所 ……②468
大原簿記学校 ……②472, ②473
大東 めぐみ ……②286
大槻 重剛 ……①740
大日向 葵 ……①583
大平 章 ……①470, ②101
大平 恵理 ……①17
大平 幸輝 ……①801
大平 浩二 ……②275
大平 哲 ……②576
大平 しおり ……①1170
大平 武洋 ……①249
大平 正 ……②382
大平 徹 ……②660
大平 信孝 ……②349
大平 一 ……①541, ①546
大深 俊明 ……①942
大藤 浩一 ……①89
大藤 紀子 ……②200
大藤 幹 ……②549, ②554, ②560
大渕 修一 ……①217, ②723
大淵 博義 ……②400, ②408
大渕 希郷 ……①256
大瀧 康成 ……②516
大保 昇 ……②628, ②644
大堀 隆文 ……②590
大堀 壽夫 ……①622
大舞 キリコ ……②313, ②362
大前 暁政 ……①730
大前 研一 ……①111, ②19, ②248, ②265, ②276, ②281, ②308, ②311, ②570

大前 信也 ……①584
大前 晋 ……②746
大曲 睦恵 ……②53
大牧 圭吾 ……①414
大牧 広 ……①974
大政 謙次 ……②687
大町 公 ……①910
大間知 知子 ……①45, ①115, ①595, ②135
大松 繁 ……②597
大松 孝弘 ……①106
大豆生田 啓友 ……①12, ①690, ①692
大眠 諒 ……①467
近江 利江 ……①392
大美賀 隆 ……②692
洪 正幸 ……①141
大水 善寛 ……②260
大溝 茂 ……②55
大道 珠貴 ……①1003
大道 晴香 ……②116
大南 淳 ……①224
大宮 あゆみ ……①268
大宮 勇雄 ……①693
大宮 エリー ……①942
大宮 一仁 ……①1134
近江谷 克裕 ……①405
大牟田 章 ……①587
大牟田市役所主査会 ……②22
大村 あつし ……②537
大村 敦志 ……②205, ②208
大村 瑛理香 ……①1399
大村 邦年 ……②428
大村 幸子 ……①725
大村 智 ……②650
大村 大次郎 ……①512, ①530, ②135, ②137, ②243, ②279, ②314, ②388, ②404
大村 賢秀 ……①8
大村 哲矢 ……②621
大村 亨 ……①807
大村 秀章 ……②246
大村 平 ……②523
皇村 昌季 ……①161
大村 益夫 ……①1340
大村 泰久 ……②668
皇村 祐己子 ……①161
大村 由紀子 ……②386
大村 友貴美 ……①1080
大藪 祐里子 ……②541
大室 剛志 ……①620
大室 英幸 ……②239
大室 弘美 ……②771
大室 正志 ……②369, ②462
大本 あかね ……②526
大元 慎二 ……②184, ②185
大元 信宏 ……①128
大元 鈴子 ……②246
大森 充香 ……②730
大森 淳子 ……①324
大森 和夫 ……②19
大森 一輝 ……①975
大森 啓司 ……②334
大森 さわこ ……①792
大森 茂幸 ……①989
大森 晋輔 ……①906
大森 節子 ……①867
大森 貴秀 ……①479
大森 健巳 ……②361
大森 庸雄 ……①809
大森 智恵 ……②742

大森 直樹 ……①719
大森 望 ……①886, ①914, ①1116, ①1328, ①1363
大盛 のぞみ ……①942
大森 肇 ……②727
大森 ひとみ ……①30
大森 弘子 ……②19
大森 藤ノ ……①1170
大森 正樹 ……①448
大森 雅子 ……①784
大森 正司 ……①46
大森 正英 ……①691
大森 雅美 ……②326
大森 正嘉 ……②328
大森 万智子 ……①471
大森 真帆 ……①57
大森 みち花 ……①1371
大森 裕浩 ……②259
大森 由紀子 ……①71
大森 龍三 ……①933
大森 彌 ……①141, ②451
大宅 映子 ……②13
大矢 一志 ……②512
大矢 浩一 ……①246
大屋 定晴 ……②260
尾家 順子 ……①925
大宅 壮一 ……②13
大屋 孝雄 ……①258
大屋 貴司 ……①226
大屋 尚浩 ……①789
大矢 健 ……①922
大矢 たけはる ……①11
大屋 雄裕 ……②225
大矢 英代 ……②13
大矢 博子 ……①903
大矢 正和 ……①352
大谷 實 ……②59, ②212
大屋 幸子 ……①11
大矢 幸弘 ……①56, ①181
大屋 幸世 ……①902
大谷 佳子 ……①494
大矢 芳弘 ……①787
大八木 秀和 ……②733
大谷内 輝夫 ……①172
大柳 珠美 ……①58, ①164, ①166
大矢根 聡 ……②170
大矢根 淳 ……①704
大矢野 栄次 ……①558, ②263
大矢野 由美子 ……②506
大藪 多可志 ……②255
大藪 春彦 ……①1080
大山 晶 ……①37
大山 朝子 ……②47
大山 修 ……②302
大山 勝男 ……①825
大山 啓介 ……②539
大山 彦光 ……②721
大山 小夜 ……①95
大山 旬 ……①30
大山 淳子 ……①989, ①1080
大山 滋郎 ……②195
大山 末美 ……②764
大山 誠一 ……②150
大山 誠一郎 ……①1068
大山 泉 ……①310, ①412
大山 敬義 ……②311
大山 正 ……①486
大山 ちこ ……①989
大山 剛 ……②377
大山 俊治 ……①232
大山 博久 ……①89
大山 雅己 ……②385
大山 雅義 ……②769

大山 水帆 ……②155
大山 道広 ……②257
大山 康晴 ……②248, ②250
大山 裕二 ……②426
大山 礼子 ……①146
生頼 範義 ……①840, ①842
大類 朋美 ……②643
大和 岩雄 ……②115
大脇 賢次 ……②640
大和久 勝 ……①708
大和田 聡子 ……①36
大和田 一紘 ……②271
大和田 英子 ……②574
大和田 敢太 ……②108
大和田 幸嗣 ……②159
大和田 滝恵 ……②133
大和田 武士 ……①580
大和田 俊之 ……①804
大和田 菜穂 ……①112
大和田 道雄 ……②703
大和田 良 ……②541
大湾 秀雄 ……②331
岡 明 ……①748
岡 篤 ……①707, ①724
岡 悦子 ……①646
岡 克彦 ……②88
岡 京子 ……②295
岡 健作 ……①745
岡 賢二 ……②756
岡 浩一朗 ……①150, ①151
丘 光世 ……①352
岡 茂信 ……①291, ①296
岡 重文 ……②374
岡 慎一 ……②212
岡 信太郎 ……①565
おかか すなお ……①343
岡 聖子 ……①1390, ①1391
岡 素世 ……①802, ①821, ②544
岡 大嗣 ……②764
岡 隆 ……①482
岡 武史 ……②502
岡 伸浩 ……②205, ②209
岡 秀昭 ……②732
岡 真 ……②668
岡 真由美 ……②760
岡 美穂子 ……①589
岡 陽子 ……①740
岡 佳子 ……①874
岡 理恵子 ……①79, ①881
おかあさんの輪 ……②153
岡井 紀代香 ……②53
岡井 崇 ……①7
岡井 禮子 ……①935
岡内 幸策 ……②384
岡河 貢 ……②617
岡口 基一 ……②195, ②207, ②215
岡口 房枝 ……①879
岡倉 天心 ……①462
オカサキ, クリス ……②549
岡崎 篤 ……②230
岡崎 恵美子 ……②458
岡崎 勝彦 ……②433
岡崎 かつひろ ……①94
岡崎 香奈 ……②743
岡崎 清 ……①922
岡崎 賢 ……②752
岡崎 修平 ……①744
岡崎 正一 ……②562

岡崎 大五 ……①43
岡崎 琢磨 ……①1068, ①1069, ①1080
岡崎 武志 ……①107, ②3
岡崎 忠弘 ……①924
岡崎 哲二 ……②268
岡崎 寅雄 ……①971
おかざき なな ……①119
岡崎 勝 ……②10
岡崎 充輝 ……②389
岡崎 満義 ……①967
岡崎 康司 ……②728
岡崎 祐司 ……②65
岡崎 佑治 ……②563
岡崎 陽介 ……①724, ①727
岡崎市算数数学教育研究部 ……②728
小笠原 士郎 ……②292
丘沢 静也 ……②255
岡澤 憲芙 ……①389, ①425
岡澤 宏 ……②604
岡沢 六十四 ……①1170
小笠原 明子 ……①683
小笠原 一禎 ……②671
小笠原 敬承斎 ……①16
小笠原 浩一 ……①177
小笠原 孝次 ……①506, ②116
小笠原 悟司 ……②594
小笠原 種高 ……②550, ②562
小笠原 淳 ……②154
小笠原 高雪 ……②122
小笠原 拓 ……①747
小笠原 智史 ……①354
小笠原 豊樹 ……①975
小笠原 望 ……②701
小笠原 春夫 ……①221, ②271
小笠原 博毅 ……②84
小笠原 喜康 ……②738
小笠原 文雄 ……②705
小笠原 舞 ……①257
小笠原 眞 ……①966
小笠原 匡隆 ……②468
小笠原 眞弓 ……②972
小笠原 慶彰 ……②63
小笠原 好彦 ……②542
小笠原 リサ ……①210
小篠 名桜 ……①1081
岡島 悦子 ……②297, ②369
岡嶋 和弘 ……②548
岡嶋 和幸 ……①252
岡島 賢治 ……②604
岡島 研二 ……②154
岡島 秀治 ……①404, ①405
岡島 慎二 ……①186, ②23, ②117
岡嶋 孝雄 ……②621
岡嶋 孝治 ……②671
岡嶋 裕史 ……②558, ②563, ②564, ②566
岡島 正明 ……②229
岡島 優 ……①161
岡島 康友 ……②731
岡島 隆佑 ……②450
岡島 禮子 ……②526
おかじゅん ……②553
小柏 葉子 ……②85
岡芹 健夫 ……②466
岡田 章雄 ……①389
岡田 彩希子 ……①495
岡田 明三 ……①174
岡田 昭人 ……①638, ①673

岡田 彰布 ……①222
緒方 彰人 ……②466
岡田 晩生 ……①813
岡田 朝雄 ……①942
岡田 温司 ……①795
岡田 育 ……②34
岡田 治 ……①255
緒方 修 ……①535
岡田 和人 ……①158
岡田 和裕 ……①584, ①932
緒方 一介 ……②668
緒方 勝明 ……①463
岡田 加奈子 ……②768
尾形 亀之助 ……①961
岡田 がる ……①703
岡田 公夫 ……①668
岡田 京子 ……①739
岡田 清 ……①260
緒方 桂子 ……②224, ②466
尾形 圭子 ……②426
岡田 賢治 ……②585
岡田 謙介 ……①485
緒形 康 ……②89
岡田 高紀 ……②325
岡田 耕治 ……①972
岡田 貞夫 ……②589
緒方 貞子 ……②127
尾形 幸弘 ……②282
岡田 敏 ……②250
岡田 早由 ……①807
岡田 贊三 ……②246
岡田 忍 ……②717
岡田 淳 ……①353, ①354, ②223
岡田 順子 ……①646
緒方 しらべ ……①823
岡田 伸一 ……①1119
岡田 進一 ……①76
岡田 慎一郎 ……①153
岡田 慎一郎 ……①271
おかだ しんご ……①337
岡田 新吾 ……①336
岡田 崇花 ……①17
岡田 進 ……①609
岡田 素平太 ……②757
岡田 大輔 ……②276
岡田 尊司 ……①9, ①478, ①484, ②601
尾形 多佳士 ……②60
岡田 貴憲 ……①895, ①898
緒方 孝文 ……①658
岡田 拓也 ……②560
尾形 健 ……②199
岡田 忠克 ……②52
岡田 千晶 ……①309, ①332, ①357
岡田 智佐子 ……①128
岡田 千夏 ……①266
緒方 勤 ……②734, ②748
岡田 恒良 ……①163
岡田 哲也 ……①964
岡田 徹也 ……①659, ①660
尾形 哲也 ……②598
岡田 斗司夫 ……①798
緒方 俊雄 ……①86
岡田 利規 ……①784
岡田 東詩子 ……②37
尾形 聡彦 ……②137
岡田 敏哉 ……①706
緒方 俊郎 ……①50
岡田 知弘 ……②245
岡田 豊基 ……②386

著者名索引

岡田 尚子 ……①846
岡田 直人 ……②573
緒方 直彦 ……①685
岡田 ナルフミ…①806
岡田 伸太 ……②205
岡田 信光 ……①122
岡田 のぶゆき…②420
岡田 典弘 ……②684
岡田 晴恵 ……①410,
　②701, ②732
岡田 晴彦 ……②383
岡田 英弘 ……①582
岡田 秀文 ……①1081
岡田 英之 ……①187
岡田 秀之 ……①831
おかだ ひとみ…①430
岡田 弘晃 ……②770
岡田 浩 ……①591
岡田 博史 ……②155
岡田 睦 ……①989
岡田 昌彰 ……②415
岡田 昌毅 ……
　①478, ①498
岡田 正樹 ……
　②367, ②396
小形 昌樹 ……②552
岡田 正子 ……①783
尾形 正茂 ……①777
緒方 正則 ……②434
岡田 正彦 ……①28
岡田 昌史 ……②725
岡田 益男 ……②647
岡田 真弓 ……
　①113, ①592
小方 真弓 ……①40
岡田 麿里 ……
　①368, ①927
岡田 幹彦 ……
　②533, ①564
岡田 みさを ……①620
岡田 美智男 ……①487
岡田 三津子 ……①900
岡田 充弘 ……②538
岡田 光正 ……②574
岡田 光世 ……①942
岡田 美弥子 ……②34
岡田 潤 ……①355
岡田 幹治 ……①148
岡田 和一郎 ……①425
岡田 康男 ……②757
岡田 康孝 ……②711
岡田 ユアン ……①965
岡田 結実 ……①777
岡田 佑一 ……②550
岡田 友輔 ……
　②224, ②662
岡田 悠佑 ……①733
岡田 征彦 ……①172
岡田 有未 ……①134
岡田 陽一 ……①831
岡田 羊祐 ……②263
岡田 陽介 ……②170
岡田 喜秋 ……②433
岡田 義昭 ……②265
岡田 好恵 ……①375,
　①378, ①382, ①388,
　①390, ②675
岡田 恵和 ……①384,
　①782, ①979, ①980
岡田 よしたか…①326,
　①332, ①338, ①349
岡田 悦和 ……①46
岡田 良則 ……②467
岡田 義治 ……②642
岡田 芳郎 ……②340
岡田 米蔵 ……②340
小方 頓昌 ……②756
岡田 リキオ ……①688

岡田 隆 ……①215,
　①216, ①217
岡谷 英明 ……①720
岡出 美則 ……
　①741, ①756
オーガニックヴィ
　レッジジャパン
　……①33
岡根 一雄 ……②500
お金総合研究所
　……②388
お金のスゴ技研究会
　……②387
オ・カネン, トマー
　ス ……②934
岡野 亜希子 ……①700
岡野 明子 ……②13
岡野 永佑 ……①65
岡野 薫子 ……①265
おかの きんや ……②118
岡野 憲一郎 ……①480,
　①493, ②95
岡野 好太郎 ……②236
岡野 こみか ……①1399
岡野 智 ……②468
岡野 俊介 ……②85
小賀野 晶一 ……②206,
　②210, ②218
岡野 昇二 ……②456
岡野 翔太 ……②129
岡野 進 ……②242
岡野 大嗣 ……①969
岡野 健 ……②618
岡野 敏明 ……②408
岡野 秀夫 ……①657
岡野 ひろか ……①131
岡野 浩 ……②582
岡野 弘彦 ……①910
岡野 平八郎 ……②526
おがの みのる ……①307
小賀野 実 ……①307,
　①321, ①393,
　①435, ①441
丘野 優 ……①1170
岡野 雄志 ……②412
岡野 祐士 ……①263
岡上 直子 ……①687
丘手秋檸檬 ……①901
岡ノ谷 一夫 ……②3
岡橋 知広 ……②327
岡橋 優子 ……①7
岡花 祈一郎 ……①687
岡林 茉莉 ……①925
小鹿原 敏夫 ……①915
岡原 正幸 ……②72
岡部 昭子 ……①792
岡部 明子 ……②614
岡部 晃彦 ……
　②344, ②508
岡部 明美 ……①933
岡部 一郎 ……②16
岡部 英一 ……①584
岡元 和文 ……
　②718, ②749
岡部 和之 ……
　①989, ①1081
岡部 公則 ……①143
岡部 佳子 ……②90
岡部 耕典 ……②62
岡部 信也 ……②602
岡部 進 ……②653
おかべ たかし ……
　②29, ②243
岡部 隆志 ……②119
岡部 孝好 ……①756
岡部 喜代子 ……②259
岡部 毅史 ……②595
岡部 武 ……②280
岡邊 健 ……②213
岡部 ださく ……②166

岡部 達昭 ……
　②344, ②508
岡部 友 ……②27
岡部 朋子 ……①162
岡部 信彦 ……②747
岡部 造史 ……①606
岡部 昌幸 ……①838
岡部 正義 ……②324
岡部 美香 ……①752
岡部 光則 ……②264
岡部 晋典 ……②7
岡部 洋一 ……②516
おかべりか ……①332,
　①357, ①942
尾上 与一 ……①1308
岡宮 裕 ……①167
岡宗 秀吾 ……①942
岡村 郁子 ……②94
岡村 一成 ……①480
岡村 桂 ……②309
岡村 敬二 ……①558, ②5
岡村 健太郎 ……②41
岡村 定矩 ……②675
岡村 三郎 ……①668
岡村 繁 ……①891
岡村 志満子 ……①307
岡村 秀平 ……①1081
岡村 章司 ……①682
岡村 昭和 ……①844
岡村 健 ……①942
岡村 忠生 ……
　②399, ②403
岡村 達也 ……①478
岡村 稔久 ……②688
岡村 直樹 ……①903
岡村 一 ……①891
岡村 久道 ……
　②185, ②189
岡村 秀昭 ……②530
岡村 秀典 ……
　②541, ①613
岡村 啓嗣 ……①227
岡村 康夫 ……①471
岡村 恭資 ……②387
岡村 祐 ……②161
岡村 優太 ……①309
岡村 幸壽 ……②632
岡村 由紀子 ……①693
岡村 喜博 ……②522
岡室 美奈子 ……②414
岡本 亜紀 ……①63
岡本 あづさ ……①84
岡本 和明 ……①144
岡本 和雄 ……②204
岡本 和久 ……②395
岡本 和弘 ……②297
岡元 修 ……②318
岡本 勝 ……①154
岡本 勝規 ……②442
岡本 勝秀 ……
　②398, ②403
岡本 勝人 ……①903
岡本 綺堂 ……
　①887, ①989
岡本 公男 ……②422
岡本 清 …②470, ②475
岡本 久仁子 ……②538
オカモト 國ヒコ
　……①354

岡本 慶一 ……②339
岡本 圭一郎 …
　①390, ②349
岡本 啓子 ……①700
岡本 啓司 ……①220
岡本 広 ……②274,
　①275, ①276
岡本 浩一 ……
　②272, ②744
岡本 佐智子 ……②765
岡本 哲志 ……①185
岡本 さとる ……①1033
岡本 サヨ子 ……①864
岡本 純 ……②338
岡本 順 ……①346
岡本 順治 ……①669
岡本 翔子 ……①4
岡本 多香子 ……②100
岡本 隆司 ……
　①592, ①594
岡本 琢磨 ……①289
岡本 タクヤ ……①1170
岡本 健 ……②102
岡本 丈彦 ……②278
岡本 太郎 ……
　①94, ②255
岡本 千晶 ……①1363
岡本 智水 ……①520
岡本 千紘 ……
　①1132, ①1170
岡本 次男 ……②408
岡本 哲和 ……②146
岡本 光生 ……①462
岡本 東三 ……①540
岡本 時子 ……①669
岡本 朋子 ……①520
岡本 奈知子 ……②544
岡本 なな子 ……①744
岡本 信明 ……
　②458, ②698
岡本 典子 ……①270
岡本 八大 ……①171
岡本 久 ……②653
岡本 英生 ……②213
岡本 秀高 ……②543
岡本 秀行 ……②60
岡本 仁 ……①187
岡本 啓 ……①965
岡本 浩 ……②438
岡本 洋人 ……②544
岡本 まい ……①102
岡本 真 ……②549, ②6
岡本 全勝 ……②151
岡本 眞幸 ……②50
岡本 正子 ……
　②433, ②59
岡本 正治 ……②192
岡本 昌巳 ……②393
岡本 正善 ……①124
岡本 眞知子 ……②743
岡本 学 ……①989
岡本 真なみ ……②707
岡本 美鈴 ……①118
岡本 泰弘 ……①710
岡本 安代 ……①13
岡本 弥生 ……①205
岡本 祐一朗 ……②369
岡本 裕一朗 ……②259
岡本 有佳 ……①576,
　①578, ②13
岡本 由香子 ……
　①373, ①374
岡本 ゆかり ……②530
岡本 由起子 ……①467
岡本 洋一 ……②211
岡本 洋子 ……

　①251, ①253
岡本 吉生 ……①490
岡本 嘉一 ……②751
岡本 義行 ……②253
岡本 よしろう ……①330
岡本 義人 ……①692
岡本 亮輔 ……
　①185, ②106
オカヤイヅミ ……①849
岡谷 公二 ……①1340
岡安 大仁 ……②704
岡安 盛男 ……②397
岡山 一夫 ……②426
岡山 昌二 ……②565,
　②567, ②568
岡山 伸也 ……①334
岡山 善一郎 ……②918
岡山県学童保育連絡
　協議会 ……②681
岡山県歌人会 ……①968
岡山県郷土文化財団
　……②536
岡山県社会福祉協議
　会 ……①755
岡山市 ……①356
岡山市文学賞運営委
　員会 ……①356
岡山大学グローバル
　パートナーズキャ
　ンパスアジア事務
　局 ……②265
おかやまと中国地方
　の建築家編集委員
　会 ……②615
小川 晃弘 ……②67
小川 晃弘 ……②774
小川 晃代 ……①160,
　①253, ①266
小河 陽 …①525, ①529
小川 彩子 ……①197
小川 郁子 ……②719
小川 一乗 ……①520
小川 一水 ……①1081,
　①1117, ①1119
小川 糸 …①942, ①989
小川 英治 ……②378
小川 榮太郎 ……
　②10, ②142
小川 修 ……①526
小川 和夫 ……①1331
小川 和弘 ……②643
小川 和彦 ……②722
小川 和久 ……②149
小川 一美 ……②110
小川 克彦 ……②160
小川 勝久 ……①255
小川 克也 ……①199
小川 賀代 ……①750
小川 公代 ……①918
小川 清美 ……①637
緒川 久美子 …①1337,
　①1338, ①1339
小川 慶 ……①660
小川 啓一 ……①747
小川 恵一 ……②664
小川 桂一郎 ……②672
小川 圭子 ……
　①686, ①695
小川 敬治 ……②548
小川 健一 ……①605
小川 賢一 ……②211
小川 浩一 ……
　①266, ①876
小川 こうじ ……①368
小川 孔輔 ……
　②11, ②369
小川 幸造 ……①868
小川 後楽 ……①915

小川 こころ ……①309
小川 智子 ……①927
緒川 怜 ……①1081
小川 佐和子 ……①796
小川 潤也 ……②311
尾川 丈一 ……
　①492, ②326
小川 祥平 ……①42
小川 伸一郎 ……②562
小川 晋史 ……①629
小川 征也 ……①989
小川 節郎 ……②700
小川 倉一 ……②592
小川 大介 ……
　①10, ①744
小川 隆夫 ……①812
小川 隆 ……①923
小川 高義 ……①1332,
　①1339, ①1362
小川 卓克 ……②656
小川 泰 ……②529
小川 剛生 ……
　①895, ①900
小川 猛志 ……②646
小川 環 ……①197
小川 環樹 ……①632
小川 多聞 ……②499
小川 勤 ……②518
小川 哲 ……①1119
小川 哲也 ……②728
小川 晃央 ……②554
小川 敏栄 ……②913
小川 俊樹 ……①487
小川 敏子 ……①124,
　①485, ①331
小川 敏英 ……②728
小川 共和 ……②338
小川 朋子 ……②721
小川 友次 ……①706,
　①757, ②152
小川 奈緒 ……
　①184, ①942
小川 直樹 ……①646
小川 直人 ……①96
小川 直之 ……①924
小川 奈々 ……①6
小川 奈央 ……②687
小川 光 ……①259
小川 秀夫 ……①151
小川 秀司 ……②693
小川 英彦 ……
　①681, ①686
小川 仁志 ……①99,
　①447, ①450, ①453,
　①456, ①461, ①462,
　①465, ②353
小川 仁央 ……
　①306, ①318
小川 未明 ……
　①888, ①989
小川 浩 ……②519
小川 廣明 ……②758
小川 裕夫 ……
　①571, ②436
小川 洋和 ……①482
おがわ ひろこ ……①66
小川 博 ……①101
尾川 宏豪 ……②205
小川 ひろみ ……②227
小川 浩三 ……②127
小川 富美子 ……①873
小川 雅人 ……①158
小川 真人 ……①472
小川 雅弘 ……
　①142, ①143
小川 真寛 ……①178
小川 正博 ……②301
小川 眞広 ……②734

小川 真如 ……②446
小川 真和子 ……①569
小川 まゆみ ……①963
小川 理子 ……①927
小川 美登里 …
　……①960, ①1329
小川 峯生 ……①257
おがわ やすこ ……①304,
　……①305, ①306
小川 靖彦 ……①901
小川 雄 ……①560
小川 由美子 ……②226
小川 陽一 ……①598
小川 洋子 ……①910,
　①977, ①989, ②778
小川 葉子 ……②44
小川 吉雄 ……②575
小川 佳万 ……①749
小川 良樹 ……①227
小川 頼宣 ……①501
小川 隆吉 ……①7
小川 亮 ……②271
小川 令 ……②751
小川修パウロ書簡講
　義録刊行会 ……①526
小川原 正道 ……①566
『おかんメール』制作
　委員会 ……②29
小木 一良 ……①874
尾木 研三 ……②301
沖 幸子 …①115, ②26
沖 大幹 ……②577
小城 武彦 ……②372
尾木 直樹 ……①11,
　①311, ①411, ①415,
　①419, ①421, ①673,
　①675, ①750
沖 奈保子 ……①724
沖 洋 ……②24
小木 宏 ……①913
沖 昌之 ……①116
小城 麻友子 ……②411
尾木 まり ……①696
沖 守弘 ……①524
沖 有人 ……①21
荻上 チキ ……②10,
　②34, ②200
荻内 勝之 ……①891
扇内 秀樹 ……②759
沖浦 和光 ……②111
荻上 直子 ……①977
沖川 東横 …
　①116, ①117
荻窪 圭 …①186, ①187
荻窪 やよい ……①1328
興地 隆史 ……②756
オキシ タケヒコ
　……①1170
沖重 薫 ……②741
荻島 智子 ……②680
荻島 央江 ……②427
沖縄 博美 ……②85
荻須 昭大 ……①271
小岐須 雅之 ……①840
小木曽 絢子 ……①1364
小木曽 一之 ……①741
小木曽 健 ……②528
小木曽 洋司 ……②159
沖田 円 ……①1171
荻田 和秀 ……①7,
　①8, ②761
沖田 臥竜 ……①989,
　②29, ②39
沖田 正午 ……①1034
沖田 知子 ……①662
沖田 ×華 ……①942
荻田 尚子 …①69, ①71
沖田 雅 ……①1171

沖田 麻優子 ……②746
沖田 行司 ……①756
小木津 武樹 ……②598
翁 邦雄 ……②257
翁 百合 …②380, ②706
沖中 幸太郎 ……①96
沖縄県子ども総合研
　究所 ……②49
沖縄県立中部病院
　……②709
沖縄タイムス社編集
　局 ……②168
オキノ ……②232
沖野 晃俊 ……②571
荻野 榮蔵 ……①185
荻野 悦子 ……②60
荻野 恭子 ……①58
荻野 清照 ……①500
荻野 淳也 ……②529
荻野 慎諮 ……②110
荻野 伸也 ……①64
沖野 隆久 ……②668
荻野 敏夫 ……②672
荻野 寿也 ……②608
荻野 治雄 ……①652
荻野 富士夫 ……①584
奥島 孝康 ……②89
沖野 眞已 ……①219
荻野 雅代 …
　②206, ①670
荻野 基 ……②432
荻野 恭弘 ……②400
荻野 優子 ……①667
荻野 芳隆 ……②59
荻野 零児 ……②396
荻原 加寿美 ……①76
荻原 魚雷 ……②942
荻原 健一 ……②772
荻原 順子 ……①95
荻原 二郎 ……②430
オギハラ ナミ ……①74
荻原 範雄 ……①267
荻原 政夫 ……①1034
荻原 勝 ……②330
荻原 雄一 ……①989
沖藤 典子 ……①108
沖本 和子 ……①714
沖本 克己 …
　①515, ①870
沖元 友佳 …
　①713, ①730
沖本 るり子 ……②360
沖森 卓也 …
　①625, ①626
荻山 和也 ……①50
荻山 圭子 ……②709
沖山 賢吾 ……②706
沖山 峯保 ……①266
沖山 吉和 ……①759
尾久 彰三 ……①823
荻生 徂来 …
　①462, ①560
尾久 裕紀 ……①213
オギルヴィー, サラ
　……①311
荻原 勲 ……①267
荻原 剛志 ……②549
荻原 猛 ……②514
荻原 規子 …①329,
　①348, ①989
荻原 博子 ……②388,
　②392, ②395
荻原 浩 ……①979,
　①989, ①1081
荻原 裕之 …
　②558, ②559

荻原 和歌 ……①66
奥 達雄 ……③
奥 達雄 ……②581
奥 透湖 …
　①1171, ①1399
小久 ヒロ ……②75
奥 宏史 ……②597
奥 正廣 ……②520
奥 美佐子 ……①691
奥 葉子 ……①725
奥秋 聡 ……②580
奥秋 和歌子 ……②346
奥井 智之 ……①98
奥泉 香 …①620, ①677
奥泉 直子 ……②553
奥泉 光 …
　①889, ①916,
　①1081, ①1119
奥泉 宏康 ……②721
オークヴィレッジ木
　造建築研究所 …①18
奥江 晴紀 ……①871
奥尾 三紗子 ……①84
奥岡 茂雄 ……①837
奥川 純一 ……①875
奥迫 元 ……②258
奥嶋 佐知子 ……①165
奥嶋 誠昭 ……①219
奥嶋 政嗣 ……②653
オークショット, マ
　イケル ……②755
小楠 健志 ……②343
オクセンバリー, ヘレ
　ン …①310, ①317
奥薗 壽子 …①25, ①65
奥田 亜希子 ……①989
奥田 暁代 ……②135
奥田 朱美 ……①7
奥田 亜由子 ……②61
奥田 勲 ……②901
奥田 英太郎 …
　②526, ②534
奥田 佳奈子 ……①35
奥田 邦晴 ……②725
奥田 けい …
　①57, ①865
奥田 研爾 ……②732
奥田 耕士 ……①241
奥田 聡 ……②250
奥田 真史 ……②630
奥田 泰章 ……②152
奥田 隆史 ……②516
奥田 太郎 ……①450
奥田 周年 …②2, ②406
おくだ ちづ ……②303
奥田 敏統 ……②578
奥田 知靖 ……②715
奥田 憲昭 ……②103
奥田 光 ……①932
奥田 英朗 ……①980,
　①989, ①1081
奥田 均 ……②43
奥田 裕章 ……②108
奥田 宏司 ……②377
奥田 博 ……①190
奥田 昌子 ……①149
奥田 真美 ……②67
奥田 みのり ……①933
奥田 百子 …②187,
　②188, ②585
奥田 保男 ……②699
奥田 泰久 …
　②719, ②734
奥田 安弘 ……②204
奥田 祐士 …②31,
　①807, ①809
奥田 義郎 ……①672

奥田 理恵 ……②545
奥田 若菜 ……②115
奥平 亜美衣 …①100,
　①118, ①125, ①865
奥平 紗実 ……②97
奥平 朋子 ……①863
奥平 智之 ……①170
奥平 康弘 …
　②151, ②200
奥谷 喬司 …
　②406, ②698
奥谷 雄一 ……②93
小口 悦子 ……①573
小口 雅史 ……①542
小口 良平 ……①197
奥津 典子 ……①65
奥出 麻里 ……②7
奥富 俊之 ……②762
小国 士朗 …
　①176, ②61
小国 弘量 ……②730
奥主 榮 ……①965
奥野 一成 ……②370
奥野 香耶 ……①777
奥野 クロエ ……②727
奥野 憲一 ……②245
奥野 賢太郎 ……②553
奥野 滋子 ……②704
奥野 修司 …①154,
　①176, ②41
奥野 節子 ……①141
奥野 貴俊 ……②555
奥野 長衛 ……②448
奥野 信宏 …
　②162, ②259
奥野 哉 ……②688
奥野 久雄 ……②204
奥野 文夫 ……②73
奥野 昌綱 ……①902
奥野 正寛 ……②257
奥野 恵美 ……①114
奥野 涼子 ……①337
奥野 路介 ……①609
奥能登国際芸術祭実
　行委員会 ……①823
奥畑 稔 ……②604
オーク発達サポート
　……①495
奥原 俊 ……①676
奥原 利樹 ……②755
奥原 秀盛 ……②726
おくはら ゆめ …
　①309, ①342
小熊 英二 …
　②92, ②141
オグマ ナオト …①432
奥村 章子 …
　①1347, ①1352
奥村 彪生 ……①38
奥村 歩 ……①176
奥村 悦三 ……①630
奥村 和子 ……①914
奥村 和美 ……①901
奥村 佳代子 ……①664
奥村 くみ ……①4
奥村 恵子 ……①68
奥村 孝保 ……②736
奥村 高明 ……①739
奥村 隆 ……②100
奥村 武博 ……②488
奥村 恒正 ……①259
奥村 恆哉 ……①888
奥村 信彦 ……①736

奥村 晴彦 …
　②516, ②545
奥村 文男 ……②224
奥村 学 ……①624,
　②516, ②522, ②525
奥村 茉莉子 ……②40
奥村 倫弘 ……②11
奥村 光隆 ……②663
奥村 裕 ……②751
奥村 佳史 ……②321
奥村 亮祐 ……②302
奥村 玲香 ……①679
奥本 大三郎 …②404,
　①405, ②694, ②695
奥谷 敏彦 ……①440
奥谷 陽子 ……①162
奥富 亜喜子 ……②199
奥山 篤信 ……①523
奥山 景布子 …
　①389, ①1034
奥山 清 …①809, ①803,
　①809, ①810
奥山 侊伸 ……①769
奥山 清市 ……②695
奥山 清風 ……①819
奥山 泰全 ……②392
奥山 健志 …
　②194, ②195
奥山 格 ……②673
奥山 千晴 …①72, ①82
奥山 俊宏 ……②14
おくやま ひさし
　……①406, ②681
おくやま ひでとし
　……①327
奥山 文雄 ……②332
奥山 文弥 …
　②457, ②698
奥山 文幸 ……①902
奥山 眞紀子 ……①481
奥山 真司 …②136,
　②164, ②171
奥山 雅治 ……②403
奥山 益朗 ……①633
奥山 睦 ……②463
奥山 恵 …①886, ①970
奥山 裕司 ……②740
奥山 由之 ……②31,
　①255, ①259

小倉 不折 ……①870
小倉 帆真 ……①366
小倉 雅明 ……①652
小倉 マユコ ……①354
おぐら みこ ……①77
小倉 実 ……①506
小倉 幸雄 ……①741
小倉 ゆき子 …
　……①75, ①177
小倉 嘉夫 ……②775
おぐら りゅうじ
　……②101
小栗 かずまた …①352
小栗 康平 ……①790
小栗 悟 ……②327
小栗 成男 ……②346
小栗 崇資 ……②318
小栗 孝則 ……①472
小栗 豊子 ……②734
小栗 勇人 ……②316
小栗 正幸 ……①682
小栗 虫太郎 ……①1081
小黒 晃 ……①268
小黒 昌一 ……①1337
小黒 世茂 ……①969
奥脇 真人 ……①478
オークン, マイケル・
　S. ……①721
淡河 範明 ……②389
小越 勇輝 ……①779
小越 久美 ……②677
生越 秀子 ……①659
尾籠 裕之 ……②386
オコンネル, キャロ
　ル ……①1345
オーサー, ブライア
　ン ……②218
長 隆 ……②709
小坂田 英之 ……①472
刑部 恒男 ……②348
刑部 芳則 ……①573
尾崎 彰宏 ……①829
尾崎 豪 ……①150
尾崎 桂治 ……①541
尾崎 紅葉 ……①976
尾崎 三郎 ……②328
尾崎 世界観 ……①942
尾崎 孝史 ……①260
尾崎 孝宏 ……②114
尾崎 剛志 ……②57
尾崎 竜彦 ……②327
尾崎 哲夫 ……②191,
　②195, ②205,
　②209, ②213
尾崎 望 ……②594
尾崎 久記 …
　①483, ②731
尾崎 英子 ……①989
尾崎 まこと ……①255
尾碕 眞 ……②520
尾崎 正雄 ……②756
尾崎 正彦 ……①727
尾崎 将也 ……①990
尾崎 まみこ ……②694
尾崎 真理子 ……①965
尾崎 世杏 ……①434
尾崎 美紀 ……①336
尾崎 充 ……②401
尾崎 康子 ……①498
尾崎 安央 ……②328
尾崎 裕子 ……②538
尾崎 邑鵬 ……①870
尾崎 幸洋 ……②645
尾崎 友吏子 ……①6,
　①19, ②28
尾崎 順男 ……②756
尾崎 義治 ……②667
小崎 順子 ……①269

著者名索引

小佐々 進介 ‥‥‥①1034
小笹 大道 ‥‥‥‥①699
小笹 芳央 ‥‥‥‥①368
長田 佳子 ‥‥‥‥①169
長田 暁二 ‥‥‥‥①803
長田 早苗 ‥‥‥‥②775
長田 崇 ‥‥‥‥‥①278
長田 貴仁 ‥‥‥‥②304
長田 徹 ‥‥‥‥‥①412,
　　　①415, ①418,
　　　①421, ①680
長田 久夫 ‥‥‥‥②715
長田 弘 ‥‥‥‥‥①364,
　　　①965, ①1333
長田 衛 ‥‥‥‥‥①786
長田 豊 ‥‥‥‥‥②759
長隆事務所 ‥‥‥②56
長名 優子 ‥‥‥‥②550
小山内 園子 ‥‥‥①918
小山内 秀和 ‥‥‥①486
小山内 美野子 ‥‥②71
小佐野 カゲトシ
　　　②435, ②436
小佐野 景浩 ‥‥‥①239
小佐野 重利 ‥‥‥
　　　①551, ①828
長船 友則 ‥‥‥‥②432
納 浩一 ‥‥‥‥‥①812
おさよさん ‥‥‥①5
大佛 次郎 ‥‥‥‥①1034
大佛次郎記念館
　　　‥‥‥‥‥‥①910
小沢 章友 ‥‥‥‥①362,
　　　①365, ①427,
　　　①975, ①1034
小沢 朝江 ‥‥‥‥①568
小澤 朝子 ‥‥‥‥②470
小澤 温 ‥‥‥‥‥②58
小澤 淳 ‥‥‥‥‥②351
小澤 一郎 ‥‥‥‥①229
小沢 カオル ‥‥‥①497
小澤 薫 ‥‥‥‥‥②399
小澤 一雄 ‥‥‥‥①816
小澤 京子 ‥‥‥‥②614
小沢 健二 ‥‥‥‥①344
小沢 さとし ‥‥‥
　　　①339, ①341
小沢 聡 ‥‥‥‥‥②232
小沢 茂 ‥‥‥‥‥①934
小澤 祥司 ‥‥‥‥①146
小澤 慎太郎 ‥‥‥②549
おざわ せいこ ‥‥①340
小澤 千一朗 ‥‥‥①409
小澤 隆生 ‥‥‥‥②292
小沢 隆 ‥‥‥‥‥①686
小澤 喬 ‥‥‥‥‥①467
小澤 孝人 ‥‥‥‥②256
小澤 孝公 ‥‥‥‥①586
小澤 竹俊 ‥‥‥‥①90,
　　　①99, ②705
小澤 忠恭 ‥‥‥‥①779
小澤 照彦 ‥‥‥‥①475
小澤 俊夫 ‥‥‥‥①886,
　　　①918, ①930
男澤 智治 ‥‥‥‥②607
小沢 信男 ‥‥‥‥①942
小沢 のり子 ‥‥‥②70
小澤 典代 ‥‥‥‥②24
小澤 一史 ‥‥‥‥②775
小澤 匡行 ‥‥‥‥①31
小沢 瑞穂 ‥‥‥‥①102
小澤 実 ‥①570, ①587
小澤 康司 ‥‥‥‥①478
小沢 隆一 ‥‥‥‥
　　　②139, ②198
小澤 廉 ‥‥‥‥‥①778
小澤 亘 ‥‥‥‥‥②61
オザワ部長 ‥‥‥①802

おざわゆき ‥‥‥①856
押井 守 ‥‥‥‥‥①103,
　　　①799, ①843, ②106
オシエー, ジョン
　　　‥‥‥‥‥‥①813
オジェ, マルク‥②115
おしえて編集室
　　　‥‥‥‥‥‥②696
オシェロフ, ロイ
　　　‥‥‥‥‥‥②365
押尾 きよ美 ‥‥‥①974
押尾 晃一 ‥‥‥‥②734
押尾 直志 ‥‥‥‥②265
小鹿 俊郎 ‥‥‥‥②712
押川 剛 ‥‥‥‥‥②109
押川 道 ‥‥‥‥‥①1308
押川 元重 ‥‥‥‥②657
押切 孝雄 ‥‥‥‥
　　　②337, ②530
押切 もえ ‥‥‥‥①356
おしごとガール研究
　　　会 ‥‥‥‥②418
お仕事ナビ編集室
　　　‥‥‥‥‥‥①412
オージス総研 ‥‥②548
忍田 和良 ‥‥‥‥②418
押谷 由夫 ‥‥‥‥
　　　①736, ①737
忍足 謙朗 ‥‥‥‥②122
押野 慎吾 ‥‥‥‥
　　　①1341, ①1342
押野 素子 ‥‥‥‥
　　　①806, ①809
尾嶋 健信 ‥‥‥‥②422
小島 祐馬 ‥‥‥‥①465
尾島 俊雄 ‥‥‥‥
　　　②582, ②618
尾嶋 俊之 ‥‥‥‥②760
尾嶋 好美 ‥‥‥‥②648
尾見 修造 ‥‥‥‥①843
尾城 亮輔 ‥‥‥‥②222
小津 彩 ‥‥‥‥‥②27
小津 カヲル ‥‥‥①1171
小津 薫 ‥‥‥‥‥①1358
小津 稚加子 ‥‥‥②319
おづ まりこ ‥‥‥①51
押尾 一彦 ‥‥‥‥②582
オスカル ‥‥‥‥①1171
オスカル, ブレケル
　　　‥‥‥‥‥‥②47
オースター, ポール
　　　‥‥‥‥‥‥①960
オスターマン, A.
　　　‥‥‥‥‥‥②659
オスティ, ロベルト
　　　‥‥‥‥‥‥①863
オースティン, ジェ
　　　イン ‥‥‥①1329
オズノ ユミ ‥‥①370,
　　　①373, ①374
オズボーン, メア
　　　リー・ポープ
　　　‥‥‥①319, ①374
オズボーン, ロイド
　　　‥‥‥‥‥‥①1327
オスマン, シャーリ
　　　ザ ‥‥‥‥②85
オースリン, マイケ
　　　ル ‥‥‥‥②129
尾世川 正明 ‥‥‥①964
オゼキ イサム ‥‥①424
小関 和夫 ‥‥‥‥②441
尾関 宗園 ‥①94, ①98
尾関 徹 ‥‥‥‥‥①597
尾関 倫衣 ‥‥‥‥①33
尾関 幸 ‥‥‥‥‥①828
小関 良宏 ‥‥‥‥②687
尾添 博 ‥‥‥‥‥②467

尾園 暁 ‥②695, ②698
おそ松さん製作委員
　　　会 ‥‥‥‥①366
小田 昭紀 ‥‥‥‥②595
織田 顕祐 ‥‥‥‥
　　　①509, ①517
小田 イ輔 ‥‥‥‥①1119
織田 一朗 ‥‥‥‥②648
尾田 栄一郎 ‥‥‥①1138
小田 勝己 ‥‥‥‥①754
小田 玄紀 ‥‥‥‥②51
小田 滋晃 ‥‥‥‥②451
小田 淳 ‥‥‥‥‥②532
小田 正鏡 ‥‥‥‥②502
織田 尚生 ‥‥‥‥①493
小田 隆治 ‥‥‥‥①678
小田 敬美 ‥‥‥‥②222
小田 健 ‥‥‥‥‥①610
小田 朋宏 ‥‥‥‥②557
小田 直樹 ‥‥‥‥②212
小田 菜摘 ‥‥‥‥①1171
小田 希望 ‥‥‥‥①622
小田 師巳 ‥‥‥‥②757
尾田 栄章 ‥‥‥‥①542
小田 裕昭 ‥‥‥‥②777
小田 浩仲 ‥‥‥‥①682
小田 博久 ‥‥‥‥①174
尾田 寛仁 ‥‥‥‥②418
小田 ビンチ ‥‥‥②296
小田 マキ ‥‥‥‥①1171
小田 真規子
　　　①50, ①58
小田 正枝 ‥‥‥‥②766
小田 真由美 ‥‥‥②539
小田 光雄 ‥‥‥‥②97
小田 満 ‥②401, ②409
小田 美代子 ‥‥‥②32
おだ やすこ ‥‥‥②845
小田 豊 ‥‥‥‥‥①689
小田 佳子 ‥‥‥‥①236
小田 吉彦 ‥‥‥‥②275
小田 理一郎 ‥‥‥
　　　②277, ②296
小田井 勝彦 ‥‥‥
　　　①650, ①920
尾高 修也 ‥‥‥‥①990
小高 千枝 ‥‥‥‥①492
小高 知宏 ‥‥‥‥
　　　②558, ②559
小高 恒 ‥‥‥‥‥①964
小田垣 孝 ‥‥‥‥②663
小田垣 佑 ‥‥‥‥②549
小川 義和 ‥‥‥‥②139
小田桐 素人 ‥‥‥①972
小田切 恵子 ‥‥‥①324
小田切 徳美 ②159,
　　　②161, ②447, ②451
オダギリ展子 ‥‥②346
小田切 紀子 ‥‥‥①478
小田切 ヒロ ‥‥‥①21
小田切 宏之 ‥‥‥②370
小田切 督剛 ‥‥‥①748
小田倉 明 ‥‥‥‥②548
小田倉 宏和 ‥‥‥②384
小竹 正人 ‥‥‥‥①804
小田島 恒志 ‥‥‥
　　　①447, ①642
小田島 清朗 ‥‥‥①819
小田島 則子 ‥‥‥①447
小田嶋 由美子 ‥‥②702
小田中 直樹 ‥‥‥①589,
　　　①612, ②266
小田中 裕次 ‥‥‥①812
尾谷 おさむ ‥‥‥①379
小谷 匡宏 ‥‥‥‥②607
小谷 信千代

②509, ①520
おたべ ‥‥‥‥‥①856
小田部 荘司 ‥‥‥②667
小田部 雄次 ‥‥‥①573,
　　　②149, ②150
小田原 のどか ‥‥①869
小田原 琳 ‥‥‥‥①448
越智 啓子 ‥‥‥‥①95,
　　　①98, ①104,
　　　①118, ①136
越智 啓太 ‥‥‥‥②213
越智 善太 ‥‥‥‥①659
越智 貴雄 ‥‥‥‥①775
越智 隆弘 ‥‥‥‥②215
越智 月子 ‥‥‥‥①990
おち とよこ ‥‥‥②71
越智 典子 ‥‥‥‥①307,
　　　①308, ①397, ①407
越智 文比古 ‥‥‥①1171
越智 昌彦 ‥‥‥‥②366
越智 道雄 ‥‥‥‥②90
越智 光夫 ‥‥‥‥①94
越智 光一 ‥‥‥‥②596
越智 貢 ‥‥‥‥‥①476
越智 睦 ‥‥‥‥‥
　　　①936, ①1352
尾西 奈美 ‥‥‥‥①713
越智 由香 ‥‥‥‥①160
おーち ようこ
　　　①771, ①783
落合 和雄 ‥‥‥‥
　　　②567, ②568
落合 荒爾 ‥‥‥‥①533,
　　　①570, ①584
落合 恵子 ‥‥‥‥①942
落合 真司 ‥‥‥‥①798
落合 誓子 ‥‥‥‥②86
落合 壮一郎 ‥‥‥①145
落合 教幸 ‥‥‥‥①910
落合 慈之 ‥‥‥‥
　　　②749, ②761
落合 照男 ‥‥‥‥①841
落合 俊郎 ‥‥‥‥①684
オチアイ トモミ
　　　‥‥‥‥‥‥①437
落合 なごみ ‥‥‥①278
落合 秀俊 ‥‥‥‥②555
落合 仁司 ‥‥‥‥①474
落合 ヒロカズ ‥‥②551
落合 弘樹 ‥‥‥‥①389
落合 敏 ‥①56, ②149
おちあい まちこ
　　　‥‥‥‥‥‥②254
落合 恵 ‥‥‥‥‥①189
落合 由佳 ‥‥‥‥①353
落合 幸隆 ‥‥‥‥②155
落合 由利子 ‥‥‥①937
落合 陽一 ‥‥‥‥②513
落合 芳雅 ‥‥‥‥②698
落谷 孝広 ‥‥‥‥②572,
　　　②721, ②728
おちゃづけ ‥‥‥①153
お茶の水保険診療研
　　　究会 ‥‥‥②756
オーツ, ジョイス・
　　　キャロル ‥①1329
乙津 理風 ‥‥‥‥②357
乙川 れい ‥‥‥‥①1171
乙川 優三郎 ‥‥‥①990
音喜多 健 ‥‥‥‥②488

音喜多 駿 ‥‥‥‥②143
乙須 敏紀 ‥‥‥‥②17
オートデスク ‥②541,
　　　②545, ②603
おとない ちあき
　　　‥‥‥‥‥‥②350
大人のマナー研究会
　　　‥‥‥‥‥‥②364
オドネル, リサ
　　　‥‥‥‥‥‥①1345
乙野 四方字 ‥‥‥①1117
音部 大輔 ‥‥‥‥②337
乙部 延剛 ‥‥‥‥②170
オードリー, ウィル
　　　バート ‥‥①321
踊 共二 ‥‥‥‥‥①607
音羽 悟 ‥‥‥‥‥①505
音羽 信 ‥‥‥‥‥①803
小内 純子 ‥‥‥‥②450
尾内 隆之 ‥‥‥‥②646
小野 仁 ‥‥‥‥‥①680
翁長 有square ‥‥①545
小名木 善行 ‥‥‥①545
鬼影 スパナ ‥‥‥①1171
おにぎりくん ‥‥①840
小澤 忍 ①936, ②242
鬼塚 ツヤコ ‥‥‥①1308
鬼塚 りつ子 ‥‥‥①355
鬼塚 龍騎 ‥‥‥‥①1399
おにたま ‥‥‥‥②554
鬼塚 忠 ‥‥‥‥‥①977
鬼塚 久美 ‥‥‥‥②409
オニール, ロバート・
　　　E. ‥‥‥‥①682
小貫 健太郎 ‥‥‥②167
小貫 斉 ‥‥‥‥‥②508
おぬき のりこ ‥‥①990
小沼 宗一 ‥‥‥‥②267
小沼 丹 ‥‥‥‥‥①990
おぬま ともこ ‥‥②22
小根山 美祥 ‥‥‥②688
小野 愛美 ‥‥‥‥①180
尾野 灯 ‥‥‥‥‥①1172
小野 章昌 ‥‥‥‥②579
尾野 明美 ‥‥‥‥①680
小野 綾 ‥‥‥‥‥①154
小野 あらた ‥‥‥①972
小野 一光 ‥‥‥‥②38
小野 員裕 ‥‥‥‥①41
小野 和哉 ‥‥‥‥①491
小野 容照 ‥‥‥‥①169
おの かつこ ‥‥‥①357
小野 敬子 ‥‥‥‥①886
小野 慶司 ‥‥‥‥②327
小野 公一 ‥‥‥‥①480
小野 浩二 ‥‥‥‥②424
小野 公輔 ‥‥‥‥②659
小野 耕世 ‥‥‥‥①848,
　　　①856, ②8, ②33
小野 咲 ‥‥‥‥‥②125
小野 定 ‥‥‥‥‥②628
小野 智子 ‥‥‥‥①200
小野 佐和子 ‥‥‥①563
小野 滋 ‥‥‥‥‥②662
小野 秀二 ‥‥‥‥②227
小野 純 ‥‥‥‥‥②274
小野 俊太郎 ‥‥‥①790
小野 昌延 ‥‥‥‥②186
小野 慎二郎 ‥‥‥②450
小野 進 ‥‥‥‥‥①180
小野 泰輔 ‥‥‥‥②535
小野 卓史 ‥‥‥‥②754
小野 隆啓 ‥‥‥‥①621
小野 隆生 ‥‥‥‥①685
小野 孝予 ‥‥‥‥①57
小野 剛史 ‥‥‥‥①1034
小野 武年 ‥‥‥‥①481
小野 民樹 ‥‥‥‥

①933, ①942
小野 月世 ‥‥‥‥①859
オノ ツバサ ‥‥‥①966
小野 哲雄 ‥‥‥‥②550
小野 俊夫 ‥‥‥‥①586
小野 豊和 ‥‥‥‥①526
小野 直子 ‥‥‥‥②725
小野 直美 ‥‥‥‥②728
小野 はるか ‥‥‥①1172
小野 晴海 ‥‥‥‥②27
小野 尚美 ‥‥‥‥①734
小野 秀樹 ‥‥‥‥②770
小野 兵太郎 ‥‥‥②383
尾野 寛明 ‥‥‥‥①755
小野 洋 ‥‥‥‥‥①398
小野 展嗣 ‥‥‥‥
　　　①404, ②682
小野 博之 ‥‥‥‥②201
小野 正武 ‥‥‥‥①990
小野 正人 ‥‥‥‥①404
小野 正敏 ‥‥‥‥①548
小野 昌彦 ‥‥‥‥
　　　①685, ①712
小野 傑 ‥‥‥‥‥②389
小野 まり ‥‥‥‥①287
小野 恭靖 ‥‥‥‥①894
小野 恵 ‥②318, ②320
小野 容子 ‥‥‥‥①221
小埜 裕二 ‥‥‥‥①989
小野 友紀 ‥‥‥‥①695
小野 之裕 ‥‥‥‥①553
小野 吉彦 ‥‥‥‥
　　　②608, ②614
小野 善康 ‥‥‥‥②243
おのりえん ‥‥‥①358
小野 林太郎 ‥‥‥①612
小野 連太郎 ‥‥‥①942
尾之上 浩司 ‥‥‥①781
おのうえ 稔 ‥‥‥①306
小野 修情 ‥‥‥‥②253
小野江 隆 ‥‥‥‥①728
小野上 力 ‥‥‥‥①79
小野上 明夜 ‥‥‥①1172
小野川 文子 ‥‥‥②60
小野木 明恵 ‥‥‥
　　　①36, ②262
小野木 彩香 ‥‥‥②270
おのころ 心平 ‥①148
小野崎 えいじ ‥‥①1172
小野崎 佳代 ‥‥‥①721
小野崎 紀男 ‥‥‥
　　　①537, ①539
小野崎 まち ‥‥‥①1172
小野里 勉 ‥‥‥‥②8
小野里 肇 ‥‥‥‥②290
小野里 真弓 ‥‥‥②279
小野塚 裕也 ‥‥‥②732
小野塚 昭三郎 ‥‥①318
小野瀬 倫也 ‥‥‥①729
小野田 和子 ‥‥‥
　　　①1361, ①1364
小野田 欣也 ‥‥‥②247
小野田 博一 ‥‥‥①423,
　　　①727, ②523, ②653
小野田 ゆうこ ‥‥②438
小野田 正利 ‥‥‥
　　　①702, ①757
小野田 衛 ‥‥‥‥①766
小野田 ゆう ‥‥‥①118
小野田 陽子 ‥‥‥①932
小野寺 昭夫 ‥‥‥②193
小野寺 淳子 ‥‥‥①189
おのでら えいこ ②41
小野寺 S一貴 ‥‥①130
小野寺 賢一 ‥‥‥①607
小野寺 粛 ‥‥‥‥①820

小野寺 史郎 ……②133
小野寺 真一 ……②673
小野寺 匠 ……②534
小野寺 剛 ……①226
小野寺 直 ……①532
小野寺 範男 ……①19
小野寺 典子 ……①622
小野寺 久 ……②703
小野寺 ぴりり紳 ……①441
小野寺 廣信 ……①860
小野寺 章 ……②559
小野寺 史宜 ……①990
小野寺 舞 ……②255
小野寺 真 ……①821
小野寺 優 ……①895
小野寺 佑紀 ……①408, ①410
小野寺 佑太 ……①96
小野寺 龍太 ……①563, ②173
小野寺 苔 ……①1035
小野寺 玲子 ……①829
おのでらさん ……①850
斧名田 マニマニ ……①1172
斧原 孝守 ……①918
小野間 亮子 ……①924
小野目 如快 ……②521
小野山 匠海 ……②420
オノリオ 悦子 ……①199
089タロー ……①1399
小幡 章 ……②624
小畑 明 ……②464
小畠 郁生 ……②684
小畑 英一 ……②209
オバタ カズユキ ……①679
小幡 京人 ……①1172
小幡 兼路 ……①930
小畑 千尋 ……①738
ヲバタ トモコ ……①330
小畑 秀之 ……②713
尾畑 裕 ……②320
小畑 史子 ……②467
小畑 文也 ……①485
尾畑 文正 ……①510
小幡 倫裕 ……①832
小畑 良晴 ……②403
小畑谷 友二 ……①671
オーバードーズ ……①1396
尾花 ケイコ ……①23
尾花 望 ……②773
オーパネル、T. ……①818
尾濱 由里子 ……①58
オーバーマン、H.A. ……①527
尾原 和啓 ……②297
小原 清志 ……②411, ②412
小原 久美子 ……②371
尾原 重男 ……①942
小原 周子 ……①990
小原 淳 ……①591
小原 崇一郎 ……②748
尾原 常太 ……①127
小原 敏郎 ……①690
ヲバラ トモコ ……①332, ①338
小原 風子 ……①340
小原 凡司 ……②126
小原 眞知子 ……②719
小原 瑞子 ……①942
尾原 美保 ……①261, ①876
尾原 祐三 ……②570
小原 裕太 ……②535

小原 豊 ……①728
小原 芳明 ……①396, ①404, ①429
小原 玲 ……①259
オバーン、ニコラ ……①313
おび ただす ……①317, ①390, ①420
飯肥 糺 ……①383
小尾 美佐エ ……①1333, ①1364
オビオマ、チゴズィエ ……①1329
おびか ゆうこ ……①311, ①312, ①316, ①372, ①375
帯谷 博則 ……②108
小櫃 智子 ……①697
帯津 良一 ……①87, ①112, ①145, ①160, ①702, ②719
小日向 允 ……①678
帯野 久美子 ……①678
帯谷 知可 ……②124
オフィス海 ……①293, ①297, ①298, ②480
オフィスクーミン ……①192
オフィスジロチョー ……①841
オフィステイクオー ……①531
オフィスヒライ ……①193
オフィスビルディング研究所「歴史的建造物活用保存制度研究会」……②582
オフィスベリーマッチ ……①191
オフィス303 ……①415, ①416
オフィスSNOW ……①51
オブストフェルド、M. ……②257
小布施 由武 ……①431
小渕 哲夫 ……①971
オブーナ、ジェローム ……①848
おふみ ……①104
オブライエン、エドナ ……①934
オープンシティ研究会 ……①161
オヘア、ミック・ ……②646
おほ しんたろう ……②334
朧丸 ……①1172
おまけたらふく舎 ……①440
小俣 和義 ……①478
小俣 鐘子 ……①118
小俣 麦穂 ……①352
小俣 和一郎 ……①606
尾松 亮 ……②580
オマリー、ジェイソン ……①306
小見 康夫 ……②618
渋見 慶宏 ……②698
オーミング、マイケル・エイボン ……①856
五十殿 利治 ……①824, ①833
檻之汰鷲 ……①826
オーム社 ……②594, ②620, ②627, ②631, ②632, ②633, ②634, ②635, ②637, ②642, ②644, ②780

小村 健 ……②755
オームラ トモコ ……①305, ①341
Ω子 ……②36
面 和毅 ……②561
面川 倫一 ……①817
おもしろ心理学会 ……①106, ①483
おもしろ中国史学会 ……①596
面出 明美 ……②355
表 宏機 ……②708
表参道バンプー ……①51
尾本 一明 ……①299
尾本 恵市 ……②114
小宅 庸夫 ……①931
親子で憲法を学ぶ札幌の会 ……①145
親泊 哲 ……②423
小柳 敬子 ……②734
小柳 和喜雄 ……②755
小屋野 恵 ……①15
小山 和伸 ……②266
尾山 花菜子 ……①76
小山 恒男 ……②738
小山 望 ……①484
小山 博史 ……①6
小山 正見 ……①393
小山田 香代 ……①17
小山田 早織 ……①30
オーライ タロー ……①840
オライアン、エリー ……①375
オライリー、ビル ……①578
オラル、フェリドゥン ……①317
オランジェリーコレクション ……①865
緒莉 ……①1396, ①1399
折井 美耶子 ……②572
オリヴァ、アレクサンドラ ……①1345
オリヴァー、クレイグ ……②85
オリヴィエ、デブラ ……①118
理梨映 ……①127
オリエンス宗教研究所 ……①525
オリエント工業 ……①256, ②34
オリオーダン、アン ……②710
折笠 秀樹 ……②773
折勝 家鴨 ……①974
織守 きょうや ……①1119
織川 あさぎ ……①1172
織川 制吾 ……①1173
折木 良一 ……②371
折口 信夫 ……①894, ①901, ②112, ②114
折口 真喜子 ……①1035
折口 良乃 ……①1173
折田 善次 ……①585
織田 博子 ……①198, ②237, ②239
織田 祐亮 ……②811
降次 飛行 ……①1173
折戸 晴雄 ……①676
オリバー、カリン ……①265
おりはら さちこ ……①44
折原 一 ……②1081
折原 秀博 ……②534

折原 みと ……①990
オリベラ、イシュタル ……①80
織茂 恭子 ……①328
折茂 慎一 ……②671
折茂 英生 ……②777
オリンパスECM推進部 ……②601
オルコット、ルイーザ・メイ ……①379, ①380, ①1329
オルゴナイト研究会 ……①142
オルシェイカー、マーク ……①936
オルシロ、スーザン・M. ……①486
オルセン、イブ・スパング ……①310, ①314, ①316
オルソン、オラフ ……②265
オルソン、I.アンナ・S. ……②456
オールダシー＝ウィリアムズ、ヒュー ……②647
オルダース、エミ ……①440
オルダーソン、ブリシラ ……①476
オールドウェイ、ジェリー ……①848
オルトナー、ヘルムート ……①608
オールトン、スティーブ ……②695
オルネフラワー協会 ……①270
オールバラ、ジェズ ……①310
オルムステッド、ラリー ……①154
オルロフ、ジュディス ……①91
オルロフスキー、ザラ・ミヒャエラ ……①372
オレンスタイン、ロナルド ……①118
小和田 哲男 ……①426, ①532, ①533, ①534, ①552, ①553, ①555, ①556, ①563, ①730
尾渡 順子 ……②68
温 又柔 ……①990
音楽スタア'70・'80編集部 ……①804
音楽之友社 ……①746, ①817, ①819
オングシュマン、ゴーシュ ……①229
オンサイト ……②528, ②546
オンサワンチャイ、ナウィット ……①120
恩賜財団母子愛育会愛育研究所 ……①110
遠城 明雄 ……①606
園城寺 ……①834
オンストット、タリン ……②683
音声起こし活用推進協議会 ……②347
温泉卵 ……①1173
恩藏 直人 ……②289, ②335
恩田 逸夫 ……①911

恩田 聖敬 ……②287
恩田 理恵 ……②778
恩田 陸 ……①326, ①990, ①1081
オンダーチェ、マイケル ……①1329
オンビーコ、ジェルレヴ ……①372

か

カー、アレックス ……②19
カー、アレン ……①154
カー、ジェイムズ ……①228
カー、ジュディス ……①371
カー、ジョン・ディクスン ……①1345
ガー、ジリアン・G. ……①807
カー、マドレイン ……①1387
夏 海燕 ……①622
河 炅珍 ……②106
河 鐘基 ……②525
河 信基 ……②148
何 清漣 ……②133
夏 椿 ……①596
かあい がもん ……①943
河合 恭伸 ……②162
ガアグ、ワンダ ……①379
カイ、ハナネ ……①310, ①412
甲斐 克則 ……②213, ②716
海 暁芳 ……①664
甲斐 謙二 ……①895
甲斐 浩一 ……②411
花衣 沙久羅 ……①1399
楷 潤 ……①931
甲斐 隆章 ……②594
かい とーこ ……①1173, ①1308
甲斐 信枝 ……①328, ①334
甲斐 教行 ……①829, ①830
櫂 未知子 ……①971
甲斐 道太郎 ……②186
甲斐 みのり ……①875
甲斐 美帆 ……②75
甲斐 基文 ……①670
甲斐 由美 ……①325
甲斐 義明 ……②252
甲斐 理恵子 ……①43, ①1363
海江田 万里 ……①920
海音寺 潮五郎 ……①565, ①1026, ①1035
海外移住情報研究会 ……②86
海外介護士育成協議会 ……②68
海外子女教育振興財団 ……①742
海外電力調査会 ……②581
会計検査院 ……②151
会計事務所経営支援

塾 ……②301
会計専門職大学院に行こう！編集委員会 ……①741
会計簿記テキスト上級（簿記会計）編作成委員会 ……②261
会計簿記テキスト入門編初級編作成委員会 ……②471
海後 礼子 ……②311
海光 歩 ……②503
開高 健 ……①943
外国為替研究会 ……②313
介護支援研究会 ……②77
介護支援専門員受験対策研究会 ……②77
介護職員初任者研修テキスト編集委員会 ……②76
介護と医療研究会 ……②68
介護福祉士国家試験合格ドリル編集委員会 ……②76, ②81
介護福祉士国家試験受験対策研究会 ……②76, ②80
介護福祉士国家試験受験ワークブック編集委員会 ……②76
介護福祉士国家試験頻出問題要点チェック編集委員会 ……②76
介護福祉士資格取得支援研究会 ……②80, ②81
介護福祉士試験対策研究会 ……②76
介護福祉士テキスト作成委員会 ……②76
介護福祉士養成講座編集委員会 ……②79
甲斐崎 由典 ……①669
カイシトモヤ ……①881
海事法研究会 ……②625
海事法令研究会 ……②626
会社法実務研究会 ……②196
海上交通法令研究会 ……②625
海上自衛隊 ……①48
海上保安協会 ……②163, ②175
海上保安受験研究会 ……②175
海上保安庁 ……②162, ②625
海上保安庁警備救難部救難課 ……②163
「海上保安庁船艇航空機ガイド」制作委員会 ……②625
海上保安入試研究会 ……②625
ガイズ、スティーヴン ……①125
海津 亜希子 ……①681
海津 敦子 ……①683
貝塚 茂樹 ……①461, ①736
海瀬 章 ……②310
解説教育教育六法編修委員会 ……②757
改田 明子 ……②703

甲斐田 きよみ…②106
海田 俊一 ……①617
貝田 桃子 ……
　　　①392、②783
解体研 ……②100
甲斐谷 こう太…②374
ガイタニディス、ヤ
　ニス ……②746
怪談オウマガドキ学
　園編集委員会
　……①385
垣外 富士男 ……①190
海渡 雄一 …①570、
　②141、②211
海都 洋子 ……
　　①317、①409
皆藤 黒助 ……
　　①990、①1173
海道 左近 ……①1174
海堂 尊 ……①1081
海東 方舟 ……①1174
海道 龍一朗 ……①1035
海冬 レイジ ……①1174
海永 修司 ……②283
海沼 松世 ……①905
開沼 博 …②99、②579
海沼 実 ……①802
貝ノ瀬 滋 ……①704
開発社 ……①95、
　①589、①875、①894、
　　①902、②134
海部 宣男 ……②675
海部 陽介 ……②686
海部 舞 …①127、①129
海部 裕輔 ……①252
海保 富士男 ……②450
海保 麻里子 ……①28
海法 紀光 ……①855
解放新聞社 ……②43
櫂末 高彰 ……
　　①1137、①1174
海見 純 ……①706
外務省 ……①582、
　②174、②246、②271
外務省欧米局 ……②226
外務省経済局 ……
　　②245、②247
外務省領事局政策課
　……②269
貝谷 久宣 …①102、
　①169、①170、
　①511、②744
海洋建築研究会
　……②614
ガウアー、テリ …①441
カヴァイエ、ロナル
　ド ……①974
ガウク、ヨアヒム
　……②127
ガーウッド、ジュ
　リー ……
　①1329、①1345
カウフマン、エイ
　ミー ……①1357
カウフマン、ペリー・
　J. ……②378
ガヴラン、ミロ
　……①1329
華永 ……①141
嘉栄 健ハル ……①138
楓 拓磨 ……①437
帰山 雅秀 ……①676
カオリ ……①1399
香 ……①129
かおり＆ゆかり
　……①101
かおりん ……①990
加賀 淳子 ……①550

加賀 乙彦 ……
　①909、①943
加賀 東鶴 ……①972
加賀 信広 ……①734
加賀 裕郎 ……①455
加賀 博 ……②330、②374
加賀 やっこ ……
　　①345、①977
抱井 尚子 ……②767
科学技術社会論学会
　編集委員会
　……②645、②647
科学技術振興機構研
　究開発戦略セン
　ター ……②646
化学工学会 ……②599
化学工業日報社
　……②600
科学コミュニケー
　ションセンター
　……②649
化学産業研究会
　……②443
化学史学会 ……②669
化学同人編集部
　……②647、②648
化学物質等法規制便
　覧編集委員会
　……②599
嘉数 啓……②263
加賀田 哲也……①641、
　　①735、①736
加賀野井 秀一 ……①475
利部 修 ……①613
鏡 明 ……①1362
架神 恭介 ……①104
鏡 銀鉢 ……①1174
鏡 コノエ ……①1174
鏡 ……②272
加賀見 彰 ……①1309
鏡 貴也 ……①1174
鏡 裕之 ……①1174
加賀美 雅弘 ……②263
鏡 遊 ……①1174
鏡 龍樹 ……①1399
鏡 リュウジ …①127、
　①128、①130、①132
加賀 慶太 ……①145
加賀山 茂 ……②207
加賀山 卓朗 …①936、
　　①1334、①1356
係長マッキー ……②336
香川 明夫 ……
　　①34、①165
香川 京子 ……①96
香川 健介 ……②389
香川 元太郎 …①440、
　①441、②534
香川 志織 ……①440
香川 大輔 ……②488
香川 貴志 ……①617
香川 知温 ……②719
香川 豊宏 ……②755
香川 博昭 ……②311
賀川 浩 ……①228
香川 誠 ……①943
香川 正子 ……①672
香川 正俊 ……②263
香川 雅信 ……①887
香川 めい ……②106
香川 由紀子 ……②83
賀川 義之 ……②770
香川 礼子 ……①925
香川県歯科医療研鑽
　の会 ……②757
香川大学教育学部附
　属高松小学校
　……①719

香川大学大学院教育
　学研究科特別支援
　教室「すばる」
　……①681
鍵 直樹 ……②617
鍵井 靖章 ……
　　①258、①261
垣内 彩未 ……①777
垣内 和孝 ……①554
垣内 幸太 ……①740
垣内 秀明 ……①707
柿ヶ野 浩明 ……②597
柿本 重宜 ……①624
柿木 隆介 ……
　　②344、②718
かき氷コレクション
　実行委員会 …①40
柿崎 一郎 ……
　　①580、①667
柿崎 藤泰 ……②714
柿澤 敏文 ……①481
柿園 聖三 ……②115
柿田 徹 ……①544
柿田 友広 ……①13
柿田 秀樹 ……①456
柿田 ゆかり ……①307
柿谷 哲也 ……
　　①790、②167
柿沼 瑛子 ……①1351
垣沼 真一 ……①576
垣沼 整三 ……②621
垣沼 摩耶 ……
　　①1371、①1372
柿沼 優花 ……②359
垣根 涼介 ……①990
柿木 保明 ……②758
垣畑 光哉 ……②341
柿原 徹也 ……①775
柿原 日出子 …①1368、
　①1374、①1376、
　①1377、①1393
柿原 まゆみ ……②710
垣淵 正男 ……②760
垣見 裕司 ……②439
柿元 邦彦 ……①243
柿本 達彦 ……②517
柿本 雅明 ……②599
柿元 將希 ……②375
鍵本 優 ……②96
柿元 雄太郎 ……②299
垣谷 美雨 ……①990
鍵山 秀三郎
　……①88、①96
蝸牛 くも ……①1175
歌狂人卍 ……①991
鍵和田 聡 ……②687
鍵和田 柚子 ……①905
カーク、アンド
　リュー ……①691
ガーク、ローラ・
　リー ……①1394
郭 位 ……①751
賀来 泉 ……②284
加来 英司 ……②450
加来 耕三 ……①442、
　①531、①533、①556、
　①565、①567、①1035
郭 四志 ……②251
岳 真也 ……①909
郭 水泳 ……②729
樂 大雑 ……①664
郭 南燕 ……①893
角 伸明 ……①925
賀久 はつ ……①7
郭 春貴 ……①664
郭 薇 ……②224
郭 冰雁 ……①636
かく まさみ ……①332

賀来 怜華 ……①27
郭 玲玲 ……①913
覚 和歌子 ……①965
角井 亮一 ……
　②264、②418
角内 創 ……②254
角嶋 直美 ……②739
学習国語研究会
　……①723
学習サークル「ビー
　トル」 ……①721
学習理科クイズ研究
　会 ……①398
角田 直枝 ……②763
角田 信朗 ……①216
角田 春樹 ……①789
角田 春高 ……①13
角田 誠 ……②618
角田 麻里 ……①642
角田 光代 ……①42、
　①888、①937、
　①943、①991、②4
かくた みほ ……①260
角田 陽一郎 ……①96
角田 亘 ……②751
カクチ、スペンドリ
　ニ ……②19
家具付 ……①1175
角藤 比呂志 ……②744
学童保育協会 ……①687
学童保育指導員協会
　……②64
学童保育ラボ ……②64
加國 尚志 ……
　　①474、①475
角幡 唯介 ……②3
角方 正幸 ……①680
角間 惇一郎 ……②37
加隈 良枝 ……②456
カークマン、ロバー
　ト ……①847、①851
革命軍事論研究会
　……②173
学陽書房編集部
　……②156、②187
神楽坂建築塾 ……②613
神楽坂ジャニーズ巡
　礼団 ……①767、
　①769、①773
神楽坂ブック倶楽部
　……①902
学力の基礎をきたえ
　どの子も伸ばす研
　究会 ……①726
鹿毛 敏夫 ……①552
鹿毛 房子 ……②390
鹿毛 雅治 ……
　①485、①716
鹿毛 雄二 ……②390
カーケアジャパン
　……①241
笕 一彦 ……②557
笕 次郎 ……①991
笕 正治 ……②373
笕 千里 ……①1175
笕 菜奈子 ……①431
笕 康生 ……②557
家計の総合相談セン
　ター ②479、②485
家計ノート研究会
　……②388
影絵人形劇団みんわ
　座 ……①438
掛川 東海金 ……①517
掛川 雅仁 ……
　　②328、②403

かけがわ やすこ
　……①316
カゲキヨ ……
　②281、①283
掛越 直樹 ……②334
影島 広泰 ……②184、
　②185、②194、②195、
　②221、②515
佳月 弥生 ……①1175
梯 信暁 ……①514
笕 武雄 ……②251
学習理科クイズ研究 →
掛札 逸美 ……①695
影森 光 ……①991
掛谷 誠 ……②115
景山 厚 ……②345
藤山 克秀 ……①731、
　①732、①745
景山 佳代子 ……①454
影山 僖一 ……②244
景山 光太郎 ……②665
影山 任佐 ……
　②743、②746
影山 健 ……②106
景山 司 ……②711
影山 徹 ……②332
影山 直美 ……②133
藤山 はるみ ……
　①75、①83
影山 尚之 ……①901
陰山 英男 ……①88、
　①392、①425、①719
影山 ヒロノブ ……①798
影山 広行 ……②167
藤山 正子 ……②59
景山 正登 ……②750
影山 充人 ……①273
影山 礼子 ……②525
加固 希支男 ……①728
かこ さとし ……①327、
　①330、①332、
　①341、①344
加古 里子 ……②117
囲 恭之介 ……①1175
栫井 大輔 ……①740
籠池 信宏 ……②222
加古川 利彦 ……②689
鹿児島 誠一 ……②664
鹿児島 崇 ……②649
鹿児島 睦 ……①874
鹿児島工業高等専門
　学校 ……②23
鹿児島大学稲盛アカ
　デミー ……②275
鹿児島大学生物多様
　性研究会 ……②681
かごしま福祉開発研
　究所 ……②63
カーゴジャパンカー
　ゴニュース編集局
　……②418
カーゴニュース
　……②417
加護野 忠男 ……②307
楮原 京子 ……②40
伽古屋 圭市 ……①1081
カザ 敬子 ……①342
笠井 叡 ……①822
河西 朝雄 ……
　②559、②560
笠井 一成 ……①991
笠井 修 ……②204
葛西 薫 ……①966
河西 克造 ……①531
笠井 潔 ……①1082
葛西 健一郎 ……②749
笠井 健次郎 ……②435
かさい しんぺい

　　①337、①940
葛西 伸哉 ……①1175
葛西 澄男 ……②567
葛西 青磁 ……①1399
笠西 爾示 ……①257、
　①776、①777、①779
笠井 俊和 ……①591
笠井 俊文 ……①735
笠井 利之 ……①199
河西 知一 ……②462
葛西 朋子 ……①638
笠井 直美 ……②763
葛西 紀明 ……
　　①153、①218
笠井 裕子 ……①390
笠井 正俊 ……②206
河西 勝 ……②267
かさい まり ……①325
笠井 道子 ……①277
葛西 光子 ……②506
影山 みどり ……②775
葛西 康徳 ……①600
葛西 佑也 ……①967
笠西 祐美 ……①702
笠井 賢紀 ……②95
葛西 敬之 ……②431
河西 良治 ……①451
笠井 孝 ……②130
笠岡 和雄 ……①773
笠岡 淳平 ……①1133
風岡 範哉 ……②420
葛西 剛 ……②520
加嵜 長門 ……②551
嘉指 信雄 ……①467
笠嶋 義夫 ……②574
葛谷 雅也 ……②423
風音 さやか ……
　　①1394、①1396
風波 しのぎ ……①1175
笠羽 映子 ……①820
笠原 彰 ……②341
笠原 英一 ……②335
笠原 清明 ……②412
笠原 弘 ……①733
笠原 賢介 ……①471
笠原 純一 ……②507
笠原 十九司 ……①582
笠原 英孝 ……②149
笠原 浩 ……②756
笠原 将弘 ……①48、
　①50、①51、
　①54、①58、①64
笠原 基和 ……②382
笠原 禎一 ……
　　①643、①644
風間 和典 ……②749
風間 計博 ……②111
笠間 啓治 ……①925
風間 賢二 ……①313、
　①1360、①1361
カザマ タカフミ
　……①804
笠間 千浪 ……①899
風間 信隆 ……②294
風間 八宏 ……
　①228、①230
風巻 景次郎 ……①895
笠松 学 ……②267
風見 くのえ ……①1175
風見 祐輝 ……①1175
風見鶏 ……①1175
風森 章羽 ……①1176
笠谷 和比古 ……
　　①464、①560

ガザリ, ザヒルディ
ン ……②85
カザンザキス, ニコ
ス ……①523
花糸 ……②529
加地 アヤメ ……①1176
梶 光一 ‥②690, ②692
梶 さやか ……①608
加地 太一 ……②590
梶 哲教 ……②156
梶 秀樹 ……②40
加治 将一
……①569, ①1082
梶 雅範 ……②649
鍛治 靖子 ……①1360
梶 よう子 ……
……①1026, ①1035
梶 葉子 ‥①429, ②710
香椎 美裕紀 ……①127
梶井 基次郎 ……①976
ガシェ, ソフィ ‥②30
ガジェゴス, ロムロ
……①1329
梶尾 真治 ……①1119
梶尾 祐司 ……②422
樫尾 幸雄 ……②308
柏房 秀男 ……②547
ガシオロウィッツ
……②663
かじがや 卓哉 ……②533
梶ヶ谷 朋恵 ……①733
梶ヶ谷 陽子 ‥②6,
……①327, ②28
梶川 敦子 ……②468
梶川 浩太郎 ……②594
梶川 貴子 ……②29
梶川 博 ……①149
梶川 咸子 ……①149
梶川 嘉延 ……②595
樫木 宏之 ……①241
鹿志毛 信広 ……②686
梶島 正樹 ……①1176
樫田 明 ‥②408, ②409
梶田 叡一 ……①719,
……①720, ①751
梶田 隆章 ……①96
樫田 秀樹 ……②431
梶田 昌史 ……①804
カジタ ミキ ……①867
梶田 幸雄 ……②251
梶田 洋平 ……①395
樫田 美雄 ……②101
梶田 レオ ……①1176
家事代行サービス
CaSy ……①5
梶谷 剛 ‥②570, ②663
梶谷 亮治 ……①834
梶永 正史 ……①1082
柏野 健次 ……①639
樫野 哲彦 ……②385
柏野 文映 ……①439
樫野 雅章 ……②191
樫野 政子 ……①914
かしのき 彩 ……①381
カジノ問題を考える
大阪ネットワーク
……②155
梶原 一幸 ……②618
梶原 一義 ……②401
鍛原 多惠子 ‥②935,
②19, ②647, ②686
樫原 辰郎 ……②186
梶原 千里 ……②590
梶原 直美 ……②522
柏原 宏紀 ……②268
柏原 康雄 ……①1132
梶原 豊 ……①678

柏原 竜一 ……
②125, ②131
梶原 玲子 ……②554
樫辺 勒 ……①978
鹿島 アクタ ……①138
鹿鳴 アクタ ……①1309
鹿島 茂 ……①464,
①587, ①605,
①824, ①847,
②943, ②2, ②382
鹿島 樹音 ……①920
鹿島 春平太 ……①525
加島 祥造 ……①102
加島 卓 ……①215
鹿嶋 敬 ……②37
鹿島 徹 ……①448
加嶋 智子 ……②661
鹿嶋 直純 ……②771
鹿嶋 真弓 ……
①703, ①708
鹿島田 忠史 ……①155
梶村 晃 ……①750
梶村 郁子 ……②764
梶村 太市 ……
②158, ②191
梶村 尚史 ……①170
樫村 正美 ……①491
鹿志村 裕 ……②403
梶本 修身 ……①146,
①158, ②364,
②720, ②730
柏本 左智 ……①640
梶本 潤 ……②854
樫本 燕 ……①1176
樫本 真奈美 ……①925
梶本 ルミ ……①1352
梶屋 俊幸 ……②585
梶谷 美果 ……
②479, ②480
梶山 あゆみ ……①107,
②261, ①934
樫山 和男 ……②605
かじやま すみこ
……①151
梶山 孝夫 ……①612
梶山 直美 ……①363
梶山 寿子 ……②762
梶山 宗克 ……②660
花珠 ……①375
ガーシュウィン, リ
サ＝アン ……②698
カーシュナー, リッ
ク ……①491
カーショー, イアン
……①600
頭木 弘樹 ……①978
かじり みな子
……①339, ①378
カーシル, カール
……①850
カジル, ジャクリー
ン ……②556
加代 敏 ……①965
柏 澄子 ……①233
柏 てん ……①1119,
①1176, ①1399
柏 ぽち ……①317
柏井 壽 ……①40,
①195, ①1082, ②24
柏木 治 ……①924
柏木 加代子 ……①925
柏木 健佑 ……②207
柏木 咲哉 ……①964
柏木 しょうこ ……①426
柏木 如亭 ……①899
柏木 伸介 ……①1082
柏木 隆雄 ……①902
柏木 珠希 ……①937

柏木 照明 ……①702
柏木 智子 ……①752
柏木 博 ……①876, ②98
柏木 聖代 ……②766
柏木 恵 ……②156
柏木 恭典 ……①763
柏木 由紀 ……①772
柏木 陽介 ……①229
柏木 吉基 ……②351
柏木 理佳 ……①642
柏企画 ……①35, ②430
柏口 新二 ……②752
柏木 秀克 ……②57
柏崎 昭文 ……
②650, ②655
柏崎 秀子 ……①757
柏崎 義明 ……①328
柏田 道夫 ……①1035
柏谷 周希 ……②233
柏葉 幸子 ……①346,
①354, ①379,
①381, ①387
柏端 達也 ……①448
柏原 成光 ……①913
柏原 直樹 ……②761
柏原 誠 ……②156, ②262
柏原 ゆきよ ……①26
柏女 霊峰 ……②54
柏屋 コッコ ……
①21, ②334
柏柳 誠 ……②773
かしわら あきお
……①302,
①304, ①326, ①437
梶原 厚子 ……②747
梶原 和義 ……①138,
①457, ①528
梶原 里美 ……①721
梶原 由美 ……①872
梶原 太一 ……②321
梶原 武久 ……②315
梶原 徹 ……②746
梶原 政之 ……②57
梶原 みずほ ……②149
梶原 道子 ……②733
梶原 義実 ……①543
梶レイソル ……②57
ガスエネルギー新聞
……②572
春日 敦子 ……②774
春日 あゆか ……①588
春日 修 ……②216
春日 清孝 ……②100
春日 走太 ……①384
春日 太一 ……①791
春日 武彦 ……②170,
①477, ①491, ②744
春日 辰夫 ……①755
春日 章 ……②768
春日 文生 ……②177
春日 みかげ ……
①1132, ①1176
春日井 順子 ……②337
春日市教育委員会
①1177, ①1399
春日市立小中学校
……①716
春日大社 ……①562
春日部 こみと ……
①1177, ①1399
春日部 タケル ……①1177
カズキ ヒロ ……①961
かずき ふみ ……①1177
香月 みとり ……①1177
香月 美夜 ……①1177
夏月 涼 ……①1177
伽月 るーこ ……①1399

香月 航 ……①1177
ガスケス, ホアキン・
ガルシア ……①288
かずこ ……①943
一咲 ……①1309
上総 康行 ……②315
ガスター, Th.H.
……①917
ガスタイガー, マ
シュー ……①809
糟谷 芳孝 ……②301
カスタムメディア企
画課 ……①42,
①777, ①778
カスタルディ, エ
リーシア ……①434
カズダン, ローレン
ス ……①374
カスティーヨ, ロー
レン ……①318
カステッラーニ, ア
ンドレア ……①440
ガスニエ 実希子・①83
カズネスキ, クリス
……①345
鹿角 フェフ ……①1177
かずのすけ ……①21
カスパー, ヴァル
ター ……①527
ガスパード, ジョン
……①1345
和花 ……①363
和遥 キナ ……①841
カスパロフ, ガルリ
……②525
和比古 ……①966
粕渕 功 ……②466
粕淵 卓 ‥②534, ②564
カズベギ, アレクサ
ンドレ ……①1329
霞 信彦 ……②162
一峰 大二 ……①780
かすみの ……①346
かずみん ……①112
粕谷 和生 ……②321
糟谷 憲一 ……②599
粕谷 甲一 ……②523
粕谷 大輔 ……②521
粕谷 誠 ……②371
粕谷 昌良 ……①731
粕谷 亮美 ……①433
葛来 奈都 ……①1177
ガスリー, ジュリア
ン ……②625
カズンズ, ルーシー
……①316
風 カオル ……①991
加瀬 清志 ……①867
加瀬 健太郎 ……①943
加瀬 英明 ……①594,
②121, ②140
『家政学のじかん』編
集委員会 ……①7
風木 一人 ……①333
風工房 ……①76, ①82
風島 ゆう ……①1178
加世田 敏宏 ……②242
カセッリ, ステファ
ノ ……①848
風野 潮 ……①360
風野 真知雄 ……
①1035, ①1082
風の子 ……①353
風路 京輝 ……①15
河川財団 ……②607
河川法研究会 ……②619
河田 和広 ……①259

華早 漏曇 ……①1178
仮想通貨ビジネス研
究会 ……②380
家族援助研究会 ……②50
加國 旅人 ……①199
カーター, デビッド・
A. ……①304
カーター, バリー
……①273
カーター, M.J.
……①1345
加田 勝利 ……①189
嘉田 由紀子 ……②577
形井 秀一 ……②711
片岡 愛之助 ……①787
片岡 安祐美 ……①221
片岡 鉄人 ……②256
片岡 一竹 ……①491
片岡 栄治郎 ……①535
片岡 一則 ……②699
片岡 邦好 ……①621
片岡 宏仁 ……①481
片岡 沙都紀 ……
②604, ②605
片岡 翔 ……①991
片岡 昌一 ……①554
片岡 上裕 ……①722
片岡 武 ……②191
片岡 球子 ……①838
片岡 鶴太郎 ……①91
片岡 伴維 ……②400
片岡 直太郎 ……①1178
片岡 夏実 ……②686
片岡 則夫 ……②7
片岡 英彦 ……②354
片岡 雅憲 ……②516
かたおか まなみ
……①386
片岡 美華 ……①492
片岡 靖夫 ……②619
片岡 裕司 ……②351
片岡 義広 ……②380
片岡 佳美 ……②95
片岡 理恵子 ……①758
片岡 れいこ ……①130
片岡クローリー 正枝
……②517
片上 平二郎 ……②107
片上 男次 ……②632
片木 篤 ‥②433, ②607
片桐 顕智 ……①912
片桐 功 ……①820
片桐 恵理子 ……①1346
片桐 一男 ……
①558, ①560
片桐 恵子 ……②66
片桐 重男 ……①728
片桐 雙絵 ……②87
片桐 雛太 ……①844
片桐 裕司 ……①871
片桐 史尚 ……①636
片桐 史裕 ……①706
片桐 雅隆 ……②106
片桐 祐 ……
①588, ①336
片桐 ゆか ……①372
片桐 ユズル ……①448
片桐 洋一 ……①895
片桐 芳雄 ……①749
片桐 了 ……①44
渇口 哲也 ……①35
片倉 康惠 ……①67
片里 鷗 ……①1178
カーター・ジョンソ
ン, アラベラ ‥①935
片瀬 ケイ ……①498
片田 和広 ……①259

堅田 剛 ……①473
片田 珠美 ……①106,
①483, ①489,
②101, ②102
カタダ マチコ ……①17
堅田 康信 ……①553
堅田 洋資 ……②602
かたなかじ ……①1178
片野 浩一 ……②526
かたの しょうこ
……①341
カタノ トモコ
……①346, ①495
片野 正巳 ……①433
片野 優 ……②19
片野 道郎 ……①230
片野 ゆか ……①692
方喰 正彰 ……②529
方平 克弘 ……①729
片平 列彦 ……②662
片平 孝 ‥②200, ②400
片平 徹 ……①6
片渕 彼富 ……②560
片渕 由紀 ……①850
片渕 秀隆 ……②760
片柳 草生 ……①873
片柳 薫子 ……②556
片柳 弘史 ……
①524, ①526
片柳 義春 ……②446
片柳 亮二 ……②624
片山 亜紀 ……①921
片山 暁雄 ……
②521, ②527
片山 晶子 ……②588
片山 ական二 ……②232
片山 修 ……②303
片山 和男 ……①493
片山 和之 ……①580
片山 佳代子 ……②86
片山 清司 ……①324
片山 圭二 ……
②641, ②642
片山 源治郎 ……②274
片山 知史 ……②457
片山 覚 ‥②470, ②473
片山 順一 ……①483
片山 志郎 ……②736
片山 隆司 ……①166
片山 剛 ‥①592, ①788
片山 立志 ……
②313, ②507
片山 杜秀 ……②149
片山 富弘 ……
②370, ②424
片山 智裕 ……②317
片山 直也 ……
②208, ②210
片山 紀子 ……①702,
①708, ①709
片山 東 ……②256
片山 はるひ ……①526
片山 久志 ……①943
片山 廣子 ……①920
片山 宏行 ……①911
片山 達之 ……②573
片山 真紀 ……
①1374, ①1377
片山 正彦 ……①555
片山 正義 ……②348
片山 美佳子 ……
②261, ②598
片山 通夫 ……①256
片山 悠 ……①79
片山 悠樹 ……
①754, ②103
片山 幽雪 ……①788
片山 寛 ……①525

著者名索引

片山 豊 ……… ②442
片山 裕 ……… ②583
片山 洋一 ……… ①1036
片山 洋次郎 ……… ①167
片山 喜章 ……… ①691
片山 善博 ……… ②138
かたやま 和華 ‥ ①1036, ①1178
ガタリ, フェリックス ……… ①923
カタリーナブリュガレニーナルーラーデ ……… ①72
語部 マサユキ ‥①1178
可知 豊 ……… ②534
価値創造フォーラム21 ……… ②291
ガチャ空 ……… ①1178
カチャルスキー, A. ……… ②665
かつ ……… ①1178
カーツ, アダム・J. ……… ①105
カーツ, ボブ ……… ①853
カーツ, ルスタム・スヴャトスラーヴォヴィチ ‥①1329
葛 婧 ……… ①664
勝 友美 ……… ②333
勝 久寿 ……… ①87
勝井 三雄 ……… ①876
勝浦 修 ……… ①248, ①250
かつお きんや ……… ①351
勝岡 寛次 ……… ①571
勝川 史憲 ……… ②777
勝木 明夫 ……… ②669
香月 修 ……… ①810
香月 正登 ‥ ①718, ①725
香月 美代子 ……… ①79
香月 裕爾 ……… ②383
活劇座 ……… ①859
学研辞典編集部 ……… ①425
学研プラス ……… ①49, ①53, ①61, ①63, ①264, ①303, ①318, ①321, ①392, ①394, ①395, ①396, ①404, ①407, ①411, ①415, ①421, ①422, ①427, ①431, ①436, ①441, ①627, ①644, ①656, ①728, ①732, ①736, ①744, ①745, ①901
学校管理職研究会 ……… ①705
学校経理研究会 ……… ②315
学校広報ソーシャルメディア活用勉強会 ……… ①752
学校法人自由学園 ……… ①54
学校保健安全実務研究会 ……… ①699
葛西 龍樹 ……… ②711
月山国語の会 ‥①718
葛飾 北斎 ……… ①836
葛島 一美 ……… ①233
カッシーラー, エルンスト ……… ①471
カッスラー, クライブ ‥①1342, ①1345
カッスラー, ダーク ……… ①1345
カッセル, フレデリック ……… ①71

ガッゾーラ, アレッシア ……… ①1345
勝田 悟 ……… ②573
勝田 小百合 ‥①152
勝田 尚哉 ……… ①255
勝田 久 ……… ①799
勝田 政治 ……… ①573
勝田 美穂 ……… ②223
勝田 有一朗 ‥②542
カッタルッツァ, アマエル ……… ②601
カッチ, ビクター ……… ②727
カッチ, フランク ……… ②727
がっちりマンデー!!制作委員会 ‥②303
カッツ, バリー・M. ……… ②287
勝沼 慧衣 ……… ①127
勝沼 聡 ……… ①424
勝野 恵子 ……… ②660
勝野 真一 ……… ①49
勝野 正章 ……… ①757
勝原 裕美子 ‥②764
勝平 得之 ……… ①887
カップ, ロッシェル ……… ①638, ②291
勝藤 拓郎 ……… ②595
勝藤 猛 ……… ①593
かつべ ちかこ ‥①325
勝間 和代 ……… ①5
勝又 悦子 ……… ①507
勝俣 州和 ……… ①772
勝又 浜子 ……… ②765
勝又 壽良 ‥②131, ②249, ②252
勝股 秀通 ……… ②163
勝又 美智雄 ‥①647
勝又 基 ……… ①476
勝又 祐一 ……… ①196
勝俣 良介 ……… ②287
勝見 章男 ……… ②734
勝見 明 ……… ②287
勝見 健史 ……… ①724
勝本 華蓮 ……… ①516
勝本 宗男 ……… ②316
勝谷 慶祐 ……… ②334
勝谷 誠彦 ……… ②933
勝山 貴美子 ‥②768
カツヤマ ケイコ ‥①26
勝山 晋作 ……… ①45
勝山 貴之 ‥ ①897, ①922
勝山 武彦 ……… ②402
勝山市 ……… ①534
桂 勲 ……… ②684
桂 歌丸 ……… ①785
桂 かすが ……… ①1178
桂 湖村 ……… ①911
桂 聖 ……… ①708, ①718
桂 三輝 ……… ①785
桂 千穂 ……… ①796
桂 利行 ……… ②658
桂 望実 ‥ ①991, ①1082
桂 福団治 ……… ①785
桂 文我 ……… ①326
桂 文枝 ……… ①328, ①330, ①333
桂 資泰 ……… ②762
桂井 宏一郎 ‥②18
葛城 阿高 ……… ①1399
葛城 かえで ……… ①3, ②313, ②362, ②368, ②662
桂木 隆夫 ……… ①620

桂木 洋二 ‥…… ①243, ①584
かつらこ ……… ①331
桂沢 仁志 ……… ①967
桂島 宣弘 ……… ②19
桂田 英典 ……… ②659
桂生 青依 ‥ ①309, ①399
カッレントフト, モンス ……… ①1341
カーツワイル, レイ ……… ②262
ガーディアンズオブギャラクシー ‥②34
家庭栄養研究会 ……… ①34, ①175
家庭科教育研究者連盟 ……… ①434
家庭画報 ……… ①828
家庭的保育研究会 ……… ①688
カーディフ, ジャネット ……… ①881
家庭料理技能検定専門委員会 ……… ①34
カデナクリエイト ……… ②329
家電資格試験研究会 ……… ②504
家電製品協会 ‥ ②504, ②506
門 亜樹子 ……… ①475
嘉戸 一将 ……… ①461
角 征典 ‥②286, ②547
門井 慶喜 ‥ ①591, ①991, ①1025, ①1082
加藤 明典 ……… ②18
加藤 彰彦 ……… ②49
加藤 明彦 ……… ②748
加藤 昭 ……… ②566
加藤 明 ……… ①633
加藤 朗 ……… ②149
加藤 厚 ……… ②414
加藤 淳 ……… ②613
加藤 篤行 ……… ②265
加藤 アングラ ……… ①285, ②29
加藤 英治 ……… ①525
加藤 恵美 ‥ ①17, ②358
加藤 ゑみ子 ‥ ①623, ②27
加藤 恵美子 ‥②933
加藤 えり ……… ①77
加藤 エルテス聡志 ……… ②348, ②552
華麗 えれな ‥ ①1178, ①1309
加藤 温 ……… ②713
加藤 かおり ‥①1336
加藤 和恵 ‥ ①840, ①1131
加藤 一夫 ‥ ②46, ②755
加藤 一誠 ……… ②140
加藤 一彦 ……… ①198
加藤 一磨 ……… ①200
加藤 勝也 ‥ ②554, ②556
加藤 僖一 ……… ②901
加藤 公夫 ……… ②118
加藤 恭子 ……… ①943
加藤 郷子 ……… ②28
加藤 潔 ……… ①685
加藤 聖文 ‥ ①570, ①572

加藤 邦子 ……… ②109
かとう くみこ ……… ①385
加藤 啓一 ……… ①410
加藤 恵一郎 ‥②318
加藤 圭木 ……… ①570
かとう けいこ ……… ①357
かとう けん ……… ①943
加藤 謙吉 ……… ①545
加藤 賢策 ……… ①876
加藤 建治 ……… ②316
加藤 健太郎 ‥①732
加藤 浩 ……… ①786, ②714, ②749
加藤 康一 ……… ②232
加藤 紘一 ……… ②173
加藤 耕一 ‥…… ①84, ②612
加藤 康子 ‥①344, ①351, ①353, ①380
加藤 孝治 ……… ②385
加藤 幸一 ……… ②297
加藤 幸治 ……… ②106
加藤 弘治 ……… ②272
加藤 公太 ……… ①828
加藤 廣隆 ……… ①489
カトウ コトノ ‥①840
加藤 才智 ……… ②542
加藤 栄 ‥ ①245, ①1330
加藤 諭 ……… ②637
加藤 三郎 ……… ①190
加藤 しをり ‥…… ①1387, ①1388
加藤 シゲアキ ‥ ①991, ①1082
加藤 恵樹 ……… ①262
加藤 重広 ……… ①625
加藤 紫識 ……… ②303
加藤 ジャンプ ‥①977
加藤 秀一 ……… ②106
加藤 秀治郎 ‥①164
加藤 十八 ……… ①753
加藤 潤子 ……… ②406
加藤 純子 ……… ①739
加藤 晋 ……… ②267
加藤 伸吾 ……… ①672
加藤 新作 ……… ①53
カトウ シンジ ‥①323
加藤 晋介 ‥ ②184, ②186
加藤 眞弘 ……… ①165
加藤 新太郎 ‥②194, ②215, ②218
加藤 清司 ……… ②312
加藤 聖龍 ……… ②350
加藤 創太 ……… ②260
加藤 草平 ……… ①661
加藤 大鶴 ……… ①625
加藤 泰伸 ……… ②574
加藤 諦三 ……… ②5, ①14, ①91, ①94, ①100, ①477, ①478, ①480, ①486
加藤 太一 ……… ②401
加藤 孝男 ‥ ①904, ①970
加藤 貴 ……… ①561
加藤 喬 ……… ②167
加藤 孝 ……… ①258
加藤 隆久 ……… ①506
加藤 孝正 ……… ①495
加藤 匠 ……… ②488
加藤 丈博 ……… ②282
加藤 達也 ……… ②131
カトウ タロウ ‥①803
加藤 単駆郎 ‥①847
加藤 チエ ……… ①77
加藤 千恵 ‥……

①977, ①991
加藤 知恵 ……… ①792
加藤 朝胤 ……… ①326
加藤 恒昭 ……… ②550
加藤 健 ……… ①225
加藤 貞仁 ……… ①536
加藤 哲夫 ……… ②204
加藤 鉄児 ……… ①1082
加藤 哲太 ……… ①155
加藤 哲弘 ……… ①881
加藤 哲文 ……… ①490
加藤 徹也 ……… ①739
加藤 哲郎 ……… ①267, ①583, ②575
加藤 彰男 ……… ①451
加藤 徹 ……… ①262
加藤 寿朗 ‥ ②627, ②629
加藤 敏明 ……… ①299
加藤 利昭 ‥ ①731, ①733
加藤 敏生 ……… ②668
加藤 俊徳 ……… ①11, ①86, ①120, ①121, ①439, ①686, ②3, ②388, ②730, ②731
加藤 友彦 ……… ②406
加藤 直樹 ……… ①456
加藤 尚子 ……… ②51
加藤 直子 ……… ②761
加藤 直人 ……… ②90
加藤 成泰 ……… ①137
加藤 展生 ……… ①140
加藤 進昌 ……… ①489
加藤 信行 ……… ②219
加藤 宣行 ‥ ①714, ①736
加藤 典洋 ‥①452, ①454, ①456, ①909
加藤 一 ‥①144, ①145, ①386, ①1116, ①1119
加藤 元 ‥…… ①199, ①991, ①1082, ①1179
加藤 青延 ……… ②14
加藤 晴明 ……… ②22
加藤 ひさ ……… ①182
加藤 久雄 ……… ①490
加藤 尚武 ‥ ①456, ①473
加藤 久典 ……… ②776
加藤 英明 ‥ ①408, ②691
加藤 英男 ……… ②195
加藤 英夫 ……… ②273
加藤 秀行 ……… ①991
加藤 一二三 ‥①250
加藤 大雄 ……… ②560
加藤 浩子 ‥ ①814, ①816
加藤 博史 ……… ②61
加藤 廣 ‥ ①554, ①1036
加藤 博二 ……… ①943
加藤 広嗣 ……… ②366
加藤 ヒロノリ ‥①279
加藤 弘通 ……… ②258
加藤 裕康 ……… ②10
加藤 弘之 ……… ②302
加藤 博之 ……… ①682
加藤 文元 ……… ②655
加藤 文哉 ‥ ①286, ①797
加藤 真規子 ‥②55
加藤 雅章 ……… ②466
加藤 正明 ……… ①258
加藤 政一 ……… ②592

加藤 将貴 ……… ②265
加藤 昌樹 ……… ②311
加藤 正子 ……… ①698
加藤 優 ・①660, ①662
加藤 雅俊 ‥①25, ①152, ①180
加藤 雅則 ……… ②310
加藤 昌治 ‥ ②346, ②361
加藤 雅彦 ……… ①190
加藤 昌弘 ……… ①262
加藤 政洋 ‥ ②102, ②116
加藤 昌史 ……… ②360
加藤 理文 ‥ ②534, ①613
加藤 雅之 ‥①739, ①808, ②83
加藤 益弘 ……… ②768
かとう まふみ ‥①326, ①327, ①328, ①349
加藤 マユミ ‥①43
加藤 真弓 ……… ①260
加藤 万里子 ‥②136
加藤 実秋 ‥ ①991, ①1082
加藤 美穂子 ‥②48
加藤 幹雄 ……… ②254
加藤 三紀彦 ‥①865
加藤 三明 ……… ①677
加藤 光大 ……… ②503
加藤 光也 ……… ①905
加藤 光保 ……… ②732
加藤 嶺夫 ……… ①256
加藤 三保子 ‥②57
下等 妙人 ……… ①1179
加藤 三代子 ‥…… ①137, ①449
加藤 ミリヤ ……… ①991
かとう むつこ ‥①323
加藤 元嗣 ‥ ②738, ②741
加藤 元弘 ……… ②385
加藤 元浩 ……… ①1082
加藤 康榮 ……… ②228
加藤 康男 ‥ ①576, ①584, ②12
加藤 泰史 ……… ①452
加藤 休ミ ‥①324, ①340, ①433
加藤 泰幸 ……… ①991
加藤 祐子 ……… ②740
加藤 雄介 ……… ②656
加藤 由迦 ……… ①95
加藤 由紀 ‥①1368, ①1371, ①1372
加藤 幸雄 ……… ②222
加藤 幸次 ……… ①713
加藤 之紀 ……… ②699
加藤 陽一 ……… ①370
加藤 洋子 ‥ ①1395, ②378
加藤 陽子 ‥①581, ①584, ②108
加藤 洋平 ……… ①483
加藤 良雄 ……… ①699
加藤 佳一 ‥ ①188, ②429
加藤 嘉一 ……… ②123
加藤 義行 ……… ①732
加藤 美勝 ……… ①1036
加藤 敬子 ……… ①943
加藤 義則 ……… ②713
加藤 吉晴 ……… ①182
加藤 義松 ……… ①268
加藤 喜之 ……… ①523
華藤 りえ ……… ①1179

かとう りつこ …①313
加藤 晶………①610
かとう れい①1133
加藤 玲奈……
　①777, ②143
角岡 伸彦……
　①772, ①931
門川 和男……②264
角川 源義……①895
角川 総一……②242
角川 歴彦……②297
角川アスキー総合研
　究所………①420
角川書店……①801
門倉 暁……①991
門倉 貴史……②35
門倉 正美……①635
カートグラフィック,
　ラトリエ……①305
門バ 修平……①638
門バ 美惠子……①700
門田 美鈴……
　①101, ②332
門田 泰明……①1036
門田 裕一……②688
門田 隆将……①803,
　①930, ②16,
　②41, ②247
門田 理世……①696
角谷 一成……②565
ガードナー, マー
　ティン……②274
門永 朋子……②64
角野 栄子……①309,
　①324, ①331, ①344,
　①357, ①360, ①381,
　①1179, ②26
上遠野 浩平…
　①1082, ①1179
角野 卓造……①771
門野 博……②213
角丸 つぶら…①859,
　①861, ①864
門本 泉……①493
角谷 喜代子……①968
かどや ひでのり
　……①621
角山 照彦……①648
カトラー, キース
　……②456
香取 一昭……②298
香取 隆道……②66
香取 照幸……②47
香取 智宜……②472
香取 信之……②715
香取 眞理……②667
鹿取 みゆき
　……①45, ①46
カトリック中央協議
　会事務局……①528
カトリック中央協議
　会出版部……
　①523, ①525
門脇 厚司……①748
門脇 和男……②665
門脇 香奈子……②535,
　②536, ②537, ②544
門脇 耕三……②615
門脇 大………①562
門脇 孝…②720, ②741
門脇 豊子……②765
かどわき ひでかず
　……①325
門脇 弘典……②278,
　②299, ②625
門脇 むつみ……①832
門脇 陽子……①495
門脇 竜一……

ガートン, エリック
　……②300
金井 篤子……①480
金井 恵美子……
　②405, ②411
金井 啓太……
　②469, ②276
金井 健一……②553
金井 光太朗……①604
金井 繁雅……②321
金井 貴……②41
金井 貫嗣……②258
金井 直……①869
金井 哲夫……
　①20, ②535
金井 壽宏……
　②479, ②310
金井 伸行……②719
金井 Pak雅子……②763
金井 広秋……②101
金井 真紀……①392
　②85, ②692
金井 正雄……①390
金井 正義……②321
金井 真弓……①261,
　①1333, ②129, ②342
金井 美恵子……①991
金井 裕……①467
金井 志江……①22, ①27
かないずみ さちこ
　……①328
金井田 英津子
　……①347, ①353
金江 春植……②659
カナヲ……①1288
金尾 健美……①605
金岡 秀友……①467
仮名垣 魯文……①907
金川 顕教……①92,
　①99, ②285, ②286,
　②349, ②392, ②421
金川 幸司……②140
神奈川 夏子……①119,
　①127, ①815
神奈川 芳行……①181
神奈川キノコの会
　……②686
神奈川県介護支援専
　門員協会……②77
神奈川県がん診療連
　携協議会相談支援
　部会就労支援ワー
　キンググループ
　……②735
神奈川県バス協会…②2
神奈川県立近代美術
　館………①836
神奈川県立産業技術
　総合研究所……②571
神奈川青年司法書士
　協議会人権擁護委
　員会………②186
神奈川大学広報委員
　会…①730, ①973
神奈川大学人文学研
　究所………②105
かなき 詩織……①436
香菜子……①187
鹿苑寺 健……②397
金澤 昭雄……②41
金沢 有倖……①1179
金澤 秀嗣……①472
金沢 翔子……①869
金沢 正太……①823
金澤 忠信……

①621, ①887
金澤 啓……①943
金沢 奈津子……②709
金沢 伸明……
　①366, ①1119
金澤 紀子……①755
金澤 寛明……②727
金澤 裕之……①567
かなざわ まゆこ
　……①429
金澤 マリコ……①1082
金沢 みどり…②5, ②6
金澤 泰子……①869
金沢 優……①991
金澤 佑治……①751
金澤 良枝……①165
金沢医科大学病院内
　分泌代謝科……①181
金沢経済同友会…②22
金沢工業大学科学技
　術応用倫理研究所
　……②649
金沢ブランド100
　……②245
金治 直美……①351
ガナシア, ジャン=
　ガブリエル……②524
奏白 いずも…①1179
かなしろ にゃんこ。
　……①680
金津 日出美……②19
金関 恕…①613, ①615
カナタ……①1399
金田 耕一……②106
金田 咲子……①974
金田 妙……①427
奏多 悠香……①1179
カナタ韓国語学院
　……①666
金谷 憲……①733,
　①734, ①736
金谷 多一郎……①218
がなは ようこ
　……①76, ①866
金原 和也……②205
カナファーニー,
　ガッサーン…①1329
カナヘイ……①77,
　①652, ①653, ①840
金丸 絵里加……①26,
　①51, ①53,
　①55, ①58
金丸 和弘……②194
金丸 勝実……①190
神余 浩夫……②585
神余 博史……②197
金丸 弘美……①157
金丸 祐子……
　②189, ②193
金丸 由美……②194
金丸 良子……①120
金光 桂子……①895
要 明雄……②700
要 はる……①1179
要 真理子……①739
枢 包紅……①1179
金本 郁男……①27
金森 修……②649
金森 喜久男……②294
金森 重樹……②260
金森 たかこ……②364
金森 敬文……②556
金森 強……①734
金森 亨……②326
金森 俊朗……①705
金盛 正樹……①435
金森 昌彦……①164
金森 正也……①535

金森 了脩……①130
金谷 一朗……②548
金谷 俊一郎……①555,
　①618, ②296
金谷 勉………②302
金谷 信宏……②576
金山 茂人……①943
金山 弘昌……①828
金山 靖生……②653
金山 喜昭……①825
可成 一郎……①257
金成 陽一……①923
金成 隆一……②137
かなん……①1179
可児 滋…②380, ②439
可児 紀夫……②142
蟹江 章……②315, ②316
蟹江 杏……①943
蟹江 乾道……②390
蟹江 憲史……
　①722, ②574
蟹江 幸博……②659
カニカマファンクラ
　ブ………②51
かに三匹……①798
蟹瀬 誠一……②425
蟹瀬 智弘……②7
カーニハン, ブライア
　ン・W.……
　②547, ②552
かにマジン……①246
かにみそP……①820
カニンガム, スコッ
　ト……①129, ①130
カニンガム, N.B.
　……②404
カニングハム, ライ
　アン……①161
鹿沼 まさみ……①1394
兼岩 憲……②526
金岡 恒治……
　①173, ②750
金子 マヲ……②392
金子 麻貴……①31
金替 洋佑……②549
金ヶ崎 絵美……②461
カーネギー, デール
　……②362
金木 義男……①447
兼清 泰明……②656
金清 勝應……②20
金斬 児狐……①1179
金子 あきこ……①163
金子 明子……①693
金子 明人……①267
金子 明寛……②771
金子 明真……②414
金子 昭……②319
金子 敦子……②360
金子 淳……②105
金子 敦……①971
金子 亜矢子……①745
金子 亜由美……①914
兼子 歩 …①604, ②107
金子 勇……②96
金子 梅吉……②428
金子 惠美子……①631
金子 修……②185
金子 薫……①991
金子 和夫……②734
金子 一成……②748
金子 一徳……
　②325, ②327
金子 一馬……①840
金子 邦彦……②377
金子 熊夫……②579
兼子 憲一……②73
金子 幸一……①263
金子 修一……②545

金子 順一……①499
金子 征司……②19
金子 大輔……
　①410, ②645
金子 充……②62
金子 丈夫……①397
金子 唯史……②729
金子 達仁……①240
金子 知香子……①521
金子 達仁……①1362
金子 常規……①566
金子 都美絵……①628
金子 皓彦……②872
金子 兜太……
　①905, ①971
金子 登志雄……②197,
　②211, ②326, ②328
金子 智朗……②315
金子 朝子……①735
金子 友美……②611
金子 奈央……①752
金子 直由……①685
金子 成人……①1036
金子 信久……①832
金子 晃……②659
金子 則彦……
　②565, ②567
金子 英弘……②733
金子 拓…①552, ①616
金子 啓明……①834
金子 洋子……①862
金子 宏……②314,
　②398, ②403
金子 浩……①1357
金子 洋之……①451
金子 寛治……②227
金子 広行……
　②219, ②220
金児 紘征……①535
金子 ふみえ……①58
金子 文子……①931
金子 マヲ……②392
金子 みすゞ……①319
金子 光晴……①943
金子 康則……②318
金子 遊…②796, ②116
金子 祐子……②361
金子 裕介……①449
金子 ゆき子……①1337
金子 由紀子……②27
金子 由美子……
　②349, ①415
金子 敬明……②208
金子 善行……②314
兼坂 弘……②604
金坂 弥起……②742
金坂 理衣子……①1309
兼次 映利加……②138
カネシゲタカシ
　……②225
金重 日奈子……②426
金重 凱之……②288
金城 一紀……①1069
金城 太一……①700
かねづか まこと
　……②323
金田 一美……①961
金田 研司……②727
金田 幸子……①917
金田 淳子……②34

金田 信一郎……②283
金田 石城……①991
金田 隆……②756
金田 達也……①441
金田 久璋……①962
金田 浩明……②551
金田 雅代……②775
金田 美世……②613
金田 義行……①400
金田 禎之……②457
兼高 かおる……①910
金嶽 宗信……①459
金武 武……①257
金谷 優……①621
ガーネット, マイケ
　ル……①492
金戸 幸……②501
金原 瑞人……①233,
　①310, ①350, ①371,
　①377, ①884,
　①960, ①1332,
　①1337, ①1339,
　①1340, ①1341,
　①1365, ②2, ②4
兼久 ちわき……①971
金菱 清……②42
金宏 和實……②547
金弘 潤一郎……②299
金巻 とも子……①265
金巻 裕史……②293
金政 祐司……②109
金松 誠……①556
兼宗 進 …①715, ②519
金村 修……②252
金村 公樹……②195
金村 詩恩……②88
兼元 謙任……②378
兼本 浩祐……②730
兼本 敏……②625
金本 祐介……②703
金本 良通……①726
金谷 さとみ……①177
金山 権……②301
金山 貴宏……①261
兼若 逸之……②666
鹿島 晶子……②702
狩野 采子……①85
加野 敬子……①162
狩野 さやか……①15
鹿野 治助……①468
鹿野 しのぶ……①888
鹿野 菜穂子……②190
狩野 直禎……①596
鹿野 伸子……①1392
可野 倫子……
　①164, ①168
狩野 博幸……
　①831, ①832
鹿野 政直……②142
鹿野 好子……①943
かの よしのり
　……②31, ②163
加納 明夫……②331
加納 新太……①977
加納 一朗……①1069
かのう かりん……①327
加納 真 …②540, ②541
狩野 祐東……②554
叶 精二……①431
加納 徳博……①661
狩野 敏次……②113
加納 朋子……①976,
　①979, ①991
加納 尚美……②780
加納 秀志……①1036
加納 寛……①579

著者名索引

著者名索引

嘉納 寛人 ……②740
加納 啓良 ……②129
加納 政芳 ……②523
叶 路綺 ……①465
加納 光子 ……②50
加納 三由季 ……①1378
カノウ ユミコ ……①49
鹿能 リコ ……①1309
叶 レオナ ……①132
叶内 拓哉 ……②697
鹿子木 康 …… ②185, ②217
叶田 キズ ……①1180
鹿目 けい子 ……①991
花音 莉亜 ……①1180
ガーバー, クレイグ ……①320
ガーバー, ステファニー ……①1329
蒲 鉄雄 ……②456
かばき みなこ ……①265
樺沢 紫苑 …… ①124, ②348
蒲澤 秀洋 ……②61
樺沢 祐二 ……②568
カバット, アダム …… ①898, ①976
カバットジン, ジョン …… ①11, ①102
カバット・ジン, マイラ ……①11
香葉村 真由美 ……①700
カバヤ食品 ……①353
椛山 健二 ……②622
樺山 紘一 …… ①829, ②92
蒲山 順吉 ……①183
樺山 敏郎 ……①723
カピッツィ, ジュジ ……①305
カファツス, メナス・C. ……①446
カフカ ……①116
カフカヤマモト ……①9
歌舞伎学会 ……①787
カプコン …… ①284, ①367, ①843, ①857, ①1137
蕪竹 理江 ……②302
カプフェレ, ジャン＝ノエル ……②369
株本 千鶴 ……②705
鏑木 カツキ ……①1180
蕪木 孝典 ……②618
鏑木 麻矢 ……①130
鏑木 ゆみ ……①1388
鏑木 蓮 …… ①992, ①1082
カプラン, ヴェロニク ……①317
カプラン, デイビッド・A. ……②285
ガブリエル, サントニ・ジャン ……①670
カプロ, グレッグ ……①854
花粉症 ……①1399
加部 清子 ……②72
壁井 ユカコ ……①992
ガーベイ＝ウィリアムズ, リチャード ……①253
ガーベット, リー ……①857
ガーベラ, キャサリン ……①1383
カーペンター, ジュリエット・ウィンターズ ……①557
カーペンター, テレサ ……①1379
カーペンター, ビクサ ……②449
カーペンター, マルク ……①135
華宝 世珠 ……①134
ガーボル, ビンテール ……①629
カーマイケル, ハリー ……①1329
鎌倉 国年 ……①561
鎌倉 圭 …… ②322, ②413
鎌倉 靖二 ……②412
鎌倉 孝夫 …… ②125, ②264
鎌倉 利光 ……①498
かまくら まい ……①324
鎌倉 ましろ ……②352
鎌倉 遺文研究会 ……①548
鎌塚 優子 ……①682
鎌田 明 ……②188
鎌田 薫 …… ②188, ②209
鎌田 和宏 ……①429
鎌田 和芳 ……②750
釜田 公良 ……②259
鎌田 敬介 ……②534
鎌田 耕一 …… ②466, ②467
鎌田 佐多子 ……②49
鎌田 慧 …… ①766, ②13
鎌田 繁 …… ②452, ②529
鎌田 遵 ……②256
鎌田 慎也 ……②486
鎌田 東二 …… ①449, ②492, ②499, ②114
鎌田 達也 ……②432
鎌田 信夫 ……②315
鎌田 修広 ……②154
鎌田 憲明 ……①737
鎌田 紀彦 ……①19
蒲田 春樹 ……②288
鎌田 久子 ……①78
鎌田 浩毅 …… ②679, ②680
鎌田 洋 ……②290
鎌田 實 …… ①99, ①103, ②65, ②102, ②715
蒲田 正樹 ……②157
鎌田 麻莉 ……②148
鎌田 道生 ……①482
釜田 峰都 ……②748
鎌田 穣 ……①162
釜谷 武志 ……①632
蒲池 明弘 ……①541
鎌池 和馬 ……①1180
蒲池 桂子 ……①434
かまち 潤 ……①804
釜中 孝 ……①47
鎌野 邦樹 ……②192
鎌野 秀嗣 ……①197
釜本 邦茂 ……②230
カマル, シーナ ……①1345
カーマン, メルバ ……②442
加見 成司 ……②230
紙 智子 ……②145
上 昌広 ……②702
上 優二 ……①923
神秋 昌史 ……①1180
上明戸 聡 ……①185
上井 光裕 …… ②627, ②628
上泉 和子 …… ②763, ②764
紙上 ユキ ……①1180
神尾 哲男 ……①163
上生 ミカ ……①1180
上大岡 トメ ……②119
上岡 克己 ……①920
上岡 史郎 ……①503
神岡 真司 …… ①105, ①122, ①478, ②332, ②358, ②389
上岡 直見 ……②431
上岡 伸雄 …… ①793, ①1330, ①1336, ①1339, ①1344
上岡 洋晴 ……①773
上岡 正明 ……①279
上岡 勇二 ……①170
上沖 晃一 ……②755
神垣 あゆみ ……②350
カミガキ ヒロフミ ……①441
神風動画デジタル作画部 ……①798
上鹿渡 和宏 ……②17
上川 彰 ……②145
上川 敦志 ……①410
上川 順一 ……①191
上川 孝夫 ……②248
上川井 良太郎 ……②516
神樹 兵輔 ……②18
上口 晃 ……②264
上久保 毅 ……②752
上久保 達夫 ……②748
上子 秋生 ……②64
上郡 清政 ……②152
火海坂 猫 ……①1181
神澤 志万 ……②148
上地 雄一郎 ……①488
紙芝居文化の会 ……①885
上島 亜紀 …… ②50, ①55, ①58, ①62, ①66
上島 国利 …… ①170, ①496, ②744
神島 保 ……②741
上島 史子 …… ①394, ①637
上條 晴夫 ……①716
上條 ひろみ …… ①1332, ①1351, ①1352
上條 雅南 ……①969
上条 麗南 ……①1399
上主 沙夜 ……①1399
神月 謙一 ……②368
紙透 辰男 ……①969
上水流 久彦 …… ②111, ②114
神瀬 知巳 ……①1399
かみそう 都芭 ……①1309
神園 愛子 ……①161
上谷 圭 ……①1181
神坂 淑子 ……①466
カミツキレイニー ……①1181
上坪 正徳 ……①922
上出 和子 ……②75
「髪とアタシ」編集部 ……②23
神島 奈穂子 …… ①1379, ①1381
神永 曉 ……①632
神永 正博 ……②512
神永 学 …… ①1037, ①1083
上長 美津子 ……②691
上中 京 …… ①1326, ①1332, ①1340, ①1355
神沼 三平太 …… ①1116, ①1119
神野 オキナ …… ①1083, ①1181
神野 哲郎 ……②118
上野 友也 ……②172
上野川 修一 ……②775
カミノフ, レスリー ……①162
上ノ山 周 ……②677
上村 清 ……②694
上村 恒司 ……②659
上村 ツネ子 ……①972
上村 哲史 ……②193
上村 直樹 ……②769
上村 遥奈 ……②708
上村 佳孝 ……②695
神本 秀爾 ……②116
神本 正行 ……②572
神谷 和宏 ……②709
神谷 加代 ……①283
紙屋 高雪 ……②160
神谷 智 ……①557
神宮 滋 ……②538
神谷 仁 ……②21
神谷 慎軒 ……②17
神谷 大介 ……②567
神谷 妙子 ……②651
神谷 拓 ……①741
神谷 俊彦 ……②513
かみや にじ ……①312
神谷 丹路 ……②598
神谷 則明 ……①581
神谷 浩夫 …… ②617, ②248
神谷 広志 ……②248
神谷 浩 ……①835
神家 正成 ……①1083
神谷 正徳 ……②431
神谷 まり子 ……①919
神谷 美恵子 ……②943
神谷 光徳 …… ②278, ②279, ②280
神谷 充彦 ……②588
神谷 諭一 ……②257
神谷 悠介 ……②43
神谷 涼 ……②178
神山 彰 ……②782
神山 健吉 ……①539
神山 健治 …… ①363, ①789, ①992
神山 大典 ……②421
神山 孝史 ……②458
神山 努 ……②682
上山 浩 ……②188
神山 裕美 ……②61
神山 弘行 ……②399
神山 睦美 ……②456
神山 有史 ……②302
神山 ゆみ子 ……②758
かみゆ歴史編集部 …… ②508, ②546, ②552, ②553
上脇 博之 ……②201
神渡 良平 ……①905
カミング, ローラ ……①828
カミングス, リンゼイ ……①1345
カミンスキ, P. ……②282
久米 泰介 ……②224
鴨井 克之 …… ②213, ②371
亀井 静香 ……②146
亀井 俊介 …… ①907, ①1335
亀井 大輔 ……①473
亀井 孝 ……①631
亀井 孝文 ……②319
亀井 高孝 ……②618
亀井 琢正 ……②757
亀井 利明 ……②374
亀井 智子 ……②177
亀井 伸孝 ……②119
亀井 浩明 ……①703
亀井 弘泰 ……②189
亀井 優徳 ……①163
亀井 洋一 ……②203
亀岡 亜希子 ……②353
亀岡 雅紀 ……②603
亀岡 正睦 ……②727
亀岡 保夫 ……②316
かめざわ ゆうや ……②343
亀澤 裕也 ……②421
亀島 信也 ……②485
亀田 晃 ……②756
亀田 純香 ……②89
亀田 征吾 ……②420
亀田 貴雄 ……②679
亀田 高志 …… ②147, ②459
亀田 達也 ……②108
亀田 俊和 …… ②548, ②549
亀田 尚己 ……②663
亀田 秀子 ……②711
亀田 正治 ……②625
亀田 美保 ……②635
亀田 行雄 …… ②757, ②758
亀田 龍吉 …… ②406, ②686, ②690
亀谷 敬正 ……②244
亀谷 尚輝 ……②413
亀山 郁夫 …… ②609, ①1334
亀山 歌子 ……②974
亀山 香織 ……②733
亀山 幸吉 …… ②76, ②78, ②79, ②80
亀山 早苗 …… ②8, ①112, ①932
亀山 浩文 ……②285
亀山 祐英 ……②178
亀屋良長 ……②25
カメリーニ, ヴァレンティーナ ……②378
カモ …… ①88, ①689
加茂 恵美子 ……②543
加茂 利男 ……②156
加茂 具樹 ……②133
加茂 晴久 ……①992
加茂 将史 ……②671
加茂 佳彦 ……②86
鴨居 弘樹 ……②283
蒲生 猛 ……①1083
蒲生 睦男 …… ②539, ②553, ②596
蒲生 裕司 ……②497
がもうりょうた ……②719
鴨頭 明子 ……②24
鴨頭 嘉人 …… ②105, ②359
鴨下 一郎 ……②47
鴨下 賢一 ……①685
鴨志田 孝一 ……②147
鴨志田 一 ……①1181
鴨下 博 ……②752
鴨谷 真知子 ……①684
加持 麻希 ……①126
蒲原 聖可 ……②777
加門 七海 ……②116
カヤ ……①1181
彼谷 邦光 ……①147
加谷 珪一 …… ②256, ②298, ②352, ②388, ②389, ②390, ②391, ②395
茅 陽一 ……②573
榧木 亨 ……①466
茅木 真知子 ……①83
茅島 篤 …… ①583, ①623
茅田 砂胡プロジェクト ……①1117
萱野 茂 ……②119
栢野 すばる …… ①1181, ①1399
茅野 千江子 ……①184
萱野 稔人 …… ②447, ②212
萱野 有美 ……②6
栢木 厚 ……②565
栢木 清吾 ……②104
萱野 具徳 ……②598
香山 哲司 ……②534
香山 栞 ……①1366
香山 滋 …… ①1069, ①1083
加山 弾 …… ①420, ①421, ②60
萱間 真美 ……②743
香山 リカ …… ①91, ①95, ①447, ①480, ①702, ①711, ②104, ②106, ②199
栢森 良二 ……②752
粥川 泰洋 ……②313
ガヨ＝カル, モデスト ……②106
カラー ……①1132
カーラ, サミ ……①313
カーラ, リーナ ……①313
唐 十郎 ……①782
唐池 恒二 ……①436
唐鎌 大輔 ……②253
唐木 清志 ……①731
唐木 貴央 …… ①776, ①777, ①778
唐木 みゆ ……①833
唐木田 みゆき ……①1350
唐沢 明 …… ①625, ②343, ②362, ②363
カラサワ イサオ ……①860
唐沢 かおり ……①484
唐澤 和希 ……①1181
唐澤 一友 ……①640
唐澤 克之 ……②736
唐澤 杏子 ……①992
唐澤 久美子 ……②736
唐澤 重幸 ……②405
涸沢 純平 ……②16
カラーズ ……①876
カラス, K.G. ……①750
烏山 さいか ……①1181
鳥羽 雨 …… ②363, ②368, ②369, ②383
からすば 晴 ……①277
烏丸 鳥丸 ……①1182
硝子町 玻璃 ……①992
柄谷 行人 …… ①461, ①912, ①916, ②2
唐津 治夢 ……②524

空っ風キッズ …①192
唐戸 俊一郎……②679
唐渡 泰 ……①63
空伏 空人 ……①1182
カラベル, ザカリー ……②258
ガラ紡を学ぶ会 ……②417
カラユミ ……①1182
カラン, ピーター・F.……②665
ガリー, トム ……①663
ガリ, ロマン……①1329
ガリアーニ, フェルディナンド …②256
カーリイ, ジャック ……①1345
カリエロ, セルジオ ……①855
ガリエンヌ, アマンディヌス……①881
カリキンスキイ, ヴァチェスラフ ……①1329
ガリコ 美恵子……②86
狩田 巻山 ……①17
カリッとした毎日。 ……①45
カリナン, トーマス ……①1329
狩新那 生助……①257
カリニコフ, L.A. ……①471
狩野 綾子………①129
苅野 進……①716
苅野 タウ ……①322, ①364
刈野 ミカタ ……①1182
狩真 健……①1182
狩俣 正雄 ……②366
刈屋 大輔 ……②418
仮屋 夏樹 ……①521
苅谷 剛彦 ……①676
刈谷 夏樹 ……②697
刈谷 正意 ……①582
苅安 望 …①618, ②24
苅安 誠……②729
ガリレイ, ガリレオ ……①675
ガリレオ工房 …①398
カーリン, ジョセフ・M.……①43
カーリン, ローラ ……①313
カール, エリック ……①309, ①430
カルヴァジョ, フルール・ルース・ローサ・ド …①829
カルヴィーノ, イタロ ……①1329
カルヴォ, ラファエル・A.……②512
ガルシア, エクトル ……①109
ガルシア, ダニエル・キンテロ……①672
ガルシア, ペドロ・フランシスコ ……①830
ガルシア＝グティエレス, アントニオ ……①783
ガールズアプリメディアセクション ……①282
ガールズ＆パンツァー劇場版製作委員会 ………①1132

カールズバット, アンバー ……①1395
ガールズメディアサービスセクション …①273, ①280, ①797, ①799, ①839
カールソン, リチャード …①102, ①104
カルダー, フィリップ・C. ……②734
カルタジャヤ, ヘルマワン ……②335
カルチャーランド ……①191, ①587, ②91
カルティニムルヤディ法律事務所 ……②249
カルデロン, ホセ・ルイス ……②231
ガルトゥング, ヨハン ……②143
カールトンブックス ……①401, ①867
ガルニエ, ステファヌ ……②100
ガルニエ, トマ ……②607
ガルニエ, パスカル ……①1329
ガルニド, フアンホ ……①844
カルビーお客様相談室 ……②278
ガルファール, クリストフ ……②676
ガルブレイス, キャスリン・O. ……①344
ガルブレイス, ジェームス・K. ……②265
軽部 武宏 ……①337
刈部 直 ……①463, ①476, ①563, ①783
軽部 大 ……②369
カルペンティエール, アレホ ……①1329
カルボーネ, マウロ ……②473
軽森 雄二 ……②313
カルロス, ジョン・P. ……②309
カルロ・ゼン ……①1119, ①1182
カレイナニ早川 ……①943
ガレオッティ, マーク ……②165
カレー沢 薫 ……①943
カレッド, レシャード ……②705
ガレトビッチ, アレキサンダー …②255
枯野 瑛 ……①1182
カレンズ, ジョセフ ……①126
カロギアナキス, P. ……①750
カロセリ, マリーン ……②367
河 清美 …①43, ①47
河合 昭男 ……②550
河合 明宣 ……②127, ②249
河合 晃 ……②571
河合 篤男 ……②373
河合 敦 ……①389, ①390, ①442, ①530, ①533, ①534, ①561,

①563, ①565, ①573, ①1037
川井 栄一 ……①385
河合 香織 ……③3
河合 薫 ……①103
河井 克夫 ……①140
河井 克彦 ……①331
河井 克之 ……②604, ②605
河合 克美之 ……①59
河合 莞爾 ……①1037, ①1083
河合 美奈子 ……②601
河井 美歩 ……①60
かわい ゆう ……①357
河合 ゆうみ ……①1134
川合 亮平 ……①641
川合 りりこ ……①1381, ①1384, ①1385
河合塾築治郎研究会 ……③3
河合楽器製作所 ……②543
かわい恋 ……①1309
川泉 文男 ……②669, ②673
川内 厚郎 ……②908
川内 有緒 ……②85
川内 イオ ……②357
川内 春三 ……①613

川内 博人 ……②727
河内 将芳 ……①553
川内 美彦 ……①420
川勝 和哉 ……①706
川勝 泰介 ……①674
川勝 久 ……①125
川勝 平太 ……①454, ①463
川勝 守生 ……①560
川上 淳之 ……②244
川上 郁雄 ……①623
河上 和雄 ……②216
川上 和生 ……①336, ①406
川上 和人 ……①408, ①697
川上 桂子 ……②585
川上 貢一 ……①120
川上 康介 ……①4
河上 朔 ……①1182
川上 哲 ……①157
川上 重人 ……①268
川上 穣 ……②393
河上 正二 ……①223
川上 将司 ……①739
河上 正秀 ……①470
川上 新一 ……②684
川上 真哉 ……①729
川上 須賀子 ……①704
川上 清市 ……①282, ②441
かわかみ せいじ ……①334
かわかみ たかこ ……①308, ①353
川上 貴 ……②396
川上 高司 ……①121, ②124
川上 武志 ……①1327
川上 浩 ……①608
川上 徹也 ……①98, ②38, ②332
川上 徹 ……①944
川上 富雄 ……②60
川上 智裕 ……②679
河上 智美 ……②780
川上 憲人 ……②329
川上 則道 ……②267
川上 寿代 ……①570
川上 浩司 ……②335, ②348, ②520
川上 未映子 ……①894, ①910, ①944
川上 美樹 ……①8
川上 途行 ……①1183
川上 光彦 ……①582
川上 稔 ……①1183
川上 桃子 ……②517
川上 康則 ……①707
川上 祐司 ……①225
川上 ユキ …①20, ②26
川上 良介 ……①972
川上 律子 ……①526
川上 亮 ……①1119
川岸 殴魚 ……①1183
川岸 舜朗 ……①511
川岸 令和 ……②200
川岸 史 ……②691
川北 亮十郎 ……②584
河北 邦子 ……①697

川喜田 二郎 ……②354
川喜田 晶弘 ……②370
川喜田 昌代 ……①697
河北 裕介 ……①21
川北 義則 ……①89, ①90, ①91, ①94, ①103, ①112, ②364
川北 亮司 ……①338
川口 暁弘 ……①572
川口 明百美 ……①377
川口 一彦 ……①525
河口 和秀 ……①928
河口 和正 ……②293
河口 和幸 ……②259
川口 邦雄 ……①258
川口 耕介 ……②555
川口 周 ……②660
川口 淳一郎 ……②646
川口 素生 ……①427, ②432
川口 精吾 ……①102
川口 大司 ……①264, ②266, ②268
川口 隆行 ……①578
川口 拓 ……①234
川口 智康 ……①511
川口 ちづる ……②783
川口 士 ……①1183
川口 俊和 ……①992
河口 俊彦 ……①248
川口 友万 ……①39, ①419
カワグチ ニラコ ……①505
川口 紀裕 ……②487
川口 則弘 ……①903
川口 創 ……①695
川口 浩一 ……②225
河口 浩 ……①677
川口 広美 ……①747
川口 富美子 ……①446
川口 雅昭 ……①464
川口 正美 ……②598
川口 雅幸 ……①1183
川口 真知子 ……①60
川口 松太郎 ……①1037
川口 光彦 ……①180
川口 盛之助 ……②296
川口 泰英 ……①536
川口 祐吾 ……①91
川口 幸大 ……①114, ②116
川口 由美子 ……①12
川口 葉子 ……①192, ①273
川口 陽子 ……①754
川口 能活 ……①228
川口 順子 ……②76
川口マーン 惠美 ……②21
川越 正平 ……②76
川越 敏司 ……②260, ②265
川越 智勇 ……②340
川越 博美 ……②705
川越 泰博 ……①549, ①611
河琴 ゆい華 ……①1309
川崎 秋子 ……①992
川﨑 享 ……①465
川﨑 修 ……①469
川﨑 一雄 ……②618
川嵜 一夫 ……②390
川嵜 舜久 ……①685
川﨑 かなれ ……①1310
川嵜 景太 ……①270
川崎 浩市 ……①239
川崎 公平 ……①796

川崎 さちえ……②514
川崎 悟司 ……①401
川崎 茂治 ……②207
川崎 修一 ……①653
かわさき しゅんいち ……①324
川崎 純子 ……①420, ②346
川崎 昌平 ……①466
川崎 草志 ……①992, ①1083
川崎 タカオ ……①419
河崎 貴一 ……①37
川崎 貴之 ……①663
川崎 貴子 ……②704
川崎 武志 ……①47
川崎 千加 ……①258
川崎 健 ……②457
河崎 照行 ……②317
川崎 徹 ……①992
川崎 登志喜 ……②213
川崎 智也 ……②605
川崎 豊彦 ……②627
川崎 直子 ……①635
川崎 訓昭 ……②451
川崎 英明 ……②215, ②216
川嵜 英樹 ……②327
川崎 洋 ……①319
川嵜 昌子 ……②365
川崎 政司 ……②194
川崎 美羽 ……①359
川崎 光徳 ……①274, ①276
川崎 めぐみ ……①629
河崎 靖 ……①622
川崎 康彦 ……②354
川崎 葉子 ……①114
川崎 洋平 ……①657
川崎 良孝 …②5, ②6
川崎市障がい者相談支援専門員協会 ……②58
河里 一伸 ……①1399
川地 亜弥子 ……①683
川路 ゆみこ ……①82
河治 和香 ……①1037
川下 和彦 ……①25
川嶋 朗 ……①159
河島 巌 ……②602
川嶋 詠子 ……①79
川嶋 悦子 ……①972
川島 慶 …①274, ①726
川島 慶子 ……①784
川島 建太郎 ……②11
川島 孝一 ……②303
河島 光平 ……②12
川島 小鳥 ……①201
革島 定雄 ……②452
川島 哲 ……②258
川島 志保 ……②66
川島 慎一 ……②240
川島 潤二 ……②437
河島 思朗 ……①673
川島 真 ……②134
川嶋 隆義 ……①433, ②689
河嶋 陶一朗 …①278, ①279, ①1136
川嶌 俊則 ……②659
川島 敏郎 ……②558
川島 智生 ……②609
かわしま ななえ ……①324
河島 英昭 ……①975, ①1329
河島 弘美 ……①39
川島 博之 ……②132

河島 真 ①570
川島 政敏 ②594
川嶋 みどり ②762
川嶋 未来 ①808
川嶋 佑 ①216
川島 裕子 ①703
川島 佑介 ②582
河島 勇太 ②196
川嶋 優 ①388
川島 ゆり子 ②60
川島 蓉子 ①3
川島 芳雄 ②64
川島 龍一 ②155
川島 隆太 ①10, ①121, ①124, ①126, ①160, ①274, ①276, ①432, ①646
川島 令三 ②434, ②435
川嶋 亘 ①734
川尻 秋生 ①545, ①546
河津 聖恵 ①966
川津 茂生 ①482
川津 英夫 ①257
河津 美希 ①118
河津 幸英 ②165
河角 龍典 ①617
川瀬 英嗣 ②424
カワセ ケイコ ①142
川瀬 拓哉 ①172
川瀬 七緒 ①992, ①1083
川瀬 巴水 ①868
川瀬 弘至 ②151
川瀬 太志 ①20, ②419
川瀬 泰雄 ①807
川瀬 康裕 ②62
河瀬 幸夫 ①517
為替王 ②397
翡翠 ヒスイ ①1183
川添 愛 ①1119, ②524
川添 和義 ①174
河添 恵子 ②89, ②248
川添 枯美 ①1136, ①1183
川添 禎浩 ②773
川添 節子 ①36, ①118, ②2, ②277, ②525
川添 泰信 ①519
川副 智子 ①1354
川添 宣広 ②692
川副 秀樹 ①506
川添 道子 ①702
川副 義敦 ①554
川田 ①1136
河田 晶子 ②734
河田 明久 ①824
川田 薫 ①141
河田 勝彦 ①69
川田 きし江 ①197
河田 興 ②770
河田 潤一 ②170
川田 順造 ①475, ①590
川田 信一 ①243
河田 真誠 ②277
河田 寿美子 ②396
川田 泰輔 ①169
河田 卓志 ②552
川田 剛 ②324, ②398
河田 剛 ①41
河田 東海夫 ②579
河田 直樹 ②653
河田 成人 ①1026
河田 日出子 ①970
川田 浩志 ①159
川田 昌克 ②598
川田 学 ①498, ①693
河田 美恵子 ②363
河田 光博 ②727, ②775
川田 稔 ①581
川田 耕治 ②422
川竹 文夫 ①179
川谷 源昭 ①928
河谷 豊治 ①458
川谷 亮治 ②598
カワチ, イチロー ②98
河内 公恵 ②774
河内 昭圓 ①517
河内 祥子 ①698, ①758
河内 利治 ①871
河内 宏之 ①11, ①14
カワツ ナツコ ①342
川手 信行 ②752
川手 寛康 ①68
河手 眞理子 ①146
河出書房新社 ①100, ①464, ①466
河出書房新社編集部 ①884, ①974
川戸 貴史 ①549
河戸 勝 ①403
川名 明彦 ②715
川名 澄 ①975
かわな 静 ①579
川名 はつ子 ②62
川奈 まり子 ①145, ①1119
川中 大樹 ①1083
川中子 義勝 ①522
かわなべ みゆき ①53
川並 久美子 ①226
川成 洋 ①920
川西 絵理 ②220
川西 重忠 ②3
川西 正祐 ②770
川西 進 ①1328
川西 拓人 ②197, ②384
川西 利昌 ②608
河西 智彦 ②357
河西 秀哉 ②151
川西 譲 ②220
かわの いちろう ①442
河野 英子 ②75
河野 きよ子 ①101
河野 銀子 ①753
川野 訓志 ②159
川野 聡恭 ②715
川野 泰周 ①170, ②354
河野 貴輝 ②278
川野 太郎 ①1360
河野 十四生 ①1037
河野 宣之 ②677
川野 ひろし ①645
川野 雅資 ②765
河野 めぐみ ②557
河野 やし ②495, ②499
川野 靖子 ①1345, ①1360, ①1362
河野 勇一 ①526
河野 雄一 ①467
河野 好高 ①151
川之上 英子 ①323
川之上 健 ①323
川端 亮 ①501
川端 有子 ①886
川畑 杏奈 ①78, ①79
川端 健太 ②193
川端 浩平 ②104
川端 重夫 ②75
川端 実美 ②260
河端 ジュン一 ①1131, ①1136, ①1183
川端 淳司 ①657
川端 輝江 ①434
川端 伸子 ②71
川端 博 ②214
川畑 弘 ①944
川端 裕人 ①171, ①350, ①992, ②686
川畑 文昭 ①81
川端 誠 ①326, ①885
川畑 正文 ②206
川端 美帆 ②528
川端 基夫 ②250
川ばた 泰子 ①30
川端 康成 ①888, ①992
川端 勇樹 ②372
川端 侑子 ①682
川端 良和 ②604
川端 理香 ①38
川端康成学会 ①911
川濵 昇 ②263
川原 亜由子 ①18
河原 香織 ②760
川原 和人 ①537
河原 和音 ①368, ①1132
河原 和之 ①732, ①733
河原 克雅 ②727
川原 勝征 ②688
河原 清志 ①884
河原 聡 ②661
川原 繁人 ①620
河原 千夜子 ①733
河原 利彦 ①717
河原 俊也 ②215
河原 直哉 ②456
川原 信隆 ②732
河原 英雄 ②754
河原 理子 ①472
川原 康弘 ②749
川原 靖弘 ②60
河原 康志 ②632
河原 有加 ①922
川原 礫 ①1183
川東 竫弘 ①756
川人 忠明 ①280, ①367
川人 博 ②462
川人 わかな ①36
川平 和美 ②752
川渕 孝一 ②82
川邊 尚風 ①869, ①871
河辺 哲次 ②666
川邉 信雄 ②444
川部 紀子 ②387
川辺 治之 ②553, ②653, ②654
川邉 正人 ①180
川辺 政実 ①157
河邊 昌之 ①706
川辺 みどり ①721
川辺 美奈子 ①321
河邉 幸夫 ②428
川辺 良和 ②568
川辺 良一 ②771
川間 健之介 ①682
川俣 京子 ①73
川又 淳司 ②777
川又 千秋 ①1120
川又 俊則 ①507
川又 実 ②156
川俣 龍司 ①1399
河見 誠 ②223, ②225
川道 麟太郎 ①564
川満 直樹 ②420
川向 正人 ②608
川向 雅弘 ②57
川村 晃裕 ①246
河村 アキラ ②22
河村 昭 ①701
川村 明美 ②132
河邑 厚徳 ②15
河村 栄一 ①859
川村 和章 ②759
川村 一樹 ①678
川村 一彦 ②710
川村 和之 ②725
河村 寛治 ②195
河村 京子 ①674
川村 邦光 ①500
河村 公美 ①32
川村 堅 ②773
かわむら げんき ①339
川村 幸城 ②135
河村 孝照 ①521
川村 光大郎 ①232
川村 仁子 ②172
川村 覚文 ②104
河村 悟 ①972
川村 佐和子 ②764, ②766
河村 茂雄 ①681, ①705, ①706, ①712
川村 真二 ①100
河村 伸哉 ②707
川村 隆彦 ①695
川村 隆浩 ②536
河村 忠伸 ①506
川村 千鶴子 ②94
川村 毅 ①783
川村 哲也 ①166
川村 晃生 ①456
河村 塔王 ①884
川村 俊夫 ②201
河村 知子 ②13
川村 伸秀 ②16
川村 則行 ①126
川村 肇 ②738
河村 春美 ②620
河村 晴代 ②704
河村 尚明 ②659
川村 博子 ①681
河村 浩 ②207
河村 博 ②215, ②216
川村 大伸 ②590
川村 文重 ②743
河村 誠 ①409
河村 雅明 ②68
川村 昌嗣 ①24
川村 匡由 ②583
川村 まゆみ ①264, ①806
河村 美琴 ①82
河村 貢 ②327
河村 光雅 ①666
川村 湊 ①796, ②116
河村 都 ①109
川村 康文 ①397, ①728
河村 有介 ②49
川村 雄介 ②479
川村 悠人 ①918
川村 由紀子 ①557
河村 豊 ②139
河村 庸子 ②364
河村 洋史 ②654
川村 よし子 ①668
河村 義則 ②321, ②473
河村 芳行 ②336
河村 従彦 ①526
河本 薫 ②304
川本 兼 ①451
川本 健太郎 ②61
河本 聡志 ①681
川本 諭 ①20, ①271
川本 佐奈恵 ①645
川本 三郎 ①256, ①790, ①910
川本 隆 ①471
川本 崇之 ①793
河本 毅 ②467
川本 達志 ②156
川本 達也 ②672
河本 敏浩 ①744
河本 尚枝 ①594
河本 英夫 ①448, ①457
河本 ほむら ①101, ①1184
川本 悠大 ②65
河盛 隆造 ①165, ②720
河除 光瑠 ②377
川良 徳弘 ②733
川良 浩和 ①773
河原崎 弘 ②413
河原林 孝由基 ②572
河和 哲雄 ②327
川分 圭子 ①601, ①605
ガワンウースンゴンタ ①516
ガワンデ, アトゥール ②702
カン, アナ ①313
カーン, ケイティ ①1360
ガン, ジェームズ ①372
カーン, ホーウィー ①31
カーン, マイケル ①496
菅 健一郎 ②403
韓 賢東 ①397, ①399
関 紅 ①831
菅 耕一郎 ①931
鳫 咲子 ②60, ②580
菅 重尚 ②711
カン スンファン ②88
韓 世遠 ②220
韓 石泉 ①592
韓 相宇 ①667
菅 民郎 ②658
韓 鐵均 ①246
関 藤清 ①255
カン バンファ ①1350
韓 非 ①465
菅 英輝 ②120, ②126
菅 正隆 ①733, ①735
菅 万理 ②261
菅 未里 ①3
かん ようこ ②355
姜 理恵 ②276
韓 良俊 ①592
「考え、議論する道徳」を実現する会 ①736
菅家喜六先生「伝記」刊行会 ②13
カンカラチケット ①73
神吉 敬三 ①452
神吉 拓郎 ①944, ①992
神吉 直人 ②301
柑橘 ゆすら ①1184
環境技術交換会 ②572
環境共生住宅推進協議会 ②617
環境自治体会議環境政策研究所 ②573
環境市民 ①195
環境社会学会編集委員会 ②95
環境省 ②416, ②577
環境省自然環境局総務課動物愛護管理室 ②456
環境省自然環境局野生生物課鳥獣保護管理室 ②697
環境省大臣官房廃棄物リサイクル対策部産業廃棄物課 ②576
環境省地球環境局地球温暖化対策課フロン対策室 ②575
環境省水大気環境局 ②576
環境福祉分野におけるスマートセンシング調査研究委員会 ②59
環境法政策学会 ②575
カンギレム, ジョルジュ ①474
管工事施工管理技士受験テキスト編修委員会 ②636, ②637
看護行政研究会 ②765
韓国朝鮮文化研究会 ②88
看護師国家試験対策研究会 ②783
看護師国家試験対策プロジェクト ②783
関西大阪21世紀協会 ①538
関西割烹 和心庵のら ①67
関西軍記物語研究会 ①896
関西体育授業研究会 ①719
関西大学会計学研究室 ②321
関西中小企業研究所 ②307
関西哲学会 ①446
関西テレビ放送 ①144
関西ものづくり支援パートナーズ ②589
関西唯物論研究会 ②172
関西倫理学会 ①476
関西労働者伝道委員会 ①521
神崎 朗子 ②28, ②85, ②777
神埼 黒音 ①1184

神崎 繁 ………②171
神崎 晋 ………②734
神埼 たわ ………①1184
神崎 宣次 ………①477
神崎 宣武
　　　　①418, ②110
神崎 初美 ………②741
神崎 史彦 ………①744
神崎 正哉
　　　　①659, ①662
神崎 美宙 ………①1396
神崎 夢現 ………①583
神崎 恵 ………①21
神作 裕之 ……②221,
　　　　②377, ②389
官澤 里美
　　　　②192, ②385
神沢 利子 ………①309,
　　　　①330, ①339
漢字学習教育推進研
　究会 ………①627
『漢字塾』編集部
　　　　　　①160
聞舎 裕生 ………①593
関西学院大学会計学
　研究室 ………②320
関西学院大学キリス
　ト教と文化研究セ
　ンター ………①130
関西学院大学総合政
　策学部 ………②575
関西節約術評議会
　　　　　　②388
ガンセロス, カート
　　　　　　②559
元祖ふとねこ堂
　　　　　　①854
神田 安積 ………②224
神田 和明 ………②368
神田 邦彦 ………①549
神田 桂一 ………①894
神田 恵介 ………①219
神田 健策 ………①449
神田 浩一 ………①113
神田 孝治 ………②242
神田 重幸 ………①888
神田 順子
　　　　①587, ①610
神田 将 ………②197
苅田 澄子 ……①327,
　　　　①333, ①338
神田 大輔 ………①473
神田 卓朗 ………①629
神田 千里 ………①896
神田 哲也 ………①1184
神田 敏史 ………②72
神田 知宜 ………②315
神田 夏生 ………①1184
神田 秀雄 ………①562
神田 秀樹 ………②185,
　②195, ②196, ②197,
　②223, ②377
神田 裕行 ………①51
神田 房枝 ………②359
神田 昌典 ………①99,
　②3, ②332
神田 松之丞 ………①786
神田 民太郎 ………②596
神田 康秋 ………①225
神田 由布子
　　　　①312, ①878
神田 侑晃 ………①815
神田 裕理 ………①532
神田学会 ………②158
カンタグレル, ジル
　　　　　　①814
神田橋 條治 …
　　　　②701, ②742

カンタベリー, デイ
　ブ ………①234
神田明神 …
　　　①505, ①506
ガンダムエース
　　　　　　①849
カンタラメッサ, ラ
　ニエロ ………①521
寒竹 泉美 ………①1399
かんちく たかこ
　　　　　　①433
寒竹 孝子 ………①404
ガンディー, M.K.
　　　　　　②86
カンディンスキー,
　ヴァシリー ………①829
関東学院大学材料表
　面工学研究所
　　　　　　②624
感動集客 ………②514
関東地区IR研究会
　　　　　　①678
カントク ………①847
広東 もな ………①193
カンナ, パラグ …②123
神奈木 智 …
　　　①1302, ①1310
神無月 紅 ………①1184
神成 利男 ………①507
河南 勝 ………①683
菅野 覚明
　　　①461, ②31
菅野 国春 ………②67
菅野 久美子 ………②52
菅野 恵 ………②55
菅野 俊輔 ………②558
管野 眞一 ………②191
菅野 誠二 ………②357
菅野 拓也 ………①944
菅野 哲夫 ………②702
菅野 篤二 ………②330
菅野 伸彦 ………②752
菅野 裕臣 ………①666
菅野 博史
　　　①516, ①517
菅野 博貢 ………②611
菅野 弘久 ………①813
菅野 祐幸 ………②732
菅野 雅史 ………②739
菅野 正泰
　　　②377, ②379
菅野 観愛 ………①27
菅野 道生 ………②55
菅野 美津子 ………①98
かんの ゆうこ ………①363
かんば のりこ ………①342
権 旦純 ………①106
神林 サリー ………①637
上林 春松 ………①46
神林 飛志 ………②521
神林 長平 ………①1120
上林 秀敏 ………①46
神林 比洋雄 ………②316
神林 尋史 ………①911
神林 靖 ………②520
神林 龍 ………②462
神原 謙悟 ………①224
神原 千郷 ………②205
神原 正明 ………①827
神原 正樹 ………②760
神原 里枝 ………①118
ガンビーノ, ポール
　　　　　　①285
かんべ あやこ
　　　①342, ①352
神部 一馬 ………①139
神部 智 ………①815

神部 秀一 ………①737
神戸 孝 ………②75
神部 孝 ………①656
神戸 洋平 ………②543
岸保 宏 ………②451
官報調査会 ………②174
ガンホー・オンライ
　ン・エンターテイメ
　ント ………②282,
　②369, ①1134
かんもくネット ‥②63
神元 久子 ………①822
神元 誠 ………①822
管理栄養士国試対策
　研究会 ………②784
管理栄養士国家試験
　対策「かんもし」編
　集室 ………②776, ②784
管理業務主任者試験
　研究会 ………②494
顔料技術研究会
　　　　　　②443
緩鹿 實彰 ………②227
漢a.k.a.GAMI ………①805

き

キー, ワット ………①377
ギアノッティ, L.R.
　R. ………②731
きい ………①105
生一 智之 ………①169
木苺 ………①1310
木内 明 ………①666
木内 一裕 ………①1083
木内 重子 ………
　①1379, ①1386
木内 登英 ………②376
木内 千鶴子 ………①856
木内 徹 ………①1340
木内 信胤 ………①458
木内 昇 ‥①944, ①992
キェルケゴール,
　セーレン ………①467
キエン, ファン・
　ヴァン ………②14
木尾 糸己 ………①105
木緒 なち ………①1185
木岡 伸夫 ………①447
キーオン, デイル
　　　　　　①858
稀音りく ………①1185
儀我 和代 ………①13
儀賀 理暁 ………②702
鬼海 弘雄 ………①260
機械学習研究会
　　　　　　②298
機械加工編問題の解
　きかた編集委員会
　　　　　　②644
機械検査研究委員会
　　　　　　②643
機械保全技術研究会
　　　　　　②643
機械保全研究委員会
　　　②643, ②644
気がつけば毛玉
　　　　　　①1185
木川 明彦 ………①1359
岐川 新 ………①1185
城川 俊一 ………②372

城川 四郎 ………②686
キーガン, ロバート
　　　　　　②310
機関技術研究会
　　　②642, ②643
基幹講座数学編委委
　員会 ………②654, ②658
機関紙協会大阪
　　　　　　②537
『季刊地域』編集部
　　　　　　②446
季刊文科編集部
　　　　　　①977
木々 ………①380
記紀探訪倶楽部
　　　　　　①544
桔梗 楓 ………①1185
桔梗 有香子 ………②282
企業会計基準委員会
　　　②184, ②185,
　②314
企業家研究フォーラ
　ム ………②369
起業家大学 ………②339
企業再建承継コンサ
　ルタント協同組合
　（CRC）中小企業
　経営再建紛争解決
　センター ………②278
企業と社会フォーラ
　ム ………②335
菊井 玄一郎 ………②550
菊石 朋 ………①967
菊一 功 ‥②440, ②459
菊川 あすか ………①1185
菊川 征司 ………①587
菊川 蜻水 ………①259
菊川 忠臣 ………②779
菊澤 研宗 ………①580
菊島 義昭 ………②410
菊田 佳奈 ………①66
菊田 健一郎 ………②731
菊田 幸一 ………②214
菊田 俊介
　　　①807, ①810
菊田 奈々 ………①76
菊田 久雄 ………②570
菊田 まりこ ………①334
菊田 みちよ ………①351
菊田 遥平 ………②602
菊谷 武 ………②757
鞠谷 雄士 …
　　　②444, ②599
菊池 亜希子 ………②40
菊地 明 ………①567
菊地 彰 ………②550
きくち あつこ ………②31
菊地 篤 ………②729
菊池 功 ………①525
菊池 勇夫 …
　　　②538, ①899
菊地 至 ………②618
菊地 市矢太 ………①517
きくち いま ………②32
菊池 和子 ………①155
菊池 一志 ………①296
菊田 和美 ………①355
菊池 克彦 ………②23
菊池 克仁 ………①171
菊池 勝也 ………②582
菊池 九五 ………①1186
菊地 清明 ………①921
菊地 暁汀 ………①263
菊地 清 ………①867
菊地 蔵乃介 ………①176
菊地 省三 ………①699,
　①701, ①707, ①709,
　①710, ①724, ①727

きくち 正太 ………①42
菊池 聖一 ………②778
菊池 崇 ………②526
菊池 たけし ………①277
菊池 尊也 ………②610
菊池 達也 ………①529
菊池 達也 ………①546
きくちちき …
　　　①338, ①341
菊地 勉 ………②386
菊地 トオル ………①102
菊地 捷男 ………①627
菊池 敏之 ………①189
菊地 俊朗 ………①536
菊地 直樹
　　　②575, ②576
菊池 七夢 ………①76
菊地 成孔 …
　　　①796, ①944
菊地 信光 ………①523
菊池 英昭 ………①577
菊地 秀明 ………①598
菊地 秀行 ………①1037,
　①1083, ①1120
菊池 ひと美 ………①560
菊池 浩明
　　　②518, ②534
菊地 洋明 ………②697
菊地 弘 ………②324
菊地 寛 ………①1025
菊地 浩之 …
　　　②304, ②306
菊地 裕幸 ………②271
菊池 真以
　　　①399, ②680
菊地 麻衣子 ………②363
菊池 誠 ………②647
菊池 征男 ………②164
菊池 理夫 …
　　　②93, ②171
菊地 正史 ………②147
菊地 正俊 ………②395
菊田 正典 ………②440
菊池 昌実 ………②46
菊池 眞之 …
　　　②550, ②559
菊地 真由子 ………②25
菊地 瑞宏 ………②515
菊地 優子 ………②710
菊地 裕子 ………②271
菊池 幸見 ………①993
菊池 裕 ………②772
菊池 由美 …
　　　①491, ②359
菊池 ゆみこ ………①118
菊池 百里子 ………①594
菊池 葉子 ………①655
菊地 義明 ………①189
菊池 良生 ………①607
菊地 良和 ………②718
菊地 よしこ ………②765
菊池 美升 ………①68
菊地 稔 ………①894
菊池道場 ………①699,
　①701, ①707, ①709
菊野 郎 ………①367
菊野 寛之 …
　　　②460, ②463
菊谷 正人 ………②320
危険物行政研究会
　　　　　　②618

危険物保安管理研究
　会 ………②459
危険物法令研究会
　　　　　　②184
危険物法令実務研究
　会 ………②583
き一子 ………①1399
木越 治 ………①899
木根楽 ………①1186
枳莎 ………①1186
木佐 茂男 ………②155
きさいち 登志子
　　　　　　①129
私市 正年 ………①129
私市 保彦 ………①1336
木坂 涼 ………①309,
　①310, ①312, ①313,
　①314, ①315, ①317,
　①319, ①395
稀崎 朱里 ………①1310
木崎 昭 ………①256
城崎 火也 ………①1186
木崎 馨山 ………①511
木崎 さと子 ………①528
木崎 伸也 ………①230
木崎 ちあき ………①1186
喜咲 冬子 ………①1186
木崎 昌弘 …
　　　②723, ②738
木皿 泉 ………①944
如月 ………①1399
如月 かずさ ………①354,
　①356, ①358, ①380
如月 謙一 ………①426
如月 千珠 ………①1310
如月 真弘 ………①1186
如月 有 ………①1337
如月 ゆずら ………①1186
如月 景 ………①461
木澤 靖夫 ………②768
岸 暁子 ………②768
岸 郁子 ………②223
岸 香里 ………①175
岸 啓子 ………①820
岸 啓介 ………②357
建二 ………①289
来住 憲司 ………②432
喜治 賢次 ………①297
岸 惠子 ………①993
岸 志津江 ………②339
岸 太一 ………①479
岸 貴介 ………②508
岸 千年 ………①529
貴志 俊彦 ………②425
岸 肇 ………②596
来住 英俊 ………①523
岸 浩稔 ………②463
岸 雅司 ………①220
岸 政彦 ………①993
岸 正彦 ………②602
岸 正也 ‥②522, ②557
岸 倫子 ………②256
貴志 倫子 ………②740
岸 勇希 ………②347
貴志 祐介
　　　①884, ①944,
　①1083, ①1120
岸 善幸 ………①977
岸 良祐 ………①729
岸井 慶子 ………①696
岸井 大太郎 ………②375
岸上 順一 ………②527
岸上 隆文 ………①759
岸上 伸啓 ………②115
岸川 靖 ………①781
岸川 克己 ………②526
岸川 真 ………②147
岸川 雅範 ………①557

著者名索引

貴志川 裕呉 ・・・・①1186
岸川 由美 ・・・・・①1341
岸川 善光 ・・・・・②371
岸澤 克俊 ・・・・・①199
喜治塾 ・・・・・・・・①763,
①2181, ②2182
岸田 和明 ・・・・・②6
木下 勝世 ・・・・・①690
岸田 貞夫 ・・・・・②398
岸田 繁 ・・・・・・・①944
岸田 敏彦 ・・・・・②709
岸田 ひろ実 ・・・・①932
岸田 真 ・・・・・・・②269
岸田 光正 ・・・・・②325
岸田 康雄 ・・・・・
②328, ②411
岸田 夕介 ・・・・・①61
岸田 蘭子 ・・・・・
①13, ①716
岸田 緑渓 ・・・・・①515
岸田 恋 ・・・・・・・①899
キシテイニー, ニー
アル ・・・・・・・①255
岸根 紅華 ・・・・・①1186
岸根 順一郎 ・・・②666
岸根 卓郎 ・・・・・②668
岸部 宏一 ・・・・・②708
紀島 愛鈴 ・・・・・①944
貴嶋 啓 ・・・・・・・①1186
木島 誠悟 ・・・・・
①332, ①337
木島 泰三 ・・・・・②97
喜嶋 帝童 ・・・・・①131
杵島 直美 ・・・・・①66
木島 康雄 ・・・・・②192,
②205, ②209,
②213, ②216
木嶋 豊・・・・・・・②278
きじまりゅうた
・・・・・・・・①56, ①58
岸見 一郎 ・・・・・①449,
①461, ①477
岸村 秀樹 ・・・・・②710
岸本 恵実 ・・・・・①673
岸本 和葉 ・・・・・①1186
岸本 勝義 ・・・・・①707
岸本 嘉男 ・・・・・①964
岸本 清明 ・・・・・①722
岸本 佐知子 ・・・・①1360
岸本 眞実 ・・・・・①616
岸本 俊介 ・・・・・①604
岸本 セシル ・・・・①773
岸本 太一 ・・・・・②282
岸本 千佳司 ・・・・②439
岸本 亨 ・・・・・・・②682
岸本 直人 ・・・・・①68
岸本 ひとみ ・・・・①726
岸本 ひろゆき ・・・②539
岸本 斉史 ・・・・・
①801, ①1137
岸本 美緒 ・・・・・
①588, ①733
岸本 三香子 ・・・・①724
岸本 みくに ・・・・②705
岸本 通雅 ・・・・・②599
岸本 宗久 ・・・・・②625
岸本 裕紀子 ・・・・①110
岸本 葉子 ・・・・・①29,
①98, ①110, ①905,
①944, ①972
技術教育研究会
・・・・・・・・・・①740
技術士の学校 ・・・②631
技術戦略ネットワー
ク ・・・・・・・・・②631
技術評論社編集部
・・・・・・②531, ②532,
②544, ②546, ②565

キシュティ, スザン
ヌ ・・・・・・・②380
気象庁 ・・・・・・②678
気象予報士試験研究
会 ・・・・・・②645
気象予報士試験対策
研究会 ・・・・②645
キーシン, エフゲ
ニー ・・・・・・①815
ギース, フランシス
・・・・・・・・・②601
木津 純子 ・・・・②767
木津 宗詮 ・・・・②616
希彗 まゆ ・・・・①1400
汽水民俗研究会
・・・・・・・・②116
木塚 ネロ ・・・・①1186
綺月 陣 ・・・・・①1310
気づき塾出版委員会
・・・・・・・・②588
キスナー, キャロリ
ン ・・・・・・・②716
木須見 薫 ・・・・①1392
キセキ ミチコ ・・・①777
季節の遊びを楽しむ
会 ・・・・・・②117
木曽 明子 ・・・・①926
木曽 計行 ・・・・
②498, ②499
木曽 崇 ・・・・・②266
木曽 陽子 ・・・・①689
喜多 綾子 ・・・・②393
北 綾子 ・・・・・①603
北 一郎 ・・・・・①151
木田 一歩 ・・・・①174
木田 一成 ・・・・①410
木田 和廣 ・・・・②530
木田 かたつむり
・・・・・・・・①1187
木田 元 ・・・・・①453
喜多 謙一 ・・・・①944
北 健一 ・・・・・②463
喜多 好一 ・・・・①685
木田 厚瑞 ・・・・②738
木田 重雄 ・・・・②663
紀田 順一郎 ・・・②3
木田 隆文 ・・・・①596
木田 拓也 ・・・・①881
木田 剛 ・・・・・②129
木田 哲生 ・・・・①710
木田 千香子 ・・・②605
北 俊夫 ・・・・・①731
きた なおこ ・・・①305,
①306, ①310, ①317
喜多 直子 ・・・・
①829, ②691
木田 直人 ・・・・①453
喜田 信代 ・・・・②616
木田 学 ・・・・・②553
希多 美咲 ・・・・①1187
喜多 みどり ・・・①993
喜多 南 ・・・・・①993
北 杜夫 ・・・・・①937
北 康利 ・・・・・①563,
②307, ②383
北 康宏 ・・・・・①545
喜多 喜久 ・・・・
①993, ①1083
喜多 留女 ・・・・①651
北アルプス国際芸術
祭実行委員会
・・・・・・・・①766
北居 功 ・・・・・②208
北井 一夫 ・・・・①258
北浦 皓式 ・・・・①788
北浦 尚彦 ・・・・①643
北尾 トロ ・・・・①182,
①184, ①944, ②227

北尾 吉孝 ・・・・・
②281, ②378
北大路 公子 ・・・①944
北大路 翼 ・・・・・
①971, ①973
喜多崎 親 ・・・・・②111
北岡 明佳 ・・・・・
①440, ②716
北岡 伸一 ・・・・・
①461, ②143
北岡 大介 ・・・・・②463
北岡 哲子 ・・・・・①214
北岡 正敏 ・・・・・①551
北岡 みなみ ・・・・
①1382, ①1385
北垣 郁雄 ・・・・・①676
北垣 毅 ・・・・・・・②718
北垣 智基 ・・・・・②61
北影 雄幸 ・・・・・①566,
①581, ①586, ①756
北方 謙三 ・・・・・
①944, ①993,
①1037, ①1083
木門 笙 ・・・・・・・①961
木門 新作 ・・・・・②663
北上 弘明 ・・・・・②296
北神 雄太 ・・・・・②596
北神 諒 ・・・・・・・①393
北川 朱実 ・・・・・①967
北川 勲 ・・・・・・・②770
北川 逸子 ・・・・・①636
北川 恵海 ・・・・・①1187
北川 和代 ・・・・・①1348
北川 勝彦 ・・・・・②268
きたがわ かよこ
・・・・・・・・・①670
北川 清仁 ・・・・・
①964, ①967
北川 慧一 ・・・・・②464
北川 敬一 ・・・・・②59
北川 賢一 ・・・・・②289
北河 賢三 ・・・・・②611
北川 孝次 ・・・・・①258
北川 恵 ・・・・・・・①477
北川 慎治 ・・・・・②549
喜多川 進 ・・・・・②574
北川 進 ・・・・・・・②670
北川 清一 ・・・②57, ②60
北川 貴章 ・・・・・①682
北河 隆之 ・・・・・②218
北川 毅 ・・・・・・・①22
北川 千香子 ・・・・①814
北川 チハル ・・・・①357
北川 哲雄 ・・・・・②278
北川 透 ・・・・・・・①904
北川 知子 ・・・②121,
②258, ②277
北川 智久 ・・・・・①740
北川 尚史 ・・・・・②687
北川 なつ ・・・・・①108
北川 展子 ・・・・・②384
北川 八郎 ・・・・・①137
北川 央 ・・・・・・・①536
北川 フラム ・・・・①766,
①823, ①826
北川 雅恵 ・・・・・②719
喜多川 美穂 ・・・②30
きたがわ めぐみ
・・・・・・・・・①342
喜多川 泰 ・・・・・
①90, ①993
北河 康隆 ・・・・・②663
北川 らん ・・・・・①127
北川 隆三郎 ・・・・①543
北川 玲 ・・・・・・・②698
北川 ワタル ・・・・
②401, ②423
木滝 りま ・・・・・

北岸 由美 ・・・・・①841
北九州市立大学
・・・・・・・・・①679
北口 りえ ・・・・・②318
喜多崎 親 ・・・・・②111
北崎 勇帆 ・・・・・①631
北迫 勇一 ・・・・・②755
北里 紗月 ・・・・・①1084
北里 敏明 ・・・・・①1132
北沢 あかね ・・・・①1348
北澤 功 ・・・・・・・②692
北沢 慶 ・・・・・・・①277,
①280, ①1132
北澤 肯 ・・・・・・・①234
北澤 孝太郎 ・・・・②333
北澤 繁樹 ・・・・・①1038
北澤 志朗 ・・・・・①287
きたざわ 尋子 ・・・①1310
北澤 龍也 ・・・・・②227
北澤 俊之 ・・・・・②740
北沢 夏音 ・・・・・①805
北澤 裕 ・・・・・・・②107
北澤 洋子 ・・・・・①828
北芝 健 ・・・①1084, ②40
北島 敬三 ・・・・・①261
きたじま ごうき
・・・・・・・・・①323
北島 康介 ・・・・・①231
北島 周作 ・・・・・②238
喜多嶋 隆 ・・・・・
①993, ①1084
北島 達也 ・・・・・
②26, ②217
きたじま ちよこ ・②67
北島 英明 ・・・・・①233
北島 英雄 ・・・・・②405
北島 政樹 ・・・・・①174
北島 万次 ・・・・・①555
北島 幸枝 ・・・・・②776
北嶋 裕 ・・・・・・・②45
北尻 川 不可止 ・・②612
喜多條 清光 ・・・②50
木爪 道夫 ・・・・・①817
北爪 道夫 ・・・・・①817
北園 えりか ・・・・①1380,
①1381, ①1384
北園 克衛 ・・・・・①962
北田 暁大 ・・・・・
②97, ②100
北田 英治 ・・・・・②615
北田 絵里子 ・・・①1347
北田 幸恵 ・・・・・①907
北田 哲也 ・・・・・①430
北田 浩子 ・・・・・①840
北田 正弘 ・・・・・①872
北田 桃子 ・・・・・②326
きただい えりこ
・・・・・・・・・①378
木達 一仁 ・・・・・②528
木立 順一 ・・・・・②276
木立 真直 ・・・・・②418
北出 勝也 ・・・・・①714
北出 睦子 ・・・・・①961
木棚 照一 ・・・・・
②186, ②190
北仲 千里 ・・・・・①676
北中 正和 ・・・・・①804
木谷 明 ・・・・・・・②211,
②212, ②227
木谷 喜美枝 ・・・①902
きだに やすのり ・①96
北野 秋男 ・・・・・①749
北野 新太 ・・・・・①250
北野 詠一 ・・・・・
①359, ①360
北野 圭介 ・・・・・
①455, ①794
北野 佐久子 ・・・①922

北野 幸子 ・・・・・①694
北野 収 ・・・・・・・①122
北野 正剛 ・・・・・②739
北野 貴子 ・・・・・①134
北野 武 ・・・・・・・①773
北野 忠 ・・・・・・・②695
北野 利光 ・・・・・②589
北野 麦酒 ・・・・・
①38, ②147
北野 ふゆ ・・・・・①1187
北野 正之 ・・・・・①220
北野 大 ・・・②575, ②671
北野 美絵子ジュリア
・・・・・・・・・①671
喜多野 土竜 ・・・①863
北野 勇作 ・・・・・
①1120, ①1136
北野 幸伯 ・・・・・①124
北のcafe案内人・・・①191
北波 道子 ・・・・・①129
北橋 隆史 ・・・・・②32
北端 智 ・・・・・・・②545
北端 康良 ・・・・・②390
北林 隆明 ・・・・・②405
北林 照幸 ・・・・・②658
北林 芳典 ・・・・・①521
北原 亞以子 ・・・①1038
北原 明日香 ・・・①336
北原 和夫 ・・・・・
②666, ②667
北原 克宣 ・・・・・②264
北原 邦子 ・・・・・①24
北原 聡 ・・・・・・・②268
北原 進 ・・・・・・・②558
北原 なつ子 ・・・②614
北原 白秋 ・・・・・①944
北原 広之 ・・・・・②241
北原 文雄 ・・・・・②670
北原 まさお ・・・・①820
北原 まり子 ・・・・①766
北原 みのり ・・・②37,
②38, ②106
北原 みのる ・・・①1397
北原 亘 ・・・・・・・①157
北原 保雄 ・・・・・①624
北原 亘 ・・・・・・・①231
ギターマガジン編集
部 ・・・・・・・①795
きたみ あきこ ・②352,
②537, ②538
きたみ まゆ ・・・①1187
北見 葉胡 ・・・・・
①334, ①363
喜多見 龍一 ・・・①143
きたみ りゅうじ
・・・・・・②564,
②565, ②566
北道 正幸 ・・・・・①979
北見ハッカ愛好会・①4
北村 精男 ・・・・・
①563, ②617
北村 安樹子 ・・・②27
北村 篤 ・・・・・・・②213
北村 英治 ・・・・・①813
北村 エミ ・・・・・①26
北村 薫 ・・・・・・・①944,
①979, ①993, ①1084
北村 和生 ・・・・・②203
北村 一真 ・・・・・①648
北村 佳代 ・・・・・②399
北村 匡平 ・・・・・
①790, ①796

北村 敬子 ・・・・・②470
北村 系子 ・・・・・①83
北村 賢志 ・・・・・①580
きたむら さとし
・・・・・・・・・①311
北村 諭 ・・・②711, ②738
北村 さゆり ・・・・①895
北村 順 ・・・・・・・②740
北村 庄吾 ・・・・・②331,
②501, ②505
北村 伸 ・・①176, ②728
北村 世都 ・・・・・②54
北村 壮一郎 ・・・①617
北村 惣一郎 ・・・②719
北村 匠海 ・・・・・①790
北村 剛士 ・・・・・②384
北村 珠希 ・・・・・①21
北村 知昭 ・・・・・②755
喜多村 蔦枝 ・・・①944
北村 徳斎 ・・・・・①872
北村 直彰 ・・・・・②453
北村 尚斗 ・・・・・②669
きたむら まさお
・・・・・・①305, ①306
北村 雅史 ・・・・・①196
北村 正晴 ・・・・・②590
北村 昌之 ・・・・・②88
北村 愛実 ・・・・・
②557, ②558
北村 導人 ・・・・・②399
北村 実 ・・・・・・・①450
北村 泰三 ・・・・・②219
喜多村 やすは ・・①1120
北村 雄一 ・・・・・②690,
②691, ②692,
②694, ②696
北村 裕花 ・・・・・①326,
①336, ①342, ①947
北村 佑介 ・・・・・①252
北村 行夫 ・・・・・①189
北村 孝一 ・・・・・
①641, ①671
北村 芳嗣 ・・・・・②583
北村 喜宣 ・・・・・
②155, ②574
北村 良子 ・・・・・①120,
①274, ①277, ②357
北村 亘 ・・・・・・・①157
北室 南苑 ・・・・・①572
北本 勝ひこ ・・・②773
北本 高男 ・・・・・②411
北本 廣吉 ・・・・・①945
来安 めぐみ ・・・①1365
北山 郁子 ・・・・・②37
北山 修 ・・・・・・・①486,
①492, ②742
北山 公路 ・・・・・②295
北山 耕平 ・・・・・
①313, ②120
北山 すずな ・・・①1400
北山 晴一 ・・・・・②721
北山 猛邦 ・・・・・①1187
北山 哲 ・・・・・・・①588
北山 長貴 ・・・・・①660
北山 昇 ・・・・・・・②189
北山 恒 ・・・・・・・②614
北山 洋幸 ・・・・・
②554, ②559
北山 三津子 ・・・②765
北山 結莉 ・・・・・①1187
きたやま ようこ
・・・・・・・・・①355
北湯口 純 ・・・・・②721
キーツ, エズラ・
ジャック ・・・①312
喫煙文化研究会
・・・・・・・・・①154
きっか ・・・・・・・①397

橘川 薫………②751
橘川 武郎………①308
吉川 樹士………②186,②191, ②293
吉川 史隆………②762
吉川 美津子………②190
橘川 幸夫………①95
吉川 芳則………①725
キックスターターガイドブック製作委員会………②512
キックブッシュ, イローナ………②722
吉高神 明………①512
キッザニア裏技調査隊………②29
橘高 弓枝………①373,①374,①376,①1391
橘高 義典………②618
キッチン ミノル………①37,①197,①785,①788
キッド, チップ……①878
キットウッド, トム………①177
狐芽………①440
狐塚 あやめ………①389
喜連川 優………②520
木寺 英史………①153
木寺 正平………②595
ギデール, マテュー………②124
ギド, ミカエル…①43
城戸 淳………①470
木戸 衛一………②578
木戸 直子………①322
城戸 久枝………①578,①580
木戸 正雄………②750
木戸 光………①964
木戸 美幸………①733
木戸 康博………②775
木戸 良彦………②290
貴堂 明世………①165,①180
鬼頭 敬子………①12
鬼頭 香月………①1400
鬼頭 昭三………①175
鬼頭 誠司………①993,②356
木藤 聡………②672
貴道 裕子………①872
鬼頭 正夫………②685
紀藤 正樹………①479,②197
鬼頭 政人………①701,②228,②232
貴堂 嘉之………①604
木藤 亮太………①110
木通 秀樹………②602
木戸川漁業協同組合………②457
ギトリス, イヴリー………①816
木爾 チレン…①1120
きな 優子………①112
機内食ドットコム………②437
キナコ………①862
木梨 美奈子………①695
キニー, ジェフ…①372
キニー, デイヴィッド………①933
キーニー, ブライアン………①377
キニャール, パスカル………①960,①1329
衣笠 彰梧………①1187

衣笠 隆幸………①490
衣笠 知子………①735
衣川 清子………①922
絹川 弘一郎………②739
砧 大蔵………①1128
絹田 村子………①1068
きぬた 泰和………①182
木根 尚登………①326
聴猫 芝居………①1187
ギネスワールドレコーズジャパン………②299
紀野 一義………①512
木野 孔司………①754
木野 茂………①719
紀 成道………①261
木野 秀郷………①760
木野 仁………①597
木野 美森………①1188
紀野 恵………①969
木野 裕喜………①1188
技能検定学科の急所編集委員会………②643
木ノ内 敏久………①279,②376
木内 博之………②731
木内 良行………①670
木乃子 増緒………①1188
きのこ年鑑編集部………②686
きのこまっしゅ。………①1135,①1310
喜熨斗 智也………②713
木下 綾乃………①189,②676
木下 杏………①1188,①1400
木下 江美………①747
木ノ下 勝郎………①459
木下 聡………①555
木下 智史………②198,②199
木下 紗祐里………①232
木下 繁………②42
木之下 繁………①189
木下 諄一………①926
木下 誠也………①1353
木下 順二………①663
木下 翔伍………②521
木下 晋………①342
木下 誠也………①440
木下 大生………①60
木下 隆男………①599
木下 孝司………①683
木下 武司………①895
木下 武徳………②48
木下 龍也………①969
木下 千花………①796
木下 ちがや………①172
木下 哲夫………①827,①836
木下 哲也………②551,②556
木下 利彦………②731
木下 供美………①86
木下 直子………①576
木下 直之………①824
木下 長宏………①195
木下 肇………②516,②519
木下 晴世………①975
木下 半犬………①980
木下 半太………①1084
木之下 尚令………②276
木下 秀雄………①462
木下 浩志………②756
木下 博之………①154
木下 博民………①506

木下 宏揚………②545
木下 浩良………①554
木下 古栗………①993
木下 牧子………①819
木下 昌明………①796
木下 昌輝………①547,①1025,①1038
木下 真由美………②227
木下 道雄………①580
木下 通子………②7
木下 光生………①562
木下 優………①894
木下 雄介………①289
木下 芳弘………②740
鬼ノ城 ミヤ………①1188
"キノ猫本"制作委員会………①265
キノーネス, ジョー………①855
木野本 美千代………①470
木ノ本 昌史………②757
木ノ脇 悦郎………①527
木波本 陽子………①859
樹林 伸………①993
木林 博之………②757
木原 和徳………①750
木原 孝一………①966
木原 高治………②246
木原 誠太郎………①106,①128,①21,②391
木原 武一………①446
木原 敏江………①852
木原 伸浩………②671,②673
木原 浩勝………①1120
木原 浩………①688
木原 裕………②665
木原 雅子………①712,②714
木原 正博………②714
木原 康樹………②763
木原 善彦………①917,①1340
樹原 涼子………①810
吉備中央町図書館………①886
吉備人出版編集部………②24
紀平 知樹………②711
キーピング, チャールズ………①313,①315
ギブ, サラ………①309
ギフ, パトリシア・ライリー………①373
樹生 かなめ………①1188,①1310
キーファー, ナンシー………①836
ギフォード, クライブ………①305,①399,①423,①435
岐阜県養老町………①962
岐阜女子大学デジタルアーカイブ研究所………①104
岐阜市立長良小学校………①752
ギブズ, グラハム・R.………①652
ギブス, マイケル………①372
ギブソン, ジェームズ………①875
木船 久雄………①572
貴船 美彦………②424
ギブリン, レス………②367
木部 克彦………①37

岐部 智恵子………①709
木部 智之………②355
木部 則雄………①495
ぎぼりつこ………①349
木全 カイ………②540
木全 和巳………②53
木俣 貴光………①311
木俣 冬………①781
木俣 美樹男………①414
木俣 幸比古………①828
木俣 由美………①195,①197
季巳 明代………①346
君島 十和子………①119
君島 久子………①374
君塚 正臣………②201
君野 可代子………①346
「君の膵臓をたべたい」製作委員会………①789
「君のまなざし」製作プロジェクト………①790
木宮 正史………①575
キム, ジェイミー………①317
キム, ジーン………②536
キム, ムーギー………②140
キム, ユジン………①304
キム エラン………①1330
キム ジニャン………②88
キム ジュンヒョク………①1330
キム ジョンヨン・②88
キム スニム………②119
キム セラ………②88
キム チャンシル………①825
キム ドゥシク………②46
キム ファン………①407
きむ ふな………①1336
キム ヨンハ………①1330
キムコ玉川………①45
キムバリー………①315
村木 秋則………②446,②449,②450
村木 晃久………②322
村木 朗………②130,②168
村木 聡子………②492
村木 あすか………①527
村木 郁夫………①56
村木 いこ………①358
村木 榮一………①926,①1327,①1336,①1340
木村 悦子………②692
木村 栄美………①271
機村 械人………①1188
木村 一信………②8
木村 一志………①933
木村 和彦………①214
木村 和弘………①451
木村 和也………①945
木村 克彦………②628
木村 勝美………②39
木村 かほる………①50,①945
きむら かよ………①184
木村 魚拓………①245
木村 桂子………①359
木村 慧心………①162
木村 敬助………①688
きむら けん………①581
木村 健二………①246
木村 耕一………①443,①896

木村 高一郎 …………①457,②747
木村……①255,①257
木村 護郎クリストフ………①622
木村 咲………①1188
木村 幸子………①138,①70,①71,①362,②538
木村 佐千子………①814
木村 幸比古………①566
木村 賢………①530
木村 滋………①252
木村 淳………①757
木村 俊治………①314
木村 俊介………①39,①770,①877,②13,②169,②727
木村 淳也………①160
木村 二郎………①1353
木村 心一………①1188
木村 進太郎………①31
木村 鈴代………①691
木村 靖二………①588,①733
木村 専太郎………②726
木村 壮次………①462
木村 草太………②136,②143,②199
木村 泰司………①829,①830
木村 太邦………①512,①518
木村 高子………①602,②123
木村 貴好………①503
木村 卓功………①268
木村 拓也………①676
木村 琢也………①672
木村 武雄………①263
木村 達也………①186
木村 太郎………①827,②124
木村 千里………②352
木村 チヅ子………②765
木村 衣晴………①115
木村 忠啓………①1038
木村 哲三………②412
木村 哲也………①670
木村 得玄………①518
木村 俊昭………②159
木村 敏明………①507
木村 直人………②316,②403,②675
木村 尚敬………②367
紀村 奈緒美………②395
木村 尚義………②298
木村 信夫………①39
木村 一………①625
木村 元………①749
木村 創………①691
木村 花道………①993
木村 晴………①778
木村 春寿………①517
木村 治美………①945
木村 久枝………①76
木村 秀雄………②604
木村 日出夫………①971
木村 英樹………①665
木村 英彦………②617
木村 裕明………①750
木村 紘子………②768
木村 浩嗣………①230
木村 浩美………①1348,①1381,①1383
木村 廣道………②710,②768
木村 浩之………②402
木村 敏………①452,

木村 藤子 ……①95,①133,①137
木村 文雄………②621
木村 文平………①253
木村 万紀子………①68
木村 純………①337
木村 真………②142,②271
木村 誠………①678
木村 正男………①297
木村 真樹………①160
木村 将人………①139
木村 真人………①488
木村 正俊………①922,②84
木村 雅彦………②723
木村 正人………②83
木村 勝………①292
木村 松子………①756
木村 美紀………①174,②712
木村 美智子………①740
木村 三男………②203,②205,②219
木村 三浩………②127,②128
木村 充………①720
木村 美幸………①885
木村 睦………①593
木村 幹 …②88,②131
きむら ゆういち………①304,①323,①324,①325,①326,①327,①335,①690,①847
木村 衣有子………①945,①977
木村 有子………①314,①372
木村 祐司………①191
木村 雄治………①283
木村 由佳………①246
きむら ゆかり………①311
木村 元彦………①230,①231
木村 由利子………①842
木村 容子………①974
木村 陽一………①70
木村 陽治………①139
木村 芳行………①330
木村 良寿………①81
木村 佳弘………①271
木村 芳文………①257
きむら りひと………①319
木村 涼子………①51
木村 理………②749
木村会計事業承継相続対策チーム………②412
キムロ ノリオ………①271
木本 克彦………②754
木本 秀樹………①535
木元 寛明………②164,②165
木本 博之………②238
木本 文平………①834
木本 昌秀………②677
木本 雅也………②547
木本書店編集部………②175
きもの文化検定委員会………①32
木屋 正樹………②414
木谷 美咲………②686
木谷 光宏………①678
キャグラー, デニス………②310
キャザー, ウィラ

著者名索引

…………①1330
キャサディ, ジョン
　…………①853
キャシー中島 ……①77
喜安 幸夫 ……①1038
キャッツ, サンドラ・
　L. ………………①923
キャノン, ジュリア
　…………………①140
キャノン, タラ ‥②138
ギャバート, リサ
　………………②90
キャベンディッシュ,
　ルーシー ……①887
木山 徹哉 ………①704
木山 泰嗣 ………
　…………②228, ②398
木山 実 ………②417
キャメロン, ジュリ
　ア ………………①96
伽羅 れい ………①1310
ギャラガー, リー
　…………………②298
ギャラクシー, ジャ
　クソン ………①266
キャラクターイラス
　ト研究部 ……①853
キャラスクエット
　…………………①317
キャラぱふぇ編集部
　………①333, ①336
ギャラファー,
　ヒュー・グレゴ
　リー …………①607
ギャラリーフェブ
　…………………①874
ギャラリーIHA
　…………………②609
ギャリ, ロマン
　…………………①1330
キャリアデザインプ
　ロジェクト …②296
キャリア発達支援研
　究会 …………①681
キャリガー, ゲイル
　…………………①1360
きゃる …………①1189
ギャルド, ポール
　…………………①673
ギャルネール, ジョシ
　エン ‥①450, ①455
ギャレルズ, アン
　…………………②83
ギャロウェイ, アレ
　クサンダー・R.
　…………………①455
キャロル, ショーン
　…………………②675
キャロル, ショーン・
　B. ………………①691
キャロル, ノエル
　…………………①455
キャロル, ヘンリー
　…………………①251
キャロル, ルイス
　…………………①379,
　①650, ①844
キャンサーリボンズ
　…………………②736
キャンダー, ダイア
　ナ ………………②299
キャントリル, アル
　バート・H. …②109
キャントリル, ハド
　リー ……………②109
キャントン, ジェイ
　ムズ ……………①917
キャンビー, コート

ランド ………①618
キャンプ, キャンディ
　ス …①1330, ①1394
キャンフィールド,
　ジャック ……①119
ギャンブル五月 …①69
キャンベル, アラス
　ター …………②276
キャンベル, ガイ
　…………………②234
キャンベル, カート・
　M. ……………②137
キャンベル, K.G.
　…………………①311
キャンベル, T.コリ
　ン ………………①26
救急救助問題研究会
　…………………②697
ギャンブル五月 …①69
ギャンブル五月 ……
　…①713, ①724
救急業務研究会 ……
　…………………②713
救急認定ソーシャル
　ワーカー認定機構
　…………………②713
救急認定ソーシャル
　ワーカー認定機構
　研修テキスト作成
　委員会 ………②713
九州国立博物館
　…………………①832
九州再編弁護団連絡
　会出版委員会
　…………………②211
九州テーマパーク研
　究会 …………①197
九州弁護士会連合会
　…………………②222
給水装置試験問題研
　究会 …………②627
久波 健二 ……②517
ぎゅうにゅう ……①9
久野 康彦 ……①1343
きゅうり ………②45
求龍堂 …………①836
給料BANK …②292,
　①298, ①414, ②415
九瓏ノ主学園生徒会
　…………………①1131
喜友名 トト ……①1189
キューネ, トーマス
　…………………②164
キューバート, アダ
　ム …………………①848
喜湯本 のづみ …①335
ギュレ, オレリー
　…………………①311
キューン, マンフ
　レッド ………①470
許 成準 ………①466
許 庭源 ………①151
許 明義 ………②378
姜 英淑 ………
　①666, ①1330
姜 英徹 ………①659
姜 益俊 ………②577
姜 尚中 ………①568,
　①612, ②107,
　②129, ②579
姜 仁淑 ………①918
姜 生 …………①466
姜 智恩 ………①599
姜 文江 ………②228
今日 マチ子 …
　①423, ①977
京 みやこ ……
　①1189, ①1400
共愛学園前橋国際大
　学 ……………①751

教育開発研究所
　…………………①697
教育管理職試験問題
　研究会 ………①706
教育支援人材認証協
　会 ……………①689
教育史学会 ……①750
教育思想史学会
　…………………①758
教育ジャーナル編集
　部 ……………①760
教育出版編集局
　…………………①725
教育的ウラ指導
　…………………②639
教育デザイン研究所
　…………………①717
「教育に浸透する自衛
　隊」編集委員会
　…………………①750
教員共学の会 …①750
教員採用試験情報研
　究会 …①759, ①760
教員採用試験対策研
　究会 …………①759,
　①760, ①761
教員の資質向上研究
　会 ……………①675
強運研究会 ……②392
「境界線から考える都
　市と建築」制作実
　行委員会 ……②613
ぎょうけい新聞社
　……①149, ②702
教皇フランシスコ
　……①524, ①527
京極 伸介 ……②752
京極 高宣 ……②64
京極 夏彦 ……
　…①1038, ①1067
京極 秀樹 ……②601
きょうこばぁば ‥①52
共済組合連盟 …②185
きょうされん相談支
　援部会 ………②51
教室ツーウェイ
　NEXT編集プロ
　ジェクト ……①707
教師のための教育学
　シリーズ編集委員
　会 ……………①749
教師養成研究会家庭
　科教育学部会
　…………………①740
京須 利敏 ……①237
京須 偕充 ……
　…①785, ①786
経塚 丸雄 ……①1038
京介 ……………①776
叶瀬 あつこ …①1136
ぎょうせい ……①690,
　①698, ①705, ①718,
　①753, ②152,
　②174, ②198
共生社会システム学
　会 ………………②96
行政書士試験研究会
　……②237, ②238
行政書士六法編集委
　員会 …………②237
京セラコミュニケー
　ションシステム
　…………………②275,
　②281, ②296
共創型対話学習研究
　所 ……………①720
行田 勇 …①622, ①631
京谷 啓徳 ……①827

夾竹桃 …………①1189
京藤 哲久 ……②224
響堂 雪乃 ……②105
共同通信社 ……①929,
　②93, ②273
共同通信社取材班
　…………………②14
共同通信社編集局予
　定センター …②9
共同通信ロンドン支
　局取材班 ……②649
京都建築学生之会
　…………………②615
京都光華ランニング
　クラブ ………①195
京都工芸繊維大学伝
　統みらい教育研究
　センター ……②602
京都工芸繊維大学美
　術工芸資料館
　……①877,
　①879, ②614
京都国立博物館
　…………………①833
京都コンピュータ学
　院KCG資料館(コ
　ンピュータミュー
　ジアム) ……②535
京都産業学研究シ
　リーズ企業研究第
　四巻編集委員会
　…………………②305
京都市右京区選挙管
　理委員会右京区学
　生選挙サポーター
　…………………②674
京都情報大学院大学
　…………………②535
京都市立総合支援学
　校職業学科 …②684
京都市立高倉小学校
　研究同人 ……①716
京都新聞社 ……
　①536, ①552
京都新聞出版セン
　ター …①277, ①1136
京都セルバンテス懇
　話会 …………②84
京都大学基礎物理学
　研究所 ………②664
京都大学経済学会
　……②258, ②259
京都大学国語学国文
　学研究室 ……①630
京都大学大学院教育
　学研究科教育方法
　研究室 ………①716
京都大学大学院薬学
　研究科 ………②769
京都大学文学部国語
　学国文学研究室
　……①630,
　①899, ①900
京都大学霊長類研究
　所 ……………②694
京都大学iPS細胞研
　究所上廣倫理研究
　部門 …………②728
京都町触研究会
　…………………①559
京都哲学会 ……①453
京都府介護支援専門
　員会 …………②296
京都服飾文化研究財
　団 ……………①824
京都仏教会 ……②23
京都府立園部高等学
　校附属中学校
　…………………①720

京都府立大学京都政
　策研究センター
　…………………②161
今日泊 亜蘭 …①1120
京都丸久小山園 …①54
京の魚の研究会 …①35
行場 次朗 ……①498
共謀罪法案に反対す
　るビジネスロイ
　ヤーの会 ……②214
京牟禮 実 ……②628
京本 喬介 ……①1189
京樂 真帆子 …②547
協力日本バーテン
　ダー協会 ……②45
杏林大学医学部付属
　病院看護部 …②763
行列研究所 ……②292
清川 あさみ …①901
清川 進也 ……②294
清川 妙 ………①945
清川 卓二 ……②680
曲亭 馬琴 ……①349
キヨサキ, ロバート
　…………………②376
清 智英 ………①980
清 真知子 ……①70
清島 千春 ……①636
清末 愛砂 ……
　②198, ②201
清塚 邦彦 ……①455
清瀬 赤目 ……①363
清瀬 のどか …①381
きよた かずこ …①337
清田 耕造 ……②247
清田 隆之 ……①677
清田 洋一 ……①733
清田 予紀 ……①106
清武 英利 ……
　②927, ②381
清永 健一 ……②334
清永 安雄 ……①256
清野 茂樹 ……②239
清野 学 ………②599
清原 弘貴 ……②555
清松 みゆき …
　②277, ①1136
ギョンゴビ, P.A.
　…………………②478
キーラー, ギャリソ
　ン ………………②5
吉良 浩一 ……①159
吉良 直人 ……
　②368, ②374
綺羅 光 ………①1400
キラカ, ジョン …②312
吉良川 文張 …①1039
キラー・カーン …②239
キラキラ向上研究会
　…………………①860
きらきらschool ‥①122
ギラニ・ウィリアム
　ズ, ファウズィア
　…………………②310
きらら舎 ………①70
ギラン, シャーロッ
　ト ………………②305
キリアン, イェルク
　…………………①622
紀里雨 すず …①1310
桐生 正幸 ……②213
切江 真琴 ……①1310
切り絵教室「葉来真」
　…………………②340
桐ヶ谷 まり …①993
桐ヶ谷 ユウジ …①154
桐木 紳 ‥②653, ②658
桐木 由美 ……②653

儀利古 幹雄 …①629
霧島 香 ………②143
きりしま 志帆
　……①977, ①978
霧島 兵庫 ……①1039
霧島 まるは …①1189
桐島 洋子 ……①109
霧島市教育委員会
　…………………②23
キリスト教年鑑編集
　委員会 ………①523
桐竹 勘十郎 …①787
桐谷 蟹 ………①474
霧友 正規 ……
　①1133, ①1189
桐野 作人 ……①565
桐野 夏生 ……
　②993, ①1084
きりの みりい …①76
桐野 豊 ………②98
霧原 一輝 ……①1400
桐原 春子 ……①269
桐原 宏行 ……②78
桐原書店編集部
　…………………①652
桐村 泰次 ……①606
桐本 美智子 …①964
桐谷 知未 ……①180,
　①1339, ②93
桐山 襲 ………①993
桐山 靖雄 ……
　①129, ①517
キリヤマ 太一 …①846
桐山 孝信 ……②100
桐山 岳寛 ……②358
桐山 知佳 ……②426
桐山 徹也 ……①1084
桐山 なると …①1189
桐山 秀樹 ……
　①903, ②294
鬼龍 凱 ………①1400
桐生 彩希 ……②540
桐生 稔 ………②360
キリロラ☆ ……①122
キリンビール …①44
ギル, オリヴィア・
　ロメネク ……①377
キールケルス, タイ
　ス ……………②686
キールナン, ス
　ティーブン・P.
　…………………①1360
ギルバート, アリソ
　ン ………………①104
ギルバート, エリザ
　ベス …………①127
ギルバート, エリザ
　ベス・ティー …①866
ギルバート, ケント
　……②11, ②18,
　②19, ②20, ②21,
　②89, ②124, ②132,
　②139, ②145, ②201
ギルバート, サラ
　…………………①422
キルビー, ニック
　…………………①47
ギルモア, ジェシカ
　…………………①1379
ギルロイ, ダン
　…………………①1358
ギルロイ, トニー
　……①1358, ①1359
ギルロイ, ポール
　…………………②108
ギレボー, クリス
　…………………②345
ギレン, キーロン

‥‥‥①851
キロヴィッツ, E.O.
‥‥‥①1345
きろばいと ‥‥
‥‥①366, ①427
貴和製作所 ‥‥
‥①72, ①75
キーン, アンド
リュー ‥‥②528
キーン, グレン ‥①853
キーン, デーブ ①378
金 愛慶 ‥‥②97
金 明秀 ‥‥②99
金 宇大 ‥‥①599
金 英 ‥‥②100
金 永完 ‥‥②130
金 永煥 ‥‥②131
金 英順 ‥‥②907
金 貝 ‥‥②89
金 河 ‥‥①129
金 革 ‥‥①935
金 京子 ‥‥①666
金 玉染 ‥‥②461
金 慧 ‥‥①470
金 景梓 ‥‥②132
金 景成 ‥‥②713
金 恵珍 ‥‥②374
金 敬黙 ‥‥②125
金 弘錫 ‥‥②336
金 香清 ‥‥②132
金 茵 ‥‥②664
金 珠理 ‥‥②65
金 順姫 ‥‥②90
金 順惠 ‥‥①667
金 正恩 ‥‥②131
金 尚均 ‥‥②44
金 昌浩 ‥‥②123
金 昌禄 ‥‥②576
金 成垣 ‥‥②48
金 成妍 ‥‥①928
金 世実 ‥‥①247
金 星周 ‥‥①517
金 正出 ‥‥①1335
金 成政 ‥②18, ②106
金 成来 ‥①246, ①247
金 成龍 ‥①246, ①247
金 善洙 ‥‥②461
金 蒼生 ‥‥②45
金 太宇 ‥‥②575
金 泰泳 ‥‥②45
金 哲 ‥‥①918
金 哲央 ‥‥①832
金 哲彦 ‥①158, ①235
金 富子 ‥‥②576
金 那炫 ‥‥①1330
金 美齢 ①111, ①114
金 文学 ‥①572, ②89
金 萬青 ‥‥①248
金 誠 ‥‥①569
キン マサタカ ‥②30
金 正則 ‥‥②340
金 賢秀 ‥①666, ①667
金 明哲 ‥‥②662
金 裕美 ‥‥①189
金 善和 ‥‥①935
金 美悠 ‥‥②265
金 吉晴 ‥‥①494
金 龍泰 ‥‥①515
金 呂玲 ‥‥①1330
金 俞貞 ‥‥①748
銀色 夏生 ‥‥
‥①817, ①945
金園社企画編集部
‥‥①243, ①403
近畿税理士会調査研
究部 ‥‥②188
近畿大学日本文化研

究所 ‥‥②103
キング, ウェスリー
‥‥①377
キング, ジョージ・
L. ‥‥①180
キング, スティーヴ
ン ‥‥①960,
①1360, ①1361
キング, チャールズ
‥‥①600
キング, トム ‥①854
キング, トレイ ‥①321
キング, マーヴィン
‥‥②249
キング, C.デイリー
‥‥①1342
キングストン, マ
リー ‥‥①461
キングダン, ジョン
‥‥②169
キングマン, リー
‥‥①375
金原亭 伯楽 ‥①1039
金原亭 馬生 ‥①786
金光教全国学生会
OB会 ‥‥①500
銀行業務検定協会
‥‥②476,
②477, ②505
きんざい ‥‥
‥②206, ②505
きんざい教育事業セ
ンター ‥‥②478,
②479, ②480, ②481,
②482, ②483, ②506
きんざいファイナン
シャルプランナー
ズセンター ‥②73,
②380, ②475, ②478,
②479, ②480, ②482,
②483, ②484, ②499
銀座ささ花 ‥‥①67
銀座百点 ‥‥①937
銀座 圓 ‥‥①67
金志 佳代子 ‥①651
金城 正篤 ‥‥①536
金城 隆一 ‥‥②49
金城 哲夫 ‥‥①780
金城 俊哉 ‥②519,
②526, ②550, ②556,
②558, ②559, ②661
近世村落史研究会
‥‥①562
近世歴史資料研究会
‥‥①559, ①562
金田 章裕 ‥‥①531,
①542, ①543, ①558
近代茨城地域史研究
会 ‥‥①559
近代消防社編集局
‥‥②154
近代セールス社
‥①75, ②377,
①385, ②386, ②401
金田一 京助 ‥①388
金田一 春彦 ‥①631
金田一 秀穂 ‥①394,
①623, ①625, ①631
「近代日本移民の歴
史」編集委員会
‥‥①427
「近代日本製鉄電信の
源流」編集委員会
‥‥①564
ギンタス, ハーバー
ト ‥‥②647
禁断生ラジオ製作委
員会 ‥‥①770

ギンツブルグ, ナタ
リーア ‥‥①1330
きんにく ‥‥①440
金野 美香 ‥‥②330
金のりんごBOOKS
編集員 ‥‥①524
金原 粲 ‥‥②653
金原 達夫 ‥‥①300
キン・フー ‥‥①792
キンプトン, ダイア
ナ ‥‥①375
キンブレル, アンド
リュー ‥‥②685
キンメル, キャス
リーン ‥‥①1330
金融検定協会 ‥②480,
②481, ②483,
②485, ②505
金融財政事情研究会
‥②384, ②385
金融財政事情研究会
検定センター
‥‥②475,
②478, ②479, ②482
金融財政事情研究会
ファイナンシャル
プランニング技能
士センター ‥②73,
②377, ②399, ②408
金融商品取引法研究
会 ‥②197, ②382
金融情報システムセ
ンター ‥‥②377
金融庁 ‥‥②416
金融デザイン ‥②386
金融法規研究会
‥‥②185
銀葉 ‥‥①945

く

虞 朝聞 ‥‥②256
具 光然 ‥‥①993
クーア, ルビ ‥①975
クァク ジェヨン
‥‥①977
クァク ジョンナン
‥‥②62
クァジーモド ‥①975
クイグリー, モーガ
ン ‥‥②552
久石 ケイ ‥①1189
クイズ図鑑編集部
‥‥①440
杭迫 柏樹 ‥‥①870
クイック, アマンダ
‥①1330, ①1345
グイディ, グイド
‥‥①854
クイート, オーロー
ラ ‥‥②608
グイド, サラ ‥②555
柊平 ハルモ ‥①1189
クイープ ‥②525,
②548, ②551, ②552,
②554, ②557
クイーン, エラリー
‥①381, ①1345
クイン, ジュリア
‥‥①1330
クイン, ポール・C.

‥‥①498
空 不動 ‥‥①99
クーヴァー, ロバー
ト ‥‥①1330
クヴァーニス, ロ
バート・G. ‥②744
クヴァンツ, ヨハン・
ヨアヒム ‥①822
空間デザイン機構
‥‥①878
空気調和衛生工学会
‥②621, ②622
グエン, ヴァン・フ
エ ‥‥①668
グエン, ダスティン
‥‥①854
グエンティゴック
トー ‥‥①668
グエン・ニャット・
アイン ‥‥①1330
久追 遥希 ‥‥①1189
九岡 望 ‥‥
‥①1117, ①1189
クォン ジョンセン
‥‥①312
久遠 縄斗 ‥‥①1400
久遠 晴人 ‥‥①964
クオンタム ‥‥①1190
久我 有加 ‥‥①1310
玖珂 つかさ ‥‥①370
空閑 晴美 ‥‥①61
久我 ひろこ ‥‥①1387
久我 真樹 ‥‥②30
久賀 美緒 ‥‥①1346
久貝 京子 ‥‥①457
久賀谷 亮 ‥‥
‥①126, ①151
陸原 一樹 ‥‥①347
久木田 寛直 ‥‥①717
久木田 水生 ‥‥①477
釘原 直樹 ‥‥②365
釘宮 つかさ ‥‥①1311
釘宮 陽一郎 ‥‥①798
久木元 美琴 ‥‥①248
釘屋 二郎 ‥‥②553
久木山 健一 ‥‥①757
ククシ, クリス ‥①825
久下 裕利 ‥‥
‥①896, ①897
クゲ ユウジ ‥‥①309
久下 亘 ‥‥①706
久郷 晴彦 ‥‥①163
日下 明 ‥‥②654
日下 公人 ‥‥
‥②21, ②124
草鹿 佐恵子 ‥①1330,
①1339, ①1340
日下 三蔵 ‥①889,
①890, ①891,
①1083, ①1114,
①1116, ①1120,
①1121, ①1124,
①1127, ①1342
日下 実男 ‥‥①441
日下 力 ‥‥①896
日下 紀子 ‥‥①519
久坂部 翠 ‥‥①1373
くさか みなこ ‥①343
日下 由紀恵 ‥①89,
①128, ①136
日下 文代 ‥‥①899
日下 幸男 ‥‥①899
日下部 圭 ‥‥①1333
日下部 真治 ‥‥①194
日下部 尚徳 ‥‥②87
久坂部 羊 ‥①994,
①1084, ②713
草谷 桂子 ‥‥①351
草刈 健一 ‥‥①285

草刈 民代 ‥‥①788
草刈 正雄 ‥‥①775
草川 功 ‥‥①168
草川 啓三 ‥‥②689
草地 良 ‥②291, ②368
草薙 アキ ‥‥①1190
草薙 厚子 ‥‥①168
草薙 刃 ‥‥①1190
草薙 真一 ‥‥②573
草凪 優 ‥‥
‥①1396, ①1400
草野 篤子 ‥‥②102
草野 かおる ‥‥①162
草野 馨 ‥‥①929
草乃 しずか ‥‥①77
草野 心平 ‥‥①945
草野 瀬津璃 ‥‥①1190
草野 來 ‥‥①1400
くさば よしみ ‥①932
岬場 よしみ ‥‥①421
草原 克豪 ‥‥①463
草笛 光子 ‥‥①96
草間 朋子 ‥‥①766
くさま なおみ ‥①101
草間 文彦 ‥‥②297
草間 彌生 ‥‥①868
草間 祐輔 ‥‥①450
草光 俊雄 ‥‥①634
草柳 俊二 ‥‥①567
草柳 弘昌 ‥‥①93
クジ ヒロコ ‥‥①805
久慈 マサムネ ‥‥①1190
櫛木 理宇 ‥①994,
①1084, ①1120
具志堅 融 ‥‥①567
串崎 展一 ‥‥①173
串崎 真志 ‥‥①704
串田 秀也 ‥‥①95
串田 純一 ‥‥①472
串田 誠一 ‥‥
‥②496, ②498
串田 孫一 ‥‥①233
櫛田 理絵 ‥‥①377
櫛野 ゆい ‥‥
‥①1190, ①1311
グジバチ, ピョート
ル・フェリークス
‥‥②352
櫛引 美代子 ‥‥①766
串間 敦郎 ‥‥①741
九島 伸一 ‥‥①453
苦しむ弟子達 ‥①521
クシュナー, ハロル
ド・サムエル
‥①447, ①459
九条 菜月 ‥‥①1085
久嬢 由起子 ‥‥①27
鯨 統一郎 ‥‥①1085
鯨井 康志 ‥‥①461
鯨岡 仁 ‥‥②244
鯨武 長之介 ‥‥①1190
クジラ飛行机 ‥②547,
②559, ②596
久代 登志男 ‥‥①180
久代 知之 ‥‥②519
楠 淳生 ‥‥①221
九頭 七尾 ‥‥①1190
楠 文代 ‥‥②673
葛生 栄二郎 ‥‥②223
葛岡 容子 ‥‥①853
楠木 宏 ‥‥①713
楠田 一雄 ‥‥
‥②764, ②766
楠田 匡介 ‥‥①1085
楠田 諭史 ‥‥②542
楠田 雅紀 ‥‥①1311
楠谷 佑 ‥‥①1191

楠戸 義昭 ‥‥①554
クストリッツァ, エ
ミール ‥‥①1330
葛西 リサ ‥‥②64
楠 章子 ‥①352, ①355
楠木 新 ‥‥①110
楠木 建 ‥‥②369
楠 浩一 ‥‥②622
楠 茂樹 ‥①451, ②222
くすのき しげのり
‥‥①325,
①338, ①349, ①357
楠木 俊 ‥‥①609
楠 真 ‥‥②278
楠木 誠一郎 ‥①367,
①369, ①389,
①391, ①533
楠 のびる ‥‥①1191
楠 秀樹 ‥‥②100
楠 凡之 ‥①683, ①687
楠 美佐子 ‥‥①451
楠瀬 寿賀子 ‥‥①816
葛葉 哲哉 ‥‥①808
くすはら順子 ‥①323,
①331, ①356
楠原 佑介 ‥‥①190
葛原 陽子 ‥‥①867
楠 真二 ‥‥②225
楠美 順理 ‥‥②580
楠見 清 ‥‥②34
久住 卓也 ‥‥①319
楠見 武信 ‥‥②673
くずもち ‥‥①1191
葛餅 ‥‥①1191
楠本 和矢 ‥‥②299
楠本 君恵 ‥‥①844
楠本 修二郎 ‥‥②299
楠元 純一郎 ‥‥②195
楠本 利夫 ‥‥①573
楠元 睦巳 ‥‥②68
楠本 佳子 ‥‥①13
楠本Family ‥‥①1191
葛谷 明美 ‥‥①592
葛谷 彩 ‥‥②127
楠家 重敏 ‥‥
‥①567, ①611
葛谷 健 ‥‥②720
葛谷 雅文 ‥‥②758
葛和 フクエ ‥‥②45
苦瀬 博仁 ‥‥②417
久世 みずき ‥‥①437
久世 由美子 ‥‥①104
クセナキス, ヤニス
‥‥①820
クセーニヤ, ゴロ
ウィナ ‥‥②114
クターナ, クリス
‥‥②93
口尾 麻美 ‥‥①59
朽木 昭文 ‥‥
‥②249, ②252
クチャルスキー, ア
ダム ‥‥②646
沓掛 良彦 ‥①600,
①816, ①926, ①975
朽木 祥 ‥①352, ①994
クック, サイモン
‥‥①647
クック, ダイアン
‥‥②687
クック, トニー ‥①662
クック, ミシェル・
ショーフロ ‥①37
クックパッド
‥‥①52, ①66
クックビズFoodion
‥‥②427

著者名索引

杳沢 久里 ……①994
杳澤 隆司 ……②245
グッダヴェイジ, マリア ……①935
グッターグ, ジョン・V. ……①555
ぐっちーさん ……②245
クッツェー, J.M. ……①1330
グッドイヤー, ジュンコ ……①135
グッドウィン, マイケル ……②268
グッドスティーン, D.L. ……①655
グッドスティーン, J.R. ……①655
グッドナイト, リンダ ……①1379
グッドハート, ピッパ ……①378
グッドママ編集部 ……①13
グットマン, アン ……①316, ①317
グッドマン, ダイアン・J. ……①753
グッドマン, ネルソン ……①766
グッドマン, ラッセル・B. ……①467
グッドマン, ルース ……①604
グッドリフ, ピート ……②552
杳名 亮典 ……②547
欝田 竜蔵 ……②27
公手 成幸 ……①1352, ①1354
クデイラ アンドアソシエイト ……①653
クテユ, ピエール ……②437
グテル, フレッド ……②575
グデン, アンジェリカ ……①782
クート, ヴィネイ ……②310
工藤 章 ……①593
工藤 哲 ……②89
工藤 綾子 ……②765
工藤 栄一郎 ……②321
工藤 和男 ……①472
工藤 員功 ……②117
宮藤 官九郎 ……①780
工藤 喜美枝 ……②519
工藤 ケン ……②442
工藤 健策 ……①553
工藤 航平 ……①559
工藤 聖子 ……①181
工藤 潤 ……②590
工藤 純子 ……①352, ①353
工藤 省治 ……①874
工藤 将太郎 ……①395
工藤 進英 ……①448
工藤 晋平 ……①477
工藤 澄子 ……①462
久藤 貴緒 ……①1400
工藤 高 ……②709
工藤 隆 ……②150
工藤 孝文 ……①25
工藤 卓司 ……①465
工藤 達朗 ……②199
工藤 哲史 ……②153
工藤 俊哉 ……②751
工藤 敏行 ……①536

くどう なおこ ……①382
工藤 ノリコ ……①337, ①338
工藤 英明 ……②76
工藤 広伸 ……①175
工藤 紘実 ……①652
工藤 弘 ……①712
工藤 宏幸 ……②727
工藤 房美 ……①86
工藤 政孝 ……②630, ②641, ②642, ②644, ②645
工藤 昌宏 ……②520
工藤 美知尋 ……①581
くどう みやこ ……①118
工藤 美代子 ……②513
工藤 泰子 ……②255
工藤 紘則 ……①95
久遠 侑 ……①1191
工藤 由布 ……①23
工藤 雄一郎 ……①540
工藤 胖 ……①580
工藤 庸子 ……①457
工藤 洋路 ……①654
工藤 哲夫 ……②761
工藤 力男 ……①960
工藤 律子 ……②91
工藤 和奏 ……②556
久冨 正美 ……①974
久冨 善之 ……②705
くどりん ……①144
グドール, ジェーン ……②694
宮内省図書寮 ……①573
宮内庁 ……②150
宮内庁三の丸尚蔵館 ……①832
宮内庁書陵部 ……①616, ②149
宮内庁書陵部陵墓課 ……①612
クナイフェル, ハンス ……①1357
クーニー, マイケル ……①636
国井 桂 ……①979, ①980
国井 傑 ……②546, ②562
国居 貴浩 ……②531
國井 良昌 ……②602
国枝 史郎 ……①1025
国枝 哲夫 ……②685
国崎 信江 ……①328, ①330, ①331, ①332, ①342, ①414
国実 マヤコ ……①488
國澤 正和 ……②637, ②638
国沢 裕 ……①1191
国司 義彦 ……①101
くにすえ たくし ……①304, ①307
国末 憲人 ……②253
國武 大紀 ……②355
国津 洋子 ……①261
國頭 直子 ……①293
國友 則市 ……①196
国友 良樹 ……②684
国野 亘 ……②557
くにのい あいこ ……①263
國場 弥生 ……①378
國原 吉之助 ……①673
國原 孝 ……②740
国弘 喜美代 ……①935
国広 仙戯 ……①1191
國廣 幸亜 ……①2
國部 徹 ……②189, ②204
國政 久郎 ……①242, ②441

国松 エリカ ……①305, ①324, ①357
國松 淳和 ……②713
国松 俊英 ……①341
国光 ……①1039
國光 洋二 ……①103
國宗 進 ……①728
國宗 利広 ……②337
国本 温子 ……①539, ②558
国本 伊代 ……②82
國森 晴野 ……①968
國森 康弘 ……①415, ①422, ①423
國森 由美子 ……①1336
国谷 裕子 ……①213
国吉 和子 ……①945
功刀 浩 ……②746
切刀 道子 ……①723
クヌース, ドナルド・E. ……②557
グネル, マテユー ……②674
久野 章仁 ……②649
久野 恵一 ……①831
久野 潤 ……①577
久野 譜也 ……①159, ②66
久野 暲 ……①654
久野 尚美 ……①881
久野 弘幸 ……①737
久野 雅司 ……①547
久野 みゆき ……②727
久野 靖 ……②517, ②518
久野 康成 ……②304, ②312
久野 泰可 ……①697
久野 理恵子 ……①813
久能 靖 ……②149
久能木 順一 ……①172
久能木 紀子 ……①192
九里 彰 ……①526
クーパー, エリシャ ……①313
クーパー, グレン ……①1346
クーパー, ジェマ ……①865
久場 政博 ……②744
クーパーコーチングジャパン ……①229
久原 寛子 ……①1394
九分 くりん ……①863
久富木原 玲 ……①897
グプタ, スシャム ……②742
グプタ, マヘンドラ ……①460
クベタ, クララ ……①670
久保 えーじ ……①43
久保 加織 ……②777
久保 和功 ……①244
久保 克児 ……①382
久保 健一郎 ……①549
久保 憲司 ……①994
久保 健太 ……②53
久保 健太郎 ……②740
久保 修 ……①867
久保 修一 ……②72
久保 進 ……①630
久保 純子 ……②362, ②680
久保 帯人 ……①1137
久保 隆史 ……②741
久保 拓也 ……②669
久保 ちはろ ……①1400
久保 哲朗 ……②270

久保 亨 ……②134
久保 俊彦 ……①967
久保 知己 ……②528
久保 倫子 ……②248
久保 智康 ……①516
久保 豊子 ……②319
久保 望 ……①499
久保 伸夫 ……①154
久保 秀一 ……①405
久保 ヒデキ ……①258
久保 裕愛 ……①630
久保 博孝 ……①449
久保 裕丈 ……①116
久保 博雅 ……①630
久保 博美 ……①994
久保 富士男 ……②659
久保 文明 ……②134
久保 富三夫 ……①751
久保 麻紀 ……①258
久保 真人 ……②768
久保 正彰 ……①589
久保 成史 ……②369
くぼまちこ ……①337
久保 美紀 ……②60
久保 幹雄 ……②282, ②555
窪 美澄 ……①976, ①977, ①980, ①994
久保 道晴 ……②276
久保 光俊 ……①164
久保 美代子 ……②38
久保 幹 ……②446
久保 陽子 ……①1331
久保 龍太郎 ……②390
窪依 凛 ……①994
窪内 節子 ……①481
久保田 恵美 ……②169
久保田 修 ……②692
窪田 和弘 ……②713, ②722
久保田 一充 ……①644
久保田 克博 ……①328
久保田 カヨ子 ……①12
久保田 競 ……①12, ①58, ①387
久保田 潔 ……②408
久保田 慶一 ……①643, ①819, ①820, ①822
久保田 桂子 ……①577
久保田 聡 ……①158
久保田 沙耶 ……①962
窪田 静 ……②768
久保田 淳 ……①888, ①900
久保田 純 ……②669
久保田 俊一郎 ……②777
久保田 順子 ……①11
久保田 史郎 ……②762
窪田 眞二 ……①706, ①757
窪田 新之助 ……②447
窪田 隆 ……②218
窪田 高弘 ……②664
久保田 健 ……②572
窪田 剛 ……②394
久保田 武美 ……①158
久保田 達也 ……②26
窪田 千紘 ……①31, ①119

窪田 哲朗 ……②733
窪田 晃和 ……②309
久保田 友恵 ……①255
くぼた のぞみ ……①1330, ②36
久保田 伸枝 ……②780
窪田 憲子 ……①922
窪田 ひろ子 ……①644
久保田 浩 ……①507
久保田 博南 ……②702
久保田 裕道 ……②118
久保田 博幸 ……②377
窪田 順生 ……①19
久保田 正人 ……①652
久保田 正己 ……①705
久保田 正道 ……②285
久保田 雅之 ……②430
久保田 万太郎 ……①945
久保田 光則 ……②522
久保田 稔 ……②516
久保田 泰考 ……②484
久保田 有一 ……②729
窪田 祐一 ……②369
久保田 由希 ……①5, ①69
窪田 由紀 ……①757
窪田 之喜 ……②227
窪田 義幸 ……②497
久保田 理恵 ……②739
久保田 涼子 ……①879
窪寺 俊之 ……①482
窪寺 伸浩 ……②291
窪之内 英策 ……①845
久保山 茂樹 ……①416, ①696
久保山 直己 ……①215
久保利 英明 ……②228
久麻 當郎 ……①1132, ①1136
くま あやこ ……①352
隈 研吾 ……②257, ①505
熊井 明子 ……①945
熊井 ひろ美 ……①1355
熊王 征秀 ……②403, ②405
くまおり 純 ……①381, ①846
熊谷 亮 ……①494
熊谷 和海 ……②388
熊谷 香菜子 ……①256
熊谷 恵子 ……①682
熊谷 謙介 ……②105
熊谷 孝三 ……②780
熊谷 聡 ……②161
熊谷 小百合 ……①120
熊谷 しのぶ ……①58
熊谷 陣屋 ……①44
熊谷 誠慈 ……②87
熊谷 高幸 ……②492
熊谷 達也 ……①994
熊谷 千寿 ……①1352
熊谷 貫 ……①778
熊谷 徹 ……②97, ②438
熊谷 知子 ……②552
熊谷 智宏 ……②290, ②296
熊谷 則一 ……②204
熊谷 英樹 ……②602
熊谷 文宏 ……②591
熊谷 勝 ……②262, ①263
熊谷 美香 ……②40
熊谷 充見 ……②168
熊谷 亮丸 ……②247
熊谷 裕子 ……①70
くまがい ゆか ……①698
熊谷 幸久 ……②268
熊谷 善彰 ……②270

熊谷 佳子 ……②506
熊谷 頼佳 ……①175
熊谷 玲美 ……①11, ①26
熊谷組設計本部 ……②619
熊谷事務所 ……②324
熊谷 雄介 ……②556
熊川 ヒロタカ ……①811
熊木 明 ……②295
熊木 信太郎 ……①812, ②123
熊木 優 ……①775
熊倉 功夫 ……①34, ①271, ①560, ①831
くまくら 珠美 ……①356
熊倉 伸宏 ……②745
熊倉 浩靖 ……①615
熊倉 正子 ……①30
熊坂 伸子 ……①751
くまざわ あかね ……①331
熊澤 潔 ……②408
熊澤 尚人 ……①348
熊沢 美穂子 ……①653
熊澤 安子 ……②618
熊沢 義雄 ……①153
熊篠 慶彦 ……②72
熊代 亨 ……①102
熊代 正英 ……①912
久間月 慧太郎 ……②431
くまだ 乙夜 ……①1400
熊田 和子 ……①524
熊田 忠雄 ……①572
熊田 プウ助 ……①852, ①856
熊田 由美子 ……①834
熊田 陽一 ……②599
熊田 陽子 ……①35
くま太郎 ……①1191
熊手 もとひろ ……②426
くまなの ……①1191
熊野 聰 ……①587
熊野 純彦 ……①470, ①475
熊野 整 ……②384
熊野 宏昭 ……①169, ①484, ②742
熊ノ郷 淳 ……②733
熊野古道女子部 ……①514
熊野谷 葉子 ……①925
熊原 啓作 ……②657
熊平 美香 ……①675
隈部 正博 ……②659
熊本 一規 ……②439
隈元 貞広 ……①960
隈本 正二郎 ……①144, ①145
隈元 信一 ……①767
隈元 庸夫 ……②717, ②734
熊本県人くまもとブランド推進課 ……①329
熊本大学文学部 ……②24
『くまモンあのね』製作委員会 ……②23
『くまモンのいる風景』製作委員会 2017 ……①841
クマール, サティシュ ……①451, ①460
クマール, マンジット ……②667
久米 薫 ……②105
久米 篤 ……②687
久米 公 ……①722
久米 絵美里 ……①348
粂 和沙 ……①826

久米 建寿 ……… ①174
久米 宏 ……… ②10
久米 雅雄 ……… ①546
久米設計病院設計タ
　スクチーム ……②709
粂田 文 ……… ①924
粂原 圭太郎 …
　　　①85, ①675
粂原 恒久 ……… ①509
雲岡 梓 ……… ①898
雲プロダクション・②4
久門 道利 ……… ②57
入門 易 ……… ②540
公文 祐子 ……… ①674
公文教育研究会
　　　………… ①802
久山 葉子 …
　　　①1327, ①1355
『久山康先生その思想
　と実践』刊行編集
　委員会 ……… ①524
九曜 ……… ①1191
蔵 研也 ……… ②267
倉井 成子 ……… ②54
倉井 華子 ……… ②713
グライサー, マルセ
　ロ ……… ②666
倉石 灯 ……… ②254
倉石 平 ……… ①227
倉石 清志 ……… ①784
倉石 哲也 ……②53,
　②56, ②60, ②64
クライフ, ヨハン
　……………… ①230
クライン, エマ
　……………… ①1330
クライン, ザック
　……………… ②28
クライン, ジャン
　……………… ①143
クライン, ナオミ
　……………… ②260
クライン, D.R. ②670
クラウク, H.・J.
　……………… ①525
倉内 恵里子 ……①695
倉内 誠 ……… ②595
グラウト, バム …①89
クラウド&データセ
　ンター完全ガイド
　……………… ②273
クラウド経理支援協
　会 ……… ②317
鞍掛 伍郎 ……… ①564
倉方 俊輔 ……… ②612
倉方 秀憲 ……… ①669
倉上 亘 ……… ①232
クラーク, アーサー・
　C. ……… ①1361
クラーク, アーディ・
　S. ……… ①139
クラーク, エマ・チチ
　ェスター …
　　　①314, ①315
クラーク, キャット
　……………… ①376
クラーク, クリスト
　ファー, デイ
　ヴィッド・M.
　……………… ①493
クラーク, ティム
　……………… ②293
クラーク, デビッド
　……………… ②396
クラーク, ピーター
　……………… ②267
クラーク, マシュー

………………… ①851
クラーク, モーリー
　……………… ①11
クラーク, ロジャー
　……………… ①792
クラーク, ロバート
　……………… ②685
クラーゲス, ルート
　ヴィヒ ……… ①473
クラゴー, キャロル・
　デイヴィッドスン
　……………… ②609
グラゴレヴァ, E.G.
　……………… ②651
倉阪 鬼一郎 …①970,
　①973, ①1039,
　①1085, ①1121
倉沢 愛子 ……… ①571
倉治 ななえ ……②755
倉敷市文化振興財団
　……………… ①884
倉重 篤郎 ……… ①931
倉下 青 ……… ①1192
暮らしデザイン研究
　所 ……②62, ②67
『暮らしとおかね』編
　集部 ……… ②388
倉科 さやか ……②635
倉科 岳志 ……… ①467
倉科 透恵 ……… ①945
暮しの手帖編集部
　　　①839, ②28
くらしのリサーチセ
　ンター ……… ②306
くらしま かずゆき
　……………… ①334
倉島 一幸 ……… ②519
倉島 進 ……… ②321
倉島 節尚 ……… ①394
倉島 菜つ美 ……②517
蔵蔵 由貴 ……… ①821
グラシオン, アレク
　サンダー ……②366
クラシリニコフ, レ
　ム ……… ①591
グラス, カリオペ
　　　①375, ①378
クラスケ, ミッシェ
　ル・G. ……… ②746
クラスニアンスキ,
　タニア ……… ①607
蔵澄 咲帆 ……… ①303
倉園 新也 ……… ②426
倉田 ありさ …
　　　①860, ①862
倉田 敬子 ……… ②6
くらた ここのみ
　……………… ①382
倉田 信岳 ……… ①870
倉田 剛 ……… ①449
蔵田 敏明 ……… ①540
倉田 なおみ …
　　　②769, ②772
倉田 信靖 ……… ①449
倉田 博史 ……… ①661
倉田 康路 ……… ②51
倉田 幸信 ……… ②666
倉田 義信 ……… ②589
倉田 よしみ ……①856
倉多 楽
　　　①1192, ①1400
倉谷 滋 …①797, ②683
蔵谷 紀文 ……… ②748
倉知 敬 ……… ②130
倉知 淳 ……… ①1085
倉都 康行 ……… ②376
グラツィオージ, バ

ルバラ ……… ①587
グラッセッリ, ファ
　ブリツィオ ……①37
クラッセン, ジョン
　……………… ②312
グラッソネッリ,
　ジュゼッペ …①936
倉恒 弘彦 ……… ①150
倉戸 みと ……… ①80
クラフトフヴィル, イ
　ジー ……… ①1330
倉富 覚、 ……… ②757
蔵中 しのぶ ……①894
倉成 央 ……… ①489
倉信 均 ……… ①168
グラバー, ロバート・
　A. ……… ①484
倉橋 健一 …
　　　①889, ①961
倉橋 惣三 …
　　　①689, ①692
倉橋 健 ……… ①783
倉橋 竜哉 ……… ①122
倉橋 利江 ……… ①63
倉橋 基尚 ……… ②736
倉橋 由美子 ……①994
倉橋 燿子 …
　　　①366, ①382
グラハム, キャロル
　……………… ①451
グラバム, ティム
　……………… ②684
倉林 陽 ……… ②281
倉林 秀男 ……… ①107
倉原 優 ……… ②722
グラビンスキ, ステ
　ファン ……… ①1330
グラフ, ヤン
　　　①851, ①858
グラフィオ ……①427
グラフィカーアーツ
　編集委員会 …①876
グラフィック社編集
　部 ……①75,
　①875, ①876,
　①877, ①879, ②17
クラフト, キャサリ
　ン・A. ……… ①639
クラフトアート人形
　コンクール実行委
　員会 ……… ①873
クラフト学園 ……①80
倉部 誠 ……… ①236
倉骨 彰 …②95, ②524
蔵前 幸子 ……… ①994
倉又 光顕 ……… ②42
倉見 洋輔 ……… ②560
蔵満 逸司 ……… ①721
倉光 修 ……… ①487
倉光 泰子 …
　　　①979, ①1067
グラムシ, アントニ
　オ ……… ①467
クラメス, マンフ
　レッド ……… ①814
倉持 章 ……… ②739
倉持 香苗 ……… ②61
倉持 幸司 ……… ②674
倉持 孝司 ……… ②202
倉持 内武 ……… ②591
倉持 史朗 …②51, ②57
蔵持 不三也 …
　　　②107, ②119
倉持 政勝 ……… ②227
倉持 保男 ……… ①632
倉本 釆 ……… ①352
倉本 一宏 …①530,

①539, ①544, ①546,
　①547, ①550, ①611
椋本 夏夜 …
　　　①354, ①365
倉本 聰 …①781, ①784
倉本 知明 ……… ①1344
蔵本 浩美 ……… ①671
蔵本 賢 ……… ②340
倉本 美香 …
　　　②49, ②704
倉本 美津留 ……①337
倉本 由布 ……… ①1039
倉本 由香利 ……②299
蔵本 由紀 ……… ①654
椋本 梨戸 …
　　　①1192, ①1400
蔵屋 美香 ……… ①837
倉山 満 …①548,
　①552, ①564, ①579,
　①588, ①605, ②122,
　②150, ②169, ②201
くらゆい あゆ …①1192
くられ ……… ②645
グラン, メリディス
　……………… ①848
グランジェ, ジル＝
　ガストン ……②646
グランジョージ,
　ディディエ ……①138
グランストローム,
　ブリタ ……… ①430
クランストン, スー
　ジー ……… ①113
グラント, アダム
　……………… ①105
グラント, セシリア
　……………… ①1330
グランド, デイビッ
　ド ……… ①496
グラント, マイケル
　……………… ①1346
グラント, ラッセル
　……………… ①499
グラント, レグ …①399
グラント, R.G. …①591
グランプレ, マ
　チュー ……… ①500
ぐり ……… ①1192
グリ, パトリック
　……………… ②684
クーリア ……… ②855
グリア, スティーブ
　ン・M. ……… ①141
クリアリー, アンナ
　……………… ①1383
久利生 和彦 ……②287
クリエイト日報
　……………… ②443
クリエイトレストラ
　ンツグループ …②43
クリエンタ ……①842
栗木 京子 …
　　　①905, ①970
栗木 契 ……… ②334
栗城 源一 ……… ②683
栗木 さつき …①156,
　②357, ②649, ②711
栗城 偲 ……… ①1311
クリコ ……… ②703
クリコフ, ボリス
　……………… ①318
クリーザー, フェ
　リックス ……①816
栗沢 まり …
　　　①349, ①352
グリシャム, ジョン
　……………… ①1346
クリシュナムルティ,

J. …①448, ①460
クリース, ロバート・
　P. ……… ②665
栗栖 茜 ……… ①1333
栗栖 淳 ……… ①738
栗栖 ティナ ……①1400
栗栖 誠紀 ……… ①252
栗栖 佳子 ……… ①122
クリス・ウェブ 佳子
　……………… ①114
グリスウォルド, ロ
　バート ……… ②387
クリスタラー桜井
　……………… ①1400
クリスタルな洋介
　……………… ①1192
クリスチャン, デイ
　ヴィッド ……①618
クリスチャン, ブラ
　イアン ……… ②346
クリスチャンソン,
　クリスチャン
　……………… ①714
クリスチャンソン,
　レイフ ……… ①344
クリスティ, アガサ
　……………… ①381,
　①649, ①1346
クリスティアン, ト
　ム ……… ①651
クリステヴァ, ジュ
　リア ……… ②925
クリステンセン, ク
　レイトン・M.
　……………… ②372
クリストス, トーマ
　ス ……… ①373
クリストフ, ジェイ
　……①1357, ①1361
クリストフ, フラン
　シーヌ ……… ①382
クリストフォロウ,
　クリスティナ
　……………… ②616
グリーソン, パト
　リック ……… ②852
栗田 勇 ……… ②902
くりた かのこ …①1192
栗田 佳代子 …
　　　①679, ①713
栗田 義一 ……… ①585
栗田 聡 ……… ①216
栗田 多喜夫 ……②659
栗田 季佳 ……… ②72
栗田 俊英 ……… ①874
栗田 宜義 ……… ②101
栗田 昌裕 ……… ①120
栗田 正行 …①704,
　①713, ①715, ①720
栗田 有起 ……… ①994
栗太郎 …②322, ①440
クリッチリー, サイモ
　ン ……②472, ①808
クリッツァー, バジ
　ル ……… ①821
グリーニー, マーク
　……………… ①1346
栗橋 伸祐 ……… ②167
栗林 克寛 ……… ②538
栗林 伸一 ……… ②716
栗林 浩 ……… ①905
栗林 寛幸 ……… ②714
栗林 敦 ……… ①891
栗原 景 ……… ②430
栗原 和彦 ……… ①494
栗原 潔 ……… ②288
栗原 剛 ……… ①461
栗原 伸一 ……… ②661

栗原 伸治 ……… ②614
栗原 慎二 …①708,
　①709, ①710
栗原 心平 …①52, ①56
栗原 すみ子 ……①131
栗原 毅 …②49,
　①146, ①149, ①181
栗原 登志恵 ……①29
栗原 俊雄 ……… ①578
栗原 俊秀 ……… ②665
栗原 直樹 ……… ②143
栗原 典裕 ……… ②359
栗原 不二夫 …
　　　②636, ②637
栗原 文夫 ……… ①634
栗原 冬子 ……… ①22
クリハラ マリ ……①866
栗原 明理 ……… ①945
栗原 百代 ……… ①1370
栗原 康 …①519,
　　　②39, ②96
栗原 裕一郎 ……②97
栗原 庸介 ……… ②236
栗原 陽介 ……… ②598
栗原 義孝 ……… ①257
栗原 里央子 ……①133
栗原 類 ……… ①496
グリヒル ……… ①849
クリフ, ナイジェル
　……………… ①816
グリフィス, アン
　ディ ……… ①375
グリフィス, トム
　……………… ②346
グリフィス, ポール
　……………… ①820
クリーフェルド,
　キャロリン・メア
　リー ……… ①975
クリプトンフューチ
　ャーメディア
　……①865, ②528
栗俣 力也 ……… ①1089
クリミンス, ジェー
　ムズ・C. ……②359
グリム兄弟 …①309,
　①379, ①923
グリムス, ケビン
　……………… ②768
栗村 修 ……… ①234
栗村 芳實 ……… ②552
栗本 薫 …①994,
　①1085, ①1121
栗本 啓司 ……… ①685
栗本 慎一郎 ……②694
グリモール, M.マリ
　ア ……… ②98
栗山 明彦 ……… ②752
栗山 圭世子 ……①91
栗山 圭介 ……… ①994
栗山 小夜子 ……①60
栗山 善四郎 …
　　　②49, ①67
栗山 壮一 ……… ②757
栗山 誠 ……… ②753
栗山 真由美 ……①63
栗山 恭直 ……… ②671
栗山 幸雄 ……… ①994
栗山 葉子 ……… ①1384
くりゅう ……… ①283
栗生 こずえ ……①379
栗生 隆子 ……… ①51
九龍 真琴 ……… ①1400
クリリー, マーク
　……………… ①863
グリル, ウィリアム
　……………… ①311
グリーン, アビー

著者名索引

……………①1374
グリーン, ジェレミー・A.………②769
グリーン, ジュリアヴ………………①377
グリーン, ジョン………………①371
グリーン, ハワード………………②685
グリーンインフラ研究会…………②609
グリーンウォルド, ブルース・C.…②262
グリーンウッド, エリザベス……①934
クリング, ローラン………………①440
グリーンバーガー, デニス………①488
グリーンバーグ, ジェフ………②105
グリーンバーグ, ラーリ………②300
グリンバーグ 治子①599, ①841
久瑠 あさ美 …①99, ①102
くる ひなた ……①1192, ①1400
クルカルニ, アニル・D.…………②734
クルーグマン, P.R.………………②257
くるくる………①184
クルージー, ジェニファー………①1395
久留島 武彦……①356
久留島 典子……①833
クルーズ, ケイトリン……………①1374
クルーズ, ケビン………………②352
グルス, ジョエル………………②550
栗栖 薫子………②122
来栖 里美………①635
来栖 ゆき………①1192
クルスティッチ, R.………………②727
グールズビー, オースタン………②266
クルタン, アントワーヌ・ド…①605
グルディ, ジョー………………①610
クルティーヌ, ジャン=ジャック…②94
クルーナン, ベッキー…………①850
グルニエ, ジャン=イヴ…………①474
グルニエ, ロジェ………………①960
くるねこ大和 …①266, ①849
グルーバー, アンドレアス………①1346
グルーバー, ゲイリー…………②294
ぐるーぷアンモナイツ………………②353
グループコロンブス………①428, ①440
クルブフル, フォルカー…………①1341
グループわいふ…②66
グループSKIT①533, ②123

グループSNE ‥①273, ①277, ①278, ①279, ①280, ①281, ①1132, ①1136, ①1137, ①1138
車 浮代………①835
車塚 元章……②347
車谷 奈穂子…①319
車谷 麻緒……②605
クルマン, オスカー………………①529
楜沢 健………①888
楜澤 能生……②581
グルーム, デイヴィッド……①498
久留米シティプラザ記念誌編集チーム………………②161
久留米大学文学部情報社会学科「活字メディア実習演習」………………①390
クルリック, スティーヴン…②653
枢木 くっくる…②547
クルーロウ華子………………①303
クルーン, マイケル・W.……………②517
グレ, アラン…①310
久禮 旦雄……①618
呉 智英………②24
呉 真由美……①175
久礼 美紀子…②514
久禮 亮太……②5
グレアム, ケネス………………①313
グレアム, ヘザー……①1394, ①1395
グレアム, マーガレット・ブロイ………………①316
グレアム, リン……①1370, ①1371, ①1372, ①1374, ①1375, ①1390
グレアム=ディクソン, アンドリュー………………①829
グレイ, アメリア………………①1330
グレイ, インディア………………①1406
グレイ, ウェスリー・R.……………②392
グレイ, クラウディア……………①1361
グレイ, ジェイコブ………………①382
グレイ, マーシー………………①1390
グレイ, ルイーズ………………①934
グレイヴストック 陽子……………②231
クレイヴン, サラ……①1367, ①1370, ①1375, ①1390
クレイグ, ブルース………………①38
グレイザー, アーロン・M.………②512
グレイザー, ブライアン…………②789
グレイシー, アン………………①1385
クレイス, ロバート

………………①1346
クレイトン, デヴィッド……①808
クレイトン, マーティン………①828
クレイパス, リサ………………①1331
クレイプール, モリー…………②616
クレイボーン, アンナ……①401, ①408
クレイマー, スティーブン…②295
クレイン①1192, ①1400
クレイン, クレイトン……………①850
クレイン, サラ・L.………………②733
グレガー, マイケル………………②777
グレゴリ青山…①195
グレゴリイ, ダリル………………①1361
グレゴリウス山田………………①114
グレーザー, アレキサンダー……②121
呉市海事歴史科学館（大和ミュージアム）…………②168
グレシュコヴィッチ, ペーラ………①128
クレージュA…①1397
クレス, ヘンリエッタ……………①269
クレスウェル, ジョン・W.………②767
グレス宮田……①920
グレッグ, ブレンダン……………②547
グレックラー, ミヒャエラ……②747
クレッシー, ポール・G.……………②103
クレッセル, ヘンリー…………②590
紅 カオル……①1192
クレハ…………①1192
グレーバー, デヴィッド……①448
呉羽 正昭……②427
紅林 進………②173
くればやし しよしえ………………①342
クレハン, ルーシー………………①754
クレフェルト, ミケール・カッツ………………①1346
クレボルド, スー………………①936
榑松 かほる…①525
榑松 佐一……②465
クレーム, ベンジャミン…………②447
クレメンツ, アンドリュー………①377
呉家 学………②703
グレン, ヴィクトリア……………①1368
グレン, クリス…②610
クレンツ, ジェイン・アン…①1346, ①1390, ①1394
グレンディ, クレイグ……………②31
黒 史郎………①387, ①1085, ①1121

クロイ…………①437
黒井 千次……①994
黒井 卓司……①1085
黒井 宏光……①427
黒井 へいほ…①1193
グロイス, ボリス………………②826
黒い世界史調査会………………①591
黒岩 亜純……①796
黒岩 研二……①810
黒岩 隆………①961
黒岩 直………②265
黒岩 典子……①69
黒岩 康博……①570
黒岩 良太……②555
グローヴァー, フィリップ………①569
黒うさP………①1134
クロウリー, アレイスター………①1331
黒江 敏史……②754
黒枝 りい……①1311
黒影 幽………①386
くろかた………①1193
黒金 祥一……①356, ②14
黒鉄 ヒロシ…②945, ②21
黒上 晴夫……①717
黒川 伊保子…①14, ①105, ①133, ①482, ②522
黒川 和伸……②739
黒川 こうき…②392
黒川 十蔵……①1039
黒川 祥子……①928
黒川 創………①994
黒川 天理……①1193
黒川 利明……①553, ②556, ②559
黒川 信重……②653, ②655
黒川 弘章……②559
黒川 洋………②552
黒川 博行……①1085
黒川 文子……②442
黒川 雅子……①758
黒川 通典……②777
黒川 みつひろ…①328
黒川 みどり…①611
黒川 勇二……②275
黒川 雄三……②163
黒川 行治……①314
黒木 あるじ…①1121
黒木 賢一……①496
黒木 翔………②597
黒木 忠正……①189
黒木 渚………①994
黒木 夏美……①908
黒木 春郎……②747
黒木 久勝……②15, ①1040
黒木 章人……②166
黒木 正人……②385
黒木 学………②517
黒木 三世……①1394
黒木 裕介……②545
黒木 ユタカ…①44
黒木 龍三……②267
黒湖 クロコ…①1193
黒河内 明子…①649
黒坂 昭一……②401, ②405
黒坂 真由子…①644
くろさき げん…①440
黒崎 敏………②610
黒崎 卓…②255, ②265

黒崎 剛………①472
黒崎 宏………①469
黒崎 誠………②300
黒崎 充勇……①495
黒崎 雅………①1400
黒崎 裕一郎…①1040, ①1085
黒澤 一功……①546
黒澤 計男……①16
黒澤 和彦……②716
黒澤 和規……①920
黒澤 和人……②514
黒沢 和義……②538, ①933
黒澤 貞夫……②68
黒沢 幸子……①490, ①706
黒澤 彰哉……①539
黒澤 節男……②7
黒沢 哲哉……②30
黒澤 直彦……①672
黒澤 はゆま…②114
黒沢 永紀……②254, ②612
黒沢 久子……①980
黒沢 泰…②324, ②419
黒沢 文貴……②577, ②143
黒沢 麻生子…①971
黒沢 誠人……①182
黒澤 満………②149
黒澤 元博……②533
黒沢 令子……②685
黒澤 礼子……①168
黒沢 怜生……①250
クロージア, ベン・G.……………②554
黒嶋 敏………②539
黒島 伝治……①994
黒島 永嗣……②748
グロス, ジョシュ………………①238
グロース, ハンス………………②226
クローズ, フランク………………②663
黒図 茂雄……②636, ②637, ②638
黒須 茂………②651
黒須 純一郎…②256
黒須 誠治……②417
黒須 高嶺……②344, ①351, ①357, ①369, ①373, ①419
黒杉 くろん…①1193
黒杉 茂………②639
クロスビー, アルフレッド・W.…②603
グロスマン, ワシーリー…………①925
黒住 奈央子…②87
クロスリー, J.N.………………②651
黒瀬 匠…②641, ②642
黒瀬 健………②720
黒瀬 幹夫……②232
黒瀬 能聿……②661
黒田 章夫……②673
黒田 明臣……①252
黒田 篤志……①729
黒田 一樹……②503
黒田 恵美子…①173
黒田 かをり…②292
黒田 寛一……②173
黒田 研二……①1131, ②52
黒田 剛………①228
黒田 智………①907

黒田 成俊……②668
黒田 大河……①914
黒田 泰藏……①874
黒田 達夫……②737
黒田 千世子…①646
黒田 壽郎……①529
黒田 乃生……①614
黒田 はる……①945
黒田 治彦……①399
黒田 日出男…①730, ①831
黒田 福雄……①599
黒田 正博……②661
黒田 真行……②345
黒田 昌義……②162
黒田 眞知……②687
黒田 学…①607, ①680
黒田 眞美子…①919
黒田 真由美…①721
黒田 充代……①105
黒田 基樹……①548, ①551, ①552, ①554, ①555, ①556
黒田 恭史……①728
黒田 優佳子…①168
黒田 友紀……①749
黒田 裕………①195
黒田 善輝……①742
黒田 誼………②447
黒田 吏香……①19
黒田 龍之助…①621, ①673, ①945
黒田 涼………①530
黒瀧 糸由……①1396
黒瀧 秀久……①564
黒瀧 まりあ…①777
黒茶 鯖虎……②22
黒名 ユウ……①1400
くろにゃこ。…①296
黒沼 悦郎……②195, ②196, ②221
黒乃 梓………①1193
黒野 伸一……①351
黒羽………………①1193
黒羽 緋翠……①1400
黒原 敏行……①1331, ①1344
グローバルリンクジャパン……②335
グロービス……②299, ②351, ②374
グロービス経営大学院……………②370
グローブ, アンドリュー・S.…②292
グロフ, ローレン………………①1331
クロフツ, フリーマン・ウィルス………………①1346
黒辺 あゆみ…①1193
黒部 信一……①169
黒星 紅白……①390
クロポトキン, ピョートル…①467
黒松 百恵……②206
黒水蛇………①1194, ①1400
クロムス, ベス…①309
黒森 白兎……①1194
畔柳 昭雄……②617
畔柳 和代……①1328
黒柳 敬一……②519
黒柳 茂樹……②446
黒柳 徹子……①770, ①945, ②692
畔柳 ユキ……①804

黒藪 哲哉 ……… ②13
黒林檎 ……… ②534
グロールマンド，
　ギャレット …②556
クロロ ……①193, ②31
黒輪 篤嗣 ……②606，
　②680, ②690
クロワトル, マリリ
　ン ……… ②745
クーロン, ニキータ
　……… ①103
クロン, リサ …①884
グロンドー, アレク
　サンドル
　……… ①808
クロンビー, デボラ
　……… ①1346
桑井 博之 ……①554
桑江 朝比呂 …②576
桑門 昌太郎 …①273
鍬刈 洸一 ……①1194
桑木 共之 ……②728
桑木野 幸司 …②17
桑子 敏雄 ……②574
くわざわ ゆうこ
　……… ①318，
　①336, ①863
桑島 智輝 ……①775，
　①776, ①778, ①779
桑島 秀樹 ……②172
桑島 みくに …①522
桑島 靖子 ……①168
桑田 哲 ……… ②781
桑田 健
　①1342, ①1345,
　①1357, ②698
桑田 光平 ……①960
桑田 次郎 ……①850
桑田 精一 ……②667
桑田 孝泰
　……… ②659, ②660
桑田 寛史 ……②226
桑田 正博 ……②756
桑田 政美 ……②160
桑田 良子 ……①684
鍬塚 賢太郎 …②248
桑名 仁 ……… ②211
桑名 由美 ……②520，
　②529, ②533,
　②539, ②543
桑名 義晴 ……②379
桑野 和明
　……… ①361, ①994
桑野 隆 …①468, ①609
くわばた りえ …①11
桒原 淳 ……… ②582
桑原 清幸 ……②408
桑原 聡 ……… ②732
桑原 史成 ……①258
桑原 匠司 ……②712
桑原 武志 ……②262
桑原 司 ……… ②103
桑原 晃弥 ……①459，
　②291, ②292, ②310,
　②347, ②351,
　②354, ②394
桒原 敏彰 ……②334
桑原 敏典 ……①714
桑原 知之 ……②318，
　②471, ②472, ②473,
　②475, ②494
桑原 直己 ……①526
桑原 奈津子 …①70
桑原 久男 ……①613
桑原 博史 ……①888
桑原 啓善 ……①142
桑原 水菜 ……①1085，
　①1194, ①1311
桑原 美保 ……

　　　　　①346, ①353
桑原 桃音 ……②102
桑原 隆行 ……①784
桑原 伶依 ……①1311
桒平 一郎 ……②726
桑村 潤 ……… ②551
桑村 哲生 ……②698
桑村 仁 ……… ②604
桒村 裕美子 …②468
桑森 啓 ……… ②249
桑山 敬己 ……②112
桑山 紀彦 ……①493
クング, ミヒャエル
　……… ②380
軍地 彩弓 ……①29
郡司 健 ……… ②316
軍司 泰史
　……… ②14, ②101
軍事史学会
　……… ①577, ②162
群馬会群馬病院摂食
　障害治療チーム
　……… ②743
群馬健康医学振興会
　……… ②722
群馬県立自然史博物
　館 ……… ①192，
　　①336, ②681
群馬県立女子大学
　……… ②23
クーンレ, スタイン
　……… ②64

【け】

ケアマネジャー試験
　対策研究会 …②77
ケアマネジャー編集
　部 ……… ②52
ケアネット取得支援研
　究会 …②80, ②81
ケアリー, エドワー
　ド …①372, ①376
ケアリー, ジョーゼ
　フ ……… ①960
ケアリー, M.R.
　……… ①1362
ケイ, ジム ……①315
ケイ, ジョン …①381
ケイ, マーガレット
　…… ①1370, ①1385
ゲイ, ロクサーヌ
　……… ①960
ケイ, ローラ …①1346
経営アイデア倶楽部
　研究所 ……②279
経営学史学会 …②370
経営刑事法研究会
　……… ②204
経営コンサルタント
　百合岡事務所
　……… ②440
経営実践支援協会
　……… ②395
経営書院 ……②343
経営紛争研究会
　……… ②193
ケイエス企画 …②232
慶應義塾社会福祉士
　三田会 ……②78
慶應義塾大学湘南藤

沢学会 ……… ①679
芸術造形研究所
　……… ①862
芸術と遊び創造協会
　……… ①675
圭初 幸恵 ……①1351
京成電鉄 ……②433
京成電鉄を愛する会
　……… ②433
「計測技術」編集部
　……… ②601, ②619
計測自動制御学会
　……… ②597
携帯刑事弁護六法編
　修委員会 …②212
経団連事業サービス
　人事賃金センター
　……… ②331
経団連事務局 …②465
ゲイツ, オリヴィア
　……… ①1383
ゲイツ, マリアム
　……… ①161
ゲイティンズ, ジョ
　ン ……… ①1358
ケイネン, ダン
　……… ①305, ①306
慶野 裕美 ……②652
競馬王データ特捜班
　……… ①244
競馬王編集部 …①244
「競馬最強の法則」日
　刊コンビ研究チー
　ム ……… ①244
競馬道OnLine編集部
　……… ①244, ①245
けいはんなグリーン
　イノベーション
　フォーラム …②21
警備研究会 ……②174
ゲイフォード, マー
　ティン ……①827
ケイ・ミズモリ
　……… ①138，
　①141, ①143
契約関係事件研究会
　……… ②205
渓流編集部 ……②234
計量国語学会 …①624
計量実務研究会
　……… ②617
ゲイル, ボブ …①854
ケインメーカー，
　ジョン ……①853
ゲヴィンソン, タ
　ヴィ ……… ①118
「消えゆく太平洋戦争
　の戦跡」編集委員
　会 ……… ②577
外科系学会社会保険
　委員会連合 …②748
氣賀澤 保規 …②595
劇作家協会 ……①785
劇団態変 ……①822
ケケイト, マルコ
　……… ①848
ケーシー, マイケル・
　J. ……… ②376
下司 信夫 ……②677
下司 雅章 ……②548
下所 諭 ……… ②631
下條 竜夫 ……②344
けーしん
　……… ①862, ①1156
毛塚 実江子 …①528
毛塚 翠 ……… ②37
ケストラー, ベルン
　ド ……①82, ①83
ケストリン, ロベル

ト ……… ②456
削ろう会 ……②608
ケセル, カール …855
結核予防会 ……②714
月刊アクアライフ編
　……… ①404
月刊「学校給食」編
　集部 ……①433
月刊ガルヴィ編集部
　……… ①52
月刊『コロンブス』
　編集部 ……①742
月刊サンデーGX編
　集部 ……②801
月刊『食育フォーラ
　ム』編集部 …①674
月刊新医療 ……②726
月刊「創」編集部
　……… ②12, ②15
月刊はかた編集室
　……… ①40, ①41
『月刊秘伝』編集部
　……… ①236
月刊「ロトナンバー
　ズ『超』的中法」
　……… ①288
月刊Hanada編集部
　……… ①913
ケック, フレデリッ
　ク ……… ②116
ゲック, マルティン
　……… ①814
結解 喜幸 ……②434
月光荘画材店 …①823
ゲッターズ飯田
　……… ①128
月潭 眞龍 ……①613
ゲッツ板谷 ……①945
ゲッゼ, クリストフ
　……… ①470
月東 湊
　……… ①1311, ①1312
ケットネン, パウリ
　……… ②64
ゲーテ, ヨハン・
　ヴォルフガング・
　フォン ……①924
外道 ……… ②240
ケナン, ジョージ・
　F. ……… ②604
ケネ, カレン・ラッ
　チャナ
　……… ①402, ①410
ケニアドイ ……②265
ケーニック, T. …②731
ケーニッヒ渡邊
　……… ①945
ケネディ, スーザン
　……… ②399
ゲーノ, ジャン＝マ
　リー ……… ②123
ゲーベル, ヴォルフ
　ガング ……②747
ケベル, ジル …①122
毛呂内 洋典
　……… ②633, ②636
げみ ……… ①355，
　①367, ①862, ①976
ゲームフリーク
　……… ①280
けものフレンズプロ
　ジェクトA …①798
毛矢 一裕 ……①1040
けやき出版 …①788
ケラー, キーナン・
　マーシャル …①850
ケラー, ティモシー
　……… ①522

ゲラ, ピア ……①858
ケラー, ヘレン …①390
ゲラッズ, ミッチ
　……… ①854
ケラーマン, フェイ
　……… ①1347
ケリー, ジム …①1347
ケリー, ジョー …①852
ケリー, ロビン …①812
ケリー伊藤 ……①643
ケリオ, ジョー …①848
ケリガン, マイケル
　……… ①607
ゲールケ, ブライア
　ン ……… ①552
ゲルゲイ, ティボル
　……… ①311
ゲルバーグ, パトリ
　シア・L. …②746
ゲルファント, I.M.
　……… ①651
ケレール, パスカ
　ル＝アンリ …①742
ケロポンズ ……①436
厳 成男 ……… ②40
権 寧俊 ……… ②357
玄 秀盛 ……… ②357
玄 武岩 ……… ①576
玄 幸子 …①597, ①616
厳 鈴姫 ……… ①918
玄 善允 ……… ②45
ケンイチ ……①1194
源河 亨 ……… ①453
限界研 ……… ①908
「元気に百歳」クラブ
　……… ①109
研究社辞書編集部
　……… ①663
謙虚なサークル
　……… ①1194
現銀谷 史明 …①516
玄空学風水研究所
　……… ①134
健康 ……… ①1194
『健康』編集部
　……… ①150, ①151
健康保険組合連合会
　……… ②48
言語科学会 ……①622
言語聴覚士国家試験
　対策委員会 …②779
拳骨 拓史
　……… ①464, ①593
言語発達障害研究会
　……… ②54
ケン・サイトー …②32
「検査技術」編集部
　……… ②596
げんさん ……①53
源氏 鶏太 ……①995
見城 徹 ……… ②279
玄上 八絽 ……①1312
権丈 善一 ……②48
原子力委員会 …②581
原子力規制関係法令
　研究会 ……②581
原子力資料情報室
　……… ②581
「原子力年鑑」編集委
　員会 ……… ②581
原子力発電所過酷事
　故防止検討会編集
　委員会 ……②580
原子力量子核融合事
　典編集委員会
　……… ②664

源信 …………①514
建設業許可行政研究
　会 …………②441
建設業振興基金
　…………②493
建設広報協会 …②174
建設産業経理研究機
　構 …………②493
建設産業経理研究機
　構管理会計研究会
　…………②441
建設産業研究会
　…………②440
建設システム研究会
　…………②622
建設物価調査会
　…………②622, ②623
建設労務安全研究会
　教育委員会 …②461
幻想武具研究会
　…………②283
源田 京一 ……①560
玄田 有史 ……②464
現代革命共同委員
　リー刊行委員会
　…………①603
現代学校事務研究会
　…………①702
現代教育情報研究会
　…………①760
現代教職研究会
　…………①760
現代憲法教育研究会
　…………②43
現代公益学会 …①754
現代財務管理論研究
　会 …………②320
現代社会問題研究会
　…………①608
現代書林編集部
　…………①149
現代中国語学院
　…………①665
現代にゃん語研究会
　…………①264
現代の理論社会
　フォーラム …②198
現代俳句協会 …①905
現代民事判例研究会
　…………②206
ケンダル, デレク
　…………②84
建築音響共同研究機
　構 …………②621
建築学生同盟北海道
　組 …………②613
建築技術研究会
　…………②619
建築技術者試験研究
　会 …②619, ②620
建築規定運用研究会
　…………②620
建築工事研究会
　…………②623
建築工事建築数量積
　算研究会 ……②622
建築コスト管理シス
　テム研究所 …②622
建築士設計製図研究
　会 …………②640
建築ジャーナル編集
　部 …②608, ②611
建築消防実務研究会
　…………②583
建築資料研究社
　…②620, ②622, ②623
建築新人戦実行委員
　会 …………②609
建築設計テキスト編

集委員会 ……
　…………②617, ②621
建築知識 ……
　…………②614, ②622
建築都市スクール
　"Y・GSA" …②615
「建築の設備」入門編
　集委員会 ……②621
建築物省エネ法研究
　会 …………②620
「建築物の省エネ設計
　技術」編集委員会
　…………②617
建築法令研究会
　…………②619
建築保全センター
　…………②618
ケント, ルーシー
　…………①773
ケンドー・カシン
　…………①239
ケンドリック, シャロ
　ン …………
　…①1367, ①1368,
　　①1372, ①1375,
　　①1390, ①1397
ケンノジ ……①1194
現場施工応援する会
　…………②621
現場川柳委員会
　…………①972
原発賠償京都訴訟原
　告団 …………②580
ケン・ハラクマ ①162
ケンプ, アンナ …①311
憲法会議 ………②199
弦間 昭彦 ……②737
計見 一雄 ……②745
検見﨑 聡美 …①9,
　…②54, ①66, ①165
見目 恭一 ……②740
見目 善弘 ……②575
釼持 勉 …①708, ①720
剣持 弘子 ……①34
女侑 宗久 ……
　…………①509, ①995
ゲンロン ……①886
ケンワーシー, クリス
　トファー ……
　…………①793, ①795

こ

胡 鞍鋼 …①597, ②132
胡 伊拉 ………①150
胡 艶紅 ………②119
呉 勝浩 ………
　…………①995, ①1086
呉 月梅 ………①665
胡 光輝 ………②220
呉 志剛 ………①664
呉 士存 ………②133
呉 淑平 ………②90
呉 祥輝 ………②89
呉 清源 ………①247
呉 善花 ………①500,
　…②21, ②88, ②131
呉 英元 ………①667
呉 文子 ………②45
呉 孟達 ………②761
顧 蘭亭 ………①666

ゴア, アル ……②576
小坏 眞史 ……②216
こあらだ まり …①1132
コーアン, ミッシェ
　ル …………①318
幸井 俊高 ……①174
小家山 仁 ……
　…①262, ②691
濃川 耕平 ……②194
小粋 …………①1195
小池 顕久 ……①285,
　①849, ①850,
　①851, ①858
小池 淳義 ……②523
小池 アミイゴ …①374
小池 和彰 ……
　…②315, ②491
小池 一男 ……②670
こいけ かづこ …①28
小池 一子 ……②615
小池 和彦 ……②739
小池 克臣 ……①41
小池 桂 ………
　…①1367, ①1370,
　　①1380, ①1386
小池 伸一郎 …①779
小池 振一郎 …②229
小池 伸介 ……
　…②690, ②693
小池 進 ………①562
小池 澄子 ……①9
小池 清治 ……①632
小池 高史 ……②103
小池 高弘 ……①942
小池 恒男 ……②445
小池 敏範 ……②405,
　②406, ②407, ②408
小池 ともみ …①585
小池 智幸 ……②739
小池 直人 ……②284
小池 直己 ……①637,
　①645, ①652, ①735
小池 寿子 ……
　…①828, ①837
小池 英憲 ……①266
小池 英文 ……②256
小池 洋男 ……②450
小池 博史 ……①782
小池 弘人 ……
　…②707, ②711
小池 満紀子 …①835
小池 正明 ……
　…②411, ②414
小池 昌代 ……①894,
　①901, ①921,
　①945, ①964
小池 真理子 …①945,
　①995, ①1121
小池 実 ………②535
小池 美和 ……①460
小池 由佳 ……②56
小池 百合子 …①936,
　②147, ②367, ②377
小池 洋一 ……②575
小池 洋平 ……②169
小池 義孝 ……①153
小池りとな ……①359
小池 龍之介 …①88,
　①461, ①513
小池都政の政策を研
　究する会 ……②147
小石 かつら …①611
小石 新八 ……
　…①419, ①421
五石 敬路 ……②59
こいし ゆうか
　…………①44, ①251
小石 裕子 ……①662

肥塚 泉 …①160, ①166
小泉 晃子 ……②358
小泉 修 ………②682
小泉 和子 ……①37,
　①481, ①574
小泉 和重 ……②253
小泉 喜美子 …①1086
小泉 今日子 …①909
小泉 圭介 ……①231
小泉 康一 ……②122
小泉 悟 ………①869
小泉 さよ ……①859
小泉 周二 ……①319
小泉 信三 ……②92
小泉 清華 ……①683
小泉 隆 ………②613
小泉 孝義 ……①838
小泉 武栄 ……①425
小泉 武夫 ……①35,
　①37, ①434,
　①945, ②683
小泉 武久 ……②651
小泉 達治 ……②448
小泉 達也 ……②752
古泉 智浩 ……②49
小泉 直樹 ……
　…①187, ②584
小泉 直美 ……②127
小泉 徳宏 ……②349
小泉 秀樹 ……②98
小泉 仁 ………②68
小泉 博明 ……②736
小泉 牧夫 ……①637
小泉 正典 ……②47
小泉 雅彦 ……②722
小泉 順也 ……①827
小泉 まや ……①1375
小泉 道子 ……②207
小泉 光久 ……①406
小泉 悠 ………②124,
　②127, ②165
小泉 裕子 ……①688
小泉 義秀 ……②142
小泉 義之 ……②742
小泉 良幸 ……②198
小泉 利恵 ……②734
小泉 力一 ……②660
小泉 るみ子 …②357
小泉 令三 ……①703
小磯 明 …①175, ①176
小磯 かをる …①641
小磯 洋光 ……①1331
小板 建太 ……①176
恋田 知子 ……①894
小出 昭一郎 …②663
小出 英夫 ……②605
小出 斉 ………①806
小出 洋 ………②557
小出 宏樹 ……②649
小出 浩之 ……
　…①474, ①496
小出 真由美 …
　…②344, ②781
小出 みき ……①1400
小出 宗昭 ……②385
小出 泰道 ……②731
小出 遥子 ……①508
小井土 彰宏 …②94
小井土 守敏 …①550
語彙力向上研究会
　…………①624
小岩 広宣 ……②326
小岩 よう太 …①440
小岩井 隆 ……
　…②602, ②621
狐印 …………①278
ご隠居さま ……①1195
コウ, ソフィー・D.

…………①36
コウ, マイケル・D.
　…………①36
呉 明植 …②212, ②215
高 偉 …………②571
洪 郁如 ………①592
黄 英哲 ………①919
黄 永詰 …②131, ②132
洪 貴義 ………①455
康 熙奉 ………①599
コウ ケンテツ …①53
洪 在徹 ………①400
黄 詩月 ………①927
黄 自進 ………①582
洪 自誠 ………①465
黄 秀一 ………①240
洪 十六 ………①969
黄 俊傑 ………①465
洪 鐘賢 …①396, ①398
黄 尚翼 ………②726
康 仁徳 ………②131
洪 清泉 ………①247
高 誠晩 ………①598
洪 大容 ………①595
黄 孝春 ………②449
黄 八洙 ………②312
江 弘毅 …①40, ①937
黄 文雄 ………①108,
　①462, ①567,
　①592, ②130
高 乗權 ………①453
江 利紅 ………②251
郷 龍一 ………①155
高 麗貞 ………①664
厚生 久弥 ……②509
ゴヴィア, アンドレ
　…………②613
光一 …………①138
コウィッツ, ブレイ
　デン …………②357
幸運社 …②18, ②363
コーヴェ, トーリル
　…………②310
豪栄道 豪太郎 …①383
公益法人協会相談室
　…………②325
コヴェントリー, フ
　ランシス ……①1331
コウォジェイ, マリ
　アン …………①841
甲賀 三郎 ……①1086
航海技術研究会
　…………②642
公害等調整委員会
　…………②505
公害防止の技術と法
　規編集委員会
　…………②577
工学院大学建築学部
　同窓会NICHE出版
　会 …………②615
工学院大学後藤治研
　究室 …………②259
「合格への道」研究会
　…………②176
鴻上 圭太 ……②61
鴻上 尚史 ……
　…①583, ①995
抗がん漢方を考える
　会 …………①174
公教育計画学会
　…………①751
公共住宅事業者等連
　絡協議会 ……
　…②604, ②622
公共政策調査会
　…………②221

コウ, マイケル・D.
　…………①36
公共選択学会 …②259
紅玉 いづき …①1195
高下 淳子 ……
　…②321, ②408
光芸出版 ……①872
纐纈 厚 ………②139
高原 郁子 ……①970
向後 忠明 ……②589
向後 千春 ……
　…①10, ①480
皇后陛下 ……②12
高校野球ドットコム
　編集部 ……①222
高菜 あやめ …①1315
廣済堂マンガ工房
　…………①863
こうさか あきこ
　…①93, ①490
香坂 隆史 ……①980
香坂 燈也 ……①1400
高阪 利美 ……②755
上坂 昇 ………①45
髙坂 史章 ……②33
高坂 正堯 ……
　…②138, ②169
香坂 茉里 ……①1133
高坂 康雅 ……①487
髙坂 ゆう香 …②298
高坂 和導 ……①140
神崎 秀嗣 ……①676
神崎 満治郎 …②211
神崎 洋治 …①252,
　②517, ②523,
　②526, ②598
工作舎 …②687,
　②698
皇室法研究会 …②149
神志那 弘志 …①861
高志の国文学館
　…………①900
光嶋 裕作 ……②609
公職研編集部 …②153
耕人会 ………①938
公人の友社 …①926
荒神原 創発 …①1129
高信頼性組織研究会
　…………②372
神津 カンナ …①995
幸津 國生 ……②33
郷津 春奈 ……①381
神津 玲 ………②736
幸塚 広光 ……
　…②570, ②669
紅月 シン ……①1195
上月 ちよ ……①1400
上月 司 ………①1195
香月 ひかる …①127
香月 日輪 ……
　…①370, ①1121
上月 正博 ……
　…①153, ②751
高月 まつり ……
　…①1312, ①1400
高月 紅葉 ……①1312
髙妻 紳二郎 …①703
上妻 英夫 ……②279
上妻 博明 ……②189
上妻 祥浩 ……①791
合成香料編集委員会
　…………②599
公正取引委員会
　…………②272
公正取引協会 …②283, ②375
厚生労働科学研究費
　補助金難治性疾患
　等政策研究事業自
　己免疫疾患に関す

る調査研究班
　　　‥‥‥‥②741
厚生労働省‥‥①693,
　②59, ②64, ①174,
　①175, ②274,
　②416, ②468
厚生労働省職業能力
　開発局総務課基盤
　整備室‥‥‥‥②273
厚生労働省政策統括
　官(統計情報政策
　担当)‥‥‥‥②468
厚生労働統計協会
　　　‥‥‥‥②718
高祖 常子‥‥‥‥①10
構造システム‥②603
酵素ファスティング
　研究委員会‥‥①148
香田 あおい‥‥①84
甲田 章子‥‥‥②562
甲田 学人‥‥‥①1195
合田 一道‥‥‥①530
合田 佐和子‥‥①945
江田 すみれ‥‥①631
甲田 太一‥‥‥②543
甲田 珠子‥‥‥①419
合田 敏行‥‥‥②363
幸田 礼雄‥‥‥①129
古宇田 寛子‥‥①166
合田 洋‥‥‥‥①219
合田 弘孝
　　‥②459, ②464
幸田 博人‥‥‥②244
幸田 真音‥‥‥①1066
合田 正人‥①454,
　①456, ①526
甲田 光雄‥‥①145,
　①158, ①159
合田 泰子‥‥‥①45
合田 和厚‥‥‥①962
甲田 裕子‥‥‥②345
合田 雄治郎‥‥①214
香田 洋二‥‥‥①121
香田 芳樹‥‥‥①601
神武 直彦‥‥‥②513
神立 尚紀
　①579, ①585
河谷 清文‥‥‥②375
講談社‥‥‥‥①10,
　①127, ①277, ①285,
　①286, ①288, ①304,
　①322, ①389, ①402,
　①403, ①405, ①408,
　①410, ①435, ①437,
　①442, ①698, ①774,
　①778, ①779, ①793,
　①795, ①797, ①798,
　①799, ①800, ①866,
　②33, ②34, ②344
講談社ビーシー
　①308, ①388
講談社文芸第三出版
　部‥‥‥‥‥②797
講談社BOX‥‥①798
高地 明‥‥‥‥①806
高地 誠子‥‥‥①697
河内 徳丸‥‥‥②278
河内 文雄‥‥‥①330
河内 敬朝‥‥‥①330
行知学園数学教研組
　‥‥‥①636, ①746
行知学園総合科目教
　研組‥‥‥‥‥①746
行知学園日本語教研
　組‥‥‥‥‥‥①636
高知県児童詩研究会
　　　‥‥‥‥①382

高知県部落史研究会
　　　‥‥‥‥‥②43
交通関係法令研究会
　　　②218, ②429
交通協力会‥‥‥②429
交通警察実務研究会
　　　‥‥‥‥②218
交通史学会‥‥①531
交通事故事件捜査実
　務研究会‥‥‥②217
交通事故紛争処理セ
　ンター‥‥‥②217
交通新聞クリエイト
　　　‥‥‥‥①302
甲鉄城のカバネリ
　　　‥‥‥‥①1133
圀府寺 司‥‥‥①829,
　①830, ①836, ①1132
神戸 万知‥①308,
　①310, ①378, ①383
高堂 彰二‥‥‥②606
郷内 心瞳
　　①144, ①1121
校内放送研究所
　　　‥‥‥‥①413
河野 明史‥‥‥②319
河野 彩‥‥‥①1332
河野 あゆみ‥②766
河野 一郎‥‥‥①663
河野 英太郎‥①490,
　②280, ②355
河野 惠美子‥①874
河野 和清‥‥‥①757
河野 一徳‥‥‥②628
河野 和典‥‥‥②252
河野 和彦‥‥‥①176
広野 和美‥‥‥①306
河野 貴美子‥①893
河野 啓子‥‥‥①760
紅野 謙介
　①888, ①913
神野 紗希‥‥①393
こうの 早苗‥‥①77
河野 修三‥‥‥①708
香野 純‥‥‥‥①1388
河野 俊一‥‥‥①685
河野 順一‥②440,
　②501, ②502
河野 順子
　①130, ①723
河野 純治
　①933, ②44
河野 真一郎‥②438
河野 真太郎‥②103
河野 太一‥‥‥①657
河野 太通‥‥‥①120
河野 多惠子‥①995
河野 貴至‥‥‥①248
河野 隆‥‥‥‥②22
河野 丈洋‥‥‥①42
河野 鉄平
　①252, ①253
河野 典子‥‥‥①816
河野 憲義
　②517, ②546
河野 英喜‥‥‥①777
河野 英仁
　②584, ②585
河野 博子‥‥‥②574
河野 裕
　①367, ①995,
　①1086, ①1131
神野 宏司‥‥‥②65
河野 裕之‥‥‥②181
こうの 史代‥①369,
　①850, ①856, ①886
河野 正法‥‥‥②422
河野 万里子‥‥

①313, ①382
河野 通和‥②2, ②16
河野 康子
　①575, ①615
河野 安彦‥‥‥②337
河野 泰弘‥‥‥②54
河野 木綿子‥①649
甲野 純正‥‥‥①746
河野 臨‥‥‥‥①246
鴻鳥 サクラ
　　①7, ①348
合原 厚‥‥‥①872
郷原 佳以
　①454, ①906
郷原 信郎‥①138,
　②193, ②228
郷原 紀幸‥‥‥①455
郷原 宏‥‥‥‥①885
香日 ゆら‥‥‥①916
幸福 輝‥‥‥‥①830
幸福の科学‥‥①504
幸福の科学広報局
　　　‥‥‥‥①502
高分子学会
　　①670, ②672
高齢者安全運転支援
　研究会‥‥‥‥①175
高齢障害求職者雇用
　支援機構職業能力
　開発総合大学校基
　盤整備センター
　　②593, ②601
河和 時久‥‥‥①1195
神戸 遥真‥‥‥①1195
神戸芸術工科大学
　　　‥‥‥‥①878
神戸芸術工科大学共
　同研究組織‥①878
神戸市消防局‥①429
神戸史談会‥‥①573
神戸女学院大学石川
　康宏ゼミナール
　　　‥‥‥‥‥②42
神戸女学院大学文学
　部総合文化学科
　　　‥‥‥‥‥②454
神戸女子大学古典芸
　能研究センター
　　　‥‥‥‥②113
神戸新聞明石総局
　　　‥‥‥‥‥②22
神戸新聞社‥‥②305
神戸新聞総合出版セ
　ンター‥‥‥‥②23
神戸説話研究会
　　　‥‥‥‥①559
神戸装具製作所‥①2
神戸中医学研究会
　　　‥‥‥‥②174
神戸CSR研究会
　　　‥‥‥‥②374
広報社‥‥‥‥②273
工房日日‥‥‥①82
工房GEN‥‥‥①79
幸松 榮一‥‥‥①963
小海 宏之‥‥‥①177
光明寺 祭人‥①1195
公務員試験情報研究
　会‥‥‥‥②176,
　②178, ②179, ②183
公務員試験専門喜治
　塾‥‥‥‥‥②179
公務員試験必勝倶楽
　部‥‥‥‥‥②178
公務人材開発協会人
　事行政研究所
　　②152, ②467,
　②153, ②184, ②467
香村 有沙‥‥‥①1396
香村 薫‥‥‥‥①6
香村 正彦‥‥‥

②140, ②148
小梅 けいと‥‥①840
高本 康子‥‥‥②86
神谷 真由美‥①488
神山 潤‥‥‥‥①410
神山 典士‥‥‥②246
香山 壽夫‥‥‥②609
神山 恭昭‥‥‥①945
紅葉台木曽馬牧場甲
　州和式馬術探求会
　　　‥‥‥‥①552
幸良 秋夫‥‥‥②210
髙良 麻子‥‥‥②62
小浦 裕子‥‥‥①978
髙良 留美子
　①905, ①965
高麗大学校
　GLOBAL日本研
　究院‥‥‥‥①893
効率学習研究会‥②497
公立学校施設法令研
　究会‥①700, ①758
郡谷 大輔‥‥‥②194
高齢者安全運転支援
　研究会‥‥‥‥①175
河和 時久‥‥‥①1195
小枝 達也‥①683,
　①693, ②748
小枝 正直
　②521, ②555
小枝 祐基‥‥‥②535
コーエーテクモゲー
　ムス‥‥‥‥
　①1131, ①1132
声の教育社編集部
　①742, ①743
コエーリョ, パウロ
　　　‥‥‥‥①142
コーエン, アラン
　　　‥‥‥‥①89
コーエン, アリ・セ
　ス‥‥‥‥‥①31
コーエン, スティー
　ブン.S.‥‥‥②253
コーエン, ダニエル
　　　‥‥‥‥②258
コーエン, デビッド・
　S.‥‥‥‥‥①795
小尾口 邦彦‥②699
郡 俊之‥‥‥‥②784
郡 裕美‥‥‥‥②614
こおりあめ‥‥①1195
郡山 史郎‥‥‥②341
郡山 直‥‥‥‥①975
古賀 昭義‥‥‥①157
古賀 海人‥‥‥②543
五箇 公一‥‥‥②690
古賀 茂明
　②140, ②144
こが しゅうと‥②168
古賀 純二‥‥‥①68
古賀 慎一‥‥‥②557
古賀 大己‥‥‥②464
古賀 大助‥‥‥①962
古賀 誉章‥‥‥②617
古賀 剛人‥‥‥②756
古賀 千世子‥①636
古賀 恒樹‥‥‥①926
古賀 信幸‥‥‥②773
古賀 信吉‥‥‥②671
古賀 裕章‥‥‥②622
古閑 博丈‥‥‥①161

古賀 弘幸‥‥‥
　①870, ①871
古賀 史健‥‥‥①634
古賀 文敏‥‥‥①168
古賀 政純‥‥‥②545
古賀 正義‥‥‥①709
古賀 弥生
　①1351, ①1354
こが ようこ‥①324,
　①339, ①695
古河 好幸‥‥‥①658
小海 暁‥‥‥‥②754
こかじ さら‥①995
こがしわ かおり
　　　‥‥‥‥①434
古勝 隆一‥‥‥①457
小金井 響‥‥①1400
小金澤 豊‥‥‥①725
小亀 文子‥‥‥①13
小苅米 清弘‥②425
湖川 友謙‥‥‥①850
後閑 達雄‥‥‥①974
後閑 哲也‥‥‥②555
後閑 容子‥‥‥②765
小木戸 利光‥①771
ゴギナシュヴィリ,
　ダヴィド‥①1329
こきりみき‥‥①678
悟空出版編集部
　　　‥‥‥‥②136
國學院大學研究開発
　推進センター‥②96
國眼 隆一‥‥‥①536
『国語教育』編集部
　　　‥‥‥‥①722
国語語彙史研究会
　　　‥‥‥‥①629
国語平和教育研究会
　　　‥‥‥‥①725
国語"夢"塾
　①722, ①724
国際アジア共同体学
　会‥‥‥‥‥②252
国際医療福祉大学医
　療福祉学部医療福
　祉マネジメント学
　科‥‥‥‥‥‥①76
国際教育振興会日米
　会話学院日本語研
　修所‥‥‥‥①636
国際研修協力機構
　　　‥‥‥‥②465
国際厚生事業団‥②68
国際交流&日本語支
　援Y‥‥‥‥‥②68
国際交流基金アジア
　センター‥‥①826
国際資産運用セン
　ター推進機構
　　　‥‥‥‥②377
国際市民交流のため
　のイタリア語検定
　協会‥‥‥‥①671
国際情勢研究会
　　　‥‥‥‥②135
国際シンポジウム
　「日本における「美
　術」概念の再構築」
　記録集編集委員会
　　　‥‥‥‥①824
国際政治文化研究会
　　　‥‥‥‥②107
国際寺山修司学会
　　　‥‥‥‥①913
国際取引業務検定協
　会‥‥‥‥‥②283
国際文化アカデミー

②469
国際文化都市整備機
　構‥‥‥‥‥②582
国際編集部
　　①649, ②9
国際メディカルタイ
　チ協会‥‥‥①157
国際連合経済社会情
　報政策分析局人口
　部‥‥‥‥‥②272
国士舘大学法学部比
　較法制研究所
　　　‥‥‥‥①578
国試対策問題編集委
　員会‥②779, ②782
国生 さゆり‥①157
小薬 一夫‥‥‥①613
小口 一‥‥‥‥①733
小口 達夫‥‥‥①566
小口 彦太‥‥‥②220
国鉄闘争全国運動
　　　‥‥‥‥②465
國土 典宏‥‥‥②749
国土計画協会‥②174
国土交通省‥②174,
　①175, ②273,
　②416, ②429
国土交通省海事局
　　②625, ②626
国土交通省海事局安
　全政策課‥‥②625
国土交通省海事局海
　技振興課
　　②626, ②642
国土交通省海事局検
　査測度課‥‥②626
国土交通省海事局船
　員政策課‥‥②626
国土交通省海事局内
　航課‥‥‥‥‥②2
国土交通省観光庁
　　　‥‥‥‥②272
国土交通省港湾局
　　　‥②185,
　②417, ②626
国土交通省自動車局
　　②187, ②442
国土交通省住宅局
　　　‥‥‥‥②620
国土交通省住宅局建
　築指導課‥‥
　②619, ②620
国土交通省住宅局住
　宅政策課‥‥②440
国土交通省住宅局住
　宅生産課‥‥②620
国土交通省船員法研
　究会‥‥‥‥②626
国土交通省総合政策
　局海洋政策課
　　　‥‥‥‥②573
国土交通省大臣官房
　　　‥‥‥‥②626
国土交通省大臣官房
　官庁営繕部‥②622
国土交通省大臣官房
　危機管理運輸安全
　政策審議官‥②626
国土交通省大臣官房
　技術調査課‥②622
国土交通省大臣官房
　総務課‥‥‥②185,
　②229, ②626
国土交通省鉄道局
　　②434,
　②435, ②436
国土交通省都市局市
　街地整備課‥②582

著者名索引

著者名索引

国土交通省都市局都
　市計画課 ……②229
国土交通省土地鑑定
　委員会 …………②420
国土社編集部 …①392,
　①414, ①428, ①431
國部 克彦 ………②300,
　②369, ②371, ②374
国分 俊宏
　……①924, ①926
国府 正昭 ………①995
國府 麻里 ………①731
国府 保周 ………②586
国府田 清香 ……①75
国分 亜美 ………①59
國分 功一郎
　……①694, ②173
国分 太一 ………②56
国分 貴之 ………②227
国分 良成 ………②133
国文学研究資料館
　………………②100
国保 祥子 ………②37
國保 和子 ………①21
小久保 欣哉 ……②373
小久保 重信 ……②515
小久保 哲郎 ……②48
小久保 晴行 ……①60
小久保 裕紀 ……①224
小久保 真理江 …①925
国民生活センター
　……………①2, ②46
国民文化研究会
　………………①447
コクヨ …………②350
古倉 聡 …………②737
小倉学園専門学校東
　京自動車大学校
　………………②601
国立科学博物館
　……①826, ②646
国立科学博物館産業
　技術史資料情報セ
　ンター ………②415
国立がん研究セン
　ター中央病院乳腺
　外科、乳腺腫瘍内
　科、他 ………②737
国立がん研究セン
　ター東病院チーム
　レゴラフェニブ
　………………②735
国立教育政策研究所
　………………①721
国立教育政策研究所
　教育課程研究セン
　ター …………①721
国立極地研究所
　……①398, ①442
国立劇場近代歌舞伎
　年表編纂室 …①787
国立研究開発法人建
　築研究所 ……②622
国立公園研究会自然
　公園財団 ……②574
国立社会保障人口問
　題研究所
　……②82, ②292
国立循環器病研究セ
　ンター ………①177
国立女性教育会館
　………………②37
国立新美術館
　……①826, ①836
国立青少年教育振興
　機構 …………①419
国立大学法人法制研
　究会 …………①758

国立台湾歴史博物館
　………………①796
国立天文台
　……②650, ②678
国立特別支援教育総
　合研究所 ……
　……①686, ①713
国立病院機構全国心
　理療法士協議会
　………………②702
国立文化財機構奈良
　文化財研究所
　………………①541
国立文楽劇場義太夫
　年表昭和篇刊行委
　員会 …………①785
国立歴史民俗博物館
　………………②427,
　①532, ①540, ②118
國領 二郎
　……①717, ②291
こぐれ 京 ………①392
木暮 敬二 ………②419
木暮 賢一郎 ……②230
こぐれ けんじろう
　………………①350
小暮 淳 …………①189
木暮 太一 ………①88,
　②263, ②339, ②347,
　②360, ②388
小暮 裕明 ………②594
木暮 正夫 ………①389
小暮 雅一 ………②386
コグレ マサト …②520
小暮 真久 ………②343
小暮 実徳 ………①561
木暮 裕 …………②705
国連NGO国内女性委
　員会 …………②36
小声 奏 …………①1195
午後12時の男 …①1195
心地よい暮らしをつ
　くる会 ………①120
ココニャ ………①264
九重 木春 ………①1195
九江 桜 …………①1195
九重 七六八 ……①1195
九重 遥 …………①1195
小古間 甚一 ……①922
志の算数教育研究会
　……①726, ①728
「心とからだの悩み解
　消プロジェクト」
　特別取材班 …①90
心屋 仁之助 ……①12,
　①89, ①91, ①100,
　①103, ②343
小紺 有花 ………①48
ございん仙台編集部
　………………①191
小坂 伊吹 ………①350
小坂 恵理 ………①485,
　②242, ②294, ②650
小坂 国継 ………①467
小阪 憲司 ………①176
小坂 幸三 ………②90
小坂 貴志
　………①620, ②97
小阪 知弘 ………①914
小坂 弘道 ………①139
小坂 満隆 ………②289
小坂 睦夫 ………②632
小坂 流加 ………①995
小堺 昭三 ………②307
小坂井 孝生 ……②602
小坂井 敏晶 ……①449
小酒井 不木 ……
　①1086, ①1088

こざき 亜衣 …
　①344, ①978
小崎 武 …………②703
小嵜 正敏 ………①729
湖崎 克 …………②762
小崎 美希 ………②617
小﨑 恭弘 ………①11,
　②50, ②53, ②56
こざき ゆう
　①438, ①442,
　①1136, ①1137
コザキ ユースケ
　………………①846
小桜 けい
　①1196, ①1400
コザクラ モモ …①370
小櫻 義明 ………②69
小迫 冨美恵 ……②735
小佐田 愛子 ……①498
小佐野 正樹 ……①730
小沢 忠彦 ………①183
古沢 良太 ………
　①979, ①1068
腰 繁男 …………①321
古地 順一郎 ……②94
越 信行 …………②433
越井 郁朗 ………①748
コージェネレーショ
　ンエネルギー高度
　利用センター
　………………②571
小塩 裕 …………②753
腰川 一惠 ………①685
越川 弘英 ………①525
越川 倫明 ………
　①829, ①830
越川 芳明 ………①923
越島 はぐ ………①369
越膳 夕香 ………①74,
　①76, ①80
こしだ ミカ ……①338
小路田 泰直 ……①533
越田 悦弘 ………②494
越戸 勝人 ………②424
越野 和之 ………①726
越野 剛 …………②85
コシノ ヒロコ …①31
越野 弘之 ………①30
こしの りょう …②706
小柴 大輔 ………②230
小柴 健史 ………②516
コジマ、アルバン
　………………①815
児島 明日美 ……①2
小島 綾野 ………①738
児島 修 …………①37,
　①225, ②294, ②299,
　②353, ②555
小島 和men ……①446
小嶋 華津子 ……②134
小島 和宏 ………①238,
　①772, ①774
小嶋 勝衛 ………②622
小島 克巳 ………②157
小島 加奈子 ……①328
小島 喜和 ………①35
五島 邦治 ………①618
小島 慶子 ………①937,
　①945, ①995
児島 建次郎 ……②358
小島 興一 ………②401
小島 浩司 ………②329
古島 紺 …………①860
小島 末夫 ………②250
小嶌 大介 ………②421
小島 孝夫 ………②119
小島 貴子 ………
　①114, ①117

小島 多香子 ……
　②723, ②735
小嶋 正 …………②64
小島 達矢 ………①1086
小島 環
　①995, ①1040
小島 千恵子 ……①675
小島 力 …………①965
小島 毅 …………①466,
　①507, ①566
小島 利明 ………②396
兒嶋 俊郎 ………①584
小島 トシノブ …①878
小嶋 十三子 ……
　①867, ①870
小島 紀昭 ………①20
小島 憲道 ………②672
小島 勇人 ………②146
児島 秀樹 ………②269
小島 英俊
　①915, ②431
小島 比呂志 ……②727
小島 浩嗣 ………②584
小島 寛之 ………
　②653, ②662
小島 冬樹 ………
　②194, ②195
小島 正樹 ………①1086
小島 政孝 ………①567
児島 将康 ………②646
小島 正芳 ………①871
小島 万里子 ……①860
小島 水青 ………①1136
小島 瑞紀 ………①664
小島 道生 ………①492
児島 倫子 ………①964
小島 道裕 ………①832
小島 通代 ………①448
兒嶋 みなこ ……①1395
小島 みなみ ……①779
小島 基 …………①1334
小島 基洋 ………①914
小島 康親 ………①728
児島 保彦 ………②296
小嶋 裕一 ………②579
小島 雄一郎 ……①289
小島 ゆかり ……
　①392, ①393
小島 葉子 ………①28
五島 利兵衛 ……②609
小嶋 竜寿 ………②590
小島 麗逸 ………①36
小島 渉 …………②696
越前 貴美子 ……①1345
越水 直人 ………②519
興水 泰弘 ………
　①380, ①1067
越水 利江子 ……①350,
　①351, ①387
小霜 和也 ………②275
越山 北行 ………①967
コーシャン、ダニエ
　ル ……………②934
コジュヴァル、ギィ
　………………①827
五所 正彦
　②768, ②771
五條 瑛 …………①1086
小城 崇史 ………②541
小城 拓理 ………①477
古城 裕子 ………①380,
　①1388, ①1389,
　①1392, ①1393
後生川 礼子 ……①742

コション、セバス
　ティアン ……①794
後白河 安寿 ……①1133
小尻 美奈 ………①15
個人情報保護編集委
　員会 …………②185
ゴーズ、ピーター
　………………①318
小塚 かおる ……②147
小塚 佳哉 ………①1312
小塚 拓矢 ………
　①232, ②698
狐塚 冬里 ………①387,
　①996, ①1137
小塚 央 …………②562
小杉 国夫 ………①192
小杉 健治 ………
　①1040, ①1086
こすぎ さなえ …①341
小杉 拓也 ………①728
小杉 左岐 ………②612
小杉 丈夫 ………②219
小杉 樹彦 ………①746
小杉 俊哉 ………①356
小杉 文晴 ………②612
小杉 幸博 ………①217
小杉 龍一 ………②612
小杉 礼子 ………②37
小菅 桂子 ………②37
小菅 正夫 ………
　②690, ②693
小菅 陽子 ………①72
小菅 義夫 ………②595
小雀 陣二 …①50, ①55
コスタ、マイク …②854
小須田 逸子 ……①83
コスタンディ、モー
　ヘブ …………②731
小堤 盾 …………②164
コスノー、オリビア
　……①306, ①314
古積 健三郎 ……②205
コスモピア編集部
　………………①641,
　①650, ②135
コスモスノー …②376
コーセー ………①24
小瀬木 麻美 ……①1196
小関 勲 …………①217
小関 一英 ………②779
古関 勝則 ………
　①700, ①719
小関 順二 ………①222,
　①224, ①225
古関 彰一 ………②201
小関 鈴子 ………①77
五関 正江 ………②776
ゴーセルフ、ジェフ
　………………②555
御前 零士 ………①1400
子育て応援隊むぎぐ
　み発達療育支援部
　門Flos ………①680
子育て支援員研修テ
　キスト刊行委員会
　………………①689
子育てノート研究会
　………………①12
小薗 和剛 ………②41
コーソル ………②526
子田 重次 ………①343
子田 康弘 ………②605
後田 陽子 ………①127
五代 ゆう ………①1121
古代学協会 ……①544
コダーイ芸術教育研

究所 …………①694
小平 正寿 ………①521
小高 和剛 ………①273
小鷹 ナヲ ………①436
小鷹 信光 ………①936
小鷹 信光 ………②338
小滝 ちひろ ……①510
小田切 忠人 ……②49
小竹 直人 ………①255
小竹 めぐみ ……①257
小竹 有馬 ………②529
小竹 由美子 ……①1327
小竹 洋介 ………
　①360, ①426
古田島 洋介 ……①630
小太刀 右京 ……
　①277, ①278,
　①1137, ①1196
小舘 香椎子 ……
　②516, ②647
小舘 知子 ………①524
小舘 尚文 ………①547
小舘 美彦 ………①524
ゴダード、ロバート
　………………①347
古田土 満 ………
　②320, ②325
小谷 喜久江 ……①900
小谷 潔 …………②656
小谷 究 …………②227
小谷 賢 …………②137
小谷 敏 …………②105
小谷 順一郎 ……②757
小谷 真一 ………②590
小谷 太郎 ………①730,
　②647, ②665
小谷 透 …………②719
小谷 利明 ………①550
小谷 友美 ………②762
小多仁 伯 ………①501
小谷 博泰 ………①631
小谷 まさ代 ……②251
狐塚 まどか ……①1196
小谷 みどり ……①111
小谷 洋介 ………①772
小谷 羊太 ………
　②297, ②406
小田部 泉 ………①252
小田部 尚文 ……①996
小田部 正明 ……②334
小田部 羊一 ……①431
こだま …………①927
児玉 哲彦 ………②299
児玉 敦子 ………①1363
児玉 恵美 ………②742
小玉 一樹 ………②372
小玉 香津子 ……
　②763, ②765
児玉 一八 ………②579
児玉 清 …………③3
児玉 幸多 ………①618
児玉 聡 …………②705
児玉 しおり ……
　②121, ②123
児玉 征志 ………①194
児玉 大祐 ………①731
児玉 毅 …………①260
小玉 武 ……①910, ①946
児玉 武志 ………①685
児玉 忠 …………①723
児玉 徹 …………②256
こだまともこ …①314,
　①371, ①375
児玉 直樹 ………②62
児玉 奈々 ………①748
児玉 博 ……①930, ②228
小玉 二三 ………①1401
小瑤 史朗 ………①731

小玉 真義 ……②237
児玉 道子 ……②617
児玉 三明 ……②672
児玉 光雄 …①96,
①121, ①160, ①222,
①226, ①275, ①627,
①698, ②367
児玉 実穂 ……②755
児玉 美穂 ……②502
児玉 庸大 ……②771
小玉 芳敬 ……②680
小玉 亮子 ……①697
児玉幸多先生論集刊
行委員会 ……①559
五足 萬 ……①334
五反田 留見 ……②733
ゴチェフスキ、ヘル
マン ……②8
コーツ、タナハシ
……①935, ②135
骨格診断ファッショ
ンアナリスト認定
協会 ……②29
国家公安委員会警察
庁 ……②174, ②175
コックス、グレッグ
……①1358
コックス、ザラ
……①1331
コックス、ポール
……①879
コックス、マギー
……①1375
コックス、ロザムン
ド・キッドマン
……①261
コッター、ジョン・P.
……②367
コッター、ビル ……①313
コット、ヤン ……①922
コッパ、マックス
……①138
こつばん ……①13
コッホ、マックス
……①601
ゴーディング、マド
ンナ ……①124
小手鞠 るい …①314,
①341, ①352,
①365, ①996
小寺 敦子 ……①408
こてら しほ ……①323
小寺 新一 ……②421
小寺 卓矢 ……①406
小寺 武久 ……②612
小寺 信良 ……①412
小寺 平治 ……②657
古典の謎研究会
……①894
コート、ルイズ ……①874
ゴード、ルーシー
……①1370
後藤 昭雄
①508, ①895
後藤 秋正 ……①919
後藤 晃範 ……②315
後藤 昭 …②211, ②214
後藤 章 ……②682
後藤 明 ……①508,
①592, ①614
悟東 あすか ……①509
後藤 敦史 ……①569
後藤 あゆみ ……①448
後藤 一郎 ……②303
後藤 愛実 ……②736
後藤 絵美 ……①424
後藤 治 ……②582
後藤 加寿子

……①39, ①67
後藤 和智 ……②97
五藤 勝三 ……①677
後藤 勝彌 ……②705
後藤 佳苗 ……②64, ②69
後藤 恭子 ……①27
後藤 慶一 ……②773
後藤 乾一 ……②8
後藤 顕一 ……①729
後藤 晃輔 ……②195
後藤 功太 ……②330
後藤 浩平 ……②210
後藤 こず恵 ……②338
後藤 紗貴
……①688, ①729
古藤 怜 ……①728
後藤 滋巳 ……①754
後藤 茂之 ……②387
ごとう しのぶ
……①996, ①1312
後藤 淳一 ……①975
古藤 俊二 ……①268
後藤 庄樹 ……②572
後藤 四郎 ……②651
後藤 真一 ……①
……①190, ①755
後藤 慎吾 ……②195
後藤 新治 ……①830
後藤 孝夫 ……②429
後藤 隆 ……①137
後藤 健生 ……①214
後藤 武士 ……①617
後藤 立夫 ……①971
後藤 多聞 ……①595
後藤 哲男 ……②77
後藤 晃江 ……②703
後藤 典生 ……①509
午堂 登紀雄 …①96,
②344, ②389
後藤 俊夫 ……②289
後藤 利夫 ……①151
後藤 寿一 ……①534
後藤 敏和 ……②709
後藤 直久 ……①112
後藤 法子 ……①1067
ゴトウ ノリユキ
……①356
後藤 遥奈 ……②592
後藤 春彦 ……②161
後藤 比奈夫 ……①971
後藤 弘子 ……②217
後東 博 ……①191
後藤 広史 ……②60
後藤 弘志 ……①476
後藤 裕 ……①803
後藤 ひろみ ……①442
後藤 宏 ……②530
牛島 富美二 ……①902
後藤 文彦 ……②677
五島 史行 ……①147
後藤 麻希 ……①67
後藤 巻則
……②185, ②230
後藤 丹 ……①809
後藤 征士 ……①138
後藤 雅洋 ……①813
ゴトウ マサフミ
……①848
後藤 正文
……①996, ②29
ごとう まさる …①327,
①330, ①332, ①334,
①338, ①342
後藤 真理子
……①813, ②688
後藤 美香
……①1379, ①1387
後藤 美月 ……①326

後藤 充男 ……②470
後藤 倫人 ……
……①775, ①778
後藤 三千代 ……②696
後藤 みどり ……①370
後藤 美惠 ……①262
後藤 美和子 ……①975
後藤 明生 ……①889
後藤 基治 ……①577
後藤 守孝 ……②313
後藤 康彰 ……①22
後藤 康夫 ……①711
後藤 康文 ……①896
ごとう ゆうか ……①343
後藤 雄太 ……②452
後藤 由紀子 ……①6,
①946, ②26
古藤 ゆず ……①311
後藤 裕美子 ……②337
後藤 有理子 ……①737
後藤 葉一 ……②739
後藤 陽子 ……②328
後藤 嘉也 ……①472
後藤 リウ ……①386
五嶋 りっか ……①1196
後藤 里奈 ……②534
後藤 竜二 ……①1121
後藤 隆之介 ……①264
後藤 亮平 ……①441
後藤 玲子
……②262, ②266
後藤 亘 ……①257
後藤安田記念東京都
市研究所 ……②42
後藤安田記念東京都
市研究所市政専門
図書館 ……②175
古処 誠二 ……①1086
琴月 綾 ……①350
琴剣 淳弥 ……①237
コドナリス、ポール
……①792
コートニー・ティッ
クル、ジェシカ
……①306
古殿 幸雄 ……②589
言ノ葉リン ……①1196
ことのは会 ……①803
琴葉 かいら …①1393,
①1395, ①1396
ことば舎 ……①16
ことばと発達の学習
室M ……①684
ことばの学びをひら
く会 ……①718
琴平 稜 ……①1196
琴平綜合法律事務所
……②211, ②384
寿 太郎 ……②342
寿 マリコ ……②363
寿 美菜子 ……①768
寿 安清 ……①1196
コトブキヤ ……①1136
こども英会話イーオ
ンキッズ ……①643
子ども科学研究会
……①401
こどもカレッジ
……①742
こどもくらぶ …①389,
①394, ①400, ①410,
①411, ①413, ①414,
①418, ①419, ①421,
①425, ①428, ①432,
①433, ①434, ①438
こどもサポートネッ
トあいち ……②61
子どもたちの健やか

な育ちを考える養
護教論の会 ……①700
「子どもと経済」研究
会 ……①421
子どもとことば研究
会 ……①692
子どもと保育総合研
究所 ……①690
子供の科学 ……①396
子供の科学編集部
……①286, ①398
子どもの権利委員会
……①711
子どもの権利条約総
合研究所 ……②53
子どもの心に「こだ
ま」する算数授業
研究会 ……①728
子どもの文化研究所
……②92
コトラー、フィリッ
プ ②260, ②335
ことり会 ……①194
小鳥屋 りと子 ……①1312
ことわざ授業づくり
研究会 ……①716
ゴードン、ガス ……①314
ゴードン、ルーシー
……①1370, ①1371,
①1379, ①1383
ゴードン、ロデリッ
ク ……①377
ゴードン、ワイマン
……①173
コナー、アマンダ
……①855
小中 大豆 ……①1312
小中 庸夫 ……②586
小嵐井 克 ……①247
コナカノ タカコ ……②26
小長光 弘美 ……①1379,
①1381, ①1384
小長谷 英代 ……①115
小長谷 有紀 ……①110
小梨 直
……①314, ①1331
小夏 シュウタ ……①110
コナリー、マイクル
……①1347
小成 聡 ……②768
小成 富貴子 ……①10
コニアリス、アント
ニー・M. ……①522
小西 亜希子 ……①875
小西 薫 ……①687
小西 和信 ……②5
小西 和行 ……①288
小西 加保留 ……②725
小西 砂千夫 ……②271
小西 さやか ……①119
小西 紗代 ……①2
小西 秀司
……①263, ①938
小西 晟市 ……②143
小西 貴士 ……①692
小西 穀 ……②735
小西 亜希彦 ……①273
小西 哲郎 ……②679
小西 利行 ……②351
小西 直子 ……①1330
小西 宏美 ……②257
小西 博之 ……①767
小西 史彦 ……②295
小西 誠 ……②164
小西 雅子 ……①974
小西 真人 ……②727
小西 正秀 ……②333
小西 真理子 ……①476
小西 瑞恵 ……①550

小西 美穂 ……②360
小西 祐樹 ……②338
小西 行郎
……①687, ②729
小西 洋平 ……①606
小西 義博 ……②465
コニュス、オリガ
……①816
小沼 勢矢
……①492, ②326
小沼 肇 ……②709
古野 愛子 ……①694
狐野 秀存 ……①519
五野井 隆史
……①552, ①559
近衛 龍春 ……①1041
「この絵本が好き!」
編集部 ……①886
近衛ロンド ……①839
五神 真 ……①679
「この世界の片隅に」
製作委員会 ……①850
このはな さくら
……①359
このは編集部 ……②686
木原 音瀬 ……①977,
①996, ①1312
「このマンガがすご
い!」編集部 ……②32
「このミステリーがす
ごい!」編集部
……①885, ①1068
このみ・プラニング
……①441
「このライトノベルが
すごい!」編集部
……①802, ①903
コノリー、デレク
……①1358
木庭 顕 ……②225
木場 克己 ……①217
木庭 二郎 ……②668
こば ようこ ……①380
小橋 隆一郎 ……①180,
①996, ②766
虎走 かける ……①1196
小畑 公志郎 ……①716
こばたけ ちかこ
……①958
小葉竹 由美 ……①401
小濱 香 ……①167
小浜 杏 …①373, ①377
小浜 裕久 ……②267
小濱 道博 ②55, ②71
ゴーハム、アースラ
……②6
小早川 暁 ……①622
小早川 明子 ……①493
小早川 明良 ……②44
小早川 隆治 ……①242
小早川 光郎 ……②203
小早川 義則
……②43, ②217
小林 愛子 ……②68
小林 晶子 ……①307
小林 亜希彦 ……②273
小林 昭彦 ……②205
小林 啓倫 …①936,
②380, ②512,
②520, ②550
小林 昭文 …①424,
①712, ①718
小林 章 ……②457
小林 亜沙美 ……①603
小林 淳 ……①790
小林 篤史 ……①151
小林 郁雄 ……②160
小林 勇 ……②500

小林 一行 ……
……②544, ②598
小林 永子 ……②701
小林 エリカ ……
……①979, ①996
小林 エリコ ……②54
小林 理 …①688, ②55
こばやし かをる
……①253
小林 一夫 …①287,
①439, ①818
小林 和夫 ……②605
小林 和司 ……①449
小林 一貴 ……①620
小林 和彦 ……①46
小林 一宏 ……①602
小林 一博 ……①922
小林 和美 ……①102
小林 一也 ……②684
小林 和幸 ……①573
古林 克臣 ……①522
小林 克彦 ……②662
小林 克己
……①203, ②436
小林 カツ代 ……①42
小林 加奈子 ……②554
小林 包美 ……②300
小林 紀晴 …①261,
①977, ②118
小林 吉弥
……②140, ②148
小林 公夫 ……①297
小林 キユウ ……①417
こばやし きょういち
……②618
小林 恭一 ……②583
小林 恭二 ……①977
小林 恭平 ……②528
小林 潔司 ……②313
小林 茂 ……②448
小林 久美
……①690, ①740
小林 栗奈 ……①996
小林 敬一 ……②582
小林 慶一郎 ……②260
こばやし けいこ
……①304
小林 桂子 ……①873
小林 恵吾 ……②611
小林 啓祐 ……②665
小林 謙一 ……①540
小林 健二
……①268, ①269
小林 憲二 ……①1332
こばやし けんたろう
……①311
小林 健太郎 ……①1196
小林 光一 ……①248
小林 幸司 ……①226
小林 幸治 ……②733
小林 康司 ……②767
小林 浩二 ……②414
小林 耕二 ……②116
小林 耕太 ……②215
小林 こず枝 ……①119
小林 作 ……①853
小林 幸夫 …①894,
②112, ②405
小林 聡美 ……①909
小林 さゆり
……①1340, ①1343
小林 紫織 ……①84
小林 重裕 ……②524
小林 茂 ……②569,
①675, ①875, ②521
小林 修 ……①567
小林 修士 ……①258
小林 修三 ……②712

小林 盾……②108
小林 純……②171
小林 純一……①322
小林 俊治……②370
小林 翔……①734
小林 昌一……②618
小林 祥次郎……①466
小林 慎治……②547
小林 慎哉……②264
小林 紳也……②618
小林 晋……①1353
小林 進……②397
小林 澄夫……②604
小林 せかい……②297
小林 節子……①1371
小林 大祐……②128, ②673
小林 泰三……①1087
小林 鷹……①254
小林 孝雄……②501, ②630
小林 貴也……①740
小林 孝史……②526
小林 節……②137, ②140, ②198
小林 誉……①1197
小林 敬正……②197
小林 貴之……②519
小林 敬幸……②294
小林 琢自……①473
小林 匠……②750
小林 卓也……①475
小林 武夫……①760
小林 健……①84, ①91, ①143, ①150
小林 猛……②639
小林 武彦……②686
小林 威朗……①463
小林 忠男……②527
小林 只……②750
小林 忠……①836
小林 龍彦……②655
小林 辰至……①713, ①729
小林 千秋……②414
小林 千枝子……①935
小林 千草……①554
小林 千穂……①233
小林 千代美……①887
小林 努……②665
小林 庸浩……①950
小林 哲士……①173
小林 哲夫……①929
こばやし てっせい……①302
小林 哲生……①302
小林 哲朗……①257
小林 照子……①116, ①946
こばやし てるひろ……①335
小林 照幸……①928
小林 典雅……①1312
小林 孔……①902
小林 徹……②116
小林 敏雄……②594
小林 敏彦……②648, ①653
小林 世征……①128
小林 俊道……②324
小林 俊光……②760
小林 敏也……①309

小林 俊行……②658
小林 朋子……②162
小林 朋則……①529
小林 朋道……②691
小林 豊和……①264
小林 尚朗……②313
小林 直樹……②199
小林 尚子……①3
小林 直也……①31
小林 直三……②200
小林 直哉……①153
小林 七生……①807
小林 南水子……②271
小林 希……①191
小林 信彦……①187, ①768, ①946
小林 信也……①1222
小林 信行……①912
小林 登……①9
小林 典子……①635, ①828
小林 明夫……②404
小林 久隆……②736
小林 英夫……②291, ②442
小林 秀雄……①447, ①909
小林 英樹……①836
小林 英美……①920
小林 英幸……②304
小林 秀之……②217
小林 宏明……①1351, ②718
小林 広昭……①727
小林 浩子……①1357
小林 寛……②575
小林 宏……②754
小林 博……①179, ②736, ②737
小林 裕士……①248
小林 啓二……②669
小林 弘祐……②727
小林 弘志……①584
小林 大展……①136
小林 宏充……②576
小林 宏光……①868
小林 弘幸……①11, ①26, ①95, ①97, ①122, ①146, ①149, ①157, ①168, ①170, ①866, ①867
小林 博之……②385
小林 裕之……②518
小林 びんせい……①179
小林 敏明……①916
小林 吹代……②658
小林 富久子……①907
小林 文明……②595
小林 二三夫……②425
小林 穂積……②411
小林 マーク……①170
小林 誠……①649, ①653, ②276
小林 正興……②553
小林 雅一……②525
小林 正和……②322, ②323
小林 征子……①961
小林 政子……①935
小林 雅人……②659
小林 雅彦……②64
小林 昌弘……②554
小林 昌裕……②391, ②394
小林 正博……①615, ①616
小林 まさみ……①61

小林 正巳……①810
小林 昌之……②43
小林 勝……②261
小林 磨寿美……②192, ②323
小林 町子……①1388, ①1389
小林 真理……①788, ①872, ②265
小林 真理子……①484
小林 みき……①1340
小林 幹夫……②688
此林 ミサ……②31, ②496
小林 美咲……①149
小林 瑞穂……①171
小林 道夫……②561
小林 三智子……②776
小林 美智子……①490, ②778
小林 みちたか……②241
小林 道憲……①449, ①452, ①455, ①473, ①543
小林 道正……①728
小林 美智代……①892
小林 光枝……①84
小林 三智……①236
小林 みのる……②336
小林 みやび……①686
小林 深雪……①352, ①354, ①355, ①361, ①423
小林 美幸……①305, ①317, ①829
小林 美和……①659, ①660, ②745
小林 めぐみ……①639
小林 元……②312, ②448
小林 康夫……①826
小林 廉毅……②707
小林 惠子……①544
小林 恭代……①740
小林 優一……②296
小林 祐一……①514
小林 雄一郎……②336, ②556, ②656
小林 裕央……②728
小林 由果……①604, ①1331, ①1338
小林 勇貴……①790
小林 祐紀……①715, ②198
小林 雄樹……②391
小林 優子……②717
小林 勇治……②377, ②488
小林 雄介……②196
小林 佑実……①128
小林 由香利……②676, ②697
小林 ゆき子……①338
小林 ゆたか……①330
小林 豊……①334
小林 由美……②254
小林 洋子……②72
小林 葉子……①349
小林 祥晃……①134
小林 芳枝……①144
小林 義治……②403, ②409
小林 啓孝……②318, ②439
小林 快次……①401, ②681
小林 よしのり……①946, ②150, ②151
小林 芳規……①631

小林 由憲……②554
小林 芳春……②555
小林 義廣……②597
小林 芳正……②447
小林 頼子……①531, ①837
小林 隆……①629, ①901
小林 隆司……①681, ①688
小林 隆児……①492, ①497
小林 陵……①493
小林 凌雅……②657
小林 亮介……②515
小林 ルミ子……①1370, ①1379
小林 令子……②702
小林 玲子……②229
小林清治著作集編集委員会……①554
小林労務管理事務所……②73
小原 克博……①507
小原 丈明……①617
小原 猛……①1121
小原 友行……①730
小原 真史……②684
こはら まゆみ……①340
小原 麻由美……②336
伍原 みかる……②142
小原 由紀夫……②516
小原澤 友伸……①21
小針 誠……①677
小春……①53
小春 りん……①1197
ごはんのとも研究会……①58
小東 のら……①1197
小日向 江麻……①1197
小日向 史煌……①1197
小日向 諒……①1401
小檜山 悟……①243
小檜山 博……①946
コープ, シェリー・F.……①35
ゴーフィー, ロブ……②367
古笛 恵子……②227
ゴフスタイン, M.B.……①315
古部族研究会……①513, ①613
小淵 洋一……②260
小鮒 由起子……②100
コープランド, シンシア・L.……①99
コブリナー, ベス……②388
コブル, ミハイル……①1341
コペルニクス, ニコラウス……②674
コーベン, リチャード……①856
小堀 紀代美……①52, ①56
小堀 桂一郎……①464
小堀 光一……①194, ②277
小堀 宗実……①272
小堀 文彦……②409
小堀 眞……②750
小堀 靖弘……②186
コーポレートプラクティスパートナーズ……②377
五本松 昌平……①996
駒井 仁南子……②677

駒井 洋……②125
駒井 康弘……①737
小前 亮……②389, ①1041, ①1087
狛枝 和生……①427, ①443
駒村 圭吾……②200
駒形……①365, ①366, ①367
駒形 千夏……①887
駒形 みゆき……①723
小巻 靖子……①612, ②339
小牧 義昭……②294
小牧 令二……②755
駒坂 謹美子……②69
駒崎 道……②65
駒澤 伸泰……②750
小俣 幸嗣……②236
駒田 剛司……②619
駒田 文子……①375, ②378
駒田 泰土……②187
駒田 由香……②619
小町 恭士……②127
小町 圭……①973
小町谷 育子……②185
小松 エメル……①979, ①1025, ①1197
小松 和彦……①832, ①887, ②113
小松 健一……①558
小松 賢志……②682
小松 健司……①720
小松 研治……①842
小松 工芽……①164
小松 さおり……②559
小松 左京……①889, ①1067, ①1121
小松 貴……①405
小松 隆……②601
小松 龍史……②776
小松 利光……②605
小松 成美……②62
小松 久男……①588, ①593, ①733
小松 英樹……①246, ①247
小松 秀樹……②648
小松 博史……②595
小松 史朗……②307
小松 万喜子……②767
小松 政夫……①769
小松 正史……①156, ①688
小松 正之……②114, ②143, ②457
小松 美和……②388
小松 易……①120
小松 康宏……②716
小松 祐子……②94
小松 幸夫……①155
小松 ゆみ……①2
小松 陽一郎……②186
小松 陽祐……①776
小松 嘉人……②223
駒月 雅子……①1327, ①1354, ①1388
小松崎 茂……①865
小松崎 哲史……②488
小松崎 織香……②223
小松原 聡……②285, ②372

故松原 昹……①965
小松原 宏子……①353, ①354, ①1136
ゴマブックス……①789
駒宮 俊友……①663
コマヤス カン……①340
コーマン, ゴードン……①373
五味 太郎……①324, ①325, ①330, ①336
五味 久壽……②264
五味 ヒロミ……①325, ①331
五味 文彦……①532, ①533, ①548, ①556, ①832
五味 睦佳……②134
五味 洋治……①599, ②150, ②151
五味 克夫……①550
コミックスウェーブフィルム……①799
小湊 孝志……②358
小湊 照子……①206
小湊 真衣……①680
小湊 悠貴……①996, ①1197
小峯 和明……①534, ①907, ①918
小峯 隆夫……②244
小峯 隆生……②167, ②357
小峯 龍男……②601
小峰 智行……①514
小峰 彌彦……①512, ①514
小峯 有華……①863
こみね ゆら……①342
小峰 洋子……①489
小峰書店編集部……①411, ①412, ①413, ①418, ①421
五味渕 典嗣……①912, ①915
コミベズ, スーザン・R.……②368
小宮 一夫……①575
小宮 一慶……①467, ②242, ②280, ②286, ②306, ②322, ②336, ②342, ②367, ②392
小宮 桂治……②729
小宮 孝之……①392
小宮 達彦……②740
小宮 輝之……②302, ①400, ①404, ①407, ①408, ①409, ②691, ②692, ②693, ②696
小宮 夏樹……②385
小宮 信夫……②154
古笛 昇……②362
小宮 英敏……②263
小宮 京……②577
小宮 弘子……②462
小宮 正安……①814
こみや ゆう……①307, ①308, ①309, ①311, ①314, ①317
小宮 由……①372, ①373, ①374, ②378
小宮 佳将……②516
小宮 良之……①228
小見山 章……②576
小宮山 俊平……①379
小宮山 隆……②402
小宮山 久子……①969
小宮山 みのり

　……①800, ①853
小見山 実 ……②743
小宮山 雄飛
　……①44, ①52
小宮山 ゆき ……①1313
コミュニティ政策学
　会 ……②98
五明 紀春 ……
　……①153, ②776
五明 祐子 ……②28
小向 俊和 ……②192
小向得 優 ……②666
小牟田 康彦 ……①1327
ゴムドリco. ……②396,
　②398, ①399
小村 一也 ……②728
小室 千鶴子 ……①1041
小室 輝昌 ……①508
小室 直樹 ……②148
小室 尚子 …②13, ①14
コムロ ミホ
　……①251, ①253
小室 雄次 ……②283
古明地 正俊 ……②525
こめ苺 ……①363
米島 康晴 ……①963
米田 幸憲 ……①244
米たに ヨシトモ
　……①1135
米虫 正巳 ……①474
コーモス, ジュ
　ディット ……①681
菰田 泰隆 ……②283
鷹田 康久 ……②593
古本 達也 ……②76
小森 栄治 ……
　……①399, ①729
小森 香折 ……①309,
　①311, ①323, ①344,
　①351, ①367
小森 謙一郎 ……①469
子守 大好 ……①863
小森 照久 ……
　……①99, ②743
こもり まさあき
　……②527
小森 万里 ……①633
小森 康永 ……
　……①486, ②705
小森 康充 ……②350
小森 陽一 ……①285,
　①907, ①915,
　①946, ①996
古森 義久 ……
　……②136, ②142
籠田 桂子 ……①688
小森谷 浩志 ……②351
小諸 悦夫 ……①996
呉橋 淳子 ……②111
小宅 理沙 ……
　……①692, ②56
子安 宣邦 ……
　……①460, ①520
子安 弘美 ……②630
子安 増生 ……①705
古谷田 奈月 ……
　……①996, ①1197
小柳 隆之 ……①311
小柳 法代 ……①792
小柳 磨毅 ……②714
小谷野 敦 ……①893,
　①902, ①907
古谷野 賢一 ……②193
小谷野 裕子 ……①580
小谷野税理士法人
　……②327
小藪 浩二郎 ……①154
小籔 実英 ……①946

小山 明男 ……②618
小山 朝子 ……
　……①697, ②69
小山 逸朗 ……②486
小山 香織 ……②546
小山 和則 ……②641
小山 鹿梨子 ……②308
こやま くんどう
　……①339
小山 薫堂 ……①776
小山 啓子 ……②600
小山 圭介 ……①25
小山 慶太 ……①915
小山 健 ……②32
小山 健一 ……②576
小山 憲司 ……②7
こやま こいこ
　……①87, ①946
小山 剛 ……②199
小山 耕一 ……①874
小山 孝子 ……②12
小山 貴文 ……②413
小山 健 ……②66
小山 良 ……②336
小山 竜央 ……②285,
　②336, ②392
小山 珠美 ……②765
小山 千加代 ……②704
小山 司 ……②481
小山 常実 ……
　……②140, ②198
小山 俊樹 ……②932
小山 智子 ……②390
小山 友子 ……
　……②392, ②394
小山 昇 ……②285,
　②287, ②296, ②301,
　②330, ②349, ②350
小山 騰 ……②331
児山 寛子 ……②469
小山 浩子 ……①159
小山 博孝 ……①416
小山 真人 ……②680
小山 雅典 ……②524
小山 満太郎 ……①252
小山 実稚恵 ……①816
小山 祐子 ……①165
小山 裕三 ……①235
こやま ゆか ……①354
小山 洋司 ……②253
小山 龍介 ……②90
小山 和作 ……②714
小山田 創哲 ……②524
小山田 大 ……①241
小谷松 信一 ……②628
雇用開発センター
　……②290
コヨセ ジュンジ
　……①307, ①326
コラノヴィッチ,
　ドゥブラヴカ
　……②307
コラール, ロドリゴ
　……①31
ゴーリー, エドワー
　ド ……②840
コリダン, ショーン
　……①1341
ゴリデンヴェイゼル,
　アレクサンドル
　……①816
コリャンテス, クリ
　スティーナ ……①850

古流 望 ……①1197
御領 潤 ……②667
ゴリンコフ, ロバー
　タ・ミシュニック
　……①11
コリンズ, ダニー
　……①1375
コリンズ, ハリー
　……②649
コリンズ, ペトラ
　……261
コリンズ, ロス ……①316
ころ ……①1198
コール, イェスパー
　……245
コール, ダニエル
　……①1347
コール, テジュ
　……①1331
コール, ブレンダ
　……①304
コール, ヘンリー
　……①316
コール, ロー ……①312
コルヴァイのヴィ
　ドゥキント ……①600
ゴルヴァン, ジャ
　ン＝クロード
　……①590
コルヴェジエ, ロー
　ラン ……①417
ゴールズワージー
　……①1331
コルセット, ダニエ
　ル ……①848
コールセンタージャ
　パン編集部 ……②273
コールター, キャサ
　リン ……①1347
コルツ, トニー ……②368
ゴールディン, イア
　ン ……②93
ゴールディング,
　ウィリアム ……①1331
ゴールデン, クリス
　ティー ……①1362
ゴールデン, ダニエ
　ル ……②134
ゴールデンアックス
　……②279
コールドウェル, イ
　アン ……①1347
ゴールドスタイン,
　ドナルド・M.
　……①525
コルトバ, ジェイソ
　ン ……①1359
ゴールドハーバー,
　アルフレッド・
　シャーフ ……②665
コルトハーヘン, フ
　レット・A.J. ……①753
ゴールドマン, ケン
　……①860
ゴールドマン, ステ
　ファニー ……①860
ゴールドリック, エ
　マ ……①1390
コルハトカー, シー
　ラ ……②382
コルバン, アラン
　……②94
コルビー, リン・ア
　ラン ……②716
コルホネン, カロリー
　ナ ……①847, ②85
コールマン, ジョン
　……②123
ゴールマン, ダニエ

ル ……②357
コーレ, ヒラリー
　……①396
コレイア, テオ ……②38
是枝 祥子 ……②68
是枝 俊悟 ……②264
是枝 伸子 …①21, ①22
是枝 裕和 ……
　……①101, ①1087
是鐘 リュウジ ……
　……①1136, ①1198
是澤 博昭 ……①437
是永 美樹 ……
　……①594, ②608
是永 論 ……②108
惟村 宣明 ……①671
之雪 ……①1401
コレンダ, ニック
　……②361
コロナブックス編集
　部 ……①841, ②689
　……①497, ①498, ①501,
コロブラ ……①842,
　①843, ①844, ①1135
コロミーナ, ビアト
　リス ……②93
コロロ発達療育セン
　ター ……①682
コンテンツ ……②179
怖い話研究会 ……①385
こわせ たまみ ……①308,
　……①327, ①332
小和田 善之 ……①671
今 明秀 ……②724
権 赫泰 ……①452
今 一裕 ……①753
今 和弘 ……②329
権 甲龍 ……①247
金 正勲 ……①975
権 宅明 ……①975
昆 千鶴子 ……①974
コン チュリョン ……①63
今 栲二 ……①41
近 利雄 ……①201
今 知美 ……②69
権 成俊 ……②337
今 博 ……②135
昆 正和 ……①233
今 良明 ……②712
權 順浩 ……①56
紺井 博則 ……②248
婚姻費用養育費問題
　研究会 ……②190
ゴンウェブコンサル
　ティング ……②337
ごんおばちゃま
　……①5, ①108
コンカ, ウネルマ・セ
　ミョーノワ ……①1331
コンクリート関連検
　定試験研究会
　……②628
コンクリート技士問
　題研究会 ……②425
コンクリート主任技
　士・技士完全攻略
　問題集作成委員会
　……②628
コンクリート新聞社
　編集出版部 ……②438
コンクリン, デ
　ヴィッド ……①42
金剛大學佛教文化研
　究所 …①511, ①514
コンサドーレ ……①231
ゴンサルベス, タッ
　ド ……②525
近喰 晴子 ……①689,
　①762, ①763
コンシダイン, メイ

ヴァ ……①132
根田 恵多 ……②169
権田 修一 ……②208
権田 岳 ……②555
今田 富男 ……②69
近田 文弘 ……
　……①406, ②689
根田 正樹 ……②220
紺谷 充彦 ……①191
コンデックス情報研
　究所 ①426, ①492,
　①689, ①762, ①763,
　②75, ②76, ②78,
　②79, ②80, ②82,
　②176, ②181, ②182,
　②183, ②189, ②203,
　②237, ②239, ②281,
　②469, ②472, ②496,
　②497, ②498, ②501,
　②504, ②506, ②507,
　②509, ②585, ②628,
　②632, ②633, ②636,
　②637, ②640, ②641,
　②643, ②779, ②781
コンドウ アキ ……①10,
　①327, ①845,
　①847, ①857
近藤 昭子 ……①1368
近藤 明美 ……②462
近藤 悦子 ……②759
近藤 佳織 ……①706
近藤 和雄 ……②778
近藤 和敬 ……①474
権藤 海裕 ……①28
権藤 勝重 ……
　……①633, ①974
近藤 克則 ……②49
近藤 勝彦 ……②528
近藤 堯寛 ……①517
近藤 清美 ……①498
近藤 欽司 ……①226
近藤 邦雄 ……②518
近藤 久美子 ……②298
近藤 圭一郎 ……①435
近藤 啓太 ……②663
近藤 健史 ……①900
近藤 伍壱 ……②17
近藤 浩一路 ……①916
近藤 こうじ ……①49
近藤 耕人 ……①920
近藤 幸子 ……①52
權藤 三鉉 ……①925
近藤 成一 ……
　……①545, ②547
近藤 順子 ……①58
權藤 順子 ……①723
近藤 駿介 ……②392
近藤 二郎 ……②425
近藤 伸二 ……②126
近藤 慎太郎 ……②736
近藤 誠一 ……①245
近藤 大介 ……
　……②124, ②249
近藤 高顯 ……①816
近藤 隆夫 ……②239
近藤 隆己 ……①701
近藤 隆子 ……①663
近藤 隆志 ……②410
近藤 孝洋 ……①236
近藤 孝之 ……②293
近藤 崇之 ……②69
近藤 保 ……②669
近藤 剛 ……①549, ②97
近藤 俊明 ……①689

近藤 利一 ……①20
近藤 俊文 ……②538
近藤 俊之 ……②191
近藤 富枝 ……①833
近藤 尚己 ……②98
近藤 仁美 ……①682
近藤 直司 ……
　……①711, ②743
近藤 直実 ……①182
近藤 なつこ ……①31
近藤 宣之 ……②275
近藤 野里 ……①671
近藤 宣昭 ……①398
近藤 雅弘 ……②695
近藤 典彦 ……②904
近藤 晴雄 ……②592
近藤 久雄 ……②650
近藤 仁美 ……①894
権藤 博 ……②222
近藤 史恵 ……①976,
　①996, ①1087
近藤 文夫 ……①67
近藤 誠 ……①145,
　①147, ①178,
　②724, ②735
近藤 昌夫 ……①925
近藤 雅樹 ……
　……①437, ②113
近藤 正基 ……②140
近藤 正高 ……
　……①107, ①771
近藤 真庸 ……①710
近藤 雅弘 ……②695
近藤 誠宏 ……
　……①255, ①260
近藤 正義 ……①807
近藤 真由美 ……①162
近藤 麻理恵 ……①102
近藤 幹生 ……
　……①693, ①696
近藤 美智子 ……②189
近藤 光男 ……②328
近藤 三雄 ……①266
近藤 峰生 ……②760
近藤 康史 ……②128
近藤 康裕 ……①647
近藤 祐 ……②611
近藤 雄生 ……
　……①198, ②693
近藤 祐介 ……①515
近藤 由紀彦 ……①712
近藤 豊 ……②119
近藤 有美 ……①635
近藤 洋一 ……①457
近藤 ようこ ……①850,
　①857, ①910
近藤 洋太 ……①968
近藤 圭恵 ……①865
近藤 好和 ……①550
近藤 義人 ……①453
近藤 理恵 ……①436
近藤 龍一 ……②668
コンドン, ビル
　……①1327
今日庵茶道資料館
　……①271
紺野 愛子 ……①969
今野 篤 ……②425
今野 一宏 ……②660
紺野 勝司 ……①258
今野 響児 ……①257
今野 久仁彦 ……②458
コンノ ケンイチ
　……①141
今野 茂充 ……①589
今野 真二 ……②623,
　①624, ①629,
　①911, ②359
今野 寿美 ……

著者名索引

①904, ①970
今野 清志 ……… ①149
今野 孝彦 ……… ①145
近野 貴行 ……… ②422
今野 哲男 ……
　　　①457, ②95
紺野 天龍 ……… ①1198
近野 十志夫 ……①440
紺野 奈央 ……… ①476
今野 はるえ …… ①75
今野 晴貴 ……
　　　①758, ②461
今野 光 ………… ①3
こんの ひとみ ……①334
今野 浩 ………… ①928
今野 博信 ……… ①928
今野 敏 ……
　　　①1041, ①1087
今野 史昭 ……… ①605
紺野 真 ………… ①46
今野 政代 ……… ①429
今野 祐二 ……… ②637
紺野 献邦 ……… ②374
今野 義孝 ……… ①684
紺野 礼央 ……… ①190
コンパクトシティ研
　究会 ………… ②54
コンパッソ税理士法
　人 …………… ①154
コンパニオンバード
　編集部 ……… ②697
コンパニオン、アン
　トワーヌ …… ②925
金春 智子 ……… ①1134
金春 安明 ……… ①787
コンピュータ教育振
　興協会 ……… ②645
こんぺいとぶらねっ
　と ………… ①688
コンポート、サリー・
　ワーン ……… ①313
小馬 徹 ………… ②120
コンラッド、アリア
　ン …………… ②535
コンラン、テレンス
　………… ①877, ②616

さ

沙 蓮香 ………… ②89
サアベドラ、マリア
　………………① 672
沙絢 …………… ①1198
サアラ ………… ①136
ザアール ……… ②358
蔡 英文 ………… ②130
崔 栄美 ………… ①667
斉 霞 …………… ①664
崔 吉城 …②580, ①594
崔 淑芬 ………… ①597
崔 正熙 ………… ①667
崔 仁鶴 ………… ①918
崔 禎鎬 ………… ①938
崔 南龍 ………… ②43
崔 龍源 ………… ①966
サイアー、リン ②729
サイヴァーソン、
　チャド ……… ②266
斎王 ことり …… ①1401
西園寺 リリカ ①27
西園寺 怜 ……… ①192

ザイガー、エドゥア
　ルド ………… ②688
雑賀 和彦 ……… ②540
雑賀 匡 ………
　　　①1396, ①1401
雑賀 美明 ……… ②512
茜花 らら ……… ①1313
災害科学研究所トン
　ネル調査研究会
　………………② 606
『財界』編集部 ②292
斉河 燈 ………… ①1401
斎川 眞 ………… ①532
西岸 良平 ………
　　　①367, ①978
佐伯 彰洋 ……… ②203
斎木 雲州 ……… ①541
斉木 香津 ………
　　　①996, ①1088
斎木 克裕 ……… ①826
斎木 健一 ……… ①406
斎木 公一 ……… ②500
齋木 伸生 ……… ②166
斉木 弘吉 ……
　　　①779, ①780
才木 弓加 ………
　　　①291, ①296
斎木 リコ ……… ①1198
西行学会 ……… ①894
三枝 大修 ……… ①891
財経詳報社 …… ②229
債権法研究会 … ②209
西郷 隆文 ……… ①565
西郷 隆盛 ………
　　　①462, ①566
西郷 南海子 …… ①333
西郷 信綱 ……… ①895
西郷 浩 ………… ②661
西郷 泰之 …②55, ②63
最高裁判所事務総局
　家庭局 ……… ②216
サイコギオス、アレ
　クサンドロス
　………………② 367
サイコパス製作委員
　会 …………… ①1115
さいころ文庫 … ①141
税所 哲郎 ……… ②371
西條 彰仁 ……… ①775,
　①777, ①779, ①780
西條 奈加 ……… ①1041
西條 長宏 ……… ②737
西條 広隆 ……… ①406
西條 由貴男 …… ②278
西條 六花 ……… ①1401
賛助 …………… ①1122
財政会計法規編集室
　………………② 186
サイゾー特別編集班
　………………② 108
斉田 一樹 ……… ②535
斉田 季実治 …… ①400
斉田 仁 ………… ①392
齋田 雅彦 ……… ①726
埼田 要介 ……… ①1199
埼玉建築設計監理協
　会 …………… ②609
埼玉新聞社 …… ①221
財津 友子 ……… ①332
才津 康隆 ……… ②422
財津 優 ………… ②334
サイド、サイド・モハ
　マド・ナイム ②85
サイトー、ジオゴ
　………………① 849
成都 恵未 ……… ①667
さいとう あかり
　………………① 326

斎藤 暁子 ……… ①15
斉藤 彰子 ……… ②212
斉藤 明典 ……… ①964
齋藤 昭彦 ………
　　　②728, ②733
斉藤 章佳 ……… ①489
斉藤 明義 ……… ②733
斎藤 明美 ………
　　　①770, ①791
彩華 アザミ …… ①1088
斎藤 惇夫 ……… ①347
斎藤 文子 ……… ①892
サイトウ アユム
　………………① 1199
斉藤 アリス …… ①40
斎藤 一九馬 …… ①244
斉藤 勇 ………… ①478,
　①483, ①487, ②358
斎藤 いづみ …… ①164
齋藤 ウィリアム浩幸
　………………① 123
斉藤 英一 ……… ②713
斎藤 栄一郎 …… ①877,
　　　②164, ②300
斉藤 栄美 ……… ①355
齋藤 恵美子 …… ①963
斉藤 エレミ …… ①113
斉藤 修 ………… ②682
斎藤 楓 ………… ①654
斉藤 薫 ………… ①1368
齋藤 薫 ………… ②52
斎藤 かづみ …… ②674
斉藤 一昭 ……… ②407
斎藤 和夫 ……… ②204
斎藤 和季 ……… ②687
斎藤 和紀 ……… ②513
斉藤 万比古 …… ①683
斎藤 一久 ………
　　　②169, ②199
斉藤 一弥 ……… ①727
齋藤 勝晴 ……… ①773
齋藤 勝裕 ……② 155,
　①1088, ②32, ②165,
　②583, ②649, ②650,
　　　②670, ②671,
　　　②672, ②775
西塔 鼎 ………… ①1199
斎藤 毅 ………… ①658
斉藤 恭一 ……… ②588
斎藤 恭司 ……… ②660
斉藤 恭平 ……… ②65
西藤 清秀 ……… ①593
さいとう きよみ
　………………① 303
斉藤 邦明 ……… ②674
斉藤 国治 ……… ①535
斎藤 邦秀 ……… ①216
齋藤 久美子 …… ①487
斉藤 くるみ …… ②57
齋藤 桂 ………… ①802
斎藤 圭介 ……… ②107
斎藤 慶輔 ………
　　　①332, ②411
斉藤 圭太 ……… ②189
斉藤 啓太郎 …… ①974
斎藤 健一 ……… ②563
斎藤 健一郎 …… ②281
サイトウ ケンジ
　………………① 1199
斉藤 健仁 ……… ①228
斉藤 賢爾 ……… ②242
齋藤 孝一 ……② 324,
　　　②327, ②328
斎藤 剛毅 ……… ①522
斎藤 康輝 ……… ②198
斎藤 孝治 ……… ②227
斉藤 幸司 ……② 402,

斎藤 公輔 ……… ①607
斉藤 孝祐 ……… ①162
斉藤 こずゑ …… ①476
斎藤 貞之 ……… ②372
齋藤 里美 ……… ①747
斎藤 了 ………… ①646
齋藤 參郎 ……… ②60
齋藤 さわ子 …… ②779
西東 三鬼 ……… ①973
斉藤 成夫 ……… ①679
斎藤 茂太 ……… ①86,
　①93, ①95, ①96,
　①103, ①106, ①108,
　①110, ①124, ①169
斎藤 繁道 ……… ②227
斎藤 繁 ………… ②233
斎藤 静樹 ……… ②314
斎藤 静代 ……… ①649
斎藤 修 ………… ②445
齋藤 修一 ……… ②205
斉藤 淳 ………… ①640
齋藤 純一 ………
　　　②449, ②172
斎藤 史郎 ……… ②243
斉藤 代一 ……… ①725
齋藤 伸 ………… ①457
齋藤 伸市 ……… ①397
斉藤 振一郎 …… ②221
斉藤 信二 ……… ①930
斎藤 愼爾 ……… ①912
齋藤 新三 ……… ②560
斎藤 慎太郎 ………
　　　②248, ①249
斉藤 真哉 ……… ②317
斎藤 清一 ……… ②66
斎藤 大輔 ………
　　　②552, ②555
最東 対地 ……… ①1122
斎藤 妙子 ………
　　　①320, ①321
さいとう たかを
　………………① 841,
　①1067, ①1069
斉藤 隆央 ………
　　　②675, ②685
斉藤 隆 ………… ①223
齋藤 孝 ………① 16,
　①98, ①101, ①107,
　①121, ①124, ①126,
　①127, ①149, ①379,
　①388, ①391, ①394,
　①413, ①415, ①417,
　①426, ①452, ①461,
　①465, ①467, ①511,
　①565, ①567, ①570,
　①623, ①633, ①634,
　①653, ①723, ①754,
　①915, ②4, ②282,
　②343, ②348, ②359,
　②362, ②366, ②369
斎藤 貴史 ……… ②753
斎藤 隆亨 ……… ②496
斎藤 高吉 ……… ②277,
　①278, ①279, ①1132
斎藤 多喜夫 ………
　　　①539, ①568
斎藤 拓実 ……… ②754
斎藤 剛 ………… ②121
斎藤 毅憲 ……… ②372
斉藤 忠雄 ……… ②705
斎藤 達也 ……… ②506
斎藤 環 ………… ①487
斎藤 智恵子 …… ①770
斎藤 千里 ……… ①76
斎藤 千代 ……… ①968

斎藤 千輪 ……… ①1088
斎藤 司 ………… ①771
斉藤 司 …①539, ①558
斎藤 都斗武 …… ①43
斎藤 毅 ………… ①489
斎藤 哲也 ……… ①452
斎藤 徹 ………… ②424
斉藤 トシ子 …… ②777
斎藤 敏治 ……… ②413
斎藤 智明 ……… ②419
斎藤 直樹 ……… ②132
斎藤 直樹 ……… ①679
さいとう なおこ
　………………① 904
斎藤 直子 ………
　　　①180, ②96
斎藤 直人 ……… ①741
斎藤 尚文 ……… ①592
斎藤 長行 ……… ②214
斉藤 成人 ……… ②437
斎藤 成也 ……
　　　②684, ②687
斉東 野人 ……… ①1041
齋藤 信夫 ……… ②752
斎藤 伸子 ……… ①628
斎藤 延人 ……… ②731
齋藤 述史 ……… ②91
斎藤 昇 ………… ①728
齋藤 昇 ………… ①923
斉藤 宣一 ……… ②657
斉藤 のりこ …… ②260
齋藤 慎子 ……… ②101,
　①109, ①473
斉藤 春子 ……… ①819
齋藤 晴比古 …… ②701
斎藤 陽道 ……… ①946
齋藤 壽 ………… ①865
齋藤 英和 ……… ①115
齋藤 秀敏 ……… ②722
斎藤 秀彦 ……… ①464
斎藤 秀之 ………
　　　②714, ②749
齋藤 秀行 ……… ①266
齋藤 整 ………… ②746
斎藤 均 ………… ①616
斎藤 日登美 …… ②609
斎藤 一人 ……② 23,
　①85, ①89, ①92,
　①95, ①97, ①98,
　①101, ①124,
　①455, ②282,
　②342, ②349, ②390
斉藤 響 ………… ②486
斎藤 博 ………… ①321
斎藤 裕史 ……… ①251
斎藤 洋 ………① 311,
　①337, ①339, ①346,
　①356, ①357, ①358,
　①368, ①381,
　①386, ①650
齋藤 浩史 ……… ①637
齋藤 洋 ………… ①177
斎藤 博 ………… ①677
斎藤 広信 ……… ①891
斉藤 博文 ……… ②545
斎藤 浩行 ……… ①617
斎藤 文夫 ……… ②279
斎藤 文雄 ……… ②405
斎藤 二三子 …… ②694
斎藤 ふみ子 …… ①437
斎藤 文彦 ………
　　　①238, ①239
齋藤 真紀 ……… ①71
齋藤 眞 ………… ②134
齋藤 正章 ………
　　　②316, ②379
齊藤 政明 ……… ②138
齋藤 正臣 ……… ①18

齋藤 正樹 ……… ①607
斎藤 政子 ……… ①687
斎藤 正志 ……… ②419
斎藤 正高 ……… ①589
斎藤 正武 ……… ②699
斎藤 正人 ……… ①183
齋藤 雅俊 ………② 323,
　　　②404, ②405
斎藤 昌義 ……… ②512
斎藤 正巳 ……… ②657
斎藤 政広 ……… ①190
齋藤 雅弘 ……… ②15
斎藤 正洋 ……… ①176
斎藤 正身 ……… ②706
斎藤 正也 ……… ②525
斎藤 真也 ……… ①180
斎藤 正幸 ……… ①1337
斎藤 雅道 ……… ①370
斉藤 マサヨシ … ①256
齋藤 正義 ……… ①459
斎藤 囲 ………… ①624
齋藤 真弓 ……… ②518
斎藤 万友美 …… ①287
斉藤 まゆみ …… ①741
斎藤 真理子 ………
　　　①1335, ①1336
斎藤 美佐子 …… ②233
斎藤 道雄 ……① 178,
　　　②68, ②69
斉藤 道雄 ……… ①161
斎藤 道雄 ……… ①182
斎藤 充功 …②39, ②42
斉藤 光江 ……… ②735
斉藤 光政 ……… ①798
斎藤 三義 ……… ②195
斎藤 美奈子 …… ②4
斎藤 ミナヨシ … ②529
斎藤 穣 ………… ①1129
斉藤 むねお ……
　　　①443, ①863
斎藤 萌木 ……… ①728
斉藤 元章 ……… ②523
斎藤 元紀 ……… ①471
斉藤 守彦 ……… ①788
斎藤 靖二 ……… ①419
齋藤 保久 ………
　　　②658, ②683
斎藤 泰弘 ……… ①828
斉藤 安行 ……… ②696
斎藤 雄一 ……… ①244
斎藤 ゆうこ …… ①996
斎藤 祐子 ……… ②615
斎藤 優季 ……… ①221
斎藤 裕紀恵 …… ①639,
　　　①655, ①657
西塔 由貴子 …… ①587
斉藤 雪乃 ……… ②433
斎藤 由多加 …… ②515
斎藤 裕 ……①15, ①693
斎藤 浩 ………… ①46
斎藤 裕 …②382, ②612
斎藤 由里 ……… ①69
斎藤 由利子 …… ②708
斉藤 謡子 ……… ①77
斉藤 洋司 ……… ②734
斎藤 芳江 ……… ①431
斎藤 純男 ……… ①591
齋藤 嘉臣 ……… ①812
さいとう よしかず
　………………① 285
齋藤 尚子 ……… ①607
斎藤 芳乃 ………
　　　①112, ②390
斎藤 義信 ……… ①185
斉藤 悦則 ……… ①475
斎藤 義典 ……… ②543
齋藤 義浩 ……… ②325
斎藤 芳弘 ……… ②148

斎藤 兆史 ……①637,
①641, ①733
齋藤 嘉文 ………①518
齋藤 隆 …………①996
斎藤 糧三
①146, ①152
齋藤 留美子 ……①646
サイドランチ …①827,
①845, ①380,
①662, ②726
在日コリアン青年連
合 ……………②45
ザイヌディン, ザエ
マ ……………②85
さいね …………①368
斎野 裕彦 ………①614
最果 タヒ …………①901,
①909, ①946, ①961,
①962, ①996
サイバード …①279
西原 理恵子 ……①⑩,
①14, ①50, ①114,
①853, ①856, ①946
裁判所職員総合研修
所 …………②212,
②216, ②227, ②229
在間 進 …………①669
財務会計基準機構
………②319, ②387
財務省 …………②416
財務省財務総合政策
研究所 …………②270
財務省財務総合政策
研究所財政史室
…………………②271
財務省統計局 ……②424
財務省理財局 ……②272
サイムズ, ルース
…………………①378
サイモン, カーメン
…………………①485
サイモン, テリー
…………………①136
サイモン, マット
…………………①691
柴門 ふみ ………①114,
①115, ①119,
①937, ①946
採用情報研究会
………①290, ①296
西来路 文朗 ……
②652, ②654
西良 浩一 ……
②750, ②751
ザイFX! 編集部
…………………②397
サウ, ション・チャ
ン ……………②554
サヴァネ, ヴュー
…………………②130
サヴィジ, マイク
…………………②106
サヴェージ, ダン
…………………②935
サウジ, ロバート
…………………①1331
サウスウィック, テ
レサ ……………①1383
サウンディングズ英
語英米文学会
…………………①922
冴木 一馬 ………①260
佐伯 一麦 ………①997
佐伯 邦夫 ………①1233
佐伯 啓思 ………①92,
②200, ②258
サエキ けんぞう
…………………①804

佐伯 覚 …………②751
佐伯 茂樹 ……
①813, ①821
佐伯 真一 ………①896
佐伯 慎亮 ………①259
佐伯 草一 ………②412
佐伯 孝弘 ………①894
佐伯 武頼 ………②717
佐伯 チズ ………①118
佐伯 哲也 ……
①548, ①554
佐伯 知美 ………①737
佐伯 徳哉 ………①548
佐伯 仁志 ……
①211, ①213
佐伯 藤生 ………②138
佐伯 泰英 ……
①1041, ①1042
佐伯 由香 ……
②717, ②728
佐伯 胖 …………①499,
①620, ①690
佐伯 葉子 ………①24
佐伯 庸介 ………①1199
佐伯 さん ………①636
佐伯さん …………①1199
三枝 元 …………②263
三枝 チャージ …②279
さえぐさ ひろこ
①308, ①323,
①339, ①350, ①409
三枝 理枝子 ……①91
三枝国際特許事務所
商標意匠部 …②584
さえり …………①946
サエール, フアン・
ホセ ……………①1331
早乙女 彩乃 ……①1313
早乙女 勝元 ……①926
早乙女 智子 ……①741
嵯峨 伊緒 ………①1199
嵯峨 仁朗 ………①928
坂 正博 …………②430
さかい あいも …①1336
酒井 明子 ………①1337
酒井 昭伸 ……
①1344, ①1362
酒井 昭義 ………②751
酒井 明日子 ……①⑫
酒井 充子 ………①593
酒井 あゆみ ……②36
酒井 威津善 ……②296
酒井 圓弘 ………①100
酒井 和夫 ………①494
境 和樹 …………①245
坂井 和広 ………①513
境 克彦 …………①586
酒井 克彦 ………②386,
②398, ②406
坂井 希久子 ……
①997, ①1042
酒井 紀美 ………①534
酒井 紀三子 ……①971
酒井 邦嘉 ……①447, ②3
酒井 健 …………②268
酒井 憲二 ………①632
酒井 駒子 ……
①347, ①946,
①1116, ①1337
さかい さちえ
①334, ①347
酒井 聡樹 ………①633
酒井 以 …………①356
酒井 志延 ………①639
酒井 志緒 ………①1199
酒井 シヅ ………②726
坂井 修一 ……
①969, ①970

左貝 潤一 ………②667
酒井 順子 ………①787,
①946, ①1043
酒井 駿介 ………②522
酒井 穣 …………②365
境 新一 …②823, ②369
酒井 進児 ………②350
酒井 慎太郎 …①150,
①152, ①156,
①167, ①172
坂井 真弥 ………①997
さかい そういちろう
…………………①304
坂井 大介 ………②736
坂井 隆 …②873, ②132
酒井 隆史 ………①448
酒井 隆浩 ………①328
酒井 崇匡 ………②664
阪井 丘芳 ………②755
酒井 忠康 ……
①868, ①946
坂井 建雄 ………①148,
①437, ②719, ②727
酒井 達也 ………①827
酒井 だんごむし
①496, ②361
さかい ちよみ。…①91
坂井 務 …………②706
境 哲男 …………②594
酒井 徹 …………②777
酒井 得元 ………①509
坂井 俊樹 ………①731
酒井 俊之 ………②485
坂井 俊行 ………②192
酒井 登巳子 ……①270
坂井 豊貴 ……
②95, ②266
酒井 直樹 ………②144
坂井 教郎 ………②246
酒井 一 …………①562
酒井 英樹 ………②735
酒井 秀人 ………①397
酒井 秀光 ………①711
酒井 英之 ………②289
酒井 均 …………①216
酒井 弘亮 ………②550
酒井 啓亘 ………②219
酒井 弘憲 ………②771
サカイ ヒロマル
…………………①608
坂本 裕幸 ………②402
酒井 昌昭 ………②602
酒井 雅男 ………②193
酒井 雅子 ………①751
酒井 政人 ………①235
酒井 正敬 ………①296
酒井 麻里子 ……②530
酒井 美恵子 ……①738
酒井 美津子 ……②504
酒井 光雄 ………①338
堺 三保 …②848, ①857
坂井 美穂 ………①164
阪井 恵 …………①738
坂井 素思 ………②256
境 泉洋 …………②60
さかい もとみ …①208
酒井 保治郎 ……②729
酒井 郁子 ………②706
酒井 優子 ………①628
酒井 雄哉 ………①92,
①513, ①517
境 祐司 …………②553
酒井 祐貴子 ……
②660, ②662
酒井 貴子 ………①1199
坂井 律子 ………②761
坂井 礼文 ………②172
酒井 レオ ………②334

酒井国際特許事務所
…………………②584
酒井田 寛太郎 …①1199
坂井田 麻祐子 …①334
境田 吉孝 ………①1199
境野 勝悟
①98, ①518
境野 健児 ………②447
境家 史郎 ………②199
堺屋 太一 ………①889,
①997, ①1043
堺谷 ますみ ……①1366,
①1381, ①1382
坂上 和秀 ………②309
坂上 忠雄 ………①514
坂上 北斗 ………②527
阪上 正巳 ………②743
坂牛 卓 …………②609
坂内 慧 …………②314
坂内 正夫 ………②516
寒河江 伸治 ……①190
寒河江 芳枝 ……①721
栄屋 永遠男
①535, ①536
坂岡 真 …………①1043
坂上 暁史 ………①67
坂上 秋成
①774, ①1199
坂上 直哉 ………②614
坂上 博 …①410, ②707
阪上 弘仁 ………②438
榊 あおい ………①1200
榊 明彦 …………②742
榊 淳司 …………②419
榊 アヤミ ………①361
榊 一郎
①845, ①1200
榊 悟 ……………②702
坂木 司
①997, ①1088
榊 信廣 …………②741
サカキ ヒロコ …①860
榊 裕之 …………②646
榊 美奈子 ………②438
さかき傘 ………①1401
榊原 彰 …………②536
榊原 英資
①574, ②256
榊原 清則 ………②306
榊原 圭太 ………②672
榊原 志保 ………②694
榊原 哲也 ………②765
榊原 敏之 ………②772
榊原 直樹 ………①860
榊原 宣 …………②726
榊原 憲雄 ………②23
榊原 宏昌 …②58, ②77
榊原 啓之 ………②661
榊原 富士子 ……②58
榊原 正巳 ………②232
榊原 正幸 ………②392
榊原 美樹 ………②61
榊原 洋一 ………②302,
①303, ①396, ①682
榊原 可人 ………②244
榊原 良太 ………①478
榊原 澪央 ………①1401
榊原 渉 …………②274
榊山 潤 …………②552
坂口 明義 ………②253
坂口 明 …………①600
坂口 安吾 ………①850,
①857, ①888, ①1043
阪口 笑子 ………①339
坂口 可奈 ………②250
坂口 菊恵 ………②646
坂口 恭平 ………①924,
①946, ①997

阪口 正二郎 …
②200, ②201
阪口 隆夫 ………①423
阪口 孝則 ………②280
阪口 竜也 ………②287
阪口 博翁 ………①946
阪口 雅彦 ………①641
阪口 美重子 ……①270
阪口 美佳子 ……②411
阪口 勇介 ………②422
阪口 理子
①322, ①801
坂崎 清歌 ………①265
坂崎 重盛 ………①946
坂崎 隆浩 ………①691
坂崎 竜 …………①240
佐賀市教育委員会
…………………①540
坂下 裕 …………①1200
坂下 仁 …①96, ②387
坂下 雅一 ………①574
坂下 夕里
②563, ②564
坂上 貴之 ………①479
坂上 肇 …………①126
坂詰 真二
①156, ①216
坂詰 秀一 ………②613
坂田 阿希子 ……①48,
①53, ①58,
①64, ①66, ①72
坂田 アキラ ……①746
咲香田 衣織 ……①1200
坂田 おさむ
①695, ①696
坂田 薫 …………②670
坂田 一倫 ………②555
坂田 桐子 ………①110
坂田 健一 ………①472
阪田 憲二郎 ……②59
坂田 晃一 ………②552
坂田 早苗 ………①466
坂田 淳 …………②750
坂田 省吾 ………②483
坂田 正三 ………②252
坂田 仰
①754, ①758
坂田 武士 ………①28
坂田 トヨ子 ……①963
阪田 夏水 ………①19
坂田 英明 ………②666
阪田 寛夫
①319, ①997
酒田 真実 ………①792
酒田 素子 ………①190
坂田 雪子
①670, ①1354
さかつうギャラリー
…………………①286
坂爪 真吾 ………①184,
②35, ②36,
②58, ②67
坂出 健 …………①605
坂手 洋二
①784, ①785
坂出 祥伸 ………①466
坂戸 孝志 ………①172
坂戸 昇 …………①997
坂中 正義 ………①478
さかなクン ………②404
坂梨 直子 ………①772
坂梨 みさと ……①68
阪西 明子 ………①315
坂根 弦太 ………②671
坂根 嵩基 ………①932
坂根 剛 …………①175
坂根 嘉弘 ………②268

坂野 憲司 …②60, ②79
嵯峨野 功一 ……①121
坂野 慎二
①699, ①748
坂野 友昭 ………②379
阪野 智一 ………②140
坂野 徳隆
①381, ①1122
坂野 登 …………①498
坂野 弘樹 ………②388
坂野 雄二 ………①489
坂野 豊 …………②399
坂野上 淳 ………②733
坂之上 正久 ……①839
坂の上 零 …②19, ②21
坂の街研究会 …①187
坂林 和重 ………②634
さかはら あつし
…………………②301
坂原 幹子 ………①315
坂部 和久 ………②565
酒巻 匡 …………②213,
②215, ②227,
酒巻 久 …………②344
酒巻 恵 …①326, ①338
酒巻 洋子 ………①264
榊巻 亮 …………②310
酒巻パレット 有里
…………………①652
逆又 練物 ………①1200
さがみ山梨長野岡山
昔ばなし大学再話
コース …………①886
坂村 健 …………①420
坂村 真民 ………①963
坂本 あおい ……①1355
坂元 昭裕 ………①712
坂元 章 …………②512
坂本 彰 …②393, ②396
坂本 信 …………②802
坂本 明 …………②166
坂本 陽 …………②528
坂本 歩 …………②778
坂元 勲 …………②296
坂本 英二 ………②140
坂本 和一 ………②373
坂本 佳鶴惠 ……②99
坂本 和啓 ………②570
坂本 和大 ………②552
坂本 一馬 ………①1200
坂本 佳奈 ………②582
坂本 可南子 ……②540
坂本 清 …………②589
坂本 清彦 ………②451
坂本 久美子 ……①697
阪本 啓一 ………②281
坂本 謙蔵 ………①457
坂本 貢一 ………①137,
①139, ①141
坂本 光司 ………①297,
②304, ②305, ②373
坂本 小百合
①928, ②693
坂元 茂樹
②218, ②219
坂本 茂 …………①683
阪本 順治 ………①1008
坂本 條樹 ………①681
坂本 真一郎 ……②302
坂本 慎太郎 ……①392
坂本 すが ………②708
坂本 碩也
②589, ②591
坂本 壮 …………②713
坂本 孝司 ………②318
坂本 尚志 ………①454
坂本 毅啓 ………②245
坂元 左 …………②283

坂本 忠雄 ……… ①911
坂本 正 ……… ①635
坂本 千明 ……… ①842
坂本 恒夫 ……
　　　②299, ②320
坂本 哲也 ……… ②723
坂元 輝 ……… ②46
坂元 輝弥 ……… ②726
坂本 俊夫 ……… ①634
坂本 利子 ……… ①678
坂本 俊之 ……
　　　②523, ②553
坂本 友寛 ……… ①746
坂本 直文 ……… ①291,
　①295, ①296, ②345
坂本 憲彦 ……… ②346
坂本 規博 ……… ①624
坂本 一 ……… ①324
坂本 治也 ……… ②222
坂本 裕子 ……… ①775
坂本 廣子 ……
　　　①412, ②582
坂本 廣身 ……… ②238
坂本 フジエ
　　　①7, ①14
坂本 史衣 ……… ②733
坂本 文子 ……… ②766
坂本 文典 ……… ②67
坂本 真樹 ……
　　　①290, ②522
坂本 雅子 ……… ②243
坂本 雅俊 ……… ②64
坂本 勝信 ……… ①635
坂本 政道 ……… ①143
坂本 真佐哉 ……… ①478
坂本 雅之 ……… ①278
坂本 真実子 ……… ①534
坂本 美紀 ……… ①874
坂本 光代 ……… ①733
坂本 實 ……… ②651
坂本 悠一 ……… ②9
阪本 雄一郎 ……… ②560
坂元 勇仁 ……… ①802
坂元 裕二 ……
　　　①780, ①997
坂本 優二 ……… ①772
坂元 裕介 ……… ①286
坂本 佑介 ……… ①922
坂本 幸 ……… ①681
坂本 幸雄 ……… ②287
坂本 裕 ……… ①709
坂本 洋一 ……… ②59
坂本 好隆 ……… ②287
阪本 良弘 ……… ②749
坂本 龍一 ……… ①805
坂本 亮太 ……… ①510
サカモト666 ……… ①1201
酒寄 進一 ……… ①371,
　①784, ①1333,
　①1338, ①1346,
　①1351, ①1356
相樂 直子 ……… ①701
相良 倫子 ……… ①373
ザガレンスキー, パ
　メラ ……… ①318
サカロブロ, アレッ
　サンドラ ……… ①307
佐川 愛子 ……… ①1333
佐川 亜紀 ……
　　　①963, ①975
佐川 佳南枝 ……… ①175
佐川 恭一 ……… ①997
砂川 信之 ……… ①178
佐川 早季子 ……… ①693
坂和 章平 ……
　　　①789, ②582
狭川 真一 ……… ①510
佐川 大三 ……… ①729

佐川 年秀 ……… ①668
佐川 光晴 ……… ①997
さき ……… ①1201
サキ ……① ①921, ①1331
佐木 郁 …①862, ①864
佐木 ささめ ……… ①1401
佐木 隆臣 ……… ①997
鷺 只雄 ……… ①910
崎尾 均 ……… ①689
崎川 範行 ……… ①388
彩希子 ……… ①21
鷺谷 長美 ……… ②574
咲坂 芽亜 ……… ①355
崎田 ミナ ……… ①158
崎谷 博征 ……… ①153
前刀 禎明 ……… ①514
崎村 耕二 ……… ①653
ザ・キャビンカンパ
　ニー ……… ①315,
　①318, ①325, ①332
先山 芝太郎 ……… ①1201
崎山 武志 ……… ①219
嵩山 保 ……… ①408
崎山 つばさ ……… ①779
崎山 政毅 ……… ②173
さくさべ まさよ
　……… ①331
ザクセ, ヨヘン …②718
サクソン, シド …②279
裂田 ……… ①1201
作田 英成 ……… ①160
さくだ ゆうこ ……… ①76
作田 幸憲 ……… ②591
佐口 透 ……… ②591
作道 訓之 ……… ②592
佐久間 亜紀 ……… ①747
佐久間 昭 ……… ②771
佐久間 修 ……
　　　②212, ②214
佐久間 馨 ……… ①220
佐久間 和彦 ……… ①216
佐久間 一行 ……… ①844
佐久間 健一 ……… ①27
佐久間 さのすけ
　……… ①743
佐久間 修一 ……… ②553
佐久間 順三 ……… ②617
佐久間 優 ……… ②521
佐久間 進 ……… ②297
佐久間 隆史 ……… ①908
佐久間 信夫 ……② ②160,
　　　②311, ②371
佐久間 英彰 ……… ①3
佐久間 英俊 ……
　　　②370, ②418
佐久間 裕幸 ……… ②327
咲間 まり子 ……… ①694
佐久間 美穂 ……… ①537
佐久間 康富 ……… ②158
さくまゆみこ …①309,
　①312, ①313,
　①318, ①402
佐久間 裕美子 ……… ①946
佐久間 良子 ……… ①636
作宮 杏奈 ……… ①330
佐久本 庸介 ……… ①1122
作本 義就 ……… ②357
咲夜 ……… ①1201
佐久山 敏之 ……… ①78
桜 あげは ……… ①1201
櫻 いいよ ……… ①1201
佐倉 伊織 ……… ①1201
佐倉 唄 ……… ①1202
桜 こずえ ……… ②389
佐倉 色 ……… ②33
桜 朱理 ……… ①1202

佐倉 淳一 ……… ①997
作楽 シン ……… ①1202
さくら せかい ……… ①336
さくら 剛 ……
　①451, ②646
佐倉 温 ……… ①1313
佐倉 正幸 ……… ②595
紗倉 まな ……… ①997
桜倉 メグ ……… ①361
さくら 芽留 ……… ①1313
さくら ももこ ……… ①392
佐倉 紫 ……… ①1401
桜井 英治 ……… ①549
桜井 英明 ……… ②395
櫻井 英里子 ……… ①935
櫻井 恵里子 ……… ②310
櫻井 香織 ……… ②645
櫻井 一紀 ……… ②365
櫻井 勝彦 ……… ②350
櫻井 喜久司 ……… ②195
櫻井 喜美夫 ……… ②142
桜井 くみ ……… ①162
櫻井 圭一 ……… ②407
櫻井 慶一 ……… ②63
櫻井 敬三 ……… ②312
桜井 啓太 ……… ②48
櫻井 孝一 ……… ②317
桜井 啓 ……… ①1401
桜倉井 シオ ……… ①1313
桜井 識子 ……… ①130,
　①499, ①510
櫻井 茂男 ……
　①481, ①757
桜井 成行 ……… ②391
櫻井 滋 ……… ②732
桜井 駿 ……… ②378
桜井 勝 ……… ②713
櫻井 章一 ……… ①85,
　①92, ①93, ①246
櫻井 正一郎 ……… ①448
櫻井 照士 ……… ①295
櫻井 信也 ……… ①273
桜井 進 ……… ①95,
　②651, ②655
桜井 鈴茂 ……… ①979
櫻井 澄夫 ……… ②90
桜居 せいこ ……… ①75
櫻井 隆 ……… ②770
櫻井 武 ……… ①170
櫻井 武次郎 ……… ①902
櫻井 武晴 ……… ②380
櫻井 達也 ……
　②384, ②385
櫻井 達也 ……… ②577
さくらい たろう
　……… ①1202
櫻井 千姫 ……… ①1202
櫻井 哲夫 ……… ①519
桜井 輝子 ……
　①878, ①881
桜井 俊彰 ……… ①605
桜井 俊彦 ……… ①513
桜井 智也 ……… ①1067
桜井 直也 ……… ①106
桜井 久勝 ……
　②317, ②321
桜井 英樹 ……… ②167
櫻井 秀勲 ……… ①130,
　①132, ①291, ②361
桜井 英博 ……… ②687
桜井 博志 ……… ②277
桜井 洋 ……… ②99
桜井 寛 …①251, ②431
櫻井 宏徳 ……… ①898
櫻井 弘 ……… ②670
櫻井 弘 ……… ①360
櫻井 詞 ……… ②434
桜井 真琴 ……… ①1401

桜井 誠 ……… ②144
桜井 誠人 ……… ①237
桜井 真砂美 ……… ①30
桜井 万里子 ……… ①601
桜井 道子 ……
　①206, ①670
櫻井 通晴 ……
　①162, ②316
櫻井 光照 ……
　②323, ②324
桜井 美奈 ……… ①997
櫻井 美奈 ……… ②326
櫻井 祐子 ……
　①105, ②357
櫻井 裕子 ……… ①263
櫻井 幸雄 ……… ①18
桜井 肖典 ……… ①508
桜井 陽子 ……… ①896
櫻井 錥俊 ……… ①519
櫻井 良明 ……… ①603
さくらい よしえ …①40
櫻井 義夫 ……… ①65
櫻井 彦 ……… ①615
櫻井 よしこ …①124,
　①130, ②131, ②138,
　②142, ②144, ②579
櫻井 義秀 ……… ①507
桜井 頼朋 ……… ①742
櫻井 竜生 ……… ①459
さくらい りょうこ
　……… ①85
櫻井 良樹 ……… ①187
桜井 亮太 ……… ②728
桜井 りりか ……… ①1367
桜卵 さらん ……… ②297
桜井 冴子 ……… ①905
櫻井 さなぎ ……… ①997
桜川 真一 ……… ②391
桜川 ハル ……… ①1202
桜川 ヒロ ……… ①997
桜木 晃彦 ……… ①336
桜木 海斗 ……… ①1202
桜木 小鳥 ……… ①1202
桜木 桜 ……… ①1202
桜木 紫乃 ……… ①998
桜木 大洋 ……… ②422
桜木 知沙子 ……… ①1313
櫻木 信義 ……… ①584
桜木 日向 ……… ①363
桜木 桜 ……… ①1202
桜咲 良 ……
　②209, ②384
桜咲 良 ……… ①1202
桜澤 麻衣 ……… ①886
さくら事務所 ……… ①386
桜瀬 ひな ……… ①1202
櫻田 潤 ……… ②352
櫻田 純 ……… ②434
櫻田 毅 ……… ②365
櫻田 司 ……… ②769
櫻田 二友 ……… ①181
櫻田 智也 ……… ①1088
櫻田 直美 ……① ①89,
　①158, ②341,
　②367, ②731
桜田 美津夫 ……… ①602
桜田 美和子 ……… ②30
櫻田 隆悟 ……… ②733
櫻田 涼子 ……… ②113
桜舘 ゆう ……… ①1401
桜谷 保之 ……… ①681
桜の花出版取材班
　……… ①171
桜の花出版編集部
　……… ①154

桜庭 一樹 ……
　①998, ①1202
桜葉 星菜。……… ①1132
桜庭 昇 ……… ①267
桜庭 雅子 ……… ①672
櫻林 郁之介
　②636, ②638
桜林 美佐 ……… ②164
サクラ・ヒロ ……… ①998
桜部 さく ……… ①1313
桜部 由美子 ……… ①1088
桜間 瑛 ……… ②83
桜まあち ……… ①867
桜又 彩子 ……… ②779
サクラン研究会
　……… ②688
佐桑 徹 ……… ②340
酒見 賢一 ……… ①1043
迫 俊亮 ……… ①368
砂古 玉緒 ……… ①69
左古 文男 ……… ①196
迫古田 三郎 ……… ①157
ザコミュニティ
　……… ①267
さこむら ひろこ
　……… ①304
左近司 祥子 ……… ①468
サーコーン=ローチ,
　ジュリアーナ ……… ①312
笹 公人 ……… ①906
佐々 伸一 ……… ②625
佐々 千尋 ……… ①1202
佐々 涼子 ……… ①927
笹井 啓資 ……… ①179
笹井 崇司 ……
　②549, ②554
笹生 心太 ……… ②107
笹下 蟷螂子 ……… ①972
笹川 あゆみ ……… ②36
笹川 勲 ……… ①897
ささがわ いさむ
　①303, ①325
笹川 豪介 ……
　②209, ②384
笹川 俊雄 ……… ②72
笹川 裕史 ……… ①596
笹川 能孝 ……… ②282
笹川スポーツ財団
　……… ①214
笹川平和財団海洋政
　策研究所 ……… ②625
佐々木 昭夫 ……… ①603
佐々木 昭后 ……… ②75
佐々木 章晴 ……… ②455
佐々木 昭弘
　②712, ②729
佐々木 明廣 ……… ①929
佐々木 章 ……… ②749
佐々木 聡 ……
　②115, ②308
佐々木 淳 ……… ①150
佐々木 敦 …①906,
　①913, ②98
佐々木 綾 ……… ①7
ささき あり
　①379, ①384
佐々木 育子 ……… ②48
佐々木 郁子 ……
　②315, ②704
佐々木 烈 ……… ②425

佐々木 格 ……… ②41
佐々木 一雄 ……… ②290
佐々崎 一路 ……… ①1203
佐々崎 英子 ……… ①719
佐々木 栄三
　②636, ②638
佐々木 かをり
　①414, ②292
佐々木 薫 …①22,
　①55, ①635
佐々木 佳津子 ……… ①46
佐々木 一澄 ……① ①302,
　①327, ①329,
　①335, ①870
ささき かつお …①1088
佐々木 克典 ……② ②727
佐々木 希世 ……… ②355
佐々木 清子 ……… ①685
佐々木 啓 ……… ①467
佐々木 圭一 ……… ②362
佐々木 慶三 ……… ①1043
佐々木 健一 ……① ①222,
　①309, ①331
佐々木 健悦 ……② ②86
佐々木 健太 ……② ②424
佐々木 功 ……… ①1043
佐々木 浩司 ……② ②559
佐々木 浩二 ……② ②392
佐々木 幸寿 ……… ①749
佐々木 小世里 ……… ①191
ササキ サキコ …①19
笹木 さくま ……② ②1203
佐々木 さざめき
　……… ①1203
佐々木 治一郎 ……② ②735
佐々木 重章 ……② ②733
佐々木 繁範 ……② ②360
佐々木 重洋 ……② ②115
佐々木 茂
　①182, ②371
佐々木 閑
　①509, ①512
佐々木 篠 ……① ①1203
佐々木 俊一郎 ……② ②259
佐々木 掌子 ……… ①484
佐々木 正悟 …
　②350, ②535
佐々木 昌司 ……② ②500
佐々木 晶二
　②582, ②583
佐々木 章宏 ……② ②567
佐々木 城夙 ……② ②332
佐々木 正太郎 ……② ②117
佐々木 真 ……… ①620
佐々木 紳 ……… ①593
佐々木 眞一 ……② ②310
佐々木 清吾 ……② ②598
佐々木 泰士 ……② ②216
佐々木 孝
　①124, ①452
佐々木 隆志 …
　①79, ②314
佐々木 孝次 ……① ①497
佐々木 貴教 ……… ①677
佐々木 隆宏
　②655, ②661
佐々木 隆仁 ……② ②189
佐々木 拓 ……… ①477
佐々木 卓也 ……① ①604
佐々木 拓郎 ……② ②528
佐々木 健夫 ……① ①671
佐々木 毅 ……② ②141
佐々木 健
　②222, ②679
佐々木 剛士 ……① ①879
佐々木 田鶴子 ……① ①380
佐々木 達也 ……② ②308
佐々木 彈 ……… ②662

佐々木 千絵 ……①205
佐々木 千里 ……①700
佐々木 次雄 ……②772
佐々木 力
　　　②650, ②655
佐々木 常夫 ……
　　　②37, ②351,
　　　②356, ②463
佐々木 槙divider ……①352,
　　　①1067, ①1134
佐々木 哲哉 ……①118
佐々木 央 ……①155
佐々木 冬流 ……①912
佐々木 亨 ……①189
佐々木 徹
　　　①1334, ②735
佐々木 寿信 ……①966
佐々木 智広 ……①273
佐々木 信夫 ……②94
佐々木 伸彦 ……①533
佐々木 紀彦 ……
　　　②20, ②295
佐々木 久夫 ……②704
佐々木 英忠 ……②741
佐々木 英人 ……①205
佐々木 仁子 ……①637
佐々木 弘子 ……②774
佐々木 寛
　　　①591, ②141
佐々木 宏幹 ……①509
佐々木 浩之 ……
　　　②692, ②697
佐々木 マキ ……
　　　①339, ①379
ササキ マコト ……①421
佐々木 真理 ……①676
佐々木 理恵 ……②321
佐々木 仁 ……①730
佐々木 雅寿 ……②218
佐々木 正美 ……①675
佐々木 正道 ……②83
佐々木 真澄 ……①1396
佐々木 幹郎 ……
　　　①817, ①905
佐々木 瑞枝 ……
　　　①624, ①635
佐々木 達夫 ……①614
佐々木 美智子 ……①929
佐々木 通武 ……①998
佐々木 倫朗 ……①553
佐々木 睦朗 ……②621
佐々木 宗啓 ……②467
佐々木 メエ ……
　　　①351, ①377
佐々木 芽生 ……①927
佐々木 恵 ……
　　　①29, ②537
佐々木 守俊 ……①834
佐々木 保博 ……②39
佐々木 康之 ……②602
佐々木 裕一 ……①1043
佐々木 雄一 ……①573
佐々木 雄太 ……②171
佐々木 優太朗 ……②555
佐々木 裕平 ……①390
佐々木 幸綱 ……①968
佐々木 譲 ……
　　　①1044, ①1088
佐々木 豊 ……
　　　①26, ①837
佐々木 裕 ……②740
佐々木 由美子
　　　……①721, ①866
佐々木 百合 ……②260
佐々木 洋 ……
　　　①609, ②578
ささき ようこ ……①327
佐々木 洋子 ……①357

佐々木 陽子 ……
　　　①707, ②38
佐々木 隆 ……①924
佐々木 亮 ……②468
佐々木 良一 ……②519
佐々木 良造 ……①635
佐々木の 将人 ……①450
笹久保 伸 ……①258
笹倉 和幸 ……②265
笹倉 千佳弘 ……②51
ささくらつよし
　　　……①337
笹倉 鉄平 ……①837
笹倉 秀夫
　　　……①450, ②225
笹栗 浩彦 ……①510
笹島 健治 ……②275
笹島 修平 ……②404
笹嶋 勝 ……②770
笹田 久美子 ……②780
笹田 哲 ……①415
笹田 修司 ……①133
笹々田 雅子 ……①1356
笹田 夕美子 ……①685
さざなみ 友裕 ……①440
細音 啓 ……①1203
笹野 高嗣 ……②755
笹野 公伸 ……②733
笹野 遼平 ……②525
笹原 史緒 ……①1204
笹原 眞司 ……②400
笹原 常与 ……①963
笹原 宏之 ……①393,
　　　①626, ①627, ①632
笹部 真理子 ……②170
笹間 良彦 ……①500,
　　　①509, ①551
ささめやゆき ……①327,
　　　①328, ①330, ①1116
笹本 恒子 ……
　　　①96, ①111
笹本 稜平 ……①1088
笹森 貴之 ……
　　　①288, ①294
笹森 洋樹 ……
　　　①681, ①686
笹山 尚人 ……②464
笹山 裕子 ……①828
ささらえ 真海 ……①1372
サザンテラス ……①1204
指 昭博 ……①527
佐治 健太郎 ……②660
佐治 晴夫 ……
　　　①87, ②675
指尾 成俊 ……②486
指田 和 ……①384
サスカインド, ダニ
　　　エル ……②512
サスカインド, リ
　　　チャード ……②512
佐鈴 信能 ……①998
サスティナビリティ
　　　21 ……②510
佐瀬 一郎 ……②682
佐瀬 陽太 ……②150
佐宗 亜衣子 ……①613
佐宗 章弘 ……②600
砂生 絵里奈 ……②7
佐相 憲一 ……①938
佐相 勉 ……①791
佐相 眞澄 ……①220
佐宗 万祐子 ……②563
さそり山 かずき
　　　……①437, ①441
佐田 節子 ……①150
佐田 千織 ……

　　　①1363, ①1364
佐田 正樹 ……①998
さだ まさし ……①998
佐田 通夫 ……②753
ザダイレクトセリン
　　グ研究所 ……②514
佐高 信 ……①565,
　　①574, ①791, ②13,
　　②15, ②137, ②139,
　　②140, ②142, ②146,
　　②147, ②197,
　　②244, ②303
定金 純司 ……①718
左高例 ……①1044
定木 大介 ……①423
佐滝 剛弘 ……②114
佐竹 アキノリ ……
　　　①1204, ①1205
佐竹 明 ……①529
佐竹 研一 ……②673
佐竹 修太郎 ……②740
佐竹 申伍 ……①1044
佐竹 隆幸 ……②301
佐竹 忠 ……①946
佐竹 恒夫 ……②54
佐武 利彦 ……②721
佐竹 史子 ……①1341
佐竹 眞明 ……②97
佐竹 茉莉子 ……②265
佐竹 美保 ……①323,
　　①332, ①350, ①352,
　　①369, ①376, ①379,
　　①381, ①382, ①388,
　　①389, ①390
佐竹 元吉 ……①38
佐竹 康男
　　　②75, ②324
佐竹 幸信 ……①642
佐竹 力総 ……①67
さだじい。 ……①87
定藤 繁樹 ……①774
貞久 秀紀 ……①962
貞松 信人 ……
　　　①19, ②440
貞光 謙一郎 ……②758
定村 来人 ……①835
さーたり ……①9, ①946
左地 亮子 ……②119
サーチナ, ソフィヤ
　　　……①816
左鳥 永 ……①1205
薩 日娜 ……②654
薩 秀夫 ……②778
栗冠 ミカ ……①339
雑学総研 ……①531, ②32
サッカーヒーロー研
　　究会 ……①432
佐槻 奏多 ……①1205
皐月 コハル ……①1205
皐月 もも ……①1401
ザック, デボラ ……②357
ザック, ポール・J.
　　　……②291
佐々 淳行 ……②149
佐々 泉太郎 ……①1044
さっさりょうえい
　　　……①304
サッセン, サスキア
　　　……②257
颯田 あきら ……①200
サッチー亀井 ……①138
サットン, エミリー
　　　……①307, ①397
札幌中国語工房
　　　……①665
サーティファイコ
　　ミュニケーション
　　能力認定委員会

　　　……①635
サーティファイWeb
　　利用技術認定委員
　　会 ……②562
サデスパー堀野 ……②30
サテライト ……①1226
サテライトオフィス
　　　……②519,
　　　②530, ②544
里 達雄 ……②570
里 誠 ……②595
佐渡 裕 ……①816
佐藤 友美 ……①932
佐土井 有里 ……②312
サトウ, アーネスト・
　　メイスン ……①572
佐藤 愛子 ……①115,
　　　①946, ①998
佐藤 亜紀 ……①998
佐藤 晶子 ……
　　　①640, ②337
佐藤 哲彦 ……②99
佐藤 明彦 ……①648
佐藤 明宏 ……①681
佐道 明広 ……
　　　②138, ②141
佐藤 彰 ……①601
佐藤 明日香 ……①866
佐藤 あずさ ……②200
佐藤 厚 ……①515, ②459
さとう あや ……
　　　①339, ①341
佐藤 文 ……②329
佐藤 文香 ……
　　　①971, ②98
佐藤 綾子 ……②365
佐藤 歩 ……②528
佐藤 嵐士 ……①598
佐藤 郁良 ……①906
佐藤 泉 ……①915
佐藤 岩昭 ……②206
佐藤 岩夫 ……②581
佐藤 詩子 ……①12
佐藤 英一 ……①1226
佐藤 英世 ……②203
佐藤 英明 ……②398
佐藤 絵里 ……②500
佐藤 えり奈 ……①263
佐藤 央佳 ……①135
佐藤 守 ……①137
佐藤 薫 ……②537,
　　　②562, ②773
佐藤 香 ……①133, ②108
佐藤 翔 ……①716
佐藤 佳志子 ……②323
佐藤 可士和 ……②325
佐藤 和明 ……②301
佐藤 和枝 ……①218
佐藤 和男 ……②404
佐藤 和夫 ……②451
佐藤 和樹 ……②210
佐藤 加寿子 ……②447
佐藤 和孝 ……②124
佐藤 和人 ……②543
佐藤 和斗 ……①260
佐藤 一憲 ……②683
佐藤 和命 ……②729
佐藤 和彦 ……②555
佐藤 一博 ……①234
佐藤 和之 ……②605
佐藤 航陽 ……②255
佐藤 勝明 ……
　　　①900, ①902
佐藤 勝夫 ……②759
佐藤 勝太 ……①965
佐藤 勝彦 ……①325,
　　①397, ②667, ②674,
　　②675, ②676

佐藤 かな ……①84
佐藤 かな子 ……①253
さとう かよこ
　　　……①70, ①287
佐藤 佳代子 ……②732
佐藤 寛 ……①476, ②576
佐藤 巖太郎 ……
　　　①1026, ①1044
佐藤 淳 ……①43, ②540
佐藤 清次 ……②403
佐藤 究 ……①1088
佐藤 邦昭 ……②436
佐藤 国男 ……①309
佐藤 国郎 ……①526
佐藤 久美子 ……①394
佐藤 ケイ ……①1205
佐藤 佳 ……②656
佐藤 圭 ……①260
さとう けいいち
　　　……①1199
佐藤 恵子 ……①332
佐藤 恵秋 ……①1044
佐藤 啓介 ……①507
佐藤 慶介 ……②487
佐藤 けんいち ……①590,
　　　②296, ②590
佐藤 健一 ……②655
佐藤 堅一 ……②297
佐藤 謙一 ……
　　　②325, ②401
佐藤 賢一 ……①531,
　　　①998, ①1044
佐藤 賢一郎 ……①695
佐藤 健司 ……②734
佐藤 健志 ……
　　　②103, ②145
佐藤 健寿 ……②198
佐藤 剛 ……①803, ②524
佐藤 公一 ……①911
佐藤 功一 ……①684
佐藤 孝一 ……②629
佐藤 幸一 ……②364
佐藤 浩一 ……①894
佐藤 考一 ……②618
佐藤 康一郎 ……
　　　①39, ②252
佐藤 孝二 ……①683
佐藤 孝司 ……①738
佐藤 浩二 ……①732
佐藤 剛史 ……①701
佐藤 晃之輔 ……
　　　②22, ②23
佐藤 宏平 ……①710
佐藤 紅緑 ……①998
佐藤 さくら ……①1088
さとう 桜子 ……①735
佐藤 佐敏 ……①723
佐藤 理史 ……②548
佐藤 さとる ……①328
佐藤 曉 ……①687
さとう 史緒 ……
　　　①1343, ①1395
佐藤 茂則 ……①492
佐藤 滋 ……②161,
　　　②560, ②582
佐藤 しもん ……①12
佐藤 修 ……②148
佐藤 修二 ……②207
佐藤 衆介 ……②456
佐藤 修一 ……②468
佐藤 純 ……①337, ②719
佐藤 俊一 ……②157
佐藤 淳一 ……②597
佐藤 ジュンコ ……②350
佐藤 純子 ……②53
佐藤 彰一 ……①600
佐藤 正午 ……
　　　①909, ①998

佐藤 史郎 ……
　　　②94, ②172
佐藤 信一 ……①259
佐藤 慎一 ……①249
佐藤 眞司 ……①108
佐藤 愼司 ……①620
佐藤 愼二 ……
　　　①681, ①709
佐藤 信祐 ……②302,
　　②323, ②324, ②326
佐藤 進 ……①632,
　　　②769, ②771
佐藤 正志 ……①617
佐藤 誠司 ……②652,
　　　①733, ①735
佐藤 青児 ……①24
佐藤 清十郎 ……①205
佐藤 青南 ……①999,
　　　①1088, ①1205
佐藤 その輔 ……②629
佐藤 大輔 ……①1122,
　　　①1129, ①1205
佐藤 隆夫 ……②655
佐藤 髙司 ……②629
佐藤 共史 ……②633
佐藤 喬 ……②234
佐藤 俊 ……②235
佐藤 尚 ……②256
佐藤 高晴 ……②649
佐藤 天彦 ……
　　　①248, ①251
佐藤 貴久 ……②706
佐藤 敬久 ……②259
佐藤 貴裕 ……①899
佐藤 宇史 ……②668
佐藤 貴之 ……②784
佐藤 隆良 ……②623
佐藤 卓 ……①64,
　　　①877, ②372
佐藤 拓磨 ……②212
佐藤 卓己 ……①600,
　　　②8, ②10
佐藤 卓朗 ……①220
佐藤 岳詩 ……②476
佐藤 猛 ……②377
佐藤 丈晴 ……①419
佐藤 岳彦 ……
　　　②684, ②715
佐藤 毅彦 ……①402
佐藤 忠男 ……①796
佐藤 忠 ……②548
サトウ タツヤ
　　　①482, ①487
佐藤 達朗 ……②627
佐藤 達也 ……②540
佐藤 智恵 ……
　　　①534, ②101
佐藤 千咲 ……②708
佐藤 ちひろ ……②69
佐島 勤 ……①1205
佐藤 勉 ……②689
佐藤 恒雄 ……①888
佐藤 典子 ……①176
佐藤 健 ……①773, ①779
佐藤 悌二郎 ……②295
佐藤 哲 ……②575, ②642
サトウ テツオ ……①776
佐藤 鉄男 ……①197
佐藤 哲三 ……①245
佐藤 照雄 ……①575
佐藤 トゥイウェン
　　　……①466
佐藤 了 ……①1205,
　　　①1206, ②447
佐藤 寿昭 ……②386
佐藤 敏明 ……②661
佐藤 俊夫 ……②706
佐藤 壽修 ……②417

佐藤 俊彦 ‥‥‥
　　①175, ②736
佐藤 敏弘 ‥‥‥②746
佐藤 としみ ‥‥
　②501, ②502
佐藤 俊哉 ‥‥②771
佐藤 臣夫 ‥‥②323
佐藤 富雄 ‥‥①90
佐藤 智 ‥‥‥①718
佐藤 智子 ‥‥②360
佐藤 友子 ‥‥②28
佐藤 知嗣 ‥‥②688
佐藤 智寛 ‥‥①648,
　②724, ②765
佐藤 知正 ‥‥①415
佐藤 奈穂 ‥‥②86
佐藤 直樹 ‥‥①824,
　①879, ②108,
　②683, ②768
佐藤 直生 ‥‥②521,
　②522, ②552
佐藤 成美 ‥‥①746
佐藤 信彦 ‥‥②317
佐藤 信伍 ‥‥②724
佐藤 暢哉 ‥‥①482
佐藤 信安 ‥‥②226
佐藤 伸行 ‥‥②136
佐藤 信之 ‥‥
　②431, ②434
佐藤 信 ‥‥‥①532,
　②535, ①543, ①545
佐藤 登 ‥‥②592, ②594
佐藤 紀生 ‥‥①627
佐藤 則夫 ‥‥
　②382, ②383
佐藤 徳和 ‥‥①671
佐藤 創 ‥‥‥②129
佐藤 春夫 ‥‥
　①888, ①999
佐藤 晴雄 ‥‥
　①751, ①752
佐藤 治彦 ‥‥①31
佐藤 治彦 ‥‥②391
佐藤 晴彦 ‥‥②23
佐藤 尚子 ‥‥①637
佐藤 寿人 ‥‥①231
佐藤 仙務 ‥‥②287
佐藤 秀昭 ‥‥①605
佐藤 秀明 ‥‥①916
佐藤 秀一 ‥‥②755
佐藤 秀樹 ‥‥②380
佐藤 ひとみ ‥②767
佐藤 仁美 ‥‥②94
佐藤 浩章 ‥‥①677
佐藤 洋笑 ‥‥①791
佐藤 弘夫 ‥‥①459
佐藤 広一 ‥‥
　②329, ②403
佐藤 博樹 ‥‥②289
佐藤 裕樹 ‥‥①406
佐藤 啓子 ‥‥②190
佐藤 宏子 ‥‥①1330
佐藤 弘子 ‥‥①71
佐藤 裕子 ‥‥①915
さとう ひろし ‥①338
佐藤 浩志 ‥‥②298
佐藤 拓 ‥‥‥②88
佐藤 暢 ‥②576, ②679
佐藤 博 ‥‥‥①821
佐藤 博史 ‥‥
　②211, ②213
佐藤 弘正 ‥‥①586
佐藤 広美 ‥‥①755
佐藤 弘道 ‥‥
　①11, ①693
佐藤 弘弥 ‥‥②92
佐藤 寛之 ‥‥①729

佐藤 弘幸 ‥‥②403
佐藤 裕之 ‥‥②775,
　①777, ①779, ②407
佐藤 裕義 ‥‥②184
佐藤 ふさえ ‥①354
佐藤 富士子 ‥②69
佐藤 文昭 ‥‥②652,
　②282, ②439
佐藤 文男 ‥‥②284
佐藤 文子 ‥‥
　②67, ①545
佐藤 文隆 ‥‥
　②649, ②668
佐藤 文彦 ‥‥②662
さとう ふみや ‥②360
佐藤 法雪 ‥①73, ①76
佐藤 真紀 ‥‥②528
さとう まきこ ‥①364
佐藤 真紀子 ‥①308,
　①351, ①353, ①947
佐藤 誠 ‥‥‥②94
佐藤 まさあき ‥①856
佐藤 雅彰 ‥‥①716
佐藤 雅明 ‥‥②534
佐藤 正明 ‥‥②601
佐藤 政男 ‥‥②579
佐藤 雅樹 ‥‥②441
佐藤 雅樹 ‥‥②340
佐藤 正樹 ‥‥①435
佐藤 仁 ‥①703, ①747
佐藤 正隆 ‥‥①767
佐藤 正俊 ‥‥②624
サトウ マサノリ ‥
　　　　　①334
佐藤 聖規 ‥‥②555
佐藤 雅彦 ‥‥②330,
　①947, ②265
佐藤 真久 ‥‥①722
佐藤 正久 ‥‥①416
佐藤 正英 ‥‥①462
佐藤 政人 ‥‥①36
佐藤 昌美 ‥‥②757
佐藤 正之 ‥‥
　②264, ②743
佐藤 まさよし ‥①779
佐藤 増彦 ‥‥②323
佐藤 真登 ‥‥①1206
佐藤 まどか ‥①352
佐藤 学 ‥‥‥②310,
　①412, ②168
佐藤 繭香 ‥‥①604
佐藤 真理 ‥‥①861
佐藤 美春 ‥‥②932
佐藤 幹夫 ‥‥①177
佐藤 美紗代 ‥①947
佐藤 道明 ‥‥①354
さとう 三千魚 ‥①966
佐藤 光輝 ‥‥②4
佐藤 光則 ‥‥②639
佐藤 満春 ‥‥②151
佐藤 満 ‥②383, ②423
さとう みつろう ‥
　①89,
　①999, ②341
佐藤 實 ‥‥‥②458
佐藤 美保 ‥‥
　②559, ②761
さとう みほこ ‥①18
佐藤 美穂子 ‥①1358
佐藤 美由紀 ‥‥
　①610, ②137
佐藤 明了 ‥‥①323
さとう めぐみ ‥②330,
　①343, ①358

佐藤 愛 ‥‥‥①823
佐藤 元英 ‥‥②578
佐藤 源之 ‥‥②595
佐藤 モニカ ‥①969
佐藤 守男 ‥‥②83
佐藤 やえ ‥‥
　②31, ②700
佐藤 泰現 ‥‥②282
佐藤 康富 ‥‥②688
佐藤 泰憲 ‥‥②771
佐藤 恭彦 ‥‥②571
佐藤 康宏 ‥‥②833
佐藤 康弘 ‥‥②426
佐藤 康行 ‥‥②169
佐藤 大和 ‥‥
　②343, ②352
佐藤 優 ‥‥②85,
　①95, ①119, ①126,
　①458, ①481, ①507,
　①527, ①528, ①570,
　①577, ①591, ①913,
　②120, ②123, ②124,
　②126, ②127, ②146,
　②255, ②264, ②341,
　②357, ②448
佐藤 勇 ‥‥‥①522
佐藤 佑一 ‥‥①775,
　①776, ①777,
　①778, ①779
佐藤 勇一 ‥‥①473
佐藤 優希 ‥‥②222
佐藤 裕二 ‥‥②174
佐藤 友亮 ‥‥②718
佐藤 裕亮 ‥‥①906
佐藤 雄佑 ‥‥②275
佐藤 裕太郎 ‥②125
佐藤 勇人 ‥‥②231
佐藤 友哉 ‥‥
　①979, ①1089,
　①1116, ①1206
サトウ ユカ ‥①865
佐藤 ゆかり ‥②66
佐藤 幸夫 ‥‥②732
佐藤 行雄 ‥‥②149
佐藤 至子 ‥‥
　①558, ①898
佐藤 幸治 ‥‥②202
佐藤 幸人 ‥‥②739
佐藤 幸宏 ‥‥
　①829, ①830
佐藤 幸光 ‥‥②711
佐藤 豊 ‥‥‥①741
佐藤 夢之介 ‥①68
佐藤 有里 ‥‥②700
さとう ようこ ‥②323
佐藤 洋平 ‥‥①802
佐藤 良明 ‥‥
　①620, ①637
佐藤 善恵 ‥‥
　②297, ②408
佐藤 孝夫 ‥‥②689
佐藤 芳樹 ‥‥②513
佐藤 佳子 ‥‥①627
佐藤 淑子 ‥‥②299
佐藤 義隆 ‥‥②908
佐藤 芳直 ‥‥
　①571, ②20
佐藤 善信 ‥‥②335
佐藤 義則 ‥‥②7
佐藤 好春 ‥‥①798
佐藤 良彦 ‥‥②157
佐藤 良久 ‥‥②191
佐藤 佳弘 ‥‥②530
佐藤 義弘 ‥‥
　①1087, ①1394
佐藤 嘉道 ‥②517, ②518
佐藤 嘉幸 ‥‥②172
佐藤 利恵 ‥‥②676

佐藤 理江 ‥‥①968
佐藤 隆一郎 ‥②776
佐藤 隆三 ‥‥②260
佐藤 亮子 ‥‥
　②12, ①745
佐藤 臨太郎 ‥②733
佐藤 和助 ‥‥②409
佐藤 亘 ‥‥‥②513
佐藤 孝治 ‥‥②40
佐藤シュー ちひろ
　　　　　②540
里内 克巳 ‥‥①923
サトウとシオ ‥①1206
ザドゥリアン, マイ
　ケル ‥‥‥①1331
サドゥール, ヌマ
　　　　　②34
佐戸川 和久 ‥②18
サトクリフ, キャス
　リーン・M. ‥②372
砂床 あい ‥‥①1313
里崎 智也 ‥‥①222
里崎 雅 ‥‥①1206
　①1313, ①1401
サトシン ‥‥
　②330, ①333
里中 忍 ‥‥‥②570
里中 哲彦 ‥‥②639
里中 李生 ‥‥②92
サトフェン, レベッ
　カ ‥‥‥②735
智美 ‥‥‥②79
里見 岸雄 ‥‥②172
里美 けい ‥‥①1206
さとみ 桜 ‥‥
　①1122, ①1206
里美 ゆりあ ‥②36
里見 蘭 ‥‥①349,
　①350, ①999,
　①1069, ①1089
里見 龍樹 ‥‥②119
里村 明衣子 ‥①238
里見 小五 ‥①1401
サトル, ラナ ‥①261
サートレイ, ジョエ
　ル ‥‥‥②693
早苗 勝重 ‥‥
　②627, ②634
眞城 知己 ‥‥①747
真田 明子 ‥‥②250
真田 篤志 ‥‥②594
真田 一穂 ‥‥②639
真田 幸和 ‥‥①184
真田 親義 ‥‥②651
さなだ はつね ‥①1206
真田 久 ‥‥①432
真田 まこと ‥①1120
真田 由美子 ‥①1336
サナ・タケダ ‥②857
サニー武石 ‥①209
サニーデイサービス
　　　　　①805
ザニュースペーパー
　　　　　②774
佐怒賀 悦子 ‥①739
佐怒賀 直美 ‥②972
実方 葉子 ‥‥②832
實際 政子 ‥‥②590
実松 克義 ‥‥②426
実盛川 健 ‥②651
實吉 達郎 ‥②140
佐野 彰 ‥‥②514
佐野 晶 ‥‥‥
　①1087, ①1394
佐野 栄一 ‥‥①588
佐野 榮輝 ‥‥①870
佐野 量幸 ‥‥
　①264, ①591

佐野 勝彦 ‥‥②30
佐野 勝宏 ‥‥②612
佐野 勝也 ‥‥②837
佐野 清史 ‥‥②629
さの けんじろう ‥
　　　　　①339
佐野 光一 ‥‥①871
佐野 浩一 ‥‥②342
佐野 孝治 ‥‥②40
佐野 三郎 ‥‥
　②378, ②481
佐野 静代 ‥‥①532
佐野 しなの ‥①1206
佐野 祥平 ‥‥①153
佐野 信也 ‥‥①490
佐野 貴司 ‥‥②677
佐野 徹夜 ‥‥①1206
佐野 東生 ‥‥①507
佐野 亨 ‥①781, ①795
佐野 利器 ‥‥②85
佐野 秀雄 ‥‥②189
佐野 浩祥 ‥‥②255
沙野 風結子 ‥①1313
佐野 文二郎 ‥‥
　②224, ①767
佐野 誠 ‥②189, ②190
佐野 雅隆 ‥‥
　②590, ②707
佐野 方美 ‥‥②261
佐野 円香 ‥‥①778
サノ マリナ ‥②344,
　②352, ②362
佐野 光彦 ‥‥②683
佐野 みどり ‥①430
佐野 みほろ ‥①150
佐野 美代子 ‥①92,
　①140, ①142
佐野 宗明 ‥‥②734
佐野 元昭 ‥‥②720
佐野 洋子 ‥‥①371,
　①938, ①947
佐野 義一 ‥‥②600
『サバイバルファミ
　リー』研究会 ‥②789
ザハヴィ, ダン
　　　　　①450,
　①457, ①472
サバシバリ, チョバ
　　　　　②524
鯖戸 善弘 ‥‥②60
佐原 隆雄 ‥‥①671
佐原 菜月 ‥‥①1206
佐原 わこ ‥‥①999
ザハレーションズ
　　　　　②271
ザビエル ‥‥①5
サービス産業生産性
　協議会 ‥‥②292
サピックス小学部
　　　　　①394,
　①397, ①743
サピール, ジャック
　　　　　②253
サビロ, ジゼル ‥②107
ザファンブラザーズ
　　　　　②312
サブコフスキ, アン
　ドレイ ‥‥①1362
サプリ ‥‥‥②339
左保 光俊 ‥‥①973
左巻 健男 ‥‥②147,
　①148, ①397, ①411,
　①730, ②229,
　②648, ②669
サマーズ, エッシー
　　　　　①1380
サマーソン, ロザン
　ヌ ‥‥‥①879

サマター, ソフィア
　　　　　①1362
佐俣 水緒 ‥‥①127
佐俣 満夫 ‥‥②654
サマンサネット ‥②2
サームズ, ジェニ
　ファー ‥‥①398
サムソン高橋 ‥‥
　①852, ①856
鮫島 光貴 ‥‥②548
鮫島 有美子 ‥②12
鮫島 礼子 ‥‥①129
ザメディアジョン
　　　　　①49
左門 至峰 ‥‥②566
佐谷 眞木人 ‥①894
座安 浩史 ‥‥②629
サヤドー, マハーシ
　　　　　①508
佐柳 忠晴 ‥‥②55
狭山 葵 ‥‥①1138
佐山 和夫 ‥‥
　②215, ①223
佐山 透 ‥‥①947
佐山 展生 ‥‥①95
さやわか部 ‥②529
左右社編集部 ‥①903
サラ, シャロン
　　　　　①1370,
　①1387, ①1394
サラ, マイケル・E.
　　　　　①140
サライ編集部 ‥①769
佐良木 昌 ‥‥①620
皿木 喜久 ‥‥①586
更紗 ‥‥‥①1206
更科 功 ‥②684, ②694
更級 悠哉 ‥‥①574
サラス, ローラ・
　バーディ ‥‥①317
ザラスカ, マルタ
　　　　　①36
さらだ たまこ ‥①118
サラーフッディーン,
　アブドゥラ・K.
　　　　　②735
サラブレ編集部
　　　　　②245
サラーム海上 ‥①813
サリヴァン, ローズ
　マリー ‥‥①608
サリヴァン, H.S.
　　　　　②744
ザリンス, アルディ
　ス ‥‥‥①838
サル, ドナルド・②357
サール, ニコラス
　　　　　①1347
サル, バイ・マケベ
　　　　　②130
サルヴェセン, ブ
　リット ‥‥①792
サルキンド, ニール・
　J. ‥①482, ②661
サルコペニア診療ガ
　イドライン作成委
　員会 ‥‥②716
猿田 佐世 ‥‥②137
猿田 享男 ‥‥②719
猿田 正機 ‥‥②62
サルタレス, ハビエ
　ル ‥‥‥①854
サルツ, ゲイル ‥①484
サルド, カルメーロ
　　　　　①936
サルボ 恭子 ‥②59
サルーム, ムナ ‥①920
猿谷 要 ‥‥①603

猿谷 宣弘 ……… ①654
猿山 純夫 ……… ②276
猿山 長七郎 …… ①431
さるわたり ……… ①26
サーレル, ジェイソ
ン ……………… ①800
佐良土 茂 ……… ①512
サローヤン, ウィリ
アム …………… ①1331
澤 彰仁 ………… ②595
澤 昭人 ………… ①474
佐和 周 ……②323, ②403
澤 喜司郎 ………
　　　　②418, ②429
澤 幸祐 ………… ①479
澤 炬遙志 ……… ①999
澤 武一 ………… ②602
澤 穂希 ………… ②230
澤 円 …………… ②358
佐和 みずえ ………
　　　　②352, ①383
澤 康臣 ………… ②13
澤 泰人 ………… ①660
沢井 淳弘 ………
　　　　①88, ①103
澤井 悦郎 ……… ②699
澤井 啓一 ……… ①462
澤井 康佑 ……… ①646
澤井 繁男 ……… ①603,
　　　　①999, ②647
澤井 聖一 ……… ②697
澤井 直 ……②719, ②725
澤井 努 ………… ②685
澤井 俊之 ……… ①387
澤井 雅明 ……… ②310
澤井 理憲 ……… ②301
沢井 実 …②307, ②417
澤井 陽介 ………
　　　　①716, ①733
澤井 美子 ……… ①137
澤岡 昭 ………… ②625
沙和花 ………… ①68
澤上 篤人 ……①390,
　　　②393, ②394
沢上 潗羽 ………
　　　①1207, ①1401
澤木 香奈 ……… ①1367
沢木 敬介 ……… ①228
沢木 耕太郎 ………
　　　①928, ①999
沢木 興道 ……… ①518
沢木 まひろ …… ①999
澤口 実 ………… ②195
さわ研究所 …… ②784
沢崎 俊之 ……… ①703
沢崎 元美 ……… ①999
沢里 裕二 ………
　　　①1089, ①1401
澤路 毅彦 ……… ②464
沢尻 リラ ……… ①68
澤瀬 ゆう ……… ①1184
澤田 愛子 ……… ①578
澤田 和明 ……… ②322
澤田 和也 ………
　　　②204, ②209
澤田 克己 ……… ②131
澤田 潔 ………… ②590
佐和田 久美 …… ①15
澤田 軍治郎 …… ①748
佐和田 敬司 …… ②119
澤田 兼一郎 …… ②415
沢田 純 ………… ①1386
澤田 省悟 ……… ②500
澤田 省三 ……… ②204
澤田 真一 ……… ①221
沢田 大作 ……… ①22
沢田 貴志 ……… ②699
澤田 貴之 ……… ②249

澤田 武男 ……… ②521
澤田 淳 ………… ②747
澤田 千秋 ……… ②152
澤田 千代子 …… ②548
澤田 瞳子 ………
　　　①1025, ①1044
澤田 友昭 ……… ②449
澤田 直 ……… ①454,
　　　①605, ①1337
澤田 治美 ……… ①662
澤田 秀丸 ……… ①520
澤田 秀実 ……… ①614
沢田 博 ………… ②86
澤田 浩 ………… ②12
澤田 洋史 ………
　　　②47, ②101
澤田 雅浩 ……… ②160
澤田 瑞穂 ……… ①919
澤田 道夫 ……… ②41
沢田 桃子 ……… ①341
澤田 康文 ……… ②772
澤田 如 ………… ②82
澤田 隆治 ……… ①769
澤谷 敏行 ……… ①677
沢渡 あまね …②310,
　　　②347, ②351, ②463
澤地 久枝 ……… ①568,
　　　①575, ①927
澤西 康史 ……… ②112
澤西 祐典 ………
　　　②977, ①999
沢音 千尋 ………
　　　②102, ①130
澤野 秋文 ……… ①343
澤野 美智子 …… ②120
澤野 義一 ……… ②200
澤登 正朗 ……… ②229
澤邉 紀生 ……… ②371
沢部 ひとみ …… ①771
沢辺 有司 ……… ②123
澤宮 優 ………… ①929
沢宮 容子 ……… ①495
澤村 明 ………… ②292
澤村 伊智 ……… ①1122
沢村 光一郎 …… ②433
沢村 貞子 ……… ①947
澤村 修治 ……… ①390,
　　　①564, ②51
沢村 慎太朗 ………
　　　②241, ②441
沢村 鐵 ………… ①1089
澤村 御影 ……… ①1089
沢村 光彦 ……… ①1067
澤村 美幸 ……… ①629
澤村 凜 ………… ①1089
澤元 亙 ………… ①590,
　　　①612, ②701
澤山 清子 ……… ②74
佐原アカデミア
　　　　　……… ②118
橾木 野衣 ……… ①824
さわらぎ 寛子 … ②340
サン, イルセ …… ①490
山岩 淳 ………… ①1063
サンエックス …… ①107,
　　①336, ①436, ①548
三戒堂 水宝 …… ②762
酸化チタン研究会
　　　　　……… ②599
サンガ編集部 … ②529
さんきゅう倉田
　　　　　……… ②404
サンキュータツオ
　　　　　……… ①634
産業能率大学出版部
　　　　　……… ②641
産業廃棄物処理事業
振興財団 ……… ②577

産業編集センター
　　　　　……… ②33,
　①188, ①565, ①787
産業保安グループガ
ス安全室 ……… ②229
産業保安グループ製
品安全課 ……… ②229
産経新聞九州総局
　　　　　……… ②304
産経新聞社 …… ②10
産経新聞取材班
　　①545, ②46
産経新聞出版 … ②10
産經新聞生活情報セ
ンター ………… ②702
サンケイスポーツ
　　　　　……… ②909
サンケイスポーツ文
化報道部 ……… ②35
三光 長治 ……… ①815
三国志の謎研究会
　　　　　……… ②598
サンサル, ブアレム
　　　　　……… ①1331
三沢 宏 ………… ①179
さんさん ……… ①334
サンジュアン, ティ
エリ …………… ①133
三修社編集部 … ①668
三条 和都 ……… ①410,
　　①441, ①442
三條 慶八 ……… ②284
三上 空太 ……… ①440
三条 ツバメ …… ①1207
三條 凜花 ……… ①6
サンズ ………… ②666
サンズ, リンゼイ
　　　　　……… ①1394
算数科「問題解決の
授業」の日常化を
考える会 ……… ①726
サンスティーン, キャ
ス …………… ①793,
②170, ②255, ②262
三省堂編修所 …①388,
①414, ①434, ①632,
①633, ①663, ①666,
①667, ①669, ①671,
①672, ①786, ②206
山村民俗の会 … ②116
三田 千恵 ……… ①1207
三田 誠 ………… ①1207
サンダス, エイミー
　　　　　……… ①1332
サンダース, エド
　　　　　……… ①936
サンタット, ダン
　　　　　……… ①315
三田ビール検定公式
テキスト編集委員
会 …………… ①44
サンダール, イーベ
ン・ディシング
　　　　　……… ①14
散茶 …………… ①1207
サンディーン, マー
ク …………… ②98
サン＝テグジュペリ
　…①650, ①669,
①671, ①672, ①1332
サンテス, ビエール
　　　　　……… ①601
サンド, シュロモー
　　　　　……… ①602
三戸 美奈子 …… ①876
山東京傳全集編集委
員会 ………… ①889

三冬社 ………… ②573
サンドゥーパブリッ
シング ………
①879, ②340
三度笠 ………… ①1207
三時 眞貴子 …… ②749
サントーシマ 香
　　　　　……… ①161
サントス, アント
ワーヌ ………… ①69
サンドバーグ, シェ
リル …………… ①105
サンドベリ, エスペ
ン …………… ①376
サンドベリ, ティモ
　　　　　……… ①1347
サンドラ ……… ②408
サントリー文化財団
アステイオン編集
委員会 ………… ②92
サンドル, エリー
　　　　　……… ①310
三波 篤郎 ……… ②658
三宮 真智子 …… ①479
サンパウロ …… ②307
サンハヤトブレッド
ボード愛好会 … ②596
サンプター, デイ
ヴィッド ……… ②229
山文社 ………… ①2
三辺 律子 ………
①307, ①376,
①378, ①1327,
①1340, ①1353
三瓶 恵子 ……… ②84
三瓶 はるみ …… ①46
産報出版 ……… ②586,
　②600, ②624
散歩の達人handy編
集部 …①185, ①187
三本松 倫代 …… ①826
三本松 政之 …… ②98
301（さんまるいち）
住人 …………… ①960
三文烏 札矢 …… ①1207
三遊亭 圓生 ………
①785, ①786
三遊亭 円楽（六代
目）…………… ①786
三遊亭 白鳥 …… ①977
山陽新聞社 ………
②43, ②158
山陽放送学術文化財
団 …………… ②536
サンライズ ………
①801, ①849
サンライズ出版 … ②16
サンリオ ……… ①119,
①315, ①320, ①355,
①438, ①841, ①858,
①864, ①1133
サンリオ リルリル
フェアリルデザイ
ナー …………… ①355
産労総合研究所
　…………… ②332,
　②460, ②461

シ ………②5, ②553
仕上作業編問題の解
きかた編集委員会
　　　　　……… ②644
ジーアップキャリア
センター ……… ②305
シアラー, アレック
ス …………… ①1332
四井 茂一 ……… ②621
ジィアン, Ｔ・Ｈ.
　　　　　……… ①750
椎木 かなえ …… ①840
椎崎 夕 ………… ①1314
椎田 十三 ……… ①1207
しいたけ ……… ①131
しいたけ元帥 … ①397
椎名 かおる …①310,
①313, ①438
椎名 一紀 ……… ①180
椎名 宏雄 ……… ①595
椎名 渉子 ……… ①629
椎名 雄 ………… ①258
椎名 伸江 ……… ①58
椎名 羽津実 …… ①999
椎名 ほわほわ … ①1207
椎名 誠 ………①254,
①938, ①947,
①999, ①1122
椎名 美恵子 …… ②767
椎名 見早子 …… ①863
椎名 優 ………①344,
①367, ①390
椎名 ゆかり …①850,
①855, ①857
椎名 由紀 ……… ①157
椎名 蓮月 ……… ①1207
椎野 晃史 ……… ①831
椎野 淳 ………… ①601
椎野 直弥 ……… ①353
椎野 昌宏 ………
①267, ②688
椎野 若菜 ………
②11, ②100
椎木 俊介 ……… ①270
椎葉 究 ………… ②576
椎橋 隆幸 ……… ②217
椎窓 猛 ………… ①384
シウマ ………… ①129
シエ …………… ①964
ジェーアールアール
　…………… ②430,
②431, ②433, ②436
ジェイ, アリソン
　　　　　……… ①317
ジェイ, フランシー
ヌ …………… ②27
ジェイ, マーサ … ①36
ジェイ, マーティン
　　…………… ①467, ①473
ジェイアクト
　　①42, ①192
ジェイ神原 …… ①122
ジェイクス, S.E.
　　　　　……… ①1347
シェイクスピア, ウィ
リアム ………
①784, ①1332
ジェイコブズ, ハリ

エット・アン ・①934
ジェイコブセン, ア
ニー …………… ②136
ジェイコブソン, ハ
ワード ………… ①26
自衛隊の謎研究会
　　　　　……… ②164
シェイファー, エ
リック ………… ②438
ジェイムズ, ジュリ
ア ……①1367,
①1368, ①1369,
①1371, ①1375
ジェイムズ, ヘン
リー …………
①1332, ①1362
ジェイムソン, エマ
　　　　　……… ①1348
ジェグレ, マリアン
ヌ …………… ①1332
シェタリー, マー
ゴット・リー … ①936
ジェットスタジオ
　　　　　……… ①663
シェティ, サンジー
ヴ …………… ①231
シェデン, ジム・①792
シェネ, フランソワ
　　　　　……… ②380
シェパード, キャン
ディ …………… ①1380
シェパード, ジョセ
フ …………… ①860
シェパード, マイク
　　　　　……… ①1362
じぇふ ………… ①130
シェーファー, エリ
ザベス ………… ①374
シェーファー, ボー
ド …………… ②380
ジェファーズ, オリ
ヴァー ………… ①316
シェフラー, アクセ
ル …………… ①316
ジェフリー, マーク
　　　　　……… ②337
ジェフリーズ, サブ
リナ ………… ①1332
じぇみ じぇみ子
　　　　　……… ②530
ジェームズ, エロイ
ザ …………… ①1332
シェメシュ, ハガイ
　　　　　……… ②756
シェーラー, カト
リーン ………… ①311
シエラ, ハビエル
　　　　　……… ①1332
ジェラーム, アニタ
　　　　　……… ①306
シェリー, パーシー・
ビッシュ ……… ①975
シェリダン, ミア
　　　　　……… ①1332
シェール, K.H.
　　①1358, ①1359
シェルク, カンタ
　　　　　……… ①37
ジェルスビック, ベ
ンテ・バッソ ・②729
シェルパ ……… ②426
シェルンベルク, ス
サナ・ハイデ ・①253
シェレール, タマラ
　　　　　……… ①644
ジェロニモステイル
トン …………… ①373
シェーン, スコット・
A. …………… ②278

著者名索引

シェンク, ジョシュ
　ア・ウルフ …②299
シェンク, D.H. …②404
ジェンシェル, レン
　ア・ウルフ …①687
ジェーン・スー …①947
ジェントリー, エイ
　ミー …①1348
ジェンナー, ロザリ
　ンド …①304
塩 光輝 …②446
潮加 満男 …①999
汐海 治美 …①963
塩邑 香世 …①137,
　①142, ①947
塩川 千夏 …①467
塩川 徹 …①671
塩川 寶祥照成 …①236
塩川 由美 …
　①669, ①671
しおざき 忍 …
　①496, ②770
塩﨑 利雄 …①999
塩﨑 尚美 …①484
塩﨑 均 …①676
塩﨑 麻彩子 …①1363
塩﨑 美穂 …①696
塩﨑 悠輝 …①529
塩澤 玉聖 …①838
塩澤 修平 …②257
塩澤 実信 …①803
塩路 昌吾 …①182
塩島 武徳 …②508
塩田 今日子 …②88
塩田 清二 …①155
塩田 武士 …
　①999, ①1089
塩田 勉 …①756
塩田 ノア …①68
塩田 久嗣 …
　①276, ①277
塩田 弘 …①920
汐田 まくら …②355
塩田 芳享 …①160
塩谷 さやか …②430
塩谷 典 …①631
潮谷 光人 …②56
塩谷 亮 …①841
塩塚 秀一郎 …①924
塩出 省吾 …②652
塩出 智代美 …①392
潮凪 洋介 …①88,
　①116, ②342, ②343
塩沼 亮潤 …
　①156, ①510
塩野 敬祐 …②52
塩野 直之 …①453
塩野 七生 …①88,
　①600, ①610, ①947
塩野 誠 …②295, ②522
塩野入 文雄 …②403
塩野﨑 信也 …②283
塩谷 敬 …①830
塩谷 光彦 …②673
塩原 一郎 …②321
塩原 匡浩 …②191
塩原 通緒 …
　②676, ②685
塩原 洋 …①779
塩原 良和 …②83,
　②99, ②107
汐街 コナ …②464
塩見 英治 …②157
塩見 一雄 …②775
塩見 淳 …②212, ②225
汐見 舜一 …①1207
塩見 鮮一郎 …②44
潮見 泰藏 …

　②729, ②730
塩見 徹 …①253
汐見 稔幸 …①14,
　①95, ①304, ①675,
　①688, ①689, ①690,
　①693, ①695,
　①763, ①864
汐見 夏衛 …①1207
塩見 昇 …②6
塩見 春彦 …②728
塩見 陽子 …②60
潮見 佳男 …②204,
　②207, ②208, ②210
汐邑 雛 …
　①1207, ①1208
塩本 公平 …②646
塩谷 香 …①692, ①696
塩谷 京子 …②5
塩谷 紘 …①571
塩谷 純 …①833
塩谷 隆英 …②245
塩谷 正俊 …②599
塩山 オーロラ …①1314
塩山 筴一 …①585
塩山 正純 …①664
シオラン, E.M. …①467
詩を朗読する詩人の
　会「風」…①961
ジオン, ジーン …①316
詩音 カナタ …①999
志駕 晃 …①1089
志賀 和民 …②87
志賀 一雅 …①459
志賀 勝栄 …①54
志賀 澄人 …②560
志賀 隆 …②715, ②724
志賀 瞳 …②289
志賀 弘典 …②658
志賀 弘幸 …②63
志賀 貢 …①110,
　①111, ①138, ①184,
　②702, ②706
滋賀 陽子 …②686
志賀 義雄 …②173
志賀 誠之 …②761
志賀 龍亮 …①1208
歯科衛生士国試対策
　研究会 …②780
歯科衛生士国試問題
　研究会 …②781
歯科衛生士国家試験
　対策検討会 …②781
志學館大学生涯学習
　センター …②23
資格研究会
　KAZUNO …②642
資格試験研究会
　…①759, ①760,
　①762, ②175, ②177,
　②178, ②179, ②180,
　②181, ②183, ②644
資格試験情報研究会
　…②76, ②81
資格試験対策研究会
　…②626
資格試験問題研究会
　…②77
資格スクエア …②237,
　②238, ②496
視覚デザイン研究所
　…②307,
　②327, ①330
資格の大原
　…②470, ②472
資格の大原行政書士
　講座 …②237
資格の大原公認会計

士講座 …
　②489, ②492
資格の大原社会保険
　労務士講座
　…②500, ②501
資格の大原情報処理
　講座 …②564
資格の大原税理士講
　座 …②489,
　②490, ②492
資格の大原中小企業
　診断士講座 …②486
資格の大原旅行業務
　取扱管理者講座
　…②469
資格の大原FP講座
　…②480, ②482
鹿倉 二郎 …②216
滋賀県児童図書研究
　会 …①357
滋賀県立大学地域共
　生論運営委員会
　…②103
鹿島 うさぎ …①1208
四方 あゆみ …①766
四方 修 …②154
鹿田 淳子 …②301
シカタ シヨミ …②61
鹿田 昌美 …
　①14, ①124
鹿谷 哲也 …②397
志賀内 泰弘 …
　①947, ①999
鹿野 貴司 …①253
滋賀の食事文化研究
　会食事バランス部
　会 …①52
歯科保険研究会
　…②757
歯科保険研究会個別
　指導部 …②758
色摩 泰匡 …②260
支刈 誠也 …①929
しがり朗 …①80
シーガル, ケン …②349
シ・ガレット …①1208
志川 節子 …①1044
自閑 博巳 …②407
時間学の構築編集委
　員会 …②450
しき …①208
志岐 裕子 …②110
式田 亮 …①999
しぎはら ひろ子
　…②28, ②27, ②341
直原 冬明 …①1089
しきみ …
　①862, ①1078
しきみ 彰 …①1208
子宮委員長はる
　…①114
執行 草舟 …
　①87, ①458
執行 直之 …②597
事業構想大学院大学
　出版部 …②283
事業再生研究機構
　…②208
紙業タイムス社
　…②438
時雨沢 恵一 …①1208
シーグフリード, ク
　リスティアン
　…②380
志倉 千代丸 …①1208
シグレ …
　①1134, ①1208
ジーグレイブ …②661

地下 誠二 …②415
重 信康 …①1137
滋慶学園グループ視
　能訓練士養成校担
　当教員 …②762
繁岡 秀俊 …②71
重川 治樹 …①1090
重川 風天 …①137
繁田 興司 …①917
重太 みゆき …②424
重田 康博 …②122
シゲティ, アッティ
　ラ …②299
重永 哲洋 …②738
シゲノ …①118
重野 なおき …①857
重信 康 …
　①1134, ①1137
重信 初江 …①49,
　①56, ①57
重久 俊夫 …①999
重松 延寿 …②312
重松 清 …①909, ①999
重松 宗育 …②462
重松 彌佐 …②337
重松 良子 …①7, ①117
重見 美代子 …②768
重水 健介 …①724
重光 直之 …②351
重村 力 …②249
シケモク MK …②557
重本 直利 …②592
重森 暁 …②262
重森 健太 …②158
重森 千青 …②341
重森 千青 …②608
シゲヤマ☆ジャクソ
　ン …②288
重吉 勉 …②421
資源エネルギー庁ガ
　ス市場整備室
　…②229
四国大学新あわ学研
　究所 …②196
四国地域史研究連絡
　協議会 …②197
仕事の教科書編集部
　…②346, ②350
ジーコ藤壺 …②119
シーコール, メア
　リー …②726
志坂 圭 …①1044
獅子 ひろし …①1000
獅子 文六 …
　①947, ①1000
獅子宮 敏彦 …①1090
時事通信出版局
　…①759,
　①760, ①761, ①762
宍戸 清孝 …①459
宍戸 常寿 …②200
宍戸 健夫 …①693
シシド ヒロユキ
　…①624
宍戸 真 …①648
宍戸 里佳 …①668
示車 右甫 …②616
次序信号体系研究所
　…①121
しづ …①653,
　①713, ①730
静岡教育サークル
　「シリウス」…①707
静岡県立静岡がんセ
　ンター …②736
静岡新聞社 …①61,
　①80, ①94,
　①193, ②23

静岡大学工学部共通
　講座化学教室
　…②670
静岡大学工学部共通
　講座物理学教室
　…②666
静岡大学工学部次世
　代ものづくり人材
　育成センター
　…②597
志津川小学校避難所
　自治会記録保存プ
　ロジェクト実行委
　員会 …②42
紫月 里里 …①1208
紫月 遠火 …①1133
しずく …①23
雫井 脩介 …①1090
しずく堂 …①82
システターチャイニェ
　ム …①112
システムアーキテク
　チュアナレッジ
　…②562
シースルー …①1401
至誠清新監査法人
　…②322, ②326
至誠清新税理士法人
　…②322, ②326
次世代教育研究会
　…①763
次世代公共建築研究
　会IFC BIM部会
　…②618
シセロ, サンドラ・
　タバサ …①137
シセロ, チック …①137
自然観察大学 …②681
地蔵 慶護 …②119
志田 英彦子 …②33
志田 京子 …
　②763, ②768
信太 謙三 …①1044
志田 静枝 …①967
志田 貴史 …②332
志田 忠儀 …②118
志田 陽子 …②199
時代考証学会 …①780
志多田 静 …
　②309, ②314
しだとこけ談話会
　…②687
志民 一成 …①738
設樂 勇雄 …②226
設樂 哲也 …①1044
設樂 裕文 …②212
設樂 博己 …②541
七海喜 つゆり …②354
自治研修研究会
　…②152
七条 章子 …①682
七條 千恵美 …②349
七田 忠昭 …①615
七田 祐子 …①873
自治体行政判断研究
　会 …②152
自治体法務検定委員
　会 …②155
自治体問題研究所
　…②245
七福 さゆり …
　①1208, ①1401
自治法規実務研究会
　…②185
しーちゃん M.ロー
　ズマリー …①264
市町村自治研究会
　…②186, ②229

市町村税務研究会
　…②400, ②404
市町村要覧編集委員
　会 …②175
室秋 沙耶美 …①387
実学融合教育研究会
　…②619
実川 暢宏 …①826
実教出版企画開発部
　…②471, ②473
実教出版編修部
　…①165, ①714,
　①732, ①740, ②293,
　②321, ②338, ②471,
　②474, ②506, ②517,
　②518, ②545, ②561
実業之日本社 …①35,
　①54, ①386, ①438
実業之日本社 …
実験動物飼養保管等
　基準解説書研究会
　…②456
実際の設計研究会
　…②602
実践国語教師の会
　…①724
実践女子大学下田歌
　子研究所 …①948
実相寺 昭雄 …
　①792, ①796
実存思想協会 …①446
"実地試験"対策研究
　会 …②641
シッチン, ゼカリア
　…②138
10・8山崎博昭プロ
　ジェクト …②46
ジッド, アンドレ
　…①891
シップトン, アリン
　…①807
十歩舎 一九 …①351
実務技能検定協会
　…②470,
　②506, ②509
実務経営サービス
　…②322
シッラーニ, フェー
　ベ …①434
志渡 和男 …②410
シドウ, マリアンネ
　…①1357,
　①1358, ①1359
至道 流星 …①104,
　①1208, ①1209
児童育成協会 …①688,
　①691, ①694,
　①695, ②55
児童憲章制定会議
　…①331
自動車事故判例研究
　会 …②218
自動車ハックラブ
　…②533
「自動車保険の解説」
　編集委員会 …②386
地頭薗 博 …②628
「詩と思想」編集委員
　会 …①965
シドマン, ジョイス
　…②309
侍留 啓介 …②285
汐留パートナーズグ
　ループ …②277
シドラ 房子 …
　①1358, ①1359
委文 光太郎 …①648
ジドルー …①850
品川 弘子 …②773

品川 文雄 ……①726
品川 裕香 ……①316, ①336
品川 芳宣 ……②382, ②399
品川 亮 ……②95
品田 佳世子 ……②755
品田 茂 ……①701
品田 遊 ……①1000
階戸 照雄 ……②319, ②374
信濃毎日新聞社 ……①231, ①238, ①512
信濃毎日新聞社出版部 ……①189
シナプス編集部 ……①751
紫南 ……①1209
指南役 ……①780
死神 ……①4
地主 恵亮 ……①100
地主 敏樹 ……②266
篠 綾子 ……①354, ①1044
紫野 一歩 ……①1209
篠 真希 ……①15
志野 靖史 ……①1045
志野 好伸 ……①454
篠浦 伸禎 ……①14, ①483
篠浦 雅幸 ……②207
篠川 賢 ……①542
篠川 俊夫 ……②628
篠儀 直子 ……②20
篠木 芳夫 ……①471
忍久保 洋 ……②671
シノザキ ……①843
篠崎 香織 ……①594
篠崎 芳 ……①1209
篠崎 紘一 ……①1122
篠崎 晃一 ……①629
篠崎 敏 ……①1000
篠崎 達也 ……②751
篠崎 哲夫 ……②219
篠崎 英夫 ……②745
篠崎 一夜 ……①1314
篠崎 富美子 ……①727
篠崎 正芳 ……②356
篠崎 勝 ……②223
篠崎 美生子 ……①915
しのざき みつお ……①330
篠崎 雄二 ……②401
篠崎進士法律事務所 ……②214
篠澤 和久 ……①468
篠沢 健太 ……②611
志の島 忠 ……①67
篠塚 千恵子 ……①601, ①868
篠塚 ひろむ ……①304
篠塚 充 ……②539
篠田 あき ……①1000
篠田 勝英 ……①891
篠田 欣吾 ……①502
篠田 邦大 ……②737
信田 圭造 ……①43
篠田 謙一 ……②685, ②694
篠田 浩一 ……②516
篠田 静夫 ……①41
篠田 尚子 ……②396
篠田 節子 ……①947, ①1000
篠田 大地 ……②411
篠田 丈 ……②380
篠田 達明 ……①554
篠田 知和基 ……①508
篠田 桃紅 ……①101, ①838, ①947
篠田 俊雄 ……②741, ②749
篠田 英朗 ……②201
篠田 真貴子 ……②36
篠田 真由美 ……①976, ①1209
篠田 元一 ……①810
篠田 義明 ……①643
篠田 佳男 ……②627, ②628
篠塚 保嘉 ……②440
篠月 しのぶ ……①1182
篠遠 泉 ……①189
篠永 宣孝 ……①606
東雲 輝之 ……①234, ②445
東雲 ハル ……①860
篠原 愛 ……①841
篠原 章 ……②139
篠原 梓 ……②43
篠原 充彦 ……②390
篠原 淳美 ……②66
志濃原 亜美 ……①675
篠原 鋭一 ……①513
篠原 かをり ……②691
篠原 菊紀 ……①160, ①275, ①276, ①387, ①440, ①575, ①865, ②67, ②71, ②346
篠原 清昭 ……①704, ①748
篠原 潔 ……①779, ①780
篠原 久仁子 ……②769
篠原 孝一 ……①703
篠原 聡子 ……②621
しのはら 史絵 ……①144
篠原 昭二 ……②718
篠原 真司 ……①1000
篠原 聡兵衛 ……②520
篠原 徹 ……②118
篠原 敏彦 ……②313
篠原 ともえ ……①74, ①84, ①286
篠原 尚文 ……①721
篠原 元 ……①193
篠原 初枝 ……①569
篠原 晴美 ……①966
篠原 久夫 ……②204
篠原 久典 ……②571
篠原 広行 ……②724
篠原 誠 ……②770
篠原 雅武 ……①448
篠原 昌裕 ……①1090
篠原 正博 ……②271
篠原 学 ……①649
篠原 美季 ……①1209
篠原 道夫 ……①480, ②745
篠原 美穂 ……①234
篠原 悠希 ……①1122
篠原 由子 ……①73
篠原 由紀 ……①573
篠原 裕 ……①916
篠原 佳年 ……①9
篠原 力雄 ……②674
篠原 怜 ……①1401
しのぶ かつのり ……①120
信夫 千佳子 ……②287
忍丸 ……①1209
四宮 章夫 ……②229
四宮 あすか ……①1000
四ノ宮 慶 ……①1314
四宮 聡 ……②50
篠宮 志乃 ……①22
篠山 紀信 ……①254, ①260
篠山 竜青 ……①227
シノール, E.E. ……②651
柴 亜伊子 ……①163
柴 健次 ……②317, ②373
司馬 純詩 ……②423
柴 那典 ……①804
志波 直人 ……②752
柴 宜弘 ……②84
志波 秀宇 ……②31
柴 裕之 ……①555
柴 正博 ……②678
芝 盛行 ……①1335
司馬 理英子 ……①491, ①496, ①680
司馬 遼太郎 ……①1045
芝池 義一 ……②203
柴浦 雅爾 ……②305
柴尾 英令 ……①796
柴岡 弘郎 ……②687
芝岡 起世 ……①24
柴垣 和三雄 ……②653
芝崎 希美夫 ……②444
柴崎 早智子 ……①424
芝崎 順司 ……②526
柴崎 健 ……②379
柴崎 哲夫 ……②227
柴崎 友香 ……①979, ①1000, ①1122
柴崎 美穂 ……②72
柴崎 竜人 ……①116, ①1000
柴田 晃 ……②526
柴田 明 ……②278
芝田 文乃 ……①1330
柴田 伊冊 ……②437
柴田 和夫 ……①947
柴田 勝家 ……①1117, ①1209
柴田 克彦 ……①816
芝田 勝茂 ……①348, ①353, ①387
柴田 仁夫 ……②371
柴田 匡平 ……①592
柴田 久美子 ……②705
柴田 ケイコ ……①309, ①323, ①325
柴田 光蔵 ……②187
柴田 耕太郎 ……①650
柴田 紗希 ……①769
柴田 さとみ ……①1358, ①1359
柴田 重信 ……②572, ②778
柴田 淳子 ……②652
柴田 潤子 ……②222
柴田 翔 ……①1000
柴田 勝二 ……①907
柴田 真一 ……①639
芝田 寿美男 ……②746
柴田 純与 ……①373
柴田 大輔 ……②29
柴田 卓 ……①692, ①748
柴田 孝之 ……②202
柴田 武 ……①632
柴田 千賀子 ……①748
柴田 哲孝 ……①1090
柴田 徹平 ……②462
柴田 俊彰 ……①539
柴田 知央 ……①20, ②406, ②412
シバタ ナオキ ……②319
柴田 昇 ……②398
柴田 典昭 ……①968
柴田 悠 ……②52
柴田 寛子 ……②185
柴田 博人 ……②394
柴田 博之 ……①235
柴田 裕之 ……①16, ①498, ②646, ②685
柴田 望洋 ……②558, ②560
柴田 真希 ……①164
柴田 誠 ……①252
柴田 正和 ……②658
柴田 政樹 ……②708
柴田 昌治 ……②310
柴田 美智子 ……②704
柴田 理尋 ……②722
柴田 元幸 ……①316, ①318, ①653, ①836, ①840, ①922, ①960, ①1328, ①1334, ①1336, ①1339, ①1341
柴田 八衣子 ……②754
柴田 泰典 ……②101
芝田 ゆかり ……②783
柴田 祐未子 ……②696
柴田 好章 ……①755
柴田 よしき ……①976, ①1000, ①1090
柴田 芳樹 ……②552
柴田 佳秀 ……①405, ②697
柴田 善雅 ……①584
柴田 里程 ……②657
柴田 龍太郎 ……②192
柴田 良一 ……②570
柴田 錬三郎 ……①1045
柴田 録治 ……①728
柴田書店 ……①41, ①58, ①60, ①67, ①72
柴谷 宗叔 ……①514
ジーバーツ, トマス ……①446
柴辻 俊六 ……①560
芝辻 保宏 ……②423
柴内 康文 ……②91
芝沼 健太 ……②617
柴沼 真 ……①525
柴野 京子 ……②9
芝野 郷太 ……①438
柴野 均 ……①601
柴野 宏行 ……②321
芝原 暁彦 ……②679
芝原 歌織 ……①1210
芝原 邦爾 ……②211
芝原 茂 ……①947
柴原 弘志 ……①736
芝原 寛泰 ……①730
芝宮 忠美 ……②75
柴村 恵美子 ……①92, ①101, ②285
芝村 裕吏 ……①1090, ①1210
芝村 凉也 ……①1045
柴本 翔 ……①380
芝本 秀徳 ……②353, ②589
柴山 かつの ……①639, ①661
柴山 桂太 ……②121, ②278
柴山 健太郎 ……②346
柴山 壽子 ……①506
柴山 文夫 ……②280
柴山 雅俊 ……②743
柴山 政行 ……②320
柴山 元彦 ……②680
柴山 芳隆 ……①1000
柴原事務所 ……②401
地盤工学会過酸化水素水による土及び岩石の酸性化可能性試験方法基準化委員会 ……②604
地盤工学会関東支部地盤リスクと法訴訟等の社会システムに関する事例研究委員会 ……②189
シピ, クレア ……①439
地曳 いく子 ……①21, ①30, ①116
ジー・ファン, アン ……①390
渋井 喜四司 ……①585
しぶい はるお ……①947
澁井 展子 ……①10
渋川 紀秀 ……①1122
澁川 祐子 ……①34
渋川 よしき ……②529
渋川広域消防本部 ……②583
渋沢 栄一 ……①465, ①467
渋澤 健 ……①94, ②393
澁澤 健太郎 ……②103
シブサワ・コウ ……②284
澁澤 龍彦 ……①832, ①906, ①947, ①1001, ①1045
渋澤 庸一 ……②673
しぶぞー ……①340
渋田 玲 ……②582, ②618
渋谷 秀樹 ……②198, ②199
澁谷 由里 ……①595, ①597
渋谷 陽二 ……②601
渋谷 明子 ……②110
渋谷 幸英 ……②412
渋谷 哲 ……②80
澁谷 啓 ……②604, ②605
渋谷 淳一 ……②248
渋谷 昌三 ……①106, ①479, ②363
渋谷 直角 ……①948
澁谷 司 ……②125
澁谷 智久 ……②538
渋谷 奈津子 ……①659, ①661
渋谷 申博 ……①506
渋谷 紀子 ……①692
渋谷 治美 ……①471
渋谷 弘子 ……①383
渋谷 麻衣子 ……②205
渋谷 正和 ……①268
しぶや まさこ ……①372, ①378
澁谷 正子 ……①347, ①356, ①1122
渋谷 まさと ……②775
渋谷 雅弘 ……②398
渋谷 元宏 ……②205
渋谷 祐子 ……②761
渋谷 幸夫 ……②325
渋谷 陽一郎 ……②206
澁谷 梨絵 ……①36
渋屋 隆一 ……②488
渋谷研究所X ……②647
詩歩 ……①188
志甫 侑紀 ……②552
じほう ……②716, ②772
司法改革研究会 ……②228
司法書士事務所アレックスカウンセルアンドサービシズ ……②328
司法書士事務所コンサルティンググループ ……②235
シーボルド, スティーブ ……①87
資本市場研究会 ……②221
志麻 ……①54
ジマー, マーク ……①405
志磨 泉 ……①971
島 至 ……①948
島 和俊 ……②256
嶋 協 ……②403
嶋 浩一郎 ……②108
島 伸一 ……②213
島 唯史 ……②657
嶋 正 ……②335
島 敏博 ……②559
島 敏光 ……①184
嶋 浩人 ……②757
島 寛征 ……①574
嶋 美貴 ……①13
島 義弘 ……①485
島井 哲志 ……①479, ①480, ①485, ①487
嶋内 博愛 ……②107
島内 裕子 ……①893, ①896
島尾 敏雄 ……①888, ①909, ①912, ①1001
島尾 ミホ ……①912
嶋岡 晨 ……①963
島岡 大雄 ……②185, ②209
島岡 由美子 ……①886
島川 英介 ……②40
島川 崇 ……②157
しまこ 美季 ……②21
島崎 哲彦 ……②99
島崎 研一郎 ……②688
嶋崎 健太郎 ……②199
島崎 浩一 ……②300
島崎 潤 ……②761, ②762
島崎 晋 ……①500, ①560, ①588, ①604
島崎 崇 ……②282
島崎 隆 ……①470
島崎 貴光 ……①811
島崎 千尋 ……②749
島崎 千代乃 ……①342
嶋崎 英昭 ……②237
島崎 秀定 ……①640
嶋崎 博嗣 ……②65
島崎 信 ……①102
嶋崎 正樹 ……②169
島崎 町 ……①1122
島崎 佑貴 ……①1090
島澤 安従里 ……①72
島澤 諭 ……②261
島沢 優子 ……①701
島地 勝彦 ……①948
島下 泰久 ……①242
島津 明人 ……①480, ①492
島津 公美 ……①87, ①458
島津 毅 ……①545
島津 忠夫 ……①897, ①948
島津 路郎 ……②627
島津 礼子 ……②115
島薗 進 ……①499, ②149
島田 明夫 ……②583
島田 昭仁 ……②93
島田 明宏 ……①245, ①1001
嶋田 暁文 ……②155
島田 朗 ……②720
嶋田 有孝 ……②347
しまだ いさお ……②206

著者名索引

島田 功………①727
島田 靖………①189
嶋田 香 ……①382,
　①383, ①384
嶋田 牙城 ……①905
嶋田 和子 …
　②743, ②746
島田 一種 ……②321
島田 和幸 …
　①180, ②769
島田 邦雄 ……②328
島田 啓介 …
　①458, ①510
島田 弘 ……②284
島田 浩二 ……②365
島田 康祐 ……②361
島田 茂 ……②221
島田 修三 ……②900
島田 周平 ……②86
島田 秀平 …
　①133, ①138
島田 伸一 ……②659
島田 慎二 ……①227
島田 眞路 ……②762
島田 淑子 ……①26
島田 荘司 ……①1090
嶋田 総太郎 ……①484
島田 多佳子 ……②762
島田 貴史 ……①475
嶋田 健志 ……②555
嶋田 忠 ……①255
島田 達生 ……①410
島田 達之助 ……①932
嶋田 毅 ……②299,
　②351, ②374
嶋田 利広 ……②327
嶋田 知子 ……②545
島田 直希 …
　②519, ②521
島田 尚往 ……②589
嶋田 永和 ……①110
嶋田 亘克 ……②290
島田 晴雄 ……②377
島田 晴香 ……①776
嶋田 浩至 ……②481
嶋田 洋徳 ……①493
島田 ひろみ ……①27
島田 裕巳 ……①111,
　①499, ①500, ①501,
　①507, ①515, ②744
島田 裕之 ……②741
島田 フミカネ ……①281,
　①1135, ①1136
島田 文六 ……①929
島田 昌和 ……②307
嶋田 正和 ……②662
島田 雅胤 ……②21
島田 雅晴 ……①621
島田 雅彦 …
　①889, ①908,
　①1001, ①1090
島田 美和 ……②134
島田 めぐみ ……②662
嶋田 泰子 ……①308
島田 安博 ……②735
島田 康行 ……①634
島田 悠一 ……②712
島田 裕次 …
　②505, ②534
島田 雄左 ……②392
嶋田 有三 ……②625
島田 ゆか …
　①328, ①344
嶋田 洋一 …
　①1357, ①1358,
　①1359, ①1366
しまだ ようこ ……①410
島田 陽子 ……①808

島田 陽介 ……①598
島田 義弘 …
　②599, ②660
縞田 理理 ……①1210
島谷 逸夫 ……②171
島谷 健一郎 …
　②661, ②662
嶋谷 浩幸 ……①1090
島谷 光洋 ……②334
島谷 宗宏 ……①67
嶋寺 基 ……②387
嶋戸 悠祐 ……①1090
嶋中 潤 ……①1090
嶋中 博章 ……①606
島貫 智行 ……②463
島根 国士 ……①638
島根県教育庁文化財
　課世界遺産室
　　①535
島根県古代文化セン
　ター ……①256, ①542
島根県広瀬町観光協
　会 ……①551
島根県立古代出雲歴
　史博物館 ……②91
島根県立中央病院 …
島根大学医学部附属
　病院 ……②710
島野 清志 ……①676
島野 雫 ……①326
島野 鶴美 ……①137
島内 憲夫 ……②722
40原 ……①254, ①1399
島藤 真澄 …
　②295, ②336
島松 和正 ……①815
島村 麻美 ……①197
島村 一平 ……②87
嶋村 和恵 ……②339
島村 高嘉 ……②377
島村 輝 ……②8
島村 東世子 ……①638
嶋村 那生 ……②210
島村 菜津 ……①45
島村 淳子 ……②678
島村 浩子 …
　①934, ①1349
嶋村 文耕 ……②222
島村 雅徳 ……②302
嶋村 眞智子 ……②788
島本 和恵 ……①695
島本 一男 ……①693
島本 多敬 ……②588
島本 耕司 ……①860
島本 多可子 ……②517
嶋本 統世 ……②77
島本 昌和 ……②499
島本 実 ……②300
島本 美由紀 ……①58,
　①60, ①203
島本 理生 …
　①1001, ①1116
しみけん …
　①769, ②36
ジミー重岡 ……②65
清水 鏡雄 ……②323
清水 章弘 ……①713
清水 章 ……①853
清水 聡 …①683, ②169
清水 杏奴 ……②911
清水 幾太郎 ……②171
清水 勲 ……①836
清水 苺 ……①1210
清水 一朗 ……①786
清水 一郎 ……①184
清水 伊伹代 ……①922
清水 榮一 ……①962

清水 映樹 ……①279
清水 栄司 …
　①121, ①492
清水 恵美子 ……①834
清水 薫 ……②436
清水 和希 ……②287
清水 一史 ……②250
清水 一都 …
　②636, ②641
清水 一利 ……①943
清水 一之 ……②749
清水 一嘉 ……①915
清水 克士 ……②155
清水 克彦 ……②746
清水 勝彦 ……②369
清水 克行 ……①551
清水 香那 ……②84
清水 嘉与子 ……②765
清水 潔 …①581, ②227
清水 邦明 ……①110
清水 久仁子 ……②95
清水 邦彦 ……②115
清水 邦康 ……②595
清水 久三子 …
　②308, ②346, ②353
清水 桂一 ……①33
清水 京武 ……①2
清水 健一 …
　②652, ②654
清水 憲一 ……②641
清水 健一郎 ……②342
清水 建二 …
　②640, ②344
清水 耕一 ……②255
志水 宏吉 ……①701,
　②42, ②50
清水 真夫 ……①607
清水 さとし ……②23
清水 諭 ……①213
清水 茂夫 ……②600
清水 茂幸 ……①741
清水 茂 …①906, ①961
清水 習 ……②259
清水 修二 ……②579
清水 宗平 ……②751
清水 準一 ……②766
清水 淳子 ……②358
清水 昭三 ……②900
清水 昌平 ……②519
清水 愼一 ……②157
清水 眞澄 ……②554
清水 大一郎 ……②735
しみず たいき ……①86
しみず だいすけ …
　　②302
清水 大資 ……②146
清水 貴夫 ……②119
清水 孝 …②318,
　②320, ②321
清水 高志 ……②450
清水 崇 ……①1133
清水 隆司 ……②330
清水 崇文 ……②363
清水 孝之 ……②689
清水 多吉 ……②165
清水 健 ……②11
清水 武 ……②433
清水 建成 ……②194
清水 武彦 ……②756
清水 忠昭 ……②518
清水 達也 ……②449
清水 珠代 …
　①590, ①610
清水 知佐子 ……①1335
清水 哲朗 ……①198
清水 哲郎 ……①458
清水 輝夫 ……②738
清水 透 ……①610

清水 敏晶 ……②204
清水 俊雄 ……②604
清水 俊彦 ……②167
清水 杜氏彦 ……①1090
清水 俊史 ……①508
清水 俊也 ……②551
清水 敏行 ……②503
清水 友顕 ……②206
清水 知子 ……①636
清水 奈緒美 ……②735
清水 紀子 ……①668
清水 典子 ……②74
清水 紀宏 ……②214
清水 典佳 ……②754
清水 晴木 ……①1210
清水 久夫 ……①869
清水 秀輝 ……②473
清水 英斗 …
　①228, ①432
清水 響 …②464, ②467
清水 裕子 ……②578
清水 廣 ……②744
清水 浩史 ……②432
清水 裕士 ……②110
清水 博正 ……②803
清水 弘美 ……①719
清水 真木 …
　①451, ①472
清水 眞子 ……①137
清水 真 ……①179
清水 昌明 ……②589
清水 正 ……①917
　②533, ②535, ②546
清水 真人 ……②145
清水 雅彦 ……②198
清水 将博 ……②479
清水 正文 ……②593
清水 将之 ……②335
清水 益治 ……②697
清水 まなぶ ……②577
清水 真弓 ……①168
清水 美紀 ……①788
清水 麻里 ……②251
清水 真理子 ……①204
清水 美樹 ……②545,
　②551, ②560
清水 道生 ……②735
清水 充治 ……②189
清水 光雄 ……②467
しみず 水都 ……①1401
清水 美穂子 ……②42
清水 美ゆき ……①113
清水 めぐみ ……②496
清水 恵 …②320, ②321
清水 保俊 ……①1090
清水 泰行 ……①165
志瑞 祐 ……①1210
清水 由 …②707, ②741
清水 裕樹 ……②571
清水 友邦 ……①143
清水 友孝 ……②537
紫水 ゆきこ ……①1210
清水 由貴子 …
　①1349, ①1394
清水 穣 ……①826
清水 ヨウコ ……①72
清水 陽子 ……①602,
　①694, ①696
清水 陽一 ……②329
志水 義夫 …
　①790, ①800
清水 義和 ……①911
清水 祥友 …

　②708, ②711
清水 義範 ……①1001,
　②24, ②359
清水 美憲 ……②727
清水 義久 …
　①86, ①128
清水 隆一 ……①221
清水 隆介 ……②535
志水 亮 ……①809
清水 玲子 ……①688
清水 玲奈 ……①44,
　①45, ①55, ①934
清水 建設 ……②610
清水建設生産技術本
　部建築技術部 …
　　②621
清水書院 ……②11
市民がつくる政策調
　査会 ……②141
シム, ケヴィン ……①592
事務だより研究会 …
　　②701
志村 和次郎 ……②280
志村 有弘 ……②548
志村 健一 ……②448
志村 次郎 ……②303
志村 博 ……②692
志村 史夫 ……①463
志村 平治 ……①555
志村 真幸 ……①264
志村 昌子 ……①376
志村 三代子 ……①796
志村 洋子 …
　①687, ①881
シムレール, イザベ
　ル ……①315
志目 健二 ……②298
志馬 伸朗 ……②724
標 美奈子 ……①702
標 交紀 ……①47
下 薫 …①395, ①663
下井 康史 ……②203
下稲葉 康之 ……②705
下枝 三知与 ……②709
下笠 徳次 …
　①702, ①960
下風 憲治 ……②442
下角 陽子 ……②237
下川 朝有 …
　②522, ②657
下川 修 ……②686
下川 耿史 …
　①531, ①893
下川 晶子 ……①782
下川 眞季 ……②278
下川 正晴 ……①583
下川 美奈 ……②297
下川 裕治 ……①198,
　②203, ②437
下川 玲子 ……②465
しもかわら ゆみ
　①340, ①840
下楠 昌哉 ……①1332
下河辺 美知子 ……②461
下郡 剛 ……②539
子母澤 寛 ……①1045
子澤 正幸 ……①161
子母澤 類 ……①893
下地 明友 ……②746
下地 寛也 …
　②348, ②357
霜島 けい ……①1045
下重 暁子 ……①104,
　①116, ①119
下條 信輔 ……①499
下條 武男 ……②282
下條 正男 ……②138
下条 美緒 ……①62

霜月 りつ …
　①1210, ①1211
下瀬川 徹 …
　②739, ②740
下園 壮太 …①89,
　②364, ②366
下園 昌江 ……①38
下田 淳 ……①589
下田 歌子 ……①948
志茂田 景樹 …
　①332, ①337
下田 和政 ……②542
下田 健太郎 ……②578
霜田 光一 ……②668
下田 俊夫 ……②411
下田 信夫 ……②166
下田 博一 ……②600
霜田 浩信 ……①494
下田 美咲 ……①119,
　①948, ①1001
霜田 宜久 ……②637
霜田 亮 ……②488
下平 久美子 ……②360
下平 拓哉 ……①162
下平 秀夫 ……②769
下平 英輝 ……①668
下平 みさ子 …
　①55, ①57
下館 和巳 ……①783
霜月 桂 ……①1367,
　①1370, ①1395
霜月 セイ ……①1211
霜月 緋色 ……①1211
下野新聞社 ……①193,
　①223, ①227,
　①231, ②24
下野新聞社編集局
　　②537
霜出 外茂治 ……②633
下斗米 伸夫 …
　①608, ①609
霜鳥 まき子 ……①2,
　①6, ①31
下野 玲子 ……①834
霜野 おつかい ……①1211
下野 恵子 ……②261
下野 敏見 ……②118
下野 正基 …
　②755, ②757
下馬場 朋禄 ……②596
下浜 臨太郎 …
　②347, ②613
下林 悠治 ……①1336
下原 美保 ……①832
下拂 直樹 ……②527
下間 文恵 ……②407
下宮 忠雄 ……①673
下向井 龍彦 ……①733
下村 敦史 …
　①1091, ①1116
下村 一喜 ……①779
下村 健一 …
　①421, ①948
下村 作次郎 ……①935
下村 小百合 ……①78
下村 委津子 ……②100
下村 しのぶ ……②612
下村 昌子 ……②319
下村 昭二 ……②593
下村 昭生 ……②617
下村 昇 …①392, ①627
下村 英紀 ……②404
下村 博文 ……①449
下村 政嗣 ……②571
下村 恭民 ……②247
下村 佳史 ……①874
下山 明子 ……①639
下山 憲治 ……②202

著者名索引

下山 静香 ………①816
下山 智恵子 …
………②75, ②467
下山 晴彦 ……①484,
①487, ①492, ①712
下山 博志 ………②309
下山 由美 …
①1367, ①1386
下山 好誼 ………①429
下渡 敏治 ………①46
シモンズ, ウェン
ディ・E. ……②88
シモンズ, デボラ
………①1386
シャー, ソニア ‥②700
車 承棋 ………①452
謝 世輝 ………①124
シャア, ダーメッ
シュ ………①334
シャア専用◎ ‥①1397
じゃい ………
シャイン, エドガー・
H. ……①479,
①492, ②326
シャインフェルド,
ロバート ……①286
ジャーヴィス …①316
社会開発研究セン
ター ………②447
『社会科教育』編集部
………①730
社会科地図研究会
………①428
社会教育推進全国協
議会 ……①680
社会思想史学会 ‥②92
社会主義理論学会
………②173
社会主義理論研究会
………①609
社会福祉士国家試験
受験ワークブック
編集委員会 …②78
社会福祉士試験対策
研究会 ………②78
社会福祉士精神保健
福祉士国家試験受
験ワークブック編
集委員会 ……②78
社会福祉士養成講座
編集委員会 …②79
社会福祉の動向編集
委員会 ………②57
社会福祉法人会計簿
記テキスト中級編
作成委員会 …②317
社会福祉法人全国手
話研修センター
………②78
『社会文化研究』編集
委員会 ………②158
社会保険研究所 ②74
社会保障政策研究会
………②47
社会保障入門編集委
員会 ………②47
社会労働保険実務研
究会 ………②74
釋迢青陽 ………①514
シャカルチ, ラミ
………②657
シャーキー, ジョン
………②722
「シャキーン!」制作
スタッフ ……①380
釈 徹宗 ‥①500, ①513
勾 襴子 ………①969
ジャクソン, ショー

ン・C. ………①441
ジャクソン, トム
………②668, ②730
ジャクソン, ローラ・
リン ………①140
折伏教本編纂委員会
………①501
シャクール, トゥ
パック・アマル
………①975
ジャケ, モーリス
………①670
初宿 正典 ………
………①197, ②200
ジャコーザ, マルゲ
リータ ………②13
ジャコメッティ, ア
ルベルト ………①828
シャシャム, ミリ
………①490
写真家集団
Phenomena …①258
シャスタインターナ
ショナル ………①107
シャスタマン, ニー
ル ………①377
ジャスティス, ジュ
リア ………①1386
ジャスムヒーン
………①142
斜線堂 有紀 …①1211
社台グループ研究会
………①244
社長の終活研究会
………①108
ジャック牧田 …①932
シャックマン, ヘレ
ン ………①137
ジャッコウシュカ,
アグ ………①307
シャット, ビル
………①1341,
①1342, ②114
ジャッフ, ユージン・
D. ………②335
ジャッファ, リック
………①1358
ジャッフェ, デボラ
………①605
シャドーボックス展
実行委員会 …②77
ジャナン堀 久美 ①71
ジャニーズ研究会
………①767,
①768, ①769, ①772,
①773, ①774
ジャパイリー, ケ
ナール・D. …②735
ジャパンクラス編集
部 ………②19,
②22, ②25
ジャパンタイムズ
………①645, ①650,
①651, ①655, ①660
ジャパンタイムズ&
ロゴポート
………①657, ①661
ジャパンマシニスト
社編集部 ………②643
シャピロ, デヴィッ
ド・A. ………②95
シャピロ, デビッド
………②238
シャピロ, フラン
シーン ………①478
シャープ, エラ …②571
シャープ, ジャス

パー ………②684
シャープ, リアム
………①858
シャープ, リサ・M.
………①483
シャフト ………①798
ジャブロンカ, イ
ヴァン ………①937
シャボット, ジェイ
コブ ………①856
シャーマー, マイケ
ル ………②651
シャーマー, C.オッ
トー ………②375
ジャーマン, ルース・
マリー ………①649
シャーマン=パーク,
ジュリエット
………①128
シャマン・ラポガン
………①935
ジャムハウス編集部
………②531, ②537
ジャムール, キャサ
リン ………②556
シャララ舎 ………②70
シャラン ………①100
シャリアート, ジョ
ナサン ………①878
ジャルダン, アント
ワーヌ ………②122
シャルベイ, デクラ
ン ………①849
社労士助成金実務研
究会 ………②47
社労士税理士司法書
士個人情報等実務
研究会 ………②184
社労士V受験指導班
………①501
ジャン, フィリップ
………①1348
シャンカー, スチュ
アート ………①498
シャンカールノグチ
………①37, ①433
ジャン=クーヤーガ
………①793
ジャンザー, アン・
H. ………②339
シャンジュー, ジャ
ン=ピエール
………①820
ジャンセン, ジェフ
………②365
ジャンセン, フレ
ディー ………②55
シャンタル谷山
………①670
シャンティ国際ボラ
ンティア会
………②41, ②65
しゅー ………①359,
①361, ①371
朱 怡穎 ………①666
朱 建栄 ………②133
朱 建榮 ………②142
朱 寧 ………②251
シュア ………①649
シュアミ, アリエル
………①467
シュイナード, イ
ヴォン ………②304
朱色 ………①1314
蛍尤 ………①842
秀 香穂里
………①1314, ①1401
周 琦 ………①975

周 而復 ………①1332
周 倩 ………②89, ②106
秋 風清 ………①1362
しゅう もうき ①406
シュヴァリエ, トレ
イシー ………①1332
シューヴァル, マイ
………①1342
十一屋 翠 ………①1211
十一谷 朋代 ……①351
集英社文庫編集部
………①978
シュウォーツ, ジェ
フリー・M. …①496
シュウォーツ, ジョ
アン ………①310
重化学工業通信社
………②312, ②416
重化学工業通信社化
学チーム
………②443, ②669
就活研究所面接班
………①296
就活ネットワーク
………②294, ②295
就活マニュアル委員
会 ………②440
就活満足度向上委員
会 ………②290
就活メソッド研究会
………②298
週刊朝日編集部
………①255
『週刊金曜日』
………①577, ②13
週刊社会保障編集部
………②47
週刊将棋
………①248, ①249
週刊粧業出版局
………②444
週刊少年ジャンプ編
集部 ………②34
週刊少年マガジン編
集部 ………①799
『週刊新潮』編集部
………②38
『週刊大衆』編集部
………②40
週刊ダイヤモンド編
集部 ………②142
「週刊俳句」 ……①904
週刊ファミ通編集部
………②280,
②281, ②282, ②283,
②284, ②842, ②843,
②846, ②852
週刊文春編集部 …②11
週刊ホテルレストラ
ン編集部 ……②427
周木 律
………①1069, ①1091,
①1122, ①1211
自由気ままな整形外
科医 ………②700
就業規則実務研究会
………②332
宗教哲学会 ……①507
自遊空間ゼロ …①420
自由現代社編集部
………①810,
①811, ①812, ①821
重城 良国 ………②554
就職活動研究会
………①288,
①289, ①290, ①291,
①292, ①293
就職試験情報研究会

………①290,
①295, ①298, ②12
就職試験リサーチ
………①297, ①298
就職情報研究会
………①289, ①290
就職対策研究会
………②294, ②297
自由人権協会 …②43
獣神サンダー・ライ
ガー ………②238
自由すぽーつ研究所
………②106
柔整師教育研究会
………②780
重戦車工房 ……①844
住総研 ………②610
習田 明裕 ……②768
住宅金融支援機構
………②622
住宅経済研究会
………②440
住宅新報社 ……②239,
②495, ②496,
②498, ②499
住宅セーフティネッ
ト法制研究会
………②620
住宅防火研究会
………②583
秋堂 カオル ……①1211
周東 寛 ……②149,
①180, ②701
愁堂 れな ……①1067,
①1211, ①1314
ジュウドゥボウム・
柊乃 ………①1211
十文字 青 ………①1212
十文字 幻奏 ……①483
秀和システム第一出
版編集部 ……②515
じゅえき 太郎 …②696
ジュエル文庫編集部
………①884
シュガー ………①840
しゅかつ ………①246
朱川 湊人 ……①1001,
①1045, ①1122
『授業力＆学級経営
力』編集部 …①726
授業力＆学級づくり
研究会
………①707, ①715
縮小都市研究会
………②100
宿野 かほる ……①1022
熟練紳士 ………①1212
受験研究会 ……②627,
②179, ②180, ②182
受験ジャーナル編集
部 ………②175, ②179
受験情報研究会
………②652, ②743
受験新報編集部
………②231, ②232
受験対策研究会
………②214
受験と教育を考える
会 ………②746
シュス, シリル …②127
種生物学会 ……②684
主体の学び研究所
………②752
シュタイナー, ルドル
フ ………①451, ①471,
①473, ①752, ②706
シュタインケ, ロー
ネン ………①608

シュタッハ, ライ
ナー ………②924
シュタンツェル,
フォルカー …②151
十階堂 一系 ……①1212
出入国管理法令研究
会 ………②187
出版年鑑編集部 ②17
シュテープナー, タニ
ヤ …①375, ①1211
シュテープラー, ガ
ブリエラ ……②407
首藤 剛志 ………①348
首藤 保 ………①975
首藤 政秀 ………①739
首藤 若菜 ………②462
シュトゥンプフォ
ヴァー, マリエ
………①314
首都圏沿線格差研究
会 ………②434
首都圏生活研究会
………②23
首都圏通勤路線研究
会 ………②433
首都圏鉄道路線研究
会 ………②432
首都圏「街」格差研
究会 ………②26
首都大学東京社会人
類学会 ………②112
シュトラウマン,
ルーカス ……②125
シュトラッサー, S.
………②457
シュトラハヴィッツ,
マルタ ………②327
シュトレーク, ヴォ
ルフガング …②260
シュトレーロフ,
ヴィガート …①607
ジュニアマナーズ協
会 ………①422
シュニーダー, ウル
リッヒ ………②745
シュニッケル, ジェ
イコブ ………②647
シュノーヴァー, ブ
レント ………①854
壽福 眞美 ………②93
主婦と生活社 …①57,
①72, ①74, ①75,
②440, ①847
主婦と生活社「NHK
ガッテン！」編集
班 ………①65
主婦の友インフォス
………②27, ①148,
①151, ①153, ①180,
①183, ①287, ①288
主婦の友社 ……①4,
①6, ①13, ①14,
①18, ①26, ①37,
①38, ①49, ①50,
①51, ①54, ①55,
①56, ①57, ①60,
①62, ①66, ①68,
①69, ①72, ①73,
①81, ①82, ①111,
①128, ①146, ①147,
①149, ①153, ①155,
①163, ①165, ①166,
①170, ①176, ①180,
①183, ①263, ①267,
①268, ①269, ①286,
①302, ①345, ①387,
①439, ①497, ①509,
①633, ①687, ①829,
②27, ②28, ②731

主婦の友社知育教育
　取材班 ………… ①14
主婦A子 ………… ①54
シュペングラー
　………………… ①467
シュミット, アニー・
　M.G. …………… ①371
シュミット, ヴィル
　ヘルム ………… ①111
シュミット, エリッ
　ク ……………… ②515
シュミット, カール
　………………… ②171
シュミット, クリス
　ティアン・マル
　ティン ………… ①815
シュミット, ヘル
　ムート ………… ①879
シューラー, エー
　ミール ………… ①521
シュラー, マックス・
　フォン
　………… ①580, ②90
ジュリアス, ジェシ
　カ ……………… ①799
ジュリアン, ジャン
　………………… ①318
ジュリアン, フラン
　ソワ …………… ①454
ジュリス, ポール・
　M. ……………… ①241
シュリンク, ベルン
　ハルト ………… ①1332
シュリンプクラブ編
　集部 …………… ②699
シュール=エルメル,
　ヴァレリー … ①868
シュルキン, ジェイ
　………………… ②721
シュルツ, ケネス・S.
　………………… ①111
シュルツ, チャール
　ズ・M. …… ①77, ①867
シュルツェ=マルメ
　リンク, ディートリ
　ッヒ … ①228, ①230
シュールマン, ライ
　ナー …………… ①472
シュレーダー, マー
　ティン ………… ②442
シュレッペグレル,
　メアリー・J. … ①620
シュロス, エヴァ
　………………… ①934
シュワルツ, バリー
　………………… ②460
順井 守 ………… ②541
ジュンコウォング
　………………… ①285
ジュンタ, セルジュ
　………………… ②669
春風亭 一之輔
　………… ①386, ①785
春風亭 昇太 …
　………… ①785, ①787
淳A ……………… ①1212
ショー, シャンテル
　………………… ①1375
ショー, ロバート・
　ブルース ……… ②311
徐 宜厚 ………… ②761
徐 京植 ………… ②172
徐 源 …………… ②776
徐 静波 ………… ①569
徐 智銘 ………… ②318
ジョイス, コリン
　………… ②642, ②19
ジョイフルサークル

城 青衣 ………… ②717
城 明 …………… ①1001
尚 永亮 ………… ①919
荘 治虫 ………… ①807
鍾 家新 ………… ②98
邵 輝 …………… ①173
焦 元溥 ………… ①816
城 純一 ………… ②56
蒋 純青 ………… ②89
鐘 廣喜 ………… ①459
肖 敏捷 ………… ②251
城 冬彦 ………… ①321
定 真理子 ……… ①168
翔泳社トラベルガイ
　ド編集部 ……
　……… ①651, ①666
上越数学教育研究会
　………………… ①728
省エネルギーセン
　ター …………… ②627
ショーウェル, ビ
　リー …………… ①860
障害学研究編集委員
　会 ……………… ②57
生涯学習社会教育行
　政研究会 ……… ①680
障害児の教授学研究
　会 ……………… ①680
『生涯女優河東けい』
　を出版する会
　………………… ①782
障害のある子どもの
　放課後保障全国連
　絡会 …………… ②64
小学館 ………… ①348
小学館辞典編集部
　……… ①388, ①673
小学館集英社プロダ
　クション …… ①304,
　……… ①306, ①322
小学館ドラえもん
　ルーム ……… ①398,
　………………… ①434
小学教育研究会
　………………… ①425
城郭談話会 … ①532,
　……… ①551, ①553
城ヶ﨑 滋雄 …… ①707
小学校英語と特別支
　援教育を語る会
　………………… ①734
小学校社会科授業づ
　くり研究会 …… ①731
小学校読書活動研究
　会 ……………… ①715
上願 敏来 … ②320,
　……… ②405, ②407
上木 繁幸 ……… ①1091
上木 治子 ………
　……… ①1367, ①1380
将棋を孫に伝える会
　………………… ①248
商業界 ………… ②425
商業施設技術団体連
　合会 …………… ②617
将口 泰浩 ………
　……… ①576, ①578
城倉 正祥 ……… ①614
城倉 吉野 ……… ①974
証券経済学会 … ②381
生源寺 眞一 …… ②451
上甲 晃 ………… ②285
商工会議所
「商工ジャーナル」編
　集部 …………… ②284

商工総合研究所
　………… ②301, ②302
彰国社 ・・ ②614, ②617
東海林 昭雄 …… ①528
庄司 いずみ … ①25,
　……… ①55, ①60, ①63
庄子 和彦 ……… ①334
庄司 克宏 …… ②127,
　……… ②201, ②528
庄司 勝哉 ……… ②563
庄司 惠一 ……… ①826
庄司 啓太郎 …… ②348
東海林 さだお … ①948
しょうじ さちこ
　………………… ①334
小路 淳 ………… ②458
庄司 俊作 ……… ①575
小路 すず ……… ①380
庄子 大亮 ……… ②102
庄司 卓 ………… ①1212
庄司 タカヒト … ①436
庄司 知恵子 …… ②55
庄司 敏浩 ……… ②567
東海林 秀樹 … ①127,
　①128, ①129, ①131
庄子 寛之 ……… ①714
庄子 真紀子 …… ①334
庄司 信 ………… ①473
庄司 真人 ……… ②338
荘司 雅彦 ……… ②360
庄司 真理子 …… ②122
庄司 道弘 ……… ②323
小路 幸也 ……
　①977, ①1001,
　①1069, ①1091
荘司 芳樹 ……
　……… ②467, ②629
庄司 義則 ……… ①255
商事法務 …… ②205,
　……… ②207, ②210
城島 明彦 ……… ①564
荘島 宏二郎 …
　……… ①479, ②110
生島 浩 …… ①490, ②58
城島 充 ………… ①383
生島 義博 ……… ②24
上重☆さゆり …
　……… ①393, ①466
章月 綾乃 ……… ①439
上瀬 英彦 ……… ①181
「小説BOC」編集部
　……… ①978, ①979
商船高専海技試験問
　題研究会 ……… ①734
商船高専キャリア教
　育研究会 ……… ②626
正倉院文書研究会
　………………… ①615
翔田 寛 ……
　……… ①1045, ①1091
正田 大観 ……
　……… ①448, ①460
掌田 津耶乃 … ②548,
　②553, ②555,
　②557, ②560
正田 裕之 ……… ②389
庄田 元男 ……… ①572
松竹 …………… ①335
正岡 英和 ……… ①736
松濤アクターズギム
　ナジウム ……… ①771
小豆島ヘルシーラン
　ド ……………… ①163
“小児科診察室”研究

会 ……………… ②747
小児けいれん重積治
　療ガイドライン策
　定ワーキンググ
　ループ ………… ②747
小児白血病研究会
　………………… ②737
小児薬物療法研究会
　………………… ②769
昇任試験研究会
　………………… ②152
昇任試験法律問題研
　究会 …… ②152, ②183
昇任昇格試験アドバ
　イス会 ………… ②152
情熱都市YMM21編
　集委員会 ……… ②158
上念 司 …… ①552,
　②250, ②262, ②291
少年写真新聞社
　……… ①399, ①699
少年写真新聞社『給
　食ニュース』編集
　部 ……………… ①406
庄野 潤三 ……… ①1001
庄野 智治 ……… ②277
しょうの まき … ②691
生野 眞好 ……… ②544
庄野 雄治 ……… ①938
笙野 頼子 ……… ①1001
城生 弘美 ……… ②768
城ノ石 ゆかり … ①486
正林 真之 ……… ②584
消費者庁 ……… ②273
消費生活マスター介
　護問題研究会 … ②66
菖蒲 淳司 ……… ②561
招福探求巡拝の会
　………………… ①188
晶文社学校案内編集
　部 …………… ①742,
　……… ①744, ①745
晶文社編集部 … ②77
匠平 …………… ①1123
消防学校消防団員教
　育研究会 ……… ②154
消防財政研究会
　………………… ②583
情報サービス産業協
　会 …… ②515, ②586
消防実務研究会
　………………… ②154
消防昇任試験問題研
　究会 …………… ②154
情報処理学会会誌編
　集委員会 ……… ②521
情報処理推進機構
　………………… ②515
情報処理推進機構AI
　白書編集委員会
　………………… ②525
情報処理推進機構IT
　人材育成本部
　………………… ②515
消防設備設置基準研
　究会 …………… ②584
消防庁 ………… ②154
情報通信学会コンテ
　ンツビジネス研究
　会 ……………… ②281
情報通信省 …… ②252
情報通信振興会
　……………… ②189,
　②635, ②636
消防表彰事務研究会
　………………… ②154
消防法規研究会
　………………… ②186

消防ポンプ操法研究
　会 ……………… ②583
定村 誠 ………… ①721
城本 康治 ……… ②712
菖本 幸子 ……… ①70
正山 征洋 ……… ①38
翔裕園翔裕館介護で
　日本を元気にする
　プロジェクト … ②69
尚友倶楽部 ……
　……… ①572, ①577
尚友倶楽部品川弥二
　郎関係文書編纂委
　員会 …………… ①615
少林寺拳法連盟
　………………… ①237
昭和人物研究会
　………………… ①459
昭和大学病院総合周
　産期母子医療セン
　ター …………… ②7
昭和文学会編集委員
　会 ……………… ①903
ショーエル, ジム
　………………… ①712
ジョーカーフィルム
　………………… ①322
初期社会主義研究会
　………………… ②173
初級ハム国試問題研
　究会 …………… ①262
職業技能振興会
　………………… ②505
職業教育キャリア教
　育財団
　……… ②509, ②561
食彩 かどた …… ①67
食の栄養と効能を科
　学する食生活研究
　会 ……………… ①53
食のスタジオ
　……… ①52, ①166
触媒工業協会編集委
　員会 …………… ②599
「食品商業」編集部
　………………… ②425
食品添加物表示問題
　連絡会 ………… ①154
食品表示検定協会
　………………… ②774
織豊期研究会 … ①553
ショコラ ……… ①1401
ショコラサマンサ
　………………… ②27
所澤 秀樹 ……… ②434
ジョージ, キャサリ
　ン …① ①1367, ①1373
ジョージ, ビル … ②369
所司 睦文 ……… ②732
ジョージ秋山 … ①461
ジョージ朝倉 … ①349
女子栄養大学栄養ク
　リニック
　……… ①55, ①165
女子栄養大学管理栄
　養士国家試験対策
　委員会 ………… ②784
女子栄養大学出版部
　………………… ①165
ジョージ北峰 … ①700
女子就活ネット
　………………… ①298
女子パウロ会 … ①16,
　……… ①307, ①525
女子美術大学 … ①645
帰初心 ………… ①1212
助成金給与労務手続

センター ……… ②330
女性建築技術者の会
　………………… ①938
助成財団センター
　……… ②146, ②243
女性の職業研究会
　………………… ①298
女性の歴史研究会
　………………… ①572
女性労働問題研究会
　………………… ②463
ジョセフ, ケン … ②142
ジョセフ, ジュニア,
　ケン …………… ①980
初代算数仮面の … ①652
ジョーダン, ジョン
　………………… ②598
ジョーダン, ソ
　フィー ………… ①1348
ジョーダン, ペニー
　……… ①1367, ①1373,
　①1375, ①1387,
　①1390, ①1394
ジョッカーズ, マ
　シュー ………… ②525
ジョニー音田 … ①1136
ジョハンセン, アイ
　リス …………… ①1394
ジョハンセン, ロイ
　………………… ①1394
ジョビィキッズ … ①15
ジョブウェブコンサ
　ルティングファー
　ム研究会 ……… ②415
ショーペンハウアー,
　アルトゥール … ①470
しょほんぬ …… ①1212
書物の歴史と保存修
　復に関する研究会
　………………… ②6
所有者の所在の把握
　が難しい土地への
　対応方策に関する
　検討会 ………… ②420
ジョリー, マイク
　………………… ①400
ジョリーラーニング
　社 ……………… ①735
ジョル, ジェームズ
　………………… ①589
ジョルダーニア,
　ジョーゼフ …… ①820
ジョルダノ, ラファ
　エル …………… ①1332
ショーン, ドナルド・
　A. ……………… ①752
ジョン キョンファ
　………………… ①63
ジョン シュウギョウ
　………………… ②394
ジョン金井 …… ①624
ジョン・キム …… ①97
ジョーンズ, アンソ
　ニー …………… ②548
ジョーンズ, エ
　ディー ………… ①228
ジョーンズ, オー
　ウェン ………… ②84
ジョーンズ, ガレス
　………………… ②367
ジョーンズ, クリス
　………………… ②521
ジョーンズ, ジェフ
　……………… ②847,
　①851, ①858
ジョーンズ, ステ
　ファニー ……… ①878
ジョーンズ, ダイア

ナ・ウィン …①376
ジョーンズ、テリー
　………①605
ジョーンズ、ハムリ
　ン・ゴードン …②687
ジョーンズ、ビー
　ター ………①934
ジョーンズ、ビップ
　………①315
ジョーンズ、ミラン
　ダ………①377
ジョーンズ、リサ・
　レネー………①1348
ジョーンズ、リンダ
　………①1395
ジョンストン、ウィ
　リアム………①526
ジョンストン、ヨハ
　ンナ………①308
ジョンソン、ヴィッ
　ク………②275
ジョンソン、ウィル
　コ………①808
ジョンソン、ジニー
　………①382
ジョンソン、スティー
　ヴン …②101, ②700
ジョンソン、ライア
　ン………①839
ションバーグ、アラ
　ン………②342
シラー、フリードリ
　ヒ・フォン …①472
シラー、ロバート・J.
　………②265
白井 明大………①118
紫雷 イオ………①238
白井 一成………②251
白井 一馬 …②326,
　②327, ②408
シライ カズミ …①77
白井 和康………①293
白井 一幸………②225
白井 源三………①189
白井 小太郎 …②540
白井 幸子………②766
白井 聡 …②96, ②145
白井 諭………①620
白井 さゆり………②244
白井 三二朗………①403
白井 詩沙香………②519
白井 準………②279
白井 純夫 ………
　②407, ②410
白井 荘也 ………①808
白井 孝子………②68
白井 崇史………②237
白井 達央………①718
白井 健康………①968
白井 剛史………①84
白井 智之………①1091
しらい のりこ
　………①57, ①65
白井 ひかる………①968
白井 久男………①758
白井 久夫………①583
白井 誠………②223
白井 正和………②196
白井 正敏………②259
白井 祐浩………①484
白井 康之………②593
白井 義昭………①922
白井 敬尚………
　①876, ①878
白井 義昌………②257
白石 新………①1212
白石 かずこ………
　①844, ①965

白石 一文………①1002
白石 克孝………②157
白石 邦彦………①734
白石 定之………②395
白石 里美………①115
白石 純………①614
白石 祥規………①1212
白石 壮一郎………②100
白石 大………②210
白石 忠志………②375
白石 ちえこ………①252
白石 敏夫………①48
白石 範孝………①712,
　①718, ①723, ①731,
　①738, ①741
白石 典之………①594
白石 草………①752
白石 光………②166
白石 壽文………①723
白石 弘巳………①170
白石 麻衣………①776
白石 正人………①973
白石 雅紀………②55
白石 雅彦………①797
しらいし まさよし
　………①777
白石 まと………①1401
白石 まみ………
　①1002, ①1213
白石 まるみ………①497
白石 光彦………①150
白石 勇一………①248
白石 裕………①664
シライシ ユウコ
　………①1136
白石 裕子………②747
白石 吉彦………②735
白石 良………①581
白石 朗………①936,
　①1346, ①1351,
　①1360, ①1361
白岩 旦久………①19
白岩 玄………①1002
白岩 孝一………②538
白岩 千鶴子………①264
白岩 等………①388
白岩 貢 …②421, ②423
白岩 洋子………①252
白江 龍三………②575
白尾 元理 ………
　②675, ②677
白岡 亮平………①410
白樫 了………②715
白樺 みひゃえる
　………①1213
白神 幸治………②22
白神 怜司………①1213
白川 かおり………②275
白川 蟻人………①788
白川 鉄哉………②253
白川 紺子………①1213
白川 修一郎………①171
白川 貴子………①1340,
　②387, ②702
白川 敬椒………②199
白川 琢磨………②114
白川 千尋………②111
白川 哲夫………①756
白河 桃子………①115,
　②264, ②308
白川 道………①1091
白河 奈美………①1213
白川 英樹………
　②592, ②671
白川 三兎………①1091
白川 保友………②431
白川 悠紀………①1045
白川 優治………①758

白川 昌生………①869
白川 佳子………①690
白川 理恵………①669
白川部 君江………②291
白木 茂………②738
白木 智子………
　①1334, ①1338
白木 裕子………②76
白木 大………①1091
白木沢 旭児………①594
シラク、ジャック
　………①128
白倉 敬彦………①835
白駒 妃登美………
　①93, ①530
白米 良………①1213
白坂 亜紀………②279
シラサカ アサコ …①48
白鷺 あおい………①1091
白崎 裕子………①60
白沢 戌衣………①1213
白澤 卓二………①149,
　①153, ①156, ①157,
　①164, ①178
白澤 政和………②76, ②78
シラージ、イラム
　………①693
白соя 梓………①1213
白須 清美………
　①607, ①1350
白洲 信哉………①612
白須 英子………①592
白洲 正子………①948
白瀬 敏臣………②756
白田 秀彰………②101
白滝 治郎………②232
ジラード、ジェーム
　ス………①322
白土 明美………②769
白土 あつこ………
　①339, ①343
白戸 圭一………①126
白戸 健一郎………①583
白戸 三四郎………②384
白土 夏海………①1002
白鳥 一彦………①153
白鳥 克弥………①911
白鳥 敬………②645
白鳥 圭志………②378
白鳥 早奈英………②683
白鳥 士郎………①1213
白鳥 哲 …①137, ②668
白鳥 希美………①347
白取 春彦………②451,
　②454, ②499, ②512,
　①525, ①924
白鳥 光良………②481
白鳥 裕貴………②744
白取 祐司………②215
白鳥 葉………①964
不知火 竜………①1401
白根 敦子………②309
白根 央………②380
白根 雅彦………②519,
　②532, ②533
乃乃 友………①1214
白波瀬 達也………②63
白旗 和也………①741
城田 久美子………①694
白畑 知彦………①663
白幡 憲之………②280
城田 比佐子………②564
城田 美わ子………②364
城塚 音也………②522
ジロドゥ、ジャン
　………①784
白鳥 和生………②425
白猫………①1214
白野 伊津夫 …

調べ学習研究会「調
　之森」………①715
シロハト 桜………①164
白ふくろう舎 …①170
白帆 純子………①1368
白又 秀治………②161
白谷 潔弘………①808
白松 清之 ………
　①433, ①434
白松 賢………②706
白山 武司………②740
白山 眞理………②8
白山 宮市………①687
白山 靖彦………②755
白雪 いちご………①64
白輪 剛史………①408
しりあがり 寿………①512
而立会………②252
自立生活サポートセ
　ンターもやい …②60
私立短期大学図書館
　協議会………②6
子竜 螢………①1129
シリング、ホヴァー
　ト………②675
シルヴァー、アマン
　ダ………①1358
シルヴァ、エリザベ
　ス………①106
シルヴァ、ダニエル
　………①1348
シルヴァーバーグ、
　ロバート………①1362
シルヴェストロ、ア
　ニー………②314
詩流久………①970
ジルシャー、パト
　リック………②850
シールズ、カリン
　………①644
ジルソン、エティエ
　ンヌ………①521
シールド、キャット
　………①1383
シルト＝ルドルフ、
　カルラ………②718
シルバーマン、ス
　ティーブ………②744
シルバーマン、マイ
　ケル………②225
シルフ編集部………①799
シルベスター、リ
　チャード………①142
四禮 静子………②546
城 知宏………②401
しろい あや………①314
白いゆき………①1214
士郎 正宗 ………
　①858, ①1116
白水 始 …①728, ①749
素人投稿編集部 …②35
白金 あろは …①1401
白ヶ音 雪 ………
　①1214, ①1401
城川 朝………①63
銀木 あお………①1401
城咲 綾 …①353, ①381
城下 尊之………①767
白島 真………①964
代田 あづさ………②755
代田 純………②271
城田 知子 ………
　②776, ②778

①647, ①661
シロハト 桜………①164
白ふくろう舎 …①170
白もち 桜………①841
白谷 潔弘………①808
白柳 いちか………①1214
白柳 直子………②742
城山 珂奈見………①25
城山 三郎………①104
城山 真一………①1091
師走 トオル………①1214
シン、シモーネ………①309
シン、ナリーニ
　………①1362
沈 熙燦………①570
沈 国威………①664
沈 淑玉………②132
秦 小麗………①597
神 英雄………①47
申 ももこ………①332
申 錬鐵………②455
新アジア家族法三国
　会議………②220
神香 うらら………①1314
新家 望美………②65
新海 栄一………②695
新谷 准司………②422
新開 省二………①163
新開 孝 …①308, ①405
新海 均………①910
新海 誠………①370,
　①798, ①800, ①977
新開 正史………②584
真具 康之………①185
眞具 洋一………②77
新外交イニシアティ
　ブ………①168
新ヶ江 章友………②201
陳岡 めぐみ………①163
伸芽会教育研究所
　………①741, ①742
新化学技術推進協会
　………②670
進学塾ビッグバン小
　論文面接科………①745
シンギョウ ガク
　………①1214
『新教育課程ライブラ
　リ』編集部 …①719
新教育評価研究会
　………①718
新教出版社編集部
　………①527
新宮 一成………①495
新宮 和裕 ………
　②445, ②591
新宮 晋………②333
神宮 輝夫………①374
神宮 英夫………①486
新宮 文明………①81
新宮 正春………①1045
神宮館編集部 …①135
神宮館編集部 …①134
神宮寺 いずみ………①1214
神宮寺 一………①390
神宮字 光………①872
新家 義貴………②242

新経済連盟デジタル
　ファースト推進PT
　………②302
『進撃の巨人』調査兵
　団………②33
新郷 明子………①175
新郷 英弘………①271
新郷 由起………②67
人工知能学会………①1214
人工知能学会 ………
　①978, ②523
人工知能法務研究会
　………②225
『人材教育』編集部
　………②307
陣崎 草子 ………
　①356, ①400
陣崎 雅弘………②735
新沢 としひこ………①687
新沢 典子………①900
辛酸 なめ子 ………
　①139, ①948
神事 努………①224
神事 直人………①247
進士 肇………②209
シンシアリー …②18,
　②88, ②132
人事院………②174
じん（自然の敵P）
　………①653, ①713,
　①729, ①730, ①1214
人事法制研究会
　………②186
神社お寺開運研究会
　………①499
神社年鑑発行委員会
　………①506
神社本庁 ………
　①505, ①506
真珠 まりこ………①326,
　①343, ①691
真宗史料刊行会
　………①520
新宿駅西口広場建設
　記録刊行会………②610
神成 淳司………②448
新城 郁夫………②142
新城 カズマ………①1215
新城 拓也………②704
新城 亘………①819
シンジルト………①115
新星出版社編集部
　………①72,
　①294, ①295, ①297,
　①379, ①380, ①426,
　①628, ②182
人生戦略会議………①99
人生の生き方研究会
　………①97
腎臓サポート協会
　………①165
心臓病看護教育研究
　会………②767
身体教育研究会
　………①741
人体パーツ素材集制
　作部………①861
新宅 広二 …①263,
　①407, ①409
新谷 歩………②723
新谷 一郎………②178
新谷 佳代………②481
新谷 尚紀 ………
　①16, ①505
新谷 尚人………①45
新谷 奈苗………
　②76, ②783
新谷 英治………②110

著者名索引

新谷 昌宏 ……②730
新谷 学………②13
新谷 みどり………①260
新潮社 ……①447
新出 真理 ………②776
新電気編集部 ……②634
新堂 明子 ……②261
進藤 榮一 ②130,
……②135, ②252
神藤 啓司 ……①163
しんどう さとこ
……①322
新堂 進………②650
神藤 貴昭 ……①757
神藤 多喜子 ……①178
真堂 樹 ……
……①1092, ①1135
進藤 千恵子 ……②784
新藤 透 ……①561
新藤 晴一 ……①1002
新堂 冬樹 ……
①1002, ①1092
真藤 舞衣子 ……①50,
……①56, ①57
新藤 正夫 ……②425
新藤 正則 ……②27
進藤 充夫 ……①21
進藤 美保子 ……①21
新藤 宗幸 ……②581
進藤 やす子 ……①28
陣内 河畔生 ……①932
陣内 秀信 ……
……①187, ①601
眞並 恭介 ……①265
新日本スーパーマー
ケット協会 ……②504
新日本有限責任監査
法人 ……②312,
②314, ②315, ②316,
②318, ②319, ②321,
②326, ②710
新日本有限責任監査
法人電力ガスセク
ター ……②318
神埜 明美 ……①1092
神野 元基 ……②512
甚野 尚志 ……
①547, ①603
新野 剛志 ……
①1002, ①1092
神野 哲州 ……①509
神野 直彦 ……
①417, ②108
陣野 英則 ……①893
神野 正史 ……
①532, ①596
神野 正美 ……①586
神農 朋子 ……①666
新納 浩幸 ……
②524, ②525
神納 樹史 ……②314
新之介 ……①194
新橋 美の ……①67
ジンバルドー, フィ
リップ ……①103
神部 紅 ……②464
神部 芳則 ……②758
しんぶん赤旗社会部
……②54
しんぶん赤旗日曜版
編集部 ……②145
しんぶん赤旗「部
活って何」取材班
……①701
新保 邦寛 ……①907
眞保 智子 ……②72
新保 庄三 ……①696
新保 信長 ……

①223, ①948
新保 博久 ……①1081
新保 松雄 ……②729
新保 泰秀 ……①26,
……①147, ①159
真保 裕一 ……
……①371, ①1092
新保 祐司 ……①573
新保 幸男 ……
……①688, ②55
辛坊 治郎 ……②14
神保 哲生 ……②40,
……②136, ②137
ジンマー, カール
……②684
新間 竹彦 ……①396
シンママ大阪応援団
……②58
新名 健太郎 ……①190
新名主 敏史 ……②735
神武 団四郎 ……①792
新村 恭 ……①623
シンメルペニッヒ,
ベルンハルト
……①603
新矢 麻紀子 ……①636
新屋 真摘 ……
……①387, ②389
しんや ゆう子 ……①345
真誉 道彦 ……②519
信用組合研究会
……②383
心裡 ……①1215
心理学専門校ファイ
ブアカデミー
……②782
新リズム表現研究会
……①691
森林林業基本政策研
究会 ……②184
人類学講座編纂委員
会 ……②693
人類史研究会 ……②694
「新老人の会」……①100
人狼知能プロジェク
ト ……②549
進路情報研究会
……①291
「新ME早わかり
Q&A」編集委員会
……②740

す

スー, E.J. ……①854
スアレス, フェイ
……①1394
スアレス, ヘスス
……②228
吹 ……①863
水王舎編集部 ……①393
翠玉鶲 ……①1215
スィギンズ, カース
テン ……②348
水産庁 ……②457
水晶 玉子 ……①132
水津 幸太 ……②554
水津 太郎 ……②210
スイス文学会 ……①926
水素エネルギー協会
……②599

吹田 朝子 ……②242
吹田 良平 ……①205
スイッチエデュケー
ション編集部
……②555
スィディキ, イムラ
ン ……①648
水藤 英司 ……②276
水道年鑑編集室
……②606
水道橋博士 ……
①768, ①769
水道法令研究会
……②606
水墨画塾編集部
……①838
水墨画年鑑社 ……①838
スイミー ……①112
水門 房子 ……①968
ズウィック, エド
ワード ……①1358
スウィート, ブライ
アン ……①807
スウィートファクト
リー ……①397
スウェイガート, ア
ル ……②550
スヴェストル, ピ
エール ……①1342
スウェンドソン,
シャンナ ……①1348
数学オリンピック財
団 ……②652
『数学教育』編集部
……①726
数学セミナー編集部
……②655
数研出版編集部
……①727,
②664, ②670, ②682
末次 昭 ……①948, ②96
末岡 実 ……②364
末柄 豊 ……①510
末木 紳也 ……①299
末木 文美士 ……①462,
……①463, ①510
末國 善己 ……①979,
①1026, ①1045
末崎 茂樹 ……①305,
①329, ①336, ①340
末崎 裕之 ……①807
末瀬 一彦 ……②754
末田 泰二郎 ……②749
末武 信宏 ……①95
季武 嘉也 ……
……①442, ②143
末次 章 ……②553
末次 敦子 ……②694
末次 智 ……②113
末次 弘明 ……②223
末次 由紀 ……①223
末冨 芳 ……①753, ②53
末永 和也 ……①268
末永 和之 ……②704
末永 昭二 ……①845
末永 敏和 ……
……②197, ②232
末永 俊郎 ……②99
末永 直樹 ……②749
末浪 靖司 ……②149
末信 文行 ……②642
末原 久史 ……①734
末廣 謙 ……②711
末廣 昭 ……②252
末広 潔 ……②677
末廣 圭 ……①1401
末藤 久美子 ……①402

末松 高義 ……②190
末松 清志 ……②458
末松 裕基 ……①749
末松 安晴 ……②596
末光 茂 ……②49
末光 祐一 ……②191
末森 英機 ……①948
末吉 一博 ……②440
末吉 孝生 ……②343
末吉 正成 ……②539
末吉 美喜 ……②539
末吉 亙 ……②584
周防 正行 ……①96
周防 珠実 ……②32
周防 ツカサ ……①1215
周防 柳 ……①1045
周防大島文化交流セ
ンター ……②115
スガ ……①61,
……①62, ①66
菅 和彦 ……②434
須賀 一也 ……②185
管 啓次郎 ……①962
須賀 健太 ……①775
須賀 孝子 ……
……①1389, ①1392
菅 香子 ……②96
菅 しおり ……
……①215, ①228
スガ シカオ ……①804
須賀 しのぶ ……
……①979, ①1002
菅 聖子 ……①359, ①383
菅 健彦 ……②294
菅 哲也 ……②417
菅 智晃 ……②513
須賀 朋子 ……①709
絓 秀実 ……②110
菅 浩江 ……①1123
菅 広文 ……①644, ①744
菅 弘美 ……②204
須賀 裕之 ……①821
菅 文哉 ……②244
菅 靖彦 ……②96, ①104
菅貝 和則 ……②710
菅井 竜也 ……①249
菅井 徹郎 ……②299
菅井 敏之 ……②388
須貝 典子 ……②19
菅井 啓之 ……
……①688, ①729
スカイエマ ……①351,
①352, ①364,
①377, ①842
図解建築法規研究会
……②620
菅崎 香乃 ……②470
菅沢 龍文 ……②470
菅澤 康雄 ……①732
すかぢ ……①1215
菅下 清廣 ……
②394, ②395
菅田 一博 ……②518
菅田 正明 ……②66
菅沼 明彦 ……②717
菅沼 文乃 ……②111
菅沼 憲治 ……①483
菅沼 健太郎 ……①668
菅沼 孝浩 ……①326
菅沼 孝行 ……①927
菅沼 博子 ……②169
菅沼 光弘 ……
……①532, ②121
菅沼 美代子 ……①966
菅沼 勇基 ……②298
菅野 彰 ……①33,

①1302, ①1315
菅野 敦志 ……①594
菅野 茂 ……①586
菅野 純夫 ……②727
菅野 隆 ……②407
菅野 哲夫 ……②83
菅野 のな ……①70
菅野 則子 ……①561
菅野 晴夫 ……①733
菅野 冬樹 ……①815
菅野 末喜 ……①85
菅野 マナミ ……①368
すがの みゆき ……①305
菅野 雪虫 ……①354
菅原 昭江 ……①672
菅原 英雄 ……①398
菅原 正孝 ……②606
菅原 由美子 ……①413
菅原 亮 ……②555
菅原 令子 ……①461
ズーカフ, ゲーリー
……①137,
……①139, ①141
菅間 正二 ……②589
菅間 康夫 ……②738
菅村 玄二 ……①494
菅谷 信一 ……②333
菅谷 貴子 ……②509
菅谷 憲夫 ……②712
菅谷 仁 ……②738
菅谷 啓之 ……①215
菅谷 誠 ……②762
スカラスティック
……①794
スカローニ, フェデ
リコ ……①610
須川 綾子 ……①97, ②18
須川 英徳 ……①598
須川 まきこ ……①845
須川 まり ……①791
菅原 晃 ……②263
菅原 明子 ……②87
菅原 歩 ……②380
菅原 郁夫 ……①478
菅原 和孝 ……②692
菅原 竜也 ……①907
菅原 圭 ……①87
菅原 謙 ……②100
菅原 秀 ……①140
菅原 淳一 ……②250
菅原 慎矢 ……②62
菅原 誠一 ……
……①474, ①496
菅原 貴徳 ……②697
菅原 貴与志 ……
……②194, ②506
菅原 多喜夫 ……①873
菅原 卓也 ……
……①322, ①440
菅原 哲朗 ……②223
菅原 教夫 ……①870
菅原 浩志 ……①978
菅原 宏之 ……②633
菅原 敏 ……①962
菅原 二三男 ……②674
菅原 文太 ……①566
菅原 美樹 ……②765
菅原 道仁 ……①126,
……①146, ①159,
……①164, ②343
菅原 祐 ……②526
菅原 裕子 ……②12
菅原 洋平 ……①119,
①127, ①149, ①170,
①412, ①419, ②354
菅原 義三 ……①627

菅原 良 ……①676
菅原正明公認会計士
税理士事務所
……②321
スカンプ, トム ……①342
杉 和恵 ……
①1373, ①1388
杉 貴生 ……①524
杉 晴夫 ……①173
杉 政和 ……②753
杉 ライカ ……①1134,
①1359, ①1361
杉井 静子 ……①139
杉井 貴幸 ……②333
杉井 光 ……①1215
杉井 靖典 ……②513
杉内 正弘 ……①631
杉浦 悦子 ……①923
杉浦 和子 ……②70
杉浦 日向子 ……②558
杉浦 康平 ……①878
杉浦 さやか
……①11, ①13
杉浦 静 ……①891
杉浦 順 ……②599
杉浦 孝彦 ……①243
杉浦 健 ……①483
杉浦 哲朗 ……②741
杉浦 伝宗 ……②618
杉浦 敏之 ……②66
杉浦 紳之 ……②722
杉浦 徳行 ……②400
杉浦 日向子 ……②2
杉浦 正和 ……
……①732, ②367
杉浦 真理子 ……①684
杉浦 充 ……②607
杉浦 實 ……①473
杉浦 修治 ……①703
杉江 弘 ……②40,
②433, ②437
杉江 雅彦 ……②379
杉江 松恋 ……
①673, ①786
杉尾 充茂 ……
②409, ②410
杉岡 秀紀 ……②155
杉岡 洋子 ……①621
杉窪 章匡 ……①37, ①53
杉座 秀親 ……②57
杉崎 貴史 ……
……①313, ①346
杉崎 裕斗 ……①23
杉崎 行恭 ……
……②432, ②436
杉作 J太郎 ……①948
杉作 J太郎 ……①791
杉澤 武俊 ……②661
杉田 明宏 ……①480
杉田 篤彦 ……
……①286, ①797
杉田 義一 ……②609
杉田 浩一 ……
……①37, ②775
杉田 浩治 ……②396
杉田 幸三 ……①618
杉田 敏 ……②343
杉田 淳子 ……①937
杉田 俊介 ……①804,
①907, ②33
杉田 卓哉 ……①1002
椙田 拓也 ……②421
杉田 達雄 ……①830
すぎた とおる ……①442
杉田 知至 ……②547
杉田 直哉 ……②733
杉田 七重 ……①313,
①377, ①1351

杉田 菜穂 ……②101
杉田 望 ……
　①584, ①1066
杉田 宜生 ……②620,
　②641, ②642
杉田 典子 ……②755
杉田 浩章 ……②306
杉田 弘毅 ……①126
杉田 洋 ……①717
杉田 浩崇 ……①757
杉田 真 ……①479
杉田 政夫 ……①748
杉田 水脈 ……①577,
　①598, ②138,
　②143, ②169
杉田 宗久 ……②324,
　②405, ②408, ②411
杉田 泰一 ……②24
杉田 穂子 ……②61
杉田 米行 ……①640
杉藤 久志 ……①648
スキナー, クリス
　ティン ……②373
スキナー, ジェーム
　ス ……②292
杉中 康平 ……①737
杉中 昌樹 ……①966
杉野 綾子 ……②134
杉野 勇 ……②105
杉野 閲明 ……①577
杉野 孝雄 ……②687
杉野 俊子 ……①620
杉野 尚夫 ……②538
杉野 英実 ……①69
杉野 緑 ……②56
杉之尾 宜生 ……②165
杉之原 真子 ……①612
杉林 堅次 ……②769
杉原 朱紀 ……①1315
杉原 泉 ……②727
杉原 桂 ……①480
杉原 健一 ……②737
杉原 厚吉 ……
　①430, ②653
杉原 浩志 ……②372
杉原 浩司 ……②163
杉原 淳一 ……②428
杉原 誠四郎 ……②198
杉原 大輔 ……②372
杉原 丈夫 ……①887
杉原 智則 ……①1215
杉原 美那子 ……①966
杉原 美由樹 ……①843
杉原 保史 ……
　②492, ①496
杉原 梨江子 ……②688
杉渕 鐵良 ……①717
杉全 美帆子 ……①508
杉万 俊夫 ……①102
杉村 啓 ……②33
杉村 貴子 ……②703
杉村 太郎 ……
　②290, ①296
杉村 富生 ……②393
杉村 春也 ……①1401
杉村 博文 ……①664
杉村 昌昭 ……
　①823, ②39
杉村 美紀 ……②169
杉村 みどり ……①526
杉村 泰 ……①635
杉村 泰彦 ……②451
杉村 喜光 ……①632
杉村博文教授退休記
　念中国語学論文集
　刊行会 ……①664
杉本 章子 ……①1045
杉本 厚夫 ……①213

杉本 一文 ……①842
杉本 詠美 ……
　①313, ①372
杉本 一敏 ……②212
杉本 希映 ……①701
杉本 公子 ……①592
杉本 久未子 ……②245
杉本 桂子 ……①711
杉本 圭三郎 ……①896
杉本 清香 ……①648
杉本 仁 ……②146
杉本 晴子 ……①1002
杉本 大一郎 ……①663
杉本 貴司 ……②307
杉本 貴志 ……②95
杉本 隆司 ……①606
椙本 孝思 ……①1092
杉本 卓哉 ……②372
杉本 龍彦 ……②618
杉本 晃章 ……①38
杉本 徳栄 ……②316
杉本 敏夫 ……②56, ②64
杉本 直己 ……②685
杉本 典夫 ……②734
杉本 憲彦 ……②576
杉本 英治 ……②741
杉本 均 ……①747
杉本 洋文 ……②608
杉本 真樹 ……②725
杉本 昌隆 ……①249
杉本 充 ……②657
杉本 祐子 ……①16,
　①17, ①633
杉本 由香 ……
　②764, ②783
杉本 幸雄 ……②192
杉本 譲 ……②333
杉本 ユミ ……
　①1376, ①1383,
　①1384, ①1394
杉本 恵申 ……②709
杉本 善徳 ……①802
杉本 善英 ……②84
杉本 りえ ……①352
杉本 亮 ……②458
杉本 錬堂 ……①121,
　①156, ①199
杉森 千紘 ……①66
杉森 直樹 ……②734
杉森 久英 ……①907
杉森 博子 ……②75
杉谷 弥月 ……②547
杉山 愛 ……①432
杉山 明 ……②679
杉山 亮 ……①380
杉山 明日香
　①45, ①69
杉山 淳 ……②696
杉山 征人 ……②600
杉山 悦子 ……②217
杉山 薫里 ……①433
杉山 一志 ……
　②647, ②783
杉山 和也 ……②115
スギヤマ カナヨ
　①327, ①355
杉山 久仁子 ……①740
杉山 玄六 ……②602
杉山 滋郎 ……②162
杉山 繁雄 ……①288
杉山 茂 ……②400, ②673
杉山 淳 ……②488
杉山 正二 ……①662
杉山 伸也 ……①269
杉山 精一 ……②65
杉山 想子 ……②70
杉山 隆男 ……②163
杉山 孝博 ……①178

杉山 千鶴 ……①782
杉本 輝吉 ……①948
杉山 「天道」実
　……①544
杉山 俊彦 ……①1002
杉山 菜穂子 ……①828
杉山 奈津子 ……①745
杉山 信男 ……②450
杉山 春 ……②54, ②55
杉山 秀子 ……②36
杉山 仁 ……②311
杉山 博昭 ……②52
杉山 裕章 ……②718
杉山 広通 ……②521
杉山 弘道 ……①484
杉山 祐之 ……①575
杉山 将樹 ……②355
杉山 真樹 ……②605
杉山 将 ……②520
杉山 政則 ……
　②732, ②739
杉山 正博 ……②193
杉山 真知子 ……②49
杉山 三記雄 ……①531
杉山 実 ……②355
杉山 幸成 ……②466
杉山 幸丸 ……②694
杉山 ゆみ ……①157
杉山 佳隆 ……①874
杉山 吉伸 ……①837
杉山 律子 ……①29
スキラッチ, サル
　ヴァトーレ ……②229
スクウェアエニック
　ス ……①303, ①1133
スクサワン, ナル
　ナート ……①56
スクラー, デイビッ
　ド ……②551
スクラントン, フィ
　リップ ……①371
スクリーチ, タイモ
　ン ……①557
スクルスキ, ブシェ
　ミスワフ ……②167
勝 桂子 ……①500, ①509
須黒 達巳 ……②695
菅 俊一 ……①823, ②265
助川 昭宏 ……②691
助川 幸逸郎 ……①790,
　①895, ①898
助川 英樹 ……②538
輔老 心 ……①382
助供 珠樹 ……①1215
祐成 保志 ……②94
菅野 和夫 ……②468
助野 嘉昭 ……①1134
菅屋 潤壹 ……②710
ズケリ・ローマー,
　クレール ……①303
スケールアヴィエー
　ション編集部
　……①287
すごい！神様研究会
　……①128, ①505
すごい引き寄せ！研
　究会 ……①113, ①115
菅生 新 ……①769
ズコウスキー, ジョ
　ン ……②609
スコッティ ……①1215
スコット, キム
　……①1332
スコット, ケイティ
　……①689
スコット, ジェニフ
　ァー・L. ……
　②28, ②85

スコット, ジャス
　ティン ……①1342
スコット, ユージ
　ニー・C. ……②648
巣籠 悠輔 ……②518
スコラメディア
　……②479
スコルジー, ジョン
　……①1362
スコルニク, リ
　チャード ……②714
スコロン, ビル ……①388
スーザ, デイビッド・
　A. ……①721
須佐 沙知子 ……①76
須崎 明 ……②755
須崎 勝彌 ……①1002
須崎 正太郎 ……①1215
須崎 恭彦 ……
　②263, ②356
須崎 祐次 ……
　①777, ①779
鷲崎 能弘 ……①912
図司 直也 ……②447
辻子 美保子 ……①454
図子 善信 ……②402
スージー鈴木 ……
　①803, ①804
筋原 章博 ……②157
朱雀 新吾 ……①1215
調所 一郎 ……①565
図書 啓展 ……①726
鈴 里々 ……②359
鈴石 弘之 ……①740
鈴江 璋子 ……①949
鈴江 一恵 ……②75
鈴江 弘康 ……①809
鈴置 貞治 ……②426
スズカ, ゴラン ……①858
鈴鹿 久美子 ……②341
鈴鹿医療科学大学底
　力教育推進セン
　ター ……②706
鈴川 廉平 ……①1401
鈴木 愛子 ……①690
鈴木 亜英 ……②139
鈴木 あかね ……①39,
　②289, ②411
鈴木 あきえ ……①98
鈴木 明雄 ……②736
鈴木 明子 ……①740
鈴木 昭広 ……
　②734, ②735
鈴木 昭裕 ……①960
鈴木 章能 ……②734
すずき あきら ……①1215
鈴木 章 ……②671
鈴木 誠 ……②380
鈴木 あけみ ……①5
鈴木 明美 ……
　②188, ②763
鈴木 麻子 ……①498
鈴木 淳子 ……②354
鈴木 淳 ……②632, ②684
鈴木 淳史 ……①813
鈴木 あつみ ……①1215
鈴木 あみ ……①1315
鈴木 ありさ ……①72
鈴木 郁子 ……
　①426, ①749
鈴木 庸夫 ……②202
鈴木 勇 ……①172
鈴木 一郎 ……①815
鈴木 英治 ……②547
鈴木 衛士 ……②131
鈴木 鋭智 ……②178

…………①54, ①63
鈴木 えみ ……①778
鈴木 恵美子 ……①81
鈴木 翁二 ……①849
鈴木 おさむ ……①1092
鈴木 治 ……②626
鈴木 海花 ……②695
鈴木 かおり ……①637
鈴木 嘉吉 ……②609
鈴木 修 ……②402, ②407
鈴木 嘉定 ……②872
鈴木 一雄 ……①255
鈴木 和男 ……②618
鈴木 和樹 ……②23
鈴木 和子 ……②758
鈴木 和音 ……①1002
鈴木 和宏 ……
　②191, ②414
鈴木 一正 ……②310
鈴木 一水 ……②323
鈴木 カツ ……①808
鈴木 克明 ……①678
鈴木 健嗣 ……②379
鈴木 克洋 ……②714
鈴木 克昌 ……②377
鈴木 輝一郎 ……①1046
鈴木 暁 ……②417
鈴木 孝子 ……②218
鈴木 今日子 ……①1003
鈴木 曉昇 ……①17
鈴木 清和 ……①157,
　①235, ①242
鈴木 邦男 ……①574,
　②92, ②142, ②145,
　②150, ②169, ②198
鈴木 邦雄 ……①675
鈴木 國夫 ……②290
鈴木 國朗 ……②425
鈴木 邦成 ……①642,
　②418, ②503, ②588
鈴木 邦裕 ……②626
鈴木 國文 ……
　①474, ①496
鈴木 けい ……
　①1368, ①1369,
　①1371, ①1391
鈴木 圭 ……①84
鈴木 圭一 ……①899
鈴木 景子 ……①130
鈴木 啓介 ……②733
鈴木 啓太 ……①118,
　②332, ②465
鈴木 慶太 ……①686
鈴木 敬夫 ……②219
鈴木 顕 ……②660
鈴木 元 ……②189
鈴木 健一 ……①893,
　①899, ①905
鈴木 研一 ……②315
鈴木 玄吉 ……①932
鈴木 堅弘 ……①835
鈴木 憲史 ……②749
鈴木 健司 ……②737
鈴木 健二 ……②738
鈴木 謙次 ……②42
鈴木 賢志 ……②265
鈴木 健太 ……②519
鈴木 堅太郎 ……②559
鈴木 孔 ……①390
鈴木 剛 ……①236
鈴木 幸一 ……②608
鈴木 弘一 ……②627
鈴木 浩一 ……②547
鈴木 宏二郎 ……②625
鈴木 光太郎 ……②648
鈴木 孝弥 ……①808
鈴木 光勇 ……②537,

…………②538, ②544
スズキ コージ ……
　①330, ①335
鈴木 ゴータ ……①776
鈴木 栄 ……①641
鈴木 禎宏 ……①906
鈴木 貞美 ……①912
鈴木 智子 ……
　①327, ①338
鈴木 毅 ……①873
鈴木 智之 ……①107
鈴木 参 ……①1215
鈴木 茂夫 ……①596
鈴木 茂彦 ……②749
鈴木 重光 ……②239
鈴木 重行 ……②750
鈴木 茂 ……②253
鈴木 秀一 ……②280
鈴木 脩介 ……②337
鈴木 重三 ……①558
鈴木 潤 ……②549
鈴木 絢子 ……②294
鈴木 彰 ……①899
鈴木 晶 ……①118,
　①452, ②346
鈴木 翔 ……②434
鈴木 晶子 ……②37, ②65
鈴木 昭平 ……
　①14, ①686
鈴木 士郎 ……
　②23, ②117
鈴木 真 ……①266
鈴木 伸一 ……
　①483, ①484
鈴木 晋一 ……②659
鈴木 真二 ……
　①574, ②624
鈴木 森泉斎 ……①870
鈴木 晋介 ……②88
鈴木 進也 ……
　②341, ②347
鈴木 真太郎 ……①67
鈴木 信也 ……①927
鈴木 信也 ……②740
鈴木 真理 ……①839
鈴木 ズコ ……①839
鈴木 涼美 ……①114,
　①949, ②34
鈴木 誠一郎 ……②294
鈴木 征子 ……①971
鈴木 誠治 ……②667
鈴木 誠二 ……②161
鈴木 寂静 ……①1003
鈴木 荘一 ……
　①566, ①568
鈴木 聡一郎 ……①246
鈴木 大貴 ……②552
鈴木 大喜 ……②259
鈴木 大介 ……①249
鈴木 大輔 ……
　①1003, ①1215
鈴木 大亮 ……①932
鈴木 大拙 ……
　①462, ①515
鈴木 大地 ……
　①432, ②684
鈴木 大裕 ……①700
鈴木 貴昭 ……①1132
鈴木 孝明 ……①663
鈴木 孝夫 ……①1003
鈴木 孝夫 ……①448,
　①624, ②423
鈴木 貴子 ……
　①879, ②334
鈴木 孝子 ……②603
鈴木 孝治 ……②715
鈴木 孝嗣 ……②309
鈴木 孝信 ……

著者名索引

第1列

①102, ①496

鈴木 たかのり
　……②547, ②555
鈴木 貴典 ……②521
鈴木 崇文 ……②722
鈴木 孝仁 ……②682
鈴木 貴博 ……
　……①261, ②342
鈴木 孝浩 ……②771
鈴木 高広 ……②403
鈴木 尚広 ……①216,
　①221, ①222
鈴木 隆弘 ……②731
鈴木 孝之 ……②375
鈴木 隆之 ……
　……②613, ②673
鈴木 琢也 ……①123
鈴木 建生 ……①718
鈴木 武 ……②446
鈴木 猛 ……②139
鈴木 董 ……②586
鈴木 達治郎 ……
　……①121, ②138
鈴木 たね子 ……①33
鈴木 たろう ……①246
鈴木 千恵子 ……①974
鈴木 千佳子 ……②197
鈴木 主税 ……
　……②91, ②126
鈴木 努 ……②662
鈴木 翼 ……①327
鈴木 哲雄 ……②731
鈴木 鉄忠 ……②746
鈴木 徹太郎 ……①104
鈴木 哲哉 ……
　……②516, ②596
鈴木 輝昭 ……①819
鈴木 徹 …②64, ②458
鈴木 透 ……②141
鈴木 杜幾子 ……①828
鈴木 登紀子 ……
　……①58, ①110
鈴木 敏恵 ……②721
鈴木 俊夫 ……②754
鈴木 哲夫 ……
　……②142, ②148
鈴木 敏夫 ……②799
鈴木 淑子 ……②346
鈴木 利典 ……
　……②520, ②529
鈴木 登士彦 ……②150
鈴木 利人 ……②760
鈴木 俊洋 ……②649
鈴木 敏央 ……②575
鈴木 敏弘 ……①16
鈴木 敏正 ……①750
鈴木 利光 ……②732
鈴木 俊幸 ……
　……①835, ②16
鈴木 敏之 ……②458
鈴木 友彰 ……②739
鈴木 知子 ……②251,
　①252, ①610
鈴木 朋子 ……②512
鈴木 智彦 ……②13,
　②18, ②39
鈴木 智秀 ……②659
鈴木 公啓 ……①486
すずき ともゆき
　……①308
鈴木 知之 ……
　①405, ②695
鈴木 直 ……①470
鈴木 直人 ……①169,
　①482, ①483
鈴木 直樹 ……
　①255, ①741
鈴木 奈央子 ……①22

第2列

鈴木 尚美 ……①19
鈴木 中人 ……①88
鈴木 央 ……①350
鈴木 菜実子 ……①485
鈴木 稔巳 ……②56
鈴木 伸子 ……①186
鈴木 伸治 ……②582
鈴木 宜弘 ……②458
鈴木 庸裕 ……
　①700, ②51
鈴木 宣也 ……①875
鈴木 信行 ……①97
鈴木 のりたけ ……①330,
　①340, ①417
鈴木 範久 ……①526
鈴木 則宏 ……②732
鈴木 規文 ……②276
鈴木 紀之 ……②685
鈴木 一 ……②781
鈴木 隼人 ……②291
鈴木 颯人 ……①120
鈴木 晴恵 ……①26
鈴木 晴生 ……①29
鈴木 治子 ……①76
鈴木 春二 ……①102
鈴木 比砂江 ……
　②347, ②427
鈴木 久男 ……②663
鈴木 比佐雄 ……①967
鈴木 久乃 ……②775
鈴木 秀明 ……
　①299, ①743
鈴木 日出男 ……①897
鈴木 秀樹 ……①238
鈴木 英子 ……①627
鈴木 秀子 ……②87,
　①94, ①458, ①949
鈴木 英二 ……②707
鈴木 秀次 ……②728
鈴木 秀洋 ……②152
鈴木 秀美 ……②199
鈴木 一誌 ……①949
鈴木 仁美 ……②670
鈴木 宏昭 ……①485
鈴木 裕和 ……①234
鈴木 広樹 ……②290
鈴木 弘毅 ……
　②40, ②432
鈴木 弘樹 ……②612
鈴木 博毅 ……①566,
　②280, ②366
鈴木 啓子 ……①840
鈴木 宏子 ……①44,
　①124, ②609
鈴木 博子 ……②335
すずき ひろし ……①640
鈴木 宏 ……①470, ②16
鈴木 浩之 ……②53
鈴木 広隆 ……②653
鈴木 宏尚 ……②141
すずき ひろのぶ
　……②534
鈴木 啓功 ……②247
鈴木 洋仁 ……①570
鈴木 ひろみ
　……②74, ②75
鈴木 啓之 ……①647
鈴木 博之 ……
　②114, ②609
鈴木 裕之 ……①4
鈴木 廣之 ……①581
鈴木 啓悦 ……②738
鈴木 びんこ
　……①334, ①346
鈴木 文矢 ……②147
鈴木 勉 ……②47
鈴木 舞 ……①595, ②111
鈴木 牧 ……②683

第3列

鈴木 万希枝 ……
　②110, ②520
鈴木 マキコ ……①1003
鈴木 雅生 ……①1340
鈴木 雅夫 ……②705
鈴木 雅雄 ……①830,
　①924, ②34
鈴木 正樹 ……①963
鈴木 雅子 ……
　①673, ②394
鈴木 政子 ……①927
鈴木 雅之 ……①488
鈴木 仁 ……①1046
鈴木 正司 ……②617
鈴木 正士 ……①892
鈴木 壮 ……①213
鈴木 雅貴 ……②554
鈴木 正崇 ……①114
鈴木 雅人 ……
　①177, ②325
鈴木 真人 ……②519
鈴木 正敏 ……①693
鈴木 真実 ……①324
鈴木 正信 ……
　①542, ①545
鈴木 将典 ……①552
鈴木 正彦 ……②770
鈴木 将之 ……②244
鈴木 将頼 ……②106
鈴木 賢 ……①597,
　②89, ②220
鈴木 正人 ……①209
鈴木 まどか ……②767
鈴木 学 ……①749
鈴木 真奈美 ……①96
鈴木 真実哉 ……②266
鈴木 まもる ……①324,
　①334, ①344, ①408
鈴木 真由子 ……①740
鈴木 真理子 ……②350
鈴木 三枝 ……①777
鈴木 美江子 ……①78
鈴木 美朗志 ……②598
鈴木 みき ……
　①190, ②233
鈴木 水季 ……①709
鈴木 美紀子 ……①969
鈴木 みずえ ……①176,
　①177, ②767
鈴木 ミチ ……①803
鈴木 満男 ……①268
鈴木 貢 ……②519
鈴木 光子 ……①1336
鈴木 三央 ……②729
鈴木 満 ……②231
鈴木 美奈子 ……②722
鈴木 みのる ……①238
すずき みは ……①333
鈴木 美朋 ……
　①1332, ①1340,
　①1345, ①1348
鈴木 美和 ……①46
鈴木 めぐみ ……②39
鈴木 恵 ……①1344,
　①1350, ①1353
鈴木 基史 ……②169,
　②406, ②407
鈴木 元彦 ……②612
鈴木 基弘 ……①130
鈴木 一史 ……
　②542, ②551
すずき もも ……①338
鈴木 八重子 ……①694
鈴木 康雄 ……①1333
鈴木 康士 ……①842
鈴木 康純 ……②422
鈴木 靖民 ……①543,
　①545, ①611

第4列

鈴木 安名 ……①170
鈴木 康広 ……①343
鈴木 康弘 ……①692
すずき 大和 ……①329
鈴木 裕 ……②600
鈴木 裕一 ……②158
鈴木 優花 ……①450
鈴木 祐子 ……①235
鈴木 裕子 ……①896
鈴木 裕二 ……②603
鈴木 悠介 ……①887
鈴木 祐丞 ……①467
鈴木 雄也 ……②338
鈴木 有李 ……①1215
鈴木 ユータ ……①186
鈴木 優 ……①245
鈴木 ユリイカ ……①968
鈴木 陽一 ……①919
鈴木 瑛子 ……①641
鈴木 洋子 ……②620
鈴木 義昭 ……
　①705, ②39
鈴木 好和 ……
　②335, ②369
鈴木 良和 ……②227
鈴木 美勝 ……②143
鈴木 敬子 ……②543
鈴木 芳子 ……①470
鈴木 吉彦 ……
　①180, ②720
鈴木 佳秀 ……①529
鈴木 貴泰 ……②196
鈴木 善充 ……②271
鈴木 義也 ……①497
鈴木 正行 ……②514
鈴木 依子 ……①815
鈴木 隆 ……②130,
　②250, ②335, ②461
鈴木 隆二 ……②229
鈴木 龍介 ……②210,
　②211, ②325
鈴木 亮子 ……①625
鈴木 了二 ……
　②613, ②614
鈴木 亮司 ……①172
鈴木 涼介 ……①189
鈴木 るりか ……①1003
鈴木 るり子 ……①702
鈴木 レモン ……①1315
鈴木 渉 ……①735
涼暮 皐 ……①1216
鈴田 敦之 ……②306
すずね 凛 ……①1401
すずの木 くろ ……①1216
鈴ノ木 ユウ ……
　①7, ①348
鈴音 れな ……①846
鈴吹 太郎 ……
　①277, ①278
すずまり ……②533
鈴峯 紅也 ……①1092
鈴宮 寛子 ……①8
鈴村 和成 ……
　①474, ①808
鈴村 鋼二 ……①456
すずめ ……②69
すずめクレイジー
　……②246
鈴森 丹子 ……①1216
すず屋。……①780
鈴羅木 かりん
　……①347, ①386
スソ アキコ ……①614
スソスタック, フィ
　ル ……①839
スター, ジョナサン
　……②87

第5列

スター, フラー ……①302
須田 亜香里 ……①92
須田 治 ……①478
須田 一幸 ……②317
須田 狗一 ……①1092
須田 邦裕 ……②404,
　②406, ②414
須田 研司 ……②695
須田 孝司 ……①663
須田 修二 ……②615
須田 晋介 ……
　②586, ②589
須田 慎太郎 ……①254
須田 卓馬 ……②776
須田 努 …②569, ①785
須田 徹 ……②377
須田 智之 ……②561
須田 寛 ……②264
須田 誠 ……①260
須田 守 ……②203
須田 貢正 ……①405
須田 友喜 ……①1362
須田 祥充 ……②286
スタイヤー, D. ……①667
スタイルノート楽譜
　制作部 ……
　②543, ②544
スタイン, エリアス・
　M. ……②657
スタイン, ガート
　ルード ……①313
スタイン, ジェイム
　ズ・D. ……①1348
スタインモ, スヴェ
　ン ……②262
スタヴラカキス, ヤ
　ニス ……②172
スタヴリディス,
　ジェイムズ …②121
スターク, キオ ……②95
スターク, リー ……①587
スタージェス, ライ
　ラ ……②856
スタジオエクレア
　……②886
スタジオエトセトラ
　……①640
スタジオコメット
　……①321, ①322
スタジオジブリ
　……①321, ①799
スタジオタッククリ
　エイティブ …①435
スタジオチャビコロ
　……①304
スタジオハードデラ
　ックス ……①859,
　①861, ①863
スタジオパラム
　……①190
スタジオベントス
　タッフ ……②282
スタジオポノック
　……①322, ①801
スタジオものくろー
　……①859
スタジオリズ …①827,
　①861, ①864, ②542
スタジオワーク
　……①187
スタジオ248 ……①413,
　①415, ①416
スタージョン, シオド
　ア ……①1343, ①1359
ズダースキー, チッ
　プ ……①855
スターダック トニー
　……①197

第6列

スタッズ, クラリス
　……①922
スタッドランダー,
　ベッカ ……①866
スタニエ, マイケル・
　バンゲイ ……②368
スタノヴィッチ,
　キース・E. ……②97
スターバック, サラ
　……①382, ①384
スターバックス研究
　会議 ……②286
スタブフィールド,
　マイクル・D.
　……②736
スターフライヤー
　……②437
スタープログラミン
　グスクール …②551
スタム, ジャック
　……①649
スタラボ ……②530
スターリアル, デ
　ヴィン・J. ……②722
スターリン, ジム
　……①848
スターリング, ザッ
　ク ……①848
スタルバーグ, ブ
　ラッド ……②357
スタンデージ, トム
　……②39
スタントン, H.P.
　マーティン …②437
スタンバーグ, エリ
　エザー・J. ……①485
スタンラン, クレー
　ル ……①119
スタンリー・スミス,
　ベニシア ……
　①269, ①935
スタンレイ, マン
　ディ ……②311
スチュアート, アン
　……①1394
スチュアート, イア
　ン ……②654
スチュアート, メア
　リー ……①322,
　①374, ①801,
　①1348, ①1362
スチュワート, ダニ
　エル ……①651
スチュワート, デイ
　ブ ……①850
スチュワード 麻子
　……①46
「ずっと美しい人」編
　集部 ……①19
スティーヴンス,
　スーザン ……①1376
スティーヴンス, ロ
　ビン ……①1348
スティーヴンスン, ロ
　バート・ルイス
　……①649,
　①1327, ①1332
スティーヴンソン,
　スーヴ ……①373
ステイエ, セバス
　ティアン ……②682
ステイカー, ヘザー
　……①720
スティグラー, ス
　ティーブン・M.
　……②270
スティグリッツ,
　ジョセフ・E. …②262
スティケティー, ゲ

イル …………①489
スティーブンソン, ジェイムズ ……
　　　　①312, ①314
スティーブンソン, ショーン ……①171
スティムソン, ヘンリー・L. ……②136
スティール, ウィリアム・R. ……②358
スティール, ジェシカ ……
　①1367, ①1369,
　①1372, ①1391
スティール, ダグラス・J. ……②554
スティルトン, ジェロニモ ……②373
スティレット, ジル ………①306
スティンスン, キャシー ………①309
ステグマン, ライアン ………②852
ステッドマン, M.L.
　　　　　 ……①1332
すてふ ………①1216
ステファニ, リサ・A. ………②647
ステファノフ, ストヤン ………②556
ステファンズ, リー ………②372
ステフォフ, レベッカ …①589, ②694
ステラ, ジェレミ ……①261, ②612
ステリゴ, キャシー ………②735
ステン, カート …②111
ステンベリ, ディック ………①344
数土 直志 ………①799
ストウ, ハリエット・ビーチャー …①1332
須藤 暁子 ………①15
すとう あさえ …①323, ①329, ①330
須藤 麻美 ……②767
須藤 功 …①418, ②269
須藤 圭 ………①898
須藤 健一 ……①417
主藤 孝司 ……②339
須藤 鑓世 ……②580
周藤 丞治 ……①136
須藤 彰三 ……②668
須藤 岳史 ……①357
須藤 常央 ……①904
須藤 哲生 ……①1330
首藤 信彦 …②247
須藤 典明 ……②464
須藤 紀子 ……①673
須藤 英章 ……②185
須藤 正美 ……①608
須藤 靖貴 ……①1092
須藤 祐司 ……②65
周藤 由紀子 …②18
須藤 ゆみ ……①6
須藤 凛々花 …①451
周藤 蓮 ………①1216
ストゥデムント, A.H. ………②259
ストークス, ヘンリー・S. …①571, ①580, ①592
ストック, ロバート・W. ………②733
ストップザバイオハ

ザード国立感染研の安全性を考える会 …………②701
ストライカーDX特別編集 ……①229
ストラウス, ウィリアム ………②136
ストラウス, ニール ……②92
ストラウト, エリザベス ………①1332
ストラウブ, ベン ……②554
簾内 文美 ……②542
ストラング, ギルバート …②653, ②657
ストーリーα. …①396
ストリンベル, ジェイソン ……②559
ストール, クリフォード ……②934
ストルク, オーサ ……①378
ストーレイ, キース ……②682
ストレイヤー, ディヴィッド・S. …②732
ストレトフィールド, ノエル ……①377
ストレンジデイズ ……①808
ストレンジャー, トム ……①936
ストローチ, バーバラ ………②730
ストロメイヤー, ウルフ ……①588
ストーン, オリバー ……②127
ストーン, ジーン ……②777
ストーン, ブラッド ……②300
ストーン, リン ……①1386
ストーンズ, グレッグ ………②795
諏内 えみ …①16, ①33
スナイダー, スコット …①849, ①854
スナイダー, ティモシー ……①612
スナイデル, アダム ……①94
砂押 司 ……①1216
須永 昌博 ……②580
須永 朝彦 ……①888
須永 和宏 ……①522
砂上 史子 …①689, ①694, ②652
砂川 雨路 …①1216
砂川 重信 ……②655
砂川 妙華 ……②613
砂城 ………①1402
砂田 一郎 ……②134
砂田 利一 ……②658
砂田 弘 …①308, ①389
砂田 実 ……②768
スナック研究会 ……
　　　　 ………②105
砂長 美ん ……②58
砂原 糖子 ……①1315
砂原 雑音 ……①1216
スポーツ庁 ……②144
スナベア, マリー・トレル ……①98
すなみ 翔 ……
　①1366, ①1379,
　①1381, ①1383,

①1390, ①1394
砂本 量 ………①380
砂本 文彦 ……②610
すなやま えみこ ……
　　　　 ………①302
砂山 恵美子 …①350
スニサー・ウィッタヤーパンヤーノン ……①668
スヌクストラ, アンナ ………①1348
スヌ子 ………①67
洲之内 啓子 ……①581
スノーデン, エドワード ……②123
春原 いずみ ……
　①1216, ①1315
春原 久徳 ……②273
春原 弥生 ……
　①774, ②655
スパイアーズ, エリザベス ……①1333
スパイクマン, ニコラス・J. …②170
ズーハネク, アンドレアス ……②278
洲浜 拓志 ……②390
すはら ひろこ …①2
主晴 ………①141
スピーキングエッセイ ………②353
スピーク, ジェニファー ……①662
すぴーち工房 …①17
スピネリス, ディオミディス ……②553
スピリオトプロス, エヴァン ……①1327
スピルズベリー, ルイーズ ……
　①310, ①412
スピンク, キャサリン ………①521
スピンドラー, エリカ ………①1394
スフバートル, タプハイン ……①343
スプラギュー, ジェフリー・R. …②682
スプリックス …②665
スフレ ………①1217
スプロール, R.C. ……
　　　　 ………②525
スペー, ヒッテ …①378
スペクター, ティム ……①26
スペック, ケイティ ……①372
スペリング, マーク ……①310
スペンサー, キャサリン ………①1368
スペンサー, ニック ……
　①848, ①851
スペンサー, パトリシア・エリザベス ………①681
スペンサー, ハーバート ……①455
スポーツグラフィックナンバー …①222
「スポーツの世界を学ぶ」編集委員会 ……①214
須磨 はじめ …②626
すまいるママ

…………①338
スマート, ウィリアム・D. ……②552
スマート, ミシェル ………①1376
スマートキッズ療育チーム ……①686
スマナサーラ, アルボムッレ ……①15, ①458, ①459, ①512, ①513, ①517
スマリヤン, レイモンド・M. ……②653
角 敦子 ……①601, ①877, ②165
角 建逸 ……①250
角 省三 ……①536
角 憬作 ……①433
鷲見 辰美 ……
　①714, ①729
角 哲也 ……②605
角 直樹 ……②773
角 保徳 ……②758
角居 勝彦 ……①244
住居 広士 ……②82
住木 美優 ……①15
角倉 英明 ……②618
角倉 裕之 ……①297
墨崎 正人 ……①20
スミザース, ライアン ……①663
スミス, アダム …②109
スミス, アビー …②228
スミス, アレグザンダー・マコール ………①378
スミス, アン・マーガレット ……①681
スミス, クラーク・アシュトン …①1362
スミス, クレイグ ……②533
スミス, コードウェイナー …①1362
スミス, サム …①440
スミス, ジェニファー ……①651
スミス, ジェフ …①793
スミス, シドニー ……①310
スミス, ジャニス・グジュイニスキ ………②671
スミス, ジョアンヌ・R. ………②110
スミス, ダン …①129
スミス, トッド・K. ……①808
スミス, ベニータ・レイ ……②63
スミス, マシュー ……①495
スミス, レイン …①316
スミス, W.ユージン ……①261
スミス 幸子 …①311
住須 譲治 ……①1217
スミソニアン協会 ……②680
隅田 朗彦 ……②734
隅田 貫 ……②342
角田 識之 ……②280
住田 正樹 ……②106
角田 政芳 ……
　②187, ②429
住田 真理子 …①1003
角田 圭雄 ……②710

隅田 好美 ……②755
住滝 良 ……②755
　①366, ①367
墨田区文化振興財団 ……①836
墨谷 佐和 ……①1315
すみだ北斎美術館 ……①388
スミチ・レビ, D. ……②282
スミチ・レビ, E. ……②282
住友 和弘 ……②578
住友 進 ……①152, ①474, ②293
住友 剛 ……①698
住友 玲子 ……①887
住友史料館 ……①616
住友電工グループ社会貢献基金一橋大学環境法政策講座 ……②580
住友不動産販売 …①19
住友林業レジデンシャル ……②193
隅野 史郎 ……②203
隅野 貴裕 ……②520
住野 よる ……①1003
すみもと ななみ ……①325, ①327
澄守 彩 ……①1217
住谷 光一 ……①537
住吉 孝一 ……②604
スミルガ ……②173
すみれ 晶 ……①1402
スメラック, マーク ……①847, ①849, ②34
スメント, ルドルフ ……②199
「相撲」編集部 …①237
須本 良夫 ……①731
須山 敦志 ……②520
陶山 和信 ……②635
陶山 計介 ……②338
陶山 哲夫 ……②82
須山 奈緒子 …②130
巣山 ひろみ ……①323, ①354
須山 雄子 ……①40
スライウム ……①405, ①408
スラス, ディラン ……②200
スラック, カースティ ……①17
スラッシャー, マイケル・A. …②692
スラッシュ, アガサ ……②719
スラッシュ, カルビ ……②719
スラミー, アブー・アブドゥッラフマーン ……①460
スリー, ナターシャ ……①866
スーリィ, ジュール ……②730
スリーエーネットワーク ……①636
3D Total Publishing
3DTotal Publishing ……①860
スルーキン, アリス ……②63
スルベツキ, シュテファン …①1348

スレイ, シャーロット ………①840
スレイター, キム ……①374
スレーター, アラン・M. ……①498
スロヴェック, ヤスミン ……①375
スローター, アン＝マリー ……①1348
スローター, カリン ………①1348
スロット, ダン・①852
スローン, ロビン ………①1349
諏訪 敦 ………①837
諏訪 元 …①612, ①613
諏訪 哲史 ……
　①949, ①1003
諏訪 哲二 ……①749
諏訪 春雄 ……①788
諏訪 晴美 ……①269
諏訪 公 ……②630
諏訪 康雄 ……
　②222, ②467
諏訪 恭一 ……②680
洲脇 武志 ……①597
諏訪園 純 ……①725
諏訪錦 ………①1217
諏訪原 研 ……①899
スワファー, ケイト
　　　　 ………①176
諏訪部 浩一 ……①922
すわべ しんいち ……
　　　　 ………②550
諏訪部 仁 ……①601
諏訪免 典子 ……
　　　②70, ②705
スワンソン, ウェンディ・スー …②15
スワンソン, サラ ……②65
スワンソン, スキップ ……②137
づん ………②391
ずんがずんが編集部
　　　　 ………②938
駿台法律経済＆ビジネス専門学校 ……
　　　②183, ②496
スンニョギイ, アンドラス ……①860

せ

セアー, ジェーン ……
　　　　 ………①311
セイ ………①1217
成 起昌 ……①247
瀬井 恵介 ……②16
清 駒一郎 ……②442
清 博美 ……②111
清 正義 ……②423
星火 ………①67
世界遺産アカデミー ……①440, ②91
世界遺産検定事務局 ……②91
世界単位認定協会 …②29
「世界ふしぎ発見！」

著者名索引

制作スタッフ‥②32
世界まんが塾‥②33
世界らん展日本大賞事務局‥‥①269
星覚‥‥①95
聖カタリナ大学聖カタリナ大学短期大学部開学記念論文編集委員会‥‥①49
生活安全警察研究会‥‥②187
生活衛生法規研究会‥‥②187
生活経済学会‥②263
『生活排水処理改革―持続可能なインフラ整備のために』をつくる会‥②577
生活保護制度研究会‥‥②59
生活保護問題対策全国会議‥‥②48
世紀末‥‥①864
聖教新聞外信部‥②91, ②253
聖教新聞社教学解説部‥①501
「税金ガイドブック」制作グループ‥‥②401
清家 あい‥①694
清家 篤‥‥②376
清家 剛‥②613, ②618
清家 三佳子‥②365
清家 未森‥①1217
「整形外科」編集委員‥‥②751
成蹊大学文学部学会‥‥①908, ②101
青月社編集部‥①865
税研情報センター‥‥②398
井口病院‥‥②262
生産性改善会議‥‥②350
政治騎手WEBスタッフチーム‥‥②245
政治思想学会‥②170
政治組織局‥②173
性実話研究会‥②35
清島 真理子②760
「成駿伝」製作委員会‥‥②244
清少納言‥‥①896
青少年就労支援ネットワーク静岡‥②59
精神障害年金研究会‥‥②73
精神保健福祉士試験対策研究会‥②79
製図試験.com‥②639
清泉女子大学「日本文学と怪異」研究会‥‥①893
星奏 なつめ‥①1217
清田 真未‥①24
清田 素嗣‥①143
清田 幸弘‥②403
整体師NAGAOKA‥‥②709
セイデン, ジョシュ‥‥②555
西東社編集部‥①47, ①107, ①232, ①666, ①667, ①726, ①730, ②32
西南学院大学聖書植

物園書籍出版委員会‥‥①528
西南学院大学法学部創設50周年記念論文集編集委員会‥‥②224
成年後見センターリーガルサポート‥‥②204
せいの あつこ‥①346
清野 恵里子‥①790
西野 吾郎‥①1217
清野 祥範‥①683
成美堂出版編集部‥‥①18, ①72, ①79, ①82, ①211, ①213, ①234, ①286, ①293, ①296, ①297, ①299, ①395, ①427, ①434, ①435, ①625, ①627, ①655, ②179, ②180, ②181, ②182, ②415, ②427, ②783
誠文堂新光社‥①51, ①82, ①83, ①270
聖マリアンナ医科大学病院多職種せん妄対策プロジェクト‥‥②762
清丸 惠三郎‥①898
税務経理協会‥②402, ②407, ②490, ②494
税務研究会‥②320, ②398, ②402
税務研究会税研情報センター‥①20, ②323, ②327, ②391, ②398, ②400, ②401, ②402, ②403, ②404, ②408, ②411, ②412, ②413
セイヤーズ, ドロシー・L‥①1333
盛山 和夫‥②99
盛山 隆雄‥‥①726, ①728
声優アニメディア編集部‥‥①776
清陽監査法人‥②316
青来 有一‥①1003
せいらん‥‥①320
税理士法人おおたか‥‥②327
税理士法人タクトコンサルティング‥‥②329
税理士法人チェスター‥‥②413
税理士法人トゥモローズ‥‥②708
税理士法人レガシィ‥‥②191
青龍‥‥①129
セイル, ティム‥①855
清和 研二‥②686
清話会出版‥②342
成和明哲法律事務所‥‥②196
セイン, デイビッド‥‥②530, ①639, ①640, ①641, ①643, ①644, ①646, ①649, ①653, ①654, ①662, ②135
セイント, サンジェイ‥‥②733
セヴィリア, ジャン‥‥①587
ゼヴィン, ガブリエ

ル‥‥①1333
セヴェーリ, カルロ‥‥②111
瀬尾 明敏‥②40
瀬尾 憲司‥②716
瀬尾 公治‥①846
瀬尾 照‥①1217
瀬尾 健‥①930
瀬尾 つかさ‥‥①1217, ①930
瀬尾 まいこ‥‥①949, ①1003
瀬尾 雅弘‥①808
瀬尾 まなほ‥①910
瀬尾 碧‥①1402
瀬尾 優梨‥①1218
瀬尾 幸子‥②50, ②55, ①62
瀬尾 由広‥②740
瀬王 みかる‥①1218
セガ‥‥①1134
世界遺産総合研究所‥①188, ②25, ②91
世界偉人研究会‥‥②524
世界一周NAVI編集部‥‥②200
世界宗教者平和会議日本委員会‥②130
世界戦史研究会‥‥②588
世界トラベラー情報研究会‥②203
セガインタラクティブ‥‥②280
セガゲームス‥①1132
せかねこ‥‥②949
セガホールディングス‥①844, ①855
瀬川 晃‥②213
瀬川 月菜‥①1218
世川 行介‥①929, ①949, ①1046
瀬川 たかし‥②288
瀬川 貴次‥‥①1046, ①1218
瀬川 拓郎‥②540
瀬川 信久‥②220
瀬川 裕司‥①789
瀬川 譲‥①622
セーガン, スコット‥‥②121
関 昭郎‥②826
関 明浩‥②360, ②362, ②364
関 厚夫‥‥①108, ①1046
関 悦史‥①905, ①974
関 一則‥②38
関 和之‥①416
石 賢敬‥①667
関 賢太郎‥②127
関 侊雲‥①869
関 恒樹‥②112
関 耕平‥②433
関 三平‥①276
関 静雄‥①602
関 周一‥①599
石 純姫‥②119
瀬戸 慎一‥①823
関 眞興‥①587, ①590, ①591
関 孝哉‥②377
関 拓弥‥②609
関 千枝子‥①579
せき ちさと‥①356
関 哲夫‥②212
関 輝夫‥②419

赤 俊哉‥②515
関 智一‥①799
關 智一‥②369
関 智宏‥②303
関 朝之‥①383
関 順節‥②301
関 宜盛‥①1131
關 典子‥②4
關 浩和‥①751
関 博‥②604
瀬木 比呂志‥‥②215, ②227
關 宏之‥①390
関 ふ佐子‥②66
石 平‥①590, ①593, ①599, ②89, ①125, ②132, ②133, ②247
関 麻衣子‥②231
関 正生‥①639, ①650, ①654, ①658, ①735, ①742, ①744
関 雅史‥②219
関 真也‥②429
関 雅之‥②256
関 麻由美‥②628
関 満博‥②159, ②246, ②303
関 美和‥①113, ②36, ②298, ②379, ②388, ②512
関 基勝‥①1003
関 裕二‥②542, ①544, ①547, ①614
関 雄二‥①610, ②115
関 由賀子‥②744
関 幸彦‥②530, ①549, ①550
関 洋子‥①687
関 好江‥①54
関 利枝子‥①253
関井 清乃‥②684
関岡 孝平‥②452
関上 武司‥①203
関川 香織‥②168
関川 泰寛‥②524
関川 芳孝‥‥②689, ②51
関口 暁宣‥②559
関口 英子‥②310, ①371, ①934, ①1327
関口 和夫‥②541
関口 和代‥①480
関口 恵子‥②764
関口 厚光‥①917
関口 乃乃‥①155
関口 次郎‥②658
関口 すみ子‥①915
関口 大介‥②291
関口 隆哉‥①244
関口 健‥②115
関口 千恵‥①647
関口 時正‥‥①1337, ①1340
関口 知宏‥①199
関口 はつ江‥①693
関口 久志‥①184
関口 博子‥①820
関口 浩‥①471
関口 博久‥②399
関口 浩文‥②728
関口 真興‥②74
関口 素男‥①87
関口 由紀‥①168
関口 芳弘‥①933
関口 隆一‥①453
関口 涼子‥①826
関口 諒子‥①1390

関沢 明彦‥①7
関沢 まゆみ‥②116
關下 昌代‥①126
せきしろ‥①1003
関城 一己‥②701
関澄 かおる‥②38
石造文化財調査研究所‥‥①614
関田 一彦‥①676
関田 保行‥②620
関戸 勇‥②447
関戸 一考‥②400
関戸 堯海‥②521
関戸 京子‥②400
關戸 啓子‥②777
関戸 英紀‥①686
関戸 冬彦‥②660
関永 信子‥②768
関根 統‥②252
関根 茂行‥①189
関根 俊輔‥②281
関根 健夫‥②49
関根 達夫‥②521
関根 千方‥①974
関根 達未‥②332
関根 紀子‥②215
関根 浩子‥②600
関根 裕紀‥②555
関根 正美‥②214
関根 光宏‥‥①105, ②91
関根 稔‥②326, ②408
関根 康明‥②494, ②629, ②633, ②635
関根 康裕‥②638
関根 康正‥②88
関根 裕子‥‥①782, ①816
関根 由子‥①872
関根 知未‥②332
関野 愉‥②755
関野 正‥②268
関野 幸生‥②268
関野 吉晴‥②294
関野 吉晴‥①433
関端 広輝‥②380
関原 秀行‥②187
関水 信和‥②745
関村 イムヤ‥①1218
関本 大介‥②239
セキモリ, ゲイノー‥‥②499
関谷 江里‥②25
関谷 英里子‥②641
関谷 喜三郎‥②267
関家 新助‥②92
関谷 冬華‥‥②588, ②693
関谷 德衛‥②871
関谷 德泰‥②179
関谷 浩‥②251
関谷 博‥①902
関谷 政広‥②413
関谷 雄一‥②87
関山 健治‥①637
関山 正勝‥②289
関山 春紀‥②487
石油化学新聞社LPガス資料年報刊行委員会‥‥②573
石油通信社編集局‥‥②573
石龍 鉄樹‥②760
ゼクシィキッチン‥‥①55

瀬口 至‥②153
瀬口 正晴‥②781
世古 敦人‥②595
勢古 浩爾‥①90, ①110, ①127, ②949, ②94
世古 詞一‥②309
世耕 石弘‥①676
瀬江 千史‥②711
施工図委員会‥②621
瀬戸内国際芸術祭実行委員会‥②824
セージ, サラ‥①721
セジウィック, マーカス‥‥②371
セシェ, アンドレア‥‥②375
セスキス, ティナ‥‥①1349
瀬芹 つくね‥①2
センコ マサユキ‥①191, ①196
セーダー, ライアン‥‥②47
瀬田 貞二‥①324
稲田 義行‥‥②462, ②117
世田谷文学館‥①912
瀬田川 聡‥①710
ゼーターラー, ローベルト‥①1333
瀬地山 角‥②87
絶牙‥②474, ②475
雪花 りつ‥‥①1218, ①1402
説経節の会‥②117
セックストン, トーマス・L.‥①490
設計製図試験研究会‥‥②640
設計製図対策研究会‥‥②640
絶景トラベル研究会‥‥②255
雪月花‥①1218
石鹸百科‥①6
世津路 章‥①1218
節田 佑介‥②746
絶対合格プロジェクト‥‥①626
セッテホルム, フィ‥‥②374
セッパラ, エマ‥①123
設備と管理編集部‥‥②630
雪氷災害調査チーム‥‥①233
セティアワン, イワン‥‥②335
瀬戸 郁保‥①159
瀬戸 賢一‥①621, ①622, ①634
瀬戸 健二‥②554
瀬戸 浩二‥①161
施工 寿津子‥①617
施工 奈津子‥②765
瀬戸 弘幸‥‥②228, ②580
瀬戸 正則‥②372
瀬戸 雅彦‥②560
瀬戸 美月‥②563, ②566, ②567
瀬戸 メグル‥‥①1218, ①1219
瀬戸 泰之‥②179
瀬戸 由美子‥①69
瀬戸 優理子‥①972
瀬戸 祐典‥②384

瀬藤 澄彦 ………②85
瀬戸内 寂聴 ……①85,
　①86, ①109, ①834,
　①909, ①972, ①1003
瀬戸内 みなみ…①185
瀬戸川 礼子 ……②365
瀬戸口 しおり ……①56
セドニエフ, アンド
　リー ………②298
瀬戸山 亨 ………②571
ゼドレー, ダン ……①15
セドレー, リズ ‥②547
せな あいこ ……
　　①313, ①337
瀬名 あゆむ ……①772
瀬那 和章 ……
　①1092, ①1219
せな けいこ …①326,
　①329, ①337, ①342
瀬名 堯彦 ……
　①609, ②166
瀬名 瑞希 ……①129
瀬長 亀次郎 ……②168
セナ ビジャー …②348
瀬沼 花子 ……
　①396, ①402
セネカ, ルキウス・ア
　ンナエウス …①468
瀬野 精一郎 ……①618
瀬野 裕美 ……②683
瀬野 文教 ……②608
瀬野 莉子 ……
　①1382, ①1394
妹尾 明宏 ……②401
妹尾 尻尾 ……①1219
せのおしんや …①434
妹尾 武治 ……①485
妹尾 剛好 ……②318
妹尾 伸子 ……①782
妹尾 春樹 ……②727
妹尾 昌俊 ……
　①699, ①704
妹尾 豊孝 ……①254
妹尾 理恵 ……①815
妹尾 留衣 ……①144
セノフ, アニ …①135,
　①136, ①138
セノフ, カーステン
　…………①135
瀬畑 純 ………①389
瀬畑 源 ………②151
瀬原 義生 ……①600
せひら あやみ …①1134
セブ山 ………②528
セブンデイズウォー
　…………②277
せべ まさゆき ‥①328,
　①330, ①331,
　①332, ①342
セベスチェン, ヴィ
　クター ……①609
セペティス, ルータ
　…………①1333
蝉川 夏哉 ……
　①1123, ①1219
ゼミネット ……②644
セメント新聞社編集
　部 …………②444
セメント新聞編集部
　…………②444
瀬谷 愛 ………①355
瀬谷 貴之 ……①511
瀬谷 昌男 ……②621
瀬谷 幸男 ……
　①926, ②770
瀬山 士郎 ……
　①396, ②655
瀬山 由美子 ……②783

脊山 洋右 …②766,
　②777, ②778
世良 耕一 ……②335
せら ひなこ …①1402
セラーズ, アレキサ
　ンドラ ……①1383
セラーズ, スーザン
　…………①922
ゼラツキー, ジョン
　…………②357
セラト, マッティア
　…………①440
セリオ, バーナード
　…………①649
星里 奏 ………①129
芹川 洋一 ……②141
芹川 蓮華 ……①79
セリーグ6球団 …①643
芹澤 健介 ……②190
芹澤 光治良 ……①354
芹澤 ノエル …①1219
芹澤 信雄 ……①219
芹沢 真理子 ……①936
芹澤 恵 ………
　①1339, ①1344
芹澤 良子 ……①155
芹名 りせ ……①1402
セール, アラン …①417
セール, ミッシェル
　…………①474
セルデンワーグナー,
　マニュエル …②584
セルバンテス, ミゲ
　ル・デ ……
　①309, ①891
セールベリ, ダン・
　T. ………①1362
セレーナ ……①644
セレナ, エレナ …①304
0号室 ………①89
ゼロサム編集部
　…………①801
ゼロプラス ……②302
零真似 ……①1219
セン, アマルティア
　……②254, ②265
銭 育才 ………①237
全 泓奎 ………②582
全 卓樹 ………②668
全 美姓 ………①624
全大阪きりえ連絡会
　…………①867
全音楽譜出版社出版
　部 …………①803,
　①809, ①810
全音出版部 ……
　①803, ①810
千賀 則史 ……②53
千賀 大司 ……②522
仙川 環 ………①1092
千貫 りこ ……②549
選挙管理研究会
　…………②146
選挙制度研究会
　…………②146
千月 さかき …①1219
千眼 美子 ……
　①502, ①503
先見創意の会 …②712
仙石 壱岐 ……①1123
千石 喬 ………①923
仙石 学 ………②171
千石 真理 ……①491
全国栄養士養成施設
　協会 ………②784
全国会計職員協会編
　集部 ………②151
全国学校図書館協議

会 ………②2, ②5
全国株懇連合会
　…………②328
全国教室ディベート
　連盟 ………①424
全国銀行協会企画部
　金融調査室 …②383
全国クレサラ生活再
　建問題対策協議会
　社会保障問題研究
　会 …………②47
全国経理教育協会
　…………②403,
　②405, ②406, ②408,
　②470, ②472, ②474,
　②475, ②653
全国健康生活普及会
　…………②25
全国建築CAD連盟
　…………②645
全国憲法研究会
　…………②199
全国高校生理科科学
　論文大賞専門委員
　会 …………②730
全国交通事故ゼロの
　会 …………①414
全国公的扶助研究会
　…………②65
全国高等学校体育連
　盟サッカー専門部
　…………②228
全国高等学校長協会
　…………①743
全国高等専門学校ロ
　ボットコンテスト
　事務局 ……②598
全国高等専門学校連
　合会 ………①877
全国公民館連合会
　…………②158,
　②162, ②583
全国国語授業研究会
　筑波大学附属小学
　校国語研究部
　…………①723
全国個人タクシー協
　会 …………②429
全国コンクリート圧
　送事業団体連合会
　…………②606
全国算数授業研究会
　…………①726
全国歯科衛生士教育
　協議会 ……
　②755, ②756
全国歯科技工士教育
　協議会 ……②754,
　②755, ②756, ②780
全国市議会議長会
　…………②156
戦国史研究会 …①553
全国市長会 ……②273
全国児童発達支援協
　議会 ………②683
全国児童養護問題研
　究会日本の児童養
　護と養問研半世紀
　の歩み編纂委員会
　…………②62
全国社会保険委員会
　連合会 ……②74
全国社会保険労務士
　会連合会 …②73,
　②82, ②467
全国重症心身障害児
　(者)を守る会 …②50
全国柔道整復学校協
　会 …………②751

全国収用委員会連絡
　協議会 ……②143
全国障害者問題研究
　会兵庫支部 …①683
全国小水力利用推進
　協議会 ……②572
全国女性税理士連盟
　…………②205
全国書道普及協会
　…………①869
全国信用金庫協会
　…………②383
全国水墨画美術協会
　…………②838
全国生涯学習まちづ
　くり協会 …①161
全国製菓衛生師養成
　施設協会 …
　②506, ②774
全国大学生活協同組
　合連合会 …②38
全国大学生協共済生
　活協同組合連合会
　…………②38
全国地域生活支援機
　構 …………②205
全国地域生活支援
　ネットワーク …②52
全国倒産処理弁護士
　ネットワーク
　…………②188
全国特別支援学級設
　置学校長会 …①718
全国特別支援学校長
　会 …………①682
全国特別支援学校肢
　体不自由教育校長
　会 …………①682
全国特別支援学校知
　的障害教育校長会
　……①684, ①710
全国特別支援教育推
　進連盟 ……①686
全国特別支援教育知
　的障害教育研究会
　……①683,
　①685, ①686
全国都道府県調査隊
　…………②22
『戦刻ナイトブラッ
　ド』プロジェクト
　…………①1134
全国日本道連盟
　…………①463
全国認知症介護指導
　者ネットワーク
　…………①176
全国農業経営コンサ
　ルタント協会
　…………②473
全国保育サービス協
　会 …………①689
全国保育士養成協議
　会 …………②38
全国保育団体連絡会
　保育研究所 …①696
全国訪問看護事業協
　会 ……②51, ②768
全国有料老人ホーム
　協会 ………①973
全国幼児教育研究協
　会 …………①687
センコーグループ
　ホールディングス
　…………②418
全国連合小学校長会
　…………①698
全国連合退職公務員
　連盟 ………②18

学校委員会 …①524
全国老人保健施設協
　会 …………②69
全国労働基準関係団
　体連合会 …
　②331, ②332
戦後日本の食料農業
　農村編集委員会
　…………②450
泉子・K・メイナー
　…………②622
先崎 彰容 ……
　①464, ①568
先崎 綜一 …①1022
千崎 達也 ……②542
仙崎 ひとみ …①1402
先崎 優 ………②683
専修大学今村法律研
　究室 ………①579
善生 茉由佳 …①1220
扇子 忠 ………①1046
泉水 翔吾 ……②528
洗濯会 ………①513
戦争社会学研究会
　…………②102
千束 北男 ……①797
千足 伸行 …①430,
　①829, ①868
千田 彰 ………②757
千駄 キャサリン
　…………①788
千田 正三 ……①659
千田 隆夫 ……①728
千田 琢哉 ……①91,
　①92, ①124, ①129,
　①611, ②341, ②343,
　②348, ②350, ②353,
　②354, ②355,
　②361, ②388
千田 智康 ……①252
千田 稔 ………①949
千田 嘉博 ……
　①558, ①618
千代 美樹 ……①128
仙台建築都市学生会
　議 …………②611
仙台市消防局 …②583
仙台市防災安全協会
　…………②583
せんだいメディア
　テーク ……②611
「選択」編集部 …②14
センダック, ジャッ
　ク …………①314
センダック, モーリ
　ス ……①314, ①318
先端社会科学技術研
　究所 ………②512
千地 イチ ……①1315
船長養成協会 …②643
宣伝会議 ……
　②340, ②375
宣伝会議書籍編集部
　…………①289
千都 譲司 ……①931
セント・アンドレ,
　ケン ………①277
泉道 亜紀 ……①386
仙道 ますみ …②52
センドポインツ・パブ
　リッシング …①875,
　①876, ①877,
　①881, ②4, ②16
全日本海員組合
　…………①576
全日本建築士会
　…………②640
全日本シーエム放送

連盟 …………②18
全日本情報学習振興
　協会 ………②504,
　②505, ②508, ②509
全日本スキー連盟
　…………②218
全日本スキー連盟教
　育本部 ……②218
全日本スケートボー
　ド協会 ……②241
全日本特別支援教育
　研究連盟 …
　①682, ①737
全日本プラスチック
　製品工業連合会
　…………②630
全日本野球協会
　…………②221
全日本野球協会アマ
　チュア野球規則委
　員会 ………②221
全日本蘭協会 …①269
全日本ろうあ連盟
　…………②51
千野 えなが
　…………①351, ①378
千 宗左 ………①271
千 宗室 ………①271
千野原 靖方 …①537
仙波 恵美子 …②726
仙波 純一 ……②744
千羽 ひとみ …②336
仙波 有理 ……①1390
ゼンフト, グンター
　…………①621
泉北ほっかない郊
　外編集委員会
　…………②161
専門各種学校研究会
　…………②746
専門学校東京CPA会
　計学院 ……②474
戦略研究学会 …②288
川柳新堀端 …①973
ゼンリンジオインテ
　リジェンス …②269
全労済協会 ……②95
全労連 ………②468

蘇 紅 …………①665
ソウ …………②338
宋 允復 ………②20
曹 惠虹 ………①119
宗 謙次 ………①762
曽 培炎 ………②251
宋 美淑 ………①667
宗 洋 …………①921
宋 文群 ………②759
宋 莉華 ………①919
創医会学術部 …①173
創価学会神奈川青年
　部 …………①501
創価学会教学部
　…………①501
「創価教育の源流」編
　纂委員会 …①501
寒川 恒夫 ……
　①213, ①214
宗川 吉汪 ……②738

著者名索引

葬儀支援ネット‥①16
創業起業を支援する
　税理士の会‥‥②297
創元社編集部‥②22
総合資格‥‥‥
　②582, ②615
総合資格学院‥①499,
　②619, ②636, ②639,
　②640, ②641, ②642
総合人間学会‥①754
総合福祉研究会
　②261, ②317, ②471
総合福祉研究会税務
　経営委員会‥②323
総合メディカル薬局
　事業本部‥②771
造事務所‥‥①107,
　①392, ①416, ①428,
　①442, ①531, ①534,
　①555, ②246, ②280,
　②435, ②438
双樹‥‥‥‥①1402
早秋‥‥‥‥①1220
創樹社‥‥‥②620
そうすけ‥‥①223
相続をサポートする
　士業の会‥②328
相続診断協会‥②411
相続贈与相談セン
　ター‥‥‥②328
相続手続支援セン
　ター‥‥‥②412
宗田 理‥‥①359,
　①369, ①370, ①381
宗田 聡‥‥‥②760
惣田 訓‥‥‥②682
相田 洋明‥‥①455
早田 優‥‥‥①336
五月女 仁子‥②519
ゾウノセ‥‥‥①861
総本山醍醐寺‥
　①510, ①517
相馬 一彦‥‥②728
相馬 和彦‥‥①976
相馬 耕三‥‥②421
相馬 翔‥‥‥②423
相馬 伸一‥‥①468
相馬 哲生‥‥①1402
相馬 亨‥‥‥①708
相馬 敏彦‥‥②109
相馬 花恵‥‥①482
相間 宏章‥‥②493
相馬 裕晃‥‥②384
相馬 充‥‥‥①135
相馬 靖明‥‥①691
相馬 理人‥‥①182
総務省‥‥‥②273,
　②416, ②515
総務省統計局‥②269,
　②270, ②271, ②272,
　②274, ②415, ②424,
　②469, ②517
総務省統計研究研修
　所‥‥‥‥②270
惣領 莉沙‥‥①1220
宗林 由樹‥‥②671
ソウル, チャールズ
　‥‥‥‥①852
副島 顕子‥①44
副島 和久‥‥①739
副島 研造‥②715
副島 隆彦‥①111,
　①472, ①532, ②121,
　②123, ②243, ②382
副島 健生‥②632
添田 馨‥‥①967
添田 清美‥‥①949

添田 康平‥‥‥
　①417, ①872
添田 孝史‥‥②580
副田 隆重‥②225
添田 有美‥‥①84
添田 祥史‥‥①704
副田 義也‥②102
添谷 育志‥①602
添谷 芳秀‥②125
五月女 ケイ子
　①546, ①840
曽我 市太郎‥①334
曽我 一郎‥②204
曽我 浩太郎‥②284
曽我 幸代‥②748
曽我 しのぶ‥②313
曽我 千亜紀‥①474
そがまい‥‥①336
曽我 ゆみこ‥②420
曽我 良成‥①547
曽我部 捨恥‥①1220
曽我部 浩人‥①1220
曽我部 昌史‥②249
十亀 昭人‥②624
十川 陽一‥②547
曽木 誠‥①412, ①420
ソキウス・ジャパン
　②560, ②561
十河 茂幸‥②628
十河 太朗‥②214
十河 宏行‥①482
ソコリニコフ‥②173
ソシエ, シンシア・
　サヴァール‥②878
ソシムデザイン編集
　部‥‥‥‥②540
ソジャ, エドワード・
　W.‥‥‥①102
ソシュール, フェル
　ディナン・ド①887
「素数に恋する女」製
　作委員会‥②654
租税訴訟学会‥②402
租税法学会‥②402
祖田 修‥②446, ②451
疎陀 陽‥‥①1220
育ての母ヨウコ
　‥‥‥‥②265
速効! ポケットマニ
　ュアル編集部
　②537, ②539, ②545
「卒、17」実行委員会
　②611
卒母ーズ‥‥①14
袖岡 徹‥‥①1046
ソーテック社‥②542
袖山 喜久造‥②302
袖山 卓也‥①863
外岡 潤‥②58, ②326
そとばこまち‥①914
外間 隆史‥①357
そとめ そふ‥①965
ゾーナウ, ジェフ
　①850
そにしけんじ‥①322,
　①346, ①406, ①428,
　①534, ①854
曽根 喜美男‥①461
曽根 香子‥②288
曽根 恵子‥‥
　②411, ②412
曽根 圭介‥①1092
曽根 小有里‥①164
曽根 翔太‥②31
曽根 威彦‥②213
曽根 寛樹‥②110
曽根 将樹‥①775

曽根 泰子‥①80
そねはら まさえ
　②382
曽野 綾子‥①96,
　①98, ①108, ①114,
　①458, ①910, ①949
蘇之 一行‥①1220
園 子温‥①1069
園 信太郎‥②260
曽野 裕和‥②224
園 善博‥②120
園内 かな‥①1402
園生 凪‥①1220
園田 静香‥①949
其田 寿一‥②155
園田 トト‥①325
園田 智昭‥‥
　②315, ②318
園田 信博‥①815
そのだ はる‥①163
園原 健弘‥①156
園原 未久‥①1402
園部 厚‥②215,
　②217, ②227, ②228
園部 哲‥②603
園延 妙子‥①182
園部 俊晴‥①153
園延 昌志‥①182
『その町工場から世界
　へ』編集室‥①417
苑水 真茅‥①1220
園山 征夫‥②277
園山 亘‥②757
ソパハニ, マスウド
　①99
ソープ, ケイ‥‥
　①1387, ①1391
祖父江 元‥②729
祖父江 典人‥①494
ソフトバンクコマー
　ス&サービス
　②546
ソブラル, カタリー
　ナ‥‥‥‥①340
ソポクレス‥①925
ゾマー, ユーヴァル
　①305, ①405
杣 浩二‥②543
曽村 保信‥②171
染川 ゆかり‥①367
染田屋 茂‥①525
染原 睦美‥②428
染谷 果子‥①345
染谷 徹‥②608
染谷 智幸‥①907
染谷 英雄‥②408
染谷 博行‥②620
染谷 昌利‥②520,
　②528, ②529, ②530
染谷 昌義‥②453
染谷 みのる‥‥
　②355, ②367
ゾモロディ, マヌー
　シュ‥‥‥①97
ソーヤー, R.K.①749
征矢 英昭‥②727
征矢野 清‥②698
曽山 和彦‥①5
曽山 哲人‥②353
祖山 均‥②571
そやま まい‥②583
そら‥‥‥‥①342
蒼空∞‥‥‥①1220
空 高志‥‥①1220
空 水城‥‥‥
　①1220, ①1221
そらい なおみ‥①949
空兎‥‥‥‥①1315

空谷 玲奈‥①1221
空知 英秋‥‥‥
　①360, ①1132
空飛ぶひよこ‥①1221
空にかかるはしご編
　集委員会‥②705
空埜 一樹‥①1221
空野 進‥①1221
そらみつ企画‥①426
空本 誠喜‥②580
曽利 文彦‥①1116
反田 恭平‥①778
ソルキン, デイ
　ヴィッド・H.①829
ソルザソン 美也子
　②83
ソルト, ジョン‥①975
ソルニエ, ディディ
　エ‥‥‥‥②607
ソルニット, レベッ
　カ‥‥‥‥②934
ソレイシィ, ス
　ティーブ‥①645
ソレンソン, ジョン
　②576
ソロー, ヘンリー・
　D.‥‥‥①449
ソローキン, ウラ
　ジーミル‥①1333
ソロス, ティヴァダ
　ル‥‥‥‥②934
ソロブ, ダニエル・J.
　②188
ソロモン, シェルド
　ン‥‥‥‥②105
ソロン アサミ‥①505
曽和 利光‥‥‥
　②329, ②331
ゾーン, サリー
　①1333
ソーン, ジャック
　①784
孫 雑肩‥‥①179
宣 元錫‥②107
孫 栄健‥①581
孫 向文‥②19
孫 霄‥②935
孫 信一‥①130
孫 奈美‥①412
孫 美幸‥①754, ②43
ソン ヒョンギョン
　①1326
孫 武‥①465
宋 美玄‥①7, ②934
孫 路易‥②460
ソンダース, シシ
　リー‥‥‥②705
ソーンダース, リサ
　①934

た

たぁぼん‥‥①848
臺 宏士‥②139
田井 幹夫‥②621
臺 有桂‥②766
台 豊‥②47
田井 良夫‥②399
田伊 りょうき‥①380
ダイアー, ウエイン・
　W.‥①87, ①92

ダイアモンド, ジャレ
　ド‥②95, ②694
体育指導のスタート
　ライン‥①217
第一企画‥②304
第一生命‥①973
第一生命経済研究所
　②27
第一東京弁護士会
　②228
第一東京弁護士会司
　法制度調査委員会
　②209
第一東京弁護士会犯
　罪被害者に関する
　委員会‥②214
第一東京弁護士会法
　律相談運営委員会
　②227
第一東京弁護士会労
　働法制委員会
　②466
第一法規編集部
　①719,
　②47, ②230
第一法規法律トリビ
　ア研究会‥②189
大英自然史博物館
　①826
ダイエットコーチ
　EICO‥①26
大学六十周年記念
　國學院大學影印叢
　書編集委員会
　①548
大学改革支援学位授
　与機構‥②676
大学基準協会‥②590
『大学受験データ』編
　集班‥②745
大学評価学会年報編
　集委員会‥①678
大工道具研究会
　②605, ②608
ダイクマン, エイ
　ミー‥‥①311
大工舎 宏‥②283
醍醐 芳晴‥①859
大黒 健一‥②293
第57回全日本花いっ
　ぱい松本大会実行
　委員会‥②161
第3世代のサービス
　イノベーション研
　究会‥②289
大修館書店編集部
　①214
大樹寺 ひばごん
　①1222
大正大学地域構想研
　究所‥②157
退職手当制度研究会
　②152
耐震シェルター普及
　会‥‥‥‥②621
大好きネコの会
　①266
ダイスケ‥‥①1003
だいずデイズ大豆研
　究所‥‥‥②36
大成出版社第2事業
　部‥‥‥‥②581
ダイソン, ジョージ
　②654
タイソン, ニール・
　ドグラース‥②676
ダイソン, フリーマ
　ン‥‥‥‥②262
代田 亜香子‥①371,

①379, ①960, ①1341
大地の怒り‥①1222
大長 伸吉‥②420
大東 一郎‥②257
大童 法慧‥‥‥
　①510, ①518
大道会‥②49
提中 富和‥②157
田井中 雅人‥②579
ダイナミックプロ
　②856
大日蓮出版‥‥
　①512, ①521
第二東京弁護士会
　②228
第二東京弁護士会子
　どもの権利に関す
　る委員会‥②58
第二東京弁護士会子
　どもの権利に関す
　る委員会法教育の
　普及推進に関する
　委員会‥①711
第二東京弁護士会住
　宅紛争審査会運営
　委員会‥②190
第二東京弁護士会情
　報公開個人情報保
　護委員会‥②184
第二東京弁護士会弁
　護士業務センター
　②190
大日本新法典講習會
　②227
大日本農会‥②446
タイノン, 4, ジェー
　ムズ‥‥‥②854
タービー, マット
　②137
太平 洋海‥‥‥
　①368, ①370
大坊 郁夫‥②110
大法輪閣編集部
　②509
タイポグラフィ編集
　部‥‥‥‥①877
タイムマシンラボ
　②427
タイムリー編集部
　①220
ダイモン, ヘレンケ
　イ‥‥‥①1349
大門 久美子‥‥‥
　①395, ①640
大門 剛明‥‥‥
　①1003, ①1093
大門 匡‥②205
大門 弘幸‥②451
ダイヤモンド‥①1222
ダイヤモンド経営者
　倶楽部‥‥‥
　②304, ②306
ダイヤモンド社
　②396
ダイヤモンドビジネ
　ス企画‥②66
ダイヤモンドルール
　研究会ワーキング
　グループ‥②213
太陽系太‥①102
平良 愛香‥①521
平 安寿子‥①1003
平 敦子‥①1369
平和博‥②10
平良 敬一‥②608
たいら さおり‥②163
平良 小百合‥②200
平 直行‥①156, ①241

平 初 ……… ②521
平 宏和 …②775, ②777
平 風七 ……… ①340
泰羅 雅登 ……①432
平 雅行 ……… ①509
平 真実 ……… ①84
平 湊音 ……… ①935
平良 好利 ……①575
体力づくり指導協会
　……………… ①160
タイルス, ローネ
　……………… ①1349
第6回日本伝道会議
　「痛みを担い合う教
　会」プロジェクト
　……………… ①522
第6回日本伝道会議
　実行委員会 … ①524
大和インベスターリ
　レーションズ
　……………… ②278
大和証券投資情報部
　……………… ②394
大和総研 ……… ②247
台湾大好き編集部
　…… ①56, ①203
台湾マニア委員会
　……………… ①201
ダインダム, イェル
　ン ………… ①600
ダウ, マイク … ②354
ダヴァル, アリア
　……………… ①467
ダーウォル, ス
　ティーヴン … ①476
田内 志文 ……
　　①1332, ①1341,
　　①1346, ①1360
田内 しょうこ …①52
田内 万里夫 ……②460
ダウデン, ジョー
　……………… ①862
ダゥド, シヴォーン
　……………… ①1357
ダウニング, ジュ
　リー ……… ①307
多宇部 貞人 …①1222
田浦 紀子 ……… ②33
タゥワ, ケルサン
　……………… ①668
妙中 茂樹 …… ②401
田尾 典丈 …… ①1222
田岡 春幸 …… ②464
ダガー, エマニュエ
　ル ………… ①120
多賀 一郎 …… ①682,
　②700, ①704, ①753
高 巌 ……… ②193
高 賢一 ……… ①711
多賀 茂 ……… ②743
高 哲男 …… ②267
互 敦史 ……… ②217
高井 うしお …①1223
高井 和歌 …… ②671
高井 公雄 …… ②701
高井 紗由里 … ①91
高井 重明 …… ②21
高井 茂 ……… ②714
高井 忍 …… ①1046
高井 琮玄 …… ①834
互井 敏勝 …… ②401
高井 尚之 …… ②428
高井 伸夫 ……
　　②229, ②275
高井 英克 …… ①61
高井 康晴 …… ①91
たかい よしかず

鷹井 伶 ……… ①1047
高石 知枝 …… ①35
高石 紀子 … ①70, ①72
高石 宏輔 …… ①479
高石 万千子 … ①969
高稲 達弥 …… ①27
たかうち ひろき
　……………… ①332
たかうみ きよし … ②282
高江 賢 …②558, ②559
高尾 紳路
　…… ①246, ①247
高尾 総司 …… ②98
高尾 菜つこ … ①605
高尾 洋之 ……
　　②707, ②729
たかお ゆうこ …①329,
　　①334, ①337
高尾 善希 …… ①562
高岡 晃子 …… ①46
高岡 敦史 …… ①688
高岡 香 …… ①1339,
　　①1343, ①1356
高岡 一弥 …… ①834
高岡 兼時 …… ②543
高岡 浩三 …… ②287
高岡 壮一郎 … ②395
高岡 智空 …… ①1402
高岡 徹 ……… ①198
高岡 望 ……… ②121
高岡 昌江 …… ②691
高岡 ミズミ ……
　　①1223, ①1315
高岡 本州 …… ①171
高岡 優希 …… ①670
たかおか ゆみこ
　……………… ①354
高岡 里佳 … ②49, ②70
高岡 亮一 …… ②584
高垣 忠一郎 … ①494
高垣 行男 …… ②372
高上 優里子 ……
　　①359, ①367
高川 康 …… ①682
高木 あきこ … ①334
高木 亜紀子 … ②611
高木 晶子 ……
　　①1369, ①1371,
　　①1387, ①1390
高木 亮 …… ①851,
　　①852, ①853,
　　①855, ①858
鷹樹 烏介 …… ①1093
高木 敦史 …… ①1093
高木 郁朗 …… ②247
高木 いづみ … ②384
高木 泉 …… ②658
高木 和明 …… ②541
高木 和子 …… ①897
高木 和美 …… ②462
高木 喜美子 … ②560
高木 清 …… ②653
高木 景子 …… ②755
高木 圭介 …… ②54
高木 晃治 …… ①576
高城 幸司 …… ②351
高木 恒太朗 … ②750
高木 重朗 …… ②273
高木 繁治 …… ①178
高木 茂行 …… ②592
高城 順子 …… ①54
高木 俊介 …… ②65

高貴 準三 …… ①438,
　　①793, ①852
高木 潤野 …… ①699
高木 紳介 …… ①813
高城 真之介 … ②235
高儀 進 …… ①1340
高木 聖雨 …… ①870
高木 清次郎 … ①577
鷹木 創 …… ②9
高木 壮太 …… ①802
高木 健志 …… ②55
高木 侃 …… ①560
たかぎ ただゆき
　……………… ②618
髙木 千代子 … ①838
高木 徹也 …… ①151
高木 照男 …… ①583
高木 徹 …①724, ②590
高木 とし …… ①1390
高木 利誌 …… ①949
高木 利彦 …… ①521
高木 智子 …… ②43
高木 友之助 … ①465
高木 直人 …… ①371
高木 菜々 …… ①848
たかぎ 七彦 … ①390
高木 望 …… ①598
髙木 展郎 ……
　　①718, ①724
髙樹 のぶ子 …①1004
高木 晴良 …… ①766
高木 光 …… ①203
高木 久史 …… ①560
高木 英明 …… ②647
高木 弘明 …… ②194
高木 博志 …… ①614
高木 啓行 …… ②657
高木 宏江 …… ②227
高木 史江 …… ①491
高木 まさき … ①393
高木 正弘 …… ②536
高木 昌史 …… ①923
高木 賢 …… ②451
高木 美保 …… ①395
高木 素生 …… ①872
都木 靖彰 …… ②698
高木 靖 …… ②717
高木 慶子 …… ②86
高木 義人 …… ①660
高城 玲 …… ①678
高岸 和子 …… ②724
髙岸 直樹 …… ②224
髙岸 弘 …… ①221
高岸 幸弘 …… ①481
高際 有希 …… ①82
高久 至 …… ①404
高久 悟 …②412, ②446
高久 多美男 … ②291
高久 智弘 …… ①638
鷹久 恵 …… ①1389
高久 泰文 …… ①157
高久 隆太 …… ②252
高草木 陽光 … ①5
高口 康太 …… ②250
高口 洋人 …… ②611
高窪 雅基 …… ①638
髙久保 豊 …… ②250
高倉 碧依 …① 1223
高倉 弘士 …… ②61
高倉 弘光 …… ②738
高倉 正樹 …… ②411
高倉 光弘 …… ①714
高倉 みどり … ①106
高倉 保幸 …… ②736
高倉 優子 …… ①383
たかくわ こうじ

嵩鉾 裕樹 …… ①329
嵩鉾 裕樹 …… ②6
高子 大樹 …… ①172
タカコ ナカムラ …①61
高佐 智美 …… ②200
髙崎 金久 …… ②659
高崎 三吉 …… ①1223
高崎 拓哉 …… ①878
高崎 とおる …①1138
高崎 博司 …… ①149
髙崎 裕子 …… ②760
髙崎 由佳理 … ②763
高崎 竜司 …… ②760
高崎経済大学地域科
　学研究所 …… ②438
高崎市美術館 … ①837
高砂 淳二 …… ②260
高里 椎奈 … ①1004,
　　①1093, ①1223
たかさと ひろ …①306
高里 ひろ …①1330,
　　①1332, ①1343
高沢 亜砂代 …①261
タカザワ ケンジ
　……………… ②252
高沢 謙二 … ①146,
　　①409, ①410
髙沢 修一 …… ②408
髙澤 憲治 …… ①616
鷹澤 フブキ …①1402
髙澤 光雄 …… ①233
髙士 将典 …… ①175
たかし よいち … ①401
高塩 博 …… ①558
高階 多美 …… ②27
高階 杞一 ……
　　①968, ②687
高階 秀爾 … ①827,
　　①829, ②161
髙嶋 あがさ … ②27
高島 修 …… ②434
高島 一成 …… ②541
高嶋 和哉 …… ②455
高嶋 航 …… ②593
高嶋 幸次 …… ②785
高嶋 幸世 …… ②137
高嶋 静子 …… ②969
高嶋 修太郎 … ②731
高嶋 進 …… ①454
高島 大 …①85, ①103
たかしま てつを
　……………… ②333,
　　②640, ①812
高嶋 哲夫 ……
　　①701, ①1093
高島 徹治 ……
　　②356, ②628
高島 俊男 …… ①949
高島 豊蔵 …… ②692
高嶋 直人 …… ②153
高嶋 秀武 …… ①949
高嶋 博視 …… ①580
高島 フランソワ …②68
高嶋 正憲 …… ②269
高島 康司 … ①136,
　　①140, ①121
高嶋 康豪 …… ①141
高嶌 悠人 ……
　　①289, ②346
高島 龍照 …… ①135
高島 龍峰 …… ①135
高嶋 綾也 …… ①65
高島易研究本部
　…… ①134, ①135
高島易断協同組合
　……………… ①135

高島易断総本家
　……………… ①135
高島易断総本部
　……………… ①135
高島易断本部 …
　　①134, ①135
高城 剛 …… ②707
高代 延博 …… ②220
たかす かずみ … ①326
高須 順一 …②207,
　　②208, ②210
高須 教夫 …… ②317
高杉 啓子
高杉 志緒 …… ②535
高杉 暢也 …… ②312
高杉 春代 …… ①175
高杉 良 ……
　　①1004, ①1066
高瀬 聡子 …… ①22
高瀬 亜富 …… ②514
高瀬 英治 …… ①236
高世 えり子 … ②496
高瀬 和則 …… ②596
高瀬 勝己 …… ②540
高瀬 弘一郎 … ①559
高瀬 幸子 …… ②719
高世 三郎 …… ②229
高瀬 淳一 …… ①178
高瀬 進 …… ②289
高瀬 久光 …… ②736
高世 仁 …… ①95
嵩瀬 ひろし ……
　　①440, ①441
高瀬 雅男 …… ②375
高瀬 正仁 … ②651,
　　②653, ②654, ②657
高瀬 美恵 … ①364,
　　②367, ②370
高瀬 康 …… ②600
高瀬 幸恵 …… ②525
高瀬 幸紀 ……
　　②636, ②638
高瀬 幸紀 … ②636,
　　②637, ②638
高瀬 義昌 …… ①177
ダガタ, アントワー
　ヌ ………… ①261
高田 明和 … ①169,
　　①484, ①494, ①495
髙田 明 …②279, ②290
髙田 亮 …… ②678
高田 礼人 …… ②692
髙田 愛弓 …… ①949
髙田 映介 …… ①925
高田 映実 …… ①1395
高田 馨里 …… ①605
髙田 和明 …… ①1047
高田 和典 …… ②354
高田 和徳 …… ②540
高田 桂 …… ①351
高田 貫太 …… ①832
高田 机上 …… ①98
高田 惠子 …… ①1356
高田 京比子 … ①601
高田 圭悟 …… ②357
高田 健 …… ②143
高田 健一 …… ②680
高田 賢三 …… ①31
高田 公 …②128, ②263
高田 晃一 …… ②292
高田 好胤 …… ①458
高田 公太 …… ①1116
高田 智子 …… ①655
高田 静夫 …… ①229
高田 晋一 …… ②287
高多 薫吾 …… ①224
高田 大介 …… ①1123

高田 高史 …… ②5
高田 貴久 …… ①296
高田 崇史 …… ①1093
高田 太久吉 … ①254
高田 ちさき …①1223
高田 剛 …… ②330
高田 亨 …… ①636
髙田 時雄 …… ①616
高田 富男 …… ②221
髙田 富三 …… ②155
高田 知己 …… ②227
高田 具視 …… ②405
高田 直志 …… ①663
高田 創 …②377, ②379
高田 治実 …… ②718
高田 晃 …… ②529
高田 裕成 …… ②216
高田 博行 …… ①923
高田 文夫 … ①767,
　　①770, ①772, ①774
高田 文子 …… ①693
高田 ほのか … ①970
高田 純 …… ①534
高田 真紗子 …①1393
高田 雅彦 …… ①790
高田 昌宏 …… ②204
高田 真弓 …… ①167
高田 充也
　　①340, ①887
高田 ミレイ …①413
髙田 裕子 …… ①665
高田 由紀子 … ①344
髙田 洋吾 …… ②598
高田 良信 …… ②510
タカ大丸
　…… ①226, ①231
高谷 史郎 …… ①787
高地 優里 …… ②64
高千穂 遙 …… ①1004
高津 孝 …… ②682
高津 昌宏 …… ②770
高津 りえ … ①89, ①92
高塚 苑美 …… ②353
鷹司 誓玉
　　①512, ①970
高槻 成紀 …… ②681
高月 園子 …… ②103
髙辻 功一 …… ②727
髙辻 成彦 …… ②346
高辻 玲子 …… ①571
高寺 あずま …①99
高遠 智子 …… ①164
高頭 直樹 …… ①455
たかとう 匡子 …①906
高遠 節夫 ……
　　①1316, ②660
高遠 裕子 …… ②266
高遠 琉加 …… ①1316
たかどの ほうこ
　……………… ①350
高楼 方子 ……
　　①348, ①364
高殿 円 ……
　　①1004, ①1047
鷹取 敏昭 …… ②707
高取 由紀 …… ①623
鷹取 洋二 …… ①791
高取 芳彦 …… ①1351
高仲 晶敏 …… ①245
高中 正彦 …… ②220
高仲 幸雄 …… ②325
小鳥遊 葵 …… ①1402
小鳥遊 郁 …… ①1223
小鳥遊 しほ …①92
髙梨 聖健 …… ①247
髙梨 庸雄 …… ①734
高梨 ひかる …①1223
高梨 宏之 …… ②597

著者名索引

高梨 光正 ……①829
高梨 ゆき子 ……②701
高縄 奈々 ……①263
高貫 布士 ……①1129
高根 順次 ……①792
高根 英幸 ……②441
高根 英幸 ……②601
高野 晶 ……①492
高野 梓 ……①598
高野 睦子 ……①118
鷹野 敦 ……②158
高野 菊雄 ……②599
高野 公彦 ……①905, ①968
高野 久美子 ……②703
高野 研一 ……②289, ②353
高野 左千夫 ……②644
高野 将 ……②558
高野 丈 ……②690
高野 誠鮮 ……①136, ①144
高野 孝之 ……②353
たかの てつさぶろう ……①435
高野 てるみ ……①794
高塁 利彦 ……①532
高野 敏行 ……①471
高野 直久 ……②758
高野 望 ……①1004
高野 信治 ……①534, ①559
高野 登 ……②427
高野 紀子 ……①304
高野 紀子 ……①818
高野 秀樹 ……②727
高野 秀行 ……②87
高野 弘美 ……②399, ②409
高野 雅夫 ……①752
高野 真人 ……②218, ②227
高野 幹也 ……①747
鷹野 光行 ……①825
たかの ゆう ……①315
高野 譲 ……②393
高野 由美 ……①200
高野 陽太郎 ……①482
鷹野 隆大 ……①258
高野 りょーすけ ……①949
高乗 正臣 ……②224
高羽 彩 ……①978
鷹野 狩行 ……①973
鷹羽 シン ……①1402
鷹羽 真 ……①1402
高橋 あい ……①115
高橋 昭雄 ……②592
高橋 明男 ……②203
高橋 暁子 ……②530
高橋 昭信 ……①924
高橋 昭彦 ……②326
高橋 明也 ……①828
高橋 全 ……①100
高橋 暁生 ……①606
高橋 あこ ……①1223
高橋 麻美 ……①256
高橋 あつ子 ……①686
高橋 徳 ……①174
高橋 敦 ……①495
　①909, ①1004, ②21
高橋 あや ……②499
高橋 歩 ……②25
タカハシ あん ……①1224
高橋 勇夫 ……①516
高橋 一晃 ……②27
高橋 威知郎 ……②333
高橋 ……②448
高橋 巖 ……①451, ①507

たかはし うみ ……①251
高橋 栄治 ……①267
高橋 映子 ……①931
高橋 英司 ……①597
高橋 絵美 ……②68
高橋 恵美子 ……①84, ②5
高橋 遠州 ……①856
高橋 治 ……②755
高橋 修 ……①548, ①549, ②433, ②534, ②729
高橋 徹 ……②100
高橋 薫 ……①606, ①891
高橋 和江 ……①132
高橋 和枝 ……①329, ①357, ①847
高橋 一夫 ……①689, ①694, ②162
高橋 和雄 ……②583
高橋 一清 ……①949
高橋 和子 ……①166, ①715
高橋 和孝 ……②665
高橋 和久 ……②752
高橋 和巳 ……①478, ①949, ①1004
高橋 一幸 ……①736
高橋 一行 ……①451
高橋 和幸 ……②315
高橋 和之 ……②200, ②202, ②226
高橋 勝雄 ……②690
高橋 勝忠 ……①637
高橋 克典 ……②301
高橋 克徳 ……②282, ②368
高橋 克彦 ……①949, ①1047
高橋 克英 ……②383, ②420
高橋 克巳 ……②190
高橋 克也 ……①341
高橋 佳奈子 ……
高橋 金雄 ……①190
高橋 兼治 ……①1004
高橋 佳良子 ……①110
高橋 京介 ……②550
高橋 恭介 ……②306, ②310, ②330, ②332, ②341
高橋 淳 ……②298
高橋 喜代治 ……①259
高橋 清孝 ……②699
高橋 誠太郎 ……②419
高橋 邦雄 ……②703
高橋 都彦 ……①1327
高橋 久美子 ……①864
高橋 久美子 ……①311, ①323
高橋 恭美子 ……①1346, ①1355
高橋 慶一 ……①179
高橋 敬一 ……①8
高橋 恵子 ……②766
高橋 元 ……②376
高橋 健一 ……②557, ②674
高橋 研一 ……②728
高橋 源一郎 ……①568,
高橋 健次 ……②38
高橋 健二 ……①1338
高橋 剛広 ……②72
高橋 賢司 ……②691
高橋 健介 ……①691
高橋 健三 ……②338
高橋 健太郎 ……①237, ①454, ②279, ②359
高橋 浩一 ……②70

高橋 功一郎 ……①390
高橋 弘一郎 ……②391
タカハシ コウコ ……②394, ①425, ①428
高橋 浩二 ……①287
高橋 こうじ ……①625, ①802
高橋 宏治 ……②446
高橋 幸之助 ……②400, ②402
高橋 浩平 ……①684
高橋 康也 ……①924
高橋 五郎 ……②133
高橋 彬 ……②137
高橋 さきの ……②647
高橋 貞夫 ……②538
高橋 定 ……①586
高橋 幸枝 ……①97
高橋 悟 ……①166, ①715
高橋 早苗 ……①836, ②103
高橋 しげを ……①963
高橋 成計 ……①553
高橋 茂樹 ……②760
高橋 慈子 ……②530
高橋 慈子 ……②634
高橋 滋 ……②580
高橋 寿一 ……②581
高橋 秀慈 ……②658
高橋 秀治 ……①836
高橋 修平 ……②679
高橋 秀明 ……②265
高橋 俊一 ……②633
高橋 淳一 ……②519
高橋 純一 ……②748
高橋 純子 ……①635, ①949
高橋 春成 ……②690
高橋 尚子 ……②517
高橋 祥子 ……②685
高橋 正平 ……①527
高橋 史朗 ……①598
高橋 慎一朗 ……①536, ①548
高橋 新吉 ……①1004
高橋 伸二 ……②86
高橋 信次 ……①135, ①138, ①144, ①511
高橋 進 ……②599, ②172
高橋 誠一 ……①177
高橋 勢史 ……①639
高橋 誠太郎 ……②419
高橋 清徳 ……①611
高橋 千太郎 ……②581
高橋 蒼石 ……①869, ①870
高橋 泰史 ……②209
高橋 大成 ……②526
高橋 隆明 ……②283
高橋 隆雄 ……②570
高橋 貴子 ……②425
高橋 貴志 ……①690
高橋 隆 ……②668
高橋 多喜子 ……②739
高橋 拓 ……①94
高橋 琢磨 ……①583
高橋 拓真 ……①402, ①403
高橋 健夫 ……①213
高橋 武智 ……①602
高橋 清徳 ……①262
高橋 忠寛 ……②390
高橋 龍尚 ……②662
高橋 達也 ……②535
高橋 太郎 ……①494
高橋 千枝子 ……②374

高橋 司 ……②321
高橋 恒夫 ……②385
高橋 梯二 ……①46
高橋 哲也 ……②720
高橋 輝和 ……①527
高橋 輝次 ……②17
高橋 透 ……②524
高橋 透 ……②668
高橋 徳江 ……①165
高橋 徳行 ……②158
高橋 利明 ……②737
高橋 利雄 ……②950
高橋 俊和 ……①562
高橋 俊三 ……①625
高橋 俊隆 ……②950
高橋 利忠 ……②732
高橋 敏則 ……②413
高橋 俊彦 ……②456
高橋 としゆき ……②541, ②542
高橋 富雄 ……②550
高橋 文行 ……②312
高橋 朋子 ……②637, ②644, ②206
高橋 知音 ……②58
高橋 知義 ……②685
高橋 知寿 ……②57, ②65, ②492
たかはし ともみ ……②339
髙橋 直樹 ……①1026, ①1047
高橋 のぞむ ……②691
高橋 伸夫 ……②372
高橋 信夫 ……②135
高橋 信雄 ……①871
高橋 伸幸 ……②426, ②565, ②647
高橋 信行 ……②203
高橋 信之 ……②29
高橋 昇 ……②582
高橋 登 ……②498
高橋 宣成 ……②539, ②549
高橋 則夫 ……②212, ②214
たかはし のりひこ ……②325
高橋 矩彦 ……①44
高橋 順彦 ……①156
高橋 典久 ……②41
高橋 則英 ……②252, ②569, ①833
高橋 創 ……②401
高橋 啓 ……①1356
高橋 晴雄 ……②760
高橋 青天 ……②259
高橋 治彦 ……②319
高橋 尚夫 ……②517
高橋 ひすい ……①1224
高橋 秀彰 ……②275
高橋 英雄 ……①505
高橋 英樹 ……②333
高橋 英登 ……②753
高橋 秀寿 ……②608
高橋 秀憲 ……②594
高橋 英博 ……②100
高橋 秀実 ……②36
高橋 英光 ……①653
たかはし ひでやす ……②380
高橋 均 ……①516, ②197
高橋 仁美 ……②752, ②753
高橋 ヒロ ……①53

高橋 弘枝 ……②767
高橋 浩夫 ……②371
高橋 宏知 ……②730
高橋 広樹 ……②549, ②558, ②559
高橋 弘希 ……①1004
高橋 浩 ……①491, ①684
高橋 絋 ……①580
高橋 明史 ……①473
高橋 廣敏 ……①746
高橋 広満 ……①977
高橋 弘 ……①62
高橋 宏幸 ……②713
高橋 宏幸 ……①926
高橋 敏 ……①899
高橋 文雄 ……②494
たかはし ふみこ ……①407
高橋 文子 ……①646
高橋 郁丸 ……①900
高橋 文行 ……②312
高橋 ブランカ ……①1004
高橋 文治 ……①595
高橋 まい ……①394
高橋 麻織 ……①897
高橋 まこと ……①805
高橋 信 ……②662
高橋 真琴 ……①845
高橋 誠 ……②617
高橋 雅夫 ……②224
高橋 昌郎 ……①463
高橋 正雄 ……②664
高橋 昌紀 ……①581
高橋 真樹 ……②86
高橋 昌子 ……②55
高橋 雅子 ……①64, ①66
高橋 政士 ……②432
高橋 正俊 ……②197
高橋 正尚 ……①699
高橋 雅治 ……①483
高橋 雅春 ……①497
高橋 政治 ……②345, ②585
高橋 雅英 ……②670
高橋 雅人 ……②200
高橋 正美 ……②427
タカハシ マサミ ……①487
高橋 正道 ……②689
高橋 正和 ……①961
高橋 将宜 ……②661
高橋 真澄 ……①254, ①258
高橋 円香 ……②321
高橋 愛 ……②30
高橋 麻奈 ……②559, ②566
高橋 学 ……②244, ②617
高橋 憲 ……②84
高橋 眞理子 ……①866
高橋 真理子 ……②648, ②675
たかはし みか ……①354
高橋 みか ……②379
高橋 幹夫 ……②732
高橋 三喜男 ……②189
高橋 道雄 ……①251
高橋 三千綱 ……①178, ②950, ①1004
高橋 道彦 ……①808
高橋 三男 ……②729
高橋 満 ……①753
高橋 實 ……②39
高橋 実 ……①681
高橋 稔 ……①919
高橋 美保 ……①487
高橋 美穂 ……①806

高橋 京子 ……①689
高橋 未哉子 ……②755
高橋 美友紀 ……①1370, ①1378, ①1386, ①1387
高橋 美和子 ……①635
高橋 睦郎 ……①926
高橋 睦子 ……②85
高橋 基治 ……①645
高橋 恭子 ……①661
高橋 倭子 ……②115
高橋 弥守彦 ……①665
高橋 弥生 ……①689, ①695, ①697
高橋 由美子 ……①176, ①364
高橋 祐一 ……①1224
高橋 祐生 ……①553
高橋 優子 ……①216
高橋 裕子 ……①154, ①971
高橋 優二 ……①762
高橋 悠治 ……①820
髙梁 雄四郎 ……①950
高橋 雄二郎 ……①68
高橋 雄介 ……①231
高橋 優亮 ……②527
高橋 ユキ ……①39
高橋 有希 ……①270
高橋 順子 ……①910, ②561
高橋 恭久 ……②753
高橋 幸美 ……②462
高橋 幸也 ……②510
高橋 由太 ……①1047, ①1094
高橋 有為可 ……②506
高橋 洋 ……①97, ①730, ②448, ②572, ②686, ②691
高橋 洋一 ……②75, ②131, ②143, ②151, ②242, ②243, ②244, ②245, ②264
高橋 陽一 ……①561, ①738
高橋 庸子 ……①369, ①1370, ①1392
高橋 洋子 ……①21, ②732
高橋 陽介 ……②687
高橋 ヨーコ ……①777
高橋 芳朗 ……①455, ①809
高橋 良夫 ……①60
高橋 義夫 ……①1047
高橋 義雄 ……①433, ②446
高橋 良和 ……②538
高橋 ヨシキ ……①795, ①796, ①797, ①824
高橋 佳子 ……①85
高橋 淑子 ……②687
高橋 義隆 ……①252
高橋 佳孝 ……②450
高橋 義孝 ……①486
高橋 祥友 ……①483, ②109
高橋 良治 ……②421
高橋 良彦 ……②601
高橋 義人 ……①27
高橋 義史 ……②167
高橋 義文 ……①525
高橋 芳郎 ……①829
高橋 義郎 ……②301
高橋 善郎 ……①50, ①62
高橋 依子 ……①497

高橋 理恵 ……②213
高橋 リエ ……①119
高橋 璃子 ……②344
高橋 亮一 ……②656
高橋 諒哲 ……②379
高橋 良輔 ……②731
高橋 若木 ……②96
高橋 若菜 ……②573
高橋 亘 ……②687
高橋 和島 ……①1047
高橋書店編集部
　……①299, ②180
タカハシ☆ヒロユキ
　……②398
高畑 英一郎 ……②198
高畑 浩平 ……①973
高畠 純 ……①324,
①335, ①337, ①339,
①354, ①368
高畑 庄蔵 ……①681
高畑 好秀 ……①213
高畠 克子 ……①487
高畠 じゅん子 ……①328
高畠 那生 ……①339,
①341, ①353
高濱 賛 ……②135
高濱 正伸 ……①14,
①108, ①274, ①680,
①722, ①726
高浜 真奈美 ……①1371
高林 陽展 ……②744
高林 孝光 ……
①148, ①173
高林 直樹 ……②433
高林 由香子 ……①371
高橋 龍 ……②585
高原 昭男 ……②589
高原 いちか ……①1316
高原 英理 ……
①887, ①907
高原 史朗 ……①700
高原 浩 ……①682
高原 美和 ……①327
高原 曄子 ……①74
高原 利栄子 ……②315
高久 舞 ……①766
タカヒロ ……①1135
高藤 一夫 ……②399,
②410, ②412
高部 雨市 ……①235
高部 眞規子 ……②585
高間 満 ……②57
高間 康史 ……②661
賞雅 技子 ……①737
高増 春代 ……②287
高町 紫亜 ……②127
高松 綾子 ……②358
高松 香奈 ……②106
高松 智 ……②770
高松 輝久 ……②419
高松 朋子 ……①672
たかまつ なな ……①141
高松 信家 ……②684
高松 政裕 ……①758
高松 志直 ……②380
高松 良晴 ……②431
高松 遼 ……②197
高松 亮太 ……①898
高松勤労者山の会
　……①189
高円宮妃 久子 ……①950
高見 明 ……①184
鷹見 一幸 ……①1123
高見 勝利 ……
②198, ②226
高見 健一 ……①622,
①631, ①654
高見 乾司 ……①541

田上 孝一 ……①449,
②171, ②574
高見 茂 ……①703,
①705, ①710, ①714,
①738, ①749,
①755, ①758
たがみ しこう ……①950
高見 翔 ……①1123
高見 尚武 ……②583
高見 晋一 ……②683
田上 大輔 ……②97
高見 知日子 ……①15
高見 敏弘 ……②555
高見 のっぽ ……
①96, ①772
田上 不二夫 ……①712
高見 陽一郎 ……②290
高見 梁川 ……①1224
高見澤 磨 ……①220
高見澤 秀幸 ……②566
高光 晶 ……①1224
高峰 あいす ……①1316
高峰 自由 ……①1224
高峰 武 ……②41
高峰 秀子 ……
①791, ①950
たかみね みきこ
　……①343
高宮 眞介 ……②611
たかみやま まき ……①328
タカミヤ ユキコ
　……①306
高向 巌 ……②382
高向 敦子 ……①664
高村 あゆみ ……①863
高村 薫 ……①950, ②108
高村 学人 ……②581
高村 健一 ……②328
高村 武幸 ……①596
高村 透 ……①1224
高村 友也 ……②26
高村 浩司 ……②729
高村 マルス ……①1402
高村 峰生 ……①455
高牟禮 憲司 ……①497
高群 哲夫 ……①197
高室 成幸 ……②52,
②61, ②277
高本 達矢 ……②245
高本 英樹 ……①718
高森 明勅 ……②12
高森 郁哉 ……①793
高森 建二 ……②718
高森 大乗 ……①521
高森 高徳 ……②213
高森 八四郎 ……②206
高森 美由紀 ……
①350, ①355,
①1004, ①1224
高森 勇旗 ……①222
高森 玲子 ……②514
高谷 朝子 ……②149
高谷 亜由 ……①52
高谷 裕介 ……②104
高屋 茂男 ……①551
高宅 茂 ……②189
高谷 精二 ……②604
多賀谷 津也子 ……①258
高谷 まちこ ……①364
高谷 元基 ……①285
高谷 裕介 ……②327
高谷 好一 ……①532
高安 厚思 ……②518
高安 和夫 ……②445
高安 美保 ……②332

高柳 和男 ……②472
鷹山 倫太郎 ……①1402
高柳 俊一 ……①527
高柳 慎一 ……①556
高柳 憲昭 ……②236
高柳 英明 ……②617
高柳 寛樹 ……②161
高柳 昌代 ……②409
高柳 優 ……②10,
①275, ①440
高柳 雄一 ……②340
高柳 良太 ……
②517, ②656
高山 巌 ……②212
高山 エリー ……②930
高山 恵理子 ……②719
高山 かづえ ……①61
高山 一恵 ……
②422, ②480
高山 一実 ……②392
高山 佳奈子 ……②139,
②212, ②213
高山 恵子 ……
①477, ①480
高山 貞美 ……①526
高山 静子 ……①696
高山 俊吉 ……②188
高山 奨史 ……②331
高山 真 ……②741
鷹山 誠一 ……①1224
高山 大毅 ……①462
高山 崇彦 ……②209
高山 正 ……②331
高山 ちあき ……①1225
高山 千佳子 ……①324
高山 務 ……②521
高山 東明 ……①133
高山 東洋 ……①183
タカヤマ トシアキ
　……①842
高山 トモヒロ ……①1004
高山 直秀 ……②717
たかやま なおみ
　……①330
高山 なおみ ……
②42, ①340
高山 夏樹 ……①728
高山 範理 ……②578
高山 久子 ……②71
高山 英男 ……①187
高山 英紀 ……②50
高山 均 ……②627
高山 博子 ……①837
高山 宏 ……①379,
①922, ②107
高山 廣光 ……②668
高山 文彦 ……
①454, ②44
高山 雅之 ……②536
高山 政信 ……②399
高山 正也 ……②6
高山 正之 ……②950,
②14, ②124,
②125, ②247
高山 真由美 ……①676,
①335, ①345
高山 都 ……①116
高山 恵 ……①1378,
①1385, ①1386,
①1392
たかやま もとこ
　……①900
高山 素子 ……①900
高山 幸信 ……①225
高山 弥絵 ……①692
高山 裕美子 ……①795
高山 陽子 ……②262
高山 理図 ……①1225
高山 龍智 ……①511

高山 リョウ ……①417
鷹山 倫太郎 ……①1402
高寄 昇三 ……①536
高良 倉吉 ……
①536, ②168
高良 沙哉 ……②201
たから しげる ……①356
高良 万由 ……①1137
高良 康之 ……②68
宝井 琴調 ……①330
宝島書籍編集部
　……①266
宝島特別取材班
　……②29, ②38
宝田 明 ……②96
宝田 圭一 ……②427
宝田 将志 ……①216
寶田 穂 ……②742
タカラトミー ……①273,
①286, ①435,
①437, ①438
タカラトミーアーツ
シンソフィア
　……①353
財部 鳥子 ……①965
ダ・ガルバ, M.J.
　……①1326
田川 建三 ……①529
田川 公太朗 ……①747
田川 俊一 ……②626
田川 淳一 ……②209
多川 俊映 ……①834
田川 節子 ……①972
田川 聡一 ……②431
田川 利一 ……②401
田川 直樹 ……②150
田川 秀樹 ……①419
田川 正朋 ……②698
ダガン, ウィリアム
　……②353
ダガン, ジェリー
　……①853
ダガン, タラ ……①48
瀧 ことは ……①1225
多紀 佐久耶 ……①1402
多喜 裕介 ……②423
瀧 由紀子 ……①651
多喜 義彦 ……②285
たきりょうこ ……①420
瀧井 朝世 ……②4
瀧井 真一郎 ……①217
滝井 みらん ……①1225
滝内 賢 ……②517, ②528
滝浦 真人 ……①620,
①625, ①634
瀧ヶ平 悠史 ……①727
瀧上 園枝 ……②543
多岐川 恵理 ……
①638, ①653
滝川 佳代 ……②311
瀧川 国芳 ……②682
瀧川 淳 ……①822
滝川 敏明 ……②375
瀧川 裕英 ……②222
滝川 洋二 ……
①344, ①399
滝川 洋平 ……②522
滝川 好夫 ……②378

滝川 義人 ……
①604, ②128
滝口 あきはる ……①430
滝口 樹良 ……②145
滝口 信一郎 ……②576
滝口 直樹 ……②564
滝口 のぞみ ……①496
瀧口 房州 ……①920
滝口 悠生 ……①1004
瀧口 律子 ……①155
滝口 流 ……①1225
滝瀧 中 ……①557
滝沢 慧 ……①1225
滝澤 幸一 ……
①25, ①158
滝沢 悟 ……②513
滝沢 三郎 ……②125
滝沢 志郎 ……①1047
滝沢 泰平 ……①135
滝澤 孝臣 ……
②216, ②228
滝沢 武久 ……
①474, ①743
滝澤 忠義 ……①950
滝澤 聡明 ……①182
滝沢 直宏 ……①653
滝澤 ななみ ……②239,
②471, ②473, ②474,
②475, ②483, ②488,
②494, ②499, ②502
滝澤 始 ……②725
瀧澤 弘和 ……②259
滝澤 博胤 ……②669
瀧沢 広人 ……
①734, ①735
瀧沢 宏之 ……②497
瀧沢 眞規子 ……①307
瀧澤 真 ……①720,
①723, ②355
滝澤 雅彦 ……①760
滝澤 真実 ……①1005
滝沢 美空 ……①1225
滝沢 美奈子 ……②649
滝沢 雄一 ……①735
たきせ あきひこ
　……①275
滝瀬 尚純 ……①518
滝田 郁子 ……②686
滝田 賢治 ……
②122, ②125
滝田 恒男 ……
①842, ①962
瀧田 輝己 ……①950
滝田 務雄 ……①1094
田北 行宏 ……①182
滝田 洋一 ……②242
滝藤 早苗 ……①814
瀧浪 貞子 ……
①542, ①546
瀧浪 佑紀 ……①795
瀧波 ユカリ ……
①118, ①169
滝野 文恵 ……①110
滝乃 みわこ ……①827
瀧鼻 卓雄 ……②13
瀧原 愛治 ……①428
瀧本 杏奈 ……①884
瀧本 岳 ……②683
瀧本 弘人 ……①919
瀧本 文浩 ……②378
瀧本 誠 ①781, ①795
瀧本 真也 ……②712
瀧本 宗宏 ……②549
瀧本 有香 ……②472
瀧本 往人 ……②595
瀧森 古都 ……①1005

たきれい ……①694
瀧羽 麻子 ……
②977, ①1005
たくさがわ つねあき
　……②535
拓殖大学海外事情研
　究所 ……②125
拓殖大学国際開発研
　究所 ……②259
タクスズキ ……②529
宅先輩 ……①498
田口 恵美子 ……①874
田口 和雄 ……②372
田口 和裕 ……②200,
②517, ②523, ②530
田口 久美子 ……②4
田口 静香 ……②966
田口 淳一 ……②735
田口 淳之介 ……①778
田口 成子 ……①164
田口 仙年堂 ……
①1136, ①1225
田口 壮 ……①1224
田口 尚史 ……②371
田口 力 ……②366
田口 哲也 ……①975
田口 俊樹 ……
①1347, ①1350,
①1353, ①1356
田口 智章 ……②737
田口 智子 ……①191
田口 智隆 ……②100,
②389, ②390, ②391
田口 トモロヲ ……①88
田口 直樹 ……②459
田口 二州 ……①133
田口 望 ……②758
田口 順等 ……②159
田口 久人 ……①97
田口 洋美 ……②691
田口 冬樹 ……②338
田口 まき ……②259
田口 正樹 ……②225
田口 雅弘 ……
①460, ②265
田口 道昭 ……①903
田口 光弘 ……②445
田口 未和 ……②38,
①125, ①251, ②123
田口 守一 ……②215
田口 有史 ……②218
田口 葉子 ……②118
田口 佳史 ……①465,
②366, ②367
田口 ランディ ……②140,
②950, ①1005
田口 渉 ……②398
たくちん ……①244
タクトコンサルティ
　ング ……②403
ダグハウス ……①237
田窪 一美 ……①255
田久保 忠衛 ……②201
田窪 直規 ……①825,
②5, ②6
タクマ クニヒロ
　……①258
田熊 健 ……①811
田熊 博志 ……②282
多久島 太 ……①1402
タクマ環境技術研究
　会 ……②577
匠 英一 ……①477
匠 習作 ……②276
侘美 秀俊 ……
①814, ②544
拓海 広志 ……②627
宅見 誠 ……②193

匠総合法律事務所 ……①206, ②441, ②620
ダグラス, ジョン ……①936
ダグラス, ドナ・N. ……①125
ダグラス, マーク ……②394
ダグラス, メリル・E. ……①125
田栗 正章 ……②661
田栗 美奈子 ……①1336
タークル, シェリー ……②531
だーくろ ……①846
多久和 陽 ……②727
田久和 義隆 ……①173, ②761
たけ ……①86
田家 秀樹 ……②807
武井 麻子 ……②766
武井 敦史 ……①701
武井 彩 ……①1134
武井 彩佳 ……①608
武井 一浩 ……②185, ②194
武井 一巳 ……②531
竹井 和之 ……②428
武井 協三 ……①787
武井 崇 ……①790
武井 哲郎 ……①754
武井 10日 ……①1225
武井 典子 ……②755
竹井 英文 ……①556
竹井 仁 ……①25, ②28, ②752
武井 摩利 ……①826
たけい みき ……①865
武居 光雄 ……①771
武井 美代子 ……①971
武井 洋一 ……②207
武石 恵美子 ……②289
竹石 健 ……②286
武石 晃一 ……①489
武石 宣彰 ……②260
武内 彰 ……①701, ①746
竹内 章郎 ……②223
竹内 淳 ……②658
竹内 郁雄 ……②552
竹内 郁子 ……①165
竹内 映二 ……①226
竹内 エリカ ……①10, ①11, ①15
竹内 薫 ……①108, ①121, ①313, ①397, ①402, ①410, ①674, ①700, ②654, ②655, ②665, ②667, ②668
武内 和久 ……②699
竹内 一弘 ……①810, ②543
竹内 一真 ……①676
竹内 香奈子 ……①45
竹内 貴久雄 ……①802
竹内 潔 ……②655
竹内 慧 ……②138
竹内 桂 ……②148
竹内 敬輔 ……①168
竹内 けん ……①1402
武内 謙治 ……②212, ②228
竹内 健蔵 ……②254
竹内 謙礼 ……①1005
竹内 さくら ……①1375
竹内 早苗 ……②331
竹内 茂彌 ……②669
竹内 順一 ……①874

武内 新 ……①975
武内 進一 ……②254
竹内 心作 ……②334
竹内 慎也 ……②355
竹内 純子 ……②438, ②579
竹内 孝仁 ……②68
竹内 健 ……①658
竹内 龍人 ……①431, ①440
竹内 千佳 ……②238
たけうち ちひろ ……①340
竹内 通雅 ……①323, ①339, ①340
竹内 努 ……②665
竹内 哲 ……②400
たけうち としえ ……①435
竹内 要江 ……①484
竹内 俊郎 ……②458
竹内 友章 ……②544
竹内 直樹 ……②311
竹内 信夫 ……①474
武内 範男 ……②272
竹内 則春 ……②591
竹内 麦村 ……①745
竹内 久朗 ……②771
竹内 均 ……①465, ②32
竹内 洋 ……①747
竹内 洋人 ……①396
竹内 誠尚 ……①173
竹内 弘幸 ……②778
武内 廣吉 ……②539
竹内 真 ……①1005, ①1094, ②139
竹内 政明 ……①633, ②15
竹内 雅夫 ……②594
竹内 正人 ……②8
竹内 正彦 ……①898
竹内 正浩 ……①559, ②147
武内 昌美 ……②345
竹内 雅代 ……②736
武内 昌義 ……②29
竹内 蘭子 ……①324
竹内 美紀 ……①1350
竹内 道敬 ……①788, ①819
竹内 美智代 ……①963
竹内 光浩 ……①447
竹内 睦泰 ……①542
竹内 明 ……①1094
竹内 康朗 ……②611
竹内 康博 ……②656
竹内 康之 ……②189
竹内 雄一郎 ……①181
竹内 幸雄 ……②129
竹内 夕美子 ……①394, ①637
竹内 陽一 ……②311, ②323, ②328, ②403
竹内 洋平 ……①972
竹内 良晴 ……①465
竹内 義晴 ……②348
武内 涼 ……①1047
竹内 良平 ……①152
竹内 涼真 ……①775
竹内(奥野) 寿 ……②467
武岡 暢 ……②94
竹岡 葉月 ……①1225
竹岡 美穂 ……①366, ①370
竹垣 悟 ……②30
竹ヶ原 裕元 ……②659

武神 健之 ……②366
たけがみ たえ ……①341
竹川 勝雄 ……②415
竹川 大介 ……①679
竹川 美奈子 ……②387, ②390, ②395
武川 佑 ……①1047
竹口 敏樹 ……①45
武隈 愼一 ……②255
竹腰 千絵 ……②753
タケ小山 ……①219
竹崎 一真 ……②107
竹迫 祐子 ……①842
竹澤 邦夫 ……②657
竹澤 聡 ……②598
武澤 秀一 ……①542
竹澤 順子 ……①963
竹沢 尚一郎 ……②99
武澤 忠 ……①963
竹澤 雅二郎 ……②219
竹澤 正哲 ……②647
竹澤 汀 ……①324
竹沢 泰子 ……①114
タケシゲ醤油 ……①59
竹下 和亮 ……①612
竹下 克志 ……②751
竹下 圭子 ……①698
竹下 賢 ……②225
竹下 さくら ……①674
竹下 伸一 ……②604
竹下 節子 ……①523
竹下 貴浩 ……②233, ②234, ②236
竹下 弘道 ……①224
竹下 文子 ……①312, ①324, ①332, ①1226
竹下 恵 ……②527
竹下 雄真 ……①156, ①180
竹下 裕理 ……①53
竹下 龍之介 ……②465
竹下ルッジェリアン ……①671
竹島 明道 ……②757
竹嶋 健生 ……①20
竹島 友理 ……②520
竹島 由里子 ……②518
竹島 善一 ……①929
武居 一正 ……②198
武末 高裕 ……②504
武居 奈緒子 ……②306
竹末 弘実 ……①172
丈月 城 ……①1226
竹添 直樹 ……②517
竹添 秀男 ……②669
武田 晶 ……②264
武田 明典 ……①699
武田 綾乃 ……①1226
武田 功 ……②725, ②734, ②751
武田 櫂太郎 ……①1047
武田 数章 ……②760
武田 一久 ……②629
竹田 和行 ……②708
武田 勝利 ……②70
武田 珂代子 ……①581, ①622
武田 鏡村 ……①565, ①567
武田 清子 ……②172
武田 邦彦 ……①97, ①98, ①124, ①256
竹田 契一 ……①681, ①687
竹田 恵子 ……②104
武田 弦 ……①709
武田 健一 ……②372
武田 砂鉄 ……

①938, ②98
竹田 忍 ……②297
竹田 純 ……①150
武田 純子 ……①578, ①809
武田 純子 ……①252
武田 俊輔 ……②117
武田 純三 ……②749
武田 淳也 ……①172
武田 眞太郎 ……②759
竹田 伸也 ……①494
武田 崇元 ……①453, ②31
武田 純枝 ……②9
竹田 青嗣 ……①456, ①472
竹田 扇 ……②719
武田 双雲 ……①17, ①96, ①97, ①104
武田 双葉 ……①871
武田 武 ……②430
武田 猛 ……②337
武田 千枝子 ……①1335
武田 千香 ……①1336
武田 ちょっこ ……②211
武田 恒男 ……①398, ②405
竹田 恒泰 ……②150
武田 鉄矢 ……②950
武田 鉄郎 ……①686
武田 徹 ……②14, ②513
武田 敏希 ……②27
武田 知己 ……②141
武田 知弘 ……②136
武田 尚子 ……①573, ②108
武田 信子 ……①753
武田 信照 ……②268
武田 登行 ……①219
武田 葉月 ……①238
武田 花 ……①950
たけだ バーベキュー ……①53, ①59
武田 晴人 ……②242, ②269
武田 秀和 ……②400
武田 仁 ……②679
武田 宙也 ……②743
武田 梵声 ……①821
武田 将明 ……①909
武田 正倫 ……①403, ①404, ②698
武田 正紀 ……①253
武田 雅哉 ……①918, ②33
武田 万里子 ……②225
武田 三弘 ……②605
武田 稔 ……②585
武田 美穂 ……①325, ①333, ①341, ①350
武田 美保子 ……①906, ①921
たけだ みりこ ……①52, ①178
武田 康男 ……①399, ②679, ②680
武田 健 ……②495
竹田 保孝 ……②600
武田 安敏 ……①258
武田 悠一 ……①906, ①909, ①921, ①922
竹田 裕一郎 ……①1135, ①1226
武田 志房 ……①787
武田 百合子 ……①950
武田 庸二郎 ……①832
武田 義明 ……①536
武田 良材 ……②84
竹田 和平 ……①95

武田計測先端知財団 ……②524
武谷 嘉之 ……②96
たけだバーベキュー ……①57
竹田原 裕介 ……①279
武智 昭博 ……②591
武智 多与理 ……②777
武智 鉄二 ……①787
武地 一 ……①178
武智 秀之 ……②170
ターゲット編集部 ……②652
武藤 誠 ……②738
武富 博子 ……①374, ①375
武富 博文 ……①684
竹富 緑 ……②50
竹中 明洋 ……②138
竹中 功 ……①127, ①772, ①787, ②339
竹永 絵里 ……①423, ①426, ①434
竹中 晃二 ……①690
竹中 信介 ……①714
竹中 てる実 ……②282
竹中 治堅 ……②144
竹中 はる美 ……①370
竹中 裕行 ……②458
竹中 平蔵 ……②140, ②243, ②342, ②382, ②389
竹中 優 ……②776
竹中 雄三 ……②337
竹中 浩 ……①874
竹長 吉正 ……①926
竹中 亮 ……①1047
竹野 一雄 ……①921
岳野 公人 ……①721
武野 俊弥 ……②746
竹野 正二 ……②594
竹乃 大 ……①1005
竹野 俊夫 ……②601
竹野 英敏 ……②740
岳野 圭明 ……②701
竹之内 宏悠 ……②464
竹之内 祐幸 ……①261
竹内 雄司 ……①115
竹之下 航洋 ……②521
竹信 三恵子 ……②462
竹葉 丈 ……①574
竹端 寛 ……①755, ②57
竹花 秀春 ……②163
健連 ……①1226
竹林 暁 ……①283, ②548
竹林 和彦 ……①426
竹林 熊彦 ……②6
竹林 月 ……①410
竹林 修一 ……①640
竹林 征三 ……②605
竹林 七草 ……①387, ①1005
竹林 正子 ……①935
武原 格 ……②752
武幸 和歌子 ……①773
竹原 幸太 ……②215
竹原 慎二 ……②704
竹原 竹一郎 ……①181
竹原 徹郎 ……②713
竹原 直子 ……②77
竹原 陽子 ……①357
竹久 友之 ……②589
竹久 夢二 ……①976
武久 洋三 ……②706, ②722
武藤 佳恭 ……②519
武部 好伸 ……①788

竹前 健彦 ……②753
竹政 昭利 ……②548
武光 誠 ……①534, ①542, ①554, ①588
竹峰 義和 ……①473, ①795
竹宮 ゆゆこ ……①1005, ①1226
竹村 亞希子 ……②460
竹村 彰通 ……②661
竹村 和久 ……②110
竹村 和正 ……①640
武村 和正 ……②284
竹村 昌男 ……①189
竹村 日出夫 ……①650
竹村 秀雄 ……①649
竹村 富士徳 ……②589
竹村 牧男 ……①510, ①516, ①517, ①519, ②110
武村 政春 ……②685
武村 雅之 ……②42
竹村 真奈 ……①285
竹村 一 ……①1005
武村 雪絵 ……②763
武村 陽子 ……①199
竹村 洋介 ……②96
茸本 朗 ……①138
嶽本 あゆ美 ……①782
竹本 織太夫 ……①788
竹本 公彦 ……①511, ①915, ②33
竹本 健治 ……①1094, ①1123
竹本 毅 ……②712
竹本 真希子 ……①607
竹元 正美 ……②12
竹元 康明 ……②347
竹森 美佐子 ……①58, ②504
竹谷 出 ……①257
竹谷 希美子 ……②481
竹谷 賢二 ……①234
竹谷 隆之 ……①825
竹安 大 ……①629
竹谷内 康修 ……①150
竹山 昭子 ……①580
武山 廣道 ……①516, ①518
竹山 正子 ……②110
竹山 博英 ……①607, ①960
武山 政直 ……②282
竹山 政美 ……①168
竹山 道雄 ……①890
竹与井 かこ ……①335
竹倉 喜美子 ……②24
竹吉 優輔 ……①1094
武瑠 ……①806
多湖 輝 ……①124, ②346, ②351
多胡 吉郎 ……②918
田子 修一 ……①900
田幸 和歌子 ……①773
ダ・コスタ, ポーシャ ……①1394
ダコスタ吉村 花子 ……①868, ②614
田籠 照博 ……②533, ②548
たごもり のりこ ……①329
タゴール, ロビンドロナト ……①975
太宰 治 ……①352, ①369, ①672,

田坂 憲二 ……①937, ①1005
田坂 和暢 ……①897
田坂 広志 …①90, ①97
田崎 くるみ ……①1226
田崎 權一 ……①481
田崎 健太 ……①223
田崎 茂 ……②620
田崎 史郎 ……①147
田崎 晴久 ……①488
田崎 裕子 ……①837
田澤 英二 ……②751
田沢 恭子 …①136,
②346, ②647
田澤 耕 ……①1326
田沢 節子 ……①382
田澤 由利 ……②303
ダーシー, エマ
……①1368,
①1369, ①1370,
①1371, ①1372,
①1388, ①1391
ダシー, トークィル
……①901
藤沢 忠明 ②139
だしソムリエ協会
……①56
田島 礮堂 ……①950
田嶋 英子 …①10, ①12
但馬 オサム ……①577
田嶋 圭一 ……①820
田島 健一 ……①973
田島 悟 ……②589
田島 さゆり ……②90
田島 征三 ……①323
田島 大輔 ……②288
田嶋 拓也 ……②517
田島 常雄 ……②432
田島 俊雄 ……②449
田島 富男 ……②638
田嶋 智太郎 ……②397
田嶋 信雄 ……
①582, ①593
田島 信威 ……②157
田島 信元 ……①309
田島 一 ……
①1005, ②465
田島 眞 …①26, ②775
田島 雅子 ……②73
田島 正広 ……①184
田島 優 ……①623
たしま みちを ……①821
田島 安江 ……①975
田島 泰弥 ……②12
田島 由衣香 ……②440
田島 悠来 ……①766
たじま ゆきひこ
……①337
田島 容子 ……①523
但馬 庸太 ……①1402
田島 代支宣 ……②144
田島 亮一 ……①723
但見 亮 ……①220
田下 昌明 ……①10
タシャコリ, アッパ
ス ……②98
田尻 泉 ……①34
田尻 英三 ……②465
田尻 智 ……①348
田尻 信壹 ……①732
田尻 久雄 ……②750
田尻 仁 ……②747
田尻 賢誉 ……
②220, ①221
田尻 由貴子 ……②48
田代 文 ……①31
田代 勇夫 ……①110
田代 脩 …①426, ①442

田代 櫂 ……①815
田代 和生 ……①561
田代 和美 ……①696
田代 しゅうじ ……①966
田代 眞一 ……②721
田城 孝雄 ……②161
太城 敬良 ……②277
田代 卓 ……①318
田代 毅 ……②244
田代 武博 ……①700
たしろ ちさと …①328,
①332, ①346
田代 陣基 ……①462
田代 知子 ……
①865, ①866
田代 尚嗣 ……①110
田代 直幸 ……
①722, ①729
田代 博 ……①416
田代 裕彦 ……①1226
田代 正廣 ……①593
田代 昌之 ……②380
田代 勝 ……①411
田代 美江子 ……
①184, ①679
田代 洋一 ……②448
ダス, ラム ……①458
ダスグプタ, ラー
ナー ……①1333
タスクールPlus
……②302
田附 俊一 ……①741
たすろう ……①1226
黄昏時 ……①1226
多田 一路 ……②198
多田 一臣 ……①541
多田 克己 ……①441
多田 鏡子 ……①822
多田 欣一 ……②42
多田 蔵人 ……①913
多田 多恵子 ……①406,
②688, ②689
多田 孝志 ……
①714, ①734
多田 田田 ……①950
多田 富雄 ……①453,
①890, ①950, ②701
多田 智子 ……②329
多田 憲孝 ……②517
多田 英明 ……②224
多田 ヒロシ ……①339
多田 宏 ……②82
多田 文明 ……①105
多田 牧子 ……①72
多田 桃子 ……①1331,
①1348, ①1351
多田 隆治 ……②678
多田 三郎 ……①676
ただ れいこ ……①324
田高 寛貴 ……
②209, ②210
唯木 佐保子 ……①965
只木 誠 …②212, ②213
唯木 誠 ……②407
只野 金一 ……②772
徒埜 けんしん ……①1227
唯野 司 ……②535
只野 雅人 ……②200
唯野 元弘 ……①336
忠平 美幸 ……
②608, ②756
ただまひろ ……①950
多田羅 浩三 ……②725
釦 裕和 ……②271
舘 和彦 ……②777
館 直彦 ……②745
城 憲秀 ……②759
城 祐一郎 ……②214

タチアーナ, ブラー
ソワ ……①672
田屋敷 哲 ……②669
立入 勝義 ……②65
立入 哉 ……①681
立川 和美 ……②99
立川 敬二 ……②515
立川 敬行 ……②562
立川 丈夫 ……②286
立川 雅司 ……②449
立川 光昭 ……②297
立川 武蔵 ……①507
立川 ゆかり ……①914
立川 和平 ……①24
立川 眞澄 ……①864
立樹 まや ……
①361, ①365
橘 玲 …①88,
①116, ①1005,
②106, ②259, ②282
橘 明美 ……①1332
橘 花 ありみ ……①142
橘 いろか ……①1227
たちばな かおる
……①851
橘 かおる ……
①1316, ①1402
橘 九位 ……①1227
橘 公司 ……①842,
①1227, ①1257
橘 沙羅 ……①1048
橘 志摩 ……
①1227, ①1402
立花 翔 ……②596
立花 正一 ……①490
橘 真児 ……①1402
立花 大敬 ……
①128, ①516
立花 貴 ……②293
立花 孝志 ……②15
立花 珠樹 ……①790
橘 千秋 ……①1227
田知花 千夏 ……①1316
立花 千春 ……②22
橘 つばさ ……①1133
橘 トラ ……①1396,
①1397, ①1402
立花 直樹 ……①694,
②55, ②56, ②60
立花 則子 ……②310
橘 百花 ……①1123
立花 宏 ……②328
立花 実咲 ……
①1227, ①1402
立花 水樹 ……①1005
立花 峰夫 ……①46
橘 美はる ……①179
橘 素子 …②400, ②403
橘 もも ……①365
橘 由華 ……①1227
橘 柚葉 ……
①1227, ①1402
たちばな 豊可 …②544
橘木 俊詔 ……①88,
①674, ②94,
②246, ②255
橘田 龍馬 ……①252
橘家 仲蔵 ……①386
立原 えりか ……①379
立原 圭子 ……①266
立原 繁 ……②256
立原 透耶 ……①891
舘村 卓 ……②757
立元 幸治 ……
①107, ①563
たちもと みちこ ……
①304, ①323,
①338, ①341, ①371
日明 恩 ……①1094

立谷 秀清 ……②42
立屋敷 哲 ……②669
多チャンネル放送研
究所 ……②12
辰 由加 ……①491
ダツイエーリ, サン
ドローネ ……①1349
タッカー, アビゲイ
ル ……①263
タッカー, リンダ
……①139
達人 奎三 ……①651
辰川 和平 ……①462
立川 眞澄 ……①864
田附 勝 ……①776
タッキー先生 ……①128
卓球王国 ……①226
たっくるん ……①1227
宅建学院 ……②496,
②497, ②499
宅建スピード合格研
究会 ……②496
達人出版会 ……②536
龍田 建次 ……②535
龍田 節 ……②196
立浪 和義 ……①225
辰濃 和男 ……①91
辰野 利彦 ……①559
たつの ゆりこ ……①168
辰野 了嗣 ……①490
竜ノ湖 太郎 ……①1228
タツノコプロ ……
①353, ①800
龍原 徹 ……②772
巽 二郎 ……②450
巽 孝之 ……①1335
辰巳 丈夫 ……
②517, ②518
辰巳 忠次 ……
②327, ②407
辰巳 友昭 ……①655
巽 智彦 ……②223
辰巳 直彦 ……②187
辰巳 渚 …①416, ①424
辰巳 洋 ……①47,
①164, ①165
辰巳 奈優美 ……①972
巽 飛呂彦 ……①1402
辰巳 八栄子 ……②300
辰巳 芳子 ……
①36, ①950
辰巳 頼子 ……②580
辰巳会鈴木商店記念
館 ……②305
タツミのえほん部
……①330
辰巳法律研究所
……②230,
②232, ②234, ②239
龍村 修 ……①158,
①161, ①183
立元 真 ……①683
伊達 勲 ……②731
伊達 興治 ……①546
伊達 聖伸 ……②94
館 淳一 ……
①1396, ①1402
伊達 ちぐさ ……
②760, ②777
伊達 尚美 ……②262
蓼 みち ……①257
伊達 康 ……①1228
伊達 祐一 ……①1228
伊達 裕介 ……①801
伊達 友美 ……①25
建石 一郎 ……②90
立石 和弘 ……
①895, ①898

立石 賢吾 ……②602
立石 祥子 ……②10
立石 周志 ……②630
立石 剛 ……②360
立石 憲利 ……①886
立石 伯 …①912, ①950
立石 始 ……①635
立石 博高 ……①612
立石 裕美 ……②392
立石 雅昭 ……②579
立石 泰則 ……②291
立石 泰之 ……①724
立石 優 ……①1048
立石 ゆかり ……
①1370, ①1394
立石 涼 ……①1302
舘浦 比佐志 ……①185
舘浦 あざらし ……②431
立冊 弓子 ……②766
立川 生志 ……①785
立川 志らく ……①786
達人出版会 ……②536
立川 建次 ……②535
立川 談慶 ……
①721, ①786
立川 談志 ……①786
立川 談春 ……①343
立川 談四楼 ……①786
館川 まこ ……①844
建倉 圭介 ……①1094
建島 恵美 ……
①136, ①139
舘野 哲 ……①1340
舘野 泉 …①816, ①817
舘野 淳 ……②579
舘野 鴻 ……②341
立野 正裕 ……
①793, ①796
舘野 真知子 ……
①51, ①52
舘野 雄二 ……①55
立野 幸雄 ……②435
建畠 哲 ……②161
建林 正彦 ……②171
立部 祐道 ……①97
奉 ……①1228
立松 尚積 ……①775
立松 弘孝 ……①457
立松 美也子 ……②219
立松 和平 ……①1025
立見 淳哉 ……①617
建宮 努 …②319, ②374
立山 紘 ……②258
立山 秀利 …②538,
②539, ②560
舘山 誠 ……②539
竪山 洋子 ……①845
タート, ドナ ……①1349
タド ジュンコ ……①60
田所 淳 ……②555
田所 幸子 ……①21
田所 昌幸 ……②93
田所 雅之 ……②278
田所 光男 ……①937
田所 承己 ……②160
タトラエディット
……①284,
②351, ②538, ②546
たな ……①325
ターナー, ジョナサ
ン・H. ……①98
ターナー, トレイ
シー …①373, ①374
ターナー, ミハエル・
マルクス ……①1359
ターナー, リンダ
……①1383

田名網 敬一
……①333, ①826
タナカ アイコ …①343
田中 愛子 ……①61
たなか あきこ ……①311
田中 亜希子 …①24,
①31, ①376
田中 暁子 ……②161
田中 彰伯 ……①62
田中 明彦 …②120,
②122, ②138, ②149
たなか あきみつ
……①961
田中 顕 ……①442
田中 明 ……①166,
①434, ②526, ②778
田中 あじ ……①1396
田中 あずさ ……②5
田中 敦 …①786, ②377
田中 彩子 ……①31
田中 いく枝 ……①80
田中 幾太郎 ……
①243, ②300
田中 勲 ……①967
田中 功 ……②595
田中 一彦 ……②116
田中 イデア ……①361
田中 珍彦 ……①932
田中 英資 ……①120
田中 絵里子 ……②519
田中 嘉織 ……①48
田中 薫子 ……①398
田中 一明 ……①39
田中 和明 ……②205
たなか かずお ……①331
田中 和生 ……①461
田中 和男 ……①57
田中 一成 ……②549
田中 一光 ……①876
田中 萬年 ……①750
田中 和彦 ……
①107, ②349
田中 一弘 ……②278
田中 和美 ……②627
田中 一之 ……②653
田中 和代 ……①709
田中 和義 ……②358
田中 克 …②100, ②573
田中 勝男 ……①478
タナカ カツキ ……①323
田中 克俊 ……②746
田中 勝則 ……①804
田中 克彦 ……
①447, ①626
田中 勝久 ……
②669, ②670
田中 克人 ……①683
田中 未来 ……①1330
田中 媚玉 ……
①460, ①512
田中 公明 ……
①512, ①513
田中 清 ……②718
田中 恭子 ……①617
田中 淳 ……①823
田中 喜代次 ……②727
田中 邦佳 ……①820
田中 久美子 ……
①830, ②516
田中 経一 ……①1094
田中 啓史 ……①967
田中 敬二 ……②672
田中 賢 ……①26
田中 賢一郎 ……
②548, ②555
田中 源吾 ……②680
田中 研彩 ……①869
田中 健司 ……②514

田中 健二 ……
　　②288, ②447
田中 謙次 ……②496
田中 健太郎 …
　①950, ①1116
田中 研之輔 ……②447,
　①677, ②91
田中 公一 ……②667
田中 耕市 ……②40
田中 耕一郎 ……
　②49, ②665
田中 光栄 ……①811
田中 公侍 ……
　①277, ①280
田中 康二 ……①563
田中 浩司 ……①640
田中 浩二 ……①691
田中 耕治 ……①703,
　①705, ①710, ①714,
　①716, ①738, ①749,
　①750, ①755, ①756
田中 江扶 ……①653
田中 耕太郎 ……②48
田中 貢太郎 ……①887
田中 小実昌 ……①950
田中 さをり ……①453
田中 沙織 ……②115
田中 宇 ……②136
田中 貞夫 ……②435
田中 聡子 ……
　②257, ②503
田中 聡 ……①836
田中 智志 ……
　①751, ①753
田中 聰 ……②651
田中 さとみ ……①967
田中 里美 ……
　②245, ②314
たなか しえ ……②426
田中 繁明 ……②300
田中 繁富 ……①709
田中 茂範 ……①638,
　①640, ①654
田中 滋 ……②231, ②160
田中 茂 ……②459, ②738
田中 静人 ……①1094
田中 修 ……②264, ②687
田中 純 ……①766, ①808
田中 潤一 ……①736
田中 俊一郎 ……①541
田中 俊太郎 ……②552
田中 彰 ……①568
田中 彰吾 ……①446
田中 將浩 ……①616
田中 章二 ……②73
田中 正司 ……①476
田中 二郎 ……②119
たなか しん ……①324
田中 仁 ……②593
田中 真一 ……
　①621, ①629
田中 信一郎 ……②245
田中 伸司 ……①469
田中 信爾 ……①963
田中 慎司 ……②521
棚花 尋平 ……①1228
田中 慎弥 ……
　①950, ①1006
田中 澄江 ……①190
田中 静一 ……①36
田中 清光 ……①965
田中 西二郎 ……①1346
田中 清松 ……②578
田中 宣一 ……②116
田中 仙堂 ……①271
田中 仙翁 ……①272
田中 草大 ……①631
田中 大介 ……

田中 孝顕 ……②185,
　①114, ①122,
　②136, ②294
田中 孝男 ……
　②155, ②203
田中 貴子 ……①832
田中 敬子 ……②775
田中 敬 ……②6
田中 隆 ……②227
田中 隆則 ……①235
田中 耕比古 ……②358
田中 貴浩 ……②664
田中 敬文 ……②292
田中 敬幸 ……②336
田中 隆幸 ……②656
田中 隆之 ……②288
田中 拓道 ……②63
田中 卓也 ……①675
田中 拓也 ……②533,
　②535, ②554
田中 卓郎 ……②140
田中 武雄 ……①755
田中 健彦 ……②311
田中 毅弘 ……
　②494, ②620
田中 健之 ……②131
田中 達也 ……②730
田中 珠 ……
　①1396, ①1397
田中 千絵 ……①73
田中 千恵 ……①5
田中 千恵子 ……②766
田中 千草 ……②205
田中 千奈代 ……②118
田中 兆子 ……①1094
田中 嗣久 ……②206
田中 勉 ……①86
田中 恒夫 ……②314
田中 庸裕 ……②671
田中 徹 ……②525, ②689
田中 輝美 ……
　②26, ②447
田中 東子 ……
　②104, ②108
田中 俊和 ……①156
田中 敏一 ……②92
田中 利彦 ……②219
田中 俊也 ……①757
田中 稔哉 ……②292
田中 稔也 ……
　①724, ①727
田中 敏行 ……②407
田中 利幸 ……①603
田中 稔朗 ……②339
たなか とも ……①14
田中 智 ……①80
田中 公教 ……②684
田中 朋弘 ……②570
田中 智章 ……②380
田中 智美 ……②191
田中 尚喜 ……②160
田中 尚子 ……②551
田中 直子 ……②297
田中 直人 ……②614
田中 流 ……①873
田中 奈津子 …
　②373, ①377
田中 伸明 ……①251
田中 宣明 ……②218
田中 伸 ……①731
田中 登 ……①870
田中 元 ……②69, ②72
田中 創 ……②360,
　①1132, ①1134
田中 治久（hally）
田中 治敏 ……②730
田中 寿雄 ……①173

田中 尚夫 ……②651
田中 久幾 ……②598
田中 美穂 ……①357,
　②676, ②705
田中 英明 ……②261
田中 英男 ……②446
田中 秀夫 ……①448,
　②268, ②421
田中 秀和 ……②595
田中 秀樹 ……②38
田中 秀治 ……②713
田中 英高 ……②747
田中 英道 ……①531,
　①544, ①834,
　①835, ②92, ②93
田中 英光 ……①1006
田中 秀幸 ……
　②159, ②597
田中 等 ……②44
田中 開 ……②215
田中 宏暁 ……②217
田中 宏明 ……②707
田中 裕和 ……②375
田中 博一 ……①668
田中 宏子 ……①740
田中 博子 ……①69,
　①70, ①476
タナカ ヒロシ …
　②541, ②542
田中 博 ……②679
田中 博史 ……②718
田中 宏司 ……
　②282, ②373
田中 寛崇 ……②348,
　②369, ①862
田中 宏貴 ……②396
田中 裕久 ……
　①861, ②296
田中 啓文 ……
　①1006, ①1048,
　①1123, ①1134
田中 ひろみ ……①192,
　①326, ①509, ①834,
　①865, ②768
田中 宏巳 ……①572
田中 弘美 ……②95
田中 洋美 ……②107
田中 弘道 ……①535
田中 宏 ……①173, ②128
田中 宏幸 ……②680
田中 弘之 ……
　②775, ②777
田中 浩之 ……
　②187, ②194
田中 博之 ……①703,
　①709, ①712, ①716
田中 洋 ……②337,
　②339, ②514
田中 泰賢 ……②515
田中 富士美 ……②620
田中 史生 ……
　②541, ②545
田中 舞花 ……①865
田中 真紀子 ……②734
田中 実 ……②332
田中 誠 ……②262, ②756
田中 實 ……②965
田中 正明 ……①583,
　②48, ②692
田中 雅一 ……②113
田中 晶国 ……②403
田中 雅子 ……②53,
　①826, ②62, ②77
田中 将人 ……②172
田中 正人 ……
　②234, ①452
田中 正敏 ……②730
田中 昌宏 ……①319
田中 正浩 ……①753

田中 正躬 ……②586
田中 正之 ……②602,
　①826, ①829
田中 真澄 ……②369
田中 真知 ……②400
田中 麻里 ……②120
田中 万里 ……①451
田中 マルコ ……①345
田中 美恵子 ……②767
田中 美香 ……②423
たなか みさき ……①842
田中 道昭 ……
　②303, ②341
田中 道雄 ……②158
田中 美津 ……①149
田中 みっち ……①114
田中 光宏 ……②666
田中 光郎 ……②756
タナカ ミノル …②522
田中 稔 ……②585
田中 美保子 ……①353
田中 みんね ……①642
田中 元子 ……②161
田中 基 ……②762
田中 康雄 ……
　①680, ②743
田中 泰男 ……②420
田中 保成 ……②286
田中 康仁 ……②215
田中 康弘 ……
　②112, ②455
田中 康裕 ……①493
田中 靖浩 ……
　①484, ②317
棚架 ユウ ……①1228
田中 裕一 ……②718
たなか 雄一狼 ……①1006
田中 勇気 ……②193
田中 裕記 ……②742
田中 優子 ……①55, ②21
田中 悠子 ……①867
田中 勇次 ……②589
田中 祐志 ……②697
田中 裕二 ……②265
田中 祐介 ……①571
田中 裕介 ……②287
田中 裕輔 ……②276
田中 友佳子 ……①333
田中 幸子 ……①670
田中 由紀子 ……②572
田中 由起子 ……②204
田中 千哉 ……①158
田中 豊 ……②206, ②217
田中 由美子 ……②106
田中 ゆり子 ……②422
田中 祐理子 ……①448
田中 洋 ……②337,
田中 洋一 ……②724
田中 洋一郎 ……②519
田中 陽希 ……②234
田中 容子 ……②720
田中 洋子 ……②634
田中 陽造 ……②791
田中 義昭 ……②433
田中 芳明 ……②777
田中 良明 ……
　①597, ②766
田中 貴一 ……②380
田中 義和 ……②544
田中 芳樹 ……②466,
　①1048, ①1123
田中 義隆 ……②748
田中 良忠 ……②234
田中 善信 ……②900
田中 嘉326 ……②684
田中 良弘 ……②202
田中 佳 ……②706

田中 良之 ……①546
田中 よね ……②636
田中 順子 ……②380
田中 綾一 ……②220
田中 亮一 ……②208
田中 陵華 ……②279
田中 涼子 ……①116
田中 亮三 ……②84
田中 竜太 ……②419
田中 竜馬 ……
　②713, ②723
田中 伶子 ……①61
田中 六大 ……①319,
　①328, ①335, ①339,
　①346, ①347, ①358,
　①380, ①422
田中 渉 ……①976
田中 亘 ……②273
田中ウルヴェ 京 …
　　　　　　　①490
田中裕明賞事務局
　　　　　　　①973
田名後 正範 ……②409
棚沢 永子 ……①141
棚沢 直子 ……①475
棚田ネットワーク
　　　　　　　②446
棚橋 鏡代 ……①1006
棚橋 明美 ……②636
棚橋 志行 ……①223,
　②238, ①1342
棚橋 元 ……②194
棚橋 弘至 ……①122, ②2
田辺 晶代 ……②715
田邊 一明 ……②740
田邉 勝巳 ……②429
田辺 希久子 ……①120,
　①753, ②285
田邊 久美子 ……①642
田辺 剛 ……①849
田辺 孝二 ……②309
田邉 古邨 ……①871
田邊 笑鬼 ……②450
田辺 昌吾 ……②50
田辺 新一 ……②611
田辺 晋太郎 ……②38
田辺 青蛙 ……
　①1006, ②3
田辺 聖子 ……①950,
　①1006, ①1048
田辺 丈士 ……②527
田辺 千景 ……①1335
田辺 千幸 ……①1332,
　①1348, ①1353
田辺 貞之助 …
　①885, ①925
田辺 典ыく ……①1006
田辺 晴康 ……②759
田辺 秀樹 ……②751
田辺 眞人 ……
　②44, ①256
田辺 昌子 ……①835
田邊 正俊 ……②473
田邊 雅之 ……②379
田辺 屋敷 ……①1228
田辺 ユウ ……①1228
田邉 裕 ……①617
田辺 由美 ……①45, ①46
田辺 有理子 ……②50
タナベ経営住まいと
　暮らしビジネスコ
　ンサルティング
　チーム ……②297
タナベ経営ビジネス
　モデルイノベー
　ションコンサル
　ティングチーム

……②309
田辺総合法律事務所
　　　　　　　②326
田辺由美のWINE
　SCHOOL ……①46
田浪 亜央江 ……②129
棚村 健司 ……②279
棚村 政行 ……②206,
　②207, ②225
棚元 憲一 ……②772
棚谷 あか乃 ……①1228
谷 明信 ……①651
谷 厚志 ……①426
谷 敦志 ……①260
谷 郁雄 ……①966
谷 五佐夫 ……①537
谷 和樹 ……①674
谷 和子 ……①964
谷 克二 ……①1006
谷 甲州 ……
　①1124, ①1129
谷 幸三 ……①695
谷 真一郎 ……①229
谷 ゆう子 ……①511
谷 武幸 ……②369
谷 千春 ……②65
谷 徹也 ……①551
谷 利通 ……①68
谷 敏行 ……①429
谷 朋 ……①377
谷 とも子 ……①969
谷 知子 ……①893
谷 知己 ……②682
谷 昇 ……①69
谷 浩宇 ……①1048
谷 春慶 ……①1094
谷 匡子 ……①271
谷 雅泰 ……①748
谷 正之 ……①190
谷 益美 ……②355, ②369
谷 みき ……①1389
谷 瑞恵 ……①1006,
　①1135, ①1228
谷 みどり ……②261
谷 美奈江 ……①881
谷 幸江 ……①172
谷 義一 ……②584
谷 隆一 ……②146
谷合 吉重 ……①963
谷井 昭雄 ……②295
谷内 蒼咲 ……①528
谷内 正往 ……②434
谷内 満 ……②379
谷江 武士 ……②439
ダニエル, ジェニ
　ファー ……②31
ダニエル, トニー・S.
　①851, ①853
谷尾 詩織 ……①598
谷岡 明彦 ……②570
谷岡 一郎 ……①588
谷岡 雅樹 ……①292
谷角 靖 ……①261
谷川 彰英 ……①537
谷川 渥 ……①826, ①830
谷川 喜美江 ……②324
谷川 清 ……①452
谷川 清隆 ……②658
谷川 健一 ……②115
谷川 賢作 ……①817
谷川 浩司 ……①250
たにかわ しゅんたろ
　う ……①311, ①319
谷川 俊太郎 ……①310,
　①315, ①316, ①319,
　①325, ①357, ①382,
　①818, ①909,

①965, ①967
谷川 太一 ……①510
谷川 卓 ……①453
谷川 琢海 ……②699
谷川 建司 ……①789
谷川 千佳 ……①353
谷川 毅 ……①1328
谷川 電話 ……①969
谷川 一巳 ……①435
谷川 裕稔 ……①676
谷川 道雄 ……①597
谷川 亜樹子 ……②774
谷口 明子 ……①757
谷口 明丈 ……①269
谷口 明史 ……①193
谷口 敦夫 ……①147, ①153
谷口 厚子 ……②546
谷口 功 ……①798
谷口 江里也 ……①824, ①902
谷口 香織 ……①265
谷口 和信 ……②350
谷口 勝則 ……②592
谷口 克広 ……①555
谷口 きみ子 ……①587
谷口 國博 ……①693
谷口 恵子 ……①647
谷口 桂子 ……①1006
谷口 健太郎 ……②325
谷口 功一 ……②105, ②278
谷口 茂 ……①470
谷口 淳一 ……①109
谷口 純子 ……①505
谷口 ジロー ……①850
谷口 眞子 ……①893
谷口 督 ……②513
谷口 勢津夫 ……②398
谷口 高志 ……①595, ①919
谷口 忠大 ……②597
谷口 知司 ……②427
谷口 智則 ……②339
谷口 順彦 ……②458
谷口 恒 ……②524
谷口 英喜 ……②717
谷口 洋幸 ……②223
たにぐち まこと ……②549, ②551
谷口 将紀 ……②127
谷口 正次 ……②257
谷口 雅宜 ……①505
谷口 雅春 ……①505
谷口 雅彦 ……②40
谷口 克 ……②736
たにぐち まち ……①489
谷口 真由美 ……①418, ②197
谷口 光廣 ……②604
谷口 康浩 ……①540
谷口 雄介 ……①260
谷口 幸男 ……①925
谷口 由美子 ……①374
谷口 洋志 ……②133
谷口 義明 ……②675
谷口 祥彦 ……①489
谷口 能隆 ……①257
谷口 吉光 ……②448
タニクリフ, ルーク ……①638, ①639
谷崎 昭男 ……①914
谷崎 泉 ……①1229, ①1316
谷崎 潤一郎 ……①890, ①902
谷崎 トルク ……①1316
谷崎 光 ……②305

谷崎 由依 ……①1095, ①1354
谷沢 永一 ……②3
谷澤 毅 ……①589
谷繁 元信 ……①223
谷下 雅義 ……②84
谷島 貫太 ……②10
谷島 清郎 ……①585
谷島 せい子
谷尻 かおり ……②542
谷尻 豊寿 ……②542
谷田 和章 ……②602
谷田 千里 ……②288
谷田 有史 ……②111
谷朋 ……①377
谷野 作太郎 ……②142
谷野 永和 ……②724
谷原 誠 ……①103, ②362
谷藤 賢一 ……②548
谷藤 史彦 ……②611
谷光 太郎 ……①793
谷村 広一 ……②620
谷村 志穂 ……①950, ①1006
谷村 ひとし ……①245
谷元 昭信 ……②44
谷本 重義 ……①837
谷本 心 ……②560
谷本 英雄 ……①69
谷本 道哉 ……①158, ①216
谷本 有香 ……②367
谷本 理恵子 ……②337
谷山 彩子 ……①342
谷山 博史 ……②125
タヌーヒー ……①592
田沼 和夫
田沼 茂紀 ……①737
田沼 靖一 ……②769
田沼 武能 ……①257
多根 清史 ……①273
種市 勝覺 ……①91, ①128
種市 豊 ……②449
たねきち ……②703
たねきちの妻 ……②703
種清 豊 ……①253
種子田 護 ……②730
種子永 修一 ……②636, ②637
種橋 征子 ……②50
種村 季弘 ……①888
種村 佑介 ……②218
種村 有希子 ……①327
胤森 裕暢 ……②730
種山 雅夫 ……①435
田ノ岡 哲哉 ……②253
田野口 淳子 ……①19
「たのしい授業」編集
　委員会 ……①708, ①739
『楽しい体育の授業』
　編集部 ……①740
田野瀬 良太郎 ……②147
田野邉 道宏 ……①872
ダーバー, マット ……①878
田場 敦子 ……①82
田場 真理 ……②764, ②783
田場 隆介 ……②712
ダバシ, ハミッド ……①455
ダーバス, ニコラス

②396
田端 到 ……①244, ①245
田端 恵子 ……②236
田幡 恵子 ……①76, ②80
田畑 真一 ……②169
田畑 聖子 ……①76
田畑 琢己 ……②203
太幡 直也 ……①479
田畑 久美 ……①120
田端 真由美 ……②517
田畠 裕基 ……①1136
田畑 豊 ……①736
田畑 洋一 ……②47, ②65
田畑 建也 ……①893
田畑 陽一郎 ……②720
田畑藤本 ……①728
ダハティ, デール ……②535
タバナー, キャシー ……②348
田原 音和 ……②100
手原 和憲 ……②231
田原 健二 ……②598
田原 俊司 ……①709
田原 総一朗 ……②12,
　②90, ②123, ②137,
　②139, ②151
田原 拓治 ……②421
田原 直子 ……②219
たはら ひとえ ……①351,
　②367, ①369
田原 洋樹 ……①668
田原 牧 ……①931
田原 真人 ……②514
田原 美和子 ……②65
田原 睦人 ……②209
田原 康之 ……②536
田原 祐子 ……②368
ダービー, ケビン・J. ……②393
ダービック, ス
　ティービー・クレ
　オ ……①95
「旅と鉄道」編集部 ……②2,
　①435, ②431, ②432
旅の文化研究所 ……②113
たひら こうそう ……①964
多比羅 誠 ……②185, ②187
ダビンスキー, ア
　レックス ……①495
ダビンスキー, ヘレ
　ン ……①495
旅MUSE ……①201
タフ, ポール ……①676
田総 恵子 ……②170
田伏 岳人 ……②196
田淵 アントニオ ……②652
田渕 久美子 ……①114
田淵 健一 ……②751
田淵 健太 ……②647
田淵 俊人 ……②450
田渕 直也 ……②379
田渕 浩久 ……①804
タブッキ, アントニ
　オ ……①1333
タプリン, サム ……①305,
　②313, ①878
田部 純一 ……②406
田部井 正次郎 ……②256
田部井 政伸 ……①233
太平洋戦争研究会 ……①579

ダベーヌ, オリヴィ
　エ ……②91
食べもの文化編集部 ……
　①9, ①61, ①154
食べられることで救
　える食べもの研究
　会 ……①50
ダベンポート, マク
　シーン ……①304
多宝仏 金蓮 ……①510
玉井 清 ……①579
玉井 健 ……①638, ①647
玉井 建也 ……①893
玉井 久之 ……①642
玉井 仁 ……①492
玉井 博久 ……②340
玉井 雅隆 ……②122, ②266
玉井 真理子 ……②761
玉井 康之 ……①715
玉井 裕子 ……②311
玉岡 かおる ……①1006, ①1048
タマオキ アヤ ……①113
玉置 崇 ……①708, ①721
玉置 標本 ……①43
玉神 輝美 ……①864
玉井 一郎 ……①951
玉川 数 ……①1117
玉川 憲 ……②527
玉川 進 ……②723
玉川 太福 ……①786
玉川 紘子 ……②527
玉川 真里 ……①120
玉川 陽介 ……②423
玉川 竜司 ……②521, ②551
玉川大学教育学部健
　康教育研究セン
　ター ……②213
玉川大学教師教育リ
　サーチセンター ……①760
玉木 彰 ……②723
玉置 一平 ……①442
玉置 永吉 ……①336
田巻 華月 ……②332
玉木 志保美 ……①12
たまき ちひろ ……②391
玉木 亨 ……①1347, ①1356
玉木 徹 ……②662
玉木 俊明 ……①601, ②269
玉紀 直 ……①1229, ①1403
玉木 長良 ……①102
玉聞 伸啓 ……①711
玉木 英彦 ……②668
玉巻 松雄 ……①107
珠樹 みつね ……①864
田牧 大和 ……①1048, ①1229
玉木 ゆら ……①1403
玉木 賢明 ……①192
たまごクラブ ……①133
たまごサンド愛好会 ……①56
玉越 清美 ……②367
卵山 玉子 ……①6
玉崎 孝幸 ……②422
玉佐 賢治 ……②668
玉城 ティナ ……①768
玉城 英彦 ……①567,
　①676, ②760
玉蔵 ……②377
玉田 大 ……②218
玉田 樹 ……②159

玉田 康成 ……②257
玉田 芳史 ……②123
玉田 龍太朗 ……①464
多摩大学出版会 ……②106
玉地 任子 ……②705
田手 義朗 ……②614
たまねぎ ……①254
多摩美術大学美術館 ……②462
玉袋 筋太郎 ……②238, ②30
玉蟲 由樹 ……②198
玉村 公二彦 ……②62
玉村 千治 ……②249
玉村 豊男 ……①45,
　①951, ①960
玉村 麻衣子 ……②24
玉村 利恵子 ……①76
玉目 弥生 ……①146
玉元 小百合 ……①329
田丸 久深 ……①1006
田丸 公美子 ……①951
田丸 昇 ……①250
田丸 麻紀 ……①29
田丸 雅智 ……①354,
　①979, ①1006
田丸 まひな ……①970
溜箭 将之 ……②202
多摩六都科学館天文
　グループ ……②675
民秋 言 ……①697
田宮 栄治 ……②741
田宮 慎二 ……①174
田宮 直人 ……②551
田宮 菜奈子 ……②707
田宮 信雄 ……②673
田宮 晴彦 ……①604
田宮 寛之 ……②216
田宮 文平 ……①871
田宮 陽子 ……①87,
　①118, ①127
惰眠 ……①1229
田向 健一 ……①262,
　①383, ②692
田向 宏行 ……②397
田村 晶子 ……②281
田村 朗 ……①339
田村 梓 ……①80, ①878
田村 敦子 ……②76
田村 淳 ……①951
田村 綾子 ……②60
田村 勇 ……②118
田村 修 ……②334
田村 一夫 ……②178
田村 和宏 ……②62
田村 和也 ……②457
田村 勝久 ……①964
田村 勝省 ……②380,
　②460, ②462
田村 君英 ……②739
田村 圭介 ……②435
田村 賢司 ……②242, ②292
田村 源二 ……①1346, ②293
田村 康二朗 ……①685
田村 さと子 ……①1336
田村 重信 ……②17, ②163
たむら しげる ……①343
田村 秀 ……②246
田村 実造 ……②597
田村 祥蔵 ……①837
田村 昇平 ……②513
田村 須賀子 ……②765
田村 セツコ ……

①379, ①951
田村 節子 ……①712
田村 善次郎 ……②115
田村 太一 ……②243
田村 隆明 ……②684
田村 隆 ……①898
田村 隆盛 ……②427
田村 宣義 ……①446
田村 威 ……②394, ②396
田村 忠嗣 ……②163
田村 忠久 ……②667
田村 たつ子 ……①1372,
　①1387, ①1391
田村 達久 ……②237
田村 つぼみ ……①25, ①48
田村 哲樹 ……②170
田村 哲志夫 ……①380
田村 尚也 ……②167
田村 紀雄 ……②167
田村 憲孝 ……②530
田村 英基 ……②382
田村 浩 ……①234
田村 大 ……②296
田村 文則 ……②336
田村 誠 ……②476
田村 誠邦 ……②419, ②623
田村 仁人 ……②742
田村 正紀 ……②336
田村 正弘 ……②729
田村 昌三 ……②415,
　②459, ②669
田村 真菜 ……①1006
田村 学 ……②713,
　①717, ①719, ①737
田村 守 ……①968
田村 真弓 ……①642
田村 美佐子 ……①1360
田村 美由紀 ……①698
田村 元秀 ……①403
田村 裕一郎 ……②708
田村 由美 ……②765
田村 陽一 ……②546
田村 洋三 ……②216
田村 嘉章 ……①878, ①879
田村 義進 ……①1353, ①1356
田村 梨花 ……②91, ②575
田村 里香 ……①79
田村 隆一 ……①478
爲數 哲司 ……②714
為末 大 ……①26
為広 麻里 ……①775
爲房 恭子 ……②776
ダメロン, ネッド ……①313
田母神 俊雄 ……②19,
　②39, ②140, ②144
多森 サクミ ……①59, ①60
多屋 英二 ……②50
多屋 馨礼 ……②118
多屋 雅博 ……②714
多屋 光孫 ……②393
田舎中 真由美 ……②760
田山 聡美 ……②212
太陽グラントソント
　ン税理士法人 ……②322
ダライ・ラマ14世テ
　ンジン・ギャツォ ……①460
多羅尾 光徳 ……②139
たら実 ……①370

著者名索引

著者名索引

ダラント, サビーン ……①1349
タリーズ, ゲイ ‥①936
ダーリング・ハモンド, リンダ ‥‥①720
ダール, ロアルド ……①1349
樽 なつき ……①113
樽川 流 ……②386
ダルゼル, ジョシュア ……①1362
樽谷 祐一 ……②385
タルディッツ, マニュエル ……②612
ダールトン, クラーク ‥①1358, ①1359
垂野 創一郎 …①1338, ①1339
柞磨 昭孝 ……①721
だるまアーティスト愛 ……①836
垂水 克己 ……②328
垂水 弘夫 ……②617
垂水 雄二 ……②650, ②685, ②692
樽本 修和 ……①174
ダルモン, マリルー ……①500
だるるん ……①39
ダレノガレ 明美 ……①56, ①774
タレブ, ナシーム・ニコラス ……①455
ダロウ, ジェフ ‥①850
タロック, ロス ……①661
ダワー, ジョン・W. ……①603
田和 真紀子 ……①631
田和 正孝 ……②457
田脇 宗城 ……②422
多和田 栄治 ……②616
多和田 葉子 ……①965, ①1006, ①1116
たわら まち ……①311
俵 万智 ……⑩10, ①310, ①312, ①649, ①968, ①969, ①970
俵 ゆり ……①321, ①322, ①375
俵原 正仁 ……①703
ダン, キャサリン ……①1333
ダン, ケビン ……①658
ダン, ジャンシー‥①4
タン, フィリップ ……①851
ダン, ロブ……②448
暖 あやこ ……①1124
檀 一雄 ……①1006
だん きょうこ ……①871
譚 小勇 ……①466
旦 紀子 ……①1330, ①1338
旦 まゆみ ……②285
丹 道夫 ……②305
壇 蜜 ……①113, ①951
段 躍中 ……②19, ②90
譚 璐美 ……②595
ダン上野Jr. ……①661
ダンカン, ジュディス ……②115
ダンカン, ダニエル ……①317
ダンカン, デイビッド・S. ……②372
丹下 一男 ……②72
丹下 博文 ……②335, ②375

丹後 俊郎 ……②723
淡交社建築部 ……①20
淡交社編集局 …①195, ①271, ①272, ②23
単行本企画編集専門委員会 ……②593
たんじ あきこ ……①331, ①342
丹治 健蔵 ……①559
丹地 陽子 ……①389
男子休日委員会 ……①195
「短詩形文学」編集部 ……①905
男爵平野 ……①1396
「単純ヘルペス脳炎診療ガイドライン」作成委員会 ……②730
檀上 完爾 ……②430
ダンジョンマスター ……①1229
丹田 いづみ ……①68
団田 芳子 ……①42
ダンティカ, エドウィージ ……①1333
探偵小説研究会 ……①885
ダンテスダイジ ……①460
ダントー, アーサー・C. ‥①446, ①826
丹内 真弓 ……①812
断熱建材協議会 ……②618
淡野 明彦 ……①200
丹野 顕 ……①558
丹野 勲 ……①571
丹野 勝弘 ……①674
丹野 清志 ……①63
丹野 清彦 ……①707, ①708
丹野 清美 ……②709
段野 聡子 ……①115
丹野 忠晋 ……②258
丹野 達弥 ……①796
丹野 哲也 ……①710
丹野 智文 ……①176
團野 浩 ……②772
丹野 安子 ……②299
丹野 義彦 ……②493
タンバ ……①1229
丹波 史紀 ……①700
ダンハム, M.L. ……①387
檀原 みすず ……①914
ダンヒル, メアリー ……①935
たんぷるたん ……①340
旦部 幸博 ……①47
丹間 康仁 ……②142
ダンミル ……①367

ち

池 明観 ……①598
地域開発研究所 ‥②632, ②633, ②635, ②636, ②637, ②638, ②641, ②642
地域しごと創生会議 ……②159
地域社会学会 ……②104

地域情報紙『うえまち』編集局 ……①536
地域デザイン学会 ……②159, ②286, ②370
ちいた わからし ……①285
チヴィアン, エリック ……②682
チェ, マイケル・S・Y. ……②260
チェ ヒャンミ ……①867
チェ ワンギュ ……①1333
チェイス, ジョン ……①793
チェ・ゲバラ, エルネスト ……①610
チェスター ……②411, ②413
チェスタトン, G.K. ‥①1095, ①1343, ①1349
チェーホフ ……①379
チェルネフ, アレクサンダー ……②336
チェン, サンピン ……①595
チェン, ジム ……①848
チェン, ドミニク ‥②17, ②512
千葉 忠輔 ……①1403
近澤 愛沙 ……①173
近澤 諒 ……②195
近重 幸哉 ……②149
近角 真一 ……②575
近田 順一郎 ……②403
近田 政博 ……②747
近本 謙介 ……①508, ①594
近森 大志郎 ……②739
地球科学研究倶楽部 ‥②402, ②678
「地球の歩き方」編集室 ‥②2, ①188, ①192, ①193, ①194, ①196, ①197, ②200, ①201, ①202, ①203, ①204, ①205, ①206, ①207, ①208, ①209, ①210
「地球の歩き方」編集部 ‥①201, ①202, ①204, ①205, ①208
千木良 淳 ……①26
知久 豊 ……①1048
竺沙 雅章 ……①597
筑紫 圭一 ……②202
竹島会奉賛会 ……①538
筑間 彰 ‥②486, ②488
筑摩 十幸 ……①1403
千曲市食の風土記編纂委員会 ……①35
筑摩書房編集部 ……①884
ちくま新書編集部 ……②199
ちくま文庫編集部 ‥①42, ①1069
千倉 真理 ……①529
竹林軒 百斎 ……①951
ちーこ ‥①370, ①380
ちこ ‥①49, ②26
知財コーポレーション ……②584
ちさか あや ……①388
千坂 精一 ……①586
チサト アキラ ‥①1229
千澤 のり子 ……①1095

智山勧学会 ……②113
千々和 到 ……①548
千塚 鉄也 ……①308
チーズプロフェッショナル協会 ‥①48
馳走麺屋 ……①67
チダーナンダ, スワミ ……①162
千々布 敏弥 ……①705
致知編集部 ‥①107, ②307
ちっぴ ……①979
知的向上委員会 ……①623
知的財産研究教育財団 ……②699
知的財産編集委員会 ……②570
知的生活研究所 ……①623
知的生活追跡班 ‥①121, ①274, ②32
知的生産研究会 ……②535
ちとせ ……①21
千歳 喜巳子 ……①74
チードル, ルイーズ ……①47
千波 ……①25
千野 エー ……①652
千野 隆司 ……①1048
茅野 久枝 ‥①1371, ①1375
千野 帽子 ……①100
千野 万里子 ……①664
千野 裕子 ……①896
茅野 理恵 ……①701
千葉 ……①366
ちば あきお ‥①977, ①1132
千葉 昭彦 ……②263
千葉 明 ‥①665, ②386
千葉 功 ……①572
千葉 恵美子 ‥②208, ②210
ちば かおり ……①800
千葉 勝美 ……②197
千葉 喜久枝 ……②728
千葉 公慈 ……①509
千葉 聡 ‥①905, ②682
千葉 ジェシカ ……②125
千葉 茂樹 ‥②311, ①314, ①378, ①379, ①396
千葉 成就 ……②584
千葉 茂 ……②464
千羽 十訓 ……①1229
千場 純 ……②706
千葉 純一 ……①92
千葉 俊二 ……①902
千葉 慎一 ……②712
千葉 武夫 ……①697
千葉 史子 ……①348
ちば てつや ‥①585, ①856
千葉 敏生 ‥①229, ①455, ②261, ②264, ②645, ②651
千葉 敏之 ……①548
千葉 登世 ……①819

千葉 直樹 ……①158
千葉 直美 ……②93
千葉 伸明 ……①173
千葉 伸夫 ……①794
千葉 憲昭 ……②597
千葉 逸人 ……②658
千葉 秀雄 ……①682
千葉 啓恵 ‥②677, ②686
千葉 博 ……①187
千葉 雅也 ‥①455, ①473
千葉 美波子 ……①78
千葉 康晴 ……①1356
千葉 祐大 ……②425
千葉 リョウコ ……①680
千葉 麗子 ‥②21, ②169
ちーぱか ……②164
千葉学習塾協同組合 ……①719
千葉工業大学物理教室 ……②666
千葉大学教育学部附属教員養成開発センター ……①704
千葉大学工学部建築学科卒業設計展2017実行委員会 ……②611
知花 くらら ……①903
知花 凛 ‥①368, ①374
千早 茜 ‥①976, ①1006, ①1116
千原 英喜 ……①817
千原 浩之 ……②657
千原 曜 ……②227
千野ジュニア ……①768
ちびすけ ……①1229
チフェッリ, ルドヴィーコ ……①671
千冬 ……①794
地方公務員共済組合制度研究会 ……②187
地方公務員昇任試験問題研究会 ‥②152, ②155
地方公務員昇任面接研究会 ……②152
地方公務員昇任論文研究会 ……②152
地方公務員年金制度研究会 ……②187
地方公務員法制研究会 ……②153
地方公務員論文研究会 ……②152
地方財政調査研究会 ……②271
地方史研究協議会 ……②537
地方自治制度研究会 ‥②156, ②187
地方自治法令研究会 ……②186
地方税事務研究会 ……②156
地方税制度研究会 ……②403
チボスキー, ステファン ……①1327
チーム安部礼司 ……①86
チーム151E☆ ‥①371, ①372
チームガリレオ ‥①397, ①442
チーム2045 ……①1068

チームふくしま ‥②42
千村 晃 ……①169
チームローカーボ ……①58
チームDBT ……①348
チームIMAKOWA ……①385
チームUKT ……①296
チャー, アチャン ……①513
チャイ, ムーン・キ ……①649
ちゃいこ ……①303
チャイルズ, ジェームズ・R. ……②38
チャイルズ, ローラ ‥①1333, ①1349
チャイルド, モーリーン ……①1383
ちゃいるどネット大阪 ……①694
チャウィーワナコン, カイモック ‥②687
茶園 成樹 ‥②187, ②585
チャオ, アンディ ……①778
ちゃくま ……②28
茶豪 ……①1007
茶谷 誠一 ……②150
ちゃつふさ ……①1229
チャップマン, アン ……②120
チャップマン, ジャレッド ……①315
チャップマン, マーク ……①267
チャップマン, マユミ ……②38
チャップマン, リンダ ……①377
チャップリン, チャールズ ‥①793, ①794
ちゃっぽ ……①362
チャド, レイチェル・ウォーレン ……②696
チャドウィック, フォーガス ……②695
チャトウィン, ブルース ……①936
チャトスィコンスタンティヌ, ダニー ……①306
チャベック, カレル ……①1333
チャベック, ヨゼフ ……①372
チャム池谷 ……②34
チャモヴィッツ, ダニエル ……②687
チャーリィ古庄 ‥②200, ②437
茶留 たかふみ ……①432
チャルディーニ, ロバート ……②110
チャン, ジュリア ……②11
チャン, ジューン ……①854
チャン, ティ・ミン・ヨイ ……①668
チャン, マイケル ……②226
チャン スルギ ‥②88
チャンデル, ナヴディープ・S. ‥②728
チャンドラー, レイモンド ……①1349

チャンドラセカール，
　プラナタルティ・
　H.………………①732
チュウ，ヴィッキー
　………………①132
チュウ シャオロン
　………………①1333
中央経済社 ……②315，
　②399，②405，②407，
　②409，②413，
　②490，②491
中央公論新社 …
　①937，①938
中央職業能力開発協
　会 ……………②508
中央総研 ………②406
中央大学経済学部
　………………①242
中央大学人文科学研
　究所 …①601，①917
中央大学真法会
　………②231，②232
中央畜産会 ……②410
中央法規出版編集部
　………………①693，
　①695，②48
中央労働委員会事務
　局 ……②463，②464
中央労働災害防止協
　会 ……………①158，
　②330，②458，②459，
　②460，②461，②466，
　②469，②506，②627，
　②629，②630，②759
中級バイオ技術者認
　定試験問題研究会
　………………②630
中京大学社会科学研
　究所アーカイブズ
　研究プロジェクト
　………………②151
中検研究会 ……①665
中後 大輔 ……②518
中国研究所 ……②251
中国研究論叢編集委
　員会 …………②133
中国語話者のための
　日本語教育研究会
　………………①635
中国山地の人々と交
　流する会 ……②89
「中国新聞カープ検
　定」作問委員会
　………………②223
中国新聞社 ……①222
中国人民大学国際通
　貨研究所 ……②250
中国税理士会 …②410
中国地域暖房省エネ
　ルギー研究会
　………………②252
中国地方総合研究セ
　ンター ………
　②246，②273
中国電力 ………②246
中国電力エネルギア
　総合研究所
　………②246，②273
中国人気ブロガー招
　へいプロジェクト
　チーム ………②18
中国文化事典編集委
　員会 …………②89
中国M&A公会 ・②252
仲裁ADR法学会
　………………②223
駐車対策研究会
　………………②218
中條 克俊 ……①699

中条 省平 ……①1340
中條 聖子 ……①342
中條 大輔 ……②741
中小企業を応援する
　士業の会 ……②317，
　②328，②330
中小企業診断協会
　………………②303
中小企業診断士試験
　クイック合格研究
　チーム ………②487
中小企業診断士試験
　研究会 ………②487
中小企業庁
　………②301，②303
中小企業動向調査会
　………………②415
中世禅籍叢刊編集委
　員会 …………①518
中世哲学会 ……①469
中世都市研究会
　………………①537
中日新聞社会部
　………②24，②59
中日新聞編集局生活
　部 ……………①938
中濃史談話会 …①537
中鉢 良治 ……②295
中部電気保安協会
　………………②592
中馬 成子 ……②783
中文字 …………①1229
チュクリエル，エマニ
　ュエル ………②681，
　②689，②691，②694
ちゅう …………①40
チューリップテレビ
　取材班 ………②14
チョ ヒチョル …①667
張 愛玲 ………①1333
張 怡華 ………①666
張 軼欧 ………①664
張 海燕 ………①899
張 学昕 ………①919
長 和俊 ………①748
趙 基恩 ………①770
趙 匡華 ………①597
張 暁紅 ………②245
張 強福 ………②523
張 玉正 ………①134
趙 慧珍 ………①249
趙 恵蘭 ………①918
趙 賢達 ………②659
趙 宏偉* ………①597
張 賽英 ………②761
趙 俊英 ………①173
張 小虹 ………①87
長 信一 ………①242
長 新太 ………①328，
　①338，①364
張 晟喜 ………①914
趙 星銀 ………①452
張 正軍 ………①119
趙 政済 ………②46
趙 誠峰 ………②212
趙 雪麹 ………②312
趙 大衛 ………②682
張 高明 ………②749
張 玉松 ………①237
趙 治勲 ………①247
長 友昭 ………②220
張 南 …………②269
張 武静 …①426，①666
趙 平 …………①937
張 龍妹 ………①534
長木 誠司 ……②8

朝鮮国刊経都監
　………………①517
朝鮮語研究会 …①667
朝鮮日々記研究会
　………………①555
長宗我部 友親 …①110
朝禱会全国連合会
　………………①528
超特急 …………①776
超特急カイ ……①778
超特急コーイチ
　………………①776
超特急タカシ …①777
超特急タクヤ …①775
超特急ユーキ …①777
超特急ユースケ
　………………①776
超特急リョウガ
　………………①776
長南 華香 ……①13
超平和バスターズ
　………………①348
調理師試験問題研究
　所 ……………②507
潮楼 奈和 ……①15
ちょきんぎょ。
　………………①1229
著作権法学会 …②188
千代田パートナーズ
　税理士法人 …②412
千代田ラフト …②670
チョツィノフ，サ
　ミュエル ……①816
チョプラ，ディーパッ
　ク ……………①86，
　①127，①152，①446
チョムスキー，ノー
　ム ……………①446，
　①454，①622，②262
チョン スンガク
　………………①312
ちょん せいこ …①708
チョン ミヘ ……①310
チョン ユジョン
　………………①1350
チラオロ，シモーナ
　………………①314
チランタナット，
　チャンタニー
　………………②120
地理情報システム学
　会教育委員会
　………………①732
知里幸恵銀のしずく
　記念館 ………①442
ちろりん ………①1230
チン，ジェイソン
　………………①313
チン，レオ ……①594
陳 偉 …………②307
陳 慰 …………②655
陳 雅婁 ………②90
陳 玉玲 ………①755
陳 光誠 ………②44
陳 洲挙 ………①665
陳 舜臣 …①920，①951
陳 昭瑛 ………①465
陳 湘生 ………①173
沈 石溪 ………①1333
陳 童君 ………①908
陳 登元 ………①583
陳 破空 ………②248
陳 永雅 ………①666
陳 鳳 …………②120
陳 豊惠 ………①666
陳 來幸 ………②129
陳 亮 …②252，②512
ちんくるり ……①1230

ちんすこうりな
　………………①962
鎮西 貴信 ……①963
賃貸フェス ……②419
賃貸不動産経営管理
　士協議会 ……②507
賃貸不動産経営管理
　士資格研究会
　………………②494

つ

ツァラトゥストラ
　（猫♂）………①829
対木 和夫 ……②195
築城 厚三 ……②542
立木 秀樹 ……②560
築地 信 ………②732
ついてる仙人 …②393
ツィーマン，ベンヤ
　ミン …………②164
ツィーメン，エリッ
　ク ……………②690
ツヴェルガー，リス
　ベート ………
　①311，①344
痛快TVスカッと
　ジャパン ……①370
通勤講座 ………②495
通正 知秀 ……①185
津江 章二 ……①250
つか こうへい …①909
つかい まこと ・①1124
塚口 伍喜夫 ……②56
塚口 直史 ……②390
塚口 祐司 ……②527
塚越 寛 ………②275
塚越 淑行 ……①1007
ツカサ …………①1230
司 拓也 ………①810
司 ゆき …………②516，
　②548，②551
塚崎 公義 ……
　②242，②258
塚澤 健二 ……
　②248，②279
塚田 市朗 ……②620
塚田 薫 ………②200
塚田 佳都子 ……①972
塚田 昭一 ……①729
塚田 孝 ………①536
塚田 直樹 ……①737
塚田 信貴 ……①379
津堅 信之 ……①797
塚田 哲之 ……②198
塚田 穂高 ……②142
つかだ みちこ …①926
塚田 祐子 ……
　②408，②410
塚田 幸光 ……①661
塚田 由美子 ・①1380，
　①1389，①1391
塚田 亮平 ……①777
柄刀 一 ………①1095
津金 邦明 ……①706，
　①759，①760
津金 昌一郎 ……①179
津金 美智子 ……①691
塚野 壽一 ……①660
塚原 久美 ……②115

塚原 哲 ………②387
塚原 丘美 ……②778
塚原 琢哉 ……①258
塚原 直也 ……①236
塚原 史 ………①975
塚原 慎 ………①314
塚原 正章 ……①45
塚原 康博 ……②265
津上 俊哉 ……②248
梛嶺 レイ ……②92
塚本 悦子 ……①45
塚本 栄美子 ……①527
塚本 和美 ……②400
塚本 和也 ……②520
塚本 邦雄 ……①904
塚本 哲三 ……①755
塚本 紀子 ……①199
塚本 英巨 ……
　②194，②325
塚本 宏達 ……②188
塚本 正明 ……①963
塚本 昌則 ……①924
塚本 正巳 ……①199
塚本 康子 ……①763
塚本 やすし …①323，
　②328，②330，
　②331，①342
塚本 雄介 ……①166
塚本 悠真 ……②230
塚本 由晴 ……②613
塚本 亮 …①103，②352
塚谷 裕一 ……②687
津川 友介 ……②259
津川 律子 ……①482
月江 伸弘 ……②565
月尾 嘉男 ……
　②97，②160
月岡 小穂 ……①1363
つきおか ようた
　………………②333
月居 良子 ……①84
槻影 …………①1230
月神 サキ ……
　①1230，①1403
つきこ …………①40
月子 …………①970
月沢 李歌子 ……②38，
　②262，②443
築地 俊造 ……②117
築地 誠子 ……②83
築地 俊彦 ……①1136
月島 秀一 ……①1231
月城 うさぎ ……①1403
次田 憲和 ……①476
月谷 真紀 ……①263
月戸 …………①351
月野 文人 ……①1231
月野 るな ……②285
槻木 恵一 ……②757
槻橋 修 ………②161
月原 渉 ………①1231
月星 光博 ……
　②756，②758
月間 紗也 ……①489
つきみ ゆい ……①90
月宮 永遠 ……①1316
月村 奎 ………①1316
月村 太郎 ……①127
月村 了衛 ……①1049，
　①1095，①1124
月本 昭男 ……
　①507，①528
月本 佳代美 ……①308
月本 洋 ………①1136
月森 あいら ……①1403
月森 久江 ……①684
月森 みるく ……①1231
月夜 …………①1317

築山 桂 ………①346
築山 節 ・①176，①177
築山 鉄平 ……
　②756，②757
月雪 はな ……①1231
月夜 涙 ………①1231
津久井 五月 ……①1124
津久井 智子 ……
　①79，①868
津久井 良充 ……①917
筑紫 磐井 ……①961
佃 一可 ………①1049
佃 收 …………①544
佃 克彦 ………②207
佃 俊明 …②671，②672
嗣永 桃子 ……①770
ツク之助 ………①405
筑波大学オリンピッ
　ク教育プラット
　フォーム ……①432
筑波大学大学院ビジ
　ネス科学研究科企
　業法学専攻 …①221
筑波大学附属小学校
　算数研究会 …①726
筑波大学附属小学校
　図画工作科教育研
　究部 …………①740
筑波大学附属小学校
　体育研究部 …①741
つくも 三太 ……①1232
つくも ようこ …①363
ツクルバ ………①441
柘植 愛子 ……①382
柘植 あづみ ……①755
柘植 文 ………①853
柘植 喬介 ……①582
柘植 秀樹 ……②669
柘植 ヒロポン ②540，
　②541，②542
柘植 雅義 ……
　①682，①685
津崎 史 ………①871
津崎 正行 ……
　①111，②11
辻 章 …………①890
辻 泉 …①104，②106
辻 栄一 ………①256
辻 恵美子 ……①905
辻 和希 …②682，②695
辻 和子 …①637，①787
辻 敢 …………②402，
　②405，②407，②413
辻 邦生 ………
　①1007，①1049
辻 恵子 ………①867
辻 啓太 ………②781
辻 孝之助 ……①99
辻 早苗 ………
　①1352，①1395
辻 省次 ………①729
辻 正司 ………①86
辻 信一 ………②460，
　①525，②573
辻 誠一 ………②681
辻 貴之 ………①569
辻 達也 ………①560
辻 勉 …………②673
辻 哲夫 …②66，②161
辻 とみ子 ……②777
辻 直人 …①525，①705
辻 伸弘 ………②533
辻 英夫 ………②703
辻 秀雄 ………①931
辻 秀一 ………①124，
　①214，①217，
　②286，②346
辻 秀人 ………①543

著者名索引

辻 仁成………①1007
辻 浩和………①549
辻 博文……①7, ①19
辻 真先………①1095
辻 正純………②62
辻 正人………①432
辻 正敏………②597
辻 政博………①740
辻 学………①529
辻 峰男………②322
辻 みゆき …
………①349, ①367
辻 桃子 …①906, ①960
辻 靖彦………②526
辻 泰秀………①739
辻 大和………②694
辻 祐一郎………①9
辻 幸和………②628
辻 浩………②52
辻 由美………①1337
辻 友美子 …①7, ①19
辻 容子………①872
辻 義夫………①743
辻 良樹………②434
辻 義行………②646
辻井 康祐 …
………①16, ①951
辻井 正………①715
辻井 輝行………①951
辻井 博彦………①736
辻井 正次………①494
辻井 正人………②658
辻井 敬亘………②672
辻尾 朋子………②56
辻岡 勝美………②735
辻岡 ビギー …
………①76, ①84
辻岡 幹夫………②681
辻川 和彦………①711
辻川 覚志………①111
辻川 圭乃………②228
辻口 博啓………①434
辻下 守弘………①175
辻田 真佐憲 …
………①584, ②151
辻田 素子………②260
辻調グループ辻静雄
　料理教育研究所
　………②434
辻堂 魁………①1049
辻堂 真理………①144
辻堂 ゆめ …
………①1007, ①1095
辻中 公………①114
辻中 俊樹………①57
辻永 ひつじ………①353
辻中 美緒………①57
辻野 芳輝………①853
辻畑 泰衛………②187
辻畑 泰伸………②195
辻原 登………①925
辻・本郷税理士法人
………②311,
②322, ②327, ②330,
②386, ②401, ②411,
②412, ②413, ②420
津島 晃一………②327
対馬 妙………①379
津島 佑子 …
………①951, ①1007
対馬 ゆか………②753
對馬 陽一郎………①494
対馬 ルリ子 …
………①7, ①168
つじむら あゆこ
………①346, ①358
辻村 一郎………②461
辻村 寿三郎……①872

辻村 七子……①1232
辻村 章宏 ……①429
辻村 政志……①699
辻村 益朗……①429
辻村 深月 …①1007,
………①1068, ①1095
辻村 みよ子 …
………①199, ②200
辻本 智子 ……①642
辻本 典央………②212
辻本 法子………②159
辻本 仁志………②753
辻本 文雄………②724
辻本 勝英………①929
辻谷 泰志………①1352
辻山 良雄 …②2, ②5
都築 佳つ良……①460
都築 響一 ……①929
都築 光一 ……②52
都築 誉史………①487
都築 勉………①456
都筑 はじめ……①792
都築 まきこ……②118
都築 政昭………①252
都築 雅人………②432
都築 由美………②358
鼓 直………①1329,
①1338, ①1359
津田 晶子………①651
津田 和義 ……②57
津田 謹輔 …
………②718, ②774
津田 久美子 ……②88
津田 敬三………②213
津田 耕一 …②57, ②63
津田 浩司………②87
津田 静鳳………①871
津田 太愚………①565
津田 大介 …②14,
………②143, ②579
津田 孝範 …
………②773, ②774
津田 隆好………②214
津田 卓也 …
………①1007, ②291
津田 徹………②721
津田 篤太郎……①459
津田 久資………①297
津田 秀樹 ……①293,
②178, ②182, ②183
津田 彷徨 ……①1232
津田 雅夫………①456
津田 政隣………①560
津田 倫男 …
………②383, ②385
津田 美智子 ……①157
津田 美也子 ……①189
津田 夕也 ……①1232
つだ ゆみ
………①565, ②413
津田 量………②89
つたえたい、心の手
紙（くらしの友）
………①839
津谷 喜一郎……②769
土江 節子………②775
土岡 俊介………②660
土作 彰………①707
つちせ 八十八…①1232
土田 昭夫………②461
土田 篤………②278
土田 和範………②755
土田 和博 …

土田 純子 …①594
土田 晃之 …②361
土田 知則 …①448
土田 尚弘………②662
つちだ のぶこ……①327
土田 昇………①929
土田 英生………①1007
土田 宏………①581
土田 宏成………①570
土田 裕康………②642
土田 美登世 …①45
土田 幸恵………①690
土田 義晴………①365
土田 芳彦………②749
土田 龍太郎……①918
土取 利行………①766
つちの みえこ……①323
土橋 正………①3
土橋 宏康………②659
土橋 寛………①544
土橋 豊………①267
土日 月………①1232
土平 博………①617
土松 隆志………②687
土本 久美子 …①456
土本 武司………②212
土屋 晃 …
………①960, ①1342
土屋 彰………②74
土屋 敦子………②396
土屋 敦………②98
土屋 佳雅里 …①734
土屋 君子………①73
土屋 京子 …①937,
………①1365, ②357
土屋 惠一郎……①788
土屋 惠三郎……①220
土屋 恵司………①9
土屋 賢二………①951
土屋 光正 …
………①286, ②428
土屋 コージン…②23
土屋 重康………②404
圡屋 茂………②224
土屋 倭子………①921
土谷 純一………②624
土屋 喬………②554
ツチヤ タカユキ
………①1007
土屋 たかゆき…①571
土屋 健 …①401,
①403, ①590,
②680, ②681
土谷 武志………①712
土谷 武士………①597
土屋 剛俊………②292
土屋 武之 …
………②434, ②437
土屋 肇枝………②90
土屋 敏男………①770
土屋 知洋………①662
土谷 奉弘………②255
土屋 智哉………①189
土谷 望………①659
土屋 信彦………②73
土屋 晴仁 …②218,
①534, ①635
土屋 裕昭………②408
土屋 浩………①537
土屋 洋………②307
土屋 富士夫……①358
土屋 政雄 …
………①935, ①1327
土屋 正臣………①613
土屋 光邦………②314
土屋 十圀………①571

土屋 恵 …①1383,
①1384, ①1385
土屋 基規………①756
土屋 勉男………②301
土屋 勇磨………②25
土屋 喜敬………②238
土屋 礼子………②10
土屋垣内 晶……①489
土山 希美枝……②156
土山 公仁………①555
土山 しげる …①42
土山 智也………①154
筒井 功………②119
筒井 一伸………①747
筒井 清忠 …
………①574, ①575
筒井 知………①640
筒井 淳也………②99
筒井 健夫………①756
筒井 哲郎………②580
筒井 のり子……②66
筒井 晴彦………②463
筒井 紘一 …
………①272, ①900
筒井 裕之 …
………②739, ②768
筒井 冨美………②702
筒井 正明………①654
筒井 真優美……②767
筒井 美紀………②705
筒井 恵………②377
筒井 康隆 …①890,
①909, ①951,
①1007, ①1124
筒井 義郎………②259
堤 朝子 …①1343
堤 亜美………②712
つつみ あれい…①334
堤 一郎………②434
堤 一郎………①599
堤 克彦………②565
堤 邦彦………①898
堤 孝………①736
堤 稔子………①920
堤 直規………②151
堤 人美 …①48, ①53,
①54, ①55, ①58,
①60, ①61, ①69
堤 洋樹………②155
つつみ まい……①341
堤 未来 …②90, ②579
堤 康徳………①1328
つつみ やすゆき
………①331
堤 祐子………①1371
堤 理華………①37
包む………②12
集………①879
津富 宏………②59
津名 道代………①545
津内口 真之 …
………①276, ①729
つなこ………①842
綱澤 満昭………①448
綱島 邦夫………②329
綱島 将人………①674
常泉 茂雄………②561
常岡 孝好 …②203
恒川 光太郎 …
………①979, ①1124
恒川 正志………①228
經沢 信弘………①34
常塚 宣男………②750
恒藤 敏彦………②665
常冨 泰弘 …②94
常松 裕明………①772
常見 幸………②711
常見 陽平 …

②460, ②463
常光 徹 …①331,
②332, ②333,
①385, ①887
常本 哲郎 …①964
恒吉 明美………②310
恒吉 彩矢子……①113
津野 義堂………②220
津野 祐次………①190
角尾 宣信………①826
角皆 尚宏………②613
角皆 優人………①231
角替 弘規………①721
角田 恵理子……①870
角田 和将 …
………①120, ②390
角田 欣一………②670
角田 圭子………①181
角田 修一 …
………①262, ②692
角田 泰隆………①518
角田 卓也………①179
角田 猛之………②225
角田 光雄………②570
角田 朋彦………①555
角田 伸広 …
………②324, ②403
角田 肇………②749
角田 博明………②702
角田 文衞………①544
角田 よしかず…①97
角山 栄………①147
津乗 健太………①257
椿 真一………②447
椿姫 せいら……①1317
椿 東一郎………②604
椿 ハナ………①1135
椿 實………①1007
椿 直………②709
椿本 涅子………②32
椿本 雅朗………②322
翼学院………①297
つばた しゅういち
………①937
つばた 英子……①937
津原 泰水………①1007
粒山 樹………①563
円谷 峻………②206
円谷プロダクション
………①780, ①796,
①797, ①842, ②32
坪井 いづよ …②76
坪井 一宇………②172
水流 徹………②671
坪子 賢一 …②3, ②255
つぼい こう……①442
つぼい じゅり……①333
坪井 孝夫………②644
坪井 正博 …
………②736, ②737
坪井 祐太………②549
坪井 裕美………①321
坪井 陽一………②753
坪井 玲奈………①60
坪内 二郎………②399
坪内 知佳………②457
坪内 稔典 …
………①319, ①951
坪内 史子………①74
坪内 美樹………①159
坪内 佑樹………②521
坪内 祐三………①456
坪内 雄藏………①756
坪多 晶子 …②191,
②328, ②401, ②414
坪内 一男………①183
坪田 耕三………①726
坪多 聡美 …

②191, ②414
坪田 翼………①393
坪田 信貴 …①16,
………①379, ①380
坪田 まり子 …
………①290, ①296
坪野 圭介 …
………①878, ①935
坪野 剛司………②74
坪村 太郎………②672
坪谷 善四郎……②227
坪谷 令子………①352
津曲 公二………②602
ツマビラ カズジ
………①1232
摘 今日子 …①1007
つむぎや………①155
津村 佳奈 …②23
津村 記久子 …①117,
①937, ①951, ①1007
津村 耕司………②674
津村 重行 …②419
津村 修志 …
………①641, ①655
津村 節子 …
………①951, ①1008
円谷 昭一………②281
詰将棋パラダイス
………①249
津本 陽 …
………①570, ①1049
津守 貴之………②626
津山 淳………②164
露木 菜緒………②768
露木 幸彦………②190
露口 由美………①14
露口 啓二………①256
露口 洋介………②251
露久保 由美子…②299
露崎 史朗………②682
露崎 博之………②519
露の団姫 …
………①510, ①512
つよぐち2号…①1233
吊し男………②396
釣崎 清隆………②579
つり人社書籍編集部
………②691
つり人社別冊編集部
………②232
つり人社北海道支社
………②232
津留 清美………①966
鶴 紀子………②730
都留 康子………②122
津留 慶幸………②460
都留 重人………②607
鶴井 忠義………②545
鶴池 柾叡………②216
鶴岡 公幸………①659
鶴岡 秀明………①267
鶴岡 文人………②205
鶴園 真弓 …
………①605, ②84
鶴見 慶雅………②522
敦賀 信弥………①1049
弦川 琢司………①353
劒 邦夫………①153
劒 樹人………①5
鶴田 伊津………①969
鶴田 一浩………①395
鶴田 かめ………①263
鶴田 国弘………①971
鶴田 謙二………①335
鶴田 清司………①716
鶴田 泰三 …②405

鶴田 法男……①360
鶴田 陽和……②660
鶴田 秀樹……②178
鶴田 明三……②591
鶴田 博美……①658
鶴田 真由
　　……①261, ①951
鶴田 美智子……①971
鶴田 由紀……②125
鶴田 陽子……①406
鶴田 義男……①748
鶴田 佳子……②611
ツルティム・ケサン
　　……①511
都留ドゥヴォー 恵美
　里……②120
ツルネン・マルテイ
　　……②148
霍野 晋吉……②691
鶴野 充茂……①362
鶴原 吉郎……②441
ツールボックス
　　……②633, ②644
鶴間 和幸……①594
鶴蒔 靖夫……①675,
①677, ①744, ②68,
②291, ②421, ②426,
②438, ②442, ②709
鶴丸 礼子……②61
つるみ 犬丸……①1233
鶴見 和子……①454
鶴見 俊輔……①535
鶴見 隆史……①147,
①148, ①150, ①163
津留見 裕子……①439
鶴見 ユミ……①666
鶴見 済……②390
鶴本 明久……②754
弦本 將裕
　　……①117, ①479
ツレヅレ ハナコ
　　……①37, ①57, ①66
徒然花……①1233
石蕗 永地……①399

デア, テッサ
　　……①1333
デイ, トレヴァー
　　……①404
鄭 一止……②249
鄭 菜蘭……①593
程 暁農……②133
鄭 惠遠……①530
鄭 惠賢……①666
程 啓坤……①271
鄭 谷心……①747
鄭 芝淑……①667
丁 章……①963
鄭 仁善……②105
鄭 琮樺……①792
鄭 大聲……①38
程 遥……②10
鄭 方婷……②575
程 麻……①598
鄭 民欽……①751
鄭 裕江……①918
鄭 理香……②72
鄭 立……②527
鄭 麗芸……①665

鄭 麗玲……①594
ディアコヌス, パウ
　ルス……①603
ディアス＝オーティ
　ス, クレア……①120
ディアス・カナレス,
　フアン……①844
ディーヴァー, ジェ
　フリー……①1350
ディヴァイン, キャ
　ロル……①1384
ディヴァイン, D.M.
　　……①1350
ディヴァイス, ガー
　フィールド……①760
デイヴィス, ハン
　　……①809
デイヴィース, フィ
　リップ……②84
デイヴィス, ベン
　ジー……①312
デイヴィス, マーク
　　……①853
デイヴィス, レイ
　チェル……②547
デイヴィッド, ボー
　ル……①496
ディーエルエイパイ
　パー東京パート
　ナーシップ外国法
　共同事業法律事務
　所……②404
ディオニュシオス
　　……①926
ディオン・ン・
　ジェ・ティン……②18
ディカミロ, ケイト
　　……①1333
ディキンズ, ロー
　ジー……①419
ディキンスン, エミ
　リー……①975
ティーグ, マーク
　　……①307, ①312
テイクアンドギヴ
　ニーズ……①79
ディクスン, カー
　ター……①1350
ディクスン, ラリー
　　……①1358
ディクソン, キャロ
　ル・アイコ・ディ
　シェイザー……①525
ディクソン, ヘレン
　　……①1386
ティグナイト, パン
　ディット・ラジマ
　ニ……①142
ティク・ナット・ハン
　　……①112,
①458, ①499
ティグラムラボ
　　……①106
ディケンズ, チャール
　ズ……①307,
①960, ①1334
帝国書院編集部
　　……①211,
①423, ①730, ①732,
①733, ①756
ティコミロフ, V.M.
　　……②256
ディ・ジョヴァンニ,
　ジャニーン……①935
ティス, ジャック・
　F.……②261
ディスカヴァークリ
　エイティブ
　　……①114, ②367

ディスク百合おん
　　……①40
ディスクロージャー
　実務研究会……②381
ディズニー大人のぬ
　り絵編集部……①866
ディズニーパブリッ
　シングワールドワ
　イド……①321, ①322
ディズニーファン編
　集部……①78, ①258
ディズニーリゾート
　研究会……①192
ディースリーパブ
　リッシャー……①798
テイツ, リンカーン
　　……②688
ディック, フィリッ
　プ・K.……①1363
ディッコ, スティー
　ブ……①852, ①856
ティッピング, コリ
　ン……①94
ディディエローラン,
　ジャン＝ポール
　　……①1334
ディディ＝ユベルマ
　ン, ジョルジュ
　　……①451
ディードリクセン,
　デレク……①20
テイハン法令編纂部
　戸籍実務研究会
　　……②204
デイビー, オーウェ
　ン……①308,
①400, ①407
デイビス, スティー
　ブ……②167
デイビス, ニコラ
　　……①313, ①397
ティービッグズ……①47
ティファニー, ジョ
　ン……①784
ディプッチオ, ケ
　リー……①310
ティプリング, デ
　ヴィッド……②696
ディー・ベッカー,
　ギャヴィン……②39
ディミトリ, シモー
　ナ……①305
ディミトリアディス,
　ニコオラス……②367
ティムス, ジョン
　　……①855
ティムス, バリー
　　……①307
ディメイン, ビル
　　……①807
テイラー, ウィリア
　ム・C.……②277
テイラー, ジョン・
　R.……①622
テイラー, デイ
　ヴィッド・C.
　　……①1350
テイラー, ナタリー・
　グリーン……②6
テイラー, バーバラ
　　……①405
テイラー, マット
　　……①808
テイラー, マリリン
　　……②140
テイラー, メリアン
　　……②696
テイラー, ロバート・
　B.……②711

テイラー 雅子……②158
ディラック, P.A.M.
　　……①668
デイリー, キャサリ
　ン・N.……①307
デイリー, ジョージ
　　……②85
デイリー, チャー
　リー……②85
デイル, ジェニ
　ファー……①1394
ディルツ, タイラー
　　……①1350
ディルディ, ダグ
　　……②167
ディルバル, アンナ
　　……①1334
ディレイニー,
　ヴィッキ……①1350
ディレイニー, JP.
　　……①1350
ディロン, カレン
　　……②342, ②372
ディロン, パトリッ
　ク……②611
ディロン, E.J.……①925
ディーン, エイミー
　　……②465
ディーン, ジェーム
　ス……①315
ディーン, A.M.
　　……①1350
ディンクメイヤー,
　ドン……①715
デインズ, ケイティ
　　……①304, ①306
テヴィス, ウォル
　ター……①1334
テヴォー, ミシェル
　　……①823
手打 明敏……①680
デオダート, マイク
　　……①848
テオリン, ヨハン
　　……①1350
デ・カダルソ, ホセ
　　……①1334
デカルト, ルネ……②719
出川 あずさ……②233
出川 通……①506,
①557, ②309, ②336
出川 智啓……②536
的 陽……②252, ②512
テキサス親父……②137
適菜 収……①454,
②137, ②146, ②147
できる大人のマナー
　研究所……②364
できるシリーズ編集
　部……①281, ①418,
②336, ②352, ②379,
②423, ②514, ②517,
②519, ②530, ②532,
②533, ②535, ②539,
②540, ②543, ②545,
②546, ②548, ②603
出口 逸平……①788
出口 かずみ
　　……①333, ①380
出口 きぬごし……①1233
出口 清一……①169
出口 剛司……①473
出口 俊一……②155
出口 治明……①88,
①100, ①588, ①886,
②4, ②295, ②351,
②369, ②389
出口 春菜……①842

出口 恒……①141, ①532
出口 久徳……①907
出口 秀樹……②403
出口 汪……①17,
①125, ①628, ①915,
②349, ②361
出口 大芳……①690
出口 富士子……①771
出口 真紀子……①753
出口 宗和……①629
出口 保夫……①826
出口 雄一……①575
出口 王仁三郎……①500
出久根 育……①309,
①324, ①364, ①951
テクノ未来塾……①557
デケイロス, アラン
　　……②685
デザイン塾……②571
デザイン女子No.1決
　定戦実行委員会
　　……①877
「デザインの博報堂」
　取材班……①877
デザインファクト
　リー……①846,
①1215
デザインレビュー
　2017実行委員会
　　……①880
デ・サルセド, アナ
　スタシア・マーク
　ス……①36
デジタルカメラマガ
　ジン編集部……①256
デジタルサーカス
　　……②551
デジタルビジネスイ
　ノベーションセン
　ター……②289
デジタルポケット
　　……②551
デジタルワークスラ
　ボ……①350
デージーネット
　　……②520
手島 圭三郎
　　……①328, ①338
手嶋 サカリ……①317
手嶋 純……①701
手嶋 純也……①68
手嶋 孝典……②6
手島 千佳……①635
手島 利夫……①713
手島 奈緒……①40
手島 史詞……①1135,
①1136, ①1233
手島 恵……②763, ②764
手嶋 由美子
　　……①879, ②335
手嶋 龍一……①124
手嶋 怜……①403
「手島圭三郎全仕事」
　編集委員会……①868
デジャ, アンドレア
　ス……①853
デジュール, イング
　リッド……①1350
手代木 正太郎……①1233
てしろぎ たかし
　　……①441
デ・ジローラミ・
　チーニ, リアナ
　　……①827
てづか あけみ……①302,
①338, ①425
手塚 治虫……①799,

①850, ①853, ①855,
①856, ①951
手塚 和彰……②128
手塚 恵子……②119
手塚 広一郎……②140
手塚 貞治……①377
手束 仁……①224
出塚 清治……②323
手塚 貴大
　　……②223, ②404
手塚 健旨……①813
手塚 千砂子
　　……①118, ①707
手塚 洋一……①658
手束 正昭……①522
手塚 裕子……①921
手塚 雄太……②139
手塚 るみ子……②33
デ・セルバンテス, ミ
　ゲル……①891, ①892
デ・ソウザ, ルシオ
　　……①589
デ・ソト, ヘスース・
　ウエルタ……②267
テックジャイアン編
　集部……①280,
①281, ①282, ①856
テックファーム
　　……②553
鉄拳……①839
テッケントラップ, ブ
　リッタ
　　……①311, ①314
哲コレ製作委員会
　　……①453
鉄人社編集部……①②2,
①823, ②29,
②30, ②32
てつじんニアム
　　……②161
鉄人ノンフィクショ
　ン編集部……①788
デッター, ダグ……②242
徹底反復研究会
　　……①719
鉄道ジャーナル編集
　部……②430
鉄道総合技術研究所
　　……②436
鉄道ダンシ製作委員
　会……①1135
テッド寺倉……①661
テッドリー, チャー
　ルズ……②98
鉄野 昌弘……①901
デッラ・ポルタ,
　ジャンバッティス
　タ……②647
デトックスマニア
　　……①151
テトメト……①1234
手中 正……①568
テナント, エマ・サ
　ラ……②695
テニイ, メリル・C.
　　……①523
テニエル, ジョン
　　……①844
てにをは……①1234
デニス, ディアナ・
　ロビン……①241
デニス, フェリック
　ス……②391
テニスマガジン
　　……①226
デーネーケ, ヴィー
　プケ……①893
デパロー, アンナ

著者名索引

……………①1384
デバンフィリス、ドナルド ……②311
デビッドソン＝ピロン、キャメロン
　　　　　……②662
デビドソン、サムエル ……①717
デファルコ、トム ……②852
てふや食堂 ……①57
デプラック、ゼン・クライア ……①120
宙乃應屓 ……①1403
デブリーン、アルフレート ……①1334
デボラック、シルヴァ ……①94
出町 譲 ……②292, ②306
テーマパーク研究会 ……①194
手丸 かのこ ……①415
出水 伯明 ……②625
出水 麻野 ……①529
出見世 信之 ……②280
出光 俊郎 ……②762
出村 和彦 ……①468
出村 佳子 ……①513
デメッロ、マーゴ ……②107
デュアリオ、ケン ……①321
デュイジット、ベルナール ……①314
デュカトー、フロランス ……①414
デュガン、マルク ……②293
デュクレ、ディアンヌ ……①590
テューダー、ウィンズロー ……①56
テューダー、ターシャ ……①56, ①105
デュドネ、クレア ……①314
デュヒッグ、チャールズ ……②346
デュプク、マリアンヌ ……①315
デュフール、ダニエル ……②614
デュフールマンテル、アンヌ ……①473
デュフレーヌ、トロイ ……①491
デュフロ、エステル ……②265
デュボアザン、ロジャー ……①315, ①373
デュボワ、クロード・K. ……①318
デュラック、コナー ……②756
デュラン、メレディス ……①1334
デュラント、アリエル ……①612
デュラント、ウィル ……①612
デュルケーム、エミール ……②100
テュレ、エルヴェ ……①311
デュレンマット、フリードリヒ ……①1334
寺井 暁子 ……①951
寺井 順一 ……①1008
寺井 広樹 ……①130,

①139, ①144, ①145, ①326, ①336, ①1008, ②431, ②435
てらい まき ……①149, ①206
寺井 幸也 ……①63
寺井 里沙 ……②218
寺内 浩 ……①547
寺内 吉継 ……②759
寺内 義典 ……②605
寺尾 敦 ……②661
寺尾 啓二 ……①150, ①152, ②648, ②672, ②702, ②714, ②730, ②777
寺尾 恵介 ……②422
寺尾 玄 ……②275
寺尾 智史 ……①620
寺尾 紗穂 ……①576
寺尾 順子 ……①262
寺尾 純二 ……②774
寺尾 愼一 ……①705
寺尾 隆 ……②6
寺尾 正 ……①738
寺尾 亨 ……②713
寺尾 なつ子 ……①1369, ①1371, ①1393
寺尾 秀雄 ……②313
寺尾 まち子 ……①1337, ①1350
寺尾 隆吉 ……①1329, ①1340
寺岡 伸悟 ……②22, ②103
寺岡 寛 ……②265, ②284
寺岡 雅顕 ……②385, ②480
寺門 和夫 ……①839, ②133
寺門 孝之 ……②343
寺門 琢己 ……①21, ①146
寺川 臨太郎 ……①829
寺川 俊昭 ……①520
寺川 永 ……②207
寺越 慶司 ……①308, ①401
デラコート、ショーナ ……①1384
寺坂 宏一 ……②538
寺崎 一郎 ……②666
寺崎 里水 ……①703
寺崎 央 ……①951
寺崎 嘉博 ……②215
寺沢 薫 ……①540
寺沢 京子 ……①951
寺沢 宏次 ……①175
寺澤 佐和子 ……①972
寺澤 大奈 ……①668
寺沢 拓敬 ……①734
寺澤 俊成 ……①273
寺沢 俊哉 ……②362
寺澤 有 ……②18
寺澤 行忠 ……②84
赫 高規 ……②208, ②210
寺師 浩人 ……②749
寺下 和平 ……①459
寺島 彰 ……②75, ②76, ②78, ②79, ②80
寺島 綾子 ……①72
寺島 治 ……②70
寺嶋 さなえ ……①605
寺島 実郎 ……②66, ②253
寺嶋 隆史 ……②602
寺島 隆吉 ……①446
寺島 俊穂 ……②226
寺島 壽一 ……②218

寺島 英明 ……①597
寺島 博子 ……①904
寺島 美紀子 ……①446
寺島 祐 ……①1095, ①1124
寺島 ゆか ……①343
寺蘭 淳也 ……②677
寺田 克也 ……①389, ①840
寺田 恭子 ……①694
寺田 惠子 ……②761
寺田 聡美 ……①57
寺田 新 ……②777
寺田 眞治 ……②534
寺田 侑 ……①826
寺田 隆尚 ……①1008
寺田 隆信 ……①596
寺田 ちせ ……①1389
寺田 敏雄 ……①980
寺田 俊郎 ……②476, ②43
寺田 智昭 ……②712
寺田 知太 ……②463
寺田 裕一 ……②433
寺田 寛 ……②189
寺田 学 ……②549
寺田 麻佑 ……②527
寺田 真理子 ……①176, ①178, ①1337
寺田 ユースケ ……①928
寺田 善弘 ……②79
寺平 義和 ……②27
寺地 五一 ……①375
寺地 はるな ……①977, ①1008, ①1234
寺中 平治 ……①470
寺西 恵里子 ……①3, ①28, ①74, ①76, ①77, ①82, ②434, ②436
寺西 幸子 ……①822
寺西 重郎 ……②266, ②268
寺西 のぶ子 ……①199
寺西 尚人 ……②322
寺西 裕一 ……②358
寺野 彰 ……②738
寺林 陽介 ……①158
デラフォード・テイラー、ジェーン ……①128
寺前 俊孝 ……②444
寺前 直人 ……①540
寺町 東子 ……②229
寺町 朋子 ……①484
寺松 康裕 ……②619
寺村 輝夫 ……①343
デ・ラ・メア、ウォルター ……①311
寺本 明子 ……②40
寺本 明仁 ……②368
寺本 潔 ……②714
寺本 浩平 ……②715
寺本 五郎 ……①64
寺本 民生 ……②715
寺本 敬子 ……①833
寺本 房子 ……②777
寺本 正志 ……②519
寺本 康子 ……①64
寺本 康之 ……②180
寺本 義英 ……②383
寺本 義也 ……②371
寺山 一男 ……②644
寺山 恭輔 ……①592
寺山 修司 ……①459, ①784, ①842, ①952, ①962, ①977
寺山 怜 ……①248

寺脇 研 ……①674, ①752
寺脇 隆夫 ……②60
テラン ……①1234
テラン、ボストン ……①1350
テリー、テリ ……①1350
デリクソン、スコット ……①375
デリクソン、ブライアン ……②728
デリダ、ジャック ……①473, ①474
デーリー東北新聞社 ……①220
テリー宮田 ……①136
デール、カイラン ……②556
照井 克生 ……②761, ②762
照井 克行 ……①189
照井 俊 ……①746
照井 清一 ……②438
照井 光夫 ……①264
照井 康夫 ……①824
照井 理奈 ……①153
照内 創 ……②619
暉峻 淑子 ……②103
照木 公子 ……①873
デール・スコット、リンジー ……①304
照葉 桜子 ……①127, ①129
テルモ生命科学芸術財団「生命科学DOKIDOKI研究室」 ……②731
デルモンテ、ルイス・A. ……②166
照屋 佳男 ……①476
照山 裕子 ……①182
テルンクヴィスト、マリット ……①315
テレコムアニメーションフィルム ……①801
デレニク、トム ……①851
テレビ朝日 ……①321
テレビ朝日「お願い！ランキング」 ……②364
テレビ大阪 ……①264
テレビ東京 ……①107
テレビ東京「ゴッドタン」制作班 ……①768
テレヘン、トーン ……①1334
デロイトトーマツコンサルティング ……②461
デロイトトーマツ税理士法人 ……②329, ②398
手老 省三 ……②669
デロング、サガブリヤ ……①112
デロング、J.ブラッドフォード ……②253
伝 祥爾 ……①440
伝 まさこ ……①1008
天下 大平 ……②257
天界 ……①1234
天川 栄人 ……①1234
電気学会スマートグリッドとEMC調査専門委員会 ……②593
電気学会電気鉄道における教育調査専門委員会 ……②433

電気工事施工管理技士受験テキスト編修委員会 ……②632
電気書院 ……②594, ②627, ②633, ②634, ②644
電気書院編集部 ……②779, ②781
電気新聞メディア事業局 ……②438
電気設備技術基準研究会 ……②591
電気通信工事担任者の会 ……②635
電気通信主任技術者試験研究会 ……②636
電気通信主任技術者試験対策研究会 ……②636
天気予報技術研究会 ……②645
天狗丸 ……①440
天外 伺朗 ……②702
電撃オンライン編集部 ……①280, ①285, ①842
電撃ゲーム書籍編集部 ……①280, ①281, ①282, ①283, ①284, ①842, ①850, ①853
電撃文庫編集部 ……①797
電撃ホビーウェブ編集部 ……①273, ①287, ①801
電撃App編集部 ……①280
電撃Girl's Style編集部 ……①284, ①845
電撃G'sStyle編集部 ……①279, ①285, ①839, ①842, ①852
電撃G'sマガジン編集部 ……①284, ①801, ①845
電撃PlayStation編集部 ……①282, ①283, ①846
電験三種教育研究会 ……②634
電験三種対策研究会 ……②635
電験問題研究会 ……②634
展示会場に御来場の皆さん ……②535
電子機器組立て編集委員会 ……②644
電子出版制作流通協議会 ……②6
電子情報技術産業協会ソフトウェア事業委員会スマート社会ソフトウェア専門委員会 ……②299
電子情報通信学会 ……②520
天条 アンナ ……①1403
天神 うめまる ……①390
天津 向 ……①1234
デンスケ ……①1234
点線面編集部 ……①186, ①791

デンソン、ブライアン ……①935
傳田 伊史 ……①537
伝田 香里 ……②732
でんだ ふみお ……①121
傳田 文夫 ……①124
天台宗典編纂所 ……①517
電通総研 ……②515
電通デジタル ……②337
電通法務マネジメント局 ……②193
天童 竺丸 ……②123
天童 睦子 ……①750, ②36
伝統工芸のきほん編集室 ……①418
テンドラー、ジャレッド ……①273
デントン、テリー ……①375
テンネスマン、アンドレアス ……①827
テンプラー、リチャード ……②367
テンプル、ニコラ ……①154
デンヘリンク、ユリエン ……①753
電ボルP ……①820
天馬 龍行 ……①1353
天満 嗣雄 ……①659
天明 幸子 ……①303
天明 茂 ……②295
天明 麻衣子 ……①674
天文宇宙検定委員会 ……②676
天文年鑑編集委員会 ……②676
てんやわんや街長 ……①281
天理大学考古学民俗学研究室 ……②116
天理大学附属天理図書館 ……①616, ①897, ①899
天理図書館 ……①897
天流 仁志 ……①699
電力ガス取引監視等委員会事務局総務課 ……②229
天狼プロダクション ……①1121

と

杜 鵑 ……②524
ト ジョンファン ……①975
土井 章史 ……①839
土肥 歩 ……①595
土井 英司 ……①26
どい かや ……②28
土居 佳代子 ……①587, ②124
土居 寛二 ……②503
土居 悟 ……②701
土居 新幸 ……②69
土井 進 ……①760
土居 健郎 ……②745
土居 丈朗 ……②271

土居 忠文 ……②741
土井 司 ……②735
土井 勤 ……①585
土井 毅 ……②559
土肥 哲也 ……②593
土居 利光 ……②693
土居 伸彰 ……①800
土居 伸光 ……①952
土肥 秀行 ……①600
土井 宏文 ……②506
土井 真 ……②139
土井 真一 ……②200
土井 正博 ……①722
土井 泰昭 ……①246
土井 靖範 ……②142
土肥 裕司 ……①825
土居 幸雄 ……②774
土井 義夫 ……②418
土居 義岳 ……②611
土井 淑平 ……②579
戸石 七生 ……①563
ドイツ憲法判例研究会 ……②199
ドイツ語学文学振興会 ……①669
土井中 照 ……①904
間七 ……①839
戸平原 和巳 …… ……①405, ①408
ドイル, アーサー・コナン …… ……①892, ①1350
ドイル, コナン ……①381
ドイル, ビリー ……①161
唐 亜明 ……①342
唐 嘯 ……②132
藤 えりか ……①794
董 光哲 ……②251
唐 成 ……②250
藤 拓弘 ……①821
陶 徳民 ……②466
鄧 予立 ……②198
ドヴァール, コーネリス ……①476
ド・ヴィガン, デルフィーヌ ……①1350
桐蔭横浜大学法科大学院原子力損害と公共政策研究センター ……②221
ドゥ・ヴァール, フランス ……①498
ドゥヴォス, パトリック ……②766
堂浦 律子 ……①671
東映 ……①321, ①790, ①840
東映アニメーション …… ……①1117, ①1132
トゥエイツ, トーマス ……②648
トウェイン, マーク ……①1334
東映AG ……①321
東奥日報社 ……②273
ドヴォジャーク, イジー ……②314
東海建築文化センター ……②582
東海大学キャリア支援センター ……①676
東海大学キャリア就職センター ……①676
東海大学現代教養センター ……①676
東海釣りガイド ……①232
東海テーマパーク研

究会 ……②31
東海林 次男 ……①427
道垣内 弘人 ……①186, ②204, ②205, ②208, ②209, ②224
ドゥカヴニー, デイヴィッド ……①1351
堂上 孝生 ……②319
東川 清一 ……①820
登記研究編集室 ……②210
トゥーキュディデース ……①589
東京アカデミー ……①759, ①760, ①761, ①762, ②78, ②179, ②180, ②182, ②783, ②784
東京アスレティッククラブ ……①433
東京アートディレクターズクラブ ……②340
東京医科歯科大学歯科同窓会社会医療部 ……②756
東京医科大学病院渡航者医療センター ……①146
東京運命学院 ……①134
東京易占学院 ……①135
東京エレクトロン ……②671
東京応化科学技術振興財団 ……①398, ①729
東京おもちゃ美術館 ……①436
東京海上日動火災保険 ……②386
桐杏学園幼児教室 ……①743
東京学芸大学附属小金井小学校 ……①715
東京学校図書館スタンプラリー実行委員会 ……②2
東京カメラ部 ……①256
東京カレンダー ……②307
東京かわら版 ……①786
東京環境経営研究所 ……②599
東京教友会 ……①761, ①762, ①763
東京経済大学史料委員会 ……②263
東京藝術大学大学院映像研究科 ……①796
東京藝術大学大学美術館 ……①832
東京藝術大学附属図書館 ……①822
トウキョウ建築コレクション2017実行委員会 ……②612
東京工学院専門学校 ……②181
東京工科大学 ……①771
東京工業大学エンジニアリングデザインプロジェクト ……①875
東京工業大学「ぐるなび」食の未来創成寄附講座 ……②38
東京工業大学塚本由晴研究室 ……②615

東京子ども図書館 ……①346
東京コピーライターズクラブ ……②340
東京コミュニケーションアート専門学校 ……①863
東京コンサルティングファーム ……②312
東京財団政治外交検証研究会 ……①575
東京シェル研究会 ……②517
東京慈恵会医科大学附属病院栄養部 ……①56
東京自治研究センター ……②72
東京シティ税理士事務所 ……②297, ②400
東京証券取引所 ……②382
東京証券取引所上場部 ……②381
東京商工会議所 ……②505, ②508, ②510
東京消防庁 ……②154, ②583, ②618
東京ステーションギャラリー ……①826
東京税理士会調査研究部 ……②412
東京ソバット団 ……①41
東京大学医学部小児科 ……②748
東京大学運動会ボディビル&ウェイトリフティング部 ……②217
東京大学株式投資クラブAgents ……②243
東京大学奇術愛好会 ……②273
東京大学教育学部 ……②107, ②646
東京大学教育学部基礎物理学実験テキスト編集委員会 ……②663
東京大学教養教育高度化機構初年次教育部門 ……②646
東京大学クイズ研究会 ……②275
東京大学建築学専攻Advanced Design Studies ……②614
東京大学工学教程編纂委員会 ……②656
東京大学高齢社会総合研究機構 ……①99, ②67
東京大学史料編纂所 ……①616
東京大学新聞社 ……①679
東京大学先端科学技術研究センター御厨貴研究室 ……②172
東京大学大学院漢字教材研究グループ ……②637
東京大学都市デザイン研究室 ……②158
東京大学謎解き制作集団 AnotherVision ……①275

東京大学復興デザイン研究体 ……②582
東京大学法科大学院ローレビュー編集委員会 ……②223
東京地下鉄研究会 ……②435
東京超音波研究会如月会 ……②781
東京通信病院 ……②722
東京電気管理技術者協会 ……②592
東京電機大学 ……②561, ②564, ②565, ②566
東京電機大学電験研究会 ……②632
東京都屋外広告物研究会 ……②142
東京都健康長寿医療センター看護部 ……②70
東京都高圧ガス保安協会 ……②644
東京都交通局 ……①937
東京都山岳連盟 ……①189
東京都社会福祉協議会知的発達障害部会東日本大震災復興支援特別委員会 ……②41
東京都社会福祉協議会東京都高齢者福祉施設協議会施設管理検討委員会 ……②68
東京都社会福祉協議会東京都高齢者福祉施設協議会センター分科会デイサービス支援効果研究委員会 ……②71
東京都社会福祉協議会保育部会調査研究委員会 ……①694
東京都写真美術館 ……①252, ②259
東京都図画工作研究会 ……①740
東京都図画工作研究所 ……①740
東京都市整備局都市づくり政策部緑地景観課 ……②142
東京都立大学 ……②112
東京23区あるある研究所 ……①185, ②29
東京日日新聞社 ……①573
東京農業大学国際農業開発学科 ……②446
東京農業大学国際バイオビジネス学科 ……②246
東京はじっこクラブ ……②4
東京バス協会 ……②2
東京ビルさんぽ ……②607
東京福祉専門学校ケアワーク学部 ……②78
東京福祉大学 ……①874
東京文化財研究所 ……①593, ①882
東京弁護士会 ……②228, ②404
東京弁護士会外国人の権利に関する委員会行政訴訟研究

部会 ……②217
東京弁護士会自治体等法務研究部福祉教育債権班 ……②203
東京弁護士会親和全期会 ……②190, ②303
東京弁護士会弁護士研修センター運営委員会 ……②196
東京弁護士会法制委員会民事部会 ……②208
東京弁護士会法友会 ……②192, ②228
東京弁護士会法友全期会業務委員会 ……②187
東京弁護士会法友会全期会債権法改正特別委員会 ……②209
東京弁護士会法友会全期会民事訴訟実務研究会 ……②216
東京弁護士会労働法制特別委員会 ……②462
東京弁護士会労働法制特別委員会企業集団 再編と労働法部会 ……②374
東京弁護士会LGBT法務研究部 ……②189
東京法経学院編集部 ……②233, ②235, ②237, ②239, ②500, ②639
東京訪問看護ステーション協議会 ……②768
東京法令出版教育出版部 ……①533
東京メトロ ……②434
東京モノノケ ……①354, ①387, ①440
東京洋紙店 ……②17
東京R不動産 ……②611
道具 小路 ……①1234
道家 英穂 ……①1331
道家 暎幸 ……②662
統計教育大学間連携ネットワーク ……②661
桃月庵 白酒 ……①785
刀剣春秋編集部 ……②618
東郷 和彦 ……②145
東郷 克美 ……①977, ①979
道幸 哲也 ……②222
東郷 日出男 ……①1049
東郷 美希子 ……①162
東郷 もよ ……①1008
東郷 隆 ……①1025
観光学園中学校高等学校 ……②97
投稿告白編集部 ……②235
陶工房編集部 ……①874
東国不動 ……①46
橈骨遠位端骨折診療ガイドライン策定委員会 ……②752
當作 靖彦 ……②637
堂迫 俊一 ……②455
田路 カズヤ ……②350

田路 和幸 ……②593
投資術研究会 ……②393
東條 琴枝 ……①316
東条 敏 ……①820
筒城 灯士郎 ……①1234
東條 尚子 ……②733
東條 英利 ……①506
堂上 昌幸 ……②425
東條 裕一 ……②309, ②327
東城 百合子 ……①145
東條 吉純 ……②258
東進衛星予備校 ……①745
道新スポーツ週刊釣り新聞ほっかいどう ……①232
東進ハイスクール ……①745
唐仁原 教久 ……①913
ドゥス 昌代 ……①927
透析療法合同専門委員会 ……②714
同前 孝志 …… ②779, ②781
堂園 俊彦 ……①449
東田 雅博 ……①570
桃垣 万里子 ……①770
灯台 ……①1235
東大比較文學會 ……①893, ①921
東大まんがくらぶ ……②263
「東大理3」編集委員会 ……①746
ドゥーダース, ゲルゲイ ……②307
戸内 順一 ……②546
東辻 賢治郎 ……①934
饕餮 ……①1235
藤堂 明保 ……①388
東堂 いづみ ……①364, ①1134
藤堂 栄子 ……①684
東堂 かずこ ……①930
藤堂 恭俊 ……①518
東導 号 ……①1235
藤堂 希望 ……①1008
『道徳教育』編集部 ……①736
藤内 和公 ……②331
東南アジア学会 ……①593
ドゥヌ, グザビエ ……①306, ①312, ①314
灯乃 ……①1235
桐野 紡 ……①1235
東野 督子 ……②754
東野 治之 ……②544, ②616
冬野 まゆ ……①1235
塔ノ沢 渓一 ……①1235
堂場 瞬一 ……①1008, ①1095
東畑 開人 ……①494
ドゥーパ！編集部 ……①286
陶原 葵 ……①962
東原 和成 ……①46
東原 裕樹 ……①455
ドゥパルドン, レイモン ……①261
トゥーブ, デイヴィッド ……①804
ドゥフェ, アレクサンドル ……②129
藤平 信一 ……①236

東宝 ……… ①797, ①798, ①799
東方 雅美 ……… ②337
東邦出版 ……… ①214, ①780
東邦出版編集部 ……… ①688
東北 篤 ……… ②420
東北学院大学会計人会 ……… ①491
東北大学高度教養教育学生支援機構 ……… ①678, ①718
東北大学大学院文学研究科講演出版企画委員会 … ①894
東北大学都市建築理論研究室 ……… ②616
東北農山漁村文化協会 ……… ①887
藤間 秋男 ……… ②328
東間 掬子 ……… ①693
藤間 公太 ……… ②102
当麻 咲来 ……… ①1403
藤間 勝子 ……… ②738
当摩 節夫 ……… ①241, ②442, ②443
當間 孝子 ……… ②696
東馬 喬 ……… ①1008
當眞 千賀子 ①499
当麻 ゆか ……… ①306, ①312
同前 悠久子 ……… ②196
ドゥーマス, ダニエル ……… ①649
等松 春夫 ……… ①591
道明 三保子 ……… ①872
透明先生 ……… ①129
堂免 一成 ……… ②571, ②669
とうもり ゆみ ……… ①324
童門 冬二 ……… ①564, ①565, ①786
銅冶 英雄 ……… ①149, ①173
堂山 亞希 ……… ①494
塔山 郁 ……… ①1096
同友館編集部 …①487
道友社 ……… ①502
道用 大介 ……… ②538
東洋運勢学会 …①131
東洋英和女学院大学死生学研究所 ……… ①458
東陽監査法人 …①196
東洋館出版社編集部 ……… ①717, ①719
東洋経済オンライン ……… ②435
東洋経済新報社 ……… ①289, ①290, ②290, ②316
東洋五術運命学協会 ……… ①134
東洋大学経営力創成研究センター ……… ②286
東洋大学経済学部白書研究会 ……… ②301
東洋大学PPP研究センター ……… ②174
東洋文庫 ……… ①594, ①615
東良 美季 ……… ①930
ドゥラロジエール, フランソワ …①845
ドゥリュ＝ベラ, マリー ……… ②171

ドゥルヴェール, エレーヌ ……… ①867
ドゥルヴェール, ジャン＝クロード ……… ①867
ドゥルーズ, ジル ……… ①474, ①475, ①923
トゥールビー, ジョン ……… ①796
トゥルヒーヨ, オルガ・R. ……… ①497
道路交通執務研究会 ……… ②429
道路交通法実務研究会 ……… ②429
道路のデザインに関する検討委員会 ……… ②606
道路法令研究会 ……… ②188, ②229
トーエシンメ …②127
十重田 裕一 …①888
十字 静 ……… ①1235
十子 ……… ①10
十河 清 ……… ②663
遠越 段 ……… ②148
遠坂 恵子 ……… ①1387
遠島 敏行 ……… ②315
遠田 潤子 ……… ①1008, ①1096
十市 社 ……… ①1096
遠野 九重 ……… ①1235
遠野 春日 ……… ①1317
遠野みらい創りカレッジ ……… ②161
遠原 直乃 ……… ①1008
十本 スイ ……… ①1235
遠山 紘司 ……… ①111
遠山 聡 ……… ②386
遠山 繁 ……… ②172
遠山 詳胡子 ……… ②427, ②428
遠山 隆淑 ……… ②171
遠山 敏之 ……… ②191
遠山 啓 ……… ①449, ①750, ①952
遠山 弘徳 ……… ②266
遠山 眞人 ……… ②378
遠山 美都男 …①544
遠山 佳之 ……… ②753
通 元木 ……… ②672
トオル ……… ①325
門叶 国泰 ……… ①528
梅 正行 ……… ①921
渡加 裕三 ……… ②444
冨樫 あゆみ …①593
富樫 佳織 ……… ②358
戸梶 圭太 ……… ①1008
冨樫 貞夫 ……… ②578
冨樫 森 ……… ①796
富樫 聖夜 ……… ①1403
富樫 祐一 ……… ②683
富樫 倫太郎 ①1025, ①1049, ①1096
と学会 ……… ②32
戸叶 勝也 ……… ①1338
戸苅 彰史 ……… ②755
戸ヶ里 泰典 …②96
外川 健一 ……… ②442, ②578
外川 淳 ……… ①551
戸川 芳郎 ……… ①632
土岐 敦司 ……… ②185
土岐 順子 ……… ②538, ②539
土岐 直彦 ……… ②118
土岐 博 ……… ②593

鴇 六連 ……… ①1317
朱鷺 裕二 ……… ②553
時海 結以 ……… ①344, ①345, ①348, ①349, ①350, ①365, ①369, ①384, ①389
時得 紀子 ……… ①714
時枝 誠記 ……… ①629
時岡 新 ……… ②72
時岡 規夫 ……… ②255
トキオ・ナレッジ ……… ①10, ①16, ①22, ①497, ②32, ②117, ②266, ②344
時実 早苗 ……… ①908
鴇澤 亜紀子 …①1124
土岐田 明日香 …①45
常田 賢一 ……… ②604, ②605
時田 とおる ……… ①1134, ①1136
常田 秀光 ……… ②554
時田 啓光 ……… ②354
時田 昌瑞 ……… ①716
時田 唯 ……… ①1236
時任 千佳 ……… ①112
時任 光流 ……… ①952
時野 つばき …①1236
時野 洋輔 ……… ①1236
『時の徴』同人 …①525
時藤 稔明 ……… ①240
時見 宗和 ……… ①227
常盤 勝美 ……… ②678
常盤 義伸 ……… ①462
常盤 直孝 ……… ②714
常盤 文克 ……… ②289
常盤 正臣 ……… ②61
常盤 優 ……… ①971
常磐会学園大学教職教育研究会 ……… ①760
頭金 多絵 ……… ①691
ドーキンス, リチャード ……… ②650
徳 左郎 ……… ②406
徳井 教孝 ……… ②778
得居 雅人 ……… ①741
徳江 正之 ……… ①255
読影の基礎編集委員会 ……… ②733
徳岡 晃一郎 …②283
徳岡 秀雄 ……… ②450
徳川 宗英 ……… ①567
徳間書店学芸編集部 ……… ①776
「特撮の匠」取材班 ……… ①797
「特撮のDNA」展実行委員会 …①797
徳島文理大学大学院総合政策学研究科 ……… ②171
読書猿 ②274, ②356
読書探偵作文コンクール事務局 ……… ①391
「得する人損する人」 ……… ①58
徳田 功 ……… ②600
徳田 克己 ……… ①682, ①689
徳田 球一 ……… ②173
徳田 耕一 ……… ②435
とくだこうじ …②118
徳田 秋声 ……… ①1008
徳田 孝司 ……… ②327, ②411
徳田 武 …①898, ①899

徳田 雄洋 ……… ②654
徳田 光弘 ……… ②158
徳田 安春 ……… ①753, ②713, ②733
得田 之久 ……… ①329
ドクター.S ……… ①1008
ドクターHY ……… ①184
渡久地 健 ……… ②574
禿 直美 ……… ①433, ①788
得津 愼子 ……… ②60
得月 三羊 ……… ①136
特定共同住宅等防火安全対策研究会 ……… ②622
徳富 蘇峰 ……… ①907
徳留 新人 ……… ②397
徳留 絹枝 ……… ①577
徳永 エリ ……… ②145
徳永 江利子 ……… ②220
徳永 和喜 ……… ①566, ①568
得永 幸子 ……… ①459
徳永 志織 ……… ①672
徳永 信一 ……… ①598
徳永 真一郎 …①1050
徳永 澄憲 ……… ②261
徳永 貴久 ……… ①183
督永 忠子 ……… ①1096
徳永 達己 ……… ②160
徳永 千帆子 …①205
徳永 哲哉 ……… ①233
徳永 貴代志 …①1067
徳永 冬美 ……… ①598
徳永 康夫 ……… ①145
徳永 幸生 ……… ②515
徳永 洋子 ……… ②293
戸國 義直 ……… ②543
徳野 明洋 ……… ②381
徳野 慎一 ……… ②713
徳弘 康代 ……… ①962
特別区人事委員会事務組合法務部 …②203
『特別支援教育の実践情報』編集部 …①681
徳間書店児童書編集部 …①321, ①407
徳升 笑子 ……… ②349
徳増 理恵 ……… ①82
得松 ショージ …①795
毒蝮 三太夫 …①109
徳丸 宜穂 ……… ②255
徳丸 浩 ……… ②548
徳丸 ゆう ……… ②674
徳光 正行 ……… ①144
徳本 浩子 ……… ①637
徳本 正彦 ……… ②141
徳安 茂 ……… ②128
徳山 明広 ……… ②745
徳山 郁夫 ……… ②92
徳山 大樹 ……… ②154
徳山 義晃 ……… ②313
徳山 諄一 ……… ②10
徳良 悦子 ……… ①169
戸倉 新樹 ……… ②762
徳力 基彦 ……… ②281
とげとげ。 ……… ①412, ①419
「解けますか？ 小学校で習った算数」制作委員会 …①728
床井 雅美 ……… ①167
都甲 潔 ②648, ②773
都甲 幸治 ……… ①917
床谷 文雄 ……… ②109, ②206
とことこ巡りん倶楽部 ……… ①194

床丸 迷人 ……… ①360
所 功 ……… ①618
所 京子 ……… ①543
所 源亮 ……… ②675
所 十三 ……… ①772
所 伸之 ……… ②369
所 正孝 ……… ①236
所 正文 ……… ②460
所 めぐみ ……… ②96
所 康弘 …②254, ②313
トーザ, ジェフ …①657
十三 湊 ……… ①1237
戸坂 潤 ……… ①462
戸崎 肇 ……… ②256
戸沢 佳代子 …①838
戸澤 純子 ……… ①486
戸澤 義夫 ……… ①766
トーザン, ドラ …①100, ②28
歳岡 冴香 ……… ①658
都市環境学教材編集委員会 ……… ②160
としくらえみ …②334
都市研究会 ……… ①538
都市史学会 ……… ①611
利重 牧子 ……… ②363
土信田 雅之 …②379
都市と環境とシステム2017運営団体 ……… ②612
都市農地活用支援センター ……… ②185
戸島 貴代志 …①474
都嶋 浩二 ……… ②223
都市まちづくりコンクール実行委員会 ……… ②582
利光 春華 ……… ①847
年森 清隆 ……… ②727
都市問題実務研究会 ……… ②193
トシュテンセン, オーレ ……… ②960
どぜう丸 ……… ①1237
図書の家 ……… ②33
都市緑地法制研究会 ……… ②581
都心のあたらしい街づくりを考える会都市構造検討委員会 ……… ②581
戸塚 学 …②252, ②253
戸塚 真弓 …②145, ②146
戸塚 真人 ……… ②449
ドストエフスキー, フョードル・ミハイロヴィチ ……… ①651, ①1334
都政新報社出版部 ……… ②152
都政新報社編集部 ……… ②143
ドーソン, クリス ……… ②554
ドーソン, デライラ・S. ……… ①1363
戸田 一雄 ……… ②727
戸田 和代 ……… ①380
戸田 恭子 ……… ①746
戸田 清 ……… ②579
戸田 邦和 ……… ①432
戸田 久実 ……… ②14
戸田 敬 ……… ②670
戸田 智史 ……… ①229, ①230
戸田 覚 …②354, ②535
戸田 秀成 ……… ②537

戸田 俊司 ……… ②394
戸田 穣 ……… ②615
兎田 颯太郎 …①1303
戸田 剛文 ……… ①453
十田 撓子 ……… ①967
戸田 智弘 ……… ①103
戸田 直樹 ……… ②438
戸田 宏明 ……… ①952
戸田 裕之 ……… ①1327, ①1351
戸田 真紀子 …②122
戸田 正人 ……… ②659
戸田 正弘 ……… ②325
戸田 学 ……… ①791
戸田 美紀 ……… ②285
戸田 充広 ……… ①93, ②277, ②280
戸田 盛和 ……… ②666, ②667
戸田 裕陽 ……… ②333
戸田 芳雄 ……… ①699
戸田 里江 ……… ①111
戸田 龍介 ……… ②321
戸髙 一成 ……… ①579, ②168
戸高 和弘 ……… ①926
外舘 惠子 ……… ②33
戸谷 次延 ……… ②592
戸谷 美津子 …①199
とたに ようこ…①310
戸田山 雅司 …①364
栃尾 安伸 ……… ②294
土地家屋調査士受験研究会 ……… ②500
栃木 伸明 ……… ①1334, ①1335
栃木 圭一 ……… ①1329
栃木県立がんセンター ……… ①179
土地総合研究所 ……… ②382
戸津 秋太 ……… ①1237
戸塚 薫 ……… ①78
戸塚 きく ……… ①78
戸塚 啓 …①216, ①228
戸塚 貞子 …①78, ①79
戸塚 隆将 ……… ②352, ②357
戸塚 芳子 ……… ②14
戸塚刺しゅう協会 ……… ①77
特許庁 …②584, ②586
とつげき東北 …②245
凸田 凹 ……… ①1237
トッド, アナ …①1334
ドット, クリスティーナ ……… ①1351
ドッドソン, テリー ……… ①855
鳥取 絹子 ……… ①34, ②293
鳥取 誠一 ……… ②628
鳥取大学国際乾燥地研究教育機構 ……… ②680
鳥取大学附属特別支援学校 ……… ①685
鳥取藩政資料研究会 ……… ①538
鳥羽 水族館 ……… ①904
ドップス, リチャード ……… ②374
トップスタジオ ……… ②539
ドッペルト, アクセル ……… ①315
独歩 ……… ①246
トーデイ, ダニエル

………①1334
ドーテル, アンドレ………①1334
百々 武………①1259
百々 由紀男………②35
戸波阿見………①1008
都道府県研究会………①192, ②24
都道府県の特産品編集室………①428
トドハンター, アイザック………②660
十々夜………①1345, ①1348, ①351, ①353, ①389
トートラ, ジェラルド・J.………②728
ととりとわ………①1237
轟 志津香………①376
轟 孝夫………①472
轟 千尋………①810, ①818
轟 つばさ………①1138
轟 亮………②105
轟 夕起夫………①791
トナー, ジェリー………①603
十名 直喜………②438
斗内 暢明………①55
渡仲 幸利………①474
渡名喜 庸哲………①475
ドーナツ系を楽しむ会………①83
土鍋………①1237
戸南 浩平………①1096
砺波 護………①595
藤並 みなと………①1134, ①1237
ドナルド, ロビン………①1371, ①1373
ドナルト, M.………①493
ドナルドソン, ジュリア………①310, ①316
とに〜………①830
東稔 雨紗霧………①1237
刀根 里衣………①327, ①330, ①340, ①341, ①342
利根川 晶子………②229, ②231
利根川 彰博………①689
利根川 裕太………①717, ①718
利根川 由奈………①837
トネ・コーケン………①1237
ドネリー, ジェイン………①1380
ドネリー, ジェニファー………①376
トノイケミキ………②426
外内 尚人………②774
斗内 政吉………②593
殿岡 駿星………①974
殿垣内 恭平………②636
殿塚 婦美子………②775
百瀬 明穂………①830
外村 展子………①893
外村 文象………①963
鳥羽 耕史………①902
鳥羽 達郎………②312
鳥羽 稔………②68
鳥羽 至英………②322
鳥羽 亮………①1050
土橋 章宏………①1025, ①1051, ①1096
土橋 臣吾………②104
土橋 真二郎………①1237
土橋 喜人………①476

土橋 芳美………①1008
鳥羽商船高専ナビゲーション技術研究会………②626
ドーハーティ, ジェームズ………①316, ①372
ドハティ, マーティン・J.………①921
ド・バナフィユー, ジャン=バティスト………②684
戸原 玄………②753
飛 浩隆………①1117
土肥 誠………①633
土肥 祐子………①596
土肥 豊………①748
トビイ ルツ………①358
飛岡 依織………②330
飛川 あゆみ………①1372, ①1387
飛田 多恵子………①1124
飛田 基………①13
飛奈 良治………②688
飛永 隆………②586
飛松 省三………②733
飛松 好子………①685
トビン, キャサリン………①170
トビーン, コルム………①1334, ①1335
トビン, ポール………①848
泊 功………①724
泊 次郎………①680
泊 太郎………②164
都丸 正弘………②499
トーマン, ロルフ………②608
富亥 スズ………①390
トミイ マサコ………①355
冨板 敦………②12
冨江 英俊………①677, ①750
冨恵 洋次郎………①577
富間 敦………①195
富岡 和夫………①773
富岡 畦草………①257
富岡 幸一郎………②96
富岡 孝幸………②207
富岡 三智子………①257
富岡 恵………①660
富岡 優理子………②613
富岡 竜太………②659
ド・ミオリス, ベルトラン………②85
富川 淳子………①30
富木 友治………①887
富坂 聰………②251
富坂キリスト教センター………②168
冨澤 公子………①487
冨澤 敏夫………①173
富澤 昇………①279
冨澤 暉………②164
冨澤 秀機………①535
富澤 昌祥………②421
冨澤 祐子………②308
富澤 豊………②335
富澤 裕………①809
冨島 佑允………②289
戸水 賢志………①872
冨塚 明………②121
冨澤 清………①391
冨善 一敏………①560
富田 章久………②667
富田 朗………②500
富田 章………①868
冨田 和成………②333, ②395

………①852
トーマス, ジェラルディン………①488
トーマス, ユージン・E.………①138
トーマス, レイチェル………①1376
トーマス, M.E.………①483
富増 章成………①555
トーマツ………②196, ②384, ②445
戸松 幸一………①719
トーマツイノベーション………②309
トーマツヘルスケアインダストリー………②708
トーマツベンチャーサポート………②283
トーマツIPO支援室………②327
苫野 一徳………①455, ①753
笘廣 みさき………①722
苫米地 なつ帆………②656
苫米地 英人………①123, ①124, ①125, ①126, ①478, ①498, ①568, ①802, ②18, ②93, ②163, ②334, ②376
冨田 美智子………①1387, ①1390, ①1392
冨田 恭彦………①470, ②268
冨田 泰彦………②703
冨田 隆太………②617
富所 潤………②697
富永 晶子………①376, ①438, ①793, ①1327
冨永 章………②292
冨永 修………②458
富永 和子………①438, ①793, ①1352, ①1358, ①1361, ①1364
冨永 和人………②559
富永 京子………②141
富永 謙吾………②580
富永 佐知子………①1394, ①1396
富永 悟………②413
富永 順一………①396, ①402, ②652
富永 大悟………①681
冨永 健………②737
富永 剛晴………②382
冨永 泰弘………①417
冨永 勇樹………②233
冨永 雄輔………①746
冨永 裕輔………②94
冨永 芳博………②725
トミネ, エイドリアン………①849
十峯 なるせ………①366
ドミネリ, レナ………②96
冨野 貴弘………②589
富野 康日己………①150
富野 由悠季………①800, ①952
富原 まさ江………①37, ①825, ①845, ①852
冨原 眞弓………①474
冨松 宏之………②384
富松 保文………①467
富哉 とみあ………①1238
富安 陽子………①345, ①346, ①357, ①359, ①387
冨山 一郎………②168

富田 克巳………①694
富田 克也………②87
富田 京一………①402
冨田 啓一郎………①573
富田 啓介………①617
富田 高慶………①462
冨田 宏治………②125, ②156
富田 幸祐………①593
冨田 晃右………①394
富田 昭次………②427
富田 正二………①669
富田 昌寿………①499
富田 祐弘………①1051
富田 純明………②91
トミタ セツ子………①50
富田 園子………①265
冨田 泰二………②603
冨田 大介………①823
冨田 敬大………②110
冨田 武………①578, ①609
冨田 直子………①261
冨田 成美………①898
冨田 教代………②773
富田 久枝………①691
冨田 広樹………①1334
冨田 拓………①495
冨田 ひろみ………①1352
冨田 賢………②374

富山 和子………①382
富山 弘毅………①198, ①255
富山 章一………①832
富山 達也………①273
富山 哲也………①724
富山 直人………①613
富山 昌克………①267
富山 真由………②347
トミヤマ ユキコ………①677
富山 豊………①457
富山クラーソン 陽子………①1356
トムスエンタテインメント………①319, ①320, ①801
トムソン, ケン………②690
戸村 理………①677
戸村 多郎………②726
トムリンソン, キャロル・アン………①721
ドーメル, ルーク………②523
智………②662
友………②541
友 雅司………②749
友井 健人………①781
友井 羊………①1008, ①1067, ①1096, ①1238
巴 里夫………①856
巴 妙子………①1357
友枝 敏雄………②99
友岡 史仁………②202
友兼 清治………②654
友清 哲………①1069
トモコ=ガルシア………①326, ①433
友定 啓子………①698
友澤 宏隆………①622
友末 亮三………①98
トモセ シュンサク………①845
友添 秀則………①213, ①215
友田 明美………②729, ②747
ともだ かずこ………①71
友田 修司………②672
友田 昌宏………①538
友田 葉子………①1353
友近 乃梨子………①933
友次 正浩………①496
友永 淳子………①161
朝永 振一郎………②668
朝長 英樹………②311, ②323, ②403
友成 純一………①796
友成 那智………①225
友政 正治………①393
友野 詳………①1238
友野 隆成………①477
友野 剛行………②304
友野 なお………①171
友原 嘉彦………②36
友久 茂子………②742
友松 篤信………②18
友松 悦子………②413
友道 健氏………①701
友寄 隆哉………①811
友寄 英哲………①161
友寄 英隆………②261, ②267
友利 新………②9
戸森 しるこ………①355

土門 トキオ………①386, ①416, ①441
戸谷 一彦………②330
戸谷 浩………①608
戸矢 学………①505, ①546
鳥谷部 真………②603, ②645
外山 聡………②770
戸山 和子………①198
冨山 和彦………②298, ②365
外山 健二………②776
外山 恒一………②93
外山 滋比古………①91, ①108, ①110, ①122, ①633, ①640, ①952
豊山 とえ子………①182
外山 紀子………②39
外山 秀行………①189
戸山 穣………①570
兎山 もなか………①1403
外山 康雄………①841
戸山 芳昭………②751
富山県郷土史会………①536
富山県山岳連盟………①190
富山県美術館………①877
富山大学情報処理教育部会情報処理テキストワーキンググループ………①678
富山大学人間発達科学部附属小学校………①720
富山大学附属病院………②716
豊泉 貫太郎………②327
豊泉 清浩………①754
豊泉 正男………②655
豊泉 真知子………①607
豊川 斎赫………②616
豊川 孝弘………①250
豊川 月乃………②22, ②23
豊川 もなか………①1403
豊川 祥隆………①453, ①472
豊﨑 由美………①914
豊澤 栄治………②663
豊沢 聡………②554, ②558
豊島 明子………②224
豊島 正治………②315
豊島 安健………②573
豊島 与志雄………①888
豊洲月島会………②209
豊田 有恒………①798, ①1117, ②88
とよた かずひこ………①318, ①327, ①328, ①333, ①336, ①342
豊田 和之………②505
豊田 兼彦………②214
豊田 健一………②280
豊田 浩志………①600
豊田 早苗………①160
豊田 真豪………①99, ②344
豊田 副武………①578
豊田 巧………①360, ①362, ①380, ①435, ①1096, ①1238
豊田 剛士………②411
豊田 直之………①258
豊田 菜穂子………①499
豊田 實………②514
豊田 秀樹………①482, ②269, ②662

著者名索引

豊田 啓盟 ……②497
豊田 ひろ子 ……①645
豊田 真彰 ……②15
豊田 正和 ……②126
豊田 昌倫 ……①653
豊田 眞弓 ……①20
豊田 美加 ……①977, ①979, ①1008, ①1025, ①1068
豊田 美咲 ……②752
豊田 穣 ……①566, ①585, ①586
豊田 裕貴 …… ②320, ②369 ②539, ②656
豊田 義博 ……②367
豊田 遼吾 ……②541
豊竹 呂太夫 ……①788
豊富温泉湯治ブック 製作委員会 ……①189
豊永 聡美 ……①544
豊橋技術科学大学高 等専門学校教育連 携プロジェクト ……②600
豊福 まきこ ……①343
豊村 慶太 ……②237
ドライカース, ルド ルフ ……①715
トライーニ, アゴスティーノ ……①306, ①313
虎尾 俊哉 ……①530
ドラクロワ, ジャック ……②614
ドラコヴァ, アナスターシャ ……①304
トラ子猫 ……①1238
ドラッカー, P.F. ……②280, ②298
ドラッツィオ, コス タンティーノ ……①827
どらねこ ……①1238
虎門中央法律事務所 ……②209
虎ノ門南法律事務所 ……②206
ドラバス, トマズ ……②551
トラビネジャッド, マモウド ……②759
ド・ラ・フレサン ジュ, イネス ……①30
ド・ラ・ベドワイエー ル, カミラ ……①404, ①405, ①406
トラベル＆コンダク ターカレッジ ……②469
寅丸 真澄 ……①622
虎屋文庫 ……①39
トラン, チュング - レング ……①47
ドラン, マーク ……①314
ド・ラング, アンヌ ＝ シャルロット ……②85
トランジスタ技 術SPECIAL編 集 部 ……②595, ②597
トランスワールド ジャパン編集部 ……①866
トランプ, ドナルド ……②135
ドーリー …… ①343, ①344
鳥居 和之 ……②606
鳥居 邦夫 ……①35

鳥居 伸一郎 ……②721
鳥居 高明 ……②690
鳥居 哲男 ……②17
鳥居 宣之 …… ②604, ②605
鳥居 満智栄 ……①70
鳥居 真知子 ……①352
鳥居 まどか ……①1393
鳥居 みゆき ……①342
鳥井 保和 ……①972
鳥井 雪 ……①303
鳥居 陽介 …… ①1051, ①1097
とりい書房教務部 ……②498
鳥居本 幸代 ……②23
トリウス, アンジー ……①314
鳥海 不二夫 ……②524
鳥海 基樹 ……②577
鳥海 靖 ……②532
鳥飼 茜 ……②117
鳥飼 玖美子 …… ①647, ①733
鳥飼 重和 …… ②316, ②400
鳥飼 否宇 …… ①1051, ①1097
鳥飼総合法律事務所 ……②325
♪鳥くん …… ①263, ②696, ②697
鳥越 一朗 ……②572
鳥越 恒一 ……②427
鳥越 皓之 …… ②97, ②108, ②112
鳥越 文蔵 ……①788
鳥越 幸雄 ……①548
トリコロルパリ ……①669
鳥島 朗広 ……②486
西島 伝法 ……①1117
トリシャス, オッ トー・D. ……②581
鳥谷 朝代 …… ①126, ②359
鳥谷 しず ……①1317
鳥集 徹 ……②178
鳥下 ビニール ……①1403
鳥畑 良 ……①1238
トリバタケ ハルノブ …… ①360, ①362
鳥原 隆志 …… ②344, ②349, ②350, ②352, ②355
鳥淵 浩伸 ……②589
鳥丸 知子 ……①873
鳥見 真生 ……①589
ドリームインキュ ベータ ……②284
鳥村 居子 …… ①387, ①1238
ドリームワーク調査 会 ……①354
ドリャフロフ, ニコ ライ ……②83
鳥谷部 昭寛 ……②242
鳥山 純子 ……①424
鳥山 親雄 ……①813
鳥山 正博 ……②260
鳥山 泰志 ……②210
鳥山 佳則 ……②755
トリル ……①351
トーリン, デビッド・ F. ……①489
ドーリングキンダー スリー社編集部 ……①302

トール, エックハル ト ……①127
トル, セイメン ……①673
トールキン, クリス トファー ……①1363
トールキン, J.R.R. ……①1363
トルストイ, レフ ……①307
トルドー, スティー ブン ……②297
トルニオル, レミ ……①440
ドルフィニスト篤 ……①138
トールマレン, マリ アン ……①922
ドレイク, オリヴィ ア ……①1335
ドレイトン, マイケ ル ……①975
トレヴァー, ウィリ アム ……①1335
トレーシー, ブライア ン ……①122, ②333
トレッセルト, アル ヴィン ……①313
ドレフュス, ミシェ ル ……①606
トレメイン, ローズ ……①1335
トレンドプロ ……②380
ドーロシェヴァ, ス ヴェータ ……①845
トロツキー, レフ …… ①608, ①609, ②173
トロック 祥子 ……①952
ドロップレットプロ ジェクト ……②54
ドロノワ, アン ジェール ……①315
トロル ……①326
トロール, ヘルマン ……①669
トロンナムチャイ, クライソン ……②595
とーわ ……①1238
永遠月 心悟 ……①1238
十和音 響 ……①140
ドワンゴ ……②552
トンキン, ハンフ リー ……①934
トーンスタム, ラー シュ ……①487
トンドゥプ, ツェラ ン ……①1335
トンプスン, ジム …… ①1335, ①1351
トンプソン, エリン・ L. ……①829
トンプソン, ケイト ……②557
トンプソン, セーラ・ L. ……①836
トンプソン, ポール・ B. ……②575
トンプソン, マーク ……②675
トンプソン, ロビー ……①852

な

なぁな ……①1239
ナイ, ジュニア, ジョ セフ・S. ……②122
内閣官房 ……②243
内閣官房水循環政策 本部事務局 ……②577
内閣官房TPP政府対 策本部 ……②247
内閣総理大臣研究会 ……②145
内閣府 ……①693, ②82, ②175, ②272, ②416, ②429, ②571
内閣府経済社会総合 研究所国民経済計 算部 ……②272
内閣府政策統括官 …… ②244, ②246
内閣府政策統括官室 ……②248
内閣府政策統括官室 （経済財政分析担 当）……②248
内閣法制局情報公開 資料 ……②199
乃至 政彦 …… ②552, ②554
ナイジェルグラフ ……①336
ナイスク …… ①251, ①253, ②530, ②541
ナイツ ……②95
内定塾 ……①293
内定ロボット ……①294
ナイト, エリック ……①379
ナイト, サラ ……①117
ナイト, フィル ……②667
ナイト, ルネ ……①1351
ナイト, R.D. ……②666
内藤 篤 ……②108
内藤 敦之 ……②267
内藤 濯 ……①1332
内藤 いづみ ……②705
内藤 一成 ……①577
内藤 貫太 ……②660
内藤 騎之介 ……①1239
内藤 奎 ……②1051
内藤 啓子 ……①913
内藤 惠子 ……①952
内藤 圭太 ……①731
内藤 憲吾 …… ②493, ②111
内藤 茂三 ……②774
内藤 重之 ……②246
内藤 滋 ……②325
内藤 忍 …… ②390, ②391, ②422
内藤 周弐 ……②670
内藤 秀治 ……②589
内藤 寿七郎 ……②9
内藤 史朗 ……①452
内藤 新吾 ……②579
内藤 真治 ……②579
内藤 卓 ……②325
内藤 タカヒコ ……①879, ②540, ②541
内藤 猛 ……①783

内藤 辰美 ……①537
内藤 徹 ……②755
内藤 友子 ……②59
内藤 友紀 ……②378
内藤 知美 ……①690
内藤 知典 ……①519
内藤 直子 ……①872
内藤 法胤 ……①746
内藤 久 ……①109
内藤 英晴 ……②629
内藤 博 …… ②325, ②327
ないとう ふみこ ……①145
内藤 雅雄 ……②86
内藤 正人 …… ①833, ①835
内藤 真代 …… ①847, ①850
内藤 眞禮生 ……①139
内藤 泰弘 ……①1133
内藤 雄士 ……①219
内藤 由美 ……②537
内藤 由美子 ……①654
内藤 陽介 ……①594
内藤 惠久 ……②451
内藤 誼人 …… ①119, ①123, ①126, ①478, ①481, ①483, ①487, ②31, ②359, ②369
内藤 義博 ……①817
内藤 理恵子 ……①16
内藤 里永子 ……①975
内藤 理佳 ……①918
内藤 了 …… ①1097, ①1239
ナイル 善己 ……①62
ナウク, トッド ……①852
奈央 晃徳 ……①843
尚 月地 ……①848
直井 みずほ …… ②351, ②362, ②364
直居 由美里 ……①131
直木 三十五 ……①1051
奈緒子 ……①22
直島 正樹 ……②56
ナオト。……①1397
ナオト・インティラ イミ ……①805
仲 暁子 ……②296
仲 潔 ……①734
仲 清 ……①252
仲 康二 ……②506
仲 立貴 ……②779
仲 達志 …… ①571, ②20, ②304
中 朋美 ……②747
なか なかこ ……①886
中 典子 ……②56
中 麻規子 ……②763
名嘉 実貴 ……①962
中 由美子 ……①1373
奈華 よしこ ……①578
中 善則 ……①674
永井 亜希乃 ……①75
中井 章人 ……②761
中井 亜依子 ……②92
永井 敦 ……①184
永井 郁子 …… ①331, ①343
中井 悦司 ……②551
長井 かおり ……①21
中井 学 ……①220
永井 和子 …… ①888, ①952
永井 一志 ……②591
永井 和之 ……②224
永井 勝巳 ……①1008
永井 荷風 ……①952

永井 加実 ……①1317
ナガイ カヤノ ……①815
永井 京子 ……①1391
永井 浄子 ……①862
中井 邦夫 ……②249
永井 惠子 ……①434
中井 豪 …… ①854, ①856
中井 宏次 ……①105
仲井 康二 ……②750
永井 定 ……②714
永井 智 …… ①483, ①488
ナカイ サヤカ ……①934
永井 純一 ……②10
永井 俊輔 ……②336
永井 伸一 ……②13
永井 宗直 ……①513
中井 大介 ……①268
永井 孝章 …… ①447, ①476, ①489, ①495, ①496, ①702
永井 峻 ……①156
永井 隆 ……①303
永井 孝尚 …… ②341, ②349
永井 堂元 ……①652
中井 多喜雄 ……②620
永井 健治 ……②683
永井 健晴 ……①199
永井 務 ……②253
永井 哲志 ……①479
永井 徹 ……②777
永井 俊巳 ……①358
永井 利光 ……①805
永井 知子 ……②316
永井 二菜 ……①92
中井 信之 ……①113
中居 伸行 ……②753
永井 紀之 ……①69
中井 はるの …… ①372, ①373, ①374, ①375, ①378
中井 久夫 …… ①494, ②743, ②745, ②746
中井 ひさ子 ……①965
永井 英明 ……②764
中井 均 …… ①532, ①534, ①537, ②552, ②613
永井 均 …… ①447, ①475
永井 博 ……①847
永井 弘人 ……②541
永井 裕美 ……①691
永井 弘行 ……①465
永井 正人 ……①720
永井 昌寛 ……②516
長井 美樹 ……①879
永井 美裕貴 ……②764
長井 睦美 …… ①270, ①271
永井 もりいち ……①421
永井 守彦 ……①926
永井 靖 ……①683
永井 靖二 ……②200
永井 康徳 ……②706
中井 耀香 …… ①90, ①130, ①506
永井 陽子 ……①622
永井 陽子 ……①818
長井 庸子 ……②420
永井 庸次 ……①534
永井 陽右 ……②126
永井 義男 ……①560
中井 嘉樹 ……②276
永井 竜之介 ……②289
中家 多惠子 ……①313
中井川 玲子 ……①305
永池 榮吉 ……①14
長池 土 ……②35

長池 透………②665
ナガイケジョー
　　　　　　①808
中市 和孝………①524
仲井戸 麗市………①806
中井久夫と考える患
　者制作委員会
　　　　　　②745
中右 瑛………①834
長牛 慶順………②745
中内 一揚………②708
長浦 京………①1026
永江 朗………①195,
　　①952,②3
中得 一美………①1051
中江 克己………①566
中江 桂子………②106
永江 誠司………②277
長江 貴士………②2
永江 禎………②193
長江 俊和………①144,
　①370,①1097
中江 徳彦………②714
永江 雅和
　　②269,②433
長江 真也………①730
中江 みかよ………①349
長江 優子………①347,
　①355,①356
中江 有里………①952,
　①980,②4
なかえ よしを………①337
中尾 彰男………①900
中尾 明………①381
長尾 晃………②611
長尾 彩子………①1239
中尾 亜由美………②296
長尾 栄治………①583
中尾 衣里子………②681
長尾 和夫………①643,
　①644,①649,
　①654,①656
中尾 和人………①687
長尾 一紘………②200
長尾 一洋…
　　①291,②334
長尾 和宏…
　①175,②94,②700,
　　②704,②765
長尾 克夫………①952
中尾 享子………①659
中尾 清………②256
中尾 邦彦………②391
長尾 謙一郎………②336
中尾 健治………①192
長尾 健二………②39
中尾 康二………②534
中尾 沙季子………②130
長尾 小百合………①296
仲尾 修一………①226
中尾 充良………①669
中尾 農一………②600
長尾 慎太郎………②375,
　②378,②381,②382,
　②392,②393,
　②395,②396
中尾 隆明
　　　　　　②764
中尾 孝子…
　　②74,②343
ながお たかこ………①338
中尾 孝年………①358
長尾 孝彦………②343
長尾 高弘………②520,
　②527,②536,②547,
　　②552,②556
中尾 拓哉………①830
中尾 健………②323
長尾 剛………①427,

①479,①915
中尾 忠彦………②680
中尾 有………①46
永尾 俊彦………②458
中尾 敏朗………①731
長尾 智子………①56
長尾 央………①615
長尾 寛子………①739
仲尾 宏………①556
中尾 博………①494
中尾 裕也………①520
中尾 浩康………②69
長尾 文孝………②518
長尾 誠夫………①743
仲尾 正人………②424
ナカオ マサトシ
　　①343,①344
中尾 まさみ………①649
中尾 政之………②602
永尾 松夫………①838
中尾 ゆうすけ………②347
中尾 ゆかり………②690
中尾 幸村
　　②74,②343
長尾 由実子………②753
長尾 嘉信………①403
長尾 義弘………②73
永尾 愛幸………①767,
　①768,①769,
　①773,①774
中尾 莉紗………①375
中尾 良信………①518
永尾 綾………①80
長岡 功………②571
中岡 潤一郎………①1051,
　①1128,①1129
中岡 俊介………②265
長岡 慎介………②255
長岡 秀明………①189
中岡 成文………②452
長岡 尚志………②153
長岡 弘樹………①1097
長岡 マキ子………①1239
長岡 裕也………①249
長岡 洋介………②665
永岡 義久………①903
長岡 義幸………②5
長岡 亮介………②656,
　②653,②657
長沖 充………②618,②619
仲嶺次 洋子………②321
中垣 恒太郎………①920
中垣 晴男………②755
中垣 真通
　　①478,①757
中垣 ゆたか………①325,
　　①333,①336
中金 聡………①755
中神 エマ………②496
中上 健次………①890
中上 紀………①1008
中川 敦夫………②745
中川 泉………①809
中川 宇妻………①839
中川 瑛………①747
中川 恵乃久………①682
中川 修………②400
中川 理………①570
中川 学………①333,
　①346,①847
中川 和亮………①108
中川 和宏………①126,
　①149,①183,②344
中川 可奈子………①877
中川 寛一………②759

中川 恵一………
　①179,②737
中川 健一………①528
中川 晧三郎………①510
中川 浩次………①8
中川 五郎………①960
中川 聡………①880
中川 成美………①903
中川 純………②611
中川 淳一郎………②454,
　②305,②512
中川 大輔………②380
中川 大地………①977
中川 貴雄
　　①333,①336
中川 高行………①671
中川 たま………①66
仲川 樽八………②527
中川 千英子………①349,
　①380,①980
なかがわ ちひろ
　　　　　　①307,
　①311,①312,①316,
　①317,①326,①364
中川 智皓………①734
中川 毅………②678
中川 朋………①151
中川 友………②133
中川 智子………②157
中川 僚子………①921
仲川 直毅………②444
中川 尚史
　　①407,②694
中川 なをみ
　　①352,①1008
中川 信子………①686
中川 肇………②309
中川 秀昭………②91
中川 英貴………①703
中川 英子………②7
中川 秀彦………①1009
中川 一史………①714
中川 博貴………②251
なかがわ ひろし
　　　　　　①726
中川 ひろたか………①302,
　①311,①312,①323,
　①324,①325,①326,
　①327,①328,①330,
　①332,①338,①339,
　①341,①342,①346
中川 洋典………①433
中川 博之………②536
仲川 浩世………①661
中川 政七………①873
中川 雅彦………②250
中川 雅文………
　　①167,②762
中川 昌泰………②411
中川 優………②315
中川 真知子………②115
中川 真弓………①508
中川 三樹………②292
中川 経子………①178
中川 靖章………①179
中川 裕………②351
中川 右介………①803,
　①813,①814,①815,
　　①828,①910
中川 右也………①662
中川 豊………②458
中川 洋一………②583
中川 洋一郎………②269
中川 洋子………①825

中川 吉晴………①476
中川 李枝子………①1337
中川 涼司………②250
中川路 亜紀
　　②348,②363
中川原 徳仁………②171
中木 愛………①919
永木 和載………②750
中北 浩爾………②146
ナガキパーマ………②32
中桐 貴生………②604
中銀カプセルタワー
　ビル保存再生プロ
　ジェクト………②260
中久喜 匠太郎………①746
中区制90周年開港記
　念会館100周年記
　念事業実行委員会
　　　　　　②610
中小路 駿逸………②542
なかコーヒー………②25
中込 一洋………②208,
　②210,②223
中込 四郎………②213
中込 和幸………①494
中込 賢次………②291
中坂 あき子………②640
中坂 恵美子………②200
長坂 晶子………②681
長坂 和則………②780
長坂 貞郎………②604
長坂 成行………①560
長坂 希望………①161
長坂 浩………②758
長坂 道子
　　①952,②83
長崎 あづま………①971
長崎 巖………②32
長崎 訓子………①325,②332
中崎 尚………②194
長崎 尚志………①1097
長崎 哲也………②304
長崎 夏海………①355
長崎 伸仁………①722
長崎 洋二………
　　①186,①505
中崎 隆………②186
長崎県立大学編集委
　員会………①679
長崎新聞社生活文化
　部………①973
長崎新聞社報道部少
　年事件取材班………②40
長崎の証言の会
　　　　　　①579
中里 和人………②611
中里 和伸………②205
中里 華奈………②73
中里 京子………①794,
　②684,②748
中里 賢一………①158,
　②216,②217
中里 仁………②67
中里 拓哉………①488
中里 のぞみ………②374
中里 妃沙子………②204
中里 浩章………①220
中里 まき子………①908
中里 操………①694

中里 理子………①629
中里 実………①189,
　②267,②399,②403
中里 洋一………②729
中里 瑠美子………②752
長澤 あかね………①319,
　①849,②286
中里 篤史………①705
長沢 樹………①1097
長澤 栄治………①424
長澤 英二………②590
長澤 和俊
　　①589,①597
中沢 克昭………①531
中沢 勝宏………②758
中澤 圭子………①80
中澤 佳子………①14
中沢 啓治………①784
中沢 研………①260
永澤 康太………①965
長澤 光太郎………①440
中沢 志保………①136
中澤 潤………①704
中沢 俊介………①848,
　①849,①850,①852,
　①853,①854,①855,
　①857,①858
中沢 彰吾………②463
中沢 新一………①185,
　①448,①449,
　①788,②173
長沢 伸也………
　②292,②369
中澤 星………①337
長澤 節………②793
中澤 高志………②248
中沢 健………
　①797,①239
中澤 武………①470
長澤 太郎………②555
中澤 智枝子………①334
中澤 千磨夫………①790
中澤 務………①453,①468
永沢 哲………①460
中澤 寿夫………①652
中沢 智之………②339
長澤 夏子………②611
中澤 伸樹………①556
中澤 信彦………②172
長澤 治子………②774
中澤 日菜子
　　①977,①1009
中澤 弥子………①35
中沢 浩………①729
長澤 弘………②731
中沢 浩実行………①770
長澤 真緒理
　　②33,①472
仲澤 眞………①214
中澤 正夫………①743
長澤 昌幸………①519
中澤 真弥………②765
中澤 まゆみ………②68
長沢 光希
　　①849,①850
長澤 泰………②618,
　②620,②621
中澤 康彦………②275
長澤 靖浩………①520
永澤 侑子………①657
長澤 由喜子………①740
長沢 由美
　①1369,①1390
中澤 功史………②239,
　②497,②507
中路 啓太………①1051

中地 義和………①1340
中島 明子………②616
中島 明彦
　　②49,②711
長島 昭久………②147
中島 彰弘………①719
中島 淳雄………②545
中島 敦子………①700
長島 淳子………①558
中島 厚志………②262
中島 淳………②698
中島 淳志………②689
中島 敦………②311
中島 篤巳………①555
中嶋 郁雄………
　　①704,②366
中島 泉………②732
永嶋 恵美………
　①976,①1097
中嶋 恵美子………①821
中島 惠………②54,②61
長嶋 修………①419
中島 かおり………②37
仲島 岳………①543
中島 かずき………①784,
　①1051,②33
中島 和子………①349
中島 克磨………①818
中島 克巳………②207
中島 要………①1051
中島 紀一………②447
長島 賢也………②54
中島 紀恵子………①177
中島 京子………①937,①977,
　①1051,①1124
中島 匡子………②78
中島 金太郎………①825
中島 国彦………①902
中島 邦廣………②643
中島 圭一………②69
中島 けいきょう
　　　　　　①963
中島 恵子………①1327
中島 月空………①928
中島 健祐………①102
永島 賢也………②223
中島 孝一………
　　②322,②404
中島 弘象………②106
中嶋 浩三………②582
中嶋 貞雄
　　②663,②667
中嶋 貞治………①50
中嶋 聡………②369
中嶋 聡………①169
長島 聡………②525
永島 聡………②173
中嶋 茂夫………②431
中島 茂幸………②324
中島 茂………②189
中嶋 静夫………②185
なかしま しほ
　　①70,②27
中島 淳一
　　①192,②382
永島 順子………②304
中島 俊介………②26
中島 省吾………②554
中島 章作………①308
中嶋 尚志………②608
中島 心………①881
中島 成………②419
中島 誠之助………①833
長島 世津子………①524
中島 たい子………①1009
中島 大輔………①223
中島 貴子………②646

中島 丘………②758
中島 孝志 ……②350, ②380, ②393
中島 隆 ………②65
中嶋 敬彦 ……①1009
中島 多加仁 ……①8
中島 隆広 ……①506
中島 隆博 ……①450, ①454
中嶋 貴浩 ……②414
中島 隆浩 ……②588
中島 拓男 ……②576
中嶋 健志 ……①442
中嶋 毅 ……①608, ①609
中島 岳志 ……①461, ①520, ①569
永島 健志 ……①50
永島 剛 ………②725
中島 丈博 ……①1009
長島 正 ………①524
長島 忠美 ……②42
中島 千恵子 …①763, ①886
中嶋 恒夫 ……②748
中嶋 恒雄 ……①815
中嶋 健 ………②672
中嶋 哲彦 ……①412, ①757, ②60
中嶋 哲也 ……①236
中島 輝 ……①97, ①106
中島 徹 ………②199
永島 徹 ………②54
長島 敏春 ……②400
中島 智章 ……②610
中島 知子 ……①313, ①434
長島 ともこ …①702
中島 登代子 …①493
永島 直樹 ……①260
長島 直樹 ……②662
中島 信夫 ……①622
中島 信子 ……②227
中島 典子 ……②73, ②485
中嶋 典子 ……①522
中島 宜秀 ……②412
中島 肇 ………②773
中島 久枝 ……①1052
中島 寿 ………①738
中嶋 英雄 ……②624
中嶋 秀隆 ……②590
中島 秀人 ……②94
長嶋 仁 ……②563, ②567, ②568
中島 宏章 ……②692
永島 ひろあき ①1240
中島 浩貴 ……②164
長島 弘 ………②407
中島 洋尚 ……①221
中島 弘史 ……②555
中島 平三 ……①654
中島 信 ………①188
中島 正明 ……①126
中嶋 政雄 ……②426
中嶋 將耀 ……②428
長嶋 まさこ …②23
中島 正 ………①613
中島 真志 ……②376, ②377
中島 勝住 ……②43
仲島 正教 ……②700
中島 雅美 ……②728
中島 正道 ……①458
長島 勝 ………①524
中嶋 真澄 ……①105
中島 円 ………②513
中島 守 ………②442
中島 真由美 …①336

中島 万璃 ……①371
長島 水際 ……①640
中島 美鈴 ……①487
中島 峰広 ……②446
中島 水美 ……①267
中島 湊 ……②90, ②427
中嶋 恵 ………①137
中島 基樹 ……①653
中島 康晴 ……②61
長嶋 有 ………①789, ①1009
中島 由華 ……②528
中嶌 有希 ……②72, ①76
中嶋 裕 ………②64
中嶋 有美 ……②426
中嶋 洋一 ……①736
中嶋 洋子 ……②777
中島 良明 ……②641
中島 由恵 ……①488
中島 能和 ……②524, ②547
中島 吉弘 ……①447
中島 義道 ……①447, ①453, ①454, ①458, ①930
中島 らも ……①1067
中島 梨絵 ……①325, ①355
中島 玲子 ……②518
中島 礼子 ……①649, ②314, ②402
中條 誠一 ……②250
中條 武志 ……②586
中條 拓伯 ……②519
中城 基雄 ……①152
中城 廉太 ……①1009
仲新城 誠 ……①578, ②138, ②168
中洌 正堯 ……①722
長瀬 修 ………①607
永瀬 牙之輔 …①36
長瀬 健二郎 …①302
中瀬 浩一 ……①681
長瀬 光市 ……②100
中瀬 航也 ……①45
永瀬 さらさ …①1240
永瀬 隼介 ……①1097
長瀬 拓矢 ……①249
長瀬 威志 ……①193, ②229, ②280
永瀬 智行 ……②657
永瀬 比奈 ……①374
長瀬 眞澄 ……②711
永瀬 美佳 ……①189
永瀬 美穂 ……②547
長瀬 佑志 ……①193, ②229, ②280
中瀬 悠太 ……①404
長瀬 善雄 ……①703
長瀬 嘉秀 ……②526, ②547
中瀬 理香 ……①355
長勢 了治 ……①578
永添 祥多 ……①700
仲宗根 泉 ……①961
仲宗根 出 ……②740
仲宗根 和徳 …②411, ②424
仲宗根 敏之 …①105
仲宗根 稔 ……①103
仲宗根 恵 ……②772
中曽根 康弘 …②148
中園 裕 ………①577
中園 ミホ ……①980
長薗 安浩 ……①1009
仲田 昭弘 ……①486
中田 昭 ……①195, ②608

永田 明………②526
中田 敦………②438
中田 敦彦 ……①125, ①743
中田 育男 ……②549
中田 永一 ……①979
永田 和宏 ……①101, ①903, ①968, ①970, ②624, ②673
永田 一八 ……①533, ②554
永田 勝太郎 …①96
永田 紀四郎 …①174
中田 邦博 ……②204
中田 敬二 ……①966
中田 研 ………②706
仲田 健 ………②235
永田 兼一 ……①98, ①125
中田 健司 ……①409
長田 賢治 ……②163
中田 兼介 ……②695
中田 健太郎 …②34
中田 考 ………②460, ①529, ①590, ②169
仲田 康一 ……①752
中田 興吉 ……①546
中田 光志郎 …②757
中田 幸子 ……①691
永田 さち子 …①208, ①638
永田 智子 ……①750, ②766
永田 繁雄 ……①736, ①737
永田 成文 ……①716
永田 潤一郎 …①728
永田 潤子 ……②345
仲田 順和 ……①517
長田 真作 ……①328, ①330, ①340, ①342
永田 生慈 ……①835
中田 崇 ………②310
永田 大 ………②546
永田 孝行 ……①28
中田 達也 ……①662
中田 ちず子 …②316
永田 千奈 ……②607
中田 哲也 ……②775
中田 亨 ……②537, ②547
中田 寿夫 ……②660
中田 寿幸 ……①728
長田 敏明 ……②686
中田 友明 ……②691
中田 朋子 ……②191, ②411
永田 知子 ……②591
永田 豊志 ……②347, ②355
永田 夏来 ……①115, ②105
長田 信織 ……①1240
中田 信正 ……②323
永田 紀子 ……①81
長田 乃莉子 …①1366, ①1379, ①1382, ①1391
中田 隼人 ……②321
永田 晴子 ……①740
中田 秀基 ……②555
永田 洋光 ……①228
中田 裕康 ……②185, ②189, ②208
仲田 裕之 ……①287
永田 雅子 ……①492
永田 雅人 ……②558
中田 昌弘 ……②628

中田 政之 ……②602
永田 雅宜 ……②659
永田 美絵 ……②674
ながた みかこ …①386, ①393, ①440, ①441
中田 典規 ……②285
中田 光雄 ……②475
永田 満 ………②710
ながた みどり …①898
中田 実 ……②156, ②159
永田 美穂 ……①510
中田 美保子 …②354
永田 萌 ………②382
中田 康夫 ……②764
永田 靖 ………①787
中田 安彦 ……②123
永田 祐 ……②61, ②65
中田 有紀 ……①374, ①1362
永田 陽子 ……①692
中田 昌宏 ……②574
長田 嘉穂 ……②674
中田 義将 ……②337
中田 義之 ……①748
永田 理希 ……②710
永田 亮 ………②522
中田 妙葉 ……①664
仲代 武久 ……②440
仲代 達矢 ……②772
中平 篤 ………②527
長瀧 重義 ……②627, ②628
中武 ひでみつ …②429
中竹 竜二 ……②295, ②367
中谷 彰宏 …②86, ①89, ①91, ①92, ①95, ①96, ①97, ①99, ①101, ①102, ①104, ①112, ①115, ①116, ①117, ①118, ①120, ①121, ①123, ②343, ②354, ②355, ②361, ②364, ②601
仲谷 栄一郎 …②194
中谷 栄一 ……②1240
中谷 和弘 ……②218
中谷 一馬 ……②148
中谷 浩一 ……②222
中谷 航太郎 …①1052, ①1097
中谷 敏 ………②740
中谷 秀洋 ……②552
中谷 庄一 ……②109
中谷 彰吾 ……②200
中谷 剛 ………②583
中谷 武 ………②266
中谷 猛 ………②169
中谷 奈津子 …②51
中谷 延二 ……②774
中谷 礼仁 ……②608, ②610, ②613
中谷 ハルナ …①1357, ①1395
中谷 秀樹 ……②95
中谷 紘子 ……②118
中谷 寛士 ……②164
仲谷 博司 ……②107
仲谷 麻希 ……②580, ②581
中谷 安伸 ……②503
中谷 勇介 ……②519
中谷 友紀子 …②372, ①1343
中谷 義和 ……②170, ②172
中谷 義浩 ……②503

永谷圓 さくら …①1403
永塚 光之介 …①633
永塚 慎一 ……②271
永塚 孝子 ……②378
中塚 英雄 ……②127
中塚 幹也 ……①686
永塚 良知 ……②217
中務 嗣治郎 …②385
中務 哲郎 ……②926
中津川 かおり …①53
長月 達平 ……②1240
長月 週 ………②1240
長辻 象平 ……①1052
中辻 浩喜 ……②456
中坪 史典 ……②115
中津山 準一 …②408
中出 敬介 ……①175
中出 了真 ……②252, ②512
長戸 貴之 ……②400
長渡 陽一 ……①666
永門 洋子 ……①598
中土井 僚 ……②310, ②375
中堂 けいこ …①966
永冨 隆司 ……②265
中臣 久 ………②266
中臣 悠月 ……①1240
中臣祐範記研究会 …①562
長友 英子 ……②667
長友 恵美子 …①636
長友 恵子 ……①1333
長友 修一 ……①43
長友 淳 ………②111
長友 千代治 …①557
長友 薫輝 ……②72
長友 禎三 ……②59
中桑 葉一 ……①1241
中永 公子 ……①973
長縄 宣博 ……①529
長縄 史子 ……①15
中西 晶 ……②371, ②372
なかにし えいじ …②442
中西 和美 ……①1328, ①1352
中西 克吉 ……②438
中西 圭三 ……②811
中西 健二 ……②345
中西 康介 ……①489
中西 悟堂 ……②952
中西 聡 ……①569, ②258
中西 繁 ……②259, ①837
中西 茂 ………②218
中西 倭夫 ……②57
中西 俊二 ……②200
中西 純司 ……②215
中西 新太郎 …①694
中西 進 ……①900, ①952
中西 崇文 ……②523
中西 貴之 ……②648
仲西 拓 ………②228
中西 太郎 ……②629
中西 昭雄 ……①403, ②677
中西 輝政 ……②125, ②135
中西 俊明 ……②252
中西 敏和 ……②377
中西 直樹 ……②519
中西 なちお …②166, ①265
中西 のりこ …②662
中西 典子 ……①263
中西 開 ………②193
中西 啓喜 ……①749

中西 弘樹 ……②688
中西 寛子 ……②661
中西 裕人 ……①199
中西 正 ………②197
中西 正義 ……②625
中西 真雄美 …②278
中西 美貴 ……②712
中西 満貴典 …②223
中西 睦子 ……②763, ②764
中西 雪夫 ……②740
中西 裕 ………②7
中西 良孝 ……②263
中西 らつ子 …②357
中西 立太 ……①607
中庭 昌樹 ……②970
中庭 光彦 ……②158
中庭 良枝 ……②742
長沼 敬憲 ……①122, ①153
長沼 毅 ……①399, ①404, ①952, ②679, ②683
長沼 範子 ……②215
長沼 葉月 ……②60
長沼 秀明 ……①137
長沼 博之 ……②294
長沼 睦雄 ……①98, ①491
長沼 豊 ………①701
長沼 洋佑 ……②402
長根 忠人 ……①178
中根 千絵 ……①893
中根 一 ……①159, ①194
中根 穂高 ……①241
中根 洋治 ……②109
中根 允文 ……②742
長野 明子 ……①621, ①653
中野 明人 ……②198
中野 明正 ……①406, ②686
中野 明 ……①453, ②15, ②336, ②340, ②514, ②521
中野 在太 ……①1241
中野 英二 ……②543
永野 修身 ……②382
長野 修 ………①729
中野 一司 ……②707
中野 一義 ……①654
中野 和義 ……②607
中野 完二 ……①952
中野 吉之伴 …②230
中野 京子 ……①605, ①827, ①1378, ①1379, ①1380, ①1383, ①1385, ①1395
中野 敬子 ……①644
中野 慶太 ……①1097
中野 研一郎 …①631
中野 健太 ……①931
中野 憲太 ……①162
中野 幸一 ……①898
永野 咲 ………②56
長野 聡 ………②384
中野 里美 ……①591
中野 さとる …②697
中野 ジェームズ修一 …①158, ①159, ①216, ①234
中野 重夫 ……①952
中野 遵 ………①869
長野 順子 ……①351
中野 譲 ………①753
永野 慎一郎 …①599

中野 真也 ……①480
長野 祐也 ……
　　②143, ②711
中野 節子 ……①922
中野 貴司 ……②748
中野 高行 ……①542
永野 隆行 ……①124
中野 剛志 ……②121,
　②258, ②278, ②285
中野 雄 ……①816
中野 健秀 ……②520
中野 薫夫 ……②665
中野 忠 ……①589
中野 達哉 ……①558
中野 民夫 ……①720
中野 勉 ……②526
中野 恒明 ……②582
中野 常道 ……②325
中野 剛 ……②331
長野 埴志 ……①272
永野 哲郎 ……①684
中野 東禅 ……
　　①509, ①900
仲野 徹 ……②732
長野 ①1337
中野 敏男 ……①576
長野 俊樹 ……①820
中野 朋儀 ……①158
中野 智仁 ……②227
中野 友裕 ……②654
中野 信子 ……①485
中野 展子 ……①512
中野 宣子 ……①452
中野 晴啓 ……②75,
　②388, ②389, ②391,
　②393, ②395
永野 光 ……②700
中野 聖 ……①371, ①377
中野 英夫 ……②242
永野 秀夫 ……①1009
長野 ヒデ子 ……①324,
　①334, ①335,
　①384, ①961
中野 日出美 ……①11,
　②27, ②122
永野 仁 ……②266
中野 博 ……①114,
　①128, ②287, ②644
中野 弘三 ……①621
中野 裕考 ……①471
長野 博文 ……
　　①775, ①777
なかの ひろみ ……①264
仲野 広倫 ……①147
永野 裕之 ……①675,
　①815, ②654
長野 史寛 ……②224
中野 誠 ……②319
中野 正明 ……①782
長野 聖樹 ……①1241
永野 雅子 ……①264
長野 正孝 ……①543
なかの まさのり ……
　　①330
中野 雅紀 ……②189
中野 真典 ……①340
長野 雅弘 ……①711
中野 冠 ……②588
長野 まゆみ ……
　①1009, ①1116
仲野 マリ ……①787
永野 水貴 ……①1241
中野 光恵 ……②184
永野 光浩 ……②543
中野 翠 ……①785, ①952
中野 美代子 ……②111
永野 美代子 ……①12
中野 元裕 ……②663

中野 泰敬 ……②696
長野 恭紘 ……②294
長野 祐亮 ……
　　①811, ①812
長野 ゆか ……②152
中野 友加里 ……①218
長野 雪 ……①1403
中野 由紀子 ……①22
中野 陽子 ……①810
中野 由章 ……
　　②517, ②518
中野 好夫 ……①922
中野 善夫 ……①1357
永野 芳宣 ……①447
中野 長久 ……②778
中野 佳裕 ……②95
中野 理枝 ……①256
中野 玲子 ……②68
中野 怜奈 ……①373
長野県高等学校野球
　連盟 ……②221
長野県立歴史館
　　……①540
中野地 清香 ……②47
ナカノムラ アヤスケ
　　……①1241
中目 智子 ……①640
中目 善則 ……②216
中野渡 俊治 ……①543
仲場 典子 ……①286
中葉 博文 ……②24
長場 雄 ……①843
長橋 賢吾 ……②556
長橋 晴男 ……②191
中橋 恵 ……②158
中橋 雄 ……①718, ①755
中橋 怜子 ……①952
中畑 秀和 ……②658
永幡 みちこ ……①1367,
　①923, ①952
永畑 道子 ……①574
中畑 裕太 ……②738
永幡 嘉之 ……②695
長濱 功 ……①905
中濱 潤子 ……①45
永濱 利廣 ……②387
長浜 のり子 ……①6
長浜 浩明 ……
　　①542, ①582
中濱 博史 ……②33
中浜 優子 ……①635
長浜 竜 ……②592
中林 和雄 ……①824
中林 啓治 ……②117
中林 史朗 ……①597
中林 孝之 ……①46
中林 真幸 ……②268
中林 正身 ……①605
中林 美恵子 ……②136
仲林 義浩 ……①425
永原 郁子 ……①412
中原 一歩 ……①139
中原 一雄 ……①253
長原 和宣 ……①930
中原 一彦 ……②733
中原 一也 ……①1317
中原 圭介 ……
　　②244, ②245
中原 健太郎 ……①812
中原 幸子 ……①778
中原 淳 ……
　①720, ②26, ②309,
　②310, ②368
中原 清一郎 ……①1009
中原 健夫 ……②281

中原 太郎 ……②209
中原 千明 ……②284
中原 中也 ……
　　①962, ①967
中原 毅志 ……①1329
中原 俊政 ……②589
中原 尚美 ……①21
中原 尚哉 ……①1354,
　①1362, ①1363
中原 秀雪 ……①906
中原 斉 ……②615
永原 裕子 ……②675
中原 文角 ……①788
中原 誠 ……①248,
　①249, ①250
永原 正章 ……②598
中原 正男 ……②118
中原 もえ ……
　①1367, ①1389,
　①1391, ①1392
永原 康史 ……①620
長原 豊 ……①449, ②380
永原 律子 ……
　　①263, ①855
中東 正文 ……②195
長久 啓太 ……②465
中平 教 ……②669
中平 千彦 ……②256
永廣 信治 ……②749
長廣 利崇 ……
　　①756, ②417
中藤 信哉 ……①482
永渕 圭一 ……②196
中部 博 ……②307
長堀 祐造 ……②134
中間 葉月 ……②709
中前 正志 ……①894
仲正 昌樹 ……①448,
　①452, ①455, ①470,
　①923, ①952
長又 高夫 ……②549
中俣 尚己 ……①635
中町 誠 ……②466
長町 裕司 ……①470
仲町 六絵 ……
　　①1097, ①1241
長松 昭男 ……②657
長松 潔 ……①856
永松 茂久 ……②85,
　①91, ①122, ②275
永松 大 ……①747, ②680
長松 俊雄 ……②574
長松 昌男 ……②657
長松 康男 ……①430
永松 靖典 ……①733
仲松 優子 ……②605
永松 礼夫 ……②519
中丸 薫 ……①143, ②124
中丸 宏二 ……②714
中丸 友一郎 ……①638,
　②382, ②392
中丸 友世 ……①638
中丸 弘子 ……
　　①599, ①841
永見 健一 ……②48
流水 りんこ ……②84
中道 あん ……①952
中道 賢 ……②562
中道 正之 ……②693
中道 莉央 ……②365
中満 泉 ……①121
永峰 英太郎 ……①178
永峯 清成 ……①1052
長嶺 宏作 ……①749
長嶺 千晶 ……①973
長峯 信彦 ……②200
長嶺 超輝 ……②462
長嶺 将義 ……①1009

長嶺 元久 ……①969
仲嶺 盛之 ……②740
長嶺 安一 ……①821
永峰 涼 ……②29
永宮 直史 ……②534
中村 愛 ……②94
中村 あき ……①1241
中村 亜希 ……①620
中村 明子 ……①829
仲村 明子 ……①1341
中村 明蔵 ……②536
中村 彰彦 ……①532,
　①535, ①536,
　①562, ①568
仲村 明代 ……②609
中村 明 ……②632,
　①633, ①790
中村 朝子 ……①923
中村 麻美 ……②190
中村 中 ……①283
中村 敦子 ……①670,
　①867, ①900
中村 厚 ……②277
中村 純 ……①962, ②695
中村 淳彦 ……②36, ②70
中村 文 ……②688
中村 文子 ……②280
中村 安栄 ……①199
中村 育子 ……①63
中村 征夫 ……
　　①254, ①255
中村 一朗 ……②273
中村 一樹 ……①294,
　②181, ②345
中村 一成 ……②46
中村 うさぎ ……
　　①458, ②34
中村 英司 ……②211
中村 恵乃 ……①125
中村 恵美 ……①260
中村 江里 ……①580
中村 英里子 ……①82
中村 修 ……②574
中村 薫 ……②293
中村 格子 ……
　　①156, ①215
中村 和孝 ……
　　①776, ①778
中村 和敏 ……②249
中村 和弘 ……
　　①707, ①722
中村 一也 ……①1241
中村 和幸 ……②654
中村 克明 ……②201
中村 克彦 ……②516
仲村 克博 ……①1052
中村 勝己 ……②173
中村 寛行 ……②510
中村 寛治 ……②437
中村 喜久夫 ……②497
中村 義作 ……②653
中村 公一 ……②311
中村 公人 ……②446
仲村 清司 ……
　　②41, ①539
ナカムラ クニオ ……
　　①872
中村 計 ……①221
中村 圭子 ……
　　①839, ①902
中村 恵子 ……①740
中村 桂子 ……②3,
　②648, ②682, ②686
中村 圭志 ……
　　①499, ①524
中村 ケイジ ……①1129
中村 恵二 ……

中村 元 ……①516,
　②691, ②697
中村 健一 ……①705,
　①715, ①721, ①761
中村 研一 ……
　　②170, ②619
中村 健一郎 ……②292
中村 健二 ……①221
中村 健太郎 ……②754
中邑 賢龍 ……①14
中村 浩 ……①486
中村 航 ……①368,
　①979, ①1009
中村 幸一 ……①952
中村 耕史 ……②424
中村 興二 ……①831
中村 光司 ……②604
中村 宏治 ……
　　①780, ①796
中村 浩爾 ……①100
中村 洸太 ……①497
中村 吾郎 ……①961
中村 沙絵 ……②119
中村 佐織 ……②52
中村 佐千江 ……①381
中村 颯希 ……
　　①1009, ①1241
中村 智子 ……
　　①375, ①377
中村 聡 ……②195
中村 智志 ……①927
中村 哲 ……①720, ②448
中村 覚 ……②138
中村 栄男 ……
　　②732, ②762
中村 滋男 ……②773
中村 重雄 ……①974
中村 樹基 ……①370
中村 成春 ……②618
中村 滋 ……②652
中村 茂 ……①952,
　②750, ②751
中村 重郎 ……②574
中村 秀一 ……②48, ②73
中村 朱里 ……①1241
中村 峻 ……②537
中村 潤 ……②519
中村 春作 ……①630
中村 慈呂宇 ……①139
中村 二朗 ……②62
中村 仁一 ……②70
中村 真一郎 ……①563
中村 紳一郎 ……
　　①659, ①660
中村 信仁 ……②333
中村 慎二 ……
　　②314, ②325
中村 真二 ……②518
中邑 真輔 ……①240
中村 澄子 ……
　　①658, ①661
中村 誠司 ……②361
中村 扇雀 ……①787
中村 太釈 ……①952
中村 大介 ……②646
中村 太地 ……①437
中村 妙子 ……
　　①377, ①522
中村 貴史 ……①251
中村 隆 ……②400
中村 社綱 ……②753
中村 考宏 ……①157
中村 隆英 ……②264
中村 隆文 ……①450
中村 孝也 ……
　　①561, ②251
中村 高康 ……

①789, ②444
中村 元 ……①516,
中村 恭之 ……
　　②521, ②555
中村 高寛 ……①933
中村 拓也 ……①450,
　①457, ①458, ①472
中村 健人 ……②317
中村 威也 ……①399
中村 忠 ……②321
中村 慎 ……②340
中村 唯史 ……①925
中村 達史 ……①788
中村 達也 ……②188
なかむら たまご
　　……①114
中村 保 ……②257
中村 庸夫 ……①308
仲村 つばき ……①1242
中村 艶子 ……②374
中村 強士 ……②64
中村 丁次 ……
　　①150, ①163
中村 禎里 ……
　　①531, ②684
なかむら てつや
　　……①968
中村 東吾 ……②463
中村 徹 ……①250,
　②594, ②665
中村 融 ……
　①1343, ①1359
中邑 徹 ……②107
中村 土光 ……①838
中村 敏昭 ……②641
中村 俊夫 ……
　　①804, ①927
中村 利和 ……②259
中村 敏樹 ……②449
中村 敏子 ……
　　②99, ②171
中村 俊宏 ……②674
中村 奈緒子 ……①25
中村 尚人 ……
　　①161, ①172
中村 直人 ……②214,
　②280, ②325, ②371
中村 尚史 ……②268
中村 奈津子 ……
　　①52, ①62
中村 信男 ……②195
中村 信子 ……②659
中村 信也 ……②760
中村 憲一 ……①258
中村 典義 ……①116
中村 葉生生 ……②194
中村 一 ……
　①1242, ②341
中村 元 ……①516
中村 肇 ……②8, ①12
中村 はるね ……①168
中村 光 ……①1247
中村 尚樹 ……①575
中村 久司 ……②38
中村 英夫 ……②440
中村 秀雄 ……①649
中村 秀規 ……②647
中村 秀樹 ……②164
中村 英紀 ……②638
中村 秀之 ……
　①791, ②108
中村 英代 ……②99
中村 均 ……②208
中村 ひなた ……①363
中村 啓 ……①1097
中村 ヒロ ……①1242
中村 浩彰 ……②780
中村 裕昭 ……②275
中村 洋明 ……②437

著者名索引

中村 紘子 ……②816
中村 弘志 ……①173
中村 浩 ……①826
中村 博 ……①897,
　②284,②505,②513
中村 博英 ……①628
なかむら ふう ……②330
中村 ふみ ……
　　①1124,①1242
中村 史 ……①918
中村 文夫 ……①752
中村 文紀 ……②770
中村 文則 ……①1009,
　①1097,①1125
中村 文哉 ……②55
中村 勉 …①612,②575
中村 眞樹子 ……②697
中村 真 ……②215
中村 誠 ……②618
永村 眞 ……①549
中村 正明 ……①899
中村 雅一 ……②594
中村 雅生 ……②770
中村 真樹 ……①170
中村 昌子 ……①411
中村 政人 ……①823
中村 正人 ……①402,
　②745,②265
中村 正英 ……②312
中村 真広 ……②441
中村 誠宏 ……②683
中村 まさみ ……①386
中村 雅之 ……①197,
　①437,①787
中村 勝 ……①450
中村 学 ……②729
中村 真理 ……②758
中村 麻里 ……②395
中村 美紀子 ……②197
中村 瑞希 ……②83
中村 美鈴 ……②765
中村 美知子 ……②766
中村 美智太郎 ……①471
中村 美千彦 ……②677
中村 三夫 ……①484
中邑 光男 ……①639
中村 光伸 ……①18
中村 光宏 ……②652
中村 美奈子 ……①496
中村 稔 …①910,①952
中村 美穂 ……①9,
　①66,①1373,
　①1374,①1375,
　①1376,①1389
中村 美帆子 ……①642
中村 都 ……②122
中村 雅 ……①344
中村 睦男 ……②218
中村 宗悦 ……②269
中村 メイコ ……①108
中村 恵 ……①478
中村 元哉 ……②134
中村 康夫 ……①547
中村 保男 ……①1349
中村 安伸 ……①973
中村 泰治 ……①99
中村 雅之 ……②428
中村 有以 ……
　　①304,①322
中村 優 ……①58
中村 祐司 ……①156
中村 雄二郎 ……①494
中村 佑介 ……①845
中村 友香 ……②730
中村 有希 ……①1345,
　①1350,①1352
中村 幸成 ……①724
中村 幸紀 ……②597

中村 行宏 ……②533
中村 謙 ……①226
中村 洋 ……②673
中村 容一 ……②69
中村 洋一 ……②267
長村 洋一 ……①163
中村 羊一郎 ……
　　②117,②118
中村 吉明 ……②443
中村 好明 ……②296
中村 吉基 ……②522
中村 佳子 ……①1331
中村 好孝 ……
　　②99,②260
ナカムラ ヨシノーブ
　　……②541
中村 嘉人 ……①109
中村 好文 ……②612
中村 慈美 ……②185,
　②401,②406
中村 嘉幸 ……②279
中村 頼永 ……②237
中村 理香 ……①576
中村 理聖 ……①1009
中村 隆一 ……②62
仲村 颯悟 ……②789
中村 陵 ……①616
中村 良衛 ……①453
中村 亮子 ……①189
中村 亮介 ……①856,
　②314,②322
中村 るい ……①828
なかむら るみ ……①43
中村 廉平 ……②302
中村キースへリング
　美術館 ……②840
中村浩先生古稀記念
　論文集刊行会
　　……①613
中室 牧子 ……②259
中本 恭子 ……①53
中本 繁実 ……
　　②584,②585
仲本 静子 ……②51
中本 新一 ……②149
中本 高道 ……②648
中本 達夫 ……②719
中本 千晶 ……①782
中本 忠子 ……②10
永本 哲也 ……①525
中本 雅之 ……①73
仲本 美央 ……②688
中元 三千代 ……②298
中本 佳村 ……①257
中森 明夫 ……①766
中森 孝文 ……②294
中森 隆道 ……②603
中森 弘樹 ……②98
中森 保貴 ……②197
中森 亘 ……②194
長屋 明 ……①867
中矢 一虎 ……②313
長屋 憲 ……②155
中矢 俊一郎 ……①805
中屋 宗寿 ……①516
中矢 俊博 ……②264
長屋 なぎさ ……①30
中矢 英俊 ……②97
中谷 光男 ……①707
中谷 充宏 ……②345
なかや みわ ……①329,
　①332,①342
中谷 安伸 ……②504
中谷 靖彦 ……
　　①333,①342
中屋 豊 ……②778
長谷 佳明 ……②525
長屋 良行 ……

①538,②118
永易 量行 ……①55
中安 信夫 ……②744
中山 あいこ ……①5
中川 明俊 ……①149
永山 淳子 ……②675
中山 一郎 ……②289
中山 市朗 ……
　　①139,①1125
中山 栄一 ……②717
永山 悦子 ……②736
中山 理 ……①714
中山 和久 ……①500
中山 和美 ……②763
中山 和義 ……①87
中山 克 ……②260
中山 可穂 ……①1098
中山 清 ……①560
中山 けーしょー
　　……②401
中山 元 ……①471,
　②255,②268
ながやま ごう ……①319
中山 咲 ……①1009
長山 さき ……
　　①315,①1334
中山 智子 ……①670
中山 学史 ……②414
中山 聡史 ……②602
中山 茂 ……②557
中山 七里 ……①107,
　①1098,①1116
中山 潤一 ……②685
中山 詢二 ……②359
長山 淳哉 ……②707
中山 正善 ……②346
中山 士朗 ……②579
中山 創 …②193,②195
中山 多恵子 ……②920
中山 たかひろ ……②544
中山 貴禎 ……②534
中山 健夫 ……
　②716,②725
中山 健 ……②303
中山 長英 ……②293
中山 達夫 ……②325
中山 千夏 ……②952
中山 勉 ……②773
中山 禎二 ……②345
中山 てつや ……②330
中山 徹 ……②97,
　②170,②581
中山 誠一 ……
　　①647,①651
中山 直子 ……①966
中山 信弘 ……②584
中山 則夫 ……①913
永山 久恵 ……②672
永山 久夫 ……①39
中山 秀樹 ……②756
中山 弘 ……②592
永山 寛康 ……①68
中山 富美子 ……①78
中山 マコト ……
　　②342,②352
中山 まさかず ……②393
中山 昌樹 ……②691
永山 雅子 ……②718
中山 真敬 ……②356,
　②534,②537,②538
中山 眞彦 ……①475
中山 雅洋 ……②165
中山 雅文 ……①775,
　①776,①778
中山 政義 ……②224

中山 ますみ ……②690
中山 愛理 ……②5
中山 真里 ……②186
中山 明峰 ……①170
長山 靖生 ……①800,
　①977,①1017
中山 康樹 ……①807
中山 康直 ……②30
中山 恭秀 ……②734
中山 裕子 ……①843
中山 幸夫 ……①753
中山 庸子 …①3,①86
中山 洋平 ……②128
中山 陽平 ……②529
永山 嘉昭 ……②363
中山 芳一 ……①688
中山 佳彦 ……②365
中山 慶純 ……①501
長山 義彦 ……②204
中山 善房 ……②216
中山 善之 ……②1345
なかゆん きなこ
　　……①1242,①1403
長吉 眞一 ……②321
只由 徳夫 ……①869
長吉 秀夫 ……
　　②30,②701
仲吉 信人 ……②605
永吉 裕子 ……②706
なかよし編集部
　　……①844
ながら りょうこ
　　……①199
永禮 賢 ……①875
流 星香 ……①1242
中脇 初枝 ……①1010
中脇 雅裕 ……②346
ながワサビ64 ……①1242
凪木 エコ ……①1242
薙澤 なお ……②662
名木田 恵子 ……
　　②347,①368
泣き虫黒鬼 ……①1243
なぎら 健壱 ……②258
柳楽 光隆 ……①813
凪良 ゆう ……
　　①1243,①1318
奈久遠 ……①1243
なくみ ……①382
南雲 健治 ……②628
南雲 智 ……②90
南雲 治嘉 ……②876
南雲 秀子 ……②712
南雲 吉則 ……①49
名倉 秀子 ……②774
名倉 康弘 ……①226
奈倉 有里 ……①1335
名倉 和希 ……①1318
名古 きよえ ……①952
奈湖 ともこ ……②424
名古 広 ……①1010
永合 位行 ……②262
名郷 直樹 ……②152,
　①153,②771
名越 健司 ……②127
名越 智恵子 ……②663
名越 護 ……②114
名越 康文 ……①416,
　①422,①483,
　①491,①498
名越 陽子 ……
　　①609,②578
なこはる ……①1243
和 ……②411
名越 修一 ……②284
名古谷 隆彦 ……①716
名古屋外科支援機構

　　……②737
名古屋市博物館
　　……①555
名古屋消費者信用問
　題研究会 ……②204
名古屋消費者問題研
　究会 ……②184
名古屋都市センター
　　……②162
ナゴルスキ, アンド
　リュー ……②934
ナサンソン, ジェフ
　　……①1359
ナシエ ……①199
梨木 香歩 ……①344,
　①457,①1010
梨木 れいあ ……①1243
南篠 豊 ……①1243
無嶋 樹了 ……①1243
名嶋 義直 ……②11
ナジム, マキシーム
　　……②559
梨本 加菜 ……①680
梨屋 アリエ ……
　　①348,①1243
ナジャヴィッツ, リ
　サ・M. ……②747
ナショナルジオグラ
　フィック ……②261
ナーシングサプリ編
　集委員会 ……②763
茄子 ……②543
ナス, クリフォード
　　……②516
奈須 健 ……②640
那須 早苗 ……①83
奈須 正裕 ……①714,
　①716,①717
那須 正幹 ……①1098
那須 まどり ……②672
那須 義定 ……②549
那須 理香 ……②462
那須川 天心 ……②240
名須川 知子 ……②688
那須田 淳 ……①344,
　①380,①387
ナスバウム, ロバー
　ト・L. ……②720
那須本間法律事務所
　　……②424
なせば成る! 編集委
　員会 ……②677
謎解きゼミナール
　　……②24
なぞなぞ研究所
　　……①441
ナダル, トニ ……②226
雪崩事故防止研究会
　　……②233
夏智。……①1243
ナチュラルライフ編
　集部 ……①268
ナツ ……①1243
夏 まゆみ ……②365
夏 緑 …①402,②426
夏柏 楽緒 ……①1243
夏井 いつき ……
　　①905,①961
夏井 幸子 ……①93
夏井 睦 ……②774
夏井 由依 ……
　　①1243,①1403
夏生 ……①353
夏生 一暁 ……①961
夏生 さえり ……
　　①115,①952
夏刈 一裕 ……①907
夏川 賀央 ……①96,

中山 ますみ ……②172,②349
夏川 草介 ……①1010
夏川 鳴海 ……①1243
夏来 健次 ……①1364
夏木 さやか ……
　　①1367,①1373
夏樹 静子 ……①1098
夏坂 哲志 ……①712
夏坂 周司 ……①963
夏嶋 隆 …①158,①172
ナッシュ, ジョージ・
　H. ……①603
なっとうごはん
　　……①1243
ナットビーム, ドン
　　……②722
夏にコタツ ……①1243
ナツ之 えだまめ
　　……①1318
夏野 弘司 ……②75
夏野 剛 ……①122
夏野 ちより ……①1243
なつの はむと …①329
菜つは ……①1244
ナップ, ジェイク
　　……②357
ナップマン, ティモ
　シー ……①314,①317
夏海 公司 ……①1244
夏見 正隆 ……
　　①1098,①1129
夏目 金之助 ……①890
夏目 啓二 ……
　　②250,②373
夏目 五郎 ……②277
夏目 漱石 ……①353,
　①370,①371,①857,
　①888,①915,①976
夏目 大 ……①72,
　②85,①1334,②128,
　②513,②575,②731
夏目 徹也 ……①683
夏目 俊希 ……①928
夏目 みや …ジ……②282
夏目 みや ……①1244
夏芽 もも ……
　　①359,①362
夏目 義一 ……①308
夏目 欣昇 ……②618
なつめ猫 ……①1244
夏目 なつめ ……①1244
ナデラ, サティア
　　……②306
なとみ みわ ……①26
夏取 発 ……②618
名取 佐和子 ……
　　①1010,①1137
名取 史織 ……②681
名取 琢自 ……①494
名取 俊也 ……
　　②213,②226
名取 紀之 ……②432
名取 寛人 ……①383
名取 芳彦 ……①97,
　①104,①513
名取 洋之助 ……①252
ナトール, クリスト
　ファー ……①1363
七色 春日 ……①1403
七烏末 秦 ……①1244
七江 亜紀 ……①477
七生 ……①839
七尾 与史 ……
　　①1010,①1098
七木田 敦 ……②115
奈那子 ……②397
七里 瑠美 ……
　　①1244,①1403

七沢 賢治 ……
　①506, ②116
七篠 龍 ……①1244
七嶋 杏 ……①1403
七条 剛 ……①1244
ナナセ ……①1135
七瀬 尚 ……①860
七瀬 夏扉 ……①1245
七地 寧 ……①1318
七月 隆文 ……①1245
七菜 なな ……①1245
七星 ドミノ ……①1133
七海 ちよ ……①1245
七海 優 ……①1403
七宮 賢司 ……①1304
ななめ44° ……①1245
斜守 モル ……①1245
浪花 宣明 ……①516
ナノセルロース
　フォーラム …②570
菜乃花 ……①1245
那波 洋子 ……①670
ナハァト ……①1245
名畑 崇 ……①521
那羽都 レン ……①1403
菜花 俊 ……①711
名梁 和泉 ……①1125
ナビディ, サンドラ
　………②299
ナフリック, コール・
　ヌッスバウマー
　………②357
なべ おさみ ……①769
鍋倉 僚介 ……①72
鍋島 焼太郎 ……①1137
鍋島 高明 ……②381
鍋島 直樹 ……②268
鍋田 吉郎 ……①28
鍋谷 憲一 ……①524
ナポアン ……②552
ナボコフ, ウラジー
　ミル ……①1335
ナポリオーニ, ロ
　レッタ ……②128
ナポレオン・ヒル財
　団アジア 太平洋本
　部 ………②294
生井 恭子 ……②72
生井 祐介 ……①68
生田目 崇 ……②338
生田目 学文 ……①581
生田目 浩美 ……①134
ナマニク ……①795
なみあと ……①1245
浪江 俊明 ……①167
波形 克彦 ……②488
波形 昭一 ……①592
並川 孝典 ……①512
並木 きょう子 ……①952
並木 伸一郎 ……①138,
　①143, ①546
並木 誠士 ……①831,
　①833, ②608
波木 星龍 ……①129
並木 たかあき …①360
並木 秀明 ……②473
並木 秀陸 ……②354
並木 洋 ……②699
並木 宏文 ……②750
並木 雅俊 ……②666
並木 美砂子 ……②682
並木書房編集部 …②46
浪越 建男 ……②755
浪越 通夫 ……②674
浪本 勝年 ……②704,
　①737, ①758
ナム, ラメズ ……①1363
行方 昭夫 ……①649,

行方 均 ……②812
行方 洋一 ……②385
滑川 明彦 ……①670
滑川 海彦 ……
　②135, ②530
滑川 まい ……①335
滑川 道夫 ……①390
なめこ印 ……①1245
ナヤカ ……①1246
奈良 勲 ……②751
奈良 潤 ……①481
奈良 巧 ……①23
奈良 恒則 ……
　②375, ②465
奈良 毅 …②512, ①544
奈良 輝久 ……②194
奈良 信雄 …①216,
　①860, ①867,
　②732, ②767
奈良 裕也 ……①23
奈良 由美子 ……①101
奈良 陽一郎 ……②780
奈良岡 聰智 ……①577
奈良県税制調査会
　………②404
奈良県立橿原考古学
　研究所 ………①614
奈良県立奈良養護学
　校 ………①684
奈良新聞社 ……①742
奈良の食文化研究会
　………①36
奈良林 直 ……②579
奈良原 一高 ……①260
楢山 弘之 ……②591
奈良文化財研究所
　………①541,
　①593, ①614
奈良本 英佑 ……①592
楢山 満照 ……①832
ナリー, デヴィッド
　………①588
成岡 市 ……②604
成川 岳大 ……①603
成清 美治 ……
　①694, ②51
成重 寿 …①653, ①662
成田 一正 ……②328
成田 道紀 ……②420
縄田 栄治 ……②688
南 富鎮 ……①914
南学 正臣 ……②720
南極OB会編集委員
　会 ………②680
南京中医学院 ……①174
南後 由和 ……②582
南咲 麒麟 ……①1403
ナンシー八須 ……①58
なんじゃもんじゃ
　………①1246
南名 一仁 ……②553
南野 大 …①405, ①408
南野 守広 ……
　②84, ②127
新堀 邦司 ……①973
新美 育文 ……②218
新實 五穂 ……①612
新美 敬子 ……①264
新美 健 ……①1053
新美 景子 ……②415
新美 南吉 ……①309,
　①328, ①351
新實 広己 ……②397
新見 正則 ……①152,
　①162, ①174,

成松 洋一 ……②324,
　②406, ②407
成道 秀雄 ……②323
成宮 ゆき ……①1403
成本 高壱 ……①872
成家 篤史 ……②741
なりゆき わかこ
　………①1010
成吉 思紺 ……②356
鳴神 響一 ……
　①1052, ①1098
成川 淳 ……②387
鳴川 哲也 ……②729
成川 衛 ……②771
成毛 眞 …①34,
　①107, ①826, ②357
鳴澤 うた ……①1246
鳴沢 巧 ……①1403
成島 悦雄 ……
　①407, ①441
成島 隆 ……①757
成瀬 瑛美 ……①776
成瀬 活雄 ……①1068
成瀬 かの ……①1318
鳴瀬 菜々子 ……①1246
成瀬 真琴 ……①440
成瀬 光栄 ……②715
成瀬 光弘 ……①649
なると ……①82
鳴門教育大学小学校
　英語教育センター
　………①734
成巳 京 ……①1246
鳴海 周平 ……①160
鳴海 章 ……
　①1052, ①1099
鳴海 丈 ……①1052
鳴海 拓也 ……②337
成実 弘至 ……②106
鳴海 風 …①347, ①385
鳴海 雅人 ……②610
鳴海 澪 ……①1403
成宮 アイコ ……①926
成宮 和美 ……①1403
成本 迅 ……①176
ナレッジデザイン
　………②545
名和 克郎 ……②87
名和 高司 ……②296
名和 道紀 ……②420
南条 アキマサ ……①322
南名 竹則 ……
　①793, ①891,
　①1095, ①1363
南條 友之 ……②157
南條 範夫 ……①1026
南條 史生 ……①825
南泉 和尚 ……①417
南陀楼 綾繁 …①187,
　②2, ②4
南日 伸夫 ……①259
南美 あつこ ……①349
難波 治 ……②442
難波 匡甫 ……②160
難波 孝一 ……②193
難波 功士 ……②99

難波 成任 ……②451
難波 修一 ……②222
難波 利三 ……①773
難波 利光 ……
　②245, ②246
南波 浩史 ……②257
難波 房枝 ……①636
なんばきび ……
　①436, ①441
南部 和香 ……②261
南部 柔心 ……①867
南部 隆夫 ……②658
南部 鶴彦 ……②572
南部 義典 ……②187
南房 秀久 ……①351,
　①354, ①380,
　①389, ①1135
南里 秀子 ……①266

に

新居 格 ……②156
新居 志郎 ……②733
二井 正浩 ……②751
新居 雅行 ……②546
新居 洋子 ……①522
新潟県上越市立直江
　津南小学校 ……①727
新潟大学教育学部附
　属新潟中学校
　………①720
新潟日報社原発問題
　特別取材班 ……②579
新川 達郎 ……②577
新倉 健一 ……②591
新倉 貴仁 ……①454
新倉 竜也 ……②331
新倉 直樹 ……①161
新倉 なつき ……
　①345, ①347
新倉 理人 ……②298
新澤 秀則 ……②263
新島 進 ……①671
新井田 智幸 ……
　①605, ②260
新谷 洋二 ……②582
にいち ……①864
新津 新生 ……①537
新津 きよみ ……
　①976, ①1099
新津 重幸 ……
　②337, ②338
新津 春子 ……①5,
　①6, ②351
新妻 弘 ……②651
新名 一仁 ……②553
新野 大 …①405, ①408
新野 守広 ……
　②84, ②127

新見 隆 ……①868
新村 響子 ……②468
新村 とわ ……②227
新村 徳之 ……①397
新村 洋子 ……②692
新谷 雄彦 ……②186
新谷 友里江
　………①7, ①64
新山 優 ……②397
新山 善一 ……①237
新山 幸俊 ……②749
新山 陽子 ……②445
新山 喜嗣 ……②451
新納 格 …②604, ②605
ニヴォラ, クレア・
　A. ……①1333
鳰 貴子 ……①635
にかいどう 青
　………①363, ①367
二階堂 亜樹 ……①246
二階堂 重人 ……②393
二階堂 太郎 ……②687
二階堂 風詩 ……①1246
二階堂 雅彦 ……②756
二階堂 善弘 ……①919
二階堂 黎人 ……①381,
　①1099, ②34
苦瓜 達郎 ……②394
仁木 悦子 ……①1099
二木 かおる ……②605
仁木 夏実 ……①508
仁木 英之 ……
　①1010, ①1053,
　①1099, ①1125
仁木 宏 ……①553
にき まゆ ……
　①339, ①379
仁木 めぐみ ……
　①42, ①936
二木 立 ……②61
2級土木施工管理技士
　試験問題研究会
　………②638
ニクソン, マーク
　………①261
二国 徹郎 ……②666
ニクルー, フィリッ
　プ ……①858
荷鴣 ……①1403
仁子 寿晴 ……
　①452, ①529
兒子 真之 ……②732
二河 成男 ……
　②94, ②683
二郷 半二 ……①1010
ニコ・ニコルソン
　………①855
にこら ……①342
ニコリ …①275, ①277
濁川 孝志 ……①143
ニコリス, G. ……②666
ニコル, ブラン ……①493
ニコルズ, ジョン
　………①1335
ニコンサロン50周年
　記念誌制作委員会
　………①252
ニシ ……①1246
西 あい ……①679
西 江璃子 ……
　①1370, ①1395
西 修 ……②199
西 和尚 ……①1246
西 和彦 ……①110
西 加奈子 ……①369,
　①1010, ②2

西 きょうじ ……
　①650, ②288
にし けいこ ……①354
西 研 ……①468
西 兼志 ……②93
西 紘平 ……①48
西 修二郎 ……②604
西 淑 ……①663
西 信一 ……②779
西 孝 …②247, ②261
西 達広 ……①67
西 俊明 ……②564
仁志 敏久 ……①221
西 ナナキ ……①1246
西 法太郎 ……①916
西 磨翁 ……②552
西 真由 ……②543
西 護 ……①190
西 真理子 ……①644
西 己加子 ……②62
西 宏 …②760, ②781
西秋 良宏 ……②530
西井 賢太郎 ……①660
西井 準治 ……②570
西井 敏恭 ……②337
西井 美鷹 ……
　①252, ②526
西内 孝文 ……②297
西内 啓 …②525, ②661
西内 ミナミ ……①342
西海 亮平 ……①453
西海 コエン ……
　①569, ①651
西海 学 ……②472
西海 太介 ……①405
西海 真樹 ……②219
西浦 和孝 ……②24
西浦 佐知子 ……②760
西浦 三郎 ……②294
西浦 美佳子 ……②760
西浦 善彦 ……②328
西江 雅之 ……②112
西江 璃子 ……
　①1383, ①1392,
　①1394, ①1395
西尾 明 ……①251
西尾 敦史 ……②65
西尾 維新 ……①797,
　①1099, ①1247
西尾 宇一郎 ……②408
西尾 和子 ……①597
西尾 一三 ……①872
西尾 勝彦 ……①967
西尾 幹二 …①533,
　①562, ②125, ②145
西尾 公裕 ……②597
西尾 浩二 ……②469
西尾 颯記 ……②613
西尾 誠示 ……②733
西尾 健 ……②687
西尾 忠久 ……②357
西尾 徹也 …
　①275, ①276
西尾 知己 ……①551
西尾 漠 ……②581
西尾 元 ……②733
西尾 博行 ……①497
西尾 博之 ……②690
西尾 太 ……②331
西尾 正道 ……②703
西尾 充代 ……①872
西尾 祐吾 ……
　①694, ②53
西尾 洋 ……①821
西尾 林太郎 ……①572
西岡 篤志 ……②707
西岡 郁夫 ……②346

著者名索引

西岡 五夫 …… ②770
西岡 壱誠 ……①674, ①744
西岡 修 …… ②69
西岡 加名恵 … ①423, ①703, ①710, ①720, ①749
西岡 慶記 …… ②205
西岡 健一 …… ②438
西岡 研介 … ②13, ②18
西岡 拓哉 …… ①277
西岡 力 … ①598, ②130
西岡 知三 …… ①861
西岡 久充 …… ②518
西岡 秀樹 …… ②708
西岡 真樹 …… ②545
西岡 正次 …… ②59
西岡 祐介 …… ②327
西岡 祐輔 …… ②325
西海 賢二 …… ①507
西垣内 磨留美 …②922
西垣 爲吉 …… ②226
西垣 二一 …… ②524
西垣 充 …… ②331
西垣 泰幸 …… ②162, ②262
西片 拓史 …… ①403
西方 憲広 …… ①748
西潟 正人 …… ①35
西方 元邦 …… ②707, ②711
西角 けい子 …… ①12
西河原 勉 …… ②589
西上 治 …… ②202
西上 和宏 …… ②740
西川 出 …… ②601
西川 悦子 …… ①636
にしかわ おさむ …… ①358, ①380
西川 和宏 …… ①250
にしかわ かな …… ①628
西川 季岐 …… ①336
西川 清博 …… ①68
西川 三郎 …… ①1099
西川 潤 …… ②96
西川 純 …… ①676, ①685, ①712, ①715, ①720, ①721, ①724, ①729, ①735
西川 新吾 …… ①267
西川 世一 …… ②289
西川 誠司 …… ①439
西川 善司 …… ②522
西川 タイジ …… ①791
西川 栄明 …… ①3, ①80, ①872
西川 貴教 …… ①767
にしかわ たく …①696
西川 正 …… ②48
西川 知佐 …… ①72
西川 照子 …… ①871
西川 豊宏 …… ②604
西川 秀和 …… ①603
西川 マキ …… ②180
西川 雅夫 …… ②290
西川 眞知子 … ①86, ①146, ①181
西川 真理子 … ①633, ②65
西川 美樹 …… ①602
西川 瑞希 …… ②770
西川 美和 …… ①789
西川 盛雄 …… ①916
西川 祐有 …… ②540
西川 有司 …… ②677
西川 由紀子 …①399
西河 豊 …… ②284
西川 芳昭 …… ②446

西川 佳克 …… ①159
西川 吉典 …… ②56
西川 佳秀 …… ②126
西川 隆範 …… ①471, ①473
西木 貴美子 …… ①692
西木 浩一 …… ①187
錦 治美 …… ①1339
錦織 紳一 …… ②672
綿戸 無光 …… ①236
錦織 宇志郎 …… ②286
錦野 裕宗 …… ②386
西口 功 …… ②621
西口 光一 …… ①636
西口 正 …… ①728
西口 敏宏 …… ②260
西口 幸雄 …… ②740
西口 竜司 …… ②233
西久保 忠臣 …… ②599
ニシ工芸 …… ①429
西郡 仁朗 …… ①635
錦織 良成 …… ①1026
ニシーザ, ファビアン …… ①850, ①852, ①853
西坂 明比古 …… ②460
西坂 和行 …… ①90
にしざか ひろみ …… ①350
西崎 一郎 …… ②650
西崎 知之 …… ②731
西崎 信男 …… ②372
西﨑 義樹 …… ①1117
西澤 栄一郎 …… ②574
西沢 杏子 …… ①326
西澤 邦秀 …… ②722
西澤 茂 …… ②320
西澤 丞 …… ①260
西澤 隆 …… ②450
西沢 保 …… ②265
西澤 利朗 …… ②59
西澤 智子 …… ②202
西澤 治彦 …… ②120
西沢 正史 …… ①896
西澤 真理子 …… ②362
西澤 幹雄 …… ②648, ②734
西沢 泰生 … ①106, ①107, ②32, ②361
西澤 保彦 …… ①1010, ①1099
西沢 夢路 …… ②548
西澤 ロイ …… ①658
西島 大介 …… ②86
西島 博樹 …… ②424
西嶋 愉一 …… ①661
西塚 em …… ①855
西瀬 弘 …… ②773
西園マーハ 文 …②743
西田 司 …… ②96
西田 和明 …… ②596
西田 勝宏 …… ②706
西田 佳奈子 …… ②112
西田 喜平次 …… ②657, ②711
西田 恵一郎 …… ①524
西田 圭介 …… ②520
西田 光衞 …… ①868
西田 幸樹 …… ①775, ①776, ①778, ①779, ①780
西田 耕三 …… ①560
西田 小百合 …… ②286
西田 志郎 …… ②767
西田 修三 …… ②682
西田 周平 …… ②330
西田 純 …… ①963
西田 順子 …… ②96

西田 太一郎 …… ①632
西田 孝広 …… ①206
西田 輝夫 …… ①110
西田 徹 …… ①234
西田 俊也 …… ①1010
西田 友広 …… ①547
西田 知己 …… ①476
西田 知未 …… ②88
西田 直樹 …… ①834
西田 宣子 …… ①1010
西田 玄 …… ①524
西田 一見 …… ①120
西田 英恵 …… ①1333
西田 治文 …… ①678
西田 紘子 …… ①814
西田 博 …… ②221
西田 文郎 …… ①111, ①454
西多 昌規 …… ①103, ②356
西田 政史 …… ①970
西田 正憲 …… ②614
西田 征史 …… ①979
西田 大 …… ①646, ①659, ①660
西田 美緒子 …①263, ②682, ②692
西田 穣 …… ②193
西田 美和 …… ②218
西田 睦 …… ②686
西田 康郎 …… ②284
西田 泰子 …… ①757
西田 陽一 …… ②165
西田 陽二 …… ①831
西田 芳明 …… ②346
西田 佳子 …… ①377, ①416, ①1328, ①1346
西田 亮介 …… ②106
西田 亙 …②757, ②758
西台 もか …… ①1247
西田気学研究所 …… ①134
西舘 司 … ②314, ②472
西谷 修 …… ②92
西谷 和彦 …… ②688
西谷 圭介 …… ②549
西谷 隆義 …… ②519
西谷 正 …… ②615
西谷 信広 …… ②353
西谷 裕子 …… ①632
西谷 文和 …… ②124
西谷 真規子 …②169
西谷 大 …①426, ②89
西谷 洋 …… ①908, ①914
二十世紀研究編集委員会 …… ②105
20世紀文学研究会 …… ①938
西出 剛士 …… ①932
西出 ひろ子 …… ①363, ②364
西任 優子 …… ②292
西任 暁子 …… ②361
西堂 行人 …… ①782, ①783
西留 安雄 …… ①712
仁科 エミ …… ①478
仁科 邦男 …… ①563, ①565
仁科 健 …②588, ②627
仁科 恭徳 …… ①662
仁科 裕貴 …… ①1247
仁科 有理 …… ①118
仁科 龍 …… ①520
西中 克之 …… ①722

西永 堅 …… ①681
西永 奨 …②688, ②728
西中 務 …… ②87
西永 裕 …②688, ②728
西永 良成 …… ①925
西成 活裕 …… ②279
西日本新聞社 …②41, ②465
西日本ヘアメイクカレッジ …②23
西野 和美 …… ②282
西野 憲史 …… ②62
西野 順也 …… ①611
西野 精治 …… ①171
西野 武彦 …②393, ②591
西野 努 …… ②372
西野 トウコ …①1403
西野 留吉 …… ②204
西野 花 …①1318, ①1403
西野 英行 …… ①161
西野 弘章 …①19, ①232
西野 麻知子 …②576
西野 真由 …… ②250
西野 真由美 …①736
西野 道之助 …②322
西野 悠司 …②599, ②605
西野 洋一 …… ②602
西野 嘉憲 …… ①255
西野 嘉之 …… ②289
西野 竜太郎 …①638, ②536
西端 真矢 …… ②17
西端 律子 …… ①684
西花池 湖南 …②238, ①239
西原 愛香 …… ①119
西原 文乃 …… ②276
西原 郁子 …… ①182
西原 和海 …… ②9
西原 克成 …… ①168
西原 宏一 …… ②397
西原 志保 …… ①897
西原 そめ子 …… ①514
西原 大輔 …… ①571
西原 崇 …… ②413
西原 千博 …… ①910
西原 哲雄 …①621, ①630
西原 博史 …②199, ②201
西原 史暁 …… ②661
西原 正 …… ②130
西原 麻里 …… ②107
にしはら みのり …… ①330
西原 陽子 …… ②518
西平 直 …①476, ①497, ①755
西平 賀昭 …… ②727
西部 謙司 …②228, ②229, ①432
西部 邁 …②93, ②145
西部 忠 …… ②258
西堀 公治 …… ①145
西堀 貞夫 …… ①150
西堀 敬 …… ②396
仁嶋 いずる …①1338, ①1366, ①1370, ①1385, ①1393, ①1396
西巻 茅子 …… ①953
西牧 謙吾 …… ②748
西巻 茂 …… ②398
西牧 眞里 …… ①700

西牧 洋一郎 …②336
西牧 義江 …… ②19
西股 総生 …①532, ①553, ①554
にしまつ ひろし …②383
西宮 鉄二 …… ②275
西牟田 靖 …… ②108
西村 昭男 …… ②702
西村 明夫 …… ②699
西村 亜希 …… ①670
にしむら あつこ …②350
西村 育郎 …… ①147
西村 生哉 …… ②723
西村 和泉 …… ①473
西村 英一郎 …… ②378
西村 依莉 …… ①875
西村 理 …… ①820
にしむら かおり …①325
西村 香織 …… ②372
西村 馨 …… ①492
西村 和子 …①904, ①909
西村 和彦 …②234, ②238, ②239
西村 一幸 …… ②493
西村 一之 …… ②111
西村 勝秀 …… ②317
西村 克己 …②569, ②351
西村 京太郎 …①579, ①1053, ①1099, ①1100, ①1101
西村 清和 …… ①823
西村 清貴 …… ②219
西村 麒麟 …… ①972
西村 邦行 …… ②127
西村 元一 …… ②703
西村 健一郎 …②47
西村 賢太 …①953, ①1010
西村 甲 …①174, ②741
西村 康一 …… ②372
西村 公児 …… ②301
西村 幸祐 …②11, ②124
西村 成雄 …①425, ①597, ②134
西村 繁男 …①323, ①337
西村 重稀 …… ①697
西村 周三 …… ②726
西村 淳一 …… ①45
西村 将二 …… ②603
西村 真一 …… ①888
西村 真翔 …… ②17
西村 慎太郎 …… ①558
西村 誠次 …… ②754
西村 隆男 …… ①753
西村 太志 …②109, ②677
西村 隆宏 …… ②519
西村 貴好 …… ②359
西村 雄郎 …… ②245
西村 雄志 …… ②268
西村 龍夫 …… ②747
西村 月満 …… ②770
西村 ツチカ …… ①371
西村 毅 …… ①141
西村 健 …… ①1102
西村 貞二 …… ①830
西村 敏雄 …①323, ①338, ①341
西村 知子 …… ①83
西村 直樹 …… ①287

西村 直人 …… ②524
西村 直道 …… ②777
西村 直哉 …… ②365
西村 尚之 …… ②683
西村 昇 …… ②56
西村 則康 …… ①743
西村 秀之 …… ②733
西村 陽 …… ②572
西村 洋己 …… ①755
西村 裕三 …… ②223
西村 誠 …②548, ②559
西村 雅樹 …… ②84
西村 雅吉 …… ②669
西村 正治 …… ②595
西村 麻里 …… ②424
西村 美樹 …… ①657
西村 美智子 …②314, ②402
西村 実穂 …… ①689
西村 めぐみ …②537, ②546
にしむら もも …①329
西村 康 …… ①778
西村 靖敬 …… ①926
西村 悠一 …… ①872
西村 裕一 …②332, ②465
西村 雄一郎 …①617, ①790
西村 佑子 …… ①438
西村 祐子 …… ②43
西村 優里 …… ②385
西村 幸夫 …①514, ①589, ②582
西村 幸香 …… ②745
西村 幸洋 …… ②392
西村 豊 …… ②308
西村 ユミ …… ②765
西村 由美 …… ①371
西村 友里 …①346, ①357, ①365
西村 よう子 …①378
西村 芳興 …… ②738
西村 羊一 …… ②551
西村 義樹 …… ①622
西村 賀子 …… ①587
西村 佳隆 …… ②293
西村 喜久 …… ①643
西村 理明 …… ②724
西村 隆司 …②174, ②631
西村 良太 …… ②548
西村 亮平 …… ②456
西村 玲子 …①28, ①119
西村あさひ法律事務所 …②379
西村あさひ法律事務所アジアプラクティスグループ …②466
西村・ブベ カリン …②19
西本 かおる …①864, ①1329, ①1332
西本 鶏介 …①308, ①341, ①387
西本 昌司 …… ②680
西本 典子 …①73, ①872
西本 紘奈 …①367, ①1247
西本 正彦 …… ①975
西本 真理子 …… ②688
西元 康浩 …… ①90
西本 孔昭 …… ①419
西森 健太郎 …… ②527
西守 隆 …… ②734

西森 丈俊 ……… ②557
西森 秀稔 ……… ②665
西森 拓 ……… ②679
西森 マリー …
　①647, ②135
西森 陸雄 ……… ②608
西門 泰洋 ……… ②537
西山 朗子 …①69, ①71
西山 逸成 ……… ①34
西山 栄子 ……… ①28
西山 一弘 ……… ①314
西山 勝夫 ……… ②139
西山 ガラシャ …①1011
西山 敬三 ……… ②446
西山 賢吾 ……… ②371
西山 耕一郎 …… ①151
西山 宏太朗 …… ①770
西山 志緒 …
　①1336, ②645
西山 隆行 ……… ②136
西山 卓 ……… ②327
西山 穀 ……… ①811
西山 達也 ……… ①906
西山 千恵子 …… ①755
西山 哲郎 ……… ①213
西山 敏樹 …
　②63, ②429
西山 智則 ……… ①922
西山 教行 ……… ②622
西山 秀夫 ……… ①189
西山 眞砂子 …… ①75
西山 克 ……… ①895
西山 幹枝 ……… ②19
西山 佑司 ……… ①621
西山 雄二 ……… ①474
西山 勇世 ……… ②557
西山 豊 ……… ②669
西山 由理花 …… ②172
西山 ゆりこ …… ①972
西山 利佳 ……… ①886
西山宗因全集編集委
　員会 ……… ①890
廿 里美 ……… ②353
21世紀構想懇談会
　……… ②138
21世紀スポーツ文化
　研究所 ……… ①214
21世紀政策研究所
　……… ②447
21世紀中国総研
　……… ②251, ②312
21世紀の武庫川を考
　える会 ……… ①190
20代怠け者 …… ②394
24 ……… ②541
24の手のひらの宇宙
　人 ……… ①136
二松學舎大学文学部
　中国文学科 …
　②919, ②87
西脇 健三郎 …… ①169
西脇 俊二 ……①488,
　①491, ①686, ②743
西脇 真一 ……… ②132
西脇 孝 ……… ②586
西脇 威夫 ……… ①214
ニシワキ タダシ
　……①309,
　①325, ①340, ①871
西脇 直人 ……… ②30
西脇 文彦 ……… ②300
西脇 資哲 ……
　②350, ②357
西脇 靖紘 ……… ②547
西羽咲 花月 ……①1247
ニスベット, リ
　チャード・E. ②262
2050年戦略研究会

……… ②438
弐代目算数仮面
　……… ②652
煮たか ……… ②194
似江貝 香門
　……②42, ②98
似鳥 鶏 ……①1067,
　①1068, ①1102
似内 恵子 ……①618, ①625,
似伊学院 ……… ①672
ニーチェ, フリード
　リヒ ……… ①471
日英教育学会 …… ①747
日栄社編集所 …… ①627
日外アソシエーツ
　……①218,
　①500, ①618, ①625,
　①822, ①882, ①892,
　②7, ②8, ②9, ②46,
　②47, ②273, ②650
日常男爵 ……①1403
日中友好元軍人の会
　……… ①581
日能研 ……①391,
　①410, ②743
日能研関西 …… ②743
日能研九州 …… ②743
日能研教務部 … ②703
日米医学医療交流財
　団 ……… ②765
日米恐怖学会 …①344
日弁連交通事故相談
　センター …… ②217
日弁連法務研究財団
　……… ②225
日貿出版社
　……①838, ①870
日曜 ……①1247
日蓮正宗宗務院 …②521
日蓮正宗宗務院教学
　部 ……… ②515
日蓮正宗宗務院折伏
　教本編纂委員会
　……… ①501
日ロ歴史を記録する
　会 ……… ①127
日活 ……… ①791
日刊経済通信社調査
　出版部 ……… ②444
日刊建設通信新聞社
　……… ②440
日刊工業出版プロダ
　クション …… ②300
日刊工業新聞特別取
　材班 ……②305, ②306
日刊自動車新聞社
　……… ②442
日韓IT経営協会
　……… ②298
日経アーキテクチュ
　ア ……②611,
　②615, ②616, ②620
日経ヴェリタス編集
　部 ……①110, ②392
日経エコロジー
　……… ②298
日経エレクトロニク
　ス ……… ①880
日経広告研究所
　……②339, ②340
日経コミュニケー
　ション ……… ②526
日経コンストラクシ
　ョン ……②174, ②606,
　②609, ②628, ②631
日経コンピュータ
　……… ②188

日経サイエンス編集
　部 ……②588, ②645
日経産業新聞 …②300
日経デザイン …①878,
　②288, ②336, ②438
日経トップリーダー
　……… ②525
日経ドラッグインフ
　ォメーション
　……②770, ②771
日経ビジネス …
　②203, ②445
日経ビッグデータ
　……②522, ②525
日経不動産マーケッ
　ト情報 ……… ②294
日経ヘルスケア
　……②49, ②538
日経ホームビルダー
　……②616, ②619
日経マネー …… ②395
日経メディカル
　……②701, ②705,
　②716, ②737, ②748
日経メディカル開発
　……②722, ②771
日経Automotive
　……… ②601
日経BPコンサルティ
　ング企業研究会
　……… ②278
日経BP社 ……… ②570
日経BP総研イノベー
　ションICT研究所
　……… ②311
日経BP総研クリーン
　テック研究所
　……… ②284
日経BP総研マーケ
　ティング戦略研究
　所 ……… ①115
日経BP総合研究所
　……… ②249
日経DUAL……… ②308
日経HR編集部
　……①291,
　①294, ①296, ②31,
　②346, ②383, ②387
日経MJ ……… ②308
日経SYSTEMS
　……… ②536
日建学院 ……②472,
　②478, ②494, ②497,
　②498, ②500,
　②620, ②639
日建学院教材研究会
　……②636,
　②639, ②641, ②642
日光市観光協会
　……… ①428
ニッセイ基礎研究所
　……… ②385
ニッセンバウム,
　ディーオン …… ②86
新田 哲嗣 ……… ①125
新田 恵海 ……… ①770
新田 香織 ……… ②70
新田 克己 ……… ②518
新田 享子 ……… ②523
新田 國夫 ……… ②700
新田 桂一 ……… ①778
新田 次郎 ……①1053
新田 隆 ……… ②749
新田 忠誓 ……②314,
　②320, ②322,
　②472, ②475
新田 哲史 ……… ②9

新田 信行 ……… ②385
新田 英雄 ……… ②668
新田 秀樹 ……… ②48
新田 光子 ……… ②63
新田 祐助 ……①1125
新田町 尚人 …… ②378
日中21世紀翻訳会
　……… ①1332
日中翻訳学院 …②356,
　②13, ②251, ②292
日中翻訳学院本書翻
　訳チーム …
　②597, ②132
日テレ学院 …… ②361
日戸 由刈 ……… ①687
日報ビジネス …①878
「ニッポン再発見」倶楽
　部 ……①188, ②118
仁藤 敦史 ……… ①730
仁藤 衛 ……… ①19
新渡戸 稲造 …②455,
　①461, ①464, ①650
似鳥 航一 ……
　①1011, ①1247
蜷川 順子 …… ②527
蜷川 実花
　②254, ①778
蜷川 泰司 ……①1011
ニーニョ, アレック
　ス ……①856
二ノ坂 保喜 …… ②705
一肇 ……①1011, ①1102
二宮 敦人 ……①1102
二宮 厚美 ……… ②141
二宮 克美 ……… ②498
二宮 清純 ……… ①222
二宮 くみ子 …… ②674
二宮 謙児 ……… ②427
二ノ宮 聡 ……… ①919
二宮 周平 ……②101,
　②205, ②207
二宮 祥平 ……… ②242
二宮 龍也 ……… ②709
二宮 千寿子 …… ②241
二宮 誠 ……… ②465
二宮 雅也 ……
　②66, ②104
二宮 正之 ……… ①891
二宮 護 ……… ②434
二宮 美那子 …… ②725
二宮 由紀子 …②310,
　①331, ①334, ①335,
　①343, ①350
二宮書店編集部
　……②211, ②273
ニーバー, ラインホー
　ルド …②525, ②172
ニヒネージェ, ト
　リーナ ……… ①314
二平 章 ……… ②457
仁平 宣弘 ……… ②623
新部 昭夫 ……… ②246
二瓶 明美 ……… ①319
仁平 淳宏 ……
　②802, ②820
二瓶 哲 ……… ②368
仁平 尊明 ……… ①454
弐瓶 勉 ……
　①850, ①1117
二瓶 弘行 ……②714,
　①721, ②722,
　①724, ①725
二瓶 泰雄 ……… ②605
日本赤ちゃん学会
　……… ①687
日本アニメーション
　……①370,
　①371, ①379

日本アマチュア無線
　連盟 ……… ①262
日本アロマセラピー
　学会学会誌編集委
　員会 ……… ②721
日本アロマセラピー
　学会第20回学術総
　会実行委員会 学会
　誌編集委員会
　……… ②721
日本アンガーマネジ
　メント協会 …… ①15
日本安全保障戦略研
　究所 ……… ①134
日本アントロポゾ
　フィー医学の医師
　……… ②717
日本医院開業コンサ
　ルタント協会
　（JPCA）歯科医院
　経営研究部会
　……… ②757
日本医学英語教育学
　会 ……… ②710
日本医業総研 … ②708
日本囲碁連盟 …①247
日本遺産プロジェク
　ト ……… ①188
日本医師会
　②730, ②779
日本医事法学会
　……… ②726
日本医歯薬研修協会
　……②782, ②784
日本一ソフトウェア
　……①799, ①1137
日本「祈りと救いと
　こころ」学会 …②742
日本医薬情報セン
　ター ……… ②772
日本医薬品集フォー
　ラム ……… ②772
日本医療機器産業連
　合会ISO TC210国
　内対策委員会
　……… ②586
日本医療研究開発機
　構線維筋痛症研究
　班 ……… ②719
日本医療社会福祉協
　会 ……②217, ②722
日本医療情報学会医
　療情報技師育成部
　会 ……… ②779
日本医療福祉実務教
　育協会 ……… ②709
日本医療マネジメン
　ト学会 ……… ②708
日本医療薬学会
　……… ②771
日本インターンシッ
　プ学会東日本支部
　……… ①676
日本インテリアプラ
　ンナー協会 …… ②616
日本インプラント臨
　床研究会 …… ②753
日本運命学会
　……①134, ①135
日本エアロゾル学会
　……… ②580
日本英会話協会
　……… ①656
日本英語学会 …①651
日本英文学会（関東
　支部） ……… ①920
日本栄養改善学会
　……②775, ②777
日本栄養士会 …

②507, ②776
日本栄養食糧学会
　……… ②778
日本易経大学館
　……… ①134
日本エクステリア学
　会 ……… ②620
日本エクステリア建
　設協会 ……… ②617
日本エコツーリズム
　協会フェノロジー
　カレンダー研究会
　……… ①161
日本エコノミックセ
　ンター
　②439, ②441
日本エゴマ普及協会
　……… ①267
日本エスプリ研究会
　……… ②363
日本エディターズ
　クール ……… ①17
日本エネルギー学会
　……②573, ②578
日本エネルギー経済
　研究所計量分析ユ
　ニット ……
　②242, ②573
日本エリオット波動
　研究所 ……… ②387
日本煙火協会 …①257
日本演劇協会 …②782
日本応用経済学会
　……… ②255
日本応用数理学会
　……… ②653
『日本奥地紀行』の旅
　研究会 ……… ①184
日本オースティン協
　会 ……… ①921
日本オラクル …②555
日本折紙学会おりが
　みはうす …… ①439
日本オリンピックア
　カデミー …… ①432
日本音韻論学会
　……… ①620
日本音楽芸術マネジ
　メント学会 …①802
日本音楽芸術マネジ
　メント学会編集委
　員会 ……… ①802
日本音響学会 …②592,
　②593, ②594, ②595
日本海運集会所
　……… ②626
日本外国語専門学校
　国際ホテル科
　……… ①644
日本介護経営学会
　……… ①177
日本介護福祉士会
　……… ②71
日本外傷学会 …②724
日本外傷学会トラウ
　マレジストリー検
　討委員会 …… ②724
日本外傷歯学会
　……… ②758
日本海水学会 …②677
日本海法会 …… ②625
日本海洋学会 …②573
日本化学会 …②669,
　②670, ②671,
　②672, ②728
日本化学会命名法専
　門委員会 …… ②673
日本化学工業協会
　……… ②669

著者名索引

日本科学哲学会
　………①447
日本顎口腔機能学会
　………①757
日本学術振興会材料
　中の水素機能解析
　技術第190委員会
　………②671
日本学術振興会産学
　連携第180委員会
　………②573
日本学生支援機構
　………①636
日本加除出版編集部
　………②175, ②186
日本加除出版法令編
　纂室 ………②204
日本歌人クラブ
　………①969
日本ガス協会 …②229
日本家族心理学会
　………①479
日本学校音楽教育実
　践学会 ………
　………①738, ①739
日本学校メンタルヘ
　ルス学会 ……①712
日本カトリック司教
　団 ………①522
日本カトリック典礼
　委員会 ………①525
日本貨幣商協同組合
　………①287
日本空手協会 …①237
日本カラーデザイン
　研究所 ………①878
日本カラリスト協会
　………②508
日本カルヴァン研究
　会 ………②527
日本環境会議沖縄大
　会実行委員会
　………①138
日本観光振興協会
　………②243, ②269
日本看護協会 …②768
日本看護協会出版会
　………②763
日本漢字能力検定協
　会 ………①304,
　①633, ①634, ①636
日本感染症学 …②732
日本カント協会
　………①472
日本機械学会 …②435
日本機械設計工業会
　………②643
日本規格協会 …
　………②586, ②587
日本記号学会 …②106
日本義肢装具士協会
　………②51, ②751
日本奇術協会 …②436
日本気象協会 …
　………②679, ②680
日本キャリアサポー
　トセンター
　………①294, ①299
日本救急医学会
　………②714, ②721
日本救急看護学会
　………②714, ②767
日本救急看護学会
　ファーストエイド
　委員会 ………②767
日本教育訓練セン
　ター ②495, ②642
日本教育経営学会

日本教育研究イノ
　ベーションセン
　ター ………①713
日本教育工学会
　………①678,
　①718, ①750, ①755
日本教育事務学会
　………①753
日本教育社会学会
　………①749, ①750
日本教育政策学会
　………①757
日本教育制度学会紀
　要編集委員会
　………①750
日本教育法学会
　………①758
日本教育方法学会
　………①713
日本教科教育学会
　………①714
日本教材システム編
　集部 ………①720
日本共産党東京都議
　団 ………①142
日本教師教育学会
　………①703, ①752
日本教職員組合
　………①705
日本行政学会 …②141
日本行政書士会連合
　会中央研修所
　………②466
日本居住福祉学会
　………①100
日本基督教団事務局
　………①525
日本基督教団兵庫教
　区フィーリー記念
　室委員会 ……①524
日本菌学会 ……②673
日本銀行金融研究所
　貨幣博物館 …②376
日本銀行調査統計局
　………②274
日本近代演劇史研究
　会 ………①782
日本近代教育史料研
　究会 ………①756
日本近代語研究会
　………①630
日本金融証券計量工
　学学会 ………②590
日本金融通信社事業
　局出版部 ……②384
日本空間デザイン協
　会 ………②413
日本空法学会 …②437
日本グラフィックデ
　ザイナー協会
　………①881
日本クリスチャンア
　カデミー ……②579
日本グルーデコ協会
　………①74
日本軍縮学会 …②165
日本群読教育の会
　………①724
日本ケアマネジメン
　ト学会認定ケアマ
　ネジャーの会 …②52
日本経営学会 …②373
日本経営教育セン
　ター …②501, ②503
日本経営税務法務研
　究会 ………②400
日本経営調査士協会
　………②281, ②327

日本経済研究所
　………②711
日本経済研究セン
　ター ………①131,
　①149, ②249
日本経済新聞社
　………①640,
　②20, ②133, ②245,
　②248, ②249, ②266,
　②305, ②395, ②396,
　②416, ②418, ②462,
　②508, ②738
日本経済新聞出版社
　………②185
日本経済団体連合会
　………②460, ②468
日本経済法学会
　………②375
日本計算工学会
　………②602
日本計量振興協会
　………②604, ②639
日本健康教育学会栄
　養教育研究会
　………①673
日本健康心理学会
　………①479,
　①480, ①487
日本言語障害児教育
　研究会 ………①681
日本建材住宅設備産
　業協会 ………②622
日本健生協会 …②719
日本建設業連合会
　………①617, ②618
日本建築家協会
　………②604,
　②617, ②621
日本建築学会 …②41,
　②42, ②582, ②606,
　②608, ②609, ②617,
　②618, ②619,
　②620, ②621
日本建築協会 …②19
日本建築積算協会
　………②622
日本建築センター
　………②622
日本甲殻類学会
　………②698
日本抗加齢協会
　………①165
日本工業英語協会
　………①657
日本工業所有権法学
　会 ………②585
日本航空宇宙学会
　………②625
日本高校教育学会
　………①701
日本口腔ケア学会
　………②754
日本考古学協会
　………①614
日本広告写真家協会
　………②340
日本高視認性安全服
　研究所 ………②459
日本交渉協会 …②359
日本甲状腺学会
　………②715
日本公証人連合会
　………②205
日本口承文芸学会
　………①893
日本紅茶協会 …①46
日本交通心理学会
　………①479

日本交通法学会
　………②218
日本行動科学学会
　………①484
日本高等教育学会
　………①751
日本公認会計士協会
　………②184,
　②185, ②188, ②314,
　②315, ②327, ②419
日本公認会計士協会
　東京会 ………
　………②322, ②323
「日本語書き順」研究
　会 ………①626
日本呼吸器学会喘息
　とCOPDのオー
　バーラップ
　（Asthma and
　COPD Overlap：
　ACO）診断と治療
　の手引き2018作成
　委員会 ………②719
日本呼吸器学会びま
　ん性肺疾患学術部
　会厚生労働省難治
　性疾患政策研究事
　業びまん性肺疾患
　に関する調査研究
　班 ………②713
日本国語教育学会
　………①391,
　①722, ①723, ①724
日本国際教育学会
　………①751
日本国際教育支援協
　会 ………①635
日本国際経済学会
　………②261
日本国際政治学会
　………②122,
　②124, ②126
日本国際文化学会
　………①94
日本国際薬膳師会
　………①164
日本国際連合学会
　………②124
日本国際連合協会
　………①658, ①659
日本国史学会 …
　………①533, ①611
日本刻字協会 …①871
日本語倶楽部 …
　………①624, ②363
日本語研究会 …①623
日本語検定委員会
　………①624
日本古生物学会
　………①402
日本コーチング学会
　………①213
日本子どもを守る会
　………①758
日本古文書学会
　………①615
日本コンストラク
　ションマネジメン
　ト協会 ………②340
日本昆虫科学連合
　………②695
日本昆虫目録編集委
　員会 ………②695
日本コントラクトブ
　リッジ連盟普及事
　業部 ………①279
日本コンプライアン
　スオフィサー協会
　………②478,

　②483, ②485
日本再建イニシアテ
　ィブ …①139, ②712
日本財産管理協会
　………②190
日本財政学会 …②271
日本在宅薬学会
　………②769
日本サイトメトリー
　技術者認定協議会
　………②718
日本作物学会「作物
　栽培大系」編集委
　員会 ………②451
日本作物学会「作物
　栽培大系」編集委
　員会 ………②450
日本サッカー審判協
　会 ………①229
日本サービスマナー
　協会 …②364, ②507
日本山岳ガイド協会
　………①190
日本産科婦人科学会
　………②348
日本産業技術史学会
　………②415
日本産業洗浄協議会
　洗浄技術委員会
　………②599
日本産業廃棄物処理
　振興センター
　………②578
日本産婦人科新生児
　血液学会 ……②760
日本ジェネリック製
　薬協会 ………②772
日本シェリング協会
　………①471
日本歯科衛生士会
　………②755
日本視覚学会 …②647
日本歯科保存学会
　………②758
日本史教育研究会
　………①533
日本詞曲学会 …①919
日本史史料研究会
　………①532,
　①533, ①551, ①555
日本自然科学写真協
　会 ………①252
日本思想史学会
　………①463
日本シダの会 …②688
日本湿地学会 …②578
日本質的心理学会
　………①481
日本室内意匠協会
　………②640
日本児童研究所
　………①481
日本自動車会議所
　………②442
日本自動車車体工業
　会中央技術委員会
　改造自動車等解説
　本の見直しWG
　………②441
日本自動車殿堂
　JAHFA編集委員
　会 ………②443
日本児童青少年演劇
　協会 ………①708
日本児童文学者協会
　………①364, ①369,
　①370, ①385, ①386
日本史バトル研究会
　………①427

日本自費出版ネット
　ワーク ………②16
日本司法書士会連合
　会 ………②189,
　②192, ②204, ②209,
　②228, ②233
日本司法書士会連合
　会渉外身分登録検
　討委員会 ……②186
日本司法福祉学会
　………②222
日本社会学史学会
　………①99
日本社会学理論学会
　編集委員会 …②97
日本社会教育学会
　………①679
日本社会福祉士会
　………②722
日本若石健康研究会
　………①158
日本獣医寄生虫学会
　………②732
日本獣医麻酔外科学
　会 ………②456
日本住宅保証検査機
　構 ………②622
日本集団災害医学会
　………②725
日本集団精神療法学
　会編集委員会 …①492
日本集中治療医学会
　………②751
日本授業UD学会
　………①708
日本種苗協会 …①267
日本手話研究所 …②57
日本手話通訳士協会
　………②57
日本順益台湾原住民
　研究会 ………①593
日本障害者協議会
　………②73
日本障害者歯科学会
　………②82
日本障がい者スポー
　ツ協会 ………②82
日本生涯スポーツ健
　康協会 ………①235
日本消化器がん検診
　学会胃がん検診精
　度管理委員会
　………②733
日本消化器内視鏡学
　会 ………②739
日本消化器内視鏡学
　会卒後教育委員会
　………②739
日本消化器病学会関
　連研究会慢性便秘
　の診断治療研究会
　………②722
日本城郭協会 …①426
日本将棋連盟
　………①248, ①250
日本証券アナリスト
　協会 ………②381
日本証券経済研究所
　………②381
日本証券経済研究所
　金融商品取引法研
　究会 ………②380
日本小児アレルギー
　学会 ………②717
日本小児漢方交流会
　………②747
日本小児救急医学会
　………②714

日本小児集中治療研
　究会 ……………②748
日本小児神経学会
　…………………②747
日本小児神経学会教
　育委員会 …………②729
日本小児腎臓病学会
　…………………②747
日本小児保健協会小
　児救急の社会的サ
　ポートに関する検
　討委員会 …………②747
日本小児臨床薬理学
　会教育委員会
　…………………②770
日本消費者協会
　…………………②506
日本消防設備安全セ
　ンター ……………②641
日本書紀研究会
　…………………①545
日本褥瘡学会在宅ケ
　ア推進協会 ………②70
日本食肉加工協会
　…………………②445
日本食肉協議会
　…………………②445
日本食品添加物協会
　…………………①154
日本食品添加物協会
　技術委員会 ………①154
日本食品分析セン
　ター ………………①165
日本植民地教育史研
　究会 ………………①756
日本植民地研究会
　…………………①571
日本食糧新聞社
　…………………②448
日本食糧新聞社北海
　道支社 ……………①42
日本助産師会災害対
　策委員会 …………②761
日本女子大学篠原聡
　子研究室 …………②621
日本女性学会学会誌
　24号編集委員会
　…………………②36
日本私立学校振興共
　済事業団私学経営
　情報センター私学
　情報室 ……………①758
日本心エコー図学会
　…………………②740
日本神経学会 ……②730
日本神経感染症学会
　…………………②730
日本神経治療学会
　…………………②730
日本腎臓学会学術委
　員会腎疾患患者の
　妊娠：診療の手引
　き改訂委員会
　…………………②761
日本腎不全看護学会
　…………………②767
日本新聞協会
　…………②10, ②14
日本心理学諸学会連
　合心理学検定局
　…………………①482
日本心理学会 ……①482
日本診療情報管理士
　会 …………………②710
日本水琴窟フォーラ
　ム …………………②610
日本水産学会 ……②458
日本推進技術協会
　…………………②623

日本睡眠学会 ……①171
日本推理作家協会
　…………………①938,
　　①1067, ①1068
日本数学検定協会
　…………………②651,
　　②652, ②656
日本数独協会 ……①275
日本スキンケア協会
　…………………②424
日本スパ振興協会
　…………………①146
日本スペインギター
　協会 ………………②818
日本スポーツ医学検
　定機構 ……………①215
日本スポーツ法学会
　…………………②224
日本整形外科学会
　…………………②752
日本整形外科学会症
　候性静脈血栓塞栓
　症予防ガイドライ
　ン策定委員会
　…………………②752
日本整形外科学会診
　療ガイドライン委
　員会 ………………②752
日本星景写真協会
　…………………②675
日本政策金融公庫総
　合研究所 …………②374,
　　②385, ②465
日本政策投資銀行
　…………………②711
日本政策投資銀行設
　備投資研究所
　…………………②416
日本政策投資銀行地
　域企画部 ……………
　　②414, ②415
日本生産者GAP協会
　…………………②450
日本生産性本部
　…………………②274
日本生産性本部雇用
　システム研究セン
　ター ………………②331
日本生産性本部生
　産性労働情報セン
　ター ………………②74,
　　②460, ②468
日本生産性本部ダイ
　バーシティ推進セ
　ンター ……………②36
日本精神科看護協会
　…………………②742,
　　②743, ②745
日本精神神経学会司
　法精神医学委員会
　…………………②746
日本精神保健福祉士
　協会 ………………②60,
　　②80, ②780
日本精神保健福祉士
　養成校協会 ………②79
日本生徒指導学会
　…………………①710
日本青年会議所
　…………………①143
日本青年心理学会
　…………………①108
日本政府観光局
　…………②274, ②417
日本税務研究セン
　ター …②399, ②403
日本西洋古典学会
　…………………①917
日本税理士会連合会

②311, ②324,
　②399, ②402, ②405,
　②407, ②409, ②412
日本生理心理学会
　…………………①483
日本赤十字学園日本
　赤十字国際人道研
　究センター ………②58
日本赤十字社熊本健
　康管理センター
　…………………①53
日本セキュリティ監
　査協会 ……………②534
日本セルフケア支援
　薬剤師センター
　…………②779, ②781
日本セルフケア支援
　薬剤師センター薬
　学検定事務局
　…………………②770
日本線維筋痛症学会
　…………………②719
日本選挙学会 ……②146
日本占術協会 ……①134
日本造血細胞移植学
　会ガイドライン委
　員会 ………………②719
日本総合研究所
　…………②280, ②376
日本創傷オストミー
　失禁管理学会
　…………②721, ②761
日本創傷外科学会
　…………………②749
日本相談支援専門員
　協会 ………………②60
日本側彎症学会
　…………………②751
日本ソーシャルワー
　ク教育学校連盟
　…………②78, ②80
日本塑性加工学会
　…………②601, ②602
日本蘇生協議会
　…………………②725
日本租税理論学会
　…………………②400
日本ソフトバレー
　ボール連盟 ………①227
日本ソムリエ協会
　…………………①923
日本孫文研究会
　…………………②596
日本村落研究学会
　…………………②450
日本体育協会 ……①690
日本体育施設協会屋
　外体育施設部会
　…………………②617
日本大学医学部同窓
　会 …………………②725
日本大学生物資源科
　学部国際地域研究
　所 …………………②445
日本大学文理学部
　…………………②104
日本タイ語検定協会
　…………………①668
日本タイポグラフィ
　協会 ………………①882
日本ダイレクトメー
　ル協会 ……………②336
日本卓球協会 ……①226
日本タッチケア協会
　…………………②9
日本地域福祉学会地
　域福祉イノベー
　ション研究会 ……②61
日本地質学会 ……②680

日本地図センター
　…………………②574
日本地方財政学会
　…………………②157
日本茶インストラク
　ター協会 …………①47
日本茶業中央会 …①47
日本中国語検定協会
　…………………①665
日本中小企業学会
　…………………②302
日本超音波骨軟組織
　学会 ………………②734
日本調理科学会
　…………………②773
日本通信販売協会調
　査委員会 …………②425
日本痛風核酸代謝学
　会 …………………②718
日本謎解き能力検定
　協会 ………………②276
日本手外科学会 …②752
日本デザイン振興会
　…………………①880
日本デジタル歯科学
　会 …………………②754
日本哲学史フォーラ
　ム …………………①463
日本てまりの会本部
　…………………①872
日本テレビ ………②229, ①780
日本テレビ『ダイ
　エット★ヴィレッ
　ジ』…………………①24
日本テレビ「超問ク
　イズ！」……………①32
日本てんかん学会
　…………………②729
日本電気協会 ……②592,
　②593, ②594, ②633
日本点字図書館
　…………………①422
日本電信電話ユーザ
　協会 ………②344, ②508
日本電設工業協会
　…………②593, ②622
日本電設工業協会技
　術安全委員会安全
　防災専門委員会
　…………………②593
日本デンタルアロマ
　セラピー協会
　…………………②758
日本の銀行研究会
　…………………②395
日本の言葉研究所
　…………………①623
日本の寺社研究会
　…………………①499
『日本のホテル旅館
　100選』の本編集
　委員会 ……………①191
日本バイアウト研究
　所 …………………②379
日本バイオ技術教育
　学会 ………②630, ②687
日本バイオ技術教育
　学会上級バイオ技
　術者認定試験問題
　研究会 ……………②629
日本排尿機能学会
　…………………②762
日本ハウスクリーニ
　ング協会 …………①6
日本博学倶楽部
　…………………②589,
　　①829, ②690
日本博識研究所 …②31
日本バックギャモン
　協会 ………………②273
日本パッケージデザ
　イン協会 …………①878

日本特別ニーズ教育
　学会 ………………②755
日本土壌肥料学会
　…………………②447
日本図書館協会図書
　館調査事業委員会
　…………………②7
日本図書館情報学会
　研究委員会 ………②5
日本図書館文化史研
　究会 ………………②6
日本取引所グループ
　…………………②316
日本内部統制研究学
　会不正リスク研究
　会 …………………②316
日本内分泌学会
　…………………②715
日本日中関係学会
　…………………②576
日本ニュース時事能
　力検定協会
　…………②11, ②14
日本人間関係学会
　…………………②484
日本人間教育学会
　…………①719, ①720
日本人間工学会PIE
　研究部会 …………②339
日本認知言語学会
　…………………①622
日本認知症予防学会
　…………………②62
日本農業新聞 ……②448
日本農業普及学会
　…………………②445
日本農業法学会
　…………………②452
日本脳卒中学会脳卒
　中ガイドライン委
　員会 ………………②730
日本能率協会マネジ
　メントセンター
　…………③13, ②307, ②356,
　②362, ②364, ②643
日本能率協会GOOD
　FACTORY研究会
　…………………②590

日本発達障害連盟
　…………………②82
日本パブリック
　リレーションズ協
　会 …………②10, ②505
日本パラグライダー
　協会 ………………②241
日本バレーボール協
　会 …………………②226
日本ハンギングバス
　ケット協会 ………②270
日本ビアジャーナリ
　スト協会 …………①45
日本被害者学会
　…………………②214
日本比較教育学会
　…………………①754
日本比較経営学会
　…………………②371
日本比較政治学会
　…………………②169
日本比較薬理学毒性
　学会 ………………②456
日本ビジネス技能検
　定協会
　…………②451, ②469
日本泌尿器科学会
　…………………②762
日本ヒューレット
　パッカード ………②514
日本病院事務研究会
　…………………②710
日本病院薬剤師会
　…………②770, ②771
日本病院薬剤師会中
　小病院委員会
　…………………②770
日本描画テスト描画
　療法学会 …………①487
日本病態栄養学会
　…………………②778
日本評論社編集部
　…………………②184
日本ビル新聞社
　…………………②623
日本品質管理学会
　…………………②591
日本ファルコム
　…………………①1132
日本ファンドレイジ
　ング協会 …………
　　①717, ②272
日本フェミニストカ
　ウンセリング学会
　「フェミニストカ
　ウンセリング研究」
　編集委員会 ………②37
日本福祉大学アジア
　福祉社会開発研究
　センター …………②60
日本婦人科腫瘍学会
　…………………②737
日本婦人団体連合会
　…………………②36
日本付着生物学会
　…………………②683
日本佛教学会 ……①515
日本不動産鑑定士協
　会連合会 …………②419
日本フードコーディ
　ネーター協会
　…………………②509
日本フードスペシャ
　リスト協会
　…………②509, ②775
日本プライマリケア
　連合学会 …………②721
日本フラワーデザイ
　ナー協会 …………①271

著者名索引

日本フランチャイズ
　チェーン協会
　　　　………②425
日本プラントメンテ
　ナンス協会 ‥②588,
　②589, ②628
日本ブリーフセラ
　ピー協会……①468
日本プレハブ新聞社
　編集部………①20
日本プロジェクトマ
　ネジメント協会
　　　　………②516
日本プロセス化学会
　　　　………②598
日本プロフェッショ
　ナル野球組織
　　　　………①221
日本プロ麻雀連盟
　　　　………①246
日本文化興隆財団
　　　　………①506
日本文化財保護協会
　　　　………①615
日本文教出版編集部
　……②740, ②518
日本文藝家協会
　…………①938,
　①978, ①979, ①1026
日本文芸社 …①75
日本文書情報マネジ
　メント協会文書情
　報管理士検定試験
　委員会………②520
日本文書情報マネジ
　メント協会法務委
　員会編………②281
日本文書情報マネジ
　メント協会標準化
　委員会………②515
日本分析化学会
　　　　………②671
日本分析化学会液体
　クロマトグラ
　フィー研究懇談会
　　　　………②673
日本分析化学会X線
　分析研究懇談会
　　　　………②600
日本粉体工業技術協
　会 ……②594, ②600
日本ペインクリニッ
　ク学会非がん性慢
　性疼痛に対するオ
　ピオイド鎮痛薬処
　方ガイドライン作
　成ワーキンググ
　ループ………②770
日本ヘーゲル学会
　　　　………①473
日本ペンクラブ「子
　どもの本」委員会
　　　　………①417
日本弁護士連合会
　……②185, ②209
日本弁護士連合会家
　事法制委員会
　　　　………②221
日本弁護士連合会刑
　事弁護センター
　　　　………②229
日本弁護士連合会子
　どもの権利委員会
　　　　………②53
日本弁護士連合会市
　民のための法教育
　委員会………②717
日本弁護士連合会消
　費者問題対策委員

会 …………②208
日本弁護士連合会人
　権擁護委員会
　　　　………②188
日本弁護士連合会第
　58回人権擁護大会
　シンポジウム第1
　分科会実行委員会
　　　　………②462
日本弁護士連合会第
　59回人権擁護大会
　シンポジウム第3
　分科会実行委員会
　　　　………②42
日本弁護士連合会日
　弁連中小企業法律
　支援センター
　　　　………②303
日本弁護士連合会両
　性の平等に関する
　委員会………②207
日本保育協会 …①689,
　①690, ①696
日本保育ソーシャル
　ワーク学会…①695
日本ボイラ協会
　　　　………②627,
　②628, ②630
日本貿易協会「内なる
　グローバル化と商
　社の役割」特別研
　究会…………②276
日本貿易実務検定協
　会 …………②313
日本貿易振興機構
　……②313, ②402
日本方言研究会
　　　　………①629
日本法社会学会
　　　　………②224
日本放射線技術学会
　　　　………②711,
　②733, ②735
日本放送協会 …①819
日本法哲学会 …②221
日本訪問看護財団
　　　　………②768
日本訪問歯科協会
　　　　………②758
日本法令 ………②320, ②330
日本法令不動産登記
　研究会 ………
　……②192, ②211
日本簿記学会 …②320
日本保健科教育学会
　　　　………①741
日本ポジティブ教育
　協会…………①709
日本ホスピタリティ
　検定協会……②509
日本母体救命システ
　ム普及協議会（J-
　CIMELS）…②722
日本ボランティア
　コーディネーター
　協会 ………②66
日本ホリスティック
　教育協会……①753
日本マイクロソフト
　　　　………②521
日本マクラメ普及協
　会東京支部 …①74
日本マスコミュニ
　ケーション学会
　　　　………②11
日本漫画家協会 …②33
日本マンガ塾 …①436
日本マンパワー中小

企業診断士受験研
　究会 …②486, ②487
日本脈管学会 …②734
日本民間放送連盟
　　　　………②15
日本民藝館 ……①833
日本民話の会 …①386
日本メディカル給食
　協会 …………②776
日本免疫不全症研究
　会 …………②715
日本免震構造協会
　　　　………②622
日本木材青壮年団体
　連合会………①20
日本野球機構 …①222
日本薬学英語研究会
　　　　………②647
日本薬学会 ……②769,
　②770, ②771
日本薬剤学会製剤技
　術伝承委員会
　　　　………②770
日本薬剤師会 …②716, ②771
日本野鳥の会栃木
　　　　………②697
日本郵趣協会 …②251
日本郵趣協会専門カ
　タログワーキング
　グループ……①251
日本郵船調査グルー
　プ …②418, ②627
日本郵便 ………②340
日本郵便切手商協同
　組合 …………②366
日本郵便人材育成
　チーム………②366
日本輸入食品安全推
　進協会………①154
日本ユング心理学会
　　　　………①477
日本洋蘭農業協同組
　合 …………①269
日本ライフオーガナ
　イザー協会
　　　　………②7, ②26
日本ライフセービン
　グ協会………①232
日本ラクトフェリン
　学会第7回学術集
　会2016年度臨床ラ
　クトフェリン研究
　会合同大会実行委
　員会…………②723
日本ラーニングシス
　テム …………①640
日本ラム協会 …①45
日本ランニング協会
　　　　………①214
日本リウマチ学会小
　児リウマチ調査検
　討小委員会…②717
日本リサーチセン
　ター …………②388
日本立地ニュース社
　……②273, ②445
日本離島センター
　　　　………②270
日本臨床衛生検査技
　師会…………②734
日本臨床栄養協会
　　　　………②725
日本臨床救急医学会
　　　　………②714
日本臨床救急医学会
　緊急度判定体系の
　あり方に関する検
　討委員会……②724

日本臨床検査医学会
　　　　………②716
日本臨床検査学教育
　協議会………②782
日本臨床歯周病学会
　　　　………②756
日本臨床心理士会
　……①495, ②40
日本臨床心理士資格
　認定協会……②780
日本臨床整形外科学
　会 …②715, ②750
日本臨床政治学会
　　　　………②130
日本臨床倫理学会
　　　　………②724
日本ルター学会
　　　　………②527
日本歴史学会 …①550, ①562
日本歴史楽会 …
　……①530, ①533
日本レクリエーショ
　ン協会………①707
日本労働組合総連合
　会 …………②468
日本労働社会学会
　　　　………②468
日本労働法学会
　　　　………②466
日本老年医学会
　　　　………②715
日本老年看護学会
　　　　………①177
日本労務研究会
　　　　………②331
日本ロジスティクス
　システム協会
　　　　………②418
日本ロボット工業会
　　　　………①423
日本ワークルール検
　定協会………②461
日本Archaea研究会
　　　　………②681
日本CFO協会 …②505
日本EU学会 …②128
日本IR協議会 …②299
日本LGBT協会 …②43
日本M&Aセンター
　　　　………②311
日本PTA全国協議会
　　　　………①704
日本WIX振興プロ
　ジェクトウェブデ
　ザインKANTA！
　　　　………②543
日本XAFS研究会
　　　　………②673
ニーマイヤー, オス
　カー ………②613
二村 ケイト…①1247
二村 健………②6
二村 ヒトシ …①184,
　②33, ②34
二村 雄次 ……②737
仁茂田 あい …①380
にもんじ まさあき
　　　　………①344
にゃほこ …①185, ②29
にゃりほっと探検隊
　　　　………②70
乳井 昌史 ……①979
ニューウェーブ昇任
　試験対策委員会
　　　　………②151
ニューウェル, キー
　ス …………②305

ニューサイエンティ
　スト編集部 …②379
ニューズウィーク日
　本版編集部 …②258
ニュースリテラシー
　研究所………②31
ニュータイプ ‥
　……①800, ①801
ニュートン, クリス
　ティーン……①641
ニュートンコンサル
　ティング……②287
ニューポート, カル
　　　　………②341
ニューマン, フレッ
　ド・M. ……①700
ニューマン, ベン
　……①398, ①403
ニューマン, レズリ
　ア ……………①318
ニラ, ゲイリー…①576
韮沢 靖 ‥①840, ①846
ニーリー, トム…①850
ニール, クリスト
　ファー・サイラス
　　　　………①314
ニール, ペギー…①306
ニール, マーガレッ
　ト・A. ……②360
ニールズ, ベティ
　　　　………①1370,
　①1371, ①1380,
　①1388, ①1391
ニールセン, ショー
　　　　………①419
ニルソン, L.B.…①713
楡 周平 ………
　①1011, ①1102
ニーレンバーグ,
　ジェシー・S.…①485
にわ ……………②307
丹羽 宇一郎 …
　……②2, ②144
丹羽 国彦 ……②513
丹羽 公一郎 …②741
丹羽 小織 ……①330
丹羽 聡子 ……②254
丹羽 兌子 ……①439
丹羽 卓 ………②94
丹羽 庭子 ……①1403
丹羽 信夫 ……②535
丹羽 登 ………①684
丹羽 文生 ……②130
丹羽 文雄 ……①953
丹羽 雅彦 ……②438
丹羽 三千雄 …②458
丹羽 萌子 ……①72
庭田 文近 ……②260
庭田 よう子 …②123
庭植 奈穂子 …
　……①1370, ①1384
庭乃 桃 ………①587
ニン, アナイス
　……①922, ①1335
任 章 …………②315
任 福継 ………②524
人形浄瑠璃文楽座
　　　　………①788
人間環境問題研究会
　　　　………②574
忍者増田 ……②282
認知症介護研究研修
　大府センター
　　　　………①176
認知症介護研究研修
　仙台センター
　　　　………①176
認知症介護研究研修

東京センター
　　　　………①176
認知症の人と家族の
　会愛知県支部ケア
　ラーマネジメント
　勉強会………②51
認知症ライフパート
　ナー検定試験研究
　会 …………②80
認定輸血検査技師制
　度協議会カリキュ
　ラム委員会 …②718
ニンテンドードリー
　ム編集部 ……①281,
　①283, ①285, ①843

ヌーヴェル, シル
　ヴァン ……①1363
ヌーヴェル, パスカ
　ル …………①214
額賀 澪 ………①977,
　①979, ①1011
額田 一 ………②322
額田 雅裕 ……①548
糠塚 康江 ……①146
貫 成人 ………①472
貫場 恵子 ……②502
貫井 徳郎 ……①1102
貫井 ドッグ郎 …①980
奴田原 睦明 …①1329
沼波 政保 ……①511
『ヌーナン症候群のマ
　ネジメント』編集
　委員会………②748
布引 敏雄 ……②465
布広 永示 ……②589
布村 奈緒子 …①647
沼 惠一 ………②322
沼 晃介 …①714, ②551
沼 正三 ………①1132
沼 春雄 ………①249
沼 礼一 ………①1102
沼尾 波子 ……②271
ぬまがさ ワタリ
　　　　………②691
沼上 幹 ………②371
沼口 隆 ………①820
沼崎 誠 ………②110
沼里 良枝 ……①74
沼沢 洽治 ……
　……①1360, ①1361
沼澤 茂美 ……②675
沼沢 聖一 ……①219
沼澤 清一 ……①730
沼尻 勝人 ……②450
沼尻 隆一 ……②218
沼津 りえ ……①57
沼田 晶弘 ……①708
沼田 清 ………①579
沼田 光太郎 …①420
沼田 真佑 ……①1011
沼田 憲男 ……
　……①791, ②362
沼田 英子 ……①831
沼田 裕樹 ……①176
沼田 博幸 ……②404
沼田 学 ………①257
沼田 まほかる …①1102
沼野 治郎 ……①526

沼野 雄志 ……②460、②673
沼野 輝彦 ……②212
沼野 充義 ……①609、①917
沼野 雄司 ……①820
沼畑 直樹 ……①62
沼部 幸博 ……②756

【ね】

根井 雅弘 ……②267
ネイサン、サラ ……①375
ネイスン、ジョン ……①903
ネイチュアエンタープライズ ……①189
寧楽美術館 ……①833
ネイルサロン VenusRico ……①22
ネオキャリア ……①295
根上 生也 ……②654
根木 慎也 ……①432
根木 正孝 ……①807
根木 良友 ……①676
根岸 嘉一郎 ……①838
根岸 進 ……②659
根岸 徹 ……②733
根岸 宏衣 ……①137
根岸 雅史 ……①735
根岸 靖 ……②710
ねぐら☆なお ……②544
根研究学会 ……①406
ネコ 光一 ……①1247
猫 ひろし ……①235、①771
猫組長 ……②18、②29
猫子 ……①1248
ねこ様に仕える会 ……①266
子子子子 子子子 ……①1248
猫田 泰敏 ……②725
ねこ太郎 ……①265
「猫忍」製作委員会 ……①257
ねこの気持ち研究会 ……①265
猫のしもべ連盟 ……①266
ねこまき ……①865、①979
猫又 ぬこ ……①1248
猫屋 ちゃき ……①1248
ねこや堂 ……①1116
猫山 智春 ……①701
根来 和輝 ……②553
根来 龍之 ……②289、②294
根来 秀行 ……①149、①152、①164
ねじっとくんとみんなでつくるあやべ大好きBOOK編集委員会 ……②22
子島 進 ……①678
根占 献一 ……①599
ねじめ 正一 ……①1011
ネス、パトリック ……①1357
ネス、フランク ……②123

根津 茂 ……①520
根津 透 ……①340
根津 有加里 ……①59
ネズビット、イーディス、ジョー ……①379
ネスボ、ジョー ……①1351
熱血ドボ研2030 ……②606
ネットスクール ……②472、②473、②490、②491
ネトルトン、D. ……②519
寝猫 ……①111
ネーピア、スーザン ……①1388
根日屋 英之 ……②599
ネプフリン松橋 由香 ……①206
ネベス、ディオゲネス ……①851
根間 弘海 ……①237
ネミロフスキー、イレーヌ ……①1335
根無 一信 ……①473
根村 直美 ……①476
根本 彰 ……②5
根本 幾 ……②731
根本 かおる ……①62
根本 圭介 ……②579
根本 圭助 ……①865
根本 悟子 ……②734
根本 知 ……①18
根本 繁 ……②729
根本 淳子 ……①678
根本 聡一郎 ……①1102
根本 毅 ……②639
根本 敏則 ……②429
根本 敏光 ……②328
根本 浩 ……①107、②118
根本 裕幸 ……①126
根本 正雄 ……①685
根本 博 ……①668
根本 康子 ……②763
根本 幸夫 ……②720
根本 曜子 ……①681
根本 好伸 ……①775、①778
根本 隆一郎 ……①796、①813
根本 玲子 ……②608
ネランク、エドモン ……②38
ねりグル編集部 ……②141
ネルケ無方 ……①510、①513
ネルソン、リー ……②273
ネルム、ポール ……②307
年鑑日本の空間デザイン刊行委員会 ……①878
年金綜合研究所 ……②74
年金問題研究会 ……②484
念澤 浩一 ……①968
能村 幸彦 ……②680
年中 麦茶太郎 ……①1248
年報死刑廃止編集委員会 ……②43

【の】

野網 摩利子 ……①915
野一色 直人 ……②398
野一色 容子 ……①970
ノイズ、ジェイ・エリック ……①861
ノイハウス、ネレ ……①1351
ノイマン、ヴァルター ……①473
ノイラート、オットー ……①620
ノヴァク、ブレンダ ……①1351
ノヴァク、B.J. ……①310
ノヴォスロフ、アレクサンドラ ……②123
農業共済新聞 ……②446
農業協同組合法令研究会 ……②448
農業食品産業技術総合研究機構 ……②454
「農業と経済」編集委員会 ……②445
農業ルネサンス『自然栽培』編集部 ……②449
農山漁村文化協会 ……②14、②449、②450、②455、②456
能地 祐子 ……①814
能島 久美江 ……①394、①638
能迅 なのと ……①1403
納税協会連合会 ……②404
納税協会連合会編集部 ……②320、②409
農政ジャーナリストの会 ……②451
能祖 將夫 ……①962
能田 成 ……②679
納富 信留 ……①469
納富 廉邦 ……①812
脳トレーニング研究会 ……①160、①275、①626、②117
農文協 ……①37、①268、②449、②451、②457、②686
能町 みね子 ……①187、①953、②16
能美 誠 ……②452
能見 善久 ……②223
農民運動全国連合会 ……②451
農村 清人 ……①437
農林水産業ビジネス推進室 ……②445
農林水産業みらい基金 ……②452
農林水産省 ……②175、②416、②452、②458
農林水産省経営局協同組織課 ……②453
農林水産省経営局農地政策課 ……②454
農林水産省大臣官房政策課食料安全保障室 ……②452
農林水産省大臣官房統計部 ……②452、②453、②454、②455、②457
農林水産省農林水産政策研究所 ……②447
農林水産法令研究会 ……②455
農林統計協会 ……②455
野上 慶介 ……①1011
野上 眞一 ……②338
野上 武志 ……①861、②167
野上 建紀 ……①873
野上 秀雄 ……①833
野上 宏 ……②696
野川 あかね ……①1384、①1385
野川 悟志 ……②401
野川 忍 ……②225
のがわ としこ ……①325
野川 未央 ……②125
野木 陽子 ……①75、①84
野口 昭雄 ……②430
野口 啓代 ……①241
野口 あや子 ……①969
野口 英一郎 ……②205
野口 悦子 ……②514
野口 絵美 ……①316、①317、①376
野口 修 ……②68
野口 薫 ……②591
野口 貴公美 ……②202、②238
野口 貴美 ……①85
野口 邦和 ……②579
野口 久美子 ……①604
野口 啓示 ……②51
のぐち 径大 ……①159
野口 健 ……②41
野口 功一 ……②282
野口 咲也 ……②383
野口 敏 ……②361、②362
野口 ジュディー ……②649
野口 昭治 ……②600
野口 信一 ……①535
野口 節子 ……①59
野口 隆子 ……①885
野口 貴 ……②450
野口 卓 ……①1053
野口 孝之 ……①778
野口 岳史 ……②65
野口 剛 ……①832
野口 武悟 ……②6、②72
野口 武彦 ……①568
野口 とも ……①439
野口 智雄 ……②338
野口 法子 ……①710
野口 久光 ……①813
野口 英世 ……②65
野口 日出子 ……②52
野口 裕之 ……②126、②662
野口 冨士男 ……①903
野口 法蔵 ……①509
野口 真紀 ……②51
野口 雅子 ……①118
野口 将人 ……②560
野口 真広 ……②592
野口 実 ……②547
野口 康彦 ……②478
野口 幸雄 ……①262
野口 悠紀雄 ……②242、②244、②326、②376、②379、②653

野口 百合子 ……①1336、①1353
野口 葉子 ……②317
野口 吉昭 ……②361
野口 美惠 ……①218
野口 義修 ……①812
野口 芳宏 ……②710、①725、①760
野口 良平 ……①463
野口ジュディー津多江教授退職古稀記念論文集編集委員会 ……②620
野下 祥子 ……②675
野坂 昭如 ……①856、①1011、②447
野坂 英吾 ……②277
野坂 悦子 ……②343、①376、①414
野坂 弦司 ……②282
野坂 祐子 ……②490
野坂 暘子 ……①910
のさか れいこ ……②112
野坂 礼子 ……①93
野崎 昭弘 ……②457
野崎 海芋 ……①974
野崎 歓 ……①1337
野崎 堅三 ……①931
野崎 里美 ……②636
野崎 佐和 ……②37
野崎 詩織 ……①1336
野崎 じぞう一弘 ……①953
野崎 卓道 ……①528
野崎 博路 ……②241
野﨑 洋光 ……①25、①58、①63、①67
野﨑 昌利 ……②219
野﨑 正俊 ……①814
野﨑 雅秀 ……②731
野﨑 まど ……①1116、①1117、①1249
野崎 瑞樹 ……②66
野崎 充彦 ……①792
野崎 優樹 ……①481
野崎 洋子 ……①403
野里 征彦 ……①1011
野沢 佳織 ……①374、②422、②430、①1332、①1333
野澤 和弘 ……①685
野澤 桂子 ……②738
野沢 敬次 ……②432、②436
野澤 祥子 ……①499
野沢 聡子 ……①678
野沢 俊 ……②285
野澤 卓央 ……①94
野澤 千絵 ……②160
野澤 亨 ……①953
野沢 直樹 ……②533、②536、②537
野沢 直子 ……①773
野澤 直人 ……②301
野澤 夏子 ……②309
野沢 亘伸 ……①777
野沢 博美 ……①512
野澤 正充 ……②208、②209
野澤 道生 ……②531
野澤 康 ……②582
野澤 洋介 ……②281
野澤 令照 ……①715
野地 耕一郎 ……①831、①832
のし さやか ……①325、①331

野地 秩嘉 ……①791、①931、②279、②287
野下 文生 ……②429
野島 和男 ……①201
野嶋 佐由美 ……②764
野島 慎一郎 ……①55
野島 正剛 ……②54
野島 高彦 ……②648
野嶋 納美 ……②56
野島 正典 ……②77
野島 祐慈 ……②547
野島 好夫 ……①1129
野島 梨恵 ……②229
のじゃ のじゃこ ……①843
ノシャップ寒流水族館 ……②698
野尻 研一 ……②562
野尻 哲史 ……②390
野尻 晋一 ……②64
野尻 抱影 ……②402、①974
野尻 抱介 ……①1117
野尻 洋平 ……①95
野城 亮 ……①1125
ノース、スターリング ……①321
ノース、ダグラス・C. ……①612
ノース、ライアン ……①848、①852
野津 悱 ……①468
野津 智子 ……①479
野津 八政 ……①819
能津 芳文 ……①505
野津 有司 ……①737
野末 悦子 ……①167
野末 陳平 ……①111
乃塚 一翔 ……①1249
能勢 晶 ……①43
能勢 伊勢雄 ……①258
野瀬 奈津子 ……②16
能勢 博 ……①159、①233
能勢 康史 ……①215
野瀬 泰申 ……①35、②428
ノーセル、クリストファー ……②524
野副 信子 ……①953
野添 文彬 ……①575
望 公太 ……①1249
野田 朗子 ……①874
野田 明宏 ……②582
野田 伸 ……①480
野田 敦史 ……①680
野田 彩花 ……①675
野田 伊豆守 ……①517
野田 五十樹 ……②598
野田 英作 ……②681
野田 映美 ……①99
野田 研一 ……②18、②97
野田 健太郎 ……②372
野田 俊作 ……②487、①706
野田 四郎 ……②128
野田 迪 ……②467、②468
野田 聖二 ……②264
野田 説子 ……①965
野田 扇三郎 ……②408
野田 尚士 ……②409
野田 努 ……①808
野田 哲雄 ……①654
野田 智裕 ……①358
野田 尚昭 ……②600
野田 春美 ……①624
野田 尚史 ……①624
野田 浩夫 ……②714
野田 浩子 ……①548

野田 文隆 …… ②742
野田 牧人 …… ②138
野田 雅司 …… ②712
野田 正治 …… ②613
野田 又夫 …… ①467
野田 光彦 …… ②720
野田 稔 …… ②283
野田 裕久 …… ①755
野田 ユウキ …… ②546, ②549
野田 幸男 …… ②663
野平 一郎 …… ①814
ノックス, ロナルド・A. ‥①1342, ①1351
野出 正和 …… ①430
ノーテボーム, セース …… ①1335
ノト, フィル …… ①852
能登 直 …… ①218
能登山 けいこ …… ①347
野中 アンディ …… ②358
野中 家久 …… ①172
野中 郁次郎 …… ②135, ②276, ②287, ②308
野中 克哉 …… ②105
野中 香方子 …① 108, ②285, ②681, ②694, ②769
野中 吟雪 …… ①870
野中 邦子 …… ①310, ①836
野中 圭一郎 …… ①115, ②61
野中 慶子 …… ①84
野中 浩一 …… ②547
野中 耕一 …… ①512
野中 香良 …… ①244
野中 信二 …… ①1053
野中 大樹 …… ①142
野中 大輔 …… ②722
野中 太一 …… ①723
野中 哲照 …… ①551
野中 ともよ …… ①124
野中 根太郎 …①87, ①465, ①884, ②33
野中 信孝 …… ②194
野中 信行 …… ①726, ①728
野中 柊 …… ①332
野中 モモ …①69, ①960, ①975, ②17
野中 涼 …… ①887
乃南 アサ …… ①1011
野波 ツナ …… ①488
野波 寛 …… ①487
野々上 大三郎 …②1249
野々上 仁 …… ②282
野々口 稔 …… ①267
野々下 レイ …… ①50
のの原 兎太 …… ①1249
野々原 幹 …… ①846
野々宮 廣章 …… ②751
野々村 紫 …… ①972
野々村 友紀子 …①98
野々村 美宗 …… ②598
野々山 久也 …… ②95
野々山 美紀 …… ②544
野々山 睦 …… ①970
のはな はるか …①339
野林 厚志 …… ①419
のばら …… ①9
野原 滋 …… ①1319
野原 茂 …①582, ①586, ②167
野原 卓 …… ②161
野原 敏雄 …… ①542
野原 蓉子 …… ②464
仲井 太一 …… ①607

野平 宗弘 …… ①892
野広 実由 …… ②319
延江 浩 …… ①926
信國 真理子 …… ②750
野藤 妙 …①537, ①825
『野武士のグルメ』制作班 …… ①41
ノーブスミー …… ①306
信田 さよ子 …… ①86, ②109
信田 敏宏 …… ②111
のぶたろ …… ①363
信達 建志 …… ②260
信友 建志 …… ②279, ②282
信長 貴富 …… ①817, ①818
信原 修 …… ①518
延原 時行 …… ①455
延原 泰子 …… ①1356
信原 幸弘 …①449, ①450, ①451
のぶみ …①323, ①324, ①325, ①330, ①340, ①341
ノフラー, ポール …… ②685
ノーベル賞の記録編集委員会 …①649, ②650
ノベンバー・サゲヤ …… ②624
登 重樹 …… ①791
野間 けい子 …①95, ①807, ①836
野間 敏克 …… ②377
野間 晴雄 …… ①617
野間 宏 …… ①1011
野間 文史 …… ①919
野間口 謙太郎 …… ②655, ②662
野町 和嘉 …… ②260
ノマド・ワークス …②295, ②565, ②641
ノーマン, ジル …①36
ノーマン, チャーリー …… ②62
ノーマン, フィリップ …… ①809
野宮 真貴 …… ①29
野宮 麻未 …… ①385
野見山 響子 …… ①365
野見山 暁治 …①96, ①953
野見山 桜 …… ①881
野見山 崇 …… ②719
野見山 敏雄 …… ②449
野村 昭子 …… ②74
野村 昭子 …… ①556
野村 育世 …… ①549
野村 恵里 …… ①695
野村 絵奈 …… ②359
野村 カイリ …… ①884
野村 克也 …①222, ①223, ①224, ①225
野村 喜重郎 …①148, ①153, ①178, ①180
野村 潔 …… ②166
野村 喜和夫 …… ①966
野村 浩造 …… ①663
野村 謙二郎 …… ①224
野村 康 …… ②99
野村 亜沙子 …… ①1078
野村 儀 …… ②727
野村 佐紀子 …… ①254
野村 重存 …①860, ①862
野村 茂夫 …… ①465

野村 宗一 …… ①1053
野村 周平 …… ①404
能村 次郎 …… ①586
野村 二郎 …… ①669
野村 伸一 …… ②101
野村 精一 …… ①888
野村 総一郎 …①169, ②742, ②745
野村 大輔 …①803, ①810
野村 たかあき …①333, ①337
野村 高治 …… ①57
野村 岳志 …… ②735
野村 千春 …… ①872
野村 嗣 …… ②519
野村 恒夫 …… ①111
野村 剛司 …②194, ②209, ②326
野村 哲郎 …… ②685
野村 徳子 …… ①128
野村 俊明 …①176, ①496
野村 敏雄 …… ①1025
のむら としや…①345
野村 知也 …… ①660
野村 豊弘 …… ②206
野村 直樹 …… ①487
野村 直之 …… ②522
野村 浩子 …… ①116
野村 洋文 …… ①182
野村 浩康 …… ②673
野村 文夫 …… ②715
野村 文子 …… ①136
野村 優夫 …… ①8
野村 昌範 …… ①1053
野村 昌良 …… ②750
野村 麻里 …… ①43
野村 まり子 …… ①434
野村 萬斎 …①787, ①788
野村 美都 …… ①253
野村 宗訓 …①572, ②573
野村 康則 …… ①115
野村 泰紀 …… ②676
野村 祐樹 …… ①224
野村 祐三 …①33, ①36
野村 友里 …… ①54
野村 悠里 …… ②16
野村 佳子 …… ①680
野村 芳弘 …… ①199
野村 亮輔 …… ②185
野村 れいか …… ②702
野村 玲子 …… ①974
野村資産承継研究所 …… ②382
野村證券投資情報部 …… ②380
野村総合研究所 …… ②518
野村総合研究所グローバルマネジメント研究チーム …… ②370
野村総合研究所デジタルビジネス開発部 …… ①521
野村総合研究所ICTメディア産業コンサルティング部 …… ②515
野本 亜希子 …… ②753
野本 篤志 …… ②703
野本 寛一 …… ②116
野本 健司 …… ①154
野本 三吉 …… ②104
野本 聡 …… ①173

野元 為輝 …… ①585
野元 浩 …… ②435
野本 やすゆき …①61
野本 由紀夫 …… ①429
野矢 茂樹 …… ①623
野谷 文昭 …… ①1338
野依 智子 …… ②37
のらえもん …… ①20
ノーラン, ケビン …… ②856
野里 歩夢 …… ①1011
のりこ …… ①323
のりこ …… ①1011
法月 敏彦 …… ①782
法月 光 …… ②509
法月 綸太郎 …… ①1103
乗田 綾子 …… ①774
則竹 秀南 …… ①508
乗立 雄輝 …… ①467
野梨原 花南 …… ①1249
法村 里絵 …①1331, ①1345
ノール, ジョン …… ①1359
ノルディン, サバリア …… ②85
ノルトマン, インゲボルク …… ①471
ノルベルト, パプ …… ①608
野呂 幾久子 …①480, ①621
野呂 エイシロウ …①89, ②353
野呂 希一 …… ①260
野呂 邦暢 …… ①1011
野呂 聡子 …… ②6
野呂 充 …… ②202
ノロニャ, アンディ …… ②289
ノワク, ザッカリー …… ①37
野渡 正博 …… ②590
のん …… ①824
ノンジャレ, ヴァレリー …… ①671

は

ハー, ジョン …… ②351
パー, ダン・E. …②268
バー, マイク・W. …… ①851
バー, ロジャー …… ②378
はあちゅう …①3, ①91, ①123, ①1011, ②351
ハイ, キャメロン …… ①657
バイ, ハイシ …… ②552
裴 寛紋 …… ①463
バイアット, ジョー …… ①304
パイ インターナショナル …②18, ①91, ①256, ①265, ①839, ①859, ①872, ①876, ①878, ①880, ②611, ②616, ②691, ②693
バイオミメティクス研究会 …… ②571

バイオメカニズム学会 …… ②726
「配管技術」編集委員会 …②438, ②618
廃棄物処理法令研究会 …… ②229
パイク, ボブ …… ②280
パイク, ロブ …②547, ②552
ハイジー, ジュリー …… ①1351
葉石 かおり …①44
ハイシマ カオリ …… ②388
灰島 かり …… ①885
倍賞 千恵子 …… ①771
俳人成田千空研究会 …… ②938
ハイスミス, サイラス …… ①304
ハイスミス, パトリシア …… ①1351
灰谷 健次郎 …… ①356
ハイデガー, マルティン …… ①471
ハイネ, ベルント …… ①621
拝野 寿美子 …… ①91
灰芭 まれ …… ①1249
ハイフェッツ, ロナルド・A. …②366
はいむら きよたか …… ①843
バイヤー, ヨッヘン …… ②358
バイヤース, アルーナ …… ①137
ハイランド, アンガス …… ①876
パイロットインキ …… ①305
ハインライン, ロバート・A. …①1363
ハウ, ジェイムズ …… ①374
ハウ, ジェフ …… ②105
ハウ, ニール …… ②136
バウアーズ, フェイス …… ①525
ハウイー, ヒュー …… ①1363
バーウィック, ロバート・C. …①622
ハーヴェイ, デヴィッド …①606, ②260
パウエル, コリン …… ②368
パウエル, ジョン …… ①820
パウエル, ブライアン …… ①234
ハウエルズ, ウィリアム・D. …①1335
ハウジングトリビューン編集部 …… ②618
ハウプトマン, ベンジャミン・J. …②585
バウマン, アンドレア …… ②367
バウマン, ジグムント …②98, ②123
バウムガルトナー, トーマス …… ②299
パウル, ダーフィット …… ②358

ト …… ②358
ハウレット, ハヌル …… ①749
ハウレット, ピーター …… ①749
バウン, スティーブン・R. …①935
バウンドストーン, ウィリアム …②512
ばお …①49
羽織 愛 …②15
ハオルチアアカデミー …… ②689
バーガー, アンディ …①649
バーカー, ヴィクトリア …①1376
バーカー, エリック …… ②282
バーカー, コリー …… ②542
バーカー, シシリー・メアリー …①844
バーカー, スティーブ …②726, ②727
バーカー, スティーブン …①304, ①305
バーカー, デビッド …①637
バーガー, ピーター・L. …②99
バーカー, フィリップ …①399
バーカー, ブルック …… ②691
芳賀 昭彦 …… ②622
芳賀 英吾 …… ②682
芳賀 徹 …… ①828
芳賀 健一 …… ②380
芳賀 繁 …… ①477
芳賀 俊一 …… ①137
羽賀 翔一 …… ①102
芳賀 善次郎 …… ①184
芳賀 徹 …… ①562
芳賀 直子 …… ②118
芳賀 登 …… ①563
芳賀 紀雄 …… ①901
芳賀 則人 …… ②411
羽賀 ヒカル …… ①506
芳賀 日出男 …①256, ②112
芳賀 日向 …… ①419
芳賀 信 …… ②770
芳賀 満 …… ①828
芳賀 康浩 …… ②338
葉賀 ユイ …… ①843
芳賀 由香 …… ①851
芳賀 百合 …… ②603
はがきの名文コンクール実行委員会 …… ①938
葉加瀬 マイ …… ①776
博多 かおる …… ①814
パカチャン …… ①953
バーガパ, アディティア・Y. …②551
ハーガー＝フォルステンレヒナー, エヴァ …… ①162
袴 克明 …… ①514
袴田 尚弥 …… ①64
袴田 康裕 …… ①523
秤 猿鬼 …… ①1250
葉川 慎司 …… ①1403
萩 耿介 …… ①1053
萩 昌子 …… ①706
萩岩 睦美 …… ①407

萩生田 愛 …… ①266
萩尾 望都 ……
　　①979, ①1125
萩倉 美奈子 …… ②744
萩谷 朴 …… ①888
萩中 ユウ …
　　①112, ①119
萩野 脩二 …… ①953
萩野 貴拓 …… ②517
萩野 仁志 …… ①820
萩埜 亮 …… ①892
萩原 空木 …… ①184
萩原 季実子 …… ①17
萩原 健太郎 …
　　①19, ②117
萩原 光 …… ①11
萩原 慎一郎 …… ①968
萩原 晴一郎 …… ①221
萩原 三雄 …… ①548
萩原 稔 …… ①570
萩原 睦幸 …… ②299
萩原 由加里 …… ①800
萩原 義雄 …… ①516
萩本 欽一 …… ①767,
　　①768, ①770
萩谷 悦久 …… ①15
萩谷 麻衣子 …… ②186
バー＝ギル, オレン
　　…… ②261
萩原 一郎 …… ①736
萩原 和幸 ……
　　①253, ①775
萩原 金美 …… ②220
萩原 清文 …… ②727
萩原 健 …… ①782
萩原 さちこ …… ①534,
　　①555, ①557, ②610
萩原 伸次郎 …… ②254
萩原 ちさと …… ①1366,
　　①1374, ①1378,
　　①1389, ①1393
萩原 千鶴子 …… ②749
萩原 張広 …… ②336
萩原 優 …… ①181
萩原 ゆか …… ①325
萩原 能久 …… ①469
萩原 里紗 …… ①753
萩原朔太郎記念水と
　緑と詩のまち前橋
　文学館 …… ①884
パーキンス, ミタリ
　　…… ①374
パク, グレッグ …① 856
パーク, ジュード・
　ミラー …… ②37
バーグ, ボブ …… ①122
バーク, レイチェル
　　…… ②115
パク ウンリョン
　　…… ①1326
パク オクス …… ①457
朴 景利 …… ①1335
白 在烈 …①246, ①247
葉久 真理 …… ②781
パク ミンギュ …① 1335
漠 夢道 …… ①972
パク ヨンハ …… ①778
柏 亮 …… ②252
伯井 アリナ …① 143
伯井 美徳 …… ①746
博学面白倶楽部
　　…… ①533
博学こだわり倶楽部
　…②22, ②32, ②688
白居易研究会 …… ①466
白象の会 …… ①517
白書編集部 …… ②35
白野 幸子 …… ②699

博報堂 …… ②83
博報堂新しい大人文
　化研究所 …… ②25
博報堂デザインドリ
　ブンプロジェクト
　　…… ①875, ①879
博報堂ブランドイノ
　ベーションデザイ
　ン局 …… ②361
博報堂DYメディア
　パートナーズ
　　…… ②340
幕末維新を愛する会
　　…… ①565
「幕末維新」歴史研究
　会 …… ①566
バーグマン, ニコラ
　イ …… ①101
バークマン, リサ・
　F. …… ②98
バグラヤン, カルロ
　　…… ①856
バーグランド, アン
　ソニー …… ①103
はくり …… ①729
バークリー, アント
　ニイ …… ①1342
バグリッシ, ベッカ
　　…… ①884
ハーグリーブス
　　…… ①492
ハーグリーブス, ロ
　ジャー …… ①317
柏艪舎 …… ①928
ハーゲスハイマー,
　オーガスト …… ①25
バケット, ヤニック
　　…… ①858
ハーゲン, アネリス
　　…… ①21
バーゲン, ララ・ …① 387
バーケンフェルド,
　ブラッドレー・C.
　　…… ②375
箱田 勝良 …… ①644
箱田 裕司 …… ①498
ハーコート, ダイア
　ナ …… ①477
ぱこぱこそふと
　　…… ①1397
葉崎 あかり …① 1250
バーサド, エラ・ …① 884
狭間 香代子 …… ②52
狭間 研至 …… ②771
俗 文夫 …… ②660
間 誠 …… ②414
バザーリア, フラン
　コ …… ②746
破産管財実務研究会
　　…… ②194
バーサンスレン, ボ
　ロルマー …… ①323
橋 逸郎 …… ①237
橋 由美 …… ①1390
橋井 健司 …… ①691
パーシヴァル, トム
　　…… ①316
バジェス, クリスト
　フ …… ①669
バジェス, シルヴィ
　アーヌ …… ①766
バシエルプスカ, ハ
　リーナ …… ①872
橋川 史 …… ①754
橋川 文三 …… ①568
橋口 いくよ …
　　①345, ①374
橋口 勝利

橋口 公一 …… ①570, ②264
橋口 さおり …… ②112
橋口 さゆ希 …… ①712
橋口 新一郎 …… ①358
橋口 孝司 …① 272
橋口 等 …… ①44
橋口 宏行 …① 973
橋口 幸生 …… ②250
橋爪 香織 …② 340
橋爪 駿輝 …① 420
橋爪 紳也 …… ①1011
橋爪 大三郎 …… ①538,
　　②22, ②614
　　①510, ①528, ①611,
　①624, ②3, ②101,
　　①106, ②172
橋爪 隆 …… ②213
橋詰 直孝 …… ②752
橋爪 伸子 …① 36
橋爪 宏幸 …① 226
橋爪 まんぶ
　　①339, ①341
橋田 恵子 …… ①580
橋田 壽賀子 …… ①953
橋田 卓也 …… ②600
橋田 久 …… ②212
橋谷 聡一 …… ②194
橋中 今日子 …… ②69
橋長 誠司 …… ①263
バシネッティ, ル
　イージ・L. …② 267
橋野 晶寛 …… ①758
葉嶋 ナノハ …
　　①1250, ①1403
端島 凜 …… ①1250
ハシモト, カン・アン
　ドリュー …
　　①643, ①646
橋本 晃和 …… ②168
橋本 明 …… ①598
橋本 明子 …① 576
橋本 理子 …② 60
橋本 あゆみ …… ①909
橋本 泉 …… ②503
はしもと えつよ
　　…… ①351
橋本 愛理 ……
　　①351, ②194
橋本 治 …… ①624,
　　①888, ①953,
　②20, ②94, ②103
橋本 和明 …… ②443
橋本 和孝 …②86, ②98
橋本 和則 ……
　　②527, ②535
橋本 一径 …… ①214
橋本 和哉 …
　　①145, ①161
橋本 和幸 ……
　　①495, ①953
橋本 勝雄 …① 1338
橋本 勝之 …① 157
橋本 喜一郎 …… ②654
橋本 恭子 …② 87
橋本 恭之 …② 271
橋本 くらら …… ①126
橋本 圭司 …… ②752
橋本 圭介 …① 695
橋本 圭多 …② 169
橋本 健朗 …② 669
橋本 行史 …
　　②155, ②159
橋本 光司 …② 687
橋本 鋼二 …① 913
橋本 論 …① 676
橋本 史帆 …… ①642

橋本 循 …… ①918
橋元 淳一郎 …… ②666
橋本 照嵩 …… ①254
橋本 正滋 …… ②424
はしもと しん
　　…①369, ①370
橋本 清一 …… ①922
橋本 誠一 …… ②225
橋本 誠司 …… ②597
橋本 創一 ……
　　①494, ②748
橋本 泰一 …② 524
橋本 尚 …②316, ②319
橋本 隆公 …… ①726
橋本 貴充 …… ①482
橋本 卓典 …② 383
橋本 健史 …② 215
橋本 竹治 …② 673
橋本 毅彦 …② 570
橋本 健広 …② 642
橋本 妊壽奈 …… ①724
橋本 忠明 …② 578
橋本 龍雄 …② 293
橋本 保 …②532, ②533
橋本 千鶴 …② 674
橋本 智保 …② 933
橋本 忠治郎 …… ②464
橋本 強司 …① 973
橋本 豪 …① 186
橋本 テツヤ …… ①628
橋下 徹 …② 144
橋本 外記子 …… ①886
橋本 富太郎 …… ①618
橋本 直美 …② 535
橋本 直哉 …② 521
橋本 信子 …② 633
橋本 伸也 …① 609
橋本 紀子 …① 184
橋本 典之 …① 100
橋本 大昭 …② 603
橋本 博史 …② 733
橋本 裕志 …① 980
橋本 洋志 …② 518
橋本 裕貫 …② 260
橋本 博之 …② 203
橋本 裕之 ……
　　①782, ②366
橋本 正明 …② 396
橋本 昌和 …① 359
橋本 雅子 …① 159
橋本 雅至 …② 724
橋本 雅司 …① 776
橋本 政宣 …① 616
橋本 正博 …② 212
橋本 正良 …② 719
橋本 勝 …② 144
橋本 円 …② 378
橋本 麻里 ……
　　①453, ①834
はしもと みお …① 873
橋本 美香 …② 68
橋本 満男 …② 409
橋本 美保 …② 756
橋本 恵 …① 372,
　　①377, ①339
橋本 保雄 …② 427
橋本 安央 …① 923
橋本 康弘 ……
　　①716, ①731
橋本 雄一 …② 617
橋本 優子 …
　　①829, ①876
橋本 祐史 ……
　　②563, ②565
橋本 ゆかり …… ①480
橋本 之克 …② 266
橋本 由紀子 …

橋本 幸博 …… ①924, ①961
橋本 幸一郎 …… ②627
橋本 洋一郎 …① 153
橋本 洋子 …② 728
橋本 陽子 …② 467
橋本 陽介 …
　　①884, ①906
橋本 義武 …① 659
橋本 順光 …① 906
橋本 克一 …② 427
橋本 玲 …① 429
橋本 麗香マリア
　　…… ①771
橋本 れい子 …… ①395
バシャー, サイモン
　　…… ①399
橋彌 和秀 …② 478
バシャール …② 296
パーシュ, ジョアン
　ナ …① 113
パーシュ, ハリー・J.
　　…… ②264
バジュー, ベネロー
　プ …… ②38
パーシュ＝パセック,
　キャシー …① 11
バショア, ウィル
　　…… ①606
羽尻 利門 …… ①330,
　①336, ①338, ①353
走出 広章 …② 57
バシロワ, タチヤー
　ナ・アレクサンド
　ロヴナ …① 685
蓮池 透 …② 132
蓮池 陽子 …① 53
蓮池 林太郎 …② 708
バーズオール, ジー
　ン …② 371
パスカル …② 49
蓮川 愛 …① 1303
葉月 悦子 …① 1384
葉月 エリカ …① 1404
葉月 クロル …
　　①1250, ①1404
葉月 星夜 …① 1250
葉月 奏太 …① 1404
葉月 抹茶 …① 977
はづき りい …① 368
葉月 りゅう …① 1250
バズギャング, ジェ
　フリー …… ②286
ハスキンズ, チャー
　ルズ・ホーマー
　　…… ①601
バスケス, フアン・
　ガブリエル …① 1335
ハースコヴィッツ,
　マーシャル …① 1358
バスコム, ニール
　　…… ①602
バースデイ ……
　　①331, ①441
バストゥール, ク
　ロード …… ①606
バズドラクロスプロ
　ジェクト2017テレ
　ビ東京 …① 369
バズドラクロスプロ
　ジェクト2017・テ
　レビ東京 …① 369
蓮沼 徹 …② 659
蓮沼 恵 …① 114
バスフォード, ジョ
　ハンナ …① 864
荷見 明子 …① 1341
蓮水 カノン＊ …① 25
蓮見 恭子

蓮見 圭一 …… ①1011, ①1250
蓮見 圭一 …① 1012
蓮見 景夏 …… ①1250
蓮實 重彥 …… ①794
はすみ としこ …… ②20
葉住 直美 ……
　　①266, ①271
蓮見 文孝 ……
　　②496, ②504
羽角 曜 …… ①1103
蓮見 よしあき …… ①46
蓮村 誠 …… ①157
パスモア, ジョン
　　…… ①467
ハスラム, S.アレク
　サンダー …② 110
パズルスタジオ わさ
　び …… ①276
ハーセ, ヘラ・S.
　　…… ①1336
長谷 和幸 …② 566
長谷 敏司 …… ①1250
長谷 慈弘 …① 509
長谷 澄夫 …② 764
長谷 澄夫 …② 720
馳 星周 …… ①1103
長谷 剛志 …② 69
長谷垣 なるみ …① 362
長谷 亜希子 …② 224
長谷川 昭子 …② 5
長谷川 明彦 …① 160
長谷川 章 …② 613
長谷川 朗 ……
　　①861, ①862
長谷川 専 …② 440
長谷川 敦士 …② 373
長谷川 勇 …② 548
長谷川 櫂 …② 337
　①953, ①960, ①971
長谷川 馨 …① 1250
長谷川 和廣 …② 291
長谷川 京子 …② 211
長谷川 啓 …① 907
長谷川 圭 …① 314,
　①610, ①1346,
　①1357, ①1359,
　②277, ②443, ②578
長谷川 恵一 ……
　　②318, ②321
ハセガワ ケイスケ
　　…… ①1250
長谷川 圭佑 …① 256
長谷川 啓三 …② 710
長谷川 慶太郎
　　…①123, ②248
長谷川 憲 …② 200
長谷川 晃 …② 225
長谷川 公一 …② 579
長谷川 在佑 …① 41
長谷川 栄 …① 838
長谷川 祥子 …① 724
長谷川 慧 …② 193
はせがわ さとみ
　　…①327,
　　①347, ①353
長谷川 明香 …① 622
長谷川 茂男 …② 322
長谷川 集平 …① 352
長谷川 晶一 ……
　　①222, ①224
長谷川 伸一 ……
　　②393, ②395
長谷川 信弥 …① 672
長谷川 真也 …② 56
長谷川 奏 …① 599
長谷川 貴彦 …① 604
長谷川 貴博 …② 383

長谷川 卓 ……①1053
長谷川 武司 ……②638
長谷川 武英 ……②586
長谷川 太郎 …①230，②302，②323
長谷川 智恵子 …①953
長谷川 長一 ……②534
長谷川 輝美 ……②777
長谷川 亨 ……①175
長谷川 徳七 ……①825
長谷川 俊明 …①193，②195，②325
長谷川 聰哲 ……②247
長谷川 敏也 ……②401
長谷川 智希 ……②551
長谷川 知子 ……①346
長谷川 智子 ……①39
長谷川 友紀 ……②706
長谷川 直哉 ……②369
長谷川 也 ……①1103
はせがわ はっち
　　　　　　……①331
長谷川 桐 ……①484
長谷川 秀夫 ……②704
長谷川 日出世
　……②198，②224
長谷川 浩己 ……②613
長谷川 ひろ子 …②704
長谷川 浩子 ……①119
長谷川 博隆 ……①601
長谷川 裕雅 …①20，②190，②411，②414
長谷川 博康 ……①59
長谷川 博之 ……①737
長谷川 房生 ……②281
長谷川 史明 ……①198
長谷川 慎 ……①822
長谷川 雅彬 ……①450
長谷川 正志 ……②707
長谷川 正人 ……①319
長谷川 雅典 ……①193
長谷川 昌弘 ……②604
長谷川 雅代 ……①964
長谷川 真澄 ……②730
長谷川 町蔵
　　　①793，①1012
長谷川 眞理子 …②369
長谷川 幹雄 ……②520
長谷川 光位 ……①259
はせがわ みやび
　……①1132，①1250
長谷川 恵 ……①179
長谷川 康男
　　　①427，①721
長谷川 康夫 ……①345
長谷川 夕 ……①1251
長谷川 祐子 ……②37
長谷川 雄之 ……②659
長谷川 裕也 ……①123
長谷川 侑香 ……②75
長谷川 幸洋 ……②139
長谷川 由美 ……①642
長谷川 陽子 ……②512
長谷川 洋介 …①170，①511，②751
長谷川 ヨシテル
　　　　　　……①556
長谷川 義史 …①312，①314，①315，①326，①333，①886
長谷川 怜 ……①515
長谷川 朗 ……①861
支倉 凍砂 ……①1251
はせくら みゆき
　……①95，①137，①138，②392
長谷部 あゆ ……②333
長谷部 佳子 ……②763

長谷部 圭司 ……①177
長谷部 千彩 ……①1012
長谷部 勉 ……②607
長谷部 剛
　　　①597，①908
長谷部 弘 ……②98
長谷部 浩 ……①782
長谷部 比呂美 …①674
長谷部 史彦 ……①592
長谷部 雅一 ……②234
長谷部 美佳 ……①107
長谷部 光哉 ……②323
長谷部 恭男 …①607，②189，②199，②200，②202
長谷部 由起子 …②206，②217，②225
長谷見 沙貴 ……①858
長谷山 俊郎 ……②773
パソコンお悩み解決
　チーム ……②535
パーソナルファイナ
　ンス学会 ……②379
パーソナルPMコ
　ミュニティ …②292
パーソネン，エリナ
　　　　　　……①218
バーソロミュー
　　　　　　……①142
パーソンズ，ギャ
　リー ……①438
パーソンズ，ショー
　ン ……②847
パーソンズ，デイヴ
　　　　　　……②167
畑 明郎 ……②457
羽田 明 ……②715
畑 明 ……②643
畑 攻 ……②279
秦 かおり …①621，①625，②100
畑 喜美夫 ……①230
畑 久美子 ……①45
羽田 圭介 ……①1012
秦 公一 ……①709
畑 耕一郎 ……①37
はた こうしろう
　　　①325，①354，①378
秦 剛平 ……①528
羽田 詩津子 …①265，①937，①1343，①1352，①1356
羽田 純一 ……①724
秦 澄美枝 ……②12
はた せいじゅん
　　　　　　……①210
畑 孝幸 ……①214
秦 建日子
　　　①1012，①1103
秦 達夫 …①252，①253
畑 主税 ……①41
秦 信行 ……①294
羽田 紀康 ……②769
羽田 昶 ……①787
畑 宏樹 ……②217
秦 真紀子 ……①199
秦 雅彦 …②406，②493
秦 まゆな ……①612
羽田 美智子 ……①404
秦 基博 ……①805
羽田 裕子 ……②686
秦 幸広 ……②305
秦 夕美 ……②974
秦 洋一 ……②608
葉田 善章 ……②517
秦 吉弥 …②604，②605

羽田 勝征 ……②738
羽田 遼亮 ……①1251
馬袋 鶴之助 ……①226
バタイユ，ジョルジ
　ュ …①475，②268
波多江 崇 ……②529
畑江 敬子 ……②773
畑江 美佳 ……①734
畠中 恵
　　　①1054，①1125
畠山 温 ……②667
畠山 健二 ……①1054
畠山 聡 ……①549
畠山 貞子 ……①968
畠山 利一 ……①663
畠山 直哉 …①253，①826
畑中 学 ……②419
畠山 公明 ……①196
畑中 章宏 ……①114
畑中 敦子 …①728，②178，②180
畑中 光享 ……①834
畑中 純 ……①341
畑中 孝介 ……②401
畑中 千晶 ……①907
畑中 伸敏 ……②534
畑中 久彌 ……①207
畑中 弘子 ……②429
畠中 雅子
　　　①110，②390
畑中 三応子 ……①34
畑中 美穂 ……①482
畑中 義雄 ……②330
波多野 礼佳 ……②647
波多野 英治 …①694，②55，②56
秦野 悦子 ……①498
波多野 一真 ……①620
波多野 恵亮 ……②382
波多野 健 ……①1352
波多野 賢也 ……①27
畑野 幸治 ……②311
波多野 聖
　　　①1012，①1066
波多野 澄雄
　　　②615，②134
波多野 卓司 ……②288
畑農 鋭矢 ……②654
畑野 智美
　　　①1012，①1103
幡野 弘樹
　　　②208，②209
波田野 裕基 ……①233
波多野 理彩子 …①485
羽多野 渉 ……①777
バーダマン，ジェーム
　ス・M. …①461，①636，①640，①644
バーダマン，マヤ
　　　　　　……①640

②368，②602
秦本 幸弥 ……①1012
幡谷 明 ……①519
畑山 宏大 ……②708
畑山 博 ……①916
バーチ，メアリー・
　R. ……①479
パチェコ，ガブリエ
　ル ……①317
八王子市夢美術館
　　　　　　……①868
蜂飼 耳 …①308，①309，①313，①317，①357，①382
蜂須 郁雄 ……②217
蜂須 優二 ……②327
蜂須賀 敬明 ……①1103
蜂須賀 裕子 ……②70
蜂須賀 正氏 ……②696
8・15朗読収録プロ
　ジェクト実行委員
　会 ……②585
8人のティンガティン
　ガアーティストた
　ち ……①886
八戸 正子 ……②745
八巻 にのは ……①1404
八万 介助 ……①178
鉢嶺 登 ……②297
蜂谷 隆 ……②244
八谷 紬 ……①1251
蜂谷 俊隆 ……②63
蜂矢 真郷 ……①630
蜂矢 百合子 ……①498
蜂谷 涼 ……①1054
バーチャード，ブレン
　ドン …①123，②293
バーチュー，チャー
　ルズ ……①87
バーチュー，ドリー
　ン …①87，①141
八里原 守 ……②580
パチンコ必勝ガイド
　　　　　　……②245
初枝 れんげ ……①1251
パッカー，デュエン
　　　　　　……②90
パッカー，ニール …②4
パッカー，ロブ …②553
パッカー，J.I. …①524
初貝 幸江 ……②76
ハッカーズ語学研究
　所 ……①661
廿日出 庸治 ……②713
初鹿野 博之 ……①613
ハッキング，イアン
　…①451，②746
発禁文学研究会
　　　　　　……①1396
バックマン，カレン
　　　　　　……②17
バックマン，ス
　ティーブン …②686
バック=モース，
　スーザン …①473
バックレイ，ジュリ
　ア ……①1351
パッサン，ジェフ
　　　　　　……①223
初瀬 龍平
　…②120，②122
八田 永子 ……①28
八田 英二 ……②244
八田 賢司 ……②446
八田 幸恵 ……①749
八田 進二
　　　②315，②316

八田 太一 ……②98
八田 達夫 ……②66
八田 尚子 ……①434
八田 信正 ……②438
八田 益之 ……①447
八田 靖史 ……①666
八田 幸雄 ……①511
初田 幸隆
　　　①700，①874
服田 洋子 ……①82
発達支援ルームまな
　び ……①722
発達障害の支援を考
　える議員連盟 …②50
初野 勇 ……②159
バッティストーニ，
　アンドレア …①814
八藤 浩志 ……①23
八藤 眞 ……①152
パットナム，ロバー
　ト・D. ……②91
服部 昭代 ……①964
服部 綾乃 ……①1335
服部 一景 ……①48
服部 一晃 ……①1054
服部 英次郎 ……①521
服部 営造 ……②75
服部 エリー ……①117
服部 一晃 ……②611
服部 克久 ……①805
服部 京子 …①975，②287，②691
服部 圭子
　　　①267，①642
服部 恵佑 ……②151
服部 健一 ……②584
服部 憲児 ……②749
服部 禎男 ……②581
服部 重敬 ……②432
服部 茂幸 ……②255
服部 正蔵 ……①1251
服部 進治 ……①713
服部 惣一 ……②215
服部 隆 ……②631
服部 孝彦 ……①659
服部 誕 ……①964
服部 千佳子
　　　①36，①37
服部 千春
　　　①352，①362
服部 富子 ……②776
はっとり ななみ
　　　　　　……①354
服部 信孝
　　　②721，②770
服部 英雄 ……①551
服部 仁 ……①835
服部 文祥
　　　①979，①1103
服部 誠 …②276，②413
服部 正雄 ……②302
服部 真和 …②192，②194，②419，②423，②440，②513
服部 正喜 ……②376
服部 磨早人
　　　①129，②291
服部 正治 ……②267
服部 正平 ……②572
服部 真澄
　　　①1054，①1103
服部 倫卓 ……②85
はっとり みどり
　　　　　　……①440
服部 稔 ……①526
服部 美法 ……①327
服部 みれい ……①94
服部 泰 ……②256

服部 雄樹 ……②554
服部 右子 ……①691
服部 幸 ……①266
服部 幸應 …①36，①674，②117
服部 理佳 ……①376
服部 律子 ……①783
服部 龍二 ……②148
服部 陵子 ……①683
服部栄養専門学校
　　　　　　……①59
服部栄養料理研究会
　　　　　　……①434
服部音楽出版 ……①805
バットン，グレゴ
　リー ……②690
初野 晴 …①369，①1012，①1103
ハッパー，リチャー
　ド ……②611
ハッピー＊トリマー
　編集部 ……①263
八宝備仁 ……①844
初美 陽一 ……①1251
発明学会 ……②584
発明推進協会 …①187，②188
ハーディネス ……②537
ハーディン，チャド
　　　　　　……①855
ハーディング，フラ
　ンシス ……①1363
ハーデカー，ヘレン
　　　　　　……①115
バデスキー，クリス
　ティーン・A. …①488
バーデット，エティ
　エンヌ ……①598
パテル，キャリー
　　　　　　……①1363
パテル，シャノン
　　　　　　……②756
パテル，ショーブナ
　　　　　　……②305
はと ……①1196
バード，イザベラ
　　　　　　……①650
ハード，イーディス・
　サッチャー …①317
ハート，カール …①484
ハート，キース …②258
ハード，クレメント
　　　　　　……①313
バード，ジャクリー
　ン …①1368，①1372，①1391
ハート，スティーヴ
　　　　　　……①601
ハート，マラー・J.
　　　　　　……②698
ハート，ミーガン
　　　　　　……①1395
バード，リチャード
　　　　　　……②554
ハートアンドブレイ
　ン ……①636
羽藤 将志 ……②421
ハトゥン，ミウトン
　　　　　　……①1336
波戸岡 景太 ……①795
パトス ……①636
ハート＝デイヴィス，
　アダム ……②664
パトナム，フランク・
　W. ……②743
はとはな＊ ……①953
ハドフィールド，ク
　リス ……①312

鳩見 すた ……①1251
鳩村 衣杏 ……①1319
鳩山 友紀夫 …②142,
　②145, ②168
鳩山 玲人 ……②287
バトラー, スーザン
　……①603
バトラー, ドリー・ヒ
　ルスタッド …①377
羽鳥 健司 ……①487
パトリック, エラ
　……①374
パトリック, フィー
　ドラ ……①1351
パートリッジ, アン
　ディ ……①802
パトリワラ, ナヴァ
　……①30
バトルロイヤル風間
　……①248
ハートレシピプロ
　ジェクト ……①91
バートン, ウィリア
　ム ……①278
バートン, ゲイリー
　……①812
バートン, バイロン
　……①316
バートン, フィオナ
　……①1351
バートン, マイルズ
　……①1351
はな ……①1252
花 ……①356
ハナ, ソフィー
　……①1351
波奈 海月 ……①1404
花井 志生 ……②385,
　②513, ②545
花井 知哉 ……①653
花井 文一 ……①586
花井 善朗 ……①636
「花戦さ」製作委員会
　……①790
花魚 クジョー ……①1252
花岡 俊吾 ……①191
花丘 ちぐさ ……①484
花岡 直毅 ……②438
花果 唯 ……①1252
花形 恵子 ……①341
花方 信孝 ……②570
花形 一実 ……①121
花形 みつる ……①1012
花川 博義 ……①152
花川 ゆう子 ……①495
花川戸 菖蒲 ……①1404
花子 ……①1133
花個紋企画室 ……①881
花咲 てるみ ……①151
花澤 龍 ……①68
噺家三十人衆 ……①786
花島 綾子 ……①495
花島 悦子 ……①873
花嶋 堯春 ……①903
花島 聖 ……①865
花島 真樹子 ……①1012
花城 祐子 ……①862
花城 可武 ……①635
パナソニック汐留ミ
　ュージアム
　……②830, ②612
花園大学人権教育研
　究センター ……②8
花園大学文学部
　……①510
花田 紀凱 ……②16
花田 清輝 ……①832
標 けいか ……①1252

花田 真也 ……②758
花田 達朗 ……②13
花田 知恵
　……①35, ②134
花田 信弘 ……①182
花田 鳩子 ……①358
花田 富二夫 ……①898
花田 雅江 ……②344
花田 優一 ……①89, ①104
花田 里欧子 ……①710
花谷 博幸 ……②709
花塚 恵 ……①126, ①171
ハーナ殿下 ……①1252
バーナード, カルロ
　……①1358
バーナード, クリス
　トファ ……①656
バナード, ピーター
　……①847
バーナード, ルー
　シー ……①306
はなとも ……①70
花之内 雅吉 ……①342
花福 こざる
　……①56, ①855
はなぶさ ……①1252
花房 観音 ……①976,
　①1012, ①1054,
　①1103, ①1125
英 繁雄 ……②536
英 伸三 ……①256,
　①258, ①783
英 勉 ……①344
花房 博文 ……②192
英 正道 ……②125
花黒子
　……①1252, ①1404
花間 燈 ……①1252
花松 あゆみ ……②524
バナマン, ヘレン
　……①315
花村 邦昭 ……②37
花村 総一郎 ……②317
ハナムラ チカヒロ
　……②576
花村 萬月
　……①1012, ①1054
花盛 友里 ……①779
花夜 光 ……①1252
花山 かずみ ……①332
花山 信勝 ……①583
羽成 守 ……②715
バーナル, ピーター
　……①313
はなわ ……①1012
花輪 公雄 ……②677
塙 晋 ……②400
花輪 とし哉 ……①974
花輪 涼子 ……①921
花仁 五郎 ……①568
ばい ……①1253
バニ式生活編集部
　……①264
ハニーマン, ゲイル
　……①1336
羽生 和紀 ……①478
羽入 敏樹 ……②542
羽生 春夫 ……①177
羽生 裕一 ……①683
はにゅうだ ゆうこ
　……①682
埴輪星人 ……①1253
ハニン, ミケル ……①854
バーニンガム, ジョ
　ン ……①310
羽根 章夫 ……①953
羽根 一博 ……②571

羽根 大介 ……①298
羽石 相 ……②539,
　②540, ②541
羽根川 牧人 ……①1253
羽倉 せい ……①1253
羽田 明浩 ……②767
羽根田 治
　……①233, ②692
羽田 守快 ……①127,
　①130, ①508, ①511
羽田 晋也 ……②725
羽田 大介 ……①1253
羽田 卓郎 ……②534
羽田 文記 ……①493
羽田 正 ……①588
バーネット, ディー
　ン ……①1252
バーネット, フラン
　シス・ホジソン
　……①379
バーネット, マック
　……①310, ①312
バーネット, リ
　チャード ……②748
はの まきみ ……①367,
　①368, ①369
ハーパー, ジェイン
　……①1351
ハーパー, トム ……①522
馬場 あきこ
　……①1375, ①1377
馬場 あき子 ……①968
馬場 明子 ……①823
馬場 章 ……②415
馬場 聡 ……②922
馬場 翁 ……①1253
羽場 楽人 ……①1253
羽場 久美子 ……②129
ばば けんいち
　……①343, ①386
馬場 謙一 ……①480
馬場 耕一郎 ……①697
馬場 智子 ……①679
馬場 繁幸 ……①400
馬場 史津 ……①495
馬場 真光 ……②256
馬場 毅 ……①578
馬場 千枝
　……②390, ②394
幅 敏明 ……②632
馬場 智一 ……①471
馬場 智理 ……①470
馬場 のぼる ……①329,
　①341, ①843
馬場 則行 ……②414
馬場 悠男 ……②694
馬場 広信 ……①920
馬場 博幸 ……②512
馬場 裕之 ……①515
馬場 房子 ……①480
馬場 マコト ……②307
馬場 昌雄 ……①480
馬場 政勝 ……②596
馬場 匡浩 ……①599
馬場 正弘 ……①265
馬場 正実 ……①428
馬場 充 ……②62
馬場 元毅 ……②750
馬場 靖雄 ……②100
馬場 雄二 ……①275
馬場 友紀 ……①978
馬場 豊 ……①783
馬場 与志子 ……①382
幅 允孝 ……①880
馬場 義久 ……②271
馬場 良二 ……①1327
馬場 禮子 ……①487

馬場 わかな ……①37
母壁 明日香
　……②193, ②229
ばばかよ ……①161
帚木 蓬生
　……①96, ①484,
　①1054, ①1103
濱 嘉之 ……①1103
濱 幸成 ……①145
浜 六郎 ……①155, ②769
ハバード, エルバー
　ト ……①121
ハバード, ティモ
　シー・P. ……②264
ハーバードビジネス
　レビュー編集部
　……②295, ②338
羽原 清雅 ……②13
羽原 啓司 ……②631
葉原 鉄 ……①1404
バーバラ片桐 ……①1319
ハービー, ジャネッ
　ト ……①855
ハビック 真由香
　……①644
ハービー・山口
　……①253, ①823
バビンコイ, ネルソ
　ン ……①652
羽生 善治 ……①101,
　①248, ①250, ①437,
　②523, ②525
パーフェクトハーモ
　ニー研鑽会 ……①147
ハーフォード, ティ
　ム ……②294
ハプカ, キャサリン
　……①320
羽深 隆雄 ……②610
パブスト, ステファ
　ン ……①862
バブソン, ロジャー・
　W. ……②293
土生田 純之
　……①539, ①614
ハフナー, セバス
　チャン ……①608
ばぷりこ ……①117
バフレマーン, アリ
　アクバル ……②757
パペ, イラン ……①129
パーベ, ビノーバ
　……①460
ハーベイ, シモン
　……①756
バーベキュー炉作り
　研究倶楽部 ……①54
バーベリス, ヤノ
　シュ ……②380
ハマー, ジョシュア
　……①934
パーマー, ダイアナ
　……①1326,
　①1371, ①1372,
　①1384, ①1388,
　①1391, ①1395
パーマー, ブランド
　ン ……①571
ハマ, ラリー
　……①847, ①855
濱 栄一 ……①216
ハマ カズシ ……①1253
浜 このみ ……①49
濱 真一郎 ……①224
濱 直史 ……①867
浜 矩子 ……②140,
　②244, ②248
濱 久人 ……②589
浜 日出夫 ……②99
浜 文子 ……①724
はま まさのり ……①1253

濱 道生 ……②656
濱 由紀 ……①333
浜 裕子 ……①39
濱 由樹子 ……②171
濱 幸成 ……①145
濱 之 ……①1103
浜 六郎 ……①155, ②769
浜井 浩一
　……②211, ②213
浜井 祐三子 ……②10
浜内 千波 …①50, ①59
浜尾 四郎 ……①1104
濱尾 美奈子 ……①193
濱岡 政好 ……②7
濱岡 稔 ……①1104
浜学園 ……①425
播磨学研究所 ……①556
濱潟 好古 ……②310,
　②354, ②368
濱川 博招 ……②709
濱木 珠恵 ……①168
はまぎし かなえ
　……①326
濱口 瑛士 ……①840
濱口 桂一郎 ……②461
濱口 恵子 ……①720
浜口 順子 ……①704
浜口 哲也 ……②590
浜口 智洋
　……②630, ②631
濱口 直樹 ……②660
濱口 伸明 ……①161
濱口 英樹 ……①803
濱口 富士雄 ……①632
浜口 陽三 ……①868
浜口 倫太郎
　……①1012, ①1104
浜崎 絵梨 ……①377
濱崎 加奈子 ……②271,
　②273, ②787
浜崎 桂子 ……①924
濱崎 潤之輔 ……①660,
　①661, ②735
浜崎 武子 ……①689
浜崎 達也 ……①1132
はまさき たゆ ……①1254
浜崎 裕治 ……①929
浜崎 洋介 ……①455
浜島 繁隆 ……②689
浜島 代志子 ……①10
濱田 昭生 ……①563
濱田 安岐子 ……②783
濱田 秋彦 ……①1013
濱田 明日香 ……①84
濱田 篤郎 ……①146
濱田 和江 ……②425
浜田 一男 ……①384
浜田 一喜
　……①779, ①780
濱田 かつこ
　……①371, ①373
濱田 京子 ……②464
濱田 邦夫 ……②229
濱田 久美子
　……①543, ②339
濱田 桂子 ……①333
濱田 孝一 ……②67, ②69
濱田 浩一郎 ……①462,
　①464, ①896
はまだ 語録 ……①1104
濱田 恂子 ……①787
濱田 寿美男 ……①5,
　①481, ②211
濱田 泰介 ……①953
濱田 高志
　……①793, ①794
濱田 武士 ……②457

濱田 瑞美 ……①834
濱田 知久馬 ……②682
濱田 経雄 ……①728
濱田 敏博 ……②667
浜田 知明 ……①885
濱田 トモミ ……①258
濱田 尚子 ……①383
濱田 英明 ……①778
濱田 英夫 ……①658
濱田 秀彦 ……②354
濱田 秀伯 ……②745
濱田 秀行 ……①724
濱田 弘明 ……②434
濱田 廣也 ……①806
濱田 文恵 ……①113
濱田 文人 ……①1104
濱田 政則 ……②605
濱田 優 ……①961
浜田 真実 ……②359
浜田 麻矢 ……①1333
濱田 マリ ……①953
濱田 幹子 ……①953
浜田 道代 ……②197
ハマダミノル ……①419
濱田 裕子 ……②705
濱田 悠介 ……①509
浜田 雄介
　……①910, ①1078
濱田 由紀 ……①767
濱谷 健史 ……②603
はまだFamily ゆう
　り ……①1254
濱寺 友寿 ……①802
浜名 弘明 ……②247
浜名 弘子 ……①915
濱名 優美 ……①474
葉真中 顕
　……①1104, ①1116
浜中 聡子 ……①21
浜中 新吾
　……①129, ②262
ハマーネス, ポール
　……①126
濱野 京子 ……①350,
　①352, ①1254
浜野 潔 ……②269
濱野 賢一朗 ……②547
浜之 こうし ……②296
濱野 純一 ……②383
浜野 卓也 ……①910
濱野 大道 ……①820,
　①935, ①936
浜野 安宏
　……②29, ②275
濱野 康二三 ……②309
はまの ゆか ……①339
濱野 稚子 ……①1254
濱谷 芳枝 ……②563
ハマハ, アンドレア
　ス ……②612
浜畑 賢吉 ……①953
濱畠 太 ……①352
濱邊 秀喜 ……①953
浜辺 陽一郎
　……②197, ②209
浜松 春日 ……①1254
浜松 健二 ……①641
浜村 彰 ……②225
浜村 淳 ……①791
濱本 和 ……①513
浜本 隆志 ……①141,
　①886, ①902
濱本 麻衣
　……②262, ②696
浜本 光紹 ……②256
濱本 光治 ……①929
濱本 実也 ……②768
浜本 龍蔵 ……①1013

濱本 良一 ……②133
浜谷 英博 ……②170
浜屋 祐子 ……①9
浜弓場 双 ……①360
ハーマン, グレアム
　……①450
ハーマン, ゲイル
　……①378
パミー, タラ …①1377
ハミルトン, グレン・
　エリック ……①1351
ハミルトン, ダイア
　ナ ……①1366
ハミルトン, メレ
　ディス ……①430
はむばね ……①1254
葉村 哲 ……①1254
葉室 麟 ……
　①531, ①953,
　①1025, ①1054
パメラ・ミキ・アソ
　シエイツ ……①869
ハモンド, クラウ
　ディア ……①105
早尾 貴紀 ……
　①455, ②129
早川 明夫 …①412,
　①414, ①418, ①428
早川 朝子 ……①525
早川 敦子 ……②46
早川 敦 ……①507
早川 敦士 ……②519
早川 いくを ……
　①254, ①405
早川 和男 ……②51
早川 和久 ……②598
早川 和宏 ……②303
早川 桂 ……②712
早川 潔 ……②597
早川 恵子 ……①496
早川 厚一 ……①896
早川 幸治 ……
　①659, ①661
早川 孝太郎 ……
　②110, ②114
早川 純子 ……①329
早川 鉦二 ……①158
早川 大介 ……①442
早川 尚子 ……①743
早川 直子 ……②68
早川 裕隆 ……①737
早川 誠 ……②171
早川 将和 ……②325
早川 勝 ……②356
早川 学 ……②84
早川 麻百合 ……
　①94, ①1389,
　①1391, ①1395
早川 茉莉 ……①957
早川 幹夫 …①563,
　①566, ①567
早川 有 ……②657
早川 ユミ ……
　①953, ②27
早川 由美 ……①562
早川 義晴 ……②633
早川 芳彦 ……②565
早川 瑠里子 ……①30
早川書房編集部
　……①1116
ハヤケン ……①1254
早坂 暁 ……①904
早坂 菊子 ……②718
早坂 正 ……①484
早坂 信哉 ……①151
早坂 隆 ……①885
早坂 武禮 ……②40
早坂 誠 ……①269

早坂 眞理 ……①603
早坂 咨 ……①1104
ハヤシ ……①284
林 明子 ……①330
林 明文 ……②329
林 總 ……②294,
　②314, ②344
林 綾野 ……①340
林 映寿 ……①98
林 えいだい ……②577
林 英哲 ……①819
林 盈六 ……①147
林 悦道 ……①240
林 修 ……②362
林 温 ……①833
林 佳里 ……①332
林 香織 ……①1345
林 香里 ……②11
林 薫 …①690, ②333
林 和清 ……①969
林 和孝 ……②535
林 和利 ……①928
林 和彦 ……②736
林 克 ……①174
林 勝博 ……②210
林 花代子 ……①207
林 希一郎 ……②682
林 公則 ……②261
林 木林 ……①311,
　①315, ①316,
　①333, ①337
林 邦雄 ……②56
林 久仁子 ……①1333
林 啓子 ……①1357
林 恵子 ……①165,
　②479, ②703
林 憲吾 ……②614
林 謙治 ……①7
林 健太郎 ……
　①618, ①1125
林 宏一 ……②724
林 幸一 ……②399
林 紘一郎 ……②223
林 宏司 ……①1067
林 晧二 ……②396
林 巨征 ……①129
林 高太郎 ……①67
林 ことみ …①75, ①82
林 貞年 ……①483
林 さと子 ……①628
林 重德 ……②604
林 志津江 ……②11
林 周作 ……②70
林 周二 ……②289
林 秀弥 ……②185,
　②263, ②514
林 順治 ……①545
林 丈二 ……②604
林 讓治 ……①1130
林 四郎 ……①395
林 真一郎 ……②69
林 振江 ……①598
林 伸次 ……①117
林 信太郎 ……①402
林 清二 ……②722
林 大吾 ……②277
林 嶢 ……②430
林 孝憲 ……②340
林 隆博 ……①181
林 倬史 ……②312
林 健男 ……②445
林 剛 ……①807
林 剛司 ……①650
林 武美 ……②663
林 辰美 ……①778
林 民夫 ……①361
林 千勝 ……①578
林 知己夫 ……②99

林 嗣夫 ……①966
早坂 哲介 ……①751
早矢仕 晃章 ……②519
林 輝男 ……②65
林 徹 ……②297
林 俊雄 ……①592
林 敏幸 ……②638
林 俊郎 ……②575
林 トモアキ ……①1255
林 智樹 …②57, ②229
林 知幸 ……②631
林 知之 …②381, ②396
林 智之 ……②74
林 直樹 ……①630,
　②742, ②746
林 尚弘 ……①744
林 尚之 ……②44
林 なつこ ……
　①325, ①341
林 成之 ……①11
林 望 …①618, ①868,
　①897, ②4, ②133
林 上 ……①617
林 憲明 ……②533
林 典子 ……①259
林 是 ……①863
林 秀年 ……①786
林 英守 ……①767
林 秀行 …②418, ②419
林 裕明 ……②128
林 啓恵 ……①1347,
　①1349, ①1352
林 博史 ……①582
林 裕 ……②134
林 浩美 ……②223
林 浩康 …①691, ②53
林 寛之 ……②710,
　②711, ②724, ②734
林 裕之 ……②154
林 房雄 ……①566
林 芙美子 ……①1013
林 文孝 ……①597
林 まきえ ……①811
林 真 ……②545
林 誠 ……②95,
　②138, ②155
林 誠人 …①364, ①980
林 眞琴 ……②213
林 克明 ……②154
林 正雄 ……②158
林 正孝 …①122, ②333
林 正崇 ……①536
林 雅彦 ……②268
林 昌宏 ……①936,
　②18, ②171, ②258
林 正裕 ……②385
林 将之 ……②689
林 督元 ……①151
はやし ますみ ……①324
林 学 ……②348
林 麻矢 ……②369
林 真理子 ……①113,
　①117, ①366, ①568,
　①1013, ①1055
林 美香子 ……②447
はやし みこ ……①332
林 美佐子 ……②685
林 道郎 ……①823
林 径子 ……①305
林 美智子 ……①658
林 光江 ……①598
林 光緒 ……①171
林 光行 ……②82
林 充之 ……②73
林 美登利 ……①873
林 美由樹 ……①657
林 妙音 ……①604

林 恵 ……①680
林 もも子 ……
　①488, ①493
林 寧哲 ……①494
林 康史 ……②396
林 恭弘 …①125, ①485
林 泰広 ……①1104
林 泰史 …①160, ②699
林 祐 ……②283
林 優一 ……②553
林 祐司 ……②183
林 雄介 …②142, ②152
林 雄亮 …②95, ②656
林 幸 ……①474
林 行夫 ……①514
林 幸秀 ……②570
林 幸克 ……②97
林 寛 ……②714
林 陽 …①141, ①143
林 葉子 ……②38
林 よしえ ……①328
林 良嗣 …②582, ②647
林 佳範 ……②291
林 宜憲 ……②556
林 良彦 ……②550
林 義久 ……②486
林 淑美 ……①462
林 良子 ……①669
林 亮太 ……①847
林川 俊郎 ……②606
林嵜 伸二 ……①486
林田 明大 ……①463
林田 勝子 ……①189
林田 賢二 ……②519
林田 憲三 ……①613
林田 幸司 ……②548
林田 駿弥 ……②242
林田 雅夫 ……②446
林田 正道 ……①189
林田 康隆 ……②7
　①183, ①409, ①866
林田レジリ 浩文
　……②356
林寺 脩明 ……①512
林原 昭 ……②354
林部 健二 ……②418
速島 實 ……①1013
早島 妙瑞 ……①152
林家 正蔵 ……①785
林屋 辰三郎 ……
　①550, ①560
早瀬 詠一郎 ……①1055
早瀬 響子 ……①1404
早瀬 耕 ……①1013
早瀬 利之 ……
　①565, ①576
早瀬 尚子 ……
　①621, ①733
早瀬 昇 ……②66
早勢 裕明 ……②726
早瀬 真人 ……①1404
早田 輝洋 ……①630
早田 敦 ……①113,
　①117, ①366, ①568,
　①1013, ①1055
林野 貢司 ……①953
林野 透 ……①791
はやし 美智代 ……①349
林野 依子 ……②333
葉山 祥鼎 ……①329
ハヤマ テイジ …①329
羽山 博 ……②538
葉山 美玖 ……①965
葉山 弥世 ……①1013
葉山 恭江 ……①919
葉山 嘉樹 ……①977
葉山 莉江 ……②29
速水 えり ……①1383

速水 香織 ……①898
早見 和真 …①979,
　①1013, ①1104
早見 俊 ……
　①1056, ①1104
速水 聖子 ……②103
速水 洋 ……①577
速水 洋志 ……②637
速水 健朗 ……②101
早水 英美 ……②555
早水 庸隆 ……②555
はやみね かおる
　……①354,
　①362, ①366, ①1255
速峰 淳 ……①1255
羽床 正秀 ……②398
ハラ, ルイス ……①67
原 亜樹子 ……①64
原 明日美 ……①346
ハラ アツシ ……①392
原 あやめ ……①1013
原 英嗣 ……②604
原 貝次郎 ……①967
原 寿雄 ……②564
原 和良 ……①85
原 克昭 ……①907
原 克彦 …①413, ①718
原 克 ……①615
原 佳奈子 ……②73
原 京子 …①345, ①351
原 清治 ……①747
原 邦生 ……①86
原 国太郎 ……②312
原 啓介 ……②657
原 健一 ……①599
原 研二 ……①607
原 研哉 …①876, ①880
原 宏一 ……
　①1013, ①1104
原 小枝 ……①71
原 論 ……②461
原 潤一郎 ……②714
原 淳子 ……①1368,
　①1369, ①1380
原 章二 ……①964
原 丈人 …①422, ②259
原 正太郎 ……①59
原 晋 ……①234
原 孝至 ……②233
原 聖 ……②104
原 隆浩 ……②520
原 隆文 ……②522
原 拓志 ……②279
原 武史 ……①532,
　②149, ②171
原 民喜 ……①357
原 ダリア ……①672
原 千秋 ……②259
はら ちえこ ……①304
原 司 ……②205
はら てつお ……①319
原 俊雄 ……①1130
原 登志彦 ……②683
原 友昭 ……①826
原 直史 ……①559
原 一 ……②13
原 久子 …①103, ①160
原 秀三郎 ……①895
原 仁 ……①686
原 裕朗 ……①441
原 裕輝 ……①86
原 寛 ……②726
原 弘展 ……①189
原 裕視 ……①487
原 不二子 ……②367
原 正雄 ……②189
原 満三寿 ……①971
原 正人 ……①789,

　①850, ①856,
　①858, ②34
原 マサヒコ ……②311
原 美穂 ……①235
原 康夫 ……②663
はら ゆうこ ……①51
原 雄二郎 ……②72
原 佑介 ……①570
原 幸夫 …①149, ①173
原 ゆたか ……①345,
　①347, ①351
原 義彦 …②321, ②397
原 順子 ……①258
原 雷火 ……①1255
はら るい ……①373
原 瑠璃彦 ……①787
原 令子 ……②75
ハラウェイ, ダナ
　……②647
原川 博善 ……②663
原木 規江 ……②411
ハラキン ……①964
原口 泉 ……①442,
　①552, ①564,
　①565, ①566
原口 隆行 ……②430
原口 俊道 ……②249
原口 英之 ……②682
原口 勝 ……②735
はらくろ ……①1255
原澤 英夫 ……②574
パラシオ, R.J. …①378
原下 秀士 ……②658
原嶋 茂 ……②590
原島 広至 ……
　①186, ①187
原島 文世 ……①1364
ハラセウィッチ, M.
　G. ……②698
原田 昌洋 ……②504
原田 晃 ……②727
原田 敦 ……②767
原田 綾子 ……①15
原田 伊織 ……①564,
　①568, ①953
原田 おさむ ……①932
原田 治 ……①954
原田 かおる ……①709
原田 幹 ……①594
原田 喜美枝 ……①46
原田 騎郎 ……②294
原田 國男 ……②215,
　②216, ②227
原田 クンユウ …①1013
原田 謙 ……②99
原田 謙司 ……②708
原田 晃樹 ……
　①755, ②155
原田 孔平 ……①1056
原田 耕平 ……②735
原田 三朗 ……①721
原田 小夜子 ……①693
原田 淳 ……①679
原田 純 ……①168
原田 旬哉 ……②56
原田 慎一 ……①648
原田 進 ……①101
原田 純孝 ……②209
原田 誠一 ……
　②744, ②745
原田 征史 ……①189
原田 節雄 ……
　②284, ②301
原田 善造 ……②727
原田 空 ……①1117
原田 泰治 ……①802

原田 大介 ……①722
原田 泰造 ……①727
原田 隆史 ……①479,
②6, ②346, ②356
原田 隆典 ……②605
はらだ たけひで
……①332
原田 達也 ……②516
原田 保 …②286, ②370
原田 千絵 ……
①1357, ①1358
原田 ちほ ……①98
原田 剛 ……②205
原田 輝一 ……①477
原田 知篤 ……①234
原田 智仁 ……
①732, ①751
原田 尚彦 ……②371
原田 信男 ……①551
原田 昇 ……②582
原田 ひ香 ……①1013
原田 瞳 ……①136
原田 大樹 ……
②203, ②221
原田 博 ……①975
原田 宏志 ……①954
原田 洋 ……②683
原田 文植 ……①153
原田 昌和 ……
②207, ②208
原田 正俊 ……②113
原田 勝 ……②372
原田 マハ ……①827,
①980, ①1013
原田 まりる ……①456
はらだ みずき ……①1014
原田 道雄 ……①954
原田 美知子 ……①1380
原田 みどり ……①339
原田 実 ……①531
原田 宗亮 ……②308
原田 慶 ……①966
原田 康徳 ……①418,
①717, ②551
原田 保秀 ……②321
原田 豊 ……②51
原田 曜平 ……
②572, ②336
原田 佳子 ……②445
原田 義之 ……②87
パラダイス山元
……①49,
②268, ②437
バラード, J.G. ……①892
バラネック, デイブ
……②165
原野 健一 ……②695
原野 城治 ……②144
バラの家 ……①269
服藤 憲司 ……②595
はらぺこグリズリー
……①55
はらぺこめがね
……①328, ①329
原町成年寮 ……②61
パラマツ ヒトミ ……②89
孕石 直子 ……①270
はらむら ようこ ……②27
パラメッシュワラナ
ンダ, スワミ ……①143
原山 麻美子 ……②564
バラル, グザヴィエ
……②684
ハラル・ジャパン協
会 ……①49
ハーラン, パトリッ
ク ……①14,
①124, ①414

バリー, ジェームス・
M. …①338, ①1363
バリー, リチャード・
ロイド ……①935
バリー, J.M. …
①379, ①1363
はり たつお ……①1336
ハーリー 弘子 ……②734
ハリウッド大学院大
学 ……②371
針貝 綾 ……①608
張替 清司 ……①272
張替 一真 ……②333
張替 喜世一 ……②713
破李拳 竜 ……①954
ハリス, サラ・L.
……②519
ハリス, ジュディス・
リッチ ……①12
パリス, ジョエル
……②743
ハリス, デイビッド・
マネー ……②519
ハリス, トニー ……①852
ハリス, ノーマン
……①804
ハリス, ブレイク・J.
……②304
パリス, B.A. ……①1352
ハリス, D.C. ……②671
バリセヴィック,
ディディエ ……①435
ハリソン, アスト
リッド ……①691
ハリソン, ポーラ
……①371, ①372
バリッシュ, グレイ
ドン ……①836
パリティ編集委員会
……②591,
②663, ②668
針とら ……①361,
①367, ①386
針原 康 ……②749
バリバリマシン
Legend編集部
……①242
針間 博彦 ……②744
播广谷 勝三 ……②752
播磨谷 浩三 ……②377
ハリム, ヴェロニカ
……①875
針谷 順子 ……①674
針谷 卓史 ……①387
バリリエ, エティエ
ンヌ ……①1336
バリント, マイクル
……①494
ハリントン, アンナ
……①1336
春井 菜緒 ……①1255
はるおかりの ……①1255
ハルオサン ……①954
バルオン, モルデハ
イ ……①128
遙 士伸 ……①1130
晴香 葉子 ……①97
春風 栞 ……①1397
春風邪三太 ……①438
春川 こばと ……
①1133, ①1255
春川 紗和 ……①1255
春川 正明 ……①772
春川 メル ……①1255

春木 彩花 ……①1404
春木 英子 ……①264
春木 麻衣子 ……①260
春木 良且 ……②512
春キャベツ ……①854
バルク ……②184
はるく ゆう ……①304
春口 洋昭 ……②734
ハルケ, ガブリエレ
……②718
ハル研究所 ……①846
春坂 咲月 ……①1104
バルザック, オノレ・
ド ……①1336
バルジーニ, アント
ワーヌ ……①859
晴瀬 ひろき ……
①358, ①860
春田 伸 ……②773
春田 直紀 ……①616
治田 秀夫 ……②323
春田 博之 ……
①158, ①490
春田 モカ ……①1255
バルデオン, デイ
ビッド ……①856
バルト, ロラン ……①474
晴虹 ……①1256
春名 幹男 ……②136
榛名 悠 ……①1319
はるな 檸檬 ……①119
はるの 紗帆 ……①1319
春野 草結 ……①194
春野 ひろこ ……①1368,
①1376, ①1377
春野 まこと ……①390
春野 湊 ……①1404
ハルバーソン, ハイ
ディ・グラント
……②356
春畑 セロリ …①810,
①811, ①816, ①818
春畑 行成 ……①1104
春原 則子 ……①497
ハルバリン, ウェン
ディ・アンダスン
……①344
はるはる ……①59
バルビン, モンジュ
ワラ ……①936
バルベラック, ジャ
ン ……①475
バルボサ, ジャッ
キー ……①1394
ばるぼら …②17, ②529
パルマー, ダグラス
……①403
春間 賢 …②738, ②741
春馬 学 ……②317
春海 あずみ ……①1256
春見 朔子 ……①1014
バルミオッティ, ジ
ミー ……①855
ハルム, アウグスト
……①814
ハルメク編集部 …①32
春山 早苗 ……②765
春山 忠男 ……②628
はるやま ひろぶみ
……①41
春山 雅美 ……①64
春吉 省吾 ……①1056
バレツキー, サラ
……①1352
バレック, ヘーマ
……①65

バレット, ケヴィン
……①529
バレット, コリン
……①1336
バレ・ド・コクロモ
ン, エマニュエル
……①488
バレ・ド・コクロモ
ン, マリー＝フラ
ンス ……①488
晴山 陽一 ……①644,
①652, ①658
ハレンスレーベン,
アン ……①312
ハレンスレーベン, ゲ
オルグ ……①312,
①316, ①317
パロー, ブライアン
……②306
バーロウ, デイビッ
ド・H. ……②746
バロウズ, アニー
……①1366, ①1386
バロウズ, テリー
……①802
バローズ, エドガー・
ライス ……①1363
バローズ, ロジャー
……①875
ハロネン, パーヴォ
……①881
バーロフ, グロリア・
H. ……②744
パロンド, ジョゼ
……①1336
パワー, マイケル・
L. ……②721
ハワイ州観光局
……②209
ハワージャ, ハイ
ファ ……①875
ハワース, ジル
……①305, ①307
パワーデザイン
……①880
ハワード, ステファ
ニー ……①1388
ハワード, マーティ
ン ……①376
ハワード, リンダ
……①1395
パワーママプロジェ
クト ……①15
ぱん ……①844
パン, アレックス・
スジョン・キム
……②285
バーン, アンド
リュー ……①677
パン, カレン ……①853
ハン, クリス ……②258
バーン, ケリガン
……①1352
バーン, ジョン ……①858
ハーン, ラフカディ
オ ……①39
バーン, ロンダ ……①92
ハン ガン ……①1336
ハン ギュソプ ……②88
坂 茂 ……②613
伴 清治 ……②759
幡 大介 ……①1056
伴 琢也 ……①268
伴 信太郎 ……②719
番 由美子 ……①381
ハンカチーフブック
ス ……①153, ①457
ハンク, ジョン …①126

バンクス, マヤ
……①1336, ①1395
パンク町田 ……②691
ハングル能力検定協
会 ……①667
ハンケ, ジョン ……②515
「ハン検」教材作成委
員会 ……①667
反原発運動全国連絡
会 ……②156
ハンコック, ジェー
ムズ・ガリバー
……②306
犯罪被害者支援弁護
士フォーラム（VS
フォーラム）……②212
半沢 健 ……①776
半澤 嘉博 ……①684
番匠 智香子 ……①288
番匠谷 光晴 ……①699
阪神淡路まちづくり
支援機構付属研究
会 ……②41
阪神高速道路設計不
具合改善検討会
……②605
阪神文化交游会
……②161
バーンズ, ジュリア
ン ……①935
バーンズ, ソフィ
……①1395
バンス, ティモシー・
J. ……①631
バーンスタイン,
アーロン ……②682
バーンスタイン, ガ
リア ……①312
バーンスタイン, ブ
ルース ……①273
バーンスタイン, リ
チャード・J. ……①468
ハンゼルマン, ス
ティーブン ……①469
ハンセン, ミリアム・
ブラトゥ ……①795
ハンセン病市民学会
……②45
販促会議編集部
……②334
ハンソン, ソーア
……②685
ハンター, アラン
……②125
ハンター, エリン
……①371, ①373
ハンター, スティー
ヴン ……①1352
半田 淳子 ……①723
半田 道 ……②327
半田 甲 ……①217
半田 広宣 ……①471
半田 真仁 ……②42
半田 畔 ……①1256
はんだ みちこ ……①339
半田 美永 ……①911
半田 吉信 ……②190
伴田 良輔 ……①188,
①978, ①1014
バンダイ ……①440
萬代 猛 ……②411
バンダイナムコピク
チャーズ ……①436
パンタグラフ ……①879
番棚 葵 ……
①278, ①1256
「パンダルンダ」作画
プロジェクト

……①338
ハンチントン, サミュ
エル ……②91, ②126
はんつ遠藤 ……①41
バンディ, マック
ジョージ ……②136
バンティング, イヴ
……①318
ハンデル, マイケル・
I. ……②165
ハント, リンダ・マ
ラリー ……①372
ハント, レアード
……①653, ①1336
坂東 亜矢子 ……①787
板東 修 ……②607
半藤 一利 ……①107,
①535, ①566,
①583, ①899,
①903, ①1014,
②93, ②108, ②198
板東 克則 ……①716
阪東 恭一 ……①291,
①294, ①298, ②12
板東 邦秋 ……①175
坂東 元 ……①408
坂東 興太郎 ……①1057
坂東 省次 ……①672
坂東 真紅郎 ……①278
坂東 大輔 ……②536
坂東 忠信 ……①139
坂東 太郎 ……①1256,
②11, ②122
阪堂 千津子 ……①667
坂東 智子 ……
②291, ②354
坂東 眞砂子 ……①1014
坂東 政司 ……②738
坂東 眞理子 ……
①86, ①696
坂東 美佳 ……②740
半透めい ……①1256
阪東 幸成 ……②232
坂東 利国 ……
②505, ②508
バンドじゃないも
ん! ……①771
ハンドフォード, マー
ティン ……①303,
①310, ①318
般若 ……①805
範乃 秋晴 ……①1256
坂野 潤治 ……①581
坂野 たみ ……①972
伴野 文夫 ……②127
坂野 祐輔 ……②281
番場 寛 ……①675
番場 智子 ……①57
番場 直之 ……①660
半場 方人 ……②560
バーンハート, トッ
ド ……①802
バンビンワークス
……①798
パンプキン編集部
……①501
ハンプソン, アン
……①1377,
①1388, ①1392
ハンプトン, スコッ
ト ……①856
ハンブル, ジェズ
……②536
ハンペ, ミヒャエル
……①817
半村 良 ……①1014
半谷 史郎 ……①608
半揚 稔雄 ……

著者名索引

著者名索引

②665, ②677
判例六法編修委員会 ②189
半笑い ①244

ひ

ピアース, トマス ①1336
ピアーズ, ボビー ①374
ピアース, リチャード・J., Jr. ②219
ピアソン, テイラー ②299
ピアソン, ヘレン ②266
ピアノ講師ラボ ①821
ピアノスタイル編集部 ①821
ピアメディエーション学会 ①497
ピアモンティ, アレッサンドロ ①261
ピアリー, デイビッド J. ②624
ビアンチン, ヘレン ①1366, ①1367, ①1370, ①1371, ①1372, ①1392
柊 明日香 ①970
柊 あまる ①1256, ①1404
柊 湊 ①1257
柊 むう ①1257
柊 悠哉 ①1404
柊 羊子 ①1368
柊 りおん ②256
緋色雨 ①1257
緋色の雨 ①1257
日生 ①1257
ビーヴァー, アントニー ①608
ビエスカス, ジョン・L. ②554
ひえだ ともあき ②358
稗田 里香 ②742
ビーエルテック ②673
ピエルフェデリチ, マーコ ①847
ビエルマ, L.D. ①527
ビオ, ジョバンニ ②230
日置 善郎 ②666
日沖 健 ②317, ②352, ②355, ②362, ②368
日置 武晴 ①42
日置 巴美 ②185, ②188
日置 光久 ①729
日小田 正人 ②293
ビォッティ, ステファニア ①881
比嘉 一雄 ①216
比嘉 春潮 ②8
比嘉 照夫 ②668

比嘉 智康 ①1257
比嘉 眞人 ②50
日開野 博 ②56
檜垣 實男 ②740
桧垣 俊介 ②773
桧垣 伸次 ②198, ②201
桧垣 立哉 ①452, ①475
桧垣 森畓 ①1257
菱垣 裕介 ②309
比較家族史学会 ②109
比較文明学会 ②106
日影 丈吉 ①1067
樋掛 忠彦 ①492
日笠 俊男 ①585
日笠 由紀 ①344
日笠山 正治 ①629
東 あかね ②777
東 昭生 ②707
東 いづみ ①822
ひがし かずこ ①316
東 君平 ①319, ①330
東 慶太 ①1014
東 壽太郎 ②227
東 大作 ②44
東 多江子 ①390
ひがし ちから ①336, ①353, ①357
東 ちひろ ①11
東 徹 ②335, ②701
東 直子 ①954, ①1014
東 宣行 ②155
東 憲章 ②613
東 秀磯 ②241
東 雅夫 ①353, ①887, ①948, ①979, ①1024
東 優 ②2
東 康祐 ②78
東アジアと同時代日本語文学フォーラム ②893
東川 恭子 ①120
東川 篤哉 ①380, ①979, ①1104
東口 髙志 ②738
東里 桐子 ②348
東地 和生 ①257
東島 新次 ②232
東田 浄土 ②725
東田 勉 ②176
東田 直樹 ①383, ①954, ②55
東田 一 ②392, ②394
東谷 暁 ①914
東出 顕子 ②161
東出 甫国 ①1057
東出 昌大 ①776
東出 祐一郎 ①1257
東中須 恵子 ②763
東日本税理士法人 ②722
東日本大震災合同調査報告書編集委員会 ②42
東日本部落解放研究所 ②44
東野 圭吾 ①369, ①1105
東野 さやか ①1333, ①1349, ①1353
ひがしはら かつえ ①332
東原 貴志 ②619

東松山市教育委員会 ①613
東向 勲 ①108
東村 アキコ ①862
東村 享治 ②711
東本 貢司 ①95, ①228
東元 りか ①697
東森 勲 ①621
東山 彰良 ①979, ①1014, ①1068, ①1105, ①1125
東山 太郎 ②213
東山 紘久 ①496
東山 雅延 ②604
東山 幸恵 ②778
東山 竜子 ①1387
東四柳 史明 ①532
樋勝 朋巳 ①328
ピカード, アラン ②838
日向野 幹也 ②368
日下野 由季 ①906
飛ヶ谷 美穂子 ②915
干刈 あがた ①1014
ひかりアドバイザーグループ ②411
ひかり行政書士法人 ②411
ひかり司法書士法人 ②411
ひかり税理士法人 ②411
光の魔術師 ①252
ピカリング, ヘイドン ②547
氷川 一歩 ①1257
氷川 きよし ①810
樋川 智子 ②408
氷川 由子 ①1336
ビガン, デイヴィッド・R. ②694
比企 直樹 ②735
引揚げ港博多を考える集い ①535
挽地 信孝 ②354
引田 かおり ②28
ヒキタ クニオ ①1014
疋田 桂一郎 ②954
疋田 啓佑 ①461
引田 ターセン ②28
ひきた よしあき ①392
ひきの 真二 ①442
匹野 房子 ①114
引原 俊哉 ②663
「引き寄せの法則」研究会 ①93
ヒギンズ, ジェイ・ウォーリー ②434
ピクセルハウス ②540, ②542
樋口 明雄 ①1014, ①1105
樋口 昭 ②116
樋口 聡 ②750
樋口 淳 ①918
樋口 一郎 ①192
樋口 一男 ①259
樋口 和彦 ②220
樋口 勝一 ②546
樋口 克巳 ①449
樋口 恭介 ①1125
樋口 邦史 ②161
樋口 久美子 ①165
樋口 恵子 ②70
樋口 桂子 ①908
樋口 健二 ①259

樋口 將一 ①871
樋口 譲次 ①163
樋口 晋也 ②522
樋口 進 ①170, ①490
樋口 節美 ②594
樋口 大輔 ②551
樋口 武志 ②295
樋口 雄彦 ①539, ①567
樋口 毅宏 ①11, ①1014
樋口 忠彦 ①735, ①736
樋口 辰雄 ②97
樋口 龍雄 ②523
樋口 達郎 ①630
樋口 千恵子 ②705
樋口 剛 ②597
樋口 輝彦 ②742
ひぐち ともみ ①341
樋口 尚文 ①790, ①795
樋口 直哉 ①33, ①36, ①1014
ひぐち にちほ ①850
樋口 伸子 ②4
樋口 範雄 ②219, ②223
樋口 晴彦 ②288, ②290
樋口 久子 ①220
樋口 匡貴 ②110
樋口 真人 ②731
樋口 美沙緒 ①1302, ①1320
樋口 泰行 ②540
樋口 雄一 ②46
樋口 裕子 ①666
樋口 裕介 ①1014
樋口 有介 ①1014
樋口 幸子 ①36, ①604
樋口 豊 ①218
樋口 ユミ ②367
樋口 愉美子 ②78
樋口 百合子 ①871
樋口 陽一 ②199, ②202, ②227
樋口 陽平 ②292
樋口 美雄 ①753, ②372
ひぐま あさこ ①52
ひぐらし カンナ ①144, ②705
日暮 聖 ①819
日暮 雅夫 ①473
日暮 雅通 ①315, ①403, ①435, ②531
日暮 眠都 ①1257
ビークロフト, サイモン ①793
ひげラク商店 ①328
ピーコ ②197
比護 和子 ①37
肥後 祥治 ②52
比護 武司 ①874
彦坂 有紀 ①332
ひこ・田中 ①339, ②26
ビーコムプラス ①289, ②770
肥後本 芳男 ①604

ビーコン, エリザベス ①1386
ヒサ クニヒコ ②401
久枝 穣 ②570
久生 十蘭 ①1105
火坂 雅志 ①1057
久方 広之 ①263, ①266
久川 正子 ②954
久川 涼子 ①929
火崎 勇 ①1257, ①1320, ①1404
久志 博信 ②267
久 優子 ②23, ②24, ①25
ひさしApp ②514
久末 弥生 ①613
久田 篤 ②291
久田 和孝 ②667
久田 健吉 ②471
久田 樹生 ①1125
久田 寿男 ②301
久田 則夫 ②64
久田 真紀子 ②284
久田 満 ②487
久田 恵 ①1014
久塚 謙一 ②574
久塚 純一 ②47
久恒 啓一 ②106, ①900, ②930
久恒 啓子 ②900
久恒 三平 ②191
久富 隆史 ②669
久富 陽子 ①696, ①697
久留 素子 ②971
久野 和禎 ②288
久野 正人 ②367
久野康成公認会計士事務所 ②312
久間 十義 ①1105
久松 英二 ②507
久松 健一 ②670, ①671, ①911
ひさまつ のりこ ②489
久松 文雄 ①344
久松 義恭 ②813
久光 一誠 ①22
久村 典子 ②522, ②598
久森 達郎 ②521
ひさやま たいち ①316
久山 太市 ①316
樋澤 吉彦 ②746
ビジェイナーラーヤナグルスワミ ②143
ひじおか 誠 ①442
菱影 代理 ①1258
土方 透 ②108
土方 奈美 ②18, ②127, ②514, ②515
土方 明司 ①834, ①837
土方 洋一 ①895, ①898
菱刈 功 ②650
菱刈 晃夫 ②527
菱川 愛 ②53
菱川 さかく ①1105, ①1125, ①1258
菱川 拓郎 ②547
菱川 朋人 ②730
ひしき あきらこ ①310, ①313, ①316

菱木 晃子 ①329
菱田 一仁 ②746
菱田 さつき ②358
菱田 繁 ②154
菱田 哲也 ②354
菱田 雄介 ①259
菱沼 一憲 ①550
菱沼 剛 ②186
菱沼 雅博 ②591
菱沼 幹男 ②61
菱沼 典子 ②764
ビジネスキャリア検定試験研究会 ②508
ビジネス実務法務検定試験研究会 ②505
ビジネス心理総研 ①120
ビジネス戦略研究所 ②363
ビジネス能力検定研究会 ②469
ビジネス能力検定ジョブパス研究会 ②469
ビジネスブレークスルー出版事務局 ②281
ビジネスフレームワーク研究所 ①106, ②353
ビジネス法体系研究会 ②187, ②194
ビジネスマネジャー検定試験対策研究会 ②509
ビジネスリサーチジャパン ②415
ひし美 ゆり子 ①796
菱村 幸彦 ①705
菱山 忠三郎 ②689
菱山 南帆子 ②120
菱山 湧人 ②83
菱山 瑠子 ①390
ピシャール, オリヴィエ ①887
ビジュアルアンティーク編集部 ①285
ビジュアルデザイン学科 ①878
美術出版社 ①832, ①837
美術出版社書籍編集部 ②39
美術大鑑編集部 ①882
美術手帖 ①835
美術手帖編集部 ②740
美術名典編集部 ①882
飛翔法律事務所 ②293
ビショップ, マイクル ①1364
ビジョルド, ロイス・マクマスター ①1364
ビジョン ①1404
聖 龍人 ①1057
ビジンスキー, トム ②105
ビス ①1258
ビーズ, アラン ①106, ①122

ビーズ, バーバラ …………①106, ①122
ヒース, ロレイン …………①1395
ひすい こたろう …………①720
ピースウィンズジャパン …①384
肥塚 直美 ………②734
氷月 葵 ………①1057
緋月 薙 ………①1258
ひずき 優 …… ①1136, ①1258
ビスタ ピーエス ………②252
ビースティー, スティーヴン …②611
ビースデポ ………②46
ビストロ割烹koda ………①67
ピースボート災害ボランティアセンター ………②66
氷純 ………①1258
肥爪 周二 ………①626
樋爪 誠 ………②465
ビースレイ, ジョン・R. ………②437
ビーズログ文庫アリス編集部 ……①1135
ヒスロップ, スザンナ ………②676
備瀬 哲弘 ………①106, ①489
備前 やすのり ………①390, ②525
非線形CAE協会 ………②602
樋川 かおり ………①362
飛田 和緒 ………①49, ①52, ①59
肥田 岳彦 ………②727
飛田 範夫 ………②608, ②614
肥田 裕久 ………①682
火田 博文 ………①506
肥田 美代子 ………②5
飛田 雄一 ………①198
飛田 良文 ………①627
日高 昭文 ………②98
日高 啓太郎 ………②325
日高 砂羽 ………①1258
日高 俊太朗 ………①972
日高 昇治 ………②6
日高 真吾 ………①419
日高 寿美 ………②712
日高 彪 ………①44
日高 哲朗 ………①227
日高 哲郎 ………②566
日高 敏隆 ………②690, ②692
日高 トモキチ ………①1117
日高 宣博 ………①70
日高 正巳 ………②725
日高 真帆 ………②19
水高 玲 ………①1258
日高 裕介 ………②288
日高 佳紀 ………①912
日高 義樹 ………②124, ②126, ②251
日高 良実 ………①48
日高 玲 ………①973
ビーターズ, エリス ………①1352
ピーターズ, ドリアン ………②512
ピーターソン, ジョエル ………②285

ピーターソン, デイブ ………②277
ピーターソン, ブライアン ………①253
ピーターソン, リチャード・L. ………②381
日立オートモティブシステムズWe are One小集団活動事務局 ………②590
日立環境財団 …②678
常陸野 俊 ………①1014
日立Node-REDエバンジェリスト ………②550
ひだに れいこ ………①310, ①314
枇谷 玲子 ………①374, ①447, ①490, ①1356
ひだの かな代 ………①324, ①340
飛田野 裕子 ………①1356
左 来人 ………②32
左 リュウ ………①1258
ヒダルゴ, セザー ………②261
ヒダルゴ, パブロ ………①793
ピタンパリ, アル ………②366
ビーチテラス ………②610
ビーチャム, スタン ………①120
ビーチャム, トム・L. ………②370
畢 滔滔 ………②136
ビックヴァンス, ロナルド ………①836
ビックオーバー, クリフォード ………②654
ヒックス, エスター ………①87, ①125, ①458
ヒックス, ジェリー ………①125, ①458
ビッグズ, ブライアン ………②310
ビッグヒストリーインスティテュート ………①618
ピックフォード=スミス, コラリー ………①311
ヒックマン, ジョナサン ………①848
ピッケラル, タムシン ………②691
樋辻 臥命 ………①1258
羊 太郎 ………①1258
羊飼い ………②397
ヒッチ, ブライアン ………①851
ピッチャー, アナベル ………①373
ヒッチングズ, ヘンリー ………①1326
ピッツォルノ, ビアンカ ………①371
ヒッツマン, スー ………②215
ビットバンク ………②379
ピットラー, コリー ………①305
ヒップス, A.R. ………②667
ヒッペル, フランク・フォン ………②121
必守 いく男 ………①954
秀 眞知子 ………①627

秀章 ………①1259
ビーティー, スチュアート ………①359
ビデオリサーチひと研究所 ………②336
秀島 史香 ………②93
＃ヒデトレ ………②27
秀間 修一 ………①802
尾藤 克之 ………①633, ①793
尾藤 健 ………①293, ①295
尾藤 峰男 ………②328
ビートきよし ………①772
ビトキン, ハンナ ………②171
「ヒトサラ」編集部 ………②41
一雫 ライオン ………①1015
一杉 武史 ………①657
一杉 正仁 ………②752
ビートたけし ………①770, ①771, ①1015, ②648, ②679
一ツ橋書店編集部 ………①299, ①731
一橋大学イノベーション研究セン
一橋大学大学院国際企業戦略研究科金融戦略経営財務コース ………②374
一橋MBA戦略ワークショップ ………②371
一松 信 ………②653
一青 妙 ………①198
人見 一彦 ………①954
人見 勝人 ………②589
人見 豊 ………②90
人見 泰弘 ………②125
人見 ルミ ………②350
ひとり旅活性化委員会 ………①203
ビトルストン, ジェニー ………①162
ひと和 ………①362
ビートン, M.C. ………①1352
雛倉 さりえ ………①1015
ひなた 華月 ………①1259
日向 一輝 ………①806
日向 清人 ………①640, ①653
ひなた さくら ………①1259
日南田 淳子 ………②674
ひなた 水色 ………①125
日向 ひらり ………①1385
日当 陽子 ………①318
日向 理恵子 ………①345
ひなた 凛 ………①799
日向亭 葵 ………①151
日向山 寿十郎 ………①382
ビナード, アーサー ………①312, ①314, ①317, ①335, ①579
雛宮 さゆら ………①1259, ①1320
ビニー, マーカス ………②606
ビニエス, ホセ・バラオナ ………①61
ピニェーラ, ビルヒリオ ………①1336
ピニージャ・ゴメス, ダニエル ………②230
日沼 論史 ………②533
日沼 紀子 ………①58
ビネトリュイ, ピ

エール ………②675
ピノー, マドレーヌ ………②590
日野 晃博 ………①345, ①346, ①350
日野 昭 ………①545
火野 葦平 ………①585
日野 東 ………①194
樋野 興夫 ………①90, ①95, ①108, ①178, ②700, ②703
日野 修道 ………①233
日野 勝俊 ………①0
日野 久美子 ………①682
日野 啓三 ………①1015
日野 健太 ………②374
日野 行介 ………②580
日野 三十四 ………②589
日野 秀逸 ………①448, ②47, ②202
日野 慎司 ………②227
日野 草 ………①1105
日野 多香子 ………①384
日野 嗣士 ………①928
緋野 晴子 ………①1015
日野 秀彦 ………①172
日野 真人 ………①1057
ひの まどか ………①389, ①816
日野 満司 ………②519
日野 みどり ………①425
日野 祐希 ………①1259
氷野 善寛 ………①664
樋野 竜司 ………①245
日隈 みさき ………①326, ①336
日野市教育委員会「遊びっ子 学びっ子」編集委員会 ………①687
日野谷 道子 ………①932
丁 謡 ………①1259
陽橋 エント ………①350, ①361
日野原 健司 ………①835
日野原 重明 ………①86, ①87, ①90, ①108, ①110, ①459, ②765
ひのみち ………①442
ひのもとうみ ………①336
ひのもり花蓮 ………①1404
ビーハー, ハワード ………②277
ビバ☆テイルズオブマガジン編集部 ………①843
日花 弘子 ………②538
日原 傳 ………①391, ①971
日原 政彦 ………②600
ビハーラ医療団 ………①520
ビバリー, ビル ………①1352
日比 ひろみ ………②470
日比 嘉高 ………①31, ①979, ②14
日比 義也 ………①539
響 かほり ………①1259
ひびき 遊 ………①1259
響 由布子 ………①1404
響 遥香 ………①1393
ひびき監査法人 ………①325
日比野 啓 ………①782, ②461
日比野 佐和子 ………①24,

①25, ①62, ①183, ①409, ①866
日比野 峻佑 ………②526
日比野 勤 ………②226
日比野 利朗 ………②430
日比野 宏 ………①184
日比野 浩信 ………①870
日々花 長春 ………①1259
日比谷パーク法律事務所 ………②328
ビビる大木 ………①564
ビフィルコ, アントニア ………①488
壱弐参 ………①1259
日富美 信吾 ………①1259
ビープラウド ………②547
ヒベイロ・タヴァーリス, ズウミーラ ………①1336
ビポン ………①84, ①866
暇谷 椿 ………①1260
日丸屋 秀和 ………②92
向日葵 ………①1260
日廻 文明 ………①162
ひまわり会 ………①168
氷見 敏明 ………②495, ②499
秘密結社の謎研究会 ………②18
ビム, クリスティーヌ ………①304
日向奈 くらら ………①1125
桧村 賢一 ………①245
氷室 愛結 ………①1260
氷室 凛子 ………①1404
姫亜。 ………①1260
姫川 明月 ………①358
妃川 螢 ………①1260, ①1320
姫木 ゆい ………①441
ひめくり 零人 ………①105
姫田 小夏 ………②243
ヒメネス, フィル ………①848
ヒメネス, ホルヘ ………①852
姫野 カオルコ ………①937
姫野 かげまる ………①399
姫野 順子 ………②68
姫乃 たま ………①769, ①775
姫野 哲人 ………②661
姫野 友美 ………①122, ①477, ①478
姫野 百合 ………①1320, ①1404
姫野 よしかず ………①3
姫宮 ノ宮 レイ ………①1397
姫りんご ………①367
白鷺寺 秀遠 ………①1015
百田 尚樹 ………①101, ①580, ①1015, ①19, ①20, ②88, ②137, ②144, ②360
百武 徹 ………②591
『百年誌 岩槻の人形』編纂委員会 ………②118
100万社のマーケティング ………②294
飛矢﨑 雅也 ………①571
百均 ………①1404
檜山 敦 ………②104
檜山 浩治 ………①823
樋山 淳 ………②548
陽山 純樹 ………①1260
桧山 進次郎 ………①223
桧山 タミ ………①87
桧山 尚子 ………①146

陽山 道子 ………①954
冷水 希三子 ………①53
ヒューイ 陽子 ………①142
ヒュイゲン, ヴィル ………①375
ビュイゼ, ジャック ………①34
ヒューイソン, ロバート ………②265
ビュイッソン, ジャン=クリストフ ………①587
ヒューイット, ケイト ………①1377, ①1396
日向 咲嗣 ………①292, ②73
日向 俊二 ………②555
日向 太郎 ………①603
日向 夏 ………①1137, ①1260
日向 やよい ………②367, ②696
日向 唯稀 ………①1303, ①1320, ①1321
日向野 智子 ………①689
ビュケ, ジャン・リュック ………①309
ヒューゴ, サイモン ………①438
ビュージン, A.ウェルビー・N. ………①601
ヒューズ, アーサー ………①377
ヒューズ, ジュリアン・C. ………①178
ヒューズ, バリー・O. ………②456
ヒューズ, ローラ ………①315
ヒューストン, スティーヴ ………①863
ヒューズ=ハレット, ルーシー ………①601
ビュッシ, ミシェル ………①1364
ビュッセマ, ジョン ………①851
ビュッヒェル, ジーマク ………①314
ビューティサイエンス学会 ………②24
ビューヒナー, ゲオルク ………①311
ヒューブナー, シュテファン ………②593
ヒューマンアカデミー ………①635, ②507
ヒューム, デイビッド ………①476
ヒューム, ファーガス ………①1352
ヒューレン, イハレアカラ ………①95
ビューローベリタスジャパン建築認証事業本部 ………②619, ②620
苗 金芳 ………②247
馮 爾康 ………①597
美容医療研究会 ………①155
漂月 ………①1260
兵庫教育大学附属小学校教育研究会 ………①717
兵庫教育大学「まぁるく子育て」編集委員会 ………①015

兵庫県芦屋市教育委
　員会 ……… ②148
兵庫県震災復興研究
　センター ……… ①42
兵庫県生物学会
　……………… ②681
兵庫県保険医協会
　……………… ②754
兵庫県予防医学協会
　………………… ①8
ひょうご部落解放人
　権研究所 … ①679
瓢箪坂 おいしんぼ
　……………… ①67
「標的の島」編集委員
　会 ……… ②46
兵土 剛 …… ②505
兵頭 秀一 … ②296
兵頭 二十八 … ①533,
　①603, ②163, ②165
兵藤 宗吉 … ②479
俵森 朋子 … ①82
ぴよこ …… ①1404
ヒョーゴノスケ
　……………… ②381
ひよこマッチ … ①1260
日吉 平 …… ①965
日吉 信貴 … ①921
ぴよとと なつき … ①15
ぴよな …… ①441
ひよよ …… ①339
ひより ……… ①3
ビョン キジャ … ②314
辺 真一 …… ②45,
　②131, ②249
ビョン ヘヨン … ①1336
比良一平 … ①954
平 秀信 …… ②441
比良 友佳理 … ②199
平井 明代 … ①478
平井 うらら … ①975
平井 栄一 … ②594
平井 上総 … ①556
平井 和正 … ①1126
平井 かずみ … ①269
平井 克也 … ①139
平井 杏子 … ①920
平井 清子 … ②770
平井 聖 …… ②611
平井 きわ … ①392
平居 謙 …… ①968
平井 健介 … ①592
平井 憲太郎 … ①910
平井 晶子 … ②109
平井 正修 … ①88,
　①104, ①456, ①518
平井 聡一郎 … ①717
ひらい たかこ … ①346
平井 孝志 … ②341
平井 丈二郎 … ①817
平井 太郎 … ②161
平井 呈一 … ①1126
平井 杜居 … ①43
平井 俊範 … ②756
平井 ナタリア恵美
　……………… ①807
平井 裕久
　……② 315, ②319
平井 正子 … ①782
平井 美津子 …
　……… ①576, ①737
平井 満 …… ①813
平井 みどり … ①736
平井 美穂 … ②389
平井 基之 … ②355
平井 康嗣 … ①813
平井 靖史 … ①475
平井 悠介 … ①748

平井 義一 …… ②409
平井 李枝 …… ①817
平石 和昭 …… ②440
平石 富三 …… ①138
平石 智紀 …… ②322
平石 智美 …… ①867
平石 悠亮 …… ②325
平泉 康児 …… ①846
平出 美穂子 … ①48
平岩 俊司
　……② 131, ②132
平岩 白風 …… ①436
平岩 幹男 …… ②748
平岩 弓枝
　……… ①1015, ①1057
平岩 理緒 …… ①40
平江 まゆみ … ①1371,
　①1372, ①1387,
　①1388, ①1391,
　①1392, ①1394
平尾 一之 …
　……② 669, ②670
平尾 恵子 … ①933
平尾 誠二
　……… ①227, ①933
平尾 忠次 … ①184
平尾 直和 … ①370
平尾 正和 … ①1260
ひらお ゆきこ … ①434
平岡 昭利 … ①212
平岡 諦 …… ②198
平岡 敦 …… ②378,
　……① 1354, ①1364
平岡 孝一 … ②553
平岡 秀一 … ②673
平岡 俊一 … ①704
平岡 淳子 … ②53,
　②55, ②61, ①327
平岡 真一郎 … ②86
平岡 敏夫 …
　……① 916, ①965
平岡 秀夫 … ②141
平岡 陽明 … ①1015
平賀 充記 … ②275
平賀 健一郎 … ②464
平賀 隆生 … ②130
平川 晃弘 … ②724
平川 克美 … ②108
平川 橘太郎 … ②226
平川 敬介 … ①635
平川 賢 …… ②726
平川 祐弘 … ①452,
　①570, ①576, ①583,
　①911, ①913, ①914,
　①916, ①1338, ②12
平川 毅彦 … ②55
平川 忠雄 …
　……② 322, ②404
平川 敏子 … ①838
平川 美鶴 …
　……① 155, ①269
平川 雄典 … ②586
平川 譲 … ①714, ①741
平川 陽一 … ②274,
　①385, ①386, ①1126
平川 亘 … ①175
平川会計パートナー
　ズ …… ②414
平木 いくみ … ②338
開 一夫 …… ①318
平木 恭一 … ②383
平木 惣二 … ①963
平木 直哉 … ②595
平木 典子 …
　……① 89, ①493
開 仁志 …… ①689
ひらぎ みつえ … ①303
平口 良司 … ②659

平栗 健史 … ②527
平坂 寛 …… ②681
平坂 雅男 … ②444
平坂 読 …… ①1260
平沢 薫 ……
　……① 1358, ①1359
平沢 岳人 … ②618
平澤 克彦 … ②374
平澤 桂 …… ②695
平沢 下戸 … ①1162
平澤 元気 … ①246
平澤 孝一 … ①481
平沢 航司 … ①245
平沢 慎也 … ①622
平澤 精一 … ②89
平澤 隆 …… ②557
平澤 貞三 … ②330
平澤 朋子 …
　……② 329, ②347
平澤 誠 …… ②256
平澤 雅信 … ①241
平澤 政廣 … ②673
平澤 まりこ … ①989
平茂 寛 …… ①1057
平下 裕子 … ①162
平島 健司 … ②128
平島 徹朗 … ①148
平嶋 義宏
　……② 694, ②695
平城 寿 …… ②345
平瀬 直樹
　……① 548, ②552
平瀬 雄一 … ②751
平田 久 …… ②616
平田 厚 …… ②186
平田 オリザ
　……① 448, ②243
平田 京子 … ②56
平田 久美子 …
　……② 274, ②391
平田 内蔵吉 … ①174
平田 景 … ①323, ①343
平田 啓子
　……② 641, ②642
平田 圭二 … ①820
平田 健治 … ②204
平田 幸一 … ②731
平田 光司 … ②646
平田 周 … ①475, ①578
平田 信也
　……① 477, ①480
平田 進也 … ①195
平田 純生 … ②770
平田 隆祥 … ②628
平田 竹男 … ②214
平田 利栄 … ①969
平田 敏夫 … ①839
平田 利文 … ②747
平田 利之 … ①331
平田 智也 … ①247
平田 直之 … ②748
平田 賀一 …
　……② 566, ②568
平田 元 …… ②215
平田 浩 …… ②688
平田 史昭 … ①680
平田 政和 … ②193
平田 雅人 … ①159
平田 雅彦 …
　……① 149, ②661
平田 昌彦 … ②661
平田 雅博 …
　……① 610, ②104
平田 昌広 …
　……① 323, ①343
平田 美咲 … ①876
平田 光男 … ②598
平田 光夫 …

平田 恭信 … ①180
平田 結喜緒 … ②715
平体 由美 … ②725
平高 史也 … ①622
平地 勲 …… ②49
平塚 晶人 … ①411
平塚 ウタ子 … ①325
平塚 晃一 … ②727
平塚 徹 …… ①621
平塚 柾緒 … ①577,
　①579, ①584
平塚市民病院
　……………… ②709
平戸 ルリ子 … ②55
平島 コウ … ①1126
平沼 義之 … ①188
平野 暁臣
　……② 255, ①588
平野 敦士 … ②408
平野 敦之 … ②22
平野 綾子 … ②725
平野 恵美子 … ①816
平野 薫 …… ①156
平野 克己 … ①287
平野 かよ子 … ②722
平野 卿子 … ①22
平野 清美 … ①527
平野 邦輔 … ②107
平野 久美子 … ①198
平野 佳 …… ①125
平野 恵 …… ①558
平野 啓一郎 …
　……① 450, ①909
平野 啓子 … ①893
平野 恵嗣 … ②578
平野 健一郎 … ①615
平野 宏 …… ②294
平野 甲賀 … ①878
ひらの こぼ … ①905
平野 貞夫 …
　……② 146, ②147
平野 茂 …… ②219
平野 秀輔 …
　……② 317, ②320
平野 秀哉 … ①966
平野 純 … ①511, ①512
平野 淳一 … ②157
平野 純子 … ①268
平野 次郎 … ①738
平野 信輔 … ②588
平野 晋 …… ②525
平野 多恵 … ①128
平野 隆彰 … ②307
平野 タカシ … ①777
平野 隆文 … ①891
平野 智照 … ①136
平野 哲也 … ①303
平野 利幸 … ②600
平野 友朗 …
　……② 349, ②362
平野 朝久 … ①719
平野 智裕 … ②264
平野 智美 … ①753
平野 温郎 … ②193
平野 久 …… ②673
平野 秀典 … ②348
平野 大己 … ①91
平野 広幸 … ②18
平野 裕之 … ②207,
　②208, ②209
平野 真紀 … ①691
平野 正雄 … ②280
平野 正裕 … ②266
平野 まつじ … ②244
平野 真理子 … ②226
平野 光芳 … ②132
平野 恭弘 … ②406

平野 弥生 … ②698
ひらの ゆきこ
　……① 303, ①327
平野 由希子
　……① 55, ①64
平野 吉伸 … ②383
平野 累次 … ①278,
　①279, ①399
平林 章仁 … ①544
平林 彰 …… ①831
平林 孝一 … ①219
平林 佐和子 … ①1133
平林 勉 …… ②237
平林 信隆 … ①121
平林 久 …… ②675
平林 博 …… ②130
平林 眞弓 … ②776
平林 美紀
　……② 262, ①263
平林 慶史 … ②766
平林 亮子 … ②57, ②65
平原 綾香 … ①814
平原 佐斗司 … ②721
平原 卓 …… ②450,
　②456, ①459
平原 真 …… ②595
ひらび 久美 … ①1404
平沼 赳夫 … ①506
平間 俊行 … ①199
ビラ=マタス, エン
　リーケ … ①1336
平松 恵美子 … ①977
平松 サリー … ①34
平松 達夫 … ①911
平松 哲司 … ①485
平松 知子 …
　……① 695, ②60
平松 洋 … ①828,
　①835, ①865
平松 陽一 … ②309
平松 洋子 … ②43,
　②910, ①954
平松 類 … ①183, ②67
平光 睦子 … ①832
平本 あきお … ①125
平本 歩 …… ②704
平本 潤 …… ①525
平本 毅 … ②95, ②102
平本 倫朗 … ②414
平谷 美樹 … ①1058
平柳 智子 … ①9
平柳 将人 … ②496
平山 一城 … ①143
平山 和美 … ②729
平山 邦彦 … ①664
平山 史朗 …… ①8
平山 澄江 … ①522
平山 貴之 … ②590
平山 輝男 … ①629
平山 暉彦 … ①243
平山 信子 … ②289
平山 昇 …… ②324
平山 令明 … ②646
平山 雅之 … ②536
平山 優 …… ①554
平山 瑞穂 … ①910,
　①978, ①979
平山 みどり … ②734
平山 雄一 …
　……① 892, ①1106
平山 夢明 …
　……① 491, ①1058,
　①1117, ①1126
平山 洋 …… ①464
平山 佳伸 … ②771
平山 りえ … ①75
平山 亮 …… ②50
平山 廉 …… ①401

平芳 幸浩 … ①879
ヒーリー, ケント
　……………… ①119
ビリー・バンバン
　……………… ①768
飛竜 ……… ②284
肥料取締法研究会
　……………… ②452
ビリング, デイ
　ヴィッド … ①571
ヒル, ナポレオン
　……① 85, ②294
ヒル, パメラ・スミ
　ス ……… ①374
蛭川 皓平 … ①224
蛭川 速 … ②334, ②661
ヒルキ, ロバート
　……① 661, ①662
昼熊 … ①1133, ①1261
ビルグリム, ウィル・
　コロナ
　……① 852, ①854
蛭田 亜紗子 …
　……① 979, ①1015
蛭田 修 …… ②771
昼田 弥子 … ①337
ビルチャー, ロザム
　ンド ……… ①1336
ビルツァー, ポール・
　ゼイン … ②280
ヒルティ, カール
　……………… ①467
ビルトン, マイケル
　……………… ①592
ヒルトン, L.S.
　……………… ①1352
昼寝する亡霊 … ①1261
ビルブ, グレン … ①860
比留間 和也 … ②522
昼間 たかし …
　……② 23, ②102
比留間 美代子 … ①964
ビルマーク, スーザ
　ン ……………… ①101
ビルマーク, マッツ
　……………… ①101
ビルマン, オリヴィ
　エ ……………… ①670
ビレッキ, トム … ①721
比連崎 悟 … ②665
ひろ 健作 … ①116
ひろ さちや …
　……① 97, ①511
廣 尚典 …… ②460
廣井 徹麿 … ②600
ひろい のぶこ … ①872
広井 良典 … ②64,
　②78, ②105
廣池 千九郎 … ②282
廣池 利邦 … ②276, ②277
廣池 幹堂 … ②282
廣石 忠司 …
　……② 330, ②508
広岩 近広 … ②578
疲労困憊 …… ①1261
広海 輝明 … ①153
廣江 満郎 … ②244
広江 礼威 …
　……① 390, ①801,
　①1068, ①1261
広尾 晃 …… ①195
広岡 達朗 … ①223
弘岡 秀明 … ②756
廣岡 政幸 … ①489
広岡 守穂 … ①975
廣岡 裕児 … ②85
広岡 友紀 …
　……② 435, ②436

広岡 義之 …… ①486, ①705, ①737
弘兼 憲史 ……①109, ①110, ①781, ①856, ①954, ②244
廣川 晩生 ……①829
廣川 昭廣 ……②283
広川 明 ……②570
廣川 州伸 ……②415
広川 敬祐 ……②466
ひろかわ さえこ ……①332, ①335
廣川 淳 ……②671
廣川 淳哉 ……②443
廣川 進 ……①491
廣川 健 ……①597
廣川 信隆 ……②731
廣川 英寿 ……②521
廣川 まさき ……②649
廣川 雅之 ……②749
広川 慶裕 ……①176, ①178
廣川 嘉裕 ……②141
廣川 類 ……②551
廣木 一亮 ……②592
廣木 準一 ……②404
広木 夏子 ……①1372
広木 隆一 ……①1015
広く ……②239
広坂 朋信 ……①562
弘前 龍 ……①1261
弘前大学白神自然環境研究所 ……②575
廣澤 隆之 ……①500, ①511
廣澤 瑞子 ……②684
廣島 文生 ……②659
廣嶋 玲子 ……①348, ①354, ①359, ①363, ①387, ①126
広島おさんぽ倶楽部 ……①41
広島記念病院 ……②739
広島市立大学国際学部"際"研究フォーラム ……②169
広島大学大学院総合科学研究科 ……①154, ②649
広島平和祈念卒業設計賞実行委員会 ……②619
広島保育問題研究会集団づくり部会 ……①696
廣末 トシ子 ……②774
廣末 登 …①928, ②40
廣末 紀之 ……②378
廣瀬 郁 ……②357
広瀬 一郎 ……①231, ①590
廣瀬 英子 ……①757
廣瀬 薫 ……①525
広瀬 和生 ……①786
広瀬 和雄 ……①614
広瀬 克也 ……①343
廣瀬 公治 ……②754
広瀬 恭子 ……②372, ①376, ①847
広瀬 久美 ……①120
廣瀬 久美子 ……①108
廣瀬 慶二 ……①19
廣瀬 健二 ……②215, ②216
廣瀬 浩司 ……①473
広瀬 浩二郎 ……①391, ②64
廣瀬 覚 ……①468

廣瀬 志保 ……①690, ①719
廣瀬 純 ……①222, ①796, ②172
廣瀬 匠 ……②676
廣瀬 伸 ……①27
廣瀬 清一 ……②646
廣瀬 大志 ……①967
廣瀬 隆 ……①609
廣瀬 輝夫 ……②699
廣瀬 寿秀 ……②726
広瀬 直子 ……①638, ①666, ①667
広瀬 信雄 ……①477, ①685
廣瀬 進子 ……①340
廣瀬 肇 ……②203
廣瀬 春樹 ……②589
廣瀬 英雄 ……②667
廣瀬 浩昭 ……②734
廣瀬 未衣 ……①1015
廣瀬 幹好 ……②293, ②294
廣瀬 稔 ……②723
廣瀬 元義 ……②317, ②328, ②330
廣瀬 保雄 ……①141
廣瀬 裕子 ……②27
廣瀬 悠三 ……①470
廣瀬 友紀 ……①624
廣瀬 幸男 ……①270
廣瀬 幸生 ……①621
廣瀬 由美子 ……①708
廣瀬 佳一 ……②122
廣瀬 義州 ……②321
廣瀬 煉 ……①1261
ひろせ税理士法人 ……②411
廣田 彰男 ……②740
廣田 修 ……②968
廣田 收 ……①897
廣田 加津子 ……①156
廣田 和好 ……①182
廣田 和美 ……②718
廣田 厚司 ……②167
廣田 航二 ……②567
廣田 耕三 ……①1362
廣田 さえ子 ……②310
ひろた だいさく ……①328, ①330, ①333
廣田 尚久 ……②208
廣田 健 ……①758
廣田 千悦子 ……②117
廣田 直子 ……②777
廣田 尚敬 ……②430
廣田 直美 ……②200
広田 布美 ……①1058
広田 文世 ……①1058
廣田 誠 ……①773, ②417
ひろた みどり ……①330
廣田 幸嗣 ……②594, ②595
廣田 行正 ……②698
弘田 陽介 ……②435
廣田 龍平 ……②114
弘津 啓三 ……①578
廣津留 真理 ……①13, ①637, ②341
廣戸 聡一 ……①159, ①220
弘友 孝美 ……①954
弘中 聡浩 ……②399
広中 一成 ……①515, ①577
広中 雅之 ……②169
広中 裕介 ……①114
広野 忠敏 ……②546

廣野 治子 ……②777
廣野 実 ……②954
廣野 元久 ……②662
廣野 由美子 ……②921
広ノ 祥人 ……①1261
広之内 友輝 ……①421
廣橋 麻子 ……①522
廣橋 猛 ……②737
廣幡 健二 ……②714
廣畑 俊成 ……②733
廣畑 成志 ……①575, ①579
広畑 直子 ……①862, ②618
廣畠 英雄 ……②755
広原 盛明 ……①155
ヒロヒライ ……①600
廣淵 升彦 ……②15
廣部 泉 ……①611
広部 俊明 ……①404
廣部 嘉祥 ……②337
ヒロ前田 ……①661
広松 聖夫 ……②752
弘松 涼 ……①1261
廣松 渉 …①452, ①473
ピロ水 ……①279
廣本 敏郎 ……②470, ②475
廣谷 定男 ……②592
広山 隆行 ……①708
広山 晴士 ……①228
ひろゆき ……②356
広渡 俊哉 ……②694
樋渡 彩 ……②607
ピンク, トーマス ……①453
ヒンダー, サラ・ジェーン ……①161

ふ

ファーイーストアミューズメントリサーチ ……①277
ファイナルステージを考える会 ……②735
ファイナンシャルアカデミー ……②392, ②394
ファイブソン, ハロルド ……②121
炎頭 …①1261, ①1262
ファイユ, ガエル ……①1336
ファイン, ゲーリー・スコット ……①659
ファイン, ポール・R. ……①15
ファーインク …②542
ファインバーグ, トッド・E. ……②684
ファインマン, R.P. ……②666, ②667
ファウラー, カレン・ジョイ ……①1336
ファウラー, スーザン ……②347
ファウラー, スーザン・J. ……②552
ファウンテン, ベン ……①1336

ファーガン, パトリック ……②339
ファージョン, エリナー ……①1336
ファースト ……①1262
ファッションビジネス学会 ……②30
ファブリー, クリス ……①522
ファーブル, ジャン=アンリ・カジミール ……②694
ファボック, ジェイソン ……①851, ①854
ファミー, アレックス ……①808
ファミ通こどもメディア編集部 ……①436, ①438
ファミ通コンテンツ企画編集部 ……①865
ファミ通文庫編集部 ……①280, ①283
ファミ通App編集部 ……①281, ①283, ①284, ①841, ①842
ファミリー企画 ……①771
ファム, レウィン ……①310
ファラー, マリア ……①313
ファラダ, ハンス ……①1336
ファラデー ……①399
ファルクス, マルクス・シドニウス ……①603
ファルスター民俗資料館 ……①879
ファーレイ, デイビット ……②536
ファーレ立川アート管理委員会 ……①826
ファレル, ワレン ……②224
ファン, クリストフ ……②607
ファンステーンパール, ニールス …②476
ファンスヘンデル, シンディ ……①468
ファンタジア文庫編集部 ……①1132
ファンテック …②558
ファンデマーン, ヴィム ……①1357
ファンデルハム, ファビアン …①468
ファン・デル・リンデン, エリック ……①40
ファーンドン, ジョン ……②447
ファン・ヒルス, マレイン ……①286
ファン・ヘネヒテン, ヒド ……①310, ①311, ①313, ①315
不安抑うつ臨床研究会 ……②744
フィオール, マヌエーレ ……②694
フィオレッティ, アンドレア ……①671
フィガール, ギュンター ……①471
ブイグ, マヌエル ……①1336

フィゲロア, ドン ……②854
フィスコ世界経済金融シナリオ分析会議 ……②251
フィスター, マーカス ……①315, ①316
ブイチチ, ニック ……②89
フィッシャー, ダグラス ……①755
フィッシャー, ロナルド・D. ……②255
フィッシュ, ハミルトン ……①584
フィッシュマン, チャールズ ……①789
フィツモーリス, ビル ……②695
フィナンシャルバンクインスティチュート ……①476
フィービー ……①405
フィヒテ研究編集委員会 ……①472
15 Photographers ……①806
フィリケ えつこ ……①304, ①331, ①421
フィリップス, ジン ……①1352
フィリピーニ, レナート ……①524
フィールズ, R.ダグラス ……①479
フィルムアート社 ……①788, ①792
フィンチ, デイビッド ……②854
フィンチ, J.R. ……①1341, ①1342
フィンドリー, カーター・V. ……②593
フィンネラン, リチャード・J. ……①1327
フィンレー, ブレット ……①11
馮 誼光 ……①664
フゥーヴェリンク, エベ ……②686
フーヴェルト, トマス・オルディ ……①1364
風神 ……②397
風来山 ……①1262
風来堂 ……①191, ①197, ②430
フェアベーン, W.R.D. ……①494
フェイ, ジェニファー ……①1380
フェイス, バーバラ ……①1395
フェイバー, ポリー ……①376
フェザー, クラウディオ ……②368
フェスティ, ダニエル ……①155
フェセロルフ, マーク ……②525
フェダッグ, マウニー ……①840
フェッランテ, エレナ ……①1336
フェデリーチ, シルヴィア ……①448

フェドー, ジョルジュ ……①784
ブエノ, カルロス ……②553
フェヘール, ギョルギ ……①860
フェラーズ, エリザベス ……①1352
フェラーダ, マリア・ホセ ……①1337
フェラーリ, ジェローム ……①1337
フェリエ, ミカエル ……①670
フェリクス, ルーシー ……①305
フェリス女学院大学日本文学国際会議実行委員会 ……①915
フェルシュクーレ, B. ……①478
フェルディナント・ヤマグチ ……①101
フェルナンデス, ハビエルサンチェス ……②456
フェルナンデス=フノ, セシリア …①672
フェレイラ, マルセロ ……①854
フェロー, マルク ……①588
フェーン, クリストフ ……②584
フェントン, マギー ……①1337
フェンネル, ジョン ……①527
フェンヒェル, W. ……②263
フォア, ジョシュア ……①200
フォアマン, ジョン・W. ……②539
「4ウェイ方式」論文通信添削研究会 ……①633, ②152
フォーク, ニック ……①371, ①373
フォックス, フランシス ……①1337
フォークト, マティアス・テーオドア ……①84
フォークナー, ヤスミン ……①878
フォグリ, ヴォルフガング ……②668
フォグリ 未央 ……②668
フォーグル, ベン ……①264
フォコラーレ ……①522
フォーサイス, ピーター・テイラー ……①522
フォーシャ, ダイアナ ……①495
フォス, パトリック ……①652
フォスター, アラン・ディーン ……①1364
フォスター, グリン ……②555
フォスター, ジョン・ポール ……①261
フォスター, チャールズ ……②692
フォスター, ハナ・ウェブスター

著者名索引

著者名索引

……………①1335
フォスター, マイケ
　ル・ディラン ·②114
フォスター, ロー
　リー ………①1370,
　①1392, ①1395
フォースター 紀子
　……………①654
フォックス, エレー
　ヌ ……………②730
フォックス, キャン
　ディス ……①1352
フォックス, ケイト
　……………②83
フォックス, スーザ
　ン …………
　①1366, ①1370,
　①1371, ①1392
フォックス, ドロシ
　ア・ウォーレン
　……………①312
フォックスウェル,
　ハリー ………②555
フォッセスタイン,
　ヤコブ ………②84
フォトスタイリング
　ジャパン ……①31
フォートナム, ペ
　ギー …………②376
フォード丹羽 順子
　……………①635
フォトマスター検定
　事務局 ………①253
フォーミッチェラ,
　エステル ……①671
フォーラムエイト
　……………②441
フォーラム21梅下村
　塾30期生 ……②291
フォルスター, ステ
　ファン ………②242
フォルツ, ウィリア
　ム …………①1357,
　①1358, ①1359
フォルトゥン, エ
　レーナ ………①378
フォルネス, ホルヘ
　……………①854
フォルミサーノ, カ
　ルラ …………①671
フォルムス色彩情報
　研究所 ………①881
フォーレスト, スザ
　ンナ …………②456
フォレスト, フィ
　リップ ………①1337
フォレストブックス
　編集部 ………①905
フォレット, メア
　リー・P. ……②372
フォン, メイ ……②251
フォーンクルック 幹
　治 …①625, ①638
フォンタ, マルグ
　リット ………①529
フォンテス, リサ・
　アロンソン …①486
深井 晃子
　………②32, ①831
深井 綾子 ……②629
深井 智朗 …①523,
　①525, ①527
深井 有 ………②671
深石 圭介
　………②47, ②281
深浦 順一
　………②714, ②733
深尾 京司 ……②268

深尾 憲二朗 ……②745
深川 裕造 ……②220
深川 和己 ……①182
深川 岳志 ……②513
深川 雅史 ……②716
深川 和久 ……②653
深川 由起子 ……①250
深草 潤一 ……①1404
不確定 ワオン ①1262
深作 秀春 ……①183
深沢 敦 ………①606
深沢 潮 ………
　……①977, ①1015
深沢 克己 ……①606
深澤 邦光 ……②410
深澤 敬次郎 ……②154
深澤 浩司 ……②619
深澤 幸治郎 ……②543
深沢 諭史 ……②227
深沢 七郎 ……①954
深澤 仁 ………①1262
深沢 真吾 ……②537
深沢 真太郎 ……①294,
　②653, ②654
深沢 孝之 ……
　……①480, ①497
フカザワ ナオコ
　……………②200
深澤 寛晴 ……②280
深澤 真紀 ……①117
深澤 真 ………②734
深沢 正雪 ……①610
深沢 美潮 ……
　……①381, ①1262
深澤 遊 ………②686
深澤 義正 ……②672
深澤 夜 ………①1117
深沢 レナ ……①961
深沢綜合法律事務所
　……………②192
深代 惇郎 ……①954
深爪 …………①954
深瀬 幹雄 ……①728
深蔵 …………①63
深田 晶恵 ……
　②342, ②389
深田 恭子 ……②778
深田 建太郎 ……②480
深田 浩嗣 ……②334
深田 静夫 ……②500
深田 淳太郎 ……②258
深田 剛史 ……①1015
深田 麻里亜 ……
　①827, ①830
深田 羊皇 ……②43
深田サルベージ建設
　……………②625
深谷 敏雄 ……②931
深野 ちひろ ……②38
深野 真季子 ……①151
深野 康彦 ……②389,
　②392, ②396
深笛 義也 ……②40
深堀 郁夫 ……①912
深堀 圭一郎 ……①220
深堀 司樹 ……①645
深堀 真由美 ……①162
深堀 美英 ……②599
深町 秋生 ……①1106
深町 なか ……①979
深町 眞理子 ……①1350
深見 浩一郎 ……②279
深見 東州 ……①971
深見 俊崇 ……①720
深見 春夫 ……
　①327, ①339
深見 浩和 ……②553
深見 真紀 ……②734

深見 真 ………
　①1126, ①1263
深見 友紀子 ……①692
深海 ゆずは ……①360
深水 黎一郎 ……
　①1015, ①1106
深水 皓三 ……②754
深光 富士男 ……①430
深森 あき ………
　………②937, ②427
ふかもり ふみこ ·②36
深森 ゆうか ①1404
深谷 歩 ………②530
深谷 かほる ……①977
深谷 圭助 ……①388,
　①392, ①723
深谷 幸治 ……②552
深谷 仁一 ……①370
深谷 泰造 ……①954
深谷 隆司 ……①462
深谷 忠記 ……①1106
深谷 信子 ……①561
深谷 修代 ……①653
深谷 則雄 ……②432
深谷 昌志 ……①752
深谷 有基 ……①523
深山 智美 ……①685
深山 正久 ……②732
布川 愛子 ……
　①309, ①339
布川 あゆみ ……①747
布川 源一郎 ……①925
菅川 真如 ……②314
府川 哲夫 ②50, ②64
富川 泰敬 ……②414
府川 由美恵 ……
　①789, ①884
布川 玲子 ……①577
吹浦 忠正 ……
　①425, ①588
吹原 顕子 ……①641
吹春 俊光 ……②689
ブキャノン, ベラ
　……………①1381
福 寛美 ………①136
福井 篤 ………①404
福井 淡 ………②625
福井 栄一 ……①893
福井 一成 ……①744
福井 希一 ……②572
福井 久美子 …②163,
　②353, ②357
福井 幸太郎 ……②11
フクイ サチヨ ①407
福井 智 …①341, ①370
福井 淳 ………②221,
　②222, ②226
福井 聖二 ……②747
福居 誠二 ……①879
福井 清輔 ……②629
福井 大 ………②692
福井 隆二 ……①954
福井 太郎 ……②596
福井 勉 …②701, ②718
福井 透 …②771, ②778
福井 トシ子 ……②761
福井 富雄 ……②778
福井 智紀 ……①722
福井 直樹 ……①454
福井 信明 ……
　②540, ②543
福井 憲彦 ……①600
福井 晴敏 ……①1117
福井 秀夫 ……②423
ふくい ひろこ ①272
福井 弘幸 ……①427
福井 麻衣子 ……①187
福井 美余 ……①24

福井 佳夫 ……①598
福井 義高 ……①590
福井県立恐竜博物館
　……………①401
福井大学医学部附属
　病院 …………②722
福江 純 ………②675
福江 充 ………①513
福岡 いつみ ……①737
福岡 伸一 ……①463,
　②648, ②683, ②685
福岡 真之介 ……②226
福岡 千賀子 ……①954
福岡 利裕 ……①920
福岡 寛樹 ……②420
福岡 正夫 ……②257
福岡 正信 ……②675
福岡 政行 ……②20
福岡 洋一 ……②729
福岡県自治体問題研
　究所 …………②141
福岡県小学校長会
　……………①702
福岡県臨床心理士会
　……………①757
福祉工業大学大学院
　社会環境学研究科
　10周年記念出版委
　員会 …………②98
福岡市九州離島広域
　連携協議会 ……②29
福岡大学スポーツ科
　学部 …………①678
福岡大学福岡東アジ
　ア地域共生研究所
　……………②114
福川 伸次 ……①186
福崎 俊博 ……②552
フクザワ ………①962
福澤 一吉 ……①458
福澤 恵子 ……①295
福澤 繁樹 ……②239
福沢 周亮 ……①674
福澤 武 ………②291
福澤 徹三 ……
　①1015, ①1106
福澤 諭吉 ……
　①461, ①464
ふくざわ ゆみこ
　……………②342
福士 政広 ……
　②581, ②780
福士 政幸 ……②722
福司 満 ………①967
福祉行政法令研究会
　……………②57
福祉系大学経営者協
　議会 …………②54
福祉国家構想研究会
　……………②65
福祉サービス経営調
　査会 …………②56
福祉社会学研究編集
　委員会 ………②63
福祉小六法編集委員
　会 ……………②63
福島 脩美 ……①493
福島 香織 ……②89,
　②125, ②126,
　②133, ②247
福島 一矩 ……②318
福島 喜代子 ……①176
福島 行一 ……①910
福島 次郎 ……①1015
福島 創太 ……②346
福島 隆史 ……②374
福嶋 隆史 ……
　①723, ①725

福島 孝徳 ……②737
福島 崇宏 ……②125
福嶋 司 ………②578,
　②681, ②688
福島 哲夫 ……①495
福島 登志夫 ……②676
福島 利之 ……②85
福島 直樹 ……①291
福島 直浩 ……①380
福嶋 紀仁 ……②551
福島 のりよ ……①353
福嶋 宏訓 ……
　②564, ②565
福島 啓修 ……②422
福島 洋尚 ……②195
福島 富士子 ……②760
福嶋 史 ………①675
福島 真人 ……①451
福嶋 誠宣 ……②326
福島 正則 ……①263
福島 みずほ ……
　②142, ②145
福島 美智子 ……①15
福嶋 美知子 ……①634
福島 恵 ………①593
福島 泰樹 ……①521,
　①970, ①976
福島 裕二 ……
　①779, ①780
福島 勇三 ……①45
福嶋 義光 ……②720
福島 吉郎 ……
　②707, ②711
福島 龍三郎 ……②52
福島 良治 ……
　②378, ②379
福嶋 亮大 ……①907
福島県 ………①539
福祉臨床シリーズ編
　集委員会 …②52,
　②55, ②57,
　②60, ②78, ②79
福添 麻美 ……①257
ふくだ あきこ ①340
福田 晃 ………①547,
　①887, ①894
福田 淳 ………②530
福田 篤人 ……
　①466, ②30
福田 幾代 ……②699
ふくだ いわお …①341
福田 栄一 ……①1106
福田 栄華 ……②28,
　②29, ②30
福田 一典 ……①179
福田 和宏 ……
　②549, ②596
福田 和也 ……
　①909, ①911
福田 公教 …②55, ②65
福田 清人 ……①910,
　②912, ②913, ②914
福田 邦夫 ……①881
福田 けい ……①439
福田 健 ………②360
福田 健司 ……①614
福田 健二 ……②682
福田 晃市 ……②352
福田 幸夫 ……②52
福田 早苗 ……①485
福田 重雄 ……②677
福田 遵 ………②631
ふくだ じゅんこ
　……………②334
福田 淳子 ·②60, ②71

福田 慎一 ……②376
福田 進一 ……①816
福田 真也 ……①493
福田 誠治 ……①754
福田 剛久 ……②217
福田 隆浩 ……
　②347, ①1015
福田 匠 ………②380
福田 拓也 ……
　①508, ①968
福田 卓郎 ……①1134
福田 健 ………①108,
　②359, ②361
福田 竜郎 ……②560
ふくだ たみこ ②528
福田 千鶴 ……①558
福田 哲哉 ……①676
福田 徳三 ……②265
福田 俊 …①268, ②450
ふくだ としお …②340
福田 俊司 ……①255
福田 利之 ……
　①323, ①324
福田 友子 ……②442
福田 智弘 ……①534,
　①561, ①755
福田 豊文 ……①264
福田 尚弘 ……①723
福田 尚之 ……①314
福田 逸 ………①913
福田 晴一 ……①717
福田 尚代 ……①654
福田 秀一 ……①888
福田 秀樹 ……①471
ふくだ ひろかず
　……………①332
福田 真規夫 ……②517
福田 誠 ………②665
福田 雅樹 ……②514
福田 正人 ……②745
福田 雅文 ……②50
福田 正己 ……②681
福田 護 ………②736
福田 真弓 …②2, ②411
福田 みわ ……①48
福田 睦子 ……①32
福田 芽森 ……②739
福田 素生 ……②766
福田 弥夫 ……②386
福田 雄一 ……
　①360, ①1132
福田 幸江 ……①345
福田 幸広 ……①308,
　②690, ②691
福田 善之 ……①783
福田 りお ……①79
福田 里香 ……①70
福田 若之 ……①973
福田徳三研究会
　……………②265
福谷 正男 ……①163
福谷 賢典 ……②378
福地 享子 ……
　①57, ②457
福地 恵士 ……②386
福地 順一 ……①965
福地 孝宏 ……②710
福地 誠 …①245, ①246
福地 正樹 ……②552
福地 義之助 ……②741
福地 良彦 ……
　②603, ②607
福津 京子 ……②23
福辻 鋭記 ……①22,
　②23, ①170,
　①172, ②751
福手 勤 ………②629
服藤 早苗 ……

福冨 健一 ………②173
福富 昌城 ………②76
福冨 律 …………②279
福留 和彦 ………②96
福留 浩太郎 ……②352
福留 強 …………②161
福留 秀和 ………②441
ふくなが じゅんぺい
　…………………①324
福永 武彦 …①1015,
　①1106, ①1355
福永 眞由美 ……①970
福永 未来 ………①932
福永 睦子 ………①723
福長 洋介 ………①179
福永博建築研究所
　…………………②245
福成 雄三 ………②458
福西 崇史 ………②231
福西 輝明 ………①801
福西 征子 ………②43
福野 礼一郎 …
　………①241, ①242
福林 徹 …②750, ②751
福原 明雄 ………②225
福原 圭一 ………①552
福原 顕志 ………②226
福原 秀人 ………②154
福原 紀彦 ………②196
普久原 朝充 ……①41
ふくべ あきひろ
　…………………①324
福辺 節子 ………②71
福間 健二 …
　………①975, ①1329
福間 詳 …………①170
福間 進 …………②701
福間 みゆき ……②707
福間 良明 ………①576
ふくまこ ………①434
福丸 典芳 ………②590
福光麻布織機復刻プ
　ロジェクト ……②22
福村 一仁 ………①141
復本 一郎 ………①906
福本 修 …………②473
福本 謹一 ………②740
福本 敏 …………②756
福本 繁樹 ………①826
福本 拓 …………②160
復本 寅之介 ……②518
福本 修也 ………②205
福元 真由美 ……②693
福本 美緒 ………①70
福本 みちよ ……②699
福本 友美子 …①311,
　①314, ①316, ①419
ふくもの隊 ……①119
福森 高洋 ………②745
福森 典子 ………①1343
福森 雅史 ………②672
福屋 利信 ………②87
福安 直樹 ………②536
福山 敦士 ………②347
福山 憲市 ………①723
福山 貴昭 ………①1263
福山 隆 …………②126
福山 剛 …………①67
福山 知沙 ………①332
福山 陽士 ………①1263
福山 昌弘 ………②590
福山 リョウコ …①842
福好 昌治 ………②164
ブグラ, ディネッ
　シュ ……………②742
伏(龍) …………①1263
袋熊 ……………①1263

福和 伸夫 ………②41
藤井 大地 ………②621
ふけ としこ ……①974
冨家 俊弥 ………②770
福家 秀紀 ………②513
フーコー, ミシェル
　…………………①474
ブコウスキー, チャー
　ルズ …①960, ①1337
フサ, ヴァーツラフ
　…………………①601
ブザール, ドゥニア
　…………………②121
ブザン, バリー …②94
藤 依里子 ………①865
藤 和彦 …②127, ②573
不二 桜 …………②539
藤 誠志 …………①572
冨士 武史 ………②751
不二 龍彦 …
　………①533, ②151
藤 ダリオ ………①368
冨士 俊雄 ………②541
富士 とまと ……①1263
藤 信子 …………①492
藤 治仁 …………②554
藤 ひさし ………①836
藤 真知子 …①350,
　①354, ①358
藤 麻美子 ………①159
藤 真利子 ………②704
藤 美沖 …………②415
富士 ゆゆ ………①1058
不二 淑子 ………①555
藤 幹晴 …………②208
藤井 旭 …①403, ②676
藤井 あつ子 ……②84
藤井 勲 …………②769
藤井 一郎 ………②415
藤井 英俊 ………①860
藤井 かおり ……②668
藤井 薫 …………②53
藤井 一二 ………①547
藤井 克徳 ………②72
藤井 喜美枝 ……①1362
藤井 清史 ………①167
藤井 清美 ………
　………①1058, ②335
藤井 邦夫 ………①1058
藤井 啓子 ………①971
藤井 啓祐 ………②516
藤井 賢一郎 ……②272
藤井 厳喜 ………②121,
　②129, ②163, ②164
藤井 康一 ………②456
藤井 耕一郎 ……①544
藤井 浩基 ………①820
藤井 浩司 ………①156
藤井 紘司 ………②107
藤井 浩平 ………②410
藤井 孝太 ………①336
藤井 貞和 ………
　………①897, ①961
藤井 聡 …②103,
　②158, ②245
藤井 佐美 ………①887
藤井 三打 ………①1137
藤井 讓治 ………②149
藤井 伸二 ………
　………①202, ②434
藤井 誠二 ………②41,
　②14, ②109, ②292
藤井 青銅 ………
　………①954, ②21
藤井 宗悦 ………
　………①271, ①272
藤井 宗哲 ………①51

藤井 大児 ………②370
藤井 大地 ………②621
藤井 泰輔 ………②386
藤井 太洋 ………①1126
藤井 拓哉 ………①647
藤井 丈司 ………①804
藤井 猛 …………②249
藤井 匡 …………①868
藤井 建夫 ………②775
藤井 努 …………②737
藤井 剛 …………①716
藤井 哲雄 ………②623
藤井 照重 ………②644
藤井 俊郎 ………②215
藤井 直弥 ………②539
藤井 紀子 ………①860
藤井 光 …………
　………①884, ①1337
藤井 久子 ………②689
藤井 英雄 ………②364
藤井 秀樹 ………
　………②318, ②387
藤井 英美 ………①406
藤井 ひろみ ……①423
藤井 穂波 ………②778
藤井 真枝 ………①53
藤井 真生 ………①601
ふじい まさこ …①496
藤井 雅人 ………①964
藤井 真則 ………②737
藤井 昌弘 ………②709
藤井 雅巳 ………②383
藤井 まり ………①51
藤井 美江子 ……①488
藤井 美佐子 ……
　………②111, ②114
藤井 美穂 ………①168
藤井 美保代 ……②355
藤井 恵 …………①51,
　①66, ①68, ②312
藤井 康広 ………②461
藤井 豊 …………②692
藤井 由理 ………②609
藤井 洋子 ………①227
藤井 陽子 ………①129
藤井 良彦 ………
　………②456, ②711
藤井 龍二 ………①1059
藤井 龍二 ………②419
藤井 留美 ………②95,
　①106, ①111, ①263
藤井 論理 ………①1263
藤井 航 …………②755
藤井 渉 …②48, ②58
藤池 智則 ………②384
藤石 波矢 ………①1016,
藤井斉亮先生ご退職
　記念論文集編集委
　員会 …………①728
藤井ニエメラ みどり
　…………………②85
藤生 明 …………②143
藤生 義治 ………①71
藤江 幸一 ………②574
ふじえ みつる …①823
藤枝 純 …………②403
藤枝 静暁 ………①695
藤枝 聡 …………②755
藤枝 晃雄 ………①824
藤枝 文静 ………①963
藤尾 慎一郎 ……①541
藤尾 智之 ………②324
藤尾 秀昭 ………

藤岡 敦 …………②659
藤岡 亜弥 ………②255
藤岡 英治 ………②315
藤岡 換太郎 ……②680
藤岡 幸子 ………①32
藤岡 淳一 ………②570
藤岡 淳子 ………
　………①490, ①495
藤岡 大拙 ………①556
藤岡 武雄 ………①912
藤岡 伸明 ………②462
藤岡 信勝 ………
　………①579, ①581
藤岡 真樹 ………①120
藤岡 幹大 ………①811
藤岡 夕里子 ……②48
藤岡 陽子 ………①1016
藤丘 ようこ ……①354
藤岡 秀英 ………②262
藤岡 里圭 ………②417
藤岡 龍介 ………②610
藤岡 龍太 ………②527
武鹿 悦子 ………
　………①329, ①336
藤掛 一郎 ………②457
藤掛 友希 ………②746
不二門 尚 ………②760
藤川 恵蔵 ………①1263
藤川 賢 …………②577
藤川 しおり ……①75
藤川 進 …………①46
藤川 大祐 ………①416,
　②422, ①716
藤川 孝志 ………①17
藤川 徳美 ………①169
藤川 智紀 ………②604
藤川 信夫 ………
　………②58, ②201
藤川 大樹 ………②130
藤川 雅恵 ………①898
藤川 麻夕子 ……
　………②543, ②554
藤川 美香子 ……②564
藤川 美代子 ……②119
藤川 洋子 ………①488
藤川 良純 ………②684
富士川 義之 ……①888
藤川 芳朗 ………①827
藤川 里絵 ………②393
藤木 省三 ………②756
藤木 剛康 ………②254
伏木 亨 …………①33,
　①36, ②718, ②774
藤木 俊明 ………②525
ふじき みつ彦…①364
藤木 美奈子 ……①489
藤木 梨香子 ……①134
藤木 稟 …………
　………①387, ①1126
藤木 わしろ ……①1263
藤倉 一郎 ………②725
藤倉 克則 ………②683
藤倉 浩一郎 ……②219
藤倉 詩音 ………①370,
　①382, ①392
藤倉 孝純 ………①912
藤倉 哲郎 ………②465
藤倉 勇樹 ………②248
フジコ …………①117,
　①118, ①663
藤子・F・不二雄
　…………①321, ①393,
　①398, ①419, ①425,
　①434, ①442, ①856
藤子プロ ………①393,
　①398, ①419, ①442
藤咲 彩音 ………①776
藤咲 あゆな ……①351,

①354, ①368,
　①385, ①389
藤崎 彩織 ………①1016
藤崎 周五 ………①545
藤崎 翔 …………①1107
藤崎 慎吾 ………①1126
藤崎 直樹 ………
　②398, ②402
藤崎 春代 ………①499
藤崎 和子 ………①258
藤崎 宏子 ………①109
藤咲 実佳 ………①1263
藤崎 実 …………②281
藤崎 都 …………
　①1302, ①1303
藤崎 幸子 ………②412
藤崎 玲 …………
　①1397, ①1404
藤咲 淳一 ………
　①1137, ①1263
藤沢 数希 ………①116
藤澤 和子 ………①258
藤澤 慶巳 ………①653
藤澤 さなえ ……①1136
ふじさわ さほ …①1263
藤澤 志穂子 ……②342
藤沢 周 …………①1016
藤沢 周平 ………
　①974, ①1059
藤澤 順 …………②626
藤澤 伸介 ………①757
藤沢 セリカ ……①65
藤澤 大介 ………①496
藤澤 隆史 ………②717
藤澤 武彦 ………②701
藤澤 ともち ……①351
藤澤 治奈 ………②210
藤澤 洋徳 ………②662
藤澤 典彦 ………①510
藤沢 優月 …①4, ①99
藤澤 好一 ………②640
藤澤 良知 ………②775
藤澤 玲子 ………②729
藤沢 烈 …………②141
藤重 すみ ………①82
藤重 佳久 ………①721
藤下 幸子 ………①523
藤嶋 昭 …②398,
　①399, ①729, ②665
藤島 一郎 ………②758
藤島 幸恵 ………②334
藤嶋 健 …………②540
藤島 弘純 ………②687
藤嶋 マル ………①397
藤島 みさ子 ……②356
藤代 一郎 ………②110
藤城 かおる ……②766
藤代 圭一 ………①13
藤代 三郎 ………①245
藤城 清治 ………①309
藤代 泰三 ………①527
藤城 裕樹 ………①812
藤城 博 …………②243
藤城 裕之 ………①46
藤代 裕之 ………②512
藤代 護 …………①585
藤城 光弘 ………
　②739, ②750
藤代 美穂 ………②46
藤代 冥砂 ………②259
藤田 葵 …………①1329
藤田 篤示 ………②378
藤田 文 …………①485
藤田 泉 …………①873
藤田 一咲 ………
　①260, ①273
藤田 一照 ………②460,
　①462, ①508, ①510
藤田 英夫 ………②272,

藤田 香 …①365, ②299
藤田 香織 ………②621
藤田 和生 ………①499
藤田 和子 ………①177
潭田 和範 ………①1016
藤田 一浩 ………①261
藤田 響 …………②655
藤田 潔 …………①489
藤田 清貴 ………②733
藤田 久美 ………
　①680, ②48
藤田 慶三 ………②724
藤田 健 …………①1016
藤田 紘一郎 ……①25,
　①26, ①27, ①147,
　①150, ①157, ①164,
　①179, ②724
藤田 恒二 ………①209
藤田 吾郎 ………②593
藤田 智 …②38, ①267
藤田 怜史 ………①136
藤田 里実 ………①633
藤田 静雄 ………②443
藤田 修三 ………②774
藤田 潤一郎 ……②220
藤田 俊治 ………①472
藤田 順三 ………①122
藤田 庄市 ………
　①505, ①507
藤田 昇吾 ………①468
藤田 省三 ………①447
藤田 次郎 ………②715
藤田 伸 …………①327,
　①840, ①847
藤田 伸一 ………①724,
　②406, ②414
藤田 慎一 ………②577
藤田 朱雀 ………①871
藤田 善三郎 ……①129
藤田 尊潮 ………①924
藤田 大輔 ………②621
藤田 孝典 ………②63
藤田 岳彦 ………
　②650, ②662
藤田 貴大 ………
　①954, ①968
藤田 琢磨 ………②552
藤田 毅 …………②560
藤田 千秋 ………①59
藤田 千枝 ………①411,
　①413, ①415, ①416
藤田 宗 …………②427
藤田 勉 …②245, ②378
藤田 哲也 ………①704
藤田 照子 ………①702
藤田 晃之 ………①719
藤田 亨 …………②361
藤田 徹 …………②55
藤田 利江 ………①720
藤田 寿仁 ………②86
藤田 知子 ………①669
藤田 友敬 ………②221
藤田 知道 ………②687
藤田 知也 ………②383
藤田 豊大 ………②332
藤田 直央 ………②131
藤田 尚俊 ………②545
藤田 直哉 ………②907
藤田 菜々子 ……②63
藤田 のぼる ……①351
藤田 治仲 ………①875
藤田 久子 ………②462
藤田 尚志 ………
　①454, ①475
藤田 尚則 ………
　②201, ②219
藤田 英夫 ………②272,
　②273, ②274, ②300,

②441, ②516
藤田 浩貴 ……
　②193, ②195
藤田 浩子 ……
　①439, ①693
冨士田 裕子 ②687
藤田 博茂 ……①179
藤田 裕行 ……
　②378, ②383
　①580, ①592
藤田 富美恵 ①785
藤田 真樹子 ②714
ふじた まさえ ……②6
藤田 昌雄 ……②168
藤田 正勝 ……①463
藤田 昌久 ……②261
藤田 将弘 ……②365
藤田 守 ……②728
藤田 みさお ……②98
藤田 貢崇 ……②666
藤田 美菜子 ①340,
　①477, ①781, ②88
藤田 実 ……②463
藤田 稔 ……②929
藤田 紀昭 ……
　①433, ①741
藤田 統三 ①69, ①71
藤田 元信 ②370
藤田 康人 ……②337
藤田 恭介 ……②61
藤田 保幸 ②549
藤田 結子 ……
　①10, ②106
藤田 裕二 ①669
藤田 裕 ……②187
藤田 由美子 ①703
藤田 宜永 ……
　①1016, ①1107
藤田 佳久 ①571
藤田 善正 ①736
藤田 梨那 ①918
藤田 里奈 ①199
藤田 良一 ②409
藤田 玲子 ①649
藤高 邦文 ①969
藤孝 剛志 ①1263
藤瀧 和弘 ②633
藤谷 文子 ①977
藤谷 郁 ①1264
藤谷 治 ……①977,
　①1016, ①1107
藤谷 武史 ②399
藤谷 燈士 ……
　①979, ①1136
伏谷 勝博 ①954
冨士谷 盛興 ②757
藤谷 泰允 ②126
藤ちょこ ①861
藤津 文子 ②325
藤津 亮太 ①799
富士通エフオーエム
　②143,
　②545, ②553, ②562
富士通総研 ②513
富士通デザイン
　BOOK編集委員
　会 ……①879, ①880
富士通ラーニングメ
　ディア ②563
藤塚 光政 ②608
ふじつか 雪 …
　①362, ②363
藤塚 吉浩 ①617
フジテレビ「その原
　因、Xにあり！」
　②28
フジテレビPARA☆
　DO！ ①214
藤戸 康雄 ②414

フジトミ ……②381
藤富 保男 ①962
藤永 薫 ②576
藤永 伸一 ②508
藤仲 孝司 ①511
藤波 海 ……①747
藤波 大三郎 …
　②378, ②383
藤波 匠 ……①780
藤波 ちなこ ①1404
藤波 智之 ……
　②278, ②440
藤波 由剛 ②372
藤縄 理 ①149, ②714
藤貫 美佐 ②589
藤沼 隆志 ②708
藤沼 洋 ②590
藤沼 康樹 ①753
藤野 安紀子 ①636
藤野 可織 ……
　①1016, ①1116
藤野 一夫 ……②84
藤野 京子 ②746
藤野 彰子 ②763
藤野 貴教 ②524
藤野 千夜 ①1016
藤野 智子 ②766
藤野 英人 ……
　②290, ②393
藤野 秀美 ①479
藤野 博 ①686
藤野 ひろのぶ …①867
楢野 道流 ①1016,
　①1107, ①1135,
　①1264, ①1321
藤野 恵美 ……
　①363, ①1059
藤野 雄次 ②729
藤野 雄太 ②720
藤野 ゆき ①461
藤野 嘉子 …①52
藤野 良孝 …②27,
　①102, ①393, ①432
ふじのくに倶楽部
　②41, ①193
藤林 清仁 ②60
藤林 武史 ②55
藤原 しのぶ ②774
藤原 辰史 ②165
藤原 徹司 ……
　①390, ①440
藤原 友代 ……
　①1342, ②88
藤原 義久 ①814
藤春 都 ①1264
藤平 久子 ①344
藤間 敏雄 ①197
藤曲 武美 ……
　②401, ②403
藤巻 明 ①891
藤巻 一臣 ①46
藤巻 和宏 ②517
藤巻 一郎 ①127
藤巻 久美子 ①702
藤巻 健史 ②383
藤巻 忠俊 ……
　①850, ①1133
藤まる ①1016
伏見 威蕃 ①1342
伏見 清秀 ……
　②538, ②709
伏見 咲希 ①1264
伏見 沖敬 ①871
伏見 つかさ ①1264
伏見 俊行 ①1016
伏実 なんな ①359

ふしみ みさを ‥①309,
　①312, ①313,
　①315, ①317
伏見 操 ……①309,
　①384, ①450, ①455
昆見 里紗 ①184
富士見高原愛好会
　①539
藤峰 みちか ……
　①1348, ①1370,
　①1382, ①1384
藤宮 カズキ ①1264
富士見L文庫編集部
　①1133, ①1137
フジムラ、マコト
　②20
藤村 安芸子 ①578
藤村 新 ②557
藤村 和夫 ……
　②217, ②218
藤村 華奈美 ①1366,
　①1374, ①1376,
　①1378, ①1390
藤村 賢志 ①332
藤村 滋 ②527
藤村 建雄 ①579
藤村 奈緒美 ……
　②5, ②611
藤村 正宏 ②297
藤村 泰夫 ②590
藤村 与一郎 ①1059
藤本 灯 ①631
ふじもと あきこ
　①394
藤本 晃 ①516
藤本 篤士 ②758
藤本 篤志 ②353
藤本 薫 ②776
藤本 和子 ①317
藤本 和典 ②776
藤本 和久 ①716
藤本 一美 ②148
藤本 京平 ②592
藤本 国彦 ①807
藤本 啓二 ②599
藤本 健 ②533, ②543
藤元 健二 ②703
藤本 豪 ②220
藤本 浩介 ②521
藤本 幸三 ②493
藤本 さきこ ①87
藤本 智士 ……
　②22, ②295
藤本 シゲユキ ①118
藤本 修平 ②725
藤本 清一 ②399,
　②409, ②474, ②707
藤本 隆士 ①559
藤本 幸弘 ……
　①170, ②775
藤本 隆宏 ……
　②280, ②297
藤本 忠 ①450
藤本 勉 ②466
藤本 強 ①557
藤本 剛士 ②309
藤本 哲明 ①966
藤本 徹 ②751
藤本 寿彦 ①911
富士元 寿彦 ②690
藤元 登四郎 ②745
藤本 ともひこ ……
　①326, ①357
藤本 朝巳 ①886
藤本 誠之 ②396
藤本 昇 ②546
ふじもと のりこ
　①328

藤本 典嗣 ……
　②40, ②263
藤本 壱 ②393
藤本 陽啓 ②548
藤本 尚子 ①570
藤見 ひとみ ①365,
　①366, ①367,
　①381, ①1107
藤本 博 ①592
藤本 弘 ②571
藤本 坦孝 ①516
藤本 裕人 ①682
藤本 文朗 ……
　①594, ①711
冨士本 昌恵 ……
　①624, ②31
藤本 雅樹 ①923
藤本 昌樹 ……
　①496, ①498
フジモト マナブ
　①479
ふじもと みさと
　①339
藤本 光秀 ②423
ふじもと めぐみ
　①441
藤本 靖 ①158,
　①159, ①172
藤本 祐介 ①81
藤本 雄三 ①521
藤本 有紀子 ①355
藤本 陽子 ①920
藤本 陽平 ①156
藤本 佳久 ②590
藤本 頼生 ②151
藤本 礼奈 ①776
藤本 蓮風 ①954
藤本加代子とエス
　コート達 ②64
藤本義一文学賞事務
　局 ①903
藤森 明 ①463
藤森 淳 ②595
藤森 敦之 ①663
藤森 英二 ①537
藤森 馨 ①543
藤森 克彦 ②103
藤森 啓介 ②228
藤森 康一郎 ②400
藤森 詔子 ①862
藤森 二郎 ②37
藤森 毅 ②755
藤盛 千夏 ①1344
藤森 ちひろ ①1321
藤森 照信 ②607,
　②608, ②609
藤森 徹 ②275
藤森 空海 ①463
藤森 将昭 ②557
藤森 万里子 ①974
藤森 緑 ①129
藤森 義明 ②369
藤屋 伸二 ②374
フジヤマ ①1264
藤山 浩 ②451
藤山 純二郎 ①43
藤山 直樹 ①485
ブシャール、ジェ
　ラール ②94
藤芳 明生 ②548
藤由 達藏 ①88,
　①94, ①103, ②347
藤善 真澄 ①594
藤吉 陽子 ①58
藤脇 邦夫 ①1016
藤原 都 ②783
藤原 一裕 ①1107
藤原 和博 ②342

藤原 喜久子 ①974
藤原 暁三 ②44
藤原 邦恭 ①437,
　①438, ①439, ②52
藤原 敬士 ①596
藤原 玄 ②375,
　②382, ②395
藤原 健市 ①1264
藤原 賢哉 ②377
藤原 幸一 ……
　①399, ①400
藤原 惟光 ①1264
藤原 ゴンザレス
　①1264
藤原 聖子 ①508
藤原 聡 ①929
藤原 聖 ②555
藤原 茂生 ②555
藤原 俊六郎 ②575
藤原 尚太郎 ①263
藤原 士郎 ②802
藤原 慎一 ①327,
　①402, ②681
藤原 伸介 ②599
藤原 新也 ①255
藤原 精吾 ②47
藤原 誠太 ②695
藤原 総一郎 ……
　②188, ②194
藤原 孝章 ②678
藤原 多伽夫 ①1348
藤原 毅夫 ……
　②595, ②658
藤原 武男 ②98
藤原 毅芳 ②333,
　②336, ②351,
　②358, ②589
藤原 辰史 ②442
藤原 チワ子 ①1321
藤原 徹平 ②615
藤原 東演 ……
　①634, ①701, ①954
藤原 知子 ①669
藤原 朝子 ②126
藤原 智美 ②14,
　②634, ①701, ①954
藤原 直美 ①189
藤原 緋沙子 ①1059
藤原 久敏 ②388
藤原 英賢 ②363
藤原 ヒロコ ……
　②358, ②360
藤原 大美 ①167
藤原 文雄 ①758
藤原 真 ②667
藤原 雅俊 ②282
藤原 正範 ①954
藤原 正彦 ②954
藤原 松三郎 ②658
藤原 康弘 ②734
藤原 祐 ①1264
藤原 勇喜 ②191
藤原 祐子 ①595
藤原 雄介 ②552
藤原 由希 ②352
藤原 葉子 ……
　①673, ②774
藤原 喜明 ②238
藤原 祥隆 ②525
藤原 理加 ②297
藤原 良 ②39
藤原書店編集部 ②4
藤原 定家 ①900
藤原 実資 ②547
藤原 忠文 ②402
婦人之友社 ①1016
婦人之友社編集部
　②54
ブース、マイケル

　①199
ふすい ①344
文月 悠光 ①977
毒島 刀也 ……
　②132, ②164
毒島 雄二 ②519
フーストン、ジェー
　ムズ ②523
フスレ、ボルジギン
　①582, ②247
伏瀬 ①1264
布施 克彦 ②313
布施 鋼治 ①239
布施 知子 ①1107
布施 直春 ……
　②331, ②743
布施 伸章 ②317
布施 昇男 ①433
布施 はるか ①1396
布施 英利 ①826,
　②647, ②691
布施 瓢章 ①1265
布施 麻記子 ②393
布施 泰和 ……
　②136, ②451
布施 祐仁 ①141
布施 龍太 ①364
伏木 久始 ①755
伏谷 伸宏 ②572
ぶせな ②397
ふぞろいな合格答案
　プロジェクトチー
　ム ②488
ぶーた ①365, ①370
二井 將光 ②684
二神 恭一 ②330
二上 剛 ①1107
二神 孝一 ②265
二神 枝保 ……
　②279, ②330
二神 常爾 ②330
二上 哲也 ②517
二神 弓子 ②29,
　①30, ①31
二川 滋夫 ①273
二川 幸夫 ……
　①206, ①257
二川 由夫 ②609
二木 昇平 ①22
二塚 信 ②578
二木 ちかこ ①521
二木 康晴 ②522
二ツ目ユニット「成
　金」 ①786
ふたば ①155
二間瀬 敏史 ……
　②674, ②675
二見 史郎 ①829
二見 妙子 ①748
二見 隆亮 ①698
二見 剛史 ……
　①700, ①702
二見書房編集部
　①218
ブタミニブタ実験マ
　ニュアル編集委員
　会 ②456
二村 幸司 ①850
二村 祐輔 ……
　①109, ②427
渕 圭吾 ②399
プチ鹿島 ①239, ②10
渕上 清二 ①536
渕上 痩平 ①1357
淵上 美恵 ②312
扶持田 一寛 ①426
淵田 康之 ②256

渕野 貴生 ……②216
プチプラのあや ‥①30
淵邊 善彦 ……②194,
②223, ②325
フチモト ムネジ ‥①81
府中市美術館 ……①835
佛教史学会 ……①516
フックス、ベル ‥②37
ブックマン社編集部
……①155
ブッコ、ジョー ‥①305
復興まちづくり研究
所 ……②40
フッサール、エトム
ント ……①457
ブッシェ、フラン
シーヌ ……①318
ブッチェラート、ブラ
イアン
……①851, ①856
ブッツァーティ、
ディーノ ‥①1337
フッティー糸を楽し
む会 ……①83
フッド、スーザン
……①313
フットサルナビ編集
部 ……①230
『フットボールサミッ
ト』議会 ……①230
『フットボール批評』
編集部 ……①228
物理学実験指導書編
集委員会 ‥②666
物理学編集委員会
……②666
筆子 ……①97
不動 樹里 ……①142
不動 弘幸 ……②627,
②634, ②635
不動 まゆう
……②612, ②626
不動産オーナーを支
援する税理士の会
……②423
不動産公正取引協議
会連合会公正競争
規約研究会 ‥②419
不動産女性塾 ……②420
不動産取引実務研究
会 ……②497
ブドーズ、マリナ
……①35
ブトン、クリストフ
……①450
舟井 賀世子 ……①698
舩井 幸雄 ……②288
船井総合研究所
……②235, ②336
船井総合研究所法律
事務所コンサル
ティンググループ
……②229
船井総合研究所流通
業活性化プロジェ
クト ……②425
船尾 修 ……①255
船ヶ山 哲 ……
②343, ②354
船川 淳志 ……②353
舟川 一彦 ……①922
船木 亨 ……①446
船木 誠勝 ……②238
船木 幸弘 ……①488
船越 栄次 ……②754
船越 清佳 ……②85
舩越 拓 ……②724
舩越 亮二 ……

舟崎 泉美 ……①976
舟杉 真一 ……②670
船瀬 俊介 ……①150,
①153, ①157,
①163, ①563,
②71, ②512, ②574
船田 秀佳 ……
①654, ①665
舟田 正之 ……②375
舩田 眞里子 ……②655
船津 徹 ……①13
船津 洋 ‥①208, ①646
船登 彩芳 ……②759
船登 真里 ……①21
ふなっしー ……①352
船戸 与一 ……
①1067, ①1069
船登 惟希 ……
①700, ①714
松冨 康次 ……
①409, ①410
舟場 保之 ……②43
舟橋 武志 ……①831
舟橋 斉 ……①694
舟橋 三十子 ……①822
船橋 由高 ……①1265
船橋 洋一 ……
②19, ②126
船曳 崇也 ……②553
船曳 建夫 ……
①529, ①787
船曳 美也子 ……①167
舟波 真一 ……②713
船水 隆広 ……①152
船本 恵太 ……①824
船本 修三 ……②512
船本 準一 ……①243
船本 淑恵 ……②56
松山 明音 ……①356
松山 信次 ……
①405, ②726
船山 徹 ……②515
船山 泰範 ……
②212, ②214
ぷにちゃん ……①1265
舟生 岳夫 ……①674
不妊治療情報セン
ター ……①7, ①8
不妊治療情報セン
ターfunin.info編集
部 ……①8
船の科学館 ……①435
布野 修司 ……②120
ブノワ=ギュイヨ、
マドレーヌ ……②133
フーバー、ハーバー
ト ……①603
ぶひい ……②544
不法行為法研究会
……②230
夫馬 信一 ……①574
夫馬 進 ……①595
フミカ ……①390
文月 蓮 ……①1404
文月 ゆうり ……①1265
文野 あかね ……①1265
文野 さと ……①1265
麓 幸子 ……①115
冬木 弦堂 ……①1404
冬木 洋子 ……①1265
ブユタシ、アイ
ドゥン ……②655
フューシャ ……①314
冬斗 亜紀 ……①1347
冬野 いちこ ……①303
ふゆの 仁子 ……①1265
冬野 ひつじ ……①1404

冬原 パトラ ‥①1266
ぷゆぷゆ ……①1266
フラー、ティモシー
……①755
フライ、ハンナ ‥①862
フライ、ハンナ ……①119
ブライアント、ジェ
ン ……①318
フライシャッカー、
サミュエル ……②268
ブライズ、ゲーリー
……①375
プライス、スーザン
……①1337
プライス、マーティ
ン・F. ……②678
プライス、ロバート・
M. ……①526
ブライデン、クリステ
ィーン
……①177, ①178
ブライトバート、
ウィリアム・S.
……①496
ブラウト、アラン
……②98
ブラウン、アリスン
……①310
ブラウン、イーサン
……①560
ブラウン、ウィリア
ム ……①822
ブラウン、ウェン
ディ ……②92
ブラウン、エバレッ
ト・ケネディ ‥①260
ブラウン、エリック・
S. ……①1359
ブラウン、グレッグ
……②645
ブラウン、サンドラ
……①1352
ブラウン、ジェイム
ズ ……②46
ブラウン、ジェーン・
ティアーフェルド
……①488
ブラウン、デビ ……①488
ブラウン、デブラ・
リー ……①1386
ブラウン、ピーター
……①312
ブラウン、フォル
カー ……①1337
ブラウン、ブレネー
……①124
ブラウン、マーガレッ
ト・ワイズ ‥①313,
①314, ①317
ブラウン、マーシャ
……①309
ブラウン、ライリー
……①853
ブラウン、リチャー
ド・P. ……②746
ブラウン、リチャー
ド・W. ……①105
ブラウン、レベッカ
……①836
部落解放人権研究所
……②44
部落解放人権政策確
立要求中央実行委
員会 ……②44
部落解放同盟中央本
部 ……②512
フラクション、マッ
ト ……①848, ①855
フラクタ ……②298

フラクチャードピク
セルズ ……①321
『プラクティス』編集
委員会 ……②720
部落問題研究所 ‥②43
ブラーシム、ハサン
……①1337
ブラジリィーアン山
田 ……①1133
ブラスウェル、リズ
……①376
ブラスコ、フリオ・
アントニオ ……①314
プラズマ核融合学会
……②597
ブラッカー、ベン
……①853
ブラッグ、ジョージ
ア ……①107
フラック、ティム
……②693
ブラック、ヨーガン
……①647
ブラックインクチー
ム ……①405, ①408
ブラックウェル、ルイ
ス ……②677, ②686
ブラックウッド、グ
ラント ……①1342
ブラックウッド、フ
レヤ ……①312
ブラックウッド、リ
リー ……①1337
ブラックバイトから
子どもたちを守る
会 ……①413
ブラックバーン、エ
リザベス ……①148
ブラックバーン、サ
イモン ……①477
ブラックヒース、ス
ティーブン ‥②548
ブラックマン、キャ
リー ……①843
ブラッケビイ、キャ
シー ……②17
ブラッツ、リュイス
……①1337
プラット、リチャー
ド ……②46
ブラッドショー、
ジョン ……①265
ブラッドショー、
ニック ……②852
ブラッドフォード、
バーバラ・T.
……①1395
ブラッドリー、キン
バリー・ブルベイ
カー ……①378
ブラッドン、デレク
……②378
フラード=ブラナー、
ゾーイ ……②512
プラトン
……①468, ①469
フラナガン、ジョン
……①376, ①652
フラナガン 裕美子
……②287
ブラム、アジャン
……①513
ブラーム、アーチャ
ン ……①100
プラユキ・ナラテ
ボー ……①510
プーラン、ジャン=
ピエール ……①38
ブラン、セシル ‥①887

ブランキャン、フラ
ンク ……①808
フランク、アンネ
……①1337
フランク、ガート
ルード ……①480
フランク、ゲーリー
……①851,
①856, ①858
フランク、マット
……①850
フランク、ルビン
……①480
フランク、ロバート・
H. ……①260, ①262
フランクス、ティム
……①32
フランクリン、ジョ
ナサン ……①934
フランクリン、デイ
ビッド・W. ……①598
フ ラ ン ク リ ン
コヴィージャパ
ン ……①15, ②589
フランクル、ヴィク
トール・E. ……①486
フランクル、ビー
ター ……①715
プランケット、ステ
ファニー・ハブツ
シュ ……①859
プランコム、ナ
ディーヌ ……①311
フランシス、スーザ
ン ‥①372, ①378
フランシス、H.G.
……①1357
ブランショ、モーリ
ス ……①906
プランスキー、ジョ
ン ……①310
フランス語教育振興
協会 ……①669, ①671
ふらんす編集部
……①671
フランセラ、フェイ
……①494
フランソワ、ポール
……①317
ブランダイス、D.
……②731
フランチェスチェッ
リ、クリスト
ファー ……①305
フランチャイズ研究
会 ……②425
ブランチャード、ケ
ン ……①120, ②309
ブランド、ニール
……①794
ブラント、ボブ ①470
ブラント、ルシンダ
……①1337
ブランドン、アリ
……①1352
フランプトン、ミー
ガン ……①1396
ブーリー、ナター
シャ ……①1352
鰤 牙 ……①1266
ブリア=サヴァラン
……①960
フリーガー、ヴァー
リン ……①1363
プリゴジン、I. ……②666
プリザービングフラ
ワーズ協会 ……①271
フリス、アレックス

……①410
フリス、デリック
……①649
フリースクール全国
ネットワーク多様
な学び保障法を実
現する会 ……①749
プリースト、クリス
トファー ……①1364
プリズマイリヤ製作
委員会 ……①801
プリゼンディーン、
ローアン ……①481
フリダンソン、パト
リック ……②371
プリチャード、アラ
ン ……①757
振津 晴雄 ……①961
フリック、ウヴェ
……②98, ②652
フリック、マリオ
……②380
フリックス編集部
……①794
ブリッジズ、ウィリ
アム ……②310
ブリッジズ、スーザ
ン ……②310
フリッシュ、アーロ
ン ……①422
ブリッソン、パスカ
ル ……①383
フリッチェ、ライ
ナー ……②584
プリッツ、ルイーザ・
トムセン ……①100
フリッピン、ロイス
……①180
フリーデベルク、
フィデス ……①314
フリード、アレクサ
ンダー ……①1359
フリードマン、
ジョージ ……②128
フリードマン、スー
……②735
フリードマン、モン
ロー・H. ……②228
フリードマン、ラッ
セル ……①383
フリート横田 ……①187
フリードランダー、
カズヨ ……①64
降旗 信一 ……
①750, ①752
降幡 利治 ……②433
フリーマン、ケイト
リン ……①48
フリーマン、ジェー
ムス ……①48
フリーマン、マイケ
ル ……①253
フリーマントル、ブ
ライアン ……①1352
降矢 なな ……①342
ブリュソロ、セル
ジュ ……①1352
フリン、キャスリーン
……①935
フリン、マイケル
……②135
ブリンカー、スコッ
ト ……②337
ブリンカー・フォン・
デア・ハイデ、ク
ラウディア ……①601
ブリンク、キャロル・
ライリー ……①374
ブリンク、ヘンリク

著者名索引

………②525
ブリンクマン, リック ……①491, ②359
プリングル, ロバート ……②380
フリント, ケイティ ……①306
古井 仁 ……②312
古井 由吉 ……①909, ①931, ①954, ①1016
古市 憲寿 ……①186, ②94
古市 雅子 ……①598
古市 正彦 ……②313
古市 真由美 ……①1347
古市 幸雄 ……②344
古内 絵里子 ……①543
古内 一絵 ……①1016
古内 ヨシ ……①340
古尾谷 未央 ……②301
ブルーガイド編集部 ……①190, ①192
古垣 光一 ……①537
ブルガーコフ, ミハイル ……①784, ①1337
古堅 純子 ……①2, ①110
古川 愛哲 ……①565
古川 章好 ……②259
古川 綾子 ……①1330
古河 樹 ……①1266
古川 治 ……①754
古川 薫 ……①1026, ①1060
古川 和男 ……①236
古川 勝久 ……②131
古川 健司 ……①164
古川 耕 ……①455
古川 咲 ……①32
古川 繁子 ……①681
古川 隆司 ……②222
古川 拓 ……②467
古川 拓馬 ……②329
古川 武士 ……②352, ②355
古川 智映子 ……①89
古川 勉 ……②445
古川 哲史 ……①180
古川 徹也 ……②244
古川 俊行 ……②739
古川 守行 ……②438
古川 豊子 ……①576
古川 順弘 ……①16, ①505
古川 晴彦 ……①799
古川 日出男 ……①979, ①1017, ①1060
布留川 英一 ……②553
古川 飛祐 ……②230, ②330, ②501
古川 真人 ……①1017
古河 正次 ……①1266
古川 勝也 ……①4
布留川 勝 ……②354
フルカワ マモる ……①360, ①380, ①426, ①432
古川 稔 ……①740
古川 元視 ……①712
古川 雄輝 ……②669
古川 修 ……①489
古木 明美 ……①73, ①79
古木 和真 ……①1266
フルーク, ジョアン ……①1352
古草 秀子 ……①314
古久保 拓 ……②770
ブルゴー, ヴィンセン

ト ……①311, ①316
フルコム ……①236, ……②237, ①240
古阪 秀三 ……②617
古里 貴洋 ……②400
ふるさときゃらばん 出版する会 ……①783
古沢 浩一 ……②602
古沢 広祐 ……②96, ②448
古沢 たつお ……①341
古沢 保 ……①251
古澤 千恵 ……①205
古澤 徹 ……①659
古澤 秀和 ……①243
古澤 弘美 ……①659
古澤 康秀 ……②771
古沢 嘉通 ……①1334, ①1347, ①1364, ①1365
ブルス, ボレスワフ ……①1337
ブルース, レオ ……①1353
ブルース&ソウルレコーズ ……①806
ブルースト ……①1337
ブルース・濱名 宗整 ……①652
古瀬 稔 ……①335
古瀬 梨乃 ……①1394
古薗 勉 ……②703
古田 愛子 ……②57
古田 一雄 ……②571
古田 和久 ……①754
古田 和弘 ……①509
古田 克利 ……②464
古田 勝経 ……②760, ②761
古田 清和 ……②57
降田 天 ……①1107
古田 富建 ……②667
古田 伸夫 ……①178
古田 陽久 ……①188, ②25, ②291
古田 博司 ……②88
古田 真美 ……①188, ②25, ②291
古田 真理子 ……①424
古田 元夫 ……②87
古田 佑紀 ……②211, ②216
古田 裕子 ……②708
古田 雄介 ……①109
古田 裕三 ……②605
古田 嘉彦 ……①962
古田織部美術館 ……①874
古田史学の会 ……①541
古舘 明廣 ……①427
古舘 春一 ……①1133, ①1135
古谷 彰子 ……②778
フルタニ マサエ ……①57
古谷 充子 ……②428
ブルタルコス ……①926
ブルック, グンター ……①657
ブルックシャー, J.グレン ……①520
ブルックス, ダニエル・ジェイムズ ……①653
ブルックス, デイヴィッド ……①85
ブルックス, フェリシティ ……①305
ブルックス, ヘレン

………①1386, ①1388, ①1392
ブルックス, マックス ……①1358
ブルックス=ダルトン, リリー ……①1364
ブルック=ヒッチング, エドワード ……①588
プルデンシャル生命保険フェイスブック（日出ずる国の営業）運営事務局 ……②332
ブルドー, オリヴィエ ……①1337
プルート, ジョージ ……①381
ブルトン, アンドレ ……①830
ブルーナ, ディック ……①311, ①315
古根 隆広 ……①150
古野 彰久 ……①160
古野 興平 ……②581
古野 利勝 ……②321
古野 まほろ ……①1107, ①1266, ②154
古橋 忠晃 ……①474, ①496, ①675
古橋 秀之 ……①1266
古簱 一浩 ……②560
古畑 公 ……②776
古畑 徹 ……②594
ブルーバックス編集部 ……②649
古林 海月 ……①857
古林 ゆり ……①692
フルフォード, ベンジャミン ……②121, ②124, ②126, ②136, ②248
ブルベイカー, エド ……①848, ①855
古米 弘明 ……②573
古町 みゆき ……①277, ①278
古宮 九時 ……①1266
ブルーム, デイヴ ……①44
古本 ゆうや ……①440
古屋 昭弘 ……①666
古屋 一花 ……①1266
古屋 兎丸 ……①1132
古家 和尚 ……①1067
古谷 恵太 ……①750
古谷 謙一 ……②154
古屋 健三 ……①1017
古屋 悟司 ……②317
古屋 聡 ……②774
古矢 旬 ……②134
古屋 達司 ……①146
古谷 経衡 ……②446, ②104, ②129
古屋 伸行 ……①68
古屋 博子 ……①122
古谷 暢基 ……①65, ①151, ①155, ①269
古谷 美里 ……①1126
古谷 三敏 ……①43, ①771
古屋 美登里 ……①372, ①376, ①935, ①1332, ②2, ②702
古屋 八重子 ……②698
古谷 由紀子 ……②97

古谷 嘉章 ……②115
降矢 良男 ……②628
古谷 陸 ……①43, ①771
古屋 龍太 ……②80
古山 和男 ……①916
古山 勝康 ……①44
ブルーワー, ジョン ……①215
ブレー, マルク ……②682
フレア ……①827, ①875, ①876
フレアビジネス研究会 ……②277, ②325
フレイ, ナンシー ……①755
ブレイク, クェンティン ……①315
ブレイク, マーク ……①793
ブレイク, マヤ ……①1377
ブレイク, ラッセル ……①1342
フレイザー, アン ……①1381
フレイザー, メアリー・アン ……①316
フレイザー, J.G. ……①507
フレイシュマン, シーモア ……①311
ブレイディ みかこ ……①694, ①955, ②53, ②253
ブレイニー, ジェフリー ……①590
プレイワーク研究会 ……①715
ブレイン ……①320
ブレインバトラー開発チーム ……①980
ブレインワークス ……①108, ②86, ②289, ②305, ②307, ②310, ②312, ②534
プレヴェール, ジャック ……①975
プレヴォ, アントワーヌ・フランソワ ……①1337
ブレグマン, ルトガー ……②108
プレシ 南日子 ……①123, ①266, ②696
ブーレーズ, ピエール ……①820
ブレーズ, マイケル ……①635
プレスト研 ……①295
プレストン, ダグラス ……①935
ブレッケンリッジ, キース ……①610
フレッチャー, アンガス ……①917
フレッチャー, クレア ……①316
フレッチャー, トム ……①372
フレッチャー, ニコラ ……①34
フレッチャー, ブレンデン ……①850
フレッチャー, J.S. ……①1353
ブレーデカンプ, ホルスト ……①607
ブレーデル, サラ

………①1353
ブレード, アダム ……①376
ブレマック, デイヴィッド ……①478
フレミング, キャンデス ……①1353
ブレンサイン, ボルジギン ……①651
フレンチ, アレックス ……①31
フレンチ, ジェス ……①383, ①384
ブレーン編集部 ……②294
フロー, マルティナ ……①878
ブロアーゼン, J. ……①493
フロウ, J.J. ……①485
風呂内 亜矢 ……②74, ②394
プロジェクトアドベンチャージャパン ……①712
プロジェクトF ……①80
フロース, リチャード ……①377
プロスゴル, ベラ ……①312
フロスト, マーク ……①781
フロスト, ランディ・O. ……①489
フロスト, ローラ・J. ……②769
プロスペリ, アドリアーノ ……①601
フロッカ, ブライアン ……①315
ブロック, アンディ ……①1377
ブロック, セルジュ ……①529
ブロック, マルク ……①611
ブロック 幸子 ……①663
ブロックチェーンハブ ……②380
フロッグデザイン ……①875, ①877, ②335, ②540
ブロッコリーライオ ……①1266
フロッサール, クレール ……①315
ブロットマン, ミキータ ……②2
ブロッホ, ギュンター ……②691
ブローティガン, リチャード ……①975
ブロードリック, アネット ……①1384
ブロネクサスディスクロージャー研究部 ……②195
プロベンセン, アリス ……①317
プロベンセン, マーティン ……①317
フロマートカ, ヨゼフ・ルクル ……①527
フロム, エーリッヒ ……①446
フロムサンキュー ……①151
ブロムリー, ニック ……①313

………①1353
フロリ, セドリック ……②342
フロリ, パスカル ……②342
フローリスト編集部 ……①269, ①270
フロリディ, ルチアーノ ……②512
プロレス伝説継承委員会 ……①238
フロレンティナ・エリカ ……①668
ブロンスキー, アリーナ ……①1337
武論星 朱軌 ……①132
ふろん太 ……①231
フロンティアマネジメント ……①295
プロFP Japan ……②485
ふわ こういちろう ……①419, ①546
不破 俊輔 ……①565
不破 哲三 ……①608, ①912, ②173
文 元春 ……①220
文 善 ……①1353
文 炳鬳 ……①975
文英堂編集部 ……②783
文化学園服飾博物館 ……①881
「文學界」編集部 ……①791
文化財保存全国協議会 ……①824
文化出版局 ……①76, ①78
『文化政策研究』編集委員会 ……②107
文化庁 ……①614, ①824, ②42, ②188
文化服装学院 ……①30
文化放送「大竹まことゴールデンラジオ！」 ……①931
文京科学大学 ……②663
文教大学国際学部叢書編集委員会 ……②101
文芸教育研究協議会 ……①725
文芸事象の歴史研究会 ……①925
文藝春秋 ……①565, ①575, ①791
文芸第三出版部 ……①1068, ①1135
文豪ストレイドッグス製作委員会 ……①800
ぶんころり ……①1266
文春文庫 ……①799
ぶんしん出版 ……①254
分藤 賢之 ……①682
文堂 弘之 ……②311
ふんどし王子 ……②423

へ

べあ姫 ……①1135
平井 太朗 ……①862
平安監査法人 ……②56

ベイヴァー, ミシェル ……①372
ベイェネ, ヨナス ……①612
ベイカー, エイミー・J.L. ……①15
ヘイガー, トーマス ……②671
ベイカレントコンサルティング ……②286
ヘイグ, マット・①372
へいくD ……①440
『米国経済白書』翻訳研究会 ……②254
米国小児科学会 ……②748
米国睡眠医学会 ……①171
米国大統領研究編纂所 ……②134
ベイジ, アリソン ……①1394
ベイス, アン・マリー ……①310
ヘイスティング, クリス ……①849
平成暮らしの研究会 ……①39
平成ボトル倶楽部 ……①285
ヘイゼン, ブルース ……②293
ベイツ, エイミー・ジューン ……①318
ベイツ, ベン ……①857
ベイティー, アンドレア ……①313
ヘイトスピーチを許さないかわさき市民ネットワーク ……②45
ベイトソン, マギー ……①306
ベイトマン, キャロル ……②99
ベイトマン, スティーブン ……①876
ベイトマン, K.C. ……①1338
堺流 通留 ……①1267
平凡社 ……①211, ①618
ベイヤー, ベッツィ ……②521
ベイラー, バード ……①313
ベイリー, クリス ……②287
ベイリー, グレイス ……①1338
ベイリー, ジェイソン ……①792
ベイリー, ジョン・S. ……①479
ベイリー, ダリル ……①142
ベイリー, レイチェル ……①1384
ベイリー, レベッカ ……①95
ベイリー, L.H.・②687
ベイルズ, ケビン ……②574
ベイルース, ダニーロ ……①848, ①849, ①853
平和安全保障研究所 ……①②130
ヘイワード, ジェニファー ……

ヘイワード, ティム ……①43
ベイントン, ローランド・H. ……①522
ベインブリッジ, マックス ……①35
ベガ, セザール ……①40
ベカルト, ザビエ ……②274
ヘギー, ジェシカ ……①466
日置 幸介 ……①677
碧南市立西端小学校 ……①712
北京市古代建築研究所 ……①598, ②613
ベク ヒナ ……①314
ベク ヒョンシク ……①661
ベクシンスキ, ズジスワフ ……①844
ベクダル, アリソン ……①855
ヘグルンド, マーティン ……①475
ベケシュ, アンドレイ ……②84
ヘーゲル, ゲオルク・ヴィルヘルム・フリードリヒ ……①472
ヘザリ, ケイ ……②18
ベジタブルクッキングスタジオ ……①55
ベスキーモ ……①305
ベスタルド, アイナ ……①310, ①317
ベストフィールズ ……②432
ヘストン, スティーブ ……①273
『ベースボールサミット』編集部 ……①224
ベースボールマガジン社 ……①225
ベゾルド, チャールズ ……②552
「ぺたスクリプト」製作委員会 ……②552
ペーターセン, クラウス ……②64
ベターホーム協会 ……①53, ①54, ①55, ①63
ベタン, シャンタル ……①414
別院 一郎 ……①583
ベッカー, アーロン ……①318
ベッカー, デボラ ……②65
戸次 公正 ……①516, ①520
ベック, グレッグ ……①1364
ベック, ケント ……①550
ベック, ルイス・ホワイト ……①468
別宮 貞徳 ……①601
ベックウィズ, クリストファー ……①591
べっこ ……①862
別冊映画秘宝編集部 ……①789
別冊商事法務編集部 ……②327
別冊宝島編集部 ……①95, ①107,

①273, ①501, ①533, ①554, ①766, ①800, ①872, ①921, ②12, ②30, ②33, ②38, ②39, ②131, ②150, ②165, ②166, ②249, ②306, ②308, ②392
ベッサン, エリック ……①378
別司 芳子 ……①383
別所 興一 ……②37
別所 隆弘 ……①252
別所 直哉 ……②194
ヘッセ, ヘルマン ……①1338
ベッソン, フロラン ……①119
別役 慎司 ……①117
ベッテルハイム, B.J ……①625
ヘッドルーム ……①841, ①845
別府 倫太郎 ……①955
別役 実 ……①785, ①888
ベティ, デヴ ……①311
ベティグリー, アンドルー ……②17
ベーテ有理黒崎 ……①1138
ベトナムインターネットネットワーク情報センター（VNNIC）……②252
ベトノルツ, アヒム ……②608
ベトフ, ジェニファー ……②521
ベトルッチ, ケリアン ……①163
ベトロヴァ, スヴェトラーナ ……①829
ベトロスキー, ヘンリー ……②4
ベーナー, フィロテウス ……①521
ベルナッサイ, アンニーゼイ, ア ……⑨69
ベナティ, アレッサンドロ ……①663
紅粉 芳惠 ……①664
ベニンガ, サイモン ……②379
ベネター, デイヴィッド ……①446
ベネット, アナ ……①1338
ベネット, アーノルド ……①123
ベネット, アレキサンダー ……①461
ベネット, タラ ……①781
ベネット, トニー ……②106
ベネット, マーゴット ……①1353
ベネディクト, ルース ……②117
ヘファナン, マーガレット ……②289
ヘフェリン, サンドラ ……②84
ヘマンタ, ハザリカ ……②605
ベーム, ゴットフリート ……①467
ベム, ジャンヌ ……①925
部矢 惠美子 ……①970
ベヤンヌマキ ……①927

ベラミー・ロイズ, アメリア ……②522
ベラルディ（ビフォ）, フランコ ……②39
ベリー, ウィリアム・J. ……①121
ベリー, クリストファー ……②268
ベリー, リズ ……①1353
ベリー, レイ ……①1353
ベリオス, フランク ……①372
ベリコーリ, シャンタル ……①378
ヘリス, アン ……①1369, ①1386
ベリス, サルバドール・クリメント ……②456
ヘーリッシュ, ヨッヘン ……②11
ベリング, ジェシー ……②648
ベル, キャサリン ……①507
ベル, ダーシー ……①1353
ベル, レノーラ ……①1338
ベルガンティ, ロベルト ……①878
ヘルキスト, ブレット ……①307
ベルク, オギュスタン ……②577
ベルクソン, アンリ ……①474
ベルクマン, ①173
ヘルシスト編集部 ……②674
ベルジュロン, ルイ ……②429
ヘルスケア総合政策研究所 ……②82, ②726
『ヘルスケアレストラン』栄養企画委員会 ……②726
ヘルストレム, ベリエ ……①1342, ①1343
ヘルダー, ヨハン・ゴットフリート ……①470
ヘルツッ, レオ ……①1338
ベルティエ, メリッサ・ジョー ……①263
ヘルト, クルト ……①371
ベルトナー, ギュンター ……①471
ベルトラン, ニコラ ……①601
ベルトン, クリストファー ……①344
ヘルマーノ, マーラ・L. ……①879
ヘルマン=ピラート, カーステン ……②259
ヘルヤー, ジョン ……②306
ベルンハルト, トーマス ……①935
ベレス, ジョージ ……①848, ①858
ベレス, ジョゼフ ……①602
ベレス, ボン ……①331

ベレス・フラグエラ, ホセ・ルイス ②456
ベレティエ, ポール ……①847, ①849
ベレルマン, ヘレン ……①374
ベーレン, ジュヌビエーブ ……①143
ヘレンハルメ 美穂 ……①1342, ①1343, ①1355
ペロー, シャルル ……①309
ヘロー天気 ……①1267
ベロニカ, マレーク ……①312
ぺろりん先生 ……②29
ヘロルド, イブ ……②700
ヘロン, ミック ……①1353
ベン=アミ, ファニー ……①384
ベンゴ, キャロライン ……②17
弁護士によるスポーツ安全対策検討委員会 ……①214
弁護士法人佐野総合 ……②228
弁護士法人ベリーベスト法律事務所 ……②461
弁護士法人Martial Arts ……①191
弁護士法人One Asia ……②312
ベンジウォル, ジーン・E. ……①313
ベンジャミン, アーサー ……②651
ベンジャミン, アリ ……①373
ベンジャミン, ケイ ……①266
編集委員会 ……①696, ②468
編集：カスタムメディア企画課 ……①775
編集工房Q ……②76, ②77
編集部 ……①404, ①786, ②687, ②736
勉誠編集部 ……②113
ベンセン, クララ ……①1338
ベンソン, マイケル ……②675
ベンソン, ローリー ……①1369
ヘンダースン, スミス ……①1353
ヘンダーソン, ヴァージニア・A. ……②763, ②765
ヘンダーソン, エリカ ……①852
ベンチャーエンタープライズセンター ……②274
ベンディス, ブライアン・マイケル ……①857
ヘンドリー, ジョイ ……②112

ベントリー, ピーター ……①305
ベントリー, E.C. ……①1353
ペンブローク, ソフィー ……①1381
ペン編集部 ……①787, ①876
逸見 幾代 ……②775, ②776
逸見 幸司 ……②414
逸見 光次郎 ……②337
逸見 修二 ……①448
邊見 登志雄 ……①431
逸見 敏郎 ……①755
辺見 紀男 ……②207
逸見 博昌 ……①704
辺見 庸 ……②168
辺見 葉子 ……①920
ベンヤミン, ヴァルター ……①470
ヘンリー境田 ……①576
弁理士クラブ知的財産実務研究所 ……②584
弁理士受験新報編集部 ……②631
ペンローズ, ロジャー ……①875

ほ

ホー, ジャニー ……①306
保安通信協会 ……②154
保育教諭養成課程研究会 ……①697
保育士採用試験情報研究会 ……①763
保育士試験研究会 ……①763
保育士試験対策委員会 ……①763
保育実習研究部会 ……①696
保育総合研究会 ……①693
保育福祉小六法編集委員会 ……②64
ホイザー, ベアトリス ……②164
ホイスラー, アンドレアス ……①601
ホイト, エリザベス ……①1338
ホイト, エリック ……①698
ぽいぽい ……①1404
「ボイメンの試験に出ない英単語」製作委員会 ……①652
ボイラー技士研究委員会 ……②629
ボイル, エリザベス ……①1396
ボイル, マーク ……①456
ホイールライト, トム ……②376
ポイントン, ロバート・S. ……②131
鮑 義忠 ……①127,

著者名索引

①129, ①134, ①142
包 強 ………①173
房 賢嬉 ………①666
包 香玉 ………②467
豊 子愷 ………①356
彭 鉄元 ………②512
彭 濤 ………②277
彭 飛 ………①665
ボヴィ, グレン ①808
ボウイ, ノーマン・E. ………②370
防衛技術ジャーナル編集部 ………②163, ②167
防衛協力会 ………②183
防衛省 ‥②163, ②175
防衛省防衛研究所 ………②163
貿易アドバイザー協会 ………②283
ボウエン, リース ………①1353
宝賀 寿男 ……①542, ①544, ①546
法学館憲法研究所 ………②201
法学検定試験委員会 ………②230
法学書院編集部 ………①671, ②508
防火材料等関係団体協議会 ………②622
宝月 誠 ………②96
宝剣 久俊 ………②449
冒険企画局 …①277, ①278, ①279, ①399, ①1132, ①1136, ①1137
ほうご なつこ …②767
方谷研究会 ………①563
方谷さんに学ぶ会 ………①106
傍士 豊 ………①668
放射線の正しい知識を普及する会 ………②581
北条 歩来 ……①1267
北條 加奈 ……①821
北条 かや ……①955
北条 久美子 …②424
北條 拓人 ……①1404
北条 常久 ………②14
宝城 哲司 ……①244
北條 巴 ………①192
北條 昇 ………②752
北條 文緒 ………②83
北條 雅章 ……①267
北條 正司 ………①43, ②669
北条 三日月 …①1267
北條 元治 ………②349, ②702
北條 芳隆 ……①613
北條 亮 ………②700
北条氏研究会 …①550
ほうずコンニャク ………①33
法政大学大学院坂本光司研究室 …②305
法政大学地域研究センター ………②253
法政大学デザイン工学部建築学科デザインラボユニット ………②609
法政大学比較経済研究所 ………②281
法曹会 ………②230

放送大学中国四国ブロック学習センター ………①675
蓬台 浩明 ………②295
報知新聞社写真部 ………①225
宝槻 泰伸 ………①11
法と精神医療学会 ………②746
法然 ………①519
ほうの さつき …①354
坊野 五月 ………①355
法務省 ………②44
法務省大臣官房司法法制部 ………②227
法務省法務総合研究所 ………②39
法務省民事局 …②206
法元 英明 ………①223
蓬莱 昭彦 ………②222
蓬莱 和歌子 …①78
宝利 ひとみ …②370
法律税金経営を学ぶ会 ………②191
「法隆寺雑記」を読む会 ………①550
法林 岳之 ……②519, ②532, ②533, ②546
ボウルズ, サミュエル ………②266, ②647
法令出版編集部 ………②229
ほおのき ソラ …①362
ボー・オー・バユットー ………①512
ホーカー, LS …①1353
外 須美夫 ………②711
ボカジュニアーズフィリアルジャパン ………②229
穂苅 貞雄 ………①257
帆刈 浩之 ………①589
保垣 瑞樹 ………①925
ホーガン, ジェイミー ………①374
ホーガン, ジェイムズ・P. ………①1364
ホーガン, マルティナ ………①306
ボキノコ先生 …①321
保木本 佳子 ………①345, ①979
ホーキング, スティーヴン ………①402, ②676
ホーキング, ルーシー ………①402
ホーキング青山 …②71
ホーキンズ, エミリー ………①407
ホーキンズ, カレン ………①1338
ホーキンズ, テリー ………①93
ホーキンズ, ポーラ ………①1353
ぼく ………①49, ①161
朴 一 ………①928
朴 一功 …①468, ①469
朴 婉緒 ………①933
ト 鉅一 ………①599
朴 恵淑 ………②25
朴 慶心 ………②371
朴 元奎 ………②214
朴 康鎬 ………①396
朴 沙羅 ………②138
朴 正大 ………①975
朴 祥美 ………①570
朴 大栄 ………②318

朴 成和 ………②735
朴 福美 ………①918
朴 裕河 ………②18
朴 庚卿 ………①562
朴 庸坤 ………②45
北海道開発協会 ………②174
北海道日本ハムファイターズ選手会 ………①342
ホクソエム ………②550, ②556
ボグダノビッチ, ビクトル ………①851
穂口 雄右 ………①978
北都 凛 ………①1404
ボーグマン, クリスティン L. ………②7
保倉 明子 ………②673
木蔵シャフェ 君子 ………②95
北陸なつめ研究会 ………①164
ポケット研究会 ………①280
ポケモン ………①280, ①322
ボーゲル, ジョン・R. ………②392
ボーゲル, デビッド ………②706
保健看護学研究会 ………②58
保険サービスシステム ………②331
保険サービスシステム社会保険労務士法人 ………②331
『保健室』編集部 ………②702
保険者機能を推進する会たばこ対策研究会 ………②154
保険税務事例研究グループ ………②323
保険薬剤研究会 ………②772
保坂 あけみ ………①439, ①693
保坂 歩 ………①1137
保坂 和志 ……①1017
保坂 健太郎 …①328, ①406, ②689
保坂 さほ ………①253
保坂 修司 ………①129
保坂 純郎 ………②718
保坂 貴司 ………②618
保坂 隆 …①96, ①101, ①110, ①160, ①169, ①171, ①490, ②736
保坂 直紀 ………①400
保坂 展人 ………②200
穂坂 治宏 ………②471, ②475, ②490
保阪 正康 ………①574, ①581, ①916, ②93, ②148, ②198
保坂 庸介 ………②542
ポザメンティア, アルフレッド・S. ………②653
星 あやさ ………①980
星 泉 …①668, ①1335
星 一郎 ………①480
星 嬉 ………①970
星 薫 …①478, ①498
星 和磨 ………②542
星 希代子 ……①1135

星 健孝 ………②265
星 賢治 ………②750
星 浩二 ………①1108
星 弘道 ………①871
ほし しんいち …①437
星 新一 ………①325, ①331, ①335, ①362, ①1017
星 多絵子 ………②383
星 旦二 ………②67
星 輝行 ………①404
星 虎男 ………①173
星 直樹 ………①737
星 憲幸 ………②754
星 飛雄馬 ………①508
星 裕水 ………①200
星 裕之 ………②440
星 まこと ………①125
星 祐子 ………①416
星 亮一 ………①563, ①567, ①568, ①576, ①581, ①1060
星 玲奈 ………①21
星井 博文 ………②296, ②338, ②344, ②355, ②362, ②427, ②589
ホジェッツ, クレイグ ………①793
ほしお さなえ …①381, ①1017, ①1137
星加 良司 ………②72
星川 啓慈 ………②450
星崎 崑 ………①1267
星月 渉 ………①1267
星月 子猫 ………①1267
星名 桂治 …①34, ①39
星野 藍 ………①259
星乃 あかり …①1017
星野 昭吉 ………②171
星野 あたる …①1267
星野 一郎 ………②315
星野 恵津夫 ………②517, ②736
星野 エマ ………①963
星野 和実 ………②109
星野 邦敏 ………②516, ②537, ②543
星野 源 ………①767
星野 智 ………①125
星野 重夫 ………②624
星野 泰三 ………②736
星野 卓也 ………①126, ②349
星野 武久 ………②385
星野 岳義 ………②112
星野 俊光 ………①257
星野 富夫 ………②628
星野 富弘 ………①966
星野 智幸 ………②238
星野 直樹 ………①724
星野 尚 ………②548
星野 響 ………②449
星野 弘 ………②744
星野 紘 ………②110
星野 博美 ………①955
干野 風来子 …①972
星野 太 ………②451
星野 文紘 ………①458
星野 眞三雄 …②253
星野 道夫 ………①259
星野 通平 ………②679
星野 光世 ………①584
星埜 守之 ………①830, ①923
星野 裕二 ………①707, ①719
星野 雄滋 ………②316

星野 佑佳 ………②23
ほしの ゆみ ………①639, ①728
星野 由美 ………①310
星野 芳明 ………②624
星野 欣生 ………①488
星野 佳路 ………②309
星野 仁彦 ………①178, ①489, ①495, ②341
星野 伶 ………①1321
星野 ワンケイ …①46
ほしば ゆみこ ………①85, ①101
干場 弓子 ………①95
干場 義雅 ………①30
星窓 ぽんきち …①1267
星谷 馨 ………①1358, ①1359
星谷 孝幸 ………①220
ボージャス, ジョージ ………②255
ボズウェル, チャールズ ………①934
ポスティコーポレーション ………②443
ポスティコーポレーションシューズポスト編集部 …②29
ポストメディア編集部 ………①145, ①283, ①284, ①800, ①802, ①840, ①841, ①849, ①862
ボストロム, ニック ………②524
ボストンコンサルティンググループ ………②298
ホスピタリティ機構 ………②509
ホースフィールド, アラン ………①200
穂積 和夫 ………①29, ①572
穂積 裕昌 ………①615
穂積 潜 ………①1268
ボセッリ, アレッサンドロ ………②665
細井 勇 ………②63
細井 英司 ………②733
細居 幸次郎 …①775
細井 重久 ………②226
細井 創 ………②747
細井 智耀 ………①779
細井 史江 ………①673
細居 美恵子 …①856
「舗装」編集委員会 ………②607
細江 貴之 ………②414
細尾 萌子 ………①748
細貝 淳一 ………②241
細貝 祐太郎 …②774
細萱 伸子 ………②280
細川 亜衣 …②59, ①62
細川 和子 ………①886
細川 一茂 ………②521
細川 貴美 ……①1017
細川 晃 ………①1268
細川 亙 ………②760
細川 呉港 ………①955
細川 周平 ………①908
細川 真平 ………①807
細川 太輔 ………①725
細川 貴弘 ………②682
細川 貂々 …………②15, ①355, ①364, ①379,

①483, ①955
細川 英雄 ………①749
細川 博昭 ………②696, ②697
細川 裕史 ………①607, ①622, ②284
細川 允史 ………②445
細川 道久 ………①603, ①610, ②83
細川 元子 ………①391
細川 モモ ………①13
細川 佳博 ………①498
細川 義洋 ………②188, ②228, ②283
細川 涼一 ………②550
細川総合パートナーズ ………②398
細木 数子 ………①133
細縒 真弓 ………①256, ①260
細澤 仁 ………①494
細田 暁 ………②606
細田 あや子 …①824
細田 傳造 ………①962
細田 昌志 ………①805
細田 雅春 ………②612
細田 守 ………①346, ①349, ①352
細田 洋平 ………②736
細田 梨恵 ………②597
細田 利江子 …①1329
細谷 克也 ………②311, ②590, ②591, ②625
細野 晃義 ………②251
細野 薫 ‥②244, ②259
細野 純 ………②753
細野 晴臣 ………①788, ①805
細野 泰彦 ………②589, ②591
細野 祐二 ………②319
細渕 富夫 ………②744
細部 千晴 ………②14
細馬 宏通 ………①800, ②516
細見 彰洋 ………②449
細見 和之 ………②669
細見 均 ………②739
細見 正樹 ………②464
細美 遙子 ………①1358, ①1363
細水 保宏 ………①727
細道 和夫 ………②664
細谷 暁夫 ………②666
細谷 功 ………②348, ②355, ②618
細谷 圭 ………②244
細矢 憲 ………②669
細谷 崇 ………②547
細谷 隆広 ………②709
細谷 旅日子 …①139
細矢 剛 ………①397
細谷 敏彦 ………②216
細谷 昌孝 ………②627
細谷 正充 ………①903, ①1025, ①1026, ②33
細矢 瑞起 ………①907
細谷 安彦 ………②728
細谷 雄一 ………①575
細矢 祐誉 ………②256
細谷 竜一 ………②246
細谷 亮太 ………①409, ②705
細山田デザイン事務所 ………①61
ホーソーン, マイク ………①853

ポーター, エスター ……⑴316, ⑴335
ポーター, エレノア・ホグマン ……⑴379
ポーター, ジェイン ……⑴1377
ポター, ビアトリクス ……⑴306
ポター, マリアン ……⑴311
穂高 明 ……⑴1017
穂高 順也 ……⑴343
保立 葉菜 ……⑴309, ⑴334
蛍 ヒカル ……⑴1017
牡丹 靖佳 ……⑴343
牡丹杏 ……⑴1268
ほーち ……⑴1404
ポーチガル, スティーブ ……②297
北海鋼機デザインアワード記念誌編集委員会 ……②609
北海道教育大学岩見沢校芸術スポーツ文化学研究編集部会 ……①751
北海道教育大学釧路校教師教育研究会 ……①715
北海道新聞社 ……⑴112, ⑴191, ⑴220, ⑴224, ⑴231, ②39
ポッカサッポロフード&ビバレッジ ……⑴336
ボッカッチョ, ジョヴァンニ ……⑴926, ⑴1338
法橋 太郎 ……⑴961
ホック, エドワード・D. ……⑴1353
ボックス, C.J. ……⑴1353
ホックニー, デイヴィッド ……⑴827
北國新聞社 ……②118
北國新聞社出版局 ……⑴32, ⑴509, ②22
ボッサート, デイビッド・A. ……⑴801
ホッジ, スージー ……⑴826, ⑴829
堀田 敦子 ……⑴351
堀田 和宏 ……②373
堀田 健治 ……②608
堀田 源治 ……②600, ②602
堀田 秀吾 ……②347
堀田 純司 ……②33
堀田 次郎 ……⑴185
堀田 慎一 ……②70
堀田 新五郎 ……⑴907
堀田 貴之 ……⑴234
堀田 忠弘 ……⑴136
堀田 千津子 ……②777
堀田 力 ……②284
堀田 知光 ……②735
堀田 誠 ……⑴63
堀田 由浩 ……②736
堀田 隆一 ……⑴639
ポッターエフロン, パトリシア S. ……⑴491
ポッターエフロン, ロナルド T. ……⑴491
ボッデン, ヴァレリー ……⑴422

穂兎 ここあ ……⑴1268
ポット編集部 ……⑴691, ⑴696
ポッピート, シャノン・R. ……⑴496
ホッブズ, ロジャー ……⑴1353
ぽっぽ ……⑴1268
ボーデ, ザビーネ ……⑴607
ボーディン, アンソニー ……⑴858
ボディーン, S.A. ……⑴1353
ほてはまたかし ……⑴382
ホテルオークラ東京 ……⑴644
ホテル業界就職ガイド編集部 ……②292
ホテルニューグランド ……⑴258
ぽと ……⑴322, ⑴364
ホート, ヘルマン ……⑴602
佛坂 咲千生 ……⑴739
ボートレース江戸川 ……⑴245
ホートン, クリス ……⑴313, ⑴314
ホーナー, ロバート・H. ……⑴682
ボナフォンテ, ディエゴセルドラン ……②456
ボニエ, ヨナス ……⑴1353
ホーニッグ, バム ……①64
ホネット, アクセル ……⑴473
ボーネル, ゲリー ……⑴138
ボーネルンド ……⑴693
ボノ, グザヴィエ=マリ ……⑴1354
ホノジロ トヲジ ……⑴841, ⑴862, ⑴976
ホビー, ホリー ……⑴312
ホビー書籍編集部 ……⑴801
ホビー・タカハシ ……⑴641
ホビー編集部 ……⑴798, ⑴800
ホビー編集部GA Graphic ……⑴285, ⑴800
ホープ, サンドラ ……⑴850
ホフ, ジーン・コーネル ……⑴138
ホブズボーム, エリック ……②173
ホフマン, アーウィン・Z. ……⑴493
ホフマン, エヴァ ……②46
ホフマン, ホルスト ……⑴1358, ⑴1359
ホフマン, ロアルド ……⑴784
ポプラ社編集部 ……⑴973
ホフリンガー, マイ ……②530
ポプロフ, ミシェル ……⑴372

保母 武彦 ……②433
ほぼ日刊イトイ新聞 ……⑴3
ポポフ, マーティン ……⑴806
ポーポー・プロダクション ……⑴484, ⑴485, ⑴486
ポポンデッタ古渇 ……⑴1404
ホマ蔵 ……⑴385
ホマレ姉さん ……①64
ボマン, アンナ・ソフィ ……⑴304, ⑴435
ボーム, ライマン・フランク ……⑴379
ホームズ, トニー ……⑴165
ホームバーグ, チャーリー・N. ……⑴1364
穂村 弘 ……⑴955, ⑴1116, ②2
ホームライフ取材班 ……①34
ボーモント, ステファン ……①44
ボーモン夫人 ……⑴379, ⑴1364
保谷 彰彦 ……②689
ボラス, クリストファー ……②745
ホラス 由美子 ……⑴668
ホラーティウス ……⑴926
ボラーニョ, ロベルト ……⑴1338
ポーラ文化研究所 ……⑴835
ホランズワース, スキップ ……②39
ホーランド, サラ ……⑴1388
ホランド, ミーナ ……①36
ホーリー, ノア ……⑴1354
堀 英祐 ……②582
堀 栄造 ……⑴472
堀 勝洋 ……②75
堀 公俊 ……②359
堀 潔 ……②303
堀 敬一 ……②265
堀 恵子 ……②631
堀 紘一 ……②288
堀 繁久 ……②695
堀 繁 ……②578
堀 茂 ……②574
堀 淳一 ……②431
堀 招子 ……②411
堀 信一 ……②737
堀 大輔 ……②2, ②349
堀 天子 ……⑴186, ②380
堀 孝彦 ……⑴476
堀 忠雄 ……⑴483
堀 辰雄 ……⑴1017
堀 千晶 ……⑴474
堀 知佐子 ……⑴163
堀 鉄平 ……②191
堀 哲郎 ……②218
堀 利和 ……②72
堀 寿伸 ……⑴190, ⑴254
堀 智勝 ……②737
堀 朋平 ……⑴814
ホリ ナルミ ……⑴265
堀 久男 ……②672
堀 秀彦 ……⑴449

堀 秀道 ……②678
堀 裕嗣 ……②707, ②708, ②710, ②748, ⑴757
堀 文子 ……⑴109, ⑴955
堀 雅昭 ……⑴536
堀 正和 ……②576
堀 正岳 ……②357, ②520
堀 雅晴 ……②139
堀 正広 ……②653
堀 雅通 ……②157
堀 眞由美 ……②293
堀 真理子 ……⑴782
堀 未央奈 ……⑴775
堀 瑞穂 ……⑴252
堀 美智子 ……②734, ②770, ②779, ②781
堀 道広 ……⑴789
堀 三芳 ……②402
堀 泰典 ……②159
堀 雄紀 ……⑴820
堀 裕亮 ……②661
堀 幸雄 ……②142
堀 善昭 ……②65
堀 与志男 ……②174, ②631
堀 義博 ……②558
堀 龍兒 ……②194
保利 亮太 ……⑴1268
ポリア, ジョージ ……②653
堀井 章 ……②283
堀井 新吾 ……②444
堀井 勝美 ……⑴811
堀井 佳代子 ……②547
堀井 紀壬子 ……②366
堀井 憲一郎 ……⑴115, ②110
堀井 弘一郎 ……②596
堀井 拓馬 ……⑴1126
堀井 達朗 ……②592
堀井 とよみ ……②722
堀井 雅道 ……⑴758
堀泉 インコ ……⑴367
堀内 明美 ……⑴272
堀内 修 ……⑴817
堀内 一史 ……⑴714
堀内 恵 ……②699
堀内 哲 ……②141
堀内 成子 ……②767
堀内 重人 ……②429
堀内 淳一 ……②599
堀内 昌一 ……②226
堀内 章子 ……②208
堀内 進之介 ……②451, ②525
堀内 多恵 ……②679
堀内 貴子 ……②62
堀内 隆行 ……②610
堀内 都喜子 ……②218
堀内 伸浩 ……②634
堀内 春美 ……⑴74
堀内 秀樹 ……⑴530
堀内 正規 ……⑴922
堀内 三佳 ……①34
堀内 恭隆 ……⑴127
堀内 昭憲 ……⑴163
堀江 篤史 ……②406
堀江 恭子 ……②272
堀江 國明 ……②320, ②321
堀江 里美 ……⑴376, ⑴1330
ほりえ さわこ ……①57
堀江 秀治 ……⑴448
堀江 誠二 ……⑴772
堀江 貴文 ……①96, ⑴753, ⑴909, ⑴1017, ②292, ②428

堀江 剛 ……⑴452
堀江 徹 ……②312
堀江 敏幸 ……⑴955
堀江 朋子 ……⑴929
堀江 菜穂子 ……⑴961
堀江 信宏 ……⑴124
堀江 晴美 ……⑴711, ⑴730
堀江 美州 ……⑴463
堀江 宏樹 ……⑴534, ⑴587, ②827
堀江 ひろ子 ……⑴57
堀江 博道 ……②687
堀江 未来 ……⑴678
堀江 泰夫 ……②193
堀江 亮佑 ……②320
堀尾 和彦 ……②540
堀尾 耕一 ……⑴468
堀尾 佐喜夫 ……②621
堀尾 嘉幸 ……②727
堀尾 留里子 ……②735
堀岡 桂子 ……⑴124
堀篭 ちづ子 ……②702
堀川 アサコ ……⑴1017, ⑴1060, ⑴1126, ⑴1268
堀川 惠子 ……⑴782, ⑴930
堀川 志野舞 ……⑴374, ⑴380, ⑴794, ⑴1338
堀川 淳一郎 ……②542
堀川 末子 ……②205
堀川 大樹 ……②694
堀川 大介 ……⑴813
堀川 波 ……②28, ⑴843
堀川 真 ……⑴9, ⑴342, ⑴351
堀川 洋 ……②482
ほりかわ よう ……⑴473
ほりかわ りまこ ……⑴153, ⑴309
堀切 功 ……⑴433
堀切 和雅 ……⑴782
堀切 直人 ……⑴888
堀切 リエ ……⑴351
堀口 和彦 ……⑴174
堀口 健治 ……⑴463
堀口 佐知子 ……②112
堀口 真弓 ……⑴475
堀口 泰生 ……⑴1017
堀口 寿広 ……②748
堀口 昌澄 ……②578
堀口 容子 ……⑴285, ⑴840
堀口 れい子 ……⑴80, ⑴872
堀毛 一也 ……②110
堀越 孝一 ……⑴605
堀越 耕平 ……⑴1136
堀越 千秋 ……⑴955
堀越 庸夫 ……⑴258
堀越 勝 ……⑴176, ⑴491, ⑴496
堀越 ゆき ……⑴934
堀越 喜晴 ……⑴921
堀米 薫 ……②344
堀米 庸三 ……⑴618
堀込 好子 ……①80
堀坂 宣弘 ……②778
堀澤 祖門 ……⑴513
堀澤 麻衣子 ……⑴810
ほり 和紀 ……②330
ホリスティックビューティインターナショナル ……①25
堀総合法律事務所

濠多 きすい ……①1017
堀田 諭 ……⑴700
ホリデー, エンソー ……⑴875
ホリデイ, ライアン ……⑴469, ②276
ホリデイ, ルーシー ……⑴1338
堀野 絵梨 ……⑴118
堀野 和人 ……⑴19
堀野 治彦 ……②446
堀野 博幸 ……⑴214
堀野 正俊 ……②600, ②601
堀之内 順至 ……⑴300
堀場 勇夫 ……⑴271
堀畑 まなみ ……②577
堀端 洋子 ……②740
堀林 巧 ……②128
堀部 安嗣 ……②615
堀間 洋平 ……②252
堀籠 武功 ……②129
堀本 美和 ……⑴823
堀本 裕樹 ……⑴906, ⑴979
堀本 玲子 ……⑴837
ボル, アンヌ=マリー ……⑴377
ホール, ケビン ……⑴439
ホール, ジョージ ……⑴167
ボール, シンコ ……⑴321
ポール, スーザン・スペンサー ……⑴1386
ホール, タディ ……⑴372
ホール, ニコラ ……⑴160
ホール, ニール ……⑴975
ホール, マイケル ……⑴318
ボール, L.A. ……⑴450
ボルカ ……⑴1268
ボルカ, G.ルース・クキエラ ……⑴488
ボルシュ, フランク ……⑴1358
ホルダー, ミグ ……⑴307
ボルツ, マリベス ……⑴312
ボルツォーニ, リナ ……⑴828
ボルディレフ, イヴァン ……②259
ホールデン, ジョシュア ……②650
ボルト, クラウディア ……⑴317
ボルト, マイク ……⑴311
ボールドウィン, クライヴ ……⑴178
ホールダーソン, フィリス ……⑴1381
ポールトフリート, リーン ……⑴375
ポルドミンスキイ ……⑴925
ホールブライシュ, ベティ ……⑴95
ボルヘス, J.L. ……⑴926, ⑴1338, ⑴1359
ボルマー, ノーマン ……②123
ボルマンス, レオ ……⑴452
ホルムズ, デボラ ……⑴723
ホルムベリ, ヨン=

ヘンリ ………①1343
ポール室山 ……②90
ボルンゲッサー, バルバラ ………②608
ホーレ, スティアン …………①311
ホーレ, ドロテー …………②128
ボレ, LF ……①858
ボーレン, R. ……①522
ボレンスタイン, マックス……①1358
ホロヴィッツ, アンソニー……①1354
ホロウェイ, ルーク …………①240
ホロビン, サイモン …………①639
ボワイエ, フレデリック ……①529
ホワイト, ジョージ …………①306
ホワイト, ティム …………①261
ホワイト, ヘイドン …………①602, ①611, ①612
ホワイト, マイケル …………①486
ホワイトハウス, デイヴィッド ‥①1338
ホワイトヘッド, アン……①467
ホワイトヘッド, コルソン ……①1354
ホワイト弁護団 …………①331
ボワシエール, オレリー ……②91
ボワノ, イザベル …………②71
ホーン, アリステア …………②606
ボーン, エミリー …………①426
ホーン, マイケル・B. ……①720
梵 寿綱 ……②610
ホン ジュヨン ……①49
洪 敏和 …①246, ①247
ボンウェル, チャールズ ……②715
本格ミステリ作家クラブ ……①1068
本願寺出版社 …①520
本宮 直美 ……②73
本合 暁詩 ……②310
本郷 和人 …①427, ①549, ①553, ②150
本郷 久美子 …①1355
本郷 秀治 ……②548
本郷 秀治 ……②781
本郷 均 …①474, ①475
本郷 寛 ……①684
本郷 誠 ……①31
本郷 浩 ……①1254
本郷 陽二 …①389, ①565, ②31, ①359
本郷 孔洋 ……②295, ②389
本郷鶏肉 ……①58
盆栽伝統園芸植物の鑑賞知識製作委員会 ……②268
本所 恵 ……①749
本庄 恵子 ……②766
本庄 武 ……②212
本庄 資 ……②399

本庄 英智 ……②632
本城 雅人 …①1017, ①1066, ①1108
本庄 萌 ……①1262
ほんじょう 山羊 …①1396, ①1404
本城 山羊 ……①1404
ホンジンガー, H.ポール …①1354
本づくり協会 ……②4
ボーンスタイン, ルース ……①313
ぽんた ……①61
本多 晃子 ……①778
本田 彰 ……①422
本多 勇 ……②60
本田 一成 ……②465
本田 カヨ子 ……①335
本多 さえ子 ……①972
本田 久作 ……①346
本田 潔 ……②632
本田 圭市郎 …②41
本田 佳子 …②718, ②774
本田 桂子 ……①109
本田 健 …①89, ①90, ②92, ①94, ①96, ①120, ②286, ②389
本田 謙介 ……①653
本田 孝一 ……①668
本田 晃一 ……①100
本多 さおり …①2, ①5, ①6
本多 繁邦 ……②123
本多 周爾 ……②169
本多 正一 ……①910
本田 祥子 ……①165
本田 慎一郎 …②752
本田 誠二 ……①891
本多 創 ……①186
本田 貴久 ……①455
本多 孝好 ……①1108
本田 忠彦 ……②286
本田 忠義 ……①970
本多 辰成 ……①432
本田 紬 ……①1268
本田 哲也 ……②288
誉田 哲也 …①1108
本田 哲郎 ……②452
本多 敏幸 ……②734
本多 智子 ……②227
本多 豊國 ……①860
本田 直志 ……②220
本田 直之 ……②277
本多 望 ……②405
本田 元 …②279, ②286
本田 晴巳 …①1108, ①1268
本田 秀夫 …①492, ①683, ①687, ②743
本田 宏 ……②170
本多 博 ……②572
本多 弘之 …①519, ①520
本田 弘之 …②107
本田 不二雄 …①188, ①834
本多 正直 ……①629
本田 真大 …①488, ①704, ①711
本田 雅也 ……①924
本多 真弓 ……①969
本田 実 ……②285
本田 稔 ……②608
本兌 有 …①1134, ①1359, ①1361

本田 ゆかり …①635
本田 由紀 …①749, ②95, ②140
本田 ゆみ ……②348
本田 嘉弘 ……②635
誉田 龍一 ……①1060
本多 るみ ……②426
本台 進 ……②249
ボーンデジタル出版事業部 ……②17
ボンテンペッリ, マッシモ ……①1338
ボンド, ブラッドレー …①1134, ①1359
ボンド, マイケル …①319, ①372, ①376, ①378
ボンド, レベッカ …………①317
本渡 章 ……②194
本堂 明 ……②447
本堂 毅 ……②646
本道 佳子 ……①57
洪道場 ……①247
本名 信行 ……②57
本名 靖 ……②65
ほんの木 ……①468
本の雑誌編集部 …②4
ボンバック, マーク …………①1358
ボンビレイン, トラビス ……①849
ボンプラボ ……①262
ホンブルク, コルネリア …①829, ①830
本部 千博 ……②760
ボンポコ狸 ……①1268
ボンボヤージュ …………②194
本間 晶 ……②382
本間 朝子 ……①6
本間 至 ……①19
本間 克明 ……②781
本間 邦弘 ……②466
本間 けい ……②422
本間 啓二 ……②759
本間 康司 ……①564
本間 浩輔 ……②311
本間 覚 ……①848
本間 節子 ……②70
本間 崇 ……②741
本間 崇浩 ……②750
本間 卓哉 ……②310
本間 俊之 ……②235
本間 とろ ……①973
本間 一 ……②545
本間 久雄 ……②323
本間 博 ……②249
本間 正夫 ……①274
本間 正樹 ……①326
本間 正人 …①636, ②364
本間 雅洋 ……②554
本間 希樹 ……②675
本間 美紀 ……②616
本間 光信 ……②753
本間 靖規 ……②204
本間 康彦 ……②778
本間 由香利 ……①665
本間 行彦 ……②270
本間 洋 ……②296
本間 義啓 ……①475
本間 律子 ……②64
本間 龍 ‥②202, ②304
本間 るみ子 ……②48

【ま】

マー, ジョニー …………①807
馬 英華 ……②308
馬 哲 ……②131
馬 成三 ……②251
マアナンドムグダ …………①460
真彩 - mahya - …………①1269
舞 ……①1269
マイ, カール …①1338
舞 姫美 ……①1405
マイ＝ウィス, タチアナ ……①314
マイカ ……②544
舞城 慎 ……①1269
マイク青木 ……②219
マイクラ職人組合 …①280, ①283
マイケル ……①1326
マイケルズ, ケイシー ……①1396
舞阪 洸 …①1269, ①1270
舞城 王太郎 …①1126, ①1137
米田 一彦 ……②691
舞田 敏彦 ……①753
毎田 敏郎 ……②628
まいた 菜穂 ……①349
蒔田 陽平 …①367, ①369, ①978, ①980, ①1067, ①1068
マイディー ……①283
マイナビ出版編集部 …①291, ①294, ①297, ②434
「毎日を生きるコツ」編集委員会 ……①421
毎日学習会 …①745
毎日新聞校閲グループ ……①623
毎日新聞社 ……①249
毎日新聞西部本社 …………②40
舞の海 秀平 ……②237
舞原 俊憲 ……②674
舞山 秀一 …①778, ①780
マイリック, ミルドレッド ……①374
マイリンク, グスタフ ……①1339
マイルズ, バリー …………①807
まいん ……①1270
真印 …①140, ①514, ②388
マウサー, トミー …………②294
マウリー, クリス …………①850
マウリャ, アッシュ …………②286
マウントフォード, カール・ジェイムズ ……①305
前 康輔 ……①776

前 むつみ ……①807
前大道 教子 ……②775
前川 晶 ……②409
前川 喜久雄 ……①624
前川 喜平 ……①674
前川 健一 ……②115
前川 佐重郎 ……①970
前川 さなえ …①5, ①9
前川 淳 ……②265
前川 整洋 ……②955
前川 孝雄 ……①677
前川 貴行 …①254, ①409
前川 武 ……②517
前川 知大 …①1108
前川 直哉 ……②103
前川 正名 ……①465
前川 昌幸 ……②527
前川 美智子 ……②50
前川 由希子 ……②366
前川 裕 ……①1108
前川 佳子 ……①172
前坂 俊之 …①573, ①891
眞榮里 耕太 ……①741
前沢 明枝 ……①825
前澤 輝政 ……①535
前沢 浩子 ……①903
前嶋 明人 ……②724
前島 一義 ……②626
前島 健 …②636, ②637, ②641, ②642
前嶋 敏 ……②552
前島 志保 ……②8
前畑 博 ……②195
前園 涼 ……②517
前田 亜紀 ……①433
前田 日明 …①238, ①239
前田 亮 ……②518
前田 朗 …①868, ②46
前田 明美 ……②505
前田 新 ……①535
前田 和彦 ……①641
前田 和寛 ……①662
前多 克英 ……②517
前田 勝洋 ……②706
前田 佳予子 …②724, ②775
前田 君江 ……①310
前田 恭子 ……②754
前田 邦江 ……①621
前田 郷子 ……①687
前田 圭士 ……①364
前田 健二 ……②334
前田 謙二 ……②402
前田 健太 …①223, ①225, ②286, ②342
前田 康二郎 …②739, ②741
前田 定秋 …②739, ②741
前田 幸夫 ……①163
前田 悟志 ……①264
前田 詩織 ……①835
前田 茂 ……①739
前田 秀一 ……②670
前田 修吾 ……②562
前田 俊輔 ……②706
前田 将多 …①927, ②10
前田 勝利 ……②285
前田 新一 ……②524
前田 信二 ……②692
前田 寿美枝 ……①239
前田 澄子 ……①355
前田 専學 ……①516
前田 隆文 ……②631

前田 健 ……②223
前田 忠弘 ……②222
前田 達明 ……②205
前田 珠子 ……①1270
前田 保 ……①452
前田 徹 ……①599
前田 登美 ……①913
前田 直哉 ……①207
前田 直之 ……②761
まえだ のぶこ ……①968
前田 信弘 …①464, ①474, ②475
前田 義子 ……①114
前田 速夫 ……①902
前田 晴人 ……①546
前田 英樹 ……①790
前田 英之 ……①550
前田 ビバリー ……①79
前田 周輝 ……②535
前田 泰樹 ……②99
前田 弘 ……①165
前田 弘毅 ……①600
前田 ひろみ ……①816
前田 裕之 ……②382
前田 正子 …①694, ②37
前田 将隆 …①245, ①286
前田 政登己 ……①421
前田 正治 ……②745
前田 雅英 …②212, ②215, ②221
前田 雅弘 ……②196
前田 雅之 ……②908
前田 益尚 ……①678
前田 万葉 ……①522
前田 幹雄 ……②672
まえだ みちこ ……①328
前田 通孝 ……②395
前田 睦男 ……②707
マエダ メグ ……①78
前田 めぐる ……②346
前田 泰孝 ……①180
前田 康裕 …①392, ①718
前田 泰弘 ……①683
前田 安正 …①633, ①634
前田 有一 ……①795
前田 裕司 ……①574
前田 陽一 …②192, ②208
前田 陽二 ……②128
前田 洋介 ……①617
前田 良雄 ……①868
前田 芳信 ……②753
前田育徳会尊経閣文庫 ……①616
前田 祐吾 ……②553
前野 彩 ……②11
前野 ウルド浩太郎 ……②695
前野 健太 …①955, ①979
前野 隆司 …①90, ①102, ①454, ①459, ①480, ①512, ②296
前野 博 ……②518
前野 正博 ……①720
前野 雅弥 ……②445
前野 マドカ ……①90
前橋 明 …①153, ①689, ①690, ①697
前橋 和弥 ……②559
前橋 汀子 ……①816
前橋工科大学 …②570, ②613
前畑 温子 ……②417

前原 志保 ……②130
前原 真一 ……②320
前原 猛 ……①455
前原 東二 ……②545
前原 潤 ……②659, ②660
前坊 香菜子 ……①635
前間 孝則 ……①579
前村, エクトル・ソラーレス ……①935
真江村 晃人 ……②84
真江村 まき ……②84
前村 竜二 ……①779, ①780
前村・ウルタード, マリー ……①935
前屋 毅 ……①701
前山 和宏 ……①166
マガイアー, ウィリアム ……①107
馬飼野 陽美 ……①693
マガウアン, トッド ……①792
マカカ, ヤイドゥ・A. ……①886
間垣 洋助 ……①529
マガジンハウス ……①228, ①261, ②12
マガジンハウスアーカイブス ……①775
マガジンランド書籍編集部 ……①73
間形 文彦 ……②534
マカーニー, ローズマリー ……①416
真壁 昭夫 ……②381, ②382
マカベ アリス ……①78
真壁 徹 ……②521, ②546
真壁 広道 ……①602
真柄 彰 ……②752
眞柄 賢一 ……②600
マカリスター, アン ……①1388
マカルー, デヴィッド ……①937
マカルパイン, ゴードン ……①1354
マキ ……①5, ①54, ②28
マギー, スティーブ ……②291
真木 あかり ……①133
横 えびし ……①389
麻希 一樹 ……①351
眞木 和俊 ……①591
まき きよ ……①342
横 幸 ……①585
横 太郎 ……②754
横 佐知子 ……②725
牧 俊男 ……②562
牧 久 ……②431
横 英子 ……①704
牧 秀彦 ……①1061
牧 英正 ……①564
真木 広造 ……②696
牧 浩之 ……②118
真木 文絵 ……②269, ①335
横 文彦 ……②609
麻城 ゆう ……①1321
槇 由子 ……①1370, ①1371, ①1372, ①1373, ①1377
牧 允皓 ……②519
まきりえこ ……②387
牧尾 晴喜 ……①620, ①960, ②93
牧口 晴一 ……②324,

巻口 勇次 ……①955
牧崎 幸夫 ……①737
牧迫 飛雄馬 ……②741
牧里 毎治 ……②60, ②140
横島 みどり ……②457
薪ストーブライフ編集部 ……②28
牧瀬 義幹 ……①495
牧瀬 稔 ……②157, ②159
牧園 清子 ……②48
まき田 ……①846, ①864
真北 斐図 ……①237
牧田 謙太郎 ……②227
牧田 善二 ……①26, ①55, ①63, ①162, ①164
蒔田 知子 ……②329, ②401
牧田 直子 ……②692
牧田 満知子 ……②60
牧田 幸裕 ……②337
マキネス, ロデリック・R. ……②720
牧野 昭子 ……①636
牧野 明弘 ……②322
牧野 篤 ……②160
牧野 伊三夫 ……①832
牧野 修 ……①1017, ①1117, ①1133
牧野 和夫 ……②194, ②508
牧野 和人 ……②430, ②432, ②434, ②435
牧野 桂一 ……①696
牧野 圭祐 ……①1270
牧野 謙平 ……①222
牧野 聡 ……②556, ②559
牧野 茂雄 ……②442
牧野 茂 ……②229
牧野 修也 ……①100
牧野 信一 ……①888
牧野 真也 ……①672
牧野 成一 ……①663
牧野 隆永 ……②354
牧野 隆 ……②218
牧野 高吉 ……①628, ①640, ①644
牧野 千穂 ……①1116
牧野 鉄郎 ……②505
牧野 富太郎 ……②688
牧野 智和 ……①754
牧野 知弘 ……②419
牧野 直子 ……②51, ①63, ①66, ①165, ②775, ②777
牧野 秀美 ……①123
牧野 浩紀 ……①868
牧野 裕 ……②248
牧野 広義 ……②261
牧野 冬生 ……②609
まきの まや ……①13
牧野 路子 ……②755
牧野 洋 ……②299
牧野 好孝 ……②402, ②408
牧野 愛博 ……②88, ②131
牧野 義博 ……②402
マキノ出版 ……①167, ①180
牧原 出 ……①783
マキハラ ススム ……②779, ②780
牧原 のどか ……①1270
横原 まき ……

①1270, ①1405
マキブ→ ……②70
まきぶろ ……①1321
マギー・プロット・P ……⑧
マーキー編集部 ……①774
牧村 朝子 ……①955
牧村 泉 ……①1017
牧村 久実 ……①354, ①361, ①365
牧村 憲一 ……①804
牧村 康正 ……①798, ②30
牧村 僚 ……①1108, ①1396
万城目 学 ……①1017
牧本 俊樹 ……②664
マキャベリ, ニッコロ ……②169, ②172
牧山 幸史 ……②556
牧山 とも ……①1321
マーキュリー ……①192
マキューン, グレッグ ……②344
マキューン, パトリック ……①158
マクアダムス, デビッド ……②287
幕内 秀夫 ……①58, ①182
幕内 雅敏 ……②748
マクギネス, エド ……①852
マクグラス, ジェームズ ……②353
マークス, デーヴィッド ……①31
幕田 英雄 ……②213, ②375
マクダウェル, ゲイル・L. ……②550
マクタガート, ジョン・エリス ……①475
マクダーミド, ヴァル ……②38
真口 宏介 ……②740
マクドナルド, エリー ……①1396
マクドナルド, キース ……①792
マクドナルド, ヒュー ……①814
マクドナルド, ヘレン ……①697
マクドナルド, メーガン ……①373
マクナブ, クリス ……②240, ②165
マクナミー, トーマス ……①266
マクニー, イアン ……②410
マクニーブン, スティーブ ……①848
マクニール, スーザン・イーリア ……①1354
マグネス, スティーブ ……②357
マクファーランド, ベンジャミン ……②676
マクファーレンス, スチュアート ……②231
マクフィー, ピーター ……②606
マクブラットニィ, サム ……①306

マクヘイル, D.J. ……①377
間久保 恭子 ……①564
マクマホン, ティモシー・R. ……②368
マクマリー ……②672
マクミラン, ピーター・J. ……①901
マーク・矢崎 治信 ……①385, ①437, ①438, ①439
枕木 みる太 ……①1270
まさき としか ……①1017
正置 友子 ……①920
正木 友則 ……①722
真崎 奈南 ……①1271
正木 治恵 ……②742
真崎 ひろこ ……⑧
正木 宏長 ……②219
柾木 政宗 ……①1108
政木 美恵 ……②493
真咲 メル ……①1271
真崎 義博 ……①1347
真咲 理央 ……①1392
まさき りょう ……②27
まさき るりこ ……①316
正田 圭 ……②379
正田 崇 ……①1137
政田 マリ ……②512
正高 信男 ……②744
マザーテレサ ……①521
まさと船長 ……①264
マーサ・ナカムラ ……①965
麻砂 乃里 ……①382
柾葉 進 ……①955, ②146
正宗 淳 ……②739
正宗 白鳥 ……②739
正村 俊之 ……②95, ②99
真覚 健 ……①477
政森 進 ……②433
まさよ ……①85
マシー, エリザベス ……①1339
間地 秀三 ……①727, ②652
マーシア, パトリシア ……①152
マシア, ヨハネ ……①452
マージェス, ロバート・P. ……②223
真式 マキ ……①1322
増子 敦仁 ……②473
益子 貴寛 ……②528
増子 久美 ……②729
ましこ ひでのり ……①620, ②98
益子 祐司 ……①139
増野 恵子 ……①833
増野 園惠 ……②763
間芝 勇輔 ……①234
真島 一郎 ……②130
眞嶋 史叙 ……①589
間島 進吾 ……②298
ましま せつこ ……①319
馬場 秀行 ……②755
眞嶋 浩聡 ……②727
真島 文吉 ……①1271
真島 雄二 ……①1405
マシマレイルウェイピクチャーズ ……①435
真下 厚 ……②119
真下 咲良 ……①1405
真下 尊吉 ……①161
マーシャーク, マーク ……①681

雅姫 ……①39
正木 晃 ……①517, ①521
正木 邦彦 ……①442
正木 孝昌 ……①728
真崎 翔 ……②138
眞鬼 晋太郎 ……②398
眞崎 大輔 ……②309
真崎 節 ……①964
正木 隆 ……①406
正木 忠彦 ……②739
柾 朱鷺 ……②368
正置 友子→ ……
正木 友則→ ……
真崎 奈南→ ……
正木 治恵→ ……
真崎 ひろこ→ ……⑧
正木 宏長→ ……
柾木 政宗→ ……
政木 美恵→ ……
真咲 メル→ ……
真崎 義博→ ……
真咲 理央→ ……
まさき りょう→ ……
まさき るりこ→ ……
正田 圭→ ……
正田 崇→ ……
政田 マリ→ ……
正高 信男→ ……
マザーテレサ→ ……
まさと船長→ ……
マーサ・ナカムラ→ ……
麻砂 乃里→ ……
柾葉 進→ ……
正宗 淳→ ……
正宗 白鳥→ ……
正村 俊之→ ……
真覚 健→ ……
政森 進→ ……
まさよ→ ……
マシー, エリザベス→ ……
間地 秀三→ ……
マーシア, パトリシア→ ……
マシア, ヨハネ→ ……
マージェス, ロバート・P.→ ……
真式 マキ→ ……
増子 敦仁→ ……
益子 貴寛→ ……
増子 久美→ ……
ましこ ひでのり→ ……
益子 祐司→ ……
増野 恵子→ ……
増野 園惠→ ……
間芝 勇輔→ ……
真島 一郎→ ……
眞嶋 史叙→ ……
間島 進吾→ ……
ましま せつこ→ ……
馬場 秀行→ ……
眞嶋 浩聡→ ……
真島 文吉→ ……
真島 雄二→ ……

マーシャム, リズ ……①375
マーシャル, ジェイムズ ……①315
マーシャル, ティム ……②123
マーシャル, ナタリー ……①306
マシューズ, エイミー ……①162
マーシュリアーノ, フランチェスコ ……①975
真白 圭 ……①1126
真代屋 秀晃 ……①1271
マージン, ヴィクトル ……①489
マシーン原田 ……①822
増井 彩乃 ……①322, ①372, ①376, ①378
升井 純子 ……①362
増井 祥子 ……①445
桝井 省志 ……①790
益井 俊雄 ……①3
増井 敏克 ……②552
増井 真那 ……②683
益井 康一 ……①586
増井 良ფ ……②398, ②403
麻酔科専門医試験対策研究会 ……②781
増尾 清 ……①164
益尾 孝祐 ……②582
増尾 伸一郎 ……①466
益尾 知佐子 ……①597
舛岡 はなゑ ……①23, ①92, ①122
増川 いづみ ……①139, ①141
増川 宏一 ……②116
益川 敏英 ……②665, ②668
益川 弘如 ……①749
マスキン, フィリップ・R. ……②746
マスケル, ヘイゼル ……①441
益子 育代 ……①409
増子 勝義 ……②64
ますこ まさき ……①646
益子 良一 ……②324
マスコリーノ, ジョセフ・E. ……②714, ②750
増沢 和美 ……②396
増島 建 ……②121
増島 雅和 ……②298, ②380
増島 正巳 ……①978
マースセン, アンドレアス ……②727
舛添 要一 ……②148
増田 彰久 ……②84, ②607, ②614
増田 明美 ……①213
増田 悦佐 ……②248, ②262
桝田 絵理奈 ……②306
増田 海治郎 ……①129
増田 一夫 ……②454
増田 一世 ……②744
増田 勝利 ……①126
増田 紀行 ……①646
増田 喜代美 ……①162
増田 久美子 ……①1357, ①1358, ①1359
増田 慧 ……②194
マスダ ケイコ ……①331

増田 健一 ······②456
増田 沙奈 ······①303,
　　　　①310, ①449
増田 修治 ·····
　　　　①711, ①717
増田 秀哉 ······①968
升田 純 ·········②207
増田 純一 ······②759
増田 純子 ······①303
増田 慎 ·········②362
益田 宗児 ······①565
増田 孝 ·········①870
増田 貴大 ······①260
増田 忠則 ······①1108
増田 忠幸 ·····
　　　　①666, ①667
増田 建 ·········②646
増田 周子 ·····
　　　　①585, ①914
増田 哲 ·········②656
増田 亨 ·········②517
増田 都希 ······①605
増田 時枝 ······①688
増田 俊也 ······①1017
増田 智明 ·····
　　②287, ②557
増田 知也 ······②161
増田 展大 ······①766
増田 慎三 ······②737
増田 英敏 ······②403
増田 裕子 ······①264
増田 弘 ·········②147
増田 真麻 ······①906
増田 将伸 ······①622
増田 晶文 ······①43
益田 美樹 ······②51
舛田 光洋 ······①122
益田 ミリ ······①197,
　①849, ①851, ①938,
　①955, ①979, ②2
増田 みりん ···①1271
増田 宗昭 ······②295
増田 康雄 ······①580
増田 寧 ·········②538
増田 康宏 ······①249
益田 安良 ······②376
益田 雄一郎 ···②277
ますだ ゆうこ ···②323
増田 由紀 ······②536
増田 由希子 ···①270
増田 幸宏 ······②618
増田 幸弘 ······①879,
　　　　①927, ②11
増田 豊 ·········②225
舛田 有美 ······①205
増田 有美 ······①265
増田 裕美子 ···①916
増田 ユリヤ ···
　　　　①754, ②125
増田 佳昭 ······②448
増田 義郎 ······①610
桝田 佳寛 ······②628
増田 義幸 ······②211
増田 梨花 ······①498
増田 隆一 ······②684
マスタード, アレックス ······②698
舛友 秀治 ······①161
マストロモナコ, アリッサ ······②290
増永 良文 ······②526
枡野 恵也 ······①95
枡野 浩一 ······①308
枡野 俊明 ······①87,
　①93, ①94, ①97,
　①98, ①99, ①101,
　①104, ①459,

　①513, ①516,
　①518, ②25, ②611
増原 良彦 ······①462
増淵 敏之 ······①33
増渕 素子 ······①736
増保 純平 ······①553
鱒見 進一 ······②755
増村 茂樹 ······②595
桝本 誠二 ······①224
ますもと たくや
　　　　　······①1271
舛本 つたな ···①1271
舛本 尚 ·········①432
舛本 裕江 ······①416
増本 浩子 ······①1334
増本 善丈 ······②209
升本 喜就 ······②22
桝矢 桂一 ······①258
増山 暁子 ······①1061
増山 至風 ······①971
増山 英和 ······②302
増山 裕一 ······②399
増山 優子 ······①84
間瀬 なおかた
　　　　①307, ①336
間瀬 由記 ······②763
柵木 寿男 ······②780
マゼッティ, マーク
　　　　　······②137
マソ, ベンヨ ···①934
真園 めぐみ ···①1127
マゾワー, マーク
　　　　　······①608
マータイ, ワンガリ
　　　　　······①936
又井 健太 ······①1018
又江原 裕 ······①650
マタジロウ ···①348
マタタ, ムケンゲ シャイ ······①85
マタニ, ラージ ···②94
俣野 博 ·········②657
俣野 美咲 ······②656
又野 陽子 ······②735
俣野 好治 ······①546
マダム信子 ······①955
マダムれいこ ···①116
又吉 直樹 ······①1018
斑目 健夫 ······①145
マターン, スーザン・P. ······②725
町 泉寿郎 ······①570
町井 登志夫 ···①1061
町浦 美智子 ···②762
間違いやすいポイントQ&A制作委員会 ······②413
街からの伝言板プロジェクト ······①107
町口 覚 ·········①776
町口 哲生 ······①798
町田 育弥 ······①817
町田 一仁 ······①556
町田 勝利 ······②589
町田 粥 ·········①955
町田 久次 ·····
　　　　①998, ②13
町田 恵一 ······①831
町田 恵子 ······①635
町田 健一 ······②227
町田 康 ·········①894,
　①955, ①979, ①1018
町田 茂 ·········②663
町田 そのこ ···①1018
町田 泰次 ······②423
町田 正 ·········①287
町田 哲也 ······①1018
町田 とし子 ···②509

町田 直和 ······①237
町田 康 ·········①979
町田 豊 ·········①303
町田 陽子 ·····
　　　　①207, ②28
町田 祥弘 ······②590
まちなみ なもこ
　　　　　······①353
町並 陸生 ······②733
町野 玉江 ······①1018
まちのアート研究会
　　　　　······①193
町村 尚 ·········②682
町村 泰貴 ······②215
町山 智浩 ······①788,
　①792, ②91, ②135
まちゅまゆ ···①846
マーチン, ロバート・C. ······②545
松 さや香 ······①168
松 智洋 ·········①1271
松井 明 ·········②575
まつい あきみ ···①841
松井 亜弥 ······①329
松居 英二 ······②227
松井 薫 ·········①25
松井 一樹 ······①235
松井 和義 ·····
　　　　①163, ①646
松井 克浩 ······②97
松井 香奈 ······①344,
　①346, ①350
松井 圭三 ······②66
松井 今朝子 ···①1018
松井 剛太 ······②115
松井 茂記 ······②224
松井 正 ·········①223
松居 スーザン
　　　　①324, ①351
松井 大助 ······①744
松井 孝 ·········①268
松井 孝典 ······②107,
　②675, ②682
松井 孝之 ······②218
松井 拓己 ······②292
松井 剛 ·········②108
松井 忠三 ······②306
松井 保 ·········②606
松井 恒雄 ······②673
松井 哲男 ······②666
松居 友 ·········①331
松井 知子 ······①484
松井 知行 ······②317
松井 尚志 ······①696
松為 信雄 ······①685
松井 信夫 ······②390
松井 信彦 ·····
　　　　②647, ②691
松井 伸之 ······②668
まつい のりこ ···①392
松井 春満 ······①969
松井 秀征 ······①195
松井 博昭 ······①466
松井 宏興 ······②209
松井 ひろか ···①966
松井 弘樹 ······②711
松井 広志 ······①108
松井 裕美 ······①451
松井 文恵 ······①837
松井 文雄 ······①900
松井 政就 ······①955
松井 正文 ······②691
松井 理悦 ······②292
松井 光広 ······②158
松井 基勝 ······②521
松井 元子 ······②778
松井 康浩 ······②609
松井 雄功 ······①345

松井 洋一郎 ······②246
松井 亮平 ······②521
松家 仁之 ······①1018
松生 恒夫 ······①146,
　①163, ①180
松浦 明美 ······①956
松浦 恵津子 ···①630
松浦 一夫 ······②198
松浦 啓一 ······②698
松浦 健一郎 ···②516,
　②548, ②551
松浦 賢長 ······②763
松浦 晃一郎 ···①514
松浦 さと子 ···②15
松浦 聖 ·········②712
松浦 俊輔 ······①452,
　②605, ②517, ②650,
　②655, ②675, ②683
松浦 純平 ·····
　　　　②764, ②783
松浦 晋也 ······②68
松浦 壮 ·········②664
松浦 千恵美 ···①1108
松浦 勉 ·········②458
松浦 常夫 ·····
　　　　②241, ①479
松浦 徹也 ······②599
松浦 俊弥 ······②748
松浦 直己 ······②485
松浦 直美 ······①8
松浦 伸和 ······①735
松浦 法子 ······②530
松浦 はこ ······①118
松浦 寿輝 ·····
　　　　①1018, ①1116
松浦 弘明 ······①830
松浦 麻衣 ······①391
松浦 勝人 ······②279
松浦 正朗 ······②758
松浦 まどか ···②296
松浦 弥太郎 ···①48,
　①91, ①93, ①94,
　①97, ①102, ①124,
　①340, ①956
松浦 雄介 ······②24
松浦 義則 ······①553
松浦 理英子 ···①1018
松江 暁子 ······②48
松江 泰治 ······①260
まつえだ あきこ
　　　　　······①341
松枝 到 ·········①766
松枝 尚嗣 ······②589
松枝 愛 ·········①935
松江歴史館 ·····
　　　　①538, ①874
松尾 葦江 ······①895
松尾 あつゆき ···①578
松尾 伊津香 ···①24
松尾 一弘 ······①84
松尾 一也 ······①109
松尾 和也 ······②619
松尾 式之 ······②604
松尾 恭子 ······②456
松尾 清 ·········①542
松尾 清貫 ······①385
松尾 剛次 ······①515
松尾 恒一 ······②114
松尾 公也 ······②544
松尾 定行 ······①803
松尾 昇治 ······②21
まつおか たかこ
　　　　　······①414
松尾 たいこ ···①29,
　①115, ①186
松尾 高明 ······②552
松尾 タカシ ···①156
松尾 貴史 ······①187

松尾 喬 ·········②164
松尾 隆信 ·····
　　　　①971, ②406
松尾 剛行 ······②185,
　②188, ②222
松尾 拓也 ·····
　　②314, ②326
松尾 匡 ·········②265
松尾 千歳 ······①566
松尾 利彦 ······②445
松尾 知明 ······①748
松尾 芭蕉 ······①337
松尾 直樹 ······①703
松尾 秀昭 ······①612
松尾 秀雄 ······②444
松尾 弘 ·········②208
松尾 博志 ·····
　　②208, ②385
マツオ ヒロミ ···①975
松尾 文夫 ······①135
松尾 昌樹 ······②262
松尾 当子 ·····
　①1368, ①1374,
　①1375, ①1377
松尾 正信 ······①456
松尾 大 ·········①446
松尾 真由美 ···①962
松尾 真里子 ·····
　　　②50, ①234
松尾 美枝 ······②280
松尾 道憲 ······②777
松尾 みゆき ·····
　　①60, ②163
松尾 ミヨ子 ···②768
松尾 誠紀 ······②214
松尾 倫一 ······①1272
松尾 豊 ·········①423
松尾 由美 ·····
　①976, ②1109
松尾 陽 ·········②220
松尾 陽子 ·····
　　②184, ②296
松尾 吉記 ······①1066
松尾 善美 ······②724
まつおりかこ ···①324,
　①333, ①337, ①343
松尾 龍之介 ···①560
松王 政浩 ······①447
松岡 章夫 ······②393,
　②400, ②402,
　②403, ②414
松岡 悦子 ······②112
松岡 和子 ······①1332
松岡 佳余子 ···①156
まつおか きょうこ
　　①311, ①315
松岡 享子 ······①315,
　①379, ①885
松岡 慶子 ······②186,
　②187, ②192, ②419
松岡 圭祐 ······①1018,
　①1061, ①1109
松岡 賢治 ······②396
松岡 宏大 ······②16
松岡 修造 ·····
　　①197, ②284
松岡 祥一 ······②425
松岡 真一 ······②25
松岡 正剛 ······①456,
　②7, ②21
まつおか たかこ
　　　　　······②414
松岡 たつひで ···①331
松岡 利康 ······①576
松岡 智子 ······②128
松岡 友子 ······②364
松岡 智之 ·····
　　①895, ①898

松岡 なつき ···①1302
松岡 信夫 ······②612
松岡 華子 ······①117
松岡 久和 ······②204,
　②209, ②220
松岡 久光 ······②625
松岡 博子 ······①157
松岡 浩 ·········②275
松岡 宏明 ······①690
松岡 正子 ·····
　①919, ②119
松岡 真宏 ······②103
松岡 司 ·········①566, ②689
松岡 幹夫 ······①512
松岡 泰 ·········①134
松岡 佑子 ······①99,
　①315, ①372, ①377,
　①438, ①784,
　①794, ①1366
松岡 由香子 ···①518
松岡 由幸 ·····
　　②297, ②571
松岡 讓 ·········①915
松岡金藏記念奨学基金 ······②93
松家 まきこ ·····
　　①687, ①693
マッカーシー, ジョージ・E. ···②97
松方 冬樹 ······①766
マッカーティ, モニカ ······①1339
マッカードル, ウィリアム ······②727
マッカリー, エミリー・アーノルド
　　②312, ②315
マッカリー, ジョン・J. ······①241
マッカリー, スティーヴ ······①261
松川 恵子 ······①695
松川 淳子 ······①187
松川 忠 ·········②380
マツカワ チカコ
　　　　　······①102
松川 武平 ······①11
松川 文弥 ······②634
松川 真弓 ·····
　　①310, ①316
マッキー, デビッド
　　　　　······①311
マッキー, ロバート
　　　　　······①884
松木 恵里 ······②763
松木 國俊 ······①599
松木 邦裕 ·····
　　①492, ①497
眞継 賢一 ······②736
松本 茂弘 ······②155
松本 繁 ·········①491
松本 昭三 ······①204
松木 武彦 ·····
　　①613, ①615
松木 秀明 ······②760
松木 洋人 ······②105
松木 りか子 ···①1337
マッキナニー, マイク ······①807
マッキー牧克 ···①41
マックス桐島 ···①956
松倉 有紀 ······①636
マッケイ, アンジェラ ······①840
マッケイ, マシュー
　　　　　······①491
マッケラン, クリスティ ·········①1381

マッケルウェイン,
　ジュリー……①1339
マッケンジー, サ
　リー……①1339
マッケンジー, シカ
　………………②37
マッケンジー, ヒー
　ス……①305
マッケンナ, リンゼ
　イ……①1326
マッコート, ジョン
　………………①921
マッコーネル, クリ
　スティン……①69
マッコーネル, ポー
　ル……①660
マッコール, ラン
　ディ……①278
松坂 ありさ……①1018
松坂 和夫……②659
松阪 崇久……②693
松崎 麻子……①114
松崎 一葉……①365
松崎 欣一……②726
松崎 胡桃……①967
松崎 啓介……①410
松崎 順一……①287
松崎 太亮……①518
松崎 隆司
　……②249, ②305
松崎 信子……①968
松崎 久純
　……①638, ①678
松崎 政三
　……②774, ②778
松崎 益徳……②768
松崎 有理
　……①1018, ①1127
松崎 之貞……②142
松崎 美子……②397
松澤 一直……①591
松澤 喜好……①650
松澤 邦典……①189
松澤 伸……①214
松沢 哲郎……①498,
　①499, ②694
松澤 寛……②660
松澤 正仁……①737
松沢 裕作
　……①572, ②95
松澤綜合会計事務所
　………………②317
松下 嘉一……①174
松下 和夫……②252
松下 一世……①737
松下 洌……①172
松下 希和……②619
松下 慶太……①676
松下 宏治……②597
松下 孝太郎……①412,
　②542, ②551
松下 幸之助……②296
松下 享平……②521
松下 純子……①84
松下 真也
　……②314, ②472
松下 たえ子……①1339
松下 崇……①704
松下 隆……②751
松下 哲志……①1333
松下 哲夫……②624
松下 奈緒……①431
松下 直子……②369
松下 直行……①196
松下 ナミ子……①576
松下 信武……②364
松下 信之……①733
松下 博宣……②763

松下 淑……①681
松下 マイ……②655
松下 貢……①668
松下 優一……②107
松下 優也……①776
松下 温……②516, ②548
松下 隆一……①307
松下 竜一……①931
松島 佳世……①844
松嶋 希会……②220
松嶋 隆弘……①193,
　②197, ②210
松島 俊久……②637
松島 なお子
　……①1380, ①1383
松嶋 伸浩
　……①726, ①743
松嶋 登……②371
松島 斉……②259
松蔦 舞夢……①365
松嶋 雅人……①831
松嶋 桃……①745
松島 泰勝……②168
松島 雄一……①522
松島 与三……②654
松島 龍戒……①509
松瀬 仁……①728
松瀬 厚人……②719
マッセイ, ハワード
　………………①806
松薗 斉……①550
松園 万亀雄……②112
松園 保則
　……①659, ①660
マッソン, ニコル
　………………①525
松田 青子……①187,
　①1018, ①1330
松田 明子……①932
松田 昭久……②406
松田 敦夫……②627
松田 温郎……②424
松田 郁子……①919
松田 英子……①484
松田 修……①321,
　②325, ②660
松田 和秀……②577
松田 和也
　……②39, ②279
松田 克信……②298
松田 克進……②646
松田 佳歩……②553
松田 慶子……①496
松田 源吾……①585
松田 憲次郎……①892
松田 晃一
　……②548, ②552
松田 紘一郎……②710
松田 聡……①900
松田 早苗……②776
松田 朱夏
　……①349, ①350
松田 十刻……①1061
松田 樹峰……①127
松田 淳……②419
松田 純……②353
松田 准一……②678
松田 順子……①688
松田 章一
　……①462, ①699
松田 庄司……②595
松田 真一……①614
松田 晋哉……②706
松田 高明……①259
松田 孝……①411,
　①419, ①717
松田 隆美……①918
松田 隆行……①510

松田 岳士……①678
松田 丈志……①104
松田 忠雄……①775,
　①776, ①777, ①778
松田 忠徳……①188
松田 千佳子……①377
松田 次泰……①873
松田 哲……②122
松田 徹……①598
松田 智生……①160
松田 知丈……①194
松田 智裕……①475
松田 直樹……②527
松田 尚美……①271
松田 直之……②717
松田 奈那子……①327
松田 法子……①610
松田 典浩……①215
松田 元……②345, ②378
まつだ ひかり……①811
松田 裕子
　……①977, ②758
松田 浩……①894
松田 浩志……①635
松田 裕美……①173, ①175
松田 ひろむ……①971
松田 博康……①428
松田 裕之……①928
松田 史生……②572
松田 郁子……②607
松田 真紀……①24
松田 正貴……①1004
松田 理宏……②355
松田 麻美子……①597
松田 眞由美……①681
松田 未来……①166
松田 幹子……②565
松田 道生……②697
松田 満江……①290
松田 水菜子……②88
マツダ ミヒロ……①107
松田 充弘……②293
松田 素子……①336
松田 康子……①50
松田 優一……②560
松田 雄姿……①973
松田 祐典……②762
松田 雄馬……②523
松田 行弘……①269
松田 行正……①877,
　①881, ②694
松田 ゆたか
　……①109, ①1018
松田 好子……①183
松田 好史……①572
松田 義幸……②92
松田 与理子……①487
松田 良一……①682
松平 智敬……②601
松平 直之……②386
松平 洋史子……①16
松竹 伸幸
　……②135, ②220
松立 学……②23
松谷 茂樹……②655
松谷 基和……②121
松谷 吉員……①726
マッツァリオール,
　ジャコモ……①934
マッツァリーノ, パオ
　ロ……②3, ②26
マッツェオ, ティ
　ラー・J.……①937
マッデン, シェーン
　………………①865
マッド, フィリップ
　………………②163
マツド アケミ……①76

松戸 清裕……①609
松藤 敏彦……①429
松任谷 正隆……①805
松任谷 優子……②585
松任谷 由実……①805
松戸史跡マップ研究
　会……①539
松島 もう……①188
松永 明子……①208
松永 亜鈴……①141
松永 克志……②595
松永 京子……①920
松永 伸司……①766
松永 伸太朗……①797
松永 澄夫……①453
松永 多佳倫
　……①221, ①225
松永 正訓
　……①168, ②703
松永 暢史
　……①675, ①746
松永 弘高……①1026
松永 政司……①151
松中 学……②196
松永 美穂
　……①311, ①375,
　①1332, ①1335
松永 宗男……②573
松永 安光……①158
松永 洋介……①739
松永 美弘……②285
松永 りえ
　……①305, ①1348
松永 和紀……①154
松波 勲……②595
松波 佐知子……①376
松波 淳一……②717
松波 直秀……①881
松波 秀子……②610
松波 真理子……①319
松西 義人……①1272
松沼 記代……②67, ②81
松野 一夫……①1081
松野 一也……②196
松丸 浩平……①47
松野 さやか……①473
松野 守峰……①659
松野 千歌……①390
松野 哲也……①737
松野 時緒……②668
松野 智章……①506
松野 弘……②97
松野 文俊……①598
松野 雅樹……②712
松野 正子……①336
松野 泰明……②585
松野 陽一郎
　……②657, ②660
松之段 厚……①1019
松葉 育郎……①166
松葉 一清……②607
松葉 國正……①236
松葉 祥一
　……①475, ②44
松葉 知幸……①456
松橋 孝治……①221
松橋 利光……①407,
　①408, ②691
松橋 良紀……②332
松畑 煕一……②66
松林 薫……②14
松林 弘治……①175
松原 彰子……②678
松原 郁実……①175
松原 英多……①158
松原 一義……①888
松原 敬二
　……②563, ②565

松原 孝祐……②581
松原 聡……①399, ②678
松原 惇子……①110,
　①114, ②67
松原 純子……②700
松原 清植……②419
松原 隆彦……②667
松原 卓二
　……①257, ①407
松原 正……①891
松原 千明……①770
松原 照明……②290
松原 英世……①213
松原 仁……②598
マツバラ ヒロコ……①83
松原 裕美……②28
松原 舞……①465
松原 望……②655, ②662
松原 信之……①551
松原 始……①696
松原 秀樹……①172
松原 秀行……①363
松原 葉子……①1328
松原 芳博……②212
松原 好之……①745
松原 龍一……①874
松原 隆一郎……②258
松原 了太……①190
松久 淳
　……①976, ①1019
松久 タカ子……①930
松久 正……①138, ①143
松久 寛……②103
松日楽 信人……②598
松藤 みどり……②72
松丸 さとみ……①649
松丸 奨……①15
松丸 道雄……①664
松見 和樹……①684
松見 勝弥……②690
松見 淳子……①479
松見 俊……②141
松宮 克昌
　……①447, ①459
松宮 健太郎……②774
松宮 康生……①237
松宮 孝明
　……②211,
　②212, ②224
松宮 貴之……①597
松宮 良典……②65
松村 亜紀……①1272
松村 明……①725
松村 栄子……①1019
松村 英治……①708
松村 一男……①605
松村 上久郎……①861
松村 杏子……②556
松村 潔……①127,
　①133, ①137,
　①139, ①143
松村 圭一郎……②94
松村 賢一……②84
松村 五郎……②164
松村 忍……①436
松村 秀一……②618
松村 讓兒……②726,
　②727, ②728
松村 進吉……①1117
まつむら しんご
　………………①332

松村 享……②152, ②199
松村 誠一郎……②544
松村 大輔……①879
松村 高夫……①584
松村 卓……①159
松村 武宏……②531
松村 太郎……①533
松村 禎三……①817
松村 哲哉……①816
松村 智雄……①592
松村 利裕……②488
松村 朋彦……①924
松村 直樹……①680
松村 真宏……②293
松村 バウ……①296
松村 齋……①675
松村 啓史……①767
松村 博……①606
松村 博史……①393
松村 比呂美……①976
松村 浩造……①151
松村 博行……①172
松村 文芳……①664
まつむら まい……①307
まつむら まさき
　………………①330
松村 正直……①969
松村 昌紀……①735
松村 正哉……①445
松村 美香……①1019
松村 道彦……①1272
松村 みどり……①936
松村 美奈……①898
松村 康生……②774
松村 康弘
　……②760, ②777
松村 雄策
　……①807, ①808
松村 雄二……①895
松村 幸彦……②578
まつむら ゆりこ
　………………①398
松村 洋一郎……①820
松村 義昭……②527
松村 龍二……②147
松村 涼哉……①1272
松村 和紀子
　……①1372, ①1393
松本 昭夫……②258
松本 章男……①969
松本 昭……①544
松本 昌子……②363
松本 忠子……①62
まつもと あつし
　………………②520
松本 郁代……②150
松本 伊三男……②623
松本 伊智朗……②53
松本 一起
　……①115, ①805
松本 英実……①600
松本 恵美子……①639,
　①658, ①660, ①662
松本 修身……②594
松本 佳雅理……①956
松本 格之祐……①741
松本 一男……①174
松本 一夫……①531
松本 和彦……②339
松本 和也……②766
松本 勝明……②47
松本 克樹……①819
松本 和也……②359
松本 果蓮
　……①1371, ①1375
松本 貴一朗……②213
松本 喜久夫……①1019
松本 恭子……①635

著者名索引

松本 京介 ……②745
松本 くら ……①157
松本 桂樹 ……①491
松本 圭二 ……①889
松本 恵介 ……①746
松本 慶蔵 ……②741
松本 健二 ……①1338
松本 源蔵 ……②25
松本 健太郎 ……②10, ②11, ②279, ②296
松本 剛 ……①478
松本 孝一 ……①702
松本 康一郎 ……②320
松本 康治 ……①188
松本 弘司 ……①502
松本 耕二 ……②30
松本 聡 ……②592
まつもと さとみ ……①344
松本 里美 ……①374
松本 聡美 ……①351, ①353
松本 三之介 ……②93
松本 重明 ……②324
松本 繁雄 ……②400, ②413
松本 重樹 ……②287
松本 茂 …①643, ②256
松本 品子 ……①853
松本 しのぶ ……②50
松本 秀輔 ……①624
松本 修明 ……①513
松本 潤一郎 ……②380
松本 俊吉 ……①887
松本 竣介 ……①961
松本 俊太 ……②134
松本 慎也 ……①621
松本 純夫 ……①766
松本 誠一 ……②88
松本 清張 ……①389, ①543, ①1025, ①1109
松本 節子 ……①636
松本 艸風 ……①871
松本 草平 ……①583
松本 園子 ……①693, ②60
松本 泰 ……①1109
松本 泰介 ……②224
松本 大洋 ……①853
松本 たか子 ……①813
松本 崇宏 ……②397
松本 拓真 ……①492
松本 卓也 ……②172
松本 猛 ……①837
松本 武久 ……②247
松本 忠男 ……①148
松本 忠雄 ……②387
松本 珠実 ……②722
松本 千枝子 ……①970
松本 千慧 ……①79
松本 恒雄 ……②186, ②230
松本 健 ……②590
松本 剛史 ……①1352, ①1364
松本 哲夫 ……②609
松本 哲治 ……①198
松本 徹三 ……②525
松本 哲哉 ……②728, ②732
松本 哲也 ……②526
松本 晃明 ……②745
松本 輝夫 ……①956
松本 哲 …②60, ②342, ②361, ②362, ②657
松本 徹 ……①916
松本 常広 ……②228
松本 利秋 ……①650

松本 敏治 ……①492
松本 俊彦 ……②746, ②747
松本 利彦 ……②600
松本 俊人 ……②343
松本 敏之 ……②317
松本 敏之 ……①528
松本 智治 ……①18
松本 同弘 ……①146
松本 直司 ……②618
松元 直蔵 ……①578
松本 直美 ……①878
松本 仲子 ……①433, ①774
松本 典昭 ……①830
松本 紀生 ……①260
松本 宣郎 ……①526
松本 穂波 ……②767
松本 春野 ……①374
松本 英昭 ……②187
松本 英夫 ……②746
松本 秀男 ……①215, ②752
松本 栄喜 ……②401
松本 英文 ……①966
松本 英之 ……②336
松本 秀幸 ……①647
松本 博子 ……①55
松本 博文 ……
松本 亘正 ……①742
松本 ひろみ ……①88
松本 博逝 ……①956
松本 博文 ……②216, ②228
松本 裕行 ……②656
松本 典久 ……①436, ②430, ②433, ②435
松本 穂高 ……②677
松本 麻希 ……②775, ②777
松本 昌雄 ……②774
松元 昌和 ……①170
松本 雅典 ……②234
松本 正春 ……②405
松本 昌義 ……②619
まつもと まや ……①327
松本 真理子 ……①754
松本 美央 ……②326
松本 美佳 ……①1019
松本 美慧 ……①79
松本 美怜 ……②582
松本 道弘 ……①663
松本 行真 ……②42
松本 光正 ……①146, ①180
松本 峰雄 ……①690, ②54
松本 美央 ……①492
松本 守祥 ……②298
松本 泰生 ……①185
松本 保羽 ……①1272
松本 泰裕 ……②697
松本 裕 …①829, ②266
松本 裕喜 ……①895
松本 侑子 ……①736
松本 侑子 ……①1019
松本 裕治 ……①624
松本 勇祐 ……②263, ②292
松本 雄太 ……②551
松本 有記 ……①157
松本 幸夫 ……①87,
松本 由起子 ……①497
松本 幸重 ……①603

まつもと ゆきひろ ……②547
松本 祐 ……①19
松本 百合子 ……①1327
松本 曜 ……①620
松本 葉 ……①443
松本 善則 ……②76
松本 好正 ……②328, ②420
松本 良美 ……①142
松本 理恵 ……①42
松本 理寿輝 ……①696
松本 亮 ……①911
松本 良太 ……①562
マツモトキヨシホールディングス ……②779
松本哲夫の本をつくる会 ……②609
松家 かおり ……①488
松矢 勝宏 ……①416
松山 一紀 ……②325
松山 喜代英 ……①157
松山 佐代子 ……①970
松山 三四六 ……①1019
松山 茂 ……②546
松山 周平 ……①881
松山 純子 ……②73
松山 俊太郎 ……①888
松山 愼介 ……①911
松山 晋也 ……①807
まつやま たかし ……①321
松山 たかし ……①319
松山 高吉 ……①902
松山 剛 ……①1272
松山 龍雄 ……①868
松山 遙 ……②318
松山 博明 ……①214
松山 洋 …①273, ①617
松山 正弘 ……①631
松山 正光 ……②467
松山 円香 ……①342
松山 宗彦 ……①273
松山 康成 ……①716
松山 幸弘 ……②54
松山 怜生 ……①128
まつゆう＊ ……①956
松幸 かほ ……①1322
松雪 奈々 ……①1322
茉雪 ゆえ ……①1272
松吉 秀武 ……①167
松吉 信 …①219, ①220
マツリ ……①381
松脇 昌美 ……①321
まーてい ……②543
マティス, アンリ ……①830
マーティー松本 ……①157
マーティン, アニー ……①266
マーティン, アンソニー・J. ……②681
マーティン, ヴィヴィアン ……①448
マーティン, キャロル ……②309
マーティン, トーマス ……①643, ①654, ①656
マーティン, マーク ……①317
マーティンブロー, ショーン ……①851
マテウ＝メストレ, マルコス ……①862
マーデル, アシュ

リー ……②18
マーデン, オリソン ……①123, ①452
真斗 ……①390
まど みちお ……①319, ①817
円居 挽 ……①1109
的川 泰宣 ……②624
窓口法務研究会 ……②152
間所 ひさこ ……①341, ①379, ①380
マードック, モーリーン ……③7
まどなお ……③3
的場 昭弘 ……②268
的場 聖明 ……②740
的場 輝佳 ……①68, ②774
的場 知之 ……②698
的場 信敬 ……②157
的場 文男 ……①244
的場 康子 ……③27
マトリックス ……①798
マトロニック, アナ ……②598
真魚 八重子 ……①795
真名井 拓美 ……①956
愛賀 健一 ……①454
麻中 郷矢 ……①1272
眞中 裕子 ……②658
眞中 みずほ ……①1272
奈木 俊介 ……②266
マナック（株）研究所 ……②670
学びのパズル研究会 ……①440
学びリンク編集部 ……①742, ①743
マナブル, フランシス ……①856
眞鍋 顕久 ……②694, ②51
真鍋 厚 ……②106
眞鍋 佳奈 ……②220
眞鍋 敬一 ……②344
真鍋 祐之 ……②775
眞鍋 淳一 ……②738
眞鍋 淳也 ……①108
真鍋 俊照 ……①841
眞鍋 昌平 ……②292
真鍋 卓 ……①1272
真鍋 誠司 ……②276
真鍋 博 ……①663
真鍋 真 …②401, ②680
真辺 将之 ……②572
真鍋 昌賢 ……①786
まなべ ゆきこ ……①348
真波 連路 ……①1061
マニーカ, ジェームズ ……②374
マニング, マシュー・K. ……①852
マニング, ミック ……①430
マヌリ, フィリップ ……①820
マネジメントサービスセンター ……②280
マネジメントパートナーズ ……②283
マネージメントリファイン ……②408
マネーフォワード ……②408, ②544
マネーライフナビ ……②381
まの あきこ ……①83

間之 あまの ……①1322
真野 勝成 ……①1067
真野 正 ……②526
真野 俊樹 ……②699, ②706
間野 暢興 ……①199
眞野 真央 ……①1272
真野 由紀子 ……②776
真野 洋介 ……②160
真野 神也 ……①1272
マーハ, ジョン・C. ……①620
マハーシ・サヤドー ……①460
真原 継一 ……①964
まはら 三桃 ……①353, ①369
マハン, アルフレッド・セイヤー ……②165
マビュース, エリオット ……①1395
まひる ……①365
マビール, グレゴワール ……①317
マーフィー, アンガス ……②688
マーフィー, ジュリー ……①1339
マーフィー, ジョン・J. ……②382
マーフィー, ナイル・リチャード ……①521
マーフィー, バーナデット ……①828
マーフィー, リチャード ……②242
マーフィー, R.ターガート ……②20
馬淵 明子 ……①783
馬淵 敦士 ……②77
馬渕 一誠 ……②682
馬渕 知子 ……②346
馬淵 治好 ……②395
馬渕 睦夫 ……②21, ②121, ②125, ②134, ②243
間渕 泰尚 ……①677
真船 文隆 ……②671
真船 るのあ ……①1322
まふまふ ……①1272
マーブルCHIKO ……①320
間部 香代 ……①304, ①335
まほろ 勇太 ……①1272
ママチャリ ……①1019
間宮 啓壬 ……①521
間宮 彩智 ……①440
真宮 奏 ……①1405
間宮 夏生 ……①1272
間宮 真琴 ……①1273
間宮 芳生 ……①818
まみわっと ……①348
まむかいブックスギャラリー ……①885
まめちょろ ……①1273
まめゆか ……①376
マーモット, マイケル ……①714
摩耶 薫子 ……②544
まや ひろむ ……①167
麻耶 雄嵩 ……①366, ①1109
魔夜 妖一 ……①385, ①386
マヤコフスキー, ヴラジーミル ……①975

真山 全 ……②219
真山 きよは ……①1405
真山 仁 ……①1019, ①1109
真山 知幸 ……①588
眞山 逸人 ……①360
眞山 良 ……②486
まゆ ……①5
真弓 りの ……①1273
眉村 神也 ……①106
眉村 卓 ……①1019, ①1127
眉屋 まくら ……①13
眉山 さくら ……①1322
マヨ, ルル ……①866
迷井 豆腐 ……①1273
マヨーネ, G. ……②127
マラス, マイケル・R. ……①602
マラット, ジョン・M. ……②684
マリ, ジューリオ ……②675
真梨 幸子 ……①979, ①1109
まりあ ……①1273
マリアンスキー, アレキサンドラ ……②98
マリエ, ジェレミ ……①866
マリオット, ジョン・E. ……①691
マリガン, ウィリアム ……①589
万里小路 讓 ……①964
マリコ・ヒロセ ……②123
まりこふん ……①535
マリス, ファーン ……③30
マリネッリ, キャロル …①1377, ①1381
まりの ……①1273
マリーブ, アレックス ……①857
毬矢 まりえ ……①897
マリン ……①1396
マリンズ, ユースタス ……②123
マリンバルド, エレナ・ポンセ ……①672
マール, クルト ……①1357, ①1359
丸 倫徳 ……①880
丸 幸弘 ……②296
丸井 英弘 ……②30
丸井 正樹 ……②773
円井 基史 ……②617
丸イノ ……①368
圓尾 和紀 ……①33
丸尾 勝一郎 ……②753, ②757
丸尾 敏夫 ……②780
丸尾 誠 ……①665
丸尾 宜史 ……③27
丸岡 章 ……②520
丸岡 いずみ ……①170
丸岡 慎弥 ……①737
丸岡 文化財団 ……①938
マルカー, リンダ・A. ……①920
円賀 貴子 ……②228
マルカス ……②87
丸亀 裕司 ……①600
マルガリート, アヴィシャイ ……②106
マルガロ, フランシスコ・M.サンチェス ……②456

丸木 文華 ······①1019,
　　①1273, ①1323
マルクス, ウィリア
　ム ···············①455
マルケイ, ダイアン
　···················②278
マルケリヌス, アン
　ミアヌス ········①603
マルコ社 ·········①640
マルサン, Jr., ホセ
　···················①858
マルシェ, ピエール
　···················②745
丸島 和洋 ·········
　　①554, ①560
マール社編集部
　···················①842,
　　①861, ①862, ①868
マルシャーン, アレ
　クサンダー ···①449
マルシャン, パスカ
　ル ···············②127
マルスワン, ジュリ
　アン ·············①808
丸瀬 浩玄 ·········①1273
マルソリ, リサ ·①372
マルゾーロ, ジーン
　···················①316
マールタ, チェン
　ゲーディ ········①694
丸田 潔 ···········②390
丸田 銓二朗 ······②671
丸田 ちひろ ······①867
丸田 俊久 ·········②671
丸田 麻保子 ······①961
丸田 朋弘 ·········
　　①351, ①440
丸谷 嘉長 ·········①778
丸地 真男 ·········①79
マルティネス, ギ
　ヨーム ··········①856
マルティネス, ペド
　ロ ···············②225
マルティノー, ジョ
　ン ···············①875
マルティン, アルベ
　ルト・ミヤン ···①672
マルティン, ガブリ
　エル ·············①838
マルデワ, グレッグ
　···················②259
マルテンゼン, ニー
　ルス ·············①669
丸戸 史明 ·········①1273
マルトゥレイ, J.
　···················①1326
丸野 智 ···········①1274
まるの日 圭 ······①100
丸橋 賢 ···········②758
丸橋 裕 ···········①469
丸橋 良雄 ·········②19
まるはま ··········①866
まるばやし さわこ
　···················①331
丸林さんち ·······①20
マル秘情報取材班
　···················②349
丸文財団選考委員会
　···················②646
マルベル堂 ·······①776
「丸」編集部 ······①586
圓生 和之 ·······②153
マルミツポテリ ·①55
マルミヤン ·······②541
まるもと ただゆき
　···················①434
丸本 忠之 ·········②294
丸森 英史 ·········②758

丸屋 九兵衛 ······
　　①808, ①975
丸谷 才一 ·········①910,
　　①956, ①973
丸谷 博男 ·········①120
丸谷 雄一郎 ······②335
丸山 顯徳 ·········①722
丸山 敦史 ·········②661
まるやま あやこ
　···················①336
丸山 一朗 ·········②218
丸山 絵美子 ······②209
丸山 一彦 ·········①767
丸山 王明 ·········①221
丸山 京子 ·········
　　①807, ①822
丸山 久美 ·········①68
丸山 久美子 ······②360
丸山 慶一郎 ······②409
丸山 健二 ·········①457,
　　①458, ①889, ①1019
丸山 浩然 ·········①147
丸山 ゴンザレス
　···················①197, ①203
丸山 誠司 ·········①325,
　　①330, ①332, ①335,
　　①337, ①343
丸山 茂樹 ·········②96
丸山 茂徳 ·········①403
丸山 俊一 ·········
　　②96, ②266
丸山 潤一 ·········②773
まるやま しんいちろ
　う ···············①328
丸山 総一郎 ······①495
丸山 貴史 ·········
　　①404, ①407
丸山 貴宏 ·········②346
丸山 忠司 ·········②581
丸山 千寿子 ······②778
丸山 ちひろ ······①441
丸山 哲巳 ·········②215
丸山 輝久 ·········②580
丸山 徹 ···········②258
丸山 智子 ·········②368
丸山 修寛 ·········①137
丸山 昇 ···········②303
丸山 晴美 ·········②391
丸山 久代 ·········①738
丸山 仁司 ·········
　　②714, ②752
まるやま ひとみ ·①38
丸山 浩司 ·········①868
圓山 広俊 ·········①670
丸山 文綱 ·········②655
丸山 牧夫 ·········①140
丸山 真貴子 ······②62
丸山 眞男 ·········
　　①464, ②172
丸山 政也 ·········①144
丸山 雅祥 ·········②257
丸山 学 ···········①616
円山 夢久 ·········①930
丸山 宗利 ·········
　　①405, ②694
まるやま めぐみ
　···················①315
丸山 雅子 ·········②616
丸山 祐一 ·········②210
丸山 陽子 ·········①888
丸山 亮 ···········①956
マレー, ウィル ··①852
マレー, カティ ··①314
マーレ, クリフトン・
　A. ··············②437
マレー, サラ ·····②112

マレ, ジャン＝フラ
　ンソワ ··········①200
マレルバ, ジュリア
　···················①434
マレーン, チャド
　···················①772
マレント, トーマス
　···················②694
マロ, エクトール
　···················①371
磨 赤児 ···········①782
マロト・ロベステ
　ジョ, ヘス ·····①672
マローン, マギー
　···················①799
マロンダン, エミリ
　···················①305
馬渡 博親 ·········①538
マン, キャサリン
　···················①1384
マン, クリス ·····①601
マン, チャールズ・
　C. ···············①589
マン, トーマス ··①470
マン, トレイシー
　···················①24
万 建華 ···········②377
マンガ育児ことわざ
　編集部 ··········①10
漫画おやぢ ·······②118
マンカスター, ハリ
　エット ··········①371
「マンガ世界ふしぎ発
　見！」制作チーム
　···················①399, ①426
「まんがで学ぶ！ 介
　護スタッフ研修
　ワークブック」制
　作委員会 ········①271
マンガでわかる歌舞
　伎編集部 ········①788
マン管管業試験研究
　会 ···············②495
マーンキ, ダグ ··①852
マンキュー, N.グレ
　ゴリー ··········②266
マンキンス, マイケ
　ル ···············②300
マンク, ジャクリー
　ヌ ···············①830
満月 照子 ·········①1132
萬字堂 ············②226
マンション維持管理
　支援専門家ネット
　ワーク ··········②423
マンション管理業研
　究会 ·············②423
マンション管理士試
　験研究会 ········②496
マンション管理セン
　ター ·············②423
マンスフィールド,
　キャサリン ····①1339
マンゾ, フェルナン
　ド ···············①231
萬造寺 譲一 ······①1019
萬造寺 齊 ·········①1019
萬田 康文 ·········①37
まんだらけ編集部
　···················②34
万亭 応賀 ·········①976
萬年 甫 ···········②730
万年 英之 ·········②685
萬年 浩雄 ·········②228
マンフォード, ス
　ティーヴン ····①453
萬葉語学文学研究会
　···················①895

萬葉七曜会 ·······①895
マンロー, エセル・
　M. ··············①921

み

ミアシャイマー,
　ジョン・J.
　···················②171
ミアン, ジア ·····②121
三池 崇史 ·········①344
三池 輝久 ·········①710
三池 悠 ···········①325
三池 純正 ·········①1061
みいづ舎 ·········①500
見市 知 ···········①206
見市 知昭 ·········②592
ミウォシェフスキ,
　ジグムント ···①1354
美内 すずえ ······①120
三浦 綾希子 ······①747
三浦 晃子 ·········①181
三浦 昭彦 ·········②404
三浦 麻子 ·········①482
三浦 展 ···········①187,
　①449, ①1019,
　②104, ②160
三浦 篤 ···········①828
三浦 勇雄 ·········①1274
三浦 永光 ·········①524
三浦 一心 ·········①759
三浦 和尚 ·········
　　①723, ①956
三浦 和彦 ·········②577
三浦 知良 ·········①231
みうら かれん ··①347,
　①355, ①361,
　①363, ①387
三浦 義一 ·········①969
三浦 國雄 ·········①466
三浦 顯一郎 ······①573
三浦 健司 ·········①252
三浦 健二郎 ······②537
三浦 健太 ·········①263
三浦 耕喜 ·········①933
三浦 耕吉郎 ······
　　②43, ②101
三浦 光哉 ·········
　　①682, ①685
三浦 小太郎 ······①581
三浦 聡 ···········①812
三浦 しをん ·····①826,
　①1019, ①1274
三浦 權利 ·········①861
みうら しーまる
　···················①318
三浦 周 ···········①506
三浦 修一 ·········①718
三浦 修司 ·········①48
みうら じゅん
　···················①88, ①956
三浦 淳一 ·········①746
三浦 順子 ·········
　　①515, ①1335
三浦 準司 ·········①419
三浦 将 ···········①96,
　①122, ①123
三浦 佑之 ·········①329,
　①359, ①542,
　①886, ②116
三浦 進 ···········①573

三浦 清一郎 ······①12,
　①108, ①711
三浦 節 ···········①585
三浦 崇則 ·········②734
三浦 崇典 ·········②339
三浦 隆之 ·········②257
三浦 巧也 ·········①494
ミウラ タダヒロ
　···················①1238
三浦 たまみ ······①825
三浦 保 ···········①385
三浦 太郎 ·········①335
三浦 千鶴子 ······①190
三浦 哲正 ·········①190
三浦 哲也 ·········①113
三浦 利重 ·········①166
三浦 俊彦 ·········①447,
　①451, ①458, ②335
みうら なお ·····①338
三浦 直樹 ·········①179
三浦 尚司 ·········
　　①465, ①899
三浦 伸章 ·········②449
三浦 典子 ·········②103
三浦 英之 ·········①928
三浦 広 ···········①121
三浦 浩喜 ·········①748
三浦 弘 ···········①175
三浦 博史 ·········①146
三浦 昌生 ·········②617
三浦 正人 ·········①243
三浦 正幸 ·········
　　①427, ②610
三浦 太 ···········②298
三浦 衛 ···········①254
三浦 守 ···········②215
三浦 万里 ·········
　　①1367, ①1370
三浦 美代子 ······①342
三浦 基弘 ·········
　　②606, ②651
三浦 美彦 ·········①600, ①609
三浦 元博 ·········
　　①600, ①609
三浦 靖史 ·········①741
三浦 雄司 ·········
　　①260, ①775
三浦 豊 ···········①956
三浦 由美子 ······①31
三浦 義彰 ·········②728
三浦 義孝 ·········②720
三浦 亮太 ·········①189
三浦 瑠麗 ·········②108,
　②136, ②140, ②170
ミエ, オリヴィエ
　···················①523
ミエヴィル, チャイ
　ナ ···············①1364
三重県 ············②29
三重社会科エネル
　ギー教育研究会
　···················①716
三枝 小夜子 ······
　　②46, ②711
三重野 文晴 ······②250
美嘉 ·············①1135
三鏡 一敏 ·········①1274
三日本 人 ·········①1061
御影 瑛路 ·········①1274
御影 志狼 ·········①1323
実花子 ············①1274
三ヶ尻 一郎 ······②411
三ヶ尻 陽一 ······①477
みかづき 紅月 ··①1405
みかど 鉄狼 ·····①1405
三門 鉄狼 ·········①1274
ミキシング技術分科
　会 ···············②599
右寺 隆信 ·········②562

　　①392, ①724
三上 延 ···········①369,
　①855, ①1274
三上 治 ···········①915
三上 和正 ·········②644
三上 亨 ···········①636
三上 詩絵 ·········①863
三上 修平 ·········①389
三上 丈晴 ·········②31
三上 剛人 ·········①766
三神 たける ······①136
三上 智恵 ·········②168
三上 次男 ·········①618
みかみ てれん ··①1274
三上 徹 ···········②185
三上 ナナエ
　···················②363, ②364
三上 登 ···········②345
三上 訓顯 ·········②617
三上 太 ···········①226
三上 満 ···········①510
三上 ミカ ·········①1405
三上 美和 ·········①833
三上 康明 ·········①1274
三神 和子 ·········①926
未上 夕二 ·········①1019
三上 義夫 ·········①650
三上 恵成 ·········②664
三上 れつ ·········①767
三瓶 裕文 ·········①621
ミカーリ, マーク
　···················①494
三河 ごーすと ··①1274
三河 宗平 ·········①1275
三河 雅弘 ·········①542
深木 ·············①1275
ミキ, ダニー ·····①849
三木 明子 ·········②708
深木 章子 ·········①1110
三木 章裕 ·········②422
未来 明広 ·········②345
三木 淳司 ·········①760
三木 一郎 ·········②593
三木 一正 ·········②738
三木 歌奈女 ······①120
三木 清 ···········①459,
　①464, ①520, ①908
三木 謙次 ·········①174
三木 浩一 ·········
　　②216, ②217
三木 聰 ···········①596
みき しほ ·········①24
三城 俊一 ·········①590
三木 笙子 ·········
　　①1110, ①1275
三木 相煥 ·········①365
三季 貴夜 ·········①1275
三木 卓 ···········①1019
三木 健 ···········①880
三木 雄信 ·········①647,
　②349, ②352,
　②357, ②358
三木 千壽 ·········②607
三木 利章 ·········①10
三木 俊哉 ·········②710
三木 直子 ·········①496
三木 なずな ·····①1275
三木 裕和 ·········①685
三木 克 ···········①872
三木 由希子 ······①200
幹 遙子 ···········
　　①1364, ①1365
三木 義一 ·········②205,
　②400, ②404
ミキシング技術分科
　会 ···············②599
右寺 隆信 ·········②562

著者名索引

三木原 浩史 ···· ①813, ①817, ①956
幹本 恵未 ······①1019
みきもと 凛 ·······①349, ①350
右山事務所 ·····②407
みきーる ·······①116, ①769
美紅 ·········①1276
箕口 雅典 ······①487
三國 清三 ·····①68
三国 司 ·······①1276
三國 英實 ·····②444
三国 浩晃 ·····①108
三國 万里子 ·····②27
三雲 岳斗 ·····①1110, ①1116, ①1276
御厨 貴 ·······①573, ①783, ②146, ②169
御厨 翠 ······①1405
ミクロウィッツ, デイヴィッド・J. ·······②745
三毛 乱二郎 ·····①1276
ミケーリ, ジョゼフ ·······②443
ミゲンス, マルタ・アルバレス ···· ①305, ①306
御子神 慶子 ·····①636
神子上 憲了 ·····①513
御子柴 善之 ·····②43
ミサ, ジャン=ノエル ·······②214
水坂 不適合 ·····①1277
三佐川 亮宏 ·····①600
岬 ·······①1133, ①1277
三崎 亜記 ·····①1019
美崎 栄一郎 ··· ②353, ②538
三崎 和志 ·····②473
岬 かつみ ·····①1277
岬 鷺宮 ·····①1277
箕崎 准 ·······①1277, ①1405
三砂 ちづる ·······①9, ②700, ②705, ②735
ミサコ・ロックス ·······②646
御射山 令元 ·····①132
三沢 厚彦 ·····①826
三澤 準 ·····②49
三澤 麻衣子 ·····②139
三澤 真美恵 ·····①796
みしmost ···②7, ②25
ミシェル, ウォルター ·······①16
ミシシッピ ·····①337
三科 光平 ·····②278
三品 隆司 ·····①403
三品 由紀子 ·····②588
三品 陽平 ·····①752
三島 亜紀子 ··· ②56
三島 和夫 ·······①150, ①171
三島 清円 ···①520
三嶋 くろね ·····①844
三島 憲一 ·····②470
三島 聡 ·····②216
三島 千廣 ·····①1277
三嶋 輝夫 ·······①468, ①469
三島 伸介 ·····①201
三嶋 理晃 ·····②715
三島 由紀夫 ··· ①888, ①916
三島 由春 ·····①706

三嶋 与夢 ······①1278
三島 黎子 ·····①539
ミシマ社 ·····②104
ミシュレ, ジュール ·······①606
見知らんジャパン研究室 ·······①187
三城 雄児 ·····②368
三須 啓仙 ·····①131
三栖 貴行 ·····②593
三須 拓也 ·····②130
水 八寿裕 ·····②782
水出 みどり ·····①967
みずうち さとみ ·······①348
水内 俊雄 ······②160, ②582
水内 宏 ·····①749
水江 泰資 ·····②363
水尾 順一 ······②282, ②373
水落 正明 ·····②654
みずか ·······①66
美須賀病院看護部 ·······②768
水上 一夫 ·····①933
水上 邦夫 ·····②621
水上 勉 ·····①956
水上 哲也 ·····②753
水上 紀行 ·····②397
水上 ひろき ·····②519
水上 不二 ·····①961
水上 文也 ·····①517
水上 雅人 ·····②366
水上 昌也 ·····②456
水上 学 ·····②244
水上 深保子 ·····①969
水上 裕 ·····①18
水川 喜文 ·····②461
水川 玲 ·····①1344
水月 青 ·····①1405
水木 悦子 ·····①956
水木 光介 ·····①1019
瑞 佐宵郎 ·····②238
水木 しげる ··· ①145, ①438, ①845, ①857
水稀 しま ······①348, ①361, ①381
観月 淳一郎 ·····①1405
観月 環 ·····①90
水樹 奈々 ·····①778
水城 のあ ·····①1405
水輝 ハニー ·····①113
見杉 宗則 ·····①409
水生 大海 ·······①1068, ①1110
水樹 ミア ·····①1323
みずき みずこ ······①1374, ①1377
瑞木 よう ·····①964
水木プロダクション ·······①386
水清 まり ·····①1278
水口 克也 ·····②538
水口 國雄 ······②715, ②765
水口 毅 ·····②679
水口 剛 ··②267, ②315
水口 晴幸 ·····②792
水口 美穂 ·····②748
水口 信子 ·····①636
水口 慶高 ······①153, ②713
水越 武 ·····②573
水越 紀弥 ·····②603
水越 美枝子 ·····①19
水坂 寛 ·····②603
水崎 薫 ·····②118

水崎 野里子 ·····①964
水崎 博明 ······①468, ①469
水沢 秋生 ······①1019, ①1110
水沢 あきと ·····①1278
水沢 そら ·····①309
水澤 都加佐 ······①489, ①496
水沢 勉 ·····①161
水沢 透 ·····①698
水沢 光 ·····①570
水澤 英洋 ·····②718
水沢 博樹 ·····①353
水澤 寧子 ·····①489
水沢 祐美子 ·····①620
水沢 夢 ·····①1278
水下 心賛 ······①509, ①956
水品 山也 ·····②74
水品 志麻 ·····②412
水島 朝穂 ·····②201
水島 温夫 ·····②286
水嶋 英治 ·····②825
水島 桜水 ·····①1019
水島 忍 ·····①1278, ①1323, ①1405
水島 二郎 ·····②591
水嶋 崇一郎 ·····②613
美津島 隆 ·····②733
水嶋 丈雄 ·····①181
水島 朋則 ·····②218
水島 久光 ·····②12
水島 広子 ·····①114, ①124, ①483, ①491
水島 弘史 ······①60, ①61, ①66
水城 水城 ·····①1278
水白 ゆも ·····①1323
みすず書房編集部 ·······②575
美鶴堂 ·····②4
水田 静子 ·····①370
水田 哲郎 ·····②516
水田 宗子 ······①340, ①907, ①927
水田 洋 ·····②173
水田 真由美 ·····①872
水田 嘉美 ······②238, ②496
水谷 彰良 ·····①817
水谷 章 ·····②88
水谷 淳 ······②379, ②646, ②731
水谷 有宏 ·····②677
水谷 修 ·····②108
水谷 さるころ···②204
水谷 茂 ·····②703
水谷 慎介 ·····②755
水谷 高英 ·····②697
水谷 猛雄 ·····②191
水谷 竹秀 ·····②930
水谷 哲也 ·····②528
水谷 俊雄 ·····②297
水谷 俊樹 ·····②442
水谷 俊典 ·····②252
水谷 友美 ·····②613
水谷 直樹 ·····②586
水谷 尚人 ·····②231
水谷 規男 ·····②217
水谷 秀志 ·····②192
水谷 広巳 ·····②521
水谷 周 ·····②85
水谷 正一 ·····②699
水谷 美加 ·····②13
水谷 美紀子 ·····

①86, ①446
水谷 翠 ·····②301
水谷 緑 ·····②768
水谷 守男 ·····②271
水谷 友紀子 ·····①112
水谷 豊 ·····②365
ミスターパートナー出版部 ······②291, ②293, ②334, ②337, ②339
水溜 烏 ·····②859
ミスターK ·····②398
瑞智 士記 ·····①1278
ミステリー文学資料館 ·······①1067, ①1068
水登 伸子 ·····①707
みずな ともみ ·····①862
水沼 文三 ·····①1019
水野 愛子 ·····①635
水野 映子 ·····②27
水野 衛子 ······②596, ①1340
水野 恵美子 ·····①937
水野 薫 ·····①683
水野 和夫 ······②248, ②260, ②395
水野 勝之 ·····②261
水野 克比古 ······①255, ②688
水野 潔 ·····②667
水野 清文 ·····②371
水野 久美 ·····②256, ②434, ②610, ②697
水野 圭子 ·····②242
水野 惠子 ·····②322
水野 敬也 ······①121, ①1019, ②342
水野 謙 ·····②205
水野 耕作 ·····②55
水野 浩児 ·····②294
水野 哲 ·····②638
水野 さや ·····①834
水野 治太郎 ·····①494
水野 修次郎 ·····①497
水野 仁輔 ······①34, ①36, ②49, ②115
水野 昂 ·····①1279
水野 清治 ·····②423
水野 節夫 ······①448, ②99
水野 敬生 ·····②68
水野 尚 ·····②830
水野 隆徳 ·····②456
水野 高寿 ·····②440
水野 祐 ·····②229
水野 忠夫 ·····①1337
水野 忠興 ·····①926
水野 保 ·····②249
水野 千依 ·····②111
水野 時孝 ·····②398
水野 俊平 ······①598, ②18
水野 俊哉 ······①928, ②353
水野 智仁 ·····②725
水野 智美 ······①682, ②689
水野 尚文 ·····①237
水野 昇 ·····②727
水野 治久 ······①488, ①704
水野 秀比古 ·····①255
水野 均 ·····②149
水野 浩一 ·····①538
水野 大樹 ······①549, ①550, ①554, ①566, ①595
水野 宏 ·····①89

水野 博介 ·····②107
水野 広徳 ·····①891
水野 博之 ·····①198
水野 史土 ·····②557
水野 ぷりん ·····①304
みずの まい ······①346, ①359, ①367, ①368
水野 真木子 ·····②229
水野 雅夫 ·····①731
水野 正隆 ·····②671
水野 雅登 ······①26, ①28, ①71
水野 正敏 ·····①812
水野 学 ·····①47
水野 操 ··②345, ②602
水野 翠 ·····①338
水野 稚 ·····①646
水野 有希 ·····②538
水野 裕 ·····①178
水野 友美子 ·····②116
水野 佳子 ·····①80
水野 里恵 ·····①498
水野 涼 ······①485, ①1341
水野 良 ······①1279
水野 玲子 ·····②149
水野 麗子 ·····①1335
水谷 和子 ·····②142
水谷 英敏 ·····①185
水羽 信男 ·····①592
水原 克敏 ······①718, ①749, ①756, ①757
水原 紫苑 ······①893, ①968
水原 とほる ·····①1323
水原 秀子 ·····①956
水原 文 ··②556, ②654
水原 道子 ·····②373
水原 ゆり ·····①113
みずほ銀行産業調査部 ·····②250
みずほ証券エクイティ調査部 ·····②303
みずほ証券投資情報部 ·····②312
みずほ情報総研株式会社 ·····②521
みずほ総合研究所 ······②244, ②250, ②258, ②383, ②384
みずほフィナンシャルグループ ······②251, ②377
水間 千恵 ·····①886
水間 朋 ······①1367, ①1369, ①1391, ①1392
水間 政憲 ······①577, ②151
水町 雅子 ······②141, ②185, ②187, ②505
水町 勇一郎 ······②466, ②468
水町 龍一 ·····①677
三角 和雄 ·····②767
三角 和代 ······①1345, ①1350
三隅 寛 ·····①796
三角 大慈 ······②173, ②710
ミスミ ノリコ ·····①84
三角 みづ紀 ·····①956
ミスミ ヨシコ ·····①337
三隅 良平 ······②583, ②677
水村 耕史 ·····②410

水村 俊幸 ·····②637
水村 典弘 ·····②280
瑞本 千紗 ·····①1279
未須本 有生 ·····①1019
水本 好彦 ·····②674
水守 恵蓮 ·····①1279
水護 玲於奈 ·····①969
水谷内 助義 ·····①782
瑞山 いつき ·····①1279
水龍 敬 ·····①1399
水 せけい ·····①426
三関 公雄 ·····②404
溝井 裕一 ·····①607
溝上 なおこ ·····①330
溝上 慎一 ·····①714
溝上 達也 ·····②314
溝上 知親 ·····①247
溝上 良 ·····①1279
溝口 彰子 ·····①909
溝口 敦 ···①107, ②40
溝口 あゆか ·····①142
溝口 イタル ·····①336
溝口 賢司 ·····②557
溝口 智子 ·····①1279
溝口 直 ·····①789
溝口 常俊 ·····①537
溝口 禎三 ·····②147
溝口 徹 ··②58, ②147, ②152, ②163, ②165
溝口 博敬 ·····①16
溝口 史子 ·····②324
溝口 優美子 ·····②659
溝口 良太 ·····①255
溝口 義朗 ·····②53
「味噌汁ご飯」授業研究会 ·····①728
みそたくあん ··①1279
ミゾタユキ ·····①251
溝手 康史 ·····①233
御園生 直美 ·····②17
御園生 誠 ·····②670
溝端 浩人 ·····②401
溝渕 直 ·····①441
溝邊 和成 ······①729, ②102
海空 りく ·····①1279
みぞろぎ 梨穂 ·····②65
ミーダー, ヴォルフガング ·····①723
三田 薫子 ·····①1061
みた かよこ ·····①304, ①305, ①306, ①307, ①313, ①314, ①316
三田 翔平 ·····①214
三田 弾正 ·····①1280
三田 千代子 ·····②91
三田 紀房 ······①291, ①294, ①296, ②394
三田 誠広 ······①519, ①1061
見田 盛夫 ·····①41
御鷹 穂積 ·····①1280
三田地 昭典 ·····①934
御立 英史 ······①143, ②309
三田地 真実 ·····①682
美達 大和 ·····①1020
三谷 一夫 ·····①791
三谷 慶一郎 ······①291, ②514
三谷 宏治 ·····②358
三谷 淳 ·····②292
三谷 純 ·····②560
三谷 大紀 ·····①690
三谷 太一郎 ·····①571
三谷 尚澄 ·····①453
三谷 軌秀 ·····②226

三谷 大暁 ……②603
三谷 博 ……①563
三谷 真澄 ……①514
三谷 愛武 ……①240
三谷 康之 ……①522
三田村 有純 ……①832
三田村 薫 ……②366
三田村 京 ……②386
三田村 仰 ……②495
三田村 敏正 ……②695
三田村 信行 ……②345,
　①348, ①353, ①357
三田村 秀雄 ……①180
三田村 好矩 ……②723
御手洗 昭治 ……②361
道 健一 ……②755
道 俊介 ……②519
道浦 母都子 ……①956
道尾 秀介 ……①1110
道草 家守 ……①1280
道谷 よもぎ ……①1280
道下 淳 ……①893
みちした のぶひろ
　……①396, ①402
道添 進 ……①462, ①467
道谷 里英 ……①478
道野 真菜 ……①324
みちのく巡りん倶楽
　部 ……①192
道場 六三郎 ……①33
道旗 泰三 ……①1006
道又 力 ……①902, ①977
道又 元裕 ……②740,
　②749, ②766,
　②767, ②768
道村 静江 ……①684
道山 治延 ……②207
三井 英光 ……①517
三井 久美子 ……①633
三井 圭司 ……①569
三ツ井 創太郎 ……②427
三井 喬子 ……①967
三井 正 ……②662
三井 直樹 ……①876
三井 秀樹 ……①876
三井 誠 ……②212, ②213
三井 昌志 ……①256
三井 ヤスシ ……①341
三井 百合花 ……①528
光石 亜由美 ……①902
三石 巌 ……①148,
　②718, ②724, ②736,
　②774, ②778
三石 知左子 ……②302
三井住友信託銀行
　……②381
三井住友信託銀行証
　券代行コンサルテ
　ィング部
　……②327, ②392
三井住友信託銀行
　マーケット企画部
　……②380
三井住友トラスト
　キャリアパート
　ナーズ ……②381
三井住友ファイナン
　ス＆リース ……①429
三井住友フィナン
　シャルグループ三
　井住友銀行総務部
　法務室 ……②385
光浦 靖子 ……①76
満尾 正 ……①153, ①156
光岡 寿郎 ……②107
光岡 英稔 ……
　①457, ①462
光岡 眞里 ……②535

光岡 三ツ子 ……①847,
　①848, ①852,
　①854, ①856, ②34
三丘 洋 ……①1280
満川 一彦 ……
　②565, ②567
ミッキー ……②422
三月 ……①845
みつき 和美 ……①265
三ツ木 茂 ……①911
深月 ハルカ ……①1323
密教入門聖なる道編
　集委員会 ……①517
みっこ ……②427
三越伊勢丹ヒューマ
　ンソリューション
　ズ ……②365, ②425
みつじ まちこ ……①313
ミッシェル, C.M.
　……②731
光城 悠人 ……①292
光瀬 憲子 ……①204
光田 秀 ……①137
三津田 信三 ……①1127
満田 節生 ……②666
光田 剛 ……②89
三土 たつお ……①187
ミッチェル, ジョゼ
　フ ……①960, ①1339
ミッチェル, トム
　……①935
みっちゃん先生 ……①92
三塚 正志 ……①189
光藤 景皎 ……②216
満留 邦子 ……①62
光永 悠彦 ……①753
光成 滋生 ……②520
三成 美保 ……①709
蜜乃 雫 ……①1405
光野 多恵子 ……①1331
三ツ野 豊 ……①1127
三葉 かなえ ……①970
三羽 省吾 ……①979
三橋 麻子 ……①62
三橋 重昭 ……②159
三橋 貴明 ……②134,
　②138, ②142, ②152,
　②243, ②244
三橋 辰雄 ……①340
三觜 喜一 ……①219
三林 浩二 ……②571
光原 百合 ……①976
三菱総合研究所
　……②38, ②336
三菱養和サッカース
　クール ……②229
三菱UFJ信託銀行株
　式会社確定拠出年
　金業務部 ……②73
三菱UFJ信託銀行法
　人コンサルティン
　グ部 ……②238
三菱UFJリサーチ＆
　コンサルティング
　……②20,
　②327, ②609
光藤 昭男 ……②516
光藤 京子 ……
　①637, ①645
三藤 卓堂 ……②227
三潴 正道 ……②252
三又 修 ……②409
三俣 学 ……②263
三津村 直貴 ……②524
三津村 正和 ……②722
密本 花桜 ……②528
三ツ本 武仁 ……①525
三森 仁 ……②209

三森 智仁 ……②307
光山 正雄 ……②714
溝行 勝 ……①334
光吉 さくら ……
　①1333, ②307
三津留 ゆう ……
　①977, ①1134,
　①1323, ①1405
ミード, シド ……①793
ミード, フランク・S.
　……①525
水戸 泉 ……①1405
三戸 公 ……②372
三戸 信恵 ……①836
御堂 志生 ……
　①1280, ①1405
美藤 信也 ……②336
みつじ なな子 ……①1323
御堂 乱 ……①1405
巳年 キリン ……②461
水戸部 修治 ……
　①424, ①724
三笘 裕 ……②227, ②311
三冨 正博 ……②296
三友 伸子 ……①969
御供 泰治 ……②783
水戸養命酒薬用ハー
　ブ園 ……①269
緑 慎也 ……②650, ②732
緑 大輔 ……②215
見鳥 望 ……①1280
緑川 晶 ……①479
緑川 聖司 ……①365,
　①366, ①370, ①387
緑川 吉行 ……②539
緑書房編集部 ……②456
緑名 紺 ……①1280
緑華 野菜子 ……①859
ミドルトン, アンナ
　……②72
美土路 雅子 ……
　①291, ①293
ミトン, ジャクリー
　ン ……②402
美那 ……①1133, ①1280
みない きぬこ ……①52
薬袋 摩耶 ……①163
三中 信宏 ……
　①450, ①615
南方 紙 ……②295
南方 熊楠 ……②115
南方 英夫 ……②745
みなかみ しょう
　……①1280
水上 ルイ ……①1323
皆神山 すさ ……①541
皆川 明 ……①824
皆川 治 ……①933
皆川 孝子 ……
　①1380, ①1395
皆川 智美 ……②722
源川 暢子 ……②428
皆川 典久 ……①185
皆川 博子 ……
　①891, ①913,
　①1061, ①1110
源川 真希 ……①570
美奈川 護 ……①1280
皆川 ゆか ……①1117
皆川 陽一 ……②722
皆本 和義 ……①562
水口 俊介 ……②753
みなくち なほこ
　……①52, ①53
美奈子アルケトビ
　……①260
皆越 ようせい ……②682
水無月 ……①1280

水無月 さらら ……①1323
水無月 静琉 ……①281
みなづき みのり
　……①817
水瀬 ケンイチ ……②388
水無瀬 さんご ……①1136
水瀬 葉月 ……①1281
水瀬 結月 ……①324
水月 遙 ……①1374,
　①1375, ①1376,
　①1377, ①1378
皆月 みゆき ……②310
湊 かなえ ……
　①956, ①979,
　①1020, ①1110
湊 秋作 ……①384
湊 二郎 ……②202
港 岳彦 ……①977
湊 信明 ……②303
湊 正和 ……①1020
湊 麻里 ……①72
湊 麻里衣 ……①70
湊 吉正 ……①388
湊川 あい ……①521
港瀬 つかさ ……①1281
みなと総合研究財団
　……①417
みなみ ……①1281
南 亜希子 ……①1353
南 あさこ ……①1371
南 綾子 ……①1020
南 英作 ……①197
南 和子 ……①1368
みなみ 佳菜 ……①28
水波 風南 ……
　①345, ①979
南 潔 ……①1281
南 清貴 ……①163
南 椌椌 ……①872
南 惠介 ……①682,
　①715, ①717
南 健一 ……①257
南 直哉 ……①499,
　①510, ①513
みなみ じゅんこ
　……①343
南 伸坊 ……①110
見波 タクミ ……①1281
南 知恵子 ……②438
南 知里 ……①326
見波 利幸 ……
　②344, ②509
ミナミ ナツキ ……①375
南 成人 ……②488
南 信長 ……②34
南 英男 ……①1020,
　①1110, ①1111
南 秀史郎 ……②27
南 英世 ……②255
南 博信 ……②769
南 博嘉 ……②255
水壬 楓子 ……①324
南 牧生 ……②79
南 雅子 ……①25, ①158
南 正時 ……②435
南 雅彦 ……①621
南 雅也 ……①586
南 裕子 ……②764
南阿蘇ビジターセン
　ター・おはなしト
　ライアングル
　……①332
南川 忠男 ……②459
南崎 信樹 ……②756
みなみざわ みよじ
　……①304
南澤 巳代治 ……①276

南嶌 宏 ……①824
南塚 信吾 ……▼……①590
南塚 直子 ……
　①334, ①336
南田 勝也 ……
　①718, ②104
南谷 三世 ……①641
南出 仁寛 ……①220
南野 森 ……①415
南埜 純一 ……①932
南野 真太郎 ……②548
南野 奈津子 ……②50
南野 浩則 ……①524
南野 泰義 ……②127
南本 長穂 ……①712
南谷 真鈴 ……①929
南山 拓也 ……
　①724, ①727
南山 みどり ……①139
水源 カエデ ……①968
源 喜三太 ……①92
源 元一郎 ……①609
源 淳子 ……①109
みなもと 太郎 ……②34
皆本 二三江 ……①739
三成 由美 ……②778
ミニエ, ベルナール
　……①1354
ミニョーラ, マイク
　……①856
三根 和浪 ……①739
南 かつまさ ……①688
峰 毅 ……②251
峰 ひろみ ……②215
峯 陽一 ……②265
峰 竜太 ……②158
みねお みつ ……①342
峰岸 計羽 ……①458
峰岸 純夫 ……①548
峰岸 達 ……①846
峯岸 博 ……②131
峯崎 恭輔 ……①579
峯澤 典子 ……①961
嶺重 淑 ……①524
峯島 忠昭 ……
　②420, ②423
峯島 正行 ……①915
峰島 三千男 ……②741
峰田 淳 ……①42
峰松 敏和 ……②628
岑村 傑 ……②94
峯村 創一 ……②242
峯村 均 ……①755
峰守 ひろかず
　……①1281, ②110
ミネルヴァ書房編集
　部 ……①695,
　②56, ②65
三野 和恵 ……①525
みの ごさく ……①564
三野 隆子 ……②401
三野 正洋 ……①580
蓑 豊 ……②161
箕岡 真子 ……②724
ミノオカリョウスケ
　……①739
蓑川 惠理子 ……①733
美野田 啓二 ……①7,
　①85, ①117, ①710
蓑谷 千凰彦 ……②660
蓑原 敬 ……①446
美濃部 正 ……①580
蓑宮 武夫 ……②157
みのり from
　三月のパンタシア
　……①1281, ①1282
蓑輪 顕量 ……①515
箕輪 直子 ……①873

美濃羽 まゆみ
　……①74, ②28
蓑輪 靖博 ……②207
箕輪 諒 ……
　①1025, ①1061
三萩 せんや ……
　①978, ①1020
三橋 健 ……①500, ①673
三橋 美穂 ……①8, ①311
未華 空央 ……①1282
三原 泉 ……①312, ①371
三原 淳 ……②288, ②453
三原 園子 ……①220
美原 春人 ……①1405
三原 秀章 ……②301
三原 斉 ……②641, ②642
三原 弘之 ……②380
三原 みつき ……①1282
三明 智彰 ……①519
三平 聡史 ……②192
壬生 尚美 ……②61
ミフサマ ……①328
三船 恵美 ……
　①597, ②126
御松 由美子 ……
　①610, ②87
「見本市展示会総合ハ
　ンドブック」編集
　部 ……②417
美馬 聡 ……②604
美馬 のゆり ……①713
三間 由紀子 ……①966
美馬 義亮 ……②555
三牧 聖子 ……②171
三牧 正和 ……②748
美作 宗太郎 ……②734
ミマス ……①809
耳塚 寛明 ……①751
ミムラ ……②2
三村 愛 ……①29
三村 次朗 ……②548
三村 大介 ……
　②641, ②642
三村 尚央 ……①467
三村 高之 ……①229
三村 智保 ……①247
三村 正夫 ……①424
三村 將 ……①481, ②745
三村 真弓 ……①738
三村 光弘 ……②250
三村 美衣 ……①866
三村 芳和 ……②727
三村 量一 ……②585
ミモザフィルムズ
　……①792
みもり ……①361, ①367
御守 いちる ……①1172
美森 萌 ……①1282
宮 絢子 ……①724
ミヤ ジュンコ ……①341
宮 徹 ……①796
宮井 博 ……②380
宮井 いずみ ……②90
宮入 賢一郎 ……②639
宮内 勝典 ……①1020
宮内 健太郎 ……①322
宮内 佐季子 ……①233
宮内 忍 ……②57, ②317
宮内 泰介 ……
　②575, ②576
宮内 孝之 ……②134
宮内 哲也 ……
　①322, ①440
宮内 宏 ……②290
宮内 眞木子 ……
　②57, ②317
宮内 もと子 ……②37
宮内 泰之 ……②689

著者名索引

宮内 悠介 …………
　①978, ①1020,
　①1068, ①1127
宮内 義彦 ……②303
宮浦 晋哉 ……②429
宮緒 葵 ………①1324
宮尾 和孝 …………
　①344, ①364
宮尾 登美子 ………
　①956, ①1020
宮尾 益知 ……①488,
　①495, ①496, ①498,
　①687, ②748
宮尾 学 ………②279
宮尾 祐介 ……②522
宮尾 龍蔵 ……②259
宮岡 悦良 …………
　②522, ②657
宮岡 宏会 ………①73
宮岡 洋一 ……②657
宮岡 礼子 ……②660
宮岡 蓮二 ……②615
宮川 ジュンコ …②26
宮川 総一郎 …①421
宮川 大地 ……②526
宮川 公男 ……①532
宮川 忠彦 ……②245
宮川 千春 ……②540
宮川 努 ………②244
宮川 徹志 ……②145
宮川 東一 ……②246
宮川 豊章 ……②605
宮川 寅雄 ……②462
宮川 秀之 ……②241
宮川 裕章 ……①606
宮川 宏 ………②472
宮川 麻衣子 …②284
宮川 政昭 ……②719
宮川 真史 ……②190
宮川 正裕 ……②373
宮川 萬寿美 …①697
宮川 麻理子 …①766
宮川 未葉 ……①794
宮川 やすえ …①329
宮川 義隆 ……②721
宮川 幸久 ……①652
宮木 あや子 …①976,
　①1020, ①1133
宮城 一郎 ……②696
宮城 邦昌 ……②576
宮城 重二 ……②778
宮城 達一 ……②591
宮城 大蔵 …………
　①574, ①575
宮木 康博 ……②224
宮木 由貴子 …②27
宮岸 雄介 ……①665
みやぎシルバーネット
　ト …………①974
宮城谷 昌光 ………
　①596, ①956,
　①1020, ①1061
宮口 幸治 …………
　①682, ①709
宮口 定雄 …………
　②324, ②407
宮口 聡 ………②632
宮口 徹 ………②311
三宅 明彦 ……②74
三宅 亜矢 ……②770
宮家 あゆみ …①486
三宅 恵里 ………①8
三宅 修 ………①956
三宅 恵 ………①635
三宅 香帆 ………②3
宮家 邦彦 …………
　②124, ②382
三宅 孝之 ……②282

三宅 茂久 ……②407
三宅 晋司 ……②339
三宅 大二郎 …②44
三宅 貴男 ……①206
三宅 敬 ………①228
三宅 隆史 ……②65
三宅 岳史 ……②646
三宅 知宏 ……①629
三宅 英明 ……②547
三宅 弘 ………①185
三宅 正樹 ……①607
三宅 正伸 ……②152
三宅 マリ ……①85
三宅 美絵子 …①13
三宅 康久 ……②266
三宅 康史 …………
　②713, ②721
三宅 陽一郎 ………
　①247, ②525
三宅 義明 ……②777
三宅 義和 ……②639
三宅 理一 ……②613
三宅 隆太 …………
　①789, ②358
宮子 あずさ …②767
宮後 浩 …①862, ②618
みやこし あきこ …
　②341
宮腰 圭 ………①24
宮腰 直人 ……①907
宮越 秀雄 ……②88
宮坂 景斗 ……①1405
宮坂 静生 ……①960
宮坂 七郎 ……①190
宮坂 純一 ……②371
宮坂 俊哉 ……②558
宮坂 直史 ……②122
宮坂 信之 ……①155
宮坂 宏美 …………
　①315, ②373, ①440
宮坂 浩見 ……①776
宮坂 誠 ………②673
宮崎 招久 …………
　①165, ①180
宮崎 揚弘 ……②41
宮崎 昭世 …………
　②558, ②559
宮崎 晃 …②332, ②465
宮崎 教司 ……①387
宮崎 市定 ……①919
宮崎 悦子 ……①257
みやざき かずと …
　①337
宮崎 克則 …………
　①560, ②436
宮崎 久美子 …②370
宮崎 敬士 ……②340
宮崎 興二 ……②653
宮崎 聡史 ……②244
宮崎 里司 …………
　①620, ②68
宮崎 繁幹 ……②432
宮崎 滋 ………②181
宮崎 修一 ……②547
宮崎 祥子 …………
　①433, ①434
宮崎 仁 ………②595
宮崎 紳一郎 …②737
宮崎 新悟 ……②738
宮崎 正宇 ……②63
宮崎 総一郎 …①171
宮崎 泰 ………②447
宮崎 隆男 ……①814
宮崎 隆司 ……②230
宮崎 高則 ……①671
宮崎 卓朗 ……②424

宮崎 猛 ………①717
宮崎 直 …①660, ②662
宮崎 建樹 ……①196
宮崎 ツヤ子 …①79
宮崎 哲弥 ……①509
宮崎 亨 ………②602
宮崎 直己 …………
　②187, ②218, ②452
宮崎 七湖 ……①622
宮崎 法子 ……①831
宮崎 秀夫 ……①754
宮崎 英憲 …………
　①681, ①682, ①685
みやざき ひろかず …
　①335
宮崎 博己 ……①744
宮咲 ひろ美 ………
　①102, ①938
宮崎 浩充 ……②762
宮崎 真紀 ……①934
宮崎 真 ………②730
宮崎 正勝 …………
　①587, ①590, ①591, ②248
宮崎 真至 ……②758
宮崎 政久 ……①138
宮崎 正弘 ……①564,
　①570, ①620, ②89,
　②125, ②129, ②131,
　②133, ②134, ②248,
　②252, ②525
宮崎 正裕 ……①236
宮崎 学 …①126, ②684
宮崎 美砂子 …②765
三屋咲 ゆう …①1282
宮崎 裕二 ……②414
宮崎 雄二 ……①161
宮崎 裕助 ……②454
宮崎 由子 ……②776
宮崎 義仁 ……①226
宮崎 理絵 ……①79
宮沢 章夫 ……①956
宮澤 伊織 ……①1127
宮沢 うらら …①433
宮澤 栄次 ……②778
宮澤 恵二 ……②768
宮澤 賢治 …①309,
　①335, ①348, ①888,
　①890, ①1020
宮澤 佐江 ……①768
宮澤 智士 ……②614
宮澤 成緒 ……②577
宮澤 悦子 ……②706
宮澤 淳一 ……①815
宮澤 節夫 ……①634
宮澤 拓 …①209, ①638
宮沢 輝大 ……①690
宮澤 陽夫 ……①59
宮沢 俊義 ……②171
宮澤 仁 ………②61
宮澤 溥明 ……①606
宮澤 正憲 ……①679
宮澤 正泰 ……②271
宮沢 みち …………
　①133, ①439
宮沢 みゆき …………
　①345, ①347
宮澤 幸久 ……②716
宮澤 佳廣 ……②145
宮治 昭 ………①834
宮路 秀作 …………
　①732, ②247
宮治 淳一 ……①806
宮地 拓海 ……①1282
宮下 明聡 ……①583
宮下 悦子 ……②686
宮下 恵茉 …①355,
　①367, ①368
宮下 和男 ……①349

宮下 和久 ……②759
宮下 和大 ……①714
宮下 和之 ……②674
宮下 規久朗 …①829
宮下 公美子 …②60
宮下 健司 ……②430
宮下 剛輔 ……②527
宮下 聡 ………②700
宮下 周平 ……①956
宮下 志朗 …①891,
　①925, ①960
宮下 真一 …②621,
　②641, ②642
宮下 すずか …①332
宮下 宗治 ……②735
宮下 直 ………②683
宮下 朋之 ……②600
宮下 直樹 ……①510
宮下 奈都 …①956,
　①979, ①1020
宮下 二三 ……①390
宮下 紘 …①123,
　②512, ②528
宮下 博幸 ……①621
宮下 真 ………①414
宮下 雄治 ……②285
宮下 洋一 ……②704
宮嶋 勲 …①45, ②84
宮島 泉 ………②613
宮島 清 …②53, ②63
宮島 健次 ……①749
宮島 賢也 ……①169
宮島 喬 …②50, ②85
宮島 達男 ……①766
宮島 俊彦 …………
　①177, ②47
宮嶋 望 ………②455
宮島 久雄 ……①829
宮島 英昭 ……②370
宮嶋 博史 ……①599
宮島 美花 ……②133
宮島 悠旗 ……①182
宮島 力彩 ……②428
宮城 ジョージ …②381
宮城 孝 ………②61
みやしろ ちうこ …
　①1282
宮新 美智世 …①182
みやす のんき …①235
宮副 謙司 ……②91
宮薗 いづみ …①979
宮薗 泰人 ……②387
宮田 敦司 ……②131
宮田 絵津子 …①602
宮田 修 ………②343
宮田 律 …①384,
　②136, ②138
宮田 一雄 ……②352
宮田 恭子 ……①921
宮田 公治 ……①634
宮田 重樹 ……②70
宮田 昇 ………②16
宮田 播子 …………
　①35, ①128
宮田 隆 ………①1020
宮田 隆志 ……②670
宮田 忠厚 ……②406
宮田 珠己 ……①184
宮田 朋典 ……②241
宮田 ともみ …①342
宮田 智之 ……②134
宮田 成章 ……②750
宮田 光 ………①1282
みやた ひろし …②527
宮田 浩志 ……②191
宮田 正彦 ……①464
宮田 光雄 ……①470
宮田 穣 ………②367

宮田 靖志 ……②713
宮田 優希 ……②528
宮田 洋輔 ……②518
宮田 義晃 ……①758
宮田 親平 …………
　①184, ②109, ②136
宮武 一貴 ……①857
宮武 浩二 ……②432
宮武 健仁 …………
　①399, ①400
宮武 久佳 ……②16
宮武 慶之 ……①272
宮谷 尚実 ……①470
宮地 明子 ……①688
宮地 克昌 ……②298
宮地 弘一 ……①669
宮地 正人 ……①569
宮地 美陽子 …②147
宮津 大輔 ……②513
宮津 多美子 …①645
宮辻 政夫 ……①788
宮寺 匡広 ……①225
宮永 忠将 ……②167
宮西 修治 ……①506
みやにし たつや …
　①307,
　①324, ①330, ①340
宮西 達也 …①331,
　①335, ①337
　①338, ①340, ①341
宮西 真冬 ……①1111
宮野 聡子 …①326,
　①335, ①337
宮野 滋 ………①242
宮野 尚哉 ……②600
宮野 健男 ……①929
宮野 俊明 ……②271
宮野 智靖 …①639,
　①653, ①659, ①661
宮野 英也 ……②46
宮野 美嘉 ……①1282
宮野 靖 ………②602
宮野 裕 ………①527
宮之原 拓男 …①43
宮原 明美 ……②750
宮原 一武 ……①931
宮原 一成 ……①920
宮原 暁 ………①593
宮原 俊一 ……①269
宮原 久美 ……②386
宮原 裕志 ……②227
宮原 吉也 ……①677
雅 るな …①387, ①438
宮部 賢志 ……②656
宮部 浩幸 ……②158
宮部 真由美 …①629
宮部 みゆき …①1062,
　①1068, ①1111,
　①1127, ①1282
宮保 憲治 …………
　②585, ②646
深山 晶子 ……①642
深山 明 ………②278
深山 織枝 ……②40
深山 くのえ …①1282
深山 咲 …………
　①1374, ①1375,
　①1377, ①1378
深山 さくら …………
　①338, ①364
三山 峻司 …………
　②186, ②187
三山 喬 …②9, ②140
深山 ちひろ …………
　①1369, ①1386
深山 徹 ………①196
三山 秀昭 ……②24
美山 弘樹 ……①1333

見山 博 ………①404
深山 幽谷 ……①1405
深山 和香 ……①370
宮前 忠夫 …………
　②462, ②465
宮前 耕史 ……①704
宮村 菜穂 ……①440
宮村 優子 ……①1067
みやめこ ……①116
宮本 惇夫 ……②304
宮本 えつよし …①329,
　①335, ①346,
　①356, ①357
宮本 絵美子 …①358
宮本 恵理子 …②279
宮本 一夫 ……①540
宮本 和俊 ……①701
宮本 和幸 ……①129
宮本 和義 ……②615
宮本 佳代子 …②776
みやもと とくにお …
　②533
宮元 啓一 ……①516
宮本 惠子 ……②669
宮本 惇 ………①891
宮本 賢一 ……②727
宮本 郷三 ……①586
宮本 幸枝 ……①441
宮本 研 ………②64
宮本 正一 ……①180
宮本 省三 ……①484
宮本 正太郎 …①817
宮本 研 ………①891
宮本 信也 …………
　①685, ①687
宮本 慎也 ……①223
宮本 真也 ……①473
宮本 大平 ……①644
宮本 孝廣 ……①257
宮本 武 ………①930
宮本 武史 ……①1116
宮本 剛宏 ……②68
宮本 忠夫 ……①327
宮本 忠雄 ……②743
宮本 督 ………②16
宮本 太郎 …②47, ②54
宮本 常一 ……②115
宮本 輝 ………①957
宮本 直毅 ……②29
宮本 紀子 ……①1062
宮本 秀信 ……①837
宮本 仁志 ……②605
宮本 博規 ……①727
宮本 広志 ……①250
宮本 浩史 ……①364
宮本 弘典 ……①220
宮本 昌孝 …………
　①1025, ①1062
宮本 雅史 …………
　②144, ②734
宮本 益光 ……①965
宮本 又郎 …………
　②268, ②307
宮元 万葉美 …②281
宮本 麻矢 ……②550
宮本 真由美 …………
　①92, ①96,
　①81, ①439
宮本 みち子 …………
　②58, ②104
宮本 深礼 …………
　①360, ①1132
宮本 宗明 ……①1127
宮本 桃英 ……①819
宮本 恭祐 ……②597
宮本 裕一郎 …②282
宮本 雄二 ……

②132, ②576
宮本 裕 ……②606
宮本 百合子 …①116
宮本 佳実 …………
①108, ②387
宮本 隆司 …①255
宮本 れん …①1324
宮本忠長建築設計事
務所 ………②616
宮本常一記念館
………②115
宮盛 邦友 …①758
宮森 俊樹 …②404
宮脇 淳 ……②155
宮脇 淳子 …①582,
①590, ①595, ②88
宮脇 千絵 …①120
宮脇 俊文 …………
①795, ①914
宮脇 俊郎 …①811
宮脇 昇 ……②266
宮脇 史生 …①849
宮脇 律郎 …②680
みゆ ………①367,
①368, ①1282
みゅうな★ …①1283
みゅうみゅう …①1283
深雪 千絵 …①1405
深志 美由紀 …①1405
ミュージカル『刀剣
乱舞』製作委員会
………①783
ミュシャ, アルフォ
ンス・マリア …①865
ミューズワーク
………①407
ミュッソ, ギョーム
………①1339
みゅーな** …①1283
ミュラー, アンゼル
ム・W. ……①476
ミューラー, アンドレ
アス・C. …②555
ミューラー, ゲルダ
………①317
ミュラー, ティルマ
ン ………②584
ミュラー, ヤン＝ヴェ
ルナー ………
②169, ②172
ミューレ, イョルク
………①315
御代 しおり …①849,
①852, ①855
繆 英長 ……②421
茗荷 さくら …①137,
②44, ②547
妙木 浩之 …①495,
①496, ①497
明神 一浩 …②764
冥利 ツガサ …①1283
明和 政子 …①705
三代川 寛子 …①525
三好 昌子 …①1062
三好 昭子 …①487
三好 章 …①515, ②9
三吉 彩花 …②776
三好 和義 …①254
三好 皓一 …②103
三吉 聡子 …①657
三好 修一郎 …①724
三好 淳一 …②535
三好 真史 …………
①706, ①709
三好 晴之 …①932
三好 正堂 …②752
三好 隆宏 …②567
三好 達 ……②20

三好 春樹 …………
①176, ②69
三好 秀和 …①290,
②66, ②376
三好 弘一 …①254
三好 幹也 …①1131
三好 陸奥守 …②583
三好 康彦 …②627,
②628, ②629, ②630,
②639, ②644
三好 康之 …②563
三好 行雄 …①725
三吉 友美子 …②783
三好 洋子 …②526
三好 陽子 …①1368,
①1372, ①1389
三好 美覚 …①730
三好 祥子 …①834
ミラ ………①824
ミラー, アーサー
………①783, ①1339
ミラー, エドワード
………①396
ミラー, ジェイムズ
………①649
ミラー, ジェフリー
………①481
ミラー, ジョージ・
ビュレス …①881
ミラー, ダーシー …①4
ミラー, パット・ジ
トロー ……①317
ミラー, フランク
………①850
ミラー, ヘンリー
………①892
ミラー, マーガレッ
ト ………①1354
ミラー, マーク …①848
ミラー, J.P. ………
①307, ①314
未来を変えるデザイ
ンプロジェクト
………①880
みらいコンサルティ
ンググループ
………②277,
②309, ②325
「未来ジャーナル」編
集部 ………①501
眠空 ………①1283
未来の子どもを育む
会 ………①709
ミラージェス, フラ
ンセスク …①109
ミラーニ, アレッサ
ンドロ …①698
ミラノヴィッチ, ブ
ランコ ……②262
ミラン, シーザー
………①263
みりぐらむ …①1283
ミリネ韓国語教室
………①667
ミリメシ研究会
………②163
ミルズ, スティーブ
………①396
ミルズ, A.D. …①605
ミルズ, C.ライト
………②99
ミルデザイン …②542
ミルトスヘブライ文
化研究所 …①524
ミルナー, テオドー
ル・E. ……②598
見ル野 栄司 …………

①972, ②598
ミルハウザー, ス
ティーヴン …①1339
ミルフォード, ケイ
ト ………①1354
ミルボーン, アナ
………①305
ミルママ …①265
ミルン, アレックス
………①854
ミルン, ニーナ
………①1381
ミルン, A.A. …
①379, ①1339
ミレ, クリスチャン
………②607
ミレール, ジャック＝
アラン …………
①474, ①496
ミロ, ダグ …①1358
ミロコ マチコ
………①266, ①341
美輪 和音 …①1112
三輪 清宗 …①277,
①278, ①1137
三羽 邦美 …①920
三輪 賢一 …②527
三輪 建二 …②148
三輪 健仁 …①869
三輪 厚二 …②387
三輪 壮一 …②411
三輪 妙子 …①158
美和 卓 ……②377
三輪 智恵子 …①1329
三輪 律江 …①696
三輪 初子 …①957
三輪 裕子 …②353
三輪 眞木子 …①713
三輪 正ठ …①899
三輪 正幸 …①267
三和 導代 …①140
三輪 美矢子 …②290
三輪 恭嗣 …………
①262, ②456
三和 由香利 …①161
三脇 康生 …②746
△○□× ……①1137
「みんいく」地域づく
り推進委員会
………①710
民事信託活用支援機
構 ………②206
民事法律扶助研究会
………②206
民主主義科学者協会
法律部会 …②201
ミンデル, デビッド
………②624
みんなの介護 …②69
みーんなの公園プロ
ジェクト …②59
みんなのコード
………①718
みんなのことばしゃ
………①340
みんなの日記編集部
………①6
みんなの冷凍作りお
き編集部 …①62
「民法がこんなに変わ
る！」執筆委員会
………②204
民話さんぶたろう研
究実行委員会
………①886
民和文庫研究会 …②8

向山 義彦 ……①1020
向瀬 杜子春 …①256
向高 亜由美 …②596
ムコパディエイ, ソ
マ ………①498
無言宣伝 …①145
ムサヲ ……①977
武蔵 博文 …①681
武蔵 裕子 …①54, ①62
武蔵野自然塾 …②682
武蔵野美術大学美術
館図書館 …①840
武者 圭子 …②39
武舎 広幸 …②524,
②554, ②560
武者 陵司 …②247
武舎 るみ …………
②524, ②560
武者小路 実篤 …①1062
無所 住 …………①1283
無線LANビジネス推
進連絡会 …②527
牟田 泰三 …②667
六田 知弘 …②259
務台 夏子 …①1345
牟田口 辰己 …①686
睦 鎮碩 …①247, ①248
睦月 …………①1283
睦月 影郎 …①1062,
①1396, ①1405
睦月 ムンク …………
①365, ①845
六鹿 茂夫 …②123
六つ花 えいこ …①1283
睦美 ………②59
無敵の簿記編集部
………②474
武藤 昭 ……②233
武藤 悦子 …①128
武藤 一也 …①646
武藤 克彦 …………
②638, ①661
武藤 圭子 …②52
武藤 健造 …②412
武藤 健太 …①1283
武藤 謙太 …②292
武藤 慎一 …②653
武藤 清栄 …②69
武藤 崇恵 …②576
武藤 教志 …②766
武藤 崇 ……②482
無藤 隆 ……①303,
①304, ①688, ①689,
①691, ①693, ①697,
①712, ①717, ①719,
①721, ①885
武藤 剛史 …………
①924, ①1334
武藤 武美 …①447
武藤 鉄城 …②118
武藤 徹 ……②651
武藤 友治 …②87
武藤 那賀子 …①896
武藤 文人 …②682
武藤 北斗 …②303
武藤 眞朗 …②224
武藤 正人 …①937
武藤 正敏 …②88
武藤 康弘 …………
②540, ①614
むとう ゆういち
………①327
武藤 陽生 …①589,
①1334, ①1362,
②289, ②517
武藤 芳照 …①215,
②721, ②767

宗像 和重 …①893
宗像 恒憲 …②611
宗像 伸子 …②776
宗像 久男 …①145
宗像 充 ……①931
宗像 雄 ……②758
宗像 善樹 …①537
宗方 玲 ……①962
宗像 令夫 …②488
宗像未来ガールズ
………②92
ムナーリ, ブルーノ
………①317
胸組 虎胤 …①721
宗澤 岳史 …②345
棟居 快行 …②197
宗田 大 ……①172,
②750, ②751
宗田 哲男 …②25,
①153, ①164, ②772
宗本 智之 …①972
武野 光 ……①1184
ムーヒナ, エレーナ
………①591
ムー編集部 …①645
無名上人 …①465
村 千鶴子 …………
②189, ②214
ムライ ……①341, ②23
村井 章子 …………
②128, ②377
村井 明彦 …②257
村井 英一 …①110
むらい かよ …①356
村井 敬太郎 …①416
村井 弦斎 …①36
村井 浩紀 …②137
村井 康司 …①812
むらい さち …①319
村井 潤一郎 …………
①482, ②661
村井 章介 …①611
村井 隆紘 …②410
村井 琢哉 …①700
村井 直志 …②157
村井 敏邦 …②211
村井 敏宏 …①687
村井 智之 …………
①1345, ①1353
村井 則夫 …①467
村井 宣子 …①688
村井 瑞枝 …②357
村井 美月 …②507
村井 祐樹 …①510
村井 米子 …①36
村井 理子 …①4,
①170, ①935,
②163, ②648
村井 良太 …①577
むらいっち …①678
村尾 行一 …②456
村尾 純子 …①642
村尾 孝子 …②769
村尾 英俊 …②178
村尾 文 ……①1020
村尾 隆介 …②297
村岡 到 …………①609,
②142, ②173
村岡 啓一 …②228
村岡 茂生 …②137
村岡 忠行 …②197
村岡 千紘 …①669
村岡 俊也 …………

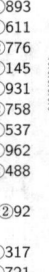

む

著者名索引

①34, ①868
村岡 花子 ……①389
むらおか みえ……①315
村形 聡……①314
村上 晶……②118
村上 晶郎……①495
村上 暁信……②614
村上 章……②328
村上 明……①774
村上 アシシ……②344
村上 毅……②280
村上 一郎……①567
村上 英吾……②258
村上 佳恵……①631
村上 和雄……①90
村上 和成 …
　……②738, ②741
村上 和弘……②111
村上 克司……①285
村上 勝三……①453
村上 克尚……①908
村上 佳代……②338
村上 恭一……②276
村上 清幸 …
　……①438, ①852
村上 啓二……②143
村上 元……②761
村上 幸一……②309
村上 佐央里……②337
村上 紗央里……②577
村上 佐知子……①1397
村上 祥子 …①60, ①62
村上 敏……①269
村上 しいこ……①347,
　①348, ①350, ①358
村上 静雄……②333
村上 純……②519
村上 俊介……②422
村上 真完……①926
村上 伸治……②743
村上 伸也……②756
村上 妙香……②286
村上 剛久……②462
村上 卓史……②15
村上 武則……②203
村上 千恵子 …
　……②492, ②747
村上 勉……②309,
　①328, ①379,
　①865, ①1339
村上 哲朗……②694
村上 輝康……②282
村上 智明……②741
村上 知紀……②369
村上 智彦……②706
村上 尚己 …
　……②244, ②245
村上 直樹……②420
村上 尚文……②199
村上 暢……①1112
村上 暢昭……②422
村上 賀厚……②345
村上 紀夫……①540
村神 徳子 …①144,
　①145, ②431, ②435
村上 春樹 …
　①910, ①914,
　①1020, ①1335,
　①1338, ①1349
村上 尚徳……①740
村頭 秀人……②184
村上 均……②589
村上 浩輝……②441
村上 弘子 …
　……②533, ②536
村上 裕 …①479, ②251
村上 博哉……①829
村上 二美也……①231

村上 雅昭 ……②743
村上 雅人……②665
村上 雅則……①225
村上 雅洋……②424
村上 政博……②375
村上 雅哉……②207
村上 道……①136
むらかみ みちこ
　……①382
村上 光雄……①448
村上 満……①45
村上 美好……②765
村上 萌……①3
村上 もとか……①856
村上 百代……①158
邑上 主水……①1283
村上 康二郎 …
　……②222, ②520
村上 泰亮……②268
村上 康成 …①319,
　①323, ①328
村上 靖彦……①495
村上 恭通……①546
村上 裕二……①845
村上 勇介……①124
村上 悠太……①435
むらかみ ゆきこ
　……①330
村上 百合子 …①57
村上 陽一郎 …②94
村上 世彰 …
　①929, ②380
村上 義和……①599
村上 良日……①540
村上 宣寛 …
　①492, ②747
村上 りえこ……①142
村上 リコ……①605
村上 隆……①57
村上 龍……①1020
村上 亮……①602
村上 綾一 …①274,
　①440, ①729
村川 恭介……①403
村川 大介……①247
むらかわ みちお
　……①1117
村川 裕二……②741
村木 厚子……②279
村木 信爾……②419
村木 宏衣……①148
村木 宏吉……②503
村木 美涼……①1112
村木 嵐……①1020,
　①1026, ①1062
村串 栄一……②704
村越 真……①233
村越 正海……②232
村越 良子……①699
紫 圭子……①964
村崎 忍……①1406
むらさき ゆきや
　……①1283
紫式部……①897
村澤 剛……②602
村澤 眞保呂……②260
村沢 侑……①1284
村沢 義久……②442
村治 笙子……①426
連 勇太朗……②424
村島 温子……②760
村嶋 幸代……②722
村瀬 鋼……①475
村瀬 信行……①67
村瀬 憲雄 …
　……②641, ②642
村瀬 秀信……①40

村瀬 勇吉 ……①226
村瀬 幸浩……①12
村瀬 佳子……①70
村瀬 仁彦……②238
村田 晶子……①752
村田 淳……②607
村田 綾子……②13
村田 育也……②10
村田 和代……①98
村田 恭介……①185
村田 喜代子……①1116
村田 くみ……①50
村田 惠三……②667
村田 賢一郎……②560
むらた こういち
　……①407,
　①408, ①409
村田 浩一……①408
村田 光二……②110
村田 晃嗣……②122
村田 栞……①1284
村田 滋……②672
村田 志乃……②426
村田 周祐……②96
村田 修三……①553
邑田 仁……②688
村田 真一 …
　……①784, ①918
村田 孝子……①835
村田 毅之……②463
村田 健史……②680
村田 武……②572
村田 智明……②348
村田 經和……①668
村田 利明……①841
村田 智之……②57
村田 はる江……①233
村田 久……①957
村田 弘……②116
村田 理如……①873
村田 冨實……①901
村田 右八……①523
村田 美穂……②731
むらた ももこ……①437
村田 桃香 …
　……①358, ①385
村田 康子……①178
村田 裕子 …①49, ①57
村田 幸生……②700
村田 幸則……②518
村田 夕海子……①355
村田 吉徳 …
　……②538, ②539
村田 らむ……①257
村田 蓮舫……①845
村田 渉 …②204, ②208
村辻 義信……②423
村中 愛 …①142, ①143
村中 明彦……②339
村中 一英……②628
村中 和之……①476
村中 李衣……②704
村西 恵津……①836
村西 とおる …①103,
　②90, ②391
村野 一臣……①682
村野 健太郎……②575
村野 聡……②723
村野 守美……①856
村野藤吾の設計研究
　会……②614
村人Z……①1284
村松 潔……①1364
村松 重典……①24
村松 茂 …②513, ②535
村松 静枝……①44
村松 周……①68
村松 伸……②614

村松 拓 ……②432
村松 利孝……②441
村松 友視……①238
村松 正俊……①467
村松 勝……②296
村松 真理子……①671
村松 美映子……①698
村松 みち子……①74
村松 由紀子……②191
村本 邦子……①936
村本 拓哉……②191
村元 武……②17
邑本 俊亮……①482
村元 由佳利……①39
村本 義雄……②697
村山 彩……①61
村山 功……①358
村山 和夫……①121
村山 圭……②728
村山 恵一……②299
村山 慶輔……②99
村山 研一……②99
村山 早紀 …①356,
　①1020, ①1284
村山 士郎……①755
村山 定夫……②117
村山 司……②678
村山 友美……①124
村山 直紀……②562
村山 伸子……②109
村山 秀太郎……①590
村山 仁志……①1112
村山 斉……②666
村山 汎子 …
　①1391, ①1393
村山 政太郎……②20
村山 真弓……②87
村山 光子……①488
村山 光孝……②659
村山 美雪……①1330
村山 慈明……②250
村山 由佳……①1021
村山 由紀子……①60
村山 幸徳 …
　……①130, ①132
村山 吉廣……①911
村山 隆司……②618
ムラヨシ マサユキ
　……①51,
　①60, ①69, ①72
ムルスヴィーク，
　ディートリッヒ
　……②221
群 ようこ …
　①957, ①1021
ムーロ，パコ……②291
室 圭……②735
ムロ ツヨシ……①772
室 勝……②385
室井 和男……②652
室井 恭子……②677
室井 秀太郎……②251
室井 昌也……①222
室井 摩耶子……①957
室井 康雄……①864
室井 佑美……①698
室井 芳均……②655
室生 犀星 …
　①888, ①1021
室生 忠……①500
室城 秀之……①36
室木 弥太郎……①888
室積 光 …
　①1021, ①1112
室舘 勲……①87
室谷 克実 …①130,
　②131, ②132
室谷 健太……②734

室野 秀文 ……
　①532, ②533
室橋 裕和……②86
室伏 広治……①124
室伏 信助……①897
室伏 正博……②139
諸代 雅代……①103
室矢 憲治……①808
室山 孝之……②574
文 茶影……①330
ムンガン，ムラトハ
　ン……①1326
ムーンシー，ヴァ
　ネッサ……②82
ムンムン……①1284

【め】

メア，ヴィクター・
　H.……①595
メイ，マシュー・E.
　……①356
メイアー，スーザン
　……①1381
メイエ，アントワー
　ヌ……①622
明海大学外国語学部
　中国語学科……①664
明海大学不動産学部
　……②497
明官 茂 …①684,
　①722, ①726
明鏡 シスイ……①1284
名言発掘委員会
　……①107
メイザー，アン
　……①1368, ①1369,
　①1373, ①1378,
　①1388, ①1392
メイザー，ジョセフ
　……②655
明治……①433
明治維新史学会
　……①568
明治学院大学教養教
　育センター社会学
　部……①713
明治神宮……①506
明治聖徳記念学会
　……①612
明治大学現代中国研
　究所……①597
明治大学シェイクス
　ピアプロジェクト
　……①783
明治大学商学部
　……②308
明治大学理工学部基
　礎物理学実験テキ
　スト編集委員会
　……②663
明治チョコレート検
　定委員会……①36
明治東洋医学院編集
　委員会……②780
明治美術学会……①831
メイジャー，アン
　……①1385, ①1392
明治安田生活福祉研
　究所……②109

名城 犬朗 ……①861
名城研究会……①562
明星小学校……①727
メイゼル，リチャー
　ド S.……①712
メイトランド，ジョ
　アンナ……①1386
名南経営 …②73, ②312
名南経営コンサル
　ティング ……②312
メイニー，ケビン
　……②277
メイヒュー，マイク
　……①851
明文書房編集部 …②9
メイベリー，ジョナ
　サン……①1359
メイボランチ……①8
メイヤー，ジェイン
　……②254
明利 英司……①1112
名生 健人……①1021
メガハウス …
　①1135, ①1233
めがめたる……①804
惠 隆之介 …
　②138, ②142
目黒 公郎……②583
目黒 杏子……①425
目黒 考二……①938
目黒 真二……②543
目黒 将史……①907
目黒 雅也……①308
目黒 実 …①324, ①962
メシ馬……①244
メディカフレンド社
　編集部……②763
食野 雅子 …①56,
　①105, ①319, ①374
メジューエワ，イ
　リーナ……①814
目白大学社会学部社
　会情報学科 ……②99
メスナー，ケイト
　……①314
メースン，A・E・W
　……①355
メーダサーナンダ，
　スワーミー …①457
めちゃカワ!!おしゃ
　れガール委員会
　……①436
めちゃカワ!!なぞな
　ぞ委員会……①440
メッツォラ，アイ
　ノ＝マイヤ……①881
メット，イダ ……①608
メディアエッグ
　……①387
メディアソフト書籍
　部 ……①20,
　①264, ①512, ②26
メディアパル編集部
　……①43
メディアビュー
　……①422
メディアリサーチセ
　ンター ……②9
メディカルエデュ
　ケーション編集部
　……②771
メディカルラボ
　……①745
メドヴェージェフ，
　ジョレス……②578
メドヴェージェフ，
　ロイ……①609
メトカーフ，ジョー

ジー ………
　　　①1372, ①1382
メドフス, エリーサ
　　……………①458
メドフス, エリック
　　……………①458
目取真 俊 ……
　　①1021, ②168
メナ, パトリシオ
　　……………①310
メニングハウス,
　ヴィンフリート
　　……………①473
メネガッツォ, ロッ
　セッラ ………①881
メヒア, ミンディ
　　……………①1355
メビウス ………①851
めら かよこ ……①868
目羅 健嗣 ………①859
メリアム, チャール
　ズ・E. ………①171
メリッツ, M.J.…②257
メリノ, ヘスス …①851
メリル, クリスティ
　ン ……………①1386
＊メル＊ …………①1284
メール, マーガレッ
　ト ……………①572
メルカリ ………②529
メルクリオ, アンド
　レア …………①229
メルスィエ, ジュリ
　ン ……………①305
メルツ, クラウス
　　……………①1339
メルツァー, ブラッ
　ド ……………①847
メルニク, クセニヤ
　　……………①1339
メルヘンアートクリ
　エイティブチーム
　　……………①76
メルヘンアートスタ
　ジオ …………①76
メルヘン21 ………①356
メルホルツ, ピー
　ター …………②373
メルロ＝ポンティ,
　モーリス ……①475
メング …………①408
メンシック, カット
　　……………①1020
毛受 敏浩 ………②243
メンタリストDaiGo
　　……………①87,
　①106, ①116, ①123,
　①126, ①184, ①296,
　①482, ①486, ①490,
　②351, ②354, ②359
メンチ, ジョイ・A.
　　……………②456
メンデス, コニー
　　……①137, ①140
メントライン, マラ
　　……………①669
麺屋武蔵五輪書制作
　委員会 ………②428

モー, ジェリー
　　……………①489
モアレム, シャロン
　　……………②684
茂市 久美子 ……①382
毛井 公子 ………①898
望戸 愛果 ………②102
モウフカブール
　　……………②550
毛利 英慈 ………①89
毛里 和子 ………②130
毛利 理恵 ………①112
毛利 大一郎 ……①350
毛利 透 ………②198,
　　②199, ②201
毛利 英昭 ………①420
毛利 博 …………②714
毛利 眞人 ………①574
毛利 嘉孝 ………①819
モカ子 …①324, ①343
最上 敦彦 ………②751
最上 一平 ………
　　①353, ①355
最上小国川の清流を
　守る会 ………②575
モーガン, アン
　　……………①1355
モーガン, サラ
　　……………①1366,
　①1367, ①1368,
　①1369, ①1370,
　①1392, ①1396
モーガン, サリー
　　……………①409
モーガン, デイ
　ヴィッド・H.J.
　　……………②95
モーガン, ベン …②727
茂木 あや ………①1285
もき かずこ …
　　……①320, ①322
茂木 喜久雄 ……
　　……②260, ②261
茂木 健一郎 …①12,
　①27, ①97, ①125,
　①127, ①171, ①482,
　①663, ①674, ①750,
　①1021, ②355, ②730
茂木 作太郎 ……②165
茂木 忍 …………②143
茂木 信太郎 ……②445
茂木 鈴 …………①1285
茂木 壮 …………①1285
茂木 健 …………①1360,
　①1362, ①1366
茂木 春樹 ………②521
茂木 誠 …………①499,
　①590, ①746
茂幾 保代 ………①607
モギッシ, アラン
　　……………②572
モキュート ……①36
木犀 あこ ………①1127
木製建具研究会
　　……………②619
木造建築物の防耐火
　設計マニュアル編
　集委員会 ……②622

目代 邦康 ………②679
モクチン企画 ……②424
杢野 暉尚 ………②58
木宮 条太郎 ……
　　①367, ①1021
もくもくちゃん
　　……………①957
もぐら ……………①550,
　　②23, ②32
木蓮 ……………①199
モゲラッタ ………①367
モコと愉快な仲間た
　ち ……………②285
モーザー, フーゴー
　　……………①668
文字起こし技能テス
　ト問題制作部会
　　……………②510
文字書男 ………①1285
モーシャー, ラン
　ディ …………①45
もじゃクッキー
　　……①840, ①843
モシュフェグ, オ
　テッサ ………①1355
百舌 巌 …………①1285
百舌 涼一 ………
　　①1021, ①1285
モーゼズ, フィリッ
　プ・ニンジャ
　　①1134, ①1359
茂田井 武 ………①845
茂田井 宏 ………①267
茂田井 円 ………①267
藻谷 浩介 ………①243
望岡 亮介 ………①268
持崎 湯葉 ………①1285
望月 彰 …………②53
望月 麻生 ………①522
望月 充っ ………①1285
望月 いく ………①1285
望月 衣塑子 ……②13
望月 一央 ………②404
望月 浩一郎 ……
　　①214, ②223
望月 索 …………①9
望月 澄男 ………①242
望月 拓海 ………①1285
望月 たけ美 ……①697
望月 唯一 ………①1285
望月 とうこ ……①1285
望月 俊男 ………①749
望月 稔之 ………①699
望月 紀子 ………①1330
望月 文夫 ………①401
望月 べに ………①1285
望月 麻衣 ………①367,
　①1021, ①1112
望月 正行 ………①273
望月 麻美子 ……①825
望月 衛 …………①455,
　　②99, ②255
望月 眞弓 ………②771
望月 三起也 ……
　　①856, ①858
望月 通陽 ………①868
望月 みや ………①531
望月 めぐみ ……①867
望月 禎彦 ………②310
望月 隆一 ………①286
もちだ あきとし
　　……………①308
持田 明広 ………①226
持田 蔵 …………①167
持田 季未子 ……①836
持田 智 …②713, ②724
持田 庄一 ………①187

持田 武夫 ………②609
持田 睦 …………②476
持田 昌典 ………①228
もちだ もちこ …①1285
もちつき かつみ
　　……………①1285
持永 かおり ……①872
餅々ころっけ …①1285
モーツァルト, レオ
　ポルト ………①822
モックリー＝ローゼ
　ン, ダリア …②768
モッタデリ, ロベル
　ト ……………②13
「もっと歴史を深く知
　りたくなるシリー
　ズ」製作委員会
　　……………①783
モデ, マチュー …①309
モーティマー, イア
　ン ……………②604
モーティマー, キャロ
　ル ……………
　①1367, ①1369,
　①1370, ①1371,
　①1372, ①1387,
　①1389, ①1392
モテ髪師大悟 …①117
茂木 和哉 ………①5
茂木 謙之介 ……②151
茂木 俊輔 ………②304
茂木 ちあき ……①346
モデュイ, ファビア
　ン ……………②612
モデルグラフィック
　ス ……①285, ①287
モデルグラフィック
　ス編集部 ……①286
モーテンセン, カー
　ト ……………②340
モート, セーラ …②640
本井 治 …………②711
本井 克樹 ………②196
元・一ノ矢 ………
　　①156, ①157
本尾 読 ……①86, ②3
本居 宣長 ………①464
元神 賢太 ………②22
本川 達雄 ………
　　②682, ②690
本木 弘偉 ………②24
元木 昌彦 ………②13
元木 泰雄 ………②550
本木 靖 …………②264
本澤 巳代子 …②48,
　　②50, ②66
泉二 啓太 ………②32
泉二 弘明 ………②32
本島 彩帆里 ……
　　①27, ①152
本島 修司 ………
　　②244, ②351
元シャープ社員A
　　……………②304
もとじろう ………①442
本瀬 香 …………②651
本園 明史 ………②299
本鳥 有良 ………②419
本永 英治 ………②717
元永 二朗 ………①189
元永 拓郎 ………①482
元永 知宏 ………
　　①221, ①224
本中 眞 …………②589
元根 朋美 ………①679
本信 公久 ………①334
本橋 祈 …………①672
本橋 恵一 ………②438

本橋 光一郎 ……②411
桃井 成一 ………①254
本橋 隆子 ………②709
本橋 哲也 ………①455
本橋 信宏 ………①186
本橋 英樹 ………②605
本橋 ひろえ ……①6
本橋 美智子 ……
　　②190, ②411
本橋総合法律事務所
　　……………②411
本林 教衡 ………①665
本廣 陽子 ………①725
元宮 秀介 ………①280
本村 健 …………②207
本村 俊弘 ………
　　①651, ①957
本村 浩之 ………①404
本村 まゆ ………①130
本村 六都子 ……①839
本村 凌二 ………①600,
　①649, ①792, ②19
求 幸年 …………②656
元森 絵里子 ……②98
元谷 芙美子 ……①121
もとやす けいじ
　　……………①340
本康 宏史 ………①537
本柳 祐介 ………②379
本山 敦 …②192, ②205
本山 勝寛 ………①122
本山 謙二 ………①455
本山 健次郎 ……②644
本山 尚義 ………①56
本山 昇 …………②777
本山 秀毅 ………①820
本山 博 …………①499
もとやま まさこ
　　……………①348
本山 真弓 ………①488
元山 ゆう子 ……①76
元良 勇次郎 ……①486
モートン, エラ …②200
モートン, ケイト
　　……………①1355
モートン, ジェーム
　ズ ……………②44
モートン, デイビッ
　ド ……………①196
藻野 多摩夫 ……①1286
物江 潤 …………②745
ものがたり白鳥の湖
　編集室 ………①317
物草 純平 ………①1286
モノサス コーディン
　グファクトリー
　　……………②520
ものづくり改善ネッ
　トワーク ……②297
物延 秀 …………②285
ものゆう ……………
　　①855, ②696
森乃 おと ………②686
モバイルコンピュー
　ティング推進コン
　ソーシアム ……②562
モーバーゴ, マイケ
　ル ……①373, ①375
茂腹 敏明 ………②579
もひかん ………①957
モフィット, ミッ
　チェル ………②645
もへろん ………①335
樫山 幸彦 ………②739
モーム, サマセット
　　……①784, ①1339
桃 春花 …………①1286
桃井 治郎 ………①588

桃井 恒和 ………①223
桃井 眞里子 ……②748
桃色劇場 ………①1396
百枝 幹雄 ………
　　①168, ②717
桃風 紫苑 ………①1286
桃木 至朗 ………①590
百木 和 …………②777
桃吉 ……………①1324
百島 祐貴 ………②734
ももしろ …………①1286
桃城 猫緒 ………
　　①1286, ①1406
ももせ いづみ …①99
百瀬 しのぶ …①370,
　①977, ①979, ①980,
　①1021, ①1067,
　①1068, ①1069
百瀬 美宇 ………①69
百瀬 優 …………②243
百瀬 祐一郎 ……①1286
百瀬 侑子 ………①887
桃田 健史 ………①241,
　　②441, ②443
桃戸 ハル ………①348
ももとせ くらげ
　　……………①885
ももとみらい ……①264
もものしか ………①9
桃山商事 ………①112
ももろ …………①331
もや造 …………①440
モーラー, イアン・
　M. ……………②688
モラスキー, マイク
　　……①812, ②19
モラレス, ラグス
　　……………①847
モラロジー研究所出
　版部 …………①675
モラン, フィッツ
　ヒュー ………②703
モランジュ, ミシェ
　ル ……………②683
もり ……………①1286
モリー, トム …①853
森 彰夫 …………②121
森 秋子 …………②27
森 明彦 …………①157
森 彰英 …②433, ②441
森 晶麿 …………①1068,
　①1112, ①1286
森 昭 …①151, ①183
森 朗 …………②677
森 あさ子 ………①337
森 敦 …………①1021
森 綾 …………②29
森 功 …①769, ②13,
　②18, ②39, ②145
森 一太朗 ………①1406
森 一郎 …①452, ①471
森 魚名 …………①1021
森 詠 …………①1021,
　①1062, ①1131
森 英二郎 ………①370
森 絵都 …………②379,
　①1021, ①1339
森 恵美 …………②762
森 鷗外 …………①976
森 薫 …………①496
森 一弘 …………①525
森 数馬 …………①482
森 一道 …………①250
森 和世 …………①159
森 和代 …………①487
森 和朗 …………①590
森 克己 …………②198
森 香夏子 ………①1381

著者名索引

著者名索引

森 貴美子 ①38
森 清貴 ②519
森 圭司 ①227
森 慶太 ①242
森 憲一 ②350
森 健人 ②682
森 浩一 ①733
もり こういちろう ①332
森 幸二 ②155, ②156
森 晃爾 ②717
森 公任 ②190, ②191
森 惟明 ①149
森 さち子 ①493
森 さやか ②679
森 三溪 ①906
森 茂暁 ①547, ①551
森 純子 ②206
森 潤三郎 ①560
森 章吾 ①471
森 尚水 ①673
森 史朗 ①577, ①586
森 慎二 ①286, ①287
森 信三 ①107
森 清 ②616
森 須磨子 ②117
森 清顕 ①509
森 専雅 ①447
森 園子 ②546
森 大樹 ①188
森 泰造 ②365
森 孝夫 ②136
森 貴史 ①607
森 宜人 ②611
森 隆行 ②626, ②627
森 拓磨 ①222
守 巧 ①696
森 拓郎 ①26, ①27
森 剛一 ②410
森 威史 ①557
森 健彦 ②192
森 丈弓 ①485
森 辰則 ②550
森 達也 ①499, ①572, ②40, ②44, ②95, ②106
森 環 ①360
森 千紗花 ①957
森 千春 ②125
森 津太子 ①478
森 亨 ②533
森 敏昭 ①749
森 俊夫 ①490
森 俊憲 ①159, ①216
森 智幸 ②56
森 直香 ②672
盛 尚貴 ①8
森 直哉 ②379
森 長史 ②78
森 夏樹 ②512
森 奈津子 ①1136
森 信雄 ①251, ①437
守 信人 ①154
森 宣秋 ②58
森 功次 ①455, ①457
森 光 ②225
森 久栄 ②777
森 英俊 ①1078
森 均 ①706
森 博昭 ①424
森 弘子 ①506
母里 啓子 ②723
森 博嗣 ①102, ①104, ①459, ①885, ①957, ①1063, ①1112, ①1286
森 浩美 ①1021
森 博之 ②540

森 裕之 ②156
森 麻季 ②15
守 誠 ①628, ①639
森 雅生 ①678
森 まさこ ②148
森 マサコ ②564
森 昌子 ①14
森 真沙子 ①1063
森 眞砂子 ②171
森 正人 ①454
森 雅文 ①1021
森 雅巳 ①44
森 万佑子 ①599
森 まゆみ ①41, ①107, ①902, ①904, ②103
森 茉莉 ①957
森 美樹 ①977, ①1021
森 美智子 ①674
森 美知典 ②291
森 倫洋 ②466
森 美智代 ①150, ①158, ②668
森 光恵 ①151, ①183
森 光宏 ①1063
森 美奈子 ②775
森 美根子 ①831
森 元齋 ①446
森 もり子 ①853
森 靖 ②338
森 裕一 ②661
森 優子 ②363
森 裕子 ①229
森 裕嗣 ②422
森 由香子 ①164
森 由美子 ①270
森 百合子 ③3, ①207
森 洋子 ①830, ①1368, ①1388
森 宣雄 ②168
森 佳子 ①817
森 巧尚 ②532, ②549, ②551, ②552, ②556
森 喜憲 ②227
森 悦秀 ②754
森 喜朗 ②147
森 玲奈 ②67
森 万里子 ②712
モーリーあざみ野 ①331
森井 愛子 ②463
森井 じゅん ②19
森井 利和 ②467
森井 博子 ②464, ②467
森井 昌克 ②534
森井 ユカ ①40, ①198
森上 史朗 ①690
森上 信夫 ①695
森内 薫 ①148, ①814, ②730
森内 公彦 ②332
もりうち すみこ ①315, ①317, ①372, ①373, ①377, ①378
森内 俊雄 ①1021
森内 浩幸 ①934
森枝 卓士 ①434
守岡 桜 ①1365, ②257, ②392
盛岡 貴昭 ①641
森岡 知範 ①558

森岡 久元 ①1063
森岡 浩 ②32, ②118
森岡 浩美 ②779
森岡 宏行 ②156
森岡 真史 ①609
森岡 正芳 ①497
森岡 葉 ①816
盛岡市教育委員会 ①563
盛岡市立河北小学校 ①736
盛岡スコッチハウス ①44
盛岡歴史探見倶楽部 ①191
森賀 一惠 ①899
杜奏 みなや ①1286
森神 逍遥 ①451
森川 綾女 ①173
森川 泉 ①352, ①362
森川 京子 ①838
森川 幸一 ②122, ②219
森川 貞夫 ②223
森川 成美 ②349, ①351, ①384
森川 滋之 ②333
森川 翠水 ①838
森川 敬子 ①693
森川 輝一 ①907
森川 智喜 ①1112, ①1286
森川 秀樹 ①1286
森川 英典 ②605
森川 洋 ②261
森川 裕之 ①34
森川 正樹 ①705
森川 夢佑斗 ②294
森川 恭剛 ②37
森川 侑 ①389
森川 芳彦 ①681
森川 辰文 ②169
森際 康友 ②220
森口 朗 ②465
守口 恭子 ①176
森口 光輔 ①702
森口 聡 ②193
森口 奈緒美 ②54
森口 洋一 ①730
森口 将之 ②429
盛口 満 ①860, ②576, ②681, ②686, ②688
森口 稔 ②359
森口 祥子 ①964
森久保 成正 ②428
森越 ハム ①15
森崎 朝香 ①1287
森崎 和江 ②37
森崎 重喜 ②624
森崎 隆 ②179
森崎 繭香 ①69, ①72
森崎 友紀 ①158
森崎 結月 ①1287
森迫 晴子 ①970
森實 敏彦 ①289
森澤 雄司 ②732
森下 雨村 ①1113
森下 えみこ ①171, ②365
もりした けいこ ①313
森下 国彦 ②380
森下 健 ②527
森下 忠 ②44, ②211
森下 直 ①1067
森下 哲朗 ②193

森下 知晃 ①403
森下 直親 ①843
森下 典子 ①957
森下 寿 ①153
森下 裕道 ②368
森下 正昭 ①557
森下 みかん ①357
森下 宗夫 ②779, ②781
森下 之博 ②251
森下 弓子 ①1363
森下 佳子 ①1025
森嶌 昭夫 ②218
森島 明子 ①489
盛島 あ〜べ ②49
森島 いずみ ①370
森島 圭子 ①8
森島 隆司 ②262
森嶋 伸夫 ②101
森嶋 マリ ①1345, ②649
森嶋 良子 ②523, ②530
モリス, キーフ ②527
モリス, マーク ①1358
モーリス＝スズキ, テッサ ①576, ①612
森住 正明 ①184
森瀬 繚 ①887, ①1340
モリソン, グラント ①858
モリソン, ボイド ①1342
森田 愛子 ②25, ①126, ①158
森田 明夫 ②731
森田 晃子 ②310
森田 秋子 ①497
森田 明彦 ②44
森田 彩 ①642, ①648
森田 明 ①593
森田 朗 ②139, ②292, ②21, ①148
盛田 栄一 ②363
森田 央里 ①817
森田 和明 ①863
森田 季節 ①1287
森田 邦裕 ②521
森田 系太郎 ②18
森田 憲 ②251
森田 健司 ①557, ①568
森田 憲司 ②90
森田 茂夫 ②191
森田 成子 ①1021
森田 茂 ②456
森田 秀一 ②515
森田 潤 ②421
森田 純弘 ②407
森田 昭一郎 ①40
森田 次朗 ②106
森田 成也 ①609
森田 壮 ②557
森田 貴之 ②725, ①893
森田 たけし ①957
森田 剛 ②591
森田 達也 ②720, ②769
森田 努 ②191
森田 惠介 ②348
森田 勉 ②457
森田 哲男 ②457
森田 鉄也 ②646, ①660, ①662
森田 敏隆 ①257

森田 敏之 ②440
森田 展彰 ②747
森田 英章 ②659
森田 洋 ①927
森田 富士夫 ②418
森田 美生 ②369
森田 政夫 ②408
森田 まさのり ①335
森田 真弘 ①334
森田 正光 ②679
森田 雅也 ①904
森田 MiW ①77
森田 みちよ ①356, ①357
森田 実 ②142
森田 稔 ①820
森田 美穂 ①79
森田 美弥子 ①487
森田 康夫 ①562
森田 悠揮 ①827
森田 将介 ①751
森田 勇造 ②93
森田 由美 ①126, ①495
盛田 良久 ②318
森田 佳宏 ②318
森田 義之 ①829
森田 芳朗 ②618
盛田 隆二 ①1021
森田 亮一郎 ①746
盛谷 明美 ②736
森谷 公俊 ①587, ①926
森谷 敏夫 ①153
森谷 峰雄 ①521
森津 悠祐 ②337
モリッシー, ジョン ①588
森戸 英幸 ②468
森戸 やすみ ①7, ①14
森冨 義明 ②218
モリーナ, カルロス ①672
モリナガ アメ ①490
森永 弘司 ①642
森永 浩介 ②302
盛永 審一郎 ②728
森永 卓郎 ②242, ②243
盛永 俊弘 ①715
森長 正樹 ①235
森永 真綱 ②214
森中 光王 ①140
森永 満郎 ②577
モリナガ・ヨウ ①584, ②166
森永 玲 ①583
森成 隆夫 ②665, ②666
森西 浩二 ②428
守野 伊音 ①1288
森野 善右衛門 ①524
森乃 なっぱ ①362, ①367
森野 安信 ②635, ②638, ②639, ②642
森のくじら ①330, ①440, ①441
森・濱田松本法律事務所 ②193, ②194, ②196, ②375, ②468
森・濱田松本法律事務所バンコクオフィス ②250
森・濱田松本法律事務所ロボット法研

究会 ②223
森林 高志 ②85
森原 康仁 ①605, ②514
森久 和昭 ②533
森美術館 ①826, ①837
森部 好樹 ②306, ②329
森前 智行 ②516, ②520
森見 登美彦 ①370, ①894, ①957, ①1127
森光 孝雅 ②285
森光 康次郎 ①673
森皆 ねじ子 ②721
森村 明 ①968
森村 里美 ①815
森村 進 ①455
森村 誠一 ①957, ①1063, ①1113
森村 敏己 ①452
森村 元 ②313
森本 あき ①1324, ①1406
盛本 昌広 ①957
森本 アリ ②608
森本 あんり ②90
森本 紀 ①7
森本 喜久男 ①95
森本 元太郎 ①119
森本 公誠 ①592
森本 幸太郎 ①865
森本 孝房 ①255
森本 敏 ②170
森本 茂樹 ②331
森元 志乃 ②327, ②328, ①815
森本 俊 ①734
森本 祥一 ①517
森本 信也 ①729, ①730
森元 誠二 ②84
森本 孝 ②115
森本 貴義 ①217
森本 卓也 ②602
森本 剛 ②716
森本 千賀子 ②341
森本 哲也 ②602
森本 登志男 ②275
森本 利博 ②552
守本 とも子 ②764, ②783
森本 智子 ①37
森本 知尚 ②444
森本 尚之 ②516
守本 倫子 ②315
森本 のり子 ①29
森本 紀行 ②382
森本 稀哲 ②89
森本 ひろこ ①371
森本 博子 ①511
森本 稜 ②442
森元 みのり ②190, ②191
森本 康彦 ①750
森本 康裕 ①750
森本 祐司 ②386
森本 庸介 ①451
森本 義晴 ①8
森本 義隆 ②661
もりもとりえ ①256
森谷 明子 ①1022, ①1113
守屋 克彦 ②228
守屋 淳 ①465, ②165
守屋 進 ②289
森谷 卓也 ②760

森谷 雄………①931
守谷 てるみ……①881
森屋 利夫 ……①861, ①863
守屋 智敬 ……②365
森仁 ……②631
守屋 汎……②31
守屋 洋 ……①399, ①465, ①596, ②368
森谷 博之……②270
森屋 真偉子……①859
守矢 昌文……①613
守屋 恵未……①758
守屋 康正……①546
森谷 良彦……①754
森谷 良行……①754
守安 敏久……①913
森安 美月……②60
森山 修……②667
守山 薫……①44
森山 和正……②233
森山 啓司……①754
森山 賢一……①753
森山 康平……①579
森山 茂里……①1063
森山 晋平……①262, ②671, ②675, ②695, ②696
森山 拓也……②79
森山 卓郎 ……①393, ①629
森山 武郎……②228
森山 威男……①813
守山 正 ……②214, ②217, ②219
森山 徹……②693
杜山 のずく……①1406
森山 至貴……②45
もりやま はな……①342
森山 弘子……②765
森山 洋……②706
森山 大道 ……②256, ②257, ②260
森山 文那生……②251
森山 文昭……②224
盛山 正仁……②415
森山 幹史……②763
森山 美知子……②763
森山 京……①365
森山 恵……①897
森山 りつ子……①1384
森山 良子……①805
森若 文雄……②751
森脇 淳……②660
森脇 じゅん……①162
森脇 千夏……②778
森脇 俊雅……②134
森脇 正詞……②489
守分 寿男……①780
モリンスキー, アンディ ………①126
モルク, ジャン=ミシェル ………①815
モルド, クリス……①372
モルモット吉田 ………①796
モレゾーン, ファビオ ………②698
モレッリ, ジャンニ ………②13
諸井 三郎……①818
モロウ, ヴァージニア ………①476
師岡 カリーマ・エルサムニー ………①457
師岡 宏之……①491
諸岡 慶昇……②446
諸上 茂登……②370

諸口 正巳……①1288
諸熊 建次……②286
諸隈 正和……②758
両角 潤香……①862
両角 倉一……①901
両角 長彦 ……1022, ①1113
諸積 直人……①1406
諸田 道代……②468
諸田 龍美……①272
諸田 玲子 ……①1026, ①1063
諸富 誠治……②367
諸富 祥彦 ……①414, ①486, ①494, ①699, ①736
諸原 潔……①514
諸星 久美……①978
諸星 崇……①369
諸星 悠……①1288
モーロワ, アンドレ ………①475
門賀 美央子……①511
モンク, サイモン ………②556
モンゴメリー, サイ ………②697
モンゴメリ, L.M. ………②379
モンコレ製作委員会 ………②31
もんしょ……②543
モンズースー……②488
モンタナーリ, マッシモ ………②33
モンティロン, クリスチャン ………①1359
モンテス, クリスティーナ ………②608
モンテッソーリ, マリア ………②752
モンテーニュ, ミシェル・ド ………①925
門奈 弘己……②582
文部科学省……①693, ①699, ①724, ①737, ①740, ①758, ②44, ②175, ②274, ②416, ②650
文部科学省科学技術学術審議会資源調査分科会 ………①166
文部科学省科学技術学術政策局 ………②650
文部科学法令研究会 ………②229
門馬 圭一……②271
門馬 綱一……①400
門間 敏幸……②41
門馬 朝久……①864
門馬 則雄……①944
モンモリヨン, カミーユ・ド ………①865
紋谷 崇俊……②585
紋谷 暢男……②585
モンロー, アレクサンダー ………①610
モンロー, ルーシー ……①1368, ①1370, ①1373, ①1389

や

矢板 明夫……②133
八板 康磨 ……①402, ②674
ヤヴォルスキー, ボレスラフ ………①816
弥永 和千……①860
八重樫 文 ……①878, ②290
八重樫 克彦 ……①137, ①140, ①1328, ①1332
八重樫 徹 ……①457, ①472
やえがし なおこ ……①332, ①1289
八重樫 由貴子 ……①137, ①140, ①1328, ①1332
矢尾 和子……②227
矢尾 こと葉……①147
矢尾 浩之……②421
矢尾板 俊平……①160
八尾坂 修……①706
夜織 もか……①1406
矢ヶ崎 紀子……②242
八ヶ代 美佳……①460
矢形 寛……②737
矢形 嵐酔……①838
矢口 裕之……②664
矢口 誠 ……①792, ①793
矢口 裕子……①922
薬丸 岳 ……①1022, ①1068, ①1113
八雲 立哉……①1022
矢倉 純之介……②337
矢倉 尚子……①1336
八倉巻 和子……②777
矢鍋 友広……①561
矢御 あやせ……①1289
矢後 和彦……②371
八子 知礼……②298
夜光 花……①1325
ヤコウスキ, グルツェゴルツ ………①167
八坂 保能……②593
八坂 よしみ ……①1379, ①1381, ①1383
彌榮 会計社……②710
矢崎 存美 ……①1022, ①1289
矢崎 成俊……②656
矢崎 俊二 ……①957, ①965
矢﨑 義雄……②738
八茶橋 らっく……①1289
矢澤 修次郎……②98
矢沢 聖子 ……①935, ①1394
矢澤 豊次郎……①262
矢沢 久雄……①549, ②559, ②565
矢沢サイエンスオフィス ……②660, ②728
安治 夕起……①693
屋敷 直子……①377, ②8
屋敷 伸之……①248
八島 晶……①659
矢島 彰……②517

柳浦 俊一……①540
八木澤 高明 ……①254, ①929, ①980, ②39
柳下 則久……①424
ヤギ好き編集部 ………①263
八木田 宜子 ……①328, ①338
柳沼 良太……①737
八木原 一恵……①1063
やぎゅう げんいちろう ………①328
柳生 じゅん子……①967
柳生 浄勲……②602
柳生 忠平……①845
野球大喜利……①225
やく みつる……①973
屋久 ユウキ……①1289
夜久 ルミ子……①150
薬学教育センター ……①771, ②784
薬学共用試験研究会 ………②770
薬業研究会 ……②770, ②772
薬師院 仁志 ……②93, ②172
薬師寺……①512
薬師寺 公夫……②219
薬師寺 泰匡 ……②713, ②724
薬樹……①163
役所 てつや……①1022
矢口 史靖……①789
矢口 拓宇……①751
矢口 新……②396
谷口 洋……②758
安 光太郎……②527
安井 明美……②775
安井 泉 ……①650, ①653
安井 栄二……②400
安井 和彦……②409
安井 京子……①653
安井 浩司……①971
安井 清一……②590
安井 大樹……②192
安井 大輔……②94
安井 利一 ……②754, ②760
保井 俊之……②296
安井 智恵……②704
安井 寛……①256
安井 弘……①957
保井 美樹……②161
安井 理夫……②52
安井 稔……①652
安井 好広……②603
安池 智一……②669
安江 佳奈……②585
保江 邦夫 ……①139, ②192
安岡 定子……①393
安岡 章太郎……①1063
安岡 修次郎……②98
安岡 正篤……①446
安醍 建二……②326
八杉 公代……①840
八月 秀作……①1113
梛月 美智子 ……①977, ①1022
安河内 哲也 ……①644, ①661, ①736, ②349
安澤 武郎……②355
安田 章紀……①511
安田 彰……①957
安田 依央……①1022

矢島 綾……①1131
矢島 新 ……①833, ②674
矢島 汐……①1289
矢島 悦次郎……②602
矢島 佳津美……①74
矢嶋 加代子……①346
八嶋 宏平……②218
矢嶋 秀一……②430
矢嶋 新子……①117
矢嶋 孝敏……②271
矢島 忠純……②496
矢島 諸男……①902
矢島 伸男……①709
家島 彦一……①587
矢島 久栄……①972
矢島 文夫……①917
矢島 舞美……①771
矢島 正雄……①856
矢島 雅己 ……①296, ②321
八嶋 真理子……②729
八嶋 みず紀……①107
矢島 杜夫……②92
八嶋 雄士……②318
八島 床子……②700
矢島 依子……②387
八嶋 里佳……②344
夜州……①1289
八代 充史……②373
八代 克彦 ……②641, ②642
やしろ 慧……①1289
野城 智也……②512
八代 尚宏……②264
屋代 通子……②690
矢代 正 ……②347, ②361
矢代 隆嗣……②155

安田 一郎……①479
安田 和信……①820
安田 克彦……②624
安田 勝也……②288
安田 夏菜 ……①357, ①363
安田 清……②40
安田 清人……①780
安田 健介……①957
安田 浩一……②43
安田 茂美……①837
安田 信之助……②246
ヤスダ スズヒト ………①845
保田 武宏……①786
八嶋 剛士……①365
安田 亨……①657
安田 透……②765
安田 菜津紀……①252
安田 就視 ……②430, ②433
安田 亘宏 ……②276, ②504
安田 均 ……①273, ①277, ①1362
安田 宏……②727
安田 弘法……①451
安田 文吉……②24
安田 政彦……①611
安田 真奈……①336
安田 守 ……①308, ①434
安田 峰俊……②131
安田 登 ……①464, ①485, ①788
安田 元久……①548
安田 泰敏……①246
安田 康晴……①721
安田 裕子 ……①488, ①818
安田 由佳子……①170
ヤスダ ユミコ……①327
安田 由美子……①78
安田 陽……②572
保田 洋祐 ……②264, ②266
安田 誠人 ……①689, ①694
安田 喜憲 ……①617, ②578
安田 理央 ……①779, ②35
安田 良樂……①831
安高 啓明……①557
安武 繁……②715
安恒 理……②396
安冨 歩……①466
安冨 潔……②215
安冨 順……①782
安永 幸一……①868
安永 祖堂……①510
安永 千香子……①957
安永 弘……①585
安永 正史……②102
安中 正実……①108
安守 守利……②592
安永 頼弘……②633
安浪 京子……①743
安浪 小夜子……②41
安野 功……①731

安野 舞子 ……②368
安原 和見 ……①1343, ①1344, ①1346
安原 和也 ……①621
安原 修次 ……①258
安原 伸一朗 ……①906
安原 俊実 ……①556
安原 眞琴 ……①41
安原 眞人 ……②771
安原 実津 ……①872, ②358
安原 陽平 ……②169
安引 まゆみ ……①1389, ①1393
安彦 良和 ……①798
安間 繁樹 ……②681
安間 昭雄 ……②283
泰松 範行 ……②538
やすみ りえ ……①973
安村 晃子 ……①706
安村 克己 ……②98
安村 知倫 ……①16
安元 敦子 ……①957
安本 一男 ……②397
安元 祥恵 ……①269
安本 多美子 ……①506
安本 典夫 ……②188
安本 雅典 ……②276
安元 稔 ……①589
安本 美典 ……①546
野生の男 ……②522
矢田 明日香 ……②389
矢田 純一 ……②733
矢田 俊文 ……②170
矢田 倫基 ……②389
八多 友哉 ……①389
矢田 悠 ……②194, ②209
矢田 木綿子 ……②488
矢田 祐二 ……②284
谷田貝 豊彦 ……②664
谷田貝 公昭 ……①412, ①689, ①695, ①697, ②56
谷田貝 光克 ……①198
谷田川 ルミ ……①752
矢立 肇 ……①1135
矢谷 博文 ……②758
矢田部 理 ……②147
矢田部 圭介 ……①718
谷内 修三 ……②199
谷地 弘安 ……②335
八街 歩 ……①1290
八津 弘幸 ……①980, ①1068
谷津 矢車 ……①1063
八ッ尾 順一 ……②401, ②402
八東 澄子 ……①345, ①353
谷塚 哲 ……①213
八田 公子 ……①257
八田 若忠 ……①1290
八ッ橋 賀子 ……①214
ヤティシュワラーナンダ, スワーミー ……①143
矢藤 誠慈郎 ……①695
矢頭 正浩 ……②406
やとぎ ……①1290
矢都木 二郎 ……②428
矢毒愛好会 ……②692
ヤトコフスカ, アグ ……①306
谷所 健一郎 ……②345
宿久 洋 ……②661
矢冨 裕 ……②733
矢内 一磨 ……①549
矢内 一好 ……②398, ②399, ②404
矢内 賢二 ……①436, ①573
柳井 滋 ……①897
柳内 たくみ ……①1290
柳井 智恵 ……②755
矢内 筆勝 ……②132
箭内 博行 ……①257
柳井 政和 ……①1114
矢内原 伊作 ……①828
谷仲 邦夫 ……②409, ②413
谷中 信一 ……①460
弥永 真生 ……②197
矢永 由里子 ……①493
柳ヶ瀬 裕文 ……②142
柳川 かおり ……①55
柳川 和徳 ……②542
八奈川 景晶 ……①1135, ①1290
柳川 隆 ……②262, ②266
柳川 範之 ……①675, ②380, ②524
梁川 英俊 ……②117
柳川 洋 ……②760
柳川 風乃 ……①865
柳川 悠二 ……①220
柳 綾子 ……②73
柳 景子 ……②207
柳 健 ……②749
やなぎ けんじ ……①867
柳 けんじ ……①947
柳 広司 ……①1063
柳 在相 ……②448
柳 純 ……②312, ②424
矢薙 じょう ……①435
八薙 玉造 ……①1290
柳 啓明 ……②93
柳 道彦 ……①578
柳 裕治 ……②398
柳 与志夫 ……②6, ②7, ②513
柳 良平 ……②299
柳内 啓司 ……②354
柳澤 輝 ……②543
柳沢 遊 ……①571
柳澤 厚生 ……①151, ②737
柳澤 英子 ……①27, ①63
柳澤 治 ……①607
柳沢 和雄 ……①214
柳澤 義一 ……②322
柳沢 京子 ……①867
柳澤 協二 ……②145, ②149
柳沢 圭子 ……①89
柳澤 健 ……①238
柳沢 小実 ……①6
柳澤 理子 ……②765
柳沢 昌一 ……①752
柳澤 孝主 ……②60, ②80
柳澤 武 ……②467
柳沢 民雄 ……①673
柳沢 哲哉 ……②257
柳澤 紀子 ……①837
柳澤 はるか ……①847, ②85
柳沢 廣 ……①340
柳沢 昌紀 ……①898
柳沢 正史 ……②524
柳沢 昌義 ……②516
柳澤 有吾 ……①824
柳沢 幸雄 ……①14, ①965
柳沢 由実子 ……①1342, ①1343
柳沢 義春 ……②346
柳澤 令 ……②490
柳下 正和 ……②260
柳田 国男 ……②8, ②113, ②114, ②115, ②117
柳田 邦男 ……①178
柳田 幸三 ……②327
柳田 狐狗狸 ……①1290
柳田 茂紀 ……②249
柳田 聖山 ……①518
柳田 泰山 ……①17
柳田 武道 ……②420
柳田 達雄 ……②679
柳田 辰雄 ……②249
柳田 利夫 ……②91
柳田 仁 ……②314
柳田 洋夫 ……①525
柳田 美幸 ……①230
柳田 理科雄 ……①399, ②647
柳田 留美 ……②530
柳平 彬 ……①715
柳舘 富美 ……①152
柳谷 郁子 ……①957, ①977
柳野 かなた ……①1290
柳橋 久美子 ……①823
柳橋 慎太郎 ……①823
柳原 明彦 ……②688
柳原 いづみ ……①129
柳原 克紀 ……②712
柳原 大 ……②729
柳原 剛司 ……②128
柳原 伸洋 ……②164
柳原 正治 ……①569
柳原 良平 ……①337, ①957
柳町 智治 ……①620
柳実 冬貴 ……①1290
柳本 あかね ……②27
柳本 新二 ……①293, ①294, ①295, ①298
柳谷 晃 ……②277
柳家 花緑 ……①785, ①786
柳家 喬太郎 ……①785, ①1215
柳家 小三治 ……①337, ①786
柳家 さん喬 ……①785, ①786
柳家 紫文 ……①785
柳下 毅一郎 ……①892, ①1333
梁瀬 重雄 ……①966
柳瀬 眞一郎 ……②555, ②591
簗瀬 進 ……②198
やなせ たかし ……①319, ①320
柳瀬 丈子 ……①970
簗瀬 武史 ……②757
柳瀬 尚紀 ……①922
柳瀬 典由 ……②380
簗瀬 寛 ……①157, ②68
簗瀬 正人 ……②312, ②403
柳瀬 みちる ……①1022
柳瀬 泰 ……①706
簗瀬 竜太 ……②44
柳父 章 ……①623
柳本 元晴 ……①222
矢西 誠二 ……①776
ヤーニッシュ, ハインツ ……①311, ①344
ヤノ, クリスティン ……②105
矢野 悦子 ……②603
矢野 香 ……②361
矢野 寛治 ……①791
矢野 邦夫 ……②732
矢野 敬一 ……②161
矢野 健二 ……②721
矢野 健太郎 ……②653
矢野 恒 ……①46
矢野 智司 ……①703, ①705, ①710, ①714, ①738, ①752, ①755
矢野 淳 ……②533
矢野 俊策 ……①278
矢野 新一 ……②22, ②24, ②31, ②296, ②590
矢野 誠一 ……①768
矢野 隆 ……①362, ①1025, ①1063
矢野 敬之 ……②414
矢野 正 ……①686, ①695
矢野 龍彦 ……①159
矢野 治世美 ……②45
矢野 朋義 ……②528
矢野 奈々 ……①921
矢野 秀武 ……①514
矢野 博志 ……①236
矢野 文彦 ……②518
矢野 真 ……②707
矢野 昌浩 ……②462
矢野 真千子 ……②687, ②700
椰野 みさと ……②112
やの ゆい ……①1290
矢野 有貴見 ……①208, ①879
矢野 陽子 ……②24
矢野 龍王 ……②566
ヤノチンスキー, パウロ ……①521
矢野恒太記念会 ……②123, ②175
ヤノフスキー, ロベルト ……①142
弥延 浩史 ……①707
矢羽 勝幸 ……①900
矢作 三蔵 ……①1335
矢萩 大輔 ……②330
矢萩 多聞 ……②16
矢作 敏行 ……②159
矢作 直樹 ……①87, ①450, ②150, ②700, ②702
矢橋 司 ……②546
八幡 恵一 ……①474
八幡 さくら ……①470
矢羽野 晶子 ……①201
矢羽野 薫 ……②299
矢羽々 崇 ……①669
矢原 徹一 ……②647
養父 志乃夫 ……②26
藪 哲郎 ……②597
籔 亨 ……①795
薮 正秀 ……①267
藪 光生 ……①36
薮 葉子 ……①897
薮井 真澄 ……②381
藪内 清 ……②677
藪内 直明 ……②673
矢吹 健太朗 ……①858
矢吹 晋 ……②133
矢吹 大輔 ……②521
矢吹 拓 ……②713
矢吹 太朗 ……②558
矢吹 紀人 ……②762
矢吹 申彦 ……①44
矢吹 啓 ……②165
矢吹 浩 ……②674
矢吹 康夫 ……②109
矢吹 由梨子 ……①1394
薮下 史郎 ……②262
薮田 織也 ……①251, ②541
薮田 雅弘 ……②256
『藪内清著作集』編集委員会 ……②677
薮中 久美子 ……①132
藪中 征代 ……①674
薮中 三十二 ……②121, ②137
薮野 椋十 ……①817
藪本 雄登 ……②312
矢部 和夫 ……②574
矢部 謙介 ……②318
矢部 健太郎 ……①426, ①442, ①530, ①534, ①552, ①567
矢部 宏治 ……②141
矢部 孝太郎 ……②317, ②321
矢部 隆 ……①408
矢部 輝夫 ……②431
矢部 智仁 ……②419
矢部 賢 ……②624
矢部 衞 ……②698
矢部 真理 ……①1392
矢部 良明 ……①561
山 茂 ……①958
山 ももこ ……①1064
山 泰幸 ……②45
山歩きの会遊道山 ……①196
山井 敏章 ……①607
山井 美希 ……①252
山井 由典 ……②500
山内 詠 ……①1291
山内 和朗 ……②546
山内 克哉 ……②733
山内 圭 ……①648
山内 慶太 ……①677, ①712
山内 健司 ……①288
山内 功一郎 ……①923
山内 惟介 ……②224
ヤマウチ シズ ……①367
山内 ジョージ ……①394
山内 志朗 ……①456
山内 真也 ……②422
山内 ススム ……②405, ②413
山内 清語 ……②671
山内 創 ……②697
山内 泰介 ……②717
山内 常正 ……①869
山内 利文 ……②408
山内 豊明 ……②766, ②767
山内 尚子 ……①141
山内 英子 ……①179, ②737
山内 秀文 ……①38, ①47
山内 洋嗣 ……②193
山内 弘隆 ……②245
山内 廣隆 ……①579
山内 博之 ……①635, ①647
山内 正憲 ……②719
山内 昌之 ……①570, ①612, ②120, ②129
山内 マリコ ……①5, ①1022
山内 めぐみ ……①230
山内 基広 ……①741
山内 基弘 ……②278
山内 康裕 ……②34
山内 勇樹 ……①660
山内 裕 ……②102
山内 順仁 ……①777
山内 亘 ……②413
山移 玲 ……①15
山浦 聡 ……①382
山浦 陽一 ……②159
山尾 彩香 ……①825
山尾 三省 ……①967
山尾 春美 ……①967
山尾 涼 ……①669
『山を動かす』研究会 ……②277
山岡 愛 ……①149
山岡 和枝 ……②723
山岡 憲史 ……①639
山岡 遵 ……②698
山岡 淳一郎 ……②580, ②700
山岡 潤平 ……①349
山岡 信一郎 ……②318
山岡 鉄秀 ……①598, ②144
山岡 信夫 ……①573
山岡 ひかる ……①324, ①337
山岡 浩巳 ……②377
山岡 広幸 ……②557
山岡 冨美 ……①583
山岡 道男 ……②31, ②120
山岡 恵 ……①143
山岡 雄己 ……②425
やまおか ゆか ……①440
山岡 由美 ……①576, ②131
山岡 美樹 ……②393, ②401, ②414
山岡 龍一 ……①449
山折 哲雄 ……①447, ①454, ①458, ①509, ①512, ①519, ②112
山家 公雄 ……②438, ②572
山家 京子 ……②249
山賀 琴子 ……①774
山貝 エビス ……①1291
山蔭 道明 ……②718, ②748, ②749
山和 平 ……①1291
山形 明美 ……①307
山形 和行 ……②437
山縣 邦弘 ……②716
山形 造生 ……①1365
山形 孝夫 ……①529
山形 辰史 ……②255
やまがた てるえ ……①168
山形 富夫 ……②400
山形 浩生 ……①793, ①1363, ①1365, ②105, ②255, ②257, ②264, ②265, ②392
山縣 熙 ……①795
山縣 文治 ……②55, ②56, ②65
山形 美加 ……①529
山形 美保子 ……①636
山形 優子フットマン ……①226
山形 洋一 ……①913
山形大学附属小学校 ……①720
山上 聰 ……②377
山神 克允 ……①109
山上 たつひこ ……①958
山上 秀文 ……②376
山上 浩 ……②724
山上 晶則 ……②421
山川 亜希子 ……①87, ①92, ①139,

①142, ①460
山川 アンク……②342
山川 理………①450
山川 一陽……②220
山川 景子……②25
山川 紘矢……①87,
①92, ①139,
①142, ①460
山川 静夫……①788
山川 修………①750
山川 修治……②678
山川 修平……
①958, ②88
山川 進………①1291
山川 宗玄……①509
山川 友康……②751
山川 偉也……②469
山川 宏和……②56
山川 博樹……②322
山川 宏………②600
山川 博也……②694
山川 方夫……①1022
山川 充夫……②263
山川 光徳……②732
山川 靖樹……②500
山川 雄司……②651
山川 洋子……①587
山川 佳伸……②543
山川 隆一……②467
山川靖樹の社労士予
　備校……②500
八巻 和彦……
①468, ②14
八巻 秀…①412, ①497
山木 秀男……①238
矢来 美穂……①203
山木 悠………①105
山岸 明子……①484
山岸 明彦……②684
山岻 栄一……①443
山岸 啓………②555
山岸 顕司……①741
山岸 茂則……②713
山岸 伸………①259
山岸 常人……①518
山岸 哲夫……①967
山岸 弘子……
②350, ②723
山岸 真………①1360
山岸 裕美子……②549
山北 篤………②97
山北 めぐみ……
①936, ①1353
山北 陽平……②365
山極 寿一……①407,
①454, ②114
山極 壽一……
①101, ②693
山際 淳司……①222
山際 伸一……②596
山極 毅………②308
山久瀬 洋二……①636,
①650, ②276
山口 晃弘……①730
山口 陽………①1406
山口 暁弘……②410
山口 厚………①189,
②213, ②214, ②225
山口 睦………②658
山口 伊久子……①161
山口 功………①735
山口 栄一……②666
山口 恵以子……
①1022, ①1064
山口 栄鉄……①568
山口 恵美子……②461
山口 絵里加……①26
山口 恵理子……①829

山口 意友………
山口 修……①737, ①750
やまぐち かずえ
　…………①331
山口 一男……①463
山口 一雄……①732
山口 和夫……①559
山口 和士……①962
山口 和紀……②515
山口 和範……①396
山口 勝弘……①906
山口 勝己……①780
山口 勝美……①158
山口 雄也……①1081
山口 久美子……②721
山口 敬三郎……②400
山口 桂三郎……①835
山口 圭介……
①676, ①737
山口 敬介……②208
山口 建………②736
山口 憲一郎……②101
山口 研一郎……②715
山口 幸三郎……
①368, ①1291
山口 孝治……①713
山口 豪志……②287
山口 幸照……①517
山口 佐貴子……
①122, ②355
山口 貞子……①180
山口 智子……②49
山口 里子……①522
山口 理……①364, ①391
山口 里美……
②191, ②414
山口 悟………①1291
山口 聡………①260
山口 重樹……②748
山口 茂………②340
山口 志のぶ……①1335
山口 周……①824, ②353
山口 俊一……②463
山口 潤一郎……②630
山口 正太郎……②541
山口 信吾……①220
山口 信弥……②160
山口 進………②694
山口 西夏……①1372
やまぐち せいこ……②28
山口 誓子……①974
山口 タカ……①33
山口 隆雄……①538
山口 隆治……②116
山口 隆正……
①634, ②99
山口 卓……①294, ①295
山口 拓史……①758
山口 拓夢……①453
山口 拓朗……①633,
②362, ②363
山口 猛彦……①268
山口 直孝……
①885, ①909
山口 達也……②639
山口 利明……②309
山口 俊晴……
②735, ②736
山口 俊洋……①794
山口 喜盛……②692
山口 諒………②685
山口 直也……
②216, ②222
山口 成良……②700
ヤマグチ ノボル
　…………①1291
山口 憲明……①725
山口 希生……①525

山口 紀生……①644
山口 哲……①802
山口 敬之……
②138, ②148
山口 創……①12, ①152
山口 花………①1023
山口 はるの……①63
山口 晴保……②67
山口 秀生……①525
山口 瞳……①248,
①249, ①1023
山口 弘江……①517
山口 弘子……①932
山口 寛志……②332
山口 広………①500
山口 大志……①259
山口 博……②384, ②731
山口 広助……①538
山口 廣治……②504
山口 博之……①549
山口 裕之……①677
山口 敏太郎……①140,
①141, ①144, ①767
山口 文生……①317
山口 麻衣……②719
山口 マオ……①319
山口 眞子……①816
山口 真……①81,
①439, ②609
山口 昌子……①606
山口 正貴……①173
山口 将央……①535
山口 雅人……①435
山口 正人……①106
山口 政信……①723
山口 雅裕……②394
山口 昌弘……
①465, ①473
山口 正浩……②486,
②488, ②503
山口 雅也……①1064
山口 まさよし……①326
山口 まみ……
①112, ①646
山口 麻美……①488
山口 真由……①99,
①701, ②21, ②145
山口 真弓……①9
山口 麻由美……①686
山口 未夏……②86
山口 幹生……②226
山口 道昭……②155
山口 路子……①29,
①115, ①794
山口 光恒……①573
山口 實……①487
山口 瑞穂子……②766
山口 ミル……①121
山口 ミルコ……①958
山口 百々男……①649
山口 裕一郎……②529
山口 裕子……②87
山口 謠司……①122,
①572, ①597,
①623, ①624,
①967, ②3, ②274
山口 揚平……
②345, ②376
山口 善昭……②374
山口 喜盛……②692
山口 諒………②685
山口 涼子……①1331
山口大学時間学研究
　所…………①450
山隈 正弘……②275
山倉 和紀……②377
ヤマケイ登山総合研
　究所…………①233

山腰 修三……②10
やまさか のぼる
　…………①199
山崎 紅………②309
山崎 亜希子……①667
山崎 晃………①499
山崎 敦己……②516
山崎 彩央……①252
山崎 功………①537
山崎 一夫……①238
山崎 和邦……②395
山崎 克己……①385
山崎 勝之……①757
山崎 勝義……②666
山崎 烏………①353
山崎 喜久枝……②38
山崎 君枝……①259
山崎 京子……①702
山崎 喜代子……①694
山崎 喜代宏……②374
やまざき くにえ……①78
山咲 黒………①1291
山崎 佳………①55
山崎 佳子……②545
山崎 圭吾……②563
山崎 圭司……②793
山崎 恵純……②226
山崎 慶太……①706
山崎 慶太……②398
山崎 健一朗……①183
山崎 耕一郎……①915
山崎 晃司……②690,
②691, ②692
山崎 耕造……②665
山崎 剛太郎……①966
山崎 浩太郎……①813
山崎 行太郎……②144
ヤマザキ コレ……①1134
山崎 栄………②548
山崎 哲………②534
山崎 佐弓……①86
山崎 重一郎……②552
山崎 修一……②275
山崎 順子……②56
山崎 俊輔……②301
やまさき じゅんよ
　…………②335
山崎 史郎……②48
山崎 信………②752
山崎 信一……②84
山崎 慎一……②604
山崎 信也……②662
山崎 鯛介……②150
山崎 孝明……①485
山崎 隆夫……①714
山崎 たかし……①305
山崎 貴………①367,
②381, ①978
山崎 孝………②817
山崎 敬人……①721
山崎 拓巳……
②97, ②360
山崎 拓巳……②293
山崎 丈夫……①159
山崎 武也……①364
山崎 武也……
②108, ①111
山崎 禎昭……②293
山崎 達朗……①642
山崎 毅………②397
山崎 泰………①537
山崎 俊明……②525
山崎 敏夫……②370
山崎 登志成……②588
山崎 朋子……①928
山崎 直子……①403
山崎 ナオコーラ

①328, ①958
山崎 奈々絵……①756
山崎 望………②170
山崎 延吉……②223
山崎 元………②74,
②345, ②389, ②392,
②394, ②396
山崎 春栄……②774
山崎 晴雄……②680
山崎 恒………②375
山崎 久登……①557
山崎 秀夫……
②375, ②504
山崎 英則……①712
山崎 宏………①865
山崎 宏………②63
山崎 洋史……①481
やまさき 拓味……①496
山崎 ひろみ……①79
山崎 博康……①609
山崎 麻央……①217
山崎 誠………①624
やまざき まこと
　…………②442
山崎 マサ……①958
山崎 長郎……②756
山崎 正和……
①589, ②93
山崎 正勝……②139
山崎 将志……②342
山崎 正彦……①815
山崎 雅弘……②575
山崎 正浩……②591,
①698, ②549, ②664
山崎 正也……①69
山崎 真由子……①3
山崎 まゆみ……
①189, ②513
山崎 道夫……②734
山崎 亨史……②578
山崎 満広……②161
山崎 翠………②197
山崎 めぐみ……①676
山崎 康夫……②444
山崎 泰彦……②78
山崎 祐一……
①645, ①735
山崎 裕治……②686
山崎 友也……①428,
②435, ①436
山崎 由香里……②255
山崎 有紀子……①639
山崎 由希子……①262
山崎 幸治……②265
山崎 洋子……①958
山崎 陽子……①375
山崎 佳子……①635
山崎 義人……②158
山崎 喜比古……②52,
②96, ②717
山崎 善弘……②561
山崎 義光……②738
山崎 祥之……②355
山崎 理恵子……②165
山崎 里佳……①1291
山崎 龍明……②201
山崎 亮……①43, ②173
山崎 良太……
②193, ②194
山崎 玲子……①353
山崎 玲奈……①690
山崎 玲美奈……①666
やまざき ロバ
　…………①440, ①441
山里 永吉……①537
山里 純一……①887
山里 哲史……①694

山沢 孝至……①603
山路 愛山……①464
山路 勝彦……②113
山路 こいし……①1291
山路 純子……①689
山路 伸一郎……①1369
山路 直人……②373
山地 範明……②314
山地 寛光……①694
山地 悠一郎……①550
山下 章夫……②400
やました あきのり
　…………①343
山下 明………②594
山下 有信……①20
山下 いくと……①1132
山下 悦子……①132
山下 絵美……②777
山下 恵美子 …②378,
②381, ②392, ②393
山下 香………①633
山下 薫子……①739
山下 一夫……①919
山下 和男……①43
山下 和人……①456
山下 和博……②399
山下 和之……②389
山下 克明……①547
山下 桂世子……
①647, ①735
山下 潔………②213
山下 聖美……①917
山下 勁………②394
山下 佳祐……①714
山下 啓明……①869
山下 剛………②372
山下 耕治……②271
山下 洪文……①966
やました こうへい
　…………②383,
①404, ①405
山下 晃平……①833
山下 耕平……①675
山下 さおり……①389
山下 佐知子……①235
山下 哲………②660
山下 重喜……①931
山下 純一……
②178, ②180
山下 淳一郎……
②291, ②373
山下 順子……②73
山下 真一……①390
山下 晋司……①533,
②12, ②149
山下 澄人……①1023
山下 惣一……②451
山下 多生子……①958
山下 孝幸……②1023
山下 武志……
②723, ②740
山下 太郎……②673
山下 敏彦……②215
山下 敏雅……②190
山下 友信……②185,
②189, ②195
山下 智弘……①450
山下 智博……②89
山下 直子……①206
山下 伸夫……②554
山下 昇………②467
山下 明生……①353,
①392, ①394
山下 晴彦……①873
やました ひでこ……①5
山下 英俊……①181
山下 英之……②562
山下 仁………①174

著者名索引

山下 浩⋯⋯⋯①542
山下 洋史⋯⋯⋯②370
山下 弘綱⋯⋯⋯②585
山下 弘巳⋯⋯⋯②671
山下 穂尊⋯⋯⋯①804
山下 真⋯⋯⋯①668
山下 誠⋯⋯⋯②602
山下 正國⋯⋯⋯②56
山下 眞弘⋯⋯⋯②195
山下 マヌー⋯⋯①208, ①209
山下 万里香⋯⋯②426
山下 美樹⋯⋯②402, ②403
山下 幹雄⋯⋯⋯②579
山下 三千夫⋯⋯①872
山下 光雄⋯⋯⋯②9
山下 幸⋯①708, ①710
山下 康行⋯⋯②756, ②762
山下 弥生⋯⋯⋯①642
山下 祐介⋯⋯②42, ②445
山下 裕介⋯⋯⋯②370
山下 幸介⋯⋯⋯②57
山下 柚実⋯⋯⋯②458
山下 洋⋯⋯⋯①8
山下 洋輔⋯⋯①812, ①958, ①1023
山下 芳樹⋯⋯⋯①730
山下 善徳⋯⋯⋯①396
山下 喜久⋯⋯⋯②754
山下 善之⋯⋯⋯②599
山下 利恵子⋯⋯②47
山下 竜一⋯⋯⋯②203
山下 良道⋯⋯⋯①142
山下 ルミコ⋯⋯②431, ②435
山下 留理子⋯⋯②766
山下 玲子⋯⋯⋯①718
山科 章⋯⋯⋯②739
山科 正平⋯⋯⋯②727
山科 ティナ⋯⋯①946
山科 みずき⋯⋯①1374, ①1376, ①1377
山城 一真⋯⋯⋯②210
山城 幸松⋯⋯⋯②138
山城 博明⋯⋯⋯①168
山城 裕美⋯⋯⋯②54
山住 勝広⋯⋯①749, ①752
山瀬 和彦⋯⋯⋯②497
山瀬 ひとみ⋯⋯①1114
山瀬 理恵子⋯⋯①48
山添 秀剛⋯⋯⋯①622
山添 敏央⋯⋯⋯②231
ヤマダ⋯①359, ①864
山田 明雄⋯⋯⋯①632
山田 晃久⋯⋯⋯②755
山田 晃広⋯⋯⋯①213
山田 昭広⋯⋯⋯①662
山田 章⋯⋯⋯①682
山田 明⋯⋯①977, ①1132
山田 亮⋯⋯⋯②431
山田 朗⋯①574, ①582
山田 麻実⋯⋯⋯②413
山田 あしゅら⋯②70
山田 あすか⋯②617, ②621
山田 篤志⋯⋯⋯①804
山田 絢⋯⋯⋯①1291
山田 文⋯①206, ②217
山田 綾子⋯⋯⋯①6
山田 文美⋯⋯⋯②333
山田 あゆみ⋯⋯②534
やまだ えいこ⋯②26
山田 英司⋯⋯

山田 修⋯⋯①1362, ②282
山田 かおり⋯⋯①958
山田 香里⋯⋯⋯①1330
山田 和⋯⋯⋯①39
山田 和明⋯⋯①323, ①328
山田 一夫⋯⋯⋯②606
山田 和男⋯⋯⋯②743
山田 和雄⋯⋯⋯②730
山田 和子⋯⋯⋯①1363
山田 一繁⋯⋯⋯①461
山田 和彦⋯⋯②741, ②774
山田 和正⋯⋯⋯②734
山田 勝久⋯⋯⋯②92
山田 克哉⋯⋯⋯②664
山田 寛人⋯⋯⋯②46
山田 きみえ⋯⋯②611
山田 規三生⋯⋯②247
山田 匡一⋯⋯⋯②358
山田 京子⋯⋯⋯②636
山田 恭子⋯⋯⋯①908
山田 桐子⋯⋯⋯①1291
山田 啓一⋯⋯⋯②370
山田 桂子⋯⋯⋯②755
山田 啓次⋯⋯⋯②288
山田 慶兒⋯⋯⋯②648
山田 兼士⋯⋯⋯②905
山田 謙次⋯⋯⋯②47
山田 健介⋯⋯⋯②256
山田 健太⋯⋯⋯②525
山田 兼太郎⋯⋯①412
山田 剛⋯⋯①162, ①1064
山田 耕二⋯⋯⋯②442
山田 幸三⋯⋯⋯②275
山田 光太郎⋯⋯②660
山田 哲史⋯⋯⋯②198
山田 覚⋯⋯⋯②763
山田 悟⋯①28, ①146
山田 佐世子⋯⋯①146
山田 沙羅⋯⋯⋯①1392
山田 J太⋯⋯⋯①381
山田 重郎⋯⋯⋯①590
山田 静江⋯⋯⋯①2
山田 静⋯⋯⋯①203
山田 静子⋯⋯⋯②783
山田 周二⋯⋯⋯①617
山田 周平⋯⋯⋯①15
山田 朱織⋯⋯⋯①172
山田 順子⋯⋯①530, ①934
山田 俊治⋯⋯⋯①939
ヤマダ ジュンヤ⋯⋯⋯②541
山田 奨治⋯⋯⋯①634
山田 正次⋯⋯⋯②254
山田 慎⋯⋯⋯①215
山田 真⋯⋯⋯①169
山田 晋次⋯⋯①246, ①248
山田 深夜⋯⋯⋯①1114
山田 真哉⋯⋯⋯②4
山田 スイッチ⋯①950
山田 進⋯⋯⋯①620
山田 全自動⋯⋯①958
山田 泰司⋯⋯⋯②89
山田 太一⋯⋯⋯①780
山田 敬男⋯⋯⋯①139
山田 貴史⋯⋯⋯②777

山田 隆志⋯⋯⋯②270
山田 卓⋯⋯⋯②676
山田 タクヒロ⋯①396
山田 卓平⋯⋯⋯②218
山田 猛司⋯⋯⋯②203
山田 雄久⋯⋯⋯②417
山田 斉明⋯⋯⋯②238
山田 忠彰⋯⋯①826, ②31
山田 忠雄⋯⋯⋯①632
山田 辰己⋯⋯⋯②322
山田 千穂子⋯⋯②364
山田 椿⋯⋯⋯①1406
山田 剛史⋯⋯①488, ②661
山田 デイジー⋯①368
山田 哲哉⋯⋯⋯②776
山田 哲久⋯⋯⋯②798
山田 哲平⋯⋯⋯①895
山田 哲也⋯⋯⋯①709
山田 俊明⋯⋯⋯②434
山田 稔明⋯⋯⋯①958
山田 鋭夫⋯⋯⋯①908
山田 俊郎⋯⋯⋯②71
山田 利子⋯⋯⋯①695
山田 俊弘⋯⋯⋯①600
山田 敏弘⋯⋯⋯②124
山田 利博⋯⋯⋯①898
山田 俊幸⋯⋯⋯②733
やまだ ともこ⋯②358
山田 智子⋯⋯⋯①494
山田 智久⋯⋯⋯①637
山田 智美⋯⋯⋯②248
山田 知代⋯⋯①754, ①758
山田 巨樹⋯⋯⋯②237
山田 奈央子⋯⋯①29
山田 奈美⋯①51, ①57, ①62
山田 信亮⋯⋯②618, ②637
山田 野武男⋯⋯②514
山田 のぶ子⋯⋯①1390
山田 信孝⋯⋯⋯②504
山田 暢雄⋯⋯①643, ①656, ①735
山田 憲明⋯⋯⋯②614
山田 典子⋯⋯⋯②734
山田 紀彦⋯⋯⋯②131
山田 治生⋯⋯⋯①816
山田 晴日⋯⋯⋯①51
山田 晴彦⋯⋯⋯①700
やまだ はるよし⋯②26
山田 久⋯⋯⋯②463
山田 英夫⋯⋯⋯②286
山田 英季⋯①51, ①58
山田 英春⋯⋯①827, ②678
山田 仁史⋯⋯①42, ①508
山田 一喜⋯⋯⋯①365
山田 弘明⋯⋯⋯②719
山田 宏一⋯⋯①792, ①793
山田 裕子⋯⋯⋯①870
やまだ ひろし⋯①331
山田 浩司⋯⋯⋯①299
山田 洋司⋯⋯⋯①718
山田 浩貢⋯⋯⋯②589
山田 弘⋯⋯⋯①528
やまだ ひろゆき⋯⋯⋯①868
山田 宏之⋯⋯⋯②582
山田 広之⋯①657, ①659, ①660
山田 浩幸⋯⋯⋯②621
山田 浩之⋯⋯⋯②574
山田 風太郎⋯⋯①958, ①1067

山田 文⋯②91, ②361
山田 史生⋯⋯⋯①518
山田 冨美雄⋯⋯①483
山田 文雄⋯⋯⋯②690
山田 ふみ子⋯⋯①265
やまだ まこと⋯①328
山田 誠⋯⋯⋯①737
山田 雅夫⋯⋯⋯①530, ①859, ②610, ②617
山田 正紀⋯⋯⋯①1127
山田 雅之⋯⋯⋯②523
山田 雅重⋯⋯⋯①663
山田 雅久⋯⋯⋯①217
山田 正仁⋯⋯⋯①177
山田 将博⋯⋯⋯②759
山田 昌弘⋯⋯②104, ①105, ②109
山田 雅也⋯⋯⋯②733
山田 勝⋯⋯⋯①442
山田 マチ⋯⋯②99, ②100
山田 学⋯②257, ②601
山田 真茂留⋯⋯②99, ②100
山田 真由美⋯①43
山田 まりや⋯⋯①145, ①210
山田 まる⋯⋯⋯①1291
山田 美樹⋯⋯⋯②341
山田 俊平⋯⋯⋯②733
山田 満⋯⋯⋯②125
山田 実⋯②67, ②741
山田 美代子⋯⋯②207
山田 みらい⋯⋯②380, ②525
山田 宗樹⋯⋯⋯①1023
ヤマダ モモコ⋯①10
山田 靖典⋯⋯⋯②466
山田 康彦⋯⋯⋯②755
山田 康弘⋯⋯⋯①540
山田 康博⋯⋯②135, ②250
山田 泰幸⋯⋯⋯①868
山田 ゆう希⋯⋯①446, ②44
山田 祐樹⋯⋯⋯②730
山田 雄司⋯⋯①427, ②533, ①555
山田 悠介⋯⋯②353, ①1023, ①1114
山田 優花⋯⋯⋯②61
山田 順⋯②149, ②398
山田 幸雄⋯⋯⋯①390
山田 豊⋯⋯⋯②362
山田 夢猫⋯⋯⋯①1325
山田 友梨⋯⋯⋯②553
山田 陽一⋯⋯⋯①820
山田 暢司⋯⋯⋯②670
山田 洋次⋯⋯⋯①977
山田 陽志郎⋯⋯②675
山田 洋平⋯⋯⋯①703
山田 美明⋯⋯⋯①828, ②134, ②306, ②442
山田 善隆⋯⋯⋯②319
山田 芳照⋯⋯⋯①18
山田 美典⋯⋯⋯②420
山田 佳弘⋯⋯⋯①23
山田 祥寛⋯⋯⋯②550, ②553, ②554, ②556, ②558, ②559, ②560
山田 泰弘⋯⋯⋯②400
山田 蘭⋯⋯⋯①1332
山田 梨絵⋯⋯⋯②80
山田 理恵子⋯⋯①176
山田 理香⋯⋯⋯①1367
山田 鐐一⋯⋯⋯②189
山田 良治⋯⋯⋯②242
山田 麗華⋯⋯⋯①773
山田 玲子⋯⋯⋯①64

山田 玲司⋯⋯⋯①344
山田 航⋯⋯⋯②552
山田&パートナーズ⋯⋯①190, ②323, ②325, ②326, ②328, ②404, ②406, ②407, ②410, ②412, ②708
山平 重樹⋯⋯①1023, ②93
山竹 伸二⋯⋯⋯①490
山谷 哲夫⋯⋯⋯①1406
山田ビジネスコンサルティング⋯②323, ②325, ②328
やまぢ かずひろ⋯⋯⋯①334
山近 義幸⋯⋯⋯①291
山蔦 圭輔⋯⋯⋯②780
山手 樹一郎⋯⋯①1064
山出 高士⋯⋯②29, ②243
山手 剛人⋯⋯⋯②103
山手 昌樹⋯⋯⋯①600
山寺 香⋯⋯⋯②39
山寺 三知⋯⋯⋯①597
大和 一雄⋯⋯⋯②280
和 邦夫⋯⋯⋯①546
山戸 茂樹⋯⋯⋯②552
山和 順⋯⋯⋯①872
大和 雅之⋯⋯⋯②685
山戸 結希⋯⋯⋯①349
大和 礼子⋯⋯⋯②95
大和 和紀⋯⋯⋯①369
山と溪谷社⋯⋯①190, ①218, ①937
山と溪谷社山岳図書出版部⋯⋯⋯①190
大和心研究会⋯①633
やまとごころ編集部⋯⋯⋯②276
大和谷 厚⋯⋯⋯②770
山と谷作成会議⋯⋯⋯①190
山富 浩司⋯⋯①101, ①121
山名 京子⋯⋯⋯②225
山名 淳⋯⋯⋯①752
山名 元⋯②580, ②581
山名 美和子⋯⋯①535
山名 裕子⋯⋯①118, ①122
山中 文⋯⋯⋯②738
山中 伊知郎⋯⋯①174
山中 京子⋯⋯⋯②51
山中 謙司⋯⋯⋯②729
山中 宏二⋯⋯⋯②731
山中 さゆり⋯⋯②560
山中 俊治⋯⋯⋯②877
山中 伸弥⋯⋯①88, ①101, ①933, ②650, ②728
山中 翠谷⋯⋯⋯①869
山中 隆幸⋯⋯⋯②708
山中 剛史⋯⋯⋯①916
山中 千枝子⋯⋯①16
山中 朝晶⋯⋯①1343, ①1351
山中 ともえ⋯①414, ①416, ①685
山中 なつみ⋯⋯②777
山中 伸枝⋯⋯⋯②294
山中 伸之⋯⋯①708, ①737
山中 則江⋯⋯①308, ①393
山中 恒⋯②336, ①370, ①580, ①674
山中 仁美⋯⋯⋯②171

山中 兵吉⋯⋯⋯②226
山中 正登⋯⋯⋯②211
山中 正己⋯⋯⋯①973
山中 美智子⋯⋯②761
山中 峯太郎⋯⋯①892
山中 もとお⋯⋯②337
やまなか ももこ⋯⋯⋯①351
山内 康裕⋯⋯⋯①498
山梨 正登⋯⋯⋯①81
山梨 俊夫⋯⋯⋯①837
山梨 知彦⋯⋯⋯②619
山梨 ネコ⋯⋯⋯①1291
山梨 広一⋯⋯②342, ②348
山梨 正明⋯⋯⋯①621
山梨 幹子⋯⋯⋯①72
山梨学院大学政治行政学研究会⋯⋯①141
山梨日日新聞社⋯⋯①42, ②417
山西 ゲンイチ⋯①349, ①363, ①380
山西 弘一⋯⋯⋯②570
山西 弘城⋯⋯⋯①640
山西 弘城⋯⋯⋯①722
山西 佑季⋯⋯⋯②41
やまね あやの⋯①1303
山根 栄次⋯⋯⋯①716
山根 一眞⋯⋯②649, ②675
山根 源之⋯⋯⋯②757
山根 繁⋯⋯⋯①641
山根 ジュリア⋯①900
山根 承子⋯⋯⋯②259
山根 誠司⋯⋯⋯①1064
山根 崇邦⋯⋯⋯②223
山根 兵⋯⋯⋯②671
山根 猛⋯⋯⋯②458
山根 公⋯⋯⋯②902
山根 禎一⋯⋯⋯②740
山根 宏文⋯⋯⋯②67
山根 実紀⋯⋯⋯②45
山根 三沙⋯⋯①1372, ①1390
やまね もとよ⋯①313
山根 雄一郎⋯⋯①470
山根 祥博⋯⋯⋯①411
山根 義信⋯⋯⋯②629
山根 龍一⋯⋯⋯①453
山根実紀論文集編集委員会⋯⋯⋯②45
山野 克明⋯⋯②570, ②716
山野 紗織⋯⋯①1383, ①1384
山野 さと子⋯⋯①687
山野 大星⋯⋯⋯②639
山野 貴彦⋯⋯⋯①525
山野 勉⋯⋯⋯②529
山野 恵⋯⋯⋯①210
山野 良一⋯②50, ②60
山内 一也⋯⋯①701, ②728
山内 乾史⋯⋯①747, ①749
山ノ内 健太⋯⋯②248
山内 祥史⋯⋯⋯①915
山内 進⋯⋯⋯①527
山内 長承⋯⋯⋯②556
山之内 博⋯⋯⋯②731
山ノ内 文枝⋯⋯①1393
山之内 幸夫⋯⋯②39
山内 玲子⋯⋯⋯②375
山の怪と民俗研究会⋯⋯⋯①887
山野辺 一記⋯⋯①355
山野辺 捷雄⋯⋯①190

山野邉 友梨……①846
山野辺 りり……①1406
山野目 章夫…②192,
　②207, ②208, ②210
ヤマハ…①812, ①822
山羽 徹………②757
やまはし さやか
　………①326
山端 康幸……
　②297, ②400
山端 美徳……
　②401, ②414
やまはな のりゆき
　………①958
山灯……①67
山平 哲也……②527
山藤 章二………①958
山辺 恵理子…
　①720, ①753
山辺 弦………①1336
山辺 規子……①33
山辺 麻由……①349
山前 譲……①1068
山見 博康……②292
山見 由紀子……①644
山水 治夫……①505
山道 晃……②543
山道 帰一……①133
山道 正明……②334
山村 明義……
　①506, ②143
山村 章……①1023
山村 エリコ……①523
山村 浩二……②327,
　①331, ①359, ①387,
　①799, ①976
山村 新一……①967
山村 慎一郎……①25
山村 拓也……②233
山村 武彦……②422,
　②42, ②154
山村 達夫……②62
山村 竜也……①554,
　①566, ①567
山村 正夫……①1067
山村 正英……①908
山村 正光……①189
山村 勇介……①147
山村 由美子……①725
山室 恭子……①903
山室 静……①508
山室 信一……①460
山室 真澄……②690
山室 有紀子……①979
山元 証……②295
山本 昭生……①361
山本 亜貴子……①328
山本 昭宏……①169
山本 明文……②246
山本 明代……
　①608, ①934
山本 暁……①256
山本 明……①616
山本 厚子……①660
山本 篤民……②303
山本 敦久……
　②104, ②108
山本 綾子……②723
山本 郁子……①1329
山本 勲……①464
山本 和泉……②543
山本 一力……①1023,
　①1026, ①1064
山本 イチロー
　………①431, ①432

山本 英照……①514
山元 悦子……①724
山本 悦秀……②41
やまもと えみこ
　………①867
山本 英里……②65
山本 おさむ……①96
山本 和男……
　①294, ②346
山本 和貴……②522
山本 一清……②261
山本 和子……①305
山本 一彦……②727
山本 和寛……②185,
　②206, ②216,
　②217, ②227
山本 一博……
　②667, ②739
山本 カズヨシ…①1291
山本 和義……②404,
　②412, ②413
山本 華漸……①260
山元 加津子……①958
山本 克己……
　②206, ②216
山本 薫子……②579
山本 賀代……①1292
山本 佳世子……①40
山本 吉人……①973
山本 吉之助……①787
山本 久右衛門……①255
山本 謹也……①516
山本 久美子……
　②93, ②707
山本 圭……②172
山本 圭一……②125
山本 敬三……②206,
　②209, ②401
山本 兼一……
　①531, ①1064
山本 元喜……①234
山本 謙吾……②749
山本 謙慈……②100
山本 健治……①101,
　①510, ②172
山本 憲司……②425
山本 謙治……①33,
　①702, ②456
山本 健太……①617
山本 健太郎……①482
山本 光……①412,
　②542, ②551
山本 晃一……②607
山本 浩一……②770
山本 甲一……①236
山本 光輝……
　①136, ①139
山本 甲士……①1023
山元 浩二……
　②301, ②331
山本 巧次……
　①1023, ①1114
山本 幸司……②738
山本 浩司……①608,
　②203, ②236, ②539
山本 浩二……②374
山本 小太郎……②545
山本 五郎……①651
山本 聡美……①833
山本 覚……②337
山本 悟……②457
山本 省……①924
山本 彩……②769
山本 重也……①370
山本 七平……①501
山本 忍……①450
山本 修司……①703
山本 秀峰……①567

山本 俊……②330
山本 潤……①929
山本 舜悟……②713
山本 淳子……
　①896, ①898
山本 純子……①974
山本 俊輔……①791
山本 純平……②555
山本 章子……①575,
　②136, ②149
山本 翔子……①1374,
　①1377, ①1378
山本 尚吾……②759
山本 昇吾……②760
やまもと しょうぞう
　………②347
山本 省三……①326,
　①384, ①403, ①427
山本 章三……②389
山本 常朝……①462
山本 史郎……①464
山本 四郎……②148
山本 伸……①922
山本 伸一……②597
山本 紳……①746
山本 紳也……②341
山本 須美子……①755
山本 誠一……②630
山本 宗伸……①265,
　①266, ①408
山本 素石……①958
山本 大丙……①525
山本 崇雄……①640,
　①644, ①713
山本 貴士……②605
山本 貴之……②311
山本 孝……①336
山本 尚志……①844
山本 隆……②728
山元 隆春……①721
山本 孝文……①599
山本 貴光……①893
山本 孝光……②302
山本 孝之……②705
山本 卓……②193, ②421
山本 琢磨……②529
山本 巧……②228
山本 健……②171
山本 武人……①189
山本 武彦……
　②122, ②258
山本 剛久……②411
山本 忠男……②604
山本 真嗣……②255
山本 龍之……②94
山本 達也……
　②96, ②103
山本 努……②101
山本 恒人……②173
山本 剛史……②297
山本 丁友……②733
山本 徹……②751
山本 哲士……②265
山本 哲三……②140
山本 哲也……②571
山本 暉久……①615
山本 輝之……②213
山本 展瑠……②92
山本 通……②267
山本 徳造……①391
山本 真実……①639
山元 登朗……①896
山元 敏勝……②145
山本 淑子……①155
山元 俊憲……②741
山本 俊正……②130

山本 俊郎……②661
やまもと ともこ
　………①314
山本 知子……
　①473, ①1328
山本 豊一……①1335
山本 直樹……
　②282, ②519
山本 直輝……①460
山本 直人……②346
山本 直哉……①585
山本 夏子……①969
山本 なつみ……①116
山本 直人……①583
山本 信人……①593
山本 規詔……①267
山本 憲明……
　①97, ②284
山本 紀夫……①600
山本 法史……①309
山元 一……②227
山本 一……①258
山本 華子……①153
山本 晴男……①363
山本 晴彦……
　②650, ②679
山本 晶……①475
山本 尚……②671
山本 秀也……②132
山本 宏子……①816
山元 弘……②733
山本 博……①46, ①1351
山本 博志……①249
山本 広高……②711
山本 大貴……①728
山本 博文……①390,
　①531, ①532, ①533,
　①534, ①535, ①556,
　①558, ①560,
　①561, ①573
山本 浩美……②217
山本 浩未……①21
山本 宏……②410
山本 弘……
　①781, ①1114,
　①1127, ①1292
山本 福敏……①1023
山本 富士雄……②607
山本 風碧……
　①1023, ①1292
山本 史枝……②318
山本 史也……①724
山本 豊津……②260
やまもと 妹子……①373
山本 マオ……①775
山本 誠……②825, ②729
山本 昌……①95
山本 雅男……①1331
山本 正基……①190
山本 正……②605
山元 正憲……①925
山本 正彦……②235
山本 昌弘……
　②217, ①578
山本 雅也……①34
山本 昌幸……
　②417, ②460
山本 政幸……①879
山本 雅淑……①679
山本 益博……
　②41, ①786
山本 まつよ……①315
山本 学……②260
山本 真実……①639
やまもと まもる
　………①324
山本 真由美……①498
山本 眞由美……②719

山本 俊郎……②661
山本 美香……②80
山本 道子……②545
山本 三雄……②565
山本 光伸……①916
山本 満……②621
山本 みと……①1373,
　①1375, ①1376,
　①1377, ①1378
山本 美芽……①822
山本 むつみ……
　①977, ①1067
山本 宗補……①984
山本 明志……②595
山本 基佳……①724
山本 森樹……②567
山本 盛敬……①1065
山本 守之……②197,
　②398, ②407
山本 泰……①845
山本 靖典……①671
山本 康宏……①663
山本 保博……②781
山本 有造……①564
山本 裕介……②554
山本 幸子……①198
山本 幸久……
　①979, ①1023
山本 幸宏……②708
山本 幸宏……②343
山本 寛……①230
山本 豊……①758
山本 由美……①757
山本 ゆりこ……①33
山本 洋……①1023
山本 瑶……①1292
山本 容子……
　①334, ①721
山本 庸平……②263
山本 洋平……②18
やまもと よしあき
　………①349
山本 好和……②690
山本 良和……
　①714, ①728
山本 義隆……①471
山本 吉伸……
　②405, ②414
山本 義久……②457
山本 芳久……①527
山本 義郎……②661
山本 頼正……
　②739, ②750
やまもとりえ……①9
山本 良……①453
山本 零……②380
山本 礼緒……①1373
山本 蓮……①1023
ヤマモトカウンシル
　………①879
山本憲関係資料研究
　会………②598
山本（前田）万里
　………②773
山森 丈範……②549
やまもり 三香…

①369, ①1136
山谷 清秀……②140
山谷 睦雄……②741
山脇 絵里子……②211
山脇 惠子……①498
山脇 康嗣……②221
山脇 直司……①933
山脇 道子……①210
山脇 兆史……②695
山脇 りこ……①49,
　①63, ①65, ①67
ヤマンラール水野 美
　奈子………①872
闇月 麗……①387
闇の世界史研究所
　………②31
飲茶……①454, ①473
矢守 克也……②583
ややこ……①6
弥生 志郎……②544, ②561
弥生 肇……①884
夜宵草……①1134
屋良 健一郎……①539
屋良 朝博……
　①575, ②168
鑓田 宗准……①131
鑓田 浩章……②265
ヤーレット, エマ
　………①311
ヤーレン, ホープ
　………②650
八幡 和郎……①531,
　①533, ①559,
　①598, ②31, ②150
八幡 優里……②508
やわやま まこと
　………①137
ヤン………①849
ヤーン, アンソニー
　………②760
楊 逸………①1023
楊 克………①975
ヤンカー, ジョン
　………②528
ヤング, ウィリアム・
　ポール………①1339
ヤング, ロバート・
　F.………①1364
ヤング, ローラ・①261
ヤンソン, トーベ
　………①306, ①313
ヤンソン, ラルス
　………①306
ヤンタラ・ジロー
　………①135
山家 浩樹……①833

ゆ

ユー, エリカ……①395
ユー, クリスト
　ファー………②529
ユー, ジュリアン
　………①817
ユー, マイケル…②20
ユー, レイニル
　………①848,
　①851, ①852
俞 建華………①871

兪 在真 ……… ①569
郁 青 ………… ①664
ユ テウン ……… ①312
兪 膺潔 ……… ①871
庾 凌峰 ……… ①597
湯浅 邦弘 ……①464,
　　　　①465, ①596
湯浅 賢治 ……②755
湯浅 愼一 ……①468
湯浅 真弥 ……①213
湯浅 俊彦 ……… ②6
湯浅 晴夫 ……①514
湯浅 博雄 ……①906
湯浅 浩史 ……②688
湯浅 博 ………②92
湯浅 真 ………②669
湯浅 誠 ………②62
湯浅 政明 ……①978
湯浅 有紀子 ……①723
湯浅 佳子 ……①899
ユアショット, ブ
　ラッド ……①648
由唯 ………… ①1292
油井 正一 ……①813
油井 大三郎 ……①591
由井 寅子
　　　①138, ①488
由井 秀樹 ……②58
油井 喜夫 ……①958
由井 義通 ……②248
唯川 恵 ………①1023
遺言相続実務問題研
　究会 ………②191
遺言相続リーガル
　ネットワーク
　…………… ②192
由蘭 健 ……②390,
　　　①731, ①732
ゆいっと ……①1292
結都 せと ……①1292
唯物論研究協会
　…………… ①456
ユイミコ ………①72
ユーイング, ジャッ
　ク ………… ②443
ユウ ………… ①331
結布 ………… ①365
劉 卿美 ……①666
柳 美里 ……①459,
　　　①1023, ②45
ゆうあ ……… ①1292
有允 ひろみ ……①1293
勇上 和史 ……②261
夕刊フジ ……②35
夕雪* ………①1293
柚木 あい ……①1293
祐木 亜子 ……①465
結城 アンナ ……②26
結城 絵美子 ……①1339
結城 絡繰 ……①1293
結城 彩雨 ……①1406
悠木 シュン …
　　　①1024, ①1114
結城 昌治 ……①1114
夕貴 そら ……①369
結城 大輔 ……②281
結城 武彦 ……①1114
結城 千晶 ……①176
結城 俊也 ……①177
悠木 にこら ……①1293
結城 伸夫 ……①144
結城 ヒロ ……①1293
結城 浩 ……②657
結城 忠…①751, ①758
結城 昌子
　　　①430, ①431
結城 正美 …
　　　①467, ①907

結城 みちる ……①1383
結城 充考 ……①1114
結城 光流 ……①1065,
　　　①1127, ①1293
結祈 みのり ……①1293
結城 モカ ……①1135
ゆうき ゆう ……①484,
　　　①486, ①487, ②464
ゆうきりん ……①1293
結城 玲子 ……①1367
有機企画 ……①1406
有機合成化学協会
　…………… ②598
祐琴 ………… ①73
遊子 ………… ①970
悠黒 喧史 ……②554
ゆうこす ……①105
ゆ鷺 かのう ……①1293
勇崎 賀雄 ……①157
裕時 悠示 ……①1294
悠島 蘭 ……①1294
融資問題研究会
　…………… ②385
ユウシャ・アイウエ
　オン ………①1294
優成監査法人 ……②325
夕田 謙二 ……①788
雄太郎 ………①1115
ユウチャン ……①1294
友麻 碧
　　　①1128, ①1294
夕蜜柑 ……… ①1294
ゆうやけ ……①1138
ゆうゆう編集部 ……②26
裕龍 ながれ ……①360,
　　　①362, ①435
夕映 月子 ……①1325
ゆかいな仲間たち
　…①705, ①721
ゆかしなもん ……①875
ユーカーズ, ウィリ
　アム・H. ……①47
湯上 良 ……①600
湯川 彰浩 ……①654
湯川 杏奈
　　　①1383, ①1385
遊川 和郎
　　　②130, ②250
湯川 嘉津美 ……①756
湯川 克彦 ……②467
湯川 進太郎 ……①237
湯川 徹 …①809, ①818
湯川 久子 ……①101
湯川 秀樹 ……②650
湯川 文彦 ……①569
湯川 真理子 ……②447
湯川 豊 ……①910
ゆき …①355, ①1294
雪 朱里 ……①875
油木 栞 ……①1294
由紀 荘介 ……①965
由木 立司 ……①1065
柚木 ミサト ……①695
柚木 ユキオ ……①1325
由木 竜太 ……②329
幸栄 ………… ②38
雪崎 ハルカ ……①1294
行定 勲 …①568, ①790
行澤 一人 ……②195
雪代 鞠絵 ……①1325
雪瀬 ひうろ ……①1294
ゆきた 志旗 ……①1294
雪だるま ……①1294
雪兎 ざっく ……①1295
行友 弥 ……②445
行成 薫 ……①1024
雪乃 紗衣 ……①1295

ゆきの ゆみこ ……①344
雪乃下 ナチ ……①1295
雪之 ………… ①1295
ゆきのまち通信
　…………… ①979
雪華 慧太 ……①1295
柚木原 なり ……①786
行平 真也 ……②158
雪舟 えま ……①1128
雪村 亜輝 ……①1406
雪村 花菜 ……①1295
ユーキャン運行管理
　者試験研究会
　…………… ②510
ユーキャン介護職の
　ための介護技術研
　究会 ………②50
ユーキャン介護福祉
　士試験研究会 …②81
ユーキャン管理栄養
　士試験研究会
　…………… ②784
ユーキャン危険物取
　扱者試験研究会
　…………… ②645
ユーキャン気象予報
　士試験研究会
　…………… ②645
ユーキャン行政書士
　試験研究会 …②239
ユーキャンケアマネ
　ジャー試験研究会
　…………… ②81
ユーキャン個人情報
　保護士試験研究会
　…………… ②510
ユーキャン社会福祉
　士試験研究会 …②82
ユーキャン社労士試
　験研究会 …②503
ユーキャン証券外務
　員試験研究会
　…………… ②480,
　　②485, ②510
ユーキャン宅建士試
　験研究会 …②499, ②500
ユーキャン調理師試
　験研究会 …②510
ユーキャン登録販売
　者試験研究会
　…………… ②782
ユーキャン2級ボイ
　ラー技士試験研究
　会 ………… ②630
ユーキャン販売士検
　定試験研究会
　…………… ②504
ユーキャン福祉住環
　境コーディネー
　ター試験研究会
　…………… ②82
ユーキャン保育士試
　験研究会 …①764
ユーキャン学び出版
　ケアマネ実務研究
　会 ………… ②69
ユーキャン学び出版
　スマイル保育研究
　会 ………… ①698
ユーキャンマンショ
　ン管理士管理業務
　主任者試験研究会
　…………… ②496
ユーキャン旅行業務
　取扱管理者試験研
　究会 ………②469
ユーキャン冷凍機械
　責任者試験研究会

　…………… ②645
ユーキャンFP技能士
　試験研究会 …②485
ユーキャンQC検定
　試験研究会 …②562
幸慶 美智子 ……②360
弓削 尚子 ……①753
ゆげ塾 ………①588
ゆーげん ……①845
ユゴー, ヴィクトル
　…………… ①379
ユゴー, ロマン …①849
由佐 美加子 ……②375
湯崎 真梨子 ……①753
湯澤 貴博 ……①68
湯沢 威 ………①589
湯澤 質幸 ……①626
湯澤 正通
　　　①647, ①687
湯澤 美紀
　　　①647, ①687
湯沢 祐介
　　　①160, ①266
ユニバーサルデザイ
　ン研究会 …②570
ユニバーサルパブリ
　シング
　　　①863, ②380
ユニプラン編集部
　　　①186, ①195
ユネスコアジア文化
　センター文化遺産
　保護協力事務所
　…………… ①593
ゆのき ようこ …①400
湯之前 敦 ……②392
弥 和順 ……①676
湯原 悦子 ……②68
湯原 かの子 ……①1350
湯原 耕造 ……②605
柚原 誠 ……①436
湯原 玲奈 ……①118
ユンク, バーバラ
　…………… ①311
ユーフラテス …
　　　①330, ①331

……… ②645
遊真 一希 ……①1397
ゆまあひ maki ……①867
湯横 ます ……①765
ゆまに書房出版部
　…………… ①616
ゆーママ ……①58
弓岡 勝美 ……①881
弓岡 まみ ……②751
弓岡 光徳
　　　②734, ②751
弓岡 光也 ……②751
弓木 春奈 ……②678
弓倉 弘年 ……①550
弓シャロー ……②1295
湯水 快 ……①1295
弓弦 イズル ……①1295
弓田 久子 ……②710
弓場 隆 ……①87,
　　①94, ①103, ①119,
　　①122, ①123, ②27,
　　②275, ②298, ②340,
　　②342, ②367, ②387
ゆみみゆ ……①1325
夢路 遙 ……①960
ゆめづくりものづく
　りプロジェクト
　…………… ①336
夢野 久作 ……①890,
　　①976, ①1024
夢乃 咲実 ……①1325
夢野 美紗 ……①1296
夢野 乱月 ……①1406
夢野 れい ……①861
夢ぽけっと ……①961
夢枕 獏 ……①1026,
　　①1065, ①1128
夢眠 ねむ …②772, ②4
湯本 香樹実 ……①1024
湯本 久美子 ……①622
湯本 豪一 …
　　①832, ②113
湯本 浩之 ……①679
遊森 謡子 ……①1296
湯山 昭 ……①817
湯山 賢一 ……①615
湯山 茂徳 ……②276
湯山 玲子 ……①958
ゆーり
　　①1134, ①1296
由梨 かおる ……②560
ゆり よう子 ……①307
ゆりか ……①776
百合子スタイル研究
　会 ………… ①29
ゆりの 菜櫻 ……①1296,
　　①1325, ①1406
百合野 正博 ……②318
ゆる ゆらり ……②67
ユルスナール, マル
　グリット ……①1339
ユルチャク, アレク
　セイ ………①608
ユールバーグ, エリ
　ザベス ……①381
ユルバン, クリスト
　フ ………… ①315
ゆるりまい ……②266
緩利 誠 ……①709
ユン, デービッド
　…………… ①1339
ユン, ニコラ ……①1339
ユン チアン ……①937
ユン ヨンシュク
　…………… ①975

ユング, C.G. …①480,
　　①482, ①486
ユンニルド, アスト
　リッド ……①448

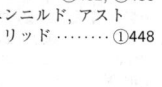

余 華 ……①891,
　　②89, ②90
余 耀 ……②251
宵 ………… ①1296
酔co ……… ①942
楊 海英 ……①594
楊 嘉源 ……①247
楊 官鵬 ……②224
葉 紅 ……①666
楊 光俊 ……①665
楊 子江 ……②659
葉 祥明 ……①331,
　　①338, ①382,
　　①963, ①1332
楊 進 ……①237
雍 婧 ……①636
楊 竺松 ……②133
楊 延筠 ……①589
楊 韜 ……②11
妖怪ウォッチ制作委
　員会 ………②345
楊凱栄教授還暦記念
　論文集刊行会
　…………… ①665
妖怪探検隊 ……①387
陽子 ………… ①958
用語集「現代社会」
　編集委員会 …②31
幼児教育研究会
　…………… ①697
幼少年教育研究所
　…………… ①697
洋輔 ………… ①77
洋介犬 ………①1296
養成読本編集部
　　　②522, ②536
山田 正文 ……②738
曄田 依子 ……①351
幼稚園こども園教員
　養成研究会 …①763
丁野 永正 ……②23
養父 貴 ……①810
ようふ ゆか ……①342
洋ラン大全編集部
　…………… ①269
養老 孟司 …①103,
　　①110, ①111,
　　①404, ①483,
　　①958, ②20, ②23
ヨーキー, マイク
　…………… ②226
よぎ まさゆき …①326
ヨーキン, デヴィッ
　ド ………… ①804
與倉 豊 ……②526
「よくわかる現代経
　営」編集委員会
　…………… ②374
余語 まりあ ……①112
横井 勝美 ……①497
横井 秀一 ……①406
横井 司 ……①1109
横井 のり枝 ……①424
横井 英樹 ……①489

横井 裕一 ……②597
横井 由利 ……①30
横石 崇 ……②459
余公 敏子 ……①689
横内 禎久 ……①777
横内 茂 ……①272
横内 大介 ……②651
横内 憲久 ……②622
横内 正典 ……①179
横尾 京子 ……②760
横尾 忠則 ……①868,
　①909, ②4
ヨコオ タロウ ……①1135
横尾 宣政 ……①931
横岡 由姫 ……②699
横川 綾子 ……①661
横川 端 ……①906
横川 理彦 ……②543
横川 洋 ……②450
横川 由理 ……①386
横倉 久 ……①681
横沢 彰 ……①351
横澤 一彦 ……②648
横路 啓子 ……①569
横須賀 輝尚 ……②283
横瀬 大輝 ……②281
横関 犬 ……①980
横関 大 ……①1115
横田 明子 ……①347
横田 明美 ……②202
横田 アサヒ ……①1296
横田 寛 ……②188
横田 恭三 ……①871
よこた きよし ……①307
横田 憲一 ……②578
横田 耕治 ……②699
横田 茂昭 ……②247
横田 順彌 ……①889,
　①890, ①891
横田 祥 ……②518
横田 真一朗 ……②193
横田 貴之 ……②129
横田 尚俊 ……①103
横田 直美 ……①647
横田 奈津子 ……②390
横田 南嶺 ……①459,
　①513, ①963
横田 信宏 ……①259
横田 一 ……②139,
　②142, ②157
横田 尚哉 ……②356
横田 秀之 ……②546
横田 正夫 ……①799
横田 雅俊 ……②367
横田 正仁 ……②651
横田 増生 ……②306
横田 真由子 ……①117
横田 洋三 ……②227
横田 玲子 ……①913
横大道 聡 ……
　②199, ②224
横谷 俊介 ……②521
横地 徳広 ……①476
横地 義正 ……①446
横塚 司 ……①1296
横塚 眞己人 ……①308
横手 幸太郎 ……①53
横手 尚子 ……①16
横手 彰太 ……①175
横手 幸伸 ……
　②627, ②637
横根高原保全活用協
　議会 ……①193
横野 レイコ ……②238
横濱 竜也 ……②126
横浜植木 ……①266
横浜関内法律事務所
　……②323

横浜国立大学教育人
　間科学部附属横浜
　中学校 ……①720
横浜国立大学大学院
　……②615
横浜市社会福祉協議
　会 ……②65
横浜市男女共同参画
　推進協会 ……②37
横浜市中区役所
　……②610
横浜市ふるさと歴史
　財団 ……②610
横浜商科大学公開講
　座委員会 ……②256
横浜市立山下みどり
　台小学校 ……①727
横浜トリエンナーレ
　組織委員会 ……①824
横浜美術館 ……①824
横張 清威 ……②330
横張 国弘 ……②423
横藤田 誠 ……
　②200, ②223
横松 心平 ……①1025
横溝 慎一郎 ……②237
横溝 紳一郎 ……②637
横溝 正史 ……
　①381, ①889
横溝 博 ……①896
横峰 沙弥香 ……①8
横本 勝也 ……①659
横森 しず香 ……①115
横森 大輔 ……①625
横森 巧 ……②230
横森 理香 ……①115
横山 アキラ ……①861
横山 顕 ……②712
横山 彰 ……②271
横山 亜未 ……①383
横山 安由美 ……②113
横山 修 ……②761
横山 格郎 ……①150
横山 カズ ……
　①16, ①644
横山 和江 ……①312,
　①373, ①375
横山 和夫 ……②320
横山 和子 ……②87
横山 和之 ……②275
横山 克衛 ……①962
横山 勝英 ……②605
横山 佳代子 ……②485
横山 潔 ……②219
横山 こうじ ……②259
横山 こうじ ……①863
横山 浩輔 ……②555
横山 黒鍵 ……①965
横山 采紅 ……①1296
横山 淳一 ……②776
横山 信二 ……②203,
　②221, ②223
横山 住雄 ……①549
横山 だいすけ ……①772
横山 タカ子
　①52, ①55
横山 隆志 ……
　②544, ②562
横山 剛 ……①57
横山 匡 ……①420
横山 正 ……①206
横山 達大 ……②549
横山 司 ……①609
横山 哲也 ……
　②517, ②527
横山 輝樹 ……①561
横山 俊宏 ……①288
横山 利弘 ……①737

横山 直樹 ……②332
横山 信治 ……②278
横山 信弘 ……
　②281, ②354
横山 信義 ……①1131
横山 英機 ……②590
横山 宏章 ……
　①596, ②133
横山 博美 ……①486
横山 乾 ……①151
横山 浩之 ……①421
横山 正夫 ……②193
横山 雅彦 ……②641
横山 學 ……②8
横山 摩弥 ……②26
横山 美栄子 ……①676
よこやま みさお
　……①343
横山 光昭 ……③,
　①113, ②387, ②388,
　②389, ②390, ②391
横山 充男 ……①349
横山 光輝 ……
　①849, ①853
横山 みどり ……①714
横山 都 ……②470
横山 泰子 ……①562
横山 裕季 ……②556
横山 悠太 ……①1024
横山 豊 ……①640
横山 洋子 ……①690,
　①696, ①763
横山 美江 ……②768
横山 良和 ……②408
横山 隆治 ……
　②337, ②340
横山 了一 ……①849
横山 亘 ……②210
横湯 園子 ……①700
与謝野 晶子 ……①970
誉司 アンリ ……①1136
よしい かずみ ……①312
吉井 健治 ……①711
吉井 哲 ……①103
吉井 重幸 ……②695
吉井 潤 ……②16
吉井 智津 ……①935
吉井 知代子 ……①152
吉井 亜彦 ……①815
吉井 朋子 ……②408
吉井 秀雄 ……①962
吉井 英人 ……②456
好井 裕明 ……②101
吉井 理人 ……①223
吉井 みい ……①327
吉井 美奈子 ……②53
吉家 重夫 ……①488
義家 弘介 ……②147
吉浦 澄子 ……①1349
ヨシエ ……①338
義江 明子 ……①545
吉江 弘正 ……②755
義江 真木子 ……①122
吉尾 卓 ……②702
ヨシオミドリ ……①841
よしおか アコ ……①332
吉岡 紋 ……①937
吉岡 一郎 ……②321
吉岡 逸夫 ……①958
吉岡 栄一 ……
　①910, ①920
吉岡 栄二郎 ……
　①254, ①584
吉岡 一男 ……①675
吉岡 慶子 ……②778
吉岡 桂子 ……①250
吉岡 孝二 ……①937
吉岡 心平 ……②436

吉岡 節夫 ……①675
吉岡 孝 ……②562
吉岡 拓如 ……②578
吉岡 剛 ……①1296
吉岡 徳仁 ……②614
吉岡 利之 ……②332
吉岡 直樹 ……②525
吉岡 奈美 ……②301
吉岡 成人 ……②720
吉岡 乾 ……①663
吉岡 範武 ……②90
吉岡 肇 ……①228
吉岡 秀輝 ……
　②336, ②418
吉岡 秀子 ……②304
吉岡 平 ……①1128
吉岡 正紘 ……①712
吉岡 眞之 ……②149
吉岡 光人 ……①525
吉岡 友治 ……①634,
　①725, ①760, ②180
吉岡 豊 ……②526,
　②529, ②530, ②533,
　②537, ②541
吉岡 義雄 ……①962
吉岡 芳夫 ……②592
吉岡 良雄 ……②657
吉岡 亮 ……①448
吉海 直人 ……①392,
　①897, ①901
吉開 泰信 ……②732
芳垣 文子 ……②702
芳垣 宗久 ……①132
善方 裕美 ……①167
吉上 恭太 ……①310
吉上 亮 ……①1115
吉川 明広 ……②539
吉川 文 ……①820
吉川 潮 ……①184, ①958
吉川 英治 ……
　①1025, ①1065
吉川 英梨 ……①1115
吉川 和篤 ……②166
吉川 一義 ……①1337
吉川 義一 ……①958
吉川 圭三 ……①770
吉川 達 ……①635
吉川 悟 ……①480
吉川 庄一郎 ……①907
吉川 真司 ……
　①535, ①611
吉川 純恵 ……②134
吉川 孝 ……①457
吉川 武文 ……②318
吉川 忠夫 ……①598
吉川 忠久 ……①139,
　②512, ②635, ②636
吉川 達志 ……②600
好川 哲人 ……
　②349, ②517
吉川 敏明 ……①33
吉川 利明 ……①629
吉川 利一 ……①145
吉川 トリコ ……①1024
吉川 直子 ……
　①46, ②330
吉川 永青 ……
　①1025, ①1065
吉川 凪 ……①938,
　①1330, ①1335
佳川 奈未 ……
　①96, ①130
吉川 隼人 ……①525
吉川 晴稜 ……①535
吉川 晴美 ……①484
吉川 洋 ……①266, ②265
吉川 博永 ……①132
吉川 ひろみ ……②716

吉川 文子 ……①70
吉川 麻衣子 ……①577
吉川 真 ……①403
吉川 允樹 ……②563
吉川 雅博 ……②57
吉川 雅弥 ……②517
芳川 泰久 ……①1024
吉川 保弘 ……②324
吉川 悠 ……①853,
　①854, ①855
吉川 良三 ……②298
吉川弘文館編集部
　……①618
吉国 智彦 ……
　②152, ②209
よしこ ……①854
葦子 東 ……①1128
吉越 浩一郎 ……
　②344, ②365
芳子ビューエル ……②84
吉咲 志音 ……
　①1296, ①1406
吉崎 淳二 ……①835
吉崎 祥司 ……②223
吉崎 達彦 ……②382
吉崎 観音 ……①397
吉桜 美貴 ……①1296
芳澤 勝弘 ……①511
吉澤 淑 ……①43
よしざわ けいこ
　……①382
吉澤 健太 ……①777
吉澤 浩一郎 ……②335
吉澤 準特 ……
　②358, ②362
吉澤 穣治 ……
　②302, ①325
芳澤 隆 ……①971
吉澤 智子 ……①978
吉武 惠子 ……②761
芳澤 元 ……②550
吉沢 久子 ……①92,
　①96, ①109, ①111
吉澤 穂積 ……②527
吉澤 マモ ……①193
芳沢 光雄 ……②347
吉澤 みな子 ……②777
吉澤 実祐 ……①746
吉澤 素行 ……①930
吉澤 康子 ……①1344
吉澤 靖之 ……②719
吉澤 亮二 ……②382
吉島 豊録 ……②67
吉塚 和治 ……②669
義月 粧子 ……①1326
善積 康夫 ……②322
矢添 泰人 ……②661
吉田 愛 ……①328, ①335
吉田 明生 ……①368
吉田 昭 ……②486
吉田 明史 ……①725
吉田 明 ……①62
吉田 篤司 ……②157
吉田 敦 ……②536
吉田 敦彦 ……①508
吉田 篤弘 ……
　①959, ①1024
吉田 行 ……①1406
吉田 安寿 ……①1024
吉田 栄介 ……②318
吉田 悦章 ……②254
吉田 悦志 ……①803
吉田 恵里香 ……①980
吉田 修 ……①786, ②699
吉田 香織 ……①213
吉田 薫 ……
　①1355, ①1362

吉田 和夫 ……①715
吉田 和代 ……①1387
吉田 勝明 ……①176
吉田 勝次 ……②681
吉田 加南子 ……①828
吉田 佳代 ……①173
吉田 菊次郎 ……
　①68, ①69
吉田 久一 ……①515
よしだ きょう ……①583
吉田 京子 ……②212
吉田 企世子 ……①33
吉田 琴泉 ……①17
吉田 邦博 ……①544
吉田 敬一 ……①275
吉田 恵子 ……①73
吉田 敬子 …①8, ①488
吉田 健一 ……①474,
　①908, ①959
吉田 健剛 ……①904
吉田 研作 ……①638,
　①646, ①735
吉田 賢一 ……①548
吉田 健三 ……②48
吉田 健太郎 ……②519
吉田 謙太郎 ……②682
吉田 剛 ……②723
吉田 豪 ……①239
吉田 幸一 ……①403
吉田 鋼市 ……②608
吉田 幸司 ……②73
吉田 幸平 ……①556
吉田 貞夫 ……①741
吉田 智子 ……①980
吉田 聡 ……②520
吉田 繁治 ……
　②243, ②382
吉田 静雄 ……②710
吉田 周市 ……①288
吉田 修一 ……①959,
　①1024, ①1115
吉田 修平 ……
　②207, ②423
吉田 順 ……①674
吉田 俊一郎 ……①918
吉田 潤子 ……①717
吉田 純子 ……
　①346, ①922
吉田 純司 ……②602
吉田 俊太郎 ……①796
吉田 翔 ……①718
吉田 昭二 ……①259
吉田 昌平 ……①256
吉田 新一郎 ……①721,
　①725, ①755, ②348
吉田 真吾 ……②549
吉田 真平 ……②637
吉田 真也 ……①294
吉田 寿美 ……①934
吉田 孝夫 ……①601
吉田 崇子 ……②411
吉田 孝司 ……②384
吉田 崇 ……①779
吉田 卓司 ……①713
吉田 隆 …①522, ①527
吉田 隆之 ……②144
吉田 たかよし ……①742
吉田 武 …①123, ②666
吉田 丈人 ……
　①308, ①398
吉田 武義 ……①677
吉田 忍 ……①525
吉田 忠裕 ……②306
吉田 珠姫 ……①1326
吉田 太郎 ……
　①255, ①383
吉田 千亜 ……②60
吉田 親司 ……

著者名索引

①1131, ②584
吉田 千文 ……②763
吉田 勉 ……②775,
　②776, ②778
吉田 恒雄 ……
　①601, ①1339
吉田 徹生 ……②553
吉田 徹也 ……①467
吉田 照美 ……②359
吉田 照幸 ……
　②360, ②361
吉田 典生 ……①125
吉田 徹……②467
吉田 俊雄 ……①578,
　①584, ①586
吉田 利子 ……①448,
　①460, ①496
吉田 利宏 ……
　①190, ②203
吉田 俊道 ……①267
吉田 隼也 ……①431
吉田 友和 ……
　①185, ②25
吉田 朋子 ……
　①56, ②736
吉田 朋正 ……②309
吉田 智也 ……
　②314, ②321
吉田 奈緒子 ……①456
吉田 直人 ……②25
吉田 直美 ……②755
吉田 朋広 ……②658
吉田 夏彦 ……
　①448, ①454
吉田 奈保子 ……
　②230, ①1344
吉田 にく ……①198
吉田 伸生 ……②657
吉田 伸夫 ……
　②668, ②674
吉田 伸之 ……①187
吉田 宣之 ……②216
吉田 憲明 ……②758
吉田 則昭 ……②10
吉田 雅子 ……
　①625, ①636
吉田 勇人 ……②637
吉田 春美 ……①590,
　①607, ②684
吉田 晴世 ……①663
吉田 パンダ ……①959
吉田 尚記 ……①10,
　①98, ①491
吉田 尚令 ……①309,
　①325, ①340,
　①344, ①345
吉田 秀子 ……②466
吉田 英嗣 ……②680
霞田 英人 ……
　②196, ②323
吉田 ひと美 ……①734
吉田 仁美 ……
　②55, ②220
吉田 浩章 ……
　②540, ②542
吉田 泰謙 ……①664
吉田 洋一郎 ……
　①219, ①220
吉田 浩子 ……①700
吉田 裕子 ……①122,
　①623, ①624, ②363
吉田 博 ……②777
吉田 裕 …①582,②151
吉田 裕久 ……②671
吉田 裕久 ……①724
吉田 広行 ……①962
吉田 裕之 ……①779
吉田 文和 ……②262

吉田 富美子 ……②58
吉田 文典 ……①734
吉田 文茂 ……①699
吉田 穂波 ……①15
吉田 勝昭 ……①959
吉田 昌生 ……①91,
吉田 真樹 ……
　①93, ①126
　①461, ①462
吉田 雅子 ……①587
吉田 雅史 ……①804
吉田 正毅 ……②420
吉田 正敏 ……②74,
　②319, ②467
吉田 雅紀 ……①532
吉田 正久 ……①629
吉田 昌弘 ……②750
吉田 勝光 ……
　②144, ②224
吉田 将之 ……②698
吉田 政幸 ……①214
吉田 真理子 ……①155
吉田 美喜夫 ……②465
吉田 未希子 ……①436
吉田 瑞子 ……①49
吉田 瑞穂 ……①920
吉田 道利 ……②674
吉田 融正 ……②290
吉田 三知世 ……②654,
　②665, ②676
吉田 美津 ……①923
吉田 光男 ……①594
吉田 みつ子 ……②766
吉田 美奈子 ……①970
吉田 美帆 ……①270
吉田 素教 ……②271
吉田 桃子 ……①346,
　①352, ①355
吉田 司雄 ……①979
吉田 恭子 ……②1344
吉田 恭教 ……②1115
吉田 靖彦 ……①64,②71
吉田 泰久 ……①108
吉田 靖之 ……②162
吉田 悠軌 ……①144,
　①197, ①1128
吉田 由布子 ……①752
吉田 祐介 ……②537
吉田 雄亮 ……①1065
吉田 裕美 ……
　①100, ②550
吉田 有希 ……①174
由田 幸雄 ……②578
吉田 行郷 ……②447
吉田 幸弘 ……①565
吉田 幸代 ……①239
吉田 豊 ……①835
吉田 有里 ……②47
吉田 洋子 ……
　①1369, ②716
吉田 嘉太郎 ……①971
吉田 佶延 ……①236
吉田 佳史 ……②495
吉田 義人 ……①228
吉田 桂公 ……②197
吉田 悦之 ……①562
吉田 理香 ……②70
吉田 隆太 ……②296
吉田 塁 ……①679
吉田 ルカ ……①491
吉田 ルナ ……①130
よしだるみ ……①323
ヨシタケ シンスケ
　……①10,
　①330, ①334, ①345,
　①379, ①380
吉武 大輔 ……②392
吉武 立雄 ……②601

吉武 光世 ……①481
吉竹 遼 ……②543
吉田書店 ……②172
吉田戦車 ……①337
よしたに ……①857
吉谷 愛 ……②551
吉谷 民夫 ……②258
由谷 裕哉 ……①536
吉利 宗久 ……①682
吉富 功修 ……②738
吉富 公彦 ……②591
吉富 賢太郎 ……②658
吉富 節子 ……①200
吉富 多美 ……②358
吉留 文男 ……①704
吉留 公太 ……②171
吉留 文男 ……①653
吉友 嘉久子 ……②16
吉永 明弘 ……②576
吉永 純 ……②65
吉永 一行 ……②207,
　②209, ②224
吉永 健一 ……②611
よしなが こうたく
　……①328, ①336
吉永 茂 ……②302
吉永 大樹 ……②325
吉中 孝志 ……①921
芳中 千裕 ……①117
吉永 豊文 ……②727
吉永 南央 ……①1024
吉永 麻衣子 ……②57,
　②63, ②71
吉永 桃子 ……②26
吉成 郁子 ……①1133
吉成 鋼 ……①375
吉成 智紀 ……①820
吉成 英紀 ……②326
吉成 正雄 ……②753
吉成 真由美 ……②262
吉成 雄一郎 ……②658
吉成 曜 ……①365,
　②375, ①801
吉嗣 明子 ……①574
吉野 陽美 ……②59,②71
吉野 彰 …②207,②592
美野 晶 ……①1406
吉野 維一郎 ……②401
芳野 詩子 ……①363
吉野 勝美 ……①757
吉野 享司 ……①437
吉野 邦昭 ……①652
吉野 健一 ……①618
吉野 源三郎 ……
　②90, ①102
吉野 廣祐 ……②770
吉野 広之進 ……②411
吉野 朔実 ……①795
吉野 志保 ……②516
吉野 槇一 ……②69
吉野 太人 ……②213
吉野 貴晶 ……②397
吉野 貴雄 ……②155
吉野 匠 ……
　①152, ①1296
吉野 正 ……②732
吉野 太郎 ……②288
吉野 敏明 ……
　①139, ①148
吉野 智子 ……①488
吉野 直也 ……②137
吉野 直行 ……②376
吉野 信子 ……①137
吉野 博 ……②252
吉野 弘人 ……①443
芳野 藤丸 ……①805
芳野 正朗 ……①615
吉野 万理子 ……①344,

①355, ①419, ①1024
吉野 美恵子 ……①1354
吉野 泰貴 ……②168
吉野 陽子 ……②776
よしのぶもとこ
　……①333
吉野山 早苗 ……①1348
吉羽 龍太郎 ……②294
吉橋 通夫 ……
　①366, ①369
吉畑 博代 ……②715
吉浜 忍 ……①577
吉濱 ツトム ……
　①489, ①495
吉浜 文洋 ……②745
吉原 惠子 ……①677
吉原 順一 ……①430
吉原 祥子 ……②420
吉原 直樹 ……②42,②98
吉原 博 ……②295
吉原 雅司 ……①157
吉原 昌宏 ……
　①861, ①863
吉原 峰子 ……①115
吉原 深和子 ……①591
吉原 靖彦 ……②589
吉原 有里 ……①74
吉原 理恵子 …①1297,
　①1302, ①1326
吉久 徹 ……②673
吉藤 健太朗 ……①91
吉藤 美智子 ……②32
吉邉 尚希 ……①799
奥島 瑗得 ……②91
吉松 覚 ……①475
吉松 繁人 ……②759
吉松 隆 ……②373
吉松 良平 ……②277
吉丸 雄哉 ……①533
吉丸 俊哉 ……②18
よしみ だいすけ
　……①210, ①959
吉見 夏実 ……②528
吉見 昌弘 ……①693
吉水 淳子 ……②727
吉光 正絵 ……②107
吉嶺 英美 ……①1348
よしむら あきこ
　……①338
吉村 昭 ……①959
吉村 章 ……②312
吉村 吾志夫 ……①165
吉村 和昭 ……
　②591, ②636
吉村 和明 ……
　②474, ①918
吉村 和敏 ……
　①207, ①260
吉村 一成 ……②421
吉村 作治 ……
　①99, ①529
吉村 淳 ……①221
吉村 純一 ……②478
吉村 紳一 ……②732
吉村 慎吾 ……②292
吉村 総一郎 ……②548
吉村 拓 ……②422
吉村 達也 ……①1115
吉村 勉 ……②592
吉村 豊雄 ……
　①561, ①562
吉村 直氣 ……①223
吉村 直人 ……①522
吉村 生 ……①187
吉村 喜彦 ……①1024
吉村 典子 ……①827
吉村 典久 ……
　②278, ②398

吉村 治広 ……①739
吉村 治正 ……②99
吉野 久夫 ……①1065
吉村 英夫 ……①794
吉村 均 ……①517
芳村 弘道 ……①871
ヨシムラ ヒロム
　……①959
吉村 誠 ……①767
吉村 政穂 ……②399
吉村 正夫 ……②703
吉村 雅世 ……②783
吉村 満美子 ……①1357
芳村 真理 ……①21
　①959, ①1024
吉村 睦志 ……②114
吉村 豊 ……①666
吉村 由未 ……①493
吉村 祐美 ……①903
吉村 葉子 ……②6
吉村 佳 ……②396
ヨシムラ ヨシユキ
　……①441
吉村 龍一 ……①1115
吉村 創一 ……②355
吉村 良一 ……②224
嘉目 道人 ……①471
吉本 昭 ……②767
吉本 覚 ……②409
吉本 成香 ……②600
吉本 昌平 ……②527
吉本 真悟 ……①317
吉本 隆明 ……②464,
　①891, ①907
吉本 猛夫 ……②595
吉本 ばなな ……①234
吉元 利行 ……
　②476, ②479
よしもと ばなな
　……①959, ①1024
吉本 ばなな …①143,
　①959, ①966, ①1128
善本 眞弓 ……①697
吉本 ミキ ……①1388
吉元 由美 ……①113
吉森 大祐 ……①1065
吉嶺 英美 ……①1065
吉山 勇樹 ……②348
吉行 淳之介 ……
　①933, ①959
四畳半書房 ……①1397
代居 敬 ……②755
代居 真知子 ……①153
夜釣 十六 ……①1025
よせだ あつこ ……②474,
　②475, ②564
夜空野 ねこ ……①1397
依田 隆 ……①57
依田 卓巳 ……②84
依田 紀基 ……①247
依田 寛子 ……②110
依田 光江 ……①154,
　②456, ②372
四葉 タト ……①1297
よつばスタジオ
「ニャンボー」
　……①322
ヨッピー ……②341
四元 忠博 ……①604
四元 正弘
　②336, ②339
四元 康祐 ……①965
四谷 シモン ……①873
四谷学院進学指導部
　……①745
四柳 勝利 ……②533
ヨート, ミカエル
　……①1342

淀川 裕美 ……①693
淀川勤労者厚生協会
　……②762
世取山 洋介 ……①700
ヨナソン, ラグナル
　……①1355
与那覇 恵子 ……①910
世波 貴子 ……①860
米 美知子 ……①258
米川 明彦 ……①624
米川 和雄 ……②59
米川 誠次 ……②638
米川 正子 ……②121
米川 良夫 ……①1329
米窪 明美 ……①531
米倉 明男 ……①881
米倉 浩司 ……②688
米倉 誠人 ……②420
米倉 誠一郎 ……①569
米倉 伸祥 ……①89
米倉 史隆 ……①417
米澤 旦 ……②99
米澤 克夫 ……①470
米沢 広一 ……②197
米澤 創一 ……②355
米澤 敬 …①842, ②654
米沢 弘樹 ……②555
米沢 普子 ……②53
米澤 穂昭 ……①22
米沢 富美子 ……①398
米澤 穂信 ……①1115
米澤 昌子 ……①624
米澤 康博 ……②380
米沢 雄介 ……②538
米澤 由香子 ……①678
米澤 よう子 ……
　①28, ①117
米澤 義光 ……①873
米司 隆明 ……②289
米澤 イサム ……①319
米津 篤八 ……
　①479, ①610
米田 明人 ……②574
米田 清文 ……①971
米田 成一 ……②674
米田 隆 ……②399
米田 智彦 ……②25
米田 昌弘 ……
　①175, ②180
米田 光雄 ……②336
米谷 修 ……②371
米長 邦雄 ……
　①248, ①250
米濱 泰英 ……①584
米林 宏昌 ……
　①322, ①801
米原 謙 …①143, ②170
米丸 恒治 ……②186
米光 一成 ……①120
米村 秀司 ……①564
米村 正二 ……①348
米村 歩 ……②308
米村 貴裕 ……
　①1128, ②549
米村 でんじろう
　……①398
米本 和也 ……②596
米本 倉基 ……②768
米本 浩二 ……①913
米本 昌平 ……
　②665, ②684
米盛 康正 ……②151,
　②174, ②175
米盛病院 ……②723
米屋 こうじ ……
　①258, ②435
米谷 民明 ……②664
米山 彰子 ……②716

米山 明日香……①654
米山 公啓……①160、②353
　……①865、②353
米山 武義……②721
米山 親能……①474
米山 淑子……①175
米山 奈奈子……②742
米山 伸郎……②86
米山 博史……②781
よはきて・エウ……②697
夜羽 るか……①385
ヨハンセン、シグナ……②29
予防技術検定問題研究会……②630
読みあう活動研究会……①688
読売新聞医療部……①145
読売新聞教育ネットワーク事務局……①678
読売新聞経済部……②447
読売新聞国際部……①646
読売新聞社……②15、②17
読売新聞生活部……①855、①963
読売新聞政治部……②138
読売新聞東京本社経済部……②383
読売日本交響楽団……①813
読売KODOMO新聞編集室……①422
詠坂 雄二……①1116
読みたい心に火をつける！ 実行委員会……②5
「読み」の授業研究会……①723
読み屋……①1297
ヨム=トフ、イラド……②707
余命プロジェクトチーム……②145
蓬田 守宏……②257
四方田 犬彦……①791、①1327、②34
代々木アニメーション学院……①422
代々木ゼミナール……①722
与良 秀雄……②398
頼 誠……②315
寄川 条路……①472、①473
頼住 光子……①461
寄藤 文平……①877、②670
依光 英樹……②671
夜乃 すてら……①1326
夜野 せせり……①362、①367
ヨーレン、ジェイン……①307、①312
萬井 隆令……②467
よろず相談研究所……②357
萬谷 隆一……①734、①735
「ヨーロッパ鉄道旅行」編集部……①206、①208
よん……①344、①360、

①363、①369、①383
ヨン、エド……②685
ヨン、マイケル……①598
ヨンク、フィリス……②274
40mP……①1297
403architecture "dajiba"……②616

ら

羅 鐘一……②131
ライアン、ジェニファー……①1339
ライアン、トム……①233
ライアン、バム・ムニョス……①378
ライエンダイク、ヨリス……②379
ライオン歯科衛生研究所……①182
ライオンズ、ダン……②286
ライクネス、シーラ……①650
ライシュ、マイケル・R.……②769
ライス、リサ・マリー……①1340、①1355
ライセンス学院……①763
ライター、ソール……①261
ライダー、リチャード・J.……①95
雷鳥社……②428、②610
ライツ！ カメラ！ アクション！……①285
ライト、サリー・アン……①307
ライト、リチャード……①1340
ライト、N.T.……①524、①525
ライバー、フリッツ……①1359
ライハウゼン、パウル……②692
ライヒ、ウィルヘルム……①448
ライブ……①218、①554、①566、①627、①798、①902
ライフ・エキスパート……①220
ライフサイエンス……②679、②681
ライフ・サイエンス研究班……②525、②695
ライフプラン研究会……②386
ライフ・リサーチ・プロジェクト……②355
來夢……①99、①130、①132、①133
ライリー、ルシンダ……①1355
ライル……①1326
ラインハート、ア

レックス……②661
ラインハルト、ディルク……①378
ラウアー、セリーヌ……①816
ラヴァリング、ティファニー……①865
ラヴィーン、ピーター・A.……①484
ラヴェドリン、ベルトラン……①252
ラヴクラフト、H.P.……①1340
ラウドン、ジェーン……①864
ラーカム、アダム……①410
ラカン、ジャック……①496
樂 吉左衛門……①874
ラクイチ授業研究会……①732
駱駝……①1297
ラグビーマガジン編集部……①228
樂滿 直城……①776
ラーゲルクランツ、ダヴィド……①1355
ラサター、ジュディス・ハンソン……①162
ラザフォード、アダム……②685
ラジアー、エドワード・P.……②372
ラヂオプレス……②132、②133
ラシド、タリク……②524
ラシヌー、セバスチャン……①47
ラージャーゴーバー・ラーチャリ、チャクラヴァルティ……①512
羅針 全通……①962
ラス、トム……①122
ラース、ヤン……②274
ラスキン、ジョン……①452
ラスゲバー、ホルガー……①367
ラスティン、マーガレット……①495
ラストベーダー、エリック・ヴァン……①1355
ラスマセン、ジョナサン……②527
ラスリンガー、メリザンド……①305
ラーセン、アンドリュー……①314
ラーセン、ウォード……①1355
ラーソン、リサ……①874
ラータイ、マークス……①814
ラッキー、マーセデス……①1358
ラッキィ池田……①11
ラックス、アンドルー・M.……②726
ラックハースト、ロジャー……②30
辣椒……②134
ラッセル、トニー……②688
ラッセル、ハリエット……①397

ラッセル、ヘレン……②84
ラッセル、ルース……①317
ラッセル、B.……①449
ラッセル 秀子……①140
ラッフル、マーク……①440
ラディー、ベン……②549
ラティク、オリヴィエ……①304
『ラテンアメリカレポート』編集委員会……①254
ラトゥーア、ジェイソン……①852
ラトゥール、ブリュノ……①474、①475
ラドクリフ、ブライアン……①719
ラドリー、テッサ……①1385
ラーナー、ベン……①1340
ラニング、アンディ……①848、①849
ラーニング編集部……②564、②565
ラハド、ムーリ……①490
ラビ、ピエール……①448
ラビ、ミッシェル……①318
ラピュータファイナンシャルアドバイザーズ……①485
ラビンズ、ピーター……①456
ラーブ、トーマス……①1356
らふ 亜沙弥……①959
ラファエル、セリーヌ……①936
ラフィ、セルジュ……①610
ラフィーバー、ウォルター……①581
ラフェーブル、ジョルディ……①850
ラブグレン、シルヴィア……①38
ラブラント、アリス……①1356
ラブレース、マリー……①1385
ラベ、クリストフ……②293
ラベイ、カロリーナ……①311
ラーマ、スワミ……①460
ラマダン、アル……②277
ラマディエ、セドリック……①311、①316
ラマーリョ、ルチアーノ……②554
ラマル、ジャン……①670
ラミス、C.ダグラス……②202、②262
ラム、シャーロット……①1366、①1370、①1371、①1372、①1389、①1393
ラム、チャールズ……①891
ラムジー、ドム……①72
ラムゼイ、ニコラ……①477
ラムレイ、ブライアン……①1364

ラ・メゾン……①70
ラメラス、ハビエル・サンチェス……②338
ラモス、ウンベルト……①852
羅門 祐人……①1128、①1131
ララス、ペペ……①856
ララちゃんのママ……①13
ララビー、ハート……②608
ラリビエー、スティーブン……①781
ラルセン、クリスチャン……①162
ラロッカ、サルバドール……①852
ラワット、ブレム……①98、①314
藍 弘岳……①461
ランガン、ルース……①1387
ランキン、イアン……①1356
ラング、アンドルー……①145
ラング、ジャック……①830
ラング、ヨッヘン・フォン……①606
ラングセン、リチャード……①489
ラングトン、カロ……①270
ラングナー、ゲラルト……②731
ランゲン、ヒルデ……①327
嵐山晶……①511
ランダー、ジョン……①261、②615
ランダウ、R.……①528
ランツ、ブレット……②556
ランデル、キャサリン……①307、①372
ランド、ポール……①879
ランドマン、ビンバ……①310
ランドルフ、アラン……②309
ランナーズサポート北海道……①235
ランニング大家……②421
ランハム、マイケル……②557
ランメル 幸……①584
蘭友会……①269

り

リー、キエン・T.……②585
リー、グレース……①320
リー、ジム……①851
リー、ジョー……①1396
リー、ジョージー……①1387
リー、シンシア……②88

リー、スージー……①310
リー、スタン……①851、①856
リー、デニー……②551
リー、ナミン……①458
リー、パトリック……①1356
リー、マイケル・D.……①485
リー、ミランダ……①1366、①1367、①1369、①1370、①1373、①1378、①1393
李 衣雲……②87
李 軼倫……①664
リー ウェイウェン……②352
李 永祥……②89
李 恩子……②726
李 海峰……②89
李 夏林……①248
李 毅……②438
李 箕永……①1340
京 京柱……①197
李 景芳……②19
李 景珉……①598
李 権煕……①918
李 建霖……②249
李 光鎬……②110
李 光宰……②249
李 済華……②229
李 在鎬……①631
李 洙任……①592
李 春煕……①578、②13
李 昌圭……①667
李 鍾元……①575
李 昌鎬……①246
李 振……②662
李 瑞星……①162
李 成市……②545、①599
李 正連……①748
李 善惠……②50
李 創鎬……②742
李 相哲……②10
李 ソラ……①400
李 泰虎……①400
李 達富……②726
李 珍景……②108
李 津娥……②110
李 貞奏……①665
李 東勲……②371
李 東東……②13
李 徳毅……②524
李 順陽……②89
李 度珩……②88
李 日生……②314
李 菲菲……②585
李 正子……①967
李 明華……①1326
李 銘敬……①594
李 明信……②89
李 吉隆……①1340
李 玲……②251
リアムテッド、ヴィチアン……①56
りい……①1297
リヴァ、アルベルト……②613
リヴィオ、マリオ……②645、②651
リウカス、リンダ……①303
リーヴス、マット……①1358
リーヴス、リチャード……①603
リウッコ=スンドス

トロム、ヘルヤ
　…………①842
リエリー、ダニエル
　…………①313
理央 周………②335、
②337、②354
李丘 那岐………①1326
梨香…………①1297
リオーダン、リック
　…………①1340
リカール、シルヴァ
　ン…………②856
リーガルスキルサ
　ポート研究会
　…………②195
力示 育実………②36
力造…………②278
力久 昌幸………①128
離求庵…………②514
陸 云江………②250
陸上自衛隊中央音楽
　隊…………①816
陸上養殖勉強会
　…………②457
リグズ、ランサム
　……①1364、①1365
六道 慧………①1116
リーグル、アーロイ
　ス…………①881
リクルートテクノロ
　ジーズ…………②521
リクルートマネジメ
　ントソリューショ
　ンズ経営企画部
　…………②310
リクルートメントリ
　サーチ＆アナライ
　シス…………①294
梨沙………①1128、
①1135、①1297
リサファクトリー
　…………②501
リース、アイヴァン
　……①848、①851
リース、エイドリア
　ン…………①647
リース、トーマス・Z.
　…………②360
リスクコントロール
　情報室………②303
リスクセンス研究会
　…………②288
「リスクベース設備管
　理」テキスト編集
　分科会………②573
リスクモンスター
　データ工場…②285
リスフェルド 純子
　…………①930
リースマン、コン
　ラート・パウル
　…………①679
リズム＆ドラムマガ
　ジン…………①811
リズムキッズプロ
　ジェクト………①688
リチャーズ、キティ
　……①374、①378
リチャーズ、ジョセ
　フ・ウイリアム
　…………②525
リチャードコシミズ
　…………①121
リチャードソン、
　ジョン…………①836
立教大学RSLセン
　ター…………①755
リッグス、ケイト
　…………①429、

①430、①431
リックテレコム
　…………②635
リックテレコム書籍
　出版部………②636
リック西尾………①641、
①645、①653、
①654、①660
立正大学文学部哲学
　科…………①454
立正大学法学部
　…………②222
立正大学法制研究所
　…………②222
リッチフィールド、
　デイビッド…①312
リッチフィールドビ
　ジネスソリュー
　ション………②304
リッチモンド、メア
　リー・E.………②64
リッチュル、アルブ
　レヒト………①523
リッド、トマス・②517
リットン、ジョナサ
　ン…………②305
リップシュタット、
　デボラ・E.……②936
立命館大学環太平洋
　文明研究センター
　…………②111
立命館大学社会シス
　テム研究所…②265
立命館大学白川静記
　念東洋文字文化研
　究所…………①871
立命館大学生存学研
　究センター…②719
リデン、ヴァスーラ
　……①141、①526
リード、ジョン・①608
リード、ベイトン
　…………①371
リード、ミシェル
　…………①1369、
①1372、①1373、
①1393、①1399
「リトルウィッチアカ
　デミア」製作委員
　会…………①801
リトルデール、リ
　チャード………①307
リトルトン、C.ス
　コット………①920
リトルバード
　……①82、①83
リナボルバルディ財団
　…………②615
リニア市民ネット
　…………②431
リニエルス………①311
リニカ研究所…②644
凛乃 初………①1297
李家 幽竹……
　……①132、①134
リパブリックイニシ
　アティブ………②161
リーバーマン、ダニ
　エル・E.………②685
リーバーマン、リ
　チャード・K.
　…………①815
リバモア、ジェシー・
　ローリストン
　…………②396
リーバンクス、ジェ
　イムズ………①936
リヒテルズ 直子
　…………①468

リヒテンヘルド、ト
　ム…………①311
理美容師国家試験問
　題研究会………②506
リブウェル………②302
リブコーウィッツ、
　ダニエル………①438
リブコンサルティン
　グ…………②332
リブジー、マグダレ
　ン…………②859
リブシィ、マーク・
　W.…………②216
リーブス、サム・①649
リブソン、ホッド
　…………②442
リーフパブリケー
　ションズ………①40
リブビットクリエイ
　ティブ………①241
リブロ…………①83
リブロワークス
　…………①252、
②528、②530、②539、
②542、②547、②561
リブロワークス
　Python部……②549
リベラル社………①421
リベル…………①473
リベルエンタテイン
　メント………①1131
リベロスタイル
　…………①798
リーマン、ルイーザ
　…………①384
リム、ロン………①848
リムワン………①666
リャオ、ジミー・①316
リャマサーレス、フ
　リオ…………①1340
緑一色…………①852
リュウ、ケン・①1365
リュウ、マージョ
　リー…………①857
劉 偉…………①598
柳 偉達………②338
劉 永毅………②130
龍 和子………①37、
①38、②129
劉 渇氷………①665
笠 京子…②151、②169
隆 慶一郎………①1026
劉 建輝…①569、①582
柳 光人………①1065
劉 志偉………①635
劉 昌赫………①247
林 尚熙………①667
劉 震雲………①1340
劉 禎恩………①832
リュウ テンカ…①1025
柳 日馨………②669
龍 秀美………①964
柳 斌傑………②13
劉 文志………②132
笠 光生………①263
劉 磊…………②602
笠 雷太………①714、
①739、①740
龍＆アニキ………①142
琉球新報社編集局
　…………②168
流光 七奈………①938
龍谷大学矯正保護課
　程委員会………②211
龍谷大学矯正保護総
　合センター…②214

龍谷大学地域公共人
　材政策開発リサー
　チセンター…②157
龍谷大学仏教文化研
　究所…………①549
龍崎 瑞穂………①1375
龍澤 彩…①334、①897
龍島 秀広………①489
粒子流体プロセス部
　会…………②599
りゅうせん ひろつぐ
　…………①1298
留置番号237番…①744
流通経済研究会
　…………②418
流通経済研究所
　…………②417
龍羽ワタナベ…①203
流優…………①1298
リューク………①1298
リュティ、マックス
　…………①918
リュート………①1298
梁 海…………①919
梁 宰豪………①247
廖 筱亦林………②249
梁 炳贄………①748
涼香…………①841
了戒 かずこ……①84
両国あしのクリニッ
　ク…………②740
両全会薬物プログラ
　ム開発会………②746
良品計画………②306
涼風…………①1298
両部 美勝………②385
料屋 恵美………②226
りょくち 真太
　……①360、①362
りょこ…………①265
旅行管理者試験受験
　対策研究室…②469
旅費法令研究会
　……②152、②189
リラ、マーク……②93
リライフクラブプロ
　ジェクト………①20
リラン…………①963
リリー・ウィステリ
　ア…①138、①142
リール、エーネ
　…………①1356
林 海峰………①246
林 漢傑………①247
林 克彦………②418
林 秀静…①133、①134
林 松濤………①665
林 梓聯………②119
リンカー、シェリー・
　ダスキー………①311
リンク、シャルロッ
　テ…………①1356
リンクアップ…②516、
②528、②529、②530、
②531、②532、②533、
②542、②546
リングマ、チャール
　ズ…………①523
リンゲマン、リ
　チャード………①604
リンジー、ジョアン
　ナ…①1340、①1396
林正 健二………②766
臨床発達心理士認定
　運営機構……
　…………①498、②782
臨床評価研究会
　（ACE）基礎解析

分科会…………②682
リンズィー、ドゥー
　グル…………②698
リンスキー、マー
　ティ…………②366
リンゼイ、イヴォン
　ヌ…………①1385
リンチ、ジェニ
　ファー………①1356
リンチ、ブライアン
　…………①321
リンチェン、ゲン
　デュン………②512
リンチツ、リック
　…………①120
リンデ、ハンス＝マ
　ルチン………①818
リンデン、デイ
　ヴィッド・J.②731
リンドグレーン、ア
　ストリッド…①937
リンドノード、ミカ
　エル…………①935
リンドバーグ、ピー
　ター…………①779
林野庁…………②457
りんりん舎……①391

ルー、イェフェイ
　…………②395
類家 俊明………①162
ルイス、マイケル
　…………②255
ルイス、ロビン・ベ
　アード………①309
ルイス、C.S.…
　……①373、①1365
類地 孝介………②554
涙鳴…………①1298
るう…………①49
ルヴァスール、ク
　レール………②124
ルヴィーン、ダニエ
　ル…………①1356
るうせん………①1298
ルオー、ジョルジュ
　…………①830
ルオー、フレデリッ
　ク…………②91
ルオン・ウン…①935
ルーカス、ウイリア
　ム…………①646
ルーカス、ガレス
　…………①317
ルーカス、ジェニー
　…………①1369、
①1372、①1378
ルーカス、ジョージ
　…………①374
ルーカス、ナンス
　…………②368
ルーカス、レオ
　…………①1359
ル・カレ、ジョン
　……①936、①1356
ルークス、ジェフ
　…………②289
ルクセンブルク、
　ローザ………②261

ルクリュ、エリゼ
　…………①592
ル・クレジオ、J.M.
　G.…………①1340
ルコラニコラ…①441
ルシーノ、ジェーム
　ズ…………①1365
ルシノビッチ、マー
　ク…………②546
ルースー、メレディ
　ス…………①376
流月 るる………①1298
ルースルンド、アンデ
　シュ……
　①1342、①1343
留守key……
　①399、①814
ルーセル、レーモン
　…………①924
ルソー、ダニエル
　…………①936
ルター、マルティン
　……①522、①527
ルッカ、グレッグ
　…………①858
ルッツ、ウルズラ
　…………①471
ルッツ、マーク・A.
　…………②256
ルッテマン、マルク
　ス…………①1341
ルーツブックス
　…………①196
ルディ、マルコ・①848
ルード、ブライアン
　…………①374
ルドニック、エリザベ
　ス…①373、①376、
①1327、①1359
ルトワック、エド
　ワード………②165
ルナマリア………①129
ルナール、ジュール
　…………①1340
ルーニー、アン
　……①396、①402
ルネ…………①1396
ルネヴァンダール研
　究所…①131、①439
ルーネンベルク、
　ミーケ………①753
ル・バグス、ドミニ
　ク…………①669
ルバージュ、エマ
　ニュエル………①853
ルービン、ラファエ
　ル…………②732
ルフォール、クロー
　ド…………①475
ル・ブラン、ギヨー
　ム…………①455
ルブラン、モーリス
　……①381、①649
ルヘイン、デニス
　…………①1356
ルーベル、ニコール
　…………①489
ルペン、マリーヌ
　…………②128
ルーボー、ジャック
　…………①1356
ルーマン、ニクラス
　……②100、②108
ルーマン 恵里………①959
ルミナ山下……
　……①129、①130
ルモワーヌ、コラン
　…………①830

る

ルルー, アンリ … ①71
ルルー, ガストン
　………… ①670
ル・ルー, ブレンダ
　ン ………… ①671
るるてあ ………… ①841
ルル・ラブア …… ①132
ルロワ, ジャン … ①309
ルンバルンバ ……②1298

れ

レ, スティーブン
　………………… ①611
レアード, エリザベ
　ス ………………… ①376
レアネットドライブ
　ナースハッピーラ
　イフ編集グループ
　………………… ②765
レイ, マーガレット
　………………… ①311
レイ, ローズ …… ①270
レイ, H.A. ……… ①311
澪亜 ……………… ①1299
レイア高橋 ……… ①180
霊園ガイド編集部
　………………… ①17
レイク, パトリシア
　…… ①1389, ①1393
レイコ・キーファー
　ト ………………… ①113
レイザー, ジェニ
　ファー ………… ①824
レイザーラモンHG
　………………… ①778
令丈 ヒロ子 …… ①347,
　①354, ①358, ①387
レイス, スパイハッ
　ト ……………… ①668
冷泉 彰彦 ……… ①795
冷泉 為人 ……… ①833
冷泉家時雨亭文庫
　……… ①894, ①900
レイゼンビー, ロー
　ランド ………… ①227
レイチェルズ,
　ジェームス …… ①476
レイチェルズ, ス
　チュアート …… ①476
レイチェルマツダ
　………………… ①865
レイデン, エイ
　ジャー ………… ①591
レイトン ……… ②666
レイナ里亜 …… ①130
レイノルズ, アーロ
　ン ……………… ①312
レイノルズ, アンソ
　ニー …………… ①806
レイノルズ, デイ
　ビット ………… ②465
レイノルズ, ピー
　ター …… ①317, ①373
レイノルズ, ロセイ
　ヒー …………… ①921
レイビー, リサ・ラ
　スコウ ………… ②310
レイブンウルフ, シ
　ルバー ………… ①130
レイヤーズコンサル

ティング ……… ②290
レイヤード, リ
　チャード ……… ①493
レイルマンフォトオ
　フィス ………… ②434
レイン, エリザベス
　………………… ①1385
レイン, ローレン
　………………… ①1340
レヴァイン, ス
　ティーブン …… ①458
レーヴィ, プリーモ
　……… ①607, ①960
レヴィサン, デイ
　ヴィッド ……… ①371
レヴィット, ス
　ティーヴン …… ②266
レヴィティン, ダニ
　エル・J. ……… ①485
レヴィナス, エマ
　ニュエル ……… ①474
レヴィン, クルト
　………………… ②99
レヴィン, ゲイル・
　カーソン ……… ①1340
レヴィン, ジャンナ
　………………… ②647
レヴィーン, ジョ
　シュア ………… ①589
レヴィン, スティー
　ヴン …………… ①472
レヴィン, ダニエル
　………………… ②279
レヴィンソン, マル
　コ ……………… ②266
レヴェンソン, トマ
　ス ……………… ②676
嶺央 …………… ①1299
レオンチェフ, アレ
　クセイ・A. …… ①477
『歴史街道』編集部
　………………… ①586
歴史科学協議会
　……… ①531, ①612
歴史学研究会 ‥
　……… ①611, ①618
歴史学習研究会
　………………… ①427
歴史教育者協議会
　………………… ①426
歴史雑学研究所
　………………… ①534
歴史雑学探究倶楽部
　………………… ②150
『歴史読本』編集部
　………………… ①532
歴史と文化の研究所
　………………… ①530
歴史能力検定協会
　………………… ①612
歴史の謎を探る会
　………… ①511,
　①531, ①533, ①589
歴史の謎研究会
　………… ①530,
　①532, ①555, ①567,
　①832, ②150
歴史の読み方研究会
　………………… ①532
「歴史ミステリー」倶
　楽部 …………… ①588
歴史ミステリー研究
　会 …… ①590, ②29
『歴代オリンピックで
　たどる世界の歴史』
　編集委員会 …… ①216
レギュイエ, ドミニ
　ク ……………… ②65
レクサス教育セン

ター ………… ①744
レクスロス, ケネス
　………………… ①975
レクター, シャロン
　………………… ①114
レクラウ, マーク
　………………… ①94
レコード, ジェフ
　リー …………… ①576
レコールデュヴァン
　………………… ①45
レザーランド, ルー
　シー …………… ①407
レジー …………… ①805
レシオ, ベリンダ
　………………… ①690
レシピ校閲者の会
　………………… ①50
レジュロン, イザベ
　ル ……………… ①45
レスキューナウ
　………………… ②583
レスリー, ジョン
　………………… ①452
レック, ベルント
　………………… ①827
レックス, アダム
　………………… ①311
レックバリ, カミラ
　………………… ①1356
レッセン, テーダ・
　ファン ………… ①162
レッドコード …… ①408
レッドファーン, メ
　アリー ………… ①150
レディ, ヴァスデ
　ヴィ …………… ①499
レディーン, マイケ
　ル ……………… ①135
レトラントウガー
　………………… ②220
レトロゲーム愛好会
　………………… ①280
レナード, エルモア
　………………… ①1356
レナート・ミナミ
　………………… ①959
レーニン ……… ②173
レーネン, ウィリア
　ム ……………… ①93
レノックス, マリオ
　ン ……………… ①1382
レノルズ, ジョシュ
　ア ……………… ①828
レノン, ジョン … ①318
レノンリー ……… ①124
レビラ, イバン
　………………… ①1340
レビリエーゴ, ラ
　ファエル・ラトー
　レ ……………… ②456
レーブ, ロート
　………………… ①1340
レーブル, カール
　………………… ①816
レブレーロ, マリオ
　………………… ①1340
レヘトライネン,
　レーナ ………… ①218
レベルファイブ
　………………… ①345,
　①346, ①350, ①438
レベルファイブ・妖
　怪ウォッチ製作委
　員会 …………… ①346
レボン, ティム
　………………… ①1358

レム, スタニスワフ
　………………… ①1340
レモンズ, ドン・S.
　………………… ②666
レリス, ミシェル
　………………… ①1340
レルナー, ポール
　………………… ①494
れるりり
　…… ①1134, ①1136
レーン, ヴィッキー
　………………… ①261
レーン, ヤン＝エ
　リック ………… ②171
錬金王 ………… ①1299
レンク, ハンス … ②214
蓮花 一己 ……… ①479
連合赤軍事件の全体
　像を残す会 …… ②39
連合総合生活開発研
　究所 ………… ②108,
　②273, ②459
連城 三紀彦 …… ①1116
レンスター, T. … ②660
レンデル, ルース
　………………… ①1356
レンバーグ, デイ
　ビッド・S. …… ①618

ろ

ロー, スチュアート
　………………… ②94
魯 恩碩 ………… ①526
ロアユナイテッド法
　律事務所 ……… ②466
蘆庵文庫研究会
　………………… ①899
ロイ, フィリップ
　………………… ①377
ロイ, プロイティ
　………………… ①310
ロイ, ローリー
　………………… ①1356
ロイテンエッガー,
　ゲルトルート
　………………… ①1340
ロウ, エリコ …… ①160
ロウ, ポーラ …… ①1385
ロヴィック, エリザ
　ベス ‥‥‥‥ ①81
ロウエカリ, マイヤ
　………………… ①881
ロヴェッリ, カルロ
　………………… ①665
老寿サナトリウム
　………………… ②705
労働者教育協会
　………………… ②199
労働新聞社 …… ②75,
　②175, ②465,
　②466, ②467
労働政策研究研修機
　構 …………… ②459,
　②460, ②467, ②468
労働総研 ……… ②468
労働相談センター
　………………… ②464
労働紛争実務研究会
　………………… ②462
労働法令協会 … ②468

老年心理学研究会
　………………… ②54
ロウマン, サネヤ
　………………… ①90
労務行政研究所
　…… ②73, ②331,
　②459, ②463, ②464,
　②466, ②467, ②468
労務経理ゼミナール
　………………… ②500
労務研究所 …… ②51
労務理論学会誌編集
　委員会 ………… ②331
ロウレイロ, マネル
　………………… ①1356
ロエステンバーグ,
　レイモンド …… ②553
ロエル, テッサ … ①375
ローエル, パトリシ
　ア・F. ………… ①1387
ロカ, パコ ……… ①848
ローガソン, エリザ
　ベス・A. ……… ①494
ローガン, ユージン
　………………… ②592
六川 則夫 ……… ①230
鹿砦社特別取材班
　………………… ②43
六車 明 ‥②574, ②576
ロクシン, クラウス
　………………… ②216
六草 いちか …… ①607
ロクナナワークショ
　ップ ‥②540, ②549
礫星 らせん …… ①1299
ロゴザンスキー,
　ジャコブ ……… ①475
ロゴフ, ケネス・S.
　………………… ②377
ロゴボート …… ①640,
　①655, ①660
ロザノ, アンドレス
　…… ②316, ②335
『『ローザルクセンブル
　ク選集』編集委員
　会 ……………… ②261
ロザンヴァロン, ピ
　エール ………… ②169
蕗字 歩 ……… ①1299
ロシア連邦税関局
　………………… ②253
ロシアンアーツ
　………………… ②127
ロシェ, ニック ‥ ②854
ロジャース, マー
　シャル ………… ①856
ロース, アドルフ
　………………… ②613
ロス, アレックス
　………………… ①851
ローズ, エミリー
　………………… ①1387
ロス, キャスリン
　………………… ①1389
ロス, デヴィッド・
　H. …………… ①861
ローズ, トッド … ②294
ロス, マイケル・L.
　………………… ②262
ロス, ルーク … ①852
ロス, ローラ …… ②45
ロス, ローレン … ①866
ロスクロウ, ドミニ
　ク ……………… ②44
ローズ賢 ……… ①848
ロストフツォワ,
　リュドミラ …… ①816
ロスファス, パト

リック ………… ①1365
ロスマン, ジョン
　………………… ②138
ロゼッタストーン編
　集部 …………… ①967
ロセッティ, クリス
　ティナ ………… ①377
ローゼン 千津 … ①905
ローゼンタール, エ
　イミー・クラウス
　………………… ①311
ローゼンバーグ,
　ジョナサン …… ②515
ローゼンバーグ, ロ
　バート ………… ①171
ローセンフェルト,
　ハンス ………… ①1342
ローソン, ボブ ‥ ②167
ロータス ……… ①860
ロダール, マイケル
　………………… ①523
ローチ, メアリー
　………………… ②163
六角 明雄 ……… ②286
ロッキン神経痛
　………………… ①1299
ロックスエンタテイ
　ンメント …… ①773,
　①777, ①806
ロックヘッド, クリ
　ストファー …… ②277
ロックリー, トーマ
　ス ……………… ①555
ロッサ, フェデリカ
　………………… ①305
ロッサーニ, キアー
　ラ ……………… ①310
ロッシ, アーネスト・
　L. …………… ①497
ロッジ, デイヴィッ
　ド ……………… ①1340
ロッジア, ウェン
　ディ …………… ①375
ロッシオ, テリー
　………………… ①1359
ロッダ, エミリー
　………………… ①375
ロッテンバーグ, リ
　ンダ …………… ②299
ロッド …………… ①1299
ロット, ボー …… ②731
ロットマン, ゴード
　ン ……………… ②167
ロッドマン, ブレア
　………………… ②273
ローティ, リチャー
　ド ……………… ①475
ロディ, ロバート
　…… ①847, ②45
ロディング, リンダ・
　ラヴィン ……… ①316
ロート, グザヴィエ
　………………… ①448
ロード, ジョン
　………………… ①1357
ロード, マリア・ ①495
ロドリゲス, ロビー
　………………… ①852
ロドリゲス, ロミオ,
　Jr. ………… ①106,
　①119, ②348
ロートン, グレアム
　………………… ②31
ローニツ, ヘンリー
　………………… ①470
ローニング, ヨアヒ
　ム ……………… ①376
ローハー, ミヒャエ

著者名索引

ル……………①372
ロバーツ, アキ…①747
ロバーツ, アダム
　…………①1366
ロバーツ, アリス
　…………②685
ロバーツ, アリスン
　…………①1382
ロバーツ, カラム
　…………②698
ロバーツ, ジョン・P.
　L.…………①815
ロバーツ, シンディ
　…………①304
ロバーツ, セリ…①310
ロバーツ, デイ
　ヴィッド……①313
ロバーツ, ノーラ
　…………①1340,
　①1341, ①1366,
　①1370, ①1393
ロバートソン,
　ジェームズ…①1341
ロバートソン, ダ
　リック………①850
ロバートソン, モー
　リー …①105, ②20
ロビンズ, アンソ
　ニー…………②394
ロビンスン, キム・
　スタンリー …①1366
ロビンソン, クリスチ
　ャン …①310, ①311
ロビンソン, ジェー
　ムズ…………①852
ロビンソン, ジョー
　ン・G.………①378
ロビンソン, デイヴィ
　ッド …①793, ①794
ロビンソン, ヒラ
　リー…………①311
ロビンソン, フィオ
　ナ……………①313
ロビンソン, マリリ
　ン……………①524
ローブ, ジェフ…①855
ロブ, J.D.……①1357
ロブソン, カース
　ティーン……①317
ロフティン, ニッ
　キー…………①1341
ロフティング,
　ヒュー………①379
ロフトウェイズ
　…………②542
ロブレスティ, アー
　ロン…………①856
ロペス=アルト, J.ケ
　ンジ…………①53
ロペス=ナルバエス,
　コンチャ……①374
ロペス=ルイス, ホ
　セ=ルイス …①288
ローベル, アーノル
　ド …①317, ①374
ロベルジュ, マーク
　…………②332
ローホー, ドミニッ
　ク……………②28
ローマー, リザベス
　…………①486
ロマンス, アンド
　リュー………②298
ロマン優光……②530
ロミータ, ジュニア,
　ジョン………①849
ロミート, ニコ …①1
ロムインターナショ

ナル …①188, ①511
ロメシャ, クリント
　ン……………②165
ロメロ, ジョージ・A
　…………①1359
ローラー, ジャネッ
　ト……………①304
ロラック, E.C.R.
　…………①1357
ロラン, アラン…②614
ロリニカイテ, マー
　シャ…………①602
ローリング, J.K.
　①99,
　①315, ①372, ①377,
　①784, ①1366
ロリンズ, ジェーム
　ズ …①1342, ①1357
ロルカ, フェデリコ・
　ガルシア……①975
ロレット, ヴィヴィ
　アン…………①1341
ロレッド, パトリッ
　ク……………①474
ローレンス, アンド
　レア…………①1385
ローレンス, エイ
　ミー …①228, ①231
ローレンス, キム
　…………①1367,
　①1368, ①1370,
　①1378, ①1379,
　①1393, ①1401
ロレンス, D.H.
　…………①379, ①476
ローレンツ, コン
　ラート………①470
ローワン, アンド
　リュー・S.……①121
ロンウイット……②521
ロンギノス……①926
ロング, シルビア
　…………①308
ロング, ルーシー・
　M.……………①37
ロング, ローレン
　…………①313
ロンソン, ジョン
　…………②513
ロンドン, ジャック
　…………①379, ①1341
ロンドン, スコット
　…………①824
ロンバード, エリザ
　ベス…………①89
ロンフェデル・ア
　ミット, ガリラ
　…………①384
論文実験………①1406
ロンメル, エルヴィ
　ン・ヨハネス・オ
　イゲン………①610
ロンメルゲームズ
　…………②278

わ

和 平…………①666
ワイガンド, アンド
　レアス………②514

ワイク, カール・E.
　…………②372
若槻 健………①701
若月 輝彦……
　…………②633, ②635
わかつき ひかる
　…………①884,
　①1300, ①1406
若月 秀和……①145
若月 美奈……①31
若月 美南……①862
若土 もえ……②683
若手 三喜雄…①418
若菜 晃子……①959
若菜 もこ……①1370,
　①1375, ①1378
若菜 モモ……①1300
若野 紘一……①172
若林 栄四……②381
若林 英司……①65
若林 香織……①697
若林 敬造……②503
若林 純………①869
若林 高子……②614
若林 孝………①537
若林 千春……①818
若林 利光……①554
若林 直樹……①927
若林 暢………①813
若林 秀昭……②594
若林 秀隆……②758
若林 文高……②670
若林 正恭……
　…………①199, ①909
若林 美佳 …②59, ②66
若林 悠………①609
若林 裕助……②664
若林 芳樹……①617
若林 理砂……①151
和ヶ原 聡司…①1300
若原 龍彦……②656
若原 正己……②685
若松 英輔 …②446,
　①522, ①911,
　①959, ①964
若松 俊介……①708
若松 直樹……①177
若松 宣子……①372,
　①1357, ①1359
若松 則子……①268
若松 秀俊……①933
若松 良樹……①449
若松 義人……②356
若水 大樹……①230
若宮 寿子……①163
若宮 正子……①85,
　①111, ②551
若村 亮………①540
若本 夏美……①734
若森 章孝……②170
若森 栄樹……①456
わが家の宗教を知る
　会……………①509
和歌山 静子…①342
若山 寿裕……②322
若山 裕晃……①222
若山 曜子……①52,
　①59, ①60,
　①69, ①71, ①72
和歌山大学教育学部
　附属小学校 …①720
わかる…………①841
若杉 克志……②660
若杉 実………①812
若田 光一……①98
環方 このみ…①351
若竹 千佐子…①1025
若竹 七海……①1116

若月 京子……
　…………①1326, ①1406

脇田 滋………②462
脇田 敬………②802
脇田 久伸……②669
脇田 雄太……①421
脇田 里子……①624
脇田 涼平……①807
脇谷 順子……①490
脇谷 みどり…①178
脇村 禎徳……①972
脇屋 奈々代…②675
脇山 美伸……②268
和久 希………①466
和久井 光司…①807
涌井 貞美……②539,
　②654, ②657
涌井 伸二……②597
和久井 透夏…①1300
涌井 秀行……②243
泉井 亮………②727
泉井 良幸……②539,
　②654, ②659
和久田 正明…①1065
ワグナー, クリスト
　ファー・C.…①490
ワグナー, トニー
　…………①755
和栗 雅子……①636
和氣 光………②405
和気 裕之……②758
和気 政司……①727
ワーゲンメイカーズ,
　エリック・ジャン
　…………①485
和合 治久 …①103,
　①147, ①780, ②723
和合 亮一……①382
和光鶴川幼稚園
　…………①697
ワコール………①30
和崎 光太郎…①573
和佐田 貞一…②436
わさびちゃんファミ
　リー…………①264
和算研究所……②655
鷲 直仁………①638
鷲尾 和紀……②338
鷲尾 和彦……②83
鷲尾 紀吉……②338
ワシオ トシヒコ
　…………①968
鷲津 浩子……
　…………①923, ②93
鷲巣 益美……②90
鷲塚 飛男……②24
鷲塚 清一……①454
鷲田 小彌太…①454,
　①463, ①476,
　①677, ②356
鷲谷 いづみ…
　…………②682, ②684
鷲谷 花………①796
鷲野 薫………②746
鷲宮 だいじん…①1300
和嶋 勝利……①904
和嶋 慎治……①928
和島 孝浩……②773
和治元 義博…②770
鷲谷 みどり…①964
鷲羽 大介……①562
和食文化国民会議
　…………②33, ②35
早稲田運命学研究会
　…………①130, ①132
ワセダクロニクル
　…………②13
早稲田経営出版編集
　部…………②206,

　…………②232, ②237
早稲田大学教育総合
　研究所……
　…………①705, ①733
早稲田大学グローバ
　ルエデュケーショ
　ンセンター数学教
　育部門………②652,
　②657, ②659
早稲田大学建築学研
　究所…………②615
早稲田大学校友会行
　政書士稲門会
　…………②237
早稲田大学スポーツ
　ナレッジ研究会
　…………②213
早稲田大学創造理工
　学部建築学科
　…………②615
早稲田大学大学院商
　学研究科長沢研究
　室……………②369
早稲田大学大学院創
　造理工学研究科建
　築学専攻……②615
早稲田大学大学史資
　料センター…②584
早稲田法科専門学院
　…………②500
早稲田リーガルコモ
　ンズ法律事務所
　…………②204
和田 あい……①62
わだ あきこ…①354
和田 明美……①534
和田 郁子……①611
和田 一郎……①729
和田 英一……①557
和田 一雄……②693
和田 清香……
　…………①25, ①216
和田 圭司……①454
和田 恵次……②692
和田 謙一郎…②44
和田 幸一……②655
和田 浩一……
　…………①432, ①433
わだ ことみ…①303
和田 ことみ…①387
和田 佐規子…①591
和田 幸子……①690
和田 聡少……①158
和田 重雄……②672
和田 茂夫……②319
和田 静香……①238
和田 秀作……①553
和田 潤………①546
和田 唱………①840
和田 慎市……①711
和田 清 …②597, ②659
和田 孝………①760
和田 崇………①617
和田 貴久……①555
和田 卓人……①550
和田 健彦……
　…………②716, ②735
和田 忠志……②68
和田 忠彦……
　…………①925, ①1333
和田 哲哉……①3
和田 敏克……①431
和田 とも美…①1326
和田 尚明……①621
和田 直人……②3
和田 奈津子…①390
和田 知之……①675
和田 はつ子…①1065

著者名索引

和田 春樹 …… ①609, ②126
和田 秀樹 …②13, ①16, ①89, ①94, ①95, ①102, ①103, ①123, ①126, ①158, ①477, ①480, ①482, ①483, ①488, ①492, ①533, ①745, ②66, ②110, ②145, ②346, ②350, ②351, ②744
和田 洋 ……… ②431
和田 博文 …… ①569, ①904, ①938
和田 裕美 …… ①122, ①721
和田 洋六 …… ②607
和田 勉 ……… ②387
和田 万紀 …… ①481
和田 誠 ……… ①322, ①337, ①357, ①840, ①845
和田 誠大 …… ②753
和田 政宗 …… ②14, ②144
和田 勝 …②732, ②674
和田 美樹 …… ①485
和田 幹男 …… ①528
和田 光弘 …… ①254
和田 美奈子 …… ①675
和田 虫象 …… ②29
和田 宗春 …… ①562
和田 宗久 …… ②195
和田 康子 …… ①17
和田 康裕 …… ①47
和田 裕弘 …… ①552
和田 侑子 …… ②691
和田 有史 …… ②773
和田 由里子 …… ①94
和田 洋一 …… ①430, ②189, ②303, ②384
和田 葉子 …… ①918
和田 義三 …… ①324
和田 竜 ……… ①790
わたあめ …… ①1300
話題の達人倶楽部 ……… ①623, ②31, ②32, ②83, ②648
わたがし 大五郎 ……… ①1301
和田上 貴昭 …②56
わたくし、つまり Nobody …… ①452
わたしたちの編集部 ……①4, ①7, ①28, ①64, ①67, ②28
わたしのクローゼット編集部 ……①7
渡葉 たびびと …①1301
渡瀬 謙 …①125, ②334
渡瀬 草一郎 …①1301
渡瀬 裕哉 …… ②136
綿田 浩崇 …… ①587
綿田 裕孝 …… ②720, ②740
和達 三樹 …… ②667
ワダツミ …… ①840
和田出 秀光 …②658
渡戸 一郎 …… ②107
渡辺 愛子 …… ①526
渡邊 愛子 …… ②86, ①124, ①446
渡辺 あきお …… ①356
渡邊 昭宏 …… ①256
渡邊 昭宏 …… ①686
渡邊 明督 …… ②354
渡辺 彰 …②637, ②722
渡辺 章 ……… ②405

渡辺 聡 ……… ①650
渡邉 亜子 …… ①636
渡辺 篤 ……… ②551
渡邉 淳 ……… ②718
わたなべ あや …①325
渡部 あゆ …… ①350
渡部 和泉 …… ②277
渡邉 泉 ……… ②314
渡辺 潮 ……… ②585
渡辺 英一 …… ②740
渡辺 栄次 …… ②456
渡辺 英児 …… ①222
渡辺 頴助 …… ②75
渡辺 えり …… ①96
渡辺 治 ……… ①608
ワタナベ 薫 …… ②86, ①115, ①117, ②287
渡辺 賀云 …… ①167
渡邉 嘉二郎 …②598
渡辺 一生 …… ②262, ②263
渡辺 一夫 …… ①425, ①470, ②686
渡辺 一夫 …… ②737
渡辺 一樹 …… ①218
渡辺 和子 …… ①10, ①87, ①93, ①99, ①103
渡邉 一利 …… ①214
渡辺 一憲 …… ②425
渡辺 和典 …… ①471
渡辺 一宏 …… ②521
渡辺 一弘 …… ②212
渡辺 一也 …… ①43
渡辺 和行 …… ①606
渡辺 勝敏 …… ②686
渡辺 克典 …… ②719
渡辺 克彦 …… ①702
渡辺 勝巳 …… ①403
渡辺 克之 …… ②538
渡邉 勝之 …… ②711
渡辺 克義
渡部 喜久治 …②538
渡部 京二 …… ①556, ①959, ②577
渡辺 恭平 …… ②696
渡辺 靖 ……… ②136
渡辺 清美 …… ①822
渡部 邦昭 …… ②466
渡邉 国男 …… ①233
渡辺 邦広 …… ①196
わたなべ けいこ ……①326
ワタナベ ケンイチ ……①102
渡部 謙一 …… ①813
渡部 健太 …… ①872
渡辺 憲司 …… ①558
渡部 健治 …… ①684
渡辺 研司 …… ①934, ②611
渡辺 健哉 …… ①595
ワタナベ コウ …②174
渡辺 孝 ……… ①677
渡辺 孝 ……… ②585
渡辺 弘司 …… ②584
渡辺 浩弐 …… ①1128
渡辺 浩滋 …… ②408, ②420, ②423
渡辺 幸生 …… ②369
渡辺 公三 …… ②110
渡辺 光三 …
渡辺 公太 …②636, ②637
渡辺 公太 …… ②170
渡辺 光太郎 …②351
渡辺 三枝子 …①478
渡辺 佐智江 …

①1335, ①1365
わたなべ さちよ ……①431
わたなべ さとこ ……①344
渡部 哲子 …… ①488
渡部 さとる …①260
渡邉 早苗 …… ②776
渡邉 茂男 …… ①539
渡辺 滋人 …… ①261, ①875
渡邉 滋巳 …… ②708
渡辺 繁 …①149, ①167
渡邉 修 …①532, ②229
渡邉 修 ……… ②752
渡部 周子 …… ②104
渡邉 峻 …②38, ②372
渡部 潤一 …… ②674, ②675
渡辺 淳一 …… ①959
渡辺 淳子 …… ①1025
渡邉 純子 …… ②723
渡辺 順司 …… ①257
渡辺 淳司 …… ②512
渡邉 春雪 …… ①17
渡辺 尚 ……… ②297
渡部 昇一 …… ①92, ①123, ①459, ①476, ①534, ①535, ①591, ①959, ②20, ②21, ②151
渡辺 昭一 …… ②126
渡部 昌平 …… ①491, ①676
渡辺 晋 ……… ②207
渡部 信一 …… ①750
渡辺 伸一 …… ②577
渡辺 信一郎 …①425, ②134
渡辺 信吾 …… ①861
渡辺 晋輔 …… ①837
渡辺 進也 …… ①788
渡辺 辰矢 …… ②657
渡辺 淳 ……… ①453
渡辺 正 ……… ②676
渡辺 精一 …… ①425
渡辺 靖史 …… ①631
渡辺 仙州 …… ①369, ①1301
渡辺 惣樹 …… ①570, ①576, ①584, ①589, ①603
渡辺 大河 …… ②300
渡邊 大志 …… ②612
渡辺 大輔 …… ①679
渡邉 大輔 …… ①796
渡邊 大門 …①534, ①554, ①555
渡部 多恵子 …②763
渡部 剛士 …… ②61
渡部 卓 ……… ②384
渡邉 高志 …… ②555
渡辺 尚志 …… ①538, ①558, ①561, ①568
渡部 隆宏 …… ①200
渡部 考裕 …… ②553
わたなべ たかゆき ……①327
渡辺 拓也 …… ①106
渡辺 拓也 …… ②742
渡辺 勇士 …… ①418, ②551
渡邊 忠司 …… ①333
渡邉 格 …②255, ②262
渡辺 達生 …… ①775, ①776
渡辺 達徳 …… ②220
渡部 竜也 …

①612, ①700
渡辺 保 ……… ①787
渡辺 千昭 …… ①256
渡辺 千蔵 …… ①689
渡辺 千穂 …… ①959, ①980
渡辺 宙明 …… ①790
渡邉 直 ……… ②53
渡邉 紹裕 …… ②446
渡部 恒雄 …… ②124
渡部 恒郎 …… ②301
渡辺 恒夫 …… ①451
渡邉 恒夫 …… ②760
渡辺 常和 …… ②428
渡辺 恒彦 …… ①1301
渡邉 悌二 …… ②678
渡辺 哲司 …… ①634
渡邉 徹也 …… ①148
渡邉 哲也 …②11, ②18, ②126, ②134, ②138, ②142, ②145, ②247, ②248, ②382
渡部 輝男 …… ②403
渡辺 徹 ……… ②343
渡辺 敏明 …… ①175
渡辺 利夫 …… ②139, ②658
渡辺 知明 …… ②359
渡邊 智美 …… ①934
渡辺 具義 …… ①811
渡辺 直紀 …… ①918
渡辺 直樹 …… ①46
渡辺 直樹 …… ①505
渡邉 直貴 …… ②330
渡辺 直己
渡辺 直美 …… ①889, ①913
渡辺 直美 …… ①778
渡辺 直行
②581, ②734
渡辺 信幸 …… ①61, ①164
渡邊 登 ……… ②138
渡辺 憲一 …… ②157
渡部 泰明 …… ①722, ①900
渡辺 紀子 …… ①971
渡辺 徳仁 …… ①190
渡辺 肇 ……… ①569
渡辺 晃 ……… ①835
渡部 秀和 …… ①680
渡部 英喜 …… ①920
渡辺 眸 ……… ①261
渡辺 広明 …… ②761
渡辺 大喜 …… ②527
渡部 洋子 …… ①358
渡辺 博 ……… ①168
渡辺 広佐 …… ①1358, ①1359
渡辺 敦光 …… ①164
渡辺 弘之 …… ②682
渡辺 裕之 …… ①220, ①1116
渡辺 浩幸 …② 34, ②778
渡邉 博幸 …… ②745
渡邊 福太郎 …①748
渡邉 文彦 …… ②758
渡辺 平吾 …… ①959
渡邊 寶陽 …… ①521
わたなべ ぽん …①103
ワタナベ マキ …①48, ②52, ①53, ①54, ①58, ①60, ①64, ①210
渡辺 周 …②13
渡邉 誠 …… ①453
渡邊 諒 …… ①782
渡邊 昌 …… ①180
渡邊 正恵 …… ①787
渡辺 正樹 …

①418, ①699
渡辺 雅史 …… ②433
渡辺 政隆 …… ②685, ②697
渡辺 正峰 …… ②731
渡辺 正孝 …… ①903
渡辺 政憲 …… ①887
渡辺 正則 …… ②402, ②420
渡辺 雅仁 …… ①654
渡辺 理文 …… ①729
渡部 正元 …… ①173
渡辺 雅哉 …… ①600
渡辺 雅之 …… ①190
渡辺 政之 …… ②278
渡邉 雅之 …②140, ②203
渡辺 優 …… ①672
渡辺 守 …… ②740
渡辺 まゆ …… ①82
渡邊 真由 …… ②360
渡辺 真里 …… ①72
渡辺 まり子 …①175
渡辺 満利子 …②723
渡辺 弥生 …… ①498
渡辺 美佐子 …①96
渡邉 瑞也 …… ②579
渡辺 通弘 …… ①450
渡辺 道代 …… ②78
渡辺 満 ……… ①737
渡辺 光子 …… ②80
渡辺 光博 …… ①145
渡邊 みどり …②12
渡辺 美奈子 …①923
渡辺 峰男 …… ②73
渡辺 実 …②632, ①888
渡辺 康夫 …… ②316
渡部 泰子 …… ①79
渡辺 靖志 …… ②667
渡部 裕亘 …… ②470
渡辺 康博 …… ②601
渡辺 泰央 …… ②194
渡辺 康行 …… ②199, ②227
渡辺 洋子 …… ①358
渡辺 和 …… ①813
渡邉 優 …… ①1025
渡辺 やよい …①1406
わたなべ ゆういち ……①321, ①322, ①337
渡海 奈穂 …… ①326
渡辺 有子 …… ②27
渡辺 雄二 …②146, ①154
渡邊 祐司 …… ②718
渡辺 友香 …… ②706
渡辺 由佳 …… ②363
渡辺 ゆき …… ①417
渡辺 浩 …②472, ②656
渡辺 裕 …… ②574
渡邉 裕美子 …①896
渡辺 洋 …… ②611
渡辺 洋一 …… ②742
渡辺 洋二 …… ①583
渡辺 陽介 …… ②90
渡邉 陽介 …… ②714
渡辺 洋平 …… ②475
渡部 吉昭 …… ②376
渡辺 淑夫 …… ②407, ②491
渡辺 芳夫 …… ②432

渡邊 欣雄 …… ②112, ②119
渡邉 義一 …… ②486, ②503
渡邊 好樹 …… ①70
渡辺 善照 …… ②770
渡部 欣忍 …… ②751, ②752
渡部 芳徳 …… ①170
渡辺 良典 …… ①733
渡辺 義則 …… ②409
渡辺 尚彦 …… ①147, ①180
渡辺 鮮彦 …… ②341
渡辺 義弘 …… ②227
渡邉 義浩 …… ①595, ①597
渡辺 義文 …… ②742
渡邊 良朗 …… ②457
渡辺 力 …… ②40
渡邉 僚一 …… ①37
渡辺 僚一 …… ①1301
渡辺 良平 …… ①46
綿貫 亮 …… ①674
綿貫 理明 …… ①517
綿貫 弘次 …… ①226
渡部 建 …①40, ②364
渡部 終五 …… ①458
渡部 奈々 …… ①526
渡部 久 …… ①264
渡部 正和 …… ①145
渡部 亮太 …… ①526
和玉 好視 …… ①255
ワダムズ, ピーター ……②576
綿本 彰 …①123, ①161
綿矢 りさ …… ①1025
済陽 高穂 …①146, ①163, ①167
渡会 勝義 …… ②267
渡会 圭子 …… ①446, ①622, ②255, ②671
渡会 環 …… ②91
わたらい ももすけ ……①119
渡来 靖 …… ②678
渡良瀬 ユウ …①1301
和多瀬 義男 …②263
和多利 恵津子 …②615
輪渡 颯介 …… ①1066
和多利 月子 …①932
亘 つぐみ …… ②29
渡 正行 …… ②421
亘理 陽一 …… ①735
渡 航 …… ①1301
ワタリウム美術館 ……①824
渡知 賢太郎 …②220
和知 英樹 …… ①44
和知 正喜 …①1068, ①1132
和知 まどか …①1396, ①1397
和智 右桂 …②366, ②536
和地 義隆 …… ②704
ワッカーマン, J. ……②731
ワッキー、アンド リュー・M. …①874
和辻 直 …… ②718
和辻 哲郎 …… ①476
ワッツ, ピーター ……①1366
ワット, フィオナ ……①305, ①307
ワーデン, ポール

……………………①661
ワード, アラン …②106
ワート, スペンサー・
　R. ………………②169
ワトソン, アンド
　リュー …………①866
ワトソン, ジョン・
　B. ………………①479
我鳥 彩子 …………①1301
ワーナー, ベニー
　……………………①381
和波 俊久 …………②293
和仁 達也 …………②325
和迩 秀浩 …………②745
和仁 皓明 …①38, ①42
和爾 桃子 ……………
　………①1331, ①1345
和の技術を知る会
　……………………①414
和ハーブ協会 ……①65
ワープスター ……①846
ワーヘナー, サム
　……………………①936
和山 幸 ……………①356
わらいなく ………①1359
笑い飯哲夫 ………①516
笑うヤカン ………①1406
和らく会 ……………①32
わらべきみか …①303,
　①304, ①305
割澤 靖子 …………①481
ワーリナ, ダニエル
　………①660, ①662
割内 タリサ ………①1301
わるいおとこ ……①1301
ワルツ, トム ……①857
ワールドジオグラ
　フィックリサーチ
　……………………①617
ワールドフィギュア
　スケート編集部
　……………………①218
ワン チャイ ……………
　………①1333, ②307
ワンアジア財団7年
　のあゆみ編纂委員
　会 ………………②252
ワンキャリア編集部
　……………………①290
ワンゲリン, ウォル
　ター ……………①1341
わんこそば ………①1302
わんだ ……………②541
ワンダーウォール
　……………………①875
ワンダーフォーゲル
　編集部山ごはん研
　究会 ………………①60
ワンダリウム …①1026
ワンダーJAPAN
　……………………①261
ワンナップ ………①280
わんにゃんぶー
　………①348, ①353,
　①653, ①713, ①730
ワンピース世界研究
　所 …………………②34
ワンピ法則研究の一
　味 …………………②34
1more Baby応援団
　……………………②26

ABC

218 ………………②24
3dtotal Publishing
　……………………①827
A - 10解析班 ……①245
ABC税務研究会
　……………………②402
Abreo, 百恵 ……①650
Abreo, Eduardo
　……………………①650
A.C.パークス …①485
accototo ………①322,
　①327, ①334
acomaru …………①1173
ACOONHIBINO
　………①103, ①780
Acroquest
　Technology …②560
Adams, K.W. …①651
AGIC ……………②450
AGSコンサルティン
　グ …①327, ②328
AGS税理士法人
　……………………②328
aiko ………………②155
Airbnb Japan …②28
ajico ……………①371
AJS設立三〇周年書
　籍編集委員会
　……………………②285
AKB48スタディブッ
　ク制作プロジェク
　ト ………………①365
Aki ………………①1173
Akihisa …………①990
Akiko Smith …①967
AKJパートナーズ
　……………………②327
akko3839 ………①1173
AKuBiy …………①1173
Allan, Anthony
　……………………①641
allnurds …①75, ①79
alzon ……………①1173
AM編集部 ………②30
Amazing Japan
　Researchers …②19
American Heart
　Association …②724
AMG出版 ………①351
AMI友の会NIPPON
　……………………①752
amico ……………①695
an …………………①359
ANAエアーポートサー
　ビス ……………②438
ANA総合研究所
　……………………②437
ANAビジネスソリ
　ューション …②305,
　②310
ANARCHY …………
　………①805, ①942
anco ………………①365
And B Accounting
　Firm ……………②317
ANIM ……………①1397
ANNA …①117, ①119
ANNAI ……………②521
ANREALAGE …①31

APPLIC ……………②141
ARC国別情勢研究会
　………②249, ②250,
　②252, ②253, ②254
ARENSKI …………
　………①876, ②541
ariko ……………①64
Arizona …………①961
Armstrong, Fraser
　……………………②670
ARuFa ……………②30
ASD教育実践研究会
　……………………①683
ASKA ……………①770
Aslamazov, L.G.
　……………………②667
Atkins, Peter …②663
Atsushi …………①27
Autodesk, Inc. …②545
A - Works ………①201
AYA …………①28,
　①85, ①217
Aya …①127, ①134
aya*** ……………①61
ayan ……………②528
ayane ……………①1173
AYUMI …①64, ①100
Ayumi ……………①140
AYURA ……………②528,
　②536, ②538, ②539,
　②544, ②545, ②546
Bスプラウト …①253,
　①795, ①838, ①859,
　①860, ①862, ②542
BabelCorporation
　……………………①335,
　①402, ①404, ①410,
　①430, ①431
Baby Kiy ………①773
BACCHUS.Aika
　……………………①73
Backe 晶子 ……①64
Bahnson, Paul R.
　……………………②319
Baker, Tania A.
　……………………②686
Ballantine, David S.
　……………………②674
Ballou, Jonahan D.
　……………………②686
Bancroft, Gregory
　J. …………………②732
bannbu …………①1321
Barraclough, Kevin
　……………………②712
BAZZI ……………①438
BBQレシピタンク
　……………………①59
BEAM ……………②25
Bean, James …②648
BeBe ……………①127,
　①129, ①134
BEelight ………①1399
Bell, Stephen P.
　……………………②686
Bell, Tim ………②519
Belton, Christopher
　……………………①642
Benfield, Bill
　………①648, ①660
BEPS実務研究会
　……………………②195
Beretta …………②187
Berghmans, Bary
　……………………②750
Berkoff, Fran …①165
Berman, Laurence
　……………………②734
BIRDER編集部
　……………………②696
Birdie ……………①106

BISHOP …………①1396
BlackCartel ……①1404
Block B …………①773
Bluemix User
　Group …………②554
BMFTことばラボ
　……………………②444
BNピクチャーズ
　……………………①345
BNN編集部 ……①840
Bo, Kari …………②750
Bocquillon, Romain
　……………………②670
Bonet, Javier …②602
bonpon …………①31
Bonser, Jonathan
　……………………②712
BOSS BEE ……①324
BOYS AND MEN
　……………………①42
Brady, James E.
　……………………②672
Brantley, Craig
　……………………①661
Briel, Rita ……②669
Briscoe, David A.
　……………………②686
BSジャパン ……①909
B's - LOG編集部
　……………………①284
Budd, Jeremy …②712
buildingSMART
　Japan …………②618
BUNBUN …………①1135
Buser, Daniel …②754
Business Train …②426
Cady, Marshall
　……………………②663
CAE懇話会解析塾テ
　キスト編集グルー
　プ …………………②591
café - sweets編集部
　……………………①71
CAMCOM …………①1138
CAP編集部 ………②456
CAPCOM …………①364
CASPAR003 ……②540
CBCラジオ ………②705
『CBT問題集』編集
　委員会 …………②782
CCCメディアハウス
　書籍第一編集部
　……………………①860
CEネットワーク
　……………………②630
Cerevo …………②596
CGWORLD編集部
　………①797, ①799
CHALKBOY ……①78
chama …………①162
Chandler MHM
　Limited ………②250
Cha Tea紅茶教室
　……………………①47
Cheese！編集部
　……………………①116
Chen, Stephen …②754
ChibiRu …………①82
chi - co …………………
　………①1238, ①1317
Chie ………………①100
Chiku Chiku …①303
Chim↑Pom ……②612
CHIROLU …………①1239
Christian, Gary D.
　……………………②670
cielo …①859, ①862
Ciunci, Joe ……①660
CK …………………①1221
CLAMP ……………
　………①366, ①844

CLASSY.ビュー
　ティ班 …………①21
Clegg, William
　……………………②673
clover住工房 ……②609
『CNNEnglish
　Express』編集部
　………①654, ②135
Coci la elle ……①840
Cockcroft, A.N.
　……………………②218
Cocktail15番地 …①143
coco ………………①1117
COLTEMプロジェ
　クト ……………①176
Como「幼稚園ママ
　100人委員会」
　……………………①697
Conceptis ………①276
corekiyo スギタメグ
　……………………①862
Corsini, Mike …①648
Cozy ………………①638
Crawley, G.M. …②645
Create Media …①5
CRKdesign ……①438
CROSSBEAT …①806
Crossman, Alan R.
　……………………②727
CRS@VDV ……②127
CSS公務員セミナー
　……………………②179
CTCテクノロジー
　……………………②562
Cummins, Orrin
　……………………①637
Cunliffe, Ann L.
　……………………②374
Cygames …………①1250
Dカーネギー協会
　……………………②282
D.シグマ ………②654
D4エンタープライズ
　……………………①844
DACO IRI ………②249
DAIGO ……………①329
DAIICHI - ENGEI
　……………………①270
Dalgaard, Peter
　……………………②725
Daly Oe, Patricia
　……………………②395
DAOKO …………①1008
darnylee ………①1239
DARTHREIDER
　……………………①806
Dasgupta,
　Purnendu K.
　……………………②670
DBジャパン ……①892
DCコミックス
　………①851, ①858
DCプランナー実務
　研究会 …………②484
D&DEPARTMENT
　PROJECT
　………②2, ②41
DEEP案内編集部
　……………………①187
Dehlinger, Carolyn
　A. …………………②572
de Lacey, Gerald
　……………………②734
DeMets, David L.
　……………………②724
de Paula, Julio
　……………………②663
DES歯学教育スクー
　ル ………………①2
「DESTINY鎌倉もの
　がたり」製作委員

　会 …………………①790
Devaney, Robert L.
　……………………②658
DHB制作委員会
　……………………①330
DIAMONDハ ー
　バードビジネ
　スレビュー編集
　部 …②295, ②338
DIC川村記念美術館
　……………………①836
Dillon, Harvey …②762
DISH ………………①771
DIY倶楽部 ………①286
DJあおい ……………
　………①114, ①952
DJI …………………①259
DJ Ritchy ………①1008
DK社 …①793, ②135
DMC編集部 ……①770
D&O保険実務研究会
　……………………②195
Dobkin, Bob ……②597
DO Mt.BOOK
　……………………②233
DPI日本会議 ……②57
DQNEO …………②521
@driller …………②556
Droptokyo ……①31
DRUM TAO ……①774
Dubinsky, Andrey
　……………………①648
Dunbar, Michael
　……………………①661
Durrenberger,
　Vincent ………①670
du Toit, Jenny …②712
dy冷凍 …………①1239
DZHフィナンシャル
　リサーチ ………②394
e-子 ………………①943
EAPコンサルティン
　グ普及協会 ……②510
EasyPop …………①820
ECのミカタ ……②515
ECD …①930, ①943
ecolight …………②520
ECzine編集部 …②338
EDA ………………①1173
Éditions Glénat 講
　談社 ……………①847
Educational Testing
　Service ………①659
EGMONT社 ……①318
Eigooo …………①654
Ellenberg, Susan S.
　……………………②724
EM Alliance教育班
　……………………②713
Emi ………②28, ②357
emit ………………①82
emma ……………①773
enherb …………①163
eoheoh …………①261
EPARKスクール
　……………………②22
Eriy ………………①842
everying！ ………①767
Evine ……………①657
EXILE研究会 ………
　………①767, ①768,
　①770, ①773, ①805
EXILE AKIRA
　……………………①806
EXILE NAOTO
　……………………①769
EXILE ÜSA ……①438
EYアドバイザリーア
　ンドコンサルティ
　ング …②185, ②290

著者名索引

EY税理士法人‥②400
F‥①113
F1モデリング編集部‥①243
f4samurai‥①1132
FACTA編集部‥②305
Falkenberg, Bernd‥②733
FAMICOMANIA‥①820
Favre, Henri A.‥②673
FB777‥①261
FCEエデュケーション‥①3, ①15, ①744
F.E.A.R.‥①277, ①278, ①279
Ferguson, Thomas S.‥②662
Ferri, Lorenzo‥②750
FinTechビジネス研究会‥②298
Flaherty, Gillian‥①648
Fleming, Thomas R.‥②724
FNグローバル‥②381
FP技能検定試験研究会‥②484
FP技能検定対策研究会‥②484
FP受験研究会‥②485
fraise‥①80
Francfranc‥①65
Frankham, Richard‥②686
Franklin, Jimi‥①778
Fuji & gumi Games‥①846
Fujii, Yui‥①777
FUMITO‥①102, ①103
FUNA‥①1268, ①1269
fuwamama‥①264
Fuzisawa‥②1397
G・ウザク‥①246
Gスピリッツ編集部‥①238
GACKT‥①774
GADGET RENESASプロジェクト‥②596
GAMEgeme編集部‥①283
Gann, Alexander‥②686
garnet‥①860
G・BEL②293, ②373
GBS実行委員会‥①513
Gemini‥②26
GET研究所‥①635, ②638, ②639, ②642
Gibbons, John‥①217
Gibbons, Philip‥②682
Gillet, Sylvie‥①669
GINGER編集部‥②23
Girling, Simon J.‥②692
Giunta, Carmen‥②663
GKPマエブロ‥①285
GMOペパボminne事業部‥①1290
GoHands‥①1290
GoHands×Frontier Works×

KADOKAWA‥①1290
Goma‥①331, ①334
GORIO21‥①388
GOTCHA！編集部‥①638
GOTO AKI‥①251
GOTO AKI‥①253
GP企画センター①243, ①443
Grant, B.Rosemary‥②685
Grant, Peter R.‥②685
GReeeeN‥①810
Gregory, Jon‥②381
Guillemin, Fabienne‥①670
gumi‥①846
GVA法律事務所‥②330
HA2‥②41
HaccaWorks*‥①839
HACCP実践研究会空間除菌部会‥②621
Häggström, Olle‥②655
Halpern, Jack‥①663
HAMAYU‥①14
Hamric, Ann B.‥②765
hana‥②390
HANA韓国語教育研究会‥①396, ①397, ①398
Hana4‥①24
handys97‥②488
Hanson, Charlene M.‥②765
HAPAX‥①449
Happyhappy‥①87
Harmony for JAPAN‥①802
HARVEY, JUDY‥①241
HASEO‥①259
Hatch, Mary Jo‥②374
hatsuko‥①359
heavydrinker‥①66
Hecht, Eugene‥②667
Heil, David C.‥①641
HERS編集部‥①291
hibi_yuu‥①15
Hickling, Robert①642, ①654
Hidaka Kappei‥①651
HIDE‥①397
HIKARU‥①161
hime‥①666
hina‥①394
hiro‥①56
hiro田中‥②422
hiromi‥①21
Hirsch, Morris W.‥②658
Hisa Ando‥②521
Hit・Point‥①90
HIZGI‥①345
H@L‥①335
Hoeger, Carl A.‥②674
Hollnagel, Erik‥②590
Honey Works‥①1133
「HONKOWA」編集部‥①427
Höpken, Jens‥②555
Hore, P.J.‥②673
Hosmer, Jr., David

W.‥②657
Housing Tribune‥②441
hoxai kitchen‥①65
HSU出版会‥①502
Huddleston, Rodney‥①653
Hyslop, Alison‥②672
IBCパブリッシング‥①666
i・BUG‥①185
IC4DESIGN‥①441
ICPロバートキャパアーカイブ‥①261
ICTワークショップ‥②566
I&D‥②541
ID‐0 Project‥①1123
IFCA国際食学協会‥①148
IFRS財団企業会計基準委員会‥②319, ②387
iina‥①65
IKE‥①814
ILO‥②460, ②462
IMPULS‥②656
INAXライブミュージアム企画委員会‥②612
ingectar‐e①861, ①876
INKO KOTORIYAMA①864, ①866
Interface編集部‥②550
INTERHEART‥①1396
I O編集部‥②519, ②524, ②570, ②596, ②597
IoT検定テキスト制作委員会‥②298
IPO Forum‥②281
IPUSIRON‥②516
Isakova, Svetlana‥②555
ISO‥②586
ISO環境法研究会‥②577
IT産業研究会‥②515
IT資格研究チーム‥②564
ITのプロ46‥②566, ②567
ITパスポート試験教育研究会‥②564
ITビジネス研究会‥②514
ITLS日本支部‥②713
iyamadesign‥①879
izm‥②522
JA監査研究会‥②319
JACET教育問題研究会‥②734
JACK‥①395
Jackal‥②30
JAGDAインターネット委員会‥①877
JAL‥②438
JAM‥①809
JAM日本アニメマンガ専門学校‥①859
JAPIC‥②244
JAUW（大学女性協会）茨城支部‥①37
JAVCERM10周年記

念書籍刊行委員会‥②370
JAY‥②806
JBCCホールディングスLink編集室‥②300
JCM‥②312
Jemerov, Dmitry‥②555
Jespersen, Neil D.‥②672
JFFT（ジャパン食空間コーディネート協会）‥①39
JHEC（日本美容教育委員会）‥②506, ②508
JIRO‥①825
JIYU5074Labo‥①54
J‐MELSアドバンスガイドブック編集委員会‥②722
J‐MELS「日本母体救命システム」アドバンスコースプログラム開発改定委員会‥②722
JOBAビブロス編集部‥①741
johnrambo9‥①790
Johnson, Douglas S.‥②772
Johnson, Jane‥②751
Johnston, Bree‥②716
JPアクチュアリーコンサルティング‥73
JPコンサルタンツ‥②324
JPコンサルタンツグループ②324, ②328
JPBM医業経営部会‥②710
J‐POP研究会‥①766
JPTEC協議会‥②725
JSD‥②621
JSF‥②127
JSM研究会‥①628
JST社会技術研究開発センター‥②282
JT生命誌研究館表現を通して生きものを考えるセクター‥①796
JTBトラベル＆ホテルカレッジ‥②469
JTBパブリッシング‥①664
Jubatusコミュニティ‥②548
junaida‥①846
Jun Kawai‥①808
Junko‥①172
Junky‥①820
juntowa‥①263
jupiter‥①1221
jyajya‥①363
K‥①143
K2商会‥①365, ①366
K96‥②544
KABEYAM‥②543
KAGAYA‥①259
KAMINOGE編集部‥①239, ①240
Kan.‥①138
KANJI‥①860
kaori‥①209
Kate‥①1088

kaya8‥①368
K&B STUDIO‥①429
KDDIウェブコミュニケーションズ‥②529
kd factory‥①881
Keane, David Edward‥②648
KEI‥①846
Kei‥①134
KEIGLAD‥②225
Keiko‥①128, ①129
KENCHI TACHIBANA‥①789
KENJI NAKAI‥①806
Kenney, Jethro‥①641
Kenyon, I.R.‥②664
Kim, Matthew D.‥①639
Kim, WooJin‥①443
kimimaro‥①1198
Kirby, Denise‥①648
kirero‥①860
Kirk, R.M.‥②748
Klemelä, Jussi‥②657
KM自動車教習所‥①242
k.m.p.‥①205
kmsr‥①1198
Knowles, Timothy‥①642
ko‐dai‥①778
koioka‥①82
KORIRI‥①845
Kosyo‥①509
Koyas‥①543
kozee‥①201
KPMG あずさ監査法人金融事業部‥②381
KPMGジャパン‥②385
KPMGヘルスケアジャパン‥②384
KPMG FAS‥②299, ②311
Kristen‥①270
Kruschke, John K.‥②662
K.S.‥①79
K‐SuKe①371, ①373
kt60‥①1198
K・TOK‥①1396
KUBOKI‥①21
KUNIKA‥②426
KWAN‥①256
@kyoto_iitoko‥①195
LAC研究会‥②386
lack‥①846
Lameijer, J.N.F.‥②218
Langham, C.S.‥①653
Lauer, Joe‥①651
LAURIER PRESS編集部‥①115
LaZOO‥①318, ①334, ①341, ①431
『LD, ADHD&ASD』編集部‥②681
Lead‥①778
LEC東京リーガルマインド‥①760, ①761, ②176, ②177, ②230, ②233, ②234, ②236, ②238, ②473,

②475, ②488, ②495, ②496, ②498, ②501, ②505, ②632
LEE‥①341
Lele de Bossa‥①811
Lemeshow, Stanley‥②657
LEON 加来匠‥①232
Levine, Michael‥②686
LGBT法連合会‥②45
Li, Jie Jack‥②772
LICA‥①102, ①103, ②298
LICO‥①12
lifewithcat‥①265
Lilia‥①326
LiLy‥①960
Lily Wisteria‥①142
LINE‥①858
Little, Sam‥①660
little fish‥①804
Live ABC‥①395
LIXILギャラリー企画委員会‥②612
L&L総合研究所①761, ②179, ②181, ②182, ②183
LLE‥①294
Losick, Richard‥②686
Losman, Eve‥②716
Lowe, Charles‥①642
LUA‥①130
Luchau, Til‥②728
LUCKMAN‥①776, ①777, ①778, ①779
Lynch, Jonathan‥①648
m‥②83
M&Aシニアエキスパート養成スクール事務局‥②302
MAA‥①66
Macビギナーズ研究会‥②535
MacDonald, Kelly‥①651
Macdonald, Patrick J.‥②673
MacLullich, Alasdair‥②716
MACO‥②23, ①117, ①769, ①388
Madani, Amin‥②750
MAG！C☆PRINCE‥①778
MAGES. Chiyo st. inc‥①1137
MagTrust‥②549
MAH‥②650
maki‥②97, ②361
Maki Konikson‥①957
MAKO.‥①440
Makoto‥①156
makuro‥①1288
mammoth.山田 充‥②541
Mana‥①97
Manning, Christopher D.‥②550
Mansfiel, Stephen‥①261
mari‥①6
Marić, Tomislav‥②555
Marie‥②347
MarkeZine編集部

著者名索引

················ ②339
Markowitz, Amy J.
················ ②705
MASAKI世界一周
················ ①197
matsu ············· ①97
Matsu釋永 ····· ②446
matsuko ··········· ①31
Matty ············· ①160
MAYA ············· ①56
mayuko ············ ②26
MAYUMI ········ ①217
Mayumi ·········· ①117
MB ····· ①30, ①1239
MBS「おとな会」取
材班 ··········· ②336
MBS Truth ····· ①1396
MC税理士法人 ·· ②386
McConnell, Joan
················ ①648
McMurry, John
·········· ②672, ②674
McPhee, Stephen J.
················ ②705
MdN書籍編集部
················ ①877
MdN編集部 ·· ①200,
①825, ①877,
②541, ②607
megurogawa good
label ··········· ①108
Meissner, Peter
················ ②556
MeseMoa. ······· ①778
Micaco ············ ①27
Michiko Riko Nosé
················ ①1288
michiyo ··········· ①83
Miel ············· ①1397
Miharu ············ ①25
MIKA POSA ····· ①359
milimili ·········· ①209
M！LK ·········· ①776
Miller, Paul B.W.
················ ②319
miNato ·········· ①1288
mino ············· ①1289
Miracle Vell Magic
················ ①24
Miu ·············· ①650
miyauni ·········· ①337
MIYAVI ·········· ①806
mizutama ··········· ③3
MJ無線と実験編集部
················ ①262
Mmc ·············· ②88
MMPG ··········· ②708
MOA自然農法文化
事業団 ········· ①269
MOA美術館 ····· ①826
mocha ············ ①862
MONA ············ ①25
MONDO ·········· ①789
Mooney, Kyle ·· ②555
Moore, Ashley ·· ①642
Moore, Willamarie
················ ①650
MOORIT ········ ①82
Morkved, Siv ··· ②750
Morley, Simon ·· ②734
Moscucci, Mauro
················ ②739
MOSHbooks ··
············ ②252, ②253
MOZU ··········· ①288
Ms.Kinako ······ ①656
M.S.S
Project ·····
············ ①778, ①806
mugumogu ····· ①264
Munzert, Simon

················ ②556
Murdoch, Iona · ②716
Murphy, Kevin
················ ①648
Murphy, Raymond
················ ①654
Myskow, Gordon
················ ①642
NAE ············· ②347
NAGAO ·········· ①260
Nagatomo, Diane
H. ············· ①655
NAGOYA Archi Fes
2017中部卒業設計
展実行委員会
················ ②615
Naho & Maho·· ①939
NAMAZUの会··· ①536
namida ············ ①67
Nana ············· ①252
nanako ··········· ①383
nana music ····· ②531
nanapi編集部 ··· ①654
NAO ······· ①29, ②543
nao_cafe ·········· ①65
Naosenyum ····· ①865
naoto ············· ①366
Nardack ····· ①360,
①373, ①379
NASA ············ ②675
natural science
················ ②553
NBCユニバーサルエ
ンターテイメント
················ ①321
NDCHOW ····
············ ①775, ①778
NDL ············· ②758
Neary, David ··· ②727
NEEDLEBOX草壁
美里 ············ ①77
nekosan ·········· ②597
Nemeth,
Christopher P.
················ ②590
Nemuki+編集部 · ②32
Net - P.E.Jp ···· ②631
nev ·············· ②374
Newton, Clyde
················ ①238
NEXT編集部 ···· ①903
NextCreator編集部
················ ①861
NEXT ENTER-
TAINMENT
WORLD ····①1342
NHK ·········· ①167,
①651, ①832, ①836
NHK「アスリートの
魂」番組スタッフ
················ ①390
NHK「ウワサの保護
者会」制作班 ··· ①518
NHKオトナの一休さ
ん制作班 ······· ①518
NHK「オトナヘノベ
ル」制作班 ·· ①347,
①352, ①355, ①356
NHK科学環境番組部
·········· ①65, ①154
NHKから国民を守る
党を支える会 ··· ②15
NHK自然番組制作
チーム ········· ①407
NHK取材班 ····
············ ②124, ②465
NHK出版 ····
············ ①819, ①973
NHK「新映像の世紀」
プロジェクト

················ ①591
NHKスペシャル取材
班 ············ ①8,
①96, ①147, ①169,
①578, ②40, ②91,
②151, ②156, ②523,
②728, ②732, ②735
NHKスペシャル「人
体」取材班 ······ ②728
NHKスペシャル
「ディープオーシャ
ン」制作班 ····· ②627
NHKスペシャル『メ
ルトダウン』取材
班 ············ ②580
NHKスペシャル「列
島誕生ジオジャパ
ン」制作班 ····· ②680
NHK「大河ファンタ
ジー 精霊の守り人
最終章」制作班
················ ①781
NHK「大河ファンタ
ジー 精霊の守り人
2 悲しき破壊神」
制作班 ········· ①781
NHK「ダーウィンが
来た！」··· ①402,
①405, ①408
NHKドラマ10「ブラ
ンケットキャッツ」
制作チーム ····· ①266
NHK「ニッポン戦後
サブカルチャー史」
制作班 ········· ②109
NHK「日本人のおな
まえっ！」制作班
················ ②32
NHK「ねほりんぱほ
りん」制作班 · ①770
NHK白熱教室制作
チーム ········· ②254
NHKびじゅチュー
ン！制作班 ·· ①866
NHK「ブラタモリ」
制作班 ········· ①188
NHKプロモーション
············ ①832, ①836
NHK放送研修セン
ター日本語セン
ター ··········· ②363
NHK放送文化研究所
················ ②15
NHK「欲望の資本主
義」制作班 ····· ②266
NHKラジオセンター
「夏休み子ども科学
電話相談」制作班
················ ②646
NHKラジオ第1
「すっぴん！」制作
班 ············ ①795
NHK「100分de名著」
制作班 ········· ①477
NHK Eテレ「昔話法
廷」制作班 ····· ①354
Niθ ·············· ①847
nihhi ············· ①868
nika ············· ①859
NIRA総合研究開発機
構 ··· ②105, ②127
nishi ············· ②552
NoA ············· ①859
NOBORDER取材班
················ ②13
NOBU ··········· ①810
Node - REDユー
ザーグループジャ
パン ··········· ②545

················ ①591
NOFX ··········· ①809
NOLTYプランナー
ズ ·············· ③3
nopros ········· ①1131
NOVOL ········· ①847
nozomi ············ ①57
NPO多言語多読
················ ①635
NPOフトゥーロLD
発達相談センター
かながわ ······· ①683
NPO法人大阪府高齢
者大学校 ········ ②52
NPO法人パルシュー
レジャパン ···· ①715
NPO法人ファザーリ
ングジャパン ··· ①14
NR出版会 ·········· ②4
NTTコミュニケー
ションズ ······· ②562
NTTテクノクロス
················ ②534
NTTドコモIoTデザ
インプロジェクト
チーム ········· ②447
NTTファシリティー
ズ総合研究所
EHS&S研究セン
ター ··········· ②283
NTTラーニングシス
テムズマネジメン
トコンサルティン
グチーム ····
············ ②300, ②333
N.U.D.E.
············ ①239, ①807
Nyao ············· ①40
Nyhuis, Dominic
················ ②556
nyonnyon ······· ①1249
O介 ············· ②391
OAG監査法人 ·· ②325
OAG税理士法人
············ ②325, ②413
OAG税理士法人チー
ム相続 ········· ②327
Obra
Club · ②541, ②603
odo 濱田 久美子
················ ①867
OECD ······ ①747,
②247, ②248, ②718
O'Grady, Eileen T.
················ ②765
Oh Sonfa ······· ①651
Oh！- shigotoシ
リーズ編集部
················ ①769
o - ji ············· ①850
OJTソリューション
ズ ··· ②305, ②309
okama · ①387, ①390
Only One Travel
················ ①208
On Mind by
Tomorrow ···· ①457
ORCSOFT ·····①1397
Osborn, Keith · ①864
OSHO ··········· ①460
oskimura ······· ①554
O'Sullivan, E. · ②645
Otani Ichiro ··· ①651
Ouellette, Robert J.
················ ②668
OURS.
KARIGURASHI
MAGAZINE ·· ②26
Overton, Tina · ②670
OVERTURE編集部
················ ①768

OZ 山野 ·······①1396
p4cみやぎ出版企画
委員会 ········· ①715
PAN ············· ①101
Pantilat, Steven Z.
················ ②705
PATECH企画企画部
················ ②584
PATECH企画出版部
············ ①187, ②585
patty · ①373, ①379
Pecora ·········· ①340
PEIACO ········· ①330
PEL編集委員会
················ ②604
Perinatal Critical
Care Course運営
協議会 ········· ②761
Perkins, Robert
················ ①642
pero ············· ①1131
Peterson, Virginia
E. ············· ②674
peu connu ······· ①75
pha ············ ①96,
①103, ②28
『PHPくらしラク～る
♪』編集部 ··①109,
①152, ②26, ②28
PHP研究所 ···①86,
①99, ①303, ①355,
①393, ①417, ②25,
②295, ②391
『PHPスペシャル』
編集部 ········· ②359
『PHPのびのび子育
て』編集部 ···· ①13
『PHP』編集部
············ ①104,
①109, ①939
Physics Point ·①1269
PIE COMIC ART
編集部 ········· ①843
PieniSieni
············ ①73, ①76
pinori ·········· ①1269
Pin - Point ····①1396
Playfair, John H.L.
················ ②732
Plaza, Taron ··· ①642
Poland, Dean ·· ①654
pon - marsh ··· ①351
Pool, Jackie ···· ①178
poRiff ············ ①80
Powell, Warren H.
················ ②673
PowerDesign
Inc. · ①876, ①881
Pratt, Charlotte W.
················ ②673
primary
inc., · ①273, ②530
Production I.
GAniplex····①1137
Project
KK · ①280, ①283
PROJECT KySS
················ ②552
Projekt Kagonish
················ ①281
Projekt
WorldWitches
····· ①1135, ①1136
Pullum, Geoffrey K.
················ ②653
PwCあらた有限責任
監査法人 ·· ①195,
②316, ②317, ②318,
②327, ②381, ②384
PwC税理士法人
·········· ②280, ②323

PwC Strategy＆
················ ②310
QC検定過去問題解説
委員会 ··· ②588, ②627
QC検定問題集編集委
員会 · ②590, ②629
QCQ企画
············ ①262, ②635
Q - TA ········· ①324
＼QUANTUM.inc
················ ②299
Quoi？ Quoi？ ·· ①84
Rサポーターズ ·· ②551
Rabow, Michael W.
················ ②705
Raby, Nigel ···· ②734
Rain ············· ①1302
Raine, Joseph E.
················ ②712
Raiti, Paul ····· ②692
Randle, John H.
················ ①648
Rawn, J.David
················ ②668
Re島PROJECT · ②29
Reader's Digest編集
部 ············· ①165
Reap ············· ①863
Rear, Dave ····· ①648
Redding, Rodney J.
················ ②319
Rehder, Dieter · ②673
Ren, Kun ······· ②556
REX編集部 ····· ①801
reY ············· ①1302
RICCA ··········· ①389
Rickey ··········· ①390
Ricucci, Domenico
················ ②758
RIE ·············· ①526
rikko ············· ①696
Rin ············· ①1302
rina ·············· ①645
RIZAP ····
············ ①126, ①166
R・MIURA ····· ①825
ROCO ··········· ①307
Roguès, Loïc ··· ①670
rojiman & umatan
················ ①265
ROLA ············ ①642
romiy ············ ①345
Ronique ·········· ①83
Rosati, Simon ·· ①650
Rourke, Jonathan
················ ②670
Roy ············· ①1302
Rubba, Christian
················ ②556
Rubyサポーターズ
················ ②551
RUKO ············ ①76
ryoko ············· ①7
RYOTA ········· ①116
R - ZONE編集部
················ ②39
Sachiyo Fukao · ①81
saco ·············· ②359
sai ··············· ①776
SAKE
COMPETITION
実行委員会 ·····①44
SAKE RATINGS
PROJECT ····①44
SAKE TIMES··· ①44
Sakizo ··········· ①846
sako ·············· ①75
sakumaru ······· ①848
Salicin ·········· ②686
salon de monbon

………………①79
SAM ……………①158
SANNOMIYA
　MOTOFUMI
　………………①777
SAP HANA on
　Power Systems出
　版チーム ……②521
SASInstituteJapan
　………②656, ②682
Sassy DADWAY
　………………①318
SATOKO ………①24
SAWAKO………①71
SBCラジオ ……②24
SCC出版局 …
　………②559, ②561
「SCCライブラリー
　ズ」制作グループ
　………②535, ②536
Schaeffler
　Technologies
　AG&Co.KG ··②601
Schug, Kevin A.
　………………②670
Schütze, Hinrich
　………………②550
Schwarcz, Joe ··①165
score……………①1221
SCRAP ……………③,
　①277, ①380
SCSK SE＋センター
　………………②311
SE編集部 ………①66
SEA ………①1222
SECCON実行委員会
　………………②534
SEEC …………①1137
Seely, Andrew ··②750
SELEN ………①1222
SERVE編集部 …②31
SFマガジン編集部
　………………①886
SGCIME ………②259
SGS管理栄養士国家
　試験受験対策委員
　会 ……………②784
Shin ……………②354
shin5……………①949
shino …………①859
SHIN - YU …②541
SHIORI …①58, ①67
SHIRONEKO …①266
Shitomichi ……①777
shizu …………①332
shoko …………②27
SHORINJI
　KEMPO UNITY
　………………①237
simico …………①265
Siqueira, Jr., José
　F. ……………②758
sisioumaru …
　………②540, ②543
SKC産業開発セン
　ター …………②630
SKY - HI ……①805
sleep …………①113
Smale, Stephen
　………………②658
Smalzer, William R.
　………………②654
SMBC日興証券ソリ
　ューション企画部
　………②393, ②401
smile editors …②25
SmokingWOLF
　………………①277
Sobacus books ···①31
softhouse - seal
　GRANDEE

………………①1397
Software
　Design編集部
　………②533, ②552
sonio …………①426
SORA・KEIKO
　………………①100
SOS子どもの村
　JAPAN ………①17
SouMa…………①867
Sound Horizon
　………………①1134
SOUSOU ………②25
South Point …①71
SOW
　………①1133, ①1222
Special toy box ··①75
SPI解法メソッド研
　究会 …………①294
SPIノートの会
　………………①290,
　①293, ①295
SPI3対策研究所
　………………①293
spoon.2Di編集部
　………………①783
SRアップ21 …②462
SSFスポーツライフ
　調査委員会 …①214
SSI日本酒サービス
　研究会酒匠研究会
　連合会 ………①44
SSI認定唎酒師酒GO
　委員会 ………①44
Stecco, Carla …②752
Stecco, Luigi …②752
Stern, Karen …①648
STEVENS,
　MICHAEL …②241
Stewart, James
　………………②657
Story Works …①1271
Student ………①224
STUDIO BUZZI
　………………②231
studio zero ……①797
Study Group of
　Japanese Food
　Culture and
　Educational
　Program ……①39
Sturdivant, Rodney
　X. ……………②657
sumica …………①20
Suzuki, Brooke
　………………①733
sweet編集部 …
　………①205, ①799
Swind ………①1222
Syroh …………①843
TABILISTA編集部
　………………②446
TABIPPO …
　………①200, ①209
Tabolt, Joseph
　………………①642
TAC介護福祉士受験
　対策研究会
　………②80, ②81
TAC貸金業務取扱主
　任者講座 ……②476
TAC管理業務主任者
　講座 …②494, ②496
TAC行政書士講座
　………………②237,
　②238, ②239
TACケアマネ受験対
　策研究会 ……②81
TAC建設業経理士検
　定講座 ………②470

TAC建築士講座
　………………②640
TAC公認会計士講座
　………②488, ②492
TAC公認会計士講座
　「短答プロジェク
　ト」チーム …②488
TAC公認会計士講座
　「論文プロジェク
　ト」チーム …②489
TAC公務員講座
　………………②177,
　②178, ②180, ②182
TAC社会福祉士受験
　対策研究会 …②81
TAC社会保険労務士
　講座 …②501, ②502
TAC出版開発グルー
　プ………………②471,
　②472, ②474, ②494
TAC出版編集部
　………………②191,
　①192, ①193, ①194,
　①195, ①196, ①424,
　②178, ②180, ②181,
　②182, ②239, ②469,
　②481, ②502
TAC証券アナリスト
　講座 …②480, ②506
TAC証券外務員講座
　………………②482
TAC情報処理講座
　………………②563,
　②564, ②565, ②566,
　②567, ②568
TAC税理士講座
　………………②489,
　②490, ②492, ②493
TAC宅建士講座
　………………②498,
　②498, ②499
TAC知的財産管理技
　能検定講座 …②507
TAC中小企業診断士
　講座 …②486, ②488
TAC通関士講座
　………………②507
TACビジネス実務法
　務検定講座 …②508
TAC不動産鑑定士講
　座 ……………②495
TAC弁理士講座
　………………②631
TAC簿記検定講座
　………………②470,
　②471, ②472, ②473
TACマンション管理
　士管理業務主任者
　講座 …②494, ②495
TACマンション管理
　士講座 ………②495
Tac宮本 ………②531
TAC BATIC講座
　………………②510
TACFP講座 …②478,
　②481, ②482,
　②483, ②485
TAC IT講座 …②562
Taji ……………①302
TAKAKI_KUMADA
　………………①776
Takeo
　Dec. ··①775, ①776
TAKU …………①779
Takumi 明春 …①287
tama …………①841
tami ……①61, ①66
Tamy …………①56
TART DESIGN
　………………②540

Tavakoli, Mony
　………………①660
TBC受験研究会主任
　講師陣 ………②486
TBSヴィンテージク
　ラシックス …①916
TBSラジオ ……①944
TBSラジオ「相談は
　踊る」…………①93
TCB ……………①839
TDL&TDS裏技調査
　隊 …①193, ②31
team錬金 ……①1017
TEAM NACS ··①774
Team NINJA …①282
team yoree.……①1159
TEAS事務所 …
　………①508, ①887
Tech Kids School
　………………②547
TEENS執筆チーム
　………………①686
TENTO …………②559
tera ……………①1239
Testosterone ···②25,
　①122, ①163, ②342
TEX加藤 …
　………①660, ①661
『THE21』編集部
　………………①641
THE ARK
　COMPANY研究
　生 ……………①143
The
　BEST制作委員会
　………②177, ②178
The Japan News
　………………①646
The Modern
　Language
　Association of
　America ……①654
THE PAGE編集部
　………………②690
Think IT編集部
　………………②522
Tidwell, Valerie
　………………①648
Tiger（松本大河）
　………………②337
Tink create …①75
TIS ……………②553
titio ……………①860
TKC九州会 …②306
TLIG日本 ……①141
TLS出版編集部
　………………②668
TMI総合法律事務所
　………………②209
TMS …………②800
TMSエデュケーショ
　ン ……………②316,
　②462, ②544
TNL ……………②624
TOKIIRO ……①270
TO～KU ……①1239
TokusiN ………②651
TOKYO FM …①86
TOMA社会保険労務
　士法人 ………②462
TOMATOぱす太
　………………①408
tomo4 …………①1239
TONおのさか…①273
TOO HAJIMU
　………………①324
Toshi&JUN …②528
Towle, Bradley
　………………①660
TOYRO倶楽部

………………①536
Tracy, Mary Fran
　………………①765
Trapp, Charles
　………………②663
TRIGGER …
　………①365, ①801
trikotri ……①72, ①83
Triple Win …①320
Tsuda, Eisaku ··①255
tsukao ………①768
tsukasa ………①863
TSUKURU ……②30
T.T.たなか ……①254
TTT講師陣 ……①661
tupera
　tupera ……①324,
　①330, ①342
Turpin, Sarah ··②716
TYA - TYA …①138
TYM344 ………①826
TYPE - MOON
　………………①774
UCCコーヒー博物館
　………………②23
UGC企画課 ··①775,
　①778, ①806, ①846
UNESCO ……①679
UNPLUGGED
　STUDIO …②251
up - on Girl Friends
　………………①51
.URUKUST ……①75
usi ………①348, ①351
USJ裏技調査隊 ①194
USJのツボ …①194
U - suke ………①331
utopiano ………①75
V, サラ. ………①318
Vジャンプ編集部
　………………②281,
　①282, ①284
VanBenthuysen,
　Robert ………①660
Van Kampen,
　Marijke ……②750
Varlamov, A.A.
　………………②667
Vasiliev, Boris I.
　………………②679
v - com2 ………②393
VERSUS研究会
　………………②699
VERY編集部 …①307
Voet, Donald …②673
Voet, Judith G.
　………………②673
Wセミナー 司法書士
　講座 …②235, ②237
wacamera ……①450
Waffle
　………①1396, ①1397
『WAGO - 和合』編
　集部 …………①506
WALLACE, JANE
　………………①241
Wallace, Kathe
　………………②760
Wan編集部 …①264
Watson, James D.
　………………②686
WAVE出版 ……①714
WDI マーケティング
　………………②428
Webマーケティング
　支援会議 ……②339
WEB＋DB PRESS
　編集部 ………②522
Web Designing編集
　部 ……………②516
WEEKENDSTITCH
　………………①77

Weller, Mark ··②670
Wells, Lindsay ··①654
WhiteFlame ……①1134
Wieben, Karin ·②733
WILLこども 知育研
　究所 …………①155,
　①327, ①328, ①330,
　①331, ①332, ①342,
　①440, ②59, ②456,
　②755, ②780, ②782
Williams, Jim ··②597
Williams, Kate
　………………②712
WingPRO教材チー
　ム ……………①685
Winker, Margaret
　A. ……………②705
WinOPZ………②544
Wismeijer, Daniel
　………………②754
withersworldwide
　………………②191
WIT HOUSE …①661
wogura ………①366
WOMJメソッド委員
　会 ……………②335
Won, Alex ……①780
Wood, Richard D.
　………………②602
WOONIN ……①61
Word
　inc. ……①40, ①41
WORLD
　BREAKFAST
　ALLDAY ……①50
WORLD
　HERITAGE ART
　………………①866
WOWOWテニス
　チーム ………①226
WRITES
　PUBLISHING
　………①106, ②340
XFLAG
　スタジオ …①283,
　①370, ①534,
　①887, ①1137
Y.A …………①1302
YADOKARI …②27
yajitama ………①335
Yamane, Kathleen
　………………①641
Yamazaki, Erika C.
　………………①642
Yamazaki, Stella M.
　………………①642
YANAMi ………①859
Yao, Jeffrey ……②292
Yielder ………①860
YKKAP窓研究所
　………②613, ②615
YMCK …………①820
yocco …………①66
Yogini編集部 …①161
Yokota　　　　　ab,
　Inc. ··②536, ②546
YOUCHAN ……①865
Yu, Zhang ……②292
YUKA …………①201
Yuka …①354, ①422
YUKARI ………①156
Yuki …①8, ①158
yukiko …………②28
yuki kuroyanagi
　………………①809
Yukky …………①104
yu matsu ……①264
YUME …………①359,
　①369, ①370, ①374
Yumi …………②360

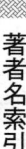

∞yumi* ……①1302
YUMMY&D編集部
　………①61
yuna ……①61, ①66
yuriexx67 ……①234

YUSUKE MIZUNO
　………①261
yutaokuda ……①866
YUU ………①422
Yuzuko ………①77

yy_yank ………②555
YYY PRESS …①260
ZAITEN編集部
　………②280
ZECOOパートナー

ズ ………②319
Zeebra ………①805
ZERO ………①246
ZERO GYM …①158
Zhang, Dongyang

………②267
Zhou, Zhi‐Hua
………②522
ZIGEN ………①779
zip証券アナリスト受

験対策室 ……②481
ZO設計室 ……②621
ZOO動物プロ …①265
ZUN ………②30

書 名 索 引

嗚呼！ 学生寮 …… ①926
ああしたい！ こうした
い！ 自治会・PTAの
書類のつくり方 ②534
ああしたい！ こうした
い！ 地図や案内図の
つくり方 …… ②544
ああしたい！ こうした
い！ Excel & Word
でできる見積書 顧客
リスト ビジネス定番
書類のつくり方 ②537
ああ、素晴らしき人生。
…… ①941
あぁ、だから一人はい
やなんだ。 …… ①940
ああ勇者、君の苦しむ
顔が見たいんだ〈3〉
…… ①1294
アイアムアヒーロー
THE NOVEL …… ①1116
アイアンマンの日常 · ①847
あいいろ …… ①779
あいうえ築地の河岸こ
とば …… ②457
あいうえどうぶつえん
…… ①322
愛を偽る花嫁 …… ①1366
愛を演じて〈15〉…… ①1380
愛を乞う異形 …… ①1406
愛を込めて料理を作っ
たら、素敵な社長に
プロポーズされまし
た …… ①1403
愛を授かりしベネチア
…… ①1377
愛を知りたくて …… ①1392
愛を試す一週間 …… ①1366
愛を綴るキルト …… ①77
愛を振り込む …… ①1015
愛を味方にする生き方
…… ①84
愛を宿したウエイトレ
ス …… ①1375
愛を宿した個人秘書
…… ①1375
愛歌 …… ①803
愛が輝く聖夜〈2017〉
…… ①1366
愛がすべてを癒す …… ①84
アイカツスターズ！ 星
のツバサアイドル名
かん …… ①320
アイカツスターズ！ ま
んが＆アイドルミニ
名かん …… ①436
アイカツ！ フォトonス
テージ!!イラストコレ
クション …… ①279
哀歌とバラッド …… ①961
愛からのメッセージ · ①112

合気速習 …… ①236
合気道と中国武術はな
ぜ強いのか？ …… ①236
合気の極み …… ①236
愛犬と一緒に幸せにな
る風水入門 …… ①133
愛犬のための症状・目的
別高齢犬ケア百科 · ①263
愛犬マッサージ 基礎編
…… ①263
愛国汚職の壊憲政権 · ①137
愛国者 …… ②19
「愛国」という名の亡国
論 …… ②19
愛国とノーサイド …… ①926
愛国論 …… ②137
愛子の小さな冒険 …… ①946
アイコンの組織論 …… ②274
愛さずにいられない · ①944
あいさつでんしゃ …… ①322
愛され上手は程遠い!?
…… ①1295
愛されすぎたぬいぐる
みたち …… ①261
愛されたい！ なら「日
本史」に聞こう …… ①530
愛されない妻 …… ①1378
愛されヨガ …… ①161
愛されリアルコーデ · ①28
愛される資格 …… ①1014
愛される人生 …… ①85
愛されるのもお仕事で
すかっ!? …… ①1181
会沢正志斎の晩年と水
戸藩 …… ①556
相沢梨紗×四方あゆみ
キラキラって輝く星
はどこにあるの · ①766
愛燦々 …… ①839
愛しすぎて… …… ①1390
愛していると言ってく
れ！〈1〉 …… ①1138
愛しているとは限らな
い …… ①1317
愛執染着 …… ①1399
哀愁の化石 …… ①961
哀愁の巴里〈3〉…… ①837
相性がわかる！ 県民性
のヒミツ …… ②31
哀傷コレクション …… ①1303
愛情生活 …… ①939
愛人契約 …… ①1387
アイシン精機の就活ハ
ンドブック〈2019年度
版〉…… ①288
愛人には幼すぎて … ①1378
会津 喜多方 磐梯 大内
宿 …… ①191
会津・近世思想史と農
民 …… ①535
アイスクリームが溶け
てしまう前に …… ①344
あいすくりーむとじょ
し …… ①40
あいすくりーむにあり
をのせたら あいうえ
お …… ①322
会津執権の栄誉 …… ①1044
会津の郷土料理 …… ①48

愛すべき『蟲』と迷宮で
の日常〈3〉…… ①1212
愛すべき『蟲』と迷宮で
の日常〈4〉…… ①1212
会津戊辰戦死者埋葬の
虚と実 …… ①535
アイスランドと日本に
架けた虹 …… ②83
愛する …… ①112
愛する人を失ったとき
あなたに起こること
…… ①488
愛すればせつなくて
…… ①1336
哀惜の剣〈3〉…… ①1040
愛憎が丘 …… ①1380
愛憎の檻〈3〉…… ①1059
愛蔵版「今、ここ」を生
きる …… ②274
愛蔵版 地図から読み解
く戦国合戦 …… ①551
ISOTYPE（アイソタイ
プ）…… ①620
アイソモーフィック
JavaScript …… ②559
逢いたい夜は、涙星に
君を想うから。…… ①1214
あいたくてあいたくて
…… ①307
あいたくなっちまった
よ …… ①323
愛だけが呪いを解くの
…… ①1339
愛だと気づいてから
…… ①1394
「間にある都市」の思想
…… ①446
愛知あるある …… ②22
愛知県の鉄道 …… ②432
愛知県の山 …… ①189
愛知で知る読む日本文
学史15講 …… ①893
愛知に学ぶ高校野球！
激戦区を勝ち抜く方
法 …… ①220
あいちのおかず …… ①48
愛知ふるさと素描 …… ②22
愛着関係とメンタライ
ジングによるトラウ
マ治療 …… ①488
アイちゃんのいる教室 6
年1組にじ色クラス
…… ①411
アイ★チュウ〈2〉… ①1131
愛鳥のための健康手づ
くりごはん …… ①262
アイデアをカタチにす
る！ ブロック玩具ビ
ルダーバイブル …… ①285
アイデアスケッチ …… ①875
アイデア大全 …… ②274
アイデアノートで普通
の部屋がなぜか可愛
くなる …… ①3
アイデアはどこから
やってくるのか …… ①346
アイデアはひとつじゃ
ない！ …… ①411
アイデア広がる！ 配色
バリエーション

BOOK …… ①881
相手がノリノリで話し
出す「スゴい！ ひと
言」大全 …… ②358
あいててて …… ①323
相手と場面で使い分け
る 英語表現ハンド
ブック …… ②637
相手に本音を語らせて、
思いのままに動かす
技術 …… ②358
相手にNOといわせな
い「空気」のつくり方 · ②358
相手の心をつかんで離
さない10の法則 …… ②340
相手のホンネは「しぐ
さ」でわかる …… ①477
逢いては染まり …… ①1313
アイテムチートな奴隷
ハーレム建国記〈4〉
…… ①1248
アイテムチートな奴隷
ハーレム建国記〈5〉
…… ①1248
相手も自分も疲れない
ほんとうの気遣いの
コツ …… ②363
相手もよろこぶ私もう
れしい オトナ女子の
気もち帳 …… ①112
アイデンティティ …… ①488
アイデンティティ・ク
ライシス …… ①847
アイデンティティ経済
学と共稼ぎ夫婦の家
事労働行動 …… ①254
愛という名の足枷 …… ①1378
愛と怒りの行動経済学
…… ①254
愛と祈りで子どもは育
つ …… ①10
愛と英知の道 …… ①526
愛と哀しみの信州 …… ①1099
愛と哀しみの富豪一族
…… ①1389
愛と感動 信濃路うたの
旅〈下〉…… ①903
愛と狂瀾のメリークリ
スマス …… ②110
愛と結婚と永遠の伴侶
スピリットメイトと
は何か？ …… ①135
愛と幻想のレスポール
…… ①804
愛と子宮に花束を …… ①949
愛と死の真実 …… ①947
愛と憎しみを込めた旦
那への猟奇的弁当 · ①65
愛と憎しみ 奇跡の老老
介護 …… ②67
愛とは美味なるもので
ある …… ①1319
愛とボヤキの平成プロ
野球史 …… ①222
アイドリッシュセブン
オフィシャルファン
ブック〈2〉…… ①279
アイドル稼業、はじめ
ました！ …… ①1163
アイドル×プロレス · ①238

アイドル・ことまり！
〈2〉…… ①358
アイドル・ことまり！
〈3〉…… ①358
アイドル×戦士 ミラク
ルちゅーんず！ …… ①344
アイドル×戦士ミラク
ルちゅーんず！ ヒロ
インずかん …… ①320
アイドルタイム プリパ
ラアイドルずかん · ①320
アイドルとヲタク大研
究読本 イエッタイ
ガー …… ②29
アイドルに捧げた青春
…… ①766
アイドルになりたい！
…… ①766
「アイドル」のメディア
史 …… ①766
アイドル/メディア論講
義 …… ②93
愛なきアポロと小さな
命 …… ①1373
愛なき億万長者の嫉妬
…… ①1377
愛なきハネムーン …… ①1390
愛なき富豪が授けた命
…… ①1382
愛なんて嘘 …… ①1002
愛なんてきっと、そこ
にある。…… ①112
愛について …… ①254
愛についての感じ …… ①987
愛になれない仕事なん
です …… ①1315
愛に砕く時 …… ①1303
愛にもいろいろありま
して …… ①1003
愛に乱暴〈上〉…… ①1115
愛に乱暴〈下〉…… ①1115
愛人形 …… ②34
アイヌ語・恵庭の地名
をたどる …… ②119
アイヌ語地名と日本列
島人が来た道 …… ②119
アイヌ語の文構造 …… ②628
アイヌ歳時記 …… ②119
アイヌ、100人のいま
…… ①254
アイネクライネナハト
ムジーク …… ①984
愛の証と言えずに…
…… ①1383
愛の在り処に誓え！
…… ①1320
愛の安住地 …… ①563
愛のうた …… ①814
愛の仮晶 …… ①839
愛のかたち …… ①993
愛の儀式 …… ①1393
愛の空白 …… ①1366
愛の才能 …… ①1320
愛の十字架 苦しみの彼
方に開く扉 ヘブライ
語訳版 …… ①521
愛之助日和 …… ①787
愛の台南 …… ①201
愛の誓いは夢の中 …… ①1337

書名索引

愛の取り引き ……… ①1387
愛の奴隷になりました
　……………………… ①1326
愛の縫い目はここ …… ①961
愛の秘薬はいかが？
　……………………… ①1385
愛のへんないきもの … ①1254
愛の方程式 …………… ①869
愛のまなざし ………… ①968
愛の湖 ………………… ①344
愛の目覚めは突然に
　……………………… ①1330
愛の夜明けを二人で
　……………………… ①1343
愛の連鎖 ……………… ①521
愛の忘れ形見 ………… ①1381
愛は記憶のかなたに
　……………………… ①1391
愛は脅迫に似て …… ①1366
愛は序曲に始まって
　……………………… ①1391
愛は背中合わせ …… ①1393
愛は前途多難！ …… ①1307
愛は地球を救わない・①135
愛は憎しみを越えて・①135
愛は味噌汁〈3〉 …… ①1022
愛原そよぎのなやみご
　と ………………… ①1294
愛は…わ・か・れ … ①1019
アイビーと不思議な蝶
　……………………… ①864
アイヒマン調書 …… ①606
愛猫とずっと一緒に、
　幸せに 長生き猫の暮
　らしとお世話 …… ②264
相振り飛車で勝つため
　の18の心得 ……… ①248
愛別十景 …………… ①926
相棒〈4〉 …………… ①1066
相棒ゴブリンとまった
　り遊ぶVRMMO ・・①1193
相棒はドM刑事（デカ）
　〈3〉 ……………… ①1092
相棒 season15〈上〉・①1067
相棒 season15〈中〉・①1067
相棒 season15〈下〉・①1067
相棒 season3〈上〉 … ①380
相棒 season3〈下〉 … ①380
あいまいさへの非寛容
　と精神的健康の心理
　学 ………………… ①477
あいまい生活 ……… ①1015
曖昧なままに ……… ①1246
愛ゆえの反ハルキスト
　宣言 ……………… ①910
愛欲スイッチ ……… ①1318
藍より出でて ……… ①1049
愛らしい加賀のゆびぬ
　き …………………… ②72
アイラブユー ……… ①304
アイリスからの贈り物
　……………………… ①990
アイリーン・グレイ ②615
アイリーンはもういな
　い ………………… ①1355
アイルランド〈2017〜
　2018年版〉 ……… ①205
アイルランドとEUの租
　税紛争 …………… ②252
アイルランドの言葉と
　肉 ………………… ①920
アイレスの死書〈1〉
　……………………… ①1250
文色（あいろ）と理方
　（りかた）………… ②93
アインシュタイン …… ①388
アインシュタイン・大
　人の科学伝記 …… ②650

アウグスティヌス
　……………… ①135, ①468
アウグスティヌスと
　マス・アクィナス ・①521
アウトキャスト〈1〉・・①847
アウトキャスト〈2〉・①847
アウトサイド・アカデ
　ミア!! ……………… ①1180
アウトドア＆感動体験
　ガイド 北海道 …… ①191
アウトドア・ものロー
　グ ………………… ①939
アウトブレイク・カン
　パニー萌える侵略者
　〈17〉 ……………… ①1200
アウトブレイク・カン
　パニー 萌える侵略者
　〈18〉 ……………… ①1200
悪党（アウトロー）… ①1110
アウトローのワイン論
　…………………………①45
アウトロー俳句 …… ①971
会う人すべてがあなた
　のファンになる一流
　の魅せ方 ………… ②341
和えるおかず …………①48
和えるからおいしいお
　かず …………………①48
碧い海、茜色の島 … ①1401
アオイガーデン …… ①1336
青い衣の女 ………… ①1332
あおいジャッカル … ①309
青いスタートライン ①344
蒼い月 ……………… ①1013
あおいでんしゃでいく
　からね …………… ①307
青い鳥がなくとき … ①323
青い鳥のロンド …… ①1015
あおいにわ ………… ①304
葵の剣士 風来坊兵馬
　……………………… ①1063
葵の残葉 …………… ①1034
青い花 ……………… ①1003
青い花は未来で眠る
　……………………… ①1118
青い服の女 ………… ①1057
青い星からのメッセー
　ジ …………………… ①135
青い眼の琉球往来 …… ①535
あおい妖精たち …… ①839
青いろノート ……… ①254
青鉛筆の女 ………… ①1354
青鬼 断章編 ……… ①1131
青蚊帳 ……………… ①961
蒼き革命のヴァルキュ
　リア設定資料集 … ①839
青木月斗句集 月斗句集
　……………………… ①971
「青木嵩山堂」…………②15
青木伸生の国語授業 3
　ステップで深い学び
　を実現！ 思考と表現
　の枠組みをつくるフ
　レームリーディング
　……………………… ①722
青木伸生の国語授業 フ
　レームリーディング
　で説明文の授業づく
　り ………………… ①725
青木伸生の国語授業 フ
　レームリーディング
　で文学の授業づくり
　……………………… ①725
蒼き鋼のアルペジオ・
　アルス・ノヴァ・造
　艦技術大全 ……… ①285
蒼きバラのあやまち
　……………………… ①1395
青木善保詩選集一四〇

篇 ………………… ①961
仰げば尊し …………… ①976
アオザイ通信完全版〈1〉
　………………………②86
アオザイ美人の仮説 …②86
青白く輝く月を見た
　か？ ……………… ①1286
青空トランペット …… ①344
青空に飛ぶ ………… ①995
あおぞらの木 ……… ①323
青トレ ……………… ①234
丹青（あおに）よし … ①830
青の祓魔師（エクソシス
　ト）……………… ①1131
青の王 ……………… ①1126
青の騎士（ブルーナイ
　ト）ベルゼルガ物語
　〈上〉 ……………… ①1253
青の騎士（ブルーナイ
　ト）ベルゼルガ物語
　〈下〉 ……………… ①1254
青の騎士（ブルーナイ
　ト）ベルゼルガ物語
　絶叫の騎士 ……… ①1254
青の騎士（ブルーナイ
　ト）ベルゼルガ物語
　『K』 ……………… ①1254
青の聖騎士伝説 …… ①1262
青の聖騎士伝説〈2〉
　……………………… ①1262
蒼のファンファーレ
　……………………… ①1016
碧のみち …………… ①976
青葉のタスキ ……… ①988
青薔薇姫のやりなおし
　革命 ……………… ①1179
青虫は一度溶けて蝶に
　なる ……………… ①508
青森県の山 ………… ①189
青森はいつも美しい 美
　景周遊 …………… ①254
青森わが愛 ………… ①1099
青山義雄画集〈1〉 … ①837
青山義雄画集〈2〉 … ①837
アーカイヴの病 …… ①473
赤いオーロラの街で
　……………………… ①1118
赤い韓国 …………… ②131
赤い金魚と赤いとうが
　らし ……………… ①323
あかい自転車 ……… ①309
赤い旋風 …………… ①1391
赤いゾンビ、青いゾン
　ビ。〈5〉 ………… ①944
赤い天使 …………… ①984
赤い鳥の翼に乗って 湯
　山昭童謡歌唱歌100選
　ゆうやけなび … ①817
赤いながぐつ ……… ①382
あかいふうせん …… ①323
赤い密約 …………… ①1087
赤いモスク ………… ①1096
赤い夕日の満州で … ①585
あかいろうそく …… ①309
アカウンタビリティか
　ら経営倫理へ …… ②369
あかえほん ………… ①302
あかがいちばん …… ①309
赤毛のアン〈上〉 … ①379
赤毛のアン〈下〉 … ①379
赤毛のエイリークのサ
　ガ（他）………… ①925
赤毛のゾラ〈上〉 … ①371
赤毛のゾラ〈下〉 … ①371
赤坂真二×堀裕嗣往復
　書簡 ……………… ①748
アガサ・クリスティー
　の大英帝国 ……… ①920

アガサ・レーズンと禁
　断の惚れ薬〈9〉 … ①1352
赤字経営でも驚異の高
　値で売れる 中小企業
　の再生型M&A ……②300
アカシックリコード
　……………………… ①1279
赤シート対応 1回で合
　格！ 原付免許完全攻
　略問題集 ………… ①243
赤シート対応 1回で合
　格！ 第二種免許完全
　攻略問題集 ……… ①242
赤シート対応 1回で合
　格！ 普通免許完全攻
　略問題集 ………… ①242
赤シート対応 完全合
　格！ 原付免許1200問
　実戦問題集 ……… ①243
赤シート対応 完全合
　格！ 原付免許2000問
　実戦問題集 ……… ①242
赤シート対応 最短合
　格！ 原付免許テキス
　ト＆問題集 ……… ①243
赤シート対応 最短合
　格！ 普通免許テキス
　ト＆問題集 ……… ①242
赤シート対応 絶対合
　格！ 原付免許出題パ
　ターン攻略問題集 ・①243
赤シート対応 絶対合
　格！ 普通免許出題パ
　ターン攻略問題集 ・①242
赤シート対応 3日間で
　スピード合格！ 原付
　免許問題集 ……… ①243
赤シート対応 3日間で
　スピード合格！ 普通
　免許問題集 ……… ①242
あかし本 ………………②22
あかずきん ………… ①308
赤ずきん …………… ①309
明かせぬ正体 ……… ①1268
明かせぬ正体〈2〉 … ①1268
赤備えの鬼武者 井伊直
　政 ………………… ①1041
赤ちゃん狼が縁結び
　……………………… ①1306
赤ちゃんを授かるため
　の検査 ………………①7
赤ちゃん学で理解する
　乳児の発達と保育〈第
　2巻〉 ……………… ①687
赤ちゃんができた！ さ
　ずかり体操 …………①7
あかちゃんごしゃべ
　りえほん ………… ①302
あかちゃんごしゃべ
　りずかん ………… ①302
赤ちゃん騒動記A ・①1305
赤ちゃんと俺とやくざ
　さん ……………… ①1320
赤ちゃんと暮らす …①2
赤ちゃんと新婚ママの
　愛され日記 ……… ①1405
赤ちゃんとママがぐっ
　すり眠れる本 ………①8
赤ちゃんとママのため
　の「朝までぐっすり
　睡眠プラン」……… ①170
赤ちゃんの四季 ………①8
赤ちゃんのためのかわ
　いい小もの …………①72
赤ちゃんの脳と心で何
　が起こっているの？
　……………………… ②729
赤ちゃんの発達とア
　タッチメント …… ①687

赤ちゃんのみつめる目 ・・①8
赤ちゃんは神様 …… ①687
あかちゃんはどこから
　くるの？ ………… ①304
あかちゃんパンダ … ①406
「赤ちゃんポスト」は、
　それでも必要です。②48
あかちゃんみーつけ
　た！ ……………… ①303
赤塚不二夫が語る64人
　のマンガ家たち … ②32
「あかつき」一番星のな
　ぞにせまれ！ …… ①402
あかつき球団事務所へ
　ようこそ ………… ①1140
暁の火花〈16〉 …… ①1043
暁の湊 ……………… ①1081
アカデミア創薬の実践
　ガイド …………… ①768
アカデミック・ハラス
　メントの解決 …… ①676
アカデミック・ライ
　ティングの基礎 … ①633
紅と白 ……………… ①1046
「赤とんぼ」で学ぼう 歌
　が上手くなる「シン
　プル声楽法」……… ①810
茜色の記憶 ………… ①1281
赤猫始末〈3〉 ……… ①1032
茜さすセカイでキミと
　詠うSTARTER
　BOOK …………… ①847
茜空 ………………… ①1064
茜の茶碗 …………… ①1032
アカネヒメ物語 …… ①356
赫光（あか）の護法枢機
　卿（カルディナーレ）
　……………………… ①1166
赫光（あか）の護法枢機
　卿（カルディナーレ）
　〈2〉 ……………… ①1166
赤羽 十条 王子＋東十条
　……………………… ①185
あかはまが池の摩耶 ・①323
赤ペン精霊の神剣ゼミ
　でクラス最強の魔法
　剣士になれました
　……………………… ①1287
赤松健画集 ………… ①839
あかまるどれかな？ ・①302
赤門 ………………… ①530
あかやあかしやあやか
　しの画集 ………… ①839
あかりちゃんのつうが
　く ………………… ①323
明るい公務員講座 … ②151
あかるい時間に …… ①961
明るい失敗 ………… ①85
明るく死ぬための哲学
　……………………… ①458
秋 …………………… ①254
アーキア生物学 …… ②681
秋うた ……………… ①809
あー気づきさえすれば!!
　……………………… ①85
秋田犬 ……………… ②690
秋田・消えゆく集落180
　……………………… ②22
秋田の中の「伊勢」… ①535
秋田の民謡、人と唄を
　たどる …………… ①819
「秋田藩」研究ノート ・①535
秋田實 笑いの変遷 … ①785
アーキテクチャと法 ②220
空き店舗〈幽霊つき〉あ
　ります（幽霊つき）①1088
あきない世傳 金と銀
　〈3〉 ……………… ①1047

あきない世傳金と銀〈4〉
　………………①1047
秋成論攷 …………①898
秋の樹木図鑑 ……②689
秋の蟬 ……………①926
秋の葉っぱ ………①304
明仁天皇の言葉 …②149
空き家3軒時代到来！
　激変する既存住宅ビ
　ジネスと税制活用 ②274
空き家譲渡の3,000万円
　控除の特例 早わかり
　………………②398
空き家大国ニッポン ①192
空き家対策の処方箋 ①192
空家法施行と自治体空
　き家対策 ………②155
秋山仁の教育羅針盤（コ
　ンパス）…………①673
秋山善吉工務店 …①1098
旦那（アキラ）さんはア
　スペルガー ……①488
アキラとあきら …①984
諦めない女 ………①1082
あきらめない勇気 ①231
あきらめない練習 ②346
あきらめなければ、痛
　みも、麻痺も、必ず治
　る！ …………①145
諦める技術 ………①85
あきれた紳士の国イギ
　リス ……………②83
アクアパッツァ 日髙良
　実 パスタの秘伝 ……①48
アクアブルーに恋は濡
　れて ……………①1314
アクアマン：王の最期
　（THE NEW 52！）
　………………①847
アクアリウム☆飼い方
　上手になれる！ 熱帯
　魚 ………………②697
悪医 ………………①1084
安居院作『神道集』の成
　立 ………………①547
悪逆騎士団〈2〉 …①1281
悪左府の女 ………①1030
アクシスパワーマスタ
　リーメソッド ……①216
アクシデント＆エマー
　ジェンシー X線読影
　サバイバルガイド ②734
アクシデント・レポー
　ト ………………①1014
悪女の品格 ………①1095
悪性新生物の正体 ②700
悪性リンパ腫 ……②735
アクセル ………②332
アクセル・ワールド
　〈22〉 ……………①1183
アクセル・ワールドVS
　ソードアート・オン
　ライン 千年の黄昏
　（ミレニアム・トワイ
　ライト）ザ・コンプ
　リートガイド ……①279
アクセンチュア流生産
　性を高める「働き方
　改革」 …………②458
芥川賞の偏差値 …①902
芥川追想 …………①910
芥川龍之介 ………①910
芥川竜之介紀行文集 ①939
芥川龍之介試解 …①910
アクチュアリー試験 合
　格へのストラテジー
　数学 ……………②650
アクティブな学びを創
　る授業改革 ……①712

アクティブに学ぶ子ど
　もを育む理科授業 ①729
アクティブノイズコン
　トロール ………②595
アクティブ・ラーニン
　グを位置づけた高校
　英語の授業プラン ①733
アクティブ・ラーニン
　グを位置づけた高校
　数学の授業プラン ①725
アクティブ・ラーニン
　グを位置づけた高校
　理科の授業プラン ①729
アクティブ・ラーニング
　を位置づけた小学校
　英語の授業プラン ①733
アクティブ・ラーニン
　グを位置づけた小学
　校国語科の授業プラ
　ン ………………①722
アクティブ・ラーニン
　グを位置づけた小学
　校算数科の授業プラ
　ン ………………①726
アクティブ・ラーニン
　グを位置づけた小学
　校社会科の授業プラ
　ン ………………①730
アクティブ・ラーニン
　グを位置づけた小学
　校特別の教科 道徳の
　授業プラン ……①736
アクティブ・ラーニング
　を位置づけた小学校
　理科の授業プラン ①729
アクティブ・ラーニン
　グを位置づけた中学
　校特別の教科 道徳の
　授業プラン ……①736
アクティブ・ラーニン
　グを超えていく「研
　究する」教師へ …①712
アクティブ・ラーニン
　グをサポートする！
　学校図書館活用プロ
　ジェクト掲示ポス
　ター＆ポイントシー
　ト事典 …………①712
アクティブ・ラーニン
　グをサポートする！
　小学校教室掲示ポス
　ター＆言語能力アッ
　プシート事典 ……①712
アクティブラーニング
　を成功させる学級づ
　くり ……………①706
アクティブ・ラーニン
　グ 学習発表編 ……①423
アクティブ・ラーニン
　グが絶対成功する！
　小・中学校の家庭学
　習アイデアブック ①712
アクティブ・ラーニン
　グ時代の看護教育 ②762
アクティブ・ラーニン
　グ 授業改革のマス
　ターキー …………①712
アクティブ・ラーニン
　グ 調べ学習編 ……①424
アクティブラーニング
　対応 エピソードから
　読み解く障害児保育
　………………①680
アクティブ・ラーニン
　グで授業を変える！
　「判断のしかた」を取
　り入れた小学校国語
　科の学習課題48 …①722
アクティブラーニング

で学ぶ 特別支援教育
　………………①680
アクティブラーニング
　で学ぶ 福祉科教育法
　………………②48
アクティブ・ラーニン
　グで身につく発表・
　調べ学習〈4〉 …①411
アクティブラーニング
　入門〈2〉 ………①712
アクティブ・ラーニン
　グのゼロ段階 ……①712
アクティブラーニング
　のための心理学 …①757
「アクティブ・ラーニン
　グ」のための表現力
　育成10のポイント 中
　学年編 …………①712
アクティブ・ラーニング
　の評価がわかる！ ①712
悪道 ………………①1113
悪道 五右衛門の復讐
　………………①1063
悪党どものお楽しみ
　………………①1357
悪党坊主龍念 ……①1052
悪党召し捕りの中世 ①547
悪と往生 …………①519
悪について ………①446
悪人の作った会社はな
　ぜ伸びるのか？ ②329
アグネス・ラム写真集
　「1974 Memories」 ①774
悪の会計学 ………②314
悪の起源 …………①469
悪の指導者（リーダー）
　論 ………………①120
悪の正体 …………①85
悪の女王の軌跡〈2〉 ①1175
悪の組織の求人広告
　………………①1189
悪の組織の求人広告〈2〉
　………………①1189
悪ノ大罪 master of the
　heavenly yard …①1145
悪の2代目になんてなり
　ません！ ………①1247
悪の秘密結社コンサル
　タント …………①1404
悪の歴史 西洋編〈上〉
　………………①586
悪の歴史 日本編〈上〉
　………………①530
悪の歴史 日本編〈下〉
　………………①530
悪の歴史 東アジア編
　〈上〉 ……………①594
悪魔を出し抜け！ ①85
悪魔からの防衛術 ①502
悪魔くんとナイショで
　同居しています ①1245
悪魔公爵と鳥かごの乙
　女 ………………①1395
悪魔召喚！〈1〉 …①358
あくまちゃんとてんし
　ちゃん …………①323
悪魔と乙女 ………①1386
悪魔とのおしゃべり ①999
悪魔な夫と恋の魔法
　………………①1403
悪魔な騎士様とウサギ
　ちゃんなお嫁さん
　………………①1403
悪魔の愛妃は、○○の
　薔薇 ……………①1405
悪魔のジョン・レノン
　………………①806
悪魔のすむ音楽 …①813

悪魔の谷 …………①1366
悪魔の日記を追え …①933
悪魔の勉強術 ……①119
悪魔の星〈上〉 …①1351
悪魔の星〈下〉 …①1351
悪魔のような公爵一家
　〈2〉 ……………①1200
悪魔のような国王陛下
　がピュアラブに目覚
　めた話 …………①1397
悪夢に架ける橋 …①1070
「悪問」のすゝめ …②29
悪役転生だけどどうし
　てこうなった。〈2〉 ①1218
悪役令嬢後宮物語〈5〉
　………………①1298
悪役令嬢後宮物語〈6〉
　………………①1298
悪役令嬢シンデレラ
　………………①1406
悪役令嬢としてヒロイ
　ンと婚約者をくっつ
　けようと思うのです
　が、うまくいきませ
　ん…。〈2〉 ………①1186
悪役令嬢なのでラスボ
　スを飼ってみました
　………………①1240
悪役令嬢に転生したけ
　どごはんがおいしく
　て幸せです！ ……①1289
悪役令嬢は、庶民に嫁
　ぎたい!! …………①1156
悪役令嬢は、ドラゴン
　とは踊らない ……①1289
悪役令嬢は、ドラゴンと
　は踊らない〈2〉 …①1290
悪役令嬢は隣国の王太
　子に溺愛される〈2〉 ①1265
悪役令嬢は隣国の王太
　子に溺愛される〈3〉
　………………①1265
悪役令嬢は隣国の王太
　子に溺愛される〈4〉
　………………①1265
阿久悠 詞と人生 …①803
阿久悠と松本隆 …①803
アーク溶接等作業の安
　全 ………………②458
悪辣執事のなげやり人
　生〈2〉 …………①1168
あぐり☆サイエンスク
　ラブ：秋と冬、その先
　に ………………①344
あぐり☆サイエンスク
　ラブ：夏 ………①344
あぐり☆サイエンスク
　ラブ：夏 ………①344
アグリビジネス進化論
　………………②445
悪霊〈1〉 …………①144
悪霊〈2〉 …………①144
アグレッシブポーカー
　………………①273
明智小五郎事件簿〈9〉
　………………①1078
明智小五郎事件簿〈9〉 ①1106
明智小五郎事件簿〈10〉
　………………①1078

………………①1078
明智小五郎事件簿〈11〉
　………………①1078
明智小五郎事件簿〈12〉
　………………①1078
明けない夜の危険な抱
　擁 ………………①1340
アゲハの公約 ……①1020
揚雲雀 ……………①971
あけましてのごあいさ
　つ ………………①323
アゲリッチの法則 …①112
顎がゆるめば、不調は
　改善される ……①182
憧れ上司の恋人役に抜
　擢されました!? …①1403
あこがれのあの人オス
　スメ！ マンガのちか
　ら〈1〉 …………①411
あこがれのあの人オス
　スメ！ マンガのちか
　ら〈2〉 …………①411
あこがれのあの人オス
　スメ！ マンガのちか
　ら〈3〉 …………①411
憧れの作家は人間じゃ
　ありませんでした
　………………①1089
憧れの作家は人間じゃ
　ありませんでした〈2〉
　………………①1089
「憧れ」の思想 ……①458
憧れの手芸作家+minne
　の人気作家「つくる」
　のある暮らし ……①72
あこがれのチュチュ ①323
憧れの“ハワイ”の物件
　を買って、賃貸収入で
　「優雅な人生」！ …②420
憧れの魔法少女の正体
　が男でした。……①1291
アゴトピ ……………①155
朝1分で服が決まる4つ
　の法則 …………①28
朝1分夜1分 軽・楽すと
　れっち …………①155
アーサー王伝説の起源
　………………①920
アーサー王と黄金のド
　ラゴン〈42〉 ……①319
アーサー王の世界〈2〉 ①381
朝起きたらダンジョン
　が出現していた日常
　について …………①1268
あさがくるまえに …①309
朝活手帳〈2018〉 …①3
「朝がつらい」がなくな
　る本 ……………①170
あさがや千夜一夜 ①957
朝から晩まで!?国王陛下
　の甘い束縛命令 ①1269
朝河貫一と日欧中世史
　研究 ……………①547
浅き夢みし〈2〉 …①1041
浅草 ………………①976
浅草演芸ホールの看板
　猫ジロリの落語入門
　………………①785
浅草鬼嫁日記〈3〉 ①1294
浅草オペラ ………①782
浅草の月 …………①1065
浅草風土記 ………①945
浅草2011‐2016 …①254
朝9時10分までにしっか
　り儲ける板読み投資
　術 ………………②392
朝雲 縮刷版（2016）②162
朝倉氏と戦国村一乗谷

書名索引

……………… ①551
「あさこ食堂」ごはん帖 ……①48
朝ごはん ………… ①433
朝桜 ……………… ①971
アサシン クリード "公
式ノヴェライズ" ‥①1362
アサシンズプライド〈5〉
……………… ①1150
アサシンズプライド〈6〉
……………… ①1150
アサシンズプライド〈7〉
……………… ①1150
麻田浩 ……………… ①839
浅田真央 ………… ①218
朝だよ！ 貝社員 爆笑!!
マジでめっちゃオモ
ロイ 海のいきもの図
鑑 ……………… ②697
アサツーディ・ケイ
（ADK）の就活ハンド
ブック〈2019年度版〉
……………… ①288
あさつゆ通信 ……… ①1017
あざとかわいい愛され
術 ……………… ①112
「朝ドラ」一人勝ちの法
則 ……………… ①780
あざ取りは6歳までに終
えなさい ……… ①145
朝に効くツボ 夜に効く
ツボ …………… ①173
朝の祈り ………… ①1340
朝の歌 …………… ①319
朝のコーヒー、夜の
ビールがよい仕事を
つくる ………… ②346
朝の時間割おかわり …②25
朝の信仰読本 …… ①501
朝の随想 あふれる …①958
朝日歌壇〈2016〉 ……①968
朝日キーワード〈2018〉
……………… ②31
朝日キーワード 就戦
〈2019〉 ……… ①288
朝日ジュニア学習年鑑
〈2017〉 ……… ①387
朝日書評大成 2001‐
2008 …………… ②2
朝日新聞がなくなる日 …②9
朝日新聞社機が撮った
1960〜70年代の鉄道
駅 首都圏／国鉄編‥②430
朝日新聞社機が撮った
総武線、京成線の街
と駅（1960〜80年代）
……………… ②432
朝日新聞社機が撮った
中央線の街と駅
"1960〜80年代" …②430
朝日新聞報道写真集
〈2017〉 ……… ②12
あさひなぐ ……… ①344
朝日俳壇〈2016〉 ……①971
アサヒビール 30年目の
逆襲 …………… ②303
朝日・毎日・読売 社説
総覧〈2016・4（10月
‐12月）〉 ……… ②9
朝日・毎日・読売 社説
総覧〈2017‐1（1月‐
3月）〉 ………… ②9
麻ひもで編む まるい
バッグと四角いバッ
グ ……………… ①81
麻布ハレー ……… ①976
アーサー・ペッパーの
八つの不思議をめぐ
る旅 …………… ①1351

あざみ野高校女子送球
部！ …………… ①1196
あざみの花 ……… ①576
アーサー・ミラー〈3〉
……………… ①783
アーサー・ミラー〈4〉
……………… ①783
アーサー・ミラー〈5〉
……………… ①783
歎きの童霊 ……… ①1066
朝読むと元気をくれる
56の言葉 ……… ①106
あざらしのきもち …①690
アジア・オセアニアにお
ける災害・経営リス
クのマネジメント ・②325
アジアから考える …①592
アジア キーパーソンで
読む未来 ……… ①249
アジア系アメリカと戦
争記憶 ………… ①576
アジア交通文化論 …②429
アジア国際産業連関表
の作成 ………… ①249
アジア産業論 …… ①569
アジア主義 ……… ①569
アジア諸国の女性障害
者と複合差別 …②43
アジア進出企業の会計・
税務 …………… ②322
アジア進出・撤退の労
務 ……………… ②466
アジア太平洋地域のメ
ガ市場統合 …… ②247
アジア太平洋と関西
〈2017〉 ……… ②271
アジア太平洋の未来図
……………… ①120
アジア動向年報〈2017〉
……………… ①249
アジアと欧米の小売商
業 ……………… ②424
アジアにおけるオリン
ピック・パラリン
ピック開催をめぐる
法的諸問題 …… ①213
アジアにおける高齢者
の生活保障 …… ②48
アジア・日本のインク
ルーシブ教育と福祉
の課題 ………… ①680
アジアの終わり … ②129
アジアの航空貨物輸送
と空港 ………… ②437
アジアのコングロマ
リット ………… ②249
アジアのサラダ … ①48
アジアの産業と企業 …②249
アジアの思想史脈 …①460
アジアの生命保険市場
……………… ②385
アジアの石油化学工業
〈2018版〉 …… ②443
アジアの地域統合を考
える …………… ②129
アジアの中の日本国憲
法 ……………… ②197
アジアのフロンティア
諸国と経済・金融 …②249
アジアのまち再生 …②249
アジアの未来へ〈Vol.3〉
……………… ②129
アジアびとの風姿 …①460
アジア仏教美術論集 中
央アジア〈1〉 …①834
アジア仏教美術論集 東
アジア〈1〉 …… ①834
アジアフットボール批
評〈special issue 04〉

……………… ①228
アジア辺境論 …… ②129
アジェンダ・選択肢・公
共政策 ………… ②169
足利 ……………… ①535
足利将軍と室町幕府 …①547
足利尊氏 ………… ①547
足利義昭と織田信長 …①547
足利義晴 ………… ①547
足利義持 ………… ①548
あしかび ………… ①971
足関節疾患のリハビリ
テーションの科学的
基礎 …………… ②750
悪しき愛の書 …… ①1328
悪しき造物主 …… ①467
あじさい折りおりがみ
……………… ①80
あじさいセミナーろく
（録）〈4〉 …… ①48
アジサイはなぜ葉にア
ルミ毒をためるのか
……………… ②686
明日 ……………… ①997
あしたを生きることば
……………… ①85
明日を変えるならスポ
ンジから ……… ①3
あしたから1ねんせい
……………… ①323
明日から会社で使える
説明力 ………… ②358
明日から実践！ 私たち
のJA自己改革 …②448
明日から使える！ 必ず
盛り上がる！ 中学校
社会科授業のネタ
＆アイデア117 …①730
明日から使える！ 高齢
者施設の介護人材育
成テキスト …… ②67
明日から本気出す人た
ち ……………… ①1242
明日から役立つ急性心
不全薬物治療のテク
ニック ………… ②768
明日から役立つ認知症
のかんたん診断と治
療 ……………… ①175
芦田川 …………… ①986
明日クビになっても大
丈夫！ ………… ②341
明日この世を去るとし
ても、今日の花に水
をあげなさい … ②700
あした死んでもいい暮
らしかた ……… ①108
あした死んでもいい30
分片づけ ……… ①5
明日死んでも後悔しな
い？ …………… ①1000
あした世界が、…… ①1000
あした飛ぶ ……… ①345
明日ともだちに自慢で
きる日本と世界のモ
ノ歴史113 …… ②31
明日、撮りたくなる写
真 ……………… ①251
明日、何を作ろう …①48
明日の色 ………… ①1002
明日のおかずも一緒に
仕込める 忙しい人の
ための「ついでレシ
ピ」…………… ①48
あしたの太鼓打ちへ‥①819
明日のために、心にた
くさん木を育てま
しょう ………… ①85
明日のひこうき雲 …①345

明日のヒットメロ
ディ〈'17‐08（vol.
537）〉 ………… ①803
明日のヒットメロ
ディ〈'17‐10〉‥①803
あしたの保育が楽しく
なる実践事例集 ワク
ワク！ ドキドキ！ が
生まれる環境構成 …①687
明日の約束〈上巻〉 …①1067
明日の約束〈下巻〉 …①1067
あしたのリーダーたち
……………… ②306
あしたの履歴書 … ①341
明日はキャット幸せに
なれる ………… ①264
あした文章教室 … ①1018
あしたヒーローになれ
る！ ドッジボール
……………… ①431
明日へ翔ぶ〈4〉 …②93
明日も会えるのかな？
……………… ①802
明日も、アスペルガー
で生きていく。 …①488
明日もいい日に … ①254
あしたも快晴 …… ①945
足太郎と瞳の立ち話
……………… ①1011
アシックスの就活ハン
ドブック〈2019年度
版〉 …………… ①288
あしながおじさん
……… ①379, ①1328
蘆名騒動 ………… ①535
足の裏を刺激して一生
歩ける体になる！ き
くち体操 ……… ①155
味の歳時記 ……… ①33
足の下のステキな床 …①875
あじのひものとビーフ
ステーキ ……… ①637
味の素の就活ハンド
ブック〈2019年度版〉
……………… ①288
あしのゆびになまえを
つけたら…？ … ①309
足場の組立て、解体、変
更業務従事者安全必
携 ……………… ②458
葦笛の詩神 ……… ①920
足ぶみ下腹ダイエット
……………… ①24
あじフライを有楽町で
……………… ①954
肢別本〈1〉 …… ②230
肢別本〈2〉 …… ②230
肢別本〈3〉 …… ②230
肢別本〈4〉 …… ②230
肢別本〈5〉 …… ②230
肢別本〈6〉 …… ②230
肢別本〈7〉 …… ②230
肢別本〈8〉 …… ②230
アジャイル開発への道
案内 …………… ②516
アジャイル検定公式テ
キスト ………… ②561
アジャイルコーチング
……………… ②547
アジャイル時代のオブ
ジェクト脳のつくり
方 ……………… ②547
芦屋の給食 ……… ①48
アジャ・リンポチェ回
想録 …………… ①515
アシュタール・コマン
ド 魂がふるえる人生
のブループリント ・①136
アシュタールメソッド

〈2〉 …………… ①136
アシュタールメソッド
〈3〉 …………… ①136
アジュバント開発研究
の新展開 ……… ②570
阿修羅の戦い、菩薩の
こころ ………… ①147
アシュール石器文化の
草創 …………… ①612
アジング・メバリング
超思考法 ……… ①232
明日を思いわずらうな
……………… ①85
明日をつくる地域金融
……………… ②376
飛鳥から遥かなる未来
のために（白虎・前
編） …………… ①1027
飛鳥京物語 律令国家へ
の道 …………… ①541
飛鳥高探偵小説選〈3〉
……………… ①1072
飛鳥・藤原京を読み解
く ……………… ①541
飛鳥文化と宗教争乱 …①541
あずきちゃん絵本 …①839
あずきとうに ……①262
アースダイバー 東京の
聖地 …………… ①185
明日なき身 ……… ①989
アステイオン〈086〉‥②92
アステイオン創刊30周
年 ベスト論文選1986
‐2016 ………… ②93
アステラス製薬の就活
ハンドブック〈2019年
度版〉 ………… ①288
アストニッシング・
ソー …………… ①847
アストロノーツは魔法
を使う ………… ①1153
明日の学び舎 …… ①698
明日の痛み ……… ①1071
明日は、いずこの空の
下 ……………… ①941
アスピーガールの心と
体を守る性のルール
……………… ①488
アスペクト解釈大事典
……………… ①127
アスペルガー症候群の
大学生 ………… ①488
アスペルガー症候群・
ADHD 子育て実践町
策集 …………… ①680
東夷 ……………… ①1040
安曇野 松本 上高地 …①193
安曇野・松本 上高地 …①193
アス飯レシピ …… ①48
アスリートケア …②215
アスリートのこころの
悩みと支援 …… ①213
アスリートヨガ … ①161
アスレティックトレー
ニング ………… ①216
アセアン共同体の市民
性教育 ………… ①747
アセス（学級全体と児童
生徒個人のアセスメ
ントソフト）の使い
方・活かし方 … ①709
アセスメントに自信が
もてる！ アロー
チャートガイド …②67
汗と涙と煩悩のチベッ
ト・ネパール・インド
絵日記 ………… ①198
汗はすごい ……… ②710
あせらず、たゆまず、

ゆっくりと。……… ①766
"アゼルバイジャン人"
　の創出 ……………… ②83
啞蟬坊伝 …………… ①766
阿蘇地域における農耕
　景観と生態系サービ
　ス ………………… ②450
あそどっぐの寝た集 ・①775
あそせん …………… ①680
あそびうた ぴよぴよ ①687
遊びをつくる、生活を
　つくる。………… ①687
アソビくろう人生をきみに。……………… ①85
遊びっ子 学びっ子 ①687
あそびの生まれる場所
　………………… ①48
遊んで身につける！ 理
　科実験カード …… ①397
あそぶ！………… ①310
あそブック ………… ①409
あそぼう、あやとり ①439
あそぼう、マジック ①436
「あ、それ欲しい！」と
　思わせる広告コピー
　のことば辞典 …… ②339
遊んで飾って使える折
　り紙 ……………… ①80
アーダ〈上〉 ……… ①1335
アーダ〈下〉 ……… ①1335
仇討一番 ………… ①1040
仇討ち街道〈2〉 …… ①1056
仇討旅 …………… ①1050
仇討ち乙女 ……… ①1052
「与える人」が成果を得
　る ……………… ②346
アダザクラ ……… ①1016
あたしたちの未来は
　きっと ………… ①1012
あたしのイジワル彼氏
　様 ……………… ①1283
あたしのクオレ〈上〉 ①371
あたしのクオレ〈下〉 ①371
あたしのすきなもの、
　なぁんだ？ …… ①310
温かな「さようなら」 ①951
足立区あるある …… ①185
安達峰一郎 ……… ①569
足立流 最強の筋トレ ①216
足立流 ど根性幸福論 ②274
アタック ………… ①234
アタック会社法 …… ②195
アタックライン …… ①1009
アタッチメント・スタ
　イル面接の理論と実
　践 ……………… ①488
アタッチメントに基づ
　く評価と支援 …… ①477
徒花の館 ………… ①1218
アダプテーションとは
　何か ……………… ①906
頭を柔らかくする！ 常
　識の「算数力」200 ・①726
頭がいい人の時間の使
　い方 ……………… ②346
頭がいい人は脳を「運
　動」で鍛えている ・①119
頭が勝手に働き出す思
　考法 ……………… ②346
頭がよくなる育脳あや
　とり ……………… ①439
頭がよくなる！ 大人の
　IQクイズ ……… ①274
あたまがよくなる！ 女
　の子のキラメキまち
　がいさがしDX … ①439
あたまがよくなる！ 女
　の子のキラメキめい

ろDX …………… ①440
頭が良くなる言葉遊び
　………………… ①971
頭がよくなる子どもと
　の遊びかた ……… ①10
あたまがよくなる！ 図
　鑑 ……………… ①387
あたまがよくなる！ た
　いけつゲームようち
　えん ……………… ①440
あたまがよくなる！ だ
　まし絵1ねんせい …①440
あたまがよくなる！ だ
　まし絵ようちえん …①440
頭がよくなる詰将棋ド
　リル …………… ①248
頭がよくなる眠り方 ・①170
あたまがよくなる！ 寝
　る前なぞなぞ366日
　………………… ①440
「頭」が良くなる文房具 ①3
アタマ新陳代謝！ アイ
　ンシュタイン式論理
　脳ドリル ……… ①274
頭すっきり！ なぞなぞ
　ゼミナール …… ①440
アタマと心の整理術 ②346
頭のいい子を育てるお
　はなし どうぶつだい
　すき！ ………… ①345
頭のいい子を育てる京
　大発想パズル …… ①10
頭のいい子を育てる 0
　～1さい はじめてえ
　ほん …………… ①302
頭のいい子を育てる 1
　～2さい あそぼうえ
　ほん …………… ①302
頭のいい子が育つあそ
　び図鑑 ………… ①387
頭のいい人の段取り ・②346
頭のいい人は知ってい
　る 仕事の裏ルール
　………………… ②346
頭の回転が200%アップ
　するクイズ …… ①274
頭の決まりの壊し方 ・①513
頭の切りかえ方 …… ②346
頭の中を「言葉」にして
　うまく伝える。 … ②274
頭の中を最適化すれば
　スコアは突然縮ま
　る！ …………… ①218
頭の中を無限ループす
　る "あの曲"を一瞬で
　消し去るすごい集中
　法 ……………… ①85
頭のよい子に育てるた
　めに3歳から15歳のあ
　いだに今すぐ絶対や
　るべきこと ……… ①10
熱海温泉誌 ……… ②245
アダム・スミス …… ②267
アダム・スミスの影 ②267
アダム・スミスの倫理
　学 ……………… ①476
アダムのリンゴ …… ①637
あたらしい一汁三菜 ・①48
あたらしい沖縄旅行 ①196
新しい回想レクリエー
　ション「人生紙芝居」
　………………… ②67
新しい学校事故・事件
　学 ……………… ①698
新しい株式報酬制度の
　設計と活用 …… ②314
新しい教育課程におけ
　るアクティブな学び
　と教師力・学校力 ・①712

あたらしい狂気の歴史
　………………… ②742
新しい教養のための生
　物学 …………… ②681
新しい建築法規の手び
　き〈平成29年版〉 ②619
新しい国保のしくみと
　財政 …………… ②72
新しい債権法を読みと
　く ……………… ②208
新しいシェルプログラ
　ミングの教科書 … ②547
新しい自然主義心理学
　………………… ①477
新しい時代のお金の教
　科書 …………… ②376
新しい時代の学童保育
　実践 …………… ①688
新しい視点で考える犯
　罪と刑事政策 …… ②211
あたらしい自分になる
　運の磨きかた百科 ・①127
新しい小説のために … ①906
新しい小児外来疾患の
　みかた、考えかた ②747
あたらしい食のシゴト
　………………… ②427
新しい世界 神ととも
　に！ …………… ①136
新しい食べ方やせる
　＆健康になる 寒天レ
　シピ …………… ①48
新しい単位 ……… ②29
新しいチェーンストア
　の出店戦略 …… ②425
新しい力 ………… ②93
新しい中世 ……… ②120
新しい特別活動の指導
　原理 …………… ①712
新しい都市緑地・農地・
　公園の活用Q&A〈平
　成29年改正対応〉 ②581
新しい日本料理 小宴会
　の料理と献立 …… ①67
新しい猫背の星 …… ①968
あたらしいパウンド
　ケーキ ………… ①69
「新しい働き方」の経済
　学 ……………… ②267
新しい微積分〈上〉 … ②656
新しい微積分〈下〉 … ②656
新しい文明の話 …… ①446
新しいページを開け！
　………………… ①823
あたらしい北海道旅行
　………………… ①191
あたらしい盆栽の教科
　書 ……………… ①269
新しいマンション標準
　管理規約 ……… ②423
新しい淫同居人 "義母と
　女教師" ………… ①1398
新しい役員責任の実務
　………………… ②195
新しい霊界入門 …… ①502
新しい和を魅せる！ … ①875
新しい分かり方 …… ①947
『新しき土』の真実 … ①789
「新しき村」の百年 … ①902
あたらしくておいしい
　和のおかし …… ①69
新しく始める線形代数
　………………… ②659
当たらない占い師が書
　いた本です！ …… ①127

あたりかも ……… ①323
あたりまえポエム 君の
　前で息を止めると呼
　吸ができなくなって
　しまうよ ……… ②742
アーチー・グリーンと
　錬金術師の呪い … ①371
「あちらの方々」から聞
　いた人生がうまくい
　く「この世」のしくみ
　………………… ①85
アーツカウンシル … ②137
あっこちゃんと月の輪
　………………… ①944
アッサラーム夜想曲
　………………… ①1316
圧縮記帳の法人税務 ②406
圧縮性流体力学・衝撃
　波 ……………… ②600
あったこともない人々
　………………… ①968
熱田本 日本書紀〈1〉 ①615
熱田本 日本書紀〈2〉 ①615
熱田本 日本書紀〈3〉 ①615
あったら、いいうつわ ①33
アッツ島とキスカ島の
　戦い …………… ①576
会って3分話して1分 初
　対面で売れる技術 ②332
会ってみたくなる履歴
　書・職歴書と添付手
　紙の書き方〈'19年版〉
　………………… ①295
圧電現象 ………… ②591
あっという間にかんた
　ん年賀状〈2018年版〉
　………………… ②544
アッ！ という間に曲が
　弾ける 指1本からはじ
　めるギター超入門 ・①810
圧倒的ガチャ運で異世
　界を成り上がる！〈2〉
　………………… ①1194
圧倒的ガチャ運で異世
　界を成り上がる！〈3〉
　………………… ①1194
あっはっは ……… ①323
あっぱれ街道〈21〉 … ①1039
あっぱれ歴史人物事典
　………………… ①426
アップルは終わったの
　か？ …………… ②514
あつまれ！ でんしゃ ②307
あつまれ！ のりもの ②307
圧力とダイヤモンド
　………………… ①1336
アティカス、冒険と人
　生をくれた犬 …… ①233
アディクション・パー
　ソナリティ障害の看
　護ケア ………… ②742
アーティストのための
　形態学ノート …… ①859
アーティファクトコレ
　クター〈5〉 …… ①1160
艶漢ヴィジュアルブッ
　ク ……………… ①848
「あて字」の日本語史 ①623
アテナの銀貨 …… ①1052
あてなよる 大原千鶴の
　簡単・絶品おつまみ
　帖 ……………… ①65
アテネから来た暴君
　………………… ①1375
アテネで永遠に …… ①1391
アテネのタイモン〈29〉 ①1332
アート・オブ・サウンド
　………………… ①802

アート・オブ・スター・
　ウォーズ/最後のジェ
　ダイ …………… ①839
アート・オブ・ダイナ
　ソー …………… ①839
アトキンス物理化学
　〈上〉 …………… ②663
アトキンス物理化学
　〈下〉 …………… ②663
アトキンス物理化学 問
　題の解き方（学生版）
　………………… ②663
あと5年で銀行は半分以
　下になる ……… ②382
あと3ヵ月でどうにかお
　金を稼ぎたいと思っ
　たらスモールビジネ
　ス戦略だ！ …… ②275
アート×テクノロジー
　の時代 ………… ②513
アートで魅せる旧約聖
　書物語 ………… ①529
「あとでやろう」と考え
　て「いつまでも」しな
　い人へ ………… ②346
アートになった猫たち
　………………… ①834
あとは野となれ大和撫
　子 ……………… ①1020
アート・パワー …… ①826
アドバンス中学公民資
　料 ……………… ①730
アドバンス中学地理資
　料 ……………… ①730
アドバンス中学歴史資
　料 ……………… ①730
アドバンスト問題集 財
　務会計論 理論問題編
　………………… ②488
アドバンストリテラ
　シー …………… ②516
アトピー・花粉症も
　スッキリ！ アレル
　ギーは腸から治す ・①181
アート・プロデュース
　概論 …………… ②369
アート・プロデュース
　の技法 ………… ①823
アドベンチャー・タイ
　ム ……………… ①848
アドベンチャー・タイ
　ム プレイング ウィズ
　ファイア ……… ①848
アドベンチャーレース
　に生きる！ …… ①234
アトミック・ボックス
　………………… ①1075
アトム ザ・ビギニング
　………………… ①1263
アートメゾン・イン
　ターナショナル〈Vol.
　21〉 …………… ①830
アドラーをじっくり読
　む ……………… ①477
アドラー式「しない」子
　育て …………… ①10
アドラー心理学でクラ
　スはよみがえる … ①706
アトラス脳腫瘍病理 ・②729
アドラーの教え …… ①477
アドラー流 英語で幸せ
　になる勇気 …… ①637
アドラー流「自信」が生
　まれる本 ……… ①85
アドラー臨床心理学入
　門 ……………… ①488
アトランタ・ノースカ
　ロライナ サウスカ
　ロライナ・テネシー・

書名索引

アラバマ・テキサス便利帳〈Vol.13（2017年度版）〉……… ①208
アドリア海へ…… ①1338
アトリエクエストボード………… ①1131
アドルノの芸術哲学… ①446
アドルフ・ヴェルフリ………… ①839
アドレスで飛ばしなさい………… ①219
アート de ゲーム…… ①823
アナイス・ニンの日記………… ①922
アナカッッ！………… ②15
アナキスト民俗学…… ②110
アナキズム入門…… ①446
穴熊囲いを極める77の手筋………… ①248
アナグマはクマではありません………… ②690
アナザー修学旅行…… ①359
穴師兵主神の源流…… ①541
あなたを奪うの… ①976
あなたを変えるダウジング………… ①136
あなたを輝かせる花セラピー………… ①488
あなたをぐんぐんしあわせに導く運命の脚本の書きかえ方… ①85
あなたを成功に導く108の心得………… ①119
あなたを守り、幸せにする運のいい人のマナー………… ①363
あなたを守る神さまの引き寄せ方…… ①85
あなたが「一番輝く」仕事を見つける 最強の自己分析……… ②346
あなたが生まれたとき、世界中がよろこびました ………… ①323
あなたが教えてくれた色………… ①1306
あなたが気づかないだけで神様もゲイもいつもあなたのそばにいる………… ①521
あなたが今日大切にしていたもの……… ①85
あなたが子供だった頃、わたしはもう大人だった………… ①992
あなたが知っている健康常識では早死にする！………… ①145
あなたが信じてきた医療は本当ですか？・①706
あなたがスマホを見ているとき、スマホもあなたを見ている。… ①954
あなたがそこで生きる理由（わけ）…… ①85
あなたが見えなくて………… ①1388
あなたが「名医」と出会うための5つのヒント………… ②700
あなたが痩せられないのは、一生懸命ダイエットをしているからだ ………… ①24
あなたからの贈りもの………… ①85
貴方がわたしを好きになる自信はありませんが、わたしが貴方

を好きになる自信はあります………… ①1215
あなたが笑うと、あなたの大切な人が笑うよ 毎日かあさん名言集………… ①10
あなた、そこにいてくれますか………… ①1339
あなただけじゃないんです………… ①85
「あなた」という商品を高く売る方法…… ②341
あなたと短歌………… ①903
あなたと秘密のランジェリー………… ①1405
あなたとわたしのドキュメンタリー………… ①926
あなたならどうする ・①986
あなたなんてだいきらい………… ①847
あなたに言えたら…… ①1388
あなたに贈る人生の道しるべ………… ①85
あなたに奇跡を起こす笑顔の魔法…… ①112
あなたに捧げる赤い薔薇………… ①1221
あなたに捧げる赤い薔薇（2）………… ①1221
あなたにすべてを…… ①1391
あなたに出会えてよかったね………… ①508
あなたに囚われて… ①1405
あなたには幸せになる価値がある…… ①112
あなたにぴったりの靴………… ①1192
あなたにもある見えないチカラの楽しみ方………… ①136
あなたにも奇跡が起こる 瀬織津姫神社めぐり………… ①505
あなたにもできる！ スピリチュアル・キャリアのつくり方「スピ起業」で誰でも自分の夢がかなえられる本・①136
あなたにもできる身近な確定申告……… ②408
あなたの愛を待ちわびて………… ①1395
あなたの「アイデア」商品がお店に並びます！……… ②584
あなたの一生を1時間で変える本 感動の条件………… ①85
あなたのいない記憶………… ①1095
あなたのいるところが仕事場になる……… ②275
あなたの後ろの本当は怖い場所 屋外編… ①385
あなたの後ろの本当は怖い場所 屋内編… ①385
あなたの運氣を劇的に高める十二神将占い＋六神獣パワー………… ①127
あなたの運は絶対！ よくなる………… ①127
あなたの英語人生をたった10日間で変える運命の英文法…… ①653
あなたの夫は素晴らしい人だと叫びたくなる………… ①959
あなたのオーラを鍛え抜く オーラトランス

フォーメーション ・①136
あなたのオンライン秘書リザーブストック公式ガイド……… ②275
あなたの会社、「次世代」大丈夫ですか？……… ②275
あなたの顔がデカイのはストレスが原因でした。顔のストレス筋ほぐし………… ①21
あなたの感じていることは大切にしていいんです………… ①85
あなたの聴き方を変えるジャズ史………… ①812
あなたのキャリアのつくり方………… ①85
あなたの暮らしに似合う花………… ①269
あなたの健康を損なうおそれがあります………… ①1202
あなたの健康寿命はもっとのばせる！・①145
あなたの健康のために……… ②710
あなたの恋人、強奪します。………… ①1097
あなたの心を描きだすはじめてのアルテアデザイン………… ①875
あなたのことがだーいすき………… ①310
あなたのこども、そのままだと近視になります。………… ①183
あなたの歯科医院でもできるがん患者さんの口腔管理……… ②753
あなたの仕事はなぜつまらないのか……… ②346
あなたの資産が倍になる………… ②247
あなたの自宅を明日から『ダイエット★ヴィレッジ』にする本 ・①24
あなたの少食が世界を救う………… ①145
あなたの知らないセキュリティの非常識………… ①533
あなたの人生を変える雨の日の過ごし方 …①85
あなたの人生を変える龍神さまの“ご利益”がわかる本 ………… ①127
あなたの人生を輝かせるしあわせの言葉…… ①85
あなたの人生を、誰かと比べなくていい…… ①85
あなたの人生を100%変える話し方……… ①358
あなたの人生が変わる対話術………… ①119
あなたの人生の意味… ①85
あなたの人生は「選ばなかったこと」で決まる………… ①254
あなたの好きな歌はなぁに？………… ①319
あなたの好きな服が、似合う服になる……… ①28
あなたの生産性を上げる8つのアイディア………… ②346
あなたの潜在能力を引き出す20の原則……… ①119
あなたの葬送は誰がしてくれるのか………①16

あなたの「そこ」がもったいない。………… ①112
あなたのその「忘れもの」コレで防げます………… ①477
あなたのために………… ①961
あなたのチームがうまくいかないのは「無意識」の思いこみのせいです………… ②365
あなたの吐息が聞こえる………… ①1395
あなたのとなりにある不思議………… ①385
あなたのとなりにある不思議 ざわざわ編………… ①385
あなたのとなりにある不思議 ぷるぷる編………… ①385
あなたの隣にいる孤独………… ①1014
あなたの隣の放射能汚染ゴミ……… ②580
あなたのトレード判断能力を大幅に鍛えるエリオット波動研究………… ①387
あなたの内（なか）の男と女 ………… ①112
あなたの中の「自己肯定感」がすべてをラクにする………… ①86
あなたの悩みにおこたえしましょう………… ①86
あなたの願いを叶える最強の守護神 聖天さま………… ①508
あなたの願いが次々叶う！ 宇宙からのサイン………… ①86
あなたの脳にはクセがある〈上〉………… ①958
あなたの脳にはクセがある〈下〉………… ①958
あなたの脳のはなし ・②729
あなたの病院………… ①1004
あなたの病気の本当の原因は…その生活が“ガン”なのです…… ①145
あなたの部下は、なぜ「やる気」のあるふりをするのか………… ②365
あなたの不調がスバッと消える！ 快腸SPAT………… ①155
あなたの文章が劇的に変わる5つの方法…… ①633
あなたのベッドであたためて………… ①1216
あなたの本当の人生は………… ①988
あなたの毎月分配型投資信託がいよいよ危ない！………… ②392
あなたの街のイベントグラフィックス…… ①875
あなたのまわりに「いいこと」が起きる70の言葉………… ①86
あなたの味覚にビタッと合う味ダイエット………… ①24
あなたの店を強くする全員営業体制のつくり方 ……… ②332
アナタの見ている向こう側 ………… ①1320
あなたの歴史知識はも

う古い！ 変わる日本史………… ①530
あなたのWebをWordPressで再起動する本……… ②528
あなたはアベノミクスで幸せになれるか？……… ②242
あなたは「意識」で癒される ………… ①86
あなたは、誰かの大切な人………… ①1013
あなたはどの星の“ゴールデンエネルギー”なのか………… ①136
あなたは一人ぼっちじゃない………… ①999
あなたは病気じゃない………… ①169
あなたは本当にうつ？……… ②742
あなたはもっときれいになれる………… ①112
あなたは、私の夢だから。………… ②147
あなたは私 私はあなた………… ①86
あなたへのラブレター………… ①961
あなたも必ず「引き寄せ」の達人になれる！………… ①112
あなたも知らない女のカラダ………… ①167
あなたも絶対ダマされるトリックアート大百科………… ①823
あなたもできる プロの塗り方で猫のぬりえ………… ①864
あなたも虜になるアンティークコイン… ①286
あなたも保育者になれる………… ①688
あなたも間違いなくかかっている 死に至る病い日本病……… ②19
あなたも名医！ 知っておこうよ、スポーツ医学………… ①215
あなたも名医！ もう困らない救急・当直〈ver.3〉……… ②710
あなたも名医！ Phaseで見極める！ 小児と成人の上気道感染症………… ②710
あなたも私もいない ・①120
アナトミーからのインプラント外科手順チェックリスト…… ②753
アナトミカル・ヴィーナス……… ②726
アナと雪の女王………… ①320
アナと雪の女王 家族の思い出………… ①320
アナと雪の女王 まちがいさがし 2・3・4歳………… ①302
「穴場」の喪失………… ②19
穴めぐり八百八町 …①1035
穴屋でございます …①1035
アナリストが教えるリサーチの教科書…… ②346
アナログ………… ①1015
アナログ・手描きのかわいいパターン素材集………… ①859
アナログとデジタルの

違いがわかる本 ···· ②595
アナログ・レコードで
　聴くブルース名盤50
　選 ·············· ①806
アナログレコードの魅
　力を引き出す機材選
　びと再生術 ······· ①262
兄貴の恋人 ········ ①1311
あにぃだん ········ ①1305
兄と妹 ············ ①1406
アニーのちいさなき
　しゃ 私のイノチ ·· ①951
アニの夢 私のイノチ ·· ①951
アニマルアトラス 動き
　だす世界の動物 ·· ①406
アニマル・グラフィッ
　クス ············· ①875
アニマルバスとわすれ
　もの ············· ①323
アニマルメディスン
　ブック ··········· ①127
アニマル・モデリング
　動物造形解剖学 ··· ①871
アニメ絵本 映画かいけ
　つゾロリ ZZ（ダブル
　ゼット）のひみつ ·· ①345
アニメキービジュアル
　で学ぶイラストテク
　ニック ··········· ①859
アニメ「クビキリサイク
　ル 青色サヴァンと戯
　言遣い」解体新書 ·· ①797
アニメーション学入門
　················· ①797
アニメーターの社会学
　················· ①797
アニメ『魔法科高校の
　劣等生』ノ全テ ··· ①797
アニメCGの現場
　〈2018〉 ·········· ①797
アニメDVD一番やさし
　い親子英会話 ····· ①643
兄嫁奴隷・姪奴隷・女教
　師奴隷 ··········· ①1406
兄嫁の秘蜜 ········ ①1398
アネスト岩田 エアーブ
　ラシメンテナンス
　ブック ··········· ①286
アーネスト・サトウの
　明治日本山岳記 ··· ①572
あの愛は幻でも ···· ①1351
あの偉人たちにも黒歴
　史!?日本史100人の履
　歴書 ············· ①530
あの、一緒に戦争（ブカ
　ツ）しませんか？ · ①1224
あの会社に問題社員が
　いない理由（わけ）
　················· ②300
あの会社はこうして潰
　れた ············· ②275
あの学校が生まれ変
　わった驚きの授業 · ①712
あの子が結婚するなん
　て ··············· ①984
あの子が男性からうら
　やましいほど愛され
　ている101の理由 · ①112
あの子が欲しい ···· ①982
あの頃 ············ ①950
あの頃、きみと陽だま
　りで ············· ①1244
あの頃トン子と ···· ①1001
あの頃日本人は輝いて
　いた ············· ①107
あのころのパラオをさ
　がして ··········· ①576
あの頃、レモン・ハート
　で BARで飲みたい31

の名酒 ··········· ①43
あのころ、早稲田で · ①952
「あのサイトみたい
　に！」を実現できる！
　職業デザイナーでな
　くてもWebの表現を
　豊かにできる本 ··· ①547
あの太平洋戦争はどう
　して起きたのか ··· ①576
あの同族企業はなぜす
　ごい ············· ②275
あのときのカレーライ
　ス ··············· ①323
あのとき冬の子どもた
　ち ··············· ①961
アノニム ·········· ①1013
あのね ······· ①323, ①775
あのね、かなちゃんに
　聞いてほしいことが
　あるの ··········· ②702
あのねこのまちあのね
　このまち〈壱〉 ··· ①1209
あのねこのまちあのね
　このまち〈弐〉 ··· ①1209
あの日、あの曲、あの人
　は ··············· ①804
「あの人すてき！」と思
　わせる美人な姿勢図
　鑑 ··············· ①21
あのひとたちの背中 · ①909
あの人の宝物 ······ ①107
あの人はいま！ 消えた
　芸能人＆有名人タ
　ブーDX ·········· ①766
あの人はなぜ恋人と長
　続きするのか ····· ①112
あの人はなぜ恋人とめ
　ぐりあえるのか ··· ①112
あの日失くした星空に、
　君を映して。 ····· ①1286
あの日の君と、今日の
　僕。 ············· ①1310
あの日の恐怖がよみが
　える 学校の怖い話
　〈2〉 ············· ①385
あの町工場から世界へ
　················· ①411
あの明治大学が、なぜ女
　子高生が選ぶNo.1大
　学になったのか？ · ①676
あの山は、本当にそこに
　あったのだろうか · ①933
あの後のこと ······ ①458
「あの世」の先輩方が教
　えてくれたこと ··· ①136
「あの世」の本当のしく
　み ··············· ①136
あの世へゆく準備〈Vol.
　1〉 ·············· ①136
あの世へようこそ！ · ①144
アはアナキストのア · ①926
「あ」は「い」より大き
　い!? ············· ①620
アバウト・タイム ·· ①645
暴かれた伊達政宗「幕
　府転覆計画」 ····· ①551
暴き屋稼業 ········ ①1020
アパートローンのリス
　ク管理 ··········· ②383
暴れ牛と神さびる熊 · ②110
暴れ宰相 徳川綱重 ·· ①1047
アパレルのグラフィッ
　クデザインコレク
　ション ··········· ①875
アバローのプリンセスエ
　レナ ······· ①320, ①357
アバローのプリンセス
　エレナ はじまりのひ
　·················· ①320

アーバン・カタリスト
　················· ②616
アーバン・トライバル・
　スタディーズ ····· ①446
アピアランス "外見"の
　心理学 ··········· ①477
アビス・コーリング
　················· ①1230
阿毘達磨仏教における
　業論の研究 ······· ①508
あ、ひょい ········ ①323
あひる飛びなさい ·· ①981
アフィリエイトしっか
　り稼げる！ 攻略大事
　典 ··············· ②528
アフィリエイトで稼ぐ1
　年目の教科書 ····· ②528
アフガニスタン探検記
　1975 - 76 ········ ①198
アフガン・緑の大地計
　画 ··············· ①448
飛天（アプサラス） ·· ①817
アブストラクトで学ぶ
　理系英語構造図解50
　················· ②588
アフター・ビットコイ
　ン ··············· ②376
アフターミュージッキ
　ング ············· ①819
あぶない生き物 ···· ①304
あぶない御書司がぐい
　ぐい迫ってきます!?
　················· ①1402
あぶない!!共有名義不動
　産 ··············· ②418
危ない恋は一度だけ
　················· ①1338
危ない恋は一夜だけ
　················· ①1343
危ない大学・消える大
　学〈2018年版〉 ··· ①676
危ない誕生日ブルース
　知っている ······· ①365
あぶない魔王のお気に
　入り ············· ①1250
あぶな絵、あぶり声
　················· ①1399
淡海乃海 水面が揺れる
　時 ··············· ①1159
油ができるまで ···· ①433
油脂の歴史 ········ ②116
アフラ・ベーン ···· ①920
アプリを作ろう！
　Visual C# 入門 ··· ②558
アフリカ ·········· ②86
「アフリカ」で生きる。·· ②86
アフリカの神話と伝説
　················· ①508
アフリカの民話集 しあ
　わせなる木 ······· ①886
アフリカ美術の人類学
　················· ①823
アフリカ文化探検 ·· ②119
アフリカローズ ···· ①266
アプリ完全攻略（VOL.
　23） ············· ①279
アプリで学ぶくずし字
　················· ①615
あふれる愛 ········ ①869
あふれる元気！ しらせ
　の絶品力めし ····· ①48
アプローチの新しい教
　科書 ············· ①219
アプローチ法学入門 · ①220
アフロディテの指先 · ①868
あべこべな僕らの恋デ
　イズ ············· ①1309
安倍三代 ·········· ②147
阿倍氏の研究 ······ ①541

安倍晋三「保守」の正体
　················· ②147
阿部慎之助2000安打達
　成記念Photo Book
　················· ①222
安倍政権下の教育政策
　〈2017（第24号）〉 · ①757
安倍政権 総括 ····· ②137
安倍政権とは何だった
　のか ············· ②146
安倍でもわかる保守思
　想入門 ··········· ②137
安倍晴明『簠簋（ほき）
　内伝』 ··········· ①127
アベノミクスと日本経
　済のゆくえ ······· ②242
アベノミクスによろし
　く ··············· ②137
「アベノミクス」の正体 · ②242
アベル ············ ①1311
平均的（アベレージ）サ
　ラリーマンの最強の
　生き方 ··········· ①86
アベンジャーズ：ラス
　ト・ホワイト・イベン
　ト ··············· ①848
信天翁の子供たち ·· ①1335
アポロンと5つの神託
　〈1〉 ············· ①1340
アポロンの嘲笑 ···· ①1098
甘い口づけの代償を
　················· ①1339
あまーいしろくま ·· ①323
甘い蜜の罠 ········ ①1366
甘いもの中毒 ······ ②772
甘い罠（ハニートラッ
　プ） ············· ①1113
天翔ける ·········· ①1054
尼崎の一番星たち ·· ①989
アマカノ - Second
　Season - ビジュアル
　ファンブック ····· ①279
あま辛ナンプレ〈1〉 · ①274
天川晃最終講義 戦後自
　治制度の形成 ····· ②137
甘き血の滴り ······ ①1314
天城流湯治法エクササ
　イズ〈2〉 ········· ①156
甘く危険な女たち ·· ①1406
天草四郎の犯罪 ···· ①1099
天草本 いそっぷ物語
　················· ①323
甘くてかわいいお菓子
　の仕事 ··········· ②426
甘くてキケンな主従関
　係 ··············· ①1275
甘くて純粋、少し悪党
　················· ①1325
甘く優しい世界で生き
　················· ①1275
尼子氏関連武将事典 · ①551
あま酒 ············ ①1059
甘酒で作る麹のおいし
　いおかず＆スイーツ
　················· ①48
アマゾノミクス ···· ②514
アマゾンが描く2022年
　の世界 ··········· ②303
アマチュア局用電波法
　令抄録〈2018/2019年
　版〉 ············· ①262
アマチュア指導の達人
　が明かす！ 囲碁・勝
　ちにつながる7つの常
　識 ··············· ①246
アマチュア無線技士国

家試験 第1級ハム国
　家試験問題集〈2017/
　2018年版〉 ······· ①262
アマチュア無線機メイ
　ンテナンス・ブック
　〈2〉 ············· ①262
天都宮帝室の然々な事
　情 ··············· ①1301
アマデウスの残り灯
　················· ①1208
天照大神 ·········· ①136
天照大神の神示 ···· ①502
天照大神は卑弥呼だっ
　た ··············· ①541
「天の岩戸開き」で観え
　てくる21世紀の
　ニューメディカル · ②710
天の川銀河発電所 ·· ①971
天の川のラーメン屋 · ①345
天野山金剛寺善本叢刊
　第一期 ··········· ①508
あまのじゃくな氷室さ
　ん ··············· ①1261
天野貞祐 ·········· ①461
「天橋立学」への招待 · ①530
天野喜孝名画ものがた
　り 眠れるレタス姫
　················· ①839
天彦流中盤戦術 ···· ①248
奄美大島・喜界島・加計
　呂麻島〈1〉 ······· ①197
奄美群島の外来生物 · ②681
奄美三少年 ユタへの道
　················· ①136
奄美巡礼 ·········· ①254
甘みの文化 ········ ②33
奄美文化の近現代史 · ②22
雨宮天の有頂天・纏 · ①775
アマモの森のご飯屋さ
　················· ①1201
雨漏りトラブル完全解
　決 ··············· ②616
雨宿り ············ ①1062
雨宿りの星たちへ ·· ①1197
天結いキャッスルマイ
　スターパーフェクト
　ガイドブック ····· ①279
あま世へ ·········· ②168
甘らぶルームシェア
　················· ①1397
アマルティア・セン講
　義 グローバリゼー
　ションと人間の安全
　保障 ············· ②254
アマルフィの花嫁 ·· ①1392
アミダサマ ········ ①1102
アーミッシュとフッタ
　ライト ··········· ②90
アムステルダム・ヘプ
　ン ··············· ①1018
アームストロング ·· ①310
編む人 ············ ①990
アムールの交差点 ·· ①990
安室奈美恵アーカイブ
　ス〈Vol.1〉 ······· ①766
安室奈美恵アーカイブ
　ス〈Vol.2〉 ······· ①766
安室奈美恵超歌姫伝説
　················· ①767
あめ ·············· ①310
雨上がり ·········· ①1389
雨あがりの印刷所 ·· ①1243
あめがふるふる ···· ①323
天久鷹央の推理カルテ
　〈5〉 ············· ①1229
アメクラ！ アメリカ
　ン・クラシックのス
　スメ ············· ①814

書名索引

アメジスト・タブレット・プロローグ…①460
あめと星の降るところ〈1〉…①1304
雨に泣いてる…①1109
雨の狩人〈上〉…①1079
雨の狩人〈下〉…①1079
雨のなかの出会い…①1367
あめのひ…①310
雨の日に感謝…①946
雨の降る日は学校に行かない…①980
雨森芳洲以前の対馬人と朝鮮語に関する研究…①530
雨の夜…①254
雨の夜、夜行列車に…①1070
アメーバ経営が組織の結束力を高める…②369
アメーバ経営の進化…②275
雨はどのような一生を送るのか…②677
雨ふる本屋とうずまき天気…①345
アメブロPerfect GuideBook…②529
アメリカ〈2017〜2018年版〉…①208
アメリカ・インディアン法研究〈3〉…②219
アメリカを動かす「ホワイト・ワーキング・クラス」という人々…②134
アメリカを探る…②134
アメリカ・オレゴンより宇宙愛をこめて・①959
アメリカ海軍大学の全貌…②162
アメリカ海軍に学ぶ「最強のリーダー」。②365
アメリカ海軍F-14トムキャット飛行隊 不朽の自由作戦編…②165
アメリカ海軍SEALのサバイバル・マニュアル…②162
アメリカから“自由”が消える…②90
アメリカ紀行〈上〉…①960
アメリカ紀行〈下〉…①960
アメリカ教師教育史…②747
アメリカ行政法…②219
アメリカ経済政策入門…②253
アメリカ憲法と公教育…②219
アメリカ思春期文学にみる“少年の旅立ち”…①922
アメリカ銃の謎…①1345
アメリカ小説をさがして…①922
アメリカ人が語る日本人に隠しておけないアメリカの“崩壊”②90
アメリカ人の物語〈1〉…①603
アメリカ人の物語〈2〉…①603
アメリカ人はどうしてああなのか…②90
アメリカ政治…②134
アメリカ政治とシンクタンク…②134
アメリカ精神医学会BPSDに対する抗精神病薬治療ガイドライン…②742

アメリカ創価学会における具体同心…①501
アメリカ創価学会“SGI-USA”の55年…①501
アメリカ大統領を操る黒幕…②134
アメリカ大統領図鑑…②134
アメリカ大統領戦記〈2〉…①603
アメリカ大統領の権限強化と新たな政策手段…②134
アメリカ大統領は分極化した議会で何ができるか…②134
アメリカ大統領物語…①603
アメリカ太平洋軍…②149
アメリカ代理法…②219
アメリカ帝国衰亡論・序説…②135
アメリカ帝国の終焉…②135
アメリカで感じる静かな「パープル革命」の進行とトランプ大統領誕生の理由…②135
アメリカで35年暮らした僕が妻の田舎に移住して見つけた人生でいちばん大切なこと…①956
アメリカと中国…②135
アメリカと中国が世界をぶっ壊す…②247
アメリカ特許法実務ハンドブック…②584
アメリカ南部の野菜料理…①68
アメリカにおける証拠開示制度・ディスカバリーの実際…②220
アメリカに喧嘩を売る国…②129
アメリカ西海岸ロスアンゼルス・サンディエゴ・サンフランシスコ・ラスベガス・シアトル・ポートランド〈2018〜2019年版〉…②208
アメリカに振り回される日本の貿易政策…②254
アメリカの内なるヨーロッパ紀行…①199
アメリカの汚名…①603
アメリカの核ガバナンス…②120
アメリカの学校教育…②747
アメリカの壁…①1121
アメリカの教室に入ってみた…②747
アメリカの刑事判例〈1〉…②219
アメリカの国立公園〈2017〜2018年版〉…②208
アメリカのことがマンガで3時間でわかる本…②90
アメリカの大学におけるソ連研究の編制過程…②120
アメリカの大学に学ぶ学習支援の手引き…①676
アメリカの大学の裏側…②747
アメリカの電力革命…②438
アメリカはいかにして日本を追い詰めたか…①576

アメリカは世界の平和を許さない…②135
アメリカは尖閣を守るか…②120
アメリカ反トラスト法における合理の原則…②369
アメリカ分裂…②135
アメリカ 暴力の世紀…①603
アメリカ本国を驚愕させたプルデンシャル生命の「売る力」〈2〉…②332
アメリカ 未完のプロジェクト…①475
アメリカ有害物質規制法の改正…②573
アメリカ流通概要資料集〈2017年版〉…②417
アメリカ連邦所得課税法の展開…②398
アメリカ連邦税法…②398
アメリカ・ロサンゼルスにおけるLGBT支援の現場…②43
アメリカン・ウォー〈上〉…①1344
アメリカン・ウォー〈下〉…①1344
アメリカン・ドリーマーズ…①922
アメリカンドリームの終わり…①446
アメリカン・ナルシス…①922
アメリカン・レイバー…②461
アメリカIT産業のサービス化…②514
危うきたくらみ…①1314
あやかし…①1025,②110
アヤカシ絵師の奇妙な日常…①1140
あやかしお宿に新米入ります。〈6〉…①1294
あやかしお宿の勝負めし出します。〈7〉…①1294
あやかし会社の社長にされそう。…①1278
あやかし恋手紙…①1140
あやかし小町…①1052
あやかし寝具店…①1220
あやかしとおばんざい〈2〉…①1241
妖かしの娘〈2〉…①1038
あやかし姫は愛されたい〈1〉…①1186
あやかし姫は愛されたい〈2〉…①1186
あやかし夫婦は青春を謳歌する。〈2〉…①1294
あやかし双子のお医者さん〈2〉…①1207
あやかし双子のお医者さん〈3〉…①1207
あやかし双子のお医者さん〈4〉…①1207
あやかし屋台なごみ亭〈2〉…①1000
あやかし屋台なごみ亭〈3〉…①1000
あやかし屋台なごみ亭〈4〉…①1000
彩菊あやかし算法帖…①1026
彩菊あやかし算法帖 からくり寺の怪…①1026
妖しい愛の物語…①894
怪しい噂 ぜんぶ体張っ

て調べた…②29
あやしい美人画…①831
あやしい妖怪はかせ…①323
あやしの保健室〈2〉…①345
綾志別町役場妖怪課…①1117
あやちゃん…①775
あやつられる難民…①121
綾小路きみまろ 爆笑フォーエバー…①767
あやべ大好きBOOK…②22
鮎川哲也探偵小説選…①1074
アユ釣り超思考法…①232
アユボワン！スリランカ…①198
あゆみ食堂のお弁当…①65
歩…①775
アーユルヴェーダ…②710
アーユルヴェーダで我慢しないアトピー生活…①181
アーユルヴェーダ人間学（カウンセリング）…①86
あらいぐまラスカル・①321
荒井雪江写真集 海と仲間と〈8〉…①254
荒海を渡る鉄の舟…①1050
荒川弘イラスト集…①839
アラ還とは面白きことと見つけたり…①950
荒木田麗女の研究…①898
荒木町奇譚…①1028
荒木村重…①551
荒くれ漁師をたばねる力…②457
嵐 ARASHI 相葉雅紀 笑顔の力…①767
嵐＆Sexy Zone…①767
嵐（ARASHI）大野智のリーダー論…①767
嵐を呼ぶ少女とよばれて…②120
嵐コンサート心に響くMC集…①767
嵐ノカタチ…①767
アラスカを追いかけて…①371
新たな時代のESD サスティナブルな学校を創ろう…①748
新たな知を拓き「生きる力」を育む学校経営〈1〉…①698
新たな“プロ”の育て方…②308
新たなルネサンス時代をどう生きるか…②93
荒浜…①254
アラビア語…①667
『アラビアンナイト』からアラジンとお菓子…①920
アラビアン・プロポーズ…①1296
現人神から大衆天皇制へ…①574
アラフィフでヘルパーはじめました…②67
アラフォー営業マン、異世界に起つ！…①1217
アラフォー営業マン、異世界に起つ！〈2〉…①1217
アラフォーおっさん異世界へ!!でも時々実家に帰ります…①1260

アラフォー賢者の異世界生活日記〈2〉…①1196
アラフォー賢者の異世界生活日記〈3〉…①1196
アラフォー賢者の異世界生活日記〈5〉…①1196
アラフォー社畜のゴーレムマスター〈1〉…①1224
アラフォー社畜のゴーレムマスター〈2〉…①1224
アラフォー女性のスタメンアイテム、見つけた！…①28
アラフォー独身崖っぷちOL投資について勉強する…②392
アラフォーの傷跡…②112
アラブ君主制国家の存立基盤…②128
アラブ権威主義国家における再分配の政治…②49
アラブ古典音楽の旋法体系…①819
アラブ首長国連邦…②254
アラブ人の世界観…②85
荒俣宏妖怪探偵団 ニッポン見聞録 東北編…②110
あらゆる業種につかえる！アイコン・ピクトグラム大全…①875
あらゆる手段を尽くしてトッププレイヤーになりたい、他人のカネで。そうだ、盗賊しよう。〈1〉…①1276
あらゆる手段を尽くしてトッププレイヤーになりたい、他人のカネで。そうだ、盗賊しよう。〈2〉…①1276
あらゆる職場ですぐに使える 人為ミスの未然防止手法A-KOMIK…②308
あらゆる病気は歩くだけで治る！…①156
あらゆる不調が解決する最高の歩き方…①156
アラン・グレのメッセージブック…①310
アランの幸福論…①473
アリアンロッドRPG 2E パーフェクト・スキルガイド…①277
ありえた人生…①1020
ありえない青と、終わらない春…①1210
ありえない「妄想」でお金も恋も引き寄せる！…①112
アリエナイ理科式世界征服マニュアル…②29
ありえないレベルで人を大切にしたら23年連続黒字になった仕組み…②275
アリエナクナイ科学ノ教科書…②645
ありえへん京阪神…②22
アリエリー教授の「行動経済学」入門…②254
「ありがとう！」があふれる幸せなクラスづくり大作戦…①706
ありがとうございます

………… ①323
ありがとう すみません お元気で ………… ①120
「ありがとう」といって 死のう ………… ①86
ありがとうトワイライトエクスプレス ……… ①323
ありがとうのかんづめ ………… ①10
ありがとうの奇跡 ……… ①86
ありがとうノートのつくり方 ………… ①86
ありがとうの魔法 …… ①86
「ありがとう」100万回の奇跡〈2〉 ……… ①86
ありがとう、わが師春団治 ……… ①785
アリガト謝謝（シェシェ） ………… ①926
ありきたりの狂気の物語 …………… ①1337
アリクイのいんぼう ………… ①1251、①1252
アリストテレス全集〈4〉 ………………… ①468
アリストテレス全集〈18〉 ………………… ①468
アリストテレスの時間論 ……………… ①468
アリスのことば学〈2〉 ………………… ①662
アリスマ王の愛した魔物 …………… ①1119
アリ対猪木 ……… ①238
有田式 "発問・板書" が身につく！ 社会科指導案の書き方入門 ・ ①730
アリと猪木のものがたり ………………… ①238
アリとキリギリス …… ①308
アリとハト ………… ①309
アリ！ なんであんたはそうなのか …… ①694
アリの巣ダンジョンへようこそ！〈2〉 …①1234
ありのままのアンデルセン ………………… ①199
ありのままの自分で人生を変える ……… ①477
アリハラせんぱいと救えないやっかいさん …………… ①981
ありふれた教授の毎日 …………… ①952
ありふれた職業で世界最強〈6〉 ……①1213
ありふれた職業で世界最強〈7〉 ……①1213
ありふれた職業で世界最強 零〈1〉 …①1213
ありふれたものの変容 …………… ①446
有元葉子の「バーミキュラ」を囲む食卓 …①48
有元葉子の料理教室 …①48
有元葉子 のり、わかめ、ひじき、昆布、もずく …①48
有元葉子 私の住まい考 ………… ①18
ある愛の姿 ……①1011
あるあさ ………… ①310
ある吹奏楽部の逆襲！ …………… ①802
「あるある」で学ぶ右肩上がりのWebマーケティング …… ②334
あるあるネタがいっぱい！ イマドキ妖怪く

つだる。 ……… ①848
歩いて歩いて日本縦断3000キロ ……… ①184
歩いて走って闘って ・ ①926
歩いてわかった地球のなぜ!? …………… ②677
或る映画監督の回想 …①993
或る女 ………… ①775
アルカイダから古文書を守った図書館員 ・ ①934
あるかしこ書店 …… ①345
あるがままに自閉症です ………… ①954
アルカロイドの科学 ・②668
ある官僚の軌跡 …… ①137
歩き方で人生が変わる ………… ①156
アルキビアデス クレイトポン ………… ①468
アルキームの風〈2〉 ・・①166
ある女の話 ……… ①954
ある金融マンの回顧 ②382
歩くだけで不調が消える 歩行禅のすすめ ………… ①156
アルケー〈No.25 2017〉 …………… ①446
アルゲートオンライン〈7〉 ……… ①1235
アルゲートオンライン〈8〉 ……… ①1235
ある言語学者の回顧録 ……………… ①946
ある建築設計士の足跡 …………… ②607
アルゴリズム思考術 ・②346
アルゴリズム図鑑 ・②547
アルゴリズムとデータ構造 ………… ②595
アルゴリズムトレードの道具箱 …… ②381
アルゴリズムの基礎とデータ構造 … ②547
アルコール依存症者のリカバリーを支援するソーシャルワーク理論生成研究 …… ②742
アルコール熟成入門 …①43
アルコールと医学生物学〈Vol.35〉 …… ②710
ある在日朝鮮社会科学者の散策 ……… ②45
アルサール ……… ①1310
或る少女の死まで 他二篇 …………… ①1021
アルスエレクトロニカの挑戦 ……… ②83
アルス ドタバタ密著 Memories ……… ①775
アルスマグナThe Beginning … ①1131
ある精神医学者の一生 ……………… ②742
アルゼンチンカトリック教会の変容 …… ①526
アルゼンチン・チリ・パラグアイ・ウルグアイ〈2018〜2019年版〉 ………………… ①208
ある課報員の見た日本の防衛 ……… ②162
アルチンボルド アートコレクション … ①827
アルツハイマー病は「脳の糖尿病」…… ①175
「アルティメット富裕層」という生き方 ・②387
あるデルスィムの物語 ………………… ①1326

アルトサックスで奏でるボサノヴァ ……… ①809
アルトサックスで奏でるラテン・ポップス ………… ①809
ある奴隷少女に起こった出来事 …①934
アールヌーヴォーの残照 …………… ②607
あるノルウェーの大工の日記 …………… ①960
アルバイトが辞めない職場の作り方 …… ②275
アルバイト・パートのトラブル相談Q&A … ①466
アルバートさんと赤ちゃんアザラシ … ①371
ある日 犬の国から手紙が来て ……… ①345
ある日うっかりPTA ①673
在る光 ………… ①231
ある日突然、普通のママが子どものネットトラブルに青ざめる ・②512
ある日の彫刻家 …… ①868
アルビノの話をしよう …………… ②49
ある日、爆弾がおちて ①1266
アルファ碁は何を考えていたのか？ …… ①246
アルファの淫欲、オメガの発情 …………… ①1312
アルファベット・ハウス〈上〉 ……… ①1344
アルファベット・ハウス〈下〉 ……… ①1344
アルファロメオレーシングストーリー …… ①243
あるフィルムの背景 …………… ①1114
ある奉行と秋田藩の戊辰戦争 …………… ①535
アルプスの麓の国々を巡る …………… ①199
ある不登校児の自我分析 …………… ①488
アール・ブリュット ①823
アルフレッド・アドラー 一瞬で自分が変わる100の言葉 … ①120
アルポート症候群診療ガイドライン〈2017〉 ………………… ②747
アルマダ工兵の謀略〈560〉 ………… ①1357
アルマディアノス英雄伝〈3〉 ………… ①1224
アルマディアノス英雄伝〈4〉 ………… ①1224
アルマディアノス英雄伝〈5〉 ………… ①1224
ある明治人の記録 … ①572
あれあれだあれ？ … ①323
アレイド ウルトラ怪獣ガレージキット製作記 …………… ①286
あれから七十年 …… ①535
アレクサンダー・テクニーク ………… ①673
アレクサンダーの夫婦円満 おうちごはん …①48
アレクサンドリア … ①586
アレクサンドレ・カズベギ作品選 … ①1329
アレクサンドロス大王 ……… ①587
アレクサンドロス大王 東征路の謎を解く … ①587

アレクシス ………… ①1339
アレクセイ・スルタノフ ………… ①815
アレゴリー ……… ①917
アレゴリーで読むアメリカ/文学 ……… ①922
アレス ………… ①1083
アレフ ………… ①1338
「あれもこれもできない！」から…「捨てる」仕事術 …… ①703
アレルギー治療革命 免疫療法の核心に迫る ………… ①181
アレルギーの人の家造り ………… ①181
アレンジでたくさん作れる！ 大人のデイリーアクセサリー …①72
アレンジで2倍楽しむわたしの好きな煮込み料理 …………… ①48
アーレント 最後の言葉 ………… ①469
アーレントと実存思想〈32〉 ……… ①446
アーレントと二〇世紀の経験 …………… ①469
アーレントの二人の師 ………… ①470
アロウズ・オブ・タイム ………… ①1360
アロマセラピー学 …①155
アロマヒーリングの魔法 ………… ①136
淡い輝きにゆれて … ①1388
あわいの時代の『論語』 …………… ①464
泡をくうお話 …… ②773
淡路洲本城 …… ①551
あわてんぼうウサギ ・①323
泡の生成メカニズムと応用展開 …………… ②598
あわび伝説 ……… ①1405
「阿波や壱兆」の一年中そうめん ……… ①48
アンガーマネジメント管理職の教科書 … ②365
アンガーマネジメント叱り方の教科書 … ①120
暗記で合格 英検準2級新試験対応版 … ①655
暗記で合格 英検3級 新試験対応版 … ①655
暗極の星に道を問え ……………… ①1168
アンキロサウルス … ①401
アンケート調査年鑑〈2017年版 vol.30〉②46
暗号技術のすべて … ②516
暗号クラブ〈9〉 …… ①381
暗号クラブ〈10〉 … ①381
暗号クラブ〈11〉 … ①381
暗号大全 ……… ①610
暗号の数学 ……… ②650
アンコウはアヒージョ ………… ①42
暗号名は「金沢」… ①1099
暗黒王子の白き花嫁 …………… ①1376
暗黒グリム童話集 …①1116
暗黒結晶〈上〉 …… ①1357
暗黒結晶〈下〉 …… ①1357
暗黒女子 ……… ①365
暗黒神殿〈12〉 …… ①1123
暗黒調書 ……… ①983

暗黒通信団の公開鍵 ・②512
暗黒ディズニー入門 ・①797
暗黒の艦隊 ……… ①1362
暗黒の巨人軍論 …… ①222
暗黒のゼーヴェノア〈1〉 …………… ①1226
暗黒伯爵の甘やかな獲物 …………… ①1394
暗黒百物語 散 …… ①1126
安吾史譚 ……… ①1043
あんこーる ……… ①971
アンコール・ワット〈2018 - 19〉 …… ①201
アンコール・ワットと癒しの旅 カンボジアへ ………… ①201
アンコール・ワットとカンボジア〈2018〜2019年版〉 …… ①201
安西水丸のどうぶつバシャバシャ …… ①323
暗殺競売（オークション） ………… ①1092
暗殺拳はチートに含まれますか？ …… ①1301
暗殺者である俺のステータスが勇者よりも明らかに強いのだが〈1〉 …… ①1141
暗殺者、野風 …… ①1047
暗殺者の飛躍〈上〉 ・①1346
暗殺者の飛躍〈下〉 ・①1346
暗殺姫は籠の中 …… ①1196
あんさんぶるスターズ！ オフィシャルワークス ……… ①839
あんさんぶるスターズ！ 公式ビジュアルファンブック〈vol.2〉 ………… ①797
アンサンブル法による機械学習 …… ②522
アンシアン・レジーム期フランスの権力秩序 …………… ②605
アンジャッシュ渡部の大人のための「いい店」選び方の極意 …①40
暗手 ………… ①1103
安寿姫草紙 ……… ①345
安心・安全な老後生活のためのおひとり様おふたり様成年後見制度活用のススメ ・①108
安心、安全、便利でラクラク シニアのための応援グッズ …… ②66
安心して生活できる "ゆたかな地域社会" を目指して ……… ②707
安心すこやか妊娠・出産ガイド ……… ①7
アンスイート 井上愛&黒瀬勝子 … ①1396
あんずとないしょ話 ①943
安全・衛生委員のための安全衛生読本 ・②458
安全衛生推進者必携 ・②458
安全衛生責任者の実務必携 ……… ②458
安全衛生法令要覧〈平成29年版〉 …… ②466
安全管理者の仕事 ・②458
安全基準はどのようにできてきたか ・②570
安全登山の基礎知識 ・①233
安全な食材は自分でえらぶ ………… ①154
安全の指標〈平成29年

度〉………… ②458
安全はトップの生き方で決まる ………… ②458
安全法令ダイジェスト 製造業編 テキスト版 ………… ②466
安全法令ダイジェスト 製造業編 ポケット版 ………… ②466
安全保障は感情で動く ………… ①121
アンソロジー 隠す… ①976
アンソロジー風〈12 2017〉………… ①961
アンソロジーしずおか 純文学編 ………… ①976
アンソロジー・プロレタリア文学〈4〉 …… ①888
アンダーカバー …… ①1092
あんた、ご飯食うたん？ ………… ①10
アンタッチャブル… ①1108
あんたなんかと付き合えるわけないじゃん！ ムリ！ ムリ！ 大好き！ ………… ①1165
アンダルシアの休日 ………… ①1392
アンチクリストの誕生 ………… ①1338
アンチスキル・ゲーミフィケーション〈2〉 ………… ①1237
アンチ・ドーピング体制の整備に関する法的課題 …… ①213
アンディ・ウォーホルのヘビのおはなし・ ①310
安定を模索するアフリカ ………… ①129
アンティーク・ビスクドール〈3〉 …… ①285
アンティークFUGA〈6〉 ………… ①345
アンティパストの技術 ………… ①48
アンデス文明 神殿から読み取る権力の世界 ………… ①610
暗闇 ………… ②138
安藤・岩野の「これからこうなる！」 …… ①273
暗闇七人 ………… ①1050
安藤忠雄 建築家と建築作品 ………… ②607
安藤忠雄 住宅 …… ②607
安藤忠雄の奇跡 …… ②615
安藤昇90歳の遺言 … ①767
安藤百福 ………… ②306
アントマン ………… ①371
アンドリュー・ワイエス作品集 ………… ①836
アンドレ・ジッド集成〈第4巻〉 ………… ①891
アンドロイドレディのキスは甘いのか・ ②522
アントワネット …… ①310
アントンせんせい あかちゃんです …… ①323
杏南の日記 by KISHIN ………… ①254
アンヌ今昔物語 …… ①796
アンネの童話 …… ①1337
アンネ・フランク … ①926
アンハッピー・ウエディング ………… ①994
アンパンマン★スライドえほん アンパンマンといないいないば

あ！ ………… ①319
アンパンマン★スライドえほん アンパンマンとかくれんぼ！・ ①320
アンパンマンとコネギくん ………… ①320
アンパンマン どっち？ どっち？ めいろ… ①320
アンフェアな国 …… ①1103
アンフォルム群 …… ①961
あん摩マッサージ指圧師・はり師・きゅう師・柔道整復師国家試験 生理学 …… ①778
アン ミカのポジティブ美容事典 ………… ①21
アンモナイトを踏んでから ………… ①971
暗夜鬼譚 ………… ①1046
安楽死を遂げるまで・ ②704
安楽死で死なせて下さい ………… ①953
安楽病棟 ………… ①1103
アンリミテッド・レベル〈1〉 ………… ①1180
アンリミテッド・レベル〈2〉 ………… ①1180
アンリミテッド・レベル〈3〉 ………… ①1180
安龍福の供述と竹島問題 ………… ②138
安禄山と楊貴妃 …… ①594

い

イアブック 核軍縮・平和2015 - 17 ………②46
威ありて猛からず… ①563
慰安婦像を世界中に建てる日本人たち… ②138
「慰安婦」謀略戦に立ち向かえ！ ………①598
「慰安婦」問題を子どもにどう教えるか… ①576
「慰安婦」問題と未来への責任 ………①576
「慰安婦」問題の境界を越えて ………①576
「慰安婦」問題の言説空間 ………①576
いい家は注文住宅で建てる ………①18
井伊一族のすべて… ①530
いいお産とは …… ①7
いい男論 ………①86
いい女は「涙を背に流し、微笑みを抱く男」とつきあう。 …… ①86
いい女.Diary〈2018〉…①3
「いい会社」ってどんな会社ですか？ …… ①275
「いい会社」のよきリーダーが大切にしている7つのこと …… ①365
言いがかり国家「韓国」を黙らせる本 … ②88
いい加減な夜食〈4〉 ………①1144
いい加減に目を覚まさんかい、日本人！… ②19
いいから読んで …… ①950
いい考えがやってく

る！ ………②346
いい空気を一瞬でつく ②93
いいことしか起きない30のルール ……①112
いい言葉、よき人生。…①86
飯島鳥騎ファースト写真集 Hiroki ……①775
いい人材が集まる、性格のいい会社 … ②275
「いい人生だった」と言える10の習慣……①86
いい人生は「ありがとう」がつくる ……①86
いい人生は、最期の5年で決まる ……①108
言いたいことを言いまくっても、好かれる方法 ………①363
言いたいことが言えない人 ………①477
言いたいことがうまく伝わる やわらかロジカルな話し方 ……①358
「言いたいこと」から引ける大和ことば辞典 ………①632
井伊直虎の真実 …①551
井伊直政 ………①548
言いなりノート ……①1404
言いにくいことを伝える技術 ………①363
井伊の赤備え ……①1025
「いい人」をやめる7つの方法 ………①86
「いい人」「まじめな人」をやめるといいことがたくさん起きる！ ………①86
いいビルの世界 東京ハンサム・イースト・②607
いい部屋あります。…①1009
言い訳してる場合か！ ………①86
言い訳だらけの人生 ………①1003
医院・歯科医院の税務ハンドブック ……②707
委員長は××（ちょめちょめ）がお好き …①1268
医院ホームページ作成の教科書 院長が知っておくべき増患のための6原則 ……②707
イヴァンカ・トランプフォトブック 1991 - 2017 ………①254
イヴの迷宮〈上〉 ①1357
イヴの迷宮〈下〉 ①1357
イヴレススタイル しつらえの美学 …… ②25
家 ………①848
イェイツをめぐる作家たち ………①920
家を買って得する人、損する人 …… ①18
イエスが渡すあなたへのバトン ………①521
イエス・キリストを思い起こしてください ①521
イエス・キリスト時代のユダヤ民族史〈5〉…①521
イエス・キリストの系図を彩る女性たち …①522
家づくり大百科 ……①18
家づくりの教科書（vol. 2） ………①18
家づくりのプロが選ぶ「工務店」〈2017年度

版〉〉 ………②440
「家づくり」は住宅会社選びで9割決まる…②440
イエズス会士と普遍の帝国 ………①522
イエス人史 ………①806
イエスに出会うということ ………①522
イエスの譬え話〈2〉…①522
イエスの遺言書〈上〉 ………①1355
イエスの遺言書〈下〉 ………①1355
いえすみねずみ …①310
言えたらCOOL！ 中国語で言っちゃえ！ 日本語のスラング〈vol. 2〉 ………①663
家で生まれて家で死ぬ ………②700
家で恋しちゃ駄目ですか ………①1313
家出青年、猫ホストになる ………①1278
家出ファミリー … ①1006
家と庭 ………①1012
いえない いえない…①323
言えない秘密 ……①1388
家なき子 ………①371
『家無し』『職無し』な独身貴族から、異世界にてキレイ系奴隷を侍らせるセレブになりました。………①1229
家にあるものだけ！ で野菜たっぷり作りおき303 ………①49
家にゃん猫とじゃれあうおうち時間 …①264
いえのおばけずかん …①356
家の記号とマーク … ①411
家の満足度を高める素材と仕上げのすべてがわかる本 …①18
家は自分の手でつくる。………①286
家光は、なぜ「鎖国」をしたのか ………①556
家康、恋の陣！ …①1402
家康と播磨の藩主… ①556
家康の遠き道 …①1032
家康の時計 渡来記…①557
イェール＋東大、国立医学部に2人息子を合格させた母が考える 究極の育て方 …①10
胃炎をどうする？ …②738
胃炎の京都分類Q and A ………②738
韋應物詩論 ………①919
伊織さんと文鳥〈1〉①1156
イオンの就活ハンドブック〈2019年度版〉 ………①288
異界戦記カオスフレアSecond Chapter サプリメント ジェネシックサファイア …①277
意外っていうか、前から可愛いと思ってた …①775
意外な求婚者 ……①1386
異界の姫巫女はパティシエール。………①1273
"異界"文学を読む…①977
異界へいざなう女… ①894
医学・医療系学生のための総合医学英語テキスト〈Step2〉……②710
医学概論 ………②711

医学教育概論の実践〈第2巻〉 ………②700
医学系のための生化学 ………②673
医学原論〈上巻〉 …②711
医学生がガイドする私立医学部合格読本〈2018〉 ………①744
医学の歴史 ………②725
医学の歴史大図鑑 …②726
医学部受験の参考書完全ガイド＆私大医学部・獣医学部の攻略法 …………①744
医学部大学受験案内〈2018年度用〉 …①744
医学部に行きたいあなた、医学生のあなた、そしてその親が読むべき勉強の方法 …②711
医学部バカ …①744
いかさまお菓子の本 …①69
いかさま、騙しの技法 ………①226
生かされて …②49
生かされて生かして生きる ………①508
生かされている哲学・②275
烏賊墨（いかすみ）の一筋垂れて冬の弥撒（ミサ） ………①522
イカ先生のアオリイカ学 ………②697
いかにして患者の「気持ちいい」は生まれるのか ………②762
いかにして研究費を獲得するか ………②645
いかにして思考するべきか？ ………①446
いかにして民主主義は失われていくのか …②92
いかに人物を練るか…①446
いかに世界を変革するか ………②173
伊香保・草津 群馬…①192
胃カメラのおいしい飲ませ方 ………②748
いかもの喰い ……①42
怒り〈上〉 ………①1354
怒り〈下〉 ………①1354
「怒り」を活かす人、「怒り」に振り回される人 ………①477
怒りを鎮める うまく謝る ………①477
怒れ！ 英語学習者…①646
胃がんは「ピロリ菌除菌」でなくせる…①178
イキイキさせ屋 …②275
いきいき生活かるた…②49
いきいきまちがいさがし 「懐かしの昭和」洞察力・集中力アップ編 ………②67
息をのむ写実絵画の世界 ………①839
生きがい ………①1034
生き方をつくり直すたった一つの考え方 ゼロポイント …②275
生き方の極意 ………②275
生き方の問題なんだ。………①522
息切れで悩むCOPD・②738
行き先は特異点 …①1116
生きづらいと思ったら親子で発達障害でした 入園編 ………①488

「生きづらさ」を手放す ………①86

生きづらさから脱け出す実践法 …………①120

いきたい場所で生きる …………②25

生きた化石 摩訶ふしぎ図鑑 ……………②690

生きた建築ミュージアムフェスティバル大阪2017公式ガイドブック ………②607

生きた実例と手引き「自然療法」 ……………①145

生死（いきたひ） …………②704

生きたブルースを身につける方法 …………①810

生きつづける言葉 …………①227

生きていくあなたへ …①86

いきていてこそ ……①961

生きている！ 殺すな …②49

生きている前衛 ……①906

生きているだけでいい！ ………………①382

生きている文化を人に学ぶ ……………①514

生きている理由 ……①1018

生きて還る …………①222

生きてこそ …………①86

生きて、もっと歌いたい ………………②702

生きて、逝くヒント …①458

生きるだけで150点！ ………………①767

生きてるって、幸せー！ Love & Peace ……①950

いきと風流 …………①116

いきどまり鉄道の旅 …①184

生き直し ……………①1081

粋な古伊万里 ………①873

いきなり安倍晴明 …①1310

いきなりウェディング！ 突然ですが、御曹司の妻になりました …………………①1402

いきなりクレイジー・ラブ …………①1257

いきなりサイエンス 日常のその疑問、科学が「すぐに」解決します ………………②645

いきなり胸きゅんきゅん 王子様とお見合いですかっ!? ………①1399

行き抜いて、息抜いて、生き抜いて。 ……①86

生き抜くための恋愛相談 ……………①112

生き残りゲーム ラストサバイバル ………①359

生き残り錬金術師は街で静かに暮らしたい〈01〉 …………①1249

生き残り錬金術師は街で静かに暮らしたい〈02〉 …………①1249

生き残る芸能人のすごい処世術 ………①767

生き延びる都市 ……②94

いきもの ……………①403

いきもの〈6〉 ………①401

生き物を殺して食べる ………………①934

いきものかくれんぼ …①308

生き物たちの冬ごし図鑑 動物 ………①406

生き物たちの冬ごし図鑑 鳥 …………①406

いきものちえくらべ …①308

生きものにあやつられた日本と世界の歴史 ………………①587

生き物のかたちと動きに学ぶテクノロジー ………………①403

生き物の体のしくみに学ぶテクノロジー …①403

生きものの世界への疑問 ………………②690

生きものは円柱形 …②690

いきもの ものしりクイズ100 …………①403

「生きものらしさ」をもとめて ……………②681

医業経営を"最適化"させる36メソッド …②707

「異郷」としての日本 …①569

異形の愛 ……………①1333

異郷のモダニズム …①574

異形のものたち ……①1121

「生きよ」という声 鮎川信夫のモダニズム …①903

生きられた死生観 …①910

生きられた"私"をもとめて ……………①446

イギリス ……………①205

イギリス〈2017〜2018〉 ………………①205

イギリス英語発音教本 ………………①646

イギリス絵本留学滞在記 ……………①920

イギリス演劇における修道女像 …………①782

イギリス海軍戦艦ドレッドノート …………①166

イギリス会社法 ……②219

イギリスから届いたカップケーキ・デコレーション …………①69

イギリス現代史 ……①604

イギリス植民地貿易史 ………………①604

イギリス女性参政権運動とプロパガンダ …①604

イギリス性犯罪法論 …②219

イギリス中等学校のシティズンシップ教育 …①747

イギリスにおける特別な教育的ニーズに関する教育制度の特質 …①747

イギリス二〇〇三年性犯罪法 …………②219

イギリスの大人スタイル …………………①359

イギリスの教会事典 …①522

イギリスの刑事責任年齢 ……………②211

イギリスの産業遺産 …②607

イギリスの都市再生とサイエンスパーク …②253

イギリスの認知症国家戦略 …………①175

イギリスはいかにして持ち家社会となったか …………………②94

イギリス犯罪学研究〈2〉 ……………②219

イギリス流小さな家の贅沢な工夫 ……①18

イギリス労使関係法改革の軌跡と展望 …②461

生きる ………………①86

"生きる"をささえる看護 ……………②762

生きる稽古 死ぬ稽古 …①508

生きることは闘うことだ ………………①458

生きる職場 …………②303

生きる大事・死ぬ大事 ………………①458

生きるための芸術 …①826

活きる力 ……………②275

生きるチカラ ………①803

生きる力 ……………①599

生きる力を古人に学ぶ ………………①446

生きる力を引き出す超・倫理学講義 …①476

生きるのが楽になる「感情整理」のレッスン …①86

生きるのがラクになる「般若心経」31の知恵 ………………①516

生きる勇気が湧いてくる本 ……………①86

戦始め …………………①1063

戦の国 ………………①1033

いくさの底 …………①1086

育児&介護を乗り切るダイバーシティ・マネジメント イクボスの教科書 ………②308

「育児」と「やりたいこと」を両立するハイブリッドマムのススメ …①8

育児は仕事の役に立つ …①9

幾千もの夜をこえて …①1395

幾つかの夜、幾つもの朝 ………………①1282

いくつになっても「今」美しい人 ………①112

いくつになっても、美しく、いさぎよく生きる ……………①112

いくつになっても、今日がいちばん新しい日 ………………①108

いくつになってもスコアは縮まる!!生涯ゴルフの極意 ………①219

いくつになっても年をとらない新・9つの習慣 ………………①145

イグノーベル的バランス思考 ………②700

イクバル ……………①310

育苗からわかる野菜づくり ……………②450

遺訓 …………………①1044

いくTAbi …………①775

イケカジなぼくら〈11〉 ………………①359

池上彰監修！ 国際理解につながる宗教のこと〈1〉 …………①411

池上彰監修！ 国際理解につながる宗教のこと〈2〉 …………①411

池上彰監修！ 国際理解につながる宗教のこと〈3〉 …………①411

池上彰監修！ 国際理解につながる宗教のこと〈4〉 …………①411

池上彰さんと学ぶ12歳からの政治〈1〉 …①411

池上彰さんと学ぶ12歳からの政治〈2〉 …①411

池上彰さんと学ぶ12歳からの政治〈3〉 …①411

池上彰さんと学ぶ12歳からの政治〈4〉 …①411

池上彰さんと学ぶ12歳からの政治〈5〉 …①411

池上彰の「経済学」講義〈1〉 …………②255

池上彰の「経済学」講義〈2〉 …………②255

池上彰の講義の時間 高校生からわかるイスラム世界 ……②85

池上彰の講義の時間 高校生からわかる原子力 …………②580

池上彰のこれが「世界のルール」だ！ …②121

池上彰の世界の見方 中東 …………①128

池上彰の世界の見方 ドイツとEU ………②253

池上彰の世界はどこに向かうのか ………②121

池上彰の中学生から考える選挙と未来 …②146

池上正の子どもが伸びるサッカーの練習 …①228

生け雑草 ……………①271

池澤夏樹、文学全集を編む ……………①884

池島全景 …………①254

いけ好かない商売敵と …………………①1319

池田ことみのリンパビューティブック …①21

池田大作と日本人の宗教心 …………①501

池田勇人 ニッポンを創った男 …………②147

池田学 ………………①837

イケてる大人 イケてない大人 …………②25

いけない口づけ ……①1367

生花から自在にアレンジ プリザーブドフラワー ……………①271

いけばなときもの …①271

池袋・母子餓死日記 覚え書き（全文） …①926

イケメン革命 アリスと恋の魔法 公式ビジュアルファンブック …①279

イケメンになっても俺は俺だった（涙） …①1314

イケメン四人と甘々シェアハウス …………①1318

イケメン理系の溺愛方程式 ……………①1266

生けるブッダ、生けるキリスト ……………①499

異言語との出会い …①620

違憲審査 ……………②197

「移行期的混乱」以後 …②109

伊号潜水艦 …………①585

移行措置期の学校づくりを考える ………①698

行こう、どこにもなかった方法で …………②275

異国の君主と花売り娘 ………………①1374

異国の花〈8〉 ………①1051

囲碁殺人事件 ………①1094

囲碁 初段突破の実戦詰碁150題 ………①246

囲碁と悪女 …………①246

囲碁とふれあい囲碁 …①246

遺恨あり〈6〉 ………①1043

囲碁AI時代の新布石法 ………………①246

囲碁AI新時代 ……①246

異才、発見！ ………①673

五十坂家の百年 …①1088

居酒屋お夏〈6〉 ……①1033

居酒屋お夏〈7〉 ……①1033

居酒屋恋しぐれ ……①1050

居酒屋ダイエット …①24

居酒屋・ビストロ・バルのおでん料理 …①49

居酒屋ふじ …………①994

居酒屋ぼったくり〈7〉 ………………①1144

居酒屋ぼったくり〈8〉 ………………①1144

いさぎよく死ぬ生きかた ……………①145

遺作 …………………②34

いざ高次元世界へ …①136

いざ就活 自信を持って臨め ……………①288

イザドラ・ムーン …①371

誘神 …………………①1083

一茶無の散歩 ………①446

イサム・ノグチ 庭の芸術への旅 …………①868

イサム・ノグチ物語 …①868

十六夜（いざよい）荘ノート …………①1016

伊澤蘭奢 ……………①766

遺産ゲーム …………①1107

遺産承継の実務と書式 ………………②190

遺産分割と相続発生後の対策 …………②411

遺産分割のことならこの1冊 …………②190

石井麻子のラブリーニット100デザイン …①81

石井直方の筋肉の科学 …………………①215

石井紀子聞書 道を拓く …②5

石井均 糖尿病ビジュアルガイド ………②711

石井稔 無農薬有機栽培米・命を救うコメ 病気にならないコメ選び ………………②449

石井美保のSecret Beauty …………①21

医師が教える50歳からの超簡単ダイエット …①24

石垣・竹富・西表・宮古島 ……………①197

医師が信頼を寄せる栄養士の糖質を味方にするズルイ食べ方 …①162

医師がすすめる「おふとんヨガ」 ………①161

石神様の仰ることは …………………①1193

いしかわ今 キモノの風 …………………①32

石川啄木論 …………①910

石川啄木論攷 ………①903

いしかわの清流文化 …②22

「意識高い系」の研究 …①446

意識の進化的起源 …②684

意識のリボン ………①1025

意識の量子飛躍 11：11 アンタリオン転換 …①136

石隈・田村式援助シートによる子ども参加型チーム援助 …①712

意思決定の心理学 …①477

意思決定の数理 ……②650

異次元緩和の終焉 …②376

異次元緩和の真実 …②376

「異次元の扉」を開いて幸せになる ………①136

医師国家試験のためのレビューブック必修・

禁忌 ……………… ②782
石、転がっといたらえ
　えやん。 ………… ①944
医事コンピュータ関連
　知識 ……………… ②778
医事コンピュータ技能
　検定問題集3級〈1〉
　………………………②779
医事コンピュータ技能
　検定問題集3級〈2〉
　………………………②778
医師事務作業補助者 演
　習問題集 ………… ②779
異史・新生日本軍〈2〉
　………………………①1131
イージス戦艦「大和」
　〈上〉 …………… ①1130
イージス戦艦「大和」
　〈下〉 …………… ①1130
医師・専門家が教える
　家庭でできる元気の
　コツ大全 ………… ②145
石田和男教育著作集 ②748
医師たちが選んだプラ
　センタ療法 ……… ②711
石田三成 … ①551,①1050
石つぶて ………… ①927
「医師」と「声楽家」が
　導く人生最高の声を
　手にいれる6つのス
　テップ …………… ②820
石飛博光臨書集 古典渉
　猟〈第12集〉 …… ①869
石飛博光臨書集 古典渉
　猟〈第17集〉 …… ①869
石鍋が語る中世 … ①612
医師による野球技術論
　叙説 ……………… ①220
医師の経済的自由 … ②700
石の使者〈549〉 … ①1357
医師のための節税読本
　………………………②707
石巻片影 ………… ①254
石破茂の「日本創生」②147
石橋湛山 ………… ②147
石橋湛山の慈悲精神と
　世界平和 ………… ①569
石原莞爾 北支の戦い… ①576
石原豪人 ………… ①839
石原慎太郎への弔辞 ②147
石原裕次郎 ……… ①767
石干見のある風景 … ②457
イシマル書房編集部
　………………………①1015
いじめ ……………… ①345
いじめをやめさせる … ①710
イジメ返し 恐怖の復讐
　劇 ………………… ①1239
いじめから脱出しよ
　う！ ……………… ①711
いじめからは夢を持っ
　て逃げましょう！ · ①711
「いじめ・自殺事件」の
　深層を考える …… ①711
いじめに対する援助要
　請のカウンセリング
　………………………①711
いじめの正体 …… ①711
いじめ・不登校・虐待か
　ら大切なわが子を守
　る ………………… ①711
「いじめ」や「差別」を
　なくすためにできる
　こと ……………… ①711
医者が教える最強の栄
　養学 ……………… ②145
医者が教える食事術 最
　強の教科書 ……… ①162
医者が患者に教えない

病気の真実 ……… ①166
医者が妻を看取る … ②703
医歯薬受験ガイドブッ
　ク〈2018年度用〉 … ①744
医者に頼らなくてもが
　んは消える ……… ②735
医者の稼ぎ方 …… ②702
医者の9割はうつを治せ
　ない ……………… ①169
医者の罪と罰 …… ②700
医者は患者をこう診て
　いる ……………… ②711
石山寺本大智度論古點
　の國語學的研究〈下〉
　………………………①629
医者も知りたい面白医
　学英語事典 ……… ②726
移住者と難民のメンタ
　ルヘルス ………… ②742
移住者のための沖縄仕
　事NAVI …………… ②25
移住女子 …………… ②25
異種接合材の材料力学
　と応力集中 ……… ②600
遺書 ………………… ②147
衣装が語るアメリカ文
　学 ………………… ①922
「異常気象」の考え方 · ②677
異常気象はなぜ増えた
　のか ……………… ②677
「異情」な人々 …… ①488
衣装の語る民族文化 · ②110
意匠の理論 ……… ②584
意匠法 …………… ②584
移植医たち ……… ①1006
異色の教育長 社会力を
　構想する ………… ②748
石綿作業主任者テキス
　ト ………………… ②459
イジワル御曹司に愛さ
　れています ……… ①1246
イジワル御曹司の
　ギャップに参ってま
　す ………………… ①1158
イジワル騎士と一途な
　王女様 …………… ①1402
イジワル社長は溺愛旦
　那様!? …………… ①1145
いじわる上司がデレた
　ら、めっちゃ溺愛が
　止まりませんっ … ①1399
イジワル上司に焦らさ
　れてます ………… ①1197
イジワル同期とスイー
　トライフ ………… ①1246
意地悪同期にさらわれ
　ました！ ………… ①1246
イジワルな旦那様とか
　りそめ新婚生活 … ①1225
いじわるに癒やして
　………………………①1197
イジワル副社長と秘密
　のロマンス ……… ①1271
イジワル副社長の溺愛
　にタジタジです … ①1201
いじわる令嬢のゆゆし
　き事情 …………… ①1195
維新を創った男 西郷隆
　盛の実像 ………… ①563
異人街シネマの料理人
　〈3〉 …………… ①1166
「維新革命」への道 … ①563
異人館画廊 ……… ①1228
維新史再考 ……… ①563
偉人崇拝の民俗学 … ②110
偉人たちのあんまりな
　死に方 …………… ①107
偉人で「考え、議論す
　る」道徳授業を創る

維新の悪人たち … ①563
維新の龍撃ち …… ①1038
維新の肖像 ……… ①1027
維新の商人 ……… ①1060
偉人の命日366名言集
　………………………①106
偉人はそこまで言って
　ない。 …………… ①587
『医心方』事始 …… ②725
伊豆 ……………… ①193
椅子を作る人 …… ①1291
伊豆高原の桜に惹かれ
　て ………………… ②750
いすゞ乗用車 1922 -
　2002 ……………… ①241
イースター ハッピー
　ふっかつの日！ … ①323
イースター・ブック · ①522
井筒俊彦 ………… ①446
井筒俊彦の学問遍路 · ①446
イーストンと春の風 · ①323
いすにすわってたべな
　さい。 …………… ①323
伊豆の山奥に住む仙人
　から教わったからだ
　がよみがえる「食養
　術」 ……………… ①162
イスパニアの陰謀〈2〉
　………………………①1026
泉鏡花 …………… ①910
和泉式部日記/和泉式部
　集 ………………… ①888
『和泉式部日記/和泉式
　部物語』本文集成 · ①895
いすみ写真館の想い出
　ポートレイト …… ①1215
出雲大社 松江 鳥取 · ①195
出雲のあやかしホテル
　に就職します〈2〉 · ①992
出雲のあやかしホテル
　に就職します〈3〉 · ①992
出雲の古墳アドベン
　チャー …………… ①535
出雲の中世 ……… ①548
出雲はなぜ「割子そば」
　か？ その謎に迫る · ①33
出雲・松江 石見銀山・
　境港・鳥取 ……… ①195
イスラエル ……… ②254
イスラエル軍事史 … ①128
イスラエルの文化遺産
　マネジメント …… ①592
イスラム教徒の頭の中
　………………………①529
イスラム金融の基礎 金
　融市場編 ………… ②85
イスラム金融の基礎 入
　門編 ……………… ②85
「イスラム国」はよみが
　える ……………… ②128
イスラーム世界史 … ①592
イスラム世界 やさしい
　Q&A ……………… ②85
イスラームってなに？
　〈シリーズ1〉 …… ①424
イスラームってなに？
　〈シリーズ2〉 …… ①424
イスラームってなに？
　〈シリーズ3〉 …… ①424
イスラム帝国夜話〈下〉
　………………………①592
イスラーム入門 … ①529
イスラームの歴史 … ①529
イスラームのロシア・
　イスラム唯一の希望の
　国 日本 …………… ②138
いづれ神話の放課後戦

争（ラグナロク）〈6〉
　………………………①1245
いづれ神話の放課後戦
　争（ラグナロク）〈7〉
　………………………①1245
いづれ神話の放課後戦
　争（ラグナロク）〈8〉
　………………………①1245
異世界居酒屋「のぶ」三
　杯目 ……………… ①1123
異世界居酒屋「のぶ」四
　杯目 ……………… ①1123
異世界駅舎の喫茶店
　………………………①1222
異世界王子の年上シン
　デレラ …………… ①1244
異世界お好み焼き
　チェーン ………… ①1287
異世界を制御魔法で切
　り開け！〈1〉 …… ①1204
異世界を制御魔法で切
　り開け！〈2〉 …… ①1204
異世界を制御魔法で切
　り開け！〈3〉 …… ①1204
異世界を制御魔法で切
　り開け！〈4〉 …… ①1204
異世界おもてなしご飯
　………………………①1209
異世界温泉に転生した
　俺の効能がとんでも
　すぎる …………… ①1244
異世界温泉に転生した
　俺の効能がとんでも
　すぎる〈2〉 ……… ①1244
異世界が嫌いでもエル
　フの神様になれます
　か？ ……………… ①1175
異世界監獄/楽園化計
　画 ………………… ①1252
異世界キッチンからこ
　んにちは ………… ①1175
異世界キッチンからこ
　んにちは〈2〉 …… ①1175
異世界ギルドの英雄師
　弟（ベルセルク）〈2〉
　………………………①1147
異世界ギルドの英雄師
　弟（ベルセルク）〈3〉
　………………………①1147
異世界ギルド飯 … ①1212
異世界クエストは放課
　後に ……………… ①1221
異世界攻略（クリア）の
　ゲームマスター … ①1200
異世界建国記 …… ①1202
異世界建国記〈2〉 … ①1202
異世界拷問姫〈3〉 … ①1154
異世界拷問姫〈4〉 … ①1154
異世界拷問姫〈5〉 … ①1154
異世界戸建 精霊つき
　………………………①1190
異世界コンサル株式会
　社 ………………… ①1003
異世界コンビニ〈1〉
　………………………①1168
異世界コンビニ〈2〉
　………………………①1168
異世界コンビニ〈3〉
　………………………①1168
異世界混浴物語〈5〉
　………………………①1259
異世界詐欺師のなん
　ちゃって経営術（コン
　サルティング）〈4〉
　………………………①1282
異世界支配のスキルテ
　イカー〈6〉 ……… ①1184
異世界支配のスキルテ
　イカー〈7〉 ……… ①1184

異世界修学旅行〈5〉
　………………………①1170
異世界修学旅行〈6〉
　………………………①1170
異世界取材記 …… ①1225
異世界召喚は二度目で
　す ………………… ①1186
異世界召喚は二度目で
　す〈5〉 …………… ①1186
異世界召喚ボーナスで
　チート能力もらった
　けど、俺は快楽・欲望
　を優先しました！
　………………………①1403
異世界食堂〈4〉 … ①1161
異世界シンデレラ 騎士
　様と新婚スローライ
　フはじめます …… ①1406
異世界人の手引き書〈3〉
　………………………①1227
異世界銭湯 ……… ①1170
異世界創造の絶対神〈2〉
　………………………①1300
異世界チート開拓記〈1〉
　………………………①1262
異世界チート開拓記〈2〉
　………………………①1262
異世界チート開拓記〈5〉
　………………………①1262
異世界チート魔術師（マ
　ジシャン）〈6〉 …… ①1165
異世界チート魔術師（マ
　ジシャン）〈7〉 …… ①1165
異世界釣り暮らし … ①1274
異世界で愛され姫に
　なったら現実が変わ
　りはじめました。·①1403
異世界でアイテムコレ
　クター〈3〉 ……… ①1236
異世界でアイテムコレ
　クター〈4〉 ……… ①1236
異世界でアイテムコレ
　クター〈5〉 ……… ①1236
異世界で俺だけはス
　ローライフでハーレ
　ムをつくろう ……①1400
異世界でカフェを開店
　しました。〈1〉 … ①1151
異世界でカフェを開店
　しました。〈2〉 … ①1151
異世界でカフェを開店
　しました。〈3〉 … ①1151
異世界でカフェを開店
　しました。〈4〉 … ①1151
異世界でカフェを開店
　しました。〈10〉 … ①1151
異世界で観光大使はじ
　めました。〈1〉 … ①1179
異世界で孤児院を開い
　たけど、なぜか誰一
　人巣立とうとしない
　件 ………………… ①1251
異世界ですが魔物栽培
　しています。〈2〉 ··①1218
異世界ですが魔物栽培
　しています。〈3〉 ··①1218
異世界でスキルを解体
　したらチートな嫁が
　増殖しました〈3〉
　………………………①1219
異世界でスキルを解体
　したらチートな嫁が
　増殖しました〈4〉
　………………………①1219
異世界でスキルを解体
　したらチートな嫁が
　増殖しました〈5〉
　………………………①1220
異世界で創造の料理人

してます………①1269
異世界で創造の料理人してます〈2〉……①1269
異世界で創造の料理人してます〈3〉……①1269
異世界でダークエルフ嫁とゆるく営む暗黒大陸開拓記……①1172
異世界でチート無双してハーレム作りたいのに強すぎてみんな怖がるんですけど………①1289
異世界で透明人間〈3〉………①1187
異世界で透明人間〈4〉………①1187
異世界で奴隷になりましたがご主人さまは私に欲情しません………①1403
異世界でハンター始めました。〈2〉……①1293
異世界で保父さんになったら獣人王から求愛されてしまった件………①1259
異世界の花嫁（未定）になりました。………①1239
異世界でもふもふなでなでするためにがんばってます。〈3〉…①1260
異世界でもふもふなでなでするためにがんばってます。〈4〉…①1260
異世界で幼女化したので養女になったり書記官になったりします………①1218
異世界で幼女化したので養女になったり書記官になったります〈2〉………①1218
異世界で幼女化したので養女になったり書記官になったります〈3〉………①1218
異世界で幼女化したので養女になったり書記官になったります〈4〉………①1218
異世界で夜のお仕事しています………①1316
異世界で竜が許嫁です………①1291
異世界で竜が許嫁です〈2〉………①1291
異世界で料理人を命じられたオレが女王陛下の軍師に成り上がる！〈2皿め〉………①1215
異世界転移したのでチートを生かして魔法剣士やることにする〈4〉………①1214
異世界転移したのでチートを生かして魔法剣士やることにする〈5〉………①1214
異世界転移したよ！〈4〉………①1290
異世界転移バーテンダーのカクテルボーション〈3〉………①1221
異世界転生〈4〉……①1149
異世界転生してチート魔法使いになったからハーレム作ります。

ついでに世界も救います。〈2〉………①1398
異世界転生戦記………①1193
異世界転生騒動記〈10〉………①1224
異世界転生騒動記〈11〉………①1224
異世界転生に感謝を〈5〉………①1266
異世界転生に感謝を〈6〉………①1266
異世界転生の冒険者〈2〉………①1194
異世界堂のミア………①1152
異世界道楽に飽きたら………①1207
異世界とチートな農園主〈4〉………①1146
異世界とチートな農園主〈5〉………①1146
異世界取り換え王妃………①1171
異世界トリップしたその場で食べられちゃいました………①1158
異世界トリップして強面騎士隊長の若奥様になりました!?…①1402
異世界トリップの脇役だった件………①1250
異世界ならニートが働くと思った？〈5〉………①1182
異世界ならニートが働くと思った？〈6〉………①1182
異世界に行ったら魔物使いになりました！〈2〉………①1204
異世界に行ったら魔物使いになりました！〈3〉………①1204
異世界に行ったら魔物使いになりました！〈4〉………①1204
異世界に来たみたいだけど如何すれば良いのだろう〈2〉……①1269
異世界に来たみたいだけど如何すれば良いのだろう〈3〉……①1269
異世界に召喚されてハケンの聖女になります………①1171
異世界に転生した奴隷育成師のスローライフ………①1398
異世界に転生したので日本式城郭をつくってみた。………①1298
異世界に飛ばされたおっさんは何処へ行く？………①1208
異世界に飛ばされたおっさんは何処へ行く？〈2〉………①1208
異世界の海原を乙女は走る………①1138
異世界の王女様に勇者として召喚されたけど、願いを断ったら投獄されました。………①1255
異世界の王に溺愛されています………①1313
異世界のオトコ、拾いました………①1153
異世界の回復魔法使い………①1397
異世界の果てで開拓ご

はん！………①1225
異世界の魔法言語がどう見ても日本語だった件 森の妖魔と転生魔導師………①1238
異世界のんびり農家〈01〉………①1239
異世界は思ったよりも俺に優しい？〈2〉………①1169
異世界は思ったよりも俺に優しい？〈3〉………①1169
異世界はスマートフォンとともに。〈8〉…①1266
異世界はスマートフォンとともに。〈9〉…①1266
異世界はスマートフォンとともに。〈10〉………①1266
異世界はスマートフォンとともに。〈11〉………①1266
異世界は幸せ（テンプレ）に満ち溢れている〈2〉………①1165
異世界は幸せ（テンプレ）に満ち溢れている〈3〉………①1165
異世界ハーレム荘の管理人になりませんか？〈2〉………①1403
異世界魔王と召喚少女の奴隷魔術〈7〉…①1283
異世界魔王と召喚少女の奴隷魔術〈8〉…①1283
異世界魔王の後継者（サクセサー）〈2〉…①1398
異世界魔法は遅れてる！〈8〉………①1258
異世界迷宮でハーレムを〈7〉………①1220
異世界迷宮でハーレムを〈8〉………①1220
異世界迷宮の最深部を目指そう〈9〉…①1301
異世界モンスターブリーダー〈4〉………①1184
異世界モンスターブリーダー〈5〉………①1184
異世界薬局〈4〉………①1225
異世界薬局〈5〉………①1225
異世界ゆるり紀行………①1281
異世界ゆるり紀行〈2〉………①1281
異世界ゆるり紀行〈3〉………①1281
異世界嫁ごはん〈1〉………①1195
異世界落語〈3〉………①1215
異世界料理道〈11〉………①1173
異世界料理道〈12〉………①1173
異世界冷蔵庫………①1265
異世界Cマート繁盛記〈5〉………①1154
異世界Cマート繁盛記〈6〉………①1154
遺跡に読む中世史…①548
遺跡発掘師は笑わない………①1085
伊勢志摩………①194
伊勢志摩・熊野ご朱印めぐり旅 乙女の寺社案内………①194
伊勢神宮………①505
伊勢神宮と、遷宮の「かたち」………①505
異説で解き明かす近現

代世界史………①587
異説で読み解く明治維新………①563
伊勢の陰陽師が教える「開運」の作法…①127
伊勢白山道問答集〈第3巻〉………①499
伊勢物語………①888
伊勢物語の生成と展開………①896
伊勢物語論………①896
いそいでおでかけ…①324
急いでデジタルクリエイティブの本当の話をします。………②275
忙しい朝でもすぐできる ごはん同盟のほぼごはん弁当………①65
忙しい社長を救う経理改革の教科書……②314
忙しい人でもすぐに作れるあると便利なお漬けもの………①49
忙しい日のスピードごはん………①49
忙しい保育者のための仕事術・時間術38の鉄則………①688
忙しい毎日の不調をケアする メディカルハーブティーのすすめ………①163
忙しくても家事を楽しむ小さな工夫……①5
遁医外来………①488
いそげ！きゅうきゅうしゃ………①324
異素材フラワーデザイン図鑑200……①269
磯崎新と藤森照信の「にわ」建築談義…①607
イソップどうわ…①309
イソップものがたり70選………①309
磯光雄ANIMATION WORKS〈vol.1〉…①848
依存性失恋マニア…①1305
イタイイタイ病と教育………②577
イタイイタイ病との闘い 原告 小松みよ…②577
痛い在宅医………②700
痛いっの素………②700
偉大な社会を目指した大統領・リンドン・B.ジョンソン……②135
偉大な風景カメラマンが教える写真の撮り方………①251
偉大なるヴァイオリニストたち〈2〉…①815
偉大なる残念な人たち………①107
偉大なる失敗………②645
痛いのは嫌なので防御力に極振りしたいと思います。………①1294
痛いのは嫌なので防御力に極振りしたいと思います。〈2〉…①1294
板観さん………①788
委託型就業者の就業実態と法的保護/不当労働行為救済法理を巡る今日的課題/女性活躍推進と労働法…②466
痛くないかもしれません………①961
「イタコ」の誕生……②116

代世界史………①587
板情報とチャートでデイトレに勝つ！…②392
いたずらおおかみくん………①324
いたずらおばけ……①324
いたずらこやぎと春まつり………①324
いたずらな愛の使者………①1379
いただきます図鑑……①33
いただきますのおつきさま………①324
いただきますの水族館………②697
板橋区あるある……①185
板橋遊泳伝………①999
痛みを取りたければ体を温めなさい……①145
痛みを担い合う教会・①522
痛みかたみ妬み……①1086
痛み診療におけるオピオイド治療：ブプレノルフィン貼付剤の可能性………②748
痛み治療のための超音波ガイド下神経ブロック実践テキスト………②734
痛みと不調がなくなる血流コントロール・①145
痛みとり「体芯力」体操………①172
痛みに悩んでいるあなたへ………②711
痛みの9割は姿勢で治す………①172
痛みの作文………①942
痛みのない身体になる究極の整体術……①145
痛みのペンリウク…①1008
イタリア〈2018〜2019年版〉………①205
イタリア・オペラ・ガイド………①816
イタリア古城の愛の魔法………①1377
イタリア古代山岳王国悲歌………①1061
イタリア語で読む星の王子さま………①671
イタリア人が日本人によく聞く100の質問………①671
イタリア大富豪と臆病な花………①1379
イタリアの地方菓子とパン………①40
イタリアの鼻………①827
イタリアの豆戦車写真集………②166
イタリアの歴史を知るための50章………①599
イタリア伯爵 糸の町を往く………①535
イタリア・ファシズムを生きた思想家たち・①467
イタリア富豪の高慢と贖罪………①1378
イタリア富豪の凍った心〈5〉………①1383
イタリア富豪の孤独な妻………①1375
イタリア富豪の熱愛〈2〉………①1376
イタリア料理小辞典…①33
イタリア料理のアイデンティティ………①33
イタリア料理の教科書………①68

書名索引

書名索引

イタリアルネサンスと
　アジア日本 ……… ①599
イタリアワイン〈2017年
　版〉………………… ①45
イタリアンデザイン世
　界を走る ………… ①241
異端児 …………… ②307
異端なる尋問官の事件
　調書〈file.01〉… ①1241
異端の映画史 新東宝の
　世界 ……………… ①789
異端の試み ……… ②242
異端の神言遣い … ①1205
異端の神言遣い〈2〉
　………………… ①1206
一握の砂 ………… ①904
一衣帯水「平和資源」と
　しての日中共同声明
　………………… ②132
1円玉を貼るだけで不快
　症状や慢性病が改善
　する「ツボ」がわかる
　本 ……………… ①173
1億円稼ぐ「大化け」株
　の見つけ方 …… ②392
1億稼ぐ奇跡のマイホー
　ム ……………… ①420
一億総活躍時代のメン
　タルヘルス ……… ①169
一億総貧困時代 … ②94
1型糖尿病でも大丈夫
　………………… ①180
イチから鍛える英語リ
　スニング 入門編 … ①646
イチから使う 医薬統計
　教室 …………… ②768
イチからつくるカレー
　ライス ………… ①433
1からのアントレプレ
　ナーシップ …… ②275
1からのグローバル・
　マーケティング …① ②334
イチからはじめる道徳
　教育 …………… ①736
いちからはじめるプリ
　ザーブドフラワーの
　作り方 ………… ①270
イチからわかる！ "議会
　答弁書"作成のコツ
　………………… ②138
イチからわかる！ 歯科
　医師が知っておきた
　い肝疾患のキホン ・②753
一からわかる！ 繁盛す
　る小さな飲食店のつ
　くり方 ………… ②427
イチからわかるSIMフ
　リーの基礎知識 … ②531
市川崑「悪魔の手毬唄」
　完全資料集成 … ①789
一行怪談 ………… ①1128
一撃馬券ノート … ①243
「一見さんお断り」の勝
　ち残り経営 …… ②275
一建築家の眼差し … ②607
いちご …………… ①324
一語一笑からの「ひと
　りごと」生きるヒン
　ト ……………… ①86
一故人 …………… ①107
1語で通じる海外旅行ひ
　とくち英会話CD-
　BOOK ………… ①645
いちごのお菓子 … ①69
いちごひめのたびだち
　………………… ①324
いちご日和 ……… ①864
1時間でわかるエクセル
　VBA …………… ②547

1時間でわかる！ 家族
　のための「在宅医療」
　読本 …………… ②711
1時間でわかるパワーポ
　イント ………… ②544
1時間でわかるビット
　コイン投資入門 … ②387
1次試験対応 この1冊で
　らくらく合格！ 認知
　症ケア専門士テキス
　ト＆予想問題集〈2017
　年版〉…………… ②75
一汁一菜 日々ごはん …①49
一精神科医のエッセイ
　………………… ②700
1017（いちぜろいちな
　な）…………… ①839
一度覚えたら絶対に忘
　れない脳になる最強
　の法則39 ……… ①86
いちどで覚えるフライ
　パンレシピ …… ①49
一度は行きたい 日本の
　自然風景 ……… ①188
一度は行きたい 日本の
　町並み集落 …… ①188
一度は訪れたい名将ゆ
　かりの名城 …… ①551
一度は作ってみたい!!ぼ
　くの魔法のおやつ … ①49
一度見たら忘れない奇
　跡の建物 ……… ②607
1・2・3歳児の折り紙あ
　そび …………… ①439
123死後69写狂老人A日
　記 ……………… ①254
1日1行！ 2年で350万貯
　めたあきのズボラ家
　計簿 …………… ②387
1日1ほめで幸運を引き
　寄せる自分をほめる
　習慣 …………… ①86
1日1枚！ 英検4級問題
　プリント ……… ①655
1日1回！ 子どもの目が
　どんどんよくなるす
　ごいゲーム …… ①183
1日1回！ 見るだけで
　「老眼」はどんどんよ
　くなる ………… ①183
一日一生 ………… ①513
一日一敗のきらめき 負
　ける言葉365 … ①943
1日1杯のココアが老け
　ない体をつくる … ①163
1日1分！ お金も時間も
　貯まる片づけの習慣
　………………… ①120
「1日1分」を続けなさ
　い！ …………… ①156
1日1分からだを開くと
　姿勢はよくなる！ … ①156
1日1分！ かんたん！
　100を切る！ 体幹ゴ
　ルフ入門 ……… ①219
1日1分！ 血圧が下がる
　血管ストレッチ … ①146
1日1分 美骨ピラティス
　ダイエット …… ①24
1日1分見るだけで目が
　よくなる28のすごい
　写真 …………… ①183
1日1分！ TOEIC L&R
　テスト千本ノック！
　………………… ①658
1日が27時間になる！
　速読ドリル 短期集中
　編 ……………… ①120
1日がんばって1カ月ラ

クする手作り冷凍食
　品の365日 …… ①49
1日500円の小さな習慣
　………………… ①387
1日5分、10万円から始
　めるフィリピン株式
　投資 …………… ①392
1日5分スロー＆クイッ
　ク 体脂肪を燃やす最
　強トレーニング … ①216
1日5分で家じゅうどこ
　でもダイエット やせ
　る掃除！ ……… ①24
1日5分で90切り ① ①219
1日5分でもの忘れ予防
　毎日脳トレ！ 脳活パ
　ズル366 ……… ①160
1日5分！ 脳波で実証！
　物忘れ＆認知症予防
　速読脳トレ ……① ①175
1日30分×30日 ケアマ
　ネジャー絶対合格過
　去問題集〈2017年版〉
　………………… ②75
「1日30分30日」完全突
　破！ SPI最強問題集
　〈'19年版〉…… ①293
1日3分！「首ポンピン
　グ」で健康になる … ①156
1日3分で英語がペラペ
　ラになる 加圧イング
　リッシュ ……… ①646
いちにちじごく …① ①324
一日十句 ………… ①971
1日10分！ 大人の脳ト
　レを作るなぞり書き … ①160
「1日10分」から始める
　SPI基本問題集〈'19年
　版〉…………… ①293
1日10分「じぶん会議」
　のすすめ ……… ①341
1日10分、「玉手箱」完
　全突破！ Webテスト
　最強問題集〈'19年版〉
　………………… ①293
1日10分でせかいちずを
　おぼえる絵本 … ①424
1日10分でちずをおぼえ
　る絵本 ………… ①324
1日10分 走る青トレ … ①234
1日10秒ストレッチで美
　姿健康になる … ①156
一日だけの花嫁 … ①1390
1日たった5分、まっす
　ぐ、ゆっくり歩くだ
　け！ 腰の痛み、ひざ
　の痛みが消える！ ・①172
1日で感動に声がよく
　なる！ 歌もうまくな
　る!! …………… ①810
1日7分の絵本で子ども
　の頭はみるみる良く
　なる！ ………… ①10
一日に一字学べば… ①787
1日2回のチャート
　チェックで手堅く勝
　てる兼業FX …… ①397
1日2分で一生自分の足
　で歩ける！ 相撲（す
　も）トレ ……… ①216
一日の終わりに地味だ
　けど「ほっとする」食
　べ方 …………… ①33
1日1つ、手放すだけ。
　好きなモノとスッキ
　リ暮らす ……… ②25
1日1つ、なしとげる！
　………………… ①164
1日45分×60日ケアマネ

ジャー絶対合格テキ
　スト〈2017年版〉 … ②75
1日45分×60日 認知症
　ケア専門士絶対合格
　テキスト〈2018年版〉
　………………… ②75
一人前社員の新ルール
　………………… ②275
一人前といわれる渉外
　担当者の教科書 … ②332
一年遅れのプロポーズ
　………………… ①1367
一念三千とは何か … ①516
一念三千法門 …… ①521
1年中押し花で楽しむ 手
　作りのお花こもの … ①79
一年中楽しめる おりが
　み壁飾り ……… ①80
一年中楽しめる透かし
　編みの模様82 …① ①81
1年中使えてフリー便
　利！ 小学校学級経営
　いろいろテンプレー
　ト ……………… ①706
一年中ワンピース … ①83
1年生担任のための国語
　科指導法 ……… ①722
1年生の学級づくり … ①706
1年で話せた人が絶対や
　らない英語勉強法 … ①646
一年分わらった〈第41
　集〉…………… ①382
一年前の君に、一年後
　の君と。 ……… ①1140
1年目からうまくいく！
　セミナー講師超入門
　………………… ②275
一の魅力 ………… ①927
1%〈6〉…………… ①359
1%〈7〉…………… ①359
1%〈8〉…………… ①359
1%寡頭権力支配を撃ち
　砕くビットコインの
　すべて ………… ①381
1パーセントの教室 ・①1272
「1%も尽くさない」で一
　生愛される …… ①112
1819 …………… ①775
いちはらアート×ミッ
　クス〈2017〉 …… ①823
一番売れてる月刊マ
　ネー誌ザイが作った
　「FX」入門 …… ②397
いちばんおいしい家カ
　レーをつくる … ①49
いちばん悲しい …① ①1017
いちばんかんたんで役
　に立つマーケティン
　グの方法 ……… ②334
いちばんカンタン！ 投
　資信託の超入門書 ・②392
いちばんくわしいスパ
　イス便利帳 …… ①49
一番最初に読む設備保
　全の本 ………… ②600
イチバン親切なハンド
　メイドアクセサリー
　の教科書 ……… ①72
一番シンプルな資料作
　成術 …………… ②346
一番正確で一番わかり
　やすい相続と遺言と
　相続税の法律案内 ・②191
いちばんていねいな は
　じめての盆栽の育て
　方 ……………… ①270
一番トクする住宅ロー
　ンがわかる本〈'17
　〜'18年版〉…… ②387

いちばんはじめの韓国
　語単語 ………… ①666
いちばんはじめのタイ
　語会話 ………… ①667
いちばんはじめの中国
　語会話 ………… ①663
いちばんはじめのブラ
　ジルポルトガル語会
　話 ……………… ①672
いちばんはじめのフラ
　ンス語会話 …… ①669
いちばんハッピーな赤
　ちゃんの名づけ事典
　………………… ①133
いちばんハッピーな育
　児BOOK ……… ①9
いちばんハッピーな妊
　娠・出産BOOK … ①7
いちばんやさしい 痛み
　の治療がわかる本 ・②748
いちばんやさしい英検
　準2級 ………… ①655
いちばんやさしい英検3
　級 ……………… ①655
いちばんやさしい英検4
　級 ……………… ①655
いちばんやさしいかぎ
　針編みのポーチ … ①81
いちばんやさしいギ
　ター・コード・レッス
　ン ……………… ①810
いちばんやさしい！ 組
　ひも …………… ①72
いちばんやさしい憲法
　入門 …………… ②197
いちばんやさしい苔盆
　栽と豆盆栽 …… ①266
いちばんやさしいコン
　バージョン最適化の
　教本 …………… ②334
いちばんやさしい人工
　知能ビジネスの教本
　………………… ②522
いちばんやさしいスパ
　イスの教科書 …① ①49
いちばんやさしいデジ
　タルマーケティング
　の教本 ………… ②334
いちばんやさしい猫
　アップリケ …… ①72
いちばんやさしい不動
　産の教本 ……… ②418
いちばんやさしいブ
　ロックチェーンの教
　本 ……………… ②513
いちばんやさしい薬理
　学 ……………… ②768
いちばんやさしいゆび
　編みの小もの … ①81
いちばんやさしい労働
　安全衛生法 …… ②466
いちばんやさしい60代
　からのiPad …… ②536
いちばんやさしい
　JavaScriptの教本 ・②559
いちばんやさしい
　Jimdoの教本 … ②543
いちばんやさしいPHP
　の教本 ………… ②547
いちばんやさしい
　Python入門教室 … ②547
いちばんやさしい
　Pythonの教本 … ②547
いちばんやさしいSEO
　入門教室 ……… ②528
いちばんやさしい
　WordPressの教本 ・②516
いちばんよくわかる か
　ぎ針こもの …… ①81

いちばんよくわかる
　ソープカービング
　LESSON ‥‥‥‥‥①79
一番よくわかるタイプ
　別 下肢動脈瘤の防ぎ
　方・治し方 ‥‥‥‥①146
一番よくわかる庭木の
　剪定 ‥‥‥‥‥‥‥①266
いちばんよくわかるは
　じめての料理120 ‥①49
いちばんよくわかる棒
　針あみの小物と基礎
　‥‥‥‥‥‥‥‥‥①82
いちばんよくわかる
　Webデザインの基本
　きちんと入門 ‥‥‥②528
いちばんわかりやす
　い！ 1級建築施工管
　理技術検定合格テキ
　スト ‥‥‥‥‥‥‥②641
いちばんわかりやす
　い！ 運行管理者（旅
　客）合格テキスト ‥②504
いちばんわかりやすい
　英検3級まるごと問題
　集 ‥‥‥‥‥‥‥‥①655
いちばんわかりやすい
　英検準2級まるごと問
　題集 ‥‥‥‥‥‥‥①655
いちばんわかりやす
　い！ 介護福祉士合格
　テキスト〈'18年版〉‥②75
いちばんわかりやすい
　確定申告の書き方
　〈2018年版〉‥‥‥‥②408
一番わかりやすいきほ
　んの料理と献立 ‥‥①49
一番わかりやすい きも
　ののお手入れ＆お直
　し ‥‥‥‥‥‥‥‥①32
いちばんわかりやすい
　最新介護保険 ‥‥‥②72
いちばんわかりやす
　い！ 社会福祉士合格
　テキスト〈'18年版〉‥②76
一番わかりやすいズパ
　ゲッティの本！ 半日
　でサクサクできるズ
　パゲッティバッグ
　＆小物 編み図がよめ
　なくてもOK！ ‥‥①82
いちばんわかりやすい
　相続・贈与の本〈'17
　～'18年版〉 ‥‥‥‥②411
いちばんわかりやす
　い！ 登録販売者合格
　テキスト ‥‥‥‥‥②779
いちばんわかりやす
　い！ 2級土木施工管
　理技術検定合格テキ
　スト ‥‥‥‥‥‥‥②636
一番わかりやすい日本
　経済入門 ‥‥‥‥‥②242
いちばんわかりやすい
　俳句歳時記 秋 冬 新
　年 ‥‥‥‥‥‥‥‥①960
いちばんわかりやすい
　俳句歳時記 春 夏 ‥①960
いちばんわかりやすい
　はじめての簿記入門
　‥‥‥‥‥‥‥‥‥①320
いちばんわかりやすい
　保育士合格テキスト
　〈'18年版 上巻〉‥①762
いちばんわかりやすい
　保育士合格テキスト
　〈'18年版 下巻〉‥‥①762
一秒宝 ‥‥‥‥‥‥②346
1秒で見抜くヤバい麻雀

　心理術 ‥‥‥‥‥‥①245
一ペニーの花嫁 ‥‥‥①1392
一枚起請文のこころ ‥①518
一枚の絵の長い旅 ‥‥①942
一枚の切符 ‥‥‥‥‥①243
いちまいの羊歯 ‥‥‥①968
1万人を治療した睡眠の
　名医が教える誰でも
　簡単にぐっすり眠れ
　るようになる方法 ‥①170
1万人が愛したはじめて
　の自治体法務テキス
　ト ‥‥‥‥‥‥‥‥②155
1万人の人生を見たベテ
　ラン弁護士が教える
　「運の良くなる生き
　方」‥‥‥‥‥‥‥‥①87
16817の化学商品〈2017
　年版〉‥‥‥‥‥‥②668
1mm ‥‥‥‥‥‥‥‥①775
一面の静寂 ‥‥‥‥‥①961
一網打尽 ‥‥‥‥‥‥①1103
一問一答！ 一般常識問
　題集〈'20年度版〉‥①297
一問一答英検準2級完全
　攻略問題集 ‥‥‥‥①655
一問一答英検3級完全攻
　略問題集 ‥‥‥‥‥①655
一問一答で必ず合格！
　宅建士問題集〈'17年
　版〉‥‥‥‥‥‥‥②496
一問一答で身につく囲
　碁AI流 ‥‥‥‥‥‥①246
一問一答 民法改正と金
　融実務 ‥‥‥‥‥‥②203
一問一答面接攻略 完全
　版〈'20年度版〉 ‥‥①295
一夜が結んだ絆 ‥‥‥①1367
一夜漬け相続税・贈与
　税 ‥‥‥‥‥‥‥‥②411
一夜づけ！ 宅建士
　〈2017〉‥‥‥‥‥②496
一夜だけ愛して ‥‥‥①1367
一夜のあやまち ‥‥‥①1387
一夜の恋の贈り物 ‥‥①1377
イ・チャンホの布石解
　析 ‥‥‥‥‥‥‥‥①246
銀杏散る〈2〉‥‥‥‥①1028
銀杏のロンド ‥‥‥‥①802
一陽来福 ‥‥‥‥‥‥①136
一流をめざすメンタル
　術 ‥‥‥‥‥‥‥‥①120
一流家電メーカー「特殊
　対応」社員の告白 ‥②275
一流企業のビジネス英
　語 ‥‥‥‥‥‥‥‥②648
一流犬をつくる最強の
　食事法 ‥‥‥‥‥‥①263
一流サンプル職人が教
　える 本格革財布の仕
　立て方 ‥‥‥‥‥‥①79
一流トップ15人の経営
　ビジョン ‥‥‥‥‥②307
一流になる人の20代は
　どこが違うのか ‥‥②307
一流になる勉強法 ‥‥①120
一流の考え方が身につ
　く 思考実験ビギナー
　ズ ‥‥‥‥‥‥‥‥①120
一流のコンディション
　‥‥‥‥‥‥‥‥‥①24
一流の準備力 ‥‥‥‥②341
一流のストレス ‥‥‥①120
一流の達成力 ‥‥‥‥②346
一流の人が学ぶ氣の力
　‥‥‥‥‥‥‥‥‥①236
一流の人に学ぶ お金の
　引き寄せ方 ‥‥‥‥②387

一流の人に学ぶ心の磨
　き方 ‥‥‥‥‥‥‥②275
一流の人に学ぶ「思考を
　現実」にする方法 ‥②275
一流の人に学ぶ自分の
　磨き方 ‥‥‥‥‥‥②87
一流の人は小さな「ご
　縁」を大切にしてい
　る ‥‥‥‥‥‥‥‥②275
一流の人はなぜそこま
　で、靴にこだわるの
　か？ ‥‥‥‥‥‥‥②341
一流の人ほど理系の雑
　談が上手い！ ‥‥‥②645
一流のプロ講師が実践
　している話し方 ‥‥②358
一流の本質 ‥‥‥‥‥②427
一流の学び方 ‥‥‥‥②346
一流の磨き方 ‥‥‥‥②275
一流のリーダーがやっ
　ている 部下のやる気
　に火をつける33の方
　法 ‥‥‥‥‥‥‥‥②365
一流のリーダーになる
　野村の言葉 ‥‥‥‥①222
一流のリーダーほど、
　しゃべらない ‥‥‥②365
一流の老人 ‥‥‥‥‥①108
一流パティシエのケー
　キと焼き菓子 ‥‥‥①69
一流ビジネスパーソン
　が無意識にやってい
　る英語でプレゼン・
　スピーチ15の法則 ‥②648
一流マネージャーの仕事
　の哲学 ‥‥‥‥‥‥②346
一流役員が実践してい
　る出世の哲学 ‥‥‥②341
一流役員が実践してき
　た 入社1年目から「で
　きる人になる」43の
　習慣 ‥‥‥‥‥‥‥②347
一礼して、キス
　‥‥‥‥②345，①977
一路 ‥‥‥‥‥‥‥②49
1浪2留の東大卒が、逮
　捕・不起訴釈放後3か
　月で国立大学医学部
　に合格できた理由 ‥①744
一私小説書きの日乗 不
　屈の章 ‥‥‥‥‥‥①953
1割の「できる人」が大
　切にしている仕事の
　「基本」‥‥‥‥‥‥②347
いつか愛になる日まで
　‥‥‥‥‥‥‥‥‥①1395
1回で受かる！ 1級電気
　工事施工管理技術検
　定合格テキスト ‥‥②632
1回で受かる！ 基本情
　報技術者合格テキス
　ト〈'18年版〉‥‥‥②564
1回で受かる！ 甲種危
　険物取扱者合格テキ
　スト ‥‥‥‥‥‥‥②643
1回で受かる！ サービ
　ス接遇検定2級・3級
　テキスト＆問題集 ‥②504
1回で受かる！ 第二種
　電気工事士合格テキ
　スト〈'18年版〉‥‥②632
1回で受かる！ 普通免
　許問題集 ‥‥‥‥‥②242
1回で受かる！ 保育士
　過去問題集〈'17年版〉
　‥‥‥‥‥‥‥‥‥①762
1回で受かる！ ITパス
　ポート合格テキスト
　〈'18年版〉‥‥‥‥②564

1回で合格するための宅
　建士〈'18年版〉‥‥②496
1回で合格！ 販売士検
　定2級過去問題集〈'18
　年版〉‥‥‥‥‥‥②503
1回で合格！ 販売士検
　定2級テキスト＆問題
　集 ‥‥‥‥‥‥‥‥②503
1回で合格！ 販売士検
　定3級過去問題集〈'18
　年版〉‥‥‥‥‥‥②503
1回で合格！ 販売士検
　定3級テキスト＆問題
　集 ‥‥‥‥‥‥‥‥②503
1回で合格！ QC検定3
　級実戦問題集 ‥‥‥②627
1回でぜったい合格！
　英検4級まるごと対策
　‥‥‥‥‥‥‥‥‥①655
一家を破滅させる「孤
　独病」‥‥‥‥‥‥①169
いつか来た町 ‥‥‥‥①954
いつかきみに七月の雪
　を見せてあげる ‥‥①1156
いつか着る服、いつも
　着る服 ‥‥‥‥‥‥①83
一角獣の変身 ‥‥‥‥①825
一角仙人 ‥‥‥‥‥‥①324
1カ月でカラダが変わ
　る！ 内発動ストレッ
　チ＆トレーニング ‥①216
「1か月で5kgダイエッ
　ト！」と決意したら、
　毎日玄関の靴を揃え
　なさい ‥‥‥‥‥‥①968
一ヶ月反抗期 ‥‥‥‥①968
いつか恋を ‥‥‥‥‥①1389
いつか恋になる ‥‥‥①1165
一華後宮料帖〈第3品〉
　‥‥‥‥‥‥‥‥‥①1275
一華後宮料帖〈第4品〉
　‥‥‥‥‥‥‥‥‥①1275
一華後宮料帖〈第5品〉
　‥‥‥‥‥‥‥‥‥①1275
いつか、このどうしよ
　うもない想いが消え
　るまで ‥‥‥‥‥‥①1292
いつかすべてを忘れて
　も、きみだけはずっ
　と消えないで。‥‥①1154
「いつか使うかも」「もっ
　たいない」を断ち切
　る！ 捨てる技術‥‥②25
いつか伝えられるなら
　‥‥‥‥‥‥‥‥‥①839
5日で完成！ 英検準2級
　予想問題集 ‥‥‥‥①655
5日で完成！ 英検3級予
　想問題集 ‥‥‥‥‥①655
5日で攻略！ 宅建士出
　題予想ポイント50
　〈'17年版〉‥‥‥‥②496
5日で攻略！ Webテス
　ト〈'18年版〉‥‥‥①288
いつかのクリスマスの
　日、きみは時の果て
　に消えて ‥‥‥‥‥①1217
いつかの恋にきっと似
　ている ‥‥‥‥‥‥①1188
いつかの花 ‥‥‥‥‥①1052
いつかのレクイエム
　〈case.1〉‥‥‥‥①1166
いつか春の日のどっか
　の町へ ‥‥‥‥‥‥①989
一家服従 ‥‥‥‥‥‥①1403
いつか役に立つ写真講
　座〈#3.0〉‥‥‥‥①251
いつからでも家計上手 ‥②
いつか別れる。でもそ

れは今日ではない ‥①113
イッキにうかる！ 建設
　業経理士2級速習テキ
　スト ‥‥‥‥‥‥‥②493
一気に英語力がグレー
　ドアップする100の英
　単語 ‥‥‥‥‥‥‥②652
イッキに攻略！ SPI3
　＆テストセンター
　〈'20年度版〉‥‥‥①293
イッキに内定！ 一般常
　識＆時事「一問一答」
　〈'20〉‥‥‥‥‥‥①297
イッキに内定！ 適性検
　査最短攻略「一問一
　答」〈'20〉‥‥‥‥‥①293
イッキに内定！ 面接
　＆エントリーシート
　"一問一答"〈'20〉‥②295
イッキに内定！ SPIス
　ピード解法 "一問一
　答"〈'20〉‥‥‥‥‥①293
一気にわかる！ 池上彰
　の世界情勢2017 トラ
　ンプ政権誕生編 ‥‥①121
イッキ！ にわかる IT
　パスポート テキスト
　＆問題演習〈平成29年
　度版〉‥‥‥‥‥‥②564
縊鬼の嚊 ‥‥‥‥‥①1067
一揆の作法と竹槍席旗
　‥‥‥‥‥‥‥‥‥①557
五木寛之とめぐる金沢
　の四季ぬりえ ‥‥‥①864
五木寛之の百寺巡礼ぬ
　りえ 京都〈1〉‥‥①864
五木寛之の百寺巡礼ぬ
　りえ 京都〈2〉‥‥①864
一鬼夜行 鬼姫と流れる
　星々 ‥‥‥‥‥‥‥①1197
一級海技士（機関）800
　題 問題と解答（26/7
　～29/4）〈平成30年
　版〉‥‥‥‥‥‥‥②642
一級海技士（航海）800
　題 問題と解答（26/7
　～29/4）〈平成30年
　版〉‥‥‥‥‥‥‥②642
1級管工事施工管理士
　試験 出題順問題集
　〈平成29年度版〉‥‥②636
1級管工事施工管理士
　実戦セミナー 実地試
　験〈平成29年度版〉
　‥‥‥‥‥‥‥‥‥②636
1級管工事施工管理士
　実地試験 ‥‥‥‥‥②636
1級管工事施工管理士
　即戦問題集〈平成29年
　度版〉‥‥‥‥‥‥②636
1級管工事施工管理技術
　検定試験問題解説集
　録〈2017年版〉‥‥②636
1級管工事施工管理技術
　検定実地試験問題解
　説集〈平成29年版〉
　‥‥‥‥‥‥‥‥‥②636
1級管工事施工管理技士
　要点テキスト〈平成29
　年度版〉‥‥‥‥‥②636
1級管工事施工 傾向と
　対策問題（ケイタイも
　ん）‥‥‥‥‥‥‥②636
1級建築士過去問題集
　チャレンジ7〈平成30
　年度版〉‥‥‥‥‥②639
1級建築士学科試験 要
　点チェック〈2017年
　版〉‥‥‥‥‥‥‥②639

一級建築士合格戦略 製図試験のウラ指導〈2017年版〉・②639

1級建築士試験 学科 過去問スーパー7〈2018（平成30年度版）〉・②639

1級建築士試験 学科 厳選問題集500+125〈2018（平成30年度版）〉・②639

1級建築士試験学科ポイント整理と確認問題〈平成30年度版〉・②639

1級建築士設計製図試験 課題対策集〈平成29年度版〉・②639

一級建築士設計製図試験 ステップで攻略するエスキース・②639

1級建築士設計製図試験 直前対策と課題演習〈平成29年度〉・②640

1級建築士分野別厳選問題500+125〈2018（平成30年度版〉・②640

一級建築士本試験TAC完全解説 学科+設計製図〈2018年度版〉・②640

1級建築士要点整理と項目別ポイント問題〈平成30年度版〉・②640

1級建築施工管理士学科項目別ポイント問題・②641

1級建築施工管理技士学科試験問題集〈平成29年度版〉・②641

1級建築施工管理技士学科試験 要点チェック〈平成30年版〉・②641

1級建築施工管理技士"学科"ジャンル別暗記ポイントと確認問題〈平成29年度版〉・②641

1級建築施工管理技士学科問題解説集〈2018（平成30年度版〉・②641

1級建築施工管理技士実践セミナー 実地試験〈平成29年度版〉・②641

1級建築施工管理技士実地試験 書ける・分かる記述例集・②641

1級建築施工管理技士実地試験記述対策・過去問題〈2017年版〉・②641

1級建築施工管理技士"実地試験"実践問題と記述例集・②641

1級建築施工管理技士実地試験の完全攻略・②641

1級建築施工管理技士実地試験問題解説集〈平成29年度版〉・②641

1級建築施工管理技士"実地"徹底攻略！記述添削と要点解説〈平成29年度版〉・②641

1級建築施工管理技士即戦問題集〈平成29年度〉・②641

1級建築施工管理技士即戦問題集〈平成30年度〉・②641

1級建築施工管理技術検定試験問題解説集録版〈2018年版〉・②641

1級建築施工管理技術検定実地試験問題解説集〈平成29年版〉・②641

1級建築施工管理技士 要点テキスト〈平成30年度版〉・②641

1級建築施工管理 徹底図解テキスト＆問題集〈2018年版〉・②641

1級小型船舶操縦士（上級科目）学科試験問題集〈2017・2018年版〉・②641

一休「禅」の言葉・①518

1級電気工事施工管理技士学科過去問解説集〈2018年版〉・②632

1級電気工事施工管理技士学科基本テキスト〈2018年版〉・②632

1級電気工事施工管理技士実地試験対策集〈2017年版〉・②632

1級電気工事施工管理技士出題順問題集〈平成30年度版〉・②632

1級電気工事施工管理技術検定試験模範解答集〈平成30年版〉・②632

1級電気工事施工管理技術検定試験問題解説集録版〈2018年版〉・②632

1級電気工事施工管理技術検定実地試験問題解説集〈平成29年版〉・②632

1級土木施工 過去問題と解説〈2017年版〉・②636

1級土木施工管理技士科試験テキスト〈平成29年度版〉・②636

1級土木施工管理技士科試験 要点チェック〈平成30年版〉・②636

1級土木施工管理技士完全攻略学科ポイント問題集・②636

1級土木施工管理技士実戦セミナー実地試験〈平成29年度版〉・②636

1級土木施工管理技士実地試験記述対策・過去問題〈2017年版〉・②636

1級土木施工管理技士出題順問題集〈平成29年度版〉・②636

1級土木施工管理技士出題順問題集〈平成30年度版〉・②636

1級土木施工管理技士即戦問題集〈平成29年版〉・②637

1級土木施工管理技士即戦問題集〈平成30年度版〉・②637

1級土木施工管理技術検定試験徹底図解テキスト〈2017年版〉・②637

1級土木施工管理技術検定試験問題解説集録版〈2018年版〉・②637

1級土木施工管理技術検定実地試験"記述例"徹底解説テキスト〈2017年版〉・②637

1級土木施工管理技術検定実地試験問題解説集〈平成29年版〉・②637

1級土木施工管理技士要点テキスト〈平成30年度版〉・②637

1級土木施工管理実地試験合格ゼミ・②637

1級販売士最短合格ゼミナール・①503

1級仏検公式ガイドブック〈2017年度版〉・①669

一級ボイラー技士試験合格問題集・②627

1級ボイラー技士試験公表問題解答解説〈平成29年版〉・②627

1級ボイラー技士試験標準問題集・②627

1級FP技能士（学科）精選問題解説集〈'17～'18年版〉・②475

一局の基本・①246

イッキ読み！日本の天才偉人伝・①388

一九戯作集・①1053

イックーさん・①1178

いつくしみ・①527

慈しみとまこと・①522

いっこさんと・①324

1こ 2ほん 3びき・①304

一箇の大丈夫 西郷吉之助・①563

いつ殺されるか・①1085

1さいだもんポケット とことこみつけた・①318

1歳のえほん百科・①302

一茶365+1きりえ・①867

一冊で差がつく！将棋上達のコツ50・①248

1冊で全てわかる角交換四間飛車 その狙いと対策・①248

一冊で突破！SPI3&テストセンター〈2019年入社用〉・①293

一冊でわかる日本史&世界史 ビジュアル歴史年表・①587

一冊でわかる 日本地図・世界地図・①211

一冊でわかる婦人科腫瘍・疾患・①760

1冊でわかる右四間飛車 その狙いと対策・①248

一冊目のポーランド語・①673

一茶の相続争い・①899

1週間で英語がどんどん話せるようになる26のルール・①643

1週間で極める!!基本の一般常識Q&A〈2019年度版〉・①297

1週間で美脚になる方法・①21

1週間でマスター 時事&一般常識の完璧対策〈2019年度版〉・①297

一週間で身につく はじめてのFX・①397

1週間で「やせグセ」がつく自己管理メソッド・①24

一週間フレンズ。・①977

1週間分まとめて作るフリージング&時短離乳食・①9

一種電工技能試験〈2017年公表問題版〉・②632

一瞬で運命が変わる成功法則・①87

一瞬で片づく！ずるいパソコン仕事術・②534

一瞬で片づく！超ずるいエクセル仕事術・②537

「一瞬で決断できる」シンプル思考・②347

一瞬で心をつかむ女性部下マネジメント・①365

一瞬で「こころ」が整う！・①120

一瞬で「自分の答え」を知る法・①120

一瞬で人生が変わるすっごい呪文・①87

一瞬で道徳力を引き出す「いい話」・①461

一瞬に賭ける生き方・①222

一生動ける体になる！骨力体操・①156

一生、美しく。・①21

一生お金に困らない金運の身につけ方、教えてください！・②392

一生、同じ会社で働きますか？・①345

一生薬のいらない体になる！健康のしくみ図鑑・①146

一生使える！ 大人のマナー大全・①16

一生使えるプレゼン上手の資料作成入門・①357

一生疲れない人の「脳」の休め方・①146

一生の運勢を読み解く！紫微斗数占い・①127

一生太らない魔法の食 欲鎮静術・①24

一生学ぶ人になれ！・①87

一生モノの英語力を身につけるたったひとつの学習法・①646

一生モノのキャリアを身に付けよう・①341

一生役立つお金の知識・①387

一触即発の世界・②121

1食分糖質15g以下のやせおかず・①49

いっしょにあそぼう いないいないばあ！・①324

いっしょにあそぶ 草あそび 花あそび・①436

一緒にいて楽しい人、感じがいい人の話し方・②359

一緒にいてもスマホ・②531

一緒にいると楽しい人、疲れる人・①341

いっしょに作るから朝がラク今日の晩ごはんと明日のおべんと・①65

一心・②275

一寸のペンの虫・②9

イッセイさんはどこから来たの？・①28

いっせーの ばあ・①304

「一帯一路」詳説・①132

一血卍傑・ONLINE 八百万刃ノ英傑画集・①839

五つの証言・①470

五つの"ソラ"から・①522

5つのパターンで9割わかる！中学数学の文章題・②650

功法則・①87

一滴、もしくはたくさん・①1313

一徹写真集 めぐる。・①775

言ってはならない日本のタブー100・②13

いってみよう！大井川鐵道 トーマス号となかまたち・①321

いつでも心は放牧中・①804

いつでも死ねる・①87

いつでも・だれでも・どこでもNIE・①712

いつでもどこでも書きたい人のためのScrivener for iPad & iPhone入門・②531

いつでもどこでも「すぐやる人」になれる1分間やる気回復術・①120

いつでも・どこでも・スマホで数学！・②651

いつでも名画に会える日本10大美術館・①825

一刀両断・②138

一刀両断！平成29年民法大改正完全解説 全条文付・②203

いっとかなあかん神戸・①40

いっとかなあかん店 大阪・①40

一得一失・②703

「いつ、どこでも求められる人」の仕事の流儀・②347

いつのまにか。・①775

いつのまにか頭がよくなる小さな習慣・①120

いつのまにか忘れてしまった34の大切なこと・①87

いっぱい出るのね・①1402

一杯のラーメンで世界中を笑顔にしたい!!・②427

一発逆転マル秘裏ワザ勉強法〈2019年版〉・②744

一発合格！ 行政書士トレーニング問題集〈2〉・②237

一発合格！ 行政書士トレーニング問題集〈3〉・②237

一発合格！ 行政書士トレーニング問題集〈4〉・②237

一発合格！ 行政書士トレーニング問題集〈5〉・②237

一発合格！ 国内旅行業務取扱管理者試験テキスト＆問題集〈2017年版〉・②469

一発合格！ ここが出る！ 食生活アドバイザー検定2級テキスト＆問題集・②504

一発合格！ 社労士選択式トレーニング問題集〈4〉・②500

一発合格！ 社労士選択式トレーニング問題集〈5〉・②500

一発合格！ ビジネスマネジャー検定試験 要点マスター＆問題集・②504

一発合格！ マンガで攻

略！ FP技能士2級 AFP〈17・18年版〉 …②476
一発合格！ マンガで攻略！ FP技能士3級〈17・18年版〉 …②476
一発合格！ やさしくわかる電験三種 機械 テキスト＆問題集 …②632
一発合格！ やさしくわかる電験三種 電力 テキスト＆問題集 …②632
一発合格！ やさしくわかる電験三種 法規 テキスト＆問題集 …②632
一発合格！ やさしくわかる電験三種 理論 テキスト＆問題集 …②632
一発合格！ FP技能士2級AFP完全攻略実戦問題集〈17・18年版〉 …②476
一発合格！ FP技能士2級AFP完全攻略テキスト〈17・18年版〉 …②476
一発合格！ FP技能士3級完全攻略実戦問題集〈17・18年版〉 …②476
一発合格！ FP技能士3級完全攻略テキスト〈17・18年版〉 …②476
一発で合格！ 原付免許合格問題集 …①243
一発で合格！ 普通免許合格問題集 …①242
一発OKが出る資料 簡単につくるコツ …②347
一般教養30日完成〈'19年度〉 …①760
一般教養スコープ〈'19年度〉 …①760
一般教養の過去問〈'19年度版〉 …①760
一般計量士・環境計量士国家試験問題解答と解説〈3〉 …②639
一般計量士国家試験問題解答と解説〈1〉 …②639
一般財源の縮小時代に機能する自治体予算編成の実務 …②155
一般常識＆最新時事「一問一答」頻出1500問〈'20年度版〉 …①297
一般人は入れない立入禁止地帯 …②29
一般相対性理論を一歩一歩数式で理解する …①663
一般電子部品メーカーハンドブック〈2017〉 …②439
一般病棟ナースのためのせん妄ケア …②762
一般病棟の認知症患者「こんなときどうする？」 …①175
いっぴきののねずみ …①304
一百四十五箇条問答 …①519
イップス …①215
1分間決算書 …②314
1分間孫子の兵法 …②369
1分間で経済学 …②255
1分間似顔絵 …①859
1分間のラブソング …①961
1分間武士道 …①461
1分間ブランディング …②341

1分間メンタリング… …①120
1分間読むだけで、仕事の疲れが取れる本 …①87
1分で打ち解ける！ 戦略的な雑談術 …②359
1分で「聞こえ」が変わる耳トレ！〈CD付〉 …①156
1分で仕事を片づける技術 …②347
1分でも早く帰りたい人のためのパソコン仕事術の教科書 …②534
一遍 捨聖の思想 …①519
一遍仏教と時宗教団 …①519
一歩進んだ日本語文法の教え方〈1〉 …①631
一歩前へ出る司法 …②227
1ぽんでもにんじん… …①324
いっぽんのせんとマヌエル …①310
一本指でもサクサク打てる、キーボード超入門 パソコン初心者が文字入力で困ったら読む本 …②534
いつまた、君と …①977
いつも笑顔で… …①576
いつも、おしゃれで。 …②28
いつも我慢しています ノート …②34
いつも、気づけば神宮に… …①222
いつも「結果」を出す人のアウトプット習慣 …②347
いつも恋して …①968
いつも子どもをまんなかに… …①688
いつも子どもを真ん中に… …①673
いつも初心。 …①517
いつも全力。こんな議員が国会にいた …②147
いつもの作業を自動化したい人のExcel VBA1冊目の本 …②537
いつものシーンでらくらく話せる！ 英会話ゆるレッスン …①643
「いつもの不安」を解消するためのお守りノート …①87
いつも100てん!?おばけえんぴつ〈43〉 …①356
いつも満席の自宅サロンマダムが教える インテリアでおもてなし …①18
いつも目標達成できない人のための自分を動かす技術 …②347
偽りの騎士と美貌の伯爵 …①1306
偽りの経済政策 …②255
偽りの結婚 …①1367
偽りの「都民ファースト」 …②138
偽りの日米開戦 …①576
偽りの幕末動乱 …①563
偽りの花嫁と真実の恋 …①1311
偽りのレベッカ …①1348
いつわりは華やかに …①1344
偽る神のスナイパー〈3〉 …①1279
イデアに捧げる愛の詩集 …①975

いでおろーぐ！〈6〉 …①1207
凍てつく海のむこうに …①1333
凍てつくハート …①1394
凍てつく街角 …①1346
「イデミ スギノ」進化する菓子 …①69
出でよ、地方創生のフロントランナーたち！ …②157
移転価格税制コンパクトガイド〈平成29年版〉 …②398
移転価格対応と国際税務ガバナンス …②322
遺伝学 …②684
遺伝か、能力か、環境か、努力か、運なのか …②94
遺伝子組換え作物をめぐる「共存」 …②449
遺伝子コンプレックス …①1271
遺伝子に話しかけなさい 自閉症は回復できる …②684
遺伝子は、変えられる。 …②684
遺伝子発現制御機構 …②684
遺伝性乳がん・卵巣がんと生きる …②735
絲（ITO） …②49
伊東一刀斎〈上之巻〉 …①1051
伊東一刀斎〈下之巻〉 …①1051
移動がつくる東中欧・バルカン史 …①608
伊藤計劃トリビュート〈2〉 …①1116
移動式クレーン運転士学科試験 徹底研究 …②627
伊藤若冲動植綵絵研究 …①831
移動者の中世 …①548
伊藤塾試験対策問題集：予備試験論文〈6〉 …②230
伊藤塾試験対策問題集：予備試験論文〈7〉 …②230
伊藤塾試験対策問題集：予備試験論文〈8〉 …②230
伊藤塾試験対策問題集：予備試験論文〈9〉 …②197
異動・出向・組織再編 …②325
伊藤潤二研究 …②32
移動する人々と国民国家 …②169
伊藤忠商事の就活ハンドブック〈2019年度版〉 …②288
移動中でもMP3で聞ける！ 実用ドイツ語単語集 …①668
移動表現の類型論 …②620
伊藤博文 …②442
伊藤真が選んだ短答式一問一答1000 刑事訴訟法 …②214
伊藤真が選んだ短答式一問一答1000 刑法 …②230
伊藤真の刑法入門 …②211
伊藤真の憲法入門 …②197
伊藤真の日本一やさしい「憲法」の授業・ …②197
伊藤真の法学入門 講義

再現版 …②220
伊藤真の民法入門 …②203
伊藤政則の“遺言” …①804
『伊東マンションの肖像』の謎に迫る …①551
伊藤元重が警告する日本の未来 …②242
愛おしいノラ猫ちゃん …①947
愛おしきいのちのために …②49
井戸を掘る 命をつなぐ …①927
イトキトのフレンチスタイルサンドイッチ …①49
いとこ同士 …①1390
いとしいいとしい日々のこと。 …①942
愛しき花嫁に運命の花束を …①1296
いとしき伴星の名を述べよ …①1309
愛しのお狐様 …①1320
愛しのオクトパス …②697
いとしの歌集 …①968
愛しのから揚げレシピ94 …①49
いとしの自家製 …①49
いとしのテディベア …①1313
愛しの富士そば …①40
糸でつくるクチュールジュエリー …①72
糸と布でつくる庭 …①72
伊都内親王願文 橘逸勢 …①869
イードのおくりもの・ …①310
糸の手づくり帖61 …①72
いとの森の家 …①1014
挑む！ 科学を拓く28人 …②645
いとも優雅な意地悪の教本 …②94
イートン校の2羽のフクロウ …①934
いないいないばあ… …①304
いないいないばあっ！ どうぶつとなかよし！ …①302
田舎大家流不動産投資 …②423
田舎暮らしと哲学 …①446
田舎に帰った青年が三バン（地盤・看板・鞄）もなく国会議員になった話 …②147
田舎の力が未来をつくる …②157
田舎のパン屋が見つけた「腐る経済」 …②255
田舎のホームセンター男の自由な異世界生活〈1〉 …①1164
いなごの日/クール・ミリオン …①1328
イナダ（研修医）も学べ ぶり（指導医）になる …②711
稲盛和夫新道徳 子どもこころの育て方 …①411
稲盛和夫の実践アメーバ経営 …②275
いにしえからの素描〈第3集〉 …①961
いにしえからの素描〈第4集〉 …①961
古（いにしえ）に想いを

馳せて …①535
伊25号出撃す …①585
イヌイットの壁かけ・ …①871
戊亥の追風 …①1064
犬がおうちにやってきた！ …①407
犬がくれた「ありがとう」の涙 …②66
犬が伝えたかったこと …①263
狗神様と初恋の花嫁 …①1305
狗神サマにお仕えします！ …①1312
犬から聞いた素敵な話 …①1023
犬から聞いた話をしよう …①254
犬たちの明治維新 …①563
犬たちへの詫び状 …①946
犬と鬼 …②19
犬とおばあさんのちえ …①371
犬と猫のアレルギー診療 …②456
犬と猫の救急医療プラクティス〈vol.2〉 …②456
犬と猫の特殊検査マニュアル …②456
犬と猫はどうして仲が悪いのか …①893
犬とのよりそイズム・ …①263
犬とペンギンと私 …①942
犬と私の感動物語 …①937
犬のいた日 …①954
犬のしつけパーフェクトBOOK …①263
犬の報酬 …①1008
いぬパリ …①959
犬ぽんぽん …①72
犬物語 …①1341
居取り狼 …①1056
井上円了 …②110
井上建築関係法令集〈平成30年版〉 …②619
井上象英の幸せをつかむ方法 …①134
井上正三画集 …①839
井上真改〈9〉 …①1058
井上誠一のコースデザイン …①219
井上ひさしから、娘へ …①937
井上洋介絵本画集1931-2016 …①839
井上洋介版画集 1931-2016 …①839
井の頭公園いきもの図鑑 …②690
井の頭公園100年写真集 …①254
猪木は馬場をなぜ潰せなかったのか …①238
猪・猫・狸 …②110
イノシシ令嬢と不憫な魔王 …①1144
醫の肖像 …②725
イノセント・デイズ …①1104
いのち …①1003
命いとしむ、人生キッチン …①1019
いのち愛しむ、人生キッチン …①87
いのち売り候 …①1050
“いのち”を生き切る …①508
いのちを考えるブックガイド …①411

命を技術する ……… ②570
生命を支えるATPエネ
ルギー …………… ②684
いのちをつなぐ …… ②762
いのちを紡ぐ ……… ①522
いのちを守り「災後」を
生きるために くらし
の防災 …………… ②582
いのちを守る食品表示
…………………… ②504
命を守る水害読本 …… ②40
いのちを呼びさますます
の ひとのこころとか
らだ ……………… ②700
いのちってなんだろう
…………………… ①411
いのちと細胞 ……… ①409
いのちと出会う 保育の
自然さんぽ ……… ①688
いのちと福祉のねだん
…………………… ①411
いのちと味覚 ……… ①33
いのちに国境はない … ②94
命の後で咲いた花 …… ①1154
命の意味 命のしるし … ①411
医の智の会話 ……… ②711
命の価値 …………… ②255
いのちの言葉・励まし
の詩（うた）……… ①87
いのちのごはん ……… ①49
生命の詩人・尹東柱（ユ
ン・ドンジュ）……… ①918
いのちの車窓から …… ①767
いのちの証言 ……… ①607
命の食事 最強レシピ … ①49
いのちの姿 完全版 …… ①957
命の代償（6）……… ①1034
いのちの旅人 ……… ①910
いのちのたべもの …… ①324
いのちの使いかた …… ①87
生命（いのち）の問い
…………………… ②706
生命（いのち）の華 天空
に舞う …………… ①837
いのちのふるさと海と
生きる …………… ②573
命のまもりびと …… ①927
いのちの水 ………… ①522
命の水 ……………… ①309
医の知の羅針盤 …… ②711
いのちのリスク …… ②700
いのちは贈りもの …… ①382
いのちはなぜたいせつ
なの？ …………… ①409
いのちはめぐる …… ②308
いのちはモビール … ②742
いのちへのまなざし … ①522
命みじかし恋せよ乙女
…………………… ①902
いのち愛づる生命誌（バ
イオヒストリー）… ②682
命もいらず名もいらず
…………………… ①563
イノベ株を狙え！ … ②392
イノベーションを起こ
す組織 …………… ②276
イノベーション政策と
アカデミズム …… ②645
「イノベーション大国」
次世代への布石 …… ②249
イノベーションと内部
非効率性 ………… ②369
イノベーション・マネ
ジメント入門 …… ②276
イノベーターたちの日
本史 ……………… ①569
祈りと遊び 花巻人形の
世界 ……………… ①871

祈りと現世利益の仏た
ち ………………… ①514
祈りとご利益 ……… ①517
祈りと救いへの臨床〈2017
Vol.3/No.1〉……… ②742
祈りの証明 ………… ①1113
祈りの精神 ………… ①522
祈りのちから ……… ①522
祈りの場の諸相 …… ②110
祈る ……………… ①522
祈る医師 祈らない医師
…………………… ②700
祈る子どもたち …… ①324
いはでしのぶ ……… ①888
伊庭八郎 東土に奔る
…………………… ①1026
茨城 こだわりの美食
GUIDE …………… ①40
いばらきセレクション
125 ……………… ②22
茨城・栃木・群馬 ご朱
印めぐり旅 乙女の寺
社案内 …………… ①192
茨城の昆虫生態図鑑 … ②694
茨木のり子の献立帖 … ①49
茨城ぶらり歴史探訪
ルートガイド …… ①192
茨城 歴史人物小事典 … ①618
茨城vs.群馬 ……… ②22
いばらの姫は目覚めを
望まない ………… ①1256
いばら姫と縛めの指輪
…………………… ①1405
いばら姫に最初のキス
を ………………… ①1202
いばら姫は恋に落ちな
い ………………… ①1310
棘道の英獣園 ……… ①1249
いびきな女子、卒業！ … ①167
いびきの新治療で心と
体をリフレッシュ！
…………………… ①170
遺譜 浅見光彦最後の事
件〈上〉…………… ①1077
遺譜 浅見光彦最後の事
件〈下〉…………… ①1077
井深大 ……………… ②307
衣吹とエリイのおしご
と調査隊！ ……… ①767
忌物堂鬼談 ………… ①1127
イブの変身 ………… ①1387
異文化間を移動する子
どもたち ………… ②94
異文化ギャップ きれい
ごとではすまされな
い？ ……………… ②18
イブン・タイミーヤ政
治論集 …………… ②169
イブン・バットゥータ
と境域への旅 …… ①587
イベンターノートが ア
ニサマ出演アーティ
ストにインタビュー
しました ………… ①767
イベンターノートが声
優にインタビューし
てみました ……… ①798
イベントおりがみ … ①439
異変の “ソル”〈539〉
…………………… ①1357
異邦から/へのまなざし
…………………… ①569
異邦戦艦、鋼鉄の凱歌
〈2〉……………… ①1130
異邦戦艦、鋼鉄の凱歌
〈3〉……………… ①1130
異貌の同時代 ……… ②110

異貌のパリ1919 - 1939
…………………… ②605
疣贅（いぼ）のみかた、
治療のしかた …… ②760
“いまある”不安がスッ
キリ消える本 …… ①87
イマイキテル 自閉症兄
弟の物語 ………… ①927
いま生きる「資本論」… ②255
今市隆二 BELIEF …… ①767
今井文世詩集 ……… ①961
いまいみさのおりがみ
手紙 ……………… ①80
「今いる場所」で最高の
成果が上げられる100
の言葉 …………… ②341
今いる場所で突き抜け
ろ！ ……………… ②341
今を生きる人のための
世界文学案内 …… ①917
今を映す「トイレ」… ②617
いま大阪ワンルームマ
ンション投資を始め
る理由 …………… ②420
今を駆ける蒸気機関車
…………………… ②432
今尾恵介責任編集 地図
と鉄道 …………… ②432
今を楽しむ ………… ①87
いま学校に必要なのは
人と予算 ………… ①706
今、学校に求められる
カリキュラム・マネ
ジメント力 ……… ①703
今からあなたを脅迫し
ます ……………… ①1263
いまからでも遅くない
転ばぬ先のシコ …… ①156
今から始める隠居の
レッスン ………… ①108
いまから始める山ス
キー入門 ………… ①218
いまからはじめるNC工
作 ………………… ②600
今がわかる数字のミカ
タ 酒類・食品企業レ
ポ ………………… ②444
今川氏研究の最前線 … ①551
今川氏年表 ………… ①551
いま、業界で「絶対に正
しい！」とされる勝
ち馬の見抜き方！ … ①243
いま国際情勢 “大激動の
奥底”で本当に起きて
いること ………… ①136
「今ここ」神経系エクサ
サイズ …………… ①488
「今ここ」で自分自身に
意識を向けること。
感じるヨガで …… ①161
今こそ変えよう臨床実
習！ 作業療法のクリ
ニカル・クラークシッ
プ（CCS）ガイド … ②733
今こそ、韓国に謝ろう … ②88
今こそ、3.11を忘れない
〈Vol.8〉………… ②241
今こそ『資本論』…… ②255
今こそ知りたい！ がん
治療薬オプジーボ … ②735
今こそ知りたい！ 三権
分立〈1〉………… ①411
今こそ知りたい！ 三権
分立〈2〉………… ①412
今こそ知りたい！ 三権
分立〈3〉………… ①412
いまこそ知りたい日本
の思想家25人 …… ①461
今このとき、すばらし

いこのとき ……… ①458
いまさらエントロ
ピー？ …………… ②663
いまさら聞けない！
「経済」のギモン、
ぶっちゃけてもいい
ですか？ ………… ②242
今さら聞けない手芸の
基礎がよくわかる！
基本のピンワーク …①72
今さら聞けない手芸の
基礎がよくわかる！
ファスナーつけ …①72
今さら聞けない人事制
度の基礎 48話 …… ②332
いまさら訊けない！ 透
析患者と薬剤の考えか
た、使いかたQ&A
…………………… ②748
いまさら聞けないビッ
トコインとブロック
チェーン ………… ②376
いまさら聞けない!?プラ
モデル製作Q&A … ①286
いまさら聞けない麻酔科
の疑問108 ……… ②748
今更です!! ………… ①1208
いまさら電磁気学？ … ②591
いまさら始める？ 個人
不動産投資 ……… ②420
いまさら人に聞けない
「月次決算」の実務
Q&A ……………… ②314
いまさら人に聞けない
「減価償却」の会計・
税務 Q&A ……… ②320
いまさら人に聞けない
「事業承継対策」の実
務Q&A …………… ②327
いまさら人に聞けない
「同族会社の自社株対
策」実務Q&A〈平成
29年7月改訂〉…… ②327
いまさら人に聞けない
非公開中小会社の
「決算書作成」実務
Q&A ……………… ②300
いまさら流体力学？ … ②663
いまさら量子力学？ … ②663
今、仕事で苦しい人へ
仕事の絶望感から、
立ち直る方法 …… ②341
いま仕込んでおくべき
10倍株、教えます！
…………………… ②392
いま自殺を考えている
人のための哲学 … ①446
いま知っておきたい天
皇と皇室 ………… ②149
今じゃありえない!!100
年前のビックリ教科
書 ………………… ①755
今宿麻美のママライフ
39 Thank you …… ①10
イマージュの肉 …… ①473
いま、死んでもいいよ
うに ……………… ①513
今すぐ社長の給料を半
分に下げなさい … ②276
今すぐ！ 集中力をつく
る技術 …………… ②347
今すぐ食べたい！ 作っ
てみたい！ おうちで
おいしい韓国ごはん
…………………… ①49
今すぐ使えるかんたん
自宅や会社でできる
Wi‐Fi & LAN …… ②528
今すぐ使えるかんたん

ぜったいデキます！
エクセル関数超入門
…………………… ②537
今すぐ使えるかんたん
ぜったいデキます！
スマートフォン超入
門Android対応版 … ②531
今すぐ使えるかんたん
ぜったいデキます！
ワード&エクセル超
入門 ……………… ②536
今すぐ使えるかんたん
ぜったいデキます！
Facebook超入門 … ②530
今すぐ使えるかんたん
ぜったいデキます！
iPad超入門 ……… ②535
今すぐ使えるかんたん
定番ビジネス文書が
すぐに作れる！
Excel文書作成 …… ②538
今すぐ使えるかんたん
Excelデータベース
…………………… ②538
今すぐ使えるかんたん
FC2ブログ超入門 無
料ではじめるお手軽
ブログ …………… ②530
今すぐ使えるかんたん
FileMaker Pro …… ②537
今すぐ使えるかんたん
Google完全ガイド
ブック困った解決
&便利技 ………… ②528
今すぐ使えるかんたん
iPad完全ガイドブッ
ク困った解決&便利
技 ………………… ②536
今すぐ使えるかんたん
iPhone完全ガイド
ブック 困った解決
&便利技 ………… ②531
今すぐ使えるかんたん
LINE & Facebook
& Twitter
& Instagram完全ガ
イドブック 困った解
決&便利技 ……… ②530
今すぐ使えるかんたん
macOS完全ガイド
ブック …………… ②546
今すぐ使えるかんたん
Office 2016 ……… ②544
今すぐ使えるかんたん
Photoshop Elements
2018 ……………… ②539
今すぐ使えるかんたん
PowerPoint完全ガイ
ドブック困った解決
&便利技 ………… ②544
今すぐ使えるかんたん
Premiere Elements
2018 ……………… ②539
今すぐ使えるかんたん
Windows10 ……… ②546
今すぐ使えるかんたん
Word完全（コンプ
リート）ガイドブック
困った解決&便利技
…………………… ②536
今すぐ使えるかんたん
WordPressホーム
ページ作成入門 最新
版 ………………… ②543
今すぐ作れる！ 今すぐ
動く！ 実用アナログ
回路事典250 …… ②595
今すぐ出来る！ 全校
『学び合い』で実現す

るカリキュラム・マ
ネジメント ……… ①712

いますぐできる！ だれ
でもカンタン！ オト
ナ女子のちゃっかり
資産運用術 ……… ②387

今すぐできる！ 中小企
業の介護離職防止対
策と制度づくり …… ②300

今すぐ取りかかりたい
最高の終活 ……… ①108

今すぐ治す下肢静脈瘤
………………… ②711

今すぐ話せる！ いちば
んはじめのイタリア
語会話 ………… ①671

今すぐ話せる！ いちば
んはじめの韓国語会
話 …………… ①666

今すぐ話せる！ いちば
んはじめの広東語会
話 …………… ①663

今すぐ話せる！ いちば
んはじめのスペイン
語会話 ………… ①672

今すぐ話せる！ いちば
んはじめのドイツ語
会話 …………… ①668

今すぐ役立つスペイン
語の日常基本単語集
………………… ①672

今すぐ役立つ中国語の
日常基本単語集 … ①663

今すぐ役立つ日曜大工
のコツ60 ……… ①286

今すぐ役立つらくらく
字が上手くなるペン
字の手本 ……… ①17

今すぐやめさせたい 子
どもを「ダメな大人」
にする36の悪い習慣
………………… ①10

今すぐ読みたい！ 10代
のためのYAブックガ
イド150！〈2〉……… ②2

いますぐHAPPYブッ
ク …………… ①113

いま世界ではトヨタ生
産方式がどのように
進化しているのか！
………………… ②588

いま “世界と日本の奥
底” で起こっている本
当のこと ……… ①121

今、世界はあぶないの
か？ 争いと戦争… ①310

今、世界はあぶないの
か？ 差別と偏見… ①412

今、世界はあぶないの
か？ 難民と移民… ①310

今、世界はあぶないの
か？ 貧困と飢餓… ①412

今そこにあるバブル・②242

今、備えておくべき！
海外赴任社員のメン
タルヘルス対策 … ②312

今だけのあの子 …… ①1072

いま、天皇を考える・②149

イマドキ古事記 …… ①894

いまどきのJSプログラ
マーのためのNode.js
とReactアプリケー
ション開発テクニッ
ク …………… ②547

「いまどき部下」を動か
す39のしかけ … ②365

今泣きてくる怖い話・①385

今のアメリカがわかる
映画100本 …… ①792

「今の自分」からはじめ
よう ………… ②276

今の授業にプラスα 理
科 …………… ①729

「いまの説明、わかりや
すいね！」と言われ
るコツ ………… ②359

今の大ヒットはこれ
だ！〈2017年度版〉
………………… ①334

いまのはなんだ？ 地獄
かな ………… ①1012

今はただ、抱きしめて
………………… ①1206

「今はまだ小さな会社」
が進化するための101
の手がかり …… ②300

いま、「非戦」を掲げる
………………… ②92

今ひとたびの、和泉式
………………… ①1063

今まで着ていた服がな
んだか急に似合わな
くなってきた …… ①28

いままで結婚しなくて
正解だったと思える
本 …………… ①113

今まで誰も教えてくれ
なかった人前で話す
極意 ………… ②359

今まで無かった 労働安
全衛生の知識と対策
………………… ②459

今までの服が似合わな
いと思ったら…50代
からのおしゃれバイ
ブル …………… ①28

今、目の前のことに心
を込めなさい …… ①87

今も生きている巨人 伝
説さんぶたろう …… ①886

いま、もう一つの素粒
子論入門 ……… ②668

今や世界5位「移民受け
入れ大国」日本の末
路 …………… ②138

今読むべきインパクト
の高いインプラント
80論文&88症例 … ②753

今より1時間早く仕事が
終わる習慣 …… ②347

今よりもうちょっと幸
せになる食べ方の
ルール ………… ①33

伊万里焼の生産流通史
………………… ①873

今、私たちに差し迫る
問題を考える〈Vol.2〉
………………… ②220

忌野清志郎 ロッ研ギ
ターショー …… ①804

「忌」怖い話 香典怪談
………………… ①1119

意味がわかる経済学・②255

いみちゃん！〈8〉… ①359

いみちゃん！〈9〉… ①359

いみちゃん！〈10〉… ①359

意味の探究 ……… ①620

意味も知らずにロック
ンロールを歌うな!?
………………… ①806

異名・ニックネーム辞
典 …………… ①632

移民受入の国際社会学
………………… ②94

移民の魁傑・星名謙一
郎の生涯 ……… ②927

移民の子どもと学校 ・①747

移民の政治経済学 … ②255

井村屋さんの毎日ほっ
こりあずきレシピ …②149

イメージ ……… ①795

イメージできる臨床薬
理学 ………… ②763

イメージでつかむ機械
学習入門 ……… ②651

イメージの産出 …… ①766

イメージの修辞学 こと
ばと形象の交叉 … ①823

イメージの治癒力をめ
ぐって ………… ②742

※妹を可愛がるのも大
切なお仕事です。…①1292

妹さえいれば。〈7〉
………… ①1260、①1261

妹さえいれば。〈8〉
………………… ①1261

妹＝絶滅したのです〈2〉
………………… ①1290

イモータル・アイアン
フィスト ……… ①848

イモ類の栽培と利用・②450

祖谷い・淡路 殺意
の旅 …………… ①1099

イヤー・オブ・マーベル
ズ …………… ①848

医薬アクセス …… ②769

医薬品〈2018年度版〉
………………… ②707

医薬品・医薬部外品製
造販売業者等における
コンピュータ化シ
ステム適正管理ガイ
ドライン入門 …… ②771

医薬品開発入門 …… ②771

医薬品情報学 …… ②769

医薬品登録販売者試験
対策テキスト …… ②779

医薬品登録販売者のた
めの薬局・薬店ワー
クの基礎知識 …… ②771

意訳 無量寿経 …… ①516

弥栄の烏 ……… ①1027

癒やされるね ねこのな
ぞり描き ……… ①839

いやし犬まるこ …… ①382

癒し 地域包括ケア研究
………………… ②49

癒しのセクシー・ト
リップ ………… ②49

「イヤ！」と言ってもこ
じれない、嫌われな
い！ ちょうどいい
「言い回し」と「振る
舞い」 ………… ②363

嫌な顔されながらおパ
ンツ見せてもらい
たい写真集 …… ①254

嫌な顔されながら子づ
くりさせてもらいた
い …………… ①1399

イヤな気分をパッと手
放す「自分思考」のす
すめ ………… ①120

イヤな気持ちがスーッ
と消えていくココロ
にいいこと事典 … ①120

いよいよトランプが習
近平を退治する！ … ②132

伊予絣の匂 ……… ①585

イヨッたっぷり！〈2〉
………………… ①767

伊予天徳寺千四百年の
歴史 ………… ①535

伊ヨンエの晩餐 …… ②49

伊ワ○○と晴嵐全記録
………………… ①576

依頼者見舞金 …… ②220

刺草 …………… ①1015

イラスト解剖学 …… ②726

イラスト記憶法で脳に
刷り込む英単語1880
………………… ①652

イラスト 顧客満足
（CS）の心得 …… ②276

イラスト図解 1番わか
りやすい 糖質と血糖
値の教科書 …… ①146

イラスト図解 一冊で
キッチリ身につく
サーバーの基本とし
くみ ………… ②516

イラスト図解式 この一
冊で全部わかるセ
キュリティの基本・②533

イラスト図解式 この一
冊で全部わかるWeb
技術の基本 …… ②528

イラスト図解でよくわ
かる 記憶力がいまま
での10倍よくなる法
………………… ①120

イラスト図解満載 情報
セキュリティの基礎
知識 ………… ②533

イラストストーリー妖
怪ウォッチ …… ①345

イラストだから簡単！
住まいの修繕＆リ
フォームが自分でで
きる本 ………… ①18

イラストだから簡単！
なんでも自分で包む
本 …………… ①2

イラストで覚える！ 茶
の湯英単語 …… ①652

イラストで時代考証 日
本合戦図典 …… ①551

イラストで知る浄土真
宗 …………… ①519

イラストで楽しく学ぶ
デンタルオフィス入
門 …………… ②753

イラストで学ぶ火災防
ぎょ ………… ②582

イラストでまなぶ！ 軍
事大国ロシア …… ②127

イラストでまなぶ！ 現
代のスナイパー 実戦
編 …………… ②164

イラストで学ぶ ボ
ディスキル図鑑 … ①698

イラストで学ぶロボッ
ト工学 ………… ②597

イラストでよくわかる
感情的にならない子
育て ………… ①10

イラストでよくわかる
日本の神様図鑑 … ①505

イラストで読むギリシ
ア神話の神々 …… ①508

イラストで読む！ 幼稚
園教育要領 保育所保
育指針 幼保連携型認
定こども園教育・保
育要領BOOK〈平成29年告
示対応〉 ……… ①688

イラストでわかる 介護
知らずの体のつくり
方 …………… ①146

イラストでわかる 介
護・福祉職のための
マナーと接遇 …… ②49

イラストでわかる給排
水・衛生設備のメン
テナンス ……… ②620

イラストでわかる 今日
からあがらずに話せ
るコツ ………… ①359

イラストでわかる外科
手術基本テクニック
………………… ②748

イラストでわかる元気
になる看護管理 … ②763

イラストでわかる高齢
者の生活機能向上支
援 …………… ②67

イラストでわかるスタ
ンダード馬場馬術・①241

イラストでわかる その
節約、逆にムダで
す！ 手取り17万円か
らの貯金の教科書・②387

イラストでわかる中学
英語 ………… ①733

イラストでわかる 電気
管理技術者100の知恵
PART2 ……… ②591

イラストでわかる東京
図鑑 ………… ①185

イラストでわかる都道
府県じてん …… ①427

イラストでわかる日本
のお寺と神社 …… ①499

イラストでわかる日本
の伝統行事・行事食
………………… ①412

イラストでわかるはじ
めてのハングル … ①666

イラストでわかる物理
現象 CGエフェクト
Lab. ………… ①663

イラストと写真で学ぶ
逆子の鍼灸治療 … ②711

イラストと写真で学ぶ
武道のスポーツ医
学 剣道 ……… ①215

イラストと写真で学ぶ
武道のスポーツ医
学 少林寺拳法 … ①215

イラストと図解でよく
わかる！ 前向き離婚
の教科書 ……… ①190

イラストと設題で学ぶ
学校のリスクマネジ
メントワークブック
………………… ①698

イラスト版子どものた
めのポジティブ心理
学 …………… ①709

イラスト版子どもの
ユーモア・スキル・①709

イラストマニュアル・
はじめての養蜂 … ②445

イラストレーションメ
イキングアンドビ
ジュアルブック TCB
………………… ①839

イラッとされないビジ
ネスメール 正解・不
正解 ………… ②362

いらないスキル買い取
ります〈1〉…… ①1261

いらないねこ …… ①324

いらない部下、かわい
い部下 ………… ②365

イランカラプテ アイヌ
民族を知っています
か？ ………… ②119

宜蘭（イーラン）＋台北
………………… ①201

入江FTシステム入門
………………… ①173

西表島探検 ……… ②681

イリーガル ……… ①1094

位里と俊 ………… ①254
入り婿侍商い帖〈1〉
　………………… ①1048
入り婿侍商い帖〈2〉
　………………… ①1048
入り婿侍商い帖〈3〉
　………………… ①1048
医療安全管理学 …… ②711
医療安全と業務改善を
　成功させる 病院の文
　書管理実践マニュア
　ル ……………… ②707
医療＆介護 職場のルー
　ルBOOK ……… ②707
医療を深めるための瞑
　想的考察と指導 …… ②706
医療を学ぶあなたへ …②711
医療を目指す人・従事
　する人のためのみん
　なの医学書 ……… ②711
医療界キーパーソンに
　聞く〈PART4〉 ……②711
医療・介護現場の課題
　解決型リーダー育成
　メソッド ………… ②49
医療・介護制度改革へ向
　けた病院経営戦略 …②707
医療・介護における個
　人情報保護Q＆A …②706
医療・介護に携わる君
　たちへ …………… ②706
医療・介護のための死
　生学入門 ………… ①458
医療・介護連携で実現
　する高齢者のための
　地域医療 ………… ②706
医療概論 …………… ②775
医療過誤の処罰とその
　制限 ……………… ②706
医療化するアメリカ …②725
医療から逃げない！ ケ
　アマネジャーのため
　の医療連携Q＆A（応
　用） ……………… ②49
医療関係法規 ……… ②763
医療関係法規ハンド
　ブック …………… ②711
医療看護イノベーショ
　ン ………………… ②763
医療関連法規
　………… ②707, ②711
医療機関エキスパート
　税理士の指南書 医療
　法人制度Q＆A …… ②707
医療機関との融資取引
　に強くなる本 …… ②383
医療機関の経営力 …… ②707
医療・福祉・介護施
　設の人事労務管理最
　強ガイド ………… ②329
医療危機 …………… ②706
医療機器＆材料ディ
　テールBOOK …… ②711
医療機器システム白書
　〈2018〉 ………… ②726
医療機器承認便覧〈平成
　28年版〉 ………… ②726
医療機器ソフトウェア
　…………………… ②706
医療基本法 ………… ②706
医療供給政策の政策過
　程 ………………… ②711
医療経営士が知ってお
　きたい医学の基礎知
　識 経営 ………… ②711
医療経営データ集
　〈2017〉 ………… ②711
医療系大学データブッ
　ク〈2018〉 ……… ①744

医療系のための物理学
　入門 ……………… ②663
医療言語処理 ……… ②516
医療現場の応対用語 …②711
医療原論 …………… ②711
医療事故に「遭わない」
　「負けない」「諦めな
　い」 ……………… ②700
医療事務 診療報酬請求
　事務能力認定試験〈医
　科〉合格テキスト＆問
　題集〈2017年版〉 …②779
医療事務の現場で役に
　立つ 外国人患者の接
　遇と会話 ………… ②708
医療事務の現場で役に
　立つ公費説明のポイ
　ント ……………… ②699
医療者が語る答えなき
　世界 ……………… ②700
医療者のためのカーボ
　カウント指導テキス
　ト ………………… ②712
医療情報管理 ……… ②712
医療情報技師能力検定
　試験 過去問題・解説
　集〈2017〉 ……… ②779
医療者の基礎知識 …… ②706
医療人の基礎知識 …… ②706
医療人の底力実践 …… ②706
医療・診断・創薬の化学
　…………………… ②728
医療スタッフのための
　衛生学エッセンス
　〈2017〉 ………… ②759
医療スタッフのための
　微生物検査のススメ
　…………………… ②712
医療制度改革の比較政
　治 ………………… ②699
医療通訳学習テキスト
　…………………… ②699
医療的ケア児者の地域
　生活を支える「第3号
　研修」 …………… ②49
医療的ケア児等コー
　ディネーター養成研
　修テキスト ……… ②49
医療的ケア児等支援者
　養成研修テキスト …②49
医療と特許 ………… ②699
医療の現場で役立つイ
　ラストカット＆写真
　素材集3500 …… ②699
医療白書〈2017‐2018
　年版〉 …………… ②726
医療費控除と住宅借入
　金等特別控除の手引
　…………………… ②408
医療ビジネスとICTシ
　ステム …………… ②699
医療秘書概論・実務 医
　療情報処理学 医療関
　係法規概論 ……… ②779
医療秘書技能検定実問
　題集2級〈1〉 …… ②779
医療秘書技能検定実問
　題集2級〈2〉 …… ②779
医療秘書技能検定実問
　題集3級〈1〉 …… ②779
医療秘書技能検定実問
　題集3級〈2〉 …… ②779
医療百論〈2017〉 …… ②712
医療福祉経営入門 …… ②49
医療・福祉マネジメン
　ト ………………… ②49
医療法人制度の実務
　Q＆A …………… ②708
医療法人の会計と税務

　…………………… ②708
医療法人の事業承継完
　全ガイド ………… ②708
医療法人の設立認可申
　請ハンドブック …… ②708
医療法人の相続・事業
　承継と税務対策 …… ②327
医療法律相談室 …… ②220
医療保険財政法の研究
　…………………… ②47
医療保障の課題と政策
　…………………… ②699
医療魔術師は、もう限
　界です！ ………… ①1252
医療マフィアは“伝統療
　法”を知って隠す な
　ぜ“塩と水”だけであ
　らゆる病気が癒え、
　若返るのか!? …… ①164
医療ミスを防ぐ技術 …②712
医療薬学〈2〉 ……… ②769
医療薬学〈3〉 ……… ②769
医療薬学〈4〉 ……… ②769
医療薬学〈5〉 ……… ②769
医療薬学〈7〉 ……… ②769
医療用医薬品識別ハン
　ドブック〈2018〉 … ②772
医療用医薬品のバー
　コード活用事典 …… ②699
医療六法〈平成29年版〉
　…………………… ②726
医療六法〈平成30年版〉
　…………………… ②726
イルカと日本人 …… ②117
イルミナエ・ファイル
　…………………… ①1357
いるよねー！ ねないこ
　…………………… ①324
伊礼智の住宅設計作法
　〈2〉 ……………… ②607
伊礼智の住宅デザイン
　…………………… ②620
入れ替わったら、オレ
　様彼氏とエッチする
　運命でした！ …… ①1397
色悪幽霊、○○があり
　ません！ ………… ①1317
いろいろいっぱい …… ①1397
いろいろおてがみ …… ①324
色いろ花骨牌（カルタ）
　…………………… ①945
いろいろきのこ …… ①324
いろいろのいろ刺繍帖
　…………………… ①77
いろいろはっぱ …… ①406
色えんぴつでうちの犬
　を描こう ………… ①859
色エンピツで描く季節
　絵1300 ………… ①839
いろをおぼえる トーマ
　スのミニえほんぱこ
　…………………… ①302
色を楽しむ大人のお
　しゃれ …………… ①28
色数を抑えてキメる！
　効果的なグラフィッ
　クデザイン ……… ①875
色川武大・阿佐田哲也
　ベスト・エッセイ …①940
色気は分娩台に置いて
　きました。 ……… ①10
色という奇跡 ……… ①881
色と形を観察する …… ②94
色と顔料の世界 …… ②443
色と光のはなし …… ②646
彩り ……………… ①1396
イロドリミドリ公式ガ
　イドブック2nd
　Anniversary …… ①280

いろのかけらのしま ・①310
色の名前事典507 …… ①881
色の野菜の栄養事典 …①33
いろは ……………… ①775
色は語る ………… ①498
いろはシートを見るだ
　けで眼がよくなる！
　ベイツ式奇跡の視力
　回復メソッド …… ①183
いろは匂ヘッド …… ①1005
いろはにほほほ …… ①324
いろは・ひふみ呼吸書
　法の神秘 ………… ①136
色は無言であなたの心
　を動かしている。 …①477
色仏 ……………… ①1054
色街遺産を歩く …… ①254
いろんなしんかんせん
　…………………… ①307
異和共生のまちづくり
　…………………… ②157
いわさきちひろ …… ①837
岩佐又兵衛と松平忠直
　…………………… ①831
いわし雲 …………… ①1009
岩宿遺跡の発見者 …… ①612
岩瀬忠震 …………… ①563
岩田健小学校劇脚本集
　…………………… ①712
岩田剛典 DREAM
　CHASER ……… ①767
岩棚のにおい ……… ①1090
岩手県の山 ………… ①189
いわての温泉パーフェ
　クトガイド ……… ①188
岩手の純文学 ……… ①977
岩手の民俗と民俗音楽
　…………………… ②117
岩手の養護教諭 …… ①699
岩手ぶらり歴史探訪
　ルートガイド …… ①191
いわて星日和 ……… ①939
岩と雪 BEST
　SELECTION …… ①233
言わなければよかった
　のに日記 ………… ①954
岩波講座 教育 変革への
　展望〈5〉 ………… ①748
岩波講座 現代〈2〉 …②94
岩波講座 日本経済の歴
　史〈1〉 …………… ②268
岩波講座 日本経済の歴
　史〈2〉 …………… ②268
岩波講座 日本経済の歴
　史〈3〉 …………… ②268
岩波講座 日本経済の歴
　史〈4〉 …………… ②268
岩波茂雄文集〈1〉 …… ①888
岩波茂雄文集〈2〉 …… ①888
岩波茂雄文集〈3〉 …… ①888
岩波データサイエンス
　〈Vol.5〉 ………… ②646
岩波データサイエンス
　〈Vol.6〉 ………… ②646
岩場の上から ……… ①994
石見銀山展 ………… ②91
石見銀山の社会と経済
　…………………… ②535
石見の山城 ………… ①551
いわれなき汚名 …… ①1381
インヴィンシブル …… ①228
因果〈9〉 …………… ①1032
インカ帝国探険記 …… ①610
陰キャになりたい陽乃
　森さん〈Step1〉 …①1277
陰キャになりたい陽乃
　森さん〈Step2〉 …①1277
インク・スタンドその

後 ………………… ①996
イングランド法学の形
　成と展開 ………… ②220
イングリッシュ・ドク
　ターのTOEIC ＆
　L＆Rテスト最強の根
　本対策PART1＆2 …①658
イングリッシュネス …②83
インクルーシブ教育シ
　ステム構築に向けた
　地域における体制づ
　くりのグランドデザ
　イン ……………… ①713
インクルーシブ教育シ
　ステム構築のための
　学校における体制づ
　くりのガイドブック
　…………………… ①713
インクルーシブ教育の
　源流 ……………… ①748
インクルーシブ国際社
　会論 ……………… ②121
インクルーシブな国語
　科授業づくり …… ①722
インクルーシブ保育論
　…………………… ①688
インクルーシブHTML
　＋ CSS ＆ JavaScript
　…………………… ②547
インコ＆オウムのお悩
　み解決帖 ………… ②696
因業探偵 …………… ①1087
インコがおしえるイン
　コの本音 ………… ②696
インコ語辞典 ……… ②696
インコの気持ちと飼い
　方がわかる本 …… ①262
インザシティ〈第17集〉
　…………………… ①884
印刷という革命 …… ②17
印刷発注のための紙の
　資料〈2017年版〉 …②17
印刷メディアディレク
　ション …………… ②17
印紙税取扱いの手引 …②414
印紙税ハンドブック …②414
淫獣 ……………… ①1318
淫獣の逆襲 ………… ①1403
淫獣の襲来 ………… ①1403
印象派って、なんだろ
　う？ ……………… ①429
印象美人コーデのつく
　り方 ……………… ①21
淫情ホテル ………… ①1401
印象・私・世界 …… ①924
飲食店経営“人の問題”
　を解決する33の法則
　…………………… ②427
飲食店のためのハラル
　対策ハンドブック …①49
飲食店「のれん分け・
　FC化」ハンドブック
　…………………… ②425
インスタント・ジャー
　ニー ……………… ①1006
隕石 ……………… ②674
インセンティブ報酬の
　法務・税務・会計 …②314
殷代青銅器の生産体制
　…………………… ①595
間文化主義（インターカ
　ルチュラリズム） …②94
インターカルチュラル
　〈15〉 …………… ②94
インダストリー4.0時代
　を生き残る！ 中小企
　業のためのIoTとAI
　の教科書 ………… ②300
インダストリーX.0 …②438

淫奪 …………………①1089
インターネット＆メール超入門 ……………②528
インターネット・「コード」・表現内容規制…………………………②528
インターネット時代の広告の機能・効果と展開 ……………②339
インターネット新時代の法律実務Q&A …④184
インターネット訴訟・②193
インターネットで死ぬということ ………………①955
インターネットの自由と不自由 …………②528
インターネット白書〈2017〉 ……………②515
インターネットは自由を奪う …………②528
インターネット文化人類学 …………②528
インタビュー ………②13
インターベンション医必携 PCI基本ハンドブック …………②739
インタラクションと学習 …………………①620
インタラクティブ・ティーチング …………①713
インターローカル……①747
インターンシップ実践ガイド ……………①676
いんちきおもちゃ大図鑑 …………………①285
いんちきおもちゃ大図鑑〈2〉 …………①285
いんちきおもちゃ大図鑑〈3〉 …………②29
銭（インチキ）の力で、戦国の世を駆け抜ける。〈4〉……………①1302
銭（インチキ）の力で、戦国の世を駆け抜ける。〈5〉…………①1302
インチキ霊能者とホンモノ霊能者の見分け方 …………………①136
院長選挙 …………①994
院長夫人から院長夫人への42のメッセージ …②700
院長のためのクリニック労務Q&A ……②708
インディアンにならないイカ!? ……………①942
インディオ社会史 …①610
インディゴレッスン …①87
インデックス ……①1108
インテリア・ガール …①18
インテリアショップファイル〈vol.13〉……①18
インテリアデザイン技能検定公式テキスト …………………②640
インテリアトレンドビジョン〈2017〉……①18
インテリアプランニング・ベストセレクション〈2016〉……②616
インテル8080伝説 …②516
インド ……………②249
インド〈2017〜2018年版〉 …………①201
インドアグリーンのある暮らし ……………①18
インドおよびインドシナ …………………①592
印度眩光 …………①254
インドネシア ……②249

インドネシア経済関連法令集〈2〉 ……②249
インドネシア国家と西カリマンタン華人 …①592
インドネシア進出実務ガイド …………②312
インドネシアの王都出土の肥前陶磁 ……①873
インドネシアの基礎知識 …………………②129
インドネシアの経済発展と所得格差 …②249
インドネシア法務ハンドブック …………②219
インドの会計・税務・法務Q&A ………②312
インドの公共サービス …………………②129
インドの生命科学 アーユルヴェーダ …①146
インドへの扉 ………②86
イントロダクション簿記 …………………②320
院内医療事故調査の考え方と進め方 …②712
院内刑事（でか） …①1103
インナーチャイルドの理論と癒しの実践 …①488
インナーメッセンジャー ……………①120
インバウンド観光入門 …………………②242
インバウンド実務主任者認定試験 公式過去問題集 …………②504
インバウンド実務主任者認定試験 公式テキスト …………………②504
インバウンド実務論 …②276
インバウンドと地域創生 …………………②255
インバウンドの罠 …②243
インバウンドビジネス集客講座 …………②276
インバウンドマーケティング ………②334
インバネスの背 ……①968
インパール作戦従軍記 …………………①585
インパール作戦の真実 …………………②502
隠秘の恋 …………①1399
インフィニット・クライシス …………①848
インフィニティ〈1〉 …①848
インフィニティ〈2〉 …①848
インフィニティ〈3〉 …①848
インフィニティ・ガントレット ……………①848
インフラエンジニア教本 セキュリティ実践技術編 …………②533
インフラストラクチャー概論 ……………②440
インプラントオーバーデンチャーの臨床とエビデンスQ&A …②753
インプラント材料Q&A …………………②753
インプラント治療の理論と実践 …………②753
インプラント治療は史上最強のストローマンにしなさい!! …①182
インプラントの最新治療 ……………②753
インプラントのための軟組織マネジメントを極める ………②753

インプラントYEAR BOOK〈2017〉 …②753
インフラPPPの経済学 …………………②255
インフルエンザ診療ガイド〈2017 - 18〉 …②712
インフルエンス ……①1087
インベスター・リレーションズの現状と課題 ……………②276
淫謀 ……………①1089
淫法くノ一返し …①1062
陰謀の天皇金貨（ヒロヒト・コイン）……①1082
淫魔とギャルと男の娘は俺の嫁!? ……①1404
淫魔に操を奪われました …………………①1324
淫紋屈服 …………①1399
陰陽五行で京都を巡る …………………①194
淫楽の神が住む都 …①1307
淫竜婚姻譚 ………①1317
胃X線検診のための読影判定区分アトラス・②733

う

U（ウー）…………①1110
ヴァイオリン各駅停車 …………………①815
ヴァイオリンで奏でるクリスマス・メロディー ……………①809
ヴァイオリンで奏でるボサノヴァ ………①809
ヴァイオリンで奏でるラテン・ポップス・①809
ヴァイオリンの見方・選び方 基礎編 …①815
ヴァイキングの歴史・①587
ヴァージニア・ヘンダーソン語る、語る。②763
ヴァージン forever…①779
ヴァチカン図書館の裏蔵書 …………①1209
ヴァリアブルファイター・マスターファイル VF - 31ジークフリード …………①798
戦女神（ヴァルキュリア）の聖蜜〈2〉…①1190
戦女神（ヴァルキュリア）の聖蜜 ……①1190
ヴァルキリーコネクト 公式ビジュアルコレクション ……………①839
ヴァルター・ベンヤミン／グレーテル・アドルノ 往復書簡 1930 - 1940 …………①470
ヴァルハラの晩ご飯〈4〉 ……………①1274
ヴァルハラの晩ご飯〈5〉 ……………①1274
ヴァンパイアは我慢できない dessert ……①1320
ヴァンパイア／ロード〈2〉 ……………①1175
ヴァンピリーナはバレリーナ …………①310
ヴぁんぷちゃんとゾン

ビくん …………①1182
ヴィオレッタの尖骨 …………………①1020
ウィークックナビの一週間de食材使い切りレシピ ……………①49
ヴィクトリア朝英国人の日常生活〈上〉①604
ヴィクトリア朝英国人の日常生活〈下〉①604
ウイグル新鋭詩人選詩集 ……………①975
ヴィゴツキーの生涯 …①477
ヴィーコ論集成 ……①467
ウィザーデイング・ゲーム ……………①1277
ヴィジブルな保育記録のススメ …………①688
ヴィジュアルで要点整理 1級建築士受験基本テキスト 学科〈2〉・②640
ヴィジュアル★プレス …………………①1310
ヴィジョン〈4〉……①1357
ウイスキーアンドシネマ〈2〉 …………①788
ウイスキーは楽しい! …………………①43
ヴィスコンティ家のタロット …………①127
ウィッシュガール …①1341
ウィッチャー〈1〉 …………①848, 1362
ウィッチャー〈2〉 …①1362
ヴィラ・マダマのロッジャ装飾 …………①827
ウィトゲンシュタインとウィリアム・ジェイムズ …………①467
ウィトゲンシュタインとレヴィナス 倫理的・宗教的思想 …①470
ウィトゲンシュタインの教育学 …………①748
ウィナーズ ………②276
ウイニングポスト8 2017 コンプリートガイド〈上〉 ………①280
ウイニングポスト8 2017 コンプリートガイド〈下〉 ………①280
ウイニングポスト8 2017最強配合理論・①280
ヴィパッサナー瞑想・①508
ヴィパッサナー瞑想 上級編 …………①460
ヴィヘャルト千佳こ先生と「発達障害」のある子どもたち …①680
ウィム・クロウエル・①875
ヴィランズ占い ……①127
ウィリアム・ゴールディングの読者 …①920
ウィリアム・ド・モーガンとヴィクトリアン・アート …………①827
ウィリアム・モリス・①875
ウィル・グレイソン、ウィル・グレイソン ……………①371
ウイルス感染と常微分方程式 …………②656
ウイルス大感染時代・②732
ウイルス・ルネッサンス …………②728
ヴィルヘルム・ミュラーの生涯と作品 …①923
ヴィンテージパターンブック …………①82

ウィーンとヴェルサイユ …………………②600
ウィーンとオーストリア〈2018〜2019年版〉 …………①205
ウィーンのシュテファン大聖堂 ………②607
ウィーン・プラハ …①205
上から見る! 風流に金魚を飼うための本・②697
植木鉢・水やりを知らせる酸素供給 水やりガイドプレートマニュアル ………②570
植えこみに刺さっていた子猫を飼うことに …………………①848
上坂すみれの文化部は大手町を歩く ……②29
上坂すみれの文化部は大手町を歩く〈Vol.2〉 …………②29
上様の笠〈3〉 ……①1057
上杉謙信 …………①552
上杉謙信の夢と野望・①552
ウエストウイング …①1007
ウエスト呼吸生理学入門 正常肺編 ……②726
ヴェスト 初級ドイツ語クラス ………①668
ウェスレー思想と近代 …………………①467
上田寿美子のクルーズ! 万才 ………①197
ウエディング・ナイト …………………①1367
ウエディング・ベルズ …………………①1340
ヴェトナム戦争 ソンミ村虐殺の悲劇 …①592
「上に立つ人」の仕事のルール …………②347
ヴェネツィア便り …①993
ヴェネツィアとラグーナ …………………②607
上野駅殺人事件 …①1099
ウェブ解析士認定試験 公式テキスト〈2018〉 …………②561
ウェブの仕事力が上がる標準ガイドブック〈3〉 …………②526
うえむらちかのカーブごはん。…………①49
臨床真実士（ヴェリティエ）ユイカの論理・①1266
ウェルカム・ホーム! …………………①997
ヴェルサイユ ……①1339
ヴェルサイ宮殿……②607
ウェルネス看護診断にもとづく母性看護過程 …………………②763
ウエルネス公衆栄養学〈2017年版〉 …②775
ウェルネスツーリズム …………………①146
ウェルビーイングの設計論 …………②512
ヴォイス・ケア・ブック …………………②760
魚市場で働く ……②457
ウォーキングだけで老けない体をつくる・①156
ウォーク・イン・クローゼット …………①1025
ウォークス …………①934
ウォーター＆ビスケットのテーマ〈1〉 …①1131

ウォッシュから始める
　水彩風景 ………… ①859
ウオッチミュージアム
　ヴォガ アンティーク
　コレクション ……… ①3
ヴォート 基礎生化学・②673
ウォーリアーズ4〈3〉
　………………… ①371
ウォーリーをさがせ！
　THE COLOURING
　COLLECTION … ①303
ウォーリーをさがせ！
　THE TREASURE
　HUNTたからさがし
　ブック ………… ①310
ウォール街からの警告
　トランプ大恐慌 … ②381
ウォール街のモメンタ
　ムウォーカー "個別銘
　柄編" ………… ②392
ヴォルス …………… ①836
ウォルター・クレイン
　の本の仕事 …… ①839
ウォルテニア戦記〈6〉
　………………… ①1268
ウォルテニア戦記〈7〉
　………………… ①1268
ウォルテニア戦記〈8〉
　………………… ①1268
ウォルト・ディズニー
　伝記 ………… ①388
うかる！ 基本情報技術
　者「午後・アルゴリズ
　ム編」〈2018年版〉・②564
うかる！ 基本情報技術
　者「午前編」〈2018年
　版〉 ………… ②565
うかる！ 行政書士総合
　テキスト〈2018年度
　版〉 ………… ②237
うかる！ 行政書士総合
　問題集〈2017年度版〉
　………………… ②237
うかる！ 行政書士直前
　模試〈2017年度版〉
　………………… ②237
うかる！ 行政書士入門
　ゼミ〈2018年度版〉
　………………… ②237
うかる！ 行政書士必修
　項目100〈2017年度
　版〉 ………… ②237
うかる！ 行政書士 民
　法・行政法解法スキ
　ル完全マスター … ②237
うかる！ 司法書士記述
　式答案構成力 商業登
　記 基礎トレーニング
　編 ………… ②233
うかる！ 司法書士記述
　式答案構成力 不動産
　登記 基礎トレーニン
　グ編 ………… ②233
うかる！ 社労士テキス
　ト＆問題集〈2018年度
　版〉 ………… ②500
うかる！ 社労士入門ゼ
　ミ〈2018年度版〉 ②500
うかる！ 証券外務員一
　種必修テキスト〈2017
　‐2018年版〉 … ②476
うかる！ 証券外務員一
　種必修問題集〈2017‐
　2018年版〉 … ②476
うかる！ 証券外務員二
　種最速テキスト〈2017
　‐2018年版〉 … ②476
うかる！ 証券外務員二
　種最速問題集〈2017‐

2018年版〉 …… ②476
受かる小論文・作文模
　範文例〈2019年度版〉
　………………… ①297
受かる小論文・作文模
　範文例〈2020年度版〉
　………………… ①297
うかるぞ行政書士の問
　題集All in One〈2017
　年版〉 ……… ②237
うかるぞ行政書士 40字
　記述式問題集〈2017年
　版〉 ………… ②237
うかるぞ社労士SRゼミ
　直前模擬試験〈2017年
　版〉 ………… ②500
うかるぞ宅建士 きっち
　り要点整理〈2017年
　版〉 ………… ②496
うかる！ 宅建士一問一
　答＋予想模試〈2018年
　度版〉 ……… ②496
うかる！ 宅建士これだ
　けマスター〈2017年度
　版〉 ………… ②496
うかる！ 宅建士速攻テ
　キスト〈2018年度版〉
　………………… ②496
受かる電験2種一次 機
　械 ………… ②632
受かる電験2種一次 電
　力 ………… ②632
受かる電験2種一次 法
　規 ………… ②632
受かる電験2種一次 理
　論 ………… ②632
うかる！ 登録販売者過
　去問題集〈2017年度
　版〉 ………… ②779
合格（うか）る判例〈1〉
　………………… ②230
合格（うか）る判例〈2〉
　………………… ②230
合格（うか）る判例〈3〉
　………………… ②230
合格（うか）る判例〈4〉
　………………… ②230
うかる！ マンガ宅建士
　入門〈2018年度版〉
　………………… ②496
受かる面接、落ちる面
　接 ………… ②296
うかる！ FP2級・AFP
　王道テキスト〈2017‐
　2018年版〉 … ②476
うかる！ FP2級・AFP
　王道問題集〈2017‐
　2018年版〉 … ②476
うかる！ FP3級速攻テ
　キスト〈2017‐2018
　年版〉 ……… ②476
うかる！ FP3級速攻問
　題集〈2017‐2018年
　版〉 ………… ②476
浮雲 …………… ①1013
浮雲心霊奇譚 …… ①1037
うきごはん（UKI
　GOHAN）…… ①49
宇喜多の捨て嫁 … ①1038
宇喜多秀家 …… ①552
浮世絵細見 …… ①835
浮世絵師の絵で読む八
　犬伝〈上〉 …… ①898
浮世絵師の絵で読む八
　犬伝〈下〉 …… ①898
浮世絵にみる江戸美人
　のよそおい …… ①835
浮世絵の歴史 …… ①835
うき世と浮世絵 … ①835

浮世に言い忘れたこと
　………………… ①785
浮き世離れの哲学より
　も憂き世楽しむ川柳
　都々逸 ……… ①946
浮世奉行と三悪人 … ①87
ウクレレ快読本 … ①810
ウクレレで認知症を退
　治する本 …… ①175
受け入れの極意 … ①87
受け入れる介護がすぐわ
　かる手続き便利帳・②68
雨月物語 … ①365, ①898
雨月物語 全訳注 … ①898
ウケる！ 大人の会話術
　………………… ①359
動かして学ぶセキュリ
　ティ入門講座 … ②533
うごかす！ めくる！ 宇
　宙 ………… ①304
うごかす！ めくる！ の
　りもの ……… ①435
動きが軽くなる！ カラ
　ダ覚醒トレーニング
　………………… ①216
動き・焦点からその背
　景まで 税制改正まる
　わかり！〈平成29年度
　版〉 ………… ②398
動きすぎてはいけない
　………………… ①473
うごくおもちゃをつく
　ろう！ うかぶ！ は
　しる！ おもちゃ… ①429
うごくおもちゃをつく
　ろう！ ゴム・紙ばね
　………………… ①429
うごくおもちゃをつく
　ろう！ ゆれる！ ま
　わる！ おもちゃ… ①429
動く大地、住まいのか
　たち ………… ②608
動く地球の測りかた・②677
鬱金の暁闇〈30〉 … ①1270
うさうさのひねもす絵
　日記 ………… ①953
ウサギ ………… ①690
うさぎをカメ！ …… ①345
ウサギ学 ……… ②690
ウサギとかめさん
　Rabbit and Turtle
　………………… ①324
「ウサギとカメ」の読書
　文化史 ……… ①925
うさぎのがくそうや・①324
ウサギのすなにいる
　のはだあれ？ … ①310
うさぎのダンスタイム、
　はじまるよ！ … ①310
ウサギの天使が呼んで
　いる ………… ①1070
「うさごころ」がわかる
　本 ………… ①262
うさ語辞典 …… ②690
うさまるといっしょ・①848
うさみん少女はオレの
　嫁!? ………… ①1272
うし ………… ①324
氏神さまと鎮守さま・①505
宇治拾遺物語 …… ①1064
牛天神 ………… ①1064
失うことの意味 … ①961
失われた愛の記憶を
　………………… ①1351
失われた天照大神の大
　予言「カゴメ唄」の謎
　………………… ①136
失われた遺骨〈上〉・・①1343

失われた遺骨〈下〉・・①1343
失われた写本を求めて
　………………… ①924
失われた地図 …… ①1081
失われた時を求めて
　〈11〉 ……… ①1337
失われた日本史 … ①530
失われた図書館 … ①1350
「失われた二〇年」から
　の逆照射 …… ②243
失われたパリの復元・①605
失われた倭国年号 "大和
　朝廷以前"〈第20集〉
　………………… ①541
失われゆく植物たち・②686
失われるシクロの下で
　………………… ②86
牛山慶應小論文 7ス
　テップ対策 …… ②744
右城暮石の百句 … ①904
後ろ姿に美が宿る … ①120
うしろめたさの人類学
　………………… ②94
喪われた道 …… ①1077
薄い桃色のかたまり/小
　女ミウ ……… ①783
ウズタマ ……… ①1011
ウスバかげろう日記・①941
埋門（うずみもん）・①1063
うずら大名 …… ①1054
失せる故郷 …… ①961
嘘 ………… ①1021
うそうそかわうそのむ
　かしばなし …… ①324
嘘を愛する女 …… ①989
嘘をつく器 …… ①1076
嘘が見える僕は、素直
　な君に恋をした … ①997
嘘恋シーズン …… ①1147
ウソだらけの健康常識
　………………… ①146
嘘だらけの日仏近現代
　史 ………… ①605
うそつき …… ①910
うそつき、うそつき
　………………… ①1090
嘘つき女さくらちゃん
　の告白 ……… ①1069
嘘つき恋人セレナーデ
　………………… ①1240
嘘つき戦姫、迷宮をゆ
　く〈1〉 ……… ①1206
嘘つき戦姫、迷宮をゆ
　く〈2〉 ……… ①1206
嘘つき天使 …… ①1392
ウソつきの国 …… ②94
嘘つきポールの夏休み
　………………… ①1349
嘘つきみーくんと壊れ
　たまーちゃん〈11〉
　………………… ①1162
嘘と人形 ……… ①1076
嘘と秘密と一夜の奇跡
　………………… ①1378
嘘とホープ …… ①1320
嘘の木 ………… ①1363
嘘の戦争 ……… ①1067
嘘八百 ………… ①986
ウソ？ ホント？ トリッ
　クを見やぶれ〈3〉 … ①412
うそみーるめがね … ①324
歌行燈 ………… ①976
歌うエスカルゴ … ①1007
歌うカタツムリ … ②682
うたうたう ……… ①319
歌う力を育てる！ 歌唱
　の授業づくりアイデ
　ア ………… ①738

歌う鳥のキモチ …… ②696
うたえなくなったとり
　とうたをたべたねこ
　………………… ①324
歌を掛け合う人々 … ②119
歌を忘れたカナリヤ・①961
うたかたの月 …… ①1307
うたかたの日々 … ①949
歌川国芳 ……… ①835
歌川広重 ……… ①835
歌川広重 東海道五十三
　次 五種競演 … ①835
疑われたロイヤルウェ
　ディング …… ①1401
うたげと孤心 …… ①904
歌声喫茶名曲集ベスト
　151 ……… ①803
うた燦燦 …… ①956
うたことば100 …… ①904
宇多田ヒカルの言葉・①767
宇多田ヒカル論 世界の
　無限と交わる歌 … ①804
うたってたたこう！ わ
　くわくリズムあそび
　どうようえほん … ①303
歌テツほのほの紀行・①803
歌のおこない …… ①901
詩葉さんは別（ワカレ）
　ノ詩を詠みはじめる
　………………… ①1176
歌・花・香と茶道 … ①271
歌丸ばなし …… ①785
歌や演奏の投稿からう
　まく聴かせるコツま
　で nanaをもっと楽し
　む本 ………… ②531
詠われた女 …… ①1008
うたわれるもの 偽りの
　仮面/二人の白皇公式
　ビジュアルコレク
　ション ……… ①280
打ち上げ花火、下から
　見るか？ 横から見る
　か？ ……… ①365,
　　①987, ①1132
打ち上げ花火、下から
　見るか？ 横から見る
　か？ 公式ビジュアル
　ガイド ……… ①798
内側から見る創価学会
　と公明党 …… ①501
打消し表示の実態と景
　品表示法の考え方・②184
うちごはんのゆる基本
　………………… ①49
内田樹による内田樹・①446
内田祥哉 窓と建築ゼミ
　ナール ……… ②615
うちってやっぱりなん
　かへん？ …… ①310
ウチナーヤマトゥグチ
　の研究 ……… ①629
「内なる外国人」A病院
　症例記録 …… ②742
「内なるグローバル化」
　による新成長戦略と
　商社 ………… ②276
内なる生 ……… ①522
家（ウチ）に王子が泊
　まっています … ①319
うちの居候が世界を掌
　握している！〈16〉
　………………… ①1244
うちの犬にはもうだま
　されない …… ①939
うちのウッチョパス・①324
うちのお寺の総本山・①509
うちの子きずなノート
　………………… ①262

うちのこ こんなこ … ①324
ウチのこそっくり ボン
　ボン猫人形 ………………①73
うちの子になりなよ …②49
ウチの子の才能がグン
　グン伸びる0歳から10
　歳までの子育て習慣
　……………………………①10
うちの子の場合！ ……①9
うちの子、伸びざかり、
　ボケざかり！ …………①10
うちの子は字が書けな
　い………………………①680
うちの子はADHD ……①680
うちの殺し屋さんが可
　愛すぎる ……………①1304
うちの執事に願ったな
　らば ………………①1093
うちの執事に願ったな
　らば〈2〉 ……………①1093
うちの執事に願ったな
　らば〈3〉 ……………①1004
うちの聖女さまは腹黒
　すぎるだろ。 ………①1163
うちのダンナがかわい
　すぎるっ！ …………①848
うちの鳥の老いじたく
　…………………………②696
うちの姉ちゃんが最恐
　の貧乏神なのは問題
　だろうか ……………①1208
うちの猫を描こう！ …①859
うちの娘の為ならば、
　俺はもしかしたら魔
　王も倒せるかもしれ
　ない。〈6〉 …………①1239
ウチのわんこが思うこ
　と。…………………①263
内村鑑三 代表的日本人
　…………………………①522
宇宙………………………①402
宇宙一美しいガロア理
　論………………………①659
宇宙を解説 百言葉……①87
宇宙を味方にする ゆる
　ゆるの法則 …………①136
宇宙を見た人たち ……②674
宇宙が教える人生の方
　程式 …………………①87
宇宙軍士官学校 ……①1123
宇宙軍士官学校〈1〉
　………………………①1123
宇宙軍士官学校〈2〉
　………………………①1123
宇宙軍陸戦隊 ………①1122
宇宙建築（1）…………②624
宇宙人に、いつ、どこで
　会えるか？ …………②674
宇宙人はすぐそばにい
　た！「地球を訪れた
　宇宙人」の真相がわ
　かる本 ………………①136
宇宙人UFO軍事機密の
　"レベルMAX" ………①136
宇宙生命科学入門 …②674
「宇宙戦艦ヤマト」をつ
　くった男 西崎義展の
　狂気 …………………①798
「宇宙戦艦ヤマト」の真
　実 ……………………①798
宇宙戦争を告げるUFO
　…………………………①137
宇宙戦隊キュウレン
　ジャーおあそびブッ
　ク ……………………①321
宇宙戦隊キュウレン
　ジャー 全戦士＆ロボ
　ドデカずかん ………①321
宇宙船ビーグル号の冒

険………………………①1360
宇宙魂に目覚め、自分
　の魂の星（ふるさと）
　を旅する ……………①137
宇宙探偵ノーグレイ
　………………………①1123
宇宙とあっさりつなが
　る最強のワークブッ
　ク ……………………①137
宇宙とつながる間脳開
　花………………………①137
宇宙に「終わり」はある
　のか …………………②674
宇宙について知ってお
　くべき100のこと …①402
宇宙には、だれかいま
　すか？ ………………②674
宇宙の暗黒入門 ………①137
宇宙のエネルギーを味
　方につける星使いの
　時刻表〈2017・2018〉
　………………………①127
宇宙の風 ………………①137
宇宙の観測〈1〉………②674
宇宙のくしみを活かし
　て人間力をグレード
　アップする！ ………①87
宇宙の生命 青い星の秘
　密〈2・2〉……………①402
宇宙の大地図帳 ………②674
宇宙の響きを聞きなが
　…………………………①961
宇宙の不思議 …………①402
宇宙のふしぎ最前線！
　…………………………①402
宇宙の法則を使って
　「人体実験」に成功し
　ました ………………①113
宇宙の未知を解くメタ
　フィシカ〈2〉………①137
宇宙の呼び声 ………①1363
宇宙のレシピ …………①49
宇宙はあなたの "魂の注
　文" をこうして叶えて
　くれる ………………①137
宇宙はイケメン彼氏 …①87
宇宙はすべてあなたに
　味方する ……………①446
宇宙はなぜ「暗い」の
　か？ …………………②674
宇宙万象〈第2巻〉……①137
宇宙飛行の父ツィオル
　コフスキー …………②624
宇宙ビジネス入門 …②624
宇宙138億年の謎を楽し
　む本 …………………②674
宇宙用語図鑑 ………②674
有原天家族 二代目の帰
　朝……………………①1127
うつを気楽にいやす本
　…………………………①169
うっかりの玉 …………①356
うっきうっきおさるさ
　ん ……………………①304
美しいアンティーク生
　物画の本 クラゲ・ウ
　ニ・ヒトデ篇 ………①827
美しい家 ……………①1092
美しい色の町を歩く …①200
美しいインドア・グ
　リーン ………………①270
美しい海の浮遊生物図
　鑑……………………②697
美しい楷書のお手本 …①869
美しい顔バランスの9割
　は「あご」でつくられ
　…………………………①21
美しい科学の世界 …②646
美しい数になった海の

いきもの図鑑 ………①403
美しい義母と兄嫁と…
　………………………①1398
美しい行書のお手本 …①869
うつくしい組ひもと小
　物のレシピ …………①73
美しい元素 ……………①668
美しい幻想切り絵 ……①867
美しい苔庭づくり ……①266
美しい古墳 …………①612
美しい小弓を持って …①961
美しい情景イラスト
　レーション …………①859
美しい情景イラスト
　レーション ファンタ
　ジー編 ………………①839
美しい「所作」が教えて
　くれる幸せの基本 …①25
美しい世界の傑作
　ミュージアム ………①825
美しい荘厳な芸術 ヨー
　ロッパの大聖堂 ……②608
美しい草書のお手本 …①869
美しい罪 ……………①775
美しい日本語が話せる
　書ける万葉ことば …①623
美しい日本のくせ字 …①875
美しい花モチーフの切
　り絵 FLOWER
　GARDEN ……………①867
美しい義兄（ひと）…①1317
美しい人は枕を "3つ"
　持っている …………①170
うつくしい日々 ………①254
美しいポートレートを
　撮るためのポージン
　グの教科書 …………①251
美しい病 ……………①961
美しい無限級数 ……②656
美しい文字が書ける 書
　き込み式脳活ペン字
　練習帳 ………………①17
美しいものを ………①839
美しいものを信じて …①522
美しいものを見に行く
　ツアーひとり参加 …①197
美しきイタリア 22の物
　語……………………②83
美しき貝の博物図鑑 …②697
美しき雅楽装束の世界
　………………………①787
美しき獣の愛に囚われ
　て……………………①1267
美しき幻影 …………①1113
美しき闘争 …………②135
美しく輝く肌をめざす
　人のためのスポット
　ケア美容液BOOK＋
　業務用ハイドロキノ
　ン ……………………①21
美しく、心地よく、生き
　る………………………①87
美しく正しい字が書け
　る 横書きペン字練習
　帳……………………①17
美しくなる判断がどん
　な時もできる ………①21
美しくやせる食べ方
　ディフェンシブ ……②775
美しすぎる「数」の世界
　………………………②651
美しの神の伝え ……①1125
鬱屈精神科医、お蔵い
　を試みる ……………①477
現世怪談 ……………①1120
現車（うつつぐるま）前
　篇……………………①1015
現車（うつつぐるま）後

篇………………………①1015
うつこの上手なつき合
　い方 …………………①169
うつと不安の認知療法
　練習帳 ………………①488
うっとり、チョコレー
　ト ……………………①937
ウッドワンの就活ハン
　ドブック〈2019年度
　版〉 …………………①289
「うつ」にならない習慣
　抜け出す習慣 ………①169
うつの人の風呂の入り
　方……………………①169
うつは「体」から治せ
　る！ …………………①169
うつは自分で治せます。
　………………………①488
うつ・パニックは「鉄」
　不足が原因だった・①169
うつ病 ………………①742
うつ病をなおす ………①169
うつ病から相模原事件
　まで …………………②742
うつ病休戦 …………①169
うつ病・双極性障害の
　看護ケア ……………②742
うつ病臨床のこんな疑
　問に答える …………②742
うつぼのひとりごと …①959
うつほ物語論 …………①896
うつみんの凄すぎるオ
　カルト医学 まだ誰も
　知らない "水素と電
　子" のハナシ ………②712
うつむく眼 …………①473
うつも肥満も腸内細菌
　に訊け！ ……………①146
うつやみ ……………①254
移りゆく社会に抗して
　…………………………②94
虚ろな暗殺者（アサシ
　ン）と究極の世界人形
　………………………①1269
虚ろな十字架 ………①1105
虚ろな街〈上〉………①1364
虚ろな街〈下〉………①1365
「うつわ」を食らべ …②110
うつわを巡る旅 ……①872
ウディ・アレン 完全
　ヴィジュアルガイド
　………………………①792
「腕もみ」で胃腸の不調
　がみるみる改善す
　る！ …………………①179
宇藤裕子レースドール
　作品集 Miory Rose・・①73
鰻……………………①937
うなぎ女子 …………①991
海原を越えて …………①995
うに勝負 ……………①1065
ウニはすごい バッタも
　すごい ………………②682
右脳の強化書 ………①120
宇野理論と現代株式会
　社……………………②267
奪う太陽、焦がす月
　………………………①1400
奪う者 奪われる者〈7〉
　………………………①1289
奪う者奪われる者〈8〉
　………………………①1289
奪う者奪われる者〈9〉
　………………………①1289
姥捨て山繁盛記 ……①989
奪われた贈り物 ……①1393
奪われた学園 ………①927

奪われたキスのつづき
　………………………①1332
奪われた唇 …………①1392
初心恋シンデレラ …①1400
純真（うぶ）なシンデレ
　ラのロイヤルウェ
　ディング ……………①1405
ウホッホ探険隊 ……①1014
うまい餃子 ……………①49
うまい日本酒をつくる
　人たち ………………①43
馬を巡る旅 …………①243
「うまくいく夫婦、ダメ
　になる夫婦」の心理 ・・⑤5
うまくいっている人の
　心を整えるコツ ……①120
うまくいっている人は
　朝食前にいったい何
　をしているのか ……②341
うまくいってる人の手
　帳………………………①3
「美（うま）し国」日本の
　底力 …………………②121
うまたび ……………①198
馬と猫の愛の物語 ……①954
産まなくても、産めな
　くても ………………①983
うまみの秘密 …………①33
生まれ変わったら第二
　王子とか中途半端だ
　し面倒くさい ………①1283
うまれてよかった ……①324
生れて来た以上は、生
　きねばならぬ ………①915
うまれてくれてありが
　とう …………………①310
生まれてくれてありが
　とう …………………②49
生まれてこない方が良
　かった ………………①446
うまれるまえのおはな
　し ……………………①324
うみ……………………①847
海色の壜 ……………①1006
海駅図鑑 ……………②432
海を照らす光〈上〉・・①1332
海を照らす光〈下〉・・①1332
海をわたる手紙 ……①927
海が泣いている ……①399
海が見える家 ………①1014
うみのぐり ……………①324
海と生きる作法 ………②40
海なお深く …………①576
海なお深く〈上巻〉・・①577
海なお深く〈下巻〉・・①577
海鳴り ………………①1017
海に生きた弥生人 ……①612
海に帰れないイルカ …①382
海にかくれているの
　はだあれ？ …………①310
海に沈んだ大陸の謎 …②677
「海に住まうこと」の民
　族誌 …………………②119
海に光るつぼ ………①356
海に向かう足あと ……①994
海の家のぶたぶた … ①1022
うみのいきもの ………①403
「海のいのち」全時間・
　全板書 ………………①725
海の唄 ………………①382
海の温暖化 …………②573
うみのかくれんぼ いろ
　をかえてかくれる …①403
うみのかくれんぼ かた
　ちをかえてかくれる
　…………………………①403
うみのかくれんぼ も
　ぐってかくれる …①404

海の風 伊藤正昭映画人生 …………… ①789
海の彼方より訪れしものたち …………… ①477
海の京都 ………… ①194
海のクワガタ採集記 …… ②697
海の子どもとゴチャマゼクトン ………… ①359
うみの歳月 ……… ①1020
海のシルクロードの染織史 ……… ①587
海の人類史 ……… ①612
海の民のハワイ …… ①569
海の地政学 ……… ②121
うみのなかをのぞいてみよう ……… ①305
海の花嫁 ……… ①1402
海のぷかぷか …… ①404
海の放射能に立ち向かった日本人 …… ①580
海のポスターコンテスト「うみぽすグランプリ2016」作品集 ①839
海の見える駅 …… ②432
海のミュージアム … ②677
海の向こうから見た倭国 ……… ①541
海は生きている …… ①382
海はいのちのみなもと ……… ①961
海は語らない ……… ①577
海武士の詩 ……… ①1039
海辺暮らし 季節のごはんとおかず …… ①49
海辺に学ぶ ……… ①721
海辺の生きもの …… ①404
海べの音楽〈3〉…… ①371
海辺のデーモン …… ②68
うみべのまちで …… ①310
海辺のクソ ……… ①360
うみ
海の子どもとゴチャマ

浦島太郎が語る浦島太郎 ……… ①309
裏社会の危険な心理交渉術 ……… ②359
裏世界ピクニック … ①1127
裏世界ピクニック〈2〉 ……… ①1127
『うらどっこ』つくった！配った！子どもたちの2620日 …… ①673
占い師 琴乃野彩華は占わない ……… ①1252
うらない師ルーナと三人の魔女〈21〉… ①345
占いで結婚しました！ ……… ①937
占い八兵衛 ……… ①886
占い屋敷のプラネタリウム ……… ①365
裏走りの夜〈6〉…… ①1038
裏版 新妻奴隷姉妹 … ①1404
裏富士 ……… ①961
裏ブルーノート …… ①812
ト部の高校化学の教科書 ……… ②668
裏まで楽しむ！大相撲 ……… ①237
恨み残さじ ……… ①1041
ウラルの核惨事 …… ②578
ウランバーナの森 … ①989
潤うからだ ……… ①21
うるさいアパート … ①310
うるし ……… ①318
ウルトラ＆トレイルランニングコンプリートガイド ……… ①234
ウルトラ怪獣アートワークス 1971 - 1980 ……… ①796
ウルトラ怪獣幻画館 … ①796
ウルトラ回収率〈2018 - 2019〉……… ①244
ウルトラ図解 前立腺の病気 ……… ①166
ウルトラ図解 統合失調症 ……… ②742
ウルトラ図解 乳がん・②735
ウルトラ図解 めまい・耳鳴り ……… ①166
ウルトラセブン …… ①780
ウルトラセブン超解析 ……… ①796
「ウルトラセブン」の帰還 ……… ①797
ウルトラハッピーディストピアジャパン ……… ①1159
ウルトラマンジードウルトラカプセル全戦士ずかん ……… ①321
ウルトラマン たたかえ！ウルトラヒーローズ ……… ①321
「ウルトラマン」の熱い熱い名セリフ … ①780
ウルトラマンのひみつ100 ……… ①436
ウルトラモデリングワールド ……… ①285
ウルトラライト・イエローストーン ……… ①232
ウルトラライトハイキ

ング ……… ①189
ウルトラQ画報 …… ①797
ウルフ、黒い湖 …… ①1336
ウルリッヒ・ベックの社会理論 ……… ②94
麗しのウィーン、音に魅かれて ……… ①205
熟れざかり三姉妹 … ①1404
うれしい副業 ……… ①50
売れすぎて中毒（ヤミツキ）になる営業の心理学 ……… ②332
売れっ子セラピストだけが知っている3つの軸 ……… ①488
ウレット・ローン 基本有機化学 ……… ②668
売れない時代でも勝てる保険営業術 …… ②385
売れないバンドマン・①804
売れないものを売る方法？そんなものがほんとにあるなら教えてください！ …… ②332
「売れる営業」がやっていること 「売れない営業」がやらかしていること ……… ②332
売れる営業の「質問型」トーク 売れない営業の「説明型」トーク ……… ②333
売れる販売員は似合わないものを絶対に売らない ……… ②426
売れるまでの時間−残り39秒 ……… ②333
「売れる私」になる方法 ……… ①108
浮気の言い訳 ……… ①477
うわさの怪談 怨（オン） ……… ①385
噂の関係 ……… ①1367
噂の芸能情報 ……… ①767
噂の美容スポット潜入調査 ……… ①21
ウワサの保護者会 “私の子育て大丈夫？”と思った時に読む本 … ①10
噂は噂〈4〉……… ①951
噂屋ワタルくん …… ①1290
宇和奈辺陵墓参考地旧陪冢ろ号（大和6号墳） ……… ①612
うわのそらいおん … ①324
運 ……… ①222
うーん、うん …… ①324
運営協議会委員のための国民健康保険必携〈2017〉……… ②72
運を引き寄せる 宿命「時間」占い …… ①127
運が開ける「欽言録」①767
ウンカ 防除ハンドブック ……… ②445
運がよくなるおそうじ風水 ……… ①133
運がよくなる心と体のととのえ方67 … ①127
運慶のまなざし …… ①834
運慶への招待 ……… ①834
うんこ ……… ①324
運行管理者「貨物」速習テキスト ……… ②504
運行管理者国家試験対策標準テキスト＋過去7回問題集＆本年度予想模擬試験（貨物）〈'18年版〉…… ②504

運行管理者国家試験対策標準テキスト＋過去7回問題集＆本年度予想模擬試験（旅客）〈'18年版〉…… ②504
運行管理者試験問題と解説 貨物編〈平成29年8月受験版〉…… ②504
運行管理者試験問題と解説 貨物編〈平成30年3月受験版〉…… ②504
運行管理者試験問題と解説 旅客編〈平成29年8月受験版〉…… ②504
運行管理者試験問題と解説 旅客編〈平成30年3月受験版〉…… ②504
雲岡石窟の考古学 … ①613
うんこかん字ドリル 小学1年生 ……… ①391
うんこかん字ドリル 小学2年生 ……… ①391
うんこ漢字ドリル 小学3年生 ……… ①391
うんこ漢字ドリル 小学4年生 ……… ①391
うんこ漢字ドリル 小学5年生 ……… ①391
うんこ漢字ドリル 小学6年生 ……… ①391
うんこちゃんけっこんする ……… ①324
ウンコのおじさん … ①10
運勢暦 神明館蔵版〈平成30年〉……… ①134
うんだらか うだすぽん ……… ①324
雲知桃天使千体像 …… ①872
うんちのおはなし … ①305
うんちのクソヂカラ・①179
運転を続けるための認知症予防 ……… ①175
うんてんしよう！JRしこく アンパンマンれっしゃだいしゅうごう ……… ①320
運転、見合わせ中 …… ①1012
うんどうかい ……… ①325
うんどうかいがなんだ！ ……… ①325
運動会わっしょい祭り ……… ①688
運動・からだ図解 痛み・鎮痛のしくみ・②712
運動・からだ図解 スポーツトレーニングの基本と新理論 …… ①216
運動スペシャリストのための整形外科保存療法実践マニュアル ……… ②750
運動失調のみかた、考えかた ……… ②729
運動神経のいい子に育つ親子トレーニング … ①10
運動するときスポーツドリンクを飲んではいけない ……… ①165
運動センスが劇的にUPする鈴木尚広式体軸トレーニング …… ①216
運動とスポーツの基礎科学 ……… ①215
運動とは医療そのものである ……… ②712
運動のつながりから導く肩の理学療法 … ②712
運動療法としてのピラ

ティスメソッド …… ②712
雲南の歴史と文化とその風土 ……… ①595
海野和男の蝶撮影テクニック ……… ①251
運は実力を超える … ①120
ウンベルト・エーコの小説講座 ……… ①925
運命をこっそり変える ……… ①113
運命を知る ……… ①87
運命をひらく神様のツボ ……… ①87
運命をひらく山田方谷の言葉50 ……… ①106
運命転換思考 ……… ②276
運命と復讐 ……… ①1331
運命に身を任せて …… ①1367
運命の赤い糸を、繋ぐ。 ……… ①1271
運命の絵 ……… ①827
運命の乙女は狂王に奪われる ……… ①1188
運命の彼は、キミですか？ ……… ①1145
運命の恋をかなえるスタンダール ……… ①1019
運命のサインをよみとく事典 ……… ①127
運命の正体 ……… ①87
運命の人を惹き寄せる「赤い糸の法則」…… ①113
運命の人とつながる方法 ……… ①113
運命の瞳に焦がれて ……… ①1329
運命波学パーフェクト個性学 ……… ①127
運命はこうして変えなさい ……… ①113
運命宝鑑 神明館蔵版〈平成30年〉……… ①134
運命みたいな偶然に、あと何度めぐり逢えるだろう。…… ①113
運輸関係団体名簿〈平成28年〉……… ②415

え

エアライン・ビジネス入門 ……… ②437
英絵辞典 ……… ①663
永遠 ……… ①775
永遠という名の花 … ①1023
永遠と利那の交差点に、君はいた。……… ①1007
永遠なるものを求めて ……… ①502
永遠にカジュアル好き！ ……… ①28
永遠の愛をキミに誓うよ。……… ①1145
永遠の海 ……… ①254
永遠の塔 ……… ①961
永遠の夏目雅子 …… ①789
永遠の道は曲りくねる ……… ①1020
「永遠の都」は何処に？ ……… ①909
永遠のPL学園 ……… ①220
映画 兄に愛されすぎて

困ってます ……… ①977
英会話イメージトレース体得法 ……①643
英会話で数字がわかる！ ……①643
英会話に必要な瞬発力を身につける NOBU式トレーニング 実践編 ……①643
英会話：初めの一歩から実用まで ……①643
映画を聴きましょう ①788
映画を撮った35の言葉たち ……①788
映画化決定 ………①1008
映画監督のペルソナ 川島雄三論 ……①789
映画「傷物語」コンプリートガイドブック ……①798
映画「君と100回目の恋」オフィシャルファンブック ……①789
映画「君の膵臓をたべたい」オフィシャルガイド ……①789
映画くまのがっこう ………①325, ①345
映画クレヨンしんちゃん ……①359
映画クレヨンしんちゃん 25周年公式ガイドブック ……①798
映画原作派のためのアダプテーション入門 ……①795
映画公式ガイド『サバイバルファミリー』の歩き方 ……①795
映画時評集成 2004-2016 ……①795
映画宣伝ミラクルワールド 特別篇 ……①788
映画「沈黙-サイレンス-」にみる「信仰と踏み絵」 ……①502
映画とキリスト ……①795
映画と経験 ……①795
映画と残酷 ……①795
映画と本の意外な関係！ ……①788
映画に描かれた疾患と募る想い ……②700
映画になった戦慄の実話100 ……①788
映画にまつわるxについて〈2〉 ……①789
映画に学ぶ経営管理論 ……①325
映画に魅せられて 私の追憶の名画 ……①788
映画『人魚に会える日。』メモリアル… ①789
映画年鑑〈2017年版〉 ……①789
映画のキャッチコピー学 ……①795
映画の乳首、絵画の脾 ……①795
映画ノベライズ エルネスト "もう一人のゲバラ" ……①1008
映画ノベライズ 銀魂 ……①1132
映画ノベライズ 斉木楠雄のΨ難 ……①1132
映画ノベライズ ジョジョの奇妙な冒険 ダイヤモンドは砕けな

い〈第1章〉 ……①1132
映画ノベライズ 先生!、、、好きになってもいいですか？ ……①1132
映画ノベライズ 帝一の國 ……①1132
映画ノベライズ 鋼の錬金術師 ……①1116
映画ノベライズ版 二度めの夏、二度と会えない君 ……①345
"映画の見方"がわかる本 ブレードランナーの未来世紀 ……①792
映画は撮ったことがないディレクターズ・カット版 ……①789
映画「花戦さ」オフィシャルブック ……①790
映画は文学をあきらめない ……①795
映画評論・入門！ ……①796
映画プロデューサー入門 ……①790
映画『ホームレスニューヨークと寝た男』オフィシャルハンドブック ……①792
映画 未成年だけどコドモじゃない ……①345
映画唯物論宣言 ……①796
映画 妖怪ウォッチ ……①345, ①346
映画ロード・オブ・ザ・リング三部作 原作「指輪物語」カラーリングブック ……①864
永観『往生講式』の研究 ……①509
映画「DESTINY鎌倉ものがたり」オフィシャルガイド ……①790
永久囚人 ……①1072
永久属国論 ……②149
永久保存版！ 女子アナ決定的瞬間 発掘！ お宝！ ハプニング写真大図鑑 ……①767
営業生産性を高める！「データ分析」の技術 ……②333
営業店の相続実務Q&A ……②383
営業店の相続手続・アドバイス推進ガイド ……②384
営業店のための医療・介護向け取引推進事典 ……②384
営業店の年金取引推進ガイド〈2017年度版〉 ……②384
営業とは道である。 ……②333
営業の極意 ……②333
営業の大原則 ……②333
営業 野村證券伝説の営業マンの「仮説思考」とノウハウのすべて ……②333
営業は「幸せの種まき」 ……②333
営業は「バカ正直」になればすべてうまくいく！ ……②333
営業バンが高速道路をぶっ飛ばせる理由〈2〉 ……②441
影響美人になる45の秘密 ……①113
営業秘密管理実務マ

ニュアル ……②276
営業秘密防衛Q&A ……②193
営業力100本ノック ……②333
英傑 ……①1025
英傑の日本史 西郷隆盛・維新編 ……①563
英傑の日本史 新撰組・幕末編 ……①563
英検準1級英単語2000 ODD ONE OUT ……①655
英検準1級過去6回全問題集〈2017年度版〉 ……①655
英検準1級過去6回問題集〈'17年度版〉 ……①655
英検準1級でる順合格問題集 ……①655
英検準1級予想問題ドリル ……①655
英検準2級をひとつひとつわかりやすく。 ……①655
英検準2級過去6回全問題集〈2017年度版〉 ……①655
英検準2級過去6回問題集〈'17年度版〉 ……①655
英検準2級完全対策 ……①655
英検準2級総合対策教本 ……①655
英検準2級でる順合格問題集 ……①655
英検準2級頻出度別問題集 ……①655
英検準2級ポイント攻略問題集 ……①655
英検準2級 面接大特訓 ……①655
英検準2級予想問題ドリル ……①655
英検分野別ターゲット 英検1級英作文問題集 ……①655
英検1級過去6回問題集〈2017年度版〉 ……①655
英検1級予想問題ドリル ……①655
英検2級過去6回全問題集〈2017年度版〉 ……①655
英検2級過去6回問題集〈'17年度版〉 ……①656
英検3級をひとつひとつわかりやすく。 ……①656
英検3級過去6回全問題集〈2017年度版〉 ……①656
英検3級過去6回問題集〈'17年度版〉 ……①656
英検3級完全対策 ……①656
英検3級総合対策教本 ……①656
英検3級でもどうにかなる英会話 ……①656
英検3級でる順合格問題集 ……①656
英検3級頻出度別問題集 ……①656
英検3級ポイント攻略問題集 ……①656
英検3級予想問題ドリル ……①656
英検4級過去6回全問題集〈2017年度版〉 ……①656
英検4級過去6回問題集〈'17年度版〉 ……①656
英検5級過去6回全問題集〈2017年度版〉 ……①656
英検5級過去6回問題集〈'17年度版〉 ……①656
英語・イタリア語どちらも話せる！ 基礎エ

クササイズ篇 ……①671
栄光と落城 ……①564
永劫の束縛 ……①1308
栄光のその先へ ……①235
栄光の旗のもとに ……①1354
英語運用力が伸びる5ラウンドシステムの英語授業 ……①733
英語を話せる人勉強しても話せない人たった1つの違い ……①637
英語音読でらくらく脳トレ ……①646
英語学を学ぼう ……①637
英語学習ポートフォリオの理論と実践 ……①733
英語がぜんぜんしゃべれない！ 汗 ……①637
英語がたった7日間でいとも簡単に話せるようになる本 ……①643
英語教育徹底リフレッシュ ……①733
英語教育の危機 ……①733
英国 ……①253
英国学派入門 ……②94
英国「隔離に反対する身体障害者連盟（UPIAS）」の軌跡 ……②49
英国幻視の少年たち〈4〉 ……①1262
英国幻視の少年たち〈5〉 ……①1262
英国スタイルで楽しむ紅茶 ……①46
英国諜報員アシェンデン ……①1339
英国の教育 ……①747
英国の郷土菓子 ……①69
英語クラスターハンドブック ……①652
英国レコーディング・スタジオのすべて ……①806
英語検定 写真描写問題トレーニング ……①656
英語圏の現代詩を読む ……①649
英語語彙大講座 ……①637
英語高速メソッド 高速CDを聞くだけで英語が話せる本 ……①643
英語事始め ……①637
英語語法文法研究〈2017 第24号〉 ……①653
英語シナリオで楽しむ美女と野獣 ……①645
英語襲来と日本人 ……①637
英語じょうずになる事典〈上〉 ……①637
英語じょうずになる事典〈下〉 ……①637
えいご好きな子が育つたのしいえいごのおうたベスト46 ……①394
英語スピーチ・クリニック ……①643
英語対訳で読む現代ニュース ……①649
英語対訳で読むサラダ記念日 ……①649
英語対訳で読む人体の仕組みの謎 ……①649
英語対訳で読む世界の歴史 ……①587
英語対訳で読む動物図鑑 ……②690
英語対訳で読む日本の

ことわざ ……①628
英語だけの外国語教育は失敗する ……①733
「英語で案内」ができる本 ……①637
英語で一流を育てる ……①637
英語で歌えば上手くなる！ ……①810
英語で語る日本事情2020 ……①649
英語で教科内容や専門を学ぶ ……①733
えいごで答える小学生のQ&A日記ドリル ……①394
英語で10秒 こんなに話せる！ 練習帳 ……①643
英語テスト作成入門 ……①733
英語で説明する全技術 ……①637
英語で楽しむ！ I am Maru.私信 まるです。 ……①264
英語で旅するHAWAII ……①208
英語で伝えたい日本紹介きほんフレーズ2100 ……①638
英語で伝える江戸の文化・東京の観光 ……①649
英語で手帳をつけてみました ……①648
英語でハワイ ……①638
英語でボランティアガイド ……①638
英語で学ぶ社会心理学 ……②109
英語で学ぶトヨタ生産方式 ……①638
「英語」で夢を追うアスリート〈1〉 ……①431
「英語」で夢を追うアスリート〈2〉 ……①432
「英語」で夢を追うアスリート〈3〉 ……①432
「英語」で夢を追うアスリート〈4〉 ……①432
「英語」で夢を追うアスリート〈5〉 ……①432
英語で読む怪盗ルパン傑作短編集 ……①649
英語で読む高校世界史 ……①649
英語で読むジキルとハイド ……①649
英語で読む力。 ……①649
英語で読む錦織圭 ……①649
英語で読む羽生結弦 ……①218
英語で読む百人一首 ……①901
英語転職の教科書 ……②345
英語と一緒に学ぶ中国語 ……①663
英語と一緒に学ぶドイツ語単語 ……①668
英語と異文化理解 ……①638
英語と日本語で紹介する寿司ネタの魚がわかる本 ……①33
英語と日本語で学ぶビジネスの第一歩 ……②308
英語ドリル 国連英検ジュニアテスト過去問題集 2016年度第1回・第2回試験問題Aコース ……①658
英語ドリル 国連英検ジュニアテスト過去問題集 2016年度第1回・第2回試験問題B

コース ………… ①658

英語ドリル 国連英検
ジュニアテスト過去
問題集 2016年度第1
回・第2回試験問題C
コース ………… ①658

英語ドリル 国連英検
ジュニアテスト過去
問題集 2016年度第1
回・第2回試験問題D
コース ………… ①658

英語ドリル 国連英検
ジュニアテスト過去
問題集 2016年度第1
回・第2回試験問題E
コース ………… ①658

英語ドリル 国連英検
ジュニアテスト過去
問題集 2016年度第1
回・第2回試験問題
PreAコース … ①658

英語にできない日本の
美しい言葉 ……… ①623

英語年鑑〈2017年版〉 … ①638

英語のスタイル …… ①653

英語のセンスを磨く … ①649

英語のパワー基本語 … ①638

英語の品格 ……… ①638

英語の偏差値がたった3
カ月で30アップ … ①646

英語の命令文 …… ①653

英子の森 ……… ①1018

英語はじめてのリスニ
ングレッスン♪ … ①646

英語は7つの動詞でこん
なに話せる ……… ①643

英語は"速く"間違えな
さい ……… ①646

英語は朗読でうまくな
る！ アナウンサー直
伝！ 伝わる英語を話
すための10のテク
ニック ……… ①643

英語版 絵本化鳥 …… ①847

英語表現まちがいさが
し ……… ①638

英語力はメンタルで決
まる ……… ①646

エイジ・オブ・グリモ
ワール ……… ①277

英字新聞が語る日本史
……… ①530

「エイジノミクス」で日
本は蘇る ……… ①66

衛星画像で読み解く 噴
火しそうな日本の火
山 ……… ②677

衛生管理〈上〉
……… ②627, ②759

衛生管理〈下〉
……… ②627, ②759

衛生管理者過去問題と
解説 第1種……… ②627

衛生管理者の仕事 …… ②459

衛生推進者必携 …… ②459

衛星通信ガイドブック
〈2017〉……… ②17

衛生動物をめぐる生物
学 ……… ②682

衛生と近代！ …… ②725

永世名人直伝！ 完全版
"自然流"詰将棋 … ①248

営繕さんの幸せドリル
……… ②341

営繕 ……… ②608

映像作家100人＋100 … ①766

映像で学ぶ
Microsurgery……… ②748

映像の境域 …… ①796

英単語検定 単検 公式問
題集 準1級……… ①656

英単語検定 単検 公式問
題集 準2級……… ①656

英単語検定 単検 公式問
題集 1級……… ①656

英単語検定 単検 公式問
題集 2級……… ①656

英単語検定 単検 公式問
題集 3級……… ①656

英単語検定 単検 公式問
題集 4級……… ①656

英単語検定 単検 公式問
題集 5級……… ①656

英単語語源マップ …… ①652

英単語速習術 …… ①652

英単語ターゲット1900
BLACK〈2017〉… ①652

英単語ターゲット1900
WHITE〈2017〉… ①652

エイチ・アイ・エスの就
活ハンドブック〈2019
年度版〉……… ①289

エイチ・ツー・オーリテ
イリング〈阪急阪神百
貨店〉の就活ハンド
ブック〈2019年度版〉
……… ①289

叡知の種 覚者は語る
〈2〉……… ①447

86 ……… ①1146

86〈Ep.2〉……… ①1146

86〈Ep.3〉……… ①1146

'80s〈エイティーズ〉
ガーリーデザインコ
レクション ……… ①875

営農類型別経営統計〈組
織経営編〉〈平成26
年〉……… ②452

エイブラハムに聞いた
人生と幸福の真理 …①87

エイブラハムの教えビ
ギニング ……… ①458

英文 裏千家茶道 点前教
則〈1〉……… ①271

英文会計のコミュニ
ケーション ……… ①314

英文会計用語辞典 …… ①662

英文解釈教室 …… ①638

英文契約書の理論と実
務 ……… ①648

英文校正会社が教える
英語論文のミス 分野
別強化編 ……… ①653

英文創作教室 …… ①653

英文速読の方法 …… ①649

英文対照朝日新聞天声
人語〈2016冬 VOL.
187〉……… ②9

英文対照朝日新聞 天声
人語〈2017春〈VOL.
188〉〉……… ①649

英文対照 朝日新聞 天声
人語〈2017夏〈VOL.
189〉〉……… ①649

英文対照 朝日新聞天声
人語〈2017秋 VOL.
190〉……… ②9

英文版 アジアのなかの
日本 ……… ①138

英文版 神と仏の出逢う
国 ……… ①499

英文版 菊と刀 …… ②117

英文版 渋沢栄一社会企
業家の先駆者 …… ①307

英文版 世界に冠たる中
小企業 ……… ①300

英文版 絶望の国の幸福
な若者たち ……… ②94

英文版 戦後政治と自衛
隊 ……… ②138

英文版 戦後70年談話の
論点 ……… ②138

英文版 独立自尊 …… ①461

英文版 「日中」外交戦
争 ……… ②138

英文版 日本人の知らな
い武士道 ……… ①461

英文版 日本木造遺産…②608

英文版 無私の日本人…①557

英文版 妖怪文化入門…①110

英文ビジネスレターの
発達史 ……… ①653

英文法と統語論の概観
……… ①653

英文法、何を重点的に
教えるか ……… ①733

英米の絵本の窓から …①885

英米文学に描かれた時
代と社会 ……… ①920

エイベックスの就活ハ
ンドブック〈2019年度
版〉……… ①289

英母音とそのスペル …①646

エイミー・ガットマン
の教育理論 ……… ①748

酔ひもせず ……… ①1048

英訳付き ニッポンの名
前図鑑 ……… ②117

英訳付き ニッポンの名
前図鑑 和服・伝統芸
能 ……… ②111

英訳版JISハンドブック
金属表面処理〈2017〉
……… ②586

英訳版JISハンドブック
鉄鋼〈1 2017〉… ②586

英訳版JISハンドブック
鉄鋼〈2 2017〉… ②586

英訳版JISハンドブック
配管〈2017〉…… ②586

英訳版JISハンドブック
非鉄〈2017〉…… ②586

英雄教室〈7〉……… ①1154

英雄教室〈8〉……… ①1154

英雄教室〈9〉……… ①1155

英雄世界の英雄譚〈オリ
ジナル〉……… ①1221

英雄たちの装備、武器、
戦略 三国志武器事典
……… ①595

英雄伝説 空の軌跡〈3〉
……… ①1132

英雄なき世界にラスボ
スたちを ……… ①1290

英雄なき世界にラスボ
スたちを〈2〉…… ①1290

英雄の忘れ形見〈1〉
……… ①1175

英雄の忘れ形見〈2〉
……… ①1175

英雄はそこにいる 呪術
（シャーマン）探偵ナ
ルコ ……… ①1090

英雄武将RPGコード：
レイヤード上級ルー
ルブック ……… ①277

栄養関係法規集 …… ②775

栄養管理プロセス 基礎
と概念 ……… ②775

栄養教育論 ……… ②775

栄養教育論実習・演習
……… ②775

栄養教論 ……… ②775

栄養・健康データハン
ドブック〈2017/
2018〉……… ②775

栄養士・管理栄養士を
めざす人の調理・献
立作成の基礎 …… ②775

栄養士実力認定試験過
去問題集〈2017年版〉
……… ②784

栄養士のための栄養指
導論 ……… ②775

栄養・食事管理のための
対象者別給食献立 … ②775

栄養素じてん …… ②775

栄養素図鑑と食べ方テ
ク ……… ①163

影裏 ……… ①1011

エイリアン：コヴェナ
ント ……… ①1364

エイリアン：コヴェナ
ント アート＆メイキ
ング ……… ①792

エイリアン：コヴェナン
ト オフィシャル・メ
イキング・ブック … ①792

エイリアン・サバイバ
ル・マニュアル …… ①792

エイリアン ディファイ
アンス VOLUME1
……… ①849

英龍伝 ……… ①1044

エイルン・ラストコー
ド〈6〉……… ①1148

エイルン・ラストコー
ド〈7〉……… ①1148

エイレナイオス〈1〉… ①522

永六輔 ……… ①767

英和対照 税金ガイド
〈29年版〉……… ②398

エヴァの震える朝 …… ①934

エヴァンゲリオン
ANIMA〈1〉…… ①1132

エヴァンゲリオン
ANIMA〈2〉…… ①1132

エヴリシング・フロウ
ズ ……… ①1007

ええかんじ ええにっぽ
ん〈7〉……… ①447

ええたまいっちょう！
……… ①325

絵を描く基本 鉛筆＆水
彩 ……… ①859

絵を描くための花の写
真集 ……… ①254

笑顔で相続をむかえた
家族50の秘密 …… ②411

笑顔のママと僕と息子
の973日間 ……… ①11

描かれたザビエルと戦
国日本 ……… ①552

描かれた手術 …… ②748

描かれた都市と建築 …②608

エカチェリーナ2世…①388

えがないえほん …… ①310

江神二郎の洞察 …… ①1074

江上料理学院 90年のべ
ストレシピ100…… ①50

江川隆子のかみくだき
看護診断 ……… ②763

駅格差 ……… ②432

易経〈陽の巻〉…… ①460

液晶 ……… ②669

エキスパートの臨床知
による検査値ハンド
ブック ……… ②733

エキゾチック臨床〈Vol.
16〉……… ②456

エキゾチック臨床〈Vol.
17〉……… ②456

エキタス ……… ①461

えきたの ……… ②432

易でよみとく才能と人
生 ……… ①128

駅伝王者青学 光と影 ・ ①235

駅伝ガールズ …… ①359

駅と映画の雑学ノート
……… ①789

駅ナカ、駅マエ、駅チカ
温泉 ……… ①432

駅弁掛紙の旅 …… ②432

駅・まち・マーケティン
グ ……… ②334

エクスタス・オンライ
ン〈03〉……… ①1190

エクスタス・オンライ
ン〈04〉……… ①1190

エクステリアの施工規
準と標準図及び積算
床舗装・縁取り・土留
め編 ……… ②620

エクステリアプラン
ナー・ハンドブック
……… ②617

エクステンションワー
ルド〈1〉……… ①1126

エクステンションワー
ルド〈2〉……… ①1362

エグゼクティブ・コー
チング ……… ②276

エクセル ここで差がつ
く！ 快速ワザ …… ②538

エクセル 仕事の教科書
……… ②538

エクセルだけで手軽に
楽しむプログラミン
グ超入門 ……… ②547

エクセル帳簿CD -
ROM付 個人事業の
経理 ……… ②314

エクセレントドリル 1
級管工事施工管理技
士試験によく出る重
要問題集〈平成29年度
版〉……… ②637

エクセレントドリル 1
級電気工事施工管理
技士試験によく出る
重要問題集〈平成29年
度版〉……… ②632

エクセレントドリル 1
級土木施工管理技士
試験によく出る重要
問題集〈平成29年度
版〉……… ②637

エクセレントドリル 1
級土木施工管理技士
試験によく出る重要
問題集〈平成30年度
版〉……… ②637

エクセレントドリル 2
級建築士試験設計製
図課題対策〈平成29
年〉……… ②640

エクセレントドリル 2
級土木施工管理技士
試験によく出る重要
問題集〈平成29年度
版〉……… ②637

エクソダス症候群 … ①1127

江口拓也のモテ服
PRESS コンプリート
フォトBOOK …… ①775

江口寿史アニメーショ
ン背景原図集 …… ①849

エクリ叢書〈1〉…… ①875

エークんビーくんのな
んでもつくります！
……… ①325

エーゲ海に強がりな月
が ……… ①1023

エーゲ海の花嫁たち

………………①1367
エコアンダリヤで編む
　定番の帽子とおしゃ
　れバッグ…………①82
エゴを抑える技術…②276
エコカー技術の最前線
　………………①441
エコクラフトの素敵な
　バッグとかご、プチ
　雑貨…………………①73
エコクリティシズムの
　波を超えて………①920
絵心がない先生のため
　の図工指導の教科書
　………………①739
エコツーリズム：ここ
　ろ躍る里山の旅…②573
エコノミストの父が、
　子どもたちにこれだ
　けは教えておきたい
　大切なお金の話…②387
エコノミックス……②268
エコハウスはなぜ儲か
　るのか？………①440
エコープラクシア 反響
　動作〈上〉………①1366
エコープラクシア 反響
　動作〈下〉………①1366
江崎グリコの就活ハン
　ドブック〈2019年度
　版〉………………①289
江崎家へようこそ…①33
江崎利一…………①307
えじえじえじじえ……①325
代理人（エージェント）
　………………①1108
エジソン…………①388
エジソン「白熱」のビジ
　ネスメンタル……②347
絵師100人〈ver.3〉…①840
エス・エクソシスト
　………………①1211
エスカレーション…②131
エスケープ・シープ・ラ
　ンド……………①1253
え、すごい！ 何であの
　子はカシコイの？…①11
絵図でよむ荘園の立地
　と環境…………①548
絵図と写真でたどる明
　治の園芸と緑化…①266
エスニックつくりおき
　………………①50
エスパー・小林が教え
　る 幸せを呼ぶオーラ
　開運法…………①128
エスパー・小林の超開
　運案内…………①128
エスポルチ藤沢広山晴
　士の4週間でうまくな
　る！ フットサル
　＆サッカー ファンタ
　ジスタ養成ドリル・①228
絵草紙 月夜遊女…①976
江副浩正…………①307
エゾユキウサギ、跳ね
　る…………………②690
えぞりすのきもち…②690
絵地図をつくってみよ
　う………………①412
越境する小説文体…①906
越境大気汚染の比較政
　治学……………②573
越境大気汚染の物理と
　化学……………②577
越境の古代史……①541
越境犯罪の国際的規制
　………………②220
越境EC＆海外販売 攻略

ガイドブック……②513
エックハルト "と"ドイ
　ツ神秘思想の開基・①470
エッグマン………①1007
エッジな男ムッシュ
　かまやつ…………①804
エッジを歩く………②43
エッセイ集 想い……①937
エッセイ 専務理事の独
　りごと…………①943
エッセイ 旅ゆくヒトガ
　タ………………①950
エッセー キャンベラ風
　土記……………①200
エッセンシャル給食経
　営管理論………②773
エッセンシャル電気回
　路………………②591
エッセンシャル天然薬
　物化学…………②769
エッセンシャル統計力
　学………………②663
エッセンシャル連結会
　計………………②314
エッセンス簿記会計…②320
えっ！ そうなの?!私た
　ちを包み込む化学物
　質………………②669
エッダとサガ……①925
エッダとサガの言語へ
　の案内…………①673
えっちな王太子殿下に
　昼も夜も愛されすぎ
　てます…………①1399
エッチなお仕事なぜい
　けないの？………②34
えっちゃん ええやん・①357
越中の豪族 石黒一族の
　事典……………①535
越中の古代勢力と北陸
　社会……………①535
越中 福光麻布……②22
えっ、転移失敗!?…成
　功！……………①1404
えっ？ 読者100人で月
　収100万円！ メルマ
　ガのあたらしい稼ぎ
　方………………②513
えっ？ 平凡ですよ??
　〈8〉……………①1231
えっ？ 平凡ですよ??
　〈9〉……………①1231
悦楽の園の恋人たち
　………………①1394
悦楽のノワール……①1403
絵（エッ）、6億円が100
　億円に…………①825
エディター！……①1163
絵手紙 心からこころへ
　………………①840
えてこでもかける笑い
　飯甚兵衛訳般若心経写
　経帖……………①516
絵で見てわかる定番お
　かずをおいしく減塩
　………………①50
絵で見てわかる！ 日本
　人の9割が知らない
　「ことばの選び方」大
　全………………①623
えでみるあいうえおさ
　くぶん…………①325
絵で見る明治の東京・①572
エーテル体に目覚める
　……………①137
絵でわかる「か強診」歯
　科医院の機能アップ
　………………②753
絵でわかる地震の科学

………………②677
絵でわかる生物多様性
　………………②682
エデンズリッター…①1396
絵伝と縁起の近世僧坊
　文芸……………①898
エデンの果ての家…①1082
干支・生まれ月・血液型
　でみる岡田流性格分
　析………………①128
エドガー・アラン・ポー
　とテロリズム……①922
エドガー・ケイシーの
　超リーディング…①137
江戸川乱歩作品集〈1〉
　………………①1078
江戸川乱歩と横溝正史
　………………①910
絵とき印象派………①827
絵ときでわかる電気電
　子計測…………②591
絵解きでわかる日本の
　城………………①530
絵とき 電気設備技術基
　準・解釈早わかり〈平
　成29年版〉………②591
絵とき 電気設備の現場
　試験・測定テクニッ
　ク………………②591
絵解きの愉しみ……①831
絵解 ビジネスマナー基
　本の「き」for フレッ
　シュマン…………②363
絵ときSF もしもの世界
　………………①441
江戸時代年鑑………①557
江戸時代の家………①557
江戸時代の「格付け」が
　わかる本…………①557
江戸時代の白砂糖生産
　法………………①557
江戸時代の地方役人と
　村人の日常的日々・①557
江戸時代のハイテク・
　イノベーター列伝・①557
江戸時代恋愛事情…①557
江戸一〇万日全記録・①557
江戸春画〈1〉………①835
江戸春画〈2〉………①835
江戸城 御掃除之者！
　………………①1058
江戸城心中…………①1065
江戸城の全貌………①557
江戸庶民の読書と学び
　………………①557
江戸前期上方色落ちの
　研究……………①831
江戸川柳で読み解くお
　茶………………②111
江戸大決戦…………①1055
「江戸大名」失敗の研究
　………………①557
江戸鷹場制度の研究・①557
江戸っ子しげぞう…①346
江戸天下祭の研究…①557
江戸→TOKYOなりた
　ちの教科書………①185
江戸・東京の事件現場
　を歩く…………①530
江戸東京の聖地を歩く
　………………①185
江戸東京まち歩きブッ
　ク………………①185
江戸・日光の建築職人
　集団……………①557
江戸の居酒屋………①557
江戸の大普請………①557

江戸の御庭番………①1058
江戸の親子…………①557
江戸の花鳥画………①831
江戸の瓦版…………①557
江戸のギャンブル…①557
江戸の魚食文化……①33
江戸の異性装者（クロス
　ドレッサー）たち
　………………①558
江戸の高利貸………①558
江戸の「事件現場」を歩
　く………………①558
江戸の出版王〈1〉…①1045
江戸の出版統制……①558
江戸の春画…………①835
江戸の蔵書家たち…①558
江戸の旅人 書国漫遊…②2
江戸の長者番付……①558
江戸の博物学………②682
江戸の犯罪と仕置…①558
江戸の美術大図鑑…①831
江戸のベストセラー・①898
江戸のCFO…………①558
江戸幕府大坂金蔵勘定
　帳………………①558
江戸幕府法の基礎的研
　究 論策篇・史料篇・①558
江戸化物の研究……①898
江戸始図でわかった
　「江戸城」の真実…①558
江戸前 通の歳時記…①940
江戸・明治の古地図か
　らみた町と村……①558
江戸・明治 百姓たちの
　山争い裁判………①558
江戸遊里の記憶……①558
江戸落語事典………①785
江戸落語図鑑〈3〉…①785
江戸流そば打ち・うど
　ん打ち…………①557
江戸料理大全………①67
エトロフ発緊急電…①1088
エドワード・ヤン…①792
エトワール！〈2〉…①365
エトワール！〈3〉…①365
エトワール・ド・ミュー
　ズ………………①840
エナガの一生………①407
エナジー・エコノミク
　ス………………②572
江夏の21球…………①835
エニスモアガーデンの
　パウンドケーキ…①69
絵になる美男子ポーズ
　集………………①859
エネルギー管理研修
　「修了試験」模範解答
　集 熱・電気分野
　〈2017年度版〉……②627
エネルギー管理士試験
　講座 熱分野・電気分
　野共通〈3〉………②627
エネルギー管理士試験
　電気分野 直前整理
　〈2017年版〉………②627
エネルギー管理士試験
　熱分野 直前整理
　〈2017年版〉………②627
エネルギー管理士徹底
　マスター 電気設備及
　び機器…………②627
エネルギー管理士徹底
　マスター 電気の基礎
　………………②627
エネルギー管理士徹底
　マスター 電力応用
　………………②627
エネルギー管理士（電気
　分野）過去問題集

〈2018年版〉………②627
エネルギー管理士 電気
　分野 模範解答集〈平
　成30年版〉………②627
エネルギー管理士（熱分
　野）過去問題集〈2018
　年版〉…………②627
エネルギー管理士熱分
　野模範解答集〈平成30
　年版〉…………②627
エネルギー産業の2050
　年 Utility3.0へのゲー
　ムチェンジ……②438
エネルギー自由化は
　「金のなる木」70の金
　言＋α…………②572
エネルギー政策の新展
　開………………②572
エネルギー政策論…②572
エネルギー戦国時代は
　プロパンガスが制す
　る………………②572
エネルギーデジタル化
　の未来…………②572
エネルギー白書〈2017〉
　………………②572
エネルギー早わかり・①165
エネルギー変換型光触
　媒………………②669
エノク第二部隊の遠征
　ごはん〈1〉………①1168
エノク第二部隊の遠征
　ごはん〈2〉………①1168
江の島ねこもり食堂
　………………①1010
榎本武揚と明治維新・①564
榎本稔著作集〈5〉…②743
絵葉書で見る神戸…①536
エビ・カニの疑問50・②698
絵引 民具の事典…②117
エピジェネティクス実
　験スタンダード…②728
エピジェネティクスの
　生態学…………②684
エピソードから読み解
　く特別支援教育の実
　践………………②680
エピソードでわかる社
　会心理学………②109
エピソードの就活…①289
エビデンスから身につ
　ける物理療法……②712
エビデンスで差がつく
　食育……………①673
エビデンスに基づくイ
　ンターネット青少年
　保護政策………②214
エビデンスにもとづく
　公衆衛生学……②759
エビデンスに基づく骨
　盤底の理学療法…②750
エビデンスに基づく循
　環器看護ケア関連図
　………………②763
エビデンスに基づく理
　学療法クイックリ
　ファレンス……②750
エフェメラル・エレメ
　ンツ／ニッポン・
　ウォーズ…………①783
エフゲニー・キーシン
　自伝……………①815
エブリジャック、ヒズ
　ジャック………①1311
エブリデイ・ブレッシ
　ングズ……………①11
エブリデイ・ロープラ
　イス……………②425
エプロン男子………①1292

エプロン男子〈2nd〉
………①1292
江分利満氏の優雅で華
麗な生活………①1023
江部康二の糖質制限革
命………②712
絵本 ありがとう……①867
絵本 江戸のまち……①325
絵本を深く読む……①885
絵本をプレゼント……①885
絵本から広がる遊びの
世界………①688
絵本作家の百聞百見…①885
絵本作家61人のアトリ
エと道具………①840
えほん 自衛隊ってなあ
に？………②163
えほん図鑑へんてこ！
………①325
えほん図鑑へんてこ！
りくのぜつめつどう
ぶつ………①325
絵本・世界の名作 ド
ン・キホーテ………①309
絵本で感じる憲法……①197
絵本で楽しく！ 幼児と
小学生のための英語
………①733
絵本と浮世絵………①558
絵本とともに学ぶ発達
と教育の心理学……①498
絵本 眠れなくなる宇宙
といのちのはなし…①325
えほんのせかい こども
のせかい………①885
絵本の魅力………①885
えほん ひつじのショー
ンをさがせ！ ショー
ンが日本にやってき
たDX………①325
絵本 むかし話ですよ…①325
絵巻で読む源氏物語…①897
絵巻物………①971
エマ先生＆えりこのビ
ジュアル宅建士テキ
スト〈2018年度版〉
………②496
エマソン………①922
エマソン 自分を信じ抜
く100の言葉………①923
エマソンの「文明」論
………①475
エマニュエル・トッド
で読み解く世界史の
深層………①587
エマニュエル・マクロ
ン フランスが生んだ
革命児………②127
エミリ・ディキンスン
………①923
エミリ・ディキンスン
家のネズミ………①1333
絵物語 古事記………①359
えらいこっちゃのよう
ちえん………①325
エラスティックリー
ダーシップ………②365
エラスムスの思想世界
………①467
エラスモサウルス救出
大作戦！………①371
選ばれし者への挑戦状
………①228
選ばれたシンデレラ
………①1380
「選ばれる人」はなぜ口
が堅いのか？………②341
「選ばれる薬剤師」の接
遇・マナー………②769

エリアス回想録……①470
エリア・マーケティング
アーキテクチャー………②334
エリィ・ゴールデンと
悪戯な転換〈3〉…①1297
エリィ・ゴールデンと
悪戯な転換〈4〉…①1297
エリカさん！ iPhoneア
プリを作らないと
「廃節ね」って言われ
たのですが、どうし
たらいいですか？…②531
エリザベスと奇跡の犬
ライリー………①934
「エリーゼのために」を
弾いてみませんか？
………①820
エリック・カールのイ
ソップものがたり………①309
エリート医師の溺愛処
方箋………①1246
エリート外科医の一途
な求愛………①1279
エリート上司の甘い誘
惑………①1216
エリート上司の過保護
な独占愛………①1223
エリートの倒し方……①222
エリート弁護士は不機
嫌に溺愛する………①1405
エリート・マインド………①120
エリノア・フロスト…①923
エール!!………①1157
エルカミノ式 理系脳を
つくるひらめきパズ
ル 小学1〜4年………①274
エル・ゴラッソ総集編
〈2016〉………①231
エル・ゴラッソ総集編
〈2017〉………①231
エルサレムのアイヒマ
ン………①470
エルドラードの孤児
………①1336
『エルネスト』オフィ
シャルブック………①790
エルフ・インフレー
ション〈5〉………①1268
エルフと戦車と僕の毎
日〈2〉………①1205
エルフとレーブンのふ
しぎな冒険〈6〉………①371
エルフの魔法剣士に転
生した俺の無双ハー
レムルート〈1〉…①1151
エルフ嫁と始める異世
界領主生活〈4〉…①1300
エルフ嫁と始める異世
界領主生活〈5〉…①1300
エルマーとクジラ…①311
エルマーとブルーベ
リーパイ………①311
エル ELLE………①1348
エレクトロニクスのた
めの回路理論………②591
エレクトロニック・
ミュージシャンが
知っておくべきミッ
クス＆サウンド・メ
イクの手法………①810
エレノア・オリファン
トは今日も元気です
………①1336
エレメンタル・カウン
セラー………①1199
エロイエロイラマサバ
クタニ………①522
エロい昔ばなし研究………①893
エロ・エロ東京娘百景

………①574
エロゲー世界の悪役に
転生〈1〉………①1406
エロゲー文化研究概論
………②29
エロ語呂世界史年号…①587
エロ語呂日本史年号…①530
エロス的人間………①906
エロスの解剖………①947
エロティクス・カイ
ザー………①1405
エロティシズム………①906
エロ本水滸伝………②34
エロマンガ先生〈9〉…①1264
エロマンガ表現史……②32
縁を生きる………①509
宴会サービスの教科書
………②427
エンカウンターズ〈2〉
………①254
円が紙キレになる前に
金（ゴールド）を買
え！………②376
遠隔医療が高齢者医療
を救う………②706
遠隔学習のためのパソ
コン活用………①713
演歌の上達法とカラオ
ケのコツ………①803
演歌・ムード歌謡のす
べて ベスト788………①803
縁側ネコ一家ありのま
ま………①264
沿岸域の安全・快適な
居住環境………②608
煙管亭喜荘と「神奈川
砂子」………①558
煙夏 enka………①775
延喜式〈下〉………①530
演技する「心」「技」
「体」と監督の目 赤羽
博監督守護霊メッ
セージ………①502
縁起のよいデザイン………①875
縁切り坂〈6〉………①1049
園芸の達人 本草学者・
岩崎灌園………①558
演劇を問う、批評を問
う………①782
演劇・絵画・弁論術…①782
演劇研究の核心………①782
演劇に何ができるの
か？………①782
演劇年鑑〈2017〉………①782
演劇のジャポニスム………①782
炎剣が奔る〈23〉………①1056
えん罪・欧州拉致………①574
冤罪犯………①1091
エンジェル・ウィング
ス………①849
エンジニア・研究者の
ためのWordチュート
リアルガイド………②536
エンジニアだからこそ
見えてきた「提案営
業」のカンどころ………②333
エンジニアになりたい
君へ………①289
エンジニアの成長戦略
………②276
エンジニアのためのデ
ザイン思考入門………①875
エンジニアのための理
論でわかるデザイン
入門………①875
エンジニアのためのAI
入門………②522
エンジニアのための

WordPress開発入門
………②547
燕雀の夢………①1027
槐（エンジュ）………①1095
演習 栄養教育………②776
演習 工程解析………②590
演習しよう 振動・波動
………②663
演習消費税法〈平成29年
版〉………②405
演習所得税法〈平成29年
版〉………②408
演習・精解まなびなお
す高校数学〈2〉………①726
演習・精解まなびなお
す高校数学〈3〉………①726
演習で納得!!理工系学生
のための化学基礎…②669
演習でまなぶ情報処理
の基礎………②660
演習で学ぶ脳画像………②729
演習で身につく要件定
義の実践テクニック
………②516
演習・保育と障害のあ
る子ども………①680
演習法人税法〈平成29年
版〉………②406
演習ミクロ経済学……②255
演習無機化学………②669
演出家ビスカートアの
仕事………①782
炎上する世界経済……②247
炎上に負けないクチコ
ミ活用マーケティン
グ………②335
援助関係論入門………②49
援助要請と被援助志向
性の心理学………①488
縁助レジリエンス……②712
厭世マニュアル………①981
演奏史譚1954/55………①813
演奏者のためのはじめ
てのボディ・マッピ
ング………①815
演奏と時代 指揮者篇…①815
エンターテイナー……①817
エンターテインメント企
業に学ぶ競争優位の
戦略………①767
エンターテインメント
という薬………①273
エンターテインメントの
作り方………①884
エンターテインメント・
ビジネス・マネジメ
ント講義録〈2〉………②276
エンターテインメント
法務Q&A………①193
エンディングノート………①989
遠藤彰子 Cosmic Soul
………①840
遠藤周作と『沈黙』を語
る………①910
エンドレス・ジャー
ニー………①812
エンドレスメイズ 迷宮
創生の魔剣………①280
園の避難訓練ガイド………①688
園の本質 リーダーのあ
り方………①688
エンパワーメント………①113
エンパワーメント評価
モデルに基づく教員
のバーンアウト予防
プログラム………①748
えんぴつで簡単！ かわ
いい！ 犬なぞり絵
………①859

えんぴつで簡単！ かわ
いい！ 動物の赤ちゃ
んなぞり絵………①859
えんぴつで簡単！ かわ
いい！ 猫なぞり絵
………①859
鉛筆デッサン基本の
「き」………①859
えんぴつでなぞれば心
が安らぐやさしい写
仏………①509
えんぴつで百人一首…①901
えんぴつで老子・荘子
………①464
偃武の都………①1038
エンベデッドシステム
スペシャリスト「専
門知識＋午後問題」の
重点対策………②567
遠望………①952
遠謀………①1032
遠望の地平………①869
えんま様の格言………①513
閻魔大王のレストラン
………①1233
閻魔帳………①1065
円満相続をかなえる本
………①191
円満に婚約を破談させ
るための、私と彼の
共同作業………①1201
エンリケタ、えほんを
つくる………①311

お

オアシスのハネムーン
………①1367
おあとがよろしいよう
で………①849
「老い」を遅らせる食べ
方………①160
おーいおばけ………①305
追いかけた77の記憶…①577
おい、小池………②147
老い越せ、老い抜け、老
い飛ばせ………①108
「追い込む」指導………①713
おいしい圧力鍋おかず
………①50
おいしいオリーブ料理
………①50
おいしいカナダ 幸せ
キュイジーヌの旅…①199
おいしい記憶………①937
おいしい牛乳料理帳…①50
おいしい雑草料理……①269
おいしい山野菜の王国
………①267
おいしい時間をあの人
と………①909
おいしい台湾華語……①664
おいしい逃走（ツ
アー）東京発京都
行………①1185
おいしいってなんだ
ろ？………①42
おいしいなかまたち…①320
「おいしいの素」帖……①50
おいしい発酵食生活 意
外と簡単 体に優しい
FERMENTED

FOOD RECIPES…①50
おいしい病院食は、患者を救う……①163
おいしいふくやさん あまーいダンスパーティー…①325
おいしいベランダ。………①1225、①1226
おいしいまんまるさん………①325
おいしいもの好きが集まる店の 全部、自家製…①50
おいしいものには理由がある……①33
おいしいものは田舎にある…①951
おいしい野菜づくり・①267
美味しくお召し上がりください、陛下・①1404
おいしい世界史……①587
おいしくたべる……①433
おいしく実る！果樹の育て方……①267
おいしさを伝えるレシピの書き方Handbook……①50
おいしさと鮮度の見方がわかる！旬の魚事典……②698
おいしさの科学とビジネス展開の最前線・②773
おいしそうなしろくま……①325
おいしゃさんがこどもだったとき……①325
お医者さんがつくった脳トレで旅する中山道……①160
お医者さんからもらった薬がわかる本……①155
老いた親のきもちがわかる本……①108
老いた剣聖は若返り、そして騎士養成学校の教官となる〈1〉…①1285
老いたら、笑顔…①108
老いたる詐欺師……①1347
おーい団塊世代よ・①961
オイディプス王…①925
オイディプスの檻…①1205
老いて朽ちず……①502
老いてこそ上機嫌…①950
おーいでてこーい/鏡のなかの犬……①325
老いてなお懐かしく偲ばれることども…①955
老いてひとりを生き抜く！……①108
おいでよ！水龍敬ランド……①1399
老いてわかった！人生の恵み……①108
老いと収納……①957
おーい、丼…①42
老いない性ライフ…①184
「老いない脳」をつくる……①160
老いない人は何を食べているか…①146
お稲荷さんと霊験譚・②111
お犬侍……①1040
お犬大明神……①1056
"老い"の営みの人類学……②111
老いの荷風…①910
老いの僥倖…①108
老のくりごと…①948
老いのこころと寄り添

うこころ…………②49
老いの整理学……①108
老いの残り福……①940
おい、マジか。池上彰の「ニュースを疑え」…①121
おいもほり・おつきみ………①325
花魁さんと書道ガール〈2〉………①1092
花魁心中……①1040
老いる技術……①108
老いる東京……②94
老いるほど若く見える健康法……①156
お祝いのスピーチ きちんとマナーハンドブック……①17
オーヴ・アラップ…①934
「応援される人」になりなさい……①87
鷗外の婢……①1109
桜花傾国物語…①1148
鳳姫演義……①1240
王羲之名品字帖〈第1巻〉……①869
王羲之名品字帖〈第2巻〉……①869
王羲之名品字帖〈第3巻〉……①869
王羲之名品字帖〈第4巻〉……①869
王羲之名品字帖〈第5巻〉……①869
王羲之名品字帖〈第6巻〉……①869
王羲之名品字帖〈第7巻〉……①869
王羲之名品字帖〈第8巻〉……①869
王宮書庫のご意見番……①1143
王宮メロ甘戯曲 国王陛下は独占欲の塊です……①1286
王家の裁縫師レリン……①1263
王家の花嫁の条件…①1383
汪昂著「医方集解」和訳 医方集解 学習ノート……①725
王国へ続く道〈4〉…①1295
黄金期のイラストレーターに学ぶ魅せるイラストのエッセンス……①859
黄金郷の河………①1003
黄金と鍍金（メッキ）……①1400
黄金の石橋……①1077
黄金の国〈3〉……①1378
黄金の国家……②276
黄金の相場予測2017 ヘリコプターマネー・②381
黄金の時刻（とき）の滴り……①1007
黄金の鳥籠、二本の鍵……①1401
黄金の粉塵人間〈544〉……①1357
「黄金の夜明け団」入門……①137
逢坂の六人。…①1045
おうさま……①311
王様ゲーム起源8.08・①366
王様ゲーム起源8.14・①366
王様ゲーム再生9.19〈1〉……①366
王様ゲーム 深淵8.02

……①1119
王様ゲーム深淵8.08……①1119
王様・田端到の「マジか！」の血統馬券術……①244
王様でたどるイギリス史……①424
おうさまとこわいこわいもり……①325
王様に告白したら求婚されました……①1313
王様のピアノ 初・中級 映画・ミュージカル……①810
王様のピアノ 初・中級 BGM……①810
王様のピアノ NHKテーマ・セレクション・①817
牡牛座男子の取扱説明書……①130
王子さまと極甘ロマンティック……①1404
王子様と秘蜜の戯れ……①1400
王子様に外堀埋められて元の世界に帰れません……①1230
王子様のくすり図鑑・②712
王子様の花嫁はじめました……①1397
王子殿下の可愛いお針子……①1401
王子ともっと子育て〈2〉……①1315
皇子のいきすぎたご寵愛……①1320
王子の無垢な薔薇……①1403
王子は白馬に乗ってない！……①990
欧州医療制度改革から何を学ぶか…②706
欧州各国に於ける国家革新運動…………①600
欧州危機と反グローバリズム………②253
欧州航路の文化誌…①906
欧州周辺資本主義の多様性………①128
欧州主要国の税法…②398
欧州 絶望の現場を歩く………②83
欧州統合と社会経済イノベーション…②255
欧州統合は行きすぎたのか〈上〉……②127
欧州統合は行きすぎたのか〈下〉……②127
欧州特許出願の基礎と実務………②584
欧州ビジネスのためのEU税制………②253
王女さまのお手紙つき〈7〉………①371
王女さまのお手紙つき〈8〉………①371
王女さまのお手紙つき〈9〉………①372
王族に転生したから暴力を使ってでも専制政治を守り抜く！………①1160
王太子様の子を産むためには……①1143
王太子様は無自覚!?溺愛症候群なんです…①1263
王太子さま、魔女は乙女が条件です〈1〉…①1400

王太子殿下の愛妻候補………①1406
王太子殿下のカワイイ試食係……①1401
王太子殿下の燃ゆる執愛。………①1401
王太子殿下は純な騎士姫を手放せない…①1401
王太子殿下は囚われ姫を愛したくてたまらない……①1269
王太子の絶対命令…①1400
王太子は聖女に狂う……①1403
王太子妃殿下の離宮改造計画〈4〉……①1198
王太子妃殿下の離宮改造計画〈5〉……①1198
王太子妃殿下の離宮改造計画〈6〉……①1199
王太子妃になんてなりたくない!!〈3〉……①1230
王太子妃になんてなりたくない!!〈4〉……①1230
王太子妃になんてなりたくない!!〈6〉……①1230
おうち割烹………①50
おうちごはんは適宜で……①33
おうち歳時記……②117
おうちでおいしい基本の中華……①69
おうちで学校で役にたつアレルギーの本〈1〉………①409
おうちで学校で役にたつアレルギーの本〈2〉………①409
おうちで学校で役にたつアレルギーの本〈3〉………①409
おうちで学校で役にたつアレルギーの本〈4〉………①409
おうちで作るイタリアンジェラート……①69
おうちで作る世界の朝ごはん………①50
おうちで作れる専門店の味「ラトリエ モトゾー」シェフのやさしく教えるイタリア菓子のきほん……①69
おうちでできるハイジュエリー感覚のグルーデコLesson Book……①73
おうちで学べる アルゴリズムのきほん……②547
おうちで学べるサーバのきほん………②516
おうちで学べる人工知能のきほん……②522
おうちでワイン……①50
おうちのものなあに〈10〉……①325
おうちパティスリー…①69
おうちフレンチ……①50
王朝貴族の葬送儀礼と仏事………①530
王朝小遊記………①1063
王弟公爵は新妻溺愛病……①1405
王弟殿下とヒミツの結婚………①1406
王道経営……②276
王と恋するふたつの月の夜……①1318
王と寵姫……①1401

凹凸……①997
凹凸を楽しむ 大阪「高低差」地形散歩 広域編……①194
凹凸を楽しむ東京坂道図鑑……①185
凹凸を楽しむ 東京「スリバチ」地形散歩 多摩武蔵野編……①185
王と月〈1〉……①1244
王と月〈2〉……①1244
王と月〈3〉……①1244
王と伯……①1320
王都の学園に強制連行された最強のドラゴンライダーは超が付くほど田舎者……①1289
王と緋の獣人……①1323
応仁の乱人物データファイル120……①548
青（おう）の植物園・①961
王の花嫁は黒の王子に惑わされる……①1402
王の舞の演劇学的研究………①782
黄檗宗資料集成〈第4巻〉………①518
王妃たちの最期の日々〈上〉………①587
王妃たちの最期の日々〈下〉………①587
王人〈5〉……①1184
王人〈6〉……①1184
往復書簡 初恋と不倫・①997
欧米先進事例に学ぶデジタル時代の電力イノベーション戦略・②572
欧米の侵略を日本だけが撃破した………①592
逢魔……①1023
逢魔が山……①1031
近江を愛した先人たちの言葉………①536
近江から会津そして越後へ 浅井長政嫡子浅井帯刀秀政……①552
近江の埋もれ人……①536
近江の古民家……②22
近江の民話……①886
青梅線レポートの謎………①1100
応用栄養学……②776
応用栄養学 栄養マネジメント演習・実習・②776
応用栄養学概論……②776
応用栄養学実習……②776
応用経済学研究〈第10巻（2016年）〉……②255
応用刑事訴訟法……②214
応用言語学から英語教育へ………①733
応用言語学の最前線・①620
応用情報技術者合格教本〈平成30年度春期・秋期〉………②566
応用情報技術者 午後問題の重点対策〈2018〉………②566
応用情報技術者試験 午前 厳選問題集……②566
応用情報技術者試験によくでる問題集 午前〈平成30・01年度〉………②566
応用情報技術者テキスト＆問題集〈2018年版〉………②566
応用情報技術者徹底合格テキスト〈2018年

書名索引

版〉……………②566
応用情報技術者パーフェクトラーニング過去問題集〈平成29年度秋期〉……②566
応用情報技術者パーフェクトラーニング過去問題集〈平成30年度春期〉……②566
応用情報・高度共通午前試験対策〈2018〉……②563
応用微分方程式……②656
応用物理計測学……②663
応用Web技術……②516
王立探偵シオンの過ち……①1301
王立辺境警備隊にがお絵屋へようこそ！〈1〉……①1171
王立辺境警備隊にがお絵屋へようこそ！〈2〉……①1171
王立魔法図書館の"錠前"に転職することになりまして……①1403
桜龍〈上〉……①1280
桜龍〈下〉……①1280
王領地伯のエメラルド……①1403
オウンドメディアのつくりかた……②9
「お絵かき」の想像力……①739
追え！日本の妖怪スペシャル……①436
大洗戦車博物館……②166
大いなる夢よ、光よ……①1007
大内氏の領国支配と宗教……①548
大内義弘……①552
大江戸怪談 どたんばたん（土壇場譚）魂豆腐……①1058
大江戸科学捜査 八丁堀のおゆう 北斎に聞いてみろ……①1114
大江戸豆魂侍〈12〉……①1052
大江戸豆魂侍〈13〉……①1052
大江戸残酷物語……①558
大江戸猫三昧……①1025
大江戸文化へタイムワープ……①442
大江戸妖怪かわら版〈7〉……①1121
大岡昇平歴史小説集成……①1033
大奥の女たちの明治維新……①564
大鏡……①888
「大鏡」作者の位置……①894
大型二種免許 1回で受かる！完全合格マニュアル……①243
大型陸上哺乳類の調査法……②690
大鎌殺人と収穫の秋……①1341
オオカミ……②690
大神……①864
狼王と異界の花嫁……①1303
オオカミを森へ……①372
狼彼氏×天然彼女……①1253
狼侯爵と愛の霊薬……①1227
おおかみこどもの雨と雪……①346
おおかみさん、あまいもののほうへ……①1404
オオカミさん一家と家族始めました……①1318

狼さんと幸せおうちごはん……①1308
オオカミさんとハッピーエンドのあとのおはなし……①1171
狼社長の溺愛から逃げられません！……①1187
狼と香辛料〈19〉……①1251
狼と香辛料・十年目の林檎酒（カルバドス）……①840
狼と羊皮紙〈2〉……①1251
狼と羊皮紙〈3〉……①1251
狼の紋章（エンブレム）〈1〉……①1125
オオカミのお札〈1〉……①346
オオカミのお札〈2〉……①346
オオカミのお札〈3〉……①346
狼の怨歌（レクイエム）〈2〉……①1126
狼伯爵のごちそう花嫁……①1305
狼は罠に向かう……①1080
狼領主のお嬢様……①1288
狼領主のお嬢様〈2〉……①1288
大川咲也加の文学のすすめ〈中〉……①502
大川宏洋ニュースター・プロダクション社長の守護霊メッセージ……①502
大きく打ち、大きく勝つ麻雀……①245
おおきく考えよう……①447
おおきくなあれ……①325
大きくなる日……①997
おおきなかぶ……①725
大きなかぶ……①379
大きな木の根っこ……①406
おおきなクマのシュー……①325
大きな字でわかりやすいワード＆エクセル……②536
大きな字の感情ことば選び辞典……①632
大きな字のことばの結びつき辞典……①632
大きな字の創作ネーミング辞典……①892
大きな字の難読漢字選び辞典……①631
大きな写真でよくわかる障がい者スポーツ大百科〈2〉……①432
大きな写真でよくわかる障がい者スポーツ大百科〈3〉……①432
大きな写真でよくわかる障がい者スポーツ大百科〈4〉……①432
大きな条幅手本 古典編〈第3巻〉……①869
おおきなドーナツ……①325
大きなボク 小さなわたし……①254
大きな文字で読みやすい置かれた場所で咲きなさい……①87
大きな文字で読みやすい京都ゆとりの旅……①194
大きな文字で読みやすい四国八十八ヵ所ゆとりの旅……①196
大きな文字で読みやすい奈良ゆとりの旅……①194

オオクニヌシ 出雲に封じられた神……①505
大久保信子さんに教わる 人に着せる着付けと帯結び……①32
大林くんへの手紙……①346
大食らい子規と明治……①904
大倉源次郎の能楽談義……①787
大声のすすめ。……①357
大阪ガスの就活ハンドブック〈2019年度版〉……①289
大阪 カフェ日和 ときめくCAFEめぐり……①40
大阪市営無軌条電車のあゆみ……②432
大阪城・大坂の陣・上町台地……①536
大阪天神橋昆布問屋の昆布水レシピ……①50
大坂夏の陣 にゃんときはち……①325
大阪のおばちゃんの人生が変わるすごい格言一〇〇……②29
大阪のきりえ〈7〉……①867
大阪の俳人たち〈7〉……①904
大阪の秘密……②22
大阪の問題集ベスト選＋要点集……②22
大阪府の鉄道……②432
大阪ぶらり……①254
大阪弁の犬……①958
大阪弁訳 あたらしい憲法のはなし……②197
大阪弁訳 法華経……①516
大阪便利情報地図……①212
大坂 民衆の近世史……①536
大阪夜景……①254
大阪料理……①67
大下宇陀児 楠田匡介……①1067
大杉ありのブレない接客術！お客様のハートに火をつける14の法則……①426
「大相撲」知ったら面白すぎる70の話……①237
大相撲立行司の軍配と空位……①237
大相撲で解く「和」と「武」の国・日本……①237
大相撲力士名鑑〈平成29年度〉……①237
大相撲力士名鑑〈平成30年版〉……①237
大田区あるある……①185
大谷翔平 日本の野球を変えた二刀流……①222
大谷吉継……①1025
大塚巨人の刺しゅうとアップリケの基本……①77
大晦り〈7〉……①1041
大手新聞・テレビが報道できない「官僚」の真実……①151
大手・人気企業突破SPI3問題集 "完全版"〈'20年度版〉……①293
大友館と府内の研究……①530
大伴家持……①547
大どろぼうジャム・パン……①357
大西巨人と六十五年……①910
大貫喜也詩集……①961

大浜炭鉱労働争議の記録……②465
大庭みな子 響き合う言葉……①910
大林宣彦の映画は歴史、映画はジャーナリズム。……①790
大原アトラス〈4〉……②748
大原千鶴の酒肴になる「おとな鍋」……①50
大原で合格（うか）る日 商簿記3級……②470
大原孫三郎……②307
大判三国志〈1〉……①849
大判三国志〈3〉……①849
大判三国志〈6〉……①849
大判三国志〈10〉……①849
大判 三国志〈11〉……①849
大判三国志〈12〉……①849
お、ポポイ！……①87
大前研一 アイドルエコノミーで稼げ！……②276
大前研一デジタルネイティブ人材の育て方……②308
大前研一 日本の論点2018～19……②19
大前研一「100日」で結果を出すM&A入門……②311
大間違いの織田信長……①552
大耳……①971
大麦粉レシピ集……①50
大牟田の宝もの100選……②22
大村憲司のギターが聴こえる……①804
大村はまの「学習の手びき」についての研究……①713
大家さん税理士による大家さんのための節税の教科書……②423
大家さん、その対応は法律違反です！……②420
大家さんといっしょ ガラピコぷ〜キ ラッ！ピカッ！シールブック……①321
お母さんの生まれた国……①346
お母さんのための「くじけない」男の子の育て方……①11
おかあさんはね……①311
岡井隆考……①904
おかえりシェア……①1206
お？かお！……①303
岡潔先生をめぐる人びと……①651
岡倉天心「茶の本」をよむ……①271
おかげさま……①949
おかげさまで生きる……②700
お飾り聖女は前線で戦いたい……①1201
オカされ上手の河合さ

ん……①1404
小笠原……①188
お菓子生地づくりに困ったら読む本……①69
お菓子職人の成り上がり〈2〉……①1231
お菓子職人の成り上がり〈3〉……①1231
お菓子職人の成り上がり〈4〉……①1231
おかしなおつかい……①325
おかしな転生〈6〉……①1197
おかしな転生〈7〉……①1197
おかしな転生〈8〉……①1198
おかしな？ハロウィン……①325
おかしなパン……①33
おかしなめんどり……①325
お菓子の包み紙……①875
おかず指南……①33
おかずレパートリー胃・十二指腸潰瘍……①165
おかずレパートリー 胆石・胆のう炎・膵炎……①165
緒方……①50
岡田奈々写真集 二度目の初恋……①775
御徒の女……①1051
オーガニック電話帳……①33
お金・愛・美ほしいものすべて手に入れる無敵美女……①113
"お金を入れるだけ"で＋50万円貯まる 実録クリアファイル家計簿……②387
お金をかけずにすぐできる現場改善……②588
お金をかけずにモノを売る広報視点……②339
お金をかけずにやれる販促73のアイデア……②339
お金をかけない事業承継……②327
お金を稼ぐ人は何を学んでいるのか？……②276
お金を引き寄せる法則……②387
お金が勝手に貯まりだす暮らし……②25
お金がずっと増え続ける投資のメソッド……②392
お金が貯まる「スマホ副業」の稼ぎ方入門……②276
お金が貯まる人のちょっとブラックな心理術……①478
お金が舞い込む！願いが叶う！「神社仏閣」で開運する方法……①505
お金をめぐる財布の使い方……②387
「お金」「時間」「場所」が自由に思いどおり！究極のシンデレラレッスン……①113
岡根式 社労士試験はじめて講義〈2018年度版〉……②500
お金ってなんだろう？……②255
お金で得するスゴ技300……②387
「お金」で読み解く世界史……①587
お金と縁がなだれ込む！すごい「引き寄

せの法則」……… ①113
お金と幸運がどんどん
　舞い込む！ 神様に願
　いを叶えてもらう方
　法 ……………… ①128
おカネとどう向き合う
　か …………… ②376
お金ドバーッ思考 可愛
　いお金持ち養成講座
　………………… ②387
お金と人に愛される
　「開運言葉」 …… ①87
お金に愛される人は、
　美しい財布を使って
　いる ………… ②387
お金に困らない人生を
　送るためのマネープ
　ラン入門 …… ②387
お金2.0 …………… ②255
お金にモテる独身女子
　50のルール …… ②387
お金の悪魔 ……… ②255
「お金」のイメチェン。②388
お金のウソ ……… ②388
お金の神様に可愛がら
　れる「3行ノート」の
　魔法 …………… ①87
お金の常識を知らない
　まま社会人になって
　しまった人へ … ②388
お金の使い方と計算が
　わかる おかねのれん
　しゅうちょう …… ①412
「おカネの天才」の育て
　方 …………… ②388
お金の流れで読む日本
　の歴史 ……… ①530
お金の流れでわかる日
　米関係 ……… ①137
お金の「引き寄せ力」を
　知りたいあなたへ ・①128
お金の不安がなくなる
　50歳からの「満足」
　生活 …………… ②388
お金の法則 ……… ②388
お金は寝かせて増やし
　なさい ……… ②388
お金も恋もするっと手
　に入るすごい秘密 ・①113
お金も幸せも降りそそ
　ぐ超スピリチュアル・
　ライフ ………… ①120
お金持ちが肝に銘じて
　いるちょっとした習
　慣 …………… ①87
お金持ちになる勉強法
　………………… ①120
お金持ちになれる黄金
　の羽根の拾い方 …… ①88
お金持ちの経営者や医
　師は既にやっている
　“資産10億円”をつく
　る不動産投資 …… ②420
お金持ちの行動学 … ②255
丘の火〈3〉 ……… ①1011
拝み屋異聞 うつろい百
　物語 ………… ①144
拝み屋怪談 来たるべき
　災禍 ………… ①1121
岡本くんの愛し方 … ①1164
岡本太郎の東北 …… ①255
岡安大仁 これからの緩
　和ケアとホスピス・
　マインドを語る ・②704
岡安盛男のFXで稼ぐ51
　の法則 ……… ②397
岡山・倉敷カフェ日和
　ときめくお店案内 …①40
岡山・倉敷の安心・安全

リフォーム〈vol.7〉 ・・①18
岡山県歌人会作品集〈第
　15〉 …………… ①968
岡山県郷土文化財団の
　歩み ………… ①536
おかやま しみんのどう
　わ〈2018〉 ……… ①356
おかやまと中国地方の
　建築家 ……… ②615
おかやまの文化財 建築
　………………… ②608
岡山「へその町」の民話
　………………… ①886
岡山蘭学の群像〈2〉 ・・①536
オカルトギア・オー
　バードライブ …… ①1216
置かれた場所で咲いた
　渡辺和子シスターの
　生涯 ………… ①522
置かれた場所で咲きな
　さい …………… ①88
小川修パウロ書簡講義
　録〈6〉 ……… ①526
小川仁志の“哲学思考”
　実験室 ……… ①447
小川洋子の陶酔短篇箱
　………………… ①977
おかわり！ 山グルメ …①50
悪寒 …………… ①1075
おかん飯〈3〉 …… ①50
おかんメールFinal …②29
隠岐 …………… ①196
沖浦和光著作集〈第1巻〉
　………………… ②111
沖浦和光著作集〈第2巻〉
　………………… ②111
沖浦和光著作集〈第3巻〉
　………………… ②111
沖浦和光著作集〈第6巻〉
　………………… ②111
お妃様は寄生中！ …①1192
起きたら20年後なんで
　すけど！〈1〉 …①1235
掟上今日子の裏表紙
　………………… ①1099
起きてから寝るまで英
　語表現1000 …… ①638
沖縄 …………… ①197
沖縄 抗う高江の森 ・②168
沖縄新城島民俗誌 … ②117
沖縄を売った男 …… ①138
沖縄を本当に愛してく
　れるのなら県民にエ
　サを与えないでくだ
　さい ………… ①138
沖縄を蝕む「補助金中
　毒」の真実 …… ②138
「沖縄学」の父 伊波普猷
　………………… ①536
沖縄が好きな人へ…
　「これが沖縄です」…②22
沖縄から愛をこめて
　………………… ①1100
沖縄からの報告 …… ②168
沖縄子育て手帳カタログ ①251
「沖縄県民」の起源 … ①574
沖縄子どもの貧困白書
　………………… ②49
沖縄コンフィデンシャ
　ル ブルードラゴン
　………………… ①1093
沖縄三線秘境の旅 … ①184
沖縄、シマで音楽映画
　………………… ①940
沖縄戦を生きぬいた人
　びと ………… ①577
沖縄1935 ………… ①255
沖縄鉄血勤皇隊 …… ①577
沖縄と国家 ……… ②168

沖縄にみる性暴力と軍
　事主義 ……… ②168
沖縄のアイデンティ
　ティー ……… ②168
沖縄の医師が教える1日
　1食で太らない生活
　………………… ①146
沖縄の河川と湿地の底
　生動物 ……… ②690
沖縄の環境・平和・自
　治・人権 …… ②138
沖縄の危機！ …… ②138
沖縄の基地の間違った
　うわさ ……… ②168
沖縄のこしたい店忘れ
　られない味 …… ①197
沖縄の戦争遺跡 …… ①577
沖縄の米軍基地過重負
　担と土地所有権 … ②168
沖縄プチ移住のススメ
　………………… ②25
「沖縄・普天間」究極の
　処方箋 ……… ②168
沖縄返還関係資料〈第1
　回〉 ………… ②615
沖縄謀叛 ……… ②168
沖縄問題 ……… ②168
沖縄らしさの社会学 …②94
沖縄・離島情報〈2017 -
　2018〉 ……… ①197
沖ノ島 ………… ①255
荻野寿也の「美しい住
　まいの緑」85のレシ
　ピ …………… ②608
尾木のママで ……… ①673
起き姫 ………… ①1045
尾木ママ小学一年生 …①11
お客が殺到する飲食店
　の始め方と運営〈'17
　〜'18年版〉 …… ②427
「お客様をやめさせな
　い」スクール＆教室
　運営の仕組み …… ②276
お客様を惹きつける気
　づかいの習慣36・・②424
お客さま、そのクレー
　ムにはお応えできま
　せん！ ……… ①1019
お客様分析とセラピス
　ト分析でリピート率
　80％超！ …… ②424
お客様目線でうまくい
　く保険販売5つのス
　テップ ……… ②386
荻山和也のパン作りの
　教科書 ……… ①50
起きようとしない男
　………………… ①1340
お経は本当にありがた
　いのか？ …… ①509
お清め風水ブック …①134
おきらく女魔導士とメ
　イド人形の開拓記
　………………… ①1203
お気楽『辞世』のすすめ
　………………… ①108
おきらく社労士の特定
　社労士受験ノート〈平
　成29年度版〉 …… ②500
オークヴィレッジに学
　ぶ住宅の美しいディ
　テール ……… ①18
屋外体育施設の建設指
　針〈平成29年改訂版〉
　………………… ②617
奥浩平がいた ……… ②138
奥さまの細道 …… ①1402
奥様はバージンなボ
　ディーガード …… ①1184

奥さん、透けてますけ
　ど。 ………… ①1404
奥さん、入りますけど。
　………………… ①1404
屋上で縁結び …… ①1081
屋上のウインドノーツ
　………………… ①1011
屋上のテロリスト … ①1095
屋上の名探偵 …… ①1075
おクジラさま ……… ①927
オーク先生のJKハーレ
　ムにようこそ！ … ①1148
奥蘭壽子のダイエット
　段々弁当 …… ①65
奥蘭壽子の超かんた
　ん！ 中性脂肪を落と
　す「楽うま」健康ダイ
　エットレッスン …… ②25
奥多摩・奥武蔵・秩父
　人気の山50 …… ①189
お口の育て方 …… ①168
贈って喜ばれる書の色
　紙 …………… ①869
オクトーバー …… ①1364
億飛んじゃった！ 株の
　しくじり先生 天国と
　地獄 ………… ②392
奥日光 花と絶景ウォー
　キング ……… ①192
オクニョ ……… ①1333
オークの騎士〈2〉 … ①1239
奥能登国際芸術祭2017
　公式ガイドブック ①823
「おくのほそ道」殺人事
　件 …………… ①1082
臆病なカナリア …… ①1192
臆病な金融素人がお
　金を増やそうと思っ
　たら ………… ②388
オークブリッジ邸の笑
　わない貴婦人〈3〉
　………………… ①1170
億万長者が愛したナ
　ニー〈6〉 …… ①1377
億万長者と愛を運ぶメ
　イド ………… ①1383
億万長者と籠の小鳥
　………………… ①1384
億万長者ととりそめの
　愛を ………… ①1374
億万長者と買われた令
　嬢〈3〉 ……… ①1378
億万長者と秘密の愛し
　子 …………… ①1385
億万長者の怯えた花嫁
　………………… ①1380
億万長者の隠された絆
　〈4〉 ………… ①1374
億万長者の駆け引き
　………………… ①1367
億万長者の罪な嘘〈1〉
　………………… ①1377
億万長者の花嫁 …… ①1393
億万長者の無垢な薔薇
　………………… ①1373
億万長者の予期せぬ求
　婚 …………… ①1381
「億万長者ボード」を重
　ねるだけでロト6が当
　たる本！〈2017 -
　2018〉 ……… ①286
小栗康平コレクション
　〈別巻〉 ……… ①790
贈ることば ……… ①88
遅れ時計の詩人 …… ②16
オーケストラ解体新書
　………………… ①813
オーケストラの指揮者
　をめざす女子高生に

「論理力」がもたらし
　た奇跡 ……… ①815
オーケストラの読みか
　た …………… ①813
オーケストラ流クラス
　経営 ………… ①706
桶狭間の四人 …… ①1046
おことばですが、魔法
　医さま。 …… ①1236
おことばですが、魔法
　医さま。〈2〉 … ①1236
おこぼれ姫と円卓の騎
　士 …………… ①1157
“お困り借地権”をトラ
　ブルゼロで優良資産
　に変える方法 …… ①192
おこめ紀行 …… ①1402
おこらせるくん …… ①325
怒らない、落ち込まな
　い、迷わない … ①458
怒らなければすべて健
　康 …………… ①146
お魚をまいにち食べて
　健康になる ……… ①33
お魚から人外転生の出
　世魚物語 …… ①1236
おさかなちゃんの あの
　ね、ママ …… ①311
おさかなちゃんの でき
　た！ ………… ①311
おさかなどろぼう …… ①325
緒崎さん家の妖怪事件
　簿 …………… ①346
お先に失礼します …②341
お酒を飲んで、がんにな
　る人、ならない人・②712
お酒のはなし ……… ①43
幼い女神（アマテラス）
　はかく語りき …… ①1260
幼い恋を捨てた日 … ①1367
幼い魔女 ……… ①1367
幼さと戸惑いと …… ①1384
幼なじみクロニクル
　………………… ①1309
幼馴染の山吹さん … ①1280
幼なじみは押しかけ執
　事 …………… ①1404
幼馴染は闇堕ち聖女！
　………………… ①1399
幼なじみ萌え …… ①893
おさよさんの無理なく
　つづく家事ぐせ …①5
大佛次郎 ……… ①910
大佛次郎と猫 …… ①910
おさるのこうすけ …… ①325
おさるのジョージ バス
　ケットボールをする
　………………… ①311
おさるのジョージ ほん
　やさんへいく …… ①311
おさるのともだち …… ①357
小沢一郎の権力論 … ①147
小沢健二の帰還 …… ①804
小沢鋭仁物語 …… ①147
小沢蘆庵自筆六帖詠藻
　………………… ①899
おさんぽだいきょうそ
　う …………… ①325
おじいさんと熊 …… ①1008
おじいさんに聞いた話
　………………… ①1334
おじいさんの木 …… ①325
おじいちゃん …… ①325
おじいちゃんじてん
　しゃおしえて …… ①325
おじいちゃんとパン … ①325
おじいちゃんのふしぎ
　なピアノ …… ①326

書名索引

教え方のコツがわかる！“なぜ？”に答える小学校6年分の算数 …①726
教え子が成長するリーダーは何をしているのか …②365
教えてあげます …①1405
おしえてアドラー先生！ …①412
おしえてえんま さ …①326
おしえて！ 科学する麻雀 …①245
教えて！ 学長先生 近大学長「常識破りの大学解体新書」…①676
教えて！ 笠原さん はじめてでもおいしく作れる魚料理 …①50
おしえてカラスさん …②696
教えて石平さん。日本はもうすでに中国にのっとられているって本当ですか？ …②89
おしえて出口さん！ …①88
おしえて北斎！ …①831
教えて！ 仏さま …①509
教えてみた「米国トップ校」…①747
教えて！ みんなのメルカリ生活 …②529
教えて！ ICU〈Part3〉 …②712
押絵と旅する男 …①1078
「教えない授業」から生まれた英語教科書 魔法のレシピ …①713
教えることの哲学 …①467
押しかけ犬耳奴隷が、ニートな大英雄のお世話をするようです。〈1〉 …①1141
押しかけ軍師と獅子の戦乙女〈2〉 …①1155
押型紋土器の広域編年研究 …①540
お仕事中、迷子の俺サマ拾いました！ …①1284
お仕事ナビ〈11〉 …①412
お仕事ナビ〈12〉 …①412
お仕事ナビ〈13〉 …①412
おじさま教授の甘く執拗な蜜愛 …①1402
オジサン描き分けテクニック 顔・からだ編 …①859
おじさん酒場 …①43
おじさん大好き援サポJK アヘらせサプリ …①1396
おじさんメモリアル …①34
お師匠さま、整いました！ …①1030
押したら、ヤセた。…①25
鴛鴦 …②255
おしどりの契り …①1044
叔父に抱かれて …①1402
お忍びスローライフを送りたい元英雄、家庭教師はじめました …①1156
おしゃかさま …①326
おしゃ修行 …①948
おしゃべりがはずむフランスの魔法のフレーズ …①669
おしゃべりな足指 …②71
おしゃべりな銀座 …①937
おしゃべりな筋肉 …①767

おしゃべりな猫たち …①975
おしゃべりな花たち …①943
おじゃる丸のまったり折り紙メモブック …①80
おしゃれ着まわしコーデSTORY春夏秋冬コレクション …①436
おしゃれソトごはん …①50
おしゃれターバンとヘアバンド50 …①28
おしゃれでかんたん アロマワックスサシェの作り方 …①73
おしゃれな大人のスウィートコーデ …①28
おしゃれなおばあさんになる本 …①951
おしゃれなフリーフォントCollection …①875
おしゃれに簡単DIY ウェディングアイテムBOOK …①4
おしゃれのパリ流アップデート …①28
おしゃれはほどほどでいい …①29
おしゃれプロジェクト〈Step1〉 …①359
おしゃれDIYウエディングの作り方 …①79
オーシャンタロット …①128
お受験・中学受験で頼りにならないパパがガラリと変わる本 …①741
お嬢さま学校にはふさわしくない死体〈1〉 …①1348
お嬢さまことば速修講座 …①623
お嬢様と執事見習いの尋常ならざる関係 …①1297
お尻をほぐせば「疲れ」はとれる …①156
「おしり」をほぐせば100歳まで歩ける！ …①156
お尻をゆるめれば一生歩ける …①146
おしりが変われば全身するっとやせる。おしりリセットダイエット …①25
「おしり」ストレッチ …①156
おしりたんてい いせきからのSOS …①326
おしりたんてい かいとうVSたんてい …①326
おしりつねり …①326
おしりの筋肉がすべて解決する …①156
おしりのねっこ …①326
おしりビヨり …①326
おしりフリフリ …①326
おしろのばん人とガレスピー …①372
御城プロジェクト：RE - CASTLE DEFENSE 公式城娘図録 …①280
小津映画 粋な日本語 …①790
オースティンの『高慢と偏見』を読んでみる …①920
オーストラリア …①210
オーストラリア〈2017～2018年版〉 …①210
オーストラリア〈2018 - 19〉 …①211
オーストラリア先住民

とパフォーマンス …②119
オーストラリア・ニュージーランド文学論集 …①926
オーストリア学派 …②267
オーストリア皇嗣の日本訪問 …①569
“オーストリア哲学”の独自性と哲学者群像 …①470
オズの魔法使い …①379
オスマン帝国治下のアラブ社会 …②592
オスマン帝国の崩壊 …②592
お世辞を言う機械はお好き？ …②516
お節介おばさんの独り言 …①953
おせっかい屋のお鈴さん …①1017
お世話します …①1405
お世話になっております。陰陽課です〈4〉 …①1281
汚染訴訟〈上〉 …①1346
汚染訴訟〈下〉 …①1346
おそ松くん ベスト・コレクション …①649
おそ松さん …①366
おそ松さんTHE GAMEはちゃめちゃ就職アドバイス - デッドオアワーク - 公式ファンブック …①280
恐れを超えて生きる …①447
怖れない …①488
おそれミミズク …①1170
怖れるなかれ（フィア・ノット）…①460
おそろしいビッグデータ …②94
恐るしき四月馬鹿（エイプリル・フール）〈1〉 …①889
オゾン療法による腰痛治療 …①172
尾高修也初期作品〈4〉 …①990
お宝探しが好きすぎて …①1114
小田急線沿線の1世紀 …②432
小田急電車回顧 “セレクション” …②432
小田桐奈々 white. …①775
小田切流小顔道 …①21
オタク稼業秘伝ノ書 …②29
オタクガール、悪役令嬢に転生する。…①1263
オタクだけの婚活サイトで運命の人を見つけました …①113
オタクとは何か？ …②94
織田家の長男に生まれました …①1170
オタサーの姫と恋ができるわけがない。〈3〉 …①1202
オタサーの姫と恋ができるわけがない。〈4〉 …①1202
おたすけおばけ …①303
おたすけこびとのにちようび …①326
おたすけ進路（2018）…①767
織田信長という謎の職業が魔法剣士よりチートだったので、

王国を作ることにしました …①1287
織田信長という謎の職業が魔法剣士よりチートだったので、王国を作ることにしました〈2〉 …①1287
織田信長と戦国の村 …①552
織田信長の家臣団 …①552
織田信長 不器用すぎた天下人 …①552
織田信奈の野望 全国版〈17〉 …①1176
織田信奈の野望 全国版〈18〉 …①1176
織田信奈の野望 全国版〈19〉 …①1176
織田信奈の野望 姫武将録 …①1132
オーダーは探偵に …①1169
オーダーは探偵に コーヒーに溶けるセピア色の謎解き …①1169
小田真規子の シンプルなのに「おいしいね」と言われる基本の料理 …①50
オータム …①305
オーダーメイド医療をめざした生活習慣病の遺伝子診断ガイド …②738
お試しください …①1402
お試し結婚はじめました。…①1403
お試し花嫁、片恋中 …①1317
穏やかな日々 …①954
小樽 蔵めぐり イラスト帖 …①191
おたんじょうケーキをつくりましょ …①326
おたんじょうびケーキ …①326
落窪物語 …①888
落ちこぼれだった私がペラペラになれたすごい英語勉強法 …①646
落ちこんだら …①522
堕ち蝉 …①996
堕ちたエリート 奈落の花 …①1073
堕ちた天使は死ななければならない …①1326
おちたらワニにたべられる！ …①326
「落ち着きがない」の正体 …①498
落ちてきた龍王（ナーガ）と滅びゆく魔女の国〈11〉 …①1269
落ちてきた龍王（ナーガ）と滅びゆく魔女の国〈12〉 …①1269
落ちない汚れをラクに落とす掃除術 …①5
おちばであそぼう …①326
落ち葉の下の小さな生き物ハンドブック …②682
落ち葉のふしぎ博物館 …①686
おちばのプール …①326
落穂を拾えば …①956
落穂拾記 …①213
おちゃかいのおやくそく …①311
お茶しませんか …①953
お茶と探偵（16）…①1333
お茶の科学 …①46

お茶の物語 …①46
お茶馬鹿の「ためになるお話」…①465
おちゃめに100歳！ 寂聴さん …①910
おっかさまの人生料理 …①927
「おつかれさま」を英語で言えますか？ …①643
おつかれ。ワインつまみ …①50
おつきみバス …①326
オックスフォード＆ケンブリッジ大学 世界一「考えさせられる」入試問題「あなたは自分を利口だと思いますか？」…①447
オックスフォード英語ことわざ・名言辞典 …①662
オックスフォードからの警鐘 …①676
オックスフォード式超一流の育て方 …①673
オックスフォードの英語 …①638
オッサン（36）がアイドルになる話 …①1285
オッサン（36）がアイドルになる話〈2〉 …①1285
おっさん、聖剣を抜く。〈1〉 …①1217
おっさんのリメイク冒険日記 …①1257
おっさんのリメイク冒険日記〈2〉 …①1257
乙種1・2・3・5・6類危険物取扱者試験〈平成29年版〉 …②643
乙種ガス主任技術者試験 模擬問題集〈2017年度受験用〉 …②627
乙種第1・2・3・5・6類危険物取扱者 合格テキスト＋問題集 一部免除者用 …②643
乙種第4類危険物取扱者速習テキスト …②643
乙種4類危険物取扱者試験 合格テキスト〈平成29年版〉 …②643
オッショイ！ 福岡の神社が面白い …①505
オッズテクニカル …①244
折ってなるほど！ おりがみつき ゆかいな多面体 …①80
夫を、金持ちにする妻 貧乏にする妻 …①5
夫を夢中にさせないい妻（オンナ）の愛されルール …①113
夫が妻に一生ときめく魔法の言葉 …①5
夫・彼氏のがっかりファッション改造計画 …①29
夫・車谷長吉 …①910
夫に言えない義父との姦淫 …①1396
夫の恋を許せますか？ …①489
夫の終い方、妻の終い方 …①108
夫のちんぽが入らない …①927
夫の定年 …②66
『夫の○○○が入らな

い」解決するための176のセックステクニック！ …①184
おっぱいがほしい！ …①11
おっぱい体操で乳がん予防はじめます！ …①178
おっぱい道FINAL …①840
おっぱいにあやまれ!! …①9
オッパイ入門 …①948
おっぱいの進化史 …②682
おっぱいバイバイ …①326
おっぱい山 …①1010
おつまみ手帖211品 …①66
おでかけだいすき！ はじめてずかん415＋ぶらす英語つき …①388
おでかけ版 のりものしゃしん あいうえおのえほん …①307
おでかけ弁当ドリル …①66
おてつだいおばけさん …①346
おててをぽん …①303
おててかいじゅう つみきのまち …①326
お点前頂戴いたします …①1184
オデュッセウスの記憶 …①600
「お寺」で読み解く日本史の謎 …①530
おてんとうさまがみてますよ …①326
お義父さん …①1012
お父さん、だいじょうぶ？ 日記 …①943
お父さんのための日本一やさしい料理本 …①50
お父さんの日記 …①943
弟は僕のヒーロー …①934
おとえほん …①311
音をあたためる …①962
オートオークション荒井商事の挑戦 …②441
音が出るおもちゃ＆楽器あそび …①436
乙ヶ淵哀話 …①1045
おとぎの国のNico …①346
おとぎの森の幼女姫 …①1236
御伽噺を翔ける魔女 …①1292
おとぎ話における音と音楽 …①819
おとぎ話のクロスステッチ from Paris …①77
御伽百物語 …①898
乙霧村の七人 …①1075
お斎レシピ …①67
おトクな制度をやってみた …②388
男をこじらせる前に …①958
男が痴漢になる理由 …①489
男が強くなる「超」健康食 …①163
男気の作法 …①88
男たちの真珠湾攻撃 …①577
男たちの旅路 …①780
男たちへ …①88
男だらけの異世界トリップ …①1315
男であれず、女になれない …①927
男と女、なぜ別れるのか …①959
男と女のアドラー心理学 …①478
男と女の心理学入門 …①478

男と女の台所 …①942
男と女の理不尽な愉しみ …①113
男と女のLOVE心理学 …①105
男ともだち …①1006
男には「愛の首輪」をつけなさい …①113
男の一理 …①1008
「男のオーラ」のつくり方 …①88
男の格差 …①88
男の価値は年収より「お尻」!? …②84
男の歌謡曲ベスト321 …①803
オトコのカラダはキモチいい …①34
男のけじめ …①190
男の孤独死 …①94
男の子の一生を決める6歳から12歳までの育て方 …①11
男の子の育て方 …①11
男の子のやる気を伸ばすお母さんの子育てコーチング術 …①11
男の子は「脳の聞く力」を育てなさい …①11
男の肖像 …①610
男のためのハズさないワイン術 …①45
男の美容武装 …①21
男の離婚ケイカク …②190
男は狼なのよ（多分） …①1399
男は女を知らない …①184
「男はつらいよ」を旅する …①790
俠飯（おとこめし）〈4〉 …①1015
男らしさの歴史〈3〉 …②94
おとしだまをいっぱいもらうコツ …①326
お年寄りの作って楽しむレクリエーション大百科 …②68
音でる♪知育絵本 てあそびうた＆ゆびあそびゲームタブレット …①302
大人を黙らせるインターネットの歩き方 …②528
オトナ親子の同居・近居・援助 …②95
大人が楽しむはじめての塗り絵 九州の四季彩 …①864
大人が楽しむはじめての塗り絵 春夏の花と実 …①864
大人がマジで遊べば、それが仕事になる。 …②25
大人が読みたいアインシュタインの話 …②650
大人が読みたいエジソンの話 …②276
大人が読みたいニュートンの話 …②646
大人かわいい贈り物50選 …①73
おとなかわいい コットンパールとタッセルでつくるハンドメイドアクセサリー …①73
大人かわいい天然素材

で編むニット …①82
大人かわいい 華やかカラー切り絵 …①867
大人かわいいラッピング …①73
大人きもの おしゃれ事典 …①32
大人しく老いてなんか いられない …①108
おとな女子のセルフ健康診断 …①167
オトナ女子のための美しい食べ方マナー …①33
オトナ女子のためのおっぱいケア手帖 …①21
オトナ女子のためのスメらない手帖 …①167
大人女子のための続く筋トレ …①216
オトナ女子のための美肌図鑑 …①21
オトナ女子のための"ホッ"と冷えとり手帖 …①167
オトナ女子のためのモテしぐさ図鑑 …①113
オトナ女子の文章作法 …①633
大人女子はブラ・ショーツで体形を変える …①21
大人スタイルのキルト …①77
大人スタイルの新常識 …①29
大人ディズニー 愛の贈りもの …①864
大人に刺さる幼稚園・保育園児の名言 …①688
大人になったらしたい仕事 …①289
大人になって困らない語彙力の鍛えかた …②359
大人になってこまらないマンガで身につく自分コントロール …①412
大人になってこまらないマンガで身につく友だちとのつきあい方 …①412
大人になってわかったディスレクシア …②49
大人になるまでに読みたい15歳の詩〈4〉 …①382
大人になるまでに読みたい15歳の詩〈5〉 …①382
大人になるまでに読みたい15歳の詩〈6〉 …①382
おとなの頭を磨く生き方講座 …①88
大人のアタマをもみほぐすパズル100 …①274
オトナの一休さん …①518
大人のお作法 …①88
大人の男の遊び方 …①88
大人の男の気遣い …①88
大人の女のキャリア計画 …①113
大人の"かくれ発達障害"が増えている …①489
大人のカルトナージュ …①73
おとなの基礎英語〈Season5〉 …①643
おとなのきほん …①956
おとなの着物ことはじめ …①32
大人の教養として知りたいすごすぎる日本のアニメ …①798

大人の教養としての英国貴族文化案内 …②84
おとなのグリム童話 …①923
大人の結婚 …①113
大人の語彙力が面白いほど身につく本 …①623
大人の語彙力が面白いほど身につく本〈LEVEL2〉 …①623
大人の語彙力が使える順できちんと身につく本 …②363
大人の語彙力大全 …①623
大人の語彙力ノート …①359
大人の粉ミルク …①163
大人の里山さんぽ図鑑 …①681
大人の自閉症スペクトラムのためのコミュニケーション・トレーニング・マニュアル …①489
大人の自閉症スペクトラムのためのコミュニケーション・トレーニング・ワークブック …①489
大人の自閉スペクトラム症 …①489
大人の少女マンガ手帖 おとめちっく・メモリーズ〈2〉 …①32
大人のシールブック 心が満ちる世界の花園 …①840
大人の水泳 …①231
大人の性の作法（メソッド） …①184
オトナのたしなみ …①946
大人の楽しい数学考房 …②651
大人のための言い換え力 …①623
大人のための「いのちの授業」 …①88
大人のための健康ヘアケア講座 見た目の9割は髪で決まる …①21
大人のための国語ゼミ …①623
大人のための社会科 …①95
おとなのための創造力開発ドリル …②347
おとなのためのやさしい漢詩教室 …①920
おとなのやり直し英語練習帳 新書版 …①646
大人の短歌入門 …①904
大人の動物占い PREMIUM〈2018年版〉 …①128
おとなのときめきふだん着物 …①32
大人のナゾトレ …①274
大人の塗り絵 英国クラシックの花々編 …①864
大人のぬり絵 芸者ごよみ …①864
大人の塗り絵 スイスの風景編 …①864
大人のぬり絵 枕絵めくり …①864
大人の塗り絵 POSTCARD BOOK 里山の野鳥編 …①865
大人の「脳トレ」クイズ

大人の箸袋おりがみ …①80
おとなの発達障害かもしれない!? …①489
オトナの発達障害大図解 …①489
「大人の引きこもり」を救え！ …①489
大人の人見知り …①121
大人のプチプラメイク術 …①21
大人のマナー常識大全 …②363
大人美容 …①363
おとなメイクは白・黒・赤だけでいい …①21
大人もおどろく「夏休み子ども科学電話相談」 …②646
お隣さんが殺し屋さん …①1107
お隣さんは小さな魔法使い …①1155
おとなりの晴明さん …①1241
おとなりの野獣さん …①1322
音の糸 …①955
音のかなたへ …①813
音の記憶 …①927
お殿様、外交官になる …①572
おとのさま、小学校にいく …①346
音のチカラ …①592
おとのでる♪うたっておどれるからだあそびうたえほん …①303
おとのでる♪おやすみこもりうたえほん …①303
音の表現辞典 …①632
オードブル …①50
お泊りデイサービスは、なぜ必要なのか …②68
乙女ゲーム世界で主人公相手にスパイをやっています〈4〉 …①1177
乙女ゲームの世界でヒロインの姉としてフラグを折っています。 …①1264
乙女ゲームの破滅フラグしかない悪役令嬢に転生してしまった…〈5〉 …①1291
乙女ゲーム六周目、オートモードが切れました。〈1〉 …①1221
乙女ゲーム六周目、オートモードが切れました。〈2〉 …①1221
乙女座男子の取扱説明書 …①130
乙女な騎士の萌えある受難 …①1295
乙女なでしこ恋手帖 …①1282
乙女の家 …①982
乙女のための歌舞伎手帖 …①787
乙女の奈良 雑貨屋＆カフェ案内すてきなお店めぐり …①194
乙女の美術史 世界編 …①827
乙女の秘密は恋の始まり …①1406
乙女の頬に、騎士からキスを …①1400

おとめの流儀。……… ①995
おともだちできた？・①326
おともだちにはヒミツ
　があります！……①359
オードリー'sレディの格
　言………………①1338
オードリー・ヘップ
　バーン99の言葉……①792
踊る星座 …………①981
おどる認知症 ………①175
踊る猫 ……………①1035
おどるねこざかな…①321
踊る裸体生活 ………①607
踊れぬ天使 ………①1013
驚きの因果律あるいは
　心理療法のディスト
　ラクション ………①489
おどろきの金沢 ……②22
驚きの菌ワールド…②673
驚きの存在論 Ereignis
　（エルアイクニス）・①447
驚きの地方創生「日本
　遺産・させぼの底力」
　…………………②157
驚くべき世界の野生動
　物生態図鑑 ……②690
驚くほどおいしい電子
　レンジ料理100…①50
驚くほどすべてがうま
　くいく！ すごい成功
　…………………①88
驚くほど目がよくな
　る！ たった10秒の
　「眼トレ」………①183
"同い年"ものがたり・①574
おなかをすかせたフラ
　イパン ……………①326
おなかのなかで ……①326
おなかの病気 ………①166
おなかの弱い人の胃腸
　トラブル …………①179
同じ時代を生きて…①787
おなじそらのしたで・①311
オーナー社長の後継者
　育成読本 ………①276
同じ夢 ……………①840
オーナーのための自社
　株の税務＆実務…②322
おなみだぽいぽい…①326
お悩み解決！ ズバッと
　同盟 おしゃれコーデ、
　対決!?…………①346
おならまんざい ……①326
お義兄さまの愛玩…①1401
おにいちゃんといっ
　しょ ……………①1311
お兄ちゃんと桃色新婚
　生活!?…………①1319
鬼を纏う魔女 ……①1115
鬼がくる ………①1065
鬼神 ……………①1063
鬼瓦のルーツ 写真紀行
　…………………①198
おにぎりころころ…①326
おにぎりと日本人…①33
鬼斬の君 …………①840
おにぎりのひみつ…①326
お肉屋さんがおすすめ
　する全国和牛レシピ
　50 ………………①51
鬼九郎兵草子〈2〉①1047
鬼九郎五結鬼灯〈3〉
　…………………①1047
おにごっこできるえほ
　ん ……………①326
鬼社長のお気に入り!?
　…………………①1296
「おに」と名づけられ

た、ぼく ………①326
鬼の家 …………①1125
オニのきもだめし …①326
鬼の棲む国 ………①1313
鬼の栖む風景120…①255
おにのつの ………①326
鬼は内 …………①988
鬼はここに居る …①1324
鬼婆の魂胆 ………①1048
鬼はもとより …①1026
鬼火 ……………①887
「鬼平犯科帳」から見え
　る東京21世紀 …①558
鬼平犯科帳 決定版〈4〉
　…………………①1029
鬼平犯科帳 決定版〈5〉
　…………………①1029
鬼平犯科帳 決定版〈6〉
　…………………①1029
鬼平犯科帳 決定版〈7〉
　…………………①1029
鬼平犯科帳 決定版〈8〉
　…………………①1029
鬼平犯科帳 決定版〈9〉
　…………………①1029
鬼平犯科帳 決定版〈10〉
　…………………①1029
鬼平犯科帳 決定版〈11〉
　…………………①1029
鬼平犯科帳 決定版〈12〉
　…………………①1029
鬼平犯科帳 決定版〈13〉
　…………………①1029
鬼平犯科帳 決定版〈14〉
　…………………①1029
鬼平犯科帳 決定版〈15〉
　…………………①1029
鬼平犯科帳 決定版〈16〉
　…………………①1029
鬼平犯科帳 決定版〈17〉
　…………………①1029
鬼平犯科帳 決定版〈18〉
　…………………①1029
鬼平犯科帳 決定版〈19〉
　…………………①1029
鬼平犯科帳 決定版〈20〉
　…………………①1029
鬼平犯科帳 決定版〈21〉
　…………………①1029
鬼平犯科帳 決定版〈22〉
　…………………①1029
鬼平犯科帳 決定版〈23〉
　…………………①1030
鬼平犯科帳 決定版〈24〉
　…………………①1030
鬼武者にも裏の顔!?日本
　の武士100人の履歴書
　…………………①552
おにわのおと ……①305
おにんぎょうさまがた
　…………………①1251
オネイログラフィア・①489
オネエ系男子攻略法〈2〉
　…………………①1145
おねえちゃんって、
　いっつもがまん!?・①346
お姉ちゃんとショータ
　くんと。………①1396
お願いだから、転生先
　は選ばせてください!!
　…………………①1153
お願い！ フェアリー・①346
おねしょちゃんとな
　おったね ………①326
オネスティ ………①985
おねんねさんぽ …①326
小野月世の水彩画人物
　レッスン ………①859
小野妹子・毛人・毛野

…………………①541
オノマトペの語義変化
　研究 ……………①629
オノマトペの謎 …①623
尾道茶寮夜咄堂 …①991
尾道、食べさんぽ。…①196
小野勇介の仕事…①875
己を、奮い立たせる言
　葉。……………②347
おばあさん ………①1000
おばあちゃんがこども
　だったころ ………①326
おばあちゃんが認知症
　になっちゃった！…①409
おばあちゃんとおやつ
　…………………①33
お墓からの招待状…①530
おはぐろとんぼ夜話〈上
　巻〉……………①1019
おはぐろとんぼ夜話〈中
　巻〉……………①1019
おはぐろとんぼ夜話〈下
　巻〉……………①1019
おばけいしゃ ……①326
おばけくんどこどこ？
　…………………①326
おばけとおでかけ…①326
オバケとキツネの術く
　らべ ……………①346
お化けの愛し方 …①887
おばけのアッチとくも
　のパンやさん ……①357
おばけのアッチ ドララ
　ちゃんとドララちゃ
　ん ………………①357
お化けのおもてなし・①326
おばけのこわーいなぞ
　なぞ超スペシャル・①440
おばけのこわーいめい
　ろ ………………①440
おばけのたんけん〈6〉
　…………………①346
おばけのまめ ……①327
おばけやさん〈7〉…①357
お化け屋敷で本当に
　あった怖い話 ……①144
おばけ遊園地は大さわ
　ぎ〈5〉…………①346
十八番の噺 ………①785
オバさんになっても抱
　きしめたい ……①1003
おはじき …………①436
おはなしして子ちゃん
　…………………①1016
おはなしドラえもんえ
　ほん だいひょうざん
　のちいさないえ …①321
おはなしドラえもんえ
　ほん ちかてつをつ
　くっちゃう ………①321
おはなし 猫ピッチャー
　…………………①346
おはなしのろうそく〈6〉
　…………………①346
おはなしのろうそく
　〈22〉……………①346
おはなしのろうそく
　〈25〉……………①346
お話はよく伺っており
　ます ……………①953
オバマ大統領真珠湾平
　和演説 …………②135
オバマ大統領退任演説
　CD BOOK ……②135
オバマ大統領退任演説

DVD BOOK ……②135
おはよう …………①327
おはよう、きみが好き
　です。……………①1298
おはよう、はたらくく
　るまち ……………①311
オーバーロードの街
　…………………①1120
おひさまおはよう …①327
おひさまキッチン パン
　ダくんいそいで！・①327
おひさまキッチン パン
　ダくんプレゼント の
　もりへ …………①327
お引っ越し ………①1109
お人好しの放課後 …①1073
「おひとりウーマン」消
　費！……………①113
おひとり京都の晩ごは
　ん ………………①40
おひとり様を生き抜く
　「女子貯金」生活…①113
おひとりさま節約Deli
　…………………①51
お一人様でも、一生
　お金に困らない本・②388
おひとりさまで逝こう
　…………………①108
おひとりさまのあった
　か1ヶ月食費2万円生
　活 四季の野菜レシピ
　…………………①51
おひとりさまの介護は
　じめ55話 ………②68
おひとりさまの老後を
　楽しむ処方箋 ……①108
おひとりさまvs.ひとり
　の哲学 …………①458
おひとりハワイの遊び
　方 ………………①208
お姫様のドレスを描こ
　う ………………①859
おひるねしましょ …①311
オフィシャル・ベース
　ボール・ガイド
　〈2017〉 …………②222
オフィスの愛人 …①1367
オブエド …………②13
お麩ができるまで…①433
おふくさんのおふくわ
　け ………………①327
おふくろメシ ……①42
オブジェクト指向プロ
　グラミング ……②559
小布施岩松院天井絵の
　謎 ………………①831
おふでさき通解 …①501
オーブとたびびとのふ
　く ………………①327
おふとんさん ……①327
おふみさんに続け！ 女
　性哲学者のフロン
　ティア …………①461
オー・フランス！…①669
オブリヴィオン …①1008
おふるなボクたち…①1009
お風呂でなんやねん
　…………………①327
オープンイノベーショ
　ンの最強手法 コーポ
　レートアクセラレー
　ター ……………①276
オープン化戦略 …②276
オープンキャンパスの
　超トクする歩き方講
　座 ………………①744
オープン・シティ …①1331
オープンソース・ソフ

トウェアで学ぶ情報
　リテラシ ………②547
オープンハートbyマク
　ロビオティック…①146
オープン料理とってお
　き ………………①51
オープンCAEで学ぶ構
　造解析入門 ……②570
お部屋でできる！ 野菜
　づくり …………①267
オペラガイド ……①816
オペラ・ギャラリー50
　…………………①816
オペラの未来 ……①817
オペレーションZ…①1019
オペレッタの幕開け・①817
おべんきょ抗菌薬…②732
お弁当教本 ………①66
お弁当代行屋さんの届
　け ………………①1260
おべんとうばこ あけた
　らね ……………①327
おべんとうばこのばっ
　くん ……………①327
おべんと探訪記 …①66
お遍路さん必携 四国霊
　場と般若心経 ……①514
お遍路は心の歩禅…①514
お坊様と恋愛のススメ
　…………………①1145
お坊さんが教える イヤ
　な自分とサヨナラす
　る方法 …………①88
お坊さんが教える新発
　見！ 日本の古寺…①509
お坊さんに聞く108の智
　慧 ………………①509
お坊さんにならうここ
　ろが調う朝・昼・夜の
　習慣 ……………①88
お坊さんのいる病院・②704
覚えておきたい日本の
　美しい季節の言葉・①623
覚えておきたい幕末・
　維新の100人＋1…①564
覚えておこう応急手当
　…………………①410
覚えて教える百人一首
　…………………①901
覚えやすい順番で「7日
　間」学び直し中学英
　語 ………………①646
お星さまは知っている
　…………………①509
溺れる …………①1399
溺れるほどの愛を聴か
　せて ……………①1315
おぼろ月のおさんぽ
　「銀色」……………①311
「オーマイガー！」は日
　本人しか言いません
　…………………①643
おまえが望む世界の終
　わりは …………①1315
お前だけは無理。…①1140
おまえのすべてが燃え
　上がる …………①1226
お前の妻は、オレの淫
　乱肉嫁 …………①1396
お前みたいなヒロイン
　がいてたまるか！〈4〉
　…………………①1214
お前（ら）ホントに異世
　界好きだよな …①1168
お任せ！ 数学屋さん
　〈3〉……………①1283
お呪い日和 その解説と
　実際 ……………②117
御松茸騒動…………①1026

おまめごとの島 ……①1009
お守り屋なのに、私の運が悪すぎて騎士に護衛されてます。…①1193
お見合い相手に愛されすぎてます ……①1399
お見合いからの絶対寵愛 ……①1401
お見合い結婚を回避する方法 ……①1227
お見合いしたらシークが来てご成婚となった件につきまして!! ……①1406
おみやげのデザイン …①40
お迎えに上がりました。 ……①1005
おむかえパパ ……①311
おむつはずしのえほん トイレばっちり！ …①302
オムライスの秘密 メロンパンの謎 ……①34
オムレツ屋のベビードレス ……①346
オムロンの就活ハンドブック〈2019年度版〉 ……①289
オメガ 愛の暴君 ……①1309
オメガの血縁 ……①1314
オメガの純潔 ……①1314
オメガラビリンスZ 公式ファンブック ……①798
おめでたい女 ……①1003
おめでとう、俺は美少女に進化した。……①1300
おめでとうクリスマス ……①307
思いを育てる、自立を助ける ……①681
重い障がい児に導かれて ……②50
思い出した訪問 ……①840
思いだしトレーニング 社会 地理・歴史 …①274
思いだしトレーニング 間違いやすい漢字・熟語 ……①625
思いたったらすぐ行ける！「和」の絶景百選 ……①255
思いたっちゃんたら吉日 ……①11
思いちがいの言葉 ……①391
思いっきり支援ツール ……①681
おもいっきり墨彩画 …①838
想い出をむかえに ……①989
おもいで影法師 ……①1045
思い出ガタゴト 東京都電diary ……①937
思い出散歩(私の生き方、考え方) ……①954
思い出の品、売ります買います 九十九古物商店 ……①990
思い出のなかの結婚 ……①1368
思い出のブルートレイン ……②430
思い出は満たされないまま ……①986
おもいで星がかがやくとき ……①327
思い通りに相手を動かす 英文パワーメール20の鉄則 ……①653
思いどおりのカラダになれる！ 正しい体幹トレーニング ……①216
思いのない学校、思いだけの学校、思いを実現する学校 ……①699
思い孕み〈6〉 ……①1053
おもいやりの絵本 ……①327
「思いやり」の心理 …①478
想いよ、逝きなさい …①114
"思う"ことで変えられる ……②703
思うだけ！ 開運術 ……①88
おもかげ ……①982
おもしろい解剖学 ……②726
おもしろいきものポケット図鑑 水族館へ行こう！ ……①404
面白いくらい当たる！「心理テスト」 ……①105
おもしろい！ 進化のふしぎ 続ざんねんないきもの事典 ……①407
おもしろい話、集めました。D(ダイヤモンド) ……①359
おもしろいほど成績が上がる中学生の「間違い直し勉強法」…①699
おもしろいほどよくわかる羽生善治の将棋入門 ……①248
おもしろい！ 料理の科学 ……①34
おもしろ大相撲百科 …①237
面白くて仕事に役立つ数学 ……②277
面白くて眠れなくなる化学 ……②669
面白くて眠れなくなる数学 ……②651
面白くてよくわかる武士道 ……①461
おもしろサイエンス 日本刀の科学 ……①872
おもしろ雑学 ……②31
おもしろ吹奏楽事典 …①813
おもしろ日ロ関係散歩道 ……②83
おもしろ張り子 ……①79
おもしろ文明開化百一話 ……①572
おもしろまじめなチャットボットをつくろう ……②516
おもちおばけ ……①327
おもちのかみさま ……①327
おもちゃ絵芳藤 ……①1063
おもちゃのかたづけできるかな ……①327
おもちゃの迷路 ……①440
思った以上に透視能力 ……①1398
表参道のセレブ犬とカバーニャ要塞の野良犬 ……①199
表参道バンブー Toast Sandwich bamboo …①51
表千家茶の湯入門〈上〉 ……①271
表千家茶の湯入門〈下〉 ……①271
"おもてなし介護" ……②68
「おもてなし」という残酷社会 ……②461
「おもてなし」の日本文化誌 ……②427
「おもてなし」POP集 ……①663
表目と裏目だけで編むニット ……①82
オモニがうたう竹田の子守唄 ……②45
おもろい虫 ……②694
思わず使いたくなるグレーゾーンな手口500 ……②29
思わず話したくなる究極のディズニー ……②427
思わず人に話したくなる関西「駅名」の謎 ……②432
「思わず見ちゃう」のつくりかた ……①11
親会社が気づいていない中国子会社のリスクとそのマネジメント ……②277
親が元気なうちに知っておきたい50のこと …①2
親が知っておきたい学校教育のこと〈1〉…①699
親が認知症になる前に知っておきたいお金の話 ……①175
お役所街道珍道中 ……②151
お役立ち会計事務所 全国100選 税理士選定ガイド〈2017〉 ……②322
親孝行の江戸文化 ……①476
親子おやつ ……①69
爺子河岸〈18〉 ……①1031
親子関係の決定 ……②220
親子坂 ……①1049
親子自転車旅のすすめ ……①184
親子で遊べる！ カンタン&かわいい 女の子のおりがみ ……①439
親子でいっしょにつくろう！ わくわくおりがみ ……①439
親子でからだあそび …①11
親子で考えるはじめての民事信託 ……②388
親子でかんたん スクラッチプログラミングの図鑑 ……①412
親子で楽しいはじめてのあやとり ……①439
親子で楽しく学ぶ！ マインクラフトプログラミング ……②547
親子で楽しむ！ おむつなし育児 ……①9
親子で楽しむ空想特撮さがし絵本 ウルトラセブンのおもちゃ箱 ……①321
親子で楽しむはじめて英語パズル ……①394
おやこデート ……①11
親子で飛ばそう！ よく飛ぶ高性能紙飛行機 ……①286
親子でのびやか 楽しいキッズヨガ ……①161
親子ではじめよう 算数検定6級 ……②651
親子ではじめよう 算数検定7級 ……②651
親子ではじめよう 算数検定8級 ……②651
親子ではじめよう 算数検定9級 ……②651
親子ではじめよう 算数検定10級 ……②651
親子ではじめよう 算数検定11級 ……②651
親子で始めるえいごで日記 ……①638
親子で学ぶサッカー世界図鑑 ロシアW杯編 ……①228
親子で学ぶスマホとネットを安心に使う本 ……②512
親子で学ぶ！ 統計学はじめて図鑑 ……①396
親子で学ぶはじめてのプログラミング ……②548
親子で学ぶプログラミング超入門 ……②548
父子(おやこ)の峠 …①1049
おやこの薬膳ごはん …①51
親子白書 ……②109
親子広場ドレミファごんちゃん ……②50
おやさいめしあがれ …①327
お屋敷拝見 ……②608
おやすみ えほんくん …①311
おやすみ、エレン 魔法のぐっすり絵本 ……①311
おやすみ おやすみ みんな おやすみ ……①327
おやすみせっくす …①1405
おやすみなさいのおともだち ……①311
おやすみの後に ……①327
おやすみヨガ ……①161
親育ち支援のための保護者対応 ……①688
おやつカフェでひとやすみ ……①1218
おやつで痩せる ……①25
おやつなんだろう？ …①305
お宿如月庵へようこそ ……①1052
親に壊された心の治し方 ……①489
親になるまでの時間〈前編〉 ……①5
親になるまでの時間〈後編〉 ……①5
親の依存症によって傷ついている子どもたち ……①489
親の介護で自滅しない選択 ……②68
親の財産を守る 最新成年後見・民事信託利用のしかた ……②203
親の借金を返すために就活したらイジワル社長に溺愛されました ……①1406
親の葬儀とその後事典 ……①16
親のボロ家から笑顔の家賃収入を得る方法 ……②423
親馬鹿子馬鹿 ……①840
小山氏最後の領主 小山秀綱 ……①1048
「お湯だけ洗い」であなたの肌がよみがえる！ ……①21
生実藩 ……①558
お洋服パーフェクト図鑑 ……①436
泳ぐイノシシの時代 …②690
泳ぐ権力者 ……①607
およげ！ いぬやまくん ……①327
おらおらでひとりいぐも ……①1025
オーラソーマ・ボトルメッセージ ……①128
オーラで運気をとことんあげる！ ……①88
オーラルヒストリー企業法務 ……②193
オーラルヒストリーで読む戦後学校建築 …②608
オランダ …… ①205, ②84
オランダ語入門 ……①673
オランダ最新研究 環境制御のための植物生理 ……②686
おらんだ忍者(しのび)・医師了潤 ……①1033
紅毛沈船引き揚げの技術と心意気 ……①558
オランダ・ベルギー・ルクセンブルク ……①205
オランダ・ベルギー・ルクセンブルク〈2017～2018年版〉 ……①205
オランダ流コーチングがブレない「自分軸」を作る ……①121
暴風檻(オリ) ……①1402
織り上げられた動物たちと花々 ……①872
オリヴァー・ツイスト ……①1334
オリーヴのすごい力 …①163
オリエンタル・ゲリラ ……①1092
オリエンタルランドの就活ハンドブック〈2019年度版〉 ……①289
オリエント急行殺人事件 …… ①649, ①1346
折々の句 ……①971
オリオンとクラヤーミ ……①311
折形 ……①73
おり紙歌あそびソングシアター ……①439
折り紙学 ……①439
折り紙建築 ……①80
折り紙で作るおはなし指人形 ……①429
おりがみパズル ……①81
おりがみ百科 3・4・5才 ……①439
おりがみ百科 5・6・7才 ……①439
おり紙マジックシアター ……①439
おり紙マジックシアター 歌あそび&手あそび ……①439
おり紙マジックワンダーランド ……①439
おりキャラぶっく ミニオンズ ……①439
折口信夫 ……①910
折口信夫の晩年 ……①910
オリゲネスの祈禱論 …①522
オリジナリティ ……②277
オリジナリティあふれる物語作りのためのライトノベル・マンガ・ゲームで使えるストーリー80 ……①884
オリジナル版 さっちん ……①255
"折りたい！"がすぐ見つかる 毎月のおりがみBook ……①688
檻のない世界 ……①255
オリバー・ストーン オン プーチン ……②127
織物以前 ……①872
オリュンポスの神々の歴史 ……①587
お良さん ……①255

オリロボバトルロイヤ
　ル ……………… ①81
オリンパスOM・DE・
　M1 Mark2 基本＆応
　用撮影ガイド …… ①251
オリンパスOM・DE・
　M10 Mark3基本＆応
　用撮影ガイド …… ①251
オリンピックがやって
　きた …………… ①1017
オリンピック大事典・①432
オリンピック・デザイ
　ン・マーケティング
　……………………①215
オリンピックのおばけ
　ずかん ………… ①346
オリンピック・パラリ
　ンピック大百科〈別
　巻〉……………①432
オリンピック・パラリ
　ンピックまるごと大
　百科 …………… ①432
オリンポスの郵便ポス
　ト ……………… ①1286
オリンポスの郵便ポス
　ト〈2〉………… ①1286
オールアウト ……… ①227
オール・アバウト 村上
　克司 …………… ①285
オルガとボリスとなか
　またち ………… ①372
オールカラー 基礎から
　レッスン はじめての
　ドイツ語 ……… ①668
オールカラー決定版！
　お薬事典〈2018年版〉
　……………………①155
オールカラー図解 最新
　熱処理のしくみと技
　術 ……………… ②623
オールカラー図解 日本
　史＆世界史並列年表
　人物編 ………… ①588
オールカラー図解 病院
　のすべてがわかる！
　……………………①154
オールカラー大図鑑 世
　界の危険生物 …… ②690
オールカラー 楽しく覚
　える！ 都道府県 … ①427
オールカラー 楽しみな
　がら国語力アップ！
　マンガ 漢字・熟語の
　使い分け ……… ①391
オールカラー 超入門！
　書いて覚えるドイツ
　語ドリル ……… ①668
オールカラー 超入門！
　書いて覚えるフラン
　ス語ドリル …… ①669
オールカラー 発表、ス
　ピーチに自信がつ
　く！ マンガ 敬語の使
　い方 …………… ①412
オールカラー版 珍奇な
　昆虫 …………… ②694
オールカラー まるごと
　図解 腎臓病と透析
　……………………②712
オールカラー まるごと
　図解 摂食嚥下ケア
　……………………②712
オールカラー やさしく
　わかるICU看護 …②763
「オルグ」の鬼 …… ②465
オール・ジョブ・ザ・
　ワールド ……… ①1286
オールスター・バット
　マン：ワースト・エネ

ミー …………… ①849
オルタンシア・サーガ
　……………………①1132
オルタンシア・サーガ
　- 蒼の騎士団 - 公式
　ビジュアルファン
　ブック〈2〉…… ①840
オールド・ゲーム … ①992
オールド・テロリスト
　……………………①1020
オールド・ノリタケ・①873
オルニトミムス …… ①401
「折る 縫う カットする」
　でできる服 …… ①84
オルネコレクション・①270
オール1から始まる勇者
　〈2〉…………… ①1173
俺色に染めるぼっちエ
　リートのしつけ方
　……………………①1151
俺をこんなに好きにさ
　せて、どうしたいわ
　け？…………… ①1173
俺を好きなのはお前だ
　けかよ〈5〉…… ①1297
俺を好きなのはお前だ
　けかよ〈6〉…… ①1297
俺を好きなのはお前だ
　けかよ〈7〉…… ①1297
俺が淫魔術で奴隷ハー
　レムを作る話〈3〉①1400
オレ、カエルやめるや
　……………………①311
俺が校則！ 中出し以外
　は校則違反!!! …①1396
俺が好きなのは妹だけ
　ど妹じゃない〈3〉①1168
俺が好きなのは妹だけ
　ど妹じゃない〈4〉①1168
俺が好きなのは妹だけ
　ど妹じゃない〈5〉①1168
俺が聖女たちを奴隷に
　しながら魔王を目指
　す話〈1〉……… ①1194
俺が聖女たちを奴隷に
　しながら魔王を目指
　す話〈2〉……… ①1194
俺が大統領になればこ
　の国、楽勝で栄える
　……………………①1208
オレがマリオ …… ①968
俺様王子とKissから始
　めます。……… ①1222
俺様御曹司の激愛包囲
　網 ……………… ①1401
俺様御曹司は諦めない
　……………………①1403
俺様同僚は婚約者 …①1270
俺様ドクターの淫らな
　診察 …………… ①1405
俺様俳優がパパッ？
　……………………①1325
俺様副社長のとろ甘な
　業務命令 ……… ①1282
俺様モデルは恋をご所
　望 ……………… ①1189
俺、「城」を育てる・①1238
俺だけ帰れるクラス転
　移〈3〉………… ①1149
俺だけ入れる隠しダン
　ジョン ………… ①1218
俺だけ入れる隠しダン
　ジョン〈2〉…… ①1218
おれたちを跨ぐな！・①947
おれたちを笑え！ … ①947

オレたち将棋ん族〈エビ
　ソード3〉……… ①248
俺たちの戦国 …… ①1123
俺たちの「戦力外通告」
　……………………①222
おれたちのトウモロコ
　シ ……………… ①346
オレたちのプロ野球
　ニュース ……… ①222
俺たちは異世界に行っ
　たらまず真っ先に物
　理法則を確認する〈2〉
　……………………①1139
俺たちは異世界に行っ
　たらまず真っ先に物
　理法則を確認する〈3〉
　……………………①1139
俺たちは空気が読めな
　い〈2〉………… ①1174
俺たちはそれを奇跡と
　呼ぶのかもしれない
　……………………①1110
俺たちはみんな神さま
　だった ………… ①934
俺たち！ ピラミッド！
　MKK …………… ①840
俺、ツインテールにな
　ります。〈4.5〉… ①1278
俺、ツインテールにな
　ります。〈13〉… ①1278
俺、ツインテールにな
　ります。〈14〉… ①1278
俺、動物や魔物と話せ
　るんです〈2〉… ①1299
俺、動物や魔物と話せ
　るんです〈3〉… ①1299
俺とエッチをする権利
　書が出回ってラッ
　キースケベが無双す
　ぎる …………… ①1400
俺と彼女の恋を超能力
　が邪魔している・①1215
俺と蛙さんの異世界放
　浪記〈4〉……… ①1191
俺と蛙さんの異世界放
　浪記〈5〉……… ①1191
俺と蛙さんの異世界放
　浪記〈6〉……… ①1191
俺と蛙さんの異世界放
　浪記〈7〉……… ①1191
「折れない子」を育てる
　アメとムチ …… ①11
折れない心をつくる自
　己暗示力 ……… ①88
「折れない心」をつくる
　たった1つの習慣…①88
俺の言うこと聞けよ。
　……………………①1141
俺の家が魔力スポット
　だった件〈4〉… ①1150
俺の家が魔力スポット
　だった件〈5〉… ①1150
俺の異世界姉妹が自重
　しない！〈2〉… ①1257
俺の異世界姉妹が自重
　しない！〈3〉… ①1257
俺の幼妻が無垢すぎて
　可愛すぎて辛抱たま
　らんっ！……… ①1404
俺の幼なじみは宇宙人
　に侵略されている
　……………………①1227
オレの恩返し〈2〉… ①1252
オレの恩返し〈3〉… ①1252
俺の彼女と幼なじみが
　修羅場すぎる〈13〉
　……………………①1294
俺の『鑑定』スキルが
　チートすぎて …… ①1217

俺の『鑑定』スキルが
　チートすぎて〈2〉
　……………………①1217
俺の許可なく恋するな
　……………………①1311
俺の現実は恋愛ゲー
　ム??かと思ったら命
　がけのゲームだった
　……………………①1301
俺のこと、好きで
　しょ？………… ①1284
俺の死亡フラグが留ま
　るところを知らない
　〈4〉…………… ①1158
俺の青春を生け贄に、
　彼女の前髪をオープ
　ン …………… ①1242
俺の青春を生け贄に、
　彼女の前髪をオープ
　ン〈2〉………… ①1242
俺の青春を生け贄に、
　彼女の前髪をオープ
　ン〈3〉………… ①1242
俺の立ち位置はココ
　じゃない！…… ①1165
俺のチートは神をも軽
　く凌駕する …… ①1226
俺のハワイ、男の
　HAWAII ……… ①208
俺のペットは聖女さま
　……………………①1283
俺の部屋ごと異世界
　へ！ ネットと
　Amazonの力で無双す
　る〈1〉………… ①1231
俺の部屋ごと異世界
　へ！ ネットと
　Amazonの力で無双す
　る〈2〉………… ①1231
俺の部屋ごと異世界
　へ！ ネットと
　Amazonの力で無双す
　る〈3〉………… ①1231
おれの料理が異世界を
　救う！〈3〉…… ①1171
おれは一万石 …… ①1048
おれは一万石〈2〉… ①1048
俺はエージェント・①1079
俺はデュラハン。首を
　探している …… ①1191
俺はバイクと放課後に
　……………………①1002
俺は魔王で思春期男
　子！…………… ①1296
俺、冒険者！〈1〉… ①1279
俺、冒険者！〈2〉… ①1279
オレンジ色のあかり・①962
オレンジ色の不思議・①356
俺んちに来た女騎士と
　田舎暮らしすること
　になった件 …… ①1201
オレ、NO力者につき！
　……………………①1149
おろしや間諜伝説〈3〉
　……………………①1067
オワーズから始まった。
　……………………①968
お笑い芸人の言語学・①767
お笑い自民党改憲案・②197
終わりなき侵略者との
　闘い …………… ②690
終わりなき戦火〈6〉
　……………………①1362
終わりなき対話〈2〉・①906
終わりなき対話〈3〉・①906
終わりなき夜に生れつく
　……………………①1081
尾張名古屋の武芸帳・①558
終わりのセラフ〈1〉
　……………………①

終わる世界でキミに恋
　する …………… ①347
終わる世界の片隅で、ま
　た君に恋をする・①1156
追われもの …… ①1036
追われゆく坑夫たち・①927
音韻研究〈2017（第20
　号）〉………… ①620
音韻研究の新展開…①629
音楽 …………… ①867
音楽科における教育内
　容論の成立と展開に
　関する研究 …… ①738
音楽教育実践学事典・①738
「音楽教室の経営」塾
　〈1〉…………… ①802
「音楽教室の経営」塾
　〈2〉…………… ①802
音楽芸術マネジメント
　〈8〉…………… ①802
音楽芸術マネジメント
　〈9〉…………… ①802
音楽史を学ぶ …… ①819
音楽授業でアクティブ・
　ラーニング！ 子ども
　熱中の鑑賞タイム・①738
音楽・情報・脳 …… ①478
音楽・数学・言語…①820
音楽スタア’70 -’80・①804
音楽大学・学校案内
　〈2018〉……… ①746
音楽と建築 …… ①820
音楽と洗脳 …… ①802
音楽と沈黙〈1〉… ①1335
音楽と沈黙〈2〉… ①1335
音楽と美術のあいだ・①802
音楽と病 ……… ①813
音楽のカギ・空想び
　じゅつかん …… ①429
音楽の授業で大切なこ
　と ……………… ①738
音楽療法はどれだけ有
　効か …………… ②743
音楽理論入門 …… ①820
音響学入門ペディア・②592
温故知新の家族学 … ②703
オンコネフロロジー・②735
恩赦と死刑囚 …… ②42
御社の商品が売れない
　本当の理由 …… ②335
御社のデータが流出し
　ています ……… ①1076
御社の働き方改革、ここ
　が間違ってます！・②308
恩讐街道〈20〉…… ①1062
園城寺の仏像〈第2巻〉
　……………………①834
恩人の思想 …… ①447
音声起こし技能テスト
　過去問題集〈1〉… ②347
音声起こし技能テスト
　公式問題集 …… ②347
音声音響インタフェー
　ス実践 ………… ②516
音声学を学ぶ人のため
　のPraat入門 …… ①820
音声講義 聞いたらわ
　かったSPI ……… ②293
音声認識 ……… ②516
音声DL付き もう迷わな
　い！ 時制の使い方が
　わかる本 ……… ①638
音声DL付き もう迷わな
　い！ 前置詞の使い方
　がわかる本 …… ①653
音声DVDで聴ける！ 柳
　家さん喬 大人の落語
　……………………①785

温泉ザル …………… ②693
温泉手帳 …………… ①188
温泉天国 …………… ①937
温泉の科学 ………… ②677
温泉の秘密 ………… ①188
温泉むすめ ………… ①1169
御曹司さまの言いなり
　なんてっ！ …… ①1163
御曹司と溺愛付き!?ハラ
　ハラ同居 ……… ①1201
御曹司による贅沢な溺
　愛 ……………… ①1145
御曹司の溺愛エスコー
　ト ……………… ①1300
御曹子のプロポーズ
　…………………… ①1368
御曹司の問答無用なプ
　ロポーズ ……… ①1398
音大生・音楽家のため
　の英語でステップ
　アップ ………… ①643
音大生のための憲法講
　義15講 ………… ②198
温暖化対策で熱帯林は
　救えるか ……… ②578
恩寵燦々と 聖霊論的自
　叙伝〈上〉 …… ①522
音読して楽しむ名作英
　文 ……………… ①653
「音読」で攻略TOEIC
　L&Rテストでる文80
　…………………… ①659
音読力 ……………… ①623
オントロジー法学 … ②220
女一匹冬のシベリア鉄
　道の旅 ………… ①198
女を一瞬でキュンとさ
　せる！ 男のモテテク
　…………………… ①119
女を磨く161の言葉 … ①114
女を観る歌舞伎 …… ①787
女が美しい国は戦争を
　しない ………… ①927
女が、さむらい …… ①1035
女騎士これくしょん
　…………………… ①1274
女騎士は放蕩王子の愛
　に戸惑う ……… ①1296
女教師“完全調教クラ
　ブ” …………… ①1405
女系図でみる驚きの日
　本史 …………… ①530
女興行師 吉本せい … ①768
女50歳からの100歳人生
　の生き方 ……… ①114
おんなじおんなじ もも
　んちゃん ……… ①327
女塾 ………………… ①114
女上司のみだれ顔 … ①1399
おんな城主直虎〈2〉
　…………………… ①1025
おんな城主直虎〈3〉
　…………………… ①1025
おんな城主直虎〈4〉
　…………………… ①1025
女城主直虎と信長 … ①1026
女城主「直虎」の謎 · ①552
女連れごほうび旅 … ①1400
女捜査官淫辱 …… ①1406
女たちが立ち上がった
　…………………… ①572
女たちの王国 …… ②119
女たちの避難所 …… ①990
女たちの「謀叛」……②86
女たちへ ………… ①962
女談合屋〈6〉…… ①1005
女談合屋〈7〉…… ①1005
女っぽさを作る美髪ケ

アの基本 ………… ①21
女と男の品格。…… ①940
女と骨盤 …………… ①167
女に生まれてよかった。
　と心から思える本 · ①114
女の一生、「幸せ」って
　なんだ？ ……… ①114
女の数だけ武器がある。
　…………………… ①927
女の勘 男の鈍感 …… ①478
女の機嫌の直し方 … ①105
女のキレイは30分でつ
　くれる ………… ①114
女の子が生きていくと
　きに、覚えていてほ
　しいこと ……… ①114
女の子のことばかり考
　えていたら、1年が
　経っていた。… ①1014
女の子の育て方 …… ①11
女の子のためのセック
　ス ……………… ①962
女の子のなぞなぞ … ①440
女の子は、明日も。 · ①983
「女の子」は、努力しな
　いほうがうまくいく。
　…………………… ①114
おんなのこはもりのな
　か ……………… ①954
女の幸せは“子宮”で決
　まる！ ………… ①114
女の園 …………… ①1405
オンナの値段 …… ①114
女鍼師竜尾〈4〉…… ①1038
おんな秘孔帖 …… ①1405
おんな一人の崖っぷち
　を救う！ 開運の決定
　打 吉方位引っ越し
　…………………… ①128
女2人旅プロヴァンス
　…………………… ①205
女も男も生きやすい国、
　スウェーデン …… ②84
おんな酔い街 …… ①1399
女40歳から体が若くな
　る食べ方 ……… ①167
女らしさはけせない … ①29
女60代からは、病は気
　から、老いも気から。
　…………………… ①167
女、60歳からの人生大
　整理 …………… ①114
恩に気づく生きかた · ①513
音符 …………… ①971
オンマニベメフン … ①509
隠密 味見方同心〈7〉
　…………………… ①1036
隠密 味見方同心〈8〉
　…………………… ①1036
隠密 味見方同心〈9〉
　…………………… ①1036
隠密同心〈1〉…… ①1040
隠密同心〈2〉…… ①1040
隠密同心〈3〉…… ①1040
おんみょう紅茶屋らぶ
　さん …………… ①1266
陰陽師とはなにか … ②111
陰陽師 螢火ノ巻 … ①1065
オンライン!〈12〉… ①366
オンライン!〈13〉… ①366
オンライン!〈14〉… ①366
オンラインHDFの基礎
　と臨床 ………… ①748
オンリーワン差別化戦
　略 ……………… ②277

母さん、ごめん。……②68
かあさんの歌 …… ①962
かあさんの暮らしマネ
　ジメント ……… ②25
貝合せ百人一首 …… ①869
怪異を語る ……… ②111
怪異伝承譚 ……… ①886
会員 内部管理責任者学
　習テキスト〈2017～
　2018〉 ………… ②476
会員 内部管理責任者対
　策問題集〈2017～
　2018〉 ………… ②476
開運おでかけ手帖
　〈2018〉 ……… ①128
開運気学 ………… ①128
開運宝暦 神明館蔵版
　〈平成30年〉…… ①134
開運！ さぁ導かれよ
　神さま手帖… ①128
開運したければこの神
　社に朝、一人でお参
　りしなさい。…… ①505
開運十社巡り ……… ①1039
海運・造船会社要覧
　〈2018〉 ……… ②625
海運と港湾 ……… ②625
開運宝鑑〈平成30年〉
　…………………… ①128
開運！ まいにち神様 · ①128
開運暦〈平成30年〉… ①134
海運六法〈平成29年版〉
　…………………… ②625
怪奇編集部『トワイラ
　イト』〈2〉…… ①1218
開業医・医療法人…す
　べてのドクターのた
　めの相続税対策パー
　フェクト・マニュア
　ル ……………… ②411
開業とお金の不安が無
　くなる『美容室開業
　の教科書』…… ②426
怪魚を釣る …… ①232
怪魚大全 ………… ①698
怪奇礼讃 ………… ①1357
海軍乙事件を追う …… ①577
海軍下駄ばき空戦記 · ①585
海軍さんの料理帖 …… ①151
海軍水上機隊 …… ①577
海軍大将鳴田繁太郎備
　忘録・日記〈1〉… ①577
海軍兵学校生徒が語る
　太平洋戦争 …… ①585
会計学の基礎 …… ②314
会計学の誕生 …… ②314
会計学・簿記入門 …… ②314
会計監査六法〈平成29年
　版〉 …………… ②184
会計監査六法 Lite版
　〈平成29年〉…… ②314
会計規則集 …… ②314
会計検査院ガイドブッ
　ク〈2017年版 前期〉
　…………………… ②151
会計検査院ガイドブッ
　ク〈2017年版 後期〉
　…………………… ②151
会計検査のあらまし … ②151
会計事務職員の弁償責
　任 ……………… ②138
会計職業倫理 …… ②314
会計制度と法人税制 · ②314

海外赴任者の危機管理
　対策マニュアル … ②312
改革教会の伝道と教会
　形成 …………… ①523
改革者蘇我入鹿 … ①1061
改革と革命と反革命の
　アンダルシア …… ①600
改革派教会 ……… ①523
絵画検討会〈2016〉… ①823
飼い方・気持ちがよく
　わかる かわいいイン
　コとの暮らし方 … ①696
飼い方・気持ちがよくわ
　かる かわいいハムス
　ターとの暮らし方 · ①262
開化鐵道探偵 …… ①1114
絵画の歴史 ……… ①827
貝殻と頭蓋骨 …… ①948
開館記念展 未来への狼
　火 ……………… ①823
會館藝術〈第2期〉… ②8
會館藝術〈第6巻〉… ②8
會館藝術〈第7巻〉… ②8
會館藝術〈第8巻〉… ②8
會館藝術〈第9巻〉… ②8
會館藝術〈第10巻〉… ②8
會館藝術〈第11巻〉… ②8
海岸の女たち …… ①1327
回帰 …………… ①1087
会議を変えるワンフ
　レーズ ………… ②359
海技試験六法〈平成29年
　版〉 …………… ②642
回帰診断 ………… ②660
海技士4E解説でわかる
　問題集 ………… ②643
海技士6E解説でわかる
　問題集 ………… ②643
怪盗礼讃 ………… ①1357
海軍乙事件を追う …… ①577
海軍下駄ばき空戦記 · ①585
海軍さんの料理帖 …… ①151
海軍水上機隊 …… ①577

会計税務便覧〈平成29年
　度版〉 ………… ②322
会計全書〈平成29年度〉
　…………………… ②314
会計専門職大学院（アカ
　ウンティングスクー
　ル）に行こう！〈2018
　年度版〉 ……… ①741
会計と社会 ……… ②314
会計と税務の相違・申
　告調整実務 …… ②322
会計の基礎ハンドブッ
　ク ……………… ②314
会計は一粒のチョコ
　レートの中に …… ②314
会計法規集 ……… ②315
会計法計算書類の実務
　…………………… ②195
会計理論研究の方法と
　基本思考 ……… ②315
解決志向のクラスづく
　り完全マニュアル · ①706
解決志向リハーサル
　ブック ………… ①489
かいけつゾロリのかい
　ていたんけん …… ①347
かいけつゾロリのちて
　いたんけん …… ①347
解決人 …………… ①1113
改憲的護憲論 …… ②220
改憲 どう考える緊急事
　態条項・九条自衛隊
　明記 …………… ②198
甲斐犬の神髄、ここに
　…………………… ①263
外交感覚 ………… ②138
外交官が読み解くトラ
　ンプ以後 ……… ①121
外交青書〈2017（平成29
　年版）〉 ……… ②174
開高健 …………… ①910
開高健の文学世界 … ①910
邂逅の論理 ……… ①447
介護界のアイドルごぼ
　う先生のみんなを笑
　顔にする魔法 …… ②68
介護・看護の漢字とこ
　とば N4レベル編 · ①635
介護危機 ………… ②68
介護基礎学 ……… ②68
外国為替・貿易小六法
　〈平成29年版〉…… ②313
外国語ができなくても
　おもてなしできる！
　…………………… ①663
外国語習得に成功する
　学習プロセス …… ①734
外国人医師と私の契約
　結婚 …………… ①1179
外国人をつくりだす · ②138
外国人介護職への日本
　語教育法 ……… ②68
外国人・外資系企業の
　日本進出支援実務
　Q&A …………… ②277
外国人が驚いた居酒屋
　の世界 ………… ①43
外国人が見つけた長寿
　ニッポン幸せの秘密
　…………………… ①109
外国人が喜ぶ日本の名
　所 ……………… ①188
外国人観光客をリピー
　ターにする世界基準
　の「接客サービス」· ②426
外国人観光客の
　「Excuse me？」に応
　える英会話 …… ①643
外国人技能実習・研修

書名索引

事業実施状況報告〈2017年度版〉……②465
外国人雇用のトラブル相談Q&A……②466
外国人実習生「SNS相談室」より……②465
外国人だらけの小学校はツッコミの毎日でした。……①939
外国人と働いて結果を出す人の条件……②341
外国人の介護国試合格BOOK……②76
外国人の子ども白書……②50
外国人のための会話で学ぼう! 介護の日本語……②68
外国人のための国際結婚手続マニュアル……②190
外国人のためのやさしく学べる介護のことば……②68
外国人のためのやさしく学べる介護の知識・技術……②68
外国人はなぜ消防士になれないか……②43
外国人は歴代総理の談話をどう読んだのか……①650
外国人・留学生を雇い使う前に読む本……②465
外国人労働者受け入れと日本語教育……②465
外国人労働者をどう受け入れるか……②465
外国につながる子どもたちと教育……①713
外国の本っておもしろい!……①391
「外国」の学び方……②18
介護経営白書〈2017-2018年版〉……②82
介護現場で使える 医療知識&お薬便利帖……②68
介護現場における「ケア」とは何か……②50
介護現場のリーダーお助けブック……①681
介護殺人の予防……②50
介護支援専門員過去問オールチェック……②76
介護支援専門員現任研修テキスト〈第3巻〉……②76
介護支援専門員実務研修 実習ガイドブック……②76
介護事業所に人が集まるPDCA仕事術……②68
介護事業所のための改正介護保険早わかり……②72
介護施設のためのキャリアパスのつくり方・動かし方……①681
介護職員キャリアパス構築・運用マニュアル……②76
介護職員処遇改善加算超実践マニュアル……②68
介護職員初任者研修テキスト〈2017年度版〉……②76
介護職員初任者研修テキスト 全文ふりがな付き〈第1巻〉……②68
介護職員初任者研修テキスト 全文ふりがな

付き〈第2巻〉……②68
介護職・介護家族に役立つやさしい医学知識……②68
介護職のための困りごと&お悩み解決ハンドブック……②50
介護スタッフのための施設看取りハンドブック……②50
介護スタッフのためのシニアの心と体によい言葉がけ5つの鉄則……②50
介護する息子たち……②50
解雇・退職・雇止め相談標準ハンドブック……②461
骸骨騎士様、只今異世界へお出掛け中〈6〉……①1250
骸骨騎士様、只今異世界へお出掛け中〈7〉……①1250
ガイコツと探偵をする方法……①1353
介護で使える言葉がけ……②68
介護というお仕事……②69
介護等々体験マニュアルノート……②69
介護の現場で役立つ介護技術&急変時対応ハンドブック……②50
介護の仕事には未来がないと考えている人へ……②69
介護の仕事は「聴く技術」が9割……②69
介護のための『教育学』……②69
介護の未来をどうするか?……②69
介護白書〈平成29年版〉……②50
介護破産……②50
介護は底なし……②69
介護はつらいよ……②69
介護福祉士一問一答問題集&要点マスター〈2018年版〉……②76
介護福祉士をめざす人の本〈'18年版〉……②76
介護福祉士過去7年本試験問題集〈2018年版〉……②76
介護福祉士完全合格書き込み式ワークノート……②76
介護福祉士完全合格過去&模擬問題集〈2018年版〉……②76
介護福祉士完全予想模試〈'18年版〉……②76
介護福祉士国家試験過去問解説集〈2018〉……②76
介護福祉士国家試験受験ワークブック〈2018上〉……②76
介護福祉士国家試験受験ワークブック〈2018下〉……②76
介護福祉士国家試験対策 図でわかる! 重要ポイント88〈2018年〉……②76
介護福祉士国家試験出題頻出要点チェック〈2018〉……②76
介護福祉士国家試験模

擬問題集〈2018〉……②76
介護福祉士試験集中テキスト〈'18年版〉……②76
介護福祉士重要過去問完全マスター問題集〈2018年版〉……②76
介護福祉士重要項目〈'18年版〉……②76
介護福祉士らくらく合格テキスト〈2018年版〉……②76
介護福祉用語 和英・英和辞典……②82
懐古放談……①950
介護保険施設のためのできる! 感染対策……②50
介護保険制度とは……②72
介護保険制度の強さと脆さ……②72
介護保険担当者ハンドブック〈2017〉……②73
介護保険六法〈平成29年版〉……②73
介護予防のためのウォーキング……②69
介護リーダーの仕事と役割がわかる!……②69
介護リーダーのためのアンガーマネジメント活用法……②50
介護リーダーの問題解決マップ……②69
介護レベルのシニアでも超楽しくできる 声出し! お祭り体操……②69
介護恋愛論……②69
介護老人施設・老人ホーム計画一覧〈2017-2018〉……②69
介護労働の現状〈1〉……②50
介護労働の現状〈2〉……②50
「解散・清算の実務」完全解説……②315
カイジ「命より重い!」お金の話……②388
海自オタがうっかり「中の人」と結婚した件。〈2〉……②163
カイジ「勝つべくして勝つ!」働き方改革……②347
海事関連事業者要覧 職員録〈2018〉……②625
外資系企業の動向〈第49回〉……②303
外資系コンサルのビジネス文書作成術……②362
外資系コンサルのプレゼンテーション術……②357
外資系コンサルは「無理難題」をこう解決します。……②347
外資系コンサル流・「残業だらけ職場」の劇的改善術……②308
外資系で学んだすごい働き方……②341
外資系投資銀行がやっている最速のExcel……②384
外資系秘書ノブコのオタク帝国の逆襲……①985
カイジ「したたかにつかみとる」覚悟の話……①88
カイジ「どん底からはいあがる」生き方の話……①88
外資のスーパーエリートが大切にする意外と誰もやっていない「コミュニケーショ

ン」の基本……②347
外事犯罪捜査ハンドブック……②211
開示不正……②315
海事法……②625
会社を辞めずに朝晩30分からはじめる起業……②277
会社合併実務必携……②311
会社四季報 業界地図〈2018年版〉……②289
会社事業承継の実務と理論……②195
会社税務マニュアルシリーズ〈3〉……②322
会社訴訟ハンドブック……②214
会社訴訟・紛争実務の基礎……②227
会社では教えてもらえない 上に行く人の報連相のキホン……②347
会社では教えてもらえない残業ゼロの人の段取りのキホン……②347
会社では教えてもらえない仕事がデキる人の資料作成のキホン……②347
会社では教えてもらえない生産性が高い人の思考整理のキホン……②347
会社で恥をかかないための言いまちがい正誤ブック……②363
会社でやる気を出してはいけない……②347
会社でExcelを使うということ。……②538
会社苦いかしょっぱいか……②26
会社に入る前に知っておきたい これだけ経済学……②255
会社入門……②255
会社のお金は通帳だけでやりくりしなさい……②315
会社の壁を超えて評価される条件……②347
カイシャの3バカ……②277
会社の"終活"読本 社長のリタイア"売却・廃業"ガイド……②325
会社の商標実務入門……②584
会社の成長とIPO……②277
会社のつくり方……②369
会社の中の発達障害……②341
会社の"本気"を後押しする 産業医労働防止の実務対応……②462
会社非訟事件の実務……②193
会社分割の法務……②195
会社法……②196
会社法概論……②196
会社法計算書類作成ハンドブック……②196
会社法決算書作成の手引……②196
会社法決算書作成ハンドブック〈2017年版〉……②196
会社法決算書の読み方・作り方……②321
会社法決算書の実務……②196
会社法実務大系……②196
会社法実務マニュアル〈1〉……②196

会社法実務マニュアル〈2〉……②196
会社法実務マニュアル〈3〉……②196
会社法実務マニュアル〈4〉……②196
会社法実務マニュアル〈5〉……②196
会社法実務問答集〈1上〉……②196
会社法実務問答集〈1下〉……②196
会社法訴訟……②196
会社法大要……②196
会社法入門……②196
会社法の知識と実務……②196
会社法のファイナンスとM&A……②196
会社法判例の読み方……②196
会社要覧 ハム・ソーセージ業界〈平成30年版〉……②444
会社労務ありがち事件簿 "ダンサーのりか"の労働トラブルシューティング……②462
回収率をあげるオッズ馬券の参考書……①244
回収率を決める最終レース……①244
海上自衛官が南極観測船「しらせ」で学んだきつい仕事に潰されない人のルール……②164
海上衝突予防法史概説……②625
海上衝突予防法の解説……②625
海上人命安全条約〈2017年〉……②625
海嘯千里を征く……①1056
海上阻止活動の法的諸相……②162
海上の巨大クレーン これが起重機船だ……②625
海上の絶対君主……①1317
海上保安大学校 海上保安学校 採用試験問題集……②625
海上保安大学校 海上保安学校への道〈平成29年版〉……②175
海上保安庁 船艇・航空機ガイド〈2017〉……②625
海上保安レポート〈2017〉……②162
海上保安六法〈平成29年版〉……②625
海上無線通信士第1級・第2級・第3級……②635
外食業界を健康に導く会社の 五徳の精神 五独の誓い……②427
外食・コンビニ・惣菜のカロリーガイド……①165
外食・コンビニ・惣菜のミニガイド……①165
外食女子のための太らない選択……①40
外食でやせる!……①163
海事レポート〈2017〉……②625
海事六法〈2017年版〉……②625
怪人江戸川乱歩のコレクション……①910
外人女性交際マニュアル……①119
怪人二十面相〈上〉……①1078

怪人二十面相〈下〉‥①1078
怪人二十面相・青銅の
　魔人 ‥‥‥‥‥‥‥①1078
怪人二十面相と少年探
　偵団 ‥‥‥‥‥‥‥①380
会心のショットが百発
　百中になる完全なゴ
　ルフスイング ボディ
　フロー・ラーニング
　編 ‥‥‥‥‥‥‥‥①219
海水の疑問50 ‥‥‥‥②677
回生婆語 ‥‥‥‥‥‥①953
改正外国人技能実習制
　度の実務 ‥‥‥‥‥②465
改正個人情報保護法対
　応版 個人情報キチッ
　と管理 ‥‥‥‥‥‥②184
改正個人情報保護法と
　企業実務 ‥‥‥‥‥②184
改正個人情報保護法の
　実務対応マニュアル
　‥‥‥‥‥‥‥‥‥②221
改正 市制町村制正解 附
　施行諸規則〈明治四十
　五年第七版〉 ‥‥‥②221
改正社会福祉法対応の
　ための規程集〈第2弾〉
　‥‥‥‥‥‥‥‥‥②50
改正消費者契約法対応
　Q&A消費者取引トラ
　ブル解決の手引‥‥②184
改正精神衛生法時代を
　戦った保健所のPSW
　たち ‥‥‥‥‥‥‥②50
改正税法の要点解説〈平
　成29年度版〉 ‥‥‥②398
改正対応 公益法人・一
　般法人の登記 完全版
　‥‥‥‥‥‥‥‥‥②210
改正著作権法がよくわ
　かる本 ‥‥‥‥‥‥②184
慨世の遠吠え〈2〉‥‥②92
改正発達障害者支援法
　の解説 ‥‥‥‥‥‥②50
改正 府県制郡制註釈
　〈明治三十二年第二
　版〉 ‥‥‥‥‥‥‥②226
改正法対応 社会福祉法
　人会計基準のすべて
　‥‥‥‥‥‥‥‥‥②277
改正保険業法の解説‥②386
改正民法講義 総則編 物
　権編 債権編 親族編
　相続編 施行法 明治三
　十四年訂正第十版 ‥②226
解析学入門 ‥‥‥‥‥②656
解析塾秘伝 CAEを使い
　こなすために必要な
　基礎工学！ ‥‥‥‥②591
解析『日本書紀』‥‥①541
解析力学 ‥‥‥‥‥‥②663
解説 悪臭防止法〈上〉
　‥‥‥‥‥‥‥‥‥②184
解説 悪臭防止法〈下〉
　‥‥‥‥‥‥‥‥‥②184
解説教育六法〈2017〈平
　成29年版〉〉‥‥‥①757
解説 森林法 ‥‥‥‥②184
概説世界経済史 ‥‥‥②268
解説 電気設備の技術基
　準 ‥‥‥‥‥‥‥‥②592
解説 特許法 ‥‥‥‥②584
解説とQ&Aによる国税
　関係帳簿書類の電子
　（スキャナ）保存の実
　務 ‥‥‥‥‥‥‥‥②398
概説 福祉行財政と福祉
　計画 ‥‥‥‥‥‥‥②50
概説文語文法 ‥‥‥‥①631

解説 民法（債権法）改正
　のポイント ‥‥‥‥②208
概説 労働市場法 ‥‥②466
改善に活かす！
　ISO14001：2015年版
　への移行と運用の実
　務クイックガイド‥②586
凱旋門と活人画の風俗
　史 ‥‥‥‥‥‥‥‥①827
改造自動車等の取扱い
　の解説 ‥‥‥‥‥‥②441
回想の青山光二 ‥‥‥①911
回想のぬいぐるみ警部
　‥‥‥‥‥‥‥‥‥①1099
快速エクセル ‥‥‥‥②538
海賊がつくった日本史
　‥‥‥‥‥‥‥‥‥①530
海賊史観からみた世界
　史の再構築 ‥‥‥‥①588
海賊の世界史 ‥‥‥‥①588
かいぞくの宝さがし‥①327
海賊めいろブック ‥‥①440
解体後のユーゴスラ
　ヴィア ‥‥‥‥‥‥②127
外為年鑑〈2017〉‥‥②381
怪談 ‥‥‥‥‥‥‥‥①1121
怪談遺産 ‥‥‥‥‥‥①1126
怪談オウマガドキ学園
　〈21〉‥‥‥‥‥‥①385
怪談オウマガドキ学園
　〈22〉‥‥‥‥‥‥①385
怪談オウマガドキ学園
　〈23〉‥‥‥‥‥‥①385
怪談オウマガドキ学園
　〈24〉‥‥‥‥‥‥①385
怪談オウマガドキ学園
　〈25〉‥‥‥‥‥‥①386
階段を下りる女 ‥‥‥①1332
怪談彼女〈6〉‥‥‥‥①1238
怪談狩り ‥‥‥‥‥‥①1125
怪談グランプリ2017・①144
怪談現場東海道中 ‥‥①144
怪談五色 死相 ‥‥‥①1117
怪談5分間の恐怖 集合
　写真 ‥‥‥‥‥‥‥①386
怪談5分間の恐怖 立入
　禁止 ‥‥‥‥‥‥‥①386
怪談5分間の恐怖 人形
　の家 ‥‥‥‥‥‥‥①386
怪談5分間の恐怖 ひと
　り増えてく ‥‥‥‥①386
怪談5分間の恐怖 病院
　裏の葬り塚 ‥‥‥‥①386
怪談5分間の恐怖 見て
　はいけない本 ‥‥‥①386
怪談実話 終 ‥‥‥‥①1121
怪談収集家 山岸良介と
　ぼく ‥‥‥‥‥‥‥①366
「ガイダンス教育」を考
　える ‥‥‥‥‥‥‥①721
怪談生活 ‥‥‥‥‥‥①887
怪談手帖 遺言 ‥‥‥①144
怪談売買録 死季 ‥‥①144
諧調は偽りなり〈上〉
　‥‥‥‥‥‥‥‥‥①1003
諧調は偽りなり〈下〉
　‥‥‥‥‥‥‥‥‥①1003
「貝ちりめん」でつくる
　動物・小物 ‥‥‥‥①73
改訂 医療秘書 ‥‥‥②712
改訂 医療用語 ‥‥‥②712
改訂を重ねる『ゴドー
　を待ちながら』 ‥‥①782
改訂新版 徹底攻略
　LPIC Level3 303教
　科書+問題集 ‥‥‥②561
改訂ステップアップ式
　ケアマネジャー〈介護

支援専門員〉模擬試験
　問題集〈2017年版〉‥②76
改訂 ストーカー 被害に
　悩むあなたにできる
　こと ‥‥‥‥‥‥‥②211
改訂 設題解説戸籍実務
　の処理〈15〉‥‥‥②203
海底大冒険！ ‥‥‥‥①402
改訂版 異文化コミュニ
　ケーションのA to Z
　‥‥‥‥‥‥‥‥‥①620
改訂版 資産運用・節
　税・相続のための新・
　不動産投資メソッド
　「じぶんリート」‥‥②420
改訂 保育者論 ‥‥‥①688
書いて覚える英単語
　ノート 基本3000語レ
　ベル ‥‥‥‥‥‥‥①652
書いて覚える！ 介護福
　祉士国家試験合格ド
　リル〈2018〉 ‥‥‥②76
書いて覚える！ 社会福
　祉士国試ナビ穴埋め
　チェック〈2018〉‥②76
書いて覚えるスペイン
　語ドリル ‥‥‥‥‥②672
書いて覚えるはじめて
　のフォニックス ‥‥①646
書いて覚える！ ハロー
　キティの人工呼吸器
　ノート ‥‥‥‥‥‥②712
書いて覚える！ ハロー
　キティのモニター心
　電図ノート ‥‥‥‥②713
描いて楽しい なぞり猫
　‥‥‥‥‥‥‥‥‥①859
描いて楽しいもっとな
　ぞり猫 ‥‥‥‥‥‥①859
書いて伝える接客英語
　‥‥‥‥‥‥‥‥‥①638
書いて身につく 公益法
　人会計「解説&問題
　集」 ‥‥‥‥‥‥‥②315
かいてみようカタカナ
　〈1〉‥‥‥‥‥‥‥①391
怪盗アルセーヌ・ルパ
　ン ‥‥‥‥‥‥‥‥①381
怪盗王子チューリッ
　パ！〈3〉 ‥‥‥‥①380
怪盗 桐山の藤兵衛の正
　体 ‥‥‥‥‥‥‥‥①1044
怪盗クイーン ‥‥‥‥①366
怪盗グリフィン対ラト
　ウィッジ機関 ‥‥‥①1103
怪盗グルーのミニオン大
　脱走 ‥‥‥‥①321, ①347
怪盗グルーのミニオン
　大脱走ワクワクぬり
　え ‥‥‥‥‥‥‥‥①865
怪盗ジョーカー ‥‥‥①380
怪盗流れ星 ‥‥‥‥‥①1065
怪盗ニック 全仕事〈4〉
　‥‥‥‥‥‥‥‥‥①1353
怪盗の伴走者 ‥‥‥‥①1110
怪盗レッド〈3〉 ‥‥①359
怪盗レッド〈4〉 ‥‥①359
怪盗レッド〈13〉 ‥‥①359
貝毒 ‥‥‥‥‥‥‥‥②458
ガイドサインのグラ
　フィックス ‥‥‥‥①875
ガイドブック厚生労働
　省〈平成29年4月版〉
　‥‥‥‥‥‥‥‥‥②174
ガイドブック厚生労働
　省〈平成29年8月版〉
　‥‥‥‥‥‥‥‥‥②174
ガイドブック成年後見

制度 ‥‥‥‥‥‥‥②204
ガイドブック 部落差別
　解消推進法 ‥‥‥‥②43
ガイドブック法学 ‥‥②221
海難救助船スケルトン
　‥‥‥‥‥‥‥‥‥①1341
飼い主が残念です ‥‥①1397
飼い主様は騎士隊長
　‥‥‥‥‥‥‥‥‥①1196
飼い主のための犬種図
　鑑ベスト185 ‥‥‥①263
海沼実の唱歌・童謡読
　み聞かせ ‥‥‥‥‥②802
飼い猫のひみつ ‥‥‥①264
概念意味論の基礎 ‥‥①620
貝の火 ‥‥‥‥‥‥‥①309
快の錬金術 ‥‥‥‥‥②95
開発援助アジェンダの
　政治化 ‥‥‥‥‥‥②121
開発協力白書〈2016年
　版〉 ‥‥‥‥‥‥‥②246
開発協力白書 英語版
　〈2016年版〉‥‥‥②271
開発経済学 ‥‥‥‥‥②255
外反母趾は大丈夫「ゆりかご
　歩き」で治る！‥‥①146
回復術士のやり直し
　‥‥‥‥‥‥‥‥‥①1231
回復術士のやり直し〈2〉
　‥‥‥‥‥‥‥‥‥①1231
怪物学抄 ‥‥‥‥‥‥①327
怪物はささやく ‥‥‥①1357
カイ・フランクへの旅
　‥‥‥‥‥‥‥‥‥①875
海兵四号生徒 ‥‥‥‥①585
海法会誌〈復刊第60号
　（通巻第89号）〉‥②625
回峰行の祖 相応さん‥①517
解放新聞 縮刷版〈第49
　巻〉 ‥‥‥‥‥‥‥②43
解剖・動作・エコーで導
　くFasciaリリースの
　基本と臨床 ‥‥‥‥②750
外保連試案〈2018〉‥②748
海鰻荘奇談 ‥‥‥‥‥①1083
外務官僚マキァヴェリ
　‥‥‥‥‥‥‥‥‥①999
解明 病理学 ‥‥‥‥②732
界面化学 ‥‥‥‥‥‥②669
界面と分散コロイドの
　基礎と応用 ‥‥‥‥②598
回遊型巡礼の道 四国遍
　路を世界遺産に‥‥①514
海遊人 ‥‥‥‥‥‥‥①1024
海洋汚染防止条約〈2017
　年改訂版〉 ‥‥‥‥②573
海洋高校生たちのまち
　おこし ‥‥‥‥‥‥②157
海洋国家日本の戦後史
　‥‥‥‥‥‥‥‥‥①574
海洋地震学 ‥‥‥‥‥②677
海洋性レクリエーショ
　ン施設 ‥‥‥‥‥‥②617
海洋の物理学 ‥‥‥‥②677
海洋白書〈2017〉‥‥②625
海洋の修繕 ‥‥‥‥‥①1065
外来種のウソ・ホント
　を科学する ‥‥‥‥②690
外来診療のUncommon
　Disease〈Vol.2〉‥②713
外来生物はなぜこわ
　い？〈1〉 ‥‥‥‥①404
外来で診る！ 手足のし
　びれ・痛み診療 ‥‥②713
外来で診る不明熱 ‥‥②713
外来・訪問診療のため
　のデンタル・メディ
　カルの接点 ‥‥‥‥②753
快楽島 ‥‥‥‥‥‥‥①1319

快楽のグルメ ‥‥‥‥①1405
『快楽の園』を読む ‥①827
快楽のリベンジ ‥‥‥①1405
解離 ‥‥‥‥‥‥‥‥②743
解離の舞台 ‥‥‥‥‥②743
灰緑色の戦史 ‥‥‥‥①607
カイロ大学 ‥‥‥‥‥①747
カイロプラクティック
　各論〈1〉 ‥‥‥‥②750
会話がはずむ雑談力‥②359
会話力があがる中国語フ
　レーズ900 ‥‥‥‥①664
会話でわかる！ 忙しい
　医師のための不動産
　投資 ‥‥‥‥‥‥‥②420
会話と作文に役立つイ
　タリア語定型表現365
　‥‥‥‥‥‥‥‥‥①671
会話分析入門 ‥‥‥‥②95
会話力があがる 大人の
　はきはき「滑舌」上達
　ドリル ‥‥‥‥‥‥①121
「会話力」で相手を圧倒
　する大人のカタカナ
　語大全 ‥‥‥‥‥‥②31
ガウク自伝 ‥‥‥‥‥②127
ガウスに学ぶ初等整数
　論 ‥‥‥‥‥‥‥‥②651
ガウディ完全ガイド・②608
飼う人 ‥‥‥‥‥‥‥①1023
カウボーイ・サマー・①927
買う理由は雰囲気が9割
　‥‥‥‥‥‥‥‥‥②335
カウンセリングとコー
　チングの合わせ技・①489
カウンセリングにおけ
　る宗教性 ‥‥‥‥‥①489
カウンセリングの技術
　‥‥‥‥‥‥‥‥‥①489
臥雲辰致・日本独創の
　ガラ紡 ‥‥‥‥‥‥②417
カウンター・デモクラ
　シー ‥‥‥‥‥‥‥②169
カウンターと暴力の病
　理 ‥‥‥‥‥‥‥‥②43
カウンターの向こうの8
　月6日 ‥‥‥‥‥‥①577
カウントダウン ‥‥‥①1109
果鋭 ‥‥‥‥‥‥‥‥①1085
returnable あやしたい二人 ‥‥‥①347
帰ったら15分で作れ
　る！ 夜ラクごはん‥①51
帰ってからでもすぐで
　きるおかず400レシピ
　‥‥‥‥‥‥‥‥‥①51
帰ってきた日々ごはん
　〈3〉 ‥‥‥‥‥‥①42
帰ってきた元勇者〈8〉
　‥‥‥‥‥‥‥‥‥①1246
帰ってきた元勇者〈9〉
　‥‥‥‥‥‥‥‥‥①1246
帰ってきた竜馬先生の
　血液ガス白熱講義22
　問 ‥‥‥‥‥‥‥‥②713
加越能鉄道加越線 ‥‥②432
かえよう東京 ‥‥‥‥②581
変えよう！ 日本の学校
　レーズ9 ‥‥‥‥‥①749
かえる跳び川柳 ‥‥‥①971
カエルのえいゆうサー・
　リリパッド ‥‥‥‥①311
かえるのピクルス 虹を
　わたる ‥‥‥‥‥‥①327
カエルの楽園 ‥‥‥‥①1015
かえるのラミー ‥‥‥①327
かえるびょん ‥‥‥‥①327
花押・印章図典 ‥‥‥①618
花王の就活ハンドブッ

ク〈2019年度版〉… ①289
顔下半分で美人に魅せ
　る！…………………①21
顔に降りかかる雨…①1084
顔ニモマケズ………①121
顔の老化のメカニズム
　……………………②571
顔ヨガ………………①21
香りアロマを五感で味
　わう………………②646
香り高い焼き菓子 大人
　のBAKE……………①69
「香り」の科学………②646
加害の歴史に向き合う
　こと………………①577
蚊がいる……………①955
カカオカー・レーシン
　グ…………………①327
カカオでからだの劣化
　はとまる……………①163
画家加藤幹彦が描く水
　彩の世界〈Vol.1〉…①865
化学〈2019年度版〉…②443
化学英語30講………②669
科学絵本ガイドブック
　……………………①688
科学を伝え、社会とつ
　なぐサイエンスコ
　ミュニケーションの
　はじめかた………②646
科学をめざす君たちへ
　……………………②646
科学が教える、子育て
　成功への道………①11
科学が創造する新しい
　味…………………①51
科学が解いた!?世界の謎
　と不思議の事件ファ
　イル………………①588
科学鑑定のエスノグラ
　フィ………………②111
科学技術研究調査報告
　〈平成28年〉………②571
科学技術のフロントラ
　ンナーがいま挑戦し
　ていること………②646
科学技術白書〈平成29年
　版〉…………………②650
科学技術要覧〈平成29年
　版〈2017〉〉………②650
科学クイズにちょうせ
　ん！ 5分間のサバイ
　バル 3年生………①397
科学クイズにちょうせ
　ん！ 5分間のサバイ
　バル 4年生………①397
科学クイズにちょうせ
　ん！ 5分間のサバイ
　バル 5年生………①397
化学系学生にわかりや
　すい 熱力学・統計熱
　力学………………②669
化学系学生のための
　Excel2016/VBA入門
　……………………②538
化学系のための安全工
　学…………………②669
化学結合論…………②669
化学史事典…………②669
化学者たちの京都学派
　……………………②650
科学と軍事研究……②646
科学者の話ってなんて
　面白いんだろう…②646
科学者の冒険………②684
科学者の網膜………①766
科学性の芽生えから問
　題解決能力育成へ・①713
科学捜査ケースファイ

ル……………………②38
科学探偵謎野真実シ
　リーズ〈2〉…………②380
化学探偵Mr.キュリー
　〈6〉…………………①1083
科学知と人文知の接点
　……………………②728
科学調査宇宙船ミラー
　ジュ7探訪記
　〈episode1〉………①1118
科学的だからおいし
　い！ お弁当のコツ …①66
科学的に元気になる方
　法集めました……②347
科学哲学〈49‐2〉……②447
科学でわかった正しい
　健康法……………①156
化学と空想のはざまで
　……………………②669
科学とモデル………①447
科学について知ってお
　くべき100のこと …①397
科学のあらゆる疑問に
　答えます…………②646
科学の技法…………②646
化学の基本シリーズ〈2〉
　……………………②669
科学の最前線を歩く…②646
科学の不安定性と社会・②646
科学の本質と多様性・②646
科学はこれを知らない
　人類から終わりを消
　すハナシ　"地球蘇生
　力"は水素(-)と酸素
　(+)の超光回転(∞)
　が生み出す"ゼロ磁
　場"………………①137
化学反応論…………②669
歌学秘伝史の研究…①899
化学品ハンドブック
　〈2017〉……………②669
下顎平衡機能から考え
　る 直立二足歩行と歯
　科医療……………②753
科学への入門 レファレ
　ンスブック………②650
化学防災読本………②582
科学立国 日本を築く
　〈Part2〉……………②646
加賀中世城郭図面集・①548
加賀の芭蕉…………①902
カカノムノモ………①1147
鏡が語る古代史……①541
加賀兵さんちの花嫁く
　ん…………………①1322
鏡鑑としての中国の歴
　史…………………①595
鏡の女………………①1077
かがみのくに かわ…①327
かがみのくに しょくぶ
　つえん……………①327
かがみのくにシリーズ
　〈1〉…………………①847
かがみのくに すいぞく
　かん………………①327
かがみのくに どうぶつ
　えん………………①327
鏡の国のアリス……①379
鏡の国の衣裳美術館ぬ
　り絵ブック………①865
かがみのくに はくぶつ
　かん………………①327
かがみのくに まち…①840
かがみの孤城………①1095
鏡のなかのギリシア哲
　学…………………①467
鏡の背面……………②470
鏡の前のチェス盤…①1338

鏡の迷宮……………①1345
鏡リュウジの実践タ
　ロット・リーディン
　グ…………………①128
輝く子………………①971
餓鬼岳殺人山行……①875
かがやく昆虫のひみつ
　……………………①404
輝く女性起業家16人・②307
輝く宝石は愛の言葉
　……………………①1332
かかりつけ医による
　「もの忘れ外来」のす
　すめ………………①175
かかりつけ医は選ぶ時
　代…………………①154
香川県の山…………①189
賀川豊彦の社会福祉実
　践と思想が韓国に与
　えた影響とは何か・②50
かかわりの糸を結ぶ21
　の言葉……………①5
かかわることば……①620
可換理論の勘どころ・②651
可換理論の様相……②651
花冠の王国の花嫌い姫
　……………………①1240
かぎ編みと刺繍で描く
　ルナヘヴンリィの小
　さなお花の動物たち
　……………………①73
かきごおりすと〈Vol.5〉
　……………………①40
かき氷前線予報します
　……………………②677
書きこみ教科書 詳説世
　界史………………①730
書きこみ式いいこと日
　記〈2018年版〉……①7
描き込み式色鉛筆ワー
　クブック…………①859
書き込み式介護福祉士
　合格ノート〈'18年版〉
　……………………②76
書き込み式 漢字検定準
　2級問題集…………②625
書き込み式 漢字検定2
　級問題集…………②625
書き込み式 漢字検定3
　級問題集…………②625
書き込み式 漢字検定4
　級問題集…………②625
書き込み式 漢字検定5
　級問題集…………②625
書き込み式 漢字検定6
　級問題集…………②625
書き込み式 漢字検定7
　級問題集…………②626
書き込み式キャッシュ
　バック究極の出目攻
　略…………………②244
書き込み式ケアマネ合
　格ノート〈'17年版〉・②76
書き込み式で経理実務
　が身につく本……②315
書き込み式で定年後の
　「心配ごと」を総
　チェック！ 50歳から
　備えるライフプラン
　ノート……………①109
書き込み式脳活ペン字
　実用練習帳………①17
書き込み式 ボールペン
　字 手紙のあいさつ練
　習帳………………①17
書き込み式ゆる文字練
　習帖………………①17
鍵師ギドウ…………①1093

花き生産出荷統計〈平成
　27年産〉……………②452
描きたい操作がすぐわ
　かる！ AutoCAD LT
　操作ハンドブック・②603
餓鬼子どもたち 子ども
　家庭福祉論………②50
柿本人麻呂…………①541
柿原徹也パーソナル
　BOOK んで、今日本
　だすの……………①775
かぎ針編みでつくる、
　おしゃれな動物のイ
　ンテリア…………①82
かぎ針編みのアクリル
　たわし……………①82
かぎ針編みのかわいい
　モチーフ小物……①82
かぎ針あみのモチーフ
　50…………………①82
かぎ針で編むきせかえ
　あみぐるみ………①82
かぎ針で編むプラント
　ハンガーとバスケット
　……………………①73
かぎ針で編むルナヘヴ
　ンリィの小さなお花
　のアクセサリー…①73
描き文字のデザイン・①875
鍵屋甘味処改〈5〉…①1297
華客の鳥……………①1315
鍵山秀三郎 人生をひら
　く100の金言………①88
家郷………………①971
画狂其一……………①1027
「華僑」だけが知ってい
　る お金と運に好かれ
　る人、一生好かれな
　い人………………②388
華僑の大富豪が教えて
　くれた「中国古典」勝
　者のずるい戦略…①465
華僑の大富豪に学ぶず
　るゆる最強の仕事術
　……………………②347
限られた時間・限られ
　た器材で行う 訪問診
　療における義歯修理
　のコツ……………②753
書くインタビュー〈3〉
　……………………①909
架空の犬と嘘をつく猫
　……………………①1008
架空の国に起きる不思
　議な戦争…………①917
架空論文投稿計画…①1018
角栄…………………②147
学園交渉人…………①1295
学園の黒王子にカノ
　ジョ指名されました!!
　……………………①1402
核を葬れ！…………②578
核開発時代の遺産…②578
角換わりの新常識…②248
顎関節症のリハビリト
　レーニング………②754
顎関節症は自分で治せ
　る！………………①182
学業から芸能、スポー
　ツまで上達・合格祈
　願！「学問の神様」徹
　底ガイド…………①188
覚悟〈②238, ②147
書くことと描くこと・②646
覚悟の紅〈12〉………①1032
格差社会への対抗……②95

隠された牙…………①1115
隠された造血の秘密・②700
かくされたもじのひみ
　つ…………………①347
拡散忌望…………①1122
核惨事！(nuclear
　disaster)…………②579
か「」く「」し「」ご
　「」と「」……………①1003
隠しスキルで異世界無
　双〈1〉………………①1219
隠しスキルで無双ハー
　レム………………①1397
確実に稼げるminneハン
　ドメイド副業入門・②277
確実に増える不動産投
　資…………………②420
かくして殺人へ……①1350
学習科学ハンドブック
　第二版〈第3巻〉……①749
学習科学マンガ トリケ
　ラトプス…………①327
学習指導要領改訂のポ
　イント 小学校 算数
　〈平成29年版〉……①726
学習指導要領改訂のポ
　イント 小学校・中学
　校 国語〈平成29年版〉
　……………………①722
学習指導要領改訂のポ
　イント 小学校・中学
　校 社会〈平成29年版〉
　……………………①730
学習指導要領改訂のポ
　イント 小学校・中学
　校 体育・保健体育
　〈平成29年版〉……①740
学習指導要領改訂のポ
　イント 小学校・中学
　校 特別の教科道徳
　〈平成29年版〉……①736
学習指導要領改訂のポ
　イント 中学校 数学
　〈平成29年版〉……①726
学習指導要領改訂のポ
　イント 通常の学級の
　特別支援教育〈平成29
　年版〉………………①681
学習指導要領改訂のポ
　イント 特別支援学校
　〈平成29年版〉……①681
学習指導要領の改訂に
　関する教育方法学的
　検討………………①713
学習指導要領は国民形
　成の設計書………①757
学習社会学の構想…②95
学習者中心の教育…②676
学習塾トップ講師がす
　すめる読解力アップ
　直結問題集………①722
学習障がいのある児童・
　生徒のための外国語
　教育………………①681
学習障害(LD)のある小
　学生・中学生・高校生
　を支援する個別の指
　導計画 作成と評価ハ
　ンドブック………①681
「学習する組織」入門・②277
「学習成果の高い授業」
　に求められる戦略的
　思考………………①713
学習の作法…………①699
学習六法……………②184
隠し湯の効…………①1046
各種法人関係議事録モ
　デル文例集………②325
革新的医薬品の科学・②772

革新的な会社の質問力 ……②277
嶽神伝 鬼哭〈上〉 ……①1053
嶽神伝 鬼哭〈下〉 ……①1053
隠すことの叡智〈3〉 ……①447
覚醒 ……②240
学生エリート養成プログラム ……①676
学生を自己調整学習者に育てる ……①713
学生を戦地へ送るには ……①577
学生が見た合肥社会 ……②89
学生下宿年鑑〈2017〉 ……①418
学生下宿年鑑〈2018〉 ……①418
覚醒剤と妄想 ……①768
学生柔道の伝統 ……①236
覚醒する風と火を求めて ……①957
覚醒する "関東" ……①541
覚醒せよ、わが身体。 ……①447
学生との対話 ……①447
学生のためのPython ……②548
覚醒の道 ……①137
覚醒への糧 ……①458
学生・若手教師のための "実践" 特別支援教育テキストブック。 ……①681
岳泉会のよくばり温泉マウンテン ……①189
核戦争の瀬戸際で ……②121
学戦都市アスタリスク〈12〉 ……①1282
学戦都市アスタリスク 外伝〈2〉 ……①1282
核大国ニッポン ……②579
拡大自殺 ……①489
書くだけで奇跡を起こす引き寄せレッスン ……①114
角田信朗の筋トレバイブル ……①216
書く力を伸ばす実践ワーク＆指導法 ……①722
拡張少女系トライナリー ……①1132
拡張する学校 ……①749
学長奮闘記 ……①676
確定拠出年金関連法令条文集〈2017年度版〉 ……②73
確定申告を簡単に自動化してラクする本 ……②408
確定版 2017年度税制改正 ……②398
かくて行動経済学は生まれり ……②255
かくて中国は民主化する ……②132
カクテルの歴史 ……①43
学童期の作業療法入門 ……①681
学童集団疎開 ……①577
学童保育支援員の育ち・育て方 ……①688
学童保育に作業療法士がやって来た ……①688
学徒出陣とその戦後史 ……①577
核と戦争のリスク ……②121
「核」と対峙する地域社会 ……②138
核に縛られる日本 ……②579
確認申請マニュアル コ

ンプリート版〈2017-18〉 ……②619
学年誌ウルトラ伝説 ……②32
学年ビリから東大へ進み、作家になった私の勉強法 ……①108
核の恐怖全史 ……②169
角館城下町の歴史 ……①536
核のない世界への提言 ……②121
核発電の便利神話〈パート2〉 ……②579
岳飛伝〈3〉 ……①1037
岳飛伝〈4〉 ……①1037
岳飛伝〈5〉 ……①1037
岳飛伝〈6〉 ……①1037
岳飛伝〈7〉 ……①1037
岳飛伝〈8〉 ……①1037
岳飛伝〈9〉 ……①1037
岳飛伝〈10〉 ……①1037
岳飛伝〈11〉 ……①1037
岳飛伝〈12〉 ……①1037
岳飛伝〈13〉 ……①1037
岳飛伝〈14〉 ……①1037
楽譜をまるごと読み解く本 ……①820
楽譜作成ソフトDorico入門 ……②543
楽譜と旅する男 ……①1072
楽譜の風景 ……①815
核兵器と原発 ……②138
核兵器の拡散 ……②121
核兵器のない世界を求めて ……②46
革マル派五十年の軌跡〈第5巻〉 ……②173
核密約から沖縄問題へ ……②138
革命的話し方メソッド ……②359
革命伝説・宮本研の劇世界 ……①782
革命論集 ……①467
かくも水深き不在 ……①1094
学問をしばるもの ……①447
学問としての展開と課題 ……②749
学問の総本山HSUの教育革命 ……①502
学問の暴力 ……①564
神楽が伝える古事記の真相 ……①541
確率がわかる ……②660
確率捜査官 御子柴岳人 ……①1083
確率・統計 ……②660
確率統計による測量の誤差論 基本型 ……②604
確率と統計がよくわかる本 ……②660
確率微分方程式とその応用 ……②656
確率論講義ノート ……②660
確率論史 ……②660
確率論の黎明 ……②660
隔離の記憶 ……②43
学力格差拡大の社会学的研究 ……②749
学力・リテラシーを伸ばすろう、難聴児教育 ……①681
隠れアスペルガーでもできる幸せな恋愛 ……①489
「隠れ油」という大問題 ……①154
隠れオタな俺氏はなぜヤンキー知識で異世界無双できるのか？

……①1159
隠れ家のハネムーン ……①1368
学歴入門 ……①88
隠れキリシタンと政宗 ……①552
かくれ高血糖が体を壊す ……①166
隠れ増税 ……②398
かくれたのだーれ？ ……①303
かくれんぼくり ……①308
隠れナチを探し出せ ……①934
隠れ疲労 ……①146
隠れ不眠 ……①170
隠れ病は「腸もれ」を疑え！ ……①179
かくれんぼ ……①327
かくれんぼしましょうさぎさん ……①305
かくれんぼしましょくまさん ……①305
家訓で読む戦国 ……①552
核DNA解析でたどる日本人の源流 ……②684
翔け！ ジャニーズWEST ……①768
家系図で読み解く 日本を動かす名門一族 ……①531
「家系図」と「お屋敷」で読み解く歴代総理大臣 ……②147
「家系図」と「お屋敷」で読み解く歴代総理大臣 明治・大正篇 ……②147
家計調査年報〈1〉 ……②271
家計調査年報〈2〉 ……②271
家計の金融行動に関する世論調査〈平成29年2017年〉 ……②388
家計の経済学 ……②255
家計簿つけたら、ヤセました!! ……①25
家計簿、やりくり帳、支出表…アイデアが満載！ 貯金＆節約がもっとカンタンになるみんなの家計ノート ……②388
皮影（かげえ） ……①831
加計学園問題の本質 ……②139
過激な溺愛 ……①1405
駆け出しクリエイターのためのお金と確定申告Q&A ……②408
影憑き ……①1066
崖っぷちから始める世界寿命の延ばし方〈Step2〉 ……①1144
崖っぷちから始める世界寿命の延ばし方〈Step3〉 ……①1144
影の火盗犯科帳〈3〉 ……①1052
影のクロス ……①1073
影の探偵 ……①1107
影の武士団 ……①1030
架け橋〈20〉 ……①1049
梯明秀の物質哲学 ……①447
影踏み鬼 ……①1045、①1054
かけ焼きおかず ……①51
欠けゆく都市の機械月

姫（ムーンドール）……①1241
翳りゆくハート ……①1394
カゲロウデイズ〈8〉 ……①1214
「カゲロウデイズ」で高校英文法が面白いほどわかる本 ……①653
「カゲロウデイズ」で中学生からの勉強法が面白いほどわかる本 ……①713
「カゲロウデイズ」で中学地理が面白いほどわかる本 ……①730
「カゲロウデイズ」で中学理科が面白いほどわかる本 ……①729
蜻蛉日記 ……①888
かげろうの向こうの家族 ……①927
かげろう妖剣 ……①1050
科研費獲得の方法とコツ ……②646
加工・業務用青果物における生産と流通の展開と展望 ……②449
過去を変えれば「うつ」は治る ……①169
過去をきちんと過去にする ……①478
過去を捨てた億万長者 ……①1378
過去からの声 ……①1353
かこさとし・しゃかいの本 ゆうびんですよポストです ……①327
鹿児島学 ……②22
鹿児島ふるさとの祭り ……②118
鹿児島睦の器の本 ……①874
鹿児島・宮崎 ……①197
鹿児島歴史探訪 ……①536
カコタンBOOKつき 英検準2級過去問題集〈2017年度版〉 ……①656
カコタンBOOKつき 英検2級過去問題集〈2017年度版〉 ……①656
カコタンBOOKつき 英検3級過去問題集〈2017年度版〉 ……①656
カコタンBOOKつき 英検4級過去問題集〈2017年度版〉 ……①656
カコタンBOOKつき 英検5級過去問題集〈2017年度版〉 ……①656
ガーコとリチャードのあいことば ……①327
過去の自分を振り返る人だけが成功する理由 ……①88
籠の鳥の乙女の甘美な吐息 ……①1401
かごバッグ ……①73
かご・バッグ・ねこのおうち お出かけしよう ……①79
カゴメの就活ハンドブック〈2019年度版〉 ……①289
過去問10年分＋本年度完全予想模試2回分 宅建士試験対策〈2018〉 ……②496
過去問題集 社労士過去問題10年網羅〈vol.1〉 ……②500

過去問題集 社労士過去問題10年網羅〈vol.2〉 ……②500
過去問題集 社労士過去問題10年網羅〈vol.3〉 ……②500
過去問題で学ぶQC検定1級〈2017・2018年版〉 ……②627
過去問題で学ぶQC検定2級〈2018年版〉 ……②588
過去問題で学ぶQC検定3級〈2018年版〉 ……②588
過去問宅建塾〈1〉 ……②496
過去問宅建塾〈2〉 ……②496
過去問宅建塾〈3〉 ……②496
過去問7年分＋本年度予想 技術士第一次試験 基礎・適性科目対策＋超重要項目短期攻略レジュメ〈'17年版〉 ……②630
過去問7年分＋本年度予想 技術士第一次試験 建設部門対策〈'17年版〉 ……②630
囲われ花嫁 ……①1401
かさ ……①840
家裁調査官研究紀要〈第23号〉 ……②227
火災予防条例の解説 ……②583
かさじおやぶん いっけんらくちゃく！ ……①327
かさちゃんです。 ……①328
重ねて煮るだけ！ おいしいおかず ……①51
風花の露〈18〉 ……①1027
笠原将弘のさしすせそ ……①51
風待町医院 異星人科 ……①1126
風間ゆみEROTIC ……①779
傘も差せない不安定な乗り物の上から… ……①989
飾り結びもできるおしゃれな作り帯 ……①32
飾る・贈る 花の折り紙 ……①81
火山学 ……②677
加算税の最新実務と税務調査対応Q&A ……②398
火山全景 ……②677
火山で読み解く古事記の謎 ……①541
火山とくらす ……①399
火山の国に生きる 生きている火山 ……①399
火山のクライシス ……①441
カザンの闘技場 ……①277
火山列島・日本で生きぬくための30章 ……①402
ガシオロウィッツ 量子力学〈1〉 ……②663
家事が好きになる暮らしの工夫 ……①5
風（かじ）かたか ……②168
可視化・盗聴・司法取引を問う ……②211
貸金業務取扱主任者過去問題集〈2017年度版〉 ……②476
貸金業務取扱主任者合格本 ……②476
貸金業務取扱主任者 合格テキスト〈2017年度版〉 ……②476
貸金主任者試験分野別精選過去問解説集〈2017年度〉 ……②476

賢い子が育つ耳の体操
　………………………①688
賢い子は1歳までの眠り
　で決まる………………①170
賢いスーツの買い方…②341
かしこい相続・贈与の
　節税常識……………②411
かしこい人は算数で考
　える…………………②347
賢く生きるより辛抱強
　いバカになれ…………①88
「賢くお金を使う人」が
　やっていること………②388
かしこく摂って健康に
　なる くらしに役立つ
　栄養学………………②776
家事事件における保全・
　執行・履行確保の実
　務……………………②221
家事事件における保全
　処分の実務と書式…②184
家事事件の申立書式と
　手続………………②204
鍛冶師ですが何か！〈7〉
　………………………①1243
下肢静脈瘤……………②749
下肢静脈瘤が消えてい
　く食事………………①163
下肢静脈瘤 自分で治
　す！ 防ぐ！………②749
家事代行のプロが教え
　るかしこいそうじ術…①5
貸倒損失・貸倒引当金
　………………………②406
家事調停委員の回想…②227
かしてあげたいな……①328
かじ どうするの？…①328
「家事のしすぎ」が日本
　を滅ぼす……………②26
家事の断捨離……………①5
樫の花 How to PLAY
　………………………①971
カジノ How to PLAY
　How to WIN………①286
家事法の理論・実務・判
　例〈1〉………………②204
カシミールの非二元
　ヨーガ………………①161
家事も、育児も、お金
　も、紙に書くだけで
　お悩みスッキリ！ と
　にかく書き出し解決
　術！……………………①5
ガシュアード王国にこ
　にこ商店街〈3〉……①1186
「カジュアル系」英語の
　トリセツ……………①638
果樹＆フルーツ 鉢で楽
　しむ育て方…………①267
歌集 あさきゆめみし・①968
歌集 雨女の恋………①968
歌集 猪鼻坂…………②968
歌集 えびすとれー…①968
歌集 滑走路…………①968
歌集 剔舟……………①968
歌集 故郷……………①968
歌集 心と舞…………①968
歌集 四月一日。……①968
歌集 自転車を漕ぐ…①968
画集 将国のアルタイル
　………………………①840
歌集 叙唱……………①969
歌集 白猫倶楽部……①969
歌集 城山の楠………①969
歌集 水神……………①969
歌集 青眼白眼………①969
歌集 雑木林…………①969
歌集 外側の声………①969
歌集 空を鳴らして…①969

歌集 月に射されたまま
　のからだで…………①969
歌集 冬湖……………①969
歌集 季（とき）は巡りて
　………………………①969
歌集 飛びなさい……①969
歌集 夏の領域………①969
歌集 猫は踏まずに…①969
歌集 眠れる海………①969
歌集 八十の夏………①969
歌集 晩夏の海………①969
画集 ピエロ…………①840
歌集 悲天……………①969
歌集 百観音…………①969
歌集 百通り…………①969
歌集 フェルメールの光
　………………………①969
歌集 舟はゆりかご…①969
歌集 文語定型………①969
歌集 紅雀……………①969
歌集 母船……………①969
歌集 北帰行…………①969
歌集 蜜入り林檎……①969
歌集 御幸橋まで……①969
歌集 やはらかい水…①969
歌集 夜のボート……①969
果樹生産出荷統計〈平成
　27年産〉……………②452
ガジュマルの樹の下で
　………………………①1011
花章…………………①962
火定…………………①1044
「箇条書き手帳」でうま
　くいく………………②347
画商の生きざま………①825
過食症短期入院治療プ
　ログラム……………②743
過食症の症状コント
　ロールワークブック
　………………………②743
華節と虚飾 芥川賞の結
　末〈1〉………………①991
加持力の世界…………①517
柏木如亭詩集〈1〉……①899
柏木如亭詩集〈2〉……①899
梶原景季の娘、梶…①1044
カーズ…………………①372
カズオ・イシグロ……①920
カズオ・イシグロ読本
　………………………①921
カズオ・イシグロ入門
　………………………①921
カズオ・イシグロの世
　界……………………①921
数をかぞえるクマサー
　フィンするヤギ……②690
春日大社 千古の杜…①255
春日局………………①558
幽（かすか）/花腐（はな
　くた）し……………①1018
香月泰男 凍土の断層・①837
カーズ クロスロード
　………………①321, ①372
カーズ/クロスロード
　………………①321, ①372
ガス事業法令集………②229
カスタマイズできる
　ウェディング＆カ
　ラードレス……………①84
数霊 諏訪奇行記……①1015
カスタムメイド3D2オ
　フィシャルファン
　ブック2+VR…………②280
かずとすうじのでん
　しゃじてん…………①304
数と図形のせかい……①396
数と夕方………………①962
カストロ〈上〉………①610

カストロ〈下〉………①610
カストロの尻…………①991
数のあそび 魔方陣をつ
　くる…………………②651
カーズのひみつ100…①321
霞が関で昼食を……①1265
カスミとオボロ……①1019
霞と飛燕……………①1050
霞村四丁目の郵便屋さ
　ん……………………①1147
ガス溶接・溶断作業の
　安全…………………②459
ガズレレ歌本〈Vol.1〉
　………………………①803
ガズレレ歌本〈Vol.2〉
　………………………①803
風……………………①981
火星からの侵略………②109
火星ゾンビ…………①1263
火星の白蛇伝説……①1120
花精の舞……………①1012
家政婦ですがなにか？
　………………………①1225
家政夫とパパ………①1311
家政婦はシンデレラ
　………………………①1376
風をとらえ、沖へ出よ
　………………………①523
風ヶ丘五十円玉祭りの
　謎……………………①1070
風が吹いたり、花が
　散ったり……………①982
風から水へ……………②16
化石少女……………①1109
化石の植物学…………②678
稼ぐ技術！……………②277
かぜ薬は飲むな………①146
風蜘蛛の絲…………①1067
稼げる！ 自分に合った
　副業が必ず見つか
　る！ 副業図鑑……②277
稼げる農業…………②445
稼げる人が大切にして
　いる話し方…………②359
風工房のフェアアイル・
　ニッティング………①920
風心地………………①255
かぜ診療マニュアル・②713
風と土の秋田……………②22
風と共にゆりわぬ…①939
風とにわか雨と花…①1001
風に吹かれて…………①255
かぜにもらった夢……①328
風のアンダースタディ
　………………………①969
風の色………………①977
風のおとうと…………①969
風のかたち…………①1054
風のかなたのラサ……②86
風の月光館・惜別の祝
　宴……………………①889
風の声が聞こえるか
　………………………①1014
風の巡礼……………①962
かぜのてのひら………②86
風の電話……………②41
風の中の自叙伝……①927
風の名前〈1〉………①1365
風の名前〈2〉………①1365
風の名前〈3〉………①1365
風の名前〈4〉………①1365
風の名前〈5〉………①1365
風の狭間で……………②71
風の盆幻想…………①1077
風の街・福岡デザイン
　史点描………………①536
風の向こうへ駆け抜け

ろ……………………①1016
風のように旅のように
　………………………②22
風のよりどころ………①328
風町通信……………①1226
かぜまち美術館の謎便
　り……………………①1286
風夢緋伝……………①347
風よ吹け、西の国から
　………………………①934
河川閑話……………②608
河川堤防の技術史……②607
河川六法〈平成29年版〉
　………………………①1024
花葬…………………①1024
仮想空間計画………①1364
画像処理・機械学習プ
　ログラミング………②548
仮想通貨革命で働き方
　が変わる……………②242
仮想通貨で銀行が消え
　る日…………………②382
仮想通貨とフィンテッ
　ク……………………②376
仮想通貨とブロック
　チェーン……………②376
仮想通貨の時代………②376
画像認識……………②516
画像認識の極み "ディー
　プラーニング"……②522
かぞえかたいろいろ・②302
数え方のえほん………①304
数えずの井戸………①1038
かぞえてあそぼう123
　………………………①304
数える・はかる・単位の
　事典…………………②651
家族をテロリストにし
　ないために…………②121
家族をみつけたライオ
　ン……………………①382
家族が居心地のいい暮
　らし…………………①946
家族が治すうつ病…①169
家族が亡くなったとき
　の手続きどうした
　ら？ 専門家がやさ
　しく教えます………①16
家族が認知症になる前
　に準備する相続の本
　………………………②191
かぞくがのみすぎたら
　………………………①489
家族喰い………………②38
家族ケア……………②743
家族コンプレックス・①347
家族最後の日………①927
家族支援の実証的研究
　………………………②50
家族実践の社会学……②95
家族信託契約………②191
家族信託の教科書……②392
家族で遊ぼう！ おでか
　けBOOK山陽・山陰
　〈2018〉………………①196
家族でつくる心地いい
　暮らし
家族ではじめる、小さ
　なカフェ……………②277
「家族」という韓国の装
　置……………………②88
家族と高齢社会の法…②66
家族と国籍…………②204
家族と自分の気持ちが
　すーっと軽くなる 認
　知症のやさしい介護
　………………………①175
家族と病院と地域で支
　える 家族のための認

知症Q&A……………①175
家族と向きあう不登校
　臨床…………………①489
家族に介護が必要な人
　がいます……………②69
かぞくになって！……①311
家族のあしあと……①999
家族のアルバム……①382
家族の絆 愛の詩〈8〉・①962
家族の幸せと財産を
　なぐ不動産コンサル
　ティング……………②419
家族の心理…………②478
家族のための総合政策
　〈4〉……………………②50
家族・働き方・社会を変
　える父親への子育て
　支援…………………②50
家族はつらいよ〈2〉・①977
家族法………………②190
家族ほど笑えるものは
　ない…………………①9
課題解決につながる
　「実践マーケティン
　グ」入門……………②335
硬い体がみるみるほぐ
　れる世界一効くスト
　レッチ………………①156
話題でみる禅画入門・①831
片思いの日々………①1391
型がなくても作れるデ
　コレーションケーキ
　………………………①69
カタカナ シャンソン フ
　ランス語……………①669
カタカナで覚える「超
　効率」英単語………①652
カタカナ発音で「英語」
　は驚くほど通じる！
　………………………①638
型紙いらずの着物リメ
　イク 1枚の着物で
　セットアップ…………①84
型紙つき0-5歳児かわ
　いい！ 発表会＆行事
　コスチューム………①688
型紙の教科書…………①73
カタカムナ…………①137
カタカムナ 数霊の超叡
　智……………………①137
「カタカムナ」で解く魂
　の合氣術……………②236
カタカムナの使い手に
　なる〈3〉……………①137
「型」からスラスラ書け
　るあなたのまちの政
　策条例………………②157
肩関節再建術…………②749
敵討ちか主殺しか 物書
　同心居眠り紋蔵…①1044
硬きこと水のごとし
　………………………①1328
敵同士だけど恋に落ち
　ました……………①1406
硬くゆがんだ体を整え
　て痛みをトル やわら
　かい体のつくり方・①156
片恋の病……………①1311
肩・腰・膝 痛みのしく
　み……………………①172
肩・腰・ひざの痛みに効
　く アキレス腱のばし
　………………………①156
肩こりすっきり スロー
　空手ストレッチ……①216
肩こりには脇もみが効
　く……………………①172
片づきません！……①1017
片づけたい…………①937

書名索引

片づけのプロを探そう
ライフオーガナイ
ザー名鑑〈2017〉‥‥②26
片付けられない自分が
気になるあなたへ・①489
片づけられる人は、う
まくいく。‥‥‥①121
カタストロフ・マニア
‥‥‥‥‥①1001
かたづの！‥‥‥①1051
片隅の美術と文学の話
‥‥‥‥‥①946
かたちをはずしてうら
がえし‥‥‥‥①305
かたちのえほん‥‥①328
かたつむりくん‥‥①328
カタツムリの知恵と脱
成長‥‥‥‥②95
片手の楽園〈5〉‥‥①995
刀傷‥‥‥‥①1040
肩・ひざ・腰の痛みは動
いて治す！‥‥①172
堅物騎士は恋に落ちる
‥‥‥‥①1398
カタブツ皇帝陛下は新
妻への過保護がとま
らない‥‥‥①1286
かたみ歌〈上〉‥‥①1001
かたみ歌〈下〉‥‥①1001
片道勇者TRPGアペン
ド‥‥‥‥①277
傾いた垂直性‥‥①750
「型破り」の発想力‥①121
片山正通教授の「未来」
の「仕事」のつくり方
‥‥‥‥①348
片山正通百科全書・①875
語らなかった女たち・①927
語られなかった日本人
画家たちの真実・①831
語られる佐藤忠良‥①868
騙り商売‥‥‥①1031
語り継がれた偏見と差
別‥‥‥‥②43
語りつぐトクヴィル・②169
語り継ぐハンセン病‥②43
語り文化を世界へ‥①893
語り部は悪魔と本を編
む‥‥‥‥①1183
カタルーニャ建築探訪
‥‥‥‥②608
語る藤田省三‥‥①447
語るボルヘス‥‥①926
語る歴史、聞く歴史・①569
加田伶太郎作品集‥①1106
ガータロ‥‥‥①175
カタログでたどる日本
の小型商用車1904・
1966‥‥‥①441
かたわれワルツ‥‥①849
果断の桜‥‥‥①1046
「価値ある人生」のつく
り方‥‥‥‥①88
「価値観形成学習」によ
る「倫理」カリキュラ
ム改革‥‥‥①730
価値共創時代の戦略的
パートナーシップ・①369
勝ちきる頭脳‥‥①246
家畜人ヤプーAgain
‥‥‥‥①1132
「勝ち組」異聞‥‥①610
カチコチ体が10秒でみ
るみるやわらかくな
るストレッチ‥‥①156
カチコミかけたら異世
界でした‥‥①1162
価値創造学体系序説〈第

1巻〉‥‥‥‥①447
勝ち続ける会社をつく
る起業の教科書‥②277
勝ち続ける会社の「事業
計画」のつくり方・②277
勝ち続ける会社の目標
達成の仕組み‥‥②277
勝ち続ける技術
‥‥‥‥①236,②277
勝ち続ける「仕組み」を
つくる 獺祭の口ぐせ
‥‥‥‥②277
勝ち続ける組織の作り
方‥‥‥‥①228
ガチでやったら、年商5
億になった件‥‥②277
価値と資本：資本主義
の理論的基盤‥‥②256
ガチャを回して仲間を
増やす最強の美少女
軍団を作り上げろ〈2〉
‥‥‥‥①1230
ガチャを回して仲間を
増やす最強の美少女
軍団を作り上げろ〈3〉
‥‥‥‥①1230
ガチャにゆだねる異世
界廃人生活‥‥①1236
ガチャにゆだねる異世
界廃人生活〈2〉‥①1236
課長1年目のExcel術・①348
花鳥画レッスン‥‥①838
花鳥・山水画を読み解
く‥‥‥‥①831
課長の心得‥‥②365
がちょうのたんじょう
び‥‥‥‥①328
課長・部長のための
知っておきたいビジ
ネス常識と教養‥②277
課長・部長のための予
算作成と目標達成の
基本‥‥‥②325
課長・部長のための労
務管理問題解決の基
本‥‥‥②329
学会年報・研究報告集
文献総覧2010・2016‥②7
学級あそび101‥‥①706
学級を最高のチームに
する！365日の集団
づくり 高校‥‥①706
学級を最高のチームに
する！365日の集団
づくり 中学1年‥①706
学級を最高のチームに
する！365日の集団
づくり 中学2年‥①706
学級を最高のチームに
する！365日の集団
づくり 中学3年‥①706
学級が落ち着く教室の
整理・収納・動線の
ルール‥‥‥①706
学級経営の教科書‥①706
学級づくりがうまくい
く！中学校「お題日
記＆学級通信」‥①707
学級づくり "よくある失
敗" 113例‥‥①707
学級担任が進める特別
支援教育の知識と実
際‥‥‥‥①681
学級担任のためのカリ
キュラム・マネジメ
ント‥‥‥①707
学級力が一気に高ま
る！絶対成功の体育
授業マネジメント・①740

楽興の瞬間（とき）‥①815
楽毅論・杜家立成雑書
要略 光明皇后‥①869
かっくんこ！‥‥①328
脚気と軍隊‥‥①572
学研 現代新国語辞典
‥‥‥①631,①632
喝！建築ものづくり現
場力‥‥‥②440
学研都市線、大和路線
‥‥‥‥②432
学研まんが まんがの描
き方入門〈1〉‥①436
学研まんが まんがの描
き方入門〈2〉‥①436
学研まんが まんがの描
き方入門〈3〉‥①436
かっこいいコード進行
108‥‥‥①810
カッコいい資格図鑑・①299
「かっこいい」の鍛え方
‥‥‥‥①238
学校‥‥‥‥①962
学校を考えるっておも
しろい!!教養としての
の教育学‥‥①749
学校を強くする‥①699
学校改革請負人‥①699
学校が消える！‥①757
学校がキライな君へ・①699
学校看護学‥‥②763
学校管理職が進める教
員組織づくり‥‥①705
学校管理職試験 合格論
文の技術‥‥①705
学校管理職試験 面接の
合格術‥‥‥①705
学校管理職選考 教育法
規演習ノート‥‥①705
学校管理職選考合格
ノート‥‥‥①705
"学校管理職選考" 合格
論文トレーニング帳
‥‥‥‥①706
学校教育制度概論‥①699
「学校教育と社会」ノー
ト‥‥‥‥①749
学校教育の言語‥①620
学校教師の共感性に関
する研究‥‥①749
「学校芸能」の民族誌・②111
学校犬バディ‥‥①383
学校・子どもの安全と
危機管理‥‥①699
学校コミュニティへの
緊急支援の手引き・①757
学校事故の責任法理〈2〉
‥‥‥‥②204
学校司書という仕事‥②5
学校司書のいる図書館
に、いま、期待するこ
と‥‥‥‥②5
学校司書の役割と活動‥②5
学校事務公務員試験早
わかりブック〈2019年
度版〉‥‥‥②175
がっこうだってどきど
きしてる‥‥①311
学校で知っておきたい
著作権〈3〉‥‥①412
学校ですぐに実践でき
る 中高生のための
"うつ予防" 心理教育
授業‥‥‥①712
学校では教えてくれな
い差別と排除の話‥②43
学校では教えてくれな
い推薦・AO面接の超
裏ワザ講座‥‥①744

学校では教えてくれな
い戦国史の授業‥①552
学校では教えてくれな
い日本史の授業‥①531
学校と家庭で育む子ど
もの生活習慣‥‥①673
学校図書館のアイデア
＆テクニック‥‥②5
学校図書館の司書が選
ぶ小中高生におすす
めの本300‥‥‥②5
学校図書館の出番で
す！‥‥‥②5
学校図書館への研究ア
プローチ‥‥‥②5
学校にいくのは、なん
のため？‥‥①412
学校における安全教育・
危機管理ガイド‥①703
学校における食育の評
価 実践ワークブック
‥‥‥‥①673
学校における場面緘黙
への対応‥‥①699
学校にゆとりを生み出
す 副校長・教頭の多
忙にならない仕事術
‥‥‥‥①706
学校の記号とマーク・①412
学校の怖すぎる話〈2〉
‥‥‥‥①386
学校の都市伝説は知っ
ている‥‥‥①366
カッコウはコンピュー
タに卵を産む〈上〉
‥‥‥‥①934
カッコウはコンピュー
タに卵を産む〈下〉
‥‥‥‥①934
学校発・ESDの学び・①713
学校福祉のデザイン・②51
学校ブランディング・①875
学校へいきたい！世界
の果てにはこんな通
学路が！‥‥①383
学校へ行けなかった私
が「あの花」「ここさ
け」を書くまで‥①927
学校法‥‥‥‥①749
学校法人会計監査六法
〈平成29年版〉‥①184
学校法人会計要覧〈平成
29年版〉‥‥②315
学校保健安全法に沿っ
た感染症‥‥①747
学校保健概論‥‥①699
学校保健実務必携‥①699
学校保健統計〈学校保健
統計調査報告書〉〈平
成28年度〉‥‥①699
学校保健の動向〈平成29
年度版〉‥‥①699
学校メンタルヘルスハ
ンドブック‥‥①712
（仮）ヴィラ・アーク設
計主旨‥‥①1075
（仮）花嫁のやんごとな
き事情‥‥①1293
各國ノ政黨〈第1分冊〉
‥‥‥‥②226
各國ノ政黨〈第2分冊〉
‥‥‥‥②226
かっこよくいきるすて
きにいきるための5つ
のお話‥‥‥①412
喝采〈上〉‥‥①1107
喝采〈下〉‥‥①1107
喝采、その日その日。・①820
月山・鳥海山‥‥①1021

学校では教えてくれな
い戦国史の授業‥①552

葛飾区あるある‥‥②29
葛飾北斎‥①388,①835
葛飾北斎の本懐‥‥①835
葛飾北斎 本当は何がす
ごいのか‥‥①835
勝つ！社労士受験 過去
問徹底攻略〈2018年
版〉‥‥‥②500
勝つ！社労士受験 ゴロ
合わせ徹底攻略〈2018
年版〉‥‥②500
勝つ！社労士受験 ○×
答練徹底攻略〈2018年
版〉‥‥‥②500
勝新秘録‥‥‥①768
合戦の日本史‥‥①531
勝つ！卓球 ダブルス上
達60のコツ‥‥①225
勝つための準備‥①228
買ったら損する人気商
‥‥‥‥②2
活中論‥‥‥②249
がっちりマンデー!!知ら
れざる40社の儲けの
秘密‥‥‥②303
かつて10・8羽田闘争が
あった‥‥②46
買って得する都心の
1LDK‥‥‥②18
かつてない結果を導く
超「接待」術‥②363
勝手に幸せがつづく方
法‥‥‥‥①88
勝手にしゃべる女‥①1070
カット＆ペーストでこ
の世界を生きていく
‥‥‥‥①1201
カット＆ペーストでこ
の世界を生きていく
〈2〉‥‥‥①1201
葛藤を組織する授業・①713
葛藤するコーポレート
ガバナンス改革‥②376
活動報告‥‥‥②952
かっ飛ばせ！ひとこと
英会話‥‥‥①643
カツ丼わしづかみ食い
の法則‥‥‥①947
勝つには理由（わけ）が
ある‥‥‥①246
河童駒引考‥‥②111
河童のユウタの冒険
〈上〉‥‥‥①347
河童のユウタの冒険
〈下〉‥‥‥①347
活版印刷三日月堂‥①1017
勝つ人は知っている 現
代麻雀34の新常識・①246
カップは満たされて
る？‥‥‥②277
カップルのための「親
愛信託」‥‥②184
合併しなかった自治体
の実際‥‥‥②155
合併の法務‥‥②193
渇望‥‥‥‥①768
割烹あらかると‥‥②67
勝つボクシング最強の
コツ50‥‥‥①238
勝間式 超ロジカル家事‥②5
活躍する日本のイラス
トレーター年鑑
ILLUSTRATORS'
SHOW〈2018〉‥①840
活用労働統計〈2017年
版〉‥‥‥②468
桂枝雀名演集第3シリー
ズ〈第3巻〉‥‥①785
桂枝雀名演集第3シリー

書名索引

書名索引

ズ〈第4巻〉………①785
桂枝雀名演集第3シリーズ〈第5巻〉………①785
桂千穂のシナリオはイタダキで書け！……①796
かつらの合っていない女………①836
桂宮実録〈第4巻・第5巻〉………②149
桂宮実録〈第6巻〉………②149
桂宮実録〈第7巻〉………②149
カツリキの運動会＆発表会ダンス………①688
活路は共闘にあり……②139
ガーディアン………①1113
ガーディアン 新宿警察署特殊事案対策課………①1093
ガーディアンズ・オブ・ギャラクシー……①372
ガーディアンズ・オブ・ギャラクシー/コンプリート・ヒストリー………①849
ガーディアンズ・オブ・ギャラクシーリミックス………①372
ガーディアンズ・オブ・ギャラクシー：レガシー………①849
ガーディアンズ・ガーディアン〈2〉………①1182
ガーディアンズ・ガーディアン〈3〉………①1183
ガーディアンズ・チームアップ〈2〉……①849
家庭教育は誰のもの？………②51
家庭裁判所における遺産分割・遺留分の実務………②191
家庭支援論 …①688,②51
家庭支援論・保育相談支援………②51
家庭的保育の基本と実践………①688
家庭で作れるスペイン料理………①68
家庭で作れるポルトガル料理………①68
家庭でできるおいしいブルーベリー栽培12か月………①267
家庭でできる口腔ケア………②754
家庭の医学 検査数値対策シート………①146
家庭のオーブンで作る食パン………②51
家庭のオーブンで作るスポンジ生地………②51
家庭の事情………①995
家庭訪問保育の理論と実際………①689
家庭料理技能検定公式ガイド1級・準1級・2級実技試験編………②34
家庭料理技能検定公式ガイド1級・準1級・2級筆記試験編………②34
家庭料理技能検定公式ガイド3級………②34
家庭料理技能検定公式ガイド4級………②34
家庭料理技能検定公式ガイド5級………②34
カテゴリーキング Airbnb、Google、Uberは、なぜ世界の

トップに立てたのか………②277
勝てる！ 極ワザ心理術………①478
勝てる脳、負ける脳・②215
勝てる！ 不動産投資コンプリートガイド……①420
ガーデン………①1007
家電彼氏………①1295
家電兄弟………①927
カーテンコール！………①991
家電製品アドバイザー資格 商品知識と取扱い 生活家電編〈2018年版〉………②504
家電製品アドバイザー資格 商品知識と取扱い AV情報家電編〈2018年版〉………②504
家電製品アドバイザー資格 問題＆解説集〈2018年版〉………②504
家電製品アドバイザー資格 CSと関連法規〈2018年版〉………②504
家電製品アドバイザー試験 全問題集＆解答集〈17〜18年版〉………②504
家電製品教科書スマートマスターテキスト＆問題集………②505
花天の力士（ちからびと）………①1028
加藤和恵画集 イロイロ………①840
加藤宣行の道徳授業 考え、議論する道徳に変える指導の鉄則50・①736
加藤英夫のトリック・デック・ミラクルズ………①273
河東節三百年………①819
加藤嘉明………①1041
角川新字源………①632
角川つばさ文庫版 西郷どん！………①366
「稼得とケアの調和モデル」とは何か………②95
過渡現象の基礎……②592
ガードナーの予期せぬ絞首刑………①274
角野栄子の毎日いろいろ………②26
角満さんちのるーさん………①942
香取群事集成〈第9巻〉………②505
カトリック教会情報ハンドブック〈2018〉………①523
神奈川生まれの名字・①616
神奈川県高校受験案内〈平成30年度版〉………①741
神奈川県内乗合バス・ルートあんない〈No.4〉………②432
神奈川県の鉄道………②432
神奈川県の山………①189
神奈川で打ち勝つ！ 超攻撃的バッティング論………①220
神奈川の建築家とつくる家〈vol.2〉………②608
金栗四三………①215
かなことめぐる自然散歩………①192

金沢検定予想問題集〈2017〉………②22
金澤翔子………①869
金沢大学教育学部附属高等学校 付高外伝………①699
金沢 能登………①193
金沢・能登・北陸………①193
金沢ブランド100………②245
金沢・北陸………①193
悲しい偶然………①1387
哀しい殺し屋の歌………①1070
悲しいサヨクにご用心！………②169
悲しい話は終わりにしよう………①995
悲しき玩具………①904
哀しさを得る 看取りの生き方レッスン……②704
かなしみという名の爆弾を………①962
悲しみについて………①1007
悲しみの上に、人は輝く………①939
悲しみの館〈1〉………①1388
かなづかい研究の軌跡………①629
假名草子集成〈第57巻〉………①898
假名草子集成〈第58巻〉………①898
カナダ　　①208,②253
カナダ〈2017〜2018年版〉………①208
カナダ事件簿………②38
カナダ西部〈2017〜2018年版〉………①208
カナダの女性政策と大学………②137
彼方の女へ………①986
カナダの歴史を知るための50章………①603
カナダ 歴史街道をゆく………①199
カナタKOREAN中級〈1〉………①666
仮名手本忠臣蔵………①347
香菜とななつの秘密………①347
カナと魔法の指輪………①347
ガーナは今日も平和で………②86
カナヘイの小動物………①77
カナヘイの小動物 絵をみてとおぼえる英単語………①652
カナヘイの小動物 絵をみてパッとおぼえる英文法………①653
カナヘイのゆるっとTOWNポストカードブック………①840
金森順次郎第13代大阪大学総長回顧録……①676
必ず、愛は勝つ！………①228
必ずおいしく作れる和のおかず………①67
必ずかわいく作れるキャラ弁の教科書………①66
必ず合格！ 色彩検定3級〈2018年度版〉………②505
必ず上達する！ 剣道の新しい教科書………①236
必ずできる「学級開き」魔法の90日間システム………①707
必ずできる。………②348
必ず受かる！ 原付免許合格問題集………①243

必ず役立つ介護食……②69
必ず役立つ合唱の本 ボイストレーニングと身体の使い方編……①821
必ず役立つ仏教ドリル………①509
必ず役立つ！ 保育の年中行事まるごとアイデア………①689
かなり詳しく学べる TOEFL iBTテスト スピーキング・ライティング 演習編………①659
かなり詳しく学べる TOEFL iBTテスト リーディング・リスニング 演習編………①659
かなわぬ恋………①1391
華南中国の近代とキリスト教………①595
カニカマ100皿………②51
蟹座男子の取扱説明書………①130
カニバリズム論………②111
鹿沼土だけで楽しむ洋ラン・ミニ観葉………①269
金を掛けずに知恵を出すからくり改善事例集〈Part3〉………②588
カーネギーとジョブズの人生を拓く天国の対談………②277
金木義男の哲学………①447
金子一馬画集〈4〉………①840
金子一馬画集〈5〉………①840
金子光晴の唄が聞こえる………①911
カーネーション………①347
カネと共に去りぬ……①994
カネと暴力の系譜学………①447
金の権能〈4〉………①1032
金の策謀〈3〉………①1032
金原瑞人「監修」による12歳からの読書案内・・②2
兼松の就活ハンドブック〈2019年度版〉………①289
金持ち大家さんが買う物件 買わない物件………②420
金持ち定年、貧乏定年・②73
金持ち父さんのこうして金持ちはもっと金持ちになる………②376
金持ちのヤバい資産形成術………②388
金本・阪神 猛虎復活の処方箋………①222
可能世界の哲学………①447
狩野芳崖と四天王………①831
加納光於と60年代美術………①823
彼女を愛した遺伝子………①1272
彼女が花を咲かすとき………①1073
彼女たちの売春（ワリキリ）………②34
彼女たちはみな、若くして死んだ………①934
彼女と俺とみんなの放送〈2〉………①1224
彼女と人妻とオートバイ………①1404
彼女の色に届くまで………①1102
彼女の十字架に濡れる瞳………①1404
彼女の人生は間違いじゃない………①1015

彼女の母・彼女の姉・過保護なママ………①1404
彼女はアイドル声優………①1405
彼女は鏡の中を覗きこむ………①996
彼女はもどらない………①1107
蚊のはなし………②694
かのひと………①962
カノンとタクト………①328
カバ………①407
ガバちゃんの懸賞入門………①286
カーハッカーズ・ハンドブック………②533
ガバナンス改革 先を行く経営 先を行く投資家………②277
ガバナンス革命の新たなロードマップ………②278
ガバナンスとリスクの社会理論………②95
ガバナンスの機構………②256
カバのこども………①407
過払金返還請求・全論点網羅〈2017〉………②204
カバラの知恵………①88
カバレフスキー こどものためのピアノ小曲集 連弾………①817
かばんうりのガラゴ 小型えほんボックス・①328
下半身が変わると人生が変わる！ すごい足指まわし………①156
下半身だけ即やせる………①25
徹爛………①1008
過敏で傷つきやすい人たち………①478
荷風を追って………①911
カフェをはじめる人の本………②427
カフェ・パリにゃん………①264
カフェ・ファンタジア………①1310
カフカ………①923
歌舞伎………①436
歌舞伎〈58〉………①787
歌舞伎勝手三昧………①787
かぶきがわかるねこづくし絵本〈1〉………①328
かぶきがわかるねこづくし絵本〈2〉………①328
歌舞伎 研究と批評〈59〉………①787
華舞鬼昿おばけ写真館………①1117
歌舞伎町ダムド………①1108
歌舞伎町・四畳半ものがたり………①1010
歌舞伎と革命ロシア・①787
歌舞伎とはいかなる演劇か………①787
歌舞伎に行こう！………①787
歌舞伎の解剖図鑑………①787
カブキブ！〈1〉………①366
カブキブ！〈2〉………①366
カブキブ！〈3〉………①366
カブキブ！〈6〉………①988
カブキブ！〈7〉………①988
歌舞伎メモランダム・①787
株式会社法………②196
株式、為替、商品、金利 金融マーケットの教科書………②381
株式公開白書〈平成29年版（平成28年1月〜12月）〉………②381

株式・公社債評価の実務〈平成29年版〉… ①411
株式実務 株主総会のポイント〈平成29年版〉
………… ②327
株式実務のいろは … ②392
株式上場ハンドブック… ②327
株式譲渡と株主権行使… ②196
株式所有構造の変遷と経営財務………… ②369
株式投資の王道 ……… ②392
株式投資の学校 "チャート分析編" ……… ②392
株式投資の理論と実際… ②392
株式投資は自動注文（オートトレード）でもっとラクになる！
………… ②393
株で勝つ習慣 ……… ②393
株で資産を蓄える … ②393
株で月10万円のお小遣いと、将来1億円に化ける方法 ……… ②393
株トレード カラ売りのルール ……… ②393
株・日経225先物・FX…すべての答えはチャートにある！ ②393
株主総会実務必携… ②327
株主総会想定問答集〈平成29年版〉……… ②327
株主総会日程〈平成30年版〉……… ②327
株主優待ガイド〈2018年版〉……… ②278
「カブ」の神様が教える！ 手堅く稼ぐ株の必勝ルール …… ②393
カープのスカウト宮本洋二郎 ……… ①222
カープはもっと強くなる ……… ①222
カブフェレ教授のラグジュアリー論 …… ②369
カブールの園 ……… ①1127
画文集 旅の貼り絵（コラージュ）……… ①957
花粉症・アレルギーを自分で治す70の知恵… ①181
壁 ……… ①222
貨幣・勤労・代理人 … ②256
貨幣博物館常設展示図録 ……… ②376
貨幣論 ……… ②256
壁を打ち破るための第一歩 ……… ①956
壁を超える ……… ①228
壁を越えろ ……… ①228
可逆線波乱の軌跡 … ②432
壁と孔雀 ……… ①1091
壁ドンより床ドンよりロンドン ……… ①775
壁の鹿 ……… ①994
壁の花の叶わぬ恋 … ①1387
壁の花の秘めやかな恋
………… ①1338
家宝 ……… ①1336
カーボカウントの手びき ……… ②713
華北の万人坑と中国人強制連行 ……… ①577
過保護なオオカミ男子の溺愛プロデュース
………… ①1405
過保護な幼なじみ… ①1207
過保護なくして親離れ

はない ……… ①11
過保護のカホコplus・… ①780
かぼちゃスープと収穫祭の男〈3〉……… ①1343
カーボンが創る未来社会 ……… ②443
鎌鼬〈第2巻〉……… ①1020
かまきりすいこまれた会 ……… ①962
鎌倉 ……… ①192
鎌倉＆三浦半島 ……… ①192
鎌倉遺文研究〈第39号〉
………… ①548
鎌倉おやつ処の死に神〈3〉……… ①1229
鎌倉を読み解く … ①548
鎌倉街道中道・下道 … ①548
鎌倉近代建築の歴史散歩 ……… ②608
鎌倉香房メモリーズ〈5〉
………… ①1149
鎌倉古寺霊園物語… ①107
鎌倉ごちそう迷路 … ①1196
鎌倉寺社の近世 … ①558
鎌倉・湘南あるある … ②22
鎌倉湘南カフェ散歩 … ①192
鎌倉震災志 ……… ①536
鎌倉千年の歩み … ①536
鎌倉の歴史 ……… ①536
鎌倉幕府の終焉 … ①1054
鎌倉・不識庵 宗哲和尚の精進レシピ … ①51
鎌倉仏教と専修念仏・① 509
鎌倉へのいざない … ①531
鎌倉みだれ慕情 … ①1400
鎌倉夢幻 ……… ①1002
鎌倉燃ゆ ……… ①1065
蒲田・大森・池上＋洗足
………… ①185
かまってシロイルカ・① 407
釜と金工品 ……… ①271
釜トンネル ……… ①536
蒲鉾年鑑〈平成29年版〉
………… ②444
墓屋敷の殺人 ……… ①1086
がまんをやめる勇気 …①89
ガマンしない、させない！ 院内暴力対策「これだけは」…… ②708
かみあわせをしあわせに ……… ①182
神坐す山の物語 … ①982
髪をあきらめない人は、3つの生活習慣をもっている ……… ①21
神を守り、神に守られて幸せをかなえる生き方 ……… ①137
神風式アニメーションの作りかた・魅せかた デジタル作画編 …①798
カミカゼの邦 ……… ①1083
上方の風雅 ……… ①819
上方落語史観 …… ①785
髪がつなぐ物語 … ①383
神々様のみことばのなかで ……… ①144
神々と戦士たち〈4〉・①372
神々にえこひいきされた男たち ……… ①948
神々の告白 ……… ①1127
神々の試練 世界のシャーマンに認められた男 ……… ①199
カミカミ もぐもぐ げんきな は ……… ①328
神からの警告 ……①89
天牛蟲（かみきりむし）

……… ①962
上倉家のあやかし同居人〈2〉……… ①1166
かみこに！〈2〉……… ①1181
上高地・安曇野 黒部・松本 ……… ①193
神殺しの英雄と七つの誓約（エルメンヒルデ）〈7〉……… ①1166
神様、縁の売買はじめました。……… ①1180
神様が教えてくれた「怒り」を「幸せ」に変える方法 ……①89
神様がくれた犬 …… ①366
神さまがくれた処方箋
………①89
神様がくれた風景 … ①958
神さまが熱烈に味方してくれる生き方 … ①505
神様が宿る家の清め方
………… ①505
神様が宿る御神酒 … ①505
神様からの贈り物 … ①815
神さま！ がんばるのは嫌ですが、大成功する方法を教えてください ………①89
神さまたちの遊ぶ庭 ・① 956
神さまたちのいた街で
………… ①1013
神様たちのお伊勢参り
………… ①1005
神様たちのお伊勢参り〈2〉……… ①1005
カミサマ探偵のおしながき 二の膳 ……… ①1206
「神様貯金」……… ②388
神さま どうぞよろしくお願い申し上げます
………… ①506
神と縁結び 東京＆関東 開運神社の御朱印ブック ……… ①192
神さまと顧問契約を結ぶ方法 ……… ①121
神さまとつながる白魔女マル秘術 … ①137
神さまと友達になる旅
………… ①137
神さまとのおしゃべり
………①89
神様と仏は異質で次元の違いを学ぶ ……②19
神様ドライブ ……… ①1012
神様に愛されるのは、… ①128
神さまに教えてもらった負けない心のつくり方 ………①89
神様にごひいきされるすごい「神社参り」・① 506
神様に喜ばれる人とお金のレッスン ……①89
神様の居酒屋お伊勢
………… ①1243
神様の贈り物 …… ①1368
神さまのカルテ0 … ①1010
神さまの声をきくおみくじのヒミツ ……… ①128
神様のごちそう …… ①1157
神様の子守はじめました。〈5〉……… ①1210
神様の子守はじめました。〈6〉……… ①1210
神様の子守はじめました。〈7〉……… ①1211
神様の御用人〈7〉… ①1147

神さまのさがしもの ・① 328
神様の棲む診療所 … ①1005
神様の棲む診療所〈2〉
………… ①1005
神さまのせいにすればいい！ ………①89
神様の定食屋 ……… ①1009
神様の定食屋〈2〉… ①1009
神様の弟子 ……… ①1309
神様の名前探し …… ①1023
神様の願いごと …… ①1171
神さまのビオトープ
………… ①1243
神さまの百貨店 …… ①1204
神様は少々私に手厳しい〈1〉……… ①1288
神様は少々私に手厳しい〈2〉……… ①1288
神様は少々私に手厳しい〈3〉……… ①1288
神様☆ハニー ……… ①1302
神様ペット×（ペケ）… ①359
カミサマホトケサマ 国東半島 ……… ①255
かみさまならい ヒミツのここたま おかしものマグネットえほん ……… ①303
神様も知らないこと
………… ①1345
神様、私を消さないで
………… ①1161
神さまSHOPでチートの香り〈2〉……… ①1203
神・時間術 ……… ②348
神視点マーケティング
………… ②335
紙芝居の歴史を生きる人たち ……… ②92
紙芝居百科 ……… ①885
上島武道惇論文集 社会主義へのそれぞれの想い ……… ②173
神達に拾われた男〈1〉
………… ①1302
神達に拾われた男〈2〉
………… ①1302
『神乳』……… ①775
「かみつきがいい」入れ歯 ……… ②754
神ってるぜ！ 日刊コンビ王 ……… ①244
紙つなげ！ 彼らが本の紙を造っている… ①927
紙でつくる、ほんものみたいな花と小物 … ①79
紙でつくるリハビリクラフト ……… ①79
神と革命 ……… ①608
神と人間のドラマ … ①528
神と人との出会い … ①506
紙と人との歴史 … ①610
神と仏の日本文化 … ①514
紙と日々、つながりを手作りする楽しみ … ①73
神と霊の癒 ……… ①144
神名ではじめる異世界攻略 ……… ①1204
神なび ……… ①514
神ならざる者に捧ぐ鎮魂歌〈3〉……… ①1132
神になりたかった男 徳田虎雄 ……… ②700
神のアンテナ〈545〉
………… ①1357
神のいづくしみ …… ①526
紙の上の動物園 … ①840
「神の学問」入門 …… ①137

神のくちづけ ……… ①962
神の国 ……… ①529
神の国とキリスト者の生 ……… ①523
神の子への手紙 … ①137
神の聖霊に導かれて生きよ ……… ①523
神の手廻しオルガン
………… ①1092
紙の動物園〈1〉……… ①1365
神の時空（とき）…… ①1093
神の時空（とき）前紀
………… ①1093
神の扉をひらく ……①89
紙の日本史 ……… ①531
神の花嫁 ……… ①1316
紙のピアノ ……… ①1002
神の物理学 ……… ①663
紙の魔術師 ……… ①1364
神のみ実在する …… ①505
神の味噌汁 ……… ①993
神の満ちる星の話 … ①505
神のみる夢 ……… ①962
神の物語〈上〉……… ①523
神の物語〈下〉……… ①523
神は数学者か？ …… ②651
神は背番号に宿る … ①222
神は、やさしい科学 … ①137
紙パルプ産業と環境〈2018〉……… ②438
紙バンドを結んで作るずっと持ちたいかご
………… ①79
神訳 古事記 ……… ①1028
かみかやすく、飲み込みやすい健康ごはん …① 51
神谷美恵子 ……… ①943
「神」リーダーシップ・②365
カミングアウトそれから ……… ②43
カミング・オブ・エイジ
………… ①261
カムイ ……… ①971
神（カムイ）の涙 … ①1103
カムイの夜 シマフクロウ ……… ①255
亀井静香、天下御免！
………… ②147
亀井俊介オーラル・ヒストリー ……… ①907
亀と山P 永遠のアミーゴ ……… ①768
カメの家庭医学百科・②691
カメの気持ちと飼い方がわかる本 ……… ①262
カメラはじめて！ … ①251
仮面皇帝と異界の寵妃
………… ①1315
仮面の夫 ……… ①1389
仮面の君に告ぐ …… ①1115
仮面のダンス …… ①934
仮面夫婦×蜜月 …… ①1405
仮面ライダーエグゼイド ライダーガシャット＆レベルアップずかん ……… ①321
仮面ライダー大図鑑デラックス ……… ①436
仮面ライダー電王特写写真集〈第2集〉… ①286
仮面ライダー電王 韮沢靖イマジンワークス SAY YOUR WISH ……… ①840
仮面ライダービルド ひみつ百科 ……… ①321

蒲生邸事件〈上〉････①1127
蒲生邸事件〈下〉････①1127
鴨川食堂おまかせ ･･①1082
寡黙な夫の溺愛願望
　･･････････････①1404
寡黙な野獣のメイン
　ディッシュ ･････①1321
貨物保険の損害対応実
　務 ･････････････②386
かものはしくんのわす
　れもの ･･･････①328
栢木先生の基本情報技
　術者教室〈平成30年
　度〉･･･････････②565
栢木先生の基本情報技
　術者教室準拠書き込
　み式ドリル〈平成30年
　度〉･･･････････②565
栢木先生のITパスポー
　ト教室〈平成30年度〉
　･････････････②565
栢木先生のITパスポー
　ト教室準拠書き込み
　式ドリル〈平成30年
　度〉･･･････････②565
茅葺きの民俗学 ･････②111
香山リカと哲学者たち
　明るい哲学の練習 ･①447
通い猫アルフィーと
　ジョージ ･･･････①1328
歌謡1001〈下〉･･････①809
火曜ドラマ 監獄のお姫
　さま ････････････①780
カラーアトラス エキゾ
　チックアニマル 爬虫
　類・両生類編 ･･･②691
カラーアトラス 組織・
　細胞学 ･････････②727
カラヴァッジョを読む
　････････････････①827
カラヴァッジョの秘密
　････････････････①827
カラヴァル ･･････････①1329
カラヴィンカ ･･･････①1096
カラー 運動生理学大事
　典 ･････････････②727
カラーを楽しむカルト
　ナージュ ･･･････①73
カラー完全図解 脊柱管
　狭窄症を自分で治
　す！ ･･･････････①172
唐木順三 ･･･････････②51
唐木田さんち物語 ･･･①347
がらくた少女と人喰い
　煙突 ･･････････①1113
がらくた屋と月の夜話
　････････････････①1006
辛口誕生日事典〈2018〉
　････････････････①133
辛くておいしい調味料
　ハリッサレシピ ･･①51
からくりがたり ･････①1099
からくり亭の推し理
　････････････････①1039
からくりピエロ ･････①1297
からくり屏風〈1〉････①872
カラーコート ･･･････①999
カラー最新図解 悪玉コ
　レステロールを下げ
　て善玉コレステロー
　ルを上げる本 ･･･①146
唐十郎 特別講義 ･･･①782
鴉 ･･････････････････①613
カラー図解 新しい人体
　の教科書〈上〉････②727
カラー図解 新しい人体
　の教科書〈下〉････②727
カラー図解 介護現場で
　すぐに役立つ！ タイ

プ別対応でよくわか
　る認知症ケア ･････①175
カラー図解 古生物たち
　のふしぎな世界 ････②680
カラー図解 城の攻め
　方・つくり方 ････①552
カラー図解 進化の教科
　書〈第2巻〉･･････②684
カラー図解 進化の教科
　書〈第3巻〉･･････②684
カラー図解 人体の正常
　構造と機能 ･･･････②727
カラー図解 人体の正常
　構造と機能〈1〉････②727
カラー図解 人体の正常
　構造と機能〈2〉････②727
カラー図解 人体の正常
　構造と機能〈3〉････②727
カラー図解 人体の正常
　構造と機能〈4〉････②727
カラー図解 人体の正常
　構造と機能〈5〉････②727
カラー図解 人体の正常
　構造と機能〈6〉････②727
カラー図解 人体の正常
　構造と機能〈7〉････②727
カラー図解 人体の正常
　構造と機能〈8〉････②727
カラー図解 人体の正常
　構造と機能〈9〉････②727
カラー図解 人体の正常
　構造と機能〈10〉････②727
カラー図解 脳神経ペ
　ディア ･････････②729
カラー図解 DTP＆印刷
　スーパーしくみ事典
　〈2017〉･･････････②17
カラー図解 Excel「超」
　効率化マニュアル ･②538
カラー図解 Javaで始め
　るプログラミング ･②559
カラー図鑑 日本の火山
　････････････････②678
カラスだんなのはりが
　ねごてん ･････････①356
カラスと人の巣づくり
　協定 ･････････････②696
ガラスの靴 ･･･････････①1336
ガラスの靴は、ネズミ
　がくわえて持ち去り
　ました。 ･･･････①1265
硝子の探偵と消えた白
　バイ ････････････①1086
「ガラスの天井」が破れ
　る瞬間（とき） ･･①114
ガラスの天井のひらき
　かた ･･･････････①114
硝子の初恋 ･･･････････①1368
ガラスの封筒と海と
　････････････････①1332
硝子の魔術師 ･･･････①1364
カラス屋の双眼鏡 ･･･②696
烏山の烏 ･･････････②725
からだ ･･･････････①410
からだ あいうえお ･①302
からだイキイキ☆トウ
　ヨウイガク ･･････①174
「からだ占い」･･･････①128
からだを整えるお手当
　て料理 ･････････①51
カラダが硬い人でもで
　きる！ ストレッチ講
　座 ･･････････････①216
体がかたい人でもラク
　に開脚できるように
　なる本 ･･･････････①156
カラダが硬い人ほどう
　まくいく！ 2週間で
　やせるストレッチ ･①25

体が硬くてもできる！
　安産のための骨盤ス
　トレッチ ･･･････①7
身体が求める運動とは
　何か ･････････････②713
からだがよろこぶ！ 朝
　のスムージー ･････①51
からだが喜ぶ！ 藤井恵
　のおつまみ献立 ････①66
からだが喜ぶ！ 藤井恵
　の豆腐レシピ ･････①51
からだげんき！ ずかん
　････････････････①410
カラダ探し〈2〉･････①366
カラダ探し〈3〉･････①366
カラダ探し 第二夜〈1〉
　････････････････①366
からだじゅうの首をゆ
　るめると内臓が若返
　る ･･････････････①146
からだ超覚醒 ･･･････①121
からだと心 ･･･････････①412
体と心をととのえるへ
　そヨガ ･････････①161
体と心を整える指もみ
　････････････････①156
体と心 保健総合大百科
　小学校編〈2017〉･･･①699
体と心 保健総合大百科
　中・高校編〈2017〉
　････････････････①699
からだにおいしい発酵
　生活 ･･･････････①51
からだに効く！ おいし
　く食べるあま酒レシ
　ピ ･･････････････①51
からだに！ 暮らしに
　も!!魔法のように効く
　スープ ･････････①51
柄谷行人講演集1985
　- 1988 言葉と悲劇
　････････････････①461
柄谷行人書評集 ･････②2
体の痛みがスッキリ消
　える ･･･････････①146
体の痛み・不調は「お金
　をかけずに」自分で
　治せる ･････････①146
体のコリがすべて消え
　る究極のストレッチ
　････････････････①156
からだのしくみマス
　ターブック ･････②727
カラダのすべてが動き
　出す！ "筋絡調整術"
　････････････････①156
カラダの知恵 ･･･････②727
からだの中から、キレ
　イになる 毎日ベジレ
　シピ ････････････①51
体の中からきれいにな
　れる保存食と発酵食
　････････････････①51
からだの中の化学 ････②669
からだの不調とかみ合
　わせ ･･･････････①182
からだの免疫キャラク
　ター図鑑 ･････････①410
カラダはすごい！ ････②713
からだはすごいよ！ さ
　らさらもじゃもじゃ
　かみのけのなぞ ･･①328
からっぽなくつ どよ
　うびはまだ ･････①977
ガラテーア ･･･････････①891
空手道入門 ･･･････････①237
空手と太極拳でマイン
　ドフルネス ･･････①237
ガラテヤ書簡 ･･･････①529

カラーデラックス オー
　ル共済宿泊ガイド〈平
　成29年度〉･･････①191
ガラパゴス・クール ･･②19
カラー版 重ね地図で読
　み解く大名屋敷の謎
　････････････････①559
カラー版 近代絵画史
　〈上〉･･･････････①827
カラー版 近代絵画史
　〈下〉･･･････････①828
カラー版 昆虫こわい ･②694
カラー版 最後の辺境 ･②573
カラー版 ダ・ヴィンチ
　絵画の謎 ･･････････①828
カラー版 地図にない駅
　････････････････②432
カラー版 東京いい道、
　しぶい道 ･･････････①185
カラー版 東京凸凹地形
　散歩 ････････････①185
カラー版 東京の森を歩
　く ･････････････②578
カラー版 ビジュアル治
　療食300 電子版付 ･②776
カラー版 マンガでわか
　る事業計画書のつく
　り方 ････････････②278
樺太、永遠なる大地 ･①536
カラフルノート ･････①1259
カラーメンタリズム ･①114
カラーリーフ図鑑 ･･①267
カラーリーフプランツ
　････････････････①267
カラー ルービン病理学
　････････････････②211
伽藍堂の殺人 ･･･････①1091
カランポーのオオカミ
　王 ･････････････①311
カリアキスの秘密の跡
　継ぎ ････････････①1376
狩人の悪夢 ･･･････････①1074
狩人の杖 ･･･････････①1354
ガーリー・エアフォー
　ス〈8〉･･･････････①1244
カリキュラム編成論 ･②703
カリキュラム・マネジ
　メント入門 ･･･････②713
カリキュラム・マネジ
　メントの考え方・進
　め方 ････････････②713
＃カリグラシ ･･････②26
カリグラフィー・スタ
　イリング ･･･････①875
カリグラフィーと装飾
　模様の素材集 ･････①876
カリグラフィー・ブッ
　ク ･････････････①876
仮釈放の理論 ･･･････②211
カリスマ解説員の楽し
　い星空入門 ･････②674
カリスマ講師の日本一
　成績が上がる魔法の
　英文法ノート ･････①734
カリスマ講師の日本一
　成績が上がる魔法の
　化学基礎ノート ･･①729
カリスマ整体師が教え
　るうるおいからだ ･①146
カリスマ整体師が教え
　る もっときれいにな
　るカラダ ･･･････①21
カリスマ投資家たちの
　株式投資術 ･････②393
カリスマ投資家の教え
　････････････････②393
カリスマフード ･････①34
カリスマヘッドハン
　ターが教える のぼり

つめる男 課長どまり
　の男 ･･･････････②341
仮初の恋人 ･･･････････①1314
かりそめの日々 ･････①962
かりそめの蜜夜 ･････①1396
借りたら返すな！ ････②278
ガーリッシュ ･･･････①1264
借りない資金繰り ･･②301
雁にあらねど ･･･････①1054
雁の童子〈4〉････････①889
カリフォルニアのワイ
　ン王 薩摩藩士・長沢
　鼎 ･････････････①45
カリブ海世界を知るた
　めの70章 ･････････②82
カリブ深海の陰謀を阻
　止せよ〈上〉･･････①1345
カリブ深海の陰謀を阻
　止せよ〈下〉･･････①1345
カリブの白い砂 ･････①1388
下祝予備軍 ･･････････②19
かりゆしブルー・ブ
　ルー ･･･････････①1181
ガリラヤからローマへ
　････････････････①526
軽い気持ちで替え玉に
　なったらとんでもな
　い夫がついてきた。
　〈1〉･･････････････①1179
軽い気持ちで替え玉に
　なったらとんでもな
　い夫がついてきた。
　〈2〉･･････････････①1179
軽井沢 ･･････････････①193
軽井沢時雨 ･･･････････①971
軽井沢の自由研究 ････②22
軽井沢の歴史と文学 ･①903
軽井沢朗読館だより ･①884
かるい生活 ･･･････････①957
ガルシアへの手紙 ････①121
ガルシア・ロルカ 対訳
　タマリット詩集 ････①975
ガルシバの夜明け ･･①1065
ガールズ＆パンツァー
　ガチンコ戦車模型大
　作戦 ････････････①286
ガールズ＆パンツァー
　劇場版〈下〉･･････①1132
ガールズシンフォニー
　････････････････①1263
ガールズぬりえブック
　カノンとシルビア ふ
　たりのバレリーナ ･①865
ガルディナ王国興国記
　〈2〉･･････････････①1202
カルデクの盾作戦
　〈542〉･････････････①1358
カルテット〈1〉････①780
カルテット〈2〉････①780
四重奏（カルテット）デ
　イズ ････････････①347
カルト宗教事件の深層
　････････････････①507
カール・バルトにおけ
　る神論研究 ･･･････①523
カルビーお客様相談室
　････････････････②278
ガールフレンド ･････①775
ガールフレンド（仮）公
　式ビジュアルコレク
　ション〈Vol.3〉････①280
カルマ真仙教事件〈上〉
　････････････････①1103
カルマ真仙教事件〈中〉
　････････････････①1103
カルマ真仙教事件〈下〉
　････････････････①1103
ガルマンの夏 ･･････①311
カルメンの穴あきくつ

した ……………①447
華麗なる女子の生き方
　……………………①114
華麗なる探偵アリス
　＆ペンギン ………①380
彼が通る不思議なコー
　スを私も ………①1002
彼がもう一度、あなた
　に夢中になる方法 ‥①114
瓦礫の騎兵〈553〉…①1358
カレー地獄旅行 ……①328
彼氏にフラれ仕事もク
　ビ。人生詰んだので
　「成功の経済学」で運
　命変えることにした。
　……………………②256
枯れてたまるか！ …①939
彼と私の不完全なカン
　ケイ ……………①1211
枯れない男になる30の
　習慣 ………………①89
「枯れない」男の流儀 …①89
彼に殺されたあたしの
　体 ………………①1247
彼に作ってあげたい人
　気の料理レシピ ……①79
カレーの教科書 ……①433
ガレノス …………②725
彼の娘 ………………①983
カレーライス ………①433
カレーライスを一から
　作る ………………①433
カレーライス進化論 ‥①34
カレーライスは日本食
　……………………①34
彼らが本気で編むとき
　は、………………①977
カレル・タイゲ ……①828
カレント 食べ物と健康
　〈2〉………………②773
カレント 食べ物と健康
　〈3〉………………②773
過労死ゼロの社会を ‥②462
過労死等防止対策白書
　〈平成29年版〉……②468
牙狼 "GARO" 魔戒騎士
　列伝 鋼の咆哮 ……①280
花緑の幸せ入門 ……①785
軽やかに生きる ……①513
カロライン・フート号
　が来た！ …………①564
カロリー制限の大罪 ‥①146
カロリーは引いてくだ
　さい！ …………①1260
カロリング帝国とキリ
　スト教会 …………①600
カロン・ファンタジア
　『オフ』ライン〈4〉
　…………………①1268
かわいい一輪花のブ
　ローチ ……………①73
かわいい色のベビー
　ニット ……………①82
かわいい色の本 ……①876
かわいいおしゃれプリ
　ンセスおりがみ ……①439
かわいいおとうさん ‥①328
かわいいお風呂屋さん
　…………………①1312
かわいいかぎ針編み小
　物たっぷり102アイテ
　ム …………………①82
可愛い彼は付喪神さま
　…………………①1238
かわいい結婚 ……①1022
「かわいい」工学 ‥②570
かわいいゴキブリのお
　んなの子 メイベルと
　ゆめのケーキ ……①372

かわいいコスチューム
　が描ける本 ………①859
かわいい こわい おもし
　ろい 長沢芦雪 ……①831
かわいい刺しゅう図案
　集 …………………①77
かわいいジャポニスム
　……………………①831
かわいいスズメたち ‥②696
かわいい鳥の赤ちゃん
　……………………①262
かわいい奴隷三姉妹「言
　いなり」〈10〉……①1402
かわいいナビ派 ……①828
かわいい南仏のデザイ
　ン素材集 …………①876
かわいい猫が大集合！
　なごみ猫なぞり …①840
かわいい猫と暮らす本
　知恵袋編 …………①264
"かわいい"の魔法にか
　かる 夢色ハピネス塗
　り絵 ………………①865
「かわいい」のわざが世
　界を変える ………①278
かわいい！ パーティー
　スタイリング・ブッ
　ク ……………………④4
かわいいハリネズミと
　暮らす本 …………①262
かわいいふくろう …②696
可愛いベイビー ……①984
かわいい北欧 ………①199
可愛い僕に恋してくだ
　さい ……………①1317
かわいいポケット折り
　紙 …………………①81
かわいいもりのおんが
　くたい ……………①305
かわいいやさしい 消し
　ゴムはんこの仏さま
　……………………①868
かわいくしててね …①1326
かわいくつくっちゃお
　う！ かんたんクッキ
　ング12か月〈3〉…①433
かわいくつくっちゃお
　う！ かんたんクッキ
　ング12か月〈4〉…①433
可愛ければ変態でも好
　きになってくれます
　か？ ……………①1252
可愛ければ変態でも好
　きになってくれます
　か？〈2〉………①1252
可愛ければ変態でも好
　きになってくれます
　か？〈3〉………①1252
かわいこちゃん ……①328
河井弥八日記 戦後篇
　〈2〉………………①577
かわうそ …………①1027
かわうそきょうだいと
　らのまき …………①328
かわうそ堀怪談見習い
　…………………①1122
川を歩いて、森へ "①939
革をつくる人びと …②43
かわをむきかけたサト
　モちゃん …………①328
川上徹 "終末"日記 ‥①944
河北大人メイク論 …①21
渇きと偽り ………①1351
河口湖・山中湖 富士山
　……………………①193
河口湖・山中湖 富士
　山・勝沼 …………①193
川越ここが私の街 …②51
川越線、八高線 昭和の

アルバム …………②430
川魚料理300年 - 京料理
　控え - MINOKICHI
　……………………①67
川崎葉子（カワヨウ）の
　魔法の"1日26時間"
　……………………①114
川島詠子のトールペイ
　ント 花のデザイン帖
　……………………①79
川島隆太教授の脳を鍛
　える大人の計算ドリ
　ル〈10〉…………①274
川島隆太教授の脳を鍛
　える大人の国語ドリ
　ル …………………①274
川島隆太教授の脳を鍛
　える即効トレーニン
　グ …………………①121
川島隆太教授の脳トレ
　パズル大全 日めくり
　366日 ……………①274
川島隆太教授の脳力を
　鍛える点つなぎ＆パ
　ズルぬりえ100 …①274
川路ゆみこのニット
　＆クロッシェ 着る、
　巻く、持つ。………①82
為替王の最強FX投資
　ループイフダン …②397
川瀬巴水木版画集 …①868
川田きし江画文集 地球
　スケッチ紀行〈2〉…①197
河内・泉州歴史探訪 南
　大阪ぶらり旅 ……①536
河内つれづれ〈2〉…①954
革で作るショルダー
　バッグ ……………①79
革で作る二つ折り財布
　……………………①79
川と堀割 "20の跡"を辿
　る江戸東京歴史散歩
　……………………①185
川の自然文化誌 ……②681
川の流れとうたかたと
　……………………①89
川端文学への視界〈年報
　2017（32）〉………①911
川はゆく …………①255
かわら版屋繁盛記 …①1034
変わりダネ軍艦奮闘記
　……………………①585
変わりゆく高校野球 新
　時代を勝ち抜く名将
　たち ………………①220
変わる！ 日本のスポー
　ツビジネス ………①213
変わる北東アジアの経
　済地図 ……………②249
買われた男 ………①1319
買われた純愛 ……①1374
甘甘 ………………①971
岩塩の女王 ………①1003
肝炎のすべてがわかる
　本 …………………②738
ガンを食事で治す星野
　式ゲルソン療法 …①178
がんを治した人が実践
　している治療前のや
　るべきこと 治療後に
　続けるべきこと …①178
がんを味方につけた生
　……………………②703
がんを忘れたら、「余命」
　が延びました！ …①178
眼科医が考案！ ながめ
　るだけで近視と老眼
　がよくなる本 ……②760
「考え、議論する道徳」

を実現する！ ……①736
考え、議論する道徳科
　授業の新しいアプ
　ローチ10 …………①736
考えへの転換 ……②735
考え、議論する道徳授
　業 …………………①736
「考え、議論する道徳」
　の指導法と評価 …①736
考えて勝つ！ 少年野球
　……………………①432
考えて強くなるラグ
　ビーのトレーニング
　……………………①228
考えなくてもうまく
　いく人の習慣 ……①89
考えよう！ 子どもの貧
　困 …………………①412
考えよう！ 女性活躍社
　会〈1〉……………①412
考えよう！ 女性活躍社
　会〈2〉……………①413
考えよう！ 女性活躍社
　会〈3〉……………①413
考える胃癌化学療法 胃
　癌化学療法の要点と
　盲点 ………………②735
考える教室 ………①447
考えることが楽しくな
　る道徳の授業 ……①736
考える雑学 …………②31
考える習慣が身につく
　算数脳育成パズル ‥②726
考える障害者 ………②71
考える力をつける切り
　紙 …………………①436
考える力がつく算数脳
　パズル 迷路なぞペー
　入門編 ……………①274
考える力がつく！ ひら
　めきに強くなる！ ロ
　ジカルパズル 小学生
　……………………①440
考える力がつく本 …②348
考える力トレーニング
　数字パズル＆ゲーム
　……………………①89
考える力の育て方 …①413
「考える」で人生は変わ
　る ………………②278
考える道徳を創る 小学
　校 新モラルジレンマ
　教材と授業展開 …①736
考える道徳を創る 中学
　校 新モラルジレンマ
　教材と授業展開 …①736
考える道徳教育とは ‥①736
考える読書 ……………②2
考える花 …………②686
考える女（ひと）……①114
「考える人」は本を読む ‥②2
考えるマナー ……①937
考える練習帳 ……②348
がんが消えた奇跡のス
　ムージーと毎日つづ
　けたこと …………②703
がんが消えていく「野
　生」の免疫バランス
　……………………①178
がんが消えて再発しな
　いバランス料理と毎
　日つづけた食習慣 ‥①165
「感覚文明」の始まり ‥①447
がんが再発・転移した
　時、あなたは？ …②735
官衙・集落と土器〈2〉
　……………………①541
眼科診療ビジュアル
　ラーニング〈1〉…②760
管楽器奏者のための楽

器スーパー上達術 ‥①821
カンカラチケットのか
　んたんカッコいい！
　レジンアクセサリー
　……………………①73
がん患者自立学 ……②735
がん患者の幸福論 人の
　心に贈り物を残して
　いく ………………①178
柑橘料理の本 ………①51
かんきつ類 …………①267
歓喜天信仰と俗信 …①509
環境外部性と課税政策
　……………………②256
環境概論 …………②573
環境化学 …………②669
環境学習とものづくり
　……………………①721
環境教育指導資料 中学
　校編 ………………①721
環境共生住宅早わかり
　設計ガイド ………②617
環境共生世代の建築設
　備の自動制御入門 ‥②620
環境経営とイノベー
　ション ……………②369
環境経営入門 ……②300
環境経済学入門講義 ‥②256
環境経済学のフロン
　ティア ……………②256
環境計量士国家試験問
　題の正解と解説〈第43
　回〉………………②639
環境計量士試験「濃度・
　共通」攻略問題集
　〈2018年版〉………②639
環境計量士（濃度関係）
　化学分析概論及び濃
　度の計量 解説と対策
　……………………②604
環境計量士（濃度関係）
　国家試験問題解答と
　解説〈2〉…………②639
環境工学 …………②604
環境自治体白書〈2016 -
　2017年版〉………②573
環境指導法 ………①721
環境社会学研究〈第22
　号〉…………………②95
環境社会検定試験eco検
　定公式過去・模擬問
　題集〈2017年版〉…②505
環境社会検定試験eco検
　定公式テキスト …②505
環境省名鑑〈2018年版〉
　……………………②174
環境人文学〈1〉……②18
環境人文学〈2〉……②18
環境心理学 ………①478
環境政策史 ………②574
環境訴訟 …………②193
環境デザインのプロ
　デュース・コンセプ
　トクリエイション・
　イマジニアリング ‥②617
環境と化学 ………②669
環境と生命の合意形成
　マネジメント ……②574
環境と動物の倫理 …②574
環境年表〈平成29・30
　年〉………………②650
環境の科学 ………②574
環境のための数学・統
　計学ハンドブック ‥②574
元慶の乱と蝦夷の復興
　……………………①541
環境破壊と現代奴隷制
　……………………②574
環境白書/循環型社会白

書名索引

書/生物多様性白書〈平成29年版〉……②577
環境被害のガバナンス ……②574
環境ビジネス白書〈2017年版〉………②300
環境分析化学 ………②669
環境法 ………②574
環境法の考えかた〈1〉………②574
環境法の考えかた〈2〉………②574
環境法の冒険 ………②574
環境問題のとらえ方と解決方法 ………②574
環境倫理を育む環境教育と授業 ………①721
環境六法〈平成29年版〉………②184
環境論ノート ………②574
カンギレムと経験の統一性 ………①448
監禁 ………①1353
監禁愛 … ①1305, ①1405
カンクン コスメル イスラ・ムヘーレス〈2017-18〉………①200
乾くんの教えて！ 中薬学 ………②769
関係人口をつくる……②26
菅家喜六「世界一周記」………②13
完結「南京事件」……①577
がん研有明病院の口とのどのがん治療に向きあう食事 ………②735
眼瞼・眼窩・涙道の外科 ………②760
漢検準2級過去問題集〈平成29年度版〉………①626
がん検診を信じるな ・①178
漢検の絵本 いちまるとふしぎな手 ………①304
がん研べからず集 内視鏡手術編 ………②735
管見妄語 知れば知るほど ………①954
管見妄語 とんでもない奴 ………①954
漢検1/準1級過去問題集〈平成29年度版〉………①626
漢検2級過去問題集〈平成29年度版〉………①626
漢検3級過去問題集〈平成29年度版〉………①626
漢検4級過去問題集〈平成29年度版〉………①626
漢検5級過去問題集〈平成29年度版〉………①626
漢検6級過去問題集〈平成29年度版〉………①626
漢検7級過去問題集〈平成29年度版〉………①626
漢検8級過去問題集〈平成29年度版〉………①626
漢検9級過去問題集〈平成29年度版〉………①626
漢検10級過去問題集〈平成29年度版〉………①626
漢語 ………①626
看護医療学校受験オープンセサミシリーズ 参考書〈2〉………②783
看護医療学校受験オープンセサミシリーズ 参考書〈3〉………②783

看護医療学校受験オープンセサミシリーズ 参考書〈4〉………②783
看護医療学校受験オープンセサミシリーズ 問題集〈1〉………②783
看護医療学校受験オープンセサミシリーズ 問題集〈2〉………②783
看護医療学校受験オープンセサミシリーズ 問題集〈3〉………②783
看護医療学校受験オープンセサミシリーズ 問題集〈4〉………②783
看護・医療学校受験問題集〈'18年版〉………②783
看護医療系の英語総合 ………②783
看護医療系の現代文 ………②783
看護医療系の国語常識 ………②783
看護医療系の志望理由書・面接 ………②744
看護・医療大学受験案内〈2018年度用〉………②744
観光学入門 ………②256
観光経済学の基礎講義 ………②256
観光交通ビジネス ………②157
観光コースでないサイゴン（ホーチミン）………①201
官公庁会計事典 ………②151
観光で繋ぐ！ みんなが主役！「観光地域づくり」の教科書 ………②157
観光都市中心部の再構築 ………②157
観光と情報システム …②95
観光のインパクト ………②256
観光の実態と志向〈平成28年版〉………②269
観光白書〈平成29年版〉………②272
観光白書〈コンパクト版〉〈平成29年版〉………②272
観光ビジネス・エコノミクス概論 ………②158
観光ビジネス未来白書〈2017年版〉………②272
観光立国論 ………②256
観光DMO設計・運営のポイント ………②414
観光MICE ………②256
看護疫学入門 ………②760
看護学生・看護職が知りたい統計学 ………②763
看護学生 スタディガイド〈2018〉………②763
看護学生のための解剖学ドリル ………②727
看護学生のための疾患別看護過程（ナーシングプロセス）〈1〉………②763
看護学生のための疾患別看護過程（ナーシングプロセス）〈2〉………②763
看護学生のための精神看護学 ………②763
看護学生のための臨地実習ガイド ………②763
看護学部・医学部・看護就職試験小論文対策を10日間で完成させる本 ………①744
看護学部・保健医学部 ………①744
看護が見える 患者に見

せる看護記録を書こう ………②763
看護関係統計資料集〈平成28年〉………②763
看護関係法令〈4〉………②763
看護管理 ………②763
看護管理概説〈2017年度刷〉………②763
看護管理学研究〈2017年度刷〉………②763
看護管理者の目標達成意欲を高めるマネジメントラダー ………②763
看護管理ポイントブック ………②763
看護技術ベーシックス ………①201
韓国 ………①201
韓国〈2018年版〉………①201
韓国〈2018～2019年版〉………①201
韓国アニメ大全 ………②798
韓国映画100年史 ……②792
「韓国からの通信」の時代 ………①598
韓国・韓国人の品性 …②88
韓国経済 大崩壊の全内幕 ………②249
韓国研究の魁 崔書勉 …①598
韓国語慶尚道諸方言のアクセント研究 …①666
韓国古小説の女たち …①918
韓国古代文学の研究 …①918
韓国語単語練習帳 …①666
韓国語似ている形容詞・副詞使い分けブック ………①666
韓国語能力試験TOPIK 1 初級単語集 …①666
韓国語の漢字語マスター ………①666
韓国語のしくみ …①666
韓国コンテンツ産業動向〈2014‐2015〉…②249
韓国済州道老人論考 …②88
韓国左派の陰謀と北朝鮮の撹乱 ………②131
韓国史からみた日本史 ………①598
韓国人が知らない安重根と伊藤博文の真実 ………①572
韓国新大統領文在寅と何者か ………②131
韓国人に生まれなくてよかった ………②88
韓国人による北韓論 …②88
韓国人による末韓論 …②88
韓国人の皆さん「強制連行された」で本当にいいの？ ………①577
韓国石油産業と全民済 ………②249
韓国 近い昔の旅 …①598
韓国・朝鮮史への新たな視座 ………①598
韓国朝鮮の文化と社会〈16〉………②88
韓国で起きたこと、日本で起きるかもしれないこと ………①598
韓国と日本がわかる最強の韓国史 ………①598
韓国の産業と市場〈2016〉………②249
韓国の自然主義文学・①918
韓国の小さな村で …①598
監獄のなかの子どもたち………②51

韓国の憂鬱 ………②131
韓国の歴史 ………①598
韓国は、いつから卑しい国になったのか …②88
韓国破産 ………②131
韓国は消滅への道にある ………②88
韓国は日米に見捨てられ、北朝鮮と中国はジリ貧 ………②129
韓国仏教史 ………①515
韓国プロ野球観戦ガイド＆選手名鑑〈2017〉………②222
韓国民主化から北朝鮮民主化へ ………②131
韓国昔話集成〈第4巻〉………①918
韓国嫁入り日記 ………②88
韓国リスク ………②131
韓国浪漫彷徨 ………②131
看護経営・経済論〈2017年度刷〉………②763
看護 形態機能学 ………②764
看護研究 ………②764
看護師・看護学生のためのなぜ？ どうして？〈4〉………②764
看護師・看護学生のためのなぜ？ どうして？〈5〉………②764
看護師・看護学生のためのなぜ？ どうして？〈6〉………②764
看護師・看護学生のためのなぜ？ どうして？〈7〉………②764
看護師・看護学生のためのなぜ？ どうして？〈8〉………②764
看護師・看護学生のためのなぜ？ どうして？〈9〉………②764
看護師・看護学生のためのなぜ？ どうして？〈10〉………②764
看護師国試〈2018〉…②783
看護師国試ここだけ覚える！ ………②783
看護師国試満点獲得！完全予想模試〈2018年版〉………②783
看護師国家試験 国試過去問題集〈2018年版〉………②764
看護師国家試験対策ブック デルカン〈2018〉………②783
看護師国家試験対策ブック 必修問題まんてんGET！〈2018〉………②783
看護師国家試験対策 要点がわかる出題傾向がみえる 基礎看護学〈2018年〉………②783
看護師国家試験対策 要点がわかる 出題傾向がみえる 在宅看護論〈2018年〉………②783
看護師国家試験対策 要点がわかる出題傾向がみえる小児看護学〈2018年〉………②783
看護師国家試験対策 要点がわかる出題傾向がみえる 精神看護学〈2018年〉………②783
看護師国家試験対策 要

点がわかる出題傾向がみえる成人看護学〈2018年 上〉………②764
看護師国家試験対策 要点がわかる出題傾向がみえる成人看護学〈2018年 下〉………②764
看護師国家試験対策 要点がわかる出題傾向がみえる必修問題〈2018年〉………②783
看護師国家試験対策 要点がわかる出題傾向がみえる母性看護学〈2018年〉………②783
看護師国家試験対策 要点がわかる出題傾向がみえる 老年看護学〈2018年〉………②783
看護師国家試験予想問題720〈2018年版〉・②783
看護師国家試験PASS NOTE〈2018年版〉………②783
看護師採用試験面接試験攻略法 ………②783
漢語実践〈上〉………①664
漢語実践〈下〉………①664
看護師のためのアドラー心理学 ………②764
看護師のための早引き透析ケアBOOK …②764
看護師・保健師国家試験対策ブック 公衆衛生・関係法規・社会福祉 直前α〈2018〉…②783
看護者の基本的責務〈2017年版〉………②764
看護主任・リーダーのための「教える技術」………②764
看護小規模多機能型居宅介護開設ガイドブック ………②51
看護情報管理論〈2017年度刷〉………②764
看護職・看護学生のための「痛みケア」…②764
看護職プロフェッションの誕生 ………②764
看護制度・政策論〈2017年度刷〉………②764
看護組織論〈2017年度刷〉………②764
看護における研究 …②764
看護における人的資源活用論〈2017年度刷〉………②764
看護の現場ですぐ実行！ 結核感染対策スマートガイド …②764
看護の現場ですぐに役立つ看護研究のポイント ………②764
看護の現場ですぐに役立つ感染症対策のキホン ………②764
看護の現場ですぐに役立つ検査値のキホン …②764
看護の現場ですぐに役立つ口腔ケアのキホン ………②765
看護の現場ですぐに役立つ整形外科ケアのキホン ………②750
看護の現場ですぐに役立つ注射・採血のキホン ………②765

看護の現場ですぐに役立つドレーン管理のキホン ‥‥‥②765
看護の現場ですぐに役立つ認知症ケアのキホン ‥‥‥①175
看護のためのリフレクションスキルトレーニング ‥‥‥②765
看護白書〈平成29年版〉 ‥‥‥②768
看護法令要覧〈平成29年版〉 ‥‥‥②765
看護マネジメント論〈2017年度刷〉 ‥‥‥②765
看護留学へのパスポート ‥‥‥②765
艦これピクトリアルモデリングガイド〈4〉 ‥‥‥②286
看護六法〈平成29年版〉 ‥‥‥②765
看護論 ‥‥‥②765
艦魂戦記 ‥‥‥①1131
監査委員事務局のシゴト ‥‥‥②155
関西海釣りドライブマップ 大阪湾〜紀伊半島(田尻漁港〜熊野川河口) ‥‥‥①232
関西感動の駅トラベル ‥‥‥②432
関西圏 私立・国立小学校合格マニュアル〈2018年度入試用〉 ‥‥‥①741
カンサイ式節約術 ‥‥②388
関西大学と大正ロマンの世界 ‥‥‥①902
関西の鉄道車両図鑑 ‥②432
肝細胞癌に対するレゴラフェニブ チームレゴラフェニブ ‥‥‥②735
監査実務ハンドブック〈平成30年版〉 ‥‥‥②315
観察が楽しくなる美しいイラスト自然図鑑 ‥‥‥②681, ②689, ②691, ②694
観察の練習 ‥‥‥①823
監査と哲学 ‥‥‥②315
がんサバイバー ‥‥‥②703
監査品質の指標AQI ‥②590
監査役監査の基本がわかる本 ‥‥‥②315
監査論を学ぶ ‥‥‥②315
漢字 ‥‥‥①626
感じ方考え方を科学する ‥‥‥②646
漢詩から読み解く 西郷隆盛のこころ ‥‥‥①899
漢字クロスワードPerfect 200 ‥‥①274
漢字検定準1級頻出度順問題集 ‥‥‥①626
漢字検定準2級頻出度順問題集 ‥‥‥①626
漢字検定2級頻出度順問題集 ‥‥‥①626
漢字検定3級頻出度順問題集 ‥‥‥①626
漢字検定4級頻出度順問題集 ‥‥‥①626
漢字検定5級頻出度順問題集 ‥‥‥①626
漢字検定8級 出る順5分間対策ドリル ‥‥‥①626
漢字検定9・10級 出る順5分間対策ドリル ‥‥①626

漢字指導の手引き ‥‥①722
監視社会とライアンの社会学 ‥‥‥②95
がん死ゼロの革命 ‥‥①179
漢字川柳 ‥‥‥①971
肝疾患治療マニュアル ‥‥‥①713
がん質問箱 ‥‥‥①179
感じて見よう! はじめてであう日本美術〈1〉 ‥‥‥①430
感じて見よう! はじめてであう日本美術〈2〉 ‥‥‥①430
感じて見よう! はじめてであう日本美術〈3〉 ‥‥‥①430
漢字とカタカナとひらがな ‥‥‥①623
かん字のうた ‥‥‥①319
漢字の基礎を育てる形・音・意味ワークシート〈2〉 ‥‥‥①722
漢字の基礎を育てる形・音・意味ワークシート〈3〉 ‥‥‥①722
漢字の知識 部首辞典 ‥①626
漢字の使い分けハンドブック ‥‥‥①626
「漢字」パズル ‥‥‥①274
漢詩花ごよみ ‥‥‥①920
漢字は日本でどう生きてきたか ‥‥‥①626
「感謝!」言うてたら、ホンマに儲かりまっせ! ‥‥‥②278
感謝を生む「癒し力」‥①89
患者給食関係法令通知集〈平成29年版〉 ‥‥②776
患者さんいちおし『そらまめ通信』の腎臓病ごはん ‥‥‥①165
患者さんがみるみる元気になるリハビリ現場の会話術 ‥‥②751
患者さん中心でいこうポリファーマシー対策 ‥‥‥②713
患者さんの心をつかむ総義歯臨床 ‥‥‥②754
患者説明にそのまま使える/不安なパパ・ママにイラストでやさしく解説 こどもの潰瘍性大腸炎・クローン病と治療 ‥‥‥②747
「感謝」で思考は現実になる ‥‥‥①89
患者とできるフォームローラーパーソナルセラピー ‥‥‥②751
関ジャニ∞ アツいぜ! 夏の男気ジャムセッション ‥‥‥①768
患者に選ばれるクリニック ‥‥‥②708
患者に寄り添う医療コミュニケーション ‥②713
患者よ、がんと賢く闘え! ‥‥‥②703
「感受性」を調整すればもっと気楽に生きられる ‥‥‥①121
感情を整える片づけ ‥①128
勘定科目・仕訳事典 ‥②320
勘定科目の事例による消費税の課否判定と仕訳処理 ‥‥②405
感情形容詞の用法 ‥‥①631

感情ことば選び辞典 ‥①632
感情スイッチを切りかえれば、すべての仕事がうまくいく。‥②348
感傷的な午後の珈琲 ‥①945
感情的にならない気持ちの整理術(ハンディ版) ‥‥‥①89
感情に働きかける これからの介護レクリエーション ‥‥‥②69
「感情」の解剖図鑑 ‥①478
感情のコントロールと心の健康 ‥‥‥①478
乾浄華筆〈2〉 ‥‥‥①595
感情への自然主義的アプローチ ‥‥‥①478
がん消滅の罠 ‥‥‥①1076
感触の昭和文壇史 ‥‥①903
感じる科学 ‥‥‥②646
感じる経済学 ‥‥‥②256
感じる花 ‥‥‥②686
感じるままに生きなさい ‥‥‥①458
癌診療指針のための病理診断プラクティス 皮膚腫瘍 ‥‥‥②735
関数型リアクティブプログラミング ‥‥②548
カンスト勇者の超魔教導(オーバーレイズ) ‥‥①1254
関税関係基本通達集〈平成29年度版〉 ‥‥②313
関税関係個別通達集〈平成29年度版〉 ‥‥②313
完成近し! 強靭大国日本 ‥‥‥②139
関税評価ドリル〈2017〉 ‥‥‥②505
感性文化論 ‥‥‥①574
感性ポテンシャル思考法 ‥‥‥②348
関税六法〈平成29年度版〉 ‥‥‥②313
環世界の人類学 ‥‥‥②111
岩石・鉱物 ‥‥‥②402
韓流長回想録 ‥‥‥①592
岩石と鉱物 ‥‥‥②402
岩石薄片図鑑 ‥‥‥②678
間接材購買戦略 ‥‥‥②325
関節の動きがよくわかるDVD可動域ストレッチ&トレーニング事典 ‥‥‥②216
関節リウマチの画像診断 ‥‥‥②741
関節リウマチは4つの作用でスッとよくなっていく ‥‥‥①166
完全イラスト版ISO9001早わかり ‥②586
完全解説 日本の火山噴火 ‥‥‥②678
完全ガイド 自衛官への道〈平成29年版〉 ‥②183
感染源 ‥‥‥②700
完全合格! 特殊無線技士問題・解答集〈2018年版〉 ‥‥‥②635
完全攻略! 英検準1級 ‥‥‥①656
完全攻略! 英検準2級 ‥‥‥①656
完全攻略! 英検3級 ‥①657
完全攻略! ここが出る! 毒物劇物取扱者試験テキスト&問題集 ‥‥‥②643

完全最強SPI&テストセンター1700題〈2019最新版〉 ‥‥‥②293
完全残業ゼロの働き方改革 ‥‥‥②308
完全詳解 密命占星術奥義 破門殺 ‥‥‥②130
感染症専門医テキスト〈第1部〉 ‥‥‥②732
感染症内科 ‥‥‥②713
感染症に挑む ‥‥‥②732
感染症プラチナマニュアル〈2017〉 ‥‥‥②732
完全図解 遊びリテーション大全集 ‥‥‥②69
完全図解 スポーツクライミング教本 ‥‥‥②241
完全図解テキスト+過去問3年分×2 コンクリート技士・主任技士試験対策〈2017年版〉 ‥‥‥②627
完全図解 発電・送配電・屋内配線設備早わかり ‥‥‥②592
完全制覇国内旅行地理検定試験 ‥‥‥①184
完全整理 図表でわかる地方自治法 ‥‥②155
完全総括 SM手引き書 ‥‥‥②35
完全対応 新個人情報保護法 ‥‥‥②184
完全対策 NTTコミュニケーションズ インターネット検定.comMaster BASIC問題+総まとめ ‥‥②561
完全対訳CDつき トランプ大統領就任演説 ②135
感染地図 ‥‥‥②700
感染と免疫 ‥‥‥②732
完全なる暗殺者〈上〉 ‥‥‥①1355
完全なる暗殺者〈下〉 ‥‥‥①1356
完全なる結婚 ‥‥‥①1368
完全版 暗算の達人 ‥②651
完全版 運命のタロットカード ‥‥‥①128
完全版 最強世界の潜水艦図鑑 ‥‥‥②166
完全版 最強世界の戦闘車両図鑑 ‥‥②166
完全版 最強のエレメント占い ‥‥‥①128
完全版 写真がもっと上手くなるデジタル一眼 構図テクニック事典101+ ‥‥‥②251
完全版 写真がもっと上手くなるデジタル一眼 撮影テクニック事典101+ ‥‥‥②251
完全版定跡外伝 ‥‥②248
完全版超低速メソッド英語発音トレーニング ‥‥‥②647
"完全版"超ファイルの技術 ‥‥‥②348
完全版! 鉄道用語辞典 ‥‥‥②432
完全版 土地〈03巻〉 ①1335
完全版 土地〈04巻〉 ①1335
完全版 土地〈05巻〉 ①1335
完全版 トップ販売員が使っている売れる販売心理術 ‥‥‥②333

完全版 生ごみ先生が教える「元気野菜づくり」超入門 ‥‥①267
完全版 魔弾! ‥‥①1400
完全保存版 昭和の「黒幕」100人 ‥‥‥①107
完全保存版 都営地下鉄のすべて ‥‥‥②432
完全マスター 紫微斗数占い ‥‥‥①128
完全マスター電験三種受験テキスト 電気数学 ‥‥‥②632
完全マニュアル! 発明・特許ビジネス ②584
完全丸暗記 初級アマチュア無線予想問題集〈2018年版〉 ‥①262
完全無欠の賭け ‥‥②646
完全予想 仏検5級 ‥①669
完全理解! 医療法人の設立・運営・承継と税務対策 ‥‥‥②708
完全理系専用 英語長文スペクトル ‥‥‥①744
肝臓を食べ物、食べ方、生活法で強くする本 ‥‥‥①180
乾燥作業の安全 ‥‥②459
乾燥疎開林に謎のチンパンジーを探して ②693
観Ѱ世の文法と言語 ‥①448
官賊に恭順せず ‥‥①564
観測に基づく量子計算 ‥‥‥①516
簡素な生き方 ‥‥‥①473
がん体験者との対話から始まる就労支援 ②735
歓待について ‥‥‥①473
艦隊は動かず ‥‥①1009
環太平洋パートナーシップ(TPP)協定 ‥‥‥②247
環太平洋文明研究〈創刊号(第1号)〉 ‥‥②111
神田川殺人事件 ‥①1072
神田神保町書肆街考 ②2
神田裕行のおそうざい十二ヵ月 ‥‥‥①51
寒卵 ‥‥‥①971
ガンダムアーカイヴスプラス ‥‥‥①285
かんたんイス坐禅のすすめ ‥‥‥①509
かんたん! おいしい! ジュニアのためのスポーツごはん ‥‥①433
かんたん! 美味しい! 旬の食材で作る養生レシピ ‥‥‥①51
かんたんおいしい防災レシピ びちくでごはん ‥‥‥①433
かんたん押し絵 ‥‥①73
かんたん押し絵〈その2〉 ‥‥‥①73
簡単! お寺ご飯 ‥‥①51
かんたん開脚で超健康になる! ‥‥‥①157
かんたん! かっこいい! よく飛ぶハイパー紙飛行機 ①430
かんたん! かわいい・おしゃれ! 子どもの手芸レッスンBOOK ①436
カンタン! かわいい! おりがみあそび〈1〉 ‥①439
カンタン! かわいい!

書名索引

おりがみあそび〈2〉
………………………①439
カンタン！ かわいい！
おりがみあそび〈3〉
………………………①439
カンタン！ かわいい！
おりがみあそび〈4〉
………………………①439
かんたん！ かわいい！
カモさんの保育のイ
ラスト12か月 ……①689
かんたん！ かわいい！
3×3の朝ごはん ……①52
かんたんかわいいすぐ
できる ぽんぽんグッ
ズ ……………………①436
かんたんかわいい通園
通学グッズ …………①73
かんたん！ かわいい！
はじめての園児のお
べんとう ……………①66
かんたん記入式 成年後
見人のための管理手
帳 ……………………②204
簡単・きれい・感動!!10
歳までのかがくあそ
び …………………①729
寒暖計事始 …………②650
かんたん合格 基本情報
技術者過去問題集〈平
成29年度秋期〉 ……②565
かんたん合格 基本情報
技術者過去問題集〈平
成30年度春期〉 ……②565
かんたん合格 基本情報
技術者教科書〈平成30
年度〉 ………………②565
かんたん合格ITパス
ポート過去問題集 …②564
かんたん合格 ITパス
ポート過去問題集〈平
成30年度春期〉 ……②564
かんたん合格 ITパス
ポート教科書〈平成30
年度〉 ………………②564
かんたん15分！ 材料3
つですいすいスイー
ツ ……………………①433
かんたん水耕栽培 決定
版！ …………………①267
カンタン！ すぐ効く！
病気にならない「白
湯」健康法 …………①157
簡単！ 住まいのDIYマ
ニュアル 壁紙（ビ
ニールクロス）（フ
リース壁紙）………①18
簡単！ 住まいのDIYマ
ニュアル 水回り …①286
かんたん！ スマート
フォン＋FlashAirで
楽しむIoT電子工作
………………………②595
簡単！ 絶品！ キャンプ
のつまみ料理 ………①52
かんたん絶品！ タイご
はん90レシピ ………①52
カンタン総まとめ就活
の一般常識＆時事
〈2019年度版〉 ……①289
カンタンだけど法的効
力もばっちり！ 90分
で遺言書 ……………②191
かんたん できる つかえ
る ゆびあみ …………①436
かんたん手ぬい犬の服
………………………①84
簡単 手ぬいで素敵に作
れる着物リメイクの

服と小物 ……………①84
かんたん毒だし健康法
………………………①157
簡単なのにかわいい ズ
パゲッティのバッグ
とアクセサリー ……①73
かんたんなのに90日で
差がつく！ ちゃんと
相手にしてもらえる
英会話 ………………①643
簡単なのにごちそう。
和とアジアのオーブ
ンレシピ ……………①52
かんたん、なのに満足！
スープでごはん ……①52
簡単！ ふわふわボンボ
ンマスコット80 …①73
簡単！ ヘルシー！ まい
にちカレー …………①52
簡単！ 面接練習帳
〈2019年度版〉 ……①296
かんたんやさしい押し
絵 ……………………①872
簡単ラクラク自分でで
きる！ 筋膜リリース
ダイエット完全ガイ
ド ……………………①25
かんたんC言語 ……②558
かんたんC# ………②558
かんたんJavaScript …②559
かんたんUML入門 …②548
かんたんVisual Basic
………………………②558
かんたんVisual C++
………………………②558
勘違いをなくせば、あ
なたのホームページ
はうまくいく ………②529
勘違いからマリアー
ジュ …………………①1295
勘違い妻は騎士隊長に
愛される。 …………①1206
勘仲記〈第5〉 ……①615
館長と学ぼう 大阪の新
しい歴史〈1〉 ……①536
がん治療革命の衝撃 …②735
がん治療と就労の両立
支援 …………………②462
がん治療中の女性のた
めのLIFE ＆ Beauty
………………………②735
がん治療の選択肢を増
やそう！ 医療大麻入
門 ……………………②701
ガンディー 現代インド
社会との対話 ………②86
眼底疾患パーフェクト
アトラス ……………②760
鑑定使いの冒険者〈1〉
………………………①1221
鑑定能力で調合師にな
ります〈6〉 ………①1221
鑑定能力で調合師にな
ります〈7〉 ………①1221
ガンディーの遺言 …②86
がんで助かる人、助か
らない人 ……………②736
関鉄バス ……………②429
がんで余命ゼロと言わ
れた私の死なない食
事 ……………………①163
がんと命の道しるべ …②704
関東上杉氏一族 ……①548
感動がいっぱい！ 音楽
の伝記 ………………①388
関東 感動の駅トラベル
………………………①192
関東近県 花のハイキン
グ12カ月 …………①189

「環島」ぐるっと台湾一
周の旅 ………………①198
関東下知状を読む …①548
関東戎夷焼煮袋 ……①955
関東周辺の岩場 ……①189
関東周辺の潮位表〈2017
年〉 …………………②678
関東週末旅 御朱印ト
レッキング …………①189
雁塔聖教序 褚遂良 …①869
関東戦国史 …………①552
"感動の体系"をめぐっ
て ……………………①956
感動のどうぶつ物語キ
セキの扉 ……………①383
感動のどうぶつ物語 天
国のキミへ …………①383
「感動のドラマ」を生む
学級づくりの原則 …①707
感動は心の喜び ……①278
感動は人生の成功を呼
ぶ ……………………①278
関東病院情報〈2017年
版〉 …………………①708
感動力の教科書 ……①348
カントが中世から学ん
だ「直観認識」……①470
監督の問題 …………①1017
カント哲学の奇妙な歪
み ……………………①470
カント伝 ……………①470
カントと啓蒙のプロ
ジェクト ……………①470
カント入門講義 ……①470
がんとの共存を目指す
新しい概念の免疫治
療 ……………………②736
がんとの共存を目指す
「漢方がん治療」……①179
カントの自由論 ……①470
カントの政治哲学 …①470
カントの世界市民的地
理教育 ………………①470
カントの批判哲学の教
育哲学的意義に関す
る研究 ………………①470
漢とは何か、中華とは
何か …………………①595
カント 美と倫理とのは
ざまで ………………①470
カントリー・ガール …①934
カントールの連続体仮
説 ……………………②651
神薙少女は普通でいた
い〈1〉 ……………①1280
鉋 削りの技法 ……②608
カンナさーん！ 小説版
………………………①977
カンナのカンナ 間違い
で召喚された俺の偽
勇者伝説（ヒロイック
サーガ）……………①1241
がんに効く最強の統合
医療 …………………②736
がんかかった外科医元
ちゃんが伝えたかっ
たこと ………………②703
ガンにならない体をつ
くる、毎日の簡単ご
はん …………………①163
がんになる前に乳房を
切除する ……………②736
ガンにも感謝！ これが
私の生きる道 ………②703
ガン入院オロオロ日記
………………………①948
観念に到来する神につ
いて …………………①474
官能植物 ……………②686

感応の呪文 …………①467
観応の擾乱 …………①548
がんのしおり〈2016・
17〉 …………………②736
がんの治療と暮らしの
サポート実践ガイド
………………………②736
がんのプレシジョン免
疫学 …………………②736
がんの未来学 ………②736
観の目 ………………①474
がんの理学療法 ……②736
寒梅〈17〉 …………①1059
かんばい よっぱらい …①328
関八州御用狩り ……①1056
がんばっても報われな
い本当の理由 ………①89
頑張ってるのに稼げな
い現役Webライター
が毎月20万円以上稼
げるようになるため
の強化書 ……………②528
カンパニー …………①986
がんは働きながら治
す！ …………………①179
神林長平論 …………①911
ガンは予防できる …②736
頑張らずにスッパリや
められる禁煙 ………①154
がんばらない生き方 …①89
がんばらない介護 …②69
がんばらなくていい！
楽シニアの作りおき
………………………①52
がんばらなくてもやせ
られる ほめるだけダ
イエット ……………①25
頑張らない人は、うま
くいく。 ……………①89
がんばりすぎずにし
れっと認知症介護 …①175
がんばりすぎなあなた
にご褒美を！ ………①1164
頑張りすぎない生き方
………………………①89
がんばりすぎない、悲
しみすぎない。 ……②703
がんばりすぎないごは
ん ……………………①52
がんばるニャー早くと
りたい 原付免許問題
集 ……………………①243
がんばるニャー 早くと
りたい 第二種免許問
題集 …………………①242
がんばるニャー早くと
りたい普通・大型二
輪免許問題集 ………①243
がんばるニャー 早くと
りたい 普通免許問題
集 ……………………①242
頑張るのをやめると、
お金とチャンスが
やってくる …………①89
がんばる理由が、君な
らいい。 ……………①89
がんばれ！ あかいしゃ
しょうしゃ …………①311
頑張れ、日本のデジタ
ル革命〈2〉 ………①278
がんばれ！ 猫山先生
〈5〉 ………………①849
カンピオーネ！〈21〉
………………………①1226
がん光免疫療法の登場
………………………②736
韓非子 ………………①465
『韓非子』に学ぶリー
ダー哲学 ……………①465

甘美な企み …………①1368
乾物と保存食材事典 …①34
漢文圏における荻生徂
徠 ……………………①461
漢文に親しもう ……①391
完璧彼氏と完璧な恋の
進め方 ………………①1202
カンペキ中学受験
〈2018〉 ……………①742
完璧な家 ……………①1352
完璧令嬢の愛され新婚
生活 …………………①1406
鑑別診断ネモニクス …②713
寒紅 …………………①971
かんべんしてくれ！
………………………①1310
漢方医学の羅針盤 陳修
園「医学三字経」…①173
漢方眼科診療35年 …②760
「願望実現脳」は1分で
つくれる。 …………①121
がん・放射線療法
〈2017〉 ……………②736
漢方診察法 …………①174
漢方製剤 応用自在のユ
ニット処方解説 ……①174
官報総索引〈2016〉 …②174
漢方治療による東洋堂
臨床録〈Part14〉 …①174
漢方の科学化 ………①174
顔貌売人 ……………①1114
漢方薬処方レクチャー
まずはこれだけ20・①174
がん保険に加入する前
に読む本 ……………①386
カンボジア孤児院ビジ
ネス …………………②86
カンボジア語 読解と練
習 ……………………①667
カンボジア農村に暮ら
すメマーイ（寡婦た
ち）…………………②86
カンボジアPKO日記
………………………①592
完本・一日一書 ……①870
完本 春の城 ………①1030
完本丸山健二全集〈05〉
………………………①889
完本丸山健二全集〈06〉
………………………①889
完本 麿赤兒自伝 ……①782
完本 密命〈巻之20〉 …①1041
完本 密命〈巻之21〉 …①1041
完本 密命〈巻之22〉 …①1041
完本 密命〈巻之23〉 …①1041
完本 密命〈巻之24〉 …①1042
完本 密命〈巻之25〉 …①1042
完本 密命〈巻之26〉 …①1042
がんまんが …………②703
簡明 書道用語辞典 …①870
かんもくって何なの!?
………………………①490
関門の近代 …………①536
完訳・エリア随筆〈4〉
………………………①891
完訳 塩尻夜話記 付 宮
部一跳小伝 …………①559
完訳 天球回転論 ……②674
完訳 ファーブル昆虫記
〈第10巻 下〉 ……①694
寛容力のコツ ………①89
関与と越境 …………②369
管理栄養士・栄養士に
なるための臨床栄養
学実習 食事療養実務
入門 …………………②776
管理栄養士・栄養士必
携〈2017年度版〉 …②776

管理栄養士国試合格の
　エッセンス〈8〉……… ①784
管理栄養士国家試験過
　去問解説集〈2018〉… ②784
管理栄養士国家試験 合
　格のためのワーク
　ノート150日 ……… ②784
管理栄養士国家試験 受
　験必修応用力試験問
　題集 ………………… ②784
管理栄養士国家試験 受
　験必修過去問集
　〈2018〉…………… ②784
管理栄養士国家試験対
　策完全合格教本〈上〉
　……………………… ②784
管理栄養士国家試験対
　策完全合格教本〈下〉
　……………………… ②784
管理栄養士国家試験 得
　点アップのための一
　問一答TOKU‐ICHI
　〈8〉………………… ②784
管理栄養士国家試験 頻
　出ワード別一問一答
　〈2018〉…………… ②784
管理栄養士ちょいと便
　利な資料集〈2017〉
　……………………… ②784
管理栄養士ちょいと便
　利な資料集〈2018〉
　……………………… ②776
管理会計・入門 …… ②315
管理会計・入門 …… ②315
「管理会計の基本」がす
　べてわかる本 …… ②315
管理会計論 ………… ②315
管理業務主任者基本テ
　キスト〈2017年度版〉
　……………………… ②494
管理業務主任者 項目別
　過去7年問題集〈2017
　年度版〉…………… ②494
管理業務主任者 直前予
　想問題集〈2017年度
　版〉………………… ②494
管理業務主任者出ると
　こ予想 合格（うか）る
　チェックシート〈2017
　年度版〉…………… ②494
管理業務主任者どこで
　も過去問〈2017年度
　版〉………………… ②494
管理業務主任者の知識
　〈平成29年度版〉… ②423
管理組合・理事のため
　のマンション管理実
　務必携 …………… ②423
管理しない会社がうま
　くいくワケ ……… ②278
管理職1年目の教科書
　……………………… ②365
管理職試験36日間
　〈2018〉…………… ②706
管理職になるときこれ
　だけは知っておきた
　い労務管理 ……… ②329
がんリハビリテーショ
　ン ………………… ②736
がんリハビリテーショ
　ン心理学 ………… ②736
官僚制改革の条件 … ②151
官僚制のユートピア・ ①448
咸臨丸にかけた夢 … ①347
還暦男 南アメリカ大陸
　五〇日間 約一万kmを
　行く ……………… ①199
還暦シェアハウス …… ①985

還暦ジョッキー …… ①244
緩和医療・終末期ケア
　……………………… ①704
漢和辞典的に申します
　と。………………… ①626
緩和治療薬の考え方、
　使い方 …………… ①769

【き】

きいて！うたって！お
　ぼえよう！えいごの
　うた「DVD+CD」2
　枚つき …………… ①394
きいてうたって24曲 ど
　うよううたのえほん
　……………………… ①319
聞いて書きとる英語リ
　スニング300問 …… ①653
黄色い雨 …………… ①1340
きいろえほん ……… ①302
気韻生動の軌跡 …… ①831
議員探偵・漆原翔太郎
　……………………… ①1073
議員立法の実際 …… ②184
紀氏・平群氏 ……… ①542
木内信胤語録 ……… ①458
気鋭歯科医師が歯を残
　す・守るそのエビデ
　ンスとテクニック、
　患者説明 ………… ②754
消えたい …………… ①478
消えた江戸300藩の謎
　……………………… ①559
消えた記憶と愛の証
　……………………… ①1382
消えた市区町村名の謎
　……………………… ②31
消えた弔電 ………… ①1114
消えた乗組員 ……… ①1100
消えたはずの。…… ①1348
消えた初恋の甘い続き
　……………………… ①1313
消えたベラスケス …・ ①828
消えていく君の言葉を
　探してる。………… ①1189
消えてなくなっても
　……………………… ①1022
消えゆく月 ………… ①1103
消えゆく太平洋戦争の
　戦跡 ……………… ①577
消えゆく街の異界譚（モ
　ノガタリ）………… ①1132
紀尾井坂版元殺人事件
　……………………… ①1036
記憶を返して ……… ①1392
記憶をめぐる人文学・ ①467
記憶する生×九千の日
　と夜 ……………… ①962
記憶と感情のエスノグ
　ラフィー ………… ②175
記憶と追悼の宗教社会
　学 ………………… ①507
記憶と忘却のドイツ宗
　教改革 …………… ①607
記憶にない恋 ……… ①1319
記憶に残る速読 …… ②2
記憶の海辺 ………… ①939
記憶の残照のなかで …・ ②45
記憶の断片 ………… ①956
記憶の都市 大阪・
　SENSATION …… ①255

記憶の中のシベリア ・ ①577
記憶のなかの日露関係
　……………………… ①127
記憶力を鍛える方法・ ①121
記憶力が最強のビジネ
　ススキルである …… ②348
記憶 Memorial Films
　……………………… ①775
キオスク …………… ①1333
気をつけよう！ 情報モ
　ラル〈4〉…………… ①413
気をつけよう！ ブラッ
　クバイト・ブラック
　企業〈2〉…………… ①413
気をつけよう！ ブラッ
　クバイト・ブラック
　企業〈3〉…………… ①413
祇園囃子 …………… ①971
祇園祭の愉しみ …… ②118
器械運動〈1〉……… ②713
機械学〈2〉…… ②522, ②661
機械学習入門 Jubatus
　実践マスター …… ②548
機械系の材料力学 … ②600
機械検査の1級学科過去
　問題と解説〈29年度
　版〉………………… ②643
機械検査の2級学科過去
　問題と解説〈29年度
　版〉………………… ②643
機械・工具必携ハンド
　ブック〈2017〉…… ②600
機械・工具必携ハンド
　ブック〈2018〉…… ②600
機械構造用鋼・工具鋼
　大全 ……………… ②600
機械・仕上職種1・2級
　技能検定学科の急所
　〈上巻（2017年版）〉
　……………………… ②643
機械・仕上職種1・2級
　技能検定学科の急所
　〈下巻（2017年版）〉
　……………………… ②643
機械仕掛けのデイブレ
　イク …………… ①1224
機械仕掛けのデイブレ
　イク〈2〉………… ①1224
機械実技トレーニング
　〈平成29年度版〉… ②643
機械実技の教科書 … ②643
議会事務局のシゴト・ ②155
機械設計 …………… ②600
機械設計技術者試験問
　題集〈平成29年版〉
　……………………… ②643
機械設計技術者のため
　の4大力学 ……… ②600
機械設計製図 ……… ②600
機械設備工事積算実務
　マニュアル〈2017〉
　……………………… ②622
奇怪千重 …………… ①840
機械脳の時代 ……… ②348
機械保全技能検定1・2級
　機械系保全作業学科
　試験 過去問題と解説
　〈平成29年度版〉… ②643
機械保全の過去問500+
　チャレンジ100〈2017
　年度版〉…………… ②643
機械保全の徹底攻略
　〈2017年度版〉…… ②643
機械保全の徹底攻略 機
　械系・実技〈2017年度
　版〉………………… ②643
機械保全の徹底攻略 設
　備診断作業〈2017年度
　版〉………………… ②644

機械力学入門 ……… ②600
機械力学の基礎 …… ②600
幾何学的ベクトル … ②659
幾何教程〈上〉……… ②659
幾何教程〈下〉……… ②659
気学運勢暦〈平成30年〉
　……………………… ①134
規格外の新戦法 …… ①248
其角と楽しむ江戸俳句
　……………………… ①899
企画のお手本 ……… ②357
規格外れの英雄に育て
　られた、常識外れの
　魔法剣士〈1〉…… ①1198
規格外れの英雄に育て
　られた、常識外れの
　魔法剣士〈2〉…… ①1198
規格外れの英雄に育て
　られた、常識外れの
　魔法剣士〈3〉…… ①1198
聞かせて賢くて賢い子
　に育つ育脳CDブック
　……………………… ①11
効かない健康食品 危な
　い自然・天然 …… ②154
聞かなかった聞かな
　かった …………… ①941
ギガマネー 巨大資金の
　闇 ………………… ②376
気がるにカックロ〈1〉
　……………………… ①274
気がるにカックロ〈2〉
　……………………… ①275
気がるにシークワーズ
　〈1〉………………… ①275
気がるに推理パズル〈1〉
　……………………… ①275
気がるに数独〈1〉… ①275
気がるに数独〈2〉… ①275
気がるにスリザーリン
　ク〈1〉…………… ①275
気がるにスリザーリン
　ク〈2〉…………… ①275
混沌都市（ギガロポリ
　ス）の泥棒屋（バン
　ディット）……… ①1273
気管支喘息 ………… ②713
気管支肺胞洗浄（BAL）
　法の手引き ……… ②713
きかんしゃトーマス 走
　れ！世界のなかまた
　ち ………………… ①321
きかんしゃトーマス 走
　れ！世界のなかまた
　ち シールあそびえほ
　ん ………………… ①321
きかんしゃトーマス
　ファミリーミュージ
　カルソドー島のたか
　らもの …………… ①321
きかんしゃトーマスぶ
　にぶにシール図鑑・ ①321
機関訴訟の「法律上の
　争訟」性 ………… ②202
季刊 電力人事 冬季版
　〈2017〉…………… ②438
季刊文科セレクション
　……………………… ①977
聴き合う耳と響き合う
　声を育てる合唱指導
　……………………… ①738
『聞き書きマップ』で子
　どもを守る ……… ②51
ききがたり ときをため
　る暮らし ………… ①937
「危機のない日本」の
　危機 ……………… ①20
“危機感”のない人に
　チャンスは来ない！

　……………………… ②278
奇奇奇譚編集部 …… ①1127
効きすぎて中毒（ヤミツ
　キ）になる 最強の心
　理学 ……………… ①478
キキとジジ〈その2〉・・ ①381
危機と都市 ………… ①610
危機における歴史の思
　考 ………………… ①448
危機にこそぼくらは甦
　る ………………… ①928
利き脳論 …………… ①498
危機の現場に立つ … ①121
危機の心理学 ……… ①478
危機の中の北朝鮮 金正
　恩（キムジョンウン）
　の守護霊霊言 …… ①502
危機のなかの若者たち
　……………………… ②95
危機のリーダーシップ
　……………………… ①502
利き蜜師物語〈2〉… ①996
利き蜜師物語〈3〉… ①996
危々耳草紙 憑き人・・ ①1117
企業を世界一にするイ
　ンターナル・マーケ
　ティング ………… ②335
企業を守るネット炎上
　対応の実務 ……… ②329
企業会計システムの現
　状と展望 ………… ②315
企業会計におけるリス
　クマネジメント … ②315
企業が生まれ変わるた
　めの「働き方改革」実
　践ガイド ………… ②309
企業が生まれ変わるた
　めの「働き方改革」事
　例集 ……………… ②309
企業家研究〈第14号
　（2017）〉………… ②369
企業家精神のダイナミ
　クス ……………… ②335
企業価値向上のための
　財務戦略エキスパー
　ト試験対策問題集・ ②505
企業活動基本調査報告
　書〈第1巻〉……… ②272
企業活動基本調査報告
　書〈第2巻〉……… ②272
企業活動基本調査報告
　書〈第3巻〉……… ②272
企業ができるがん治療
　と就労の両立支援実
　務ガイド ………… ②736
起業家の経営革命ノー
　ト ………………… ②278
起業家のためのマーケ
　ティングバイブル・ ②335
企業危機とコントロー
　リング …………… ②278
企業金融における価値
　共創 ……………… ②376
企業グループの管理会
　計 ………………… ②315
企業経営の日独比較 ・ ②370
企業経営の物流戦略研
　究 ………………… ②335
企業研究者たちの感動
　の瞬間 …………… ②598
企業再建ADRの仕組み
　と活用法 ………… ②278
企業再生・コーポレー
　トガバナンス …… ②322
企業人事部門のための
　確定拠出年金ハンド
　ブック …………… ②73
企業成長と価格行動・ ②303
企業戦略白書〈2016年

書名索引

版〉）………②272
企業組織法 ………②196
企業訴訟総論 ………②193
ギキョウダイ ……①1090
企業ダイナミクスと産
業発展 ………②370
企業紐帯と業績の研究
………②370
"起業"という幻想 ………②278
企業・投資家・証券アナ
リスト 価値向上のた
めの対話………②381
企業統治 ………②278
企業統治と成長戦略 ②370
企業統治と取締役会 ②327
企業と会計の道しるべ
………②315
企業と社会フォーラム
学会誌 ………②335
企業内「職人」図鑑
〈12〉………①413
企業内「職人」図鑑
〈13〉………①413
起業の科学スタート
アップサイエンス ②278
企業の価値を向上させ
る実効的な内部通報
制度 ………②309
企業の価値創造経営プ
ロセスの新たなる体
系化をめざして ……②370
企業の環境部門担当者
のための環境・エネ
ルギーがサクッとわ
かる本 ………②300
企業の個人情報対策と
規程・書式 ………②325
企業のサステナビリ
ティ戦略とビジネス・
クォリティ ………②370
企業の精神疾患社員へ
の対応実務 ………②743
企業の成長戦略が10時
間でわかる本 ………②278
企業のためのフィン
テック入門 ………②376
起業のツボとコツが
ゼッタイにわかる本
………②278
企業のリスクを可視化
する事業性評価のフ
レームワーク ………②278
企業買収の実務プロセ
ス ………②311
企業犯罪と司法取引 ②211
企業不祥事はなぜ起き
るのか ………②278
企業内組合研究のため
の文献集 ………②465
企業別組合は日本の
「トロイの木馬」 ②462
企業変革を実現する "リ
アルパートナー"ア
ビームコンサルティ
ング ………②278
企業法研究の序曲〈5〉
………②221
企業法制の将来展望
〈2017年度版〉………②221
企業法制の将来展望
〈2018年度版〉………②221
企業法とコンプライア
ンス ………②193
企業法の進路 ………②221
企業法 早まくり肢別問
題集 ………②488
企業法務担当者のため
の行政法ガイド ………②202
企業倫理学〈4〉………②370

企業倫理研究序論 ……②370
企業倫理：信頼に投資
する ………②278
戯曲 廬のいた町 ……①783
帰、去来 ………①962
ギグ・エコノミー ……②278
聴くこと祈ること ……①523
キク大事典 ………②686
聞くだけ！ 最恐ストレ
スからあなたの自律
神経を守りぬくCD
ブック ………①147
聞くだけで赤ちゃんが
すくすく育つCDブッ
ク ………①9
聞くだけでぐっすり眠
れて疲れがとれる 寝
たまんまヨガCDブッ
ク ………①161
聞くだけで血圧が下が
るCDブック ………①180
聴くだけで心と体が癒
されるCDブック ①147
聴くだけで心と体が整
うレイキヒーリング
CDブック ………①147
聴くだけで脳と体が若
返る528Hz「北の国か
ら」CDブック ……①780
聴くだけで毎日ポジ
ティブになるCDブッ
ク ………①121
菊太郎あやうし ……①1050
キクタン英検準1級 ②657
キクタン英検準2級 ②657
キクタン英検1級 ②657
キクタン英検2級 ②657
キクタン英検3級 ②657
キクタン韓国語会話 入
門編 ………②666
キクタンスペイン語会
話 入門編 ………①672
キクタン接客英会話 飲
食編 ………②643
キクタン接客英会話 交
通編 ………②643
キクタン接客英会話 宿
泊編 ………②643
キクタン接客英会話 販
売編 ………②643
キクタン中国語会話 入
門編 ………②664
キクタン リーディング
Entry2000 ………①1652
キクタン ロシア語会話
入門編 ………①672
聞く力、つなぐ力 ……②445
菊池寛随想 ………①911
菊池省三・岡篤 プロ教
師の生きた学級づく
りのノウハウが学べ
る教師術 ………①707
菊地成孔の粋な夜電波
〈2〉………①944
菊地成孔の欧米休憩タ
イム ………①796
菊池流学級づくり 4・
5・6年 ………①707
菊と鬼 ………①1050
聞くと話する脳科学 ②592
菊のきせ綿 ………①1044
気くばりですべてのこ
とがうまくいく ……①89
菊日和 ………①1008
聞く、読む、書く能力の
認知特性・発達状況
を把握する 小・中学
校国語科スクリーニ
ングテスト ………①681

喜劇としての国際ビジ
ネス ………②279
喜劇 レオンスとレーナ
………①311
聴け!!残存企業兵の声
………①1003
きけ 小人物よ！ ……①448
キケン ………①984
起源図鑑 ………②31
危険生物 ………①404
危険生物ファーストエ
イドハンドブック ②682
危険な恋人 ………①1368
危険な取引は愛のきざ
し ………①1334
危険な二人 ………②279
危険なブツを召しあが
れ ………①1319
危険な夜のキャスティ
ング ………①1331
危険物船舶運送及び貯
蔵規則 ………②625
危険物取扱者のための
危険物まるわかり辞
典 ………②583
危険物ヒヤリ・ハット
ケーススタディ ……②459
危険物六法〈平成29年新
版〉………②184
危険・有毒生物 ………①404
危険領域 所轄魂 ……①1088
貴公子と壁の花 ……①1386
貴公子と床磨きの乙女
………①1374
貴公子ピアニストは淫
らな指で私を誘惑す
る ………①1405
機巧銃と魔導書（グリモ
ワール）………①1177
稀覯禅籍集 ………①518
紀行とエッセーで読む
作家の山旅 ………①937
記号と再婚 ………②516
気功と私の体験 ………①161
機巧のイヴ ………①1118
気候変動を理学する ②678
気候変動の事典 ………②678
記号論 ………①448
"木・呼吸・微生物"超
先進文明の創造 ……②574
疑獄 ………②131
帰国子女姉妹 "全裸調
教"………①1401
"帰国子女"という日本
人 ………②95
帰国子女のための学校
便覧〈2018〉………①742
季語体系の背景 ………①960
気骨稜々なり 島井宗室
………①1057
季語になった京都千年
の歳事 ………①940
季語の博物誌 ………①960
季語は生きている ……①961
季語別大石悦子句集 ②971
季語別松尾隆信句集 ②971
妃は陛下の幸せを望む
………①1157
妃は陛下の幸せを望む
〈2〉………①1157
きざき日和 ………①779
ギザ耳ロベールと怪談
集〈2〉………①1118
木皿食堂〈2〉………①944
技師＆ナースのための
消化器内視鏡ガイド
………②739
騎士王陛下、猫かわい

がりも度が過ぎま
す！ ………①1397
生地を冷凍しておける
タルト ………①69
儀式 ………①1335
氣式太極拳（十五式）①237
儀式でうたうやまと歌
………②111
義肢製作マニュアル ②751
義肢装具士になるには
………②51
義肢装具と作業療法 ②754
岸田森 ………①790
騎士団長殺し〈第1部〉
………①1020
騎士団長殺し〈第2部〉
………①1020
騎士団長と『仮』王宮生
活!? ………①1402
騎士団長のお気に召す
まま ………①1401
騎士団長は若奥様限定!?
溺愛至上主義 ……①1197
偽史と奇書が描くトン
デモ日本史 ………①531
棋士とAIはどう戦って
きたか ………①248
騎士の俺が魔王の孫娘
の世話をするのはお
かしいだろ！ ……①1283
棋士の才能 ………①248
騎士の私と悪魔の取引
………①1399
木島日記 ………①1080
木島日記 乞丐相 ……①1080
木島日記 もどき開口
………①1080
キジムナーkids ……①987
岸本葉子×石井あすか
50代からのもう悩ま
ない着こなしのコツ
………①29
記者たちは海に向かっ
た ………②41
記者と権力 ………②13
紀州鉱山専用軌道 ②432
棄種たちの冬 ………①1124
技術解体新書 ………①228
技術経営 ………②279
技術経営の考え方 ②370
技術コンサルタントと
して独立開業して年
間1000万円稼ぐ方法
………②345
技術士試験 "建設部門"
傾向と対策〈2017年
度〉………②630
技術士試験 "上下水道部
門" 傾向と対策〈2017
年度〉………②630
技術士試験 上下水道部
門 択一式問題集 ②631
技術士試験 "総合技術監
理部門"傾向と対策
〈2017年度〉………②630
技術士第一次試験「環
境部門」専門科目 問
題と対策 ………②631
技術士第一次試験「機械
部門」専門科目過去
問題 解答と解説 ②631
技術士第一次試験 基
礎・適性科目完全解
答〈2017年版〉………②631
技術士第一次試験「基
礎・適性」科目キー
ワード700 ………②631
技術士第一次試験「基
礎・適性」科目予想

＆過去問題集〈平成29
年度版〉………②631
技術士第一次試験「建
設部門」受験必修問
題300〈平成29年度
版〉………②631
技術士第一次試験「建
設部門」専門科目受
験必修過去問題集 解
答と解説〈平成29年度
版〉………②631
技術士第一次試験「上
下水道部門」専門科
目択一式問題厳選250
問 解答と解説 ②631
技術士第一次試験「情
報工学部門」専門科
目 問題と対策 ②631
技術士第一次試験出る
とこだけ！ 基礎・適
性科目の要点整理 ②631
技術士第一次試験 電気
電子部門 過去問題集
〈2017年版〉………②631
技術士第一次試験「電
気電子部門」択一式
問題200選 ………②631
技術士第一次試験 問題
集基礎・適性科目
パーフェクト〈2017年
版〉………②631
技術士第二次試験「環
境部門」問題と対策
（論文例付）………②631
技術士第二次試験「機
械部門」要点と "論文
試験"解答例 ………②631
技術士第二次試験建設
部門合格指南〈2017年
版〉………②631
技術士第二次試験建設
部門最新キーワード
100〈2017年版〉………②631
技術士第二次試験建設
部門択一式対策厳選
100問〈2017年版〉②631
技術士第二次試験「建
設部門」択一式問題
150選〈平成29年度
版〉………②631
技術士第二次試験 建設
部門 答案作成のテク
ニック ………②631
技術士第二次試験「建
設部門」必須科目択
一試験過去問題 解答
と解説〈平成29年度
版〉………②631
技術士第二次試験「建
設部門」必須科目 択
一対策キーワード〈平
成29年度版〉………②631
技術士第二次試験「建
設部門」要点と "論文
試験"解答例 ………②631
技術士第二次試験 最短
ルートの正しい勉強
法 ………②631
技術士第二次試験「電
気電子部門」要点と
"論文試験"解答例 ②631
技術士第二次試験 評価
される論文の書き方
………②631
技術者・研究者のため
の特許検索データ
ベース活用術 ………②584
技術者の実務英語 ……①649
技術者のための情報通

信法規教本 ……… ②512
技術者のための新サー
　ビス企画の提案法 … ②646
技術者のための電磁気
　学入門 ………… ②592
技術者のためのマーケ
　ティング ……… ②335
技術的イノベーション
　のマネジメント … ②370
技術と表現を磨く！ 魅
　せる新体操 上達のポ
　イント50 ……… ①236
技術と文明〈21巻1号〉
　………………… ②415
技術は戦略をくつがえ
　す ……………… ②370
技術屋が語るユーザー
　とオーナーのための
　エレベーター読本 ②423
技術屋の王国 …… ②303
騎手の誇り ……… ①1108
偽証 ……………… ①1116
気象業務はいま〈2017〉
　………………… ②678
気象災害から身を守る
　大切なことわざ … ②678
稀少てんかんの診療指
　標 ……………… ②729
起請文と那智参詣曼荼
　羅 ……………… ①548
気象予報士 ……… ②645
気象予報士試験精選問
　題集〈平成29年度版〉
　………………… ②645
気象予報士試験 模範解
　答と解説〈平成28年度
　第2回〉………… ②645
気象予報士試験 模範解
　答と解説〈平成29年度
　第1回〉………… ②645
気象予報士実技試験合
　格テキスト＆問題集
　………………… ②645
机上論のおもてなし不
　要論 …………… ②279
議事録作成の実務と実
　践 ……………… ②325
「議事録」で読む社会保
　障の「法的姿」…… ②47
魏志倭人伝精読 … ①542
擬人化と異類合戦の文
　芸史 …………… ①894
鬼神村流伝 ……… ①962
魏晋南北朝官人身分制
　研究 …………… ②595
魏晋南北朝史のいま ①595
傷痕 ……………… ①1331
汽水 ……………… ①962
キヅカイのケンチク ②608
気づかれずに主導権を
　にぎる技術 …… ②348
木次線写真集 …… ①255
気づきと感謝で、苦を楽
　に変える道を学ぶ ①953
気づきのパワー … ①89
気付くのが遅すぎて、
　………………… ①946
気づけばプロ並みPHP
　………………… ②548
絆 ………………… ①1001
キズナキス ……… ①1243
きずな酒〈20〉…… ①1039
絆のエンジェル … ①1381
木津音紅葉はあきらめ
　ない …………… ①1297
キスの格言 ……… ①1177
キスの先までサクサク
　書ける！ 乙女系ノベ
　ル創作講座 …… ①884

キース・ヘリング アー
　トはすべての人のた
　めに。…………… ①840
きすみぃえいみぃ … ①779
キスも知らない愛人
　………………… ①1374
規制科学・規制工学概
　論 ……………… ②572
寄生してレベル上げた
　んだが、育ちすぎたか
　もしれない〈2〉… ①1156
寄生してレベル上げた
　んだが、育ちすぎたか
　もしれない〈3〉… ①1156
寄生してレベル上げた
　んだが、育ちすぎたか
　もしれない〈4〉… ①1156
"犠牲者"のポリティク
　ス ……………… ①598
寄生虫病学 ……… ②732
寄生難民 ………… ②139
犠牲になる少女たち ②706
きせかえクロスステッ
　チ ……………… ①77
軌跡 ……………… ①7
奇跡を起こすたった1
　ページのノート術 ①121
奇跡を呼び込んだ断食
　………………… ①137
奇跡を呼ぶ詩集 愛の詩
　………………… ①962
奇跡が起きたハート
　いっぱいいっぱいの
　セラピー ……… ①137
奇跡講座〈上巻〉… ①137
奇跡講座〈下巻〉… ①137
奇跡の歌 ………… ①803
奇跡の営業所 …… ②333
奇跡の還る場所 … ①1176
奇跡の澤井珈琲 … ②301
奇跡の島・西表島の動
　物たち ………… ①255
奇跡の芯体操〈2〉… ①157
奇跡の数字リーディン
　グ ……………… ①121
奇跡の酢納豆 …… ①163
奇跡のスーパーマー
　ケット ………… ①934
奇跡の人 ………… ①1013
奇跡の3日腹ペタ … ①25
奇蹟はどのように起
　こったのか …… ①523
季節を駆ける詩人の冒
　険 ……………… ①962
季節を楽しむ かわいい
　童謡おりがみ … ①689
季節をたのしむ ジャム
　と果実 ………… ①52
季節感と少年時代 … ①939
季節とフィールドから
　鳥が見つかる … ②696
季節の生きもの観察手
　帖 ……………… ①681
季節の果物でジャムを
　作る …………… ①70
季節の食べものクイズ
　絵本 12ヵ月 …… ①433
季節の人形服と小物づ
　くり DOLL'S
　CLOSET SEASONS
　………………… ①79
季節のぬりえ帖 … ①865
季節のフルーツを楽し
　む レ・メゾンのタル
　ト ……………… ①70
季節の部屋飾り12か月
　………………… ①81
季節はうつる、メリー
　ゴーランドのように

季節はめぐり、そして
　春は来る ……… ①981
季節巡りて〈上〉… ①1393
季節巡りて〈下〉… ①1394
偽装警官 ………… ①1110
偽装死で別の人生を生
　きる …………… ①934
徹説『大観茶論』の研究
　………………… ①271
奇想博物館 ……… ①1067
偽装恋愛 ………… ①1021
基礎演習 線形代数 ②659
基礎化学実験 …… ②669
基礎から応用までマス
　ター デッサンパー
　フェクトレッスン ①859
基礎からしっかり学ぶ
　C++の教科書 … ②558
基礎からしっかり学ぶ
　C# の教科書 … ②558
基礎からしっかり学ぼ
　う！ 管理栄養士国家
　試験の要点〈2018年
　版〉…………… ②784
基礎からしっかり身に
　つくAutoCAD LT入
　門 ……………… ②603
基礎からのコントラク
　トブリッジ …… ①279
基礎からのサーブレッ
　ト／JSP ……… ②548
基礎からの土質力学 ②604
基礎からのプリント基
　板製作 ………… ②595
基礎からのFritzing ②597
基礎からのMySQL ②548
基礎からはじめる職場
　のメンタルヘルス ②329
基礎から学ぶアルゴリ
　ズムとデータ構造 ②516
基礎から学ぶ簡易裁判
　所の諸手続 …… ②227
基礎から学ぶ強相関電
　子系 …………… ②595
基礎から学ぶ刑事法 ②211
基礎から学ぶ現代税法
　………………… ②398
基礎から学ぶ社会調査
　と計量分析 …… ②95
基礎から学ぶ障害児保
　育 ……………… ②681
基礎から学ぶ水理学 ②604
基礎から学ぶスポーツ
　トレーニング理論 ①216
基礎から学ぶスポーツ
　リテラシー …… ②213
基礎から学ぶ田辺由美
　のワインブック〈2018
　年版〉………… ①45
基礎から学ぶ特別支援
　教育の授業づくりと
　生活の指導 …… ①681
基礎から学ぶ花色配色
　パターンBOOK new
　edition ………… ①270
基礎から学ぶマルクス
　主義 …………… ②173
基礎から学ぶCAD／
　CAMテクノロジー
　………………… ②754
基礎から学ぶUnity 3D
　アプリ開発 …… ②548
基礎から学ぶXamarin
　プログラミング ②548
基礎から学べる租税法
　………………… ②398
基礎から学べる！ 文章

力ステップ 文章検2
　級対応 ………… ①633
基礎から身につく国税
　通則法〈平成29年度
　版〉…………… ②398
基礎から身につく財産
　評価〈平成29年度版〉
　………………… ②411
基礎から身につく消費
　税〈平成29年度版〉 ②405
基礎から身につく所得
　税〈平成29年度版〉 ②409
基礎から身につく相続
　税・贈与税〈平成29年
　度版〉………… ②411
基礎から身につく法人
　税〈平成29年度版〉 ②406
基礎からよくわかる実
　践的CFD（数値流体
　力学）入門 脳血管編
　………………… ②729
基礎からレッスン はじ
　めてのスペイン語 ①672
基礎からわかる漢文 ①722
基礎からわかる言語障
　害児教育 ……… ①681
基礎からわかる憲法 ②198
基礎からわかるごみ焼
　却技術 ………… ②577
基礎からわかる自社株
　評価 …………… ②327
基礎からわかる情報リ
　テラシー ……… ②516
基礎からわかる透析療
　法パーフェクトガイ
　ド ……………… ②749
基礎からわかる話す技
　術 ……………… ②359
基礎からわかる表示登
　記 ……………… ②210
基礎からわかる
　「Bluetooth」…… ②595
基礎からわかるCubase
　AI 9／LE 9 …… ②543
基礎からわかる
　ISO9001：2015… ②586
基礎からわかるScala ②548
基礎完成最速上達詰碁
　200 …………… ①246
基礎教材 建築環境工学
　………………… ②617
貴族院研究会の領袖 水
　野直日記 ……… ①572
貴族探偵 ………… ①366
貴族探偵対女探偵 ①366
義足のアスリート山本
　篤 ……………… ①235
貴族のお坊ちゃんだけ
　ど、世界平和のため
　に勇者のヒロインを
　奪います〈3〉… ①1169
貴族のお坊ちゃんだけ
　ど、世界平和のため
　に勇者のヒロインを
　奪います〈4〉… ①1169
貴族屋敷の嘘つきなお
　茶会〈2〉 フーリエ・①1348
基礎系 数学 フーリエ・
　ラプラス解析 … ②656
基礎講義 遺伝子工学
　〈1〉…………… ②684
基礎 財務会計 …… ②315
基礎式から学ぶ化学工
　学 ……………… ②598
基礎情報科学〈2017年

版〉…………… ②516
基礎ゼミ 社会学 … ②95
基礎ゼミ 宗教学 … ①507
基礎測量学 ……… ②604
基礎知識＋リファレンス
　macOSコマンド入門
　………………… ②546
基礎電気回路 …… ②592
基礎と上達がまるわか
　り！ 海のルアー釣り
　完全BOOK …… ①232
基礎と臨床がつながる
　疾患別看護過程
　〈PART2〉……… ②765
基礎日本国憲法 … ②198
基礎脳力アップパズル
　………………… ①681
基礎の基礎 1日でマス
　ター 法人税申告書の
　作成 …………… ②406
基礎のソーイングレッ
　スン …………… ①84
基礎物理化学 …… ②669
基礎物理学実験〈2017〉
　………………… ②663
基礎物理学実験〈2017秋
　・2018春〉……… ②663
基礎有機化学 …… ②669
木曽義仲伝 信濃・北陸
　と源平合戦の史跡 ①548
基礎力が身につく建築
　環境工学 ……… ②617
基礎Web技術 …… ②548
北アイルランド政治論
　………………… ②127
北アルプス国際芸術祭
　〈2017〉………… ①766
北アルプス 花 …… ①255
北浦和のパチンコ店が
　1000億円企業になっ
　た ……………… ②279
ギターを弾いているだ
　けで音感がアップす
　る方法 ………… ①810
喜多方 …………… ②22
北川透現代詩論集成〈2〉
　………………… ①904
きたきつねとしろふく
　ろう たすけあう … ①328
北九州カフェ日和 … ①40
北区あるある …… ①185
帰宅恐怖症 ……… ①490
帰宅支援マップ 首都圏
　版 ……………… ①213
帰宅途中で嫁と娘がで
　きたんだけど、ドラ
　ゴンだった。〈1〉… ①1262
ギター・コードをキレ
　イに鳴らせる本 ①810
北島康介トレーニング・
　クロニクル …… ①231
ギター上達のための全
　知識 …………… ①810
ギター好きが絶対に観
　ておきたい映画150
　………………… ①795
北千住 町屋 三ノ輪＋南
　千住 …………… ①185
北園克衛全詩集 … ①962
北朝鮮恐るべき特殊機
　関 ……………… ②131
北朝鮮を撮ってきた！
　………………… ②88
北朝鮮がアメリカと戦
　争する日 ……… ②121
北朝鮮 核の資金源 ②131
北朝鮮人民の生活 … ②88
「北朝鮮」と周辺国の戦
　力がわかる本 … ②131

書名索引

北朝鮮入門 ········· ②131
北朝鮮の終幕 ········ ②131
北朝鮮は「悪」じゃない
　············· ②131
北朝鮮はいま、何を考
　えているのか ····· ②131
北朝鮮発 第三次世界大
　戦 ··········· ②131
「きたない子育て」はい
　いことだらけ！ ··· ①11
「北の国から」で読む日
　本社会 ········ ①780
北の肖像 ·········· ①831
北のジョーカー ····· ①1116
北の空と雲と ······ ①947
北の大地の仲間たち ·· ①51
北のダンナと西のヨメ
　〈2〉 ········· ①849
北のロマン 青い森鉄道
　線 ·········· ①1100
北は、ふぶき ······ ①780
北原白秋 ·········· ①911
北へ帰る白鳥とマガン
　のたびものがたり ·· ①255
北前船寄港地ガイド · ①536
北前船の近代史 ···· ①569
北町同心 一色帯刀 · ①1038
キダマッチ先生！〈1〉
　············· ①347
キタミ式イラストIT塾
　応用情報技術者〈平成
　30年度〉 ······ ②566
キタミ式イラストIT塾
　基本情報技術者〈平成
　30年度〉 ······ ②565
キタミ式イラストIT塾
　ITパスポート〈平成
　30年度〉 ······ ②564
来た！ 見た！ 感じた!!
　ナゾの国おどろきの
　国 でも気になる国日
　本 ··········· ②18
北村徳齋の仕事 裂地爛
　漫 ··········· ①872
ギター名曲ミステリー
　············· ①813
義太夫年表 昭和篇〈第4
　巻〉 ·········· ①785
ギタリストのためのペ
　ンタトニック徹底活
　用帳 ········· ①810
鬼畜の宴〈2〉 ···· ①1067
吉祥寺の探偵〈4〉 · ①1102
吉祥寺よろず怪事請負
　処 ···· ①1127、①1128
基地反対運動は嫌いで
　も、沖縄のことは嫌
　いにならないでくだ
　さい ········· ②168
機長、事件です！ ·· ①1071
機長の決断 ······· ①1090
きちんとおいしく作れ
　る漬け物 ······ ①52
きちんと押せる、ホン
　トに治せる ツボの医
　学事典 ········ ①173
きちんとかんたん離乳
　食 ············ ①9
きちんと切ると料理は
　もっとおいしい ··· ①52
きちんと知りたい！ 軽
　自動車メカニズムの
　基礎知識 ······ ②600
きちんと知ろう！ アレ
　ルギー〈2〉 ····· ①410
きちんと知ろう！ アレ
　ルギー〈3〉 ····· ①410
きちんと伝わる「わか
　りやすい説明」 ··· ①359

きちんと学ぶレベル
　アップ機械製図 ··· ②600
きちんとわかる移転価
　格の基礎と実務 ··· ①398
きちんとわかる！
　JavaScriptとことん
　入門 ········· ②559
着付けDVD付き はじめ
　ての「男の着物」 ··· ①32
キッコーマンの就活ハ
　ンドブック〈2019年度
　版〉 ········· ①289
喫茶アデルの癒やしの
　レシピ ········ ①1140
喫茶男子と子守りと甘
　い恋 ········· ①1322
キッザニア裏技ガイド
　東京＆甲子園〈2017～
　18〉 ········· ②29
喫茶『猫の木』の日常。
　············· ①1164
喫茶『猫の木』の秘密。
　············· ①1164
喫茶の歴史 ······· ①271
喫茶ルパンで秘密の会
　議 ··········· ①1141
牛車で行こう！ ···· ①547
キッシュトーストと
　オープンサンド ··· ①52
吉縁の文化史 ····· ①111
生粋 ············· ①89
キッズクラウン英和辞
　典 ··········· ①663
キッズクラウン英和・
　和英辞典 ······ ①663
キッズクラウン和英辞
　典 ··········· ①663
キッズのココロわしづ
　かみ術 ········ ①673
キッズのためのグラ
　フィックス ····· ①876
キッズファイヤー・
　ドットコム ····· ①987
キッズペディア 世界の
　国ぐに ········ ①425
キッチハイク！ 突撃！
　世界の晩ごはん ··· ①34
ギッちょん ······ ①1023
キッチンコロシアム
　············· ①1094
キッチン・ミクリヤの
　魔法の料理〈2〉 ·· ①1024
きっついお仕事 ···· ②29
「氣」ってなあに ··· ①137
きっとあの人は眠って
　いるんだよ ····· ②2
きっと彼女は神様なん
　かじゃない ····· ①1162
キッド・ザ・ラビット
　············· ①1125
きっと幸せの朝がくる
　············· ①89
きっとぜんぶ大丈夫に
　なる ········· ①779
きっと誰かが祈ってる
　············· ①1023
「きっと治せる！」信じ
　る医師と「治してみ
　せる！」と決めた人
　たちが生んだ がん治
　療 希望の物語 ··· ①736
狐王と花咲ける恋妻
　············· ①1314
キツネけものみち ·· ①841
キツネとねがいごと · ①311
キツネとぶどう ···· ①309
キツネと星 ······· ①311

狐と鞭 ·········· ①1045
きつねに嫁入り ···· ①1325
狐の飴売り ······· ①1062
狐の日本史 ······· ①531
狐の婚取り ······· ①1322
狐姫の身代わり婚 ·· ①1405
きっぷでGo！ ····· ①380
キップルとおやつパン
　············· ①70
喜連川の風 ······· ①1031
規程例とポイントが"見
　開き対照式"でわかる
　就業規則のつくり方・
　見直し方 ······ ①332
ギデオン・マック牧師
　の数奇な生涯 ··· ①1341
来てけつかるべき新世
　界 ··········· ①783
木でつくる小さな食器
　············· ①34
翼東政権と日中関係 · ①577
機動戦士ガンダム鉄血
　のオルフェンズ メカ
　ニカルワークス ··· ①849
機動戦士ガンダムUC
　（ユニコーン）名言集
　············· ①798
機動の理論 ······· ①164
機動破壊の秘策 ···· ①220
貴道裕子のまめざら〈1〉
　············· ①872
機動部隊出撃 ····· ①577
既読スルーされた数だ
　け幸せになれる ··· ①114
樹と暮らす ······· ①686
木戸孝允と高杉晋作 · ①389
キトラ・ボックス ·· ①1075
きなりの雲 ······· ①985
きなりの二人 ····· ①1016
キーナンバーで綴る環
　境・エネルギー読本
　············· ②572
気にしない。 ····· ①89
気になるあいつは、
　キャット・たま ·· ①1019
「気になる子ども」と共
　に学ぶ家庭科 ···· ①740
「気になる」子ども 保護
　者にどう伝える？ · ①681
「気になる子」にはこう
　対応してみよう ·· ①689
気になる子もいっしょ
　に 体育ではじめる学
　級づくり ······ ①707
気になるパーツのスキ
　ンケア 2週間速効メ
　ソッド ········ ①22
気になるハワイ・ネイ
　バー ········· ①208
木に登る王 ······ ①1339
衣笠隆幸選集〈1〉 · ①490
ギネス世界記録〈2018〉
　············· ②31
キネマ探偵カレイドミ
　ステリー ······ ①1211
キネマの天使 ····· ①1070
きのうえのおうちへよ
　うこそ！ ······ ①312
きの う、きょう、あし
　た。 ········· ①937
機能形態学演習 ···· ②769
技能検定機械保全1級過
　去問題集〈2017〉 · ②644
技能検定機械保全2級過
　去問題集〈2017〉 · ②644
技能検定1級 電子機器
　組立て学科過去問題
　と解説〈平成29年度
　版〉 ········· ②644

技能検定1・2級 電気実
　技の速攻法 ····· ②644
技能検定2級 電子機器
　組立て学科過去問題
　と解説〈平成29年度
　版〉 ········· ②644
技能実習法の実務 ·· ②221
機能主義を超えるもの
　············· ②608
機能性食品開発のため
　の初期評価試験プロ
　トコール集 ····· ②773
機能性食品学 ····· ②773
機能性糖質素材・甘味
　料の開発と市場 ·· ②773
機能性表示食品 ···· ②773
機能性表示食品DATA
　BOOK ······· ①165
機能的家族療法 ···· ①490
昨日の自分にこだわら
　ない一歩踏み出す5つ
　の考え方 ······ ①89
昨日までの世界〈上〉 · ①95
昨日までの世界〈下〉 · ①95
昨日より強い自分を引
　き出す61の方法 ··· ①121
気のきいた短いメール
　が書ける本 ····· ②348
木の国の物語 ····· ②608
きのこ ········· ①406
きのこ図鑑 ······ ②689
キノコとカビの生態学
　············· ②686
きのこ年鑑〈2017年度
　版〉 ········· ②686
きのこのふしぎえほん
　············· ①328
城崎殺人事件 ····· ①1077
木の中の魚 ······ ①372
キノの旅〈21〉 ··· ①1208
義の人西郷隆盛 誠の人
　山田方谷 ······ ①564
木のみかた ······ ①956
樹のミュージアム ·· ①686
木のものづくり探訪 · ①872
牙を研ぐ ········ ①341
騎馬武者 ········ ①552
きびしい社会を生き抜
　く人になる！ こども
　君主論 ········ ①413
喜微にふれる ····· ①279
岐阜アートさんぽ ·· ①193
寄附金課税のポイント
　と重要事例Q&A ·· ①398
岐阜県の魚類 ····· ②698
岐阜県の山 ······ ①189
ギフトカードブック ぬ
　り絵で楽しむ聖書の
　美しい世界 ····· ①865
ぎふの木の住まい
　〈VOL.9〉 ····· ①18
ぎふの里歩き30 ··· ①193
寄付白書〈2017〉 · ②272
"喜平さ"がつくった奇
　跡の村 ········ ②158
鬼変〈1〉 ······ ①1045
詭弁論理学 ······ ①457
希望を蒔く人 ····· ①448
希望が死んだ夜に··· ①1073
希望について ····· ①461
希望の教育実践 ···· ①722
希望の国の少数異見 · ②95
希望のクライノート
　············· ①1171
希望のごはん ····· ②703
希望の政治 ······ ②147
希望の日米新同盟と絶
　望の中朝同盟 ···· ②121

希望の鎮魂歌（レクイエ
　ム） ········· ②46
義母と温泉旅行 "ふたり
　きり" ········ ①1399
義母と女教師と引きこ
　もり の青狼 ··· ①1401
義母は僕の愛人 ··· ①1400
規模別・地区別・年齢別
　等でみた 職種別賃金
　の実態〈2017年版〉 · ②459
基本演習 民法 ···· ②204
基本を押さえて調査対
　応力を高める 重加算
　税の実務入門 ···· ②398
基本をおさえてもっと
　おいしい 紅茶一年生
　············· ①46
きほんを学ぶ世界遺産
　100 ········· ②91
基本がいちばんよくわ
　かる 刺しゅうのれん
　しゅう帳 ······ ①77
基本から理解したい人
　のための子どもの発
　達障害と支援のしか
　たがわかる本 ···· ①681
基本がわかる会社法 · ②196
基本がわかる合併・連
　結の会計と税務 ·· ②322
基本観光学 ······ ②256
基本権・環境法・国際法
　············· ②221
基本建築関係法令集 "告
　示編"〈平成29年版〉
　············· ②619
基本建築関係法令集 "法
　令編"〈平成29年版〉
　············· ②619
基本建築基準法関係法
　令集〈2018年版（平成
　30年版）〉 ····· ②619
基本権の展開 ····· ②221
基本憲法〈1〉 ···· ①198
基本航海法規 ····· ②625
基本講義 債権各論〈1〉
　············· ②208
基本講義 債権各論〈2〉
　············· ②208
基本手術手技（DVD付）
　············· ②751
基本情報技術者合格教
　本〈平成30年度春期・
　秋期〉 ········ ②565
基本情報技術者午後試
　験対策〈2018〉 ·· ②565
基本情報技術者午前試
　験対策〈2018〉 ·· ②565
基本情報技術者試験 午
　前 厳選問題集 ··· ②565
基本情報技術者試験 C
　言語の切り札 ···· ②558
基本情報技術者パー
　フェクトラーニング
　過去問題集〈平成29年
　度秋期〉 ······ ②565
基本情報技術者パー
　フェクトラーニング
　過去問題集〈平成30年
　度春期〉 ······ ②565
基本情報技術者標準教
　科書〈2018年版〉 · ②565
基本情報技術者入門 · ②516
基本・スポーツマネジ
　メント ········ ②279
基本地図帳〈2017 -
　2018〉 ······· ①211
基本テキスト 社労士山
　川講義付き。〈vol.2〉

……………………②500
基本テキスト社労士山
　川講義付き。〈vol.3〉
……………………②500
基本的臨床医学知識 …②733
基本電子部品大事典 …②595
基本と実務がよくわか
　る小さな会社の給与
　計算と社会保険〈17-
　18年版〉…………①329
基本のイタリアン ……①68
基本の一般常識Q&A
　〈2020年版〉………①297
基本のカクテル手帖 …①43
きほんの宅建士テキス
　ト〈2018年版〉……②496
基本の8章で人生が変わ
　る大人着回し術 ……①29
基本の和紙ちぎり絵 …①867
基本簿記論 …………②320
キマイラ〈18〉………①1128
キマイラの原理 ……②111
気まぐれ消費者 ……②38
きまぐれな夜食カフェ
……………………①1017
キミ色の片想い。……①1173
君を愛するために …①1162
きみを殺すための5つの
　テスト ……………①996
君を探して …………①1244
きみを自由にする言葉
……………………①90
君を好きにならない方
　法 …………………①1296
君を成功に導く49の言
　葉 …………………①365
君を取り戻すまで …①1368
君を一人にしないため
　の歌 ………………①1088
きみがうちにくるま
　え… ………………①312
君が描く空 …………①999
君が教えてくれたのは、
　たくさんの奇跡でし
　た。 ………………①1260
きみが来た場所 ……①993
きみがすべてを忘れる
　前に ………………①993
君が夏を走らせる …①1003
君が涙を忘れる日まで。
……………………①1185
君が見つけた星座 …①1095
君たちに伝えたい〈3〉
……………………①699
君たちはどう生きるか
……………………①90
機密奪還〈上〉………①1346
機密奪還〈下〉………①1346
キミと、いつか。……①367
君と1回目の恋 ……①988
きみと繰り返す、あの
　夏の世界 …………①1158
きみとさいごまで …①938
君とソースと僕の恋
……………………①1268
君と綴った約束ノート
……………………①1266
君と共に中国を歩く …②89
君と夏と、約束と。…①1272
君との恋は、画面の中
　で… ………………①1256
きみとのすてきな日々
……………………①262
きみと二人でウチごは
　ん… ………………①1321
きみとぼくと。………①768
キミと僕の最後の戦場、
　あるいは世界が始ま
　る聖戦 ……………①1203

キミと僕の最後の戦場、
　あるいは世界が始ま
　る聖戦〈2〉………①1203
キミと僕の最後の戦場、
　あるいは世界が始ま
　る聖戦〈3〉………①1203
君と星の話をしよう
……………………①1138
キミとまた、同じ空の
　下で。 ……………①1302
君と四度目の学園祭
……………………①1152
きみ、なにがすき？ …①347
君ならどうする!?ER症
　例に学ぶ救急診療の
　思考プロセス ……②713
君に謝りたくて俺は
……………………①1300
君に叶わぬ恋をしてい
　る …………………①1234
君に恋をするなんて、
　ありえないはずだっ
　た …………………①984
君に恋をするなんて、
　ありえないはずだっ
　た そして、卒業。…①984
きみに、好きと言える
　日まで。 …………①1292
君に出会えた4%の奇跡
……………………①1015
きみに届け。はじまり
　の歌 ………………①1171
君にまどろむ風の花
……………………①1093
君のいいところ、1つし
　か思いつかない。…①1260
君のいる世界 ………①1190
君の嘘と、やさしい死
……………………①1141
君の王国 ……………①1315
君の音と僕の色 ……①962
君の彼方、見えない星
……………………①1360
君のことを愛している
　よ！ まるで友達の
　ように！ …………①962
君のことを想う私の、
　わたしを愛するきみ。
……………………①997
君の知らない方程式
……………………①1292
君の膵臓をたべたい
……………………①1003
『君の膵臓をたべたい』
　featuring TAKUMI
　KITAMURA ……①790
君の素顔に恋してる
……………………①1160
君のスキルは、お金に
　なる ………………②348
君の住む街 …………①255
きみのために青く光る
……………………①1102
君のために僕がいる〈1〉
……………………①1162
君のために僕がいる〈2〉
……………………①1162
君のために僕がいる〈3〉
……………………①1162
キミの隣で恋をおしえ
　て …………………①1286
君の名は。〈2〉………①798
「君の名は。」で古文・和
　歌の読み方が面白い
　ほどわかる本 ……①722
君の悩みに答えよう …①108
『君の名は。』の交響 ・①790
君のまなざし オフィ
　シャル・メイキング

ブック ………………①790
君のみそ汁の為なら、
　僕は億だって稼げる
　かもしれない ……①1167
君のやる気スイッチを
　ONにする遺伝子の話
……………………①90
きみは赤ちゃん ……①944
君は明るい星みたいに
……………………①1320
きみは嘘つき ………①977
きみは科学者 ………①397
君は決して一人ではな
　い！ ………………①942
きみはそのままでいい
　んじゃないか ……①90
君は月夜に光り輝く
……………………①1206
君は天皇をどうしたい
　のかね？ …………②149
君はどの大学を選ぶべ
　きか〈2018〉………①744
キミは一人じゃない
　じゃん、と僕の中の
　一人が言った ……①1257
きみはぼくの宝物 …①1084
きみはまだ恋を知らな
　い …………………①1316
きみはライオン！ …①312
きみまろ「夫婦川柳」傑
　作選〈2〉…………①785
きみもこねこなの？ …①312
奇妙で美しい石の世界
……………………②678
奇妙な遺産 …………①1080
君らしさ ……………①775
義務付け訴訟の機能 …②202
義務と結婚 …………①1368
キムラ食堂のメニュー
……………………①945
木村拓哉という生き方
……………………①768
木村日出夫句集 ……①971
木村藤子の春夏秋冬診
　断 秋の人の運命の気
　づき〈平成30年版〉…①133
木村藤子の春夏秋冬診
　断 夏の人の運命の気
　づき〈平成30年版〉…①133
木村藤子の春夏秋冬診
　断 春の人の運命の気
　づき〈平成30年版〉…①133
木村藤子の春夏秋冬診
　断 冬の人の運命の気
　づき〈平成30年版〉…①133
木村理 膵臓病の外科学
……………………①749
キメメメ鳥 …………②696
決めた未来しか実現し
　ない ………………①90
肌理と写真 …………①255
決めました。無印良品
　の家に ……………①18
きめればすべてうまく
　いく ………………①138
鬼面の研究 …………①1085
キモイマン …………①1239
キモイマン〈2〉………①1239
きもかわチョウとガ ・①694
キモチを伝える恋の英
　会話 ………………①644
気持ちが伝わるマイ・エ
　ンディングノート …①109
気持ちの片づけ術 …②341
肝っ玉かあさん ……①1015

きもの着付けと帯結び
……………………①32
きもの歳時記 ………①32
きもので酒さんぽ ……①43
きものとジャポニズム
……………………①831
着物と日本の色 ……①881
きものめぐり 誰が袖わ
　？（ギモン）を！（かい
　けつ）くすりの教室
　〈1〉………………①155
？（ギモン）を！（かい
　けつ）くすりの教室
　〈2〉………………①155
？（ギモン）を！（かい
　けつ）くすりの教室
　〈3〉………………①155
「疑問」から始める小論
　文・作文 …………①744
疑問に迫る日本の歴史
……………………①531
疑問の黒枠 …………①1086
鬼門の将軍 …………①1093
キャヴェンドン・ホー
　ル〈上〉……………①1395
キャヴェンドン・ホー
　ル〈下〉……………①1395
キャヴェンドン・ホール
　愛、永遠に〈上〉…①1395
キャヴェンドン・ホール
　愛、永遠に〈下〉…①1395
疑薬 …………………①1082
虐殺器官 アートワーク
　ス …………………①849
逆襲される文明〈4〉…①947
逆襲の必殺剣 ………①1028
逆成長チートで世界最
　強〈1〉……………①1204
逆成長チートで世界最
　強〈2〉……………①1204
逆成長チートで世界最
　強〈3〉……………①1204
逆説のスタートアップ
　思考 ………………②348
逆説の日本経済論 …②243
逆説の日本史〈20〉…①564
逆説の日本史〈23〉…①572
逆説の法則 …………②279
虐待が脳を変える …②729
虐待から子どもを守
　る！ ………………②51
虐待ゼロのまちの地域
　養護活動 …………②51
逆転 …………………①1086
逆転異世界の冒険者
……………………①1398
逆転合格を実現する医
　学部受験×パーソナ
　ルトレーナー ……①745
逆転裁判 ……①367,①1109
逆転召喚〈3〉………①1274
逆転大全2001・2016
……………………①280
逆転の家族面接 ……①478
逆転の発想で魔法のほ
　め方・叱り方〈3〉…①709
逆転の留学 …………①747
逆引きハンドブック 読
　んでナットク！ やさ
　しい楽典入門 ……①821
ギャグ・マンガのヒミ
　ツなのだ！ ………②32
逆流 …………………①1088
キャサリン・マンス
　フィールド ………①921
キャシー中島&洋輔の
　いつでもハワイアン
　キルト ……………①77

キャスター探偵 ……①1211
キャスター探偵 愛優一
　郎の友情 …………①1211
キャスターという仕事
……………………②13
逆境を「アイデア」に変
　える企画術 ………②357
逆境を越える「こころ
　の技法」……………①90
逆境を突破する技術 …①121
逆境シンデレラ ……①1145
逆境の中で咲く花は美
　しい ………………①448
逆向誘拐 ……………①1353
キャッシュフリー経済
……………………②256
キャッシュフロー会計
　の軌跡 ……………②315
キャッチ アズ キャッ
　チ キャン入門 ……①238
キャッチ・ザ・ダイヤモ
　ンド ………………①928
キャッチャーインザ塾
……………………①945
キャッチャー最強バイ
　ブル ………………①220
キヤノンの就活ハンド
　ブック〈2019年度版〉
……………………①289
キヤノンEOS 6Dマニュ
　アル ………………①251
ギャバガイ！ ………①478
キャバへの追走 ……①928
キャビアの歴史 ……①34
キャピタル …………①991
キャビン・アテンダン
　トの美学学 ………①114
キャプテン＆プレイ
　ボール メモリアル
　BOOK ……………②33
キャプテン 君は何かが
　できる ……………①1132
キャプテン 答えより大
　事なもの …………①1132
キャプテンサンダーボ
　ルト〈上〉…………①1067
キャプテンサンダーボ
　ルト〈下〉…………①1067
キャプテンそれが青春
　なんだ ……………①977
キャベたまたんてい
　きょうりゅう島でき
　きいっぱつ ………①357
きゃべつばたけのぴょ
　こり ………………①328
キャラクター作画上達
　テクニック ………①859
キャラクターメイキン
　グで異世界転生！
……………………①1195
伽羅の残香〈39〉……①1040
キャラのポーズがみる
　みる上達！人体デッ
　サン赤ペン添削塾 ・①859
キャラ文庫アンソロ
　ジー〈1〉…………①1302
キャリアアップ介護福
　祉士試験対策〈2018年
　試験用〉……………②77
キャリアアップ国語表
　現法 ………………①722
キャリアアップのため
　の戦略論 …………②341
キャリアを手放す勇気
……………………①90
キャリアカウンセリン
　グ再考 ……………①478
キャリア教育に活き
　る！ 仕事ファイル

書名索引

〈1〉…………①413
キャリア教育に活き
　る！仕事ファイル
　〈2〉…………①413
キャリア教育に活き
　る！仕事ファイル
　〈3〉…………①413
キャリア教育に活き
　る！仕事ファイル
　〈4〉…………①413
キャリア教育に活き
　る！仕事ファイル
　〈5〉…………①413
キャリア教育に活き
　る！仕事ファイル
　〈6〉…………①413
キャリア教育に活き
　る！仕事ファイル
　〈7〉…………①413
キャリア形成〈1〉…①676
キャリア形成〈2〉…①676
キャリア形成支援の方
　法論と実践………①676
キャリア支援………①681
キャリア・シフト…①289
キャリア設計〈1〉…①676
キャリア設計〈2〉…①676
キャリアデザインのた
　めの自己表現……①749
キャリアなどに興味は
　ない。それなりに稼
　げて、ストレスフ
　リーなら、それがい
　いのだ！…………①952
キャリア発達支援研究
　〈4〉…………①681
キャリア・マネジメン
　トの未来図………②279
キャリバンと魔女…①448
ギャルこん〈2！〉…①1274
ギャルスレイヤーだけ
　どギャルしかいない
　世界に来たからギャ
　ルサーの王子になる
　ことにした………①1214
ギャング・オブ・ユウ
　シャ〈1〉…………①1403
キャンセルにご用心
　……………………①1368
キャンディ…………①1322
キャンディハンター　マ
　ルカとクービー〈3〉
　……………………①347
キャンプでやってみる
　子どもサバイバル・①234
ギャンブル・ウィッチ・
　キングダム〈2〉…①1258
旧アメリカ兵捕虜との
　和解………………①577
救援物資輸送の地理学
　……………………②40
旧家の奥様…………①1405
休暇のシェフは故郷へ
　帰る………………①1351
旧鎌倉街道探索の旅〈1〉
　……………………①184
旧鎌倉街道探索の旅〈2〉
　……………………①184
休間・福祉農業の現状と
　農地保全に係る今後
　の展開……………②445
救急外来　診療の原則集
　……………………②713
救急患者支援　地域につ
　なぐソーシャルワー
　ク…………………②713
救急技術マニュアル・②713
救急・救助六法……②713
救急救命士国家試験対

策　出題分野別国試問
　題・解説集 A・B問題
　編〈2018年版〉……②779
救急救命スタッフのた
　めのITLSアクセス
　……………………②713
救急処置スキルブック
　〈上巻〉……………②713
救急処置スキルブック
　〈下巻〉……………②713
九九双軽空戦記……①585
救急隊の成長を促すレ
　シビ………………②713
きゅうきゅうばこ…①328
救急病院……………①985
究極の英語マスター法
　なぞるだけ！……①647
究極の仕訳集 日商簿記
　2級………………②470
究極の疲れないカラダ
　……………………①147
究極の“非効率化社会”
　日本の大恐慌 サラ
　リーマンは3割減る！
　……………………②279
究極のホスピタリティ
　を実現する「共感力」
　の鍛え方…………②279
旧グッゲンハイム邸物
　語…………………②608
旧軍用地転用史論〈下
　巻〉…………………①577
旧軍用地と戦後復興…①574
吸血鬼と怪猫殿……①1070
吸血鬼の島…………①1078
吸血鬼の誕生祝……①1142
吸血鬼は世紀末に翔ぶ
　……………………①1070
求婚はある日突然に
　……………………①1341
九十歳美しく生きる・①114
90歳からのメッセージ
　横浜の戦中・戦後を
　生き抜いて………①928
九十歳まで働く！…②341
90分でまるわかり 中国
　……………………②89
90分でまるわかり ベト
　ナム………………②249
90分でわかるアニメ・
　声優業界…………①798
90分DVD付き やさしい
　ヨガ4週間プログラム
　……………………①161
九州…………………①197
91歳の現役漢方医が見
　つけた免疫力を高め
　るほどほどな生き方
　……………………①147
九州王権と大和王権・①542
99歳からあなたへ…①109
99歳、ひとりを生きる。
　ケタ外れの好奇心で
　……………………①109
99％3年以内に出世する
　発想力の極意！…②348
99％の会社も社員も得
　をする給料革命…②279
99％の日本人がわかっ
　ていない国債の真実
　……………………②243
99％の人がしていない
　たった1％のメンタル
　のコツ……………①490
“99万円以下”の資金で
　儲けるボロ物件投資
　術！………………②421
95歳まで生きるのは幸
　せですか？………①109

93番目のキミ………①1023
九州電力の就活ハンド
　ブック〈2019年度版〉
　……………………①289
90度のまなざし……①945
97％の投資信託がダメ
　なこれだけの理由・②393
九州の魅力的なキャン
　プ場………………①197
90秒にかけた男……②279
96歳のピアニスト…①957
96人の人物で知る中国
　の歴史……………①595
旧主再会〈16〉……①1042
給食経営管理論……②776
給食経営管理論実習・②773
給食室の日曜日……①347
給食ニュース大百科
　〈2017〉……………①673
給食の運営…………②776
給食の運営 給食計画・
　実務論……………②773
給食番長……………①328
旧神郷エリシア……①1364
給水装置工事主任技術
　題集〈平成29年度版〉
　……………………②627
給水装置工事主任技術
　者試験厳選過去問題
　集…………………②627
給水装置工事主任技術
　者試験 要点テキスト
　〈29年度版〉………②627
給水装置工事主任技術
　者 出るとこだけ！
　……………………②628
九星開運暦〈平成30年〉
　……………………①134
九星開運暦 一白水星
　〈2018〉……………①131
九星開運暦 九紫火星
　〈2018〉……………①131
九星開運暦 五黄土星
　〈2018〉……………①131
九星開運暦 三碧木星
　〈2018〉……………①131
九星開運暦 二黒土星
　〈2018〉……………①131
九星開運暦 七赤金星
　〈2018〉……………①131
九星開運暦 四緑木星
　〈2018〉……………①131
九星開運暦 八白土星
　〈2018〉……………①131
九星開運暦 六白金星
　〈2018〉……………①131
九星氣学 あなたの365
　日がわかる運を活か
　す法則〈2018年版〉
　……………………①131
急性期病院リハビリ
　テーションマニュア
　ル…………………②751
九星幸運暦〈2018〉…①131
九星365日〈2018年版〉
　……………………①131
救世の背信者〈2〉…①1285
九星別ユミリー風水 一
　白水星〈2018〉……①131
九星別ユミリー風水 九
　紫火星〈2018〉……①131
九星別ユミリー風水 五
　黄土星〈2018〉……①131
九星別ユミリー風水 三
　碧木星〈2018〉……①131
九星別ユミリー風水 二
　黒土星〈2018〉……①131
九星別ユミリー風水 七
　赤金星〈2018〉……①131

九星別ユミリー風水 四
　緑木星〈2018〉……①131
九星別ユミリー風水 八
　白土星〈2018〉……①131
九星別ユミリー風水 六
　白金星〈2018〉……①131
急性リンパ性白血病
　（ALL）の基礎と臨床
　……………………②713
旧石器時代の知恵と技
　術の考古学………①613
休息のレシピ………①157
窮鼠の一矢…………①1037
旧ソ連遺産…………①261
宮廷絵師と子爵、もしく
　は暗殺者と泥棒…①1324
宮廷音楽家になったら
　王子に溺愛されまし
　た〈1〉………………①1218
宮廷司書の甘すぎる受
　難…………………①1319
宮廷物質文化史……①531
球道恋々……………①992
牛丼並盛380円で香港
　へ！？初心者でもOK
　知っている人だけ得
　をする格安航空会社
　のバイブルLCCスタ
　イル………………②437
旧日本軍朝鮮半島出身
　軍人・軍属死者名簿
　……………………①577
牛乳カンパイ係、田中
　くん………………①360
ぎゅうにゅう日記…①9
牛乳製品統計〈平成27
　年〉…………………②455
牛乳・乳製品の知識・②455
牛乳のここが知りたい
　……………………①34
9人の「3×3（スリーバ
　イスリー）」ライフ
　……………………①131
九年前の祈り………①990
給排水衛生設備計画設
　計の実務の知識…②621
9匹の猫が暮らす 森
　のカフェの12ヶ月・①264
“急募”オオカミ社長の
　週末花嫁…………①1398
旧魔王VS.異世界魔王！
　世界のすべては我輩
　のものだ！………①1261
9マス将棋の本……①248
救命救急・集中治療エ
　キスパートブックR35
　……………………②713
旧約聖書続編 スタディ
　版 新共同訳………①529
旧約文書の成立背景を
　問う………………①526
給与計算を簡単に自動
　化してラクする本・②544
給与計算実務能力検定1
　級公式テキスト〈2017
　年度版〉……………②505
給与計算実務能力検定2
　級公式テキスト〈2017
　年度版〉……………②505
給与小六法〈平成30年
　版〉…………………②184
給与所得者の必要経費
　……………………②315
きゅうり食べるだけダ
　イエット…………①25
九龍城砦……………①255
給料を2倍にするための
　真・経済入門……②256
給料が上がらなくても、

お金が確実に増える
　方法を教えてもらい
　ました……………②388
旧暦屋、始めました〈2〉
　……………………①1104
9割が結果を出す！ 小
　さな会社の脱零細マ
　ニュアル…………②301
9割の誤えん性肺炎はの
　どの力で防げる…②714
9割の先生が知らない！
　すごい板書術……①713
9割の日本人が知らない
　お金をふやす8つの習
　慣…………………②388
9割の人が知らないプロ
　の常識で説得力のあ
　る声をつくる……②359
9割の病気は腸で治せ
　る！………………①147
9割の不動産営業マンは
　“お勧め物件”を自分
　では買わない……②419
9/0…………………①775
ぎゅっ………………①328
ぎゅっとしててね？
　……………………①1195
ギュッとまとめて集中
　学習！ 2級管工事施
　工合格テキスト…②637
キュビスムって、なん
　だろう？…………①430
キューピッドだって恋
　をする……………①1307
キユーピーの就活ハン
　ドブック〈2019年度
　版〉…………………②289
キュンすけのおくりも
　の…………………①328
巨悪の正体…………①90
狂愛と情愛…………①1399
凶悪の序章〈上〉…①1116
凶悪の序章〈下〉…①1116
暁闇…………………①1046
境域のアルスマグナ〈2〉
　……………………①1167
境域のアルスマグナ〈3〉
　……………………①1167
境域の人類学………②111
教育オーディオロジー
　ハンドブック……①681
教育をよみとく……①749
教育改革の9割が間違い
　……………………①749
教育カウンセラーの私
　が不登校のわが子を
　救ったたった一つの
　方法………………①711
「教育学」ってどんなも
　の？………………①749
教育学のすすめ……①749
教育学へのアプローチ
　……………………①749
教育から見る日本の社
　会と歴史…………①749
教育機会確保法の誕生
　子どもが安心して学
　び育つ……………①749
教育経営論…………①749
教育経営学…………①749
教育権をめぐる第2次大
　戦後の国際的合意・①749
教育現場の「コンピテ
　ンシー評価」……①750
教育思想事典………①758
教育実践基礎論……①713
教育実践の理論と方法
　……………………①703
教育社会学研究〈第100

集〉・・・・・・・・・①750
教育小六法〈平成29年
版〉・・・・・・・・・①757
教育・心理系研究のため
のデータ分析入門・①478
教育制度学研究〈24〉
・・・・・・・・・①750
教育勅語を読んだこと
のないあなたへ・・・①755
教育勅語と道徳教育・①737
教育勅語の何が問題か
・・・・・・・・・①750
「教育」という過ち・①750
教育とキャリア・・・・・②95
教育とは何？・・・・・①750
教育と福祉の課題・・・①750
教育とLGBTIをつなぐ
・・・・・・・・・①709
教育における身体知研
究序説・・・・・・①750
教育に浸透する自衛隊
・・・・・・・・・①750
教育の課程と方法・・・①750
教育の危機・・・・・・①750
教育の原理とは何か・①750
教育の蘇生をもとめて
・・・・・・・・・①750
教育のためのICT活用
・・・・・・・・・①714
教育の哲学・歴史・・・①750
教育の場で「説明する」
ためのパソコン術・②534
教育の方法と技術・・・①757
教育の見方・考え方・①750
教育の理念と思想のフ
ロンティア・・・・①750
教育の良心を生きた教
師・・・・・・・・①755
教育費＆子育て費・・・①11
「教育費をどうしようか
な」と思ったときに
まず読む本・・・・・①674
教育評価研究の回顧と
展望・・・・・・・①750
教育福祉学の挑戦・・・②51
教育文化の社会学・・・②95
教育分野におけるeポー
トフォリオ・・・・①750
教育・保育課程論・・・①689
教育・保育の原理・・・①689
教育法規スコープ〈'19
年度〉・・・・・・①759
教育法規便覧〈平成29年
版〉・・・・・・・①757
教育方法と授業の計画
・・・・・・・・・①714
教育本部オフィシャル
ブック〈2018年度〉
・・・・・・・・・①218
教育用語の基礎知識
〈'19年度〉・・・・①759
"教育力"をみがく・・・①703
教育労働運動を語り継
ぐ・・・・・・・・①750
教育論作文〈2019年度
版〉・・・・・・・①759
共依存の倫理・・・・・①476
驚異の合格率78%「日
商商業簿記2級合格
塾」・・・・・・・②470
驚異のブレインスト
レッチ 仕事のできる
人は必ず「瞑想」して
いる！・・・・・・②348
驚異の未来生物・・・・②682
教員をめざすあなたへ
・・・・・・・・・②682
教員採用試験 一般教養
36日間〈2019〉・・①760

教員採用試験 一般教養
の演習問題集〈'19年度〉
・・・・・・・・・①760
教員採用試験 一般教養
の要点理解〈'19年度〉
・・・・・・・・・①760
教員採用試験 一般教養
ポイントチェック15
日間〈2019〉・・・①760
教員採用試験 一般教養
らくらくマスター
〈2019年度版〉・・・①760
教員採用試験 教育論文
の書き方〈2019年度
版〉・・・・・・・①759
教員採用試験 教職教養
36日間〈2019〉・・①761
教員採用試験 教職教養
の演習問題集〈'19年度〉
・・・・・・・・・①761
教員採用試験 教職教養
の要点理解〈'19年度〉
・・・・・・・・・①761
教員採用試験 教職教養
ポイントチェック15
日間〈2019〉・・・①761
教員採用試験 教職教養
よく出る過去問224
〈2018年度版〉・・・①761
教員採用試験教職教養
らくらくマスター
〈2019年度版〉・・・①761
教員採用試験 これだ
け！ 教職教養 即効要
点まとめ・・・・・①761
教員採用試験 差がつく
論文の書き方〈2018年
度版〉・・・・・・①759
教員採用試験36日間
〈2018〉・・・・・・①759
教員採用試験 試験に出
る重要教育答申〈'19
年度〉・・・・・・①759
教員採用試験 小学校新
学習指導要領パスラ
イン〈'19年度〉・・①759
教員採用試験 小学校全
科の演習問題〈'19年
度〉・・・・・・・①761
教員採用試験 小学校全
科の要点理解〈'19年
度〉・・・・・・・①761
教員採用試験小学校全
科らくらくマスター
〈2019年度版〉・・・①761
教員採用試験 速攻の教
育時事・・・・・・①759
教員採用試験対策 教育
用語集〈2019年度〉
・・・・・・・・・①759
教員採用試験対策 参考
書〈1〉・・・・・・①761
教員採用試験対策 参考
書〈2〉・・・・・・①761
教員採用試験対策 参考
書〈3〉・・・・・・①760
教員採用試験対策 参考
書〈4〉・・・・・・①760
教員採用試験対策 参考
書〈5〉・・・・・・①760
教員採用試験対策 参考
書 専門教科 小学校全
科〈2019年度〉・・①762
教員採用試験対策 ス
テップアップ問題集
〈1〉・・・・・・・①762
教員採用試験対策 ス
テップアップ問題集
〈2〉・・・・・・・①762

教員採用試験対策 ス
テップアップ問題集
〈3〉・・・・・・・①762
教員採用試験対策 ス
テップアップ問題集
〈4〉・・・・・・・①762
教員採用試験対策 ス
テップアップ問題集
〈5〉・・・・・・・①762
教員採用試験対策 ス
テップアップ問題集
〈6〉・・・・・・・①762
教員採用試験対策 ス
テップアップ問題集
〈7〉・・・・・・・①762
教員採用試験対策 ス
テップアップ問題集
〈8〉・・・・・・・①762
教員採用試験対策 ス
テップアップ問題集
〈9〉・・・・・・・①762
教員採用試験対策 ス
テップアップ問題集
〈10〉・・・・・・・①762
教員採用試験対策 ス
テップアップ問題集
〈11〉・・・・・・・①762
教員採用試験対策 ス
テップアップ問題集
〈12〉・・・・・・・①762
教員採用試験対策 ス
テップアップ問題集
〈13〉・・・・・・・①763
教員採用試験対策 セサ
ミノート〈1〉・・・①761
教員採用試験対策 セサ
ミノート〈2〉・・・①760
教員採用試験対策 セサ
ミノート 専門教科 小
学校全科〈2019年度〉
・・・・・・・・・①762
教員採用試験対策 問題
集〈1〉・・・・・・①761
教員採用試験対策 問題
集〈2〉・・・・・・①760
教員採用試験対策 問題
集〈3〉・・・・・・①760
教員採用試験対策 問題
集 専門教科 小学校全
科〈2019年度〉・・①762
教員採用試験 中高英語
の完全攻略〈'19年度〉
・・・・・・・・・①762
教員採用試験 中高国語
の完全攻略〈'19年度〉
・・・・・・・・・①762
教員採用試験 中高社会
の完全攻略〈'19年度〉
・・・・・・・・・①762
教員採用試験 中高社会
らくらくマスター
〈2019年度版〉・・・①762
教員採用試験 中高保健
体育の完全攻略〈'19
年度〉・・・・・・①762
教員採用試験 中高保健
体育らくらくマス
ター〈2019年度版〉
・・・・・・・・・①762
教員採用試験特別支援
学校らくらくマス

ター〈2019年度版〉
・・・・・・・・・①763
教員採用試験 特別支援
教育の完全攻略〈'19
年度〉・・・・・・①763
教員採用試験パーフェ
クトガイド 面接編
DVD付・・・・・①759
教員採用試験 面接試験
の攻略ポイント〈2018
年度版〉・・・・・①759
教員採用試験 面接試
験・場面指導の必修
テーマ100〈2018年度
版〉・・・・・・・①759
教員採用試験面接突破
101事例〈2018〉・・①759
教員採用試験 面接ノー
ト〈2019年度版〉・・①759
教員採用試験 養護教諭
の完全攻略〈'19年度〉
・・・・・・・・・①763
教員採用試験論文突破
80事例〈2018〉・・・①759
教員採用 どこでも！ 一
般教養試験〈2019年度
版〉・・・・・・・①760
教員採用 どこでも！ 教
職教養試験〈2018年度
版〉・・・・・・・①761
教員採用 どこでも！ 小
学校学習指導要領・①759
教員採用 どこでも！ 小
学校学習指導要領
〈2019年度版〉・・・①759
教員採用 どこでも！ 小
学校全科〈2019年度
版〉・・・・・・・①762
教員採用 どこでも！ 中
高学習指導要領〈2018
年度版〉・・・・・①759
教員採用 どこでも！ 中
高学習指導要領〈2019
年度版〉・・・・・①759
教員採用 どこでも！ 特
別支援学校学習指導
要領〈2018年版〉・・①759
教員採用 どこでも！ 特
別支援学校学習指導
要領〈2019年度版〉
・・・・・・・・・①759
教員採用 どこでも！ 養
護教諭試験〈2018年度
版〉・・・・・・・①763
教員採用 どこでも！ 養
護教諭試験〈2019年度
版〉・・・・・・・①763
教員採用 どこでも！ 幼
稚園教員試験〈2018年
度版〉・・・・・・①763
教員採用 面接試験の答
え方〈2019年度版〉
・・・・・・・・・①760
教員自主研修法制の展
開と改革への展望・①751
教員のための「国際語
としての英語」学習
法のすすめ・・・・①734
教員養成・免許制度は
どのような観点から
構築されてきたか・①751
強運・・・・・・・・・①121
"強運を呼ぶ"9code（ナ
インコード）占い・①128
強運のチカラ・・・・・①114
強運は「行動する人」だ
けが手に入れる・・・②279
響応する身体・・・・・②119
狂王の情愛・・・・・・①1403

京近江の豪商列伝・・・①536
京近江の武将群像・・・①552
今日を死ぬことで、明
日を生きる・・・・・①513
今日を特別な日にする
レシピ・・・・・・・①52
きょう おひさまがでな
かったら・・・・・①328
境界・・・・・・・・・①1314
境界を超える英知：人
間であることの核心
〈1〉・・・・・・・①448
「境界」から考える住宅
・・・・・・・・・②608
教会・基本権・公経済法
・・・・・・・・・②221
業界・業種別 事例で学
ぶ物流改善・・・・②417
教誨師関口亮共とBC級
戦犯・・・・・・・①577
境界線上のホライゾン
〈10 上〉・・・・・①1183
境界線上のホライゾン
〈10 中〉・・・・・①1183
境界線上のホライゾン
ガールズトーク 緑と
花・・・・・・・・①1183
境界探偵モンストルム
〈2〉・・・・・・・①1212
業界地図の見方が変わ
る！ 無名でもすごい
超優良企業・・・・②279
業界と職種がわかる本
〈'19年版〉・・・・・①289
境界に生きる・・・・・②43
教会の聖人たち〈下巻〉
・・・・・・・・・①523
協会ビジネスでゼロを起
イチにする新しい起
業のかたち！・・・②279
業界分析ハンドブック
・・・・・・・・・②303
境界迷宮と異界の魔術
師〈7〉・・・・・・①1172
境界迷宮と異界の魔術
師〈8〉・・・・・・①1172
境界迷宮と異界の魔術
師〈9〉・・・・・・①1172
業界メガ再編で変わる
10年後の日本・・・②301
強化学習と深層学習・②558
教科化された道徳への
向き合い方・・・・①737
教科教育学研究の可能
性を求めて・・・・①751
教科教育研究ハンド
ブック・・・・・・①714
教科教育におけるESD
の実践と課題・・・①714
侠客〈2〉・・・・・・①1036
侠客〈3〉・・・・・・①1036
胸郭運動システムの再
建法・・・・・・・②714
教学用語集・・・・・・①501
今日が最後の人類（ヒ
ト）だとしても〈2〉
・・・・・・・・・①1156
教科書一冊で解ける東
大日本史・・・・・①531
教科書をタダにした闘
い・・・・・・・・①699
教科書を200%活用した
算数授業づくり・・①726
教科書が教えてくれな
い18禁の日本史・・①531
教科書が教えてくれる・①667
教科書では教えてくれ
ないイエス・キリス
トと神武天皇・・・①499

書名索引

書名索引

教科書で読む名作 伊豆
　の踊子・禽獣ほか・①992
教科書で読む名作 セメ
　ント樽の中の手紙ほ
　か プロレタリア文学
　　　　　　　　　　①977
教科書で読む名作 高瀬
　舟・最後の一句ほか・①976
教科書で読む名作 走れ
　メロス・富嶽百景ほ
　か　　　　　　　　　①1005
教科書で読む名作 一つ
　のメルヘンほか 詩
　　　　　　　　　　①962
教科書で読む名作 夢十
　夜・文鳥ほか・・①976
教科書に出てくる生き
　もののすみか〈1〉・・①407
教科書に出てくる生き
　もののすみか〈2〉・・①404
教科書に出てくる生き
　もののすみか〈3〉・・①407
教科書に出てくる生き
　もののすみか〈4〉・・①404
教科書にでてくるおは
　なし366・・・・・・・・①714
教科書にでてくる 音楽
　家の伝記・・・・・・・・①389
教科書にのせたい！ 日
　本人じてん〈1〉・・①389
教科書にのせたい！ 日
　本人じてん〈2〉・・①389
教科書にのせたい！ 日
　本人じてん〈3〉・・①389
教科書には書かれてい
　ない 封印された中国
　近現代史・・・・・・・・①595
教科書には書けない！
　幕末維新おもしろミ
　ステリー50・・①564
鏡花水月・・・・・・・・①849
教科で学ぶパンダ学・①407
今日がときめくかご
　＆バッグ・・・・・・①73
教科のプロが教える
　「深い学び」をうむ授
　業づくりの極意・・・①714
教科の本質を見据えた
　コンピテンシー・ベ
　イスの授業づくりガ
　イドブック・・・・・・①714
京佳ファースト写真集
　　　　　　　　　　①775
仰臥漫録・・・・・・・・①904
鏡花、水上、万太郎・①911
今日から、あやかし町
　長です。〈2〉・・①1160
今日から運動したくな
　る！ 魔法の健康教室
　　　　　　　　　　①147
今日から！ 英語読書・①650
今日からお金が貯まる
　脳トレ・・・・・・・・②388
今日から俺はロリのヒ
　モ！〈3〉・・・・・・①1143
今日から俺はロリのヒ
　モ！〈5〉・・・・・・①1143
今日から描けるはじめ
　ての水彩画・・・・・・①860
今日から変わる！ 若返
　り食生活・・・・・・・・①163
今日から行動力を一気
　に高める本・・・・・・①90
今日からこれで金運が
　上がるお金持ち体質
　に生まれ変わる方法
　　　　　　　　　　①90
今日からすぐ勝てる 奇

襲虎の巻・・・・・・・・①248
今日からすっきり！
　「片づく」暮らし・・・②26
今日から使える！ 小学
　校国語 授業づくりの
　技事典・・・・・・・・①722
今日から使えるヒップ
　ホップ用語集・・・・・・①806
今日から使える LINE
　& Instagram
　& Twitter
　& Facebook・・・・・・②530
今日から使える
　MacBook Air & Pro
　　　　　　　　　　②535
今日からできる認知症
　予防の食事と生活・①175
今日からの美味しい
　コーヒー・・・・・・・・①46
今日からは、愛のひと
　　　　　　　　　　①1001
今日からはじめるヴィ
　ンテージDIY・・・・・・①286
今日からはじめる台湾
　華語・・・・・・・・・・①664
今日から始める認知症
　予防トレーニング・①175
今日からはじめる無期
　転換ルールの実務対
　応・・・・・・・・・・②325
今日からはじめるやさ
　しいパソコン・・・・・・②535
今日からはじめるやさ
　しいワードとエクセ
　ル2016・・・・・・②536
今日からヒラ社員のオ
　レが会社を動かしま
　す。・・・・・・・・②279
今日から役立つハン
　ディ手話辞典・・・②51
今日から役に立つ！ 常
　識の「社会科力」
　1354・・・・・・・・①730
今日からわかる聖書へ
　プライ語・・・・・・・・①528
鏡花繚乱〈1〉・・・・・・①841
共感のレッスン・・・・・・②95
共感PR・・・・・・・・②279
行基と長屋王の時代・①542
狂気の山脈にて〈2〉・①849
教行信証を読む
　『教行信証』「信巻」の究
　明・・・・・・・・・・①519
狂言潰し〈4〉・・①1038
強硬外交を反省する中
　国・・・・・・・・・・②132
教皇フランシスコ講話
　集〈4〉・・・・・・・・①528
俠黒児・・・・・・・・①976
今日、極道の妻になり
　ました・・・・・・・・①1398
京極派と女房・・・①893
恐國 百物語・・・・・・①1118
きょうこばぁばの
　ちょっとの工夫でい
　つものごはんが
　「わぁ！ ごちそう」に
　なるレシピ・・・②52
共済会・会社の給付・貸
　付と共済会の福祉事
　業〈2016年版〉・・②51
共済組合法関係法令集
　〈平成29年版〉・②229
暁斎春画・・・・・・・・①835
共済小六法〈平成30年
　版〉・・・・・・・・②185
共産主義の誤謬・②173
共産主義批判の常識・②92
矜持・・・・・・・・・・①228

教師がつくる新しい社
　会科の授業・・・・・・①731
教師菊池省三・・・①699
教師教育研究ハンド
　ブック・・・・・・・・①703
共時性の深層・・・・・・①478
教師力の再興・・・①751
教室がアクティブにな
　る学級システム・①707
教室ツーウェイNEXT
　〈3〉・・・・・・・・①707
教室ツーウェイNEXT
　　　　　　　　　　①707
教室で使える発達の知
　識・・・・・・・・・・①682
教室の英文学・・・①920
教室の隅にいた女が、
　調子に乗るとこうな
　ります。・・・・・・・・①982
教室の勉強法が身につ
　く水墨画レッスン
　ノート・・・・・・・・①838
教室は楽しい授業で
　いっぱいだ・・・①714
教師という生き方・①703
教師道を磨く・・①699
教師と学生が知ってお
　くべき教育動向・①699
“教師”になる劇場・①703
教師の協同を創る校内
　研修・・・・・・・・①703
教師の見識・・・・・・①703
教師の自己成長と教育
　カウンセリング・・①699
教師の全仕事・・①703
「教師の多忙」とは何か
　　　　　　　　　　①703
教師のたまごのための
　教育相談・・・・・・①703
教師のための叱らない
　技術・・・・・・・・①714
教師のための社会性と
　情動の学習（SEL・
　8T）・・・・・・・・①703
教師のための地図活・①714
矜持神道・・・・・・①849
教師は見た目で9割決ま
　る！・・・・・・・・①703
教師・保育者のための
　教育相談・・・・・・①674
教師宮沢賢治のしごと
　　　　　　　　　　①916
驕奢の宴〈上〉・①1030
驕奢の宴〈下〉・①1030
強者は中央を目指す・①246
凶獣・・・・・・・・・・①928
教習所の珍・物理学・②663
供述をめぐる問題・②211
業種把握読本・・②415
業種別業界情報〈2018年
　版〉・・・・・・・・②415
教場〈2〉・・・・・・①1097
教職員のための“アサー
　ション”実践50例・①703
教職概論・・・・・・①703
教職教育論・・・・・・①703
教職教養講座〈第4巻〉
　　　　　　　　　　①703
教職教養30日完成 ’19
　年度・・・・・・・・①761
教職教養の過去問〈’19
　年度版〉・・・・・・①761
教職のための教育原理
　　　　　　　　　　①703

教職ベーシック 発達・
　学習の心理学・・・・・・①757
教職への道標・・①704
教職論・・・・・・・・①704
狂信者・・・・・・・・①987
狭心症・心筋梗塞・①180
今日すべきことを精一
　杯！・・・・・・・・①90
行政看護学・・・・・・②765
行政機構図〈平成29年度
　版〉・・・・・・・・①174
矯正講座〈第36号（2016
　年）〉・・・・・・・・②211
矯正歯科治療 この症例
　にこの装置・・・②754
矯正歯科の基礎知識・②754
矯正歯科のための重要
　16キーワードベスト
　320論文・・・②754
共生社会システム研究
　〈Vol.11, No.1〉・②96
共生社会の時代の特別
　支援教育〈第1巻〉①682
共生社会の時代の身体
　支援教育〈第2巻〉①682
共生社会の時代の特別
　支援教育〈第3巻〉①682
共生社会論の展開・②96
共生主義宣言・・②96
行政上の処罰概念と法
　治国家・・・・・・②202
矯正職員のための動機
　づけ面接・・・②211
矯正職員のための法律
　講座・・・・・・②221
行政書士過去問マス
　ターDX〈2017年版〉
　　　　　　　　　　②237
行政書士合格ナビゲー
　ション基本テキスト
　〈1〉・・・・・・②237
行政書士合格ナビゲー
　ション基本テキスト
　〈2〉・・・・・・②237
行政書士最強の模試
　〈2017〉・・・・・・②237
行政書士試験 見るだけ
　過去問 行政法・②237
行政書士試験 見るだけ
　過去問 民法・・②237
行政書士試験 らくらく
　解けるゴールデン
　ルール50・・②237
行政書士試験六法〈2018
　年度版〉・・・・・・②237
行政書士受験必携六法
　〈2018年版〉・・②237
行政書士受験六法〈平成
　30年対応版〉・②237
行政書士出るとこ予想
　究極のファイナル
　チェック〈2017年度
　版〉・・・・・・・・②237
行政書士トレーニング
　問題集〈1〉・・②237
行政書士トレーニング
　問題集〈2〉・・②237
行政書士2017年法改正
　と完全予想模試・②237
行政書士年度別過去問
　〈平成24〜28年度〉
　　　　　　　　　　②237
行政書士の業務展開・②237
行政書士の実務 帰化・
　永住・在留許可申請
　業務・・・・・・②238
行政書士の実務 建設業
　許可申請業務・②238
行政書士のための運送

業許可申請のはじめ
　方・・・・・・・・②279
行政書士のための労働
　契約の基礎・・②466
行政書士の繁栄講座・②238
行政書士ハイレベル過
　去問＋予想問〈1〉・②238
行政書士ハイレベル過
　去問＋予想問〈2〉・②238
行政書士ハイレベル過
　去問＋予想問〈3〉・②238
行政書士ハイレベル過
　去問＋予想問〈4〉・②238
行政書士法コンメン
　タール・・・・・・②238
行政書士40字記述式過
　去問＋予想問題集
　〈’17年版〉・・②238
行政訴訟の活発化と国
　民の権利重視の行政
　へ・・・・・・・・②202
共生と共歓の世界を創
　る・・・・・・・・②96
行政の裁判統制と司法
　審査・・・・・・②221
共生の大地・・・・・・①519
行政不服審査法の逐条
　解説・・・・・・②202
行政法・・・・・・・・②202
行政法概説〈1〉・②202
行政法研究〈第16号〉
　　　　　　　　　　②202
行政法研究〈第18号〉
　　　　　　　　　　②202
行政法研究〈第20号〉
　　　　　　　　　　②202
行政法講義・・・・・・②203
行政法の基本・②203
行政法判例50！・②238
共生保障・・・・・・②47
業績を伸ばすための“守
　り”を固める鉄壁のリ
　スクマネジメント・②370
京セラの就活ハンド
　ブック〈2019年度版〉
　　　　　　　　　　①289
競争社会の歩き方・②256
競争政策論・・・・・・②370
競争的権威主義の安定
　性と不安定性・①169
鏡像の祖国・・・・・・②90
凶賊〈5〉・・・・・・①1043
共存学〈4〉・・②96
共存在の教育学・①751
京大院生が考えた「毎
　日10分で月10万円稼
　ぐ」副業FX・・②397
京大カレー部 スパイス
　活動・・・・・・・・①42
兄弟喧嘩のイギリス・
　アイルランド演劇・①782
兄弟ごっこ・・・①1317
京大式推定3ハロン パー
　フェクトブック・・①244
京大式DEEP
　THINKING・・②348
京大卒雀士「戦わない」
　受験勉強法・・①745
きょうだいの育て方・①11
凶宅・・・・・・・・①1127
凶弾・・・・・・・・①1026
教団X・・・・・・・・①1097
共通午前1対策 合格テ
　キスト＆トレーニン
　グ〈2018年度版〉・②563
共通善の経済学・②256
筐底のエルピス〈5〉
　　　　　　　　　　①1171
仰天！ 感動！ サッカー

ヒーローの超百科 日
　本編 ………………… ①432
京都 ………………… ①194
京都、朝あるき ……… ①194
京都あやかし絵師の癒
　し帖 ……………… ①1251
京都・イケズの正体 … ②22
協働型集落活動の現状
　と展望 …………… ②450
協同組合の源流と未来
　…………………… ②448
侠盗組鬼退治 ……… ①1065
共同研究 安重根と東洋
　平和 ……………… ①592
共同研究 現行皇室法の
　批判的研究 ……… ②149
共同体のかたち ……… ②96
共同通信ニュース予定
　〈2018〉 ……………… ②9
協同の再発見 ………… ②38
京都駅殺人事件 …… ①1100
郷土を愛する心 …… ②279
京都・近江路殺人事件
　…………………… ①1073
京都大津便利情報地図
　…………………… ①212
京都おさんぽマップ て
　のひらサイズ …… ①194
京都学派 酔故伝 …… ①448
京都かけだし信金マン
　の事件簿 ………… ②388
京都菓子店千茜 香るフ
　ランス焼菓子 …… ①70
京都烏丸御池のお祓い
　本舗 ……………… ①1021
京都観香 …………… ①195
京都 祇園界隈 ……… ①255
京都ぎらい 官能篇 …… ②23
京都 近代美術工芸の
　ネットワーク …… ①831
享徳の乱 …………… ①548
京都・京阪沿線 …… ①195
郷土研究を志す人へ … ①536
京都検定 問題と解説
　〈第13回〉 ………… ①195
京都紅葉旅 ………… ①255
京都ご近所物語 …… ②23
京都子育てさんぽ …… ①11
京都桜旅 …………… ①255
京都三十三間堂通し矢
　列伝 ……………… ①236
京都・滋賀 おいしい眺
　めのいい店 ……… ①40
京都地蔵盆の歴史 … ①540
京都社寺案内 散策＆観
　賞 京都編 最新版 … ①195
京都 知られざる歴史探
　検〈上〉 …………… ①540
京都 知られざる歴史探
　検〈下〉 …………… ①540
京都人にも教えたい京
　都百景 …………… ②23
京都絶景庭園 ……… ①255
京都大学 アイデアが湧
　いてくる講義 …… ②647
京都大学蔵頴原文庫選
　集〈第2巻〉 ……… ①899
京都大学蔵頴原文庫選
　集〈第3巻〉 ……… ①899
京都大学蔵頴原文庫選
　集〈第4巻〉 ……… ①900
京都大学の経営学講義
　いま日本を代表する
　経営者が考えている
　こと ……………… ②370
郷土・地域文化の賞事
　典 ………………… ②46
京都徒然草 ………… ①958

京都で考えた ……… ①959
京都寺町三条のホーム
　ズ ………………… ①367
京都寺町三条のホーム
　ズ〈6.5〉 ………… ①1112
京都寺町三条のホーム
　ズ〈7〉 …………… ①1112
京都寺町三条のホーム
　ズ〈8〉 …………… ①1112
京都なぞとき四季報
　…………………… ①1109
京都・奈良の世界遺産
　凸凹地形模型で読む
　建築と庭園 ……… ②608
京都西陣シェアハウス
　…………………… ①1082
京都西陣なごみ植物店
　…………………… ①1097
京都のアルゴリズム ・②651
京都のおねだん …… ①195
京都のおばあちゃんに
　学んだお金の神さん
　に好かれる5つの知恵
　…………………… ②388
京都の壁 …………… ②23
京都の甘味処は神様専
　用です …………… ①994
京都の甘味処は神様専
　用です〈2〉 ……… ①995
郷土の記憶・モニュメ
　ント ……………… ①536
京都の庭園〈上〉 …… ②608
京都の庭園〈下〉 …… ②608
京都の凸凹を歩く〈2〉
　…………………… ①195
京都のなるほど雑学100
　選 ………………… ②23
京都幕末史跡案内 … ①564
京都伏見のあやかし甘
　味帖 ……………… ①1119
京都府の山 ………… ①189
京都・舞鶴殺人事件
　…………………… ①1073
京都町触集成〈別巻3〉
　…………………… ①559
京都松原 テ・鉄輪（か
　なわ） …………… ①1076
京都・大和路殺人事件
　…………………… ①1073
京都 和モダン庭園のひ
　みつ ……………… ②608
京なさけ 小料理のどか
　屋人情帖〈19〉 …… ①1039
京の絵草紙屋 満天堂 空
　蝉の夢 …………… ①1062
京の縁結び 縁見屋の娘
　…………………… ①1062
きょうのお母さんはマ
　ル、お母さんはバツ
　…………………… ①682
きょうのおやつはなん
　だろな？ ………… ①328
きょうのカラダを、起
　動しよう。 ……… ①52
今日の人生 ………… ①849
今日のハチミツ、あし
　たの私 …………… ①1008
今日のひとこと弁当 … ①66
きょうの日は、さよう
　なら ……………… ①985
今日のヒヨくん ……… ①9
京の祭と行事365日 …②23
今日の臨床検査〈2017・
　2018〉 …………… ②733
脅迫された花嫁 …… ①1391
きょうはたんじょうび
　…………………… ①82
「今日は何編む？」…… ①82
今日は何をたべよう？

今日は何の日？ 366日
　大事典 …………… ①413
きょうはパーティーの
　ひ ………………… ①328
今日は早めに帰りたい
　…………………… ①841
今日はヒョウ柄を着る
　日 ………………… ①955
きょうはやきにく …… ①357
共犯関係 …………… ①1067
恐怖！ おばけやしきめ
　いろブック 吸血鬼ド
　ラキュラ城 ……… ①440
京奉行 長谷川平蔵 ・①1026
恐怖コレクター〈巻ノ6〉
　…………………… ①360
恐怖コレクター〈巻ノ7〉
　…………………… ①360
恐怖実話 怪の足跡 … ①144
恐怖実話 奇想怪談 … ①144
恐怖実話 狂葬 …… ①1122
恐怖小説 キリカ …… ①1122
恐怖体験リーディング
　…………………… ①502
恐怖！ なぞなぞじごく
　めぐり …………… ①440
きょうふのおばけにん
　じん ……………… ①312
恐怖の帰り道 ……… ①386
恐怖の婚活回想記 ……②29
恐怖の百物語〈第1弾〉
　…………………… ①144
恐怖の百物語〈第2弾〉
　…………………… ①144
恐怖の百物語〈第3弾〉
　…………………… ①144
恐怖の魔王陛下だった
　のに花塚きゅうう
　んが止まりませ
　んっ！ …………… ①1401
恐怖のむかし遊び … ①367
恐怖の緑魔帝王 …… ①1072
恐怖箱 禍158 …… ①1116
恐怖箱 死縁怪談 … ①1123
恐怖箱 醜怪 ……… ①1119
恐怖箱 常間百物語 … ①1116
恐怖箱 閉鎖怪談 … ①144
「共謀罪」を問う ②211
共謀罪の何が問題か・②139
共謀罪は廃止できる・②211
共謀罪vs国民の自由 ・②139
享保に咲く ……… ①1039
兇暴勇 …………… ①1071
今日、見に行くことが
　できる国宝・重要文
　化財レトロ建築 …②608
業務委託契約の基本と
　書式 ……………… ②193
業務の流れにあわせた
　薬局実務実習ハンド
　ブック …………… ②772
共鳴 ……………… ①1322
共鳴力 …………… ②455
今日も編み地、明日も
　編み地 …………… ①82
今日も一日きみを見て
　た ………………… ①943
今日も一日、楽しかっ
　た ………………… ②51
今日もいっしょに空を
　見上げて ………… ②51
今日も「いのちの小さ
　な奇跡」を見つめて。
　…………………… ②704
きょうも映画作りはつ
　づく ……………… ①790
今日も君は、約束の旅
　に出る …………… ①1219

『今日も、ごはん作らな
　きゃ』のため息が
　ふっとぶ本 ……… ①52
今日も残業する君と
　たった10分だけ働く
　僕 ………………… ②341
きょうも、せんべろ … ①40
今日も妻のくつ下は、
　片方ない。 ……… ①5
きょうも傍聴席にいま
　す ………………… ②38
共有不動産の紛争解決
　の実務 …………… ②192
教養教育の再生 …… ②751
教養人の英語 ……… ①638
教養として知っておき
　たい池上彰の現代史
　〈4〉 ………………… ②9
教養としてのゲーテ入
　門 ………………… ①923
教養としての健康・ス
　ポーツ …………… ②213
教養としての社会保障
　…………………… ②47
教養としての10年代ア
　ニメ ……………… ①798
教養としての「税法」入
　門 ………………… ②398
教養としての生命科学
　…………………… ②682
教養のイタリア近現代
　史 ………………… ②600
教養の健康科学 …… ②714
教養のコンピュータサ
　イエンス 情報科学入
　門 ………………… ②516
教養のための昆虫学 ・②694
教養の揺らぎとフラン
　ス近代 …………… ①751
教養バカ …………… ①121
教養は児童書で学べ・①886
「今日よりいい明日はな
　い」という生き方 ・②256
享楽王と姫騎士 … ①1403
郷里松島への長き旅路
　…………………… ①1100
恐竜 ……………… ①401
恐竜えほん ティラノサ
　ウルス …………… ①328
きょうりゅうオーディ
　…………………… ①328
恐竜キャラクター超大
　百科 ……………… ①401
恐竜最強王者大図鑑 ・①401
恐竜たちが動き出す！
　リアル！ 最強！ 恐竜
　事典 ……………… ①401
きょうりゅうたちがけ
　んかした ………… ①312
きょうりゅうたちのク
　リスマス ………… ①307
恐竜探偵 足跡を追う ・①681
恐竜トリケラトプスと
　アルゼンチノサウル
　ス ………………… ①328
恐竜 トリケラトプスと
　ダスプレトサウルス
　…………………… ①329
恐竜・20 …………… ①430
恐竜のおりがみ …… ①181
橋梁工学 …………… ②606
京料理 炊き合わせ … ①67
京料理の品格 ……… ①34
京料理の文化史 …… ①34
協力する種 ………… ②647
強烈なオヤジが高校も
　塾も通わせずに3人の
　息子を京都大学に放
　り込んだ話 ……… ①11

行列のできる胃カメラ
　屋 ………………… ②739
行列繁記の現代的意義
　…………………… ②320
巨影 ……………… ①928
虚栄〈上〉 ………… ①1084
虚栄〈下〉 ………… ①1084
虚偽検出 …………… ①478
漁業科学とレジームシ
　フト ……………… ②457
漁業経営調査報告〈平成
　27年〉 …………… ②457
漁業就業動向調査報告
　書〈平成28年〉 … ②457
漁業・養殖業生産統計
　年報〈平成26年〉 … ②457
漁業・養殖業生産統計
　年報〈平成27年〉 … ②457
ギョギョギョ！ おしえ
　て！ さかなクン〈2〉
　…………………… ①404
「極限」を使いこなす・②656
極限世界の生き物 … ①404
極光 ……………… ①775
旭日の代紋 ……… ①1099
旭日、遥かなり〈4〉 ・①1131
旭日、遥かなり〈5〉 ・①1131
旭日、遥かなり〈6〉 ・①1131
旭日、遥かなり〈7〉 ・①1131
局所と全身からアプ
　ローチする運動器の
　運動療法 ………… ②714
局所排気装置、プッシュ
　プル型換気装置及び
　除じん装置の定期自
　主検査指針の解説 ・②459
局所皮弁〈第1巻〉 … ②751
局所皮弁〈第2巻〉 … ②751
極選分析システム監査
　技術者予想問題集 ・②568
極選分析情報処理安全
　確保支援士予想問題
　…………………… ②563
極選分析データベース
　スペシャリスト予想
　問題集 …………… ②567
極選分析プロジェクト
　マネージャ予想問題
　集 ………………… ②566
極値問題の理論 …… ②256
極東国際軍事裁判審理
　要録〈第5巻〉 …… ②578
極東の隣人ロシアの本
　質 ………………… ②83
清く儚い愛人〈5〉 … ①1375
極夜 ……………… ①255
玉妖綺譚〈2〉 …… ①1127
漁港食堂 …………… ①40
清崎敏郎の百句 …… ①904
清沢満之の浄土教思想
　…………………… ①519
虚子探訪 …………… ①904
虚子に学ぶ俳句365日
　…………………… ①904
虚弱王女と口下手な薬
　師 ……………… ①1145
居住の貧困と「賃貸世
　代」 ……………… ②256
「居住福祉資源」の思想
　…………………… ②51
居住用財産に係る税務
　の徹底解説 ……… ②322
巨人軍非常事態宣言 ・①222
巨神計画〈上〉 …… ①1363
巨神計画〈下〉 …… ①1363
巨人の花よめ …… ①329
虚人の星 ………… ①1090
拒絶された億万長者

書名索引

…………… ①1368
巨象再建 ……… ①1097
巨象IBMに挑む …②465
巨大外資銀行 ……①1066
巨大艦船物語 ………②166
巨大企業は税金から逃
　げ切れるか？ ……②279
巨大地震その時あなた
　を救うのは？　市民ト
　リアージ ……………②40
巨大生物 …………①404
巨大倒産 …………②303
巨大なる空転　日本の精
　神科地域処遇はなぜ
　進まないのか ……②743
巨大ブラック企業 ……②303
巨大ブラックホールの
　謎 ………………②675
巨大幽霊マンモス事件
　………………………①1099
魚探とソナーとGPSと
　レーダーと船用電子
　機器の極意 ………②626
旭光に抱かれて眠れ
　………………………①1323
巨乳家族催眠 ……①1396
巨乳教師の淫望 …①1405
巨乳天使ミコピョン！
　………………………①1219
巨乳ドスケベ学園 …①1396
巨乳とは仲良くできな
　い………………………①114
巨乳の誕生 …………②35
巨乳令嬢MC学園 …①1396
巨乳×露出 ………①1396
去年を待ちながら …①1363
去年マリエンバートで
　………………………①969
清水寺にあいにこない
　か………………………①509
虚妄の「戦後」………②96
清らかに輝くための "や
　まとりじ" 31日の
　レッスン帖 ………①114
魚類学 ……………②698
キラー ……………①1306
キライがスキに大へん
　しん！　野菜と栄養素
　キャラクター図鑑 …①434
嫌いになれなくて …①1384
儀礼のセミオティクス
　………………………②111
キラキラ☆おうちスタ
　ディブック　小3 …①424
キラキラ☆おうちスタ
　ディブック　小4 …①424
キラキラ☆おうちスタ
　ディブック　小5 …①424
キラキラ☆おうちスタ
　ディブック　小6 …①424
キラキラかんどう　おん
　なのこのめいさくだ
　いすき ……………①379
キラキラ共和国 ……①989
きらきらシートつき
　塗ってデコってきら
　きら塗り絵　美しいお
　花たち編 …………①865
きらきらシートつき
　塗ってデコってきら
　きら塗り絵　かわいい
　妖精編 ……………①865
きらきらシャワー …①357
キラキラで豪華なイラ
　ストを描きたい ……①860
きらきらABC………①304
きらきらschoolの挑戦
　すべては自分次第
　「50歳から自分を売

る」 ……………①122
喜楽クイズ ………①275
気楽な稼業ときたもん
　だ ………………①768
「キラーストレス」から
　心と体を守る！ …①169
切らずに1枚で折る　折
　り紙昆虫記 ………①81
綺良のさくら ……①1031
キラブリおじさんと幼
　女先輩 …………①1163
キラブリおじさんと幼
　女先輩〈2〉………①1163
キラブリおじさんと幼
　女先輩〈3〉………①1163
きらめくチャンスをつ
　かまえて！　理工系は
　女性の可能性を広げ
　る …………………②647
きらら★キララNTR
　………………………①1401
煌（きらり）………①1044
嫌われエースの数奇な
　恋路 ……………①1228
嫌われ者始めました〈3〉
　………………………①1191
切り絵作家　大橋museoの
　COLORING BOOK
　………………………①865
切り絵でつくるメルヘ
　ンドレス …………①73
切り絵の下絵集〈2〉…①867
切り紙でつくる季節の
　花図鑑 …………①867
切り紙でつくる恐竜図
　鑑 ………………①867
切り紙でつくる食の歳
　時記 ……………①867
切り口ひとつで美味し
　く見せる驚きの魅せ
　レシピ ……………①52
ギリシア詞華集〈4〉…①926
ギリシア人男性、ギリシ
　ア人女性を求む …①1334
ギリシア人の物語〈2〉
　………………………①600
ギリシア人の物語〈3〉
　………………………①600
ギリシア大富豪の略奪
　………………………①1376
ギリシアの悪魔 ……①1368
ギリシアのすみれ色の
　花嫁 ……………①1379
ギリシアの無垢な花
　………………………①1368
ギリシア富豪と夢見た
　小鳥 ……………①1377
ギリシア富豪の純愛〈4〉
　………………………①1376
ギリシア墓碑によせて
　………………………①975
ギリシア・ローマ神話
　を知れば英語はもっ
　と上達する ………①647
ギリシアが拓いた日
　本語文学 …………①893
キリシタン時代対外関
　係の研究 …………①559
キリシタン時代とイエ
　ズス会教育 ………①526
キリシタン時代のコレ
　ジオ ……………①559
キリシタン信仰史の研
　究 ………………①559
キリシタン大名 ……①552
切り師長屋卯明の超絶の
　技　奇跡の切り絵 …①867
ギリシャ危機と揺らぐ
　欧州民主主義 ……②253

ギリシャ語の時間 …①1336
ギリシャ語練習プリン
　ト ………………①673
ギリシャの誘惑 ……①939
ギリシャ美術史入門 …①828
キリスト教を世に問
　う！ ……………①523
キリスト教会の社会史
　………………………①527
キリスト教史 ………①527
キリスト教神学で読み
　とく共産主義 ……①527
キリスト教と社会学の
　間 ………………①523
キリスト教とは何か〈7〉
　………………………①523
キリスト教とは何か〈8〉
　………………………①523
キリスト教とは何か〈9〉
　………………………①523
キリスト教について〈5〉
　………………………①523
キリスト教年鑑〈2017年
　版〉………………①523
キリスト教は「宗教」で
　はない …………①523
キリスト教は役に立つ
　か ………………①523
キリスト教弁証家C.S.
　ルイスの遺産 ……①921
キリストのうちにある
　生活 ……………①523
キリストの復活 ……①523
キリストは再び十字架
　にかけられる ……①523
キリストは甦られた …①528
キリストへの道 ……①524
桐谷署総務課渉外係　お
　父さんを冷蔵庫に入
　れて！ …………①1082
起立性調節障害の子ど
　もの正しい理解と対
　応 ………………②747
起立性調節障害の子ど
　もの日常生活サポー
　トブック …………②747
切りっぱなしでカンタ
　ン！　楽しくぬりえ
　て、失敗なし！　フェ
　ルトで作る花モチー
　フ92 ……………①73
霧に棲む鬼 ………①1040
霧の島のかがり火 …①1348
霧の重塔〈下〉……①1332
霧ノ宮先輩は謎が解け
　ない ……………①1172
霧ノ宮先輩は謎が解け
　ない〈2〉…………①1172
切りはなせる！　楽しい
　パズルぬりえ〈3〉…①865
切り花の日持ち技術 …②449
切り身で、刺身で、ス
　トックで…サルビア
　給食室のやさしいお
　魚料理 ……………①52
機龍警察　完全版 …①1124
機龍警察　自爆条項　完全
　版〈上〉…………①1095
機龍警察　自爆条項　完全
　版〈下〉…………①1095
機龍警察　狼眼殺手 …①1095
キリン ……………①407
キリング・アンド・ダイ
　ング ……………①849
キリング・ゲーム …①1345
キリング・ザ・ライジン
　グ・サン …………①578
キリングメンバー …①1144
キリンのこども ……①407
キリンHD（キリンビー

ル・キリンビバレッ
　ジ）の就活ハンドブッ
　ク〈2019年度版〉…①289
着るか着られるか …①29
ギルティ・アームズ〈3〉
　………………………①1211
ギルティウィッチーズ
　………………………①1132
ギルティゲーム
　〈stage2〉…………①347
ギルティゲーム
　〈stage3〉…………①347
ギルデスビジネス　バズ
　アリーナ …………①277
ギルドのチートな受付
　嬢〈5〉…………①1243
ギルドのチートな受付
　嬢〈6〉…………①1243
ギルドは本日も平和な
　り〈2〉…………①1246
ギルドレ〈2〉………①1146
切るのも縫うのもカン
　タン！　なのにおしゃ
　れなワンピース ……①84
切る貼るつくる箱の本
　………………………①79
キルワーカー ……①1092
ギレアド …………①524
儀礼学概論 ………①507
きれいが歯科を変え
　る！　デンタルクレン
　リネスプロジェクト
　………………………①754
キレイ！　筋膜リリース
　Beauty編 ………①25
きれいごと抜きのイン
　クルーシブ教育 ……①682
キレイゴトぬきの就活
　論 ………………①289
きれいな心のつくりか
　た ………………①506
きれいな肌をつくるな
　ら、「赤いお肉」を食
　べなさい …………①163
キレイに見える食べ方
　図鑑 ……………①34
きれいに見える「ひざ
　下20cmの服」……①84
キレイの秘密、「豆」生
　活。………………①163
切れない！　詰まらな
　い！　らくらくズボラ
　血管ほぐし ………①147
ギレルモ・デル・トロの
　怪物の館 …………①792
記録を記憶に残したい
　大正時代 …………①572
記録が伸びる！　陸上競
　技メンタル強化メ
　ソッド ……………①235
記録写真集　昭和40年代
　の鉄道〈第7集〉……②432
記録と記憶のメディア
　論 ………………②10
記録メディアに人生を
　かけた男 …………②439
"際" からの探究：つな
　がりへの途 ………②169
疑惑接点 …………①1110
キワサムのたまご …①360
キーワード式　知りたい
　用語がすぐに見つか
　る！　計量実務事典
　………………………①617
キーワードで学ぶ最新
　情報トピックス
　〈2017〉……………①517
キーワードで学ぶ特別
　活動　生徒指導・教育

相談 ……………①709
キーワードで読みとく
　現代農業と食料・環
　境 ………………②445
キーワードで読む現代
　日本写真 …………①251
キーワードでわかる
　リースの法律・会計・
　税務 ……………②316
極 …………………①909
極める！　基礎習字練習
　帳 ………………①17
極める！　スペイン語の
　動詞ドリル ………①672
極める大腿骨骨折の理
　学療法 …………②749
極める愉しむ珈琲事典
　………………………①47
極める膝・下腿骨骨折
　の理学療法 ………②714
禁欲 ………………①1321
銀色人の基地〈557〉
　………………………①1358
銀色、遥か　ビジュアル
　ファンブック ……②280
銀色☆フェアリーテイ
　ル〈3〉…………①347
金運がどんどん上がる
　日本のすごい神社100
　………………………①506
金運・仕事運・商売運な
　ら「住吉の神さま」に
　まかせなさい ……①128
近影遠影 …………①949
金槐和歌集論 ……①900
銀河宇宙観測の最前線
　………………………②675
銀河中心点 ………①1207
きんかつ！ ………①348
きんかつ！　恋する妖怪
　と舞姫の秘密 ……①348
銀河鉄道の彼方に …①1004
銀河鉄道の父 ……①991
銀河鉄道の夜 ……①348
銀河鉄道の夜〈上〉…①1020
銀河鉄道の夜〈下〉…①1020
銀河の通信所 ……①1009
銀河の壺なおし ……①1363
銀河連合日本〈4〉…①1272
銀河連合日本〈5〉…①1272
銀河連合日本〈6〉…①1272
銀漢亭こぼれ噺 ……①940
禁忌 ………………①1104
近畿圏・愛知県　国立・
　私立小学校進学のて
　びき〈平成30年度版〉
　………………………①742
近畿日本ツーリストの
　就活ハンドブック
　〈2019年度版〉……①289
近畿病院情報〈2017年
　版〉………………②708
緊急支援のアウトリー
　チ ………………①478
緊急支援のための
　BASIC Phアプロー
　チ ………………①490
緊急時応急措置指針
　〈ERG2016版〉……②669
緊急事態条項で暮らし
　・社会はどうなるか …②198
緊急守護霊インタ
　ビュー　金正恩vs.ドナ
　ルド・トランプ ……①502
緊急出版　どうなる日本
　の教員養成 ………①704
緊急提言！　刑事再審法
　改正と国会の責任 …②211
緊急点検！　JA自己改革

………………②448
緊急度判定支援システ
　ム JTAS2017ガイド
　ブック …………②714
金魚玉 …………①971
きんぎょとしょうぶ！
………………①329
金銀名湯 ………①189
キング・オブ・カラミ
　ティ …………①277
キングコング 髑髏島の
　巨神 …………①1358
キングコング：髑髏島
　の巨神メイキング
　ブック ………①792
キング・コング入門・①792
キングダム ……②348
近現代建築史論 ……②608
近現代作家集〈1〉①888
近現代作家集〈2〉①888
近現代作家集〈3〉①888
近現代神道の法制的研
　究………………①506
近現代日本における政
　党支持基盤の形成と
　変容 …………②139
近現代の空間を読み解
　く………………①588
近現代仏教の歴史 ・①515
金言ねこあつめ その参
………………①90
銀行〈2018年度版〉②382
銀行員大失業時代 ・②382
銀行員大失職 ……②384
銀行員のための "売れる
　セールスコミュニ
　ケーション" 入門 …②384
銀行業務検定試験 アシ
　スタント・ファイナ
　ンシャル・アドバイ
　ザー問題解説集〈2017
　年10月受験用〉……②476
銀行業務検定試験 預か
　り資産アドバイザー2
　級問題解説集〈2017年
　10月受験用〉……②476
銀行業務検定試験 営業
　店管理1問題解説集
　〈2017年10月受験用〉
………………②476
銀行業務検定試験 営業
　店管理2問題解説集
　〈2017年10月受験用〉
………………②476
銀行業務検定試験 外国
　為替2級問題解説集
　〈2018年3月受験用〉
………………②476
銀行業務検定試験 外国
　為替3級問題解説集
　〈2017年10月受験用〉
………………②476
銀行業務検定試験 外国
　為替3級問題解説集
　〈2018年3月受験用〉
………………②476
銀行業務検定試験 金融
　経済3級問題解説集
　〈2017年6月受験用〉
………………②476
銀行業務検定試験 金融
　商品取引3級問題解説
　集〈2017年6月受験
　用〉……………②505
銀行業務検定試験 金融
　リスクマネジメント2
　級問題解説集〈2017年
　6月受験用〉……②476
銀行業務検定試験 経営

支援アドバイザー2級
　問題解説集〈2018年3
　月受験用〉……②476
銀行業務検定試験 個人
　融資渉外3級問題解説
　集〈2017年6月受験
　用〉……………②476
銀行業務検定試験 財務
　2級問題解説集〈2017
　年6月受験用〉……②476
銀行業務検定試験 財務
　2級問題解説集〈2017
　年10月受験用〉……②476
銀行業務検定試験 財務
　3級直前整理70〈2017
　年6月・2018年3月受
　験用〉…………②476
銀行業務検定試験 財務
　3級問題解説集〈2017
　年6月受験用〉……②477
銀行業務検定試験 財務
　3級問題解説集〈2018
　年3月受験用〉……②477
銀行業務検定試験 財務
　4級問題解説集〈2017
　年6月受験用〉……②477
銀行業務検定試験 事業
　承継アドバイザー3級
　問題解説集〈2017年
　10月受験用〉……②477
銀行業務検定試験 事業
　性評価3級問題解説集
　〈2017年10月受験用〉
………………②477
銀行業務検定試験 事業
　性評価3級問題解説集
　〈2018年3月受験用〉
………………②477
銀行業務検定試験 事業
　性評価3級予習問題集
　〈2017年6月受験用〉
………………②505
銀行業務検定試験受験
　対策シリーズ 外国為
　替3級〈2017年10月・
　2018年3月受験用〉
………………②477
銀行業務検定試験受験
　対策シリーズ 金融商
　品取引3級〈2017年6
　月受験用〉……②477
銀行業務検定試験受験
　対策シリーズ 金融リ
　スクマネジメント2級
　〈2017年6月受験用〉
………………②477
銀行業務検定試験受験
　対策シリーズ 財務2
　級〈2017年6月・10月
　受験用〉………②477
銀行業務検定試験受験
　対策シリーズ 財務3
　級〈2017年6月・2018
　年3月受験用〉……②477
銀行業務検定試験受験
　対策シリーズ 税務3級
　〈2017年10月・2018
　年3月受験用〉……②477
銀行業務検定試験受験
　対策シリーズ 相続ア
　ドバイザー3級〈2017
　年10月・2018年3月受
　験用〉…………②477
銀行業務検定試験受験
　対策シリーズ デリバ
　ティブ3級〈2017年6
　月受験用〉……②477
銀行業務検定試験受験
　対策シリーズ 年金ア

ドバイザー3級〈2017
　年10月・2018年3月受
　験用〉…………②477
銀行業務検定試験受験
　対策シリーズ 法務2
　級〈2017年6月・10月
　受験用〉………②477
銀行業務検定試験受験
　対策シリーズ 法務3
　級〈2017年6月・10月
　受験用〉………②477
銀行業務検定試験 証券
　3級問題解説集〈2017
　年10月受験用〉……②477
銀行業務検定試験 信託
　実務3級問題解説集
　〈2017年6月受験用〉
………………②477
銀行業務検定試験 税務
　2級問題解説集〈2018
　年3月受験用〉……②477
銀行業務検定試験 税務
　3級直前整理70〈2017
　年10月・2018年3月受
　験用〉…………②477
銀行業務検定試験 税務
　3級問題解説集〈2017
　年10月受験用〉……②477
銀行業務検定試験 税務
　3級問題解説集〈2018
　年3月受験用〉……②477
銀行業務検定試験 税務
　4級問題解説集〈2018
　年3月受験用〉……②477
銀行業務検定試験相続
　アドバイザー2級問題
　解説集〈2018年3月受
　験用〉…………②477
銀行業務検定試験 相続
　アドバイザー3級問題
　解説集〈2017年10月
　受験用〉………②477
銀行業務検定試験 相続
　アドバイザー3級問題
　解説集〈2018年3月受
　験用〉…………②478
銀行業務検定試験 デリ
　バティブ3級問題解説
　集〈2017年6月受験
　用〉……………②477
銀行業務検定試験 投資
　信託2級問題解説集
　〈2018年3月受験用〉
………………②477
銀行業務検定試験 投資
　信託3級問題解説集
　〈2018年3月受験用〉
………………②477
銀行業務検定試験 年金
　アドバイザー2級問題
　解説集〈2018年3月受
　験用〉…………②477
銀行業務検定試験 年金
　アドバイザー3級直前
　整理70〈2017年10月・
　2018年3月受験用〉
………………②477
銀行業務検定試験 年金
　アドバイザー3級問題
　解説集〈2017年10月
　受験用〉………②477
銀行業務検定試験 年金
　アドバイザー3級問題
　解説集〈2018年3月受
　験用〉…………②478
銀行業務検定試験 年金
　アドバイザー4級問題
　解説集〈2018年3月受
　験用〉…………②478

銀行業務検定試験 ファ
　イナンシャル・アド
　バイザー問題解説集
　〈2017年10月受験用〉
………………②478
銀行業務検定試験 法人
　融資渉外2級問題解説
　集〈2017年6月受験
　用〉……………②505
銀行業務検定試験 法人
　融資渉外3級問題解説
　集〈2017年6月受験用〉
………………②478
銀行業務検定試験 法務
　2級問題解説集〈2017
　年6月受験用〉……②478
銀行業務検定試験 法務
　2級問題解説集〈2017
　年10月受験用〉……②478
銀行業務検定試験 法務
　3級直前整理70〈2017年
　6月・10月受験用〉・②478
銀行業務検定試験 法務
　3級問題解説集〈2017
　年6月受験用〉……②478
銀行業務検定試験 法務
　3級問題解説集〈2017
　年10月受験用〉……②478
銀行業務検定試験 法務
　4級問題解説集〈2017
　年10月受験用〉……②478
銀行業務検定試験 保険
　販売3級問題解説集
　〈2017年10月受験用〉
………………②478
銀行業務検定試験 窓口
　セールス3級問題解説
　集〈2017年6月受験
　用〉……………②478
銀行業務検定試験 融資
　管理3級問題解説集
　〈2018年3月受験用〉
………………②478
銀行支店長、追う …①1066
銀行・証券・保険業界の
　ビジネスモデルで学
　ぶ金融キャリアの教
　科書 …………②376
銀行消滅 ………②382
銀行取引「念書」書式集
………………②382
銀行はこれからどうな
　るのか ………②382
金工品から読む古代朝
　鮮と倭 ………①599
銀行不要時代 ……②382
銀行法 …………②382
筋骨格系のオステオパ
　シー …………②727
筋骨格系の触診マニュ
　アル …………②714
銀座を歩く ……①186
「銀座鮨青木」主人のや
　さしく教えるすしの
　きほん …………①52
銀座線の90年 ……②433
銀座のバーが教える厳
　選カクテル図鑑 …①43
銀座の夜の神話たち ・①949
銀座の流儀 ……②279
「銀座レカン」高良康之
　シェフが教えるフレ
　ンチの基本 ……①68
銀座浪漫通り 四月一日
　亭（わたぬきてい）の
　思い出ごはん …①1179
金獅子の王と漆黒の騎
　士 ……………①1320
金獅子陛下は後宮で子

育て中 …………①1304
金枝篇〈第7巻〉①507
禁書 …………①600
金正恩体制形成と国際
　危機管理 ……②131
金正恩著作集〈2〉②131
金正恩の核が北朝鮮を
　滅ぼす日 ……②131
金正恩の核ミサイル ・②131
金正恩の黒幕はアメリ
　カだった ……②121
金賞受賞蔵ガイド
　〈2017〉………①43
禁書封印譚 ブライン
　ド・ミトスRPG …①277
禁じられた過去 ……①1070
禁じられた言葉 ……①1368
禁じられたジュリエッ
　ト ……………①1107
禁じられた追憶 ……①1368
近親相姦 母と息子 …①35
金針の名医 王楽亭 経験
　集 ……………①173
キンスレイヤー〈上〉
………………①1361
キンスレイヤー〈下〉
………………①1361
近世関東の水運と商品
　取引 続々 ……①559
近世近代移行期の歴史
　意識・思想・由緒 ・①559
近世近代日中文化交渉
　の諸相 ………①559
近世西海捕鯨業の史的
　展開 …………①559
近世史研究遺文 ……①559
近世寺社信仰資料『和州
　寺社記』・『伽藍開基
　記』……………①559
近世城郭の考古学入門
………………①613
近世小説の研究 ……①899
近世商人と市場 ……①559
近世初期『万葉集』の研
　究………………①901
近世植物・動物・鉱物図
　譜集成〈第44巻〉①559
近世植物・動物・鉱物図
　譜集成〈第45巻〉①559
近世植物・動物・鉱物図
　譜集成〈第47巻〉①559
近世政治社会への視座
………………①559
近世潜伏宗教論 ……①559
近世蔵書文化論 ……①559
近世中後期の藩と幕府
………………①559
近世読者とそのゆくえ
………………②16
近世日本政治史と朝廷
………………①559
近世日本石灰史料研究
　〈10〉…………①560
近世の開幕と貨幣統合
………………①560
近世の山科 山科の近世
………………①560
近世文学史研究〈1〉①899
近世文学史研究〈2〉①899
謹製ヘルプック ……①1308
近世村方文書の管理と
　筆耕 …………①560
禁足 …………①1319
禁足地帯の歩き方 …①197
近代アメリカの公共圏
　と市民 ………①603
近代大阪の小学校建築
　史 ……………②609

近大革命 ………………①676
近代画説〈25〉………①831
近代化のねじれと日本
　社会 ……………②96
近代歌舞伎年表 名古屋
　篇〈第11巻〉………①787
近代経営の基礎 ……②257
近代経済学の再検討 ・②257
近代皇族妃のファッ
　ション ……………②12
近代国家と組織犯罪 ・②211
近代作家の基層 ……①911
近代スイス・ドイツの
　音楽基礎教育と歌唱
　活動 ……………①820
金田一くんの冒険〈1〉
　…………………①360
金田一秀穂のおとなの
　日本語 …………①623
近代中国東北地域の綿
　業 ………………①245
近代中国における国語
　教育改革 ………①747
近代中国への旅 ……①595
「近代的自我」の社会学
　…………………②96
近代天皇論 …………②149
近代ドイツ政治思想史
　研究 ……………①470
近代ドイツの法と国制
　…………………②219
近代ドイツの歴史とナ
　ショナリティ・マイ
　ノリティ ………①607
近代西本願寺を支えた
　在家信者 ………①519
近代日中関係史の中の
　アジア主義 ……①578
近代日中語彙交流史 ・①664
近代日本偽りの歴史 ・①569
近代日本を創った身体
　…………………①524
近代日本キリスト者と
　の対話 …………①524
近代日本語の思想 …①623
近代日本 製鉄・電信の
　源流 ……………①564
近代日本・朝鮮とス
　ポーツ …………①569
近代日本の海外地理情
　報収集と初期外邦図
　…………………①569
近代日本の課税と徴収
　…………………②398
近代日本の偽史言説 ・①570
近代日本の空間編成史
　…………………①570
近代日本の対外認識〈2〉
　…………………①570
近代日本の地域工業化
　と下請制 ………①570
近代日本の武道論 …①236
近代日本の洋風建築 栄
　華篇 ……………②609
近代日本の洋風建築 開
　化篇 ……………②609
近代農政を作った人達
　…………………②450
近代の虚妄と軽蔑の思
　想 ………………①448
近代の“物神事実”崇拝
　について ………①474
近代東アジア土地調査
　事業研究 ………①592
近代フランス小説の誕
　生 ………………①924
近代民主主義の罠 ……②92
銀魂 …………………①360
きんたろうちゃん …①357

禁断告白スペシャル 四
　十路妻の淫ら体験 …②35
禁断の感度 …………①1319
禁断の夜に溺れて …①1352
禁断白書 相姦体験の誘
　惑 ………………②35
金継ぎ手帖 …………①872
近鉄沿線ディープなふ
　しぎ発見 ………①433
金哲彦のマラソンメン
　タル強化メソッド ・①235
近東の地政学 ………②129
均等法・育介法・パート
　タイム労働法 基本法
　令・通達集 ……②466
筋トレで夢を叶える ・①122
筋トレのための人体解
　剖図 ……………②727
筋トレビジネスエリー
　トがやっている最強
　の食べ方 ………①163
筋トレライフバランス
　…………………②342
銀杏手ならい ………①1041
ぎんなんのいえ ……①1004
筋肉を理解して確実に
　効かせる！ DVDs
　ポーツマッサージ ①213
筋肉スイッチトレーニ
　ング ……………①216
筋肉増強による基礎代
　謝の改善 ………②714
筋肉・骨の動きがわか
　る美術解剖図鑑 …①860
きんのおの ………①309
銀の櫂 ………………①971
銀の沙漠にさらわれ
　…………………①1396
銀の獅子と身代わり姫
　…………………①1323
金の正解！ 銀の正解！
　厳選問題集 ……①275
きんのつののしか …①329
金の殿 ………………①1051
銀の猫 ………………①1026
銀の瞳の公爵 ………①1379
『金の星亭』繁盛記 …①1223
金のりんご〈第2集〉 ①524
筋肥大メソッド ……①216
キン・フー武侠電影作
　法 ………………①792
筋膜筋肉ストレッチ療
　法 ………………①157
筋膜クレンジングテク
　ニック メルトメソッ
　ド ………………①215
銀幕のキノコ雲 ……①796
金鮪 …………………①1039
金満血統王国年鑑for
　2018 ……………①244
金木犀 ………………①971
謹訳 源氏物語〈1〉…①897
謹訳 源氏物語〈2〉…①897
謹訳 源氏物語〈3〉…①897
謹訳 源氏物語〈4〉…①897
金融会計監査六法〈平成
　29年版〉 ………②185
金融革新と不安定性の
　経済学 …………②257
金融革命 1985〜2008
　…………………②376
金融から学ぶ会社法入
　門 ………………②196
金融機関営業担当者の
　ための法律・税金・会
　計ハンドブック〈平成
　29年度版〉 ……②384
金融機関管理職のため

のイマドキ部下の育
　て方 ……………②384
金融機関行職員のため
　の預金相続事務手続
　活用マニュアル …②384
金融機関コンプライア
　ンス・オフィサー
　Q&A ……………②384
金融機関職員なら知っ
　ておきたい個人情報
　の取扱い ………②384
金融機関の規制対応と
　内部監査 ………②384
金融機関の個人情報保
　護ハンドブック …②384
金融機関の信用リスク・
　資産査定管理態勢〈平
　成28年度版〉 ……②384
金融機関の信用リスク・
　資産査定管理態勢〈平
　成29年度版〉 ……②384
金融機関の相続手続 ・②384
金融機関のための介護
　業界の基本と取引の
　ポイント ………②384
金融機関のための観光
　業界の基本と取引の
　ポイント ………②384
金融機関のための農業
　ビジネスの基本と取
　引のポイント ……②384
金融機関のための不祥
　事件対策実務必携 ②384
金融経済 ……………②376
金融個人情報保護オ
　フィサー2級問題解説
　集〈マイナンバー対応
　練習問題付〉〈2017年
　6月受験用〉……②478
金融コンプライアンス・
　オフィサー1級問題集
　…………………①275
金融コンプライアンス・
　オフィサー1級問題解
　説集〈2017年6月受験
　用〉 ……………②478
金融コンプライアンス・
　オフィサー1級問題解
　説集〈2017年10月受
　験用〉 …………②478
金融コンプライアンス・
　オフィサー1級・2級
　〈2017年6月・10月受
　験用〉 …………②478
金融コンプライアンス・
　オフィサー2級問題解
　説集〈2017年6月受験
　用〉 ……………②478
金融コンプライアンス・
　オフィサー2級問題解
　説集〈2017年10月受
　験用〉 …………②478
金融ジェロントロジー
　…………………②376
金融史がわかれば世界
　がわかる ………②376
金融資産・信託財産の
　課税と理論 ……②322
吟遊詩人 ……………①783
吟遊詩人ビードルの物
　語 ………………①372
金融システムの制度設
　計 ………………②376
金融実務に役立つ 成年
　後見制度Q&A ……②384
金融商品ガイドブック
　〈2017年度版〉……②377
金融商品取引法アウト
　ライン …………②195
金融商品取引法概説 ・②185
金融商品取引法 公開買

付制度と大量保有報
　告制度編 ………②377
金融商品の仕組みと税
　金〈平成29年度版〉
　…………………②388
金融商品の譲渡益と利
　子・配当の確定申告
　…………………②398
金融商品ポケットブッ
　ク〈2017〉 ……②377
金融情報システム白書
　〈平成30年版〉 …②377
「金融仲介機能のベンチ
　マーク」と企業再生
　支援 ……………②377
金融デジタルイノベー
　ションの時代 ……②377
金融読本 ……………②377
金融と経済 …………②377
金融取引小六法〈2018年
　版〉 ……………②185
金融に未来はあるか ・②381
金融の仕組みと働き ・②377
金融変数と実体経済の
　因果性 …………②257
金融法講義 …………②377
金融窓口サービス技能
　士1級精選問題解説集
　学科・実技編〈2017年
　版〉 ……………②478
金融六法〈平成29年版〉
　…………………②185
金融e時代 …………②377
金曜日の本 …………①959
金曜日の本屋さん …①1010
禁欲と改善 …………②267
銀翼のアルチザン …①928
銀翼のイカロス ……①984
金利「超」入門 ……②377
金利と経済 …………②257
筋力トレーニング完全
　マニュアル ……①216
筋力発揮の脳・神経科
　学 ………………②729
金鱗の鰓を取り置く術
　…………………①822
勤労魔導士が、かわい
　い嫁と暮らしたら？
　…………………①1221

〈く〉

ク医療事務100問100
　答〈2017年版〉 …②708
クイズで覚えるケアマ
　ネジャー試験〈2017〉
　…………………②77
クイズで覚える難読漢
　字&漢字を楽しむ一
　筆メール ………①626
クイズで覚える日本の
　二十四節気&七十二
　候 ………………②117
クイズで覚える「もの
　の名前」…………②32
クイズで学ぶことばの
　教室基本の「キ」…①682
クイズで学ぶ俳句講座
　…………………①904
食い詰め傭兵の幻想奇
　譚〈1〉 …………①1270
食い詰め傭兵の幻想奇
　譚〈2〉 …………①1270
食い詰め傭兵の幻想奇
　譚〈3〉 …………①1270
食い詰め傭兵の幻想奇
　譚〈4〉 …………①1270
クィディッチ今昔 …①372
クイナくんのだいぼう
　けん ……………①329
クイーンズブレイカー
　…………………①1398
グウェンプール：こっ
　ちの世界にオジャマ
　しまーす ………①849
クウォトアンの生贄
　〈上〉 …………①1364
クウォトアンの生贄
　〈下〉 …………①1364
空海さまと七福神が隠
　して伝えた「世界文
　明の起源」………②138
空海に学ぶ仏教入門 ・①517
空海の瞑想で迷いが消
　える！ 超健康にな
　る！ ……………①517
空海名言法話全集 空海
　散歩〈第1巻〉……①517
空間デザイナー ……①413
空間と時間の中の方言
　…………………①629
空間と表象の精神病理
　…………………②743
空棺の烏 ……………①1073
空間紛争としての持続
　的スポーツツーリズ
　ム ………………②96
空間へ ………………②609
空気中に浮遊する放射
　性物質の疑問25 …②580
空気調和・衛生設備の
　知識 ……………②621
空気調和設備設計
　の実務の知識 ……②621
空気の読み方、教えて
　ください …………①785
空軍大戦略わ〜るど
　いど☆うぃんぐす …②166
空港オペレーション ・②437
空前絶後★ベンチャー
　企業は宇宙的発想で!!
　…………………②303
偶然の祝福 …………①989
偶然のシンデレラ …①1369
空戦魔導士候補生の教
　官〈12〉 ………①1288
空戦魔導士候補生の教
　官〈13〉 ………①1288
空戦魔導士候補生の教
　官〈14〉 ………①1288
空想科学学園 ………①397

ファジーモド全詩集
　…………………①975
グアム ………………①200
グアム〈2018〜2019年
　版〉 ……………①200
クアラルンプール …①201
クアラルンプール・マ
　レーシア ………①202
苦あれば楽あり ……①953
「食いしばり」をなくせ
　ば頭痛・肩こり・顎関
　節症はよくなる！ ①147
食いしん坊エルフ〈5〉
　…………………①1243
くいしんぼうのこぶた
　グーグー ………①329
クイズ あなたならどう
　診る!?ジェネラリスト
　のための精神症状 ・②743
クイズ式QAハンドブッ

空想科学読本 ……… ②647
『空想から科学へ』と資
　本主義の基本矛盾 · ①267
空想軍艦物語 ……… ②166
空想サンドウィッチュ
　リー …………………①34
空想水族館ゆらーり心
　理テスト ……………①436
空中写真に遺された昭
　和の日本 ……………①574
空洞化と属国化 …… ②243
空洞説 ………………①868
「空」の正体と「人間の
　不死」………………①516
「空」の発見 …………①509
空白の絆 ……………①982
空法〈第58号〉……… ②437
空母レキシントン最期
　の戦闘 ………………①286
空（無）の思想 ………①448
クエスチョン・バンク
　〈vol.2〉……………②779
クエスチョン・バンク
　〈2018〉……………②779
クエスチョン・バンク
　医師国家試験問題解
　説〈2018 Vol.7〉…②782
クエスチョン・バンク
　介護福祉士〈2018〉··②77
クエスチョン・バンク
　看護師国家試験問題
　解説〈2018〉………②783
クエスチョン・バンク
　管理栄養士国家試験
　問題解説〈2018〉…②784
クエスチョン・バンク
　社会福祉士国家試験
　問題解説〈2018〉…②77
クエスチョン・バンク
　理学療法士国家試験
　問題解説〈2018〉…②779
クエスチョン・バンク
　理学療法士・作業療
　法士国家試験問題解
　説〈2018〉…………②779
クエスチョン・バンク
　CBT〈2018 vol.5〉…②779
クエスチョン・バンク
　Select必修〈2018〉·②783
クオリディア・コード
　〈3〉…………………①1301
クオリティを高める福
　祉サービス …………②51
朽海の城 ……………①1115
ググってはいけない禁
　断の言葉 ……………②29
ググってはいけない禁
　断の言葉〈2018〉……②29
グーグルに学ぶディー
　プラーニング ………②522
公家武者信平 ………①1043
具現 …………………①962
草刈正雄 FIRST
　PHOTO BOOK ··①775
草津 伊香保 四万 軽井
　沢 …………………①192
腐った牛乳になるくら
　いなら、美味しい
　ヨーグルトになりな
　さい …………………①122
草匂う日々 …………①255
クザーヌス 生きている
　中世 …………………①468
草乃しずか刺繍の魅力
　…………………………①77
草の辞典 ……………②686
草の根の通信使〈上〉·①599
草の根の通信使〈下〉·①599

草花を編むタティング
　レース ………………①82
楔形文字を書いてみよ
　う読んでみよう …①588
草枕 …………………①870
草間彌生全版画 1979 -
　2017 ………………①868
鎖と罠 ………………①1110
腐れ梅 ………………①1044
9時を過ぎたらタクシー
　で帰ろう。…………②342
九字兼定〈7〉………①1058
九時の月 ……………①372
くじ引き特賞：無双
　ハーレム権〈4〉……①1275
くじ引き特賞：無双
　ハーレム権〈5〉……①1275
くじ引き特賞：無双
　ハーレム権〈6〉……①1275
くじ引き特賞：無双
　ハーレム権〈7〉……①1275
串焼き1本80円でも年商
　1億稼げます ………②427
クジャクを愛した容疑
　者 …………………①1079
孔雀宮のロマンス …①1389
公事宿始末人 ………①1040
公事宿始末人 斬奸無情
　…………………………①1040
公事宿始末人 叛徒狩り
　…………………………①1040
愚者のスプーンは曲が
　る …………………①1084
愚者よ、お前がいなく
　なって淋しくてたま
　らない ………………①985
句集 アンダンテ ……①971
句集 いきものの息 …①971
句集 いちまいの皮膚の
　いろはに ……………①971
句集 稲雀 ……………①971
句集 梅東風 …………①971
句集 烏律律 …………①971
句集 縁 ………………①971
句集 燕京 ……………①971
句集 鴨緑 ……………①971
句集 大鷹 ……………①972
句集 かたこと ………①972
句集 片白草 …………①972
句集 菭然（かつぜん）
　…………………………①972
句集 カフカの城 ……①972
句集 鴨 ………………①972
句集 器量 ……………①972
句集 告白 ……………①972
句集 心 ………………①972
句集 ゴールデンウィー
　ク …………………①972
句集 桜の家 …………①972
句集 シェヘラザード ·①972
句集 少年のやうな蜻蛉
　…………………………①972
句集 聲心 ……………①972
句集 象牙の箸 ………①972
句集 霜琳 ……………①972
句集 素心 ……………①972
句集 卒業 ……………①972
句集 たう ……………①972
句集 鉄線花 …………①972
句集 冬至星 …………①972
句集 濤 ………………①972
句集 而今（にこん）…①972
句集 梅の東風〈3〉…①972
句集 日脚 ……………①972
句集 ひとり …………①972
句集 媚薬 ……………①972
苦汁100% ……………①942
句集 氷絃 ……………①972

句集 風韻 ……………①972
句集 棒になる話 ……①972
句集 星塵 ……………①972
句集 骨時間 …………①972
句集 弥勒下生 ………①972
句集 目盛 ……………①972
句集 忘れ雪 …………①972
句集 ｲ字孔 …………①972
句集 My Way ………①972
駆除人〈3〉…………①1252
駆除人〈4〉…………①1252
駆除人〈5〉…………①1252
駆除人〈6〉…………①1252
鯤を生きる …………②457
くじらが陸にあがった
　日 …………………②139
くじら島のナミ ……①1012
くじらじゃくし ……①357
鯨と生きる …………①255
クズリ ………………①1090
くずかごおばけ ……①329
くズクマさんとハチミ
　ツJK〈2〉…………①1181
くズクマさんとハチミ
　ツJK〈3〉…………①1181
クズと天使の二周目生
　活（セカンドライフ）
　…………………………①1234
くすのきだんちのあめ
　のひ …………………①329
楠木正成・正行 ……①548
葛原妙子と齋藤史 …①904
薬いらずで認知症は防
　げる、治せる！……①175
薬いらずのフレンチブ
　ルドッグ暮らし …①263
薬を使わず血圧を下げ
　る …………………①180
薬を使わず自分のうつ
　を治した精神科医の
　うつが消える食事 ·①169
薬を使わずに胃を強く
　する方法 ……………①179
くすりをつくる研究者
　の仕事 ……………②769
薬役の刃〈4〉………①1058
くすりと薬理 ………②769
薬に頼らず血圧を下げ
　る方法 ……………①180
薬に頼らずめまいを治
　す方法 ……………①147
薬の見分け方 ………②772
「薬のやめ方」事典 ·②769
薬のやめ方減らし方 ·①155
薬はリスク？………①155
薬屋のタバサ ………①1014
九頭龍 ………………②147
崩れた原発「経済神話」
　…………………………②579
崩れる脳を抱きしめて
　…………………………①1006
クソゲー・オンライン
　（仮）〈3〉…………①1232
くそったれバッキー・
　デント ……………①1351
具体例から学ぶ多様体
　…………………………②659
具体例でわかりやすい
　耐用年数表の仕組み
　と使い方 …………②320
砕かれた少女 ………①1348
くだものさがしもの ·①329
くだもの やさい ……①302
口を鍛える中国語作文
　…………………………①664
口が覚える中国語 …①664
口から食べる幸せを守
　る …………………②765

口から見える貧困 … ②754
ロぐせ博士が教える幸
　福をつかまえる考え
　方 …………………①90
「口ぐせ」は仕事で最強
　の武器になる！……②348
口止めのご褒美は男装
　乙女とイチャエロで
　す！………………①1398
くちなし ……………①983
梔子のなみだ ………①1280
口は災いの友〈3〉…①1028
口ひげが世界をすくう?!
　…………………………①372
くちびる遊び ………①1012
朽ちゆく世界の廃墟 ·①255
クチュール仕立ての刺
　繍ブレード …………①77
クッキングビーブル ち
　び …………………①52
クックしが………… ①52
クックパッドデータか
　ら読み解く食卓の科
　学 …………………②424
クックパッドのおいし
　い厳選！おつまみレ
　シピ …………………①66
クックパッドのおいし
　い厳選！ご飯・丼も
　のレシピ ……………①52
クックパッドのおいし
　い厳選！作りおき弁
　当 …………………①66
クックパッドの名作レ
　シピまとめました。·①52
屈辱のウエディングド
　レス〈2〉…………①1374
「ぐっすり眠れない」が
　治る本 ……………①170
屈折くん ……………①928
屈折する星屑 ………①1118
靴底の外側が減らなく
　なると体の不調も消
　える …………………①147
屈託という思想 ……①911
喰ったらヤバいいきも
　の ……………………②681
ぐっちゃん＆ニコタン
　のおうちごはん！ ·①34
グッドフード、グレー
　トビジネス！………②444
グッドモーニング …①962
靴のないシンデレラ
　…………………………①1378
靴屋のタスケさん …①360
ぐでたまの『資本論』·①448
苦闘する地方政治家 ·②147
クトゥルー短編集 銀の
　弾丸 ………………①1127
クトゥルー短編集 邪神
　金融街 ……………①1120
クトゥルー短編集 魔界
　への入口 …………①1121
クトゥルーの呼び声 ·①1340
クトゥルフ神話TRPG
　クトゥルフ・コデッ
　クス ………………①278
クトゥルフ神話TRPG
　リプレイ るるいえあ
　かでみっく …………①278
口説き文句は決めてい
　た ……………………①952
愚禿釈親鸞の行実 …①519
国衆の戦国史 ………①552
國の防人〈第4号〉…②139
国のない男 …………①960
クニマスは生きてい

た！……………………①404
国ゆたかにして義を忘
　れ……………………①909
くねくね！…………①303
久野恵一と民藝の45年
　日本の手仕事をつな
　ぐ旅〈2〉……………①831
首洗い滝 ……………①1239
首からユルめる！…①157
頸城野近代の思想家往
　還……………………②121
九尾狐家ひと妻夜話
　…………………………①1315
首 腰 つちふまず「美の
　三大アーチ」を整え
　ればずっとキレイで
　いる ……………①25
首姿勢を変えると痛み
　が消える ……………①172
虞美人草 ……………①976
首狙い〈4〉…………①1057
首のこりと痛みが消え
　た！背骨コンディ
　ショニング ………①172
首のたるみが気になる
　の……………………①960
首美人革命 …………①22
「くびれ」のしくみ …①25
工夫を楽しむ10人のゆ
　とりを生み出す暮ら
　しの回し方 ………②26
颶風のあと …………①783
区分物件オーナーのた
　めの神速！億万長者
　計画 ………………②419
久保田権四郎 ………②307
くぼたつ式思考カード
　54 ライフスタイル編
　…………………………①34
熊撃権左 ……………①1277
熊を彫る人 …………①868
熊を夢見る …………①448
熊が人を襲うとき …②691
くまクマ熊ベアー〈6〉
　…………………………①1191
くまクマ熊ベアー〈7〉
　…………………………①1191
くまクマ熊ベアー〈8〉
　…………………………①1191
くまくまくんのかいて
　いたんけん …………①312
くまくまくんのハロ
　ウィン ……………①312
くまくまちゃん ……①329
くまくまちゃん、たび
　にでる ……………①329
くまくまちゃんのいえ
　…………………………①329
熊倉功夫著作集〈第4巻〉
　…………………………①271
熊倉功夫著作集〈第5巻〉
　…………………………①560
熊倉功夫著作集〈第6巻〉
　…………………………①831
熊倉功夫著作集〈第7巻〉
　…………………………①34
くまさん ……………①319
くませんせいがねてい
　るうちに …………①329
クーマゾ♪…………①1400
クマと森のピアノ …①312
熊！に出会った 襲われ
　た〈2〉……………②691
クマのあたりまえ …①1164
クマのおいしい縁結び
　…………………………①1321
くまのがっこう ジャッ
　キーのしあわせ …①329
熊野古道を歩いていま

す。……①255
熊野古道をゆく……①184
熊野古道殺人事件……①1077
熊野古道 巡礼の旅……①514
熊野古道・南紀・伊勢……①194
くまのこライオン ブース……①329
熊野の「花」……①255
クマのプー……①379
くまのプーさん……①379
くまのプーさん 心が変わる「論語」……①465
くまのプーさん 前向きな心をつくるニーチェの言葉……①470
くまのブルンミ とんとんだあれ？……①312
くまのまあすけ……①329
クマノミのおさんぽ……①404
くまパンダものがたり……①329
クマムシ博士のクマムシへんてこ最強伝説……②694
熊本地震……②40
熊本地震と震災復興……②41
熊本地震2016の記憶……②41
熊本城物語……①536
熊本の怖い話……①144
くまモンあのね……②23
クマ問題を考える……②691
くまモンと一緒にユルッと4秒筋トレ……①216
くまモンとブルービーの大冒険……①329
くまモンのいる風景……①841
鳩摩羅什……①1025
組み合わせ自由自在 作りおきおかず374……①52
組み合わせ自由自在 作りおき野菜おかず357……①52
組み合わせて楽しむモチーフつなぎの編み小物……①82
組み方を楽しむ エコクラフトのかご作り……①79
組曲『ペール・ギュント』より 朝……①817
組曲『ペール・ギュント』よりソルヴェイグの歌……①817
組長刑事（デカ）……①1110, ①1111
組長の妻、はじめます。……①928
金剛山（クムガンサン）のトラ……①312
久米宏です。……②10
雲を愛する技術……②678
雲をつかむはなし……①329
蜘蛛ですが、なにか？〈5〉……①1253
蜘蛛ですが、なにか？〈6〉……①1253
蜘蛛ですが、なにか？〈7〉……①1253
雲と天気大事典……①399
雲なつかし……①972
雲のむこう、約束の場所〈3〉……①798
雲の森のマーカス……①329
雲は天才である……①976
くもんのはじめてのおけいこ……①387
九紋龍……①1031
久山康先生その思想と

実践……①524
孕蔵（くら）……①1405
クライアントを惹き付けるモチベーションファクター・トレーニング……②384
暗い暗い森の中で……①1344
暗い時代の人々……①107
グラインダ安全必携……②459
クライン 有機化学〈上〉……②670
クライン有機化学〈下〉……②670
喰らう！ 国家統一倶楽部 完結編……①42
クラウゼヴィッツ語録……②164
クラウゼヴィッツの「正しい読み方」……②164
クラウドを活用した勤怠管理のすすめ長時間労働是正の現実解……②462
「クラウド会計革命」……②316
クラウド会計「奉行Jクラウド」導入ガイドブック……②544
クラウドグランドデザイン……②517
クラウドコンピューティングのためのOSとネットワークの基礎……②545
クラウド時代の思考術……②512
クラウド宅建士TWINS〈Vol.1〉……②496
クラウド宅建士TWINS〈Vol.2〉……②497
クラウド・テロリスト〈上〉……①1352
クラウド・テロリスト〈下〉……①1352
クラウドファンディング革命……②279
クラウは食べることにした……①1263
クラウン・オブ・リザードマン……①1150
クラウン・オブ・リザードマン〈2〉……①1150
クラウン韓国語単語550……①666
グラウンデッド・セオリー……①448
グラウンド・ゼロ 台湾第四原発事故……①1344
クラウンブリッジ補綴学……②754
暗越（くらがりごえ）奈良街道を歩いた旅人たち……①531
暮らしを彩るクラフトバンド……①73
暮らしを彩る和紙オリガミ……①81
暮らしを美しく飾る花図鑑……①270
くらしを楽しむ七十二候……①117
暮らしかさねて……①52
倉敷・尾道・瀬戸内の島……①196
倉敷・平翠軒のごちそう宝箱……①40
暮らし上手、育て上手のひぐま家ごはん日記……①52
クラシック音楽ガイド

……①813
クラシック音楽とは何か……①813
クラシックおんがくのおやすみえほん……①305
クラシック音楽の歴史……①813
クラシックキットモデリングテクニック……①286
クラシックコンサートをつくる。つづける。……①813
クラシックの「曲名」と「作曲家」がすぐわかる本……①813
クラシックは斜めに聴け！……①813
暮らしとおかね〈Vol.2〉……②388
くらしと教育のねだん……①413
暮らしとごはんを整える。……②26
暮らしと世界のリデザイン……①96
暮らしに息づく花……①270
暮らしにうつわ……①43
くらしに役立つワーク 国語……①722
くらしに役立つワーク 数学……①726
くらしのおりがみとちょこっと紙小物……①81
くらしの作文……①938
くらしの昭和史……①574
くらしの税金ミニガイド〈平成29年度版〉……②398
暮らしの小さな紙雑貨……①81
暮らしのデザイン……②26
暮らしの中に仏教を見つける……①509
暮らしの中の、手づくり布小物……①74
暮らしのなかのニセ科学……①147
暮らしの中の表示……②32
"暮らしの中の看取り"準備講座……②704
暮らしの文房具……①3
くらしの豆知識〈2018年版〉……①2
クラスを最高の雰囲気にする！ 目的別学級＆授業アイスプレイ50……①707
クラスが異世界召喚されたなか俺だけ残ったんですが〈1〉……①1204
クラスがまとまる！ 協働力を高める活動づくり 小学校編……①707
クラスがまとまる！ 協働力を高める活動づくり 中学校編……①707
クラスがもっとうまくいく！ 学級づくりの大技・小技事典……①707
クラス全員をアクティブな思考にする算数授業のつくり方……①726
クラスで気になる子の支援 ズバッと解決ファイル V3対談編……①709
クラスで楽しくビジョントレーニング……①714
クラスでバカにされて

るオタクなぼくが、気づいたら不良たちから崇拝されててガクブル……①1217
クラスでバカにされて気づいたら不良たちから崇拝されててガクブル〈2〉……①1217
クラスト・マグノの管理者〈555〉……①1358
クラスのギャルとゲーム実況〈part.1〉……①1196
クラスのギャルとゲーム実況〈part.2〉……①1196
クラスのつながりを強くする！ 学級レク＆アイスブレイク事典……①707
クラスみんながつながる！ プロ直伝の「学級レク」BEST50……①707
暮らすように旅するフィレンツェ/トスカーナ……①205
クラッシャー上司……②365
クラッシュ〈2〉……②303
グラナドス 詩的な情景 第1集・第2集……①817
グラナドス スペイン民謡による6つの小品……①817
グラナドス 2つの軍隊行進曲「連弾」……①817
倉橋健一選集〈6〉……①889
倉橋惣三「児童心理」講義録を読み解く……①704
倉橋惣三保育人間学セレクション……①689
グラハム数1,000,000桁表〈最終巻〉……①651
グラフィックアーツ……①876
グラフィック行政法入門……①203
グラフィックス×リノベーションでつくるこだわりのショップデザイン……②616
グラフィックデザイナーたちの"理論"……①876
グラフィックの天才たち。……①876
グラフをつくる前に読む本……②279
クラフト＆フラワー〈第3集〉……①270
グラフ・ネットワークアルゴリズムの基礎……②548
グラフ理論とフレームワークの幾何……②659
くらべてはっけん！ パノラマえほん……①308
くらべてわかる木の葉っぱ……①689
くらべてわかる昆虫……①695
くらべてわかる！ ブッダとキリスト……①499
くらべる世界……②29
くらべる値段……②243
グラマティカ……①669
鞍馬天狗〈1〉……①1034
鞍馬天狗〈2〉……①1034
鞍馬天狗〈3〉……①1034
鞍馬天狗〈4〉……①1034
鞍馬天狗〈5〉……①1034
グラマラス……①779
倉本聰戯曲全集〈1〉……①784
倉本聰戯曲全集〈2〉……①784

倉本聰戯曲全集〈4〉……①784
倉本聰戯曲全集〈5〉……①784
倉山満が読み解く足利の時代……①548
暗闇剣 白鷺〈19〉……①1062
暗闇に重なる吐息……①1345
暗闇のアリア……①1092
くらやみのなかのゆめ……①312
暗闇の妖精……①1393
クララ……①312
クララの秘密……①1381
クラン〈5〉……①1089
ぐらん×ぐらんぱ！ スマホジャック……①348
ぐらん×ぐらんぱ！ スマホジャック 恋の一騎打ち……①348
グランクレスト戦記〈9〉……①1279
グランド北海道……①255
グランプリ……①1004
グランブルーファンタジー〈7〉……①1250
グランブルーファンタジー〈8〉……①1250
グランブルーファンタジー〈9〉……①1251
クランボルツに学ぶ夢のあきらめ方……①90
クリエイターが「独立」を考えたとき最初に読む本……②345
クリエイターのためのゲーム「ハード」戦国史……①273
クリエイターのハローワーク……①289
クリエイティブ折り紙……①81
クリエイティブビジネス論……②370
クリエイティング・マネー……①90
繰り返されるタイムリープの果てに、きみの瞳に映る人は……①1141
くり返し作りたい一生もの野菜レシピ……①52
くり返し読みたいブッダの言葉……①509
くり返し読みたい論語……①465
くりかえし料理……①52
クリスタ デジタルマンガ＆イラスト道場……①827
クリスタルの心……①828
クリスチャニア 自由の国に生きるデンマークの奇跡……②84
クリスチャン分析化学〈2〉……②670
クリスチャン・ボルタンスキー アニミタス……①826
クリスチャン Excelで解く分析化学……②670
クリストファー・ノーランの嘘……①792
クリスマス……①329, ①810
クリスマスを救った女の子……①372
クリスマスを探偵と……①307
クリスマス・キャロル……①307
クリスマスサウルス……①372
クリスマストレインしゅっぱつ……①307
クリスマスにうまれた

書名索引

あかちゃん ……… ①307
クリスマスの原像 …… ①524
クリスマスのシンデレ
　ラ〈2〉……………①1380
クリスマスのマジック
　シティ〈第1巻〉……①1326
クリスマスめいろブッ
　ク ………………①440
クリスマスも営業中？
　〈1〉………………①1350
クリスマスローズ……①267
クリップオンストロボ
　本格ライティング …①251
クリティカル・シンキ
　ング教育…………①751
クリニカルリーズニン
　グで運動器の理学療
　法に強くなる！……①714
クリニカルリーズニン
　グで神経系の理学療
　法に強くなる！……②729
クリニカルリーズニン
　グで内部障害の理学
　療法に強くなる！…①714
クリーニング屋の人妻
　たち ……………①1400
栗の文化史…………①34
栗原心平のとっておき
　「パパごはん」……①52
栗原電鉄〈上〉………②433
栗原電鉄〈下〉………②433
クリミ ……………①841
クリミア発女性専用寝
　台列車（プラツ・カル
　ト）………………①1004
クリーム入りのマド
　レーヌ、ケーキみた
　いなフィナンシェ …①70
グリム兄弟言語論集 …①923
クリムゾンの疾走 ……①1105
クリムト …………①828
グリムどうわ50選 …①309
グリム童話と表象文化
　 …………………①923
グリムノーツ ……
　　　　　　①1133, ①1169
グリムノーツビジュア
　ルブック …………①280
グリムのむかしばなし
　〈1〉………………①379
グリムのむかしばなし
　〈2〉………………①379
クリヤヨガバイブル ・①138
グリーン・イノベー
　ション …………①300
グリーン・グリーン …①982
グリーンスパンの隠し
　絵〈上〉……………①257
グリーンスパンの隠し
　絵〈下〉……………②257
グリーンソーシャル
　ワークとは何か……②96
クリーンダッカ・プロ
　ジェクト …………②250
クリント・イーストウッ
　ドポスター大全 ……①792
グリーンハーベスター
　農場評価ガイドブッ
　ク ………………②450
グリーンローズガーデ
　ン 斉藤よし江さんの
　バラと里山に暮らす
　 …………………①267
クルアーン的世界観 ・①529
クール＆スタイリッ
　シュWebサイトテン
　プレート集 オリジナ
　ルCMSで作るCOOL
　SKINS……………②548

クルアーンにおける神
　と人間 ……………①529
クール・エール〈1〉 ・①1216
クール・エール〈2〉 ・①1216
クルーグマン国際経済
　学 理論と政策〈上〉 …257
クルーグマン国際経済
　学 理論と政策〈下〉
　 …………………②257
クルーグマン ミクロ経
　済学 ゴー ………①257
ぐるぐるゴー ………①305
ぐるぐる占星天文暦
　2018年〜2030年 …①131
ぐるぐる博物館 ……①826
ぐるぐるまわろう ぐる
　ぐるでんしゃ……①307
久留島武彦評伝 ……①928
苦しみを癒す「無頓着」
　のすすめ…………①90
苦しみの中でも幸せは
　見つかる…………①90
クール上司の甘すぎ捕
　獲宣言！…………①1250
クルスティッチ 立体組
　織学アトラス ……②727
くるすの残光 最後の審
　判…………………①1053
クルタンの礼儀作法書
　 …………………①605
ぐるっと探検★産業遺
　産 ………………②417
クルツブーフ 民事執行
　法 非金銭執行編 …②204
グルテンフリーのおや
　つ…………………①70
グルテンフリーのパン
　とスープ …………①52
クルト・ヴァイル ……①815
クルド人 国なき民族の
　年代記 ……………②85
クールなお医者様の
　ギャップに溶けてま
　す………………①1256
クールな御曹司と愛さ
　れ政略結婚 ………①1246
クールな彼とルーム
　シェア…………①1140
クールな上司とトキメ
　キ新婚!?ライフ……①1267
クールな伯爵様と箱入
　り令嬢の麗しき新婚
　生活 ……………①1197
クールなCEOと社内政
　略結婚!?…………①1223
くるねこ〈19〉………①849
くるねこ〈20〉………①849
グループサウンズ文化
　論…………………①804
グループにおける動機
　づけ面接…………①490
グループの中に癒しと
　成長の場をつくる ・①712
グループホームの作り
　方………………①51
グループポリシー逆引
　きリファレンス厳選
　98………………②517
車いす犬ラッキー……①928
車いすはともだち……①383
車いす弁護士奮闘記 …②227
車イスホスト。………①928
クルマを捨ててこそ地
　方は甦る…………①158
くるまからみつけた…①329
くるみのなかには……①329
くるみ割り人形 ……①305
グルメ多動力 ………②428

グルメ漫画50年史……②33
ぐるり一周34.5キロJR
　山手線の謎〈2020〉
　 …………………①430
グルリット こどものた
　めのアルバム Op.140
　 …………………①817
ぐるりと ……………①1122
廓の媚学 …………①560
クレアのあかちゃん …①255
クレイジー・ジーニア
　ス ………………②279
グレイス ……………①1053
グレイのものがたり …①940
クレオパトラと名探
　偵！………………①367
クレオパトラの葬列〈4〉
　 …………………①1070
クレオール主義〈1〉 ・①448
クレシェンド ………①1123
クレジットカード用語
　事典 ………………①190
クレジットのすべてが
　わかる！ 図解カード
　ビジネスの実務 ……②279
クレージー・ランニン
　グ …………………①235
グレース・ケリーの言
　葉 …………………①792
グレッグのダメ日記に
　げだしたいよ！……①372
愚劣の軌跡 …………②173
グレートウォール……①1358
紅城奇譚 …………①1051
紅の馬〈3〉…………①1056
紅の五星 …………①1116
紅の死神は眠り姫の寝
　起きに悩まされる
　 …………………①1286
「紅藍（くれない）の女
　（ひと）」殺人事件
　 …………………①1077
紅の命運 …………①1308
クレープ屋で働く私の
　どうでもいい話 ①950
クレーマーズレポート
　 …………………②280
クレマチス ………①267
クレヨンしんちゃんの
　自分でもできるお片
　づけ ………………①413
クレヨンしんちゃんの
　友だちづきあいに大
　切なこと …………①413
クレヨンしんちゃんの
　まんが日本の歴史お
　もしろブック〈1〉 …①442
クレヨンしんちゃんの
　まんが日本の歴史お
　もしろブック〈2〉 …①442
クレヨンしんちゃんの
　まんが四字熟語辞典
　 …………………①391
グレン・グールド発言
　集 …………………①815
紅蓮の幻夢使い（ファン
　タジアマスター）・①1235
グレン・ビルブのドロー
　イングマニュアル …①860
クロアチア スロヴェニ
　ア ………………①205
クロアチア/スロヴェニ
　ア〈2017〜2018年版〉
　 …………………①205
黒蟻 ………………①1097
黒い犬と逃げた銀行強
　盗 …………………①381
黒い渦潮 …………②382
黒いおみみのうさぎな

の …………………①1404
黒いカーテン ………①1343
黒い結婚 白い結婚 …①977
黒い睡蓮 …………①1364
黒い波紋 …………①1092
黒い報告書クライマッ
　クス ………………②38
黒い迷宮〈上〉………①935
黒い迷宮〈下〉………①935
黒鋼の英雄王機ヴァナ
　ルガンド …………①1259
鉄（くろがね）の王 …①1058
黒剣（くろがね）のクロ
　ニカ〈02〉…………①1210
黒剣（くろがね）のクロ
　ニカ〈03〉…………①1210
クロカネの道 ………①987
グローカル時代の地域
　研究 ………………②257
グローカル力は鍛錬で
　きる ………………①751
黒猫王子の喫茶店 …①1094
黒猫彼氏 …………①1270
黒猫シャーロック …①1159
黒猫ジュリエットの話
　ない〈2〉…………①957
黒騎士さんは働きたく
　ない〈2〉…………①1150
黒騎士さんは働きたく
　ない〈3〉…………①1151
黒騎士と巫女の初恋物
　語 ………………①1402
黒猫の女たち ………①1304
黒き魔眼のストレン
　ジャー …………①1205
くろくまくんのかたり
　かけえほん たべもの
　 …………………①302
くろくまくんのかたり
　かけえほん どうぶつ
　 …………………①302
くろくまくんのかたり
　かけえほん のりもの
　 …………………①302
くろくんとちいさいし
　ろくん ……………①329
くろご ……………①1052
黒子のバスケTVアニメ
　イラスト集
　COLORFUL
　MEMORIES ………①850
黒澤明が描こうとした
　山本五十六 ………①793
黒獅子王の隷妃 ……①1322
黒島の女たち ………①578
黒白寺社 …………①255
クローズアップ課税要
　件事実論 …………②398
クローズアップ憲法 ・①198
クローズアップ日本事
　情〈15〉…………①635
クローズアップ 保険税
　務 …………………②386
クロス・コネクト …①1189
クロスステッチで楽し
　む …………………①77
グロスマン・ベイム 心
　臓カテーテル検査・
　造影・治療法 ……②739
クローゼットがはちき
　れそうなのに着る服
　がない！…………①29
クローゼットにはワン
　ピースが10着あれば
　いい ………………①29
クローゼットは3色でい
　い …………………①29
黒鷹公の姉上 ………①1141
黒鷹公の姉上〈2〉 …①1141
黒田寛一読書ノート〈第
　11巻〉……………②173
黒田寛一読書ノート〈第
　12巻〉……………②173

黒田寛一読書ノート〈第
　13巻〉……………②173
黒田寛一読書ノート〈第
　14巻〉……………②173
黒田寛一読書ノート〈第
　15巻〉……………②173
黒田泰蔵 白磁へ……①874
黒田博樹 人を導く言葉
　 …………………①222
黒田物語 …………①222
くろっぺのおはなばた
　け ………………①330
極道刑事（クロデカ）
　 …………………①1089
クロニクル・レギオン
　〈6〉………………①1226
クロニクル・レギオン
　〈7〉………………①1226
黒猫王子の喫茶店 …①1094
黒猫彼氏 …………①1270
黒猫ジュリエットの話
　 …………………①957
くろねこトミイ ……①330
黒猫にキスを ………①1315
黒猫の回帰あるいは千
　夜航路 ……………①1112
黒猫の小夜曲（セレナー
　デ）………………①1095
黒の召喚士〈3〉……①1273
黒の召喚士〈4〉……①1273
黒の召喚士〈5〉……①1273
黒の真相 …………①1310
黒の星眷使い〈5〉…①1258
クロの戦記〈3〉……①1199
黒の創造召喚師〈8〉
　 …………………①1156
黒の創造召喚師〈9〉
　 …………………①1156
黒の派遣 …………①1078
黒の魔術士と最後の彼
　女 …………………①1145
黒伯爵の花嫁選び …①1337
クローバーズ・リグ
　レット〈2〉………①1301
黒薔薇 ……………①1107
グローバリズム その先
　の悲劇に備えよ … ②121
グローバリズムの終焉
　〈2〉………………②243
グローバリゼーション
　がわかる …………②257
グローバリゼーション
　の地理学 …………①617
グローバル・イシュー
　 …………………②122
グローバル・イスラー
　ム金融論 …………②254
グローバル・エコノ
　ミーの論点 ………②247
グローバル化時代の広
　域連携 ……………②169
グローバル化時代の人
　権のために ………②43
グローバル化時代の文
　化・社会を学ぶ ……②111
グローバル化と言語政
　策 …………………①620
グローバル化と憲法 ・①198
グローバル化により変
　容する中国・米国間
　の金融経済 ………②247
グローバル化のなかの
　日本再考 …………②243
グローバル化のなかの
　労使関係 …………②462
グローバル下のリンゴ
　産業 ………………②449

書名索引

グローバル・ガバナンス〈第3号（2016年12月）〉……②96
グローバル・ガバナンス論講義……②169
グローバル企業……②370
グローバル企業の移転価格文書の作り方……②280
グローバル企業の財務報告分析……②320
グローバル競争と流通・マーケティング……②370
グローバル・コスト削減の実務……②325
グローバル災害復興論……②40
グローバル・サプライチェーンロジスティクス……②417
グローバル支援の人類学……②111
グローバル資金管理と直接投資……②257
グローバル時代の「開発」を考える……①679
グローバル時代の対話型授業の研究……①714
グローバル時代の必須教養「都市」の世界史……①588
グローバル時代の夜明け……①531
グローバル視点から考える世界の食料需給・食料安全保障……②448
グローバル・ジハードのパラダイム……①122
グローバル資本主義と"放逐"の論理……②257
グローバル社会と不動産価値……②421
グローバル社会のヒューマンコミュニケーション……②96
グローバル・ジャーナリズム……②13
グローバル人材獲得戦略ハンドブック……②309
グローバル人材教育とその質保証……①676
グローバル戦略市場経営……②335
グローバル展開企業の人材マネジメント……②309
グローバルな正義……②96
グローバル・ビジネス・マネジメント……②370
グローバル・ヒストリーの可能性……①588
グローバルヘルス……②714
グローバルポジションを獲りにいく……②280
グローバル・マーケティング零……②335
グローバル・マーケティング戦略……②335
グローバルリーダーを育てる北海道大学の挑戦……①676
グローバル・リンクのエネルギー革命……②438
グローバルロジスティクスと貿易……②313
グローバルCMS導入ガイド……②280
グローバルWebサイト＆アプリのススメ……②528
グロービスMBA経営戦略……②370

黒豹王とツガイの蜜月……①1309
黒豹注意報〈6〉……①564
黒船の世紀……①564
クロボン……①999
黒夢……①1008
黒竜騎士の悩ましき熱愛……①1399
クローリングハック……②517
クロンシュタット叛乱……①608
鍬形惠斎画 近世職人尽絵詞……①832
詳しい地図で迷わず歩く！ 丹沢・箱根371km……①189
くわしく学ぶ世界遺産300……②91
桑田次郎初期傑作集 奇怪星團……①850
桑名……①972
桑の実が熟れる頃〈5〉……①1039
くわばたりえの子育ての悩みぜ〜んぶ聞いてみた！……①11
軍オタが魔法世界に転生したら、現代兵器で軍隊ハーレムを作っちゃいました!?〈10〉……①1284
軍オタが魔法世界に転生したら、現代兵器で軍隊ハーレムを作っちゃいました!?〈11〉……①1284
軍オタが魔法世界に転生したら、現代兵器で軍隊ハーレムを作っちゃいました!?〈12〉……①1284
「軍学共同」と安倍政権……②139
軍が警察に勝った日……①574
軍記物語の窓〈第5集〉……①896
ぐんぐん伸びる子は何が違うのか？……①11
軍港都市史研究〈4〉……①570
くんじくんのぞう……①330
「軍事研究」の戦後史……②162
軍師／詐欺師は紙一重……①1181
軍師／詐欺師は紙一重〈2〉……①1181
軍事史学〈第52巻第4号（通巻208号）〉……②162
軍事史学〈第53巻第1号（通巻209号）〉……②162
軍事史学〈第53巻 第2号（通巻210号）〉……②162
軍事史とは何か……②164
軍事のリアル……②164
軍縮研究〈第7号〉……②165
君主との冷たい蜜月……①1375
君主論……②169
群青のカノン〈2〉……①1106
群青のとき……①1031
群青の竜騎士〈1〉……①1172
「軍神」を忘れた沖縄……①578
軍人が政治家になってはいけない本当の理由……②169
郡庁域の空間構成 第20回古代官衙・集落研究会報告書……①542
群島・世界論〈2〉……①448
群島と大学……②96

「軍」としての自衛隊……②164
"軍"の中国史……①595
軍備の政治学……②162
薫風鯉幟〈10〉……①1042
薫風ただなか……①1027
薫風のカノン〈3〉……①1106
薫風のトゥーレ……①1125
軍法会議のない「軍隊」……②162
群馬学の確立にむけて〈別巻1〉……②23
群馬県民の知らない上州弁の世界……①629
ぐんまの野菜で美人になれる理由（わけ）……①53
軍用機の誕生……①570

け

ケア専門職養成教育の研究……②51
ケアとサポートが楽になる超図解認知症介護……②175
ケアに役立つ徹底図解 ここがポイント！ 見てわかる高齢者の糖尿病……②741
ケアの根源を求めて……①476
ケアの実践とは何か……①765
ケアの法 ケアからの法〈2016〉……②221
ケアプラン 困ったときに開く本……②69
ケアマネ一年生の教科書……②69
ケアマネ応援!! 自信がつく家族支援……②51
ケアマネ過去7年本試験問題集〈2017年版〉……②77
ケアマネ基本テキスト集中レッスン〈'17年版〉……②77
ケアマネ試験ウラ技合格法〈'17年版〉……②77
ケアマネ実務スタートブック……②77
ケアマネジメントにおける「援助関係の軌跡」……②51
ケアマネジメントのエッセンス……②52
ケアマネジャー一問一答問題集〈2017年版〉……②77
ケアマネジャー一問一答問題集＆要点マスター〈2017年版〉……②77
ケアマネジャー過去問解説 決定版〈'17〉……②77
ケアマネジャー完全合格過去問題集〈2018年版〉……②77
ケアマネジャー基本問題集〈'17 上巻〉……②77
ケアマネジャー基本問題集〈'17 下巻〉……②77
ケアマネジャー合格テキスト〈'17〉……②77
ケアマネジャー試験 過去問一問一答パーフェクトガイド

〈2017〉……②77
ケアマネジャー試験 過去問解説集〈2017〉……②77
ケアマネジャー試験対策 過去問題解説集〈2017年版〉……②77
ケアマネジャー試験対策 頻出80ポイント重点解説集〈2017年版〉……②77
ケアマネジャー試験対策BOOK……②77
ケアマネジャー試験 保健医療サービス苦手克服トレーニング〈2017〉……②77
ケアマネジャー試験模擬問題集〈2017〉……②77
ケアマネジャー試験ワークブック〈2017〉……②77
ケアマネジャー実戦予想問題〈'17〉……②77
ケアマネジャー「詳解」過去問題集〈2017年版〉……②77
ケアマネジャー速習テキスト〈2017年版〉……②77
ケアマネジャー手帳〈2018〉……②52
ケアマネジャーの会議力……②52
ケアマネジャー・ポケット……②77
ケアマネジャー見たまそのまま丸暗記……②77
ケアマネジャーらくらく合格テキスト〈2017年版〉……②78
ケアマネ重要項目〈'17年版〉……②78
ケアマネ重要項目〈'18年版〉……②78
ケアンズ・グレートバリアリーフ……①211
慶安手鑑……①870
経営を強くする戦略経営企画……②280
経営を強くする戦略総務……②280
経営会計……②316
経営改善の勘どころ……②280
経営学概論……②370
経営学史研究の興亡……②370
経営学へのご招待……②371
経営学要論……②371
経営側弁護士による精選労働判例集〈第7集〉……②466
経営計画策定・実行の教科書……②280
経営計画は利益を最初に決めなさい！……②325
経営形態別経営統計（個別経営）〈平成26年〉……②452
経営形態別経営統計（個別経営）〈平成27年〉……②452
経営権争奪紛争の法律と実務Q&A……②193
経営支援アドバイザー2級〈2018年3月受験用〉……②478
経営史の再構想……②371
経営者を育てるハワイの親 労働者を育てる日本の親……①11
経営者が知らない人材

不足解消法……②309
経営者と銀行員が読む日本一やさしい事業承継の本……②327
経営者に贈る5つの質問……②280
経営者の教科書……②280
経営者のための実践コーポレートガバナンス入門……②280
経営者のための人手不足解消戦略……②280
経営者は遊び心を持て……②280
経営承継を成功させる実践SWOT分析……②327
経営情報要論……②371
経営成功特論 ピーター・ドラッカーの経営論……②371
経営と人望力……②502
経営に強い院長になる歯科医院のマネジメント読本……②708
経営の思いがけないコツ……②280
経営の経済学……②257
経営の座標軸……②280
経営の針路……②280
経営のルネサンス……②280
経営理念を活かしたグローバル創造経営……②280
経営力を鍛える人事のデータ分析30……②329
経営力と経営分析……②320
経営労働委員会報告〈2017年版〉……②468
京王沿線の近現代史……②433
慶應義塾歴史散歩……①677
慶應合格指南書……①742
慶應本科と折口信夫〈2〉……①993
慶應三田会の人脈と実力……②243
系外惑星と太陽系……②675
計画化と公共性……②96
計画結婚……①1091
「計画」の20世紀……①607
計画力おもしろ練習帳……①414
ゲイカップルのワークライフバランス……②43
景観計画の実践……②609
景観に配慮した道路附属物等ガイドライン……②606
景気予報〈2017年度夏号（当年度予報）〉……②272
経穴主治症総覧……①173
経験をリセットする……①448
経験して学んだ刑事の哲学……①154
経験ゼロ・ノウハウゼロから繁盛する飲食店をつくる方法……②428
「経験代謝」によるキャリアカウンセリング……①490
稽古と茶会に役立つ実践取り合わせのヒント……①271
稽古とプラリネ……①985
敬語の使い方が面白いほど身につく本……②363
敬語は変わる……①623
経済を見る眼……②242
経済学を学ぶためのはじめての微分法……②257

経済学が世界を殺す ②257
経済学講義 ②257
経済学混迷脱出への処
　方箋 ②257
経済学史への招待 ②257
経済学入門 ②257
経済学の考え方 ②257
経済学の基礎 価格理論
 ②257
経済学のための線形代
　数 ②659
経済学部は理系である!?
 ②257
経済価値ベースの保険
　ERMの本質 ②386
経済からみた国家と社
　会 ②258
経済がわかる論点50
　〈2018〉 ②258
経済・経営統計入門 ②258
経済刑法 ②211
経済現象の調和解析 ②258
「経済交渉」から読み解
　く 日米戦後史の真実
 ①574
経済財政白書〈平成29年
　版〉 ②272
経済産業省生産動態統
　計年報 化学工業統計
　編〈平成28年〉 ②272
経済産業省生産動態統
　計年報 紙・印刷・プ
　ラスチック製品・ゴ
　ム製品統計編〈平成28
　年〉 ②415
経済産業省生産動態統
　計年報 機械統計編
　〈平成28年〉 ②272
経済産業省生産動態統
　計年報 資源・窯業・
　建材統計編〈平成28
　年〉 ②415
経済産業省生産動態統
　計年報 繊維・生活用
　品統計編〈平成28年〉
 ②415
経済産業省生産動態統
　計年報 鉄鋼・非鉄金
　属・金属製品統計編
　〈平成28年〉 ②415
経済産業省名鑑〈2018年
　版〉 ②151
経済産業ハンドブック
　〈2018〉 ②272
経済産業六法〈2016〉
 ②258
経済史から考える ②268
経済思想の歴史 ②267
経済史の種〈1〉 ②269
経済史の種〈2〉 ②269
経済指標のウソ ②258
経済指標の読み方 ②242
経済社会学会年報〈Vol.
　39〈2017〉〉 ②96
経済社会環境の変化と
　企業会計 ②316
経済・社会と医師たち
　の交差 ①448
経済社会の歴史 ②258
経済人類学 ②258
経済数学入門 ②258
経済制裁と戦争決断 ①578
経済制裁の研究 ②258
経済政策 ②258
経済成長主義への訣別
 ②258
経済成長という呪い ②243
経済成長なき幸福国家
　論 ②243

経済成長の日本史 ②269
経済超入門 ②258
経済ってこうなってる
　んだ教室 ②258
経済的徴兵制をぶっ潰
　せ! ②96
経済で読み解く織田信
　長 ①552
経済統計の見方マンガ
　で見る経済解析室の
　経済指標入門 ②258
経済統合とアジアの針
　路 ②250
経済統合と通商秩序の
　構築 ②258
経済と国民 ②258
経済と人間の旅 ②258
経済ニュースの「な
　ぜ?」を読み解く11
　の転換点 ②242
経済は地理から学べ!
 ②247
経済分析入門 ②258
経済法の現代的課題 ②258
経済暴論 ②258
経済も民心も急速に荒
　廃 習近平の絶対化で
　いま中国で起きてい
　る大破局 ②132
経済ヤクザ ②38
経済理論・応用・実証分
　析の最先端 ②258
経済論叢〈第191巻 第1
　号〉 ②258
経済論叢〈第191巻 第2
　号〉 ②258
経済論叢〈第191巻 第3
　号〉 ②259
経済論叢〈第191巻 第4
　号〉 ②259
警察官1類・A過去問題
　集〈'19年版〉 ②182
警察官1類・A合格テキ
　スト〈'19年版〉 ②182
警察官3類・B過去問題
　集〈'19年版〉 ②183
警察官3類・B合格テキ
　スト〈'19年版〉 ②183
警察官試験早わかり
　ブック〈2019年度版〉
 ②183
警察官実務六法〈平成29
　年版〉 ②154
警察官のための刑事訴
　訟講義 ②214
警察官のための充実・
　犯罪事実記載例 ②211
警察政策〈第19巻
　〈2017〉〉 ②154
警察庁広域機動隊 ①1116
警察庁広域機動隊 ダブ
　ルチェイサー ①1116
警察手帳 ②154
警察白書〈平成29年版〉
 ②174
警察法の理論と法治主
　義 ②221
計算科学のためのHPC
　技術〈1〉 ②548
計算科学のためのHPC
　技術〈2〉 ②548
計算と経営実践 ②371
計算ミスが激減する
　Excelの数式入力のコ
　ツ ②538
計算問題ドリル〈2017〉
 ②505
形式言語・オートマト
　ン入門 ②548

形式論理学と超越論的
　論理学 ②457
刑事ザック 夜の顎〈上〉
 ①1341
刑事ザック 夜の顎〈下〉
 ①1341
啓示された人類のゆく
　え〈2〉 ①499
刑事司法を担う人々 ②214
刑事司法改革と刑事訴
　訟法学の課題 ②215
刑事司法への問い ②211
刑事訴訟実務の基礎 記
　録篇・解説篇 ②215
刑事訴訟における片面
　的構成 ②215
刑事訴訟法 ②215
刑事訴訟法演習 ②215
刑事訴訟法講義 ②215
刑事訴訟法入門 ②226
刑事訴訟法要義 全 ②226
刑事たちの夏〈上〉 ①1105
刑事たちの夏〈下〉 ①1105
警視庁 生きものがかり
 ②154
警視庁監察係 ②154
警視庁監察官Q ①1092
警視庁監察室 ①1097
警視庁強行犯捜査官
 ①1084
警視庁53教場 ①1115
警視庁捜査二課・郷間
　彩香 ハイブリッド・
　セオリー ①1082
警視庁特別取締官 ①1116
警視庁文書捜査官 ①1072
刑事物語におけるプラ
　イバシー保護 ②211
刑事手続の新展開〈上〉
 ②212
刑事手続の新展開〈下〉
 ②212
警視と怪物 ①1206
警視の挑戦 ①1346
刑事弁護の理論 ②212
刑事法入門 ②212
刑事法の要点 ②212
芸者衆に花束を ②117
芸者でGO! ①1023
刑事ゆがみ ①1067
藝術がいづる国・日本
 ①832
芸術国家 日本のかがや
　き〈1〉 ①531
芸術国家 日本のかがや
　き〈2〉 ①531
芸術国家 日本のかがや
　き〈3〉 ①531
芸術・スポーツ文化学
　研究〈3〉 ①751
芸術の言語 ①766
芸術の終焉のあと ①826
芸術の不可能性 ①832
芸術の都ロンドン大図
　鑑 ①84
芸術表現教育の授業づ
　くり ①714
芸術表層論 ①826
芸論 ①766
軽巡海戦史 ①585
経食道心エコー法テク
　ニカルガイド ②739
「系図」を知ると日本史
　の謎が解ける ①531
京成沿線の不思議と謎
 ②433
京成検定 1・2・3級 ②433
勁草 ①1085

勁草の人 中山素平 ①1004
計測機器：防爆規格適
　合製品ガイド〈2017〉
 ②601
継続捜査ゼミ ①1087
継続的デリバリー ②536
計測・モニタリング技
　術 ②599
携帯型ゲーム機 超コン
　プリートガイド ①280
携帯刑事弁護六法〈2017
　年版〉 ②212
携帯 東京古地図散歩 ①186
傾聴の基礎から実践 ②252
傾聴の心理学 ①478
傾聴力を敬聴力へ! ①90
敬天愛人の経営 ②280
経典釈文論語音義の研
　究 ①516
継投論 ①222
軽トラ スポーツカスタ
　ムブック ②241
軽トラの本 ②441
芸人式新聞の読み方 ①10
藝人春秋〈2 上〉 ①768
藝人春秋〈2 下〉 ①768
芸能界の「闇」に迫る
 ①502
芸能人ショートショー
　ト・コレクション
 ①1006
芸能人と新宗教 ①500
芸能人と文学賞 ①903
芸能伝承論 ①766
競馬王テクニカル 馬券
　の基本編 ①244
競馬感性の法則 ①244
競馬攻略カレンダー
　〈2018上半期編〉 ①244
刑罰制度改革の前に考
　えておくべきこと ②212
競馬の終わり ①1002
競馬の本質 この知的推
　理ゲームを、極める。
 ①244
競馬ブックVR黄金の方
　程式 ①244
京阪神 七福神めぐり ①194
京阪電鉄、叡山電鉄、京
　福電鉄〈嵐電〉 ②433
経費で落とす! 領収書
　がわかる本 ②322
京浜東北線（東京〜大
　宮）、埼京線（赤羽〜
　大宮） ②430
京浜東北線（東京〜横
　浜）、根岸線、鶴見線
 ②430
景品表示法 ②185
景品表示法の理論と実
　務 ②185
ケイヘザリのTea Time
　Talk ①18
刑法演習ノート ②212
刑法概説 ②212
刑法各論 ②212
刑法からみた企業法務
 ②212
刑法がわかった ②212
刑法総論 ②212
刑法総論講義 ②212
刑法・特別法 犯罪事実
　記載例集 ②212
刑務官が明かす刑務所
　の絶対言ってはいけ
　ない話 ②29
刑務所の読書クラブ ②2
啓蒙 ①448

啓蒙の江戸 ①560
契約夫は待てができな
　い ①1398
契約外のシンデレラ
 ①1374
契約価格、原価、利益
 ②162
契約から始まる結婚生
　活 ①1300
契約業務の実用知識 ②193
契約結婚ですが、め
　ちゃくちゃ愛されて
　います ①1401
契約結婚の甘い毒 ①1403
契約結婚はじめました。
 ①1213
契約結婚はじめました。
　〈2〉 ①1213
契約書式の作成全集 ②193
契約書の見方・つくり
　方 ②325
契約妻と伯爵家〈2〉
 ①1214
契約責任の多元的制御
 ②204
契約法 ②185
契約法〈1〉 ②208
契約法講義 ②185
形容詞を使わない 大人
　の文章表現力 ①633
形容詞と副詞 ①653
経理の力で会社の課題
　がわかる本 ②316
経理の知識ゼロでも決
　算書が読めるように
　なる本 ②316
ゲイリー・バートン自
　伝 ①812
渓流釣り超思考法 ①232
計量経済学の使い方
　〈上〉 ②259
軽量・高速モバイル
　データベースRealm
　入門 ②526
計量パーソナリティ心
　理学 ①479
競輪 軸が決まるMの法
　則 ①245
けいろうのひ・きんろ
　うかんしゃのひ ①330
ケインズ ②267
ケインズを読み直す ②267
ケインズとケンブリッ
　ジのケインジアン ②267
ケインズとその時代を
　読む ②267
ゲオルク・トラークル
 ①923
外科系医師が知ってお
　くべき創傷治療のす
　べて ②749
外科的矯正治療カラー
　アトラス ②754
外科的歯内療法 ②754
穢れた風 ①1351
汚れなきギリシアの愛
　人 ①1375
穢れの町〈2〉 ①372
激愛フェティシズム
 ①1311
ケーキ王子の名推理（ス
　ペシャリテ）〈2〉 ①1245
激コワ社長がご主人様
　になったら、イチャイ
　チャちゅっちゅが凄
　いのですがっ! ①1400
激撮スペシャル! 山口
　組大分裂「六神任」
　800日抗争の全内幕 ②38

劇場 …… ①1018, ①1337
激情回路 …………… ①479
劇場型ポピュリズムの
　誕生 ………………… ②139
激情少年 …………… ①969
劇場ってどんなとこ
　ろ？ ……………… ①414
劇場版 黒子のバスケ
　LAST GAME ……①1133
劇場版総集編ハイ
　キュー!!“コンセプト
　の戦い” ………… ①1133
劇場版総集編 ハイ
　キュー!!“才能とセン
　ス” ……………… ①1133
劇場版ポケットモンス
　ター キミにきめた！
　………………… ①348
劇場版ポケットモンス
　ターステッカー2017
　キミにきめた！ … ①321
劇場版BLAME！ 弐瓶
　勉描きおろし設定資
　料集 …………… ①850
劇的愚変の世界 …… ①822
劇団42歳♂ ………①1094
ケーキツアー入門……①40
撃墜王は生きている！
　………………… ①585
劇的に運が良くなるお
　経 ………………… ①516
劇的に筋が良くなる碁
　の本 …………… ①246
激動するグローバル市
　民社会 …………… ②122
激闘太平洋1942〈2〉
　………………… ①1129
激闘太平洋1942〈3〉
　………………… ①1129
激動に直面する卸売市
　場 ………………… ②445
激動のイスラム世界を
　行く ……………… ①983
激動の欧州連合（EU）の
　移民政策 ………… ②253
激動の日本近現代史
　1852 - 1941 …… ①570
激動のニュースから学
　ぶトップリーダーの
　英語 ……………… ①638
激動のまなびす …… ①941
激突のヘクセンナハト
　〈4〉 ……………①1183
激ナマ告白 貞淑妻の不
　適切な交際 ……… ②35
激ナマ告白 貞淑妻の淫
　らな好奇心 ……… ②35
激ナマ告白 隣のいやら
　しい人妻たち …… ②35
劇部ですから！〈Act.1〉
　………………… ①367
劇部ですから！〈Act.2〉
　………………… ①367
激ヤバ潜入！ 日本の超
　タブー地帯 ……… ②29
激ラク宅建士〈2018年
　版〉 ……………… ②497
激流のサバイバル …… ①397
激論！ 安倍政権崩壊 … ②139
激わかる！ 実例つき管
　理会計 …………… ②316
激わかる！ 実例つきビ
　ジネス統計学 …… ②280
激わかる！ ビジネスで
　使えるWeb・SNS入
　門 ………………… ②530
ゲゲゲの娘日記 …… ①956
華厳教学成立論 …… ①517
華厳とは何か ……… ①517

消された古代史 …… ①542
下山の時代を生きる ・ ①448
消しゴムでかんたん版
　画 ……………… ①868
消しゴム花はんこ モ
　チーフ153 ……… ①79
消しゴム仏はんこ。で
　ごあいさつ ……… ①868
化粧品成分表示のかん
　たん読み方手帳… ①22
化身の哭く森 ……①1115
下水道管理技術認定試
　験 管路施設 合格テキ
　スト〈2017 - 2018年
　版〉 ……………… ②638
下水道管理技術認定試
　験 管路施設 攻略問題
　集〈2017 - 2018年版〉
　………………… ②638
下水道工事積算の実際
　………………… ②622
下水道工事積算標準単
　価〈平成29年度版〉
　………………… ②622
下水道第2種技術検定試
　験合格問題集 …… ②638
下水道第3種技術検定試
　験 合格テキスト
　〈2017 - 2018年版〉
　………………… ②638
下水道第3種技術検定試
　験 攻略問題集〈2017
　- 2018年版〉 …… ②638
下水道年鑑〈平成29年度
　版〉 ……………… ②606
ケース演習 民事訴訟実
　務と法的思考 …… ②215
ケースから考える内部
　統制システムの構築
　………………… ②280
ケースから読み解く少
　年事件 …………… ②215
ケース管理会計 …… ②316
ケーススタディ 地域活
　性化の理論と現実 ・ ②158
ケーススタディで学ぶ
　がん患者ロジカル・
　トータルサポート ・ ②736
ケーススタディ 被害者
　参加制度 損害賠償命
　令制度 …………… ②212
ケースで学ぶ憲法ナビ
　………………… ②198
ケースで学ぶ 国際企業
　法務のエッセンス ・ ②193
ケースで学ぶ国連平和
　維持活動 ………… ②122
ケースで学ぶ視能矯正
　臨床思考 ………… ②760
ケースで学ぶ徒手学
　療法クリニカルリー
　ズニング ………… ②714
ケースで身につく統計
　学 ………………… ②269
ケースに学ぶ音楽療法
　〈1〉 ……………… ②743
ケースに学ぶ音楽療法
　〈2〉 ……………… ②743
ケースに学ぶ高齢者糖
　尿病の診かた …… ②714
下衆の極み ………… ②953
ケースブック刑法 …… ②212
ケースブック租税法 ・ ②398
ケースブック 不動産登
　記実務の重要論点解
　説 ………………… ②210
ケースブック 保全・執
　行のための不動産の
　調査 ……………… ②204

ケース分析／エレクトロ
　ニクス産業攻防のダ
　イナミズム ……… ②439
ケース別株式会社・有
　限会社の役員変更登
　記の手続 ………… ②196
ケース別 相続預金の実
　務A to Z ………… ②411
ケース別でわかりやす
　い借地権課税の実務
　………………… ②398
ケース別 農地の権利移
　動・転用可否判断の
　手引 ……………… ②185
ケース別非上場会社の
　株価決定の実務 …… ②327
ゲス勇者のダンジョン
　ハーレム〈1〉 ……①1277
ゲス勇者のダンジョン
　ハーレム〈2〉 ……①1277
消せなかった過去 …… ①911
ケ・セラ・セラで生きた
　3年 ……………… ②703
ゲセルと聖水 ………①1327
気仙沼と東京で生まれ
　た絆 ……………… ②41
開城（ケソン）工団の
　人々 ……………… ②88
ケータイ行政書士
　〈2018〉 ………… ②238
ケータイ行政書士 一般
　知識〈2017〉 …… ②238
ケータイ行政書士公式
　ガイド〈2018〉 …… ②238
ケータイ行政書士 ミニ
　マム六法〈2018〉 ・ ②238
ケータイ行政書士 40字
　記述〈2017〉 …… ②238
ケータイくんとフジワ
　ラさん …………… ①348
ケータイ司法書士〈1〉
　………………… ②233
ケータイ司法書士〈2〉
　………………… ②233
ケータイ司法書士〈3〉
　………………… ②233
ケータイ司法書士〈4〉
　………………… ②233
ケータイ司法書士〈5〉
　………………… ②233
ケータイ司法書士〈6〉
　………………… ②233
ケータイ宅建士〈2018〉
　………………… ②497
気高き王と金色の乙女
　………………… ①1375
気高き国王の過保護な
　愛萌 ……………①1246
桁外れの結果を導く 一
　流の演出力 ……… ②280
ケダモノ皇帝が旦那様
　になったらイチャつ
　き過ぎですっ、陛下
　のばかばかっ！ ……①1397
けだものスレイブ …①1399
獣使い ……………①1356
ケダモノと王女の不本
　意なキス ………①1272
ケチケチしないで1500
　万円貯金しました〈3〉
　………………… ②388
血圧と心臓が気になる
　人のための本 …… ①180
血圧にぐぐっと効く生
　活習慣 …………… ①180
血圧の科学 ……… ②714
決意〈7〉 …………①1034
血液型人生学新書 …… ②701
血液循環の専門医が見

つけた押すだけで体
　じゅうの血がめぐる
　長生きスイッチ …… ①147
血液循環理論前史 アラ
　ビアの医師 ……… ②725
血液浄化療法ハンド
　ブック〈2017〉 …… ②714
血液製剤の使用にあ
　たって …………… ②733
血液内科グリーンノー
　ト ………………… ②738
血液のめぐりをよくす
　ればストレスは解消
　できる …………… ①169
血縁 ………………①1097
結界師への転生〈1〉
　………………… ①1178
血界戦線 …………①1133
結果を出し続ける …… ①216
結果を出す人は、なぜ
　つきあいが悪いの
　か？ ……………… ①90
結果を出すリーダーは
　みな非情である …… ②365
結果を出すリーダーほ
　ど動かない ……… ②365
結果を引き出す大人の
　ほめ言葉 ………… ②359
結果が出る仕事の「仕
　組み化」 ………… ②348
結核 ……………… ②714
結核の統計〈2017〉 ・ ②714
月下独白 …………… ①969
月下におくる〈上〉 …①1060
月下におくる〈下〉 …①1060
月華の神剣 ………①1061
血管インパクト ……②727
血管を強くして突然死
　を防ぐ！ ………… ②714
月刊 人外妄想図鑑 “巨
　人族（グラン・オム）”
　〈2〉 ……………①1260
月給13万円でも1000万
　円貯まる節約生活 ②388
「月給100円サラリーマ
　ン」の時代 ……… ①574
月給プロゲーマー、1億
　円稼いでみた。……①1273
結局、怒らない人が長
　生きする ………… ①490
結局、勝ち続けるアメ
　リカ経済 一人負けす
　る中国経済 ……… ②247
結局、トランプのアメ
　リカとは何なのか ②135
月空ワールド ……… ①928
月経前不快気分障害
　（PMDD） ……… ②743
『月光』 …………… ①775
月光のスティグマ …①1098
月光浮遊抄 ………… ①962
月光浴 青い星 …… ①255
結婚 ……………… ②96
結婚一年生〈2018年版〉
　………………… ①114
結婚から始めて ……①1388
結婚ごっこのハズでし
　たが …………… ①1400
結婚差別の社会学 …… ②96
けっこんしき ……… ①330
結婚したら知っておき
　たい 日本のしきたり
　BOOK …………… ②117
結婚しても恋してる僕
　たちの10年間 …… ①949
結婚する予定もないか
　ら、好きなように家建
　てちゃいました。…①850
結婚する理由〈13〉 ・・①1380

結婚という名の悲劇
　………………… ①1369
結婚と家族の絆 …… ①524
結婚につながる恋は、
　心とカラダが知って
　いる ……………… ①114
結婚の嘘 …………… ①114
結婚は、運 ………… ①114
結婚まで意識した彼と
　別れた。でもそれは
　けっして絶望ではな
　い ………………… ①115
決算書はここだけ読も
　う〈2018年版〉 …… ②321
決算・税務申告対策の
　手引 ……………… ②323
月収15万円からの株入
　門 ………………… ②393
月収20万円でもOK！
　「金持ち老後」は手に
　入る！ …………… ①109
結晶学と構造物性 …… ②663
結晶倶楽部 ………… ①872
月食館の朝と夜 ……①1095
月蝕楽園 …………①1001
月世界紳士録 ……①1275
決戦！ 大坂城 ……①1025
決戦！ 賤ヶ岳 ……①1025
決戦！ 新選組 ……①1025
決戦！ 関ヶ原 ……①1025
決戦！ 関ヶ原〈2〉 ・①1025
決戦！ 忠臣蔵 ……①1026
決戦！ 日米VS中国軍
　………………… ②165
決戦！ 日本海上空〈下〉
　………………… ①1129
決戦の時〈下〉 ……①1033
欠測データ処理 …… ②661
ゲッターズ飯田の裏運
　気の超え方 ……… ①128
ゲッターズ飯田の運命
　を変える言葉 …… ①128
ゲッターズ飯田の運命
　の変え方 ………… ①129
決断 …… ①1086, ②345
決断。 ……………… ②52
決断科学のすすめ …… ②647
決断の技術 ………… ②348
決断力にみるリスクマ
　ネジメント ……… ②371
結腸癌・直腸癌 …… ②736
ゲッチョ先生の昆虫と
　自然の描き方教室 ・ ①860
決定版 宇宙がまるごと
　わかる本 ………… ②675
決定版英語シャドーイ
　ング ……………… ①638
決定版英語シャドーイ
　ング 入門編 …… ①647
決定版 面白いほどよく
　わかる！ 他人の心理
　学オールカラー …… ①479
決定版！ オールカラー
　鉄道切符ガイドブッ
　ク ………………… ②433
決定版 介護でやるべき
　ことのすべて …… ②69
決定版 貝原益軒の養生
　訓 ………………… ②461
決定版 グリム童話事典
　………………… ①923
決定版！ グリーンイン
　フラ ……………… ②609
決定版 原発の教科書 ②579
決定版 工作大図鑑 …… ①430
決定版 知っているよう
　で知らないオーナー
　社長の税金対策 …… ②397

決定版 紫微斗数占星術 奥義 …………①131
決定版！ 12か月の自然 あそび87 …………①689
決定版！ 授業のユニ バーサルデザインと 合理的配慮 …………①714
決定版！ 趣味起業の教 科書 …………②280
決定版 事例広告・導入 事例バイブル …………②339
決定版・脱亜論 ……②139
決定版 地球46億年の秘 密にせまる本 …………①678
決定版！ 知識ゼロ・経 験ゼロでも儲かる飲 食店経営 …………①300
決定版！「調達・購買」 戦略の教科書 …………②280
決定版 作り方・進め方 が1冊でわかる はじめ てのおいしい離乳食 …………①9
決定版 手続きだけで 「お金」が得する社会 保障の本 …………①47
決定版 糖質オフのラク やせレシピ …………①53
決定版！ 投・走・攻・ 守 上達ポイント …①220
決定版！「都市伝説」大 全超タブーDX …②30
決定版 中西繁絵画講座 …………①837
決定版！ 何度も作りた くなるお菓子の基本 …………①70
決定版 日本剣客事典 ・①618
決定版 日本のヤクザ 100人 …………②38
決定版 白熱講義！ 憲法 改正 …………①198
決定版 はじめての音楽 史 …………①820
決定版 母に歌う子守唄 …………①942
決定版 美姉妹奴隷生活 …………①1401
決定版！ 保育の運動あ そび450 …………①689
決定版！ 星の死活 …①247
決定版 北海道の温泉ま るごとガイド〈2018・ 19〉 …………①189
決定版 翻訳力錬成テキ ストブック …………①650
決定版！ 毎日食べた い！ 作りおきのラク うま野菜おかず350 …①53
決定版 マインド・コン トロール …………①479
決定版 未確認動物 UMA生態図鑑 ……①138
決定版・民法がこんな に変わる！ ……②204
決定版 紅葉山文庫と書 物奉行 …………①560
決定版 ルーン・オラク ル占術 …………①129
決定版AI 人工知能 ……②522
決定版 COSO不正リス ク管理ガイド ……②316
決定版 DIYでできる！ 壁・床リフォーム＆メ ンテナンス百科 ……①286
決定版！ Hey！ Say！ JUMPカップリング コレクション …………①768
決定版！ NEWSカップ リングコレクション

「欠点」を「強み」に変 える就活力 …………①289
血糖値を体型別治療で どんどん下げる …①166
「血糖値スパイク」が心 の不調を引き起こす …………①147
血糖値スパイクから身 を守れ！ …………①147
血糖値にぐぐっと効く 生活習慣 …………①147
ゲットに咲くバラ …①975
潔白 …………①1069
欠歯生活 …………①182
潔癖王子と契約結婚 …………①1404
血脈〈上〉 …………①998
血脈〈中〉 …………①998
血脈〈下〉 …………①998
月曜日が楽しくなる幸 せスイッチ …………①90
月曜日の朝が待ち遠し くてワクワクする職 場の話 …………②280
欠落ある写本 …………①1327
血流を整えれば頭痛・ 腰痛は消える …①147
血流がすべて整う食べ 方 …………①163
血流たっぷり！ どこで もヨガ …………①161
血涙十番勝負 …………①248
決裂する世界で始まる 金融制裁戦争 ……②247
結論で読む幸福論 …①90
結論は出さなくていい …………②96
…結論。ぼくはきみが、 大切でたまらない。 …………①1252
化土記 …………①1038
ゲート・オブ・アミティ リシア・オンライン 〈2〉 …………①1215
ケトン体でやせる！ バ ターコーヒーダイ エット …………①25
ゲートSEASON2 自衛 隊 彼の海にて、斯く 戦えり〈1〉 …………①1290
ケニア …………②254
ケニア・タンザニア旅ガ イド まるまるサファ リの本〈ver.3〉 …①211
懸念的被透視感が生じ ている状況における 対人コミュニケー ションの心理学的研 究 …………①479
毛の人類史 …………②111
ゲノム解析は「私」の世 界をどう変えるのか …………②685
ゲノムが語る人類全史 …………②685
ゲノム操作食品の争点 …………②448
ゲノム創薬科学 …②769
ゲノム編集を問う …②685
下剋将軍酒井雅楽頭の 菩提寺 龍海院 …①536
ゲバラのHIROSHIMA …………①610
ゲバラ漂流 ポーラース ター …………①1081
ケーブル＆デッドプー ル：銀の衝撃 …①850
ケーブル年鑑〈2018〉 ・・①15

下僕ハーレムにチェッ クメイトです！ ……①1143
下僕ハーレムにチェッ クメイトです！〈2〉 …………①1143
ゲーマーズ！〈7〉 …①1140
ゲーマーズ！〈8〉 …①1140
ゲーマーズ！ DLC ・①1140
ケミカルビジネス情報 MAP〈2018〉 ……②443
ゲームエンジニア養成 読本 …………②548
ゲームを作りながら楽 しく学べる HTML5＋CSS＋JavaScript プログラミング …②548
ゲームを作りながら楽 しく学べるPythonプ ログラミング …②548
ゲーム音楽大全 Revolution …………①820
ゲーム攻略大全〈Vol.6〉 …………②280
ゲーム産業白書〈2017〉 …………②515
"ケムシェルパ"を活か したよくわかる規制 化学物質のリスク管 理 …………②599
ゲーム実況動画をつく る本 …………②539
ゲームシナリオの書き 方 …………②273
けむしのおなら ……①330
ゲーム制作現場の新戦 略 …………②273
ゲームセットにはまだ 早い …………①1002
ゲームセンタークロニ クル …………②30
ゲームチェンジに対応 するロサンゼルス不 動産投資 …………②421
ゲーム超攻略ガイド マ インクラフト究極ス ゴ技コレクション ・①280
ゲームで泣いたこと、 ありますか？ ……②273
ゲームと教育・学習 ・①751
ゲームに使えるパーツ ＆シーンの描き方 背 景CG上達講座 …①827
ゲーム脳な召喚師 …①1264
ゲームの王国〈上〉 …①1119
ゲームの王国〈下〉 …①1119
ゲームの面白さとは何 だろうか …………①479
ゲームの規則〈1〉 …①1340
ゲームの規則〈2〉 …①1340
ゲームの支配者ヨハン・ クライフ …………①228
ゲーム・プレイング・ ロール〈ver.1〉 …①1189
ゲーム・プレイング・ ロール〈ver.2〉 …①1189
ゲームマスター …①1089
ゲームライフ …………①517
ケモノとヒトの嫁取り 事情 …………①1403
ケモノな若者は独占欲 を隠さない …………①1405
けものになること …①997
けものの城 …………①1108
獣始め …………①1309
けものフレンズBD付オ フィシャルガイド ブック〈1〉 …………①798
けものフレンズBD付オ フィシャルガイド

ブック〈2〉 …………①798
けものフレンズBD付オ フィシャルガイド ブック〈4〉 …………①798
けものフレンズBD付オ フィシャルガイド ブック〈5〉 …………①798
ケモミミマフィアは秘 密がいっぱい …①1316
欅坂46 煌めく未来へ …………①768
欅坂46 欅革命 彼女達の 戦い …………①768
欅坂46 坂道かけろ！ …………①768
欅坂46 静かなる Resistance …………①768
欅坂46 平手友梨奈 REAL …………①768
欅坂46 FEEL ALIVE！ …………①768
欅坂46FOCUS！〈vol. 1〉 …………①768
欅坂46FOCUS！〈vol. 2〉 …………①768
家来になったネコ …①330
ゲルとゲル化剤の開発 と市場 …………②443
ケルト 再生の思想 …②84
ケルト文化事典 ……②84
ゲルファント やさしい 数学入門 関数とグラ フ …………②651
外連の島・沖縄 ……②139
ケロポンズとエビカニ クスでおどっちゃ お！ …………①436
眷愛隷属 …………①1325
幻異〈5〉 …………①1067
権威主義体制と政治制 度 …………②169
原因 …………①935
「原因と結果」の経済学 …………②259
原因と結果の法則を超 えて …………①138
幻影の町から大脱出 ・①348
現役医師が教える世界 一やさしい90％の女 性をオーガズムに導 く方法 …………①184
現役講師が教えるケア マネ合格テキスト 〈'17年版〉 …………②78
現役国立大学教授が そっと教えるAO・推 薦入試 面接・小論文 対策の極意 …………①745
現役社長・役員の年金 ・②73
現役人事・労務さんの 声を生かした人事・ 労務のお仕事がテキ パキはかどる本 …②329
現役東大生が1日を50円 で売ってみたら …①949
現役東大生が教える 「ゲーム式」暗記術 ・①674
現役東大生が伝えたい やってはいけない勉 強法 …………①674
現役法務と顧問弁護士 が書いた契約実務ハ ンドブック …………②280
現役法務と顧問弁護士 が実践しているビジ ネス契約書の読み方・ 書き方・直し方 …②193
「減塩」が病気をつく る！ …………①147

幻夏 …………①1080
限界国家 …………②243
限界集落・オブ・ザ・ デッド …………①1299
限界凸城キャッスルパ ンツァーズ公式ビ ジュアルコレクショ ン …………①850
原価企画とトヨタのエ ンジニアたち …………②304
幻覚〈5〉 …………②743
見学・体験スポットの りもの案内 乗る＆歩 く東京編（横浜付） 最 新版 …………①186
原価計算 …………②320
ケンカ十段と呼ばれた 男 芦原英幸 …………①237
減価償却資産の耐用年 数表〈平成29年改訂新 版〉 …………②320
減価償却資産の耐用年 数表〈平成29年版〉 …………②320
減価償却資産の耐用年 数表とその使い方〈29 年改正版〉 …………②320
減価償却実務問答集 ・②320
"喧嘩とセックス"夫婦 のお作法 …………①109
玄関の覗き穴から差し てくる光のように生 まれたはずだ …………①969
元気が出る朝礼 話のネ タ帳 …………②359
元気ごはん …………①53
元気！ しずおか人 …②23
元気な魚が育つ水槽作 り …………②698
元気に赤ちゃんが育つ 妊婦ごはん …………①7
げんきにおでかけ …①330
元気になりたきゃ、お 尻をしめなさい …①157
元気に百歳〈VOL.18〉 …………①109
健脚寿命を延ばして一 生歩ける体をつく る！ …………①157
研究公正とRRI〈第14 号〉 …………②647
研究社 英語の数量表現 辞典 …………①663
研究発表ですぐに使え る理系の英語プレゼ ンテーション …………①638
研究留学のための英文E メール・ハンドブッ ク …………①653
兼業作家、八乙女累は 充実している …①1244
謙虚なコンサルティン グ …………①479
謙虚なリーダーが、組 織を強くする …②222
現金の呪い …………②377
玄空飛星派風水大全 ・①134
玄空風水暦 その使い方 と開運法〈平成30年 2018年版〉 …………①134
源九郎の涙〈40〉 …①1050
県警外事課 クルス機関 …………①1082
県警出動 …………①1072
元号 …………①531
健康・医療心理学 …①479
健康運動指導士試験攻 略トレーニング問題 集 …………②779

健康を担う「日本の食」病気を生む「欧米の食」……②773
現行海事法令集〈2017年版〉……②626
元号が変わると恐慌と戦争がやってくる!?……②247
健康格差 ……①147, ②714
「健康からの医学」を求めて ……②714
健康効果がひと目でわかる！食材＆料理知恵袋 ……①53
現行自治六法〈平成30年版〉……②185
「健康寿命」を延ばすインプラント人生のはじめかた……①182
健康寿命を延ばそう！機能性脂肪酸入門……①147
健康常識のウソに騙されず長生きするための88の知恵 ………①147
現行商法実用 明治廿八年発行 ……②226
健康診断が楽しみになる！肝機能を自分でらくらく改善する本……①180
健康診断が楽しみになる！血圧を自分でらくらく下げる本……①180
健康診断が楽しみになる！血糖値を自分でらくらく下げる本……①166
健康診断が楽しみになる！コレステロール・中性脂肪を自分でらくらく下げる本・①147
健康診断が楽しみになる！尿酸値を自分でらくらく下げる本……①147
健康診断という「病」・①147
健康診断は受けてはいけない ……①147
健康診断「本当の基準値」完全版ハンドブック ……①148
健康・スポーツ科学研究 ……①215
健康生成力SOCと人生・社会……②96
健康大麻という考え方 ……②30
「健康茶」すごい！薬効 ……①163
健康長寿入門 ……①163
健康長寿のまちづくり ……②66
健康長寿は心の匙加減 ……①109
健康でいたいなら10秒間口を開けなさい……①148
健康という病 ……①148
「健康」と「生きがい」を両立する70歳からの住まい選び………②66
剣豪同心 花咲彦次郎 ……①1051
元寇と玄界灘の朝風①548
健康と社会 ……②52
「元号」と戦後日本……①570
健康と調理のサイエンス……②773
健康な子どもを産み、育てるために……①11
健康な身体と心をつくるならお米を毎朝食

べなさい！ ………①163
健康な相続 不摂生な相続 ……②73
「健康にいい」ものばかり食べると早死にします ……①148
健康になりたければ家の掃除を変えなさい ……①148
原稿の下に隠されしもの ……①911
健康ビジネスで成功を手にする方法 ……②280
兼好法師 ……①895
現行法との比較でわかる改正民法の変更点と対応 ……②204
健康保険の実務と手続き 最強ガイド ……②73
現行輸入制度一覧〈平成29年度版〉……②272
「健康力」に差がつく一流、二流、三流の選択 ……①148
言語学者が語る漢字文明論 ……①626
言語過程説の探求〈第3巻〉……①620
言語起源論 ……①470
言語現象の知識社会学 ……①620
言語障害のある友だち ……①414
言語処理システムをつくる ……②548
言語多様性の継承は可能か ……①620
言語聴覚士国家試験過去問題3年間の解答と解説〈2018年版〉……②79
言語聴覚士になるには ……②78
言語聴覚士のための臨床実習テキスト 小児編 ……②733
言語聴覚士のための臨床実習テキスト 成人編 ……②714
言語聴覚士のためのAAC入門 ……②715
言語聴覚士リスク管理ハンドブック ……②751
言語治療ハンドブック ……②715
言語と教育 ……①620
言語と思想の言説（ディスクール）……①911
言語発達とその支援 ……①498
言語復興の未来と価値 ……①620
ゲンゴロウ・ガムシ・ミズスマシ ハンドブック ……②695
原罪 ……①1078
現在を生きる仏教入門 ……①509
建材・住宅設備統計要覧〈2017/2018年版〉・②622
「現在」に挑む文学 ……①911
現在の新聞漫画を読む ……②33
検索禁止 ……①144
検査値ガイドブック ……②715
検査値から考える周術期血液凝固異常 ……②715
検査値早わかりガイド ……②765
検察側の罪人〈上〉……①1090
検察側の罪人〈下〉……①1090

検査なんか嫌いだ ……②715
検査/病理診断/画像診断 検査と適応疾患 レセ電コード付〈平成29年4月版〉……②715
げんさんとよーこさんの山ごはん ……①53
幻肢 ……①1090
健爺の鎌倉散歩ノート ……①192
源氏、絵あわせ、貝あわせ ……①367
剣士を目指して入学したのに魔法適性9999なんですけど!?〈2〉……①1248
剣士を目指して入学したのに魔法適性9999なんですけど!?〈3〉……①1248
剣士を目指して入学したのに魔法適性9999なんですけど!?〈4〉……①1248
賢治学〈第4輯〉……①916
原子核物理 ……②663
幻視行〈2〉……①1302
賢治詩歌の宙を読む……①917
源氏姉妹（しすたあず）……①1043
幻屍症 インビジブル ……①1122
言志四録に学ぶ〈上〉……①461
言志四録に学ぶ〈下〉……①461
県史跡・東高根遺跡 ……①613
現実をみつめる道徳哲学 ……①476
現実主義勇者の王国再建記〈3〉……①1237
現実主義勇者の王国再建記〈4〉……①1237
現実主義勇者の王国再建記〈5〉……①1237
現実の経済と経済学の現実 ……②259
源氏豆腐〈4〉……①1028
原始仏典〈3〉……①516
源氏物語〈1〉……①897
源氏物語〈上〉……①888
源氏物語〈2〉……①897
源氏物語 池田本〈5〉……①897
源氏物語 池田本〈6〉……①897
源氏物語 池田本〈7〉……①897
源氏物語 池田本〈8〉……①897
源氏物語 宇治の結び〈上〉……①348
源氏物語 宇治の結び〈下〉……①348
『源氏物語』女三の宮の"内面" ……①897
源氏物語再考 ……①897
源氏物語とシェイクスピア ……①897
源氏物語と和歌の論・①897
源氏物語の漢詩文表現研究 ……①897
源氏物語の記憶 ……①897
源氏物語の政治学 ……①897
源氏物語の政治と人間 ……①897
『源氏物語』の特殊表現 ……①897
『源氏物語』引歌の生成 ……①897
「源氏物語」放談 ……①897
源氏物語 A・ウェイリー版〈1〉……①897
賢者の剣〈4〉……①1260

賢者の剣〈5〉……①1260
賢者の弟子を名乗る賢者〈7〉……①1298
賢者の弟子を名乗る賢者〈8〉……①1298
賢者の転生実験〈4〉……①1234
賢者の孫〈6〉……①1296
賢者の孫〈7〉……①1296
賢者の孫 Extra Story……①1296
研修医・医学生のための症例で学ぶ栄養学・②777
研修医・コメディカルスタッフのための 保健所研修ノート ……②715
研修医指南書「今の若者は…」って、嘆いていませんか ……②715
幻獣王の心臓 ……①1257
幻獣図鑑 ……①886
幻獣調査員〈2〉……①1154
研修では教えてくれない会社で働く人の常識110 ……②342
検証・アジア経済 ……②250
検証アベノメディア・②139
腱鞘炎は自分で治せる ……①148
原状回復と敷金精算入門 ……②419
現象学のパースペクティヴ ……①457
検証 危機の25年 ……②163
検証キノコ新図鑑 ……②686
検証・小池都政 ……②139
検証 公団居住60年 ……②616
検証 産経新聞報道 ……②213
検証・小中一貫教育のマネジメント ……①751
検証 政治とカネ ……②139
検証・統一教会＝家庭連合 ……①500
検証働き方改革 ……②462
検証 判例会社法 ……②196
検証/「若き哲学徒」死の真実 ……①578
原色 新日本文学史①725
原色図鑑 世界の美しすぎる昆虫 ……②695
原色で楽しむカブトムシ・クワガタムシ図鑑＆飼育ガイド ……②695
原子力安全基盤科学〈1〉……②580
原子力安全基盤科学〈2〉……②581
原子力安全基盤科学〈3〉……②581
原子力安全文化の実装 ……②581
原子力規制委員会 ……②581
原子力規制委員会主要内規集 ……②581
原子力規制関係法令集〈2017年〉……②581
原子力キーワードガイド ……②581
原子力実務六法〈2017年版〉……②581
原子力市民年鑑〈2016・17〉……②581
原子力戦争の犬たち・②579
原子力損害賠償法改正の動向と課題 ……②221
原子力年鑑〈2018〉……②581
原子力白書〈平成28年版〉……②581

原子力発電と日本社会の岐路 ……②579
原子力用炭素・黒鉛材料 ……②581
原子力・量子・核融合事典〈第1分冊〉……②664
原子力・量子・核融合事典〈第2分冊〉……②664
原子力・量子・核融合事典〈第3分冊〉……②664
原子力・量子・核融合事典〈第4分冊〉……②664
原子力・量子・核融合事典〈第5分冊〉……②664
原子力・量子・核融合事典〈第6分冊〉……②664
献身 ……①1369
賢人たちからの魔法の質問 ……①107
堅陣で圧勝！ 引振り銀冠穴熊 ……①249
ケンジントン公園のピーター・パン ……①1363
賢神×恋神 ……①1321
元帥閣下の溺愛マリアージュ ……①1400
元帥公爵の新妻は愛されすぎて困り気味です ……①1399
原水爆禁止宣言と神奈川 受け継がれる平和の心 ……①501
原寸大おっぱい図鑑 Ecstasy ……①779
原寸で楽しむ美しい貝 図鑑＆採集ガイド・②698
原寸で楽しむ身近な木の実・タネ 図鑑＆採集ガイド ……②689
拳聖澤井健一先生 ……①1237
権勢の政治家 平清盛・②548
建設機械施工技術検定問題集〈平成29年度版〉……②628
建設機械施工技術必携〈平成29年度版〉…②628
建設技術者のための現場必携手帳 ……②617
建設業会計概説 1級 原価計算 ……②493
建設業会計概説 1級 財務諸表 ……②493
建設業会計概説 1級 財務分析 ……②493
建設業会計概説 2級 ……②493
建設業会計概説 3級 ……②493
建設業会計概説 4級 ……②494
建設業許可の申請手続きをするならこの1冊 ……②440
建設業経営事項審査制度の実務と究極的評点アップ対策 ……②440
建設業経理士検定試験 問題集 解答＆解説 1級原価計算 ……②494
建設業経理士検定試験 問題集 解答＆解説 1級財務諸表 ……②494
建設業経理士検定試験 問題集 解答＆解説 1級財務分析 ……②494
建設業経理士検定試験 問題集 解答＆解説 2級 ……②494
建設業経理事務士3級出題傾向と対策〈平成30年受験用〉……②494
建設業経理士1級 原価

計算 出題パターンと解き方 過去問題集＆テキスト …… ②494
建設業経理士1級 財務諸表 出題パターンと解き方 過去問題集＆テキスト …… ②494
建設業経理士1級 財務分析 出題パターンと解き方 過去問題集＆テキスト …… ②494
建設業経理士2級出題傾向と対策〈平成29年度受験用〉 …… ②494
建設業経理士2級 出題パターンと解き方 過去問題集＆テキスト …… ②494
建設業の会計実務 …… ②316
建設業の社会保険加入と一人親方をめぐるQ&A …… ②440
建設業のための営業力＆プレゼン力向上術 …… ②357
建設業一人親方と不安定就業 …… ②462
建設工事の環境法令集〈平成29年度版〉 …… ②617
建設工事標準歩掛 …… ②622
建設産業政策2017+10 …… ②440
建設資材・工法年鑑〈2017年度版〉 …… ②622
建設人ハンドブック〈2018年版〉 …… ②440
建設中。 …… ①255
建設ITガイド〈2017〉 …… ②440
厳選 あのころの日本映画101 …… ①790
厳選ショコラ手帖 …… ①40
源泉所得税取扱いの手引〈平成29年版〉 …… ②409
厳選スイーツ手帖 …… ①40
源泉徴収税額表とその見方〈29年版〉 …… ②398
厳選日本ワイン＆ワイナリーガイド …… ①45
幻想運河 …… ①1074
幻想古書店で珈琲を …… ①1070
幻想戦線 …… ①1142
幻想としての“私” …… ①490
幻想砦のおしかけ魔女 …… ①1308
幻想の平安文学 …… ①894
幻想の未来 …… ①1124
幻想版画 …… ①868
舷窓百話 …… ②626
幻想風紀委員会 …… ①1223
元素をめぐる美と驚き〈上〉 …… ②647
元素をめぐる美と驚き〈下〉 …… ②647
元素生活 完全版 …… ②670
元素に恋して …… ②670
元素の名前辞典 …… ②670
元素118の新知識 …… ②670
現代アジア学入門 …… ②250
現代アジアの企業経営 …… ②250
現代アジアの教育計画〈補巻〉 …… ①747
現代アートが未来を描く …… ①826
現代アート10講 …… ①826
現代アフリカの土地と権力 …… ②254
現代アメリカ経済史 …… ②269
現代アラビア語辞典 …… ①668
現代暗号入門 …… ②512
現代エチオピアの女たち …… ②86
現代オペレーションズ・マネジメント …… ②590
現代カトリシズムの思想 …… ①524
現代貨幣論 …… ②377
現代カリフォルニア州財政と直接民主主義 …… ②253
現代感覚で楽しむ 水墨画 画材と技法のヒント …… ①838
現代感動詞用法辞典 …… ①632
現代危機管理論 …… ②221
現代企業簿記の基礎 …… ②320
現代教育概論 …… ①751
現代教育の制度と行政 …… ①757
現代教育福祉論 …… ②52
現代行政学とガバナンス研究 …… ②139
現代行政法 …… ②203
現代軍用機入門 …… ②166
現代経営学 …… ②371
現代経営組織要論 …… ②371
現代経済学の潮流〈2017〉 …… ②259
現代経済学のヘーゲル的転回 …… ②259
現代経済社会の諸課題 …… ②259
現代経済の解読 …… ②259
現代形而上学入門 …… ①448
現代言語理論の最前線 …… ①621
現代現象学 …… ①457
現代憲法入門講義 …… ②198
現代広告論 …… ②339
現代国際関係学叢書〈第1巻〉 …… ②122
現代国際関係学叢書〈第2巻〉 …… ②122
現代子ども文化考 …… ①674
現代語訳 応仁記 …… ①548
現代語訳 学問のすすめ …… ②280
現代語訳 銀行業務改善隻語 …… ②384
現代語訳 賤のおだまき …… ①899
現代語訳 小右記〈4〉 …… ①547
現代語訳 小右記〈5〉 …… ①547
現代語訳 信長公記（全） …… ①552
現代語訳 撰時抄 …… ①501
現代語訳 日蓮聖人の宗旨 …… ①521
現代財務会計のエッセンス …… ②316
現代作家アーカイヴ〈1〉 …… ①909
現代作家アーカイヴ〈2〉 …… ①909
現代産業論 …… ②438
現代詩試論/詩人の設計図 …… ①904
現代思想の転換2017 …… ①448
現代思想のなかのプルースト …… ①448
現代思想の名著30 …… ①448
現代実定法入門 …… ②221
現代史とスターリン …… ①608
現代史の目撃者 …… ①574
現代私法規律の構造 …… ②222
現代資本主義の終焉とアメリカ民主主義 …… ②253
現代社会学理論研究〈第11号〉 …… ②97
現代社会と福祉 …… ②52
現代社会の児童生徒指導 …… ①709
現代社会の福祉実践 …… ②52
現代社会早わかり 一問一答 …… ①731
現代社会への多様な眼差し …… ②97
現代社会ライブラリーへようこそ！〈2018〉 …… ①731
現代社会論 …… ②97
現代 消費者法〈No.34〉 …… ②222
現代情報社会におけるプライバシー・個人情報の保護 …… ②222
現代女性文学を読む 山姥たちの語り …… ①907
現代書道クロニクル …… ①870
現代人のための葬式とお墓の日本史 …… ①16
現代人のための放射線生物学 …… ②682
現代人の伝記〈1〉 …… ①107
現代数学序説 集合と代数 …… ②659
現代数理統計学の基礎 …… ②661
現代数理論理学入門 …… ②651
現代スポーツ評論〈37〉 …… ①213
現代制御工学 …… ②597
現代精神医学を迷路に追い込んだ過剰診断 …… ②743
現代世界における意思決定と合理性 …… ②97
現代説教の真髄 …… ①513
現代先進諸国の労使関係システム …… ②459
現代洗脳のカラクリ …… ①498
現代訴訟法 …… ②215
現代租税法講座〈第1巻〉 …… ②399
現代租税法講座〈第2巻〉 …… ②399
現代租税法講座〈第3巻〉 …… ②399
現代租税法講座〈第4巻〉 …… ②399
現代そば料理 …… ①67
現代存在論講義〈1〉 …… ①449
現代存在論講義〈2〉 …… ①449
現代対話学入門 …… ②97
現代知識チートマニュアル …… ②97
現代地方自治論 …… ②155
現代地方都市の構造再編と住民生活 …… ②245
現代中国経営者列伝 …… ②250
現代中国語に見られる近世中国語の影響 …… ①664
現代中国語の意味論序説 …… ①664
現代中国語のシンタクス …… ①664
現代中国茶文化考 …… ①271
現代中国と市民社会 …… ②89
現代中国入門 …… ②89
現代中国の医療行政 …… ②89
現代中国の宗教変動とアジアのキリスト教 …… ①507
現代中国の中産階級 …… ②89
現代中国の法治と寛容 …… ②219
現代中国のICT多国籍企業 …… ②250
現代中小企業の経営戦略と地域・社会との共生 …… ②301
現代中小企業のソーシャル・イノベーション …… ②301
現代朝鮮経済 …… ②250
現代ドイツ政治概論 …… ①502
現代統計学 …… ②661
元大都形成史の研究 …… ①595
現代都市法の課題と展望 …… ②581
現代とはどのような時代なのか …… ①449
現代に生きる内村鑑三 …… ①524
現代に生きる教会 …… ①524
現代に生きる妖怪たち …… ②111
現代日印関係入門 …… ②129
現代ニッポン論壇事情 社会批評の30年史 …… ②97
現代日本経済演習 …… ②243
現代日本語の条件を表わす複文の研究 …… ①629
現代日本語の文法構造 統語論編 …… ①631
現代日本語訳 空海の秘蔵宝鑰 …… ①517
現代日本語訳 日蓮の立正安国論 …… ①521
現代日本の家族社会学を問う …… ②109
現代日本の暮らしQ&A …… ①635
現代日本の地政学 …… ②139
現代日本の批評 1975-2001 …… ①907
現代にゃん語の基礎知識2018 …… ①264
現代ニュースの真相がわかる逆読み世界史 …… ①588
現代人気美術作家年鑑〈2017〉 …… ①882
現代の化学環境学 …… ②670
現代の教育費をめぐる政治と政策 …… ①758
現代の行政 …… ②139
現代の結婚と婚礼を考える …… ②97
現代の裁判 …… ②227
現代の自殺 …… ①490
現代の社会福祉 …… ②52
現代の消費者主権 …… ②97
現代の内部監査 …… ②316
現代の保育と社会的養護 …… ①689
現代の“見えざる手” …… ②13
現代の名演奏家50 …… ①815
現代祝詞例文撰集 …… ①506
現代の理論〈2017秋号（通巻38号）〉 …… ②198
現代板金建築 …… ②609
現代版「てらこや」のススメ …… ②139
現代東アジア経済論 …… ②250
現代美術 夢のつづき …… ①826
現代百物語 不実 …… ①1118
現代評論20 …… ①907
現代福祉学概論 …… ②52
現代複素解析への道標 …… ②656
現代佛教の謬見より出でよ …… ①514
現代フランスを生きるジプシー …… ②119
現代フランス哲学に学ぶ …… ①474
現代文解釈法 …… ①755
現代への反逆としての保守 …… ①461
現代法律実務の諸問題〈平成28年度研修版〉 …… ②185
現代保険法 …… ②386
現代マーケティングの基礎知識 …… ②335
現代麻雀 手作りと押し引きの鉄戦術 …… ①246
現代万葉集〈2017年版〉 …… ①969
現代民事手続の法理 …… ②204
現代メディア・イベント論 …… ②10
現代モンゴル読本 …… ②86
現代訳 職業としての学問 …… ①449
ケンタッキー流部下の動かし方 …… ②365
建築を気持ちで考える …… ②615
建築学生の“就活”完全マニュアル〈2018-2019〉 …… ②440
建築学生ワークショップ比叡山〈2017〉 …… ②609
建築家の心象風景〈3〉 …… ②616
建築家の広がり …… ②609
建築から見た日本古代史 …… ①542
建築関係法令集 告示編〈平成30年版〉 …… ②619
建築関係法令集 法令編〈平成30年版〉 …… ②619
建築関係法令集 法令編S〈平成30年版〉 …… ②619
建築関連法規の解説 …… ②619
建築規矩術 二軒隅 …… ②609
建築基準関係法令集〈2018年度版〉 …… ②640
建築基準法関係法令集〈2018年版（平成30年版）〉 …… ②620
建築基準法令集〈2018年版〉 …… ②620
建築基準法令集 告示編〈平成29年度版〉 …… ②620
建築基準法令集 法令編〈平成29年度版〉 …… ②620
建築基準法令集 様式編〈平成29年度版〉 …… ②620
建築携帯ブック 安全管理 …… ②621
建築携帯ブック 設備工事 …… ②621
建築工事共通仕様書〈2017年度版〉 …… ②617
建築工事積算実務マニュアル〈2017（平成29年度版）〉 …… ②622
建築構造設計・解析入門 …… ②621
建築士・音無薫子の設計ノート …… ①1069
建築消防advice〈2017〉 …… ②583
建築職公務員試験 専門問題と解答 実践問題集編 …… ②175
建築新人戦〈008〉 …… ②609
建築人類学 …… ②609

書名索引

建築水理学 ………… ②604
建築数量積算基準・同解説〈平成29年版〉 …………… ②622
建築スケッチ・パース 基本の「き」 …… ②617
建築生産 …………… ②617
建築施工管理技術テキスト 技術・施工編・法規編 ………… ②641
建築施工現寸図の見かた 描きかた ……… ②621
建築設計学講義 …… ②617
建築設計テキスト 高齢者施設 ………… ②617
建築設計テキスト 保育施設 ………… ②621
建築設備関係法令集〈平成29年版〉 ……… ②620
建築設備工事共通仕様書〈2017年度版〉 … ②621
建築設備 配管工事読本 ………………… ②621
建築戦隊トントン ジャー スーパーおか たづけ篇 ………… ①330
建築訴訟 …………… ②227
建築の冒険者の遺伝子 ………………… ②609
建築という対話 …… ②609
建築2次部材の構造計算 ………………… ②621
建築の条件 ………… ②609
「建築の設備」入門 … ②621
建築のチカラ ……… ②616
建築のポートレート・ ②609
建築物を読み解く鍵 … ②609
建築物荷重指針を活かす設計資料〈2〉 …… ②617
建築物環境衛生管理技術者ポケット問題集 ………………… ②494
建築物の現場における 電磁シールド性能測定方法規準・同解説 ………………… ②620
建築物の省エネ設計技術 …………… ②617
建築文学傑作選 …… ①977
建築への旅 建築からの旅 …………… ②609
建築法規用教材 …… ②620
建築 未来への遺産 … ②609
建築CAD検定試験 公式ガイドブック〈2017年度版〉 ……… ②645
現地の人に聞く！ 日光修学旅行ガイド … ①428
原付免許 "一問一答" 問題集 …………… ①243
原付免許一発合格問題集 …………… ①243
原付免許 "最強総まとめ" 問題集 ……… ①243
原付免許 "ズバッと本試験型" 問題集 …… ①243
限定正社員制度導入ガイドブック ……… ②325
賢帝と逆臣と …… ①1041
検定版 きもの知識全書 ………………… ①32
検定簿記講義/1級工業簿記・原価計算〈平成29年度版 上巻〉 … ②475
検定簿記講義/1級工業簿記・原価計算〈平成29年度版 下巻〉 … ②475
検定簿記講義 1級商業簿記・会計学〈平成29年度版 上巻〉 … ②470

検定簿記講義 1級商業簿記・会計学〈平成29年度版 下巻〉 … ②470
検定簿記講義 2級工業簿記〈平成29年度版〉 ………………… ②470
検定簿記講義 2級商業簿記〈平成29年度版〉 ………………… ②470
検定簿記講義 3級商業簿記〈平成29年度版〉 ………………… ②470
検定 簿記ワークブック 1級/商業簿記・会計学〈上巻〉 ……… ②470
検定 簿記ワークブック 1級/商業簿記・会計学〈下巻〉 ……… ②470
検定 簿記ワークブック 2級/商業簿記 …… ②470
検定 簿記ワークブック 3級/商業簿記 …… ②470
元典章が語ること … ①595
見天地人 ………… ②701
原典訳 原始仏典〈上〉 ………………… ①516
原典訳 原始仏典〈下〉 ………………… ①516
原典ルネサンス自然学〈上〉 …………… ②647
原典ルネサンス自然学〈下〉 …………… ②647
原点 THE ORIGIN ・ ①798
ケント＆幸洋の大放言！ …………… ②139
献灯使 ………… ①1006
剣道「先師からの伝言」〈上巻〉 ……… ②236
剣道「先師からの伝言」〈下巻〉 ……… ②236
剣道大臣 …………… ②236
剣道・伝説の京都大会（昭和）………… ①255
剣道の極意と左足 … ②236
剣と十字架 …… ①1042
剣と清貧のヨーロッパ … ①600
弦とブレーン ……… ②664
剣と炎のディアスフェルド〈2〉 ……… ②1205
剣と炎のディアスフェルド〈3〉 ……… ②1205
剣と魔法と裁判所 … ①1220
剣と魔法と裁判所〈2〉 ………………… ①1220
ケンネルホール学院の恋する犬たち … ①1315
賢脳食 …………… ②148
現場から考える精神療法 …………… ②743
現場から創る社会学理論 ………………… ②97
現場からの調理イタリア語 …………… ①671
現場からの電気事故・ヒヤリハット報告 … ②592
現場から学ぶ最強SEになるための気づき塾 … ②588
現場から見上げる企業戦略論/ ……… ②280
現場監理ノート 建築編〈2017〉 ……… ②604
現場監理ノート 設備編〈2017〉 ……… ②621
"原爆" を読む文化事典 … ①578
原爆死の真実 …… ①578
原爆投下をめぐるアメ

リカ政治 ………… ②135
原爆被爆者三世代の証言 …………… ①578
現場主義統計学のすすめ …………… ②661
現場川柳 ………… ①972
原発事故から這いあがる！ 有機農業ときどき人形劇 …… ②446
原発事故と福島の農業 … ②579
原発事故6年目 現地情報から読み解くふるさと福島 ……… ②579
原発震災と避難 …… ②579
原発性アルドステロン疾患診療マニュアル … ②715
原発性免疫不全症候群 診療の手引き … ②715
原発は "安全" か … ②579
原発被曝労働者の労働・生活実態分析 …… ②462
原発問題と市民社会の論理 ………… ②371
原発問題の深層 …… ②579
原発より危険な六ヶ所再処理工場 …… ②579
現場で困らない！ ITエンジニアのための英語リーディング …… ②638
現場で使える原価計算システム ……… ②316
現場で使える新人登録販売者便利帖 症状から選ぶOTC医薬品 … ②772
現場で使える！「なぜなぜ分析」で機械保全 ………………… ②601
現場で使える発泡プラスチックハンドブック … ②599
現場で使える簿記・会計 ……………… ②320
現場で使えるMayaスクリプティング … ②539
現場で役立つオペアンプ回路 ………… ②597
現場で役立つ管工事の基本と実際 … ②604
現場で役立つ！ ケアマネ業務ハンドブック … ②69
現場で役立つシステム設計の原則 …… ②517
現場で役立つ制御工学の基本（演習編）… ②597
現場で役立つ電気の知識と心得 …… ②592
現場で役立つ！ 早引き介護用語辞典 … ②69
現場で役立つ 要介護認定調査員調査・判断の重要ポイント … ②69
現場で役立つ CLIP STUDIO PAINT PRO/EX 時短テクニック ………… ②544
現場と検定 問題の解きかた 機械加工編〈2017年版〉 …… ②644
現場と検定 問題の解きかた 仕上作業編〈2017年版〉 …… ②644
現場に学ぶ 訪問リハセラピストのフィジカルアセスメント …… ②751
現場の管理職が知って

おきたい女性社員の労務管理AtoZ … ②329
「現場の声」から知る・考える・つくる 職場の女性のたばこ（喫煙）対策 …… ②154
現場の職人が教える最高の家づくり …… ①18
現場の先生直伝 生徒が夢中になる！ ピアノ教室アイデアBOOK … ①821
現場発！ 失敗しないいじめ対応の基礎・基本 …………… ②711
現場発！ 知的・発達障害者の就労自立支援 ………………… ②682
現場力を高める実践的TPM入門 …… ②589
鍵盤和声 和声の練習帖 … ①821
現美新幹線殺人事件 … ①1100
「健美同源」の新しい可能性を拓くHow to 美容鍼灸 ……… ②22
ケンブリッジ大学図書館と近代日本研究の歩み …………… ②5
原文で読む日本国憲法 ………………… ②198
憲法〈1〉 ………… ②198
憲法〈2〉 ………… ②198
憲法を百年いかす … ②198
憲法を学ぶ ……… ②198
憲法及び皇室典範論 … ②198
憲法が危ない！ … ②198
憲法改正 ………… ②198
憲法改正限界論のイデオロギー性 …… ②198
憲法改正とは何だろうか …………… ②198
憲法概説 ………… ②198
憲法学からみた最高裁判所裁判官 …… ②199
憲法学の創造的展開〈上巻〉 ………… ②199
憲法学の創造的展開〈下巻〉 ………… ②199
憲法がヤバい …… ②199
憲法から学ぶ税務判例読解術 ……… ②399
憲法関係答弁例集（第9条・憲法解釈関係）………… ②199
憲法起案演習 …… ②199
憲法9条改正、これでいいのか ……… ②199
憲法研究〈創刊第1号〉 … ②199
憲法サバイバル … ②199
憲法事例演習 …… ②199
憲法第九条 ……… ②199
憲法体制と実定憲法 … ②199
憲法逐条注解 …… ②199
憲法的刑事弁護 … ②212
憲法で読むアメリカ現代史 …………… ①604
憲法とそれぞれの人権 ………………… ②43
憲法と世論 ……… ②199
憲法の裏側 ……… ②199
憲法の規範力と行政 … ②199
憲法の視点から見る条例立案の教科書 … ②199
憲法の尊厳 ……… ②199

憲法の論理 ……… ②199
憲法パトリオティズム … ②169
憲法判例の射程 …… ②199
憲法問題〈28（2017）〉 … ②199
憲法問題学習資料集〈7〉 ………………… ②199
県民経済計算年報〈平成29年版〉 …… ②272
県民性丸わかり！ ご当地あるあるワイドSHOW〈3〉 …… ②23
幻夢の聖域 …… ①1103
玄洋社とは何者か … ②169
ケンヨン 一般相対論・ ②664
絢爛たる愛人契約 … ①1404
絢爛たる奔流 …… ①1032
原理 …………… ①1337
権利の哲学入門 … ①449
権利保護保険のすべて … ②386
権力者たちの罠 … ②139
権力と孤独 …… ①782
権力に対峙した男〈上巻〉 ………… ①564
堅牢なスマートコントラクト開発のためのブロックチェーン「技術」入門 …… ②548
元禄名家句集略注 小西来山篇 ……… ②900
元禄名家句集略注 山口素堂篇 ……… ②900
言論の覚悟 脱右翼篇 … ②169

コア・イメージで英語感覚を磨く！ 基本語指導ガイド ……… ①734
「小商い」で自由にくらす ……………… ②26
小悪魔 ………… ①1369
コア・テキスト計量経済学 ………… ②259
コア・テキスト国際経営 ………… ②371
コア・テキスト マクロ経済学 ……… ②259
コア・テキスト 民法〈4〉 …………… ②208
コアラ ………… ②407
コアラアラアラやってきて ………… ①330
語彙 …………… ①722
恋詩 …………… ①841
語彙を増やすための英語語根集 …… ①638
恋がさね平安絵巻 … ①1195
恋形見 ………… ①1064
恋神様の言うとおり … ①1319
恋衣白草紙 …… ①1171
「小池劇場」が日本を滅ぼす ………… ②139
小池・小泉「脱原発」のウソ ………… ②579
"小池" にはまって、さあ大変！ …… ②140
恋獣。パーフェクト弁護士に愛されまくり

の毎日 ………… ①1398
小池百合子50の謎 …… ②147
小池百合子式着こなし
の黄金ルール ……… ①29
小池百合子氏は流行神
だったのか …… ②140
小池百合子写真集 …… ②147
小池百合子「人を動か
す100の言葉」…… ②147
こーい、こい ……… ①330
恋心はくちびるで … ①1316
恋衣 とはずがたり … ①1034
こいしいたべもの …… ①957
小石川貧乏神殺人事件
………………… ①1036
恋いして ……… ①977
恋知らずの眠り姫 …… ①1404
小泉進次郎と福田達夫
………………… ②147
小泉放談 ……… ①909
小泉八雲 ……… ①911
恋するアテネ …… ①1369
恋するエクソシスト〈5〉
………………… ①1297
恋するおしい刑事 … ①1107
恋する女騎士に、獅子
の不意打ち …… ①1140
恋する狐 ……… ①1035
恋する原発 …… ①1004
恋するスイートホーム
………………… ①1312
恋するディズニープリ
ンセス ……… ①798
恋するディズニー別れ
るディズニー …… ①115
恋する統計学 …… ①661
恋する統計学 因子分析
入門〈2〉 …… ②661
恋する統計学 回帰分析
入門〈1〉 …… ②661
恋する統計学「記述統
計入門」…… ②661
恋する統計学 推測統計
入門 ……… ②661
恋する、ぬり絵。…… ①865
恋する猫さんぽ …… ②264
恋する熱気球 …… ①348
恋するパパは鬼に金棒
………………… ①1308
恋するハンバーグ〈2〉
………………… ①1022
恋するフェロモン … ①1298
恋するぷにちゃん … ①1339
コーイチは、高く飛ん
だ。……… ①1007
恋テロ ……… ①1133
恋と悪魔と黙示録 … ①1160
恋と嘘 映画ノベライズ
………………… ①977
恋と絵描きと王子様
………………… ①1322
恋と歌舞伎と女の事情
………………… ①787
「恋と結婚」を引き寄せ
る！ …… ①115
恋とはどんなものかし
ら …… ①817
恋なんて素敵 …… ①115
恋にいちばん近い島
………………… ①1309
恋に落ちたコンシェル
ジュ ……… ①1293
恋に××××は必要で
すか？ …… ①1398
こいぬとこねこのおか
しな話 ……… ①372
恋の七福神 …… ①330
恋のついでに御書司

……………… ①1318
恋の吊り橋効果、試し
ませんか？ …… ①1314
恋の花咲く …… ①1314
恋の一品めしあがれ。
………………… ①1242
恋の法廷式 …… ②227
恋道行 ……… ①1034
恋の病に甘々トラップ
………………… ①1311
恋のABCお届けします
………………… ①1140
恋は甘くない？ …… ①1316
恋はかげろう〈2〉 … ①1043
恋は宵闇にまぎれて
………………… ①1332
恋は忘れた頃にやって
くる ……… ①1138
恋人に捨てられたので、
皇子様に逆告白しま
す …… ①1287
恋人の秘密探ってみま
した …… ①1273
恋人はドアの向こうに
………………… ①1395
恋人は淫らドール … ①1405
恋人不死身説 …… ①969
恋文 ……… ①1065
恋(星野源)/セロリ
(SMAP) …… ①810
恋みたいな、愛みたい
な〈2〉 …… ①1306
恋虫 ……… ①1002
恋結び ……… ①1292
語彙力がぐんぐんアッ
プする！ 中学生のた
めの英語パズル＆ク
イズ …… ①734
語彙力が身に付く本 … ①623
語彙力上達BOOK … ①122
語彙力チェック！ …… ②363
語彙力も品も高まる一
発変換「美しい日本
語」の練習帳 …… ①623
語彙論的統語論の新展
開 …… ①629
コインマジック事典 ・ ①273
耄 …… ①972
抗悪性腫瘍薬コンサル
トブック …… ②769
高圧ガス製造保安責任
者試験 乙種機械 攻略
問題集〈2017・2018
年版〉 …… ②628
高圧ガス製造保安責任
者試験 丙種化学(液
石) 攻略問題集〈2017
・2018年版〉 …… ②628
高圧ガス製造保安責任
者試験 丙種化学(特
別) 攻略問題集〈2017
・2018年版〉 …… ②628
高圧ガス販売主任者試
験 第二種販売 攻略問
題集〈2017・2018年
版〉 …… ②628
高圧・特別高圧電気取扱
特別教育テキスト ・ ②592
こういう旅はもう二度
としないだろう …… ①945
こういう時に人は動く
………………… ①122
皇位継承の記録と文学
………………… ①547
後遺障害等級認定と裁
判実務 ……… ②227
高1からの進路教室 … ①742
「高1ギャップ」をなん
とかする 英語 …… ①734

「高1ギャップ」をなん
とかする 数学 …… ①726
「高1ギャップ」をなん
とかする 理科 …… ①729
高1ですが異世界で城主
はじめました〈11〉
………………… ①1174
高1ですが異世界で城主
はじめました〈12〉
………………… ①1174
強引貴公子の蜜愛プロ
ポーズ …… ①1398
強引社長といきなり政
略結婚!? …… ①1192
強引社長の不器用な溺
愛 …… ①1216
強引上司と過保護な社
内恋愛!? …… ①1293
強引上司に捕獲されま
した …… ①1401
強引すぎる王子様に執
着されて逃げられま
せんが幸せです。… ①1400
強引男子のイジワルで
甘い独占欲 …… ①1269
強引なカレの甘い束縛
………………… ①1220
強引にされると嬉しく
て初めてでもよく喘
いじゃう令嬢な幼馴
染優衣 …… ①1396
こう動く！ 就職活動
オールガイド〈'19年
版〉 …… ①289
豪雨のメカニズムと水
害対策 …… ②583
幸運をつかむ！ 強運暦
〈平成30年版〉 …… ①134
幸運を引き寄せる！ 色
のチカラ …… ①876
幸運を引き寄せる行動
心理学入門 …… ①479
幸運を引き寄せる！ 風
水神札タロット占い
………………… ①129
幸運を呼び込む「そう
じ力」の魔法 …… ①122
幸運を呼び寄せる天使
のぬり絵 …… ①865
幸運があふれる101のこ
とば …… ①106
港湾事業者要覧〈2018年
版〉 …… ②626
幸運の男 …… ①223
幸運なバカたちが学園
を回す〈1〉 …… ①1140
幸運な男 …… ①180
幸運の神様とつながる
すごい！ 習慣 …… ①90
公益・一般法人のモデ
ル会計規程 …… ②316
「公益」資本主義 …… ②259
公益社団法人・公益財
団法人・一般社団法
人・一般財団法人の
機関と運営 …… ②325
公益法人・一般法人に
よくある質問 …… ②325
公益法人・一般法人の
会計・税務 …… ②316
公益法人・一般法人の
税務実務 …… ②323
公益法人・一般法人の
Q&A …… ②316
公益法人会計の実務ガ
イド …… ②316
校閲ガール ア・ラ・
モード …… ①1020
校閲記者の目 …… ①623

こうえん …… ①312, ①320
公園うんどうで寝たき
りを防ぐ！ …… ①160
公園には誰もいない・
密室の惨劇 …… ①1114
こうえんのおばけずか
ん …… ①357
業焔の大魔導士 …… ①1165
業音 ……… ①784
構音(発音)指導のため
のイラスト集 …… ①698
香害 …… ①148
航海学概論 …… ②626
公害・環境問題の放置
構造と解決過程 …… ②577
後悔しない「産む」×
「働く」…… ①115
後悔しない相続税対策
は「生前贈与×都心の
築浅中古ワンルーム
マンション」で！・ ②411
後悔しないJAL ANA外
資系CA就職対策 決
定版 …… ②470
航海士にゃんこ カンパ
チ船長 …… ①264
公開対談 千眼美子のい
まとこれから。…… ①502
号外 地下しか泳げない
通信 …… ①775
"郊外"の誕生と死 …… ②97
郊外の果てへの旅/混住
社会論 …… ②97
後悔病棟 …… ①990
公害紛争処理白書〈平成
29年度〉 …… ②505
公害防止管理者試験 水
質関係 合格テキスト
〈2018・2019年版〉
………………… ②639
公害防止管理者試験 水
質関係 攻略問題集
〈2018・2019年版〉
………………… ②639
公害防止管理者試験 大
気関係 合格テキスト
〈2018・2019年版〉
………………… ②639
公害防止管理者試験 大
気関係 攻略問題集
〈2018・2019年版〉
………………… ②639
公害防止管理者等国家
試験 正解とヒント
〈平成24年度～平成28
年度〉 …… ②639
公開法廷 …… ①985
公開霊言 アドラーが本
当に言いたかったこ
と。…… ①502
効果が上がる！ 現場で
役立つ実践的
Instagramマーケティ
ング …… ②335
豪華客船で恋は始まる
〈13〉 …… ①1323
豪華客船の夜に抱かれ
て …… ①1320
光学 …… ②664
合格英単語600 …… ①652
合格革命 行政書士肢別
過去問集〈2018年度
版〉 …… ②238
合格革命 行政書士 一問
一答式出るとこ千問
ノック〈2017年度版〉
………………… ②238
合格革命 行政書士基本
テキスト〈2018年度

版〉 …… ②238
合格革命 行政書士基本
問題集〈2018年度版〉
………………… ②238
合格革命 行政書士ス
タートダッシュ〈2018
年度版〉 …… ②238
合格革命 行政書士 法改
正と直前予想模試
〈2017年度版〉 …… ②238
合格革命 行政書士40字
記述式・多肢選択式
問題集〈2017年度版〉
………………… ②238
ごうかく！ 管理業務主
任者攻略テキスト
〈2017年度版〉 …… ②494
ごうかく！ 管理業務主
任者攻略問題集〈2017
年度版〉 …… ②494
工学基礎化学実験 …… ②670
工学基礎実習としての
メカトロニクス …… ②597
攻殻機動隊小説アンソ
ロジー …… ①1116
攻殻機動隊PERFECT
BOOK 1995→2017
………………… ①798
工学系学生のための数
学入門 …… ②651
合格公務員！ 教養試験
実戦問題集〈2019年度
版〉 …… ②180
ごうかく社労士基本テ
キスト〈2018年版〉
………………… ②500
合格しようぜ！ 宅建士
〈2018〉 …… ②497
合格しようぜ！ 宅建士
基本テキスト音声30
時間付き〈2018〉 … ②497
合格水準 教職のための
憲法 …… ②199
合格する親子のすごい
勉強 …… ①742
合格する！ 介護福祉士
必須法〈'18年版〉… ②78
合格するための過去問
題集 建設業経理士2
級〈'18年3月・9月検
定対策〉 …… ②470
合格するための過去問
題集 全経上級 …… ②470
合格するための過去問
題集 日商簿記1級 … ②470
合格するための過去問
題集 日商簿記2級 … ②470
合格するための過去問
題集 日商簿記3級〈'17
年6月検定対策〉 … ②470
合格するための過去問
題集 日商簿記3級 … ②471
合格するにはワケがあ
る 脳科学×仕訳集 日
商簿記1級 …… ②471
合格するにはワケがあ
る 脳科学×仕訳集 日
商簿記2級 …… ②471
合格するにはワケがあ
る 脳科学×仕訳集 日
商簿記3級 …… ②471
合格精選240題 第二級
陸上特殊無線技士試
験問題集 …… ②635
工学生のための基礎生
態学 …… ②682
合格対策 一級建築士受
験講座 学科〈1〉 … ②640
合格対策 一級建築士受

書名索引

験講座 学科〈2〉… ②640
合格対策 一級建築士受
　験講座 学科〈3〉… ②640
合格対策 一級建築士受
　験講座 学科〈4〉… ②640
合格対策 一級建築士受
　験講座 学科〈5〉… ②640
合格対策 マンション維
　持修繕技術者試験 … ②494
合格ターゲット 1級FP
　技能士特訓テキスト
　学科〈'17〜'18年版〉
　……………………… ②478
合格テキスト日商簿記1
　級商業簿記・会計学
　〈1〉……………… ②471
合格テキスト日商簿記1
　級商業簿記・会計学
　〈2〉……………… ②471
合格テキスト日商簿記1
　級商業簿記・会計学
　〈3〉……………… ②471
合格テキスト日商簿記2
　級 商業簿記 Ver.11.0
　……………………… ②471
合格テキスト日商簿記3
　級 Ver.9.0 ………… ②471
合格テキスト FP技能士
　1級〈1〉………… ②478
合格テキスト FP技能士
　1級〈2〉………… ②478
合格テキスト FP技能士
　1級〈3〉………… ②478
合格テキスト FP技能士
　1級〈4〉………… ②478
合格テキスト FP技能士
　1級〈5〉………… ②478
合格テキスト FP技能士
　1級〈6〉………… ②478
合格手帳〈2018〉 …… ①742
合格トレーニング日商
　簿記1級 商業簿記・会
　計学〈1〉………… ②471
合格トレーニング日商
　簿記1級 商業簿記・会
　計学〈2〉………… ②471
合格トレーニング日商
　簿記1級 商業簿記・会
　計学〈3〉………… ②471
合格トレーニング日商
　簿記2級 商業簿記
　Ver.11.0 ………… ②471
合格トレーニング日商
　簿記3級 Ver.9.0 … ②471
合格トレーニング FP技
　能士1級 学科基礎・応
　用〈2017・2018年版〉
　……………………… ②478
合格ナビ！ 数学検定1
　級1次 解析・確率統計
　……………………… ②651
合格ナビ！ 数学検定1
　級1次 線形代数 … ②651
高学年児童と「ぶつか
　らない」「戦わない」
　指導法！ ………… ①707
合格脳のつくり方 …… ①11
工学の基礎 電気磁気学
　……………………… ②592
工学のための線形代数
　……………………… ②659
ごうかく！ ビジネス実
　務法務検定試験2級攻
　略テキスト〈2017年度
　版〉……………… ②505
ごうかく！ ビジネス実
　務法務検定試験2級攻
　略問題集〈2017年度
　版〉……………… ②505

ごうかく！ ビジネス実
　務法務検定試験3級
　攻略テキスト〈2017年
　度版〉…………… ②505
ごうかく！ ビジネス実
　務法務検定試験3級
　攻略問題集〈2017年度
　版〉……………… ②505
工学部ヒラノ教授の中
　央大学奮闘記 …… ①928
工学部ヒラノ教授のは
　じまりの場所 …… ①928
合格への近道 ケアマネ
　ジャーをめざす人の
　本〈'18年版〉…… ②78
合格マスター 電験三種
　機械〈平成30年度版〉
　……………………… ②632
合格マスター 電験三種
　電力〈平成30年度版〉
　……………………… ②632
合格マスター 電験三種
　法規〈平成30年度版〉
　……………………… ②632
合格マスター 電験三種
　理論〈平成30年度版〉
　……………………… ②632
合格面接の答え方 …… ①151
合格率3%の司法書士試
　験に中卒・フリー
　ター・現役大学生が
　下克上合格 ……… ②233
合格力養成！ FP2級過
　去問題集 学科試験編
　〈平成29・30年版〉
　……………………… ②478
合格力養成！ FP2級過
　去問題集 実技試験編
　〈平成29・30年版〉
　……………………… ②478
工学倫理 …………… ②570
工学倫理・技術者倫理
　……………………… ②570
工科系学生のための線
　形代数 …………… ②659
紅霞後宮物語〈第5幕〉
　……………………… ①1295
紅霞後宮物語〈第6幕〉
　……………………… ①1295
紅霞後宮物語 第零幕
　〈2〉……………… ①1295
甲賀三郎探偵小説選〈2〉
　……………………… ①1086
甲賀三郎探偵小説選〈3〉
　……………………… ①1086
高架線 …………… ①1004
皇華走狗伝 ……… ①1120
高葛藤紛争における子
　の監護権 ………… ②227
効果的な心理面接のた
　めに ……………… ①490
効果につなげる薬物治
　療アドヒアランスの
　改善 ……………… ②769
工科のための偏微分方
　程式 ……………… ②657
効果4500倍！
　LINE@"神"営業術
　……………………… ②333
こう変わる！ 新保育所
　保育指針 ………… ①689
こう変わる!!平成29年度
　の税制改正 ……… ②399
交換ウソ日記 …… ①1201
抗がん漢方 ……… ①174
交換・権力・文化 … ①549
抗がん剤の世界的権威
　が直伝！ 最強の野菜
　スープ …………… ①165

抗がん剤の辛さが消え
　る 速効！ 漢方力 … ①174
抗がん剤・放射線治療
　と食事のくふう … ②736
"交感"自然・環境に呼
　応する心 ………… ①97
抗がん薬おさらい帳・②736
講義 刑法各論 …… ②212
後期高齢者医療制度担
　当者ハンドブック
　〈2017〉………… ②52
講義 債権法改正 … ②208
講義式TOEIC L&Rテ
　ストこの1冊で500点
　突破できる！…… ①659
好奇心をカバンにつめ
　て〈part2〉……… ①957
好奇心が育む学びの世
　界 ………………… ①689
好奇心のチカラ …… ①789
好奇心のパワー …… ②348
講義 政治思想と文学・①907
講義と演習 理工系基礎
　力学 ……………… ②664
高機能アクリル樹脂の
　開発と応用 ……… ②599
高機能デバイス用耐熱
　性高分子材料の最新
　技術 ……………… ②592
講義法 …………… ①677
光球 ……………… ①220
後宮樂華伝 ……… ①1255
後宮幻華伝 ……… ①1255
後宮香妃物語 …… ①1160
後宮刷華伝 ……… ①1255
後宮で、女の戦いはじ
　めました。……… ①1207
後宮に月は満ちる … ①1122
後宮に日輪は蝕す … ①1122
後宮秘夜 ………… ①1321
公教育計画研究〈8〉①751
工業英検3級問題集
　〈2017年度版〉… ①657
工業英検4級問題集
　〈2017年度版〉… ①657
交響曲「第九」の秘密
　……………………… ①814
公共経済学研究〈6〉②259
公共経済学で日本を考
　える ……………… ②259
公共建築工事積算基準
　〈平成29年版〉… ②622
工業高校機械科就職問
　題〈2019年度版〉②298
工業高校建築・土木科
　就職問題 ………… ②298
工業高校電気・電子科
　就職問題〈2019年度
　版〉……………… ②298
工業高校電子機械科就
　職問題 …………… ②298
公共工事と会計検査 ②622
公共事業裁判の研究・②203
公共施設マネジメント
　のススメ ………… ②155
公共住宅機械設備工事
　積算基準〈平成29年度
　版〉……………… ②622
公共住宅建設工事 機材
　の品質・性能基準〈平
　成28年度版〉…… ②604
公共住宅建設工事共通
　仕様書〈平成28年度
　版〉……………… ②622
公共住宅建築工事積算
　基準〈平成29年度版〉
　……………………… ②622
公共住宅電気設備工事
　積算基準〈平成29年度

版〉………………… ②622
公共政策 ………… ②169
公共政策入門 …… ②259
公共政策のフロンティ
　ア ………………… ②140
公共性と市民 …… ②97
公共選択〈第67号
　（2017）〉……… ②259
公共調達解体新書 … ②440
公共調達と競争政策の
　法的構造 ………… ②222
公共哲学 ………… ②449
工業統計表 企業統計編
　〈平成26年〉…… ②415
工業統計表 工業地区編
　〈平成26年〉…… ②415
公共土木工事 工期設定
　の考え方 ………… ②622
公共日本語教育学 … ①623
公共部門における評価
　と統制 …………… ②169
公共部門のガバナンス
　とオンブズマン … ②140
工業簿記・原価計算の
　基礎 ……………… ②320
公共用地取得の税務〈平
　成29年版〉……… ②399
工業用品ゴム・樹脂ハ
　ンドブック〈2018年
　版〉……………… ②443
工業用ミシンと漉き機
　の基本操作とメンテ
　ナンス …………… ②591
抗菌ペプチドの機能解
　明と技術利用 …… ②571
口腔医療革命 食べる力
　……………………… ①160
航空宇宙軍史・完全版
　〈4〉……………… ①1124
航空宇宙軍史・完全版
　〈5〉……………… ①1124
航空から見た戦後昭和
　史 ………………… ①574
航空管制官採用試験問
　題集〈2017・2019年
　版〉……………… ②469
航空機構造 ……… ②624
航空機産業と日本 … ②437
航空機の飛行力学と制
　御 ………………… ②624
皇宮警察 ………… ②149
航空産業入門 …… ②437
航空自衛隊「装備」のす
　べて ……………… ①164
航空統計要覧〈2016年
　版〉……………… ②437
航空統計要覧〈2017年
　版〉……………… ②437
航空部隊の戦う技術 ②163
航空法入門 ……… ②437
航空母艦物語 …… ①585
口腔保健・予防歯科学
　……………………… ②754
航空無線と安全運航 ②437
皇軍兵士、シベリア抑
　留、撫順戦犯管理所
　……………………… ①578
工芸作物の栽培と利用
　……………………… ②450
後継者たち ……… ①1331
「工芸」と「美術」のあ
　いだ ……………… ①832
工芸農作物等の生産費
　〈平成27年産〉… ②452
工芸の教育 ……… ①739
高血圧を自力で治す最
　強事典 …………… ①180
高血圧が改善する 酢
　しょうが健康法 … ①157

高血圧がスーッと落ち
　着くタオルグリップ
　法 ………………… ①180
"高血圧"血圧がぐんぐ
　ん下がるコツがわか
　る本 ……………… ①180
高血圧 最新治療と食事
　……………………… ①180
高潔な人 ………… ①1305
紅蓮の逃避行〈42〉… ①1357
孝徳女帝の遺言 …… ①1049
コウケンテツのおやつ
　めし〈2〉………… ①53
高校英語のアクティブ・
　ラーニング 成功する
　指導技術&4技能統合
　型活動アイデア50・①734
高校球児に伝えたい！
　プロでも間違う守備・
　走塁の基本 ……… ①220
高校教師が教える化学
　実験室 …………… ②670
鉱工業指数年報〈平成28
　年〉……………… ②415
高校教師と十年の恋
　……………………… ①1321
皇后考 …………… ②149
高校国語科授業の実践
　的技法 …………… ①723
高校サッカー年鑑
　〈2017〉………… ①228
交合・産・陰陽道・白
　……………………… ①613
高校社会と情報 学習
　ノート …………… ①714
高校受験案内〈2018年度
　入試版〉………… ①742
高校受験用学校説明会
　ガイド〈2018年〉… ①742
高校紹介〈2018年入試〉
　……………………… ①742
高校数学 日本一になっ
　た少年 …………… ②651
高校生が生きやすくな
　るための演劇教育・①709
高校生が教わる「情報
　社会」の授業が3時間
　でわかる本 ……… ①714
高校生・化学宣言
　〈PART10〉……… ①729
高校生が感動した確率・
　統計の授業 ……… ②661
高校生からの経済入門
　……………………… ②242
高校生からはじめるプ
　ログラミング …… ②548
高校生から始める
　Jw_cad建築製図入門
　……………………… ②603
高校生から始める
　Jw_cad製図超入門
　（Jw_cad8対応版）・②603
高校生からわかるベク
　トル解析 ………… ②659
高校生就職面接の受け
　方答え方〈'19年版〉
　……………………… ①299
高校生と考える人生の
　すてきな大問題 …②97
高校生の一般常識総ざ
　らえ〈2018〉…… ①299
高校生の市民性の諸相
　……………………… ②97
高校生の社会常識ノー
　ト 最新版〈2018〉①731
高校生の就職活動オー
　ルガイド〈'19年版〉
　……………………… ①299
高校生の就職試験 一般

常識問題集〈'19年版〉
　　　　　　　……①299
高校生の就職試験 一般
　常識＆SPI〈2019年度
　版〉……………①299
高校生の就職試験 基礎
　から解けるSPI SPI3
　完全対応〈2018年度
　版〉……………①299
高校生の就職試験 適性
　検査問題集〈'19年版〉
　　　　　　　……①299
高校生のための憲法入
　門…………………①199
高校生のための主権者
　教育実践ハンドブッ
　ク…………………①714
高校のための中学英語
　をイチから復習する
　本…………………①638
高校生の法的地位と政
　治活動……………①751
高校生は中学英語を使
　いこなせるか？…①734
高校生用SPIクリア問題
　集〈'19年版〉……①299
高校生よく出る一般常
　識問題集〈'19年版〉
　　　　　　　……①299
鋼構造塑性設計指針・②617
鋼構造柱脚設計施工ガ
　イドブック〈2017〉②621
高校で教わりたかった
　生物………………②682
高校図書館デイズ……②5
咬合の謎を解く！……①754
高校の勉強のトリセツ
　　　　　　　……①714
高校バスケは頭脳が9割
　　　　　　　……①226
皇后陛下美智子さまの
　子守歌 CDブック
　「おもひ子」………②12
高校野球グラフ〈2017〉
　　　　　　　……①220
高校野球 埼玉を戦う監
　督（おとこ）たち…①220
高校ラグビーは頭脳が9
　割…………………①228
考古学と精神文化……①613
考古学のための法律…①613
考古学・博物館学の風
　景…………………①613
広告界就職ガイド〈2019
　年版〉……………①289
広告業界という無法地
　帯へ………………②10
広告コミュニケーショ
　ンの総合講座〈2018〉
　　　　　　　……②339
広告チラシのかごと雑
　貨……………………③3
広告的知のアルケオロ
　ジー………………②339
広告動態調査〈2017年
　版〉………………②339
広告のやりかたで就活
　をやってみた。……①289
広告白書〈2017〉……②339
広告法………………①193
広告倫理の構築論……②340
考古犯読抄〈4〉………①613
甲骨文の話……………①664
好古の瘴気……………①570
仔ウサギちゃんいらっ
　しゃい……………①1405
工作員・西郷隆盛……①564
工作機械の空間精度・②601
交錯する台湾認識……①129

交錯と共生の人類学・②111
講座 実務家事事件手続
　法〈上〉……………②185
講座 実務家事事件手続
　法〈下〉……………②185
黄砂の籠城〈上〉……①1061
黄砂の籠城〈下〉……①1061
講座 臨床政治学〈第7
　巻〉………………②130
講座労働法の再生〈第1
　巻〉………………②466
講座労働法の再生〈第2
　巻〉………………②466
講座労働法の再生〈第3
　巻〉………………②466
講座労働法の再生〈第4
　巻〉………………②466
講座労働法の再生〈第5
　巻〉………………②466
講座労働法の再生〈第6
　巻〉………………②466
孔子…………………①465
麹甘酒パワーレシピ …②53
講師・インストラク
　ターハンドブック・②280
甲子園を目指せ！ 進学
　校野球部の勝利への
　方程式……………①220
甲子園監督……………①221
甲子園進化論…………①221
甲子園の負け方、教え
　ます………………①221
甲子園の名将が語る！
　なぜ大逆転は生まれ
　るのか……………①221
広辞苑はなぜ生まれた
　か…………………①623
孔子を捨てた国………②89
公式簿記会計仕訳ハン
　ドブック…………②321
公式ポケモンぜんこく
　図鑑〈2018〉………②280
公式リカちゃん完全読
　本…………………②286
公式TOEIC Listening
　＆ Readingトレーニ
　ング リスニング編
　　　　　　　……①659
公式TOEIC Listening
　＆ Readingトレーニ
　ング リーディング編
　　　　　　　……①659
公式TOEIC Listening
　＆ Reading問題集
　〈2〉………………①659
公式TOEIC Listening
　＆ Reading問題集
　〈3〉………………①659
工事契約実務要覧〈平成
　29年度版〉…………②440
高次元エネルギー秀蓮
　氣功で病を治せ！…①161
高次元シリウスが伝え
　たい 水晶（珪素）化す
　る地球人の秘密……②138
こうじしゃりょうのえ
　ほん………………①305
工事担任者試験 DD3種
　受験マニュアル〈2017
　年版〉……………②635
工事担任者 AI・DD総
　合種実戦問題〈2017
　秋〉………………②635
工事担任者 AI・DD総
　合種実戦問題〈2017
　春〉………………②635
工事担任者 DD1種実戦
　問題〈2017秋〉……②635
工事担任者 DD1種実戦

問題〈2017春〉……②635
工事担任者DD3種実戦
　問題〈2017秋〉……②635
工事担任者DD3種実戦
　問題〈2017春〉……②635
工事担任者 DD3種標準
　テキスト…………②636
皇室がなくなる日……①149
皇室制度史料 儀制 立太
　子〈上〉……………②149
皇室ってなんだ!?……②12
皇室の彩（いろどり） 百
　年前の文化プロジェ
　クト………………①832
皇室の祭祀と生きて・①149
こうして歴史問題は捏
　造される…………①578
"孝子"という表象……①476
高視認性安全服………②459
糀のある豊かな食卓…①53
高次脳機能障害………②715
高次脳機能障害のある
　人への復職・就職ガ
　イドブック………②52
高次脳機能障害の理解
　と診察……………②729
高次脳機能障害・発達
　障害・認知症のため
　の邪道な地域支援養
　成講座……………②52
高次脳機能障害領域の
　作業療法…………②715
こうじのくるま………①307
工事の車……………①307
高次のメッセージを伝
　えて悩みを解決して
　くれる33人〈Part1〉
　　　　　　　……①90
工事歩掛要覧 建築・設
　備編………………②623
工事歩掛要覧 土木編
　〈平成29年度版 上〉
　　　　　　　……②623
工事歩掛要覧 土木編
　〈平成29年度版 下〉
　　　　　　　……②623
侯爵家の花嫁………①1390
公爵様と傷心シンデレ
　ラ…………………①1399
侯爵様と身分違いの恋
　は運命を越えて…①1404
公爵様の可愛い恋人
　　　　　　　……①1401
公爵様の最愛なる悪役
　花嫁………………①1138
侯爵様の執着愛……①1397
公爵とシンデレラ…①1369
公爵と疎遠の妻……①1369
公爵と名もなき娘…①1369
公爵とのワルツは秘密
　の匂い……………①1338
公爵と裸足のシンデレ
　ラ…………………①1386
公爵と星明かりの乙女
　　　　　　　……①1396
侯爵と屋根裏のシンデ
　レラ………………①1386
公爵に捧げた無垢な恋
　　　　　　　……①1384
侯爵の帰還は胸さわぎ
　　　　　　　……①1337
公爵の秘密の世継ぎ〈1〉
　　　　　　　……①1373
公爵のルールを破るの
　は…………………①1337
公爵夫妻の幸福な結末
　　　　　　　……①1210
公爵夫妻の不器用な愛
　情…………………①1210

公爵夫妻の面倒な事情
　　　　　　　……①1210
公爵夫人はアメリカ令
　嬢…………………①1332
公爵令嬢の嗜み〈4〉
　　　　　　　……①1299
公爵令嬢の嗜み〈5〉
　　　　　　　……①1299
公爵令嬢は騎士団長
　（62）の幼妻〈7〉…①1175
侯爵令嬢は手駒を演じ
　る〈3〉……………①1227
侯爵令嬢は手駒を演じ
　る〈4〉……………①1227
公爵令息と記憶をなく
　したシンデレラ…①1400
校舎五階の天才たち
　　　　　　　……①1214
公衆衛生……………②760
公衆衛生学…………②760
公衆衛生学〈2017/
　2018〉……………②715
公衆衛生看護学.jp…②765
公衆栄養学…………②777
公衆栄養学〈2017年版〉
　　　　　　　……②777
公衆栄養学概論〈2017/
　2018〉……………②777
甲州・樫山村の歴史と
　民俗（2）…………②112
甲州戦国叙情伝……①1034
甲種ガス主任技術者試
　験 模擬問題集〈2017
　年度受験用〉………②628
甲種危険物取扱者試験
　〈平成29年版〉……②644
絞首台の謎…………①1345
口述労働「組合」法入門
　　　　　　　……②465
交渉学ノススメ……②359
考証 西郷隆盛の正体・①564
口上 人生劇場……①928
甲状腺クリーゼ診療ガ
　イドライン〈2017〉
　　　　　　　……②715
甲状腺の病気………①166
口承文芸と民俗芸能・②112
交渉力アップで看護部
　を変える、病院を変
　える………………②708
公職選挙にみるローマ
　帝政の成立………①600
公職選挙法令集〈平成29
　年版〉……………②146
高所作業を安全に……②459
高所作業の基礎知識・②459
皇女の騎士…………①1290
光二郎分解日記……①1080
荒神………………①1062
甲信越の名城を歩く 長
　野編………………①531
上野三碑を読む……①615
こうすればうまくい
　く！ 医療の配慮の必
　要な子どもの保育・①689
こうすればうまくい
　く！ 自閉症スペクト
　ラムの子どもの保育
　　　　　　　……①689
こうすればうまくい
　く！ ADHDのある子
　どもの保育………①682
こうすればできる！ 算
　数科はじめての問題
　解決の授業………①726
こうすれば解ける！ 文
　章題………………②651
こうすれば日本の医療
　費を半減できる……②706

構成学のデザイント
　レーニング………①876
合成香料……………②599
公正証書ア・ラ・カ・
　ル・ト……………②191
向精神薬、とくにベンゾ
　系のための減薬・断
　薬サポートノート・②743
向精神薬と妊娠・授乳
　　　　　　　……②760
公正の戦闘規範……①1126
公正取引委員会年次報
　告（独占禁止白書）
　〈平成29年版〉……②272
校正のレッスン ……②16
抗生物質と人間……②715
更生保護制度………②78
厚生労働白書〈平成29年
　版〉………………②174
抗争……………………①1066
構造・構築・建築……②621
構造材料の耐火性ガイ
　ドブック〈2017〉…②621
構造素子……………①1125
構造的因果モデルの基
　礎…………………②517
構造としての語り …①907
構造と主体……………②259
香草・ハーブレシピ …①53
構造物性物理とX線回折
　　　　　　　……②664
構造物の補修補強……②617
構造力学……………②604
高速艦船物語………②626
高速メソッドで英語が
　どんどん話せる本…①644
高卒外交官が実践！ 人
　生を変える努力…①122
高卒警察官 "教養試験"
　過去問350〈2018年度
　版〉………………②183
高卒採用は宝の山……②329
高卒〈3類・B〉警察官採
　用試験実戦テスト
　〈2019年度版〉……②183
高卒消防官採用試験実
　戦テスト〈2019年度
　版〉………………②183
高卒製造業のワタシが
　31歳で家賃年収1750
　万円になった方法！
　　　　　　　……②423
高卒 全国市役所職員採
　用試験 実戦テスト
　〈2019年度版〉……②176
"高卒程度"警察官採用
　試験問題集〈2018年度
　版〉………………②183
高卒程度公務員直前必
　勝ゼミ〈29年度〉…②176
高卒元プロ野球選手が
　公認会計士になっ
　た！………………②488
酵素で腸が若くなる・①148
酵素ファスティング検
　定 公式テキスト＆問
　題集………………①148
恋うた………………①969
幸田文………………①911
皇太后のお化粧係……①1176
皇太子殿下の秘密の休
　日…………………①1397
皇太子の愛妾は城を出
　る…………………①1223
高・大卒程度併用全国
　市役所職員採用試験
　〈2019年度版〉……②176
広大地評価の重要裁決
　事例集……………②411

書名索引

広大地評価はこう変わ
　る「地積規模の大き
　な宅地の評価」の新
　実務 ……………… ②421
幸田家のことば … ①939
合田佐和子 ………… ①841
康太の異世界ごはん〈2〉
　　　　　　　　　　①1241
康太の異世界ごはん〈3〉
　　　　　　　　　　①1241
「高太郎」のおつまみ和
　食 ………………… ①67
耕地及び作付面積統計
　〈平成28年〉……… ②452
高知 四万十・室戸 … ①196
高知城 ……………… ①255
高知の部落史 ……… ②43
紅茶 味わいの「こつ」‥①47
紅茶エクスプレス …… ①47
紅茶館くじら亭ダイア
　リー ……………… ①1157
こうちゃんとぼく … ①357
甲虫のはなし ……… ①308
校注 本藩名士小伝 … ①560
好調を続ける企業の経
　営者はいま、何を考
　えているのか？ …… ②280
校長の決断 ………… ①706
校長の力は「話す力・聞
　く力」で決まる …… ①700
「交通安全教室」クイズ
　このマークなーに？
　　　　　　　　　　①414
こうつうあんぜん どう
　するの？ ………… ①330
交通安全白書〈平成29年
　版〉………………… ②429
交通インフラの多様性
　　　　　　　　　　②140
交通学研究〈第60号〉
　　　　　　　　…② 429
交通経済のエッセンス
　　　　　　　　　　②429
交通サービスの革新と
　都市生活 ………… ②429
交通史研究〈第90号〉
　　　　　　　　　　①531
交通史研究〈第91号〉
　　　　　　　　　　①531
交通事故〈2〉……… ②217
交通事故過失割合の研
　究 ………………… ②217
交通事故偽装恐喝事件
　　　　　　　　　　①1091
交通事故裁定例集〈34
　〈平成27年度〉〉… ②217
交通事故事件処理マ
　ニュアル ………… ②217
交通事故・事件捜査実
　務必携 …………… ②217
交通事故診療 コミック
　版 ………………… ②715
交通事故捜査と過失の
　認定 ……………… ②217
交通事故統計年報〈平成
　28年版〉…………… ②217
交通事故の損害賠償と
　解決 ……………… ②217
交通事故被害者の生活
　支援 ……………… ②217
交通事故物の損害の認
　定の実際 ………… ②217
交通事故民事裁判例集
　〈第48巻 第6号〉… ②229
交通事故民事裁判例集
　〈第49巻 第1号〉… ②230
交通事故民事裁判例集
　〈第49巻 第2号〉… ②230
交通事故民事裁判例集

〈第49巻 第5号〉… ②230
交通小六法〈平成29年
　版〉………………… ②429
交通心理学 ………… ①479
交通心理学入門 …… ①479
交通政策白書〈平成29年
　版〉………………… ②429
交通統計〈平成28年版〉
　　　　　　　　　　②429
交通の記号とマーク … ①414
交通賠償実務の最前線
　　　　　　　　　　②217
皇帝が愛した小さな星
　　　　　　　　　　①1310
皇帝と拳銃と ……… ①1085
皇帝に魅入られる花嫁
　　　　　　　　　　①1402
皇帝の漢方薬図鑑 … ①174
皇帝陛下と年の差 愛さ
　れ奥さまライフ …… ①1405
皇帝陛下の愛され絵師
　　　　　　　　　　①1258
皇帝陛下の溺愛政策
　　　　　　　　　　①1403
コウテイペンギン … ①308
黄帝暦 八字占術 …… ①129
公的規制と独占禁止法
　　　　　　　　　　②375
公的年金ガイドブック
　〈2017年度版〉…… ②73
公的年金給付の総解説
　〈2017年〉………… ②73
甲鉄城のカバネリ
　　　　　　①841, ①1133
皇伝相性占術 ……… ①129
行動科学を使ったスト
　レスを消す技術 …… ①169
高等学校教育実習ハン
　ドブック ………… ①700
高等学校におけるアク
　ティブラーニング：
　理論編 …………… ①714
高等学校における特別
　支援学校の分校・分
　教室 ……………… ①682
高等教育研究のニュー
　フロンティア〈第20
　集〉………………… ①751
高等教育とはいかにあ
　るべきか ………… ①751
江東区あるある …… ①186
行動経済学入門 …… ②259
高等裁判所刑事裁判速
　報集〈平成28年〉… ②227
行動志向の英語科教育
　の基礎と実践 …… ①734
行動主義の心理学 … ①479
行動障害のある人の
　「暮らし」を支える ‥②52
高等商業学校の経営史
　　　　　　　　　　①756
行動する社会言語学〈2〉
　　　　　　　　　　①621
行動する多面体 …… ①911
高等専修学校における
　適応と進路 ……… ①751
高等地図帳〈2017 -
　2018〉……………… ①211
「行動できない」自分か
　らの脱出法！……… ①91
香道の美学 ………… ①271
行動派スクールリー
　ダーの経験的教職論
　　　　　　　　　　①706
行動分析的“思考法”入
　門 ………………… ①479
「行動四原則」で強くな
　る吹奏楽 ………… ①738
行動力をはぐくむ教室

　　　　　　　　　…①714
合同労組・ユニオン対
　策マニュアル …… ①465
公徳の国JAPAN …… ①449
高度経済成長に挑んだ
　男たち …………… ②140
港都神戸を造った男 ‥①928
高度試験午前1・2〈2018
　年版〉……………… ②563
高度実践看護 ……… ②765
高度専門職業としての
　ソーシャルワーク …②52
高度物理刺激と生体応
　答 ………………… ②715
江都落涙〈4〉……… ①1028
公取委実務から考える
　独占禁止法 ……… ②375
高トルク＆高速応答！
　センサレス・モータ
　制御技術 ………… ②595
校内限定彼氏 ……… ①367
校内限定彼氏〈2〉… ①367
江南の水上居民 …… ②119
高認があるじゃん！
　〈2017〜2018年版〉… ①742
公認会計士試験 短答式
　監査論理論科目集中
　トレーニング〈平成30
　年版〉……………… ②488
公認会計士試験 短答式
　企業法 理論科目集中
　トレーニング〈平成30
　年版〉……………… ②488
公認会計士試験 短答式
　財務諸表論 理論科目
　集中トレーニング〈平
　成30年版〉………… ②488
公認会計士試験 短答式
　試験過去問題集〈2018
　年度版〉…………… ②488
公認会計士試験 論文式
　監査論 セレクト30題
　　　　　　　　　　②488
公認会計士試験 論文式
　試験 選択科目 過去問
　題集〈2017年度版〉
　　　　　　　　　　②489
公認会計士試験 論文式
　試験 必修科目 過去問
　題集〈2017年度版〉
　　　　　　　　　　②489
公認会計士短答式対策
　問題集 企業法肢別
　チェック〈2017年版〉
　　　　　　　　　　②489
公認野球規則2017
　Official Baseball
　Rules …………… ①221
光年の森 …………… ①850
こうの早苗のデイリー
　コーディネート …… ①77
コウノドリ ………… ①348
コウノトリのコウちゃ
　ん ………………… ①330
香の本 ……………… ①271
コウノメソッドでみる
　認知症診療 ……… ①175
コウノメソッドでみる
　認知症の歩行障害・
　パーキンソニズム ‥①176
コウノメソッド流 認知
　症診療スピードマス
　ター ……………… ①176
後輩がこんなにスパダ
　リなんて聞いてない
　　　　　　　　　　①1317
硬筆書写技能検定1・2
　級合格のポイント〈平

　成29年度版〉……… ①17
硬筆書写技能検定3級合
　格のポイント〈平成29
　年度版〉…………… ①17
硬筆書写技能検定4級合
　格のポイント〈平成29
　年度版〉…………… ①17
幸福エネルギーの受け
　取り法則 ………… ①91
幸福結婚をあなたへ・ ①115
興福寺中金堂再建・法
　相柱柱絵完成記念 興
　福寺の寺宝と畠中光
　享 ………………… ②834
幸福実感社会への転進
　　　　　　　　　　②97
幸福と日本文化のミス
　マッチ …………… ①20
「幸福な日本」の経済学
　　　　　　　　　　②259
幸腹な百貨店 ……… ①981
幸福について ……… ①470
幸福の科学的「演出論」
　入門 ……………… ①502
降伏の記録 ………… ①928
幸福の「資本」論 …… ②259
幸福の条件 ………… ①449
幸福の商社、不幸のデ
　パート …………… ①928
幸福の手紙 ………… ①1077
幸福の哲学 ………… ①449
幸福はただ私の部屋の
　中だけに ………… ①957
幸福暦〈平成30年〉… ①134
幸福論 ……… ①449, ①467
幸福論 くじけない楽観
　主義 ……………… ①474
鉱物と宝石 ………… ①399
鉱物のお菓子 ……… ①70
鉱物 人と文化をめぐる
　物語 ……………… ②678
鉱物・宝石のひみつ ‥①399
構文解析 …………… ②522
高分子ゲル ………… ②670
高分子ゲルの物理学 ‥②664
高分子材料シミュレー
　ション …………… ②670
高分子微粒子ハンド
　ブック …………… ②599
興奮しやすい子どもに
　は愛着とトラウマの
　問題があるのかも ‥①757
構文の意味と拡がり ‥①621
黄文雄の「歴史とは何
　か」……………… ①592
神戸・近代都市の形成
　　　　　　　　　　①536
神戸高商と神戸商大の
　会計学徒たち …… ①756
神戸製鋼所の就活ハン
　ドブック〈2019年度
　版〉………………… ①290
神戸っ子の応接間 … ①928
神戸とコーヒー …… ②23
神戸・阪神間 美味しい
　酒場 ……………… ①40
神戸百年の大計と未来
　　　　　　　　　　①155
神戸便利情報地図 … ①212
神戸モスク ………… ①529
神戸ものがたり …… ①951
神戸・六甲山の樹木ハ
　ンドブック ……… ②689
コウペンちゃん …… ①841
工法革命 …………… ②617
興亡の世界史 近代ヨー
　ロッパの覇権 …… ①600

興亡の世界史 スキタイ
　と匈奴 遊牧の文明
　　　　　　　　　　①592
興亡の世界史 大英帝国
　という経験 ……… ①604
興亡の世界史 地中海世
　界とローマ帝国 … ①600
興亡の世界史 東インド
　会社とアジアの海 ‥①588
広報マスコミハンド
　ブック PR手帳〈2018
　年版〉……………… ②10
広報・PR資格試験過去
　問題集〈2017年度改
　訂〉………………… ②505
広報・PR担当者のため
　のデザイン入門 … ②340
広報・PRの実務 …… ②340
酵母パン宗像堂 …… ①34
傲慢王の花嫁選び … ①1403
傲慢上司と生意気部下
　　　　　　　　　　①1326
傲慢紳士と溺愛クルー
　ズ ………………… ①1314
高慢と偏見 ………… ①1329
傲慢な億万長者の誤算
　　　　　　　　　　①1383
高慢令嬢と誘拐犯 … ①1400
光明皇后 …………… ①542
公民館を創る ……… ②158
公民館における災害対
　策ハンドブック …… ②583
公民館必携〈平成29年
　版〉………………… ②158
公民連携白書〈2017〜
　2018〉……………… ②174
公務員をめざす人の本
　〈'19年版〉………… ②176
公務員試験 受かる勉強
　法 落ちる勉強法
　〈2019年度版〉…… ②176
公務員試験オールガイ
　ド〈2018年版〉…… ②176
公務員試験 学習スター
　トブック30年度試験
　対応 ……………… ②176
公務員試験過去問新ク
　イックマスター〈1〉
　　　　　　　　　　②176
公務員試験過去問新ク
　イックマスター〈2〉
　　　　　　　　　　②176
公務員試験過去問新ク
　イックマスター〈3〉
　　　　　　　　　　②176
公務員試験過去問新ク
　イックマスター〈4〉
　　　　　　　　　　②176
公務員試験過去問新ク
　イックマスター〈5〉
　　　　　　　　　　②176
公務員試験過去問新ク
　イックマスター〈6〉
　　　　　　　　　　②176
公務員試験過去問新ク
　イックマスター〈7〉
　　　　　　　　　　②176
公務員試験過去問新ク
　イックマスター〈8〉
　　　　　　　　　　②176
公務員試験過去問新ク
　イックマスター〈9〉
　　　　　　　　　　②176
公務員試験過去問新ク
　イックマスター〈10〉
　　　　　　　　　　②176
公務員試験過去問新ク
　イックマスター〈11〉
　　　　　　　　　　②176

公務員試験過去問新クイックマスター〈12〉………②176
公務員試験過去問新クイックマスター〈13〉………②176
公務員試験過去問新クイックマスター〈14〉………②176
公務員試験過去問新クイックマスター〈15〉………②176
公務員試験過去問新クイックマスター〈16〉………②177
公務員試験過去問新クイックマスター〈17〉………②177
公務員試験過去問新クイックマスター〈18〉………②177
公務員試験 技術系最新過去問 工学に関する基礎（数学・物理）〈2019年度版〉……②177
公務員試験 現職採点官が教える！ 合格面接術〈2018年度版〉……②177
公務員試験 現職採点官が教える！ 合格論文術〈2018年度版〉……②177
公務員試験 現職人事が書いた「公務員になりたい人へ」の本〈2019年度版〉……②177
公務員試験 現職人事が書いた「自己PR・志望動機・提出書類」の本〈2019年度版〉……②177
公務員試験 現職人事が書いた「面接試験・官庁訪問」の本〈2018年度版〉……②177
公務員試験 現職人事が答える公務員試験で受験生が気になること〈2019年度版〉…②177
公務員試験 国家総合職教養試験問題集〈2019年度版〉……②177
公務員試験 時事コレ1冊！〈2018年度採用版〉……②177
公務員試験 時事ザ・ベスト〈2018〉……②177
公務員試験 自然科学 ザ・ベストプラス…②177
公務員試験社会人基礎試験 "早わかり" 問題集〈2018年度版〉…②177
公務員試験 市役所上・中級採用試験問題集〈2019年度版〉……②180
公務員試験 新・初級スーパー過去問ゼミ 自然科学………②181
公務員試験 新・初級スーパー過去問ゼミ 社会科学………②181
公務員試験 新・初級スーパー過去問ゼミ 人文科学………②181
公務員試験 新・初級スーパー過去問ゼミ 数的推理………②181
公務員試験 新・初級スーパー過去問ゼミ 適性試験………②181
公務員試験 新・初級

スーパー過去問ゼミ判断推理………②181
公務員試験 新・初級スーパー過去問ゼミ 文章理解・資料解釈
公務員試験 新スーパー過去問ゼミ〈5〉………②177, 178
公務員試験 新谷一郎の行政法まるごと講義生中継………②178
公務員試験 人文科学2 ザ・ベスト プラス…②178
公務員試験 すばやく解ける数的推理・判断推理・資料解釈〈2019年度版〉………②181
公務員試験スピード解説 国際関係………②178
公務員試験 スピード解説 マクロ経済学…②178
公務員試験 スピード解説 ミクロ経済学…②178
公務員試験 速攻の英語〈2018年度版〉………②178
公務員試験 速攻の時事………②178
公務員試験 速攻の時事実戦トレーニング編………②178
公務員試験 速攻の自然科学〈2018年度版〉………②178
公務員試験 大卒程度警察官採用試験問題集〈2019年度版〉……②183
公務員試験地方上級〈'19年版〉………②181
公務員試験 地方上級教養試験問題集〈2019年度〉………②180
公務員試験地方初級〈'19年版〉……②181
公務員試験 地方初級・国家一般職（高卒者）テキスト 国語・文章理解………②181
公務員試験 地方初級・国家一般職（高卒者）テキスト 自然科学………②181
公務員試験 地方初級・国家一般職（高卒者）テキスト 社会科学………②181
公務員試験 地方初級・国家一般職（高卒者）テキスト 人文科学………②182
公務員試験 地方初級・国家一般職（高卒者）テキスト 数学・数的推理………②182
公務員試験 地方初級・国家一般職（高卒者）テキスト 判断推理・資料解釈………②182
公務員試験 地方初級・国家一般職（高卒者）問題集 国語・文章理解………②182
公務員試験 地方初級・国家一般職（高卒者）問題集 自然科学…②182
公務員試験 地方初級・国家一般職（高卒者）問題集 社会科学…②182
公務員試験 地方初級・

国家一般職（高卒者）問題集 人文科学…②182
公務員試験 地方初級・国家一般職（高卒者）問題集 数学・数的推理………②182
公務員試験 地方初級・国家一般職（高卒者）問題集 判断推理・資料解釈………②182
公務員試験 地方初級テキスト＆問題集〈2019年度版〉………②182
公務員試験 地方中級用試験問題集〈2019年度版〉………②181
公務員試験 出るとこ過去問 行政学 セレクト70………②180
公務員試験 出るとこ過去問 社会科学 セレクト55………②180
公務員試験 出るとこ過去問 政治学 セレクト100………②178
公務員試験 独学で合格する人の勉強法〈2019年度版〉………②178
公務員試験 畑中敦子×津田秀樹の「数的推理」勝者の解き方敗者の落とし穴NEO………②178
公務員試験 畑中敦子×津田秀樹の「判断推理」勝者の解き方敗者の落とし穴NEO………②178
公務員試験 畑中敦子の「数的推理」合格トレーニング………②178
公務員試験本試験過問題集 警視庁警察官1類〈2019年度採用版〉………②183
公務員試験 本試験過問題集 国税専門官〈2019年度採用版〉………②182
公務員試験 本試験過去問題集 国家一般職（大卒程度・行政）〈2019年度採用版〉………②178
公務員試験 本試験過去問題集 裁判所職員一般職（大卒程度）〈2019年度採用版〉………②178
公務員試験 本試験過去問題集 東京消防庁1類〈2019年度採用版〉………②183
公務員試験本試験過去問題集 東京都1類B（行政・一般方式）〈2019年度採用版〉………②180
公務員試験本試験過去問題集 特別区1類（事務）〈2019年度採用版〉………②180
公務員試験 本試験過去問題集 労働基準監督官A〈2019年度採用版〉………②182
公務員試験 無敵の文章理解メソッド………②178
公務員試験 面接・官庁

訪問 攻略の秘策〈2019年度採用版〉………②178
公務員試験 面接・官庁訪問の秘伝〈2018年度採用版〉………②178
公務員試験 論文・面接で問われる行政課題・政策論のポイント〈2018年度版〉………②178
公務員受験 適性試験 15日間スピード学習〈2019年度版〉………②178
公務員制度の法理論・②203
公務員の「異動」の教科書………②151
公務員の失業者退職手当制度の手引き………②152
公務員のための住民も納得の窓口対応………②152
公務員の旅費法質疑応答集………②152
公務員白書〈平成29年版〉………②174
公務員用一般常識〈'19〉………②178
公務員 論文試験の秘伝〈2019年度採用版〉………②180
公務員Vテキスト〈10〉………②180
工務店が教えるお得な家のつくり方………②389
工務店社長が教える5つの流儀………②423
抗命 柳尚雄の物語…②578
黄門さまの社会科クイズ〈2〉………①414
黄門さまの社会科クイズ〈3〉………①414
黄門さまの社会科クイズ〈4〉………①414
荒野………①998
口訳万葉集〈上〉………①901
口訳万葉集〈中〉………①901
口訳万葉集〈下〉………①901
高野山に生きて97歳 今ある自分にありがとう………①949
こうやって、考える。①91
荒野に立てば………①944
荒野に町をつくれ…①536
荒野のジャーナリスト 稲田芳弘………②701
曠野の花〈2〉………①573
公用文と法令に学ぶ 漢字と仮名使い分けの法則………②627
強欲の銀行カードローン………②383
煌翼の姫君………①1213
こう読めば面白い！ フランス流日本文学②902
高麗青磁・李朝白磁へのオマージュ………①874
高麗・宋元と日本①549
黄落の夕景………①950
合理主義競馬………①244
功利主義の逆襲………①449
小売商のフィールドワーク………②424
公立学校施設関係法令集〈平成29年〉………①758
公立学校施設整備事務ハンドブック〈平成29年〉………①700
公立・私立高校への進学 関西版〈2018〉①742

公立中高一貫校に合格させる塾は何を教えているのか………①714
効率厨魔導師、第二の人生で魔ства を極める〈7〉………①1194
効率厨魔導師、第二の人生で魔道を極める〈8〉………①1194
効率とコンプライアンスを高める e - 文書法 電子化早わかり………②281
公立保育所の民営化・①689
効率よく時間を使う人の暮らし方………②26
合理的にあり得ない………①1115
合理的配慮をつなぐ個別移行支援カルテ・①709
合理的配慮義務の横断的検討………②222
小売物価統計調査（構造編）年報〈平成27年〉………②415
小売物価統計調査（動向編）年報〈平成27年〉………②424
「高利回り」新築不動産投資の学校………②421
攻略！ 公立中高一貫校適性検査対策問題集総合編〈2018年度用〉………①742
勾留準抗告に取り組む………②212
興隆の旅………②89
交流モータの原理と設計法………②597
荒涼館〈1〉………①1334
荒涼館〈2〉………①1334
荒涼館〈3〉………①1334
荒涼館〈4〉………①1334
高齢患者へのインプラント治療………②754
高齢期を安心して過ごすための「生前契約書＋遺言書」作成のすすめ………②191
高齢期社会保障改革を読み解く………②47
高齢期における認知症のある人の生活と作業療法………①176
高齢者を低栄養にしない20のアプローチ・②741
高齢者介護に役立つハーブとアロマ……②69
高齢者介護のコミュニケーション研究……②69
高齢社会における信託制度の理論と実務・②377
高齢社会における租税の制度と法解釈②399
高齢社会の医療介護と地方創生………②66
高齢社会の政治経済学………②259
高齢社会白書〈平成29年版〉………②82
高齢者が動けば社会が変わる………②52
「高齢者差別」この愚かな社会………②66
「高齢者てんかん」のすべて………②729
高齢者糖尿病診療ガイドライン〈2017〉………②715
高齢者と楽しむマジック………②52

高齢者（75歳以上）の運動変性疾患に対する治療 ②751
高齢者に対する支援と介護保険制度 ②78
高齢者にも楽しめる東京近郊の尾根歩き ①189
高齢者の歯科診療はじめの一歩 介護・介助の基本スキル ②755
高齢者の性愛と文学 ①907
高齢者の生活資金捻出の切り札 リバース・モーゲージ ①109
高齢者のための漢方診療 ②741
高齢者のドライマウス ②755
高齢者の肺炎 ②741
高齢者の服薬支援 ②769
高齢者への戦略的歯科治療 ②755
高齢者理学療法学 ②741
高齢ドライバーの安全心理学 ①241
豪腕 ①223
港湾小六法〈平成29年版〉 ②185
港湾知識のABC ②626
港湾ロジスティクス論 ②607
港湾六法〈平成29年版〉 ②626
声をかける ①479
声を鍛える ②359
「声を整える」と人生が輝く ①122
声が20歳若返るトレーニング ①810
肥えグセが吹っとぶやせるストレッチ ①25
呉越春秋 湖底の城〈6〉 ①1061
呉越春秋 湖底の城〈8〉 ①1062
呉越春秋 戦場の花影 ①1059
越えてくる者、迎えいれる者 ①1326
声と文学 ①924
声なき叫び ①1086
声なき人々の戦後史〈上〉 ②13
声なき人々の戦後史〈下〉 ②13
声に出してマンガでおぼえる6年生の漢字 ①391
声に出して読みたい学級通信の「いいお話」 ①707
声にならなかった声 ①941
こえのことばの現在 ①893
声も出せずに死んだんだ ①1103
誤嚥性肺炎で困らない本 ②715
「ご縁」のつかみ方 ①133
凍った夏 ①1347
氷使いは栄光の夢を見る ①1182
氷の愛人 ①1377
氷の上のプリンセス ①360
氷の上のプリンセス ジュニア編〈1〉 ①360
氷の仮面 ①1388
氷の貴公子は幼妻をこっそり溺愛しています ①1398

氷の女王 ①1387
氷の伯爵 ①1385
氷の富豪が授けた天使 ①1383
氷の富豪と愛のナニー ①1381
氷の焔とそこにある恋と ①969
氷のCEOと一夜の秘密 ①1385
蟋蟀 ①994
5回おったら完成！へんしんおりがみ ①439
誤解するカド ①1116
誤解だらけの沖縄基地 ②168
誤解だらけの日本史 ①531
誤解の心理学 ①479
語学学習支援のための言語処理 ②522
“語学教師”の物語〈第1巻〉 ①756
五覚堂の殺人 ①1091
コカ・コーラで5兆円市場を創った男 ②307
古唐津そぞろ歩き ①900
碁が強い人はどのように上達してきたか？ ①247
五月よ 僕の少年よ さようなら ①962
古河と辺見貞蔵 ①564
小金原開墾の記録 ①537
古唐津復興 ①874
湖川友謙 サンライズ作品画集 ①850
五感 ①474
呉漢〈上〉 ①1062
呉漢〈下〉 ①1062
“五感を使った”売れる商品づくりのアイデア発想法 ②339
股関節がみるみるゆるむすごい腰割り体操 ①157
股関節・骨盤の画像診断 ②749
股関節の「内旋」が病気をつくりだす ①148
五感で学ぶ地域の魅力 ②23
五感で読むドイツ文学 ①924
ご機嫌な彼女たち ①985
ごきげんな主婦（わたし）でいるための56のアイデア ①5
ごきげんわんこの平休日 ①263
古希に乾杯！ ヨレヨレ人生も、また楽し ①954
ゴキブリ退治に殺虫剤は使うな！ ①695
顧客をしっかり囲い込む！ 小さな会社の販売チャネル戦略 ②301
顧客を説得する7つの秘密 ②359
顧客をつくり利益が上がるコールセンターの上手な運営法 ②281
顧客をミスリードしない自社株承継の実務 ②327
顧客視点の企業戦略 ②281

故旧哀傷 ①952
呼吸を変えると、人生良くなる ①122
呼吸器感染症 ②715
呼吸器疾患〈2〉 ②715
呼吸器疾患：Clinical-Radiological-Pathologicalアプローチ ②715
呼吸器の子 ②703
呼吸で10歳若返る ①157
呼吸美メソッド ①157
5級仏検公式ガイドブック ①669
呼吸療法認定士 “合格チャレンジ”100日ドリル〈2017・2018〉 ①779
故郷 ①1340
五行歌集 宇宙人に背中おされて ①969
五行歌集 白無垢を着て ①970
五行歌集 そ・ら ①970
五行歌集 机と椅子 ①970
五行歌集 薔薇色のまま ①970
五行歌集 プロジェクションマッピング ①970
古教心を照らす ②281
故郷喪失と再生への時間 ①97
跨境/日本語文学研究〈Vol.4〉 ①893
故郷はなきや〈第15巻〉 ①1042
故郷/埴生の宿 ①817
古稀領解 ①458
ご近所メルヒェンRPG ビーカーブー ①278
古今盛衰抄 ①950
古今和歌集 ①888
極悪専用 ①1079
極悪鳥になる夢を見る ①944
虚空のうた ①962
国益から見たロシア入門 ②127
国王陥落 ①1401
国王陛下とウェスラーの娘 ①1404
国王陛下の大迷惑な求婚 ①1159
国王陛下の逃げた花嫁 ①1401
国王陛下は俺様軍人 ①1397
国王陛下は身代わり侍女を溺愛する ①1401
国王陛下は無垢な姫君を甘やかに寵愛する ①1300
国外財産の移転・管理と税務マネジメント ②323
国軍の父・山県有朋の具体的国防論 ①502
酷幻想をアイテムチートで生き抜く〈5〉 ①1262
酷幻想をアイテムチートで生き抜く〈6〉 ①1262
国語を得意にするための1日5分ボキャブラリーあと2000プリントブック（小1〜6対応） ①723
国語学史 ①629
国語「書く力、伝える

力」の実力アップ編 ①682
国語科授業を変えるアクティブ・リーディング ①723
國語元年 ①784
国語教師のための国際バカロレア入門 ①723
国語嫌いな生徒の学習意欲を高める！ 中学校国語科授業の腕を磨く指導技術50 ①723
国語語彙史の研究〈36〉 ①629
国語国文〈第85巻第12号〉 ①629
国語国文〈第86巻 第1号〉 ①630
国語国文〈第86巻第2号〉 ①630
国語国文〈第86巻第3号〉 ①630
国語国文〈第86巻 第4号〉 ①630
国語国文〈第86巻 第5号〉 ①630
国語国文〈第86巻 第6号〉 ①630
国語国文〈第86巻 第7号〉 ①630
国語国文〈第86巻第8号〉 ①630
国語国文〈第86巻 第9号〉 ①630
国語国文〈第86巻第10号〉 ①630
国語国文〈第86巻第11号〉 ①630
国語・ことばの習熟プリント ①391
国語授業を変える「原理・原則」〈1〉 ①723
国語授業を変える「原理・原則」〈2〉 ①723
国語授業が100倍盛り上がる！ 面白ワーク＆アイテム大事典 ①723
国語授業における「深い学び」を考える ①723
国語好きな子に育つたのしいお話365 ①391
国語って、子どもにどう教えたらいいの？ ①723
國語讀本 高等小學校用 ①756
国語の授業がもっとうまくなる50の技 ①723
国語の授業で「主体的・対話的で深い学び」をどう実現するか ①723
国語は語彙力！ ①723
国語力 大人のテスト1000 ①623
国際援助・国際協力の実践と課題 ②122
「国際会議・研究発表・学術イベント」書くための英語表現 ①639
国際会計の実像 ②316
国際開発学研究〈第16巻第2号〉 ②259
国際化時代の日本語を考える ①623
国際化時代の農業と農政〈2〉 ②450
国際課税における重要な税務原則の再検討〈下巻〉 ②399
国際課税の基礎知識 ②399

国際課税の規範実現に係るグローバル枠組み ②399
国際課税ルールの新しい理論と実務 ②399
国際関係・安全保障用語辞典 ①122
国際関係学 ②122
「国際関係」の基本が“イチから”わかる本 ①122
国際関係論の生成と展開 ①122
国際関係論へのファーストステップ ①122
国際看護学 ②765
国際機関への就職 ②122
国際技術移転の理論 ②260
国際規範としての人権法と人道法 ②43
国際規範はどう実現されるか ②169
国際教育〈2017年（第23号）〉 ①751
国際共生と広義の安全保障 ②149
国際競争力を高める企業の直接投資戦略と貿易 ②281
国際協力キャリアガイド〈2017・18〉 ①290
国際協力の誕生 ①122
国際金融規制と銀行経営 ②383
国際金融都市・東京構想の全貌 ②377
国際金融論入門 ②260
国際結婚と多文化共生 ②97
国際航空海上捜索救助マニュアル〈第3巻〉 ②163
国際交渉の法律英語 ②649
国際交流を応援する本 10か国語でニッポン紹介〈1〉 ①414
国際交流を応援する本 10か国語でニッポン紹介〈2〉 ①414
国際交流を応援する本 10か国語でニッポン紹介〈3〉 ①414
国際交流を応援する本 10か国語でニッポン紹介〈4〉 ①414
国際交流を応援する本 10か国語でニッポン紹介〈5〉 ①414
国際交流のための現代プロトコール ①16
国際語としての英語 ①734
国際コミュニケーションの政治学 ②169
国際コンテナ輸送の基礎知識 ②417
国際債権契約と回避条項 ②218
国際司法裁判所判決と意見〈第5巻〉 ②227
国際条約集〈2017〉 ②218
国際人になりたければ英語力より歯を“磨け” ①182
国際制裁と朝鮮社会主義経済 ②250
国際政治 ②169
国際政治学 ②169
国際政治研究の先端〈14〉 ②122

国際政治史における軍
　縮と軍備管理 ……… ②122
国際政治理論の射程と
　限界 ……………… ②170
国際税務総覧〈2017 -
　2018〉 …………… ②399
国際税務ハンドブック
　………………………… ②323
国際セクシュアリティ
　教育ガイダンス …… ②679
国際船舶・港湾保安法
　及び関係法令 …… ②626
国際相続 …………… ②411
国際相続とエステート・
　プランニング …… ②191
国際租税法 ………… ②399
国際通貨体制の動向 … ②377
国際テロリズム …… ②122
国債統計年報〈平成28年
　度〉 ………………… ②272
国際取引の消費税QA
　………………………… ②405
国際取引法講義 …… ②218
国際農業開発入門 … ②446
国際ビジネスのための
　英米法入門 ……… ②219
国際評価基準〈2017年全
　面改正〉 …………… ②419
国際標準の英語検定で
　問われる英文法力 初
　級レベル ………… ①653
国際標準の考え方 … ②586
国際物流事業者要覧
　〈2018年版〉 ……… ②417
国際物流の理論と実務
　………………………… ②417
国際不法行為法の研究
　………………………… ②218
国際紛争 …………… ②122
国際法 ……………… ②218
国際貿易交渉と政府内
　対立 ……………… ②260
国際法研究〈5〉 …… ②218
国際法で読み解く戦後
　史の真実 ………… ②122
国際・未来医療学 … ②706
国際輸送ハンドブック
　〈2017年版〉 ……… ②417
国際連合 世界人口予測
　1960～2060〈2017年
　改訂版〉 …………… ②272
国際論文English投稿ハ
　ンドブック ……… ①653
国産マイコンボードGR
　- SAKURAではじめ
　る電子工作 ……… ②595
国士 ………………… ①1011
国字の字典 ………… ①627
刻字のテキスト …… ①871
黒鏽〈5〉 …………… ①1083
国循 心臓リハビリテー
　ション実践マニュア
　ル ………………… ②739
極上外ごはん ……… ①53
国生体操 …………… ①157
極上の恋を一匙 …… ①1324
極上の人生 ………… ①191
国税局査察官24時 … ②399
国政選挙総覧 ……… ②174
国税専門官対策 公務員
　Vテキスト〈16〉 … ②182
国勢調査地図シリーズ
　我が国の人口集中地
　区〈平成27年〉 …… ②269
国勢調査報告〈第1巻〉
　………………………… ②269
国税徴収法 総合問題+
　過去問題集〈2017年度
　版〉 ………………… ②489

国税徴収法 総合問題+
　過去問題集〈2018年度
　版〉 ………………… ②489
国税徴収法理論サブ
　ノート〈2018年版〉 … ②489
国税徴収法理論マス
　ター〈2018年度版〉
　………………………… ②489
国税通則・徴収・犯則法
　規集 ……………… ②399
国税通則法〈税務調査手
　続関係〉通達逐条解説
　〈平成30年版〉 …… ②399
国税通則法の理論と実
　務 ………………… ②399
国籍法違憲判決と日本
　の司法 …………… ②222
穀象 ………………… ①972
国造制・部民制の研究
　………………………… ②542
國體アヘンの正体 … ②570
國體講話 …………… ①615
國體の形而上學 …… ②140
こぐちさんと僕のビブ
　リアファイト部活動
　日誌 ……………… ①1281
獄中 ………………… ①1321
獄中閑 我、木石にあら
　ず ………………… ①928
獄中十八年 ………… ②173
国鉄広報部専属カメラ
　マンの光跡 ……… ②430
国鉄青春日記 ……… ②430
国鉄電車編成表86年版・
　JR電車編成表87年版
　………………………… ②430
国鉄マンが撮った昭和
　30年代の国鉄・私鉄
　カラー鉄道風景 … ②430
国鉄DD13形ディーゼル
　機関車〈上〉 ……… ②430
国鉄DD13形ディーゼル
　機関車〈中〉 ……… ②430
国鉄DD13形ディーゼル
　機関車〈下〉 ……… ②430
極道さんは愛されるパ
　パで愛妻家 ……… ①1313
極道さんは今日もパパ
　で愛妻家 ………… ①1313
極道さんはヤキモチ焼
　きなパパで愛妻家
　………………………… ①1313
極道大名 …………… ①1036
極道ぶっちゃけ話 … ②30
国土交通省会計実務要
　覧〈平成29年度版〉
　………………………… ②174
国土交通省機械設備工
　事積算基準〈平成29年
　度版〉 ……………… ②623
国土交通省機械設備工
　事積算基準マニュア
　ル〈平成29年度版〉
　………………………… ②623
国土交通省 機構関係法
　令集〈平成29年版〉
　………………………… ②229
国土交通省職員録 … ②174
国土交通省土木工事積
　算基準〈平成29年度
　版〉 ………………… ②623
国土交通省土木工事
　算基準による諸経費
　率早見表〈諸経費計算
　システム付〉 …… ②623
国土交通白書〈2017〉
　………………………… ②174
国土交通白書2017の読
　み方 ……………… ②174

国土交通六法〈社会資本
　整備編〉〈平成29年
　版〉 ………………… ②185
国土政策論〈上〉 …… ②170
国内旅行業務取扱管理
　者 過去問題集〈平成
　29年度版〉 ……… ②469
国内旅行業務取扱管理
　者試験テーマ別問題
　集〈2017〉 ……… ②469
コグニティブ競争戦略
　………………………… ②281
告白解禁 熟れごろ奥様
　のふしだら体験 … ②35
告白解禁 昭和淫ら妻の
　回顧録 …………… ②35
告白します、僕は多く
　の認知症患者を殺し
　ました。 ………… ①176
告白 三島由紀夫未公開
　インタビュー …… ①916
告白予行練習 イジワル
　な出会い ………… ①1133
告白予行練習 ハートの
　主張 ……………… ①1133
極秘司令室皇統護衛作戦
　………………………… ①578
「国富」喪失 ……… ②243
ごくフツーの営業マン
　が何でも売れる営業
　マンに変わるすごい
　「売り方」 ………… ②333
国宝土偶「仮面の女神」
　の復元 中ッ原遺跡
　………………………… ①613
国宝の政治史 ……… ②132
国宝の謎 …………… ①832
国保担当者ハンドブック
　〈2017〉 …………… ②73
黒魔孔 ……………… ①1083
こぐまになったピーナ
　………………………… ①330
国民経済計算年報〈平成
　27年度〉 ………… ②272
国民健康・栄養の現状
　………………………… ②726
国民国家と戦争 …… ②570
国民国家のリアリズム
　………………………… ②170
国民再統合の政治 … ②170
国民視点の医療改革 ・ ②706
「国民主義」の時代 … ②573
国民春闘白書〈2018年〉
　………………………… ②468
「国民食」から「世界食」
　へ ………………… ②444
国民的スターと熱愛中
　です ……………… ①1312
国民の栄養白書〈2017 -
　2018年版〉 ……… ②726
国民の覚醒を希う … ②20
国民のしつけ方 …… ②140
国民のための日本建国
　史 神武東征から邪馬
　台国「謎」の時代を解
　き明かす ………… ②542
国民のための名医ラン
　キング〈2018年版〉
　………………………… ②154
穀物の経済思想史 … ②267
黒曜のシークと黄金の
　姫君 ……………… ①1403
コクヨ式 1分間で伝わ
　る話し方 ………… ②357
コクヨの就活ハンド
　ブック〈2019年度版〉
　………………………… ②290
極楽鳥とカタツムリ
　………………………… ①1001

極楽プリズン ……… ①1084
国立科学博物館のひみ
　つ 地球館探検編 … ①826
国立景観裁判・ドキュ
　メント17年 ……… ②227
国立公園論 ………… ②574
国立国会図書館の理論
　と実際 …………… ②5
国立・私立小学校合格
　への道 関西版〈2018〉
　………………………… ①742
国立大学 附属学校のす
　べて ……………… ①742
国立大学法人等職員採
　用試験攻略ブック〈29
　年度〉 ……………… ②175
国立大学法人法コンメ
　ンタール ………… ①758
黒竜の花嫁 ………… ①1316
小暮写眞館〈3〉 …… ①1282
小暮写眞館〈4〉 …… ①1282
国連英検過去問題集 特
　A級〈2015 - 2016年度
　実施〉 ……………… ①659
国連英検過去問題集 A
　級〈2015 - 2016年度
　実施〉 ……………… ①659
国連英検過去問題集 B
　級〈2015 - 2016年度
　実施〉 ……………… ①659
国連英検過去問題集 C
　級〈2015 - 2016年度
　実施〉 ……………… ①659
国連英検過去問題集 D
　級/E級〈2015 - 2016
　年度実施〉 ……… ①659
国連・女性・NGO
　〈Part2〉 ………… ②36
国連で学んだ修羅場の
　リーダーシップ … ②122
黒狼と赤い薔薇 …… ①1243
こけこけコケコッコー
　………………………… ①330
こけし姉弟の春夏秋冬
　………………………… ①255
こけし探偵局 ……… ①850
コケット …………… ①1335
コケに誘われコケ入門
　………………………… ②686
コケの生物学 ……… ②687
語源が分かる恐竜学名
　辞典 ……………… ②681
沽券状 ……………… ①1031
呉趼人小論 ………… ②919
古建築を復元する … ②609
古建築の実測調査 … ②617
孤拳伝〈1〉 ………… ①1087
孤拳伝〈2〉 ………… ①1087
孤拳伝〈3〉 ………… ①1087
孤高の祈り ………… ①199
孤高の日章旗 ……… ①1130
孤高の日章旗〈2〉 … ①1130
孤高の日章旗〈3〉 … ①1130
孤高のメス 完結篇 … ①1079
ここがおかしい！ 小林
　節が壊憲政治を斬
　る！ ……………… ②140
ここが変わった！ 民法
　改正の要点がわかる
　本 ………………… ②204
ここが肝心！ 語彙力の
　ヘソ ……………… ①624
ここが知りたい遺伝子
　診療はてな？ BOOK
　………………………… ②715
ここが知りたい 循環器
　の薬と使い方 …… ②739
ここが知りたい！ デジ
　タル遺品 ………… ①109

ここが知りたい！ 糖尿
　病診療ハンドブック
　Ver.3 ……………… ②716
ここがすごい！ 富山大
　学附属病院の最新治
　療 ………………… ②716
ここが凄い！ 日本の鉄
　道 ………………… ②433
ここがポイント！ 高齢
　者救急 …………… ②716
ここがポイント！ 3法
　令ガイドブック … ②689
ここがポイント！ レ
　ポート・論文を書く
　ための日本語文法 … ①633
ここから ………… ①775
ここから先は何もない
　………………………… ①1127
ここからスタート！ 睡
　眠医療を知る …… ①170
ココカラハジマル … ①775
ここからはじめる観光
　学 ………………… ②242
ここから始める！ 看護
　学校入学前ドリル … ②765
ここから始める政治理
　論 ………………… ②170
ココ・シャネルという
　生き方 …………… ①115
ココ・シャネルの言葉 … ①29
ここだけ持えよう！ 会
　社法のきほん …… ②197
ココだけチェック！ マ
　ンション管理士・管
　理業務主任者パー
　フェクトポイント整
　理〈2017年度版〉 … ②494
ここだけ読めば決算書
　はわかる！〈2018年
　版〉 ………………… ②321
心地よく暮らす ……… ①18
心地よく暮らす 小さな
　部屋のインテリア …①18
心地よさのありか …… ①942
ここで差がつく！ 仕事
　がデキる人の最速パ
　ソコン仕事術 …… ②535
ここで差がつく！ バン
　ドコンテストで勝つ
　ための本 ………… ①803
ここで釣れる北海道の
　港全ガイド ……… ①232
ここに気をつける！ 誘
　発電位ナビ ……… ②733
ここに気づけば、もう
　お金には困らない … ①91
午後二時の証言者たち
　………………………… ①983
ココニャさんちの障子
　破り猫軍団 ……… ①264
ココの森〈1〉 ……… ①348
9つのカテゴリーで読み
　解くグローバル金融
　規制 ……………… ②377
九つの星で運命を知る
　九星術 …………… ①131
九つ目の墓 ………… ①1343
午後の庭 …………… ①970
ここまできた重粒子線
　がん治療 ………… ②736
ここまできた部落問題
　の解決 …………… ②43
ここまで作れる！
　Raspberry Pi実践サ
　ンプル集 ………… ②548
ここまでできる！ ガン
　プラ製作完全ガイド
　………………………… ①286
ここまでわかった水素

水最新Q&A ……①148
ここまででわかった！
「図解」恐竜の謎… ②681
こころ彩る徒然草 ……①896
こうた ……①970
心を操る寄生生物 ……②682
心を操る超プロ　メンタ
リストになる！ ……①490
心を安定させる言葉 ……①91
心を癒やす仏像なぞり
描き ……①841
心を動かす介護の魔法
……②69
心を省みる ……①509
心を抱きしめると子育
てが変わる ……①11
心をつかみ思わず聴き
たくなる話のつくり
方 ……②359
心をつかむ、おもてな
しコミュニケーショ
ンの極意 ……②348
心をつかめば人は動く
……①479
こころをつなぐ離婚調
停の実践 ……①190
心を強くするストレス
マネジメント ……①169
心を整える写経と写仏
……①870
心をまっさらに、さら
し期〈31〉 ……①945
こころを満たす智慧 ……①519
心を休める習慣 ……①91
心が洗われ、迷いが晴
れる！　般若心経入門
……①516
心が折れない子が育つ
こども論語の言葉 ……①465
心が軽くなる仏教との
つきあいかた ……①509
こころが軽くなるマイ
ンドフルネスの本 ……①91
心がきれいになる365日
誕生花と名言 ……①106
心が元気になる美しい
絶景と勇気のことば
……①91
心が叫びたがってるん
だ。 ……①348
心が3℃温まる本当に
あった物語 ……①91
心が通じる手紙の美し
い言葉づかい　ひとこ
と文例集 ……①17
心が疲れたときに観る
映画 ……①795
心が伝わるお礼の手紙・
はがききちんとマ
ナーハンドブック ……①17
心がつながるのが怖い
……①490
心がみるみる晴れる坐
禅のすすめ ……①518
心が豊かになる　マ
ザー・テレサ　聖人の
言葉 ……①524
心がラクになる　ドイツ
のシンプル家事 ……①5
心が私を離れるとき ……①449
こころ菌 ……①382
心ころころ ……①513
志の力 ……①449
心さわぐ憲法9条 ……②199
心で触れるボディワー
ク ……①148
心と生き方 ……②281
こころとお話のゆくえ

ココロとカラダを元気
にする　ホルモンのち
から ……①944
心とカラダを整えるお
となのための1分音読
……①122
心と体を蝕む「ネット
依存」から子どもた
ちをどう守るのか ……①490
心と体が最強になる禅
の食 ……①509
ココロとカラダがやすまる
暮らし図鑑 ……②26
心とカラダが若返る！
美女ヂカラ　エクセレ
ント ……①122
ココロとカラダ　元気の
しくみ ……①148
心と体に効かせるはじ
めてヨガ ……①161
ココロとカラダに効く
ハーブ便利帳 ……①269
心と体にもっとやさし
く深く効く！　自然の
お守り薬 ……①148
こころとからだの上手
な休めかた ……①170
こころとからだのネジ
を緩めればうまくい
く ……②26
心と体の「老後のイキ
イキ健康術」 ……①160
心と心でお話しね ……①689
こころと人生 ……②26
心、止められなくて
……①1383
心なき王が愛を知ると
き ……①1338
心に「ガツン」と刺さ
る！　ホンネの金言
1240 ……①107
心にササるチラシデザ
イン ……①876
こころにとどく歎異抄
……①519
心に届く話し方65の
ルール ……②359
心にのこるオリンピッ
ク・パラリンピックの
読みもの〈別巻〉 ……①215
こころに残る家族の旅
……①184
心に残る名画 ……①944
心に火をつける「ゲー
テの言葉」 ……①924
心に火が付く！　最強の
リーダー力 ……①365
心に響くイラストを描
く ……①860
心に響くカッコイイ写
真が撮れる！ ……①252
心に響く樹々の物語 ……②687
心に響く3分間法話　や
わらか子ども法話 ……①513
心に響く葬儀・法要の
あいさつと手紙 ……①16
心に響く和のことばの
使い方 ……①624
こころに寄り添う災害
支援 ……②40
心の青空のとりもどし
方 ……①490
こころの医学入門 ……①743
心の糸車 ……①578
心の奥すか丸見え！　当
たりすぎて怖い心理
テスト ……①105
こころの温度を1℃あげ

よう ……①91
心の科学 ……①479
心の壁の壊し方 ……①91
こころの環境革命 ……①574
こころのクセを変える
コツ ……①122
心の健康を育むブレイ
ンジム ……①148
心の健康教育 ……①709
こころのこと ……①281
心のさんぽ ……①729
こころの疾患と香り ……②743
心の終末期医療 ……②704
「心の除染」という虚構
……①928
こころの深呼吸 ……①524
心の対話 ……①138
こころの地図 ……①490
心の接木 ……①952
心の哲学 ……①449
心のトリセツ「ユング
心理学」がよくわか
る本 ……①479
こころの中のヒット曲
愛のメロディー ……①809
こころの中のヒット曲
心のメロディー ……①809
こころの中のヒット曲
旅のメロディー ……①803
こころの中のヒット曲
夢のメロディー ……①809
ココロの虹 ……①330
心の発見　科学篇 ……①138
心の発見　神理篇 ……①138
こころのバランスシー
ト『3つの質問』 ……①91
こころのビタミン講座
……①91
「心の負担」を跳ねのけ
る方法 ……①91
「こころ」の名医が教え
る認知症は接し方で
100％変わる ……①176
心の問題と家族の法律
相談 ……①190
こころのいときょう
だいのこころ ……②743
こころの病に挑んだ知
の巨人 ……①490
こころの読み方 ……①954
心の論理 ……①449
心はいつ脳に宿ったの
か ……②727
心は1分で軽くなる！
……①490
「心は遺伝する」とどう
して言えるのか ……②716
心はどこから生まれる
のか ……①479
こころ華やぐなぞり描
き　ミュシャ ……①865
心は燃える ……①1340
心惹かれるカフェデザ
イン＆グラフィック
ス ……①876
心も体も元気になる
ハーブ育て＆活用法
……①269
心やさしき人々 ……①700
心やさしく賢い子に育
つみじかいおはなし
366 ……①348
心やさしくなるどうぶ
つのお話 ……①348
心屋さん、わたしの人
生、このままでいい
のかな？ ……①490
心屋仁之助のそれもす
べて、神さまのはか

らい。 ……①91
心やすらぐご利益別仏
像なぞり描き ……①834
心屋先生のお母さんが
幸せになる子育て ……①12
心のゆたかにボールペン
で楽しむ俳句 ……①17
『古今奇談英草紙』と白
話語彙 ……①899
古今東西エンジン図鑑
……②604
古今文様素材集 ……①881
古今妖怪蟲蟇〈るいる
い〉 ……①832
5歳アプローチカリキュ
ラムと小1スタートカ
リキュラム ……①682
5歳の子どもにできそう
でできないアート ……①826
後妻の島 ……①1404
5歳　ひらがなことば ……①689
5歳までにやっておきた
い　本当にかしこい脳
の育て方 ……①12
5才までの育脳法 ……①12
小酒井不木探偵小説選
〈2〉 ……①1088
午餐 ……①1337
御三家が斬る！ ……①1028
子サンタ・ポポナの種
物語 ……①348
虎山に入る ……①449
五山版中国禅籍叢刊〈第
8巻〉 ……①595
コージェネレーション
白書〈2016〉 ……②571
古事記学者（コジオタ）
ノート ……①542
古事記 ……①344、①542
古事記新解釈 ……①542
古事記と日本書紀どう
して違うの ……①542
古事記の暗号 ……①542
古事記の神様ゆかりの
地を旅する ……①542
五色の虹 ……①928
古事記の邪馬台国 ……①542
古紙クラフトのかご・
小もの ……①80
呉志剛先生の中国語発
音教室 ……①664
故事・ことわざ・四字熟
語 ……①628
575　朝のハンカチ　夜の
窓 ……①972
後七日御修法再興記 ……①517
碁史　中国・日本 ……①247
ゴシック建築リブ
ヴォールトのルーツ
……②609
ゴシックハート ……①907
ゴシック美術って、な
んだろう？ ……①430
50歳から個人で行くユ
ネスコ世界遺産の旅
……①91
50歳から人生を大逆転
……①91
50歳からの「お金の不
安」がなくなる生き
方 ……②389
50歳からの音読入門 ……①107
50歳からの「死」の覚
悟 ……①458
50歳からのネット
ショッピング ……②529
50歳からの脳活性ドリ
ル ……①275
50歳からは「筋トレ」

してはいけない　何歳
でも動けるからだを
つくる「骨呼吸エク
ササイズ」 ……①157
50歳から始める介護さ
れない体づくり ……①157
50歳から「見た目年齢−
10歳」に見える女（ひ
と）の着こなし ……①29
5時に帰るドイツ人、5時
から頑張る日本人 ……②97
腰・ひざ・肩の痛みが消
える！　エゴスキュー
体操DVDブック ……①172
越し人 ……①1006
小島信夫の文法 ……①911
「ごじゃ」の一分 ……②30
御朱印をはじめよう・①286
御朱印さんぽ　関東の寺
社 ……①192
御朱印帳ともぐる北海
道の神社70 ……①191
御朱印でめぐる関西の
神社 ……①194
御朱印でめぐる関東の
百寺 ……①192
御朱印でめぐる秩父 ……①192
55歳からのフルマラソ
ン挑戦 ……①235
55歳からはじめる長い
人生後半戦のお金の
習慣 ……②91
55事例でわかる取引相
場のない株式の評価
方法 ……②393
50過ぎたら、ものは引
き算、心は足し算 ……①115
50代がもっともっと楽
しくなる方法 ……①91
50代から、いい人生を
生きる人 ……①109
50代からしたくなるコ
ト、なくていいモノ
……①944
50代から本気で遊べば
人生は愉しくなる ……①91
50代から実る人、枯れ
る人 ……①109
50代、もう一度「ひと
り時間」 ……①952
五〇年の経験を本音で
語る　巨象インドの真
実 ……②87
50万円の元手を月収50
万円に変える不動産
投資法 ……②421
56歳でフルマラソン、
62歳で100キロマラソ
ン ……①235
ご主人様の結婚事情
……①1325
ご主人様の指先はいつ
も甘い蜜で濡れてい
る ……①1237
枯樹賦・文皇哀冊　褚遂
良 ……①870
呉昌碩篆刻字典 ……①871
古城に集う愛 ……①1393
胡椒息子 ……①1000
ごじょうめのわらしだ
……②23
御上覧の誉 ……①1046
古書カフェすみれ屋と
悩める書店員 ……①1089
古書店街の橋姫　公式ビ
ジュアルファンブッ
ク　大正百景 ……①841
ゴジラ幻論 ……①797
ゴジラの工房 ……①797

書名索引

ゴジラの中は ……… ①954
ゴジラ：ルーラーズ・オ
ブ・アース〈1〉…… ①850
ゴジラ：ルーラーズ・オ
ブ・アース〈2〉…… ①850
ゴジラ：ルーラーズ・オ
ブ・アース〈3〉…… ①850
ゴジラvsデストロイア
コンプリーション ・ ①797
個人型確定拠出年金
iDeCoで選ぶべきこ
の7本！ ……… ②389
個人型確定拠出年金
iDeCo プロの運用教
えてあげる！ ………②73
個人型確定拠出年金プラ
ンナー試験対策問題
集〈'17・'18年版〉 ②479
個人企業経済調査報告
（構造編）〈平成28年〉
…………………… ②272
個人企業経済調査報告
（動向編）………… ②273
個人再生の手引 ……①185
個人事業を会社にする
メリット・デメリット
がぜんぶわかる本・②281
個人事業と株式会社の
メリット・デメリット
がぜんぶわかる本・②281
個人事業主や中小企業
にも適用！ 改正個人
情報保護法がわかる
本 ………………… ②281
個人事業の教科書1年生
オールカラー版 … ②281
個人事業のはじめ方が
すぐわかる本〈'17
〜'18年版〉 ……… ②399
個人情報取扱者検定試
験模擬問題集〈17年度
試験版〉 ………… ②505
個人情報取扱者検定試
験模擬問題集〈'17年11
月試験版〉・プライバ
シーの実務ガイド・①185
個人情報保護オフィ
サー（銀行コース・生
命保険コース）試験問
題解説集〈2017年度
版〉 ……………… ②479
個人情報保護士認定試
験一発合格テキスト
＆問題集 ………… ②505
個人情報保護士認定試
験公式テキスト …②505
個人情報保護士認定試
験公式問題集 …… ②505
個人情報保護士認定試
験公認テキスト … ②505
個人情報保護ハンド
ブック ………… ②185
個人情報保護法 …… ②185
個人情報保護法制と実
務対応 …………… ②185
個人情報保護法相談標
準ハンドブック … ①185
個人情報保護法の現在
と未来 …………… ②140
個人情報保護法のしく
み ………………… ②185
個人情報保護法の知識
…………………… ②185
個人情報保護法の法律
相談 ……………… ①185
個人情報保護法・マイ
ナンバー制度 …… ②140
個人所得指標〈2017年

版〉 ……………… ②269
個人タクシー実務必携
〈平成29年度版〉 … ②429
個人的なことと政治的
なこと …………………②97
個人の税金ガイドブッ
ク〈2017年度版〉 … ②399
個人の税務相談事例500
選〈平成29年版〉 …②399
「個人・法人/地主・借
地人」の取引主体で
解きほぐす借地権の
税務判断 ………… ②192
コースアゲイン …… ①993
ゴースト …………… ①1124
ゴーストケース …… ①1209
ゴースト・スナイパー
〈上〉 ……………… ①1350
ゴースト・スナイパー
〈下〉 ……………… ①1350
コストゼロでも効果が
出る！ LINE@集客・
販促ガイド ……… ②530
ゴーストタウン …… ①1330
ゴーストドラム …… ①1337
ゴーストマン 時限紙幣
…………………… ①1353
ゴーストライダー：破
滅への道 ………… ①850
コスパ最強健康法43・①157
コスパ飯 ………………①34
コース別 本当に儲かる
血統大全〈2017-
2018〉 …………… ①244
コスメキッチンアダプ
テーション KYOKO
NAKAMOTO'S シ
ンプルオーガニック
マーケティング …… ②335
コスモスちょうじゃ・①330
コーズ・リレーテッド・
マーケティング ……②97
子連れで沖縄 ……… ①197
古諏訪の祭祀と氏族・①613
個性がキラリ 0・1・2歳
児の指導計画の立て
方 ………………… ①689
個性がキラリ 3・4・5歳
児の指導計画の立て
方 ………………… ①689
個性が光る！ 小さな会
社のブランディング
ブック …………… ①876
個性心理学 ……… ①479
御成敗式目編纂の基礎
的研究 …………… ①549
古生物 …………… ①401
戸籍アパルトヘイト国
家・中国の崩壊 …… ②132
戸籍実務研修講義 … ②204
戸籍実務六法〈平成30年
版〉 ……………… ②204
戸籍と無戸籍 ………②97
戸籍のことならこの1冊
…………………… ②204
戸籍のためのQ&A「婚
姻届」のすべて … ②204
戸籍のためのQ&A「離
婚届」のすべて … ②204
戸籍六法〈平成30年版〉
…………………… ②204
コーセーの就活ハンド
ブック〈2019年度版〉
…………………… ②290
5000円からの骨董入門
…………………… ①823
5000円ではじめる仮想
通貨投資入門 …… ②389
午前三時のサヨナラ

ゲーム …………… ①1106
御前試合〈6〉 …… ①1027
御前試合、暗転〈5〉・①1061
ご先祖様、ただいま捜
索中！ …………… ①616
五線とドレミでわかり
やすい！ やさしい大
正琴講座 ………… ①819
5000匹の命を救った
ペット気功 ……… ①456
古川柳入門 ……… ①904
午前零時の自動車評論
〈13〉 ……………… ①241
午前零時の自動車評論
〈14〉 ……………… ①241
子育てを元気にするこ
と …………………①12
子育てをもっと楽しむ
…………………… ①12
子育てがハッピーにな
る！ 子どもが望む "8
つのこと" …………①12
子育てがもっと楽しく
なるノート＆写真整
理術 ………………①12
子育て支援員研修テキ
スト ……………… ①689
子育て支援と経済成長
…………………… ①52
子育て支援の親子遊び
30分プログラム …①12
子育てしたいと言われ
ても ……………… ①1314
子育てに効くマインド
フルネス …………①12
子育ての視点が変わる
ホットワーク集 ……①12
子育ての大誤解〈上〉・①12
子育ての大誤解〈下〉・①12
子育て・孫育ての忘れ
物 …………………①12
湖村詩存 ………… ①911
古代飛鳥の都市構造・①542
古代出雲ゼミナール〈4〉
…………………… ①542
古代出雲繁栄の謎 … ①537
古代インド哲学史概説
…………………… ①467
古代エジプトを学ぶ・①599
古代尾張氏とヤマト政
権 ………………… ①542
古代からの贈り物 … ①872
古代ギリシアと社会学
…………………………①97
古代研究〈2〉 …… ②112
古代研究〈3〉 …… ②112
古代研究〈4〉 …… ②112
古代研究〈5〉 …… ①1894
古代研究〈6〉 …… ①894
古代豪族葛城氏と大古
…………………… ①542
古代国家成立と国際的
契機 ……………… ①542
古代国家と北方世界・①542
古代国家の地方支配と
東北 ……………… ①542
古代国家の土地計画・①542
古代語の謎を解く〈2〉
…………………… ①630
古代寺院建築の研究・②609
古代寺院造営の考古学
…………………… ①613
古代寺院の土地領有と
荘園図 …………… ①542
古代史の謎を解き明かす日
本人の正体 ……… ①542
古代史疑 ………… ①543

古代史講義 ……… ①543
古代信濃の地域社会構
造 ………………… ①537
古代史の真相 …… ①543
古代史 不都合な真実・①543
固体触媒 ………… ②670
古代諏訪とミシャグジ
祭政体の研究 …… ①613
古代太上天皇の研究・①543
古代地中海の聖ama社
会 ………………… ①588
古代地方寺院の造営と
景観 ……………… ①241
古代地名の国学的研
究 ………………… ①630
古代中国の語り物と説
話集 ……………… ①919
古代朝鮮の国家体制と
考古学 …………… ①599
古代天皇家と『日本書
紀』1300年の秘密 ・①543
古代東国の地方官衙と
寺院 ……………… ①543
古代都城の形態と支配
構造 ……………… ①543
古代における表現の方
法 ………………… ①894
古代日本語をよむ … ①630
古代日本人の生き方を
探る ……………… ①543
古代日本の神々の世界
…………………… ①543
古代の技術を知れば、
『日本書紀』の謎が解
ける ……………… ①543
古代の坂と堺 …… ①543
古代の天皇祭祀と神宮
祭祀 ……………… ①543
古代の日本がわかる事
典 ………………… ①543
古代の日本列島と東ア
ジア ……………… ①543
古代の文化圏とネット
ワーク …………… ①894
古代の文字文化 … ①543
固体物理と半導体物性
の基礎 …………… ②664
古代文芸論集 …… ①926
古代文明に刻まれた宇
宙 ………………… ②675
古代ユダヤで読み解く
物部氏と「アーク」の
謎 ………………… ①543
古代ローマの港町 オス
ティア・アンティカ
研究の最前線 …… ①600
古代ローマ法における
特示命令の研究 … ②222
古代倭国北縁の軋轢と
交流 ……………… ①543
答え方が人生を変える
…………………… ②359
答えの無い苦難の道は、
もう歩まない …… ①954
答えのない世界 … ②281
答えのない世界を生き
る ………………… ①449
答えは自分の中にある
…………………… ②70
答えられそうで答えら
れない語彙 ……… ①629
応ろ生きてる星 … ①1005
戸建て・集合住宅・オ
フィスビル建築設備
パーフェクトマニュ
アル〈2018-2019〉
…………………… ②621
木霊 ……………… ①972

こだますいのち〈2〉・②704
こだわらない ……… ①963
こだわらない人ほどう
まくいく！〈上〉 … ①91
こだわらない人ほどう
まくいく！〈下〉 … ①91
こだわり麺 ……… ①53
こだわる男のスタイリ
ングメソッド ……… ①29
誤断 ……………… ①1095
5段階の成長過程にもと
づいた中学校担任の
ための学級集団づく
り12ヶ月 ………… ①707
こちさ短篇集 …… ①994
古地図からみた古代日
本 ………………… ①543
古地図から読み解く 城
下町の不思議と謎・①560
古地図で歩く大阪ザ・
ベスト10 ………… ①194
古地図で歩く名古屋 歴
史探訪ガイド …… ①193
古地図で楽しむ近江・①537
古地図で楽しむ尾張・①537
古地図で楽しむ金沢・①537
古地図と地形図で楽し
む東京の神社 …… ①186
ゴチソウドロ どこにい
る？ ……………… ①330
ごちそうの木 …… ①312
コーちゃんと真夜中の
ブランデー ……… ①950
壺中天地 ………… ①537
ご長寿猫がくれた、し
あわせな日々 …… ①265
御宝宝〈平成30年〉 ・①134
コチョウラン …… ①267
こちらパーティー編集
部っ！〈8〉 ……… ①360
こちらパーティー編集
部っ！〈9〉 ……… ①360
コーチング学への招待
…………………… ①213
コーチングこんなとき
どうする？ ……… ①213
コーチングバレーボー
ル 基礎編 ……… ①226
国会を考える …… ②146
國會議員要覧〈平成29年
2月版〉 …………… ②174
國會議員要覧〈平成29年
11月版〉 ………… ②174
国会女子の忖度日記 ・②148
黒海地域の国際関係 ・②123
国家一般職「高卒・社会
人」"教養試験"過去問
350〈2018年度版〉・②178
国家一般職"高卒"・地
方初級公務員 一般知
能試験問題集〈2018年
版〉 ……………… ②182
国家一般職"高卒"・地
方初級公務員 適性試
験問題集〈2018年度
版〉 ……………… ②182
国家一般職「大卒」"教
養試験"過去問500
〈2018年度版〉 …… ②178
国家一般職「大卒」"専
門試験"過去問500
〈2018年度版〉 …… ②178
黒海の歴史 ……… ①600
国会便覧〈平成29年2月
新版〉 …………… ②174
国会便覧〈平成29年8月
新版〉 …………… ②174
国会便覧〈平成29年11月
臨時版〉 ………… ②174

國會要覧〈平成29年2月〉……②174

國會要覧〈平成29年11月版〉……②174

「国家英雄」が映すインドネシア……②87

国家がなぜ家族に干渉するのか……②140

骨格診断アドバイザーNAOの本当に「似合う服」で人生が変わる……①29

骨格診断×パーソナルカラー 本当に似合うBestアイテム事典……①29

骨格診断ファッションアナリスト 公式テキスト……①29

国家検定 2級キャリアコンサルティング技能検定学科問題集……②505

国家公務員・地方上級 過去問精選問題集 出たDATA問〈6〉……②180

国家公務員・地方上級 過去問精選問題集 出たDATA問〈7〉……②180

国家公務員・地方上級 過去問精選問題集 出たDATA問〈8〉……②180

国家公務員・地方上級 過去問精選問題集 出たDATA問〈9〉……②180

国家公務員・地方上級 過去問精選問題集 出たDATA問〈10〉……②180

国家公務員・地方上級 過去問精選問題集 出たDATA問〈11〉……②181

国家公務員・地方上級 過去問精選問題集 出たDATA問〈12〉……②181

国家公務員・地方上級 過去問精選問題集 出たDATA問〈13〉……②181

国家公務員・地方上級 過去問精選問題集 出たDATA問〈14〉……②181

国家公務員・地方上級 過去問精選問題集 出たDATA問〈15〉……②181

国家公務員・地方上級 過去問精選問題集 出たDATA問〈16〉……②181

国家公務員・地方初級〈1〉……②182

国家公務員・地方初級〈2〉……②182

国家公務員・地方初級〈4〉……②182

国家公務員の給与〈平成29年版〉……②152

国家資格 貸金業務取扱主任者資格試験受験教本〈第1巻〉……②479

国家資格 貸金業務取扱主任者資格試験受験教本〈第2巻〉……②479

国家資格 貸金業務取扱主任者資格試験受験教本〈第3巻〉……②479

国家資格 貸金業務取扱主任者資格試験受験教本〈第4巻〉……②479

国家資格 キャリアコンサルタント学科試験予想問題集……②505

国家資格取得のための新 衛生管理者受験六

法 第1・2種用……②628

国家資格に挑戦！ 知財検定2級テキスト・問題〈2017年～2018年度版〉……②506

国家資格に挑戦！ 知財検定3級テキスト・問題〈2017年～2018年度版〉……②506

国家試験受験のためのよくわかる会社法……②197

国家試験受験のためのよくわかる憲法……②200

国家専門職「大卒」"教養・専門試験"過去問500〈2018年度版〉……②178

国家総合職 "教養試験"過去問500〈2019年度版〉……②178

国家総合職 "専門試験"過去問500〈2019年度版〉……②178

国家と上座仏教……②514

国家の大穴 永田町特区警察……①1089

国家の危機管理……②170

国家の教育支配がすすむ……①752

国家の共謀……②140

国家の哲学……②222

国家の本音……②140

国家の矛盾……②140

国家繁栄の条件……①502

国家への道順……②45

国家論序説……②170

国旗で知る国際情勢……②123

国旗で読む世界史……①588

国境を越える市民社会 地域に根ざす市民社会……②260

国境線の魔術師……①1141

国境鉄路（紀行写真集）……②255

「国境」で読み解く世界史の謎……①588

「国境なき医師団」を見に行く……②123

コックリさんの父 中岡俊哉のオカルト人生……①144

国権と島と涙……②140

国公私立 首都圏の専門学校全調査〈2017〉……②746

ゴッサム・アカデミー：イヤーブック……①850

ゴッサム・アカデミー：カラミティ……①850

骨髄腫治療を理解するためのMyeloma Biology……②749

骨折の治療指針とリハビリテーション……②751

ゴッチ式トレーニング……②238

「ゴッドタン」完全読本……①768

骨盤リズムRPBダイエット……①25

ゴッホ原寸美術館 100% Van Gogh！……①836

ゴッホの耳……①828

固定資産税計算問題＋過去問題集〈2018年度版〉……②489

固定資産税 総合計算問題集〈2018年〉……②489

固定資産税の38のキホンと88の重要判例・②414

固定資産税理論サブノート〈2018年〉……②489

固定資産税理論マスター〈2018年度版〉……②489

古典籍索引叢書……②7

古典詰碁の世界……①247

古典詰碁の魅力……①247

古典的名著に学ぶ微積分の基礎……②657

古典との再会……①449

古典の叡智……①894

古典の小径……①893

古典のすすめ……①893

古典の細道……①948

古典文学の常識を疑う……①894

古典ラテン語辞典……②673

古典和歌の面白さを知る……①900

孤道……①1077

後藤加寿子のおせち料理……①67

後藤明生コレクション〈2〉……①889

後藤明生コレクション〈3〉……①889

後藤明生コレクション〈4〉……①889

後藤明生コレクション〈5〉……①889

個と家族を支える心理臨床実践〈3〉……①479

孤独を生きる言葉……①91

孤独を悩むな。……①91

孤独が人生を豊かにする……①91

孤独死ガイド……①109

孤独死大国……②52

孤独という名の生き方……①115

孤独とセックス……①35

孤独な公爵の花嫁探し……①1386

孤独な城主と囚われの娘……①1375

孤独な崇拝者〈41〉……①1357

孤独な世界の歩き方……①479

孤独な妻……①1386

孤独な天才俳優か!?……①1503

孤独なビッチ……①1399

孤独な富豪の愛する花嫁……①1399

孤独な領主……①1386

孤独になれば、道は拓ける。……①91

孤独のすすめ……①109

「孤独」は消せる。……①91

孤独は贅沢……①449

孤独論……①950

古都再見……①953

今年こそ行政書士！ 試験にデル判例〈2018年版〉……②238

今年の税務・法務まるわかり！ 税理士・会計士・FP必携 税務・法務モバイルブック〈2017〉……②323

今年の春は、とびきり素敵な春にするってさっき決めた……①946

「コト消費」の嘘……②38

ことづて屋……①1254

古都の証言……②23

古都台南へ……①202

言霊と日本……①630

言霊の思想……①449

コトダマの世界〈2〉……①630

コードで作る大人シンプルなアクセサリー……①74

琴電殺人事件……①1100

古都と新米社員と柊と……①999

古典的名著に学ぶ微積……

コトニズム・カタルシカ……①928

コードに対応したコーポレート・ガバナンス報告書の記載事例の分析〈平成28年版〉……②193

コードに対応したコーポレート・ガバナンス報告書の記載事例の分析〈平成29年版〉……②193

コードネーム・ヴェリティ……①1344

古都の占領……①540

言の葉の庭……①977

5度の臨死体験が教えてくれたこの世の法則……①91

ことば……①255

ことば教えて！〈2017年版〉……②417

言葉を使いこなして人生を変える……①91

ことばを育む・保育に活かす 言語表現……①674

言葉を「武器」にする技術……②359

「言葉」が人生を変えるしくみ その最終結論……①449

ことば大全墨場必携……①870

ことばだけでは伝わらない……②112

言葉で世界を裏返せ！……①939

言葉で人間を育てる菊池道場流「成長の授業」……①709

ことばでビンゴ!!小学1・2・3年生……①392

言葉となればもう古し……①904

ことばと表現力を育む児童文化……①674

ことばとフィールドワーク……①630

ことばと暴力……②170

言葉に命を……①925

ことば2・3・4歳……①304

「言葉にできる人」の話し方……②359

ことばによる望ましいコミュニケーションの方法……①674

ことばの温度……①91

ことばの科学……①621

ことばの恐竜……①909

ことばの散歩道〈7〉……①941

ことばの魔術〈2〉……①653

ことばのしっぽ……①963

言葉のチカラ……①91

ことばの認知プロセス……①621

言葉の果ての写真家たち……①252

言葉の花束……①841

ことばの魔術師……①682

ことばの万華鏡……①940

ことばの向こうがわ・①939

ことばの結びつき辞典……①632

ことばの豊かな子をそだてる くもんのうた200えほん……①802

言葉の羅針盤……①959

言葉は現実化する……①122

言葉はこうして生き残った……②16

ことばはなぜ今のような姿をしているのか……①621

ことばはフラフラ変わる……①621

言葉への道……②52

言葉屋〈4〉……①348

寿美菜子フォトブック ai！ みなこめし……①768

コード・ブルー……①1067

コード・ブルー〈上〉……①1067

コード・ブルー〈下〉……①1068

子どもをアクティブにするしかけがわかる！ 小学校算数「主体的・対話的で深い学び」30……①726

子どもを産む・家族をつくる人類学……②112

子供を開花させるモラル教育……①714

子どもを叱り続ける人が知らない「5つの原則」……①12

子どもを軸にしたカリキュラム・マネジメント……①715

こどもおしごとキャラクター図鑑……①414

子ども・大人の発達障害診療ハンドブック・①498

子どもおもしろ歳時記……①392

子どもが一瞬で書き出す！「4コマまんが」作文マジック……①723

子どもが動き出す授業づくり……①715

子どもが生まれても夫を憎まずにすむ方法……①4

子どもが変わる3分間ストーリー……①709

子ども学がやってきた……①689

子ども格差の経済学……①674

子ども学への招待……①689

「子どもがケアする世界」をケアする……①690

子どもが元気になる在宅ケア……①747

「子どもが主人公」の保育……①690

子どもが主役の学校、作りました……①700

子どもが成長するということの真相……①674

子どもが育つからだのしつけ……①12

子ども家庭福祉……②53

子ども家庭福祉論……②53

子どもがときめく人気曲＆どうようでリトミック……①690

子どもがどんどん賢くなる「絶対音感」の育て方……①12

子どもが本をひらくとき……①886

子どもがみるみる変わ
るコーチング …… ①709
こども・からだ・おんが
く 高倉先生の授業研
究ノート（DVD付き）
………………… ①738
子どもから始まる新し
い教育 ………… ①752
子どもからはじめる算
数…………………①726
子どもが論理的に考え
る！ "楽しい国語"授
業の法則 ……… ①723
こども かんきょう絵じ
てん …………… ①414
こども かんきょう絵じ
てん 小型版 …… ①414
こどもキッチン、はじ
まります。………①12
子ども虐待 家族再統合
に向けた心理的支援
…………………②53
子ども虐待対応におけ
るサインズ・オブ・
セーフティ・アプ
ローチ実践ガイド …②53
子ども・教師・保護者の
トライアングルほめ
日記 …………… ①707
子ども・子育て支援シ
リーズ〈第1巻〉 …②53
子ども・子育て支援シ
リーズ〈第2巻〉 …②53
子ども・子育て支援シ
リーズ〈第3巻〉 …②53
こども座右の銘280 …①107
こども「シェイクスピ
ア」………………①379
子ども消費者へのマー
ケティング戦略 …②335
子ども・成長・思春期の
ための料理選択型食
教育 食育プログラム
…………………①674
子ども・青年の文化と
教育 …………… ①752
子どもたちを"座標軸"
にした学校づくり …①715
子どもたちに詩の心を
伝える講話 …… ①725
子どもたちの生きるア
フリカ …………②119
子どもたちの階級闘争
…………………②53
子どもたちの光るこえ
…………………①700
子どもたちの未来を拓
く探究の対話「p4c」
…………………①715
こどもたちへ積善と陰
徳のすすめ …… ①465
子ども超訳 一生大切に
したい70の名言 …①107
こどもつかい …①1133
子どもつなひき騒動 …①330
こどもと行くグアム
〈2018・19〉 …②200
子どもと行く！ 東京
ディズニーランド
＆シー ………… ①192
こどもと行くハワイ
〈2017・18〉 …①208
子どもと行く！ ユニ
バーサル・スタジオ・
ジャパン ……… ①194
子どもと一緒に覚えた
い道草の名前 …②689
子どもと一緒に知る
「がん」になるってど

んなこと？ …… ②736
子どもと一緒に身につ
ける！ ラクして時短
の「そうじワザ」76 …①5
こどもと歌いたい季節・
行事のうた50 … ①803
こどもと歌いたい童謡・
あそびうた50 … ①803
子どもとおでかけ タダ
で楽しむ茨城・栃木・
群馬ベストガイド・①192
子どもと学校の考現学
…………………①752
子どもと教育の未来を
考える〈2〉 …… ①752
こどもと薬のQ&A …②769
子どもとことわざは真
実を語る ……… ①723
子どもと社会的養護の
基本 ……………②53
子どもと情報メディア
…………………②10
子どもと性 必読25問 タ
ジタジ親にならない
ために ……………①12
子どもと楽しむ日本
びっくり雑学500 …②32
子どもとつくる教室リ
フォーム ……… ①707
子どもと作るスイーツ
絵本 …………… ①434
子どもと共に歩む保育
…………………①690
子どもと共に学ぶ 新・
明解カテキズム …①524
子どもとはじめる英語
発音とフォニックス
…………………①644
子どもと学ぶScratchプ
ログラミング入門 …②548
こどもと読む東洋哲学
易経 陰の巻 …… ①460
子供に言えない動物の
ヤバい話 ……… ②691
子どもに教えてあげら
れる散歩の草花図鑑
…………………②689
子どもに「買ってはい
けない」「買ってもい
い」食品 ……… ①154
子供にしがみつく心理
…………………①480
子どもに食べさせたい
すこやかごはん …①53
子どもに食べさせたく
ない遺伝子組み換え
食品 …………… ①154
子どもに伝えたい和の
技術（8）……… ①414
こども 日本の歴史 …①426
子供に迷惑をかけない
お葬式の教科書 …①16
子どもにやさしい学童
保育 …………… ①690
子どもにやさしい学校
に………………①700
子どもにやる気を起こ
させる方法 …… ①715
子どもニュース いまむ
かしみらい …… ①414
子どもの「遊びこむ」姿
を求めて ……… ①690
子どものアトリエ …①953
子どものアレルギー …①181
子どもの安全と安心を
育む リスクマネジメ
ント教育の実践 …①700

子どもの意識を変える
…………………①674
子どもの一生を決め
る！「待てる」「ガマ
ンできる」力の育て
方…………………①12
子どもの運動能力をグ
ングン伸ばす！ 1時
間に2教材を扱う「組
み合わせ単元」でつく
る筑波の体育授業・①741
子どもの英語力は家で
伸ばす ………… ①639
子どものお金IQ 伸ばす
のはどっち？ …… ②389
子どもの学力を伸ばす
「黄金の習慣」… ①715
子どもの学力は12歳ま
での「母親の言葉」で
決まる。………… ①674
子どもの学力は「ふせん
ノート」で伸びる …①715
子どものかわいさに出
あう …………… ①682
子どもの側に立つ学校
…………………①752
子どもの気質・パーソ
ナリティの発達心理
学 ……………… ①498
子どものぎもん事典 こ
んなとき、どうす
る？ …………… ①414
子どもの虐待防止・法
的実務マニュアル …②53
子どものグリーフの理
解とサポート …②53
子どもの権利ガイド
ブック …………②53
子どもの権利が拓く …②53
子どもの権利とオンブ
ズワーク ………②53
子どもの語彙力を伸ば
すのは、親の務めで
す。………………①16
子どもの心をガッチリ
つかむ！ とっておき
の教室トーク＆学級
経営ネタ60 …… ①707
子どもの心をつかむ！
指導技術「ほめる」
ポイント「叱る」ルー
ル あるがままを「認
める」心得 …… ①715
子どものこころに伝わ
る魔法の「ほめ方」
「叱り方」………①12
子どもの心に届く「い
い言葉」が見つかる
本 ……………… ①107
子どもの心に寄り添っ
て ……………… ①707
子どものこころの生き
た理解に向けて …①490
子どもの個性を引き出
す楽な式おもしろ
造形タイム …… ①690
子どものこよみしんぶ
ん……………… ①429
子どもの才能を最大限
伸ばす子育て …①12
子どもの才能を引き出
すコーチング …①414
子どもの幸せと親の幸
せ…………………①12
子供の死を祈る親たち
…………………②109
子どもの思考をアク
ティブにする！ 小学
校理科授業ネタ事典

…………………①729
子どもの自己肯定感UP
コーチング …… ①709
子どもの事故防止に関
するヒヤリハット体
験の共有化と教材開
発 ……………… ①690
子どもの視点でポジ
ティブに考える 問題
行動解決支援ハンド
ブック ………… ①682
子どもの社会的養護 …②53
子どもの手芸 楽しいか
わいいボンボン …①74
子どもの手芸 ワクワク
楽しいアイロンビー
ズ ……………… ①74
子どもの食と栄養 …②53
子どもの食と栄養演習
ブック ………… ①690
子どもの身長ぐんぐん
メソッド …………①12
子どもの生活と心身の
健康 …………… ①700
子どもの精神分析的心
理療法の基本 …①491
子どもの成績を「伸ば
す親」と「伸ばせない
親」の習慣 ……①16
子どもの成績は、お母
さんの言葉で9割変わ
る！ ……………①12
子どもの成長を支える
発達教育相談 …①498
子どもの成長をつなぐ
保幼小連携 …… ①690
子供の世界 子供の造形
…………………①690
子どもの"総合的な能
力"の育成と生きる力
…………………①715
子どもの里親委
託・養子縁組の支援 …②53
子どものための主権者
教育 …………… ①674
子どものためのニッポ
ン手仕事図鑑 …①414
子どものための発達ト
レーニング ……①9
子どものための美術史
…………………①430
子どものためのまんが
で読む古事記〈1〉…①344
子どもの腸には毒にな
る食べもの 食べ方
…………………①168
コドモの定番 …①942
子どものデザイン …①715
子どもの手しごとブッ
ク ワクワクお花屋さ
ん気分 ………… ①429
子どもの"内面"とは何
か……………… ①757
子どもの「なんで？」を
逃さない！ 理科好き
の子どもを育てる本
…………………①729
子どもの脳を傷つける
親たち ………… ②747
子どもの肌の一生を決
める 0歳からのスキ
ンケア ………… ①12
子どもの歯と口のケガ
…………………①182
子どもの病気 …①168
子どもの病気・けが 救
急＆ケアBOOK …①168
子どもの病気SOS …①168
子どもの敏感さに困っ

たら読む本 …… ①491
「子どもの貧困」を問い
なおす ………… ②53
子どもの貧困・大人の
貧困 …………… ①414
「子どもの貧困」解決へ
の道 ……………②53
子どもの貧困対策と教
育支援 …………②53
子どもの貧困と教育の
無償化 ………… ①752
子どもの貧困に向きあ
える学校づくり …②53
子どもの貧困・不利・困
難を越える学校 …①752
子どもの福祉 …②54
子どものプレイフルネ
スを育てるプレイ
メーカー ……… ①690
子どもの"プログラミン
グ的思考"をグングン
伸ばす本 ……… ②549
子どもの変化に気づく
センスの磨き方 …①709
子どもの放課後にかか
わる人のQ&A50 …①715
子どもの法定年齢の比
較法研究 ……… ②222
子どもの防犯マニュア
ル ……………… ①674
子どもの法律入門 …②215
子どもの保健（1）…①168
子どもの保健（2）…①699
子どものボールゲーム
指導プログラム バル
シューレ ……… ①715
子どもの本のよあけ …①886
子どもの学びをデザイ
ンする ………… ①715
子どもの味覚を育てる
…………………①34
子どもの見ている世界
…………………①12
子どもの未来を創造す
る体育の「主体的・対
話的で深い学び」…①741
子どもの未来が楽しみ
になる幼児教育 …①690
子どものむし歯予防は
食生活がすべて …①182
子どものやる気をなく
す30の過ち …… ①709
子どものやる気を引き
出す7つのコツ …①13
こどものろんご …①414
子どもは一週間で変わ
る………………①491
子ども白書〈2017〉…①758
子ども・パートナーの
心をひらく「聴く力」
…………………①491
子どもはハテナでぐん
ぐん育つ 指導法と実
践例 …………… ①715
こどもはママのちっ
ちゃな神さま …①13
子ども・保護者・学生が
共に育つ 保育・子育
て支援演習 …… ①690
子どもマネジメント …①13
子供も大人もリアルな
仕上がりを楽しめる
動物のおりがみ …①81
こども妖怪・怪談新聞
…………………①386
こども りょうりのこと
ば絵じてん …… ①434
こども りょうりのこと
ば絵じてん 小型版

書名索引

……も論語 ………… ①434
こども論語 ………… ①392
子ども・若者支援と社
　会教育 ………… ①679
子ども・若者とともに
　行う研究の倫理 …… ①476
子供・若者白書〈平成29
　年版〉 ………… ②175
子ども3人、狭くても心
　地よく暮らす ……… ①6
コトラーのマーケティ
　ング4.0 ………… ②335
コトラー マーケティン
　グの未来と日本 …… ②260
小島冬馬の心像 …… ①1075
小鳥 飛翔の科学 …… ②696
「子なし」のリアル……②97
こなべちゃんのジャム
　……………………… ①330
こなものがっこう …… ①330
粉雪 ………………… ①1294
五人の海軍大臣 …… ①578
5人のバーテンダーが語
　る もう一つのBar物
　語 ………………… ①43
5人のプロに聞いた！
　一生モノの学ぶ技術・
　働く技術 ………… ①677
こねことこねこ …… ①330
こねこねこのて …… ①841
子ネコのスワン …… ①312
こねこのブーフー〈5〉
　……………………… ①312
こねこのブーフー〈6〉
　……………………… ①312
こねこのブーフー〈7〉
　……………………… ①312
こねこのブーフー〈8〉
　……………………… ①312
こねてのばして …… ①330
コーネンキなんてこわ
　くない …………… ①115
5年後、金持ちになる人
　貧乏になる人 …… ②389
5年後に笑う不動産 … ②419
5年で売上1億円を達成
　した社労士が助成金
　で顧客をどんどん増
　やす方法を教えます
　…………………… ②281
五年霊組こわいもの係
　〈10〉 …………… ①360
五年霊組こわいもの係
　〈11〉 …………… ①360
五年霊組こわいもの係
　〈12〉 …………… ①360
このあいだになにが
　あった？ ………… ①330
この椅子が一番！ …… ①3
この一曲に賭けた100人
　の歌手 …………… ①803
この1冊で安心!!新人公
　務員のメールの書き
　方 ………………… ②152
この一冊で芸術通にな
　る 大人の教養力 … ①766
この一冊で合格！ コン
　クリート技士徹底図
　解テキスト〈2017年
　版〉 ……………… ②628
この一冊で合格！ コン
　クリート診断士徹底
　図解テキスト〈2018年
　版〉 ……………… ②628
この1冊で合格！ 色彩
　検定2級テキスト&問
　題集 ……………… ①881
この1冊で合格！ 色彩
　検定3級テキスト&問

題集 ……………… ①881
この一冊で合格！ 知的
　財産管理技能検定3級
　テキスト&問題集
　〈2017年版〉 …… ②506
この1冊で「言葉力」が
　伸びる！ 中学生の語
　彙力アップ徹底学習
　ドリル1100 ……… ①723
この1冊ですべてがわか
　る経営者のための
　IPOバイブル …… ②281
この1冊ですべてがわか
　る！ 健康経営実務必
　携 ………………… ②281
この1冊ですべてわかる
　コーポレートガバナ
　ンスの基本 ……… ②377
この1冊ですべてわかる
　生産管理の基本 … ②589
この1冊ですべてわかる
　SCMの基本 …… ②589
この1冊で絶対合格！
　客室乗務員内定！ 完
　全版 受験対策書き込
　み式実践テキスト
　〈2019年就職版〉 … ②470
この1冊で大丈夫！ ア
　クセスネットワーク
　のすべて ………… ②526
この1冊で苦手を克服 超
　色鉛筆画レッスン … ①860
この1冊でポイントがわ
　かる「働き方改革」の
　教科書 …………… ②462
この1冊でわかる！「改
　正民法」要点のすべ
　て ………………… ②204
この1冊でわかる世界経
　済の新常識〈2018〉
　…………………… ②247
この嘘がばれないうち
　に ………………… ①992
この宇宙の片隅に … ②675
この宇宙は夢なんだ … ①449
この占いがすごい！ 神
　聖開運占術大全〈2018
　年版〉 …………… ①129
近衛秀麿 …………… ①815
近衛文麿 野望と挫折… ①578
このえほんだいすき！
　…………………… ①886
この想い、君に伝えた
　い ………………… ①1220
この業界・企業でこの
　「採用テスト」が使わ
　れている！〈2019年度
　版〉 ……………… ①290
碁の句 ……………… ①972
この国の息苦しさの正
　体 ………………… ②110
このくにのサッカー … ①228
この恋、革命系 …… ①1316
この恋、受難につき
　…………………… ①1317
この「こだわり」が、男
　を磨く …………… ①92
この子は育てにくい、
　と思っても大丈夫 … ①13
この次元に閉じ込めら
　れたすべての者たち
　へ 時間と空間を突破
　する智慧を授ける … ①138
この地獄を生きるのだ
　…………………… ②54
この自伝・評伝がすご
　い！ ……………… ①107
この終末、ぼくらは100
　日だけの恋をする

…………………… ①1247
この食事で自律神経は
　整う ……………… ①163
この素晴らしい世界に
　祝福を！〈11〉 …… ①1143
この素晴らしい世界に
　祝福を！〈12〉 …… ①1143
この素晴らしい世界に
　祝福を！〈13〉 …… ①1143
この素晴らしい世界に
　祝福を！ エクストラ
　あの愚か者にも脚光
　を！〈2〉 ………… ①1133
この素晴らしい世界に
　祝福を！ エクストラ
　あの愚か者にも脚光
　な、名脇役 ……… ①1133
この世界を知るための
　教養 ……………… ①123
この世界にiをこめて
　…………………… ①1206
「この世界の片隅に」劇
　場アニメ原画集 … ①850
『この世界の片隅に』の
　人間像 …………… ②33
（この世界はもう俺が
　救って権力を手
　に入れたし、女騎士
　や女魔王と城で楽し
　く暮らしてるから、
　俺以外の勇者は）もう
　異世界に来ないでく
　ださい。 ………… ①1160
この大動乱の世界で光
　り輝く日本人の生き
　方 ………………… ①20
このたび王の守護獣お
　世話係になりました
　…………………… ①1176
個の力がUPする 野手
　実戦メソッド …… ①221
この手の中を、守りた
　い〈1〉 …………… ①1181
この手の中を、守りた
　い〈2〉 …………… ①1181
この夏、恋に落ちて
　…………………… ①1395
この夏、僕は隣人を調
　教の旅に連れ出した。
　…………………… ①1400
この涙が枯れるまで
　…………………… ①1294
このパワーをあなたに
　…………………… ①138
この人、カフカ？ …… ①924
この皿でパーフェ
　クト、パワーサラダ… ①53
この星で生きる …… ①505
この星にうまれて …… ①330
この忘れられない
　本屋の話 ………… ①1326
この本をかくして …… ①312
「このまま人生終わっ
　ちゃうの？」と諦め
　かけた時に向き合う
　本。 ……………… ①92
このまま使えるDr.も
　DH も！ 歯科医院で
　患者さんにしっかり
　説明できる本 …… ②755
このままで終わらない
　終わらせない …… ①138
このママにきーめた！
　…………………… ①330
このミステリーがすご
　い！〈2018年版〉 … ①885
『このミステリーがすご
　い！』大賞作家書き

下ろしBOOK〈vol.
　16〉 ……………… ①1068
『このミステリーがすご
　い！』大賞作家書き
　下ろしBOOK〈vol.
　19〉 ……………… ①1068
この道をゆく ……… ①509
好みの革とパーツを選
　んで理想の手帳カ
　バーを作る ……… ①80
この胸いっぱいの好き
　を、永遠に忘れない
　から。 …………… ①1293
この問題、とけます
　か？ ……………… ①275
この問題、とけます
　か？〈2〉 ………… ①275
このヤクザ、極甘につ
　き ………………… ①1304
この勇者が俺TUEEEく
　せに慎重すぎる … ①1232
この勇者が俺TUEEEく
　せに慎重すぎる〈2〉
　…………………… ①1232
この勇者が俺TUEEEく
　せに慎重すぎる〈3〉
　…………………… ①1232
この夢がさめても、君
　のことが好きでも、好
　きで。 …………… ①1197
この世でもっとも大切
　な話 ……………… ①513
この世に命を授かりも
　うして …………… ①92
この世に「宗教」は存在
　しない …………… ①499
この世の春〈上〉 …… ①1062
この世の春〈下〉 …… ①1062
この世のメドレー … ①1018
この世は落語 ……… ①785
この世佳し ………… ①972
この夜を永遠に …… ①1369
このライトノベルがす
　ごい！〈2018〉 …… ①903
このBLがやばい！
　〈2018年度版〉 …… ①903
琥珀の夢〈上〉 …… ①985
琥珀の夢〈下〉 …… ①985
琥珀のRiddle〈4〉 … ①1209
ご破算で願いましては
　…………………… ①1035
コーパスから始まる例
　文作り …………… ①635
コーパスと自然言語処
　理 ………………… ①624
御法度〈2〉 ………… ①1058
語はなぜ多義になるの
　か ………………… ①621
拒めない誘惑〈4〉 … ①1375
小早川秀秋 ………… ①552
小林一三 …………… ②307
小林一三は宝塚少女歌
　劇にどのような夢を
　託したのか ……… ①774
小林一茶 …………… ①900
小林カツ代の日常茶飯
　食の思想 ………… ①42
小林清親 …………… ①835
小林正観CDブック 神様
　を味方にする法則 … ①138
小林信彦 萩本欽一 ふた
　りの笑タイム …… ①768
小林秀雄 …………… ①911
小林秀雄対話集 …… ①909
小林秀雄と河上徹太郎
　…………………… ①911
小林秀雄の超戦争 … ①911
小春ちゃん@ぽかぽか
　よりの作りおきで一

汁多菜献立 ……… ①53
コバルト文庫40年カタ
　ログ ……………… ①903
誤判 ………………… ②227
ごはん ごはん …… ①330
湖畔荘〈上〉 ……… ①1355
湖畔荘〈下〉 ……… ①1355
ごはんとセックスのお
　いしい関係 ……… ①184
ごはんのにおい …… ①330
コーヒーを淹れる午後
　のひととき ……… ①942
珈琲店エリカの半世紀
　…………………… ①47
コビトカバ ………… ①330
コーヒーと随筆 …… ①938
媚びない老後 ……… ①109
コピー年鑑〈2017〉 … ①340
珈琲の世界史 ……… ①47
咖啡（コーヒー）の旅 … ①47
コーヒーは楽しい！ … ①47
コーヒーはぼくの杖 … ②54
コービー・ブライアン
　ト 失う勇気 …… ②227
コピペで使える！ 動く
　PowerPoint素材集
　2000 …………… ②544
500m2以上の広い土地
　を引き継ぐ人のため
　の得する相続 …… ②411
五百羅漢を訪ねて …… ①255
5秒後に意外な結末 ミ
　ノタウロスの青い迷
　宮 ………………… ①348
5秒腹筋 劇的腹やせト
　レーニング ……… ①25
古布を着る。 ……… ①74
コフート自己心理学セ
　ミナー …………… ①480
ゴブリンサバイバー〈1〉
　…………………… ①1256
ゴブリンサバイバー〈2〉
　…………………… ①1256
ゴブリンサバイバー〈3〉
　…………………… ①1256
ゴブリンスレイヤー〈4〉
　…………………… ①1175
ゴブリンスレイヤー〈5〉
　…………………… ①1175
ゴブリンスレイヤー〈6〉
　…………………… ①1175
5分以内で助けよう！
　誤嚥・窒息時のアプ
　ローチ …………… ②716
5分間で心にしみるス
　トーリー ………… ①1133
5分後に後味の悪いラス
　ト ………………… ①1133
5分後に思わず涙。 … ①348
5分後に感動のラスト
　…………………… ①1133
5分後に驚愕のどんでん
　返し ……………… ①1133
5分後に禁断のラスト
　…………………… ①1133
5分後に恋の結末 …… ①1133
5分後に戦慄のラスト
　…………………… ①1133
5分後に涙のラスト … ①1133
古墳時代社会の比較考
　古学 ……………… ①613
古墳時代のサバイバル
　…………………… ①442
古墳時代の南九州の雄
　…………………… ①613
古文単語ゴロゴ プレミ
　アム ……………… ①723
5分でできる「プチ・ス
　トレス」解消術 … ①169

5分でときめき！ 超胸
キュンな話 ………… ①367
5分で涙があふれて止ま
らないお話 ………… ①999
5分でほろり！ 心にしみ
る不思議な物語 …… ①1068
5分で夢中！ サイコー
に熱くなる話 ……… ①360
古墳と池溝の歴史地理
学的研究 …………… ①613
古文に親しもう ……… ①392
古墳の方位と太陽 …… ①613
コーペッコー ………… ①330
個別指導・家庭教師の
教科書 中1数学 …… ①726
個別量子系の物理 …… ②664
コヘレト・エステル記
………………………… ①524
ごぼう先生と楽しむ大
人の健康体操 ……… ①157
ご褒美は甘い蜜の味
………………………… ①1202
こぼこぼ、珈琲 ……… ①938
こぼれ落ちて季節は … ①991
コーポレート・ガバナン
ス改革の国際比較 ・②371
コーポレートガバナン
ス・コードのすべて
………………………… ②325
コーポレート・ガバナ
ンスの現状分析〈2017
年版〉 ……………… ②377
コーポレートガバナン
スハンドブック …… ②325
コーポレート・ガバナ
ンス「本当にそうな
のか？」 …………… ②281
コーポレートファイナ
ンス入門 …………… ②377
コーポレートベン
チャーキャピタルの
実務 ………………… ②281
ご本、出しときます
ね？ ………………… ①909
こぼんちゃん日記 …… ①13
ごまかさない仏教 …… ①509
小町主運集 ………… ①973
小松崎茂 日本の軍艦塗
り絵 ………………… ①865
小松左京全集完全版
〈25〉 ……………… ①889
小松左京全集完全版
〈48〉 ……………… ①889
「困った空き家」を「生
きた資産」に変える
20の方法 …………… ②421
「困った会議」の進め
方・まとめ方 ……… ②359
こまったこぐま こまっ
たりす ……………… ①330
困った作家たち ……… ①1113
困ったときのお助け英
語 …………………… ①639
困ったときの新人ケア
マネ虎の巻 ………… ②270
困ったときのパソコン
大事典 ……………… ②535
困ったときは、トイレ
にかけこめ！ ……… ①480
困った悩みが消える感
情整理法 …………… ①491
「困った人」との接し
方・付き合い方 …… ①491
困ったら、「分け方」を
変えてみる。 ……… ②348
5まで数える ………… ①1127
ゴーマニズム宣言
SPECIAL 天皇論平
成29年 ……………… ②150

駒姫 ………………… ①1047
「困り」解消！ 小学校英
語ハンドブック …… ①734
こまり顔の看板猫！ ハ
チの物語 …………… ①383
こまりくまブック …… ①92
困りごとから探せる介
護サービス利用法 … ②70
ごみを資源にまちづく
…………………… ②574
コミケ童話全集 …… ①850
後水尾院の研究 …… ①899
ごみゼロ大作戦！ めざ
せ！ Rの達人〈1〉・①414
ごみゼロ大作戦！ めざ
せ！ Rの達人〈2〉・①414
ごみゼロ大作戦！ めざ
せ！ Rの達人〈3〉・①414
ごみゼロ大作戦！ めざ
せ！ Rの達人〈4〉・①415
ごみゼロ大作戦！ めざ
せ！ Rの達人〈5〉・①415
ごみゼロ大作戦！ めざ
せ！ Rの達人〈6〉・①415
コミックエッセイ アス
ベルガー症候群 家族
の上手な暮らし方入
門 …………………… ②743
コミックエッセイ アス
ベルガー症候群との
上手なつきあい方入
門 …………………… ①491
コミックエッセイ 先生、
教えてください！ 人
体の大疑問 ………… ①148
コミックエッセイ 敏感
過ぎる自分に困って
います ……………… ①491
コミックだからわか
る！ 相手の本音を見
抜く仕事の心理術 ・②359
コミックでわかる 残業
ゼロのダンドリ仕事
術 …………………… ②348
コミックでわかる孫正
義の成果を出す仕事
術 …………………… ②359
コミックでわかる年収
250万円からの貯金術
………………………… ②389
コミック版 できる人の
勉強法 ……………… ②349
コミック版 はじめての
課長の教科書 ……… ②365
コミック版 偏差値29か
らの東大合格超勉強
法 …………………… ①745
小宮一慶の「日経新聞」
深読み講座〈2018年
版〉 ………………… ②242
小宮一慶のビジネスマ
ン手帳〈2018〉 …… ②342
小宮一慶のビジネスマ
ン手帳（ポケット版）
〈2018〉 …………… ②342
「ごみ屋敷条例」に学ぶ
条例づくり教室 …… ②155
「コミュ障」だった僕が
学んだ話し方 ……… ②359
コミュ障で損しない方
法38 ………………… ①491
コミュ難の俺が、交渉ス
キルに全振りして転
生した結果〈3〉 ・・①1142
コミュ難の俺が、交渉ス
キルに全振りして転
生した結果〈4〉 ・・①1142
コミュニケーションを
枠づける …………… ①621

コミュニケーション活
性化で組織力向上！
経営者・管理者が変
える介護の現場 …… ②70
コミュニケーション実
践トレーニング …… ①480
コミュニケーションの
ためのロシア語 …… ①672
コミュニケーション
パートナーハンド
ブック ……………… ②54
コミュニケーション力
………………………… ②360
コミュニズム ………… ②449
コミュニズムの争異 … ①449
コミュニティ ………… ②98
コミュニティをエンパ
ワメントするには何
が必要か …………… ②140
コミュニティー・キャ
ピタル論 …………… ②260
コミュニティ3.0 …… ②158
コミュニティ・ジェネ
レーション ………… ②526
コミュニティ事典 …… ②98
コミュニティ・スクー
ルの成果と展望 …… ①752
コミュニティ政策〈15〉
………………………… ②98
「コミュ力」アップ実践
講座 ………………… ②360
コミュ力が上がる最新
31日占い …………… ①129
古民家カフェ＆レスト
ラン ………………… ①40
コミンテルンの謀略と
日本の敗戦 ………… ①578
小麦1トンどり ……… ②446
小麦粉なしでつくる
たっぷりクリームの
魅惑のおやつ ……… ①70
小麦粉なしでもこんな
においしい！ 米粉と
大豆粉のお菓子 …… ①70
小麦粉の科学 ……… ②773
ゴム年鑑〈2017〉 …… ②415
ゴム年鑑〈2018〉 …… ②416
ゴムの弱さと強さの謎
解き物語 …………… ②599
ゴムハンドブック〈2018
年版〉 ……………… ②444
米及び麦類の生産費〈平
成27年産〉 ………… ②452
米粉のお菓子〉 ……… ①70
米粉のシフォンケーキ
とスイーツ ………… ①70
米粉100％のパンとレシ
ピ …………………… ①53
米政策改革による水田
農業の変貌と集落営
農 …………………… ②450
こめとぎゆうれいのよ
ねこさん …………… ①330
コメの注目ブランドガ
イドブック ………… ②448
米のプロに聞く！ 米づ
くりのひみつ〈1〉・①429
米のプロに聞く！ 米づ
くりのひみつ〈2〉・①429
米のプロに聞く！ 米づ
くりのひみつ〈3〉・①429
御免状始末〈1〉 …… ①1032
ごめんなさい ……… ①330
ゴメンナサイ ありがと
う …………………… ①524
ごめんなさい、もしあ
なたがちょっとでも
行き詰まりを感じて
いるなら、不便をと

り入れてみてはどう
ですか？ …………… ②335
虚妄分別とは何か …… ①509
小物・ミニチュア作り
のためのZBrushCore
超入門講座 ………… ②540
コモリくん、ニホン語
に出会う …………… ①946
小森谷くんが決めたこ
と …………………… ①1009
顧問先の休廃業・解散
にかかる税務と手続
Q&A ……………… ②323
古文書研究〈第83号〉
………………………… ①615
古文書講師になれまし
た …………………… ①615
古文書の研究 ……… ①615
古文書料紙論叢 …… ①615
顧問税理士のための相
続・事業承継業務を
クリエイティブにす
る方法60 …………… ②327
顧問税理士も知ってお
きたい相続手続・書
類収集の実務マニュ
アル ………………… ②327
誤訳をしないための翻
訳英和辞典＋22のテ
クニック …………… ①663
小屋大全 …………… ①19
子や孫にしばられない
生き方 ……………… ①109
小山昇の超速仕事術・②349
小指が燃える ……… ①1003
今宵、君の翼で ……… ①1302
今宵の開花 ………… ①963
今宵は誰と、キスをす
る …………………… ①1225
誤用から学ぶ中国語〈続
編2〉 ……………… ①664
雇用関係助成金申請・手
続マニュアル
…………………… ②47, ②281
雇用形態・就業形態別で
示す就業規則整備の
ポイントと対応策・②332
雇用社会と法 ……… ②222
雇用社会の危機と労働・
社会保障の展望 …… ②462
雇用社会の25の疑問 … ②466
雇用政策とキャリア権
………………………… ②222
御用船帰還せず ……… ①1026
雇用創出と地域 …… ②245
雇用と結婚・出産・子育
て支援の経済学 …… ②260
雇用保険制度の実務解
説 …………………… ②466
雇用保険法関係法令集
〈2018年版〉 ……… ②73
語用論の基礎を理解す
る …………………… ①621
こよみを10倍楽しむ本
………………………… ①134
こよみを使って年中行
事を楽しむ本〈2018〉
………………………… ①134
小世里のキラリ！ 見つ
け旅 ………………… ①191
5・4級〜1級対応 きもの
文化検定問題集〈2017
年版〉 ……………… ②332
コラケンボウ ……… ①953
子らと妻を骨にして ・①578
コラムの王子さま（42さ
………………………… ①948
コーランの呼ぶ声 …… ②13
コリスくんのかみひこ

うき ………………… ①330
孤立していく子どもた
ち …………………… ②54
孤立社会からの脱出 …②98
コリ、むくみ、冷えを
ギューッと吸い出
す！ 解毒玉 ……… ①148
古流柔術の殺法・活法
………………………… ①236
ご旅行はあの世まで？
………………………… ①1154
ゴリラ ……………… ①407
ゴリラは戦わない …… ②693
五輪五代記 ………… ①984
五輪トレーナーが教え
る周波数健康法 …… ①157
ゴリラをぶっ壊せ …… ①798
ゴールキーパーの極意
スーパーセーブ完全
マスター …………… ①229
ゴールこそ、すべて ・①229
ゴルゴダ騎兵団 …… ①1120
ゴルゴダの火 ……… ①1091
コルシカに囚われて
………………………… ①1374
コールセンター白書
〈2017〉 …………… ②273
ゴールデンアースが起
動した！ …………… ①138
ゴールデンコンビ … ①1082
ゴールデン12（ダブン）
………………………… ①1098
ゴールデン・ブラッド
………………………… ①1097
ゴールドコースト＆ケ
アンズ〈2018〜2019
年版〉 ……………… ①211
ゴールドコースト・ブ
リスベン …………… ①211
コルトM1847羽衣… ①1049
コルヌトピア ……… ①1124
ゴルフが消える日 …… ①219
ゴルフ企業決算年鑑
〈平成29年版〉 …… ①220
ゴルフスイングバイブ
ル …………………… ①219
ゴルフ特信資料集 ゴル
フ場企業グループ
＆系列〈2017年〉 … ①219
ゴルフドライバー名人
………………………… ①219
ゴルフの教え方、教え
ます！ ……………… ①219
ゴルフの新常識 クラブ
の動きから理想のス
イングを作る ……… ①219
ゴルフの品格 ……… ①219
ゴルフはインパクトの
前後30センチ！ …… ①219
ゴルフは直線運動（スイ
ング）で上手くなる！
………………………… ①219
ゴルフはフィニッシュ
からつくる!!ごうだ流
スイング完成法 …… ①219
ゴルフ飛距離が落ちた
と思ったら… ……… ①219
これ あな ………… ①330
これで安心 相続の
諸手続き・届出・税金
のすべて〈17・18年
版〉 ………………… ②411
これ一冊でぜんぶわか
る！ 年金のしくみと
もらい方〈2017〜
2018年版〉 ………… ②73
これ1冊でぜんぶわか
る！ 輸入ビジネス 完
全版 ………………… ②281

書名索引

これ一冊でぜんぶわかる！ 労働基準法〈2017〜2018年版〉………②466

これ一冊で即対応 平成29年施行改正個人情報保護法 Q&Aと誰でももつくれる規程集・②203

これ1冊で大丈夫！ いざという時のための相続対策がすぐわかる本………②411

これ1冊でできる！ ラズベリー・パイ超入門………②549

狐霊の檻………①348

これを英語で言いたかった！………①644

これを知らずに働けますか？………②462

これが決定版！ 相中飛車徹底ガイド………②249

これが心の育て方……①13

これが答えだ！ 少子化問題………②140

これが最強のユダヤ投資法だ！ なぜユダヤ人は大金持ちになれるのか手にとるようにわかる本………②393

これが最後の恋だから………①1293

これが知りたかった！ 糖尿病診療・療養指導Q&A………②716

これがすべてを変える〈上〉………②260

これがすべてを変える〈下〉………②260

これが長期投資の王道だ………②393

これが人間か………①607

これが本当のSCOAだ！〈2019年度版〉………①293

これが本当のSPI3だ！〈2019年度版〉………①293

これが本当のSPI3テストセンターだ！〈2019年度版〉………①293

これからお祈りにいきます………①1007

これから泳ぎにいきませんか………②2

これから開業する君へ………②708

これから5年をこう攻める 中国ビジネス戦略シナリオ………②250

これからCIMをはじめる人のためのAutoCAD Civil 3D入門………②603

これから事業承継に取り組むためのABC………②327

これから、どう生きるのか………①92

これからの医療政策の論点整理と戦略的病院経営の実践………②716

これからのインクルーシブ体育・スポーツ………①741

これからの英語教育の話をしよう………①734

これからの教え方の教科書………②365

これからの賢い家の売り方、買い方………①19

これからの観光を考える………②427

これからの「教育」の話をしよう〈2〉………①752

これからの光学………②664

これからの子ども・子育て支援を考える………②54

これからの子ども社会学………①98

これからの小児救急電話相談ガイドブック………②747

これからの地域再生………②158

これからの内部通報システム………②281

これからのナースに実践してほしいこと………②765

これからの日本、これからの教育………①674

これからの日本と社会保障、そして私たち……②47

これからの日本の論点〈2018〉………②20

これからの乳牛群管理のためのハードヘルス学 成牛編……②455

これからの爬虫類学………②691

これからの保育者論………②690

これからの僕らの働き方………②459

これからの「歴史教育法」………②517

これからのSIerの話をしよう………②517

これから始まる自動運転 社会はどうなる!?………②429

これから始めてみたい人のための楽しく打てる麻雀入門………①246

これからはじめるインスタグラムInstagram 基本&活用ワザ………②517

これからはじめるエクセルの本………②538

これから始める！ シェアード・ディシジョンメイキング………②716

これからはじめる周産期メンタルヘルス・②760

これからはじめるバーチャルツアー Panotour Pro 2&krpano完全入門………②540

これからはじめるパワーポイントの本………②544

これから始める人のためのエアライフル猟の教科書………②234

これからはじめるリスティング広告 ぜったい成果が出る！ 教科書………②340

これからはじめるワード&エクセルの本………②537

これからはじめるワードの本………②537

これからはじめる HTML & CSSの本………②549

これからはじめる Illustratorの本………②540

これからはじめる Photoshopの本………②540

これからレポート・卒論を書く若者のために………①633

これからWebをはじめる人のHTML & CSS、JavaScript のきほんのきほん・②549

これが歴史だ！………①610

コレクション・戦後詩誌〈5〉………②904

コレクション・戦後詩誌〈6〉………②904

コレクション・戦後詩誌〈7〉………②904

コレクションと資本主義………②260

コレクティフ………②743

これさえあれば。………①768

これさえなくせば90が切れる!!スコアメイクのお約束………②219

これしかない幸運への道………②20

これしかない！ 社会保障改革………②47

コレステロール・中性脂肪がぐんぐん下がるコツがわかる本・②148

コレステロールにぐっと効く食事習慣………①163

これぞジャック・マーだ………②307

これだけ押さえる！ SPIでるとこだけ問題集〈'20年度版〉………①293

これだけ押さえればOK！ 印鑑・印紙・契約書の基本がわかる本………②281

これだけ覚える衛生管理者第1種・第2種〈'17年版〉………②628

これだけ覚える！ 賃金業務取扱主任者試験………②479

これだけ覚える！ 給水装置工事主任技術者試験………②628

これだけ覚える教員採用試験 一般教養〈'19年版〉………①761

これだけ覚える教員採用試験 教職教養〈'19年版〉………①761

これだけ覚える教員採用試験小学校全科〈'19年版〉………①760

これだけ覚える！ 社会福祉士重要項目〈'18年版〉………②78

これだけ覚える福祉住環境コーディネーター検定試験2級 一問一答+要点整理〈'17年版〉………②78

これだけ覚える！ 保育士重要項目〈'18年版〉………①763

これだけ覚える！ メンタルヘルス・マネジメント検定2種（ラインケアコース）………②779

これだけ覚える！ メンタルヘルス・マネジメント検定3種（セルフケアコース）………②779

これだけ覚える FP技能士2級・AFP一問一答+要点整理〈'17→'18年版〉………②479

これだけ覚える FP技能

士3級一問一答+要点整理〈'17→'18年版〉………②479

これだけ覚えれば安心！ 仕事に役立つ「1日1パターン」英会話………①646

これだけ！ 教養試験要点まとめ&一問一答〈'19〉………②178

これだけ！ 線形代数・②659

これだけ！ 組織再編税制………②323

これだけで勝てる 相振り飛車のコツ………②249

これだけで勝てる 石田流のコツ………②249

これだけで勝てる 角交換振り飛車のコツ………②249

これだけで勝てるゴキゲン中飛車のコツ………②249

これだけで勝てる三間飛車のコツ………②249

これだけで十分 内科医のための処方集………②738

これだけは押さえておこう 国際税務のよくあるケース50………②323

これだけは覚えておきたい！ 不動産の税金〈2017年度版〉………②399

これだけは知っておきたい囲碁 生きる形死ぬ形………①247

これだけは知っておきたい沖縄フェイク（偽）の見破り方………②168

これだけは知っておきたい高齢者看護学・②765

これだけは知っておきたい世界地図………①425

これだけは知っておきたい日常診療で遭遇する耐性菌ESBL産生菌………②732

これだけは知っておきたい日本地図………①428

これだけは知っておきたい日本仏教文化事典………①509

これだけは知っておきたい「労働基準法」の基本と常識………②466

一般社団・財団法人の設立について………②325

これだけはマスター 1級土木施工管理技術検定試験（学科）〈2018年版〉………②637

これだけはマスター！ 第4類消防設備士試験製図編………②641

これだけ法規………②633

これだけはマスター 1級管工事施工 学科試験………②637

これだけはマスター 1級管工事施工実地試験………②637

これだけはマスター 1級土木施工管理技士実地試験………②637

これだけ まんが宅建士権利関係編〈2018年度版〉………②497

これだけ まんが宅建士宅建業法編〈2018年度版〉………②497

これだけ まんが宅建士

法令・税その他編〈2018年度版〉………②497

これだけ！ マンション管理士試験対策ノート〈2017年度版〉………②494

これだけ読めば大丈夫！ 営業マンのための不動産の税金のツボがゼッタイにわかる本………②419

これって運命？ 一途な征服王の過激な寵愛………①1401

これって非弁提携？ 弁護士のための非弁対策Q&A………②227

これであなたも一発合格！ FP3級問題集〈'17〜'18年版〉………②479

これで安心 医療体操・①148

これで安心！ 親が70過ぎたら必ず備える40のこと………①109

これで安心！ ケアマネが教えるはじめての親の入院・介護………②70

これで安心！ 交通機関の接客英会話………①644

これで安心！ 個人情報保護・マイナンバー………②185

これでいいのか愛知県………②23

これでいいのか神奈川県………②23

これでいいのか静岡県………②23

これでいいのか静岡県静岡市………②23

これでいいのか静岡県浜松市………②23

これでいいのか東京都立川市………①186

これでいいのか東京都豊島区………①186

これでいいのか東京都八王子市………①186

これでいいのか日本の災害危機管理………②583

これでいいのか和歌山県………②23

これで一次救命処置はわかった AHAガイドライン2015に沿ったBLSの理解のために………②716

これでうまくいく！ よく育つ多肉植物BOOK………①267

これで解決！ 算数「教材・指導案・授業」づくり………②726

これで金持ちになれなければ、一生貧乏でいるしかない。………①92

これで完璧！ 看護国試過去問完全攻略集〈2018年版〉………②784

これで完璧！ 看護国試必修完全攻略集〈2018年版〉………②784

これで完璧相続実務・②384

これでカンペキ！ マンガでおぼえるコミュニケーション………①415

これで合格！ 校長・教頭・教育管理職試験問題集〈2018年版〉………①706

これで合格 製菓衛生師

試験問題集〈2017〉
………………………②506
これで合格！ 全国手話
検定試験〈2017〉……②78
これで合格！ 宅建士直
前予想模試〈2017年度
版〉……………………②497
これで差がつく！ 小学
生のミニラグビー上
達のポイント50……①228
これで失敗しない家庭
菜園Q&A …………①267
これで十分！ 定石の最
短攻略法…………②247
これですべてがわかる
内部統制の実務……②281
これで、成功！ テレビ
CMのウラオモテを教
えます …………………②340
これで治る！ 褥瘡「外
用薬」の使い方……②760
これでなっとくパワー
エレクトロニクス ・②592
これで眠くならない！
能の名曲60選………①787
これでばっちり!!マン
ションDIY・リフォー
ムを楽しもう………①20
これで万全！ 奇襲破り
事典…………………①249
これで万全！ 自治体情
報セキュリティ……②155
これでミスやエラーは
防げる!!……………②459
これでも「アベ」と心中
しますか………………②140
これでもやるの？ 大阪
カジノ万博…………②155
これで落語がわかる・①785
これで分かる！「がん
免疫」の真実………①179
これでわかるExcel
2016 …………………②538
これでわかる
PowerPoint 2016・②544
これでわかるWord
2016 …………………②537
これなら通じる技術英
語ライティングの基
本………………………②588
これならできる！ 授業
が変わるアクティブ
ラーニング〈3〉……①424
これならできる！ 授業
が変わるアクティブ
ラーニング〈4〉……①424
これならできる！ 図書
を活用した楽しい学
習活動 "小学校編"
…………………………①715
これらできるExcelピ
ボットテーブル作成
超入門 ………………②538
これなら読める！ くず
し字・古文書入門 ・①615
これらわかる改正民
法と不動産賃貸業・②419
これならわかる決算書
キホン50！〈2018年
版〉……………………②316
これらわかる深層学
習入門 ………………②517
これならわかる！ 心電
図の読み方…………②739
これならわかる！ 図解
場合の数と確率……①661
これらわかる "スッキ
リ図解"障害年金……②73
これならわかる!!税法の

基本 ……………………②399
これならわかる！ ドイ
ツ文化&ドイツ語入
門………………………①668
これならわかる復文の
要領……………………①630
これならわかる！
ExcelVBA入門講座
…………………………②538
これ、なんで劇場公開
しなかったんです
か？……………………①789
これにて、便所は宇宙
である…………………①768
これはあなたのもの ・①784
これは余が余の為に頑
張る物語である〈4〉
…………………………①1265
これは「読む」本ではな
く「考える」本です
…………………………①122
これは、わにです。……①305
これ、みえるかな？・①330
これわかる？ 鉄道クイ
ズ200…………………①435
これ1冊でぜんぶわかる
タロットの基本……①129
ゴロゴロ行政書士・②238
語呂合わせで、完全マ
スター！ 五色百人一
首 青札………………①392
語呂合わせで、完全マ
スター！ 五色百人一
首 黄札………………①392
語呂合わせで、完全マ
スター！ 五色百人一
首 ピンク札 オレンジ
札………………………①392
語呂合わせで、完全マ
スター！ 五色百人一
首 緑札………………①392
ゴロ合わせ マンガ百人
一首 …………………①392
コロイド化学史……①670
孤狼の血 ……………①1115
ころがり軸受実用ハン
ドブック ……………②601
語録 要録……………①468
転げ落ちない社会…②54
♪コロコロキャスター
おばあちゃんの…き
いろいおうち………①330
ころころ手鞠ずし…①1042
コロコロドミノ装置
Kids工作BOOK …①430
殺さずにはいられない
…………………………①1086
殺されたゴッホ……①1332
殺しのディナーにご招
待………………………①1357
殺し屋刑事（デカ）・①1111
殺し屋のマーケティン
グ………………………②339
殺す風 …………………①1354
コロニアルな列島ニッ
ポン……………………②98
コロ寝でできる！ ゆら
ぎ体操…………………①157
コロボックルぬりえ ・①865

コロロメソッドで学ぶ
ことばを育てるワー
クシート……………①682
コロンタイ ……………②36
コロンビア〈2017・18年
版〉……………………②254
コロンビア・ゼロ…①1124
コロンブスの不平等交
換………………………①600
怖い絵のひみつ。……①828
怖い中国食品、不気味
なアメリカ食品……①154
コワいほどお金が集ま
る心理学……………②389
こわいほどよく当たる
2018年金宿星占い・①131
こわい物語 十代最後の
日………………………①386
こわいもの知らずの病
理学講義……………②732
怖がりの新妻は竜王に、
永く優しく愛されま
した。…………………①1192
怖くて眠れなくなる感
染症……………………②732
怖くて眠れなくなる植
物学……………………②687
こわくてふしぎな 妖怪
の話……………………①386
壊された夜に ………①1352
「壊して…」………………①775
怖すぎる実話怪談…①144
壊れかけた営業現場を
立て直せ！…………②333
壊れた自転車でぼくは
ゆく……………………①985
壊れた世界で "グッドラ
イフ" を探して………②98
壊れゆく資本主義をど
う生きるか…………②170
壊れる感じ……………①963
婚姻の話………………②117
婚活社長にお嫁入り
…………………………①1318
婚活男子のおいしい初
恋………………………①1314
婚活探偵 ……………①1003
婚活中毒 ……………①1071
魂活道場 ……………①948
婚活必勝法Q&A ……②503
こんがらがっち どしん
どしんちょこちょこ
すすめ！の本………①331
根拠がわかる看護マッ
サージ………………②765
根拠がわかる！ 私の保
育総点検……………②690
コンクリート技士試験
完全攻略問題集〈2017
年版〉…………………②628
コンクリート技士試験
最短完全攻略〈2017年
度版〉…………………②628
コンクリート技士試験
問題と解説〈平成29年
版〉……………………②628
コンクリート系道路橋
計画……………………②605
コンクリート工学……②605
コンクリート構造学・②605
コンクリート主任技士/
コンクリート診断士
試験 キーワードを活
用した小論文のつく
り方……………………②628
コンクリート主任技士
試験完全攻略問題集
〈2017年版〉…………②628
コンクリート主任技士

試験問題と解説〈平成
29年版〉………………②628
コンクリート診断……②606
コンクリート診断士試
験完全攻略問題集
〈2017年版〉…………②628
コンクリート診断士試
験合格指南〈2017年
版〉……………………②628
コンクリート診断士試
験 項目別全過去問題
集＋短期集中学習用要
点レジュメ〈2018年
版〉……………………②628
コンクリート診断士受
験対策講座〈2017〉
…………………………②628
コンクリート舗装の設
計・施工・維持管理の
最前線………………②617
コンクリンさん、大江
戸を食べつくす……①42
根源の岩戸開き〈2〉・①138
混合研究法の基礎……②321
コンゴ動乱と国際連合
の危機………………①130
こんこん、いなり不動
産………………………①1248
コンサルタントの経営
数字の教科書………②325
コンサルティング機能
強化のための個人事
業主の決算書の見方・
読み方〈2017年度版〉
…………………………②321
コンサルテーションを
学ぶ……………………②765
コンシアンスの系譜学
…………………………②449
金色の文字使い（ワード
マスター）〈10〉…①1235
金色の文字使い（ワード
マスター）〈11〉…①1236
金色の文字使い（ワード
マスター）〈12〉…①1236
今昔 奈良名所………①537
今週の学級づくり あし
たどうする …………①707
コンスタンツェ・モー
ツァルト……………①814
混声合唱組曲 生きとし、
生けるものへ………①817
混声合唱組曲 終わりの
ない歌/あなたのこと
を………………………①817
混声合唱組曲 友よ、君
の歌を…………………①817
混声合唱組曲 世の中に
は途法も無い仁もあ
るものかや…………①817
混声合唱とピアノのた
めのまど・みちおの
「季節」………………①817
混声合唱のためのコン
サート・レパートリー
"クリスマス"………①817
痕跡と祈り …………①923
根絶！ ヘイトとの闘い
…………………………②45
コンセプチュアル思考
…………………………②349
「コンセプト力」でプロ
ジェクトを動かす・②517
コンダクター ………①1113
ごんたくれ …………①1041
こんちゅう……………①308
昆虫 ……………①404、②695
昆虫王超絶バトル大図
鑑………………………①404

昆虫って、どんなの？
…………………………①404
昆虫の行動の仕組み・②695
昆虫の交尾は、味わい
深い……………………②695
昆虫のすごい瞬間図鑑
…………………………①404
昆虫ワールド…………①404
コンディショニング ス
タートブック………②216
コンテンツ・デザイン
パターン……………②335
コンテンツビジネスの
経営戦略……………②281
コンテンポラリー 経済
学入門………………②260
近藤誠がやっているが
んにならない30の習
慣………………………①179
懇篤・剛毅の人 宮部鼎
蔵………………………①1063
コントラクトブリッジ
ディフェンスプロブ
レム（1）………………①279
コントラクトブリッジ
ディフェンスプロブ
レム（2）………………①279
コントラクトブリッジ
プレイプロブレム〈2〉
…………………………①279
こんとんじいちゃんの
裏庭……………………①348
混沌ホルモン ………①1009
こんな生き方もある ・①115
こんな老い方もある ・①946
こんな看護師は100%嫌
われる…………………②765
こんな教師になっては
しい……………………①704
こんな僕（クズ）が荒川
さんに告白（コク）ろ
うなんて、おこがまし
くてできません。・①1210
こんなことも知らな
かった信州の縄文時
代が実はすごかった
という本……………①537
「こんな子になってほし
い」をかなえる親の
服………………………①13
こんな建物だれがどう
してつくったの？・②609
こんなとき英語でどう
切り抜ける？………①639
こんな時どうすれば!?腎
臓・水電解質コンサ
ルタント……………②716
こんなところでつまず
かない！ 離婚事件21
のメソッド…………②190
こんなにいっぱいトラ
ンプ手品……………①436
こんなにおもしろい
ファイナンシャルプ
ランナーの仕事……②377
こんなにおもしろい弁
護士の仕事…………②227
こんなに変わった！ 日
本史教科書…………①531
「こんなに簡単！ DRA
‐CAD15」2次元編
…………………………②603
こんなに違う!?イギリス
子育て日記…………①13
こんなに役立つ皮膚科
エコー………………②760
こんなに役立つpoint of
care超音波…………②734
こんなふうに教わりた

かった！ 流れるよう
にわかる統計学・・・・②661
こんなふうに死にたい
・・・・・・・・・・・・・・・・①946
「こんなもの誰が買う
の？」がブランドに
なる・・・・・・・・・・・・②281
困難事例にみる用地取
得・損失補償の実務
・・・・・・・・・・・・・・・・②185
今日の私学財政 大学・
短期大学編〈平成28年
度版〉・・・・・・・・・・①758
今日の診療のために ガ
イドライン外来診療
〈2017〉・・・・・・・・②716
今日の治療薬〈2017年
版〉・・・・・・・・・・・・②769
こんにちは！・・・・・・・①320
今日は、自分を甘やか
す・・・・・・・・・・・・・・①115
こんにちは、世界のみ
なさん・・・・・・・・・・①305
こんにちは、ふたごのカ
ワウソあかちゃん・①383
こんにちは、ミルくん
・・・・・・・・・・・・・・・・①265
こんにちわBlue sky・①992
コンニャクと生きる・・①35
コンパイラ・・・・・・・②549
「コンパクトアパート」
ではじめる超ローリ
スク不動産投資・・・・②421
コンパクト栄養学・・・・②777
コンパクト銀行論・・・・②383
コンパクト経済学・・・・②260
コンパクト刑事訴訟法
・・・・・・・・・・・・・・・・②215
コンパクトシティ実践
ガイド・・・・・・・・・・②54
コンパクトシティと都
市居住の経済分析・②245
コンパクト昇任試験 基
礎4法択一問題集・②152
コンパクト昇任試験地
方公務員法択一問題
集・・・・・・・・・・・・・②152
コンパクト昇任試験地
方自治法択一問題集
・・・・・・・・・・・・・・・・②183
コンパクト倒産・再生
再編六法〈2018〉・・②185
＃コンパス戦闘摂理解
析システムオフィ
シャルアートブック
・・・・・・・・・・・・・・・・①841
コンパス 保育内容 言葉
・・・・・・・・・・・・・・・・①690
コンパス薬理学・・・・②769
コンパス 幼児の体育・①690
金春の能〈上〉・・・・・①787
コンビ・・・・・・・・・・①1012
コンピテンシー（資質・
能力）を育てる算数授
業の考え方・進め方
・・・・・・・・・・・・・・・・①726
コンビニかけ合わせグ
ルメ・・・・・・・・・・・・①40
コンビニ仮面は知って
いる・・・・・・・・・・・・①367
コンピューターを使わ
ない小学校プログラ
ミング教育・・・・・・①715
コンピュータ会計 応用
テキスト〈平成29年度
版〉・・・・・・・・・・・・②561
コンピュータ会計 応用
問題集〈平成29年度
版〉・・・・・・・・・・・・②561

コンピュータ会計 基本
テキスト〈平成29年度
版〉・・・・・・・・・・・・②544
コンピュータ会計 基本
問題集〈平成29年度
版〉・・・・・・・・・・・・②544
コンピュータ会計 初級
テキスト・問題集〈平
成29年度版〉・・・・・②544
コンピュータ概論・・②517
コンピュータ科学の基
礎・・・・・・・・・・・・・②517
コンピュータグラ
フィックス・・・・・②540
コンピュータシステム
の基礎・・・・・・・・・・②517
コンピュータで一流マ
シン製作！ 3Dプリン
タとCADの始め方
・・・・・・・・・・・・・・・・②603
コンピュータ搭載！
Linuxオーディオの作
り方・・・・・・・・・・・・①262
コンピューターと情報
システム・・・・・・・②517
コンピューター入門演
習・・・・・・・・・・・・・②517
コンピュータ・ネット
ワーク入門・・・・・②526
コンピュータのしくみ
・・・・・・・・・・・・・・・・②517
コンピュータの動作と
管理・・・・・・・・・・・②517
コンピューティング科
学・・・・・・・・・・・・・②517
こんぴら狗・・・・・・・①348
コンプライアンス・オ
フィサー（銀行コー
ス）試験問題解説集
〈2017年度版〉・・・・②479
コンプライアンス・オ
フィサー（クレジット
会社コース）試験対策
問題集〈2017年度版〉
・・・・・・・・・・・・・・・・②479
コンプライアンス・オ
フィサー（生命保険
コース）試験問題解説
集〈2017年度版〉・・・②479
コンプライアンス・内部
統制ハンドブック・②371
コンプライアンスの知
識・・・・・・・・・・・・・②193
コンフリクト転換の平
和心理学・・・・・・・②480
コンプレックスの行き
先は・・・・・・・・・・・①1206
コンプレックス文化論
・・・・・・・・・・・・・・・・②98
コンプレックス力・・①92
金平糖・・・・・・・・・・②54
コンメンタール会社計
算規則・商法施行規
則・・・・・・・・・・・・・②197
コンメンタール可視化
法・・・・・・・・・・・・・②215
今夜ヴァンパイアにな
る前に・・・・・・・・・・①450
今夜、勝手に抱きしめ
てもいいですか？・①977
今夜、きみの手に触れ
させて・・・・・・・・・・①1239
今夜、きみは火星にも
どる・・・・・・・・・・・①995
婚約者が悪役で困って
ます〈2〉・・・・・・・・①1207
婚約者は、私の妹に恋
をする・・・・・・・・・・①1252
婚約者は、私の妹に恋

をする〈2〉・・・・・・・①1252
婚約破棄系悪役令嬢に
転生したので、保身に
走りました。〈3〉・・①1235
婚約破棄されたので王
宮の裏ボス目指しま
す！・・・・・・・・・・・①1153
婚約破棄されたので王
宮の裏ボス目指しま
す！〈2〉・・・・・・・・①1153
婚約破棄の次は偽装婚
約。さて、その次
は。〈2〉・・・・・・・・①1279
婚約破棄の次は偽装婚
約。さて、その次
は。〈3〉・・・・・・・・①1279
婚約は偶然に・・・・・①1369
婚約迷走中 パンとスー
プとネコ日和・・・・①1021
婚約恋愛・・・・・・・・①1300
こんやはてまきずし・①331
今夜もカネで解決だ・①947
今夜、ロマンス劇場で
・・・・・・・・・・・・・・・・①987
混浴と日本史・・・・・①531
混浴風呂・・・・・・・・①1402
混乱〈5〉・・・・・・・・①1032
建立・・・・・・・・・・・①973
婚礼の夜をふたたび
・・・・・・・・・・・・・・・・①1369
困惑の溺愛花嫁・・・・①1402

さ

さあ、今から担当替え
です〈14〉・・・・・・・①1315
さあ、子どもたちの「未
来」を話しませんか
・・・・・・・・・・・・・・・・①690
さあ、才能（じぶん）に
目覚めよう・・・・・・①122
さあ、なげますよ・・・①331
さあ、信長を語ろう！
・・・・・・・・・・・・・・・・①1028
さぁはじめよう幸福学
入門・・・・・・・・・・・①501
さあ、文学で戦争を止
めよう 猫キッチン荒
神・・・・・・・・・・・・・①1244
最愛キャラ（死亡フラグ
付）の嫁になれたので
命かけて守ります
・・・・・・・・・・・・・・・・①1244
最愛台湾ごはん・・・・①202
最愛の子ども・・・・・①1018
最愛の恋愛革命・・・・①1303
サイアク！・・・・・・・①358
最悪探偵・・・・・・・・①1249
最悪の事故が起こるま
で人は何をしていた
のか・・・・・・・・・・・②38
催淫気功・・・・・・・・①1400
細雨・・・・・・・・・・・①1060
蔡英文自伝・・・・・・・②130
火災と消防の科学・・②583
サイエンスコナン 元素
の不思議・・・・・・・①397
サイエンスコナン 防災
の不思議・・・・・・・①397
サイエンスとアートと
して考える生と死の
ケア・・・・・・・・・・・②704

サイエンスミステリー
亜澄錬太郎の事件簿
〈3〉・・・・・・・・・・・①1088
再演世界の英雄大戦（ネ
クストエンドロール）
・・・・・・・・・・・・・・・・①1282
斎王研究の史的展開・①543
災害史探訪・・・②40、②41
災害時における選挙事
務支援実例集・・・・②146
最下位職から最強まで
成り上がる・・・・・・①1181
最下位職から最強まで
成り上がる〈2〉・・・①1181
災害ソーシャルワーク
の可能性・・・・・・・②54
災害と防災・防犯統計
データ集〈2018 -
2019〉・・・・・・・・・②40
災害と厄災の記憶を伝
える・・・・・・・・・・・①752
災害に立ち向かう自治
体間連携・・・・・・・②583
『災害に強い福祉』要配
慮者支援活動事例集
・・・・・・・・・・・・・・・・②54
西海の瓶島、里村のこ
とばと暮らし・・・・①629
再会は恋の罠!?・・・・①1398
災害ボランティア入門
・・・・・・・・・・・・・・・・②66
雑賀の女鉄砲撃ち・・①1044
斉木楠雄の Ψ難 映画ノ
ベライズ みらい文庫
版・・・・・・・・・・・・・①360
「サイキック」数秘リー
ディング・・・・・・・①138
再帰的＝反省社会学の
地平・・・・・・・・・・・②98
再起動・・・・・・・・・・①989
再起動する批評・・・・②98
最強囲碁AIアルファ碁
解体新書・・・・・・・②247
最強オオカミくんのと
なり。・・・・・・・・・・①1133
最強をこじらせたレベ
ルカンスト剣聖女ベ
アトリーチェの弱点
〈4〉・・・・・・・・・・・①1180
最強をこじらせたレベ
ルカンスト剣聖女ベ
アトリーチェの弱点
〈5〉・・・・・・・・・・・①1180
最強をめざすチームビ
ルディング・・・・・②365
西行学〈第8号〉・・・・①894
最強喰い（ジャイアン
トキリング）ダーク
ヒーロー〈3〉・・・・①1249
最強賢者の子育て日記
・・・・・・・・・・・・・・・・①1251
最強賢者の子育て日記
〈2〉・・・・・・・・・・・①1251
最強ゴーレムの召喚士
・・・・・・・・・・・・・・・・①1198
最恐昆虫大百科・・・・①404
最強最高のがん知識・①179
最強作家集団 堀井塾の
作曲講座・・・・・・・①811
最強呪族転生〈3〉・・①1248
最強呪族転生〈4〉・・①1248
最強聖騎士のチート無
し現代生活・・・・・①1172
最強聖騎士のチート無
し現代生活〈2〉・・・①1172
最強 世界の空母・艦載
機図鑑・・・・・・・・・②166
最強セールス集団・・②333
最強戦士ビジュアル大

百科・・・・・・・・・・・①426
最強大学チームに学
ぶ！ ソフトテニス テ
クニック＆トレーニ
ング・・・・・・・・・・・①226
最強チート魔術師の異
世界ハーレム・・・・①1403
西行と伊勢の白大夫・①894
最強！ 日本の歴史人物
100人のひみつ・・・①426
最強の相棒・・・・・・・①1028
西行のうた・・・・・・・①900
最強の英語学習法・・①647
最強の英語授業のつく
り方・・・・・・・・・・・①734
最強のお金運用術・・②389
最強の女・・・・・・・・①605
最強の会計力・・・・・②316
最強の鑑定士って誰の
こと？・・・・・・・・・①1281
最強の鑑定士って誰の
こと？〈2〉・・・・・・①1281
最強の経営を実現する
「予material管理」のすべて
・・・・・・・・・・・・・・・・②281
最強の経理実務Excel教
本・・・・・・・・・・・・・②538
最凶の恋人・・・・・・・①1324
最凶の恋人〈2〉・・・・①1324
最強の効果を生みだす
新しいSEOの教科書
・・・・・・・・・・・・・・・・②281
最強の終盤・・・・・・・②249
最強の種族が人間だっ
た件・・・・・・・・・・・①1184
最強の種族が人間だっ
た件〈4〉・・・・・・・・①1184
最強の職業は勇者でも
賢者でもなく鑑定士
（仮）らしいですよ？
・・・・・・・・・・・・・・・・①1149
最強の職業は勇者でも
賢者でもなく鑑定士
（仮）らしいですよ？
〈3〉・・・・・・・・・・・①1149
最強の司令官は楽をし
て暮らしたい・・・・①1154
最強のシンプル思考・②349
最強のストレッチ・・①216
最強の生産性革命・・①140
最強の生物・・・・・・・①407
最強の説得力・・・・・②360
最強の地域医療・・・・②706
最強のデータ分析組織
・・・・・・・・・・・・・・・・②304
最強の独学術・・・・・①122
最強のネーミング・・②282
最強の農起業！・・・・②446
最強の働き方マニュア
ル・・・・・・・・・・・・・②342
最強の話し方・・・・・②360
最強のファンダメンタ
ル株式投資法・・・・②393
最強のプレゼン・・・・②357
最強のプレゼン段取り
術・・・・・・・・・・・・・②357
最強の魔狼は静かに暮
らしたい・・・・・・・①1159
最強！ の毛髪再生医療
・・・・・・・・・・・・・・・・①22
最強のFX 1分足スキャ
ルピング・・・・・・・②397
最強！ ははたらくスー
パーマシンのひみつ
100・・・・・・・・・・・・①415
最強パーティは残念ラ
ブコメで全滅する!?
・・・・・・・・・・・・・・・・①1174
最強パーティは残念ラ

ブコメで全滅する!?
〈2〉‥‥‥‥①1174
最強バーベキュー‥‥‥①53
最強プロ鈴木たろうの
迷わず強くなる麻雀
‥‥‥‥②246
最強プロに学ぶフット
サル個人技完全マス
ター‥‥‥‥‥①229
最強「ボーンブロス(骨
スープ)」食事術‥‥①163
最恐:ホラー 呪われた怪
談ファイル 怨念の鎖
‥‥‥‥①386
最強魔王様の日本グル
メ 北の美味いもの巡
り‥‥‥‥①1198
最強魔法師の隠遁計画
〈1〉‥‥‥‥①1158
最強魔法師の隠遁計画
〈2〉‥‥‥‥①1158
最強魔法師の隠遁計画
〈3〉‥‥‥‥①1158
最強魔法師の隠遁計画
〈4〉‥‥‥‥①1158
最強魔法使いの弟子(予
定)は諦めが悪いです
‥‥‥‥①1199
最強勇者の異世界領地
経営‥‥‥‥①1397
最強ライバルビジュア
ル大百科‥‥‥‥②426
最強リーダーの実学!
‥‥‥‥②366
最強リーダー3つの極意
‥‥‥‥②366
最近5か年 自衛官採用試
験問題解答集〈3〉‥②183
最近5か年 自衛官採用試
験問題解答集〈6〉‥②183
最近5か年 自衛官採用試
験問題解答集〈7〉‥②183
最近10か年 自衛官採用
試験問題解答集〈8〉
‥‥‥‥②183
最近疲れが抜けない。
それ、眠いだるい病
かもしれません‥‥①148
最近の重要環境判例‥②574
最近はあやしだって
高校に行くんです。
‥‥‥‥①1242
最近4か年 自衛官採用試
験問題解答集〈5〉‥②183
斎宮‥‥‥‥①543
歳月‥‥‥①970, ①973
裁決事例集〈第103集〉
‥‥‥‥②399
裁決事例集〈第106集〉
‥‥‥‥②399
債権回収基本のき‥‥②208
債権各論〈2〉‥‥‥②208
債権譲渡法制に関する
民法改正と事業再生
‥‥‥‥②208
債権総論‥‥‥‥②208
債権総論〈2〉‥‥‥②208
債権法改正を読む‥‥②208
債権法改正 事例にみる
契約ルールの改正ポ
イント‥‥‥‥②208
債権法改正法案と要件
事実〈第15号〉‥‥②208
債権法改正まるごとひ
とつかみ‥‥‥‥②208
西郷家の人びと‥‥‥①564
最高裁判所判例解説 刑
事篇〈平成26年度〉
‥‥‥‥②230

最高裁判所判例解説刑
事篇〈平成27年度〉
‥‥‥‥②230
西郷隆盛‥①389, ①442,
①564, ①1026, ①1047
西郷隆盛〈1〉‥‥‥①1035
西郷隆盛〈上〉‥‥‥①389
西郷隆盛〈2〉‥‥‥①1035
西郷隆盛〈3〉‥‥‥①1035
西郷隆盛〈下〉‥‥‥①389
西郷隆盛〈4〉‥‥‥①1035
西郷隆盛 維新150年目
の真実‥‥‥‥①564
西郷隆盛「神」行動力の
磨き方‥‥‥‥①565
西郷隆盛53の謎‥‥①565
西郷隆盛 十の「訓え」
‥‥‥‥①565
西郷隆盛その生涯‥‥①565
西郷隆盛伝説‥‥‥①565
西郷隆盛という生き方
‥‥‥‥①565
西郷隆盛と大久保利通
‥‥‥‥①1048
西郷隆盛と勝海舟‥‥①565
西郷隆盛と徳之島‥‥①565
西郷隆盛と「翔ぶが如
く」‥‥‥‥①565
西郷隆盛の冤罪 明治維
新の大誤解‥‥‥①565
西郷隆盛のことがマン
ガで3時間でわかる本
‥‥‥‥①565
西郷隆盛の言葉100‥①565
西郷隆盛の明治‥‥①565
西郷隆盛はどう語られ
てきたか‥‥‥‥①565
西郷隆盛はなぜ犬を連
れているのか‥‥‥①565
西郷隆盛 人を魅きつけ
る力‥‥‥‥①565
西郷隆盛101の謎‥‥①565
西郷隆盛の言葉‥‥①565
西郷隆盛論‥‥‥‥①565
西郷と大久保と久光
‥‥‥‥①1035
西郷どん式リーダーの
流儀‥‥‥‥①565
西郷どんと薩摩藩物語
‥‥‥‥①565
西郷どんの言葉‥‥①565
西郷内閣‥‥‥‥①565
最高に動ける体にな
る! 骨格リセットス
トレッチ‥‥‥‥①157
最高の1枚を「撮る・仕
上げる」で生み出す
超絶写真術‥‥‥‥①252
最高のオバハン‥‥①1013
最高の開運‥‥‥‥①129
最高のキャリアの描き
方‥‥‥‥①747
最高の空港の歩き方‥②437
最高の恋人の見つけ方
‥‥‥‥①1315
最高の声を手に入れる
ボイストレーニング
フースラーメソード
入門‥‥‥‥①821
最高のしあわせをつく
る 引き寄せヨガ
Perfect Book‥‥‥①161
最高の職場をつくる働
くルール‥‥‥‥①309
「最高の人生」を手に入
れる人がやっている
こと‥‥‥‥①92
最高の夏休み〈第1巻〉
‥‥‥‥①850

最高の引き寄せ‥‥①92
最高のビジネスパ
フォーマンスを実現
する101の習慣‥‥②349
最高のリーダーが実践
している「任せる技
術」‥‥‥‥②366
最高の隣人‥‥‥①1402
西郷文芸学 一読総合法
による物語の指導法
‥‥‥‥①725
西郷星‥‥‥‥①989
サイコさんの噂‥‥①1250
最後に手にしたいもの
‥‥‥‥①959
最後のヴァイキング‥①935
最後の浮世絵師 月岡芳
年‥‥‥‥①835
最後のオオカミ‥‥①373
最後の警告‥‥‥‥①138
最後の国鉄電車ガイド
ブック‥‥‥‥②430
最後の質問‥‥‥‥①92
最後の乗客‥‥‥①1356
最後のソ連世代‥‥①608
最後の超大国インド‥②130
最後の帝国海軍‥‥①578
最後の時を自分らしく
‥‥‥‥②705
さいごの夏、きみがい
た。‥‥‥‥①367
最後の晩ごはん‥‥①1016
最後の予想屋 吉冨隆安
‥‥‥‥①244
最後のロッカールーム
自分を超えろ‥‥‥①229
サイコパス解剖学‥‥①491
最後はなぜかうまくい
く イタリア人‥‥②84
さいごまで自分らしく、
美しく‥‥‥‥①415
財コン!‥‥‥‥①1008
「菜根譚」からはじめる
つながらない関係‥①461
財産権の憲法的保障‥②200
財産犯バトルロイヤル
‥‥‥‥②212
財産評価基本通達の適
用で注意したい! 土
地評価15パターン‥②411
最弱骨少女は進化した
い!〈1〉‥‥‥①1198
最弱魔王ですが股間の
魔剣は最強(チート)
です‥‥‥‥①1404
最弱魔王の成り上がり
‥‥‥‥①1190
最弱無敗の神装機竜(バ
ハムート)〈12〉‥①1142
最弱無敗の神装機竜(バ
ハムート)〈13〉‥①1142
最弱無敗の神装機竜(バ
ハムート)〈14〉‥①1142
済州島で暮らせば‥②45
最終版 大学教授になる
方法‥‥‥‥①677
最新面接官が教える!
公務員面接突破術
〈'19〉‥‥‥‥①178
菜樹の巻‥‥‥‥①687
採証學‥‥‥‥②226
宰相閣下とパンダと私
‥‥‥‥①1193
宰相閣下の淫らなたく
らみ‥‥‥‥①1404
再召喚された勇者は一
般人として生きてい
く?‥‥‥‥①1178
最上級のプチブラギフ

ト100‥‥‥‥①2
最上級のホスピタリ
ティを伝える ホテル
のおもてなし英会話
‥‥‥‥①644
「西條誌」絵図の今むか
し‥‥‥‥①537
最小二乗法・交互最小
二乗法‥‥‥‥②661
最上の音を引き出す弦
楽器マイスターのメ
ンテナンス‥‥‥‥①815
最上のおもてなし‥‥①35
最少の努力でやせる食
事の科学‥‥‥‥①25
宰相A‥‥‥‥①1006
菜食への疑問に答える
13章‥‥‥‥①35
最初に父が殺された‥①935
最初に読みたいアク
ティブラーニングの
本‥‥‥‥①715
最初に読む 光化学の本
‥‥‥‥②670
最初の首相ロバート・
ウォルポール‥‥‥①604
災神‥‥‥‥①1078
最新アニメ業界の動向
とカラクリがよーく
わかる本‥‥‥‥①798
最新アパレル業界の動
向とカラクリがよー
くわかる本‥‥‥‥②428
最新アミロイドーシス
のすべて‥‥‥‥②716
最新 アメリカの会計原
則‥‥‥‥②316
最新医学図解 詳しくわ
かる腎臓病の治療と
安心生活‥‥‥‥②716
最新医学図解 詳しくわ
かるひざ・股関節の
痛みの治療と安心生
活‥‥‥‥①172
最新 医事関連法の完全
知識〈2017年版〉‥②699
最新 医療事務のすべて
がわかる本‥‥‥‥②708
最新 医療費の仕組みと
基本がよーくわかる
本‥‥‥‥②708
最新運動療法大全〈2〉
‥‥‥‥②716
最新映画産業の動向と
カラクリがよーくわ
かる本‥‥‥‥①789
最新英語論文によく使
う表現 基本編‥‥①653
最新 乙種第4類危険物
取扱者合格完全ガイ
ド‥‥‥‥②644
最新オールカラー図解
錆・腐食・防食のすべ
てがわかる事典‥‥②623
最新音楽業界の動向と
カラクリがよーくわ
かる本‥‥‥‥①802
最新・会計処理ガイド
ブック〈平成29年7月
改訂〉‥‥‥‥②316
最新改正対応! 給与計
算標準ハンドブック
‥‥‥‥②316
最新ガイドライン準拠
小児科診断・治療指
針‥‥‥‥②747
最新ガスバリア薄膜技
術‥‥‥‥②592
最新 過疎・辺地債ハン

ドブック‥‥‥‥②271
最新艦船模型モデリン
グガイド‥‥‥‥②286
最新機械業界の動向と
カラクリがよーくわ
かる本‥‥‥‥②441
最新企業会計と法人税
申告調整の実務‥‥②323
最新 気象学のキホンが
よーくわかる本‥‥②678
最新基本地図〈2018〉
‥‥‥‥①211
最新・基本パソコン用
語事典‥‥‥‥②515
最新キャッシュフロー
計算書がよーくわか
る本‥‥‥‥②321
最新業界地図〈2018年
版〉‥‥‥‥②415
最新銀行業界の動向と
カラクリがよーくわ
かる本‥‥‥‥②383
最新金融の基本とカラ
クリがよーくわかる
本‥‥‥‥②377
最新決算書がよーくわ
かる本〈2017年版〉
‥‥‥‥②321
最新決定版リングカー
ド式 一生使える毎日
の糖尿病献立‥‥‥①180
最新健康ビジネスの動
向とカラクリがよー
くわかる本‥‥‥‥②282
最新検査・画像診断事典
〈2016・17年版〉‥②716
最新 現代デザイン事典
‥‥‥‥①876
最新口腔外科学‥‥②755
最新広告業界の動向と
カラクリがよくわか
る本‥‥‥‥②340
最新 公衆衛生看護学 各
論〈1 2017年度〉‥②765
最新 公衆衛生看護学 各
論〈2 2017年版〉‥②765
最新 公衆衛生看護学 総
論〈2017年版〉‥‥②765
最新5か年インテリア
コーディネーター資
格試験問題集〈平成29
年度版〉‥‥‥‥②641
最新「国際経営」入門
‥‥‥‥②371
最新子ども保健‥‥②747
最新コーポレートファ
イナンスの基本と実
践がよーくわかる本
‥‥‥‥②377
最新コンサル業界の動
向とカラクリがよー
くわかる本‥‥‥‥②415
最新 コンサルティング
業界大研究‥‥‥②415
最新コンテンツ業界の
動向とカラクリがよ
くわかる本‥‥‥‥②514
最新最強の一般常識
〈'19年版〉‥‥‥①297
最新最強の一般常識一
問一答〈'19年版〉‥①297
最新最強の一般常識ク
リア問題集〈'19年版〉
‥‥‥‥①297
最新最強のエントリー
シート・自己PR・志
望動機〈'19年版〉‥①296
最新最強の作文・小論
文〈'19年版〉‥‥①297

最新最強の資格の取り
　方・選び方全ガイド
　〈'19年版〉………②299
最新最強の就職面接
　〈'19年版〉………②296
最新最強の地方公務員
　問題 上級〈'19年版〉
　………………②181
最新最強の地方公務員
　問題 初級〈'19年版〉
　………………②182
最新最強の適性検査ク
　リア問題集〈'19年版〉
　………………②293
最新最強の履歴書・職務
　経歴書〈'19年版〉‥①296
最新最強のCAB・GAB
　超速解法〈'19年版〉
　………………①294
最新最強のSPIクリア問
　題集〈'19年版〉‥②294
最新歯科技工士教本 矯
　正歯科技工学‥②755
最新「仕組み」仕事術
　………………②349
最新社会と情報 学習
　ノート…………②715
最新重要判例250 刑法
　………………②212
最新証券業界の動向と
　カラクリがよーくわ
　かる本…………②381
最新情報の科学 学習
　ノート…………②517
最新情報版 大学生が狙
　われる50の危険‥①38
最新消防模擬問題全書
　………………②154
最新食品業界の動向と
　カラクリがよーくわ
　かる本…………②444
最新 知りたいことが
　パッとわかる 給与計
　算の事務手続き・届
　け出ができる本‥②329
最新 人工心肺………②716
最新 大人の発達障
　害サポートブック‥①491
最新図解 自閉症スペク
　トラムの子どもたち
　をサポートする本‥①682
最新図解 やさしくわか
　る精神医学………②744
最新ストレッチの科学
　………………②216
最新スポーツビジネス
　の動向がよーくわか
　る本……………②213
最新世界史図説タペス
　トリー…………①731
最新 船員法及び関係法
　令………………②626
最新 船舶職員及び小型
　船舶操縦者法関係法
　令………………②626
最新組織改革の基本と
　実践がよーくわかる
　本………………②282
最新/組織再編の法律・
　会計・税務ハンド
　ブック…………②325
最新ソフトバレー・ハ
　ンドブック………②227
最新大腸がん治療‥②179
最新 タイのビジネス法
　務………………②250
最新段階式 日商簿記検
　定問題集 2級商業簿
　記………………②471

最新段階式 簿記検定問
　題集 全商2級‥②471
最新段階式 簿記検定問
　題集 全商3級‥②471
最新知識と事例がいっ
　ぱい リウマチケア入
　門………………②741
最新通信業界の動向と
　カラクリがよくわか
　る本……………②514
最新電気鉄道工学‥②433
最新電力・ガス業界の
　動向とカラクリが
　よーくわかる本‥②438
最新トヨタ生産方式の
　基本と実践がよーく
　わかる本………②309
最新7ケタ版全国郵便番
　号簿〈2017年4月版〉‥②2
最新 乳がん治療……②736
最新農業技術 花卉〈vol.
　9〉………………②450
最新農業技術 果樹〈vol.
　10〉……………②449
最新農業技術 畜産〈vol.
　9〉………………②455
最新農業技術 畜産〈vol.
　10〉……………②455
最新農業技術 土壌施肥
　〈vol.9〉…………②449
最新農業技術 野菜〈vol.
　9〉………………②450
最新農薬原体・キー中間
　体の創製〈2017〉‥②446
最新のエビデンスとナ
　ラティブが今、解き
　明かす伝説の歯科医
　療………………②755
最新の科学でわかっ
　た！ 最強の24時間
　………………①122
最新のゲームは凄すぎ
　だろ〈6〉………①1164
最新の睡眠科学が証明
　する必ず眠れるとっ
　ておきの秘訣！‥①170
最新のGoogle対策！ こ
　れからのSEO Webラ
　イティング本格講座
　………………②528
最新 肺がん治療……②736
最新早わかりインデッ
　クス 食材＆料理カロ
　リーブック七訂食品
　成分表対応………①165
最新版 一番やさしい・
　一番くわしい図解で
　わかるISO14001のす
　べて……………②586
最新版 男の子女の子赤
　ちゃんのしあわせ名
　前大事典…………①133
最新版 覚えやすいサッ
　カールールブック‥②229
最新版 行政書士試験こ
　れ一冊だけで合格レ
　ベル到達本〈1〉‥②238
最新版 行政書士試験こ
　れ一冊だけで合格レ
　ベル到達本〈2〉‥②238
最新版 計算いらずコレ
　ステロール・中性脂
　肪対策のおいしいレ
　シピ……………①153
最新版 計算いらず 糖尿
　病のおいしいレシピ
　………………①165
最新版！ これからの
　SEO内部対策本格講

座………………②517
最新版サラリーマン大
　家さん "1棟目"の教
　科書……………②423
最新版 図解でわかる
　ISO9001のすべて‥②586
最新版 図解 民法（総
　則・物権）………②204
最新版 スタメンを勝ち
　とる！ 試合に勝て
　る！ 80分DVDつき
　少年サッカー必勝バ
　イブル…………②229
最新版 絶対後悔しない
　住宅ローンの借り方・
　返し方…………②389
最新版 ソフロロジー出
　産………………①7
最新版 だって更年期な
　んだもーん 治療編
　………………①167
最新版 小さな「パン屋
　さん」のはじめ方‥②426
"最新版"ドイツの街角
　から……………②84
最新版 糖尿病は薬なし
　で治せる………①180
最新版 ナースのための
　早わかり検査値事典
　………………②766
最新版 ナースのための
　早わかりモニター心
　電図の読み方と心臓
　病の検査………②766
最新版 はじめて講師を
　頼まれたら読む本‥②282
最新版 肌断食………①22
最新版 美容師国家試験
　実戦試験問題集‥②506
最新版 美容師国家試験
　予想問題集……②506
最新版 プロが教える
　「15分掃除」がわが家
　を変える！……①6
最新版 フローチャート
　でわかる所得税の実
　務………………②409
最新版 薬学検定試験 対
　策＆過去問3級4級‥②779
最新版 ヨガのポーズが
　丸ごとわかる本‥①161
最新版 よくわかる大人
　のADHD（注意欠如/
　多動性障害）……①491
最新版 らくらくあんし
　ん育児…………①9
最新版 らくらくあんし
　ん妊娠・出産……①7
最新版 らくらくあんし
　ん離乳食………①9
最新判例でつかむ固定
　資産税の実務‥②399
最新判例にみるイン
　ターネット上のプラ
　イバシー・個人情報
　保護の理論と実務‥②185
最新版 JR全車両大図鑑
　………………②430
最新版 Q&A 不動産所
　得をめぐる税務‥②399
最新版 英文Eメー
　ル辞典…………②653
最新美術・デザイン賞
　事典2010‐2016‥①882
最新プレジスト材
　料開発とプロセス最
　適化技術………②571

最新！ 太らない食べ方
　………………①25
最新ブロックチェーン
　がよーくわかる本‥②377
最新保育サービス業界
　の動向とカラクリが
　よーくわかる本‥②690
最新保育資料集〈2017〉
　………………①690
最新 防災・復興法制‥②583
最新放射線治療でがん
　に勝つ…………②736
最新放送業界の動向と
　カラクリがよくわか
　る本……………②15
最新！ 北欧デザイン・
　コレクション！‥①876
最新ボケない！ "元気
　脳"のつくり方‥①160
最新ミサイルがよーく
　わかる本………②166
最新薬理学………②755
最新リース取引の基本
　と仕組みがよーくわ
　かる本…………②316
最新理論言語学用語事
　典………………②621
最新 労働者派遣法の詳
　解………………②466
最新ロマノフ王朝の至
　宝華麗なるロシア‥②828
最新IoTがよーくわかる
　本………………②517
最新ISO27017と
　ISO27018がよーくわ
　かる本…………②586
最新ISO9001 2015文例
　集………………②586
最新ITILとISO/
　IEC20000がよーく
　わかる本………②517
最新MATLABハンド
　ブック…………②544
最新！ SPI3完全版〈'20
　年度版〉………②294
最新Webマーケティン
　グ〈2017〉………②335
再生医療と医事法‥②716
再生医療用培養容器と
　ケミカルス2017‥②716
財政学…………②271
再生可能エネルギー政
　策の国際比較‥②572
再生可能エネルギーで
　地域を変える‥②572
再生可能エネルギーの
　メンテナンスとリス
　クマネジメント‥②572
財政課のシゴト……②155
財政から読みとく日本
　社会……………②271
財政小六法〈平成30年
　版〉……………②186
財政と民主主義……②260
財政破綻からAI産業革
　命へ……………②243
財政破綻に備える次な
　る医療介護福祉改革
　………………②54
再生へのリ・ビジョン
　………………①524
砕石等統計年報〈平成28
　年（2016）〉……②444
罪責の神々〈上〉‥①1347
罪責の神々〈下〉‥①1347
最先端泳法『フラット
　スイム』でクロール
　がきれいに速く泳げ
　る！……………①231

最先端治療 乳がん‥②737
最先端の有機EL……②571
最善の結果を出す最強
　コミュニケーション
　念のための思考
　"NEN"way of
　thinking………②349
最速合格！ 中小企業診
　断士最強入門テキス
　ト〈'18年版〉……②486
最速合格！ 2級電気工
　事施工管理技士試験
　学科50回テスト‥②633
最速合格！ 丙種危険物
　でるぞー問題集‥②644
「最速で考える力」を東
　大の現代文で手に入
　れる……………②349
最速で結果を出す人の
　秘密の習慣………②349
最速で成功する脳の使
　い方……………②349
最速で出会いが増える
　顔になる………①115
最速123キロ、僕は40歳
　でプロ野球選手に挑
　戦した…………①223
最速マスター
　SPI3&Webテスト
　〈2019年度版〉‥①294
最大の成果を最速で上
　げる 1分間情報収集
　法………………②349
在宅医療をはじめよ
　う！ 医療を変える、
　地域を変える、文化
　を変える………②706
在宅医療のKEY
　& NOTE………②769
在宅医療Q&A〈平成29
　年版〉…………②716
在宅看護の実習ガイド
　………………②766
在宅看護論………②766
採択される科研費申請
　ノウハウ………②647
在宅療養を支える技術
　………………②766
サイタ×サイタ
　EXPLOSIVE……①1112
埼玉カフェ日和……①192
埼玉建築設計監理協会
　主催第17回卒業設計
　コンクール作品集‥②609
埼玉高校野球グラフ
　〈2017〉…………①221
埼玉児童詩集（8）‥①382
埼玉 地名の由来を歩く
　………………①537
最短合格！ 英検準1級英
　作文問題完全制覇‥②657
最短合格賃金主任者試
　験直前模試〈2017年
　度〉……………②479
最短合格 証券外務員試
　験対策問題集〈2017年
　度版 上巻〉……②479
最短合格 証券外務員試
　験対策問題集〈2017年
　度版 下巻〉……②479
最短合格 特別会員証券
　外務員一種・二種
　〈2017年度版〉……②479
最短合格 特別会員証券
　外務員内部管理責任
　者試験問題解説集
　〈2017/18年版〉‥②506
最短合格 2級ボイラー

技士試験…………②628
最短合格 よくわかる証
　券外務員一種〈2017年
　度版〉…………②479
最短合格 よくわかる証
　券外務員内部管理責
　任者試験問題解説集
　〈2017/18年版〉…②479
最短合格 よくわかる証
　券外務員二種〈2017年
　度版 上巻〉………②479
最短合格 よくわかる証
　券外務員二種〈2017年
　度版 下巻〉………②479
最短合格 2級FP技能士
　〈'17〜'18年版〉…②479
最短合格 3級FP技能士
　〈'17〜'18年版〉…②479
最短10年で受給できる
　新しい老齢給付のし
　くみ……………①47
最短突破 Cisco CCNA
　Routing and
　Switching ICND2 合
　格教本…………②561
最低。……………①997
最低の軍師…………①1061
最底辺からニューゲー
　ム！……………①1263
最底辺からニューゲー
　ム！〈2〉…………①1263
最適解の技術………②349
最適な労働時間の管理
　方法がわかるチェッ
　クリスト…………②464
最適物流の科学……②417
採点者の心をつかむ 合
　格する小論文……①633
採点ポイントがよくわ
　かる！ 昇任試験論文
　のすごい書き方…②152
斉藤アリスのときめき
　カフェめぐり……①40
齋藤恵美子詩集……①963
西東三鬼全句集……①973
斎藤昌三 書痴の肖像…②16
さいとう市立さいとう
　高校野球部〈上〉…①982
さいとう市立さいとう
　高校野球部〈下〉…①982
さいとう市立さいとう
　高校野球部 おれが先
　輩？……………①982
さいとう・たかを ゙ゴル
　ゴ13″イラスト画集
　………………①841
齋藤孝の一気読み！ 日
　本近現代史………①570
齋藤孝のざっくり！ 西
　洋哲学…………①467
齋藤孝の知の整理力 ・②282
斎藤一人………②342
斎藤一人 あなたの人生、
　そのままで大丈夫！
　………………①92
斎藤一人 お金と強運を
　引き寄せる最強の口
　ぐせ……………①92
斎藤一人お金の神様に
　好かれる人のスゴい
　口ぐせ…………②282
斎藤一人 神様にかわい
　がられる豊かで幸せ
　な生き方…………①92
斎藤一人 がんばらなく
　ても、勝手に幸せが
　やってくる7つの魔法
　………………①92
斎藤一人 奇跡を起こす

「大丈夫」の法則…①122
斎藤一人 答えるだけで、
　人生が思い通りにな
　るすっごい質問！…①92
斎藤一人 この先、結婚
　しなくてもズルいく
　らい幸せになる方法
　………………①92
斎藤一人 仕事がうまく
　いく315〈最幸〉のチ
　カラ……………②349
斎藤一人 人生に悩んだ
　とき神様に応援して
　もらう方法………①92
斎藤一人 すべての感情
　は神様からの贈り物
　………………①92
斎藤一人 成功の花を咲
　かせなさい………①92
斎藤一人 大開運人生を
　楽しむ仕組み……①92
斎藤一人 父の愛、母の
　愛………………①92
斎藤一人 悩みはなくせ
　る………………①92
斎藤一人 人間力……②282
斎藤一人の「勝手に人が
　育つ」経営の極意 ・②282
斎藤一人 品をあげる人
　がやっていること …①92
齋藤正彦 数学講義 行列
　の解析学…………②657
斎藤茂吉…………②912
斉藤雪乃の鉄道旅案内
　関西版…………②433
斉藤謠子＆キルトパー
　ティ 私たちが好きな
　キルトのバッグと
　ポーチ…………①77
斉藤謠子のハウス大好
　き………………①77
サイト・サーバー管理
　者のための削除・開
　示請求法的対策マ
　ニュアル…………②194
最難関のリーダーシッ
　プ………………②366
在日華僑華人の現代社
　会学……………②98
在日コリアンと精神障
　害………………②45
在日コリアンの離散と
　生の諸相…………②45
在日コリアンの歴史を
　歩く……………②45
在日詩集 詩碑………①963
在日の涙…………②45
在日米軍…………②149
在日マネー戦争……①928
罪人教室…………①1199
才能を伸ばす人が使っ
　ているコミュニケー
　ション術…………①122
才能が見つからないま
　ま大人になってし
　まった君へ………①122
才能が目覚めるフォト
　リーディング速読術
　………………①122
才能スイッチ………①122
サイバーアーツ〈01〉
　………………①1217
サイバー攻撃に勝つ経
　営………………②282
サイバー攻撃の足跡を
　分析する ハニーポッ
　ト観察記録………②533
サイバーセキュリティ
　読本 完全版 ネットで

破滅しないためのサ
　バイバルガイド…②534
サイバーセキュリティ
　マネジメント入門 ・②534
再発見京の魚………①35
再発見 日本の哲学 石原
　莞爾……………①578
再発見 日本の哲学 北一
　輝………………①461
再発見 日本の哲学 平田
　篤胤……………①461
財閥富豪と孤独な聖母
　〈1〉……………①1381
最果てのパラディン〈4〉
　………………①1290
最果ての氷界………①255
サイバネティクス全史
　………………②517
サイバー犯罪入門…②38
サイパン…………①200
裁判員裁判のいま…②229
裁判員裁判の量刑〈2〉
　………………②229
裁判官が説く民事裁判
　実務の重要論点 契約
　編………………②215
裁判官！ 当職そこが知
　りたかったのです。
　………………②215
裁判官はこう考える 弁
　護士はこう実践する
　民事裁判手続……②227
裁判実務フロンティア
　家事事件手続……②227
裁判所の正体………②227
裁判所は何を判断する
　か………………②227
裁判の非情と人情…②227
裁判例を踏まえた病院・
　診療所の労務トラブ
　ル解決の実務……②708
裁判例から考えるシス
　テム開発紛争の法律
　実務……………②222
裁判例からみた相続人
　不存在の場合におけ
　る特別縁故者への相
　続財産分与審判の実
　務………………②191
裁判例からみる法人税
　法………………②406
裁判例コンメンタール
　刑事訴訟法〈第2巻〉
　………………②215
サイパン・ロタ＆テニ
　アン〈2018〜2019年
　版〉……………①200
財布はいますぐ捨てな
　さい……………①92
さいふまいり………①506
細胞美人…………①1092
細胞から若返る！ テロ
　メア・エフェクト …①148
細胞生物物理学者への
　道………………②682
細胞のマルチスケール
　メカノバイオロジー
　………………②601
細密イラストで綴る 日
　本蒸気機関車史 ・…②433
催眠性指導…………①1402
催眠トランス空間論と
　心理療法…………①491
財務会計…………②317
財務会計講義………②317
財務会計・入門……②317
財務会計論〈1〉……②317
財務会計論〈2〉……②317
財務会計論計算編〈1〉

………………②489
財務会計論計算編〈2〉
　………………②489
財務管理の基礎知識 ・②320
財務省が日本を滅ぼす
　………………②152
財務上級試験問題解説
　集〈2017年度版〉 ・②479
財務省名鑑〈2018年版〉
　………………②175
財務諸表分析………②321
財務諸表分析の実務 ・②322
財務諸表分析過去問題集
　〈2018年度版〉……②489
財務諸表論完全無欠の
　総まとめ〈2018年度
　版〉……………②489
財務諸表論個別計算問
　題集〈2018年〉……②489
財務諸表論個別計算問
　題集〈2018年度版〉
　………………②489
財務諸表論重要会計基
　準〈2018年度版〉…②489
財務諸表論総合計算問
　題集 応用編〈2018年〉
　………………②489
財務諸表論総合計算問
　題集 応用編〈2018年
　度版〉…………②489
財務諸表論総合計算問
　題集 基礎編〈2018年〉
　………………②489
財務諸表論総合計算問
　題集 基礎編〈2018年
　度版〉…………②489
財務諸表論本試験型計
　算模試〈2018年度版〉
　………………②489
財務諸表論理論問題集
　〈2018年〉………②489
財務諸表論理論問題集
　応用編〈2018年度版〉
　………………②489
財務諸表論理論問題集
　基礎編〈2018年度版〉
　………………②489
債務整理事件処理の手
　引………………②204
財務中級試験問題解説
　集〈2017年度版〉 ・②479
財務報告論…………②317
サイメシスの迷宮 ・…①1139
サイモンは、ねこであ
　る………………①312
サイモンvs人類平等化
　計画……………①1327
災厄……………①1091
採用獲得のメソッド 転
　職者のための職務経
　歴書・履歴書・添え状
　の書き方…………②345
採用獲得のメソッド 転
　職者のための面接回
　答例……………②345
採用獲得のメソッド 転
　職者のための面接突
　破術……………②345
採用獲得のメソッド は
　じめての転職ガイド
　必ず成功する転職 ・②345
採用側のプロが書いた
　就職面接 完全対策集
　〈'19年版〉………②296
西來寺本 仮名書き法華
　経 原色影印………①516
材料＆調味料まとめて
　冷凍おかず………①53
材料科学基礎 問題集 ・①745

材料が少なくてかんた
　ん！ はじめての「グ
　ルー」アクセサリー…①74
材料電子論入門……②595
最良の嘘の最後のひと
　言………………①1086
材料物理学入門……②664
材料力学…………②601
材料力学と材料強度学
　………………②601
材料力学入門………②601
差異力……………②282
再臨勇者の復讐譚〈3〉
　………………①1164
再臨勇者の復讐譚〈4〉
　………………①1164
サイレンカー………①435
サイレンス…………①1072
サイレント〈上〉……①1348
サイレント〈下〉……①1348
サイレント・マイノリ
　ティ……………①1091
サイレントマザー……②54
最蓮房と阿仏房……①521
サヴェジ・システム試
　論………………②260
ザ・ウエッジ・バイブル
　………………①219
ザ・歌伴 歌い継がれる
　名曲集…………①810
サウルスストリート タ
　イムトリップ!?すす
　め！ トリケラトプス
　………………①373
佐伯さんと、ひとつ屋
　根の下〈1〉………①1191
佐伯さんと、ひとつ屋
　根の下〈2〉………①1191
佐伯さんと、ひとつ屋
　根の下〈3〉………①1192
冴え、極まる！ アイン
　シュタイン式論理脳
　ドリル…………①275
三枝昂之…………①904
冴えない彼女（ヒロイ
　ン）の育てかた〈12〉
　………………①1273
冴えない彼女（ヒロイ
　ン）の育てかた〈13〉
　………………①1273
冴えない彼女（ヒロイ
　ン）の育てかた Girls
　Side〈3〉………①1273
さえない後輩がイケメ
　ン御曹司だった件に
　ついて…………①1405
「逆上がり」だってでき
　る！ 魔法のことばオ
　ノマトペ…………①432
詐害行為取消訴訟…②215
境線写真集…………①255
さかいめねこ………①356
堺屋太一著作集〈第6巻〉
　………………①889
堺屋太一著作集〈第7巻〉
　………………①889
堺屋太一著作集〈第8巻〉
　………………①889
堺屋太一著作集〈第9巻〉
　………………①889
堺屋太一著作集〈第10
　巻〉……………①889
堺屋太一著作集〈第11
　巻〉……………①889
堺屋太一著作集〈第12
　巻〉……………①889
堺屋太一著作集〈第13
　巻〉……………①889
堺屋太一著作集〈第14

書名索引

巻〉 …… ①889
逆恨みのネメシス …… ①983
佐賀学〈3〉 …… ①537
佐賀北の夏 …… ①221
佐賀・九州の南方開拓者たち …… ①537
坂口安吾論 …… ①912
佐賀県の山 …… ①189
探さない暮らし …… ②26
逆さに吊るされた男 …… ①1005
逆さメガネで覗いたニッポン …… ②20
さがしえ猫町ナーゴ …… ①331
さがしてごらん！ 森のかくれんぼ …… ①400
探して発見！ 観察しよう 生き物たちの冬ごし図鑑 昆虫 …… ①404
探して発見！ 観察しよう 生き物たちの冬ごし図鑑 植物 …… ①406
さがして！ みつけて！ 怪盗グルーのミニオン大脱走 …… ①321
さがして！ みつけて！ カーズ クロスロード …… ①321
さがして！ みつけて！ 美女と野獣 …… ①321
さがして！ みつけて！ ミニオンズ …… ①321
探してるものはそう遠くはないのかもしれない …… ①939
さがして！ ZOO …… ①312
逆島断雄〈1〉 …… ①1075
逆島断雄〈2〉 …… ①1075
探し物は恋なんです …… ①1213
サーカスナイト …… ①1024
サーカスの旅/薬と夢 …… ①331
サーカスの夜に …… ①989
さがそう！ あそびえほん おたすけたんていポム …… ①331
探そう！ ほっかいどうの虫 …… ②695
さがそう！ マイゴノビートル …… ①404
さがそ！ きせつのぎょうじ12かげつ …… ①440
坂田薫のスタンダード化学 …… ②670
魚 …… ①404
魚だって考える …… ②698
魚っ食いのための珍魚食べ方図鑑 …… ①35
魚で、まちづくり！ …… ②158
魚と人の文明論 …… ②112
魚の形は飼育環境で変わる …… ②698
さかなのたまご …… ①404
魚の巻 …… ②698
魚はすごい …… ②698
魚屋がない商店街は危ない …… ②245
魚料理の教科書 …… ①53
坂上田村麻呂と大多鬼丸伝説 …… ①544
坂の上の雲はキノコ雲 …… ②20
嵯峨野花譜 …… ①1054
佐賀の注目21社 …… ②304
酒米ハンドブック …… ①44
相模武士団 …… ①549
坂村真民詩集百選 …… ①963
坂本九ものがたり …… ①768
坂本真樹先生が教える人工知能がほぼほぼわかる本 …… ②522
坂本真樹と考える どうする？ 人工知能時代の就職活動 …… ①290
坂本龍馬 …… ①389
坂本龍馬 志の貫き方 …… ①565
坂本龍馬最後の一カ月 …… ①565
坂本龍馬の正体 …… ①565
下がらないカラダ …… ①25
ザ・カリスマドッグトレーナー シーザー・ミランの犬が教えてくれる大切なこと …… ①263
ザ・ガールズ …… ①1330
左官読本〈第8号〉 …… ②604
左官と三味線、そして能 …… ①819
裂き編みでつくる毎日のバッグ …… ①82
向坂逸郎評伝〈上巻〉 …… ②170
咲き定まりて …… ①790
詐騎士外伝 薬草魔女のレシピ〈3〉 …… ①1173
サギ師が使う人の心を操る「ものの言い方」 …… ①105
さぎ師たちの空 …… ①1098
さきちゃんの読んだ絵本 …… ①357
サキの思い出 …… ①921
先延ばしは1冊のノートでなくなる …… ②349
ザキはん …… ①331
ザ・ギフティッド …… ①674
砂丘の蛙 …… ①1090
サキュバスに転生したのでミルクをしぼります〈1〉 …… ①1188
サキュバスに転生したのでミルクをしぼります〈2〉 …… ①1188
作業学習 不易流行 …… ①682
左京区桃栗坂上ル …… ①1005
「作業」って何だろう …… ②716
作業療法士国家試験過去問題集 専門問題10年分〈2018年版〉 …… ②779
作業療法士になろう！ …… ②779
作業療法士の自律性と独自性 …… ②716
サクサクできる かんたんiMovie …… ②540
サクサク解ける詰将棋練習帳 風の巻 …… ①249
さくさく理解！ 2級ボイラー技士試験合格テキスト …… ②628
作詞家・阿久悠の軌跡 …… ①803
作詞少女 …… ①811
策士な王子は小国の歌姫に跪いて求婚する …… ①1401
錯視の科学 …… ②716
サクセス！ 一般常識&最新時事〈2019年度版〉 …… ①297
サクセス！ 一般常識&最新時事〈2020年度版〉 …… ①297
サクセス！ 小論文&作文〈2019年度版〉 …… ①297
サクセス！ 小論文&作文〈2020年度版〉 …… ①297
サクセスフルエイジングへと導く50の答え …… ①149
サクセス！ SPI&テストセンター〈2019年度版〉 …… ①294
サクセス！ SPI&テストセンター〈2020年度版〉 …… ①294
ザクセン人の事績 …… ①600
錯綜 …… ①1347
サクッとうかる日商3級商業簿記 はじめての過去問 …… ②471
サクッとうかる日商2級工業簿記トレーニング …… ②475
サクッとうかる日商2級商業簿記トレーニング …… ②471
サクッとうかる日商3級商業簿記トレーニング …… ②471
サクッとうかる2級建設業経理士テキスト …… ②494
サクッと得する！ USJ攻略マニュアルmini …… ①194
サクッと読めてアウトプット力を高める 集中読書術 …… ②2
作品達の家で …… ①869
作文 …… ①723
作曲家大村雅朗の軌跡 …… ①804
策謀〈4〉 …… ①1032
佐久間順三流SUISUIわかる木造住宅の耐震診断・耐震補強設計・補強工事の勘所 …… ②617
錯迷 …… ①1095
作物統計（普通作物・飼料作物・工芸農作物）〈平成27年産〉 …… ②452
作物統計（普通作物・飼料作物・工芸農作物）〈平成28年産〉 …… ②452
桜井章一 勝運をつかむ100の金言 …… ①92
桜色のレプリカ〈1〉 …… ①1253
桜色のレプリカ〈2〉 …… ①1253
さくら、うるわし …… ①1009
さくら学院 倉島颯良・黒澤美澪奈 2017年3月卒業 …… ①768
さくら研究ノート …… ①406
櫻子さんの足下には死体が埋まっている …… ①1080
サクラサイト被害救済の実務 …… ②212
櫻子さんの足下には死体が埋まっている …… ①1080
桜島 大爆震記録集成 …… ①537
サクラ先生が教える！ コウノドリ妊娠・出産Q&Aブック …… ①7
さくらそうアラカルト …… ①267
桜疎水 …… ①1079
サクラダリセット〈上〉 …… ①367
サクラダリセット〈下〉 …… ①367
桜でいやされるための図鑑 …… ②687
さくらとともに舞う …… ①1259
さくらと学ぼう！ 弥生会計〈18〉 …… ②544
さくらと学ぼう！ 弥生給与〈18〉 …… ②544
桜に想う …… ①941
さくら日本切手カタログ〈2018年版〉 …… ①251
サクラノ詩（うた）-櫻の森の上を舞う-公式ビジュアルアーカイヴ …… ①798
桜の咲く頃、僕は妹（きみ）と再会する。 …… ①1406
桜の森の満開の下 …… ①850
桜のような僕の恋人 …… ①987
桜（はな）もよう …… ①258
桜は本当に美しいのか …… ①893
桜日 …… ①256
さくらびより …… ①841
桜吹雪は月に舞う …… ①1324
さくら道〈13〉 …… ①1060
さくら餅〈2〉 …… ①1028
策略 …… ①715
策略のダイヤモンド …… ①1369
サークルクラッシャーのあの娘、ぼくが既読スルー決めたらどんな顔するだろう〈2〉 …… ①1259
作例でわかる！ 山岳写真上達法 …… ①252
ザクロとたい …… ①256
サクロ・モンテの起源 …… ①600
サケが帰ってきた！ …… ②457
酒が仇と思えども …… ①1051
酒好き医師が教える最高の飲み方 …… ①44
酒談義 …… ①959
鮭の神・立烏帽子・歌比丘尼 …… ②112
酒のやめ方講座 …… ①149
叫びたいのは、大好きな君への想いだけ。 …… ①1256
サケマス・イワナのわかる本 …… ②698
鮭鱒鮓 …… ①232
ザ・ゲーム …… ①92
避けられたかもしれない戦争 …… ②123
サ高住（サービス付き高齢者向け住宅）の決め方 …… ②66
鎖国の地球儀 …… ①560
佐古田式養生で120歳まで生きるする・しない健康法 …… ①157
狭衣物語 文学の斜行 …… ①896
左近〈上〉 …… ①1057
左近〈下〉 …… ①1057
サザエさんキーワード事典 …… ②33
笹川流 …… ②282
佐々木説法 なるほど …… ①450
佐々木探偵事務所には、猫又の斑さんがいる。 …… ①1286
笹倉鉄平画集 ヨーロッパやすらぎの時間 …… ①837
ザ・サークル〈上〉 …… ①1344
ザ・サークル〈下〉 …… ①1344
捧げたかった…。 …… ①963
笹の舟で海をわたる …… ①991
笹原大の艦船模型 ナノ・テクノロジー工廠 …… ①286
笹原常与詩集 晩年 …… ①963
ささやかな頼み …… ①1353
ささやかな知のロウソク〈2〉 …… ②650
篠屋宗礀とその周縁 …… ①560
サザンオールスターズ 1978-1985 …… ①804
サージェント・ペパー50年 …… ①807
差し掛けられた傘 …… ②149
ざしき童子のはなし …… ①309
座敷わらしに好かれる部屋、貧乏神が取りつく部屋 …… ①19
座敷童子の代理人〈5〉 …… ①1247
ザ・シークレット 人生を変えた人たち …… ①92
佐治敬三と開高健 最強のふたり〈上〉 …… ②307
佐治敬三と開高健 最強のふたり〈下〉 …… ②307
刺し子のふきん …… ①74
さすが！ と言われる 心に響く名スピーチのコツ&実例集 …… ①17
さすがと思われる話し方 …… ②360
「さすが！」は英語でなんと言う？ …… ①639
サステイニング・ライフ …… ②682
さすらい …… ①261
さすらいの皇帝ペンギン …… ①1004
さすらいの仏教語 …… ①509
サ責一年生の教科書 …… ②70
挫折しないギター入門 …… ①811
挫折しない統計学入門 …… ②661
坐禅の仕方と心得 …… ①518
坐禅の真実 …… ①509
左遷も悪くない〈4〉 …… ①1189
左遷も悪くない〈5〉 …… ①1189
坐禅要典 …… ①509
「誘う」ブランド …… ②335
佐高信の緊急対談 バカな首相は敵より怖い …… ②140
座卓と草鞋と桜の枝と …… ①1138
佐竹一族の中世 …… ①549
サダムとせかいいち大きなワニ …… ①331
ザ・チームワーク …… ②349
サーチライトと誘蛾灯 …… ①1088
殺意の対談 …… ①1107
撮影現場は止まらせない！ …… ①1107
雑貨&フードラッピングブック …… ①74
サッカーが劇的にうまくなるタニラダー・メソッド …… ①229
サッカー 逆境の監督学 …… ①229
雑学ニッポン「出来事」図鑑 …… ②32
サッカー ゲームメークの教科書 …… ①229
サッカー最新戦術ラボ プレスvsビルドアップ …… ①229

サッカースターになる！………①229
サッカー選手のパフォーマンスを高めるヨガ…………①229
作家的覚書……………①950
サッカーで日本一、勉強で東大現役合格…①229
雑貨店おやつへようこそ…………②426
作家と楽しむ古典……①894
サッカー南米流 球際と攻めの仕掛けが強くなる DVD付…………①229
作家になりたい！〈1〉…………①361
作家になりたい！〈2〉…………①361
サッカーの教え方、教えます！…………①229
サッカーのスゴイ話 Jリーグのスゴイ話…①432
サッカービジネスの基礎知識………①231
サッカーファミリーへの中間報告………①229
作家別あの名画に会える美術館ガイド 江戸絵画篇…………①832
サッカー ボールの運び方を鍛えるトレーニング…………①229
サッカーマティクス…①229
サッカー ミッドフィルダー最強バイブル…①229
サッカーレフェリーズ〈2016/2017〉……①229
作曲家 渡辺宙明…①790
作曲・編曲・作詞でプロになりたい人が成功する方法 挫折する理由…………①811
ザック担いでイザベラ・バードを辿る…①184
ざっくり編みたいチャンキーニット……①82
ざっくりわかる!!マイホームの税金入門…②400
雑穀をおいしく食べるRECIPE BOOK…①53
雑穀のポートレート…②777
雑誌新聞総かたろぐ〈2017年版〉………②9
雑誌の人格〈2冊目〉…②16
雑誌メディアの文化史………②10
札沼線の愛と死 新十津川町を行く……①1100
殺人遺伝子リ：バース…………①1348
殺人鬼探偵の捏造美学…………①1274
殺人者の記憶法…①1330
刷新する保守…②140
殺人はお好き？…①1086
殺人へのミニ・トリップ…………①1100
察する人、間の悪い人。…………①92
雑草が教えてくれた日本文化史…………②20
雑草キャラクター図鑑………②687
雑草は軽やかに進化する………②687
雑草はなぜそこに生えているのか………②687
雑談が上手い人 下手な人…………②363

雑談につかいたい古典…………①884
雑談の正体………②363
薩長史観の正体…①565
さっと煮サラダ……①53
ザーッと降って、からりと晴れて…①1012
雑な読書 IN THE BOOK SHELF……②2
さっぱりと欲ばらず…①92
ザッブル・レコード興亡記…………①807
ザッヘル＝マゾッホ紹介…………①474
殺炮…………①1085
札幌アンダーソング………①1091
札幌・小樽・函館・旭川・富良野……①191
札幌カフェ日和 すてきなCAFEさんぽ…①191
札幌人図鑑………②23
サツマイモの世界 世界のサツマイモ…②450
薩摩精忠組…①565
さつまと飼い主……①850
警察（サツ）回りの夏…………①1095
殺戮にいたる病…①1073
殺戮の天使〈2〉…①1120
サーティーナイン・クルーズ〈25〉……①373
佐渡…………①193
佐藤栄作………②148
砂糖の社会史……①35
砂糖の帝国………①592
佐藤文隆先生の量子論…………②668
茶道文化検定公式問題集〈9〉………①271
佐藤優の「公明党」論…………②146
佐藤優の集中講義 民族問題…………②123
佐藤優対談収録完全版 木嶋佳苗100日裁判傍聴記…………②38
佐藤好春と考えるキャラクターとアニメーションの描き方…①798
佐藤隆三著作集〈第7巻〉…………②260
「サードエイジ」をどう生きるか…………②66
里親であることの葛藤と対処…………②54
査読者が教える医学論文のための研究デザインと統計解析…②716
サトコのパン屋、異世界へ行く〈1〉……①1230
サトコのパン屋、異世界へ行く〈2〉……①1230
サトコのパン屋、異世界へ行く〈3〉……①1230
里山里山エネルギー…②574
里見八犬伝………①349
里山奇談………①1117
里山さんぽ植物図鑑…②689
里山少年たんけん隊…①349
里山という物語……①907
里山に生きる家族と集落…………②26
里山の子、さっちゃん…………①265
里山のヤマユ……①308
里山料理ノオト……①53
ザ・トランポノミクス

さとりと日本人……②247
「悟り」は開けない…①510
悟りハンドブック…①138
サナキの森………①1088
真田合戦記………①1056
真田十勇士〈6〉…①385
真田十勇士〈7〉…①385
真田騒動〈上〉…①1030
真田騒動〈下〉…①1030
真田信之………①552
真田松代藩の財政改革…………①560
さなとりょう……①1048
佐野洋子………①841
サバイバーズ〈5〉…①373
サバイバル英文読解…①650
サバイバル！ 炎上アイドル三姉妹がゆく…①282
サバイバル猟師飯…①234
サバイブ………①691
さばかない・おろさない！魚のおかず90…①53
裁きの扉………①1086
裁きは天にあり…①92
砂漠…………①984
砂漠化のクライシス…①441
砂漠ダンス………①1023
「砂漠の狐」回想録…①610
砂漠の燈台………①986
砂漠の富豪の寵愛〈3〉…………①1377
砂漠の魔法に魅せられて…………①1381
鯖猫長屋ふしぎ草紙〈2〉…………①1048
鯖猫長屋ふしぎ草紙〈3〉…………①1048
サハラ砂漠 塩の道をゆく…………①200
サハラの薔薇……①1091
サハリン逍遥……①256
サハリンに残された日本…………①256
サーバーレスシングルページアプリケーション……②549
サバンナを脱出せよ…①373
サバンナのき……①331
ザビエルの置き土産・①959
『サピエンス全史』をどう読むか………②693
寂しい生活………①940
寂しがりやのレトリバー…………①1323
淋しき王は天を堕とす…………①1288
ザ・ビジネスモデルイノベーション……②309
サービスイノベーションの海外展開……②282
サービス経営学入門…②371
サービスサイエンスの事訳（ことわけ）…②647
サービス産業動向調査 拡大調査報告〈平成26年〉………②424
サービス産業動向調査 拡大調査報告〈平成27年〉………②424
サービス産業動向調査 年報〈平成27年〉…②424
サービス産業動向調査 年報〈平成28年〉…②424
サービス接遇検定実問題集1・2級（第39回〜第43回）………②506
サービス接遇検定実問

題集3級（第39回〜第43回）………②506
サービス担当者会議…②54
サービス提供責任者のための事例学習法…②54
サービスデザインの教科書………②282
サービス・ドミナント・ロジックの進展…②371
サービスの生産性を3倍高めるお客様行動学…………②309
サービスのためのIoTプロダクトのつくり方…②282
サービソロジーへの招待…………②282
錆びた太陽………①990
ザ・ビッグガイ＆ラスティ・ザ・ボーイロボット…………①850
ザ・ビデオ・ゲーム・ウィズ・ノーネーム…………①1143
ザ・ヒューマンズ〈vol.1〉…………①850
ザ・ビリオネア・テンプレート………②282
サービングサイズ栄養素量100………①165
ザ・ファースト・カンパニー〈2017〉……②304
サファリ…………①331
サブカルで食う…①93
サブカル・ポップマガジン まぐら〈Private Brand 8〉………①797
サブジェクト・ライブラリアン…………②5
サブスクリプション・マーケティング…②339
ザ・フード・ラボ…①53
サブマリンによろしく…………①1080
サプライ・チェインの設計と管理…②282
サプライチェーン・マネジメント概論…②417
サフラジェット……②38
ザ・ブラックカンパニー…………①987
ザ・ベスト・トリートメント！ 心臓弁膜症…②739
ザ・ベストミステリーズ〈2017〉……①1068
“差別ごころ”からの“自由”……②43
差別されてる自覚はあるか………②71
差別表現の法的規制…②44
サーヘルの環境人類学…………②112
ザ・ボーイズ〈1〉…①850
ザ・ボーイズ〈2〉…①850
ザ・ボーイズ〈3〉…①851
サボテン………②687
さぼてんねこのさぼにゃん 宇宙のリズムにのっかる本…①93
サボる政治………②140
サマーウォーズ…①349
ザ・マミー…①381, ①1122
さまよえる影たち〈1〉…………①960
彷徨える魂たちの行方…………①923
彷徨える日本史……①560
サマリー商法総則・商

行為法………②195
さみしくなったら名前を呼んで………①1022
サミーとサルルのはじめてのおまっちゃ…①331
サミュエル・ベケット…………①924
さむらい………①461
侍ジャパンを世界一にする！ 戦略思考…①223
さむらい道〈上〉…①1047
さむらい道〈下〉…①1047
サメ・エイ………①404
サメってさいこう！…①308
ザ メンタルゲーム…①273
サモナーさんが行く〈3〉…………①1299
サモナーさんが行く〈4〉…………①1299
さやのお舟………①382
小百合物語………①912
小百合物語………①928
さようなら、お母さん…………①1084
さようなら、ギャングランド………①1105
さようなら、猫……①986
さようなら竜生、こんにちは人生〈8〉…①1240
さようなら竜生、こんにちは人生〈9〉…①1240
さようなら竜生、こんにちは人生〈10〉…①1240
さようなら竜生、こんにちは人生〈11〉…①1240
さよさみの「きれいが続く」収納レッスン…①2
サヨナラ、おかえり。…………①1017
さよなら片思い……①1394
さよなら神様……①1109
さよなら恋にならない日…………①1326
さよなら西郷先輩…①1233
サヨナラ坂の美容院…………①1157
サヨナラ自転車……①997
さよなら、スパイダーマン………①373
さよなら、田中さん…………①1003
さよなら、涙……①1185
さよなら涙 リハビリ・バンバン………①768
サヨナラノオト……①802
さよならの神様……①1216
さよならの、代わりに…………①779
さよならのための七日間…………①1162
さよならの力〈7〉…①940
さよならは明日の約束…………①1010
さよなら、母娘ストレス…………①480
さよならは私から…①1391
さよならピリオド…①1323
さよなら僕らのスツールハウス………①1081
さよならまでの3日間…………①1379
さよなら未亡人……①1400
さよなら、ムッシュ…①991
さよならレター……①1205
皿洗いするの、どっち？………①5
さらさら流る……①1024
さらじいさん………①331

更級日記 ………… ①888
サラダ漬けで、すぐ野
　菜おかず ………… ①53
サラダ定食 ………… ①53
皿たろう だいかつや
　く！ ……………… ①331
サラとピンキー バリへ
　行く ……………… ①357
サラとピンキー ヒマラ
　ヤへ行く ………… ①357
さらに悩ましい国語辞
　典 ………………… ①632
さらにわかった！ 縄文
　人の植物利用 …… ①540
皿の上の聖騎士（パラダ
　イン）〈3〉 ……… ①1274
サラバ！〈上〉 …… ①1010
サラバ！〈中〉 …… ①1010
サラバ！〈下〉 …… ①1010
さらば愛と憎しみのア
　メリカ …………… ②90
さらば愛しき魔法使い
　…………………… ①1104
さらば！ オンチ・コン
　プレックス ……… ①738
さらば、自壊する韓国
　よ！ ……………… ①131
さらばピカソ！ …… ①1336
さらば、民主主義 … ①200
さららら ………… ①775
サラリーマン川柳なっ
　とく傑作選30回記念
　版 ………………… ①973
サラリーマンだからで
　きるワンコインから
　始める不動産投資法
　…………………… ①421
サラリーマンでも1年で
　1000万稼ぐ副業FX
　…………………… ①397
サラリーマンのための
　「手取り」が増えるワ
　ザ65 ……………… ②342
さらわれたチンパン
　ジー ……………… ①383
さらわれ花嫁 …… ①1267
ザ・リアル・スイング
　…………………… ①219
サリヴァンの精神科セ
　ミナー …………… ②744
さりげなく人を動かす
　スゴイ！ 話し方… ①360
猿蟹 saru・kani…… ①1085
猿神のロスト・シティ
　…………………… ①935
猿来たりなば ……… ①1352
サルコペニア診療ガイ
　ドライン〈2017年版〉
　…………………… ②716
サルってさいこう！ ①407
猿と女とサイボーグ ②647
さるとかに ………… ①309
さるとびすけ 愛とお
　金とゴキZのまき… ①331
サルの子育て ヒトの子
　育て ……………… ②693
ザ・ルノルマンカード
　…………………… ①129
猿の惑星 …………… ①1358
サルは大西洋を渡った
　…………………… ②685
サルはなぜ山を下り
　る？ ……………… ②574
それど人生エロエロ ①956
されど罪人は竜と踊る
　〈19〉 …………… ①1145
されど罪人は竜と踊る
　〈20〉 …………… ①1145
されど、化け猫は踊る

…………………… ①1036
『サレルノ養生訓』とヒ
　ポクラテス ……… ②701
サロネーゼのためのお
　うち教室の教科書・ ②282
サロメ ……………… ①1013
サロンおもてなし教本
　…………………… ①424
サロンマネジメント
　ブック〈vol.1〉 … ②329
サロンマネジメント
　ブック〈vol.2〉 … ②329
サロンマネジメント
　ブック〈vol.3〉 … ②329
サワガニ “青”の謎 … ②698
騒ぎ屋始末〈3〉 …… ①1038
さわこちゃんと10人の
　おひめさま ……… ①331
沢尻リラさんの家庭で
　つくる地中海料理 … ①68
ざわつく女心は上の空
　…………………… ①995
さわってたのしむ点字
　つきえほん〈1〉 … ①302
さわってたのしむ点字
　つきえほん〈2〉 … ①302
さわってたのしむ どう
　ぶつずかん ……… ①302
さわってダヤン …… ①303
さわってわかるクラウ
　ドAI Microsoft
　Cognitive Services実
　践ガイド ………… ②522
沢村貞子という人 … ①958
沢村さん家のこんな毎
　日 ………………… ①851
沢村さん家の久しぶり
　の旅行 …………… ①955
さわやか通信 鍵をかけ
　ないケア ………… ②54
さわるな！ 猛毒危険生
　物のひみつ100 … ①404
さわれるまなべる さむ
　いくにのどうぶつ・ ①305
ザ・ワンピース〈2〉 …①84
斬 ………………… ①1046
山陰絶景 …………… ①256
山陰地方における縄文
　文化の研究 ……… ①540
山陰旅行 …………… ①196
斬！ 江戸の用心棒 … ①1043
3億人の中国農民工 食い
　つめものブルース… ①89
酸化亜鉛の最先端技術
　と将来 …………… ②571
山怪〈2〉 …………… ①112
山怪実話大全 ……… ①887
三回目の求婚 ……… ①1402
参加型文化の時代にお
　けるメディア・リテ
　ラシー …………… ①677
参加型GISの理論と応用
　…………………… ①617
山岳 ……………… ②678
三角形の独り言 …… ②651
サンカクさん ……… ①312
山岳遭難は自分ごと・ ①233
算額タイムトンネル
　…………………… ①1283
山岳読図ナヴィゲー
　ション大全 ……… ①233
三角縁神獣鏡と3〜4世
　紀の東松山 ……… ①613
三カ月だけの結婚 … ①1369
3ヶ月で英語耳を作る
　シャドーイング… ①647
3ヵ月でFP2級 本当は教
　えたくない究極の
　FP2級合格メソッド

〈2018年版〉 …… ②479
3ヵ月で宅建 本当は教
　えたくない究極の宅
　建合格メソッド〈2018
　年版〉 …………… ②497
3か月で旦那さんのお給
　料から卒業する… ②26
酸化チタン ………… ②599
三月 ……………… ①988
三月の5日間 ……… ①784
3月の京都 ………… ①195
三月の雪は、きみの嘘
　…………………… ①1161
参加と交渉の政治学… ②170
酸化物薄膜・接合・超格
　子 ………………… ②595
3〜6歳のこれで安心子
　育てハッピーアドバ
　イス ……………… ②13
参議院と議院内閣制… ②140
三ギニー …………… ①921
三脚＆ストロボ＆フィ
　ルター「買い方・使い
　方」完全ガイドブック
　…………………… ②252
サーンキャとヨーガ… ①161
3級FP技能士〈学科〉精
　選問題解説集〈'17
　〜'18年版〉 …… ②479
3級FP技能士〈実技・個
　人資産相談業務〉精選
　問題解説集〈'17〜'18
　年版〉 …………… ②479
3級FP技能士〈実技・保
　険顧客資産相談業務〉
　精選問題解説集〈'17
　〜'18年版〉 …… ②480
三級海技士〈機関〉800
　題 問題と解答〈26/7
　〜29/4〉〈平成30年
　版〉 ……………… ②643
三級海技士〈航海〉800
　題 問題と解答〈26/7
　〜29/4〉〈平成30年
　版〉 ……………… ②643
3級ガソリン・エンジン
　自動車整備士ズバリ
　一般合格問題集 … ②628
3級金融窓口サービス技
　能士〈学科〉精選問題
　解説集〈2018年版〉
　…………………… ②480
3級金融窓口サービス技
　能士〈実技・テラー業
　務/金融商品コンサル
　ティング業務〉精選問
　題解説集〈2018年版〉
　…………………… ②480
3級仏検公式ガイドブッ
　ク〈2017年度版〉 … ①669
産業安全論 ………… ②415
産業医が見る過労自殺
　企業の内側 ……… ②462
産業化する中国農業 ②449
産業看護学〈2017年版〉
　…………………… ②760
産業クラスター戦略に
　よる地域創造の新潮
　流 ………………… ②371
産業クラスターのダイ
　ナミズム ………… ②371
産業現場の事故・トラ
　ブルをいかにして防
　止するか ………… ②459
産業現場のノンテクニ
　カルスキルを学ぶ・ ②459
産業財産権四法対照整
　理ノート〈平成30年度
　版〉 ……………… ②584

3行しか書けない人のた
　めの文章教室 …… ①633
「残業しないチーム」と
　「残業だらけチーム」
　の習慣 …………… ②309
産業集積のネットワー
　クとイノベーション
　…………………… ②526
残業税 ……………… ①1087
産業税制ハンドブック
　〈平成28年度版〉… ②400
産業税制ハンドブック
　〈平成29年度版〉… ②400
残業ゼロを実現する
　「朝30分で片づける」
　仕事術 …………… ②349
残業ゼロで年収を上げ
　たければ、まず「住む
　ところ」を変えろ！
　…………………… ②342
残業ゼロの快速パソコ
　ン術 ……………… ②535
残業ゼロの仕事のルー
　ル ………………… ②349
残業ゼロのためのN式文
　章の基準 ………… ②362
産業・組織心理学 … ②480
産業と組織の心理学・ ②480
産業復興の経営学… ②371
産業別財務データハン
　ドブック〈2016年版〉
　…………………… ②416
産業保健心理学 …… ②480
産業保健マニュアル・ ②717
3行レシピでつくるおつ
　まみ大全 ………… ①66
産業連関表〈延長表〉
　〈平成25年〉 …… ②416
産業連関表〈延長表〉
　〈平成26年〉 …… ②416
産経新聞85年とふりか
　える自分史〈平成30年
　版〉 ……………… ②416
散華行ブルース …… ①1194
山月庵茶会記 ……… ①1055
三原色を極める大人の
　水彩画塾 ………… ①860
3原則 ……………… ②342
三間飛車新時代 …… ①249
三教指導と空海 …… ①517
三江線の過去・現在・未
　来 ………………… ②433
参考図書解説目録〈2014
　-2016〉 ………… ②7
「参考になりました」は
　上司に失礼！ 入社1
　年目の国語力大全・ ②363
三国志 ……………… ②595
三国志〈10〉 ……… ①1065
三国志事典 ………… ②595
三国志読本 ………… ①596
「三国志」ナンバーワン
　決定戦 …………… ①596
「三国志」の世界 孔明と
　仲達 ……………… ①596
残酷すぎる成功法則・ ②282
三国伝来 仏の教えを味
　わう ……………… ②510
産後ケア …………… ②760
産後ケアの全て …… ①7
サンゴ礁の人文地理学
　…………………… ②574
3語で伝わる！ 最強の
　英語授業 ………… ①734
産後太りからマイナス
　15キロ 足までやせた
　すごいダイエット… ①25

産後リハにおける腹部・
　骨盤へのアプローチ
　…………………… ②760
3さいだもんポケット
　ものしりずかん …… ①318
3歳のえほん百科 …… ①302
さんざめく種 ……… ①963
サン=サーンス エ
　チュード集 作品52・
　作品111 ………… ①817
蚕糸王国 長野県 … ①537
3時間で頭が論理的にな
　る本 ……………… ①349
3時間で宅建士試験の点
　数をあと10点上げる
　本〈2017年度版〉 … ②497
3時間で学べる小学校新
　学習指導要領Q&A
　〈平成29年版〉 … ②715
3時間でヤバいくらい上
　達する英会話の法則
　…………………… ①644
3時間でわかる！ 図解
　民法改正 ………… ②204
3時間半で国際的常識人
　になれる「ゆげ塾」の
　“速修”戦後史（欧米
　編） ……………… ①588
3次元リッチフローと幾
　何学的トポロジー ②659
30分で3品！ 作りおき
　野菜おかず231 …… ①53
30分でできる怒りのセ
　ルフコントロール・ ①491
30分でできる不安のセ
　ルフコントロール・ ①491
3時のアッコちゃん…①1024
三姉妹が完全征服され
　た刻 ……………… ①1405
サンシャワー：東南アジ
　アの現代美術展1980
　年代から現在まで・ ①826
3週間で攻略TOEIC
　L&Rテスト600点！
　…………………… ②659
3週間で攻略TOEIC
　L&Rテスト730点！
　…………………… ②659
3週間で攻略TOEIC
　L&Rテスト900点！
　…………………… ②659
39種類のダイエットに
　失敗した46歳のデブ
　な女医はなぜ1年間で
　15kg痩せられたの
　か？ ……………… ②25
35歳からのお酒デ
　ビュー …………… ①44
35歳からわたしが輝く
　ために捨てるもの・ ①115
35歳・年収300万円でも
　結婚して子どもを育
　てて老後を不自由な
　く過ごす方法を聞い
　てみた …………… ②389
35年間ダンスを踊り続
　けて見えた夢のつか
　み方 ……………… ①822
33歳、苺キャンディ
　…………………… ①1400
33歳で資産3億つくった
　僕が43歳であえて貯
　金ゼロにした理由 ②389
33歳漫画家志望が脳梗
　塞になった話 …… ②703
30時間アカデミック
　PHP入門 ………… ②549
30代が楽しくなる方法
　…………………… ①93

30代で年収1000万になる人、一生400万のままの人 …… ①282
32回、好きって言うよ。…… ①1260
32歳までに知らないとヤバイお金の話 …… ①389
30日間で身につく「地頭」が育つ5つの習慣 …… ①13
30日間ワイン完全マスター〈2017〉 …… ①45
30日で完成！ 超速暗記！ 社労士語呂合わせ〈2017年度版〉 …… ①500
30日で上達！ 書き込み式筆ペン字の練習帳 …… ①17
30年後に絶対後悔しない中古マンションの選び方〈2017・2018年版〉 …… ①20
30年度国立大学法人等職員採用試験攻略ブック …… ②179
30年にわたる観察で明らかにされたオオカミたちの本当の生活 …… ①691
30の都市からよむ日本史 …… ①531
30秒アピール面接〈2019年度版〉 …… ①760
30秒から作れて、毎日食べたくなる！ すぐウマごはん …… ①53
30秒でスッキリ！ 壁トレ …… ①216
30秒でできる！ ニッポン紹介 …… ①666
30秒でできる！ 47都道府県紹介おもてなしの英会話 …… ①644
3種冷凍機械責任者試験合格問題集〈2017・2018年版〉 …… ②644
残照〈7〉 …… ①1084
サンショウウオ戦争 …… ①1333
参照比較市町村制註釈完 …… ②226
参照比較 市町村制註釈附属理由（明治三十二年第十版） …… ②226
産褥期のケア/新生児期・乳幼児期のケア …… ②760
3色弁当 …… ①66
三四郎と東京大学 …… ①915
算数アクティブ授業術 …… ①726
算数を使ってワクワク！ 宇宙探検 …… ①396
算数学習における子どもの自律性の進展とその要因に関する研究 …… ①726
算数科 授業づくりの発展・応用 …… ①726
算数科新学習指導要領改革のキーワードをこう実現する …… ①726
算数科内容論×算数科指導法 …… ①726
算数科「問題解決の授業」ガイドブック …… ①726
算数嫌いな子が好きになる本 …… ①726
算数授業研究〈Vol.110〉

…… ①726
算数・数学教育と多様な価値観 …… ①727
算数好きを育てる教材アレンジ アイデアブック …… ①727
算数で観察 フムフム！世界の生き物 …… ①396
算数で探るドキドキ！ゲーム攻略 …… ①396
算数でめぐる グルグル！ 地球のふしぎ …… ①402
算数で読み解く異世界魔法 …… ①1169
算数で読み解く異世界魔法〈2〉 …… ①1169
算数でわかるPythonプログラミング …… ②549
算数の授業がもっともまくなる50の技 …… ①727
算数の図鑑 …… ①396
算数力を楽しく鍛えるAA授業 …… ①727
算数力がみるみるアップ！ パワーアップ読み上げ計算ワークシート1・2年 …… ①727
算数力がみるみるアップ！ パワーアップ読み上げ計算ワークシート3・4年 …… ①727
算数力がみるみるアップ！ パワーアップ読み上げ計算ワークシート5・6年 …… ①727
算数MANIA …… ②652
三途の川の七不思議 …… ①138
三省堂基本六法〈2018（平成30年版）〉 …… ②186
三省堂国語辞典のひみつ …… ①632
三省堂こどもかんじじてん 小型版 …… ①388
三省堂こどもこくごじてん 小型版 …… ①388
三省堂こどもことわざじてん 小型版 …… ①388
三省堂詳説古語辞典 小型版 …… ①632
三省堂 新旧かなづかい辞典 …… ①632
三省堂 全訳読解古語辞典 …… ①632
三省堂 反対語対立語辞典 …… ①633
三世代探偵団 …… ①1070
残雪 …… ①973
サンセットルビー …… ①1278
3000円投資生活で本当に人生を変える！ …… ②389
3000億円の事業を生み出す「ビジネスプロデュース」成功への道 …… ②282
三千世界の英雄王（レイズナー）〈3〉 …… ①1159
3000年の英知に学ぶリーダーの教科書 …… ②366
燦然のソウルスピナ〈1〉 …… ①1299
燦然のソウルスピナ〈2〉 …… ①1299
3650 …… ②39
残像のモダニズム …… ②609
残像メンタルトレーニング …… ①221

三層モデルでみえてくる言語の機能としくみ …… ①621
「酸素が見える！」楽しい理科授業 …… ①729
酸素欠乏危険作業主任者テキスト …… ②506
酸素欠乏症等の防止 …… ②459
3大テストを一気に攻略！ Webテスト〈2019年入社用〉 …… ①294
三代目扇雀を生きる …… ①787
三代目 J Soul Brothers INNOVATION …… ①768
サンダカンまで …… ①928
サンタクロースのはるやすみ …… ①373
サンタともりのなかまたち …… ①307
三田ビール検定公式テキスト …… ①44
三段対照式 交通実務六法〈平成30年版〉 …… ②218
三段対照 廃棄物処理法法令集〈平成29年版〉 …… ②229
三段表形式 酒税法関係法令集 …… ②229
サンチアゴ巡礼の道4000km …… ①199
燦泥舞目のつぶやき …… ①947
サン＝テグジュペリ …… ①924
3手詰から始める棋力アップ詰将棋200 …… ①249
サンデルよ、「正義」を教えよう …… ①950
3.11大川小の悲劇 …… ②41
3.11を心に刻んで〈2017〉 …… ②41
3.11からの手紙/音の声 …… ②41
3.11後の子どもと健康 …… ①752
サンド …… ①1363
サンドイッチをたべたの、だぁれ？ …… ①312
さんどいっちにー …… ①331
山頭火388外伝 …… ①974
山東京傳全集〈第12巻〉 …… ①889
三度恋する …… ①1369
三度目の殺人 …… ①1087
サ・ント・ランド …… ①793
サンドリヨンの指輪 …… ①1305
サントリーHD（サントリービール・サントリーフーズ）の就活ハンドブック〈2019年度版〉 …… ①290
3男1女 東大理3合格百発百中 絶対やるべき勉強法 …… ①745
3人子持ち働く母の「追われない家事」 …… ②282
三人姉妹殺人事件〈24〉 …… ①1070
3人乗車で1分で放水開始！ 渋消式火災防ぎょ戦術 …… ②583
3人で読む推理小説 スカイホープ最後の飛行 …… ①273
3にんのおひめさま …… ①379
3人の地図 …… ①768
三人の二代目〈上〉 …… ①1043
三人の二代目〈下〉 …… ①1043
三人の名探偵のための事件 …… ①1353

三人の嫁 …… ①1400
三人娘 …… ①1053
三人目のわたし …… ①1349
残念公主のなりきり仙人録 …… ①1229
3年後、確実にジャズ・ギターが弾ける練習法 …… ①821
3年後に結果を出すための最速成長 …… ①282
3年後に退職しないための就活読本 …… ①290
3年で年収1億円を稼ぐ「再生」不動産投資 …… ②421
ざんねんな偉人伝 …… ①588
残念な介護現場を一瞬で変えるコミュニケーション練習ノート …… ②70
残念ながら、その文章では伝わりません …… ①633
残念な経営者 誇れる経営者 …… ②282
残念な鉄道車両たち …… ②433
残念なナースが職場のリーダーに変わる「魔法の会話術」 …… ②766
ざんねんな脳 …… ②729
残念な人の口ぐせ …… ②342
3年の星占い 射手座〈2018年・2020年〉 …… ①131
3年の星占い 魚座〈2018年・2020年〉 …… ①131
3年の星占い 牡牛座〈2018年・2020年〉 …… ①131
3年の星占い 乙女座〈2018年・2020年〉 …… ①131
3年の星占い 牡羊座〈2018年・2020年〉 …… ①131
3年の星占い 蟹座〈2018年・2020年〉 …… ①131
3年の星占い 蠍座〈2018年・2020年〉 …… ①131
3年の星占い 獅子座〈2018年・2020年〉 …… ①131
3年の星占い 天秤座〈2018年・2020年〉 …… ①131
3年の星占い 双子座〈2018年・2020年〉 …… ①131
3年の星占い 水瓶座〈2018年・2020年〉 …… ①131
3年の星占い 山羊座〈2018年・2020年〉 …… ①131
3年B組ネクロマンサー先生 …… ①1222
3年目教師 勝負の学級づくり …… ①707
3年目教師 勝負の授業づくり …… ①715
残念和食にもワケがある …… ①35
三倍祝福されたハート …… ①138
3泊5日のハノイ旅ガイドBOOK …… ①202
三博四食五眠 …… ①939
三番叟/エクリプス日蝕MANSAIボレロ/転生 …… ①787
産婆フジヤン …… ①7

3びきのおばけ …… ①349
3びきのくま …… ①312
さんびきのくま …… ①309
三匹の人妻奴隷家政婦 …… ①1398
賛美せよ、と成功は言った …… ①1075
300字の小さな幸せレシピ …… ①952
365日、君をずっと想うから。 …… ①1222
365日のクッキー …… ①70
365日の歳時記〈上〉 …… ①961
365日の歳時記〈下〉 …… ①961
365日のとっておき家事 …… ①6
「365日」のパン暮らし …… ①53
365日のほん …… ②2
365日ハワイ一周絶景の旅 …… ①209
365日腰痛改善体操 …… ①172
360度思考で生涯現役 …… ②282
360° どんな角度もカンペキマスター！ マンガキャラデッサン入門 …… ①860
366日のちいさな物語 …… ①841
3秒で頭が冴えるすごい方法 …… ①349
3秒で心をつかみ10分で信頼させる聞き方・話し方 …… ①360
3秒で採用！ 絶対「通る」プレゼン資料のつくり方 …… ②357
賛否両論 おもてもてなしうらもてなし …… ①54
賛否両論笠原将弘 鶏大事典 …… ①54
産婦人科・新生児領域の血液疾患 診療の手引き …… ②760
サンフランシスコとシリコンバレー〈2018〜2019年版〉 …… ①209
3フレーズでOK！ メール・SNSの英会話 …… ①644
3分間マインドフルネス …… ①93
3分でわかる！ 聖書 …… ①528
参謀の甲子園 …… ①221
三方よしに学ぶ 人に好かれる会社 …… ②282
「三方よし」の経営学 …… ②282
参謀力 …… ②140
3法令改訂（定）の要点とこれからの保育 …… ①691
散歩が楽しくなる 樹の手帳 …… ①689
散歩する侵略者 …… ①1108
3ポットから作れる寄せ植え105 …… ①267
散歩本を散歩する …… ②2
301〈vol.1 autumn 2017〉 …… ①960
30000人のリーダーが意識改革！「日本郵便」流チーム・マネジメント講座 …… ②366
三位一体のFXトレード理論 …… ②397
三美スーパースターズ …… ①1335
三文人生劇場 …… ①928
残業対策ハンドブック …… ②769

山野草のある庭づくり ………… ①267
三遊亭円朝と民衆世界 ………… ①785
山陽本線 昭和の思い出アルバム ………… ①430
3・4・5歳児の心Q&A ………… ①691
3・4・5歳児のごっこ遊び ………… ①691
3・4・5歳児のわくわく絵あそび12か月 …… ①691
サンライズ・サンセット ………… ①1023
サンリオキャラクターズと女のこおりがみ ………… ①81
サンリオキャラクターといっしょに ラブリーシールあそび・①320
サンリオキャラクターのグルーデコ ………… ①74
サンリオ男子 ……… ①1133
「三陸津波」と集落再編 ………… ②41
三陸わかめと昆布 …①54
三里塚燃ゆ ………… ①574
三流残業をやめて幸せになる技術 ………… ②349
サンレモ、運命の街 ………… ①1393
三狼鬼剣 ………… ①1050
三論宗の基礎的研究 ・①514
三惑星の探求〈3〉 …①1362
3割うまい!! ……… ②428

し

慈愛の将軍安達二十三 ………… ①585
試合の流れを決める！バスケットボール ポイントガード 上達のコツ50 ………… ①227
仕上げは快調 ヨセを得意に ………… ①247
ジ・アート・オブ モアナと伝説の海 …… ①799
シアトル発ちょっとブラックなコーヒーの教科書 ………… ①47
しあわせ ………… ①331
しあわせを生む小さな種 ………… ①93
幸せを考える100の言葉 ………… ①93
幸せを感じる心の育て方 ………… ①93
「幸せ」を建てるしごと ………… ②609
幸せをつかむことば・①799
幸せをつかむ人ほど「見た目」にお金を使う・①22
しあわせをつなぐ台所 ………… ①35
幸せを引き寄せる「口ぐせ」の魔法 …… ①122
幸せを引き寄せる自分の愛し方100の方法 …①93
しあわせを引き寄せる洋菓子の事典 …… ①70
幸せを求める力が育つ

大学教育 ………… ①677
幸せ親子になれる0歳からのアドラー流怒らない子育て …… ①13
幸せを呼び込む色彩セラピー ………… ①491
幸せを呼びこむ台所そうじ ………… ①129
幸せを呼ぶ腸内フローラ ………… ①179
幸せを呼ぶ月の暦 …… ①134
幸せからやって来た悪魔 ………… ①1076
幸せ体質になる一番かんたんな方法 …… ①93
「幸せだった」といって死ぬために …… ①149
幸せ！ って感じる自分になれる「ありがとう」の魔法 …… ①93
幸せってなんだっけ？ ………… ②84
幸せとお金の経済学 ・②260
幸せな裏方 ………… ①954
幸せな木 ………… ①331
幸せな経済自由人の金銭哲学 ………… ②389
幸せな死の桜 …… ①1094
しあわせな出会い〈12〉 ………… ①1380
幸せな人は「お金」と「働く」を知っている ………… ①93
しあわせな看取り …②705
しあわせならでをたたこう ………… ①319
幸せな劣等感 …… ①480
幸せに生きるためのフォーチュン数秘学 ………… ①129
幸せに死ぬ義務がある ………… ②705
幸せになるための心身めざめ内観 …… ①491
しあわせになるための「福島差別」論 …②579
幸せになるのは義務である ………… ①93
幸せになる働き方の法則 ………… ②342
幸せになる女（ひと）の思考レッスン …②115
幸せになる100か条 …①93
幸せの青い鳥 ………… ②696
幸せのありか ………… ①93
幸せの確率 ………… ②26
幸せの神様に愛される生き方 ………… ①93
しあわせの黄色いバスせ ………… ①983
幸せのサイン ………… ①93
幸せの小国オランダの子どもが学ぶアクティブ・ラーニングプロジェクト法 …①715
幸せの種をまく人生 ・②282
幸せの扉を開くクリスタルヒーリング …… ①115
幸せはいつも目には見えない ………… ①93
幸せは自分の中にある ………… ①935
幸せ指スイッチ …… ①122
思案橋 ………… ①1058
詩歌の植物 アカシアはアカシアか？ …… ②687
じいじとばぁば ようこそ数独！ …… ①275
しいたけ占い ……… ①131

ジイちゃん、朝はまだ？ ………… ①987
じいちゃんバナナ ばあちゃんバナナ …… ①331
爺は旅で若返る …… ①184
寺院法務の実務と書式 ………… ②323
時雨の化 ………… ①943
シェアしたがる心理 ・①480
シェアハウス図鑑 …②621
シェアリングエコノミーまるわかり …… ②282
自衛官採用試験問題解答集〈1〉 ……… ②183
自衛官採用試験問題解答集〈4〉 ……… ②183
自衛官の心意気 …… ②164
ジェイクから10のおねがい ………… ①331
シェイクスピア・カーニバル ………… ①922
シェイクスピアと異教国への旅 ……… ①922
シェイクスピアとロマン派の文人たち … ①922
シェイクスピアの面白さ ………… ①922
シェイクスピアの影の国 ………… ①922
シェイクスピアの時代のイギリス生活百科 ………… ①604
自衛戦力と交戦権を肯定せよ ………… ②140
自衛隊一般曹候補生過去8回問題集〈'18年版〉 ………… ②183
自衛隊一般曹候補生採用試験〈2019年度版〉 ………… ②183
自衛隊一般曹候補生採用試験 英語〈2019年度版〉 ………… ②184
自衛隊一般曹候補生採用試験 国語〈2019年度版〉 ………… ②184
自衛隊一般曹候補生採用試験 数学〈2019年度版〉 ………… ②184
自衛隊一般曹候補生面接試験対策〈2019年度版〉 ………… ②184
自衛隊現況〈2017年版〉 ………… ②164
自衛隊最前線の現場に学ぶ最強のリーダーシップ ………… ②164
自衛隊 自衛官候補生 過去5回問題集〈'18年版〉 ………… ②184
自衛隊 自衛官候補生採用試験〈2018年度版〉 ………… ②184
自衛隊自衛官候補生採用試験 これだけは やっとこう〈2018年度版〉 ………… ②184
自衛隊 自衛官候補生採用試験これだけは やっとこう〈2019年度版〉 ………… ②184
自衛隊「自主防衛化」計画 ………… ②164
自衛隊装備年鑑〈2017 - 2018〉 ………… ②164
自衛隊に学ぶ「最強の仕事術」実践ノウハウ ………… ②164
自衛隊年鑑〈2016～

2017年版〉 ……… ②164
自衛隊年鑑〈2018年版〉 ………… ②164
自衛隊の島嶼戦争 … ②164
自衛隊メンタル教官が教える 折れないリーダーの仕事 ……… ②366
自衛隊元最高幹部が教える経営学では学べない戦略の本質 …②371
自衛隊 予備自衛官補採用試験〈2018年度版〉 ………… ②184
自衛隊予備自衛官補採用試験〈2019年度版〉 ………… ②184
ジェイミー・ヴァーディ自伝 ……… ②229
ジェイムズ・ジョイスと東洋 ………… ①921
ジェイン・オースティン研究の今 …… ①921
ジェイン・オースティンに学ぶゲーム理論 ・②260
シェーグレン症候群診療ガイドライン〈2017年版〉 ………… ②741
ジェトロ貿易ハンドブック〈2017〉 …… ②313
ジェネシスオンライン〈2〉 ………… ①1178
ジェネシスオンライン〈3〉 ………… ①1178
ジェネリック ……… ②769
ジェネリック医薬品パーフェクトBOOK ………… ②772
ジェネリック医薬品リスト〈平成29年8月版〉 ………… ②772
ジェネリックvs.ブロックバスター …… ②708
ジェノサイド・リアリティー ………… ①1262
シェパードの人体ポーズと美術解剖学 … ①860
シェフ〈114〉 ……… ①68
シェフに学ぶスーパーフード大麦の調理法 ………… ①54
ジェームズ・アレンの霊言 ………… ①503
ジェームズ・モンロー伝記事典／ジョン・クインジー・アダムズ伝記事典 ……… ①604
ジェリーフィッシュ・ノート ………… ①373
シェリング芸術哲学における構想力 …… ①470
シェリング哲学の躓き ………… ①471
シェリング年報〈2017（第25号）〉 …… ①471
「シェル芸」に効く！AWK処方箋 … ②545
シェルスクリプト基本リファレンス …… ②549
シェル・スクリプト「レシピ」ブック … ②517
ジェロニモとダ・ヴィンチュ・コードのなぞ ………… ①373
ジェロニモとばけネコ地下鉄のなぞ … ①373
支援・指導のむずかしい子を支える魔法の言葉 ………… ①682
ジェーン・スー 相談は

踊る ………… ①93
ジェンダー研究を継承する ………… ②98
ジェンダーとセクシュアリティで見る東アジア ………… ②87
ジェンダーとわたし ・②36
ジェンダーの中世社会史 ………… ①549
身元不明（ジェーン・ドゥ） ………… ①1107
ジェントリフィケーション ………… ①617
死を思うあなたへ… ①491
「字」を変えると人生はうまくいく！ …… ①17
潮風エスケープ …… ①1011
死を語る ………… ①458
塩ができるまで …… ①434
ジオコスモスの変容 ・①600
潮騒 齋藤飛鳥 …… ①775
潮騒はるか ………… ①1055
塩漬けになった不動産を優良資産に変える方法 ………… ②421
塩谷亮画集 ………… ①841
死を告げられた女 …①1350
ジオノ作品の舞台を訪ねて ………… ①924
ジオ・バルNEO …… ①617
潮干狩りの疑問77 …①234
死を見る僕と、明日死ぬ君の事件録 …… ①1266
死をめぐるコレクション ………… ①285
潮谷義子聞き書き 命を愛する ………… ②148
ジオラマ ………… ②286
ジオラマで作る懐かしい風景 ………… ②286
歯科医院でできる「食べる」機能の評価と対応 ………… ②755
歯科医院での実用英会話 ………… ②755
歯科医院の上手なたたみ方・引き継ぎ方 ・②708
歯科医が考案 毒出しうがい ………… ①182
滋賀医科大学心臓血管外科編 成人心臓血管外科手術スキルアップガイド ……… ②739
磁界共鳴によるワイヤレス電力伝送 …… ②592
歯科医師国家試験問題解説書〈第110回（2018）〉 …… ②780
歯科医師になるには・②780
歯科医志望者が絶対に知っておくべき32のこと ………… ②755
自壊の病理 ………… ②578
視界良好〈2〉 …… ②54
歯科英語 ………… ②755
歯科衛生士国試対策集 ………… ②780
歯科衛生士・歯科技工士になるには … ②780
歯科衛生士テキスト わかりやすい歯科放射線学 ………… ②755
歯科衛生士の一日 … ②755
歯科衛生士の質的研究 ………… ②755
歯科衛生士のための齲蝕予防処置法 … ②755
歯科衛生士のための歯科診療報酬入門 … ②755

歯科衛生士のためのペリオ・インプラント重要12キーワードベスト240論文 …… ②755
滋賀 近江八幡・彦根・長浜 …… ①194
歯科がかかわる地域包括ケアシステム入門 …… ②755
歯科機器 …… ②755
歯科技工管理学 …… ②755
歯科技工士国家試験問題集〈2018年版〉 …… ②780
歯科技工実習 …… ②756
歯科技工造形学 …… ②756
字が汚い！ …… ①948
歯科矯正学事典 …… ②756
自覚〈5.5〉 …… ①1087
四角いお尻を丸くする …… ①22
四角い卵 …… ①1331
資格を目指す実践中級中国語 …… ①664
資格検定受検者のために〈2018年度〉 …… ①218
資格試験に超速で合格（うか）る勉強法 …… ①299
視覚実験研究ガイドブック …… ②480
資格取得スピード王の"でる順"衛生管理者第1種過去問題徹底研究〈2017・2018年版〉 …… ②628
視覚情報処理ハンドブック …… ②647
視覚シンボルで楽々コミュニケーション〈2〉 …… ②54
刺客大名 …… ①1063
視覚でとらえるフォトサイエンス 化学図録 …… ②670
視覚でとらえるフォトサイエンス 生物図録 …… ②682
視覚でとらえるフォトサイエンス 物理図録 …… ②664
資格を選び方全ガイド〈2019年版〉 …… ①299
資格の神様 …… ①1212
視覚の生命力 …… ②98
資格貧乏物語 …… ①299
しかけえほん メルちゃんのいちにち …… ①305
しかけぬり絵 日本一周再発見 …… ①865
滋賀県の山 …… ①189
歯科国試パーフェクトマスター 口腔組織・発生学 …… ②780
歯科国試パーフェクトマスター 小児歯科学 …… ②780
歯科国試パーフェクトマスター 保存修復学 …… ②780
歯科国試ANSWER〈2018 vol.4〉 …… ②780
歯科国試ANSWER〈2018 vol.10〉 …… ②780
歯科国試ANSWER〈2018 vol.12〉 …… ②780
シカゴ・デトロイト便利帳〈VOL.14〉 …… ①209
歯科材料 …… ②756
詩画集 花のうた …… ①963
詩画集「SONGS」 …… ①963

歯科受診の常識 …… ①182
歯科女探偵 …… ①1098
自我心理学の理論と臨床 …… ①480
歯科診療補助論 …… ②756
仕方ない帝国 …… ①949
歯科治療読本 …… ②756
歯科治療なんでもブック …… ①182
自我と無意識の関係 …… ①480
しがないサラリーマンの1930 - 32年 …… ②84
志賀直哉をめぐる作家たち・『志賀直哉と信州』（補遺） …… ①912
鹿の王〈1〉 …… ①1118
鹿の王〈2〉 …… ①1118
鹿の王〈3〉 …… ①1118
鹿の王〈4〉 …… ①1118
自我の正体 …… ①122
滋賀の盆踊り 江州音頭 …… ②23
私家版 精神医学事典 …… ②744
私家版戦車入門〈2〉 …… ②166
私家版 和語辞典 …… ①632
詞華美術館 …… ①904
滋賀 琵琶湖 長浜 近江八幡 …… ①194
地歌舞伎を見に行こう …… ①787
死が二人を別つまで …… ①1356
歯科保険請求〈2017〉 …… ②756
私家本 椿説弓張月〈1〉 …… ①1057
歯科薬物療法学 …… ②756
自家用電気工作物のトラブル防止対策事例〈2〉 …… ②592
しがらみ経営 …… ②283
時間を使う人、時間に使われる人 …… ②349
時間学の構築〈2〉 …… ①450
時間差ごはん読本 …… ①54
時間・自己・物語 …… ①450
歯冠修復技工学 …… ②756
志願書・自己推薦書・面接調査票〈2019年度版〉 …… ①760
時間線をのぼろう〈1〉 …… ①1362
時間ってなに？ 流れるのは時？ それともわたしたち？ …… ①450
時間とお金にゆとりができる「小さな家」 …… ①19
時間とはなんだろう …… ②664
時間に追われない39歳からの仕事術 …… ②349
時間に忘れられた国（全） …… ①1363
時間の言語学 …… ①621
時間の思想史 …… ①450
時間のないホテル …… ①1366
時間の非実在性 …… ①475
時間砲計画 完全版 …… ①1117
四季を味わう にっぽんのパスタ …… ①54
四季をいつくしむ花の活け方 …… ①271
四季を愉しむ ちりめん細工とつるし飾り …… ①74
四季を愉しむ手しごと …… ①35
私記「くちなしの花」 …… ①585
詩季彩 …… ①256
色彩検定2級本試験対策〈2018年版〉 …… ②506
色彩検定3級本試験対策

〈2018年版〉 …… ②506
色紙 漢字かな交じり書 …… ①870
色紙 漢字かな交じり書隆達小歌 …… ①870
次期社長と甘キュン!?お試し結婚 …… ①1193
次期社長の甘い求婚 …… ①1226
しきたり十二ヵ月手帳〈2018〉 …… ①3
四季で楽しむ野鳥図鑑 …… ①696
史記と三国志 …… ①596
子規に学ぶ俳句365日 …… ①904
四季に見る日本の心と人・文化 …… ①948
四季のうた …… ①953
子規の音 …… ①904
四季の宿根草図鑑 …… ①267
四季の絶景写真撮影テクニック＆撮影地ガイド …… ①256
子規はずっとここにいる …… ①904
子規への溯行 …… ①904
子宮がん・卵巣がん …… ①179
子宮頸癌治療ガイドライン〈2017年版〉 …… ②737
時給三〇〇円の死神 …… ①1016
時給と思考 …… ②349
自給飼料生産・流通革新と日本酪農の再生 …… ②451
子宮内膜症 …… ①168
時給800円のフリーターが3年で年収1億円に変わる起業術 …… ②345
士業を極める技術 …… ②283
事業を創る人事 …… ②329
事業計画を実現するKPIマネジメントの実務 …… ②283
事業継続のためのマネジメント …… ②327
事業再生アドバイザー（TAA）認定試験模擬問題集〈17年度試験版〉 …… ②480
事業再生と課税 …… ②400
事業再生読本 …… ②283
事業再生のイノベーションモデル …… ②309
士業資格の可能性と求められる法学教育 …… ②222
事業資金調達の教科書 …… ②326
事業者必携 建設業から風俗営業、産廃、入管業務まで 許認可手続きと申請書類の書き方 …… ②194
事業者必携 これならわかる 最新 不動産業界の法務対策 …… ②419
事業者必携 宅建業申請から民泊、農地まで不動産ビジネスのための許認可のしくみと手続き …… ②419
事業者必携 中小事業者のための建設業許可申請と経営事項審査手続きマニュアル …… ②440
事業者必携 抵当・保証の法律と担保をめぐるトラブル解決法 …… ②186
事業者必携 入門図解 最

新独占禁止法・景表法・下請法のしくみ …… ②375
事業者必携 不動産契約基本フォーマット実践書式80 …… ②192
事業承継が0からわかる本 …… ②327
事業承継支援マニュアル …… ②327
事業承継成功のマニュアル …… ②327
事業承継に活かす納税猶予・免除の実務 …… ②327
事業承継の安心手引〈平成29年版〉 …… ②327
事業税計算問題＋過去問題集〈2018年度版〉 …… ②489
事業税 総合計算問題集〈2018年〉 …… ②489
事業性評価（事業支援アドバイザー）認定試験模擬問題集〈17年度試験版〉 …… ②480
事業性評価実践講座 …… ②384
事業性評価・ローカルベンチマーク活用事例集 …… ②283
事業税理論サブノート〈2017〉 …… ②489
事業税理論マスター〈2018年度版〉 …… ②489
紙業タイムス年鑑〈2017〉 …… ②438
事業大躍進に挑む経営者のための「クライシスマネジメント」 …… ②283
士業で成功するアナログ営業術！ …… ②333
事業に失敗しないための起業家宣言 …… ②283
士業のための改正個人情報保護法の法律相談 …… ②186
事業の発想力 実践編 …… ②283
事業の引継ぎ方と資産の残し方ポイント46 …… ②328
事業報告記載事項の分析 …… ②328
事業用自動車の事故と責任 …… ②218
時局発言！ …… ②13
磁極反転の日 …… ①1118
史記 列伝〈5〉 …… ①596
資金調達ハンドブック …… ②194
時空を超えた聖地をめぐる高野山と密教の仏様 …… ①517
時空間表現としての絵画 …… ①739
時空のオルタード …… ①278
時空のさざなみ …… ②675
時空の旅人 …… ①138
時空魔法で異世界と地球を行ったり来たり〈2〉 …… ①1178
時空魔法で異世界と地球を行ったり来たり〈3〉 …… ①1178
しぐさと表情ですべてわかる！ 犬のほんとうの気持ち …… ①263
"しくじり"から学ぶ世界史 …… ①588
しくじり動物大集合 …… ①407

しくじり歴史人物事典 …… ①426
しくじる会社の法則 …… ②283
シグナル：未来学者が教える予測の技術 …… ②18
シークの憂鬱 …… ①1383
シークはいきなり求婚中！ …… ①1398
仕組まれた愛の日々 …… ①1376
仕組まれた再会 …… ①1404
しくみがまるわかり！骨のビジュアル図鑑 …… ②727
シークレット婚活塾 …… ①115
シークレットツアー …… ①1319
私刑 …… ①1083
死刑執行された冤罪・飯塚事件 …… ②42
死刑囚永山則夫の花嫁 …… ①928
死刑 その哲学的考察 …… ②212
死刑にいたる病 …… ①1084
死刑捏造 …… ①929
死刑廃止と拘禁刑の改革を考える …… ②42
死刑判決と日米最高裁 …… ②43
時系列解析 …… ②657
事件 …… ①988
資源・エネルギー統計年報〈平成28年〉 …… ②572
次元を超えた探しもの …… ②373
事件記者・星乃さやかの涙 …… ①1112
試験攻略入門塾 速習！経済学 過去問トレーニング（公務員対策・ミクロ） …… ②179
資源政策と環境政策 …… ②578
時限捜査 …… ①1095
公務員試験ср予想 …… ②179
試験対応 新・らくらくミクロ・マクロ経済学入門 計算問題編 …… ②260
試験対策のプロが書いた！ 保育士合格テキスト＆問題集〈2018年版 上巻〉 …… ②763
試験対策のプロが書いた！ 保育士合格テキスト＆問題集〈2018年版 下巻〉 …… ②763
資源天然物化学 …… ②670
試験にココが出る！ 消防設備士6類 教科書＋実践問題 …… ②641
試験に出る超特急マスター 甲種危険物取扱者問題集 …… ②644
四間飛車上達法 …… ①249
事件リポーター・阿部祐二の超ハードでも疲れない仕事術 …… ②349
試験惑星チェイラツ〈547〉 …… ①1358
自己愛的（ナル）な人たち …… ①480
自己意識と他性 …… ①457
思考を鍛える大学の学び入門 …… ①677
「思考・感情・行動」が思いのままになる！世界一カンタンな"自己コントロール"の方法 …… ①122
自公政権お抱え知識人

徹底批判 …………… ②13
思考ツールを利用した
　日本語ライティング
　…………………… ①624
"思考停止人生"から卒
　業するための個人授
　業 ……………………… ②93
思考と動くもの …… ①474
思考の整理学 ……… ①122
思考の体系学 ……… ①450
嗜好品カートとイエメ
　ン社会 ……………… ②86
思考プラズマ〈559〉
　……………………… ①1358
思考力アップ算数 小1
　…………………… ①727
思考力アップ算数 小2
　…………………… ①727
思考力アップ算数 小3
　…………………… ①727
思考力アップ算数 小4
　…………………… ①727
思考力・発想力をダブル
　で伸ばすパスカルパ
　ズル 小学1・2年生・ ①440
「思考力・判断力・表現
　力」を鍛える新社会
　科の指導と評価 … ①731
思考力・判断力・表現力
　を育む授業 ……… ①682
自己株式実務ハンド
　ブック …………… ②323
四国 ………………… ①196
しこくささきぬ ……… ①832
地獄堂霊界通信〈7〉
　…………………… ①1121
地獄堂霊界通信〈8〉
　…………………… ①1121
じごくにいったかんね
　どん ……………… ①331
地獄の犬たち ……… ①1106
地獄の経典 ………… ①510
四国の近世城郭 …… ①560
地獄の淵から ……… ①600
地獄の門〈上〉 …… ①1341
地獄の門〈下〉 …… ①1342
四国八十八ヵ所遍路旅
　日記 ……………… ①514
詩国八十八ヵ所巡り・ ①963
時刻表探検 …………… ②2
四国遍路 こころの旅路
　…………………… ①514
四国遍路日誌 ……… ①514
地獄耳〈5〉 ……… ①1065
地獄耳〈3〉 ……… ①1065
地獄耳〈4〉 ……… ①1065
じごくゆきっ ……… ①998
"自己資金ゼロ"から
　キャッシュフロー
　1000万円をつくる不
　動産投資！ ……… ②421
自己資金ゼロ・ローリス
　クで儲かるクリニッ
　クを開業する方法・ ②283
自己資本利益率（ROE）
　の分析 …………… ②371
自己責任社会の歩き方
　…………………… ②98
子午線〈5〉 ……… ①884
仕事を円滑に進めるに
　はまず上司が部下に
　質問しなさい …… ②366
仕事を高速化する「時
　間割」の作り方…・ ②349
仕事をシンプルにする
　「数字力」………… ②350
仕事をベースにした能
　力基準のつくり方
　と人事・賃金制度へ

の活用 …………… ②330
仕事を任せたくなる人
　の条件 …………… ②309
仕事が思い通りにでき
　る心理術 ………… ②350
仕事が冴える「眠活法」
　…………………… ②170
仕事がサクサクはかど
　るコクヨのシンプル
　整理術 …………… ②350
仕事が楽しければ、人
　生は極楽だ ……… ②342
仕事がツライ時の感情
　の整理法 ………… ②350
仕事ができるとはどう
　いうことなのか… ①503
仕事ができる人の心得
　…………………… ②350
仕事ができる人の最高
　の時間術 ………… ②350
仕事ができる人の「走
　り方」…………… ①235
仕事ができる人はなぜ
　決断力があるのか・ ②350
仕事がはかどる
　JavaScript"超"活用
　術 ………………… ②559
「仕事が速い」から早く
　帰れるのではない。
　「早く帰る」から仕事
　が速くなるのだ。・・ ②350
仕事が速いのにミスし
　ない人は、何をして
　いるのか？ ……… ②350
「仕事が速い人」と「仕
　事が遅い人」のパソ
　コン仕事術 ……… ②350
仕事が速い人はどんな
　メールを書いている
　のか ……………… ②350
仕事が速く、結果を出
　し続ける人のマイン
　ドフルネス思考 …・ ②350
仕事が速くなる！
　PDCA手帳術 …… ②350
仕事（ワーク）がワクワ
　クに変わる笑顔の法
　則 ………………… ②283
仕事消滅 …………… ②342
仕事人生のリセットボ
　タン ……………… ②26
自己と他者 ………… ①450
自己と他者を認識する
　脳のサーキット … ②729
仕事でいちばん大事な
　ことを今から話そう
　…………………… ②350
仕事で差がつく言葉の
　選び方 …………… ②350
仕事で使える受験英熟
　語940 …………… ②652
仕事で使える受験英単
　語1200 ………… ②652
仕事で使える！ G
　Suite …………… ②513
仕事でナメられないた
　めの賢語手帳 …… ②363
仕事で眠れぬ夜に勇気
　をくれた言葉 …… ①107
仕事で必要な「本当の
　コミュニケーション
　能力」はどう身につ
　ければいいのか？・ ②350
仕事でよく使う・すぐに
　応用できる ビジネス
　契約書作成ガイド・ ②194
仕事と介護両立ハンド
　ブック …………… ②70
仕事と家庭は両立でき

ない？ …………… ②36
仕事と暮らし10年の変
　化 ………………… ②459
「仕事」と「職業」はど
　うちがうの？ …… ①415
仕事と人生に活かす
　「名著力」〈第1部〉… ②93
仕事と人生に活かす
　「名著力」〈第2部〉… ②93
仕事なんか生きがいに
　するな …………… ②93
仕事に効く！ ずるい英
　語表現100 ……… ①639
仕事に使えるクチコミ
　分析 ……………… ②336
仕事に忙殺されないた
　めに超一流の管理職
　（スクールリーダー）
　が捨てている60のこ
　と ………………… ②366
仕事に役立つ専門紙・
　業界紙 …………… ②16
仕事にやりがいを感じ
　ている人の働き方、
　考え方、生き方。… ②350
仕事の英語いますぐ話
　すためのアクション
　123 ……………… ①649
仕事の渋滞は「心理学」
　で解決できる …… ②350
仕事の準備の本 …… ②350
仕事のストレスが笑い
　に変わる！ サラリー
　マン大喜利 ……… ②342
仕事のスピードと質が
　同時に上がる33の習
　慣 ………………… ②350
仕事の成果がみるみる
　上がる！ ひとつ上の
　エクセル大全 …… ②538
仕事の生産性が上がる
　トヨタの習慣 …… ②309
仕事の「生産性」はドイ
　ツ人に学べ ……… ②342
「しごと」の知恵 …… ②350
仕事のできる女性を目
　指して …………… ①503
仕事のできる先生だけ
　がやっているモノと
　時間の整理術 …… ①704
仕事の能率を上げる最
　強最速のスマホ＆パ
　ソコン活用術 …… ②350
仕事のExcelが1日で
　ざっくりわかる本・ ②538
仕事はうかつに始める
　な ………………… ②342
仕事は男のロマンであ
　る ………………… ②283
仕事は「会話力」で9割
　変わる …………… ②360
仕事は輝く ………… ②342
しごと場たんけん 日本
　の市場〈3〉……… ①429
仕事場のちょっと奥ま
　でよろしいですか？
　…………………… ②350
仕事場訪問 ………… ①832
仕事も女も運も引きつ
　ける「選ばれる男」の
　条件 ……………… ②342
仕事も私生活もなぜか
　うまくいく女性の習
　慣 ………………… ②115
仕事や日常で使える7つ
　の心理法則 ……… ②350
家族>仕事で生きる。 ②26
仕事力を高める記憶術
　＆読書術 ………… ②350

姉（シーコ）の海 …… ①963
自己の可能性を拓く心
　理学 ……………… ①480
死後の世界 ………… ①507
自己発見の哲学 …… ①450
事故物件幽怪班 森羅殿
　へようこそ ……… ①1264
自己保身の警察ワール
　ド ………………… ②154
自己有用感・自尊感情
　を育てるコーチング・
　アプローチ ……… ①709
死後離婚 …………… ①190
死言状 ……………… ①958
自作キャンプアイテム
　教本 ……………… ①234
思索日記（1） …… ①471
思索日記（2） …… ①471
自作の小屋で暮らそう
　…………………… ①26
自作PCクラスタ超入門
　…………………… ①517
地酒人気銘柄ランキン
　グ〈2017～18年版〉…①44
シサスク 星の組曲 解説
　付 New Edition … ①817
自殺カタログ ……… ①1247
自殺するには向かない
　季節 ……………… ①1168
自殺対策白書〈平成29年
　版〉……………… ②175
シーザーネヴァーダイ
　…………………… ①1033
資産運用の高度化に向
　けて ……………… ②389
資産を作る！ 資産を防
　衛する！ ………… ②389
資産家たちはなぜ今、
　テキサスを買い始め
　たのか？ ………… ②254
資産5000万円以下のふ
　つうの家族が、なぜ相
　続でもめるのか？・ ②191
資産査定3級検定試験模
　擬問題集〈17年度試験
　版〉……………… ②480
資産査定2級検定試験模
　擬問題集〈17年度試験
　版〉……………… ②480
資産税実務問答集 … ②480
資産税の実務〈2017年度
　版〉……………… ②400
資産税の取扱いと申告
　の手引 …………… ②414
資産になる「いい家」の
　見つけ方・買い方 …①19
資産の交換・買換えの
　課税理論 ………… ②323
私史エッセイ 炎女 … ①952
獅子王子と運命の百合
　…………………… ①1326
獅子王は初心な子ウサ
　ギを淫らに愛でる
　…………………… ①1401
獅子座男子の取扱説明
　書 ………………… ①132
史実 中世仏教〈第3巻〉
　…………………… ①515
事実と価値 ………… ①450
事実によりて ……… ①524
事実認定体系 物権編・ ②208
事実認定体系 民法総則
　編〈1〉…………… ②204
「資質・能力」を育成す
　る音楽科授業モデル
　…………………… ①738
「資質・能力」を育成す
　る算数科授業モデル
　…………………… ①727

「資質・能力」を育成す
　る社会科授業モデル
　…………………… ①731
「資質・能力」を育成す
　る図工科授業モデル
　…………………… ①739
「資質・能力」を育成す
　る体育科授業モデル
　…………………… ①741
「資質・能力」を育成す
　る理科授業モデル・ ①729
資質・能力を育てる学
　校図書館活用デザイ
　ン ………………… ①716
資質・能力を育てるカ
　リキュラム・マネジ
　メント …………… ①716
「資質・能力」と学びの
　メカニズム ……… ①716
死してなお踊れ …… ①519
志士道 ……………… ①122
獅子戸さんのモフな秘
　密 ………………… ①1319
獅子と醜いあひるの子
　…………………… ①1381
獅子の鉄槌〈1〉 … ①1130
獅子の鉄槌〈2〉 … ①1130
志士の峠 …………… ①1033
自死は、向き合える … ②54
静寂 ………………… ①1356
死者を記念する …… ①601
死者を弔うということ
　…………………… ②112
子爵が恋した一輪の薔
　薇 ………………… ①1396
子爵と冷たい華 …… ①1306
子爵に拾われた家政婦
　…………………… ①1385
死者と苦しみの宗教哲
　学 ………………… ①507
死者と先祖の話 …… ②112
死者の雨〈上〉 …… ①1354
死者の雨〈下〉 …… ①1354
死者の書 …………… ②112
『死者の書』の謎 …… ①912
寺社の装飾彫刻ガイド
　百龍めぐり ……… ①869
死者ノ柵 …………… ①1105
死者はどこへいくのか
　…………………… ①458
詩集 鳴呼無蒸し虫 … ①963
詩集 あたかもそこに永
　遠の安らぎがあるか
　のように ………… ①963
詩集 アナタニ玉手箱・ ①963
詩集 雨あがりの朝に・ ①963
詩集 荒磯 ………… ①963
詩集 生きてやろうじゃ
　ないの！ ………… ①963
詩集 漁火の眺める丘・ ①963
詩集 いろいろ愁 … ①963
詩集 歌声は幸せを残す
　だろう …………… ①963
詩集 生まれ来る季節の
　ために …………… ①963
詩集 俺達の歌 …… ①963
詩集 回路 ………… ①963
詩集 かげを歩く男 … ①963
詩集 風の森 ……… ①963
詩集 学校という場所で
　…………………… ①963
詩集 季節の手のひら・ ①963
詩集 銀の涙 ……… ①963
詩集 月光苑〈6〉… ①963
詩集 源氏物語の女たち

詩集工都 …………… ①963
詩集 聲にのせたことば
　たち …………… ①963
詩集 鼓動 …………… ①963
詩集 今晉夢想 …………… ①963
詩集 冴 …………… ①963
詩集 桜の空 …………… ①964
詩集 三十六面体 …………… ①964
詩集 詩神たちへの恋文
　…………… ①964
詩集 死水晶 …………… ①964
詩集 新梁鷹秘抄 …………… ①964
自重ストレッチ …………… ①216
刺しゅう生活、はじめ
　ます …………… ①77
詩集 倉庫 …………… ①964
詩集 その先の視線へ …………… ①964
詩集 立ち姿 …………… ①964
詩集 地球の扉を叩く音
　…………… ①964
詩集 沈黙の絶望、沈黙
　の希望 …………… ①964
刺繍で描く小さなモ
　チーフ …………… ①77
刺しゅうで楽しむ
　CHALKBOYの手描
　きグラフィック …………… ①78
刺繍で作る立体の花々
　…………… ①78
刺繍で綴る日々の装い
　…………… ①78
刺しゅうでめぐる鮮や
　かな世界 …………… ①78
刺繍とがま口 …………… ①78
詩集 豊玉姫 …………… ①964
自重トレーニング大全
　…………… ①216
詩集 虹の足 …………… ①964
詩集 野笑 …………… ①964
刺しゅうの基礎 …………… ①78
詩集 野ばらの変遷 …………… ①964
詩集 バス停にて …………… ①964
詩集 花の瞳 …………… ①964
詩集 花は黙って待って
　いる …………… ①964
詩集 花もやい …………… ①964
詩集 万国旗 …………… ①964
詩集 光いずこに …………… ①964
詩集 鼻行類の盗賊たち
　…………… ①964
歯周病悪化の原因はこ
　れだ …………… ②756
歯周病学サイドリー
　ダー …………… ②756
歯周病が寿命を縮める
　…………… ①182
歯周病患者のインプラ
　ント治療 …………… ②756
歯周病と全身疾患 …………… ②756
歯周病なんか怖くない
　…………… ②756
歯周病の病因論と歯周
　治療の考え方 …………… ②756
詩集 標本づくり …………… ①964
詩集 父音 …………… ①964
詩集 仏教の宣伝 …………… ①964
詩集 冬の柿 …………… ①964
詩集 ペトリコール …………… ①964
詩集 北暦 …………… ①964
詩集 星を産んだ日 …………… ①964
詩集 ほたる …………… ①964
詩集 蛍 …………… ①964
詩集 まほらのような …………… ①964
詩集 丸い地球はどこも
　真ん中 …………… ①964
詩集 見えない涙 …………… ①964
詩集 右から二番目の

キャベツ …………… ①964
詩集 満ち潮の時間 …………… ①975
詩集 喪服 …………… ①964
詩集 憂鬱 …………… ①964
詩集 結城を歩き探すも
　の …………… ①964
詩集 歪んだ時計 …………… ①964
詩集 雪降る日の紙漉き
　ように …………… ①965
詩集 若菜集 …………… ①965
詩集 わが涙滂々（抄）
　…………… ①965
詩集 私のハランバン
　ジョ …………… ①965
詩集 渡邉坂 …………… ①965
詩集 わらべ詩 …………… ①965
"自粛社会"をのりこえ
　る …………… ②578
自主保全士検定試験公
　式学科問題集〈2017年
　度版〉 …………… ②628
自主保全士検定試験公
　式実技問題集〈2017年
　度版〉 …………… ②628
死守命令 …………… ①585
思春期革命（レボリュー
　ション） …………… ①349
思春期・青年期支援の
　ためのアドラー心理
　学入門 …………… ①480
思春期リプロダクティ
　ブヘルス（ARH）プロ
　ジェクトを経験して
　…………… ①491
自称悪役令嬢な婚約者
　の観察記録。 …………… ①1208
自称悪役令嬢な婚約者
　の観察記録。〈2〉 …………… ①1208
市場を織る …………… ②260
史上最悪の英語政策 …………… ①639
史上最強 一般常識＋時
　事 "一問一答" 問題集
　〈2019最新版〉 …………… ①297
史上最強 自己分析 "驚
　異の"超実践法〈2019
　最新版〉 …………… ①290
史上最強のメンタル・
　タフネス …………… ①122
史上最強のFP2級AFP
　テキスト〈17・18年
　版〉 …………… ②480
史上最強のFP2級AFP
　問題集〈17・18年版〉
　…………… ②480
史上最強のFP3級テキ
　スト〈17・18年版〉
　…………… ②480
史上最強のFP3級問題
　集〈17・18年版〉 …………… ②480
史上最強 SPI＆テスト
　センター超実戦問題
　集〈2019最新版〉 …………… ①294
史上最高の投手はだれ
　か 完全版 …………… ①223
史上最高のラブ・リベ
　ンジ …………… ①1235
私情写真論 …………… ①254
市場心理とトレード …………… ②381
私小説のたくらみ …………… ①907
市場戦略の読み解き方
　〈vol.2〉 …………… ②371
自称！ 平凡魔族の英雄
　ライフ …………… ①1150
自称！ 平凡魔族の英雄
　ライフ〈2〉 …………… ①1150
自称魔王にさらわれま
　した …………… ①1273
自称魔王にさらわれま
　した〈2〉 …………… ①1273

市場メカニズムとDCF
　法で決める 原発選択
　の是非 …………… ②579
自称Fランクのお兄さま
　がゲームで評価され
　る学園の頂点に君臨
　するそうですよ？
　…………… ①1274
自称Fランクのお兄さま
　がゲームで評価され
　る学園の頂点に君臨
　するそうですよ？〈2〉
　…………… ①1274
侍女をやめたら皇帝陛
　下に求婚されて、
　えっちな新婚生活が
　はじまりました …………… ①1406
侍女が嘘をつく童話（メ
　ルヒェン） …………… ①1239
自助・共助・公助連携に
　よる大災害からの復
　興 …………… ②41
司書教諭・学校司書のた
　めの学校図書館必携 …………… ②5
司書教諭の実務マニュ
　アル …………… ②5
司書子さんとタンテイ
　さん …………… ①1265
侍女ですが恋されなけ
　れば窮地です〈2〉
　…………… ①1192
侍女に求婚はご法度で
　す！ …………… ①1165
辞書びきえほん ことわ
　ざ …………… ①392
辞書びきえほん 世界地
　図 …………… ①425
シシリー・ソンダース
　初期論文集1958・
　1966 …………… ②705
ししりばの家 …………… ①1122
死屍累々の夜 …………… ①1108
自信（コンフィデント）
　を取り戻し最高の自
　分を引き出す方法 …………… ①122
地震がおきたら …………… ①429
詩人郭沫若と日本 …………… ①918
地震・火山や生物でわ
　かる地球の科学 …………… ①678
自信過剰な私たち …………… ①450
自信がなくても幸せに
　なれる心理学 …………… ①480
詩人が読む古典ギリシ
　ア …………… ①926
詩人小説精華集 …………… ①977
屍人荘の殺人 …………… ①1076
自信を調査（1） …………… ①889
じしん・つなみどうす
　るの？ …………… ①331
自信と望むキャリアを
　手に入れる 魅力の正
　体 …………… ①115
詩人なんて呼ばれて …………… ①965
詩人 西脇順三郎 …………… ①904
詩人のエッセイ集 …………… ①938
自信の育て方 …………… ①415
静岡県 歩きたくなる道
　25選 …………… ①193
静岡県会社要覧〈2017
　年〉 …………… ②375
静岡県の山 …………… ①189
静岡 至福のランチ …………… ①193
静岡浅間神社の稚児舞
　と廿日会祭 …………… ②118
しずおかとっておきの
　マルシェ＆市めぐり
　…………… ①193
静岡の植物図鑑 静岡県
　の普通植物〈下〉 …………… ②687

静岡発 人を大切にする
　いい会社見つけまし
　た …………… ②304
静岡・浜松 …………… ①193
静岡 ぶらり歴史探訪
　ルートガイド …………… ①193
静かな時間 …………… ①973
静かな隣人 …………… ①1008
しずかにあみものさせ
　とくれ…？ …………… ①312
静かに狂う眼差し …………… ①823
静かにしてますよ？
　…………… ①1278
静がんメソッド 肺癌編
　…………… ②737
しずくちゃん〈28〉 …………… ①349
しずくちゃん〈29〉 …………… ①349
しずく堂の編みもの時
　間 …………… ①82
システム戦闘学 コン
　バット・システマ …………… ①240
システムアーキテクト
　〈2017年版〉 …………… ②565
システムアーキテクト
　合格教本〈平成29年
　度〉 …………… ②565
システムアーキテクト
　合格テキスト〈2017年
　度版〉 …………… ②565
システムアーキテクト
　「専門知識＋午後問題」
　の重点対策〈2017〉
　…………… ②565
システムを「外注」する
　ときに読む本 …………… ②283
システム開発訴訟 …………… ①194
システム開発、法務担
　当者のための2015年
　改正個人情報保護法
　実務ハンドブック …………… ②534
システム監査技術者合
　格テキスト〈2018年度
　版〉 …………… ②568
システム監査技術者合
　格トレーニング〈2018
　年度版〉 …………… ②568
システム監査技術者 合
　格論文の書き方・事
　例集 …………… ②568
システム監査技術者「専
　門知識＋午後問題」の
　重点対策〈2018〉 …………… ②568
システムズアプローチ
　入門 …………… ①480
システム設計の基礎か
　ら実践まで 1からは
　じめるITアーキテク
　チャー構築入門 …………… ②517
システム設計の謎を解
　く …………… ②518
システム設計論 …………… ②589
システム同定 …………… ②597
システム導入のための
　データ移行ガイド
　ブック …………… ②570
システムトレード 検証
　と実践 …………… ②393
システムノート 一般教
　養ランナー〈2019年度
　版〉 …………… ①761
システムノート 教職教
　養ランナー〈2019年度
　版〉 …………… ①761
システムノート 小学校
　全科ランナー〈2019年
　版〉 …………… ①762
システムノート 幼稚園
　ランナー〈2019年度
　版〉 …………… ①763

地すべり山くずれの実
　際 …………… ②604
シズルのデザイン …………… ②444
磁性アタッチメントの
　臨床 …………… ②756
姿勢を直すだけで全身
　が「上がる」プリエボ
　ディエクササイズ …………… ①25
姿勢改善とホメオスト
　レッチで母乳育児が
　楽しくなる！ ストレ
　スケア助産師の「ラ
　クラク授乳法」 …………… ①7
死生学年報〈2017〉 …………… ①458
姿勢から介入する摂食
　嚥下 …………… ②751
自制心 …………… ①503
自生地 …………… ①973
市制町村制義解 附理由
　（明治二十一年初版）
　…………… ②226
市制町村制 並理由書
　（明治二十一年初版）
　…………… ②226
資生堂の就活ハンド
　ブック〈2019年度版〉
　…………… ①290
姿勢とストレッチでこ
　んなに変わる！ …………… ①157
姿勢と体幹の科学 …………… ①149
刺青の殺人者 …………… ①1346
自省録 …………… ①148
史跡・遺跡レファレン
　ス事典 外国篇 …………… ①618
次世代アジュバント開
　発のためのメカニズ
　ム解明と安全性評価
　…………… ②717
次世代エコカー市場・
　技術の実態と将来展
　望〈2017〉 …………… ②441
次世代経営人財育成の
　すすめ …………… ②309
次世代経皮吸収型製剤
　の開発と応用 …………… ②769
次世代バイオミメティ
　クス研究の最前線 …………… ②571
次世代福祉の源泉 …………… ②54
私説・イタイイタイ病
　は何故に女性に多発
　してきているのか …………… ②717
私論大阪テレビコメ
　ディ史 …………… ①769
施設基準適時調査マ
　ニュアル …………… ②708
施設のリスクマネジメ
　ントハンドブック …………… ②283
ジゼル …………… ①1072
ジゼルの叫び …………… ①1015
自然エネルギーと協同
　組合 …………… ②572
しぜんかがくおもしろ
　はっけん！ 図鑑 …………… ①388
自然科学の基礎知識を
　知る …………… ②766
自然科学の視点から考
　える日本民俗学 …………… ②112
自然観察のポイント …………… ②681
四川紀行 …………… ①198
自然言語処理と深層学
　習 …………… ②558
自然災害 …………… ②40
自然災害からの学びと
　教訓 …………… ①704
自然災害と疾病 …………… ①611
自然栽培〈Vol.12〉 …………… ②449
自然史 …………… ①256
詩選集 絵空事 羅人（ら
　びっと）どん …………… ①965

自然主義入門 ……… ①450
自然主義文学とセク
　シュアリティ …… ①902
自然情動論 die
　Naturemotion …… ①450
自然選択による人間社
　会の起源 ………… ②98
「自然体」がいちばん強
　い ………………… ①93
自然地理学 ………… ②678
自然と生きもののねだ
　ん ………………… ①415
自然と人間の関係の地
　理学 ……………… ①617
自然な英語を話すため
　の日常英単語1200・①652
自然に学ぶくらし〈1〉
　…………………… ①400
自然に学ぶくらし〈2〉
　…………………… ①400
自然に学ぶくらし〈3〉
　…………………… ①400
自然の神と環境民俗学
　…………………… ②112
自然のふしぎ大図解…①400
自然派ワイン入門……①45
"自然放置"健康論…①149
自然魔術 …………… ②647
自然論理と日常言語 ①621
思想史のなかの日本語
　…………………… ①630
自走するIT組織 …… ②371
地蔵千年、花百年… ①1000
思想としての近代仏教
　…………………… ①510
思想としての言語 … ①450
思想への根源的視座 ①450
持続可能型保険企業へ
　の変貌 …………… ②386
持続可能性のある日本
　のプライマリ・ケア
　提供体制 ………… ②717
持続可能な生き方をデ
　ザインしよう …… ①752
持続可能な開発目標と
　は何か …………… ②574
持続可能な開発目標
　（SDGs）と開発資金
　…………………… ②247
持続可能な社会を考え
　るエネルギーの授業
　づくり …………… ①716
持続可能な社会を拓く
　社会環境学の探究 …②98
持続可能な世界へ……②98
持続可能な地域づくり
　と学校 …………… ①704
持続可能な地域と学校
　のための学習社会文
　化論 ……………… ①752
持続可能な未来のため
　の知恵とわざ …… ②647
持続的成長のための「対
　話」枠組み変革… ②328
子孫が語る「曽我物語」
　…………………… ①896
自尊感情革命 ……… ①757
時代を超えた経営者た
　ち ………………… ①307
次代を創る「資質・能
　力」を育む学校づく
　り〈1〉 ………… ①704
次代を創る「資質・能
　力」を育む学校づく
　り〈2〉 ………… ①704
次代を創る「資質・能
　力」を育む学校づく
　り〈3〉 ………… ①704

時代をつくるデザイ
　ナーになりたい!!ブッ
　クデザイナー …… ①415
死体格差 …………… ②733
死体鑑定医の告白 … ①929
時代劇の「嘘」と「演
　出」……………… ①780
時代劇メディアが語る
　歴史 ……………… ①780
死体島 …………… ①1116
時代小説ザ・ベスト
　〈2017〉 ……… ①1026
時代小説で旅する東海
　道五十三次 ……… ①903
死体展覧会 ……… ①1337
時代と学問と人間と・②227
時代とフザケた男 … ①769
時代に生かされる女た
　ち ………………… ②36
肢体不自由教育におけ
　る子ども主体の子ど
　もが輝く授業づくり
　…………………… ①683
肢体不自由のある友だ
　ち ………………… ①415
時代閉塞の現状 食うべ
　き詩 他十篇 …… ①905
下請法ガイドブック・②283
下請法の実務 …… ②466
自宅介護で「胃ろう」を
　やめた ………… ②70
自宅が一流ホテルに大
　変身！…………… ①19
自宅筋トレ 続ける技術
　…………………… ①216
自宅でできるライザッ
　プ ……………… ①217
親しい君との見知らぬ
　記憶 …………… ①1191
したじきくんとなかま
　たち ……………… ①331
したたかな寄生 …… ①682
したたかな魚たち … ①698
したたかな蜜月計画
　…………………… ①1402
したたりの人妻 … ①1406
舌鼓ところどころ/私の
　食物誌 …………… ①959
下手に居丈高 …… ①953
仕立てのきれいな着ご
　こちのいい小さな子
　の服 ……………… ①84
したにはなにがある？
　…………………… ①305
舌の上の君 ……… ①1118
下町アパートのふしぎ
　管理人 ………… ①988
下町で、看板娘はじめ
　ました。……… ①1207
下町の名建築さんぽ・②610
下町ポプスレーの挑戦
　…………………… ①241
下谷風煙録 ……… ①970
自堕落補陀落 …… ①970
枝垂れの桜 ……… ①973
慕われる店長になるた
　めに大切なこと … ②426
時短術大全 ……… ②350
示談・調停・和解の手続
　と条項作成の実務・②227
時短勉強術 ……… ①674
質草の誓い〈6〉… ①1040
七五調 源氏物語〈8〉①897
七五調 源氏物語〈9〉①897
七五調 源氏物語〈10〉
　…………………… ①898
七・七・七・五で唄う

都々逸人生教室 …・①785
自治制度の抜本的改革
　…………………… ②155
七星のスバル〈5〉… ①1222
七星のスバル〈6〉… ①1222
自治体が原告となる訴
　訟の手引き 福祉教育
　債権編 …………… ②203
自治体間協力の必要性
　と可能性 ………… ②155
自治体議員が知ってお
　くべき地方公会計
　の基礎知識 ……… ②271
自治体議員の政策づく
　り入門 …………… ②155
自治体経営の新展開 ②155
自治体経営リスクと政
　策再生 …………… ②155
自治体コンプライアン
　スの基礎 ………… ②155
自治体職員スタート
　ブック …………… ②152
自治体職員のための行
　政救済実務ハンド
　ブック …………… ②152
自治体職員のための憲
　法判例INDEX …… ②152
自治体職員のための図
　解でわかる外部委託・
　民営化事務ハンド
　ブック …………… ②152
自治体職員のための複
　式簿記入門 ……… ②321
自治体職員のための民
　事保全法・民事訴訟
　法・民事執行法 … ②317
自治体職員のための よ
　うこそ行政法 …… ②203
自治体職員のための
　Q&A住民監査請求ハ
　ンドブック ……… ②152
自治体政策法務の理論
　と課題別実践 …… ②155
自治体訴訟事件事例ハ
　ンドブック ……… ②203
自治体担当者のための
　公会計の統一的な基
　準による財務書類の
　作成実務 ………… ②155
自治体の実例でわかる
　マイナンバー条例対
　応の実務 ………… ②141
自治体の政策形成マネ
　ジメント入門 …… ②155
自治体破綻の財政学・②271
自治体法務検定公式テ
　キスト 基本法務編
　…………………… ②155
自治体法務検定公式テ
　キスト 政策法務編
　…………………… ②156
自治体法務検定問題集
　〈平成29年度版〉… ②156
自治体法務の基礎と実
　践 ………………… ②156
『七訂基本テキスト』完
　全対応！ケアマネ試
　験法改正と完全予想
　模試〈'17年版〉… ②278
七訂食品成分表〈2017〉
　…………………… ①165
自治的集団づくり入門
　…………………… ①704
7人の名探偵 …… ①1068
七人の用心棒 …… ①1050
七年の夜 ………… ①1350
七年目のアイラブユー
　…………………… ①1394

七福神の大阪ツアー・①331
質屋からすのワケアリ
　帳簿 …………… ①1281
しーちゃん ようちえん
　も、いろいろあるわ
　け ………………… ①13
四柱推命 …………… ①129
視聴覚メディア …… ②518
自重しない元勇者の強
　くて楽しいニュー
　ゲーム〈2〉 …… ①1155
自重しない元勇者の強
　くて楽しいニュー
　ゲーム〈3〉 …… ①1155
自重しない元勇者の強
　くて楽しいニュー
　ゲーム〈4〉 …… ①1155
師長・主任のための
　PDP活用入門 …… ②766
市町村教育委員会制度
　に関する研究 …… ②758
市町村職員のための徴
　収実務ハンドブック
　…………………… ②400
市町村制問答詳解 全 附
　理由書（明治二十九年
　改正再版）……… ②222
市町村のための防災・
　危機管理〈Part2〉・②583
市町村役場便覧〈平成30
　年版〉…………… ②175
シチリアからの誘惑者
　…………………… ①1369
シチリアでもう一度
　…………………… ①1392
シチリア富豪とシンデ
　レラ …………… ①1376
自治労の正体 …… ②465
自治六法〈平成30年版〉
　…………………… ②186
歯痛の文化史 …… ②756
悉皆成仏による「更生」
　を信じて ………… ①450
実解析 …………… ②657
失格紋の最強賢者… ①1214
失格紋の最強賢者〈2〉
　…………………… ①1214
失格紋の最強賢者〈3〉
　…………………… ①1214
しっかりまなぶFP技能
　士2級AFPテキスト
　〈'17・'18受検対策〉
　…………………… ②480
しっかりまなぶFP技能
　士2級AFP問題集〈'17
　・'18受検対策〉… ②480
シッカリ学べる！「光学
　設計」の基礎知識・②664
しっかり学べる！中国
　語 ………………… ①664
実感的に理解を深め
　る！体験的な学習
　「役割演技」でつくる
　道徳授業 ………… ①737
漆器業地域の技術変化
　…………………… ①415
実況・近代建築史講義
　…………………… ②610
実況！空想サッカー研
　究所 ……………… ①432
実況！空想武将研究所
　…………………… ①426
実況！空想武将研究所
　もしも坂本龍馬が戦
　国武将だったら… ①426
実況中継 トランプのア
　メリカ征服〈2017〉
　…………………… ②135
実況パワフルプロ野球

イベキャラ名鑑 …・①280
失業保険150%トコトン
　活用術 …………… ②73
実況・料理生物学 …①35
しっくりこない日本語
　…………………… ①624
疾駆/chic（シック）〈第
　10号〉…………… ①841
漆芸の見かた ……… ①872
しつけ屋美月の事件手
　帖 ……………… ①1139
失権 ……………… ①929
実験を安全に行うため
　に ………………… ②647
実験する小説たち … ①917
実験対決〈25〉…… ①396
実験対決〈26〉…… ①396
実験でわかる電気をと
　おすプラスチックの
　ひみつ …………… ②592
実験動物の飼養及び保
　管並びに苦痛の軽減
　に関する基準の解説
　…………………… ②456
湿原の植物誌 …… ②687
「しつこい女」になろ
　う。……………… ①115
実行関係訴訟の実務・②215
実行関税率表〈2017〉
　…………………… ②313
実行関税率表〈2017年度
　版（追補）〉…… ②313
実行機能力ステップ
　アップワークシート
　…………………… ①683
実行する技術 4DX… ②589
執行手続による債権回
　収 ……………… ②209
執行役員制度 …… ②197
漆黒鴉学園〈7〉… ①1285
漆黒に包まれる恋人
　…………………… ①1344
漆黒の王は銀の乙女に
　囚われる ……… ①1406
漆黒の闇に、偽りの華
　を ……………… ①1259
失語症・右半身不随・高
　次脳機能障害との闘
　い ………………… ②703
10才からはじめるゲー
　ムプログラミング図
　鑑 ………………… ②549
10歳から読める・わか
　るいちばんやさしい
　日本国憲法 ……… ①415
10歳でもわかる問題解
　決の授業 ………… ①716
実際に手を動かしてい
　る医師・ナース・技師
　による 必携！血管外
　科診療ハンドブック
　…………………… ②749
実在への殺到 …… ①450
10才までに学びたい マ
　ンガ×くり返しでス
　イスイ覚えられる
　1200の言葉 …… ①392
十歳までに読んだ本・②2
執事の学校 …… ①1314
実写版 美女と野獣… ①373
実習でよく挙げる看護
　診断・計画ガイド・②766
実証から学ぶ国際経済
　…………………… ②247
実証！風水開祖・楊救
　貧の帝王風水 … ①134
失神外来を始めよう！
　…………………… ②739
実績No.1講師梶谷美果

が教えるこれであなたも一発合格！ FP参考書3級〈'17〜'18年版〉……②480
実践！遺伝性乳がん・卵巣がん診療ハンドブック……②737
実践エンジニアリング・チェーン・マネジメント……②589
実践音楽療法 関係の創造を目指して……①491
実践ガイド 企業組織再編成税制……②323
実践家のためのナラティブ/社会構成主義キャリア・カウンセリング……①491
実践 ガバナンス経営・②283
「実践」が"理論"をコントロールするのであって、"理論"が「実践」をコントロールするのではない……②55
実践・教育技術リフレクション あすの授業が上手くいく"ふり返り"の技術〈1〉……①716
実践刑事証拠法……②213
実践！刑事証人尋問技術〈part2〉……②213
実践!!契約書審査の実務……②194
実践 国際取引業務ハンドブック……②283
実践コーポレート・ファイナンス……②377
実践コンパイラ構成法……②549
実践財政学……②271
実践財務諸表分析・②322
実践！射出成形金型設計ワンポイント改善ノウハウ集……②623
実践柔道論……①236
実践 情報リテラシー・②518
実践事例でわかりやすいアドラー心理学を活かした学級づくり……①708
実践事例でわかる！アクティブ・ラーニングの学習評価……①716
実践事例でわかる獣害対策の新提案……②446
実践事例でわかる認知症ケアの視点……①176
実践事例！ISO9001・②590
実践 人財開発……②309
実践！ストレスマネジメントの心理学……①480
実践するオープンイノベーション……②283
実戦セミナー2級管工事施工管理技士実地試験〈平成29年度版〉……②637
実践耐震工学……②606
実践、楽しんでますか？……①683
実践 地域防災力の強化……②583
実践知的財産法……②186
実践的グローバル・マーケティング……②336
実践的研究開発と企業戦略……②444
実践テキスト 店舗の企画・設計とデザイン……②617
実践で役立つC# プログラミングのイディオム/定石＆パターン……②558
実践トート・タロット……①129
実践トレーニング！会計＆ファイナンス・②317
実践に生かす障害児保育……①683
実践日本語コミュニケーション検定ブリッジ問題集……①635
実践に学ぶ特別支援教育……①683
実践に役立つ栄養指導事例集……①777
実践！認知症の人にやさしい金融ガイド・①176
実践の場における経営理念の浸透……①371
実践・発達心理学・①691
実践 ビジネス数学検定3級……②652
実践 ビジネス数学検定2級……②652
実践 微生物試験法Q&A……②772
実践フェーズに突入 最強のAI活用術……②522
実践フォーラム 破産実務……②326
実践 武術瞑想……①237
実践！復興まちづくり……②40
実践「ブランド名刺」のつくり方・使い方55のルール……②350
実践プロセスアプローチ アートルチャートの活用……②589
実践ベイズモデリング……②269
実践！弁護側立証……②215
実践ポジティブ心理学……①480
実践マーケティングオートメーション・②336
実践!!瞑想の学校……①510
実践メディアリテラシー……②10
実践 輪廻転生瞑想法〈3〉……①129
実践ロバスト制御……②598
実践Arduino！……②595
実践 AWS Lambda……②549
実践IBM SPSS Modeler……②336
実践IELTS技能別問題集スピーキング……①657
実践IELTS技能別問題集ライティング……①657
実践 IT監査ガイドブック……②317
実践OpenCV 3 for C++画像映像情報処理……②558
失踪者〈上〉……①1356
失踪者〈下〉……①1356
実装的プログラ論……①941
失踪都市……①1088
失踪人特捜部……①1353
失踪の社会学……①98
窒素であることは、自由であること……①93
実体概念と関数概念……①471
知ったかぶりキリスト教入門……①524

知ったかぶりの社会保険……②73
シッター執事の子育てレッスン……①1303
実地指導はこれでOK！管理者になったその日からこれだけはおさえておきたい算定要件 居宅介護支援編……②55
実地指導はこれでOK！管理者になったその日からこれだけはおさえておきたい算定要件 通所介護編……②55
湿地の科学と暮らし・②574
知っていなければ助からない不動産投資の落とし穴……②389
知っているようで実は知らない世界の宗教……①499
知っているようで知らない鳥の話……②696
知っているようで知らない夏目漱石……①915
知っておいしいスパイス事典……①35
知っておいしいチーズ事典……①48
知っておいしい保存食事典……①54
知っておきたい顎・歯・口腔の画像診断……②756
知っておきたい紙パの実際〈2017〉……②438
知っておきたいカーモデルの作りかた 昭和の名車編……①287
知っておきたい感染症と予防接種……②717
知っておきたい薬のハンドブック……②770
知っておきたい国税の常識……②400
知っておきたい自然災害のはなし……②40
知っておきたい消費税の常識……②405
知っておきたい所得税の常識……②409
知っておきたい選挙制度の基礎知識……②146
知っておきたい 相続税の常識……②411
知っておきたい中国事情……①664
知っておきたい！土地活用と税金のポイント〈平成29年度版〉……②405
知っておきたい 日本の火山図鑑……①402
知っておきたい！日本の「世界遺産」がわかる本……②91
知っておきたい！ピアノ表現27のコツ……①821
知っておきたい法人税〈平成29年版〉……②406
知っておきたい法人税の常識……②406
知っておきたい保護具のはなし……②459
知っておきたい水問題……②577
知っておきたい！予後まで考える!!周術期輸液・輸血療法

知ったかぶりの社会保……②73

知っておきたい歴史の新常識……①531
質的研究の「質」管理・②98
質的心理学研究〈第16号〉……①481
質的データの分析……②652
知って楽しいわさび旅……①188
知ってつながる！医療・多職種連携……②70
知っててよかった！相続で困らないための遺言と税金の知識・②411
知って得する助成金活用ガイド〈平成29年度版〉……②47
知って得する年金・税金・雇用・健康保険の基礎知識〈2018年版〉……②73
詩ってなあに？……①312
知って納得！植物栽培のふしぎ……②687
知ってはいけない……②141
知ってハナダカ！文房具のひみつ箱……①415
知ってびっくり 子どもの脳に有害な化学物質のお話……①149
知ってほしい国ドイツ……①84
知ってほしい乳幼児から大人までのADHD・ASD・LD ライフサイクルに沿った発達障害支援ガイドブック……①683
知って役立つ！家族の法律……②191
知って・やって・覚えて 医療現場の真菌対策……②732
知ってる？アイツの名前……②32
知ってる？空手道……①237
知ってる？サッカー……①229
知ってる？水泳……①231
知ってる？ソフトテニス……①226
知ってる？ソフトボール……①221
知ってるつもりのコーチング……①709
知ってる？テニス……①226
知ってる？認知症 マンガ ニンチショウ大使れも参上！……①176
知ってる？バドミントン……①226
知ってる？フットサル……①229
知ってる？ラグビー……①228
知ってる？陸上競技 走る 跳ぶ 投げる……①235
知ってる？LGBTの友だち マンガ レインボーKids……①415
知っトク！敬語BOOK……②363
知り得マナー……①16
知得流儀……②98
嫉妬と自己愛……①481
質と量の好循環をめざした福祉人材の確保・育成・定着……②55
室内飼いワンちゃんお悩み解消法……①263
質の高い対話で深い学

KEYNOTE ……②749

びを引き出す 小学校国語科「批評読みとその交流」の授業づくり……①723
失敗学 実践編……②590
「失敗」からひも解くシティプロモーション……②283
失敗から学ぶ……②384
失敗から学ぶ1棟不動産投資の教科書……②423
失敗から学ぶ「早稲田式」地域エネルギービジネス……②438
失敗してもいいんだよ……②215
失敗しない大人の無敵の語彙大全……①624
失敗しないバーベキュー炉作りの基本……①54
失敗しないラーメン店開業法……②428
失敗できない社会人のためのあがり・緊張コントロールメソッド36……②342
失敗と成功の日本史・①531
しっぱいなんかこわくない！……①313
失敗の研究……②283
失敗の法則……②283
実はおもしろい経営戦略の話……②283
じつは体に悪い19の食習慣……①163
実はこんなに間違っていた！日本人の健康法……①149
実は身近なNBC災害……②583
しーっ！ひみつのさくせん……①313
疾風怒濤精神分析入門……①491
疾風怒濤!!プロレス取調室……②238
10分で読める大わらい落語……①386
10分で読めるこわーい落語……①386
10分でわかる得する年金のもらい方……②73
疾病と治療……②766
疾病の回復を促進する薬……②770
疾病の成立と回復促進……②717
七宝 大和順作品集……①872
しっぽなのぶるる……①331
実務&コンサルのプロによる間違わない！事業承継Q&A……②328
実務英文契約書文例集……①649
実務解説 改正債権法・②209
実務解説 資金決済法・②186
実務解説 民法改正……②204
実務解説 連結納税の欠損金Q&A……②400
実務ガイダンス 移転価格税制……②400
実務家・専門家のための税金別 法人の税務申告手続マニュアル e - Tax、eLTAX対応版……②406
実務家とFP必携！保険税務Q&A……②323

実務家のための図解に
　よるタックス・ヘイ
　ブン対策税制 ……… ②400
実務家のための相続税
　ハンドブック ……… ②411
実務家のための知的財
　産権判例70選〈2017
　年度版〉 ……… ②584
実務家のための役員報
　酬の手引き ……… ②330
実務 交通事故訴訟大系
　………………… ②218
実務裁判例 借地借家契
　約における正当事由・
　立退料 ……… ②192
実務者のための化学物
　質等法規制便覧〈2017
　年版〉 ……… ②599
実務消費税ハンドブッ
　ク ……… ②405
実務初級試験問題解説
　集〈2017年度版〉 … ②480
執務資料 道路交通法解
　説 ……… ②429
実務事例 会計不正と粉
　飾決算の発見と調査
　………………… ②317
実務精選100 交通事故
　判例解説 ……… ②218
実務税法六法〈平成29年
　版〉 ……… ②400
実務セレクト 交通警察
　110判例 ……… ②218
実務 相続関係訴訟 … ②216
実務測量に挑戦!!基準点
　測量 ……… ②604
実務対応 病院会計 … ②708
実務担当者のための会
　社と源泉徴収〈平成29
　年度版〉 ……… ②400
実務 知的財産権と独禁
　法・海外競争法 …… ②375
実務賃金便覧〈2017年
　版〉 ……… ②468
実務で使う法人税の耐
　用年数の調べ方・選
　び方 ……… ②406
実務に学ぶ執行訴訟の
　論点 ……… ②216
実務に役立つ印紙税の
　考え方と実践 …… ②411
実務入門 IFRSの新保険
　契約 ……… ②317
実務の視点から考える
　会社法 ……… ②197
実務論文の書き方 … ②152
質問する、問い返す・①716
「質問力」でつくる政策
　議会 ……… ②156
実用イタリア語検定
　〈2017〉 ……… ①671
実用オーディオ真空管
　ガイドブック …… ①262
実用海事六法〈平成29年
　版〉 ……… ②626
実用家事宝鑑 ……… ①6
実用数学技能検定過去
　問題集 算数検定6級
　………………… ②652
実用数学技能検定過去
　問題集 算数検定7級
　………………… ②652
実用数学技能検定過去
　問題集 算数検定8級
　………………… ②652
実用数学技能検定過去
　問題集 算数検定9級
　………………… ②652
実用数学技能検定過去

問題集 算数検定10級
　………………… ②652
実用数学技能検定過去
　問題集 算数検定11級
　………………… ②652
実用数学技能検定過去
　問題集 数学検定準1
　級 ……… ②652
実用数学技能検定過去
　問題集 数学検定準2
　級 ……… ②652
実用数学技能検定過去
　問題集 数学検定2級
　………………… ②652
実用数学技能検定過去
　問題集 数学検定3級
　………………… ②652
実用数学技能検定過去
　問題集 数学検定4級
　………………… ②652
実用数学技能検定過去
　問題集 数学検定5級
　………………… ②652
実用タイ語検定試験 過
　去問題と解答〈14〉
　………………… ①668
実用茶事〈2〉 ……… ①271
実用茶事〈3〉 ……… ①272
実用茶事〈4〉 ……… ①272
実用的! 折りチラシデ
　ザイン ……… ①876
実用的な過去 ……… ①611
実用モード解析入門 … ②657
実用六法〈平成30年版〉
　………………… ②186
実用SAS生物統計ハン
　ドブック ……… ②682
実力詐称レシピ 定番編
　………………… ①54
実力詐称レシピ ランク
　アップ編 ……… ①54
実力養成問題集〈上〉 … ①247
実力養成問題集〈下〉 … ①247
実例 耐用年数総覧 … ②283
実例中心捜査法解説 … ②213
実例で見る! ストレス
　ゼロの超速資料作成
　術 ……… ②350
実例で見る「相続」の勘
　どころ ……… ②411
実例でわかる 英語テス
　ト作成ガイド …… ①734
実例でわかる介護老人
　保健施設利用の手引
　き ……… ②55
実例でわかる漁業法と
　漁業権の課題 …… ②457
実例でわかる 連絡帳の
　書き方マニュアル … ①691
実例 弁護士が悩む高齢
　者に関する法律相談
　………………… ②227
実例 マンション建替え
　………………… ②423
実録・交渉の達人 … ②284
実録・国際プロレス … ①238
実録西郷隆盛 ……… ①1030
実録 7人の勝負師 … ②381
実録心霊スポット取材
　記 かいたん (怪探)
　………………… ①144
実録 頭取交替 ……… ①929
実録・不良映画術 … ①790
実録 水漏れマンション
　殺人事件 ……… ①929
実話怪事記 腐れ魂 … ①1126
実話怪談 憑依 ……… ①1119
実話怪談 奇譚百物語 … ①144
実話奇譚 呪情 ……… ①1119

実話コミック 愛しの冒
　険猫ミミ ……… ①851
実話コレクション 憑怪
　談 ……… ①1119
実話蒐録集 闇黒怪談
　………………… ①1121
実話ホラー 幻夜の侵入
　者 ……… ①1123
シティプロモーション:
　地域創生とまちづく
　り ……… ①158
私的台北好味帖 …… ①202
自適農の地方移住論 … ②446
私鉄郊外の誕生 …… ②433
私鉄車両編成表〈2017〉 … ②433
してはいけない七つの
　悪いこと ……… ①349
幣原喜重郎 ……… ②148
視点を変えれば運命が
　変わる! ……… ①122
事典 観桜会 観菊会全史
　………………… ①570
史伝 西郷隆盛 …… ②168
紫電写真集 ……… ②168
じてんしゃにのれたよ
　………………… ①415
じてんしゃのれるかな
　………………… ①331
自転する虚無〈537〉
　………………… ①1358
支店長が読む 融資を伸
　ばすマネジメント ・ ②385
自伝的東大改革提言 … ①677
自伝的歴史考察 間人
　(たいざ) 考 …… ①537
自店のファンを10倍ふ
　やす「ニュースレ
　ター」の書き方・送り
　方 ……… ②333
「自動運転」革命 …… ②598
自動運転で伸びる業界
　消える業界 …… ②441
自動運転でGO! …… ②441
「自動運転」ビジネス勝
　利の法則 ……… ②284
児童英語教師・通訳案
　内士・同時通訳者・映
　像翻訳家 ……… ①415
児童合唱組曲 くまモン
　………………… ①817
児童家庭福祉 …… ②55
児童家庭福祉論 …… ②55
児童館の歴史と未来 … ②55
児童虐待から考える … ②55
児童虐待の防止を考え
　る ……… ②55
児童憲章えほん その
　とおりそのとおりお
　じさん ……… ①331
自動車運送事業経営指
　標〈2016年版〉 …… ②442
自動車会社が消える日
　………………… ②442
指導者が学ぶプログラ
　ムづくり ……… ①729
自動車検査員心得 … ②442
自動車産業のESG戦略
　………………… ②442
自動車 車検・整備ハン
　ドブック ……… ②442
自動車整備が一番わか
　る ……… ②601
自動車損害賠償保障法
　60年 ……… ②218
自動車保険実務の重要
　判例 ……… ②218

自動車保険の解説
　〈2017〉 ……… ②386
自動車模型ヴィンテー
　ジキットリフレッ
　シュテクニック …・ ①287
自動車用材料の歴史と
　技術 ……… ②442
自動車用プラスチック
　新材料の開発と展望
　………………… ②601
自動車リユースとグ
　ローバル市場 …… ②442
児童心理学の進歩〈2017
　年版〉 ……… ②481
児童相談所改革と協働
　の道のり ……… ②55
始動! 調査報道ジャー
　ナリズム ……… ②13
児童手当事務マニュア
　ル ……… ②55
自動的に夢がかなって
　いくブレイン・プロ
　グラミング …… ①122
持統天皇と藤原不比等
　………………… ①544
指導と評価の一体化を
　実現する道徳科カリ
　キュラム・マネジメ
　ント 小学校編 …… ②737
指導と評価の一体化を
　実現する道徳科カリ
　キュラム・マネジメ
　ント 中学校編 …… ②737
自動人形(オートマト
　ン)の城 ……… ①1119
死闘の水偵隊 …… ①585
自動販売機に生まれ変
　わった俺は迷宮を彷
　徨う〈3〉 ……… ①1261
児童福祉施設の心理ケ
　ア ……… ②55
児童福祉六法〈平成30年
　版〉 ……… ②55
児童や家庭に対する支
　援と児童・家庭福祉
　制度 ……… ②55
児童養護施設の子ども
　たちの家族再統合プ
　ロセス ……… ②55
シド・サクソンのゲーム
　大全 ……… ②279
詩と思想・詩人集
　〈2017〉 ……… ①965
死と砂時計 ……… ①1097
死と生 ……… ①499
使徒戦記〈1〉 ……… ①1229
使徒戦記〈2〉 ……… ①1229
使徒的書簡 あわれみあ
　るかたよ、あわれみ
　女 ……… ①524
シドニー&メルボルン
　〈2018〜2019年版〉
　………………… ②211
使徒パウロは何を語っ
　たのか ……… ①524
シド・ミード ムービー
　アート ……… ①793
シトリン欠損症 …… ②717
しない生き方 ……… ②26
歯内療法成功のための
　コーンビームCT活用
　術 ……… ②756
しない料理 ……… ①54
品川区あるある …… ①186
品川弥二郎関係文書〈8〉
　………………… ①615
死なないで ……… ①1070
死なない人間の集団を
　つくります ……… ①138

信濃三十三カ所巡礼道
　中記 ……… ①514
シナプスの笑い〈Vol.
　33〉 ……… ②744
シナモロールきぶん。
　………………… ①841
シナモロール大百科 ・ ①841
シナリオで学ぶパブ
　リッククラウド
　Amazon Web
　Services 設計&開発
　ガイド ……… ②526
シナリオ分析 …… ②377
次男坊若さま修行中
　………………… ①1048
シニアが毎日楽しくで
　きる週間脳トレ遊び
　………………… ①160
シニア人材という希望
　………………… ②284
ジーニアス総合英語 … ①639
シニアの面白脳トレー
　ニング222 ……… ①275
シニアの簡単! おいし
　い! 老けない献立 …①54
シニアのためのやさし
　い英会話入門 CD付
　………………… ①644
シニアひとり旅 …… ①198
シニアライフ・相続ア
　ドバイザー試験問題
　解説集〈2017年度版〉
　………………… ②480
シニアライフの本音 … ①109
死に至る病 ……… ①467
死にかけ探偵と殺せな
　い殺し屋 ……… ①1271
死にかけて全部思い出
　しました!!〈2〉 …… ①1175
死にかけて全部思い出
　しました!!〈3〉 …… ①1175
死にかけて全部思い出
　しました!!〈4〉 …… ①1175
死にかけ陛下の権謀恋
　愛術 ……… ①1291
死神狼の求婚譚 …… ①1309
死神皇帝は花嫁を愛し
　すぎる ……… ①1401
死神と善悪の輪舞曲(ロ
　ンド) ……… ①1296
死神と道連れ〈9〉 …… ①1071
死神令嬢と死にたがり
　の魔法使い ……… ①1245
老舗に教わる抹茶おや
　つ ……… ①54
死にたい病に効く薬
　………………… ①1323
死にたがりの吸血鬼
　(ヴァンパイア) ・ ①1318
死にたがりビバップ
　………………… ①1164
詩について ……… ①905
シニフィアンシニフィ
　エ パンと料理 おいし
　く食べる最高の組み
　合わせ ……… ①54
死にやすい公爵令嬢〈2〉
　………………… ①1217
死にゆく人のかたわら
　で ……… ②705
師任堂(サイムダン)、
　色の日記〈上〉 …… ①1326
師任堂(サイムダン)、
　色の日記〈下〉 …… ①1326
師任堂のすべて …… ①832
「死ぬくらいなら会社辞
　めれば」ができない
　理由(ワケ) …… ②464
地主・大家の相続対策

の本質 …………… ②411
地主の相続財産は店舗
　用不動産と法人化で
　残す ……………… ②411
死ぬときにはじめて気
　づく人生で大切なこ
　と33 …………… ①458
死ぬときに人はどうな
　る10の質問 …… ①458
死ぬのもたいへんだ …②949
死ぬほど怖い噂100の真
　相 ……………… ②32
死ぬほど怖いトラウマ
　アニメ・マンガ 最凶
　編 ……………… ②33
死ぬほどつらい、悲しい
　出来事を、くるりっと
　ひっくり返す方法 …②93
死ぬほど読書 ……… ②2
死ぬまで歩くにはスク
　ワットだけすればい
　い ……………… ①157
死ぬまで穏やかに過ご
　すこころの習慣 …①93
死ぬまで介護いらずで
　人生を楽しむ食べ方
　………………… ①163
死ぬまで元気で楽しく
　食べられる・話せる
　最強の「お口ケア」 ①149
死ぬまで好奇心！ …①94
死ぬまでに行きたい！
　世界の絶景 新日本編
　………………… ①188
死ぬまでボケない1分間
　"脳活"法 ……… ①160
シネコン映画至上主義
　………………… ①796
死ねない老人 …… ②66
シネマ・アンシャンテ
　………………… ①793
シネマコンプレックス
　………………… ①1012
シネマの大義 …… ①796
死の貌 …………… ①916
痔の9割は自分で治せる
　………………… ①149
詩の教材研究 …… ①723
「死の国」熊野と巡礼の
　道 ……………… ①544
痔の最新治療 …… ①166
死の準備教育 …… ①458
死の超越 ………… ①450
詩の翼 Les Ailes de
　Poésie ………… ①905
死の天使ギルティネ
　〈上〉 …………… ①1349
死の天使ギルティネ
　〈下〉 …………… ①1349
死の棘 …………… ①1001
篠ノ井線 ………… ②430
篠原愛画集 Sanctuary
　………………… ①841
篠原ともえのハンドメ
　イド …………… ①74
忍びの国 ………… ①790
死の舞踏 ………… ①960
忍物語 …………… ①1247
シノン 覚醒の悪魔 ①1362
支配者〈上〉 …… ①1167
支配者〈下〉 …… ①1167
支配者の溺愛 …… ①1304
柴犬 ……………… ①264
柴犬3兄弟ひなあおそら
　………………… ①264
柴犬だいふく …… ①264
柴犬まるの幸福論 ①450
死は終わりではない …①458

しばき隊の真実 …… ②141
芝草科学とグリーン
　キーピング …… ①219
「自白」はつくられる …①481
芝公園六角堂跡 …… ①1010
地場産業が人と人をつ
　なぐ〈2〉 ……… ②440
死は人生で最も大切な
　ことを教えてくれる
　………………… ①459
死はすぐそこの影の中
　………………… ①1077
司馬遷と『史記』の成立
　………………… ①596
柴田勝家と支えた武将
　たち …………… ①553
柴田紗希 ………… ①769
柴田錬三郎の世界 ①912
自発的対米従属 …… ①137
ジハード主義 …… ②129
死は望むところ … ①1106
しばられず、こだわら
　ず、愉快に。…… ①94
縛りプレイ英雄記 ①1178
縛りプレイ英雄記〈2〉
　………………… ①1178
「司馬遼太郎」で学ぶ日
　本史 …………… ①912
司馬遼太郎の「日本人
　論」と現代の日本 …②20
四半世紀の獄の詩 ①960
地盤の液状化 …… ②604
耳鼻咽喉科標準治療の
　ためのガイドライン
　活用術 ………… ②760
私費外国人留学生のた
　めの大学入学案内
　〈2018年度版〉 …… ①745
自費出版年鑑〈2017〉 …②16
鮪立の海 ………… ①994
シビックテックイノ
　ベーション …… ②518
慈悲のかたち …… ①510
「指標化」「基準化」の動
　向と課題 ……… ①752
渋いイケメンの世界 ①256
シフォア・コズミック・
　チャンネル …… ①138
海中要塞（シーフォート
　レス）撃沈指令 … ①1128
シーフ・オブ・シープス
　〈vol.1〉 ……… ①851
渋カジが、わたしを
　作った。……… ①29
四部合戦状本平家物語
　全釈〈巻11〉 … ①896
至福の烙印 ……… ①1339
渋沢栄一人生を創る言
　葉50 …………… ①94
渋沢栄一は漢学とどう
　関わったか …… ①570
シブサワ・コウ 0から1
　を創造する力 … ②284
澁澤龍彦玉手匣（エクラ
　ン）……………… ①948
澁澤龍彦 ドラコニアの
　地平 …………… ①912
澁澤龍彦論コレクショ
　ン〈1〉 ………… ①889
澁澤龍彦論コレクショ
　ン〈2〉 ………… ①889
澁澤龍彦論コレクショ
　ン〈5〉 ………… ①890
紙仏巡礼 ………… ①867
事物の力 ………… ①1018
師父の遺言 ……… ①1018

渋谷音楽図鑑 …… ①186
渋谷音楽図鑑 …… ①804
渋谷学 …………… ①186
渋谷・実践・常磐松 ①186
渋谷のロリはだいたい
　トモダチ〈1〉 … ①1151
ジブリアニメで哲学す
　る ……………… ①450
ジブリの教科書〈14〉
　………………… ①799
ジブリの教科書〈15〉
　………………… ①799
ジブリの教科書〈20〉
　………………… ①799
ジブリの授業 …… ①799
ジブリの文学 …… ①799
「ジブリワールド」構想
　………………… ②141
自分イノベーション …①122
自分を愛しすぎた女
　………………… ①1079
自分を操る超集中力 ①123
自分をいたわる暮らし
　ごと …………… ②26
自分を動かし続ける力
　………………… ①123
自分を変える！ … ①123
自分を変える習慣力
　CD BOOK ……… ①123
自分を変えるたった1つ
　の習慣 ………… ①94
自分を変える超時間術
　………………… ①94
自分を変えるほんの小
　さなコツ ……… ①94
自分を超え続ける …①929
自分を支える心の技法
　………………… ①491
「自分」を仕事にする生
　き方 …………… ②351
自分を知るプラクティ
　ス ……………… ①115
自分を信じる力 … ①115
自分を好きになれない
　キミへ ………… ①94
自分を好きになろう ①169
自分を成長させる最強
　の学び方 ……… ①123
自分を大事にする人が
　うまくいく …… ①123
自分を大切に育てま
　しょう ………… ①94
自分を高く売る技術 ②284
自分を貫く ……… ①123
自分をもっともラクに
　する「心を書く」本 ①94
自分を安売りするのは
　"いますぐ"やめなさ
　い ……………… ①94
自分を休ませる練習 ①450
自分を「やる気」にさせ
　る！ 最強の心理テク
　ニック ………… ①123
自分をゆるすというこ
　と ……………… ①123
自分が変わる靴磨きの
　習慣 …………… ①123
「自分が嫌い」と思った
　ら読む本 ……… ①94
自分が信じていること
　を疑う勇気 …… ①450
「自分から勉強する子」
　の親の言葉 男子編 …①13
自分さがしレシピ …①94
自分時間を楽しむ花の
　細密画 ………… ①860
自分実現力 ……… ①94
自分だけの「ポジショ
　ン」の築き方 … ②351

自分だけの物語で逆転
　合格する AO・推薦
　入試 志望理由書＆面
　接 ……………… ①745
自分だけのライディン
　グフォームがわかる
　本 ……………… ①242
自分たちで考えよう 障
　害年金の具体的な改
　善策 …………… ②73
自分たちでつくろう
　NPO法人！ …… ②284
自分で動く就職〈2018年
　版〉 …………… ①290
自分で押せてすぐに効
　く！ 手ツボ・足ツボ
　………………… ①173
自分で考えて生きよう
　………………… ①94
自分で考える練習 ①450
自分で企業をつくり、
　育てるための経営学
　入門 …………… ②372
自分で血糖値を下げ
　る！ 糖尿病に効く
　「かんたん体操」 ①180
自分ですらすらできる
　確定申告の書き方 ②409
自分でする相続放棄 ①191
自分で育てて、食べる
　果樹100 ……… ①267
ジブン手帳公式ガイド
　ブック〈2018〉 …③3
自分でつくるAccess販
　売・顧客・帳票管理シ
　ステムかんたん入門
　………………… ②537
自分で作ればとびきり
　うまい！ 俺ごはん …①54
自分でつくれるまとめ
　ノート 中1英語 ①734
自分でつくれるまとめ
　ノート 中1数学 ①727
自分でつくれるまとめ
　ノート 中1理科 ①729
自分でつくれるまとめ
　ノート 中学公民 ①731
自分でつくれるまとめ
　ノート 中学国語 ①723
自分でつくれるまとめ
　ノート 中学地理 ①731
自分でつくれるまとめ
　ノート 中学歴史 ①731
自分でつくれるまとめ
　ノート 中2英語 ①734
自分でつくれるまとめ
　ノート 中2数学 ①727
自分でつくれるまとめ
　ノート 中2理科 ①729
自分でできる＆人に着
　せる着付け …… ①32
自分でできる！ 印刷・
　加工テクニックブッ
　ク ……………… ①876
自分でできる縁むすび ①129
自分でできる相続税申
　告 ……………… ②411
自分でできる認知行動
　療法 …………… ①492
自分で治す！ 坐骨神経
　痛 ……………… ①149
自分で治す冷え症 ①149
自分で治せる！ 腰痛を
　治す教科書 …… ①172
自分でパパッと書ける
　確定申告 ……… ②409
自分でハーブを育て、
　暮らしに活用するた

めに役立つ本 …… ①269
自分と会社を成長させ
　る7つの力（パワー）
　………………… ②284
自分とは違った人たち
　とどう向き合うか ②123
自分に合った観葉植物
　をじょうずに選べる
　本 ……………… ①267
自分に合った手法が見
　つかる 儲かる株式ト
　レードのすべて …②393
自分に「いいね！」がで
　きるようになる本 ①492
自分におどろく …… ①331
自分にしかできないこ
　とはなんだろう …①94
自分に自信をつける最
　高の方法 ……… ①94
自分になかなか自信を
　もてないあなたへ …①94
自分に負けないこころ
　をみがく！ こども武
　士道 …………… ①415
自分のいのちを育てよ
　う ……………… ①415
自分のイヤなところは
　直る…………… ①123
自分の「うつ」を薬なし
　で治した脳科学医九
　つの考え方 …… ①169
自分の国は自分で守れ
　………………… ①503
自分の限界を飛び越え
　るマインド・セッ
　ティング ……… ①123
自分の心に気づく言葉
　………………… ①94
自分のことがわかる本
　………………… ①94
自分の人生の見つけ方
　………………… ①94
「自分のすごさ」を匂わ
　せてくる人 …… ②342
「自分」の生産性をあげ
　る働き方 ……… ②351
自分の中に孤独を抱け
　………………… ①94
自分の中に毒を持て …①94
自分の中の宇宙を呼び
　醒ます方法 …… ①138
自分の中の「どうせ」
　「でも」「だって」に負
　けない33の方法 …①94
自分の花を咲かせよう
　………………… ①905
自分の花を精いっぱい
　咲かせる生き方 …①94
自分のブランドを立ち
　上げる！ ハンドメイ
　ド作家 売れっ子にな
　る法則 ………… ①74
自分の休ませ方 …… ①94
自分のリミッターをは
　ずす！ ………… ①123
自分の論文を合格レベ
　ルに近づけるための
　62項 …………… ①633
自分への取材が人生を
　変える ………… ①123
自分磨きの体験BOOK
　………………… ①94
自分名人への道 …… ②717
自分もクライアントも
　幸せになるカウンセ
　ラーのはじめ方 ②284
自分もSNSもかわいす
　ぎてツライ …… ①115
自分らしい終末や葬儀

の生前準備 ……… ①109
自分らしく輝く ナチュ
　ラルコスメのつくり
　方 …………………①22
自分らしくはたらく手
　帳 ………………②342
「自分らしさ」はいらな
　い …………………①94
自閉症児のためのこと
　ばの教室 新発語プロ
　グラム〈2〉 ……①683
自閉症スペクトラム 家
　族が語るわが子の成
　長と生きづらさ …①683
自閉症スペクトラム障
　害の子どもへの理解
　と支援 …………①683
自閉症スペクトラムの
　症状を「関係」から読
　み解く …………①492
自閉症と感覚過敏 ……①492
自閉症のうた ………②55
自閉症の世界 ………①492
自閉症の哲学 ………①492
自閉症の僕が跳びはね
　る理由 …………①383
自閉症は津軽弁を話さ
　ない ……………①492
自閉スペクトラム症を
　抱える子どもたち ・①492
自閉スペクトラム症の
　ある友だち ……①415
自閉スペクトラム症の
　子どものための認知
　行動療法ワークブッ
　ク ………………①492
自閉スペクトラム症の
　理解と支援 ………①492
死への招待状 ……①1100
シベリアの恩讐 ……①929
シベリア抑留関係資料
　集成 ……………①578
シベリア抑留 最後の帰
　還者 ……………①578
シベリウス …………①815
詩編を祈る …………①524
紙片は告発する ……①1350
脂肪肝はちょっとした
　コツでラクラク解消
　する ……………①149
志望校は校長で選びな
　さい。……………①706
脂肪酸の種類と健康へ
　の影響 …………②777
司法試験＆予備試験 完
　全整理択一六法 行政
　法〈2018年版〉……②230
司法試験＆予備試験 完
　全整理択一六法 刑事
　訴訟法〈2018年版〉②230
司法試験＆予備試験 完
　全整理択一六法 商法
　〈2018年版〉……②231
司法試験＆予備試験 完
　全整理択一六法 民事
　訴訟法〈2018年版〉
　………………②231
司法試験＆予備試験 完
　全整理択一六法 民法
　〈2018年版〉……②231
司法試験＆予備試験 短
　答過去問題集（法律科
　目）〈平成29年度〉・②231
司法試験＆予備試験 短
　答過去問パーフェク
　ト〈1〉……………②231
司法試験＆予備試験 短
　答過去問パーフェク

ト〈2〉……………②231
司法試験＆予備試験 短
　答過去問パーフェク
　ト〈3〉……………②231
司法試験＆予備試験 短
　答過去問パーフェク
　ト〈4〉……………②231
司法試験＆予備試験 短
　答過去問パーフェク
　ト〈5〉……………②231
司法試験＆予備試験 短
　答過去問パーフェク
　ト〈6〉……………②231
司法試験＆予備試験 短
　答過去問パーフェク
　ト〈7〉……………②231
司法試験＆予備試験 短
　答過去問パーフェク
　ト〈8〉……………②231
司法試験＆予備試験平
　成28年論文過去問 再
　現答案から出題趣旨
　を読み解く。……②231
司法試験 合格体験記と
　講師が教える学習法
　………………②231
司法試験短答式問題と
　解説〈平成29年度〉②231
司法試験短答詳解 単年
　版〈平成29年〉……②231
司法試験用六法〈平成29
　年版〉……………②231
司法試験・予備試験 伊
　藤真の速習短答過去
　問 刑法 …………②231
司法試験・予備試験 伊
　藤真の速習短答過去
　問 憲法 …………②231
司法試験・予備試験 伊
　藤真の速習短答過去
　問 商法 …………②231
司法試験・予備試験 伊
　藤真の速習短答過去
　問 民事訴訟法 ……②231
司法試験・予備試験 伊
　藤真の速習短答過去
　問 民法 …………②231
司法試験＆予備試験完
　全整理択一六法 刑法
　〈2018年版〉……②231
司法試験＆予備試験完
　全整理択一六法 憲法
　〈2018年版〉……②231
司法試験予備試験 新・
　論文の森 行政法 …②233
司法試験予備試験 新・
　論文の森 商法 …②233
司法試験・予備試験 体
　系別短答過去問 刑法
　〈平成30年版〉……②231
司法試験・予備試験 体
　系別短答過去問 憲法
　〈平成30年版〉……②231
司法試験・予備試験体
　系別短答過去問 民法
　〈1〉………………②231
司法試験・予備試験体
　系別短答過去問 民法
　〈2〉………………②231
司法試験・予備試験 体
　系別短答式過去問集
　〈1〉………………②232
司法試験・予備試験 体
　系別短答式過去問集
　〈2〉………………②232
司法試験・予備試験 体
　系別短答式過去問集
　〈3〉………………②232

司法試験・予備試験 体
　系別短答式過去問集
　〈4〉………………②232
司法試験・予備試験 体
　系別短答式過去問集
　〈5〉………………②232
司法試験・予備試験 体
　系別短答式過去問集
　〈6〉………………②232
司法試験・予備試験体
　系別 短答式過去問集
　〈7〉………………②232
司法試験予備試験短答
　過去問詳解〈平成29年
　単年版〉…………②232
司法試験 予備試験 短答
　式 問題と解説〈平成29
　年度〉……………②232
司法試験・予備試験逐
　条テキスト〈1〉……②232
司法試験・予備試験逐
　条テキスト〈2〉……②232
司法試験・予備試験逐
　条テキスト〈3〉……②232
司法試験・予備試験逐
　条テキスト〈4〉……②232
司法試験・予備試験逐
　条テキスト〈5〉……②232
司法試験・予備試験逐
　条テキスト〈6〉……②232
司法試験・予備試験逐
　条テキスト〈7〉……②232
司法試験予備試験に独
　学合格する方法 …②232
司法試験・予備試験論
　文合格答案集 スタン
　ダード100〈1〉……②232
司法試験・予備試験論
　文合格答案集 スタン
　ダード100〈2〉……②232
司法試験・予備試験論
　文合格答案集 スタン
　ダード100〈3〉……②232
司法試験・予備試験論
　文合格答案集 スタン
　ダード100〈4〉……②232
司法試験・予備試験論
　文合格答案集 スタン
　ダード100〈5〉……②232
司法試験・予備試験論
　文合格答案集 スタン
　ダード100〈6〉……②232
司法試験・予備試験論
　文合格答案集 スタン
　ダード100〈7〉……②232
司法試験 予備試験 論文
　式問題と解説〈平成29
　年度〉……………②232
司法試験予備試験論文
　式3か年問題と解説
　（法律基本科目・法律
　実務基礎科目）平成26
　～28年度 ………②232
司法試験予備試験 論文
　本試験 科目別・A答
　案再現＆ぶんせき本
　〈平成28年〉………②232
司法試験 論文解説と合
　格答案〈平成28年〉②232
司法試験論文過去問
　LIVE解説講義本 末
　永敏和直伝 ………②232
司法試験論文対策 1冊
　だけで労働法 ……②232
司法書士一問一答 合格
　の肢〈1〉…………②233
司法書士一問一答 合格
　の肢〈2〉…………②233

司法書士一問一答 合格
　の肢〈3〉…………②233
司法書士一問一答 合格
　の肢〈4〉…………②233
司法書士一問一答 合格
　の肢〈5〉…………②233
司法書士一問一答 合格
　の肢〈6〉…………②233
司法書士過去問 ……②233
司法書士過去問 不動産
　登記法 …………②233
司法書士過去問 民法 ・②233
司法書士完全整理 最強
　の民事訴訟法・民事
　執行法・民事保全法・
　司法書士法 ……②233
司法書士・行政書士・弁
　護士が陥りやすい信
　託税務の落とし穴 ・②400
司法書士裁判実務大系
　〈第1巻〉…………②233
司法書士試験 暗記の力
　技100 ……………②233
司法書士試験合格ゾーン
　過去問題集〈平成29
　年度〉……………②233
司法書士試験合格ゾー
　ン記述式過去問題集
　商業登記法〈2018年
　版〉………………②234
司法書士試験合格ゾー
　ン記述式過去問題集
　不動産登記法〈2018年
　版〉………………②234
司法書士試験合格ゾー
　ン択一式過去問題集
　会社法・商法〈2018年
　版〉………………②234
司法書士試験合格ゾー
　ン択一式過去問題集
　憲法・刑法・供託法・
　司法書士法〈2018年
　版〉………………②234
司法書士試験合格ゾー
　ン択一式過去問題集
　商業登記法〈2018年
　版〉………………②234
司法書士試験合格ゾー
　ン 択一式過去問題集
　不動産登記法〈2018年
　版 上〉……………②234
司法書士試験合格ゾー
　ン 択一式過去問題集
　不動産登記法〈2018年
　版 下〉……………②234
司法書士試験合格ゾー
　ン 択一式過去問題集
　民事訴訟法・民事執
　行法・民事保全法
　〈2018年版〉……②234
司法書士試験合格ゾー
　ン択一式過去問題集
　民法〈2018年版 上〉
　………………②234
司法書士試験合格ゾー
　ン択一式過去問題集
　民法〈2018年版 中〉
　………………②234
司法書士試験合格ゾー
　ン 択一式過去問題集
　民法〈2018年版 下〉
　………………②234
司法書士試験実戦択一
　カード 不動産登記法
　………………②234
司法書士試験 新教科書
　5ヶ月合格法 リアリ
　スティック〈4〉……②234
司法書士試験 新教科書

5ヶ月合格法 リアリ
　スティック〈5〉……②234
司法書士試験択一過去
　問本〈3〉…………②234
司法書士試験択一過去
　問本〈4〉…………②234
司法書士試験択一過去
　問本〈5〉…………②234
司法書士試験択一過去
　問本〈7〉…………②234
司法書士試験択一過去
　問本〈8〉…………②234
司法書士試験択一過去
　問本〈9〉…………②234
司法書士試験択一過去
　問本〈1〉民法1 ……②234
司法書士試験択一過去
　問本〈1〉民法2 ……②234
司法書士試験にデル判
　例・先例一問一答式
　過去問集 ………②234
司法書士試験雛形コレ
　クション266 商業登
　記法 ……………②234
司法書士試験本試験問
　題＆解説Newスタン
　ダード本〈平成29年単
　年度版〉…………②234
司法書士択一・記述ブ
　リッジ 商業登記法 実
　践編 ……………②234
司法書士択一・記述ブ
　リッジ 商業登記法 理
　論編 ……………②234
司法書士 竹下流過去問
　攻略分析＆演習1（午
　前の部）〈2018年度
　版〉………………②234
司法書士 竹下流過去問
　攻略分析＆演習2（午
　後の部）〈2018年度
　版〉………………②234
司法書士直前チェック
　必修論点総まとめ〈1〉
　………………②235
司法書士直前チェック
　必修論点総まとめ〈2〉
　………………②235
司法書士直前チェック
　必修論点総まとめ〈3〉
　………………②235
司法書士直前チェック
　必修論点総まとめ〈4〉
　………………②235
司法書士直前チェック
　必修論点総まとめ〈5〉
　………………②235
司法書士直前チェック
　必修論点総まとめ〈6〉
　………………②235
司法書士直前チェック
　必修論点総まとめ〈7〉
　………………②235
司法書士直前チェック
　必修論点総まとめ〈8〉
　………………②235
司法書士デュープロセ
　ス〈7〉……………②235
司法書士年度別過去問
　〈平成24～28年度〉②235
司法書士のためのマー
　ケティングマニュア
　ル …………………②235
司法書士ハイレベル問
　題集〈1〉…………②235
司法書士ハイレベル問

題集〈2〉 ……… ②235
司法書士ハイレベル問
　題集〈3〉 ……… ②235
司法書士ハイレベル問
　題集〈4〉 ……… ②235
司法書士ハイレベル問
　題集〈5〉 ……… ②235
司法書士ハイレベル問
　題集〈6〉 ……… ②235
司法書士白書〈2017年
　版〉 ……………… ②228
司法書士パーフェクト
　過去問題集〈1〉 … ②235
司法書士パーフェクト
　過去問題集〈2〉 … ②235
司法書士パーフェクト
　過去問題集〈3〉 … ②235
司法書士パーフェクト
　過去問題集〈4〉 … ②235
司法書士パーフェクト
　過去問題集〈5〉 … ②235
司法書士パーフェクト
　過去問題集〈6〉 … ②235
司法書士パーフェクト
　過去問題集〈7〉 … ②235
司法書士パーフェクト
　過去問題集〈8〉 … ②235
司法書士パーフェクト
　過去問題集〈9〉 … ②235
司法書士パーフェクト
　過去問題集〈10〉 … ②235
司法書士パーフェクト
　過去問題集〈11〉 … ②235
司法書士パーフェクト
　過去問題集〈12〉 … ②235
司法書士 法務アシスト
　読本 …………… ②235
司法書士本試験問題と
　詳細解説〈平成29年
　度〉 …………… ②235
司法書士 みるみるわか
　る！商業登記法… ②236
司法書士 山本浩司の
　オートマシステム〈1〉
　………………… ②236
司法書士 山本浩司の
　オートマシステム〈2〉
　………………… ②236
司法書士 山本浩司の
　オートマシステム〈3〉
　………………… ②236
司法書士 山本浩司の
　オートマシステム〈6〉
　………………… ②236
司法書士 山本浩司の
　オートマシステム〈7〉
　………………… ②236
司法書士 山本浩司の
　オートマシステム〈8〉
　………………… ②236
司法書士 山本浩司の
　オートマシステム〈9〉
　………………… ②236
司法書士 山本浩司の
　オートマシステム
　オートマ過去問〈1〉
　………………… ②236
司法書士 山本浩司の
　オートマシステム
　オートマ過去問〈3〉
　………………… ②236
司法書士 山本浩司の
　オートマシステム
　オートマ過去問〈4〉
　………………… ②236
司法書士 山本浩司の
　オートマシステム
　オートマ過去問〈5〉
　………………… ②236

司法書士 山本浩司の
　オートマシステム
　オートマ過去問〈6〉
　………………… ②236
司法書士 山本浩司の
　オートマシステム
　オートマ過去問〈7〉
　………………… ②236
司法書士 山本浩司の
　オートマシステム
　オートマ過去問〈8〉
　………………… ②236
司法書士 山本浩司の
　オートマシステム
　オートマ過去問〈9〉
　………………… ②236
司法書士 山本浩司の
　オートマシステム こ
　の男、司法書士。… ②236
司法書士 山本浩司の
　オートマシステム 商
　業登記法 “記述式”
　………………… ②236
司法書士 山本浩司の
　オートマシステム
　新・でるトコ一問一
　答＋要点整理〈1〉 … ②236
司法書士 山本浩司の
　オートマシステム総
　集編 短期合格のツボ
　〈2018年版〉 …… ②236
司法書士 山本浩司の
　オートマシステムプ
　レミア〈4〉 …… ②236
司法書士 山本浩司の
　オートマシステムプ
　レミア〈5〉 …… ②236
四方対象 …………… ②450
紫鳳伝 ……………… ①1059
司法と憲法9条 …… ②200
脂肪と疲労をためる
　ジェットコースター
　血糖の恐怖 …… ①163
司法福祉 …………… ②222
司法福祉学研究〈17〉
　………………… ②222
司法保護事業概説 … ②228
シーボルト事件で罰せ
　られた三通詞 … ①560
シーボルト研究『NIPPON』
　の書誌学研究 … ①560
資本 ………………… ②260
資本主義の限界とオル
　タナティブ …… ②260
資本主義の終焉 …… ②260
資本主義はどう終わる
　のか …………… ②260
資本戦略 …………… ②323
資本蓄積論〈第2篇〉 ②261
『資本論』を読むための
　年表 …………… ②267
『資本論』刊行150年に
　寄せて ………… ②173
資本論五十年〈上〉 ②267
資本論五十年〈下〉 ②267
資本論と社会主義、そ
　して現代 ……… ①608
『資本論』と変革の哲学
　………………… ②261
資本論の経済学 …… ②261
島〈上〉 …………… ②8
島〈下〉 …………… ②8
シマイチ古道具商 … ①1250
シマウマのこども … ①407
島尾敏雄・ミホ 愛の往
　復書簡 ………… ①912
島尾敏雄・ミホ/共立す
　る文学 ………… ①912
島影を求めて ……… ①929

島崎藤村 …………… ①912
島左近 ……………… ①1044
志麻さんのプレミアム
　な作りおき …… ①54
しましまジャム …… ①331
島津家の戦争 …… ①531
島津戦記〈1〉 …… ①1215
島津戦記〈2〉 …… ①1215
島津斉彬 …………… ①566
島津の陣風（かぜ） ①1036
島津久光の明治維新 ①566
島津四兄弟の九州統一
　戦 ……………… ①553
島田謹二伝 ………… ①912
島田秀平の運気が上が
　る!!手相の変え方 … ①133
島田秀平のスピリチュ
　アル都市伝説 … ①138
往来に困る人 西郷吉之
　助 ……………… ①566
島に住む人類 …… ①610
島抜けの女〈31の巻〉
　………………… ①1042
島の果て …………… ①1001
島原半島の信仰と歴史
　〈5〉 ………… ①537
島原方言語り …… ①629
島原方言語り拾遺 … ①629
シマフクロウのぽこ ①332
しま山100選 …… ①189
しみ ………………… ①997
しみことトモエ 猫がい
　るから大丈夫 … ①265
地味子の秘密 …… ①1268
地味子の “別れ!?” 大作
　戦!! …………… ①1180
しみじみ地蔵の道あん
　ない …………… ①94
清水幾太郎の新霊言 ①503
清水正の宮沢賢治論 ①917
清水正・宮沢賢治論全
　集〈第2巻〉 …… ①917
シミュレーション … ①1363
市民が選んだ三つ星グ
　ルメ50選〈2017〉 … ①40
市民参加型調査が文化
　を変える ……… ①613
市民参加の話し合いを
　考える ………… ②98
市民自治の息づくまち
　へ ……………… ②158
市民社会論 ………… ②222
市民生活と現代法理論
　………………… ②222
市民政治の育てかた ②141
市民政調20年の軌跡 ②141
自民党 ……………… ②146
「自民党型政治」の形
　成・確立・展開 … ②170
自民党に天罰を！ 公明
　党に仏罰を！ … ②146
市民とつくる調査報道
　ジャーナリズム ②13
市民とともに歩み続け
　るコミュニティ・ス
　クール ………… ①716
死民と日常 ………… ②577
市民の港 大阪港一五〇
　年の歩み ……… ②626
市民マラソンがスポー
　ツ文化を変えた… ①213
市民立法の研究 …… ②223
事務管理の構造・機能
　を考える ……… ②204
事務管理・不当利得・不
　法行為〈3〉 …… ②209
事務職・一般職SPI3の
　完全対策〈2019年度

版〉 …………… ①294
事務職員の職務が「従
　事する」から「つかさ
　どる」へ ……… ①758
事務能力検査〈2019年度
　版〉 …………… ①290
使命（MISSION） …… ②148
しめかざり ………… ②117
〆切本〈2〉 ……… ②903
〆まで楽しむおつまみ
　小鍋 …………… ①66
地面の下をのぞいてみ
　れば― ………… ①402
地面の下には、何があ
　るの？ ………… ①305
下出民義父子の事業と
　文化活動 ……… ①537
下総原氏・高城氏の歴
　史〈上〉 ……… ①537
下鴨アンティーク … ①1213
下野国が生んだ足利氏
　………………… ①537
地元スーパーのおいし
　いもの、旅をしなが
　ら見つけてきました。
　47都道府県！ … ①40
地元な暮らし ……… ②26
地元は人妻ハーレム
　………………… ①1402
ジモトラベル宇都宮 ①192
ジモトラベル前橋高崎
　………………… ①192
シモーヌ・ヴェイユ ①474
シモネッタのどこまで
　いっても男と女… ①951
下村式となえて書くひ
　らがなドリル ひらが
　な練習ノート … ①392
下山事件 暗殺者たちの
　夏 ……………… ①1090
シャイロックの沈黙 ①922
社員をサーフィンに行
　かせよう ……… ①304
社員を守るトラック運
　輸事業者の5つのノウ
　ハウ …………… ②417
社員が成長するシンプ
　ルな給与制度のつく
　り方 …………… ②330
社員ゼロ！ 会社は「1
　人」で経営しなさい
　………………… ②284
社員の多様なニーズに
　応える社内規程のつ
　くり方 ………… ②330
社員の力で最高のチー
　ムをつくる …… ②309
シャイン博士が語る
　キャリア・カウンセ
　リングの進め方… ①492
シャイン博士が語る組
　織開発と人的資源管
　理の進め方 …… ②326
社員ハンドブック〈2017
　年版〉 ………… ②342
釈迦 ………………… ①1062
社会医学原論 ……… ②701
社会運動〈No.427〉 ②706
社会運動と若者 …… ②141
社会疫学〈上〉 …… ②98
社会疫学〈下〉 …… ②99
社会を変えた強力磁石
　の発明・事業化物語
　………………… ②284
社会を変える防犯カメ
　ラ ……………… ②284
社会を根底から変える
　シェアリングエコノ
　ミーの衝撃！ 仮想通

貨ブロックチェーン
　＆プログラミング入
　門 ……………… ②377
社会を読む文法として
　の経済学 ……… ②261
社会科学系学生のため
　の基礎数学 …… ②652
社会科学における場の
　理論 …………… ②99
社会科学の考え方 … ②99
社会科教育におけるカ
　リキュラム・マネジ
　メント ………… ①731
社会学を学ぶ留学生の
　ための日本語 … ②99
社会学史研究〈第39号〉
　………………… ②99
社会学者がニューヨー
　クの地下経済に潜入
　してみた ……… ②99
社会学的想像力 …… ②99
社怪学的読書論 …… ②2
社会学ドリル ……… ②99
社会学入門 ………… ②99
社会学のエッセンス ②99
社会学の力 ………… ②99
社会学部・観光学部 ①745
社会学への招待 …… ②99
社会科見学！ みんなの
　市役所〈1階〉 … ①415
社会科が漂白され尽くす
　前に …………… ②99
社会科歴史教育論 … ①731
社会・環境と健康 健康
　管理概論 ……… ②777
社会・環境と健康 公衆
　衛生学〈2017年版〉
　………………… ②760
社会関係の主体的側面
　と福祉コミュニティ
　………………… ②55
社外監査役の手引き ②317
社会基盤施設の建設材
　料 ……………… ②604
社会教育・生涯学習ハ
　ンドブック …… ②680
社会教育統計（社会教育
　調査報告書）〈平成27
　年度〉 ………… ①758
社会契約と性契約 … ②99
社会権 ……………… ②223
社会言語学 ………… ①630
社会志向の言語学 … ①621
社会思想史研究〈No.41
　2017〉 ………… ②92
社会資本（ソーシャル・
　キャピタル）の政治学
　………………… ②170
社会シミュレーション
　………………… ②99
社会・情動発達とその
　支援 …………… ①498
社会人が受けられる公
　務員試験早わかり
　ブック〈2019年度版〉
　………………… ②179
社会人学生の本音 … ②55
社会人10年目をこえたら
　知っておきたい
　キャバクラ …… ②30
社会人大学院・通信制
　大学 …………… ①745
社会人として大切なこ
　とはすべてリッツ・
　カールトンで学んだ
　………………… ②342
社会人のための英語の
　世界ハンドブック ①639
社会人の日本語 …… ②363

書名索引

社会心理学………②110
社会心理学研究入門…②110
社会心理学・再入門…②110
社会心理学における
　リーダーシップ研究
　のパースペクティブ
　〈2〉………………②110
社会心理学のための統
　計学………………②110
社会人類学入門………②112
社会人類学年報〈Vol.
　43.2017〉…………②112
社会生活統計指標
　〈2017〉……………②273
社会秩序の起源………②99
社会調査からみる途上
　国開発……………②250
社会調査における非標
　本誤差……………②99
社会調査の実際………②99
社会調査ハンドブック
　……………………②99
社会でがんばるロボッ
　トたち〈1〉………①415
社会でがんばるロボッ
　トたち〈2〉………①415
社会の課題に挑戦する
　若き起業家たち……②307
社会の葛藤の解決……②99
社会的企業への新しい
　見方………………②99
社会的事実の数理……①474
「社会的なもの」の人類
　学…………………②112
社会的の入院から地域へ
　……………………②55
社会的ネットワークと
　幸福感……………②99
社会の分断を越境する
　……………………②99
社会的養護……………①691
社会的の養護・社会的養
　護内容……………②56
社会的の養護内容………②56
社会的養護内容演習…②56
社会的養護の子どもと
　措置変更…………②56
社会的養護のもとで育
　つ若者の「ライフ
　チャンス」…………②56
社会デザインの多様性
　……………………②99
社会で通用する持続可
　能なアクティブラー
　ニング……………①677
社会と個人……………②100
社会とつながる行政法
　入門………………②203
社会に関わる仏教……①510
「社会に貢献する」とい
　う生き方…………②56
社会にとって趣味とは
　何か………………②100
社会の社会〈2〉……②100
"社会のセキュリティ"
　を生きる…………②100
社会の中の新たな弁護
　士・弁護士の在り
　方…………………②228
社会はどこにあるか…②100
社外秘 人妻査定……①1403
社会福祉………………②56
社会福祉を牽引する人
　物 城純一………②56
社会福祉概論…………②56
社会福祉学は「社会」を
　どう捉えてきたのか
　……………………②56
社会福祉研究のこころ

ざし…………………②56
社会福祉士過去問完全
　解説チェック＆マス
　ター〈2018〉………②78
社会福祉士 完全合格問
　題集〈2018年版〉……②78
社会福祉士完全予想模
　試〈'18年版〉………②78
社会福祉士国家試験 過
　去問一問一答＋α 専
　門科目編〈2018〉……②78
社会福祉士国家試験過
　去問解説集〈2018〉…②78
社会福祉士国家試験受
　験ワークブック
　〈2018〉……………②78
社会福祉士国家試験の
　ためのレビューブッ
　ク〈2018〉…………②78
社会福祉士国家試験模
　擬問題集〈2018〉……②78
社会福祉士試験ズバリ
　予想問題集〈2018年
　版〉………………②78
社会福祉士・精神保健
　福祉士国家試験 過去
　問一問一答＋α 共通
　科目編〈2018〉……②78
社会福祉士・精神保健
　福祉士国家試験受験
　ワークブック〈2018〉
　……………………②78
社会福祉・社会保障入
　門…………………②56
社会福祉充実計画策定
　ハンドブック………②56
「社会福祉充実計画」の
　作成ガイド…………②56
社会福祉小六法〈2017
　（平成29年版）〉……②56
社会福祉の基本体系…②56
社会福祉の動向〈2017〉
　……………………②56
社会福祉の動向〈2018〉
　……………………②57
社会福祉の歴史………②57
社会福祉への招待……②57
社会福祉法人会計基準
　関係資料集…………②57
社会福祉法人会計の実
　務〈第1編〉………②317
社会福祉法人会計の実
　務〈第2編〉………②317
社会福祉法人会計の実
　務〈第3編〉………②317
社会福祉法人会計簿記
　テキスト…………②471
社会福祉法人会計簿記
　テキスト 上級〈簿記
　会計〉編…………②261
社会福祉法人会計簿記
　テキスト 中級編…②57
社会福祉法人に公認会
　計士がやってきた・②317
社会福祉法人の運営と
　財務………………②57
社会福祉法人の運営と
　リスク管理………②326
社会福祉法人の新会計
　規則集……………②57
社会福祉法人のための
　社会福祉法の要点と
　会計監査と監査の受
　け方………………②57
社会福祉法人法令ハン
　ドブック 指導監査編
　……………………②57
社会福祉法人法令ハン
　ドブック 設立・運営

編〈2017年版〉………②57
社会福祉法令規則集
　……………………②82
社会福祉論……………②57
社会文化研究〈第19号〉
　……………………②158
社会分業論……………②100
社会変革と社会科学・②100
社会変容と民間アーカ
　イブズ……………②100
社会保険改革…………②47
社会保険実務の手引き
　〈平成29年度版〉……②73
社会保険事務・必携〈平
　成29年度〉…………②73
社会保険の実務〈平成29
　年度〉……………②73
社会保険の実務相談〈平
　成29年度〉…………②73
社会保険の手続きをす
　るならこの1冊……②73
社会保険の手続きがサ
　クサクできる本……②73
社会保険ブック〈2017年
　版〉………………②73
社会保険ポイント解説
　〈'17/'18〉…………②74
社会保険マニュアル
　Q&A〈平成29年度
　版〉………………②74
社会保険労働保険の事
　務手続〈平成29年6月
　現在〉……………②74
社会保険・労働保険の
　事務百科…………②74
社会保険労務士受験マ
　スターノート〈平成29
　年版〉……………②501
社会保険労務士のため
　の要件事実入門……②501
社会保険労務ハンド
　ブック〈平成30年版〉
　……………………②74
社会保険労務六法〈平成
　30年版〉……………②82
社会保険六法〈平成29年
　度版〉……………②74
社会保障……②47、②78
社会保障クライシス…②47
社会保障知っトクまる
　わかり……………②47
社会保障・社会福祉〈3〉
　……………………②766
社会保障制度指さしガ
　イド〈2017年度版〉…②47
社会保障統計年報〈平成
　29年版〉……………②82
社会保障と税の一体改
　革…………………②47
社会保障入門〈2017〉…②47
社会保障のしくみと法
　……………………②47
社会保障の数量分析…②47
社会保障の手引〈平成29
　年版〉……………②47
社会保障の手引〈平成30
　年版〉……………②47
社会保障便利事典〈平成
　29年版〉……………②47
社会保障法入門………②47
社会保障レボリュー
　ション……………②47
社会問題としての教育
　問題………………②752
社会問題と出会う……②100
社会理論と社会システ
　ム…………………②57
「写画」四季の花編…②860
しゃかしゃかはみがき

釈迦の教え……………①305
釈迦の教え……………①510
社歌の研究……………②284
しゃがむ力……………①157
邪気を落として幸運に
　なるランドリー風水
　……………………①134
写狂老人A……………①256
灼炎のエリス…………①1398
弱者の流儀……………①223
「寂鐘」…………………②57
弱小集団東大ゴルフ部
　が優勝しちゃったゴ
　ルフ術……………①219
市役所試験早わかり
　ブック〈2019年度版〉
　……………………②179
市役所上・中級"教養・
　専門試験"過去問500
　〈2018年度版〉……②179
釈尊から親鸞へ………①519
釈尊の出家……………①503
借地権…………………②406
借地権 相続・贈与と譲
　渡の税務…………②400
借地借家法案内………②193
借地・借家の知識と
　Q&A………………②193
若冲……………………①1044
灼熱の求愛……………①1310
灼熱のシンデレラ……①1376
灼熱のシンデレラ・ス
　トーリー…………①1370
若年経営者が語る私の
　革新〈6〉…………②284
若年性特発性関節炎診
　療ハンドブック
　〈2017〉……………②717
若年ノンエリート層と
　雇用・労働システム
　の国際化…………②462
社交ダンスがもっと好
　きになる魔法のこと
　ば…………………①822
社交不安症がよくわか
　る本………………①169
社交不安症の臨床……②744
社交不安症UPDATE
　……………………①481
ジャコメッティ｜エク
　リ…………………①828
車載用リチウムイオン
　電池の高安全・評価
　技術………………②592
社史・周年史が会社を
　変える！…………②309
斜視治療のストラテ
　ジー………………②761
写実を生きる 画家・野
　田弘志〈2〉………①837
写実主義って、なんだ
　ろう？……………①430
社史の図書館と司書の
　物語………………②5
ジャジューカ…………②87
ジャジューカの夜、
　スーフィーの朝…①813
写真アルバム 神戸の
　150年………………①256
写真絵本 カエルLIFE
　……………………①308
しゃしんがいっぱい！
　はじめてずかん415
　英語つき…………①388
写真家三木淳と「ライ
　フ」の時代…………①254
邪神狩り………………①1105
写真紀行 雲のうえの千
　枚ダム……………②89

寫眞機と蓄音器………①252
写真技法と保存の知識
　……………………①252
"写真記録"これが公害
　だ…………………②577
写真集 秋田・ダム湖に
　消えた村…………②23
写真集 あゝ、荒野…①256
写真集 アメリカ先住民
　……………………①256
写真集 アメリカ マイノ
　リティの輝き……①256
写真集 出雲国風土記紀
　行…………………①256
写真集 川崎……………①256
写真集成近代日本の建
　築〈第4期〉…………②610
写真集 津軽路の旅〈第2
　集〉………………①256
写真集 弘前界隈 2002 -
　2016………………①256
『写真週報』とその時代
　〈上〉………………①579
『写真週報』とその時代
　〈下〉………………①579
写真集 マンホールのふ
　た…………………②604
写真集 47サトタビ…①256
写真集 BT - 42突撃砲
　完全版……………①166
写真総合………………①252
写真帖 秋田の路面電車
　……………………①256
写真で訪ねる信仰遺産
　……………………①524
写真でたどるアドルフ・
　ヒトラー…………①607
写真で辿る折口信夫の
　古代………………①112
写真で伝える仕事……①252
写真で学ぶ！ 保育現場
　のリスクマネジメン
　ト…………………①691
写真で見るオリンピッ
　ク大百科〈6〉………①432
写真で見る大正の軍装
　……………………②168
写真でみる熱敏灸療法…①173
写真で見る日めくり日
　米開戦・終戦……①579
写真で見る星と伝説…①402
写真でみる我が家の耐
　震診断……………②621
写真で巡る 世界の教会
　……………………②610
写真で読み解く 故事成
　語大辞典…………①392
写真で読む三くだり半
　……………………①560
写真でわかるイネの反
　射シート＆プール育
　苗のコツ…………②449
写真でわかる！ 決定版
　3〜5才のおりがみ…①439
写真でわかる 高齢者ケ
　アアドバンス……②57
写真でわかる実習で使
　える看護技術アドバン
　ス…………………②766
写真でわかる世界の防
　犯…………………②154
写真展案内はがきで綴
　る半世紀…………①252
邪神転生チート物語〈1〉
　……………………①1400
写真日本昔ばなし……①886
写真の読みかた………①252
写真の理論……………①252

写真文集 佐原の大祭・②118
写真民俗学 ………… ①256
ジャズ・アンバサダー
　ズ ……………… ①812
ジャズ・スタンダード・
　バイブル〈2〉……… ①812
シャスタ山で出会った
　レムリアの聖者たち
　…………………… ①138
ジャスティス・リーグ：
　アウトブレイク …… ①851
ジャスティス・リーグ
　アンソロジー …… ①851
ジャスティス・リーグ：
　エクスティンクショ
　ン・マシン ……… ①851
ジャスティス・リーグ：
　ダークサイド・
　ウォー〈2〉……… ①851
ジャズの証言 ……… ①812
ジャズの肖像 ……… ①812
ジャズ・ピアノを弾く
　ための究極のコード・
　ブック ………… ①812
ジャズメン死亡診断書
　…………………… ①812
写生の物語 ……… ①907
車窓の山旅 ……… ①189
社台系クラブの内幕を
　知ればこんなに馬券
　が獲れる！ …… ①244
社畜の品格 …… ①1266
社長、ウチにもCTOが
　必要です …… ②284
社長が3か月不在でも、
　仕組みで稼ぐ、年商
　10億円ビジネスのつ
　くり方 ………… ②284
社長を"将来"役員にし
　たい人 ………… ②366
社長がトップ営業マ
　ン！の会社は強い
　…………………… ②333
社長からの給与レター
　…………………… ②284
社長さん！経理はプロ
　に任せなさい！ … ②317
社長、その借金、なんと
　かできます！ … ②372
社長、その一言がパワ
　ハラです！小さな会
　社のハラスメント対
　策 …………… ②330
社長！その労務管理は
　アウトです！ … ②466
社長の基本 ……… ②284
社長の失敗–は、蜜の
　味！ ………… ②284
社長の「まわり」の仕事
　術 …………… ②284
社長は、会社を変える
　人間を命がけで採り
　なさい ………… ②284
ジャック・イジドアの
　告白 ………… ①1363
ジャック・オー・ランド
　…………………… ①381
ジャック・グラス伝
　…………………… ①1366
ジャック・シラク フラ
　ンスの正義、そして
　ホロコーストの記憶
　のために …… ②128
ジャック・デリダ … ①474
ジャック・デリダ講義
　録 死刑〈1〉…… ①474
ジャック中根のクライ
　ミング道場 …… ①241
ジャック日記 …… ①945

「ジャックの塔」100年
　物語 ………… ②610
ジャック・ラカン不安
　〈上〉………… ①474
しゃっくりくーちゃん
　…………………… ①332
シャッフル ……… ①1111
シャドウ・ガール〈1〉
　…………………… ①1265
シャドウ・ガール〈2〉
　…………………… ①1265
シャドウ・ガール〈3〉
　…………………… ①1265
シャドウバース公式タ
　クティクスガイド
　〈Vol.3〉……… ①280
「社内講師力」トレーニ
　ング ………… ②309
社内政治マニュアル・②342
社内プレゼンの決定力
　を上げる本 シンプル
　×PowerPoint … ②358
ジャナ研の憂鬱な事件
　簿 ………… ①1199
ジャナ研の憂鬱な事件
　簿〈2〉……… ①1199
ジャーナリスト桜林美
　佐が迫る自衛隊（陸・
　海・空）の実像 …②164
ジャニ活を100倍楽しむ
　本！ ………… ①769
ジャニーズグループの
　終わり方 ……… ①769
ジャニーズJr.ガイド・①769
ジャニーズWEST … ①769
ジャニーズWESTニシ
　からドーム初参上！
　…………………… ①769
ジャバウォック〈2〉
　…………………… ①1238
ジャバ・ザ・パペットの
　奇襲〈4〉……… ①373
ジャパニーズウィス
　キー 第二創世記 …①44
ジャパニーズエステ
　ティックデンティス
　トリー〈2018〉… ②756
ジャパノロジーことは
　じめ ………… ①611
ジャパン・クリエイ
　ターズ〈2017〉… ①876
ジャパン・クリスチャ
　ン・インテリジェン
　サー ………… ①524
ジャパンゴルフツアー
　オフィシャルガイド
　〈2017〉……… ①219
ジャパンタイムズ社説
　集〈2016年下半期〉
　…………………… ①650
ジャパンタイムズ社説
　集〈2017年上半期〉
　…………………… ①650
ジャパンタイムズ
　ニュースダイジェス
　ト〈65〉……… ①650
ジャパン・トリップ・①987
『シャープを創った男 早
　川徳次伝』＋『わら
　く』合本復刻 …②307
シャープの中からの風
　景 …………… ②304
「しゃべる」技術 …②360
ジャポニスムと近代の
　日本 ………… ①570
しゃぼんだまぶわん・①332
写本の文化誌 …… ①601
シャーマニズムと現代
　文化の病理 …… ②744

邪魔者 ………… ①1343
斜陽 前編 ……… ①1005
斜陽 後編 ……… ①1005
邪竜転生〈5〉…… ①1219
邪竜転生〈6〉…… ①1219
シャリ・エブド事件
　を読み解く …… ①529
シャルル・バルグのド
　ローイングコース・①836
髑髏の会話 …… ①1124
社労士＆弁護士が規定
　をグレードアップ！
　就業規則の見直しと
　運用の実務 …… ②332
社労士が教える 労災認
　定の境界線 …… ②462
社労士過去10年分問題
　集〈1〉………… ②501
社労士がこたえる 社員
　が病気になったとき
　の労務管理 …… ②330
社労士過去問講座 社会
　保険科目 国年・厚
　年・健保・社一・労一
　編〈2〉………… ②501
社労士過去問神速イン
　ストール 社会保険編
　〈2018年版〉 …… ②501
社労士過去問神速イン
　ストール 労働編
　〈2018年版〉…… ②501
社労士過去問題集〈vol.
　4〉…………… ②501
社労士がすぐに使え
　る！メンタルヘルス
　実務対応の知識とス
　キル ………… ②459
社労士基本テキスト 山
　川講義付き。〈vol.1〉
　…………………… ②501
社労士基本テキスト 山
　川講義付き。〈vol.4〉
　…………………… ②501
社労士 最強の一般常識
　問題集〈2017年度版〉
　…………………… ②501
社労士出るとこマス
　ター〈2018年版〉
　…………………… ②501
社労士年金ズバッと解
　法 応用問題強化エ
　ディション〈2018年
　版〉…………… ②501
社労士 法改正・白書・
　統計 完全無欠の直前
　対策〈2017年度版〉
　…………………… ②501
社労士山川講義付き。
　「解法テクニック編」
　ひっかけ対策三〇〇
　選〈2017年版〉… ②501
社労士V 横断・縦断超
　整理本〈30年受験〉
　…………………… ②501
社労士V 平成29年度社
　会保険労務士試験解
　説付模擬問題 …②501
社労士V 30年受験 条文
　順過去問題集 社会保
　険科目編 …… ②501
社労士V 30年受験 条文
　順過去問題集 労働科
　目編 ………… ②501
シャーロック 忌まわし
　き花嫁 ……… ①645
シャーロック・ホーム
　ズ殺人事件〈上〉①1354
シャーロック・ホーム
　ズ殺人事件〈下〉①1354
シャーロック・ホーム

ズ全集 シャーロッ
　ク・ホームズの事件
　簿 ………… ①1350
シャーロック・ホーム
　ズ対伊藤博文 …①1109
シャーロック・ホーム
　ズの栄冠 …… ①1342
シャーロック・ホーム
　ズ 秘宝の研究 …①921
シャローム 神のプロ
　ジェクト ……… ①524
ジワワ新聞〈第8巻
　（下）〉…………… ②8
ジャンキージャンクガ
　ンズ ………… ①1151
ジャングル ……… ①305
ジャングルのおと …①313
ジャングルの儀式 …①1079
ジャングルの極限レー
　スを走った犬 アー
　サー ………… ①935
ジャングルのサバイバ
　ル〈1〉………… ①400
ジャングルのサバイバ
　ル〈2〉………… ①400
ジャングルのサバイバ
　ル〈3〉………… ①400
ジャングルのサバイバ
　ル〈4〉………… ①400
ジャングルのサバイバ
　ル〈5〉………… ①400
ジャングルのサバイバ
　ル〈6〉………… ①400
ジャングルのサバイバ
　ル〈7〉………… ①400
ジャンケンの神さま・①349
ジャンケンポンでかく
　れんぼ ……… ①382
ジャン・ジロドゥ〈1〉
　…………………… ①784
シャンティニケタン 平
　和郷の子どもたち・①256
ジャンヌ＝ダルクの百
　年戦争 ……… ①605
上海 ………… ①202
上海 杭州 蘇州〈2017～
　2018年版〉…… ①202
上海殺人人形（ドール）
　…………………… ①1090
上海 蘇州 杭州 …… ①202
上海の中国人、安倍総
　理はみんな嫌いだけ
　ど8割は日本文化中
　毒！…………… ②89
上海の日本人街・虹口
　（ホンキュウ）…… ①596
上海・魯迅公園の朝・①256
ジャンプ！ ……… ②284
シャンプーと視線の先
　で …………… ①1270
ジャンボ針で編むニッ
　ト小物とバッグ …①82
ジャンル ……… ①953
自由・安全・正義の領域
　〈第37号〈2017年〉〉
　…………………… ②128
獣医学の狩人たち・②456
獣医さんが教えるかん
　たん、安全、そしてお
　いしい！手作り愛犬
　ごはん ……… ①264
獣医さんのお仕事in異
　世界〈9〉…… ①1141
獣医さんのお仕事in異
　世界〈10〉…… ①1141
獣医師の一日 …… ②456
週イチ・30分の習慣で
　よみがえる職場 …②351
11の国のアメリカ史

〈上〉………… ①604
11の国のアメリカ史
　…………………… ①604
11名の力〈556〉…①1358
週一回サイコセラピー
　序説 ………… ①492
週一回の作りおき 漬け
　おきレシピ …… ①54
11歳からの正しく怖が
　るインターネット・①528
11歳のバースデー …①349
週1分 ずぼらでもお金
　が増える投資入門・②393
獣医臨床麻酔学 …②456
獣医臨床薬理学 …②456
拾遺和歌集 …… ①900
収益認識の契約法務・②317
収益不動産の学校 …②423
収益率Up！空室リスク
　Down！これから儲
　かる"テナント物件"
　…………………… ②423
周縁アプローチによる
　東西言語文化接触の
　研究とアーカイヴス
　の構築 ……… ①621
終焉のコドク …… ①1285
周縁領域からみた秦漢
　帝国 ………… ①596
自由を愛し平和を貫く
　ために ……… ②141
獣王のツガイ …… ①1305
獣王の貢ぎ嫁 …… ①1309
自由を奪われた精神障
　害者のための弁護士
　実務 ………… ②228
銃皇無尽のファフニー
　ル〈13〉…… ①1230
銃皇無尽のファフニー
　ル〈14〉…… ①1230
自由を盗んだ少年・①935
自由学園 最高の「お食
　事」…………… ①54
就学の問題、学校との
　つきあい方 …… ①683
「終活」を考える …①109
終活期の安倍政権 …②141
就活ストーリー 会社選
　びの「うそ」と「ほん
　と」…………… ①290
就活生1000人に聞いた
　これが出る！SPI・①294
「終活」としての在宅医
　療 …………… ②70
終活にまつわる法律相
　談 …………… ②191
終活のためのメンタル
　トレーニング …①459
終活のやり方「いつ・何
　を・どう？」ぜんぶ！
　〈2019年度版〉…①290
就活必修！1週間でで
　きる自己分析〈2019〉
　…………………… ①290
就活必修！速習の面
　接・インターン
　〈2019〉……… ①296
就活必修！はじめての
　ES&SPI3要点と盲点
　〈2019〉……… ①294
習慣を変えれば人生が
　変わる ……… ①94
週刊サンニュース …②8
週刊誌風雲録 …… ②16
自由間接話法とは何か
　…………………… ①621
『週刊文春』と『週刊新
　潮』…………… ②16
「週刊文春」編集長の仕

書名索引

事術 ………………②13
衆議院議員総選挙にお
ける投票事務チェッ
クノート〈平成29年改
訂版〉…………②146
衆議院選挙の手引〈平成
29年〉…………②146
衆喜と旅する。………①905
衆議のかたち〈2〉………219
周期表に強くなる！……②670
集客の新理論 …………284
19世紀パリ時間旅行 …①605
19世紀末の幻想世界
マックス・クリン
ガー ポストカード
ブック …………①836
従業員を採用するとき
読む本 …………②330
従業員持株会導入の手
引 ……………②328
宗教改革を生きた人々
………………①527
宗教改革から明日へ・…①527
宗教改革三大文書 ……①527
宗教改革の人間群像 …①527
就業規則を作る、変え
る。ここがポイント
〈6〉…………②332
就業規則ハンドブック
………………②332
宗教教誨の現在と未来
………………①507
宗教国家アメリカのふ
しぎな論理 ……②90
宗教ってなんだろう？
………………①499
宗教哲学研究〈No.34
(2017)〉 ………①507
宗教哲学論考 …………①450
宗教と儀礼の東アジア
………………①113
「宗教都市」奈良を考え
る ……………①537
宗教と精神科は現代の
病を救えるのか？・②744
宗教と対話 ……………①507
「宗教」のギモン、ぶっ
ちゃけてもいいです
か？ …………①499
宗教の誕生 ……………①507
宗教法人の経理と税務
………………②323
周期律 …………………①960
習近平が隠す本当は世
界3位の中国経済 …②250
習近平政権の新理念 …②132
習近平と永楽帝 ………②132
習近平の支配 …………②133
習近平の終身独裁で始
まる中国の大暗黒時
代 ……………②133
習近平の中国 …………②133
習近平の悲劇 …………②133
習近平の夢 ……………②133
習近平はトランプをど
う迎え撃つか ……②123
習近平vs.トランプ …②123
襲撃教室 "全員奴隷"
………………①1402
祝言島 …………………①1110
祝言日和〈17〉………①1042
集合住宅の騒音防止設
計入門 …………②621
銃皇無尽のファフニー
ル〈15〉………①1230
集合論による社会的カ

テゴリー論の展開 ・②100
15歳から身につける経
済リテラシー ……②242
15歳 サッカーで生きる
と誓った日 ……①229
15歳、ぬけがら ………①349
15歳のコーヒー屋さん
………………②57
十五歳の戦争 …………①579
15時間でわかるUWP
(ユニバーサル
Windowsプラット
フォーム)アプリ開発
集中講座 ………②549
15世紀ブルゴーニュの
財政 ……………①605
15日でマスター！ U-
CANの証券外務員二
種 速習テキスト＆問
題集〈2017・2018年
版〉 ……………②480
銃後のアメリカ人：
1941〜1945 ……①604
15のストラテジーでう
まくいく！ 中学校社
会科 学習課題のデザ
イン …………②731
15秒押さえるだけで超・
疲労回復！ 忍者マッ
サージ …………①157
15秒背骨体操で不調が
治る ……………①157
15分で一汁一菜 ………①54
13歳から知っておきた
いLGBT+ ………②18
秀作ナンプレ100 初級
者 ……………②275
十三階の女 ……………①1115
13か月連続の赤字店を
復活させた繁盛店を
つくる7つのルール
………………②426
周産期初期診療アルゴ
リズム …………②761
周産期における医療の
質と安全 ………②761
周産期のこころのケア
………………②492
13歳からの「学問のす
すめ」…………①461
13歳からの算数・数学
が得意になるコツ ②727
13歳からの手帳活用術
………………②351
13歳からの夏目漱石 …①915
13歳からの日本国憲法
………………②200
13歳からのマナーのき
ほん50 …………②16
13歳から身につける一
生モノの文章術 …①633
13歳は怖い………………①367
13歳、「私」をなくした
私 ……………①929
十字架上の七つの言葉
と出会う ………①524
十字架のキリスト以外
に福音はない …①528
十字架は何を実現した
のか …………①524
10時間でかんたんハン
グルbook ………①666
十字軍の思想 …………①527
自由(邪)神官、異世界
でニワカに布教する。
………………①1229
従者ライフ ……………①1308
周産期看護 ……………②766
重症患者ケア〈vol6

no2〉…………②749
重症患者における炎症
と凝固・線溶系反応
………………②717
重症心身障害児のトー
タルケア ………②747
重賞ビーム〈2018〉…①244
就活一流内定 完全版 ①290
就職活動これだけは
やってはいけない！
〈2019年度版〉…②290
就職四季報〈2019年版〉
………………②290
就職四季報 企業研究・
インターンシップ版
〈2019年版〉…②290
就職四季報 女子版
〈2019年版〉…②290
就職四季報 優良・中堅
企業版〈2019年版〉
………………②290
就職試験 これだけ覚え
る一般常識〈'19年版〉
………………①297
就職試験 これだけ覚え
る時事用語〈'19年版〉
………………①297
就職試験 これだけ覚え
る適性検査スピード
解法〈'19年版〉…②294
就職試験 これだけ覚え
る面接・エントリー
シート〈'19年版〉…②296
就職試験 これだけ覚え
るSPI高得点のコツ
〈'19年版〉 ……②294
就職試験によく出る適
性・適職問題〈'20年
度版〉 …………②294
就職用一般常識〈'20年
度版〉 …………②297
10:04(ジュウジヨンプ
ン)…………①1340
十字路に立つ女 ………①1078
獣人王の花嫁 …………①1319
獣神サンダー・ライ
ガー自伝〈上〉……②238
獣神サンダー・ライ
ガー自伝〈下〉……②238
囚人番号432 マリアン・
コウォジェイ画集・②841
重助菩薩 短編小説集・①991
修正申告(更正)の基礎
知識〈平成29年版〉
………………②406
集積の経済学 …………②261
修繕費・改良費及び増
改築費用の税務 …②323
秋霜〈4〉………………①1084
終奏のリフレイン ……①1286
修造部長 ………………②284
重装令嬢モアネット …①1201
臭素およびヨウ素化合
物の有機合成 ……②670
10代のプログラミン
グ教室 …………②549
10代からのマネー図鑑
………………②378
十代に共感する奴はみ
んな嘘つき ……①996
住宅インテリア究極ガ
イド …………②19
住宅改修と地震対策で
まちづくり ……②617
住宅経済データ集〈2017
年(平成29年)度版〉

住宅産業大予測〈2017〉
………………②440
住宅産業100のキーワー
ド〈2017・2018年版〉
………………②441
住宅資産を活用した金
融手法に関する調査
報告書 …………②378
住宅市場と行政法 ……②203
住宅政策に医療を、医
療政策に住環境を・②100
住宅セーフティネット
法の解説Q&A〈平成
29年改正〉………②620
住宅耐震リフォーム 決
定版 …………②618
住宅断面詳細図集 ……②621
住宅ビジネス白書〈2016
年版〉 …………②441
住宅ローンアドバイ
ザー認定試験模擬問
題集〈17年度試験版〉
………………②480
住宅ローンが払えなく
なったら読む本 …②389
住宅ローン借り換えマ
ジック …………②389
住宅ローン 借り方・返
し方 得なのはどっ
ち？ …………②389
住宅ローン控除・住宅取
得資金贈与のトクす
る確定申告ガイド・②400
住宅ローン相談ハンド
ブック〈2017・2018
年度版〉 ………②389
住宅ローンはこうして
借りなさい ……②389
自由民の基地〈540〉
………………①1358
集団就職 ………………①929
集団精神療法の実践事
例30 …………②492
集団討論・集団面接
〈2019年度版〉…①760
集団と組織の社会学 …②100
絨毯とトランスプラン
テーション 二十一世
紀のV.S.ナイポール
………………①921
終着駅の手前 …………①946
執着系、恋愛のススメ ①1402
習仲勛の生涯 …………①596
集中講義！ ギリシア・
ローマ …………①601
袖中抄 冊子本/無名抄/
君臣僧俗詠歌 短冊手
鑑 ……………②894
集中治療における早期
リハビリテーション
………………②751
集中マスター 美容師国
家試験合格対策＆模
擬問題集〈2018年版〉
………………②506
集中力 …………………②351
集中力を高め、ヒラメキ
を生む心の整え方 …①123
重点解説/法人税申告の
実務〈平成29年版〉
………………②406
終電の神様 ……………①1071
重点ポイント昇任試験
時事問題〈2017年度
版〉 …………②152
自由ということ ………①775
柔道 基本と戦術 ……②236

柔道整復師国家試験問
題解答集〈平成30年
(2018年)度用〉 …②780
柔道整復師の一日 ……②780
重度四肢外傷の標準的
治療 …………②749
自由と人権 ……………②44
自由なサメと人間たち
の夢 …………①1025
自由な自分になる本 …①94
17音の青春〈2017〉…①973
自由なフランスを取り
もどす …………②128
自由に生きていいんだ
よ ……………①95
十二月八日の幻影 ……①1089
十二騎士団の反逆軍師
(リヴェンジャー)
………………①1169
12歳。 ………………①349
12歳。アニメノベライ
ズ〈8〉…………①349
12歳からはじめる
JavaScriptとウェブ
アプリ …………①559
12歳からはじめる ゼロ
からのPythonゲーム
プログラミング教室
………………②549
12歳の少年が書いた量
子力学の教科書 …②668
12歳までに「自信ぐせ」
をつけるお母さんの
習慣 …………①13
12歳までの好奇心の育
て方で子どもの学力
は決まる！ ……①13
十二指腸内視鏡ATLAS
………………②739
十二支読本 ……………②117
12時前にランチを食べ
れば太らない。……①25
十二章のイタリア ……①941
12色からはじめる 水彩
画混色の基本 ……①860
12色セラピーで悩みが
すっと消える ……①115
十二世紀のルネサンス
………………①601
十二大戦 ………………①1247
十二大戦対十二大戦
………………①1247
自由にたのしく年を重
ねる …………②26
「12動物×12エネルギー
サイクル」で見えて
くる隠された個性 ①129
12人で「銀行」をつ
くってみた ……②383
12年母子手帳〈日付フ
リー式〉 ………①7
「12の定石」で身につく
筋の良い序盤の打ち
方 ……………①247
12のストーリーで高め
るバンカーの教養 ②284
収入2700万円の差がつ
く身だしなみ ……②342
10年後、君に仕事はあ
るのか？ ………②342
10年越しの恋煩い ……①1231
10年ごしの引きニート
を辞めて外出したら
〈3〉…………①1256
10年ごしの引きニート
を辞めて外出したら
〈4〉…………①1256
10年ごしの引きニート
を辞めて外出したら

〈5〉……………①1256
10年後に絶対後悔しない中古一戸建ての選び方〈2017・2018年版〉………………①19
10年後の世界を生き抜く最先端の教育……①674
10年後の働き方……②284
十年後の僕らはまだ物語の終わりを知らない……………………①1153
十年分のプロポーズ……………………①1403
自由のこれから……①450
10のステップで夢をかなえるフランチャイズ加盟ワークブック……②425
自由の秩序…………②223
自由の翼を手に入れる3つの財布………………①123
自由の哲学』……①471
『自由の哲学』から読み解く心臓の秘密〈1〉……………………①450
10倍速く書ける超スピード文章術……①633
18時に帰る………②26
18F・FDG PET基礎読本………………①581
18歳からはじめる情報法………………①186
18歳からはじめる民法……………………②204
18歳で学ぶ哲学的なリアル……………②451
十八歳の憧憬………①1382
18歳までに育てたい力……………………①731
18世紀イギリスのアカデミズム藝術思想・①828
重犯飼育………………①1400
終盤で差がつく寄せの決め手210……①249
10秒で必ず「印象付ける」人になる……②360
10秒でズバッと伝わる話し方…………②360
10秒で伝わる話し方・②360
10秒で人の心をつかむ話し方…………②360
10秒のリンパストレッチで全身がみるみるやせる！……………①25
十兵衛推参………①1031
自由貿易は私たちを幸せにするのか？……②247
週末脚やせダイエット……………………①25
週末陰陽師…………①1169
週末カミング……①1000
終末期医療と刑法…②213
終末期医療のエビデンス………………②705
週末女装子道……②30
週末ちょっとディープなタイ旅…………①198
週末でつくる紙文具…①80
終末にしてますか？忙しいですか？救ってもらっていいですか？♯EX……①1182
終末なにしてますか？もう一度だけ、会えますか？〈♯04〉…①1182
終末なにしてますか？もう一度だけ、会えますか？〈♯05〉…①1182
終末ノ再生者（リアク

ター）〈2〉………①1183
終末の魔女ですけどお兄ちゃんに二回も恋をするのはおかしいですか？………①1219
週末ファーマーのすすめ クラインガルテン入門…………②446
週末冒険者…………①1298
週末野心手帳〈2018〉…①3
10万円からできる！ お金の守り方教えます……………………①389
10万円から始める「高配当株」投資術…②393
10万棟のビルを洗った社長のすごい掃除力……………………①441
十万ドルの純潔……①1378
10万人が難関資格試験を突破した受かる勉強33のルール…①299
10万年待てますか？放射性廃棄物は極限光技術を使ってなくすことができる……②579
住民監査請求制度がよくわかる本…②203
住民基本台帳人口移動報告年報〈平成28年〉………………②273
住民基本台帳人口要覧〈平成29年版〉②175
住民基本台帳法令・通知集〈平成29年版〉②229
住民基本台帳六法〈平成29年度〉②186
住民税計算問題＋過去問題集〈2018年度版〉……………………②489
住民税計算例解〈平成29年度版〉②400
住民税 個別・総合計算問題集〈2018年〉…②489
住民税理論サブノート〈2018年〉②489
住民税理論マスター〈2018年度版〉②489
住民による高齢者の見守り………………①66
秋霧……………①1079
週めくり日帰りウォーキング50………①189
柔訳 釈尊の言葉〈第3巻〉……………①510
修養……………①461
重要参考人探偵…①1068
重要租税判例の解釈〈4〉……………②400
重要文化財 ジョン・セーリス『日本渡航記』……………①615
重要ポイント解説！テキストと過去問で学ぶ税理士②652
14歳からの天文学…②675
14歳からのパレスチナ問題……………①592
14歳からのマーケティング………………②336
14歳とイラストレーター〈2〉………①1284
14歳とイラストレーター〈3〉………①1284
14歳とイラストレーター〈4〉………①1284
十四歳の「満州」……①579
14歳ホステスから年商10億のIT社長へ…②284

週4正社員のススメ…②330
14のしかけでつくる「深い学び」の算数授業……………………①727
自由律句集 純真…①973
重力アルケミック…①1158
重力って…………①313
重力で宇宙を見る…②675
重力で見える宇宙のはじまり……………①474
重力波で見える宇宙のはじまり…………①675
重力波は歌う………②647
重力波発見！……②675
秀麗な折り紙………①81
就労支援サービス…②78
就労条件総合調査〈平成28年版〉………②468
十六歳の傷心……①1370
16万人の脳画像を見てきた脳医学者が教える「脳の本気」にさせる究極の勉強法…②351
樹海警察…………①1079
珠華ších林伝治伝…①1171
儒家思想と中国歴史思惟……………………①465
主が共にいませば…①524
手記 こっちに、おいで……………………②703
手技の達人〈2017〉…①149
守教〈上〉………①1054
守教〈下〉………①1054
儒教……………②596
授業をアクティブにする！ 365日の工夫 小学1年…………①716
授業をアクティブにする！ 365日の工夫 小学2年…………①716
授業をアクティブにする！ 365日の工夫 小学3年…………①716
授業をアクティブにする！ 365日の工夫 小学4年…………①716
授業をアクティブにする！ 365日の工夫 小学5年…………①716
授業をアクティブにする！ 365日の工夫 小学6年…………①716
授業が変わる！ 新しい中学社会のポイント……………………①731
儒教が支えた明治維新……………………①566
授業が楽しくなる教科マジック〈3〉…①416
授業がもっと楽しくなる！ 学校で使いたいことわざ…………①716
授業から入試まで使える！ 日本史用語集……………………①618
授業からの学校改革…①716
「授業研究」を創る…①716
授業づくりで子どもが伸びる、教師が育つ、学校が変わる…①716
授業づくりネットワーク〈No.25 通巻333〉……………①716
授業で生きる知覚・運動学習…………①683
授業で活用できる高校生のためのDV、デートDV予防教育プログラム……………①709
授業で使える！ 論理的

思考力・表現力を育てる三角ロジック…①716
授業でできる即興型英語ディベート……①734
儒教に支配された中国人と韓国人の悲劇…②89
授業の構造とヴィゴツキー理論…………①716
授業のための合唱指導虎の巻…………①738
授業の見方…………①716
授業のユニバーサルデザイン〈Vol.9〉…①708
儒教の歴史…………①507
授業ライブ アクティブ・ラーニングによる算数科の学び合い・①727
授業力アップのための一歩進んだ英文法・①734
授業力アップのための英語圏文化・文学の基礎知識…………①734
授業論……………①716
授業LIVE 18歳からの政治参加…………①716
宿痾〈10〉………①1032
「縮小社会」再構築…②100
縮小ニッポンの衝撃…②95
熟女を狩る…………①1402
熟女お手伝いさんと僕……………………①1399
淑女を破滅させるには……………………①1330
熟女家政婦・麻里子と明美………………①1403
粛清の王朝・北朝鮮・②131
宿題の絵日記帳……①929
宿題ロボット、ひろったんだけど………①373
宿敵〈22〉………①1043
熟年婚活…………①109
受苦の時間の再モンタージュ…………①451
宿場鬼…………①1037
宿場町旅情 写真紀行・①256
祝福………………①1009
祝福された吸血鬼…①1324
祝福のシンデレラ・キス………………①1379
熟母のやわ肌………②35
宿命ある人々………①592
宿命と真実の炎…①1102
宿命の戦記…………②44
宿命の地〈上〉…①1347
宿命の地〈下〉…①1347
シュークリーム・パニック…………①1085
宿恋の契り…………①1322
熟練・分業と生産システムの進化………②589
主君………………①1047
樹形図……………①965
受験学力…………①745
受験生専門外来の医師が教える 合格させたいなら「脳に効くこと」をやりなさい・①742
受験生と親たちへ 不道徳教師アーナンダの教え……………①717
修験道本山派成立史の研究………………①515
主権なき平和国家…②141
受験のプロが教える中学受験 親・子・塾の“三位一体”合格法・①742
受験のプロに教わるソムリエ試験対策講座

〈2017年度版〉……①45
受験のプロに教わるソムリエ試験対策問題集〈2017年度版〉…①45
受験勉強をしなければいけない本当の理由……………………①742
受験用 マンガ介護福祉士テキスト＆問題集……………………②78
守護者がおちる呪縛の愛〈6〉…………①1310
守護neighbor・戦国城下町の構造と社会…①553
守護霊インタビュー 金正恩 最後の狙い…①503
守護霊インタビュー ナタリー・ポートマン＆キーラ・ナイトレイ……………………①503
守護霊メッセージ 能年玲奈の告白……①503
守護霊リーディング〈②138
主菜別 献立がすぐ決まる副菜レシピ帖…①54
種子……………②685
樹脂……………①1356
種子が消えればあなたも消える…………②446
朱子学から考える権利の思想…………①465
趣旨・規範ハンドブック〈1〉…………②232
趣旨・規範ハンドブック〈2〉…………②233
趣旨・規範ハンドブック〈3〉…………②233
主日の聖書を読む…①528
主日礼拝の祈り……①525
樹脂粘土で作るかわいいスイーツデコのアクセサリー♪…………①74
樹脂粘土でつくるミニチュアCaféごはん…①80
樹脂粘土でつくる レトロかわいいミニチュア洋食…………①74
種子法廃止でどうなる？……………………②451
守柔……………②228
手術実績で探す名医のいる病院〈2018〉…②702
呪術師は勇者になれない……………………①1258
「呪術」の呪縛〈下巻〉……………………①507
手術の流儀…………②749
首相官邸の前で……②141
シューズブック〈2017年版〉…………①29
シューズブック〈2018年版〉…………①29
酒税法計算問題＋過去問題集〈2018年度版〉……………………②489
酒税法 総合計算問題集〈2018年〉②489
酒税法理論サブノート〈2018年〉②489
酒税法理論マスター〈2018年度版〉②489
守銭奴……………①1028
主体的・対話的で深い学びを実現する算数科内研究…………①727
「主体的・対話的で深い学び」を実現する算数授業デザイン……①727

書名索引

主体的な学びをうみだ
　す授業デザイン「子
　ども・文化・教師」
　をつなぐ …………①717
主体的な学びをめざす
　小学校英語教育 ……①734
主体的な学びで、学力
　を伸ばす！ アクティ
　ブ・ラーニングの基本
　と授業のアイデア ・①717
主体的に学ぶ養護実習
　ガイドブック ………①700
主体的学び〈5号〉…①752
主体的学び 別冊 ……①752
シュタイナー 根源的霊
　性論 …………………②451
シュタイナー思想と
　ヌーソロジー ………①471
シュタイナーのアント
　ロポゾフィー医学入
　門 ……………………②717
シュタイネ …………①965
主体の論理・概念の倫
　理 ……………………①474
首長と職員 …………②141
出エジプト記1〜18章
　………………………①529
十角館の殺人 ………①1074
術後回復を促進させる
　周術期実践マニュア
　ル ……………………②717
宿根草と低木で手軽に
　できる 小さなスペー
　スをいかす美しい庭
　づくり ………………①267
十歳の最強魔導師〈1〉
　………………………①1152
十歳の最強魔導師〈2〉
　………………………①1152
十歳の最強魔導師〈3〉
　………………………①1152
10歳若返るインナーの
　魔法！ ………………①22
出産・子育てのナラ
　ティブ分析 …………②100
シュッシュッポッポ き
　かんしゃチャーリー
　………………………①313
出生前診断、受けます
　か？ …………………①8
出生前診断 受ける受け
　ない誰が決めるの？
　………………………②761
出世侍〈4〉…………①1048
出世と肩書 …………②342
出題傾向徹底分析！ 診
　療放射線技師国家試
　験重要問題集 ………②780
出張料亭おりおり堂
　………………………①1022
出典明記 中世房総史年
　表 ……………………①537
出土遺物から見た中国
　の文明 ………………①596
術としての生活と宗教
　………………………②119
出入国管理制度ガイド
　ブック ………………②141
出版〈2018年度版〉…②16
出版営業ハンドブック
　基礎編 ………………②16
出版営業ハンドブック
　実践編 ………………②16
出版禁止 ……………①1097
出版社内定獲得！〈2019
　年採用版〉…………②12
出版社のつくり方読本
　………………………②16
出版年鑑〈2017〉……②17

出版の境界に生きる …②16
出版文化のなかの浮世
　絵 ……………………①835
ジュディ★モードの
　ビッグな夏休み〈10〉
　………………………①373
ジュディ★モード、
　ラッキーになる！
　〈11〉…………………①373
首都圏格差 …………②23
首都圏近郊 出雲系神社
　探索ガイド …………①506
首都圏 高校受験案内
　〈2018〉………………①742
首都圏 国立・私立幼稚
　園入園のてびき〈平成
　30年度版〉……………①742
首都圏ゴルフ場ガイド
　〈2018年版〉…………①220
首都圏 私立高校推薦・
　優遇入試ガイド
　〈2018〉………………①742
首都圏私立高校大学附
　属・系列校ガイド
　〈2018年度用〉………①742
首都圏私立・国立小学校
　合格マニュアル〈2018
　年度入試用〉…………①742
首都圏 私立・国立 小学
　校合格マニュアル 入
　試準備号〈2018年度〉
　………………………①742
首都圏私立中学・高校
　受験ガイドTHE私立
　〈平成30年度版〉…①742
首都圏 中学受験案内
　〈2018〉………………①742
首都圏通勤路線網はど
　のようにつくられた
　のか …………………②433
首都圏東部域音調の研
　究 ……………………①630
首都圏の食を支える冷
　蔵倉庫〈2〉…………②444
首都圏白書〈平成29年
　版〉……………………②273
首都圏発 戦国の城の歩
　きかた ………………①553
首都圏版 高校入試合格
　資料集〈平成30年度
　用〉……………………①742
首都圏版 中学受験案内
　〈平成30年度用〉…①742
首都圏版 中学入試合格
　資料集〈平成30年度
　用〉……………………①742
首都圏 日帰り鉄道の旅
　………………………①743
首都圏「街」格差……②26
主として建築設計者の
　ためのBIMガイド …②618
受難と復活の賛美歌も
　のがたり ……………①525
ジュニアアスリートの
　ための最強の跳び方
　「ジャンプ力」向上バ
　イブル ………………①217
ジュニア空想科学読本
　〈2〉…………………①397
ジュニア空想科学読本
　〈3〉…………………①397
ジュニア空想科学読本
　〈4〉…………………①397
ジュニア空想科学読本
　〈5〉…………………①397

ジュニア空想科学読本
　〈10〉…………………①397
ジュニア空想科学読本
　〈11〉…………………①397
ジュニア空想科学読本
　〈12〉…………………①398
ジュニアサッカー 世界
　一わかりやすいポジ
　ションの授業 ………①432
ジュニア数学オリン
　ピック 2013 - 2017
　………………………②652
「ジュニア」と「官能」
　の巨匠 富島健夫伝
　………………………①912
ジュニアのためのス
　ケートボード完全上
　達バイブル ムービー
　付き …………………①241
ジュニアのための バレ
　エ上達 パーフェクト
　レッスン ……………①823
ジュニアのためのボル
　ダリング実践テク上
　達バイブル …………①241
ジュニア版 カマキリ
　じっちゃんのマンガ
　落語教室 ……………①785
種の起源 ディクレア
　ラー編〈1〉…………①279
種の起源 ディクレア
　ラー編〈2〉…………①279
主の変容病院・挑発
　………………………①1340
呪縛 …………………①1297
ジュビリア ……………①373
シューフィッターに頼
　めば歩くことがもっ
　と楽しくなる ………①29
主婦 悦子さんの予期せ
　ぬ日々 ………………①1014
「主婦」を楽しむもの選
　び ……………………②27
主婦が知らないとヤバ
　イ料理の基本とコツ
　………………………①54
主婦の友 365日きょう
　のおかず大百科 ……①54
主婦の友社創業者 石川
　武美 …………………②16
主婦パートタイマーの
　処遇格差はなぜ再生
　産されるのか ………②100
主婦病 ………………①1021
主文例からみた請求の
　趣旨記載例集 ………②228
主婦A子の絶品おうちご
　はん …………………①54
種牡馬最強データ〈'17
　 - '18〉………………①244
種牡馬戦略SUPERハン
　ドブック〈2017 - 18〉
　………………………①244
趣味から卒業！ しっか
　り稼げる自宅教室の
　開業・集客バイブル
　………………………②425
酒味酒菜 ……………①945
趣味と実用の木工 キッ
　チン小物食器 ………①35
趣味の鉄道写真 鉄日和
　撮影日記 ……………①252
シューメーカーの足音
　………………………①1108
シュメール人の数学 …②652
地球人類を誕生させた
　遺伝子超実験〈1〉…①138
樹木 …………………①406
樹木たちの知られざる

生活 …………………②578
主要勘定科目の法人税
　実務対策〈平成29年
　版〉……………………②406
主要5因子性格検査ハン
　ドブック ……………①492
主要地方税ハンドブッ
　ク ……………………②400
主要荷主の運賃・倉庫
　料金の実態 …………②417
主要農機商工業信用録
　〈2017〉………………②375
修羅 …………………①1027
シュライバー・アトキン
　ス 無機化学〈下〉…②670
修羅の終わり〈上〉…①1102
修羅の終わり〈下〉…①1102
修羅の痴漢道 ………①1396
修羅の八八艦隊 ……①1131
ジュリエットのいない
　夜 ……………………①995
ジュリエットの悲鳴
　………………………①1074
狩猟採集民からみた地
　球環境史 ……………②575
狩猟日誌 ……………②575
狩猟入門 ……………①234
種類株式ハンドブック
　………………………②326
シュレーダーの階段
　………………………①1086
シュレディンガーの猫
　………………………②664
シュレーディンガーの
　猫を追って …………①1337
手話を学ぶ人のために
　………………………②57
手話・言語・コミュニ
　ケーション〈No.4〉…②57
手話通訳を学ぶ人の
　「手話通訳学」入門 …②57
手話による教養大学の
　挑戦 …………………②57
殉愛 …………………①790
純愛独占欲 …………①1311
準1級仏検公式ガイド
　ブック〈2017年度版〉
　………………………②669
「旬」おかずで今日も元
　気！ …………………①54
旬がおいしい台所 …①54
春夏秋冬 おいしい手帖
　………………………①54
春夏秋冬、ぎゅっと詰
　めて 旬弁当 …………①66
春夏秋冬 しあわせを呼
　ぶ生き方 ……………①109
春夏秋冬 "自然"に生き
　る ……………………①510
春夏秋冬 猫うらら …①973
春画で学ぶ江戸かな入
　門 ……………………①835
春華とりかえ抄 ……①1159
瞬間を撮る …………①252
循環器救急の真髄教え
　ます …………………②739
循環器疾患 …………②739
循環器疾患・救急医療/
　血液疾患 ……………②739
循環器診療ザ・ベー
　シック 心筋症 ………②739
循環器診療ザ・ベー
　シック 弁膜症 ………②739
准看護師試験合格ガイ
　ド ……………………②784
循環式陸上養殖 ……②457
瞬間接着剤で目をふさ
　がれた犬 純平 ……①383

旬刊美術新報 第2回配
　本（第4巻〜第6巻・付
　録1）（第37号〜第76
　号）……………………②8
純喫茶あくま ………①1321
純喫茶「一服堂」の四季
　………………………①1104
春季 労使交渉・労使協
　議の手引き〈2017年
　版〉……………………②465
純血種の贄 …………①1314
淳子のてっぺん ……①1023
瞬撮アクションポーズ
　〈04〉…………………①860
瞬殺怪談 斬 …………①1117
純ジャパニーズの迷わ
　ない英語勉強法 ……①647
春秋左傳正義譯注〈第1
　冊〉……………………①919
春秋左傳正義譯注〈第2
　冊〉……………………①919
春秋戦国時代 燕国の考
　古学 …………………①596
春秋の檻〈1〉…………①1059
純情秘書の恋する気持
　ち ……………………①1318
純粋関数型データ構造
　………………………②549
春喪祭 ………………①981
準2級仏検公式ガイド
　ブック〈2017年度版〉
　………………………②669
ジュンのための6つの小
　曲 ……………………①1197
旬の野菜でシンプル・
　イタリアン …………①68
純白の少年は竜使いに
　娶られる ……………①1324
準備らくらく！ アイデ
　ア満載！ 小学校音楽
　あそび70 ……………①738
春風街道 ……………①1052
春風亭一之輔の、いち
　のいちのいち ………①785
春風の軍師（22）……①1056
純文学とは何か ……①907
「春望」の系譜 ………①919
純朴OL、ただいま恋愛
　指南中！ ……………①1227
春雷 …………………①1055
純烈写真集 純烈天国 …①775
女医さんに逢いたい
　………………………①1404
女医・真結子 ………①1401
書院生、アジアを行く
　………………………①579
ジョイント・ベンチャー
　契約の実務と理論 …②194
聖一派続 ……………①518
小1プロブレム対策のた
　めの活動ハンドブッ
　ク ……………………①717
上越線 国境 …………①256
省エネ住宅に取り組む
　工務店が気をつけた
　い落とし穴 …………②441
照応・接続・文の成分間
　の関係性の諸相 ……①630
ショウガ甘酒 食べる健
　康法 …………………①163
詳解 新しい国際課税の
　枠組み（BEPS）の導
　入と各国の税制対応
　………………………②400
生涯一度は行きたい 春
　夏秋冬の絶景駅100選
　………………………②433
詳解 1級管工事施工管
　理技術検定過去5年間

題集〈'17年版〉 …… ②637
詳解 1級建築施工管理
　技術検定過去5年問題
　集〈'18年版〉 …… ②641
詳解 1級土木施工管理
　技術検定過去5年問題
　集〈'17年版〉 …… ②637
詳解 1級土木施工管理
　技術検定過去5年問題
　集〈'17年版〉 …… ②637
詳解 インドネシアの法
　務・会計・税務 …… ②400
詳解 運行管理者（貨物）
　過去問題集〈'18年版〉
　……………… ②506
障害を知り共生社会を
　生きる ……………… ②57
詳解 介護福祉士過去5
　年問題集〈'18年版〉 …②78
障害学研究〈12〉 …… ②57
生涯学習時代の教育制
　度 ………………… ①680
生涯学習・社会教育行
　政必携〈平成30年版〉
　……………………… ①680
生涯学習論入門 …… ①680
渉外家族法実務からみ
　た在留外国人の身分
　登録 ……………… ②186
障害給付Q&A ……… ②74
詳解 行政書士過去5年
　問題集〈'17年版〉 …②238
条解 行政手続法 …… ②203
詳解 ケアマネ試験過去5
　年問題集〈'17年版〉 …②79
生涯現役論 ………… ①95
生涯健康に暮らしたけ
　れば「自律神経」を整
　えなさい ………… ①149
生涯健康脳をつくる！
　ゆび1本からのピアノ
　DVD付 ………… ①821
詳解現代地図〈2017-
　2018〉 …………… ①211
詳解 個人情報保護法と
　企業法務 ………… ①194
渉外戸籍のための各国
　法律と要件〈4〉 …②219
渉外戸籍のための各国
　法律と要件〈5〉 …②219
渉外戸籍のための各国
　法律と要件〈6〉 …②219
詳解システム・パ
　フォーマンス …… ②547
障害児保育ワークブッ
　ク ………………… ①683
障害者をしめ出す社会
　は弱くもろい …… ②272
詳解 社会福祉士過去4
　年問題集〈'18年版〉 …②79
障害者が街を歩けば差
　別に当たる?! …… ②57
障害者雇用とディスア
　ビリティ・マネジメ
　ント ……………… ②330
障害者雇用における合
　理的配慮 ………… ②272
障害者雇用の実務と就
　労支援 …………… ②272
障害者心理学 ……… ①481
障害者総合支援法が
　よーくわかる本 …… ②57
障害者総合支援法事業
　者ハンドブック 指定
　基準編〈2017年版〉 …②57
障害者総合支援法事業
　者ハンドブック 報酬
　編〈2017年版〉 …… ②57
障害者総合支援法のす

べて ………………… ②57
障害者総合支援六法〈平
　成29年版〉 ……… ②82
障害者とともに生きる
　本2500冊 ……… ②72
障害者の安楽死計画と
　ホロコースト …… ①607
障がい者の仕事場を見
　に行く〈1〉 ……… ①416
障がい者の仕事場を見
　に行く〈2〉 ……… ①416
障がい者の仕事場を見
　に行く〈3〉 ……… ①416
障がい者の仕事場を見
　に行く〈4〉 ……… ①416
障害者白書〈平成29年
　版〉 ……………… ②82
障害者福祉 ………… ②57
詳解社労士過去問題集
　〈'18年版〉 ……… ②501
条解 信託法 ……… ②186
詳解 新・中国増値税の
　実務 ……………… ②400
詳解 組織再編会計Q&A
　……………………… ②317
詳解 第1種衛生管理者
　過去6回問題集〈'18年
　版〉 ……………… ②628
詳解 第一種電気工事士
　筆記試験過去問題集
　〈'17年版〉 ……… ②633
詳解 第一種電気工事士
　筆記試験過去問題集
　〈'18年版〉 ……… ②633
詳解 大学院への英語 …②639
詳解 第2種衛生管理者
　過去6回問題集〈'18年
　版〉 ……………… ②628
詳解 第二種電気工事士
　筆記試験過去問題集
　〈'18年版〉 ……… ②633
詳解 宅建士 過去7年間
　題集〈'17年版〉 …②497
生涯使える大人の文章
　力 ………………… ②633
詳解 ディープラーニン
　グ ………………… ②518
詳解 電験三種過去5年
　問題集〈'17年版〉 …②633
詳解 電力系統工学 …②592
生涯投資家 ………… ①929
障害とは何か ……… ②58
詳解2級建築士過去7年
　問題集〈'18年版〉 …②640
詳解 2級建築施工管理
　技術検定過去5年問題
　集〈'17年版〉 …… ②641
詳解 2級土木施工管理
　技術検定過去5年問題
　集〈'17年版〉 …… ②637
詳解 2級ボイラー技士
　過去6回問題集〈'17年
　版〉 ……………… ②629
障害年金と診断書〈平成
　29年7月版〉 ……… ②74
障害のある子を支える
　児童発達支援等実践
　事例集 …………… ①683
障害のある子を支える
　放課後等デイサービ
　ス実践事例集 …… ①683
障がいのある子どもの
　尊厳をめざしたトー
　タルケアの探究 …… ②58
障がいのある人の性 支
　援ガイドブック …… ②58
障害のある私たちの 地
　域で出産、地域で子
　育て ……………… ②58

粧界ハンドブック〈2017
　年版〉 …………… ②444
障がい福祉の学ぶ働く
　暮らすを変えた5人の
　ビジネス ………… ②58
生涯未婚時代 ……… ①115
詳解 連結納税Q&A … ②400
詳解！ Google Apps
　Script完全入門 … ②549
詳解HTML5.1
　& HTML4.01
　& XHTML1.0辞典
　……………………… ②549
詳解HTML & CSS
　& JavaScript辞典 …②560
詳解ITパスポート過去
　問題集〈'18年版〉 …②564
詳解Swift ………… ②549
消化管内視鏡診断テキ
　スト〈1〉 ………… ②739
消化管EUSパーフェク
　トガイド ………… ②739
消化器画像診断アトラ
　ス ………………… ②739
消化器外科手術 起死回
　生の一手 ………… ②739
消化器外科専門医への
　minimal
　requirements …… ②739
消化器疾患になったと
　きかかりたい病院 広
　島記念病院 ……… ②739
消化器内視鏡ハンド
　ブック …………… ②739
小学1年生 いきいき学
　級づくりハンドブッ
　ク ………………… ①708
小学教諭の童話集でお
　悩み解決 ………… ①717
奨学金が日本を滅ぼす
　……………………… ①758
「奨学金」地獄 …… ②58
小学クイズと絵地図で
　世界の国々基礎丸わ
　かり ……………… ①425
城郭史研究〈第36号〉
　……………………… ②610
小学自由自在 賢くなる
　クロスワード ことわ
　ざ・四字熟語 初級 …①723
小学自由自在 賢くなる
　クロスワード ことわ
　ざ・四字熟語 中級 …①723
小学自由自在 賢くなる
　クロスワード ことわ
　ざ・四字熟語 上級 …①723
小学生英語イラスト
　BOOK …………… ①394
小学生からのプログラ
　ミングSmall Basicで
　遊ぼう!! ………… ②549
小学生からはじめるか
　いわいタブレットプ
　ログラミング Apps …②549
小学生英語から中学校
　のジュニアサッカー
　食事バイブル …… ①229
小学生でも安心！ はじ
　めてのハムスター 正
　しい飼い方・育て方
　……………………… ①262
小学生でもわかるお金
　にまつわるそもそも
　事典 ……………… ②242
小学生でもわかる 国を
　守るお仕事そもそも
　事典 ……………… ①416
小学生でもわかる
　iPhoneアプリのつく

り方 ……………… ②549
小学生に英語の読み書
　きをどう教えたらよ
　いか ……………… ①734
小学生になったらどう
　するんだっけ …… ①424
小学生の英検3級合格ト
　レーニングブック …①657
小学生の学習クロス
　ワードパズル1・2年
　生 ………………… ①440
小学生の学習クロス
　ワードパズル3・4年
　生 ………………… ①440
小学生のかっこいい!!自
　由研究 …………… ①434
小学生の子どもが勉強
　せずに困ったとき読
　む本 ……………… ①13
小学生のサッカー上達
　BOOK …………… ①229
小学生のための音楽会
　用合唱曲集 一等星の
　夢 ………………… ①817
小学生のための学習世
　界地図帳 ………… ①731
小学生のための学習日
　本地図帳 ………… ①731
小学生のための3枚の連
　続絵カードを使った
　SSTの進め方 …… ①709
小学生のための日本地
　図帳 ……………… ①428
小学生のための弁護士
　によるいじめ予防授
　業 ………………… ①711
小学生のための便利な
　音楽事典 ………… ①431
小学生のためのよくわ
　かる英検3級合格ドリ
　ル 新試験対応版 …①657
小学生のバッティング
　最強上達BOOK …①432
小学生の野球上達
　BOOK …………… ①221
小学生のやさしい器楽
　合奏レパートリー …①809
小学生版 1日10分日本
　地図をおぼえる本 …①428
小学生まじょとおしゃ
　べりなランドセル …①349
小学生までの「男の子」
　の育て方 ………… ①13
小学全漢字おぼえる
　カード …………… ①392
小学6年間の算数をこの
　1冊でざっと復習する
　本 ………………… ①727
上菓子「岬屋」主人のや
　さしく教える和菓子
　のきほん ………… ①70
小学校英語 アルファ
　ベットの大文字小文
　字を覚えよう …… ①734
小学校英語から中学校
　英語への架け橋 …①734
小学校英語早わかり実
　践ガイドブック …①734
小学校音楽科教育法 …①738
小学校学習指導要領解
　説 ………………… ①740
小学校学習指導要領解
　説 生活編〈平成27年3
　月付録追加〉 …… ①737
小学校学習指導要領 全
　文と改訂の ビンポイ
　ント解説〈平成29年
　版〉 ……………… ①717
小学校家庭科教育研究

　…………………… ①740
小学校家庭科の授業を
　つくる …………… ①740
小学校がなくなる！ …①361
小学校から大学まで地
　域・NPOと取り組む
　社会貢献教育ハンド
　ブック …………… ①717
小学校教育課程実践講
　座 外国語活動・外国
　語〈平成29年改訂〉 …①735
小学校教育課程実践講
　座 家庭〈平成29年改
　訂〉 ……………… ①740
小学校教育課程実践講
　座 国語〈平成29年改
　訂〉 ……………… ①723
小学校教育課程実践講
　座 算数〈平成29年改
　訂〉 ……………… ①727
小学校教育課程実践講
　座 図画工作〈平成29
　年改訂〉 ………… ①739
小学校教育課程実践講
　座 総合的な学習の時
　間〈平成29年改訂〉 …①717
小学校教育課程実践講
　座 総則〈平成29年改
　訂〉 ……………… ①717
小学校教育課程実践講
　座 特別活動〈平成29
　年改訂〉 ………… ①717
小学校教育課程実践講
　座 理科〈平成29年改
　訂〉 ……………… ①729
小学校教師だからわか
　る子どもの学力が驚
　くほど上がる本物の
　家庭学習 ………… ①717
小学校教師のための学
　級経営365日のパー
　フェクトガイド …①708
小学校高学年学級経営
　すきまスキル70 …①708
小学校高学年生活指導
　すきまスキル72 …①710
小学校 国語科教育法
　ノート …………… ①724
小学校国語科 論理的文
　章を書く力を育てる
　書き方指導 ……… ①724
小学校国語 教科書に
　そって使えるアク
　ティブ・ラーニング
　（主体的・対話的で深
　い学び）50の授業実践
　例1・2年 ……… ①724
小学校国語 教科書に
　そって使えるアク
　ティブ・ラーニング
　（主体的・対話的で深
　い学び）50の授業実践
　例3・4年 ……… ①724
小学校国語 教科書に
　そって使えるアク
　ティブ・ラーニング
　（主体的・対話的で深
　い学び）50の授業実践
　例5・6年 ……… ①724
小学校算数 教科書に
　そって使える アク
　ティブ・ラーニング
　"主体的・対話的で深
　い学び"50の授業実践
　例1・2年 ……… ①727
小学校算数 教科書に
　そって使えるアク
　ティブ・ラーニング

（主体的・対話的で深い学び）50の授業実践例３・４年………①727

小学校算数 教科書にそって使えるアクティブ・ラーニング（主体的・対話的で深い学び）50の授業実践例５・６年………①727

小学校社会科 Before & Afterでよくわかる！ 子どもの追究力を高める教材＆発問モデル………①731

小学校新学習指導要領の展開 音楽編〈平成29年版〉………①738

小学校新学習指導要領の展開 外国語活動編〈平成29年版〉………①735

小学校新学習指導要領の展開 外国語編〈平成29年版〉………①735

小学校新学習指導要領の展開 家庭編〈平成29年版〉………①740

小学校新学習指導要領の展開 国語編〈平成29年版〉………①724

小学校新学習指導要領の展開 算数編〈平成29年版〉………①727

小学校新学習指導要領の展開 社会編〈平成29年版〉………①731

小学校新学習指導要領の展開 図画工作編〈平成29年版〉………①739

小学校新学習指導要領の展開 生活編〈平成29年版〉………①737

小学校新学習指導要領の展開 総合的な学習編〈平成29年版〉………①717

小学校新学習指導要領の展開 総則編〈平成29年版〉………①717

小学校新学習指導要領の展開 体育編〈平成29年版〉………①741

小学校新学習指導要領の展開 特別活動編〈平成29年版〉………①717

小学校新学習指導要領の展開 理科編〈平成29年版〉………①729

小学校新学習指導要領ポイント総整理〈平成29年版〉………①717

小学校新学習指導要領ポイント総整理 音楽〈平成29年版〉………①739

小学校新学習指導要領ポイント総整理 外国語〈平成29年版〉………①735

小学校新学習指導要領ポイント総整理 家庭〈平成29年版〉………①740

小学校新学習指導要領ポイント総整理 国語〈平成29年版〉………①724

小学校新学習指導要領ポイント総整理 算数〈平成29年版〉………①727

小学校新学習指導要領ポイント総整理 社会〈平成29年版〉………①731

小学校新学習指導要領ポイント総整理 図画工作〈平成29年版〉………①739

小学校新学習指導要領ポイント総整理 生活〈平成29年版〉………①737

小学校新学習指導要領ポイント総整理 総合的な学習の時間〈平成29年版〉………①717

小学校新学習指導要領ポイント総整理 総則〈平成29年版〉………①717

小学校新学習指導要領ポイント総整理 体育〈平成29年版〉………①741

小学校新学習指導要領ポイント総整理 特別活動〈平成29年版〉………①717

小学校新学習指導要領ポイント総整理 特別の教科 道徳〈平成29年版〉………①737

小学校新学習指導要領ポイント総整理 理科〈平成29年版〉………①729

小学校全科30日完成〈'19年度〉………①762

小学校体育 写真でわかる運動と指導のポイント 体つくり………①741

小学校体育 写真でわかる運動と指導のポイント マット………①741

小学校 通級指導教室 発達障害のある子を伸ばす！ 指導アイデア………①683

小学校低学年学級経営すきまスキル70………①708

小学校低学年生活指導すきまスキル72………①710

小学校で英語を教えるためのミニマム・エッセンシャルズ………①735

小学校で育てる！ 60のチカラ………①13

小学校で習った言葉「さか上がり」「行ってきます」を英語で言えますか？………①639

小学校では学べない一生役立つ読書術………①416

小学校はもう遅い………①13

小学校における社会科地理教育の実践と課題………①731

小学校に入学後、3年間で親がやっておきたい子育て………①13

小学校の算数が7時間でざっとわかる穴埋めブック………①727

小学校の社会 友だちに話したくなる地図のヒミツ………①416

小学校の先生のためのClassroom English………①735

小学校のための法教育12教材………①717

小学校の「プログラミング授業」実況中継………①717

小学校発 アクティブ・ラーニングを超える授業………①717

小学校発！ 一人ひとりが輝くほめ言葉のシャワー………①710

小学校発！ 一人ひとりが輝くほめ言葉のシャワー〈2〉………①710

小学校プログラミング教育がわかる、できる………①717

小学校 文学教材を深く読むための国語授業デザイン………①724

小学校保健室から発信！ 先生・保護者のためのスマホ読本………①700

小学校ボールゲームの授業づくり………①741

小学校理科 「深い学び」につながる授業アイデア64………①729

小学校6年間の漢字が学べる物語 トキメキ探偵マヂカ★マジオ………①392

小学校6年間の算数が1冊でしっかりわかる問題集………①728

小学校6年間の算数がマンガでざっと学べる………①728

浄化でハッピー！………①939

唱歌・童歌・寮歌………①630

唱歌・童謡120の真実………①802

城下の人〈1〉………①573

召喚軍師のデスゲーム〈3〉………①1295

召喚されすぎた最強勇者の再召喚（リユニオン）………①1186

召喚獣ですがご主人様がきびしいです………①1283

召喚のいけない使い方〈1〉………①1404

貞観政要………①465

賞玩唯心………①942

蒸気機関車よ永遠に………①433

将棋棋士・総合格闘技選手・競馬騎手・競輪選手………①416

将棋・基本戦法まるわかり事典 居飛車編………①249

将棋 棋力判定テスト………①249

将棋上機嫌の本………①947

将棋殺人事件………①1094

将棋終盤の手筋436………①249

将棋・序盤完全ガイド 相振り飛車編………①249

将棋推理 迷宮の対局………①1068

将棋戦型別名局集〈5〉………①249

将棋戦型別名局集〈6〉………①249

蒸気で動く家………①891

しょうがくのくにのだいぼうけん………①332

小規模企業白書〈2017年版〉………①301

小規模事業者のためのISO9001 何をなすべきか〈2015年改訂対応〉………①586

小規模事業者補助金獲得法………①284

小規模社会福祉法人のための法人運営と財務管理………①323

小規模宅地等の特例 適用可否の分岐点………①186

小規模宅地特例の入門Q&A………①412

上級ナンプレ〈1〉………①275

上級バイオ技術者認定試験対策問題集〈平成29年12月試験対応版〉………②629

商業経済検定模擬試験問題集1・2級 ビジネス経済A〈平成29年度版〉………②506

商業経済検定模擬試験問題集1・2級 ビジネス経済B〈平成29年度版〉………②506

商業経済検定模擬試験問題集1・2級 マーケティング〈平成29年度版〉………②506

商業経済検定模擬試験問題集1・2級 経済活動と法〈平成29年度版〉………②506

商業経済検定模擬試験問題集3級 ビジネス基礎〈平成29年度版〉………②506

商業施設計画総覧〈2018年版〉………②416

商業施設のキャンペーンビジュアル………①876

商業と異文化の接触………①601

商業登記実務から見た中小企業の株主総会・取締役会………②328

商業統計表 流通経路別統計編（卸売業）〈平成26年〉………②416

商業動態統計年報〈平成28年〉………②416

状況は、自分が思うほど悪くない………①95

消去法シークレット・ファイル〈2017-2018〉………①244

将棋DVD 攻めて強くなる戸辺流中飛車………①249

将軍を蹴った男………①1060

将軍家の姫〈2〉………①1058

将軍の太刀………①1059

将軍の秘妬〈7〉………①1027

衝撃塑性加工………②601

衝撃は防御しつつ返すのが当然です………①1239

証言〈2017（第31集）〉………①579

証券アナリスト1次試験過去問題集 経済〈2018年試験対策〉………②506

証券アナリスト1次試験過去問題集 財務分析〈2018年試験対策〉………②506

証券アナリスト1次試験過去問題集 証券分析〈2018年試験対策〉………②506

証券アナリスト1次対策総まとめテキスト 経済〈2018年試験対策〉………②480

証券アナリスト1次対策総まとめテキスト 財務分析〈2018試験対策〉………②480

証券アナリスト1次対策総まとめテキスト 証券分析〈2018試験対策〉………②480

証券アナリスト第1次レベル合格最短テキスト 経済〈2018〉………②481

証券アナリスト第1次レベル合格最短テキスト 財務分析〈2018〉………②481

証券アナリスト第1次レベル合格最短テキスト 証券分析とポートフォリオ・マネジメント〈2018〉………②481

証券アナリスト第2次レベル合格最短テキスト〈2018 上巻〉………②481

証券アナリスト第2次レベル合格最短テキスト〈2018 下巻〉………②481

証券アナリスト2次試験過去問題集〈2018年試験対策〉………②481

証券アナリスト2次対策総まとめテキスト 企業分析〈2018年試験対策〉………②506

証券アナリスト2次対策総まとめテキスト 市場と経済〈2018年試験対策〉………②506

証券アナリスト2次対策総まとめテキスト 証券分析〈2018年試験対策〉………②506

証券アナリストのためのファイナンス理論………②378

証言！ ウルトラマン………①797

証券外務員一種対策問題集〈2017〜2018〉………②481

証券外務員学習テキスト〈2017〜2018〉………②481

証券外務員「二種」対策問題集〈2017〜2018〉………②481

証言！ 仮面ライダー 昭和………②33

証言！ 仮面ライダー 平成………①797

証券業務の基礎〈2017年度版〉………②381

証券事典………②381

証言 零戦 大空で戦った最後のサムライたち………①585

証言 零戦 真珠湾攻撃、激戦地ラバウル、そして特攻の真実………①579

証券訴訟………②194

症原探幽………①940

条件つきの結婚〈3〉………①1370

証言 連合赤軍〈11〉………②39

証言録 海軍反省会〈10〉………①579

証言UWF………①238

症候から診断・治療へ………②740

証拠収集実務マニュアル………②216

証拠に基づく少年司法制度構築のための手引き………②216

詳細解説IFRS開示ガイドブック〈2018〉………②326

詳細相続税………②412

詳細ディテールを読み解く 木造住宅のつくり方………②618

詳細 登記六法〈平成30年版〉………②210

詳細にして明解 通関士
　試験の指針〈平成29年
　度版〉…………………②506
詳細！ Python3入門
　ノート………………②549
詳細！ Swift4 iPhone
　アプリ開発入門ノー
　ト………………………②531
省察的実践者の教育 …①752
省察的実践は教育組織
　を変革するか………①752
上司が結婚を迫るので
　困っています！……①1399
少子化・高齢化ビジネス
　白書〈2017年版〉…②273
少子化時代の保育と教
　育………………………①691
少子化社会対策白書〈平
　成29年版〉…………②175
少子化社会と妊娠・出
　産・子育て……………②58
上司が放っておいても
　自ら動いて成果を出
　す部下の育て方……①366
上司からYESを引き出
　す！「即決される」資
　料作成術………………②351
正気……………………①956
常識を打破する改善
　リーダー育成108の秘
　訣………………………②366
常識が変わる 200歳長
　寿！ 若返り食生活法
　…………………………①163
正直に語る100の講義
　…………………………①459
正直者ばかりバカを見
　る………………………②100
常識破りの新戦法 矢倉
　左美濃急戦 基本編
　…………………………①249
少子高齢化時代の私鉄
　サバイバル……………②433
少子高齢社会総合統計
　年報〈2018〉………②269
情シス・IT担当者 "必
　携" システム発注か
　ら導入までを成功さ
　せる90の鉄則………②513
小辞譚…………………①977
上質に暮らすおもてな
　し住宅のつくり方 …①19
上質バッグと帽子……①74
情事という名の罰……①1390
上司・同僚・部下を味方
　につける社内営業の
　教科書…………………②351
上司と婚約〈8〉……①1321
上司と婚約Love2〈9〉
　…………………………①1321
上司と婚約Love3〈10〉
　…………………………①1321
上肢の画像診断………②751
商事法論集〈2〉……②195
商社……………………②269
詞葉集 あきらめの旅に
　しあれば………………①965
上州すき焼き鍋の秘密
　関八州料理帖………①1039
招集通知・議案の記載事
　例〈平成29年版〉…②195
上州・ふるさと より路
　紀行……………………②23
少女〈上〉……………①1342
少女〈下〉……………①1342
症状・訴えで見分ける
　患者さんの「何か
　変？」と………………②717
症状を知り、病気を探

る ………………………①149
上場ガイドブック
　〈TOKYO PRO
　Market編〉〈2017〉
　…………………………②381
上場株式・公社債・投資
　信託と確定申告〈平成
　29年版〉………………②393
上場株式等の相続と有
　利な物納選択………②412
症状から読み解く 薬局
　で買える漢方薬のト
　リセツ…………………①174
上場企業エリート社員
　のための最強の不動
　産投資…………………②421
症状固定殺人事件……①1108
症状・疾患別にみる漢
　方治療指針……………①174
症状と原因が写真でわ
　かる 野菜の病害虫ハ
　ンドブック……………②450
症状別でわかる認知症
　のトラブル対処法 …①176
症状別ファンクショナ
　ルローラーピラティ
　ス………………………①172
少女キネマ……………①1102
少女矯正学院破魔島分
　校………………………①1405
少女クロノクル。……①1250
少女コレクション序説
　…………………………①948
少女寫集………………①256
少女探偵アガサ〈2〉…①373
少女探偵アガサ〈3〉…①373
少女探偵アガサ〈4〉…①373
少女手帖………………①1180
少女は夜を綴らない
　…………………………①1076
少女ポリアンナ………①379
少女マンガの宇宙……②33
少女マンガ歴史・時代
　ロマン決定版全100作
　ガイド…………………②33
少女ミステリー倶楽部
　…………………………①1068
少女妄想中。…………①1163
少女A…………………①1002
精進ひとすじ…………①838
小心者こそ儲かる7日間
　株トレード入門……②393
消人屋敷の殺人………①1110
傷心旅行………………①1370
小水力発電事例集
　〈2017〉………………②572
少数株主………………②284
少数性生物学…………②683
じょうずな庭作り、花
　作りのヒントが探せ
　る本……………………①267
上手にあがりを隠して
　人前で堂々と話す法
　…………………………②360
上手に稼ぐカラ売りテ
　クニック………………②393
上手にはじめる外貨預
　金………………………②378
定石を覚えて二目強く
　なる本…………………①247
定跡無用の突進戦法 野
　獣流攻める矢倉＆右
　四間飛車………………①249
小説……………………①965
小説 あ、荒野〈前篇〉
　…………………………①977
小説 あ、荒野〈後篇〉
　…………………………①977

小説 浅草案内………①1014
小説 阿佐田哲也 ……①986
小説あしひなぐ………①978
小説 アシガール………①1134
小説明日のナージャ
　…………………………①1134
小説 東胡宮（あずまて
　らすのみや）…………①1065
小説 あなたのことはそ
　れほど〈上〉…………①978
小説 あなたのことはそ
　れほど〈下〉…………①978
小説 ヴァニシング・ス
　ターライト〈2〉……①1134
小説 宇宙戦艦ヤマト
　2202 愛の戦士たち
　〈1〉……………………①1117
小説 宇宙戦艦ヤマト
　2202 愛の戦士たち
　〈2〉……………………①1117
小説 映画溺れるナイフ
　…………………………①349
小説 映画きょうのキラ
　君………………………①349
小説 映画ちはやふる 上
　の句……………………①349
小説 映画ちはやふる 下
　の句……………………①349
小説 映画 ピーチガール
　…………………………①349
小説 太田道灌の戦国決
　戦………………………①1036
小説おそ松さん タテ松
　…………………………①1134
小説オメガバースアン
　ソロジー………………①1303
小説家・雅выの気まま
　小説家業………………①1273
"小説家になろう"で書
　こう……………………①884
小説 カボチャの花 …①1000
小説 仮面ライダーゴー
　スト……………………①1134
小説 ガーリッシュナン
　バー〈3〉……………①1301
小説 君のまなざし …①988
小説作法………………①953
詳説/自社株評価Q&A
　…………………………②328
小説 写真甲子園………①978
小説集 カレンシー・レ
　ボリューション……①988
小説集 彩鱗舞う………①1006
小説 小学生のヒミツ ①349
小説 小学生のヒミツ 教
　室………………………①349
小説 ジョン・シャーマ
　ンとドーヤ……………①1327
招待状…………………①1071
「招待所」という名の収
　…………………………②131
上代日本語の音韻……①630
冗談か悪夢のような中
　国中世史研究…………①588
小説 先輩と彼女………①349
小説 千本桜〈1〉……①1134
小説 創業社長死す …①1066
小説 その男誠実・懸命
　につき。………………①1023
小説そらペン…………①361
小説 チア☆ダン ……①361
小説 近キョリ恋愛 …①350
小説同人誌をつくろ
　う！……………………①884
小説 七つの大罪 - 外伝
　…………………………①350
饒舌な眼差し…………①775

小説における反復 ……①997
詳説日本史研究………①532
小説 日本博物館事始め
　…………………………①1011
小説の言葉尻をとらえ
　てみた…………………①903
小説のしくみ…………①907
小説 春一番……………①978
詳説 犯罪収益移転防止
　法・外為法……………②186
小説 ひるね姫…………①992
小説 ファインダーの蒼
　炎………………………①1303
小説ふたりはプリキュ
　ア マックスハート
　…………………………①1134
小説 星を追う子ども …①978
小説 魔法使いの嫁 金糸
　篇………………………①1134
小説 魔法使いの嫁 銀糸
　篇………………………①1134
小説 魔法つかいプリ
　キュア！………………①358
小説 ミラーさん………①1024
小説 名探偵コナン から
　紅の恋歌（ラブレ
　ター）…………………①1079
小説 モン族たちの葬列
　…………………………①1020
詳説 薬機法……………②772
小説 夜明け告げるルー
　のうた…………………①978
小説ライムライト……①793
小説ラヴァーズダイア
　リー……………………①1021
小説 レクリエイターズ
　〈上〉…………………①1068
小説 レクリエイターズ
　〈下〉…………………①1068
小説 BLAME！ 大地の
　記憶……………………①1117
小説BOC（ボック）〈6〉
　…………………………①1134
小説 DESTINY鎌倉も
　のがたり…①367,①978
小説 L DK柊聖'S
　ROOM…………………①350
小説 L DK柊聖'S
　ROOM〈2〉……………①350
小説ReLIFE〈1〉……①1134
ジョウレブ・コンラッ
　ドのアート理論……①921
正倉院写経所文書を読
　みとく…………………①615
正倉院の闇……………①1046
正倉院文書研究〈15〉
　…………………………①615
肖像で見る歴代天皇125
　代………………………②150
小説 先輩と彼女
上代日本語
小中一貫校をつくる …①700
小・中学校でできる「合
　理的配慮」のための
　授業アイデア集……①718
上・中級公務員試験過
　去問ダイレクトナビ
　政治・経済〈2019年度
　版〉……………………②179
上・中級公務員試験過
　去問ダイレクトナビ
　生物・地学〈2019年度
　版〉……………………②179
上・中級公務員試験過
　去問ダイレクトナビ

世界史〈2019年度版〉
　…………………………②179
上・中級公務員試験過去
　問ダイレクトナビ 地
　理〈2019年度版〉…②179
上・中級公務員試験過
　去問ダイレクトナビ
　日本史〈2019年度版〉
　…………………………②179
上・中級公務員試験過
　去問ダイレクトナビ
　物理・化学〈2019年度
　版〉……………………②179
上・中級公務員試験
　新・光速マスター 自
　然科学…………………②179
上・中級公務員試験
　新・光速マスター 社
　会科学…………………②179
上・中級公務員試験
　新・光速マスター 人
　文科学…………………②179
象徴天皇制の成立……②150
商店街機能とまちづく
　り………………………②158
浄天眼謎とき異聞録
　〈下〉…………………①1160
情動コンピテンスの成
　長と対人機能…………①481
情動と食………………①674
情動とトラウマ………①481
情動とモダニティ……①920
情動の社会学…………②100
情動の哲学入門………①451
小動物★飼い方上手に
　なれる！ ハムスター
　…………………………①262
小動物☆飼い方上手に
　なれる！ 文鳥………②696
唱導文学研究〈第11集〉
　…………………………①894
聖徳太子………………①544
聖徳太子の真相………①544
聖徳太子の「未来記」と
　イルミナティ…………①139
聖徳太子 本当は何がす
　ごいのか………………①544
譲渡所得 山林所得 贈与
　税 財産評価 申告の手
　引………………………②409
譲渡所得の実務と申告
　〈平成29年版〉………②409
譲渡所得の実務と申告
　〈平成30年版〉………②409
浄土真宗ではなぜ「清
　めの塩」を出さない
　のか……………………①519
浄土真宗とは何か……①519
浄土真宗の法事が十倍
　楽しくなる本…………①520
浄土真宗 仏教・仏事の
　ハテナ？………………①520
衝突の一般論…………②573
浄土和讃のおしえ〈下〉
　…………………………①520
庄内藩幕末秘話………①1033
湘南アイデンティティ
　…………………………①1100
湘南なぎさ物語………②285
湘南のお地蔵さま……①192
湘南ベルマーレ2016フ
　ロントの戦い…………①231
小児科医のアナムネー
　シス……………………②701
小児科漢方 16の処方
　…………………………②747
小児科診察室…………②747
小児がん支持療法マ
　ニュアル………………②737

小児気管支喘息治療・
　管理ガイドライン
　〈2017〉 …………②717
小児気管支喘息の患者
　教育 ……………②747
小児けいれん重積治療
　ガイドライン〈2017〉
　………………②747
小児歯科学 …………②756
小児歯科技工学 ……②756
小児・思春期1型糖尿病
　の診療ガイド ……②717
小児疾患の身近な漢方
　治療〈15〉 ………②717
小児神経学の進歩〈第46
　集〉……………②729
小児神経専門医テキス
　ト ………………②747
小児腎血管性高血圧診
　療ガイドライン
　〈2017〉 …………②747
小児の漢方治療ハンド
　ブック …………①174
小児の口腔科学 ……②756
小児の向精神薬治療ガ
　イド ……………②744
小児薬物療法テキスト
　ブック ……… ②770
昇任試験 受かる人と落
　ちる人の面接回答例
　…………………②152
昇任試験合格論文の絶
　対ルール ………②152
証人尋問ノート ……②228
少人数チームからはじ
　める失敗しないBtoB
　マーケティングの組
　織としくみ ………②336
商人たちの広州 ……①596
使用人探偵シズカ …①1231
商人道に学ぶ時代が
　やってきた ………②369
情熱都市YMM21 …②158
情熱のかけら …… ①1316
情熱の傷あと〈2〉 …①1388
情熱の聖夜と別れの朝
　〈1〉……………①1375
情熱の誓い ……… ①1370
情熱のとき ……… ①1370
情熱のナポリタン …①986
情熱のマスカレード
　…………………①1388
情熱は磁石だ ………②58
少年愛の美学 ………①986
少年陰陽師 ……… ①1293
少年陰陽師 現代編・近
　くば寄って目にも見
　よ………………①1293
少年時代 …①987, ①1015
少年詩の魅力 ………①905
少年審判通訳ハンド
　ブック 英語 ……②216
少年審判通訳ハンド
　ブック 韓国語 ……②216
少年審判通訳ハンド
　ブック スペイン語
　…………………②216
少年審判通訳ハンド
　ブック タイ語 ……②216
少年審判通訳ハンド
　ブック 中国語 ……②216
少年審判通訳ハンド
　ブック フィリピノ
　（タガログ）語 ……②216
少年審判通訳ハンド
　ブック ベトナム語
　…………………②216
少年審判通訳ハンド
　ブック ポルトガル語

……………………②216
少年たちは花火を横から
　見たかった
　…………①361, ①987
少年探偵 …………①1091
少年探偵団 ………①380
少年探偵団・超人ニコ
　ラ ………………①1078
少年探偵響〈3〉 ……①361
少年探偵響〈4〉 ……①361
少年と少女と、6〉 …①995
少年と少女と正しさを
　巡る物語〈7〉 ……①995
少年は神と愛を誓う
　…………………①1325
少年は神の国に棲まう
　…………………①1325
少年はキスで魔法をコ
　ピーする ………①1168
少年美術物語 ………①356
少年法実務講義案 …②216
少年Nのいない世界
　〈02〉……………①1157
少年Nのいない世界
　〈03〉……………①1157
少年Nの長い長い旅
　〈02〉……………①1157
少年Nの長い長い旅
　〈03〉……………①1157
祥の少年・高齢記 …①939
商売は地域とともに・②158
乗馬のためのフィット
　ネスプログラム …①241
乗馬療法とリハビリ
　テーション ……②652
常磐線 ……………②431
消費課税の国際比較 ②400
消費資本主義！ ……①481
消費社会白書〈2017〉②38
消費社会白書〈2018〉②38
消費者教育学の地平 ①753
消費者契約訴訟 ……②194
消費者契約の法と行動
　経済学 …………②261
消費者購買意思決定と
　クチコミ行動 ……②38
消費者白書〈平成29年
　版〉……………②273
消費者法研究〈第2号〉
　…………………②223
消費者法研究〈第4号〉
　…………………②223
消費者法実務ハンド
　ブック …………②186
消費者法判例インデッ
　クス ……………②230
消費者も育つ農場 …②446
消費者力検定ワーク
　ブック〈2017〉 …②506
消費者六法〈2017年版〉
　…………………②186
消費生活アドバイザー
　受験合格対策〈2017年
　版〉……………②506
消費生活年報〈2017〉②46
消費税課否判定早見表
　…………………②405
消費税 軽減税率・イン
　ボイス対応マニュア
　ル ………………②405
消費税軽減税率導入と
　システム対応 ……②405
消費税実務問答集〈平成
　29年版〉 ………②405
消費税入門の入門 …②405
消費税納税義務判定の
　実務 ……………②405
消費税の会計処理と法
　人税務申告調整バー

フェクトガイド ……②405
消費税の実務と申告〈平
　成29年版〉 ………②405
消費税の実務と申告〈平
　成30年版〉 ………②405
消費税の取扱いと申告
　の手引〈平成29年版〉
　…………………②405
消費税の歴史と問題点
　を読み解く ………②405
消費税は下げられる！
　…………………②243
消費税法 …………②405
消費税法過去問題集
　〈2018年度版〉 ……②490
消費税法完全無欠の総
　まとめ〈2018年度版〉
　…………………②490
消費税法規通達集 …②405
消費税法個別計算問題
　集〈2018年度版〉 …②490
消費税法総合計算問題
　集 応用編〈2018年〉
　…………………②490
消費税法総合計算問題
　集 応用編〈2018年度
　版〉……………②490
消費税法総合計算問題
　集 基礎編〈2018年〉
　…………………②490
消費税法総合計算問題
　集 基礎編〈2018年度
　版〉……………②490
消費税法本試験型計算
　模試〈2017年度版〉
　…………………②490
消費税法本試験型計算
　模試〈2018年度版〉
　…………………②490
消費税法要説 ………②405
消費税法理論サブノー
　ト〈2018年〉 ……②490
消費税法理論ドクター
　〈2018年度版〉 ……②490
消費税法理論マスター
　〈2018年度版〉 ……②490
消費大陸アジア ……②250
省筆論 ……………①898
消費低迷と日本経済 ②243
商標審査基準 ………②584
商標の法律相談〈1〉・②186
商標の法律相談〈2〉・②186
商標の類否 ………②584
商標法 ……………②584
「商品及び役務の区分」
　に基づく類似商品・
　役務審査基準（国際分
　類第11‐2017版対
　応） ……………②586
商品開発・評価のため
　の生理計測とデータ
　解析ノウハウ ……②339
招福招来 福を招くと開
　きまして。………①1286
笑福亭鶴瓶論 ………①769
成仏する気はないです
　か？ ……………①1315
勝負の8割は布石で決ま
　る ………………①247
勝負論 ……………②342
情報 ………………②515
情報アクセス技術入門
　…………………②518
情報可視化 ………②661
情報化時代の戦闘の科
　学 増補 軍事OR入門
　…………………①163
情報活用Excel2016/
　2013 ……………②538

消防官1類・A過去問題
　集〈'19年版〉 ……②183
消防官3類・B過去問題
　集〈'19年版〉 ……②183
消防官試験早わかり
　ブック〈2019年度版〉
　…………………②183
情報技術と中小企業の
　イノベーション …②301
情報基礎 …………②518
消防基本六法〈平成29年
　新版〉……………②186
情報教育・情報モラル
　教育 ……………①718
正法眼蔵 …………①518
正法眼蔵第一 現成公按
　私釈 ……………①518
情報検定 情報活用試験3
　級公式テキスト・問題
　集〈2017年度版〉 …②561
情報検定 情報活用試験
　2級公式テキスト
　〈2017年度版〉 ……②561
情報検定 情報活用試験
　2級公式問題集〈2017
　年度版〉 ………②561
情報公開と憲法 ……②200
情報 最新トピック集 高
　校版〈2017〉 ……②518
情報サービス演習 …②5
情報資源組織演習 …②5
しょうぼうしょ
　しょうぼう〈1〉 …①435
しょうぼうしゃしゅつ
　どう！ …………①305
消防昇任試験1000題 …②154
情報処理安全確保支援
　士〈2018年版〉 ……②563
情報処理安全確保支援
　士合格教本〈平成30年
　度春期・秋期〉 ……②563
情報処理安全確保支援
　士 合格テキスト
　〈2018年度版〉 ……②563
情報処理安全確保支援
　士 合格トレーニング
　〈2018年度版〉 ……②563
情報処理安全確保支援
　士試験 午前 厳選問題
　集 ………………②561
情報処理安全確保支援
　士「専門知識＋午後問
　題」の重点対策
　〈2018〉 …………②563
情報処理安全確保支援
　士パーフェクトラー
　ニング過去問題集〈平
　成29年度秋期〉 ……②563
情報処理安全確保支援
　士パーフェクトラー
　ニング過去問題集〈平
　成30年度春期〉 ……②563
情報処理技術者試験対
　策 システムアーキテ
　クト合格トレーニン
　グ〈2017年度版〉 …②565
情報処理技術者試験対
　策 ネットワークスペ
　シャリスト合格テキ
　スト〈2017年度版〉
　…………………②566
情報処理技術者試験対
　策 ネットワークスペ
　シャリスト合格
　トレーニング〈2017年度
　版〉……………②566
情報処理技術者試験対
　策 ITサービスマネー
　ジャ合格テキスト
　〈2017年度版〉 ……②567

情報処理技術者試験対
　策 ITサービスマネー
　ジャ合格トレーニン
　グ〈2017年度版〉 …②568
情報処理技術者試験対
　策 ITストラテジスト
　合格トレーニング
　〈2017年度版〉 ……②567
情報処理技術者試験の計算問
　題がちゃんと解ける
　本 ………………②563
情報処理入門 ……②518
情報セキュリティ内部
　監査の教科書 ……②534
情報セキュリティの基
　本 ………………②534
情報セキュリティ白書
　〈2017〉 …………②515
情報セキュリティマネ
　ジメント合格教本〈平
　成30年度春期・秋期〉
　…………………②563
情報セキュリティマネ
　ジメント試験 午前 厳
　選問題集 ………②561
情報セキュリティマネ
　ジメントパーフェク
　トラーニング過去問
　題集〈平成29年度秋
　期〉……………②563
情報セキュリティマネ
　ジメントパーフェク
　トラーニング過去問
　題集〈平成30年度春
　期〉……………②563
消防設備士受験準備の
　ための消防設備六法
　〈平成29年度版〉 …②641
消防設備士第4類筆記・
　鑑別マスター ……②642
情報体の哲学 ………①474
消防団員実務必携 …②154
情報通信業基本調査報
　告書 ……………②515
情報通信社会における
　企業経営〈上〉 ……②285
情報通信社会における
　企業経営〈下〉 ……②285
情報通信白書〈平成29年
　版〉……………②515
情報と秩序 ………②261
情報ネットワークによ
　る組織の意思決定・②372
情報の科学 学習ノート
　…………………②518
情報のノート「新・社会
　と情報」 …………②518
情報のノート「新・社会
　と情報」（教師用書）
　…………………②518
情報のノート「新・情報
　の科学」 …………②518
情報のノート「新・情報
　の科学」（教師用書）
　…………………②518
情報のノート「新・見て
　わかる社会と情報」
　…………………②518
情報のノート「新・見て
　わかる社会と情報」
　（教師用書）………②518
消防白書〈平成28年版〉
　…………………②154
消防白書〈平成29年版〉
　…………………②154
商法判例集 ………②195
消防表彰事務の手引 ②154
消防防災関係財政・補
　助事務必携〈平成29年

度版〉………………②583
情報法のリーガル・マインド………………②223
情報メディア白書〈2017〉………………②515
消防メンタル………………②154
情報モラルの授業………①718
消防用設備等設置基準実例集………………②583
情報リテラシーを身につける Excel 2016基礎編………………②538
情報リテラシー基礎 ②518
情報リテラシー教科書………………②518
情報リテラシーのための図書館………………②5
情報理論のための数理論理学………………②652
情報倫理………………②512
錠前破り、銀太 紅蜆 ①1048
証明軽減論と武器対等の原則………………②216
照明デザイナー………①416
消滅の鎧（アーマー）………………①1120
縄文時代………………②540
縄紋時代史〈上〉………②540
縄紋時代の実年代………②540
縄文時代の社会複雑化と儀礼祭祀………②540
縄文人はなぜ死者を穴に埋めたのか………①613
縄文世界へタイムワープ………………①442
縄文とケルト………①613
縄文の奇跡！ 東名遺跡 ………………②540
縄文の思想………………②540
縄文文化………………②540
常野記………………①566
抄訳 アフリカの印象 ①924
生薬学………………②770
生薬・薬用植物研究の最新動向………………②770
小右記〈4〉………………①616
常用漢字手習い帖〈2〉………………①870
常用漢字手習い帖〈3〉………………①870
常用漢字手習い帖〈4〉………………①870
常用漢字手習い帖〈5〉………………①870
常用漢字手習い帖〈6〉………………①870
常用漢字手習い帖〈7〉………………①870
将来の安心がほしいなら生命保険をやめて東京の中古ワンルームを買いなさい………②421
将来の「相続」のはなし〈平成29年度版〉………②412
将来之日本………………①907
勝利数ゼロ無名のプロゴルファーが50歳から大活躍した秘密のレッスン………………①219
蒸留技術大全………②599
少林カウボーイ SHEMP BUFFET ………①851
少林寺〈2〉………………①256
症例を時間で切って深く知る！ がん緩和医療………………②737
症例解説でよくわかる

甲状腺の病気………②717
症例から見る整形外科領域の臨床超音波画像………………②751
症例動作分析………②717
消浪投でお金がどんどん貯まる！ 明るい貯金生活家計簿〈2018〉………………①3
小論文はセンスじゃない！〈2〉………………①745
昭和維新史との対話・①574
昭和解体………………②431
昭和歌謡………………①803
昭和30〜40年代 みんなの想い出アルバム・②117
昭和三十年 東京不倫………………①1405
昭和残照 ひと物語・①1004
昭和史講義〈3〉………①574
昭和史思想史としての小泉信三………………①451
昭和初期政治史の諸相
昭和人物事典 戦前期・②7
『昭和青年』『昭和』〈第1巻〜第3巻〉………②8
昭和の悪童………………①872
昭和声優列伝………①799
昭和戦前期怪異妖怪史事資料集成〈下〉………②113
昭和戦前期報知新聞附録集成『日曜報知』復刻版………………②8
昭和珍道具図鑑………②30
昭和っ子の朝焼け………①943
昭和天皇をポツダム宣言受諾に導いた哲学者………………①579
昭和天皇実録〈第10〉………………②150
昭和天皇実録〈第11〉………………②150
昭和天皇実録〈第12〉………………②150
昭和天皇実録〈第13〉………………②150
昭和天皇実録〈第14〉………………②150
昭和天皇実録〈第15〉………………②150
昭和天皇実録評解〈2〉………………②150
昭和天皇、退位せず・①574
昭和天皇 七つの謎・②12
昭和天皇の戦争………①574
昭和天皇100の言葉・②150
昭和テンペスト 上海リル正伝………………①575
昭和と師弟愛………①769
昭和年間 法令全書〈第27巻・1〉………②226
昭和年間 法令全書〈第27巻・2〉………②226
昭和年間 法令全書〈第27巻・5〉………②226
昭和年間 法令全書〈第27巻・6〉………②226
昭和年間 法令全書〈第27巻・7〉………②226
昭和年間 法令全書〈第27巻・8〉………②226
昭和年間 法令全書〈第27巻・9〉………②226
昭和年間 法令全書〈第26巻・39〉………②226
昭和年間 法令全書〈第26巻・40〉………②226

昭和年間 法令全書〈第26巻・41〉………②226
昭和年間 法令全書〈第26巻・42〉………②226
昭和年間 法令全書〈第26巻・43〉………②226
昭和年間 法令全書〈第26巻・44〉………②226
昭和年間 法令全書〈第26巻・45〉………②226
昭和年間 法令全書〈第26巻・46〉………②226
昭和年間 法令全書〈第26巻・47〉………②226
昭和年間 法令全書〈第26巻・48〉………②226
昭和年間 法令全書〈第26巻・49〉………②226
昭和年間 法令全書〈第26巻・50〉………②226
昭和年間 法令全書〈第26巻・51〉………②226
昭和年間 法令全書〈第26巻・52〉………②226
昭和年間 法令全書〈第27巻・10〉………②226
昭和の悪童………………①872
昭和の男………………①107
昭和の思い出ドリル………①575
昭和の禁じられたエロ写真………………②35
昭和の禁じられた性愛〈3〉………………①1396
昭和の禁じられた性愛〈4〉………………①1396
昭和の禁じられた性愛〈5〉………………①1396
昭和の禁じられた性愛〈6〉………………①1396
昭和の銀幕スター100列伝………………①790
「昭和」の子役………①790
昭和の子・安子ストーリー………………①537
昭和の終着駅 中部・東海篇………………②433
昭和の終着駅 北陸・信越篇………………②433
昭和のテレビ王………①769
昭和のテレビと昭和のあなた………………①769
昭和の東京〈5〉………①256
昭和の夏〈上〉………①1014
昭和の夏〈下〉………①1014
昭和の能楽 名人列伝・①787
昭和の発禁本文学〈1〉………………①1396
昭和の発禁本文学〈2〉………………①1396
昭和の翻訳出版事件簿………………②16
昭和の店に惹かれる理由………………①42
昭和の洋食 平成のカフェ飯………………②226
昭和の落語家群像………①786
昭和俳句作品年表 戦後篇………………①905
昭和プロレス正史〈下巻〉………………①238
昭和プロレス版 悪魔の辞典………………①238
昭和文学研究〈第74集〉………………①903
昭和文学研究〈第75集〉………………①903
昭和文学の上海体験・①902
昭和・平成を詠んで・①905
昭和・平成日本の凶悪

犯罪100………………②39
昭和レトロ自販機マニアックス………………②30
昭和 レトロの玉手箱・①865
女王〈上〉………………①1116
女王〈下〉………………①1116
女王様、狂犬騎士団を用意しましたので死ぬ気で躾をお願いし ………………①1212
女王様、狂犬騎士団を用意しましたので死ぬ気で躾をお願いします〈2〉………………①1212
女王の百年密室………①1112
女王のポーカー………①1162
女王は花婿を買う………①1257
女王陛下と呼ばないで………………①1176
女王陛下の航宙艦・①1363
書を語る………………①870
諸外国の教育動向〈2016年度版〉………①759
初学者の建築講座 建築計画………………②618
初学者の建築講座 建築構造設計………………②621
初学者の建築講座 建築材料………………②618
初学者の建築講座 建築法規………………②620
初学者のための数論入門………………②652
初学 微分と積分………②657
書架の探偵………①1344
書簡詩………………①926
初期イスラーム文化形成論………………①599
初期キリスト教の宗教的背景〈上巻〉………①525
初期社會主義研究〈第27号〉………………②173
初期統合失調症………②744
初期被曝の衝撃………②579
初期フォイエルバッハの理性と神秘………①471
初期メソポタミア史の研究………………①599
初級ウクライナ語文法………………①673
初級公務員試験 早わかりブック〈2018年度版〉………………②182
初級公務員総合実戦問題集〈2018年度版〉………………②182
初級者のための医療事務 "BASIC" 問題集〈2017〉………………②708
初級者のためのギリシャ哲学の読み方・考え方………………①468
初級ソムリエ講座………①45
初級地方公務員予想問題〈2019年度版〉………②182
初級中級土木職員 公務員採用試験問題と解説………………②179
初級中国語 会話編 ①664
初級中国語 講読編 ①664
助教横田弘道/ダヴィデ像………………①999
嘱………………………①973
食育クイズ これは何の花？の本………①406
食育の科学………………①674
食育白書〈平成29年版〉………………②175
食育まちがいさがし

＆わくわくブック・①674
職員室の関係づくりサバイバル………①704
食をめぐる人類学・②113
職業・家庭 たのしい家庭科………………①683
職業・家庭 たのしい職業科………………①683
職業訓練教材 機械工学概論………………②601
職業訓練教材 機械材料………………②601
職業訓練教材 電気機器………………②593
職業訓練教材 電気製図………………②593
職業性ストレスの心理社会的要因に関する実証研究………①481
職業としての地下アイドル………………①769
職業能力開発促進法・②466
職業の経済学………②261
職業は忍者………①158
職業別 働く女性の恋愛リアル………①115
職業「民間警察」………②39
食行動の科学………②773
続後撰和歌集………①888
食材たった10アイテムで献立コーディネート7days………①54
植栽で差をつけるための刺激的・ガーデンプランツブック・①267
食材と調理………………
食材別 料理書集成〈第1巻〉………………①35
食材別 料理書集成〈第2巻〉………………①35
食材別 料理書集成〈第3巻〉………………①35
食材別 料理書集成〈第4巻〉………………①35
食材別 料理書集成〈第5巻〉………………①35
食材まるごと、ぜんぶ、おいしく！ 使いきり！ レシピ………①54
食材3つで簡単ごちそう小鍋………………①54
食事管理のための日常食品成分表………①165
食事のせいで、死なないために 食材別編………②777
食事のせいで、死なないために 病気別編………②777
織女へ・一九八〇年五月光州ほか………①975
食生活データ総合統計年報〈2017〉………①35
褥瘡治療薬使いこなしガイド………②761
食卓一期一会………①965
食卓の生化学………②728
食鳥処理衛生ハンドブック………②773
職長の安全衛生テキスト………………②459
食でたどるニッポンの記憶………………①35
ジョークで楽しく学ぶスペイン語………①672
食道・胃・十二指腸の診療アップデート・②740
食と健康の一億年史・①611
食と微生物の事典………②773
食とフレーバーとのおいしい関係………①35

食肉卸売業の業態変化に関する研究 …… ②444
食に添う 人に添う …… ②448
職人としての家庭医 ②717
職人の近代 ………… ①929
職人技に学ぶ気になる子を確実に伸ばす特別支援教育 ……… ①683
食のアトリエ ……… ①54
食の王様 ………… ①943
「食」の研究 …… ②448
食のバイオ計画の最前線 ……… ②571
蜀の美術 ………… ①832
食のリテラシー …… ①35
食の歴史書Hand Book ……… ①35
触媒化学 ………… ②671
触媒のうた ……… ①903
触媒の話 ………… ②599
食は「県民性」では語れない ……… ①35
食は、しあわせの種 ①35
触発する歴史学 …… ①611
職場で居場所をつくり一目置かれる存在になる法 ……… ②343
職場で楽しく幸せに働くための45の思考 ②343
職場で使える「伝達力」……… ①363
職場で出会うユニーク・パーソン ……… ①72
職場と家庭ですぐに使える「心支援（メンタルサポート）」の知恵袋 ……… ①492
職場のストレスが消えるコミュニケーションの教科書 ……… ②366
職場のピンチは「話し方」で9割切り抜けられる ……… ②360
職場のポジティブメンタルヘルス〈2〉 …… ①492
職場のメンタルヘルス100のレシピ …… ②460
食パンがあれば …… ①55
食品〈2019年度版〉… ②444
食品安全マネジメント ……… ②773
食品衛生学 ……… ②773
食品衛生学〈5〉 …… ②773
食品衛生検査指針 理化学編追補〈2016〉 ②773
食品買うなら、コレがいちばん！ ……… ①154
食品学 ………… ②777
食品学〈1〉 …… ②773
食品学〈2〉 … ②773、②773
食品学実験書 …… ②774
食品企業の全社的生産性向上マネジメント ……… ②444
食品偽装を科学で見抜く ……… ①154
食品業界ビジネスガイド（食糧年鑑）〈2017年度版〉 …… ②444
食品工場の空間除菌 ②621
食品サンプルの誕生 ②428
食品添加物インデックスPLUS ……… ①154
食品添加物の使用基準便覧 ……… ①154
食品添加物表示ポケットブック〈平成29年版〉 ……… ①154

食品とオゾンの科学 · ②774
食品の栄養とカロリー事典 ……… ①165
食品の界面制御技術と応用 ……… ②774
食品の正しい知識 …… ②774
食品の変敗微生物 …… ②774
食品80キロカロリー ミニガイド ……… ①165
食品表示基準対応 早わかり栄養成分表示Q&A ……… ①165
食品表示検定認定テキスト・中級 ……… ②774
食品流通実勢マップ〈2017〜2018〉 …… ②444
植物 ………… ①406
植物医科学の世界 … ②687
植物園で樹に登る … ②687
植物学名入門 …… ②687
植物雑記 ひと駅、一草。……… ①78
植物刺繍 ……… ①78
植物図鑑のように楽しい 野の花 万葉の花 ……… ①841
植物生理学概論 …… ②687
植物と微気象 …… ②687
植物バイオテクノロジー ……… ②687
植物はそこまで知っている ……… ②687
植物はなぜ薬を作るのか ……… ②687
植物はなぜ自家受精をするのか ……… ②687
植物プランクトン … ②687
織豊期研究の現在（いま）……… ①553
織豊系城郭とは何か ①553
織豊系陣城事典 …… ①553
触法障害者の地域生活支援 ……… ②58
植民地がつくった近代 ……… ①570
植民地化の歴史 …… ①588
植民地期台湾の映画 ①796
植民地期台湾の銀行家・木村匡 ……… ①592
植民地期朝鮮の地域変容 ……… ①570
植民地台湾の自治 … ①592
植民地の近代化・産業化と教育〈2016年（19）〉 ……… ①756
植民地の腹話術師たち ……… ①918
食物アレルギーと上手につき合う方法 … ①181
食物学概論 ……… ②774
食物養生大全 …… ①163
食糧経済年鑑〈平成29年度版〉 ……… ②452
食料需給表〈平成27年度〉 ……… ②452
食料植民地ニッポン · ②448
食料・農業・農村白書〈平成29年版〉 …… ②452
食料・農業・農村白書参考統計表〈平成29年版〉 …… ②452
食料流通問題の新展開 ……… ②444
処刑タロット …… ①1238
処刑の丘 ……… ①1347
女系の教科書 …… ①1016
女系の総督 …… ①1016
初稿 倫理学 …… ①476

諸国を駆けろ ……… ①1039
ショコラティエみたいにできる魔法のボンボン・ショコラレシピ ……… ①70
書斎の外のシェイクスピア ……… ①922
助産概論 ……… ②761
助産師が行う災害時支援マニュアル …… ②761
初参式記念「いのちのであい」……… ①520
助産師業務要覧〈1〉… ②761
助産師業務要覧〈2〉… ②761
助産師業務要覧〈1〉… ②761
助産師業務要覧〈2〉… ②761
助産師業務要覧〈3〉… ②761
助産師になるには …… ②780
女子アナハプニング総選挙2017お宝＆スクープ写真満載号！ ……… ①769
ジョージアのクヴェヴリワインと食文化 … ①45
女子栄養大学栄養クリニックのやせぐせがつくレシピ145 …… ①55
女子学生のキャリアデザイン ……… ①115
書式 意思表示の公示送達・公示催告・証拠保全の実務 ……… ②228
書式告訴・告発の実務 ……… ②204
書式と就業規則はこう使え！ ……… ②332
書式民事訴訟の実務 · ②216
書式労働事件の実務 · ②462
女子高校生の子宮頸がん予防行動に関する心理社会的要因 …… ②717
女子高校の四季 …… ①700
女子硬式野球物語 サクラ咲々 ……… ①929
女子硬式野球物語 サクラ咲々〈2〉 …… ①929
女子高生社長、ファイナンスを学ぶ …… ①1066
女子高生制服路上観察 ……… ②30
女子と乳がん …… ①168
女子と貧困 …… ②58
書誌年鑑〈2017〉 …… ②7
女子の給料＆職業図鑑 ……… ②298
女子のつとめ（現代語訳）……… ①948
「女子の人間関係」から身を守る本 … ①116
女子の働き方 …… ②345
女子のやせ定食 … ①55
女子プロレスラー小畑千代 ……… ①238
女臭の弄獄 …… ①1405
処女たち ……… ①1335
処女刑事（デカ）…… ①1089
処女ですが復讐のため上司に抱かれます！ ……… ①1406
ジョジョの奇妙な冒険が教えてくれる最強の心理戦略 …… ①481
ジョジョの奇妙な冒険 ダイヤモンドは砕けない〈第1章〉 ……… ①367
処女ビッチだらけのテニス部合宿！ …… ①1396
ジョジョ論 …… ②33
女子力アップ！ ダイ

エット応援弁当 …… ①66
女子力・シニア力活用の勝つマーケティング ……… ②336
女子力UPのための最新入浴法 ……… ①22
初心者を代表して不動産投資について教わってきました！ · ②421
初心者でも安心！ クラフター養成ガイド … ①280
初心者でも今すぐ使える！ 改訂Wixでホームページ制作 …… ②543
初心者でもかんたん 平結びだけで作れるマクラメ・プラントハンガー＆雑貨 …… ①74
初心者にもできる年末調整の実務と法定調書の作り方〈平成29年分〉 ……… ②409
初心者にもよくわかる給与計算マニュアル〈29年版〉 …… ②330
初心者のヴァイオリン基礎教本 …… ①821
初心者のウクレレ基礎教本 ……… ①811
初心者のエレキ・ギター基礎教本 …… ①811
初心者のクラシック・ギター基礎教本 … ①821
初心者の素朴な疑問に答えたサッカー観戦Q&A ……… ①229
初心者のためのウクレレ講座 …… ①811
初心者のためのエレキ・ベース講座 …… ①811
初心者のためのギター基礎教本 …… ①821
初心者のためのギター・コード講座 …… ①811
初心者のための源泉所得税講座 …… ②409
初心者のための水墨画入門 …… ①838
初心者のためのドラム講座 ……… ①811
初心者のためのピアノ・コード ……… ①821
初心者のトランペット基礎教本 …… ①811
初心者のトロンボーン基礎教本 …… ①821
初心者のピアノ基礎教本 ……… ①821
初心者は投信積み立てから始めよう … ②393
ジョージ・A.ロメロ ①793
ジョージ・F・ケナン回顧録〈2〉 …… ②604
ジョージ・F・ケナン回顧録〈3〉 …… ②604
女性営業渉外の育成法 ……… ②385
女性学〈Vol.24〉 …… ②36
女声合唱組曲 ねこにこばん ……… ①817
女声合唱とピアノのための風のなかの挨拶 ……… ①817
女性活躍のための労務管理Q&A164 …… ②330
女性が拓くいのちのふるさと海と生きる未来〈2〉 …… ②100
女性漢詩人 原采蘋 詩と

生涯 ……… ①900
女性教師の実践からこれからの教育を考える！ ……… ①704
女性校長はなぜ増えないのか ……… ①753
助成財団 研究者のための助成金応募ガイド〈2017〉 ……… ①243
女性自衛官すっぴん物語 ……… ②164
女性市場攻略法 …… ②336
女性社員のやる気を引き出すセルフ・エスティーム ……… ①366
女性・人権・生きること ……… ②36
女性人材の活躍〈2017〉 ……… ②36
女性声優アーティストディスクガイド … ①769
女性・戦争・アジア … ①905
女性とツーリズム …… ②36
女性と労働 …… ②462
女性内分泌クリニカルクエスチョン90 … ②717
女性に伝えたい 未来が変わる食事 …… ①116
女性のイライラがスッキリ消える食事 … ①168
女性脳の特性と行動 · ①481
女性の「買いたい」を引き出す魔法の営業トーク ……… ①333
女性の健康とケア … ②761
女性の職業のすべて〈2018年版〉 …… ①298
女性のための薬膳レシピ ……… ①165
女性のための養生ごはん ……… ①55
女性のつらい「めまい」は朝・夜1分の体操でよくなる！ …… ①168
女性の悩みが消える老けない習慣 …… ①22
女性の話を聴かない上司は仕事をだめにする ……… ②366
女性のビジネスマナーパーフェクトブック ……… ①363
処世の別解 ……… ①123
女性白書〈2017〉 …… ②36
女性泌尿器科へ行こう！ ……… ①168
女性リーダーのためのレジリエンス思考術 ……… ①366
女性労働の分析〈2016年〉 ……… ②462
しょせん幸せなんて、自己申告。……… ①786
書体大百科字典 …… ①870
初対面で相手の心を一瞬で！ つかむ法 …①95
初対面でも盛り上がる！ Yumi式会話力で愛される29のルール ……… ①360
初対面の相手でも不安ゼロ！ の会話術 … ①360
ショダチ ……… ①1283
初段突破 強くなる24のキーワード …… ①247
初段突破 楽に勝てる石の形 ……… ①247
初段なら知っている布石の常識 …… ①247

初・中級 クリスマス・①810
署長・田中健一の幸運
　……………………①992
触覚の心理学 ………①481
ショック …………②748
ショッピングモールの
　社会史 …………①424
しょっぷちゃんアモー
　レ ………………①851
諸手当質疑応答集…②152
"女帝"の日本史…②532
女帝の密偵 ………①1027
初手から分かる！ 将
　棋・序盤のセオリー
　……………………①249
書店員の仕事 ………②4
書店員X ……………②2
書店ガール〈6〉…①980
書店主フィクリーのも
　のがたり ………①1333
書店猫ハムレットの休
　日 ………………①1352
書店不屈宣言 ………②4
ショートアニメーショ
　ンメイキング講座 ・①799
初等音楽科教育法…①739
書道技法講座 楷書編・①871
書道技法講座 かな編・①871
書道技法講座 行書編・①871
書道技法講座 条幅と作
　品 ………………①871
書道技法講座 草書編・①871
書と画 ……………①870
所得拡大促進税制の実
　務 ………………②409
所得拡大促進税制の実
　務〈平成29年度版〉
　……………………②409
所得拡大促進税制の手
　引き ……………②409
所得税確定申告書記載
　例集 ……………②409
所得税確定申告の手引
　……………………②409
所得税基本通達逐条解
　説〈平成29年版〉・・②409
所得税・個人住民税ガ
　イドブック ……②409
所得税実務問答集……②409
所得税重要計算ハンド
　ブック〈平成29年度
　版〉 ……………②409
所得税重要事例集……②409
所得税取扱通達集……②409
所得税入門の入門〈平成
　29年度版〉 ……②409
所得税の確定申告の手
　引 ……②409、②410
所得税 必要経費の税務
　〈平成29年版〉……②410
所得税法 …………②410
所得税法応用理論問題
　集〈2018年〉……②490
所得税法過去問題集
　〈2018年度版〉……②490
所得税法規集 ………②410
所得税法個別計算問題
　集〈2018年〉……②490
所得税法個別計算問題
　集〈2018年〉……②490
所得税法総合計算問題
　集 応用編〈2018年〉
　……………………②490
所得税法総合計算問題
　集 応用編〈2018年度
　版〉 ……………②490
所得税法総合計算問題
　集 基礎編〈2018年〉

所得税法総合計算問題
　集 基礎編〈2018年度
　版〉 ……………②490
所得税法理論サブノー
　ト〈2018年〉……②490
所得税法理論ドクター
　〈2018年度版〉……②490
所得税法理論マスター
　〈2018年度版〉……②490
「所得増税」の経済分析
　……………………②261
ショートショートの宝
　箱 ………………①978
ショートショートの花
　束〈9〉…………①978
ショートショート・
　BAR …………①1006
ショートストーリーで
　らくらく学べるコン
　プライアンス …②194
ジョニー・マー自伝・①807
初任者のための新戸籍
　読本〈上〉………②186
初任者のための新戸籍
　読本〈下〉………②186
書の宇宙 …………①870
書のひみつ ………①870
書の風景 …………①870
処罰社会 …………①474
序盤の秘策 すぐに使え
　る裏定石 ………①247
書譜 孫過庭 ………①870
ジョブ理論 ………②372
初歩からの宇宙の科学
　……………………②675
初歩から学ぶ固体物理
　学 ………………②664
初歩から分かる総合区・
　特別区・合区 …②156
初歩のイタリア語〈'17〉①671
初歩のスペイン語〈'17〉
　……………………①672
初歩の量子力学を取り
　入れた力学 ……②664
ジョミニの戦略理論…②165
庶民の着物 おぼえ帖…①32
庶務課 淫ルミッション
　……………………①1402
庶務行員 多加賀主水が
　悪を断つ ………①987
書物学〈第10巻〉…②113
書物と製本術 ……②16
書物の宮殿 ………①960
書物の声 歴史の声 …②2
女優・蒼井優の守護霊
　メッセージ ……①503
所有しないということ
　……………………①451
女優・清水富美加の可
　能性 ……………①503
所有者の所在の把握が
　難しい土地に関する
　探索・利活用のため
　のガイドライン…②192
所有者の所在の把握が
　難しい土地に関する
　探索・利活用のため
　のガイドライン+事例
　集Ver.2 ………②420
所有者不明の土地取得
　の手引 …………②192
女優で観るか、監督を
　追うか〈11〉……①946
所有表現と文法化…①621
女優水月ゆうこのスピ
　リチュアルメッセー
　ジ ………………①503

女優・宮沢りえの守護霊
　メッセージ 神秘・美・
　演技の世界を語る・①503
女流歌人が詠み解く！
　万葉歌の世界 ……①900
女流棋士は三度殺され
　る ………………①1104
書類・帳票の書き方・活
　かし方 …………②58
ジョルジュ・ペレック
　……………………①924
ジョンソン博士とスレ
　イル夫人の旅日記・①601
ジョン・ダン研究 …①527
ジョンとおさむの7つの
　クッキー ………①332
ジョンとママとはな・①994
ジョン・ハンケ 世界を
　めぐる冒険 ……②515
ジョン・マン〈4〉…①1064
ジョン・マン〈6〉…①1064
白石かずこ詩集成〈1〉
　……………………①965
白石メソッド授業塾 思
　考活動3つの観点に基
　づいた「考える授業」
　のつくり方 ……①718
白石メソッド授業塾 汎
　用的な力をめざす！
　対話的で深い学びの
　授業のつくり方 …①718
白石メソッド授業塾 深
　い学びを実現する考
　える授業の思考サイ
　クルと学年別年間プ
　……………………①718
白石メソッド授業塾 深
　い学びを育む思考の
　ズレを生かした授業
　のつくり方 ……①718
白井敬尚 …………①876
白神学入門〈2017〉…②575
白河瀑布 …………②118
白河大戦争 ………①1045
シーラカンス殺人事件
　……………………①1077
志らくの言いたい放題
　……………………①786
白ат物次郎100の言葉 ……①95
白洲正子と歩く琵琶湖
　……………………②23
知らない記憶〈こえ〉を
　聴かせてあげる。…①985
知らないと危険な英語
　表現 ……………①639
知らないと損をする！
　国の制度をトコトン
　使う本 …………②2
知らないと損する不思
　議な話 …………①95
知らないと恥をかく世
　界の大問題〈8〉…②123
知らないと恥をかく 間
　違いやすい漢字正し
　いのはどっち？…①627
知らない人に出会う・①95
「知らなかった」はもう
　許されない個人情報
　保護○と× ……②58
知らなかった、ぼくら
　の戦争 …………①579
知らなきゃ損する農家
　の相続税 ………②412
知らなきゃ損！ 建てる
　前に必ず読む本 …①19
知らなきゃよかったま

さか！ の雑学500 …②32
知らぬが良策〈5〉…①1038
知らぬは恥だが役に立
　つ法律知識 ……②186
調べてなるほど！ 花の
　かたち …………②688
調べてみよう名前のひ
　みつ 雑草図鑑 …①406
調べよう ごみと資源
　〈1〉………………①429
調べよう ごみと資源
　〈2〉………………①429
調べよう ごみと資源
　〈3〉………………①429
調べよう ごみと資源
　〈4〉………………①429
調べよう ごみと資源
　〈5〉………………①429
調べよう ごみと資源
　〈6〉………………①429
調べよう！ 知ろう！ 体
　とスポーツ〈1〉…①432
調べよう！ 知ろう！ 体
　とスポーツ〈2〉…①432
調べよう！ 知ろう！ 体
　とスポーツ〈3〉…①433
しらべよう！ 世界の料
　理〈1〉……………①425
しらべよう！ 世界の料
　理〈2〉……………①425
しらべよう！ 世界の料
　理〈3〉……………①425
しらべよう！ 世界の料
　理〈4〉……………①425
しらべよう！ 世界の料
　理〈5〉……………①425
しらべよう！ 世界の料
　理〈6〉……………①425
しらべよう！ 世界の料
　理〈7〉……………①425
調べる学習 子ども年鑑
　〈2017〉…………①388
調べる！ 47都道府県
　〈2017年改訂版〉…①428
白百合を拾った大富豪
　……………………①1384
知られざる愛の使者
　……………………①1381
知られざる "1%寡頭権
　力の王国"リッチスタ
　ン ………………①139
知られざる江戸時代中
　期200年の秘密 …①560
知られざる後鼻漏 …②761
知られざる縄文ライフ
　……………………①540
知られざる世界権力の
　仕組み〈上〉……②123
知られざる世界権力の
　仕組み〈下〉……②123
知られざる地下微生物
　の世界 …………②683
知られざる日本写真開
　拓史 ……………①252
知られざる日本に眠る
　若冲 完全保存版…①832
知られざる幕末維新の
　舞台裏 西郷どんと篤
　姫 ………………①566
知られざる本土決戦南
　樺太終戦史 ……①579
知られざるわたしの日
　記 ………………①1020
知られたくないウラ事
　情「不都合な真実」…②18
シランカッタの町で・①350
シリアからの叫び …①935
シリア情勢 ………②129
シリアルキラーズ 女性

篇 …………………②39
シリウスへの帰還 …①841
自力で治す！ 脊柱管狭
　窄症 ……………①172
自力で防ぐ誤嚥性肺炎
　……………………②717
シリコンバレー式 頭と
　心を整えるレッスン
　……………………①95
シリコンバレー式 最強
　の育て方 ………①309
シリコンバレー式最速
　で結果を出す仕事術
　……………………①351
シリコンバレー式 よい
　休息 ……………②285
シリーズ あたりまえの
　ぜひたく。………①42
シリーズ疫病の徹底研
　究〈1〉……………①410
シリーズ疫病の徹底研
　究〈2〉……………①410
シリーズ疫病の徹底研
　究〈3〉……………①410
シリーズ疫病の徹底研
　究〈4〉……………①410
シリーズ日本文学の展
　望を拓く〈1〉……①907
シリーズ日本文学の展
　望を拓く〈2〉……①907
シリーズ日本文学の展
　望を拓く〈3〉……①907
シリーズ日本文学の展
　望を拓く〈4〉……①907
シリーズ日本文学の展
　望を拓く〈5〉……①907
知りたい会いたい 特徴
　がよくわかるコケ図
　鑑 ………………②689
知りたい、歩きたい！
　美しい「日本の町並
　み」………………①188
知りたいことがスグわ
　かる！ 給与計算実務
　Q&A …………②330
知りたいことがよく分
　かる整形外科Q&Aハ
　ンドブック ……②751
知りたいタイポグラ
　フィデザイン ……①876
知りたい、楽しみた
　い！ 日本の祭り…②118
知りたいレイアウトデ
　ザイン …………①876
しりだらけ ………①841
而立 ………………②285
私立医歯学部受験攻略
　ガイド〈2018年度版〉
　……………………②745
自立を育む！ 就活 …①290
自律型社員を育てる
　「ABAマネジメント」
　……………………①309
「自立活動」に取り入れ
　たい！ 発達に障害の
　ある子どものための
　とけあい動作法 …①684
私立・国立・公立中学受
　験学校案内〈2018年入
　試用〉……………①743
"自立支援"の社会保障
　を問う …………②48
自律神経を整える「1日
　30秒」トレーニング
　……………………①95
自律神経が整う美しい
　切り絵 …………①867
自律神経が整えば休ま
　なくても絶好調……①149

自律神経は1分で整う！ ②149
自律神経はどこまでコントロールできるか？ ①149
私立大学はなぜ危ういのか ①677
私立中学への進学 関西版〈2018〉 ①743
私立中学校・高等学校受験年鑑〈東京圏版〉〈2018年度版〉 ①743
自律的な学習意欲の心理学 ①481
自立へのキャリアデザイン ②285
尻トレが最強のキレイをつくる ①25
ジリ貧大国ニッポン ②20
史料学遍歴 ①616
史料纂集 兼見卿記〈第6〉 ①616
資料集成 精神障害兵士「病床日誌」〈第2巻〉 ②744
資料で学ぶ日本政治外交史 ②141
史料 道徳教育を考える ①737
資料と注釈 早歌の継承と伝流 ①900
史料にみる宗像三女神と沖ノ島傳説 ①537
『死霊』の生成と変容 ①912
飼料・緑肥作物の栽培と利用 ②451
視力と脳が若返る世界の絶景 ①149
視力0.1でも豊かな生活を送る目の健康を守る本 ①183
銀の鷲獅子（シルヴァーグリフォン）〈上〉 ①1358
銀の鷲獅子（シルヴァーグリフォン）〈下〉 ①1358
シルエットのきれいなメンズパンツ ①84
シルクロードに魅せられて 入江一子100歳記念展 ①837
「知る力」を身につける情報社会のコミュニケーション能力 ②512
知ると得する歯科麻酔 ②757
シルトの梯子 ①1360
シルバーサーファー：パラブル ①851
シルバー川柳〈7〉 ①973
シルバー・デモクラシー ②66
シルバニアファミリーコレクションブック ②285
シルバーパズル ①275
シルバー民主主義の政治経済学 ②261
知るほど得するAtoZ 中小企業の優遇税制を使いこなすテクニック ②400
知るほどに深くなる漢字のツボ ①627
知る・わかる・うかるはじめての簿記入門 ②321
辞令 ①1004
事例演習労働法 ②466

事例解説 合算対象期間〈平成29年度版〉 ②74
事例解説 子どもをめぐる問題の基本と実務 ②58
事例解説 農地の相続、農業の承継 ②446
事例検討／誤りやすい消費税の実務 ②405
事例検討 法人税における純資産の部 ②406
死霊術教師と異界召喚（ユグドラシル）①1173
事例でガッテン！ 相続税 ②412
事例で考える行政法 ②203
事例で学ぶ障がいのある人の意思決定支援 ②58
事例で学ぶ 成功するDMの極意〈2017〉 ②340
事例で学ぶ 生徒指導・進路指導・教育相談 中学校・高等学校編 ②710
事例で学ぶ独占禁止法 ②375
事例で学ぶ認知症の人の家族支援 ①176
事例で学ぶ発達障害者のセルフアドボカシー ①492
事例で学べる行政判断 課長編 ②152
事例でみる中堅企業の成長戦略 ②301
事例でわかる情報モラル〈2017〉 ②518
事例でわかる 戦前・戦後の新旧民法が交差する相続に関する法律と実務 ②191
事例とケースでわかるビジネスモデルの基本 ②343
事例と対話で学ぶ「いじめ」の法的対応 ②205
事例に学ぶ契約関係事件入門 ②205
事例に学ぶこれからの集落営農 ②451
事例に学ぶ成年後見入門 ②205
事例にみる外国人の法的支援ハンドブック ②186
事例にみる信用取引トラブル解決集 ②285
事例に見る特許異議申立ての実務 ②584
知床・阿寒 釧路湿原 ①191
知床半島 ①256
知れば恐ろしい日本人のことば ①624
知れば怖くない本当のがんの話 ②737
知れば知るほど面白い科学のふしぎ雑学 ②647
知れば知るほど面白い人間心理の謎がわかる本 ①106
知れば行きたくなる！京都の「隠れ名所」①540
試練と希望 ②41
城！〈1巻〉 ①426
しろいはひふ ①332
しろいおひげの人 ①332
白い久遠 ①1072

「白い恋人」奇跡の復活物語 ②304
白いジャージ ①1302
白い衝動 ①995
白い花びら ①332
素人告白スペシャル 禁断の人妻懺悔録 ②35
素人手記 ②35
素人手記 夫にはヒミツ ②35
素人手記 がまんできない人妻たち ②35
素人手記 人妻のしたたか ②35
素人投稿 禁じられた母子体験 ②35
素人投稿 母の濡れ肌 ②35
素人投稿 ふしだらな妻 ②35
素人の禁断体験 背徳に溺れた肉体 ②35
素人の禁断体験 恥ずかしい肉宴 ②35
素人の禁断体験 美肉のとりこ ②35
素人の禁断体験 欲情に濡れて ②35
知ろう！ 学ぼう！ 障害のこと 視覚障害のある友だち ④416
知ろう！ 学ぼう！ 障害のこと ダウン症のある友だち ④416
知ろう！ 学ぼう！ 障害のこと 聴覚障害のある友だち ④416
知ろう！ 学ぼう！ 障害のこと LD（学習障害）・ADHD（注意欠如・多動性障害）のある友だち ④416
白オバケ黒オバケのみつけて絵本 ①332
城をひとつ ①1030
白き利那 ①1393
白霧学舎 探偵小説倶楽部 ①1081
白くてやわらかいもの。をつくる工場 ①965
シロクマが家にやってきた！ ①313
シロクマくつや ①332
シロクマくんのひみつ ①313
シロクマ転生〈1〉①1277
シロクマ転生〈2〉①1277
シロクマ転生〈3〉①1277
しろくまととちぬねこ ①313
しろしろじろ ①841
白と黒のアリス公式ビジュアルファンブック ①799
白に染まる〈9〉①1051
白猫プロジェクト公式アートブック〈Part1〉①841
白猫プロジェクト 公式アートブック〈Part 2〉①841
白猫プロジェクト POSTCARD BOOK〈2〉①842
白の皇国物語〈11〉①1213
白の皇国物語〈12〉①1213
白の皇国物語〈18〉①1213
白の皇国物語〈19〉①1213
白バイガール ①999
城バイリンガルガイド

……②610
白百 ①876
白魔女リンと3悪魔 ①350
しろめちゃんとおまめさんとおしめちゃん ①13
白モフ ①256
地論宗の研究 ①514
塩飽から遠く離れて ①965
じわじわ死ぬ会社 蘇る会社〈上〉②300
じわじわ死ぬ会社 蘇る会社〈下〉②300
ぢ 私、痔主になりました ①149
じわりとアトリエ日記 ①953
親愛なるミスタ崔（チョエ）①938
新悪魔が憐れむ歌 ①796
新・頭のよくなる本 ①123
新・アトピーが消える日 ①181
真・異界残侠伝 ①1215
新・生き方としての健康科学 ②717
神域のカンピオーネス ①1226
新「育児の原理」あたたかい心を育てる 赤ちゃん編 ①9
新「育児の原理」あたたかい心を育てる 幼児編 ①9
新いちばんやさしいiMovie入門 ②540
新いつでもどこでも群読 ①724
新・いのちの法と倫理 ②223
人為バブルの終わり ②381
新移民時代 ②465
新 イラスト建築防火 ②618
新 医療法人制度の解説 ②708
新・ウエディングプランナーという仕事 ②425
新・宇宙戦略概論 ②624
新・宇宙チルドレン ①139
新・英和和英水産学用語辞典 ②458
心エコー臨床のギモン 厳選50 ②740
信越国境の歴史像 ①537
新・エッセンス憲法 ②203
新欧州特許出願実務ガイド ②584
新・応用行政法 ②203
新 可笑しな家 ②610
新オリーブオイルのすべてがわかる本 ①35
新・俺と蛙さんの異世界放浪記〈2〉①1191
新・俺と蛙さんの異世界放浪記〈3〉①1191
真音〈3〉①1316
深海カフェ 海底二万哩（マイル）〈3〉①980
新・介護福祉士養成講座〈2〉②79
新・介護福祉士養成講座〈4〉②79
新・介護福祉士養成講座〈6〉②79
新・介護福祉士養成講座〈16〉②79
深海散歩 ②683
新解釈『おくのほそ道』①902

新解釈 ボイメンの試験に出ない英単語 ①652
深海生物 ②404
深海生物の「なぜそうなった？」がわかる本 ②691
新解説世界憲法集 ②200
シンカイゾクのシールあそび しんかいたんけん！①320
深海大戦 Abyssal Wars ①1126
人外ネゴシエーター〈3〉①1321
深海のアトム〈上〉①1103
深海のアトム〈下〉①1103
深海の寓話 ①1113
人外魔境 ①1081
新海誠監督作品 君の名は。美術画集 ①851
新海誠展 ①799
新／回路レベルのEMC設計 ②597
進化を続けるアルファ碁 ①247
新化学インデックス〈2018年版〉②671
新・加賀の指ぬきと花てまり帖〈第3集〉①74
人格を育てるための健康相談 ①710
新学習指導要領がめざすこれからの学校・これからの授業 ①718
新学習指導要領で学校の日常が変わる ①718
新学習指導要領における資質・能力と思考力・判断力・表現力 ①718
進化した猿たち ①1017
深化する一般相対論 ②664
進化する確定拠出年金 ②74
進化する銀行システム ②385
進化するコインパーキング ②442
進化する縄文土器 ①540
進化する！ 地域の注目デザイナーたち ①876
進化する妖怪文化研究 ②113
新型ワクチン ②732
新合併症患者の麻酔スタンダード ②749
進化できない中国人 ②89
新カナダ英語文学案内 ①920
新・金なし、コネなし、タイ暮らし！①202
新・金なし、コネなし、フィリピン暮らし！②87
進化の実〈6〉①1276
進化の実〈7〉①1276
新株主総会実務なるほどQ&A〈平成29年版〉②328
新株予約権の税・会計・法律の実務Q&A ②323
シンガポール ②202, ②250
シンガポール〈2018〜2019年版〉②202
シンガポール ジョホールバル ビンタン島 ②202
シンガポールの奇跡 ②250

新カミキリムシハンド
　ブック……………②695
進化論の最前線……②685
ジンカン…………①1207
新感覚の「塗り絵＆内
　観メソッド」で気づ
　く ほんとうの私を見
　る練習……………①865
新 環境と生命………②575
新「感情の整理」が上手
　い下手な人………①492
新幹線各駅停車 こだま
　酒場紀行……………①44
新幹線クイズ………①435
新幹線検定…………①435
しんかんせんでもどん
　かんせんでも……①332
新幹線ネットワークは
　こうつくられた…②431
新幹線はなぜあの形な
　のか………………②431
新感染ファイナル・エ
　クスプレス………①1342
新完全マスター語彙 日
　本語能力試験N3…①635
真贋の世界…………①823
神眼の勇者〈6〉……①1262
神眼の勇者〈7〉……①1262
新規開業白書〈2017年
　版〉…………………②385
審議会総覧〈平成28年
　版〉…………………②175
新規事業ワークブック
　……………………②285
新規就農・就林への道
　……………………①446
新技術開発による東日
　本大震災からの復興・
　再生………………②458
新規上場ガイドブック
　（市場第一部・第二部
　編）〈2017〉………②381
新規上場ガイドブック
　（マザーズ編）〈2017〉
　……………………②381
新規上場ガイドブック
　（JASDAQ編）
　〈2017〉……………②381
新規制定地盤工学会基
　準・同解説 過酸化水
　素水による土及び岩
　石の酸性化可能性試
　験方法（JGS 0271 -
　2016）………………②604
「心」「技」「体」を整え
　る方法……………①230
新きっぷのルールハン
　ドブック…………②437
仁義なきオレのパパ！
　……………………①1325
仁義なき戦いの "真実"
　………………………39
仁義なき新妻生活…①1304
仁義なき幕末維新…①566
仁義なき嫁 片恋番外地
　……………………①1312
仁義なき嫁 旅空編…①1312
仁義なき嫁 乱雲編…①1312
腎機能が低下したとき
　にすぐ読む本……①166
信義の雪……………①1046
新基本民法〈1〉……②205
新基本民法〈8〉……②205
新キャリア開発支援論
　……………………①680
鍼灸医学を素問する〈2〉
　……………………①173
鍼灸医学を素問する〈3〉
　……………………①173

新旧対照でわかる改正
　債権法の逐条解説・②209
新旧徹底比較!!決定版新
　しい広大地評価の実
　務…………………②420
鍼灸日和……………①1019
鍼灸マッサージ師のた
　めの英会話ハンド
　ブック……………①173
シンギュラリティ・①1068
シンギュラリティの経
　済学………………②261
シンギュラリティは怖
　くない……………②523
シンギュラリティ・ビ
　ジネス……………②513
新・教育学のグランド
　デザイン…………①753
新 教育実習を考える・①704
新・教育の最新事情・①704
新・教育の制度と経営
　……………………①753
新教科「道徳」の理論と
　実践………………①737
新共謀罪の恐怖……②141
信行要文〈8〉………①521
神曲奏界ポリフォニカ
　エイディング・クリ
　ムゾン〈7〉………①1200
神曲奏界ポリフォニカ
　ジェラス・クリムゾ
　ン〈8〉………………①1200
神曲奏界ポリフォニカ
　チェイシング・クリ
　ムゾン〈9〉………①1200
神曲奏界ポリフォニカ
　ノスタルジック・ク
　リムゾン〈9〉……①1200
神曲奏界ポリフォニカ
　ルックバック・クリ
　ムゾン〈10〉………①1200
シンキング・マシン・②523
呻吟語……………①1465
新 近代ボバース概念・②729
神宮館運勢暦〈平成30
　年〉…………………①134
神宮館開運暦〈平成30
　年〉…………………①134
神宮館家庭暦〈平成30
　年〉…………………①135
神宮館九星本暦〈平成30
　版〉…………………①135
神宮館高島暦〈平成30
　年〉…………………①135
神宮館百彩暦〈平成30
　年〉…………………①135
神宮館福宝暦〈平成30
　年〉…………………①135
真空地帯…………①1011
神宮伝奏の研究……①532
神宮宝暦〈平成30年〉
　……………………①135
真紅のマエストラ…①1352
シングル女性の貧困…37
シングルセル解析プロ
　トコール…………①727
ジングルベル………①307
シングルマザーをひと
　りぼっちにしないた
　めに…………………②58
シングルマザー生活便
　利帳………………①116
シングルモルト＆ウイ
　スキー完全バイブル
　……………………①44
シンクロニシティ「意
　味ある偶然」のパ
　ワー………………①451
新経営管理論………②326

神経解剖学…………②727
真景累ヶ淵…………①350
神経原性発声発語障害
　……………………②729
新形式対応 TOEICテス
　ト990点新・全方位
　リーディング……①659
神経疾患治療ストラテ
　ジー………………②729
神経伝導検査ポケット
　マニュアル………②729
新・競馬3点突破論 究極
　の馬券W…………①244
新 刑法犯・特別法犯 犯
　罪事実記載要領…②213
神経理学療法学……②729
新劇製作の現場……①782
進撃の巨人ゲームブッ
　ク ウォール・ローゼ
　死守命令850………①440
進撃の巨人ゲームブッ
　ク 女型巨人を捕獲せ
　よ！………………①440
「進撃の巨人」最終研究
　〈2〉……………………33
進撃の巨人ANIME
　ILLUSTRATIONS
　……………………①799
心血管エコー用語・略
　語・数値スーパーリ
　ファレンス………②740
新月・満月のパワー
　ウィッシュ………①129
新月Pink満月Blue 願い
　を叶えるFortune
　Note………………①129
人権を守るための国の
　しくみ〈1〉………①416
人権を守るための国の
　しくみ〈2〉………①416
親権・監護権をめぐる
　法律と実務………②205
人権教育・啓発白書〈平
　成29年版〉…………②44
人権後進国ニッポン…②44
人権条約の解釈と適用
　……………………②218
信玄と謙信…………①442
親権と子ども…………②58
人権入門……………②200
新・現場からの製菓フ
　ランス語…………①669
新・現場からの調理フ
　ランス語…………①669
新憲法四重奏………②200
新・公害防止の技術と法
　規 水質編〈2017〉・・②577
新・公害防止の技術と
　法規 騒音・振動編
　〈2017〉……………②577
新・公害防止の技術と
　法規 ダイオキシン類
　編〈2017〉…………②577
新・公害防止の技術と法
　規 大気編〈2017〉・②577
進行がんステージ4でも
　怖くない…………②737
進行がんは「免疫」で治
　す…………………①179
人口還流（Uターン）と
　過疎農山村の社会学
　……………………②101
しんごうきピコリ…①332
新講 教行信証〈行巻7〉
　……………………①520
人口減少時代を生き抜
　く自治体…………②141
人口減少時代の宗教文
　化論………………①507

人口減少時代の都市シ
　ステムと地域政策・②261
人口減少時代の土地問
　題…………………②420
「人口減少社会」とは何
　か…………………②261
人口減少社会の構想…②58
人口減少と公共施設の
　展望………………②170
人口減少と社会保障…②48
人口減少と大規模開発
　……………………②581
人工股関節のバイオマ
　テリアル…………②749
人工呼吸器とケアQ&A
　……………………②718
新興国投資戦略……②312
新興国と世界経済の行
　方…………………②261
新興市場・2部銘柄で儲
　ける株……………②393
信号処理のための線形
　代数………………①659
人口推計資料〈No.89〉
　……………………②269
人口推計資料〈No.90〉
　……………………②269
新 広大地評価の実務・②420
人工知能……………②523
人工知能を超える 人間
　の強みとは………①481
人工知能解体新書…②523
人工知能大事典……②523
人工知能×仮想現実の
　衝撃………………②512
人工知能が人間を超え
　る シンギュラリティ
　の衝撃……………②523
人工知能がまるごとわ
　かる本……………②523
人工知能原理………②523
人工知能システムを外
　注する前に読む本・②523
人工知能時代を生き抜
　く子どもの育て方・②512
人工知能の核心……②523
人工知能の「最適解」と
　人間の選択………②523
人工知能の創発……②523
人工知能の哲学……②523
人工知能（AI）のはなし
　……………………②523
人工知能の見る夢は・①978
人工知能はいかにして
　強くなるのか？…②523
人工知能はこうして創
　られる……………②523
人工知能は資本主義を
　終焉させるか……②523
人工知能はどのように
　して「名人」を超えた
　のか？……………②524
人工知能は日本経済を
　復活させるか……②524
「人工超知能」………②524
新 交通年鑑〈平成29年
　版〉…………………②429
新校訂 全訳注 葉隠
　……………………①461
新 荒唐無稽音楽事典・②802
信仰の基本「信行学」・①501
信仰の醍醐味〈2〉……①528
信仰の法……………①503
人口論入門…………②101
深呼吸する言葉………①95
新古今集 四季の歌…①870
新古今の天才歌人 藤原
　良経………………①900

申告所得税取扱いの手
　引〈平成29年版〉・②410
新極道記者…………①999
新古今増抄〈7〉……①900
新後拾遺和歌集……①888
シン・ゴジラ機密研究
　読本………………①790
シン・ゴジラ造形作品
　集…………………①285
新ゴジラ論…………①790
シン・ゴジラWalker 完
　全形態……………①797
新・呉清源道場〈2〉・①247
新・呉清源道場〈3〉・①247
しんごのオープンガー
　デンへようこそ…①267
新・小堀遠州の書状・①272
新婚さんはスパダリ同
　士！………………①1312
真言宗社会福祉の思想
　と歴史……………①517
新婚なのに旦那様が素
　敵すぎて困りますっ!!
　……………………①1402
新コンパクト地図帳
　〈2017・2018〉……①211
新・コンピュータ解体
　新書………………②518
新婚夫婦で恋愛はじめ
　ます………………①1227
心魂編………………②16
人材育成ハンドブック
　……………………②309
人材を逃さない見抜く
　面接質問50………②309
震災があっても続ける
　……………………②24
人材開発研究大全…②309
震災が起きた後で死な
　ないために…………②41
震災歌集 震災句集…①960
震災から身を守る52の
　方法………………②583
新債権法下の債権管理
　回収実務Q&A……②209
人材枯渇時代を生き抜
　く地域戦略………②245
震災後の奥日光 グラ
　バーへの手紙………②24
震災後の日本で戦争を
　引きうける………②461
震災ジャンキー………②41
人材紹介のプロがつ
　くった発達障害の大
　学生のためのキャン
　パスライフQ&A……②58
人材組織教育総合手法
　……………………②330
人材派遣・紹介業許可
　申請・設立運営ハン
　ドブック…………②326
仁斎論語〈上〉………①460
仁斎論語〈下〉………①460
新 酒場入門…………①44
新 酒場メニュー集…①40
診察室の文法………②701
新産業構造ビジョン・②415
辛酸なめ子と寺井広樹
　の「あの世の歩き方」
　……………………①139
慎治…………………①1087
人事課のシゴト……②152
新事業創出のための "言
　えない大事"………②285
新次元の日中関係…②133
紳士淑女のジョーク全
　集…………………①885
新市場「ロシア」……②253

書名索引

人事小六法〈平成30年版〉……②186
人事諸規程のつくり方……②330
人事訴訟の要件事実と手続……②216
新時代のキャリア教育……①680
新時代の刑事弁護……②213
新時代の広報……②340
新時代の知的障害特別支援学校の図画工作・美術の指導……①684
新時代の比較少年法……②216
新時代の保育〈2〉……①691
新時代のやさしいトラウマ治療……②744
人事担当者・管理職のためのメンタルヘルス・マネジメントの教科書……②330
信じちゃいけない身のまわりのカガク……②647
新・実学への道……②285
腎疾患患者の妊娠：診療ガイドライン〈2017〉……②761
「新」実存主義の思想……①451
真実の憐れみをもって招く神……①528
真実の世界史講義 古代編……①588
真実の名古屋論……②24
真実の日米開戦……①579
真実のビートルズ・サウンド完全版……①807
真実の霊能者……①503
新 実務家のための税務相談……②400
新 実務家のための税務相談 民法編……②205
信じてはいけない……②10
信じてみたい幸せを招く世界のしるし……①842
人事と組織の経済学・②372
紳士と野蛮……①1316
紳士と猟犬……①1345
新シニア市場攻略のカギはモラトリアムおじさんだ！〈2〉……②336
神示に学ぶ……①139
人事の仕事と法律……②330
人事の本質……②330
人事の本音がわかれば転職面接は必ず受かる！……②345
人事評価制度だけで利益が3割上がる！……②332
人事部のつくりかた……②330
新 自分を磨く方法……①95
神社・お寺開運帖……①499
新社会学研究〈2017年第2号〉……②101
新社会科討論の授業づくり……①732
新社会人のためのビジネスマナー講座……②363
新・社会福祉士養成講座〈10〉……②79
新・社会福祉士養成講座〈11〉……②79
新・社会福祉士養成講座〈17〉……②79
新・社会福祉士養成講座〈20〉……②79
新・社会福祉士養成講座〈21〉……②79
新釈漢文大系〈97〉……①891
新釈！「星の王子さま」

27の秘密……①924
神社でわかる日本史・①532
神社年鑑〈2017（平成29年度版）〉……①506
仁者無敵 甫庵伝……①1045
神社めぐりをしていたらエルサレムに立っていた……①951
真珠院という真珠……①519
新修隠語大辞典……①633
信州うわさの調査隊〈2〉……②24
信州往来もののふ列伝
信州・奥多摩殺人ライン……①1106
信州を元気にする注目企業15社……②304
神獣皇帝と初恋の誓い……①1307
新・神話学入門……①508
心中探偵……①1112
信州ちくま 食の風土記……①35
新・十二支図100選…①838
信州の相撲人……①237
信州の鉄道碑ものがたり……②433
信州の山……①190
信州の料理人、海を渡……①36
信州はエネルギーシフトする……②245
信州日帰り湯めぐり・①189
信州やしょうレシピ帖……①55
心中旅行……①1012
新宿駅西口広場……②610
新宿区あるある……①186
新宿コネクティブ〈1〉……①1165
新宿コネクティブ〈2〉……①1165
新宿（コラージュ）…①256
新宿センチメンタル・ジャーニー……①929
新宿ナイチンゲール・①990
新宿謀略街……①1108
新宿、わたしの解放区……①929
新・受験技法〈2018年度版〉……①745
人種戦争という寓話・①611
新春歌会〈15〉……①1042
新・小学校受験 願書・アンケート・作文 文例集500……①743
「心象考古学」の試み・①613
新評高等地図……①211
尋常小学『国史』が教える愛国心……①756
心象スケッチ なんとなく賢治さん……①842
新評地理資料 COMPLETE〈2017〉……①732
「新書」から考える公務員の地域創生力……①152
新・職場で育てよう!!こころの健康……①170
新食品添加物表示の実務〈2017〉……①154
信じる覚悟……①566
人事労務の基礎知識……②330
進次郎メソッド……②148
心を浄化し、幸せを引き寄せる音瞑想CD

ブック……①124
身心が美しくなる禅の作法……①95
信心獲得のすすめ……①520
新人教育・電気設備……②593
新人ケースワーカーになったあなたへ&「生活保護手帳」活用術……②58
身心と自然のつながり……①451
新人ナースの心構え……②766
心身の健康を取り戻す新しい歯列矯正法……②757
新人の「？」を解決するビジネスマナーQ&A100……②363
新人不動産営業マンが最初に読む本……②419
身心変容の科学〜瞑想の科学……①492
新スタンダード口腔病理学……②757
新（図表）地方自治法・公務員法……②156
人生を味わう古典落語の名文句……①786
人生を動かす 賢者の名言……①107
人生を動かす仕事の楽しみ方……②351
人生を大きく飛躍させる成功ワーク……①124
人生を思い通りに操る片づけの心理法則……①106
人生を思い通りにする無敵のメンタル……①124
人生を変えた1枚。人生を変える1枚。……①256
人生を変えた「さかあがり」……①674
人生を変えてくれたペンギン……①935
人生を変えるお顔のつくり方 心に効く開運メイク……①22
人生を変えるクローゼット整理……①6
人生を変えるクローゼット整理の作り方……①95
人生を変える丹田呼吸と感謝行……①157
人生を変えるヒントはある……②285
人生を変えるモーニングメソッド……①124
人生を変えるレッスン……①1332
人生を危険にさらせ！……①451
人生を逆転させた男・高橋是清……①570
人生を切り拓く人のチャンスのつかみ方……①307
人生を狂わす名著50…②3
人生を楽しメェー！・①262
人生をつくり変える「宇宙の原理」……①95
人生を整える禅的考え方……①459
人生をはみ出す技術……①95
人生を破滅に導く「介護破産」……②58
人生をプラスにする3つの数字……①132
人生を間違えないための大人の確率ドリル……①95

人生を豊かにする学び方……①95
人生を豊かにする魔法の鍵 神々の星……①129
新生オルセー美術館・①828
人生を「私の履歴書」から学ぶ……①959
人生がうまくいく哲学的思考術……①451
人生が輝きだす30+1の言葉……①95
人生が輝く選択力……②285
人生が変わる因果の法則……①95
人生が変わる 「感情」を整える本……①95
人生が変わるクローゼット整理……①2
人生が変わる！ ずるいスマホ仕事術 タブレット対応版……①351
人生が変わる洗顔……①22
人生が変わる白内障手術……①183
人生が変わるホ・オポノポノの教え……①95
人生が変わるマインドフルネス……①95
人生が変わる、読むやせぐせ……①22
人生が変わるリフォームの教科書……①19
人生が劇的に変わる睡眠法……①171
人生が劇的に変わるスロー思考入門……①95
人生が好転する4けた数字開運術……①129
人生から期待される生き方……①95
人生が楽になる ほんとの癒し……①95
神聖館運勢暦〈平成30年〉……①135
神聖館開運暦〈平成30年〉……①135
新世紀ゾンビ論……①907
新世紀ミュージカル映画進化論……①793
人生90年時代のライフプランと、いいかでいきいき人生……①109
人生、今日が始まり・②285
新税金裁判ものがたり……②400
人生ゲーム COMPLETE……①273
新生検察官……②228
人生ごっこを楽しみなヨ……①109
人生最後の英語鬼速や直し……①647
人生散歩術……①107
人生三毛作……①459
新生児の観察と看護技術……②766
神聖受胎……①948
新・精神保健福祉士養成講座〈6〉……②79
新税制による金融商品課税の要点解説〈平成29年版〉……②401
新成長株で勝負せよ！……②393
新生・帝国海空軍〈1〉……①1130
新生・帝国海空軍〈2〉……①1130

腎性低尿酸血症診療ガイドライン……②718
人生で大切なことは月光荘おじさんから学んだ……①823
人生で大切なことはすべてスラムダンクが教えてくれた……②33
人生でほんとうに大切なこと……②701
人生でムダなことばかり、みんなテレビに教わった……①769
人生という花……①946
人生とお金の道を極めた竹田和平の人生訓……①95
人生と経営のヒント・②285
人生と社会を変える根っこ力……②101
人生とビジネスを変える自分メディアの育て方……②285
人生なんてくそくらえ……①956
人生なんてわからぬことだらけで死んでしまう、それでいい。……①940
人生に愛と奇跡をもたらす 神様の覗き穴……①139
人生にお金はいくら必要か……②389
人生に成功したい人が読む本……①95
人生に悩んだら、いい歯科医を探しなさい・①182
人生に必要な荷物いらない荷物 完全版……①95
人生にフォースを必ヨーダ……①793
人生に迷ったら「老子」……①465
人生に無駄な経験などひとつもない……②285
人生にムダなことはひとつもない……①95
人生にゆとりを生み出す知の整理術……①96
新成年後見制度の解説……②205
「新青年」版 黒死館殺人事件……①1081
人生の居心地をよくするちょうどいい暮らし……②27
人生の意味論……①451
人生の修め方……①109
人生のお裾分け……①945
人生の気品……①96
人生の教訓……①96
人生の困難を突破する力……①96
人生の作戦会議！……①1001
人生の「質」を上げる孤独をたのしむ力……①96
人生の質を高める！キャリア教育“家庭生活・学校生活・地域生活・職業生活”よりよく「生きる・働く」ための授業づくり……①684
人生の失敗……①107
人生の終い方……①96
人生の「主役」はあなたです……①96
人生のぜいたく……①96
人生の選択……①96
人生の旅をゆく〈3〉…①959

人生の段階‥‥‥‥‥①935
人生の調律師たち‥‥‥②58
人生の手引き書‥‥‥‥①124
人生の同伴者‥‥‥‥‥②45
人生の悩みが消える自
　問力‥‥‥‥‥‥‥‥①124
人生の標準時計‥‥‥‥①513
人生の踏絵‥‥‥‥‥‥①941
真正の学び/学力‥‥‥①700
人生の短さについて 他
　2篇‥‥‥‥‥‥‥‥①468
人生の目的‥‥‥‥‥‥①96
人生の目と生き方‥①139
人生の持ち時間‥‥‥‥①96
人生の役に立つ聖書の
　名言‥‥‥‥‥‥‥‥①528
人生はあなたに絶望し
　ていない‥‥‥‥‥‥①96
人生は生きがいを探す
　旅‥‥‥‥‥‥‥‥‥①459
人生は90％が運‥‥‥①929
人生は曇りときどき晴
　れがちょうどいい‥‥①96
人生は残酷である‥‥‥①451
人生は壮大なひまつぶ
　し‥‥‥‥‥‥‥‥‥①116
人生は単なる空騒ぎ‥①799
人生はドラマ、そのま
　んなかに私。‥‥‥‥①957
人生は70歳からが一番
　面白い‥‥‥‥‥‥‥①109
人生は引き算で豊かに
　なる‥‥‥‥‥‥‥‥①96
人生は冒険旅行のよう
　なもの!‥‥‥‥‥‥①929
人生は満たされつつあ
　る建築で溢れている
　‥‥‥‥‥‥‥‥‥‥②610
人生はワンダフル!‥②285
人生100年時代の新しい
　働き方‥‥‥‥‥‥‥②343
人生100年時代の生き
　方・働き方‥‥‥‥‥②460
人生100年時代のお金の
　不安がなくなる話‥②389
人生100年時代の国家戦
　略‥‥‥‥‥‥‥‥‥②141
「人生100年時代」のラ
　イフデザイン‥‥‥②27
人生100年時代のらくち
　ん投資‥‥‥‥‥‥‥②393
新生物化学工学‥‥‥②599
人生ほの字組‥‥‥‥‥①769
新・生命保険セールス
　のアプローチ‥‥‥‥②386
人生も宇宙も「0」を
　「1」にしなければ始
　まらない‥‥‥‥‥‥①139
人生、余裕で生きる極
　意‥‥‥‥‥‥‥‥‥①96
神正暦〈平成30年〉‥①135
人生浪漫彷徨‥‥‥‥‥①958
人生論ノート 他二篇‥①459
新・世界一周NAVI‥①200
真世界大戦‥‥‥‥‥‥①1131
新・世界の駅‥‥‥‥‥②433
新・世界の空港‥‥‥‥②437
新・世界の日本人
　ジョーク集‥‥‥‥‥①885
新世代の膵癌診療・治
　療バイブル‥‥‥‥‥②737
新世代 木材・木質材料
　と木造建築技術‥‥‥②618
真説 稲田淳二のすごー
　く恐い話‥‥‥‥‥‥①145
真説・企業論‥‥‥‥‥②285
真説 楠木正成の生涯‥①549
真説・国防論‥‥‥‥‥②163

新説『古事記』『日本書
　紀』でわかった大和
　統一‥‥‥‥‥‥‥‥①544
新設コンクリート革命
　‥‥‥‥‥‥‥‥‥‥②606
真説 西郷隆盛の生涯‥①566
新説 社会的分業論‥②101
真説 戦国武将の素顔‥①553
新説 土地価格の経済学
　‥‥‥‥‥‥‥‥‥‥②261
新説プラトーンのイデ
　ア論‥‥‥‥‥‥‥‥①468
新ゼロからスタート韓
　国語 文法編‥‥‥‥①666
新ゼロからスタート
　シャドーイング 入門
　‥‥‥‥‥‥‥‥‥‥①639
新選 小川未明秀作小説
　20‥‥‥‥‥‥‥‥‥①989
新選組‥‥‥‥‥‥‥‥①442
新撰組顛末記‥‥‥‥‥①566
新選組挽歌 鴨川物語
　‥‥‥‥‥‥‥‥‥‥①1045
新撰讃美歌‥‥‥‥‥‥①902
新選マンション管理基
　本六法〈平成29年度
　版〉‥‥‥‥‥‥‥‥②423
新鮮 THEどんでん返し
　‥‥‥‥‥‥‥‥‥‥①1068
人造乙女美術館 Jewel
　‥‥‥‥‥‥‥‥‥‥①256
深層学習による自然言
　語処理‥‥‥‥‥‥‥②549
心臓血管外科の基本知
　識と患者ケア‥‥‥‥②749
人造剣鬼‥‥‥‥‥‥‥①1037
神葬祭‥‥‥‥‥‥‥‥①506
腎臓疾患‥‥‥‥‥‥‥②761
腎臓・透析療法・透析患
　者の体イラスト図鑑
　‥‥‥‥‥‥‥‥‥‥②749
腎臓の疑問がみるみる
　解決する本‥‥‥‥‥①166
心臓の左上をさすれば
　しっかり疲れはとれ
　る‥‥‥‥‥‥‥‥‥①149
心臓のように大切な
　‥‥‥‥‥‥‥‥‥‥①1076
心臓病と駆け抜けた2時
　間18分57秒‥‥‥‥①235
腎臓病の食品成分表‥①165
心臓弁形成手術書‥‥②740
新装 瞑想バイブル‥①124
新・贈与論‥‥‥‥‥‥②261
迅速‥‥‥‥‥‥‥‥‥①973
神速仕事術40‥‥‥‥②351
神速スモール起業‥‥②285
心即理‥‥‥‥‥‥‥‥①465
新卒がすぐに辞めない
　採用方法‥‥‥‥‥‥②309
新卒採用力が会社の未
　来を決める!‥‥‥‥②330
真・外断熱住宅はもう
　古い!‥‥‥‥‥‥‥①19
身体通解‥‥‥‥‥‥‥②727
人体解剖図鑑‥‥‥‥‥②727
新 大学受験案内〈2018
　年度版〉‥‥‥‥‥‥①745
寝台急行「銀河」殺人事
　件‥‥‥‥‥‥‥‥‥①1100
人体 5億年の記憶‥②647
身体知性‥‥‥‥‥‥‥②718
人体通信の最新動向と
　応用展開‥‥‥‥‥‥②599
身体と心が求める栄養
　学‥‥‥‥‥‥‥‥‥①471
人体について知ってお

くべき100のこと‥①410
身体にやさしい信州の
　おやつ‥‥‥‥‥‥‥①55
人体のクライシス‥‥①410
人体の構造と機能およ
　び疾病の成り立ち〈3〉
　‥‥‥‥‥‥‥‥‥‥②718
人体の構造と機能：解
　剖生理学‥‥‥‥‥‥②728
人体のふしぎ
　‥‥‥‥‥①410, ②728
人体のメカニズムから
　学ぶ臨床工学 循環器
　治療学‥‥‥‥‥‥‥②740
身体表現をたのしむあ
　そび作品集‥‥‥‥‥①691
人体ミクロの大冒険・②728
神代文字は宇宙法則を
　具現化する‥‥‥‥‥①139
人体六〇〇万年史〈上〉
　‥‥‥‥‥‥‥‥‥‥②685
人体六〇〇万年史〈下〉
　‥‥‥‥‥‥‥‥‥‥②685
死んだ男の妻‥‥‥‥①1351
信託制度の活用による
　公益的政策の実現・②393
信託の法制度と税制・②323
信託法からみた 民事信
　託の実務と信託契約
　書例‥‥‥‥‥‥‥‥②393
信託法制の新時代‥②223
死んだらJ-POPが困る
　人、CDジャケットデ
　ザイナー木村豊‥‥①804
診断の技と工夫‥‥‥②744
診断X線領域における吸
　収線量の標準測定法
　‥‥‥‥‥‥‥‥‥‥②733
新築アパート投資の原
　点‥‥‥‥‥‥‥‥‥②423
新築利回り10％以上、
　中古物件から月50万
　円の「旅館アパート」
　投資‥‥‥‥‥‥‥‥②421
新・注解 特許法〈上巻〉
　‥‥‥‥‥‥‥‥‥‥②584
新・注解 特許法〈中巻〉
　‥‥‥‥‥‥‥‥‥‥②584
新・注解 特許法〈下巻〉
　‥‥‥‥‥‥‥‥‥‥②584
新中級日本語‥‥‥‥①624
新中国を拓いた記者た
　ち〈上巻〉‥‥‥‥②13
新中国を拓いた記者た
　ち〈下巻〉‥‥‥‥②13
新中国環境政策講義・②133
新注釈民法〈15〉‥②209
新注釈民法〈17〉‥②205
新・中世王権論‥‥‥①549
身長が2センチ縮んだら
　読む本‥‥‥‥‥‥‥①157
新潮ことばの扉 教科書
　で出会った古文・漢
　文一〇〇‥‥‥‥‥‥①894
信長私記‥‥‥‥‥‥‥①1054
清朝の興亡と中華のゆ
　くえ‥‥‥‥‥‥‥‥①592
新・直さんのシネマ
　ホール‥‥‥‥‥‥‥①789
新訂 吾妻鏡〈2〉‥①895
新訂経営学講義‥‥‥②372
新訂 税の基礎〈2017年
　度版〉‥‥‥‥‥‥‥②401
新訂ポケットアトラス
　世界地図帳‥‥‥‥‥①211
新訂ポケットアトラス
　日本地図帳‥‥‥‥‥①212
新テキスト経済数学・②261

心的変化を求めて‥‥①492
新哲学対話‥‥‥‥‥‥①468
シンデレラ
　‥①305, ①309, ①842
シンデレラ王‥‥‥‥①1307
シンデレラが語るシン
　デレラ‥‥‥‥‥‥‥①309
シンデレラ失格‥‥‥①1376
シンデレラ・ストー
　リーズ〈1〉‥‥‥①1370
シンデレラ・ストー
　リーズ〈2〉‥‥‥①1370
シンデレラの最後の恋
　〈1〉‥‥‥‥‥‥‥①1379
シンデレラの謎‥‥‥①886
心電図のはじめかた・②718
新天地‥‥‥‥‥‥‥‥①988
新TOEIC TEST出る順
　で学ぶボキャブラ
　リー990 ハンディ版
　‥‥‥‥‥‥‥‥‥‥①659
神道から観たヘブライ
　研究三部書‥‥‥‥‥①506
新・東京駅殺人事件
　‥‥‥‥‥‥‥‥‥‥①1100
新・東京・パリ、初飛行
　‥‥‥‥‥‥‥‥‥‥①669
人道研究ジャーナル
　〈vol.6 (2017)〉‥②58
新同性愛って何?‥‥②44
神童セフィリアの下剋
　上プログラム〈3〉①1148
神童は大人になってど
　うなったのか‥‥‥①929
振動・波動‥‥‥‥‥‥②665
新・道路運送車両の保
　安基準(省令・告示全
　条文)‥‥‥‥‥‥‥②429
新・解きながら学ぶ
　Java‥‥‥‥‥‥‥②560
新・独学術‥‥‥‥‥‥②285
新毒性병理組織学‥‥②732
身土不二の探究‥‥‥②451
新なるほど合格塾 日商
　簿記2級 工業簿記・②475
新なるほど合格塾 日商
　簿記2級商業簿記‥②471
新・日米安保論‥‥‥②149
新・ニッポン分断時代
　‥‥‥‥‥‥‥‥‥‥②101
新・日本神人伝‥‥‥①139
新日本人物史 ヒカリと
　あかり〈3〉‥‥‥①442
新日本人物史 ヒカリと
　あかり〈4〉‥‥‥①442
新日本人物史 ヒカリと
　あかり〈5〉‥‥‥①442
新「日本の古代史」〈下〉
　‥‥‥‥‥‥‥‥‥‥①544
新日本之青年‥‥‥‥①907
新 日本の探鳥地 首都圏
　編‥‥‥‥‥‥‥‥‥②696
侵入者‥‥‥‥‥‥‥‥①1081
新入者安全衛生テキス
　ト‥‥‥‥‥‥‥‥‥②460
「新入者安全衛生テキス
　ト」指導のポイント
　‥‥‥‥‥‥‥‥‥‥②460
新入社員基礎講座
　〈2018〉‥‥‥‥‥②343
新任刑事‥‥‥‥‥‥‥①1107
新任3年目までに知って
　おきたい 子どもの集
　中を引き出す発問の
　技術‥‥‥‥‥‥‥‥①718
新・年金オープン講座
　〈平成29年度版〉‥②74
信念の女、ルシア・トポ
　ランスキー‥‥‥‥②137

信念の魔術‥‥‥‥‥‥①124
新 農家の税金‥‥‥‥②446
神農本草経の植物‥②688
新たのしい子どものう
　たあそび‥‥‥‥‥‥①691
秦の始皇帝の霊言 2100
　中国・世界帝国への
　戦略‥‥‥‥‥‥‥‥①503
真のダイバーシティを
　めざして‥‥‥‥‥‥①753
蜃の楼‥‥‥‥‥‥‥‥①1068
真の瞑想：自らの内な
　る光〈2〉‥‥‥‥‥①460
「真の喜び」に出会った
　人々‥‥‥‥‥‥‥‥①525
心配ぐせをなおせばす
　べてが思いどおりに
　なる‥‥‥‥‥‥‥‥①124
心配しなさんな。悩み
　はいつか消えるもの
　‥‥‥‥‥‥‥‥‥‥①96
新廃線紀行‥‥‥‥‥‥②433
シンバサイザー〈上〉
　‥‥‥‥‥‥‥‥‥‥①1344
シンバサイザー〈下〉
　‥‥‥‥‥‥‥‥‥‥①1344
新橋アンダーグラウンド
　‥‥‥‥‥‥‥‥‥‥①186
新 はじめて学ぶ メンタ
　ルヘルスと心理学・①481
新八犬伝‥‥‥‥‥‥‥①872
新八犬伝 起‥‥‥‥‥①1030
新八犬伝 承‥‥‥‥‥①1030
新八犬伝 転‥‥‥‥‥①1030
新八犬伝 結‥‥‥‥‥①1030
新版 下肢静脈瘤‥‥②718
新版 証書の作成と文例
　‥‥‥‥‥‥‥‥‥‥②205
侵犯する身体〈3〉‥②113
新版世界А 演習ノー
　ト‥‥‥‥‥‥‥‥‥①732
審判では解決しがたい
　遺産分割の付随問題
　への対応‥‥‥‥‥‥②191
新版ヘルス21 栄養教
　育・栄養指導論‥‥②777
新版 よくわかる星空案
　内‥‥‥‥‥‥‥‥‥②675
審判例にみる家事事件
　における事情変更・②186
神秘大通り〈上〉‥①1327
神秘大通り〈下〉‥①1327
震美術論‥‥‥‥‥‥‥①824
新ヒットの方程式‥②285
腎・泌尿器疾患ビジュ
　アルブック‥‥‥‥②761
神秘の絶景に会いに行
　く! アイスランド☆
　TRIP‥‥‥‥‥‥②206
神秘の光 マイスター・
　エックハルト‥‥‥①499
新貧乏物語‥‥‥‥‥‥②59
新・風景論‥‥‥‥‥‥①451
新フォーチュン・クエ
　スト2〈9〉‥‥‥‥①1262
新・深川鞘番所‥‥‥①1065
神父さま、なぜ日本
　に?‥‥‥‥‥‥‥‥①525
心不全管理をアートす
　る‥‥‥‥‥‥‥‥‥②740
新・舞台芸術論‥‥‥①782
新・付着生物研究法・②683
人物写真補正の教科書
　‥‥‥‥‥‥‥‥‥‥②540
人物で探る! 日本の古
　典文学 清少納言と紫
　式部‥‥‥‥‥‥‥‥②392
神仏のなみだ‥‥‥‥①499

人物比較でわかる日本史 …………… ①532
人物文献目録2014 - 2016〈1〉 ………… ②7
人物文献目録2014 - 2016〈2〉 ………… ②7
新・部落差別はなくなったか？ ………… ②44
新ブラッシュアップ理学療法 …………… ②718
シンプリー・ジーザス …………… ①525
深部（ディープ）リンパ療法コンプリートブック ………… ①150
シンプルがかわいい大人のナチュラル服 … ①84
シンプルかわいいお花モチーフのピアス＆イヤリング ……… ①74
シンプルだから飽きない！〆まで美味しい！1肉1野菜鍋 …… ①55
シンプル内科学 …… ②738
シンプルな政府 …… ②170
シンプルにお金を貯める・増やす・使う。②389
シンプルに結果を出す人の5W1H思考 … ②351
シンプルにわかる確定拠出年金 ………… ②74
シンプルの正体 …… ①826
シンプル・フォトレッスン ………… ②252
シンプル免疫学 …… ②732
新・プロが教えるデジカメ撮影テクニック … ②252
新聞売りコタツ横浜特ダネ帖 ……… ①1048
人文学の沃野 …… ②101
新聞記者 ……… ②13
人文死生学宣言 … ①451
人文情報学読本 … ②512
新聞の嘘を見抜く … ②10
新聞の凋落と「押し紙」………… ②13
新聞「泊園」附 記事名・執筆者一覧 人名索引〈3〉 …… ①616
新分類 牧野日本植物図鑑 …………… ②688
新米国特許法 対訳付き〈2017年版〉 … ②584
神兵隊事件〈別巻5〉①579
新編 裏山の博物誌 … ①956
新編 漁業法詳解 …… ②457
新編 渓流物語 …… ①958
新編 口腔外科・病理診断アトラス …… ②757
新編 小学校英語教育法入門 ………… ①735
新編 生命の實相〈第23巻〉 ………… ①505
新編 生命の實相〈第26巻〉 ………… ①505
新編 生命の實相〈第27巻〉 ………… ①505
身辺整理、わたしのやり方 ………… ①949
新編 底なし淵 …… ①957
新編 内部障害のリハビリテーション …… ②751
新編 泣けるプロセス … ②238
新編・日本幻想文学集成〈5〉………… ①888
新編・日本幻想文学集成〈6〉………… ①888
新編・日本幻想文学集成〈7〉………… ①888

新編・日本幻想文学集成〈8〉………… ①888
新編 日本中国戦争 怒濤の世紀〈第11部〉①1131
新編 日本中国戦争 怒濤の世紀〈第12部〉①1131
新編 秘められた旅路 …②433
新編 分裂病を耕す … ②744
新編 星の雫 ……… ①973
新編 宮本百合子と十二年 …………… ①912
新編 若き知性に ……①116
心房細動患者を「脳梗塞」から守るのは誰か？ ………… ②733
心房細動ホットバルーンカテーテルアブレーション ………… ②740
新法令解釈・作成の常識 …………… ②190
進歩がまだ希望であった頃 …………… ①570
新簿記ワークブック … ②321
新母性看護学テキスト …②766
しんぼり …………… ②973
シンボル …………… ①876
シンボル・技術・言語 … ①471
シンボルスカの引き出し …………… ②926
シンボルの理論 …… ②101
シンマイ！ ……… ①1012
新米おとうちゃんと小さな怪獣 ……… ①13
新米建築士の教科書 … ②618
新米兵士から金髪ドS女上官の玩具にランクアップ！ ……… ①1398
新妹魔王の契約者（テスタメント）〈10〉①1163
新妹魔王の契約者（テスタメント）〈11〉①1163
新米SE ゼロから始めるキャリアプラン設計 … ②351
新マシンビジョンライティング〈1〉… ②595
新まろほし銀次捕物帳 … ①1050
人民元〈2〉 ……… ②250
人民元の興亡 …… ②250
新民法（債権関係）の要件事実〈1〉… ②209
新民法（債権関係）の要件事実〈2〉… ②209
神武天皇 ………… ①544
「神武東征」の原像 … ①544
新明解国語辞典 … ①632
新・明解C++入門 … ②558
新・明解C言語で学ぶアルゴリズムとデータ構造 …………… ②558
新・明解Javaで学ぶアルゴリズムとデータ構造 …………… ②560
真名のつがい …… ①1305
真・女神転生DEEP STRANGE JOURNEY公式悪魔データ ………… ②280
真・女神転生DEEP STRANGE JOURNEY公式パーフェクトガイド … ②280
新訳 アレクサンドロス大王伝 ……… ②926
新訳 アンクル・トムの小屋 ……… ①1332

新訳 往生要集〈上〉… ①514
新訳 往生要集〈下〉… ①514
新訳 ジキル博士とハイド氏 ………… ①1332
新訳 貞観政要 …… ②366
新約聖書に見るキリスト教の諸相 …… ①529
新約聖書 訳と註〈7〉①529
新約 とある魔術の禁書目録（インデックス）〈18〉…… ①1180
新約 とある魔術の禁書目録（インデックス）〈19〉…… ①1180
新訳 ナルニア国物語〈1〉 ………… ①373
新訳 ハイパワー・マーケティング ……… ②336
新訳 まちがいの喜劇 … ①784
新訳 メアリと魔女の花①374、①1362
新訳 名犬ラッシー … ①379
新 やさしい局排設計教室 …………… ②460
シン・ヤマトコトバ学 …………… ①624
親友 ……………… ①992
親友が語る手塚治虫の少年時代 ……… ②33
親友に溺愛されています。………… ①1323
信用機構の政治経済学 …………… ②383
信用金庫便覧（2016）②383
信用組合便覧（2016）②383
新幼稚園教育要領、保育所保育指針、幼保連携型認定こども園教育・保育要領がわかる本 …………… ①691
新幼稚園教育要領ポイント総整理 幼稚園〈平成29年版〉…… ①691
信用保証協会保証付随資の債権管理 … ②385
新 よくわかる顎口腔機能 …………… ②757
新・よくわかるISO環境法 …………… ②575
新ヨーロッパ経済史〈1〉…………… ②269
新ヨーロッパ経済史〈2〉…………… ②269
信頼がうまれる患者対応の技術 ……… ②757
信頼が絆を生む不動産投資 ………… ②421
信頼される教師の叱り方 …………… ②704
信頼される保護者対応 …………… ②700
信頼できるかかりつけ歯科医〈2017 - 2018完全保存版〉…… ②757
信頼の原則 ……… ②285
信頼の主治医 明日の医療を支える信頼のドクター〈2018年版〉②702
新・ラグビーの逆襲 … ②228
新・らくらくマクロ経済学入門 ……… ②261
新・らくらくミクロ経済学入門 ……… ②261
親鸞が出遇った釈尊 … ①520
しんらんさま …… ①332
しんらんさままみーつけ

たっ！ …………… ①332
親鸞聖人と山伏弁円と板敷山 ……… ①520
親鸞聖人の教えをいただいて ………… ①520
親鸞と一遍 ……… ①519
親鸞と日本主義 … ①520
親鸞の教化 …… ①520
親鸞の還相回向論 … ①520
親鸞の妻・恵信尼 … ①520
親鸞の妻 玉日は実在したのか？ …… ①520
親鸞の仏道 …… ①520
親鸞「四つの謎」を解く …………… ①520
真理〈第2巻〉 …… ①505
真理〈第3巻〉 …… ①505
真理〈第9巻〉 …… ①505
心理・医療・教育の視点から学ぶ吃音臨床入門講座 ……… ②718
心理英語読解＆文法マスター ………… ①639
心理援助職の成長過程 …………… ①481
心理カウンセラーをめざす人の本（'18年版）…………… ①492
心理カウンセラーが教える 本当の自分に目覚める体癖論 … ①492
心理カウンセラーと考えるハラスメントの予防と相談 …… ①492
心理カウンセリング実践ガイドブック … ①493
心理学 …………… ①481
心理学からみた食べる行動 ………… ①482
心理学研究法 …… ①482
心理学研究法のキホンQ&A100 …… ①482
心理学検定 公式問題集〈2017年度版〉①482
心理学実験プログラミング …………… ①482
心理学者の茶道発見 … ②272
心理学統計入門 … ①482
心理学と錬金術〈1〉①482
心理学と錬金術〈2〉①482
心理学の神話をめぐって …………… ①482
心理学のためのサンプルサイズ設計入門 … ①482
心理学ベーシック〈第1巻〉 ………… ①482
心理学ベーシック〈第2巻〉 ………… ①482
心理学ベーシック〈第3巻〉 ………… ①482
心理学レポート・論文の書き方 …… ①482
ジンリキシャングリラ …………… ①1023
心理言語学 ……… ①630
心理社会的ケアマニュアル …………… ①493
心理小説 ……… ①1008
真理・存在・意識 … ①471
心理調査の基礎 … ①482
心理統計法 …… ①482
新倫理 …………… ①451
新リフォーム 見積り＋工事管理 マニュアル …………… ②623
侵略する豚 ……… ②455
新流通・マーケティン

グ入門 …………… ②336
診療画像技術学〈2a〉 …………… ②733
診療・研究にダイレクトにつながる 遺伝医学 …………… ②718
診療所経営の教科書 … ②708
診療所で診る皮膚疾患 …………… ②761
診療所のための開業マニュアル ……… ②708
診療所の窓辺から … ②701
診療点数早見表 … ②708
心療内科産業医と向き合う職場のメンタルヘルス不調 …… ①493
診療放射線技師イエロー・ノート 臨床編 …………… ②780
診療放射線技師国家試験 完全対策問題集〈2018年版〉…… ②780
診療放射線技師国家試験 合格！Myテキスト〈2018年版〉… ②780
診療放射線技師の一日 …………… ②780
診療放射線技師ブルー・ノート 基礎編 … ②780
診療報酬・完全攻略マニュアル〈2017年4月補訂版〉……… ②708
診療報酬完全マスタードリル〈2017年補訂版〉 ………… ②708
診療報酬×薬剤リスト〈平成29年版〉… ②772
診療報酬Q&A〈2017年版〉 ………… ②709
心理療法がひらく未来 …………… ①493
心理療法における無意識的空想 ……… ①493
心理療法の想像力 … ①493
心理療法の第一歩 … ①493
心理療法の未来 … ①493
心理臨床実践 …… ①493
心理臨床スーパーヴィジョン ………… ①493
心理臨床と「居場所」… ①482
心理臨床における法と倫理 ………… ①482
森林アメニティ学 … ②578
森林官が語る山の不思議 …………… ①943
森林業 ………… ①456
森林景観づくり …… ②578
新・臨床心理士になるために〈平成29年版〉 …………… ②780
森林バイオマスの恵み …………… ②578
森林・林業白書〈平成29年版〉 ……… ②457
人類学講座〈1〉… ②693
人類学講座〈2〉… ②693
人類学講座〈3〉… ②693
人類学講座〈4〉… ②693
人類学講座〈5〉… ②693
人類学講座〈6〉… ②693
人類学講座〈7〉… ②693
人類学講座〈8〉… ②693
人類学講座〈9〉… ②693
人類学講座〈10〉… ②693
人類学講座〈11〉… ②693
人類学講座〈12〉… ②693
人類学講座〈13〉… ②694
人類学講座〈別巻1〉②694

人類学講座〈別巻2〉‥ ②694
人類学者の人間論ノート‥‥‥‥‥‥‥‥‥‥ ②113
人類が絶滅する6のシナリオ‥‥‥‥‥‥ ②575
新類型の信託ハンドブック‥‥‥‥‥‥ ②205
人類5000年史〈1〉‥‥ ①588
人類最強のときめき‥‥‥‥‥‥‥‥ ①1247
人類史上最強ナノ兵器‥‥‥‥‥‥‥‥ ②166
人類先史、曙‥‥‥‥ ①613
人類と気候の10万年史‥‥‥‥‥‥‥‥ ②678
人類の歩み‥‥‥‥ ②101
人類の輝き‥‥‥‥ ②685
人類の幸福論‥‥‥ ②451
人類の住む宇宙‥‥ ②675
人類の祖先はヨーロッパで進化した‥‥ ②694
人類の未来‥‥‥‥ ②262
人類発祥の謎を解き明かす！「オーパーツ」の全てがわかる本‥ ①139
人類はどこへいくのか‥‥‥‥‥‥‥‥ ①451
人類はなぜ肉食をやめられないのか‥‥ ①36
心霊探偵ゴーストハンターズ〈2〉‥‥ ①381
心霊探偵ゴーストハンターズ〈3〉‥‥ ①381
心霊探偵八雲‥‥ ①1083
心霊探偵八雲〈10〉‥ ①1083
神令暦〈平成30年〉‥‥ ①135
新レインボーはじめて英語辞典 CD・ROMつき オールカラー‥‥‥‥‥‥‥‥ ①394
新レインボーはじめて英語辞典 CD・ROMつき ミッキー＆ミニー版 オールカラー‥‥‥‥‥‥‥‥ ①394
新レインボーはじめて英語図鑑 CDつきオールカラー‥‥‥ ①394
新レインボーはじめて漢字辞典（オールカラー）‥‥‥‥ ①388
新レインボーはじめて漢字辞典 ミッキー＆ミニー版（オールカラー）‥‥‥‥ ①388
新レベル表対応版 品質管理検定受験対策QC検定1級品質管理の実践70ポイント‥‥ ②590
新レベル表対応版 QC検定2級対応問題・解説集‥‥‥‥‥‥ ②629
進路‥‥‥‥‥‥‥ ①981
人狼ゲーム MAD LAND‥‥‥‥ ①1119
神狼さまの恋薬‥ ①1323
人狼知能で学ぶAIプログラミング‥‥ ②549
新労働事件実務マニュアル‥‥‥‥‥‥ ②462
人狼への転生、魔王の副官〈6〉‥‥ ①1260
人狼への転生、魔王の副官〈7〉‥‥ ①1260
人狼への転生、魔王の副官〈8〉‥‥ ①1260
神話‥‥‥‥‥‥ ①842
新 和菓子噺‥‥‥ ①36
神話から現代まで 一気

にたどる日本思想 ・ ①462
「神話」から読み直す古代天皇史‥‥‥ ①544
新・わくわく文法リスニング100〈1〉‥ ①635
新・わくわく文法リスニング100〈2〉‥ ①635
神話創世RPGアマデウスゴッドデータブック 世界神話大戦‥ ②278
神話伝説の英雄の異世界譚〈7〉‥‥ ①1228
神話伝説の英雄の異世界譚〈8〉‥‥ ①1228
神話と伝説にみる花のシンボル事典‥‥ ②688
神話と天皇‥‥‥ ②150
神話ゆかりの地をめぐる 古事記・日本書紀探訪ガイド‥‥ ①544
じんわり10秒 楽押しストレッチ‥‥‥ ①172
新DMの教科書‥‥‥ ②336
新ME早わかりQ&A〈2〉‥‥‥‥‥‥ ②740
新R&B教本‥‥‥ ①807

す

素足‥‥‥‥‥‥ ①973
髄液検査データブック‥‥‥‥‥‥‥‥ ②718
スイカのタネはなぜ散らばっているのか ・ ②688
随感録‥‥‥‥‥ ①950
水鏡推理〈6〉‥‥ ①1109
翠玉姫演義〈2〉‥ ①1189
水琴窟の癒しCDブック‥‥‥‥‥‥‥‥ ②610
水源をめざして‥‥ ①952
水虎様への旅‥‥‥ ②27
水滸伝‥‥‥‥‥ ①919
水滸伝〈1〉‥‥‥ ①919
水滸伝〈2〉‥‥‥ ①919
水滸伝〈3〉‥‥‥ ①919
水滸伝〈4〉‥‥‥ ①919
水彩色鉛筆で描く コミックイラストレッスン‥‥‥‥‥ ①860
水彩色鉛筆ではじめるぬりえの塗り方上達レッスン‥‥‥ ①865
水彩画 色の覚え書き ・ ①860
水彩画ルールブック ・ ①860
水彩で描くボタニカルアート‥‥‥‥ ①860
水左記‥‥‥‥‥ ①616
水産遺伝育種学‥‥ ②458
水産試験場繁殖試験地とリュウキュウアユ‥ ②458
水産白書〈平成29年版〉‥‥‥‥‥‥ ②457
水産物の先進的な冷凍流通技術と品質制御‥‥‥‥‥‥ ②458
水浄化技術の最新動向‥‥‥‥‥‥‥‥ ②606
水晶宮の死神‥‥ ①1048
水晶玉子のオリエンタル占星術〈2018〉‥ ②132
水上に住まう‥‥ ②119
推進工事用機械器具等

基礎価格表‥‥‥‥ ②623
推進工事用機械器具等損料参考資料〈2017年度版〉‥‥‥‥‥‥ ②623
スイス‥‥①206, ②253
スイス〈2017〜2018年版〉‥‥‥‥‥ ①206
スイスイ解ける高校数学‥‥‥‥‥‥ ②652
すいすい身につく小学校学習指導要領〈2019年度版〉‥‥‥ ①760
スイスイわかる保育士採用教養試験〈平成29年度版〉‥‥‥ ①763
スイスイわかる保育士採用専門試験〈平成29年度版〉‥‥‥ ①763
スイスイわかる幼稚園・こども園教員採用実技試験‥‥‥ ①763
スイス 大人女子の旅 ・ ①206
スイス林業と日本の森林‥‥‥‥‥ ②339
水声‥‥‥‥‥‥ ①992
水生昆虫〈2〉‥‥ ②695
彗星パンスペルミア ・ ②675
スイゼンジノリとサクランの魅力‥‥ ②688
水素育毛革命 決定版‥‥②22
随想 奥の細道‥‥ ①902
随想・オペラ文化論 ・ ①817
吹奏楽の神様 屋比久勲を見つめて‥‥ ①815
吹奏楽部員のためのココロとカラダの相談室 楽器演奏編‥ ①821
随想集 変化の昭和 ・ ①942
随筆 春夏秋冬‥‥ ①956
水葬の迷宮〈7〉‥ ①1072
水素機能材料の解析 ・ ②671
「水素」吸入健康法‥‥①157
水族館ガール〈2〉‥ ①367
水族館ガール〈4〉‥ ①1021
水族館哲学‥‥‥ ②691
水素分子はかなりすごい‥‥‥‥‥‥ ②671
衰退の法則‥‥‥ ②372
水中少女‥‥‥ ①1126
水中にのびる根っこ ・ ①406
水中文化遺産‥‥ ②613
スイーツ駅伝‥‥ ①350
スイーツ刑事‥‥ ①1170
スイーツ男子の恋愛事情‥‥‥‥‥ ①1323
スイーツ男子はなともの I loveパンケーキ ‥①70
すいーっと合格赤のハンディぜんぶ解くべし！ 第2種電気工事士受験過去問〈2018〉‥‥‥‥‥‥ ②633
（推定3000歳の）ゾンビの哲学に救われた僕（底辺）は、クソッタレな世界をもう一度、生きることにした。‥‥‥‥‥‥ ①451
水天のうつろい‥ ①965
水都ヴェネツィア ・ ①601
水道事業の経営改革 ・ ②415
水道年鑑〈平成29年度版〉‥‥‥‥‥ ②606
水稲の飼料利用の展開構造‥‥‥‥ ②446
水道博士のムラっとびんびんテレビ‥ ①769
水法関係法令集‥‥ ②606

水都の富豪と愛の妖精‥‥‥‥‥‥‥ ①1379
スイート・ルーム・シェア‥‥‥‥‥‥ ①1158
髄内釘による骨接合術‥‥‥‥‥‥‥‥ ②751
随筆と小説 将棋八十一枡の小宇宙‥‥ ①249
吹部ノート〈3〉‥ ①802
水墨画‥‥‥‥‥ ①838
水墨画・花鳥讃歌‥ ①838
水墨画技法で本格的に！ 四季の筆ペン画48のポイント‥ ①860
水墨画・墨に五彩あり〈第5巻〉‥‥ ①838
水墨画 中村土光‥ ①838
水墨画年賀状 犬を描く‥‥‥‥‥‥‥ ①838
水墨画年鑑〈2017年版〉‥‥‥‥‥‥ ①838
睡眠を整える‥‥ ①171
スイミングスクール‥‥‥‥‥‥‥ ①1004
睡眠と健康‥‥‥ ①171
睡眠の科学‥‥‥ ①171
睡眠の教科書‥‥ ①171
「睡眠品質」革命‥ ①171
水曜の朝、午前三時‥‥‥‥‥‥‥ ①1012
翠葉は愛で煌めく ・ ①1307
水曜日 東アジア 日本〈1号〉‥‥‥ ②101
水理学演習〈上〉‥ ②604
水理学演習〈下〉‥ ②604
推理作家謎友録‥ ①938
推論と照応‥‥‥ ①621
スイングアウト・ブラザース‥‥‥‥‥ ①985
スウィート・ベイビー‥‥‥‥‥‥ ①1394
スウィート・ホーム ・ ①970
スウィングしなけりゃ意味がない‥‥ ①998
スウェーデン‥‥ ②253
スウェーデンが見えてくる‥‥‥‥‥ ②84
数学オリンピック2013〜2017‥‥‥ ②652
数学科「問題解決の授業」ガイドブック ・ ①728
数学ガールの秘密ノート/積分を見つめて‥‥‥‥‥‥ ②657
数学基礎プラスα 金利編〈2017〉‥ ②652
数学基礎プラスα 最適化編〈2017〉‥ ②652
数学基礎プラスβ 金利編〈2017〉‥ ②652
数学基礎プラスβ 最適化編〈2017〉‥ ②652
数学基礎プラスγ 解析学編〈2017〉‥ ②657
数学基礎プラスγ 線形代数学編〈2017〉‥ ②659
数学教育学の礎と創造‥‥‥‥‥‥ ①728
数学教育における論証の理解とその学習指導‥‥‥‥‥‥ ①728
数学3の微分積分の検定外教科書‥‥ ②657
数学史のすすめ‥ ②653
数学者・岡潔 日本人へのメッセージ‥ ①503
数学小辞典‥‥‥ ②653

数学女子が転生したら、次期公爵に愛され過ぎてピンチです！‥‥‥‥‥‥ ①1191
数学 “超・超絶” 難問 ・ ②653
スウガクって、なんの役に立ちますか？ ・ ②653
数学的な活動を通して ・ ①728
数学的コミュニケーション入門‥‥‥ ②653
数学的思考とは何だ？〈3〉‥‥‥‥ ①957
数学の研究をはじめよう〈3〉‥‥‥‥ ②653
数学の研究をはじめよう〈4〉‥‥‥‥ ②653
数学の二つの心‥ ②653
数学の問題をうまくきれいに解く秘訣 ・ ②653
数学の問題の発見的解き方〈1〉‥‥ ②653
数学の問題の発見的解き方〈2〉‥‥ ②653
数学はなぜ哲学の問題になるのか‥‥ ①451
数学フリーの分析化学‥‥‥‥‥‥ ②671
数学フリーの「無機化学」‥‥‥‥‥ ②671
崇高の修辞学‥‥ ①451
「数字」が読めると本当に儲かるんですか？‥‥‥‥‥‥ ②317
数字で救う！ 弱小国家‥‥‥‥‥ ①1240
数字でみる観光〈2017年度版〉‥‥‥‥ ②243
数字で見る関東の運輸の動き〈2017〉‥ ②417
数字でみる港湾〈2017〉‥‥‥‥‥‥ ②417
数字でみる自動車〈2017（平成29年版）〉‥ ②442
数字でみる食肉産業〈2017〉‥‥‥ ②455
数字でみる物流〈2016年版〉‥‥‥‥ ②418
数字に強くなる‥ ①416
数字は人格‥‥‥ ②285
「ずうずうしい女」になろう。‥‥‥ ①116
数値解析‥‥‥‥ ②657
数値文化論‥‥‥ ②653
数独練習帳〈1〉‥ ①275
数と図形のパズル百科‥‥‥‥‥‥ ②653
数乱digit公式ファンブック‥‥‥‥ ②281
数理議論学‥‥‥ ②518
数理計画とポートフォリオ選択モデル入門‥‥‥‥‥‥ ②372
数理生物学講義 展開編‥‥‥‥‥‥ ②683
数流九星術真義 初伝 ・ ②132
末井昭のダイナマイト人生相談‥‥ ①948
末っ子公爵は異世界村を開拓して自由気ままに成り上がる！‥‥‥‥‥‥ ①1397
末っ子ってこんな性格。‥‥‥‥‥‥ ①482
末ながく、お幸せに ・ ①982
末の末っ子‥‥‥ ①981
図を見てわかる膵疾患のMRI‥‥‥ ②718
図解！ 頭のいい人のメモ・ノート‥‥ ②351

書名索引

図解 頭のよい「超」記憶術 …………① 124
図解 頭のよい「超」勉強術 …………① 351
図解＆イラスト 中小企業の事業承継 …② 328
図解＆ケース 国際タックスプランニング入門 ……………② 401
図解＆事例 資産承継の税務・法務・会計 …② 328
図解＆事例で学ぶ起業・開店の教科書 …② 426
図解 いちばん親切な税金の本〈17・18年版〉……………② 401
図解 いちばん親切な相続税の本〈17・18年版〉……………② 412
図解 いちばん親切な年金の本〈17・18年版〉……………② 74
図解 いちばんやさしい地政学の本 ……② 123
図解 いちばんやさしく丁寧に書いた青色申告の本〈18年版〉…② 412
図解 いちばんやさしく丁寧に書いた総務・労務経理の本〈17〜18年版〉…② 330
図解 いちばんやさしく丁寧に書いた法人税申告の本〈18年版〉……………② 406
図解いちばんよくわかる最新個人情報保護法 ……………② 187
図解 一流の人が大切にしている人生がすべてうまくいく習慣38 ……………① 96
図解 移転価格税制のしくみ ……………② 401
図解 うまくなる技術・② 351
図解 運動療法ガイド・② 751
図解 エコノミークラス症候群の原因と予防ストレッチ ………① 149
図解 エネルギー・経済データの読み方入門 ……………② 242
スカイエマ作品集 ……① 842
図解 親ともめずにできるこれがリアルな実家の片づけです。…① 109
図解 会社法〈平成29年版〉……………① 197
図解 開発・事業化プロジェクト・マネジメント入門 ………② 309
図解 株式投資のカラクリ ……………② 393
図解がまんできない！皮膚のかゆみを解消する正しい知識とスキンケア ………① 149
図解カーメカニズム パワートレーン編 …② 601
図解 体の不調が消える腸を温める食べ方・① 163
図解 観応の擾乱と南北朝動乱 …………① 549
図解 環境ISO対応 まるごとわかる環境法 ・② 575
図解 管工事技術の基礎 …② 618
図解かんたん 23時から食べても太らない方

法 ……………① 25
図解 がんばらなくてもお金が貯まる！生活習慣 …………② 390
図解 機械設計手ほどき帖 ……………② 601
図解 企業の戦略マネジメント・コントロール ……………② 285
図解 危険物施設基準の早わかり〈3〉…② 618
図解 基本ビジネス思考法45 …………② 351
図解 九州の植物〈上巻〉……………② 688
図解 九州の植物〈下巻〉……………② 688
図解 給排水・衛生施工図の見方・かき方 ・② 621
図解QC検定対策3級基本テキスト＋問題＆模擬問題 …………② 629
図解！業界地図〈2018年版〉…………② 415
図解・業務別 会社の税金実務必携〈平成29年版〉……………② 401
図解 近畿の城郭〈4〉・② 532
図解 金属3D積層造形のきそ ……………② 601
図解 グループ法人課税〈平成29年版〉…② 406
図解＋ケースでわかるM&A・組織再編の会計と税務 ………② 323
図解 言志四録 ………② 462
図解 源泉所得税〈平成29年版〉…………② 410
図解建築申請法規マニュアル 建築法規PRO〈2017〉………② 620
図解建築法規〈2017〉……………② 620
図解 高校3年間の英語を10時間で復習する本 ……………② 639
図解 国際税務〈平成29年版〉……………② 401
図解 国税通則法〈平成29年版〉…………② 401
図解 心をつかむ「話し方」と「聞き方」が驚くほど身につく本 ・② 360
図解50の法則 口語英文法入門 ………② 653
頭蓋骨をユルめるとカラダが快調になる！……………① 158
図解 子どもの保健〈1〉……………② 691
図解 コレ1枚でわかる最新ITトレンド …② 512
図解これだけは知っておきたいAI（人工知能）超入門 …② 524
図解コンピュータ概論ソフトウェア・通信ネットワーク …② 518
図解コンピュータ概論ハードウェア ……② 518
図解 債権譲渡判例集 ② 209
図解サイコパスの話・① 498
図解 財産評価〈平成29年版〉……………② 412
図解 最新 税金のしくみと手続きがわかる事典 ……………② 401
図解最新ネットビジネスの法律とトラブル

解決法がわかる事典 ② 513
図解 最新不動産の法律と手続きがわかる事典 ……………② 192
図解 斎藤一人 すべてがうまくいく魔法の法則 ……………① 96
図解 斎藤一人 天が味方する「引き寄せの法則」……………② 285
"図解"雑談力 ………② 360
図解「ザ・マネーゲーム」から脱出する法 ② 286
図解 30日間で無敵の営業マンになるノート ……………② 333
図解 事業承継税制〈平成29年版〉…………② 401
図解 仕事が速くなる！生産性が上がる！最強の働き方 …② 351
図解 実践！アクティブラーニングができる本 ……………① 718
図解 実践MOTマーケティング入門 …② 336
図解 実務で使える防火査察 ……………② 583
図解 実用ロープワーク ……………② 626
図解 自分を操る超集中力 ……………② 351
図解・社会保険入門の入門〈平成29年版〉② 74
図解 週3日だけの「食べグセ」ダイエット ① 25
図解 酒税〈平成29年版〉……………② 414
図解 証券投資の経理と税務〈平成29年度版〉② 393
図解 上司力×部下力・② 351
図解詳説 幕末・戊辰戦争 ……………① 566
図解 譲渡所得〈平成29年版〉……………② 410
図解 消費税〈平成29年版〉……………② 406
図解 消費税法「超」入門〈平成29年度改正〉……………② 406
図解 食卓の薬効事典・① 163
図解 食物アレルギーの悩みを解消する！最新治療と正しい知識 ……………① 181
図解 所得税〈平成29年版〉……………② 410
図解 所得税法「超」入門〈平成29年度改正〉② 410
図解 知らないとヤバい！領収書・経費精算の話 ………② 317
図解＆事例で学ぶ新しいビジネスのルールとマナーの教科書 ・② 363
図解神経機能解剖テキスト ……………② 728
図解 新人の「質問型営業」……………② 333
図解 人生がはかどる「ふせんノート」……① 96
図解最新ISO9001 …② 586
図解 すぐに使える！論理思考の教科書 ・② 351
図解すごいメモ。……② 351

図解 スティーブ・ジョブズ 神の仕事術 …② 351
図解 ストレス、不安、迷いが一瞬で消える！超瞑想法 …① 124
図解 住まいの寸法 …① 19
図解！製造業の管理会計入門 …………② 318
図解 ゼロからわかる機械力学入門 ……② 601
図解！「戦後」世界史 …① 588
図解 専門医が教えてくれる！腰痛を自分で治す！最新治療と予防法 …………① 172
図解 専門医が教える！めまい・メニエール病を自分で治す正しい知識と最新療法・① 166
図解 戦略経営のメカニズム …………② 372
図解 相続税・贈与税〈平成29年版〉……② 412
図解 相続税法「超」入門〈平成29年度改正〉……………② 412
図解 相続は生前の不動産対策で考えよう・② 412
図解 組織再編税制〈平成29年版〉…………② 401
図解 租税法ノート …② 401
図解 大学4年間の経営学が10時間でざっと学べる …………② 372
図解大事典 世界の妖怪 ……………① 441
図解大事典 戦国武将・① 426
図解大事典 日本の歴史人物 ……………① 426
図解 第2次世界大戦対ナチ特殊作戦 …① 601
図解 第二次大戦各国軍装 ……………① 165
"図解"第二次大戦ドイツ戦車 …………① 166
図解だからわかりやすい家庭果樹の育て方＆剪定のコツ ……① 267
図解だからわかりやすい花木・庭木剪定のコツ ……………① 267
図解だからわかりやすい野菜の育て方のコツ ……………① 267
図解 食べても食べても太らない法 ……① 25
図解 知識ゼロからの現代漁業入門 ……② 457
図解 知識ゼロからはじめるFXの入門書 …② 397
図解 知識ゼロからはじめるiDeCo（個人型確定拠出年金）の入門書 ……………② 386
図解 地方税〈平成29年版〉……………② 414
図解 中学・高校6年間の英語をこの1冊でざっと復習する …② 735
図解 超早わかり国民投票法入門 ………② 187
図解「疲れない身体」をつくる本 ………① 149
図解テキスト 書道の基本 ……………① 870
図解でスッキリ！介護福祉士テキスト〈2018年版〉…………② 79

図解でなっとく！トラブル知らずのシステム設計 …………② 518
図解で早わかり 債権法改正に対応！民法「財産法」のしくみ・② 205
図解で早わかり 最新刑事訴訟法のしくみ・② 216
図解で早わかり 最新刑法のしくみ …② 213
図解で早わかり 最新賃貸借のしくみとルール ……………② 192
図解で早わかり 消費者契約法・特定商取引法・割賦販売法のしくみ …………② 187
図解で早わかり 民法改正で変わる！最新契約のしくみとルール ② 205
図解で学ぶ医療機器業界参入の必要知識・② 709
図解で学ぶPIC/SGMPガイド ……② 772
図解でよくわかる1級管工事施工管理技士〈平成29年版〉……② 637
図解でよくわかる1級土木施工管理技士学科試験〈平成30年版〉② 637
図解でよくわかる1級土木施工管理技士実地試験〈平成29年版〉② 637
図解でよくわかるタネ・苗のきほん …① 267
図解でよくわかるトマトつくり極意 …① 450
図解でよくわかる2級土木施工管理技士 学科試験〈平成29年版〉② 637
図解でよくわかる2級土木施工管理技士 実地試験〈平成29年版〉② 637
図解でわかる 暗記のすごいコツ …………① 124
図解でわかるエクセルのマクロとVBAがみるみるわかる本 ……② 538
図解でわかる！お仕事のExcel ………② 538
図解でわかる！お仕事のWord ………② 537
図解でわかる！確定拠出年金 …………② 74
図解でわかる金融のしくみ ……………② 378
図解でわかる経営の基本 いちばん最初に読む本 …………② 286
図解でわかる！経理 …② 318
図解でわかる！減価償却 ……………② 320
図解でわかる自衛隊のすべて …………① 164
図解でわかる時事重要テーマ100〈2019年度版〉…………② 31
図解でわかる14歳からのお金の説明書 …② 378
図解でわかる！上手な気遣い …………② 364
図解でわかる新民法「債権法」………② 209
図解でわかる！段取り

時間術 …………②351
図解でわかる！ 地方銀行 …………②383
図解でわかる中小企業庁「事業承継ガイドライン」完全解説 …②328
図解でわかる！ 伝わるプレゼン …………②358
図解でわかる 提案融資に活かす「法人税申告書」の見方・読み方〈2017年度版〉…②406
図解でわかる！ 投資信託 …………②394
図解でわかる土壌・肥料の基本とつくり方・使い方 …………②267
図解でわかる！ 伸びる営業力 …………②333
図解でわかるはじめての電気回路 …②593
図解でわかるはじめての電子回路 …②597
図解でわかる販売・物流管理の進め方 …②326
図解でわかる！ ビジネス文書 …………②362
図解でわかる！ ビジネスマナー …………②364
図解でわかる不動産担保評価額算出マニュアル …………②421
図解でわかるホモ・サピエンスの秘密 …②694
図解でわかる！ マーケティング …………②336
図解でわかる！ 回せるPDCA …………②351
図解でわかる耳鳴りの原因と治療法 …②149
図解でわかる！ モバイル通信のしくみ …②526
図解でわかる！ 利益を出す生産性 …②589
図解でわかるIoTビジネスいちばん最初に読む本 …………②513
図解でわかる！ NLP …………②351
図解 東大教授の父が教えてくれた頭がよくなる勉強法 ……①675
図解 道路交通法 ……②429
図解と個別事例による株式評価実務必携 ・②401
図解と実例と論理で、今度こそわかるガロア理論 …………②659
図解 なんかへんな生きもの …………②691
図解 2級土木施工管理技士試験テキスト〈平成29年度版〉……②637
図解 2018年度介護保険の改正早わかりガイド …………②74
図解入門ビジネス 最新ロジスティクスの基本と実践がよーくわかる本 …………②589
図解入門 よくわかる最新SAP & Dynamics 365 …………②589
図解による 会社法・商法のしくみ …②197
菅井ノート 相撲り編・①249
図解 葉隠 …………②343
図解 幕末史 …………①566
図解 話を聞かない男、

地図が読めない女 ・①106
図解 「話す力」が面白いほどつく本 …②360
図解版 「あとでやろう」と考えて「いつまでも」しない人へ …②351
図解版 なぜ、あの人は"人付き合い"が上手いのか …………①482
図解版 人間関係、こう考えたらラクになる …………①106
図解版 ANAが大切にしている習慣 …②310
図解 ビジネスに絶対使える！『論語』入門 …②465
図解 百歳まで歩く …①160
図解・表解 確定申告書の記載チェックポイント …………②410
図解・表解 教育法規・②758
図解 福祉行政はやわかり …………②59
図解不動産取引 不動産境界入門 …………②419
図解フロー・カンパニー …………②286
図解 プログラミング教育がよくわかる本・①718
図解 平成大相撲決まり手大事典 …………②237
図解 弁護士だけが知っている反論する技術 反論されない技術 …②228
図解 貿易実務ハンドブック ベーシック版 …………②313
図解 法人税〈平成29年版〉 …………②407
図解 法人税法「超」入門〈平成29年度改正〉…………②407
図解 ホモ・サピエンスの歴史 …②694
図解 マインドフルネス瞑想がよくわかる本 …①96
図解 マッキンゼー流入社1年目問題解決の教科書 …………②351
図解まるわかり お金の基本 …………②390
図解まるわかり時事用語〈2018→2019年版〉…………②31
図解 身近にあふれる「科学」が3時間でわかる本 …………②648
図解 見せれば即決！ 資料作成術 …………②358
図解 民法改正対応！ 最新債権回収のしくみがわかる事典 ……②209
図解 民法〈債権〉 最新版 …………②209
図解 民法〈親族・相続〉〈平成29年版〉……②205
図解 めっき技術の基礎 …………②624
図解免疫細胞療法 …②737
図解 毛細血管が寿命をのばす …………②149
図解 モチベーション大百科 …………②352
図解 薬害・副作用学・②770
図解 やさしくわかる目の病気 …………①183
図解 やってはいけない

ランニング 速さと持久力が一気に手に入る走り方 …………①235
図解 ヤバいほど使える！ 黒い心理学 …①106
図解 ヤバすぎるほど面白い物理の話 …②665
図解・やるべきことがよくわかるドラッカー式マネジメント入門 …………②286
図解要説 中小企業白書を読む〈2017年度対応版〉…………②301
図解 よくわかる下肢静脈瘤 …………②740
図解 よくわかるこれからのヒューマンエラー対策 …………②589
図解よくわかるこれからのWEBマーケティング …………②336
図解 よくわかる自治体公会計のすべて …②156
図解よくわかる住宅火災の消火・避難・防火 …………②583
図解 よくわかる地方自治のしくみ …②156
図解 よくわかるブドウ栽培 …………②449
図解 よくわかるIATF16949 …②586
図解 40代からのアンチエイジング28の方法 …………②158
スカイライン …②442
図解リーン・スタートアップ成長戦略 …②286
図解 老眼をぐんぐん若返らせる！ 眼トレ&回復体操のすべて ・②183
図解わかる 会社をやめるときの手続きのすべて〈2017・2018年版〉…………②343
図解わかる 交通事故の損害賠償 …②218
図解わかる住宅ローン〈2017・2018年版〉…………②390
図解 わかる税金〈2017・2018年版〉…②401
図解わかる生命保険〈2017・2018年版〉…………②386
図解わかる定年前後の手続きのすべて〈2017・2018年版〉…②74
図解 わかる！ トクする！ 現役東大生が書いた日本経済の教科書 …………②243
図解 わかる年金〈2017・2018年版〉…②74
図解 わかる労働基準法〈2017・2018年版〉…②467
図解！ わかればできるアンチエイジングとメタボ・生活習慣病対策 …………①167
図解 CFRPによる自動車軽量化設計入門・②601
図解 EV革命 …②442
図解 FinTechが変えるカード決済ビジネス …………②286
図解 IATF16949の完全

理解 …………②586
図解IATF16949よくわかるコアツール …②590
図解 ISO 9001/IATF 16949プロセスアプローチ内部監査の実践 …………②590
図解「ROEって何？」という人のための経営指標の教科書 …②286
スカウト教育の復権・②286
菅江真澄とみちのく・①560
須賀健太ファースト写真集 SUGA. − 素顔 …………①775
昔ちゃん英語で道案内しよっ！ …………①644
スカチャン・宮本の開運！ ホクロ占い&メイク …………①129
スカートはかなきゃダメですか？ …①383
スカルプターのための美術解剖学〈2〉…①838
好かれる大人のほめられ文字LESSON …①17
好かれる人が無意識にしている気の使い方 …………①96
好かれる人が無意識にしている言葉の選び方 …………②364
好かれる女（ひと）は、感情の整理がうまい …………①116
ずかん 海外を侵略する日本&世界の生き物 …………①404
図鑑デザイン全史・①876
"好き"を一歩踏み出そう「メイクを教える」仕事で独立する方法 …………②286
「好き」を「お金」に変える心理学 …①482
"好き"を仕事に変える …………①96
好きを仕事にして長く愛される！ おうちサロンのはじめ方 ②425
"好き"がお金に変わる33の方法 …②390
「好き」から始める暮らしの片づけ …①27
杉下右京のアリバイ …………①1075
スキゾマニア …①994
杉田玄白 晩年の世界・②726
杉田玄白評論集 …①560
好きだと言って、ご主人様 …………①1176
すきだらけ …………①775
スキップするように生きたい …………①946
好きとか遊びとか本気とか浮気とか駆け引きとか、もうどうでもいいから愛してくれ …………①116
「好き」と「似合う」がかなう色の組み合わせBOOK …①29
好きな男を手に入れたければ、ネコ系女子になりなさい。…①116
好きなことだけで生きていく。…………①96
「好きなことだけやって

生きていく」という提案 …………①96
「好きなこと」で、脳はよみがえる ……①158
すきなじかん きらいなじかん …………①332
「好き」な「スキマ」で楽しく稼ぐ「新」副業・起業術 …②286
好きな場所で、好きな時間に、愛される仕事を手に入れる本 ・②286
好きな人に愛される5つのルール …………①116
杉並区長日記 …②156
好きなものだけ食べてなぜ悪い？ …①164
好きなんだからしょうがないだろ？ …①1196
好きになる化学基礎実験 …………②671
好きになんなよ、俺以外。…………①1299
スキマ・エクササイズでからだケア …①158
スキ間で極意!!いつでもどこでも心電図判読88川 …………②718
スキーマ療法最前線・②493
杉村太郎、愛とその死 …………②703
杉村博文教授退休記念中国語学論文集・①664
杉本一文『装』画集・①842
杉山城の時代 …①553
杉山吉伸作品集 …①837
スキャンダラスな王女は異国の王の溺愛に甘くとろけて …①1401
好きよ、喫茶店 …①40
スキーリゾートの発展プロセス …………②427
スキルアップ！ 情報検索 …………②518
スキル喰らいの英雄譚 …………①1147
スキル喰らいの英雄譚〈2〉…………①1147
スキルとマナーが身に付く 社会人のルール …………②364
スキンケアガイドブック …………②761
スキンケアのための科学 …………②648
スキンシップゼロ夫婦・①5
すぐ動くコツ …②352
スクエアグリップでやり直せば飛ばしも寄せも驚くほど上達する …………①219
救える脳を救いたい・②729
すぐ実践できる！ アクティブ・ラーニング 高校英語 …①735
すぐ実践できる！ アクティブ・ラーニング 高校国語 …①724
すぐ実践できる！ アクティブ・ラーニング 高校理科 …①729
すくすくスケッチ …①13
すくすく育て！ 子ダヌキ ポンタ …………①383
すくすくそらまめ……①13
すぐ使える！ 四字熟語 …………①633
すぐ使える若葉マークのための鍼灸臨床指

針‥‥‥‥‥②718
スグでき！ 離乳食アイ
　デアBOOK‥‥‥‥①55
すぐできる！ 会議・プ
　レゼンの資料作成と
　進め方‥‥‥‥②358
すぐできる！ 紐とロー
　プの結び方‥‥‥①234
少ない人数で売上を倍
　増させる接客‥‥②426
少ない服で自分スタイ
　ルを手に入れる方法
　‥‥‥‥‥‥①29
少ない予算で、毎日、心
　地よく 美しく暮らす
　36の知恵‥‥‥②27
すぐに書ける！「頭の
　いい文章」ちょっと
　したコツ‥‥‥①633
すぐに結果を求めない
　生き方‥‥‥‥①96
すぐに試したくなる世
　界の裏ワザ200集めま
　した！‥‥‥‥②32
すぐにすぐ勝て
　る！ 将棋・振り飛車
　破りの基本‥‥①249
すぐに使えてよくわか
　る 養護教諭のフィジ
　カルアセスメント〈2〉
　‥‥‥‥‥‥②718
すぐに使える！ 韓国語
　フレーズ辞典‥‥①96
すぐに使える高齢者総
　合診療ノート‥‥②742
すぐに使える！ 小学校
　国語 授業のネタ大事
　典‥‥‥‥‥①724
すぐに使える！ 小学校
　算数 授業のネタ大事
　典‥‥‥‥‥①728
すぐに使える！ 税務の
　英文メール‥‥②649
すぐに使える不動産契
　約書式例60選‥②419
すぐに役立つゴルフ
　ルール〈2018年度版〉
　‥‥‥‥‥‥①219
すぐに役立つ これなら
　わかる 入門図解 任意
　売却と債務整理のし
　くみと手続き‥②187
すぐに役立つ 図解と
　Q&Aでわかる最新個
　人情報保護法と秘密
　保持契約をめぐる法
　律問題とセキュリ
　ティ対策‥‥②187
すぐに役立つ入門図解
　介護施設・高齢者向
　け住宅のしくみと疑
　問解決マニュアル‥②66
すぐに役立つ入門図解
　強制執行のしくみと
　手続き‥‥‥②187
すぐに役立つ 入門図解
　最新 アパート・マン
　ション・民泊経営を
　めぐる法律と税務‥②423
すぐに役立つ入門図解
　最新よくわかる障害
　者総合支援法‥‥②59
すぐに役立つ入門図解
　障害年金・遺族年金
　のしくみと申請手続
　きケース別32書式‥②74
すぐに役立つ入門図解
　特許・商標のしくみ
　と手続き‥‥②584

すぐに役立つ入門図解
　民法（債権法）大改正
　‥‥‥‥‥‥②209
すぐに役立つ 売却、賃
　貸、民泊、税金対策ま
　で 入門図解 実家の空
　き家をめぐる法律問
　題と対策実践マニュ
　アル‥‥‥‥②192
すぐに役立つ法律書式
　の作成全集‥‥②187
すぐにヤラせてくれる
　女、絶対にヤラせて
　くれない女‥‥①119
「すぐ不安になってしま
　う」が一瞬で消える
　方法‥‥‥‥①493
すぐ身につけたい 大人
　の言葉づかいBOOK
　‥‥‥‥‥‥②364
すぐ役立つ司会進行・
　あいさつのコツ‥②17
すぐやせる！ 糖質オフ
　レシピ‥‥‥‥①55
すぐやる、すぐできる
　人の実践PDCA‥②352
すぐやる力 やり抜く力
　‥‥‥‥‥‥①96
「すぐやる！」で、人生
　はうまくいく‥‥①96
「すぐやる人」と「やれ
　ない人」の習慣‥②352
スクランブルメソッド
　‥‥‥‥‥‥①1316
スクリプトドクターの
　プレゼンテーション
　術‥‥‥‥‥②358
スクリーン横断の旅‥①796
スクリーンのなかへの
　旅‥‥‥‥‥①793
スクールガールストラ
　イカーズビジュアル
　ブック‥‥‥‥①842
学園王国（スクールキン
　グダム）‥‥‥①1082
スクールジャック＝ガ
　ンスモーク‥‥①1200
スクールセクハラ‥①700
スクールポーカー
　ウォーズ〈3〉‥①1162
すぐれたリーダーに学
　ぶ言葉の力‥‥②366
優れたリーダーはみな
　小心者である。‥②366
すぐれものポーチ‥①74
スクロール‥‥‥①1011
すぐわかる応用計数
　学‥‥‥‥‥②653
すぐわかる自律神経の
　整え方‥‥‥‥①149
すぐ分かるスーパー
　マーケット惣菜の仕
　事ハンドブック‥②425
すぐ分かるスーパー
　マーケット陳列と演
　出ハンドブック‥②425
すぐ分かるスーパー
　マーケット レジ
　チェッカーの仕事ハ
　ンドブック‥‥②425
すぐわかる内臓脂肪の
　減らし方‥‥‥①149
すぐわかる脳出血・脳
　梗塞の防ぎ方‥‥①167
すぐわかる微分方程式
　‥‥‥‥‥‥②657
すぐわかるよくわかる
　税制改正のポイント
　〈平成29年度〉‥②401

救わなきゃダメです
　か？ 異世界〈5〉‥①1141
スケスケ☆ヒーロー
　‥‥‥‥‥‥①1306
スケッチ・オブ・ジャズ
　〈2〉‥‥‥‥①817
スケッチブック‥‥①1202
助っ人マスター‥‥①350
スケートボーイズ‥①980
スケープゴート‥‥①1066
スケベで鬼畜な師匠と
　素直で従順で美少女
　な弟子‥‥‥‥①1398
スケールモデル最新塗
　料＆塗装入門‥‥①287
スコアが上がるTOEIC
　L&Rテスト本番模試
　600問‥‥‥‥①659
スコアブックの余白‥①223
スコアメーカーZERO
　公式ガイドブック‥②543
スコアリングモデルの
　基礎知識‥‥‥②301
すごい会話のタネ700‥②32
すごい血流術‥‥①149
すごい！ 研修50選
　〈2017年版〉‥‥②310
すごい効率化‥‥②286
すごい呼吸 CDブック
　‥‥‥‥‥‥①158
すごい古書店 変な図書
　館‥‥‥‥‥②4
すごい進化‥‥‥②685
「すごい」人事評価‥②330
すごいストレッチ‥①158
すごい！ セスキ掃除‥①6
すごい説明力‥‥①360
すごいセラピスト49人
　に出会える本‥‥①149
スゴいぞ！ 動物の子ど
　もたち〈1〉‥‥①407
スゴいぞ！ 動物の子ど
　もたち〈2〉‥‥①407
スゴいぞ！ 動物の子ど
　もたち〈3〉‥‥①407
スゴいぞ！ 動物の子ど
　もたち〈4〉‥‥①407
すごいぞ！ ニッポン美
　術‥‥‥‥‥①430
スゴイぞ！ プーチン・‥②127
すごい「デンタル美顔」
　プログラム‥‥①22
すごいトショリBOOK
　‥‥‥‥‥‥①110
すごいね！ みんなの通
　学路‥‥‥‥①416
すごい博物画‥‥①828
すごい！ ビジネスモデ
　ル‥‥‥‥‥①202
すごい物理学講義‥②665
すごいプロセス‥‥②352
すごい耳トレ！‥‥①124
すごい瞑想‥‥‥①96
すごいヤツほど上手に
　ブレる‥‥‥‥②366
すごい立地戦略‥‥②158
ずこうことばでかんが
　える‥‥‥‥①96
凄腕‥‥‥‥‥①1097
凄腕ディーラーの戦い
　方〈2〉‥‥‥②381
図工・美術教育へのア
　プローチ 造形教育の
　手法‥‥‥‥①739
スゴ運。‥‥‥‥①129
すごか！ 九州‥‥②304
すご辛ナンプレ〈1〉‥①275
すごく危険な毒せいぶ

つ図鑑‥‥‥‥①405
スゴー家の人々‥‥①769
少しだけ回り道〈14〉
　‥‥‥‥‥‥①1380
少しのことでラクにな
　るごはんづくり帖‥①55
スコセッシ監督術‥①793
スコッチ・オデッセイ‥①44
スコットランド近代織
　維工業の展開‥‥①604
スコットランド啓蒙に
　おける商業社会の理
　念‥‥‥‥‥②268
スコットランド、一八
　〇三年‥‥‥‥①921
スコットランドに響く
　和太鼓‥‥‥‥①819
スコットランドの選択
　‥‥‥‥‥‥②128
すこやか赤ちゃん肌は
　ママが作る！ 時短・
　かんたん・幼児食‥①9
健やかな生活の知恵袋‥②101
すこやかに住まうすこ
　やかに生きる‥‥②67
スーサイド・スクワッ
　ド：カタナ‥‥①851
スーサイド・スクワッ
　ド：デッドショット
　‥‥‥‥‥‥①851
スーサイド・スクワッ
　ド：ブラック・ヴォー
　ル卜‥‥‥‥‥①851
素盞嗚尊の平和思想‥①500
図式的表現期における
　子どもの画面構成プ
　ロセスの研究‥‥②753
すしそばてんぷら‥①1016
すし‥‥‥‥‥①36
すし 伝統の技を極める
　‥‥‥‥‥‥①67
寿司とワイン‥‥①36
鮨のすべて‥‥‥①67
素性を明かさぬ死‥①1351
スー女のみかた‥‥①238
図書寮叢刊 古今伝受資
　料〈1〉‥‥‥①616
スズキカプチーノ
　EA11R＋21Rメカニ
　ズムブック‥‥①241
スズキジムニー“JA11”
　リペアマニュアル‥①241
鈴木商店と台湾‥‥①592
鈴木商店の経営破綻‥②269
鈴木大拙 コロンビア大
　学セミナー講義〈上〉
　‥‥‥‥‥‥①462
鈴木大拙 コロンビア大
　学セミナー講義〈下〉
　‥‥‥‥‥‥①462
鈴木大拙の金沢‥‥①462
鈴木大拙の「日本的霊
　性」‥‥‥‥①462
鈴木大拙の妙好人研究
　‥‥‥‥‥‥①462
鈴木尚広の走塁バイブ
　ル‥‥‥‥‥①221
鈴木春信‥‥‥①835
鈴木みきの休日ふらり
　山旅計画‥‥‥①190
鈴木みきの富士登山ご
　案内‥‥‥‥①190
鈴木康士画集 薄明‥①842
巣づくりの名人 スズメ
　バチ‥‥‥‥①405
すずちゃん先生からの
　写真が上手くなる52
　の宿題‥‥‥‥①252
すずちゃん先生の写真

の練習帳‥‥‥①252
鈴ノ音‥‥‥‥①779
進む！ 助け合える！
　WA（和）のプロジェ
　クトマネジメント・②352
すすめ！ かいてんずし
　‥‥‥‥‥‥①332
進め方がよくわかる 私
　的整理手続と実務・②187
進め！ たかめ少女 高雄
　ソライロデイズ。‥①1275
雀と五位鷺推当帖‥①1058
鈴蘭学園物語〈1〉‥①1208
図説 アイルランドの歴
　史‥‥‥‥‥①605
図説 アーサー王と円卓
　の騎士‥‥‥‥①921
図説 イスラム教の歴史
　‥‥‥‥‥‥①529
図説 一度は訪ねておき
　たい！ 日本の七宗と
　総本山・大本山‥①510
図説 いちばんわかりや
　すい古事記入門‥①544
図説 茨城の城郭‥‥①610
図説 ヴィクトリア女王
　‥‥‥‥‥‥①605
図説 英国アンティーク
　の世界‥‥‥‥①287
図説 英国貴族の城館‥②84
図説 英国社交界ガイド
　‥‥‥‥‥‥①605
図説 大江戸性風俗事典
　‥‥‥‥‥‥①560
図説 海上交通安全法・②626
図説 逆転裁決例精選50
　〈Part3〉‥‥②401
図説九州経済〈2018〉
　‥‥‥‥‥‥②245
図説 旧約・新約 聖書入
　門‥‥‥‥‥①528
図説 金融ビジネスナビ
　〈2018〉‥‥②378
図説 ケルトの歴史‥①605
図説 ゲルマン英雄伝説
　‥‥‥‥‥‥①601
図説 港則法‥‥②626
図説 紅茶‥‥‥①47
図説 鉱物肉眼鑑定事典
　‥‥‥‥‥‥②678
図説 国鉄電気機関車全
　史‥‥‥‥‥②431
図説 国民衛生の動向
　〈2017/2018〉‥②718
図説コミュニティ・ス
　クール入門‥‥①704
図説 縄文人の知られざ
　る数学‥‥‥‥①540
図説植物の不思議‥②688
図説 人体の不思議〈1〉
　‥‥‥‥‥‥②728
図説 聖書物語 旧約篇
　‥‥‥‥‥‥①529
図説 聖書物語 新約篇
　‥‥‥‥‥‥①529
図説 空と雲の不思議・②678
図説戦う巨人 アメリカ
　陸軍‥‥‥‥②165
図説 戦う日本の城最新
　講座‥‥‥‥②532
図説地理資料 世界の諸
　地域NOW〈2017〉・①732
図説 鉄道の博物誌‥②434
図説 天皇と皇室の謎と
　真実‥‥‥‥②150
図説 東京裁判‥‥①579
図説 遠野物語の世界‥②113
図説 日中戦争‥‥①579
図説 日本と世界の土木

遺産 ……………… ②610
図説 日本の財政〈平成
　29年度版〉 …………②271
図説 日本の湿地 …②578
図説 日本の植生 …②688
図説 日本の税制〈平成
　29年度版〉〈平成 …②401
図説 日本の中小企業
　〈2017〉 …………②301
図説 日本の珍虫 世界の
　珍虫 ……………… ①695
図説 日本の文字 …①624
図説 日本の妖怪 …②113
図説 日本の妖怪百科・①441
図説 日本服飾史事典…①29
図説 万博の歴史 …①588
図説 百人一首 ……①901
図説 百鬼夜行絵巻をよ
　む ………………… ①832
図説 ビール ………①44
図説 やさしい構造力学
　………………………①621
図説 よくわかる障害者
　総合支援法 ………②59
図説 よくわかるフロン
　排出抑制法 ………②575
図説 歴代アメリカ大統
　領百科 ……………①135
図説 わが国の銀行 …②383
図説 和菓子の歴史 …①36
図説わかる水理学 …②604
"図説"B2B事業のプラ
　イシング戦略 ……②286
図説CTGテキストアド
　バンス ……………②761
図像の哲学 ………①467
裾野を広げるエンジニ
　アリング産業 ……②415
スタイリストが教える
　お客さまをもっと素
　敵にする！ 接客術
　………………………②426
スタイリスト・栗原登
　志恵の10年ワード
　ローブ ……………①29
スタイリッシュ武器屋
　〈1〉 ………………①1261
スタイリッシュ武器屋
　〈2〉 ………………①1261
スタイル別にわかるイ
　ンテリアの基本 …①19
スタインウェイ物語 ・①815
スタインベックの物語
　世界 ………………①923
スター・ウォーズ …①374
スター・ウォーズ新た
　なる希望 …………①793
スター・ウォーズ エピ
　ソード〈1〉 ………①374
スター・ウォーズ エピ
　ソード〈2〉 ………①374
スター・ウォーズ エピ
　ソード〈3〉 ………①374
「スター・ウォーズ」を
　科学する …………①793
スター・ウォーズ カタ
　リスト〈上〉 ………①1365
スター・ウォーズ カタ
　リスト〈下〉 ………①1365
スター・ウォーズキャ
　ラクター事典 完全保
　存版 ………………①793
スター・ウォーズ コン
　プリート・ロケー
　ションズ …………①793
スター・ウォーズ：サン
　スポットの騒乱 …①851
スター・ウォーズ ジェ
　ダイの哲学 ………①793

スター・ウォーズ：ダー
　ス・ベイダー
　シュー＝トラン戦役
　………………………①852
スター・ウォーズによ
　ると世界は ………①793
スター・ウォーズ バト
　ル大全〈1〉 ………①793
スター・ウォーズ ファ
　ズマ〈上〉 …………①1363
スター・ウォーズ ファ
　ズマ〈下〉 …………①1363
スター・ウォーズ／
　フォースの覚醒 …①852
スター・ウォーズ ブ
　ラッドライン〈上〉
　………………………①1361
スター・ウォーズ ブ
　ラッドライン〈下〉
　………………………①1361
スター・ウォーズ：
　ポー・ダメロンブラッ
　クスコードロン …①852
スタジアムとアリーナ
　のマネジメント …②213
スタジオジブリの食べ
　ものがいっぱい …①321
スタジオm'のうつわと
　食事 ………………①55
スター社員になるため
　の「働き方」の教科書
　………………………②343
スター女優の文化社会
　学 …………………①790
スターダスト〈1〉 …①1358
スターダストパレード
　………………………①1091
スタディスキルズ・ト
　レーニング ………①677
スタートアップセミ
　ナー 学修マニュアル
　なせば成る！ ……①677
スタートアップ大国イ
　スラエルの秘密 …②312
スタートアップで働く
　ということ ………②286
スタートアップ・バブ
　ル …………………②286
スタートアップ・ビジ
　ネス ………………②286
スタートガイド会計学
　………………………②318
スタートライン債権法
　………………………②209
スター猫 …………①265
「スタバが怖い！」がわ
　からない人はマー
　ケッターをやめなさ
　い!! ………………②286
スターピープルはあな
　たのそばにいる〈上〉
　………………………①139
スターピープルはあな
　たのそばにいる〈下〉
　………………………①139
スターフライヤー 漆黒
　の翼、感動を乗せて
　………………………②437
スタープレイヤー …①1124
スター万華鏡 ……①769
『スタミュ』公式ビジュ
　アルファンブック〈2〉
　………………………①799
スターリン ………①608
スターリンとモンゴル
　1931‐1946 ………①592
スターリンの娘〈上〉 ・①608
スターリンの娘〈下〉 ・①608
スタンダード衛生・公

衆衛生 ……………②760
スタンダード管理会計
　………………………②318
スタンダード小児がん
　手術 ………………②737
スタンダード全身管理・
　歯科麻酔学 ………②757
スタンダード 統計学基
　礎 …………………②661
スタンダード フローサ
　イトメトリー ……②718
スタンダード輸血検査
　テキスト …………②718
スタンダールのオイコ
　ノミア ……………①924
スタンド・バイ・ミー
　………………………①1023
スタンドマイヒーロー
　ズ1st Anniversary
　Book ………………①852
スタンフォード＆ノー
　スウエスタン大学教
　授の交渉戦略教室 ・②360
スタンフォード式最高
　の睡眠 ……………①171
スタンフォードでいち
　ばん人気の授業 …②101
スタン・リーとの仕事 ・①33
スチュアート・ホール
　………………………②262
スチュワート微分積分
　学〈1〉 ……………②657
頭痛・肩こり・不定愁訴
　をもたらす「噛み締
　め」の謎を解く！ …①150
頭痛、肩コリ、腰痛を咬
　み合わせで治す！ ②757
頭痛が治る、未来が変
　わる！ ……………②718
頭痛は「首」から治しな
　さい ………………①172
スーツを脱ぎ、タイツ
　を着ろ！ …………②286
すっからかん ……①1039
スッキリうかる宅建士
　最速のハイパーナビ
　〈2017年度版〉 ……②497
スッキリ覚える行政書
　士 完全無欠の直前対
　策〈2017年度版〉 …②238
スッキリ解決 仕事に差
　がつくエクセル最速
　テクニック ………②352
スッキリ解決 仕事に差
　がつくパソコン最速
　テクニック ………②535
スッキリ解決 仕事に差
　がつくワード最速テ
　クニック …………②352
すっきり解決！ 人見知
　り …………………①416
スッキリ！ がってん！
　雷の本 ……………②678
スッキリ！ がってん！
　感知器の本 ………②618
スッキリ！ がってん！
　再生可能エネルギー
　の本 ………………②573
スッキリ！ がってん！
　太陽電池の本 ……②593
スッキリ！ がってん！
　燃料電池車の本 …②601
スッキリ！ がってん！
　プラズマの本 ……②593
スッキリ！ がってん！
　有機ELの本 ………②593
すっきり暮らすための
　時間とお金の使い方
　………………………②27

すっきり暮らすための
　掃除・片づけのコツ …①6
スッキリ爽快！ 脳トレ
　漢字塾 ……………①275
スッキリ爽快！ 脳トレ
　塾 …………………①275
スッキリ爽快！ 脳トレ
　パズル塾 …………①275
すっきり、ていねいに
　暮らすこと ………②27
スッキリとける過去＋予
　想問題FP技能士1級
　学科基礎・応用対策
　〈2017・2018年版〉 …②481
スッキリとける過去＋予
　想問題 FP技能士2
　級・AFP〈2017・
　2018年版〉 ………②481
スッキリとける行政書
　士 頻出過去問演習
　〈2017年度版〉 ……②238
スッキリとける宅建士
　過去問コンプリート
　12〈2017年度版〉 …②497
スッキリとける日商簿
　記2級過去＋予想問題
　集〈2017年度版〉 …②471
スッキリとける日商簿
　記3級過去＋予想問題
　集〈2017年度版〉 …②471
スッキリとける問題集
　建設業経理士2級 …②494
すっきりフローチャー
　トで診る産科重症患
　者ケア ……………②761
すっきりやせる・健康に
　なるおいしいもち麦
　ダイエットレシピ …①25
スッキリゆったり暮ら
　す68のヒント ……②27
スッキリわかる行政書
　士〈2018年度版〉 …②238
スッキリわかる建設業
　経理士2級 ………②494
スッキリわかる証券外
　務員一種〈2017・
　2018年版〉 ………②481
スッキリわかる証券外
　務員二種〈2017・
　2018年版〉 ………②481
スッキリわかる宅建士
　テキスト＋過去問スー
　パーベスト〈2018年度
　版〉 ………………②497
スッキリわかる日商簿
　記1級 商業簿記・会計
　学〈3〉 ……………②471
スッキリわかる日商簿
　記1級 商業簿記・会計
　学〈4〉 ……………②471
スッキリわかる日商簿
　記初級 ……………②471
スッキリわかる 日商簿
　記2級 工業簿記 …②475
スッキリわかる日商簿
　記2級 商業簿記 …②471
スッキリわかる日商簿
　記3級 ……………②472
スッキリわかる 不動産
　の税金ガイドブック
　〈平成29年度版〉 …②401
スッキリわかるFP技能
　士1級 学科基礎・応用
　対策〈2017・2018年
　版〉 ………………②481
スッキリわかるFP技能
　士2級・AFP〈2017・
　2018年版〉 ………②481

ズッコケ中年三人組
　………………………①1098
ずっとあなたが好きで
　した ………………①987
ずっと一緒にいられな
　い ……………………①842
ずっと一緒にいられま
　すように。 ………①1191
ずっと美しい人のイン
　テリア ……………①19
ずーっと売れるWEBの
　仕組みのつくりかた
　………………………②513
ずっと稼げるロンドン
　FX …………………②397
ずっと、キミが好きで
　した。 ……………①1288
ずっと君が欲しかった
　………………………①1398
"ずっとキレイな人"だ
　けが知っている45歳
　から変えていく50の
　こと ………………①116
すっとこどっこい！〈2〉
　………………………①1036
ずっと幸せが続く「魔
　法の結婚式」………①116
ずっと好きな服。 …①84
ずっとずっと、キミと
　あの夏をおぼえてる。
　………………………①1147
スーツとストロベリー
　………………………①1316
ずっと噛んでいる私の
　ベストレシピ 平野由
　希子のル・クルーゼ
　料理 ………………①55
ずっと名古屋 ……①1024
ずっとやりたかったこ
　とを、やりなさい。…①96
すっぱりめがね …①332
スティーヴ・マッカリー
　の「読む時間」……①261
スティグリッツのラー
　ニング・ソサイエ
　ティ ………………②262
捨て石の技法 ……①247
スティーブ・ジョブズ
　〈2〉 ………………②307
スティーブ・ジョブズ
　〈3〉 ………………②307
スティーリー・ダン・ス
　トーリー …………①807
スティール!! ………①1202
スティール・キス …①1350
図で考える。シンプル
　になる。……………②352
ステキガールをめざせ
　☆女子力アップブリ
　ンセスマナーレッス
　ン ……………………①416
ステキな奥さん あはっ
　〈2〉 ………………①940
素敵な時間を楽しむ カ
　フェのある美術館 ・①825
すてきな素敵論 …①97
素敵ナースの練習帳 ・②766
素敵なドイツ語 …①668
素敵な日本人 ……①1105
素敵に装うためのトレ
　ンドパターンメーキ
　ング ………………①84
ステージを上げるSNS
　絶対6ルール ……②336
ステージ別 腎臓病の治
　療とケア …………①150
ステージ別ベンチャー
　企業の労務戦略 …②330
捨てちゃえ、捨てちゃ

書名索引

え …………………①97
ステップアップ アラビア語の入門 ………②668
ステップアップ基礎看護技術ノート ……②766
ステップアップ歯科衛生士7Stepで挑戦！ ザ・シャープニング ……………………②757
ステップアップ新生児呼吸管理 …………②748
ステップアップ吹奏楽 ブラスバンド上達のポイント55 ……①821
ステップアップの人物ドローイング …①860
ステップアップ問題集 日商簿記1級 商業簿記・会計学 ……②472
ステップアップ問題集 日商簿記2級商業簿記 ……………②472
ステップアップ臨床栄養管理演習 ……②777
捨ててこそ空也 ……①1027
捨て猫に拾われた男 …①97
捨て鉢になってドラッグで植物人間になった僕に、「心の案内人」が教えてくれたこと …………①1334
図で読み解く 特殊および一般相対性理論の物理的意味 ……②665
ステラ・ポラリス …①941
婚約破棄して）られ悪役令嬢は流浪の王の寵愛を求む ……①1221
捨てられた勇者は魔王となりて死に戻る〈1〉 ……………①1294
捨てられない人のラク片づけ ……………①6
捨てられないTシャツ ……………①929
捨てられ勇者は帰宅中 ……………①1245
捨てられる銀行〈2〉 …②383
捨てる英語勉強法 ……①647
捨てる女 …………①941
捨てる贅沢 ………①97
捨てる力 …………①510
捨てる 残す 譲る ……②27
ステロイド療法の極意 ……………②770
ストア派哲学入門 …②469
図とイラストで学ぶ 小児てんかんのインフォームドコンセント入門 ………②730
須藤公子 …………②726
ストウブレシピ100 …①55
ストーカー …………①493
ストーカーの時代 ……①493
ストック営業術 ………②333
ストックホルムへの廻り道 ……………②650
ストップ！ ゲーム依存〈1〉 …………①416
ストップ！ ゲーム依存〈2〉 …………①416
ストップ！ ゲーム依存〈3〉 …………①416
ストップ！ 日米FTAと「安倍農政改革」 ……②451
ストーミー・ガール〈2〉 ……………①1006
ストライキングガール！ …………①1173

ストライクウィッチーズ 軌跡の輪舞曲（ロンド）OFFICIAL VISUAL FILE〈vol. 01〉 …………①281
ストライクウィッチーズ 軌跡の輪舞曲（ロンド）OFFICIAL VISUAL FILE〈vol. 02〉 …………①281
ストライク・ザ・ブラッド〈17〉 ……①1276
ストライク・ザ・ブラッド〈18〉 ……①1276
ストライク・ザ・ブラッドAPPEND〈1〉 …①1276
ストライクフォール〈2〉 ……………①1250
ストライクフォール〈3〉 ……………①1250
ストラディヴァリウスを上手に盗む方法 ……………①1106
ストラディヴァリとグァルネリ ………①816
ストラング：計算理工学 ……………②653
ストラング：微分方程式と線形代数 …②657
ストーリー・ジーニアス ……………①884
ストリップの帝王 …①929
ストーリーとQ&Aで学ぶ改正個人情報保護法 ……………②187
ストーリーのある50の名作椅子案内 …①19
ストーリーの解剖学 …②796
ストールン・チャイルド 秘密捜査 …①1081
ストレスオフ組織のつくり方 ………②310
ストレス社会とメンタルヘルス …………②493
ストレスゼロの絶対貯金 ……………②390
ストレスゼロの Windows仕事術 …②546
ストレスチェックを活かす元気な職場づくり …………②330
ストレスとともに働く ……………②460
ストレスとりたきゃ頭蓋骨をもみなさい …①158
ストレスの脳科学 ……②730
ストレスのはなし …①170
ストレスは集中力を高める …………①170
ストレス万歳！ …①170
ストレンジ・シチュエーション 行動心理捜査官・楯岡絵麻 …①1089
ストレンジ・ブループラス ……………①988
素直な心に花が咲く …①451
スナックさいばら サバイバル篇 ……①946
スナックの歩き方 …②30
スナックワールド …①350
『砂』と心 ………①824
砂に泳ぐ彼女 ……①983
砂にまみれて飯を食う ……………①244
砂の城 風の姫 …①1242
砂冥宮 …………①1077
スネア …………①805
スノウ・エンジェル ……………①1083

スノウラビット ……①1162
スノーデンが語る「共謀罪」後の日本 …②101
スノーデン 日本への警告 …………②123
スーパー暗記法合格マニュアル 給水装置工事主任技術者 …②629
スーパー暗記法合格マニュアル 第1種電気工事士試験 …②633
スパイクマン地政学 …②170
スパイスカレー ……①55
スパイス入門 ……①774
スパイス・ハーブの機能と最新応用技術 …②774
スパイス＆ハーブの使いこなし事典 …①55
スパイスボックスのカレーレシピ ……①55
スパイス料理を、異世界バルで!! …①1296
スパイ大事典 ……②123
スパイダーグウェン …①852
スパイたちの遺産 …①1356
スパイダーマン大全 …①852
スパイダーマン／デッドプール：ブロマンス ……………①852
スパイダーマン／デッドプール：プロローグ ……………①852
スパイダーマンホームカミング：プレリュード ……………①852
スパイダット・デイ …①852
スパイの血脈 ……①935
スパイラル ………①965
スーパーインテリジェンス ……………②524
スーパー大麦ダイエットレシピ ………①25
スーパーカーコンプリートファイル〈5〉 ……………①241
スーパーカブ ……①1237
スーパーカブ〈2〉 …①1237
スーパー歌舞伎2 ワンピース“偉大なる世界” ……………①787
ズパゲッティで編むバッグと雑貨 …①74
ズパゲッティでつくる大人バッグ＆子どもバッグ ……………①74
ズパゲッティでつくる、ちいさなおしゃれ小もの ……………①74
スーパー小顔革命 …①22
スパスモデリング …②598
スーパー戦隊はどこだ!? ……………①440
すーぱーそに子10th Anniversary Book ……………①273
スーパーダディ ビジネスマンの勧め …②27
スパダリは猫耳CEO ……………①1404
スパダリ副社長の溺愛がとまりません！ ……………①1180
スーパーデフォルメ ポーズ集 男の子キャラ編 …………①860
スーパーデフォルメ ポーズ集 ラブラブ編 ……………①860

スーパードクターと学ぶ 一生よく見える目になろう …………②183
スーパードラゴンボールヒーローズ スーパーヒーローズガイド …………①281
スーパードラゴンボールヒーローズ スーパーヒーローズガイド〈2〉 …………①281
スーパー難消化性デキストリン “α オリゴ糖” …………①150
ずば抜けた結果の投資のプロだけが気づいていること …②394
「ズバ抜けた問題児」の伸ばし方 …①675
スーパーはちみつマヌカハニー使いこなしBOOK …………①55
スーパー微生物農法 “丸わかり実践ガイダンス” …………②449
スーパー望遠鏡「アルマ」の創造者たち …②675
スーパー・ポーズブック ヌード 新妻編 …①860
スーパー・ポーズブック Sexy編 …①860
スーパー・ポーズブック Sexy編〈2〉 …①860
スーパーマーケット店員・CDショップ店員・ネットショップ経営者・自転車屋さん …………①416
スーパーマーケット店長法律ハンドブック〈2017年版〉 …②425
スーパーマップル詳細首都圏道路地図 …②212
スーパーマップル北陸道路地図 ………②212
スーパーマップル 北海道道路地図 …②212
スーパーマップルB5判北陸道路地図 …②212
スーパーマップルB5判北海道道路地図 …②212
スーパーマリオ オデッセイ ザ・コンプリートガイド …………①281
スーパーマリオメーカーforニンテンドー3DSヒミツ大図かん ……………①436
スーパーマリオラン SMART GUIDE …①281
スーパーマン：サン・オブ・スーパーマン …①852
スーパーマンの誕生 …②33
ズバ予想宅建塾 直前模試編〈2017年版〉 …②497
超楽（スーパーらく）仕事術 …………②352
すばらしい海洋生物の世界 …………②698
すばらしい日々 …①959
素晴らしき哉、常識！ …………①946
素晴らしき洞窟探検の世界 …………②681
素晴らしき人々 …①1006
ズバリ合格 新問題対応第2級アマチュア無線技士問題集 …②262
ズバリ合格！ 日商簿記

2級 基本テキスト …②472
ズバリ合格！ 日商簿記2級 厳選過去問題集〈2017・2018年版〉 …②472
ズバリ合格！ 日商簿記3級 基本テキスト …②472
ズバリ合格！ 日商簿記3級 厳選過去問題集〈2017・2018年版〉 …②472
ズバリわかる！ 決算書の読み方・使い方〈2017年版〉 ……②322
スバルをデザインするということ ………②442
スーパーロボット大戦5パーフェクトバイブル …………①281
スーパーロボット大戦Vユニットデータガイド …………①281
“スピーキング”のための音読総演習 …①644
スピタのコピタの！〈12〉 …………①852
スピーチ・ツリー …②360
スピード学習 個人情報保護士試験 “完全対策” …………②506
スピード完成！ 第1種・第2種 衛生管理者 合格直結300問 …②629
スピード経理で会社が儲かる …………②286
スピード合格！ 介護福祉士直前対策〈'18年版〉 …………②79
スピード合格！ ケアマネ直前対策〈'17年版〉 …………②79
スピード合格！ 社会福祉士直前対策〈'18年版〉 …………②79
スピード合格！ 準中型・中型・大型自動車免許の取り方 ……①242
スピード合格！ 証券外務員一種（正会員・一般/特別会員）図解テキスト＆的中予想問題〈17・18年版〉 …②506
スピード合格！ 証券外務員二種（正会員・一般/特別会員）図解テキスト＆的中予想問題〈17・18年版〉 …②506
スピード合格！ FP技能士1級「学科編（基礎・応用）」図解テキスト＆的中予想問題〈17・18年版〉 …②481
スピード合格！ FP技能士2級「学科編」図解テキスト＆的中予想問題〈17・18年版〉 …………②481
スピード合格！ FP技能士2級「実技編」個人資産相談業務”図解テキスト＆的中予想問題〈17・18年版〉 …②481
スピードチェック！ 介護福祉士一問一答問題集〈'18年版〉 …②79
スピードチェック！ ケアマネ一問一答問題集〈'18年版〉 …②79
スピードチェック！ 社

会福祉士一問一答問題集〈'18年版〉……②79
スピードペインティングの極意……①860
スピードマスター 1時間でわかる意図が伝わるビジネス文書の作り方……②362
スピードマスター 1時間でわかるエクセルデータ分析超入門……②538
スピードマスター ITパスポート試験テキスト&問題集……②564
スピノザと動物たち……①467
スピノザーナ〈第15号(2014 - 2016)〉……①474
スピノザの秋……①1011
図表で見る医療保障〈平成29年度版〉……②48
図表でみる教育〈2017年版〉……①759
図表でみる世界の社会問題〈4〉……②247
図表でみる世界の主要統計OECDファクトブック〈2015 - 2016年版〉……②269
図表でみる世界の保健医療〈2015年版〉……②718
図表でわかる 建築生産レファレンス……②618
図表でわかる 中国進出企業の合弁解消プランニング……②312
スピリチュアリティによる地域価値発現戦略……②286
スピリチュアルケア研究……①482
スピリチュアル経営のリーダーシップ……②366
スピリチュアル自然学概論……①503
スピリチュアルパートナーシップ〈上〉……①139
スピリチュアルパートナーシップ〈下〉……①139
スピリチュアルハワイ……①209
スピリチュアル・リナーシェ……①97
スピリット・マイグレーション〈3〉……①1267
スピリット・マイグレーション〈4〉……①1267
スピリット・マイグレーション〈5〉……①1267
スピリット・マイグレーション〈6〉……①1267
スピンオフの税務と法務〈平成29年版〉……②323
スピンガール!……①1195
スピンクの笑顔……①955
スピンクの壺……①955
スピントロニクス入門……②593
図太くなれる禅思考……①97
スープになりました……①332
スープの国のお姫様……①1014
スープの時間……①55
スープ屋かまくら来客簿……①1159
スープ屋しずくの謎解き朝ごはん……①1096
スプラトゥーン〈2〉……①842
スプラトゥーン2 イカす! シールブック……①321
スプラトゥーン2 コウリャク&イカ研究白書……①281
スプラトゥーン2 ザ・コンプリートガイド……①281
スペイン……①206
スペイン〈2017～2018年版〉……①206
スペイン学〈第19号〉……②84
スペインからの手紙……①1389
スペイン紀行……①199
スペインギター音楽名曲コレクション〈第2集〉……①818
スペイン語……①672
スペイン語検定対策5級・6級問題集……①672
スペイン語検定対策4級問題集……①672
スペイン語で味わう太宰治短編集……①672
スペイン語で親しむ石川啄木 一握の砂……①672
スペイン語で読む星の王子さま……①672
スペイン語文法ライブ講義!……①672
スペイン式プロポーズ……①1370
スペイン巡礼路を歩き尽くす……①199
スペイン初期中世建築史論……①601
スペイン・バスク 美味しいバル案内……①206
スペイン まるごと全17州おいしい旅……①199
スペイン旅行に行く前に歴史の話をざっくりと……①601
スペシャリストが教える借地権の悩み ベストな解決法……②193
スペシャリスト直伝! 主体性とやる気を引き出す学級づくりの極意……①708
スペシャリスト直伝! 小学校音楽科授業成功の極意……①739
スペシャリスト直伝! 中学校国語科授業成功の極意……①724
スペシャルシフォンケーキ……①70
スペシャルニーズデンティストリー 障害者歯科……②757
スペース・オペラ……①1360
スペースシャトル・コロンビア号事故 1・16の真実……②624
スペツナズ……②165
すべてがおまえに背いても……①1301
すべてのアトピーチャイルドの輝……①181
すべての医療従事者が知りたい! 医学系研究、論文投稿上のQ&A……②718
すべての神様の十月……①1001
すべての教育は「洗脳」である……①753
すべての子どもを算数好きにする「しかけ」と「しこみ」……①728
すべての子どもがイキイキ輝く! 学級担任がつくる図工授業……①739
すべての子どもに遊びを……②59
すべての歯科医師のための臨床解剖学に基づいたComprehensive Dental Surgery……②757
すべての新聞は「偏って」いる……②10
すべての悩みは脳がつくり出す……①482
すべての猫はセラピスト……①265
すべての始まり〈1〉……①959
すべてのひとに石がひつよう……①313
すべての人に気は満ちている……①124
すべての人のためのJavaプログラミング……②560
すべての疲労は脳が原因〈3〉……②730
すべての不調からあなたを救う ゼロ磁場の奇跡……①150
すべての理由……①769
すべてはあなたの思いどおり……①116
すべてはあの謎にむかって……①944
全ては、宇宙が教えてくれた……①139
すべては股関節から変わる……①158
全ては一つ ONE……①139
すべては導かれている……①97
すべてExcelでできる! 経営力・診療力を高めるDPCデータ活用術……②538
スペードの3……①982
すべらない京都案内……①195
スーペリア・スパイダーマン:トラブル・マインド……①852
スペリングの英語史……①639
スポーツ医学検定 公式テキスト……①215
スポーツ・運動科学レファレンスブック……①218
スポーツ栄養学……②777
スポーツエコー診療 Golden Standard……①215
スポーツをテクノロジーする……①214
スポーツが教えてくれる人生という試合の歩み方……①214
スポーツがつくったアジア……①593
スポーツ事故対策マニュアル……①214
スポーツ史事典……①218
スポーツ障害のリハビリテーションScience and Practice……①215
スポーツ新考……②158
スポーツ戦略論……①214
スポーツ団体への統制と報国団化……①575
スポーツと教養の臨界……①214
スポーツと楽しみのねだん……①416
スポットライトをぼくらに……①982
スポーツ日本地図〈4〉……①433
スポーツ年鑑〈2017〉……①218
スポーツの世界を学ぶ……①214
スポーツの法律相談……②223
スポーツ白書〈2017〉……①214
スポーツビジネス 最強の教科書……①214
スポーツビジネスの教科書 常識の超え方……①223
スポーツ物資の規制と軍部への供出……①579
スポーツボランティア読本……②66
スポーツマネジメント入門……②372
スポーツライフ・データ〈2016〉……①214
スポートロジイ〈第4号(2017)〉……①214
ズボラ大人女子の週末セルフケア大全……①22
ズボラ缶詰めし……①55
ずぼら健康法……①158
ずぼら主婦でもお金が貯まる! hana式袋分けファイル家計簿……②390
ずぼら女子のためのおとなキレイ養成講座……①22
ズボラでも「投資」って、できますか?……②390
ズボラ糖質オフダイエット……①26
ずぼらな人でも絶対に損しない 手取り17万円からはじめる資産運用……②390
ズボラな人でも毎日500円玉が貯まるすごい方法……②390
ズボラ農業入門……②446
ズボラ美容……①22
「住まい」選びの教科書……①19
すまい再発見……②610
住まいと町とコミュニティ……②610
住まいの老い支度……①110
すまいる……①332
スマイル!……①197
スマートアトラス 世界・日本地図帳……①211
スマートグリッド・エコノミクス……②262
スマートグリッドとEMC……②593
スマートコントラクト本格入門……②242
スマートセンシングの基礎と応用……②59
すまーとぞうさん……①332
スマート泥棒……①1114
スマートハウスの発電・蓄電・給電技術の最前線……②593
スマートフォン その使い方では年5万円損してます……②531
スマートフォンの環境経済学……②262
スマートペータの取扱説明書……②381
スマートマスター資格 スマートマスター〈2017年版〉……②506
スマートマスター資格 問題&解説集〈2017年版〉……②506
スマホ育児に注意! 親子のためのモーツァルトCDブック……①9
スマホを落としただけなのに……①1089
スマホを捨てよ、街へ出よう……①953
スマホ片手にお遍路旅日記……①514
スマホ活用 宅建士50日攻略本……②497
スマホゲーム依存症……①170
スマホ3分英語学習法……①647
スマホ世代のためのパソコン入門……②535
スマホで暗記司法書士 不動産登記法〈1〉……②236
スマホで暗記司法書士 不動産登記法〈2〉……②236
スマホで暗記司法書士 民法〈1〉……②236
スマホで暗記司法書士 民法〈2〉……②236
スマホでおもちゃを動かしちゃおう! MaBeee活用ブック……②531
スマホでかんたん確定申告……②410
スマホで楽しむ Facebook超入門……②530
スマホで超カンタン特撮……②531
スマホでできる! かんたん記帳のはじめ方……②286
スマホで学ぶ美文字練習帳……①17
スマホ廃人……①493
スマホ1つでかんたん作成! LINEスタンプ作り方手帖……②530
スマリヤン数理論理学講義〈上巻〉……②653
すまん、資金ブーストよりチートなスキル持ってる奴おる?〈2〉……①1167
すまん、資金ブーストよりチートなスキル持ってる奴おる?〈3〉……①1167
すまん、資金ブーストよりチートなスキル持ってる奴おる?〈4〉……①1167
スミス有機化学〈上〉……②671
住みたい街を自分でつくる……②158
住みたい間取り……②621
隅田川殺人事件……①1077
住み継がれる集落をつくる……②158
住み継ぐ……②610
すみっコぐらし おけいこ……①302
すみっコぐらし 心理テスト……①436
すみっコぐらしのお弁当……①66
すみっコぐらしのす

書名索引

みっこ名言〈2〉…… ①107
すみっこぐらしの毎日
　がしあわせになる禅
　語…………………… ①518
すみっこぐらしまちがい
　さがし いつでもど
　こでもすみっコ編・ ①440
すみっこぐらし 4さつ
　めのシールブック・ ①847
隅でいいです。構わな
　いでくださいよ。〈2〉
　………………………… ①1271
隅でいいです。構わな
　いでくださいよ。〈3〉
　………………………… ①1270
墨と彩の輝き〈2017〉
　………………………… ①838
墨とハーブのあるふつ
　うの暮らし ……… ①838
住友銀行暗黒史 …… ①383
住友グループの研究・ ②304
住友商事の就活ハンド
　ブック〈2019年度版〉
　………………………… ①290
隅には魔物が棲んでい
　る………………… ①247
墨の香 …………… ①1035
角倉素庵…………… ①560
墨の魔術師 ……… ①991
住吉派研究………… ①832
すみれちゃんのお片づ
　け12ヵ月………… ①417
すみれの花咲く頃、矢
　車菊の花咲く時…・ ①813
すむの径 ………… ①957
住む人のためのNY+
　〈2018〉………… ①209
図面って、どない描くね
　ん！〈LEVEL2〉… ②601
図面の英語例文+用語集
　………………………… ①639
相撲 ……………… ①238
すもうガールズ …… ①991
相撲見物 ………… ①238
相撲茶屋のおかみさん
　………………………… ①238
すもう道まっしぐら！
　………………………… ①383
相撲めし ………… ①238
スモールビジネスの創
　造とマネジメント・ ②286
スモール・リーダー
　シップ ………… ②366
スライドおかずで和ン
　プレート………… ①67
スライム倒して300年、
　知らないうちにレベ
　ルMAXになってまし
　た………………… ①1287
スライム倒して300年、
　知らないうちにレベ
　ルMAXになってまし
　た〈2〉………… ①1287
スライム倒して300年、
　知らないうちにレベ
　ルMAXになってまし
　た〈3〉………… ①1287
スライム倒して300年、
　知らないうちにレベ
　ルMAXになってまし
　た〈4〉………… ①1287
スライム転生。大賢者
　が養女エルフに抱き
　しめられてます〈1〉
　………………………… ①1231
スラーヴァ！ ロシア音
　楽物語…………… ①814
すらすら金融商品会計
　………………………… ②318

スラスラ構造計算…… ②621
すらすら図解 貿易・為
　替のしくみ……… ②313
スラスラできる日商簿
　記2級商業簿記テキス
　ト〈2017年度受験対策
　用〉……………… ②472
スラスラできる日商簿
　記2級商業簿記問題集
　〈2017年度受験対策
　用〉……………… ②472
スラスラ解ける！ 1級
　建築士ウラ技合格法
　〈'18年版〉……… ②640
スラスラ解ける！ 1級
　土木施工管理技術検
　定ウラ技合格法〈'17
　年版〉…………… ②637
スラスラ解ける！ 1級
　土木施工管理技術検
　定ウラ技合格法〈'18
　年版〉…………… ②637
スラスラ解ける！ 運行
　管理者〈貨物〉ウラ技
　合格法〈'18年版〉… ②507
スラスラ解ける！ 国
　内・総合旅行業務取
　扱管理者ウラ技合格
　法〈'17年版〉…… ②469
スラスラ解ける！ 社労
　士ウラ技合格法〈'18
　年版〉…………… ②501
スラスラ解ける！ 第1
　種衛生管理者ウラ技
　合格法〈'17年版〉… ②629
スラスラ解ける！ 第2
　種衛生管理者ウラ技
　合格法〈'17年版〉… ②629
スラスラ解ける！ 宅建
　士ウラ技合格法〈'17
　年版〉…………… ②497
スラスラ解ける！ 2級
　建築施工管理技術検
　定ウラ技合格法〈'17
　年版〉…………… ②642
すらすら読める養生訓
　………………………… ①462
スラスラわかるC言語
　………………………… ②558
スラスラわかるPython
　………………………… ②549
スラッシュ・メタルの
　真実 …………… ①807
スラムにひびくバイオ
　リン …………… ①313
スラムのくらし …… ①417
紫嵐（ズーラン）の祈り
　〈上〉…………… ①1333
紫嵐（ズーラン）の祈り
　〈下〉…………… ①1333
スリー・アゲーツ〈上〉
　………………………… ①1086
スリー・アゲーツ〈下〉
　………………………… ①1086
3Mで学んだニューロマ
　ネジメント……… ②286
すり替わった王家の花
　嫁………………… ①1374
すり替わった恋人… ①1392
3ステップ上達法 はじ
　めての花の活け方・ ①271
3ステップで描けちゃう
　かんたんイラスト練
　習帳 …………… ①860
3ステップで簡単！ ご
　馳走 山料理…… ①55
3ステップで最短合格！
　食生活アドバイザー
　検定2級テキスト＆模

擬問題…………… ②507
3ステップでしっかり学
　ぶC言語入門…… ②558
3ステップでしっかり学
　ぶC＃入門 …… ②558
3ステップでしっかり学
　ぶJava入門…… ②560
3ステップでしっかり学
　ぶJavaScript入門・・ ②560
3ステップでしっかり学
　ぶPHP入門…… ②549
3ステップでしっかり学
　ぶ Visual Basic入門
　………………………… ②558
3ステップで実現するデ
　ジタルトランス
　フォーメーションの
　実際……………… ②286
スリップの技法……… ②5
3Dイラストで見るペリ
　オドンタルプラス
　ティックサージェ
　リー 天然歯編…… ①757
3DSゲーム完全攻略
　〈VOL.6〉……… ①281
3D口方で絞るだけ かわ
　いいフラワーケーキ
　………………………… ①70
3D根管解剖 ……… ①757
3D・CGキャラクター
　テクニック……… ②540
3DCGでよみがえる
　「信長公記」……… ①553
3D図解による建築構法
　………………………… ②618
3D点つなぎぬり絵 動物
　………………………… ①865
3Dビジュアルで学ぶ犬
　の関節解剖学…… ②456
3DビジュアルDX版 超
　古代文明禁断の新説
　………………………… ①588
スリーパー 浸透工作員
　警視庁公安部外事二
　課 ソトニ……… ①1094
スリランカ〈2018〜
　2019年版〉……… ①202
スール……………… ②27
ずるいえいご……… ①639
ズルいくらい愛される
　女（ひと）になる60の
　言葉 …………… ①116
ずるいコウモリ…… ①313
ズルい働き方 …… ②352
「ずるい人」が周りから
　いなくなる本…… ①493
駿河湾学 ………… ②678
駿河湾の形成 …… ②678
するするする ……… ①332
スレイブ・ゲーム… ①1310
スレーテッド …… ①1350
スレーテッド〈2〉… ①1350
スレーテッド〈3〉… ①1350
スロヴェニアを知るた
　めの60章………… ②84
図録 全国の美しい御朱
　印 ……………… ①188
スロークッカーのごち
　そうレシピ……… ①55
諏訪信仰の発生と展開
　………………………… ①513
すわ切腹…………… ①1031
諏訪物語 ………… ①957
「座りすぎ」が寿命を縮
　める……………… ①150
ずんがずんが〈2〉… ①938
松花江（スンガリー）を
　越えて…………… ①585
住んでみなければ絶対

にわからない タワー
　マンションほんとの
　話 ……………… ①20

せ

性愛極限…………… ①184
聖愛の恋愛革命…… ①1303
性愛論……………… ①101
晴安寺流便利屋手帳・・ ①1272
西安・敦煌・ウルムチ・
　シルクロードと中国
　西北部〈2018〜2019
　年版〉…………… ①202
聖域〈9〉………… ①1084
征夷大将軍・護良親王
　………………………… ①549
青炎………………… ①999
説苑………………… ①465
聖王騎士の甘い溺愛
　………………………… ①1312
聖王国の笑わないヒロ
　イン〈1〉……… ①1140
性を管理する帝国… ②38
聖火……………… ①784
正解するカド 完全設定
　資料集…………… ①799
正解するマド …… ①1117
星界の報告 ……… ②675
製菓衛生師教本 … ②774
成果を増やす 働く時間
　は減らす 高密度仕事
　術………………… ②352
生化学・基礎栄養学・・ ②777
清華簡研究 ……… ①596
性格が見える2択の質問
　………………………… ①106
生活安全課2係 エン
　ジェルダスター … ①1096
生活安全小六法〈平成29
　年版〉…………… ②187
生活学Navi〈2017〉… ①165
生活向上委員会！〈3〉
　………………………… ①361
生活向上委員会！〈4〉
　………………………… ①361
生活向上委員会！〈5〉
　………………………… ①361
生活向上委員会！〈6〉
　………………………… ①361
生活困窮者を支える連
　携のかたち……… ②59
生活困窮者支援で社会
　を変える………… ②59
生活困窮者自立支援も
　「静岡方式」で行こ
　う!!〈2〉……… ②59
生活実用法律事典 … ②190
生活習慣おまかせシア
　ター……………… ①691
生活習慣の改善でがん
　を予防する5つの法則
　………………………… ①179
生活習慣病の漢方内科
　クリニック……… ①174
生活単元学習 春夏秋冬
　………………………… ①737
生活と思考………… ①482
生活に生きる仏教… ①501
「生活の木」の手作り石
　けんの基本 …… ①22
生活の中の図書館……②5

生活排水処理改革…… ②577
生活分析から政策形成
　へ………………… ②59
生活保護関係法令通知
　集〈平成29年度版〉・・ ②48
生活保護ソーシャル
　ワークはいま…… ②59
生活保護手帳〈2017年度
　版〉……………… ②48
生活保護手帳 別冊問答
　集〈2017〉……… ②48
「生活保護なめんな」
　ジャンパー事件から
　考える…………… ②48
生活保護の社会学…… ②48
生活保護のてびき〈平成
　29年度版〉……… ②59
生活保護ハンドブック
　………………………… ②59
生活用IoTがわかる本
　………………………… ②512
生活リスクマネジメン
　ト………………… ②101
成果につなげる 個人
　ローンの声かけと
　セールスアプローチ
　………………………… ②385
青果物卸売市場調査報
　告〈平成27年〉…… ②452
性感淫魔エステ〈2〉
　………………………… ①1402
生還者…………… ①1091
政官要覧〈平成29年秋
　号〉……………… ②175
「正義」がゆがめられる
　時代……………… ②101
正義の声は消えない・・ ①383
正義のセ〈2〉…… ①981
正義のセ〈3〉…… ①981
正義のセ〈4〉…… ①981
正規の世界・非正規の
　世界……………… ②462
せいなる大問題 … ①824
世紀の二枚舌（ダブル
　トーク）〈5〉…… ①952
正義・平等・責任… ②170
世紀末ウィーンの知の
　光景……………… ②84
世紀末の長い黄昏…・ ①921
生協組織をもっと元気
　にするためのやさし
　い組織論入門…… ②38
生協のルイーダさん
　………………………… ①1021
正義よ燃えよ …… ①1034
税金格差 ………… ②401
税金対策提案シート集
　〈平成29年度版〉… ②401
税金入門〈2017年度版〉
　………………………… ②401
税金の大事典 …… ①417
税金の知識〈平成29年度
　版〉……………… ②401
税金ポケットブック
　〈2017〉………… ②401
整形外科学 ……… ②751
整形の医者が語るかし
　こい老い方 かしこい
　逝き方…………… ①110
霽月記 …………… ①1057
聖剣、解体しちゃいま
　した……………… ①1215
聖剣が人間に転生して
　みたら、勇者に偏愛
　されて困っています。
　………………………… ①1236
聖剣が人間に転生して
　みたら、勇者に偏愛
　されて困っています。

〈2〉………… ①1236
聖剣裁き ……… ①1039
聖剣将軍事件帖 … ①1057
聖剣使いの禁呪詠唱
　（ワールドブレイク）
　〈19〉………… ①1155
聖剣使いの禁呪詠唱
　（ワールドブレイク）
　〈20〉………… ①1155
聖剣使いの禁呪詠唱
　（ワールドブレイク）
　〈21〉………… ①1155
成功（第29巻・第32巻）
　…………………… ②8
成功をつかむ強運な体
　のつくり方 …… ①150
税効果会計入門 … ②323
成功企業に潜むビジネ
　スモデルのルール ・
　………………… ②286
成功企業に学ぶ実践
　フィンテック … ②378
聖光剣姫スターティア
　………………… ①1398
成功した、あの人達の
　お話 …………… ②286
成功者が実践する「小
　さなコンセプト」… ②287
成功者が残した引き寄
　せの言葉 ……… ②287
成功者だけが知ってい
　た運命の「紐解き」・ ①129
成功者の自分の時間研
　究 ……………… ②352
成功者はなぜ、帝王學
　を学ぶのか …… ②287
成功者K ………… ①1012
成功する起業家はこう
　考える ………… ②287
成功する！ 公務員の面
　接採用試験（'19年版）
　………………… ②179
成功する子は食べ物が9
　割 ……………… ②13
成功する里山ビジネス
　………………… ②246
成功する事業承継
　Q&A150 ……… ②328
成功するシステム開発
　は裁判に学べ！… ②228
成功する精神障害者雇
　用 ……………… ②493
成功するチームの作り
　方 ……………… ②287
成功する人だけが知っ
　ている 本当の「引き
　寄せの法則」…… ②287
成功する人のすごい
　マーケティング … ②336
成功する人は、教わり
　方が違う。…… ②343
成功する人は偶然を味
　方にする ……… ②262
成功する人は心配性 ・ ②343
成功する人は、なぜ宇
　宙を語るのか。… ①139
成功する人は、なぜ、占
　いをするのか？… ①129
成功する人はなぜ、「こ
　の7人」を大事にする
　のか？ ………… ②352
成功する人は、なぜ、墓
　参りを欠かさないの
　か？ …………… ②343
成功する病院経営戦略
　とマネジメント … ②709
成功に導く中小製造企
　業のアジア戦略 … ②312
成功脳 …………… ①124
成功の食事法 …… ①164

成功のポジショニング
　………………… ②343
成功法則大全 …… ②287
整骨院・接骨院 完全自
　費移行戦略マニュア
　ル ……………… ②709
生痕化石からわかる古
　生物のリアルな生き
　ざま …………… ②683
制裁 ……………… ①1342
正妻〈上〉……… ①1055
正妻〈下〉……… ①1055
製剤の達人による製剤
　技術の伝承 製剤設
　計・製造技術の新た
　な潮流 ………… ②770
政策学講義 ……… ②170
制作空間の"紫式部" ・ ②895
星座の図鑑 ……… ②675
性・差別・民俗 … ②113
聖山 永遠のシャングリ
　ラ ……………… ①256
生産管理入門 …… ②589
生産技術の実践手法が
　よくわかる本 … ②589
生産職を極め過ぎたら
　伝説の武器が俺の嫁
　になりました …… ①1150
生産診断システム
　"HEPTA" による も
　のづくり経営革新 ・ ②589
生産性アップ！ 短時間
　で成果が上がる
　「ミーティング」と
　「会議」………… ②360
「生産性」をあげる技術
　………………… ②352
生産性向上だけを考え
　れば日本経済は大復
　活する ………… ②243
生産性マネジャーの教
　科書 …………… ②364
聖餐とは何か …… ②525
青磁 ……………… ①874
政治を動かすメディア
　………………… ②141
生死を分ける、山の遭
　難回避術 ……… ②233
政治概念の歴史的展開
　〈第10巻〉……… ②170
政治と科学のあり ・ ②170
政治学の批判的構想 ・ ②170
生死観 …………… ①459
政治行政入門 …… ②141
政治経済の生態学 … ②262
政治・経済早わかり 一
　問一答 ………… ①732
政治思想研究における
　「方法」………… ②170
政治、社会の変化に法
　はいかに対応してい
　るか …………… ②223
政治的義務感と投票参
　加 ……………… ②170
政治的に正しい警察小
　説 ……………… ①1104
政治と言語 ……… ②171
政治の意味 ……… ①503
政治の絵本 ……… ②141
"政治"の危機とアーレ
　ント …………… ②451
政治の司法化と民主化
　………………… ②123
政治の本質 ……… ②171
政治の理論 ……… ②171
世事は煙の如し … ①891
正社員消滅 ……… ②462
静寂の月 ………… ①1305
聖者無双〈2〉…… ①1266

聖者無双〈3〉…… ①1266
聖獣様に心臓（物理）と
　身体を（性的に）狙わ
　れています。…… ①1403
聖獣さまのなすがま
　ま！…………… ①1404
性獣女学院 ……… ①1399
成駿石 孤独の◎は永遠
　に― …………… ①244
成熟脳 …………… ①482
聖樹の国の禁呪使い〈8〉
　………………… ①1209
聖樹の国の禁呪使い〈9〉
　………………… ①1209
青春カフェテリア
　Sweet・Novels … ①1134
青春狂走曲 ……… ①805
性春時代 ………… ①1405
青春絶対つぶすマンな
　俺に救いはいらない。
　………………… ①1199
青春注意報！…… ①1192
青春デバッガーと恋す
　る妄想 ＃拡散中 … ①1147
青春という名の丘に来
　て ……………… ①965
青春は戦争とシベリア
　で ……………… ①585
青春は燃えるゴミでは
　ありません …… ①350
青春ロボット …… ①1122
成城映画散歩 …… ①790
正常と病理 ……… ①474
性少年とプラトニック
　少女 …………… ①1148
青少年のための自殺学
　入門 …………… ①459
青少年のための自尊心
　ワークブック … ②483
書学論集〈48〉…… ①528
聖女が魔を抱く童話（メ
　ルヒェン）……… ①1239
性食考 …………… ①907
(聖書)古事記とレイラ
　イン …………… ①139
聖書、コーラン、仏典
　………………… ①499
聖書植物園図鑑 … ①528
聖書 新共同訳 … ①528
聖書新共同訳 …… ①528
聖書と科学のカル
　チャー・ウォー … ②648
聖書と歎異抄 …… ①452
聖女の魔力は万能です
　………………… ①1227
聖女の魔力は万能です
　〈2〉…………… ①1227
聖女は鳥籠に囚われる
　………………… ①1399
聖女二人の異世界ぶら
　り旅 …………… ①1181
聖女様の宝石箱（ジュエ
　リーボックス）… ①1265
精神医学ソーシャル
　ワークの原点を探る
　………………… ②59
精神医療からみたわが
　国の特徴と問題点 ・ ②744
精神医療、脱施設化の
　起源 …………… ②744
精神医療の危機 … ②744
精神宇宙探索記 … ①139
精神科医がうつ病に
　なった ………… ②744
精神科医が教える「怒
　り」を消す技術 … ①106
精神科医が教える50歳

からのお金をかけな
　い健康術 ……… ①110
精神科医が教える毎日
　がスッキリする「老
　後の快眠術」…… ①171
精神科医がみつけた 運
　のいい人、悪い人の
　心の習慣 ……… ①124
精神科医と考える薬に
　頼らないこころの健
　康法 …………… ①170
精神科医の戦略＆戦術
　ノート ………… ②744
精神科医はくすりを出
　すときこう考える … ②744
精神科医療ガイド〈2017
　年度版〉………… ②744
精神科医療ガイド〈2018
　年度版〉………… ②744
精神科、気軽に通って
　早めに出そう … ②745
精神科身体ケア … ②745
精神科ナースになった
　わけ …………… ②768
精神科病院で人生を終
　えるということ … ②701
精神科リエゾンチーム
　ガイドブック … ②745
精神看護学〈1〉… ②766
精神看護学〈2〉… ②766
精神鑑定はなぜ間違え
　るのか ………… ②39
成人吃音とともに … ②59
成人教育の社会学 … ②753
聖人君子が豹変したら
　意外と肉食だった件
　………………… ①1403
精神疾患とその治療 … ②79
精神疾患の光トポグラ
　フィー検査ガイド
　ブック ………… ②745
精神障がい者のための
　就労支援 ……… ②59
精神障がいのある親に
　育てられた子どもの
　語り …………… ②59
精神障害の下部構造 … ②745
星辰図ゆるやかなれば
　………………… ①973
成人すると鬼になる世
　界で生き残る話 … ①1403
成人脊柱変形治療の最
　前線 …………… ②751
聖人と竜 ………… ①527
清心尼 …………… ①1061
精神の革命 ……… ①452
精神の政治学 …… ①474
成人発達心理学 … ②498
成人発達理論による能
　力の成長 ……… ②483
「精神病」の正体 … ②745
成人病は予防できる … ②718
精神病理学の基本問題
　………………… ②745
精神病理学 臨床講義 ・ ②745
精神分析過程における
　儀式と自発性 … ①493
精神分析再考 …… ①493
精神分析とユング心理
　学 ……………… ②493
精神保健学／序説 … ②745
精神保健福祉援助演習
　（基礎）………… ②79
精神保健福祉士完全合
　格テキスト 専門科目
　………………… ②79
精神保健福祉士国家試
　験過去問解説集
　〈2018〉………… ②80

精神保健福祉士国家試
　験受験ワークブック
　専門科目編〈2018〉 ・・②80
精神保健福祉士国家試
　験 専門科目キーワー
　ド ……………… ②780
精神保健福祉士国家試
　験模擬問題集 専門科
　目〈2018〉……… ②80
精神保健福祉士出る！
　出る！ 一問一答 専門
　科目 …………… ②80
精神保健福祉士の一日
　………………… ②59
精神保健福祉相談援助
　の基盤（専門）… ②80
精神保健福祉に関する
　制度とサービス … ②80
精神保健福祉法講義 … ②59
精神療法の技と工夫 ・ ②745
整数と群・環・体 … ②653
税制改正経過一覧ハン
　ドブック〈平成29年
　版〉 …………… ②401
税制改正のポイント 確
　定版〈平成29年度版〉
　………………… ②401
税制改正のポイント 速
　報版〈平成29年度版〉
　………………… ②401
税制改正早わかり〈平成
　29年度〉………… ②402
税制改正Q&A〈平成29
　年度〉…………… ②402
青星学園★チームEYE
　－Sの事件ノート … ①361
星星（セイセイ）の火
　………………… ①1106
星星（セイセイ）の火
　〈2〉…………… ①1106
生成不純文学 …… ①993
生成文法理論の哲学的
　意義 …………… ①621
聖戦士レッドスワンよ
　血の上の教会で安ら
　かに眠れ ……… ①1124
生前退位をめぐる安倍
　首相の策謀 …… ②150
生前退位 天皇制廃止
　共和制日本へ … ②141
精選 中国語基本文例集
　………………… ①664
生前SEやってた俺は異
　世界で ………… ①1222
生前SEやってた俺は異
　世界で〈2〉…… ①1222
生前SEやってた俺は異
　世界で〈3〉…… ①1222
生前SEやってた俺は異
　世界で〈4〉…… ①1222
「製造業のサービス化」
　戦略 …………… ②438
青蔵高原東部のチャン
　族とチベット族 … ②119
製造人間は頭が固い
　………………… ①1179
西蔵漂泊 ………… ①929
清楚妻 ほんとは好き
　………………… ①1404
清楚でビッチな人妻は、
　実はサキュバスでし
　た ……………… ①1396
生存権・戦争と平和 … ②92
生存者の沈黙 …… ①1074
"整体院・治療院"商売
　の始め方・儲け方 … ②709
生態学と化学物質とリ
　スク評価 ……… ②671

生体ガス計測と高感度
　ガスセンシング …② 571
生態系の王者・オオス
　ズメバチ ………② 695
生体認証国家 ………① 610
生体分子化学 ………② 685
正多角形の作図法 角の
　三等分と三次方程式
　の解法 ………② 653
贅沢な時間 ………① 116
贅沢のススメ ………① 1066
贅沢の法則 ………② 336
政談 ………① 560
生誕150年 世界文学と
　しての夏目漱石 …① 915
生誕100年 清宮質文 …① 837
聖地・高野山で教えて
　もらった もっと！ 神
　仏のご縁をもらうコ
　ツ ………① 510
聖地サンティアゴへ、
　星の巡礼路を歩く …① 199
「聖地巡礼」映画のロケ
　地を旅する ………① 790
聖地巡礼コンティ
　ニュード ………① 500
成長したければ、自分
　より頭のいい人とつ
　きあいなさい ………② 343
成長しない子はいない
　………① 700
成長する授業 ………① 739
成長チートでなんでも
　できるようになった
　が、無職だけは辞め
　られないようです〈2〉
　………① 1236
成長チートでなんでも
　できるようになった
　が、無職だけは辞め
　られないようです〈3〉
　………① 1237
成長チートでなんでも
　できるようになった
　が、無職だけは辞め
　られないようです〈4〉
　………① 1237
成長チートになったの
　で、生産職も極めま
　す ………① 1295
清張鉄道1万3500キロ
　………① 912
成長の芽を伸ばす育て
　方 ………① 13
成長への企業変革 …② 310
静定構造力学の解法 …② 621
「正定事件」の検証 …① 579
性的虐待を受けた子ど
　もの施設ケア ………② 59
性的ないじめですか？
　いいえ、ご褒美で
　す！ ………① 1397
征途 ………① 1129
政党政治の制度分析 …② 171
政党政治の法構造 …② 223
政党政治はなぜ自滅し
　たのか？ ………② 146
『青鞜』の冒険 ………① 902
生徒会長と恋咲く桜花
　寮 ………① 1325
成都・九寨溝・麗江
　〈2018～2019年版〉
　………① 202
精読 小津安二郎 ……① 790
生徒指導学研究〈第16号
　（'17）〉 ………① 710
生と死のことば ………① 465
生と死のミニャ・コン
　ガ ………① 233

生と性、女はたたかう …② 37
生徒も教師もわくわく
　する道徳授業 ………① 737
性なる江戸の秘め談義
　………① 560
聖なる旅 ………① 460
聖なる珠の物語 ………① 517
聖なるホワイトライオ
　ン〈上〉 ………① 139
聖なるホワイトライオ
　ン〈下〉 ………① 139
聖なる約束〈4〉 ………① 452
聖なる夜に抱きしめて
　………① 1326
西南学院大学博物館主
　要所蔵資料目録 …① 825
西南戦争と自由民権 …① 566
青年 ………① 976
青年期精神療法入門 …② 745
成年後見制度のソ
　リューション 法人後
　見のてびき ………② 205
成年後見人のための精
　神医学ハンドブック
　………② 745
成年後見のことならこ
　の1冊 ………② 205
青年市長は“司法の闇”
　と闘った ………② 228
青年の主張 ………② 10
青年のための哲学概論
　………① 452
青年のための読書クラ
　ブ ………① 1202
青年のひきこもり・そ
　の後 ………① 711
性のあり方の多様性 …② 101
生の肯定 ………① 1018
性の“幸せ”ガイド …① 184
性の体験告白 女の素顔
　………② 35
性の体験告白 モモとザ
　クロ ………② 35
性の体験手記 ………② 35
生の悲劇的感情 ………① 452
せいのめざめ ………① 938
性犯罪加害者家族のケ
　アと人権 ………② 213
性犯罪者への治療的・
　教育的アプローチ …① 493
性表現規制の文化史 …② 101
製品開発は“機能”にば
　らして考えろ ………② 601
製品事例から学ぶ現代
　の電気電子計測 …② 593
性風俗世界を生きる
　「おんなのこ」のエス
　ノグラフィ ………② 35
制服至上〈2〉 ………① 842
整復・手技の教科書 …① 174
制服少女 ………① 842
制服無慘“全員奴隷”
　………① 1404
西部警察SUPER
　LOCATION〈3〉 …① 781
西部警察SUPER
　LOCATION〈4〉 …① 781
西部警察SUPER
　LOCATION〈5〉 …① 781
西部警察SUPER
　LOCATION〈6〉 …① 781
西部劇を読む事典 ……① 793
政府調達における我が
　国の施策と実績〈平成
　28年度版〉 ………② 243
生物を知るための生化
　学 ………② 673
生物科学の歴史 ………② 683

生物環境物理学ことは
　じめ ………② 683
生物圏の形而上学 …② 683
生物多様性概論 ………② 683
生物多様性と持続可能
　性 ………② 575
生物・農学系のための
　統計学 ………② 661
生物の進化と多様化の
　科学 ………② 683
生物はウイルスが進化
　させた ………② 685
生物物理学における非
　平衡の熱力学 ………② 665
政府に尋問の筋このあ
　り ………① 566
政府の隠れ資産 ………② 242
政府の憲法九条解釈 …② 200
政府の政治理論 ………② 171
政府・NPO関係の理論
　と動向 ………② 141
「性別が、ない！」人の
　夜の事件簿in Deep
　………① 852
税法概論 ………② 402
税法学〈577〉 ………② 402
税法学〈578〉 ………② 402
税法便覧〈平成29年度
　版〉 ………② 402
性暴力と修復的司法 …② 223
性暴力の罪の行為と類
　型 ………② 37
生保・損保〈2019年度
　版〉 ………② 386
聖母と嘆きのギリシア
　富豪 ………① 1377
生保レディ ………① 1400
性味表大事典 ………① 165
精妙収官 ………① 247
斉民要術 ………② 36
税務インデックス〈平成
　29年度版〉 ………② 402
税務会計学辞典 ………② 323
税務会計要説 ………② 323
税務課のシゴト ………② 156
税務・経理・人事ハンド
　ブック〈2018年度版〉
　………② 330
税務経理ハンドブック
　〈平成29年度版〉 …② 324
税務コストをへらす組
　織再編のストラク
　チャー選択 ………② 324
税務重要裁決事例55選
　………② 324
税務上級試験問題解説
　集〈2017年度版〉 …② 481
税務上級試験問題解説
　集〈2017年度版〉 不
　動産評価の実践手法
　………② 421
税務署も大よろこび！
　リンク馬券必勝術 …① 244
税務数表〈平成29年版〉
　………② 402
税務相談事例集〈平成29
　年版〉 ………② 402
税務訴訟 ………② 194
税務中級試験問題解説
　集〈2017年度版〉 …② 481
税務調査と質問検査権
　の法知識Q&A ……② 402
税務トラブル 項目別調
　査事例解説 ………② 402
税務2級〈2018年3月受
　験用〉 ………② 481
税務の専門家も参考に
　する 相続税實疑応答
　集 ………② 412
税務ハンドブック〈平成

29年度版〉 ………② 324
税務便覧〈平成29年度
　版〉 ………② 402
税務・労務ハンドブッ
　ク〈平成29年版〉 …② 324
税務六法〈平成29年版〉
　………② 402
生命科学の静かなる革
　命 ………② 683
生命38億年の秘密がわ
　かる本 ………② 402
生命史図譜 ………② 681
生命進化の偉大なる奇
　跡 ………② 685
生命と現実 ………① 452
生命に部分はない …② 685
生命・人間・経済学 …② 262
生命の内と外 ………② 673
生命の讃歌 ………① 610
生命の灯となる49冊の
　本 ………② 3
生命の歴史えほん …① 402
生命保険の正しい教科
　書 ………② 386
生命保険有効活用提案
　シート集 ………② 386
生命倫理学入門 ………② 706
税目別 実務上誤りが多
　い事例と判断に迷う
　事例Q&A ………② 402
誓約 ………① 1113
正訳 源氏物語 本文対照
　〈第7冊〉 ………① 898
正訳 源氏物語 本文対照
　〈第8冊〉 ………① 898
正訳 源氏物語 本文対照
　〈第9冊〉 ………① 898
正訳 源氏物語 本文対照
　〈第10冊〉 ………① 898
聖夜になれば、きっと
　………① 1394
聖夜に芽ばえた宝物
　………① 1376
聖夜のプロポーズ …① 1370
声優“たまご”25人の体
　験談 ………① 769
声優道 ………① 769
声優に死す ………① 799
西洋を魅了した「和モ
　ダン」の世界 ………① 872
西洋絵画とクラシック
　音楽 ………① 828
西洋甲冑&武器 作画資
　料 ………① 861
西洋甲冑ポーズ&アク
　ション集 ………① 861
西洋古典学研究〈65〉
　………① 917
西洋児童美術教育の思
　想 ………① 739
西洋人物レファレンス
　事典 経済・産業篇 …② 7
西洋中世研究〈No.8〉
　………② 601
西洋哲学史 ………① 467
「西洋」の終わり ………② 123
西洋の没落〈1〉 ………① 467
西洋の没落〈2〉 ………① 467
西洋美術：国家・表象・
　研究 ………① 828
西洋美術作品レファレ
　ンス事典 ………① 882
西洋美術の歴史〈1〉 …① 828
西洋美術の歴史〈3〉 …① 828
西洋美術の歴史〈5〉 …① 828
西洋美術の歴史〈7〉 …① 828
西洋美術の歴史〈8〉 …① 829
西洋魔法で開運 発展編

① 129
西洋名画ズバリ101！
　………① 829
西洋料理通 ………① 907
西洋料理のコツ ………① 68
生理学からみた鍼灸効
　果研究の現在 ………① 173
生理学実習NAVI 別冊
　実習ノート付 ………② 728
生理学テキスト ………② 728
生理機能検査学 ………② 733
税理士を悩ませる『財
　産評価』の算定と税
　務の要点 ………② 324
税理士・会計士・簿記1
　級 簿記力ワークアウ
　ト24〈Vol.1〉 ………② 490
税理士・会計士・簿記1
　級 簿記力ワークアウ
　ト24〈Vol.2〉 ………② 490
税理士・会計事務所の
　儲かるしかけ ………② 490
税理士が教える 知って
　得する相続 揉めて損
　する相続 ………② 412
税理士が知っておきた
　い 開業医の税務と生
　涯設計（ライフプラ
　ン）………② 709
税理士業務に活かす！
　通達のチェックポイ
　ント ………② 407
税理士・公証人による
　相続税と信託ガイド
　ブック ………② 412
税理士財務諸表論 計算
　問題の解き方 ………② 490
税理士財務諸表論 穂坂
　式つながる会計理論
　………② 490
税理士財務諸表論 理論
　答案の書き方 ………② 490
税理士試験過去問答案
　練習 財務諸表論〈29
　年度受験用〉 ………② 490
税理士試験過去問答案
　練習 財務諸表論〈30
　年度受験用〉 ………② 490
税理士試験過去問答案
　練習 簿記論〈29年度
　受験用〉 ………② 490
税理士試験過去問答案
　練習 簿記論〈30年度
　受験用〉 ………② 490
税理士試験 財務諸表論
　直前予想問題集 ……② 490
税理士試験必修教科書
　国税徴収法 ………② 490
税理士試験必修教科書
　財務諸表論 理論編
　………② 490
税理士試験必修教科書
　消費税法 応用編〈平
　成30年度版〉 ………② 491
税理士試験必修教科書
　消費税法 基礎完成編
　〈平成30年度版〉 …② 491
税理士試験必修教科書
　相続税法 応用編〈平
　成30年度版〉 ………② 491
税理士試験必修教科書
　相続税法 基礎完成編
　〈平成30年度版〉 …② 491
税理士試験必修教科書
　法人税法 応用編〈平
　成30年度版〉 ………② 491
税理士試験必修教科書
　法人税法 基礎完成編
　〈平成30年度版〉 …② 491

書名索引

税理士試験必修教科書
簿記論・財務諸表論
〈1〉……………②491
税理士試験必修教科書
簿記論・財務諸表論
〈2〉……………②491
税理士試験必修教科書
簿記論・財務諸表論
〈3〉応用編…………②491
税理士試験必修教科書・
問題集 消費税法 基礎
導入編〈平成30年度
版〉………………②491
税理士試験必修教科書・
問題集 相続税法 基礎
導入編〈平成30年度
版〉………………②491
税理士試験必修教科書・
問題集 法人税法 基礎
導入編〈平成30年度
版〉………………②491
税理士試験必修問題
集 相続税法 基礎完成
編〈平成30年度版〉
………………②491
税理士試験必修問題集
消費税法 応用編〈平
成30年度版〉……②491
税理士試験必修問題集
消費税法 基礎完成編
〈平成30年度版〉…②491
税理士試験必修問題集
相続税法 応用編〈平
成30年度版〉……②491
税理士試験必修問題集
法人税法 応用編〈平
成30年度版〉……②491
税理士試験必修問題集
法人税法 基礎完成編
〈平成30年度版〉…②491
税理士試験必修問題集
簿記論・財務諸表論
〈1〉……………②491
税理士試験必修問題集
簿記論・財務諸表論
〈2〉……………②491
税理士試験必修問題集
簿記論・財務諸表論
〈3〉応用編………②491
税理士試験必修理論対
策 消費税法〈平成30
年度版〉…………②491
税理士試験必修理論対
策 相続税法〈平成30
年度版〉…………②491
税理士試験必修理論対
策 法人税法〈平成30
年度版〉…………②491
税理士試験 法人税法の
要点整理〈平成30年受
験用〉……………②352
税理士試験 簿記論直前
予想問題集 ……②491
税理士事務所の個人情
報保護・マイナンバー
対応マニュアル…②402
税理士だからサポート
できる! 成年後見ハ
ンドブック ……②205
税理士だからわかる 起
業して3年以内に絶対
つぶれない会社のつ
くり方……………②287
税理士になろう!…②491
税理士の相続業務強化
マニュアル………②412
税理士のための介護事
業所の会計・税務・経
営サポート ……②324

税理士のための確定申
告事務必携………②402
税理士のためのケース
スタディ 役員給与課
税の心得帳 ……②324
税理士のための国際税
務の基礎知識 海外進
出編………………②402
税理士のための所得税
重要ポイントハンド
ブック……………②410
税理士のための"中小企
業の補助金"申請支援
マニュアル………②301
税理士の坊さんが書い
た宗教法人の税務と
会計入門…………②324
税理士必携 誤りやすい
申告税務詳解Q&A
…………②324
税理士必携! 顧問先企
業の財務データ分析・
指導マニュアル…②320
税理士必携 事例にみる
相続税の疑問と解説
〈平成29年改訂版〉
…………②412
税理士 平成29年8月 第
67回試験予想ラスト
スパート模試 財務諸
表論………………②491
税理士 平成29年8月第
67回試験予想ラスト
スパート模試 消費税
法…………………②492
税理士 平成29年8月第
67回試験予想ラスト
スパート模試 相続税
法…………………②492
税理士 平成29年8月第
67回試験予想ラスト
スパート模試 法人税
法…………………②492
税理士 平成29年8月第
67回試験予想ラスト
スパート模試 簿記論
…………②492
税理士簿記論 個別問題
の解き方…………②492
税理士簿記論 総合問題
の解き方…………②492
税理士簿・財でる順計
算マスター………②492
生理心理学と精神生理
学〈第1巻〉……①483
生理心理学と精神生理
学〈第2巻〉……①483
整理整頓をしない人ほ
ど、うまくいく。②352
生理のコト 体のコト 恋
コト 全部知ってJC
女子力向上BOOK・①168
政略結婚 ………①1047
政略婚は秘密の蜜愛
ウェディング……①1405
政略記 天明三・六年・①560
政略記 天明七・九年・①560
精霊王さま、憑依する先
をお間違えです…①1399
精霊幻想記〈7〉……①1187
精霊幻想記(8)……①1187
精霊幻想記(9)……①1187
精霊召喚術士のスロー
ライフ……………①1397
精霊たちの家〈上〉・①1327
精霊たちの家〈下〉・①1327
精霊使いと花の戴冠
…………①1323
精霊使いの剣舞(プレイ

ドダンス)………①1210
精霊使いの剣舞(プレイ
ドダンス)〈16〉…①1210
精霊と一緒 ……①1310
精霊の乙女ルベト…①1139
精霊の囁き………①139
正論………………①769
正論で経営せよ…②287
聖和の流儀………①230
聖(セイント)♡尼さん
…………①510
聖・ワケあり生徒会!
〈1〉……………①1255
聖・ワケあり生徒会!
〈2〉……………①1255
ゼウスにさらわれた花
嫁…………………①1377
瀬尾幸子の料理の教科
書…………………①55
セオリー&プラクティ
ス経済政策………②262
世界一ゆるいいきもの
図鑑………………②691
世界遺産ガイド〈2018改
訂版〉……………②91
世界遺産検定公式過去
問題集 1・2級〈2017
年度版〉…………②91
世界遺産検定公式過去
問題集 3・4級〈2017
年度版〉…………②91
世界遺産・国宝姫路城
を歩く……………②91
世界遺産事典(2018)②91
世界遺産データ・ブッ
ク〈2018年版〉…②92
世界遺産と天皇陵古墳
を問う……………①614
世界遺産のクイズ図鑑
…………①440
世界遺産の都へ「ラト
ビア」の魅力100・①206
世界遺産パルミラ 破壊
の現場から………①593
世界遺産への道標…②92
世界遺産法隆寺から学
ぶ すみずみまで楽し
む寺院の歩き方…②610
世界遺産 ユネスコ精神
…………②92
世界一痛いから効く!
足もみの本………①173
世界一受けたいサッ
カーの授業………①230
世界一打たれ強い働き
方…………………②287
世界一美しい猫たち ラ
パーマ……………①265
世界一美しいふるまい
とマナー…………①16
世界一美味しい「どん
二郎」の作り方…①55
世界一美味しい煮卵の
作り方……………①55
世界一訪れたい日本の
つくりかた………①243
世界一簡単なアルゴリ
ズムトレードの構築
方法………………②378
世界一クラブ……①361
世界一桜島大根コンテ
スト………………②450
世界一幸せな国、北欧
デンマークのシンプ
ルで豊かな暮らし…②84
世界一しあわせな臨終
その迎え方の秘訣・①110
世界一シンプルなナ
チュラルメイクの教

科書 ……………①22
世界一やさしい! おく
すり図鑑…………①155
世界一に迫った日…①231
世界一の暗号解読者・①374
世界一の会議 ……②123
"世界一"のカリスマ清
掃員が教える 掃除は
「クロス」を使って上
手にサボりなさい!・①6
世界一の豪華建築バ
ロック……………②610
世界一の生産性バカが1
年間、命がけで試して
わかった25のこと・②287
世界一の妻………①959
世界一のパンダファミ
リー………………①383
世界一の珍しい鳥…②696
世界一のレストラン オ
ステリア・フラン
チェスカーナ……①36
世界一ハードルが低
い!1日1時間らくら
く起業術…………②287
世界一速く結果を出す
人は、なぜ、メールを
使わないのか……②352
世界一非常識な日本国
憲法………………②200
世界一まじめなおしっ
こ研究所…………①410
せかいいちまじめなレ
ストラン…………①332
世界10000年の名作住宅
…………②610
世界一やさしい海釣り
入門………………①232
世界一やさしい! 栄養
素図鑑……………②777
世界一やさしい株の練
習帖 1年生………②394
世界一やさしい経営戦
略立案講座………②287
世界一やさしい決算書
の教科書 1年生…②322
世界一やさしい読書習
慣定着メソッド…②3
世界一やさしい日経225
オプション取引の教
科書 1年生………②394
世界一やさしいビット
コインの授業……②378
世界一やさしいメルカ
リ転売の教科書 1年
生…………………②513
世界一やせるスクワッ
ト…………………①217
世界一勇敢な公爵と薄
幸令嬢……………①1401
世界一ゆるーいイラス
ト解剖学 からだと筋
肉のしくみ………②728
世界一ゆるーい! 解剖
学的コンディショニ
ング………………①158
世界一よくわかる新選
組…………………①566
世界一わかりやすい 医
学部小論文・面接の
特別講座…………①745
世界一わかりやすい石
倉流囲碁上達教室・①247
世界一わかりやすい電
気・電子回路 これ1冊
で完全マスター…②597
世界一わかりやすい 病
院・医療業界のしく
みとながれ………②709

世界一わかりやすいや
りなおし中学英語・①735
世界一わかりやすいリ
スクマネジメント集
中講座……………②287
世界一わかりやすい
Excelテキスト…②538
世界一わかりやすい
「FX」1億円トレード
の教科書…………②397
世界一わかりやすい
Illustrator 操作とデ
ザインの教科書…②540
世界一わかりやすい
Photoshop操作とデ
ザインの教科書…②540
世界一わかりやすい
Wordテキスト…②537
世界一わかりやすい
WordPress導入とサ
イト制作の教科書・②543
世界一笑えてわかりや
すいお金の増やし方
…………②390
世界一周女子旅BOOK
…………①200
世界一周なぞり描き・①842
世界一周ホモのたび 結
…………①852
世界イノベーション都
市宣言……………②246
世界ウイスキー大図鑑
…………①44
世界 "宇宙誌" 大図鑑
…………②675
世界を動かす巨人たち
経済人編…………②242
世界を動かす100の技術
(2018)…………②570
世界を裏側から見る私
の手法……………②123
世界を変えたアメリカ
大統領の演説……①639
世界を変えた暦の歴史
…………①588
世界を変えた世紀の決
戦…………………①588
世界を変えた6つの「気
晴らし」の物語…②101
世界を変える美しい本・②3
世界を変える「デザイ
ン」の誕生………②287
世界を感動させた日本
精神………………①462
世界を救うパンの缶詰
…………①383
世界を救った姫巫女は
…………①1283
世界を分断する「壁」・②123
世界を翻弄し続ける中
国の狙いは何か…②133
世界をまどわせた地図
…………①588
世界を見た幕臣たち・①566
世界をもてなす語学ボ
ランティア入門…①639
世界を揺るがした10日
間…………………①608
世界を揺るがすトラン
プイズム…………①135
世界音楽旅………①814
世界が憧れる日本酒78
…………①44
世界が終わる街 ……①1102
世界が喰いつくす日本
経済………………②243
世界が地獄を見る時…②247
世界が称賛する日本の
教育………………①675

書名索引

書名索引

世界が称賛する日本の
　経営 ……………… ②287
世界が、それを許さな
　い。……………… ②247
世界が再び日本を見倣
　う日 ……………… ②123
世界が見た福島原発災
　害〈6〉………… ②579
世界が認めざるを得な
　い最強の国「日本」 ··②20
世界が認めた日本のウ
　イスキー ………… ①44
世界が認めた日本のか
　わいい消しゴムはん
　こ ………………… ①80
世界がもし100人の村
　だったら お金篇 … ②262
世界から音が消えても、
　泣きたくなるほどキ
　ミが好きで。… ①1298
世界から格差がなくな
　らない本当の理由 … ②262
世界からバナナがなく
　なるまえに ……… ②448
世界から見た中国経済
　の転換 …………… ②250
世界が若かったころ · ①379
世界「奇景」探索百科
　南北アメリカ・オセ
　アニア編 ………… ①200
世界「奇景」探索百科
　ヨーロッパ・アジア・
　アフリカ編 ……… ①200
世界基準の働き方 … ②287
世界基準のヒプノセラ
　ピー入門 ………… ①493
世界基準の幼稚園 … ①691
世界給与・賃金レポー
　ト〈2016/2017〉… ②460
世界恐竜発見地図 … ①401
世界金融危機後の金融
　リスクと危機管理 · ②378
世界 “経済”全史 「51の
　転換点」で現在と未
　来が読み解ける …… ②248
世界経済の「大激転」· ②248
世界経済の潮流〈2016年
　2〉……………… ②248
世界経済の潮流〈2017年
　1〉……………… ②248
世界権力者図鑑〈2018〉
　…………………… ②123
世界航海史上の先駆者
　鄭和 ……………… ①596
世界国勢図会〈2017/18
　年版〉…………… ②123
世界5大陸のフード
　ショップブランディ
　ング …………… ②426
世界500万人が実践する
　営業術 …………… ②333
世界最強になった俺
　………………… ①1254
世界最恐の監督 黒沢清
　の全貌 …………… ①791
世界最強の後衛 …… ①1238
世界最強の人見知りと
　魔物が消えそうな黄
　昏迷宮〈1.〉…… ①1254
世界最強の人見知りと
　魔物が消えそうな黄
　昏迷宮〈2.〉…… ①1254
世界最強は器用貧乏
　………………… ①1297
世界最高の学級経営 · ①708
世界最高の人生指南書
　論語 ……………… ①465
世界最高の日本酒
　〈2017〉………①44

世界最高のリーダー育
　成機関で幹部候補だ
　けに教えられている
　プレゼンの基本 … ②366
世界最古の物語 …… ①917
世界最終大戦〈4〉… ①1131
世界史「意外な結末」大
　全 ………………… ①589
世界史/いま、ここから
　…………………… ①589
世界史ウソみたいなぞ
　の後 ……………… ①589
世界史を変えた39の
　「道」…………… ①589
世界史を変えた「明治
　の奇跡」………… ①573
世界史を創ったビジネ
　スモデル ………… ②326
世界史から「名画の謎」
　を解く …………… ①829
世界史劇場 正史三國志
　…………………… ①596
世界自然環境大百科〈8〉
　…………………… ②681
世界史的観点から現代
　を考察する ……… ①452
「世界史」で読み解けば
　日本史がわかる … ①532
世界自動車部品企業の
　新興国市場展開の実
　情と特徴 ………… ②442
世界史年表・地図 … ①618
世界史年表・地図 … ①618
“世界史”の哲学 近世篇
　…………………… ①589
世界史のなかの近世 · ①589
世界史のなかの産業革
　命 ………………… ①589
世界史のなかの天正遣
　欧使節 …………… ①553
世界史モノ事典 …… ①618
世界宗教の経済倫理 · ②268
世界13カ国英語留学ガ
　イド ……………… ①747
世界中の大富豪はなぜ
　NZに殺到するのか!?
　〈上〉…………… ②82
世界中の大富豪はなぜ
　NZに殺到するのか!?
　〈下〉…………… ②83
世界手芸紀行 ……… ①74
世界樹の上に村を作っ
　てみませんか〈1〉
　………………… ①1258
世界樹の上に村を作っ
　てみませんか〈2〉
　………………… ①1258
世界樹の上に村を作っ
　てみませんか〈3〉
　………………… ①1258
世界人権論序説 …… ②44
世界神話学入門 …… ①508
世界神話入門 ……… ①508
世界スタジアム物語 · ①214
世界正義の時代 …… ②171
世界政治 裏側の真実 · ②123
世界戦略兵器体系 … ②166
世界、それはすべて君
　のせい …………… ①1192
世界第3位のヘッジファ
　ンドマネージャーに
　日本の庶民でもでき
　るお金の増やし方を
　訊いてみた。…… ②390
世界食べものマップ · ①434
世界単位 日本 …… ①532
世界探検史 ………… ①589
世界鳥類神話 ……… ①508
世界沈没 …………… ①133

世界でいちばん受けた
　環境デザインの授
　業 ………………… ②575
世界で一番美しい馬の
　図鑑 ……………… ②691
世界で一番美しい切り
　絵人体図鑑 ……… ①867
世界で一番美しいクラ
　ゲの図鑑 ………… ②698
世界で一番美しい声
　………………… ①1332
世界で一番美しいサル
　の図鑑 …………… ②694
世界で一番美しいフク
　ロウの図鑑 ……… ②696
世界で一番美しい包丁
　………………… ①43
世界でいちばん美しい
　街、愛らしい村 拡大
　版 ………………… ①200
世界で一番おいし
　いお米とごはんの本
　…………………… ①36
世界で一番おもしろい
　漢独 ……………… ①275
世界でいちばん簡単な
　サーバーのe本 …… ②519
世界でいちばん簡単な
　ネットワークのe本
　…………………… ②526
世界でいちばん簡単な
　Androidプログラミ
　ングのe本 ……… ②549
世界でいちばん簡単な
　Pythonプログラミ
　ングのe本 最新版 · ②550
世界でいちばん簡単な
　Visual Basicのe本
　…………………… ②558
世界でいちばん簡単な
　VisualC# のe本 … ②558
世界でいちばん簡単な
　Visual C++のe本 · ②558
世界でいちばん素敵な
　宇宙の教室 ……… ②675
世界でいちばん素敵な
　元素の教室 ……… ②671
世界でいちばん素敵な
　昆虫の教室 ……… ②695
世界でいちばん素敵な
　地球の教室 ……… ②679
世界でいちばん素敵な
　鳥の教室 ………… ②696
世界でいちばん旅が好
　きな会社がつくった
　ひとり旅完全ガイド
　…………………… ②200
世界で一番のクリスマ
　ス ………………… ①985
世界で一番やさしい建
　築基準法 最新法改正
　対応版 …………… ②620
世界でいちばんやさし
　い料理教室 ……… ①55
世界的名医が教える脱・
　糖尿病の最新戦略 · ①180
世界でさいしょのプロ
　グラマー ………… ①313
世界で闘う人の英語面
　接と英文履歴書 … ①639
世界で闘うプログラミ
　ング力を鍛える本 · ②550
世界鉄道切手蒐集行 · ①251
世界で800万人が実践！
　考える力の育て方 … ①13
世界で一つだけの殺し
　方 ………………… ①1106
世界で最も美しい問題
　解決法 …………… ②262

世界でもっとも美しい
　量子物理の物語 … ②665
世界同時非常事態宣言
　…………………… ②142
世界動物アトラス … ①407
世界と僕のあいだに · ①935
世界と未来への架橋 · ②101
世界と渡り合うための
　ひとり外交術 …… ①124
世界に「かゆい」がなく
　なる日 …………… ②718
世界に通じるマナーと
　コミュニケーション
　…………………… ①16
世界に通用するビール
　のつくりかた大事典
　…………………… ①44
世界にひとつだけのぬ
　り絵をつくる練習帖
　…………………… ①865
世界に広がる日本の職
　人 ………………… ②101
世界年鑑〈2017〉… ②273
世界のアーケード … ②610
世界のアニマルシェル
　ターは、犬や猫を生
　かす場所だった。 · ①262
世界の一流企業は
　「ゲーム理論」で決め
　ている …………… ②287
世界の一流36人「仕事
　の基本」………… ②352
世界のウィスキー … ①44
世界のウイスキー図鑑
　…………………… ①44
世界の美しい市場 … ①200
世界の美しい色の建築
　…………………… ②610
世界の美しいウミウシ
　…………………… ①256
世界の美しいステンド
　グラス …………… ①872
世界の美しいトカゲ · ②691
世界の美しい鳥の神話
　と伝説 …………… ②696
世界の美しい街、優し
　い街 ……………… ①197
世界の美しい名建築の
　図鑑 ……………… ②611
世界の産声に耳を澄ま
　す ………………… ②929
世界の右翼 ………… ②123
世界の裏側がわかる宗
　教集中講座 ……… ①500
世界のエリートが実践
　している 目のつけど
　ころ ものの考え方
　…………………… ②287
世界のエリートが学ん
　でいる教養としての
　中国哲学 ………… ①465
世界のエリート投資家
　は何を考えているの
　か ………………… ②394
世界のエリート投資家
　は何を見て動くのか
　…………………… ②394
世界のエリートは10冊
　しか本を読まない · ②287
世界のエリートはなぜ
　「美意識」を鍛えるの
　か？ ……………… ①824
世界のお金持ちが20代
　からやってきた お金

世界の終わりに問う賛
　歌 ……………… ②1213
世界の終わりの世界録
　（アンコール）〈9〉
　………………… ②1203
世界の終わりの世界録
　（アンコール）〈10〉
　………………… ②1203
世界の終わりの天文台
　………………… ①1364
世界の終わり/始まり
　…………………… ①970
世界の貝大図鑑 …… ②698
世界の解剖 ………… ①842
世界の混沌（カオス）を
　歩くダークツーリス
　ト ………………… ①197
世界の学者が語る「愛」
　…………………… ①452
世界の学校管理職養成
　…………………… ①704
世界の“下半身”経済が
　わかる本 ………… ②35
世界のかわいいけも
　の！ ……………… ①256
世界のかわいい村と街
　…………………… ①256
世界の奇虫図鑑 …… ②695
世界の共同主観的存在
　構造 ……………… ①452
世界の郷土菓子 …… ①70
世界の国ぐに大冒険 · ①425
世界の国情報〈2017〉· ②83
世界の国で美しくな
　る！ ……………… ①197
世界のくるま図鑑2500
　…………………… ①435
世界の黒い霧 ……… ②123
世界の原色の鳥図鑑 · ②697
世界の現場を見てやろ
　う ………………… ①647
世界の厚生労働〈2017〉
　…………………… ②59
世界の国鳥 ………… ②697
世界の国旗・国章歴史
　大図鑑 …………… ①618
世界の雇用及び社会の
　見通し〈2016〉…… ②462
世界の雇用及び社会の
　見通し〈2017〉…… ②463
世界のコンテナ輸送と
　就航状況〈2017年版〉
　…………………… ②418
世界のサンドイッチ図
　鑑 ………………… ①36
世界のしくみまるわか
　り図鑑 …………… ②46
世界の児童文学登場人
　物索引 単行本篇 … ①892
世界の支配者が愛した
　アンティークコイン
　という価値を探る · ①287
世界の終焉 ………… ①452
世界の樹木 ………… ②688
世界の商標ハンドブッ
　ク ………………… ②584
世界の人権保障 …… ②218
世界のすべてのさよな
　ら ……………… ①1002
世界の絶望百景2017 · ②30
世界のソフトウエア特
　許 ………………… ②584
世界の駄っ作機〈1〉· ②166
世界の駄っ作機〈8〉· ②166
世界のタブー ……… ②83
世界の地下鉄駅 …… ②434
世界の地方創生 …… ②158

書名索引

世界の茶文化図鑑……①47
世界の作りおき野菜……①55
世界の庭園墓地図鑑・②611
世界の田園回帰……②451
世界の統計〈2017〉……②269
世界の特別な1日……②13
世界のどこでも、誰とでもうまくいく！「共感」コミュニケーション……②83
世界のどこにもない 特殊なこの国と天皇家の超機密ファイル……①532
世界のトップ1%に育てる親の習慣ベスト45……①13
世界のトッププロが使うゴルフの基本テクニック……①219
世界の流れがよくわかるアメリカの歴史・①604
世界のねこみち……①265
世界の乗りもの大図鑑……①435
世界の廃墟・遺跡60・②611
世界の廃船と廃墟……①256
世界のハイパフォーマーがやっている「最強の瞑想法」……①124
世界の橋……②606
世界の橋並み……②606
世界の働くくるま図鑑〈上巻〉……①435
世界の働くくるま図鑑〈下巻〉……①435
世界の果てに、ぼくは見た……①952
世界の果てのありえない場所……①200
世界のハーブ&スパイス大事典……①36
世界のパワーシフトとアジア……①142
世界のビジネスエリートが身につける教養 西洋美術史……①829
世界の美術……①829
世界のビール図鑑……①44
世界の広場への旅……②611
世界の貧困・日本の貧困……①417
世界のフィンテック法制入門……②378
世界の服飾文様図鑑・①881
世界のブックデザインコレクション……②16
世界の物流を変える中国の挑戦……②250
世界のブルース横丁・①807
世界の街猫……①265
世界の祭りをめぐる冒険……①118
世界のまんなかで笑うキミへ……①1139
世界の見方が変わる50の概念……①452
世界のミシュラン三ツ星レストランをほぼほぼ食べ尽くした男の過剰なグルメ紀行……①43
世界のミュージカル・日本のミュージカル①782
世界の民族衣装文化図鑑……②119
世界の村と街〈4〉……①206
世界の名画に学ぶ巨匠のドローイング 素描・デッサンの技能

を磨く……①838
世界の名画物語……①430
世界の銘鑑ヒストリア……②166
世界の名作絵本4000冊……①892
世界の名作数理パズル100……①653
世界の木造デザイン・②611
世界の物語・お話絵本 登場人物索引 2007 - 2015……①892
世界の野菜ごはん……①55
世界の屋台メシ……①200
世界の有名シェフが語るマンマの味……①36
世界の夢のパン屋さん……①36
世界の夢の本屋さんに聞いた素敵な話……⑤5
世界のリノベーション……②611
世界の歴史はウソばかり……①589
世界のVIPが指名する執事の手帳・ノート術……②352
世界は逆転する！……②378
世界は細菌にあふれ、人は細菌によって生かされる……②685
世界は自分一人から変えられる……②287
世界は神秘に満ちている……①452
世界は水滴のように落ちていく……①945
世界は数字でできている……②653
世界は素数でできている……②653
世界初の人工舌で「夢の会話」に生き甲斐・②703
世界初！ 微生物量がみえる土壌診断 SOFIXによる有機農法ガイド 土壌づくりのサイエンス……②446
世界はどうなる？ 日本の行方 平和への道は②246
世界は破滅を待っている……①1071
世界は2人を愛してる……①943
世界は変形菌でいっぱいだ……②683
世界はまるい……①313
世界は四大文明でできている……①611
世界標準としての世代間交流のこれから・②102
世界標準の子育て……①13
世界標準の仕事の教科書……②352
世界ファンタスティック映画狂時代……①796
世界ふしぎ発見！ 大人の謎解き雑学……②39
世界文化遺産の思想・①589
世界文学を読みほどく……①917
世界文学全集/個人全集・作品名総覧 第4期……①892
世界文学全集/個人全集・作家名総覧 第4期……①892
世界文学全集/個人全

集・内容総覧 第4期……①892
世界文学大図鑑……①917
世界文明史……①589
世界文明史の試み〈上〉……①589
世界文明史の試み〈下〉……①589
世界文明の「起源は日本」だった……①139
世界平和を実現する思想……①452
「世界」へのまなざし・①514
世界マネーが狙う「大化け日本株」……①394
世界まるごとギョーザの旅……①43
世界まんが塾……②33
世界無形文化遺産データ・ブック〈2017年版〉……②92
世界流通史……①589
世界歴史大系 朝鮮史〈1〉……①599
世界歴史大系 朝鮮史〈2〉……①599
世界歴史地名大事典〈第1巻〉……①618
世界歴史地名大事典〈第2巻〉……①618
瀬川くんはゲームだけしていたい②……①1240
世川行介放浪日記……①949
世川行介放浪日記 貧乏歌舞伎町篇……①929
セガvs.任天堂〈上〉……②304
セガvs.任天堂〈下〉……②304
施工現場語読本……②621
関ヶ原合戦の謎99……①553
関ヶ原はいかに語られたか……①553
関口知宏のヨーロッパ鉄道大紀行……①199
赤軍……②171
赤軍と白軍の狭間に・①609
赤軍の形成……②173
関越えの夜……①1044
積算資料 印刷料金〈2017年版〉……②17
積算資料 北陸版〈Vol.90〈2017年度上期版〉……②623
積算資料ポケット版 マンション修繕編〈2017/2018〉……②623
積算ポケット手帳 建築編〈2018〉……②623
関所破り定次郎日籠のお絆り……①1044
石造文化財〈9〉……①614
関千枝子 中山士朗 ヒロシマ往復書簡〈第3集〉……①579
脊柱管狭窄症 痛みが消える新メソッド骨盤AC法……①172
脊柱管狭窄症をトレーニングで治す……①150
脊柱管狭窄症、椎間板ヘルニアが自分で治せる101のワザ……①150
脊柱管狭窄症は99%完治する……①150
脊椎外科の罠……①985
脊椎固定術……②751
脊椎の機能障害……②718
石塔調べのコツとツボ……①510
責任ある研究のための発表倫理を考える……①718

関根ささら love.……①775
関の孫六〈8〉……①1058
石油を読む……②573
石油資料〈平成29年〉……②573
石油等消費動態統計年報〈平成28年〉……②438
石油の呪い……②262
セキュリティ技術の教科書……②563
セキュリティコンテストのためのCTF問題……②534
セキュリティ商品大全〈2017年度版〉……②534
セキュリティナビ〈2017〉……②534
セキュリティナビ〈2018〉……②534
セキュリティ・ブランケット〈上〉……①1318
鶺鴒……①965
ゼクシィキッチン基本のお料理……①55
セクシーな人は、うまくいく。……①97
セクシャルヌード・ポーズBOOK……①861
セクシュアリティと法……②223
世間を渡る読書術……②3
「世間」という観念の呪縛……②223
施工がわかる イラスト建築本工事……①618
施工現場読本……②621
西郷（せご）どん！ 上製版〈前編〉……①1055
西郷（せご）どん！ 上製版〈後編〉……①1055
西郷（せご）どん大百科……①566
西郷（せご）どんとよばれた男……①566
西郷（せご）どん！ 並製版〈上〉……①1055
西郷（せご）どん！ 並製版〈中〉……①1055
西郷（せご）どん！ 並製版〈下〉……①1055
西郷（せご）どん入門……①566
西郷（せご）どんの真実……①566
西郷（せご）どん評判記……①566
セコム……②304
セザンヌの地質学……①836
妹島和世論〈1〉……②611
世俗諺文 作文大躰……①899
世代×性別×ブランドで切る！……②336
世代の痛み……②102
世代問題の再燃……②452
世田谷一家殺人事件……②39
雪炎……①1103
絶海の碩学……①560
絶家を思う……①110
せっかくチートを貰って異世界に転移したんだから、好きなように生きてみたい〈1〉……①1284
せっかくチートを貰って異世界に転移したんだから、好きなように生きてみたい〈2〉……①1284

赤化統一で消滅する韓国 連鎖制裁で瓦解する中国……②130
雪華燃ゆ……①1049
接客英語基本の『き』①639
接客サービスマナー検定過去問題集 第20回〜第23回……②507
接客用語辞典……②426
説経……②113
絶叫……①1104
絶叫！ おばけのまちがいさがし デラックス……①440
絶叫！ おばけのめいろあそびデラックス・①440
絶叫学級……①361
説経節研究 物語編「三庄太夫」……②117
セックス・イン・ザ・シー……①698
セックスで生きていく女たち……②36
セックスと超高齢社会……②67
セックス・ファンタジー……①1174
絶景を巡る京都……①195
設計業務等標準積算基準書〈平成29年度版〉……②623
設計者のためのめっき設計仕様書の書き方……②624
絶景とファンタジーの島 アイルランドへ……①206
絶景！ 日本全国ロープウェイ・ゴンドラ コンプリートガイド・①188
絶景の空旅……①200
設計のための基礎電子回路……②597
絶景ノート……①965
雪原の月影……①1317
接骨院の先生が教える膝と腰の痛みの本当の原因……①172
切削の本……②602
雪舟国際美術協会年鑑〈2017年版〉……①832
殺生関白の蜘蛛……①1057
殺生と戦争の民俗学・②113
雪辱……①1053
摂食嚥下障害のキュアとケア……②757
節税が破産を招く相続 税対策の落とし穴・②412
セツ先生とミチカの勝手にごひいきスター……①793
「接続性」の地政学〈上〉……②123
「接続性」の地政学〈下〉……②123
雪村……①832
ゼッタイうまくいく 3・4・5歳児の造形あそび……①691
絶対、お金に好かれる！ 金運風水……①134
絶対おトク！ 賃貸併用で実現する0円マイホーム……①19
絶対会社を潰さない社長の口ぐせ……②287
設題解説 戸籍実務の処理〈13〉……②205

書名索引

設題解説 戸籍実務の処理〈14〉 ············ ②205
絶対彼女作らせるガール ···· ①1272
絶対決める！ 一般教養教員採用試験合格問題集〈2019年度版〉 ············ ①761
絶対決める！ 教職教養教員採用試験合格問題集〈2019年度版〉 ············ ①761
絶対決める！ 警察官（高卒程度）採用試験総合問題集〈2019年度版〉 ············ ②183
絶対決める！ 警察官（大卒程度）採用試験総合問題集〈2019年度版〉 ············ ②183
絶対決める！ 公務員の基礎能力試験（教養試験）完全対策問題集〈2019年度版〉 ····· ①180
絶対決める！ 公務員の適性試験完全対策問題集〈2019年度版〉 ············ ②179
絶対決める！ 実戦添削例から学ぶ公務員試験論文・作文〈2019年度版〉 ············ ②179
絶対決める！ 消防官（高卒程度）採用試験総合問題集〈2019年度版〉 ············ ②183
絶対決める！ 数的推理・判断推理公務員試験合格問題集〈2019年度版〉 ············ ②179
絶対決める！ 地方上級・国家一般職（大卒程度）公務員試験総合問題集〈2019年度版〉 ············ ②181
絶対決める！ 地方初級・国家一般職（高卒者）公務員試験総合問題集〈2019年度版〉 ············ ②182
絶対曲が作れる！ ギタリストのための音楽理論 CD付 ········ ①811
絶対君主と英国令嬢 ···· ①1398
絶対合格テキスト＆最新過去問＆予想模試 技術士第二次試験建設部門対策〈'18年版〉 ············ ②631
ぜったい国語がすきになる！ ············ ①392
絶対失敗しないコツがみえるおうちごはんレシピ ············ ①55
絶対失敗しない土地と一戸建ての買い方〈'17～'18年版〉 ···· ①19
ぜったい遵守☆にゅーこづくりわーるど ············ ①1397
絶対城先輩の妖怪学講座〈10〉 ············ ①1281
絶対☆女子 ············ ①945
絶対数学の世界 ···· ②653
絶対成功する 公務員の勉強法 ···· ②152
絶対成功する！ アクティブ・ラーニング

の英文法ワークアイデアブック ············ ①735
絶対成功する！ 外国語活動・外国語5領域の言語活動＆ワークアイデアブック ···· ①735
ぜったい成功する！ はじめての学会発表 ··· ②648
ぜったいぜったいひみつだよ ············ ①313
絶体絶命をチャンスに変えるヤクザ式超切り返し術 ···· ②343
絶体絶命ゲーム ···· ①368
絶体絶命ゲーム〈2〉 ··· ①368
「絶体絶命」の明治維新 ············ ②566
絶対他力 ············ ①510
絶対誰も読まないと思う小説を書いている人はネットノベルの世界で勇者になれる。 ············ ①884
絶対捕まってやらない ··· ①1205
ゼッタイ定時に帰るエクセルの時短テク121 ············ ②538
絶対的権力者は異世界でハーレムをつくる ············ ①1397
ぜったい転職したいんです!! ············ ①1291
ぜったい転職したいんです!!〈2〉 ············ ①1291
絶対内定〈2019〉 ·· ①290, ①296
絶対内定〈2019〉 ····· ①290
絶対ナル孤独者（アイソレータ）〈4〉 ······ ①1183
ぜったいにおしちゃダメ？ ············ ①313
絶対に勝つ黒い心理術 ············ ①106
絶対に後悔しないハウスメーカー＆工務店選び ············ ②441
絶対に挫折しないiPhoneアプリ開発「超」入門 ···· ②550
絶対に解けない受験世界史〈2〉 ······ ①745
絶対に働きたくないダンジョンマスターが惰眠をむさぼるまで〈4〉 ·········· ①1171
絶対に働きたくないダンジョンマスターが惰眠をむさぼるまで〈5〉 ·········· ①1171
絶対に働きたくないダンジョンマスターが惰眠をむさぼるまで〈6〉 ·········· ①1172
「絶対に負けたくない！」から始める馬券術 ··· ②244
絶対に負けない強い心を手に入れる！ 超訳こども「ニーチェの言葉」 ············ ①417
絶対にミスをしない人の脳の習慣 ········ ①124
瀬戸内家族 ············ ②256
瀬戸内国際芸術祭〈2016〉 ············ ①824
瀬戸内シネマ散歩〈3〉 ············ ①791
せとうちスタイル〈創刊

絶対無敵のエスコート！（ちょっと変態だけど、スパダリです） ············ ①1401
絶対役立つ教育相談 · ①704
ぜったい理科がすきになる！ ············ ①398
絶対リバウンドしない！ 朝・昼・夜のやせルール ············ ①26
絶対わかる情報処理安全確保支援士〈2017年春版〉 ············ ②563
絶対わかる情報処理安全確保支援士〈2017年秋版〉 ············ ②563
絶対わかる法令・条例実務入門 ············ ②142
節電住宅 ············ ①19
説得の戦略 ············ ②360
説得力を生む配色レイアウト ············ ①876
せつないいきもの ···· ①1094
せつない動物図鑑 ··· ②691
切なすぎる婚約劇 ··· ①1374
刹那と愛の声を聞け ············ ①1323
設備設計スタンダード図集 ············ ②621
雪氷学 ············ ②679
絶品！ とっておきのうちカレー ············ ①55
切腹考 ············ ①940
せつぶんのおに ···· ①332
絶望を生きる哲学 ···· ①452
絶望鬼ごっこ ············ ①361, ①362
絶望している暇はない ············ ①816
絶望図書館 ············ ①978
絶望に効くブックカフェ ············ ②3
「絶望」に声を与えよ ············ ①97
絶望の歌を唄え ···· ①1096
絶望の超高齢社会 ··· ②270
絶望への処方箋 ···· ②287
絶望老人 ············ ②67
説明がなくても伝わる図解の教科書 ···· ②358
絶滅危惧種「日本人」 ··· ②243
絶滅危惧職、講談師を生きる ············ ①786
絶滅の人類史 ········ ②694
雪盲 ············ ①1355
設問解説 判決による登記 ············ ②210
設問式 船舶衝突の実務的解説 ············ ②626
「節約ゼロ」で毎月3万円貯まる！ 貯金ドリル ············ ②390
節約の9割は逆効果 ··· ②390
節用集と近世出版 ··· ①899
設立・解散 ············ ②324
絶倫刑事（デカ） ···· ①1089
絶倫執事 ············ ①1400
絶倫ホテル ············ ①1401
設例で理解する 税務難問事例の捉え方と対処法 ············ ②324
設例農地民法解説 ··· ②187

号〈2017 Vol.1〉〉·· ①196
せとうちスタイル〈2017 Vol.2〉 ············ ①196
せとうちスタイル〈2017 Vol.3〉 ············ ①196
瀬戸の島旅 しまなみ海道＋17島めぐり ··· ①196
背中、押してやろうか？ ············ ①1114
ゼノン 4つの逆理 ···· ①469
背番号42のヒーロー ··· ①374
セブ＆ボラカイ〈2017-18〉 ············ ①200
セーブ＆ロードのできる宿屋さん〈3〉 ··· ①1161
セーブ＆ロードのできる宿屋さん〈4〉 ··· ①1161
セーフティ・ネットの栄養学 ············ ②777
セブ・マニラ フィリピン ············ ①202
セブン＆アイ（セブン-イレブンジャパン・イトーヨーカ堂）の就活ハンドブック〈2019年度版〉 ············ ①290
セブン-イレブン1号店繁盛する商い ··· ②425
セブン-イレブン金の法則 ············ ②304
セブンキャストのひきこもり魔術王〈4〉 ············ ①1277
セブンキャストのひきこもり魔術王〈5〉 ············ ①1277
セブンス〈4〉 ········ ①1278
セブンス〈5〉 ········ ①1278
セブンス！ ············ ①984
セブンスブレイブ〈2〉 ············ ①1249
セブンスブレイブ〈3〉 ············ ①1249
セブンスブレイブ〈4〉 ············ ①1249
セブンスブレイブ〈5〉 ············ ①1249
セブン・デイズ ···· ①1018
17NOISE ············ ①842
70 CRE-ATORS'SEVEN ············ ①842
セブンナイツ OFFICIAL ART WORKS ············ ①842
セブン・レター・ワード ············ ①374
背骨コンディショニングで坐骨神経痛は治る！ ············ ①172
狭くても忙しくてもお金がなくてもできるていねいなひとり暮らし ············ ②27
“狭さ”の美学 ···· ②611
狭すぎキッチンでもサクサク作れる 超高速レシピ ············ ①56
セマンティックWebとリンクトデータ ··· ②526
ゼミ形式で学ぶ中国語応用編 ············ ①664
ゼミで学ぶスタディスキル ············ ①718
セミナー講師の伝える技術 ············ ②360
せめぎあう中東欧・ロシアの歴史認識問題 · ①609
攻めで圧倒する！ 三連

星のススメ ········ ①247
せめて25歳で知りたかった投資の授業 · ②394
攻めて利益を上げて勝つ方法 ············ ①247
「攻め」と「守り」で成功する 中国事業の経営管理 ············ ②312
攻めの経営を可能にする本当のリスク管理をするための本 ···· ②326
“攻める”診療報酬 戦略と選択 ············ ②709
攻めるロングセラー · ②336
セメント産業年報「アプローチ」〈第51集〉 ··· ②444
セメント年鑑〈2017（第69巻）〉 ·········· ②444
セラエノ・コレクション ············ ①278
セラピストのためのハンズ・オンガイド 姿勢コントロール ···· ②751
セーラー服とシャーロキエンヌ ············ ①1107
セリザワメソッド 芹澤流ならスウィングが変わる ············ ①219
セルクルで作るタルト ············ ①70
セルゲイ・ポルーニン写真集 ············ ①823
セル生産システムの自律化と統合化 ······ ②287
ゼルダの伝説 ブレスオブザワイルド パーフェクトガイド ··· ①281
ゼルダの伝説ブレス・オブ・ザ・ワイルド MASTER WORKS ············ ①281
セルティック・ファンダム ············ ②84
セルフ・アサーション・トレーニング ······ ①483
セルフアニメネイル ··· ①22
セルフ・イノベーションの管理会計 ···· ②318
セルフ・コントロールの心理学 ············ ①483
セルフチェック＆セルフヒーリング 量子波動器“メタトロン”のすべて ············ ①139
セルフビルドの世界 · ②611
セルフリノベーションの教科書 ············ ①19
世礼国男と沖縄学の時代 ············ ②113
セレンゲティ・ルール ············ ②691
ゼロ・アワー ···· ①1098
0・1・2才 おててでたたこう たんたんたいこ ············ ①303
0.1.2歳児せいさくあそび88 ············ ①691
0・1・2歳児のキュートな壁面＆ルームグッズ ············ ①691
0・1・2歳児のココロを読みとく保育のまなざし ············ ①691
0・1・2歳児の心Q&A ············ ①691
0・1・2歳児のためのおべんとうバス劇あそびブック ············ ①691
0・1・2歳児の保育の中

書名索引

にみる教育 ……… ①691
0・1・2歳ママバッグえ
　ほん だっこっこ … ①303
0・1・2歳未満児の食事 ①9
ゼロ・エネルギーハウ
　ス ……………… ②611
0円相談室 …………… ①1008
0円で生きる ……… ②390
0学占い 海王星〈2018〉
　………………………… ①132
0学占い 火星〈2018〉
　………………………… ①132
0学占い 魚王星〈2018〉
　………………………… ①132
0学占い 金星〈2018〉
　………………………… ①132
0学占い 月星〈2018〉
　………………………… ①132
0学占い 小王星〈2018〉
　………………………… ①132
0学占い 水星〈2018〉
　………………………… ①132
0学占い 天王星〈2018〉
　………………………… ①132
0学占い 土星〈2018〉
　………………………… ①132
0学占い 氷王星〈2018〉
　………………………… ①132
0学占い 冥王星〈2018〉
　………………………… ①132
0学占い 木星〈2018〉
　………………………… ①132
ゼロからいくらでも生
　み出せる！ 起業1年
　目のお金の教科書 ②345
ゼロから外貨を稼ぎ続
　ける eBay中古輸出
　………………………… ②287
0〜5歳児ごっこあそび
　アイディアBOOK・①692
0〜5歳児 子どもの姿か
　らつむぐ指導計画 ①692
0・5歳児食育まるわか
　りサポート＆素材
　データブック … ①692
0・5歳児 生活習慣のス
　ムーズ身につけガイ
　ド ……………… ①692
0〜5歳児年齢別 実習の
　日誌と指導案 … ①692
0〜5歳児の歌って楽し
　い劇あそび ……… ①692
0〜5歳児の発達にあっ
　たあそびパーフェク
　トBOOK ……… ①692
0・5歳児の毎日でき
　る！ 楽しい運動あそ
　び大集合 ……… ①692
0・5歳児 病気とケガの
　救急＆予防カンペキ
　マニュアル ……… ①692
ゼロから最強の人脈を
　つかむ後輩力 … ②343
0〜3才 育脳まとめ。①13
0〜3才 寝かしつけまと
　め。…………………… ①13
0〜3歳のこれで安心子
　育てハッピーアドバ
　イス ……………… ①13
ゼロから幸せをつかむ
　オトナの恋愛処方箋
　………………………… ①116
ゼロからスタート 英語
　を書くトレーニング
　BOOK………… ①653
ゼロからスタート 英語
　を聞きとるトレーニ
　ングBOOK …… ①653
ゼロからスタート 英語

低速メソッド リスニ
　ング入門編 …… ①647
ゼロからスタート！ 社
　労士テキスト〈2018年
　対策〉………… ②501
ゼロからスタート 明快
　複素解析 …………… ②657
ゼロから宅建士スター
　トブック〈平成29・30
　年版〉………… ②497
ゼロからの最速理解 量
　子化学 ………… ②671
ゼロからの挑戦 …… ②419
ゼロからのプレゼン
　テーション …… ②358
ゼロからはじめるiPad
　スマートガイド
　iOS10対応版 …… ②536
ゼロから始める！ 株の
　学校 超入門 …… ②394
ゼロからはじめる！ 心
　理学見るだけノート
　………………………… ①483
ゼロからはじめるス
　マートフォン最新ア
　プリAndroid対応
　〈2018年版〉……… ②531
ゼロからはじめる制御
　工学 …………… ②598
ゼロからはじめる生命
　のトリセツ …… ②683
ゼロからはじめるたの
　しい音楽 ……… ①739
ゼロからはじめるデー
　タサイエンス … ②550
ゼロからはじめる統計
　モデリング …… ②661
ゼロからはじめるドコ
　モAQUOS EVER
　SH - 02Jスマートガ
　イド …………… ②531
ゼロからはじめる ドコ
　モAQUOS R SH -
　03Jスマートガイド
　………………………… ②531
ゼロからはじめるドコ
　モarrows Be F - 05J
　スマートガイド … ②531
ゼロからはじめる ドコ
　モarrows NX F - 01J
　スマートガイド … ②531
ゼロからはじめるドコ
　モGalaxy Feel SC -
　04Jスマートガイド
　………………………… ②531
ゼロからはじめるドコ
　モGalaxy Note8 SC
　- 01Kスマートガイ
　ド ……………… ②531
ゼロからはじめる ドコ
　モGalaxy S8/S8+SC
　- 02J/SC - 03Jス
　マートガイド …… ②531
ゼロからはじめるドコ
　モMONO MO - 01J
　スマートガイド … ②531
ゼロからはじめるドコ
　モXperia X
　Compact SO - 02Jス
　マートガイド …… ②531
ゼロからはじめるドコ
　モXperia XZ1 SO -
　01Kスマートガイド
　………………………… ②531
ゼロからはじめるドコ
　モXperia XZ
　Premium SO - 04Jス
　マートガイド …… ②531
ゼロからはじめるドコ

モXperia XZs SO -
　03Jスマートガイド
　………………………… ②531
ゼロからはじめる2種冷
　凍試験 ………… ②644
ゼロから始める林まき
　えのボイストレーニ
　ング …………… ①811
ゼロからはじめる病院
　のPDCA ……… ②709
ゼロから始める魔法の
　書〈9〉………… ①1196
ゼロから始める魔法の
　書〈10〉………… ①1196
ゼロから始める魔法の
　書〈11〉………… ①1196
ゼロからはじめるApple
　Pay/Suicaスマートガ
　イド …………… ②531
ゼロからはじめる
　Apple Watchスマー
　トガイド Series 3対
　応版 …………… ②532
ゼロからはじめる au
　AQUOS R SHV39ス
　マートガイド …… ②532
ゼロからはじめる au
　AQUOS SERIE
　mini SHV38 スマー
　トガイド ……… ②532
ゼロからはじめるau
　AQUOS U SHV37ス
　マートガイド …… ②532
ゼロからはじめるau
　Galaxy Note8
　SCV37スマートガイ
　ド ……………… ②532
ゼロからはじめる au
　Galaxy S8/
　S8+SCV36/SCV35
　スマートガイド …… ②532
ゼロからはじめる au
　URBANO V03ス
　マートガイド …… ②532
ゼロからはじめる au
　Xperia XZ1 SOV36
　スマートガイド …… ②532
ゼロからはじめるau
　Xperia XZs SOV35
　スマートガイド …… ②532
ゼロからはじめる
　docomoアプリ・サー
　ビス活用ガイド … ②532
ゼロからはじめる
　Dropboxスマートガ
　イド …………… ②532
ゼロからはじめる
　Googleサービスス
　マートガイド …… ②528
ゼロからはじめる
　iPhone最新アプリス
　マートガイド …… ②532
ゼロからはじめる
　iPhone 8スマートガ
　イド ソフトバンク完
　全対応版 ……… ②532
ゼロからはじめる
　iPhone 8スマートガ
　イド ドコモ完全対応
　版 ……………… ②532
ゼロからはじめる
　iPhone 8スマートガ
　イド au完全対応版
　………………………… ②532
ゼロからはじめる
　iPhone 8 Plusスマー
　トガイド ソフトバン
　ク完全対応版 …… ②532
ゼロからはじめる

iPhone 8 Plusスマー
　トガイド ドコモ完全
　対応版 ………… ②532
ゼロからはじめる
　iPhone 8 Plusスマー
　トガイド au完全対応
　版 ……………… ②532
ゼロからはじめる
　iPhone Xスマートガ
　イドソフトバンク完
　全対応版 ……… ②532
ゼロからはじめる
　iPhone Xスマートガ
　イドドコモ完全対応
　版 ……………… ②532
ゼロからはじめる
　iPhone Xスマートガ
　イドau完全対応版 ②532
ゼロからはじめる
　SoftBank DIGNO G
　スマートガイド …… ②532
ゼロからはじめる
　SoftBank Xperia
　XZ1 スマートガイド
　………………………… ②532
ゼロからはじめる
　SoftBank Xperia
　XZsスマートガイド
　………………………… ②532
ゼロから話せるインド
　ネシア語 ……… ①668
ゼロから学ぶプログラ
　ミング入門 …… ②550
ゼロから学べる道徳科
　授業づくり …… ①737
ゼロから見直す根尖病
　変 基本手技・難症例
　へのアプローチ編 ②757
ゼロからわかるインド
　神話 …………… ①508
ゼロからわかる虚数 ②653
ゼロからわかるギリ
　シャ神話 ……… ①508
ゼロからわかる人工呼
　吸器ケア ……… ②719
ゼロからわかる「世界
　の読み方」……… ①124
ゼロからわかるネット
　ワーク超入門 …… ②526
ゼロからわかる北欧神
　話 ……………… ①508
ゼロからわかるマンガ
　の作り方 ……… ①861
ゼロから分かる！ やき
　もの入門 ……… ①874
ゼロからわかるHTML
　＆ CSS超入門 …… ②550
ゼロからわかるUML超
　入門 …………… ②550
ゼロからわかるVisual
　Basic超入門 …… ②558
0歳からシニアまで栄大
　とのしあわせな暮ら
　し方 …………… ①264
0歳からのがん教育 ①179
0歳から幼児までの絵本
　とおもちゃでゆっく
　り子育て ………… ①13
0歳児から6歳児 子ども
　のことば ……… ①692
0歳児支援・保育革命
　〈1〉…………… ①692
0さいだもんポケット い
　ないいないばあ！ ①318
ゼロデイ … ①1106, ②124
0（ゼロ）でも億万長者
　………………………… ②287
0 to 100 会社を育てる
　戦略地図………… ②287

ゼロとふしぎなおふだ
　………………………… ①332
ゼロと呼ばれた男 … ①1099
「ゼロトレランス」で学
　校はどうなる …… ①700
セロニアス・モンク … ①812
ゼロ能力者の英雄伝説
　………………………… ①1234
ゼロの革命 ……… ①140
零の記憶 ………… ①1178
ゼロの激震 ……… ①1074
ゼロの戦術師 …… ①1198
ゼロの使い魔〈22〉 ①1291
ゼロの使い魔 Memorial
　BOOK ………… ①1291
ゼロの日に叫ぶ …… ①1102
ゼロ秒思考の麻雀 … ①246
0秒で理想体形メソッド
　日常生活の動作でや
　せ体質をつくる …… ①26
ゼロ秒勉強術 …… ②352
ゼロへの道のり …… ②304
せん ……………… ①302
禅 ………… ①462, ①515
繊維強化プラスチック
　の耐久性 ……… ②602
遷移金属酸化物・化合
　物の超伝導と磁性 ②624
線維筋痛症を自分で治
　す本 …………… ①150
線維筋痛症診療ガイド
　ライン〈2017〉 …… ②719
繊維のスマート化技術
　大系 …………… ②444
全員が参加！ 全員が活
　躍！ 学級担任のため
　の学芸会指導ガイド
　………………………… ①708
全員経営 ………… ②287
「全員参加」授業のつく
　り方「10の原則」… ①718
全員参加！ 全員熱中！
　大盛り上がりの指導
　術 読み書きが苦手な
　子もイキイキ唱えて
　覚える漢字指導法・①684
全員死刑 ……………… ②39
全員少年探偵団 …… ①1107
船員にこだわる物言い
　………………………… ②626
船員六法〈平成29年版〉
　………………………… ②626
1000円からはじめる！
　お金の増やし方 … ②390
1000円投資習慣 …… ②390
全解 絵でよむ古事記
　〈上巻〉………… ①544
全解2級ボイラー技士過
　去問題と解説〈平成29
　年度版〉………… ②629
尖閣だけではない 沖縄
　が危ない！ …… ②142
全科実例による社会保
　険 歯科診療 …… ②757
戦禍に生きた演劇人た
　ち ……………… ①782
全株懇モデル〈2〉 …… ②328
戦間期国際政治とE.H.
　カー …………… ②171
選管事務危機管理マ
　ニュアル ……… ②146
戦艦大和 ………… ②168
戦艦大和誕生〈上〉 … ①579
戦艦大和誕生〈下〉 … ①579
戦艦大和 破壊弾！ … ①1130
千客万来！ ウケる不動
　産屋の看板 …… ②419
1999年の王 ……… ①1082

1990年代論 ………… ②102
1990年、何もないと
　思っていた私にハガ
　キがあった …… ①1003
1950年代〜1960年代 鉄
　道黄金時代のカラー
　写真記録 関西編 … ②434
一九三九年の在日朝鮮
　人観 …………… ②46
1933年を聴く ……… ①802
1930年代における日本
　の金融政策 ……… ②378
1934年の地図 ……… ①1096
一九一一年版ブリタニ
　カが語った日本外交
　史 ……………… ①570
1918年最強ドイツ軍は
　なぜ敗れたのか … ②607
1972年国際海上衝突予
　防規則の解説 …… ②218
1985・1991 東京バブル
　の正体 …………… ②102
1984 一九八四年の …… ①650
1984年の歌謡曲 …… ①803
1984年のUWF …… ①239
一九四五 占守（しゅむ
　しゅ）島の真実 …… ①579
1967中国文化大革命 …①257
1964年の有村架純 … ①781
全教科・領域が1冊でわ
　かる！ 新小学校学習
　指導要領改訂のポイ
　ント …………… ①718
宣教師漢文小説の研究
　 ………………… ①919
宣教師と『太平記』〈4〉
　 ………………… ①896
全業種ですぐに使え
　る！ 接客英語 …… ①639
専業主婦が就職するま
　でにやっておくべき8
　つのこと ……… ②343
専業主婦は2億円損をす
　る ……………… ①116
選挙ガバナンスの実態
　世界編 ………… ②146
前近代の日本と東アジ
　ア ……………… ①611
先駆者ゴッホ ……… ①836
禅、比べない生活 … ①518
全グレード対応 英検Jr.
　レッスン ……… ①657
線形代数 ………… ②659
線型代数学 ……… ②659
線形代数とネットワー
　ク ……………… ②659
線形代数の基礎講義 … ②659
線型代数+α ……… ②659
全経 電卓計算能力検定
　試験公式テキスト … ②653
全経簿記検定試験対策
　問題集 3級 …… ②472
全経簿記上級過去問題
　集 出題傾向と対策
　 ………………… ②472
全経簿記上級 原価計
　算・工業簿記テキス
　ト ……………… ②475
全経簿記上級 商業簿
　記・会計学テキスト
　 ………………… ②470
全経簿記能力検定試験
　過去問題集1級商業簿
　記・会計学〈平成29年
　度版〉 ………… ②472
全経簿記能力検定試験
　過去問題集2級商業簿
　記〈平成29年度版〉
　 ………………… ②472

全経簿記能力検定試験
　公式テキスト＆問題
　集2級 工業簿記 … ②475
全経簿記能力検定試験
　公式テキスト1級 原
　価計算・工業簿記 … ②475
全経簿記能力検定試験
　公式テキスト1級 商
　業簿記・会計学 … ②472
全経簿記能力検定試験
　公式テキスト2級 商
　業簿記 ………… ②472
全経簿記能力検定試験
　公式テキスト 3級 … ②472
全経簿記能力検定試験
　公式問題集1級 原価
　計算・工業簿記 … ②475
全経簿記能力検定試験
　公式問題集1級 商業
　簿記・会計学 …… ②472
全経簿記能力検定試験
　公式問題集2級 商業
　簿記 …………… ②472
全経簿記能力検定試験
　公式問題集 3級 … ②472
千剣の魔術師と呼ばれ
　た剣士 ………… ①1224
千言万語 ………… ①664
戦後青森県の保守・革
　新・中道勢力 …… ②148
戦後アメリカ外交史 … ①604
善光寺街道の民話 … ①887
閃光の催眠術入門 … ①483
せんこう花火 …… ①775
戦後小樽の軌跡 …… ①537
戦後改革期文部省実験
　学校資料集成 第2期
　〈第1巻 - 第3巻〉 … ①756
戦後歌舞伎の精神史 … ①787
戦後教員養成改革と
　「教養教育」 …… ①756
全国医学部最新受験情
　報〈2018年度用〉 …①745
戰國遺文 大内氏編〈第2
　巻〉 …………… ①553
戰國遺文 下野編〈第1
　巻〉 …………… ①553
戦国家臣団 実力ナン
　バーワン決定戦 … ①553
戦国合戦 通説を覆す … ①553
戦国期越前の領国支配
　 ………………… ①553
全国気象データと熱負
　荷計算プログラム
　LESCOM ……… ②679
戦国期政治史論集 西国
　編 ……………… ①553
戦国期政治史論集 東国
　編 ……………… ①553
戦国期風俗図の文化史
　 ………………… ①553
全国旧制高等学校寮歌
　名曲選〈Part2〉 … ①803
戦国京都の大路小路 … ①553
全国ゲストハウスガイ
　ド ……………… ①191
全国現役観光列車図鑑
　 ………………… ②434
全国公共宿舎ガイド … ②434
全国高等学校一覧〈平成
　29年度版〉 …… ①743
戦国小町苦労譚〈5〉
　 ………………… ①1189
戦国小町苦労譚〈6〉
　 ………………… ①1189
戦国小町苦労譚〈7〉
　 ………………… ①1189
戦国史研究〈第73号〉
　 ………………… ①553

戦国史研究〈第74号〉
　 ………………… ①553
戦国時代前夜 …… ①553
戦国時代と禅僧の謎 … ①554
戦国時代のハローワー
　ク 職業図鑑 …… ①554
戦国史談 土佐一条物語
　 ………………… ①1039
全国市町村要覧〈平成29
　年版〉 ………… ②175
全国主要都市 駅別乗降
　者数総覧〈'17〉 … ②434
戦国姫 …………… ①362
全国消費実態調査報告
　〈第4巻〉 ……… ②270
全国新工場・プラント
　計画〈2017年版〉 … ②416
戦国人物伝 井伊直政 … ①442
戦国人物伝 今川義元 … ①442
戦国人物伝 上杉謙信 … ①442
戦国人物伝 武田信玄 … ①442
戦国人物伝 服部半蔵 … ①442
全国信用金庫中間期
　ディスクロージャー
　〈平成28年〉 …… ②383
全国信用金庫名鑑〈平成
　30年版〉 ……… ②383
全国信用組合名簿〈平成
　30年版〉 ……… ②383
全国専門・各種学校案
　内〈2017 - 18〉 … ①746
全国体外受精実施施設
　完全ガイドブック
　〈2017〉 ……… ①8
戦国大名伊達氏の領国
　支配〈1〉 ……… ①554
戦国大名の危機管理 … ①554
戦国大名の末裔たちが
　明かす歴史秘話 … ①554
全国棚田ガイド
　TANADAS ……… ②446
全国短大受験ガイド〈推
　薦・AO・一般・セ
　試〉〈2018年〈平成30
　年〉受験用〉 …… ①745
全国短大進学ガイド
　〈2018年〈平成30年〉
　受験用〉 ……… ①746
全国通信販売利用実態
　調査報告書〈第24回〉
　 ………………… ②425
全国通訳案内士試験 地
　理・歴史・一般常識過
　去問題集〈'18年度版〉
　 ………………… ②507
全国鉄道事情大研究 東
　北・東部篇 …… ②434
全国鉄道事情大研究 北
　海道篇 ………… ②434
全国統一適性試験対策
　ロースクール適性試
　験パーフェクト〈2018
　年入学者向け〉 … ②230
全国都市財政年報〈2016
　度決算〉 ……… ②271
戦刻ナイトブラッド・ … ①842
戦刻ナイトブラッド
　 ………………… ①1134
全国日用品・化粧品業
　界名鑑〈平成30年版〉
　 ………………… ②444
全国に広がる「コウノ
　メソッド」最前線 認
　知症治療の9割は間違
　い ……………… ①176
全国のあいつぐ差別事
　件〈2017年度〉 … ②44
全国の犬像をめぐる・ … ①188
戦国の合戦と武将の絵

事典 …………… ①426
戦国の軍隊 ……… ①554
全国の青少年と学生に
　贈る 読書のすすめ …②3
戦国の地政学 …… ①554
戦国の肥前と龍造寺隆
　信 ……………… ①554
戦国の北陸動乱と城郭
　 ………………… ①554
全国版 あの日のエロ本
　自販機探訪記 …… ②30
戦国番狂わせ七番勝負
　 ………………… ①1026
全国ビジネスホテルガ
　イド …………… ①191
戦国姫 …………… ①368
戦国武将「お墓」でわか
　る意外な真実 …… ①554
戦国武将真田一族と高
　野山 …………… ①554
戦国武将 勢力パノラマ
　大地図帖 ……… ①554
戦国武将のカルテ …… ①554
戦国武将の辞世 …… ①554
戦国武将の病が歴史を
　動かした ……… ①554
戦国武将の「闇」100の
　ミステリー …… ①554
戦国武将ビジュアル人
　物大図鑑 ……… ①554
戦国武将ビジュアル大
　百科〈2017〉 …… ①426
戦国武将列伝 "疾"の巻
　〈1〉 …………… ①385
戦国武将列伝 "怒"の巻
　〈3〉 …………… ①385
戦国武将列伝 "風"の巻
　〈2〉 …………… ①385
戦国武将列伝 "濤"の巻
　 ………………… ①385
戦国武将列伝 "濤"の巻
　〈4〉 …………… ①385
全国フリースクールガ
　イド〈2017〜2018年
　版〉 …………… ①743
戦国ベースボール … ①362
戦国ベースボール〈4〉
　 ………………… ①362
全国野球場巡り …… ①221
全国安い宿情報〈'17
　〜'18年版〉 …… ①191
戦国、夢のかなた … ①1034
戦国妖狐綺譚 …… ①1399
全国霊場・観音めぐり
　 ………………… ①500
"戦後思想"入門講義 … ①452
戦後史の中の教育基本
　法 ……………… ①758
戦後税制のダイナミズ
　ム ……………… ②402
戦後体育実践資料集〈第
　1巻〉 …………… ①756
戦後体育実践資料集〈第
　2巻〉 …………… ①756
戦後体育実践資料集〈第
　3巻〉 …………… ①756
戦後体育実践資料集〈第
　4巻〉 …………… ①756
戦後賃金の軌跡 …… ②372
仙骨を温めればすべて
　解決する ……… ①158
「戦後」という意味空間
　 ………………… ②102
戦後70年の神学と教会
　 ………………… ①527
戦後日韓関係史 …… ①575
戦後日本教育方法論史
　〈上〉 …………… ①756
戦後日本教育方法論史

〈下〉 …………… ①756
戦後日本教員養成の歴
　史的研究 ……… ①756
戦後日本金融システム
　の形成 ………… ②378
戦後日本資本主義の現
　局面 従属と貧困・格
　差「大国」 …… ②102
戦後日本の開発と民主
　主義 …………… ①575
戦後日本のジャズ文化
　 ………………… ①812
戦後日本の女性教員運
　動と「自立」教育の誕
　生 ……………… ①756
戦後日本の反戦・平和
　と「戦没者」 …… ①579
戦後日本のメディアと
　原子力問題 …… ②10
戦後日本の歴史認識 · ①575
戦後日本の労使関係 · ②463
戦後の右翼勢力 …… ②142
戦後の運動の変化につ
　いて …………… ①505
戦後のサバイバル … ①442
戦後の精神史 …… ①452
"戦後"の誕生 …… ①452
禅語の茶掛を読む辞典
　 ………………… ①870
戦後の「平和国家」日本
　の理念と現実 …… ②171
1586人の8割が改善した
　がんを治す方法 … ①179
戦後フランス中央集権
　国家の変容 …… ①128
戦後法制改革と占領管
　理体制 ………… ①575
戦後ミュージカルの展
　開 ……………… ①782
戦後夜間中学校の歴史
　 ………………… ①756
戦後らい法制の検証 … ②44
「センサ」「アクチュエー
　タ」「マイコン」の仕
　組みがわかる本 … ②519
戦災等による焼失文化
　財〈2017〉 …… ①824
潜在能力アプローチ · ②262
センサーシティー …… ②513
1336専門家による私の
　治療〈2017・18年度
　版〉 …………… ②719
戦史〈上〉 ……… ①589
戦史〈中〉 ……… ①589
戦史〈下〉 ……… ①589
戦時下の絵本と教育勅
　語 ……………… ①580
戦時下のキリスト教主
　義学校 ………… ①525
全時間の授業展開で見
　せる「考え、議論する
　道徳」小学校1・2年
　 ………………… ①737
全時間の授業展開で見
　せる「考え、議論する
　道徳」小学校3・4年
　 ………………… ①737
全時間の授業展開で見
　せる「考え、議論する
　道徳」小学校5・6年
　 ………………… ①737
全時間の授業展開で見
　せる「考え、議論する
　道徳」中学校 …… ①737
戦時上海グレーゾーン
　 ………………… ①596
全施設における臨地実
　習マニュアル …… ①774
戦時秩序に巣喰う「声」

……………………①596
戦時日本の大学と宗教
〈2〉………………①506
全社員生産性10倍計画
…………………②310
全社的リスクマネジメ
ント ……………②288
戦車の描き方 ………①861
洗車のテクニック＆メ
ンテナンス ………①241
全重賞＆全コース別 1
番人気鉄板全書 …①245
全集・叢書総目録 2011
－2016〈2〉………①892
全集・叢書総目録 2011
－2016〈3〉………②7
全集・叢書総目録 2011
－2016〈4〉………②8
千趣会の就活ハンド
ブック〈2019年度版〉
…………………①290
千住クレイジーボーイ
ズ ………………①978
千趣宣言5.0 ………①970
戦術の本質 ………①165
選手に寄り添うコーチ
ング ……………①214
戦場 ………………②135
戦場を歩いてきた…①124
全商情報処理検定模擬
試験問題集 プログラ
ミング1級〈平成29年
度版〉……………①561
全商情報処理検定模擬
試験問題集 プログラ
ミング2級〈平成29年
度版〉……………①561
戦場に現われなかった
爆撃機 …………②166
戦場に行く犬 ……①935
戦場の聖歌（カンター
タ）………………①1113
煽情のデパートガール
…………………①1400
戦場のファンタス
ティックシンフォ
ニー ……………①912
全商簿記2級パーフェク
トナビ 過去問・予想
問＋合格ナビつき …②472
全商簿記3級パーフェク
トナビ 過去問・予想
問＋合格ナビつき …②472
前進あるのみ ……①452
全身性エリテマトーデ
ス臨床マニュアル ・②733
全身全霊！ 関ジャニ∞
…………………①769
潜水艦戦史 ………①585
センス・オブ・ワンダー
を探して ………②683
全図解 アメリカ海軍
SEALのサバイバル・
マニュアル 災害・ア
ウトドア編 ………②163
先生、犬にサンショウ
ウオの捜索を頼むの
ですか！ ………②691
「先生が忙しすぎる」を
あきらめない …①704
占星学 ……………①132
先生が薦める英語学習
のための特選映画100
選 ………………①645
先生が薦める英語学習
のための特選映画100
選 高校生編………①645

先生、原稿まだです
か！ ……………①1173
占星術の文化誌 ……①132
先生！、、、好きになっ
てもいいですか？ 映
画ノベライズみらい
文庫版 …………①368
先生、それって「量子」
の仕事ですか？ …②665
先生とそのお布団 …①1157
先生とわたしのお弁当
…………………①1226
先生のアトリエ ……①257
先生のための楽典入門
…………………①739
先生のための漢文
Q&A102 …………①724
先生のための授業で1番
よく使う英会話 …①735
先生のための小学校プ
ログラミング教育が
よくわかる本 …①718
先生の夢十夜 ……①1024
先生は教えてくれない
大学のトリセツ …①677
先生、貧困ってなんで
すか？ …………②60
先生、ボクたちのこと
きらいになったから
いなくなっちゃった
の？ ……………①692
先生も知らない経済の
世界史 …………①269
「先生力」をつける！…
待ち遠しい音楽授業
のために ………①739
先生！ 私は妊娠できま
すか？ …………①168
せんせーのおよめさん
になりたいおんなの
こはみーんな16さい
だよっ……………①1202
前世のシークレット …①140
戦前大阪の鉄道駅小売
事業 ……………②434
全戦型対応版 永瀬流負
けない将棋 ……①249
戦前期外地活動図書館
職員人名辞書 ……②5
戦前期日本の対タイ文
化事業 …………①575
戦前期レコード音楽雑
誌記事索引 ……①822
戦前期早稲田・慶應の
経営 ……………①677
ゼン先生の栄養管理講
座〈1〉……………②777
前前前世/なんでもない
や（RADWIMPS）
…………………①810
戦前日本の家具・イン
テリア〈下巻〉……②611
戦前日本の社会事業・
社会福祉資料〈第1期〉
…………………②60
戦前日本の「戦争論」を
読む ……………①580
宣戦の烽〈5〉………①1032
全戦法対応 将棋・基本
定跡ガイド ……①249
戦争を知っている最後
の政治家 ………②148
戦争を乗り越えた日米
交流 ……………①575
戦争を始めるのは誰か
…………………①589
戦争をよむ ………①903
戦争がイヤなら憲法を
変えなさい ……②142

禅僧が教える心がラク
になる生き方 …①513
戦争が終わる論理 …②102
戦争がつくった現代の
食卓 ……………①36
戦争国家イギリス …①605
浅草寺日記〈第37巻〉
…………………①566
戦争社会学研究〈vol.1〉
…………………②102
戦争好きな左脳アメリ
カ人、平和好きな右
脳日本人 ………①483
戦争する国のつくり方
…………………①570
戦争青春記 ………①585
戦争育ちの放埒病 …①940
「戦争体験」とジェン
ダー ……………②102
戦争調査会 ………①580
戦争と虚構 ………①907
戦争と子ども兵 …①417
戦争と戦争のはざまで
…………………②171
戦争とトラウマ …②580
戦争と農業 ………①165
戦争とファシズムの時
代へ ……………①570
戦争と平和 ………①580
「戦争」と「平和」をあ
らわす世界の言葉 ・①417
戦争と平和の経済学 ・②262
戦争と平和のテクノロ
ジー ……………①165
戦争と放送 ………①580
戦争にチャンスを与え
よ ………………①165
戦争の生物学序説 …②683
戦争の日本古代史 …①544
戦争の予感 ………②142
戦争は終わるのか …②46
戦争放棄編 ………②226
『戦争論』入門 ……①165
喘息とCOPDのオー
バーラップ（Asthma
and COPD
Overlap：ACO）診断
と治療の手引き
〈2018〉…………②719
「ぜんそく」のことがよ
くわかる本 ……②719
専属秘書はカリスマ副
社長の溺愛から逃げ
られない ………①1404
船体関係図面の理解と
利用 ……………②626
川内療廃の闇 ……②577
仙台 週末おでかけ案内
…………………①191
全体主義と闘った男 河
合栄治郎 ………②92
全体主義の起源〈1〉…①471
全体主義の起源〈2〉…①471
全体主義の起源〈3〉…①471
せんだいデザインリー
グ2017 卒業設計日本
一決定戦OFFICIAL
BOOK ……………②611
仙台藩の武術 ……①537
仙台・松島・平泉 …①191
選択しないという選択
…………………②262
せんたくやさんのググ
…………………①332
仙丹の契り ………①1053
前置詞キャラ図鑑 …①654
禅・チベット・東洋医学
…………………①460

選択本願念仏集 ……①520
戦中戦後の日々 …①929
仙腸関節を1ミリ動かせ
ば、腰痛は消える ・①172
先哲百家傳 ………①462
宣伝担当者バイブル ・②340
前途 ……………①1001
禅と生きる ………①518
戦闘員、派遣します！
…………………①1143
尖塔の花嫁 ………①1370
禅とことば 乖離と近接
…………………①518
禅とマインドフルネス
…………………①452
セントラル・アーツ読
本 ………………①791
全7科目254分類 ビル管
理技術者試験問題集
〈2017年版〉……②494
千日のマリア ……①995
1262 ……………①779
全日本探偵道コンクー
ル ………………①1107
潜入 ……………①1343
先入観はウソをつく …①124
仙人と呼ばれた男 …①837
千年を聴く言葉〈2〉…①140
千年越しのシンデレラ
…………………①1255
千年後の百人一首 …①901
千年戦争アイギス〈2〉
…………………①1284
千年戦争アイギス〈3〉
…………………①1284
千年戦争アイギス〈7〉
…………………①1259
千年の愛を誓って …①1393
千年の田んぼ ……①446
千の命 …………①1033
「洗脳」営業術 ……①334
洗脳チートで簡単に
ハーレムをつくろ
う！ ……………①1397
千の風になったあなた
へ贈る手紙〈第3章〉
…………………①938
禅の作曲家 佐藤慶次郎
…………………①815
千少庵茶室大図解 …②611
禅のつれづれ ……①462
千の扉 …………①1000
禅の庭〈3〉………②611
千の刃濤、桃花染の皇
姫ビジュアルファン
ブック …………①281
1000のプロレスレコー
ドを持つ男 ……①239
禅の坊さんもほやく。
そして学ぶ。……①513
千利休は生きている！
〈上巻〉…………①1030
千利休は生きている！
〈下巻〉…………①1030
先輩がやさしく教える
システム管理者の知
識と実務 ………②519
先輩がやさしく教える
EC担当者の知識と実
務 ………………②513
先輩、これからボクた
ちは、どうやって儲
けていけばいいんで
すか？ …………②343
先輩に聞いてみよう！
金融業界の仕事図鑑
…………………②385
先輩に聞いてみよう！
公認会計士の仕事図

鑑 ………………②492
先輩に聞いてみよう！
税理士の仕事図鑑 ・②492
先輩に聞いてみよう！
弁護士の仕事図鑑 ・②228
先輩に聞いてみよう！
臨床心理士の仕事図
…………………②780
先輩の隣〈2〉………①368
船舶通信の基礎知識 ・②626
船舶油濁損害賠償・補
償責任の構造 ……②575
船舶六法〈平成29年版〉
…………………②626
線引屋 …………①1217
全196ヵ国 おうちで作
れる世界のレシピ …①56
全部、言っちゃうね。…①503
ぜんぶ絵で見て覚える
第1種電気工事士技能
試験すいーっと合格
〈2017年版〉……①633
ぜんぶ絵で見て覚える
第1種電気工事士筆記
試験すいーっと合格
〈2017年版〉……①633
ぜんぶ絵で見て覚える
第2種電気工事士技能
試験すいーっと合格
〈2017年版〉……①633
ぜんぶ絵で見て覚える
第2種電気工事士筆記
試験すいーっと合格
〈2018年版〉……②633
全部同じで全部違う。
…………………①1266
ぜんぶ簡単どんぶり …①56
潜伏キリシタン村落の
事件簿 …………①561
ぜんぶ小鍋 ………①56
ぜんぶ卵レシピ ……①56
禅仏教入門 ………①462
禅を解くべし！ 第1
種電気工事士 筆記過
去問〈2017〉……②633
全部ネット接続！
Ethernetマイコン・
プログラミング …②550
ぜーんぶまとめて集中
学習！ 1級建築施工
管理学科試験合格テ
キスト …………②642
ぜーんぶまとめて集中
学習！ 1級建築施工
管理実地試験合格ゼ
ミ ………………②642
ぜんぶもやしレシピ …①56
ぜんぶわかる！ アゲハ
…………………①405
ぜんぶわかる宇宙図鑑
…………………②675
ぜんぶわかる血液・免
疫の事典 ………②732
全部わかる電気 …②593
ぜんぶわかる118元素図
鑑 ………………①398
全文完全対照版 孫子コ
ンプリート ……①465
全米最高視聴率男の
「最強の伝え方」……①97
全篇解説 日蓮聖人遺文
…………………①521
千変万化の出雲焼 …①874
前方後円墳国家 …①614
前方後円墳秩序の成立
と展開 …………①614
前方後円墳の暗号 …①614
ゼンマイ …………①986
ぜんまいじかけのト

書名索引

リュフ〈エピソード1〉
………………①332
賎民にされた人びと…②113
せん妄予防のコツ……②745
専門医をめざす！ 小児
科試験問題集………②748
専門医が教える人生を
コントロールする27
のヒント…………①97
専門医が語る認知症ガ
イドブック………①176
専門医が答える不妊治
療Q&A……………①8
専門医が徹底解説！ 女
性の薄毛解消読本…①22
専門医がやさしく教え
るめまいの治療……①167
専門医がわかりやすく
教える肝臓病になっ
たら真っ先に読む本
………………①180
専門医の整形外科外来
診療………………①751
専門学校生のための就
職適性検査………①299
専門基礎〈5〉………②766
専門基礎 線形代数学…②659
専門基礎 微分積分学…②657
専門工事で直接受注
100%をめざす！ 1年
で「脱下請」するしく
み…………………②441
専門職としての教師教
育者………………①753
禅問答100撰………①518
専門図書館の役割とし
ごと………………②5
専門へのステップアッ
プ 理系の基礎数学
………………②653
全訳 漢辞海………①632
全訳ダライ・ラマ1世倶
舎論註『解脱道釈明』
………………①516
全訳 封神演義〈1〉…①919
全訳 封神演義〈2〉…①919
戦友たちの祭典（フェス
ティバル）………①1113
1493 入門世界史……①589
1400人を成功に導いた
起業塾のカリスマが
教える！「ひとり会
社」の起こし方・育て
方…………………②288
1440分の使い方……②352
閃乱カグラNewWave G
バースト公式ビジュ
アルコレクション
〈VOL.1〉………①842
閃乱カグラNewWave G
バースト公式ビジュ
アルコレクション
〈VOL.2〉………①842
閃乱カグラ PEACH
BEACH SPLASH 公
式イラスト集……①852
前立腺がん…………①179
前立腺肥大症をスッキ
リ治す本…………①167
戦略研究〈20〉………②288
戦略研究〈21〉………②288
戦略参謀……………①986
戦略的アメリカ不動産
投資………………②421
戦略的経営理念論……②372
戦略的な人事制度の設
計と運用方法……②330
戦略的マーケティング・
マネジメント……②336

戦略的リスクマネジメ
ントで会社を強くす
る…………………②372
戦略の地政学………②124
戦略の本質…………②288
戦略爆撃阻止………①1129
戦略PR 世の中を動かす
新しい6つの法則…②288
千両仇討……………①1028
千両絵図さわぎ……①1033
占領は終わっていない
………………①575
「戦力外女子」の生きる
道…………………①116
全力片想い…………①1226
先例から読み解く！ 土
地の表示に関する登
記の実務…………②210
せんろはつづくよ……①305

そ

そういう生き物……①1014
ソヴィエト・ファンタ
スチカの歴史………①1329
早雲立志伝…………①1035
創炎のヒストリア〈2〉
………………①1236
憎悪と愛の哲学……②102
創価学会と共産党……②142
創価学会の悪宣伝にだ
まされないで!!……①501
相姦告白 田舎のビスケ
ベ熟女……………②36
葬儀業のエスノグラ
フィ………………②113
総義歯治療で最も大事
なことは何か？……②757
想起する帝国………①607
争議生活者…………①1005
早期治療……………②757
想起と忘却のかたち…②10
蒼穹のアルトシエル
………………①1161
蒼穹のアルトシエル〈2〉
………………①1161
「創共協定」とは何だっ
たのか……………②142
創業家に生まれて……②307
創業者のためのスター
トアップマニュアル
………………②288
創業100年企業の経営理
念〈3〉……………②304
双極性障害の家族焦点
化療法……………②745
双極性障害のことがよ
くわかる本………①1074
蚕玉の令嬢…………①1074
双曲平面上の幾何学…②659
早期留学の社会学……②102
蒼銀の黒金妃………①1304
蒼戟の疾走者（ストラト
ランナー）………①1161
象牙質知覚過敏症……②757
造血細胞移植学会ガイ
ドライン〈第4巻〉…②719
草原からの手紙……①951
草原に黄色い花を見つ
ける………………①1330
草原の小さなたからも
の…………………①332

草原の覇者 成吉思汗…①593
総合研究 日本のタク
シー産業…………②429
総合商社……………②288
"総合資料学"の挑戦…②532
総合診療医として生き
る…………………②701
総合診療専門医のため
のワークブック……②719
総合診療専門医マニュ
アル………………②719
総合政策学入門……②171
「総合的な探究」実践
ワークブック………②718
総合農協統計表〈平成27
事業協会年度〉……②453
総合リース会社図鑑…②429
総合力……………………②37
総合旅行業務取扱管理
者 過去問題集〈平成
29年度版〉…………②469
相互扶助論…………②467
捜査一課殺人班イルマ
エクスプロード……①1114
走査型プローブ顕微鏡
………………②671
捜査官のための交通事
故解析……………②218
創作あーちすとNON
………………①824
創作アニメーション入
門…………………①799
創作数学演義………②653
創作トレーニング ス
トーリーの作り方〈2〉
………………①884
創作ネーミング辞典…①892
創作の極意と掟……①951
捜査と弁護…………②213
捜査のための民法……②205
捜査部Q〈上〉………①1344
特捜部Q〈下〉………①1344
捜査流儀……………①1092
増川ト易……………①129
葬式無用と言う和尚…①510
そうじ嫌いでも部屋が
ずっときれいな収納
のきほん…………②2
荘子 全現代語訳〈上〉
………………①465
荘子 全現代語訳〈下〉
………………①465
喪失………………①1083
双日の就活ハンドブッ
ク〈2019年度版〉…②290
喪失のブルース……①1345
掃除の解剖図鑑……①6
相思華……………①1401
宋詩百人一首………①920
双蛇密室……………①1104
草紙屋薬楽堂ふしぎ始
末…………………①1058
双獣姦獄……………①1319
双樹煉獄……………①1307
早春………………①973
叢書『アナール1929 -
2010』〈5〉…………①474
蔵書一代…………………②3
装飾がすごい世界の装
飾…………………②611
増殖するフランケン
シュタイン………①921
草書体 小倉百人一首…①870
蔵書の苦しみ………②3
宋 - 清代の政治と社会
………………①596
双生児………………①1081
想世のイシュタル……①1220

双星の陰陽師………①1134
漱石を知っていますか
………………①915
漱石を電子辞書で読む
………………①915
漱石激読……………①915
漱石ゴシップ 完全版…①915
漱石辞典……………①915
漱石先生がやって来た
………………①1014
漱石先生の手紙が教え
てくれたこと……①915
漱石と「學鐙」………①915
漱石と『資本論』……①915
漱石と煎茶…………①915
漱石とその周辺……①915
漱石と日本の近代〈上〉
………………①915
漱石と日本の近代〈下〉
………………①915
漱石に英文学を読む…①915
漱石の印税帖………①915
漱石の個人主義……①915
漱石の書斎…………①915
漱石のヒロインたち…①916
漱石、百年の恋。子規、
最期の恋。…………①989
漱石文学の虚実……①916
漱石漫談……………①916
漱石論集成…………①916
曹全碑………………①870
葬送学者R.I.P.………①1115
葬送儀礼と現代社会…②113
創造する会社………②288
創造する破壊者ファイ
トプラズマ………②451
創造性教育とモノづく
り…………………②288
創造的経験…………②372
創造的人間…………②650
創造力を鍛えるマイン
ドワンダリング……②602
想像力のスイッチを入
れよう……………①948
相続アドバイザーの実
務〈2017年度版〉…②412
相続エキスパートにな
るためのQ&A170…②412
総則から読み取る学び
の潮流……………①718
相続財産取得のパター
ン別申告手続き等の
留意点Q&A………②191
相続・事業承継・認知症
対策のためのいちば
んわかりやすい家族
信託のはなし……②390
相続事業承継のための
民事信託ワークブッ
ク…………………②328
相続した田舎の困った
不動産の問題解決し
ます………………②412
相続失敗例に学ぶ地主
の生前対策………②412
相続実務3級 検定試験
模擬問題集〈17年度試
験版〉……………②481
相続税を考慮した遺言
書作成マニュアル…②191
相続税重要計算ハンド
ブック〈平成29年度
版〉………………②412
相続税専門税理士が教
える相続税の税務調
査完全対応マニュア
ル…………………②412
相続税・贈与税 土地評

価実務テキスト……②412
相続税・贈与税取扱い
の手引……………②413
相続税・贈与税入門の
入門………………②413
相続税・贈与税の実務
と申告〈平成29年版〉
………………②413
相続税・贈与税 間違い
やすい実務のポイン
トQ&A100…………②413
相続税調査であわてな
い「名義」財産の税務
………………②413
相続税における農地・
山林の評価………②413
相続税の税務調査を完
璧に切り抜ける方法
………………②413
相続税法過去問題集
〈2018年度版〉………②492
相続税法規通達集……②413
相続税法個別計算問題
集〈2018年度版〉…②492
相続税法財産評価問題
集〈2018年〉………②492
相続税法財産評価問題
集〈2018年度版〉…②492
相続税法 総合計算問題
集 応用編〈2018年〉
………………②492
相続税法総合計算問題
集 応用編〈2018年度
版〉………………②492
相続税法総合計算問題
集 基礎編〈2018年〉
………………②492
相続税法総合計算問題
集 基礎編〈2018年度
版〉………………②492
相続税法要説………②413
相続税法理論サブノー
ト〈2018年〉………②492
相続税法理論ドクター
〈2018年度版〉……②492
相続税法理論マスター
〈2018年度版〉……②492
相続税務・法務相談
シート集〈平成29年度
版〉………………②413
相続・贈与税のポイン
トと対策Q&A〈平成
29年度版〉…………②413
相続・贈与税の実務〈2017
年度版〉…………②413
相続対策イノベーショ
ン！ 家族信託に強い
弁護士になる本……②191
相続対策で消える富裕
層、生き残る富裕層
………………②413
相続手続が簡単に法定
相続情報証明制度の
利用の仕方………②191
相続 手続・申告シンプ
ルガイド…………②413
相続と贈与がわかる本
〈'17・'18年版〉……②413
相続に活かす養子縁組
………………②191
相続・認知症で困らな
い 家族信託まるわか
り読本……………②191
相続のことがマンガで3
時間でわかる本……②413
相続の準備から準確定
申告・相続税申告の
手順………………②413
相続の諸手続きと届出

がすべてわかる本
〈'17・'18年版〉……②413
相続の手続きQ&A〈平
成29年度版〉……②413
相続の日本史………①532
相続は突然やってく
る！事例でわかる相
続税の生前対策……②413
相対性理論………②665
宋代南海貿易史の研究
……①596
そうだ神さまに訊こ
う！………②288
そうだ、結婚しよう。……②948
そうだ！幸せになろう
人生には、こうして
奇跡が起きる………①97
そうだったのか！驚き
の名水のチカラ……②679
そうだったのか！コー
ド理論………①811
相談員必携！年金制
度・年金改革総まと
め………②74
相談援助………②60
相談援助の基盤と専門
職………②60
相談援助・保育相談支
援………②692
相談支援専門員のため
の「サービス等利用
計画」書き方ハンド
ブック………②60
草地と語る………②455
想定外を楽しむ方法・①769
想定外のマネジメント
………②372
装幀室のおしごと。・①1256
想定超突破の未来が
やって来た！………①140
増訂農村自治之研究（大
正2年第8版）……②223
相鉄沿線の不思議と謎
………②434
相鉄線あるある……②434
相転移・臨界現象とく
りこみ群………②665
総点検・リニア新幹線
………②431
争点整理と要件事実・②223
蒼天の悲曲………①1002
蒼天見ゆ………①1055
双頭の頂………②154
総督閣下の絶対寵愛
………①1402
総特集 木原敏江 エレガ
ンスの女王………①852
ゾウの赤ちゃん………①308
象の白い脚………①1109
創発する都市 東京…①186
相場の3割増を実現！
"お荷物"マイホーム
高値売却術………②421
双方向型授業への挑戦
………①719
双方向授業が拓く日本
の教育………①719
増補 日本人の自画像・②452
総本山第六十七世日顕
上人猊下御教示 すべ
ては唱題から………①521
総本山第六十八世法
主日如上人猊下 御指
南集〈20〉………①521
総本山第六十八世法
主日如上人猊下 御指
南集〈21〉………①521
総務課のシゴト………②156
総務省名鑑〈2018年版〉

総務部の丸山さん、イ
ケメン社長に溺愛さ
れる………①1293
総務・法務担当者のた
めの会社法入門……②197
草木虫魚仏の思想……①462
操翼士オリオ………①1005
双翼の王獣騎士団……①1279
総理………②148
総理大臣の無知と無恥
………②148
総理の言葉………②148
ゾウリムシ………①398
双竜王を飼いならせ
………①1308
増量 日本国憲法を口語
訳してみたら………②200
総力取材！トランプ時
代と分断される世界
………②124
総力戦研究所関係資料
集〈第5冊〉………①616
総力戦研究所関係資料
集〈第8冊〉………①616
総力戦のなかの日本政
治………①570
総力捜査………①1074
僧侶さまの恋わずらい
………①1176
宗麟の海………①1027
ソウル〈2017・2018年
版〉………①202
「ソウルカラー（宿命の
色）」と「テーマカ
ラー（運命の色）」を
知れば人生はいつで
もリセットできる…①97
ソウルトランサー……①1105
葬斂屋春秋…………①16
副田義也社会学作品集
〈第2巻〉………②102
副田義也社会学作品集
〈第3巻〉………②102
副田義也社会学作品集
〈第4巻〉………②102
蘇我氏と飛鳥………①544
蘇我氏と馬飼集団の謎
………①544
蘇我の娘の古事記（ふる
ことぶみ）………①1045
続あしながおじさん
………①1328
続・味なじいさん……①954
続 あなたのために……①36
続・石と造園100話・②457
続今を築いた中濃の人
びと………①537
続インドネシア民話の
旅………①887
続ヴェネツィアの石・①452
続ヴェーバー講義 政治
経済篇………②171
続 英雄詩とは何か…①917
続・狼彼氏×天然彼女
………①1253
続・輝く瞳に会いに行
こう………②87
続・かながわのハイキ
ングコースベスト40
ぷらす1………①190
続・カンヴァスの向こ
う側………①374
続・企業再生へのプロ
ローグ………①32
続 きものの仕立て方・①32
続 血涙十番勝負……①249
俗語入門………①624

続 このインプラントな
に？………②757
続 古筆の楽しみ……①870
続・在宅医療が日本を
変える………②707
続 坂井修一歌集……①970
続・座右の書………①97
続猿賀五歌仙評釈……①902
速算表・要約表でみる
税務ガイド〈平成29年
度版〉………②402
即時業績向上法………②288
即死チートが最強すぎ
て、異世界のやつらが
まるで相手にならな
いんですが。〈2〉…①1263
即死チートが最強すぎ
て、異世界のやつらが
まるで相手にならな
いんですが。〈3〉…①1264
続 実験を安全に行うた
めに………②648
続・10歳の質問箱……①417
続・実際の設計………②602
続 島津忠久とその周辺
………①549
続・寂聴伝………①912
速習一問一答 介護福祉
士国試対策〈2018〉…②80
速習 乙種第1類危険物
取扱者試験………②644
速習 強化学習………②524
速修テキスト〈1〉……②486
速修テキスト〈2〉……②486
速修テキスト〈3〉……②486
速修テキスト〈6〉……②486
速修テキスト〈4〉……②486
速修テキスト〈5〉……②486
速修2次試験対策事例1・
2・3・4 2次テキスト
〈2018〉………②486
続・循環器医が知って
おくべき漢方薬……②740
続 処方箋・店頭会話
からの薬剤師の臨床
判断………②770
続・新地物語………①1013
續 信長私記………①1054
続・図説 茨城の城郭・①537
続・税務調査の実例30
………②402
続・絶望を希望に変え
る癌治療………①179
続「戦後」倫理ノート
2004・2017………①476
即戦力になるためのパ
ソコンスキルアップ
講座………②535
即戦力の漫画背景……①861
続続・地産地消大学・①677
続々・ちょっと早めの
老い支度………①110
続々 凡医閑話（ぼんい
のむだばなし）……②701
続々 水戸光圀の餘香を
訪ねて………①537
続 大学職員のための人
材育成のヒント……①677
続・歴史物語を歩く…①538
続 忘れられぬ人々……①929
そこが知りたい！日本
の警察組織のしくみ
………②154
そこが知りたい！"若い
教師の悩み"向山が答
えるQA集〈1〉…①719
そこからの熱情………①1310
祖国の選択………①580
粗忽長屋の殺人（ひとご
ろし）………①1037

続 蔦の葉通信………①944
続 出会い大和の味……①36
続デジタルアーティス
トのためのアートの
原則………①827
続・哲学用語図鑑 中
国・日本・英米（分析
哲学）編………②452
続・電気技術者のための
失敗100選 対策編・②593
續天台宗全書〈3〉……①517
即答型ポケットラン
ナー一般教養〈2019年
度版〉………①761
即答型ポケットラン
ナー教職教養〈2019年
度版〉………①761
即答型 ポケットラン
ナー 小学校全科
〈2019年度版〉……①762
続 豆腐百珍 百番勝負・①56
測度・確率・ルベーグ積
分………②657
続・なぜ、会社は不祥事
を繰り返すのか……②288
続・日露異色の群像30
………②127
束縛志願………①1314
続・バリアフリー温泉
で家族旅行………①189
続・100万人が受けたい
「中学公民」ウソ・ホ
ント？授業………①732
続・100万人が受けたい
「中学地理」ウソ・ホ
ント？授業………①732
続・100万人が受けたい
「中学歴史」ウソ・ホ
ント？授業………①732
続・ヒーローズ（株（か
ぶしきがいしゃ））!!!
………①1187
続編孝義録料〈第2冊〉
………①561
速報版!!平成29年度税制
改正マップ………②402
続・本格派のための「英
文解釈」道場………①654
続・民法学の展開……②205
続 メカ屋のための脳科
学入門………②730
続・メルヘンの植物た
ち………②688
續 倭詩（やまとうた）
………①956
続・ゆかいな仏教……①510
ソクラティク・ダイア
ローグ………②452
測量士補合格ガイド・②638
測量士補試験 攻略テキ
スト………②638
測量士補試験問題集
〈2017年版〉………②638
測量士補試験問題集
〈2018年版〉………②638
測量士補問題解説集〈平
成30年度版〉………②639

そこらじゅうにて……①184
素材を使わないデザイ
ンのヒント………①877
素材採取家の異世界旅
行記………①1188
素材採取家の異世界旅
行記〈2〉………①1188
素材採取家の異世界旅
行記〈3〉………①1188
素材と対話するアート
とデザイン〈Part 2〉
………①877
ソシオパスの告白……①483
組織アイデンティフィ
ケーションの研究・②372
組織を動かす働き方改
革………②310
「組織が結果を出す」非
常識でシンプルなし
くみ………②288
組織コミットメント再
考………②372
組織・コミュニティデ
ザイン………②102
組織再編・資本等取引を
めぐる税務の基礎・②324
組織再編税制をあらた
……②326
組織再編における繰越
欠損金の税務詳解・②324
組織再編における税制
適格要件の実務Q&A
………②326
組織再編の申告調整
ケース50+6………②402
組織再編の法理と立法
………②372
組織で上に行く人は
「どこ」で差をつけて
いるのか？………②352
組織と個人のリスクセ
ンスを鍛える………②288
組織に埋れて………①1004
組織に効く、コミュニ
ケーション………②367
組織の毒舌………②268
組織の毒薬………②288
組織の不条理………①580
組織は変われるか……②310
組織は人………②288
組織犯罪対策課 白鷹雨
音………①1082
組織変革のレバレッジ
………②372
そして、アリスはいな
くなった………①1258
そして彼女はいった–風
が邪魔した–………①965
そして君に最後の願い
を。………①1185
そして少女は悪女の体
を手に入れる〈1〉
………①1193
そして黄昏の終末世界
（トワイライト）〈1〉
………①1258
そして、春………①970
そして、ぼくは旅に出
た。………①929
そして僕は強くなる
………①1007
そして僕等の初恋に会
いに行く………①1010
そして、星へ行く船
………①1118
そしてワシントン・
アーヴィングは伝説
になった………①923
ソーシャルアプリブ

書名索引

ラットフォーム構築技法 ……… ②519
ソーシャル・キャピタルを活かした社会的孤立への支援 ………②60
ソーシャルシティ ……②60
ソーシャルスキルトレーニング絵カード指導事例集 ………①684
ソーシャル・ネットワークとイノベーション戦略 ……②526
ソーシャルワーカーによる退院における実践の自己評価 ……②719
ソーシャルワーカーのソダチ ……………②60
ソーシャルワーク ……②60
ソーシャルワークの基盤と専門職 ………②80
ソーシャルワークの面接技術と記録の思考過程 ………②60
ソーシャルワークプロセスにおける思考過程 ………②60
ソーシャルワークへの招待 ………②60
ソシュールの政治的言説 …………①621
訴訟合戦 …………①1005
訴訟における裁判所手数料の算定 ……②228
素数はめぐる ……②654
素数姫の素数入門 …②654
塑する思考 ………①877
租税回避をめぐる税務リスク対策 ……②324
租税回避の事例研究 ②402
租税条約関係法規集〈平成29年版〉 ……②402
租税条約適用届出書の書き方パーフェクトガイド ……②402
租税条約入門 ………②402
租税訴訟〈第10号〉……②402
租税手続の整備 ……②403
租税法 ……………②403
租税法の解釈と適用 ②403
租税法判例六法 ……②403
ゾゾッ！ こわい話1000 …………①386
育ちを支える教育心理学 …………①757
育ちの根っこ ………②60
育てたい花がたくさん見つかる図鑑1000 ①267
育てて楽しむイチジク栽培・利用加工 ……②449
育てて楽しむエゴマ栽培・利用加工 ①267
育てにくい子どもを楽しく伸ばす17のコツ ………①14
育てにくい子は、挑発して伸ばす ……①14
育てにくさの理解と支援 …………②748
育てられた花嫁 …①1374
速解！ IMAGES総合適性テスト〈2019年度版〉 …………①298
卒業しよう！ めんどくさがり …………①417
側近日誌 …………①580
速効！ 英文ライティング …………①654
即効「筋膜リリース」で超・健康になる！ ・①158

速攻！ これだけ!!一般常識＆図解時事〈2019年度版〉 ……①297
速攻！ これだけ!!一般常識＆図解時事〈2020年度版〉 ……①297
速攻！ これだけ!!SPI〈2019年度版〉 ……①294
速攻！ これだけ!!SPI〈2020年度版〉 ……①294
速攻チャージ！ 公務員時事直前対策〈'19〉 ………①179
速攻!!ワザあり 一般常識＆時事〈2019年度版〉 ……①297
速攻!!ワザあり 面接＆エントリーシート〈2019年度版〉 ……①296
速攻!!ワザあり SPI〈2019年度版〉 ……①294
そっちのゲッツじゃないって！ ………①945
そっと愛をささやく夜は …………①1345
そーっとそーっとひらいてみよう ……①313
そっと無理して、生きてみる ………①97
卒母のススメ ………①14
卒論・修論のための自然地理学フィールド調査 …………①617
卒、SOTSUTEN〈'17〉…………②611
ソードアート・オンライン〈19〉 ……①1184
ソードアート・オンライン〈20〉 ……①1184
ソードアート・オンラインオルタナティブガンゲイル・オンライン〈6〉 ……①1208
ソード・オラトリア〈8〉 ……………①1170
ソード・オラトリア〈9〉 ……………①1170
外から見た静岡 ……②158
素読のすすめ ……………①124, ①675
外房線 60秒の罠 …①1100
ソード・ワールド2.0 ラクシアゴッドブック ……………①278
ソナチネ ………①995
ソニア・ウェイワードの帰還 ……①1343
そにどりの青 ……①970
ソニーの就活ハンドブック〈2019年度版〉 …………①290
ソニーはなぜ不動産業を始めたのか？ ……②304
ソニー歴代トップのスピーチライターが教える人を動かすスピーチの法則 ……②360
その歩き方はいけません！ 間違いだらけのウォーキング常識 ・①158
そのイタズラは子どもが伸びるサインです ………①14
その犬の歩むところ ……………①1350
その「英語」が子どもをダメにする ……①639
その英語、ちょっとカタすぎます！ …①639

その英語では相手に失礼！ 30分で身に付くハートが伝わる英語力 ……………①639
その笑顔のためなら、ニャンだってできるよ！ ……………①265
そのオーク、前世（もと）ヤクザにて〈3〉 ……………①1188
そのオーク、前世（もと）ヤクザにて〈4〉 ……………①1188
その介護離職、おまちなさい ………②70
そのガーゴイルは地上でも危険です ……①1222
その家事、いらない。 ①6
その企画、もっと面白くできますよ。 ②358
その絆は対角線 ……①1109
その恋はビジネス的にアウト ……………①116
その声はいまも ……①965
その後のリストラちゃう！ …………①930
その最強、神の依頼で異世界へ〈1〉 ①1255
その最強、神の依頼で異世界へ〈2〉 ①1255
その先私は知らんぷり ……………①870
その雑談カチンときます …………②360
その仕事、3秒で完了！ パソコンの神ワザ200 …………②535
その仕事でいいのかい？ …………②345
その心房細動、治しますか？ 付き合いますか？ ……………②740
その凄い形と機能 骨格百科 ………②691
そのスライム、ボスモンスターにつき注意 最底辺スライムのダンジョン経営物語〈1〉 ……………①1237
その食べ物、偽物です！ …………①154
その調理、9割の栄養捨ててます！ …①56
その手をにぎりたい ……………①1024
その手があったか！ 時間がない人のための即効読書術 ……③3
その時までサヨナラ ……………①1114
そのときまでの守護神 ……………①1105
その時役立つ！ 危機管理とコンプライアンスのための実践ハンドブック ……②288
その認知症ケアは大まちがい！ ……①176
そのバケツでは水がくめない ……①983
その花が咲くとき ……②60
「その話、聞いてないよ」と言われない伝え方 ……………②360
その歯みがきは万病のもと …………①182
その日の後刻に ……①1338
「その病気」入院ナシで治せます ……②749

その辺の男には負けないわ …………②288
そのボイス、有料ですか？〈2〉 ……①1206
その他の外国語 エトセトラ ………①945
その町工場から世界へ ……………②417
そのマネジメントでは新入社員はスグに辞めてしまいます？ ②330
そのまま食べる作りおき ……………①56
その介護離職、女の子ポーズ500 ……①861
そのまま使える基本のビジネス英語 書く ……………①649
そのまま使える基本のビジネス英語 話す ……………①649
そのまま使える災害対策アクションカード ……②699
そのまま使える！ パワポ月経授業 CD-ROM付き ……①741
そのまま使える！ ビジネスメール文例事典 ……………②363
そのままでいい ……①97
「そのままのあなた」からはじめる『修証義』入門 …………①510
そのままのキミがすき ……………①847
「そのままの私」からはじめる坐禅 ……①518
その道のプロに聞くふつうじゃない生きもの見つけかた ……②691
その者。のちに…〈03〉 ……………①1245
その者。のちに…〈04〉 ……………①1245
その者。のちに…〈05〉 ……………①1245
その者。のちに…〈06〉 ……………①1245
その「もの忘れ」はスマホ認知症だった ①176
その腰痛、ほうっておくと脊柱管狭窄症になりますよ。 ……②150
その若き皇帝は雇われ皇妃を溺愛する〈2〉 ……………①1171
そば打ち一代 ………①36
ソバニイルヨ ……①993
そばに寄り添い、ともに闘う平塚市民病院の最新医療 ……②709
そばによる地域創生 ②246
ソビエト連邦史 1917-1991 …………①609
素描・杉原千畝 ……①580
素描の旅 …………①842
ソフトウェア技術者のためのFPGA入門 ・②536
ソフトウェアグローバリゼーション入門 ②536
ソフトウェア工学 ②536
ソフトウェア工学の基礎〈24〉 ……②536
ソフトバンクの就活ハンドブック〈2019年度版〉 …………②290
ソフトバンクのiPhone8/8Plus 基本

＆活用ワザ100 ②532
祖父母であること ②109
祖父母手帳 ………①14
祖父 三輪寿壮 ……②148
ソフロニア嬢、倫敦で恋に陥落する ①1360
素朴な疑問 ………②774
ソマチッドがよろこびはじける秘密の周波数 …………①140
粗末な小舟（カヌー）・①948
ソマリランドからアメリカを超える ………②87
染め付け ……………①872
染付古便器の粋 ……①874
ソーメンと世界遺産 ①947
そもそもをデザインする ……………①877
そもそもつながりに気付くと未来が見える ……………②288
空あかり 山一證券"しんがり"百人の言葉 ……………②381
徂徠集 序類〈2〉 ①462
空色 ………………①776
空色バウムクーヘン ……………①1024
ソライロ♪プロジェクト〈1〉 ………①362
ソライロ♪プロジェクト〈2〉 ………①362
空をけっとばせ ……①362
そらをとびたかったペンギン …………①332
空を飛ぶ昆虫のひみつ ……………①405
空からのぞいた桃太郎 ……………①332
ソーラー女子は電気代0円で生活してます！ ………………②27
空で出会ったふしぎな人たち …………①368
ゾラと近代フランス ・①606
空飛ぶおべんとうツアー ……………①332
空飛ぶのらネコ探険隊 ……………①350
「空飛ぶワン」と言われ ……………①930
空と水と大地の詩 ……①257
ソラナー狩り〈543〉 ……………①1358
空にかかるはしご ・②705
空に咲く恋 ………①1015
空に響くは竜の歌声 ……………①1156, ①1306
空の王さま ………①313
空の国 ……………①233
そらのだいじな旦那さま ……………①1319
空の扉を開く聖なる鍵 ……………①97
そらの100かいだてのいえ ……………①332
空吹く風/暗黒天使と小悪魔/愛と憎しみの傷に ……………①1006
そらペン〈4〉 ………①350
そらまめくんのはらっぱあそび ……①332
ソーリ！ ……………①350
檣/豚群 …………①994
ソリューション営業のすすめ方 ……②334
ゾルゲの見た日本 …①575
ゾル・ゲルテクノロ

ジーの最新動向 …… ②570
ソルトな彼と、メレン
　ゲよりも甘い恋 …… ①1300
ソール・ライターのす
　べて ……………… ①261
アンパンマンとしらた
　まきしだん ……… ①320
それいけ！ アンパンマ
　ン スーパーアニメ
　ブック〈1〉 ……… ①320
それいけ！ アンパンマ
　ン スーパーアニメ
　ブック〈2〉 ……… ①320
それ、いらない。…… ②27
それ、売りますか？ 貸
　しますか？ 運用しま
　すか？ 無料という手
　もありますよ。…… ②288
それを愛とは呼ばず ・ ①998
それが映画をダメにす
　る ………………… ①795
それからの僕にはマラ
　ソンがあった …… ①124
それ自体が奇跡 …… ①990
それ、時代ものにはNG
　です ……………… ①561
それぞれの地方創生 課
　題と展望 ………… ②158
それって、「悩みぐせ」
　かもしれませんよ・①493
それって、必要？……①97
それでいい。……… ①483
それでは実際、なにを
　やれば免疫力があが
　るの？ …………… ②732
それでも宇宙は美し
　い！ ……………… ②675
それでも美しい動物た
　ち ………………… ②691
それでも俺にパスを出
　せ ………………… ①230
それでも気がつけば
　チェーン店ばかりで
　メシを食べている … ①40
それでも原発が必要な
　理由 ……………… ②579
それでもこの世は悪く
　なかった ………… ①947
それでも世界はサッ
　カーとともに回り続
　ける ……………… ①230
それでも それでも それ
　でも ……………… ①946
「それでも反日してみた
　い」……………… ①20
それでも1人の営業マン
　が起業を成功させた
　わけ ……………… ②288
それ、なんで流行って
　るの？ …………… ②336
それ日本と逆!?文化のち
　がい習慣のちがい 第
　2期〈1〉 ………… ①417
それ日本と逆!?文化のち
　がい習慣のちがい 第
　2期〈2〉 ………… ①417
それ日本と逆!?文化のち
　がい習慣のちがい 第
　2期〈3〉 ………… ①417
それ日本と逆!?文化のち
　がい習慣のちがい 第
　2期〈4〉 ………… ①417
それ日本と逆!?文化のち
　がい習慣のちがい 第
　2期〈5〉 ………… ①417
それは宇宙人のしわざ
　です ……………… ①1013
それはきっと、君に恋
　をする奇跡。…… ①1292

それは経費で落とそう
　…………………… ①1115
それは「人材革命」から
　始まった ………… ②428
それは団長、あなたで
　す。〈1〉………… ①1230
それは秘密の …… ①1011
ソレ！ へんてこな日本
　語です。………… ①624
それゆけ！ 長谷川義史
　くん ……………… ①886
ソ連と東アジアの国際
　政治 1919・1941 … ①609
ソ連・ロシア軍装甲戦
　闘車両クロニクル ・②166
ソロ SOLO ……… ①1333
ソロ SOLO ……… ①1088
そろそろ会社辞めよう
　かなと思っている人
　に、一人でも食べて
　いける知識をシェア
　しようじゃないか ・②345
そろそろ歌舞伎入門。
　…………………… ①787
そろそろ、人工知能の
　真実を話そう …… ②524
そろそろ、部活のこれか
　らを話しませんか ・①705
そろばん旗本 井森幸四
　郎 ………………… ①1051
ソロモン海底都市の呪
　いを解け！〈上〉 … ①1342
ソロモン海底都市の呪
　いを解け！〈下〉 … ①1342
ソロモンに散った聯合
　艦隊参謀 ………… ①580
ぞろりぞろりとやさい
　がね ……………… ①332
孫婉 ……………… ①935
「損」を恐れるから失敗
　する ……………… ①483
ゾーンを引き寄せる脳
　の習慣 …………… ①124
損害保険を見直すなら
　この1冊 ………… ②386
尊経閣善本影印集成
　〈60〉……………… ①616
尊厳あるがん治療
　CDC6 RNAi療法 ・・②737
尊厳概念のダイナミズ
　ム ………………… ①452
存在感のある人 …… ①1339
存在肯定の倫理〈1〉 ・①452
ゾーン最終章 …… ②394
存在相対論 ……… ①452
存在と時間〈3〉 … ①471
存在の概念と実在性 ・①452
孫さんの四柱推命運命
　学 ………………… ①130
損失補てん規制 …… ②378
孫子の兵法 ……… ①465
「孫子の兵法」がわかる
　本 ………………… ①596
「孫子の兵法」で勝つ仕
　事えらび!! ……… ①291
「孫子の兵法」に学ぶ評
　価される人の仕事術
　…………………… ②352
孫社長にたたきこまれ
　たすごい「数値化」仕
　事術 ……………… ②352
孫社長のむちゃぶりを
　すべて解決してきた
　すごいPDCA …… ②352
孫社長のYESを10秒で
　連発した瞬速プレゼ
　ン ………………… ②358
損する結婚 儲かる離婚
　…………………… ①116

忖度〈10〉………… ①1032
忖度社会ニッポン … ②102
「忖度」の構造 …… ②288
忖度バカ ………… ②102
そんな生き方 …… ①776
そんな格好のええもん
　と違います ……… ①782
そんなことをしていた
　らあなたの腰痛なお
　りません！ ……… ①172
ゾーンの入り方 …… ①124
ゾンビ学 ………… ②102
ゾンビ最強完全ガイド
　…………………… ②30
ゾンビサバイバルRPG
　ダイス・オブ・ザ・
　デッド …………… ①281
ゾンビたち ……… ①1330
ゾンビのあふれた世界
　で俺だけが襲われな
　い〈3〉…………… ①1166
孫文とアジア太平洋 ・①596
孫文と北一輝 …… ①460
孫文と陳独秀 …… ②133
孫正義 300年王国への
　野望 ……………… ②307
ゾーンマネジメント ・②288

た

だあれ？ ………… ①320
タイ ……………… ①202
タイ〈2017〜2018年版〉
　…………………… ①202
ダイアナ元皇太子妃の
　スピリチュアル・
　メッセージ ……… ①503
ダイアローグ …… ①884
体育科教育における教
　材論 ……………… ①741
体育・スポーツ書集成
　〈第2回〉………… ②8
第一級陸上無線技術士
　試験 やさしく学ぶ無
　線工学A ………… ②636
第一次世界大戦の起原
　…………………… ①589
第一次世界大戦への道
　…………………… ①589
第一次大戦小火器図鑑
　1914〜1918 …… ②166
第一生命保険の就活ハ
　ンドブック〈2019年度
　版〉……………… ①291
第1・2種冷凍機械責任
　者試験模範解答集〈平
　成29年版〉……… ②644
第一人者が明かす光触
　媒のすべて ……… ①665
第1級・第2級アマチュ
　ア無線技士国家試験
　用 解説・無線工学
　〈2017/2018〉…… ①262
第一級陸上特殊無線技
　士国家試験問題解答
　集 ………………… ②636
第一級陸上無線技術士
　試験 やさしく学ぶ 法
　規 ………………… ②636
第一級陸上無線技術士
　試験 やさしく学ぶ 無
　線工学の基礎 …… ②636

第一級陸上無線技術士
　試験 やさしく学ぶ無
　線工学B ………… ②636
第一級陸上無線技術士
　試験 吉川先生の過去
　問解答・解説集〈2017
　・2018年版〉…… ②636
第1種衛生管理者 一問一
　答パーフェクト1500
　問〈'17〜'18年版〉・②629
第1種衛生管理者過去7
　回本試験問題集〈'17
　〜'18年版〉……… ②629
第1種衛生管理者過去8
　回本試験問題集〈2017
　年度版〉………… ②629
第1種衛生管理者過去8
　回本試験問題集〈2018
　年度版〉・解説集 ・②629
第1種衛生管理者試験模
　範解答集〈2017年版〉
　…………………… ②629
第1種衛生管理者試験問
　題集 解答&解説〈平
　成29年度版〉…… ②629
第1種衛生管理者集中
　レッスン〈'17年版〉
　…………………… ②629
第1種衛生管理者集中
　レッスン〈'18年版〉
　…………………… ②629
第一種衛生管理者免許
　試験対策 合格水準問
　題集〈平成29年度版〉
　…………………… ②629
第1種・第2種作業環境
　測定士試験攻略問題
　集〈2018年版〉… ②629
第一電気工事士技能
　試験公表問題の合格
　解答〈2017年版〉・②633
第一種電気工事士技能
　試験候補問題の攻略
　手順〈平成29年版〉
　…………………… ②633
第一電気工事士項目
　別過去問題集〈平成29
　年版〉…………… ②633
第一種電気工事士筆記
　試験完全解答〈2017年
　版〉……………… ②633
第一種電気工事士筆記
　試験模範解答集〈平成
　29年版〉………… ②633
第一種電気工事士筆記
　問題集〈2017年版〉
　…………………… ②633
第1種放射線取扱主任者
　試験 完全対策問題集
　〈2018年版〉…… ②644
第一線呼吸器科医が
　困った症例から学ん
　だ教訓 …………… ②719
大田・東京 ……… ①186
大英自然史博物館の“至
　宝（トレジャー
　ズ）”250 ……… ①826
大英博物館の話 … ①826
ダイエットコーチEICO
　の我慢しないヤセ習
　慣200 …………… ①26
ダイエットの科学 ・①26
大往生したけりゃ医療
　とかかわるな“介護
　対応力に差がつく現代
　麻雀の常識 次の一手
　…………………… ①246
大大阪の時代を歩く ・①538

ダイオキシン物語 … ②575
ダイオキシン類のばく
　露を防ぐ ………… ②460
大開運！ 風水事典 ・①134
大怪獣記 ………… ①1120
大海に生きる夢 … ①935
『大かうさまぐんき』を
　読む ……………… ①554
大学1、2年生の間に
　やっておきたいこと
　学蔵BOOK ……… ①291
大学1・2年生のための
　すぐわかる中国語 ・①664
大学1年からのキャリア
　デザイン実践 …… ①677
大学1年生の歩き方 ・①677
大学院生、ポストドク
　ターのための就職活
　動マニュアル …… ①291
大学院入試の英文法 ・①654
大学を出て仕事もせず
　にダメだった僕を生
　かしたリクルートの
　組織風土 ………… ②304
「大学改革」という病・①677
大学改革の道 …… ①677
大学学科案内 …… ①745
大学教育再生への挑戦
　…………………… ①677
大学教育の数学的リテ
　ラシー …………… ①677
大学経営国際化の基礎
　…………………… ①677
大学探しランキング
　ブック〈2018〉… ①745
大学授業改善とインス
　トラクショナルデザ
　イン ……………… ①678
大学受験案内〈2018年度
　用〉……………… ①745
大学受験データ〈2017
　年〉……………… ①745
大学新入生のためのリ
　メディアル数学… ②654
大学生が考えたこれか
　らの出版と公共図書館
　…………………… ②6
大学生が見た素顔のモ
　ンゴル …………… ①87
大学生からはじめる社
　会人基礎力トレーニ
　ング ……………… ②343
大学生の健康ナビ
　〈2017〉…………… ②719
大学生のこころのケア・
　ガイドブック …… ①493
大学生の就職 マスコミ
　漢字完全攻略本!!
　〈2019年度版〉… ②12
大学生の就職 やさしい
　一般常識〈2019年度
　版〉……………… ①298
大学生の就職 やさしい
　一般常識1問一答
　〈2019年度版〉… ①298
大学生の就職 やさしい
　一般常識総ざらい
　〈2019年度版〉… ①298
大学生の就職 やさしい
　GAB・CAB〈2019年
　度版〉…………… ①298
大学生の就職 やさしい
　SPI3〈2019年度版〉・①298
大学生の就職 SPIの解
　法 スピード&シュ
　アー SPI3対応！
　〈2019年度版〉… ①298
大学生のスポーツと健
　康生活 …………… ①678

大学生のためのアルバ
　イト・就活トラブル
　Q&A ……………… ①291
大学生のための異文化・
　国際理解 …………… ①678
大学生のための交渉術
　入門 ………………… ①678
大学生のための生態学
　入門 ………………… ②683
大学生のための速読法
　…………………………①678
大学生のための動画制
　作入門 ……………… ①796
大学生のためのライフ・
　デザインのすすめ … ①678
大学生の知の情報スキ
　ル ………………………①546
大学生のICT活用標準
　テキスト …………… ①678
大学生は、なぜ公認会
　計士を目指さないの
　か。……………………②492
大学大倒産時代 …… ①678
大学の熊本ガイド …… ②24
大学の徳島ガイド …… ①196
大学デビューに失敗し
　たぼっち、魔境に生
　息す。……………… ①1283
大学で学ぶ食生活と健
　康のきほん ………… ①777
大学というメディア論
　…………………………①678
大学におけるアクティ
　ブ・ラーニングの現
　在 ……………………①678
大学における海外体験
　学習への挑戦 ……… ①678
大学における反転授業
　…………………………①678
大学入試 藤山克秀の政
　治・経済が面白いほ
　どわかる本 ……… ①745
大学入試における共通
　試験 ………………… ①678
大学入試 4技能試験対応
　シャドウイングで攻
　略 英熟語・語法 … ①745
大学入試 4技能試験対
　応 シャドウイングで
　攻略 発音・アクセン
　ト ……………………①745
大学の学部・学科がよ
　くわかる本 ……… ①745
大学の学科図鑑 …… ①678
大学の経営管理 …… ①678
大学の実力〈2018〉 … ①678
大学の就職 やさしいグ
　ループ面接〈2019年度
　版〉 ……………………①298
大学発ベンチャー起業
　家の「熟達」研究 · ②289
大学病院の奈落 …… ②701
大学評価学会年報『現
　代社会と大学評価』
　〈第13号〉 ………… ①678
大学への教育投資と世
　代間所得移転 ……… ①753
大学4年間の金融学が10
　時間でざっと学べる
　…………………………②378
大学4年間の統計学が10
　時間でざっと学べる
　…………………………②661
大学4年間のマーケティ
　ングが10時間でざっ
　と学べる …………… ②336
大学IRスタンダード指
　標集 ………………… ①678
大過剰 ……………… ②262

大活字版 日本まるごと
　Q&A ……………… ①650
大活字版 武士道 …… ①650
タイガの森の狩り暮ら
　し ……………………①1168
タイガー・ボーイ …… ①374
「体幹」を整えると素直
　に育つ ……………… ①14
体感して学ぶ ヨガの生
　理学 ………………… ①161
対岸のヴェネツィア · ①941
大還暦考 …………… ①160
台記 ………………… ①616
大気圧プラズマの技術
　とプロセス開発 …… ①571
大気を変える錬金術 · ①671
大逆事件と新村善兵衛
　…………………………①573
大逆転甲子園 ……… ①221
大逆転裁判2・成歩堂龍
　ノ介の覚悟 · 公式原
　画集 ………………… ①853
大逆転の生命保険セー
　ルス ………………… ②386
第90次農林水産省統計
　表 ……………………②453
第九代ウェルグレイヴ
　男爵の捜査録 …… ①1348
太極拳推手詳解 …… ①237
太極拳のヒミツ …… ①237
太極拳理論の要諦 … ①237
太極悠悠〈3〉 ……… ①952
大嫌い。…………… ①1296
大嫌いゲーム ……… ①1333
ダイキン工業の就活ハ
　ンドブック〈2019年度
　版〉 ……………………①291
退屈をあげる ……… ①842
退屈すれば脳はひらめ
　く ……………………①97
退屈なことはPythonに
　やらせよう ………… ②550
「退屈」の愉しみ方 … ①97
体系 憲法訴訟 …… ②200
大系真宗史料〈9〉 … ①520
体系的に学ぶデジタル
　カメラのしくみ …… ①252
対決、示現流〈2〉 … ①1061
大研究 雅楽と民謡の図
　鑑 ……………………①431
大研究！ 日本の歴史 人
　物図鑑〈1〉 ……… ①426
大研究！ 日本の歴史 人
　物図鑑〈2〉 ……… ①426
大研究！ 日本の歴史 人
　物図鑑〈3〉 ……… ①426
大研究！ 日本の歴史 人
　物図鑑〈4〉 ……… ①426
大研究！ 日本の歴史 人
　物図鑑〈5〉 ……… ①426
体験する!!オープンソー
　スハードウェア …… ②519
大航海時代の地球見聞
　録 通解『職方外紀』
　…………………………①589
大航海時代の日本人奴
　隷 ……………………①589
大航海時代の日本美術
　…………………………①832
大合格 ……………… ①743
太閤私記 …………… ①1054
大洪水が神話になると
　き ……………………②102
大宏池会の逆襲 …… ②148
大公の傲慢すぎる求婚
　〈2〉 ………………… ①1373
第5回映画英語アカデ
　ミー賞 ……………… ①645

大獄 ………………… ①1055
大国チートなら異世界
　征服も楽勝ですよ？
　…………………………①1174
大国チートなら異世界
　征服も楽勝ですよ？
　〈2〉 ………………… ①1174
大国チートなら異世界
　征服も楽勝ですよ？
　〈3〉 ………………… ①1174
「大国」としての中国 · ②133
大国の暴走 ………… ①124
第50回 外資系企業の動
　向 ……………………②304
醍醐寺文書聖教目録〈第
　4巻〉 ………………… ①510
第五の福音書〈上〉 · ①1347
第五の福音書〈下〉 · ①1347
太鼓の文化誌 ……… ①816
大コンメンタール刑事
　訴訟法〈第11巻〉 … ②216
大災害時の自治体に必
　要な機能は何か ……②41
大西郷遺訓 ………… ①566
大西郷兄弟物語 …… ①566
大作曲家の病跡学 … ①814
第三王子は発光ブツに
　つき、直視注意！
　…………………………①1291
第3回 藤本義一文学賞
　…………………………①903
第三級海上無線通信士
　法規 ………………… ②636
第3級ハム国試要点マス
　ター〈2018〉 ……… ①262
第三空間 …………… ②102
第三次世界大戦〈5〉
　…………………………①1128
第三次世界大戦〈6〉
　…………………………①1128
第三次世界大戦〈7〉
　…………………………①1128
第30回をあてるTAC直
　前予想 介護福祉士 · ②80
第三者効の研究 …… ②223
第3種冷凍機械責任者試
　験合格テキスト …… ②644
第3種冷凍機械責任者試
　験模範解答集〈平成29
　年版〉 ……………… ②644
第三種冷凍機械責任者
　試験問題と解説〈平成
　29年版〉 …………… ②644
第3世代のサービスイノ
　ベーション ………… ②289
第三創業の時代 …… ②289
第三の子ども ……… ①386
第三の性 …………… ②37
第3の糖尿病食「朝フ
　ル・まご和食」…… ①181
体質で決まる漢方と養
　生 ……………………①174
大事なことはみんな女
　が教えてくれた …… ①955
だいじな本のみつけ方
　…………………………①988
対詩 2馬力 ………… ①965
大写解 高圧受電設備 · ②593
「代謝」がわかれば身体
　がわかる …………… ②150
代謝ナビゲーション · ②728
第十三回岡山県「内田
　百閒文学賞」受賞作
　品集 ………………… ①978
体重12kg減 みるみる病
　気が治る腸活酵素断
　食 ……………………②150
「大衆」と「市民」の戦
　後思想 ……………… ①452

第17回〜第19回精神保
　健福祉士国家試験問
　題 専門科目 解答・解
　説集 ………………… ②780
第16回〜第25回 徹底攻
　略国家試験過去問題
　集 あん摩マッサージ
　指圧師用〈2018〉 … ②780
第16回〜第25回 徹底攻
　略国家試験過去問題
　集 柔道整復師用
　〈2018〉 ……………… ②780
第16回〜第25回 徹底攻
　略国家試験過去問題
　集 はり師・きゅう師
　用〈2018〉 ………… ②780
対象関係論の源流 … ①494
『大乗起信論』を読む · ①510
大乗起信論成立問題の
　研究 ………………… ①510
大正期の結婚相談 … ②102
大正期の言論誌に見る
　外来語の研究 ……… ①630
大正琴で弾きたい最新
　演歌・歌謡ヒット集
　…………………………①819
大嘗祭 ……………… ②150
対称性 ……………… ②654
大正×対称アリス公式
　ビジュアルブック … ①842
大正っ子の太平洋戦記
　…………………………①580
大正デモクラシーと鳥
　居素明 評伝 ……… ①573
大正天皇実録 補訂版
　〈第2〉 ……………… ①573
大正の女 タカ子 …… ①930
大正箱娘 …………… ①1195
大丈夫。あと少しで、
　きっと解ける。…… ①14
「大丈夫」がわかると、
　人生は必ずうまくい
　く ……………………①97
大丈夫。そのつらい
　日々も光になる。…… ①97
大丈夫！ 何とかなりま
　す 過活動膀胱 …… ②761
大丈夫！ 何とかなりま
　す 体と心の大事なサ
　イン 軽症うつ …… ①170
大丈夫！ 何とかなりま
　す 血糖値は下げられ
　る ……………………①167
大丈夫！ 何とかなりま
　す コレステロール・
　中性脂肪は下げられ
　る ……………………①181
大正・本郷の子 …… ①951
退職・解雇・雇止め … ②331
退職給付会計のしくみ
　…………………………②318
退職給付会計の実務マ
　ニュアル …………… ②318
代診医の死 ………… ①1357
対人援助職に効く認知
　行動療法ワーク
　ショップ …………… ①494
対人援助職のための
　ファシリテーション
　入門 ………………… ①361
対人援助職リーダーの
　ための人間関係づく
　りワーク …………… ②60
対人援助と心のケアに
　活かす心理学 ……… ①483
対人援助の現場で使え
　る聴く・伝える・共感
　する技術便利帖 …… ①494
タイ・シンガポール・イ

ンドネシア・ベトナ
　ム駐在員の選任・赴
　任から帰任まで完全
　ガイド ……………… ②312
対人関係がラクにな
　る！ ナースの感情整
　理術 ………………… ②766
耐震シェルターがわか
　る本 ………………… ②621
代数・解析パーフェク
　ト・マスター ……… ①659
代数学入門 ………… ②660
「大数の法則」がわかれ
　ば、世の中のすべて
　がわかる！ ………… ②289
大図解 人体なるほど！
　図鑑 ………………… ①410
大好き同士 ………… ①1319
大好きなことで、食べ
　ていく方法を教えよ
　う ……………………①124
ダイスケ犬の唄 …… ①264
大豆粉でできる糖質オ
　フのお菓子＆パン … ①56
大豆の学校 ………… ①36
大豆フードシステムの
　新展開 ……………… ②445
ダイズマンとコメリー
　ヌ …………………… ①332
体制転換期ネパールに
　おける「包摂」の諸相
　…………………………②87
泰西童話によるピアノ
　曲集 もしかしてグリ
　ム ……………………①818
大世紀末サーカス …… ①1063
大接近！ 工場見学〈1〉
　…………………………①417
大接近！ 工場見学〈2〉
　…………………………①417
大接近！ 工場見学〈3〉
　…………………………①417
大接近！ 工場見学〈4〉
　…………………………①417
大接近！ 工場見学〈5〉
　…………………………①417
大拙と松ヶ岡文庫 … ①462
大切な靴と長くつきあ
　うための靴磨き・手
　入れがよくわかる本 · ①3
大切なこころのはなし
　…………………………①417
大切なことに気づかせ
　てくれる33の物語と
　90の名言 …………… ①107
大切なことに気づく引
　き寄せの旅 ………… ①97
大切な人を早死にさせ
　ない食 ……………… ②446
大切な人がきっと喜ぶ
　もてなし＆持ちより
　レシピ ……………… ①56
大切な人が病気になっ
　たとき、何ができる
　か考えてみました …②70
大切な人に想いをつな
　ぐリレーションノー
　ト ……………………②191
大切にしてくれる彼と
　もっとしあわせにな
　れる恋愛の教科書 · ①116
大切に作って大切に着
　る大人服 …………… ①84
大説話 ブリハットカ
　ター ………………… ①918
第0印象 …………… ①124
大草原のローラ物語 · ①374
体操五輪書 ………… ①236
大造じいさんとがん · ①309

大卒警察官 "教養試験" 過去問350〈2018年度版〉……①183
大卒警察官・消防官・市役所上級・国家公務員・地方上級過去問 精選問題集 出た DATA問〈1〉……②179
大卒警察官・消防官・市役所上級・国家公務員・地方上級過去問 精選問題集 出た DATA問〈2〉……②179
大卒警察官・消防官・市役所上級・国家公務員・地方上級過去問 精選問題集 出た DATA問〈3〉……②179
大卒警察官・消防官・市役所上級・国家公務員・地方上級過去問 精選問題集 出た DATA問〈4〉……②179
大卒警察官・消防官・市役所上級・国家公務員・地方上級過去問 精選問題集 出た DATA問〈5〉……②179
大卒消防官面接試験〈2019年度版〉……②183
大卒全国市役所職員採用試験実戦テスト〈2018年度版〉……②179
大卒 全国市役所職員採用試験 実戦テスト〈2019年度版〉……②179
"大卒程度" 警察官・消防官採用試験マル秘攻略法……②183
大卒程度警察官面接試験〈2018年度版〉……②183
大卒程度警察官面接試験〈2019年度版〉……②183
大卒程度公務員面接対策ハンドブック〈2018年度版〉……②179
大卒無業女性の憂鬱……②37
代替養育の社会学……②102
大脱走……①984
タイタニア〈4〉……①1123
タイタニア〈5〉……①1123
対談……①909
対談〈2〉！……①639
対談 沖縄を生きるということ……②142
大胆なポーズの描き方……①861
対談 私の白川静……①871
だいち……①319
だいちゃんときんたろう……①332
対中外交の蹉跌……①580
大中小探偵クラブ……①362
大腸がんを生きるガイド……②737
大諜報〈上〉……①1342
大諜報〈下〉……①1342
大直言！……②20
大追跡！ 宇宙と生命の謎……①403
抱いてください、ご主人様！……①1398
対デジタル・ディスラプター戦略……②289
ダイテス領攻防記〈8〉……①1270
タイ鉄道散歩……②434
タイ鉄道と日本軍……①580
大転換……②248

大天使サリエル・聖母マリア……①140
大天使ミカエル……①140
「大粒子ランニング」で走れ！ マンガ家53歳でもサブスリー……①235
大伝説の勇者の伝説〈17〉……①1174
大東亜戦争の開戦目的は植民地解放だった……①580
大東亜戦争は日本が勝った……①580
大東亜大戦記〈2〉……①1128
大東亜大戦記〈3〉……①1128
大導寺信輔の半生・手巾・湖南の扇 他十二篇……①976
台頭する「ポスト華南経済圏」……②250
大衆流合気柔術を解く……①236
大統領府から読むフランス300年史……①606
台所重宝記……①36
台所のラジオ……①1024
大都市圏ガバナンスの検証……②262
大都市圏郊外の新しい政治・行政地理学……②171
大都市圏の環境教育・ESD……①722
体内時計の科学と産業応用……②572
体内の「炎症」を抑えると、病気にならない！……①150
体内疲労をとる5分間内臓ウォーキング……①150
第七異世界のラダッシュ村〈2〉……①1219
第7回田中裕明賞……①973
第七駆逐隊海戦記……①586
第75期将棋名人戦七番勝負……①249
第75期将棋名人戦七番勝負全記録 佐藤、名人初防衛……①250
ダイナミックポーズ・ドローイング……①861
台南 高雄とっておきの歩き方……①202
第二印象で取り戻せ……①483
第2級ハム国家試験問題集〈2017/2018年版〉……①262
第二言語習得キーターム事典……①663
第二言語習得研究に基づく英語指導……①735
第二言語習得理論の視点からみた早期英語教育に関する研究……①735
第二コリント書 8・9章……①529
第二詩集 通勤後譚……①965
第二次世界大戦 最強の兵器図鑑……②166
第二次世界大戦「戦闘機」列伝……①580
第二次納税義務制度の実務……②403
第2種衛生管理者 一問一答パーフェクト900問〈'17〜'18年版〉……②629
第2種衛生管理者過去7回本試験問題集〈'17〜'18年版〉……②629
第2種衛生管理者過去8

回本試験問題集〈2017年度版〉……②629
第2種衛生管理者過去8回本試験問題集〈2018年度版〉……②629
第2種衛生管理者試験問題集 解答&解説〈平成29年度版〉……②629
第2種衛生管理者集中レッスン〈'18年版〉……②629
第二種衛生管理者免許試験対策 合格水準問題集〈平成29年度版〉……②629
第二種電気工事士技能候補問題の解説〈2017年版〉……②633
第二種電気工事士技能試験 イラストAtoZ〈平成29年版〉……②633
第二種電気工事士技能試験公表問題の合格解答〈2017年版〉……②633
第二種電気工事士技能試験候補問題丸わかり〈平成29年版〉……②633
第二種電気工事士試験 完全攻略 技能試験編〈2017年版〉……②633
第二種電気工事士試験 完全攻略 筆記試験編〈2018年版〉……②633
第二種電気工事士試験 筆記試験過去問題集〈2018年版〉……②633
第2種電気工事士筆記試験 完全合格テキスト&問題集〈2018年版〉……②633
第二種電気工事士（筆記試験）はじめての人でも受かる！ テキスト&問題集〈2018年版〉……②633
第二種電気工事士筆記試験標準解答集〈2018年版〉……②633
第二種電気工事士筆記試験模範解答集〈平成30年版〉……②633
第二種電気工事士筆記問題集〈2018年版〉……②633
第二種電気工事士 らくらく学べる筆記+技能テキスト〈2018年版〉……②633
第二種免許 試験に必ず出る！ 実戦1570題……①242
第二地球作戦〈558〉……①1358
対日協力政権とその周辺……①580
第二帝国〈上巻〉……①607
第二帝国〈下巻〉……①607
大日本印刷（DNP）の就活ハンドブック〈2019年度版〉……①291
大日本古記録 實躬卿記〈8〉……①616
大日本古記録 碧山日録〈下〉……①616
大日本古文書〈53〉……①616
大日本古文書 家わけ〈18〉……①616
大日本史……①570
大日本史料〈第10編之29〉……①616

大日本史料〈第12編之61〉……①616
大熱血！ アセンブラ入門！……②550
タイの新しい地平を拓く挑戦……②247
タイの人権教育政策の理論と実践……①679
タイの微笑み、バリの祈り……①947
退廃の勧め……①965
大迫力！ 恐竜・古生物大百科……①401
大迫力！ 日本の神々大百科……①506
大迫力バトル 鉱物キャラ超図鑑……①400
ダイバーシティ経営と人材活用……②289
ダイバーシティとマーケティング……②336
第八王子と約束の恋……①1304
第8回田中裕明賞……①973
ダイハツ工業の就活ハンドブック〈2019年度版〉……①291
対比……①601
大ヒットアニメで語る心理学……①799
対比でわかる根拠法令から見た法人税申告書……②407
大避難 何が生死を分ける……①40
第111回医師国家試験問題解説……①782
第106回看護国試全問解説集……①784
代表制民主主義を再考する……②146
代表的日本人……①462
代表における等質性と多様性……②200
代表の概念……②171
大貧帳……①941
ダイブ！……①1292
たいふうどうするの？……①332
たいふうのひ……①333
大富豪が教える「お金に好かれる5つの法則」……②390
大富豪皇帝の極上寵愛……①1405
大富豪と愛を宿したメイド……①1378
大富豪と一夜のシンデレラ……①1384
大富豪と偽りのベール……①1375
大富豪とかりそめの花嫁……①1385
大富豪と孤独な子守り……①1379
大富豪と手折られた花〈2〉……①1376
大富豪と灰かぶりの乙女……①1375
大富豪と秘密のエンジェル……①1383
大富豪の愛され花嫁選び……①1311
大富豪の隠された天使……①1383
大富豪の情熱の流儀……①1377
大富豪の冷たい寝室……①1377

大富豪の天使を抱いて……①1389
大富豪の秘密の婚約者……①1380
大富豪は無垢な青年をこよなく愛す……①1307
大富豪は若奥様にメロメロでばかっぷる過ぎて困ってますっ!!!……①1401
だいぶつさまのうんどうかい……①333
ダイブ！ 波乗りリストランテ……①1292
大不平等……②262
タイプ別対処法を伝授！ 伝わる話し方のコツ……①361
タイ・プラス・ワンの企業戦略……②250
対振りの秘策 完全版 飯島流引き角戦法……①250
台北　　　　①202, ①203
台北〈2018・19〉……①203
台北〈2018〜2019年版〉……①203
太平広記研究……①597
対米従属の謎……②135
「太平天国の乱」の宗教革命家 洪秀全の霊言……①503
太平洋……①580
太平洋を泳ぎぬけ！……①374
「太平洋戦争」アメリカに嵌められた日本……①580
太平洋の地質構造と起源……②679
大変だ!!地方中核病院長奮闘記……②709
たいへんな生きもの……②691
たいへん申し上げにくいのですが…雑学だらけの歯科エッセイ……①182
大暴落……①1066
タイポグラフィ〈ISSUE11〉……①877
タイポグラフィ〈ISSUE12〉……①877
タイポグラフィ論攷……①877
逮捕手続の実務……②213
退歩のススメ……①462
大ホリスティック医学入門……②719
大本営発表の真相史……①580
大美保関……①538
大名花火……①1028
タイムシフト……①1195
タイムスデータブック〈2017〉……②438
タイムマシンができたなら。……①769
タイムリミットで考える相続税対策実践ハンドブック〈2〉……②413
対訳 オバマ退任演説……②135
対訳・注解 不思議の国のアリス……①650
対訳 トランプ就任演説……②135
対訳 日本の城と城下町……②611
対訳フランス語で読む「恐るべき子どもたち」（CD付）……①670
対訳フランス語で読む「レ・ミゼラブル」（CD付）……①670
対訳ISO13485：2016

書名索引

…… ②586
タイヤ年鑑〈2016〉… ②442
タイヤ年鑑〈2017〉… ②442
ダイヤモンドのように 女（わたし）が輝く言葉 …… ①116
ダイヤモンド風水 …… ①134
大遺言 …… ①769
太陽王と蜜月の予言 …… ①1401
太陽王ルイ14世 …… ②606
太陽が破裂するとき・②745
大腰筋を鍛えれば一生歩ける！ …… ①150
太陽系の化学 …… ②679
太陽系旅行ガイド… ②675
太陽光発電市場・技術の実態と将来展望〈2017〉…… ②439
太陽光発電で、誰でも資産家になれる！・②390
太陽といっしょ …… ①333
太陽と海とグルメの島 シチリアへ …… ①206
太陽と乙女 …… ①957
太陽ときみの声 …… ①350
太陽と月 …… ①313
太陽と大地 …… ①374
太陽と呼ばれた男 …… ①769
太陽に捧ぐラストボール〈上〉 …… ①1223
太陽に捧ぐラストボール〈下〉 …… ①1223
大予言 …… ②18
第4次現代歴史学の成果と課題〈1〉 …… ①611
第4次現代歴史学の成果と課題〈2〉 …… ①611
第4次現代歴史学の成果と課題〈3〉 …… ①611
第4次産業革命！日本経済をこう変える。… ②243
第4次産業革命のIT技術に基づく AI時代の企業戦略 …… ②513
大予測「投資テーマ」別成長業界＆企業〈2018-2019〉…… ②394
第4回東奥文学賞大賞作品 健やかな一日・①1006
第4級ハム国試要点マスター〈2018〉…… ①262
第41期囲碁名人戦全記録 …… ①247
第47回視能訓練士国家試験問題・解説…・②780
第48-52回 理学療法士・作業療法士国家試験問題 解答と解説〈2018〉…… ②780
第44代アメリカ合衆国大統領バラク・オバマ演説集 …… ①135
第46回我が国企業の海外事業活動 …… ②312
第40回救急救命士国家試験問題 解答・解説集 …… ②781
第四の革命 …… ②512
対立を乗り越える心の実践 …… ②72
代理屋 望月流の告白 …… ①1303
大龍神と化す今ここ日本列島で宇宙銀河の奥の院"ミロクの世"の扉がついに開く・①140
大量殺人の"ダークヒーロー" …… ②39

大量生産品のデザイン論 …… ②372
大量保有報告制度の理論と実務 …… ②328
タイ料理大全 …… ①56
代理恋愛 …… ①1392
タイル張り …… ①19
ダイレクト・リクルーティング …… ②331
大老の刺客〈3〉…①1058
「第六天」はなぜ消えたのか …… ①506
第六天魔王 信長 …… ①554
第6回神社検定問題と解説 …… ①506
対ロ平和的積極外交・②127
対論「炎上」日本のメカニズム …… ②103
対話 …… ①103
対話 沖縄の戦後 …… ①575
対話がつむぐホリスティックな教育 …… ①753
対話式 法人税申告書作成ゼミナール〈平成29年度版〉 …… ②407
対話する銀行 …… ②383
対話する社会へ …… ②103
対話的現象学の理念・①457
対話的な学び …… ①719
対話的な学び合いを生み出す文学の授業「10のステップ」… ①724
対話でつくる教科外の体育 …… ①741
対話で創るこれからの「大学」 …… ①678
対話でわかる 乙4類危険物取扱者 テキスト＆問題集 …… ②644
対話でわかる3級QC定試験 …… ②629
対話でわかる4級QC検定試験テキスト＆問題集 …… ②629
対話表現はなぜ必要なのか …… ①621
対話篇 …… ①103
「対話力」ですすめる 事業性評価がよくわかる本 …… ②385
台湾 …… ①203
台湾〈2017〜2018年版〉 …… ①203
台湾行ったら これ食べよう！ 甘味編…… ①203
台湾沖航空戦 …… ①586
台湾を鉄道でぐるり・①203
台湾原住民研究〈第20号〉 …… ①593
台湾原住民族の生活再建と地域活性化…… ①119
台湾 集集線（じじせん）に乗って …… ①257
台湾儒学 …… ①465
台湾人生 …… ①593
台湾人の歌舞伎町・①575
台湾拓殖株式会社研究序説 …… ①593
台湾男子がこっそり教える！ 秘密の京都スポットガイド …… ①195
台湾で朝食を 日常よ、さようなら！ …… ①203
台湾と日本を結ぶ鉄道史 …… ①434
台湾における教育の民

主化 …… ①748
台湾における「日本」イメージの変化、1945-2003 …… ②87
台湾の朝ごはんが恋しくて …… ①56
台湾の「いいもの」を持ち帰る …… ①203
台湾の表層と深層 …… ②87
台湾はなぜ親日なのか …… ①593
台湾半導体企業の競争戦略 …… ②439
台湾編 …… ①664
台湾旅行最強ナビ …… ①203
第146回をあてるTAC直前予想 日商簿記1級 …… ②472
第146回をあてるTAC直前予想 日商簿記2級 …… ②472
第146回をあてるTAC直前予想 日商簿記3級 …… ②472
第146回試験 日商簿記2級 ラストスパート模試 …… ②472
第147回をあてるTAC直前予想 日商簿記1級 …… ②472
第147回をあてるTAC直前予想 日商簿記2級 …… ②472
第147回をあてるTAC直前予想 日商簿記3級 …… ②472
第148回をあてるTAC直前予想 日商簿記2級 …… ②472
第148回をあてるTAC直前予想 日商簿記3級 …… ②472
ダウジングって何ですか？ …… ①140
タウリス島のイフィゲーニエ …… ①924
ダウン症のある子どもへの222のアプローチ …… ①684
唾液のチカラQA …… ②719
楕円曲線と保型形式のおいしいところ …… ①654
楕円思考で考える経営の哲学 …… ②289
たおせ！ なぞなぞモンスター …… ①440
たおやかな風景 …… ①952
たかい たか～い …… ①305
高い表現力が身につく木版画上達のコツ50 …… ①868
高丘親王航海記 …… ①1045
高雄山神護寺文書集成 …… ①510
高尾山の木にあいにいく …… ①400
高尾山の花と木の図鑑 …… ②689
高尾紳路 不惑の出発・①247
高雄病院の糖質制限作りおき …… ①165
たかがサッカーされどサッカー …… ②230
高木千代子作品集 …… ①838
多角化視点で学ぶオリンピック・パラリンピック …… ②216
高倉健 …… ①769
高倉健の背中 …… ①791

高倉健ラストインタヴューズ …… ①791
たかこさんが教えてくれた、ボウル1つで手づくりおやつ …… ①56
たかこさんの休日の昼から飲みたい！ 簡単、絶品おつまみ …… ①66
高島易断運勢本暦〈平成30年〉 …… ①135
高島易断開運本暦〈平成30年〉 …… ①135
高島易断吉運本暦〈平成30年〉 …… ①135
高島易断総本家 高島本暦〈平成30年〉 …… ①135
高島易断福運本暦〈平成30年〉 …… ①135
高島観象運勢暦〈平成30年〉 …… ①135
高島観象宝運暦〈平成30年〉 …… ①135
高島重宝暦〈平成30年〉 …… ①135
高島豊穣自伝 …… ①692
高嶋ひでたけの読むラジオ …… ①949
高島屋の就活ハンドブック〈2019年度版〉 …… ①291
鷹女への旅 …… ①905
だがしょ屋ペーパーバック物語 …… ①1094
髙田長老の法隆寺いま昔 …… ①510
高田文夫と松村邦洋の東京右側「笑芸」さんぽ …… ①186
他科に誇れる精神科看護の専門技術 メンタルステータスイグザミネーション〈1〉・②766
高野公彦インタビュー ぼくの細道うたの道 …… ①905
鷹の砦 …… ①1072
高橋和巳 …… ①912
高橋しょう子 Sho-Time!! …… ①779
高橋信次 …… ①140
高橋たか子 地獄をさまよう魂 …… ①912
鷹羽狩行俳句集成 …… ①973
高橋ヨシキのシネマストリップ …… ①795
高畑浩平句集 …… ①973
高天原は関東にあった …… ①544
高松 こだわりの美食 GUIDE …… ①41
高まる北朝鮮の脅威 透明欠く米中関係〈2017-2018〉 …… ②130
高みをめざす幸せ …… ①501
高峰秀子が愛した男・①791
高峰秀子と十二人の男たち …… ①791
高峰秀子の捨てられない荷物 …… ①770
高宮眞介建築史意匠講義〈2〉 …… ②611
タカモト式超万馬券の中完全勝利の奥義〈2017年度版〉 …… ②245
タカヤマトシアキ ART WORKS …… ①842
高山都の美 食 姿 …… ①116

高楊枝 …… ①1059
だからあなたを合格（うか）らせたい！ 司法書士一発合格法…・②236
だからあなたは殺される …… ①1110
だから、居場所が欲しかった。 …… ①930
だから、うまくいく 日本人の決まりごと…②117
宝を探す女 …… ①1078
だからお兄ちゃんと呼ぶなって！〈2〉…①1189
だから俺と、付き合ってください。 …… ①1256
だから、俺にしとけよ。 …… ①1272
「だから女は」と言わせない最強の仕事術・②345
タカラガイ・ブック・②698
宝くじで1億円当たった人の末路 …… ①97
宝くじで40億当たったんだけど異世界に移住する〈7〉 …… ①1216
だからこの星に生まれてきたんだ …… ①140
だから、「人生第二ステージ」はおもしろい …… ①110
たからづか学 …… ①774
宝塚語辞典 …… ①774
だから政治家になった。 …… ②148
だから、2020年大学入試改革は失敗する・①745
「宝の山の幸福の科学」 …… ①503
宝もののあなた …… ①333
だから論理少女は嘘をつく …… ①1241
タカラSFランドエヴォリューション …… ①285
多喜二忌や …… ①1000
抱きしめて看取る理由 …… ②705
滝田樗陰 …… ①907
滝田ゆう …… ①853
焚き火の達人 …… ①234
妥協の政治学 …… ①171
涙り …… ①1397
ダークキングダム 淫虐の姫騎士と強欲の魔王 …… ①1406
ダークサイド・スキル …… ②367
たくさがわ先生が教えるパソコン超入門 Windows10＆エクセル＆ワード対応版・②535
たくさん読まれるアメブロの書き方 …… ②530
ダーク・ジェントリー全体論的探偵事務所 …… ①1343
タクシーダンス・ホール …… ②103
卓上版 牧野日本植物図鑑 …… ②688
ダークスーツを着た悪魔 …… ①1370
ダークソウル3 ザ ファイアフェーズエディション 公式コンプリートガイド …… ①281
ダークゾーン〈上〉…①1120
ダークゾーン〈下〉…①1120
ダークタワー〈1〉…①1360
ダークタワー〈2〉…①1360

ダークタワー〈3〉 … ①1360
ダークタワー〈3〉 … ①1361
ダークタワー〈4〉 … ①1361
ダークタワー〈4 - 1/2〉
　………………………… ①1361
ダークタワー〈5〉 … ①1361
ダークタワー〈6〉 … ①1361
ダークタワー〈7〉 … ①1361
ダークツーリズム入門
　………………………… ①197
ダークデイズドライブ
　………………………… ①278
ダークナンバー ……… ①1097
宅配がなくなる日 … ②103
宅配クライシス ……… ①418
たくはいびーん ……… ①333
宅配便革命 …………… ①418
ダーク・ヒロイン …… ①921
啄木の遺志を継いだ土
　岐哀果 セレクション
　………………………… ①905
たくましさを育てる・ ①700
ダーク・マネー ……… ①254
タクミくんシリーズ完
　全版〈11〉 ……… ①1312
匠の技の科学 動作編・②602
竹内文書でわかった太
　古の地球共通文化は
　"縄文JAPAN"だった
　………………………… ①140
竹筬 …………………… ①872
たけし、さんま、所の
　"すごい"仕事現場… ①770
竹下貴浩の攻略！ 平成
　29年改正民法 逐条解
　説 ………………… ②236
たけしの面白科学者図
　鑑 地球も宇宙も謎だ
　らけ！ …………… ②679
たけしの面白科学者図
　鑑 人間が一番の神秘
　だ！ ……………… ②648
たけしの面白科学者図
　鑑 ヘンな生き物が
　いっぱい！ ……… ②648
タケダアワーの時代・ ①781
武田勝頼 ……………… ①554
武田邦彦の科学的人生
　論 …………………… ①97
武田五一的な装飾の極
　意 ………………… ②611
武田五一の建築標本・②611
武田氏滅亡 …………… ①554
武田信玄 ……………… ①389
武田双雲の心をスーッ
　と軽くする200の言葉
　………………………… ①97
武田薬品工業の就活ハ
　ンドブック〈2019年度
　版〉 ……………… ②291
武智鉄二 歌舞伎素人講
　釈 …………………… ①787
武市半平太 …………… ①566
だけど、生きている・②703
竹取物語 ……………… ①362
竹取物語/虫めづる姫君
　………………………… ①350
竹とんぼ ……………… ①319
竹中浩 陶藝作品集 … ①874
竹中半兵衛の生存戦略
　………………………… ①1141
竹久夢二 かわいい手帖
　………………………… ①842
竹久夢二 恋の言葉 … ①912
竹久夢二童話集 ……… ①333
タケミカヅチの正体・①544
竹山道雄セレクション
　〈3〉 ……………… ①890
多言語主義社会に向け

て ……………………… ①622
多元的行政の憲法理論
　………………………… ②200
多元的自己の心理学・①483
駄犬道中こんぴら埋蔵
　金 ………………… ①1051
多国間主義の展開 …… ②124
多国籍企業とグローバ
　ルビジネス ……… ②312
タコめし ……………… ①333
たこ焼繁盛法 ………… ②428
タゴール詩集 ギタン
　ジャリ ……………… ①975
タゴールの世界 ……… ①918
太宰治をスペイン語で
　読む ……………… ①672
太宰治研究〈25〉…… ①915
太宰治賞〈2017〉…… ①884
太宰治の辞書 ………… ①1084
たしかな教材研究で読
　み手を育てる「お手
　紙」の授業 ……… ①724
確かな言葉の力を育む
　新任3年目までに必ず
　身に付けたい！ 小学
　校国語科アクティブ・
　ラーニングの指導技
　術50 ……………… ①724
確かな力が身につくC#
　「超」入門 ……… ①558
だし検定公式テキスト
　………………………… ①56
だしの科学 …………… ②774
だしの神秘 …………… ①36
田島ケ原のサクラソウ
　とノウルシらをめぐ
　る記録 …………… ②681
ターシャ・テューダー
　のファミリー・レシ
　ピ …………………… ①56
他者と共に「物語」を読
　むという行為 …… ①724
他者との邂逅は何をも
　たらすのか ……… ①611
だじゃれかえりみち・①333
だじゃれ世界一周 …… ①333
だじゃれ博士のおしゃ
　れな話 …………… ①956
多重課題クリアノート
　………………………… ②766
多職種チームで取り組
　む認知症ケアの手引
　き ………………… ①176
多職種で取り組む食支
　援 ………………… ②774
多職種連携から統合へ
　向かう地域包括ケア
　………………………… ②60
田代島ねこ便り ……… ①265
たす …………………… ①333
たすかる道 たすけの道
　………………………… ①502
棒を我が手に ……… ①1011
タスク・ベースの英語
　指導 ……………… ①735
ダスクランズ ……… ①1330
「出す力」を強めてやせ
　る！ ダイエット新レ
　シピ ………………… ①26
出せる！ 魅せる！ 二の
　腕ワークアウト …… ①26
黄昏〈6〉…………… ①1034
黄昏古書店の家政婦さ
　ん ………………… ①1281
黄昏て、道険し …… ②159
黄昏どきの眠り姫 … ①1396
黄昏のブッシャリオン
　………………………… ①1299
ただ、愛した ……… ①770

ダダイストの睡眠 … ①1004
ただ一心に咲く ……… ①97
ただいまが、聞きたく
　て ………………… ①997
ただ今、政略結婚中！
　………………………… ①1300
ただいまの神様 …… ①1216
ただ、美味しいだけの
　晩ごはん …………… ①56
闘いを記憶する百姓た
　ち ………………… ①561
戦いすんで日が暮れて
　………………………… ①998
戦いで読む日本の歴史
　〈1〉 ……………… ①426
戦いで読む日本の歴史
　〈2〉 ……………… ①427
戦いで読む日本の歴史
　〈3〉 ……………… ①427
戦いで読む日本の歴史
　〈4〉 ……………… ①427
戦いで読む日本の歴史
　〈5〉 ……………… ①427
たたかいの記録 …… ②173
たたかいはいのち果て
　る日まで ………… ②701
たたかうきみのうた・②701
戦う恐竜大百科 恐竜最
　強王決定戦 ……… ②401
闘う敬語 …………… ②364
戦うことに意味はある
　のか ……………… ①476
闘うチベット文学 黒狐
　の谷 ……………… ①1335
戦う動物大百科 最強獣
　王決定戦 ………… ①407
戦うパン屋と機械じか
　けの看板娘（オートマ
　タンウエイトレス）
　〈7〉 ……………… ①1222
闘う人妻ヒロイン … ①1405
戦う姫、働く少女 … ②103
闘う文豪とナチス・ド
　イツ ……………… ①924
闘え！ 高専ロボコン・②598
「戦えない国」をどう守
　るのか 稲田朋美防衛
　大臣の守護霊霊言・①503
正しい歩き方で減らな
　い体脂肪がみるみる
　落ちる 下半身ダイ
　エット ……………… ①26
正しい異能の教育者
　………………………… ①1142
正しい筋肉学 ……… ①215
正しい供養 まちがった
　供養 ……………… ①503
正しい敬語 ………… ②364
ただし、イケメンに限
　るッ!! ……………… ①1292
正しい検図 ………… ②602
正しい米食、危ない
　玄米食 …………… ①150
正しい工具の揃え方・
　使い方 …………… ②602
正しいコビベのすすめ
　………………………… ①16
「正しい時間の使い方」
　が、あなたの健康を
　すべて左右する … ①150
正しいセカイの終わら
　せ方 ……………… ①1164
正しいとは言い込んでた
　その常識、実は大ウ
　ソでした …………… ②32
ただしい人から、たの
　しい人へ …………… ①97
正しい本の読み方 … ①97
正しいマラソン ……… ①235

正しいリンパ浮腫の診
　断・治療 ………… ②740
正しく歩いて体をリ
　セット 体幹ウォーキ
　ング ……………… ①158
正しく怖がる感染症・②701
正しく知れば体が変わ
　る！ 栄養素の摂り方
　便利帳 …………… ①150
正しさをゴリ押しする
　人 ………………… ①483
ダダ・シュルレアリス
　ム新訳詩集 ……… ①975
行ない ……………… ①965
ただ そこに いつもの場
　所に ……………… ①965
ただそれだけで、恋し
　くて。……………… ①116
タダではすまない！ 消
　費税ミス事例集〈平成
　29年版〉 ………… ②406
多田富雄 …………… ①950
多田富雄コレクション
　〈1〉 ……………… ①890
多田富雄コレクション
　〈2〉 ……………… ①453
多田富雄コレクション
　〈3〉 ……………… ②701
ただならぬぼ ……… ①973
ただ念仏せよ ……… ①510
ただのオタクで売れて
　ない芸人で借金300万
　円あったボクが、年
　収800万円になった件
　について。………… ①770
ただの黒人であること
　の重み …………… ①975
ただのサラリーマンか
　ら財布を18個まで増
　やしたお金のルール
　チェンジ ………… ②289
多田駿伝 …………… ①580
ただ一人の異性 …… ①1113
ただ、見つめていた・①374
タダより高いものはな
　い ………………… ②262
たたら侍 …………… ①1026
祟り婿 ……………… ①1066
タタールスタンファン
　ブック ……………… ②83
タタールで一番辛い料
　理 ………………… ①1337
たちあがれ、大仏 … ①1092
立川忍びより ……… ①1010
奪愛 ………………… ①1305
奪還の日 …………… ①1096
卓球 回転を極める・ ①226
卓球基礎コーチング教
　本 ………………… ①226
卓球の新しい教科書・①226
卓球ビギナーズバイブ
　ル ………………… ①226
卓球 宮﨑義仁式最先端
　ドリル …………… ①226
タックス・ジャスティ
　ス ………………… ②403
税金恐怖政治（タック
　ス・テロリズム）が資
　産家層を追い詰める
　………………………… ②243
タックス・ヘイブン対
　策税制の実務詳解・②403
宅建 過去問200＋予想問
　100〈平成29年版〉・②497
宅建合格テキスト〈1〉
　………………………… ②497
宅建合格テキスト〈2〉
　………………………… ②497
宅建合格テキスト〈3〉

………………………… ②497
宅建合格テキスト〈4〉
　………………………… ②497
宅建合格ハンドブック
　〈平成29年版〉 … ②497
宅建士基本講座テキス
　ト「タキザワ講義付
　き。」〈vol.2〉…… ②497
宅建士基本講座テキス
　ト「タキザワ講義付
　き。」〈vol.3〉…… ②497
宅建士基本テキスト
　「タキザワ講義付き。」
　〈vol.1〉 ………… ②497
宅建士基本テキスト
　「タキザワ講義付き。」
　〈vol.2〉 ………… ②498
宅建士基本テキスト
　「タキザワ講義付き。」
　〈vol.3〉 ………… ②498
宅建士試験がよーくわ
　かる！ マンガ宅建塾
　〈2018年版〉 …… ②498
宅建士出るとこポイン
　ト総整理〈2017年度
　版〉 ……………… ②498
宅建士 出るとこ予想 合
　格（うか）るチェック
　シート〈2017年度版〉
　………………………… ②498
宅建士どこでも過去問
　〈1〉 ……………… ②498
宅建士どこでも過去問
　〈2〉 ……………… ②498
宅建士どこでも過去問
　〈3〉 ……………… ②498
宅建士2017年法改正と
　完全予想模試 …… ②498
宅建士にたった3週間で
　ユルーく合格！ 宅バ
　イセンの極速テキス
　ト＆予想模試 …… ②498
脱原発と脱基地のポレ
　ミーク …………… ②579
脱原発への道 ……… ①1129
脱サラ作家の国際人論
　………………………… ②289
脱サラした元勇者は手
　加減をやめてチート
　能力で金儲けするこ
　とにしました …… ①1249
脱・初心者！ もっと楽
　しむ山登り・ハナコ①233
達人が教える！ ハナコ
　の資産運用術 …… ②390
脱新自由主義の時代？
　………………………… ②171
達人と作るアナログシ
　ンセサイザー自作入
　門 改訂版2017 … ①820
達成力 やり遂げる力・②352
「脱」戦後のすすめ …… ②92
たった一度きりの人生
　をマックスに！ ポジ
　ティブ会議 ………… ①97
たった一度の人生を悔
　いなく生きるために
　大切なこと ……… ①98
たった1日で基本が身に
　付く！ C#超入門・①559
たった1日で基本が身に
　付く！ HTML&CSS
　超入門 …………… ②550
たった1日で基本が身に
　付く！ Java 超入門
　………………………… ②560
たった1日で基本が身に
　付く！ JavaScript 超
　入門 ……………… ②560

書名索引

たった1日で基本が身に付く！ Python超入門 ……②550
たった1日で基本が身に付く！ WordPress超入門 ……②537
たった1日で即戦力になるMacの教科書 ……②535
たった1秒でつらい痛みを治せる秘訣お伝えします ……②172
たった1輪の花で願いが叶う 魔法の花風水 ……①134
たった5日間であがり症・話し下手でも「いいスピーチ」ができる ……②361
たった一週間で身長を3センチ伸ばしウエストを5センチ減らす骨盤・背骨ストレッチ ……②22
たった1分で相手をやる気にさせる話術 ペップトーク ……②361
たった1分で会話が弾み、印象まで良くなる 聞く力の教科書 ②361
脱大日本主義 ……②142
たった9時間でSPIの基礎が身につく!!SPI3対応！〈2019年度版〉 ……①294
たった5センチのハードル 1969・2017 ……②72
たった5動詞で伝わる英会話 ……①644
たった5秒！ 手のひらを見るだけで運命の男性が分かる ……①133
たった3台の中古自販機から年商30億円企業に！ ……②425
たった3分で痛み・しびれが消える！ 脊柱管狭窄症 ……②172
たった3分で飛距離アップ！ ……①220
たった1つの選択で日本は変えられる ……②289
たった7つの動詞ではじめる奇跡のすらすら英会話 ……①644
たった7坪のテーマパーク ……②289
たった20日で愛を手に入れるための本 ……①116
たった24単語で、通じる英語を手にいれる発音トレーニング ……①644
たった一声で評価アップ！ 医療現場の「おもてなし」会話術 ……②709
たった一言で人を動かす最高の話し方 ……②361
たったひとつの君との約束 ……①368
たったひとつの冴えた殺りかた ……①1207
たった一つの自信があれば、人生は輝き始める ……②98
たった一人のビジネスモデル ……②584
たった4時間でTOEICテスト完全攻略 ……①659
たった4日間で潜在意識を変え、お金を増やす本 ……②390

たった62円で売り上げ倍増！「感動はがき」マーケティング ……②336
タッチの極み ……①161
ダッチワイフ ……①978
だって おさるだもん もっと ……①333
ダットサンの忘れえぬ七人 ……②442
脱ネット・スマホ中毒 Ver.2.0 ……②512
脱ビギナー！ ガンプラ製作+4ステップ ……①287
脱皮成長する経営 ……②289
たっぷりでんしゃずかん ……①308
脱文法 100トピック実践英語トレーニング ……②647
“脱ミシュラン”フランス地域巡り ……①199
辰巳芳子のことば ……①950
龍村式指ヨガ健康法 ……①158
龍村式指ヨガ 脳と体のセルフケア ……①161
脱力系ミニマリスト生活 ……②27
脱老後難民 ……②390
脱「若見え」の呪い “素敵なおばさま”のススメ ……①116
脱！ SNSのトラブル ……②530
ダーティ・シークレット ……②242
タティングによる歳時記 ……①74
伊達エルフ政宗〈3〉 ……①1287
伊達エルフ政宗〈4〉 ……①1287
タテから見る世界史 パワーアップ版 ……①746
立川談志を聴け ……①786
立て直す力 RISING STRONG 感情を自覚し、整理し、人生を変える3ステップ ……①124
伊達の味噌騒動〈2〉 ……①1056
盾の勇者の成り上がり〈16〉 ……①1149
盾の勇者の成り上がり〈17〉 ……①1149
盾の勇者の成り上がり〈18〉 ……①1149
タテマエ・ホンネ論で法を読む ……②187
伊達政宗 ……②442
伊達政宗と南奥の戦国時代 ……①554
伊達政宗の研究 ……①554
伊達宗城公御日記 明治元辰四月末より六月迄 在京版〈その1〉 ……①538
建物明渡請求 ……②187
建物をつくるということ ……②618
建物表示登記の実務 ……②210
建物漏水をめぐる法律実務 ……②620
立山信仰と三禅定 ……①513
ダー・天使 ……①1015
堕天使バンカー ……②375
堕天の狗神 SLASHDOG〈1〉 ……①1158
たとえ明日、世界が滅びても今日、僕はリンゴの木を植える ……①1005

たとえあなたが骨になっても ……①1125
たとえ、今日が散々な日であったとしても…。 ……②98
たとえ世界が終わっても ……②103
たとえば、ブラッキーとクラプトン ……①807
たとえばラストダン ジョン前の村の少年が序盤の街で暮らすような物語 ……①1206
たとえばラストダン ジョン前の村の少年が序盤の街で暮らすような物語〈2〉 ……①1206
たとえばラストダン ジョン前の村の少年が序盤の街で暮らすような物語〈3〉 ……①1206
田中〈4〉 ……①1266
田中〈5〉 ……①1267
田中〈6〉 ……①1267
田中角栄最後のインタビュー ……②148
田中角栄 政治家の条件 ……②148
田中角栄の知恵を盗め ……②148
田中角栄の流儀 ……②148
田中小実昌ベスト・エッセイ ……①950
田中正造と足尾鉱毒問題 ……①573
田中正造と松下竜一 ……①930
田中智のミニチュアスタイル〈3〉 ……①80
タナカの異世界成り上がり〈2〉 ……①1192
タナカの異世界成り上がり〈3〉 ……①1192
田中宏講演録 民族教育とわたし ……②46
田中道子ファースト写真集 M ……①776
田中陽造著作集 人外魔境篇 ……①791
棚田の保全と整備 ……②451
棚橋源太郎 博物館学基本文献集成〈上〉 ……①825
棚橋源太郎 博物館学基本文献集成〈下〉 ……①825
たなばたにょうぼう ……①333
田邉古邨全集〈第8巻〉 ……①871
ダナン・ホイアン・フエ ……①203
ダナン ホイアン ホーチミン ハノイ〈2017・18〉 ……①203
谷川俊太郎エトセテラ リミックス ……①965
谷川道雄中国史論集〈上巻〉 ……①597
谷川道雄中国史論集〈下巻〉 ……①597
多肉植物生活のすすめ ……①270
多肉植物でプチ！ 寄せ植え ……①268
多肉植物ハオルシア ……①268
谷口能隆写真集 Passage ……①257
谷崎潤一郎全集〈第9巻〉 ……①890
谷崎潤一郎全集〈第12巻〉 ……①890
谷崎潤一郎全集〈第22

巻〉 ……①890
谷崎潤一郎全集〈第23巻〉 ……①890
谷崎潤一郎全集〈第26巻〉 ……①890
谷崎潤一郎読本 ……①912
谷繁流キャッチャー思考 ……①223
ダニ博士のつぶやき ……②695
谷本重義画集〈第3集〉 ……①837
他人をバカにしたがる男たち ……②103
他人を平気で振り回す迷惑な人たち ……②483
ターニングポイント ……②853
他人同士 ……①1314
他人とうまく関われない自分が変わる本 ……②98
他人に踊らされたくないのなら、疑う力を鍛えなさい ……②98
他人に敏感すぎる人がラクに生きる方法 ……②494
他人に振り回されない自信の作り方 ……②124
「他人」の壁 ……①483
他人の始まり 因果の終わり ……②930
他人の目を気にしない技術 ……②494
「他人目線」でたるみケア ……②22
たぬきがのったら へんしんでんしゃ ……①333
狸の匣 ……①965
種田山頭火論 ……①975
種村良平のIT企業成功哲学 ……②513
たのしいあんこの本 ……①70
愉しい学問 ……①471
たのしい楽器あそびと合奏の本 ……②692
楽しい学校マジック〈1〉 ……①436
楽しい学校マジック〈2〉 ……①436
楽しい学校マジック〈3〉 ……①437
楽しい学校マジック〈4〉 ……①437
楽しい川辺 ……①313
楽しい管理会計 問題集 ……②318
たのしい刑法〈1〉 ……②213
たのしい刑法〈2〉 ……②213
たのしいことばのえほん ……①305
楽しいサウンドマジック ……①437
楽しい縮小社会 ……②103
楽しいだけで世界一！ ……②98
たのしい たす・ひくのえほん ……①305
たのしい電子工作 ……②596
たのしいプログラミング！ ……②550
楽しい北斎の冨嶽三十六景 冨嶽百景 動植物画 他 ……①835
たのしい備兵団〈1〉 ……①1163
たのしい備兵団〈2〉 ……①1164
たのしい備兵団〈3〉 ……①1164
たのしいローマ数字 ……①396
楽しき哉、島唄人生 ……②117

愉しきかな、俳句 ……①909
楽しく遊ぶように勉強する子の育て方 ……②14
たのしく生きたきゃ落語をお聞き ……①786
たのしくうんてん！ でんしゃ ……①305
楽しく覚えよう！ 将棋ビギナーズガイド〈1〉 ……①250
楽しく覚えよう！ 将棋ビギナーズガイド〈2〉 ……①250
楽しく覚えよう！ 将棋ビギナーズガイド〈3〉 ……①250
楽しく覚えるおうちルール工作BOOK ……①430
楽しく親子英会話 ……①644
楽しく使う会社法 ……②197
たのしくできる光と音のブレッドボード電子工作 ……②596
たのしくできる Intel Edison電子工作 ……②596
楽しくなっちゃうおはなし16話 ……①350
楽しましい科学論 文英語 ……②588
楽しくはじめる英検Jr. ゴールド ……①657
楽しくはじめる英検Jr. シルバー ……①657
楽しくはじめる英検Jr. ブロンズ ……①657
楽しく学ぶ運動遊びのすすめ ……②692
楽しく学ぶ材料力学 ……②602
楽しく学ぶ中小企業金融 ……②378
楽しく学ぶAutoCAD LT ドリルブック ……②603
たのしく学べる最新教育心理学 ……①757
楽しく学べる「知財」入門 ……②584
たのしく学べるファイナンシャル・プランニング ……②378
楽しく学べる味覚生理学 ……②728
楽しく豊かな道徳科の授業をつくる ……①737
楽しく読めてすぐに聴ける 音楽をもっと好きになる本〈1〉 ……①431
楽しく読めてすぐに聴ける 音楽をもっと好きになる本〈2〉 ……①431
楽しく読めてすぐに聴ける 音楽をもっと好きになる本〈3〉 ……①431
楽しく読めてすぐに聴ける 音楽をもっと好きになる本〈4〉 ……①431
たのしく読める世界のすごい歴史人物伝 ……①425
楽しみながら1分で脳を鍛える速音読 ……①124
楽しみながら学力アップ！ 小学生の理科クイズ1000 ……①398
楽しみながら才能を伸ばす！ 小学生の絵画とっておきレッスン ……①739
楽しみながら日本人の教養が身につく速音読 ……①125

楽しみながら学ぶ電磁
　気学入門 ………② 665
楽しむマナー ………① 938
楽しもう家政学 ………①7
タバコ広告でたどるア
　メリカ喫煙論争 ……① 154
「タバコと健康」真実
　（ホント）の話 ……① 154
田端到・加藤栄の種牡
　馬事典 …………① 245
多波長銀河物理学 ……② 665
旅歌ダイアリー〈2〉 ① 805
旅が仕事！ …………① 197
旅鞄 ……………① 973
「旅ことば」の旅 ……① 952
旅路 ……………① 939
旅する風 …………① 333
旅する教会 …………① 525
旅する心のつくりかた
　………………② 13
「旅する蝶」のように ② 579
旅する布 …………① 872
旅するバーテンダー〈2〉 ① 197
旅する平和学 ………② 46
旅する街づくり ………① 159
旅する民俗宗教者 ……① 507
旅するモフモフなトイ
　プードル カルム ① 264
旅するモラ ………① 78
旅するように生きてみ
　たら ……………① 98
旅するラオス・ルアン
　パバーン案内 ……① 203
旅だから出逢えた言葉
　………………① 940
旅発 ……………① 1032
旅立ちぬ …………① 1042
タビタビ〈02〉 ……① 194
タヒチ イースター島
　クック諸島〈2017〜
　2018年版〉………① 201
旅と女と殺人と ………① 791
旅と交流にみる近世社
　会 ………………① 561
旅に出たくなる地図 世
　界 ……………① 211
旅に出たくなる地図 日
　本 ……………① 212
旅に出たナツメヤシ ① 952
旅に出たロバは ………① 942
旅猫ニャン吉写真集 ① 265
旅猫リポート ………① 984
旅の終わりに ………① 1331
旅の賢人たちがつくっ
　たタイ旅行最強ナビ
　………………① 203
旅の途中で ………① 939
旅の民俗シリーズ〈第1
　巻〉…………① 113
旅の民俗シリーズ〈第2
　巻〉…………① 113
旅の民俗シリーズ〈第3
　巻〉…………② 113
旅人よ どの街で死ぬか。
　………………① 940
旅ボン 大阪編 ………① 194
旅ゆくrailman〈2〉 ② 434
多品目少量栽培で成功
　できる!!小さな農業の
　稼ぎ方 …………② 449
タフガイ …………① 1107
タブー討論 このUMA
　は実在する!?……① 140
タフな米国を取り戻せ
　………………① 135
「タブー」にメスを入れ
　た外科医 ………① 726

007 逆襲のトリガー
　………………① 1354
007〈ダブルオーセブ
　ン〉に学ぶ仕事術 ① 793
ダブルクロス The 3rd
　Edition データ＆ルー
　ルブック レネゲイド
　ウォー カッティング
　エッジ …………① 278
ダブル・バディ ……① 1322
ダブルファッジ・ブラ
　ウニーが震えている
　………………① 1352
ダブルフェイス〈上〉
　………………① 1105
ダブルフェイス〈下〉
　………………① 1105
ダブル・フォールト
　………………① 1092
ダブルマリッジ ……① 1005
多文化アメリカの萌芽
　………………① 923
多文化間共修 ………① 678
多文化関係学〈2016年
　第13巻〉………② 103
多文化教育の国際比較
　………………① 748
多文化共生地域福祉へ
　の展望 …………② 60
多文化時代の観光学 ② 262
多文化時代の宗教論入
　門 ………………① 507
多文化理解のためのア
　メリカ文化入門 ……② 90
たぶん、出会わなけれ
　ばよかった嘘つきな
　君に …………① 1089
たぶん、なんとかなる
　………………①9
食べ方帖 …………① 56
たべかたのえほん ① 333
たべたいな、あーん！
　………………① 303
たべたいの ………① 951
たべてしあわせおいし
　いノート ………① 56
食べて飲んでおなかか
　らやせる ………① 26
たべてみたい！ ……① 333
たべてるのだーれ？ ① 303
食べない人ほど仕事が
　できる！ ………① 164
たべもの …………① 434
食べものだけで余命3カ
　月のガンに勝った ① 164
食べ物と健康〈1〉 ② 774
食べ物と健康〈2〉 ② 774
食べ物と健康、給食の
　運営 基礎調理学 ② 778
食べ物と健康 食品学各
　論・食品加工学（演習
　問題付）………② 774
食べ物と健康 食品学・
　食品機能学・食品加
　………………② 774
食べ物と健康 食品学総
　論（演習問題付）… ② 774
食べ物と健康、食品と
　衛生 食品加工・保蔵
　学 ………………② 778
食べ物と健康・食品と
　衛生 新食品衛生学要
　説〈2017年版〉……② 774
たべものはどこから
　やってくる？ ……① 313
食べものはなぜくさる
　のか …………② 398
たべものへんしーん ① 303
たべもの芳名録 ……① 944

「食べられる」科学実験
　セレクション ……② 648
食べる〈12〉………② 103
食べる・動かす・もてな
　す折り紙 ………① 81
食べるクスリ 甘酒ヨー
　グルト …………① 56
食べる時間を変えれば
　健康になる ……② 778
食べるだけでレベル
　アップ！ ………① 1198
食べるってどんなこ
　と ………………② 448
食べるのが楽しくな
　る！ 栄養学一年生
　………………② 778
多変量ノンパラメト
　リック回帰と視覚化
　………………② 657
多宝如来の日記 ……① 510
タマ＆フレンズ うちの
　タマ知りませんか？
　………………① 333
たまうら …………① 1017
多摩川のほとり ……① 941
多摩川のミーコ ……① 1010
卵アレルギーの子ども
　のためのおいしいお
　やつとごはん ……① 56
卵を産めない郭公 ① 1335
たまごがあるよ ……① 333
たまごにいちゃんと
　まごねえちゃん ① 333
卵・乳製品なしでおい
　しい 今日も手作りお
　やつをひとつ。……① 70
たまごのうた ………① 318
卵のころ …………① 965
騙されない技術 ……① 106
だまされないための
　「韓国」…………② 131
たまサン …………① 56
魂 その原形をめぐって
　………………② 113
魂でもいいから、そば
　にいて …………② 41
魂と弦 …………① 816
魂のヴィジョン ……① 140
魂のつながりですべて
　が解決ける！ 人間関係
　のしくみ ………① 98
魂の望みは、叶うよう
　にできている ……① 116
魂の未知を解くメタ
　フィシカ〈1〉……① 140
魂の呼び声に耳をすま
　して ……………① 140
魂は、あるか？ ……① 459
魂は語る …………① 140
魂深き人びと ハテナ
　だましえあそび ハテナ
　ちゃんとふしぎのも
　り ………………① 333
騙し絵の牙 ………① 1089
ダマシ×ダマシ ……① 1112
玉競り …………① 1040
タマネギとニンニクの
　歴史 ……………① 36
たまねぎの王者 ターザ
　………………① 333
タマネギのひみつ。…① 770
玉ねぎヨーグルト ……① 56
玉の井挽歌 ………① 930
玉の輿ご用意しました
　………………① 1311
玉の輿掴んで返上しま
　す〈2〉…………① 1311
玉の輿なんてお断り？
　………………① 1401

多摩の戦争遺跡 ……① 580
たまひよ赤ちゃんのし
　あわせ名前事典〈2018
　〜2019年版〉……① 133
玉美の樹 …………① 706
玉響（たまゆら）……② 289
たまらんちゃん ……① 333
田丸麻紀の春夏秋冬
　1000コーディネート
　………………① 29
多民族 "共住" のダイナ
　ミズム …………② 611
ダム建設、水田整備と
　水生生物 ………② 575
ダムと民の五十年抗争
　………………① 930
ダムによらない治水は
　可能だ …………② 575
田村の史蹟めぐり ① 538
ダメをみがく "女子" の
　呪いを解く方法 ① 117
ダメ女たちの人生を変
　えた奇跡の料理教室
　………………① 935
為吉 ……………① 1032
だめだし日本語論 ① 624
ためない生き方 ……① 459
ためない心の整理術 ① 98
ダメな統計学 ………② 661
ダメなときほど「言葉」
　を磨こう ………① 770
ダメな部下と喚いてい
　る上司はダメ上司 ① 367
ダメな奴ほど「成功」す
　る ………………① 125
患者接遇マナー基本テ
　キスト …………② 766
田母神裁判傍聴記 ② 228
田山花袋 …………① 912
たゆたうエマノン ① 1119
たゆたえども沈まず
　………………① 1013
多様化する「キャリア」
　をめぐる心理臨床か
　らのアプローチ …① 494
多様化する事業再生 ② 326
多様化する社会と多元
　化する知 ………② 103
多様化するニーズに応
　えて進化するミキシ
　ング …………② 599
多様性社会と人間 ② 103
多様性と向きあうカナ
　ダの学校 ………① 748
多様体入門 ………② 654
多様な雇用形態をめぐ
　る源泉徴収Q&A ② 410
多様な派遣形態とみな
　し雇用の法律実務 ② 467
頼りがいのある司法を
　目指して〈2017（平成
　29）年度〉………② 228
頼るな、備えよ ……② 124
頼れる！ 海外資産 ② 421
ダライ・ラマ英語ス
　ピーチ集 ………① 639
ダライ・ラマ 声明 1961
　・2011 …………① 460
ダライ・ラマとチベッ
　ト ………………① 510
タラウマラ ………② 113
ダラス・ヒューストン・
　デンバー・グランド
　サークル・フェニック
　ス・サンタフェ〈2018
　〜2019年版〉……① 209
「ダラダラ癖」から抜け
　出すための10の法則
　………………① 125

だらっとしたポーズカ
　タログ …………① 861
陀羅尼思想の研究 ① 515
陀羅尼の世界 ………① 510
タラバ、悪を滅ぼす者
　………………① 1331
タラブックス ………②16
タランティーノ流監督
　術 ………………① 793
他流試合 …………① 905
ダーリンは71歳 ……① 853
足ることを知れ ……② 92
たるとたたんのたいこ
　まつり …………① 306
だるまちゃんと楽しむ
　日本の子どものあそ
　び読本 …………② 117
誰がアパレルを殺すの
　か ………………② 428
だれがエルフのお嫁さ
　……………① 1195
誰かが見ている ……① 1111
誰かこの状況を説明し
　てください！〈8〉
　………………① 1233
誰がこれからのアニメ
　をつくるのか？ ① 799
誰が死んでも同じこと
　………………① 1109
誰がスティーヴィ・ク
　ライを造ったのか？
　………………① 1364
誰が世界を変えるの
　か？ ……………② 289
誰が世界戦争を始める
　のか ……………② 124
誰が第二次世界大戦を
　起こしたのか ……① 589
誰が「都政」を殺した
　か？ ……………② 142
だれかな？ だれかな？
　………………① 333
誰が何を論じているの
　か ………………② 92
誰かに話したくなる漢
　字のはなし ………① 627
だれかに話すと呪われ
　る学校の怖い話〈1〉
　………………① 386
誰が日本の労働力を支
　えるのか？ ………② 463
誰が「働き方改革」を邪
　魔するのか ………② 463
誰が「表現の自由」を殺
　すのか …………② 13
誰からも信頼される三
　越伊勢丹の心づかい
　………………② 425
＃ダレクッキング ……① 56
誰でも一瞬で字がうま
　くなる 大人のペン字
　練習帳 …………① 17
誰でも歌がうまくなる
　DVDブック 完全 ① 811
誰でも勝てる！ 完全
　「ケンカ」マニュアル
　………………① 240
誰でもカンタン！「い
　い字」が書ける ① 17
誰でもカンタン！ 図解
　で分かる碁の形勢判
　断法 ……………① 247
だれでも簡単にできる
　足もみ健康法 ……① 158
誰でもスゴ腕販売員に
　なれる接客販売のコ
　ツがよーくわかる本
　………………② 426
誰でもたのしい！ はじ

めてのわたしチャン
　ネルYouTube…… ②528
ダレデモダンスエクサ
　サイズ………… ①158
誰でも使える教材ボッ
　クス………… ①684
誰でも使えるテーマ別
　自己紹介の英語…… ①639
誰でも作れておいしい
　やわらか介護食…… ②70
だれでもできる戸建賃貸
　経営「大家誕生」… ②423
誰でもできる催眠術の
　教科書……… ①483
だれでもできる新エク
　セルで農業青色申告
　………… ②446
だれでもできる"超簡
　単"建築パース…… ②618
誰でもできるのに、
　1%の人しか実行して
　いない仕事のコツ48
　………………… ②353
誰でもできるフードバ
　ンクの作り方 未来に
　ツケを残さない…… ②445
だれでもできるやさし
　いタッチケア……… ①9
誰でもできる！
　Dropbox Business導
　入ガイド……… ②544
誰でもできる！ G
　Suite導入ガイド… ②519
誰でもできる！ LINE
　WORKS導入ガイド
　………… ②530
誰でもなれる！ ラノベ
　主人公………… ①1271
誰でもはじめられるク
　ロスバイク＆ロード
　バイク……… ①234
誰でもわかる!!日本の産
　業廃棄物……… ②577
誰でもわかる防衛論… ②163
誰といても疲れない自
　分になる本…… ①125
誰とでも一瞬でうちと
　けられる！ すごいコ
　ミュニケーション大
　全……… ②364
誰とでも会話が弾む好
　印象を与える開く技
　術……… ①361
誰とでも3分でうちとけ
　るほんの少しのコツ
　………………… ①98
誰とでも15分以上会話
　がとぎれない！ 話し
　方……… ②361
誰とでも仲良くなれる
　敬語の使い方…… ②364
誰にでもできるアン
　ガーマネジメント・①483
誰にでもできる影から
　助ける魔王討伐〈2〉
　………… ①1230
誰にでもできる影から
　助ける魔王討伐〈3〉
　………… ①1230
誰にでもわかる安積開
　拓の話………… ①538
誰にも知られたくない
　大人の心理図鑑… ①483
だれにもすぐにもでき
　るデザイン技法…… ①877
誰にも頼れない女（ひ
　と）のお金の守り方
　………………… ②390
だれのこどももころさ

せない………… ①333
だれの息子でもない
　………… ①1120
誰もいない……… ①965
誰もいわなかったシン
　プルゴルフのすすめ
　………… ①220
誰も置き去りにしない
　社会へ……… ②60
『売れる販売員』の接
　客フレーズ ……… ①426
誰も教えてくれない起
　業のリアル…… ②345
だれも教えてくれない
　教師の仕事の流儀と
　作法……… ①705
誰も教えてくれない計
　画するスキル…… ②353
誰も教えてくれない女
　子が大満足する正し
　いセックス…… ①184
誰も教えてくれない問
　題解決スキル…… ②353
誰も教えてくれなかっ
　た営業の超基本！
　「アポの5原則」…… ②334
誰も教えてくれなかっ
　た高血圧診療の極意
　………… ①719
誰も教えてくれなかっ
　た実験ノートの書き
　方……… ②648
誰も教えてくれなかっ
　た日本史有名人の子
　孫……… ①532
誰も教えてくれなかっ
　たマラソンフォーム
　の基本……… ①235
だれも教えなかったレ
　ポート・論文書き分
　け術……… ①633
だれもが生まれながら
　に持っている権利・①417
誰も書かなかった西郷
　隆盛の謎…… ①566
誰も書かなかった高橋
　信次……… ①140
誰も書かなかった武豊
　決断……… ①245
誰も書けなかった首都
　圏沿線格差inディー
　プ……… ①434
誰も書けなかった「笑
　芸論」……… ①770
誰も書けなかった東京
　都政の真実…… ②142
誰もが幸せになるため
　の学力を……… ①719
だれもが自分らしく生
　きるための約束ごと
　立憲主義…… ①417
誰も語らなかったジブ
　リを語ろう…… ①799
誰も語らなかった首都
　腐敗史……… ②142
だれもが直面すること
　だけど人には言えな
　い 中学生の悩みごと
　………… ①108
誰もがなれるトップ
　セールスへの道…… ②334
誰も知らない京都不動
　産投資の魅力…… ②421
誰も知らない熊野の遺
　産……… ②92
誰も知らない憲法9条
　………… ②200
誰も知らない社長の汗

と涙の塩（CEO）味物
　語……… ②289
誰も知らない、萩本欽
　一。……… ①770
誰も知らなかった日本
　史 その後の顛末… ①532
誰もボクを見ていない
　………… ②39
たろうがいっぱい… ①304
タロウ、楽器屋、寄るっ
　てよ。……… ①803
タロットカード術講座
　………① 130
タロットの秘密…… ①130
タロとチーコのひみつ
　のだいぼうけん…… ①333
たろりずむ……… ①770
撓まず屈せず…… ①223
単位がわかる リットル
　のえほん……… ①396
段位認定ナンバープ
　レース 上級編〈12〉
　………① 275
段位認定ナンバープ
　レース 上級編〈13〉
　………① 275
段位認定ナンバープ
　レース 上級編〈14〉
　………① 275
段位認定ナンバープ
　レース 初級編〈5〉・①275
段位認定ナンバープ
　レース 中級編〈12〉
　………① 275
段位認定ナンバープ
　レース 中級編〈13〉
　………① 275
段位認定ナンバープ
　レース 中級編〈14〉
　………① 275
段位認定ナンバープ
　レース 中級編〈15〉
　………① 275
段位認定ナンバープ
　レース 超上級編〈6〉
　………① 275
段位認定ナンバープ
　レース 超上級編〈7〉
　………① 275
段位認定ナンバープ
　レース 入門編 150題
　………① 275
「単位」の学習に役立つ
　はかってみよう 長
　さ・重さ・時間〈1〉
　………① 396
タンカ……… ①834
団塊の後……… ①997
団塊の店仕舞い… ①952
団塊坊ちゃん青春記・①930
団塊でつづる河上肇・津
　田青楓と言う時代・①913
短歌でめぐる九州・沖
　縄……… ①905
短歌で読む哲学史… ①453
短歌に親しもう… ①392
短歌は最強アイテム・①905
ダンガンロンパ霧切〈5〉
　………① 1187
ダンガンロンパ小高・①273
ダンガンロンパ十神
　〈下〉……… ①1206
短期完成英検準1級 3回
　過去問集〈2017・
　2018年対応〉…… ①657
短期完成英検準2級 3回
　過去問集〈2017・
　2018年対応〉…… ①657
短期完成英検2級 3回過

去問集〈2017・2018
　年対応〉……… ①657
短期完成英検3級 3回過
　去問集〈2017・2018
　年対応〉……… ①657
短期完成英検4級 3回過
　去問集〈2017・2018
　年対応〉……… ①657
短期完成英検5級 3回過
　去問集〈2017・2018
　年対応〉……… ①657
短期給付の知識 実務編
　〈平成30年度版〉…②48
短期攻略 コンクリート
　診断士・試験合格の
　ポイント解説〈2017〉
　………② 629
短期大学図書館研究〈第
　36号〉……… ②6
『談奇党』『猟奇資料』全
　4巻……… ②8
探究を生む歴史の授業
　〈上〉……… ①732
「探究」を探究する… ①719
探究カリキュラム・デ
　ザインブック… ①719
探究！ 教育心理学の世
　界……… ①757
探究するシェフ… ①56
探究する資質・能力を
　育む理科教育… ①729
探究的世界史学習論研
　究……… ①732
探究の人 菅江真澄… ①899
ダンクラ 6つのエア・
　ヴァリエOp.89 … ①818
男系・女系からみた皇
　位継承秘史… ②150
丹下健三 ディテールの
　思考……… ②616
丹下健三と都市… ②616
ダンケルク……… ①589
たんけん絵本 種子島ロ
　ケット打ち上げ… ①333
探検家の日々本本…②3
たんけんクラブ シーク
　レットスリー…… ①374
探検！ 数の密林・数論
　の迷宮……… ②654
探検！ 世界の駅… ①435
探検！ 世界の港… ①417
タンゴ・イン・ザ・ダー
　ク……… ①998
団子坂の応酬…… ①386
単語でカンタン！ 旅行
　中国語会話…… ①664
単語の9割は覚えるな！
　………① 644
「断乎反撃せよ！」知ら
　れざる戦記…… ①586
だんご屋政談…… ①386
断裁処分……… ①1016
丹沢の谷200ルート・①190
男子ガッツリ元気弁当
　………… ①66
短時間で栄養バランス
　朝ごはん……… ①56
短時間で成果をあげる
　働きながら族に学
　べ！……… ②460
断食・少食健康法… ①158
断食で子どもができ
　る！……… ①8
断食の教科書…… ①158
男子ごはんの本〈その9〉
　………… ①56
男爵の密偵……… ①1092
団十郎とおはぎのゐる
　家。……… ①973

団十郎とは何者か… ①787
単純すぎるよ！ 英文法
　………① 654
単純ヘルペス脳炎診療
　ガイドライン〈2017〉
　………② 730
たんじょう会はきょう
　りゅうをよんで…… ①358
断章取義……… ①705
断章としての身体 1971
　- 1974……… ①474
誕生日ケーキには最強
　のふたり〉… ①1351
誕生日大事典…… ①133
男女共同参画白書〈平成
　29年版〉……… ②175
男女英雄図鑑…… ①589
男色を描く……… ①907
男女の煩悶 相談の相談
　………① 907
男女平等は進化したか
　………② 37
ダンジョンを経営して
　います ベルウッドダ
　ンジョン株式会社西
　方支部繁盛記…… ①1153
ダンジョンを造ろう〈4〉
　………① 1301
ダンジョンクリエイ
　ター〈1〉……… ①1399
ダンジョンクリエイ
　ター〈2〉……… ①1399
ダンジョンシーカー〈1〉
　………① 1201
ダンジョンシーカー〈5〉
　………① 1201
ダンジョンシーカー〈6〉
　………① 1201
ダンジョントラベラー
　ズ2&2・2 オフィシャ
　ルビジュアルコレク
　ション……… ②281
ダンジョンに出会いを
　求めるのは間違って
　いるだろうか〈12〉
　………① 1170
ダンジョンに出会いを
　求めるのは間違って
　いるだろうか ファミ
　リアクロニクル
　episodeリュー …… ①1170
ダンジョンの魔王は最
　弱⁉〈6〉……… ①1247
ダンジョンの魔王は最
　弱⁉〈7〉……… ①1247
ダンジョンの魔王は最
　弱⁉〈8〉……… ①1247
ダンジョンはいいぞ！
　………① 1196
ダンジョン村のパン屋
　さん……… ①1259
ダンジョン村のパン屋
　さん〈2〉……… ①1259
男子劣化社会…… ②103
単身急増社会の希望・①398
単身赴任……… ①1398
炭水化物が人類を滅ぼ
　す "最終解答編" … ②774
男声合唱組曲 そのあと
　………① 818
男性機能の「真実」… ①184
男性更年期・EDをらく
　らく克服する方法・②167
弾性体と流体…… ②665
男性的なもの/女性的な
　もの〈1〉……… ②113
"男性同性愛者"の社会
　史……… ②103
端正な生き方……① 98

男性のための離婚の法
　律相談 ………… ②190
男性不妊 ………… ①8
断想〈1〉……… ①943
断想〈2〉……… ①943
男装王女の華麗なる輿
　入れ ………… ①1146
男装王女の久遠なる輿
　入れ ………… ①1146
男装王女の波瀾なる輿
　入れ ………… ①1146
男装騎士、ただいま王
　女も兼任中！ …①1283
男装した伯爵令嬢です
　が、大公殿下にプロ
　ポーズされました
　…………… ①1139
男装令嬢とドM執事の
　無謀なる帝国攻略
　…………… ①1159
男装令嬢とふぞろいの
　主たち ……… ①1253
男尊女子 ……… ①946
「男損」の時代 …②27
団体演技でみんなが輝
　く！「フラッグ運動」
　絶対成功の指導
　BOOK ……… ①719
短大・専門学校卒ナース
　がもっと簡単に看護
　大学卒になれる本 ②767
たんたんたまご …①334
団地図解 ……… ②611
「団地族」のいま …②103
団地のはなし …… ②611
単調にぽたぽたと、が
　さつで粗暴に …… ①965
探偵が早すぎる〈上〉
　…………… ①1162
探偵業の裏と表 …②30
探偵さえいなければ
　…………… ①1104
探偵少女アリサの事件
　簿 ………… ①1104
探偵太宰治 …… ①1163
探偵日誌は未来を記す
　…………… ①1187
探偵の流儀 …… ①1106
探偵はBARにいる〈3〉
　…………… ①1068
探偵・日暮旅人の探し
　物 ………… ①368
探偵ファミリーズ …①1073
探偵フレディの数学事
　件ファイル …… ①1348
探偵レミングの災難
　…………… ①1348
たんていわんたんとあそ
　ぶべんちゃーブック・①437
ダンテ『神曲』講義 ・①926
丹田呼吸の科学 …①158
胆道癌の外科 …… ②737
短答式対策過去問集
　〈2017年版〉 … ②492
短答式対策 監査論 ②492
短答式対策 管理会計論
　…………… ②492
短答式対策 企業法
　〈2017年版〉 … ②492
短答式対策 財務会計論
　（計算）〈2017年版〉
　…………… ②492
短答式対策 財務会計論
　（理論）〈2017年版〉
　…………… ②492
担当者必携 障害者雇用
　入門 ………… ②72
短刀図鑑 ……… ①872
担当になったら知って

おきたい「販売促進」
　実践講座 …… ②336
担当になったら知って
　おきたい「プロジェ
　クトマネジメント」
　実践講座 …… ②289
ダントツ一般常識＋時事
　一問一答問題集〈2019
　年版〉 ……… ①298
ダントツ面接＋エント
　リーシート ズバリ必
　勝対策〈2019年版〉
　…………… ①296
ダントツSPI ホントに
　出る問題集〈2019年
　版〉 ………… ①294
旦那様が絶倫すぎて
　困っています …①1403
旦那様と契約結婚！？
　…………… ①1244
旦那様の頭が獣なのは
　どうも私のせいらし
　い〈2〉 ……… ①1208
旦那さまは犬神 …①1309
旦那様は魔術馬鹿（ワー
　カーホリック）〈2〉
　…………… ①1199
旦那様は魔法使い …①1403
ダンナさまは幽霊 …①938
だんなデス・ノート …④4
ダンナの骨壺 …… ①950
単なる偏差値エリート
　で終わらせない最高
　の育て方 …… ①675
担任になったら必ず身
　につけたい！ 小学校
　低学年困った場面の
　指導法 ……… ①708
ダンヌンツィオ 誘惑の
　ファシスト …… ①601
断熱建材ガイドブック
　…………… ②618
丹野智文 笑顔で生きる
　…………… ①176
タンパク質とからだ ②673
耽美 ………… ①978
ダンヒル家の仕事 …①935
ダンプカーだいかつや
　く！ ………… ①306
単複進化論！ …… ①245
断片化する螺旋 …①924
短編学校 ……… ①978
短篇集 ……… ①973
短篇集 影絵の町 …①998
短篇集 そして〈NO14〉
　…………… ①978
短篇少女 ……… ①978
短篇小説の生成 …①907
短編少年 ……… ①978
短編伝説 ……… ①978
短篇ベストコレクショ
　ン〈2017〉 …… ①978
田んぼに畑に笑顔が
　いっぱい …… ①383
担保物権法 …… ②209
担保物権法〈3〉… ②209
たんぽぽのおかあさん
　…………… ①334
タンポポハンドブック
　…………… ②689
だんぼーるおうじ …①334
ダンボールに捨てられ
　ていたのはスライム
　でした〈1〉… ①1228
ダンマ・ニーティ（さと
　りへの導き）… ①511
だんまりうさぎときい
　ろいかさ …… ①357
暖流 ………… ①257

淡麗女子のススメ …①117
鍛錬の流儀 …… ①125

ち

血 ………… ①1092
チアーズ！ …… ①1143
チア☆ダン …… ①930
治安維持法と共謀罪 ②223
地域アセスメント …②60
地域精神医療の真髄 ②745
地域運営組織の課題と
　模索 ……… ②159
地域を生きる子どもと
　教師 ……… ①753
地域を支える農協 ②448
地域を耕す ホームホス
　ピス たんがくの夢
　…………… ①705
地域が生まれる、資源
　が育てる …… ②262
地域がグローバルに生
　きるには …… ①678
地域活性化政策とイノ
　ベーション …… ②253
地域活性化の情報戦略
　…………… ②156
地域活性化のための観
　光みやげマーケティ
　ング ……… ②159
地域活力の創生と社会
　的共通資本 …… ②103
地域から考える世界史
　…………… ①590
地域環境学 …… ②575
地域環境水利学 …②446
地域間ヤードスティッ
　ク競争の経済学 …②262
地域企業における知識
　創造 ……… ②372
地域共生社会の実現と
　インクルーシブ教育
　システムの構築 …②684
地域共生の開発福祉 ②60
地域共生論 …… ②103
地域金融機関の資金運
　用とリスク管理 …②383
地域経済を強化する企
　業立地（2017）… ②246
地域経済活性化とふる
　さと納税制度 …②246
地域経済政策学入門 ②263
地域研究と国際政治の
　論理 ……… ②124
地域公共交通の活性化・
　再生と公共交通条例
　…………… ②263
地域交通安全活動推進
　委員の手引〈平成29年
　版〉 ………… ②218
地域交通政策づくり入
　門 ………… ②142
地域ごはん日記 …①43
地域再生と地域福祉 ②60
地域再生と町内会・自
　治会 ……… ②159
地域再生の社会学 ②103
地域産業の「現場」を行
　く〈第10集〉… ②246
地域資源とコミュニ
　ティ・デザイン …②103
地域しごとづくりへの
　挑戦 ……… ②159

地域自治の行政法 …②203
地域社会学会年報〈第29
　集〉 ………… ②104
地域社会の創生と生活
　経済 ……… ②263
地域社会の文化と史料
　…………… ①532
地域主権の国 ドイツの
　文化政策 …… ②84
地域商業の底力を探る
　…………… ②159
地域振興論 …… ②159
地域新産業の振興に向
　けた組織間連携 …②372
地域づくりのコミュニ
　ケーション研究 …②159
地域創生を成功させた
　20の方法 …… ②159
地域創生実践人財論 ②159
地域でいちばんピカピ
　カなホテル …… ①427
地域デザイン〈No.1〉
　…………… ②159
地域デザイン〈No.2〉
　…………… ②159
地域デザイン〈No.3〉
　…………… ②159
地域デザイン〈No.4〉
　…………… ②159
地域デザイン〈No.9〉
　…………… ②159
地域デザイン〈No.10〉
　…………… ②159
地域で支える高齢期の
　整理収納 …… ②67
地域と対話するサイエ
　ンス ……… ②263
地域とともに歩む大規
　模水田農業への挑戦
　…………… ②446
地域と共に進めるキャ
　リア発達支援 …②684
地域と歴史学 …… ①611
地域における多機能型
　精神科診療所実践マ
　ニュアル …… ②745
地域におけるひきこも
　り支援ガイドブック
　…………… ②60
地域の足を支えるコ
　ミュニティーバス・
　デマンド交通 …②429
地域農業のスプラウト
　…………… ②451
地域の経済〈2017〉 ②246
地域の持続可能性 ②246
「地域の食」を守り育て
　る ………… ②448
地域の素材から立ち現
　れる建築〈2017年度〉
　…………… ②618
地域の力を引き出す企
　業 ………… ②246
地域の魅力を伝える！
　親切な観光案内のデ
　ザイン ……… ①877
地域博物館史の研究 ①825
地域福祉コーディネー
　ターの役割と実践 ②60
地域福祉のイノベー
　ション ……… ②61
地域福祉のエンパワメ
　ント ……… ②61
地域福祉のすすめ …②61
地域福祉の理論と方法
　…………… ②80
地域福祉論 …… ②61
地域物流市場の新課題

　…………… ②418
地域ブランド政策論 ②159
地域文化とデジタル
　アーカイブ …… ②104
地域分権時代の町内会・
　自治 ……… ②156
地域包括ケアを問い直
　す ………… ②61
地域包括ケアから社会
　変革への道程 "実践
　編" ………… ②61
地域包括ケアから社会
　変革への道程 "理論
　編" ………… ②61
地域包括ケア時代の施
　設ケアプラン記載事
　例集 ……… ②61
地域包括ケアと福祉改
　革 ………… ②61
"地域密着型" モデルで
　勝ち抜く 実践！ 法律
　事務所経営マニュア
　ル ………… ②228
地域名菓の誕生 …①36
地域力をつける労働運
　動 ………… ②465
地域連携による女性活
　躍推進の実践 …②37
知育ちがいさがし100 シ
　ルバニアファミリー
　タウンシリーズ …①303
知育ドリル 宇宙戦隊
　キュウレンジャー も
　じ・かず・ちえあそび
　…………… ①387
ちいさい言語学者の冒
　険 ………… ①624
小さいそれがいるとこ
　ろ 根室本線・狩勝の
　事件録 ……… ①1074
小さい畜産で稼ぐコツ ②455
小さいママと無人島 ①374
小さい林業で稼ぐコツ
　…………… ②457
小さき生きものたちの
　国で ……… ①648
小さき天使の訪れ〈2〉①1379
小さくても大きく稼げ
　る「繁盛サロン」のつ
　くり方 ……… ②426
小さくても勝てます ②301
小さく始めて大きく稼
　ぐ「仮想通貨投資」入
　門 ………… ①394
小さな赤いめんどり ①374
ちいさなあなたがねむ
　る夜 ……… ①313
小さな家。…… ①19
小さな家の暮らし …②27
小さな家の間取り解剖
　図鑑 ……… ①19
小さな家のローラ …①313
小さな一歩が会社を変
　える ……… ②289
小さな命 ……… ①334
小さな命と秘めた恋
　…………… ①1385
ちいさなうさぎのもの
　がたり ……… ①313
小さなエンジェル …①1382
小さなお店・会社が一
　人勝ちできるお金を
　かけない販促の反則
　技33 ……… ②301
小さなお店＆会社の
　ホームページ Jimdo
　入門 ……… ②543

小さなお店・会社、フリーランスの「テレビ活用」7つの成功ルール …… ②340
ちいさな織り機でちいさなおしゃれこもの …… ①75
小さな会社・お店の新・個人情報保護法とマイナンバーの実務 · ②194
小さな会社が大手企業と戦う極意 …… ②301
"小さな会社"逆襲の広報PR術 …… ②301
小さな会社だからできる求人大作戦！…… ②301
小さな会社ではじめて管理職になった人の教科書 …… ②301
小さな会社ではじめてIT担当になった人のセキュリティ入門 · ②534
小さな会社ではじめてIT担当になった人のネットワーク超入門 …… ②526
小さな会社ではじめてIT担当になった人のMicrosoft 365 Business超入門 …… ②513
小さな会社ではじめてWeb担当になった人のGoogleアナリティクス超入門 …… ②526
小さな会社でぼくは育つ …… ②302
小さな会社でも実践できる！ AI×ビッグデータマーケティング …… ②337
小さな会社と個人事業者・フリーランスのための 勘定科目の選び方と使い方がわかる本 …… ②397
小さな会社 ネット通販億超えのルール …… ②302
小さな会社の給与計算と社会保険の事務がわかる本〈'17〜'18年版〉 …… ②301
小さな会社の財務コレだけ！ …… ②320
小さな会社の総務・労務・経理〈17・18年版〉 …… ②301
小さな会社のための新しい退職金・企業年金入門 …… ②301
小さな会社のための "こぢんまり" 人事・賃金制度のつくり方 …… ②331
小さな会社のはじめてのブランドの教科書 …… ②301
小さな会社の儲かる整頓 …… ②301
小さな会社のWeb担当者・ネットショップ運営者のための Webサイトのつくり方・運営のしかた …… ②513
小さな会社は経営計画で人を育てなさい！ CD・ROM付 …… ②301
ちいさなかえるくん · ①334
小さな企業が生き残る …… ②302
小さな巨人〈上〉 …… ①1068

小さな巨人〈下〉 …… ①1068
ちいさな国で …… ①1336
小さな国の多様な世界 …… ①926
小さな工夫で毎日が気持ちいい、ためない暮らし …… ①6
ちいさなくらしのたねレシピ …… ②27
小さな建設業の脱！ どんぶり勘定 …… ②302
小さなことで感情をゆさぶられるあなたへ …… ①98
ちいさなことにイライラしなくなる本 …… ①98
小さなサロン 失客しない「価格改正」の方法 …… ②426
小さな幸せを幸せと感じられたとき、心はたくさんの幸せであふれてる …… ①770
小さな刺しゅうの図案集 オールカラー完全版 たのしいクロスステッチBOOK …… ①78
小さな習慣 …… ①125
小さな修養論〈3〉 …… ①98
小さな大世界史 …… ①590
小さな太陽 …… ①692
小さな旅 国東半島物語 …… ①185
ちいさなちいさなおりのくに …… ①334
ちいさなちいさなちいさなおひめさま …… ①334
ちいさな小さな虫図鑑 …… ①405
ちいさな天使のものがたり …… ①334
小さな庭で楽しむ雑貨×植物のディスプレイ …… ①268
小さな発見大きな感動 …… ①398
小さな花飾りの本 …… ①270
小さな花束の本 new edition …… ①270
ちいさなはなのものがたり …… ①358
小さな美徳 …… ①1330
小さな平屋に暮らす。 …… ②611
ちいさなプリンセスソフィア あいうえお …… ①392
ちいさなプリンセスソフィア おともだちのプリンセスといっしょ 10のおはなし …… ①321
ちいさなプリンセスソフィア かず 3・4・5歳 …… ①396
ちいさなプリンセスソフィアまちがいさがし 2・3・4歳 …… ①302
ちいさなほしのものがたり …… ①307
小さな魔女と野良犬騎士〈2〉 …… ①1146
小さな魔女と野良犬騎士〈3〉 …… ①1146
ちいさな虫のおおきな本 …… ①405
小さなモネ・アイリス・グレース …… ①935
チェアサイド オーラルフレイルの診かた · ②757

チェインクロニクル・カラーレス〈3〉 …… ①1134
知恵を磨く方法 …… ②289
チェ・ゲバラと共に戦ったある日系二世の生涯 …… ①935
チェ・ゲバラ名言集 …… ①610
チェコ …… ②253
チェコスロヴァキア・ヌーヴェルヴァーグ …… ①793
チェコの十二ヵ月 …… ①951
チェコ/ポーランド/スロヴァキア〈2017〜2018年版〉 …… ①206
チェコ ポーランド ハンガリーのポスター・川 …… ①877
済州島（ちぇじゅとう）海女（チャムス）の民族誌 …… ②119
智恵の系譜 …… ①511
チェブラーシカ …… ①334
チェリーがいた夏 …… ①958
チェリーヒルの夜明け …… ①999
「チェルニー30番」の秘密 …… ①820
チェンジ②61
チェンジ・ワーキング …… ②289
チェーンストアの労使関係 …… ②465
チェーン・ピープル …… ①1019
血を繋げる。 …… ①231
誓いをどうぞ …… ①1324
違いがわかる はじめての五七五「俳句・川柳」上達のポイント …… ①905
誓いの口づけはヴェールの下で …… ①1330
誓います …… ①935
ちがう ちがう …… ①334
知覚経験の生態学 …… ①453
知覚と建築 …… ②611
知覚と判断の境界線 · ①453
地学ノススメ …… ②679
地価公示〈平成29年〉 …… ②420
近ごろよくあること …… ①1335
地下水路の夜 …… ①983
地下水・湧水を介した陸・海のつながりと人間社会 …… ②458
近すぎず、遠すぎず。 …… ①98
近づくな！ 襲撃危険生物のひみつ100 …… ①354
地下鉄道 …… ①1354
ちかてつライオンせん …… ①334
地下道の鳩 …… ①936
力尽きたときのための簡単ズボラレシピ …… ②458
「力の大真空」が世界史を変える …… ①124
力の場 …… ①467
痴漢冤罪 …… ①1092
地球 …… ①403
地球を助けて!!メダカのお願い〈その3〉 …… ①575
地球を旅する水のはなし …… ①334
地球温暖化＆エネルギー問題総合統計〈2017・2018〉 …… ②573
地球外生命体 …… ①141

地球外生命は存在する！ …… ②675
地球から愛される「食べ方」 …… ①36
地球から月へ 月を回って 上も下もなく …… ①1328
地球環境問題がよくわかる本 …… ②575
地球儀で探検！ …… ①425
地球蘇生プロジェクト「愛と微生物」のすべて …… ②668
地球大気の科学 …… ②679
地球千鳥足 …… ①197
地球と生きる …… ①400
地球と共生するビジネスの先駆者たち …… ②289
地球と人類の46億年史 …… ①590
地球と生命の大進化！ …… ①403
地球に落ちて来た男 …… ①1334
地球のあゆみえほん …… ①403
地球の科学 …… ②679
地球のかたすみで …… ①966
ちきゅうのきもち …… ①334
地球の子どもたちから、大人たちへの手紙 …… ①417
地球のほとけ お地蔵さま …… ①511
地球の娘 …… ①930
地球の森のハートさがし …… ①400
地球は「行動の星」だから、動かないと何も始まらないんだよ。 …… ①98
地球はなぜ「水の惑星」なのか …… ②679
地球は本当に丸いのか？ …… ②679
地球防衛軍5オフィシャルガイドブック …… ①281
地球丸ごと異世界転生〈2〉 …… ①1198
地球まるごと蘇る『生物触媒』のサイエンス！ …… ①141
地球幼年期の終わり …… ①1361
地球連邦の興亡〈3〉 …… ①1122
地球連邦の興亡〈4〉 …… ①1122
「千種」物語 …… ①874
畜産経営者のための青色申告の手引き …… ②410
畜産統計〈平成28年〉 …… ②455
畜産物生産費〈平成27年度〉 …… ②455
畜産物流通統計〈平成28年〉 …… ②455
逐条解説 刑事収容施設法 …… ②213
逐条解説 国際家族法 …… ②190
逐条解説 自動車損害賠償保障法 …… ②218
逐条解説 2016年銀行法、資金決済法等改正 …… ②383
逐条解説 農業協同組合法 …… ②448
逐条解説 農地法 …… ②451
逐条解説 墓地、埋葬等に関する法律 …… ②187
逐条解説 マイナンバー法 …… ②187
逐条詳解・マンション

標準管理規約 …… ②423
逐条地方自治法 …… ②187
逐条 破産法・民事再生法の読み方 …… ②205
「チクチクする」「ピンとこない」を英語でパッと言えますか？ …… ①644
ちくちくはじめて赤ちゃんスタイ …… ①84
竹生島 …… ①538
ちくま近代評論選 …… ①453
竹陵の期節 …… ①998
竹林精舎 …… ①995
地形を感じる駅名の秘密 東京周辺 …… ②434
地形現象のモデリング …… ②679
知財英語通信文必携 …… ①640
知財実務ガイドブック …… ②187
知財の正義 …… ②223
知財文化論 …… ①956
致死遺伝子 …… ①1345
知識 …… ①453
知識構成型ジグソー法による数学授業 …… ①728
知識ゼロからの西郷隆盛入門 …… ①567
知識ゼロからの事業承継＆相続税のしくみ …… ②328
知識ゼロからの人工知能入門 …… ②524
知識ゼロからのスーパーフード入門 …… ①164
知識ゼロからの小さな会社の始め方 …… ②302
知識ゼロからのビットコイン・仮想通貨入門 …… ②378
知識ゼロからのモチベーションアップ法 …… ②353
知識ゼロからのCGで読む三国志の戦い …… ①597
知識ゼロからはじめるIllustratorの教科書 …… ②540
知識ゼロからはじめるPhotoshopの教科書 …… ②540
知識ゼロからわかる物流の基本 …… ②418
知識ゼロからわかる不動産の基本 …… ②419
知識ゼロ・元手ゼロからはじめる月3万円稼ぐアフィリエイト実践教室 …… ②528
知識チートVS時間ループ …… ①1175
地質学でわかる！ 恐竜と化石が教えてくれる世界の成り立ち · ②679
遅日の記 …… ①966
知事と権力 …… ②156
智将小沢治三郎 …… ①580
地上最強の量子波＆断食ヒーリング …… ①150
智将は敵に学び愚将は身内を妬む …… ①532
恥辱の別荘地 …… ①1404
地図をグルグル回しても全然わからない人の方向オンチ矯正読本 …… ①617
地図をつくる本 …… ①334
地図を読めるようになろう …… ①418

地図学の聖地を訪ねて
　………………… ①617
地図作成に見る世界最
　先端の技術史 ……… ①597
ちずたび 京都と出会う
　自転車BOOK 市内版
　……………………… ①195
ちずでぐるり！ 世界
　いっしゅうえほん … ①425
地図で識る世界のワイ
　ン ………………… ①45
地図で楽しむすごい神
　奈川 ……………… ①192
地図で楽しむすごい千
　葉 ………………… ②24
地図でみる世界の地域
　格差OECD地域指標
　〈2016年版〉……… ②248
地図で見る中国ハンド
　ブック …………… ②133
地図でみる日本の健康・
　医療・福祉 ……… ②61
地図で見るバルカン半
　島ハンドブック …… ①601
地図で見るラテンアメ
　リカハンドブック …①91
地図で見るロシアハン
　ドブック ………… ①127
地図と写真で見る国際
　情勢年度鑑 ……… ①425
地図と地形で楽しむ名
　古屋歴史散歩 …… ①538
地図と地形で楽しむ横
　浜歴史散歩 ……… ①538
地図と鉄道全文書で読
　む私鉄の歩み 関西
　〈1〉 ……………… ②434
チーズ入門 ………… ①48
チーズの教本〈2017〉…①48
チーズ☆マジック …… ①57
地政学から読むイスラ
　ム・テロ ………… ②124
地政学で考える日本の
　未来 ……………… ②142
地政学で読み解く！ 海
　がつくった世界史 ·①590
地政学で読み解く没落
　の国・中国と韓国 繁
　栄の国・日本 …… ②130
地政学入門 ………… ②171
知性の顛覆 ………… ②20
地層の見方がわかる
　フィールド図鑑 …· ②679
チーター …………… ①407
父 …………………… ①1007
父「永六輔」を看取る
　……………………… ①770
父親ができる最高の子
　育て ……………… ①14
父・巨泉 …………… ①770
父と子と …………… ①1053
父、中村富十郎 …… ①787
父の逸脱 …………… ①936
父の後妻 …………… ①1404
父のこと …………… ①959
父の謝罪碑を撤去しま
　す ………………… ①575
父の配慮 …………… ①966
父・福田恆存 ……… ①913
秩父三十四ヶ所札所め
　ぐり 観音霊場巡礼
　ルートガイド …… ①514
地中海世界の覇権をか
　けて ハンニバル … ①601
地中の記憶 ………… ①1356
筑紫女（ちっこおんな）
　がゆく …………… ①1018
秩序の砂塵化を超えて
　……………………… ②124

ちっちできたよ …… ①303
ちっちゃな木のおはな
　し ………………… ①313
ちつのトリセツ …… ①168
チップチューンのすべ
　て ………………… ①820
地底アパートのアンド
　ロイドは巨大ロボッ
　トの夢を見るか … ①1141
地底のクライシス …· ①442
知的機動力の本質 … ①135
知的技法としてのコ
　ミュニケーション ·①358
知的財産 …………… ②570
知的財産関係条約基本
　解説 ……………… ②187
知的財産管理技能検定3
　級学科スピード問題
　集〈2018年度版〉···②507
知的財産管理技能検定2
　級学科スピード問題
　集〈2018年度版〉···②507
知的財産管理技能検定2
　級 厳選過去問題集
　〈2018年度版〉…… ②507
知的財産管理技能検定2
　級実技スピード問題
　集〈2018年度版〉···②507
知的財産管理技能検定2
　級スピードテキスト
　〈2018年度版〉…… ②507
知的財産管理技能検定3
　級 厳選過去問題集
　〈2018年度版〉…… ②507
知的財産管理技能検定3
　級合格教本 ……… ②507
知的財産管理技能検定3
　級実技スピード問題
　集〈2018年度版〉···②507
知的財産管理技能検定3
　級スピードテキスト
　〈2018年度版〉…… ②507
知的財産契約実務ガイ
　ドブック ………… ②585
知的財産権基本法文集
　〈平成30年度版〉…②585
知的財産権訴訟要論（特
　許編） …………… ②585
知的財産権法概論 … ②585
「知の巨人」の人間学 ·②142
知的財産権法文集 … ②187
知的財産権法文集〈平成
　28年改正〉……… ②187
知的財産法 ………… ②187
知的財産法演習ノート
　……………………… ②187
知的財産法入門 …… ②187
知的社会人1年目の本の
　読み方 …………… ②3
知的障害教育における
　アクティブ・ラーニ
　ング ……………… ①684
知的障害教育における
　生きる力と学力形成
　のための教科指導 ·①684
知的障害者雇用を成功
　させる8つのポイント
　……………………… ②61
知的障害者雇用ハンド
　ブック …………… ②61
知的障碍者と教会 … ①525
知的障害特別支援学校
　の未来志向の学校づ
　くり ……………… ①684
知的障害のある子への
　“文字・数”学習期の
　絵カードワーク … ①684
知的障害のある人の
　ライフストーリーの語
　りからみた障害の自

己認識 …………… ②61
知的人生を楽しむコツ
　……………………… ①98
知的人生のための考え
　方 ………………… ①459
知的生活 …………… ①453
知的性生活 ………… ①184
知的戦闘力を高める独
　学の技法 ………… ②353
知的担当者になったら
　読むべき本 ……… ②585
知的な老い方 ……… ①110
知的な伝え方 ……… ②361
知的にたくましい子を
　育てる算数の授業づ
　くり ……………… ①728
知的文章術 ………… ①633
チートあるけどまった
　り暮らしたい …… ①1246
チートを作れるのは俺
　だけ ……………… ①1275
チートを作れるのは俺
　だけ〈2〉 ………… ①1276
チート薬師（くすし）の
　スローライフ …… ①1194
チート薬師（くすし）の
　スローライフ〈2〉
　……………………… ①1194
知と存在の新体系 … ①453
チートだけど宿屋はじ
　めました。〈1〉 … ①1249
チートな飼い猫のおか
　げで楽々レベルアッ
　プ。さらに獣人にし
　て、いちゃらぶしま
　す。〈2〉 ………… ①1287
血と肉 ……………… ①1009
チート魔術で運命をね
　じ伏せる〈4〉 …… ①1231
チート魔術で運命をね
　じ伏せる〈5〉 …… ①1232
チート魔術で運命をね
　じ伏せる〈6〉 …… ①1232
ちどり亭にようこそ〈2〉
　……………………… ①1237
氣内臓（チネイザン）お
　腹をもむと人生がま
　わりだす ………… ①158
血のいろの降る雪 … ①966
「知の仕事術 ……… ②353
知の史的探究 ……… ②93
知のスクランブル … ①104
地の底の笑い話 …… ①930
血のない殺人〈上〉 · ①1347
血のない殺人〈下〉 · ①1347
「知」のナビ事典 日本の
　伝統芸能 ………… ①822
知の橋懸り ………… ①788
知の広場 …………… ②6
知のフロンティア … ②719
血のペナルティ …… ①1348
地の星 ……………… ①986
知の湧水 …………… ①959
千葉県高校受験案内〈平
　成30年度用〉…… ①743
千葉県の鉄道 ……… ②434
千葉ジェッツの奇跡 · ①227
千葉大学卒業設計展
　2017作品集 …… ②611
千葉の建築家とつくる
　家〈2〉 …………… ②611
千葉の戦後70年 …… ①580
千葉・房総 ………… ①192
千春の婚礼〈5〉 …… ①1057
チビ犬ボンペイ冒険譚
　……………………… ①1331
ちびおにビッキ …… ①350

ちび神さまの初恋むす
　び ………………… ①1310
ちびゴリラのちびちび
　ボードブック …… ①313
ちびっこみならい サン
　タのタンタ ……… ①307
ちびのミイとおかしな
　こづつみ ………… ①313
チビまじょチャミーと
　チョコレートおうじ
　……………………… ①350
ちびまる子ちゃんの読
　書感想文教室 …… ①392
チビルのパリ・シック
　なあみぐるみ …… ①82
ちひろを訪ねる旅 …· ①842
千尋くん、千尋くん
　……………………… ①1243
ちひろと歩く信州 … ①193
乳房のある情景 …… ①1014
致富の鍵 …………… ②263
チベット自由への闘い
　……………………… ②130
チベットひとり旅 … ①198
チベット 諜略と冒険の
　史劇 ……………… ②130
地方イノベーション ·②159
地方議員を問う ……②148
地方議員のための役所
　を動かす質問のしか
　た ………………… ②156
地方議会を再生する … ②156
地方議会議員ハンド
　ブック …………… ②156
地方騎士ハンスの受難
　〈1〉 ……………… ①1153
地方騎士ハンスの受難
　〈2〉 ……………… ①1153
地方騎士ハンスの受難
　〈7〉 ……………… ①1153
地方教育費調査報告書
　〈平成27年度（平成26
　会計年度）〉……… ①758
地方暮らしの幸福と若
　者 ………………… ②27
地方公共団体における
　公文書管理制度の形
　成 ………………… ②151
地方公務員をめざす本
　〈'19年版〉……… ②179
地方公務員共済六法〈平
　成29年版〉……… ②187
地方公務員共済六法〈平
　成30年版〉……… ②187
地方公務員試験 東京
　都・特別区のパー
　フェクト時事〈平成29
　年度版〉…………②179
地方公務員試験（都道府
　県・政令指定都市・東
　京23区）早わかりブッ
　ク〈2019年度版〉···②180
地方公務員 初級〈2019
　年度版〉…………②182
地方公務員制度講義 · ②152
地方公務員年金制度の
　解説〈平成29年度版〉
　……………………… ②152
地方公務員の“新”勤務
　時間・休日・休暇 · ②152
地方公務員フレッ
　シャーズブック … ②152
地方財政を学ぶ …… ②271
地方財政改革の検証 · ②271
地方財政白書〈平成29年
　度版〉……………②273
地方産業の近代化構想
　……………………… ②446
地方自治講義 ……… ②156

地方自治小六法〈平成30
　年版〉……………②156
地方自治体の内部統制
　……………………… ②156
地方自治のあり方と原
　子力 ……………… ②156
地方自治の基礎 …… ②156
地方自治の再発見 …· ②156
地方自治法概説 …… ②156
地方自治法101問 … ②152
地方自治法への招待 · ②156
地方自治ポケット六法
　〈平成30年版〉…②187
地方自治論 ………… ②157
地方紙の眼力 ……… ②14
地方史文献年鑑〈2016〉
　……………………… ②538
地方上級“教養試験”過
　去問500〈2018年度
　版〉………………②181
地方上級・国家一般職・
　国税専門官対策 公務
　員Vテキスト〈20〉·②180
地方上級・国家一般職
　（大卒）市役所上・中
　級 論文試験頻出テー
　マのまとめ方〈2018年
　度版〉……………②180
地方上級“専門試験”過
　去問500〈2018年度
　版〉………………②181
地方初級“教養試験”過
　去問350〈2018年度
　版〉………………②182
地方製造業の展開 … ②438
地方税取扱いの手引 · ②403
地方選挙実践マニュア
　ル ………………… ②146
地方選挙の手引〈平成29
　年〉………………②146
地方選挙要覧〈平成29年
　版〉………………②146
地方創生 …………… ②159
地方創生 逆転の一打 · ②159
「地方創生」時代の中小
　都市の挑戦 ……… ②159
「地方創生」と地方にお
　ける自治体の役割 · ②157
「地方創生」と中小企業
　……………………… ②302
地方創生と労働経済論
　……………………… ②263
地方創生の切り札LBT
　……………………… ②160
地方創生の総合政策論
　……………………… ②160
地方創生のビジョンと
　戦略 ……………… ②160
地方創生は日本を救う
　か ………………… ②160
地方・築古・高利回りで
　年2000万円を稼ぐ兼
　業大家の不動産投資
　法 ………………… ②421
地方都市の覚醒 …… ②113
地方に生きる若者たち
　……………………… ②104
地方に「かえーる人」
　〈2〉 ……………… ②27
地方分権と政策評価 · ②162
巷の神々〈上〉 …… ①500
巷の神々〈下〉 …… ①500
巷の美食家 ………… ①943
チマチマ記 ………… ①1009
血塗派の三鷹 ……… ①991
チーム鹿児島！ 教育改
　革の挑戦 ………… ①700
チーム学校に求められ
　る教師の役割・職務

とは何か………①705
チームスポーツに学ぶ
　ボトムアップ理論 ①230
チームで輝ける生き方
　………………②15
チームで考える「アイ
　デア会議」………②361
チームで支える高次脳
　機能障害のある人の
　地域生活………②61
チームでつかんだ栄光
　のメダル 女子レスリ
　ング…………①389
チームでつかんだ栄光
　のメダル 卓球……①389
チームで取り組むせん
　妄ケア…………②730
チームで育む病気の子
　ども…………②748
チームで診る高齢者脆
　弱性骨折 手術と周術
　期管理…………②751
チームの一体感を高め
　る "社内運動会" の仕
　掛け…………②289
チームの生産性をあげ
　る。…………②310
チームの力で社員は伸
　びる！…………②310
チーム・ブライアン
　300点伝説………①218
チームワークで県民の
　医療をささえる……①709
チームFについて…①982
チームV字経営……②289
地名でたどる郷土の歴
　史…………②8
地名の研究………②114
地名の謎を解く……①532
血めぐり薬膳……①164
チャイ語入門……①664
チャイコフスキー 弦楽
　セレナードハ長調作
　品48…………①818
チャイコフスキーのく
　るみ割り人形……①306
チャイとミーミー…①950
チャヴ…………②84
茶艶…………①272
茶会記に親しむ〈2〉①272
茶会記に親しむ〈3〉①272
茶会記に親しむ〈4〉①272
茶会記に親しむ〈5〉①272
茶会記に親しむ〈6〉①272
茶会記に親しむ〈7〉①272
茶会記に親しむ〈8〉①272
茶会記に親しむ〈9〉①272
茶会記に親しむ〈10〉
　…………①272
茶会記に親しむ〈11〉
　…………①272
茶会記に親しむ〈12〉
　…………①272
チャクラが開いてここ
　ろが晴れるCDブック
　…………①98
チャクラが開いて人間
　関係がよくなるCD
　ブック…………①125
チャコール………①719
茶趣の花ごよみ……①272
茶人・小堀遠州の正体
　…………①561
茶席からひろがる漢詩
　の世界…………①272
茶筅の旅…………①1060
ちゃっくりかき……①334
チャップリン……①793

チャップリン暗殺指令
　…………①1096
チャップリン自伝…①794
チャートでわかる糖尿
　病治療薬処方のトリ
　セツ…………②719
茶の掛物…………①272
茶の世界史………①47
茶の本…………①462
茶箱一会集………①272
茶の湯釜…………①272
茶の湯百人一首……①900
茶箱と茶籠の図鑑99 ①272
茶花の宇宙………①272
茶花の文化史………①272
茶花ハンドブック 風炉
　編…………①272
チャビコロわんちゃん
　…………①304
ちゃぶ台〈Vol.3〉…②104
チャプリンが日本を
　走った…………①794
チャーム・オブ・アイス
　…………①218
チャムパ王国とイス
　ラーム…………①529
ちゃめひめさまとべ
　ビーノおうじ……①350
茶湯人物ハンドブック
　…………①272
茶楽…………①47
チャーリーとシャー
　ロットときんいろの
　カナリア…………①313
チャールズ・エリスの
　インデックス投資入
　門…………①390
チャールズ・ダーウィ
　ン、世界をめぐる…①398
チャールズ・ワーグマン
　幕末維新素描紀行…①567
チャレンジ小学漢字辞
　典…………①388
チャレンジ小学国語辞
　典…………①388
チャレンジ小学国語辞
　典 カラー版コンパク
　ト版…………①388
チャレンジミッケ！
　ミッケがだいすき〈2〉
　…………①303
茶碗継ぎの恋……①1083
茶碗の中の宇宙……①874
チャンスをつかむ超会
　話術…………②361
チャンスを掴める人は
　ここが違う………②353
ちゃんと歩ける熊野古
　道…………①194
ちゃんと使える力を身
　につける JavaScript
　のきほんのきほん ②560
ちゃんと人とつきあい
　たい〈2〉…………①494
チャンドラセカール 移
　植・免疫不全者の感
　染症…………②732
ちゃんぽん食べた
　かっ！〈上〉………①998
ちゃんぽん食べた
　かっ！〈下〉………①998
チャンミーグゥー…①1087
中尉…………①1086
中医皮膚科学……②761
中医臨床のための常用
　生薬ハンドブック ①174
中欧〈2017～2018年版〉
　…………②206
中央アジア サマルカン

ドとシルクロードの
　国々〈2017～2018年
　版…………①1096
中央教育審議会答申 全
　文と読み解き解説〈平
　成28年版〉………①758
中央線をゆく、大人の
　町歩き…………①186
中央・地方・海外競馬
　258コース攻略大百科
　…………①245
注解 自動車六法〈平成
　29年版〉…………①187
注解 消防関係法規集
　〈2017年版〉………②154
注解 鉄道六法〈平成29
　年版〉…………②434
注解・判例 出入国管理
　実務六法〈平成30年
　版〉…………①187
中学一冊目の参考書 ①700
中学英語で日本を紹介
　する本…………①640
中学英語で話そう日本
　の文化〈3〉………①640
中学英語の基本と仕組
　みがよーくわかる本
　…………①640
中学・高校 陸上競技の
　学習指導…………①741
中学・高校6年分の英単
　語が10日間で身につ
　く本…………①652
中学・高校6年分の日本
　史が10日間で身につ
　く本…………①532
中学3年間の英語を7日
　間で一気にやり直す
　…………①735
中学3年分の英語チャレ
　ンジワークシート ①647
中学社会ラクイチ授業
　プラン…………①732
中学受験案内〈2018年度
　入試用〉…………①743
中学受験 親のかかわり
　方大全…………①743
中学受験ガイド〈2018年
　度入試用〉………①743
中学受験志望校合格・親
　子の受験ハンドブッ
　ク〈2018年度〉……①743
中学受験 私立中学の魅
　力！〈2018〉………①743
中学受験 新お母さんが
　教える国語………①743
中学受験 注目校の素顔
　巣鴨中学校・高等学
　校…………①743
中学受験 注目校の素顔
　桐朋中学校・高等学
　校…………①743
中学受験 日能研の学校
　案内（首都圏・その他
　東日本版）〈2018年入
　試用〉…………①743
中学受験偏差値20アッ
　プを目指す逆転合格
　術…………①743
中学受験 まんがで学
　ぶ！ 国語がニガテな
　子のための読解力が
　みるみる7つのコツ
　説明文編…………①743
中学受験 見るだけでわ
　かる理科のツボ…①743
中学受験用学校説明会
　ガイド〈2018年〉…①743
中学受験 6年生からの

大逆転メソッド…①743
中学数学のつまずきど
　ころが7日間でやり直
　せる授業…………①728
中学数学xやyの意味と
　使い方がわかる…①728
中学生を担任するとい
　うこと…………①700
中学生から大人まで読
　める本当はすごい日
　本人…………①462
中学生棋士………①250
中学生・高校生の仕事
　ガイド〈2018・2019
　年版〉…………①291
中学生小品………①356
中学生における友人と
　の相談行動………①483
中学生にジーンと響く
　道徳話100選………①737
中学生になったら…①700
中学生のきみへ・教師
　のあなたへ………①701
中学生のための「いじめ
　防止プログラム」ICT
　教材＆授業プラン ①737
中学卒・高校転編入か
　らの進学〈2018〉…①743
中学地理をひとつひと
　つわかりやすく。 ①732
中学年用はじめての小
　学校外国語活動 実践
　ガイドブック……①735
中学プログラミング ②550
中学校学習指導要領解
　説…………①724
中学校学習指導要領 全
　文と改訂のピンポイ
　ント解説〈平成29年
　版〉…………①719
中学校 学級経営すきま
　スキル70…………①708
中学校学級開き大事典
　…………①708
中学校技術・家庭「技術
　分野」授業例で読み
　解く新学習指導要領
　…………①740
中学校教育課程実践講
　座 外国語〈平成29年
　改訂〉…………①735
中学校教育課程実践講
　座 技術・家庭〈平成
　29年改訂〉…………①743
中学校教育課程実践講
　座 国語…………①724
中学校教育課程実践講
　座 総合的な学習の時
　間〈平成29年改訂〉 ①719
中学校教育課程実践講
　座 総則〈平成29年改
　訂〉…………①719
中学校教育課程実践講
　座 理科〈平成29年改
　訂〉…………①729
中学校・高等学校 発達
　障害生徒への社会性
　指導…………①684
中学校国語科 主体的・
　対話的で深い学びを
　実現する授業＆評価
　スタートガイド…①743
中学校3年間の英語が1
　冊でしっかりわかる
　問題集…………①735
中学校3年間の英語がま
　んがでしっかりわか
　る本…………①640

中学校社会科地図…①211
中学校新学習指導要領
　の展開 音楽編〈平成
　29年版〉…………①739
中学校新学習指導要領
　の展開 外国語編〈平
　成29年版〉…………①735
中学校新学習指導要領
　の展開 技術・家庭 家
　庭分野編〈平成29年
　版〉…………①740
中学校新学習指導要領
　の展開 技術・家庭 技
　術分野編〈平成29年
　版〉…………①740
中学校新学習指導要領
　の展開 国語編〈平成
　29年版〉…………①724
中学校新学習指導要領
　の展開 社会編〈平成
　29年版〉…………①732
中学校新学習指導要領
　の展開 数学編〈平成
　29年版〉…………①728
中学校新学習指導要領
　の展開 総合的な学習
　編〈平成29年版〉…①719
中学校新学習指導要領
　の展開 総則編〈平成
　29年版〉…………①719
中学校新学習指導要領
　の展開 特別活動編〈平
　成29年版〉…………①719
中学校新学習指導要領
　の展開 美術編〈平成
　29年版〉…………①740
中学校新学習指導要領
　の展開 保健体育編
　〈平成29年版〉……①741
中学校新学習指導要領
　の展開 理科編〈平成
　29年版〉…………①729
中学校新学習指導要領
　パスライン〈'19年度〉
　…………①760
中学校新学習指導要領
　ポイント総整理〈平成
　29年版〉…………①719
中学校数学指導の疑問
　これですっきり…①728
中学校生徒指導すきま
　スキル72…………①710
中学校で習う全漢字の
　書き方 漢検対応…①627
中学校道徳アクティブ・
　ラーニングに変える7
　つのアプローチ…①737
中学校の地理が1冊で
　しっかりわかる本 ①732
中学校「理科の見方・考
　え方」を働かせる授
　業…………①730
中華屋アルバイトのけ
　いくんが年収1億円を
　稼ぐ「1日1分投資」 ②394
中韓を滅ぼす儒教の呪
　縛…………②89
中韓がむさぼり続ける
　「反日」という名の毒
　饅頭…………②18
中間試案後に追加され
　た民法（相続関係）等
　の改正に関する試案
　（追加試案）………②205
中間子原子の物理…②665
中間子ってこんな性格。
　…………①483
中級バイオ技術者認定
　試験対策問題集〈平成

29年12月試験対応版）
……………………②630
中級フランス語 時制の
謎を解く…………②670
中級フランス語文法・②670
中教審「答申」を読み解
く…………………①719
中教審答申を読む〈1〉
……………………①753
中教審答申を読む〈2〉
……………………①753
中教審答申解説〈2017〉
……………………①719
中近世移行期の公儀と
武家権力…………①549
中近世陶磁器の考古学
〈第5巻〉…………①614
中近世陶磁器の考古学
〈第6巻〉…………①614
中近世陶磁器の考古学
〈第7巻〉…………①614
中近世日本の貨幣流通
秩序………………①549
中近世の家と村落……①549
中近世の生業と里湖の
環境史……………①532
中くらいの友だち〈2017
Vol.1〉…………②88
中くらいの友だち〈2017
Vol.2〉…………②88
中検3級対応 クラウン
中国語単語800 CD付
き…………………①666
ちゅう源氏の源氏物語
絵巻………………①898
中検準1級・1級試験問
題 第89・90・91回 解
答と解説〈2017年版〉
……………………①664
中検準1級・1級問題集
〈2017年版〉………①665
中検準4級試験問題 第
89・90・91回 解答と
解説〈2017年版〉…①665
中検準4級問題集〈2017
年版〉……………①665
中堅中小企業の経営改
革…………………②302
中堅冒険者と年の差
パーティのごく幸せ
なハーレム………①1398
中検2級試験問題 第89・
90・91回 解答と解説
〈2017年版〉………①665
中検2級問題集〈2017年
版〉………………①665
中検3級試験問題 第89・
90・91回 解答と解説
〈2017年版〉………①665
中検3級問題集〈2017年
版〉………………①665
中検4級試験問題 第89・
90・91回 解答と解説
〈2017年版〉………①665
中検4級問題集〈2017年
版〉………………①665
中高生からの選挙入門
……………………②146
中高ドイツ語小文法・①668
中高年シングルが日本
を動かす…………②104
中高の教科書でわかる
経済学 マクロ篇…②263
中高の教科書でわかる
経済学 ミクロ篇…②263
中国………………②133
中国〈21 (Vol.46)〉…①782
中国〈2017～2018年版〉
……………………①203

中国・アジア外交秘話
……………………②142
中国 新たな経済大革命
……………………②251
中国、「宇宙強国」への
野望………………②133
中国雲南省少数民族か
ら見える多元的世界
……………………②89
中国横断（ホントワン）
山脈の少数民族……②120
中国が愛を知ったころ
……………………①1333
中国外交史…………②597
中国がいつまでたって
も崩壊しない7つの理
由…………………②251
中国科学院…………②570
中国学入門…………①919
中国がトランプに完全
に敗れる6つの理由
……………………②251
中国が反論できない真
実の尖閣史…………①593
中国株四半期速報〈2017
年新年号〉…………②394
中国株四半期速報〈2017
春号〉……………②394
中国株四半期速報〈2017
年夏号〉…………②394
中国株四半期速報〈2017
年秋号〉…………②394
中国株二季報〈2017年夏
秋号〉……………②394
中国株二季報〈2018年春
号〉………………②394
中国・北朝鮮脅威論を
超えて……………②130
中国俠客列伝………②597
中国経済を読み解く・②251
中国経済データハンド
ブック〈2017年版〉
……………………②251
中国経済の新時代…②251
中国経済崩壊のシナリ
オ…………………②251
中国経済六法〈2017年増
補版〉……………②251
中国契約法…………②220
中国契約法の研究…②220
中国研究論叢〈第17号〉
……………………②133
中国語イラスト辞典・①665
中国工業化の歴史…②251
中国興業銀行の崩壊と
再建………………①606
中国語解体新書……①665
中国語会話テキスト 你
好（ニーハオ），上海
……………………①665
中国語学習シソーラス
辞典………………①666
中国語虚詞辞典の解説
……………………①666
中国語検定対策2級問題
集…………………①665
中国語検定対策3級問題
集…………………①665
中国語検定HSK公認テ
キスト1級…………①665
中国語初級テキスト 中
国を学ぶ学生たち
……………………①665
中国古代化学………①597
中国語でおもてなし・①665
中国古典の知恵に学ぶ
菜根譚……………①465
中国古典文学挿画集成
〈10〉……………①919

中国語でPERAPERA
北海道……………①665
中国語と日本語で紹介
する 寿司ネタの魚が
わかる本…………①36
中国語虎の巻………①665
中国語は英語と比べて
学ぼう！ 初級編…①665
中国語はじめの一歩・①665
中国語 話す・聞くかん
たん入門書………①665
中国ごみ問題の環境社
会学………………②575
中国語話者のための日
本語教育研究〈第8号〉
……………………②635
中国語話者のための日
本語教育文法を求め
て…………………①635
中国債券取引の実務・②251
中国史を彩った女たち
……………………②597
中国・四国病院情報
〈2017年版〉………②709
中国市場経済化の政治
経済学……………②251
中国：市場経済と対外
開放………………②251
中国史入門 現代語訳
隋書………………②597
中国思想史…………①465
中国史論集…………①919
中国史にみる女性群像
……………………①597
中国・社会主義市場経済
と国有企業の研究…②597
中国社会の二元構造と
「顔」の文化………②89
中国集団指導体制の
「核心」と「七つのメ
カニズム」…………②133
中国周辺地域における
非華籍出土資料の研
究…………………②597
中国少数民族「独立」論
……………………②597
中国商標に関する商品
及び役務の類似基準
（日本語・英語訳付）
及びその解説………②585
中国情報ハンドブック
〈2017年版〉………②251
中国初期国家形成の考
古学的研究………②597
中國書史……………①871
中国書法通解………①871
中国人消費者の行動分
析…………………②251
中国人・台湾人との金
融取引……………②378
中国人の本音………②89
「中国新聞カープ検定」
公式テキスト カープ
検定問題&解説…①223
中国政治からみた日中
関係………………②133
中国政治経済史論 毛沢
東時代……………①597
中国政治経済の構造的
転換………………②133
中国税制の実務対応・②403
中国「絶望」家族……②251
中国組織別人名簿〈2017
年版〉……………②133
中国対外経済戦略のリ
アリティー…………②251
中国対外行動の源泉・②133
中国地域経済の概況
〈2017〉…………②273

中国・中国人の品性…②89
中国朝鮮族のトランス
ナショナルな移動と
生活………………②133
中国賃金決定法の構造
……………………②251
中国では書けない中国
の話………………②89
中国電力の就活ハンド
ブック〈2019年度版〉
……………………①291
中国と韓国は息を吐く
ように嘘をつく……②124
中国と南沙諸島紛争…②133
中国とビジネスをする
ための鉄則55………②312
中国ナショナリズム…②133
中国に勝つ日本の大戦
略…………………②124
中国年鑑〈2017〉……②251
「中国の悪夢」を習近平
が準備する………②133
中国のエニグマと見果
てぬ夢……………①1333
中国の海洋侵出を抑え
込む………………②134
中国の教科書に描かれ
た日本……………②597
中国の近現代史をどう
見るか〈6〉………①597
中国の高学歴化と大卒
者就職の諸相………②89
中国の公共性と国家権
力…………………②134
中国の国家体制をどう
みるか……………②134
中国のことがマンガで3
時間でわかる本…②251
中国の上場会社と大株
主の影響力………②251
中国の消費社会と消費
者行動……………②89
中国の進化する軍事戦
略…………………②134
中国の政治家と書…①597
中国の宗族と祖先祭祀
……………………②597
中国の大国外交への道
のり………………②134
中国の伝統文様×デザ
イン………………①881
中国のトキを慕いて・②697
中国の日系企業のニー
ズとビジネス日本語
教育………………②251
中国のフロンティア・②134
中国の法と社会と歴史
……………………②220
中国のマンガ “連環画”
の世界……………②33
中国の歴史・現在がわ
かる本 第1期〈1〉…①425
中国の歴史・現在がわ
かる本 第1期〈2〉…①425
中国の歴史・現在がわ
かる本 第1期〈3〉…①425
中国の歴史・現在がわ
かる本 第2期〈1〉…①425
中国の歴史・現在がわ
かる本 第2期〈2〉…①425
中国のワナ…………②442
中国はなぜ軍拡を続け
るのか……………②134
中国バブルはなぜつぶ
れないのか………②251
中国版画史論………①868
中国ビジネス法体系・②220
中国飛翔文学誌………①918
中国不要論…………②134

中国文学の愉しき世界
……………………①918
中国文化事典…………②89
中国文化論……………②89
中国民主化運動の旗手
劉暁波の霊言……①504
中国民族性〈第1部〉…②89
中国民族性〈第2部〉…②90
中国名記者列伝〈第2巻〉
……………………②14
中国名言集…………①465
中国メディアの変容…②90
中国遊園地大図鑑…①203
中国料理 人気メニュー
と技………………①69
中国料理のマネー
ジャー……………②428
中国労働法事件ファイ
ル…………………②467
中古でも恋がしたい！
〈9〉………………①1222
中古でも恋がしたい！
〈10〉……………①1223
中古でも恋がしたい！
〈11〉……………①1223
中古マンション購入の
ススメ……………①20
仲裁とADR〈第12号〉
……………………②223
駐在日記…………①1091
仲裁法の論点………②188
駐車監視員資格者必携
……………………②218
注釈少年法…………②216
注釈日本国憲法〈2〉…②200
注釈民事訴訟法〈第4巻〉
……………………②216
駐車場事故の法律実務
……………………②223
中小企業M&A実務必携
……………………②302
中小企業を強くする連
携・組織活動………②302
中小企業が主役の地域
活性化……………②302
中小企業が大企業に勝
つ秘策 100%成果が出
るウェブ集客の成功
法則………………②302
中小企業がIoTをやって
みた………………②302
中小企業金融における
会計の役割………②318
中小企業診断士1次試験
突破のための完全正
解2200問必達ドリル
……………………②486
中小企業診断士科目別1
次試験過去問題集〈1〉
……………………②486
中小企業診断士科目別1
次試験過去問題集〈2〉
……………………②486
中小企業診断士科目別1
次試験過去問題集〈3〉
……………………②486
中小企業診断士科目別1
次試験過去問題集〈4〉
……………………②486
中小企業診断士科目別1
次試験過去問題集〈5〉
……………………②486
中小企業診断士科目別1
次試験過去問題集〈6〉
……………………②486
中小企業診断士科目別1
次試験過去問題集〈7〉
……………………②486
中小企業診断士最速合

格のためのスピード
テキスト〈1〉……… ②486
中小企業診断士最速合
格のためのスピード
テキスト〈2〉……… ②486
中小企業診断士最速合
格のためのスピード
テキスト〈3〉……… ②486
中小企業診断士最速合
格のためのスピード
テキスト〈4〉……… ②486
中小企業診断士最速合
格のためのスピード
テキスト〈5〉……… ②486
中小企業診断士最速合
格のためのスピード
テキスト〈6〉……… ②486
中小企業診断士最速合
格のためのスピード
テキスト〈7〉……… ②486
中小企業診断士最速合
格のためのスピード
問題集〈1〉……… ②486
中小企業診断士最速合
格のためのスピード
問題集〈2〉……… ②486
中小企業診断士最速合
格のためのスピード
問題集〈3〉……… ②486
中小企業診断士最速合
格のためのスピード
問題集〈4〉……… ②487
中小企業診断士最速合
格のためのスピード
問題集〈5〉……… ②487
中小企業診断士最速合
格のためのスピード
問題集〈6〉……… ②487
中小企業診断士最速合
格のためのスピード
問題集〈7〉……… ②487
中小企業診断士最速合
格のための第1次試験
過去問題集〈1〉…… ②487
中小企業診断士最速合
格のための第1次試験
過去問題集〈2〉…… ②487
中小企業診断士最速合
格のための第1次試験
過去問題集〈3〉…… ②487
中小企業診断士最速合
格のための第1次試験
過去問題集〈4〉…… ②487
中小企業診断士最速合
格のための第1次試験
過去問題集〈5〉…… ②487
中小企業診断士最速合
格のための第1次試験
過去問題集〈6〉…… ②487
中小企業診断士最速合
格のための第1次試験
過去問題集〈7〉…… ②487
中小企業診断士最速合
格のための第2次試験
過去問題集〈2017年度
版〉……………… ②487
中小企業診断士最速合
格のための要点整理
ポケットブック 第1
次試験1日目〈2018年
度版〉……………… ②487
中小企業診断士最速合
格のための要点整理
ポケットブック 第1
次試験2日目〈2018年
度版〉……………… ②487
中小企業診断士試験1次
試験過去問題集〈2017
年版〉…………… ②487

中小企業診断士試験1次
試験過去問題集〈2018
年版〉…………… ②487
中小企業診断士試験2次
試験過去問題集〈2017
年版〉…………… ②487
中小企業診断士試験
ニュー・クイックマ
スター〈1〉……… ②487
中小企業診断士試験
ニュー・クイックマ
スター〈3〉……… ②487
中小企業診断士試験
ニュー・クイックマ
スター〈4〉……… ②487
中小企業診断士試験
ニュー・クイックマ
スター〈6〉……… ②487
中小企業診断士試験
ニュー・クイックマ
スター〈7〉……… ②487
中小企業診断士試験 論
点別・重要度順過去問
完全マスター〈1〉… ②487
中小企業診断士試験論
点別・重要度順過去問
完全マスター〈2〉… ②487
中小企業診断士試験 論
点別・重要度順過去問
完全マスター〈3〉… ②487
中小企業診断士試験 論
点別・重要度順過去問
完全マスター〈4〉… ②487
中小企業診断士試験 論
点別・重要度順過去問
完全マスター〈5〉… ②487
中小企業診断士試験 論
点別・重要度順 過去
問完全マスター〈6〉
………………… ②487
中小企業診断士試験論
点別・重要度順過去問
完全マスター〈7〉… ②487
中小企業診断士第1次試
験模範解答解説集
〈2017年度〉……… ②487
中小企業診断士第2次試
験 模範解答解説集
〈2016年度〉……… ②487
中小企業診断士2次試験
合格者の頭の中に
あった全知識〈2017年
版〉………………… ②487
中小企業診断士2次試験
合格者の頭の中に
あった全ノウハウ
〈2017年版〉……… ②488
中小企業診断士2次試験
財務会計・事例4… ②488
中小企業診断士2次試験
30日完成！ 事例4合
格点突破計算問題集
〈2017年版〉……… ②488
中小企業診断士2次試験
事例問題攻略マス
ター……………… ②488
中小企業診断士2次試験
事例4の全知識＆全ノ
ウハウ〈2017年版〉
………………… ②488
中小企業診断士2次試験
ふぞろいな合格答案
〈エピソード10〈2017
年版〉〉…………… ②488
中小企業診断士のため
の経済学入門…… ②263
中小企業の会計監査制
度の探究………… ②302
中小企業の「後継社長」

が知っておくべき会
社引継ぎ50の鉄則・②302
中小企業の事業承継… ②302
中小企業の事業承継戦
略………………… ②302
中小企業の事業性を向
上させる税理士の経
営支援…………… ②302
中小企業の3D進化論 … ②302
中小企業の成長を支え
る外国人労働者…… ①465
中小企業のための国税
書類のスキャナ保存
入門……………… ②302
中小企業のための事業
承継の実務……… ②302
中小企業のための成功
する事業承継…… ②328
中小企業のための組織
再編・資本等取引の
会計と税務……… ②302
中小企業のための「超
経理」…………… ②302
中小企業のための補助
金・助成金徹底活用
ガイド〈2017・2018
年版〉…………… ②302
中小企業白書〈2017年
版〉………………… ②303
中小企業法務のすべて
………………… ②303
中小建設業のための“管
理会計”読本…… ②441
昼職未経験のキャバ嬢
が月商2億の社長に育
つまで…………… ②289
中枢神経系 古代篇 … ①730
中世イギリスロマンス
ガウェイン卿と緑の
騎士……………… ①921
中世ヴェネツィアの家
族と権力………… ①601
中世英国人の仕事と生
活………………… ①605
中世叡尊教団の全国的
展開……………… ①515
中世奥羽の墓と霊場・①549
中世楽器の基礎的研究
………………… ①549
中世・近世堺地域史料
の研究…………… ①549
中世後期 泉涌寺の研究
………………… ①515
中世国語資料集…… ①549
中世地下文書の世界・①616
中世仕事図絵……… ①601
中世寺院と国家・地域・
史料……………… ①549
中世思想研究〈59〉… ①469
中世実在職業解本 十
三世紀のハローワー
ク………………… ①114
中世ドイツの修道院医
学 ヒルデガルトの精
神療法（スピリチュア
ルセラピー）35の美
徳と悪徳………… ①607
中世東大寺の国衙経営
と寺院社会……… ①549
中世の王朝物語…… ①895
中世の声と文字 親鸞の
手紙と『平家物語』
〈3〉……………… ①520
中世の下野那須氏… ①549
中世の文学伝統…… ①895
中世の窓から……… ①601
中世の門跡と公武権力
………………… ①549

中世の“遊女”……… ①549
中世武家服飾変遷史・①549
中世ふしき絵巻…… ①895
中世仏教文学の思想… ①511
中世宝石賛歌と錬金術
………………… ①590
中世美濃遠山氏とその
一族……………… ①549
中世物語資料と近世社
会………………… ①895
中世ヨーロッパの騎士
………………… ①601
中世和歌史の研究… ①900
中世和歌論……… ①900
中大規模木造建築物の
構造設計の手引き・②622
ちゅうちゃん……… ①1020
ちゅうちゅうたこかい
な………………… ①334
中東・イスラーム研究
概説……………… ①129
中東欧体制移行諸国に
おける金融システム
の構築…………… ②263
中東研究〈第528号 2016
年度Vol.3〉……… ①129
中東研究〈第530号 2017
年度Vol.2〉……… ①129
中東世界データ地図・②129
中東とISの地政学… ①129
チュウとチイのあおい
やねのひみつきち・①334
中途盲ろう者のコミュ
ニケーション変容・②72
中南米野球はなぜ強い
のか……………… ①223
中日言語研究論叢… ①665
中日新聞縮刷版〈平成28
年12月号〉……… ②10
中日新聞縮刷版〈平成29
年1月号〉………… ②10
中日新聞縮刷版〈平成29
年2月号〉………… ②10
中日新聞縮刷版〈平成29
年9月号〉………… ②10
中日新聞縮刷版〈平成29
年10月号〉……… ②10
中日新聞縮刷版〈平成29
年11月号〉……… ②10
中日対照言語学概論・①665
中日ドラゴンズ伝説の
スカウトかく語りき
ドラマは球場の外に
ある……………… ①223
中二病漢字バイブル・①627
中年サラリーマンが副
収入を不動産投資で
稼ぐ方法………… ②421
中年女子画報……… ①853
中年冒険者の魔物メシ
………………… ①1204
厨病激発ボーイ…… ①1134
厨病激発ボーイ〈4〉
………………… ①1134
厨病激発ボーイ〈5〉
………………… ①1134
中部電力の就活ハンド
ブック〈2019年度版〉
………………… ①291
中部病院情報〈2017年
版〉………………… ②709
中米 グアテマラ コスタ
リカ〈2018～2019年
版〉………………… ①209
中米の子どもたちに算
数・数学の学力向上
………………… ①748
厨房ガール！…… ①1076
中本研究………… ①899

注目情報はこれだ！
〈2017年度版〉…… ②339
注文をまちがえる料理
店………………… ②61
注文をまちがえる料理
店のつくりかた… ①176
注文の多い美術館 … ①1082
注文の多い料理店 … ①890
ちゅうもんのおおいレ
ストラン………… ①334
“中露国境”交渉史… ②124
駐露全権公使 榎本武揚
〈上〉…………… ①1329
駐露全権公使 榎本武揚
〈下〉…………… ①1329
チュートリアルの伝播
と変容…………… ①753
春姫（チュニィ）という
名前の赤ちゃん… ①314
チュベローズで待って
る AGE22………… ①1082
チュベローズで待って
る AGE32………… ①1082
治癒魔法の間違った使
い方〈4〉………… ①1193
治癒魔法の間違った使
い方〈5〉………… ①1193
治癒魔法の間違った使
い方〈6〉………… ①1193
チューリップ……… ①334
チューリップ畑をつま
さきで…………… ①334
チューリップよもやま
話………………… ②688
チューリヒ発スイス鉄
道旅行…………… ①206
チューリングの遺産
〈上〉…………… ①1342
チューリングの遺産
〈下〉…………… ①1342
チューリングの大聖堂
〈上〉…………… ②654
チューリングの大聖堂
〈下〉…………… ②654
寵………………… ①1401
寵愛婚…………… ①1220
超一流できる人の質問
力………………… ①361
超一流の「気くばり」・②353
超一流のクレーム対応
………………… ②426
超一流の指揮者がやさ
しく書いた合唱指導
の本……………… ①739
超一流の小さな気配り
………………… ①364
超一流の適応力…… ①223
超一流の手帳はなぜ空
白が多いのか？… ②353
超一流のマインドフル
ネス……………… ②353
超一流のメンタル … ①226
超一流は無駄に食べな
い………………… ①150
超一極集中社会アメリ
カの暴走………… ②254
超ウケる！ 最強キメゼ
りふ……………… ①437
鳥影〈8〉………… ①1084
超越論的語用論の再検
討………………… ①471
超音波検査士認定試験
対策 基礎編……… ②781
超音波診断装置が有用
な運動器疾患診断治
療ガイド………… ②719
超音波フェイズドアレ
イ技術 基礎編 最新版
………………… ②596

超開運風水暦〈2018〉
　…………………①134
懲戒処分・解雇 ………②467
ちょうかい 未犯調査室
　〈1〉…………………①1099
ちょうかい 未犯調査室
　〈2〉…………………①1099
ちょうかい 未犯調査室
　〈3〉…………………①1099
聴覚障害児の発音・発
　語指導 ………………①684
聴覚障害者と裁判員裁
　判 ……………………②229
聴覚障害者、ろう・難聴
　者と関わる医療従事
　者のための手引 ……②72
超拡大で虫と植物と鉱
　物を撮る ……………①252
張学良が仕掛けた四つ
　の罠 …………………①580
超ガチトレ 英語スピー
　キング上達トレーニ
　ング（音声DL付）‥①647
鳥瞰図で見る古代都市
　の世界 ………………①590
超簡単状況別英会話集
　…………………………①644
超簡単「ちょい足し酵
　母」のパン作り ……①57
超カンタン！ トリック
　工作BOOK ……………①430
超カンタン！ ドレミふ
　りがな付き いますぐ
　吹けるオカリナ曲集
　風のうた ……………①818
超カンタン！ ドレミふ
　りがな付き いますぐ
　吹けるオカリナ曲集
　季節のうた …………①818
超カンタン！ ドレミふ
　りがな付き いますぐ
　吹けるオカリナ曲集
　心のうた ……………①818
超カンタン！ ドレミふ
　りがな付き いますぐ
　吹けるオカリナ曲集
　大地のうた …………①818
超かんたん！ マッサー
　ジ ……………………①150
超・起業思考 …………②343
超危険生物スゴ技大図
　鑑 ……………………①405
寵姫志願!?ワケあって腹
　黒皇子に買われたら、
　溺愛されました …①1159
長期ゼロエミッション
　に向けて ……………②573
超吉ガール〈5〉………①362
長期投資でお金の悩み
　から自由になった人
　たち …………………②394
超キモイ！ ブキミ深海
　生物のひみつ100 …①405
超・急性期脳梗塞治療
　への挑戦！ …………②719
超強豪校 ………………①221
調教師は魔物に囲まれ
　て生きていきます。
　…………………………①1244
超巨大ブラックホール
　に迫る ………………②675
超空海伝 宇宙の真理が
　変わるとき …………①141
超駆逐艦 標的艦 航空機
　搭載艦 ………………①166
超激辛数独〈1〉………①275
超激辛数独〈2〉………①275
超健康！ 若返る！ ブ
　ロッコリーご飯ダイ

エット …………………①26
超現実と東洋の心 ……①908
超・検証力 ……………②289
張騫とシルク・ロード
　…………………………①597
超豪快バーベキューア
　イディアレシピ ……①57
超合格脳が手にはいる
　究極の勉強法 ………①675
超合金魂計画20th …②287
超攻撃的振り飛車 新
　生・角頭歩戦法 ……①250
超口語訳 徒然草 ……①896
超口語訳方丈記 ……①896
調香師レオナール・
　ヴェイユの優雅な日
　常 ……………………①1196
超高層建築と地下街の
　安全 …………………②618
超高齢社会だから急成
　長する日本経済 ……②244
超高齢社会2.0 ………②104
超高齢社会のための専
　門的口腔ケア ………②758
中国人観光客の財布を
　開く80の方法 ………②90
彫刻の問題 ……………①869
超極太糸でザクザク編
　む、まいにちのバッ
　グと小物 ……………①82
超「個」の教科書 ……①230
「超」怖い話鬼門 ……①145
「超」怖い話 酉 ……①145
「超」怖い話 ひとり …①1125
「超」怖い話 丁 ……①1117
超採用力 ………………①310
張作霖 …………………①575
長時間労働対策の実務
　…………………………②464
超「姿勢」力 …………①158
超時短Photoshop「写
　真の色補正」速攻
　アップ！ ……………②540
超時短Photoshop「人
　物写真の補正」速攻
　アップ！ ……………②540
超時短Photoshop「選
　択範囲とマスク」速
　攻アップ！ …………②540
超時短Photoshop「レ
　イヤーとスタイル」
　速攻アップ！ ………②540
腸疾患診療の現在 ……②740
超実践マニュアル 医療
　情報 …………………②699
超実存系 ………………①453
長子ってこんな性格。
　…………………………①484
「超」実用的文章レト
　リック入門 …………①633
超シニア社会を生きる
　知恵 食べたい力 ……①57
鳥獣戯画 ………………①985
鳥獣戯画を読みとく …①832
徴収職員のための 滞調
　法の基本と実務 ……②152
鳥獣保護管理法の解説
　…………………………②697
超重要！ 公務員試験過
　去問題集（地方上級）
　〈'19年版〉 …………②181
超重要！ 公務員試験過
　去問題集（地方初級）
　〈'19年版〉 …………②182
超重要！ 登録販売者過
　去問題集〈'17年版〉
　…………………………②781
長寿企業のリスクマネ
　ジメント ……………②289

長寿県信州の作りおき
　…………………………①57
長寿社会を生きる ……②160
長寿の国を診る ………②707
長寿の献立帖 …………①36
長寿のヒミツ …………②67
長寿の道しるべ ………①110
超準解析と物理学 ……②665
超常現象のつくり方 ・①141
超詳細！ きほんの料理
　…………………………①57
寂照山成菩提院所蔵『悟
　鈔』影印・翻刻 ……①516
超・少年探偵団NEO
　…………………………①1134
長女たち ………………①1000
帳尻屋仕置〈6〉………①1043
寵臣〈23〉………………①1043
超人高校生たちは異世
　界でも余裕で生き抜
　くようです！〈5〉…①1279
超人高校生たちは異世
　界でも余裕で生き抜
　くようです！〈6〉…①1279
超図解！ 新規事業立ち
　上げ入門 ……………②289
超図解「21世紀の哲学」
　がわかる本 …………②453
超図解ブロックチェー
　ン入門 ………………②378
超図解 ベンジャミン・
　フルフォードの「世
　界の黒幕」タブー大
　図鑑 …………………②124
超スピード合格！ 衛生
　管理者第1種＋第2種
　テキスト＆問題集 …②630
超スロー32式太極剣（つ
　るぎ）………………②237
超絶エリートな幼馴染
　みはケモノな欲望を
　隠している …………①1398
"超絶技巧"の源流 刀装
　具 ……………………①872
超絶！ きみょうな生き
　物大図鑑196 ………①405
超絶クラシック・ピア
　ノ・レパートリー …①821
超絶能力で生きのび
　る！ 世にも驚異な植
　物たち ………………②688
超絶美麗宰相閣下の執
　着愛 …………………①1398
朝鮮王朝と現代韓国の
　悪女列伝 ……………①599
朝鮮外交の近代 ………①599
朝鮮漢字音 入門と発展
　…………………………①666
朝鮮語研究〈7〉………①667
朝鮮思想全史 …………①460
挑戦者 いま、この時を
　生きる。 ……………①214
挑戦者たちに学ぶデジ
　タルマーケティング
　…………………………②337
朝鮮儒学史の再定位 ・①599
朝鮮出身の帳場人が見
　た慰安婦の真実 ……①580
朝鮮人とアイヌ民族の
　歴史的つながり ……②119
朝鮮戦争は、なぜ終わ
　らないのか …………①599
朝鮮大学校研究 ………②46
「挑戦的スローライフ」
　の作り方 ……………①27
朝鮮半島 終焉の舞台裏
　…………………………①131

朝鮮半島 侵攻指令 ・・①1129
朝鮮半島地政学クライ
　シス …………………②131
朝鮮半島という災厄 …②132
朝鮮半島はなぜいつも
　地獄が繰り返される
　のか …………………①599
朝鮮半島暴発〈1〉……①1129
朝鮮日々記を読む ……①555
朝鮮民主主義人民共和
　国組織別人名簿
　〈2017〉 ……………②132
朝鮮民族の美100点 …①832
超・戦略的！ 作家デ
　ビューマニュアル …①884
超速エクセル仕事術 …②538
超速片づけ仕事術 ……②353
超速!!倹約!?大行列の
　オモテとウラ 『参勤
　交代』の不思議と謎
　…………………………②561
超速で問題を解決する
　瞬間フレームワーク
　…………………………②353
超速マスター！ 一般常
　識＆時事問題〈'20年
　度版〉 ………………②297
超速！ Webページ速度
　改善ガイド …………②528
超速解 司法書士試験 記
　述式〈平成28年度版〉
　…………………………②237
超ソロ社会 ……………②104
調達・購買パワーアッ
　プ読本 ………………②589
趙治勲詰碁ハンドブッ
　ク ……………………②247
超・知的生産術 ………②353
ちょうちょひらひら ・②306
朝廷儀礼の文化史 ……①550
朝敵まかり通る〈3〉
　…………………………①1063
超伝導磁束状態の物理
　…………………………②665
聴導犬くんれん生 ふく
　…………………………①334
聴導犬のなみだ ………②61
超ど素人が極める株 …②394
超ど素人がはじめる投
　資信託 ………………②394
超特急×ロンドン ……①776
超特急×London ロン
　ドンからも愛を込め
　て ……………………①776
腸内環境を変えたい人
　はアロエベラを食べ
　なさい ………………①179
腸内細菌キャラ図鑑 …②150
腸内細菌のベストバラ
　ンスが病気にならな
　い体をつくる ………①150
長男・長女の「終活力」
　…………………………①110
超なんでやねん ………②290
超肉食恐竜ティラノサ
　ウルスの誕生！ ……①401
超日本製品論 SUPER
　JAPAN PRODUCT
　…………………………②290
超入門！ 書いて覚える
　韓国語ドリル ………①667
超入門 資本論 ………②263
超入門！ スタンプワー
　クレッスンBOOK …①78
超入門24時間まかせて
　稼ぐFX戦略投資 …②397
超入門 24式太極拳 …①237
超入門ボブ・ディラン
　…………………………①807

超能力微生物 …………②683
蝶の力学 ………………①1072
超迫力乗り物図鑑 ・②435
腸はぜったい冷やす
　な！ …………………①180
挑発する写真史 ………①252
挑発的ニッポン革命論
　…………………………②20
超早わかり・「標準算定
　表」だけでは導けな
　い婚姻費用・養育費
　等計算事例集（中・上
　級編） ………………②190
超・反日 北朝鮮化する
　韓国 …………………②88
寵妃花伝 ………………①1145
超ビジュアル！ 三国志
　人物大事典 …………①425
超ビジュアル！ 世界の
　歴史人物大事典 ……①425
超ビジュアル！ 歴史人
　物伝 伊達政宗 ……①427
超ビジュアル！ 歴史人
　物伝 徳川家康 ……①427
超ビジュアル！ 歴史人
　物伝 豊臣秀吉 ……①427
超微小生命体ソマチッ
　トと周波数 …………①141
超 暇つぶし図鑑 ……②30
重複レジームと気候変
　動交渉：米中対立か
　ら協調、そして「パリ
　協定」へ ……………②575
超武装自衛隊 …………①1129
超分子化学 ……………②671
長編マンガの先駆者た
　ち ……………………①33
諜報憲兵 ………………①580
眺望絶佳の打ち上げ花
　火 ……………………①257
超ホワイト仕事術 ……②353
超問クイズ！ 真実か？
　ウソか？〈第1巻〉…②32
超訳 イエスの言葉 …①525
超訳 「言志四録」……①462
超訳 西郷隆盛語録 …①567
超訳 戦国武将図鑑 …①555
超訳孫子の兵法 ……①466
超訳 道元 ……………①518
超訳引き寄せの法則 ・①125
超訳 報徳記 …………①462
超訳マンガ 百人一首物
　語 全首収録版 ……①901
超ヤバい話 ……………②679
調理科学のなぜ？ ……②774
調理学 …………………②774
調理師試験過去問題集
　〈'17年版〉 …………②507
調理師試験過去問題集
　〈'18年版〉 …………②507
調理師試験重要項目
　〈'18年版〉 …………②507
調理師試験問題と解答
　〈2017年版〉 ………②507
調理師試験予想問題集
　〈2018年度版〉 ……②507
調理師読本〈2017年版〉
　…………………………②507
潮流 ……………………①1087
鳥類学者だからって、
　鳥が好きだと思うな
　よ。 …………………②697
朝礼一言集 ……………②367
朝礼・スピーチ・雑談
　…………………………②361
超老人の壁 ……………①110
"超朗報"隣部屋の美人
　妻が甘やかしご奉仕

書名索引

してくれるらしい www……①1397
超ロジカル思考 ……②353
超AI時代の生存戦略 ②513
ちょきちょきブロッコリーさん…………①334
貯金1000万円以下でも老後は暮らせる！ ①110
貯金ゼロ・知識ゼロ・忍耐力ゼロからのとってもやさしいお金のふやし方 ………①390
貯金0でも「お金に強い女（ひと）」になれる本 ………………①390
チョキンちゃんのクリスマス …………①307
貯金100万円から月収50万円生活 ………②421
直線で作れて素敵に見えるきものリフォーム ……………①32
直前マスター 甲種危険物取扱者試験 ……①644
直前マスター！ 第1類消防設備士 ………①642
チョークとペンのイラスト素材集 ニューヨークスタイルブック ……………①861
勅命臨時大使、就任！……………①1362
直訳禁止！ ネイティブが使うユニーク英語表現 …………①640
チョコがけくまたん〈1〉………………①334
ちょこっと仕込みで時短ごはん ………①57
ちょこっとだけ漬けもの………………①57
ちょこっと楽しむ保存食…………………①57
ちょこっとチャレンジ！ 韓国語 ①667
チョコで血圧が下がった…………①180
チョコのたね ……①334
チョコレート革命 ……①970
チョコレート検定 公式テキスト〈2017年版〉…………………①36
チョコレートの歴史 ①36
著作権研究〈43（2016）〉
「著作権」の基本と常識…………………①16
著作権の誕生 ……①606
著作権法入門〈2017 - 2018〉…………①188
貯蓄800万円「安心老後」………………①390
直感をみがいて自分らしく幸せに生きる・①117
直感のレシピ ……①98
直感はわりと正しい・①104
直感力を鍛える …①247
ちょっといい話〈第13集〉………………①938
ちょっとおんぶ ……①358
ちょっと気になる医療と介護 …………②48
ちょっと気になる社会保障 …………②48
ちょっとゲームで学園の覇権とってくる ……………①1166
ちょっと困っている貴女へ バーのマスター

からの47の返信…… ①117
ちょっとしたことでうまくいく 発達障害の人が上手に働くための本 …………①494
ちょっとしたことで「かわいがられる」人・①364
ちょっとした言葉かけで変わる保護者支援の新ルール10の原則 ………………①692
ちょっと知ると、もっと好きになる 日本酒超入門 …………①44
ちょっとずつちょっとずつ …………①314
ちょっとそこまで旅してみよう ………①955
ちょっとだけLinuxにさわってみたい人のためのBash on Ubuntu on Windows入門 ②547
ちょっと小さめ便利でかわいいミニバッグ50…………………①75
ちょっとツウなオアフ島＆ハワイ島案内・①209
ちょっとむかしの酒蔵の旅 ……………①44
千夜（ちよ）と一夜（ひとよ）の物語 ……①1125
ちよぴもれ女子のための「あ！」すっきり手帖 ……………①168
チョプラン漂流記 お船がえる日 ………①334
チョムスキー言語学講義 ………………①622
チョールフォント荘の恐怖 ……………①1346
治乱のヒストリア ……①597
地理空間情報を活かす授業のためのGIS教材 ………………①732
知立国家 イスラエル ②86
ちりつもばあちゃんのむすびでひらいてまごそだて ………①14
地理統計要覧〈2018年版・Vol.58〉……①618
地理と地形で読み解く戦国の城攻め …①555
塵泥 ……………①976
ちりめん細工の小さな袋と小箱 ………①75
知略の騎士と溺愛される若奥様 ………①1406
チリ夜想曲 ……①1338
知里幸恵とアイヌ …①442
散り行く花 ………①1081
治療家の持つべき力・②701
治療効率がUP！ 良好な予後につながるラバーダム法 ……②758
治療者としてのあり方をめぐって ……②745
治療に活かす「診断力」の高めかた ……①173
治療に役立つグラム染色 ……………②732
治療のこころ〈第22巻〉…………………②701
治療薬インデックス〈2018〉……………②770
治療論からみた退行・①494
「知力」をつくる技術・②353
チリワイン ………①46
地霊・パンドラの箱 ①784
地歴高等地図 ……①211

チロリものがたり …… ①334
チロルチョコはロックだ！ ……………②445
チンアナゴ3きょうだい ………………①358
賃金決定のための物価と生計費資料〈2018年版〉………………②463
賃金事情調査 ……②463
賃金・人事データ総覧〈2017年版〉……②468
賃金・労使関係データ〈2017/2018〉……②460
賃金・労働条件総覧 賃金交渉編〈2017年版〉…………………②460
賃金・労働条件総覧 労働条件編〈2017年版〉…………………②460
鎮魂 ……………①1099
鎮魂の盃 ………①1026
珍獣図鑑 ………②691
珍獣ドクターのドタバタ診察日記 ……①383
珍説 輪國小町情話 ①1061
鎮憎師 …………①1075
賃貸経営でお金を残す！ 不動産オーナーの儲かる節税 ②423
賃貸住宅オーナーのための確定申告節税ガイド ……………②397
賃貸フェス ……①419
賃貸不動産管理の知識と実務 ………②507
賃貸不動産経営管理士試験対策テキスト〈平成29年度版〉……②494
賃貸不動産経営管理士試験対策問題集〈平成29年度版〉……②495
賃貸マンション 管理会社vs自主管理 ②423
ちんちん電車 ……②947
陳独秀文集〈3〉……②134
沈黙する女たち …①983
沈黙と沈黙のあいだ・①923
沈黙と美 ………②20
沈黙の医療 ……②707
沈黙の詩（うた）…①1083
沈黙の海・有明海 ②604
沈黙の王 ………①1062
沈黙の声 ………①941
沈黙の詩法 ……①474
沈黙者 …………①1076
賃料「地代・家賃」評価の実際 ………②421

で治せる！ ………①167
追伸 ソラゴトに微笑んだ君へ ………①1228
追伸 ソラゴトに微笑んだ君へ〈2〉……①1228
追伸 ソラゴトに微笑んだ君へ〈3〉……①1228
追跡者 …………①1059
追想の探偵 ……①1095
「ついていきたい」と思われるリーダーになれる本 …………②367
ついに「愛国心」のタブーから解き放たれる日本人 ………②20
ついにあなたの賃金上昇が始まる！ …②244
遂にカンパネルラが・①917
ついに、来た？ …①1021
ついに日本繁栄の時代がやって来た …②124
ついに反重力の謎が解けた！ …………①141
終の選択 ………②705
終の日まで… …②1021
追放選挙 公式アートブック …………①799
追放と抵抗のポリティクス ……………②104
原発は終わった ②580
ツインズ〈6〉……①1359
ツインズベイビィは今日も大騒ぎ！ …①1306
ツイン・ピークス ①1356
「ツイン・ピークス」＆デヴィッド・リンチの世界 …………②794
ツイン・ピークス シークレット・ヒストリー ……………①781
ツイン・ピークス読本 …………………①781
ツイン・ピークス ファイナル・ドキュメント ……………①781
通院してもちっとも治らないアレルギー性鼻炎を本気で治す！ ①181
痛快 不良警察官 ①947
痛快無比!!プロレス取調室 ……………②239
通学鞄 …………①1282
通学電車 ………①368
痛覚のふしぎ …②719
通関士過去問スピードマスター〈2017年度版〉…………………②507
通関士過去問題集〈2017年版〉……………②507
通関士完全攻略ガイド〈2017年版〉……②507
通関士完全攻略ガイド〈2018年版〉……②507
「通関士」合格の基礎知識……………②507
通関士試験合格ハンドブック〈2017年版〉……………②507
通関士試験ゼロからの申告書〈2017〉……②507
通関士試験「通関実務」集中対策問題集②507
通関士試験テーマ別問題集〈2017年版〉②507
通関士試験まるわかりノート〈2017〉……②507
通関士試験 問題・解説集〈平成29年度版〉

通関士スピードテキスト〈2017年度版〉…②508
通関手続ドリル〈2017〉………………②508
通級学級のユニバーサルデザイン スタートダッシュQ&A55…①719
通級指導教室と特別支援教室の指導のアイデア ……………②684
通勤時間でうかる！ 賃貸不動産経営管理士試験一問一答 ②495
通勤時間で攻める！ 司法書士スタートアップテキスト ……②237
通勤時間で攻める！ 中小企業診断士スタートアップ一問一答集 ……………②488
通勤電車のはなし…②434
通じない日本語 …①624
通州事件 ………①581
通州の奇跡 ……①586
通常攻撃が全体攻撃で二回攻撃のお母さんは好きですか？…①1161
通常攻撃が全体攻撃で二回攻撃のお母さんは好きですか？〈2〉……………①1161
通常攻撃が全体攻撃で二回攻撃のお母さんは好きですか？〈3〉………………①1161
通商白書〈2017〉……②273
通信制高校があるじゃん〈2017 - 2018年版〉…………………①743
通信制高校のすべて・①701
通達・情報・裁決・判例等から見た広大地評価の実務〈平成29年版〉…………………②420
通天閣さん ……①1004
通天閣の消えた町 ①994
ツウになる！ 世界の政府専用機 ……②437
ツウになる！ 戦闘機の教本 ……………②167
ツウになる！ 鉄道の教本 ……………②434
ツウになる！ 旅客機の教本 ……………②437
通も知らない驚きのネタ！ 鉄道の雑学大全 ……………②434
通訳案内士イタリア語過去問解説 ……①671
通訳案内士英語過去問解説 …………②508
通訳案内士韓国語過去問解説（平成28年度公表問題収録）……①667
通訳案内士スペイン語過去問解説 ……①672
通訳案内士中国語過去問解説 ………①665
通訳案内士 地理・歴史・一般常識過去問解説（平成29年度問題収録）………………②508
通訳案内士 地理・歴史一般常識完全対策・②508
通訳案内士ドイツ語過去問解説 ………①668
通訳案内士フランス語過去問解説 ……①670

追憶 …………①956、①1070、①1390
追憶 下弦の月……①942
追憶の翰 ………①1045
追憶の日米野球 …①223
追憶の山々 ……①233
「つい怒ってしまう」がなくなる …………①14
終をみつめて …①459
つい「がんばりすぎてしまう」あなたへ・①494
椎間板ヘルニアは自分

書名索引

通訳案内士ポルトガル語過去問解説 ……①672
通訳案内士ロシア語過去問解説 ……①672
通訳酬酢 ……①561
杖と林檎の秘密結婚 ……①1242
ツォンカパ 菩提道次第大論の研究〈3〉……①511
使い捨てカイロで体をあたためるすごい! 健康法 ……①158
つがいの半身 ……①1313
使い道がわかる微分積分 ……②657
使うための心理学 ……①484
使えないとアウト! 30代からは統計分析で稼ぎなさい ……②661
使えるイタリア語単語3700 ……①671
使える! コード理論 ·①811
使える財務会計2 問題集 ……②318
使える! 資金繰り表の作り方 ……②326
使える! 楽しい! 中学校理科授業のネタ100 ……①730
使える詰み筋が身につく! 詰将棋トレーニング210 ……①250
使える! 保育のあそびネタ集 ゲームあそび編 ……①692
使える! 保育のあそびネタ集 室内あそび50 ……①693
使える! 保育のあそびネタ集 ふれあいあそび編 ……①693
官人(つかさびと) 大伴家持 ……①900
つかってみよう! 四字熟語365日 ……①388
継がない子、残したい親のM&A戦略 ……②311
捕まえたもん勝ち!〈2〉……①1082
捕まえて、食べる ……①43
つかまるわけないだろ! ……①314
掴みそこねた魂 ……①966
つかむ・つかえる行政法 ……②203
摑むひと 逃すひと ……②24
津軽こぎん刺し 鎌田久子の世界 ……①78
疲れをとるなら帰りの電車で寝るのをやめなさい ……①150
疲れがとれて朝シャキーンと起きる方法 ……①171
疲れた胃腸を元気にする 週末ビーガン野菜レシピ ……①57
疲れと痛みに効く! ねこ背がラクラク治る本 ……①158
疲れとりストレッチ パレックス ……①150
疲れないからだをつくる 夜のヨガ ……①161
「疲れない脳」のつくり方 ……①176
疲れ目・視力減退にぐぐっと効く生活習慣 ……①183
疲れリセット即効マニュアル ……①158
月明かりの男 ……①1354
ツキイチで世界を旅しながら年収1000万円を実現する生き方 ·②390
月1万円からできる人生を変えるお金の育て方 ……②390
月1回、10000円から始める株トレード ……②394
月岡芳年 月百姿 ……①835
月岡芳年 妖怪百物語 ·①835
月を知る! ……①403
月を掴み太陽も掴もう ……①825
月居良子のまっすぐでつくれる服 ……①84
月学 ……①403
月影に消ゆ〈21〉……①1062
月影の迷路 ……①1353
月が導く異世界道中〈11〉……①1148
月が導く異世界道中〈12〉……①1148
月が導く異世界道中〈13〉……①1149
月神の愛でる花 ……①1304
月からきたトウヤーヤ ……①374
月30万以上を確実に稼ぐ! メルカリで中国輸入→転売実践講座 ……②513
築地移転の謎 なぜ汚染地なのか ……②142
築地魚河岸ブルース ·①257
築地居留地の料理人 ……①57
築地市場つぶしの豊洲移転を許さない ……②142
築地市場の豊洲移転? ……②457
築地めし ……①57
付添い屋・六平太 ……①1036
月たった2万円のふたりごはん ……①57
月とうさぎのフォークロア。〈St.2〉……①1227
月とうさぎのフォークロア。〈St.3〉……①1227
月と太陽、星のリズムで暮らす薬草魔女のレシピ365日 ……①155
月とライカと吸血姫〈2〉……①1270
月に足、届きそう ……①966
「次の一手」で覚える 将棋序・中盤の手筋436 ……①250
月のきほん ……②675
月のこよみ〈2018〉……①135
月の砂漠の略奪花嫁 ……①1186
月のしずく ……①334
次の震災について本当のことを話してみよう。……②41
次のステージに向かうJA自己改革 ……②448
次の突き当たりをまっすぐ ……①985
月の帝王と暁の聖花 ……①1406
月の部屋で会いましょう ……①1360
月の魔法で幸せを引き寄せる ……①130
月の満ち欠け ……①998
月の満ちる頃 ……①1313
月の都 海の果て ……①1242
月の別れ ……①908
ツキノワグマ ……②691
月まつりのおくりもの ……①334
月見草 ……①956
憑きもどり ……①1112
憑きものさがし ……①1045
月夜に溺れる ……①1097
月夜の散歩 ……①943
月夜の魔法 ……①1370
月夜は伯爵とキスをして ……①1340
つくえの下のとおい国 ……①350
机の前に貼る一行 ……①392
つくおき〈3〉……①57
筑紫の風 ……①1065
筑紫万葉 恋ひごころ ·①900
つくってあそぼう! おめんブック ……①334
作って覚えるFusion360の一番わかりやすい本 ……②540
作って覚えるVisualBasic2017デスクトップアプリ入門 ……②558
作って覚える Visual C# 2017 デスクトップアプリ入門 ……②559
作って学ぶIoTサービス開発の基本と勘所 ·②513
作って学ぶiPhoneアプリの教科書 ……②532
つくって学ぶProcessingプログラミング入門 ……②550
作って学ぼう! リアルな恐竜 たのしいペーパークラフト ……①430
つくってみたい茶席の和菓子十二か月 ……①70
つくってみよう! 和食弁当WASHOKU BENTO 野菜のお弁当 ……①434
嗣永桃子卒業アルバム ……①770
つくばで家づくりをするなら。……①19
筑波常治と食物哲学 ·②446
九十九怪談〈第8夜〉……①1120
九十九怪談〈第10夜〉……①1120
月読幽の死の脱出ゲーム ……①362
作らずに創れ! ……②307
造られしイノチとキレイなセカイ〈3〉……①1258
造られしイノチとキレイなセカイ〈4〉……①1258
つくられた「少女」……②104
作りおきおかずで簡単! 朝・昼・晩 糖質オフのダイエット献立 ……①57
つくりおきを楽しむ暮らし ……①57
つくりおき五味薬味でずぼらやせごはん ……①57
作りおきサラダSPECIAL ……①57
作りおきで便利、「分とく山」のかくし味 ……①67
作りおきの黄金比レシピ300 ……①57
つくりおき野菜ペーストレシピ ……①57
作りおき やせおかず 簡単おいしい250品 ……①57
作りおきレシピ300 ……①57
つくりおきレモン酢&酢しょうがで血流がよくなる! 毛細血管が増える! 体中若返る! ……①164
創り育てる安全文化 ·②460
作りながら基礎が学べる すぐに使いたいバッグ ……①75
作りながら学ぶReact入門 ……②550
創る ……①719
つくるガウディ ……②612
「つくる生活」がおもしろい ……②160
つくる楽しみ、装うよろこび はじめてのハンドメイドアクセサリー ……①75
作る・食べる・保存がこれ1つで 毎日のホーローレシピ ……①57
作るのカンタン 平らなワンコ服12か月 ……①84
創る×まち 育てる×ひと ……①679
つくれるサントラ、BGM ……①802
作れる! 学べる! Unreal Engine4ゲーム開発入門 ……②550
繕い屋 ……①1289
繕い屋の娘カヤ ……①351
繕う暮らし ……①84
つくろう! 事務だより ……①701
繕うワザを磨く金継ぎ上達レッスン ……①872
つくわけrecipe ……①57
つけたいところに最速で筋肉をつける技術 ……①217
つけたしことばの本 ·①871
漬け物大全 ……①37
都合のいい読書術 ……②3
辻章著作集〈第1巻〉……①890
辻恵子作品集 貼り切ル ……①867
つじつまを合わせたがる脳 ……②648
辻原登の「カラマーゾフ」新論 ……①925
辻番奮闘記 危急 ……①1032
対馬宗氏の中世史 ……①550
ツシマヤマネコ飼育員物語 ……①407
津島佑子 ……①913
津島佑子の世界 ……①913
辻容子ビスクドール ·①872
続かないと思っていた恋だけど、今日もあなたはそばにいます ……①1254
続きはおとなになってから ……①1311
続ける力 ……①98
続ける脳 ……②730
伝え上手、聞き上手になる! 介護職のための職場コミュニケーション術 ……②61
伝え導く経営 ……②290
伝える訴える ……②14
伝えることから始めよう ……②290
「伝わらない」がなくなる数学的に考える力をつける本 ……②654
伝わり方が劇的に変わる! しぐさの技術 ……②361
伝わる イラスト思考 ·②353
伝わる言葉に"文章力"はいらない ……①634
「伝わるコトバ」の作り方 ……②361
伝わるちから ……①956
つたわる中国語文法 ·①665
「伝わるデザイン」Excel資料作成術 ·②538
伝わる人は「1行」でツカむ ……①98
伝わる文章 ……①634
伝わるメールが「正しく」「速く」書ける92の法則 ……②363
土が語る古代・中近世 ……①614
つちづくりにわづくり ……①314
"土"という精神 ……②575
土の中の生きものからみた横浜の自然 ……②683
筒井康隆コレクション〈6〉……①890
筒井康隆コレクション〈7〉……①890
筒井康隆全戯曲〈4〉·①890
筒井康隆入門 ……①913
つつまれて ……①500
堤中納言物語の新世界 ……①896
堤中納言物語の真相 ·①896
包みと袋のおりがみ ……①81
ツトムとネコのひのようじん ……①358
つないでつないでプログラミング ……②550
「つながり」を生かした学校づくり ……①701
「つながり」を感じれば疲れはとれる ……①158
つながりを求めて ……②580
"つながり"の社会教育・生涯学習 ……①680
つながるお産 ……①8
つながる世界史 現代史の集中講義〈2017-2018年版〉……①732
"繋がる力"の手渡し方 ……②104
つながれつながれいのち ……②218
つなぎあう日々 ……①1019
津波災害痕跡の考古学的研究 ……①614
角田文衞自叙伝 ……①544
角の生えた帽子 ……①1077
ツノハズ・ホーム賃貸二課におまかせを ……①1078
募る想いは花束にして ……①1338
つばき ……①1064
椿油のすごい力 ……①3
つばき、時跳び ……①1119
翼がなくても ……①1098
翼になりたい ……①1273
翼、ふたたび ……①987
つぶさにミルフィーユ〈6〉……①957
潰し屋 ……①1111
つぶっこちゃん ……①334
つぶやき天使〈2〉……①141

つぶやくだけで心が軽
　くなるひと言セラ
　ピー …………… ①494
ツボ押しの達人 …… ①1112
つぼトントン ……… ①173
つぼみ ……………… ①1020
妻を殺してもバレない
　確率 …………… ①997
つま先立ちで若返る！
　………………… ①158
妻たちの二・二六事件
　………………… ①575
妻という名の咎人 … ①1374
妻に龍が付きまして…
　………………… ①130
酒肴ごよみ365日 …… ①37
つまり、「合理的配
　慮」って、こういうこ
　と?! …………… ①719
つまり、読書は冒険だ。
　〈5〉 …………… ①918
つまんない つまんない
　………………… ①334
積石塚大全 ………… ①614
罪なき誘惑 ………… ①1386
罪な伯爵 …………… ①1370
小旋風（つむじかぜ）の
　夢絃 …………… ①1040
ツムツムをさがせ！ … ①303
ツムツムとあそぼ！ … ①303
爪痕 ………………… ①1090
詰将棋の達人 ……… ①250
冷たい家 …………… ①1350
冷たい飲み物はとるな。
　………………… ①150
つやつやバンドとクラ
　フトバンドの雑貨た
　ち ……………… ①75
津山藩 ……………… ①561
艶めき秘密基地 …… ①1405
艶文字ひらがな練習帳
　………………… ①17
「強い経済」の正体 … ②244
強い心をつくる5つのヒ
　ント …………… ①98
強いショットが打てる
　体にシフト!!テニス体
　幹ストレッチ … ①226
強い！強い！阪神タイ
　ガース ………… ①223
『強い人』にならなけれ
　ばダメ ………… ①930
強いAI・弱いAI式太極
　つよい！THE24式太極
　拳「四正四隅」の秘密
　………………… ①237
強き者の島〈4〉 …… ①1360
強く生きていくために
　あなたに伝えたいこ
　と ……………… ①98
強くてニューゲーム！
　〈3〉 …………… ①1283
強くてニューゲーム！
　〈4〉 …………… ①1283
強くてニューサーガ〈8〉
　………………… ①1150
強くてニューサーガ〈9〉
　………………… ①1150
強みを活かす ……… ②353
強める！殿筋 ……… ①217
つらい介護に、さよう
　なら …………… ②70
「つらいから、会社やめ
　ます」が言えないあ
　なたへ ………… ②343
つらい更年期障害を
　しっかり乗り越える
　方法 …………… ①168
「つらい腰痛」は指1本

でなくなります …… ①172
つらい別れ ………… ①1392
つらくないがん治療 … ②737
辛くならない絵の描き
　方 ……………… ①861
つらさを乗り越えて生
　きる …………… ①484
釣具考古・歴史図譜 … ①532
釣り経験なしでもわか
　る 堤防釣り …… ①232
釣り竿一本からはじめ
　る魚釣り ……… ①232
ツーリズム・モビリ
　ティーズ ……… ②104
釣りにいこうよ！ … ①232
ツリーハウスホテル · ①306
ツーリングマップル 関
　西 ……………… ①212
ツーリングマップル 関
　東甲信越 ……… ①212
ツーリングマップル 九
　州沖縄 ………… ①212
ツーリングマップル 中
　国・四国 ……… ①212
ツーリングマップル 中
　部北陸 ………… ①212
ツーリングマップル 東
　北 ……………… ①212
ツーリングマップル 北
　海道 …………… ①212
ツーリングマップルR
　関西 …………… ①212
ツーリングマップルR
　関東甲信越 …… ①212
ツーリングマップルR
　九州 沖縄 …… ①212
ツーリングマップルR
　中国・四国 …… ①212
ツーリングマップルR
　中部 北陸 …… ①212
ツーリングマップルR
　東北 …………… ①212
ツーリングマップルR
　北海道 ………… ①212
鶴亀高校 つるかめざん
　の歌 …………… ①842
ツールからエージェン
　トへ。弱いAIのデザ
　イン …………… ②524
剣の求婚〈1〉 …… ①1152
剣の求婚〈2〉 …… ①1152
鶴丸メソッド メディカ
　ルファッション …②61
鶴八鶴次郎 ……… ①1037
鶴屋駅弁当ものがたり
　………………… ①538
鶴屋の女将 ……… ①996
徒然草を書く ……… ①871
ツレヅレハナコの食い
　しん坊な台所 … ①37
ツレヅレハナコの小ど
　んぶり ………… ①57
ツレヅレハナコの薬味
　づくしおつまみ帖 …①66
ツワブキ ………… ①688
つわもの長屋 十三人の
　刺客 …………… ①1053
つわもの長屋 弾七郎夢
　芝居 …………… ①1053
ツンデレ社長の甘い求
　愛 ……………… ①1226

て

手 …………………… ①966
「出逢い」をよぶ風水 · ①134
「出会い」という名の劇
　場 ……………… ①783
出会いと結婚 ……… ②109
出会いと結婚 ……… ②109
出会いに恵まれる女性
　がしている63のこと
　………………… ①117
出会いの幸福 ……… ①949
出会ってひと突きで絶
　頂除霊！ ……… ①1142
手編みであったか、シ
　ンプルな犬のふだん
　着 ……………… ①82
手編みのシンプル・
　ニット ………… ①83
手編みのハンド＆リス
　トウォーマー … ①83
手洗いの疫学とゼンメ
　ルワイスの闘い … ②760
低圧電気取扱特別教育
　テキスト ……… ②593
ディアドルフィン … ①263
ティアラは世継ぎのた
　めに …………… ①1375
ディアローグ ……… ①670
歌姫島（ディーヴァアイ
　ランド）の支配人候補
　………………… ①1164
ディヴィジョン・マ
　ニューバ ……… ①1219
ディヴィジョン・マ
　ニューバ〈2〉 … ①1219
ディオニソスの居場所
　………………… ①966
定期借地権・借家権基
　礎のキソ ……… ②193
低金利時代の不動産投
　資で成功する人、失
　敗する人 ……… ②421
提言！次世代活性化プ
　ロジェクト …… ②244
提言 日米同盟を組み直
　す ……………… ②149
抵抗勢力との向き合い
　方 ……………… ②310
抵抗と創造の森アマゾ
　ン ……………… ②575
帝国宇宙軍〈1〉 … ①1122
帝国海軍イージス戦隊
　〈1〉 …………… ①1130
帝国から開発援助へ · ①575
帝国軍人カクアリキ · ①586
帝国軍人の弁明 …… ①581
帝国・国民・言語 … ②104
帝国大学 …………… ①679
帝國図書館極秘資料集
　………………… ①273
帝国と戦後の文化政策
　………………… ①570
帝国と立憲 ………… ①581
帝国日本と朝鮮野球 · ①221
帝国日本の外交1894‒
　1922 …………… ①573
帝国日本の気象観測
　ネットワーク〈3〉 · ②679
帝国日本の気象観測
　ネットワーク〈4〉 · ②679
帝国日本の気象観測

ネットワーク〈5〉 · ②650
帝国の遺産と現代国際
　関係 …………… ②124
帝国の復興と営業の未
　来 ……………… ①590
帝国ホテル レゾンの
　季節の食材とフラン
　ス料理 ………… ①68
低次元の幾何からポア
　ンカレ予想へ … ②660
ディジタル回路設計と
　コンピュータアーキ
　テクチャ ……… ②519
定時に帰って最高の結
　果を出す1分間仕事術
　………………… ②353
低周波音 …………… ②593
低所得者に対する支援
　と生活保護制度 …②80
低所得者への支援と生
　活保護制度 …… ②80
泥水のみのみ浮き沈み
　………………… ①791
ディスクロージャー · ①141
ディズニーアニメー
　ションスケッチ画集
　………………… ①842
ディズニー イラストで
　おぼえる1000のこと
　ば ……………… ①395
ディズニー・ガールズ
　………………… ①437
ディズニー キズナの神
　様が教えてくれたこ
　と ……………… ①290
ディズニーキャラク
　ター イラストポーズ
　集 ……………… ①853
ディズニー くまのブー
　さん …………… ①322
ディズニー白雪姫の法
　則 ……………… ①799
ディズニー世界の旅じ
　てん …………… ①425
ディズニー全キャラク
　ター大事典 …… ①387
ディズニーツムツムで
　もっと遊ぶ本〈2017〉
　………………… ①281
ディズニーツムツムの
　大冒険 ………… ①374
ディズニー伝説の天才
　クリエーター マー
　ク・デイヴィス作品
　集 ……………… ①853
ディズニーの刺しゅう
　………………… ①78
ディズニーのすごい集
　客 ……………… ①290
ディズニーハンドブッ
　ク 世界史 …… ①732
ディズニーハンドブッ
　ク 地理 ……… ①732
ディズニーハンドブッ
　ク 日本史 …… ①732
ディズニー/ピクサー
　カーズ まわしてカ
　チャウ！ とけいえほ
　ん ……………… ①322
ディズニープリンセス
　いちばんすてきな日
　………………… ①375
ディズニープリンセス
　大好きな人のために
　………………… ①375
ディズニープリンセス
　で英会話 ……… ①644
ディズニープリンセス
　のウエディング10話

………………… ①375
ディズニープリンセス
　ビギナーズ アリエル
　………………… ①375
ディズニープリンセス
　ビギナーズ お裁縫の
　にがてなシンデレラ
　………………… ①375
ディズニープリンセス
　ビギナーズ ベルのひ
　みつの本屋さん … ①375
ディズニープリンセス
　まごころのメッセー
　ジ ……………… ①374
ディズニープリンセス
　友情につつまれて … ①375
ディズニー マジック
　キャッスル ……… ①375
ディズニー モアナと伝
　説の海ビジュアルガ
　イド …………… ①799
ディズニー旅行会話集
　英語 …………… ①646
ディズニーHAPPYビ
　ードダイアリー · ①10
ディズニー・USJで学
　んだ 現場を強くする
　リーダーの原理原則
　………………… ②367
ディズマル・スワンプ
　のアメリカン・ルネ
　サンス ………… ①923
ディスレクシアでも活
　躍できる ……… ①684
低成長時代を迎えた韓
　国 ……………… ②251
ていだん …………… ①909
低炭水化物ダイエット
　への警鐘 ……… ①26
テイス/ザイガー 植物
　生理学・発生学 … ②688
ディパーズ ………… ①1094
提督の責任 南雲忠一 · ①581
帝都公園物語 ……… ①186
帝都大捜査網 ……… ①1081
帝都探偵奇譚 東京少年
　D団 明智小五郎ノ帰
　還 ……………… ①1134
帝都復興の時代 …… ①575
帝都防衛 …………… ①570
デイ・トリッパー … ①1119
デイトレ必勝の基本 株
　価チャート「分足」を
　読む力 ………… ②394
ディーナの旦那さま
　………………… ①1196
手稲渓仁会病院消化器
　病センター 胆膵
　Clinico-
　Pathological
　Conference …… ②740
定年を全うした中間管
　理職のスルメ爺いの
　余録集 ………… ①853
定年後 ……………… ①110
定年後が180度変わる大
　人の運動 ……… ①158
定年後に泣かないため
　に、今から家計と暮
　らしを見直すコツっ
　てありますか? … ②390
定年後のお金が勝手に
　貯まる一番シンプル
　な投資術 ……… ①391
定年後の暮らしの処方
　箋 ……………… ①110
定年後の生活を楽しむ
　ために ………… ①110
定年後の楽園の見つけ

方………………①110
定年女子……………①110
定年男子定年女子……②391
定年バカ……………②110
定年は人生のご褒美・①110
定年前にはじめる生前
　整理………………①110
定年待合室…………①988
定年まで10年ですよ・①110
ディバインゲート……①1134
定番教材でできる問題
　解決的な道徳授業 小
　学校………………①737
定番フォントガイド
　ブック……………①877
「ディープ・ラーニン
　グ」ガイドブック…②524
ディープラーニングが
　ロボットを変える・②598
ディープラーニングが
　わかる数学入門……②654
ディベートをやろう！
　……………………①424
底辺剣士は神獣（むす
　め）と暮らす………①1256
底辺剣士は神獣（むす
　め）と暮らす〈2〉…①1256
底辺剣士は神獣（むす
　め）と暮らす〈3〉…①1256
底辺女子が会社を辞め
　て幸せになった話。
　……………………①117
底辺への競争………②104
定本 オサムシに伝えて
　……………………②33
定本 "男の恋" の文学史
　……………………①893
定本 後藤田正晴……②148
定本さらばブルートレ
　イン！……………②431
定本 漱石全集〈第2巻〉
　……………………①890
定本 漱石全集〈第3巻〉
　……………………①890
定本 漱石全集〈第4巻〉
　……………………①890
定本 漱石全集〈第5巻〉
　……………………①890
定本 漱石全集〈第6巻〉
　……………………①890
定本 漱石全集〈第7巻〉
　……………………①890
定本 漱石全集〈第8巻〉
　……………………①890
定本 漱石全集〈第9巻〉
　……………………①890
定本 漱石全集〈第10巻〉
　……………………①890
定本 漱石全集〈第11巻〉
　……………………①890
定本 漱石全集〈第12巻〉
　……………………①890
定本 漱石全集〈第14巻〉
　……………………①890
定本 虹の戦士……②120
定本 葉隠〔全訳注〕
　〈上〉………………①462
定本 葉隠（全訳注）
　〈中〉………………①462
定本 葉隠（全訳注）
　〈下〉………………①462
定本 薔薇の記憶…①941
定本 本田宗一郎伝…②307
定本 昔話と日本人の心
　……………………①887
定本 夢野久作全集〈2〉
　……………………①890
定本 夢野久作全集〈3〉
　……………………①890

ディメンタルマン〈2〉
　……………………①1199
ディラック量子力学・②668
ティラン・ロ・ブラン
　〈4〉………………①1326
デイリー日伊英辞典 カ
　ジュアル版………①672
デイリー日西英辞典 カ
　ジュアル版………①672
デイリー日独英辞典 カ
　ジュアル版………①669
デイリー日仏英辞典 カ
　ジュアル版………①671
デイリー日韓英辞典 カ
　ジュアル版………①667
デイリー日中英辞典 カ
　ジュアル版………①666
ディリュージョン社の
　提供でお送りします
　……………………①1255
デイリー六法〈2018（平
　成30年版）〉………①188
テイルズオブベルセリ
　ア〈上〉……………①1291
テイルズ オブ ベルセリ
　ア〈下〉……………①1292
ディレクターズ・カッ
　ト……………………①1077
ティンクル・セボンス
　ター〈3〉…………①351
ティーンズ・エッジ・
　ロックンロール…①994
ティンパニストかく語
　りき………………①816
手を洗いすぎてはいけ
　ない………………①151
出遅れテイマーのその
　日ぐらし…………①1228
手をつないで帰ろうよ。
　……………………①1299
てをつなぐ…………①334
テオのふしぎなクリス
　マス………………①307
手がかりは「平林」…①1069
手堅く・長期的な利益
　を得るコインランド
　リービジネス新常識
　……………………②290
手紙…………………①966
デカメロン〈上〉……①1338
デカメロン〈中〉……①1338
デカメロン〈下〉……①1338
手軽でカンタン！ 子ど
　もが夢中になる！ 筑
　波の図画工作指導ア
　イデア&題材ネタ50
　……………………②740
デカルト 医学論集…②719
溺愛エスカレーション
　……………………①1398
溺愛貴族の許嫁……①1320
溺愛君主と身代わり皇
　子（2）……………①1313
溺愛皇帝と吉祥の花嫁
　……………………①1398
溺愛コンチェルト…①1403
溺愛詐欺……………①1317
溺愛シーク…………①1399
溺愛処方にご用心…①1401
溺愛注意報!?………①1401
溺愛副社長と社外限定!?
　ヒミツ恋愛………①1192
溺愛BEST…………①1134
溺あま御曹司は甘ふわ
　女子にご執心……①1285
溺甘スイートルーム
　……………………①1201
適応・用法付 薬効別薬
　価基準保険薬事典

Plus+・プラス・〈平
　成29年4月版〉……②770
適格機関投資家等特例
　業務の実務………②195
的確な実務判断を可能
　にするIFRSの本質
　〈第1巻〉…………②322
的確な実務判断を可能
　にするIFRSの本質
　〈第2巻〉…………②322
的確に伝わる！ ホテル
　の英会話…………①644
「敵空母見ユ！」……①586
溺恋オフィス………①1405
出来事から学ぶカル
　チュラル・スタ
　ディーズ…………②104
適時開示実務入門…②290
「適職」に出会う5つの
　ルール……………①291
テキスト国際経済学・②263
テキスト 司法・犯罪心
　理学………………②213
テキスト体育・スポー
　ツ経営学…………②214
テキスト中等教育実習
　「事前・事後指導」・①760
テキスト都市地理学・②263
テキストにおける語彙
　的結束性の計量的研
　究…………………①624
テキスト日本国憲法・②200
テキストブック会社法
　……………………②197
テキストブック 憲法・②200
テキストブック児童精
　神科臨床…………②745
テキストブック 政府経
　営論………………②171
テキストブック地方財
　政…………………②271
テキスト不要の英語勉
　強法………………①647
テキスト法人税法入門
　……………………②407
適切な査察対応が見え
　てくる！ Q&Aで学
　ぶデータインテグリ
　ティ………………②772
できそこないの魔獣錬
　磨師（モンスタート
　レーナー）〈7〉……①1281
できそこないの魔獣錬
　磨師（モンスタート
　レーナー）スライム・
　クロニクル………①1281
的中できる最短ルート！
　この父このテキこの
　鞍上この馬主……①245
できない自分を認める
　力…………………①98
できない脳ほど自信過
　剰…………………②648
敵の名は、宮本武蔵
　……………………①1038
適法・違法捜査ハンド
　ブック……………②213
適用はどう？ しない？ 消
　費税の簡易課税実務
　がわかる本………②406
できるアメリカ人11の
　「仕事の習慣」……②353
できる男になりたいな
　ら、鏡を見ることか
　ら始めなさい。……②343
デキる男の超切り返し
　術…………………②343
できる男のマナー大全
　……………………②364

できる男のマナーのツ
　ボ決定版…………②364
できる大人の9割がやっ
　ている得する睡眠法
　……………………①171
できる大人の問題解決
　の道具箱…………②353
できる大人は、男も女
　も輝わり上手……②364
できる格安スマホ・格
　安SIM乗り換え完全
　ガイド……………②532
できる格安SIMではじ
　めるiPhone超入門・②532
できるかな？ 描けるか
　な？………………①728
できるキッズ 子どもと
　学ぶビスケットプロ
　グラミング入門…①418
できる逆引きGoogleア
　ナリティクス Web解
　析の現場で使える実
　践ワザ260…………②530
できる合格給水過去6年
　問題集〈2017年版〉
　……………………②630
できることをできるか
　たちで……………②41
できることを取り戻す
　魔法の介護………②70
できるゼロからはじめ
　る三線超入門……①819
できるゼロからはじめ
　るピアノ超入門…①821
できるゼロからはじめ
　るAndroidスマート
　フォン超入門活用ガ
　イドブック………②532
できるゼロからはじめ
　るAndroidタブレッ
　ト超入門…………②532
できるゼロからはじめ
　るiPad超入門……②519
できるゼロからはじめ
　るiPhone 7/7 Plus超
　入門………………②533
できるゼロからはじめ
　るLINE超入門……②530
できる先生が実はやっ
　ている教師力を鍛え
　る77の習慣………①705
できる大事典 Excel関
　数…………………②539
できる大事典
　ExcelVBA…………②539
できる てんやわんや街
　長直伝！ レッドス
　トーン回路パーフェ
　クトブック 困った！
　&便利ワザ大全…①281
できるビットコイン入
　門…………………②379
できる人が絶対やらな
　い資料のつくり方・②353
できる人の「京都」術
　……………………②195
できる人の語彙力が身
　につく本…………①624
できる人の時短仕事術
　……………………②353
できる人の、脳の「引き
　出し」「スイッチ」「ブ
　レーキ」…………②353
できる人の人を動かす
　方法………………②367
できる人は「この法則」
　を知っている！…②353
できる人は社畜力がす
　ごい………………②353

デキる人は、ヨガして
　る。…………………②343
できるホームページ
　HTML & CSS入門
　……………………②543
できるAirbnb………②423
できるAutoCAD……②603
できるDVDとCDでゼ
　ロからはじめるエレ
　キギター超入門…①811
できるiPhone7パーフェ
　クトブック 困った！
　&便利ワザ大全
　iPhone7/7Plus対応
　……………………②533
できるOffice 365〈2017
　年度版〉……………②545
できるPhotoshop
　Elements 2018……②540
できるPowerPointパー
　フェクトブック 困っ
　た！ &便利ワザ大全
　……………………②545
できるPRO Windows
　Server 2016 Hyper -
　V……………………②546
できるWindows10……②546
できるWindows10パー
　フェクトブック 困っ
　た！ &便利ワザ大全
　……………………②546
できるWordPress……②537
テクストの楽しみ…①474
出口王仁三郎 愛善主義
　と平和……………①500
出口王仁三郎言霊大祓
　祝詞CDブック……①453
出口から逆算する "プ
　ロ"の不動産投資術！
　……………………②422
出口なお・王仁三郎・①500
出口汪のマンガでわか
　るすごい！ 記憶術
　……………………①125
テクノロジー・スター
　トアップが未来を創
　る…………………②290
テクノロジー4.0……②570
でこぼこ子育て日記…①10
でこぼこ3人組/おじい
　さんとスイカ……①334
デコレーション・グラ
　フィックス………①877
デコレーションの発想
　と技法……………①70
テコンドーに関しては
　この本が最高峰…①240
デザイナーが愛用した
　いこだわりフォント
　セレクション……①877
デザイナーズFILE
　〈2017〉……………①877
デザイナーのアイデア
　戦略………………①877
デザイナー・ベビー・②685
デザインが生きる幾何
　学模様グラフィック
　ス…………………①877
デザインキッチンの新
　しい選び方………②616
デザイン・コンピュー
　ティング入門……②618
デザインサンプルで学
　ぶCSSによる実践ス
　タイリング入門…②550
デザイン女子No.1決定
　戦 2014&2015
　official book………①877
デザイン。知らないと

困る現場の新・100の
　ルール ………… ①877
デザイン組織のつくり
　かた ………… ②373
デザインってなんだ
　ろ？ ………… ①877
デザインの学校 これか
　らはじめるPremiere
　Proの本 ……… ②540
デザインの基礎が身に
　つくフラワーアレン
　ジ上達レッスン60 · ①270
デザインの小骨話 …… ①877
デザインの仕事 …… ①877
デザインの次に来るも
　の ………… ②290
デザインのひきだし
　〈30〉 ………… ②17
デザインのひきだし
　〈31〉 ………… ①877
デザイン披露のプレゼ
　ンで役立つ！
　Photoshopモック
　アップメイキング · ②540
デザインホテル・グラ
　フィックス＆インテ
　リア ………… ②612
デザイン歴史百科図鑑
　………… ①877
手先が不器用な子ども
　の感覚と運動を育む
　遊びアイデア …… ①684
手さぐりでわかる人生
　の形 ………… ①453
デザコン2016 in Kochi
　official book …… ①877
デジカメ写真整理&活
　用プロ技BESTセレ
　クション ……… ①252
手仕事と工芸をめぐる
　大人の沖縄 …… ②24
手仕事礼讃 ……… ①75
デジタルアーティスト
　のためのスケッチガ
　イド ………… ①861
デジタルアポロ …… ②624
デジタルイラストの「構
　図・ポーズ」事典 · ①861
デジタルイラストの「表
　情」描き方事典 … ①861
デジタルイラストの「服
　装」描き方事典 … ①861
デジタルインサイド
　セールス ……… ②290
デジタルエコノミーは
　いかにして道を誤る
　か ………… ②263
デジタル鑑識の基礎
　〈上〉 ………… ①154
デジタル技術でせまる
　人物増域 ……… ①614
デジタルコンテンツ白
　書〈2017〉 …… ②515
デジタル作画アニメー
　ション ……… ①799
デジタル時代の基礎知
　識 マーケティング
　………… ②337
デジタル時代の基礎知
　識 リサーチ …… ②290
デジタル情報の活用と
　技術 ………… ②519
デジタル新時代を勝ち
　抜く明朗経営 …… ②304
デジタルツールで描
　く！ 違いがわかる
　キャラクターの描き
　分け方 ……… ①861
デジタルツールで描

く！ 魅力を引き出す
　女の子の服の描き方
　………… ①861
デジタルで変わるセー
　ルスプロモーション
　基礎 ………… ②334
デジタルトランス
　フォーメーション経
　営 ………… ②290
デジタルに読む麻雀 · ①246
デジタル粘土でつくる
　かわいいイラスト 造
　形ソフトZBrushCore
　超入門 ……… ②540
デジタルビジネスへの
　挑戦〈2017〉 …… ②515
デジタル・ビッグバン
　………… ②519
デジタル・フォレンジッ
　クの基礎と実践 … ②519
デジタル変革マーケ
　ティング ……… ②337
デジタルマーケティン
　グで売上の壁を超え
　る方法 ……… ②337
デジタルマーケティン
　グの教科書 …… ②337
デジタルメディアと日
　本のグラフィックデ
　ザイン その過去と未
　来 ………… ①877
デジタルメディアの社
　会学 ………… ①104
デジタルCFO …… ②290
手島圭三郎全仕事 … ①868
デジモンストーリーサ
　イバースルゥース
　ハッカーズメモリー
　公式ガイドブック · ①281
デジャヴュ街道 …… ①966
手錠腰縄による人身拘
　束 ………… ②213
デージーワールドと地
　球システム …… ②679
手塚治虫 ……… ①853
手塚治虫ヴィンテージ・
　アートワークス 漫画
　編 ………… ①853
手塚治虫エッセイ集成
　映画・アニメ観てあ
　る記 ………… ①951
手塚治虫エッセイ集成
　私的作家考 …… ①951
手塚治虫エッセイ集成
　ぼくの旅行記 …… ①951
手塚治虫エッセイ集成
　ルーツと音楽 …… ①951
手塚治虫傑作選「戦争
　と日本人」 …… ①853
手塚治虫シナリオ集成
　1970 - 1980 …… ①799
手塚治虫シナリオ集成
　1981 - 1989 …… ①800
ですかばあ北九州 石碑
　を語る ……… ①538
出好き、ネコ好き、私好
　き ………… ①953
デスクトップアーミー
　ハーメルンの笛吹き
　妖精 ………… ①1233
デスクトップアーミー
　ラプンツェルの魔塔
　………… ①1135
手作りアクセサリー · ①75
手作りアクセサリー
　LESSON BOOK …… ①75
手作り絵本SMILE · · ③3
手作りスキンケアコス
　メ # 沼ラボ ……… ①22

手作りスタンプのアイ
　デア帖 ……… ①75
手づくりする木のカト
　ラリー ……… ①80
手作り石けんと化粧水
　でナチュラルスキン
　ケア ………… ①22
手作りネコのおうち · ①265
手づくりの人形服と小
　物まわり DOLL'S
　CLOSET ……… ①75
手作り屋台が生んだ
　「やりすぎ」飲食店経
　営 ………… ②290
デスゲームから始める
　MMOスローライフ
　〈2〉 ………… ①1190
デスゲームから始める
　MMOスローライフ
　〈3〉 ………… ①1190
デスゲームから始める
　MMOスローライフ
　〈4〉 ………… ①1190
デスコアガイドブック
　………… ①807
デスストローク：ゴッ
　ド・キラー …… ①853
テスタメントシュピー
　ゲル〈3 下〉 …… ①1166
テストが導く英語教育
　改革 ………… ①735
テスト駆動開発 …… ②550
テスト式本番対策 介護
　福祉士 突っこみ解説
　付き過去試験3回＋模
　擬試験1回〈2018年
　版〉 ………… ①80
テスト式本番対策ケア
　マネジャー 突っこみ
　解説付き過去試験2
　回＋模擬試験3回
　〈2018年版〉 …… ②80
テストは何を測るのか
　………… ②753
DEATH（デス）ペディ
　ア ………… ①151
デスマーチからはじま
　る異世界狂想曲〈10〉
　………… ①1139
デスマーチからはじま
　る異世界狂想曲〈11〉
　………… ①1139
デスマーチからはじま
　る異世界狂想曲〈12〉
　………… ①1139
デスマーチからはじま
　る異世界狂想曲 Ex
　（エクストラ） …… ①1139
データ解析のためのロ
　ジスティック回帰モ
　デル ………… ②657
データ仮説構築 …… ②596
データ構造とアルゴリ
　ズム ………… ②536
データサイエンティス
　トのための最新知識
　と実践 ……… ②550
データサイエンティス
　ト養成読本登竜門編
　………… ②519
データ市場 ……… ②519
データ処理・レポート・
　プレゼンテーション
　とOffice2016 …… ②519
データ・スマート …… ②539
データセンター調査報
　告書〈2017〉 …… ②273
出立ちの膳 ……… ①1028
でた！ でた間 102～

106回試験問題 看護
　師国家試験 高正答率
　過去問題集 …… ②784
データで学ぶ『新・人間
　革命』〈Vol.3〉 …… ①501
データで学ぶ日本語学
　入門 ………… ①624
データで見る太平洋戦
　争 ………… ①581
データで読み解く被災
　地観光の可能性 · · ②160
データで読む教育の論
　点 ………… ①753
出たトコだけを学ぶ測
　量士補試験〈平成30年
　版〉 ………… ②639
でたとこワールドツ
　アー ………… ①278
データと写真が明かす
　命を守る住まい方 · ②583
データ・ドリブン・マー
　ケティング …… ②337
データブックオブ・ザ・
　ワールド〈2018年版〉
　………… ②273
データブック 格差で読
　む日本経済 …… ②244
データブック 日本の新
　聞〈2017〉 …… ②14
データ分析をマスター
　する12のレッスン · ②654
データ分析基盤構築入
　門 ………… ②519
データ分析のための機
　械学習入門 …… ②524
データ分析の力 因果関
　係に迫る思考法 · · ②290
データ分析プロジェク
　トの手引 ……… ②519
データベース …… ②526
データベーススペシャ
　リスト〈2018年版〉
　………… ②567
データベーススペシャ
　リスト合格教本〈平成
　30年度〉 ……… ②567
データベーススペシャ
　リスト合格テキスト
　〈2018年度版〉 …… ②567
データベーススペシャ
　リスト合格トレーニ
　ング〈2018年度版〉
　………… ②567
データベーススペシャ
　リスト「専門知識＋午
　後問題」の重点対策
　〈2018〉 ……… ②567
データベース4500 完成
　英単語・熟語 …… ①652
てつがく絵カード …… ①468
てつがくおしゃべり
　カード ……… ①468
哲学を学ぶ ……… ①453
哲学がわかる 因果性 · ①453
哲学がわかる 形而上学
　………… ①453
哲学がわかる 自由意志
　………… ①453
哲学研究〈第601號〉 · ①453
哲学散歩 ……… ①453
「哲学」思考法で突然頭
　がよくなる！ …… ①453
哲学してってもいいです
　か？ ………… ①453
哲学者が伝えたい人生
　に役立つ30の言葉 和
　の哲学編 ……… ①462
哲学者コレクション · ①453
哲学者だけが知ってい

る人生の難問の解き
　方 ………… ①459
哲学者と下女 …… ①453
哲学者に会いにゆこう
　〈2〉 ………… ①453
哲学塾の風景 …… ①453
哲学書簡 ……… ①475
哲学すること …… ①453
哲学する道徳 …… ①738
哲学的な何か、あと科
　学とか ……… ①454
哲学としての美学 … ①471
哲学とはなにか …… ①454
哲学のきほん …… ①454
哲学の誕生 ……… ①469
哲学のプラグマティズ
　ム的転回 ……… ①468
哲学の骨、詩の肉 … ①966
哲学 はじめの一歩 … ①454
哲学はじめの一歩 … ①454
哲学ポ カント は今、
　ロシアに生きる … ①471
哲学ch ……… ①454
でっか字静岡・浜松詳
　細便利地図 …… ①213
鉄気籠山 ……… ①561
鉄筋コンクリート基礎
　構造部材の耐震設計
　指針〈案〉 同解説 · ②606
鉄骨積算の基礎知識 · ②623
鉄鎖殺人事件 …… ①1104
素描（デッサン）からは
　じめよう ……… ①838
鉄人28号 "少年オリジ
　ナル版" 復刻大全集
　〈UNIT3〉 …… ①853
鉄人28号 "少年オリジ
　ナル版" 復刻大全集
　〈UNIT4〉 …… ①853
鉄人28号 "少年オリジ
　ナル版" 復刻大全集
　〈UNIT6〉 …… ①853
鉄人28号 "少年オリジ
　ナル版" 復刻大全集
　〈UNIT7〉 …… ①853
鉄則！ 測量士補過去問
　アタック〈2018年版〉
　………… ②639
撤退 ………… ①581
テツ旅デビューのスス
　メ ………… ②434
徹底解説 1次試験イン
　テリアコーディネー
　ター資格試験問題
　「学科試験」〈平成29年
　版〉 ………… ②641
徹底解説エンベデッド
　システムスペシャリ
　スト本試験問題
　〈2018〉 ……… ②567
徹底解説 応用情報技術
　者 本試験問題〈2017
　春〉 ………… ②566
徹底解説 応用情報技術
　者本試験問題〈2017
　秋〉 ………… ②566
徹底解説 基本情報技術
　者 本試験問題〈2017
　春〉 ………… ②565
徹底解説 基本情報技術
　者本試験問題〈2017
　秋〉 ………… ②565
徹底解説システムアー
　キテクト本試験問題
　〈2017〉 ……… ②565
徹底解説システム監査
　技術者本試験問題
　〈2018〉 ……… ②568
徹底解説 情報処理安全

確保支援士 本試験問題〈2017春〉……… ②563
徹底解説 情報処理安全確保支援士本試験問題〈2017秋〉……… ②561
徹底解説データベーススペシャリスト本試験問題〈2018〉…… ②567
徹底解説2次試験インテリアコーディネーター資格試験問題「論文・プレゼンテーション」〈平成29年版〉… ②641
徹底解説ネットワークスペシャリスト本試験問題〈2017〉…②566
徹底解説 不動産契約書Q&A ……… ①192
徹底解説プロジェクトマネージャ本試験問題〈2018〉…… ②566
徹底解説 AutoCAD LT 2018/2017サービスパック … ②603
徹底解説ITサービスマネージャ本試験問題〈2017〉……… ②568
徹底解説ITストラテジスト本試験問題〈2017〉……… ②567
徹底解剖 安倍友学園のアッキード事件… ②142
徹底解剖 自衛隊のヒト・カネ・組織… ①164
徹底解明！相振り飛車の最重要テーマ14 … ①250
徹底解明！先手中飛車の最重要テーマ21 … ①250
徹底カラー図解 自動車のしくみ …… ②241
徹底カラー図解 東京メトロのしくみ … ②434
徹底検証 教育勅語と日本社会……… ①756
徹底検証 テレビ報道「嘘」のからくり……②10
徹底検証 日本の右傾化………②142
徹底検証「森友・加計事件」………②10
徹底攻略 応用情報技術者過去問題集〈平成30年度春期・秋期〉… ②566
徹底攻略応用情報技術者教科書〈平成30年度〉……… ②566
徹底攻略 基本情報技術者教科書〈平成30年度〉……… ②565
徹底攻略Cisco CCENT/CCNA Routing & Switching問題集 ICND1編「100・105J」「200・125J」V3.0対応 …… ②561
徹底攻略 情報処理安全確保支援士教科書・②563
徹底攻略 情報セキュリティマネジメント過去問題集〈平成29年度秋期〉…… ②563
徹底攻略 情報セキュリティマネジメント過去問題集〈平成30年度春期〉…… ②563
徹底攻略 情報セキュリティマネジメント教科書〈平成30年度〉……… ②563

徹底攻略データベーススペシャリスト教科書〈平成30年度〉… ②567
徹底攻略ネットワークスペシャリスト教科書〈平成29年度〉… ②566
徹底攻略Cisco CCNA Routing & Switching教科書 ICND2編 …… ②561
徹底攻略Cisco CCNA Routing & Switching問題集 ICND2編 …… ②561
徹底攻略MCP問題集 Windows10 …… ②562
徹底してお金を使わないフランス人から学んだ本当の贅沢 … ①6
徹底図解 IoTビジネスがよくわかる本 … ②513
徹底追及 築地市場の豊洲移転 …… ②142
徹底入門 解析学 …… ②657
徹底反復で子どもを鍛える ……… ①719
徹底服従 ………… ①1399
徹底分析！年度別歯科衛生士国家試験問題集〈2018年版〉…… ②781
徹底マスター 美容師国家試験過去問題集〈2018年版〉… ②508
徹底マスター JavaScriptの教科書 ……… ②560
鉄道貨物 ………… ②431
鉄道業界大研究 …… ②434
鉄道時刻表の暗号を解く ………… ②434
鉄道車両と設計技術 ・②435
鉄道車両のダイナミクスとモデリング …… ②435
鉄道少年 ………… ①997
鉄道「大百科」の時代 ………… ②435
鉄道ダンシ ……… ①1135
鉄道探偵団 ……… ①1085
鉄道手帳〈2018年版〉 ………… ②435
鉄道と観光の近現代史 ………… ②435
鉄道にっぽん！47都道府県の旅〈1〉…… ①428
鉄道にっぽん！47都道府県の旅〈2〉…… ①428
鉄道にっぽん！47都道府県の旅〈3〉…… ①428
鉄道の仕事まるごとガイド ………… ①435
鉄道配線大研究 …… ②435
鉄道ファンの海外写真紀行 ……… ①197
鉄道要覧〈平成29年度〉 ………… ②435
デッド・オア・アライブ ………… ①1102
デッドプール&ケーブル：スプリット・セカンド ……… ②853
デッドプール：バック・イン・ブラック… ①853
デッドプール：ミリオネア・ウィズ・ア・マウス ………… ①853
デッドプールVS.ガンビット ……… ①853
デッドラインヒーローズRPG …… ①278

てっぺん ………… ①233
鉄砲無頼伝 ……… ①1049
鉄砲百合の射程距離 ・①257
鉄楽 ………… ②612
鉄路のオベリスト ・①1342
鉄路の牢獄 ……… ①1096
鉄腕アトムのような医師 ………… ②707
テディが宝石を見つけるまで ……… ①375
「手で書くこと」が知性を引き出す ……… ①125
デート・ア・バレット ………… ①1257
デート・ア・バレット〈2〉………… ①1257
デート・ア・ライブ ・①842
デート・ア・ライブ〈16〉………… ①1227
デート・ア・ライブ〈17〉………… ①1227
デート・ア・ライブ アンコール〈7〉… ①1227
テトリス・エフェクト ………… ①936
手取り20万円台でも「貯まる家計」に変わる新常識44 …… ②391
デトロイトでカムリを開発 ………… ②442
出ない順 試験に出ない英単語 やりなおし中学英語篇 ……… ②652
テニス 大人数対応ドリル ………… ①226
テニススキルアップマスター ……… ①226
テニス 泥臭くても勝つ攻め方 ……… ①226
テニスなるほどレッスン テニス丸ごと一冊戦略と戦術〈3〉… ①226
テニスの教え方、教えます！ ……… ①226
テニスはインパクトが9割 ………… ①226
手にするもの しないもの 残すもの 残さないもの ……… ②27
手縫いで作る上質な革小物 ………… ①75
手の描き方 ……… ①861
手の百科事典 …… ②726
てのひら開拓村で異世界建国記〈1〉… ①1267
てのひら開拓村で異世界建国記〈2〉… ①1267
手のひらの宇宙 … ①872
手のひらの恋と世界の王の娘たち〈2〉… ①1163
手のひらの中の布しごとつまみ細工 … ①75
テノヒラ幕府株式会社 ………… ①984
手放すほど、豊かになる ………… ①98
デービッド・アトキンソン 日本再生は、生産性向上しかない！ …②244
デビル・イン・ヘブン ………… ①1083
デビルな社長と密着24時 ………… ①1208
「テープ&音声起こし」即戦力ドリル …… ②353
手ぶくろを買いに/ごんぎつね ほか …… ①351
デブビンボー思考をやめて一生太らない体

になる！ ……… ①26
てふや食堂 レベル0からはじめる勇者ごはん ………… ①57
手ぶら人生 ……… ①98
デープリーンの黙示録 ………… ①924
テーブルの出来事〈2〉… ①43
テヘランからきた男 ・①930
てほどき熟母 …… ①1398
てほどき初体験 …… ①1401
てほどき未亡人兄嫁 "独り身" ……… ①1402
デボネア・リアル・エステート〈3〉… ①1291
手間いらず、味が決まる 漬け床で絶品おかず ………… ①57
点前の準備 ……… ①272
テーマ別 上級で学ぶ日本語 教え方の手引き（教師用マニュアル） ………… ①635
テーマ別 上級で学ぶ日本語ワークブック… ①635
テーマ別日本切手カタログ〈Vol.3〉 … ①251
手まり ………… ①872
デーミアン ……… ①1338
テミスの求刑 …… ①1093
テミスの剣 ……… ①1098
デメキン ………… ①998
デモクラシーとは何か ………… ②171
デーモンルーラー … ①1159
デーモンロード・ニュービー …… ①1291
デュアル・ライフ … ①1098
デュアルライフ … ①1268
デュオ練クラリネット ………… ①821
デュオ練高音木管 ・①821
デュオ練サクソフォーン ………… ①821
デュオ練中低音セクション ……… ①821
デュオ練トランペット ………… ①822
デュオ練トロンボーン ………… ①822
デュオ練フルート ・①822
デュオ練ホルン … ①822
デュオ練ユーフォニアム ………… ①822
テュルクの歴史 … ①593
テーラー伊三郎 … ①992
寺子屋で学んだ朝鮮通信史 ……… ①561
テラと7人の賢者… ②519
テラニア〈2〉…… ①1359
テラヘルツ波新産業 ・②593
寺本康之の民法〈2〉…②180
寺本康之の民法1ザ・ベスト プラス（総則・物権） ……… ②180
寺山修司研究〈10〉・①913
寺山修司幻想劇集… ①784
寺山修司幻想写真館 犬神家の人々 …… ①842
寺山修司論 ……… ①913
寺嫁さんのおもてなし ………… ①1178
デラ・ロッビア・ブルーの屋根 ……… ①966
デリおき ……… ①57
テーリー・ガーター… ①511
デリダ 脱-構築の創造力 ………… ②475

デリバティブ投資戦略の会計実務 …… ②318
デリバティブ取引の法務 ………… ②379
デリヘルドライバー・①930
テリ・ワイフェンバック The May Sun … ①261
照井式問題集 無機化学 知識の押さえ方 …①746
出る順管理業務主任者 分野別過去問題集〈1〉 ………… ②495
出る順管理業務主任者 分野別過去問題集〈2〉 ………… ②495
出る順管理業務主任者・マンション管理士合格テキスト〈1〉… ②495
出る順管理業務主任者・マンション管理士合格テキスト〈2〉… ②495
出る順管理業務主任者・マンション管理士合格テキスト〈3〉… ②495
出る順行政書士ウォーク問過去問題集〈1〉 ………… ②238
出る順行政書士ウォーク問過去問題集〈2〉 ………… ②238
出る順行政書士合格基本書〈2018年版〉… ②238
出る順行政書士重要事項総まとめ〈2017年版〉 ……… ②239
出る順行政書士直前予想模試〈2017年版〉 ………… ②239
出る順社労士ウォーク問 一問一答過去問 BOOKポケット〈1〉 ………… ②501
出る順社労士ウォーク問 一問一答過去問 BOOKポケット〈2〉 ………… ②501
出る順社労士ウォーク問 一問一答過去問 BOOKポケット〈3〉 ………… ②501
出る順社労士ウォーク問 一問一答過去問 BOOKポケット〈4〉 ………… ②501
出る順社労士ウォーク問 選択式マスター〈2018年版〉 …… ②501
出る順社労士ウォーク問 本試験型過去問題集〈1〉 ……… ②501
出る順社労士ウォーク問 本試験型過去問題集〈2〉 ……… ②501
出る順社労士必修基本書〈1〉 ……… ②501
出る順社労士必修基本書〈2〉 ……… ②501
出る順宅建士ウォーク問過去問題集〈1〉 ・②498
出る順宅建士ウォーク問過去問題集〈2〉 ・②498
出る順宅建士ウォーク問過去問題集〈3〉 ・②498
出る順宅建士合格テキスト〈1〉 …… ②498
出る順宅建士合格テキスト〈2〉 …… ②498
出る順宅建士合格テキスト〈3〉 …… ②498

出る順宅建士重要ポイント555〈2017年版〉 ②498
出る順宅建士直前大予想模試〈2017年版〉 ②498
出る順宅建士○×1000肢問題集〈2017年版〉 ②498
出る順中小企業診断士FOCUSテキスト 財務・会計 ②488
出る順中小企業診断士FOCUSテキスト 運営管理 ②488
出る順中小企業診断士FOCUSテキスト 企業経営理論 ②488
出る順中小企業診断士FOCUSテキスト 経営情報システム ②488
出る順中小企業診断士FOCUSテキスト 経営法務 ②488
出る順中小企業診断士FOCUSテキスト 経済学・経済政策 ②488
出る順マンション管理士分野別過去問題集〈1〉 ②495
出る順マンション管理士分野別過去問題集〈2〉 ②495
てるちゃんとようかいさんのおはなし ①335
出るとこ集中10日間！ TOEICテスト読解編 ①659
出るとこ集中10日間！ TOEICテスト リスニング編 ①659
出るとこだけ！「一問一答」一般常識＆最新時事〈'20年度版〉 ①297
出るとこだけ！ 基本情報技術者 "午後" ②565
出るとこだけ！ 基本情報技術者テキスト＆問題集〈2018年版〉 ②565
出るとこだけ！ 情報セキュリティマネジメント〈2018年版〉 ②563
でるとこだけの一般常識＆時事 ①297
でるとこだけのSPI ①294
出るとこだけ！ ITパスポート〈2018年版〉 ②564
出るとこマスター！ 衛生管理者試験〈平成29年下期版〉 ②630
出るとこマスター！ 衛生管理者試験〈平成29年上期版〉 ②630
デルトラ・クエスト〈8〉 ①375
照る日 曇る日 ①941
デルフィニア戦記 シェラと西離宮の日々 ①1117
デルフィーヌの友情 ①1350
テルリア ①1333
でれすけ ①1061
テレ東流ハンデを武器にする極意 ②15
テレビ局内定獲得！〈2019年採用版〉 ②12
テレビじゃ言えない ①770
テレビ・ネットの記号とマーク ①418
テレビ番組海外展開60年史 ②15
テレポーター〈3〉 ①1359
テレロボティクスから学ぶロボットシステム ②598
テレワークで生き残る！ ②303
テレンス・コンラン インテリアの色使い ②616
テレンス・コンラン マイ・ライフ・イン・デザイン ①877
テロと陰謀の昭和史 ①575
テロ等準備罪 ②213
「テロ等準備罪」にだまされるな！ ②142
「テロとの戦い」を疑え ②124
テロメア 生命の回数券 ②683
テロリストの処方 ①1084
テロルの真犯人 ②173
デロールの理科室から ②648
テロVS.日本の警察 ②154
出羽三山 ①513
傳 ①41
天運の法則 ①454
点をつなぐ ①991
天下 家康伝〈上〉 ①1057
天下 家康伝〈下〉 ①1057
天外画廊 ①853
転回期の政治 ②171
天界に裏切られた最強勇者は、魔王と○○した。〈1〉 ①1231
天涯無限〈16〉 ①1123
天下御免の無敵剣 ①1055
恬河童 ①943
天下統一恋の乱 Love Ballad - 華の章 - ビジュアルブック ①282
典雅と奇想 ①832
殿下のお子ではありません！ ①1399
天下人の父・織田信秀 ①555
天華百剣 乱 ①1233
天下無敵！ 影将軍 ①1028
天から沙が… ①966
天下流の友 ①1046
転換期と向き合うデンマークの教育 ①748
転換期の水田農業 ②447
てんかんと意識の臨床 ②730
転換日本 ②160
てんかんフロンティア ②730
てんかん分子生物学 絵でつなぐ ②685
デンキ ①335
電気エネルギー工学 ②593
電気回路と伝送線路の基礎 ②593
電気機関車とディーゼル機関車 ②435
電気機器学 ②593
電気技術者のための電気関係法規〈平成29年版〉 ②593
電気系の複素関数入門 ②657
電気工事作業指揮者安全必携 ②460
電気工事施工管理技術テキスト ②633
電気工事と安全管理 ②593
電気施設管理と電気法規解説 ②593
電気執事は恋の夢を見るか ①1325
電気自動車 ②442
電気自動車工学 ②594
電気自動車と電池開発の展望 ②594
伝記シリーズ 西郷隆盛 ①389
電気設備技術基準・解釈〈2017年版〉 ②594
電気設備技術基準とその解釈〈平成30年版〉 ②594
電気設備工事積算実務マニュアル〈2017〉 ②623
電気設備工事 施工要領 ②622
電気設備の技術基準とその解釈〈平成29年版〉 ②594
てんきち母ちゃんの茶色いおかずばっかり！ ①57
天気痛 ②719
電気通信主任技術者試験全問題解答集〈1〉 ②636
電気通信主任技術者 法規 試験対策 ②636
電気通信・放送サービスと法 ②15
電気鉄道周辺における変動磁場の計測・評価方法規準・同解説 ②620
電気電子回路基礎 ②597
電気・電子・機械系実務者のためのCEマーキング対応ガイド ②585
電気電子システムのための制御工学 ②598
天気のしくみ ②679
電気の単位から！ 回路図の見方・読み方・描き方 ②597
天気のふしぎえほん ①400
電気はどこで生まれるの ①398
電気法規と電気施設管理〈平成29年度版〉 ②594
天穹のテロリズム ①1090
天球の星使い きみの祈りを守る歌 ①1234
天球のラビリンス〈3〉 ②654
天鏡のアルデラミン〈12〉 ①1165
天鏡のアルデラミン〈13〉 ①1165
天気よほうはことわざで〈1〉 ①392
天空からのソウルメッセージ ①130
天宮事経 ①516
天空の詩人 李白 ①920
天空の翼 地上の星 ①1242
天空の約束 ①992
天空の槍ヶ岳 ①257
天狗壊滅 ①1058
天狗様と永遠の契り ①1305
天國(てんくに)へ… ①257
天狗の回路 ①1008
てんぐのてんちゃん とっとこ わんわん ①304
天狗変 ①1046
点景 昭和期の文学 ①903
天華の剣〈上〉 ①1036
天華の剣〈下〉 ①1036
電験第3種 スイスイわかる電力 ②633
電験1種10年間模範解答集 ②634
電験1種模範解答集〈平成29年版〉 ②634
電験2種一次試験過去問マスタ 機械の15年間〈平成29年版〉 ②634
電験2種一次試験過去問マスタ 電力の15年間〈平成29年版〉 ②634
電験2種一次試験過去問マスタ 法規の15年間〈平成29年版〉 ②634
電験2種一次試験過去問マスタ 理論の15年間〈平成29年版〉 ②634
電験二種徹底マスター 機械 ②634
電験二種徹底マスター 電力 ②634
電験二種徹底マスター 法規 ②634
電験二種徹底マスター 理論 ②634
電験二種 二次試験の完全研究 ②634
電験2種二次試験標準解答集〈2017年版〉 ②634
電験2種模範解答集〈平成30年版〉 ②634
電験三種(書き込み式)計算問題ドリル ②634
電験3種過去問題集〈平成30年版〉 ②634
電験三種過去問題集〈2017年版〉 ②634
電験3種過去問マスタ 機械の15年間〈平成30年版〉 ②634
電験3種過去問マスタ 電力の15年間〈平成30年版〉 ②634
電験3種過去問マスタ 法規の15年間〈平成30年版〉 ②634
電験3種過去問マスタ 理論の15年間〈平成30年版〉 ②634
電験3種科目別直前予想問題集〈平成29年版〉 ②634
電験三種合格数学＆予想問題 ②634
電験三種 合格の数学 ②634
電験三種 公式＆用語集 ②634
電験三種 365問の完全攻略 ②634
電験三種実戦10年問題集〈2018年版〉 ②634
電験三種ステップアップ問題集〈平成30年度試験版〉 ②634
電験3種超入門(電力・機械・法規篇) ②634
電験三種徹底解説テキスト 機械〈平成30年度試験版〉 ②634
電験三種徹底解説テキスト 電力〈平成30年度試験版〉 ②634
電験三種徹底解説テキスト 法規〈平成30年度試験版〉 ②635
電験三種徹底解説テキスト 理論〈平成30年度試験版〉 ②635
電験3種模範解答集〈平成30年版〉 ②635
電験三種予想問題集〈平成29年度〉 ②635
天煌聖姫ヴァーミリオン〈2〉 ①1406
てんこうせいはワニだった！ ①358
天国に一番近い会社に勤めていた話 ①954
天国の犬ものがたり ①351
天国の港 ①1355
天国の南 ①1351
天国は現実、しかし地獄も現実 ①141
天国への旅立ちツアー ①996
天国への列車 ①357
天才・逢木恭平のキカイな推理 ①1189
天才ヴァイオリニストに見初められちゃいましたっ！ ①1308
"天才"を売る ②33
天才株トレーダー・二礼茜 ブラック・ヴィーナス ①1091
天才棋士 加藤一二三 挑み続ける人生 ①250
天才教授の懸命な求婚 ①1398
天才外科医が異世界で闇医者を始めました。〈4〉 ①1257
天才外科医が異世界で闇医者を始めました。〈5〉 ①1257
天才作曲家 大澤壽人 ①815
天才シェフの絶対温度 ①37
天才たちの日常 ①107
天災と日本人 ②114
天才と凡才の時代 ①829
天才の証明 ①125
天才の閃きを科学的に起こす 超、思考法 ②353
「天才」は学校で育たない ①675
天才発明家ニコ＆キャット ①351
天才 藤井聡太 ①250
天使 ①525
天使を抱いた氷の富豪 ①1382
天使を抱いたシンデレラ ①1383
天使があなたに伝えたい10のこと ①141
展示会データベース〈2018年版〉 ②612
電磁気学 ②594
電磁気学〈1〉 ②665
電磁気学〈2〉 ②665
電磁気学講義ノート ②594
電子機器年鑑〈2018年版〉 ②439
電子契約の教科書 ②290
電子工作の職人技 ②596
電子工作パーフェクトガイド ②596
電子黒板亡国論 ①719

展示される大和魂 …… ①454
電子書籍アクセシビリ
　ティの研究 …………②6
電子書籍ビジネス調査
　報告書〈2017〉 ……②17
電子スピン共鳴分光法
　…………………………②671
電子装備の最新技術 …②163
点字つきさわる絵本 あ
　らしのよるに ………①335
電子ディスプレーメー
　カー計画総覧〈2017年
　度版〉 ………………②439
電子デバイス産業会社
　録 …………………②439
天使と悪魔の禁忌（エッ
　チ）な黙示録 ………①1402
天使と悪魔の契約結婚
　…………………………①1148
電子図書館・電子書籍
　貸出サービス調査報
　告〈2017〉 …………②6
天使に託した二度目の
　恋 …………………①1382
天使に守られて ……①842
天使に見捨てられた夜
　…………………………①1084
天使のくちづけ ……①1392
天使の情熱 …………①1396
天使のスタートアップ
　…………………………①1278
天使の3P！〈×9〉…①1141
天使の3P！〈×10〉…①1141
天使のたまご 少女季
　〈2017ver.〉 ………①843
天使の恥部 …………①1336
天使は一夜で舞い降り
　て ……………………①1376
電磁波工学の基礎 ……②594
電子部品ごとの制御を
　学べる！ Raspberry
　Pi電子工作実践講座
　…………………………②596
電子部品年鑑〈2017年
　版〉 ………………②439
電子部品用エポキシ樹
　脂の最新技術〈2〉 …②596
電子マネー革命がやっ
　て来る！ ……………②375
でんしゃがきました …①335
電車が好きな子はかし
　こくなる …………②435
でんしゃガタゴト …①303
でんしゃからみつけた
　…………………………①335
電車基礎講座 ………②435
でんしゃくるかな？ …①303
でんしゃずし …………①335
でんしゃだいすき あい
　うえお ……………①304
電車で行こう！ ……①362
電車の顔図鑑 ………②431
でんしゃのかず・とけい
　れんしゅうちょう …①396
でんしゃのずかん …①435
でんしゃのまるさんか
　くしかく ……………①302
電車道 …………………①985
デンジャラス ………①993
天秀尼 …………………①1049
天秀尼の生涯 ………①1061
天主堂建築のパイオニ
　ア・鉄川与助 ……②616
天主堂二人の工匠 ……②616
天衝 ……………………①1033
天井が低い日本の住ま
　いを素敵にするカー
　テン＆ウインドウデ

ザインマニュアル …①19
天上の葦〈上〉 ……①1080
天上の葦〈下〉 ……①1080
天上の庭 ……………①257
転職アサシンさん、闇
　ギルドへようこそ！
　〈3〉 ………………①1271
「天職」を発見する就活
　必勝の極意 ………①504
転職者SPI3 …………②345
転職神殿の神官に転生
　した俺の言うことは
　絶対らしい ………①1400
転職に向いている人 転
　職してはいけない人
　…………………………②345
転職の神殿を開きまし
　た〈4〉 ……………①1237
転職の神殿を開きまし
　た〈5〉 ……………①1237
転職のSPI&一般常識
　〈2019年度版〉 ……②346
転職面接の話し方・伝
　え方 ………………②346
天使よ故郷を見よ〈上〉
　…………………………①1328
天使よ故郷を見よ〈下〉
　…………………………①1328
電子レンジで簡単！ 笑
　顔こぼれるデコ和菓
　子 ……………………①70
電子レンジでつくるシ
　ニアのらくらく1人分
　ごはん ………………①57
でんじろう先生のおも
　しろ科学実験室〈1〉
　…………………………①398
でんじろう先生のおも
　しろ科学実験室〈2〉
　…………………………①398
でんじろう先生のおも
　しろ科学実験室〈3〉
　…………………………①398
でんじろう先生のおも
　しろ科学実験室〈4〉
　…………………………①398
でんじろう先生のおも
　しろ科学実験室〈5〉
　…………………………①398
天神小五郎 人情剣 …①1049
天水桃綺譚 …………①1318
転生隠者はほくそ笑む
　〈1〉 ………………①1217
転生隠者はほくそ笑む
　〈2〉 ………………①1217
転生王子はダラけたい
　〈2〉 ………………①1147
転生王子はダラけたい
　〈3〉 ………………①1147
転生王子はダラけたい
　〈4〉 ………………①1148
転生王女は今日も旗（フ
　ラグ）を叩き折る〈3〉
　…………………………①1258
転生オークは姫騎士を
　守りたい〈2〉 ……①1398
転生乙女は恋なんかし
　ない ………………①1172
転生貴族の異世界冒険
　録 …………………①1289
転生貴族の異世界冒険
　録〈2〉 ……………①1289
転生吸血鬼さんはお昼
　寝がしたい〈3〉 …①1229
転生吸血鬼さんはお昼
　寝がしたい〈4〉 …①1229
転生吸血鬼さんはお昼
　寝がしたい〈5〉 …①1230
転生侯爵令嬢はS系教師

に恋をする。〈1〉 …①1231
転生侯爵令嬢はS系教師
　に恋をする。〈2〉 …①1231
転生したらエルフの王
　宮をハーレムにデキ
　ました！ …………①1405
転生したら剣でした〈3〉
　…………………………①1228
転生したら剣でした〈4〉
　…………………………①1228
転生したらスライム
　だった件〈10〉 ……①1264
転生したらスライム
　だった件〈11〉 ……①1264
転生したらドラゴンの
　卵だった〈4〉 ……①1248
転生したらドラゴンの
　卵だった〈5〉 ……①1248
転生したら身代わり花
　嫁!?王子、メチャ甘に
　愛し過ぎですっ！
　…………………………①1402
転生して田舎でスロー
　ライフをおくりたい
　…………………………①1299
転生しました、脳筋聖
　女です …………①1177
転生の私に挑んでく
　る無謀で有望な少女
　の話〈1〉 …………①1197
転生召喚士はメンタル
　が弱いんです ……①1268
転生少女の履歴書〈4〉
　…………………………①1181
転生少女の履歴書〈5〉
　…………………………①1181
転生少女は自由に生き
　る。………………①1157
天声人語〈2016年7月 -
　12月〉 ……………②10
天声人語〈2017年1月 -
　6月〉 ……………②10
転生太閤記 …………①1232
転生ダメナース、魔女
　になる。……………①1403
転生担当女神が100人い
　たのでチートスキル
　100個貰えた ………①1190
転生チート魔王の奴隷
　ハーレム …………①1397
転生の神王妃 ………①1325
転生の魔 ……………①1082
転生の繭 ……………①970
転生不幸〈1〉 ………①1257
転生前から狙われてま
　すっ!! ………………①1160
転生魔術師の英雄譚〈2〉
　…………………………①1204
転生魔術師の英雄譚〈3〉
　…………………………①1204
転生魔術師の英雄譚〈4〉
　…………………………①1205
転生勇者の成り上がり
　〈1〉 ………………①1153
転生勇者の成り上がり
　〈2〉 ………………①1153
伝説・神話研究 ……①887
伝説のイエロー・ブ
　ルース〈2〉 ………①805
伝説の生き物 ………①437
伝説の応援団
　CHRONICLE ……②18
「明日の教室」発！互
　いに認め合い高め合
　う学級づくり ……①708
伝説のクイズ王も驚く
　予想を超えてくる
　雑学の本 …………②32

伝説のコレクター 池長
　孟の蒐集家魂 ……①825
伝説のジャズ・レーベ
　ル スリー・ブライン
　ド・マイス コンプ
　リート・ディスクガ
　イド ………………①813
伝説の女傑 浅草ロック
　座の母 ……………①770
伝説の序章 …………①250
伝説の7大投資家 ……②394
伝説の編集者H・テラサ
　キのショーワの常識
　…………………………①951
点線面〈vol.3〉 ……①791
点線面〈vol.4〉 ……①186
伝奏と呼ばれた人々 …①532
デンソーから学んだ本
　当の「なぜなぜ分析」
　…………………………②589
デンソーの就活ハンド
　ブック〈2019年度版〉
　…………………………②291
天孫降臨 ……………①1044
天孫降臨/日本古代史の
　闇 神武の正体は爬虫
　類人（レプティリア
　ン）?! ………………①141
天台学者の浄土思想 …①511
天体嗜好症 …………①986
天体の位置と運動 ……②676
天台維摩経疏の研究 …①517
電卓四兄弟 …………②308
天地海人 ……………②583
天地無用！ GXP〈15〉
　…………………………①1176
店長がいっぱい ……①1023
転調テクニック50 …①811
電通巨大利権 ………②304
電通事件 ……………②463
電通デジタルのトップ
　マーケッターが教え
　る デジタルマーケ
　ティング 成功に導く
　10の定石 …………②337
電通と博報堂は何をし
　ているのか ………②305
電通の就活ハンドブッ
　ク〈2019年度版〉 …①291
電通の深層 …………①930
天帝のみはるかす桜火
　…………………………①1107
点滴でアンチエイジン
　グ ……………………①151
でんでら国〈上〉 …①1058
でんでら国〈下〉 …①1058
てんてんてんとうむし
　…………………………①306
テント …………………①1327
伝統を今のかたちに・②582
伝統柄で楽しむふきん
　と小もの 刺し子の手
　しごと ………………①75
伝統行事 ……………①418
伝統工芸を継ぐ男たち
　…………………………①872
伝統工芸のきほん〈1〉
　…………………………①418
伝統工芸のきほん〈2〉
　…………………………①418
伝統こけしの本 ……②117
転倒しない人はすでに
　はじめている「エア
　リハ」3つの習慣 …①151
伝統色で楽しむ日本の
　くらし ……………②117
伝統的社会集団の歴史
　的変遷 ……………②120
伝導版画摺って四十年

二十五万枚 ………①868
天と地と姫と〈3〉 …①1176
点と線から面へ ……①829
点と魂と ……………①816
天と地と姫と〈4〉 …①1176
天と地と姫と〈5〉 …①1176
天に守護され、運命が
　好転するスピリチュ
　アル …………………①141
天に好かれる ………①141
天に星 地に花〈上〉 …①1054
天に星 地に花〈下〉 …①1054
天女かあさん ………①314
天皇 ……………………②150
「天皇機関説」事件 …①575
天皇家関東起源論〈第1
　巻〉 …………………①544
天皇家99の謎 ………②150
天皇家のお葬式 ……②150
天皇家の祖先・息長水
　依比売を追って …①544
天皇家秘伝の神術で見
　えた日本の未来 …①141
天皇側近たちの奈良時
　代 …………………①547
天皇とは北極星のこと
　である ……………①532
天皇と和歌 …………①905
天皇にとって退位とは
　何か ………………②150
天皇の祈りが世界を動
　かす …………………②150
天皇の音楽史 ………①544
天皇の国 ……………②150
天皇の戦争宝庫 ……①575
天皇の即位儀礼と神仏
　…………………………②150
天皇のダイニングホー
　ル …………………②150
天皇の美術史〈2〉 …①832
天皇の美術史〈4〉 …①832
天皇の美術史〈5〉 …①832
天皇の美術史〈6〉 …①833
天皇の平和 九条の平和
　…………………………①142
天皇の歴史〈1〉 ……①532
天皇は今でも仏教徒で
　ある ………………①515
天皇墓の政治民俗史 ・①532
天皇は本当にただの象
　徴に堕ちたのか …②150
天皇125代と日本の歴史
　…………………………①532
天皇陛下からわたした
　ちへのおことば …②12
天皇陛下の味方です ・②150
天の女王 ……………①1098
転売ビジネス成功法則
　…………………………②290
「てんぷら近藤」主人の
　やさしく教える天ぷ
　らのきほん …………①67
テンプラニンジャ＆サ
　ムライ ……………①843
テンプレート式 ライト
　ノベルのつくり方 ・①884
テンプレートで学ぶ は
　じめての心理学論文・
　レポート作成 ……①484
天保院京花の葬送 …①1291
展望と開運〈2018〉 …①130
展望と開運365日 2018
　年の一白水星 ……①132
展望と開運365日 2018
　年の九紫火星 ……①132
展望と開運365日 2018
　年の五黄土星 ……①132
展望と開運365日 2018

年の三碧木星 …… ①132
展望と開運365日 2018
　年の二黒土星 …… ①132
展望と開運365日 2018
　年の七赤金星 …… ①132
展望と開運365日 2018
　年の四緑木星 …… ①132
展望と開運365日 2018
　年の八白土星 …… ①132
展望と開運365日 2018
　年の六白金星 …… ①132
天保の亡霊〈13〉 ……①1040
天盆 ………………①1118
デンマーク共同社会（サ
　ムフンズ）の歴史と思
　想 ………………②84
デンマーク語入門 …… ①673
デンマーク語のしくみ
　 …………………①673
デンマークの親は子ど
　もを褒めない ……①14
デンマークの認知症ケ
　ア国家戦略 ………①176
デンマーク・ヒュッゲ・
　ハンドブック ……①98
天馬行空大同に立つ …①570
天窓のあるガレージ
　 …………………①1015
天魔の所業、もっての
　外なり …………①1032
「、。」……………①884
天命 ………①98、②290
天明の月 …………①1270
天明の月〈2〉………①1270
天明の月〈3〉………①1270
天明の机 …………①454
天文宇宙検定公式テキ
　スト 3級 星空博士
　〈2017〜2018年版〉
　 …………………②676
天文宇宙検定公式テキ
　スト 2級銀河博士
　〈2017〜2018年版〉
　 …………………②676
天文年鑑〈2018年版〉
　 …………………②676
天文の考古学 ………①614
天文の世界史 ………②676
天竜川高校竜鏡部！
　 …………………①1166
天竜川流域の鹿射ち神
　事 ………………①114
電力改革の争点 ……②439
電力開発計画新鑑〈平成
　29年度版〉 ………②439
電力・ガス自由化の真
　実 ………………②573
電力革命 …………②318
電力工学 …………②594
電力自由化と電力取引
　 …………………②439
電力小六法〈平成30年
　版〉 ……………②188
10 RULES …………②290
天狼の花嫁 ………①1304
電話応対 受け方・かけ
　方大事典 ………②353
電話応対技能検定（もし
　もし検定）クイックマ
　スター 日本語の知識
　 …………………②508
電話応対技能検定（もし
　もし検定）1・2級公式
　問題集〈2017年版〉
　 …………………②508
電話応対技能検定（もし
　もし検定）3・4級公式
　問題集 …………②508

ディアホノミクスとトラ
　バンノミクス ……②248
ディアホノミクスの断末
　魔 ………………②244
ディアホノミクスよ、お前
　はもう死んでいる …②244
とあるおっさんの
　VRMMO活動記〈12〉
　 …………………①1207
とあるおっさんの
　VRMMO活動記〈13〉
　 …………………①1207
とあるおっさんの
　VRMMO活動記〈14〉
　 …………………①1207
とある新人漫画家に、
　本当に起こったコワ
　イ話 ……………②33
問いかけ続ける ……①228
ドイツ〈2017〜2018年
　版〉 ……………①206
ドイツ〈2018 - 19〉…①206
ドイツ観念論物語 ……①471
ドイツ機甲軍団 ……①607
ドイツ刑事訴訟法演習
　 …………………②216
ドイツ啓蒙と非ヨー
　ロッパ世界 ………①471
ドイツ研究〈第51号
　2017〉 …………②128
ドイツ語 …………①669
ドイツ語こだわりパンめ
　ぐり ……………①206
ドイツ語で読む星の王
　子さま …………①669
ドイツ三〇〇諸侯 ……①607
ドイツ重駆逐戦車ディ
　テール写真集 ……②167
問い続ける教師 ……①753
ドイツ 世界遺産と歴史
　の旅 ……………①199
獨逸だより ライブツィ
　ヒ篇 ……………①571
ドイツ通信「私の町の
　難民」……………②84
ドイツで暮らそう ……②84
ドイツ都市交通行政の
　構造 ……………②128
ドイツと東アジア一八
　九〇 - 一九四五 …②593
ドイツに渡った日本文
　化 ………………②84
ドイツの「移民文学」…①924
ドイツのエネルギー転
　換とは？ …………①669
ドイツの子どもは審判
　なしでサッカーをす
　る ………………①230
ドイツの最強レシプロ
　戦闘機 …………②167
ドイツの人事評価 ……②331
ドイツの政治 ………②128
ドイツの平和主義と平
　和運動 …………①607
ドイツの忘れられた世
　代 ………………①607
ドイツパン大全 ……①37
ドイツ保存鉄道 旅 …②435
解いて覚える！ 社労士
　選択式トレーニング

問題集〈1〉………②501
解いて覚える！ 社労士
　選択式トレーニング
　問題集〈2〉………②502
解いて覚える！ 社労士
　選択式トレーニング
　問題集〈2018年対策〉
　 …………………②502
解いてスッキリ！ 気象
　予報士学科試験 合格
　問題集 …………②645
解いて力がつく久松式
　ドリル …………①670
解いて学ぶ！ 食品安
　全・衛生テキスト
　＆問題集 ………②775
解いて学ぶ認知意味論
　 …………………①622
解いて学ぶ認知構文論
　 …………………①622
問いと答え ………①471
トイレさん …………①335
トイレとんとんとん ・①335
東亜新秩序の先駆 森恪
　 …………………①930
統一的に考える進歩性
　とクレーム解釈 ……②665
統一ドイツ教育の多様
　性と質保証 ………①748
同一労働同一賃金ガイ
　ドライン案に沿った
　待遇基準・賃金制度
　の作り方 ………②463
同一労働同一賃金速報
　ガイド …………②460
同一労働同一賃金で、
　給料の上がる人・下
　がる人 …………②463
同一労働同一賃金の衝
　撃 ………………②463
動員のメディアミック
　ス ………………②10
20/7高杉真宙2nd写真
　集 ………………②776
20 under 20 ………②135
28 …………………①991
20' omega ω ………②776
東欧革命1989 ………①609
東奥年鑑〈2018（平成30
　年版）〉 …………②273
東欧ブラックメタルガ
　イドブック ………①807
トゥオネラの花嫁 …①1331
東海周辺トレイルラン
　ニングコースガイド
　 …………………①190
東海地方で介護＆高齢
　者ホーム選びに困っ
　たら最初に読む本
　〈2017・2018〉……②70
東海道新幹線殺人事件
　 …………………①1069
東海道中膝栗毛 ……①351
東海トレッキングガイ
　ド ………………①194
東海の自然さんぽ …①194
東海の山車とからくり
　 …………………②118
東海の山車ハイク …①194
"糖化"ストップで糖尿
　が解消、肌も頭脳も
　若返る …………①181
動画で合格るリテール
　マーケティング（販売
　士）検定3級過去問題
　集〈第80回〜第75回〉
　〈2018年版〉………②503
動画できれいな字にな
　る子どものひらがな

おけいこ帳 ………①392
動画でプロに学ぶ！ ソ
　フトテニス勝つシン
　グルス50のコツ …②226
動画で学べる！ 手書き
　POP ……………①861
動画でわかる！ SPI
　＆テストセンターリ
　アル問題集〈'20年度
　版〉 ……………②294
動画配信ビジネス調査
　報告書〈2017〉……②515
塔から降りた姫君 …①1404
トウガラシの歴史 …①37
どう変わるどうする 小
　学校理科新学習指導
　要領 ……………①730
どう変わる？ 何が課
　題？ 現場の視点で新
　要領・指針を考えあ
　う ………………①693
どう考える？ 憲法改正
　中学生からの「知憲」
　〈1〉………………①418
どう考える？ 憲法改正
　中学生からの「知憲」
　〈2〉………………①418
どう考える？ 憲法改正
　中学生からの「知憲」
　〈3〉………………①418
どう考える？ 憲法改正
　中学生からの「知憲」
　〈4〉………………①418
動画DVD付 顔面神経麻
　痺のリハビリテー
　ション …………②752
同期現象の科学 ……②654
道義国家を目指した 西
　郷吉之助 ………①567
動機づけのマネジメン
　ト ………………②367
藤吉じいとイノシシ ・①309
東急東横線あるある …②435
東急電鉄 初代7000系
　 …………………②435
東急電鉄スゴすぎ謎学
　 …………………②435
東京 ………………①186
東京暗黒学 ………①186
東京 五つ星の鰻と天麩
　羅 ………………①41
東京うつわさんぽ …①2
東京おいしい老舗散歩
　 …………………①41
東京王 ……………①571
東京近江寮食堂 ……①1025
東京をどうする ……①142
東京お遍路めぐる散歩 ①186
東京おもちゃ美術館の
　挑戦 ……………①675
東京オリンピック時代
　の都電と街角 新宿
　区・渋谷区・港区（西
　部）・中野区・杉並区
　編 ………………①257
東京開運☆さんぽ …①186
東京海上日動火災保険
　の就活ハンドブック
　〈2019年度版〉……①194
東京カウガール ……①1001
東京ガスの就活ハンド
　ブック〈2019年度版〉
　 …………………①291
東京・金沢69年目の殺
　人 ………………①1100
東京・鎌倉 仏像めぐり
　 …………………①192
東京からちょっと旅 ち
　いさな美術館めぐり

　 …………………①825
東京から2時間の旅ガイ
　ド ………………①192
東京 消えた街角 ……①257
道教経典の形成と仏教
　 …………………①466
東京銀座六丁目 僕と母
　さんの餃子狂詩曲（ラ
　プソディ）………①943
東京くねくね ………①187
東京クルージング …①985
東京喰種ｰトーキョー
　グール "movie" …①791
東京藝大物語 ……①1021
トウキョウ建築コレク
　ション2017 Official
　Book ……………②612
東京郊外の生存競争が
　始まった！ ………②160
東京こだわりブック
　ショップ地図 ……②3
東京古道探訪 ………①187
東京語におけるアクセ
　ント句の形成 ……①624
東京五輪後の日本経済
　 …………………②244
東京最高のレストラン
　〈2018〉…………①41
東京裁判における通訳
　 …………………①581
東京さんぽ図鑑 ……①187
東京時間旅行 ………①943
東京自叙伝 ………①1081
東京老舗ごはん ……①41
東京周辺 七十二候で訪
　れる寺社めぐり旅 …①193
東京証券取引所 会社情
　報適時開示ガイド
　ブック〈2017年3月
　版〉 ……………②381
東京商店街さんぽ
　〈VOL.1〉…………①187
東京商店街さんぽ
　〈VOL.2〉…………①187
東京商店街さんぽ
　〈VOL.3〉…………①187
東京商店街さんぽ
　〈VOL.4〉…………①187
東京女子立ち呑み …①41
東京 しるしのある風景
　 …………………①187
東京新創造 ………②582
東京水爆投下の大悲劇
　 …………………①1095
東京すみっこごはん
　 …………………①1010
東京創生 …………②160
東京大学法科大学院
　ローレビュー〈Vol.
　12〉………………②223
東京立ち食いそば
　ジャーニー ………①41
東京ダンジョンマス
　ター ……………①1277
東京ディズニーシーで
　ミッキーをさがし
　て！ Disney in
　Pocket …………①437
東京ディズニーランド
　＆シー裏技ガイド
　〈2018〉…………①193
東京ディズニーリゾー
　ト限定デザイン トミ
　カ ディズニー・ビー
　クル・コレクション
　公式ガイドブック …①285
東京電力 …………②439
東京堂月報 ………②9
東京都屋外広告物条例

と

の解説 …………… ②142
道教と科学技術 …… ①466
東京都高校受験案内〈平
　成30年度用〉……… ①743
東京と神戸に核ミサイ
　ルが落ちたとき所沢
　と大阪はどうなる ・②163
東京都主任級職選考 "論
　文" 対策 新出題形式
　主任論文の書き方・
　考え方 …………… ②152
東京都主任試験「統計
　データ分析」択一問
　題集 ……………… ②152
東京都主任試験「都政
　実務」択一問題集 ・②152
東京都主任試験ハンド
　ブック …………… ②152
道教と中國撰述佛典 …①466
東京都庁の深層 …… ②142
東京都・特別区（1
　類）"教養・専門試験"
　過去問500〈2018年度
　版〉 ……………… ②181
東京都・特別区（1
　類）"教養・専門試験"
　過去問500〈2019年度
　版〉 ……………… ②181
東京都内乗合バス・
　ルートあんない〈'18
　〜'19年版〉 ………… ②2
東京都における児童相
　談所一時保護所の歴
　史 ………………… ②61
東京都闇を暴く …… ②143
道教とはなにか …… ①466
東京とんかつ会議 …… ①41
東京に汽車があった頃
　……………………… ②435
東京23話 ………… ①1022
東京の家 ………… ①261
東京のきつねが大阪で
　たぬきにばける 誤解
　されやすい方言小辞
　典 ………………… ①629
東京の恋人 ……… ①257
東京の下町 ……… ①959
東京の地下鉄路線網は
　どのようにつくられ
　たのか …………… ②435
東京の敵 ………… ②143
東京の鉄道名所さんぽ
　100 ……………… ①435
とうきょうの電車大百
　科 ………………… ①435
東京のでんしゃのいち
　にち ……………… ①308
東京の夫婦 ……… ①1018
東京の名教会さんぽ ・②612
東京の名店カレー …… ①41
東京の森のカフェ …… ①41
東京の山 百無名山 … ①190
東京の夜のよりみち案
　内 ………………… ①187
東京のらねこ2.0 … ①257
東京の路線バスのすべ
　て ………………… ①429
東京廃区の戦女三師団
　（トリスケリオン）
　〈2〉 …………… ①1270
東京廃区の戦女三師団
　（トリスケリオン）
　〈3〉 …………… ①1270
東京発半日旅 …… ①185
東京発 日帰り山さんぽ
　50 ……………… ①190
東京バルがゆく …… ①1247
東京美術館案内 …… ①825
東京ひとり歩き ぼくの

東京地図。………… ①187
東京府教育会雑誌〈第7
　巻・第9巻・別冊1〉… ②9
東京弁当生活帖。…… ①66
東京「ぼち小屋」探歩
　……………………… ①187
東京マインドフルネス
　センター〈1〉 …… ①511
東京まちがいさがし ・①440
東京街かどタイト
　リップ …………… ①187
東京みちくさ案内 … ①187
東京名木探訪 …… ①689
東京メトロ東西線・都
　営地下鉄新宿線 … ①435
東京モーターショート
　ヨタ編 1954 - 1979
　……………………… ②442
東京モーターショー
　ニッサン/プリンス編
　1954 - 1979 …… ②442
東京モダン建築さんぽ
　……………………… ②612
東京「物ノ怪」訪問録
　…………………… ①1185
東京やきとり革命！ ・①141
東京ヤミ市酒場 …… ①187
東京・横浜今昔散歩 … ①187
東京臨海論 ……… ②612
東京レイヴンズ〈15〉
　…………………… ①1147
東京ワイン会ピープル
　……………………… ①993
東京わが残像 1948 -
　1964 …………… ①257
東京輳 …………… ①257
東京湾岸のねこたち・①257
東京湾大血戦 …… ①1131
東京ワンルームマン
　ション経営学 …… ②423
「東京DEEP案内」が選
　ぶ首都圏住みたくな
　い街 ……………… ①187
同居のルール …… ①1393
道具からみる昔のくら
　しと子どもたち〈4〉
　……………………… ①418
道具からみる昔のくら
　しと子どもたち〈5〉
　……………………… ①418
道具からみる昔のくら
　しと子どもたち〈6〉
　……………………… ①418
道具としての複素関数
　……………………… ②657
道具としてのベクトル
　解析 ……………… ②657
統計学 …………… ②654
統計学が最強の学問で
　ある "数学編" …… ②661
統計学15講 ……… ②263
統計学序論 ……… ②661
統計学図鑑 ……… ②661
統計学のキホン
　Q&A100 ……… ②661
統計学の7原則 …… ②270
統計学の日本史 … ①532
統計学の要点 …… ②661
"統計から読み解く"都
　道府県ランキング
　〈vol.2〉 ………… ②270
統計嫌いのための心理
　統計の本 ………… ①484
統計ソフトRによる多次
　元データ処理入門・②519
統計的因果探索 … ②519
統計的自然言語処理の
　基礎 ……………… ②550
東京ひとり歩き ぼくの

統計データの理論と実
　際 ………………… ②270
統計でみる市区町村の
　すがた〈2017〉 … ②273
統計でみる都道府県の
　すがた〈2017〉 … ②270
統計でみる日本〈2017〉
　……………………… ②270
陶芸道場 手びねり＆装
　飾の巻 …………… ①874
陶芸銅の性 ……… ①874
陶芸 銅・マンガン・ク
　ロムを使った装飾技
　法 ………………… ①874
陶芸の技法を学ぼう ・①874
統計は暴走する …… ②662
頭頸部・体幹のスポー
　ツ外傷 …………… ②749
峠を出でて奇兵隊を撃
　て ……………… ①1034
峠しぐれ ………… ①1055
道化師の性 ……… ①454
峠道 鷹の見た風景 … ①1032
刀剣甲冑手帳 …… ①618
刀剣・兜で知る戦国武
　将40話 ………… ①555
道元禅師研究における
　諸問題 …………… ①518
道元禅師の周辺にて ・①518
道元「宝慶記」……… ①518
統合医療の哲学 … ②707
登校拒否・不登校問題
　のこれからを考えよ
　う ………………… ②711
統合失調症 ……… ①170
統合失調症あるいは精
　神分裂病 ………… ②745
統合失調症患者と家族
　が選ぶ社会復帰をめ
　ざす認知矯正療法 ・②494
統合失調症治療イラス
　トレイテッド …… ②745
統合失調症の看護ケア
　……………………… ②745
統合失調症の臨床病理
　……………………… ②745
統合失調症は癒える ・②745
桃紅一〇五歳 好きなも
　のと生きる ……… ②838
道後温泉・石鎚山殺人
　事件 …………… ①1073
慟哭の海 ………… ①586
慟哭の海峡 ……… ①930
橈骨遠位端骨折診療ガ
　イドライン〈2017〉
　……………………… ②752
闘魂！ 競馬攻略カレン
　ダー〈2017（下半期
　版〉 ……………… ②245
闘魂最終章 ……… ②239
東西を繋ぐ白い道 … ①590
東西海上交流の起源 ・①561
東西海上交流 昭和モダン建
　築案内 …………… ②612
東西妖怪図絵 …… ①145
洞察と戦略で勝つ！ 剣
　豪 ………………… ②236
洞察のススメ …… ②354
洞察力 …………… ②223
倒産債権の届出・調査・
　確定・弁済・配当マ
　ニュアル ………… ②209
倒産仕掛人 ……… ①1066
倒産処理プレーヤーの
　役割 ……………… ②197
投資・運用必須！ 金融・
　証券データ徹底読み
　こなし 日本経済新聞
　の歩き方〈2017〉… ②242
透視絵図鑑 なかみのし

くみ 大きな建物 … ①418
陶磁「飾」………… ①874
投資型医療 ……… ②699
投資賢者の心理学 … ②394
当事者訴訟の機能と展
　開 ………………… ②216
投資信託 ………… ②394
投資信託3級〈2018年3
　月受験用〉 ……… ②481
投資信託でうまくいく
　人、いかない人 … ②395
同時通訳者の英単語暗
　記メソッド111 … ②652
糖質オフなのに満腹ダ
　イエット ………… ①26
糖質オフのおいしい小
　鍋 ………………… ①58
糖質オフのお菓子 … ①70
糖質オフの夏ごはん … ①58
糖質をやめられないオ
　トナ女子のためのヤ
　セ方図鑑 ………… ①26
「糖質制限」その食べ方
　ではヤセません … ①164
糖質制限で頭がいい子
　になる三島塾のすご
　い子育て ………… ①14
糖質制限で子どもが変
　わる！ 三島塾レシピ
　……………………… ①164
投資でお金を増やす人、
　減らす人 ………… ②395
投資で勝ち続ける賢者
　の習慣 …………… ②395
どうして高校生が数学
　を学ばなければなら
　ないの？ ………… ②654
どうしてこうなった!?奇
　跡の「地球絶景」…… ②679
どうしてコレが選ばれ
　た!?日本三大〇〇調査
　隊！ ……………… ②32
どうしてこんなにも犬
　たちは ………… ①264
どうして仕事をしなけ
　ればならないの？・①418
どうしてそんなにない
　てるの？ ………… ②335
投資デビューしたい人
　のための資産運用の
　はじめ方がよ〜くわ
　かる本 …………… ②395
どうしても欲しい！ ・①829
どうしてもヤセられな
　かった人たちが "おデ
　ブ習慣" に気づいたら
　みるみる10kgヤセま
　した スタート …… ①26
どうしてもヤセられな
　かった人たちが "おデ
　ブ習慣" に気づいたら
　みるみる10kgヤセま
　した プレミアム …… ①26
どうしても忘れられな
　い彼ともう一度つき
　あう方法 完全版 … ①117
どうして野菜を食べな
　きゃいけないの？・①434
「動じないこころ」を育
　てる CD付き マイン
　ドフルネスヨガ … ①161
投資なんか、おやめな
　さい ……………… ②395
同時に対策！ エント
　リーシート＆面接
　〈2019年入社用〉… ①296
動詞の意味拡張におけ
　る方向性 ………… ①622
投資の鉄人 ……… ②395

東芝解体 電機メーカー
　が消える ………… ②305
東芝 原子力敗戦 …… ②305
東芝消滅 ………… ②305
東芝大喪面史 …… ②305
東芝の悲劇 ……… ②305
東芝はなぜ原発で失敗
　したのか ………… ②580
東芝不正会計事件の研
　究 ………………… ②290
東芝崩壊 ………… ②305
東社協参考人事給与制
　度〈平成29年度版〉…②61
投手論 …………… ①223
搭乗員挽歌 ……… ①586
東証公式ETF・ETN名
　鑑〈2017年1月版〉… ②382
どうしようこんなとき!!
　〈2〉 ……………… ②61
闘将島津義弘 …… ①1053
東証上場会社コーポ
　レート・ガバナンス
　白書〈2017〉 …… ②382
どうしようもないのに、
　……………………… ①941
島嶼学への誘い …… ②263
統辞理論の諸相 … ①454
投資レジェンドが教え
　るヤバい会社 …… ②290
同人作家のための確定
　申告ガイドブック・②410
同人誌って何だ！ … ②17
同人誌のデザイン … ②17
等身の棋士 ……… ①250
頭鍼療法「てっぺんの
　はり」の奇跡力 … ①172
どうする？ 借金・廃
　業・その後 ……… ②303
どうするジョージ！ ・①314
どうする？ どうなる？
　ニッポンの大問題・②244
どうすれば愛しあえる
　の ………………… ①184
どうすれば、売れるの
　か？ ……………… ②339
どうすれば環境保全は
　うまくいくのか …・②575
どうすれば今度こそ英
　語が話せるようにな
　りますか？ ……… ①644
どうすれば幸せになれ
　るか科学的に考えて
　みた ……………… ①98
同声合唱のための編曲
　集 若林千春うたの本
　"うみ" …………… ①818
同声合唱のための編曲
　集 若林千春うたの本
　"里の秋" ………… ①818
同性婚で親子になりま
　した ……………… ①957
どうせ片想いで終わり
　ますけど？ ……… ①853
透析患者への投薬ガイ
　ドブック ………… ②770
透析スタッフのための
　バスキュラーアクセ
　ス超音波検査 …… ②734
透析療法ネクスト〈21〉
　……………………… ②719
透析療法ネクスト〈22〉
　……………………… ②720
どうせ死ぬなら描いて
　死ぬ。…………… ②33
「どうせ無理」と思って
　いる君へ ………… ①199
盗賊王の純真 …… ①1399
同族会社・中小企業の
　ための会社経営をめ

ぐる実務一切 ……… ②303
同族会社の税務トラブ
　ルを防止する！ 社内
　規程等の作成と改定
　……………………… ②324
同族会社のための「合
　併・分割」完全解説
　……………………… ②326
盗賊と星の雫〈3〉 … ①1118
東大が考える100歳まで
　の人生設計 ………… ①99
東大がつくった高齢社
　会の教科書 ………… ②67
東大から刑務所へ … ①909
東大教授が教える独学
　勉強法 …………… ①675
東大教授の「忠臣蔵」講
　義 ………………… ①561
東大教養学部「考える
　力」の教室 ……… ①679
東大クイズ研のすごい
　クイズ500 ……… ①275
東大合格請負人が教え
　るできる大人の勉強
　法 ………………… ②354
東大合格者が実践して
　いる 絶対飽きない勉
　強法 ……………… ①701
東大駒場全共闘 …… ①575
東大式筋トレ術 …… ①217
東大式スゴい決算書の
　読み方 …………… ①322
東大式タネなし手品ベ
　スト30 …………… ①273
東大塾 社会人のための
　現代アフリカ講義 …②87
東大塾 水システム講義
　…………………… ②573
東大首席が教える超速
　「7回読み」勉強法 …①701
東大首席が教える「間
　違えない」思考法 …①99
東大助手物語 ……… ①930
東大生を育てる親は家
　の中で何をしている
　のか？ …………… ①746
東大生がつくった マン
　ガ やさしい経済学入
　門 ………………… ②263
東大卒貧困ワーカー …②463
唐代伝奇を語る語り手
　…………………… ①919
東大ナゾトレ〈第1巻〉
　…………………… ①275
東大ナゾトレ〈第3巻〉
　…………………… ①275
灯台に恋したらどうだ
　い？ ……………… ②626
「東大に入る子」は5歳
　で決まる ………… ①16
東大は主張する〈2016 -
　17〉 ……………… ①679
灯台はそそる ……… ②612
東大病院新生児診療マ
　ニュアル ………… ②748
唐代佛教美術史論攷 …①834
東大物理学者が教える
　「考える力」の鍛え方
　…………………… ①99
東大名誉教授と原文で
　楽しむ英文読書術 …②650
東大名誉教授と名作・
　モームの「物知り博
　士」で学ぶ英文読解
　術 ………………… ②650
東大理3 合格の秘訣
　〈32〉 ……………… ①746
東大留学生ディオンが
　見たニッポン ……… ②18

東大ロースクール 実戦
　から学ぶ企業法務 ・②223
「統治者なき社会」と統
　治………………… ②120
とうちゃんとユーレイ
　パパちゃん ……… ①351
冬虫夏草 ………… ①1010
道中霧 …………… ①1046
同調圧力メディア …… ②44
当直医マニュアル
　〈2017〉 …………… ②720
当直医マニュアル
　〈2018〉 …………… ②720
当直でよく診る骨折・
　脱臼・捻挫 ……… ②752
童貞を殺す大魔王！
　…………………… ①1398
童貞の疑問を解決する
　本 ………………… ②30
童貞冷血CEO …… ①1405
動的ストレッチメソッ
　ド ………………… ①158
動的平衡 ………… ②683
動的平衡〈3〉 …… ②648
どうでもいい世界なん
　て〈2〉 …………… ①1301
東電原発裁判 ……… ②580
尊い、素晴らしいもの
　それは人間 ……… ①99
滔々と紅 ………… ①1044
道徳を基礎づける … ①454
道徳科教育講義 …… ①738
道徳科授業のつくり方
　…………………… ①738
道徳教育 ………… ①738
道徳教育の理論と方法
　…………………… ①738
「道徳自警団」がニッポ
　ンを滅ぼす ……… ②104
道徳授業をおもしろく
　する！ …………… ①738
道徳哲学史 ……… ①475
道徳2.0 …………… ①476
道徳の時間 ……… ①1086
道徳の理論と指導法 …①738
東都講談師物語 …… ①786
塔と重力 ………… ①987
凍土の狩人 ……… ①1113
尊びの剣 ………… ①991
陶都物語 ………… ①1272
どうなってるんだろ
　う？ 子どもの法律
　…………………… ②190
どうなるどうする 個人
　情報保護がよくわか
　る 改正対応 ……… ②143
東南アジア〈46〉 … ①593
東南アジア全鉄道制覇
　の旅 ……………… ①203
東南アジア地域研究入
　門〈1〉 …………… ①593
東南アジア地域研究入
　門〈2〉 …………… ①593
東南アジア地域研究入
　門〈3〉 …………… ①593
東南アジアで働く …… ②87
東南アジアの住居 … ②120
どうにもこうにも … ①784
導入5分が授業を決め
　る！「準備運動」絶対
　成功の指導BOOK ・①741
糖尿病 ……… ①181, ②720
糖尿病医学史談 …… ②720
糖尿病医療を志す … ②720
糖尿病を診るポケット
　検査事典 ………… ②720
糖尿病学〈2017〉 … ②720
糖尿病患者が知らない

合併症の脅威 …… ①181
糖尿病克服宣言Pro〈3〉
　…………………… ②720
糖尿病専門医研修ガイ
　ドブック ………… ②720
糖尿病治療の手びき
　〈2017〉 …………… ②720
糖尿病と循環器病 一歩
　進んだ糖尿病循環器
　学 ………………… ②740
糖尿病に負けない食べ
　方 ………………… ①181
糖尿病は先読みで防ぐ・
　治す ……………… ①181
糖尿病療養指導ガイド
　ブック〈2017〉 …… ②720
塔の上の秘恋 …… ①1381
塔の上のラブンツェル
　…………… ①322, ①375
塔の管理をしてみよう
　〈5〉 ……………… ①1220
塔の管理をしてみよう
　〈6〉 ……………… ①1220
冬柏〈第1巻～第3巻・別
　冊1〉 ……………… ②9
2パック ………… ①807
銅版画家 清原啓子作品
　集 ………………… ①868
道標 ……………… ①1087
東部戦線のソ連製車両
　…………………… ②167
どうぶつ …… ①302, ①320
動物 ……………… ①407
どうぶつあっぷっぷ …①308
動物遺伝育種学 …… ②685
どうぶつえん ……… ①318
動物園飼育員・水族館
　飼育員になるには …②691
動物園ではたらく … ②691
どうぶつ園のじゅうい
　赤ちゃんをまもるし
　ごと ……………… ①407
どうぶつ園のじゅうい
　ぜつめつからすくう
　しごと …………… ①407
どうぶつ園のじゅうい
　びょうきやけがをな
　おすしごと ……… ①407
どうぶつえんのハロ
　ウィン …………… ①306
どうぶつおやこ …… ①308
どうぶつがっこう とく
　べつじゅぎょう … ①358
動物看護師統一認定試
　験 完全攻略！ 問題
　&解説集〈2018年版〉
　…………………… ②456
動物看護師になるには
　…………………… ②456
動物奇譚集〈1〉 …… ①926
動物奇譚集〈2〉 …… ①926
動物キャラナビ「ラブ」
　…………………… ①117
どうぶつさん気分 … ①843
動物実験の闇 …… ②692
動物写真家という仕事
　…………………… ①254
動物・植物相互作用調
　査法 ……………… ②683
動物進化形態学 …… ②683
どうぶつだいすき！ …①306
どうぶつ大好き …… ①78
動物たちを救う アニマ
　ルパスウェイ …… ①384
どうぶつたちがねむる
　とき ……………… ①314
動物たちの物語 …… ①261
動物たちは、お医者さ

ん！ ……………… ①314
動物探偵ミア〈7〉 … ①375
動物探偵ミア〈8〉 … ①375
どうぶつでおぼえる！
　とけいえほん …… ①302
動物と話せる少女リリ
　アーネ〈12〉 ……… ①375
動物と話せる少女リリ
　アーネ スペシャル
　〈4〉 ……………… ①375
動物になって生きてみ
　た ………………… ②692
動物農場 ………… ②650
動物のお医者さんは小
　学生 ……………… ①853
動物の賢さがわかるほ
　ど人間は賢いのか …①498
どうぶつのからだ これ、
　なあに？〈1〉 …… ①408
どうぶつのからだ これ、
　なあに？〈2〉 …… ①408
どうぶつのからだ これ、
　なあに？〈3〉 …… ①408
どうぶつのからだ これ、
　なあに？〈4〉 …… ①408
どうぶつのからだ これ、
　なあに？〈5〉 …… ①408
どうぶつのからだ これ、
　なあに？〈6〉 …… ①408
どうぶつのからだ これ、
　なあに？〈7〉 …… ①408
動物の声、他者の声 …②692
動物の声、他者の声 …①908
動物病院の未来を拓く
　M&Aの手法とポイン
　ト ………………… ②456
どうぶつピラミッド ・①314
動物福祉の科学 …… ②456
動物本位の獣医師！ 私
　は、犬の味方であり
　たい〈PART2〉 …… ②456
動物翻訳家 ……… ②692
どうぶつマンションに
　ようこそ ………… ①335
動物モグ図鑑 …… ①257
東武鉄道 ………… ②435
頭部伝達関数の基礎と3
　次元音響システムへ
　の応用 …………… ②594
東部ユーラシアのソグ
　ド人 ……………… ①593
東方キリスト教諸教会
　…………………… ①525
逃亡刑事 ………… ①1098
東方神起 ………… ①770
東宝の就活ハンドブッ
　ク〈2019年度版〉 … ②291
東方文果真骸 ……… ②30
東北アジアの初期農耕
　と弥生の起源 …… ①540
東北アジア平和共同体
　の構築と課題 …… ②130
東北を置き去りにした
　明治維新 ………… ①567
「東北お遍路」巡礼地め
　ぐり ……………… ②41
東北水田農業の新たな
　展開 ……………… ②447
東北の近代と自由民権
　…………………… ②538
東北のしきたり …… ②117
東北の小さな大企業 ・②709
東北の名城を歩く 北東
　北編 ……………… ②532
東北の名城を歩く 南東
　北編 ……………… ②533
東北文学〈第5巻〉 … ②9
東北文学〈第6巻〉 … ②9
東北文学〈第7巻〉 … ②9

東北文学〈第8巻〉 … ②9
東北道の駅徹底オール
　ガイド …………… ②192
どう診てどう治す？ 円
　錐角膜 …………… ②761
どう診る!?がん性疼痛
　…………………… ②737
冬眠のひみつ …… ①398
透明水彩〈3〉 …… ①843
透明人間の異常な愛情
　…………………… ①1152
透明和菓子の作り方 …①70
とうもろこしの乙女、
　あるいは七つの悪夢
　…………………… ①1329
投薬禁忌リスト〈平成29
　年版〉 …………… ②772
どうやって社員が会社
　を変えたのか …… ②310
どうやってねるの？ ・①314
東野鉄道 ………… ①1009
どうやら乙女ゲームの
　攻略対象に転生した
　らしい …………… ①1281
どうやら私の身体は完
　全無敵のようですね
　〈1〉 ……………… ①1229
どうやら私の身体は完
　全無敵のようですね
　〈2〉 ……………… ①1229
東洋医学おさらい帳 ・②720
東洋医学序説 温故定礎
　…………………… ①174
東洋医学療法 温灸カッ
　サ講座テキスト …… ①173
東陽英朝 少林無孔笛訳
　注〈1〉 …………… ①511
童謡を聞くだけで音感
　が身につくCDブック
　…………………… ①811
東洋学術研究〈2017 第
　56巻 第2号〉 …… ②104
東洋経済
　INNOVATIVE OKB
　大垣共立銀行特集
　ニッポンの中心で革
　新を叫ぶ ………… ②290
東洋思想と日本 …… ①460
東洋的な見方 …… ①462
東洋ファンタジー風景
　の描き方 ………… ①861
冬雷 ……………… ①1096
倒立振子で学ぶ制御工
　学 ………………… ②598
ドゥルーズと多様体の
　哲学 ……………… ①475
道路課金と交通マネジ
　メント …………… ②429
道路橋示方書〈2〉 … ②606
道路橋示方書・同解説
　〈1〉 ……………… ②606
道路橋示方書・同解説
　〈2〉 ……………… ②606
道路橋示方書・同解説
　〈3〉 ……………… ②606
道路橋示方書・同解説
　〈4〉 ……………… ②606
登録販売者試験 厳選問
　題240 …………… ②781
登録販売者試験対策必
　修ポイント450〈2017
　年版〉 …………… ②781
登録販売者になる！ い
　ちばんわかるテキス
　ト！ ……………… ②781
登録有形文化財 …… ②114
道路建設とステークホ
　ルダー 合意形成の記
　録 ………………… ②582

道路トンネル維持管理
　便覧 ……………………②606
道路のデザイン ………②606
道路法解説 ……………②188
道路法令総覧〈平成30年
　版〉 …………………②229
童話集 銀のくじゃく・①357
童話ってホントは残酷
　 ………………………①886
童話ってホントは残酷
　〈第2弾〉 ……………①886
道・MEN ……………①1145
遠い勝鬨〈上〉 ………①1020
遠い勝鬨〈下〉 ………①1020
遠い国から来た少年・①351
遠い国から来た少年〈2〉
　 ………………………①351
遠い道程 ………………①506
遠い日の夢のかたちは
　 ………………………①966
遠い約束 ………………①1021
遠縁の女 ………………①1026
10日暮らし、特濃シン
　ガポール ……………①198
10日で受かる！乙種第
　4類危険物取扱者す
　いーっと合格 ………②644
10日で作るかっこいい
　ホームページ Jimdo
　デザインブック ……①529
遠き潮騒〈19〉 ………①1049
遠く海より来たりし者
　 ………………………①1124
遠くの街に犬の吠える
　 ………………………①1024
遠野魔斬剣〈4〉 ……①1063
遠山金四郎が斬る ……①1040
遠山啓 …………………②654
通りすがりのあなた
　 ………………………①1011
トオリヌケ キンシ …①991
都会のいきもの図鑑・②692
都会の自然の話を聴く
　 ………………………②681
戸隠礼讃 ………………①257
トカゲ主夫。…………①1291
トカゲといっしょ〈1〉
　 ………………………①1163
トカゲなわたし ………①1179
赫奕たる異端 …………①1313
と学会25thイヤーズ！
　 …………………………②32
時をかける社畜 ………①1249
時をかける眼鏡 ………①1264
ときを紡ぐ〈上〉 ……①930
時をとめた少女 ………①1364
時をめぐる少女 ………①1151
都議会、地方議会 伏魔
　殿を斬る！ …………②143
時がつくる建築 ………②612
「時」から読み解く世界
　児童文学事典 ………①886
時知らずの庭 …………①351
研辰の系譜 ……………①788
都議・立石康唐の「孤高
　の真実」……………②143
ときどき、京都人。…①952
ときどき旅に出るカ
　フェ …………………①1087
ドキドキときめき おん
　なのこのめいさくだ
　いすき ………………①379
どきどきわくわくまち
　たんけん 公園・はた
　け・田んぼほか …①418
どきどきわくわくまち
　たんけん 交番・え
　き・しょうぼうしょ

ほか ……………………①418
どきどきわくわくまち
　たんけん 図書かん・
　公みんかん・じどう
　かん ほか ……………①418
どきどきわくわくまち
　たんけん 花のお店・
　本のお店・クリーニ
　ング店 ほか …………①418
どきどきわくわくまち
　たんけん わがしのお
　店・パンのお店・コン
　ビニエンスストアほ
　か ……………………①418
時の瘡蓋 ………………①973
時の鐘 …………………①351
十鬼の絆 ………………①1285
時の幻影館・星影の伝
　説 ……………………①890
時間（とき）の囚われ人
　 ………………………①1339
時の名残り ……………①951
土器編年と集落構造・①614
ドギーマギー動物学校
　〈9〉 …………………①358
時満ちて雛生るるごと
　くに …………………①675
"ときめかない"ことな
　ら、やめちゃえば？
　 ………………………①117
ときめき淫ストール
　 ………………………①1400
ときめき家事。………①68
ときめきシニア・11講
　 ………………………①110
ときめき！心理テスト
　大じてん ……………①437
時めきたるは、月の竜
　王 ……………………①1160
ときめきチョークアー
　ト ……………………①861
トキメキ図書館
　〈PART14〉 …………①362
トキメキ図書館
　〈PART15〉 …………①362
ときめきは永遠の謎
　 ………………………①1346
ときめきハッピー☆英
　語レッスンBOOK・①395
ときめきハッピー おし
　ごと事典スペシャル
　 ………………………①418
ときめき百人一首 …①901
ときめく金魚図鑑 …②698
ときめく花図鑑 ……②688
ときめく文房具図鑑 …①3
ときめく御仏図鑑 …①511
時めぐりは、幼馴染み
　騎士と一緒に ………①1243
時間巡る恋 ……………①1317
ドキュメンタリー映画
　術 ……………………①796
ドキュメント 家庭料理
　が幸せを呼ぶ瞬間 …①37
ドキュメント 金融庁vs.
　地銀 …………………②383
ドキュメント 新右翼 ②93
ドキュメント・長期ひき
　こもりの現場から …②61
ドキュメント日本会議
　 ………………………②143
ドキュメント狙われた
　株式市場 ……………②382
ドキュメント 山の突然
　死 ……………………②233
トーキョー・パティス
　リー・ガイド ………①41
トーキョー・レコード
　〈上〉 ………………①581

トーキョー・レコード
　〈下〉 ………………①581
トーク・アバウト・シネ
　マ ……………………①791
毒家脱出日記〈1〉 …①854
徳一と勝常寺 …………①538
特異点をもつ曲線と曲
　面の微分幾何学 ……①660
土偶界へようこそ …①540
土偶のリアル …………①614
読影の基礎 ……………①733
毒をもつ生き物たち・①405
独学英語 ………………①640
徳川家康 …①389、①555
徳川家康文書の研究〈上
　巻〉 …………………①561
徳川家康文書の研究〈中
　巻〉 …………………①561
徳川家康文書の研究〈下
　巻之1〉 ……………①561
徳川家康文書の研究〈下
　巻之2〉 ……………①561
徳川軍団に学ぶ組織論
　 ………………………①555
徳川家が見た西郷隆盛
　の真実 ………………①567
徳川四天王 ……………①362
徳川宗春 ………………①561
徳川十五代を支えた老
　中・大老の謎 ………①561
徳川制度 補遺 ………①561
徳川吉宗の武芸奨励・①561
徳川四代 大江戸を建て
　る ……………………①561
独検過去問題集 2級・準
　1級・1級〈2017年版〉
　 ………………………①669
独検過去問題集 5級・4
　級・3級〈2017年版〉
　 ………………………①669
独検対策2級問題集 …①669
独裁君主の登場 宋の太
　祖と太宗 ……………①597
独裁国家・北朝鮮の実
　像 ……………………②132
独裁者たちの最期の
　日々〈上〉 …………①590
独裁者たちの最期の
　日々〈下〉 …………①590
独裁者ですが、なに
　か？ …………………①984
独裁の宴 ………………②124
特撮の匠 ………………①797
特撮のDNA ハードカ
　バー豪華版 …………①797
とくしまからきました
　 ………………………①335
読者ネットワークの拡
　大と文学環境の変化
　 ………………………①920
独習！信号処理 ……②519
独習C# …………………②559
特殊小型船舶操縦士学
　科試験問題集〈2017 -
　2018年版〉 …………②643
特殊作戦群、追跡す！
　〈上〉 ………………①1079
特殊作戦群、追跡す！
　〈下〉 ………………①1079
特殊な型BSケア ……②761
読書感想文書き方ドリ
　ル〈2017〉 …………①724
読書空間、または記憶
　の舞台 ………………①938
読書で離婚を考えた。…②3

毒唇主義 ………………①941
得するごはん …………②58
毒舌の作法 ……………①958
毒舌評論 究極のエンジ
　ンを求めて …………②604
毒舌嫁の在宅介護は今
　日も事件です！ ……②70
独占禁止法 ……………②375
独占禁止法とフェアコ
　ノミー ………………②375
独占禁止法70年〈第38号
　（通算60号）〉 ………②375
特捜部Q …………………①1344
毒素をごっそり流しだ
　すデトックス大事典
　 ………………………①151
督促OL コールセンター
　お仕事ガイド ………②290
ドクター大場の未病対
　策Q&A ………………①151
ドクターが教える がん
　剤治療がラクになる
　生活術 ………………①179
医師（ドクター）が語る
　霊障 …………………①145
ドクターがつくった!!聞
　くだけで花粉症が消
　えるCDブック ……①181
ドクター古藤（コトー）
　の家庭薬園診療所・①268
徳田秋聲 ………………①913
ドクター・ストレンジ
　 ………………………②375
ドクター・ストレンジ：
　プレリュード ………①854
ドクター・スリープ
　〈上〉 ………………①1361
ドクター・スリープ
　〈下〉 ………………①1361
ドクター・デスの遺産
　 ………………………①1098
ドクターとわたし〈17〉
　 ………………………①1380
ドクターは御曹子 …①1371
ドクター・プレジデン
　ト ……………………②720
ドクター・マーフィー
　 ………………………①1335
特定化学物質作業主任
　者の実務 ……………②460
特定化学物質障害予防
　規則の解説 …………②460
特定化学物質・四アル
　キル鉛等作業主任者
　テキスト ……………②469
特定共同住宅等の消防
　用設備等技術基準解
　説 ……………………②622
特定サービス産業実態
　調査報告書〈平成27
　年〉 …………………②416
特定社会保険労務士試
　験過去問集 …………②502
得点アップ ITパスポー
　トトレーニング問題
　集 ……………………②564
得点を伸ばす！教養試
　験直前チェック〈'19〉
　 ………………………②180
ドクトゥール白ひげ 回
　顧録 …………………②701
毒草植物図鑑 …………②688
「毒」と「薬」の不思議
　な関係 ………………①155
毒と薬の文化史 ………②726
毒々生物の奇妙な進化
　 ………………………②692
徳富蘇峰と大日本言論
　報国会 ………………①581

特濃体験告白 年上妻の
　淫らなひみつ ………②36
毒の滴 …………………②83
徳のリーダーシップと
　は何か ………………①504
毒盃 ……………………①998
特派員直伝 とらべる英
　会話 …………………①646
特発性間質性肺炎（IIP）
　のすべて ……………②720
徳は何の役に立つの
　か？ …………………①476
毒母ですが、なにか
　 ………………………①1022
毒物劇物取扱者試験〈平
　成29年版〉 …………②644
特別会員 証券外務員
　「一種」対策問題集
　〈2017〜2018〉 ……②481
特別会員証券外務員学
　習テキスト〈2017 -
　2018〉 ………………②481
特別会員 証券外務員
　「二種」対策問題集
　〈2017〜2018〉 ……②481
特別会員内部管理責任
　者対策問題集〈2017〜
　2018〉 ………………②508
特別活動でみんなと創
　る楽しい学校 ………①719
特別活動と生活指導・①710
特別級・1級 筆記試験問
　題と解答例 …………②586
特別区主任主事・昇任
　試験職員ハンドブッ
　ク〈2017年版〉 ……②153
特別区職員ハンドブッ
　ク〈2017〉 …………②153
特別支援学級の子ども
　のためのキャリア教
　育入門 基礎基本編
　 ………………………①685
特別支援学級の子ども
　のためのキャリア教
　育入門 実践編 ……①685
特別支援教育のアク
　ティブ・ラーニング
　 ………………………①685
特別支援教育の基礎・①685
特別支援教育の到達点
　と可能性 ……………①685
特別史跡 高松塚古墳発
　掘調査報告 …………①614
特別償却対象特定設備
　等便覧〈平成28年度
　版〉 …………………②320
特別償却対象特定設備
　等便覧〈平成29年度
　版〉 …………………②320
特別な才能はいらない
　 ………………………②367
「特別の教科 道徳」で大
　切なこと ……………①738
特別普及版 一茶庵・友
　蕎子 片importand正人手イそ
　ばの技術 ……………①67
特別養護老人ホームに
　おけるケアの実践課
　題 ……………………②61
特別養護老人ホームの
　日と人（ひとびと）…②67
毒味役、少年王に求婚
　 ………………………①1309
特命金融捜査官 ……①988
特命警部 …………………①1111
特命警部 札束 ………①1111
特命警部 醜悪 ………①1111
特命警部 狙撃 ………①1111
特命！現役保険調査員

の事件簿 ……… ①930
特命見廻り 西郷隆盛
 ……………… ①1066
毒持ちさん ……… ②683
独立・起業を目指すワ
 イン通の方へ あなた
 もできるワインの輪
 入販売 …………… ①46
独立行政法人・特殊法
 人総覧〈平成28年度
 版〉 …………… ②375
独立自尊を生きて …… ②291
髑髏城の七人 ……… ①1051
髑髏城の七人 風 …… ①784
髑髏城の七人 月 …… ①784
髑髏城の七人 鳥 …… ①784
髑髏城の七人 花 …… ①784
時計の科学 ……… ②648
とけいの3をとりもどせ
 ……………… ①335
ドケチな広島、クレ
 バーな日ハム、どこ
 までも特殊な巨人・①223
棘のない薔薇 …… ②612
解けますか？ 小学校で
 習った算数 …… ②728
トゲもふ！ はりねずみ
 のあずき …… ②692
熔ける ………… ①930
どこ？ …………… ①307
と号第三十一飛行隊
 「武揚隊」の軌跡 … ①581
土光敏夫 ……… ②308
どこがあぶないのか
 な？〈6〉 …… ①418
どこがあぶないのか
 な？〈7〉 …… ①418
どこがあぶないのか
 な？〈8〉 …… ①418
どこかでベートーヴェ
 ン …………… ①1098
どこがどうなる!?税制改
 正の要点解説〈平成29
 年度〉 ……… ②403
どこかな？ ……… ①320
どこかな あるかな さが
 してね くまくんのク
 リスマス …… ①307
とこしえ ……… ①952
どこじゃ？ かぶきねこ
 さがし ……… ①335
床ずれケアナビ …… ②70
どこでも生きていける
 100年つづく仕事の習
 慣 …………… ②354
どこでもいけるよ … ①335
どこでも宅建士とらの
 巻〈2017年版〉… ②498
どこでもできる通関士
 選択式徹底対策〈2017
 年版〉 ……… ②508
どこでも学ぶ管理業務
 主任者基本テキスト
 〈2017年度版〉 …… ②495
どこでも学ぶ宅建士 基
 本テキスト〈2018年度
 版〉 ………… ②498
どこでも○×宅建士999
 〈スリーナイン〉
 〈2017年度版〉 …… ②498
どこと組むかを考える
 「成長戦略型M&A」
 …………… ②311
トコトコとこちゃん・①335
どこどこ、どっち？ … ①306
とことん ……… ①351
とことん収納 …… ①930
とことん宅建士本試験
 問題ズバッ！ と10

〈2018年度版〉 ……②498
とことん使える！ 無印
 良品 …………… ②3
とことん毎日やらかし
 てます。 …… ①942
トコトンやさしいアミ
 ノ酸の本 …… ②674
トコトンやさしい異常
 気象の本 …… ②679
トコトンやさしいクロ
 スカップリング反応
 の本 ………… ②671
トコトンやさしい元素
 の本 ………… ②671
トコトンやさしい高分
 子の本 ……… ②599
トコトンやさしい小売・
 流通の本 …… ②418
トコトンやさしいコス
 トダウンの本 … ②589
トコトンやさしい水素
 の本 ………… ②599
トコトンやさしい水道
 管の本 ……… ②606
トコトンやさしい 3D も
 のづくりの本 … ②602
トコトンやさしい洗浄
 の本 ………… ②599
トコトンやさしい船舶
 工学の本 …… ②626
トコトンやさしい 土壌
 の本 ………… ②575
トコトンやさしいナノ
 セルロースの本 … ②570
トコトンやさしいバル
 ブの本 ……… ②602
常夏の孕ませ人妻アイ
 ランドへようこそ！
 ……………… ①1397
常滑の急須 …… ①874
どこに行ってしまった
 の!?アジアのゾウたち
 ……………… ②692
どこにいるかな？ うみ
 のさかなたち … ①308
どこにいるかな？ のや
 まのむしたち … ①308
どこにいるの？ … ①776
どこにいるの イリオモ
 テヤマネコ …… ①308
どこの家にも怖いもの
 はいる ……… ①1127
どこまでも生きぬいて
 …………… ①108
どこまでやるか、町内
 会 …………… ②160
ドコモのiPhone8/
 8Plus 基本＆活用ワ
 ザ100 ……… ②533
常夜ノ国ノ天照 … ①1288
常世の勇者 …… ①1056
どこよりも遠い場所に
 いる君へ …… ①1150
ドゴールと自由フラン
 ス …………… ①606
戸沢潤セレクション・①462
登坂広臣 AURA …… ①770
閉ざされた記憶 … ①1390
閉された言語・日本語
 の世界 ……… ①624
登山を楽しむための健
 康トレーニング …… ②233
登山者のための法律入
 門 …………… ②233
登山白書〈2017〉… ②233
登山力アップの強化書
 ……………… ②233
年上幼なじみの若奥様
 になりました …… ①1250

年上ロリ姉妹にバブみ
 を感じて甘えたい！
 ……………… ①1404
年をとるほど賢くなる
 「脳」の習慣 …… ②730
歳をとるほど、ラクに
 なる生き方 …… ①110
都市、環境、エコロジー
 ……………… ②575
都市環境から考えるこ
 れからのまちづくり
 ……………… ①160
『トシ、聴くだけであな
 たの医療英単語が100
 倍になるCDブック
 よ。』 ………… ①652
都市近隣組織の発展過
 程 …………… ②104
都市空間と商業集積の
 形成と変容 …… ②263
都市計画 …… ②582
都市計画とまちづくり
 がわかる本 …… ②160
都市計画のキホン … ②582
都市計画変革論 …… ②582
都市計画法 開発許可の
 実務の手引 …… ②582
都市計画法令要覧〈平成
 30年版〉 ……… ②229
都市・建築空間の史的
 研究 ………… ②612
都市交通計画 …… ②582
都市縮小時代の土地利
 用計画 ……… ②582
杜子春 ……… ①976
「年だから治らない」と
 言われた！ 7つの秘
 訣で腰痛解消！ …… ①172
土質力学の基礎とその
 応用 ………… ②605
閉じてゆく帝国と逆説
 の21世紀経済 …… ②248
都市と環境とシステム
 展2017作品集 …… ②612
都市と港湾の地理学 … ①617
都市と森林 …… ②263
都市と堤防 …… ②160
都市と農村 …… ②114
都市と野生の思考 … ②454
都市の憧れ、山村の戸
 惑い ………… ②160
都市の遺産とまちづく
 り …………… ②582
都市農家・地主の税金
 ガイド〈平成29年度〉
 ……………… ②403
都市農村交流の経済分
 析 …………… ②451
都市の計画と設計 … ②622
都市の景観地理 …… ①617
歳のことなど忘れなさ
 い。 ………… ①943
年の差きゅん甘 マリッ
 ジライフ …… ①1401
年の差夫婦はじめまし
 た。〈1〉 ……… ①5
年の差恋愛！ おじさま
 に迫ったらオトナの

本気を見せられまし
 た。 ………… ①1399
都市の下をのぞいてみ
 れば… ……… ①335
都市のフードデザート
 問題 ………… ②104
都市の包容力 …… ②160
とじ・はぎなし かんた
 んかわいいベビーの
 ニット ……… ①83
年はとるな …… ①951
"都市"文学を読む … ①979
都市法概説 …… ②188
都市問題・地方自治調査
 研究文献要覧〈1〉… ②175
杜若艶姿〈12〉 …… ①1042
徒手筋力検査ビジュア
 ルガイド …… ②733
土壌と界面電気現象・②447
どぜう屋助六 …… ①1037
図書館を心から愛した
 男 …………… ①314
図書館概論 ……… ②6
図書館からのメッセー
 ジ@Dr.ルイスの "本"
 のひととき …… ②6
図書館教育 ……… ②6
図書館島 ……… ①1362
図書館情調 …… ①979
図書館情報学 …… ②6
図書館情報学を学ぶ人
 のために …… ②6
図書館情報技術論 … ②6
図書館・人権・社会的公
 正 …………… ②6
図書館人物事典 …… ②6
図書館制度・経営論 … ②6
図書館だよりを作りま
 せんか？ …… ②6
図書館徹底活用術 … ②6
図書館と江戸時代の人
 びと ………… ①561
図書館にいたユニコー
 ン …………… ①375
図書館につづく道 … ①351
図書館の怪談 …… ①386
図書館のこれまでとこ
 れから ……… ②6
図書館の自由委員会の
 成立と「図書館の自由
 に関する宣言」改訂・②6
図書館の魔女 烏の伝言
 （つてこと）〈上〉・①1123
図書館の魔女 烏の伝言
 （つてこと）〈下〉・①1123
図書館は、いつも静か
 に騒がしい …… ①1250
図書館は逃走中 …… ①1338
図書館旅 大人になって
 こまらない マンガで
 身につく自分コント
 ロール ……… ①419
図書館旅 大人になって
 こまらない マンガで
 身につく友だちとの
 つきあい方 …… ①419
図書館100連発 …… ②6
図書館文化史研究〈No.
 34/2017〉 …… ②6
としょかんへぴょん！
 ぴょん！ぴょん！
 ……………… ①314
図書館魔女の本の旅・②3
図書室のピーナッツ
 ……………… ①1094
図書の修理 とらの巻・②6
図書の選択 ……… ②6

図書迷宮 ……… ①1235
年寄りの想いと偏見・①930
閉じられた棺 …… ①1351
都市緑化の最新技術と
 動向 ………… ②582
ドジルときょうふのピ
 ラミッド …… ①358
ど素人サラリーマンか
 ら月10万円を稼ぐ！
 株の授業 …… ①395
ど素人でも稼げる信用
 取引の本 …… ②379
都心の小さな家・マン
 ションに住み替える
 ……………… ①20
ドストエフスキーと近
 代作家 ……… ①925
ドストエフスキーの霊
 言 …………… ①504
トーストン ……… ①335
都政新報縮刷版〈2016
 （平成28年）〉 …… ②143
都政六法〈平成30年版〉
 ……………… ②188
土石流のチカラ …… ①419
戸田城聖述 水滸会記録
 を解説する 永久保存
 版 …………… ①501
兎田士郎の勝負な週末
 〈2〉 ………… ①1303
土地家屋調査士 解説不
 動産表示登記記録例
 ……………… ②500
土地家屋調査士 過去問
 セレクト "午後の部・
 択一" ……… ②500
土地家屋調査士受験100
 講〈1〉 ……… ②500
土地家屋調査士 不動産
 登記法・政省令逐条
 解説 ………… ②500
土地家屋調査士本試験
 問題と詳細解説〈平成
 29年度〉 …… ②500
土地家屋調査士六法〈平
 成30年版〉 …… ②500
土地家屋の法律知識・②192
栃木カフェ日和 …… ①41
栃木ゴールデンブレー
 ブス公式イヤーブッ
 ク〈2017〉 …… ①223
栃木で「名字の地」を探
 してみた。 …… ①616
とちぎの探鳥地ガイド
 ……………… ②697
栃木ブレックス 初代王
 者の軌跡 …… ①227
とちぎまるわかり観光
 ガイド〈vol.8〉 …… ①193
栃木SC J2復帰 …… ①231
都知事失格 …… ①148
都知事探偵・漆原翔太
 郎 …………… ①1074
土地収用裁決例集〈平成
 27年度裁決〉 …… ②143
椽の木の話 …… ①887
土地白書〈平成29年版〉
 ……………… ②175
土地評価のための役所
 調査便覧 …… ②420
凸解析の基礎 …… ②263
戸塚刺しゅう写真集 華
 麗なるハーダンガー
 ワークの世界 … ①78
十津川警部 ……… ①1100
十津川警部 愛憎の街 東
 京 …………… ①1100
十津川警部 出雲伝説と
 木次線 ……… ①1100

十津川警部「荒城の月」
殺人事件 ……… ①1100

十津川警部 四国お遍路
殺人ゲーム ……… ①1100

十津川警部 修善寺わが
愛と死 ……… ①1101

十津川警部 仙石線殺人
事件 ……… ①1101

十津川警部捜査行 伊豆
箱根事件簿 ……… ①1101

十津川警部捜査行 日本
縦断殺意の軌跡 … ①1101

十津川警部 高山本線の
秘密 ……… ①1101

十津川警部 秩父SL・三
月二十七日の証言（ア
リバイ）……… ①1101

十津川警部 七十年後の
殺人 ……… ①1101

十津川警部 八月十四日
夜の殺人 ……… ①1101

十津川警部「初恋」‥ ①1101

十津川警部 浜名湖 愛と
歴史 ……… ①1101

十津川警部 犯人は京阪
宇治線に乗った … ①1101

十津川警部 北陸新幹線
「かがやき」の客たち
……… ①1101

十津川警部 山手線の恋
人 ……… ①1101

十津川警部 雪とタン
チョウと釧網本線
……… ①1101

特級技能検定試験問題
集〈平成28年度 第1
集〉……… ②630

特級技能検定試験問題
集〈平成28年度 第2
集〉……… ②630

特許を取ろう！……… ②585

特許出願かんたん教科
書 ……… ②585

特許訴訟の実務 ……… ②585

特許にすべきものは何
か〈第40号（2016）〉
……… ②585

特許の取り方・守り方・
活かし方 ……… ②585

独居の人たちのお一人
さま安心計画ノート
……… ①110

特許法 ……… ②585

独禁法事例集 ……… ②375

独禁法審判決の法と経
済学 ……… ②263

独禁法訴訟 ……… ②375

ドッグカフェで甘いバ
イト生活 ……… ①1306

特区民泊で成功する！
民泊のはじめ方 … ②423

ドッグ・メーカー … ①1106

特訓問題集〈2〉……… ②488

特訓問題集〈1〉……… ②488

トツゲキ!?地獄ちゃんね
る ……… ①362

突撃ビューティフル
……… ①1014

特攻基地の少年兵 … ①586

特攻セズ ……… ①586

特攻戦艦「大和」 … ①586

特攻隊映画の系譜学 ・①791

特攻隊語録 ……… ①581

特攻隊長のアルバム … ①581

特攻長官 大西瀧治郎… ①581

特高と國體の下で … ①581

特高に奪われた青春 ・①581

突然、感情を爆発させ
る人々 ……… ①494

突然ですが、明日結婚
します ……… ①979

突然ですが、お兄ちゃ
んと結婚しますっ！
……… ①1267

突然ですが、お兄ちゃ
んと結婚しますっ！
〈3〉……… ①1267

突然美女のごとく … ①117

どっちが強い!?オオカミ
vsハイエナ ……… ①408

どっちが強い!?カブトム
シvsクワガタムシ … ①405

どっちが強い!?クジラvs
ダイオウイカ ……… ①408

どっちが強い!?ゾウvsサ
イ ……… ①408

どっちが強い!?ヘビvsワ
ニ ……… ①408

とっておき！ 小樽さん
ぽ ……… ①191

とっておきの「一着」さ
えあればいい ……… ①29

とっておきの刺しゅう
小もの ……… ①78

とっておきの道徳授業
〈14〉……… ①738

とっておきの野菜づく
り ……… ①268

とっておき！ 南台湾旅
事情故事（たびものが
たり）……… ①203

撮ってはいけない … ①190

とってもかんたんなが
らロコモ体操 ……… ①158

トットひとり ……… ①945

鳥取砂丘学 ……… ②680

鳥取藩研究の最前線 ・①538

鳥取雛送り殺人事件
……… ①1077

突破するデザイン … ①878

突発性難聴 完全攻略マ
ニュアル ……… ①167

凸版印刷の就活ハンド
ブック〈2019年度版〉
……… ①291

トッピングカップル ・①954

トップアスリートが実
践 人生が変わる最高
の呼吸法 ……… ①158

トップ企業が明かすデ
ジタル時代の経営戦
略 ……… ②291

トップクラスの専門家
集団が教える相続、
贈与、譲渡、法律完全
攻略“続編” ……… ②191

トップスケーターのす
ごさがわかるフィ
ギュアスケート … ①218

トップスターのノーマ
ルな恋人 ……… ①1184

トップセールスが絶対
言わない営業の言葉
……… ①334

トップランナーのす
ぐ「出す」技術 … ①354

トップランナーの図書
館活用術 才能を引き
出した情報空間 … ②7

トップリーグ ……… ①1069

ドッペル転生 ……… ①1150

どつは超然 ……… ①1018

とてもいい！ ……… ①975

とてもとてもサーカス
なフロラ ……… ①314

とても良い人生のため
に ……… ①99

都電が走った1940年代

〜60年代の東京街角
風景 ……… ②435

都道府県格差 ……… ②246

都道府県・クイズ図鑑
……… ①440

都道府県の特産品 駅弁
編 ……… ①428

都道府県の特産品 お菓
子編 ……… ①428

都道府県Data Book
〈2017〉……… ②270

届かなかった手紙 … ①167

届くCM、届かないCM
……… ②340

とどけるひと ……… ①1256

トートラ人体解剖生理
学 ……… ②728

ドドンパ東京トゥー
トゥーロンドン … ①776

隣り近所の法律知識 ・①190

となりの下人さん … ①257

となりのカントくん … ①472

「隣の国はパートナー」
になれるか ……… ②312

隣りの席の女 ……… ①1402

となりの地衣類 ……… ②688

となりの猫又ジュリ ・①351

となりの半熟妻 ……… ①1398

隣りの鬼くん ……… ①1404

隣の人の投資生活 … ②395

ドナルド・トランプは
なぜ大統領になれた
のか？ ……… ②135

トニー・ヴィスコン
ティ自伝 ボウイ、ボ
ランを手がけた男 ・①807

とにかく受かりたい人
のためのJavaプログ
ラマSilver SE 8 2週
間速習講座 ……… ②560

とにかくかんたんゆ
るーっとはじめる10
分山登り ……… ①58

とにかく通じる英語 ・①646

とにかく願いはゼッタ
イかなう！ それが
「宇宙の掟」だから。
……… ①117

「とにかく優位に立ちた
い人」を軽くかわす
コツ ……… ①106

とにかく楽に始める異
世界ハーレム〈1〉
……… ①1403

土日で合格（うか）る日
商簿記初級 ……… ①472

土日でわかるPythonプ
ログラミング教室 ・②551

トニーの俺穽くし!!世界
一周バスキング旅 ・①197

ドニャ・バルバラ … ①1329

舎人の部屋 ……… ①1012

どの教科書にも書かれ
ていない日本人のた
めの世界史 ……… ①590

どの子にもあー楽し
かった！の毎日を
……… ①693

とのさま1ねんせい … ①335

殿様が三人いた村 … ①561

とのさまサンタ ……… ①335

殿様は「明治」をどう生
きたのか〈2〉……… ①573

殿塚・姫塚古墳の研究
……… ①614

ドバイ ……… ①201

賭博師は祈らない … ①1216

賭博師は祈らない〈2〉
……… ①1216

賭博師は祈らない〈3〉
……… ①1216

とはずがたり ……… ①888

ドバラダ門 ……… ①1023

トビーがなくしたほね
……… ①314

とびきりすてきなクリ
スマス ……… ①375

飛び込みなしで「新規
顧客」がドンドン押
し寄せる「展示会営
業」術 ……… ②334

飛びたがりのバタフラ
イ ……… ①1201

とびだすえほん クリス
マス ……… ①306

とびだす！ クリスマス
……… ①307

とびだすまなべる せか
いのいきもの ……… ①306

とびだせ！ ちんあな
ご！ ゆうえんちはお
おさわぎ ……… ①335

とびだせビャクドー！
ジッセンジャー … ①335

とびっきり数独〈9〉… ①276

トピック社会保障法
〈2017〉……… ②48

トピックスで学ぶスペ
イン語世界 ……… ②672

トビーのごはん ……… ①314

ドビュッシー ……… ①815

ドビュッシーはワイン
を美味しくするか？ ・①820

土俵の群像 ……… ①238

富澤一誠 ……… ②291

ドーピングの哲学 … ①214

翔ぶ母 ……… ①973

翔ぶ夢、生きる力 … ①770

飛べない鍵姫と解ける
い飛行士 ……… ①1292

土木技術者のための木
材工学入門 ……… ②605

土木技術者倫理問題〈2〉
……… ②605

土木技術の古代史 … ①544

土木計画学ハンドブッ
ク ……… ②605

土木工事積算基準マ
ニュアル〈平成29年度
版〉……… ②623

土木工事積算標準単価
〈平成29年度版〉… ②623

土木工事の実行予算と
施工計画 ……… ②623

土木・交通計画のため
の多変量解析 ……… ②605

土木材料実験指導書
〈2017年改訂版〉… ②605

土木職公務員試験 専門
問題と解答 ……… ②180

土木職公務員試験専門
問題と解答 実践問題
集 必修・選択科目編
……… ②180

土木施工単価の解説
〈2017年度版〉……… ②623

土木施工の実際と解説
〈上巻〉……… ②605

土木施工の実際と解説
〈下巻〉……… ②605

土木の基礎固め 水理学
……… ②605

トポスの知 ……… ①494

トマス・アクィナス ・①527

トーマス・エジソン 神
の仕事力 ……… ②291

トーマスキャラクター
ミニずかん ……… ①322

トマス・ハーディの文
学と二人の妻 ……… ①921

トマス・ホッブズの母
権論 ……… ②171

トーマスりゅうでいこ
う ……… ①322

トマトをめぐる知の探
検 ……… ①450

トマトが赤くなると医
者が青くなる青果店
……… ①41

トマト、冷蔵庫に入れ
てませんか？ ……… ①58

苦米地式聴くだけで脳
からストレスが消え
るCDブック ……… ①125

苦米地博士の「知の教
室」……… ①93

苦米地英人コレクショ
ン〈01〉……… ①93

苦米地英人コレクショ
ン〈02〉……… ①93

とまらない好奇心！・①197

止まり木ブルース
〈2016〉……… ①999

富岡畦草・記録の目シ
リーズ 変貌する都市
の記録 ……… ①257

富美男の乱 ……… ①770

トミカコレクション
〈2018〉……… ①435

トミカ大集合〈2018年
版〉……… ①437

富澤公晴 ……… ①930

富澤裕セレクション つ
ないで歌おう ミマス
作品集〈2〉……… ①809

冨田勲 ……… ①815

富野に訊け!!“怒りの赤”
篇 ……… ①800

富野に訊け!!“悟りの青”
篇 ……… ①952

富原文庫蔵陸軍省城絵
図 ……… ①573

都民ファーストから国
民ファーストへ…… ②143

ドームがたり ……… ①335

トムとジェリーをさが
せ！ ドキドキワクワ
クおしごとワールド
……… ①440

トムとジェリーをさが
せ！ めいさくえいが
でだいかつやく … ①322

とむらい師たち ……… ①1011

トメアスの月 ……… ①966

留やんの金歯 ……… ①986

とめられなかった戦争
……… ①581

ともえ ……… ①1063

友を失った夜/とりひき
……… ①335

友食い教室 ……… ①1184

共食いの博物誌 ……… ②114

ともだち ……… ①257

友達以上、不倫未満 ・②27

ともだちいっぱい … ①966

友だちがインフルエン
ザになっちゃった！
……… ①410

トモダチ作戦 ……… ②42

友だち作りの科学 … ①494

ともだちなんかいらな
い ……… ①335

友だちのいのちと自分
のいのち ……… ①419

ともだちのときちゃん
……… ①358

ともだちのひっこし ・①335
トモダチ崩壊教室 …①1239
共にあることの哲学と
　現実 …………………②454
共に生きる家庭科 ……①685
ともにがんばりましょ
　う …………………①999
ともに読む古典 中世文
　学編 ………………①895
友母ガチ孕ませ！ …①1397
知盛の声がきこえる ・①783
友よ〈10〉 …………①1031
土門拳の写真撮影入門
　……………………②252
とやま駅物語 ………②435
富山市議はなぜ14人も
　辞めたのか ………②14
富山自然・人工地名の
　探究 ………………②24
富山の逆襲 …………②24
富山の百山 …………①190
富山文学の黎明 …①899
土曜の朝だけ！「きちん
　と」が続く週末家事 ‥①6
豊川孝弘の将棋オヤジ
　ギャグ大全集 …①250
「豊洲市場」これからの
　問題点 ……………②143
豊洲新市場・オリン
　ピック村開発の「不
　都合な真実」………②143
トヨタ・グローバル10
　……………………②305
トヨタ研究からみえて
　くる福祉国家ス
　ウェーデンの社会政
　策 …………………②62
トヨタ語の“力” …②310
トヨタ式おうち片づけ ・①6
トヨタ自動車の就活ハ
　ンドブック〈2019年度
　版〉 ………………①291
トヨタだけが知ってい
　る早く帰れる働き方
　……………………②354
豊田通商の就活ハンド
　ブック〈2019年度版〉
　……………………①291
トヨタの現場力 ……②305
トヨタ流品質管理に学
　ぶ！ はじめての変化
　点管理 ……………②590
豊富温泉 ミライノトウ
　ジへ行こう！ ……①189
豊臣奇譚〈第2部〉…①1046
豊臣期武家口宣案集 ・①555
豊臣政権の東国政策と
　徳川氏 ……………①555
豊臣秀吉 ……………①389
豊臣秀吉朝鮮侵略関係
　史料集成 全3巻 …①555
豊臣秀頼全集〈3〉 …①555
豊橋の方言210話 …①629
渡来氏族の謎 ………①545
ドライチ ……………①223
ドライードル入門 …①174
ドライバーレス革命 ・②442
ドライフラワーでつく
　るリースとスワッグ
　インテリアのアレン
　ジメント …………①270
トラウマ関連疾患心理
　療法ガイドブック ・②745
トラウマと記憶 ……①484
トラウマの過去 ……①494
ドラえもん科学ワール
　ド ………………①398
ドラえもん科学ワール
　ドspecial …………①434

ドラえもん 5分でドラ
　語り ことわざひみつ
　話 …………………①393
ドラえもん5分でドラ語
　り 四字熟語ひみつ話
　……………………①393
ドラえもん社会ワール
　ド …………………①419
ドラえもんの国語はじ
　めて挑戦（トライ）
　しっているかな？ き
　せつのことばとぎょ
　うじ ………………①393
ドラえもんの社会科お
　もしろ攻略 日本を変
　えた世界の歴史 古代
　〜中世 ……………①425
ドラえもんの社会科お
　もしろ攻略 のび太と
　行く世界歴史探検〈2〉
　……………………①425
ドラえもん はじめての
　論語 君子編 ………①393
とらきちのいいところ
　……………………①335
ドラキュラ女子のため
　の貧血ケア手帖 …①168
ドラキュラの町で、二
　人は ………………①368
トラクターとコンバイ
　ン …………………①435
トラクターの世界史 ・①442
ドラゴン・ヴォランの
　部屋 ………………①1356
ドラゴンクエストあそ
　びえほん めざせ竜王
　じょう！ …………①303
ドラゴンクエストモン
　スターズジョーカー3
　プロフェッショナル
　モンスタープロファ
　イル ………………①282
ドラゴンクエストモン
　スターバトルスキャ
　ナー 超スキャンマス
　ターズガイド ……①282
ドラゴンクエスト10オ
　ンライン アストル
　ティア5thメモリアル
　BOOK ……………①282
ドラゴンクエスト10 オ
　ンラインいざ新たな
　るアストルティア ・①282
ドラゴンクエスト11 過
　ぎ去りし時を求めて
　ロトゼタシアガイド
　for Nintendo 3DS …①282
ドラゴンクエスト11 過
　ぎ去りし時を求めて
　ロトゼタシアガイド
　for Playstation4 …①282
ドラゴンさんは友達が
　欲しい！〈3〉……①1280
ドラゴンさんは友達が
　欲しい！〈4〉……①1280
ドラゴンズドグマ オ
　フィシャルデザイン
　ワークス ダークアリ
　ズンエディション ・①843
ドラゴンの飼い方 …①437
ドラゴンは寂しいと死
　んじゃいます〈1〉
　……………………①1264
ドラゴンは寂しいと死
　んじゃいます〈2〉
　……………………①1264
ドラゴンは寂しいと死
　んじゃいます〈3〉
　……………………①1264

竜（ドラゴン）は宝石た
　ちと戯れる ………①1317
龍神王子（ドラゴン・プ
　リンス）！〈10〉…①368
龍神王子（ドラゴン・プ
　リンス）！〈11〉…①368
ドラゴンボールヒー
　ローズ アルティメッ
　トミッションX 超究
　極Xガイド ………①282
ドラゴン嫁はかまって
　ほしい〈2〉………①1251
ドラゴン嫁はかまって
　ほしい〈3〉………①1251
ドラゴン嫁はかまって
　ほしい〈4〉………①1251
とらさん おねがい おき
　ないで ……………①314
寅さん語録 …………①791
寅さんの世間学入門 ・①791
とら食堂全仕事 ……①428
トラスト・ファクター
　……………………①291
ドラッカー 5つの質問
　……………………①373
ドラッカーが教える最
　強の経営チームのつ
　くり方 ……………①291
ドラッカー『現代の経
　営』が教える「マネジ
　メントの基本指針」
　……………………①373
ドラッカー『断絶の時
　代』で読み解く21世
　紀地球社会論 ……②373
ドラッカーの時間管理
　術 …………………①373
トラック運送企業の生
　産性向上入門 ……②418
トラック走を極める！
　陸上競技中長距離 ・①235
ドラッグと分断社会ア
　メリカ ……………①484
トラックに轢かれたの
　に異世界転生できな
　いと言われたから、
　美少女と働くことに
　した。 ……………①1259
トラットリア ドンチッ
　チョの極旨シチリア
　料理 ………………①68
トラットリア・ラ
　ファーノ …………①987
トラップ …………①1069
トラップ×トラップ
　……………………①1303
トラとシロ …………①335
ドラどら王子の新婚旅
　行 …………………①1138
ドラどら王子の花嫁選
　び …………………①1138
とらねこ ……………①265
トラネコボンボンの空
　想居酒屋 …………①66
虎の尾 ……………①1087
虎の王者キサイマン
　〈541〉 …………①1359
虎の牙 ……………①1047
“虎”の病院経営日記 ・②709
虎の夜食 …………①973
虎バカ本の世界 ……①223
トラフグ物語 ………②458
トラブル完全回避 親子
　円満事業承継 ……②328
トラブル防止のための
　融資法務Q&A ……②385
トラベル＆グローバル
　メディスン ………①201
トラベル英語 基本の

『き』 ………………①640
ドラマ教育ガイドブッ
　ク …………………①719
ドラマ仕立て イギリス
　英語のリスニング 楽
　しく学ぶ！ ロンドン
　暮らし12か月のス
　トーリー …………①647
ドラマチックとうめい
　水彩 ………………①862
囚われた人妻捜査官 祐
　美子 ……………①1403
囚われたレディ ……①1387
囚われの島 …………①1095
囚われの妻 …………①1395
囚われのパルマ ……①1135
囚われのパルマ公式
　ファンブック ……①282
囚われの盤 …………①995
トランジションマネジ
　メント ……………①310
トランジット ………①966
トランスジェンダーの
　心理学 ……………①484
トランスフォーマー：
　インターナショナル・
　インシデント ……①854
トランスフォーマー
　ジェネレーション
　〈2018〉 …………①287
トランスフォーマー：
　フォー・オール・マン
　カインド …………①854
トランスフォーマー：
　リベンジ・オブ・ディ
　セプティコン ……①854
トランプ革命で甦る日
　本 …………………②124
トランプ革命の始動 ・①136
トランプが戦争を起こ
　す日 ………………①136
トランプが中国の夢を
　終わらせる ………②248
トランプ巨大旋風の奥
　底は“イルミナティ vs
　プーチン”1％寡頭勢
　力打倒の戦いである
　……………………②124
トランプ家の謎 ……②136
トランプ後の世界〈第2
　幕〉 ………………②124
トランプ後の世界秩序
　……………………②124
トランプ 最強の人生戦
　略 …………………②136
トランプ殺人事件 …①1094
トランプ時代のアメリ
　カを歩く …………②91
「トランプ時代」の新世
　界秩序 ……………②136
トランプ時代の日米新
　ルール ……………②137
トランプ症候群 ……②104
トランプ政権を操る
　「黒い人脈」図鑑 ・②136
トランプ政権で進む戦
　争の危機 …………②125
トランプ政権とアメリ
　カ経済 ……………②254
トランプ政権の米国と
　日本をつなぐもの ・②137
「トランプ相場」でオタ
　オタするなこの株で
　コッソリゴッソリ儲
　けましょう ………②395
トランプ大統領就任演
　説 CD BOOK ……②136
トランプ大統領就任演
　説 DVD BOOK ……②136

トランプ大統領とアメ
　リカ議会 …………②136
トランプ登場で激変す
　る世界 ……………②125
トランプドルの衝撃 ・①248
トランプのアメリカ ・②136
トランプの黒幕 ……②136
トランプノミクス …②248
トランプノミクスで大
　炎上！ 世界金融・貿
　易戦争の結末 ……②382
トランプは市場に何を
　もたらすか!? ……②382
トランプは中国の膨張
　を許さない！ ……②136
トランプ・バブルの大波
　に乗れ！〈vol.4〉…②395
トランプバブルの正し
　い儲け方、うまい逃
　げ方 ………………②382
トランプvs.中国は歴史
　の必然である ……①590
トランプ・リスク …①573
鳥 …………………①408
とりあえず野菜食
　BOOK ……………①58
トリア・ルーセントが
　人間になるまで… ①1207
鳥居の向こうは、知ら
　ない世界でした。〈2〉
　…………………①1128
鳥海浩輔・安元洋貴の
　禁断生ラジオ本〈1.5〉
　……………………①770
トリエステの亡霊 …①960
鳥飼茜の地獄でガール
　ズトーク …………①117
鳥籠 ………………①1307
鳥かごの大神官さまと
　侯爵令嬢 …………①1205
トリガール！ ………①368
とりこしふくろう …①335
鳥さんぽをはじめよう
　……………………①263
取締役・経営幹部のた
　めの戦略会計入門 ・①318
取締役・取締役会制度
　……………………②328
取締役・取締役会の法
　律実務Q&A ………②328
取締役の義務と責任 ・②328
鶏小説集 …………①997
鳥・ストーリー ……②697
撮りたい！ 飾りたい！
　親子でおりがみ …①81
鳥たち ……………①1025
取り立てに怯えた少女
　が大臣になった… ①148
トリックアート入門 ・①862
トリックアートハロ
　ウィーン …………①440
トリック・トリップ・バ
　ケーション ……①1241
とりとめなく庭が… ①956
ドリトル先生航海記 ・①379
とりにく屋さんの本 ・①58
トリニティセブン …①843
トリニティセブン 7人
　の魔導使い The
　Novel ……………①1199
鳥の会議 …………①1023
取り残される日本の教
　育 …………………①675
鳥の巣つくろう …①408
鳥の巻 ……………②697
取引結婚だけど相思相
　愛です …………①1405
取引先を“稼ぐ企業”に

変える方法教えます！……②385
取引事例に見る「新たな収益認識基準」実務対応………②318
取引ステップで考える実践的M&A入門‥②311
トリプトファンダイエット………①26
トリプル・ゼロの算数事件簿〈ファイル5〉…②368
トリプル・ゼロの算数事件簿〈ファイル6〉…②368
トリベと〈7〉………①10
トリマーのためのベーシック・テクニック………②263
ドリーム………①936
ドリーム・ライフ〈3〉………①1117
取り戻そう日本人の自立心………②143
トリュフの歴史………①37
努力しすぎた世界最強の武闘家は、魔法世界を余裕で生き抜く。………①1302
努力しすぎた世界最強の武闘家は、魔法世界を余裕で生き抜く。〈2〉………①1302
努力しすぎた世界最強の武闘家は、魔法世界を余裕で生き抜く。〈3〉………①1302
ドリル式一般常識問題集〈2019年度版〉…②298
ドリル式SPI問題集〈2019年度版〉……②294
ドリル式！この1冊で譜面の読めるギタリストになれる本……①811
とりわけごはん……①58
トールキンのクレルヴォ物語………①1363
トールキンのベーオウルフ物語 注釈版‥①1363
トルコ現代史……①593
トルコ語と現代ウイグル語の音韻レキシコン………①668
トルストイ 新しい肖像………①925
とるとだす………①1054
とるにたらないちいさないきちがい……①1333
ドールハウス………①872
奴隷から始まる成り上がり英雄伝説……①1399
奴隷契約 恥辱の女体化ペット………①1400
奴隷小説………①993
奴隷商人しか選択肢がないですよ？〈1〉………①1182
奴隷商人しか選択肢がないですよ？〈2〉………①1182
奴隷商人になったよin異世界〈2〉………①1298
奴隷ハーレム・オンライン〈1〉………①1403
どれがいちばんすき？………①314
ドレス………①1016
とれたんずのえほん こまちちゃん つぎはー？………①335
とれない首こり・肩こ

りは「巻き肩」が原因だった………①173
トレーニングという仕事………②692
どれ飲む？ いつ飲む？ エナジードリンク・栄養ドリンクのすべて………①151
トレブリンカの地獄………①925
ドレミファどうぶつコンサート………①335
獲れる！ 艇王3連単・②245
トレント公会議………①601
トレント最後の事件………①1353
ドロップ!!〈3〉………①1210
ドロップ!!〈4〉………①1210
とろとろチーズ工房の目撃者〈7〉………①1349
泥の好きなつばめ………①905
泥棒たちのレッドカーペット………①1071
泥棒役者………①979
とろ蜜満淫アパート………①1398
とろめき女上司………①1404
ドローン・ウォーズ・②512
ドローンが拓く未来の空………①624
「ドローン」がわかる本………②570
ドローン探偵と世界の終わりの館………①1104
ドローン鳥瞰写真集・①257
ドローンで迫る伊豆半島の衝突………②680
ドローンビジネス参入ガイド………②291
ドローンビジネス調査報告書 海外動向編〈2018〉………②273
ドローン・ビジネスと法規制………②223
ど忘れ解消トレーニング 漢字全921問…①160
ど忘れ解消トレーニング 四字熟語ことわざ全887問………①160
十和田湖・奥入瀬 盛岡・遠野・角館………①192
永遠（とわ）に残るは〈上〉………①1327
永遠（とわ）に残るは〈下〉………①1327
永遠（とわ）の愛を約束して………①1328
永遠物語（とわものがたり）………①335
ドン………②143
トンカチくんと、ゆかいな道具たち………①351
ドン・キホーテ〈前篇〉………①891
ドン・キホーテ〈後篇〉………①891
どんぐりと山猫………①335
どんぐりないよ………①335
敦煌寫本『大乗起信論疏』の研究………①511
敦煌仏頂尊勝陀羅尼経変相図の研究………①834
鈍行列車にのりかえて〈2両目〉………①951
鈍行列車にのりかえて〈3両目〉………①951
とんこととん………①336
とんすけくんはももたろう………①336
豚足に憑衣された腕・①752

どん底名人………①247
トンダばあさん………①336
とんでも春庭………①835
とんでもスキルで異世界放浪メシ〈2〉……①1167
とんでもスキルで異世界放浪メシ〈3〉……①1167
とんでもスキルで異世界放浪メシ〈3〉……①1167
とんでろじいちゃん・①336
どんどこどんどんたいこのえほん………①306
ドンドン………①336
どんどん集客が楽しくなる！ ISDロジックビジネス………②291
どんどん貯まる 個人事業主のカンタンお金管理………②391
どんどん超特急の魅力に気づいちゃう？ ロンドン・アイならぬ、超特急アイー①776
どんどんつながる漢字練習帳 中級………①627
どんどん強くなる こども詰め将棋 1手詰め………①437
ドンドン解ける！ 宅建士合格テキスト〈'18年版〉………①498
ドンドン解ける！ 日商簿記2級過去問題集〈'17～'18年版〉…②472
ドンドン解ける！ 日商簿記3級過去問題集〈'17～'18年版〉…②472
ドンドン解ける！ 保育士一問一答問題集〈'18年版〉………①763
トントンの西安（シーアン）遊記………①426
どんどん橋、落ちた………①1074
どんどん虫が見つかる本………①695
どんどん読める！ 日本語ショートストーリーズ〈vol.1〉………①635
どんどん読める！ 日本語ショートストーリーズ〈vol.2〉………①635
どんな怒りも6秒でなくなる………①125
どんな絵本を読んできた？………①886
どんな家庭でも生命保険料は月5000円だけ………②386
どんなガンでも、自分で治せる！………①179
どんなクレームも絶対解決できる！………②291
どんなことがあっても大丈夫 ラク女子・①117
どんな時でも人は笑顔になれる………①99
どんな悩みもラクに乗り越えられる女43のルール………①117
どんなに忙しい人も必ずやせるビジネスマンの最強ダイエット エグゼクティブ・ダイエット………①26
どんなに体が硬くても背中でギュッと握手できるようになる肩甲骨ストレッチ……①158

どんなに体が硬くてもペターッと前屈できる本………①217
どんなにきみがすきだかあててごらん ふゆのおはなし………①306
どんな場合にいくら払う!?立退料の決め方………②193
どんな場面も切り抜ける！ 公務員の議会答弁術………②153
どんな人とも！ 仕事をスムーズに動かす5つのコツ………②354
どんなピンチも女を謳歌しながら乗り越えた。私、やりたいことは、決してあきらめない！………①117
どんな不況もチャンスに変える黒字経営9の鉄則………②291
どんなマイナスもプラスにできる未来教室………①99
どんな問題も解決するすごい質問………②354
どんな問題も「チーム」で解決するANAの口ぐせ………②305
トンネル技術者のための地盤調査と地山評価………②606
鳶の空………①973
トンプソン＆トンプソン遺伝医学………②720
とんぼに学ぶ飛行テクノロジーと昆虫模倣………②624
トンボのすべて………②695
どんぶらこ………①985
どんまい！ こめごろう………①336
ドS刑事（デカ）・①1098
ドS上司のギャップにはまりました。………①1402
ドSなスパルタ巨乳女教師を巨根でドMな孕ませオナホにした学園性活日誌………①1397
ドSな生徒会長サマがMノートに支配されました。………①1402

ナイアガラ・トロント・メープル街道……①209
内科医から伝えたい歯科医院に知ってほしい糖尿病のこと…②758
内科医のための漢方製剤の使い方………②770
内外溶接材料銘柄一覧〈2018年版〉………②624
内科学………②738
内閣憲法調査会の軌跡………②200
内閣法制局は「憲法の番人」か？……②149
内科当直医のためのER

のTips………②738
「内向型の自分を変えたい」と思ったら読む本………①125
内航船舶明細書〈2017〉………②626
ナイジェリア………②254
内痔核治療の変遷と英国St.Mark's病院…②720
内緒のオフィスラブ………①1401
内緒の話………①930
ないしょの魔法使い………①1313
ないしょの夜おやつ…①58
ナイスガイ症候群…①484
ナイスキャッチ！………①351
ナイスキャッチ！〈2〉………①351
ナイチンゲール………①389
ナイチンゲール、ドラッカー、クリステンセンに学ぶ看護イノベーション………②767
ナイツ＆マジック〈7〉………①1151
ナイツ＆マジック〈8〉………①1151
内通者………①1096
内通と破滅と僕の恋人………①1076
ナイツ・オブ・ザ・リビングデッド 死者の章………①1359
内定請負漫画『銀のアンカー』式 無敵の一般常識＆時事問題〈2018年版〉……①298
内定請負漫画『銀のアンカー』式 無敵の一般常識＆時事問題〈2019年版〉……①298
内定請負漫画『銀のアンカー』式 無敵のエントリーシート・自己分析・自己PR・志望動機〈2019年版〉…①296
内定請負漫画『銀のアンカー』式 無敵の就活パーフェクトナビ〈2019年版〉……①291
内定請負漫画『銀のアンカー』式 無敵の面接〈2019年版〉…①296
内定請負漫画『銀のアンカー』式 無敵のSPI3〈2019年版〉…①294
内定を決める！ 面接の極意〈'20年度版〉…①296
内定獲得のメソッド 一般常識 即戦力問題集………①298
内定獲得のメソッド インターンシップ…①291
内定獲得のメソッド エントリーシート 完全突破塾………①296
内定獲得のメソッド 業界＆職種研究ガイド〈'19〉………①291
内定獲得のメソッド 自己分析………①291
内定獲得のメソッド 就活ノートの作り方〈'19〉………①291
内定獲得のメソッド 就職活動がまるごと分かる本〈'19〉……①291
内定獲得のメソッド 面

書名索引

接 自己PR 志望動機
　　…………………… ①296
内定獲得のメソッド 面
　接担当者の質問の意
　図 ………………… ①296
内定獲得のメソッド
　SPI解法の極意 ……… ①294
内定獲得のメソッド
　SPIテストセンター
　時短テクニック …… ①294
内定辞退 …………… ①291
内定者が本当にやった
　究極の自己分析〈'19
　年版〉…………… ①291
内定者の書き方がわか
　る！ エントリーシー
　ト自己PR・志望動機
　完全対策〈'19年版〉
　……………………… ①291
内定者はこう選んだ！
　業界選び・仕事選び・
　自己分析・自己PR 完
　全版〈'20年度版〉… ①292
内定者はこう書いた！
　エントリーシート・
　履歴書・志望動機・自
　己PR 完全版〈'20年
　度版〉…………… ①296
内定者はこう話した！
　面接・自己PR・志望
　動機 完全版〈'20年度
　版〉……………… ①296
内定勝者 私たちはこう
　言った！ こう書い
　た！ 合格実例集＆セ
　オリー エントリー
　シート編〈2019〉… ①296
内定勝者 私たちはこう
　言った！ こう書い
　た！ 合格実例集＆セ
　オリー 面接編〈2019〉
　……………………… ①296
内定率の高いかくれた
　大手・中堅優良企業
　の見つけ方 ……… ①292
内定力 ……………… ①292
ないてるのはだれだ？
　……………………… ①336
泣いて笑って食べた！
　……………………… ②703
泣いて笑ってまた泣い
　た〈2〉…………… ①945
内藤湖南 敦煌遺書調査
　記録 續編 ……… ①616
ないないプラネット・
　「内発的発展」とは何か
　……………………… ①454
内部管理責任者合格の
　ためのバイブル …… ②481
内部機能障害への筋膜
　マニピュレーション
　理論編 …………… ②752
内部質保証システムと
　認証評価の新段階 … ②590
内部障害理学療法学 … ②720
内部障害リハのための
　胸部・腹部画像読影
　のすすめ ………… ②733
内部通報・内部告発対
　応実務マニュアル … ②194
内部統制の有効性と
　コーポレート・ガバ
　ナンス …………… ②363
内分泌臨床検査マニュ
　アル ……………… ②734
内面からの報告書 … ①960
ないものがある世界〈5〉
　……………………… ①986
内乱の政治哲学 …… ②171

9プリンシプルズ …… ②105
直木賞物語 ………… ①903
治す食事 思う食事 … ①165
治す！ 山の膝痛 …… ①173
奈緒と私の楽園 …… ①1016
名をなさぬ幸せ …… ②70
ナオミとカナコ …… ①1081
治りたければ、3時間湯
　ぶねにつかりなさ
　い！ ……………… ①151
治るがんの愛と運の法
　則 ………………… ②737
永井荷風 …………… ①913
長生きをしたければ、
　「親指」で歩きなさい
　……………………… ①159
長生き地獄 ………… ②67
長生きしたけりゃテキ
　トー生活を送りなさ
　い！ ……………… ①151
長生きしたけりゃ歯を
　磨いてはいけません
　……………………… ①182
長生きしたければ、原
　材料表示を確認しな
　さい！ …………… ①154
長生きしたければ座り
　すぎをやめなさい … ①151
長生きの統計学 …… ①159
永井豪 デザインスケッ
　チ・オブ・スーパーロ
　ボット …………… ①854
長い誤解 …………… ①1390
永井尚政 …………… ①561
ながいながいかもつ
　れっしゃ ………… ①336
ながいながい骨の旅 … ①336
長い眠り …………… ①1360
中井久夫集〈1〉…… ②746
中井久夫集〈2〉…… ②746
中井久夫集〈3〉…… ②746
中井久夫集〈4〉…… ②746
中井久夫集〈5〉…… ②746
長い別離 …………… ①1384
長い夢 ……………… ①1340
中内功 ……………… ②308
中江兆民と財政民主主
　義 ………………… ②263
中上健次集〈10〉…… ①890
中川政七商店でみつけ
　た、あたりまえの積
　み重ね ……………… ③3
中川原徳仁著作集〈第1
　巻〉……………… ②171
永き聖戦の後に〈2〉
　……………………… ①1200
長き沈黙 …………… ①581
長く働けるからだをつ
　くる …………… ①151
長さ一キロのアナコン
　ダがシッポを嚙まれ
　たら ……………… ①947
長崎 ………………… ②24
長崎・オランダ坂の洋
　館カフェ ………… ①988
ながさき句暦 ……… ①973
長崎県の山 ………… ①190
流されるな、流れろ！
　……………………… ①466
中澤佳子のこのママ子
　育て ……………… ①14
長沢節 ……………… ①843
長澤茉里奈 glows. …… ①776
「長篠・設楽原の戦い」
　鉄炮玉の謎を解く … ①555
中島かずきのマンガ語
　り ………………… ②33
中島誠之助先生、日本

の美について教えて
　ください。………… ①833
中島文学における「己」
　の探究 …………… ①913
中山道追分茶屋物語 … ①571
中山道中案内 関ヶ原
　から三条大橋 …… ①188
中山道の鬼と龍〈3〉
　……………………… ①1050
仲代達矢が語る日本映
　画黄金時代 完全版
　……………………… ①791
永田和宏作品集〈1〉… ①970
中田敬二詩集 ……… ①966
中出し許可区のハーレ
　ム生活 …………… ①1397
永田町アホばか列伝 … ②148
永田町知謀戦〈2〉…… ②148
永田鉄山軍事戦略全集
　……………………… ①581
「中だるみ社員」の罠 … ②343
長塚節「羇旅雑咏」… ①913
中臣祐範記〈第3〉…… ①562
鳴かない小鳥にじいわ
　るなキス ………… ①1321
なかないで、アーサー
　……………………… ①314
泣かないで、沙保里 … ①239
なかなか暮れない夏の
　夕暮れ …………… ①988
中西悟堂 フクロウと雷
　……………………… ①952
中西覚 ……………… ①818
中西繁 連載小説「時の
　行路」挿画集 …… ①837
長野 小布施 善光寺 上
　田 ………………… ①193
中野学校情報戦士の黙
　示録 ……………… ①1083
長野県高等学校野球大
　会記念史〈6〉…… ①221
長野県の山 ………… ①190
中野武鎧作品集 …… ①571
中野ブロードウェイ脱
　出ゲーム ………… ①1128
長浜曳山祭の過去と現
　在 ………………… ②117
長場雄作品集 I DID … ①843
中原さん、経済オンチ
　の私に日本の未来を
　教えてください…… ②244
長原さん、わたしも生
　まれ変わります…… ①930
中原中也 …………… ①905, ①913
中原VS米長全集 …… ②250
仲間をみつけた子グマ
　……………………… ①384
なかまたち ………… ①320
長嶺千晶句集 ……… ①973
中村草田男 ………… ①905
中村天風 健康哲学 … ①454
中村天風 健康哲学 あり
　がとうで生きる …… ①151
中村天風 悲運に心悩ま
　すな ……………… ①223
中村とうよう 音楽評論
　家の時代 ………… ①804
中村好文 集いの建築、
　円いの空間 ……… ②612
中目黒リバーエッジハ
　ウス ……………… ①1163
なかめせしまに …… ①867
眺めて愛でる数式美術
　館 ………………… ②654
眺めるだけで目がよく
　なる眼トレ ……… ①183
中本佳材 4×5 ……… ①257
中山直子詩集 ……… ①966

永山則夫 …………… ①930
長良川 清流譜 ……… ①257
ながら筋膜リリース … ①159
流れをつかむ技術 … ①246
流れがわかる！ イチか
　ら学ぶ初級簿記 …… ②472
流れがわかる 中学歴史
　の授業 …………… ①732
流されて生きなさい … ①99
流されるにもホドがあ
　る ………………… ①944
流れて、流しの新太郎
　……………………… ①931
流れと要点がわかる調
　理学実習 ………… ①775
ながれながれてながれ
　ずし ……………… ①336
ながれ星 冬星〈'11〉… ①1030
鳴き声が聴ける 世界の
　美しい鳥図鑑 …… ②697
鳴き声から調べる野鳥
　図鑑 ……………… ②697
なきごえたくはいびん
　……………………… ①336
渚くんをお兄ちゃんと
　は呼ばない ……… ①362
なぎさの媚薬〈上〉… ①999
なぎさの媚薬〈下〉… ①1000
鳴き砂〈15〉………… ①1060
泣きたくなったあなた
　へ ………………… ①956
泣きたくなるような青
　空 ………………… ①959
なきたろう ………… ①336
泣虫うさぎと過保護な
　ご主人様 ………… ①1309
泣き虫オトコと嘘泣き
　オンナ …………… ①1008
「泣き虫監督」片岡安祐
　美流チームの育て方
　……………………… ①221
泣き虫先生、江戸にあ
　らわる …………… ①1060
泣き虫先生、棒手振り
　になる …………… ①1060
泣き虫先生、幽霊を退
　治する …………… ①1060
泣き虫大将 ………… ①1049
泣き虫姫が政略結婚し
　たらとろとろに愛さ
　れる ……………… ①1403
泣き虫弱虫諸葛孔明〈第
　4部〉……………… ①1043
泣き虫弱虫諸葛孔明〈第
　5部〉……………… ①1043
なくした記憶と愛しい
　天使 ……………… ①1382
失くした1/4 ……… ①983
無くならない ……… ①824
なくなりそうな世界の
　ことば …………… ①663
殴られて野球はうまく
　なる!? …………… ①221
嘆きのエンゲージリン
　グ〈3〉…………… ①1376
泣けるいきもの図鑑 … ①408
泣ける会議 ………… ①361
名古屋 ……………… ①194
なごや飲食夜話 千秋楽
　……………………… ②24
ナゴヤが生んだ「名」企
　業 ………………… ②305
名古屋カフェ日和 … ①194
なごやじまん ……… ②24
名古屋地名ものがたり
　……………………… ①538
名古屋鉄道 今昔 …… ②435
なごや人情交差点 … ②24

名古屋はヤバい …… ②24
なごりの月〈2〉…… ①1052
ナショナリズムの正体
　……………………… ②93
ナショナル・アイデン
　ティティを問い直す
　……………………… ①590
ナーシング・ポケット
　マニュアル 精神看護
　学 ………………… ②767
ナスカイ …………… ②257
ナースが書いた看護に
　活かせる心臓ペース
　メーカー・CRT・
　ICDノート ……… ②767
ナースが知っておく 循
　環器これだけガイド
　……………………… ②740
ナースコール！ …… ①1183
なずず このっぺ？ … ①314
茄子の輝き ………… ①1004
ナースのための基本薬
　……………………… ②767
ナースのためのシシ
　リー・ソンダース … ②705
ナースのためのヘルス
　ケアMBA ………… ②767
ナースのためのやさし
　くわかる訪問看護 · ②767
ナースの内科学 …… ②767
ナースの悩みに応えま
　す！（患者・家族編）
　……………………… ②767
ナースは今日も眠れな
　い！ ……………… ②768
なぜ、あなたがリー
　ダーなのか ……… ②367
なぜ、あなたのウェブ
　には戦略がないの
　か？ ……………… ②337
なぜ、あなたのサロン
　は流行らないのか · ②291
なぜあなたの力は眠っ
　たままなのか …… ①125
なぜあなたの疲れはと
　れないのか？ …… ②720
なぜ、あなたのやる気
　は続かないのか … ①125
なぜあなたの予測は外
　れるのか ………… ②648
なぜあなたはいつもト
　ラブル処理に追われ
　るのか …………… ②354
なぜあなたは何をやっ
　ても運が悪いのか？
　絶対開運 ………… ①130
なぜあの会社の社員は、
　「生産性」が高いの
　か？ ……………… ②310
なぜあの人が話すと納
　得してしまうのか？
　……………………… ②361
なぜ、あの人に部下は
　ついていくのか … ②367
なぜ、あの人の仕事は
　いつも早く終わるの
　か？ ……………… ②354
なぜあの人はいつも若
　いのか。…………… ②343
なぜあの人は心が折れ
　ないのか …………… ①125
なぜあの人は、しなや
　かで強いのか …… ①99
なぜあの人は2時間早く
　帰れるのか ……… ②354
なぜアマゾンは1円で本
　が売れるのか …… ②513
なぜアマゾンは「今日
　中」にモノが届くの

か……………②418

なぜ、一流の人はご先
祖さまを大切にする
のか？………………①16

なぜ祈りの力で病気が
消えるのか？………①151

なぜインド人は日本が
好きなのか………②87

なぜ、上野駅に18番線
がないのか？………②435

なぜ、エグゼクティブ
はゴルフをするの
か？………………②291

なぜ夫は何もしないの
か なぜ妻は理由もな
く怒るのか………①5

「なぜか売れる」の公式
………………………②337

なぜか運がよくて愛さ
れる人は財布をふた
つ持っている………①117

なぜかお金を引き寄せ
る人の「掃除と片づ
け」………………①391

なぜかお金が増える人
の習慣38………………①391

なぜかお金持ちを引き
つける経済トークの
磨き方………………①334

なぜか「クセになる」ホ
テル 東横インの秘密
………………………②427

なぜか子どもが心を閉
ざす親 開く親………①14

なぜ賢いお金持ちに「短
気」が多いのか？……①391

なぜか「仕事ができて、
好かれる人」の話し
方…………………②354

なぜか女性が辞めない
小さな会社の人事評
価の仕組み…………②331

なぜか好かれる人の
「ちょうど良い礼儀」
………………………②364

なぜか即日断してし
まう105人連続契約の
秘密…………………②291

なぜか願いを叶える人
の「引き寄せの法則」
………………………①99

なぜ鹿子木式は銀行預
金より安全で、不動
産投資より稼ぐの
か？…………………②397

なぜか美人に見える人
は髪が違う…………①23

なぜかまわりに助けら
れる人の心理術……①106

「なぜ？」からはじめる
解剖生理学…………②728

なぜ？ がわかる高齢者
ケアの感染対策○と
×…………………②70

なぜか私の成績が上が
らない!?と思った時に
そっと開く本………①719

なぜ関空に世界中から
がん患者が集まるの
か？…………………②737

なぜがんと闘うのか・②737

なぜ金正男（キムジョン
ナム）は暗殺されたの
か………………②132

なぜ銀座のデパートは
アジア系スタッフだ
けで最高のおもてな
しを実現できるのか!?
………………………②425

なぜ「近大発のナマズ」
はウナギより美味い
のか？………………②458

なぜ心を読みすぎるの
か……………………①484

なぜ、「子供部屋」を
つくるのか…………①14

なぜこの人と「また」話
したくなるのか……②361

なぜ、残業はなくなら
ないのか……………②460

なぜ幸せな恋愛・結婚に
つながらないのか…①117

なぜジェンダー教育を
大学でおこなうのか
………………………①753

なぜ死ぬのが怖いの
か？…………………①459

なぜジョブズは禅の生
き方を選んだのか？
………………………①459

なぜスターバックスは
日本で成功できたの
か…………………②291

なぜ、成功する人は神
棚と神社を大切にす
るのか？……………②291

なぜ世界中が、ハロー
キティを愛するの
か？…………………②105

なぜ世界の幼児教育・
保育を学ぶのか……①693

なぜ、世界は"右傾化"
するのか？…………②125

なぜ世界は日本化する
のか…………………②20

なぜ「戦略」で差がつく
のか。………………②337

なぜそんなに熱いのか
………………………②246

なぜ台湾人は世界一親
日家なのか？………①581

なぜ闘う男は少年が好
きなのか……………②114

なぜ"魂のパワー"が宇
宙のしくみを発動さ
せるのか……………①141

なぜ、地形と地理がわか
ると現代史がこんな
に面白くなるのか…①590

なぜ、地形と地理がわか
ると幕末史がこんな
に面白くなるのか・①567

なぜ中韓はいつまでも
日本のようになれな
いのか………………①593

なぜ中国人は財布を持
たないのか…………②90

なぜデキる男とモテる
女は飛行機に乗るの
か？…………………②437

なぜ？ どうして？ きせ
つのふしぎ…………①419

なぜ？ どうして？ 昆虫
………………………①405

なぜ・どうして種の数
は増えるのか………②685

なぜ？ どうして？ ペッ
トのなぞにせまる〈1〉
………………………①408

なぜ？ どうして？ ペッ
トのなぞにせまる〈2〉
………………………①408

なぜ？ どうして？ ペッ
トのなぞにせまる〈3〉
………………………①408

なぜ、東大生の3人に1人
が公文式なのか？・①675

なぜと問うのはなぜだ

ろう………………①454

なぜ南武線で失くした
スマホがジャカルタ
にあったのか………②435

「なぜ」に答える化学物
質審査規制法のすべ
て………………①671

なぜ日本企業は勝てな
くなったのか………②373

なぜ日本人は神社にも
お寺にも行くのか…①500

なぜ日本だけがこの理
不尽な世界で勝者に
なれるのか…………②244

なぜ日本だけディズ
ニーランドとUSJが
「大」成功したのか？②427

なぜ日本の「ご飯」は美
味しいのか…………②18

なぜ日本の女子レスリ
ングは強くなったの
か…………………①239

なぜ？ の図鑑 科学マ
ジック………………②398

なぜ？ の図鑑 ネコ…②408

なぜ働くのか…………②460

なぜ母親は、子どもに
とって最高の治療家
になれるのか？……②720

なぜ春はこない？……①99

なぜ人はドキドキする
のか？………………②648

なぜ「表現の自由」か
………………………②200

なぜ表現の自由か……②201

なぜペニスはそんな形
なのか………………②648

なぜ、勉強オタクが異
能戦でもトップを独
走できるのか？…①1211

なぜ、勉強オタクが異
能戦でもトップを独
走できるのか？〈2〉
………………………①1211

なぜ僕たちは金融街の
人びとを嫌うのか？②379

なぜ僕の世界を誰も覚
えていないのか？
………………………①1203

なぜ僕の世界を誰も覚
えていないのか？〈2〉
………………………①1203

なぜ僕は、4人以上の場
になると途端に会話
が苦手になるのか・②361

なぜ保守化し、感情的
な選択をしてしまう
のか…………………②105

なぜ迷う？ 複雑怪奇な
東京迷宮（ダンジョ
ン）駅の秘密………②435

なぜ、身のたけ起業で幸
せになれるのか？・②291

なぜメリル・ストリープ
はトランプに噛みつ
き、オリバー・ストー
ンは期待するのか…②794

なぜ、ユニフォームは、
働く人を美しく魅せ
るのか？……………②343

なぜ与太郎は頭のいい
人よりうまくいくの
か……………………①786

なぜ弱さを見せあえる
組織が強いのか……②310

なぜリーダーはウソを
つくのか……………②171

なぜローマ法王は世界
を動かせるのか……②128

なぜ若手社員は「指示待
ち」を選ぶのか？…②367

なぜ私たちは生きてい
るのか………………①507

なぜ私は左翼と戦うの
か……………………②143

謎（010）…………①1329

謎〈010〉…………①1068

謎検（2017）………①276

謎新聞ミライタイムズ
〈1〉………………①380

なぞっておぼえる遠近
法 スケッチパースイ
ンテリア編…………②618

なぞっておぼえる遠近
法 スケッチパース プ
レゼン編……………②862

なぞって覚える第二種
電気工事士技能試験
複線図練習帳………②635

なぞって描けば祈願成
就 運魔写仏…………①865

なぞって、知って、会い
たくなる なぞり描き
京の美仏……………①834

なぞって楽しむおっぱ
い練習ドリル………②862

なぞって美文字 書いて
味わう 芥川龍之介…①17

なぞって美文字 書いて
味わう 太宰治………①17

なぞって美文字書いて
味わう 夏目漱石……①17

なぞって美文字 書いて
味わう 宮沢賢治……①18

なぞとき…………①1026

謎解き茶房で朝食を
………………………①1260

謎解き手帳（ネイビー）
〈2018〉……………①3

謎解き手帳（ブラック）
〈2018〉……………①3

謎解き手帳（ベージュ）
〈2018〉……………①3

謎解きの英文法………①654

謎解きはディナーのあ
とで………………①380

謎解き物語 真夜中の電
話…………………①380

謎床…………………②17

なぞなぞアンデルセン
………………………①336

なぞなぞ＆ことばあそ
び決定版 570問……①693

なぞなぞ1081問超スペ
シャル………………①441

なぞなぞだいすき超ス
ペシャル……………①441

なぞなぞ大ぼうけん！
超スペシャル………①441

なぞなぞリラックマ・①336

なぞなぞMAXチャレン
ジ！ 3000問………①441

謎の円盤UFO完全資料
集成…………………①781

謎の漢字……………①627

謎の独立国家ソマリラ
ンド…………………②87

謎のプレイボーイ〈1〉
………………………①1371

謎の館へようこそ 黒
………………………①1135

謎の館へようこそ 白
………………………①1135

謎めいた美女………①1393

那谷寺の歴史と白山・
泰澄…………………①511

無（ナダ）の夜……①1097

ナタミラクル瞬間英会
話（第1の港）………①644

ナダル・ノート すべて
は訓練次第…………①226

雪崩教本……………①233

雪崩リスク軽減の手引
き……………………①233

ナチ強制収容所におけ
る拘禁制度…………①601

ナチスドイツと障害者
「安楽死」計画………①607

ナチス・ドイツと中間
層……………………①607

ナチスと隠石仏像……①141

ナチスの「手口」と緊急
事態条項……………①607

ナチの子どもたち……①607

ナチュラル洗剤そうじ
術…………………①6

ナチュラルワイン入門
………………………①46

夏井いつきの365日季語
手帖〈2018年版〉…①961

夏井いつきの「雪」の歳
時記………………①961

なついろ……………①980

夏うた………………①809

夏をなくした少年たち
………………………①1075

夏がきた……………①336

懐かしい食堂あります
………………………①1011

なつかしの国鉄駅スタ
ンプコレクション・②431

なつかしのジャズ名曲
CDブック…………①813

なつかしの通勤電車 関
西編…………………②435

なつかしの通勤電車 関
東編…………………②435

夏からの長い旅……①1079

夏草の賦〈1〉………①1045

夏草の賦〈2〉………①1045

夏草の賦〈3〉………①1045

夏草の賦〈4〉………①1045

ナックルな三人……①1011

なつこが知らない世界
………………………①779

夏残照………………①1000

夏空に、かんた一た・①351

夏空のモノローグ・①1144

なっちゃんの大冒険・①336

なっちん占い 2018 -
2019………………①130

夏つまみ……………①58

なっとく！ アルゴリズ
ム……………………②551

納得！ 安心！ 今からは
じめる相続・贈与・②413

納得させる話力………②361

夏の祈りは…………①1002

夏の情archive………①998

夏の旅人……………①1021

夏の沈黙……………①1351

夏の花………………①966

夏は終わらない……①1002

夏フェス革命………①805

「夏目狂セリ」………①916

夏目漱石……………①916

夏目漱石解体全書……①916

夏目漱石考…………①916

夏目漱石と西田幾多郎
………………………①916

夏目漱石『坊っちゃん』
をどう読むか………①916

夏休み！ 発酵菌ですぐ
できるおいしい自由

研究 ……………①435
ナディアが群れを離れる理由 ……………②367
なでてなでて ………①336
なでなでももんちゃん ……………①318
なないろ ……①776、①779
七色バス ……………①1283
なないろランドのたかられもの ……………①363
七尾青柏祭でか山徹底ガイド ……………①118
七回死んだ男 ………①1099
奈那子流FXで勝ち残る7つの法則 ………②397
七転び八起き ………①836
七転び八起きの「自分づくり」 ………………①685
7さいからはじめるゲームプログラミング ・・①551
7歳、長男は理系男子（リケダン）！ ……①14
七時間目の占い入門 ・①363
七時間目の怪談授業 ・①363
七時間目のUFO研究 ……………①363
七十句／八十八句 …①973
70歳からの筋トレ＆ストレッチ ……………①217
70歳、だから何なの ・①110
七〇歳の絶望 ………①454
70歳、はじめての男独り暮らし ……………①110
70センチの目線 ……①257
名無しの英雄〈1〉 …①1406
ななしのワーズワード〈4〉 ……………①1243
七十人訳ギリシア語聖書 エゼキエル書 …①528
七十人訳ギリシア語聖書 エレミヤ書 ……①528
七十人訳ギリシア語聖書 十二小預言書 …①528
七十人訳ギリシア語聖書 モーセ五書 ……①528
70年代アナログ家電カタログ ……………①287
70年代博多青春記 好いとう ……………①1017
70年分の夏を君に捧ぐ ……………………①1202
78枚のカードで占う、いちばんていねいなタロット ……………①130
74歳 肺がん2回目の手術を乗り越えて …①703
7200秒からの解放 …①936
ななちゃんペンギン …①336
7つの仕事術 ………①354
7つの述語文でつかむ中国語ステップ100 ・・①665
7つの世界で大ぼうけん！ ……………①314
「7つのムダ」排除法な一手 ……………②589
先人群像七話（ななつばなし）〈第2集〉 …①351
「ななつ星」極秘作戦 ……………………①1053
「ななつ星」「四季島」「瑞風」ぜんぶ乗ってきた！ ……………②431
七帝柔道記 ………①1017
七都市物語 ………①1123
7人の人気作家が編むおでかけバッグとおウチこもの …………①83
7人の人気作家が編む

ざっくりマフラー帽子バッグ ………①83
7%の運命 …………①586
7番街の殺人 ………①1071
7番目の季節 じゅんぐりじゅんぐり ……①357
7番目の姫神は語らない ……………①1197
700番〈第1巻〉 ……①770
700番〈第2巻 第2巻〉 ……………①770
7秒で狙った筋肉を手に入れる！ 自重筋トレ完全メソッド ……①217
斜めからの学校英文法 ……………①654
ななめねこ まちをゆく ……………①314
七四 ……………①1083
何があっても必ず結果を出す「防衛大」式最強の仕事 ……②354
何が教育思想と呼ばれるのか ……………①753
ナニーが恋した傲慢富豪 ……………①1383
何がちがう？ どうちがう？ 似ている日本語 ……………①624
何がベンチャーを急成長させるのか ……②291
何から何までこなさなければならない開業医のための小動物外科診療ガイド ……②456
何が私をこうさせたか ……………………①931
「何切る」で覚える麻雀基本手筋コレクション ……………①246
なにたべているのかな？ ……………①336
ナニーと聖夜の贈り物 ……………①1382
なにのせる？ ……①874
ナニーの身分違いの恋 ……………①1382
ナニーは逃げ出した花嫁 ……………①1385
何も、覚えていませんが ……………①1142
何もかも思いのままにできる人のマインドスイッチ365の極意 ・・①99
何もしないリーダーのみんなが疲れないマネジメント ……②367
何もしなくても人がついてくるリーダーの習慣 ……………②367
なにわ大坂をつくった100人 ……………①538
浪花節 流動する語り芸 ……………①786
7日間以内で体験できる世界一の旅 完全保存版 ……………①201
7日間完成！ 漢検3級 書き込み式 直前対策ドリル ……………①627
7日間完成！ 漢検4級 書き込み式 直前対策ドリル ……………①627
7日間完成！ 漢検5級 書き込み式 直前対策ドリル ……………①627
7日間完成！ 漢検6級 書き込み式 直前対策ドリル ……………①627

7日間完成！ 漢検7級 書き込み式 直前対策ドリル ……………①627
7日間で新しい私になる！ 100%自分原因説 ……………①125
7日間でうかる！ 登録販売者テキスト＆問題集〈2017年度版〉 ②781
7日間で武士道がわかる不思議な授業 …①462
七日間同棲 ………①1404
7日間勉強法 ………①743
7日でおぼえるJw_cad ……………①603
7日でできる！ 一問一答一般常識「頻出」問題集〈'20年度版〉①298
7日でできる！ 英検準2級頻出度順合格ドリル ……………①657
7日でできる！ 英検3級頻出度順合格ドリル ……………①657
7日でできる！ SPI必勝トレーニング〈'20年度版〉 ……………①294
7日でできる！ SPI「頻出」問題集〈'20年度版〉 ……………①294
7日でできる！ 第2種電気工事士筆記試験らくらく合格テキスト＆一問一答 ……②635
7日でマスター 株チャートがおもしろいくらいわかる本 ・①395
ナノカーボンの応用と実用化 ……………②571
ナノ構造光学素子開発の最前線 …………①570
ナノテクノロジーが拓く未来の医療 ……②699
ナノテクノロジーで花粉症を治せるか？ ・①570
ナノバイオ・メディシン ……………②685
なのはなごう しゅっぱつしんこう！ ……①336
菜の花食堂のささやかな事件簿 ……①1070
ナビキャラに転生して、ゲーム世界をぶち壊してみた ……………①1398
ナビラとマララ ……①384
ナフ川の向こうに ……①257
鍋ごとオーブンで、ごちそう煮込み料理 …①58
ナベリウス封印美術館の蒐集士（コレクター） ……………①1233
ナベリウス封印美術館の蒐集士（コレクター）〈2〉 ……①1233
ナポリから来た恋人 ……………①1390
ナポレオン時代 ……①606
ナポレオンと名探偵！ ……………①369
生意気なモーニングKiss ……………①1199
名前のない生きづらさ ……………①675
名前のない女たち ……②36
生激撮！ ……………①1094
なまけてなんかない！ ……………①336
ナマケモノはなぜ「怠け者」なのか ……①683

生コンクリート統計年報〈平成28年（2016）〉 ……②444
生コン年鑑〈2017年度版（平成29年）第50巻〉 ……………②438
生菜食健康法 ………①159
鉛作業主任者テキスト ……………②460
なみきビブリオバトル・ストーリー ……①351
ナミコとささやき声 …①375
涙雨のむこうに ……①1379
涙があふれるその前に、君と空をゆびさして。 ……………①1256
涙倉の夢 ……………①381
涙空〈上〉 …………①1214
涙空〈下〉 …………①1214
涙のあとに口づけを ……………①1395
涙の結婚指輪 ……①1389
涙の婚約指輪 ……①1390
涙の先で君に会いたい ……………①1135
涙の招待席 ………①986
涙のバージンロード ……………①1371
涙の初恋 …………①1388
涙のホワイトクリスマス〈3〉 ………①1379
涙の万年橋（17） …①1031
涙のむこうで、君と永遠の恋をする。 ……①1298
涙のロイヤルウエディング ……………①1378
波の音が消えるまで〈第1部〉 ……………①999
波の音が消えるまで〈第2部〉 ……………①999
波の音が消えるまで〈第3部〉 ……………①999
波まかせ ……………①970
ナミヤ雑貨店の奇蹟 …①369
なめとこ山の熊〈5〉 …①890
なめらかなお金がめぐる社会。 ……………②263
滑らかな虹〈上〉 …①1096
滑らかな虹〈下〉 …①1096
悩まない人の63の習慣 ……………①125
悩みを自分に問いかけ、思考すれば、すべて解決する ……………①99
悩みごとに振りまわされない「生活禅」の作法 ……………①513
悩みの9割は歩けば消える ……………①170
悩みの9割は読書が解決してくれる ……②3
「悩み部」の平和と、その限界。 …………①351
悩みや不安にふりまわされない！ こどもブッダのことば ……①511
悩める君に贈るガッツとくる言葉 ………①99
悩めるセラピストへ ②701
悩める日本人 ………①105
悩める人間 ………①454
ナユタン星からのアーカイヴ ……………①1135
習い事狂騒曲 ………①675
奈良・依水園 ………②612
習うより慣れろの市町村財政分析 ………①271
奈落の偶像 ………①1072

奈良県年鑑〈2018〉 …②46
奈良県の縄文遺跡 …①614
なら時間 …………①257
奈良社寺案内 散策＆観賞 奈良大和路編 最新 ……………①195
「ならず者」が学校を変える ……………①701
習ったはずなのに使えない文法 ……………①631
ナラティヴ・アプローチによるグリーフケアの理論と実際 …①494
奈良 徹底的に寺歩き …①195
奈良で出会う 天皇になった皇女（ひめみこ）たち ………①545
奈良には歌があふれてる おさんぽ万葉集 ……………①901
奈良の民話 ………①887
奈良 仏像めぐり …①195
ならべかえたり、さがしたり！ ………①419
奈良町あやかし万葉茶房 ……………①988
奈良まちはじまり朝ごはん ……………①1161
奈良町ひとり陰陽師 ……………①1241
平城山を越えた女 …①1077
奈良・大和を愛したあなたへ ……………①949
奈良 大和路 ………①195
奈良裕也 GIRLY HAIR ARRANGE ・・①23
ナリカ製品とともに読み解く理科室の100年 ……………①730
なりきり！ YouTuber 実験 小学生 …①411
なりたい自分になる ・①1054
「なりたい自分になる」50歳からのリスタート ……………①117
なりたい自分になる7つのステップ ……①99
なりたい自分になれる働き方 ………②344
なりたい！ 知ろう！ デザイナーの仕事〈2〉 ……………①419
なりたい！ 知ろう！ デザイナーの仕事〈3〉 ……………①419
なりたいなぁ ………①314
なりたい美人になれる秘宝の目元テクニック50 ……………①23
「なりたい私」になるクローゼットのつくり方 ……………②27
鳴物師 音無ゆかり …①1076
なりゆきで誘拐したら、溺愛されてる ……①1406
ナリワイをつくる …②27
成瀬瑛美×渡辺達生 N813 ……………①776
ナルニア国物語〈3〉 ……………①1365
ナルニア国物語〈4〉 ……………①1365
ナルニア国物語〈5〉 ……………①1365
ナルニア国物語〈6〉 ……………①1365
ナルニアの隣人たち …①921
なるほど恐竜TOP5 …①401
なるほど呼吸学 ……①410

なるほど住宅デザイン
　………………②612
なるほど図解 商標法の
　しくみ ………………②585
なるほど図解 著作権法
　のしくみ ……………②188
なるほど図解 特許法の
　しくみ ………………②585
なるほど！ そうだった
　のか！ 糖尿病教室
　Q&A …………………①181
なるほど知図帳 世界
　〈2018〉………………②211
なるほど知図帳 日本
　〈2018〉………………②212
なるほど統計学とおど
　ろきExcel統計処理
　…………………………②662
なるほど統計力学 ……②665
なるほど！ とわかる線
　形代数 ………………②660
なるほど！ とわかる微
　分積分 ………………②657
「なるほど！」とわかる
　マンガ見ための心理
　学 ……………………①484
なるほどなっとく！ 職
　場の日本語 …………②344
なるほど！ プログラミ
　ング …………………②551
なるほどわかった コン
　ピューターとプログ
　ラミング ……………①419
なれる！ SE〈16〉…①1244
なんか、妹の部屋にダ
　ンジョンが出来たん
　ですが〈1〉…………①1164
南学 腎臓病学 ………②720
南柯の夢 ……………①1107
難関医学部「合格力」の
　鍛え方 ………………①746
難関独独〈1〉…………①276
難関独独〈2〉…………①276
南紀・熊野古道 ………①194
南吉童話の散歩道 ……①886
難経校釈 ……………①174
南極観測60年 南極大陸
　大紀行 ………………②680
南極のサイエンス ……①442
「南京事件」を調査せよ
　…………………………①581
難攻不落の城郭に迫
　る！『山城』の不思議
　と謎 …………………②93
南国回天記 …………①1035
南国太平記〈上〉……①1051
南国太平記〈下〉……①1051
軟骨的抵抗者 ………①766
南沙艦隊殲滅〈上〉…①1128
南沙艦隊殲滅〈下〉…①1128
南山進流 声明大系 …①511
軟式野球 ビルドアップ
　式強化ドリル ………①221
ナンシーさんの和の台
　所仕事 ………………①58
ナンシー探偵事務所 …①380
軟弱地盤の長期沈下と
　有限要素圧密解析入
　門 ……………………②605
なんじゃ？ にんじゃ？
　レモンじゃ！ ………①336
南洲翁遺訓 …………①462
『南洲翁遺訓』に訊く …①567
南条翔は其の狐の如く
　〈1〉…………………①1166
南條愛乃フォトブック
　Summary of
　Jolmedia ……………①776
南蔵院当せん祈願「ビ

ンゴ5申込カード」付
　き ビンゴ5黄金比率
　「41」攻略 …………①287
南総里見八犬伝 ……①351
南総里見八犬伝 全注釈
　〈1〉…………………①899
難題が飛び込む男 土光
　敏夫 …………………①308
なんだかよくわからな
　い「お腹の不調」はこ
　の食事で治せる！ …①165
なんちゃってシンデレ
　ラ、はじめました。
　………………………①1208
南朝諸録要諦 ………①550
南朝の刺客「あんな奴ら」
　…………………………①1027
なんで、「あんな奴ら」
　の弁護ができるの
　か？ …………………②228
なんでこうなるのッ?!
　…………………………①942
なんて素敵な政略結婚
　………………………①1255
なんでそうなの 札幌の
　カラス ………………②697
…なんでそんな、ばか
　なこと聞くの？ ……①1003
何でも英語で言ってみ
　る！ 旅するシンプル
　英語フレーズ2000 ・①640
なんでも解決！ もひか
　ん家の家族会ぎ……①957
なんでも小鍋 …………①58
なんでもたしざん ……①336
なんでもできる!? ……①336
なんでもひける世界地
　図 ……………………①211
なんでもひける日本地
　図 ……………………①212
なんでも一つだけかな
　う願いに「回数を無
　限にして」とお願い
　した結果 ……………①1276
なんでも「学べる学校図
　書館」をつくる〈2〉…②7
なんでも未来ずかん …①419
なんでもわかる小学校
　受験の本〈平成30年度
　版〉……………………①743
なんでもわかる幼稚園
　受験の本〈平成30年度
　版〉……………………①743
なんでやねん！ ……①363
なんで、私が医学部に!?
　〈2019年版〉…………①746
なんで、私が京大に!?
　〈2018年版〉…………①746
なんで、私が早慶に!?
　〈2018年版〉…………①746
なんで、私が東大に!?
　〈2018年版〉…………①746
南島植物学、民俗学の
　泰斗 田代安定 ……②114
「なんとかする」子ども
　の貧困 ………………②62
難読漢字選び辞典 …②632
難読苗字辞典 …………②7
何度でも永遠 ………①1170
何度でもやりなおせる
　…………………………①711
なんとなくわかる敗血
　症 ……………………②767
なんとめでたいご臨終
　…………………………②705
なんにでもレナール！
　………………………①336
なんにもせんにん …①336
なんにもできないおと
　うさん ………………①336

なんの変哲もない取り
　立てて魅力もない地
　方都市 それがポート
　ランドだった ………②136
南羽翔平 ……………①776
ナンバーズを攻略する
　この一手 ……………①287
ナンバーズ3&4 手堅く
　狙うも一攫千金も！
　風車盤ダブルボード
　BOOK〈2017〉………①287
難破する精神 …………②93
ナンバーワン決定バト
　ル！ サムライ最強王
　者大図鑑 ……………①427
ナンバー1税理士がすべ
　て教える！ 相続税完
　全攻略法 ……………②413
南蛮菓子 ……………①1066
難病患者になりまし
　た！ …………………②703
難病患者の恋愛・結婚・
　出産・子育て ………②704
南武線、鶴見線、青梅
　線、五日市線 ………②431
ナンプレ超上級編〈39〉
　…………………………②276
ナンプレINSPIRE200
　上級→難中〈1〉……②276
ナンプレINSPIRE200
　初級→上級〈1〉……②276
ナンプレINSPIRE200
　超難問〈1〉…………②276
ナンプレSTRONG200
　上級→難問〈4〉……②276
ナンプレSTRONG200
　上級→難問〈5〉……②276
ナンプレSTRONG200
　初級→上級〈4〉……②276
ナンプレSTRONG200
　初級→上級〈5〉……②276
ナンプレSTRONG200
　超難問〈4〉…………②276
ナンプレSTRONG200
　超難問〈5〉…………②276
南北朝 …………………①550
南北朝遺文 関東編〈第7
　巻〉……………………①555
南北朝 恩讐の争乱 …①550
南北朝期法隆寺雑記〈2〉
　…………………………①555
南北朝動乱 …………①550
南摩羽峰と幕末維新期
　の文人論考 …………①567
何万件ものデータやピ
　ボットテーブルで苦
　しんでいる人のため
　のExcel多量データ整
　形テクニック ………②539
難民を知るための基礎
　知識 …………………②125
難民鎖国ニッポンのゆ
　くえ …………………②62
難民と生きる …………②83
難民認定実務マニュア
　ル ……………………②188
難民問題と人権理念の
　危機 …………………②125
難訳・和英口語辞典 ・①663

似合う靴の法則でもっ
　と美人になっちゃっ
　た！ …………………①29
似合う服のルール ……①29
ニーア オートマタ 長イ
　話 ……………………①1135
ニーア オートマタ 短イ
　話 ……………………①1135
ニアデッドNo.7・……①1189
似合わない服 ………①958
新潟県知事選では、ど
　うして大逆転がお
　こったのか。 ………②157
新潟 佐渡 ……………①193
新潟の逆襲 …………②246
新潟水俣病を問い直す
　…………………………②578
新妻狩り、隣人妻狩り、
　エリート妻狩り …①1402
新妻監禁 ……………①1406
にいちゃんのなみだス
　イッチ ………………①336
2.43 清陰高校男子バ
　レー部 代表決定戦編
　…………………………①992
2.43清陰高校男子バ
　レー部代表決定戦編
　〈2〉…………………①992
においと味を可視化す
　る ……………………②648
匂いに恋して ………①1403
仁王 公式ガイド ……①282
仁王コンプリートガイ
　ド ……………………①282
におわない人の習慣 …①23
苦い求婚 ……………①1391
苦い経験から学ぶ！ 緩
　和医療ピットフォー
　ルファイル …………②720
二階俊博 ……………②148
二階の王 ……………①1125
2カ月完成！ 英語で学
　べる経済ニュース …①640
2カ月で攻略TOEIC
　L&Rテスト600点！
　…………………………①659
2カ月で攻略TOEIC
　L&Rテスト730点！
　…………………………①659
2カ月で攻略TOEIC
　L&Rテスト900点！
　…………………………①659
苦手意識がなくなるピ
　アノ上達練習法 ……①822
苦手克服！ これで完
　璧！ 　計口図で徹底的
　に学ぶ住宅設計 S編
　…………………………②618
苦手な人を消してしま
　える禁断の気質学 ・②364
2〜5歳児 やる気を引き
　出す！ 楽しい生活習
　慣シアター …………②693
にぎやかな落葉たち
　………………………①1095
2級FP技能士（学科）精
　選問題解説集〈'17
　〜'18年版〉…………②482
2級FP技能士（実技・個
　人資産相談業務）精選

問題解説集〈'17〜'18
　年版〉…………………②482
2級FP技能士（実技・資
　産設計提案業務）精選
　問題解説集〈'17・'18
　年版〉…………………②482
2級FP技能士（実技・生
　保・損保顧客資産相
　談業務）精選問題解説
　集〈'17〜'18年版〉…②482
2級FP技能士（実技・中
　小事業主資産相談業
　務）精選問題解説集
　〈'17〜'18年版〉……②482
二級海技士（機関）800
　題 問題と解答（26/7
　〜29/4）〈平成30年
　版〉……………………②643
二級海技士（航海）800
　題 問題と解答（26/7
　〜29/4）〈平成30年
　版〉……………………②643
2級ガソリン自動車整備
　士 ズバリ一発合格問
　題集 …………………②644
2級管工事施工管理技士
　試験 出題順問題集
　〈平成29年度版〉……②637
2級管工事施工管理技士
　実地試験対策 ………②637
2級管工事施工管理技士
　即戦問題集〈平成29年
　度版〉…………………②637
2級管工事施工管理技術
　検定試験問題解説集
　録版〈2017年版〉……②638
2級管工事施工管理技士
　要点テキスト〈平成29
　年度版〉………………②638
2級金融窓口サービス技
　能士（学科）精選問題
　解説集〈2018年版〉…②482
2級金融窓口サービス技
　能士（実技）精選問題
　解説集〈2018年版〉…②482
2級建築士過去問題集
　チャレンジ7〈平成30
　年度版〉………………②640
2級建築士試験 学科 過
　去問スーパー7〈2018
　（平成30年度版）〉…②640
2級建築士試験 学科 厳
　選問題集500+100
　〈2018（平成30年度
　版）〉…………………②640
2級建築士試験学科ポイ
　ント整理と確認問題
　〈平成30年度版〉……②640
2級建築士試験 設計製
　図課題集〈平成29年度
　版〉……………………②640
2級建築士試験設計製図
　テキスト〈2017（平成
　29年度版）〉…………②640
2級建築士集中テキスト
　〈'18年版〉……………②640
2級建築士 設計製図試
　験課題対策集〈平成29
　年度版〉………………②640
2級建築士設計製図試験
　直前対策と課題演習
　〈平成29年度〉………②640
2級建築士分野別厳選問
　題500+100〈2018（平
　成30年度版）〉………②640
二級建築士本試験TAC
　完全解説 学科+設計

書名索引

書名索引

製図〈2018年度版〉
　…………………②640
2級建築士要点整理と項
　目別ポイント問題〈平
　成30年度版〉………②640
2級建築施工管理技士学
　科項目別ポイント問
　題……………………②642
2級建築施工管理技士学
　科試験テキスト〈平成
　29年度版〉…………②642
2級建築施工管理技士
　学科試験テキスト〈平
　成30年度版〉………②642
2級建築施工管理技士
　学科・実地 問題解説
　〈平成30年度版〉…②642
2級建築施工管理技士
　学科問題解説集〈平成
　29年度版〉…………②642
2級建築施工管理技士
　「実地」出題順 合格で
　きる記述添削と要点
　解説〈平成29年度版〉
　…………………②642
2級建築施工管理技士即
　戦問題集〈平成29年
　度〉…………………②642
2級建築施工管理技士の
　実地試験の完全攻略
　…………………②642
2級建築施工管理技術検
　定試験問題解説集録
　版〈2017年版〉……②642
2級建築施工管理技士
　要点テキスト〈平成29
　年度版〉……………②642
2級小型船舶操縦士 学
　科試験問題集〈2017 -
　2018年版〉…………②643
2級電気工事施工管理技
　術検定試験重要事項
　と問題集……………②635
2級電気工事施工管理技
　術検定試験模範解答
　集〈平成29年版〉……②635
2級電気工事施工管理技
　術検定試験問題解説
　集録版〈2017年版〉
　…………………②635
2級土木施工 過去問題と
　解説〈2017年版〉…②638
2級土木施工管理技士学
　科試験・実地試験合
　格ガイド……………②638
2級土木施工管理技士実
　戦セミナー 実地試験
　〈平成29年度版〉…②638
2級土木施工管理技士実
　地試験………………②638
2級土木施工管理技士出
　題順問題集〈平成29年
　度版〉………………②638
2級土木施工管理技士即
　戦問題集〈平成29年度
　版〉…………………②638
2級土木施工管理技士
　「土木」合格テキスト
　学科と実地これ1冊
　〈平成29年版〉……②638
2級土木施工管理技術検
　定試験徹底図解テキ
　スト〈2017年版〉…②638
2級土木施工管理技術検
　定試験問題解説集録
　版〈2017年版〉……②638
2級土木施工管理技士
　要点テキスト〈平成29
　年度版〉……………②638

2級 筆記試験問題と解
　答例…………………②586
2級仏検公式ガイドブッ
　ク〈2017年度版〉…②670
二級ボイラー技士試験
　合格問題集…………②630
2級ボイラー技士試験
　公表問題解答解説〈平
　成29年版〉…………②630
肉サラダ……………①58
二シキトペの復活……②540
ニシキトペの復活……①540
憎しみを越えて 宣教師
　ディシェイザー……①525
憎しみが情熱に変わる
　とき〈2〉……………①1371
憎しみの代償…………①1390
肉小説集………………①997
肉食系御曹司の餌食に
　なりました…………①1139
肉体革命！ 超ポジティ
　ブ糖尿病ライフ……①181
肉体と共に次元上昇す
　るルキアスエネル
　ギー…………………①141
肉・卵・チーズで人は生
　まれ変わる…………①164
肉弾……………………①992
肉の王国………………①41
肉の火入れ……………①68
肉バカ…………………①41
肉迫〈3〉………………①1084
憎まない………………①99
肉料理…………………①58
荷車と立ちん坊………①573
二軍史…………………①223
「ニケア・コンスタンチ
　ノーブル信条」「使徒
　信条」の旋律（伴奏
　用）…………………①525
逃げ切る力……………②308
にげたエビフライ……①358
逃げだした愛人………①1371
逃げない！ 攻める！ 皮
　膚科救急整テキスト…②762
「逃げ恥」にみる結婚の
　経済学………………②264
逃げられない人間関係
　から解放される本…①99
逃げるは恥だが人妻の
　役に立つ……………①1400
濁った瞳のリリアンヌ
　〈1〉…………………①1234
濁った瞳のリリアンヌ
　〈2〉…………………①1234
にこにこ ばあ…………①336
ニコリのエニグマ……①276
ニコン Df WORLD…②252
2さいだもんポケット
　はじめてずかん……①318
2歳のえほん百科……①302
西明日香のデリケート
　ゾーン！ ファンブッ
　ク……………………①770
にじいろガーデン……①989
にじいろ宝箱…………①357
にじいろでんしゃ はっ
　しゃします！………①336
虹色のコーラス………①1337
虹色のチョーク………②62
虹色の童話……………①1077
にじいろのネジ………①336
西尾幹二全集〈第18巻〉
　…………………②533
西尾幹二全集〈第20巻〉
　…………………②562
西荻式ダイエット……①26
にしかわ体操…………①159
西川麻子は地球儀を回
　す。……………………①1070

2時間でおさらいできる
　源氏物語……………①898
2時間で「話せる・わか
　る」トラベル英会話
　…………………①646
2時間で3日分の献立づ
　くり…………………①58
2時間でわかる 図解オ
　ムニチャネル入門…②264
西口竜司の論文の書き
　方革命本 刑法 共犯・
　詐欺横領背任編……②233
二次元物質の科学……②671
西沢金山の盛衰と足尾
　銅山・渡良瀬遊水地
　…………………②417
西田典之先生献呈論文
　集……………………②213
西田陽二………………①837
20世紀を知る…………①590
二十世紀研究〈第17号〉
　…………………②105
二十世紀研究〈第18号〉
　…………………②105
二十世紀鉄仮面………①1081
20世紀の総合芸術家 イ
　サム・ノグチ………①869
20世紀ロシア思想史…②468
20世紀ロシアの挑戦 盲
　ろう児教育の歴史…②685
西鉄＆西鉄バス沿線の
　不思議と謎…………②436
二次電池市場・技術の
　実態と将来展望
　〈2017〉……………②439
虹に願いを……………①1390
虹のかけ橋……………①1066
虹の掛け橋〈第5巻〉…①141
虹の翼のミライ………①988
虹の鳥…………………①1021
虹の歯ブラシ…………①1104
虹の不在………………①1074
西の魔女が死んだ……①1010
西宮文学案内…………①908
虹の向こう……………①1075
西村知子のもっともっ
　と英語で編もう！…①83
西山夘三のすまい採集
　帖……………………②612
西山宗因全集〈第6巻〉
　…………………②890
西山蒼流 即効性 現場で
　使えるギター・プレ
　イの処方箋…………①811
西山眞砂子の暮らしに
　よりそう布小物……①75
にじゅういち…………①776
21グラムの恋…………①1165
21K……………………①776
21マスで基礎が身につ
　く〈英語ドリル タテ×
　ヨコ 高校入門編〉…①640
21マスで基礎が身につ
　く〈英語ドリル タテ×
　ヨコ 日常英会話編〉
　…………………①644
21マスで基礎が身につ
　く〈英語ドリル タテ×
　ヨコ やりなおし英語
　編〉…………………①640
21世紀ICT企業の経営
　戦略…………………②373
21世紀型保育の探求…①693
21世紀国際社会を考え
　る……………………②248
21世紀国際政治の展望
　…………………②125
21世紀資本主義世界の

フロンティア…………②264
21世紀世界人名典拠録
　欧文名………………②7
21世紀中小企業のネッ
　トワーク組織………②303
21世紀に『資本論』を
　どう生かすか………②264
21世紀のアニメーショ
　ンがわかる本………①800
21世紀の驚くべき海外
　旅行…………………①197
21世紀の太陽光発電…②573
21世紀の東アジアと歴
　史問題………………②593
21世紀の物理学〈2〉…②665
21世紀の民俗学………②114
二十一世紀の若者論…②105
2週間で体が変わる グ
　ルテンフリーの毎日
　ごはん………………①58
2週間で腸内「ヤセ菌」
　を増やす最強ダイ
　エットフード10……①26
2週間で腹を割る！ 4分
　鬼筋トレ……………①217
2週間でヤセる法則……①26
2週間でJava SE Bronze
　の基礎が学べる本…②560
29歳独身は異世界で自
　由に生きた…かった。
　〈6〉…………………①1298
29歳独身は異世界で自
　由に生きた…かった。
　〈7〉…………………①1298
29歳独身は異世界で自
　由に生きた…かった。
　〈8〉…………………①1298
29とJK〈3〉……………①1294
29年度税制改正後の
　タックス・ヘイブン
　対策税制……………②403
二重国籍兵……………①1008
25日のシンデレラ……①1259
25%の恋………………①1250
23区大逆転……………①187
二十四節気の京都……②24
24の瞳が輝く場………②62
二重真相………………①1111
20代からはじめたい
　「将来のためにお金を
　増やしたい！」と思っ
　たときに読む本……②391
20代サラリーマンが家
　賃年収1億円を達成し
　た不動産投資成功の
　秘訣…………………②422
20代、30代の大家が急
　増中！ 勝てる不動産
　投資…………………②422
20代で知っておくべき
　「歴史の使い方」を教
　えよう。……………①611
20代で人生が開ける
　「最高の語彙力」を教
　えよう。……………①361
20代の生き方で人生は9
　割決まる！…………①99
20代のうちにやりたい
　こと手帳〈2018〉……①3
20代の読書が人生を決
　める！………………①3
20代の部下とうまくい
　かないのはなぜか？
　…………………②367
22歳が見た、聞いた、
　考えた「被災者の
　ニーズ」と「居住の権
　利」と「居住の権
　利」…………………②42
22年目の告白…………①1104

二十年かけて君と出
　会った………………①993
20年後、あなたは社長
　ですか？ リストラ候
　補ですか？…………②344
20年増収増益を続ける
　店の秘密……………②428
20年続く人気カフェづ
　くりの本……………②428
28歳からのリアル……①199
20万円から始めよう 自
　分投資への第一歩…②395
二〇ミリシーベルト…②580
二周目の僕は君と恋を
　する。………………①1278
24歳で起業した社長
　“快進撃の裏側”……②291
26………………………①776
26階だてのツリーハウ
　ス……………………①375
二種電工技能試験 DVD
　付き〈2017年公表問題
　版〉…………………②635
2種冷凍機械責任者試験
　合格問題集〈2017 -
　2018年版〉…………②644
偽アルマディスト
　〈552〉………………①1359
偽彼氏と別れる20の方
　法……………………①1213
偽小籐次〈11〉…………①1042
ニセモノだけど恋だっ
　た……………………①996
2001 - 2017年 ドキュメ
　ント社会保障改革…②48
2050年 衝撃の未来予想
　…………………②18
2050年戦略 モノづくり
　産業への提案………②438
2050年の技術…………②18
2050年への人創り・国
　創り…………………②291
2030年ジャック・アタ
　リの未来予測………②18
2030年の旅……………①979
2000社の赤字会社を黒
　字にした社長のノー
　ト……………………②291
2011年の棚橋弘至と中
　邑真輔………………①239
2019年までに株でお金
　持ちになりなさい…②395
2015年安保、総がかり
　行動…………………②143
2015年ネパール・ゴル
　カ地震災害調査報告
　書……………………②41
2015年農林業センサス
　〈第1巻〉…②453, ②454
2015年農林業センサス
　〈第3巻〉……………②454
2015年農林業センサス
　〈第4巻〉……………②454
2015年農林業センサス
　〈第5巻・第6巻〉……②454
2015年農林業センサス
　〈第8巻〉……………②454
2017愛顔つなぐえひめ
　国体…………………①214
2017 産業統合のチャイ
　ナ・エンジン………②252
2017小学校学習指導要
　領の読み方・使い方
　…………………①719
2017世代 いわて高校野
　球ファイル…………①221
2017 第4回 都市・まち
　づくりコンクールin
　大阪…………………②582

2017中学校学習指導要
　領の読み方・使い方
　………………………①719
2017・2018年試験をあ
　てるTACスーパー予
　想証券外務員一種・②482
2017・2018年試験をあ
　てるTACスーパー予
　想証券外務員二種・②482
2017年から始まる！
　「砂上の中華帝国」大
　崩壊…………………②125
2017年9月試験をあてる
　TAC直前予想 FP技
　能士1級…………②482
2017年9月試験をあてる
　TAC直前予想 FP技
　能士3級…………②482
2017年9月試験をあてる
　TAC直前予想 FP技
　能士2級・AFP…②482
2017年5月試験をあてる
　TAC直前予想 FP技
　能士3級…………②482
2017年5月試験をあてる
　TAC直前予想 FP技
　能士2級・AFP…②482
2017年7月7日国連会議
　で採択 核兵器禁止条
　約の意義と課題……②125
2017年地方自治法改正
　………………………②157
2017年度、動乱の世界
　情勢を読む…………②248
2017年はここが出る！
　ワイン受験直前予想
　…………………………①46
2017年ペナントレース
　を味わい尽くす スー
　パープレイヤーの条
　件…………………①223
2017年本試験をあてる
　TAC直前予想 行政書
　士…………………②239
2018年1月試験をあてる
　TAC直前予想 FP技
　能士3級…………②482
2018年1月試験をあてる
　TAC直前予想 FP技
　能士2級・AFP…②482
2018年合格 社労士過去
　10年分問題集〈2〉②502
2018年合格 社労士過去
　10年分問題集〈3〉②502
2018年合格目標 無敵の
　社労士〈1〉………②502
2018年資本主義の崩壊
　が始まる……………②264
2018年10月までに株と
　不動産を全て売りな
　さい！………………②395
2018年新出題基準別助
　産師国家試験重要問
　題集…………………②781
2018年新出題基準別助
　産師国家試験問題・②781
2018年 戦争へ向かう世
　界……………………②244
2018年日本はこうなる
　…………………………②20
2018年問題とこれから
　の音楽教育…………①820
2018レクチャー＆ト
　レーニング 日商リ
　テールマーケティン
　グ（販売士）検定試験3
　級…………………②503
2016年改正刑事訴訟法・
　通信傍受法 条文解析

………………………②216
2016年の「8.15」……①581
二千七百の夏と冬〈上〉
　…………………………②1081
二千七百の夏と冬〈下〉
　…………………………②1081
2025年東京不動産大暴
　落……………………②419
2025年 日本の農業ビジ
　ネス…………………②447
2025年の銀行員………②385
2022年、「働き方」はこ
　うなる………………②460
2020人Happy名前占い
　BOOK ……………①439
2020年以降も勝ち残る
　コンパクト・ラグジュ
　アリー物件投資……②422
2020年からの大学入試
　「これからの学力」は
　親にしか伸ばせない
　………………………①746
2020年 消える金融…②379
2020年人工知能時代 僕
　たちの幸せな働き方
　………………………②524
2020年、人工知能は車
　を運転するのか……②524
2020年大学入試改革丸
　わかりBOOK………①746
2020年代の新総合商社
　論……………………②373
2020年度大学入試改
　革！ 新テストのすべ
　てがわかる本………①746
2000人の大家さんを
　救った司法書士が教
　える賃貸トラブルを
　防ぐ・解決する安心
　ガイド………………②424
2000年代の市町村財政
　………………………②157
2084 世界の終わり‥①1331
2800人を看取った医師
　が教える 人生の意味
　が見つかるノート…①99
2119 9 29 …………①1318
2100年へのパラダイム・
　シフト………………②105
2000万円で最高の家を
　建てました！………①19
2040年の日本 ………②244
2代目カングー・ノート
　………………………①241
2択クイズでまるわか
　り！ あとあとモメな
　い「終活」はどっち？
2択で学ぶ赤ペン俳句教
　室……………………①905
似たものどうし………①1038
日英共通メタファー辞
　典……………………①663
日英経済関係史研究
　1860〜1940 ………②269
日英ことわざ文化事典
　………………………①663
日英詩画集 神様がくれ
　たキス………………①975
日英対訳アメリカQ&A
　………………………①650
日・英・中 三方攻読 中
　国語文法ワールド…①665
ニーチェをドイツ語で
　読む…………………①669
ニーチェに学ぶ「奴隷
　をやめて反逆せよ！」
　………………………①472
ニーチェ入門…………①472

日銀を知れば経済がわ
　かる…………………②244
日銀危機に備えよ……②383
日銀と政治……………②244
日常を拓く知古典を読
　む〈1〉……………①454
日常学事始……………①942
日常化された境界……①575
日常言語で考える論理
　的思考の手引き……①458
日常づかいのシナモン・
　レシピ………………①58
「日常生活の指導」の実
　践……………………①710
日常という名の海で・①931
日常と非日常からみる
　こころと脳の科学・②730
日常風景写真術………①252
日常まるごと英語表現
　ハンドブック………①640
日常臨床に活かす精神
　分析…………………①494
日大式で差がつく！ 陸
　上競技跳躍種目ト
　レーニング…………①235
日大式で差がつく！ 陸
　上競技投てき種目ト
　レーニング…………①235
日中盃論………………①46
日能研の塾ごはん……①58
日仏映画往来…………①794
日系欧個人情報保護・
　データプロテクショ
　ンの国際実務………①188
日米開戦へのスパイ・①581
日米がん格差…………②699
日米艦隊出撃〈3〉…①1129
「日米指揮権密約」の研
　究……………………②149
日米対等………………①163
日米地位協定…………②149
日・米・中IoT最終戦争
　………………………②248
日米同盟のリアリズム
　………………………②149
日米の衝突……………①581
日モ関係の歴史、現状
　と展望………………②247
日曜日の狩猟採集生活
　………………………①234
日曜日の人々（サン
　デー・ピープル）…①1004
日曜日のゆうれい……①1081
にちようびは名探偵・①380
二丁目の叔父さん……①942
日蓮紀行………………①521
日蓮正宗略解…………①521
日蓮聖人………………①141
日蓮聖人の霊言「大悟」
　を見守った者の証言
　………………………①504
日蓮伝説殺人事件……①1077
日蓮における宗教的自
　覚と救済……………①521
日露外交………………②127
日露戦争と中学生……①573
日活1971−1988……①791
日韓安全保障協力の検
　証……………………①593
日韓インディペンデン
　ト映画の形成と発展
　………………………②105
日韓をつなぐ「白い華」
　綿と塩 明治期外交
　官・若松兎三郎の生
　涯……………………①599
日韓音楽教育関係史研
　究……………………①820

日韓怪異論……………①893
日韓「剣道」……………①236
日韓文化交流の現代史
　………………………①593
日韓メモリー・ウォー
　ズ……………………②18
日記で読む近現代日本
　政治史………………①143
日記に魅入られた人々
　………………………①550
日記文化から近代日本
　を問う………………①571
日系アメリカ人のエス
　ニシティ……………①114
「日経企業イメージ調
　査」について〈2016年
　調査〉………………②337
日経記者に聞く投資で
　勝つ100のキホン…②395
日経業界地図〈2018年
　版〉…………………②416
日経キーワード〈2018−
　2019〉………………②31
日系小売企業のアジア
　展開…………………②312
日経サイエンスで鍛え
　る科学英語 医療・健
　康編…………………②588
「日経新聞」には絶対に
　載らない日本の大正
　解……………………②143
日系ブラジル人芸術と
　“食人”の思想………②120
日系文化を編み直す・①908
日経平均オプション入
　門……………………②337
日経平均3万円 だから日
　本株は高騰する！・②395
日系料理………………①67
日経DIクイズ〈19〉…②770
日経DIクイズ 精神・神
　経疾患篇……………②770
日経TEST公式テキス
　ト＆問題集〈2017・
　18年版〉……………②508
日建学院 測量士補 過去
　問280〈平成30年度
　版〉…………………②639
日建学院土地家屋調査
　士記述式過去問〈平成
　30年度版〉…………②500
日建学院土地家屋調査
　士択一式過去問〈平成
　30年度版〉…………②500
日建学院土地家屋調査
　士本試験問題と解説
　＆口述試験対策集〈平
　成30年度〉…………②500
日光〈第4巻〜第6巻〉…②9
日光・栃木・益子……①193
日光の気象と自然……②681
日航123便墜落の新事実
　………………………①931
にーっこり 3冊セット
　………………………①336
日産自動車の就活ハン
　ドブック〈2019年度
　版〉…………………①292
日産の創業者 鮎川義介
　………………………②308
日商簿記検定模擬試
　問題集 2級〈平成29年
　度版〉………………②473
日商簿記検定模擬試験
　問題集 2級商業簿記・
　工業簿記〈平成29年
　度〉…………………②473
日商簿記検定模擬試験
　問題集 3級〈平成29年

度版〉………………②473
日商簿記検定模擬試験
　問題集 3級商業簿記
　〈平成29年度版〉…②473
日商簿記試験2級と1級
　合格をめざす方へ 貸
　借があわないときは
　どうすればいいの
　か！…………………②473
日商簿記受験生のため
　の電卓操作完ぺき自
　習帳…………………②473
日商簿記1級過去問題集
　〈2017年度受験対策
　用〉…………………②473
日商簿記1級 だれでも
　解ける過去問題集…②473
日商簿記1級 網羅型完
　全予想問題集〈2017年
　度版〉………………②473
日商簿記2級 過去問題
　集〈2017年度受験対策
　用〉…………………②473
日商簿記2級光速マス
　ターNEO 工業簿記テ
　キスト………………②475
日商簿記2級光速マス
　ターNEO 工業簿記問
　題集…………………②475
日商簿記2級光速マス
　ターNEO 商業簿記テ
　キスト………………②473
日商簿記2級光速マス
　ターNEO 商業簿記問
　題集…………………②473
日商簿記2級 仕訳問題
　集〈2017年度受験対策
　用〉…………………②473
日商簿記2級仕訳問題集
　〈2017年度受験対策
　用〉…………………②473
日商簿記2級に“とお
　る”テキスト 工業簿
　記……………………②475
日商簿記2級に“とおる”
　テキスト商業簿記・②473
日商簿記2級に“とお
　る”トレーニング 工
　業簿記………………②475
日商簿記2級に“とお
　る”トレーニング商業
　簿記…………………②473
日商簿記2級 未来のた
　めの過去問題集……②473
日商簿記2級 みんなが
　欲しかった！ やさし
　すぎる解き方の本…②473
日商簿記2級 網羅型完
　全予想問題集〈2017年
　度版〉………………②473
日商簿記2級ラストス
　パート模試〈第147回
　試験〉………………②473
日商簿記2級ラストス
　パート模試〈第148回
　試験〉………………②473
日商簿記3級をゆっくり
　ていねいに学ぶ本・②473
日商簿記3級過去問題
　＆テキスト…………②473
日商簿記3級 過去問題
　集〈2017年度受験対策
　用〉…………………②473
日商簿記3級完全対策模
　擬試験問題集………②473
日商簿記3級に“とお
　る”テキスト…………②473
日商簿記3級に“とお
　る”トレーニング…②473

書名索引

日商簿記3級 未来のための過去問題集 …… ②473
日商簿記3級 みんなが欲しかった！ やさしすぎる解き方の本 … ②473
日商簿記3級 網羅型完全予想問題集〈2017年度版〉………… ②473
日清食品グループの就活ハンドブック〈2019年度版〉………… ①292
日新電機 ………… ②305
日宋貿易と仏教文化 … ②550
日台関係を繋いだ台湾の人びと ………… ①593
新田恵海のほ・ほ・え・みHappy Music … ①770
日中外交関係の改善における環境協力の役割 ………… ②576
日中開戦2018 …… ②134
日中韓2000年の真実 …①593
日中韓メディアの衝突 …………………… ②10
日中決戦〈3〉………①1129
日中交流の軌跡 …… ①597
日中終戦と戦後アジアへの展望 ……… ②134
日中数学界の近代 …②654
日中戦争全史〈上〉…①582
日中戦争全史〈下〉…①582
"日中戦争"とは何だったのか ……… ①582
日中対訳版 日本人論説委員が見つめ続けた激動中国 …………②90
日中対訳 忘れられない中国留学エピソード …………………②90
日中中日翻訳必携 実戦編〈3〉……… ①665
日中の土地収用制度の比較法的研究 … ②224
日中漂流 ………… ②130
日中貿易必携〈2017年版〉………… ②313
日朝開戦〈1〉……①1129
日朝開戦〈2〉……①1129
日朝開戦〈3〉……①1129
日朝関係史 ……… ①599
日朝古典文学における男女愛情関係 …… ①908
日テレ学院が教える説得力のある「話し方」講座 ……… ②361
日東電工の就活ハンドブック〈2019年度版〉……… ①292
ニッポン宇宙開発秘史 …………… ②624
ニッポンを救う新産業文明論 …… ①611
ニッポン貝人列伝 …… ②698
ニッポン語うんちく読本 ………… ①624
ニッポン縦断だより ・①185
にっぽんスズメしぐさ …………………… ②697
にっぽん全国 犬猿バトル地図 ……… ②24
ニッポン全国和菓子の食べある記 ……①41
ニッポン定食散歩 …①41
ニッポン とっておきの島風景 ……… ①257
にっぽん猫島紀行 … ①185
ニッポンの新しい小屋暮らし ……… ②27
ニッポンのおつきあい

としきたりの心得帖 ………………… ①117
ニッポンのおみくじ …①130
ニッポンの奇祭 …… ①118
ニッポンのしきたり ・①635
ニッポンの主婦100年の食卓 ……… ①37
日本の戦略外交 …… ②143
ニッポンの地方野菜 …②450
ニッポンの肉食 …… ②455
にっぽんの秘島 行きたくなるガイド …… ①188
ニッポン放浪記 …… ①903
にっぽん洋食物語大全 ……………… ①37
似ている英語使い分けBOOK ……… ①640
似ている動物「見分け方」事典 …… ②692
似ているようで、こんなに違う日本の仏教宗派 …………… ①511
「2.5次元男子推しTV」公式本 鈴木拡樹、MCはじめました …①770
2.5次元舞台へようこそ ………………… ①783
ニートだとハロワにいったら異世界につれてかれた〈8〉… ①1178
二度と散らからない！夢をかなえる7割収納 …………………①6
二度とは抱かれない男 ……………… ①1305
二度のお別れ …… ①1085
ニートの少女（17）に時給650円でレベル上げさせているオンライン ……………… ①1218
二度の別れ〈18〉……①1034
新渡戸稲造 日本初の国際連盟職員 …… ①567
新渡戸稲造はなぜ『武士道』を書いたのか …①463
二度見させるカラダは美尻ヨガでつくる …②26
二度目のキスまで十五年 ……………… ①1227
二度目の人生を異世界で〈14〉……… ①1270
二度目の人生を異世界で〈15〉……… ①1270
二度目の人生を異世界で〈16〉……… ①1270
二度目の人生を異世界で〈17〉……… ①1270
二度目の地球で街づくり〈1〉……… ①1269
二度目のはつこい …①1307
二度目の勇者は復讐の道を嗤い歩む〈3〉 ……………… ①1186
二度目の勇者は復讐の道を嗤い歩む〈4〉 ……………… ①1187
ニトリの就活ハンドブック〈2019年度版〉 ……………… ①292
蜷川幸雄×松本雄吉 ①783
ににんにんにんじん ・①336
二人三脚の看護管理 ・②767
二人称的観点の倫理学 …………………… ①476
2年A組探偵員 …… ①369
2年生のクラスをまとめる51のコツ …… ①708
二年半待って ……①1099
2年目の再分裂 …… ②39

二ノ橋 柳亭 ………… ①992
二宮尊徳と桜町仕法 ・①562
二宮尊徳に学ぶ「報徳」の経営 ……… ②373
「你好（ニーハオ）」羽根つき餃子とともに ・①931
二番がいちばん …… ①379
鈍色の華 ………… ①1312
2ひきのねこ …… ①336
200の道路構造物の実例に学ぶ設計不具合の防ぎ方 ……… ②605
2秒で最高の決断ができる直観力 …… ②354
2秒で自分を伝える！ …………………… ①125
二部合唱曲 未来へ… ①818
二分脊椎に伴う下部尿路機能障害の診療ガイドライン〈2017年版〉 ……………… ②762
2分の1ルールだけでは解決できない財産分与額算定・処理事例集 …………… ②191
ニーベルンゲンの歌 ・①924
日本アロマセラピー学会エビデンス集〈2〉 ……………… ②721
日本アロマセラピー学会症例報告集 …… ②721
日本海軍の子犬の列島 …②612
日本遺産〈2〉……… ①188
日本遺産からの死の便り ……………… ①1101
日本遺産殺人ルート ……………………①1101
日本一赤ちゃんが産まれる病院 ………①8
日本一売れたフライおつまみから学ぶ「ヒット商品」を生み出す秘訣 …… ②339
日本一小さな農業高校の学校づくり …… ①701
日本一の女 ……… ①996
日本一の速読教室 … ①125
日本一のりんごの里づくり ………… ②160
日本一働きたい会社のつくりかた …… ②305
日本一勉強が好きな頭脳 東大脳の育て方 …①14
日本一短い手紙「ごめんなさい」……… ①938
日本一醜い親への手紙 …①5
日本一めんどくさい幼稚園 …………… ②693
日本一やさしい「政治の教科書」できました。 ……………… ②143
日本一やさしい天皇の講座 …………… ①150
日本一よくわかる北海道日本ハム強さの理由 ……………… ①223
日本一読みやすい会社六法 ……… ②197
日本一わかりやすい海外M&A入門 …… ②311
日本医薬品集 一般薬〈2018・19〉…… ②772
日本医薬品集 医療薬〈2018〉…… ②772
日本医薬品集 医療薬セット版〈2018〉… ②772
日本印象 ……… ①776
日本うちゅうばなし あまのはごろも …… ①504

日本映画は信頼できるか ……………… ①791
日本園芸界のパイオニアたち ……… ②688
日本奥地紀行（縮約版） ……………… ①650
日本を再生する66の提言 ……… ②143
日本を救う最強の経済論 …………… ②264
日本をダメにするリベラルの正体 ……… ①143
日本を飛び出して世界で見つけた僕らが本当にやりたかったこと ………………… ②291
日本をまなぶ 西日本編 ……………… ②24
日本をまなぶ 東日本編 ……………… ②24
日本をもう一度ブッ壊す ……………… ①504
日本をよくするために日銀の株を買いなさい ……… ②395
日本音楽のなぜ？ … ①788
日本改革の今昔 …… ②148
日本絵画史論攷 …… ②721
日本絵画の転換点 酒飯論絵巻 ……… ①833
日本海軍小艦艇ビジュアルガイド〈2〉 … ②612
日本海軍戦艦武蔵パーフェクト製作ガイド ……………… ①287
日本外交文書 占領期〈第1巻〉……… ①582
日本外交文書 占領期〈第2巻〉……… ①582
日本外傷歯学会学術用語集 ……… ②758
日本外食新聞年鑑ニュースコレクション〈2016〉……… ②428
日本怪談実話・全 …①887
日本が動く時〈PART17〉……… ②143
日本科学技術古典籍資料/数學篇〈14〉… ①562
日本科学技術古典籍資料 數學篇〈16〉… ①562
日本覚醒 ……… ②20
日本が「人民共和国」になる日 ……… ①984
日本が世界に尊敬される理由は明治維新にあった ……… ①567
日本型経営とコーポレート・ガバナンス ……………… ②291
日本型マーケティングの進化と未来 … ②337
日本型 "AI（人工知能）" ビジネスモデル …② 524
日本カトリック司教協議会イヤーブック〈2018〉……… ①525
日本がバカだから戦争に負けた ……… ②17
日本が果たした人類史に輝く大革命 … ①571
日本株を動かす外国人投資家の儲け方と発想法 ………… ②395
日本株式会社の顧問弁護士 ………… ②228
日本貨幣カタログ〈2018〉……… ①287
日本が誇るビジネス大

賞〈2017年度版〉… ②291
ニホンカモシカ …… ①408
日本が忘れ韓国が隠したがる本当は素晴らしかった韓国の歴史 ……………… ①599
日本漢学研究試論 … ①463
日本監獄法 ………… ②226
日本カント研究〈18〉 …………………… ①472
日本企業が社員に「希望」を与えた時代 ②291
日本企業がシリコンバレーのスピードを身につける方法 …… ②291
日本企業のアジア進出総覧〈2017〉…… ②312
日本企業の戦略とガバナンス ……… ②291
日本企業の東南アジア進出のルーツと戦略 ……………… ①571
日本企業初のCFOが振り返るソニー財務戦略史 ………… ②305
日本企業 CEOの覚悟 ……………… ②291
日本北朝鮮戦争 …… ①1129
日本切手カタログ〈2018〉……… ①251
日本旧石器時代の起源と系譜 ……… ①540
日本教育経営学会紀要〈第59号〉……… ①679
日本教育再生十講 … ①753
日本教育事務学会年報〈第4号〉……… ①753
日本基督教団戦争責任告白から50年 …… ①525
日本基督教団年鑑〈2018〉……… ①525
日本近産品類図鑑 … ②698
日本近現代史の真実 …①571
日本銀行統計〈2017〉 …………………… ②383
日本禁酒史 ……… ①44
日本近世期における楽律研究 ……… ①466
日本近代建築家列伝 ②616
日本近代語研究〈6〉 …………………… ①630
日本近代文学年表 … ①902
日本「国つ神」情念史〈3〉……… ①545
「日本軍」はなぜ世界から尊敬されているのか ………… ②168
日本軍兵士 ……… ①582
日本軍歯磨機秘録 … ①582
日本経営学会史 …… ②373
日本経営学会誌〈第38号〉……… ②373
日本経済〈2016・2017〉 …………………… ②244
日本経済を滅ぼす「高学歴社員」という病 ②291
日本経済最後の戦略 ②244
日本経済再生 25年の計 ……………… ②244
日本経済史 ……… ②264
日本経済史 1600・2015 ……………… ②269
日本経済と警備業 … ②244
日本経済入門 …… ②244
日本経済の新しい見方 ……………… ②244
日本経済の軌跡と飛躍 ……………… ②244
日本経済の再建築 … ②244
日本経済の心臓 証券市

場誕生！ ………… ②382
日本経済のデータ分析
　と経済予測 ……… ②264
日本経済はなぜ最高の
　時代を迎えるのか？
　……………………… ②244
日本経済論 ………… ②244
日本経済論講義 …… ②244
日本経済論・入門 … ②264
日本藝術の創跡〈22
　（2017年度版）〉… ①833
日本言語文化の「転化」
　…………………… ①908
日本建築の形〈2〉… ②612
日本建築の特質と心 … ②612
日本犬の誕生 ……… ①264
日本件名図書目録2016
　〈1〉……………… ①8
日本件名図書目録2016
　〈2〉……………… ①8
日本語アカデミックラ
　イティング ……… ①634
日本高校教育学会年報
　〈第24号〉……… ①701
日本考古学〈第43号〉
　………………… ①614
日本考古学年報〈68
　（2015年度版）〉… ①614
日本皇統が創めたハプ
　スブルク大公家 …… ①533
にほんご・えいご はじ
　めてことばのずかん
　…………………… ①302
日本語を科学する 文法
　編〈上〉…………… ①631
日本語を科学する 文法
　編〈下〉…………… ①631
日本語を分析するレッ
　スン ……………… ①624
日本語学トレーニング
　100題 …………… ①624
日本語学校全調査
　（2017）………… ①635
日本語教育能力検定試
　験 完全攻略ガイド
　…………………… ①635
日本語教育能力検定試
　験試験問題 試験2（聴
　解）〈平成28年度〉・ ①635
日本語教育のためのは
　じめての統計分析 … ①662
日本語教育への道しる
　べ〈第1巻〉……… ①635
日本語教育への道しる
　べ〈第2巻〉……… ①635
日本語教育への道しる
　べ〈第3巻〉……… ①635
日本語教育への道しる
　べ〈第4巻〉……… ①635
日本国憲法 ………… ②201
日本国憲法を改正でき
　ない8つの理由 …… ②201
日本国憲法制定資料全
　集〈19〉………… ②226
日本国憲法の核心 … ②201
日本国憲法の現代的意
　義 法の科学〈第48号
　2017〉…………… ②201
日本国憲法の真価と改
　憲論の正体 ……… ②201
日本国憲法の制定過程
　…………………… ②201
日本国憲法の誕生 … ②201
日本国憲法はこうして
　生まれた ………… ②201
日本国国憲案の研究 … ②201
日本国際経済法年報〈第
　26号〉…………… ②264
日本国最後の帰還兵深

谷義治とその家族 · ①931
日本国債の膨張と崩壊
　…………………… ②271
日本国債は国の借金で
　はなく通貨発行益で
　あることを証明する
　…………………… ②379
日本国際美術展と戦後
　美術史 …………… ①833
日本史学〈第9号〉· ①611
日本史学〈第11号〉
　…………………… ①533
日本史学〈第10号（平
　成29年春）〉……… ①611
日本国勢図会〈2017/
　18〉……………… ②175
日本国民をつくった教
　育………………… ①756
日本語「形成」論 … ①630
日本語検定公式過去問
　題集1級〈平成29年度
　版〉……………… ①624
日本語検定公式過去問
　題集2級〈平成29年度
　版〉……………… ①625
日本語検定公式過去問
　題集3級〈平成29年度
　版〉……………… ①625
日本語検定公式過去問
　題集4級〈平成29年度
　版〉……………… ①625
日本語検定公式過去問
　題集5級〈平成29年度
　版〉……………… ①625
日本語検定公式過去問
　題集6級・7級〈平成29
　年度版〉…………… ①625
日本語語用論フォーラ
　ム〈2〉…………… ①625
日本語条件文の諸相 · ①631
日本語初級1大地 … ①635
日本語書記用文体の成
　立基盤 …………… ①895
日本語全史 ………… ①625
日本古代君主制成立史
　の研究 …………… ①545
日本古代交流史入門 · ①545
日本古代国家の形成過
　程と対外交流 …… ①545
日本古代史集中講義 · ①545
日本古代問答法 …… ①545
日本古代女帝論 …… ①545
日本古代中世の葬送と
　社会 ……………… ①545
日本古代都鄙間交通の
　研究 ……………… ①545
日本古代の氏族と系譜
　伝承 ……………… ①545
日本古代の氏族と宗教
　〈2〉……………… ①545
日本古代の政治と仏教
　…………………… ①545
日本古代の道路と景観
　…………………… ①545
にほんご多読ブックス
　〈vol.7〉………… ①635
にほんご多読ブックス
　〈vol.8〉………… ①635
日本語 単語 スピード
　マスター　STAN-
　DARD2400 …… ①635,
　　　　　　　　①636
日本語程度副詞体系の
　変遷 ……………… ①631
にほんごではなそう！
　…………………… ①636
日本語と道徳 ……… ①476
日本子ども資料年鑑
　〈2017〉………… ②110

日本語能力試験直前対
　策 N5 もじ・ごい・
　ぶんぽう ………… ①636
日本語能力試験問題集
　N3カタカナ語スピー
　ドマスター ……… ①636
日本語能力試験 N2語彙
　必修パターン …… ①636
日本語能力試験 N2聴解
　必修パターン …… ①636
日本語能力試験 N2読解
　必修パターン …… ①636
日本語能力試験 N2文法
　必修パターン …… ①636
日本語の音 ………… ①625
日本語のしくみ〈3〉· ①631
日本語のなかの中国故
　事………………… ①466
日本語のへそ ……… ①625
日本語訳 英琉辞書 … ①625
日本語ラップ・インタ
　ビューズ ………… ①805
日本語力をつけること
　ばと漢字のレッスン
　…………………… ①627
日本語レファレンス
　ブック …………… ①625
日本語 笑いの技法辞典
　…………………… ①633
日本昆虫目録〈第2巻〉
　…………………… ②695
日本語N4 文法・読解ま
　るごとマスター … ①636
日本語N5文法・読解ま
　るごとマスター … ①636
日本再生〈2〉……… ②20
日本最北端の水族館で
　会える フウセンウオ
　…………………… ②698
日本殺人巡礼 ……… ②39
日本産シダ植物標準図
　鑑〈2〉…………… ②688
日本3.0 …………… ②20
日本三百名山に立つ · ②233
日本三百名山 山あるき
　ガイド〈上〉……… ①190
日本三百名山 山あるき
　ガイド〈下〉……… ①190
日本産フグ類図鑑 … ②698
日本散歩日記 ……… ①185
日本産ミジンコ図鑑 · ②692
日本詩歌思出草 …… ①959
日本史ウソみたいなぞ
　の後 ……………… ①533
日本史を変えた20の合
　戦！ パノラマ大図鑑
　…………………… ①533
日本史劇場 信長たちの
　野望 ……………… ①555
日本史最後の謎 …… ①533
日本思想史学〈第49号〉
　…………………… ①463
日本思想史の射程 … ①463
日本思想史への道案内
　…………………… ①463
日本思想の古層 …… ①463
日本自動車産業の海外
　生産・深層現調化と
　グローバル調達体制
　の変化 …………… ②442
日本自動車史 日本のタ
　クシー自動車史 … ②425
日本史 謎の殺人事件 · ①533
日本史年表 ………… ①618
日本史年表・地図 … ①618
日本史の内幕 ……… ①533
日本史の謎を斜めから
　見る ……………… ①533
日本史の謎は地政学で

解ける …………… ①533
日本史のまめまめしい
　知識〈第2巻〉…… ①533
日本史のライブラリー
　…………………… ①533
日本史は逆から学べ · ①533
日本史は「嫉妬」でほぼ
　説明がつく ……… ①533
日本史パノラマ大地図
　帳………………… ①533
日本史100人のカルテ
　…………………… ①533
日本字フリースタイル・
　コンプリート …… ①878
日本史ミステリー … ①533
日本史ミステリー 天皇
　家の謎100 ……… ①533
日本史モノ事典 …… ①618
日本社会再考 ……… ①611
日本写真年鑑〈2017〉
　…………………… ①252
日本車大図鑑 ……… ②443
日本宗教の闇・強制棄
　教との戦いの軌跡 · ①500
日本酒辞典 ………… ①44
日本酒のペアリングが
　よくわかる本 …… ①44
日本・呪縛の構図〈上〉
　…………………… ②20
日本・呪縛の構図〈下〉
　…………………… ②20
日本酒はじめ ……… ①44
日本手話とろう教育 · ②62
日本商業史 ………… ②417
日本商工会議所全国商
　工会連合会検定 販売
　士2級 …………… ②503
日本飼養標準・乳牛
　〈2017年版〉…… ②454
日本書紀を歩く〈1〉· ①545
日本書紀研究〈第32冊〉
　…………………… ①545
『日本書紀』集中講義 · ①545
『日本書紀』千三百年の
　封印を解く ……… ①545
日本食育資料集成〈第3
　回 第1巻〉……… ②9
日本食育資料集成〈第3
　回 第2巻〉……… ②9
日本食育資料集成〈第3
　回 第3巻〉……… ②9
日本食育資料集成〈第3
　回 第4巻〉……… ②9
日本食育資料集成〈第3
　回 第5巻〉……… ②9
日本食肉年鑑〈2016～
　2017〉…………… ②445
日本食品成分表〈2017〉
　…………………… ①166
日本食品大事典 …… ②775
日本食品標準成分表
　2015年版（七訂）追補
　2016年………… ①166
日本食品標準成分表
　2015年版（七訂）追補
　〈2017年〉……… ①166
日本植民地研究〈第29
　号〉……………… ①571
日本植民地時代の朝鮮
　経済 ……………… ①599
日本史論 …………… ①533
日本人を精神的武装解
　除するためにアメリ
　カがねじ曲げた日本
　の歴史 …………… ①571
日本人が気づかない心
　のDNA ………… ②93
日本人学徒たちの上海
　…………………… ①571

日本人が知らない最先
　端の「世界史」〈2〉· ①590
日本人が知らない神社
　の秘密 …………… ①506
日本人が知らない「世
　界の宗教」の見方 · ①500
日本人が知らない洗脳
　支配の正体 ……… ②125
日本人が知らない満洲
　国の真実 ………… ①582
日本人が知りたいイギ
　リス人の当たり前 · ①640
日本人が知りたいイタ
　リア人の当たり前 · ①671
日本人が知りたい韓国
　人の当たり前 …… ①667
日本人が知りたいスペ
　イン人の当たり前 · ①672
日本人が大切にしたい7
　つ 入門編 ……… ①463
日本人が大切にしてき
　た神様に愛される生
　き方 ……………… ①506
日本人が忘れた日本人
　の本質 …………… ①454
日本人記者の観た赤い
　ロシア …………… ①609
日本新劇全史〈第1巻〉
　…………………… ①783
日本人失格 ………… ①951
日本人だからできる！
　漢字で覚える韓国語
　…………………… ①667
日本人だけが知らない
　砂漠のグローバル大
　国UAE ………… ②86
日本人だけが知らない
　世界から絶賛される
　日本人 献身のここ
　ろ・篇 …………… ①108
日本人だけが知らない
　世界から尊敬される
　日本人 …………… ②21
日本人だけが知らない
　世界の真実 ……… ②83
日本人ときのこ …… ②688
日本人とくじら …… ②114
日本人として受け継ぎ
　たいこと ………… ①954
日本人として英語を学
　び・英語を使う … ①640
日本人と資本主義の精
　神………………… ②264
日本人と象徴天皇 … ②151
日本人と動物の歴史〈1〉
　…………………… ②692
日本人と動物の歴史〈2〉
　…………………… ②692
日本人と動物の歴史〈3〉
　…………………… ②697
日本人とは何者なのか、
　を問い続けて …… ②21
日本人とリズム感 … ①908
日本人なら知っておき
　たい英雄 ヤマトタケ
　ル ………………… ①545
日本人なら知っておき
　たい皇室のしくみ · ②151
日本人なら知っておき
　たい四季の植物 … ②688
日本人なら知っておき
　たい天皇論 ……… ②151
日本人なら知っておき
　たい！ モノのはじま
　りえほん ………… ①419
日本人に帰化したい!!·②19
日本人についての質問
　に論理的に答える発
　信型英語トレーニン

グ‥‥‥‥‥‥‥①640
日本人に伝えたい中国
　の新しい魅力〈第13
　回〉‥‥‥‥‥‥②19
日本人に適した審美修
　復治療の理論と実際
　‥‥‥‥‥‥‥①758
日本人になったユダヤ
　人‥‥‥‥‥‥②292
日本人入門‥‥‥①506
日本人にリベラリズム
　は必要ない。‥②93
日本人の「お金の使い
　かた」図鑑‥‥②391
日本人のおなまえっ!
　〈1〉‥‥‥‥②32
日本人のおもてなし練
　習帖‥‥‥‥①16
日本人の9割が答えられ
　ない 世界地図の大疑
　問100‥‥‥‥②83
日本人の9割が答えられ
　ない理系の大疑問100
　‥‥‥‥‥‥‥②648
日本人のこころ‥①636
日本人のこころとかた
　ち‥‥‥‥‥‥①16
日本人のこころの言葉
　栄西‥‥‥‥‥①518
日本人のしきたりいろ
　は図鑑‥‥‥‥②117
日本人のシンガポール
　体験‥‥‥‥‥①571
日本人の信仰‥‥①500
日本人の大切な心〈上
　巻〉‥‥‥‥‥①99
日本人のための英文ラ
　イティング即効薬‥①654
日本人のための第一次
　世界大戦史‥‥①573
日本人のための平和論
　‥‥‥‥‥‥‥①143
日本人の朝鮮観はいか
　にして形成されたか
　‥‥‥‥‥‥‥①571
日本人の哲学〈4〉‥①463
日本人の哲学 名言100
　‥‥‥‥‥‥‥①454
日本人の道徳心‥‥①476
日本人の「長い英語」短
　縮レッスン‥‥①640
日本人の不信感 中国人
　の本心‥‥‥‥②19
日本人の誇り「武士道」
　の教え‥‥‥‥①463
日本人の目、アメリカ
　人の心‥‥‥‥①582
日本人のモンゴル抑留
　とその背景‥‥①582
日本人は「国際感覚」な
　んてゴミ箱へ捨て
　ろ!‥‥‥‥‥②21
日本人は死んだらどこ
　へ行くのか‥‥②114
日本人は大災害をどう
　乗り越えたのか‥②42
日本人はなぜ外国人に
　「神道」を説明できな
　いのか‥‥‥‥①506
日本腎不全看護学会誌
　〈第19巻第2号〉‥②767
日本人物レファレンス
　事典 商人・実業家・
　経営者篇‥‥‥②7
日本人物レファレンス
　事典 名工・職人・技
　師・工匠篇‥‥②7
日本新聞年鑑〈2018〉‥②10
日本人への遺言

〈PART2〉‥‥‥②21
日本神話はいかに描か
　れてきたか‥‥①508
日本整形外科学会症候
　性静脈血栓塞栓症予
　防ガイドライン
　〈2017〉‥‥‥②752
日本政治史‥‥‥②143
日本政治思想‥‥②143
日本政治思想史‥①171
日本政治とカウンター・
　デモクラシー‥①144
日本精神史‥‥‥①463
日本製造業のイノベー
　ション経済学分析‥②438
日本×世界で富を築く
　グローバル不動産投
　資‥‥‥‥‥‥②422
日本選挙学会年報 選挙
　研究〈NO.32・2
　2016〉‥‥‥‥②146
日本全国 一の宮巡拝完
　全ガイド 決定版‥①188
日本全国 合成地名の事
　典‥‥‥‥‥‥①617
日本全国 このパンがす
　ごい!‥‥‥‥①37
日本全国祭り図鑑 西日
　本編‥‥‥‥‥①419
日本船舶明細書〈2017
　1〉‥‥‥‥‥②626
日本船舶明細書〈2017
　2〉‥‥‥‥‥②626
日本占領期 性売買関係
　GHQ資料〈第1巻〉
　‥‥‥‥‥‥‥①582
日本占領期 性売買関係
　GHQ資料〈第2巻〉
　‥‥‥‥‥‥‥①582
日本占領期 性売買関係
　GHQ資料〈第3巻〉
　‥‥‥‥‥‥‥①582
日本占領期 性売買関係
　GHQ資料〈第4巻・第
　5巻・第6巻〉‥‥①582
日本・喪失と再起の物
　語〈上〉‥‥‥①571
日本・喪失と再起の物
　語〈下〉‥‥‥①571
日本ソムリエ協会教本
　〈2017〉‥‥‥②46
日本第一党宣言‥‥②144
日本代表を撮り続けて
　きた男 サッカーカメ
　ラマン六川則夫‥①230
日本タイポグラフィ年
　鑑〈2017〉‥‥①882
日本・台湾産業連携と
　イノベーション‥②312
日本だから感じる88の
　幸せ‥‥‥‥‥②21
日本たばこ産業(JT)の
　就活ハンドブック
　〈2019年度版〉‥②292
日本タレント名鑑
　〈2017〉‥‥‥②770
日本男子♂余れるとこ
　ろ‥‥‥‥‥‥②36
日本地図の迷宮‥‥①428
日本「地方旗」図鑑 解
　読編‥‥‥‥‥②24
日本地方財政史‥‥②271
日本地方自治の群像〈第
　8巻〉‥‥‥‥②157
日本茶の近代史‥‥①47
日本茶のさわやかス
　イーツ‥‥‥‥①70
日本茶の図鑑‥‥①47
日本茶 JAPANESE

GREEN TEA‥‥‥①47
日本中枢の狂謀‥‥②144
日本中世社会と禅林文
　芸‥‥‥‥‥‥①550
日本中世に何が起きた
　か‥‥‥‥‥‥①550
日本中世の民衆・都市・
　農村‥‥‥‥‥①550
日本彫刻史基礎資料集
　成 鎌倉時代 造像銘記
　篇〈第13巻〉‥‥①869
日本朝鮮研究所初期資
　料‥‥‥‥‥‥②46
日本地理データ年鑑
　〈2017〉‥‥‥①428
『日本』って、どんな
　国?‥‥‥‥‥②19
日本庭園‥‥‥‥②612
日本帝国の崩壊‥‥①571
日本で外国人を見かけ
　たら使いたい英語フ
　レーズ3000‥‥①644
日本的管理会計の深層
　‥‥‥‥‥‥‥②318
日本的グローバル・オ
　ペレーションズ・マ
　ネジメント‥‥②373
日本的雇用システムの
　ゆくえ‥‥‥‥②460
日本的雇用・人事システ
　ムの現状と課題〈2016
　年度調査版〉‥‥②331
日本的雇用制度はどこ
　へ向かうのか‥‥②373
日本的時空観の形成‥①611
日本てくてくゲストハ
　ウスめぐり‥‥①188
日本で十分稼いだら ア
　メリカ不動産レバ
　レッジ‥‥‥‥②419
日本で初めてのハーブ
　農園 天然香料の力
　‥‥‥‥‥‥‥②447
日本テレビ・アップル・
　MTV・マクドナル
　ド・ミクシィ・世界の
　医療団で学んだ、
　「超」仕事術‥‥②354
日本電産永守重信が社
　員に言い続けた仕事
　の勝ち方‥‥‥②292
日本電信電話(NTT)の
　就活ハンドブック
　〈2019年度版〉‥②292
日本天台教学論‥‥①517
日本伝統音楽カリキュ
　ラムと授業実践‥①739
日本転倒予防学会認定
　転倒予防指導士公式
　テキストQ&A‥‥②721
日本とアジアをつなぐ
　‥‥‥‥‥‥‥②144
日本とアメリカ戦争か
　ら平和へ〈上〉‥①582
日本とアメリカ戦争か
　ら平和へ〈下〉‥①582
ニホンという滅び行く
　国に生まれた若い君
　たちへ‥‥‥‥②105
日本刀が斬れる理由(わ
　け)、美しい理由(わ
　け)‥‥‥‥‥①236
日本統計学会公式認定
　統計検定3級・4級公
　式問題集〈2014～
　2016年〉‥‥‥②508
日本統計学会公式認定
　統計検定2級公式問題
　集〈2014～2016年〉

日本統計年鑑〈第67回
　(平成30年)〉‥‥②270
日本刀 五ヶ伝の旅 大和
　伝編‥‥‥‥‥①872
日本刀の美しさがわか
　る本‥‥‥‥‥①872
日本刀の材料科学‥①872
日本刀の雑学100‥①533
日本刀の雑学‥‥‥①873
日本と韓国における多
　文化共生教育の新た
　な地平‥‥‥‥①754
日本特殊陶業の就活ハ
　ンドブック〈2019年度
　版〉‥‥‥‥‥①292
日本都市年鑑〈平成29年
　版〉‥‥‥‥‥②273
日本と世界が注目する
　戦略成長企業
　STRATEGY
　GROWTH
　COMPANY‥‥‥②305
日本と世界がわかる最
　強の日本史‥‥①533
日本と世界のくらし ど
　こが同じ? どこがち
　がう?‥‥‥‥①419
日本と中国、もし戦わ
　ば‥‥‥‥‥‥①163
日本とフィンランドに
　おける子どものウェ
　ルビーイングへの多
　面的アプローチ‥①754
日本とフランス「官僚
　国家」の戦後史‥①144
日本とフランスのあい
　だで‥‥‥‥‥①475
日本とボリビアの架橋
　‥‥‥‥‥‥‥②91
日本取引所グループ規
　則集〈2017年版〉‥②382
日本ナショナリズムの
　歴史〈1〉‥‥‥①567
日本ナショナリズムの
　歴史〈2〉‥‥‥①571
日本ナショナリズムの
　歴史〈3〉‥‥‥①571
日本ナショナリズムの
　歴史〈4〉‥‥‥①571
日本懐かし映画館大全
　‥‥‥‥‥‥‥①789
日本難字異体字大字典
　コンパクト版‥‥①633
日本における近代中国
　学の始まり‥‥①466
日本におけるソーシャ
　ルアクションの実践
　モデル‥‥‥‥②62
日本における農業簿記
　の研究‥‥‥‥②321
日本における保育カリ
　キュラム‥‥‥①693
日本に暮らすロシア人
　女性の文化人類学‥②114
日本にしかない「商い
　の心」の謎を解く‥②21
日本二千六百年史‥①533
日本年号史大事典 普及
　版‥‥‥‥‥‥①618
日本の悪霊‥‥①1004
にほんのあらたなてし
　ごと‥‥‥‥‥②272
日本のありふれた心理
　療法‥‥‥‥‥①494
日本の暗黒事件‥‥②39
日本の「いい会社」‥②305
日本の異界 名古屋‥②24
日本の粋なデザイン 和

のクロスステッチ図
　案帖‥‥‥‥‥①78
日本の偉人物語〈1〉‥①533
日本の医薬品構造式集
　〈2017〉‥‥‥②772
日本の医療、くらべて
　みたら10勝5敗3分け
　で世界一‥‥‥②699
日本の医療と介護‥②707
日本の色の色のルーツを探
　して‥‥‥‥‥①881
日本のインフラ〈3〉‥①419
日本のインフラ〈4〉‥①419
日本農業の動き(195)
　‥‥‥‥‥‥‥②451
日本農業の生産構造と
　生産性‥‥‥‥②447
日本の美しい庭園図鑑
　‥‥‥‥‥‥‥②612
日本の裏社会 闇の職業
　図鑑‥‥‥‥‥②30
日本の「運命」について
　語ろう‥‥‥‥②21
日本の英語、英文学‥①640
日本のエクイティ・
　ファイナンス‥‥②379
日本の億万投資家77の
　金言‥‥‥‥‥②395
日本の海岸植物図鑑‥②688
日本の介護‥‥‥②62
日本の外交‥‥‥②125
日本の会社 キリンビー
　ルの110年 絵で見る
　歴史図鑑‥‥‥②445
日本の科学‥‥‥②648
日本の覚醒のために‥②454
日本の隠れた優秀校‥①701
にほんのかけら‥‥①257
日本の火山‥‥‥①400
日本の課題を読み解く
　わたしの構想〈2〉‥②105
日本のカニ学‥‥②692
日本の神さま‥‥①344
日本の神解剖図鑑‥①506
日本の神様と仏様大全
　‥‥‥‥‥‥‥①500
日本のかわいい小鳥‥①697
日本のかわいい刺繍図
　鑑‥‥‥‥‥‥①78
日本のかわいい鳥 世界
　の綺麗な鳥‥‥①697
日本の観光 きのう・い
　ま・あす‥‥‥②264
「日本」の起源‥‥①508
日本の奇跡、中韓の悲
　劇‥‥‥‥‥‥②594
日本の奇僧・快僧‥‥①507
日本の給料&職業図鑑
　業界別ビジネスマン
　Special‥‥‥②415
日本の教師、その12章
　‥‥‥‥‥‥‥②705
日本の近世社会と大塩
　事件‥‥‥‥‥①562
日本の近代とは何で
　あったか‥‥‥①571
日本の「クモ」‥‥①695
日本の「黒幕」100の名
　言‥‥‥‥‥‥①108
日本の軍事力‥‥②164
日本の経営学90年の内
　省と構想‥‥‥②373
日本の経済制‥‥②264
日本の化粧品総覧
　〈2018〉‥‥‥①23
日本の結婚‥‥‥②117
日本の原子力時代史‥②581
日本の建築家はなぜ世

界で愛されるのか … ②616
日本の原風景 城 ……… ①257
日本の工芸を元気にす
　る！ ……………… ①873
日本の砥都 ………… ②415
日本の国毒 ………… ②674
日本のこころ、西洋の
　哲学 ……………… ①454
日本の古寺101選 …… ①511
日本の子連れ再婚家庭
　………………………… ①109
日本の古代国家 …… ①545
日本の古代中世 …… ①545
日本の"こだわり"が世
　界を魅了する …… ②292
日本の言葉の由来を愛
　おしむ …………… ①625
日本のコミュニティ放
　送 ………………… ②15
日本のこれからをつく
　る本 ……………… ②21
日本のコンテナ港湾政
　策 ………………… ②626
日本の財政を考える … ②271
日本の裁判官論 …… ②228
日本のサル ………… ②694
日本の産業立地と地域
　構造 ……………… ②264
日本の詩歌 ………… ①905
日本のシカ ………… ②692
日本の四季を描く … ①838
日本のしきたり 常識度
　テスト …………… ①117
日本の時代をつくった
　本 ………………… ②3
日本の自動車レース史
　………………………… ①243
日本の児童文学登場人
　物索引 単行本篇
　〈2008 - 2012〉 …… ①892
日本の児童文学登場人
　物索引 単行本篇 2003
　- 2007 …………… ①892
日本の児童養護と養問
　研半世紀の歩み …… ②62
日本の島じま大研究〈1〉
　………………………… ①428
日本の島じま大研究〈3〉
　………………………… ①428
日本の社会保障システ
　ム ………………… ②48
日本の15歳はなぜ学力
　が高いのか？ …… ①754
日本の自由貿易協定
　（FTA）の貿易創出効
　果 ………………… ②248
日本の出版社・書店
　〈2018 - 2019〉 …… ②17
日本の循環器診療現場
　（リアル）への招待
　………………………… ②740
日本の省エネルギー技
　術の中国地域暖房へ
　の活用 …………… ②252
日本の食品工業〈2017年
　版〉 ……………… ②445
日本の城事典 ……… ①618
日本の人口動向とこれ
　からの社会 ……… ②292
日本の人事を科学する
　………………………… ②331
日本の真実50問50答 … ②144
日本の神社さんぽ … ①506
日本の新宗教 ……… ①500
日本の新宗教50 完全パ
　ワーランキング …… ①501
日本の心理療法 国際比
　較篇 ……………… ①494
日本の心理療法 身体篇

………………………… ①494
日本の人類学 ……… ①114
日本の優れたサービス
　………………………… ②292
日本のすごい味 …… ①43
日本のすごい食材 … ①37
日本のすごい森を歩こ
　う ………………… ②681
日本のステンドグラス
　黎明期 …………… ②613
日本の聖域（サンクチュ
　アリ）クライシス …②14
日本の政治報道はなぜ
　「嘘八百」なのか … ②144
日本の製造業はIoT先進
　国ドイツに学べ …… ②438
日本の「世界史的立場」
　を取り戻す ……… ②125
日本の石油化学工業
　〈2018年版〉 ……… ②444
日本の戦争責任につい
　ての認識 ………… ①582
日本の戦争と動物たち
　〈1〉 ……………… ①427
日本の戦争：歴史認識
　と戦争責任 ……… ①582
日本の大気汚染状況〈平
　成28年版〉 ……… ②576
日本の宝 …………… ①833
日本のタケ科植物 … ②688
日本の正しい未来 … ②245
日本の地衣類 630種 携
　帯版 ……………… ②690
日本の地下で何が起き
　ているのか ……… ②680
日本の中小企業 …… ②303
日本の沖積層 ……… ②680
「日本の朝鮮統治」を検
　証する 1910 - 1945
　………………………… ①571
日本の地霊（ゲニウス・
　ロキ） …………… ②114
日本の敵 …………… ②144
日本の手仕事 ……… ①419
日本の哲学〈第18号〉
　………………………… ①463
日本のテロ ………… ②39
日本の電機産業失敗の
　教訓 ……………… ①439
日本の伝説 きつねの童
　子 安倍晴明伝 …… ①351
「日本の伝統」の正体 … ②21
日本の統計〈2017〉 … ②270
日本の陶磁器 ……… ②272
日本の童謡・唱歌をい
　つくしむ ………… ①802
日本のドジョウ …… ②698
日本の図書館〈2016〉 … ②17
日本の長い戦後 …… ①576
日本の中のドイツを訪
　ねて ……………… ②84
日本の猫宿 ………… ①191
日本のネット選挙 … ②146
日本の発言力と対外発
　信 ………………… ②144
日本のフェミニズム … ②37
日本の武器で滅びる中
　華人民共和国 …… ②163
日本のふしぎ なぜ？ ど
　うして？ ………… ①419
日本の物流事業〈2017〉
　………………………… ②418
日本の文学理論 …… ①908
日本の文化と思想〈2〉
　………………………… ①905
日本の兵器が世界を救
　う ………………… ②165
日本の保育の歴史 … ①693

日本の法 …………… ②224
日本の防衛〈平成29年
　版〉 ……………… ②163
日本の麦 …………… ②447
日本の無戸籍者 …… ②62
日本の名作絵本5000冊
　………………………… ①892
日本の名城 地図帳 … ①562
日本のメイドカル
　チャー史〈上〉 …… ②30
日本のメイドカル
　チャー史〈下〉 …… ②30
日本の最も美しい町 … ②613
日本の物語・お話絵本
　登場人物索引〈2007 -
　2015〉 …………… ①892
日本のものづくり遺産
　〈2〉 ……………… ②415
日本のモノづくりを支
　える九州の元気企業
　45社 ……………… ②305
日本のものづくりを救
　う！ 最強の「すり合
　わせ技術」……… ②602
日本のヤクザ100の喧嘩
　………………………… ②39
日本の屋敷林文化 … ②576
日本の野生植物〈4〉 … ②688
日本の野生植物〈5〉 … ②688
日本の夜の公共圏 … ②105
日本の癩（らい）対策の
　誤りと「名誉回復」…②44
日本のルィセンコ論争
　………………………… ②684
日本の歴史 ………… ①533
日本の歴史を旅する … ①533
日本の歴史をよみなお
　す（全）…………… ①533
日本の歴史 最強ライバ
　ル列伝 …………… ①427
日本の歴史人物完全図
　鑑 ………………… ①427
日本の歴史人物事典 … ①427
日本の歴史的広告クリ
　エイティブ100選 …②340
日本の歴代新幹線 パノ
　ラマ大図鑑 ……… ②431
日本のレトロびん … ①285
日本の鱧 …………… ②118
日本の労働経済事情
　〈2017年版〉 ……… ②460
日本の労働市場 …… ②264
日本の労働市場開放の
　現況と課題 ……… ②463
日本の論点 ………… ①636
日本のワイン WINES
　of JAPAN ……… ①46
日本ノンフィクション
　史 ………………… ②14
日本のLBOファイナン
　ス ………………… ②379
日本のZINEについて
　知っていることすべ
　て ………………… ②17
日本はこうして世界か
　ら信頼される国と
　なった …………… ①571
日本は誰と戦ったのか
　………………………… ①582
日本初！ 地方を救う譲
　渡型賃貸投資ガイド
　………………………… ②422
日本発「ロボットAI農
　業」の凄い未来 …… ②447
日本はなぜ原発を拒め
　ないのか ………… ②580
日本はなぜ、負ける戦争
　に突っ込んだのか … ①582
日本は再びアジアの盟

主になる ………… ②125
日本版CCRCがわかる
　本 ………………… ②160
日本美術を愛した蝶、… ①833
日本美術がワカル本 … ①833
日本美術に見るきもの
　………………………… ①833
日本美術年鑑〈平成27年
　版〉 ……………… ①882
日本批評大全 ……… ①913
日本百低山 ………… ①190
日本百名山 山の名はこ
　うしてついた …… ①190
日本100名城めぐりの旅
　………………………… ①555
日本病脱却マニュアル
　………………………… ②21
日本ファイバー興亡史
　………………………… ②415
日本ファルコム公式 英
　雄伝説 閃の軌跡3
　ザ・コンプリートガ
　イド ……………… ①282
日本ファルコム公認
　イース30周年メモリ
　アルブック ……… ①282
日本フィギュアスケー
　トの軌跡 ………… ①218
日本普通切手専門カタ
　ログ〈VOL.2〉 …… ①251
日本仏教を変えた法然
　の先鋭性 ………… ①520
日本武道の理念と事理
　………………………… ①463
日本プライマリ・ケア
　連合学会 基本研修ハ
　ンドブック ……… ②721
日本文化をよむ …… ①463
日本文化が滅んで
　BABYMETALが生
　まれた …………… ①770
日本「文」学史〈第2冊〉
　………………………… ①893
日本文学の発生 序説 … ①893
日本文学の名作を読む
　………………………… ①893
日本文化史講義 …… ①533
日本文化と仏教イマー
　ジュ ……………… ①511
日本文化のすごさがわ
　かる 日本の美仏50選
　………………………… ①834
日本への遺言 ……… ②292
日本ヘラルド映画の仕
　事 ………………… ①789
日本貿易の現状 Foreign
　Trade〈2017〉 …… ②313
日本ボロ宿紀行 …… ①185
日本マイクロソフト流
　最強のエクセル仕事
　術 ………………… ②354
日本まんじゅう紀行 … ①43
日本民間放送年鑑
　〈2017〉 …………… ②15
日本メディア史年表 … ②10
日本木造校舎大全 … ②613
日本問答 …………… ②21
日本ヤクザ「絶滅の日」
　………………………… ②39
日本有事「鎮西2019」
　作戦発動！……… ①1129
日本有事「鉄の蜂作戦
　2020」…………… ①1129
日本妖怪考 ………… ②114
日本よ、咲き誇れ … ②144
日本よ、もう謝るな！
　………………………… ②144
日本ラグビー〈2017〉
　………………………… ①228

日本ラグビーの戦術・
　システムを教えま
　しょう …………… ①228
日本陸海軍機英雄列伝
　………………………… ①586
日本陸軍試作機物語 … ①582
日本陸軍の機関銃砲 … ①582
日本陸軍の対ソ謀略 … ①582
日本陸軍の大砲 …… ①582
日本陸軍の秘められた
　兵器 ……………… ①583
日本立地総覧〈2017年
　版〉 ……………… ②273
日本リベラル派の頽落
　〈3〉 ……………… ②172
日本流イノベーション
　………………………… ②292
日本留学試験〈第1回〉試
　験問題（聴解・聴読解
　問題CD付）〈平成29
　年度〉 …………… ①636
日本留学試験 日本語 総
　合対策問題集 …… ①636
日本留学試験（EJU）模
　擬試験 数学コース
　〈1〉 ……………… ①636
日本留学試験（EJU）模
　擬試験 数学コース2
　………………………… ①746
日本留学試験（EJU）模
　擬試験 総合科目 … ①746
日本留学試験 日本語記述・
　読解 ……………… ①636
日本霊異記の罪業と救
　済の形象 ………… ①895
日本料理 気軽に楽しめ
　る四季のコース …①67
日本料理のコツ …… ①37
日本列島創生論 …… ②144
日本列島におけるナイ
　フ形石器文化の生成
　………………………… ①614
日本列島100万年史 … ②680
日本列島 南の島々の風
　物誌 ……………… ②118
日本労働社会学会年報
　〈第28号〈2017）〉 … ②468
日本労働年鑑〈第87集/
　2017年版〉 ……… ②468
日本論 ……………… ①625
日本ワインを楽しむ旅
　………………………… ①46
日本SF傑作選〈1〉 … ①1124
日本SF傑作選〈2〉 … ①1121
日本SF傑作選〈3〉 … ①1127
ニーマイヤー 104歳の
　最終講義 ………… ②613
2万2000人超を導いた就
　活コンサルタントが
　教える これだけ！ 内
　定 ………………… ②292
ニャーるほど論語道場
　………………………… ①466
猫国（にゃんごく）よも
　やま お菓子ばなし
　………………………… ①854
ニャン氏の事件簿 … ①1109
にゃんションLife …… ①265
にゃん手丸 ………… ①265
ニャンと室町時代に
　行ってみた ……… ①550
ニャンニャンにゃんそ
　ろじー …………… ①979
にゃんぽー！ かわいく
　なりたい！ ……… ①322
にゃんぽー！ がんばり
　やミケ …………… ①322
にゃんぽー！ トラとコ

トラ ……………①322
入学準備これだけで大
　丈夫! せいかつ・ち
　しき ………………①419
乳がんを前向きに乗り
　越えるごはん ……①165
乳がん患者ケア パー
　フェクトブック …②737
乳がん・子宮がんに負
　けないために ……②737
「乳がん死ゼロの日」を
　目指して …………②737
乳管訴訟マニュアル・②217
乳がんと共に生きる女
　性と家族の医療人類
　学 …………………②120
乳がん薬物療法副作用
　マネジメント プロの
　コツ ………………②737
入札談合と独占禁止法
　……………………②375
乳酸菌、宇宙へ行く …②674
乳酸菌がすべてを解決
　する ………………①151
「乳酸発酵漬け」の作り
　おき ………………①58
乳児期の親と子の絆を
　めぐって ……………①10
入社1年目からの「絶対
　達成」入門 ………②354
入社1年目で差がつく
　社会人の常識とマ
　ナー ………………②364
入社1年目ビジネスマ
　ナーの教科書 ……②364
入社3年塾 ……………②354
入社3年目までの仕事の
　悩みに、ビジネス書
　10000冊から答えを見
　つけました ………②344
入社10年分のリーダー
　学が3時間で学べる
　……………………②367
入社4年目 仕事に悩ん
　だときに読みたい32
　の物語 ……………②345
乳腺エコーお悩み解決
　塾 …………………②734
柔軟心をつかう習慣・①125
乳房オンコプラス
　ティック・サージャ
　リー〈2〉…………②721
乳房の科学 ……………②721
入門・医療倫理〈1〉・②707
入門 運動器の超音波観
　察法 実技編 ………②734
入門 オークション …②264
入門ガイダンス 経営科
　学・経営工学 ……②589
入門ガイダンス 経営情
　報システム ………②589
入門家族社会学 ……②105
入門 金融の現実と理論
　……………………②379
入門刑事手続法 ……②213
入門刑事法 …………②213
入門講義 会社法 ……②197
入門 公共政策学 ……②172
入門 交通行政処分への
　対処法 ……………②188
入門 個別的労使紛争処
　理制度 ……………②463
入門コンピュータ科学
　……………………②520
入門 財政学 …………②271
入門財務会計 ………②318
入門・社会調査法 …②105
入門・社会統計学 …②105
入門 社債のすべて …②292

入門書を読む前の経済
　学入門 ……………②264
入門 振動・波動 ……②665
入門税法〈平成29年版〉
　……………………②403
入門 税務会計 ………②324
入門・弾性波動理論 …②605
入門 デジタルアーカイ
　ブ …………………②513
入門 東南アジア近現代
　史 …………………①594
入門ナンプレ〈1〉…②276
入門入門群論 ………②660
入門 ビットコインとブ
　ロックチェーン …②379
入門病理学 …………②733
入門 貧困論 …………②62
入門編 生産システム工
　学 …………………②589
入門メディア・コミュ
　ニケーション ……②11
入門ユダヤ思想 ……②665
入門 連続体の力学 …②665
入門 ロボット工学 …②598
入門LDAP/
　OpenLDAPディレク
　トリサービス導入・
　運用ガイド ………②520
入門PySpark ………②551
乳幼児がぐんぐん伸び
　る幼稚園・保育園の
　遊び環境25の原則・①693
乳幼児・児童の心理臨
　床 …………………①484
乳幼児精神保健の基礎
　と実践 ……………②746
乳幼児の便秘 ………①168
入浴検定公式テキスト
　……………………①151
ニューエクスプレス ア
　イスランド語 ……①673
ニューエクスプレス チ
　ベット語 …………①668
ニューギニア兵隊戦記
　……………………①586
N´υξ ニュクス〈4〉・②105
ニューゲームにチート
　はいらない!……①1276
ニューゲームにチート
　はいらない!〈2〉
　……………………①1276
ニューサンドイッチ…①58
ニューシーズンズ new
　seasons ……………①966
ニュージーランド〈2018
　～2019年版〉………①211
ニュージーランドのワ
　イン産業 ……………①46
ニュース解説室へよう
　こそ!〈2018〉……①732
ニュースがよくわかる
　皇室のすべて ……②12
ニュースがわかる基礎
　用語〈2018年版〉…②11
ニュースがわかる世界
　史 …………………①590
ニュース検定公式テキ
　スト&問題集「時事
　力」基礎編〈3・4級対
　応〉〈2017年度版〉…②14
ニュース検定公式テキ
　スト「時事力」発展
　編〈2・準2級対応〉
　〈2017年度版〉……②14
ニュース検定公式問題
　集1・2・準2級〈2017
　年度版〉……………②11
ニュースタイルレシピ
　……………………①58

ニュースタンダード 脳
　神経外科学 ………②730
ニュースで学ぶ! 最新
　病気の常識 ………①167
ニュース年鑑〈2017〉・②17
ニュースの嘘を見抜け
　……………………②14
ニュースの裏側 ……②11
ニュースの深層が見え
　てくる サバイバル世
　界史 ………………①590
ニュースの“なぜ?”は
　世界史に学べ〈2〉・①590
ニュースペックテキス
　ト応用情報技術者〈平
　成29・30年版〉……②566
ニュースペックテキス
　ト基本情報技術者〈平
　成30年度版〉………②564
ニュースペックテキス
　ト情報セキュリティ
　マネジメント〈平成30
　年度版〉……………②564
ニュースポーツを学ぼ
　う!〈1〉…………①433
ニュースポーツを学ぼ
　う!〈2〉…………①433
ニュースリリース大全
　集 …………………②292
ニュータウンクロニク
　ル …………………①1009
ニュータウンの社会史
　……………………②105
ニューダンガンロンパ
　V3 …………………①843
ニュートリノってナン
　ダ? ………………②665
ニュートリノの謎を解
　いた梶田隆章物語…①384
ニュートン主義の罠〈2〉
　……………………②665
ニュービジネス白書
　〈2016年版〉………②273
ニュービジネス白書
　〈2017年版〉………②273
ニュービジュアル家庭
　科〈2017〉…………①740
ニューファンドランド
　……………………②83
ニューヨーク
　…………①209、①602
ニューヨークが教えて
　くれた、「自分らし
　さ」の磨き方 ………①99
ニューヨークが教えて
　くれた「誰からも大
　切にされる」31のヒ
　ント ………………①117
ニューヨーク1954 …①1350
ニューヨークの美しい
　人をつくる「時間の
　使い方」……………①117
ニューヨークの魔法の
　かかり方 …………①942
ニューヨークの妖精物
　語 …………………①1348
ニューヨーク便利帳
　〈VOL.26〉…………①209
ニューヨーク 魔法のカ
　メラ ………………①257
ニューヨーク マンハッ
　タン&ブルックリン
　〈2017～2018年版〉
　……………………①209
ニューライブラリー家
　庭科〈2017〉………①740
ニューラルネットワー
　ク自作入門 ………②524
ニューロメカニクス・②728

ニューロラカン ……①484
ニューロンの迷宮 …①1123
尿検査の数値が気にな
　る方へ ……………②721
女房たちの王朝物語論
　……………………①896
尿もれ、頻尿が自分で
　治せる101のワザ…①151
尿もれ・頻尿・残尿感を
　自力で治すコツがわ
　かる本 ……………①151
如圭詩偈稿 …………①518
女人天華 ……………①1061
如来教の成立・展開と
　史的基盤 …………①562
にらみ〈第14巻〉……①1042
二礼茜の特命 仕掛ける
　……………………①1091
丹羽宇一郎 戦争の大問
　題 …………………②144
にわか婚約者は幼なじ
　みを落としたい …①1244
にわか令嬢は王太子殿
　下の雇われ婚約者
　……………………①1177
庭時間を楽しむガーデ
　ン&エクステリア・①268
ニワトリ★スター …①1006
庭のたからもの ……①336
庭の野菜図鑑 …………①78
妊活に疲れたら、開く
　本 ……………………①8
妊活風水でしあわせに
　なる! 子宝運アップ
　25のルール …………①8
人気を呼ぶ!「和風デ
　ザート」「和風菓子」
　大全 …………………①71
人気通訳ガイドが教え
　る 誰にでもできるお
　もてなしの英語 …①640
人気店舗 デザイン年鑑
　〈2018〉……………②613
人気陶芸作家の凄技
　ファイル …………①874
人気のカクテル ザ・プ
　ロフェッショナルメ
　ニュー ………………①45
人気の「前菜」「先付け」
　大全 …………………①68
人気俳優の初恋独占欲
　……………………①1313
人気漫画家が教える!
　まんがのかき方〈4〉
　……………………①437
人形 ………①437、①1337
人形遊びのお時間 …①1324
人形遊びの心理臨床 …②746
人形作家 ……………①873
人形浄瑠璃文楽 外題づ
　くし ………………①788
人形たちの白昼夢 …①1007
任侠ダーリン! 極道の
　社長に愛されすぎっ!?
　……………………①1397
にんぎょうのおいしゃ
　さん ………………①314
人形の館 ……………①1371
人形は指をさす ……①1347
人魚の石 ……………①1006
人魚姫の偽りの結婚
　……………………①1384
人魚姫の真珠 ………①1309
人気ラーメン店が探究
　する調理技法 ………①58
人気料理家5人が伝授
　ふたりで食べる日の
　とっておきレシピ…①58
人気料理家11人の本当

においしいチーズ
　ケーキ ………………①71
人気料理家の自家製レ
　シピ …………………①58
人気BARの接客サービ
　ス …………………②428
人間アレルギー ……①484
人間をお休みしてヤギ
　になってみた結果・①648
人間を育てる 菊池道場
　流叱る指導 ………①701
人間回収車 …………①386
人間解放の創造的学習
　……………………①680
『人間革命』の読み方・①501
人間関係を占う癒しの
　タロット …………①130
人間関係をつくる英会
　話 …………………①644
人間関係 得する人 損す
　る人 ………………①364
人間関係のストレスに
　負けない 気分転換の
　コツ …………………①125
人間関係の整理術 …①125
人間関係の疲れをとる
　技術 ………………②364
人間関係の理解と心理
　臨床 ………………①484
人間関係ハンドブック
　……………………①484
人間? 機械?………②524
人間工学とユニバーサ
　ルデザイン新潮流・②570
人間磁気力(マグネ
　ティック・フィール
　ド)の使い手になる!
　……………………①141
人間失格 前編 ……①1005
人間失格 後編 ……①1005
人間・釈迦〈2〉……①511
人間・釈迦〈4〉……①511
人間社会の日本歴史 …①611
人間じゃない ………①1074
人間腫瘍学 …………①179
人間性と経済学 ……②264
人間タワー …………①982
人間と自然環境の世界
　誌 …………………②576
人間とは何か ………①1334
人間とロボットの法則
　……………………②598
人間にとって学び・教
　育とはなにか ……①754
人間の安全保障と平和
　構築 …………………②44
人間の安全保障の挑戦
　……………………①125
人間の居場所 ………①931
人間脳の根っこを育て
　る “人間能力”を高める 脳
　のヨガ ……………①162
人間の運命 …………①525
人間の檻〈4〉………①1059
人間の顔は食べづらい
　……………………①1091
人間の空間を創造する
　……………………②613
人間の経済 …………②268
人間の構図 …………①966
人間の値打ち …………①99
人間の美的教育につい
　て …………………①472
人間はだまされる ……①419
人間はなぜ歌うのか?
　……………………①820
人間はロボットよりも

幸せか？………①454
人間万里塞翁馬……①920
人間滅亡の唄………①954
人間やりなおし……①99
人間 吉村昭………①913
人間らしい働き方の実
　現………②273
人間力回復宣言……①99
認識論から存在論へ…①468
にんじゃぐんだんペン
　ニンジャー………①441
にんじゃざむらいガム
　チョコバナナ……①351
ニンジャスレイヤー ロ
　ンゲスト・デイ・オ
　ブ・アマクダリ〈上〉
　………①1359
ニンジャスレイヤー ロ
　ンゲスト・デイ・オ
　ブ・アマクダリ〈下〉
　………①1359
忍者世界へタイムワー
　プ………①442
忍者大図鑑………①427
にんじゃつばめ丸……①336
忍者で覚える前置詞・①654
にんじゃなんにんじゃ
　………①336
忍者・忍術ビジュアル
　大百科………①427
忍者の誕生………①533
忍者の兵法………①555
忍者の末裔………①562
忍者はすごかった……①555
にんじゃはなまる たぬ
　きじょうのたからの
　へやのまき………①337
忍者「負けない心」の秘
　密………①99
忍者増田のレトロゲー
　ム忍法帖………①282
忍者まるごと事典……①534
忍者烈伝ノ乱………①1031
忍術教伝 武器術編…①236
人情船橋競馬場麗奇ネ
　コ物語………①257
にんしん………①1340
妊娠期の診断とケア・②762
妊娠・出産1年生……①8
妊娠出産ホンマの話…①8
妊娠体質になる体の温
　め方………①8
にんじん、たまねぎ、
　じゃがいもレシピ…①58
妊娠中から始めるメン
　タルヘルスケア……①8
妊娠力を取り戻そう！…①8
任正非の競争のセオ
　リー………②292
忍たま忍法帖 メガも
　り！………①800
認知言語学研究〈第2巻〉
　………①622
認知言語類型論原理・①631
認知行動療法入門…①484
認知症………①176
認知症＆もの忘れはこ
　れで9割防げる！…①176
認知症 いま本当に知り
　たいこと101………①176
認知症を生き抜いた母
　………①176
認知症を絶対治したい
　人が読む本………①176
認知症を乗り越えて生
　きる………①176
認知症 家族を救う安心
　対策集………①177

認知症かな？ と思った
　らすぐ読む本………①177
認知症ケアのための家
　族支援………①177
認知症高齢者のチーム
　医療と看護………①177
認知症者の転倒予防と
　リスクマネジメント
　………①767
認知症診療実践ハンド
　ブック………①177
認知症等意思決定能力
　低下患者の診療にお
　ける法的問題への処
　方箋………①177
認知症とともに生きる
　私………①177
「認知症七〇〇万人時
　代」の現場を歩く・①177
認知症700万人時代の失
　敗しない「成年後見」
　の使い方………①177
認知症になってもだい
　じょうぶ！………①177
認知症にならない人が
　やっているスッキリ
　脳のゴミ掃除………①177
認知症の家族を支える
　………①177
認知症の看護・介護に
　役立つ よくわかる
　パーソン・センター
　ド・ケア………①177
認知症の早期発見・初
　期集中支援に向けた
　ラーニング・プログ
　ラム………①177
認知症のパーソンセン
　タードケア………①177
認知症の人がズボラに
　食習慣を変えただけ
　でみるみる回復す
　る！………①177
認知症の人の「想い」か
　らつくるケア………②70
認知症の人の気持ちが
　よくわかる聞き方・
　話し方………①177
認知症の人びとの看護
　………①177
認知症の標準的解釈と
　リハビリテーション
　介入………①177
認知症はこうしたら治
　せる………①177
認知症予防専門士テキ
　ストブック………②62
認知症予防におすすめ
　図書館利用術………①177
認知症予防の権威朝田
　隆教授の脳トレぬり
　絵………①865
認知症ライフパート
　ナー検定試験2級問題
　集〈2017〉………②80
認知症ライフパート
　ナー検定試験3級問題
　集〈2017〉………②80
認知症リスク減！ 続々
　国循のかるしおレシ
　ピ………①177
認知とは何か………①484
認知脳科学………①484
認知の母にキッスされ
　………①1011
認知臨床心理学の父
　ジョージ・ケリーを
　読む………①494
ニンティクの研究……①511

認定こども園運営ハン
　ドブック〈平成29年
　版〉………①693
認定こども園 子育て
　ワークショップシナ
　リオ集………①693
認定試験合格を目指す
　田辺由美のWINE
　NOTE〈2018〉……①46
認定司書のたまてばこ…②7
認定NSTガイドブック
　〈2017〉………②778
仁和寺尊寿院阿諚……①538
妊婦と赤ちゃんに学ん
　だ冷え性と熱中症の
　科学………②762

ぬ

縫い上げ！ 脱がして？
　着せかえる!!………①1167
脱いでみた。………①779
ぬかよろこび………①941
ぬくもりいーっぱい…①337
ぬけちゃった………①337
ぬすまれた月………①337
盗まれる大学………②134
ヌーナン症候群のマネ
　ジメント………②748
布合わせで楽しむワン
　ランク上の布バッグ
　………①80
布さえあればいつでも
　どこでも楽しめる〈2〉
　………①693
布花標本………①75
ぬばたまおろち、しら
　たまおろち………①1091
沼津・三島・富士 カ
　フェ日和………①41
ぬり絵コミック まめね
　こ………①865
塗る!!PUZZLE
　& DRAGONS………①865
濡れ衣………①1059
濡れ衣の女………①1056
ぬれの科学と技術そし
　て応用………②570
濡れ蜜アフター………①1397
縫わんばならん………①1017

ね

“値上がり立地”で儲け
　る！ “鈴木流”新築不
　動産投資………②422
ネイティブが教えるマン
　ガで身につく！ 中
　国語………①665
ネイティブが感動する
　英語にない日本語・①625
ネイティブが本気で教
　える超・リアル英語
　フレーズ360………①640
ネイティブっぽい韓国
　語の表現200………①667

ネイティブなら小学生
　でも知っている会話
　の基本ルール………①644
ネイティブはこう使
　う！ マンガよく似た
　英単語使い分け事典
　………①653
ねいばるインスティ
　テュート 世界の戦艦
　と海軍史………①167
寧楽美術館の印章…①833
義姉（ねえ）さんは僕の
　モノ………①1400
ねえ、しってる？…①337
ねえねえ。………①776
ネオジム磁石とそのエ
　ネルギ利用法〈1〉…①594
ネオジム磁石とそのエ
　ネルギ利用法〈2〉…②594
ネオ・ゼロ………①1099
ネオリベラル期教育の
　思想と構造………①754
願いをかなえるお清め
　CDブック………①506
願いをこめて 和の文様
　ぬり絵………①865
願いがかなう台湾 幸運
　の旅………①203
「願いごと手帖」のつく
　り方………①99
ねがえりごろん………①337
ネガティブ・ケイパビ
　リティ………①484
ネガティブ思考があっ
　ても最高の恋愛・結
　婚を叶える方法……①117
根岸佶著作集〈第5巻〉…②9
値決めの心理作戦 儲か
　る一言 損する一言
　………①484
ネクサス〈上〉………①1363
ネクサス〈下〉………①1363
ネクスト私学〈2〉……①701
ネクストライフ〈11〉
　………①1140
ネクストライフ〈12〉
　………①1140
ネクストライフ〈13〉
　………①1140
ねこあつめの家………①980
猫曰く、エスパー課長
　は役に立たない。…①1291
猫ヲ捜ス夢………①1001
猫を拾ったら猛犬がつ
　いてきました………①1309
猫ヲ読ム………①265
ネコ温泉………①188
ねこ科………①257
猫がうれしくなる部屋
　づくり、家づくり…①19
猫返し神社………①958
ねこがおうちにやって
　きた！………①408
猫が教えてくれたこと
　………①265
猫が教えてくれたほん
　とうに大切なこと。①99
ネコがおしえるネコの
　本音………①265
猫が足りない………①1089
ねこ、かぶり………①265
猫かぶり姫と天上の音
　楽〈2〉………①1286
猫が見ていた………①979
ネコがメディアを支配
　する………②11
ねこ語会話帖………①265
猫ごよみ365日………①265
猫づくし日本史………①534

ねこ背を治す教科書・①151
ねこ背は10秒で治せ
　る！………①151
猫専門医が教える 猫を
　飼う前に読む本……①265
猫大好き………①948
猫だって…。………①265
猫だまりの日々………①1135
猫だもの………①940
ねこちゃん体操の体幹
　コントロールでみん
　ながうまくなる器械
　運動………①741
ネコちゃんのスパルタ
　おそうじ塾………①6
猫町ラプソディ………①958
猫的感覚………①265
猫的な、あまりに猫的
　な………①454
猫でござる〈1〉………①1035
猫でござる〈2〉………①1035
ねこ天使とおかしの国
　に行こう！………①358
「猫」と云うトンネル…①966
猫と生きるもう一つの
　旅………①265
ねこといぬ〈3〉………①263
ねこと暮らす家づくり
　………①265
猫と暮らすインテリア
　………①265
猫と暮らす七十二候・②118
ねことさかなとみなう
　ず………①337
ネコとずっと………①257
猫と田中………①265
猫とダンナと時々ごは
　ん………①854
猫と透さん、拾いまし
　た………①1156
猫との暮らしが変わる
　遊びのレシピ………①265
猫との生活〈第1章〉…①265
猫と呑み助………①41
ねことばじてん………①437
ねことパリジェンヌに
　学ぶリラックスシッ
　クな生き方………①117
ネコと昼寝………①1021
ネコとフトモモ………①257
ねこマスター………①948
ネコと読む『方丈記』に
　学ぶ“人生を受けとめ
　る力”………①99
ねこ撮。………①252
猫と竜………①1118
猫と竜 冒険王子とぐう
　たら少女………①1118
猫トレ………①235
ねこにかまってもらう
　究極のツボ………①265
猫にされた君と私の一
　か月………①980
猫には嫌なところが
　まったくない………①958
猫忍………①351
猫忍写真集………①257
ねこねこ日本史〈4〉…①534
ねこねこ日本史 新選組
　………①322
ねこねこ日本史でよく
　わかる 都道府県……①428
ねこねこ日本史でよく
　わかる 日本の歴史 風
　雲編………①534
ねこねこ日本史 卑弥呼
　………①322
ねこネコ猫………①337

書名索引

NNN（ねこねこネット
　ワーク）からの使者
　…………………①1022
猫のいる部屋………①265
ネコの老いじたく……①265
ねこのおてて………①265
ねこのおみあし………①265
猫の怪…………①562
猫の描き方100選……①838
猫の學校〈2〉………①266
猫の傀儡…………①1041
ネコの行動学………①692
ねこのゴロゴロセラ
　ピーCDブック……①266
ねこのさら…………①337
ねこの事典…………①266
猫の事務所…………①309
猫のしもべとしての心
　得…………①266
ねこの証明…………①957
ネコの住むまち………①314
猫の精神生活がわかる
　本…………①266
ねこのたくはいびん…①337
ねこのたまたま………①337
猫のための家づくり…①266
猫のための占星術……①132
猫のための部屋づくり
　…………①266
猫のダヤン ふしぎ劇場
　…………①843
ネコのなまえは………①308
猫の話をそのうちに
　…………①1019
ねこのビート………①315
猫の文学館〈1〉……①938
猫の文学館〈2〉……①938
猫のほそ道…………①984
ねこの町のダリオ写真
　館…………①352
ねこの町のリリアのパ
　ン…………①352
猫のミーちゃんと行く
　温泉物語…………①189
猫耳カレシの愛され
　レッスン…………①1318
猫俳句パラダイス……①973
猫は宇宙で丸くなる
　…………①1359
猫は、うれしかったこと
　しか覚えていない…①266
猫はおしまい………①1047
ネコ博士が語る宇宙の
　ふしぎ…………①403
ネコ博士が語る科学の
　ふしぎ…………①398
猫伯爵の憂鬱………①1178
猫はこうして地球を征
　服した…………①263
猫はためらわずにノン
　と言う…………①100
猫ピッチャー外伝……①854
猫ぽんぽん…………①83
猫又ちゃん拾いました。
　…………①1305
猫又の恩返し………①1320
ねこ町駅前商店街日々
　便り…………①1000
猫ミス！…………①979
猫道…………①1001
猫耳少女と世界最強の
　魔法国家を作ります
　…………①1152
猫耳デカは懐かない。
　…………①1309
ねこもふ。ごーじゃす
　…………①266
猫屋敷先生と縁側の編

集者…………①1315
ねこYOGAのススメ
　…………①162
根来寺と延慶本『平家
　物語』…………①896
ネコろんで学べる英語
　発音の本…………①647
寝ころんで読む傷寒論・
　温熱論…………②721
ねじ子とバン太郎のモ
　ニター心電図……②721
ねじとばねから学ぶ！
　設計者のための機械
　要素…………②602
ねじの回転…………①1362
ねじ曲げられた「イタ
　リア料理」…………①37
ねずさんと語る古事記
　〈1〉…………②545
ねずさんと語る古事記
　〈2〉…………②545
ねずさんと語る古事記
　〈3〉…………②545
ネスペの基礎力………②566
ねずみくんといたずら
　ビムくん…………①337
ネズミのゆうびんやさ
　ん…………①315
ネズミのゆうびんやさ
　んのなつやすみ……①315
寝た犬を起こすな……①1356
ネタキャラ仮プレイの
　つもりが異世界召喚
　〈1〉…………①1214
ネタキャラ仮プレイの
　つもりが異世界召喚
　〈2〉…………①1214
寝たきりをつくらない
　介護予防運動………②70
寝たきり老人になりた
　くないなら大腰筋を
　鍛えなさい 文庫版
　…………①159
「ねたままストレッチ」
　で腰痛は治る！……①173
ネタ元…………①1096
「寝たりない」がなくな
　る本…………①171
「値段」で読み解く魅惑
　のフランス近代絵画
　…………①829
ねだんのつかない子犬
　きららのいのち……①384
ネックから編む一年中
　のかぎ針あみ………①83
ネックから編む大人の
　ニット…………①83
熱血！ 故事成語道場
　〈2〉…………②393
根っこは何処へゆく・②105
根っこワークビジネス
　…………②514
熱砂に囚われた小鳥〈2〉
　…………①1377
熱砂の王子と偽りの花
　嫁…………①1306
熱砂の記憶…………①1310
熱砂の凶王と眠りたく
　ない王妃さま………①1196
熱砂の純愛…………①1315
捏造されるエコテロリ
　スト…………②576
捏造の日本古代史……②545
熱帯雨林コネクション
　…………②125
熱中症…………②721
熱電材料の物質科学・②666
熱・統計力学…………②666
熱・統計力学講義ノー

ト…………②666
ネット右翼亡国論……②144
ネットを使ったセン
　ター試験勉強法……②746
ネット時代のクリエイ
　ターやミュージシャ
　ンが得する権利や著
　作権の本…………①802
ネット時代の「取材学」
　…………②292
ネット時代のボカロP秘
　伝の書…………①820
ネット集客でお客様を
　集めるにはどうすれ
　ばいいですか？……②514
ネット集客のやさしい
　教科書…………②529
ネット小説家になろう
　クロニクル〈2〉…①1232
ネット小説家になろう
　クロニクル〈3〉…①1232
ネットだけで集客と販
　促…………②514
ネットで「女性」に売る
　…………②337
ネットは基本、クソメ
　ディア…………②512
ネットビジネス・ケー
　スブック…………②514
ネットマーケティング
　検定過去問題集……②562
ネットメディア覇権戦
　争…………②512
ネットワーク・カオス
　…………②520
「ネットワーク採用」と
　は何か…………②331
ネットワークシティ・②105
ネットワークスペシャ
　リスト〈2017年版〉
　…………②566
ネットワークスペシャ
　リスト合格教本〈平成
　29年度〉…………②566
ネットワークスペシャ
　リスト「専門知識＋午
　後問題」の重点対策
　〈2017〉…………②566
ネットワークセキュリ
　ティ…………②534
ネットワークトラブル
　完全ガイド…………②526
ネットワーク分析……②662
熱風…………①1015
熱分析…………②671
熱力学入門講義………②666
熱力学の基礎…………②666
根抵当権の法律と登記
　…………②210
寝ても覚めても恋の罠!?
　…………①1235
ねてもさめてもとくし
　丸…………②292
寝てもさめても猫と一
　緒…………①945
寝てもとれない疲れを
　とる本…………①159
寝ても取れない疲れは
　腎臓が原因………①151
ネーデルラント美術の
　光輝…………①829
ネトゲ中毒…………①352
ネトゲの嫁は女の子
　じゃないと思った？
　〈Lv.13〉…………①1187
ネトゲの嫁は女の子
　じゃないと思った？
　〈Lv.14〉…………①1187
ネトゲの嫁は女の子

じゃないと思った？
　〈Lv.15〉…………①1187
寝取られ熟母………①1401
寝取り返し…………①1397
寝取りの蜜約………①1401
寝ないとドジるよ、ア
　ブナイよ！…………①410
寝ながら稼ぐ121の方法
　…………②292
寝ながら簡単にできる
　ものばかり！ 腰痛は
　自分で治せる………①173
寝ながら3分！ チャク
　ラが輝くヒーリング・
　エクササイズ………①100
寧々カジ134…………①770
ネネコさんの動物写真
　館…………①1179
ネバーホーム………①1336
ねばらねばなっとう・①337
ネパールの人身売買サ
　バイバーの当事者団
　体から学ぶ…………②62
ネパールの生活と文化
　…………②87
涅槃月ブルース………①1194
ネブカドネザル2世…①590
ねぼすけふくろうちゃ
　ん…………①315
ねほりんぱほりん ニン
　ゲンだもの…………①770
ネーミング全史………②337
ネーミング発想・商標出
　願かんたん教科書・②585
ねむたいひとたち……①315
眠り王子の抱き枕……①1229
眠狂四郎孤剣五十三次
　〈上〉…………①1045
眠狂四郎孤剣五十三次
　〈下〉…………①1045
「眠り」と「夢」のなぜ
　なぜなぜ…………①484
眠る…………①484
眠る狼…………①1351
眠る魚…………①1014
眠るだけで病気は治
　る！…………①171
眠る前5分で読める心が
　ほっとするいい話・①947
ねむれないおうさま…①315
眠れないほどおもしろ
　い「古代史」の謎…①546
眠れない夜は体を脱い
　で…………①983
眠れなくなるほど宇宙
　がおもしろくなる本
　…………②676
眠れなくなるほど面白
　い図解 生物の話…②684
眠れなくなるほど面白
　い 図解 飛行機の話
　…………②437
眠れなくなるほどおも
　しろい日本史の「そ
　の後」…………②534
眠れなくなるほど地球
　がおもしろくなる本
　…………②680
眠れなくなるほど地理
　がおもしろくなる本
　…………②617
眠れなくなるほど日本
　の地形がおもしろく
　なる本…………②617
眠れる獅子と甘い恋の
　夢語り…………①1320
眠れる虎…………①1336
眠れる森の博士………①1306
ネメシスの使者………①1098

ネメシスの銃口……①1145
ねり肉 Deep…………①41
ネルソンせんせいがき
　えちゃった！………①315
寝るだけ整体………①173
寝る前に読む一句、二
　句。…………①905
年鑑 海外事情〈2017〉
　…………②125
年鑑日本の空間デザイ
　ン〈2018〉…………①878
年鑑 日本の広告写真
　〈2017〉…………②340
年鑑 日本のパッケージ
　デザイン〈2017〉…①878
年間労働判例命令要旨
　集〈平成29年版〉…②467
年金をがっぽりもらう
　ための裏マニュアル
　…………②74
年金計算トレーニング
　Book〈平成29年度〉
　…………②74
年金・健康保険委員必
　携〈2017年版〉……②74
年金口座獲得のトーク
　＆アドバイス………②74
年金生活者・定年退職者
　のための確定申告・②410
年金制度の展望………②74
年金相談の実務〈2017年
　度〉…………②75
年金相談標準ハンド
　ブック…………②75
年金相談マニュアル
　〈2017〉…………②75
粘菌 知性のはじまりと
　そのサイエンス……②684
年金ポケットブック
　〈2017〉…………②75
年金保険法…………②75
「年金問題」は嘘ばかり
　…………②74
拈華…………①271
年収1億の勉強法 年収
　300万の勉強法……②344
年収1000万円「稼げる
　子」の育て方………②344
年収350万円のサラリー
　マンから年収1億円に
　なった小林さんのお
　金の増やし方………②391
年収10倍アップの時間
　術…………②354
年収200万円からの貯金
　生活宣言…………②391
年収400万円からの不動
　産投資で着実に稼ぐ
　秘訣…………②422
燃焼系ホルモンでやせ
　る！ すごいダイエッ
　ト…………①26
年商1200万円以上稼
　ぐ！ 失敗しないコイ
　ンランドリー経営・②426
粘性流体力学…………②625
ねんてん先生の文学の
　ある日々…………①951
念動力（テレキネシス）
　の使い手になる！…①141
粘土の犬…………①1099
年度別問題解説集1級建
　築施工管理学科試験
　〈平成29年度〉……②642
年度別問題解説集 1級
　電気工事施工管理学
　科試験〈平成29年度〉
　…………②635
年度別問題解説集 1級

舗装施工管理一般試験〈平成30年度〉 … ②639
年度別問題解説集1級舗装施工管理応用試験〈平成30年度〉 …… ②639
年度別問題解説集 2級舗装施工管理一般試験・応用試験〈平成30年度〉 … ②639
ねんドルキャットひとミィのまほうレストラン …… ①430
ねんねのうた …… ①337
ねんねのじかん ねてるこだあれ？ …… ①337
年々諸問留 十二番 … ①616
ねんねんどっち？ …… ①337
燃費半分で暮らす家 … ①19
念仏者 蜂屋賢盛代 … ①511
年報 医事法学〈32〉 … ②726
年報カルチュラル・スタディーズ〈05〉 …… ①105
年報知的財産法〈2017 - 2018〉 …… ②585
年末調整のしかた〈平成29年版〉 … ①410
年末調整の仕方と1月の源泉徴収事務〈29年版〉 … ②403
年末調整・法定調書の記載チェックポイント〈平成29年分〉 … ①403
年末年始働く人の明るい職場 楽しい家庭〈2017年度版〉 … ②460
年末の一日・浅草公園 他十七篇 … ①976
燃料電池市場・技術の実態と将来展望〈2017〉 … ②439

ノイズ対策を波動・振動の基礎から理解する！ …… ②596
能 … ①788
脳 …… ②730
脳いきいき 大人のぬり絵 …… ①865
脳いきいき！ じっくり解く ナンプレ上級200 …… ①276
脳いきいき！ じっくり解く！ ナンプレ難問200 上級者向け … ①276
脳いきいき！ 解けてスッキリ！ ナンプレ簡単200中級問題付き 初心者向け … ①276
脳いきいき！ 解けてスッキリ ナンプレ初級200 …… ①276
脳いきいき！ ひらめきクロスワード 常識・雑学クイズ …… ①276
脳を操る食事術 …… ①37
脳を科学的に活性化させるバランスセラピー学に基づく 養護教諭の現場から すぐにわかる！ できる！

こどものストレスケア・メソッド …… ①710
脳を鍛える大人のスケッチ …… ①862
脳を鍛える茂木式マインドフルネス …… ①125
脳を強化する読書術 …… ③3
農を棄てたこの国に明日はない …… ②447
脳を育てる！ 子どものためのブレインフード＆レシピ71 …… ①58
脳を使った休息術 …… ①125
脳を創る読書 …… ③3
脳を育む心を育てるあそびのせかい …… ①693
脳を守ろう …… ②730
脳解剖から学べる 高次脳機能障害リハビリテーション入門 … ②752
農家が教える切り花40種 …… ①268
農家が教える自然農法 …… ②449
農家が教えるもち百珍 …… ①37
脳科学・心理学からの生徒指導・教育相談 …… ①710
脳科学捜査官 真田夏希 …… ①1098
脳科学は人格を変えられるか？ …… ②730
脳が活性化する大人の漢字脳ドリル 実用編 …… ①276
脳が活性化する大人のスピード音読脳ドリル …… ①126
脳が活性化する大人の世界地図脳ドリル … ①160
脳が活性化する大人の都道府県脳ドリル … ①276
脳が活性化する！ 世界の名画間違いさがし …… ①829
農学が世界を救う！ …… ②451
農学原論 …… ②451
能楽名作選〈上〉 …… ①788
能楽名作選〈下〉 …… ①788
脳がクリアになるマインドフルネス仕事術 …… ②354
脳が最高に冴える快眠法 …… ①171
脳が冴える最高の習慣術 …… ②354
脳が冴える新17の習慣 …… ①177
脳画像解析で1万人以上の患者を救った名医が教える 悩まない脳の作り方 … ②730
脳がみるみる若返るぬり絵 …… ①865
脳がみるみる若返るぬり絵 日本の四季 …… ①865
脳がみるみる若返るらくらく脳トレ健康ブック …… ①151
「脳が目覚める瞑想」で、願った未来がやってくる …… ①126
脳がよくにゃるパズル …… ①160
脳が若返る！ 大人の古典・名文暗唱ドリル …… ①160
脳がワクワクする「語学」勉強法 …… ①663

「農企業」のリーダーシップ …… ②451
脳機能改善のための栄養素について …… ②730
農業を繋ぐ人たち … ②447
農業を守る英国の市民 …… ②447
農協改革・ポストTPP・地域 …… ②448
農業からあらゆる産業をIoTでつなぎまくる、NTTドコモアグリガルの突破力 … ②447
農業機械年鑑〈2017〉 …… ②454
農業経理士教科書 経営管理編 …… ②451
農業経理士教科書（税務編） …… ②469
能・狂言 …… ①437
農業構造動態調査報告書〈平成28年〉 …… ②454
農業男子とマドモアゼル …… ①1151
農協月へ行く …… ①1007
農業と農政の視野/完 …… ②451
農業の成長産業化を問う …… ②451
農業のマーケティング教科書 …… ②447
農業は生き方です …… ②447
農業物価統計〈平成27年〉 …… ②454
農業簿記検定教科書 2級 …… ②473
農業簿記検定教科書 3級 …… ②473
農業簿記検定問題集 2級 …… ②473
農業簿記検定問題集 3級 …… ②473
脳血管外科手術器具＆機器 …… ②730
脳血管障害診療のエッセンス …… ②730
脳耕の起源と拡散 … ①614
ノウサギ …… ①408
農山漁村再生への道筋 …… ②452
脳神経外科の脊椎手術 首と腰の狭窄症手術 体験記 …… ②704
納税対策Q&A 不動産・相続編 …… ②403
脳卒中後の自動車運転再開の手引き …… ②752
脳卒中治療ガイドライン〈2015〉 …… ②730
脳卒中で死にたくなければアゴを押しなさい …… ①151
脳卒中に対する標準的理学療法介入 …… ②730
脳卒中の摂食嚥下障害 …… ②758
脳卒中・片麻痺理学療法マニュアル …… ②731
農村地域における諸活動と住民流動の評価と展望 …… ②452
農村で楽しもう …… ②447
能『高砂』にあらわれた文学と宗教のはざま …… ①788
農地法読本 …… ②452
脳腸相関で未病を征す …… ①151

農地六法〈平成29年版〉 …… ②454
脳で悩むな！ 腸で考えなさい …… ①180
脳電場ニューロイメージング …… ②731
脳動静脈奇形治療のこれまでとこれから … ②731
脳と体がよみがえる！ リズム深呼吸 …… ①151
脳トレ・介護予防に役立つ いきいきパズル 持続力・注意力アップ編 …… ①276
脳トレ・介護予防に役立つ やさしいぬり絵 美しい和小物編 …… ①865
脳トレ！ 脳活！ ニュースタイル・ナンプレに挑戦 …… ①276
脳内環境辞典 …… ②731
脳内整理ですべてうまくいく！ …… ②354
脳内麻薬で成功中毒 … ①126
ノウ無し転生王の双界制覇（ブラックアーツ） …… ①1264
脳にいいこと事典 …… ①178
脳にいいこと 悪いこと大全 …… ②344
脳にいい食事大全 …… ①37
脳に効く香り … ②721
脳に心が読めるか？ … ③3
脳にこじつけて いつでも引き出す記憶術 … ②354
脳にまかせる超集中術 …… ①126
脳にまかせる勉強法 … ①126
脳の意識 機械の意識 … ②731
脳の看護 ポイントチェック …… ②767
脳の再起動（リブート）スイッチ …… ①126
脳の神秘を探ってみよう …… ②731
脳の専門家が選んだ「賢い子」を育てることばのえじてん … ①14
脳の誕生 …… ②731
脳の力が身を護る！ … ①240
脳の配線と才能の偏り …… ①484
脳の非凡なる現象 …… ②731
脳はいいかげんにできている …… ②731
脳は嘘をつく、心は嘘がつけない …… ①484
ノウハウ秘匿と特許出願の選択基準およびノウハウ管理法 … ②585
ノウハウ・マネジャーの教科書 …… ②367
脳は変わる …… ②731
脳パフォーマンスがあがるマインドフルネス瞑想法 …… ①126
脳は「ものの見方」で進化する …… ②731
濃飛文学百話〈上〉 …… ①893
濃飛文学百話〈下〉 …… ①893
脳疲労が消える最高の休息法 "CDブック" …… ①151
農福一体のソーシャルファーム …… ②447
濃蜜ウイークエンド …… ①1403
農民関連のスキルばっか上げてたら何故か

強くなった。〈1〉 … ①1212
農民関連のスキルばっか上げてたら何故か強くなった。〈2〉 …①1212
能面の見かた …… ①788
「能率」の共同体 …… ①454
脳力を鍛える！ 大人の迷路・迷図パラダイス …… ①276
能力開発基本調査〈平成28年度〉 …… ②273
能力開発・教育体系ハンドブック …… ②310
脳力向上シート＋100回分のパズルでもの忘れ、ボケを防ぐ脳いきいきドリル …… ①160
農 林 業 センサス〈第1巻〉 …… ②454, ②455
農林水産業のみらいの宝石箱 …… ②452
農林水産六法〈平成29年版〉 …… ②455
逃れ道〈5〉 …… ①1049
乃木坂46 …… ①771
乃木坂46 衛藤美彩PORTRAIT …… ①771
乃木坂46 齋藤飛鳥 … ①771
乃木坂46 素顔のコトバ …… ①771
乃木坂46西野七瀬ANOTHER STORY …… ①771
乃木坂46 夢の先へ… ①771
乃木坂46 Girls WAVE！ …… ①771
乃木坂46 SELECTION〈PART4〉 …… ①771
乃木坂46SELECTION〈PART5〉 …… ①771
乃木坂46SELECTION〈PART6〉 …… ①771
乃木坂46SELECTION〈PART7〉 …… ①771
乃木坂46 The Second Phase …… ①771
乃木若葉は勇者である〈下〉 …… ①1135
野口久光 ジャズの黄金時代 …… ①813
野口英世 …… ①390
残される母親が安心して暮らすための手続のすべて …… ①110
残したい手しごと 日本の染織 …… ①873
残り97%の脳の使い方 ポケット版 …… ①126
残りの秋 …… ①1031
野﨑さんに教わる 野菜料理おいしさのひみつ …… ①58
野﨑洋光 春夏秋冬の献立帳 …… ①58
のじゃこの愉快なアニマルズ …… ①843
ノスタルジア物語 …… ①1023
ノスタルジック・オデッセイ …… ①999
ノースフェーラ …… ②649
「乗せたい距離」を100%乗せるゴルフ …… ①220
のせ猫 …… ①266
のせ猫BIG …… ①266
覗く瞳、濡れる心 特別版 …… ①1318
覗くモーテル観察日誌 …… ①936

書名索引

望まぬ不死の冒険者〈1〉
　………………①1170
望まぬ不死の冒険者〈2〉
　………………①1170
望
　……①952
のぞみ33歳。だだ漏れ
　日記　………①942
望むのは　………①996
野田朗子作品集
　AKIKO NODA
　GLASS WORKS・・①874
のっけごはん　………①58
ノッティングヒルの恋
　人　………①645
ノート 財務諸表監査に
　おける懐疑　………①322
のど自慢殺人事件 …①1093
ノート・日記・手帳が楽
　しくなる ゆるスケッ
　チ　………①862
ノートルダム・ド・パリ
　………………①379
野にも山にも　………①257
野のはなとちいさなと
　り　………………①78
伸ばしたいなら離れな
　さい　………①230
伸びてる会社の意外な
　共通点　………①292
のび猫ストレッチ …①266
伸びる会社は「これ」を
　やらない！　………②310
伸びる中堅・中小企業の
　ためのCSR実践法・②303
のびーる のびーる …①337
信子　………①1000
『野武士のグルメ』巡礼
　ガイド　………①41
信長　………①1043
信長 暁の魔王 …①1027
信長を生んだ男 …①1039
信長を騙せ　………①1051
信長嫌い　………①1027
信長研究の最前線〈2〉
　………………①555
信長と美濃　………①555
信長と弥助　………①555
信長の妹が俺の嫁〈3〉
　………………①1399
信長の妹が俺の嫁〈4〉
　………………①1399
信長の弟〈1〉　………①1232
信長の弟〈2〉　………①1232
信長の鬼　………①1026
信長の狂気　………①1060
信長の二十四時間 …①1049
信長の野望・大志 公式
　ガイドブック　………①282
信長は四十二才で死ぬ …①1052
ノーブランド企業が高
　額商品で売上を10倍
　にする集客法　………②334
ノーブルウィッチーズ
　〈6〉　………①1135
ノーブルウィッチーズ
　〈7〉　………①1135
ノブレスストーリア・①278
ノベライズ 夕凪の街 桜
　の国　………①369
ノーベル賞の舞台裏 …②649
ノーベル賞117年の記録
　………………①650
ノーベル賞116年の記録
　………………②649
登り道　………②701
ノボルくんとフラミン
　ゴのつえ　………①337
「ノーマル」ジミニー買

う、維持ガイド …①241
ノーマン家とライシャ
　ワー家　………①137
ノーマンズランド …①1108
野道の唄　………①966
蚤とり侍　………①1041
ノーム　………①375
野村克也 生き方 …①223
野村克也野球論集成 …①223
野村喜和夫の詩 …①966
野村重存絶対に受けた
　い水彩画講座　………①862
野村證券第2事業法人部
　………………①931
野村證券の就活ハンド
　ブック〈2019年度版〉
　………………①292
野村総合研究所の就活
　ハンドブック〈2019年
　度版〉　………①292
野村のイチロー論 …①224
野村の考え。　………①224
野村の実践「論語」…①224
野村萬斎What is狂言？
　………………①788
野村祐輔メッセージ
　BOOK　………①224
野山の鳥を観察しよ
　う！　………①408
野良犬　………①1059
のら犬 ボン　………①337
ノーラ・ウェブスター
　………………①1334
ノラと皇女と野良猫
　ハート　………①1196
野良猫を尊敬した日・①955
ノラネコぐんだん あい
　うえお　………①337
ノラネコぐんだん アイ
　スのくに　………①337
のら猫拳　………①266
のら猫拳キッズ …①266
のら猫の命をつなぐ物
　語 家族になる日・①384
野良猫は愛に溺れる
　………………①1202
ノラのボクが、家ネコ
　になるまで　………①375
のらもじ　………②613
乗合船　………①1038
乗りかかった船 …①1005
ノリタケカンパニーリ
　ミテドの就活ハンド
　ブック〈2019年度版〉
　………………①292
祝詞用語表現辞典 …①633
宣長にまねぶ　………①562
宣長はどのような日本
　を想像したか …①463
ノーリバウンド・ダイ
　エット　………①26
乗り放題きっぷで行く
　週末ぶらり鉄道旅 関
　西・東海編 …②436
のりもの
　………①302, ①320, ①435
乗りもの　………①435
のりものいっぱい …①308
乗りもの紳士録 …①939
乗りものずかん …①308
のりものだいすき！ …①306
のりものドリル ひらが
　な〈上〉　………①393
のりものドリル ひらが
　な〈下〉　………①393
乗る＆歩く 京都編
　〈2017年春夏〜初秋
　版〉　………①195

乗る＆散策 奈良編
　〈2017〜2018年版〉
　………………①195
呪い返し　………①1058
呪いの城の伯爵 …①1394
狼煙を見よ　………①931
呪われた伯爵と月愛づ
　る姫君　………①1291
呪われた部分　………②268
呪われた明治維新 …①567
野分一過〈13〉　………①1042
のんきに生きる …①110
ノンデザイナーでもわ
　かるUX＋理論で作る
　Webデザイン　………②526
飲んで、食べて、みんな
　で楽しむおつまみお
　かず　………①66
のんびり、さりげなく、
　ふんわりと。　………①771
のんびりジュゴン …①408
のんびりVRMMO記
　〈6〉　………①1270

は

ばあちゃん助産師（せん
　せい）10歳からの子
　育てよろず相談 …①14
ばあちゃんの幸せレシ
　ピ　………①58
ばあーっ！　………①318
ばあばあのおめめは仏
　さま　………①520
ばあば 92年目の隠し味
　………………①58
灰色の伯爵　………①1387
灰色の服のおじさん・①376
灰色の密命〈上〉 …①1347
灰色の密命〈下〉 …①1347
肺炎がいやなら、のど
　を鍛えなさい …①151
肺炎診療　………①721
肺炎は「口」で止められ
　た！　………②721
バイオセーフティ〈4〉
　………………②701
バイオハザード ヴェン
　デッタ　………①1126
バイオハザード7 レジデ
　ントイービル オフィ
　シャルガイド　………①282
バイオハザード7 レジ
　デントイービル解体
　真書　………①282
バイオハザード7 レジデ
　ントイービルドキュ
　メントファイル …①282
バイオビジネス〈15〉
　………………②246
バイオマスリファイナ
　リー触媒技術の新展
　開　………②599
俳諧新潮　………①973
俳徊タクシー　………①997
俳諧でぼろ儲け …①1048
灰かぶりの賢者〈1〉
　………………①1177
灰かぶりの賢者〈2〉
　………………①1177
はいからさんが通る
　〈上〉　………①369

はいからさんが通る
　〈下〉　………①369
「はいからさんが通る」
　と大和和紀ワールド
　………………②33
はいからさんが通るの
　世界　………①800
ばいかる丸　………①337
肺がん　………②737
配管技術　………②737
肺癌診療Q&A　………②737
肺がんステージ4 好好
　き女の挑戦　………①233
「配管設計」実用ノート
　………………②599
廃棄物処理法 虎の巻
　〈2017年改訂版〉 …②578
廃棄物処理法法令集 3
　段対照〈平成29年版〉
　………………②578
廃棄物処理法令（三段対
　照）・通知集〈平成29
　年版〉　………②578
廃棄物年鑑〈2018年版〉
　………………②578
廃棄物法制の研究〈2〉
　………………②576
売却で資産を築く！ 黄
　金の不動産投資 …②422
ハイキュー!!ショーセツ
　バン!!〈8〉　………①1135
廃墟遺産ARCHIFLOP
　………………①261
廃業して分かったFC契
　約の怖さ　………②425
背教者の肖像　………①602
背教者ユリアヌス〈1〉
　………………①1049
ハイキングガイド ふく
　しまの低い山50 …①190
ばいきんのおはなし …①58
配偶者控除等の改正で
　こう変わる！　………②403
俳句がどんどん湧いて
　くる100の発想法 …①905
俳句・短歌をつくろう
　………………①393
俳句的人生　………①973
俳句でつくる小説工房
　………………①979
俳句でみがこう言葉の
　力〈1〉　………①393
俳句でみがこう言葉の
　力〈2〉　………①393
俳句でみがこう言葉の
　力〈3〉　………①393
俳句でみがこう言葉の
　力〈4〉　………①393
俳句で夜遊び、はじめ
　ました　………①905
俳句という他界 …①905
俳句に親しもう …①393
俳句の背骨　………①906
俳句の底力　………①906
俳句のための文語文法
　実作編　………①906
はいくのどうぶつえん
　………………①319
俳句の図書室 …①906
俳句のルール　………①906
バイクパッキング入門
　………………①234
バイクパッキング
　BOOK　………①234
拝啓、お母さん …①352
背景カタログ 西洋ファ
　ンタジー編 …①862
背景作画　………①862
拝啓ねこ様　………①266

背景CGテクニックガイ
　ド　………②540
廃校先生　………①1013
廃市　………①1015
ハイジが生まれた日・①800
ハイジニストワークの
　クリニカルQA …②758
敗者たちの季節 …①982
歯医者に行きたくない
　人のための自分ででき
　るデンタルケア …①182
敗者の告白　………①1110
敗者の想像力　………①454
敗者復活　………①224
倍賞千恵子の現場 …①771
俳誌要覧〈2017年版〉
　………………①906
配色アイデア手帖 …①878
配色手帳　………①878
俳人今井柳荘と善光寺
　の俳人たち　………①900
俳人風狂列伝 …①906
背水　………①1027
ハイスクール・フリー
　ト アニメイラスト画
　集　………①854
ハイスクールD×D
　〈DX.4〉　………①1158
ハイスクールD×D
　〈23〉　………①1158
ハイスクールD×D
　〈24〉　………①1158
ハイスペック女子の憂
　鬱　………①117
ハイスペックな彼の矜
　持と恋　………①1325
ばいしずりチアリーダー
　VS搾乳応援団！ …①1397
排泄ケアガイドブック
　………………②721
廃線駅舎を歩く …②436
配線器具入門 …②594
敗戦復興の千年史 …①583
敗走千里　………①583
廃村　………①257
廃村統出の時代を生き
　る　………①114
廃村と過疎の風景〈9〉
　………………①114
灰谷健次郎童話セレク
　ション〈2〉 …①356
灰谷健次郎童話セレク
　ション〈3〉 …①356
灰谷健次郎童話セレク
　ション〈4〉 …①356
はいちーず
　入っちゃう！ パットの
　法則　………①220
ハイデガー『存在と時
　間』を読む　………①472
ハイデガー『存在と時
　間』入門　………①472
ハイデガーと生き物の
　問題　………①472
ハイデガーとともに、ハ
　イデガーに抗して・①472
ハイデガー入門 …①472
ハイテク艤装船の陰謀
　を叩け！〈上〉 …①1342
ハイテク艤装船の陰謀
　を叩け！〈下〉 …①1342
『ハイデルベルク信仰問
　答』の神学 …①527
ハイデルベルク論理学
　講義　………①472
肺部〈3〉　………①376
ハイド　………①1356
ハイドアンドシーク

……………… ①1016
配当政策のパズル …… ②379
廃道踏破 山さ行がねが
……………… ①188
背徳と反逆の系譜 …①1043
背徳の接吻 ………①1406
背徳の寝取らせ若妻・
未玖 ……………①1401
灰と幻想のグリムガル
〈level.10〉 ……①1212
灰と幻想のグリムガル
〈level.11〉 ……①1212
バイトの古森くん … ①949
バイトリーダーがはじ
める異世界ファミレ
ス無双 …………①1241
ハイドロポリティクス
……………… ①125
ハイドンの音符たち・①814
ハイネさん ………①1003
ハイパーアクティブ：
ADHDの歴史はどう
動いたか ………①495
はいはいあかちゃん・①337
売買・請負における履
行・追完義務 …②205
はいはいエクササイズ
……………… ①217
ハイパー空間封鎖
〈546〉 …………①1359
灰はございー ……①337
ハイパーサーミア …②737
ハイパーソニック・エ
フェクト ………①142
ハイパーワールド …①495
ハイヒールをはいても
脚が痛くならないカ
ラダのつくり方……①23
ハイファに戻って／太陽
の男たち ………①1329
ハイブリッド製品の開
発戦略 …………①800
ハイブリッド ロサンゼ
ルス便利帳〈2017〉
……………… ①209
敗北を力に！ ……①221
はいむらきよたかイラ
ストレーションズ
The Art of Sword
Oratoria ………①843
俳優・佐藤健の守護霊
メッセージ「人生は
戦いだ」 ………①504
俳優探偵 …………①1089
俳優の演技術 ……①796
俳優の教科書 ……①791
俳優・星野源守護霊
メッセージ「君は、
35歳童貞男を演じら
れるか。」 ………①504
培養細胞による治療・②685
ハイランダーと清らな
娘 ………………①1386
ハイランドの仇に心盗
まれて〈3〉 ……①1339
ハイランドの復讐 …①1337
ハイリスク妊産褥婦・
新生児へのケア …②762
バイリンガルの人生・①931
パイレーツ・オブ・カリ
ビアン …………①376
パイレーツ・オブ・カリ
ビアン 最後の海賊
………… ①376, ①1359
ハイレベル実戦英文法
……………… ①654
パイロットになるには
……………… ①437
パイロットのたまご・①419

ハインケルHe111爆撃
機戦場写真集 …②167
ハイン 地の果ての祭典
……………… ①120
ハウジング・トリ
ビューンが選ぶプレ
ミアム住宅建材50
〈2017年度版〉 …②618
ハウス食品の就活ハン
ドブック〈2019年度
版〉 ……………②292
ハウステンボス 口コミ
マル得完全ガイド・①197
バウドリーノ〈上〉 …①1328
バウドリーノ〈下〉 …①1328
ハウリングソウル〈1〉
……………… ①1237
ハエトリグモハンド
ブック …………②695
蝿の王 ……………①1331
ハオルチアアカデミー
写真集〈Vol.3〉 …②689
覇界王〈上巻〉 ……①1135
破壊しに、と彼女たち
は言う …………②223
破壊者の翼 戦力外捜査
官 ………………①1102
破壊のあとの都市空間
……………… ②105
バガヴァッド・ギー
ター ……………①511
バカ売れアプリ生活・②514
バカ売れ法則大全 …②292
バカが多いのには理由
がある …………②106
バカ格差 …………②106
ハガキ職人タカギ！・①991
はがきの名文コンクー
ル 一言の願い 明日へ
の願い …………②938
はがして使えるドリル
式日商簿記過去問題
集2級 第143回→第
147回 …………②474
はがして使えるドリル
式日商簿記過去問題
集3級 第138回→第
147回 …………②474
博士が遺した仏教ノー
ト ………………①511
博士になったらどう生
きる？ …………①679
博多祇園山笠 夏の風・①257
バカだけどチンチン
しゃぶるのだけは
じょうずなちーちゃ
ん ………………①1397
博多豚骨ラーメンズ〈6〉
……………… ①1186
博多豚骨ラーメンズ〈8〉
……………… ①1186
博多 那珂川殺人事件
……………… ①1073
博多ニワカそうすの塗
るだけレシピ ……①59
ばかたれ男 泣き虫女
……………… ①1044
ばかっ …………①337
バカテク・ギター虎の
巻 保存版 ………①811
墓と仏壇の意義 …①511
はかどるごはん支度 …①59
儚い愛人契約 ……①1378
バカになったか、日本
人 ………………①953
バカに見られないため
の日本語トレーニン
グ ………………①625
鋼鬼〈2〉 …………①843

バカは最強の法則 …②292
墓場の目撃者 ……①369
墓守刑事の昔語り …①1068
墓守は意外とやること
が多い〈1〉 ……①1290
墓守は意外とやること
が多い〈2〉 ……①1290
葉賀ユイイラスト画集
Honey Ale ……①843
はかりきれない世界の
単位 ……………②654
謀（はかりごと） …①1046
バカ論 ……………①771
パキスタン財閥のファ
ミリービジネス …②420
萩・津和野 ………①196
萩 津和野 下関 門司港
レトロ …………①196
鹿鳴（はぎ）の声〈12〉
……………… ①1060
歯切れよく生きる人・①110
萩原朔太郎とヴェル
レーヌ …………①913
パーキンソン病 ……②731
パーキンソン病ととも
に生きる ………②721
博愛のすすめ ……①454
白雲鬼 ……………①1030
泊園書院と漢学・大阪・
近代日本の水脈 …①571
爆買いされる日本の領
土 ………………②144
白居易研究年報〈第17
号〉 ……………②466
白銀のヴィオラント
……………… ①1326
白銀の騎士団長の過剰
な情愛 …………①1402
育み支え合う保育リー
ダーシップ ………②693
白山検定参考書 …①193
白山自然態系 手取川・①257
白山У参寺 ………①534
白磁海岸 …………①1004
白日の鴉 …………①1106
伯爵がいざなう破滅の
キス ……………①1394
伯爵が拾った野の花
……………… ①1385
伯爵家の青い鳥 …①1373
伯爵様と電撃結婚っ!!新
妻は朝まで可愛がら
れまくりですっ!! ・①1404
伯爵様の花嫁選び …①1305
伯爵様のマイフェアレ
ディ ……………①1405
伯爵と革命のカナリア
……………… ①1311
伯爵と記憶をなくした
娘 ………………①1386
伯爵と日陰に咲くレ
ディ ……………①1396
伯爵と秘密の小部屋で
……………… ①1395
伯爵の想いびと ……①1394
伯爵のかりそめの妻
……………… ①1384
伯爵の花嫁〈1〉 ……①1371
伯爵令嬢は豪華客船で
闇公爵に溺愛される
……………… ①1402
爆笑 テストの珍解答
500連発!!〈vol.2〉 ・②30
白色有機EL照明技術
……………… ②594
白書統計索引〈2016〉
……………… ②273
白書の白書〈2017年版〉

………………②175
白村江の戦い ……①1061
爆走社長の天国と地獄
……………… ②231
白痴〈2〉 …………①1334
白痴〈3〉 …………①1334
ハクチョウ ………②408
白鳥になれない妹 …①1381
白蝶花 ……………①1020
白桃 ……………①974
バーク読本 ………②172
白内障・緑内障・黄斑変
性症を自力でぐんぐ
ん治すコツがわかる
本 ………………①183
爆乳温泉 …………①1397
爆乳人妻戦士ピュア・
メイデン ………①1397
爆乳人妻メード ……①1397
白熱・刑事事実認定 ・②213
白熱光 ……………①1360
バクのバンバン、船に
のる ……………②376
バクノビ …………①16
貘の耳たぶ ………①983
ばくばくいただきます
……………… ②304
バグバグ3きょうだい
……………… ②337
バクバクっ子の在宅記
……………… ②704
ばくばく はーい！ …①318
爆発・衝撃作用を受け
る土木構造物の安全
性評価 …………②605
白髪（はくはつ）のうた
……………… ①771
爆発まで残り5分となり
ました …………①1228
白馬の騎士と偽りの花
嫁〈7〉 …………①1377
バグは本当に虫だった
……………… ②528
幕府海軍の興亡 ……①567
博物館学史研究事典 ・①825
博物館と地方再生 …①825
はくぶつかんのよる ・②315
博文館「太陽」と近代日
本文明論 ………②17
博報堂のすごい打ち合
わせ ……………②361
博報堂DY（博報堂・大
広・読売広告社）の就
活ハンドブック〈2019
年度版〉 ………②292
幕末 ……………①567
幕末維新 人物大図鑑 ・①427
幕末・維新人物伝 大久
保利通 …………②442
幕末・維新人物伝 松平
春嶽 ……………②442
幕末・維新ナンバーワ
ン決定戦 ………①567
幕末維新の古文書 …①567
幕末・維新の真相史 ・①567
幕末維新まさかの深層
……………… ①567
幕末を駆け抜けた天馬
……………… ①1037
幕末から明治に生きた
会津女性の物語 …②538
幕末群像伝 土方歳三 ・①567
幕末疾風伝MIBURO
……………… ①784
幕末証言『史談会速記
録』を読む ………①567
幕末青春伝 西郷隆盛 ・①390

幕末ダウンタウン …①1065
幕末的思考 ………①463
幕末と帆船 ………①567
幕末と明治維新10のツ
ボ ………………①567
幕末の海軍 ………①567
幕末の言語革命 ……①567
幕末の大儒学者「佐藤
一斎」の教えを現代
に ………………①463
幕末の農兵 ………①567
幕末武士の京都グルメ
日記 ……………①567
幕末名言物語 ……①567
幕末明治 鹿児島県謎解
き散歩 …………①568
幕末明治人物誌 ……①568
幕末・明治の横浜 西洋
文化事始め ………①568
幕末「遊撃隊」隊長 人
見勝太郎 ………①568
幕末雄藩列伝 ……①568
バグまんが めー語〈2〉
……………… ①854
白翼のポラリス ……①1149
爆ラク！ 小鍋 ……①59
博覧会と観光 ……②160
パクリ商標 ………②585
爆裂火口 …………①1073
はぐれ馬借 ………①1047
はぐれ魔導教士の無限
英雄方程式（アンリミ
テッド） ………①1255
はぐれ魔導教士の無限
英雄方程式（アンリミ
テッド）〈2〉 ……①1255
波形の声 …………①1097
ハゲタカ2.5 ハーディ
〈上〉 …………①1109
ハゲタカ2.5 ハーディ
〈下〉 …………①1109
ばけたま長屋 ……①1066
パケットキャプチャ実
践技術 …………②527
パケットキャプチャの
教科書 …………②527
バゲットと美味しいパ
ン ………………①59
化けて貸します！ レン
タルショップ八文字
屋 ………………①352
化けてます ………①1008
化け猫 落語〈1〉 ……①363
化け猫・落語〈2〉 ……①363
ばけバケツ ………①337
ばけばけばけばけ ばけ
たくん ばけくらべの
巻 ………………①337
ハゲましの言葉 ……①771
ばけもの好む中将〈6〉
……………… ①1046
ばけものづかい ……①352
バケモノの子 ……①352
ハケンアニメ！ ……①1007
馬券しくじり先生の超
穴授業 …………②245
馬券術 政治騎手名鑑
〈2018〉 …………②245
馬券術 日刊コンピ上流
階級理論 ………②245
馬券生活者「残り1万円」
からの逆転勝負！・②245
馬券で勝つ！ 騎手別マ
ル得データ！ ……②245
馬券で100万円獲る人の
調教の読み方 ……②245
覇剣の皇姫アルティー
ナ〈12〉 …………①1284

書名索引

破賢の魔術師〈2〉… ①1166
破賢の魔術師〈3〉… ①1166
派遣労働者の安全衛生
　サポートブック ケガ
　をせず安全・健康に
　働くために ……… ②460
派遣労働という働き方
　…………………… ②463
箱入り花嫁の極甘結婚
　生活 …………… ①1406
箱入り魔女様のおかげ
　さま …………… ①1192
箱入り息子は悪い男を
　誑かす ………… ①1312
箱詰め名人の持ちより
　ベストレシピ …… ①59
函館 ……………… ①191
函館殺人坂 …… ①1073
函館・津軽 ……… ①191
函館の大火 ……… ②41
函館本線へなちょこ旅
　〈3〉 …………… ②431
箱庭の息吹姫 …… ①1218
箱根 ……………… ①193
箱根駅伝ノート … ①235
箱根山 …………… ①1000
箱ワークス カルトナー
　ジュ ……………… ①75
バーサス・フェアリー
　テイル ………… ①1290
バーサス・フェアリー
　テイル〈2〉 …… ①1290
バザーリア講演録 自由
　こそ治療だ！ … ②746
破産管財人の債権調査・
　配当 …………… ②209
破産管財PRACTICE
　………………… ②194
バー「サンボア」の百年
　……………………… ②45
破産申立代理人の地位
　と責任 ………… ②188
ハーシェリク〈3〉 … ①1191
ハーシェリク〈4〉 … ①1191
橋が言う ………… ①966
はしかの脅威と驚異 ②701
恥知らずのパープルヘ
　イズ …………… ①1082
"バジス"の帰郷〈548〉
　………………… ①1359
「橋」と「トンネル」に
　秘められた日本のド
　ボク …………… ②606
橋の臨床成人病学入門
　………………… ②607
羽柴家崩壊 ……… ②555
始まりの魔法使い〈1〉
　………………… ①1157
始まりの魔法使い〈2〉
　………………… ①1157
はじまりのレーニン・ ②173
始まりは愛人 …… ①1371
はじまりは愛着から ①675
始まりはあの夜 … ①1348
はじまりは心房細動 ②740
はじめた人の毎日が
　幸せになる あろはー
　呼吸法 ………… ①159
はじめて受けるTOEFL
　ITPテスト教本 … ②75
はじめて受けるTOEIC
　L&Rテストパーフェ
　クト攻略 ……… ①659
はじめて受けるTOEIC
　L&Rテストパーフェ
　クト問題集 …… ①659
はじめてさんと歩くマ
　ルタ島 地中海からの
　水彩色鉛筆Lesson・ ①843

はじめて社長になると
　きに読む本 …… ②292
はじめて人事担当者に
　なったとき知ってお
　くべき、7の基本。8
　つの主な役割。 … ②331
はじめて使う弥生会計
　〈18〉 …………… ②545
はじめて出会うキリス
　ト教 …………… ①525
はじめてでも安心 血友
　病の診療マニュアル
　………………… ②721
はじめてでも安心！ 幸
　せに暮らす猫の飼い
　方 ……………… ①266
はじめてでも安心！ ネ
　コの赤ちゃん 元気
　&幸せに育てる365日
　………………… ①266
はじめてでもおいしく
　作れる米粉のパウン
　ドケーキ ………… ①59
初めてでもおいしく作
　れる絶品サラダ … ①59
はじめてでもかんたん、
　かわいい！ ハンドメ
　イドセットアクセサ
　リー事典160 …… ①75
はじめてでもかんたん、
　かわいい！ ハンドメ
　イドピアス＆イヤリ
　ング事典159 …… ①75
はじめてでもかんたん、
　かわいい！ UVレジ
　ンアクセサリー事典
　140 ……………… ①75
はじめてでも簡単にで
　きる小さな袋もの … ①75
はじめてでも簡単！ 太
　糸で編むマフラー・
　帽子・スヌード …… ①83
はじめてでもスイスイ
　わかる！ 確定拠出年
　金 "iDeCo"入門 … ②75
はじめてでもすぐに描
　けるデッサン入門 ・①862
初めてでも大丈夫！ マ
　ネして書くだけ確定
　申告 …………… ②410
はじめてでもできる！
　かわいいハムスター
　の育て方 ……… ①263
はじめてでもできるシ
　ンプルなパッチワー
　ク …………………… ①78
はじめてでもできる小
　さな庭づくり …… ①268
はじめてでもファス
　ナーつけがちゃんと
　できるバッグとウエ
　アの本 …………… ①75
はじめてでもよくわか
　る！ 行政書士入門テ
　キスト〈'18年版〉 ②239
はじめてでもよくわか
　る！ 社会福祉士入門
　テキスト〈'18年版〉・②80
はじめてでもよくわか
　る！ デジタルマーケ
　ティング集中講義・②337
はじめてでもよくわか
　る！ 特許実用新案の
　手続き ………… ②585
初めてでも分かる・使
　える会社分割の実務
　ハンドブック …… ②326
初めてでも分かる・使
　える合併の実務ハン

ドブック ………… ②326
初めてでも分かる・使
　える株式交換・株式
　移転の実務ハンド
　ブック …………… ②328
はじめてでもわかる簿
　記と経理の仕事〈'17
　-'18年版〉 ……… ②321
はじめてのiOSアプリ開
　発 ……………… ②551
はじめての暗渠散歩 ①187
はじめての今さら聞け
　ないインスタグラム
　入門 …………… ②530
はじめての今さら聞け
　ないツイッター入門
　………………… ②530
はじめての今さら聞け
　ないLINE入門 … ②530
はじめての今さら聞け
　ないPDF入門 … ②520
はじめての浮世絵〈1〉
　………………… ①430
はじめての浮世絵〈2〉
　………………… ①430
はじめての浮世絵〈3〉
　………………… ①430
はじめてのえいご … ①395
はじめての英語新辞典
　………………… ①663
はじめてのえんぴつ
　ちょう たのしいアル
　ファベット ……… ①395
はじめてのえんぴつ
　ちょう はじめての
　ABC …………… ①395
はじめてのおいしいマ
　クロビオティックご
　はん220 ………… ①59
はじめての贈りもの 赤
　ちゃんの幸せ名前事
　典 ……………… ①133
はじめての贈りもの 男
　の子の幸せ名前事典
　………………… ①133
はじめての贈りもの 女
　の子の幸せ名前事典
　………………… ①133
はじめてのおやつ … ①434
はじめてのオールイン
　グリッシュ授業… ①735
はじめての海外旅行ま
　るごと安心ブック 決
　定版 …………… ①201
はじめての可憐なつま
　み細工 …………… ①75
はじめての北の家庭菜
　園 ……………… ①268
はじめての恐竜刺しゅ
　う ………………… ①78
はじめての経営計画100
　問100答 ……… ②292
はじめての芸術療法 ①495
はじめての競売 … ②422
はじめての刑法総論 ②213
はじめての原発ガイド
　ブック ………… ②580
初めての恋 …… ①1391
はじめての恋人 … ①776
はじめての恋わずらい
　………………… ①1322
はじめての子ども家庭
　福祉 ……………… ②62
はじめての子ども教育
　原理 …………… ①693
はじめてのこども将棋
　ドリル ………… ①437
はじめての子ども手帳
　（日付フリー式） … ①3

はじめてのこれだけ多
　肉植物Select 140 ・・ ①268
はじめてのコンテンツ
　マーケティング … ②337
はじめての債権総論・ ②209
はじめての裂き織り
　レッスン ……… ①873
はじめてのジェンダー
　と開発 ………… ②106
はじめてのジェンダー
　論 ……………… ②106
はじめての自然地理学
　………………… ②680
初めての自動テスト ②527
はじめての社会保障・ ②48
はじめての集団宿泊体
　験活動〈1〉 …… ①419
はじめての集団宿泊体
　験活動〈2〉 …… ①419
はじめての小学校英語
　授業がグッとアク
　ティブになる！ 活動
　アイデア ……… ①735
はじめての商法総則・
　商行為 ………… ①195
はじめてのジョリー
　フォニックス …… ①735
はじめてのしんかんせ
　ん＆でんしゃだいず
　かん …………… ①435
はじめての親族相続 ②191
はじめての水泳 … ①433
はじめての水彩レッス
　ン ……………… ①862
はじめてのステンドグ
　ラス …………… ①287
はじめてのスワッグ ①270
はじめての政治学… ②172
はじめての聖書 … ①528
はじめての相続・遺言
　100問100答 …… ②191
はじめてのタティング
　レース …………… ①83
はじめての小さな庭の
　つくり方 ……… ①268
はじめての地質学… ②680
はじめての茶箱あそび
　………………… ①272
はじめての地理学… ①617
はじめての手作りアロ
　マストーン ……… ①75
はじめての手相セラ
　ピー …………… ①133
はじめての哲学的思考
　………………… ①455
はじめてのてんかん・
　けいれん診療 … ②731
はじめての電子状態計
　算 ……………… ②671
はじめての統計学… ②662
はじめての糖質オフス
　イーツ ………… ②71
はじめてのどうぶつア
　ニアずかん英語つき
　………………… ①308
はじめてのどうぶつの
　おやこ100 …… ①308
はじめての "特別支援学
　級"学級経営12か月の
　仕事術 ………… ①685
はじめての "特別支援学
　校"学級経営12か月の
　仕事術 ………… ①685
はじめての なぜなにふ
　しぎえほん …… ①302
はじめてのナレーショ
　ントレーニング… ①771
はじめての日本現代史
　………………… ①571

はじめてのニューボー
　ンフォト ……… ①252
初めての妊娠・出産・育
　児と秘密の産後ダイ
　エット …………… ①8
はじめてのノールビン
　ドニング ……… ①83
はじめての八十歳 … ①958
はじめてのパワーエレ
　クトロニクス …… ②594
はじめての半導体デバ
　イス …………… ②597
はじめてのピアノ … ①303
はじめてのビジネス法
　………………… ②194
はじめてのビットコイ
　ン投資 ………… ②395
はじめての人が投資信
　託で成功するたった
　一つの方法 …… ②395
はじめての人でも成功
　する！ 治療院リラク
　ゼーション経営塾・ ②709
初めての人になってく
　れませんか？ … ①1145
初めての人のための
　99%成功する不動産
　投資 …………… ②422
はじめての人のための
　テスターがよくわか
　る本 …………… ②594
初めての人のためのビ
　ジネス著作権法 ②194
はじめての微分積分15
　講 ……………… ②657
はじめてのヒュッゲ・ ①100
はじめての物権法 ②209
はじめての物理数学・ ②654
はじめての不動産投資1
　年生 …………… ②422
初めての不動産投資成
　功方程式 "富山×東
　京"二刀流投資 … ②422
はじめての船しごと・ ②626
はじめてのフライング
　スター風水 …… ①134
はじめてのブログを
　ワードプレスで作る
　ための本 ……… ②530
はじめてのプログラミ
　ング …………… ①420
はじめてのブロック
　チェーンアプリケー
　ション ………… ②551
はじめてのベランダ野
　菜 ……………… ①268
はじめての便利屋さん
　成功バイブル …… ②292
はじめてのボイド星占
　い ……………… ①132
はじめての貿易取引も
　安心 輸出入実務完全
　バイブル ……… ②313
はじめての法律学… ②224
はじめての簿記 問題集
　………………… ②474
はじめての盆栽づくり
　………………… ①268
はじめてのマイホーム
　購入 税金ガイド〈平
　成29年〉 ………… ①20
初めてのまち ……… ①258
はじめてのママカメラ
　………………… ①252
はじめてのミステリー
　名探偵登場！ 明智小
　五郎 …………… ①380
はじめてのミステリー
　名探偵登場！ 金田一

耕助 …………… ①381
はじめてのミステリー
　名探偵登場！ ミス・
　マーブル …………… ①381
はじめての民法総則 ・①205
はじめての無料ででき
　るホームページ作成
　Jimdo入門 ……… ②543
はじめてのメルカリの
　使い方 …………… ①529
はじめての野菜づくり
　………………… ①268
はじめての野菜づくり
　がスムーズにできる
　本 ………………… ①268
はじめてのヤフオク！
　最新版 …………… ①529
はじめての山あるき
　ブック 関東周辺 … ①190
はじめての寄せ植えス
　タイル …………… ①268
初めてのリサイクル着
　物 選び方＆お手入れ
　お直し …………… ①32
はじめてのリーダーの
　ための 実践！ フィー
　ドバック ………… ②310
はじめてのルアー釣り
　超入門 …………… ①232
はじめてのワイナリー
　………………… ①46
はじめてのAndroidプロ
　グラミング ……… ②551
はじめてのAngular4
　………………… ②545
はじめてのCSS設計 ・②527
はじめてのExcelグラフ
　伝わる資料作成入門
　………………… ②539
はじめてのFileMaker
　Pro16 最新版 …… ②537
はじめてのGmail入門
　………………… ②533
はじめてのIllustrator
　CC 2017 ………… ②540
はじめてのITパスポー
　ト合格テキスト＆例
　題 ………………… ②564
初めてのJavaScript ・②560
はじめてのKotlinプロ
　グラミング ……… ②551
はじめてのMovie Pro
　MX3 …………… ②540
はじめてのNode・RED
　………………… ②545
はじめてのNPO論 … ②292
はじめてのPhotoshop
　cc 2017 ………… ②540
初めてのPHP ……… ②551
初めてのTensorFlow
　………………… ②551
はじめてのTOEIC
　L&Rテスト完全攻略
　ルールブック …… ①659
はじめてのTOEIC
　L&Rテストこの1冊で
　650点 …………… ①659
はじめてのTOEIC
　L&Rテスト 「先読み」
　と単語で730点突破！
　………………… ①659
はじめてのTOEIC
　L&Rテスト とれると
　こだけ3週間 …… ①659
はじめてのTOEIC
　L&Rテスト入門模試
　教官Tommyコース
　………………… ①660
はじめてのTypeScript2

はじめてのVisual
　Studio 2017 …… ②540
はじめてのWebページ
　作成 ……………… ②551
はじめてのWindows10
　基本編 …………… ②546
はじめてのWPS Office
　………………… ②545
初めて部下を持つ人の
　ためのリーダーシッ
　プ10のルール …… ②367
はじめて学ぶ介護の日
　本語 基本のことば…②62
はじめてまなぶ監査論
　………………… ②318
初めて学ぶ教職論 … ①705
初めて学ぶ建築実務テ
　キスト 建築積算 … ②623
はじめてまなぶ行動療
　法 ………………… ①495
はじめて学ぶ下請法 ・②188
はじめて学ぶ社外取締
　役・社外監査役の役
　割 ………………… ②318
はじめて学ぶ世界遺産
　50 ………………… ②92
初めて学ぶ線形代数 ・②660
はじめて学ぶ地方公務
　員法 ……………… ②153
はじめて学ぶデザイン
　の基本 …………… ①878
はじめて学ぶ2級土木施
　工管理受験テキスト
　Q&A …………… ②638
はじめて学ぶ人のため
　の憲法 …………… ②201
はじめて学ぶベクトル
　空間 ……………… ②660
はじめて学ぶ保育原理
　………………… ①693
はじめて学ぶリー群 ・②660
はじめて学ぶAutoCAD
　LT作図・操作ガイド
　………………… ②603
はじめてまなぶFP技能
　士3級テキスト〈'17
　-'18受検対策〉… ②482
はじめてまなぶFP技能
　士3級問題集〈'17
　-'18受検対策〉… ②482
はじめてママ＆パパの
　しつけと育脳 …… ①14
はじめて見たよ！ セミ
　のなぞ …………… ①405
はじめてみよう！ これ
　からの部落問題学習
　………………… ①679
はじめてやる仕事の不
　安やプレッシャーを
　はねかえす技術 … ②354
はじめて読む禅語 … ①518
はじめて読む般若心経
　………………… ①516
初めに動きありき … ①485
はじめに子どもありき
　………………… ①719
はじめにこれだけは
　知っておきたい!!社会
　福祉法人会計の「基
　本」……………… ②62
はじめの一歩が大切！
　高齢者虐待防止 … ②71
はじめまして、子ども
　の権利条約 ……… ②62
初めましてこんにちは、
　離婚してください
　………………… ①1146
はじめまして電鍋（ディ

エングォ）レシピ …①59
はじめまして物理 … ①666
はじめまして、僕の花
　嫁さん …………… ①1401
はじめよう、お金の地
　産地消 …………… ①160
はじめよう！ きのこ習
　慣！ きのこ女子大の
　ラクうまヘルシーレ
　シピ ……………… ①59
はじめよう！ 作りなが
　ら楽しく覚える
　Blender ………… ②541
はじめよう！ プログラ
　ミング教育 ……… ①720
箸もてば …………… ①940
橋本循者作集〈第2巻〉
　………………… ①918
橋下徹の問題解決の授
　業 ………………… ②144
橋本奈々未写真集 2017
　………………… ①776
はしもとみおの木のど
　うぶつ図鑑 ……… ①873
橋本夢道の獄中旬・戦
　中日記 …………… ①974
橋元流解法の大原則 電
　磁気・熱・原子 … ②666
橋ものがたり ……… ①1059
はしゃぎながら夢をか
　なえる世界一簡単な
　法 ………………… ①100
パジャマでぽん！ … ①337
場所 ……………… ①1340
芭蕉〈上〉………… ①902
芭蕉〈下〉………… ①902
芭蕉庵捕物帳 …… ①1045
芭蕉さん ………… ①337
芭蕉自筆 奥の細道 ・①902
芭蕉という修羅 … ①902
場所でつながる/場所と
　つながる ………… ②160
「場所」のアジア系アメ
　リカ文学 ………… ①923
走る？ …………… ①979
バジル先生の音楽演奏
　と指導のためのマン
　ガとイラストでよく
　わかるアレクサン
　ダー・テクニック 実
　践編 ……………… ①822
走れ、オヤジ殿 … ①1330
走れ!!機関車 …… ①315
走れ、健次郎 …… ①993
走れ！ みかんのかわ ・①337
走れメロス ……… ①369
走れメロス/くもの糸
　………………… ①352
走れメロス 他（新樹の
　言葉、水仙）…… ①1005
走ろう！ 京都 …… ①195
バジリーナ ……… ①278
巴水の日本憧憬 … ①868
バスを待つ男 …… ①1102
恥ずかしがらずに便の
　話をしよう ……… ①151
バズーカ式「超効率」肉
　体改造メソッド … ①217
バスケットボール学入
　門 ………………… ①227
バスケットボール 戦術
　の基本と実戦での生
　かし方 …………… ①227
バスケットボール 超効
　率ドリル ………… ①227
バスケットボールの教
　科書〈3〉………… ①227
バスケットボールの教

科書〈4〉………… ①227
バスケットボール用語
　事典 ……………… ①227
バスケットボール ワン
　ハンドシュート … ①227
バスケットボール ワン
　ランクアップドリル
　………………… ①227
バスケットボールIQ
　ジュニアのための練
　習法 ……………… ①227
蓮田善明論 ……… ①902
パスタ大全 ……… ①68
パスタと麺の歴史 ・①37
パスタの本 ……… ①59
バースデイ・ガール
　………………… ①1020
バスていよいしょ … ①337
パズドラクロス〈1〉・①369
パズドラクロス〈2〉・①369
バス・トラック …… ①308
パズドラないしょ話 ・①282
パースによる絵作りの
　秘訣〈vol.1〉…… ①862
パースによる絵作りの
　秘訣〈vol.2〉…… ①862
蓮の愛 …………… ①975
パースの哲学について
　本当のことを知りた
　い人のために …… ①476
バスの中の看護過程が
　ひとめでわかる！ 消
　化器外科病棟ケア ・②740
バスフィッシング・ボ
　トムアップアプロー
　チ ………………… ①232
パスポート ……… ①776
パスポート初級ベトナ
　ム語辞典 ………… ①668
蓮見律子の推理交響楽
　比翼のバルカローレ
　………………… ①1215
ハズレ奇術師の英雄譚
　〈1〉……………… ①1153
ハズレ奇術師の英雄譚
　〈2〉……………… ①1153
外れたみんなの頭のネ
　ジ〈4〉…………… ①1296
外れ馬券を撃ち破れ ・①245
パスワード 学校の怪談
　………………… ①363
パスワード パズル戦国
　時代 ……………… ①363
長谷園「かまどさん」で
　毎日レシピ ……… ①59
長谷川慶太郎の大局を
　読む〈2018〉…… ②248
長谷川慶太郎の「投資の
　王道」トランプ幻想
　に翻弄される日本 ・②248
ハセガワコンプリート
　ワークス ………… ①287
長谷川平蔵人足寄場平
　之助事件帖〈2〉… ①1049
支倉六右衛門常長「慶
　長遣欧使節」研究史
　料集成〈第3巻〉… ①555
馬賊の「満洲」……… ①597
パソコンがなくてもわ
　かる はじめてのプロ
　グラミング〈1〉… ①420
パソコンがなくてもわ
　かる はじめてのプロ
　グラミング〈2〉… ①420
パソコンがなくてもわ
　かる はじめてのプロ
　グラミング〈3〉… ①420
パソコン仕事が10倍速
　くなる80の方法 … ②535

パソコン仕事術 …… ②354
パソコンで楽しむ自分
　で動かす人工知能 ・②524
パソコン入門 …… ②535
パソコン編集入門 … ②537
パーソナリティ障害 正
　しい知識と治し方 ・②746
パーソナリティと感情
　の心理学 ………… ①485
パーソナルアシスタン
　ス ………………… ②62
パーソナルカラリスト
　検定2級・1級公式テ
　キスト …………… ②508
パーソナル・グローバ
　リゼーション …… ②354
パーソナルコンピュー
　タ博物史 ………… ②535
パーソナルファイナン
　ス研究の新しい地平
　………………… ②379
パーソナルプロジェク
　トマネジメント … ②292
バーソロミュー〈2〉・①142
パーソンセンタードケ
　アで考える認知症ケ
　アの倫理 ………… ①178
秦氏・漢氏 ……… ①546
バターを使わないグラ
　タンレシピ ……… ①59
バターを使わないコー
　ヒー、紅茶、日本茶の
　お菓子 …………… ①71
バターを使わない！ パ
　ウンド型ひとつで50
　のケーキ ………… ①71
バターを使わないマ
　フィン …………… ①71
裸木のように …… ①966
バターが劇的に入る本
　………………… ①220
はだか大名 ……… ①1064
裸にいっぴん …… ①258
裸の巨人 ………… ②36
裸の資本論 ……… ②391
裸の仏教 ………… ①511
裸の錬金術師 …… ①100
裸飯 ……………… ①1400
畑にスライムが湧くん
　だが、どうやら異世
　界とつながっている
　みたいです ……… ①1239
畠山入庵義春 …… ①555
パタゴニア ……… ①936
旅籠屋あのこの …… ①1277
はだしで大地に立つと
　病気が治る ……… ①159
裸足で逃げる …… ①931
裸足のソクラテス … ①469
裸足のピアニスト … ①816
バター・卵なしのやさ
　しいパウンドケーキ
　Steamed & Baked ・①71
二十歳 …………… ①776
二十歳の君がいた世界
　………………… ①999
ハタチまでに知ってお
　きたい性のこと … ①184
畑中敦子の算数・数学
　キソキソ55 …… ②728
畑中敦子の数的推理入
　門テキスト ……… ②180
畑中敦子の判断推理・数
　的推理頻出24テーマ
　速習book〈2019〉・②180
畑中敦子の「判断推理・
　数的推理」頻出24
　テーマ速習book
　〈2018〉………… ②180

畑中敦子の判断推理入
　門テキスト……②180
バターなしでリッチに
　仕上げるオイルケー
　キ………………①59
肌にひそむ蝶………①1314
原之内菊子の憂鬱なイ
　ンタビュー………①989
はたのもと…………①805
ばたばたえほん……①337
旗本金融道〈4〉……①1039
旗本金融道〈5〉……①1039
旗本始末〈4〉………①1033
秦夕美句集…………①974
ハタヨーガからラー
　ジャヨーガへ………①162
「働きがい」の伝え方・②292
働きかける子ども　たい
　を生む算数60問……①728
働き方改革ができる
　リーダーが会社を変
　える………………②367
働き方改革検定　ワーク
　スタイルコーディ
　ネーター認定試験公
　式精選問題集……②508
働き方改革検定　ワーク
　スタイルコーディ
　ネーター認定試験公
　式テキスト………②508
働き方改革　個を活かす
　マネジメント……②310
働き方改革と新しい労
　務管理の法律実務
　Q&A100…………②331
働き方改革　7つのデザ
　イン………………②461
働き方改革の経済学・②264
働き方改革の担い手
　キャリアコンサルタ
　ント………………②292
「働き方改革」の不都合
　な真実……………②463
「働き方改革」まるわか
　り…………………②463
働き方が変わる、会社
　が変わる、人事ポリ
　シー………………②331
働き方が自分の生き方
　を決める…………①100
「働き方」の教科書…①100
働き方の男女不平等…②463
働き方の問題地図……②463
働き女子が輝くために
　28歳までに身につけ
　たいこと…………①117
働きたくないイタチと
　言葉がわかるロボッ
　ト…………………②524
働き続けたい保育園づ
　くり………………①693
はたらく……………①420
働くあなたを全力サ
　ポート！ゼロからは
　じめる宅建士の教科
　書〈2018年度版〉…②498
「はたらく」を支える！
　職場×発達障害……②62
はたらく車ずかん〈1〉
　……………………①435
はたらく車ずかん〈2〉
　……………………①435
はたらく車ずかん〈3〉
　……………………①435
働く女子のキャリア格
　差…………………②37
働く女子の女優力……①117
働く女性が知っておく
　べきビジネスファッ

ション・ルールに……①30
働く女性が楽しく幸せ
　をつかむ50の法則・①117
働く女性に贈る言葉…②37
働く女性のストレスと
　メンタルヘルスケア
　……………………①495
「働く青年」と教養の戦
　後史………………①576
働くってどんなこと？
　人はなぜ仕事をする
　の？………………①455
はたらく動物と………②692
働くのがつらいのは君
　のせいじゃない。…②463
「はたらく」の未来予想
　図…………………②461
働く、働かない、働けば
　……………………②461
働く場のリアル………②463
働く人改革…………②310
働くひとの生涯発達心
　理学………………①498
働く人のための最強の
　休息法……………②344
働く人のためのマイン
　ドフルネス………②354
はたらく人の目の強化
　書…………………②344
働く人の養生訓………①151
働く文学……………②3
はたらく魔王さま！
　〈17〉………………①1300
はたらく魔王さま！
　〈18〉………………①1300
はたらく魔王さま！　ハ
　イスクールN！……①1300
はたらくまち…………①306
働くもののいのちと健
　康を守る運動………②461
働けるうちは働きたい
　人のためのキャリア
　の教科書…………②292
破綻するアメリカ……②136
破綻と格差をなくす財
　政改革……………①144
パターン認識と機械学
　習の学習…………②520
八王子千人同心におけ
　る身分越境…………①562
八王子の電車とバス…②436
八月十五日に吹く風
　……………………①1018
八月のイコン………①1017
八月の終わりは、きっ
　と世界の終わりに似
　ている。…………①1151
八月の光……………①352
8ヵ年全問題収録　給水
　装置工事試験完全解
　答…………………②630
バチカン奇跡調査官
　……………………①1126
8時間睡眠のウソ。…①171
8時間働けばふつうに暮
　らせる社会を〈2〉…②463
八十歳からの雑文集　い
　ろいろかいろ〈1〉・①958
85歳のチアリーダー・①110
80テーマで要点整理　IT
　パスポートのよくわ
　かる教科書〈平成29年
　度〉………………②564
80テーマで要点整理　IT
　パスポートのよくわ
　かる教科書〈平成30年
　度〉………………②564
87テーマで要点整理　基
　本情報技術者のよく

わかる教科書〈平成30
　・01年度〉…………②565
82歳、まだ書けるぞ〈第
　14集〉………………①939
80年代オマケシール大
　百科………………②30
80年代ヘヴィ・メタル/
　ハード・ロック ディ
　スク・ガイド………①807
80の物語で学ぶ働く意
　味…………………①100
88ヶ国ふたり乗り自転
　車旅………………①197
八十四歳だらしがない
　ぞ…………………①945
84.7%の女性をモテさせ
　た僕が密室でこっそ
　り教えていたこと・①117
八段階のヨーガ………①162
八男って、それはない
　でしょう！〈10〉…①1302
八男って、それはない
　でしょう！〈11〉…①1302
八男って、それはない
　でしょう！〈12〉…①1302
蜂に魅かれた容疑者
　……………………①1079
8年越しの花嫁
　……………①384、①979
八〇年代の郷愁………①994
八部衆像の成立と展開
　……………………①834
八法亭みややっこの世
　界が変わる憲法噺・②201
はちみつスイーツ……①59
ハチミツの歴史………①37
ハチミツみたいな恋
　じゃなくても。……①1173
パチモンアプリでハー
　レムを作ろう………①1263
バーチャル・エンジニ
　アリング…………②602
パーちゃんのパーカ…①337
爬虫類脳の奥底に眠っ
　ていた龍神脳の遺伝
　子がついにSwitch
　On！………………①142
爬虫類マニュアル……②692
は虫類・両生類………①408
8割が落とされる「Web
　テスト」完全突破法
　〈1 2019年度版〉…②294
8割が落とされる「Web
　テスト」完全突破法
　〈2 2019年度版〉…②295
8割が落とされる「Web
　テスト」完全突破法
　〈3 2019年度版〉…②295
8割捨てる！情報術・②354
はちわれ兄弟…………①263
パチンコ歴史事典……①245
発音とスペルの法則…①647
初鏡…………………①974
二十日間の浦島太郎…①931
初鰹…………………①1039
ハッカーの学校　ハッキ
　ング実験室…………②534
白球ガールズ………①981
バッキンガム宮殿の
　VIP………………①1354
ハッキング・マーケ
　ティング…………②337
バッキン一筋50年…①789
バックギャモン・ブッ
　ク…………………①273
バッグ作り教室………①80
バック・ステージ…①1072
発掘狂騒史…………①614

発掘された出雲国風土
　記の世界…………①538
発掘された日本列島
　〈2017〉……………①614
バック・トゥ・ザ・
　フューチャー アン
　トールド・テイルズ
　……………………①854
バック・トゥ・ザ・
　フューチャー コン
　ティニュアム・コナ
　ンドラム…………①854
バッグの型紙の本……①80
ハックルベリー・フィ
　ンの冒けん………①1334
バックル森のゆかいな
　仲間………………①352
バックンの「伝え方・話
　し方」の教科書　世界
　に通じる子を育てる
　……………………①14
パッケージデザイン総
　覧〈2017年版（34）〉
　……………………①878
パッケージデザインの
　教科書……………①878
白血病社長…………②292
はっけよい！雷電……①369
発見！会社員の仕事
　〈1〉………………①420
発見！会社員の仕事
　〈2〉………………①420
発見学習論…………①754
はっけんずかん　うみ・①403
発見！体験！工夫が
　いっぱい！ユニバー
　サルデザイン………①420
八犬伝錦絵大全………①835
発見と創造の数学史・②775
発見！不思議の国のア
　リス………………①605
発見！マンガ図鑑　NHK
　ダーウィンが来た！
　……………①405、①408
はっけん！NIPPON
　……………………①428
はつ恋………………①258
初恋相手は神様、旦那
　様…………………①1303
初恋インストール…①1315
初恋ウエディング…①1303
ハツコイ婚…………①1405
初恋コンプレックス
　……………………①1318
はつ恋社長と花よめ修
　行…………………①1316
初恋スキンシップ…①1303
初恋ナミダ…………①1158
初恋の相手は天使でし
　た…………………①1315
初恋のゆくえ………①1393
初恋は坂道の先へ…①1016
初恋・ビフォーアフ
　ター………………①1293
はつ恋ほたる………①1324
初恋マニュアル………①363
初恋ゆうれいアート…①386
初恋列車……………①1311
発光………………①946
発酵かあさん…………①43
発酵生地の焼き菓子レ
　シピ………………①71
発光する生物の謎……①405
発酵と醸造のいろは・②775
発酵文化人類学………②684
発酵リビングフード…①59
白骨〈上〉…………①1342
白骨〈下〉…………①1342

白骨の貴方に臓物と愛
　を…………………①1399
発情エゴイスト……①1311
八正道………………①100
発症2週間前からの治療
　で花粉症の目のかゆ
　みは激減する！……①182
発想し創造する建築設
　計製図……………②618
発想法………………②354
発想力をそだて理科が
　好きになる　科学のお
　もしろい話365……①398
発想力のアイデア
　BOOK ひらめきス
　イッチ……………①878
バッタを倒しにアフリ
　カへ………………①695
発達が気になる赤ちゃ
　んにやってあげたい
　こと………………①168
発達が気になる子のス
　テキを伸ばす「こと
　ばがけ」…………①685
発達が気になる子の脳
　と体をそだてる感覚
　あそび……………①685
発達が気になる子への
　スモールステップで
　はじめる生活動作の
　教え方……………①685
発達障害＆グレーゾー
　ンの3兄妹を育てる母
　のどんな子もぐんぐ
　ん伸びる120の子育て
　法…………………①14
発達障害を仕事に活か
　す…………………①495
発達障害かも!?うちの
　子って……………①685
発達障害児を救う体育
　指導………………①685
発達障害と環境デザイ
　ン…………………②62
発達障害、治るが勝
　ち！………………②62
発達障害に気づかない
　大人たち…………①495
発達障害のある子/ない
　子の学校適応・不登
　校対応……………①685
発達障害のある子の楽
　しいイキイキたいそ
　う…………………①685
発達障害のある児童・
　生徒のためのキャリ
　ア講座教材集………①685
発達障害の「教える難し
　さ」を乗り越える・①685
発達障害の基礎知識・①495
発達障害の子をサポー
　トする生活動作・学
　習動作実例集………①685
発達障害の子をサポー
　トするソーシャルス
　キルトレーニング実
　例集………………①686
発達障害の子を育てる
　親の気持ちと向き合
　う…………………①686
発達障害の子どもを伸
　ばす脳番地トレーニ
　ング………………①686
発達障がいの子どもが
　自分らしい大人にな
　る10歳からの準備60
　……………………①686
発達障害の子どもたち

のためのお仕事図鑑
　………………①686
発達障害の子どもと上
　手に生き抜く74のヒ
　ント ……………①686
発達障がいの「子ども
　の気持ち」に寄り添
　う育て方 ………①686
発達障害の「できる」を増やす 提案・
　交渉型アプローチ・①686
発達障害の子の「会話
　力」を楽しく育てる
　本 ………………①686
発達障害の子の健康管
　理サポートブック・①168
発達障害のための
　ハローワーク …①686
発達障害の時代とラカ
　ン派精神分析 …①495
発達障害の薬物療法を
　考える …………①746
発達障害は家庭で改善
　できる …………①686
発達障害白書〈2018年
　版〉………………②82
発達障害・被虐待児の
　こころの世界 …①495
発達心理学 ………①498
発達心理学をアクティ
　ブに学ぶ ………①498
発達心理学概論 …①498
発達心理学・再入門・①498
発達心理学の新しいパ
　ラダイム ………①499
発達と老いの心理学・①485
発達と学習 ………①705
発達の心理 ………①499
発達のひかりは時代に
　充たたか? ………②62
八田外代樹の生涯 …①931
バッタハンドブック・②695
ハッチとマーロウ …①981
ばっちゃのコグマ …①337
ばっちゃん ………②63
バッティの美文詩研究
　………………………①918
発展コーポレート・
　ファイナンス ……②379
抜刀不斬 …………①1045
バッドエンドの誘惑 …①795
パッと作れて旨い! 居
　酒屋おつまみ ……①66
バッド・フェミニスト
　………………………①960
バットマン:アイ・ア
　ム・ゴッサム …①854
バットマン:アイ・ア
　ム・スーサイド …①854
バットマン:エターナ
　ル〈上〉…………①854
バットマン:エターナ
　ル〈下〉…………①854
バットマン:エピロー
　グ ………………①854
バットマン:スーパー
　ヘヴィ …………①854
バットマン:ノーマン
　ズ・ランド〈3〉…①855
バットマン:ブルーム
　………………………①855
パッと見てサッと使え
　る 大人のマナー便利
　帳 ………………①364
服部幸應の知っておい
　しいだし事典 …①59
服部良一 …………①805
初音ミク 10th
　Anniversary Book

初音ミクの塗り絵 …②528
初音ミクの塗り絵〈2〉
　………………………①865
初音ミクTRPG ココロ
　セッション ……①278
初音ミクTRPG ココロ
　ダンジョン ……①278
葉っぱでわかる造園樹
　木図鑑 …………①457
はっぱの旅 森から海へ
　………………………①338
ハッパノミクス …②264
ハッピーイースター・①338
ハッピーエンドに殺さ
　れない …………①955
ハッピーになれる名前
　占い ……………①439
ハッピーハンター …①315
ハッピーボイス健康法
　………………………①159
ハッピー・レボリュー
　ション …………①1217
ハッピーわんこのお名
　前占い事典 ……①264
ハッブル宇宙望遠鏡で
　たどる果てしない宇
　宙の旅 …………①676
ハッブル宇宙望遠鏡で
　見る驚異の宇宙 …①676
パーツ別! 魅せるフェ
　チ絵の描き方 女子編
　………………………①862
発明絵本 インベンショ
　ン! ……………①315
発明家になった女の子
　マッティ ………①315
発明対決〈10〉……①398
「発問」する技術 …①720
発話の解釈はなぜ多様
　なのか …………①622
発話のはじめと終わり
　………………………①622
パティシエ・ジャッ
　キー! ぬり絵ブック
　………………………①866
パティシエ☆すばる パ
　ティシエ・コンテス
　ト!〈2〉………①363
パティスリー幸福堂書
　店はじめました …①1012
パティスリー・ドゥ・
　シェフ・フジウの現
　代に甦るフランス古
　典菓子 …………①71
ハティの最期の舞台
　………………………①1355
パディントン〈2〉…①376
パディントン、テスト
　をうける ………①376
パディントンのクリス
　マス ……………①319
パディントンのサーカ
　ス ………………①319
果てしなき追跡 …①1033
果てなき情火 ……①1397
はではでカエル …②692
バテレンの世紀 …①556
破天荒弁護士クボリ伝
　………………………①228
ハート&フェアリー …①75
「ハードウェアのシリコ
　ンバレー深セン」に
　学ぶ ……………②570
波動と場の物理学入門
　………………………②666
波動の癖を治したら宇
　宙は全部願いを叶え
　てくれた!

100%「魂」のカタチ
　………………………①142
波濤の城 …………①1075
鳩を〈上〉…………①1010
鳩を〈下〉…………①1010
パトカー・しょうぼう
　しゃ ……………①308
鳩子さんとあやかし暮
　らし ……………①1249
パトスの受難 ……①606
ハート先生の看護学生
　のための心電図教室
　………………………①767
ハート先生の心電図教
　室 バイリンガル版
　………………………②721
パートナーシップの魔
　法 ………………①117
ハートは世界の共通語
　………………………①1025
鳩笛 ………………①974
ハードボイルド・ス
　クールデイズ …①1238
バドミントン 基本と戦
　術 ………………①226
パトリオットの引き金
　………………………①1082
バトルガールハイス
　クール〈PART.1〉
　………………………①1135
バトルガールハイス
　クール〈PART2〉
　………………………①1135
バトルガールハイス
　クール オフィシャル
　アートワークス …①843
バトルガールハイス
　クール POSTCARD
　BOOK …………①843
バトルスピリッツ〈4〉
　………………………①282
パドルの子 ………①1149
バートルビーズ/たった
　一人の戦争 ……①784
パトロールカー …①435
パトロールにいってき
　ます! …………①320
花 ………………①871
花あかりともして …①352
花いっぱい ………①161
花1本で変わる人生の楽
　しみ方 …………①270
花色見本帖 ………②689
「花絵」をつくる …①270
花笑み …………①1013
華鬼 ……………①1128
華鬼〈2〉…………①1128
花鬼 ……………①1027
花朧・戦国伝乱奇・原
　画集 ……………①843
花を待つ …………①970
花を見つめる詩人たち
　………………………①921
花をもらいに ……①966
花かおる横根高原 …①193
花筐 ……………①1006
花歌は、うたう …①1001
花木荘のひとびと …①1224
花空間プロデューサー
　内田屋薫子のテープ
　ルコーディネート・①270
花草の巻 …………②689
はなくそ …………①315
はなくそにんじゃ …①338
花供養〈4〉………①1029
花綷 ……………①970
花言葉を君に ……①1390
花咲小路二丁目の花乃

子さん …………①1001
花咲舞が黙ってない
　………………………①1075
花咲盛 ……………①338
花咲く朝日 ………①258
花咲く機械状独身者た
　ちの活動 ………①974
花里小吹奏楽部キミと
　ボクの協奏曲(コン
　チェルト)………①369
花里小吹奏楽部 キミと
　ボクの幻想曲(ファン
　タジア)…………①369
話し合いができるクラ
　スのつくり方 …①708
「話がうまい!」人のコ
　ツ ………………②361
話し方の技術 ……①705
「話し方」の心理学 …①485
話し方は「声」で変わる
　………………………②361
話し方ひとつでキミは
　変わる …………①108
噺家の卵 煮ても焼いて
　………………………①786
噺家の魂が震えた名人
　芸落語案内 ……①786
花しぐれ …………①1035
話しことばへのアプ
　ローチ …………①625
「話し上手」「伝え上手」
　が大事にしている47
　のルール ………②361
花しずく …………①258
話したくなる世界の国
　旗 ………………①426
ハナシニナラナイムシ
　バナシ …………①182
ハナシマさん〈2〉…①1153
噺は生きている …①786
ハナシマさん〈2〉…①1153
花菖蒲のひと ……①1040
花しるべ手帖 ……①881
花城祐子の絵手紙画帖
　………………………①862
話す・聞く ………①724
「話す・聞く・書く」で
　アクティブラーニン
　グ! 1・2年生 …①424
「話す・聞く・書く」で
　アクティブラーニン
　グ! 3・4年生 書き出
　してまとめる、ス
　ピーチ …………①424
「話す・聞く・書く」で
　アクティブラーニン
　グ! 5・6年生もっと
　深めよう、ディス
　カッション ……①424
話すための英語力 …①647
話すためのリスニング
　入門+初級 ……①647
パナソニックの就活ハ
　ンドブック〈2019年度
　版〉………………①292
はなだより ………①979
放たれた虎 ………①1353
花散る城 …………①1038
花伝う花 …………①788
花と遊ぶ …………①270
花と生きもの 美しく繊
　細な塗り絵 Colourful
　Black …………①866
花と草木の歳時記 …②689
花と天使 …………①1303
花とナイフ ………①1308
花とふれあおう …①406
花と乱〈2〉………①1063
花鳥籠 ……………①1405
バナナ …………①1000

バナナを逆からむいて
　みたら …………①100
バナナ二国 ………①966
バナナの皮はなぜすべ
　るのか? ………①908
はなになりたい …①338
花になるらん ……①1048
鼻に挟み撃ち ……①985
ばなにゃ …………①855
花野〈16〉…………①1060
花のある暮らし …①945
花の命はノー・フュー
　チャー …………①955
はないろはどこへい
　くの ……………①338
花のお江戸で粗茶一服
　………………………①1019
花のお江戸のでっかい
　奴〈上〉…………①1052
花のお江戸のでっかい
　奴〈下〉…………①1052
花の語らい 写生帖 …①974
花のかたち ………①862
花の壁飾り スワッグの
　作り方 …………①270
花の獄 人妻散る …①1406
花の定め …………①1028
花の残日録 ………①989
花の詩画集 足で歩いた
　頃のこと ………①966
花の辞典 …………②689
バナの香り ………②129
花のない花屋 ……①270
花野に眠る ………①1113
花のぬりえ帖 樹に咲く
　花 ………………①866
花のぬりえ帖 野に咲く
　花 ………………①866
花の俳人 加賀の千代女
　………………………①900
花のパソコン道 "ワイド
　版"………………②551
花の果て、草木の果て
　………………………②689
花の百名山 ………①190
花の百名山地図帳 …①190
花のベッドでひるねし
　て ………………①1025
花の山旅 百名山 …①190
花のようなひと …①998
花の立体切り絵 …①867
花のルーツを探る …②689
花火と絆と未来地図〈4〉
　………………………①1321
花人情 ……………①955
花火の音だけ聞きなが
　ら ………………①939
ハナヒメ*アブソリュー
　ト! ビジュアルファ
　ンブック ………①282
華姫は二度愛される
　………………………①1267
花びら供養 ………①940
花福さんの戦争ごはん
　日誌 ……………①855
英伸三/桑原史成ドキュ
　メンタリー100……①258
花吹雪 ……………①970
はなべちゃだらけ。①263
花ポエム・アルバム …①966
花舞う夜に奪う愛 …①1307
花待つ君に捧ぐ愛 …①1307
花祭 ……………②114
花まつりにいきたい・①338
花曼陀羅 …………①511
花見酒 …………①1059
ハナモゲラ和歌の誘惑
　………………………①906

華やかおもてなし フ
　ルーツカッティング
　の教科書 ……………①59
華やかな食物誌 ……①948
華やぐ筆のデザイン素
　材集 ………………①878
花屋さんになろう！ ②426
花屋の倅と寺息子
　……………①1177, ①1178
花屋「ゆめゆめ」で花香
　る思い出を ………①1153
花屋「ゆめゆめ」で不思
　議な花束を ………①1153
花嫁をガードせよ！
　………………………①1071
花嫁が囚われる童話（メ
　ルヒェン）………①1239
花嫁首 ………………①1045
花嫁修業はご遠慮しま
　す …………………①1250
花嫁修業、参ります！
　………………………①1319
花嫁と呼ばれる日 …①1371
花嫁泥棒 ……………①1386
花嫁の嘘と陛下の秘密
　………………………①1400
花嫁の着物 ……………①32
花嫁のさけび ………①1074
花嫁のため息 ………①1388
花嫁のためらい ……①1371
花嫁の庭 ……………①1392
離れている家族に冷凍
　お届けごはん ……①974
花、わたしたちは… ①974
バニ式生活のオキテ ①264
パニック経済 ………②264
バニーといっしょ！ お
　ふろ …………………①315
はにとらマリッジ …①1185
ハニーベアと秘蜜の結
　婚 …………………①1324
『羽仁もと子著作集』
　「信仰篇」〈4〉……①525
羽生結弦 王者のメソッ
　ド …………………①218
羽生結弦SEASON
　PHOTOBOOK
　〈2016・2017〉……①218
バーニングマン アー
　ト・オン・ファイヤー
　……………………①824
ハヌル ………………①776
跳ね馬を2000台直した
　メカによるフェラー
　リ・メカニカル・バイ
　ブル ………………①241
羽田空港のひみつ …①437
“羽田の空”100年物語
　……………………①437
羽のあるお地蔵さま ①650
場のデザインを仕事に
　する ………………②441
パノフじいちゃんのす
　てきな日 クリスマス
　……………………①307
パノラマ せかいりょこ
　う …………………①338
母を片づけたい ……②27
パパおふろ …………①338
母親が知らないとヤバ
　イ「男の子」の育て方
　………………………①14
「母親に、死んで欲し
　い」…………………②71
母親になった猫と子猫
　になりたいフクロウ。
　……………………①263
母親の孤独から回復す
　る …………………①495

母親力 …………………①14
パパが好きな彼のこと
　……………………①1309
母から子に伝えたい 持
　たない四季の暮らし ①5
母、ぐれちゃった。発
　達障害の息子と娘を
　育てた16年 …………①14
母娘みだら下宿 ……①1406
母娘問題 ……………①855
パパ、サンドイッチつ
　くってあげる！ …①315
歯は人生のパートナー
　……………………①182
羽ばたき ……………①1017
はばたけ！ 観光立国 ②245
はばたけ！「留学」で広
　がる未来〈1〉……①420
はばたけ！「留学」で広
　がる未来〈2〉……①420
はばたけ！「留学」で広
　がる未来〈3〉……①420
ババチャリの神様 …①990
歯は治療してはいけな
　い！ あなたの人生を
　変える歯の新常識 ①182
母ではなくて、親にな
　る …………………①958
パパでもかんたんあみ
　ごはん ………………①59
ハーバード医科大で学
　んだからだを正す意
　識の力 ……………①152
母と行く、感動の温泉
　宿 …………………①191
ハーバード式 最高の記
　憶術 ………………①354
ハーバート・スペン
　サーコレクション ①455
ハーバードで喝采され
　た日本の「強み」……②21
ハーバード日本史教室
　……………………①534
ハーバードメディカル
　スクール式 人生を変
　える集中力 ………①126
パパと呼ばないで！
　……………………①1314
ハーバード流ケースメ
　ソッドで学ぶバ
　リュー投資 ………②395
ハーバード流交渉術 ②361
ハバナ観光案内 ……①209
母なる宇宙とともに ①142
母なる大地の器 ……①604
母脳 …………………①14
母の教え〈4〉………②292
パパの男学入門 ……①504
パパの彼氏はカリスマ
　ン …………………①1312
母の記憶に ……………①1365
母の手 ………………①974
母の日と娘の日 ……①1397
パパのぼり …………①338
馬場のぼる ねこと漫画
　と故郷と …………①843
パパ伯爵の溺愛プロ
　ポーズ ……………①1306
パパは極道！ ベイビー
　ギャング …………①1303
パパはこんなきもち。
　……………………①970
「パパは大変」が「面白
　い！」に変わる本 …①14
パパは脳研究者 ……①14
母への100の質問状 ①931
婆ボケはじめ、犬を飼
　……………………①855
パパ・ママ⇔じいじ・ば

あばの子育てギャッ
　プこれで解決 ………①14
母・娘・祖母が共存する
　ために ……………②109
ハーバルガーデン …②457
母ロス ………………①495
パピィのメンチン何切
　る …………………①246
バビロン〈3〉………①1249
バビロンの架空園 …①1001
ハーブ＆スパイス事典
　………………………①37
パーフェクト愛され人
　生確定…ですか？
　……………………①1399
パーフェクトガイド情
　報 Office2016対応 ②545
パーフェクト行政書士
　過去問題集〈平成29年
　版〉………………②239
パーフェクト行政書士
　判例問題集〈平成29年
　版〉………………②239
パーフェクト行政書士
　40字記述式問題集〈平
　成29年版〉………②239
パーフェクト攻略
　IELTSスピーキング
　……………………①657
パーフェクト攻略
　IELTS総合対策 …①657
パーフェクト攻略
　IELTSライティング
　……………………①657
パーフェクト攻略
　IELTSリスニング ①657
パーフェクト攻略
　IELTSリーディング
　……………………①658
パーフェクト・スマイ
　ル 審美歯科 ………①182
パーフェクト宅建一問
　一答〈平成29年版〉①498
パーフェクト宅建過去
　問10年間〈2018年版〉
　……………………①498
パーフェクト宅建基本
　書〈2018年版〉……①499
パーフェクト宅建基本
　予想問題集〈平成29年
　版〉………………①499
パーフェクト宅建直前
　予想模試〈平成29年
　版〉………………①499
パーフェクト宅建分野
　別過去問題集〈平成29
　年版〉……………①499
パーフェクト宅建要点
　整理〈平成29年版〉①499
パーフェクト・ヘルス
　……………………①152
パーフェクト臨床実習
　ガイド 小児看護 …②767
パーフェクト臨床実習
　ガイド 母性看護 …②767
パーフェクト臨床実習
　ガイド 老年看護 …②742
パーフェクトR ……①551
パーフェクトRuby …①551
バフェットの重要投資
　案件20 1957 - 2014
　……………………②395
バフェットの成功習慣
　……………………②292
バフェットの非常識な
　株主総会 …………②328
パフェの発想と組み立

て ……………………①71
パフォーマンスがわか
　る12の理論 ………①485
パフォーマンス評価で
　生徒の「資質・能力」
　を育てる …………①720
ハーフ社長は黒バラの
　騎士 ………………①1325
ハプスブルク・スペイ
　ン 黒い伝説 ………①602
ハプスブルク帝国 …①602
ハプスブルクの「植民
　地」統治 …………①602
バプテスト自由吟味者
　……………………①525
ハーフ・ブリード …②114
パブミネーター ……①1159
羽生善治監修 子ども将
　棋入門 ……………①437
羽生善治の1手・3手詰
　め将棋 ……………①250
羽生善治の将棋 ……①250
羽生善治の将棋「次の
　一手」150題 ……①250
羽生善治の詰みと必至1
　分トレーニング …①250
羽生善治はじめての子
　ども将棋 …………①250
ハブラシくん ………①338
パブリックアートの現
　在 …………………①824
パブリックスクール
　……………………①1320
パブリック・リレーショ
　ンズの歴史社会学 ②106
バブルで衰退する中国
　技術力で復活する日
　本 …………………②252
バブルと生きた男 …②379
バブル入社組の憂鬱 ②344
バブルノタシナミ …①939
バーブレーが当たり
　前！ …………………①220
パブロフくんと学ぶIT
　パスポート ………①564
パブロフ流でみんな合
　格 日商簿記2級 工業
　簿記 総仕上げ問題集
　……………………②475
パブロフ流でみんな合
　格 日商簿記2級商業簿
　記総仕上げ問題集 ②474
パブロフ流でみんな合
　格 日商簿記2級 商業
　簿記 テキスト＆問題
　集 …………………②474
パブロフ流でみんな合
　格 日商簿記3級総仕
　上げ問題集 ………②474
パブロフ流でみんな合
　格 日商簿記3級テキ
　スト＆問題集 ……②474
バーベキューの人気レ
　シピ …………………①59
バペット ……………①1323
パペラ 1枚の紙でつく
　るはらぺこあおむし
　となかまたち ……①430
バベルノトウ ………①1286
浜内千波 調理の新常識
　………………………①59
浜口陽三 ……………①868
濱地健三郎の霊（くし
　び）なる事件簿 …①1074
浜田広介「泣いた赤お
　に」の里 まほろばふ
　りこどけい高畠線 ①420
濱田マリの親子バト
　ル！ ………………①953

浜町様捕物帳 ………①1061
浜町様捕物帳〈2〉…①1061
濱直史の美しい立体切
　り絵 ………………①867
濱直史 和の立体切り絵
　……………………①867
浜中刑事の迷走と幸運
　……………………①1086
はまなすのおかのきた
　きつね ……………①338
パーマネント神喜劇
　……………………①1017
ハマの大学！ 学長のお
　さらい ……………①675
浜文子の「作文」寺子屋
　……………………①724
はまべでひろったよ ①400
浜辺にて ……………①966
浜辺の文学史 ………①893
浜松カフェ日和 ………①41
浜松 至福のランチ …①41
浜村淳の浜村映画史 ①791
浜村渚の計算ノート〈7
　さつめ〉…………①1070
浜村渚の計算ノート〈8
　さつめ〉…………①1070
はみがきしないとどう
　なるの？…………①338
はみがきしゅっしゅっ
　……………………①304
歯みがき100年物語 ①182
「はみだし」市長の宝塚
　日記 ………………①157
ハミングバーズヒルの
　お菓子 ………………①71
ハミングミント ……①315
「ハムごころ」がわかる
　本 …………………①263
ハムレット、東北に立
　つ …………………①783
ハムレットと熊本地震
　……………………①956
破魔の王 ……………①1076
ハーメルンの誘拐魔
　……………………①1098
場面緘黙支援の最前線
　………………………②63
場面設定類語辞典 …①884
ハーモニカ入門ゼミ ②811
刃物の科学 …………②649
波紋 …………………①1053
速い思考/遅い思考 ①495
速いミスは、許される。
　……………………②355
早く家に帰りたくな
　る！ 最高にハッピー
　な間取り ……………①20
早く俺を、好きになれ。
　……………………①1288
早く帰りたい！ 仕事術
　……………………②355
早く死ねたらいいね！
　……………………①142
はやくちことばでおで
　んもおんせん ……①338
速くなる！ 栗村修の
　ロードバイク「輪」生
　相談 ………………①234
はやく老人になりたい
　と彼女はいう ……①986
はやく六十歳になりな
　さい ………………①111
林ヲ営ム …………………②457
林謙三『隋唐燕楽調研
　究』とその周辺 …①597
林嗣夫詩集 …………①966
早すぎた結婚 ………①1371
隼人始末剣 …………①1060

早引き呼吸器看護ケア
　事典 …………………②767
早引き 循環器看護ケア
　事典 …………………②767
早引き 消化器看護ケア
　事典 …………………②740
早引き 脳神経看護ケア
　事典 …………………②767
ハヤブサ ………………②697
はやぶさ新八御用帳〈2〉
　………………………①1057
はやぶさ新八御用帳〈3〉
　………………………①1057
はやぶさ新八御用帳〈4〉
　………………………①1057
はやぶさ新八御用帳〈5〉
　………………………①1057
隼のつばさ ……………①586
はやぶさ1st写真集「I ら
　ぶHAYABUSA」
　HAYABUSA 5th
　Anniversary Fan
　Book …………………①776
隼別王子の叛乱 ………①1048
葉山 喜寿婚の浜 ………①947
早わかり＆実践 新学習
　指導要領解説 小学校
　家庭 …………………①740
早わかり＆実践 新学習
　指導要領解説 中学校
　技術・家庭 家庭分野
　………………………①740
早わかり混合研究法 …②767
早わかり！ 知れば知る
　ほど得する税金の本
　………………………②403
早わかり平成29年度税
　制改正のすべてQ&A
　………………………②403
早わかり薬膳素材 ……①164
パヨクニュース〈2018〉
　………………………②14
バラ ……………………①268
薔薇色の駆け落ち ……①1405
バラ色の未来 …………①1109
パラオ …………………①203
薔薇王院可憐のサロン
　事件簿 ………………①1223
パラグライダー最新テ
　クニックブック ……①241
腹黒アルファと運命の
　つがい ………………①1325
腹黒エリートが甘くて
　ズルいんです ………①1274
腹黒貴公子の甘い策略
　………………………①1405
腹黒社長のニセモノ婚
　約者 …………………①1400
腹黒天使と堕天悪魔
　………………………①1320
原敬 ……………………②148
パラサウロロフス ……①401
ハラサキ ………………①1125
原三溪と日本近代美術
　………………………①833
原三信と日本最古の翻
　訳解剖書 ……………①726
原城の戦争と松平信綱
　………………………①562
原城はるかなり ………①1064
ハラスメント時代の管
　理職におくる職場の
　新常識 ………………①367
原田伊織の晴耕雨読な
　日々 …………………①953
パラダイスィー8 ……①1128
パラダイス文書 ………②14
パラダイムシフトをも
　たらすエクソソーム

機能研究最前線 ……②721
原田泰治が描く日本の
　童謡・唱歌100選 ……①802
原民喜童話集 …………①357
ぱらっぱフーガ ………①1005
はらっぱららら …………①338
薔薇と海 ………………①837
薔薇に隠されしヴェリ
　テ公式ファンブック
　………………………①282
パラノイアだけが生き
　残る …………………②292
薔薇の乙女は神に祝福
　される ………………①1252
薔薇の乙女は秘密の扉
　を開ける ……………①1253
薔薇の晩鐘 付・落日周
　辺 ……………………①966
はらぺこしりとり おべ
　んとうばこのなかか
　ら ……………………①338
腹ペコ騒動記 …………①43
はらぺこハロルド、な
　にがみえたの？ ……①315
はらぺこゆうれい ……①338
腹へり姫の受難 ………①1258
孕ませオナホ退魔騎士
　ユーディット ………①1397
パラミリタリ・カンパ
　ニー〈1〉 ……………①1200
パラミリタリ・カンパ
　ニー〈2〉 ……………①1200
パラミリタリ・カンパ
　ニー〈3〉 ……………①1200
パラめく！ パラパラめ
　くるだけでズバッと
　縁切りできる本 ……①100
パラリンピック大事典
　………………………①433
パラリンピック大百科
　………………………②82
バランスごはん ………①59
バランス思考がわかる
　本 ……………………①455
バランスシート効果と
　政策の有効性につい
　て ……………………②264
パリ …………①206, ①350
パリ＆近郊の町〈2017～
　2018年版〉 …………①206
パリ行ったことないの
　………………………①1022
ハリウッド「赤狩り」と
　の闘い ………………①794
ハリウッド映画史講義
　………………………①794
ハリウッド式 THE
　WORKOUT ………①217
ハリウッド100年史講義
　………………………①794
パリが教えてくれたボ
　ン・シックな毎日 …②27
パリが教えてくれた “本
　当の幸せ”を受け取る
　方法 …………………①100
パリが楽しくなる！ か
　んたんフランス語 …①670
パリ協定で動き出す再
　エネ大再編 …………②576
パリ・グラフィック …①829
ハリケーン ……………①1093
パリコレで数学を …②660
パリ在住の料理人が教
　える誰でも失敗なく
　できるスイーツレシ
　ピ ……………………①71
パリ在住の料理人が教
　えるフライパンでで
　きる本格フレンチレ

シビ ……………………①68
パリジェンヌ ソフィー
　の部屋 ………………②27
パリジェンヌのあこが
　れ、“ギャルソンヌ”に
　なるためのレッスン
　………………………①30
パリジェンヌの編みも
　の ……………………①83
パリジェンヌの並べて
　見せる収納術 ………①6
パリジェンヌ流今を楽
　しむ！ 自分革命 …①100
ハリス分析化学〈上〉 …②671
ハリス分析化学〈下〉 …②671
罵詈雑言辞典 …………①633
パリでしたい100のこと
　………………………①206
パリ島〈2017～2018年
　版〉 …………………①204
パリ島〈2018・19〉 …①204
パリ島だらだら旅 ……①198
バーリトゥード ………①240
パリと観光開発 ………②252
パリに終わりはこない
　………………………①1336
ハリー・ニルソンの肖
　像 ……………………①807
ハリネズミさんたちの
　羊毛ピンクッション
　………………………①75
はりねずみのルーチカ
　………………………①363
パリのエマ ……………①315
パリのかわいいお菓子
　づくり ………………①71
パリのかんたんお菓子
　………………………①71
パリの着せ替えどうぶ
　つ人形 ………………①75
パリの国連で夢を食う。
　………………………②85
パリの刺繍学校 ………①78
パリのすてきなおじさ
　ん ……………………②85
パリのデザインコレク
　ション ………………①258
パリ蚤の市散歩 ………①206
ぱりぱり ………………①1005
パリバリマシンLegend
　〈vol.1〉 ……………①242
パリ万国博覧会とジャ
　ポニスムの誕生 ……①833
ハリー・ポッター アル
　バス・ダンブルドア
　シネマ・ピクチャー
　ガイド ………………①794
ハリー・ポッターとア
　ズカバンの囚人 イラ
　スト版 ………………①315
ハリー・ポッターと呪い
　の子 第一部・第二部
　舞台脚本 愛蔵版 …①794
ハリー・ポッター ホグ
　ワーツ魔法魔術学校
　シネマ・イヤーブッ
　ク ……………………①794
ハリー・ポッター ホグ
　ワーツ魔法魔術学校
　シネマ・ピクチャー
　ガイド ………………①794
ハーリンとロマン主義
　………………………①224
春売り花嫁といつかの
　魔法 …………………①1312
はるかぜ ………………①779
はるか青春 ……………①1021
はるかさんぽ …………①338
遙かな海路 ……………②305

遙かな青春の軌跡 …①1008
はるかな空の東 ………①1284
はるかな旅の向こうに
　………………………①376
遥かなる一九七〇年代
　・京都 ………………①576
遙かなる他者のための
　デザイン ……………①878
遥かなる旅路 …………①950
遙かなる遠山郷 ………①258
遙かなるブラジル ……②91
青（ハル）がやってきた
　………………………①369
バルカン ………………①608
ハルク：グレイ ………①855
春くんのいる家 ………①352
バルコニーの男 ………①1342
バルザック王国の裏庭
　から …………………①924
バルザックの文学と
　ジェンダー …………①924
貼るだけ 救足マシュマ
　ロパッド ……………①2
貼るだけ！ 超良縁風水
　………………………①134
バルダリウムで楽しむ
　ヤドクガエル ………②692
バルタン星人を知って
　いますか？ …………①797
ハルチカ ………………①369
春近く …………………①998
パルチザン伝説 ………①993
はるですよ ……………①338
春と秋とソラの色〈2〉
　………………………①1304
春遠からじ ……………①1038
バルト海を旅する40章
　………………………②85
バルトーク 音楽のプリ
　ミティヴィズム ……①815
春と修羅〈1〉 …………①890
春と修羅第三集・口語
　詩稿ほか ……………①891
バルトと蕎麦の花 ……①997
はるとなつ はたけのご
　ちそうなーんだ？ …①338
バルトの国々〈2017～
　2018年版〉 …………①206
はるなつふゆと七福神
　………………………①1122
春の嵐〈season3〉 ……①1012
春の華客／旅恋い ……①1022
春の消息 ………………①459
春の道標 ………………①994
春の庭 …………………①1000
春の芽 …………………①779
春のめざめ ……………①784
春畑セロリ・轟千尋の
　ロッパチ〈2〉 ………①818
はるはるママの試合に
　勝つ子を育てる！ 強
　いからだをつくる献
　立 ……………………①59
パール判事の日本無罪
　論 ……………………①583
春待つ夜の雪舞台〈4〉
　………………………①352
はるまで、くるる。 …①1301
パルミラの光彩 ………②92
春、戻る ………………①1003
春や春 …………………①1022
春山入り ………………①1026
ハーレイ・クイン：キ
　ス・キス・バン・スタ
　ブ ……………………①855
ハーレイ・クイン：コー
　ル・トゥ・アームズ
　………………………①855

ハーレイ・クイン：ダ
　イ・ラフィン ………①855
ハーレイ・クイン：ビッ
　グ・トラブル ………①855
ハーレイ・クイン：ブ
　ラック・ホワイト
　＆レッド ……………①855
ハーレイ・クイン：リト
　ル・ブラックブック
　………………………①855
バレエの立ち方できて
　ますか？ ……………①823
バレエ 魅せるポイント
　50 ……………………①823
晴ヶ丘高校洗濯部！
　………………………①1243
晴れ着のゆくえ ………①1008
パレスチナ現代史 ……①594
パレスチナの民族浄化
　………………………②129
晴れたらいいね …………①1016
晴れたり曇ったり ……①944
パレット ………………①776
晴れても雪でも ………①944
晴れときどき認知症 …①178
パレートの誤算 ………①1115
晴れの国おかやま検定
　公式参考書 …………②24
ハレの日 介護施設
　〈Part2〉 ……………②63
晴れの日は神父と朝食
　を ……………………①1324
ハーレムアベンジャー
　………………………①1402
ハーレム学園吹奏楽部
　………………………①1398
ハーレム教室 僕らの童
　貞喪失日記 …………①1404
ハーレム不動産 ………①1398
バレンタインの夜に
　………………………①1371
ハロウィーンのおきゃ
　くさま ………………①338
ハロウィーンの夜 …①1371
ハロウィン！ ハロウィ
　ン！ …………………①338
ハローキティといっ
　しょ はじめての手芸
　レッスン ……………①76
ハローキティの刺繍 …①78
ハローキティのひらめ
　き！ パズルシールあ
　そび …………………①320
ハローキティのまいに
　ちなぞなぞ150 ……①320
ハローキティ＆マイメ
　ロディ ………………①78
バロック協奏曲 ………①1329
バロックの光と闇 ……①829
ハロー張りネズミ シナ
　リオブック〈上〉 …①781
ハロー張りネズミ シナ
　リオブック〈下〉 …①781
ハローワーク150％トコ
　トン活用術 …………①292
パワーアップ問題演習
　薬理学 ………………②770
ハワイ …………………①209
ハワイ〈1〉 ……………①209
ハワイ〈2〉 ……………①209
ハワイアン・プリント・
　ブック ………………①878
ハワイ最高レッツ
　ゴー！ ………………①200
ハワイ式 腸のマッサー
　ジ ……………………①180
ハワイ島 宙の音 ………①209
ハワイに暮らすキルト
　………………………①78

ハワイのホテルの使い方、遊び方 ①209
ハワイ バスの旅〈2018-19〉 ①209
パワースポットCDブック ①188
ハワード・ザ・ダック：アヒルの探偵物語 ①855
パワハラ・セクハラ・マタハラ相談はこうして話を聴く ②464
パワフル・ラーニング ①720
パワーポイント スライドデザインのセオリー ②545
繁栄する大地主 衰退する大地主 ②397
繁栄の条件 ②293
繁栄の昭和 ①1007
版画、「あいだ」の美術 ①868
番外警視 ①1111
阪堺電車177号の追憶 ①1023
版画を作ろう、版画であそぼう ①868
反核の闘士ヴァヌヌと私のイスラエル体験記 ②86
版画詩集 草千里人万里 ①868
晩夏の墜落 ①1354
晩夏の墜落〈上〉 ①1354
晩夏の墜落〈下〉 ①1354
ハンガリー〈2017～2018年版〉 ①207
ハンガリー語のしくみ ①673
叛逆せよ！ 英雄、転じて邪神騎士 ①1215
反逆の勇者と道具袋〈3〉 ①1169
反逆の勇者と道具袋〈4〉 ①1169
阪急沿線ディープなふしぎ発見 ②436
阪急電鉄 スゴすぎ謎学 ②436
反教養の理論 ①679
板金加工大全 ②624
ハンギングバスケット＆コンテナ ①270
バンクーバー・カナディアンロッキー ①209
バングラデシュを知るための66章 ②87
バングラデシュ 砒素汚染と闘う村 シャムタ ①936
ハングリーな組織だけが成功を生む ①228
「ハングル」検定公式テキスト ペウギ3級 ①667
ハングル能力検定試験準2級対策問題集 聞き取り編 ①667
「ハングル」能力検定試験 ハン検過去問題集 "準2級"〈2017年版〉 ①667
「ハングル」能力検定試験 ハン検過去問題集 "1級"〈2017年版〉 ①667
「ハングル」能力検定試験 ハン検過去問題集 "2級"〈2017年版〉 ①667
「ハングル」能力検定試験 ハン検過去問題集 "3級"〈2017年版〉 ①667
「ハングル」能力検定試験 ハン検過去問題集 "4級"〈2017年版〉 ①667
「ハングル」能力検定試験 ハン検過去問題集 "5級"〈2017年版〉 ①667
ハングル・レシピ ①667
反グローバリゼーションとポピュリズム ②136
反訓詁学 ①895
パンゲア5 ①982
半径5メートルからの教育社会学 ①754
「半径5メートル最適化」仕事術 ②355
半径66センチのしあわせ ①843
反撃のスイッチ ①1093
判決から読みとく日本 ①732
半ケツの神さま ①931
パンこうじょうとなかまたち ①320
反抗と祈りの日本画 中村正義の世界 ①833
バンコク ①204
バンコク〈2017～2018年版〉 ①204
万国菓子舗 お気に召すまま ①1279
バンコクナイツ 潜行一千里 ②87
バンコクは2度目からもっとおもしろい ①204
叛骨（ごじゃもん） ①1023
反骨のブッダ ①511
犯罪をどう防ぐか ②213
犯罪学と精神医学史研究〈2〉 ②746
犯罪学ハンドブック ①485
犯罪学リテラシー ②213
犯罪「事前」捜査 ②39
犯罪者〈上〉 ①1080
犯罪者〈下〉 ①1080
犯罪心理学 ①485
犯罪捜査科学 ②154
犯罪と刑罰〈第26号〉 ②213
犯罪白書〈平成29年版〉 ②39
犯罪被害者支援実務ハンドブック ②214
犯罪被害者と刑事司法 ②214
犯罪被害者白書〈平成29年版〉 ②175
「ハンサムマザー」はとまらない ①15
"判旨"から読み解く民法 ②205
坂茂 ②616
坂茂の建築 ②613
坂茂の建築現場 ②613
半自叙伝 ①931
万事正解 ①771
晩酌が俄然楽しくなる超・時短燻製121 ①59
蛮社始末〈2〉 ①1033
晩鐘〈上〉 ①998
晩鐘〈下〉 ①998
繁盛店は路地裏にあり！ ②428
盤上の向日葵 ①1115
盤上のファンタジア ①250
半身棺桶 ①958
阪神間から伝えたい ②161
阪神タイガースの正体 ①224
「萬世一系」の研究〈上〉 ②151
「萬世一系」の研究〈下〉 ②151
半世紀を超えてなお息吹くヤマギシの村 ①931
反脆弱性〈上〉 ①455
反脆弱性〈下〉 ①455
晩節の励み ①111
反戦映画からの声 ①791
反戦後論 ①455
「反戦主義者なる事通告申上げます」 ①583
ハンセン病の社会史 ②44
ハンセン病療養所を生きる ②44
パンソロジー ①43
パンダ おやこたいそう ①338
パンダ先生の心理学図鑑 ①485
パンダ通 ②692
パンダの理論 ①1329
パンダルンダ〈第1話〉 ①338
パンダルンダ〈第2話〉 ①338
パンダルンダ〈第3話〉 ①338
判断に迷う仕訳を起こせる会計術 ②318
判断のデザイン ①878
藩地域の村社会と藩政〈5〉 ①538
反知性主義と新宗教 ①507
半乳捕物帳 ①1054
番地の謎 ①617
ばんちゃんがいた ①982
パンツァー・オペラ ツィオーネン ①602
パンツあたためますか？ ①1158
パンツあたためますか？〈2〉 ①1158
機甲狩竜（パンツァーヤクト）のファンタジア〈2〉 ①1165
機甲狩竜（パンツァーヤクト）のファンタジア〈3〉 ①1165
パンツいっちょうめ ①338
パンツをはいたサル ②694
ぱんつさいこう！ ①315
パンツ・プロジェクト ①376
ハンディ教育六法〈2017年版〉 ①758
ハンディ版 英語で紹介・案内する日本 ①640
ハンディ版 手をもめば健康になる ①159
ハンディ版 東京超詳細地図〈2018年版〉 ①213
ハンディ版 2割に集中して結果を出す習慣術 ②355
ハンディ版 よくわかる日本のキノコ図鑑 ②689
ハンティング〈上〉 ①1349
ハンティング〈下〉 ①1349
パンデミックで俺は英雄になった〈1〉 ①1203
パンデミックで俺は英雄になった〈2〉 ①1203
反・寺山修司論 ①913
反転授業 世界史リーディングス ①590
坂東三十三ヶ所札所めぐり ①514
半導体企業の組織構造、知財戦略および競争力 ②439
半導体工場ハンドブック〈2018〉 ②439
半導体産業計画総覧〈2017-2018年度版〉 ②440
半導体パッケージハンドブック〈2017-2018〉 ②440
坂東の成立 ①546
半島へ ①1073
半透明のラブレター ①1255
パンと牛乳は今すぐやめなさい！ ①164
判読力を高める！ 循環器超音波検査士への最短コース ②740
ハンドシェイカー ①1290
ハンドシェイカー〈2〉 ①1290
半年だけ働く。 ②344
パンと昭和 ①37
ハンドブック戦後日本外交史 ①583
ハンドメイド作家 ブランド作りの教科書 ①76
ハンドメイドベビー服 enannaの90～130センチサイズのこども服 ①84
バンドやろうぜ！ 公式ファンブック ①800
パンドラ ①1021, ①1097
反トラスト法と協同組合 ②375
パンドラの少女〈上〉 ①1362
パンドラの少女〈下〉 ①1362
ハンドレタリング素材集 ①878
ハンド・レタリングの教科書 ①878
ハンドレッド〈13〉 ①1277
ハンドレッド〈14〉 ①1277
般若心経を読みとく ①516
般若心経 自由訳 ①516
パン入門 ①37
万人に文を ①913
万能機列伝 ①590
反応速度論 ②671
パンのおうさまとシチューパン ①338
藩の借金200億円を返済し、200億円貯金した男、山田方谷 ①562
パンの図鑑 ①37
パンの人 ①37
パンのペリカンのはなし ①37
販売員だった私が売れっ子フォトグラファーになるまで ①253
販売員の教科書 ②427
販売士検定・実務に役立つ販売流通管理の体系 ②503
販売士（リテールマーケティング）3級一発合格テキスト＆問題集 ②503
販売士2級問題集 ②503
販売費及び一般管理費の理論と実証 ②326
ばんぱいやのパフェ屋さん 「マジックアワー」へようこそ〈1〉 ①352
ばんぱいやのパフェ屋さん 禁断の恋〈3〉 ①352
ばんぱいやのパフェ屋さん 真夜中の人魚姫〈2〉 ①352
ばんぱいやのパフェ屋さん 恋する逃亡者たち〈4〉 ①352
ばんぱいやのパフェ屋さん 雪解けのパフェ〈5〉 ①352
ハーンは何に救われたか ①913
飯場へ ②106
半端者 ①1014
半百の白刃〈上〉 ①1052
半百の白刃〈下〉 ①1052
パンプキン ①261
反復式 学習と検定 簿記問題集 全商2級 ②474
反復式 学習と検定 簿記問題集 全商3級 ②474
帆布と革で作るバッグ ①80
半分の時間で3倍の説得力に仕上げる PowerPoint活用企画書作成術 ②358
パン・豆類・ヨーグルト・りんごを食べてはいけません ①164
バン・マリーへの手紙 ①955
パンもん！ スタイルブック ①771
パン屋の仕事 ①37
半妖の子〈4〉 ①1126
伴侶動物治療指針〈Vol.8〉 ②456
伴侶の偏差値 ①1015
判例から考えるグループ会社の役員責任 ②197
判例からみた労働能力喪失率の認定 ②218
判例行政法入門 ②203
判例・裁決例にみる 関連会社・役員との取引をめぐる税務判断 ②197
判例付き知的財産権六法〈2017（平成29年版）〉 ②188
判例で学ぶ建築トラブル完全対策 ②620
判例による不貞慰謝料請求の実務 ②205
判例の読み方 ②224
判例法理から読み解く企業間取引訴訟 ②194
判例労働法入門 ②467
晩恋 ①931

ひ

火 ①1035
悲愛 ②42
悲哀の底 ①463
ヒア・カムズ・ザ・サン ①1001
ピアニストが語る！ ①816

ピアニストたちの祝祭
　　……………………①816
ピアニストだって冒険
　する……………………①816
ピアニストの執愛…①1401
ピアニストのためのヨ
　ガ入門………………①162
ピアノをきかせて……①352
ピアノ・カルテット〈1〉
　…………………………①363
ピアノ教本 選び方と使
　い方…………………①822
ピアノ教本ガイドブッ
　ク……………………①822
ピアノ曲集 風巡る……①810
ピアノ曲集 ギロックの
　休日…………………①818
ピアノ曲集 ツグミの森
　の物語………………①810
ピアノで奏でるキレイ
　なJ‑pop名曲集 ……①810
ピアノのお悩み解決クリ
　ニック…………①811, 816
ピアノの名曲…………①814
ピアノマンは今宵も不
　機嫌…………………①1323
ピア・パワー…………②106
ピアフは歌ふ…………①970
ピアリス………………①1125
ヒアリングシートを
　使った中小企業の法
　律相談マニュアル…②194
ヒアリング不動産投資
　…………………………②422
ビアンカ・オーバース
　テップ〈上〉…………①1234
ビアンカ・オーバース
　テップ〈下〉…………①1234
「日出づる国」日本の
　ミッション…………②125
日出づる国の富国への
　キックオフ…………②293
「日出づる国」の山と海
　…………………………①538
日出国（ひいづるくに）
　の落日の大衆的文化
　（ポップカルチュア）
　…………………………①118
ひいな…………………①352
柊くんは私のことが好
　きらしい……………①1198
緋色の玉座〈1〉………①1224
緋色の玉座〈2〉………①1224
悲運のアンギャン公爵
　…………………………①606
非栄養素の分子栄養学
　…………………………②778
非営利組織理事会の運
　営……………………②373
非営利団体の資金調達
　ハンドブック………②293
非営利法人会計監査六
　法〈平成29年版〉……②188
冷えをとる「気のト
　レーニング」………①152
ピエール・バルーとサ
　ラヴァの時代………①807
ピエロがいる街………①1115
飛燕の小太刀…………①1047
非オタの彼女が俺の
　持ってるエロゲに興
　味津々なんだが…〈4〉
　…………………………①1225
非オタの彼女が俺の
　持ってるエロゲに興
　味津々なんだが…〈5〉
　…………………………①1225
非オタの彼女が俺の
　持ってるエロゲに興

味津々なんだが…〈6〉
　…………………………①1225
美を徹底サポートする
　最新医療ビュー
　ティー・デンタル・ア
　ンチエイジング 厳選
　クリニックガイド・②155
ビーおばさんとおでか
　け……………………①376
美を見て死ね…………①955
ビオレタ………………①1234
被害者学研究〈第27号〉
　…………………………②214
「被害者問題」からみた
　死刑…………………②214
ビガイルド 欲望のめざ
　め……………………①1329
控車のすべて…………②436
日帰り神の国ツアー・①142
比較家族史研究〈第31
　号〉……………………②109
比較教育学研究〈54〉…①754
比較教育学研究〈55〉…①754
美学講義………………①472
比較国体論……………②172
比較史の方法…………①611
非核地帯………………②125
比較内分泌学入門……②674
比較認識法で社労士マ
　スター 選択対策編
　〈2017年度版〉………②502
比較認識法で社労士マ
　スター 択一対策編
　〈2018年度版〉………②502
比較認知科学…………①499
比較犯罪学研究序説・②214
比較文学研究〈第102
　号〉……………………①893
比較文學研究〈第103
　号〉……………………①921
比較文化論叢…………②19
比較文明〈2017 33〉…②106
比較法研究〈第3巻〉…②224
ビーカーくんと放課後
　の理科室……………①338
日陰の秘書の献身……①1375
日陰の娘と貴公子の秘
　密……………………①1386
東アジア家族法におけ
　る当時者間の合意を
　考える………………②190
東アジア観光学………②106
東アジア教養人のため
　の日中韓経済論……②265
東アジア近世近代史研
　究……………………①594
東アジア国際関係の新
　展開…………………②130
東アジア世界の民俗・②114
東アジアで学ぶ文化人
　類学…………………②114
東アジアと百済土器・①594
東アジアにおける石製
　農具の使用痕研究・①594
東アジアにおける都市
　文化…………………②87
東アジアに翔る上毛野
　の首長………………①614
東アジアの疼き………①967
東アジアの社会大変動
　…………………………②252
東アジアの女性と仏教
　と文学………………①534
東アジアの多文化共生
　…………………………②252
東アジアの伝統思想へ
　の誘い………………①460

東アジアの仏伝文学・①918
東アジアの平和と和解
　…………………………②130
東アジアの民族と文化
　の変貌………………②114
東アジア仏教の生活規
　則 梵網経……………②515
東アジア連携の道をひ
　らく…………………②252
東出昌大写真集 西から
　雪はやって来る……①776
東ドイツ工業管理史論
　…………………………②253
東ドイツ“性”教育史…①748
東日本「公共の宿」厳選
　ベストガイド………①191
東日本大震災“あの日”
　そして6年……………②42
東日本大震災からの復
　興と言葉……………②42
東日本大震災合同調査
　報告 総集編…………②42
東日本大震災合同調査
　報告 土木編〈6〉……②42
東日本大震災後文学論
　…………………………①908
東日本大震災 震災市長
　の手記………………②42
東日本大震災 住田町の
　後方支援……………②42
東日本大震災と“復興”
　の生活記録…………②42
東日本大震災・放射能
　災害下の保育………①693
東日本の部落史〈1〉…②44
東の爽碧、西の緋炎
　…………………………①1310
東の果て、夜へ………①1352
東三河の経済と社会〈第
　8輯〉…………………②246
東村アキコ完全プロ
　デュース達出!!漫画
　ポーズ集……………①862
ピカソ…………………①390
ピカソ〈3〉………………①836
ピカソ図鑑……………①258
光ったり眠ったりして
　いるものたち………①967
ピカデリーパズル……①1352
ピカトリクス…………①602
火蛾の詩学……………①924
ぴかぴか深海生物……②698
ピカビアヒーローせっ
　けんくん……………①338
ビカミング“ジャパニー
　ズ”……………………①594
光をくれた犬たち 盲導
　犬の一生……………①384
光り輝く人となるため
　には…………………①504
光触媒/光半導体を利用
　した人工光合成……②571
光と影の法則 文庫版・①100
光と闇の旅人〈3〉……①1146
光の犬…………………①1018
光の回廊/欧州の旅〈2〉
　…………………………①837
光の国の恋物語………①1317
光の欠片が地面に届く
　とき距離が奪われ距
　離が生まれる………①258
光の子と闇の子………②172
光の戦士にくちづけを
　〈3〉……………………①1366
光の塔…………………①1120
光の中のマインドフル
　ネス…………………①142

光の街、リスボンを歩
　…………………………①199
光の見える死に方……①459
光の神子は自由に生き
　る……………………①1321
光の瞑想CDブック…①100
ひかり舞う……………①352
光・山・憧憬…………①258
ひかるえほん メリーメ
　リークリスマス！…①307
光る種子たち…………①967
非がん性呼吸器疾患の
　緩和ケア……………②721
非がん性慢性疼痛に対
　するオピオイド鎮痛
　薬処方ガイドライン
　…………………………②770
ヒガンバナ探訪録……②689
ひきこもらない………②28
引きこもり英雄と神獣
　剣姫の隷属契約……①1241
引きこもり英雄と神獣
　剣姫の隷属契約〈2〉
　…………………………①1241
ひきこもり作家と同居
　します。……………①1229
引きこもりだった男の
　異世界アサシン生活
　…………………………①1251
引きこもりだった男の
　異世界アサシン生活
　〈2〉……………………①1251
引きこもりの妹が身体
　で家賃を払おうとし
　てくるんだが!? ……①1402
ひきこもりの弟だった
　…………………………①1148
ひきこもりの国民主義
　…………………………①144
ひきこもりの心理支援
　…………………………①495
ひきこもり姫を歌わせ
　たいっ！……………①1277
引き裂かれたアメリカ
　…………………………②254
引き裂かれた道路……②86
引き潮…………………①1327
秘技！ スプリント打法
　のすべて……………①220
疋田桂一郎の天声人語
　…………………………①954
弾きながらマスター！
　ウクレレ入門………①811
弾きながらマスター！
　ピアノ・コード入門
　…………………………①822
ビギナーズ刑事政策・②214
ビギナーズ少年法……②217
ビギナーズ生物学……②684
ビギナーズ・ドラッグ
　…………………………①993
ビギナーのための経済
　英語…………………①640
ビキニ・やいづ・フクシ
　マ……………………②46
ビギニングアイドルサ
　プリメント ビギニン
　グロード……………②278
引抜き…………………②602
引き離されたぼくと子
　どもたち……………①931
美脚思考………………①26
被虐のノエル
　〈Movement 1〉……①1288
被虐の蛇………………①1308
美脚婦警（ミニパトポリ
　ス）……………………①1406
美キャリア……………①117

秘境駅跡探訪 …………②436
秘境神社めぐり………②506
秘境滝を行く…………②193
卑怯者の流儀…………①1106
引き寄せを遥かに超え
　る……………………①100
「引き寄せ」の教科書・①100
引き寄せのコツ………①100
引き寄せ美人の法則・①117
飛距離が10歳若返る！
　8つの飛ばし術……①220
火喰鳥…………………①1032
樋口久子 ゴルフという
　天職…………………①220
ピクチャーガイド 実症
　例から学ぶ牛の疾病
　…………………………②456
ヒグチユウコ型抜き
　POSTCARD BOOK
　「A to Z」……………①843
ビクトリー御書………①501
蜩の声…………………①1016
蜩の呟き………………①952
ピークル………………①315
日暮れの記……………①824
美形は苦手なのですが
　イケメン貴族に溺愛
　されました…………①1400
悲劇的なデザイン……①878
悲劇文学の発生・まぼ
　ろしの豪族和邇氏・①895
ひげじまん……………①338
眉月……………………①970
ひげひげ わたりひげ・①338
秘剣つり狐〈5〉………①1043
美コア…………………②26
非公開株式譲渡の法務・
　税務…………………②324
ひこうき………………①308
飛行機の戦争 1914‑
　1945…………………①571
飛行機はなぜ、空中衝
　突しないのか？……②437
飛行機模型の作り方・①287
非行と反抗がおさえら
　れない子どもたち・①495
非行・犯罪の心理臨床
　…………………………①495
非合法アンダーランド
　…………………………①855
飛行力学………………②625
英彦山の宗教民俗と文
　化資源………………②114
ビゴー『トバエ』全素描
　集……………………①836
彦根城の桜……………①258
ひこばえに咲く………①1006
ピコ秒レーザー治療入
　門……………………②749
日ごろの“?”をまとめ
　て解決 循環器ナース
　のギモン……………②767
日ごろの“?”をまとめ
　て解決 消化器ナース
　のギモン……………②740
被災地福島の今を訪れ
　て……………………②42
被災ママに学ぶちいさ
　な防災のアイディア
　40……………………②583
膝栗毛文芸集成〈第36
　巻〉……………………①899
膝栗毛文芸集成〈第37
　巻〉……………………①899
膝栗毛文芸集成〈第38
　巻〉……………………①899
膝栗毛文芸集成〈第39

巻〉………… ①899
膝栗毛文芸集成〈第40
　巻〉………… ①899
緋紗子さんには、9つの
　秘密がある ……… ①1210
ひざ再生術で痛みを
　取って長生きする ①152
ひざ痛が消える！ 魔法
　の5秒体操 ……… ①173
ひざの痛みがスッキリ
　消える ………… ①173
膝の痛みは歩いて治す
　………………… ①173
被差別の民俗学 …… ②114
被差別部落像の構築 …②44
被差別マイノリティの
　いま ……………… ②44
被差別民とはなにか … ②115
ひざまずく騎士に、彼
　女は冷たい ……… ①1296
秘事 ………………… ①1399
土方巽 ……………… ①783
土方歳三〈上〉…… ①1049
土方歳三〈中〉…… ①1050
土方歳三〈下〉…… ①1050
土方歳三と新選組 … ①390
土方久功正伝 ……… ①869
ビジネス・アイ …… ②293
ビジネスアスリートの
　ための腸コンディ
　ショニング ……… ①180
ビジネス英語 魔法の切
　り返し ……………… ②649
ビジネスが危ない！ 共
　謀罪の真実 ……… ②214
ビジネス会計検定試験
　公式テキスト1級
　〈2017・18年版〉… ②508
ビジネス価値を最大化
　する思考法 ……… ②293
ビジネス基礎問題集 … ②293
ビジネス・キャリア検
　定試験過去問題集 解
　説付き 企業法務2級・
　3級 ……………… ②508
ビジネス・キャリア検
　定試験過去問題集 解説
　付き 総務2級・3級 …②508
ビジネス・キャリア検
　定試験標準テキスト
　労務管理 2級 …… ②508
ビジネス・キャリア検
　定試験標準テキスト
　労務管理 3級 …… ②508
ビジネス契約書式150例
　………………… ②293
ビジネス現場の担当者
　が読むべき、IoTプロ
　ジェクトを成功に導
　くための本 ……… ②293
ビジネスコミュニケー
　ション ………… ②293
ビジネス実務総論 …②373
ビジネス実務法務検定
　試験 一問一答エクス
　プレス 2級〈2017年度
　版〉……………… ②508
ビジネス実務法務検定
　試験一問一答エクス
　プレス 3級〈2017年度
　版〉……………… ②508
ビジネス実務法務検定
　試験1級公式テキスト
　〈2017年度版〉…… ②508
ビジネス実務法務検定
　試験1級公式問題集
　〈2017年度版〉…… ②508
ビジネス実務法務検定
　試験2級完全合格テキ

スト〈2017年版〉… ②508
ビジネス実務法務検定
　試験2級公式テキスト
　〈2017年度版〉…… ②508
ビジネス実務法務検定
　試験2級公式問題集
　〈2017年度版〉…… ②508
ビジネス実務法務検定
　試験2級 精選問題集
　〈2017年版〉…… ②508
ビジネス実務法務検定
　試験2級テキスト＆問
　題集〈2017年度版〉
　………………… ②508
ビジネス実務法務検定
　試験3級公式テキスト
　〈2017年度版〉…… ②508
ビジネス実務法務検定
　試験3級公式問題集
　〈2017年度版〉…… ②509
ビジネス実務法務検定
　試験3級テキスト＆問
　題集〈2017年度版〉
　………………… ②509
ビジネス実務法務検定
　試験3級 テキストい
　らずの問題集〈2017年
　版〉……………… ②509
ビジネス常識としての
　法律 ……………… ②194
ビジネスシーンから考
　える 改正個人情報保
　護法 ……………… ②188
ビジネスで勝つ方法は
　ゲームから学びなさ
　い ………………… ②293
ビジネスで差がつく論
　理 アタマのつくり方
　………………… ②355
ビジネスで使いこなす
　ためのロジカルコ
　ミュニケーション77
　………………… ②355
ビジネス電話検定実問
　題集 ……………… ②509
ビジネスという勝負の
　場は一瞬、しかも服
　で決まる ………… ②344
ビジネスとしての介護
　施設 ……………… ②63
ビジネスに活かす『孫
　子』……………… ①466
ビジネスに効く表情の
　つくり方 ………… ②344
ビジネス日本語マス
　ターテキスト …… ①636
ビジネスに役立つ 超
　絶！ 口説きの技術
　………………… ②361
ビジネス能力検定ジョ
　ブパス2級公式試験問
　題集〈2017年版〉… ②509
ビジネス能力検定ジョ
　ブパス2級公式テキス
　ト〈2018年版〉…… ②509
ビジネス能力検定ジョ
　ブパス3級公式試験問
　題集〈2017年版〉… ②509
ビジネス能力検定ジョ
　ブパス3級公式テキス
　ト〈2018年版〉…… ②509
ビジネスのためのデー
　タ処理リテラシー … ②509
ビジネスパーソンのた
　めの近現代史の読み
　方 ………………… ①590
ビジネスパーソンのた
　めの世界情勢を読み
　解く10の視点 …… ②125

ビジネスパーソンのた
　めの法律を変える教
　科書 ……………… ②194
ビジネスヒットチャー
　ト〈2017年度版〉… ②293
ビジネス文書と日本語
　表現 ……………… ①363
ビジネス法概論 …… ②194
ビジネス法体系 企業取
　引法 ……………… ②194
ビジネス法入門 …… ②195
ビジネス簿記入門 … ②474
ビジネスマナー力 … ①364
ビジネス・マネジメン
　ト ………………… ②373
ビジネスマネジャー検
　定試験過去問題集 第
　1回～第4回 …… ②509
ビジネスマネジャー検
　定試験完全対策過去
　＆模擬問題集 …… ②509
ビジネスマネジャー検
　定試験 テキスト＆問
　題集 ……………… ②509
ビジネスマンがはじめ
　て学ぶベイズ統計学
　………………… ②662
ビジネスマンの「カラダ
　再生」プログラム … ②344
ビジネスマンのための、
　いつも「ぐっすり」眠
　れる本 …………… ①171
ビジネスマンのための
　「リーダー力」養成講
　座 ………………… ②367
ビジネスマンのための
　六法全書の読み方を
　徹底理解！ ……… ②195
ビジネスマンのための
　B3ダイエットであな
　たも必ずやせられ
　る！ ……………… ①27
ビジネスメイクの新
　ルール …………… ①23
ビジネス名著大全 …②293
ビジネスメール即効お
　役立ち表現 ……… ①363
ビジネスモデル症候群
　………………… ②293
ビジネスモデルデザイ
　ンの道具箱 ……… ②293
ビジネスモデル for
　Teams ………… ②293
ビジネスリーダーのた
　めの老子「道徳経」講
　義 ………………… ②367
ビジネスリノベーショ
　ンの教科書 ……… ②293
菱のカーテンの向こう
　側 ………………… ②39
菱の血判 …………… ②39
菱の崩壊 …………… ②39
「ひじの向き」を変える
　とキレイにやせる！
　………………… ①27
ビジュアル解説！ 毒を
　もつ生き物図鑑 …①405
ビジュアル解説 日本経
　済時事ドリル …… ②245
ビジュアル高校数学大
　全 ………………… ②654
ビジュアル「国字」字典
　………………… ①632
ビジュアル思考×
　EXCELで営業の成果
　を上げる本 ……… ②334
ビジュアル事典 日本の
　城 ………………… ①427
ビジュアル 進化の記録

………………… ②685
ビジュアル数学全史 …②654
ビジュアル図解 飲食店
　の品質管理のしくみ
　がわかる本 ……… ②428
ビジュアル 図でわかる
　経済学 …………… ②265
ビジュアルテキスト国
　際法 ……………… ②219
ビジュアルで学ぶ 筋膜
　リリーステクニック
　〈Vol.2〉………… ②728
ビジュアルでわかる船
　と海運のはなし …②627
ビジュアル 7つの基本
　で身につくエクセル
　時短術 …………… ②355
ビジュアル日本切手カ
　タログ〈Vol.5〉…… ①251
ビジュアル日本の鉄道
　の歴史〈1〉……… ①435
ビジュアル日本の鉄道
　の歴史〈2〉……… ①435
ビジュアル日本の鉄道
　の歴史〈3〉……… ①435
ビジュアルヌード・
　ポーズBOOK …… ①862
ビジュアル・バイオテ
　クノロジー ……… ②572
ビジュアル版 科学の歴
　史 ………………… ①399
ビジュアル版 近代日本
　移民の歴史〈4〉…①427
ビジュアル版 糖質制限
　の教科書 ………… ①165
ビジュアル版 入門簿記
　講義 ……………… ②321
ビジュアル版 品格ある
　女性になる「感情整
　理」のレッスン …①117
ビジュアルブック フレ
　ンチタンクス＆アー
　マードビークルズ
　1914 - 1940 …… ②167
ビジュアル大和言葉辞
　典 ………………… ①633
ビジュアルワイド図解
　聖書と名画 ……… ①829
ビジュアルワイド図解
　日本の歴史智将・軍
　師100 …………… ①534
美熟ヌードポーズ集 …①779
びじゅチューン！ ぬり
　え ………………… ①866
美術界データブック
　〈2017〉…………① 882
美術界データブック
　〈2018〉………… ①882
「美術」概念の再構築
　（アップデイト）… ①824
美術家列伝〈第5巻〉… ①829
美術工作者の軌跡 …①824
美術作品レファレンス
　事典 人物・肖像篇
　〈3〉……………… ①882
美術作品レファレンス
　事典 日本の風景篇
　………………… ①882
美術市場〈2018〉…①824
美術大鑑〈2018年版〉
　………………… ①882
美術ってなあに？ …①829
美術年鑑〈2018（平成30
　年版）〉………… ①882
美術の会計 ……… ①825
美術の窓の年鑑 現代日
　本の美術〈2017〉… ①882
美術のレシピ …… ①740
美術批評家著作選集〈第

20巻・第21巻〉… ①824
美術品所蔵レファレン
　ス事典 西洋絵画篇
　………………… ①882
美術名典〈2018〉… ①882
美酒と黄昏 ……… ①946
非常時のモダニズム …①833
非上場株式の税務 …②324
非上場株式の評価ガイ
　ドブック ………… ②382
非上場株式の評価と承
　継対策 …………… ②328
非上場株式の評価の仕
　方と記載例〈平成29年
　版〉……………… ②328
美少女作画 ……… ①862
美少女作家と目指すミ
　リオンセラア アアア
　ア アアアッ!! …… ①1177
美少女作家と目指すミ
　リオンセラア アアア
　ア アアアッ!!〈2〉… ①1177
美少女ジュニアアイド
　ル ………………… ①1402
「美少女」の記号論 … ①106
美少女美術史 …… ①829
非常出口の音楽 …… ①1017
非情な結婚 ……… ①1371
美少年椅子 ……… ①1247
非常非命の歴史学 … ①538
秘書課のオキテ …… ①1157
美食家のための贅沢和
　食 ………………… ①59
美食の聖女様〈2〉… ①1291
秘書検定準1級実問題集
　〈2017年度版〉…… ②470
秘書検定1級実問題集
　〈2017年度版〉…… ②470
秘書検定2級実問題集
　〈2017年度版〉…… ②470
秘書検定3級実問題集
　〈2017年度版〉…… ②470
秘書室長がグイグイ
　迫ってきます！ …①1201
美女手形 ………… ①1062
美女と野獣 ……… ①322,
　　①379, ①1327, ①1364
美女と野獣〈上〉… ①376
美女と野獣〈下〉… ①376
美女と野獣 本にとらわ
　れたベル ………… ①376
美女と野獣 本物の愛を
　手に入れるフロムの
　言葉 ……………… ①118
ビジョナリー・マネ
　ジャー …………… ②367
秘書の恋物語 …… ①1380
秘書の小さな秘密 … ①1380
秘書の花嫁契約 …… ①1383
美女は飽きない … ①953
秘書は危険な職業 … ①1387
秘書は秘密の恋人〈2〉
　………………… ①1378
美女113人の髪型図鑑 …①23
秘書見習いの溺愛事情
　………………… ①1235
「秘書力」で人生を変え
　る！ …………… ②332
美尻トレ ………… ①27
聖の社会学 ……… ①500
美人画ボーダレス …①843
美人司書と女教師と人
　妻 ………………… ①1405
美人社長のランジェ
　リー ……………… ①1400
美人上司とダンジョン
　に潜るのは残業です
　か？ …………… ①1245

美人上司とダンジョン
　に潜むのは残業です
　か？〈2〉 ………… ①1245
美人な歩き方 ……… ①118
美人のレシピ〈その2〉‥①68
美人は、片づけから ‥ ①118
美人はキレイな筋肉で
　できている ……… ①27
美人は「鼻」で決まる ‥①23
美人論 ………… ②106
翡翠 …………… ①30
翡翠の森の眠り姫 ‥ ①1325
ビスケットであそぼう
　…………… ②551
ビースト・クエスト〈9〉
　…………… ①376
ビースト・クエスト
　〈10〉 ………… ①376
ビースト・クエスト
　〈11〉 ………… ①376
ビースト・クエスト
　〈12〉 ………… ①376
ビースト・ゲート … ①1128
ヒストリア …… ①984
ピストルと荊冠 … ①931
ピース降る ……… ①970
ピースフルスクールプ
　ログラム ……… ①675
秘すれば花なり 山頭火
　…………… ①975
ピースワークの服 ‥①84
ピースワンコ物語 … ①384
ビゼー『アルルの女』組
　曲 第1番・第2番 ‥①818
非正規クライシス ‥ ②464
微生物のサバイバル〈1〉
　…………… ①399
微生物のサバイバル〈2〉
　…………… ①399
微生物パワーで環境汚
　染に挑戦する ‥ ②576
備前 …………… ①874
非線形波動の物理 ‥ ②666
非線形有限要素法のた
　めの連続体力学 ‥ ②602
非戦・対話・NGO … ②125
非＝戦（非戦）…… ①967
ひそやかな誓い …… ①1385
非対称の文法 ……… ①631
美大生図鑑 ……… ①959
美タイピング完全マス
　ター練習帳 …… ②520
飛田和緒のおうち鍋 ‥①59
日高敏隆 ……… ②692
ピーター卿の事件簿
　…………… ①1333
ひだゴハン ……… ①59
ひたすら面白い小説が
　読みたくて ……… ②3
日立製作所の就活ハン
　ドブック〈2019年度
　版〉 ………… ②292
『常陸国風土記』入門
　ノート ……… ①538
ピーターパン …… ①379
ピーターパンとウェン
　ディ ………… ①338
ピーター・パンの冒険
　…………… ①1363
ひたぶる者〈4〉…… ①1104
陽だまり ……… ①776
陽だまり 他一篇 ‥ ①784
ピーターラビット のぞ
　いてごらん …… ①306
左利きあるある 右利き
　ないない ……… ②32
左利きだったから異世
　界に連れて行かれた

〈5〉。なぞって …… ①1211
左手でなぞって物忘れ
　防止記憶力アップ!!
　…………… ①160
左と右・対称性のサイ
　エンス ……… ②649
ひだりみぎ ……… ①338
美男子作画 ……… ①862
緋弾のアリア〈25〉 ‥ ①1143
緋弾のアリア〈26〉 ‥ ①1143
悲嘆の門〈上〉 …… ①1111
悲嘆の門〈中〉 …… ①1111
悲嘆の門〈下〉 …… ①1111
＃ぴちょぴちょ …… ①776
筆界特定事例集〈3〉‥②210
筆記から面接まで! 一
　般常識＆最新時事
　〈2019年入社用〉 ‥ ①298
棺の魔王（コフィン・
　ディファイラー）〈3〉
　…………… ①1271
棺の魔王（コフィン・
　ディファイラー）〈4〉
　…………… ①1271
ビッグショット・オー
　ロラ ………… ②649
「ビッグデータ」＆「人
　工知能」ガイドブッ
　ク ………… ②524
ビッグデータを支える
　技術 ………… ②520
ビッグデータ解析の現
　在と未来 …… ②520
ビッグデータから見え
　た韓国 ……… ②88
ビッグデータという独
　裁者 ………… ②293
ビッグデータの支配と
　プライバシー危機 ‥②512
ビッグデータ分析・活
　用のためのSQLレシ
　ピ ………… ②551
ビッグデータ・リトル
　データ・ノーデータ ‥②7
ビッグピクチャーアト
　ラス ………… ①426
ビッグヒストリー大図
　鑑 ………… ①618
ビッグ・ファット・
　キャットの世界一簡
　単な英語の大百科事
　典 ………… ①640
ビッグブック ノラネコ
　ぐんだん パンこう
　じょう ……… ①338
びっくりおかお へんし
　ん ………… ①306
びっくり! 学校めいろ
　…………… ①441
ヒツクリコ ガツクリコ
　…………… ①884
ビックリ3D図鑑 対戦!
　恐竜バトル …… ①401
ビックリするほど成績
　が上がる! 授業を生
　かした中高生の勉強
　方法 ………… ①701
ビックリするほど目が
　良くなる本 …… ①183
びっくりするほど夢が
　叶う未来設計術 ‥ ①126
びっくりたね …… ①356
びっくり動物TOP5 ‥ ①408
ビックリマンシール悪
　魔VS天使編公式コレ
　クターズガイド …①273
必携「からくり設計」メ
　カニズム定石集 ‥ ②602
必携 救急観察処置スキ

ルマニュアル …… ②721
必携教職六法〈2018年度
　版〉 ………… ②758
必携自治体職員ハンド
　ブック ……… ②153
必携 実務実習ノート
　〈2017年度改訂版〉
　…………… ②770
必携 自動車事故・危険
　運転重要判例要旨集
　…………… ②218
必携 住宅・建築物の省
　エネルギー基準関係
　法令集〈2017〉 ‥ ②620
必携 統計的大標本論 ‥②662
必携 脳卒中ハンドブッ
　ク ………… ②731
必見 よく分かる住まい
　づくり〈2017〉 ‥ ①20
ひっこみ思案のあなた
　が生まれ変わる科学
　的方法 ……… ①126
羊飼いの暮らし …… ①936
ひつじのショーン ‥ ①376
必出テーマで押さえる
　教員採用試験のため
　の論作文＆面接対策
　〈2019年度版〉 ‥ ①760
必勝合格宅建オリジナ
　ル問題集〈平成29年度
　版〉 ………… ②499
必勝合格宅建士過去問
　題集〈平成30年度版〉
　…………… ②499
必勝合格宅建士テキス
　ト〈平成30年度版〉
　…………… ②499
必勝合格宅建直前予想
　模試〈平成29年度版〉
　…………… ②499
必勝・就職試験! Web
　・CAB・GAB
　Compact・IMAGES
　対応 CAB・GAB完
　全突破法!〈2019年度
　版〉 ………… ①295
必勝ダンジョン運営方
　法（6）……… ①1294
必勝ダンジョン運営方
　法（7）……… ①1294
必勝法の数学 …… ②654
筆蝕の構造 書字論 ‥①871
筆跡鑑定人・東雲清一
　郎は、書を書かない。
　…………… ①1094
ぴったんこ! ねこざか
　な ………… ①322
筆談で覚える中国語 ‥①666
ヒッチコック9 ‥ ①794
ピッチと和声の神経
　コード ……… ②731
必中の投箭士〈1〉 ‥ ①1285
ビッツェリア「成功」開
　業BOOK ……… ②428
ビッと宇宙エネルギー
　につながる方法 ‥ ①142
ビッと宇宙につながる
　最強の叶え方 …… ①142
ヒットを育てる! 食品
　の機能性マーケティ
　ング ………… ②337
必読! いま中国が面白
　い〈Vol.11〉 ‥ ②252
ビットコイン投資やっ
　てみました! …… ②391
ビットコインとブロッ
　クチェーンの歴史・
　しくみ・未来 …… ②379
ビットコインのすべて

がわかる本 ……… ②379
ビットコインは「金貨」
　になる ……… ②379
ヒット商品は「足し算
　と引き算の法則」で
　できる! ……… ②339
ヒットの予感!!〈2017年
　度版〉 ……… ②339
ヒットマン〈volume 3〉
　…………… ①855
ひっぱってみつけるあ
　ついところのどうぶ
　つ ………… ①306
ひっぱってみつけるさ
　むいところのどうぶ
　つ ………… ①306
ヒップホップ東欧 ‥ ①807
必要書類の集め方から
　申請手続きまで これ
　ならわかる相続登記
　…………… ②210
必要なお金から考える
　私のライフイベント
　…………… ②391
否定と肯定 ……… ①936
＃ヒデトレ ……… ①27
秀吉を討て ……… ①1047
秀吉・織部の緑の京焼
　…………… ①874
秀吉の活 ……… ①1038
ピーテル（継之進）とコ
　ルネリア ……… ①987
秘伝解禁! 忍者超百科
　…………… ①427
秘伝・日本史解読術 ‥①534
緋天のアスカ〈3〉 ‥ ①1152
ひとあしひとあし前へ
　…………… ①701
ひと息で挑む紺碧の世
　界 ………… ②232
1駅1題TOEIC L&R
　TEST読解特急 ‥ ①660
人を操る黒い心理術 ‥②361
人を動かす聞く力＆質
　問力 ………… ②362
人を動かす原則 …… ②367
人を動かす「仕掛け」‥②293
人を動かす! 実戦ビジ
　ネス日本語会話 中級
　〈2〉 ………… ①636
「人を動かす」ために本
　当に大切なこと ‥ ②367
人を襲うクマ …… ②692
人を慈しむこころ … ②952
人を大切にする経営学
　講義 ………… ②373
人を育む愛着と感情の
　力 ………… ①495
人を振り向かせる "さわ
　ぎ"のおこしかた ‥②355
人が育つ小集団改善活
　動 ………… ②590
一からわかる抜歯の臨
　床テクニック … ②758
人嫌い公爵は若き新妻
　に恋をする …… ①1399
人喰いの大鷲トリコ公
　式攻略＆設定集 ‥ ①283
ひとくいマンイーター
　…………… ①1169
ヒトケミカルでケイジ
　ング（健康的なエイジ
　ング）……… ①152
美と健康をかなえる メ
　リハリ寝かせ玄米生
　活 ………… ①59
美と健康のつくりおき
　ファイトレシピ … ①59
ひとごろしのうた ‥ ①1108

一皿でごちそう! わた
　しの煮込み料理 …… ①60
一皿で大満足のっけパ
　スタ フランスで大人
　気の時短レシピ …① 68
人質王女が皇帝陛下と
　いちゃらぶ溺愛婚で
　すかっ!? ……… ①1397
人質オペラ …… ①1074
人質は八十万石 …… ①1061
人受精胚と人間の尊厳
　…………… ②728
火と縄文人 ……… ①540
"人疲れ"が嫌いな脳 ‥②364
人付き合いが苦手なの
　はアスペルガー症候
　群のせいでした。‥ ①495
人づき合いの基準 ‥ ①100
人妻 悪魔マッサージ
　"美央と明日海" ‥ ①1400
人妻オークション … ①1400
ヒトヅマカリ ……… ①1399
人妻 交姦の虜 …… ①1400
人妻 肛虐の運命 … ①1406
人妻告白スペシャル は
　じめての淫ら体験 ‥②36
人妻告白スペシャル 人
　に言えない淫らな体
　験 ………… ②36
人妻シェアハウスは僕
　のハーレム …… ①1405
人妻好き ……… ②36
人妻好きが透明人間に
　なったら? …… ①1397
人妻たちに、お仕置き
　…………… ①1401
人妻つまみ食い …… ①1402
人妻店長の痴態勤務
　…………… ①1397
人妻部 夜の社員研修
　…………… ①1402
人妻 "暴虐"牝гейい ‥ ①1403
人妻みだら不動産 … ①1402
人妻遊泳 ……… ①1403
人妻A賞 ……… ①1404
人それぞれ ……… ①950
ビートたけしと北野武
　…………… ①771
人助け起業（ミリオネ
　ア・メッセンジャー）
　…………… ②293
ひとたびてつたび〈2〉
　…………… ②258
ひとつ上の思考力 ‥ ②355
ひとつずつ ……… ①338
ひとつの野菜で作りお
　き ………… ①60
ひとつの野菜で作る常
　備菜 ………… ①60
一橋大学環境法政策講
　座・国際シンポジウ
　ム 原発事故からの復
　興と住民参加 …… ②580
一粒の飴とグラウンド
　ゼロ ………… ①996
一粒の涙 ……… ①953
一つ屋根の下の探偵た
　ち ………… ①1112
人手不足なのになぜ賃
　金が上がらないのか
　…………… ②464
ひと手間カンパニー。
　…………… ②293
「ひと手間」でおいしさ
　と幸せひろがる 今夜
　はごちそう煮込み ‥①60
人と会っても疲れない
　コミュ障のための聴
　き方・話し方 …… ①485

書名索引

人と馬の五〇〇〇年史 ……②456
人と自然の生態学 ……②115
人として生きる ……①100
人と植物の文化史 ……②118
一年（ひととせ）……①1013
人と組織のマネジメント ……②373
人と人をつなぐ楽しい絵手紙〈2〉……①862
人と人の間で生きる・①967
人と料理 ……①37
人なき世界を、魔女と京都へ ……①1232
ひと夏の恋は遠く ……①1391
人にもお金にも愛される美開運メイク ……①23
人の数だけ物語がある。……①931
ひとのくらしと香りを訪ねて〈1〉……①198
人の呑れ方 ……①1009
人の国際移動と現代日本の法 ……②465
人の心を操る技術 ……①106
人の心を動かす使える質問 ……②293
人の心は読めるか？ ……①485
人の2倍見抜く本 ……①106
ひとのパパ見てわがパパ直せ ……①15
人の和で幸せを広げるおかげさま経営 ……②293
人は「あの世」で生き続ける ……①142
人はアンドロイドになるために ……①985
ヒトは「いじめ」をやめられない ……①485
人は、老いない ……①111
人は神 ……①142
人は変われる。……①485
人は記憶で動く ……①485
人はこうして「食べる」を学ぶ ……①37
人は怖くて嘘をつく・①949
人は死んだらどこに行くのか ……①500
ひと鉢から始まるプチガーデニング ……①268
ひと鉢のアレンジBOOK ……①268
人はどのように鉄を作ってきたか ……②624
人はなぜ宇宙人に誘拐されるのか？ ……①485
人はなぜ老いるのか ……①161
ヒトは何故それを食べるのか ……①38
人はなぜ戦うのか ……①615
人はなぜ太りやすいのか ……②721
人はなぜ物語を求めるのか ……①100
ヒトはなぜ病み、老いるのか ……②685
人はみな、オンリーワン ……①525
人はもともとアクティブ・ラーナー！……①720
一晩でわかる経営者の法律知識 ……②195
人びとの自然再生 ……②576
ひとひらの ……①974
人前で「あがらない人」と「あがる人」の習慣 ……①126

人前で話す教える技術 ……②362
人前で話すのが苦手な人が少しだけ楽に話せるようになる32のヒント ……②362
ひとまず、信じない・②106
10（ヒトマル）式戦車テクニカルファイル・①167
人見知りアナウンサーに学ぶ ドキドキに負けない話し方 ……②362
人見知りで不出精だったOLがコミュニティの女王になった理由 ……②293
人みな眠りて ……①1328
瞳の犬 ……①1002
一目で、恋に落ちました ……①1235
ひと目で見分ける340種 野山の生き物ポケット図鑑 ……②692
一目でわかる医療費控除 ……②403
ひと目でわかる体のしくみとはたらき図鑑 ……②728
ひと目でわかる！ 教室で使うみんなのことば（英語・中国語・ポルトガル語・フィリピノ語）……①424
ひと目でわかる！ 教室で使うみんなのことば（英語・中国語・ポルトガル語・フィリピノ語 算数・理科・家庭科・道徳ほか）……①424
ひと目でわかる！ 教室で使うみんなのことば（英語・中国語・ポルトガル語・フィリピノ語）学校の一日・①424
一目でわかる 小規模宅地特例100〈2017年度版〉……①618
ひと目でわかる「戦前の昭和天皇と皇室」の真実 ……②151
ひと目で分かる孫子の兵法 ……①466
一目でわかる 中国進出企業地図〈2017-2018年版〉……②312
ひと目でわかる糖質量事典 ……①166
ひとめでわかる のんではいけない薬大事典 ……①155
ひとめでわかる100kcalダイエット ……①27
ひと目でわかる保育者のための児童家庭福祉データブック〈2018〉……②63
ひと目でわかる！ 冷蔵庫で保存・作りおき事典 ……①60
ひと目でわかる労災保険給付の実務〈平成29年改訂版〉……②75
ひと目でわかる労働保険徴収法の実務〈平成29年改訂版〉……②461
ひと目でわかるActive Directory Windows Server 2016版 ……②546
ひと目でわかるAzure基

本から学ぶサーバー＆ネットワーク構築 ……②527
ひと目でわかるAzure Active Directory ……②520
ひと目でわかるHyper - V Windows Server 2016版 ……②536
一目でわかるMRI超ベーシック ……②734
ひと目でわかるOffice365 サイトカスタマイズ＆開発編 ……②545
ひと目でわかるOffice 365ビジネス活用28の事例 ……②545
ひと目でわかるVisual Basic 2017データベース開発入門 ……②558
ひと目でわかるWindows Server 2016 ……②546
ひとめぼれ ……①1054
人もチームもすぐ動くANAの教え方 ……②305
人・物・お金の流れは太くなる ……①100
ひと・もの・知の往来 ……①594
獄の棘 ……①1093
ひと夜の月 ……①985
人より評価される文章術 ……①634
ヒトラーと第二次世界大戦 ……①607
ヒトラーとトランプ ……①136
ヒトラーとは何か ……①608
ヒトラーの陰謀伝説 ……②125
ヒトラーの描いた薔薇 ……①1360
ヒトラーの原爆開発を阻止せよ！……①602
ヒトラーの裁判官フライスラー ……①608
ヒトラーの試写室 ……①1109
ヒトラー 野望の地図帳 ……①608
一人を楽しむソロキャンプのすすめ ……①234
ひとりから始める「市民起業家」という生き方 ……②293
ひとり空間の都市論・②582
ひとり暮らしからシニアまで 小さな鍋で絶品おかず ……①60
一人暮らしで生きていくための任意後見入門 ……②205
ヒトリコ ……①1011
ひとりごと ……①771
ひとりごとの翁 ……①967
"ひとり死"時代のお葬式とお墓 ……①111
独り占めバックステージ ……①1307
ひとりじめマイヒーロー ……①1135
独りじゃダメなの ……②90
ひとり情シスのためのWindows Server逆引きデザインパターン ……②546
ひとり上手 ……①944
ひとり吹奏楽部 ……①1012
ひとりぜいたく晩酌帖 ……①45
ひとり税理士のIT仕事術 ……②492

ひとり旅の神様 ……①1156
ひとり旅の神様〈2〉 ……①1156
一人っ子ってこんな性格。……①485
一人っ子同盟 ……①1000
ひとりでえほんかいました ……①338
ひとりで探せる川原や海辺のきれいな石の図鑑〈2〉……①680
ひとりで闘う労働紛争 ……②464
一人でつくれる契約書・内容証明郵便の文例集 ……②293
ひとりでできるかな？ はじめての家事〈1〉……①434
ひとりでできる実家の相続登記 ……②192
ひとりでできるはじめてのえいご〈6〉……①395
ひとりでできるはじめてのえいご〈7〉……①395
ひとりでできるはじめてのえいご〈8〉……①395
ひとりでできるはじめてのえいご〈9〉……①395
ひとりでできるはじめてのえいご〈10〉……①395
一人で特許の手続をするならこの1冊 ……②585
ひとりで学べる診療報酬請求事務能力認定試験テキスト＆問題集〈2017年版〉……②781
ひとりで学べる！ 第一種電気工事士技能試験候補問題マスター〈平成29年版〉……②635
ひとりで学べる！ 第二種電気工事士技能試験候補問題マスター〈平成29年版〉……②635
ひとりで学べる！ 第2種電気工事士試験〈2017年版〉……②635
ひとりで学べる地学・②680
ひとりで学べるメンタルヘルス・マネジメント検定2種・3種合格テキスト＆問題集・②781
ひとりで学べるRC造建築物の構造計算演習帳 許容応力度計算編 ……②622
一人でもだいじょうぶ 仕事を辞めずに介護する ……②71
一人にさせないで・①1371
ひとりになったライオン ……②308
"ひとりの時間"が心を強くする ……①100
ひとりの力を信じよう ……②293
ひとり飲みのやせるつまみ ……①66
一人ひとりが考え、全員でつくる社会科授業 ……①732
一人ひとりの思いをつなげる 絵手紙続ける力 ……①862
ひとり分から作れる麺の本 ……①60
ひとりぶん料理の教科書 ……①60

ひとりぼっちを全力で楽しむ ……①100
ひとりぼっちの教室 ……①352
ひとりぼっちの子ゾウ ……①384
ひとりぼっちの辞典 ……①949
ひとりぼっちのソユーズ ……①1245
ヒト臨床研究のための統計解析ハンドブック ……②734
ビートルズを呼んだ男 ……①931
ビートルズが教えてくれた ……①807
ビートルズが分かる本 ……①807
ビートルズ原論 ……①807
ビートルズ語辞典 ……①807
「ビートルズと日本」ブラウン管の記録 ……①807
ビートルズの英語タイトルをめぐる213の冒険 ……①640
ビートルズはどこから来たのか ……①807
ビートルズは眠らない ……①807
ヒトiPS細胞研究と倫理 ……②685
日なたと日かげ ……①952
日向の温度 与田祐希 ……①776
ひなた弁当 ……①1023
ひなびた温泉パラダイス ……①189
日向美ビタースイーツ BITTER SWEET GIRLS！……①809
「美」に生かされて ……①953
ビニール傘 ……①993
否認項目の受け入れを中心とした法人税申告書別表四、五（一）のケース・スタディ ……②407
ピネベルク、明日はどうする!? ……①1336
火の後に ……①920
火の科学 ……①611
ひのきしん人生 ……①502
美の奇人たち ……①1280
火の書 ……①1330
ピノッキオ物語の研究 ……①926
緋の天空 ……①1055
日の名残り〈14〉……①1060
日野原重明の世界 ……①100
日野原重明のリーダーシップ論 ……②367
日野原重明の霊言 ……①504
火ノ丸相撲 四十八手〈2〉……①1136
非・場所 ……②115
美肌戦争 ……①23
美髪はよみがえる ……①23
ビバップから学ぶジャズ・ギター ……①813
ビバ☆テイルズオブマガジン ufotableイラストレーションズ・①843
火花 ……①1018
ビハーラと『歎異抄』による救い〈6〉……①520
美は乱調にあり ……①1003
批判する/批判されるジャーナリズム ……②14
批判的スポーツ社会学の論理 ……②106

日々を楽しむ10人の暮らしと空間 … ①20
響きあう身体 ……… ①820
響く言葉 ……… ①771
響け！ ユーフォニアム 北宇治高校吹奏楽部、波乱の第二楽章〈前編〉 ……… ①1226
響け！ ユーフォニアム 北宇治高校吹奏楽部、波乱の第二楽章〈後編〉 ……… ①1226
「響け！ ユーフォニアム2」北宇治高校吹奏楽部入部ブック …… ①800
日々好日 ……… ①824
日々たんたんとパン …①38
日々のあみもの ……①83
日々のクラスが豊かになる「味噌汁・ご飯」授業 算数科編 …①728
日比野式みんなの眼トレ100日ドリル … ①183
日々の生活にチャクラを活かす ……… ①152
日々の野菜帖 ……… ①60
ビビはいっとうしょう！ ……… ①315
ヒヒヒヒうまそう ・ ①338
日比谷高校の奇跡 …… ①701
批評について …… ①455
批評の熱度 体験的吉本隆明論 ……… ①463
ビビらない技法 … ①126
ビビる！ 都市伝説＆怪談スペシャル …… ①386
日々 "HIBI" TSUKIJI MARKET …… ①258
ビフォー・アフターで取り組む国語科授業デザイン ……… ①724
皮膚科カラーアトラス ……… ②762
皮膚からの吸収・ばく露を防ぐ！ …… ②738
火吹きドラゴン武装店 倉庫の武器目録 …①283
皮ふと健康おトク情報 ……… ①152
皮ふの下をのぞいてみれば … ①410
皮膚の悩みに光を！「乾癬」の原因とは？ ・ ②762
皮膚は「心」を持っていた！ ……… ①152
ひふみんの将棋入門 ・ ①250
ビブリア古書堂セレクトブック ……… ①855
ビブリア古書堂の事件手帖〈2〉 …… ①369
ビブリア古書堂の事件手帖〈7〉 …… ①1274
ビブリオテカ ……… ②3
ビブリオバトルへ、ようこそ！ ……… ①352
皮膚リンパ腫アトラス ……… ②762
ピープルズ ……… ②87
微分積分 …… ②657、②658
微分積分学 ……… ②658
微分積分学〈第2巻〉 …②658
微分方程式 ……… ②658
微分方程式と数理モデル ……… ②658
微分方程式入門 ・ ②658
美貌の王子は新妻に何度も恋をする ……… ①1398
美貌の公爵は仕立て屋

の娘を溺愛する… ①1401
美母 裏でお願い … ①1406
緋牡丹 ……… ①1059
緋牡丹頭巾 ……… ①1406
非凡・平凡・シャボン！〈2〉 ……… ①1300
非凡・平凡・シャボン！〈3〉 ……… ①1300
美磨女Yoga"ミッツのチューブヨガ" ……… ①162
暇人同盟〈2〉 ……… ①1220
暇人、魔王の姿で異世界へ〈4〉 ……… ①1138
暇人、魔王の姿で異世界へ 時々チートなぶらり旅〈5〉 ……… ①1138
美魔は花泉にたゆたう ……… ①1317
ヒマラヤ聖者 最後の教え〈上〉 ……… ①142
ヒマラヤ聖者最後の教え〈下〉 ……… ①142
ヒマラヤ聖者のいまを生きる知恵 ……… ①100
ヒマラヤ大聖者慈愛の力 奇跡の力 ……… ①142
ヒマラヤ大聖者の幸運を呼ぶ生き方 …… ①100
ヒマラヤ大聖者のマインドフルネス ……… ①142
ひまわり ……… ②705
ひまわりが咲くたびに "ふくしま" が輝いた！ ……… ②42
ひまわり探偵局 ……… ①1104
ひまわりのように … ①943
ひまわりは枯れてこそ実を結ぶ ……… ①955
ひまわり8号と地上写真からひと目でわかる日本の天気と気象図鑑 ……… ②680
ヒマワリ：unUtopial World〈4〉 ……… ①1255
ヒマワリ：unUtopial World〈5〉 ……… ①1255
肥満がいやなら肺を鍛えなさい ……… ①152
肥満・糖尿病の外科治療 ……… ②749
肥満と疾患 ……… ②722
肥満・メタボを解消！ ラクしてやせる101のワザ ……… ①27
卑弥呼の墓は、すでに発掘されている!! …①546
卑弥呼Xファイル …… ①546
ひみつ ……… ①776
秘密〈下〉 ……… ①376
秘密を抱えた家政婦 ……… ①1382
秘密を宿したダイヤモンド ……… ①1382
秘密結社の世界史 …… ①590
秘密だらけの危険なトリック ……… ①1345
ひみつ堂のヒミツ ・ ②428
ヒミツにせまる！ 恐竜もの知りデータBOOK ……… ①401
秘密の一夜 ……… ①1384
秘密の型なしパイ ……①60
秘密の絆 ……… ①1382
ひみつのきもちぎんこう ……… ①339
ひみつの国のフェスティバル Festival of Secret Country … ①866
秘密の恋の贈り物 … ①1395

秘密の恋文は春風と ……… ①1341
秘蜜の椅 ……… ①1305
ひみつの小説家の偽装結婚 ……… ①1242
ヒミツの心理テストMAX ……… ①437
秘密の宝物 ……… ①1387
秘密の天使と愛の夢 ……… ①1375
秘密の花園 ……… ①379
ひみつの友情マドレーヌ ……… ①352
ひみつの妖精ハウス ・ ①376
ひみつの妖精ハウス〈5〉 ……… ①376
秘密のレッスン ……… ①1399
ヒミツは子供が寝たあとで ……… ①1312
秘密は罪、沈黙は愛 ……… ①1382
美味礼讃 ……… ①960
姫君は王子のフリをする ……… ①1142
日めくり麻酔科エビデンスアップデート … ②749
日めくりマタニティブック ……… ①8
秘め事 ……… ①1400
秘め事は雨の中 …… ①1199
姫咲アテナは実在しない ……… ①1148
姫さま剣客 柳生飛鳥 ……… ①1063
姫文字 ……… ①1050
美文字の法則 さっと書く一枚の手紙 …①18
美文字はあきらめなさい ……… ①18
非モテが教える婚活机上の空論 ……… ①118
非モテ新兵に語る40代童貞の垂訓 ……②30
毒薬〈9〉 ……… ①1033
101人が選ぶ「とっておきの言葉」 ……… ①100
101のビジュアル・イリュージョン ……… ①878
101歳の教科書 ……… ①837
101匹目のジャズ猿 ・ ①813
100円ちゃりんちゃりん投資 ……… ②391
百円の男 ……… ②308
100えんのにじ …… ①339
100億人のヨリコさん ……… ①1102
109ひきのどうぶつマラソン ……… ①339
100語でわかる子ども ……… ①675
一〇五歳、死ねないのも困るのよ …… ①947
150%パニック！ 絶対ダマされる!?からだマジック ……… ①437
155cm STYLE ……①30
152センチ62キロの恋人〈1〉 ……… ①1223
152センチ62キロの恋人〈2〉 ……… ①1223
100語で簡単！ ネイティブに伝わる英会話 ・ ①644
100語でわかる色彩 …①881
一〇五度 ……… ①352
一〇〇歳時代の人生マネジメント ……… ①111
百歳人生を生きるヒント ……… ①111
100歳の生きじたく ・・ ①111

100歳の花写真 ……… ①258
100歳まで生きる手抜き論 ……… ①111
100歳まで動ける体になる「筋リハ」 ……… ①159
100歳までクルマを運転する ……… ①241
100歳まで元気でいるための歩き方＆杖の使い方 ……… ①161
100歳まで元気でいるためのパパッと簡単！ 作りおき ……… ①60
103歳。どこを向いても年下ばかり ……… ①111
一〇三歳になってわかったこと ……… ①101
138億年宇宙の旅 ……①676
100時間の夜 ……… ①376
百式英単語 最速インプット→2023 …… ①653
百姓たちの戦争 …… ①562
百姓たちの幕末維新 ・ ①568
百姓夜話 ……… ②576
100症例に学ぶ小児診療 ……… ②748
百書百冊 ……… ②3
百千万劫に愛を誓う ……… ①1323
百戦錬磨の魔王に恋愛 初心者の私が愛されちゃいました。 …… ①1399
百田尚樹 永遠の一冊 ・ ①913
百田百言 ……… ①101
107年の謎 ……… ②616
百二十歳の少女 …… ①1119
100人以下の会社のためのiDeCo＆企業型DC 楽々活用法 …… ②294
100人が語る戦争とくらし〈1〉 ……… ①427
100人が語る戦争とくらし〈2〉 ……… ①427
100人が語る戦争とくらし〈3〉 ……… ①427
100人の数学者 …… ②655
100人のトップシェフが選ぶベストレストラン東京 シェフ推し…①41
百人百色の投資法〈Vol.5〉 ……… ②395
百年後 ……… ①955
100年恋するウエディング ……… ①118
100年後に残したい！ マンガ名作 ……②33
百年先の笑顔へ …… ①258
100年先も勝ち続けるための成功経営術 …… ②294
百年誌 岩槻の人形 … ②118
100年成長企業のマネジメント ……… ②373
100年続く企業の「ちょっと、いい話」 ……… ②294
100年の木の下で … ①352
百年の散歩 ……… ①1006
100年のジャズを聴く ……… ①813
百年の秘密〈16〉 …①1209
100年働く仕事の哲学 ……… ②294
100の物語で読む新約聖書ものがたり …①529
百の椿 ……… ①974
100倍クリックされる超Webライティング実践テク60 …②529
100%下ごしらえで絶対

失敗しない定番料理 ……… ①60
100%自分原因説で幸せになる！ ……… ①101
100%絶対かなう「願い方」 ……… ①101
百八観音霊場ガイド ・ ①514
180日間営業変革プロジェクト ……②334
108年の幸せな孤独 ・ ①931
非薬物療法で心不全をコントロールして癒す ……… ②740
飛躍への挑戦 ……②431
100万回シェアされるコピー ……… ②340
100万人が受けたい社会科アクティブ授業モデル ……… ①733
百万ポンド紙幣 …… ①380
媚薬！ みだらな性力実験 ……… ①1402
百名山殺人山行 …… ①1073
100問でわかるPython ……… ②551
100問100答 改正債権法でかわる金融実務 ・ ②209
白夜の刑法 ……… ②220
白夜の病棟日誌 …… ②701
百錬の覇王と聖約の戦乙女〈ヴァルキュリア〉〈13〉 …… ①1224
百錬の覇王と聖約の戦乙女〈ヴァルキュリア〉〈14〉 …… ①1225
百六箇種脱對見拜述記 ……… ①521
100回泣いても変わらないので恋することにした。 …… ①1268
百科全書 ……… ①590
百貨店調査年鑑〈2017年度版〉 ……②425
百貨店トワイライト ……… ①1146
百貨の魔法 ……… ①1020
百鬼一歌 ……… ①1218
百鬼夜行少年 …… ①843
百均で異世界スローライフ〈1〉 ……… ①1223
百均で異世界スローライフ〈2〉 ……… ①1223
白虎さまの守り神 … ①1308
百発百中の引き寄せの法則 ……… ①101
ヒャッハー！ ふなっしーとフルーツ王国 ……… ①352
日雇い臨時工員から非正社員になった男の奮闘記 ……… ①931
日向くんを本気にさせるには。 ……… ①1283
ピュタン ……… ①1327
ヒュッゲ 365日「シンプルな幸せ」のつくり方 ……… ①101
ビューティフル・ソウル ……… ①1199
ヒュプノスゲーム … ①1266
ヒューマン・コメディ ……… ①1331
ヒューマンファーストのこころの治療 …… ②701
ヒューマンロボティクス ……… ②598
ヒューム哲学の方法論 ……… ①472
ヒューリックドリーム

書名索引

…………………②294
病院からの全患者避難
　…………………②699
病院経営が驚くほど変
　わる8つのステップ
　…………………②709
病院経営実態調査報告
　〈平成28年〉………②709
病院経営分析調査報告
　〈平成28年〉………②709
病院計画総覧〈2017年
　版〉………………②709
病院再生の設計力 …②709
病院再編・統合ハンド
　ブック ……………②722
病院事務のための医療
　事務総論/医療秘書実
　務 …………………②709
病院大連携時代へ…②709
病院賃金実態資料〈2017
　年版〉……………②709
病院での感染症をどう
　予防するか ………②733
病院で働く心理職 …②702
病院でぼくらはみんな
　死にかけた!! ……②939
病院で役に立つ ゆびさ
　し6カ国語会話手帳
　…………………②709
病院図書館の世界………②7
美容院と1000円カット
　では、どちらが儲か
　るか？……………②294
病院のマネジメント ・②709
病院は東京から破綻す
　る …………………②702
病院崩壊 ……………②710
病院前救護学の構築に
　向けた理論的基盤 ・②722
病院薬剤師業務推進実
　例集〈5〉…………②770
豹王の刻印 …………①1322
漂海のレクイエル …①1145
氷解「倭人伝」……①546
描画からわかる子ども
　の危機と成長のサイ
　ン …………………①495
美容格差時代 ………①23
評価される人のすごい
　習慣 ………………②355
評価の基準 …………②355
病気を知る、防ぐ、治す
　新・家庭の医学 ……①167
病気を遠ざける！ 1日1
　回 白光浴………①152
病気を引き寄せる患者
　には理由がある。②702
病気を見きわめる胃腸
　のしくみ事典 ……①180
病気を見きわめる脳の
　しくみ事典 ………①178
病気を見きわめる目の
　しくみ事典 ………①183
病気が逃げ出す上体温
　のすすめ …………①152
病気がみえる〈vol.11〉
　…………………②752
病気知らずの子育て ・①168
病気と薬ウソ・ホント
　の見分け方 ………①152
病気と不調を自分で治
　す！ 家庭おくすり大
　事典 ………………①155
病気と薬物療法 消化器
　疾患 ………………②741
病院になったとき体の
　中で起こてることが
　見える本 …………①167
「病気にならない家」 6

つのルール ………①152
病気にならない体をつ
　くる「ミルク酢」健康
　法 …………………①159
病気にならない！ しょ
　うが緑茶健康法 …①159
病気にならない食べ方
　はどっち？ ………①164
病気にならない人は何
　を食べているのか ・①164
病気の9割を寄せつけな
　いたった1つの習慣
　…………………①152
病気の子どもの教育支
　援ガイド …………①686
病気のサインを見逃す
　な！ ………………①152
表記の手引き ………①725
兵教大発 まぁるく子育
　て …………………①15
美容外科医の本音 …①23
氷血 …………………①1115
表現英文法 …………①654
表現を広げる中級への
　タイ語 ……………①668
表現空間論 …………②613
表現力 ………………②362
病原細菌・ウイルス図
　鑑 …………………②733
表現する「私」はどのよ
　うに生まれるのか ・①495
表現と息をしている ・①771
表現力 ………………②362
兵庫県の鉄道 ………①733
兵庫 すてきな旅CAFE
　…………………①194
ひょうごの自然 フィー
　ルドガイド ………①681
美容室「幹部」の教科書
　…………………②426
美容室の「1人当たり売
　上高を20万円・リ
　ピート率を30％」上
　げる方法 …………②426
病児保育・事例から学
　ぶこと ……………①693
病弱探偵 ……………①1081
標準高等地図 ………①212
標準テキスト スポーツ
　法学 ………………②224
標準テキスト CentOS 7
　構築・運用・管理パー
　フェクトガイド …②545
標準特許法 …………②585
標準マクロ経済学 …②265
標準薬剤学 …………②770
表象としての皇族 …②151
表象の京都 …………①791
氷将レオンハルトと押
　し付けられた王女様
　…………………①1399
病巣 …………………①1066
秒速5センチメートル
　…………………①800
秒速で読む決算書 …②322
秒速8キロメートルの宇
　宙から 宇宙編 ……②676
秒速8キロメートルの宇
　宙から 訓練編 ……②676
病態生理学 …………②767
ひょうたんめん ……①339
標的 …………………①1109
標的の島 ……………②46
表でまとめる日本文化
　史 …………………①733
評伝 石牟礼道子 …①913
評伝 キャパ ………①254
評伝 ゲルハルト・リヒ
　ター ………………①826

評伝/ことば 大塩平八
　郎への道…………①562
評伝 田中清玄……①931
評伝 永井龍男……①913
評伝 中江藤樹……①463
評伝 牧口常三郎……①501
評伝 むのたけじ ……②14
評伝 森栝 …………①932
評伝 尹致昊（ユンチホ）
　…………………①599
平等権と社会的排除 ・②201
美容と東洋医学 ……①23
美容文藝誌 髪とアタシ
　〈第5刊〉…………①23
標本BOOK …………①287
「病名医療」で漢方薬は
　使うな!? …………①174
ヒョウモントカゲモド
　キ …………………①692
ヒョウモントカゲモド
　キ完全飼育 ………①692
美容薬学検定試験 公式
　ガイド＆テキスト〈平
　成29年度版〉 ……②770
表裏異曲 ……………①878
昼顔 Another End ……①979
氷竜王と六花の姫 …①1172
漂流自衛隊〈2〉……①1128
漂流女子 ……………②37
ひよくれんり〈1〉……①1242
ひよくれんり〈3〉……①1242
ひよくれんり〈4〉……①1242
ひよくれんり〈5〉……①1242
ひよこ ………………①339
ひよっこ家族の朝ごは
　ん …………………①1207
ひよっこ社労士のヒナ
　コ …………………①1110
ひよっこダンサー、は
　じめの一歩 ………①426
＃ピヨトト家 ………①15
ひよよとおとしもの ・①339
ひよよとおばけちゃん
　…………………①339
ひよよとおばけちゃん
　…………………①339
ひよよとふうせん ……①339
日和下駄 ……………①952
「ひよりごと」我が家の
　逸品 …………………③3
ヒヨルコさま 言霊サン
　クチュアリ ………①142
ぴょんぴょんかえる ・①306
避雷針の夏 …………①1084
平泉の世紀 藤原清衡 ・①550
平尾誠二 人を奮い立た
　せるリーダーの力 ・①228
「開かれた学校」の功罪
　…………………①754
ひらかれる源氏物語 ・①898
ピラカンサの実るころ
　…………………①352
開き直る権利 ………①224
ひらけ蘭学のとびら ・①385
平信徒が読み解く『福
　音書』……………①525
平田晃久 ……………②616
平田国学の霊魂観 …①463
平田式心算術 ………①174
平手久秀の戦国日記〈2〉
　…………………①1215
平野甲賀 ……………①878
平原綾香と開くクラ
　シックの扉 ………①814
平兵士は過去を夢見る
　〈1〉………………①1170
平兵士は過去を夢見る
　〈8〉………………①1170
ピラミッド帽子よ、さ
　ようなら …………①352
ひらめきを生み出すカ

オスの法則 ………②294
ひらめき！ おもしろ！
　なぞなぞ大百科 …①441
「ひらめく人」の思考の
　コツ大全…………②355
ヒラリー・クリントン
　はそこまで言いたかっ
　た …………………①650
ぴりかちゃんのブーツ
　…………………①339
ぴり辛ナンプレ〈1〉・①276
ビリー・ザ・キッド全仕
　事 …………………①1329
ビリヤードの解析とシ
　ミュレーター ……①287
肥料取締法の解説 …②452
ビリー・リンの永遠の
　一日 ………………①1336
ビール「営業王」社長た
　ちの戦い …………②445
ビルオーナーのための
　建物賃貸借契約書の
　法律実務 …………②424
昼顔 …………………①979
ビル管理試験完全解答
　〈2018年版〉 ……②495
ビル管理士試験 もっと
　過去問題集 ………②495
ビル管理士試験模範解
　答集〈平成30年版〉
　…………………②495
ビル管理士出るとこだ
　け！ ………………②630
ビルくんとはたらくく
　るま ………………①339
ビール大全 …………①45
ヒルダさんと3びきのこ
　ざる ………………①315
ヒルデガルト ………①525
ヒルデガルトの宝石論
　…………………①612
麦酒（ビール）伝来 ……①45
ひるなかの流星
　…………①369, ①1136
ひるね姫 ……………①363
「ひるね姫 - 知らないワ
　タシの物語 -」公式
　ガイドブック ……①800
ヒルビリー・エレジー ・②91
昼間のパフォーマンス
　を最大にする 正しい
　眠り方 ……………①171
ビルメンテナンスス
　タッフになるには ・②292
ビルメンテナンスの積
　算＆見積（業務別・部
　位別目安料金）〈平成
　29年度版〉 ………②623
卑劣犯 ………………①1088
非連続イノベーション
　への夢 ……………②373
ヒロイン専用スーツ・
　武器の作りかた ……②30
ヒロインの旅 ………②37
疲労が消えて、生産性
　もアップ！ 魔法の眼
　トレで全身が若返
　る …………………①183
疲労も肥満も「隠れ低
　血糖」が原因だっ
　た！ ………………①152
広岡浅子 ……………①442
広岡イズム …………①224
ヒーローお兄ちゃんと
　ラスボス妹 抜剣！ セ
　イケンザー ………①1139
ヒーロー 家族の肖像
　…………………①1340

広がる民法〈1〉……②205
秘録 維新七十年図鑑 ・①573
ひろくんとおいら …①339
弘前ねぶた 速報ガイド
　〈2017〉…………②24
ひろさちやのいきいき
　人生〈1〉…………①511
広重・雨、雪、夜 …①835
広重 名所江戸百景
　HIROSHIGE'S One
　Hundred Famous
　Views of Edo ……①835
広重 HIROSHIGE …①835
広重TOKYO ………①835
広島あるある ………②24
広島おさんぽマップ て
　のひらサイズ ……①196
広島カフェ日和 ……①41
広島カープの「勝ちグ
　セ」戦略 …………①224
広島じゃけぇ、「中国
　（チャイナ）」じゃな
　いけぇ。……………②24
広島戦災児育成所と山
　下義信 ……………②63
ヒロシマツツケイ2017
　〈2017〉…………②619
ヒロシマのいのち ……①384
広島・宮島・尾道・倉敷
　…………………①196
ヒロスケ長崎ぶらぶら
　歩き ………………①538
広瀬すずの守護霊☆霊
　言 …………………①504
広瀬量平 メディテー
　ション アルトリコー
　ダーのための 編成 -
　A …………………①818
広瀬量平 ラメンテー
　ション（哀歌）4本の
　リコーダーのための
　編成 - A.A.T.B. …①818
拾った狐はオオカミで
　した ………………①1320
拾った地味メガネ男子
　はハイスペック王
　子！ いきなり結婚っ
　てマジですか？ …①1404
広電バス ……………②429
ヒロの子つむじ ……①947
ひろみち＆たにぞうの
　プレミアム運動会！
　…………………①693
ピロリ除菌治療パー
　フェクトガイド …②741
琵琶湖を巡る鉄道 …②436
琵琶湖岸からのメッ
　セージ ……………②576
びわ湖 葛籠尾崎湖底遺
　跡の謎を解き明かす
　…………………①538
琵琶湖の漁業いま・む
　かし ………………②458
「品位ある賢者」の知恵
　…………………①101
品位ある社会 ………②106
品格のある英語は武器
　になる ……………①640
品が伝わるオトナの言
　い方が身につく本 ・①362
「敏感すぎて苦しい」が
　たちまち解決する本
　…………………①495
敏感すぎるあなたが7日
　間で自己肯定感をあ
　げる方法…………①126
敏感すぎる自分が幸福
　いっぱいに変わる生
　き方………………①101

敏感性自滅ガール ···· ①942
「敏感」にもほどがある
　·················· ②495
ピンガー絵本 はじめま
　してピンガ ········· ①339
ピンガー絵本 ピンガー
　のクリスマス ······· ①339
ピンクの宅配ガール
　················· ①1400
ピンクのドラゴンをさ
　がしています〈25〉
　··················· ①352
ピンク・フロイド全記
　録 ················· ①808
ピン芸人ですが、パチ
　ンコ店員やっていま
　す ················· ①932
貧困を考える ········ ②271
貧困クライシス ······ ②63
貧困と飢饉 ·········· ②265
貧困と自己責任の近世
　日本史 ············· ①562
貧困と闘う知 ········ ②265
貧困と地域 ·········· ②63
貧困と連帯の人類学 ·· ②115
貧困の戦後史 ········ ①576
貧困の発明 ·········· ①1328
貧困40代シングルマ
　ザーが金持ち母さん
　になれました。····· ②395
品質管理者のための
　リーンシックスシグ
　マ入門 ············· ①591
品質管理テキスト ···· ①591
品質機能展開（QFD）の
　基礎と活用 ········· ①591
品質設計のための確率・
　統計と実験データの
　解析 ··············· ①591
品質リスクの見える化
　による未然防止の進
　め方 ··············· ②591
頻出順漢字検定合
　格！問題集準1級〈平
　成30年版〉········· ①627
頻出順漢字検定合
　格！問題集準2級〈平
　成30年〉··········· ①627
頻出順漢字検定合
　格！問題集1級〈平成
　30年版〉··········· ①627
頻出順漢字検定合
　格！問題集2級〈平成
　30年〉············· ①627
頻出順漢字検定合
　格！問題集3級〈平成
　30年版〉··········· ①627
頻出順漢字検定合
　格！問題集4級〈平成
　30年版〉··········· ①627
頻出順漢字検定合
　格！問題集5級〈平成
　30年版〉··········· ①627
頻出順漢字検定合
　格！問題集6級〈平成
　30年版〉··········· ①627
頻出順漢字検定合
　格！問題集7・8級
　〈平成30年版〉····· ①627
瓶詰地獄 ············ ①976
品性の感化力 ········ ①675
ぴんぞろ ············ ①986
ピンチをチャンスに変
　える運命法則 ······· ①126
ビンテージ・ギターを
　ビジネスにした男 ·· ①804
品のある稼ぎ方・使い
　方 ················· ①101
頻発する豪雨災害 ···· ①583

ピンヒールははかない
　················· ①946
ピンポイントでわかる
　自衛隊明文改憲の論
　点 ················· ②201
貧乏お嬢さま、恐怖の
　館へ〈7〉··········· ①1353
貧乏治療院と繁盛治療
　院 ················· ②710
貧乏は必ず治る。···· ②391
「びんぼうゆすり」で変
　形性股関節症は治
　る！··············· ②752
「貧乏老後」に泣かない
　ためのお金の新常識
　··················· ②391
ビンボーの女王 ······ ①990
ピンポン ············ ①1335
ピンポーン！ だれか
　な？··············· ①320
敏腕秘書に誘惑されま
　した ··············· ①1399
敏腕秘書の不埒な教育
　················· ①1287
敏腕CEOと契約結婚
　················· ①1400

〈ふ〉

ファイアーエムブレム
　ヒーローズ 召喚師の
　手引き ············· ①843
ファイアーエムブレム
　無双 完全攻略本+絆
　会話コンプリート ·· ①283
ファイアーエムブレム
　Echoesもうひとりの
　英雄王 ファイナル
　パーフェクトガイド
　··················· ①283
ファイアスターター
　················· ①1115
ファイターズオフィ
　シャルグラフィック
　ス〈2017〉········· ①224
ファイターズ手帳
　〈2017〉··········· ①224
ファイト ············ ①998
ファイナルガール ···· ①1016
ファイナルファンタ
　ジー14 きみの傷とぼ
　くらの絆 ··········· ①1264
ファイナルファンタ
　ジー14 光のお父さん
　··················· ①283
ファイナンシャル・ア
　ドバイザー入門〈2017
　年度版〉··········· ②482
ファイナンシャルプラ
　ンナーが教える終活
　デザインブック ···· ②192
ファイナンシャル・モ
　デリング ··········· ②379
ファイナンスこそが最
　強の意思決定術であ
　る ················· ②379
ファイナンス入門 ···· ②379
ファイナンスの確率解
　析入門 ············· ②662
ファイナンスの理論と
　応用〈3〉··········· ②379
ファイナンス法大全

〈上〉··············· ②379
ファイナンス法大全
〈下〉··············· ②379
ファイナンス理論全史
　··················· ②379
5 ··················· ②771
ファインマンの特別講
　義 ················· ①655
ファインマン物理学 問
　題集〈1〉··········· ②666
ファインマン物理学 問
　題集〈2〉··········· ②666
ファーウェイの技術と
　経営 ··············· ②305
『ファウスト』における
　「夾雑」的場面 ····· ①924
ファーザー・アンド・
　チャイルド・リユニ
　オン ··············· ①224
ファシスタたらんとし
　た者 ··············· ②93
ファーストエイド ···· ②767
ファースト・エンジン
　················· ①1019
ファーストステップ英
　会話 ··············· ①645
ファーストステップマ
　ルチメディア ······· ②512
ファーストステップ 力
　学 ················· ②666
ファッション・アイコ
　ン・インタヴューズ ·· ①30
ファッションアイテム
　とテキスタイルを集
　めて、オトナ女子ス
　タイル素材集を作っ
　てみました。······ ①878
ファッションイラスト
　100年史 ··········· ①843
ファッション誌をひも
　とく ··············· ①30
ファッションで社会学
　する ··············· ②106
ファッションとアート
　麗しき東西交流 ···· ①824
ファッションぬり絵
　FASHION FROM
　HEAD TO TOE ··· ①866
ファッションビジネス
　戦略的ブランドマネ
　ジメント ··········· ②428
ファッションビジネス
　の進化 ············· ②428
ファッションビジネス
　用語辞典 ··········· ①30
ファッションロー ···· ②429
ファット・キャット・
　アート ············· ①829
ファニー 13歳の指揮官
　··················· ①384
ファニーのフランス滞
　在記 ··············· ①315
ファビアンのふしぎな
　おまつり ··········· ①315
ファーブル先生の昆虫
　教室〈2〉··········· ①405
「ファーマーズテーブ
　ル」石川博子 わたし
　の好きな、もの・人・
　こと ··············· ②28
ファミちゃんリアちゃ
　ん いちにちあいうえ
　お ················· ①339
ファミリー〈上〉····· ①936
ファミリー〈下〉····· ①936
ファミリーで行くシン
　ガポール ··········· ①201
ファミリーデイズ ···· ①949
ファムファタル押見修

造画集 ············· ①843
ファーランドの聖女
　················· ①1171
ファーランドの聖女〈2〉
　················· ①1171
ファーレ立川パブリッ
　クアートプロジェク
　ト ················· ①826
不安 ··············· ①496
不安〈下〉··········· ①496
不安をやわらげる家族
　の認知症ケアがわか
　る本 ··············· ①178
ファンク ············ ①808
ファング一家の奇想天
　外な謎めいた生活
　················· ①1328
ファン・ゴッホ ······ ①829
ファン・ゴッホの手紙
　··················· ①829
ファンシーポップ・デ
　ザイン ············· ①878
不安神経症・パニック
　障害が昨日より少し
　良くなる本 ········· ①496
不安全行動をなくす管
　理活動事例集 ······· ②461
ファンタシースターオ
　ンライン2 es 3rd
　Anniversaryビジュア
　ル＆チップコレク
　ション ············· ①283
ファンタシースターオ
　ンライン2 ファッ
　ションカタログ〈2016
　-2017〉··········· ①283
ファンタシースターオ
　ンライン2 EPISODE
　4設定資料集 ······· ①283
ファンタシースター公
　式設定資料集 ······· ①855
ファンタジーとSF・ス
　チームパンクの世界
　··················· ①843
ファンタジーの終焉 ·· ①142
ファンタジー・マト
　リックス ··········· ①862
ファンタスティック・
　ビーストと魔法使い
　の旅 ··············· ①1366
ファンタスティック
　ビーストと魔法使い
　の旅 ニュート・ス
　キャマンダー シネ
　マ・ピクチャーガイ
　ド ················· ①794
ファンタスティック
　ビーストと魔法使い
　の旅 幻の動物 シネ
　マ・ピクチャーガイ
　ド ················· ①794
ファンダム・レボ
　リューション ······· ②512
ファンダメンタルな楽
　曲分析入門 ········· ①820
“不安定足首”と“ペン
　ギン歩き”を治せばし
　つこい「足の痛み」は
　消える！··········· ①173
不安定な自己の社会学
　··················· ②106
不安でたまらない人た
　ちへ ··············· ①496
ファンド投資戦略の会
　計と税務 ··········· ②318
ファンドビジネスの法
　務 ················· ②379
ファントマ ·········· ①1342
不安な個人、立ちすく

む国家 ············· ②144
不安の9割は消せる ·· ①101
ファンファンおもちゃ
　ランド ············· ①339
ファン・ホーム ······ ①855
ファンム・アレース〈4〉
　················· ①1121
ファンム・アレース〈5
　上〉··············· ①1121
ファンム・アレース〈5
　下〉··············· ①1121
不安や緊張を力に変え
　る心身コントロール
　術 ················· ①485
不安や心配を克服する
　ためのプログラム：
　患者さん用ワーク
　ブック ············· ②746
フィアー・イットセル
　フ ················· ①855
フィアンセは億万長者
　〈2〉··············· ①1371
フィガロが選ぶパリっ
　子のためのオシャレ
　にパリを楽しむ100 ·· ②85
フィギュアスケート男
　子 夢をつかむ者 ··· ①218
フィギュアスケート
　Memorial グランプリ
　シリーズ2017 in ロス
　テレコム杯 ········· ①218
フィギュアスケート
　Memorial 世界フィ
　ギュアスケート選手
　権2017 ············ ①218
フィクションの哲学 ·· ①455
フィジカルとソーシャ
　ル ················· ①829
フィジカルトレーナー
　が教える正しい
　ウォーキングの始め
　方 ················· ①159
フィスコ仮想通貨取引
　所で始める「ビットコ
　イン取引」超入門 ·· ②380
吹いて覚える演奏テク
　ニック リコーダーが
　上手くなる方法 ···· ①822
フィードバック ······ ①1114
フィードバック入門 ·· ②368
終幕（フィナーレ）のな
　い殺人 ············· ①1077
フィヒテ研究〈第25号
　（2017年）〉········· ①472
56（フィフティシック
　ス）··············· ①779
フィヨルドランドの片
　思い ··············· ①1380
フィリグリー街の時計
　師 ················· ①1352
フィリップ・アベロワ
　··················· ①878
フィリップ・K.ディッ
　クの世界 ··········· ①923
フィリピノ語のしくみ
　··················· ①668
フィリピン ·········· ②252
フィリピンにおける民
　主的地方政治権力誕
　生のダイナミクス ·· ②130
フィリピンの投資・
　M&A・会社法・会計
　税務・労務 ········· ②312
フィリピンパブ嬢の社
　会学 ··············· ②106
フィリピン・マニラ・セ
　ブ〈2018〜2019年版〉
　··················· ②204
フィール・グリュッ

ク！ ……………… ①669
フィールド図鑑 日本の
　野鳥 ……………… ②697
フィールドで出会う哺
　乳動物観察ガイド ・ ②692
フィールドワーク …… ②120
フィルムカメラのはじ
　めかた …………… ①253
フィレンツェとトス
　カーナ〈2017～2018
　年版〉…………… ①207
フィンセント・ファン・
　ゴッホ …………… ①836
フィンテック革命の衝
　撃 ………………… ②245
フィンテック入門 …… ②380
フィンランド ……… ①207
フィンランド 育ちと暮
　らしのダイアリー …②85
フィンランド・デザイ
　ンの原点 ………… ①829
フィンランド発 ヘンリ
　エッタの実践ハーブ
　療法 ……………… ①269
封印作品の謎 ………②33
封印された国家プロ
　ジェクト ………… ①590
風雲のヤガ〈141〉… ①1121
風狂のうたびと …… ②120
風景印かながわ探訪 ・ ①251
風景印大百科 1931 -
　2017 西日本編 …… ①251
風景印大百科 1931 -
　2017 東日本編 …… ①251
風景にさわる ……… ②613
風景の中の水を描く ・ ①862
風幻領あるいはきさら
　ぎの月 …………… ①970
風刺画とアネクドート
　が描いたロシア革命
　 ………………… ①609
封じ込められた子ども、
　その心を聴く …… ①686
風刺漫画 アベ政権 … ①144
風車の恋歌 ………… ①1404
風雪 別冊〈1〉…… ①919
風神の手 …………… ①1110
風神雷神 …………… ①1063
風成 ………………… ①974
風の檻〈2〉………… ①1059
ふうせんいぬティニー
　 ………………… ①339
風船爆弾 …………… ①353
風俗業限定 最強の「節
　税」……………… ②397
風俗嬢の見えない孤立
　 …………………②37
夫婦道 がんばらない幸
　せ …………………①5
「夫婦のお金」の増やし
　方 ………………… ①391
夫婦の危機は発達障害
　が原因かもしれない
　 ………………… ①496
夫婦の中のよそもの
　 ………………… ①1330
風魔外伝 …………… ①1062
風味さんのカメラ日和
　 ………………… ①1000
風蘭〈10〉………… ①1060
風力発電 鳥の衝突防止
　バードストライクの
　パターンを回避した
　システム ………… ②594
風蓮湖流域の再生 … ②681
風浪の果てに ……… ①1056
フェア・ディスクロー
　ジャー・ルール …… ②395

フェアリーテイル・ク
　ロニクル〈13〉…… ①1253
フェアリーテイル・ク
　ロニクル〈14〉…… ①1253
フェアリーテイル・ク
　ロニクル〈15〉…… ①1253
フェアリーテイル・ク
　ロニクル〈16〉…… ①1253
フェアリーテイルは突
　然に ……………… ①1200
フェイクタイワン …… ②87
フェイクニュースの見
　分け方 ……………②14
フェイクフレンズ … ①1274
フェイシャル・フィ
　ラー ………………①23
フェイスブック 不屈の
　未来戦略 19億人をつ
　なぐ世界最大のSNS
　へ到達するまでとこ
　れから先に見えるも
　の ………………… ②530
フェイスレス ……… ①1085
フェイバリット・ワン
　 ………………… ①1013
笛を吹く人がいる …… ①956
不易の恋 …………… ①1033
フェミニストカウンセ
　リング研究〈Vol.14〉
　 …………………… ②37
フェミニストたちの政
　治史 ……………… ②172
フェミニストとオタク
　はなぜ相性が悪いの
　か ………………… ②106
フェラーリ スーパーサ
　ウンドブック …… ①306
フェラルズ〈2〉…… ①382
フェラルズ〈3〉…… ①382
フェリシーと夢のトウ
　シューズ ………… ①377
フェリー・旅客船ガイ
　ド〈2017春季号〉…②2
フェル先生のさわやか
　人生相談 ………… ①101
フェルトでつくる かわ
　いい花とスイーツ …①76
フェルトと遊ぶ ………①78
フェルトの福づくし
　チャームとお守り袋
　 …………………①76
フェルト羊毛でつくる
　和のこもの ………①76
フェルメールの街 … ①1088
フェンリルの鎖〈1〉
　 ………………… ①1164
武王の門〈上〉…… ①1038
武王の門〈下〉…… ①1038
"フォーク"からの転回
　 ………………… ②115
フォークナー、エステ
　ル、人種 ………… ②455
フォークナーのヨクナ
　パトーファ小説 …… ①923
フォークリフト運転士
　テキスト ………… ②630
ふぉーくるあふたー
　〈4〉……………… ①1278
フォークロアの鍵 … ①1083
フォーサイト ふりかえ
　り方向上手帳〈2018〉
　 …………………①3
フォース・ターニング
　（第四の節目）…… ②136
フォスタリングチェン
　ジ ………………… ②17
4スタンス・ゴルフボ
　ディ ……………… ①220
4スタンス理論で毎日の

痛み、つらさが消え
　る本 ……………… ①159
4STEPで身につく "入
　門"土地評価の実務
　 ………………… ②420
4ステップ臨床力UPエ
　クササイズ〈6〉… ②734
フォック空間と量子場
　〈上〉……………… ①668
フォック空間と量子場
　〈下〉……………… ①668
フォックスクラフト〈2〉
　 ………………… ①377
フォトジャーナリスト
　長倉洋海の眼 …… ①258
フォトマスター検定合
　格〈平成29年度〉… ①253
フォトモの世界 …… ①287
フォマルハウトの三つ
　の燭台 …………… ①1120
フォーリナーの過ち〈1〉
　 ………………… ①1195
フォールアウト …… ①1352
フォルクスワーゲンの
　闇 ………………… ②443
フォール 自由への落下
　〈上〉……………… ①377
フォール 自由への落下
　〈下〉……………… ①377
フォルティッシモ〈6〉
　 ………………… ①1136
フォンダンショコラ男
　子は甘く蕩ける … ①1404
フォンテーヌブローの
　饗宴 ……………… ①830
フォントマッチング
　ブック …………… ①879
深い穴に落ちてしまっ
　た ………………… ①1340
深い疲れをとる自律神
　経トリートメント ・ ①152
「深い学び」を支える学
　級はコーチングでつ
　くる ……………… ①708
深い学びを支える数学
　教科書の数学的背景
　 ………………… ①728
深い学びを実現する！
　小学校国語科「習得・
　活用・探究」の学習過
　程を工夫した授業デ
　ザイン …………… ①725
「深い学び」のある授業
　 ………………… ①720
深い学びのために …… ①720
深煎りの魔女とカフェ・
　アルトの客人たち ・ ①983
部下を腐らせないリー
　ダーになるための部
　下育成術 ………… ②368
部下がアスペルガーと
　思ったとき上司が読
　む本 ……………… ①496
部下が自分で考えて動
　き出す上司のすごい
　ひと言 …………… ②368
深川二幸堂 菓子こよみ
　 ………………… ①1049
深川・門前仲町・清澄白
　河・森下＋豊洲＋木場
　 ………………… ①187
深き海の魚たち …… ②698
深草元政『草山集』を読
　む ………………… ①511
不確実性人工知能 … ②524
不可抗力のラビット・
　ラン ……………… ①1179
フカサクを観よ …… ①791
深代惇郎エッセイ集 ・ ①954

深爪流 ……………… ①954
深田久弥と北海道の山
　 ………………… ①233
部活があぶない …… ①701
部活で差がつく！ 勝つ
　剣道 上達のコツ60
　 ………………… ①236
部活で差がつく！ 勝つ
　バドミントン最強の
　コツ50 …………… ①226
部活で差がつく！ 勝つ
　バレーボール …… ①227
部活で差がつく！ 勝つ
　ハンドボール 最強の
　コツ50 …………… ①227
部活で吹奏楽 クラリ
　ネット上達BOOK ・ ①739
部活で吹奏楽 トラン
　ペット上達BOOK ・ ①739
部活動って何だろう？
　 ………………… ①701
部活動の不思議を語り
　合おう …………… ①701
部長に残業をさせない
　課長が密かにやって
　いること ………… ②368
不可能を可能にする大
　谷翔平120の思考 … ①224
ブーカの谷 ………… ①358
部下のやる気を引き出
　すワンフレーズの言
　葉かけ …………… ②368
ぶかぶか浮かびとこれ
　から〈32〉………… ①945
深ぼり京都さんぽ … ①195
フカミ喫茶店の謎解き
　アンティーク …… ①1298
深読み！ 絵本「せいめ
　いのれきし」……… ②680
深読み！ ギリシャ星座
　神話 ……………… ①508
深読み古事記 ……… ①546
深読みジェイン・オー
　スティン ………… ①921
深読みしないDr.田宮
　＆Dr.村川の心電図
　ディスカッション ・ ②741
深読み日本文学 …… ①908
不寛容社会 ………… ②106
不寛容という不安 … ②106
不寛容な時代のポピュ
　リズム …………… ②106
不寛容の本質 ……… ②106
吹上奇譚〈第1話〉… ①1128
武器を磨け ………… ①126
武器化する嘘 ……… ①485
不機嫌な女たち …… ①1339
不機嫌な騎士は、運命
　の伴侶 …………… ①1159
武器としての会計思考
　力 ………………… ②318
武器としての経済学 ・ ②265
武姫の後宮物語〈3〉
　 ………………… ①1175
ぶきゃぶきゃぶー …… ①339
不器用愛の侯爵とあど
　けない若奥様 …… ①1405
不器用な侯爵と溺愛の
　方程式 …………… ①1402
不器用なシンデレラ
　 ………………… ①1374
不器用なトライアド
　 ………………… ①1308
不協和音の宇宙へ … ②106
諷経 ………………… ①974
不謹慎な本 …………②44
福井大学病院の得意な
　治療がわかる本 … ②722

福井ノススメ ……… ①193
服を買ううなら、捨てな
　さい ………………①30
福岡カフェ日和 ……①41
福岡県詩集〈2016年度
　版〉……………… ①967
福岡コピーライターズ
　年鑑〈2017〉…… ②340
福岡祭事考説 ……… ②118
福岡伸一、西田哲学を
　読む ……………… ①463
福岡の怖い話〈2〉… ①145
服を10年買わないって
　決めてみました …②28
福を招く旧暦生活のす
　すめ ……………… ②118
副業としての週末行政
　書士Q&A60 …… ②239
副業ブログで月に35万
　稼げるアフィリエイ
　ト ………………… ②529
復元白沢図 ………… ①115
複合危機 …………… ②248
複雑性の探究 ……… ②666
複雑な問題をシンプル
　に解決するための「洞
　察力」の磨き方 …… ②355
複雑な症状を理解する
　ためのトリガーポイ
　ント大事典 ……… ②722
複雑な問題が一瞬でシ
　ンプルになる 2軸思
　考 ………………… ②355
福沢諭吉 …………… ①463
「福沢諭吉」とは誰か ・ ①464
福澤諭吉の『世界国尽』
　で世界を学ぶ …… ①464
福祉を拓く ………… ②63
福祉技術と都市生活 ・ ②63
福祉現場で必ず役立つ
　利用者支援の考え方
　 ………………… ②63
福祉サービスの第三者
　評価受け方・活かし
　方 高齢者福祉サービ
　ス版 ……………… ②63
福祉施設・学校現場が
　拓く児童家庭ソー
　シャルワーク …… ②63
福祉社会学研究〈14〉… ②63
福祉住環境コーディ
　ネーター検定試験2級
　テキスト＆問題集
　〈'17年版〉……… ②80
福祉住環境コーディ
　ネーター検定試験2級
　過去5回問題集〈'17年
　版〉……………… ②80
福祉住環境コーディ
　ネーター検定試験2級
　重要項目〈'17年版〉 ・ ②80
福祉住環境コーディ
　ネーター2級過去＆模
　擬問題集〈2017年版〉
　 …………………… ②80
福祉住環境コーディ
　ネーター3級過去＆模
　擬問題集〈2017年版〉
　 …………………… ②80
福祉小六法〈2017年版〉
　 ………………… ②63
福祉小六法〈2018〉…… ②63
福祉職・介護職のための
　マインドフルネス … ②63
福祉心理学 ………… ①485
福祉政治史 ………… ②63
福祉と世界ってどんなこと？… ①420

福祉で稼ぐ！ ………②63
福祉にとっての歴史 歴史にとっての福祉 …②63
福祉の現場における「共生」に向けたコミュニティの生成 …②63
ふくしのしごとがわかる本〈2018年版〉……②63
福祉のための家政学 ……①7
福祉の哲学とは何か …②64
フクシノヒト ……①1022
福祉文化の協奏 ……②64
福祉法人の経営戦略 …②64
福島県の古代・中世文書 ……①539
福島県の山 ……①190
福島原発事故と左翼 …②580
福島甲状腺がんの被ばく発症 ……②738
ふくしま式「本当の国語力」が身につく問題集 小学生版ベーシック ……①725
福島第一原発1号機冷却「失敗の本質」……②580
福島第一原発事故の法的責任論〈1〉……②580
福島第一原発事故の法的責任論〈2〉……②580
福島のウォール街 ……①539
福島の花さかじいさん ……①384
福島の磨崖仏、鎮魂の旅へ ……①258
福島ノラ牛物語 ……①984
フクシマは核戦争の訓練場にされた ……②163
福島双葉町の小学校と家族・その時、あの時 ……①932
福島へのメッセージ 放射線を怖れないで！ ……②580
フクシマ6年後 消されゆく被害 ……②580
副社長とふたり暮らし＝愛育される日々 ……①1250
副社長の甘やかし家族計画 ……①1326
副社長は束縛ダーリン ……①1139
服従 ……①1328
復讐を誓った白猫は竜王の膝の上で惰眠をむさぼる〈2〉……①1192
復讐を誓った白猫は竜王の膝の上で惰眠をむさぼる〈3〉……①1193
復讐を誓った白猫は竜王の膝の上で惰眠をむさぼる〈4〉……①1193
復讐姦 ……①1403
復讐完遂者の人生二周目異世界譚〈2〉…①1280
復讐完遂者の人生二周目異世界譚〈3〉…①1280
復讐完遂者の人生二周目異世界譚〈4〉…①1280
復讐教室〈1〉……①353
復讐者マレルバ ……①936
復讐スキル「死者喰い」と「時間操作」で勇者パーティーを全滅させます ……①1219
復讐スキル「死者喰い」と「時間操作」で勇者パーティーを全滅させます〈2〉……①1219

復讐手帖 ……①932
復讐とは気づかずに ……①1372
復讐のエーゲ海 ……①1372
服従のキスは足にして きな週末 ……①1291
復讐のゆくえ ……①1388
復職支援ハンドブック ……①496
福祉リーダーの強化書 ……①64
福神×厄神 ……①1322
複素数と複素数平面 ……②660
福田徳三著作集〈第1巻〉……①265
福田徳三著作集〈第3巻〉……①265
不屈 ……②44
不屈の善戦帝王 ……①1398
不屈の日本人 ……①108
不屈の勇士は聖女を守りて ……①1237
不屈の勇士は聖女を守りて〈2〉……①1237
フクとマリモのHUKULOU COFFEEへようこそ ……①855
福猫びより ……①843
福野礼一郎あれ以後全集〈3〉……①241
福野礼一郎あれ以後全集〈4〉……①242
福野礼一郎 新車インプレ〈2017〉……①242
服はあるのにキマらない！ ……①30
福福あつめ ……①101
ぶくぶく自噴泉めぐり ……①189
福袋 ……①1027
腹部超音波検査のあっ!? あれ何だっけ？ …②734
腹部のCT ……②735
福辺流 力と意欲を引き出す介助術 ……②71
服務・勤務時間・休暇関係法令集〈平成29年版〉……②467
覆面作家 ……①1079
福本繁樹作品集 ……①826
フクロウが来た ……②697
フクロウとコミミズク ……①258
武勲艦航海日記 ……①586
武藝人 平将門 ……①1057
老けないオーガニック ……①152
老けない人はこれを食べている ……①164
武家奉公人と都市社会 ……①562
老ける脳と老けない脳 ……①161
富豪が残したあの夜の ……①1385
富豪貴族と麗しの花嫁 ……①1386
武甲山 ……①258
ブコウスキーの酔いどれ紀行 ……①960
不公正貿易報告書〈2017年版〉……②313
不幸な国の幸福論 ……①943
富豪伯爵と秘密の妻〈1〉……①1381
富豪ゆえの束縛 ……①1372
不合理を活かすマネジ

メント ……②294
不在の騎士 ……①1329
不在の臨床 ……①496
ふさわしい日本語 ……①625
釜山 オトナ女子のすてきな週末 ……①204
釜山 慶州〈2017〜2018年版〉……①204
藤旭の天文年鑑〈2018年版〉……②676
藤井軍曹の体験 ……①586
藤井聡太 天才はいかに生まれたか ……①250
藤井聡太 名人をこす少年 ……①250
藤井恵さんの体にいい和食ごはん ……①68
武士が活躍しはじめた、その頃のお話。……①550
ふしぎ古書店〈4〉……①363
ふしぎ古書店〈5〉……①363
ふしぎ古書店〈6〉……①363
ふしぎ古書店〈7〉……①363
不思議世界の白ウサギ ……①1326
ふしぎ駄菓子屋 銭天堂〈7〉……①363
ふしぎ駄菓子屋 銭天堂〈8〉……①363
不思議と運が開けてくる！ 噂の神社めぐり ……①188
不思議と幸せを呼びこむスピリチュアルごはん ……①60
不思議と自分のまわりにいいことが次々に起こる 神社ノート ……①506
不思議と神秘の使者 ソロンの予言書〈2〉…①505
ふしぎと発見がいっぱい！ 理科のお話366 ……①399
不思議な大泉川 ……①339
不思議なおしゃべり仲間たち ……①377
ふしぎな銀の木 ……①315
不思議なくらい気持ち落ち着く呼吸法 …①126
ふしぎな総合商社 ……②294
ふしぎな装置 orgonite“オルゴナイト”のハッピーテクノロジー ……①142
ふしぎなどうぶつランド ……①339
ふしぎなのりものずかん ……①339
ふしぎなふうせん ……①339
ふしぎ!?なんで!?ムシおもしろ超図鑑 ……①405
“不思議”に満ちたことばの世界 ……①622
“不思議”に満ちたことばの世界〈上〉……①631
“不思議”に満ちたことばの世界〈下〉……①631
不思議の国のアリス コンプリート・イラストレーションズ ……①844
ふしぎの国のアリスの世界 ……①800
不思議の国の海 ……①258
不思議の国のサロメ〈6〉……①1071
ふしぎパティシエールみるか〈3〉……①358
不思議？ 歴史発見！ …①591

藤子スタジオアシスタント日記 まいっちんぐマンガ道 名作秘話編 ……①856
藤咲彩音×浅田政志 あやねいろ ……①776
藤沢周平句集 ……①974
藤沢周平 遺された手帳 ……①913
富士山噴火 ……①1093
藤式部の恋人 ……①898
藤城清治影絵の絵本 グリム ……①309
富士神界の龍神からの緊急初メッセージ …①142
武士神格化の研究 …①534
「富士そば」は、なぜアルバイトにボーナスを出すのか ……②305
藤田式「調べる学習」指導法 小学校編 CD-ROM付 ……①720
藤田純平の仕事 ……①879
フジタの白鳥 ……①837
藤田浩子のあやとりでおはなし ……①439
藤田幽谷のものがたり〈3〉……①612
ふしだらコスプレ熟女 ……①1406
ふしだら新生活 ……①1404
ふしだらな闇バス ……①1400
ふしだらマッサージ ……①1406
不死探偵事務所 ……①1210
不時着する流星たち …①989
富士通デザインフィロソフィー ……①879
富士通の就活ハンドブック〈2019年度版〉……①292
武士道 ……①464
武士道の一日一言 ……①464
武士道の精神史 ……①464
武士の碑 ……①1030
不治の病・劇症1型糖尿病から回復へ〈2型糖尿病にも朗報〉……②704
富士箱根ゲストハウスの外国人宿泊客はなぜリピーターになるのか？ ……②427
富士フイルムの『変える力』 ……②305
富士フイルムHD（富士フイルム・富士ゼロックス）の就活ハンドブック〈2019年度版〉……①292
武士マチムラ ……①1041
富士見高原病 ……①539
富士見二丁目交響楽団 ベストアルバム〈1〉……①1303
富士見二丁目交響楽団 ベストアルバム〈2〉……①1303
富士見二丁目交響楽団 ベストアルバム〈3〉……①1304
不死身の特攻兵 ……①583
不死身のひと ……②704
藤盛勇紀牧師の礼拝説教 説教聴聞録 ……①528
不惜身命2016大川隆法 伝道の軌跡 ……①504
巫女のいる日常 ……②118
武州久良岐郡郷考 ……①539
不自由な絆 ……①983

“不自由な自由”を暮らす ……②72
不自由な自由 自由な不自由 ……①879
武州世直し一揆 ……①562
父子ゆえ 摺師安次郎人情暦 ……①1035
武術家、身・心・霊を行く ……①485
武術極意の“深ぁ〜い話” ……①236
腐女医の医者道！ …①946
浮上 ……①974
不条理な真実 ……②228
腐食の電気化学と測定法 ……②671
不織布の技術と市場 …②570
腐女子な妹ですみません ……①1195
腐女子な妹ですみません ……①1195
腐女子のわたしが鬼畜彼氏に極愛されました ……①1405
ブ女子百景風林火山 …①239
部署内の教育・研修の進め方 ……②767
藤原氏 ……①550
藤原氏の研究 ……①546
藤原定家全歌集〈上〉…①900
藤原定家全歌集〈下〉…①900
藤原伊周・隆家 ……①547
藤原道長事典 ……①547
藤原良房・基経 ……①546
婦人科疾患の鑑別診断のポイント ……②762
婦人科・乳腺外科疾患ビジュアルブック …②749
ぶす占い ……②30
ブスが美人に憧れて人生が変わった話。…①118
ブスのたしなみ ……①944
不戦海相 米内光正 …①583
フセンと手帳で今度こそ、家が片づく ……①6
附属新潟中式「3つの重点」を生かした確かな学びを促す授業 …①720
舞台 ……①1010
舞台裏のゆうれい〈3〉……①377
舞台をまわす、舞台がまわる ……①783
舞台芸術の魅力 ……①783
舞台「劇団シャイニング from うたの☆プリンスさまっ♪『天下無敵の忍び道』」OFFICIAL VISUAL BOOK ……①783
舞台『剣豪将軍義輝』公式フォトブック ……①783
舞台シナリオ はだしのゲン誕生〈2017年バージョン〉……①784
舞台男子 the document ……①771
舞台の上のジャポニスム ……①783
ふたご ……①1016
豚公爵に転生したから、今度は君に好きと言いたい ……①1139
豚公爵に転生したから、今度は君に好きと言いたい〈2〉……①1139
豚公爵に転生したから、今度は君に好きと言いたい〈3〉……①1139

書名索引

豚公爵に転生したから、今度は君に好きと言いたい〈4〉 ……①1139
双子喫茶と悪魔の料理書〈2〉 ①1285
双子喫茶と悪魔の料理書〈2〉 ①1285
二子玉川物語〈2〉 …①1024
ふたごのプリンセスとゆめみる宝石ドレス ……①353
双子は驢馬に跨がって ①991
不確かな医学 ……②722
再び男たちへ ……①947
ふたたびの光〈6〉 ……①1039
ふたつでひとつ ……①339
ふたつの海のあいだで ①1327
ふたつの憲法と日本人 ①572
二つの「この世界の片隅に」 ……①800
二つの自治体再編戦略 ②157
二つの宗教改革 ……①527
ふたつのしるし ……①1020
ふたつの人生 ……①1335
二つの政権交代〈2〉…②144
2つの夢を叶える方法 ……①101
ブタのドーナツやさん ……①339
フタバスズキリュウ ①401
ぶたぶたラジオ ……①1022
ブダペシュトを引き剥がす ……①608
ブタ・ミニブタ実験マニュアル ……①456
ふたりストレッチ ①159
ふたりだからできること ……①101
二人だけのはぴねす ①779
ふたりっ子バンザイ ①258
ふたりで授かる体をつくる妊活レシピ ……①8
ふたりでつくるハッピーエンド ……①1306
二人の王子と密×蜜 結婚 ……①1399
二人のおうち ……②28
ふたりのスケーター ①377
ふたりのせかいりょこう ……①932
二人の天馬 ……①771
二人の年月 ……①1387
ふたりのパラダイス ……①1388
ふたりは同時に親になる ……①15
ふたりユースケ ①353
ブータン ……②87
ふだん着からおしゃれ着まで 1年ずっと手ぬい服 ……①84
ふだん着の地域づくりワークショップ …②161
ふだん着物わくわくアイデア帖 ……①32
腐男子先生!!!!! ……①1225
普段使いの器は5つでじゅうぶん。 ……①43
ふだんの金沢に出会う旅へ ……①193
ブータンの瘋狂聖ドゥクパ・クンレー伝 ·①512
ふだんの部屋にちょっと手をいれたらステ

キになりました ……①20
プチガトー・レシピ …①71
プチコン3号＋BIG公式リファレンスブック ……①283
ぷちぬり絵 白雪姫 …①866
淵の王 ……①1126
プチプチサラダ、つぶつぶタブレ ……①60
プチプラを上手に取り入れて ふだんの服で大人のおしゃれ …①30
プチプラ365days オトナ女子の着まわしコーデ ……①30
プチプラ服でも「おしゃれ！」と言われる人には秘密がある …①30
プチ盆栽 おしゃれでかわいい緑のインテリア ……①268
不忠〈21〉 ……①1043
不調を治す！ リンパストレッチ＆マッサージBook ……①159
不調をなくしたければ腎臓と肝臓のツボを押しなさい ……①174
部長の仕事術 ……②355
不調・病気知らずの体をつくるおくすりごはん ……①60
プーチンの国 ……②83
ふーっ！ ……①339
普通二輪免許 見て即マスター！ 技能試験一発攻略 ……②243
普通のおっさんだけど、神さまからもらった能力で異世界を旅してくる。疲れたら転移魔法で自宅に帰る。〈3〉 ……①1211
普通のおっさんだけど、神さまからもらった能力で異世界を旅してくる。疲れたら転移魔法で自宅に帰る。〈4〉 ……①1211
「普通の子」を大きく伸ばす塾、先生の選び方 ……①675
普通のサラリーマンでもできる！「週末コンサル」の教科書 …②294
普通の女子がフリーランスで年収1000万円稼ぐ本 ……②294
普通の人がケチらず貯まるお金の話 …②391
普通の人でも確実に成果が上がる営業の方法 ……②334
ふつうの服でおしゃれに見せる大人のプチプラコーデ …②30
ふつうのLinuxプログラミング ……②547
普通のOLが、世界中の魔法使いに弟子入りして、リアルに魔法が使えるようになった話 ……①142
普通免許"一問一答"問題集 ……②242
普通免許一発合格問題集 ……②242
普通免許"超速クリア"問題集 ……②242

普通列車編成両数表〈Vol.37〉 ……②436
物価指数年報〈2017年〉 ……②274
復活祭 ……①1103
復活の日 ……①1122
復活魔王はお見通し？〈2〉 ……①1223
復活魔王はお見通し？〈3〉 ……①1223
2日で人生が変わる「箱」の法則 決定版 …①101
ブッカーKが見た激動の時代 ……①239
払暁 ……①1161
仏教概観史表 ……①515
仏教からクリスチャンへ ……①525
仏教史研究ハンドブック ……①516
仏教者が読む古典ギリシアの文学と神話 ·①926
仏教とお金 ……①512
仏教と科学が発見した「幸せの法則」 …①512
仏教における実践を問う〈2〉 ……①515
仏教の女神（じょしん）たち ……①515
仏教の救い〈4〉 ……①512
仏教の大意 ……①515
佛教の文様 ……①881
腹筋を美しく見せる！女子の体幹トレーニング ……①217
＃腹筋女子 お腹が割れたら人生変わった！ ……①217
ブックガイド 環境倫理 ……②576
ブックデザイナー鈴木一誌の生活と意見 ·①949
仏検合格 読みトレ！ 3級 ……①670
仏検対策準1級・1級問題集 ……①670
物件探偵 ……①1076
物権法 ……②209
復興亜細亜の諸問題〈上巻〉 ……①572
復興亜細亜の諸問題〈下巻〉 ……①572
「復興」が奪う地域の未来 ……②42
復興キュレーション ·②106
復興ストレス ……②42
復興庁名鑑〈2018年版〉 ……②175
復興デザインスタジオ ……②582
不都合な真実 ……②576
不都合な真実〈2〉 …②576
不都合な日本語 ……①625
復興の日本人論 ……②21
復興百年誌 ……②42
復刻版教科書 帝国地図 大正9年 ……①756
復刻版教科書 帝国地理 大正7年 ……①756
復刻版 テレビアニメーション カードキャプターさくら イラストコレクション チェリオ！〈2〉 ……①844
復刻版 テレビアニメーション カードキャプターさくら イラストコレクション チェリオ！〈3〉 ……①844

復刻版 テレビアニメーション カードキャプターさくら イラストコレクション チェリオ！〈3〉 ……①844
復刻版『保育』戦後編〈2〉 ……①756
復刻版 ロンドン万国博覧会・1851 …①306
復刻・穂高岳の岩場 ①233
フッサールにおける価値と実践 ……①472
フッサールの現象学 ·①472
フッサールの後期還元思想 ……①472
物質・材料工学と社会 ……②570
「物質性」の人類学 …②115
仏師と訪ねる九州の仏像〈4〉 ……①834
ブッシュクラフトの教科書 ……①234
物性〈2〉 ……②672
仏像 ……①834
仏像なんでも事典 …①420
フッ素化合物の分解と環境化学 ……②672
仏陀 ……①512
ブッダが教える執著の捨て方 ……①512
ブッダたちの仏教 …①512
ブッダに学ぶ「やり抜く力」 ……①512
ブッダの真理 ……①512
ブッダの智慧に学んで子育てのプロになる ……①15
ブッダの毒舌 ……①512
ブッダは生きている ……①1049
ブッダはダメ人間だった ……①512
ぶっちぎりで突き抜ける結果を出す人になる仕事の心得 …②355
ふつかな新妻ですが。〈2〉 ……①1202
"仏典をよむ"〈1〉 …①516
仏典百話 ……①516
仏道に学ぶ心の修め方 ……①512
フットサル界のトッププレーヤー達が教える個人技上達バイブル ……②230
フットサル戦術トレーニングデザイン ……②230
フットボリスタ主義〈2〉 ……②230
フットボールサミット〈第36回〉 ……①230
フツーのサラリーマンですが、不動産投資の儲け方を教えてください！ ……②422
フツーの主婦が、弱かった青山学院大学陸上競技部の寮母になって箱根駅伝で常連校になるまでを支えた39の言葉 ……②235
フツーのプロレスラーだった僕がKOで大学非常勤講師になるまで ……②239
仏法 ……①512
物理を教える ……②666
物理が明かす自然の姿 ……②666

「物理・化学」の単位・記号がまとめてわかる事典 ……②650
物理化学Monographシリーズ〈下〉 ……②666
物理学〈1〉 ……②666
物理学実験 ……②666
物理学者が解き明かす思考の整理法 ……②344
物理学者の墓を訪ねる ……②666
物理学は世界をどこまで解明できるか ……②666
物理で無双してたらモテモテになりました〈8〉 ……①1198
物理的に孤立している俺の高校生活 …①1287
物理的に孤立している俺の高校生活〈2〉 ……①1287
物理的に孤立している俺の高校生活〈3〉 ……①1287
物理2600年の歴史を変えた51のスケッチ ②666
物理の基礎的13の法則 ……②666
物理の世界 ……②666
物理のための数学 …②667
「物理の学び」徹底理解 電磁気学・原子物理・実験と観察編 …②730
物理表現のイラスト描画 ……①862
物理文化論 ……②667
物流会社「センコー」の挑戦 ……②418
物流コスト調査報告書〈2016年度〉 ……②418
物流自動化設備入門 ·②418
物流新時代とグローバル化 ……②418
物流総覧〈2017年版〉 ……②418
物流大激突 ……②418
物流大崩壊 ……②418
物流のすべて〈2017年版〉 ……②418
物流ビジネスと輸送技術 ……②418
プティ・シュマン ①670
プティ・パティシエール〈1〉 ……①353
筆おろし教育実習 …①1403
ふでばこ君 ……①844
筆ペンで書く戊年のゆる文字年賀状 ……①863
筆ぺんでなぞり描き 国宝・鳥獣戯画と国芳の猫、北斎漫画 ……①836
プテラノドン ……①401
太い腕と厚い胸板をつくる至高の筋トレ ①217
ブドウ ……①268
不登校を直す ひきこもりを救う ……①711
不登校を乗り越えるために ……①711
不登校から脱け出した家族が見つけた幸せの物語 ……①711
不登校生が再生するアメージングスクール ……①711
不登校生が自然な笑顔をとりもどすとき ·①711
不登校・中退生のための進路相談室〈2018〉

················· ①743
不登校とは何であった
か？ ··············· ①711
不登校にありがとう · ①711
不登校・ニート・ひきこ
もりの家族に贈る 気
持ちを切り替える力
（レジリエンス） ··· ①496
不登校の子どもの心と
つながる ··········· ①711
不登校の子どもへのつ
ながりあう登校支援
················· ①712
不登校の本質 ······· ①712
不登校は必ず減らせる
················· ①712
不動産〈2019年度版〉 ··· ①419
不動産を「加工」する技
術 ··············· ②419
不動産を相続する人の
ための知識ゼロから
の相続の教科書 ···· ②414
不動産オーナーのため
の会社活用と税務 ··· ②403
埠頭三角暗闇市場 ··· ①1122
不動産格差 ········· ②419
不動産鑑定士 会計学過
去問題集〈2018年度
版〉 ··············· ②495
不動産鑑定士 経済学過
去問題集〈2018年度
版〉 ··············· ②495
不動産鑑定士 短答式試
験 鑑定理論 過去問題
集〈2018年度版〉 ··· ①214
不動産鑑定士 不動産に
関する行政法規最短
合格テキスト〈2018年
度版〉 ············· ②495
不動産鑑定士 民法過去
問題集〈2018年度版〉
················· ②495
不動産鑑定士 論文式試
験鑑定理論過去問題
集 論文＋演習〈2018
年度版〉 ··········· ②495
不動産広告の実務と規
制 ··············· ②419
不動産コンサル過去問
題集〈平成29年版〉
················· ②495
「負動産」時代の危ない
実家相続 ··········· ②403
不動産税額ハンドブッ
ク〈平成29年改正版〉
················· ②403
不動産登記記録例集 · ②210
不動産登記実務の視点
〈6〉 ············· ②210
不動産投資でハッピー
リタイアした元サラ
リーマンたちのリア
ルな話 ············· ②422
不動産投資バカ ····· ②422
不動産投資は空室物件
を満室にして超高値
で売りなさい ······· ②422
不動産投資は「新築」
「木造」「3階建て」ア
パートで始めなさ
い！ ············· ②422
不動産取引と土壌汚染
のリスク ··········· ②419
不動産取引のここが変
わる!!早わかり民法改
正 ··············· ②192
不動産取引の仕事術 · ②419
不動産に関する行政法

規過去問題集〈2018年
度版 上〉 ··········· ②495
不動産に関する行政法
規過去問題集〈2018年
度版 下〉 ··········· ②495
不動産に強い税理士に
なるための広大地評
価 ··············· ②420
不動産の税金ミニガイ
ド ··············· ②403
不動産の評価権利調整
と税務〈平成29年10月
改訂〉 ············· ②422
不動産の法律知識 ··· ①42
不動産売買の紛争類型
と事案分析の手法 ··· ②192
不動産物件調査入門 取
引直前編 ··········· ②419
不動産保有会社の相続
税対策Q＆A ······· ②414
不動産屋が儲かる本当
の理由としくみ ····· ②419
不動産リースの会計処
理Q＆A ··········· ②318
不動心論 ··········· ②250
ブドウ大事典 ······· ②449
不当逮捕 ··········· ②154
不道徳な見えざる手 · ②265
不当な債務 ········· ②380
不動の自分になるため
の習慣 ············· ①455
不透明な未来について
の30章 ············· ②14
不当要求等対処ハンド
ブック ············· ①214
フトゥーワ ········· ①460
ブー通りの家 ······· ①1339
風土記研究〈第39号〉
················· ①895
不徳を恥じるも私心な
し 冤罪獄中記 ······· ②39
フードコーディネー
ター過去問題集3級資
格認定試験〈2014～
2016〉 ············· ②509
フードコーディネー
ター教本〈2018〉 ··· ②509
フードサービスの教科
書 ··············· ②445
フードシステムの革新
とバリューチェーン
················· ②445
フードスペシャリスト
資格認定試験過去問
題集〈2017年版〉 ··· ②509
フード・マイレージ · ②775
フトマニクシロ・ラン
ドスケープ 建國の原
像を問う ··········· ①258
太めな君のままでいて
················· ①1400
ふともも写真館〈3〉 · ①776
太ももにすき間、ほし
くありませんか？ ··· ①27
太らない夜食 ······· ①60
太らない夜遅レシピ · ①60
太りたくなければ、体
の「毒」を抜きなさ
い！ ············· ①27
"太るクセ→ヤセるク
セ"たった30日書くだ
けで変われる！ キレ
イをつかむDietNote
················· ①27
船会社の経営破綻と実
務対応 ············· ②627
船形埋輪と古代の喪葬
················· ①615
舟木一夫 あゝ、青春のブ

ロマイド ··········· ①776
ふなだま ··········· ①1005
船出〈上〉 ··········· ①1328
船出〈下〉 ··········· ①1328
船乗りがつなぐ大西洋
世界 ··············· ①591
ふなのりのやん ····· ①315
ぷにぷに肉球まつり ね
こきゅう ··········· ①266
武に身を捧げて百と余
年。エルフでやり直
す武者修行〈10〉 ·· ①1142
フネ ··············· ①844
船参宮〈9〉 ········· ①1042
不発弾 ············· ①1069
不平等 ············· ②265
不平等を考える ····· ①172
ぶぶ漬屋稲茶にごさい
ます ··············· ①1031
ブブのどきどきはいた
つや ··············· ①339
ふ・ふ・ふ ········· ①339
部分矯正とマウスピー
ス矯正の魅力 ······· ①182
不便益 ············· ②520
普遍史の変貌 ······· ①591
不便でも気にしないフ
ランス人、便利なの
に不安な日本人 ····· ①19
不変の成功法則をつか
め！ ··············· ②294
不法移民はいつ "不法"
でなくなるのか ····· ①126
不法行為責任内容序
説 ··············· ②224
不法行為法 ········· ②224
不法侵入 ··········· ①613
フミ・サイトーのアメ
リカン・プロレス講
座 ··············· ①239
不眠症騎士と抱き枕令
嬢 ··············· ①1160
不眠症治療のパラダイ
ムシフト ··········· ①171
ふむ、どうやら私は嫌
われトリップをした
ようだ ··········· ①1237
ブームの真相〈2018年度
版〉 ··············· ②337
不滅の偶像PAUL ···· ①808
不滅の言葉（コタムリ
ト）〈第5巻〉 ······· ①460
不滅の昭和歌謡 ····· ①803
不滅療法 ··········· ①808
部門担当者もケースで
わかる企業法務ハン
ドブック ··········· ②195
冬 ··············· ①258
浮遊する言の葉たち
················· ①1019
富裕層のバレない脱税
················· ②403
富裕層のNo.1投資戦略
················· ②395
冬うた ············· ①809
冬を待つ城 ········· ①1027
不愉快犯 ··········· ①1083
冬かげろう ········· ①1049
冬枯れの光景〈上〉 ··· ②44
冬枯れの光景〈下〉 ··· ②44
冬きたりなば… ···· ①1391
冬のかぎ針あみこもの
················· ①83
冬の盾と陽光の乙女
〈上〉 ············· ①1362
冬の盾と陽光の乙女
〈下〉 ············· ①1362
冬の灯台が語るとき

冬の虹 ············· ①974
冬の日誌 ··········· ①960
ふゆのね ··········· ①258
冬の保安官 ········· ①1079
冬の虫〈26〉 ········· ①979
冬日淡々〈14〉 ····· ①1042
冬椋鳥〈15〉 ······· ①1059
不養生訓 ··········· ②702
武揚伝〈上〉 ········· ①1044
武揚伝〈中〉 ········· ①1044
武揚伝〈下〉 ········· ①1044
ぷよぷよ ··········· ①363
無頼警部 ··········· ①1111
ブライスコレクション
ガイドブック レガ
シーコンティニュー
ズ ··············· ①285
ブライディ家の押しか
け花婿 ············· ①1213
ブライド ··········· ①1019
ブライド〈上〉 ······· ①1019
ブライド〈下〉 ······· ①1019
ブライドと愛と ····· ①1384
フライトの現場ですぐ
に役立つCA乗務スキ
ルのポイント ······· ①470
暴血覚醒（ブライト・ブ
ラッド） ··········· ①1242
暴血覚醒（ブライト・ブ
ラッド）〈2〉 ······· ①1242
ブライト・プリズン
················· ①1161
プライバシーなんてい
らない!? ··········· ②188
フライパン号でナポレ
オンの島へ〈3〉 ····· ①353
フライパン・スイーツ · ①71
フライパンで作るはじ
めてのごはん ······· ①434
フライパンで作れるま
あるいクッキーとタ
ルトとケーキ ······· ①71
フライパンでできる米
粉のパンとおやつ ··· ①60
フライパンで蒸し料理
················· ①60
フライパンで山ごはん
〈2〉 ············· ①60
フライパンリゾット · ①60
プライベート・エクイ
ティ・ファンドの法
務 ··············· ②380
プライベートバンカー
················· ①1317
プライベートバンクの
嘘と真実 ··········· ②380
プライベートバンクは、
富裕層に何を教えて
いるのか？ ········· ②395
プライマリケア医のた
めの実践フレイル予
防塾 ··············· ②742
プライマリケアで一生
使える耳鼻咽喉科診
療 ··············· ②762
プライマリケアのため
のインフルエンザ診
療〈2016・2017〉 ··· ②722
プライマリー刑事訴訟
法 ··············· ②217
プライマリー・バラン
ス亡国論 ··········· ②245
プライム脳神経外科〈2〉
················· ②731
ブラインドメイク物語
················· ①23
ブラウン神父の醜聞
················· ①1349

ブラウン神父の知恵
················· ①1349
ブラウン神父の秘密
················· ①1349
ブラウン神父の不信
················· ①1349
プラクティカル解剖実
習 ··············· ②728
プラクティカル管理会
計 ··············· ②318
プラクティス法学実践
教室〈2〉 ··········· ②224
プラクティスIFRS ··· ②318
プラグマティズムを学
ぶ人のために ······· ①455
プラージュ ········· ①1108
ブラジル ··········· ②254
ブラジルの人と社会 · ②91
プラス1文英会話 ···· ①645
プラスチック成形技術
の要点 ············· ②599
プラスチック成形技能
検定 公開試験問題の
解説 射出成形1・2級
················· ②630
プラスチック成形材料
商取引便覧〈2018年
版〉 ··············· ②600
プラスチックの逆襲 · ②571
プラスチックの恋人
················· ①1127
プラス月5万円で暮らし
を楽にする超かんた
んメルカリ ········· ②529
プラス月5万円で暮らし
を楽にする超かんた
んヤフオク！ ······· ②529
＋10 テンモア ······· ①30
プラスト公論 ······· ①455
プラスの選択で人生は
変わる ············· ①101
プラス馬券 軸馬この1
頭 ··············· ②245
プラズマ産業応用技術
················· ②571
プラズマプロセス技術
················· ②597
プラダを着た悪魔 リベ
ンジ！〈上〉 ······· ①1341
プラダを着た悪魔 リベ
ンジ！〈下〉 ······· ①1341
ブラタモリ〈7〉 ····· ①188
ブラタモリ〈8〉 ····· ①188
ブラタモリ〈11〉 ···· ①188
ブラタモリ〈12〉 ···· ①188
不埒な子爵の手に堕ち
················· ①1394
不埒な社長のゆゆしき
溺愛 ············· ①1202
不埒に甘くて、あざと
くてアラサー女子と
年下御曹司 ······· ①1403
ブラック ··········· ①353
ブラック・ウィドウ
〈上〉 ············· ①1348
ブラック・ウィドウ
〈下〉 ············· ①1348
ブラックウォーター灯
台編 ··········· ①1335
ブラックエッジ ····· ②382
ブラック オア ホワイト
················· ①982
フラッグオブレガリア
················· ①1267
ブラック化する学校 · ①701
ブラック化する職場 · ②464
ブラック企業に勤めて
おります。 ········· ①1179
ブラック企業バスター

ズ ……… ②464
ブラック企業VS労働G
　メン ワンイヤーバト
　ル！ ……… ①980
ブラッククローバー 騎
　士団の書 ……… ①1136
ブラックサッドシーク
　レットファイル …… ①844
ブラック・サンボくん
　……… ①315
ブラック奨学金 …… ①758
ブラック職場 …… ②464
悪徳（ブラック）探偵
　……… ①1073
ブラックチェイン …①1092
ブラック・トゥ・ザ・
　フューチャー 坂上田
　村麻呂伝 ……① 1044
ブラック部活動 …… ①701
ブラック・フラッグス
　〈上〉……… ②86
ブラック・フラッグス
　〈下〉……… ②86
ブラックボックス〈上〉
　……… ①1347
ブラックボックス〈下〉
　……… ①1347
ブラックボックス化す
　る現代 ……… ②93
ブラックホールをのぞ
　いてみたら ……… ②676
ブラックホールで死ん
　でみる〈上〉……… ②676
ブラックホールで死ん
　でみる〈下〉……… ②676
ブラック・ホールにの
　まれて ……… ①1127
ブラック・マシン・
　ミュージック …… ①808
ブラックメイル …… ①1391
ブラック・メタル …① 808
ブラック・メリーゴー
　ランド ……… ①1165
ブラックライトでさが
　せ！ 妖怪探偵修業中
　……… ①441
フラッシュ：邪悪なる
　閃光（THE NEW
　52！）……… ①856
フラッシュナンバー最
　強馬券 ……… ①245
フラッシュモブ …… ①1078
フラッター・エコー 音
　の中に生きる …… ①804
プラットフォームの教
　科書 ……… ②294
プラットホームの彼女
　………① 1019
フラットランド …… ②655
ブラディ・ジェスパーセ
　ン一般化学〈上〉… ②672
ブラディ・ジェスパーセ
　ン一般化学〈下〉… ②672
プラトン エウテュプロ
　ン／ソクラテスの弁明
　／クリトン ……… ①469
プラトーン著作集〈第6
　巻 第1分冊〉…… ①469
プラトーン著作集〈第6
　巻 第2分冊〉…… ①469
プラトーン著作集〈第6
　巻 第3分冊〉…… ①469
プラトーン著作集〈第7
　巻〉………… ①469
プラトーン著作集〈第8
　巻 第1分冊〉…… ①469
プラトーン著作集〈第8
　巻 第2分冊〉…… ①469
プラトーン著作集〈第8

巻 第3分冊〉…… ①469
プラトーン著作集〈第10
　巻 第1分冊〉…… ①469
プラトーン著作集〈第10
　巻 第2分冊〉…… ①469
プラナカンの誕生 … ①594
プラナリアたちの巧み
　な生殖戦略 …… ②684
プラネタルミナス
　supernova ……… ①776
プラネット・ハルク：地
　の巻 ……… ①856
プラネット・ハルク：天
　の巻 ……… ①856
富良野 美瑛 十勝 帯広
　旭山動物園 ……… ①191
ブラパン100 ……… ②30
ブラームスとその時代
　……… ①815
プラモデル徹底工作 究
　極のランボルギーニ
　……… ①287
ぶらりあるき北海道の
　博物館 ……… ①826
ぶらり「観光と歴史」の
　旅 ……… ②115
ぶらり十兵衛 …… ①1031
ぶらり超低山散歩 …① 190
ぶらり超低山散歩 福岡
　近郊編 ……… ①190
ぶらり呑助舌つづみ …①41
プラレールコレクショ
　ン〈2018〉…… ①437
プラレール大集合〈2018
　年版〉……… ①437
プラレールトーマス …① 322
フラワーアレンジ アイ
　デアBOOK ……① 270
フラワーカレンダー 季
　節の花飾り …… ①270
フラワーショップガー
　ルの恋愛事情 … ①1141
フラワード ……… ①1285
フラワーナイトガール
　……… ①1198
フラワーナイトガール
　〈2〉……… ①1136
フラワーナイトガール
　ワールド＆キャラク
　ターガイド …… ①283
フラワーフェアリーズ
　花の妖精たち 秋 … ①844
フラワーフェアリーズ
　花の妖精たち 夏 … ①844
フラワーフェアリーズ
　花の妖精たち 春 … ①844
フラワーフェアリーズ
　花の妖精たち 冬 … ①844
フラワーベース観賞 3
　枚ハート形容器 …① 271
フラワーリースの発想
　と作り方 …… ①270
フランク・ホーレー旧
　蔵「宝玲文庫」資料集
　成〈第1巻〉………②8
フランク・ホーレー旧
　蔵「宝玲文庫」資料集
　成〈第2巻〉………②8
フランク・ホーレー旧
　蔵「宝玲文庫」資料集
　成〈第3巻〉………②8
フランク・ホーレー旧
　蔵「宝玲文庫」資料集
　成〈第4巻〉………②8
フランクル『夜と霧』へ
　の旅 ……… ①472
フランス …… ①207、②253
フランス〈2018～2019
　年版〉……… ①207

フランス絵本の世界 ・① 847
フランス王妃列伝 … ①606
フランスを問う ……… ②85
フランス・オペラの美
　学 ……… ①817
フランス学士院本 羅葡
　日対訳辞典 ……… ①673
フランス家族手当の史
　的研究 ……… ②64
フランス現代史 隠され
　た記憶 ……… ①606
フランス語拡聴力 … ①670
フランス語学の最前線
　〈5〉……… ①670
フランス語作文の方法
　（構造編）……… ①670
フランス語作文の方法
　（表現編）……… ①670
フランス語で話す自分
　のこと日本のこと ・① 670
フランス語で読むオペ
　ラ座の怪人 ……… ①670
フランス語でEメール
　……… ①670
フランス語動詞宝典308
　初・中級編 ……… ①670
フランス語動詞宝典466
　中・上級編 ……… ①670
フランス語ニュアンス
　表現練習帳 ……… ①670
フランス語の庭 …… ①670
フランス語の音色 … ①670
フランス語の方法〈2〉
　……… ①670
ふらんす小咄大観 … ①885
フランス語名詞・動詞
　連語辞典 ……… ①671
フランス式いつでもど
　こでも自分らしく …②28
フランス刺繍と図案
　〈150〉……… ①78
フランス刺繍と図案
　〈151〉……… ①78
フランス刺繍と図案
　〈152〉……… ①78
フランス史“中世”〈3〉
　……… ①606
フランス史“中世”〈4〉
　……… ①606
フランス史“中世”〈5〉
　……… ①606
フランス史“中世”〈6〉
　……… ①606
フランス女性に学ぶ結
　婚という呪いから逃
　げられる生き方 …① 118
フランス女性は80歳で
　も恋をする ……… ①118
フランス人が好きな3種
　の軽い煮込み。…… ①68
フランス人が「小さな
　バッグ」で出かける
　理由（わけ）……… ①118
フランス人はお菓子づ
　くりを失敗しない。…①71
フランス人は仕事に振
　り回されない ……… ②85
フランス人は10着しか
　服を持たない ……… ②85
フランス人は10着しか
　服を持たない〈2〉… ②85
フランス第三共和政期
　の子どもと社会 …① 606
フランス、地方を巡る
　旅 ……… ①670
フランスで学力をど
　う評価してきたか … ①748
フランスと信州 …… ①950
ふらんす夏休み学習号

……… ①671
フランスの美しい村・
　愛らしい町 ……… ①258
フランスの季節を楽し
　むお菓子作り …… ①71
フランスの教育・子育
　てから学ぶ 人生に消
　しゴムを使わない生
　き方 ……… ①101
フランスの共済組合 …① 606
フランスの素朴な地方
　菓子 ……… ①38
フランスの大学生 …① 941
フランスのノエルでと
　きめくクロスステッ
　チ ……… ①78
フランスの花の村を訪
　ねる ……… ①199
フランスのポスター〈2〉
　……… ①879
「フランスの最も美しい
　村」全踏破の旅 …① 207
フランスのラグジュア
　リー産業 ……… ②429
フランスはとにっき …① 199
フランスはなぜショッ
　クに強いのか ……… ②85
フランス 魅せる美 …① 830
ふらんす民話大観 … ①925
フランス薬剤師が教え
　る もっと自由に！ 使
　えるアロマテラピー
　……… ①155
フランス流気取らない
　おもてなし アペリ
　ティフ ……… ①68
フランス料理肉を極め
　る全技法 ……… ①68
フランス料理の教科書
　……… ①68
フランス料理の歴史 …① 38
フランス・ルネサンス
　文学集〈3〉……… ①891
フランダースの犬 …① 380
フランチャイズ〈2018年
　度版〉……… ②425
フランチャイズ・ハン
　ドブック ……… ②425
ブランディングと成長
　実感 ……… ②294
ブランディング7つの原
　則 ……… ②294
ブランデーの歴史 …… ①45
ブラント関連略語集
　〈2017〉……… ②438
ブランド戦略論 …… ②337
ブランド輸出データ便
　覧〈2017年版〉…… ②416
ブランド力 ……… ②294
プラントレイアウトと
　配管設計 ……… ②605
「振り返りジャーナル」
　で子どもとつながる
　クラス運営 ……… ①708
ふりかえれば未来があ
　る ……… ②613
ふりかけヘリコプター
　……… ①339
ふりがな付 山中伸弥先
　生に、人生とiPS細胞
　について聞いてみた
　……… ②650
振り子を真ん中に …② 148
フリー・ザ・コンプリー
　ト ……… ①808
ブリヂストンの就活ハ
　ンドブック〈2019年度
　版〉……… ②292
フリー雀荘で得するの

はどっち!? ……… ①246
フリージングで作りお
　き離乳食 ……… ①60
プリースト！ プリース
　ト!! ……… ①1136
プリズナートレーニン
　グ ……… ①217
プリスボール ……… ①60
プリズン・ガール …① 1353
フリーソフトでつくる
　音声認識システム ・② 520
フリーダ・カーロ …① 390
ブリッジブック行政法
　……… ②203
ぷりっつさんちのぶら
　りうまいもの散歩 …① 41
フリッツ・バウアー …① 608
ぷりっぷり、ふわふわ
　ミンチのアレンジレ
　シピ94 ……… ①60
降り積もる光の粒 …① 943
ブリティッシュロック
　巡礼 ……… ①808
フリードリヒ・シュ
　レーゲルの「生の哲
　学」の諸相 ……… ①472
プリニウスの系譜 …① 591
プリパラ ガルマゲド
　ン外伝 ……… ①353
フリパラツイスト …① 27
振り飛車最前線 四間飛
　車VS居飛車穴熊 …① 250
プリプリちぃちゃん!!プ
　リちぃシールブック
　……… ①304
ふり向いてはいけない
　学校の怖い話〈4〉… ①386
フリーメイソン …… ②106
フリーメイソン真実の
　歴史 ……… ①591
ブリューゲルとネーデ
　ルラント絵画の変革
　者たち ……… ①830
ブリューゲルの世界 ・① 830
ブリューゲルへの招待
　……… ①830
『俘虜』 ……… ①586
不良番長浪漫アルバム
　……… ①791
不良品探偵 ……… ①1094
フリーライフ …… ①1185
フリーライフ〈2〉… ①1185
フリーライブラリで学
　ぶ機械学習入門 …② 602
フリーランス＆個人事
　業主 いちばんラクす
　る！ 経理のさばき方
　……… ②319
フリーランス＆個人事
　業主のための確定申
　告 ……… ②410
フリーランスとひとり
　社長のための経理を
　エクセルでトコトン
　楽にする本 ……… ②319
フリーランスのための
　超簡単！ 青色申告
　〈2017・2018年度版〉
　……… ②410
フリーランスぶるーす
　……… ①994
プリンスを愛した夏
　……… ①1372
プリンスさまの子羊
　ちゃん ……… ①1325
プリンスの裏切り〈2〉
　……… ①1389
プリンスの花嫁〈1〉
　……… ①1387

プリンセスに変身 … ①1383
プリンセスの愁い〈3〉
　　………………… ①1389
プリンセスのティー
　テーブルLesson …… ⑧38
プリント回路メーカー
　総覧〈2017年度版〉
　　………………… ②440
不倫の教科書 ……… ②190
不倫の作法 ………… ①118
プリンの田中さんはケ
　ダモノ。 ………… ①1295
古い音楽における装飾
　の手引 …………… ①818
ふるいせんろのかたす
　みで …………… ①315
古雛 ……………… ①974
ブルガーコフ戯曲集〈1〉
　　………………… ①784
ブルガーコフ戯曲集〈2〉
　　………………… ①784
プール活動レベル … ⑧178
ブルーカーボン …… ②576
フルカラー版 第一種電
　気工事士技能試験候
　補問題できた！〈平成
　29年対応〉 ……… ②635
フルカラー メディチ家
　の至宝 驚異の工芸コ
　レクション ……… ①830
ブルガリア/ルーマニア
　〈2017〜2018年版〉
　　………………… ⑧207
古川親水公園 ……… ①258
ふる里かさねいろ … ①258
ふるさと考 雑木ノ林道
　　…………………… ⑧24
ふるさとで戦われた外
　国との戦争 ……… ①534
ふるさとに帰ったヒョ
　ウ ……………… ①384
ふるさと前橋の刀工 … ①873
ブルース ………… ①998
ブルズアイ ……… ①996
ブルースカイ作戦 … ①992
ブルース・ギターをは
　じめる方法とプレイ
　幅を広げるコツ … ①811
ブルーストと過ごす夏
　　………………… ①925
ブルース・バーンスタ
　イン メンタルマジッ
　ク UNREAL …… ①273
ブルース・リーズ ジー
　クンドー ……… ①237
ブルース・リーの霊言
　　………………… ①504
ブルース・ロック・アン
　ソロジー ブリティッ
　シュ編 ………… ①808
ブルちゃんは二十五ば
　んめの友だち …… ①353
フルーツ・カービング
　の教科書 ……… ①80
ブルデュー国家資本論
　　………………… ⑧265
ブルドッグたんていと
　きえたほし …… ①339
フルートで奏でるクリ
　スマス・メロディー
　　………………… ①809
フルートで奏でるボサ
　ノヴァ ピアノ伴奏譜
　＆カラオケCD付 … ①818
フルートで奏でるラテ
　ン・ポップス …… ①818
ブルートレインさくら
　ごう ………… ①308
ブルーノ・タウト研究

ブルーバックス科学手
　帳〈2017年度版〉 … ②649
プルーフ・オブ・ヘヴン
　　………………… ②702
ブルーブラッド …… ①1116
ブルベのすべて …… ①234
ブルーベリー …… ①268
古本で見る昭和の生活 …⑧23
古本道入門 ……… ⑧4
ブルー・マーズ〈上〉
　　………………… ①1366
ブルー・マーズ〈下〉
　　………………… ①1366
ブルームと梶田理論に
　学ぶ ……………… ①754
ブルームの歳月 …… ①921
プール・ライフガー
　ディング教本 …… ⑧232
ふるるる るん …… ①304
ブルーローズは眠らな
　い ……………… ①1076
ふれあい親子のほん は
　じめてのぎょうじ 3・
　4・5さいだもん … ①303
ふれあい酒場BARレモ
　ン・ハート …… ①771
プレアイロン ストレー
　トパーマ ……… ⑧23
プレアデスメシアメ
　ジャーが示す「未曾
　有の大惨事」の超え
　方 ……………… ⑧142
プレイ・オブ・カラー
　　………………… ①1145
プレイガイドジャーナ
　ルよ 1971〜1985 … ⑧17
ブレイブウィッチーズ
　Prequel〈2〉 …… ①1136
ブレイブウィッチーズ
　Prequel〈3〉 …… ①1136
プレイボーイともう一
　度。 ……………… ①1384
プレイボーイの花嫁〈2〉
　　………………… ①1387
フレイム王国興亡記〈6〉
　　………………… ①1220
ブレインサイエンス・
　レビュー〈2017〉 … ②731
ブレインスポッティン
　グ入門 ………… ⑧496
プレヴェール詩集 … ①975
プレオルソで治す歯な
　らび＆口呼吸 …… ⑧758
触頭制度の研究 …… ⑧562
フレキシブル熱電変換
　材料の開発と応用 … ②594
プレグジット私録 … ⑧85
プレス成形難易ハンド
　ブック ………… ②624
プレステップキャリア
　デザイン ……… ⑧679
ブレストガール！ … ①986
「プレゼンテーション」
　の基本と常識 …… ⑧358
プレゼントをどうぞ！
　　………………… ①304
プレゼンのパワーを最
　大限にする50のジェ
　スチャー ……… ⑧358
プレゼンのレシピ … ⑧358
プレックスストーリー
　　………………… ①227
フレッシュ中小企業診
　断士の合格・資格活
　用体験記〈5〉 …… ⑧488
フレップ・トリップ … ①944
プレップ法学を学ぶ前
　に ……………… ⑧224

プレートテクトニクス
　の拒絶と受容 …… ②680
触れないで甘い唇 … ①1326
フレビル ………… ①640
フレーベル教育学入門
　　………………… ①754
プレミアムアトラス世
　界地図帳 ……… ⑧212
プレミアムアトラス日
　本地図帳 ……… ⑧212
プレミアムカラー国語
　便覧 …………… ①725
プレミアム雑学王〈2〉 … ⑧32
プレミアムな和サンド
　　…………………… ⑧60
フレームアームズ・
　ガール ………… ①1136
フレームアームズモデ
　リングガイド〈2〉 … ⑧285
触れることのモダニ
　ティ …………… ①455
フレンチ仕込みの「ショ
　コラのお菓子」 …… ⑧71
フレンチ女子マドレー
　ヌさんの下町ふしぎ
　物語 …………… ①1295
フレンチブルドッグ・
　パンを抱きしめる70の言
　葉 ……………… ①101
フレンチベースの小さ
　なおもてなし12か月
　　…………………… ⑧60
フレンチポップス・
　シックスティーズ ・ ①808
ブレンディッド・ラー
　ニングの衝撃 …… ①720
ブレーン 特別編集合本
　　………………… ⑧294
風呂上がりの気分にさ
　せるメッセージ … ①942
フロイト症例論集〈2〉
　　………………… ⑧485
浮浪児1945 ・ ……… ①932
不老少女と魔法教授〈2〉
　　………………… ①1272
不老超寿 ………… ②707
プロを目指す人のため
　のRuby入門 …… ②551
プロが選んだ日本のホ
　テル・旅館100選＆日
　本の小宿〈2018年度
　版〉 …………… ①191
プロが教えないダンス
　上達講座〈第11弾〉
　　………………… ①823
プロが教える情報セ
　キュリティの鉄則 … ②534
プロが教える不動産投
　資の真実 ……… ①422
プロが教える儲かる
　「ネット古物商」の始
　め方 …………… ⑧529
プロが教える有機・無
　農薬おいしい野菜づ
　くり …………… ⑧450
プロが教える！ After
　Effectsデジタル映像
　制作講座 ……… ⑧541
プロが撮影でおろそか
　にしない一生使える
　風景写真の三原則 ・ ①253
プロが撮影で疎かにし
　ない一生使えるポー
　トレート撮影の三原
　則 ……………… ①253
プロが薦めるコンク
　リートポンプの機種
　選定 …………… ②606

プロカメラマンFILE
　〈2018〉 ………… ①258
「プロ教師」に学ぶ真の
　アクティブ・ラーニ
　ング …………… ①736
プログラマー・セキュ
　リティエンジニア・
　アプリ開発者・CGデ
　ザイナー〈2〉 …… ①420
プログラマのための
　Google Cloud
　Platform入門 …… ②551
プログラミングを知ら
　ないビジネスパーソ
　ンのためのプログラ
　ミング講座 …… ②551
プログラミング教室 … ②551
プログラミング言語図
　鑑 …………… ②552
プログラミング作法 ・ ②552
プログラミング体感ま
　んが ぺたスクリプト
　　………………… ②552
プログラミング道への
　招待 …………… ②552
プログラミングとコン
　ピュータ ……… ①420
プログラミングについ
　て調べよう …… ①420
プログラミングは最強
　のビジネススキルで
　ある …………… ②552
プログラミングは、ロ
　ボットから始めよ
　う！ …………… ②552
プログラミングAzure
　Service Fabric
　　………………… ②552
プログラミングROS ・ ②552
プログラミング
　Xamarin〈上〉 … ②552
プログラム ……… ①1007
プログラムフロー
　チャートですすめる
　図解眼科検査法 … ②762
プログレッシブ タイ語
　辞典 …………… ①668
プロジェクションマッ
　ピングの教科書 … ②514
プロジェクトを成功さ
　せる実践力が身につ
　く本 …………… ②589
プロジェクト学習で始
　めるアクティブラー
　ニング入門 …… ②520
プロジェクトの「測る
　化」 …………… ②589
プロジェクトマネジメ
　ント的生活のススメ
　　………………… ②355
プロジェクトマネー
　ジャ〈2018年版〉 … ②566
プロジェクトマネー
　ジャ合格教本〈平成30
　年度〉 ………… ②567
プロジェクトマネー
　ジャ合格テキスト
　〈2018年度版〉 …… ②567
プロジェクトマネー
　ジャ合格トレーニン
　グ〈2018年度版〉 … ②567
プロジェクトマネー
　ジャ 合格論文の書き
　方・事例集 …… ②567
プロジェクトマネー
　ジャ午後1 最速の記
　述対策〈2018年度版〉
　　………………… ②567
プロジェクトマネー
　ジャ午後2 最速の論

述対策〈2018年度版〉
　　………………… ②567
プロジェクトマネー
　ジャ「専門知識＋午後
　問題」の重点対策
　〈2018〉 ………… ②567
プロ直伝！ 最高の結果
　を出すファシリテー
　ション ………… ②362
プロ直伝！ 成功する
　マーケティングの基
　本と実践 ……… ②337
プロ直伝！ メダカの飼
　い方 …………… ②699
ふろしき同心御用帳
　　………………… ①1029
フロスト始末〈上〉 … ①1344
フロスト始末〈下〉 … ①1344
プロスポーツビジネス
　　………………… ①214
プロセスデザインアプ
　ローチ ………… ②589
プロダクションレディ
　マイクロサービス ・ ②552
フローチャートがん漢
　方薬 …………… ②738
フローチャート高齢者
　漢方薬 ………… ①174
フローチャート 失敗事
　例から学ぶ職場のメ
　ンタル不調防止対策
　　………………… ②461
ブロックチェーン・エ
　コノミクス …… ②265
ブロックチェーン革命
　　………………… ②380
ブロックチェーン技術
　入門 …………… ②527
ブロックチェーン入門
　　………………… ②294
ブロックチェーンの未
　来 ……………… ②380
ブロックチェーン・プ
　ログラミング …… ②552
フロックの確率 …… ②655
ブロッケンの悪魔 … ①1105
ブローティガン東京日
　記 ……………… ①975
プロテスタンティズム
　　………………… ①525
プロではないあなたの
　ためのIllustrator ・・ ②541
プロでも知りたがる！
　ビリヤード オシャレ
　な撞き方・練習の仕
　方 ……………… ①287
プロデュース・オンラ
　イン …………… ①1223
プロ店長 最強の仕事術
　　………………… ②427
プロ投資家の「株を買
　いたくなる会社」の
　選び方 ………… ②395
プロトコル ……… ①455
プロトレーダーHIDEが
　教える 月利8%FX自
　動売買 ………… ②397
プロに近づくためのフ
　レンチの教科書 … ①69
プロになるなら身につ
　けたいプログラマの
　コーディング基礎力
　　………………… ②552
プロの現場から学ぶ
　Photoshop
　Lightroom CC/6
　RAW現像と管理＆補
　正入門 ………… ②541
プロの作画から学ぶ 超

書名索引

マンガデッサン・・・・・①863
プロの視点 うねり取り
　株式投資法・・・・・・・②396
プロの対局・・・・・・・・・・①247
プロのための貝料理・・・①60
プロのための住宅・不
　動産の新常識〈2017 -
　2018〉・・・・・・・・・②419
プロのための主要都市
　建築法規取扱基準・②620
プロの撮り方 構図の法
　則・・・・・・・・・・・・・①253
プロの撮り方 色彩を極
　める・・・・・・・・・・・①253
プロの板書・・・・・・・・・①720
プロパガンダ・・・・・・・①258
プロパガンダゲーム
　・・・・・・・・・・・・・・①1102
風呂場女神・・・・・・・・・①1195
プロフェッショナルが
　語る顎関節症治療・②758
プロフェッショナル
　サービスのビジネス
　モデル・・・・・・・・・②374
プロフェッショナル消
　費税の実務・・・・・・②406
プロフェッショナル投
　資信託実務・・・・・・②396
プロフェッショナルの
　未来・・・・・・・・・・②512
フロベール・・・・・・・・・①925
プロポーズアゲイン・①996
ぷろぽの・・・・・・・・・・①1011
プロミーシュース解放
　・・・・・・・・・・・・・①975
プロメテウス・トラッ
　プ・・・・・・・・・・・・①1106
プロ野球を統計学と客
　観分析で考える デル
　タ・ベースボール・リ
　ポート〈1〉・・・・・・①224
プロ野球奇人変人列伝
　・・・・・・・・・・・・・①224
プロ野球語辞典・・・・・①224
プロ野球 常勝球団の方
　程式・・・・・・・・・・①224
プロ野球「背番号」雑学
　読本・・・・・・・・・・①224
プロ野球戦国時代！・①224
プロ野球チップスカー
　ド図鑑〈vol.1〉・・・・①224
プロ野球でわかる！ は
　じめての統計学・②662
プロ野球・二軍の謎・①224
プロ野球のお金と契約
　・・・・・・・・・・・・・①224
プロ野球「名言・珍言」
　読本・・・・・・・・・・①224
プロ野球「名采配」読本
　・・・・・・・・・・・・・①224
プロ野球 問題だらけの
　12球団〈2017年版〉
　・・・・・・・・・・・・・①224
プロレスを見れば世の
　中がわかる・・・・・・①239
プロレスが死んだ日。
　・・・・・・・・・・・・・①239
プロレス入門〈2〉・・・①239
プロレス秘史 1972 -
　1999・・・・・・・・・①239
プロレス名言の真実・①239
プロローグは刺激的に
　・・・・・・・・・・・・・①1173
ふろん太がつぶやく僕
　らの川崎フロンター
　レ・・・・・・・・・・・・①1195
ふろんてぃあーず バケ
　ツさんの細かめな開
　拓記・・・・・・・・・・①1234

フロンティアダイア
　リー・・・・・・・・・・①1188
フロントエンド専門制
　作会社が教える 速く
　正確なWeb制作のた
　めの実践的メソッド
　・・・・・・・・・・・・・②520
不惑ガール・・・・・・・・・①990
ふわっと癒され北のリ
　ス エゾリーナ・・・①258
ふわっふわのスフレパ
　ンケーキ・・・・・・・・①71
フワフワ・・・・・・・・・・①339
ふわふわうさぎ川柳・①974
ふわふわっふる！・・・①844
ふわふわのくま・・・・・①339
ふわもこのふわ・・・・・①264
＃ふわもこ部・・・・・・・①263
雰囲気探偵 鬼鶩航・①1093
文化遺産と生きる・・・②115
文化遺産はだれのもの
　か・・・・・・・・・・・・②120
分解するイギリス・・・②128
文化運動年表 昭和戦前
　編・・・・・・・・・・・・①618
文化を映し出す子ども
　の身体・・・・・・・・・②115
文化を基軸とする社会
　系教育の構築・・・・①720
文化を食べる 文化を飲
　む・・・・・・・・・・・・①38
文化・階級・卓越化・②106
文学〈2017〉・・・・・・・①979
文学研究から現代日本
　の批評を考える・・①908
文学効能事典・・・・・・・①884
文学作品の「語り」で自
　分らしさを表現させ
　る・・・・・・・・・・・・①725
文学社会学とはなにか
　・・・・・・・・・・・・・②107
文学少年と書を喰う少
　女・・・・・・・・・・・・①1301
文学テクストをめぐる
　心の表象・・・・・・・①725
文学で平和を・・・・・・・①725
文学で読む日本の歴史
　戦国社会篇・・・・・・①556
文学とアダプテーショ
　ン・・・・・・・・・・・・①918
文学都市ダブリン・・・①922
文学と政治・・・・・・・・・①924
文学における宗教と民
　族をめぐる問い・・①908
文学の授業〈6〉・・・・・①725
文学の仲介者ヴァレ
　リー・ラルボー・・①926
文学の淵を渡る・・・・・①909
文学のレッスン・・・・・①910
文学部・・・・・・・・・・・・①746
文学問題（F＋f）＋・・・①893
文化現象としての恋愛
　とイデオロギー・・①908
文化財としてのガラス
　乾板・・・・・・・・・・①833
文化財保存70年の歴史
　・・・・・・・・・・・・・①824
文画サンド版 巨富を築
　く13の条件・・・・・②294
文化資本・・・・・・・・・・②265
文化条例政策とスポー
　ツ条例政策・・・・・・②144
文化進化の考古学・・・①615
文化人類学・・・・・・・・・②115
文化人類学のレッスン
　・・・・・・・・・・・・・②115

文化ストック経済論・②265
文化政策研究〈第10号
　（2016）〉・・・・・・・②107
文化創造と公益・・・・・①754
文化大革命・・・・・・・・・①597
文化多様性と国際法・②219
文化通信 縮刷版〈2016
　年版〉・・・・・・・・・②8
噴火のあいさき・・・・・①988
文化の居場所のつくり
　方・・・・・・・・・・・・②161
文化の遠近法〈2〉・・・②107
文化のなかの西洋音楽
　史・・・・・・・・・・・・①820
文化ファッション大系
　改訂版・服飾関連専
　門講座〈1〉・・・・・・①30
文系学生のためのSPI3
　完全攻略問題集〈'20
　年度版〉・・・・・・・①295
文系が20年後も生き残
　るためにいますべき
　こと・・・・・・・・・・②344
文芸くらしき〈第20号〉
　・・・・・・・・・・・・・①884
文系出身者が2時間で製
　造業がわかる本・・・②438
文系女子に淫らな恋は
　早すぎる・・・・・・・①1285
文系女子のための公務
　員試験数的推理 音声
　付きテキスト＋トコト
　ン問題集（公務員試
　験）・・・・・・・・・・②180
文系女子のための公務
　員試験判断推理 音声
　付きテキスト＋トコト
　ン問題集（公務員試
　験）・・・・・・・・・・②180
文系女子のためのFP技
　能士3級 音声付き合
　格テキスト＆演習問
　題・・・・・・・・・・・・②482
文芸的な、余りに文芸
　的な／饒舌録 ほか・①902
文系でもわかる電気回
　路・・・・・・・・・・・・②594
文系人間のための「AI
　論」・・・・・・・・・・②524
文系のためのフィン
　テック大全・・・・・・②380
文系のための有機化学
　講座・・・・・・・・・・②672
文系のための理系読書
　術・・・・・・・・・・・・②4
文系のための理数セン
　ス・・・・・・・・・・・・②655
文芸翻訳入門・・・・・・・①884
「文系力」こそ武器であ
　る・・・・・・・・・・・・①754
文献・インタビュー調
　査から学ぶ会話デー
　タ分析の広がりと軌
　跡・・・・・・・・・・・・①622
文献資料集成 大正新教
　育 第3期 私立学校の
　新教育 全7巻・・・・①756
文豪エロティカル・・・①979
文豪春秋・・・・・・・・・・①902
文豪図鑑 完全版・・・・①902
文豪ストレイドッグス
　公式ガイドブック 深
　化録・・・・・・・・・・①800
文豪とアルケミスト オ
　フィシャルキャラク
　ターブック・・・・・・①283
「文豪とアルケミスト」
　文学全集・・・・・・・①902
文豪と暮らし・・・・・・・①894

文豪の女遍歴・・・・・・・①902
文豪ノ怪談 ジュニア・
　セレクション 恋・・①353
文豪ノ怪談 ジュニア・
　セレクション 呪・・①353
文豪ノ怪談 ジュニア・
　セレクション 霊・・①353
文豪の謎を歩く・・・・・①902
文豪文士が愛した映画
　たち・・・・・・・・・・①796
文豪妖怪名作選・・・・・①979
文庫解説ワンダーラン
　ド・・・・・・・・・・・・②4
文庫版 現世怪談〈2〉
　・・・・・・・・・・・・・①1120
豊後『古田家譜』・・・・①874
分子栄養学のすすめ・②778
分子軌道法・・・・・・・・・②672
分子集合体の科学・・・②672
文士の遺言・・・・・・・・・①903
分子マシン驚異の世界
　・・・・・・・・・・・・・②672
分子マシンの科学・・・②672
文春にバレない密会の
　方法・・・・・・・・・・②30
文春砲・・・・・・・・・・・・②11
文章を科学する・・・・・①631
文章を仕事にするなら、
　まずはポルノ小説を
　書きなさい・・・・・・①884
文章が一瞬でロジカル
　になる接続詞の使い
　方・・・・・・・・・・・・①634
文章が面白いほど上手
　に書ける本・・・・・・①634
文章検過去問題集 準2
　級〈Vol.1〉・・・・・・①634
文章検過去問題集 2級
　〈Vol.1〉・・・・・・・①634
文章検過去問題集 3級
　〈Vol.1〉・・・・・・・①634
文章検過去問題集 4級
　〈Vol.1〉・・・・・・・①634
文章表現の基礎技法・①634
文章表現の四つの構造
　・・・・・・・・・・・・・①634
文章予測・・・・・・・・・・①634
文章力を伸ばす・・・・・①634
「文書化」対応の重要ポ
　イント・・・・・・・・・②403
粉飾決算VS会計基準
　・・・・・・・・・・・・・②319
粉飾発見に役立つ やさ
　しい決算書の読み方
　・・・・・・・・・・・・・②319
文書作成リテラシー・②520
文書事務研修の手引・②153
文書情報マネジメント
　概論・・・・・・・・・・②520
文書類型でわかる印紙
　税の課否判断ガイド
　ブック・・・・・・・・・②414
粉じん作業特別教育用
　テキスト 粉じんによ
　る疾病の防止 指導者
　用・・・・・・・・・・・・②461
文人伝・・・・・・・・・・・・①455
分水嶺・・・・・・・・・・・・①1088
「分析」で成果を最大化
　するB to Bビジネス
　のデジタルマーケ
　ティング・・・・・・・②337
紛争解決のための合意・
　和解条項作成の弁護
　士実務・・・・・・・・・②228
紛争下における地方の
　自己統治と平和構築
　・・・・・・・・・・・・・②134
紛争事例に学ぶ、IT

ユーザの心得・・・・・②188
紛争類型別 事実認定の
　考え方と実務・・・・②206
粉体技術と次世代電池
　開発・・・・・・・・・・②594
粉体用語ポケットブッ
　ク・・・・・・・・・・・・②600
分断された時代を生き
　る・・・・・・・・・・・・②107
分断されるアメリカ・①91
分断するコミュニティ
　・・・・・・・・・・・・・②83
分断と対話の社会学・②107
奮闘するたすく・・・・・①353
文は一行目から書かな
　くていい・・・・・・・①634
分配的正義の歴史・・・②268
ぶんぶん えほんくん・①316
分娩期の診断とケア・②762
文法からマスター！ は
　じめてのベトナム語
　・・・・・・・・・・・・・①668
文法必携バイブルN2完
　全制覇文型集・・・・①636
文法まとめリスニング
　初級1・・・・・・・・・①636
フンボルトの冒険・・・②686
文脈解析・・・・・・・・・・②525
文脈化するキリスト教
　の軌跡・・・・・・・・・②525
文脈力こそが知性であ
　る・・・・・・・・・・・・①634
文明開化 灯台一直線！
　・・・・・・・・・・・・・①1051
文明史のなかの文化遺
　産・・・・・・・・・・・・②115
文明としての徳川日本
　・・・・・・・・・・・・・①562
文明とは何か・・・・・・・①455
文明に抗した弥生の人
　びと・・・・・・・・・・①540
文明の子・・・・・・・・・・①989
文明のサスティナビリ
　ティ・・・・・・・・・・②613
文明の衝突〈上〉・・・・②126
文明の衝突〈下〉・・・・②126
「文明の衝突」はなぜ起
　きたのか・・・・・・・②93
文明は "見えない世界"
　・・・・・・・・・・・・・②107
文明論之概略・・・・・・・①464
分野別・図解問題解説
　集 測量士補試験〈平
　成30年度〉・・・・・・②639
分野別問題解説集 1級管
　工事施工管理学科試
　験〈平成29年度〉・②638
分野別問題解説集 1級
　管工事施工管理技術
　検定実地試験〈平成29
　年度〉・・・・・・・・・②638
分野別問題解説集 1級
　建築施工管理技術検
　定学科試験〈平成30年
　度〉・・・・・・・・・・②642
分野別問題解説集 1級
　建築施工管理技術検
　定実地試験〈平成29年
　度〉・・・・・・・・・・②642
分野別問題解説集 1級
　電気工事施工管理技
　術検定学科試験〈平成
　30年度〉・・・・・・・②635
分野別問題解説集 1級
　電気工事施工管理実
　地試験〈平成29年度〉
　・・・・・・・・・・・・・②635
分野別問題解説集 1級
　土木施工管理技術検

定学科試験〈平成30年度〉…………②638

分野別問題解説集 1級土木施工管理技術検定実地試験〈平成29年度〉…………②638

分野別問題解説集 2級管工事施工管理技術検定学科試験〈平成29年度〉…………②638

分野別問題解説集 2級管工事施工管理技術検定実地試験〈平成29年度〉…………②638

分野別問題解説集 2級建築施工管理学科試験〈平成29年度〉…②642

分野別問題解説集 2級建築施工管理技術検定実地試験〈平成29年度〉…………②642

分野別問題解説集 2級電気工事施工管理技術検定実地試験〈平成29年度〉…………②635

分野別問題解説集 2級土木施工管理学科試験〈平成29年度〉…②638

分野別問題解説集 2級土木施工管理技術検定実地試験〈平成29年度〉…………②638

文楽…………①437

文楽のすゝめ…①788

文楽・六代豊竹呂太夫 五感のかなたへ…①788

分裂と統合の日本政治…………②144

文論序説…………①622

ふんわり穴子天……①1042

ヘアゴム1本のゆるアレンジ…………①23

ベアリングの技法……①38

平安あや恋語………①1185

平安ありて平和なる・①455

平安絵巻の素敵な切り絵…………①867

平安貴族社会と具注暦…………①547

平安宮廷の日記の利用法…………①547

平安京は正三角形でできていた！京都の風水地理学…………①540

平安幻想夜話鵺鏡サプリメント…………①278

平安幻想夜話 鵺鏡サプリメント虚宮……①278

平安後期散逸日記の研究…………①547

平安時代の地方軍制と天慶の乱…………①547

平安時代の佛書に基づく漢文訓讀史の研究〈2〉…………①631

平安朝漢詩文の文体と語彙…………①895

平安朝の女性と政治文化…………①547

平安仏教彫刻史にみる中国憧憬…………①834

平浦ファミリズム…①1152

兵学思想入門………①464

陛下と殿方と公爵令嬢…………①1257

兵器擬人化異世界で補給車のオレがメカ美少女にMMD（モテてモテてどうしたらいい）！…………①1215

兵器たる翼…………①583

平均思考は捨てなさい…………②294

米軍基地下の京都 1945年～1958年…①583

閉経記…………①940

平家公達草紙…………①896

平家政権と荘園制・ゲイ…………①550

平家物語…………①353

平家物語〈1〉…………①896

平家物語〈2〉…………①896

平家物語〈3〉…………①896

平家物語〈4〉…………①896

平家物語 犬王の巻…①1060

平家物語作中人物事典…………①896

「平家物語」という世界文学…………①896

平家物語の女たち…①550

米国アウトサイダー大統領…………②136

米国エネルギー法の研究…………②573

米国が仕掛けるドルの終わり…………②382

米国株四半期速報〈2017年新年号〉…………②396

米国株四半期速報〈2017年春号〉…………②396

米国株四半期速報〈2017年夏号〉…………②396

米国株四半期速報〈2017年秋号〉…………②396

米国株は3倍になる！…………②396

米国経済白書〈2016〉…………②254

米国混乱の隙に覇権を狙う中国は必ず滅ぼされる…………②252

米国人弁護士だから見抜けた日本国憲法の正体…………②201

米国大統領への手紙・②576

米国特許実務…………②585

米国特許出願書類作成および侵害防止戦略 U.S.Patent Application Drafting and Infringement Avoidance Strategies （PADIAS）…………②585

米国と日米安保条約改定…………②149

米国における投資助言業者（investment adviser）の負う信認義務…………②380

米国反トラスト法実務講座…………②220

米国ポートランドの地域活性化戦略……②91

米国連邦所得税に関するキャピタル・ゲイン特例弁護論……②404

兵士を救え！ マル珍軍事研究…………②163

ベイシック・フロイト

平日ラクする作り置き弁当…………①66

兵士に聞け 最終章…②163

兵士の歴史大図鑑…①591

米州の貿易・開発と地域統合…………②254

米寿記念歌文集 行雲流水…………①970

平常心のレッスン…②118

ベイズ推論による機械学習入門…………②520

ベイズ統計学…………②662

ベイズ統計で実践モデリング…………②485

ベイズ統計モデリング…………②662

平成甲冑論考…………②556

平成狂歌百人一首…①901

平成財政史 平成元～12年度〈7〉…………②271

平成30年度施行新要領・指針サポートブック…………①693

平成19年1月 鉄道構造物等維持管理標準・同解説（構造編）鋼・合成構造物…②436

平成12・17・23年接続産業連関表 計数編〈1〉…………②416

平成12・17・23年接続産業連関表 計数編〈2〉…………②416

平成12・17・23年接続産業連関表 計数編〈3〉…………②417

平成12・17・23年接続産業連関表 計数編〈4〉…………②417

平成12・17・23年接続産業連関表 総合解説編…………②417

平成デモクラシー史・②145

平成特撮世代…………①797

平成トレンド史…②572

平成29年株主総会の準備実務・想定問答・②328

平成29年告示保育所保育指針まるわかりガイド…………①693

平成29年告示 幼稚園教育要領 保育所保育指針 幼保連携型認定こども園教育・保育要領 原本…………①693

平成29年告示幼稚園教育要領まるわかりガイド…………①693

平成29年告示幼保連携型認定こども園教育・保育要領 まるわかりガイド…………①693

平成29年4月からの医療法人と社会福祉法人の制度改革…………②710

平成29年7月九州北部豪雨大水害の記録……②41

平成29年大改正 新・民法全条文集 重要旧条文併記…………②206

平成29年大改正！民法の全条文………②206

平成29年度新入社員「働くことの意識」調査報告書…………②344

平成29年度税制改正のすべてQ&A…………②404

平成29年度に押えてお

きたい年金情報Q&A…………②75

平成27・28年の政策保有株式の比較……②195

平成27年国勢調査…②270

平成27年国勢調査報告〈第2巻〉…………②270

平成27年国勢調査報告〈第3巻 その1〉…②270

平成27年国勢調査報告〈第6巻第1部〉…②270

平成27年国勢調査報告〈第7巻〉…………②270

平成27年調査中小企業 実態基本調査に基づく中小企業の財務指標…………②303

平成27年×平成29年 小学校学習指導要領 新旧比較対照表……①720

平成28年改正 教育公務員特例法等の一部改正の解説…………①675

平成28年改正 知的財産権法大系…………②188

平成28年司法試験 論文過去問答案パーフェクト ぶんせき本…②233

平成28年度学校基本調査報告書…………①758

平成26年会社法改正後のキャッシュ・アウト法制…………②197

平成26年全国消費実態調査報告〈第1巻〉…②274

平成26年全国消費実態調査報告〈第2巻〉…②274

平成26年全国消費実態調査報告〈第3巻〉…②274

平成日本タブー大全〈2017〉…………②18

平成日本タブー大全〈2018〉…………②18

平成の漢詩あそび……①967

平成の助産師会革命・②762

平成の大合併と財政効率…………②161

平成のちゃかぽん…①273

平成の天皇制とは何か…………②151

平成のビジネス書……②4

米中開戦 躍進する日本…………②248

「米中経済戦争」の内実を読み解く…………②248

米中激戦！ いまの「自衛隊」で日本を守れるか…………②164

米中激突…………②248

米中地獄の道行き 大国主義の悲惨な末路・②248

米中戦争前夜………②126

米中台 現代三国志…②126

米中「二大帝国」の戦争はもう始まっている…………②126

米中の危険なゲームが始まった…………②126

米中は朝鮮半島で激突する…………②126

米中露パワーシフトと日本…………②126

米朝開戦…………②132

米朝戦争をふせぐ…②126

米朝密約…………②126

閉塞星五郎…………①1104

ヘイト・スピーチ規制の憲法学的考察…②201

「ヘイト」の時代のアメ

リカ史…………①604

兵農分離はあったのか…………①556

ベイビー、グッドモーニング…………①995

米比戦争と共和主義の運命…………①604

ベイビーはマフィアの後継者!?…………①1305

米墨戦争前夜のアラモ砦事件とテキサス分離独立…………①604

平凡なる皇帝〈1〉…①1276

平凡なる皇帝〈2〉…①1276

平凡なOLがアリスの世界にトリップしたら帽子屋の紳士に溺愛されました。……①1405

平面…………①974

平面からくり屏風1・平面からくり屏風2…①80

平面代数曲線のはなし…………②660

米陸軍戦略大学校テキスト 孫子とクラウゼヴィッツ…………①165

ベイリーとさっちゃん…………①339

平和を願う人工知能・②525

「平和主義」とは何か・②46

平和って、どんなこと？…………①420

平和都市ヒロシマを暴く…………②145

平和の海と戦いの海・①583

平和の玩具…………①1331

平和の憲法政策論…②201

平和の橋 Peace Bridge…………①951

平和の発見…………①583

「平和の道」と「本質」で在ること…………①142

平和の夢に支配された日本人の悲劇……②145

平和は自分らしく生きるための基本……①420

平和へのパトン……①583

平和への道…………②201

平和ボケ、お花畑を論破するリアリストの思考法…………②145

ベイントの基本 "壁・インテリア・小物"…①287

ヘヴィーオブジェクト 北欧禁猟区シンデレラストーリー……①1180

ヘヴィーオブジェクト 最も賢明な思考放棄…………①1180

ヘヴィ・メタル鋼鉄のお遊びブック…①808

ペガサスの解は虚栄か？…………①1286

碧巌の海…………①518

碧巌の空…………①512

碧落の果て…………①1307

北京〈2017・2018年版〉…………①204

北京を知るための52章…………②90

北京官話全編の研究〈上巻〉…………①598

北京官話全編の研究〈中巻〉…………①598

北京古代建築文化大系〈1〉…………②613

北京古代建築文化大系〈2〉…………②613

北京古代建築文化大系

書名索引

〈3〉……………②613
北京古代建築文化大系
〈4〉……………②613
北京古代建築文化大系
近代建築編………①598
北京古代建築文化大系
城壁編……………①598
北京古代建築文化大系
その他の文化財建築
編…………………①598
北京古代建築文化大系
庭園編……………①598
北京古代建築文化大系
府邸・宅院編……①598
北京古代建築文化大系
陵墓編……………①598
北京スケッチ………②90
北京の合歓の花……①950
ベクションとは何だ!?
……………………②485
ベクシンスキ作品集成
〈1〉………………①844
ベクシンスキ作品集成
〈2〉………………①844
ベクシンスキ作品集成
〈3〉………………①844
ヘクト 光学〈1〉……②667
ヘクト 光学〈2〉……②667
ベクトル解析からの幾
何学入門…………②658
ベクトル空間からはじ
める抽象代数入門…②660
ベケポコ福…………②932
ヘーゲル・セレクショ
ン…………………①473
ヘーゲル哲学を研究す
る…………………①473
ヘーゲル哲学研究〈vol.
23 2017〉………①473
ヘーゲルと現代思想…①473
ヘーゲルとハイチ……①473
へこたれない
UNBOWED………①936
凹まない練習………①101
ベーシストの名盤巡り
低音DO…………①808
ベーシック応用言語学
……………………②622
ベーシック圏論………②660
ベーシックジーニアス
英和辞典…………①663
ベーシック条約集〈2017
年版〉……………②219
ベーシック租税法……②404
ベーシックテキスト 憲
法…………………②201
ベーシックな事例で学
ぶ企業法務の仕事…②195
ベーシックプレスセラ
ミックス…………②758
ベーシック問題集〈3〉
……………………②237
ベーシック問題集 財務
会計論 理論問題編
……………………②492
ベジデコサラダの魔法
……………………①60
ベジヌードル ………①60
ベース・ソングブック
……………………①810
ベスト・エッセイ
〈2017〉…………①938
ベストをつくす教育実
習…………………①705
ベストセラーコード・②525
ベスト10本の雑誌……②4
ベスト・ヌードポーズ
ヌード編〈4〉……①863
ベスト100 大牧広 …①974

ベストプレゼンテー
ション……………②358
ベストフレンズベーカ
リー〈4〉…………②377
ベスト本格ミステリ
〈2017〉…………①1068
ベースボールサミット
〈第12回〉………①224
ベースボールサミット
〈第13回〉………①225
ベースボールサミット
〈第14回〉………①225
ベースボール・レコー
ド・ブック〈2018〉
……………………①225
へそとりごろべえ ……①339
へたおやつ…………①60
ベタっと開脚してはい
けない……………①159
へたなんよ…………①339
ベタープログラマ……②552
ヘタリア的世界遺産〈3〉
……………………②92
ペダリング・ハイ…①1004
ペチカはぼうぼう猫は
まんまる…………①1289
ベッギィちゃんの戦争
と平和……………①384
別冊・国家公務員の給
与〈平成29年版〉…②153
ヘッジ会計の実務詳解
Q&A ……………②319
別子太平記………①1029
ヘッチャラくんがやっ
てきた!…………①339
ベッドサイド型人工膵
臓取り扱いマニュア
ル…………………②741
ベッドサイドの小児神
経・発達の診かた…②748
ベッドの上の心理学…①184
ペットビジネスハンド
ブック〈2017〉……②263
ペット・PET ………①994
別表四・五（一）を中心
とした法人税「申告・
修正申告・更正後の処
理」の実務Q&A〈平
成29年8月改訂〉…②407
別府式 湯ー園地大作戦
……………………②294
別府フロマラソン……①999
別府倫太郎…………①955
別役実の混沌・コント
……………………①785
ベテラン税理士だけが
知っている自動経理
の成功パターン……②319
ベテラン融資マンの事
業性評価…………②385
ベテラン融資マンの渉
外術………………②385
ペテン師は静かに眠り
たい〈1〉…………①1178
ペテン師は静かに眠り
たい〈2〉…………①1178
ベートーヴェン 交響曲
第8番ヘ長調 作品93
……………………①818
ベートーヴェンの交響
曲…………………①814
ベートーヴェン ピア
ノ・ソナタの探究・①814
ベートーヴェン『レオ
ノーレ』序曲 第3番
作品72a …………①818
ベト・ドクと考える世
界平和……………①594
ベトナム〈2017〜2018

年版〉……………①204
ベトナムインターネッ
ト資源レポート
〈2015〉…………②252
ベトナム情報通信レ
ポート〈2015〉……②252
ベトナム戦争に抗した
人々………………①591
ベトナム地方都市進出
完全ガイド………②312
ベトナムにおける「二
十四孝」の研究……②466
ベトナムにおける労働
組合運動と労使関係
の現状……………②465
ベトナムの基礎知識…②87
ベトナムの「専業村」・②252
ベトナムの「第2のドイ
モイ」……………②130
ベトナム法務ハンド
ブック……………②220
ベトナム北部における
貿易港の考古学的研
究…………………①594
ペドロ・マルティネス
自伝………………①225
ベナンプラ氏の24時間
書店………………①1349
紅けむり…………①1064
ベネチアの真珠〈3〉
……………………①1376
ベネマ集客術式 毎日1
分Web集客のツボ・②337
ベネロペとおむつのふ
たごちゃん………①316
辺野古問題をどう解決
するか……………②168
ペーパークイリングス
タイルブック……①76
ペーパーわんこ絵本 コ
タロウ……………①339
蛇王再臨〈13〉……①1123
蛇王さまは休憩中…①1400
ベビーシッターとデキ
ちゃったご主人様
……………………①1311
蛇、鳥と夢………①2107
ヘビのレストラン…①339
ヘブンメイカー…①1124
ペペットのえかきさん
……………………①316
部屋を片づけるだけで
子どもはぐんぐん伸
びる!……………②15
ベラルーシを知るため
の50章……………②85
ヘリコプター・ハイス
ト…………………①1353
ペルー〈2018〜2019年
版〉………………①209
ベルクソニズム 新訳…②475
ベルクソン『物質と記
憶』を診断する……②475
ベルサイユのばら……①800
ベルサイユのばら1972
－73〈3〉…………①856
ベルサイユのばら1972
－73〈4〉…………①856
ベルサイユのばら1972
－73〈7〉…………①856
ベルサイユのばら 塗り
絵…………………①866
ベルシーレスとシキス
ムンダの冒険………①891
ヘルスアセスメント
…………②767, 768
ヘルスケア産業のデジ
タル経営革命……②710
ヘルスケア施設の事業・

財務・不動産評価・②419
ヘルスサービスリサー
チ入門……………②707
ヘルスリテラシーとは
何か?……………②722
ペルソナ5マニアクス
……………………①283
ベルヌーイ家の遺した
数学………………②655
ペルーの鳥………①1330
ペルーの和食………②91
ベル・フックスの「フェ
ミニズム理論」……②37
ヘルベルト・フォン・カ
ラヤン 僕は奇跡なん
かじゃなかった……①816
ヘルボーイ：地獄の花
嫁…………………①856
ベルリオーズ 幻想交響
曲 作品14…………①818
ベルリン アレクサン
ダー広場…………①1334
ベルリン陥落1945 …①608
ベルリン終戦日記 …①608
へるん先生の汽車旅行
……………………①913
ベルント・ケストラー
のミトン…………①83
ヘレネのはじめての恋
……………………①1331
ヘレン・ケラー自伝…①390
ヘレン・ケラー物語…①390
へろへろおじさん…①339
ベロベロくんのたから
さがし……………①340
ぺろりん…………①1776
偏愛蒐集…………①824
偏愛読書トライアング
ル…………………②4
へんがおあそび……①304
変化球には気を付けて
……………………①247
変革を駆動する大学…②679
変革期における法学・
政治学のフロンティ
ア…………………②224
変革期のモノづくり革
新…………………②294
変革者ブレヒト……①783
変革するマネジメント
……………………②368
変革の軌跡………②294
変革の時代と『資本論』
……………………②268
変化する雇用社会にお
ける人事権………②467
変化はいつも突然に…
毎日、ふと思う〈16〉
……………………①15
返還交渉 沖縄・北方領
土の「光と影」……②145
ベンキのキセキ……①258
勉強………………①720
勉強が好きになり、IQ
も学力も生き抜く力
もグングン伸びる最
強の子育て………①15
勉強が好きになる……①420
勉強しなさいと言わず
に成績が上がる! す
ごい学習メソッド・①720
辺境図書館………①913
勉強の哲学………①455

勉強は「がんばらない」
ほどうまくいく……①126
勉強も仕事も時間をム
ダにしない記憶術・②355
ペンギンを愛した容疑
者…………………①1079
ペンギンかぞくのお
ひっこし…………①340
ペンギンがとぶ……①340
ペンギンのまほうの
コップ……………①340
ペンギン美術館……①844
ペンギンビート ひみつ
のほうけん………①316
ペンギンホテル……①340
偏屈王と最愛の新妻
……………………①1401
変形菌……………②684
変形性関節症………②752
変形性脊椎症………②752
変形性ひざ関節症…①173
変形性膝関節症は自分
で治せる!………①152
べんけい飛脚……①1064
変化大名…………①1064
変幻………………①1087
変見自在 トランプ、ウ
ソつかない………②14
偏向の沖縄で「第三の
新聞」を発行する…②168
弁護士が教える実は危
ない契約術………②195
弁護士が教える! 小さ
な会社の法律トラブ
ル対応……………②195
弁護士が教えるIT契約
の教科書…………②188
弁護士が弁護士のため
に説く債権法改正 事
例編………………②209
弁護士事件簿から学ぶ
「人間力」の伸ばし方
……………………②228
弁護士・事務職員のた
めの破産管財の税務
と手続……………②188
弁護士職務便覧〈平成29
年度版〉…………②228
弁護士っておもしろ
い!………………②229
弁護士と税理士の相互
質疑応答集………②188
弁護士と税理士 二つの
異なる言語 ワンス
トップ相続実務…②414
弁護士日記 タンポポ・②229
弁護士の格差………②229
弁護士の経営戦略…②229
弁護士のための保険相
談対応Q&A………②224
弁護士のためのマーケ
ティングマニュアル
〈2〉………………②229
弁護士の紛争解決力・②229
弁護士はBARにいる
……………………②195
弁才天信仰と俗信…①500
偏差値好きな教育 "後進
国"ニッポン………①754
偏差値70の甲子園…①221
ベンサムの言語論…①455
偏執王子のいびつな求
愛…………………①1402
編集さんとJK作家の正
しいつきあい方…①1147
編集さんとJK作家の正
しいつきあい方〈2〉
……………………①1147
編集者の生きた空間 …②17

編集女子クライシス！
　………………①1002
編集長殺し！………①1183
編集復刻 日本近代教育
　史料大系〈附巻3〉‥①756
便所掃除はお金を払っ
　てでもさせてもらい
　なさい…………………①101
変人作曲家の強引な求
　婚…………………①1404
変身聖姫シルヴィア
　ハート…………①1404
変身！超仕事人…②355
へんしんテスト……①340
へんしん！トタム…①306
へんしん！なぞなぞプ
　リンセス…………①441
変身のためのオピウム／
　球形時間………①1006
変生…………………①258
変節と愛国…………②145
ヘンゼルとグレーテル
　…………………①309
変奏神話群 剣風斬花の
　ソーサリーライム
　…………………①1229
変装令嬢と家出騎士
　…………………①1145
変態…………………①979
貶論文化と貶論文学・①919
へんたこせんちょうと
　くらげのおうさま〈2〉
　…………………①340
ペンタゴンの頭脳‥①136
ベンチャー企業白書
　〈2016年版〉……②274
ベンチャー企業白書
　〈2017年版〉……②274
ベンチャーコミュニ
　ティを巡って……②294
ベンチャー白書〈2017〉
　…………………②274
ベンチャービジネス研
　究〈2〉……………②294
変調「日本の古典」講義
　…………………①464
ヘンテコノミクス…②265
へんてこレストラン・①340
ペンでなぞるだけ写仏
　一日一仏…………①866
変動社会の教師教育・①705
変動する社会と格闘す
　る判例・法の動き・②224
弁当屋さんのおもてな
　し…………………①993
ペンとカメラ………①796
変と乱の日本史……①534
へんな生き物ずかん・①405
へんな生きもの図鑑 暗
　闇…………………①405
へんな生きもの図鑑 深
　海…………………①405
ヘンな浮世絵………①836
「変」なクラスが世界を
　変える！………①708
変な経営論…………②294
変な人が書いた人生の
　哲学………………①455
ヘンな論文…………①634
変能力者の憂うつ…①1123
ペンパ全集 カックロ
　〈1〉………………①276
ペンパ全集 数独〈1〉・①276
ペンパ全集 スリザーリ
　ンク〈1〉…………①276
偏微分方程式への誘い
　…………………②658
変分法と変分原理‥②658

変貌する医療市場‥‥②710
変貌する法科大学院と
　弁護士過剰社会…②224
変貌するミュージアム
　コミュニケーション
　…………………②107
変法派の書簡と『燕山
　楚水紀遊』………①598
片麻痺の人のためのリ
　ハビリガイド……①752
ベンヤミンの黒鞄…①967
変容画譜……………①844
変容する国際移住のリ
　アリティ…………②107
変容する社会と社会学
　…………………②107
変容する世界とリー
　ダーシップ〈5〉…②126
変容する中華世界の教
　育とアイデンティ
　ティ………………②126
変容するテロリズムと
　法…………………②224
変容するベトナムの社
　会構造……………②252
ヘンリー・ジェイムズ
　傑作選……………①1332
弁理士 合格体験記と講
　師が教える学習法・②631
弁理士試験 口述試験過
　去問題集〈2017年度
　版〉………………②631
弁理士試験 口述試験バ
　イブル……………②631
弁理士試験 四法横断法
　文集………………②631
弁理士試験体系別短答
　過去問 条約・著作権
　法・不正競争防止法
　〈2018年版〉………②632
弁理士試験体系別短答
　過去問 特許法・実用
　新案法・意匠法・商標
　法〈2018年版〉……②632
弁理士試験 体系別短答
　式過去5年問題集
　〈2018年度版〉……②632
弁理士試験 体系別短答
　式枝別過去問題集
　〈2018年版〉………②632
弁理士試験法文集〈平成
　29年度版〉…………②632
弁理士試験論文式試験
　過去問題集〈2018年度
　版〉………………②632
ヘンリー・スティムソ
　ン回顧録〈上〉……②136
ヘンリー・スティムソ
　ン回顧録〈下〉……②136
べんりなしっぽ！ふし
　ぎなしっぽ！……①409
ベンローズのねじれた
　四次元……………②667
弁惑観心抄…………①521

ほ

ポアソン分布・ポアソ
　ン回帰・ポアソン過
　程…………………②662
保安処分構想と医療観
　察法体制…………②746

保育園を呼ぶ声が聞こ
　える………………①694
保育園児くもくんの連
　絡帳………………①694
保育園産の米………①61
保育園における外部講
　師導入に関する調査
　報告書……………①694
保育園のおやつ……①61
保育園の主菜・副菜・①694
保育園問題…………①694
保育園・幼稚園の環境
　教育………………①694
保育浪人…………①694
保育を伝える！スピー
　チ実践術…………①694
保育・音楽遊びの幅を広
　げよう！創造性を養
　うリズム・楽器・コ
　ミュニケーション・①694
保育が変わる！子ども
　の育ちを引き出す言
　葉かけ……………①694
保育・教職実践演習・①694
保育現場に日の丸・君
　が代は必要か？…①694
保育現場の人間関係対
　処法………………①694
保育原理…………①694
保育行為スタイルの生
　成・維持プロセスに
　関する研究………①694
保育・子育て絵本の住
　所録………………①694
保育雑感…………①694
保育をめざす人の家
　庭支援……………①694
保育士完全合格テキス
　ト〈2018年版 上〉・①763
保育士完全合格テキス
　ト〈2018年版 下〉・①763
保育士完全合格問題集
　〈2018年版〉………①763
保育士採用試験重要ポ
　イント＋問題集〈'19
　年度版〉…………①763
保育士採用試験短期集
　中マスター“教養試
　験”〈2019年度版〉‥①763
保育士採用試験短期集
　中マスター“専門試
　験”〈2019年度版〉‥①763
保育士試験完全予想模
　試〈'17年版〉………①763
保育士試験直前対策
　〈'17年版〉…………①763
保育士実技試験完全攻
　略〈'17年版〉………①763
保育士精選過去問題集
　〈2018〉……………①763
保育実習ガイドブック
　…………………①694
保育実践を深める相談
　援助・相談支援……①694
保育実践と児童家庭福
　祉論………………①64
保育実践にいかす 障が
　い児の理解と支援・①686
保育という生き方…①694
保育士入門テキスト
　〈'18年版〉…………①763
保育士のためのこども
　のうた名曲集150…①694
保育士のための相談援
　助…………………①694
保育者を目指す学生の
　ための「保育内容・健
　康」実践教本……①694
保育者・小学校教員の

ための教育制度論・①754
保育者・小学校教師の
　ための道しるべ…①675
保育者だからできる
　ソーシャルワーク・①695
保育者のたまごのため
　の発達心理学……①695
保育者のためのアン
　ガーマネジメント入
　門…………………①695
保育者のための心の仕
　組みを知る本……①695
保育者論…………①695
保育士・幼稚園教諭 採
　用試験問題集〈2018年
　度版〉……………①763
保育士・幼稚園教諭 論
　作文・面接対策ブッ
　ク〈2018年度版〉…①763
保育小六法2017〈平成
　29年版〉……………①695
保育所運営ハンドブッ
　ク〈平成29年版〉…①695
保育所実習の事前・事
　後指導……………①695
保育所における職場体
　験受入れに関する調
　査報告書…………①675
保育所保育指針〈平成29
　年告示〉…………①695
保育所保育指針ハンド
　ブック〈2017年告示
　版〉………………①695
保育ソーシャルワー
　カーのおしごとガイ
　ドブック…………①695
保育で大活躍！もっと
　楽しい！手袋シア
　ター………………①695
保育で使えるこどもの
　うた230曲！季節行
　事で使おう！編…①695
保育で使える文章の教
　科書………………①695
保育で使える！ワクワ
　ク手袋シアター…①695
保育と憲法…………①695
保育と言葉…………①695
保育と社会的養護理論
　…………………①695
保育内容総論………①695
保育に活かすおはなし
　テクニック………①695
保育の現場ですぐに役
　立つ保育士の基本ス
　キル………………①695
保育の現場で役立つ子
　どもの食と栄養…①695
保育の心意気………①696
保育の仕事…………①696
保育の仕事がわかる本
　…………………①696
保育の視点がわかる！
　観察にもとづく記録
　の書き方…………①696
保育の心理学………②64
保育の哲学〈3〉……①696
保育の理論と実践…①696
保育白書〈2017年版〉
　…………………①696
保育福祉小六法〈2017年
　版〉………………②64
保育力はチーム力…①696
ボイジャーズ8（エイト）
　〈1〉………………①377
ボイジャーズ8（エイト）
　〈2〉………………①377
ボイス・オブ・アメリカ
　（VOA）ニュースで学

ぶ英語 レベル2…①640
ホイッキーとおうち★
　えいごじゅく〈3〉…①395
ホイッキーとおうち★
　えいごじゅく〈4〉‥①395
ホイッキーとおうち★
　えいごじゅく〈5〉‥①395
ホイッキーとおうち★
　えいごじゅく〈6〉‥①395
ホイッスルが鳴るとき
　…………………①1002
ポイント解説 建設業法
　令遵守ガイドライン
　…………………②441
ポイントがわかる薬科
　微生物学…………②686
ポイント図解 5Sの基本
　が面白いほど身につ
　く本………………②310
ポイント図解 生産管理
　の基本が面白いほど
　わかる本…………②589
ポイント図解 損益分岐
　点の実務が面白いほ
　どわかる本………②295
ポイント図解 報告書・
　レポート・議事録が面
　白いほど書ける本・②363
「ポイント図解」マーケ
　ティングのことが面
　白いほどわかる本・②337
ポイント図鑑 人を動か
　すファシリテーショ
　ン思考……………②368
ポイントスタディ方式
　による第二種電気工
　事士筆記試験受験テ
　キスト……………②635
ポイントチェック歯科
　衛生士国家試験対策
　〈1〉………………②781
ポイントで学ぶ小児麻
　酔50症例…………②748
ポイントレクチャー保
　険法………………②386
私らしい笑顔のつくり
　方…………………①771
誰も教えてくれなかっ
　た子どものいない人
　生の歩き方………①118
日々、センスを磨く暮
　らし方……………①4
普通の会社員が一生安
　心して過ごすための
　お金の増やし方…②391
ボウイ………………①808
法医学教室のアリー
　チェ 残酷な偶然…①1345
芳一…………………①1126
法印様の民俗誌……②115
宝運暦〈平成30年〉…①135
防衛機制を解除して解
　離を語れ…………①496
防衛実務小六法〈平成29
　年版〉……………②164
防衛政策の真実……②163
防衛大で学んだ無敵の
　チームマネジメント
　…………………②310
防衛大流 最強のリー
　ダー………………②368
防衛白書 英語版〈2017
　版〉………………②175
防衛ハンドブック〈平成
　29年版〉…………②163
貿易実務ガイドライン
　初級編……………②313
貿易実務の基礎がわか
　る本………………②313

書名索引

貿易実務の基本と仕組みがよーくわかる本 …………… ②313
貿易書類の基本と仕組みがよーくわかる本 …………… ②313
貿易政策と国際経済関係 …………………… ②248
貿易入門 …………………… ②313
方円の器 …………………… ①701
鳳凰の船 …………………… ①1033
棒を振る人生 …………… ①816
法を学ぶパートナー … ②224
"法"を見る ……………… ②224
法改正最新統計完全対応 宅建士超速マスター〈2017年度版〉 …………………… ②499
法学 ……………………… ②224
法学・経済学・自然科学から考える環境問題 … ②576
法学検定試験過去問集 アドバンスト "上級" コース〈2017年〉… ②230
法学検定試験問題集 スタンダード "中級" コース〈2017年〉… ②230
法学検定試験問題集 ベーシック "基礎" コース〈2017年〉… ②230
法学入門 ………………… ②224
法学部入門 ……………… ②224
放課後おばけストリート …………………… ①363
放課後音楽室 ………… ①1146
放課後、君はさくらのなかで ………………… ①1226
放課後児童クラブ運営指針解説書 …………… ②64
放課後児童支援員手帳〈2018〉 …………… ②64
放課後児童支援員のための認定資格研修テキスト ………………… ②64
放課後、ずっと君のそばで。 ……………… ①1149
ほうかご探偵隊 ……… ①1085
放課後等デイサービスハンドブック ………… ②64
放課後図書室 ………… ①1146
放課後に死者は戻る …………………… ①1072
放課後の厨房男子 … ①981
放課後の厨房男子 まかない飯篇 ………… ①981
放課後の厄災魔女（ディザスタウィッチ） … ①1234
放課後は、異世界喫茶でコーヒーを … ①1175
放課後は、異世界喫茶でコーヒーを〈2〉 … ①1176
放課後はキミと一緒に …………………… ①1297
放課後は獣の時間 … ①1322
放課後ヒロインプロジェクト！ ………… ①1237
法化社会のグローバル化と理論的実務的対応 ………………… ②224
法科大学院試験六法〈2018年度入試対応版〉 ……………… ②230
法が作られているとき …………………… ①475
包括的歯科診療入門 ②758
包括的担保法の諸問題 …………………… ②206
傍観者の恋 ………… ①1243

崩韓論 …………… ②132
不動産投資の「勝ち方」が1時間でわかる本 …………………… ②422
忘却について …………… ①949
忘却のアイズオルガン …………………… ①1282
忘却のアイズオルガン〈2〉 ……………… ①1282
忘却の彼方に〈運命の人 ヒメナ〉 ……… ①602
忘却のパズル ………… ①1356
忘却の引揚げ史 …… ①583
暴虐連鎖 …………… ①1111
方鏡山淨圓寺所蔵 藤井靜宣写真集 …… ①515
望郷 陣内河畔 …… ①932
奉教人の死・煙草と悪魔 他十一篇 …… ①976
望郷の小津安二郎 … ①791
暴君彼氏は初恋を逃がさない ………… ①1398
暴君誕生 …………… ②137
暴君の甘い罰 ……… ①1376
暴君はおことわり … ①1391
方言学の未来をひらく …………………… ①629
冒険者クビにされたので、嫌がらせで隣にスイーツ店ぶっ建ててみる〈1〉 … ①1219
冒険者高専冒険科 女冒険者のLEVEL UPをじっくり見守る俺の話〈1〉 ……… ①1233
冒険者Aの暇つぶし〈1〉 …………………… ①1404
冒険者Aの暇つぶし〈2〉 …………………… ①1404
冒険する建築 ……… ②613
方言の研究（3） …… ①629
冒険！ 発見！ 大迷路 海底大決戦 …… ①441
冒険！ 発見！ 大迷路 魔法使いと魔人のランプ ……………… ①441
暴言・暴力・ハラスメントから職員を守る段階的対応 ………… ②699
彷徨夢幻 …………… ①967
亡国の漁業権開放 … ②458
亡国の剣姫と忘国の魔王 ………………… ①1406
亡国の武器輸出 …… ②163
防災をめぐる国際協力のあり方 …………… ②583
防災白書〈平成29年版〉 …………………… ②571
防災福祉のまちづくり …………………… ②583
謀殺 ………………… ①1040
坊さんの妙薬小咄88話 …………………… ①513
坊さんは社会に役立っているか …………… ①946
帽子から電話です … ①364
放射線安全管理学 … ②581
放射線安全基準の最新科学 ……………… ②581
放射線関係法規概説 · ②722
放射線機器学〈2〉 … ②722
放射線生物学 ……… ②722
放射線測定の基礎 … ②581
放射線治療学 ……… ②722
放射線と安全につきあう …………………… ②722
放射線取扱主任者試験問題集〈第1種〉〈2018年版〉 …………… ②644

放射線取扱主任者試験問題集〈第2種〉〈2018年版〉 …………… ②644
放射能に負けないレシピと健康法 ……… ①159
報酬を払ってもらおうか？ ……………… ①1304
芳春院まつ ………… ①556
北条氏康 …………… ①556
北条氏康の妻 瑞渓院 · ①556
北條五代を支えた女性たち ……………… ①539
北条早雲 …… ①556, ①1050
法・情報・公共空間 · ②224
「飽食した悪魔」の戦後 …………………… ①583
飽食の時代における生活習慣病の予防… ②167
暴食のベルセルク〈1〉 …………………… ①1160
法助動詞の百科 …… ①654
報じられなかったパナマ文書の内幕 …… ②14
法人営業で成功するにはチーム営業力を磨け！〈2〉 …………… ②334
法人営業力強化・海外進出・取引コース試験問題解説集〈2017年度版〉 ………… ②482
法人営業力強化・業種別エキスパート・アグリビジネスコース試験問題解説集〈2017年度版〉 ………… ②482
法人営業力強化・業種別エキスパート・医療・介護コース試験問題解説集〈2017年度版〉 ………… ②482
法人営業力強化・業種別エキスパート・建設・不動産コース試験問題解説集〈2017年度版〉 ………… ②483
法人営業力強化・業種別エキスパート・製造業コース試験問題解説集〈2017年度版〉 … ②483
法人営業力強化・業種別エキスパート・ベーシックコース試験問題解説集〈2017年度版〉 ………… ②483
法人営業力強化・事業再生コース 試験問題解説集〈2017年度版〉 …………… ②483
法人営業力強化・事業承継・M&Aエキスパート試験対策問題集〈'17・'18年版〉 … ②483
法人営業力強化・事業性評価コース 試験対策問題集〈2017年度版〉 ………… ②483
法人営業力強化・ABL・動産評価コース試験問題解説集〈2017年度版〉 ………… ②483
封神演義 前編 …… ①1063
法人が納める地方税 Q&A 法人住民税・事業税・事業所税・償却資産税 ………… ②404
法人化は日本農業を救うか ……………… ②452
法人・企業課税の理論 …………………… ②404

法人企業統計季報〈平成29年4～6月〉……… ②270
法人企業統計季報〈平成28年7～9月〉……… ②270
法人税決算と申告の実務〈平成29年版〉 … ②407
法人税重要計算ハンドブック〈平成29年度版〉 ………………… ②407
法人税申告書の書き方〈平成29年版〉 … ②407
法人税申告書の書き方と留意点〈平成30年申告用〉 …………… ②407
法人税申告書の最終チェック ………… ②407
法人税申告書の作り方〈平成29年版〉 … ②407
法人税申告書別表4・5 ゼミナール〈平成29年版〉 ………………… ②407
法人税申告の実務全書〈平成29年度版〉… ②407
法人税制 …………… ②407
法人税等の還付金・納付額の税務調整と別表作成の実務 …… ②407
法人税と地方税申告のチェック・リスト〈平成29年改訂版〉 … ②407
法人税取扱通達集 … ②407
法人税 入門の入門〈平成29年版〉 ……… ②407
法人税の決算調整と申告の手引〈平成29年版〉 ………………… ②407
法人税の重要計算〈平成29年用〉 ……… ②407
法人税の理論と実務〈平成29年版〉 …… ②407
法人税別表作成全書200 …………………… ②407
法人税別表4、5（一）（二）書き方完全マスター ……………… ②407
法人税法 …………… ②407
法人税法〈平成29年度版〉 ……………… ②408
法人税法応用理論問題集〈2018年〉 …… ②492
法人税法を初歩から学ぶ ………………… ②408
法人税法会計論 …… ②408
法人税法解釈の検証と実践的展開〈第3巻〉 …………………… ②408
法人税法過去問題集〈2018年度版〉 …… ②492
法人税法 完全無欠の総まとめ〈2017年度版〉 …………………… ②408
法人税法規集 ……… ②408
法人税法個別計算問題集〈2018年〉 …… ②492
法人税法個別計算問題集〈2018年度版〉 … ②492
法人税法総合計算問題集〈2018年〉 …… ②492
法人税法総合計算問題集 応用編〈2018年度版〉 …………………… ②493
法人税法総合計算問題集 基礎編〈2018年度版〉 …………………… ②493
法人税法 本試験型計算模試〈2017年度版〉 …………………… ②493
法人税法理論サブノート〈2018年〉 …… ②493

法人税法理論ドクター〈2018年度版〉 … ②493
法人税法理論マスター〈2018年度版〉 … ②493
法人登記書式精義〈第1巻〉 …………… ②210
法人成りの税務と設立手続のすべて …… ②408
法人の税金ガイドブック〈2017年度版〉 … ②408
防水施工マニュアル（住宅用防水施工技術）〈2017〉 …………… ②622
鳳雛の夢〈上〉 …… ①1033
鳳雛の夢〈中〉 …… ①1033
鳳雛の夢〈下〉 …… ①1033
暴政 ………………… ①612
法制史研究〈66〉 … ②225
宝石王子と五つの謎 …………………… ①1146
宝石商リチャード氏の謎鑑定 ………… ①1232
宝石と鉱物の大図鑑 ②680
宝石鳥 ……………… ①1124
宝石吐きのおんなのこ〈6〉 …………… ①1245
宝石 欲望と錯覚の世界 ………………… ①591
包摂都市のレジリエンス ………………… ②582
房総を詠じた漢詩 … ①906
包装関連機器カタログ集〈2018〉 …… ②443
包装関連資材カタログ集〈2018〉 …… ②443
放送作家という生き方 …………………… ②15
暴走する北朝鮮 …… ②132
「暴走する」世界の正体 …………………… ②126
放送席から見たサッカー日本代表の進化論 ……………… ②230
放送大学に学んで …… ①675
房総のカジメとアワビで成った新財閥 … ②25
房総の仙客 日高誠實 · ①539
暴走弁護士 ………… ①1072
暴走令嬢の恋する騎士団生活 ………… ①1243
暴走老人・犯罪劇場 … ②39
膨大な仕事を一瞬でさばく 瞬間集中脳 … ②355
庖丁 ………………… ①43
包丁を使わないで作るごはん …………… ①434
膨張材・収縮低減剤を使用するコンクリートの調合設計・製造・施工指針（案）・同解説 ………………… ②606
ほうちょうさんききいっぱつ ………… ①340
法的根拠に基づくケアマネ実務ハンドブック "介護報酬・加算減算編" …………… ②64
法哲学と法哲学の対話 …………………… ②225
放蕩王子が見初めた娘〈2〉 …………… ①1381
報道しない自由 …… ②11
報道写真集 2017愛顔つなぐえひめ大会 … ②64
「報道ステーション」コメンテーター後藤謙次守護霊インタビュー ………… ①504
報道特注（本） …… ②14

報道と社会批評 ………②14
放蕩富豪の求愛〈1〉
　………………………①1374
法と実務〈13〉………②225
"法"と"生"から見るア
　メリカ文学 …………①923
法と精神医療〈第32号
　（2017）〉…………②746
訪日外国人のHelp！に
　応える とっさの英会
　話大特訓 ……………①645
法の支配と対話の哲学
　………………………①469
法の世界 ………………②225
法の世界へ ……………②225
法のデザイン …………②229
法の哲学 ………………②473
法の理論〈35〉………②225
茫漠の曠野ノモンハン
　………………………①583
棒針編みきほんの基本
　………………………①83
報復遊戯 ………………①1111
法への根源的視座 ……②225
ホウホウフクロウ……①340
封魔鬼譚〈1〉…………①369
封魔鬼譚〈2〉…………①369
封魔鬼譚〈3〉…………①369
法務上級試験問題解説
　集〈2017年度版〉
　………………………②483
法務中級試験問題解説
　集〈2017年度版〉
　………………………②483
法務の技法 ……………②195
法務・法律ビジネス英
　和大辞典 ……………②189
葬られたマンガ・アニ
　メ150超絶句廃集……②33
葬られた文部大臣、橋
　田邦彦 ………………①583
訪問介護サービス提供
　責任者テキスト ……②71
訪問看護お悩み相談室
　〈平成29年版〉……②768
訪問看護師ががんに
　なって知った「生」と
　「死」のゆらぎ ……②705
訪問看護師さゆりの探
　偵ノート ……………①1075
訪問看護実務相談Q&A
　〈平成29年版〉……②768
訪問看護の安全対策 …②768
訪問歯科診療のすすめ
　………………………②758
訪問診療の診かた、考
　えかた ………………②722
訪問調教"部下の新妻"
　………………………①1400
ぼうやはキューピッド
　………………………①1389
暴落を買え！…………②391
法律学概要 ……………②225
法律格言釈義 …………②227
法律家・消費者のため
　の住宅地盤Q&A……②189
法律家のための税法 会
　社法編 ………………②404
法律家・法務担当者の
　ためのIT技術用語辞
　典 ……………………②515
法律って意外とおもし
　ろい 法律トリビア大
　集合 …………………②189
法律トラブルを解決す
　るならこの1冊 ……②189
謀略 ……………………①1347
謀略！ 大坂城 ………①556
謀略の都〈上〉………①1347
謀略の都〈下〉………①1347

暴力を知らせる直感の
　力 ……………………②39
暴力と社会秩序 ………①612
ボウリングの社会学 ・①107
法倫理学探究 …………②225
ボウルでかんたん 心と
　きめくドームケーキ
　………………………①71
法令実務基礎講座 ……②189
放浪する心の風景 ……①838
朴（ほお）……………①974
帆を上げて ……………①1039
頬にサヨナラのキスを
　〈1〉…………………①1164
ぽかトレ ………………①152
他に好きな人がいるか
　ら ……………………①1091
他のヤツ見てんなよ
　………………………①1233
ホカリさんのゆうびん
　はいたつ ……………①353
ボカロで覚える 中学英
　単語 …………………①736
ボカロで覚える 中学数
　学 ……………………①728
母艦航空隊 ……………①586
簿記概論 ………………②321
簿記学 …………………②321
簿記検定日商3級 基礎
　編に面白いほど受か
　る本 …………………②474
簿記検定日商3級 実践
　編に面白いほど受か
　る本 …………………②474
簿記原理 ………………②321
簿記論概論 ……………②321
簿記システムの基礎 ・②321
簿記入門テキスト……②321
簿記能力検定試験第186
　回〜第187回過去問題
　集 基礎簿記会計 ……②474
簿記の考え方・学び方
　………………………②321
簿記の技法とシステム
　………………………②321
簿記の教科書 日商1級
　商業簿記・会計学〈1〉
　………………………②474
簿記の教科書 日商1級
　商業簿記・会計学〈2〉
　………………………②474
簿記の教科書 日商1級
　商業簿記・会計学〈3〉
　………………………②474
ボキノコ先生のマンガ
　でわかる簿記入門 ・②321
簿記のしくみが一番や
　さしくわかる本 ……②321
簿記の問題集 日商1級
　商業簿記・会計学〈1〉
　………………………②474
簿記の問題集 日商1級
　商業簿記・会計学〈2〉
　………………………②474
簿記の問題集 日商1級
　商業簿記・会計学〈3〉
　………………………②474
ボキャブラリーが増え
　る故事成語辞典 ……①633
簿記論過去問題集〈2018
　年度版〉……………②493
簿記論完全無欠の総ま
　とめ〈2018年度版〉
　………………………②493
簿記論 個別計算問題集
　〈2018年度版〉……②493
簿記論個別計算問題集
　〈2018年〉…………②493
簿記論総合計算問題集

応用編〈2018年〉…②493
簿記論総合計算問題集
　応用編〈2018年度版〉
　………………………②493
簿記論 総合計算問題集
　基礎編〈2018年度版〉
　………………………②493
簿記論総合計算問題集
　基礎編〈2018年〉…②493
簿記論本試験型計算模
　試〈2018年度版〉…②493
ホーキング、ブラック
　ホールを語る ………②676
北緯43度のドン・キ
　ホーテ ………………②702
北欧 ……………………①207
北欧〈2017〜2018年版〉
　………………………①207
北欧おみやげ手帖……①3
北欧貴族と猛禽妻の雪
　国狩り暮らし ………①988
北欧空戦史 ……………①165
「北欧、暮らしの道具
　店」店長のフィット
　する暮らし …………②28
北欧女子オーサが見つ
　けた日本の不思議〈3〉
　………………………①856
北欧スウェーデン式自
　分を大切にする生き
　方 ……………………①101
北欧の道具 ……………②613
北欧の最新研究による
　ストレスがなくなる
　働き方 ………………②461
北欧の神話 ……………①508
北欧福祉国家は持続可
　能か …………………②64
北欧事情 ………………②220
僕をスーパーヒーロー
　と呼んでくれ ………①1337
僕を作った66枚のレ
　コード ………………①808
僕を導く、カーナビな
　幽霊（かのじょ）…①1162
ぼくが生まれてきたわ
　け ……………………①455
僕がカンボジア人に
　なった理由 …………①771
僕が恋したカフカな彼
　女 ……………………①1286
僕が恋した日本茶のこ
　と ……………………①47
僕が殺された未来 ……①1104
僕が殺した人と僕を殺
　した人 ………………①1105
ボクが逆さに生きる理
　由 ……………………②692
ぼくが死んだ日 ……①1353
ぼくがビッチになった
　ワケ …………………①1404
ぼく、仮面ライダーに
　なる！ビルド編……①340
僕がモンスターになっ
　た日 …………………①1136
朴槿惠 心を操られた大
　統領 …………………②132
朴槿惠と亡国の民 ……②132
北斎研究〈第57号〉…①836
北斎への招待 …………①833
北斎漫画、動きの驚異
　………………………①836
北斎漫画（肉筆未刊行
　版）…………………①836
北斎漫画入門 …………①833
北斎まんだら …………①1035
北斎夢枕草紙 …………①1061
朴正大詩集 ……………①975
牧場物語ふたごの村＋

ザ・コンプリートガ
　イド …………………①283
ボクスル・ウェスト最
　後の飛行 ……………①1334
朴正熙と金大中が夢見
　た国 …………………②132
僕、税理士が好きなん
　です …………………②493
ぼくせん ………………①1038
ぼく、染五郎 …………①340
北大古生物学の巨人た
　ち ……………………②684
僕だけのかわいい新妻。
　………………………①1397
ぼくだけの強面ヒー
　ロー！ ………………①1325
ぼくたち、いちばん！
　………………………①316
僕たちが何者でもな
　かった頃の話をしよ
　う ……………………①101
ぼくたち、ここにいる
　よ ……………………①400
僕たちとアカペラ先生
　の365日受験戦争 …②744
ぼくたちと駐在さんの
　700日戦争〈26〉…①1019
僕たちのインターネッ
　ト史 …………………②529
ぼくたちのリメイク
　………………………①1185
ぼくたちのリメイク〈2〉
　………………………①1185
ぼくたちのリメイク〈3〉
　………………………①1185
僕たちは愛されること
　を教わってきたはず
　だったのに …………②33
ぼくたちはこの国をこ
　んなふうに愛するこ
　とに決めた …………②21
僕たちはなぜ取材する
　のか …………………②14
ぼくたちは、優しい魔物
　に抱かれて眠る ……①1312
ぼくたち負け組クラブ
　………………………①377
ぼく、ちきゅうかんさ
　つたい ………………①353
北天に楽土あり ……①1028
ぼくはこの国のこ
　彼女 …………………①377
北東アジアにおける帝
　国と地域社会 ………①594
北東アジアの中の古墳
　文化〈下〉…………①615
『墨東綺譚』を歩く …①913
僕とエルフメイド姉妹
　の三人暮らし ………①1397
僕とおじさんの朝ごは
　ん ……………………①991
読者（ぼく）と主人公
　（かのじょ）と二人の
　これから ……………①1277
僕とカノジョの密やか
　な30日 ………………①1401
僕と君だけに聖夜は来
　ない …………………①1264
僕とキミの15センチ
　………………………①1136
僕と死神（ボディガー
　ド）の赤い罪 ………①1152
僕と先生 ………………①1088
ぼくと2まい葉 ………①340
北都の七つ星 …………①993
ぼくとぼく ……………①340
僕とベルさん …………①377
僕ならこう読む ………①913
僕には世界がふたつあ

る ……………………①377
僕には龍神（ドラゴン）
　なお姉ちゃんがいま
　す ……………………①1397
僕のアイドル初調教
　………………………①1403
ぼくのあかいボール ・①316
ぼくのアッコ …………①340
僕のアニキは神様とお
　話ができます ………①142
僕の家には三人の痴女
　（みほうじん）がいる
　………………………①1400
ぼくのイスなのに！ ・①316
僕のエッチなしでは学
　園最強のヒロインが
　最弱になる件 ………①1398
ぼくのおおきさ ………①340
ぼくのおじいちゃん …①340
ぼくのおとうさんとお
　かあさん ……………①340
ぼくのおとうとは機械
　の鼻 …………………①340
僕のお嫁さんになって
　………………………①340
僕の音楽畑にようこそ
　………………………①805
ぼくのからだによいお
　やつ …………………①61
ぼくのこと ……………①340
僕の珈琲店には小さな
　魔法使いが居候して
　いる …………………①1233
ぼくのさがしもの ……①340
僕の殺人 ………………①1080
ぼくの自然観察記 ロ
　ゼットのたんけん …①406
ぼくの死体をよろしく
　たのむ ………………①992
僕の地味な人生がクズ
　兄貴のせいでエロコ
　メディになっている。
　〈2〉…………………①1142
ぼくの小児科医（せんせ
　い）…………………①1315
僕の知らない、いつか
　の君へ ………………①1188
僕の知らないラブコメ
　………………………①1176
僕のジロ・デ・イタリア
　………………………①234
僕のスライムは世界最
　強 ……………………①1220
僕のスライムは世界最
　強〈2〉………………①1221
ぼくの戦争と紙芝居人
　生 ……………………②46
僕の装備は最強だけど
　自由過ぎる …………①1273
僕の装備は最強だけど
　自由過ぎる〈2〉…①1273
僕の装備は最強だけど
　自由過ぎる〈3〉…①1273
ぼくの宝物絵本 ………①955
ぼくのつくりかた……①340
ぼくのつくえ …………①316
ぼくのつばめ絵日記 …①364
ぼくの東京全集 ………①942
ぼくのとなりにきみ ・①996
ぼくのともだちカニや
　まさん ………………①340
僕の中の声を殺して
　………………………①1326
僕のナゼ、私のナゼ ・①420
僕の名前はグー ………①954
ぼくの日常が変態に侵
　触されてパンデミッ
　ク!?……………………①1138
僕の女体めぐり ………①1405

書名索引

ぼくのねこはどこ？・①316
僕の呪われた恋は君に
　届かない………………①982
ボクの針は痛くない・①949
ぼくの半生…………①941
僕の光輝く世界………①1114
ぼくの美術ノート……①954
僕のヒーローアカデミ
　ア 雄英白書〈2〉‥①1136
僕の文芸部にビッチが
　いるなんてありえな
　い。〈9〉………………①1143
僕の文芸部にビッチが
　いるなんてありえな
　い。〈10〉……………①1143
僕の部屋がダンジョン
　の休憩所になってし
　まった件〈3〉………①1234
僕の部屋がダンジョン
　の休憩所になってし
　まった件………………①1234
僕の部屋がダンジョン
　の休憩所になってし
　まった件〈2〉………①1234
ぼくの偏愛食堂案内‥①42
僕の町のいたずら好き
　なチビ妖怪たち…①1183
ぼくの村がゾウに襲わ
　れるわけ。…………②693
ぼくの村は壁で囲まれ
　た………………………②86
僕の諭吉おじさん…①1280
ぼくは異世界で付与魔
　法と召喚魔法を天秤
　にかける〈9〉………①1296
僕は沖縄を取り戻した
　い……………………②145
僕はガウディ………②616
ぼくはきつつきだから
　………………………①316
僕は君の何が欲しいの
　だろう……………①1288
僕はこうして、苦しい
　働き方から抜け出し
　た。……………………①101
ぼくはこんな音楽を聴
　いて育った…………①805
ぼくは社会不安障害・①496
ぼくは13歳、任務は自
　爆テロ。……………②126
僕は上手にしゃべれな
　い………………………①353
僕は小説が書けない・①979
ぼくはスーパーヒー
　ロー………………①316
北伐と西征…………①598
僕は何でも知っている
　………………………①932
僕は何度でも君と恋に
　落ちる……………①1288
ぼくは発明家………①316
ぼくはフィンセント・
　ファン・ゴッホ……①340
僕はホルンを足で吹く
　………………………①816
僕はまだ、君の名前を
　呼んでいない……①1172
僕はミドリムシで世界
　を救うことに決めた。
　………………………②295
僕はもう憑かれたよ
　………………………①1010
僕はリア充絶対爆発さ
　せるマン……………①1145
僕はロボットごしの君
　に恋をする………①1023
僕はLCCでこんなふう
　に旅をする………②437
ぼくはO・C・ダニエル

……………………①377
北辺の機関車たち……①258
北溟の三匹〈1〉……①1056
僕らが愛した手塚治虫
　〈3〉…………………②34
僕らが明日に踏み出す
　方法………………①1277
僕らが自由に生きるた
　めのシンプルなメ
　ソッド………………①514
ぼくらがつくった学校
　………………………①384
ぼくらが漁師だったこ
　と……………………①1329
僕らだって扉くらい開
　けられる……………①1024
ぼくらのエコー………①340
ぼくらの消えた学校・①370
僕らの社会主義………①173
ぼくらのジャロン……①353
僕らの空は群青色…①1216
ぼくらのハイジャック
　戦争…………………①370
ぼくらの原っぱ森……①377
ぼくらの山の学校……①353
ぼくらのロストワール
　ド……………………①370
ぼくらはその日まで・①996
ぼくらは鉄道に乗って
　………………………①353
北陸地方創生と国際化・
　イノベーション……①161
北陸に学ぶマーケティ
　ング…………………②338
北陸路に棗（なつめ）あ
　り……………………①164
墨龍賦…………………①1055
ぼくんちのねこまた
　フーじい……………①340
保型関数………………②658
法華経をインド仏教史
　から読み解く………①516
「法華経」を読む……①512
法華経諺解〈上〉……①517
ボケずに元気に80歳！
　………………………①152
ポケット嵐〈9〉……①772
ポケット医薬品集〈2017
　年版〉………………①772
ポケット 教育小六法
　〈2017年版〉………①758
ポケット呼吸器診療
　〈2017〉……………②722
ポケット数解〈6〉…①276
ポケット数解〈7〉…①276
ポケット数解〈8〉…①276
ポケットスタディ 情報
　処理安全確保支援士
　………………………②562
ポケットスタディ 情報
　セキュリティマネジ
　メント………………②562
ポケットスタディ プロ
　ジェクトマネージャ
　………………………②567
ポケットつけ…………①76
ポケットにつめるお話
　………………………①1336
ポケットに物語を入れ
　て………………………②4
ポケット農林水産統計
　〈平成28年版〉……②455
ポケットのはらうた・①382
ポケット版 宇宙の迷路
　………………………①441
ポケット版 お城と騎士
　1001のさがしもの…①441
ポケット版 木の実さん
　ぽ手帖………………②690

ポケット版 昆虫の迷路
　………………………①441
ポケット版 斎藤一人 あ
　なたが変わる315の言
　葉……………………①101
ポケット版 雑草さんぽ
　手帖…………………②690
ポケット版 実用六法
　〈平成30年版〉……①189
ポケット版 続・「な
　ぜ？」に答える科学
　のお話100……………①399
ポケット版 続・考える
　力を育てるお話100
　………………………①393
ポケット版 台湾グルメ
　350品！食べ歩き事
　典……………………②204
ポケット版 電気工事施
　工管理技士（1級＋2
　級）学科要点整理…②635
ポケット版 東京超詳細
　地図〈2018年版〉…①213
ポケット版 東京ディズ
　ニーランド＆シー裏
　技ガイド〈2017～18〉
　………………………②31
ポケット版 動物の迷路
　………………………①441
ポケット版 乗り物の迷
　路……………………①441
ポケット判 保育士・幼
　稚園教諭のための障
　害児保育キーワード
　100……………………①686
ポケット版 身近な昆虫
　さんぽ手帖…………②695
ポケット版 物語の迷路
　………………………①441
ポケット版 要点整理 電
　験三種4科目…………②635
ポケット版 Hey！
　Say！JUMPジャン
　ビングワンダーラン
　ド！…………………①772
ポケット版 I SPY〈6〉
　………………………①316
ポケット版 I SPY ミッ
　ケ！…………………①316
ポケット版 NEWS四重
　奏……………………①772
ポケット肥料要覧
　〈2015/2016〉……②455
ポケットマスターPT/
　OT国試必修ポイント
　基礎医学〈2018〉…②781
ポケットマスターPT/
　OT国試必修ポイント
　臨床医学〈2018〉…②781
ポケットマスター PT/
　OT国試必修ポイント
　OT実地問題〈2018〉
　………………………②781
ポケットマスター PT/
　OT国試必修ポイント
　PT実地問題〈2018〉
　………………………②781
ポケットモンスターウ
　ルトラサン・ウルト
　ラムーン宇宙最速攻
　略ガイド……………①437
ポケットモンスター サン
　＆ムーン‥①306、①322
ポケットモンスター サ
　ン＆ムーン ことばク
　イズ150………………①441
ポケットモンスター サ
　ン＆ムーン ゼンリョ
　ク大冒険ステッカー

……………………①322
ポケットモンスター サ
　ン＆ムーンだいずか
　ん……………………①437
ポケットモンスター サ
　ン＆ムーン だれか
　な？ おあそびBOOK
　………………………①322
ポケットモンスター サ
　ン＆ムーン ポケモン
　ぜんこく超ずかん・①322
ポケットモンスター サ
　ン＆ムーン マジック
　ルーペでさがそう！
　………………………①304
ポケットMBA ロジカ
　ル・シンキング……②374
ボケない片づけ………①2
ボケない人になるドリ
　ル 漢字と熟語篇……①627
ボケない人のスピー
　ド！脳トレ…………①161
木瓜の花………………①974
ポケモンクイズパズル
　ランド ピカチュウの
　ちょうせん！………①441
ポケモン空想科学読本
　〈3〉…………………①399
ポケモン サン＆ムーン
　ぜんこく全キャラ大
　図鑑〈上〉…………①437
ポケモン サン＆ムーン
　ぜんこく全キャラ大
　図鑑〈下〉…………①437
保健医療サービス……②64
保健医療ソーシャル
　ワーク………………②722
保健、医療、福祉、教育
　にいかす簡易型認知
　行動療法実践マニュ
　アル…………………②746
保健医療福祉行政論…②64
保健医療福祉職に必要
　な社会福祉学………②64
保健・栄養系学生のた
　めの健康管理概論…②778
保健科教育法入門……①741
保険業法〈2017〉……②386
保険業法の読み方……②386
保険経済の根本問題…②265
保険 こう選ぶのが正
　解！…………………②386
保険コンプライアンス・
　オフィサー2級問題解
　説集〈2017年10月受
　験用〉………………②483
保険コンプライアンス
　の実務………………②386
保健師業務要覧〈2017年
　版〉…………………②722
保健師国試スキルアッ
　プブックNEO………②781
保健師国家試験のため
　のレビューブック
　〈2018〉……………②781
保健室・職員室からの
　学校安全 事例別病気、
　けが、緊急事態と危
　機管理〈vol.1〉……①701
保健室・職員室からの
　学校安全 事例別病気、
　けが、緊急事態と危
　機管理〈vol.2〉……①702
保健室と社会をつなぐ
　………………………①702
保健室の日曜日………①358
保健指導おたすけパ
　ワーポイントブック
　中学校・高校編〈2〉

……………………①710
保健師・養護教諭にな
　るには………………①702
保険代理店成長モデル
　………………………②386
保険と金融の数理……②655
保険の数学……………②386
「保険のプロ」が生命保
　険に入らないもっと
　もな理由……………②387
保険薬事典Plus＋・プ
　ラス・〈平成29年8月
　版〉…………………②772
保険ERM基礎講座……②387
歩行開始期の仲間関係
　における自己主張の
　発達過程に関する研
　究……………………①499
歩行再建………………①752
歩行熱…………………②694
保護者を味方にする教
　師の心得……………①705
保護者と仲良く………①708
保護者の願いに応え
　る！ライフキャリア
　教育…………………①686
保護者はなぜ「いじめ」
　から遠ざけられるの
　か……………………①712
鉾立と細部意匠………②119
ボコ・ハラム…………②126
誇りある日本文明……①534
誇り高い愛……………①1372
「誇り」となる会社の作
　り方…………………②295
誇れる郷土ガイド……②188
誇れる郷土データ・
　ブック〈2017年版〉・②25
ホーザ…………………①704
ホサナ…………………①1018
「欲しい」の本質………①106
星嬉短歌集〈4〉……①970
星嬉短歌集〈5〉……①970
ほしをさがする………①340
星を創る者たち……①1124
星をつける女………①1013
星がとびだす星座写真
　………………………②676
ほしがり未亡人……①1402
星屑から生まれた世界
　………………………②676
星屑のシンデレラ…①1375
星屑リスタート……①1249
ほじくりストリート
　ビュー………………①187
星健孝の地域文化論…②265
星戀……………………①974
星弘臨書集 古典臨書
　入門〈第10集〉……①871
ほしじいたけ ほしばあ
　たけ…………………①340
星・星座………………①403
母子世帯の居住貧困…②64
星空……………………①316
星空色えほん…………①844
星空を願った狼の…①1093
星空ガイド〈2018年〉
　………………………②676
ほしぞらの探訪………②676
星空の地図帳…………②676
星空の見方がわかる本
　………………………②676
星もうまれる旅………①996
星繋ぐ巫女のフォーク
　ロア〈2〉…………①1245
ポジティブ心理学を味
　わう…………………①485
星とくらす……………②676

書名索引

星と星座のおべんきょう ……… ①403
星と人間 ……… ①473
保科正之 ……… ①562
星につたえて ……… ①340
星に願いを、そして手を。 ……… ①981
星の囲碁学 ……… ①248
星の王子さま ……… ①1332
「星の王子さま」を英語で読もう ……… ①650
星のカービィ ……… ①364
星のカービィ おかしなスイーツ島 ……… ①322
星のカービィ キラキラ★プププワールド・ ……… ①322
星のカービィ そらのおさんぽ ……… ①322
星のカービィ 25周年記念 星のカービィコピー能力大集合図かん ……… ①438
星の子 ……… ①986
ほしのこえ ……… ①370
星の巡礼 Anniversary Edition ……… ①142
星のない夜 ……… ①1003
星の涙 ……… ①1281, ①1282
星野道夫の神話 ……… ①143
星の息子/推進派 ……… ①785
干場義雅が教える大人カジュアル 究極の私服 ……… ①30
星降り山荘の殺人 ……… ①1085
星降る街のシンデレラ ……… ①1396
星モグラサンジの伝説 ……… ①353
ボージャングルを待ちながら ……… ①1337
募集・採用・内定・入社・試用期間 ……… ②331
保守の真贋 ……… ②145
保守の真髄 ……… ②145
捕食 ……… ①1112
ポーション頼みで生き延びます ……… ①1268
ポーション頼みで生き延びます！〈2〉 ……… ①1268
ポーション、わが身を助ける〈4〉 ……… ①1163
ボス・イズ・バック ……… ①1088
ポスト「アベノミクス」の経済学 ……… ②265
ポスト・オリエンタリズム ……… ①455
ポストカードサイズのかわいいちぎり絵 ……… ①867
ポスト "カワイイ" の文化社会学 ……… ②107
ポスドク！ ……… ①1004
「ポスト・グローバル時代」の地政学 ……… ②126
ポスト・ケインズ派経済学 ……… ②268
「ポスト真実」時代のネットニュースの読み方 ……… ②14
「ポスト真実」にどう向き合うか〈2017〉 ……… ②14
「ポスト真実」の時代 ……… ②14
ポスト多文化主義教育が描く宗教 ……… ①508
ポストデジタル時代の公共図書館 ……… ②7
"ポスト・トゥルース" アメリカの誕生 ……… ②137
ポスト2020の都市づく

り ……… ②582
ボスとの熱い一夜の奇跡 ……… ①1384
ボスとの熱い一夜は秘密 ……… ①1385
ボスとの予期せぬ一夜 ……… ①1382
「ボスト爆買い」時代のインバウンド戦略 ……… ②265
ポストヒューマン・エシックス序説 ……… ①476
ポスト平成のキャリア戦略 ……… ②295
ポストマンの詩学 ……… ①800
「ポスト宮崎駿」論 ……… ①800
ポスト・モダンの左旋回 ……… ①455
ポストモダンのメディア論2.0 ……… ②107
ポスト冷戦期アメリカの通商政策 ……… ②254
ポスト冷戦期におけるロシアの安全保障外交 ……… ②127
"ポスト68年" と私たち ……… ①455
ボストン〈2018～2019年版〉 ……… ①210
ボストン・ワシントンDC便利帳〈VOL.13（2017年度版）〉 ……… ①210
ボスにないをつけて ……… ①1389
ボスに囚われて ……… ①1384
ホスピス医が自宅で夫を看取るとき ……… ②705
ホスピスで死にゆくということ ……… ②705
ホスピスの詩 ……… ①340
ホスピス わが人生道場 ……… ②705
ホスピタリティ検定公式テキスト＆問題集〈2017年度版〉 ……… ②509
ホスピタリティとホスピタリティマネジメント ……… ②374
ボスへの切ない恋の証 ……… ①1384
ホースマン ……… ①241
海王星市（ポセイドニア）から来た男/縹渺譚（へをべをたむ） ……… ①1120
母性のディストピア ……… ①800
ホセ・ムヒカと過ごした8日間 ……… ①932
ポーセリン・アートの装飾テクニック ……… ①873
保全遺伝学入門 ……… ②686
細居美恵子アートワーク ……… ①856
舗装技術の質疑応答〈第12巻〉 ……… ②607
細山田デザインのまかない帖 ……… ①61
保存修復学専門用語集 ……… ②758
保存版 永山寛康のそば・そば料理大全 ……… ①68
母体救命アドバンスガイドブック J-MELS ……… ②722
境界線（ボーダー）から考える都市と建築 ……… ②613
ボーダー・クロニクルズ〈4〉 ……… ①456
ボーダーツーリズム ……… ②161
ボタニカム ……… ②689
ボタニカル・グラ

フィックス ……… ①879
ボタニカル・ワークス ……… ①270
ポータブル日インドネシア英・インドネシア日英辞典 ……… ①668
螢草〈上〉 ……… ①1055
螢草〈下〉 ……… ①1055
牡丹色のウエストボーチ ……… ①1071
ぽちっとあかいおともだち ……… ①316
ポチと！ ヨッシー ウールワールド オフィシャルガイド ……… ①283
ぽちぽち行こうか ……… ①702
補聴器ハンドブック・ ……… ②762
ポチョムキン都市 ……… ②613
渤海国とは何か ……… ①594
北海タイムス物語 ……… ①1017
北海道 ……… ①191
「北海道遺産」読本 ……… ①191
北海道ガーデン完全ガイド ……… ②613
北海道からトランプの安倍 "強権" 政治にNOと言う ……… ②145
北海道から農協改革を問う ……… ②448
北海道キャンプ場ガイド〈17・18〉 ……… ①191
北海道コンサドーレ札幌オフィシャル・ガイドブック〈2017〉 ……… ①231
北海道樹木図鑑 ……… ②689
北海道ジンギスカン四方山話 ……… ①38
北海道卒業設計合同講評会〈2017〉 ……… ②613
北海道 地図の中の廃線 ……… ①431
北海道でがんとともに生きる ……… ②704
北海道 20世紀の事件事故 ……… ①39
北海道日本ハムファイターズオフィシャルガイドブック〈2017〉 ……… ①225
北海道日本ハムファイターズ流 一流の組織であり続ける3つの原則 ……… ①225
北海道の建築家と家をつくる ……… ①20
北海道の怖い話 ……… ①145
北海道の山 ……… ①190
北海道の山を登る ……… ①233
北海道の山と谷〈1〉 ……… ①190
北海道パークゴルフ場ガイド〈2017・18〉 ……… ①220
北海道発 ONLY ONEの家づくり〈Vol.12〉 ……… ①20
北海道 道の駅ガイド〈2017・18〉 ……… ①191
北海道 道の駅 徹底オールガイド ……… ①191
北海道ランニング大会ガイド〈2017〉 ……… ①235
北海に消えた少女 ……… ①1349
北極がなくなる日 ……… ②576
ホッキョクグマ ……… ①409
ホッキョクグマと南極のペンギン ……… ①316
ホッキョクグマの赤ちゃん ……… ①409
ボックス21 ……… ①1343

法華講でなければ正しい信仰はできません ……… ①501
ポッケにタッチ！ ……… ①303
法華文句〈2〉 ……… ①517
法華文句〈3〉 ……… ①517
法華文句〈4〉 ……… ①517
ほっこりかわいい どうぶつ刺しゅうでつくるハンドメイドアクセサリー ……… ①79
堀田善衞の敗戦後文学論 ……… ①908
ほったらかし調理で肉食やせ！ ……… ①61
ぽっち転生記〈5〉 ……… ①1262
ぽっち転生記〈6〉 ……… ①1262
ぼっちは回復役に打って出ました〈4〉 ……… ①1221
ぼっちは回復役に打って出ました〈5〉 ……… ①1221
ぽっちゃり女子のファッションbook ……… ①30
坊っちゃん ……… ①353, ①370
坊っちゃん忍者幕末見聞録 ……… ①1119
ほっとい亭のフクミミちゃん ……… ①364
ほっとかない郊外 ……… ②161
「ほっとけない」からの自然再生学 ……… ②576
ほっとする人間関係・ ……… ①485
ホットドッグの歴史 ……… ①38
ホットラインのすべて ……… ②189
勃発！ 第二次朝鮮戦争 北朝鮮消滅シミュレーション！ ……… ②132
ポップカルチャーNEW & OLD ……… ①636
ほっぷすてっぷかぶとむし ……… ①303
ぽっぽこうう ……… ①340
ぽつぽつぽつ だいじょうぶ？ ……… ①340
ポーツマスの贋作・ ……… ①1076
没落予定なので、鍛冶職人を目指す〈4〉 ……… ①1221
没落予定なので、鍛冶職人を目指す〈5〉 ……… ①1221
没落予定なので、鍛冶職人を目指す〈6〉 ……… ①1221
ボディコン体操するだけで子どもの足が瞬く間に速くなる本 ……… ①214
ボディ・スタディーズ ……… ②107
ボディントン家とイギリス近代 ……… ①605
紅蝶（ほてり） ……… ①844
ホテル王と偽りマリアージュ ……… ①1279
ホテルオークラ "橋本流" 大人のマナー・ ……… ②427
ホテル・カリフォルニアの殺人 ……… ①1112
ホテル ギガントキャッスルへようこそ・ ……… ①1222
ホテル業界就職ガイド〈2019〉 ……… ①292
ホテル・宿泊施設開発最前線 ……… ②427
ホテルデータブック〈2017〉 ……… ②427
ホテルニューグランド開業90周年記念写真集 Memories of HOTEL NEW GRAND ……… ①258

ホテルやまのなか小学校 ……… ①353
ポテンシャル知覚心理学 ……… ①486
仏の道 衣の道 ……… ①512
ボードゲーム・ストリート〈2017〉 ……… ①273
ほどける ……… ①1333
ボートハウスの奇跡・ ……… ②429
ほどほど収納が心地いい ……… ①6
ポトマックの桜物語・ ……… ①604
ほどよく距離を置きなさい ……… ①101
ポートランド・メイカーズ ……… ②161
ボトルクリーク絶体絶命 ……… ①377
ボートレース江戸川攻略必勝本〈VOL.1〉 ……… ①245
ボートレースのすべてがわかる ……… ①245
ほとんど毎日、運がよくなる！ 勝負メシ ……… ①38
ほとんど翌日、願いが叶う！ シフトの法則 ……… ①130
母乳を捨てるフランス人 ヘソの緒に無関心なアメリカ人 ……… ①8
哺乳類の生物地理学・ ……… ②684
骨を彩る ……… ①983
骨からみた古代日本の親族・儀礼・社会〈2〉 ……… ②546
骨から見る生物の進化 ……… ②684
骨・関節X線撮影マニュアル ……… ②752
骨ストレッチ・ランニング ……… ①159
骨の髄まで異世界をしゃぶるのが鈴木なのよー!! ……… ①1285
骨太刑事訴訟法講義・ ……… ②217
ほね、ほね、きょうりゅうのほね ……… ①316
ほねほねザウルス〈18〉 ……… ①353
"骨ホルモン" で健康寿命を延ばす！ 1日1分「かかと落とし」健康法 ……… ①159
炎とシャンパン ……… ①1372
炎に恋した少女 ……… ①377
炎の風吹け妖怪大戦・ ……… ①353
炎の記憶〈2〉 ……… ①1124
炎の牛肉教室！ ……… ②456
炎の大富豪と氷の乙女 ……… ①1378
ほの暗い永久（とわ）から出でて ……… ①459
ほのちゃん ……… ①340
ホノルル ……… ①210
ホノルル＆オアフ島・ ……… ①210
「ポピュラーカルチャー論」講義 ……… ②107
ポピュリズム ……… ②172
ポピュリズムと欧州動乱 ……… ②253
ポピュリズムと死刑〈2017〉 ……… ②43
ポピュリズムとは何か ……… ②172
ポピュリズムと「民意」の政治学 ……… ②172
ポピュリズムのグローバル化を問う ……… ②172

書名索引

墓標都市 ………… ①1363
ボブ・ディランに吹か
　れて ……………… ①808
ボブ・ディランのルー
　ツ・ミュージック・①808
微笑み返し〈18〉… ①1040
ポポくんのひみつきち
　……………………… ①340
ほぼ日手帳公式ガイド
　ブック2018 LIFEの
　BOOK …………… ①3
ほぼ100均ネイル 1・2・
　3色でほめられネイル
　……………………… ①23
ほぼユニクロで男のオ
　シャレはうまくいく
　スタメン25着で着ま
　わす毎日コーディ
　ネート塾 ………… ①30
ほま高登山部ダイア
　リー ……………… ①1203
誉れ高き勇敢なブルー
　よ ………………… ①1108
ホームシック ……… ①943
ホームズ！ まだ謎はあ
　るのか？ ………… ①885
ホームズ連盟の事件簿
　……………………… ①1084
ホームズ、ロシアを駆
　ける ……………… ①1343
ホームページ辞典 …… ①552
焔（ほむら）……… ①340
ホームレス ワールド
　カップ …………… ①1016
「ほめ日記」効果・自分
　を味方にする法則 …①118
誉められて神軍〈2〉
　……………………… ①1225
誉められて神軍〈3〉
　……………………… ①1225
ほめられペット・カッ
　ト・コレクション ①263
ほめる力 …………… ①101
ホメ渡部！「ほめる奥
　義」「聞く技術」…… ①364
ホモ・コントリビュー
　エンス …………… ①456
ホモ・サピエンスの誕
　生と拡散 ………… ②694
ホモビクトルムジカー
　リス ……………… ②702
ホモ無職、家を買う・①856
保幼小連携体制の形成
　過程 ……………… ①696
ホライズン ………… ①995
ほら、死びとが、死びと
　が踊る …………… ①1332
ボラード病 ………… ①1024
ほら なにもかも おちて
　くる ……………… ①316
ホラホラ、これが僕の
　骨 ………………… ①967
ボランティアコーディ
　ネーション力 …… ②66
ボランティア・市民活
　動助成ガイドブック
　〈2017・2018〉……… ②66
ボランティアに参加し
　よう ……………… ①421
ポーランド ………… ②253
ポーランド国歌と近代
　史 ………………… ①608
ポーランドヤノフ村の
　絵織物 …………… ①873
ポリイミドの機能向上
　技術と応用展開 …… ②600
ポリ塩化ビフェニル廃
　棄物の適正な処理の
　推進に関する特別措

置法 逐条解説・Q&A
　……………………… ②576
堀川さんはがんばらな
　い ………………… ①1148
堀景山伝考 ………… ①562
ホリスティック医学私
　論 ………………… ②702
ボリス・ワイルド
　Transparency …… ①273
堀辰雄 ……………… ①913
ホリデー・イン …… ①997
ポリマーブラシ …… ②672
ボーリンゲン ……… ②107
ボルケイノ・ホテル
　……………………… ①1006
ポール・コックス デザ
　イン&アート …… ①879
ボルダリング ……… ①241
ポルトガル ………… ②253
ポルトガル〈2018～
　2019年版〉……… ①207
ポルトガル物語 …… ②85
ホルトの木の下で …… ①955
ぼーるとぼくとくも・①340
ボールペンイラスト
　レッスン帖 ……… ①863
ボールペンでかんた
　ん！ 気持ちが伝わ
　る！ ゆるかわいいイ
　ラスト&かき文字が
　描ける本 ………… ①863
ボールペンでぬり絵
　「パリの旅」……… ①866
ボールぽーんころがっ
　て ………………… ①340
ボールマンがすべてで
　はない …………… ①227
ホルモンのしくみ … ②722
ポール・ランド デザイ
　ナーの芸術 ……… ①879
ボルレイターとの決別
　〈550〉…………… ①1359
ボルレイターの秘密兵
　器〈538〉………… ①1359
ホログラフィ入門 …… ②596
ホロコースト ……… ①602
ホロコーストと戦後ド
　イツ ……………… ①608
ホロコーストに教訓は
　あるか …………… ①602
ボローニャの吐息 …… ①941
滅びゆく世界を救うた
　めに必要な俺以外の
　主人公の数を求めよ
　〈2〉……………… ①1274
滅びゆく日本の処方箋
　……………………… ②161
襤褸々々一路 ……… ①932
ホワイト・イーグル 自
　己を癒す道 ……… ①143
ホワイトカラーの業務
　改善 ……………… ②310
ホワイトカラーの生産
　性向上 …………… ②591
ホワイトハウスのピア
　ニスト …………… ①816
ホワイト・ブック …… ②295
ホワイトベース二宮祥
　平の春夏秋冬ツーリ
　ングに行け！…… ①242
ホワイトラビット …… ①984
ほわころくらぶ …… ①856
ほわころくらぶイラス
　トブック ………… ①844
ポワットちゃんのひみ
　つのはこ ………… ①340
本阿弥行状記（上・中・
　下）……………… ①562
本一冊で事足りる異世

界流浪物語〈7〉… ①1293
本一冊で事足りる異世
　界流浪物語〈8〉… ①1293
「本を売る」という仕事・②5
本を出すと人生が変わ
　る！ ……………… ②17
「本をつくる」という仕
　事 ………………… ②4
本をパラパラするだけ
　ダイエット ……… ①27
本を守ろうとする猫の
　話 ………………… ①1010
本を読むのが苦手な僕
　はこんなふうに本を
　読んできた ……… ②4
本格イタリア料理の技
　術 ………………… ①69
本格イラスト図鑑 しょ
　うぼうしゃ ……… ①435
本格幻想RPG 陰陽師式
　神図録 …………… ①279
本格の書 小倉百人一首
　……………………… ①871
本格ミステリ戯曲三昧
　……………………… ①885
本格ミステリ・ベスト
　10〈2018〉……… ①885
本が好きな人 ……… ①939
本気で英語を話したい
　あなたのための “英語
　筋” トレーニング…①647
本気で勝ちたい人は
　やってはいけない …①355
本気でトライ！ 中国語
　……………………… ①666
本気で内定！ SPI&テ
　ストセンター1200題
　〈2019年度版〉…… ①295
本気で内定！ SPI&テ
　ストセンター1200題
　〈2020年度版〉…… ①295
本気ではじめるiPhone
　アプリ作り ……… ②552
“本気”になったら「大
　原」……………… ①675
本気になったら！ 旅行
　業務取扱管理者試験
　一発合格テキスト〈3〉
　……………………… ②469
本気になったら！ 旅行
　業務取扱管理者試験
　一発合格テキスト〈4〉
　……………………… ②469
本気になったら！ 旅行
　業務取扱管理者試験
　トレーニング問題集
　〈3〉……………… ②469
本気になったら！ 旅行
　業務取扱管理者試験
　トレーニング問題集
　〈4〉……………… ②469
本気になって何が悪い
　……………………… ②436
本気の悪役令嬢！…… ①1189
本気の「脱・年功」人事賃
　金制度 …………… ②331
本業支援と企業価値向
　上のための事業性評
　価入門 …………… ②295
本業と一体化した環境
　経営 ……………… ②374
ぼんくら陰陽師の鬼嫁
　〈2〉……………… ①1144
ぼんくら陰陽師の鬼嫁
　〈3〉……………… ①1144
ボンクラ隊が行く！ お
　いしい台湾食べたい
　わん ……………… ①204
ぼんくら同心と徳川の

姫 ………………… ①1057
本郷孔洋の経営ノート
　〈2017〉…………… ②295
ポンコツ王太子と結婚
　破棄したら、一途な
　騎士に溺愛されまし
　た ………………… ①1235
ポンコツ武将列伝 …… ①556
ポンコツ勇者の下剋上
　……………………… ①1263
香港 ‥〈①204、②130、②252
香港行ったらこれ食べ
　よう！…………… ①204
香港風味 …………… ①43
香港・マカオ ……… ①204
香港 マカオ 深圳〈2017
　～2018年版〉…… ①204
盆栽・伝統園芸植物の
　鑑賞知識 ………… ①268
本試験をあてる TAC直
　前予想 社労士〈2017〉
　……………………… ②502
本試験をあてる TAC直
　前予想 宅建士〈2017〉
　……………………… ②499
本試験型 介護福祉士問
　題集〈'18年版〉… ②80
本試験型 漢字検定準1
　級試験問題集〈平成30
　年版〉…………… ①627
本試験型 漢字検定準2
　級試験問題集〈平成30
　年版〉…………… ①627
本試験型 漢字検定1級
　試験問題集〈平成30年
　版〉……………… ①627
本試験型 漢字検定2級
　試験問題集〈平成30年
　版〉……………… ①627
本試験型 漢字検定3級
　試験問題集〈平成30年
　版〉……………… ①628
本試験型 漢字検定4級
　試験問題集〈平成30年
　版〉……………… ①628
本試験型 漢字検定5級
　試験問題集〈平成30年
　版〉……………… ①628
本試験型 漢字検定6級
　試験問題集〈平成30年
　版〉……………… ①628
本試験型 漢字検定7・8
　級試験問題集〈平成30
　年版〉…………… ①628
本試験型 漢字検定9・
　10級試験問題集〈平成
　30年版〉………… ①628
本試験型 保育士試験問
　題集〈'17年版〉… ①764
本試験型 保育士問題集
　〈'18年版〉……… ①764
本試験形式！ 丙種危険
　物取扱者模擬テスト
　……………………… ①644
本試験に合格できる問
　題集！ クレーン・デ
　リック学科試験（ク
　レーン限定）…… ②630
本試験によく出る！ 第
　1類消防設備士問題集
　……………………… ①642
ポンジースキームとし
　てのバブル ……… ②265
本質を理解しながら学
　ぶ建築数理 ……… ②619
本質から考え行動する
　科学技術者倫理 …… ②649
本日、職業選択の自由
　が奪われました… ①1012

「本質的な問い」と知識
　構築 ……………… ①754
本質的な理科実験 金属
　とイオン化合物がお
　もしろい ………… ②672
本日はコンビニ日和。
　……………………… ①1152
本日も教官なり …… ①990
凡事徹底と人生問題の
　克服 ……………… ①504
凡事徹底と成功への道
　……………………… ①504
梵字入門 …………… ①512
ホンシメジ先生となぞ
　のテングバナキン！
　……………………… ①340
本州沈没 …………… ①997
ぽんしゅでGO！… ①1238
ボン・ジュルネ！… ①671
本性 ……………… ①994
本所おけら長屋〈8〉
　……………………… ①1054
本所おけら長屋〈9〉
　……………………… ①1054
本書を読まずに障害者
　を雇用してはいけま
　せん！…………… ②72
凡人の凡人による凡人
　のための億万長者入
　門 ………………… ①391
本好きの下剋上〈第3部〉
　……………………… ①1177
本好きの下剋上〈第4部〉
　……………………… ①1177
本田技研工業の就活ハ
　ンドブック〈2019年度
　版〉……………… ①292
本田宗一郎 ………… ②308
本田宗一郎100の言葉
　……………………… ②308
本棚探偵 最後の挨拶 ②4
本棚の歴史 ………… ②4
ぽんたの献立ノート … ①61
ホーンテッド・キャンパ
　ス ………① 1120、①1121
ホーンテッドマンショ
　ン ………………… ①322
ホーンテッドマンショ
　ンのすべて ……… ①800
本、この一筋はここ！ 格
　言が教えてくれる・①248
ポンと受かる！ 宅建士
　〈2017年度版〉…… ①499
本当に頭がいい人の勉
　強法 ……………… ①702
ほんとうに頭がよくな
　る世界最高の子ども
　英語 ……………… ①640
本当にあった？ 世にも
　奇妙なお話 ……… ①356
本当にあった？ 世にも
　不可解なお話 …… ①356
本当にあった？ 世にも
　不思議なお話 …… ①356
本当に痛くない、怖く
　ない歯の治療 …… ①183
本当に美しいおとなの
　塗り絵 …………… ①866
本当においしい生地作
　り ………………… ①71
ほんとうにおいしいス
　ムージーBOOK …… ①61
本当においしい肉料理
　はおウチでつくりな
　さい ……………… ①61
本当にお金が増える投
　資信託は、この10本
　です。…………… ②396
本当に効く薬の飲み方・

使い方 ………… ①155
本当にこわい！ 学校の
　怪談スペシャル … ①386
本当に怖いストーリー
　最後の審判 ……… ①387
本当に怖い話MAX 呪
　詛怨嗟 …………… ①387
本当に怖い話MAX∞逢
　魔ヶ刻 …………… ①387
本当に怖い話MAX∞地
　獄絵巻 …………… ①387
本当に集中できた瞬間
　だけが人を強くする
　……………………… ①101
本当にスゴイ！ 思い込
　みを変える魔法 …… ①118
ほんとうに使いやすい
　茶室をつくる …… ①20
本当に強い人、強そう
　で弱い人 ………… ①126
本当に泣ける漢字の本
　……………………… ①628
本当に似合う服に出会
　える魔法のルール … ①30
本当に悲惨な朝鮮史 … ①599
本当に必要な薬がわか
　る本 ……………… ①155
ほんとうに必要なもの
　しか持たない暮らし
　Keep Life Simple！
　……………………… ②28
本当に認め合って育ち
　合う保育 ………… ①696
本当にわかる株式相場
　……………………… ①396
本当にわかる債券と金
　利 ………………… ①380
「本当の大人」になるた
　めの心理学 ……… ①486
ほんとうの憲法 …… ①201
本当の自分を生きる・①101
ほんとうの自分が目覚
　める！ 月の習慣 … ①102
ほんとうの自分になる
　ために …………… ①526
ほんとうの中国の話を
　しよう …………… ②90
ほんとうの花を見せに
　きた ……………… ①998
ほんとうの味方のつく
　りかた …………… ①102
本当は恐ろしい外反母
　趾 ………………… ①152
ほんとうは体によくな
　い100のこと …… ①152
本当はキミに好きって
　言いたくて。… ①1300
本当は健康寿命が短い
　日本人の体質 …… ①702
本当はこうだった！ 三
　国志の嘘と真実 … ①598
本当に怖い漢字の本 … ①628
本当は怖い59の心理実
　験 ………………… ①106
本当は怖い自民党改憲
　草案 ……………… ①201
本当は怖いドライアイ
　……………………… ①183
本当は怖い日本史 … ①534
本当は怖い日本のこと
　わざ ……………… ①628
本当は怖い不妊治療 … ①168
本当は怖いめまい・耳
　鳴り ……………… ①167
本当は怖すぎる名作ア
　ニメ・マンガの裏知
　識 絶叫編 ……… ②34
本当は世界がうらやむ
　最強の日本経済 … ②245

本当は大切だけど、誰
　も教えてくれない算
　数授業50のこと … ①728
本当は中国で勝ってい
　る日本企業 ……… ②305
本当はラクなパイ作り
　……………………… ①61
本土空襲を阻止せよ！
　……………………… ①586
ほんとさいこうの日 … ①316
ボンド氏の逆説 … ①1095
ほんとだもん ……… ①340
ほんとにあった！ 呪い
　のビデオ 恐怖のヒス
　トリー …………… ①145
ホントの自分がわかる!?
　心理テストキラキラ
　★スペシャル …… ①438
ほんとはこんなに残念
　な日本史の偉人たち
　……………………… ①534
ほんとはおもしろいすごい幕
　末幕府 …………… ①568
ホントは安いエコハウ
　ス ………………… ②619
本人に訊く〈2〉…… ①938
本人も家族もラクにな
　る強迫症がわかる本
　……………………… ①496
ボンネットの下をのぞ
　いてみれば… …… ①316
ボンネットバスはきょ
　うも走る ………… ①932
本音で語る沖縄史 … ①539
本音の株式投資 …… ①396
ホンネの女子就活〈2019
　年度版〉………… ①298
本能寺奇伝〈第1部〉
　……………………… ①1046
本能と理性の狭間 … ①932
本能の現象学 …… ①458
煩悩の子 ………… ①1003
本のお茶 ………… ①273
本の子 …………… ①316
本のちょっと〈01〉… ②4
ホンのひととき …… ②4
本の瓶詰 ………… ②4
本の本 …………… ②4
本の未来を探す旅 ソウ
　ル ………………… ①204
本はおもしろければよ
　い ………………… ①949
本場のイギリス英語を
　聞く ……………… ①641
ほんまっまっていますの
　ぞんでいます …… ①341
ホーンブック 新刊法総
　論 ………………… ②214
梵文『普賢成就法註』研
　究 ………………… ①512
ぽんぽん ………… ①341
ボンボン・ショコラの
　技術 ……………… ①71
凡々たる非凡 …… ②295
ぽんぽんでつくるどう
　ぶつとモチーフ … ①76
ぽんぽんポケモン … ①76
本命になる技術 …… ①118
ホンモノを見分けられ
　る人に、お金は転が
　り込んでくる！ … ②391
本物の思考力 …… ②295
本物の大富豪が教える
　金持ちになるための
　すべて …………… ②391
ほんものの逐語の書き

方・学び方 ……… ①496
本物の読書家 …… ①1011
本屋稼業 ………… ①1012
翻訳スキルハンドブッ
　ク ………………… ①663
翻訳通訳研究の新地平
　……………………… ①622
翻訳等価再考 …… ①884
翻訳図書目録2014 -
　2016〈1〉………… ②8
翻訳図書目録2014 -
　2016〈2〉………… ②8
翻訳図書目録2014 -
　2016〈3〉………… ②8
翻訳図書目録2014 -
　2016〈4〉………… ①892
本屋、はじめました … ②5
奔流恐るるにたらず〈8〉
　……………………… ①1033
翻弄 ……………… ①1033

ま

まあすけのぼうし …… ①341
まあちゃんの文芸評論・
　スポーツ論ノート ・①908
まあるい日本 ……… ①368
毎朝3分の丹田呼吸で体
　も心も元気になる … ①159
毎朝、目覚めるのが楽
　しみになる大人女子
　のための睡眠パー
　フェクトブック …… ①171
マイ・アントニーア
　……………………… ①1330
マイクロサービス入門
　……………………… ②526
マイクロシェルター … ①20
マイクロソフト伝説マ
　ネジャーの世界No.1
　プレゼン術 ……… ②358
マイケル・ジャクソン
　来日秘話 ………… ①808
マイケル・チャン 勝利
　の秘訣 …………… ①226
迷子の秘書をさがして
　……………………… ①1380
マイ・ジャパン …… ①421
毎週木曜日 ……… ①1293
埋蔵文化財調査要覧〈平
　成29年度〉……… ①615
マイダスタッチ〈3〉
　……………………… ①1271
毎月、新しい自分に生
　まれ変わる ……… ①168
毎月勤労統計要覧〈平成
　28年版〉………… ②468
毎月10分のチェックで
　1000万増やす！ 庶民
　のためのズボラ投資
　……………………… ①396
毎月のスマホ代を安く
　したい人のための
　SIMフリースマート
　フォン入門 ……… ②533
毎月100万円以上の報酬
　を本気で狙う為の"ア
　フィリエイト"上級ク
　ラス ……………… ②529
毎月100万円を生み出す
　人生戦略の立て方 ・①391
マイ・ディア・ポリスマ

ン ……………… ①1091
マイティ・ソー：シーズ
　ンワン …………… ①856
マイティ・ソーとオー
　ディンの北欧神話を
　霊査する ………… ①504
毎年、記憶を失う彼女
　の救いかた …… ①1285
マイナス金利下におけ
　る金融・不動産市場
　の読み方 ………… ①382
マイナス金利時代のあ
　りえない「戸建て賃
　貸投資術」……… ①422
マイナス金利と年金運
　用 ………………… ①380
マイナスな心の片づけ
　かた ……………… ①102
マイナス・ヒーロー ・①353
マイナンバー実務検定1
　級合格ガイド …… ②230
マイナンバー実務検定
　過去問題・解答・解説
　集 3級 ………… ②509
マイナンバー保護オ
　フィサー試験問題解
　説集〈2017年度版〉
　……………………… ②483
毎日をいきいきと生き
　る100のヒント … ①102
毎日を生きるコツ … ①421
毎日を生きるコツ 学
　校・おうち・社会 … ①421
毎日を生きるコツ 友だ
　ち・家族・人間関係
　……………………… ①421
毎日おしゃれに暮らす
　クローゼットのルー
　ル ………………… ①30
まいにちおならで漢字
　ドリル 小学4年生 … ①393
まいにちおならで漢字
　ドリル 小学5年生 … ①393
まいにちおならで漢字
　ドリル 小学6年生 … ①393
毎日を平穏にするヨー
　ガの習慣 ………… ①162
まいにちおべんとう … ①66
まいにちをよくする500
　の言葉 …………… ①102
毎日かあさん〈14〉… ①856
毎日開運！ 365日の風
　水 ………………… ①134
毎日が幸せになる「づ
　んの家計簿」書けば
　貯まるお金ノート ・②391
毎日がしあわせになる
　はちみつ生活 …… ①38
毎日が楽しくなるきら
　めき文房具 ……… ①3
毎日が楽しくなるご近
　所のススメ ・……… ①253
毎日が楽しくなる
　Happy英会話フレー
　ズ ………………… ①645
毎日がちょっと楽しく
　なる！ かわいい
　mizutama文房具。… ①3
毎日カノン、日日カノ
　ン ………………… ①315
毎日がパン日和 …… ①38
毎日きちんと食べてい
　るのに栄養失調って
　どういうこと？ … ①152
毎日、きもの ……… ①32
まいにち元気！ 4歳児
　のあそびBOOK … ①696
まいにち元気！ 5歳児
　のあそびBOOK … ①696

毎日ごちそうサラダ …①61
毎日新聞縮刷版〈第9回
　全5巻〉………… ②9
毎日新聞・校閲グルー
　プのミスがなくなる
　すごい文章術 …… ①634
毎日スキレット！ …①61
まいにちスムージー100
　……………………… ①61
毎日大活躍の圧力鍋 …①61
毎日食べたいスーパー
　フードのおいしいレ
　シピ108 ………… ①61
まいにち食べたいスー
　プごはん ………… ①61
毎日食べたい混ぜごは
　ん ………………… ①61
毎日食べてもふとらな
　い！ 糖質オフの持ち
　歩き菓子 ………… ①71
毎日チクチク刺しまし
　た ………………… ①79
毎日使える定番のこど
　もニットくつした …①83
毎日使える！ 野菜の教
　科書 ……………… ①38
毎日使える！ ラクうま
　ごはん …………… ①61
まいにち作りたい魚料
　理 ………………… ①61
毎日っていいな …… ①959
まいにち哲学 …… ①456
毎日のおかず教室 … ①38
毎日のごはんは、これ
　でいい …………… ①38
毎日の生活が楽しくな
　る「声の魔法」〈1〉・①393
毎日の生活が楽しくな
　る「声の魔法」〈2〉・①393
毎日の生活が楽しくな
　る「声の魔法」〈3〉・①393
毎日の「バーミキュラ」
　レシピ …………… ①61
毎日の美ボディ習慣 …①27
毎日、ハッカ生活。…①4
まいにち引き寄せ … ①118
毎日ミニ模試TOEIC
　LISTENING AND
　READINGテスト ・①660
毎日読みたい365日の広
　告コピー ………… ②340
毎日ラクする頼れる主
　菜の作りおき …… ①61
毎日ラクするつくりお
　き献立 …………… ①61
毎日ラクする つくりお
　き弁当 …………… ①66
まいにち若返る人の習
　慣 ………………… ①152
毎日使える心理学 … ①486
マイバッグ ……… ②28
マイパブリックとグラ
　ンドレベル ……… ②161
毎晩、やせ丼。…… ①61
マイ・フェア・ハニー
　……………………… ①1192
マイフェアレディも楽
　じゃない ……… ①1401
マイベンチャービジネ
　ス ………………… ①932
マイホーム価値革命 ・②419
マイマイ新子 …… ①1004
マイメロディ …… ①320
マイメロディのおしゃ
　れだいすきシールあ
　そび ……………… ①320
マイルズの旅路 … ①1364
マイルドヤンキー
　＆ミ=ゴ ……… ①279

マインクラフトがゼロ
　からまるごとわかる
　本 ……………………①283
マインクラフト最新攻
　略 ………………………①283
マインクラフトであそ
　ぼう！ わくわくレッ
　ドストーン城＆アス
　レチックダンジョン
　建築マスターガイド
　………………………①283
マインクラフト鉄道
　＆建築ガイド ……①283
マインクラフトでマル
　チサーバーを立てよ
　う！ ………………②520
マインクラフトで身に
　つく5つの力 ……①283
マインクラフト レッド
　ストーン・建築・イン
　テリア攻略ガイド ①283
マインド・クァンチャ
　………………………①1063
マインド・ザ・ギャッ
　プ！ 日本とイギリス
　の“すきま” ………②19
マインド・シフト ……①102
マインドの法則 ……①102
マインドハンター …①936
マインドフルな毎日へ
　と導く108つの小話
　………………………①513
マインドフルネス 怒り
　が消える瞑想法 …①126
マインドフルネス実践
　講義 ………………①486
マインドフルネス：沈
　黙の科学と技法 …①456
マインドフルネスで不
　安と向き合う ……①486
マインドフルネス「人
　間関係」の教科書 ②364
マインドフルネスの原
　点 ………………①513
マインドフルネスのは
　じめ方 ……………①102
マウスさん一家とライ
　オン ………………①316
マウスで楽しく学べる
　スクラッチ 子どもプ
　ログラミング入門 ②552
舞うひと …………………①788
マウンティング女子の
　世界 ………………①118
マウンドに散った天才
　投手 ………………①225
マウンドの神様 ……①979
前川佐重郎歌集 ……①970
「マエストロ、時間で
　す」……………………①814
マエストロ・バッティ
　ストーニのぼくたち
　のクラシック音楽 ①814
前田日明が語るUWF全
　史〈上〉…………①239
前田日明が語るUWF全
　史〈下〉…………①239
前田さん、主婦の私も
　フリーランスになれ
　ますか？ …………②346
前向きな子はすべてが
　うまくいく！ ……①15
魔王最強の魔術師は
　人間だった〈2〉…①1251
魔王軍最強の魔術師は
　人間だった〈3〉…①1251
魔王軍最強の魔術師は
　人間だった〈4〉…①1251
魔王さまと行く！ ワン

ランク上の異世界ツ
　アー!!〈2〉………①1248
魔王さまと行く！ ワン
　ランク上の異世界ツ
　アー!!〈3〉………①1248
魔王さまと行く！ ワン
　ランク上の異世界ツ
　アー!!〈4〉………①1248
魔王様の街づくり！〈2〉
　………………………①1232
魔王様の街づくり！〈3〉
　………………………①1232
魔王様、リトライ！〈1〉
　………………………①1184
魔王様、リトライ！〈2〉
　………………………①1184
魔王城のシェフ ……①1278
魔王城のシェフ〈2〉
　………………………①1278
魔王城のシェフ〈3〉
　………………………①1278
魔王ですが起床したら
　城が消えていました。
　………………………①1280
魔王討伐したあと、目
　立ちたくないのでギ
　ルドマスターになっ
　た ………………①1142
魔王討伐したあと、目
　立ちたくないのでギ
　ルドマスターになっ
　た〈2〉……………①1142
魔王と落ちて来た娘
　………………………①1235
魔王になったので、ダン
　ジョン造って人外娘
　とほのぼのする〈4〉①1298
魔王になったら領地が
　無人島だった〈3〉①1261
魔王の器〈1〉………①1231
魔王の器〈2〉………①1231
魔王の俺が奴隷エルフ
　を嫁にしたんだが、
　どう愛でればいい？
　〈1〉………………①1233
魔王の俺が奴隷エルフ
　を嫁にしたんだが、
　どう愛でればいい？
　〈2〉………………①1233
魔王の俺が奴隷エルフ
　を嫁にしたんだが、
　どう愛でればいい？
　〈3〉………………①1233
魔王の俺が奴隷エルフ
　を嫁にしたんだが、
　どう愛でればいい？
　〈4〉………………①1233
魔王の始め方〈5〉…①1406
魔王の娘を嫁に田舎暮
　らしを始めたが、幸
　せになってはダメら
　しい。………………①1233
魔王の娘は世界最強だ
　けどヒキニート！
　………………………①1249
魔王、配信中!?〈2〉①1243
魔王は服の着方がわか
　らない ……………①1239
魔を祓う神巫 ………①1404
魔界帰りの劣等能力者
　………………………①1226
魔界水滸伝〈19〉…①1121
魔界水滸伝〈20〉…①1121
魔界で結婚しました
　………………………①1402
魔界都市ブルース 霧幻
　の章〈14〉………①1120
マカエンセ文学への誘

い …………………①918
マカオ ………………①204
マカオの空間遺産 …①594
『摩訶止観』を読む…①512
マーカス・ガーヴェイ
　の反「植民地主義」思
　想 ………………①591
まかせて人妻 ………①1400
魔家族 ………………①1072
曲がった空間の幾何学
　………………………①660
摩訶不思議探偵社 …①377
曲がり角に立つ中国 ②126
魔眼のご主人様。…①1194
魔眼のご主人様。〈2〉
　………………………①1194
東都噺家百傑伝 冥土イ
　ンジャパンの巻 …①786
魔技科の剣士と召喚魔
　王（ヴァシレウス）
　〈13〉………………①1282
魔技科の剣士と召喚魔
　王（ヴァシレウス）
　〈14〉………………①1282
マギカロギアリプレイ
　哲学戦線 …………①1136
マギクラフト・マイス
　ター〈11〉…………①1144
マギクラフト・マイス
　ター〈12〉…………①1144
マギクラフト・マイス
　ター〈13〉…………①1144
巻き込まれ異世界召喚
　記〈1〉……………①1293
巻き込まれ異世界召喚
　記〈2〉……………①1293
巻き込まれて異世界転
　移する奴は、大抵
　チートΩ ……………①1174
薪ストーブライフ〈No.
　29〉…………………②28
マキとマミ …………①955
牧野富太郎 …………②689
牧野富太郎 通信 …②689
まきのいろいろ ……①76
マキャベリの「君主論」
　………………………②172
マギル胸部外科研修ク
　イックマニュアル ・②750
マーク・ザッカーバー
　グの英語 …………①641
真葛と馬琴 …………①1041
マクソーリーの素敵な
　酒場 ………………①960
マクナイーマ ………①1327
マクマリー生物有機化
　学 ………………②674
マクマリー有機化学
　〈上〉………………②672
マクマリー有機化学
　〈中〉………………②672
マクマリー有機化学
　〈下〉………………②672
マクマリー有機化学概
　説 …………………②672
マクマリー 有機化学概
　説 問題の解き方 英語
　版 …………………②672
マクマリー有機化学 問
　題の解き方 ………②672
枕詞はサッちゃん …①913
枕崎 女たちの生活史…②38
枕と寝具の科学 ……②702
枕草子 ………………①354
枕草子〈上〉…①888,①896
枕草子〈下〉…①888,①896
枕草子のたくらみ …①896
マクラメ・インテリア ・①76

マクロおよびナノボー
　ラス金属の開発最前
　線 …………………②624
マクロ経済学 ………②265
マクロ経済学入門 …②265
マクロ経済学の核心 ②265
マクロ経済分析の地平
　………………………②265
マクロスアーカイヴス
　………………………①285
マクロスヴァリアブル
　ファイター デザイ
　ナーズノート ……①800
マクロスΔ（デルタ）
　〈2〉…………………①1196
マクロスモデリングカ
　タログ ……………①287
マクロとミクロの実証
　会計 ………………②319
負けを生かす極意 …②225
負け組の日本史 ……①534
まけた側の良兵器集〈3〉
　………………………②168
マーケットのテクニカ
　ル分析 ……………②382
魔欠落者の収納魔法
　………………………①1263
マーケティング・エン
　ジニアリング入門 ②338
マーケティングオート
　メーション導入の教
　科書 ………………②338
マーケティングオート
　メーションに落とせ
　るカスタマージャー
　ニーの書き方 ……②338
マーケティング会社年
　鑑〈2017〉………②375
マーケティング視点の
　スポーツ戦略 ……①214
マーケティング戦略論
　………………………②338
マーケティングの基本
　………………………②338
マーケティングの教科
　書 …………………②338
マーケティングの構造
　………………………②338
マーケティングのため
　の統計分析 ………②338
マーケティング・マイ
　ンドとイノベーショ
　ン …………………②338
マーケティング問題集
　………………………②338
マーケティング用語図
　鑑 …………………②338
マーケティング論 …②338
負けてたまるか ……①932
負けない英文契約書 ②295
負けない大人のケンカ
　術 …………………①102
まけないで …………①118
まけるのもだいじだよ
　にじいろのさかな ①316
曲げわっぱで“魅せ
　弁”！ ………………①66
磨言 …………………①950
魔剣師の魔剣による魔
　剣のためのハーレム
　ライフ〈2〉………①1263
魔剣少女は眠らない！
　〈上〉………………①1136
魔剣少女は眠らない！
　〈下〉………………①1136
魔拳のデイドリーマー
　〈1〉…………………①1246
魔拳のデイドリーマー
　〈2〉…………………①1246

魔拳のデイドリーマー
　〈10〉………………①1246
魔拳のデイドリーマー
　〈11〉………………①1246
魔拳のデイドリーマー
　〈12〉………………①1246
孫市、信長を撃つ …①1046
魔公爵様と甘い呪縛
　………………………①1403
魔皇帝さまっ！ 奥さま
　にいじわるすぎま
　すっ！ Hすぎま
　すっ！…でも愛され
　てます ……………①1406
孫がASD（自閉スペク
　トラム症）って言われ
　たら?!………………①169
魔黒怪談 ……………①1121
孫育ての新常識 ……①15
誠をつなぐ …………②702
まことの自分を生きる
　イエスへの旅 ……①526
「マコトよりウソ」の法
　則 …………………①952
マコの宝物 …………①354
政岡憲三『人魚姫の冠』
　絵コンテ集 ………①800
正岡子規 ……………①913
正岡子規 人生のことば
　………………………①906
まさか、汚部屋を卒業
　できるとは。………①6
まさかさかさま 回文め
　いじん ……………①393
将門 …………………①1063
マザーテレサ 夢の祈り
　………………………②705
政と源 ………………①1274
マーサとリーサ ……①354
マザーファッカー …①856
政宗遺訓〈18〉……①1042
マーシェンカ／キング、
　クイーン、ジャック
　………………………①1335
マジカル！ あたる！ こ
　わ～い心理テスト
　＆おまじない ……①438
マジカルチャプター
　ブックガイド ……①886
マジカル・ヒストリー・
　ツアー ……………①591
マジシャンBAZZIの激
　ウケ！ かんたんマ
　ジック おもしろ手品
　でサプライズ！ …①438
マジ戦法！ ローコン
　バット ……………①240
マジックユーザー …①1275
マジックユーザー〈2〉
　………………………①1275
マジで会話が苦手でも、
　「楽しい人」になれる
　本 …………………②362
真剣で私に恋しなさ
　い！ Aビジュアル
　ファンブック ……①856
まじない歌人の恋心
　………………………①1323
まじないの極意 ……①130
マージナル・オペレー
　ション改〈02〉…①1210
マージナル・オペレー
　ション改〈03〉…①1210
マージナルヒーローズ
　………………………①279
マジ文章書けないんだ
　けど ………………①634
真面目系クズくんと、
　真面目にクズやって

るクズちゃん＃ クズ
　活 ……………………①1285
マジメだけどおもしろ
　いセキュリティ講義
　…………………………②534
マジメな妹萌えブタが
　英雄でモテて神対応
　されるファンタジア
　………………………①1274
マジメにナマケる ナマ
　ケもん ………………①341
マーシャの日記 ………①602
麻雀を始めたい人のた
　めに …………………①246
麻雀勝ち組の鳴きテク
　ニック ………………①246
麻雀 定石「何切る」301
　選 ……………………①246
麻雀・序盤の鉄戦略 …①246
麻雀・鉄押しの条件 ・①246
魔術王と聖剣姫の規格
　外英雄譚 ……………①1274
魔術王と聖剣姫の規格
　外英雄譚〈2〉………①1274
魔術学園領域の拳王
　（バーサーカー）……①1179
魔術学園領域の拳王
　（バーサーカー）〈2〉
　………………………①1179
魔術学園領域の拳王
　（バーサーカー）〈3〉
　………………………①1179
魔術監獄のマリアンヌ
　………………………①1272
魔術士オーフェンはぐ
　れ旅 …………………①1144
魔術師たちの就職戦線
　〈2〉…………………①1166
魔術師と鳥籠の花嫁
　………………………①1403
魔術師のための創作
　BOOK…………………①80
魔術師の帝国〈1〉……①1362
魔術師の帝国〈2〉……①1362
魔術的芸術 …………①830
魔術破りのリベンジ・
　マギア〈1〉…………①1248
魔術破りのリベンジ・
　マギア〈2〉…………①1248
魔術破りのリベンジ・
　マギア〈3〉…………①1248
マシュマロ・テスト …①16
魔障 …………………①1040
魔将下でとらわれの
　料理番 ………………①1406
魔性の男と言われてい
　ます …………………①1318
魔女心の教科書 ………①438
まじょ子とプリンセス
　のキッチン …………①358
魔女たちのパーティー
　………………………①316
まじょとねこどん ほう
　きでゆくよ …………①316
魔女と百騎兵2 公式コ
　ンプリートガイド ・①283
魔女と魔王 ……………①1119
魔女と魔術師 …………①887
魔女と魔城のサバトマ
　リナ …………………①1151
まじょのかいて けして
　またかいて …………①341
まじょのかいてけして
　またかいて おばけの
　くにへ ………………①341
魔女の教科書 …………①130
魔女の食卓 ……………①61

魔女の水浴〈上〉………①1353
魔女の水浴〈下〉………①1353
魔女の棲む町 …………①1364
魔女の旅々〈4〉………①1212
魔女の旅々〈5〉………①1212
まじょのナニーさん …①354
魔女の封印 ……………①1079
魔女バジルと闇の魔女
　………………………①382
魔女やおばけに変身！
　楽しいハロウィン工
　作（1）………………①430
魔女やおばけに変身！
　楽しいハロウィン工
　作（2）………………①430
魔女やおばけに変身！
　楽しいハロウィン工
　作（3）………………①430
マシンガール コンセプ
　ト×コンプレックス
　………………………①844
マジンガーZ 1972 - 74
　初回完全版〈2〉……①856
魔人執行官（デモーニッ
　ク・マーシャル）〈2〉
　………………………①1205
魔人執行官（デモーニッ
　ク・マーシャル）〈3〉
　………………………①1205
機巧少女（マシンドー
　ル）は傷つかない〈16
　下〉…………………①1174
魔人の箱庭 ……………①1309
まず、脚からやせる技
　術 ……………………①23
麻酔科専門医認定筆記
　試験問題解説集〈第55
　回（2016年度）〉……②781
まず下半身を鍛えなさ
　い！…………………①159
マスカレード・ナイト
　………………………①1105
マスク ………………①341
マスクねこと猫のこと
　わざ＆慣用句 ………①628
マスコミ就職完全ガイ
　ド〈2019年度版〉……②12
マスコミ就職読本〈1〉…②12
マスコミ就職読本〈4〉
　………………②12, ②15
マスコミ就職読本〈2〉…②12
マスコミ就職読本〈3〉…②12
マスコミと学校教育で
　洗脳された一般常識
　を疑え！……………②107
マスコミはなぜここま
　で反日なのか ………②11
マス・コミュニケー
　ション研究〈90〉……②11
マス・コミュニケー
　ション研究〈91〉……②11
貧しい出版者 …………②17
貧しい日本の年金の実
　態、これで良いのか …②75
貧しい人を助ける理由
　………………………①476
貧しい人々への友愛訪
　問 ……………………②64
貧しく辛いさきに真理
　がある ………………①459
マスターアーカイブモ
　ビルスーツ MS・06
　ザク2 ………………①800
マスター 国際政治学 …②126
マスターさんとどうぶ
　つえん ………………①317
増田のブログ …………②295
マストドン ……………①520
まずは「区切る」から始

めなさい！……………②344
「まずは行動」する人が
　うまくいく …………①102
ますますキレイになる
　人 どんどんブサイク
　になる人 ……………①23
ますます健康川柳 210
　の教え ………………①974
ますます、世界は解ら
　ないコトだらけ、な
　ので調べてみた ……②83
ますます眠れなくなる
　宇宙のはなし ………②676
マスメディアとフィー
　ルドワーカー ………②11
増山超能力師大戦争
　………………………①1108
混ぜて焼くだけ 19時か
　らの満足焼き菓子 …①71
魔装学園H×H（ハイブ
　リッド・ハート）
　〈10〉…………………①1190
魔装学園H×H（ハイブ
　リッド・ハート）
　〈11〉…………………①1190
魔装学園H×H（ハイブ
　リッド・ハート）
　〈12〉…………………①1190
「また会いたい」と思わ
　れる！ 会話がはずむ
　コツ …………………②362
また会いたい！ と思わ
　れる人になる ………②344
また逢えたなら ………②92
また！ 女のはしょり道
　………………………①940
マダガスカル モーリ
　シャス セイシェル レ
　ユニオン コモロ
　〈2017～2018年版〉
　………………………①201
まだかなまだかな ……①341
マタギ聞き書き ………②118
また、キミに逢えたな
　ら。…………………①1288
「また食べたい」と思わ
　れる基本の家庭料理
　………………………①61
また出た 私だけが知っ
　ている金言・笑言・名
　言録〈2〉……………②772
マタ・ハリ伝 …………①936
また春の日に …………①967
またまたさんせーい！
　………………………①341
またまたホンマ堪忍や
　で、歯科個別指導
　〈PART2〉……………②758
また 身の下相談にお答
　えします ……………②37
まだやってなかった？
　副収入が毎月10万円
　稼げるしくみ ………②391
魔弾の王と戦姫（ヴァナ
　ディース）片桐雛太
　画集 …………………①844
魔弾の王と戦姫（ヴァナ
　ディース）〈16〉……①1183
魔弾の王と戦姫（ヴァナ
　ディース）〈17〉……①1183
魔弾の王と戦姫（ヴァナ
　ディース）〈18〉……①1183
まだGHQの洗脳に縛ら
　れている日本人 ……②21
街歩き 西郷（せご）ど
　ん！…………………①568
待ち合わせは理科室で
　………………………①1294
町を歩いて本のなかへ ・②4

町を住みこなす ………②67
まちを創る青少年 ……②161
町をつくる能力!? ……①1299
まちをひらく技術 ……②161
まちを読み解く ………②582
間違いだらけ！ 日本人
　のストレッチ ………①217
間違いだらけのクルマ
　選び〈2018年版〉……①242
間違いだらけのサイ
　バーセキュリティ対
　策 ……………………②534
間違いだらけのリハビ
　リテーション ………②752
まちがいだらけの老人
　介護 …………………②71
街角の物語 ……………①364
街からの伝言板 ………②107
町工場の全社員が残業
　ゼロで年収600万円以
　上もらえる理由 ……②295
町工場の宮沢賢治にな
　りたい ………………②295
まちづくりからの小さ
　な公共性 ……………②161
まちづくり教書 ………②161
まちづくり図解 ………②582
都市（まち）づくり道楽
　のすすめ ……………②161
まちづくりとしての地
　域包括ケアシステム
　………………………②161
まちづくりと法 ………②225
まちづくりの法律がわ
　かる本 ………………②582
まちゼミ ………………②582
町田・相模原カフェ日和
　すてきなお店案内 …①42
待ち続けた夢はあなた
　とともに ……………①1333
まちではたらくくるま
　………………………①308
町ではたらく車 ………①308
まちとミュージアムが
　織りなす文化 ………②161
街と山のあいだ ………①959
街直し隊 ………………②161
まちの市場で買いもの
　しよう ………………①426
街の公共サインを点検
　する …………………②107
町の残像 ………………①258
都会（まち）のトム
　＆ソーヤ〈10〉………①354
都会（まち）のトム
　＆ソーヤ〈14〉………①354
街の中で見つかる「す
　ごい石」……………②680
まちの賑わいをとりも
　どす …………………②582
町の福祉を見つけよう
　………………………①421
まちの保育園を知って
　いますか ……………①696
街場の天皇論 …………②151
まち保育のススメ ……①696
マチュピチュからパタ
　ゴニアへ ……………①258
松居直と絵本づくり ・①886
松江・出雲 石見銀山 …①196
松江城をつくった堀尾
　一族のあしあと ……①539
マッカーサーの呪い 永
　久革命の種 …………②145
マッカーサーの繁栄シ
　ステム ………………②145
末期がん患者を救った

男 ……………………②738
末期がんでも元気に生
　きる …………………②704
末期がんでもまず10年
　元気で共存できる条
　件 ……………………②738
マッキンゼーが教える
　科学的リーダーシッ
　プ ……………………②368
マッキンゼーが予測す
　る未来 ………………②374
まっくらやみのまっく
　ろ ……………………①341
マッコイ病院 …………①583
松坂世代の無名の捕手
　が、なぜ巨人軍で18
　年間も生き残れたの
　か ……………………①225
マッサージ・はりきゅ
　う・柔道整復 国家試
　験模擬問題集 ………②781
松下幸之助 生き抜く力
　………………………②295
松下幸之助に学ぶ判断
　力 ……………………②295
松下幸之助に学ぶ部下
　がついてくる叱り方
　………………………②368
松下幸之助に学ぶモチ
　ベーション・マネジ
　メントの真髄 ………②368
松下幸之助の経営論 …②295
松下幸之助はなぜ成功
　したのか ……………②295
松下幸之助 ものづくり
　の哲学 ………………②295
末梢神経ブロックの疑
　問Q&A70……………②750
抹消登記申請MEMO
　………………………②210
まっすぐないのち ……①967
まっすぐな地平線 ……①370
まっすぐな道 …………①779
松平不昧公没二百回忌
　記念茶会記翻刻〈第3
　集〉…………………①873
まったく新しい介護保
　険外サービスのスス
　メ ……………………②71
まったく新しい働き方
　の実践 ………………②161
マツダチーム ルマン初
　優勝の記録 …………①243
マツダの就活ハンド
　ブック〈2019年度版〉
　………………………②292
松田正久と政党政治の
　発展 …………………②172
マツダ・ロータリーエ
　ンジンの歴史 ………②443
マツダRX - 7 …………①242
マッチ棒の詩 …………①526
マッティ、旅に出る。…①847
マッティは今日も憂鬱
　………………………②85
松任谷正隆の素 ………①805
松戸市石造物遺産 ……①539
マッド・ドッグ ………①1020
マッド・トラベラーズ
　………………………②746
松永久秀 ………………①556
松ノ内家の居候 ………①1005
松原正全集〈第3巻〉・・①891
まっぷたつの子爵 ……①1329
まっぷたつの風景 ……①253
末法／APOCALYPSE
　………………………①834
松本一起作品集 だから
　孤独という場所があ

書名索引

る …………………①805
松本清張の葉脈 ……①914
松本清張 “倭と古代アジア” 史考 ②546
松本泰探偵小説選〈3〉
　…………………①1109
松本で家づくりをするなら ①441
松本哲也Photo Book
　…………………①225
松山高商・経専の歴史と三人の校長 ①756
松山 すてきな雑貨屋さん＆カフェ かわいいお店めぐり ①196
松山 道後温泉 今治 ①196
まつゆう＊をつくる38の事柄 ①956
茉莉花官吏伝 ……①1157
茉莉花官吏伝〈2〉…①1157
マツリカ・マトリョシカ ①1069
祭りさんぽ ………②119
祭ジャック・京都祇園祭 ①1101
祭りと神話と社から “聞こえる・見える” …②115
まつりのはじまり …①779
魔邸 ……………①1127
マティスとルオー 友情の手紙 ①830
魔笛 ……………①967
魔天 ……………①1027
魔天使マテリアル〈23〉
　…………………①354
魔天使マテリアル〈24〉
　…………………①354
摩天楼のスペイン公爵
　…………………①1378
魔都 ……………①1105
惑いの森 ………①1009
惑・まどう ……①979
魔導機人アルミュナーレ〈3〉 ①1297
魔導師は平凡を望む
　〈17〉 ①1261
魔導師は平凡を望む
　〈18〉 ①1261
魔導師は平凡を望む
　〈19〉 ①1261
魔道士は眼鏡の奥に淫らな情欲を隠し持つ
　…………………①1403
魔導少女に転生した俺の双剣が有能すぎる
　〈2〉 ①1163
魔導少女に転生した俺の双剣が有能すぎる
　〈3〉 ①1163
魔道書大戦RPGマギアロギア基本ルールブック ①279
魔道書大戦RPG マギアロギア スタートブック ①279
魔導の狩符〈3〉…①1088
魔導の福音 ……①1088
魔導物語ファンブック
　…………………①844
魔導GPXウィザード・フォーミュラ ①1225
魔導GPXウィザード・フォーミュラ〈02〉
　…………………①1225
窓をひろげて考えよう
　…………………①421
窓がない部屋のミス・マーシュ ①1088
窓ガラスが鏡に変わる

とき …………………①948
窓から見える最初のもの…①1112
窓と建築をめぐる50のはなし ②613
マーとともに、光の道をいきる ①143
窓辺のキスはふたりの秘密 ①1332
窓辺のヒナタ ……①1304
窓辺のふくろう …①970
まど・みちお詩集 ①967
まどみちお 詩と童謡の表現世界 ①914
マドリッドとアンダルシア＆鉄道とバスで行く世界遺産〈2017〜2018年版〉 ①207
マドリッド発スペイン鉄道旅行 ①207
間取りと妄想 ……①989
眼差しの世界 ……①107
まなざしのデザイン ②576
真夏に降る雪 ……①991
真夏の気圧配置 …①776
真夏の島に咲く花は・①990
真夏の雷管 ……①1088
マナードリル ……①126
『学び合い』で始めるカリキュラム・マネジメント 学力向上編 …①720
学びあいの場が育てる地域創生 ②161
『学び合い』×ファシリテーションで主体的・対話的な子どもを育てる！ ①708
学び合う教室 ……①705
学び合う場のつくり方
　…………………①720
学びを支える保育環境づくり ①696
学びを創る教育評価・①720
学びをデザインする子どもたち ①720
学び考え、問い続けた校長職3287日 …①706
「学び続ける子ども」が育つ授業の創造 …①720
学びつづける保育者をめざす実習の本 …①696
学びなおし太平洋戦争
　〈1〉 ①583
学びなおし太平洋戦争
　〈2〉 ①583
学びなおし太平洋戦争
　〈3〉 ①583
学びなおし太平洋戦争
　〈4〉 ①583
学びなおすと倫理はおもしろい ①476
学びに「成功する子供」教えに「失敗する大人」 ①702
「学びに向かう力」を鍛える学級づくり …①708
「学びの自覚」を促す授業事例集〈2〉 …①720
「学びの責任」は誰にあるのか …①755
学びのフィールドとしての美しい地域づくり・里づくり ②452
学ぶ心に火をともす8つの教え ①746
学ぶことは生きがい・①102
学ぶ力のトレーニング
　…………………①702
愛娘譲渡 …………①1406

学んで作る！ 一太郎2017使いこなしガイド ②537
学んで作る！ 花子2017使いこなしガイド・②537
マニラ・ガレオン貿易
　…………………①602
マニラ／セブ ……①204
マヌエル・ノイアー伝記 ①230
まぬけなこよみ …①951
招かれざる客には冷たいスープを〈2〉①1343
招かれない虫たちの話
　…………………②695
まねきねこだ!! ……①341
マネー・コネクション
　…………………②295
マネしたくなる学級担任の定番メニュー・①708
マネジメントを始めるようになったら読む本 ②768
マネジメント講義ノート ②374
マネージャー心得帖 ②310
マネージャーになったら読む本 ②368
マネジャーの教科書 ②295
マネジャーの最も大切な仕事 ②295
マネジャーのロジカルな対話術 ②362
マネージャーは「人」を管理しないで下さい。
　…………………②368
マネタイズ戦略 …②295
まねっここねこ …①341
まねっこどうぶつたいそう …①308
マネーという名の犬・①380
マネー・トラップ …①380
マネーはこれからどこへ向かうか …②248
マネーバブルで勝負する「10倍株」の見つけ方〈vol.5 2018年上半期版〉 ②396
まねる力 …………①126
マノン・レスコー …①1337
マハティール・チルドレンの国 マレーシア…②87
マハトマ・ガンジーの霊言 ①504
マハーバーラタ〈上〉①512
マハーバーラタ〈中〉①512
マハーバーラタ〈下〉・①512
マハーンサ ………①594
マハン海戦論 ……②165
『マビノギオン』を読む
　…………………①922
眞書の海への旅 …①1007
まひる野／雲鳥／太虚集
　…………………①888
真昼の月〈1〉 ……①1306
真昼の月〈2〉 ……①1306
真昼の月〈3〉 ……①1306
まひるまの星 ……①1024
マフィア国家 ……②91
マフィー＆ジオ 空とぶレシピ ①341
マーフィーのケンブリッジ英文法（中級編） ①654
マブイ！ まりや。①776
マフィンとビスケットBy HUDSON MARKET BAKERS

まぶたを10秒押すだけで目はよくなる！・①183
真淵と宣長 ………①563
マフノ叛乱軍史 …①609
真冬の南国みるく旅・①776
真冬のマカロニチーズは大問題！〈2〉①1351
マーベル宇宙の歩き方 THE COMPLETE MARVEL COSMOS
　…………………②34
マーベルツムツム：テイクオーバー！ …①856
マーベルマスタワークス：アメイジング・スパイダーマン …①856
魔法医トリシアの冒険カルテ〈3〉 …①354
魔法医トリシアの冒険カルテ〈4〉 …①354
魔法をかける編集 ②295
魔法科高校の劣等生
　〈21〉 ①1205
魔法科高校の劣等生
　〈22〉 ①1205
魔法科高校の劣等生
　〈23〉 ①1205
魔法科高校の劣等生 石田可奈画集 ①844
まほうがつかえたら・①304
魔法学校の落ちこぼれ
　〈2〉 ①1297
魔法学校の落ちこぼれ
　〈3〉 ①1297
魔法学校の落ちこぼれ
　〈4〉 ①1297
魔法学校へようこそ・①364
魔法薬師が二番弟子を愛する理由 ①1169
魔法塾 ……………①1159
魔法少女のスカウトマン ①1154
魔法少女まどか☆マギカ講義録 ①800
魔法女子学園の助っ人教師 ①1235
魔法女子学園の助っ人教師〈2〉 ①1235
魔法世界の影を映すマジカルフィルム 魔法生物 ①438
魔法？ そんなことより筋肉だ！〈1〉…①1238
魔法？ そんなことより筋肉だ！〈2〉…①1238
魔法？ そんなことより筋肉だ！〈3〉…①1238
魔法探偵ジングル …①381
魔法使いと黒猫のウィズPOSTCARD BOOK〈2〉 ①844
魔法使いと刑事たちの夏 ①1105
魔法使いにはさせませんよ！ ①1148
魔法使いの婚約者〈4〉
　…………………①1241
魔法使いの婚約者〈5〉
　…………………①1242
魔法使いの願いごと
　…………………①1238
魔法使いは終わらない
　…………………①1290
まほうでたすけよう・①304
魔法にかかった男 …①1337
魔法にかけられたエラ
　…………………①1340
まほうの絵本屋さん・①341

魔法の丘 …………①967
魔法のオナホでエッチないたずらし放題！
　…………………①1399
魔法の家事ノート ……①6
魔法の学校 ………①380
魔法の国の魔弾〈4〉
　…………………①1182
魔法の言葉ダイエット
　…………………①27
魔法の瞬間 ……①1372
魔法の人材教育 ……②310
魔法のゼリー ……①71
魔法の扉 …………①258
魔法の庭の宝石のたまご〈20〉 ①354
魔法の表情筋エステ＆若見せメイク …①23
まほうのほうせきばこ
　…………………①358
魔法のホットケーキミックスおやつ303・①61
まほうのゆうびんポスト
　…………………①358
まほうのルミティア・①354
魔法密売人 ………①1271
まほろ駅前狂騒曲 …①1019
まほろしを地図にして
　…………………①949
幻の赤い珈琲を求めて
　…………………①47
まぼろしの怪談 わたしの本 ①370
幻の黒船カレーを追え
　…………………②115
幻の光悦作赤筒茶碗 銘「有明」 ①874
幻の声 NHK広島8月6日 …………①583
幻の雑誌が語る戦争・①583
幻のソ連戦艦建造計画
　…………………①609
幻の大学校から軍都への記憶 ①572
幻の動物とその生息地
　…………………①377
幻の動物とその生息地 カラーイラスト版・①377
“幻”の日本語ローマ字化計画 ①583
幻の光の中で ……①967
幻のフィアンセ〈16〉
　…………………①1380
幻の未発売ゲームを追え！ ①283
幻の惑星ヴァルカン・②676
まぼろしメゾンの大家さん ①1282
まほろばからの地方税のありかた提言 …②404
まほろばの王たち …①1125
まほろ姫とにじ色の水晶玉 ①364
ママ、怒らないで。…①15
ママを殺した ……②704
ママがおばけになっちゃった！ ぼく、ママとけっこんする！
　…………………①341
ママがほんとうにしたかったこと ……①1327
ママ起業家これだけ知っておけば十分 税金＋社会保険＆経営の便利ブック …②295
ママくらべ ……①1406
ママ、死にたいなら死んでもいいよ …①932

まま そだて ありがと ……①967
ママたちの日々レシピ ……①61
まま父ロック ……①370
ママでもひとりでできるお料理の先生になる教科書 ……①61
ママドクターからの幸せカルテ ……①15
ママと子の「ごはんの悩み」がなくなる本 …①15
ママ友付き合いのルール ……①15
ママになった歯科医師・歯科衛生士・管理栄養士が伝えたい！ 食育とむし歯予防の本 ・②758
ママになっても美おっぱい ……①23
ママのアンガーマネジメント8つのマジック ……①15
ママのくれた夢 ドルフイン・ベェイス …①932
ママのて ……①341
ママは愛国 ……②21
ママは殺人犯じゃない ……②39
ママはしらないの？ ・①341
ママは元アイドル …①1405
ママも子どももハッピーになる！ がんばらない子育て ……①15
間宮祥太朗 2nd PHOTO BOOK『GREENHORN』・①776
間宮芳生歌曲集 ……①818
まみれる ……①776
マーメイドのさんごのおうち ……①306
豆皿しあわせレシピ …①61
マメシバ頼りの魔獣使役者（モンスターセプター）ライフ〈2〉‥①1238
豆の上で眠る ……①1110
まめ日和 ……①8
魔物使いのもふもふ師弟生活〈2〉……①1243
魔物と始める村づくり！ やる気なし魔導師の開拓記 ……①1205
守り方を知らない日本人 ……①230
"守りから攻め"の事業承継対策Q&A ……②329
守り猫重兵衛〈3の書〉……①1053
守りのタイミングとその後 ……①248
麻薬・向精神薬・覚せい剤管理ハンドブック ……②770
麻薬常用者の日記〈1〉……①1331
麻薬常用者の日記〈2〉……①1331
麻薬常用者の日記〈3〉……①1331
マーヤの自分改造計画 ……①960
繭から生まれた花〈2〉……①270
まゆで9割決まる美人メイクのつくり方 ……①23
まゆゆきりん「往復書簡」……①772
迷い家 ……①370
迷いを一瞬で消せる「最後心」の心構え ……①102
迷いを断つ諺（ことわざ） ……①628
迷い家 ……①1127
迷家奇譚 ……①145
迷い子の櫛 ……①1039
迷いの先に ……②295
迷 - まよう ……①979
迷える空港〈3〉……①1002
迷ったときのかかりつけ医 広島〈1〉……①155
迷ったときのかかりつけ医 広島〈3〉……①155
真夜中の檻 ……①1126
真夜中の騎士〈5〉…①1071
真夜中の魚 ……①967
真夜中の純情プリン ……①1305
真夜中の探訪 ……①1340
真夜中のバラ ……①1393
真夜中のパン屋さん ……①1170
真夜中の標的 ……①1310
真夜中の本屋戦争〈2〉……①1264
真夜中プリズム ……①1171
マヨネーズがなければ生きられない、スペイン人シェフのマヨネーズの本 ……①61
マヨの王 ……①1160
迷わないおしゃれ ……①30
マララの守護霊メッセージ ……①504
マララのまほうのえんぴつ ……①317
マリー・アントワネットの髪結い ……①606
マリエッタ姫の婚礼 ……①1404
マリエル・クララックの婚約 ……①1286
マリオカート8デラックス パーフェクトガイド超∞ ……①283
マリコ、カンレキ！ ・①953
マリッジノート ……①118
マリファナも銃もバカもOKの国〈3〉……②91
魔力ゼロの俺には、魔法剣姫最強の学園を支配できない…と思った？〈3〉……①1182
魔力ゼロの俺には、魔法剣姫最強の学園を支配できない…と思った？〈4〉……①1182
魔力の使えない魔術師〈4〉……①1223
魔力融資が返済できない魔導師はぜったい絶対服従です？ じゃあ、可愛がってくださいね？ ……①1272
マリリン・モンロー最後の年 ……①794
マリリン・モンローの言葉 ……①794
マリリン・モンロー 魅せる女の言葉 ……①794
マリンバイオテクノロジーの新潮流 ……②572
まる覚え行政書士 一般知識○×チェック〈2017年版〉……②239
まるかじり宅建士逆転合格ゼミ〈2017年度版〉……②499
まるかじり宅建士最短合格テキスト〈2017年度版〉……②499
まるかじり宅建士最短合格トレーニング〈2017年度版〉……②499
マルカン大食堂の奇跡 ……②295
マルクスを再読する ・②268
マルクス主義哲学の再生 ……②173
マルクスと商品語 ……②173
マルクスと21世紀社会 ……②173
マルクスとヒポクラテスの間 ……①456
まるごとアコギの本 ・①804
まるごと1冊！ ドラム・フットワーク ……①811
まるごとエレキギターの本 ……①812
まるごとお灸百科 ……①174
まるごとキッズマジック大集合BOOK …①438
まるごと図解 神経の見かた ……②731
まるごと！ ソフィア大ずかん ……①438
まるごと東京ステーションギャラリー ・①826
まるごとにんじん ・①434
まるごとパズル ぬりかべ ……①277
まるごとパズル 波及効果 ……①277
まるごとパズル フィルオミノ ……①277
まるごとパズル ヤジリン ……①277
まるごと発見！ 校庭の木・野山の木〈6〉‥①406
まるごと発見！ 校庭の木・野山の木〈7〉‥①406
まるごと発見！ 校庭の木・野山の木〈8〉‥①406
まるごとほうれんそう ……①434
まるごとポーチBOOK ……①76
まるごと本棚の本 ……②4
まるごとマルタのガイドブック ……①207
丸ごと野菜の使い切り作りおきレシピ220‥①62
まるごとわかるイチゴ ……②450
まるごとわかるトマト ……②450
マルコフ方程式 ……②658
マルコ＝ポーロ ……①591
マルコムXの霊言 ……①504
団姫流お釈迦さま物語 ……①512
○△□で描く色鉛筆カフェ ……①863
○△□のくにのおうさま ……①341
マール社のいぬ年木版画年賀状 ……①868
マルセイユの都市空間 ……①606
マルセル・デュシャンとチェス ……①830
マルタ ……①207
丸田芳郎 ……②308
まるタンクとパイプのひみつ ……①364
マルチアングル人体図鑑 消化器 ……①410
マルチアングル人体図鑑 骨と筋肉 ……①410
マルチエージェントによる自律ソフトウェア設計・開発 ……②536
マルチエージェントのためのデータ解析 ・②525
マルチバース宇宙論入門 ……②676
まるちゃんのはらぺこパンBOOK ……①38
マルチレベルアプローチ だれもが行きたくなる学校づくり ……①708
まるっと1年マンガでなるほど 気になる子の保育 ……①696
まるっと高尾山こだわり完全ガイド ……①190
マルティン・ルター・①527
まるで人だな、ルーシー ……①1219
まるで人だな、ルーシー〈2〉……①1219
○と×で良く分かる花の撮影術 ……①253
丸の内で就職したら、幽霊物件担当でした。……①1005
○×式で解説 誰でもかんたん!!構図がわかる本 ……①863
○×まんがでスッキリわかる もう怒らない本 ……①126
○×問題でマスター 薬理学 ……②770
丸林さんちのヴィンテージスタイルな家具と庭づくり ……①20
マル秘 外国新聞に現はれたる支那事変漫画 ……①583
丸紅の就活ハンドブック〈2019年度版〉…①292
マル暴甘糟 ……①1087
マル暴捜査 ……②39
まるぽちゃおまわりさん ……①317
まるまるの毬 ……①1041
○○○○○○○○殺人事件 ……①1104
まる見え糖質量ハンドBOOK ……①166
丸屋九兵衛が愛してやまない、プリンスの決めゼリフは4EVER（永遠に） ……①808
丸屋九兵衛が選ぶ、2パックの決めゼリフ ……①808
円山応挙論 ……①833
丸山眞男講義録〈別冊1〉……②172
丸山眞男講義録〈別冊2〉……②172
丸山眞男、その人 …①456
丸山眞男の憂鬱 ……②172
まるわかり給与計算の手続きと基本〈平成29年度版〉……②331
まる分かり平成29年改正雇用保険法・育児介護休業法・職業安定法（速報版）……②467
まるわかりワクチンQ&A ……②748
マレーシア ‥①204, ②252
マレーシア大富豪の教え ……②295
マレーシア・ブルネイ〈2018～2019年版〉……①205
マレーシア ペナン エキゾチックな港町めぐり ……①198
マレーの感傷 ……①943
マロニエの淡い木漏れ日 ……①957
マローネとつくるクッキー ……①341
マロンちゃん ……①341
まわして学べる算数図鑑 九九 ……①396
周りが自然に助けてくれる人の仕事術 ……②355
まわりの先生から「すごい！ 残業しないのに、仕事できるね」と言われる本。……②355
まわりの先生から「むむっ！ 授業の腕、プロ級になったね」と言われる本。……①720
廻る素敵な隣人。……①1286
マンガ・アニメで論文・レポートを書く ……①634
マンガ&図解でズバリ！ わかる相続対策 ……②414
マンガ育児ことわざ …①10
マンガイラスト資料集 レトロ・モダン学校のたてもの ……①863
マンガ雨月物語 ……①899
マンガ 応仁の乱 ……①556
マンガ 面白いほどよくわかる！ 古事記 …①546
マンガ 親が終活でしくじりまして ……①111
マンガを読めるおれが世界最強〈4〉……①1276
漫画家たちの戦争『出征と疎開そして戦後』……①856
漫画家たちの戦争『引き揚げの悲劇』……①856
漫画から学ぶ生きる力 医療編 ……①421
漫画から学ぶ生きる力 サバイバル編 ……①421
漫画から学ぶ生きる力 動物編 ……①421
漫画 君たちはどう生きるか ……①102
マンガキャラの髪型資料集 ……①863
マンガキャラの食べ物資料集 ……①863
マンガキャラの服装カタログ 女子編 ……①863
マンガキャラの服装カタログ 男子編 ……①863
マンガ×くり返しでスイスイ覚えられる47都道府県と世界の国 ……①421
まんがケトン体入門 ・①153
マンガ古事記 ……①895
マンガ古生物学 ……①401
マンガ今昔物語集 …①895
マンガ 齋藤孝が教える「孫子の兵法」の活かし方 ……②369
マンガ 自営業の老後 …②48
マンガ視覚文化論 ……②34
マンガ実録！ シェアハウスで本当にあったヤバイ話 ……②31

書名索引

マンガ実録！ 死ぬほど怖い人体実験の世界史 ……… ②31

マンガ 鍼灸臨床インシデント ………… ①174

まんが 人体の不思議 · ②728

まんが人物伝 エジソン ……… ①390

まんが人物伝 織田信長 ……… ①390

まんが人物伝 西郷隆盛 ……… ①390

まんが人物伝 真田幸村 ……… ①390

まんが人物伝 伊達政宗 ……… ①390

まんが人物伝 徳川家康 ……… ①390

まんが人物伝 豊臣秀吉 ……… ①390

まんが人物伝 ヘレン・ケラー ……… ①390

まんがスポーツで創る地域の未来 西日本編 ……… ②214

まんがスポーツで創る地域の未来 東日本編 ……… ②214

マンガ 世界を操る秘密結社に潜入！ フリーメイスンの謎と正体 ……… ②18

マンガ世界のミリメシ ……… ②163

マンガ世界ふしぎ発見！ ……… ①426

マンガ世界ふしぎ発見！ 奪われたノーベル賞 ……… ①399

まんが戦国武将大事典 ……… ①442

マンガ 正しい拳銃の撃ち方つかい方 ……… ②31

マンガ宅建士 はじめの一歩〈2018年版〉… ②499

マンガ宅建塾〈2017年版〉 ……… ②499

まんが中国名言故事 · ①466

マンガ ティラノサウルス ……… ①402

マンガでおさらい中学数学 ……… ②655

マンガでおぼえる英単語 ……… ①653

まんがで覚えるマーケティングの基本 …… ②338

マンガで簡単！ 女性のための個人型確定拠出年金の入り方 ……②75

マンガで教養 やさしい歌舞伎 ……… ①788

マンガで教養 やさしい落語 ……… ①786

マンガで教養CD付 はじめてのクラシック · ①814

マンガで合格！ アロマテラピー検定1級・2級テキスト＋模擬問題 ……… ①155

マンガで攻略！ TOEIC L&Rテスト文法対策 ……… ①660

マンガで体験！ にっぽんのカイシャ ……… ①636

マンガでたのしくわかる！ 水泳 ……… ①232

マンガで探検！ アニメーションのひみつ〈1〉……… ①431

マンガで探検！ アニメーションのひみつ〈2〉……… ①431

マンガで探検！ アニメーションのひみつ〈3〉……… ①431

まんがデッサン基本講座 ……… ①863

まんがデッサン基本講座 日常編 ……… ①863

マンガデッサン練習ドリル 基本編 ……… ①863

マンガでなるほど！ 男の子に「すごい」「えらい」はやめなさい。 ……… ①15

マンガで古堅式！ 夢をかなえる片付けのルーティン ……… ①2

マンガでマスター 競技かるた で勝つ！ 百人一首教室 ……… ①393

マンガでマスター ストリートダンス教室 · ①438

マンガで学ぶ 会計学スタートアップ！ …… ②319

まんがで学ぶ！ 介護スタッフ研修ワークブック ……… ②71

マンガで学ぶ経営学スタートアップ！ …… ②374

マンガで学ぶはじめてのコインランドリー投資 ……… ②426

マンガで学ぼう！ アクティブ・ラーニングの学級づくり …… ①709

マンガでまる分かり！ 知らないと後悔する「iDeCo（イデコ）」 …②75

マンガで身につく！ 子どもの力をみるみる伸ばす7つの習慣J …①15

マンガで身につく仕事のマナー ……… ②364

まんがで身につくファイナンス ……… ②380

マンガで身につくフレームワークの使い方がわかる本 …… ②355

まんがで身につくめざせ！ あしたの算数王〈5〉……… ①396

漫画でみる生活期リハビリテーション ……… ②64

マンガで明快！ 世界一よくわかる糖尿病 · ①181

マンガでやさしくわかるアドラー式子育て ……… ①15

マンガでやさしくわかる学習する組織 …… ②296

マンガでやさしくわかる傾聴 ……… ②362

マンガでやさしくわかる5S ……… ②589

マンガでやさしくわかる中学生・高校生のための手帳の使い方 …①3

マンガでやさしくわかる統計学 ……… ②662

マンガでやさしくわかる日商簿記2級 工業簿記 ……… ②475

マンガでやさしくわかる日商簿記2級 商業簿記 ……… ②474

マンガでやさしくわかるファイナンス …… ②380

マンガでやさしくわかるファシリテーション ……… ②355

マンガでやさしくわかる部下の育て方 …… ②368

マンガでやさしくわかる物流 ……… ②418

マンガでやさしくわかる貿易実務 輸入編 ……… ②313

マンガでやさしくわかるCSR ……… ②296

マンガでよくわかるエッセンシャル思考 ……… ②344

マンガでよくわかる ねこねこ日本史 ジュニア版 ……… ①427

マンガでよくわかる 私って、うつです か？ ……… ①170

マンガで読み解くカーネギー話し方入門 · ②362

マンガで読み解く プロカウンセラーの聞く技術 ……… ①496

マンガで読み解く プロカウンセラーの共感の技術 ……… ①496

マンガで読む 嘘つき中国共産党 · ②134

マンガで読む禁煙セラピー ……… ①154

マンガで読む 人生がときめく片づけの魔法 ……… ①102

マンガで読む心霊体験 本当にあった怖い話 恐怖の手紙 ……… ①387

マンガで読む 小さいことにくよくよするな！ ……… ①102

マンガで読む伝記 夢をかなえる！ 感動ストーリー ……… ①390

マンガで読む「不安な個人、立ちすくむ国家」 ……… ②21

漫画でよめる！ 武田信玄 ……… ①442

マンガでわかる 1カ月3キロやせる ゆるい低糖質ダイエット ……①27

マンガでわかる！ 一生折れない自信のつくり方 ……… ①126

マンガでわかる稲盛和夫のアメーバ経営 · ②296

まんがでわかる稲盛和夫フィロソフィ …… ②308

まんがでわかるウラジーミル・ウラジーミロヴィチ・プーチン ……… ②127

マンガでわかる英語がスッと出てくる新感覚英会話 ……… ①645

マンガでわかるおうちのルール ……… ①421

まんがでわかる オーナー社長のM&A ……②311

漫画でわかる！ 海外駐在の極意 ……… ②312

マンガでわかる楽譜入門 ……… ①818

マンガでわかる 片付太郎と汚部屋乱子のお片づけレッスン …①6

マンガでわかる！ かな

らず伝わる説明の技術 ……… ②362

マンガでわかる歌舞伎 ……… ①788

マンガでわかる神様にごひいきされるすごい「お清め」 ……… ①130

マンガでわかる かんたん！ たのしい理科実験・工作〈1〉……… ①399

マンガでわかるかんたん！ たのしい理科実験・工作〈2〉……… ①399

マンガでわかるかんたん！ たのしい理科実験・工作〈3〉……… ①399

マンガでわかる気になる子の保育 ……… ①696

マンガでわかる キャバクラ嬢の心得 ……… ②31

まんがでわかる 99%の人がしていないたった1%の仕事のコツ ……… ②355

マンガでわかるグーグルのマインドフルネス革命 ……… ②529

マンガでわかる！ 計算力の鍛え方 ……… ②655

マンガでわかる刑法入門 ……… ②214

マンガでわかる 現代を読み解く宗教入門 · ①500

マンガでわかる高血圧の下げ方 ……… ①180

マンガでわかる ココロの不調回復 食べてうつぬけ ……… ①170

マンガでわかる「固定資産税破産!!」……… ②404

マンガでわかるコレステロール・中性脂肪を下げる方 …… ①167

マンガでわかるサミュエル・スマイルズの自助論 ……… ②296

マンガでわかる地頭力を鍛える ……… ②355

マンガでわかる 仕事もプライベートもうまくいく感情のしくみ ……… ①486

マンガでわかる！ 10歳からの「経済」のしくみ ……… ①421

まんがでわかる失敗学のすすめ ……… ②368

マンガでわかる！ 質問力 ……… ②362

まんがでわかる自律神経の整え方 ……… ①168

マンガでわかる人工知能 ……… ②525

マンガでわかる 人生のしくみ ……… ①118

マンガでわかる！ 心理学超入門 ……… ①486

マンガでわかる 睡眠障害を治しぐっすり安眠を手に入れる方法 ……… ①171

マンガでわかる 頭痛・めまい・耳鳴りの治し方 ……… ①167

マンガでわかる！ 税金のすべて〈'17・'18年版〉……… ②404

マンガでわかる！ 世界最凶の独裁者18人 · ①591

マンガでわかる！ 相続税のすべて〈'17~'18年版〉……… ②414

マンガでわかる大霊界 ……… ①145

まんがでわかる地方移住 ……… ①28

マンガでわかる調理師試験攻略テキスト＆問題集 ……… ②509

マンガでわかる痛風の治し方 ……… ①153

まんがでわかる伝え方が9割 ……… ②362

まんがでわかるデザイン思考 ……… ②296

マンガでわかる 出る順で学べる 秘書検定2級・3級テキスト＆問題集 ……… ②470

マンガでわかる！ トヨタ式仕事カイゼン術 ……… ②356

マンガでわかる！ トヨタのJKK式PDCA ……… ②310

マンガでわかる トヨタ流の生産方式とマネジメント ……… ②590

まんがでわかるドラッカーのマネジメント ……… ②374

マンガでわかる「日本絵画」の見かた …… ①833

マンガでわかる日本の神様 ……… ①506

マンガでわかる乳がん ……… ①179

マンガでわかる 認知症の9大法則と1原則 … ①178

マンガでわかるはじめての社労士試験〈'18年版〉……… ②502

マンガでわかる発達障害の僕が羽ばたけた理由 ……… ①496

まんがでわかる「発明」と「発見」1000 …①591

マンガでわかる！ ハーバード式経営戦略 · ②296

マンガでわかる！ 林修の「話し方」の極意 ……… ②362

まんがでわかる「引き寄せ」からハートへ・①102

マンガでわかる ビットコインと仮想通貨 · ②380

マンガでわかる100%幸せな1%の人々 …… ①102

まんがでわかる 復縁方法 ……… ①118

マンガでわかるベイズ統計学 ……… ②662

マンガでわかる！ ホンネを見抜く心理学 · ①486

マンガでわかるまるごと栄養図鑑 ……… ①153

マンガでわかる！ 民法の大改正 ……… ①206

マンガでわかる もしかしてアスペルガー!? ……… ①496

マンガでわかる薬理学 ……… ②770

マンガでわかるやさしい統計学 ……… ②662

マンガでわかる ゆがみと痛みが消えるストレッチ ……… ①173

まんがでわかるラン
　チェスター〈2〉 ‥‥‥ ②296
まんがでわかるラン
　チェスター戦略〈1〉
　‥‥‥‥‥‥‥‥‥ ②590
まんがでわかる 量子論 ‥ ②668
マンガでわかる 私って、
　ADHD脳!? ‥‥‥‥ ①496
マンガでわかる！0・
　1・2歳児担任のお仕
　事はじめてBOOK ‥ ②696
マンガでわかる！3・
　4・5歳児担任のお仕
　事はじめてBOOK ‥ ②696
マンガでわかるWeb
　マーケティング ‥‥‥ ②338
マンガと絵でわかる！
　おいしい野菜づくり
　入門 ‥‥‥‥‥‥‥ ①268
マンガ 徳川15代の裏話
　‥‥‥‥‥‥‥‥‥ ①563
マンガと図解 新くらし
　の税金百科〈2017→
　2018〉 ‥‥‥‥‥ ②404
マンガと図解でわかる
　胃がん・大腸がん ‥ ①179
漫画 特攻最後のインタ
　ビュー ‥‥‥‥‥‥ ①583
マンガ日本の珍しい職
　業大百科 ‥‥‥‥‥ ①292
マンガ！ 認知症の親を
　もつ子どもがいろい
　ろなギモンを専門家
　に聞きました ‥‥‥ ①178
漫画のすごい思想 ‥‥ ②34
マンガーの投資術 ‥‥ ②396
マンガの歴史〈1〉 ‥‥ ②34
マンガ背景資料 キャラ
　の部屋とインテリア
　‥‥‥‥‥‥‥‥‥ ①863
マンガハウス！ ‥‥‥ ①997
マンガはじめて社労士
　〈2018年版〉 ‥‥‥ ②502
マンガはじめてマン
　ション管理士・管理
　業務主任者〈2018年
　版〉 ‥‥‥‥‥‥‥ ②495
まんが ハーバードが絶
　賛した新幹線清掃
　チームのやる気革命
　‥‥‥‥‥‥‥‥‥ ②431
マンガビジネスの生成
　と発展 ‥‥‥‥‥‥ ②34
漫画＋映画！ ‥‥‥‥ ①796
マンガ平家物語 ‥‥‥ ①895
漫画坊っちゃん ‥‥‥ ①916
マンガポテトキングと
　呼ばれた男 牛島謹爾
　‥‥‥‥‥‥‥‥‥ ①390
マンガ ヤクザ式10秒で
　立場が逆転する心理
　交渉術 ‥‥‥‥‥‥ ①106
まんが四字熟語大辞典
　‥‥‥‥‥‥‥‥‥ ①393
まんが良寛ものがたり
　‥‥‥‥‥‥‥‥‥ ①900
マンガ 歴史人物に学ぶ
　大人になるまでに身
　につけたい大切な心
　〈5〉 ‥‥‥‥‥‥‥ ①443
漫画 吾輩は猫である ‥ ①916
満願 ‥‥‥‥‥‥‥‥ ①1115
まんが NHKアスリート
　の魂 ‥‥‥‥‥‥‥ ①390
マンキュー マクロ経済
　学〈1〉 ‥‥‥‥‥‥ ②266
マングローブ生態系探
　検図鑑 ‥‥‥‥‥‥ ①400

マングローブ林 ‥‥‥ ②576
万華鏡位相・Devil's
　Scope〈15〉 ‥‥‥ ①1209
万華鏡の花嫁 ‥‥‥‥ ①1309
満月の泥枕 ‥‥‥‥‥ ①1110
満月の娘たち ‥‥‥‥ ①354
満月の夜に抱かれて
　‥‥‥‥‥‥‥‥‥ ①1321
満月の夜は吸血鬼と
　ディナーを ‥‥‥‥ ①1324
漫才でわかる中学数学
　基礎レベル ‥‥‥‥ ①728
満室経営で“資産10億
　円”を目指す田中式
　“エターナル投資術”
　‥‥‥‥‥‥‥‥‥ ②396
卍屋麗三郎 ‥‥‥‥‥ ①1052
満州 安寧飯店 ‥‥‥‥ ①584
満洲開拓団の真実 ‥‥ ①584
満洲開拓文学選集 全9
　‥‥‥‥‥‥‥‥‥ ②9
「満洲国」政府系企業に
　よる蔵書目録〈第8巻
　・第11巻〉 ‥‥‥ ①616
「満洲国」における抵抗
　と弾圧 ‥‥‥‥‥‥ ①584
満洲帝国ビジュアル大
　‥‥‥‥‥‥‥‥‥ ①584
満州統制経済人脈 ‥‥ ①584
満洲における政府系企
　業集団 ‥‥‥‥‥‥ ①584
満洲の土建王 榊谷仙次
　郎 ‥‥‥‥‥‥‥‥ ①932
満州夫人 ‥‥‥‥‥‥ ①1340
曼珠沙華 ‥‥‥‥‥‥ ①1059
マンション管理組合理
　事になったら読む本
　‥‥‥‥‥‥‥‥‥ ②424
マンション管理士・管
　理業務主任者30日間
　完成書き込み式直前
　まとめノート〈2017年
　度版〉 ‥‥‥‥‥‥ ②495
マンション管理士・管
　理業務主任者総合テ
　キスト〈上〉 ‥‥‥‥ ②495
マンション管理士・管
　理業務主任者 Wマス
　ター過去問集〈2017
　度版〉 ‥‥‥‥‥‥ ②495
マンション管理士・管
　理業務主任者 Wマス
　ターブック〈2017年度
　版〉 ‥‥‥‥‥‥‥ ②495
マンション管理士 項目
　別過去7年問題集
　〈2017年度版〉 ‥‥ ②495
マンション管理士 直前
　予想問題集〈2017年度
　版〉 ‥‥‥‥‥‥‥ ②496
マンション管理士出る
　とこ予想 合格（うか）
　るチェックシート
　〈2017年度版〉 ‥‥ ②496
マンション管理人の仕
　事とルールがよくわ
　かる本 ‥‥‥‥‥‥ ②424
マンション管理の知識
　〈平成29年度版〉 ‥‥ ②424
マンション経営はもっ
　と儲かる！ 大幅コス
　ト削減ができる本 ‥ ②424
マンションの資産価値
　を決める「究極の計
　算」 ‥‥‥‥‥‥‥ ②422
マンションは学区で選
　びなさい ‥‥‥‥‥ ①21
マンションは日本人を
　幸せにするか ‥‥‥ ②420

マンション法案内 ‥‥ ②192
マンション法の判例解
　説 ‥‥‥‥‥‥‥‥ ②192
マンション理事は知ら
　ないと損をする マン
　ション管理 虎の巻
　‥‥‥‥‥‥‥‥‥ ②424
万次郎茶屋 ‥‥‥‥‥ ①1009
「慢性炎症」を抑えなさ
　い ‥‥‥‥‥‥‥‥ ①153
慢性期医療のすべて ‥ ②722
慢性痛は自分で治せ
　る！ ‥‥‥‥‥‥‥ ①173
慢性便秘症診療ガイド
　ライン〈2017〉 ‥‥ ②722
満足する家を買いたい
　ならこうしなさい！
　‥‥‥‥‥‥‥‥‥ ①20
マンダラ・アートセラ
　ピー ‥‥‥‥‥‥‥ ①496
まんだらけZENBU
　〈79〉 ‥‥‥‥‥‥‥ ②34
曼荼羅華の雨 ‥‥‥‥ ①970
万寿応賀作品集 ‥‥‥ ①976
満鉄技術者たちの運命
　‥‥‥‥‥‥‥‥‥ ①584
満天のゴール ‥‥‥‥ ①1016
真ん中の子どもたち ‥ ①990
まんまのはらのおべ
　んとうや たねっぽの
　おはなし ‥‥‥‥‥ ①341
「万年自転車操業」の会
　社を「万年安定経営」
　の会社に変える方法
　‥‥‥‥‥‥‥‥‥ ②296
万年筆ですぐ描ける！
　シンプルスケッチ ‥ ①863
万引き女子 “未来（みく
　る）”の意見と意見 ‥ ①932
マンボウのひみつ ‥‥ ②699
マンボウひまな日 ‥‥ ①341
マンホールカードコレ
　クション〈1〉 ‥‥‥ ①285
マン盆栽の超情景 ‥‥ ①268
まんまとうを。 ‥‥‥‥ ①776
満蒙開拓団 ‥‥‥‥‥ ①572
マンモス ‥‥‥‥‥‥ ①681
マンモスのみずあび ‥ ①341
万葉歌に映る古代和歌
　史 ‥‥‥‥‥‥‥‥ ①900
万葉歌の環境と発想 ‥ ①900
万葉恋づくし ‥‥‥‥ ①1027
萬葉語文研究〈第12集〉
　‥‥‥‥‥‥‥‥‥ ①895
万葉集から古代を読み
　とく ‥‥‥‥‥‥‥ ①901
万葉集競作 ‥‥‥‥‥ ①871
萬葉集研究〈第37集〉
　‥‥‥‥‥‥‥‥‥ ①901
万葉集とは何か ‥‥‥ ①901
万葉集難訓歌 ‥‥‥‥ ①901
『万葉集』における帝国
　的世界と「感動」‥‥ ①901
万葉の恋 ‥‥‥‥‥‥ ①871

【み】

ミーアキャット ‥‥‥ ①409
見上げた空は青かった
　‥‥‥‥‥‥‥‥‥ ①996
みいつけた ‥‥‥‥‥ ①341
みぃななと一緒 ‥‥‥ ①779

みいめいど ‥‥‥‥‥ ①341
身内が亡くなった時の
　手続きハンドブック ‥②
身内の相続で揉めない
　悔やまない50の処方
　箋 ‥‥‥‥‥‥‥‥ ②414
美字は、みう。 ‥‥‥‥ ①226
三浦伸章 ガッテン農法
　‥‥‥‥‥‥‥‥‥ ②449
三浦義武 缶コーヒー誕
　生物語 ‥‥‥‥‥‥ ①47
身売りされたので偽り
　の婚約者をすること
　になりました ‥‥‥ ①1159
三重学 ‥‥‥‥‥‥‥ ②25
三重県の山 ‥‥‥‥‥ ①190
見えない買春の現場 ‥ ②36
見えない求愛者 ‥‥‥ ①1394
見えない産業 ‥‥‥‥ ②417
「見えない資産」経営 ‥ ②296
「見えない」税金の恐怖
　‥‥‥‥‥‥‥‥‥ ②404
見えない存在からメッ
　セージを受け取る 超
　実践ワークブック ‥ ①143
見えない不祥事 ‥‥‥ ①154
見えないものに、耳を
　すます ‥‥‥‥‥‥ ①496
見えない約束 ‥‥‥‥ ①1383
三重の個性派住宅〈4〉
　‥‥‥‥‥‥‥‥‥ ②613
見え始めた終末 ‥‥‥ ①456
三重弁やん ‥‥‥‥‥ ①629
“見える”を問い直す ‥ ①456
見える！ 群論入門 ‥‥ ②660
見える！ 会計 ‥‥‥‥ ①967
見落とされた癌 ‥‥‥ ②704
ミオととなりのマーメ
　イド〈1〉 ‥‥‥‥‥ ①377
ミオととなりのマーメ
　イド〈2〉 ‥‥‥‥‥ ①377
ミオドレ式寝るだけダ
　イエット枕 ‥‥‥‥ ①27
未開封の包装史 ‥‥‥ ②445
みがこう！ コミュニ
　ケーション・センス
　‥‥‥‥‥‥‥‥‥ ②758
三笠宮と東條英機暗殺
　計画 ‥‥‥‥‥‥‥ ①584
見方・考え方 社会科編
　‥‥‥‥‥‥‥‥‥ ①733
見方、示し方がつかめ
　る公益法人会計の基
　‥‥‥‥‥‥‥‥‥ ②319
帝は獣王に降嫁する ‥ ①1313
三上義夫著作集〈第2巻〉
　‥‥‥‥‥‥‥‥‥ ②655
三上義夫著作集〈第3巻〉
　‥‥‥‥‥‥‥‥‥ ②650
身軽に生きる ‥‥‥‥ ②702
三河岡崎城 ‥‥‥‥‥ ①556
三河国、ここにはじま
　る！ ‥‥‥‥‥‥‥ ①539
美川仏壇職人の譜 ‥‥ ①932
身代わりのシンデレラ
　‥‥‥‥‥‥‥‥‥ ①1372
身代わりの空〈上〉 ‥‥ ①1096
身代わりの空〈下〉 ‥‥ ①1096
身代わりの新妻は伯爵
　の手で甘く嬲る ‥‥ ①1402
身代わりの薔薇は褐色
　の狼に愛でられる〈3〉
　‥‥‥‥‥‥‥‥‥ ①1214
身代わりの薔薇は褐色
　の狼に愛でられる〈4〉
　‥‥‥‥‥‥‥‥‥ ①1214
身代わり伯爵と終幕の
　続き ‥‥‥‥‥‥‥ ①1217

身代わり姫は腹黒王子
　に寵愛される ‥‥‥ ①1278
身代り風子 ‥‥‥‥‥ ①958
身代わり陛下の大変な
　半年 ‥‥‥‥‥‥‥ ①1187
未完の贈り物 ‥‥‥‥ ②704
蜜柑の恋 ‥‥‥‥‥‥ ①941
未完の西郷隆盛 ‥‥‥ ①568
蜜柑・尾生の信 他十八
　篇 ‥‥‥‥‥‥‥‥ ①976
未刊 松平定信史料〈第1
　期〉 ‥‥‥‥‥‥‥ ①616
三木清遺稿「親鸞」‥‥ ①520
三木清教養論集 ‥‥‥ ①464
三木清大学論集 ‥‥‥ ①464
三木清とフィヒテ ‥‥ ①464
三木清文芸批評集 ‥‥ ①908
三木武夫秘書回顧録 ‥ ②148
右であれ左であれ、思
　想はネットでは伝わ
　らない ‥‥‥‥‥‥ ①456
右手を見直すだけでス
　イングが変わるから
　「もう一度練習してみ
　よう」と思える ‥‥‥ ①220
右手がとまらない僕と、
　新人ナース ‥‥‥‥ ①1397
右の売国、左の亡国 ‥ ②145
右も左も誤解だらけの
　立憲主義 ‥‥‥‥‥ ①201
未来の居る光景 ‥‥‥ ①967
御厨政治史学とは何か
　‥‥‥‥‥‥‥‥‥ ②172
ミクロ経済学入門の入
　門 ‥‥‥‥‥‥‥‥ ②266
ミクロ経済学の基礎 ‥ ②266
ミクロデータで見る林
　業の実像 ‥‥‥‥‥ ②457
未決拘禁とその代替処
　分 ‥‥‥‥‥‥‥‥ ②217
三毛猫カフェトリコ
　ロール ‥‥‥‥‥‥ ①1267
三毛猫ふうちゃんは子
　守猫 ‥‥‥‥‥‥‥ ①856
三毛猫ホームズの正誤
　表 ‥‥‥‥‥‥‥‥ ①1071
三毛猫ホームズの卒業
　論文 ‥‥‥‥‥‥‥ ①1071
ミケランジェロ ‥‥‥ ①830
ミゲルとデウスと花海
　棠 ‥‥‥‥‥‥‥‥ ①1036
美子 ‥‥‥‥‥‥‥‥ ①779
巫女神楽の夜の契り
　‥‥‥‥‥‥‥‥‥ ①1323
巫女華伝 ‥‥‥‥‥‥ ①1185
聖心（みこころ）のイコ
　ノロジー ‥‥‥‥‥ ①527
みこころのままに ‥‥ ①526
御子柴くんと遠距離バ
　ディ ‥‥‥‥‥‥‥ ①1116
ミコシバさん 柴犬のお
　嫁さん、はじめます。
　‥‥‥‥‥‥‥‥‥ ①1292
巫女っちゃけん。 ‥‥‥ ①993
皇子と刀剣の舞姫 ‥‥ ①1304
みさと町立図書館分館
　‥‥‥‥‥‥‥‥‥ ①1004
三沢厚彦 アニマルハウ
　ス謎の館 ‥‥‥‥‥ ①826
三沢と橋本はなぜ死な
　なければならなかっ
　たのか ‥‥‥‥‥‥ ①239
ミシェル・ファル
　ドゥーリス＝ラグラ
　ンジュ ‥‥‥‥‥‥ ①926
ミシェル・フーコー、経
　験としての哲学 ‥‥ ①475
ミシェル・ルグラン ク
　ロニクル ‥‥‥‥‥ ①794

書名索引

短いフレーズで覚える
　英検準1級必須単語
　……………①658
短いフレーズで覚える
　英検2級必須単語……①658
短くても伝わる対話「す
　ぐできる」技法……②368
身近で見たマエストロ
　トスカニーニ……①816
身近な疑問がスッキリ
　わかる理系の知識…②649
身近な材料でハンドメ
　イド かんたん手づく
　り雑貨………①76
身近な自然の観察図鑑
　………②681
身近なそうぞく……②414
身近な道具で手づくり
　の本………②4
身近な鳥のすごい事典
　………②697
身近な人が亡くなった
　後の手続のすべて……②2
身近な人が脳梗塞・脳
　出血になったときの
　介護と対策………②71
身近な病気がよくわか
　る！ 病気&診療完全
　解説BOOK………②722
身近な物理 川の流れか
　ら量子の世界まで〈2〉
　………②667
身近な法律問題Q&A
　………②189
身近なものから始める
　リアル 色鉛筆レッス
　ン………①863
身近に感じる国際金融
　………②380
身近に迫る危険物……②32
身近に潜む危ない化学
　反応………②649
ミジッシ………①967
三嶋くろね画集
　Cheers！ この素晴ら
　しい世界に祝福を！
　………①844
三島由紀夫かく語りき
　………①916
三島由紀夫とスポーツ
　〈17〉………①916
三島由紀夫と楯の会事
　件………①916
三島由紀夫の死………①916
三島由紀夫は、なぜ昭
　和天皇を殺さなかっ
　たのか………①916
ミシュランガイド北海
　道〈2017特別版〉……①42
ミシュランガイド宮城
　〈2017特別版〉……①42
見知らぬ乗客………①1351
ミジンコ………①308
ミシンなしでかんた
　ん！ 季節の手芸 春
　………①438
ミシンなしでかんた
　ん！ 季節の手芸 夏
　………①438
ミシンなしでかんた
　ん！ 季節の手芸 秋
　………①438
ミシンなしでかんた
　ん！ 季節の手芸 冬
　………①438
ミス・アンダーソンの
　安穏なる日々……①1218
湖の男………①1343
湖の騎士………①1372

湖の尼僧 狭霧……①1128
湖の秘密………①1391
水を描く………①838
水を石油に変える人…①584
水瓶座の少女アレーア
　〈1〉………①377
水瓶座の少女アレーア
　〈2〉………①378
自らの意思で判断・決
　定していく子ども…①720
水木しげる 悪魔くん魔
　界大百科………①438
水木しげる 河童大百科
　………①438
水木しげる 世界の妖怪
　百物語………①438
水木しげるの雨月物語
　………①857
水木しげる妖怪画集…①845
水木しげる 妖精大百科
　………①438
水草水槽のススメ……①269
水草はどんな草？……②689
水子供養・商品として
　の儀式………②115
水先案内人………②627
水沢文具店………①1148
ミス・失敗がこわくな
　る 聴き方………②356
ミス・失敗がこわくな
　る コミュニケー
　ション………②362
ミス・失敗がこわくなく
　なる 話し方・敬語…②364
ミス・失敗がこわくな
　る ビジネス文書
　………②363
ミス・失敗がこわくな
　る ビジネスマ
　ナー………②364
水循環白書〈平成29年
　版〉………②577
ミスショットしなくな
　る！ ゴルフ………①220
水処理・水利用の技術
　と市場〈2017年〉…②607
美髪室とはじめる 本の
　修理と仕立て直し…②4
みずうと雅輔………①1019
水だけでスイスイ！ ま
　ほうのぬりえ きょう
　りゅうがいっぱい…①304
「水だし」&「野菜水だ
　し」………①62
ミスター・トラブル
　………①1389
水玉模様の片思い…①1401
水面の中を泳ぐ……①879
ミスターメンリトルミ
　スおはなしえほん…①317
見捨てられた戦場……①584
"見すてられ不安"に悩
　んだら………①496
ミステリアス女優・小
　松菜奈の「カメレオ
　ン性」を探る………①504
ミステリークロック
　………①1083
ミステリ国の人々……①885
ミステリ読者のための
　連城三紀彦全作品ガ
　イド………①914
ミステリーな仏像……①834
ミステリ博物館……①1071
水と風と生きものと 中
　村桂子・生命誌を紡
　ぐ………①796
水と雲と花と………①258
ミスなくすばやく仕事

をする技術………②356
ミス日本の美人食……①62
水の上を歩くように簡
　単さ………①805
水の容（かたち）……①945
水のこと………①258
みずのこどもたち……①341
水野式ウォーキング・
　ラインのルールブック
　………①812
水の土木遺産………②614
ミズノの就活ハンド
　ブック〈2019年度版〉
　………①292
水野広徳著作集……①891
水の不思議………②649
水の不思議、水の奇跡
　………②115
水の森の秘密〈12〉…①354
水の理〈2〉………①1198
水の輪廻………①258
水引でつくるアクセサ
　リーと小物………①76
水辺の樹木誌………②689
水辺の鳥を観察しよ
　う！………①409
水辺のまち………①187
水辺は叫ぶ………②577
ミス・ムダがゼロにな
　る「集中力」………②356
水燃えて火………①995
水やりはいつも深夜だ
　けど………①994
ミス・ユニバース・ジャ
　パンが実践 食べる2
　週間FITNESS………①27
未成年だけどコドモ
　じゃない………①979
店を伸ばす自分を磨く
　仕事のやり方………②428
見せかけの結婚……①1372
店・公共施設の記号と
　マーク………①421
魅せる技&決め技
　Photoshop………②541
みぞをなぞっておぼえ
　る らんたろう手習い
　帖 ひらがなの巻…①393
味噌をまいにち使って
　健康になる………①164
蕨川………①1031
溝口健二・全作品解説
　〈13〉………①791
みそ汁はおかずです…①62
三田一族の意地を見よ
　〈5〉………①1280
御嶽海 2年目の躍進…②238
見たのは誰だ……①1080
みたび！ 女のはしり
　道………①857
みたび長唄びいき……①819
見た目を磨くとすべて
　がうまくいく！……①118
見た目を磨く人は、う
　まくいく。………①102
見た目が若いは、武器
　になる。………①23
「見た目」が若くなる女
　性のカラダの医学…①168
見ためは地味だがじつ
　にウマイ！ 作りたく
　なるお弁当………①66
見た目も体も10歳若返
　る リズムウォーキン
　グ………①159
みだら英泉………①1061
みだら鬼節………①1405
みだらスーパー銭湯

みだら桃蕩帖………①1404
みだら桃蕩帖………①1405
淫らなタイムスリップ
　………①1406
ミス日本の美人食……①62
淫らに餌づけて……①1399
淫ら病棟の秘蜜……①1406
みだら祭りの島……①1402
みだれ絵双紙・金瓶梅
　………①891
みだれ髪………①970
道を継ぐ………①932
道をひらく………②296
見違える、わたしの仕
　事時間………②28
みちくさ道中………①944
道草の詩〈2〉………①943
美智子さま………②12
美智子さま御歌 千年の
　后………②12
美智子さまに学ぶエレ
　ガンス………②12
美智子さま 品のある素
　敵な装い58年の軌跡
　………②12
みちしお………①258
みちづれはいても、ひ
　とり………①1008
「道」で謎解き合戦秘史
　………①556
「未知」という選択…②650
道と越境の歴史文化…①534
道なき未知………①102
みちのくの和尚たち…①887
みちのくの長者たち…①887
みちのくの百姓たち…①887
みちのくの民話………①887
陸奥（みちのく）烈女伝
　………①539
道の向こうの道……①1021
道のり………①967
導かれし田舎者たち
　………①1136
導かれし田舎者たち〈2〉
　………①1136
未知への飛翔〈2〉…②625
ミチルさん、今日も上
　機嫌………①1013
蜜愛サディスティック
　御曹司の甘美な束縛
　………①1401
蜜甘アラビアン……①1397
三井グループの研究…②306
三井住友海上火災保険
　の就活ハンドブック
　〈2019年度版〉……①292
三井喬子詩集………①967
三井物産の就活ハンド
　ブック〈2019年度版〉
　………①292
三井物産の組織デザイ
　ン………②306
三井百合花牧師説教集
　希望の光………①528
密会………①258
蜜会 濡れる未亡人…①1404
3日間で誰でもできる！
　根源神エナジーヒー
　リング………①143
3日食べなきゃ、7割治
　る………①153
3日で変わるディズニー
　流の育て方………②310
3日で完成！ 転職者の
　ためのSPI&玉手箱対
　策………②346
三日で合格！ 誰も書け
　なかった 公務員試験
　マル秘裏ワザ大全
　〈2018年度版〉……②182

3日で2キロやせるおい
　しい塩なしレシピ…①62
3日でまわる北欧inス
　トックホルム………①207
3日でまわる北欧 in ヘ
　ルシンキ………①207
3日でわかる "銀行"業
　界〈2019年度版〉…②383
3日でわかる "保険"業
　界〈2019年度版〉…②387
蜜華の檻………①1323
3日目のワインがいちば
　んおいしい………①46
三月画集………①845
ミッキーのたべものあ
　いうえお………①304
ミッキーマウス ありの
　ままで夢がかなうア
　ドラーの言葉………①486
ミッキーマウスの事件
　簿………①378
ミッキーマウス「まっ
　すぐ」仕事論………②344
密教姓名学 "音声篇"…①517
密教入門………①517
密教の聖地 高野山…①517
密教美術の図像学……①834
ミックス。………①979
ミックスサラダ………①62
みーつけた！
　………①341、①435
みつけたよ！ だんごむ
　し………①405
蜜月後宮………①1403
蜜月の城………①1403
蜜月は優しい嘘……①1403
みつけて！ アートたん
　てい………①431
見つけておぼえる！ さ
　がし絵タウン・記号
　とマーク………①421
見つけておぼえる！ さ
　がし絵タウン 道路標
　識………①421
みつけてかぞえて どこ
　どこきょうりゅう…①317
みつけてかぞえて どこ
　どこジャングル……①317
みつけてかぞえて どこ
　どこわんにゃん……①317
みつけて！ キレイ・
　マップ300………①438
みつけてじょうず……①306
見つけて育てる 生きも
　の飼い方ブック……①263
見つける力トレーニン
　グ 間違い探し……①277
蜜恋エゴイスティック
　………①1322
蜜恋エロティック・ク
　ルーズ………①1397
密告者………①1335
密告はうたう………①1075
三越伊勢丹さん、マナー
　で失敗しない方法を
　教えてください。…②365
三越伊勢丹モノづくり
　の哲学………②425
三越伊勢丹HDの就活ハ
　ンドブック〈2019年度
　版〉………①292
三つ子の医学部合格体
　験記………①746
密使………①1394
密室 本能寺の変……①1036
密室論………①967
ミッション建国……①1102
密通捜査………①1089

3つ数えて走りだせ… ①378
三つの悪夢と階段室の
　女王 ……………… ①1108
三つの石で地球がわか
　る ……………… ②680
三つの革命 ……… ②172
3つのカベをのりこえ
　る！ 保育実習リアル
　ガイド ………… ①696
3つのケーススタディで
　よくわかるオーケス
　トレーション技法 ・①814
三つの資質・能力から
　考えるこれからの学
　校経営 ………… ①705
3つの視点で会社がわか
　る「有報」の読み方
　〈最新版〉 ……… ②326
3つのシルエットで作る
　「永遠」のワンピース
　………………… ①84
三つの栓 ………… ①1351
三つの塔の物語〈3〉
　………………… ①1143
3つのとんち …… ①341
3つのポイントですぐわ
　かる一生使える社会
　人の基礎 ……… ②344
3つのぼうけん … ①380
3つの法則で選ぶおいし
　いワイン ……… ①46
3つのまほう …… ①380
三つの山口組 …… ①39
3つの用意 ……… ②245
密偵手嶋眞十郎 幻視ロ
　マネスク ……… ①1110
密偵姫さまのマル秘お
　仕事 …………… ①1403
ミッドナイト・アサシ
　ン ……………… ①39
ミッドナイト・サン
　………………… ①1089
ミッドナイト・ジャー
　ナル …………… ①1108
三成の不思議なる条々
　………………… ①1032
ミツバチぎんのおくり
　もの …………… ①341
みつばちさんと花のた
　ね ……………… ①317
ミツバチと暮らす … ②695
ミツバチの教科書 … ②695
ミツバチの世界へ旅す
　る ……………… ②695
ミツバの一族 …… ①1076
みつばの郵便屋さん … ①990
蜜ばら …………… ①779
三菱を創った男 岩崎弥
　之助の物語 …… ①232
三菱グループの研究 ・②306
三菱航空エンジン史 ・①625
三菱財閥 最強の秘密 ・②300
三菱自動車 …… ②443
三菱商事の就活ハンド
　ブック〈2019年度版〉
　………………… ②292
三菱デリカワゴン …①242
三菱電機の就活ハンド
　ブック〈2019年度版〉
　………………… ②293
三菱東京UFJ・三井住
　友・みずほ 三大銀行
　がよくわかる本 ・②383
みっぱ100% …… ①232
三ツ星イタリアンシェ
　フが教える魔法のレ
　シピ …………… ①69
光村の国語 この表現が
　ぴったり！ にている

ことばの使い分け〈2〉
　………………… ①393
光村の国語 この表現が
　ぴったり！ にている
　ことばの使い分け〈3〉
　………………… ①394
光村の国語 これでなっ
　とく！ にている漢字
　の使い分け〈1〉 … ①394
密命売薬商 …… ①1052
三つ目がとおる "オリジ
　ナル版"大全集〈2〉
　………………… ①857
三つ目がとおる "オリジ
　ナル版"大全集〈3〉
　………………… ①857
見つめてイカせて …①1406
「見つめ直す」経営学 ・②374
「見積る」「測る」将来会
　計の実務 ……… ②319
蜜嫁さがし ……… ①1403
見て覚える！ 介護福祉
　士国試ナビ〈2018〉 ・・②80
見て覚える！ 社会福祉
　士国試ナビ〈2018〉 … ②80
見て覚える！ 精神保健
　福祉士国試ナビ 専門
　科目〈2018〉 …… ②80
見て・買って楽しみた
　い 茶器の逸品 … ①874
見て、聞いて覚える！
　はじめてのえいごお
　しゃべりえほん … ①395
見てできる臨床ケア図
　鑑 在宅看護ビジュ
　アルナーシング … ②768
見て弾くかんたんピア
　ノ・レパートリー ・①812
みてみておかあさん ・①341
見て読んでよくわか
　る！ 日本語の歴史
　〈1〉 …………… ①394
見て読んでよくわか
　る！ 日本語の歴史
　〈2〉 …………… ①394
みてわかる給与計算マ
　ニュアル ……… ②319
見てわかる産婦人科疾
　患 ……………… ②762
見てわかるリハビリ … ②71
見て！ わたしの魔法 ・①378
未踏召喚://ブラッドサ
　イン〈7〉 ……… ①1180
御堂筋殺人事件 …①1078
水戸学の城 ……… ①464
ミトコンドリア "腸"健
　康法 …………… ①153
実とタネキャラクター
　図鑑 …………… ②689
みとめあいのいのち ・①421
認められたい …… ①102
緑十字機 決死の飛行 ・①584
緑と空間を楽しむイン
　ドアガーデン … ①269
看取りとつながり … ②705
緑の家の女 …… ①1078
看取りのお医者さん ・②705
緑の霧 …………… ①378
緑の国の沙耶 …… ①1007
緑の国への道 …… ①1019
緑の校庭 ………… ①354
緑の雫〈2〉 …… ①1149
緑の草原に…〈1〉 …①1124
緑の塔 …………… ①296
緑の庭で寝ころんで …①957
緑の窓口 ……… ①1091
ミドリのミ …… ①1024
ミドリムシの仲間がつ

くる地球環境と健康
　………………… ②458
看ရyou あなたへ … ②705
ミドル・テンプルの殺
　人 ……………… ①1353
ミ・ト・ン ……… ①989
南方熊楠 …①999, ②115
南方熊楠と説話学 … ②115
観なかった映画 … ①789
みなかみイノベーショ
　ン ……………… ①161
皆川明 100日
　WORKSHOP … ①824
みなさんのおかげで私
　の人生バラ色 … ①956
みなし配当に関する税
　務実務ハンドブック
　………………… ②404
水無月の墓 …… ①995
みなそこ ……… ①1010
水底の女 …… ①1349
水底の朝 ……… ①1076
皆で考える原子力発電
　のリスクと安全 … ②580
港の底 ………… ①1339
水俣を伝えたジャーナ
　リストたち …… ②578
水俣の記憶を紡ぐ … ②578
"水俣病"事件の61年 ・②578
水俣病小史 …… ②578
水俣病の病態に迫る ・②578
南アジア系社会の周辺
　化された人々 … ②88
南アフリカ ……… ②254
南イタリアとマルタ
　〈2017〜2018年版〉
　………………… ①207
南インド料理とミール
　ス ……………… ①62
南九州御家人の系譜と
　所領支配 ……… ②550
南近畿の戦国時代 … ②550
南くんの彼女 …①1302
南三陸町 屋上の円陣 ・②42
南三陸発！ 志津川小学
　校避難所 ……… ②42
南禅宏美術評論集 最後
　の場所 ………… ①824
南十字星 ……… ①1071
南太平洋大決戦〈2〉
　………………… ①1130
南太平洋大決戦〈3〉
　………………… ①1130
南ドイツ〈2017〜2018
　年版〉 ………… ①207
みなみの決意 …①776
南の窓から …… ①970
南半球巡り …… ①198
南風（みなみ）吹く ・①1022
南フランスの休日 プロ
　ヴァンスへ …… ①207
みなり。 ……… ①317
源実朝暗殺共謀犯 …①1046
源義経 ………… ②550
源頼朝 ………… ②550
源頼義 ………… ②550
みなりお。 …… ①779
見に行ける 西洋建築 歴
　史さんぽ ……… ②614
ミニオンズシールブッ
　ク ……………… ①322
ミニオンズ ミニオンと
　あそぼう〈2〉 … ①322
身につく作り置き … ①62
身になる練習法 柔道 基
　礎から心技体を鍛え
　る稽古 ………… ①236

身になる練習法 バドミ
　ントン 年間強化ドリ
　ル ……………… ①226
ミニマム創手術の来た
　道、行く道 …… ②750
ミニマムで学ぶ英語の
　ことわざ ……… ②641
ミニマムで学ぶ韓国語
　のことわざ …… ②667
ミニマムで学ぶフラン
　ス語のことわざ … ②671
ミニマリスト、親の家
　を片づける …… ②28
ミニマリストの心理療
　法 ……………… ①496
ミニマリストの持ちも
　の帖 …………… ②28
ミニマルごはん … ①62
ミニマル・デザイン … ①879
ミニ模擬トリプル10
　TOEIC L&Rテスト
　………………… ②660
ミーニング・センター
　ド・サイコセラピー
　がん患者のための個
　人精神療法 …… ①496
ミーニング・センター
　ド・サイコセラピー
　がん患者のための集
　団精神療法 …… ①496
見抜く力 ……… ②107
身の丈に合った服で美
　人になる ……… ①30
身の丈にあった勉強法
　………………… ①744
見栄えをUPする！ エ
　クセル表現手法のウ
　ラ技 …………… ②539
みはてぬ夢のさめがた
　………………… ①914
未必のマクベス …①1013
身分 …………… ①189
未亡人社長・瑛理子
　………………… ①1400
未亡人は、雪の夜に
　………………… ①1400
未亡人ふたり …①1398
み仏のかんばせ …①1027
『見惚れるカラダ』… ①779
見本市展示会総合ハン
　ドブック〈2017〉 … ②417
見本市展示会総合ハン
　ドブック〈2018〉 … ②417
「任那」から読み解く古
　代 ……………… ①546
耳あり呆一 …… ①370
みみずくは黄昏に飛び
　たつ …………… ①910
みみずと魔女と青い空
　………………… ①958
「耳たぶくるくる回し」
　で「顔のしわ」は消せ
　る ……………… ①24
耳でみる絵本 "クロッ
　ポー" & "Cloppo" ・①802
耳鳴り・難聴を自力で
　治す最強事典 … ①167
耳鳴り・難聴・めまいを
　自力でぐんぐん治す
　コツがわかる本 ・①167
耳の生存 ……… ①967
耳原病院が謝罪し、一千
　万を支払った理由 ・①932
耳じっぱり …… ①159
耳環珞 ………… ①979
みむろ物語 …… ①539
身もだえ東海道 …①1406
美森まんじゃしろのサ
　オリさん ……… ①1081

ミャオ族の民族衣装 刺
　繍と装飾の技法 … ①873
宮川流域の遺跡を歩く ・①546
宮城あるある …… ①25
宮口式 弁理士試験一発
　合格バイブル … ②632
ミヤケン先生の合格講
　義 1級造園施工管理
　試験 …………… ②639
京（みやこ）のいろ …②118
宮崎で家造りをするな
　ら ……………… ②441
宮沢賢治を読む … ①917
宮沢賢治の真実 … ①917
宮沢賢治の地学教室 ・②680
宮沢賢治の鳥 …… ①341
宮澤賢治の「やまなし」
　を読む ………… ①917
見やすいカタカナ新語
　辞典 …………… ①633
宮武一貫画集 …… ①857
宮辻薬東宮 …… ①1068
「ミヤネ屋」の秘密 … ①772
宮原昭夫評論集 … ①908
雅・Miyabi ……… ①970
見破り同心 天霧三之助
　………………… ①1060
美山町追憶 …… ①259
宮本研エッセイ・コレ
　クション〈1〉 … ①891
宮本忠弘の世界 … ②616
宮本常一コレクション
　ガイド ………… ①115
宮本常一 日本の葬儀と
　墓 ……………… ②115
宮本常一の風景をある
　く 周防大島諸島 … ①115
宮本秀信画集 …… ①837
宮本武蔵の一生 … ①563
ミャンマー経済の基礎
　知識 …………… ②252
ミャンマー権力闘争 ・②130
ミャンマー人材 雇用・
　活用 実践ガイドブッ
　ク ……………… ②331
ミャンマーで米、ひと
　めぼれを作る … ①429
ミャンマーの教育 ・①748
ミャンマー（ビルマ）
　〈2017〜2018年版〉
　………………… ①205
ミャンマー法務最前線
　………………… ②220
ミュオグラフィ … ②680
ミュージアムの女 ・①857
ミュージアムの情報資
　源と目録・カタログ
　………………… ①825
ミュージカル教室へよ
　うこそ！ ……… ①783
ミュージカルシナリオ
　フラボイイ …… ①785
ミュージカル刀剣乱舞
　回想録 厳島神社 … ①783
ミュージカル刀剣乱舞
　真剣乱舞祭2016 彩時
　記 ……………… ①783
ミュージカルへのまわ
　り道 …………… ①783
ミュージシャンが知っ
　ておくべきマネジメ
　ントの実務 …… ①802
ミュージシャンはなぜ
　精糠の妻を捨てるの
　か？ …………… ①805
ミュシャ展 …… ①836
ミュシャ ぬりえファン
　タジー ………… ①866

書名索引

ミュータンス・ミュー
　タント ············ ①1090
ミュータント〈5〉 ···· ①1359
ミュータントタートル
　ズ〈5〉 ············ ①857
ミュンヘン会談への道
明王太郎日記〈上〉 ··· ①568
名字でわかるあなたの
　ルーツ ············ ②118
みよしくれっと ····· ①776
身寄りのいない高齢者
　への支援の手引き ·· ②64
未来を動かす ········ ②296
未来を変える通貨 ···· ②242
ミライを変えるモノづ
　くりベンチャーのは
　じめ方 ············ ②296
未来を救う「波動医学」
　················· ①153
未来をつくるキャリア
　の授業 ············ ①680
未来をはこぶオーケス
　トラ ·············· ①384
未来を拓くあなたへ ·· ①107
未来を拓く教育実践学
　研究〈第2号〉 ······ ①720
みらいをひらく、わた
　しの日用品 ········ ①3
未来を見つめるエン
　ディングノート ···· ①111
未来型国家エストニア
　の挑戦 ············ ①128
未来からの警告〈2〉 ··· ②248
未来技術に投資しよう
　················· ②380
未来警察ウラシマン
　COMPLETE BOOK
　················· ①800
未来社会を変える 寺院
　基本経営学 ········ ②374
未来創造学としての生
　涯教育〈1〉 ········ ①680
未来創造学としての生
　涯教育〈2〉 ········ ①680
未来に生かす学力づく
　りへの挑戦〈3〉 ···· ①702
未来に贈る人生哲学 ·· ①501
未来にきらめく京都・滋
　賀個性派企業70社 · ②306
未来に通用する生き方
　················· ①102
未来日記 ·········· ①1231
未来につながる働き方
　じぶんサイズで起業
　しよう！ ·········· ②346
未来にはばたく！ 兵庫
　の個性派企業103社
　················· ②306
未来の科学者との対話
　〈15〉 ············· ①730
未来の学校 ········· ①755
未来の他者へ ······· ①456
未来の年表 ········· ②245
未来へ…〈上〉 ······· ①983
未来へ…〈下〉 ······· ①984
未来への扉 ········· ②354
ミラクル★イラスト
　レッスン ·········· ①438
ミラクル！ おまじない
　大じてん ·········· ①439
ミラクルかがやけ☆ま
　んが！ お仕事ガール
　················· ②354
ミラクル 奇跡の毎日が
　始まる ············ ①102
ミラクルハッピー はじ
　めてのお菓子レシピ
　DX ··············· ①71

ミラクル☆ヒーリング
　〈2〉 ·············· ①143
ミラノ・ヴェネツィア
　················· ①208
ミラノ、ヴェネツィア
　と湖水地方〈2018～
　2019年版〉 ········ ①208
ミランダと自己負罪拒
　否特権 ············ ②217
ミリオン・クラウン〈1〉
　················· ①1228
ミリタリー雑具箱〈2〉
　················· ①863
ミリタリー・パッチ図
　鑑 ··············· ①163
魅了されたニューロン
　················· ①820
魅力創造するマーケ
　ティングの知 ······ ②338
ミルクと日本人 ····· ①108
ミルクとはちみつ ··· ①975
見ること・聞くことの
　デザイン ·········· ①108
見ることの力 ······· ①824
見る！ 知る！ 考える！
　ユニバーサルデザイ
　ンがほんとうにわか
　る本〈1〉 ·········· ①421
見るだけで体が変わる
　魔法のイラスト ···· ①153
見るだけで幸せになる
　光のメッセージ ···· ①102
見るだけで幸せになる
　「ブランケット・
　キャッツ」 ········ ①266
見るだけで視力がよく
　なるふしぎなドリル
　················· ①183
見るだけですっきりわ
　かる神さま ········ ①506
見るだけですっきりわ
　かる「日本史」····· ①534
見るだけですっきりわ
　かる仏さま ········ ①512
見るだけで脳が目覚め
　る本 ·············· ①126
見るだけで分かる！ 建
　築基法入門 最新法
　改正対応版 ········ ②620
ミルトン・エリクソン
　の催眠の経験 ······ ①497
見るなの禁止 ······· ①486
観るまえに読む大修館
　スポーツルール
　〈2017〉 ··········· ①214
ミル・マルクス・現代
　················· ①268
みるみる音が変わる！
　ヴァイオリン骨体操
　················· ①159
みるみる絆が深まる親
　子手帳 ············ ①15
見る見る幸せが見えて
　くる授業 ·········· ①720
みるみる上達！ ピアノ
　演奏55のポイント ·· ①822
みる・よむ・あるく東京
　の歴史〈1〉 ········ ①187
みる・よむ・あるく東京
　の歴史〈2〉 ········ ①187
みる・よむ・あるく東京
　の歴史〈3〉 ········ ①187
見る読む 静岡藩ヒスト
　リー ·············· ①539
見る！ わかる！ 救急手
　技の基本とポイント
　················· ②723
ミレイ先生のアドラー
　流 "勇気づけ" 保健指

導 ················ ①486
ミレニアム〈5〉 ····· ①1355
ミレニアム・チャレン
　ジの修辞学 ········ ②126
ミレニアル起業家の新
　モノづくり論 ······ ②296
未練打ち〈0〉 ········ ①245
弥勒の手 ··········· ①788
美輪明宏と「ヨイトマ
　ケの唄」··········· ①803
魅惑のハニー・ボイス
　················· ①1192
魅惑のひと ········· ①1389
魅惑の万華鏡 ······· ①873
魅惑のメロディ ····· ①1396
睡眠教育（みんいく）の
　すすめ ············ ①710
「みんいく」ハンドブッ
　ク 小学校1・2・3年
　················· ①710
「みんいく」ハンドブッ
　ク 小学校4・5・6年
　················· ①710
「みんいく」ハンドブッ
　ク 中学校 ········· ①710
民家史論 ··········· ②614
民藝の日本 ········· ①833
民事月報〈Vol.72 No.2〉
　················· ②206
民事月報〈Vol.72 No.3〉
　················· ②206
民事月報〈Vol.72 No.
　10〉 ·············· ②206
民事控訴審の判決と審
　理 ··············· ②217
民事再生の実務 ····· ②206
民事再生の手引 ····· ②217
民事執行法の改正に関
　する中間試案 ······ ②206
民事執行・保全法 ··· ②206
民事書記官事務の解説
　················· ②229
民事信託受託者の実務
　················· ②206
民事信託の実務と書式
　················· ②206
民事訴訟による集合的
　権利保護の立法と理
　論 ··············· ②217
民事訴訟の現在位置 · ②217
民事訴訟判例 読み方の
　基本 ·············· ②217
民事訴訟法 ········· ②217
民事訴訟法講義 ····· ②217
民事訴訟法提要 全 明治
　廿四年再版 ········ ②227
民事手続法の現代的課
　題と理論的解明 ···· ②206
民事判例〈15（2017年前
　期）〉 ············· ②206
民事判例〈14 ········ ②206
民事法学の基礎的課題
　················· ②206
民事法入門 ········· ②206
民事法律扶助活用マ
　ニュアル ·········· ②206
民衆救済と仏教の歴史
　〈下〉 ············· ①516
民衆こそ王者〈10〉 ·· ①501
民衆史の遺産〈第11巻〉
　················· ②115
民衆史の遺産〈第12巻〉
　················· ②116
民衆と司祭の社会学 · ①606
民衆による明治維新
　················· ①1065
民衆の敵〈上〉 ······ ①980
民衆の敵〈下〉 ······ ①980

民主主義の発明 ····· ①475
民主制の下での社会主
　義的変革 ·········· ②173
明清のおみくじと社会
　················· ①598
民生委員のための相談
　面接ハンドブック ·· ②64
民俗学が読み解く葬儀
　と墓の変化 ········ ①116
民俗学者が歩いて出
　会った人生のことば
　················· ①116
民族教育ひとすじ四〇
　年 ··············· ②46
民俗誌・海山の間 ··· ①116
民俗選挙のゆくえ ··· ②146
民俗の記憶 ········· ②118
民俗文化と伝播と変容
　················· ①116
明朝版 萬民英（著）三命
　通会 ·············· ①130
みんなあつまれ！ サン
　リオキャラクター ·· ①320
みんなあなたを好きに
　なる ·············· ①102
みんな生きている ··· ①341
みんながいてボクワタ
　シがいる！ 大切な家
　族 ··············· ①421
みんながいてボクワタ
　シがいる！ 友だちと
　学校 ·············· ①424
みんながおしえてくれ
　たこと ············ ①341
みんなが書き手になる
　時代のあたらしい文
　章入門 ············ ①634
みんなが元気になるた
　のしい！ アクティ
　ブ・ラーニング〈1〉
　················· ①421
みんなが元気になるた
　のしい！ アクティ
　ブ・ラーニング〈3〉
　················· ①422
みんなが知らない頭の
　いいお金の増やし方
　················· ②391
みんなが知らない美女
　と野獣 ············ ①378
みんなが知りたい！ 世
　界と日本の「戦争遺
　産」·············· ①427
みんなが知りたい！ 日
　本の「絶滅危惧」動物
　がわかる本 ········ ①409
みんながたのしくなる
　影絵の世界〈1〉 ···· ①438
みんなが欲しかった！
　介護福祉士の一問一
　答集 頻出テーマ厳選
　100〈2018年版〉 ····· ②81
みんなが欲しかった！
　介護福祉士の教科書
　〈2018年版〉 ······· ②81
みんなが欲しかった！
　介護福祉士の問題集
　〈2018年版〉 ······· ②81
みんなが欲しかった！
　行政書士の肢別問題
　集〈2017年度版〉 ··· ②239
みんなが欲しかった！
　行政書士の教科書
　〈2017年度版〉 ····· ②239
みんなが欲しかった！
　行政書士の教科書
　〈2018年度版〉 ····· ②239
みんなが欲しかった！
　行政書士の5年過去問

題集〈2017年度版〉
　················· ②239
みんなが欲しかった！
　行政書士の最重要論
　点150〈2017年度版〉
　················· ②239
みんなが欲しかった！
　行政書士の判例集
　〈2017年度版〉 ····· ②239
みんなが欲しかった！
　行政書士の問題集
　〈2017年度版〉 ····· ②239
みんなが欲しかった！
　行政書士の問題集
　〈2018年度版〉 ····· ②239
みんなが欲しかった！
　行政書士の40字記述
　式問題集〈2017年度
　版〉 ·············· ②239
みんなが欲しかった！
　ケアマネ完全無欠の
　一問一答集〈2017年
　版〉 ·············· ②81
みんなが欲しかった！
　ケアマネの教科書
　〈2017年版〉 ······· ②81
みんなが欲しかった！
　ケアマネの問題集
　〈2017年版〉 ······· ②81
みんなが欲しかった！
　社会福祉士の一問一
　答集 頻出テーマ厳選
　100〈2018年版〉 ····· ②81
みんなが欲しかった！
　社会福祉士の教科書
　共通科目編〈2018年
　版〉 ·············· ②81
みんなが欲しかった！
　社会福祉士の教科書
　専門科目編〈2018年
　版〉 ·············· ②81
みんなが欲しかった！
　社会福祉士の問題集
　〈2018年版〉 ······· ②81
みんなが欲しかった！
　社労士合格のツボ 選
　択対策〈2018年度版〉
　················· ②502
みんなが欲しかった！
　社労士合格のツボ 択
　一対策〈2018年度版〉
　················· ②502
みんなが欲しかった！
　社労士全科目横断総
　まとめ〈2018年度版〉
　················· ②502
みんなが欲しかった！
　社労士の教科書〈2018
　年度版〉 ·········· ②502
みんなが欲しかった！
　社労士の年度別過去
　問題集 5年分〈2018年
　度版〉 ············ ②502
みんなが欲しかった！
　社労士の問題集〈2018
　年度版〉 ·········· ②502
みんなが欲しかった！
　社労士はじめの一歩
　〈2018年度版〉 ····· ②502
みんなが欲しかった！
　税理士 財務諸表論の
　教科書＆問題集〈1〉
　················· ②493
みんなが欲しかった！
　税理士 財務諸表論の
　教科書＆問題集〈2〉
　················· ②493
みんなが欲しかった！
　税理士財務諸表論の

教科書&問題集〈3〉……②493
みんなが欲しかった！
　税理士財務諸表論の
　教科書&問題集〈4〉……②493
みんなが欲しかった！
　税理士 財務諸表論の
　教科書&問題集〈5〉……②493
みんなが欲しかった！
　税理士 消費税法の教
　科書&問題集〈1〉…②493
みんなが欲しかった！
　税理士 消費税法の教
　科書&問題集〈2〉…②493
みんなが欲しかった！
　税理士 消費税法の教
　科書&問題集〈3〉…②493
みんなが欲しかった！
　税理士 簿記論の教科
　書&問題集〈1〉……②493
みんなが欲しかった！
　税理士 簿記論の教科
　書&問題集〈2〉……②493
みんなが欲しかった！
　税理士簿記論の教科
　書&問題集〈3〉……②493
みんなが欲しかった！
　税理士簿記論の教科
　書&問題集〈4〉……②493
みんなが欲しかった！
　宅建士の教科書〈2018
　年度版〉…………②499
みんなが欲しかった！
　宅建士の12年過去問
　題集〈2017年度版〉
　……………………②499
みんなが欲しかった！
　宅建士の問題集 本試
　験論点別〈2018年度
　版〉………………②499
みんなが欲しかった！
　中小企業診断士はじ
　めの一歩〈2018年度
　版〉………………②488
みんなが欲しかった 簿
　記の教科書 日商2級
　工業簿記…………②475
みんなが欲しかった 簿
　記の教科書 日商2級
　商業簿記…………②474
みんなが欲しかった 簿
　記の教科書 日商3級
　商業簿記…………②474
みんなが欲しかった 簿
　記の問題集 日商2級
　工業簿記…………②475
みんなが欲しかった 簿
　記の問題集 日商2級
　商業簿記…………②474
みんなが欲しかった 簿
　記の問題集 日商3級
　商業簿記…………②474
みんなが欲しかった！
　FPの教科書 1級〈Vol.
　1〉………………②483
みんなが欲しかった！
　FPの教科書 1級〈Vol.
　2〉………………②483
みんなが欲しかった！
　FPの教科書 2級・
　AFP〈2017 - 2018年
　版〉………………②483
みんなが欲しかった！
　FPの教科書 1級
　〈2017 - 2018年版〉
　……………………②483
みんなが欲しかった！

FPの問題集 2級・
　AFP〈2017 - 2018年
　版〉………………②483
みんながまだ気づいて
　いない これから伸び
　る企業77………②306
みんな大好き！ カレー
　大百科！………①434
みんな大好き！ マイン
　クラフトるんるんプ
　ログラミング！ コマ
　ンドブロック編…②552
みんな使える！ こなれ
　た英語201フレーズ
　……………………①641
みんなで考える小学生
　のマナー…………①422
みんなで決めた日本一
　の朝ごはん………①62
みんなできる！ マイン
　クラフト組み立てガ
　イド………………①283
みんなで子育て参戦！
　……………………①15
みんなで成功させる！
　学芸会づくりと指導
　のコツ……………①721
みんなでたのしむ保育
　のうた225曲！ うた
　で気持ちを伝えよ
　う！ 編…………①696
みんなで作る12か月の
　壁面飾り…………①71
みんなで創る愉しい算
　数・数学の授業…①728
「みんな」でつくる地域
　の未来……………①161
みんなでつくる「とも
　暮らし」…………①422
みんなでつくるフェノ
　ロジーカレンダー・①161
みんなで、つくろう！
　おりがみのはこどう
　ぶつ………………①81
みんなでつなぐリー
　ダーシップ………②368
みんなで道トーク！〈1〉
　……………………①422
みんなで道トーク！〈2〉
　……………………①422
みんなで道トーク！〈3〉
　……………………①422
みんなで取り組む『学
　び合い』入門……①721
みんなでなぞなぞまほ
　うの島超スペシャル
　……………………①441
みんなで学ぶはじめて
　の「論語」………①466
みんなで連弾 ハッピー
　★クリスマス……①810
みんなで笑ったうごい
　た……………………①162
みんなに本を紹介しよ
　う！ 学校図書館ディ
　スプレイ&ブック
　トーク〈3〉………①422
みんなに本を紹介しよ
　う！ 学校図書館ディ
　スプレイ&ブック
　トーク〈4〉………①422
みんなの朝ドラ………①781
みんなの命と生活をさ
　さえる インフラって
　なに？〈1〉………①422
みんなの命と生活をさ
　さえる インフラって
　なに？〈2〉………①422
みんなの命と生活をさ

さえる インフラって
　なに？〈3〉………①422
みんなの命と生活をさ
　さえる インフラって
　なに？〈4〉………①422
みんなの医療統計 多変
　量解析編…………②723
みんなのお弁当暮らし
　日記………………①66
みんなの家事日記……①6
みんなの体をまもる免
　疫学のはなし……②733
みんなの危機管理……②580
みんなの機内食……②437
みんなのくらしと花・①406
みんなの暮らし日記…①6
みんなの健康教育 健康
　管理と病気の成り立
　ち…………………①153
みんなの検索が医療を
　変える……………②707
みんなの建築ミニチュ
　ア…………………②614
みんなの収納・片づけ
　日記………………①6
みんなの知らない世界
　の原子力…………②581
みんなのジンギスカン
　札幌エリアほぼ完全
　版〈2017〉………①42
みんなの接客韓国語・①667
みんなの接客中国語・①666
みんなの日本語 初級1
　聴解タスク25……①636
みんなの日本語 初級2
　漢字 英語版………①636
みんなの日本語 初級2
　第2版 漢字 ベトナム
　語版………………①636
みんなの日本語 初級2
　翻訳・文法解説 ロシ
　ア語版……………①636
みんなの日本語 中級2
　翻訳・文法解説 韓国
　語版………………①636
みんなのプロ野球川柳
　……………………①225
みんなの防災えほん・①422
みんなの幽体離脱……①143
みんなの冷凍作りおき
　……………………①62
みんなのIchigoLatte入
　門…………………②560
みんなのPhotoshop
　RAW現像教室……②541
みんなのRaspberry Pi
　入門………………②552
みーんな ははは〜…①341
みんな、ひとりぼっち
　じゃないんだよ……①102
みんなみんないただき
　ます………………①317
みんなよろこぶ！ 人気
　劇あそび特選集…①696
民法………………②206
民法〈2〉…………②209
民法〈4〉…………②209
民法〈6〉…………②192
民法〈7〉…………②206
民法改正…………②206
民法改正が住宅・建築・
　土木・設計・建材業界
　に与える影響……②206
民法改正がわかった・②206
民法改正で変わる！ 契
　約実務チェックポイ
　ント………………②206
民法改正と請負契約 建
　設請負業者への影響

………………………②207
民法改正と金融実務
　Q&A……………②207
民法改正と不動産取引
　……………………②207
民法改正の解説……②207
民法改正のポイントと
　実務対応…………②207
民法概論〈1〉……②207
民法學説彙纂 物權編 大
　正五年三版〈第1分冊〉
　……………………②227
民法學説彙纂 物權編 大
　正五年三版〈第2分冊〉
　……………………②227
民法から考える民事執
　行法・民事保全法・②207
民法〈債権関係〉改正と
　司法書士実務……②209
民法〈債権関係〉改正法
　新旧対照条文……②210
民法〈債権関係〉改正法
　の概要……………②210
民法〈債権関係〉部会資
　料集〈第3集 第3巻〉
　……………………②207
民法〈債権関係〉部会資
　料集〈第3集 第4巻〉
　……………………②207
民法〈債権関係〉部会資
　料集〈第3集 第5巻〉
　……………………②210
民法〈債権関係〉部会資
　料集〈第3集 第6巻〉
　……………………②210
民法〈債権関係〉部会資
　料集〈第3集 第7巻〉
　……………………②210
民法〈債権法〉改正の概
　要と要件事実……②210
民法〈債権法〉大改正 要
　点解説……………②207
民法条文100選……②207
民法成年年齢引下げが
　与える重大な影響・②207
民法〈全〉…………②207
民法総則…………②207
民法 総則・物権…②207
民法入門…………②207
民法要論…………②210
民法 Visual Materials
　……………………②207
民謡「秋田おばこ」考
　……………………①819

む

6日で攻略！ 行政書士
　出題予想ポイント60
　〈'17年版〉………②239
無意識さんに任せれば
　うまくいく………①497
無意識と対話する方法
　……………………②296
無意識の幻想………①476
無意識の構造………①486
無意識の心理………①486
無意識の力を伸ばす8つ
　の講義……………①102
無意識のヘーゲル…①473
無意味な人生など、ひ
　とつもない………①103

向かい風がいちばんい
　い…………………①218
無外流居合術教範…①236
昔ながらの常備菜……①62
昔ながらの知恵で暮ら
　しを楽しむ 家しごと
　……………………①62
昔話………………①908
昔話と現代………①887
昔話の戦略思考……②266
昔話の読み方伝え方を
　考える……………①887
昔話法廷〈Season2〉・①354
ムカシ×ムカシ
　REMINISCENCE
　……………………①1112
昔勇者で今は骨……①1199
無我仏教を語りつぐ・①512
無冠、されど至強…①230
無冠の男 松方弘樹伝・①766
無機化学の基礎……②672
無期転換申込制度への対
　応実務と労務管理・②331
麦ばあの島…………①857
麦ばあの島〈第1巻〉・①857
麦ばあの島〈第2巻〉・①857
麦ばあの島〈第3巻〉・①857
麦ばあの島〈第4巻〉・①857
ムキムキだけじゃない
　ぼくのきんにく……①341
無気力探偵〈2〉……①1191
報い………………①1096
無垢材で作る本格木工
　家具入門…………①288
無口な男爵の甘いキス
　……………………①1396
無垢な家庭教師は貴公
　子に溺愛される……①1406
無垢の花…………①932
無形学へ…………①161
無形文化遺産ウィーン
　のカフェハウス……②85
無限アルマダ〈551〉
　……………………①1359
夢幻戦舞曲…………①1278
夢幻戦舞曲〈2〉……①1278
無間如来…………①1047
無限の書…………①1360
無限の二重化………①473
無限の果てに何がある
　か…………………②655
無限レシピ………①62
向こうがわの蜂……①1075
ムー公式 実践・超日常
　英会話……………①645
向山の教師修業十年・①721
向山洋一LEGACY
　BOX……………①755
武庫川渓谷廃線跡ハイ
　キングガイド……①190
武曲〈2〉…………①1016
無言宣伝…………②145
武蔵〈5〉…………①1054
武蔵〈6〉…………①1054
武蔵の商都「引又」の栄
　光…………………①539
武蔵野線…………①431
武蔵武士の諸相……①550
むーさんの自転車…①1011
虫かぶり姫…………①1292
虫かぶり姫〈3〉……①1292
むしくい男と光の木・①341
虫螻………………①259
むしさん なんのぎょう
　れつ？……………①341
蟲の饗宴…………②695
虫の世界と五七五…①259
蝕みの月…………①1316

書名索引

無慈悲な富豪が授けた
　命〈6〉‥‥‥‥‥①1383
虫娘‥‥‥‥‥‥‥‥①986
虫眼鏡ジャンピング
　‥‥‥‥‥‥‥‥‥①1000
無邪気なカラダ‥‥‥①1399
無邪気なシンデレラ
　‥‥‥‥‥‥‥‥‥①1372
無邪気な誘惑‥‥‥‥①1392
武者鼠の爪‥‥‥‥‥①1046
武者始め‥‥‥‥‥‥①1062
無宗教でも知っておき
　たい宗教のことば‥①500
無宿者‥‥‥‥‥‥‥①1059
無情の神が舞い降りる
　‥‥‥‥‥‥‥‥‥①999
無上の幸福‥‥‥‥‥①1318
無職転生〈14〉‥‥‥①1297
無職転生〈15〉‥‥‥①1298
無職転生〈16〉‥‥‥①1298
「無印良品」この使い方
　がすごい！‥‥‥‥①4
無印良品で片づく部屋
　のつくり方‥‥‥‥①2
無印良品の業務標準化
　委員会‥‥‥‥‥‥②306
無印良品のPDCA‥‥②306
無人駅と殺人と戦争
　‥‥‥‥‥‥‥‥‥①1101
無心の対話‥‥‥‥‥①497
無神論と国家‥‥‥‥②172
難しいことは嫌いでズ
　ボラでも 株で儲け続
　けるたった1つの方法
　‥‥‥‥‥‥‥‥‥②396
難しいことはできませ
　んが、お金のなる木
　の見つけ方を教えて
　ください！‥‥‥‥②392
難しいことはわかりま
　せんが、英語が話せ
　る方法を教えてくだ
　さい！‥‥‥‥‥‥②645
難しい専門用語は後回
　し！ ピアノで学ぶや
　さしいコード理論‥①812
息子が殺人犯になった
　‥‥‥‥‥‥‥‥‥②936
息子が人を殺しました
　‥‥‥‥‥‥‥‥‥②214
息子と狩猟に‥‥‥‥①1103
息子とワタシ、ときど
　きツレ‥‥‥‥‥‥①15
息子のチン毛が生える
　まで‥‥‥‥‥‥‥①950
息子の嫁の艶姿‥‥‥①1400
結物語‥‥‥‥‥‥‥①1247
むすびや‥‥‥‥‥‥①1017
結・Musubi‥‥‥‥①845
結 MUSUBU‥‥‥‥①776
娘に語る人種差別‥‥②44
娘になった妻、のぶ代
　‥‥‥‥‥‥‥‥‥①178
無責任ギャラクシー☆
　タイラー‥‥‥‥‥①1128
無銭経済宣言‥‥‥‥①456
無線従事者国家試験問
　題解答集 総合無線通
　信士〈1〉‥‥‥‥②636
無線従事者国家試験問
　題解答集 第一級陸上
　無線技術士‥‥‥‥②636
無線従事者国家試験問
　題解答集 第二級陸上
　無線技術士‥‥‥‥②636
無線従事者試験のため
　の数学基礎‥‥‥‥②262
無線ネットワークシス
　テムのしくみ‥‥‥②520

無銭横町‥‥‥‥‥‥①1010
夢窓‥‥‥‥‥‥‥‥①1054
夢想神伝流‥‥‥‥‥①236
夢想神伝流居合道‥‥①236
無双の拝領剣‥‥‥‥①1064
無属性魔法の救世主（メ
　サイア）〈3〉‥‥①1283
ムダ家事が消える生活‥①6
六田知弘写真集 ロマネ
　スク‥‥‥‥‥‥‥①259
ムダ取りの実践‥‥‥②311
ムダな仕事が多い職場
　‥‥‥‥‥‥‥‥‥②344
ムダのカイゼン、カイ
　ゼンのムダ‥‥‥‥②306
無駄のないクローゼッ
　トの作り方‥‥‥‥①30
無知と文明のパラドク
　ス‥‥‥‥‥‥‥‥②266
霧中の岐路でチャンス
　をつかめ‥‥‥‥‥①103
無痛分娩の極意‥‥‥②762
ムッシュー・バン‥‥①1338
ムッソリーニ‥‥‥‥①602
6つのアイデア×8の原
　則で英語力がぐーん
　と伸びる！ 英語テス
　トづくり&指導アイ
　デアBOOK‥‥‥‥②736
6つの不安がなくなれば
　あなたの起業は絶対
　成功する‥‥‥‥‥②346
ムッツリ女騎士、悪魔
　♂に転生す‥‥‥‥①1399
陸奥国の中世石川氏‥①550
陸奥話記の成立‥‥‥①551
ムー的世界の新七不思
　議‥‥‥‥‥‥‥‥①143
霧笛荘夜話‥‥‥‥‥①982
無敵の行政書士〈2017年
　試験直前対策〉‥‥②239
無敵の思考‥‥‥‥‥②356
無敵の司法書士‥‥‥②237
無敵の社労士〈2〉‥②502
無敵の社労士〈3〉‥②502
無敵の社労士〈4〉‥②502
無敵の地方公務員 "上
　級" 過去問クリア問題
　集〈2019年度版〉‥②181
無敵の地方公務員 "上
　級" 過去問徹底分析
　〈2019年度版〉‥‥②181
無敵の地方公務員 "初
　級" 過去問クリア問題
　集〈2019年度版〉‥②182
無敵の地方公務員 "初
　級" 過去問徹底分析
　〈2019年度版〉‥‥②182
無敵の殿様‥‥‥‥‥①1056
無敵の働き方‥‥‥‥②356
無敵の簿記1級‥‥‥②474
無敵の簿記2級‥‥‥②475
無敵の簿記3級‥‥‥②475
無敵リスニング 上級‥①647
無敵リスニング 中級‥①647
無藤隆が徹底解説 学習
　指導要領改訂のキー
　ワード‥‥‥‥‥‥①721
無糖パニラ‥‥‥‥‥①1200
無刀流整形外科‥‥‥②752
宗像祭祀と大和のはじ
　まり‥‥‥‥‥‥‥①539
棟方志功の世界‥‥‥①868
胸騒ぎのオフィス‥‥①1260
胸キュンスカッと ノベ
　ライズ‥‥‥‥‥‥①370
棟居刑事のガラスの密
　室‥‥‥‥‥‥‥‥①1113

棟居刑事の推理‥‥‥①1113
棟居刑事の東京夜会
　‥‥‥‥‥‥‥‥‥①1113
棟居刑事の永遠（とわ）
　の狩人‥‥‥‥‥‥①1113
棟居刑事の黙示録‥‥①1113
胸の鼓動が溶けあう夜
　に‥‥‥‥‥‥‥‥①1345
胸は落とさない！ 下腹
　ペタンコダイエット
　‥‥‥‥‥‥‥‥‥①27
無能男‥‥‥‥‥‥‥①997
無能と呼ばれた俺、4つ
　の力を得る〈1〉‥①1272
むのたけじ 笑う101歳
　‥‥‥‥‥‥‥‥‥②15
無の棺‥‥‥‥‥‥‥②580
無伴奏混声合唱 酒頌/
　海のあなたに‥‥‥①818
無伴奏混声合唱のため
　のAfter‥‥‥‥‥①818
無伴奏女声合唱のため
　の フォルテは歩む
　‥‥‥‥‥‥‥‥‥①818
無伴奏フルート名曲集
　‥‥‥‥‥‥‥‥‥①819
ムービー・マジック〈第
　2巻〉‥‥‥‥‥‥①794
ムービー・マジック〈第
　3巻〉‥‥‥‥‥‥①794
無病長寿の秘めた力‥①153
無分別智医療の時代へ
　‥‥‥‥‥‥‥‥‥②702
無辺光‥‥‥‥‥‥‥①788
無謀なるものたちの共
　同体‥‥‥‥‥‥‥①108
無貌の神‥‥‥‥‥‥①1124
無法の弁護人〈3〉‥①1214
謀叛の児 嵐崎澄天の
　「世界革命」‥‥‥①456
無名草子‥‥‥‥‥‥①888
無明長夜‥‥‥‥‥‥①988
ムーミンのゆびでたど
　ろう！ えさがしえほ
　ん‥‥‥‥‥‥‥‥①306
無名鬼の憂‥‥‥‥‥①932
無名の大魔法師‥‥‥①1244
夢遊病者たち〈1〉‥①591
夢遊病者たち〈2〉‥①591
無用庵隠居修行〈上〉
　‥‥‥‥‥‥‥‥‥①1033
無用庵隠居修行〈下〉
　‥‥‥‥‥‥‥‥‥①1033
無欲の聖女〈3〉‥‥①1241
無欲の聖女〈4〉‥‥①1241
村尾医師のがん よろず
　相談承ります‥‥‥①179
村上春樹を、心で聴く
　‥‥‥‥‥‥‥‥‥①914
村上春樹「騎士団長殺
　し」メッタ斬り！‥①914
村上春樹とスペイン‥①914
村上春樹と "鎮魂" の詩
　学‥‥‥‥‥‥‥‥①914
村上春樹のフィクショ
　ン‥‥‥‥‥‥‥‥①914
村上春樹 翻訳（ほとん
　ど）全仕事‥‥‥‥①914
村上裕二画集 仮面ライ
　ダーの世界‥‥‥‥①845
村上レンチン食堂の
　「15分で2品」定食
　情‥‥‥‥‥‥‥‥①62
村木ツトム その愛と友
　情‥‥‥‥‥‥‥‥①370
紫式部 "裏" 伝説‥‥①895
紫式部日記を読み解く
　‥‥‥‥‥‥‥‥‥①547
紫式部の娘。賢子はと

まらない！‥‥‥‥①354
紫のアリス‥‥‥‥‥①1090
紫の祝祭‥‥‥‥‥‥①1308
紫の空‥‥‥‥‥‥‥①259
紫草の縁‥‥‥‥‥‥①1044
村田蓮爾タラ・ダンカ
　ンアートワークス‥①845
むらと家を守った江戸
　時代の人びと‥‥‥①563
村西とおるがお答えし
　ます！‥‥‥‥‥‥②90
村西とおる語録集‥‥①103
村の音が聞こえる‥‥①259
村野藤吾とクライアン
　ト‥‥‥‥‥‥‥‥②614
村人ですが何か？〈2〉
　‥‥‥‥‥‥‥‥‥①1212
村人ですが何か？〈3〉
　‥‥‥‥‥‥‥‥‥①1212
村人ですが何か？〈4〉
　‥‥‥‥‥‥‥‥‥①1212
村人転生 最強のスロー
　ライフ〈5〉‥‥‥①1224
村人転生 最強のスロー
　ライフ〈6〉‥‥‥①1224
村人転生 最強のスロー
　ライフ〈7〉‥‥‥①1224
村人Aと帝国第七特殊連
　隊（ドラゴンパピー）
　〈1〉‥‥‥‥‥‥①1247
村人Aはお布団スキルで
　世界を救う‥‥‥‥①1192
村山籌子の人間像と童
　話‥‥‥‥‥‥‥‥①886
村山俊太郎 教育思想の
　形成と実践‥‥‥‥①755
村山慈明の居飛車対振
　り飛車 知って得する
　序盤術‥‥‥‥‥‥①250
ムラヨシマサユキのお
　菓子‥‥‥‥‥‥‥①72
夢裡庵先生捕物帳〈上〉
　‥‥‥‥‥‥‥‥‥①1028
夢裡庵先生捕物帳〈下〉
　‥‥‥‥‥‥‥‥‥①1028
「無理しない」地域づく
　りの学校‥‥‥‥‥①755
無理せず楽に楽しく、
　好きな仕事で自立す
　る方法‥‥‥‥‥‥②296
無理なく続けられる人
　の時間術‥‥‥‥‥②344
無理なく続けられる！
　副業でも充分稼げる
　アフィリエイトのた
　めのブログの書き方
　講座‥‥‥‥‥‥‥②529
ムリなく、ムダなく、小
　中学校の理科がしっ
　かり身につく。‥‥②730
無料で描くデジタルイ
　ラスト メディバンペ
　イントからはじめよ
　う！‥‥‥‥‥‥‥②541
無料で使えるイラスト
　ソフト Inkscapeス
　タートブック‥‥‥②541
群れない。‥‥‥‥‥①103
群の表示‥‥‥‥‥‥②655
群れamong‥‥‥‥‥①952
ムロ本、‥‥‥‥‥‥①772
室町期顕密寺院の研究
　‥‥‥‥‥‥‥‥‥①551
室町耽美抄 花鏡‥‥①1035
室町の学問と知の継承
　‥‥‥‥‥‥‥‥‥①551
室町幕府将軍列伝‥‥①551
室町幕府の地方支配と
　地域権力‥‥‥‥‥①551

室町幕府崩壊‥‥‥‥①551
文在寅韓国新大統領守
　護霊インタビュー‥①504
ムーンナイト/影‥‥①857
ムーン・リヴァー‥‥①994

目‥‥‥‥‥‥‥‥‥①259
メアリー・シーコール
　自伝‥‥‥‥‥‥‥②726
メアリと魔女の花
　‥‥‥‥②322、①801
メアリと魔女の花ビ
　ジュアルガイド‥‥①801
メアリと魔女の花 フィ
　ルムコミック〈上〉
　‥‥‥‥‥‥‥‥‥①801
メアリと魔女の花 フィ
　ルムコミック〈下〉
　‥‥‥‥‥‥‥‥‥①801
明暗‥‥‥‥‥‥‥‥①976
名医の身心ことばセラ
　ピー‥‥‥‥‥‥‥①153
名医の昔ばなし‥‥‥①341
明快！ これで合格 行政
　書士〈1〉‥‥‥‥②239
明快 人生観‥‥‥‥‥①951
明解税務 税務資料〈平
　成29年度版〉‥‥‥②324
明解世界史図説 エスカ
　リエ‥‥‥‥‥‥‥①733
明解 年金の知識〈2017
　年度版〉‥‥‥‥‥②75
冥界武侠譚〈其の1〉‥①891
明解簿記講義‥‥‥‥②321
明解 民事訴訟法‥‥‥②217
明快！ よくわかる数学
　‥‥‥‥‥‥‥‥‥②639
明快！ SCOA総合適性
　検査〈2019年度版〉
　‥‥‥‥‥‥‥‥‥②295
名画ここどこ‥‥‥‥①431
名画で読み解くイギリ
　ス王家12の物語‥‥①605
名画の中の植物‥‥‥①830
名画の本音〈3〉‥‥①830
名監督の技を盗む！ ス
　ビルバーグ流監督術
　‥‥‥‥‥‥‥‥‥①795
名棋士の対局に学ぶ詰
　め&必死‥‥‥‥‥①251
迷宮大脱出！‥‥‥‥①441
迷宮探訪‥‥‥‥‥‥②40
迷宮と精霊の王国〈4〉
　‥‥‥‥‥‥‥‥‥①1235
迷宮のアルカディア〈1〉
　‥‥‥‥‥‥‥‥‥①1404
迷宮のアルカディア〈2〉
　‥‥‥‥‥‥‥‥‥①1404
迷宮の王子‥‥‥‥‥①364
迷宮のキャンパス‥‥①1191
迷宮の天使〈上〉‥‥①1361
迷宮の天使〈下〉‥‥①1361
迷宮のモンスター‥‥①441
迷宮百年の睡魔‥‥‥①1112
迷宮料理人ナギの冒険
　〈2〉‥‥‥‥‥‥①1293
迷宮歴史俱樂部‥‥‥①584
明鏡‥‥‥‥‥‥‥‥①974
名曲で学ぶ音大入試の
　楽典‥‥‥‥‥‥‥①822

メイキング ……………②116
メイキング・オブ・アウ
　トランダー ……………①781
メイキング・オブ・大河
　ファンタジー 精霊の
　守り人 最終章 ………①781
メイキング・オブ・大河
　ファンタジー 精霊の
　守り人2 悲しき破壊
　神 ………………………①781
メイク・ア・ウィッシュ
　…………………………②704
メイクがシニアを元気
　にする ………………①24
名経営者との対話 ……②308
名建築の空想イラスト
　図鑑 …………………①845
名港＆知多半島湾岸
　フィッシングマップ
　〈1〉 …………………①232
名作をいじる …………①914
名作が踊る『資本論』の
　世界 …………………②268
名作「細雪」の真実 …①914
名作転生〈1〉 ………①1136
名作転生〈2〉 ………①1137
名作転生〈3〉 …………①354
名作「楢山節考」に隠さ
　れた謎を解く ………①914
名作なんか、こわくな
　い ……………………①958
名作のある風景 ………①959
名作名言 ………………①107
名作落語50席がマンガ
　で読める本 …………①786
明治あやかし新聞 ……①1206
明治あやかし新聞〈2〉
　………………………①1206
明治・妖モダン ………①1125
明治維新を読みなおす
　…………………………①568
明治維新史研究 ………①568
明治維新 司馬史観とい
　う過ち ………………①568
明治維新 血の最前戦 ①568
明治維新で変わらな
　かった日本の核心 …①568
明治維新という過ち …①568
明治維新というクーデ
　ター …………………①568
明治維新という名の洗
　脳 ……………………①568
明治維新と外交 ………①568
明治維新と西洋文明 …①568
明治維新とは何だった
　のか …………………①568
明治維新の正体 ………①568
明治維新150年を考える
　…………………………①568
明治一代女 お篤、お梅、
　お吉の悲恋物語 ……①1021
明治をつくった人びと
　…………………………①573
明治乙女物語 …………①1047
明治ガールズ …………①1058
明治漢文教科書集成〈補
　集1〉 …………………①757
明治期泉鏡花作品研究
　…………………………①914
明治期初等学校教育教
　科書 …………………①757
明治期における日本語
　文法研究史 …………①631
明治期の地方制度と名
　望家 …………………①573
名刺ゲーム ……………①1092
明治憲法における「国
　務」と「統帥」 ………②225

明治工芸入門 …………①873
明治国家と万国対峙 …①573
明治、このフシギな時
　代〈2〉 ………………①573
明治頌歌 ………………①573
明治初年本の裁判 ……②225
明治史論集 ……………①573
明治神宮365日の大御心
　…………………………①506
明治聖徳記念學會紀要
　〈復刊第53号〉 ………①612
明治聖徳記念學會紀要
　〈復刊第54号〉 ………①612
明治大学シェイクスピ
　アプロジェクト！ …①783
明治・大正期の科学思
　想史 …………………②649
明治・大正・昭和・平成
　文學の國いわて ……①902
明治大帝 ………………①573
明治天皇 その生涯と功
　績のすべて …………①573
明治東京奠伽5周年記念
　ファンブック ………①845
明治 なりわいの魁 …②308
明治二十年代 透谷・一
　葉・露伴 ……………①902
明治の革命 ……………①573
明治の金勘定 …………①573
明治の商店 ……………①573
明治の女官長 高倉寿子
　…………………………①1046
明治の "青年" …………①573
明治の男子は、星の数
　ほど夢を見た。………①932
明治の御世の「坊っ
　ちゃん」 ……………①916
明治の寄席芸人 ………①786
名手に学ぶテンカラ釣
　りの極意50 …………①232
名城への誘い …………①534
名称未設定ファイル
　…………………………①1000
名人が教える和牛の飼
　い方コツと裏ワザ …②456
瞑想アート ……………①824
迷走患者 ………………②707
瞑想経典編 ……………①517
迷走人生 Nやんの奇跡
　…………………………①932
迷走する番号制度 ……②145
瞑想で愛の人になる ヒ
　マラヤ大聖者のシン
　プルな智慧 …………①103
「瞑想」であなたの願い
　は次々叶う …………①103
瞑想で心の癖を変える
　ヒマラヤ大聖者のシ
　ンプルな智慧 ………①103
瞑想と霊性の生活〈3〉
　…………………………①143
瞑想によるココロとカ
　ラダの断捨離 ………①160
瞑想の道 ………………①460
命題文法論 ……………①622
名探偵作家短篇集 法月
　綸太郎篇 ……………①1103
名探偵傑作短篇集 火村
　英生篇 ………………①1074
名探偵傑作短篇集 御手
　洗潔篇 ………………①1090
名探偵コナン …………①381
名探偵コナン 服部平次
　＆遠山和葉シーク
　レットアーカイブス
　…………………………①801
名探偵コナン歴史まん
　が 日本史探偵コナン
　〈1〉 …………………①443

名探偵コナン歴史まん
　が 日本史探偵コナン
　〈2〉 …………………①443
名探偵コナン歴史まん
　が 日本史探偵コナン
　〈3〉 …………………①443
名探偵コナン歴史まん
　が 日本史探偵コナン
　〈4〉 …………………①443
名探偵コナン歴史まん
　が 日本史探偵コナン
　〈8〉 …………………①443
名探偵コナン歴史まん
　が 日本史探偵コナン
　〈10〉 …………………①427
名探偵コナン
　KODOMO時事ワー
　ド〈2018〉 ……………①422
名探偵シャーロック・
　ホームズ ……………①381
名探偵は嘘をつかない
　…………………………①1073
名探偵ホームズ全集〈第
　1巻〉 …………………①892
名探偵ホームズ全集〈第
　2巻〉 …………………①892
名探偵ホームズ全集〈第
　3巻〉 …………………①892
名探偵ホームズとぼく
　…………………………①381
名探偵・森江春策 ……①1072
めいちゃんとクー ……②4
名著訪108 ……………②4
名著で読む世界史 ……①591
名著で読む日本史 ……①534
名著復刻 作文で鍛える
　…………………………①725
名著復刻 数学的な考え
　方の具体化〈1〉 ……①728
名著復刻 話せない子・
　話さない子の指導 …①710
名著復刻 問題解決過程
　と発問分析〈2〉 ……①728
名鉄バス ………………②429
「メイド・イン・フクシ
　マ恋愛映画」誕生物
　語 ……………………①791
名刀に挑む ……………①873
メイドを娶った砂の王
　…………………………①1374
冥途のお客 ……………①947
冥途の別れ橋 …………①1049
メイドは一夜のシンデ
　レラ …………………①1374
メイド花嫁を召し上が
　れ ……………………①1322
メイド母娘vs.割烹着母
　娘 ……………………①1402
メイドやります！ 年上
　お姉さんとツンツン
　幼女に ………………①1397
冥の水底〈上〉 ………①1122
冥の水底〈下〉 ………①1123
名馬を読む ……………①245
名場面、名セリフで楽
　しむ「ベルサイユの
　ばら」の英語 ………①641
名銀行家（バンカー）列
　伝 ……………………②383
名品撰 古伊万里金襴手
　作品 …………………①874
「名物機長」の "夢実現"
　フライト人生 ………①437
名物テレビマンが、校長
　先生をやってみた …①706
名門・県立浦和高校の白
　熱エネルギー講座 …②573
名門校の「人生を学ぶ」

授業 ……………………①702
名門校「武蔵」で教える
　東大合格より大事な
　こと …………………①702
名門幼稚園お受験はマ
　マが9割 ……………①744
名誉毀損の法律実務 …②207
名誉三冠 小林光一 布石
　の神髄 ………………①248
名誉と恍惚 ……………①1018
迷路探偵ピエール ……①441
めいろブック ゆめのな
　かのほうけん ………①304
「迷惑施設」としての学
　校 ……………………①702
迷碗・凡碗・ガラクタ茶
　碗蒐集顛末記 ………①874
メガシティ〈5〉 ………②614
メガシティ〈6〉 ………②614
メガトレンド …………②296
メガネと放蕩娘 ………①1022
メガバンク絶体絶命
　…………………………①1066
メガフロートから海上
　都市へ ………………②614
めがぼん ………………①781
目が見えない演歌歌手
　…………………………①803
女神からの愛のメッ
　セージ小惑星占星術
　…………………………①132
女神様も恋をする ……①1177
女神信仰と日本神話 …①508
女神なんてお断りで
　すっ。〈4〉 …………①1209
女神なんてお断りで
　すっ。〈5〉 …………①1209
女神なんてお断りで
　すっ。〈6〉 …………①1209
女神のデパート〈3〉 …①354
女神の勇者を倒すゲス
　な方法 ………………①1203
女神の勇者を倒すゲス
　な方法〈2〉 …………①1203
女神の勇者を倒すゲス
　な方法〈3〉 …………①1203
女神の料理人 …………①1047
女神フライアが愛した
　国 ……………………②85
めがみめぐり …………①1137
めがみめぐり公式ガイ
　ド＆ビジュアルブッ
　ク ……………………①283
女神めし〈2〉 …………①1013
目がよくなる眼トレな
　ぞり書き帳 …………①183
目がよくなる魔法のぬ
　り絵〈2〉 ……………①866
目がよくなる魔法のレ
　シピ …………………①62
目からうろこ！ 会話に
　役立つ故事 ことわざ
　四字熟語 ……………①628
目からウロコの統計学
　…………………………②662
目からうろこ！ 本当の
　意味いわれがわかる
　冠婚葬祭のことば …①16
メキシコへわたしをさ
　がして ………………①378
メキシコ便利帳〈VOL.
　2〉 ……………………①210
目くじら社会の人間関
　係 ……………………②108
めくってあそぼう！ お
　おいそがし！ はたら
　くくるま ……………①304
めくってあそぼう！
　しゅつどう！ レス

キューたいのくるま
　…………………………①304
めくってあそぼう！ ね
　ずみさんのおおきな
　木のおうち …………①306
めくって学べる とけい
　図鑑 …………………①388
めぐみ園の夏 …………①1004
巡り逢う才能 …………①814
めぐり糸 ………………①981
めぐる季節 ……………①945
めぐる日本のモノづく
　り ……………………①873
めげない自分をつくる
　「セルフトーク」 ……②344
めご太郎 ………………②25
メコンを下る …………②88
メコン諸国の不動産法
　…………………………②422
目指すは即答 基礎力
　アップ問題集 ………①248
めざせ「偉り人」！ マ
　ンガでわかる最強の
　株入門 ………………①396
めざせ達人！ 英語道場
　…………………………①641
めざせ！ チャンピオン
　ライトニング・マッ
　クィーン/ジャクソ
　ン・ストーム ………①378
めざせ！ 貿易実務検定
　要点解説＆過去問題
　…………………………②313
めざせマグネットホス
　ピタル ………………②768
めざそう！ ホワイト企
　業 ……………………②331
目覚めよ日本 …………②201
めざめる ………………①405
目覚めれば愛は宿り
　…………………………①1377
メシアメジャーが語っ
　た知って備えるべき
　未来〈1〉 ……………①143
メシエ天体＆NGC天体
　ビジュアルガイド …②677
「目力」アップ3分ト
　レーニング …………①24
飯テロ …………………①1137
メジャーリーグ・完全
　データ選手名鑑
　〈2017〉 ………………①225
メジャーリーグの現場
　に学ぶビジネス戦略
　…………………………①225
牝犬孕ませ母娘丼 ……①1397
牝堕ち巨乳妻は俺のモ
　ノ ……………………①1397
珍しい日記 ……………①932
メゾピアノドリルコレ
　クション 小学英語
　…………………………①395
メゾピアノドリルコレ
　クション 小1国語 読
　解 ……………………①394
メゾピアノドリルコレ
　クション 小2国語 読
　解 ……………………①394
メゾピアノドリルコレ
　クション 小3漢字 …①394
メゾピアノドリルコレ
　クション 小3計算 …①396
メゾピアノドリルコレ
　クション 小3国語 読
　解 ……………………①394
メーゾン・ベルビウの
　猫 ……………………①1007
メゾンAVへようこそ！
　…………………………①1322

メタゲノム解析技術の
　最前線 …………… ②572
目立ちたがり屋の鳥た
　ち ……………………①697
メタヒストリー ……①602
メタファー思考は科学
　の母 ………………①456
メタボから糖尿病にな
　らない方法 ………①181
メタマテリアル〈2〉…②594
メタマテリアルのため
　の光学入門 ………①667
目玉焼きの丸かじり ・①948
メタリカ公式ビジュア
　ルブック …………①808
メタリ子生活帳 ……①804
メタ倫理学入門 ……①476
メタル現場主義 ……①804
めちゃかわヘアが大集
　合！ ヘアアレンジ事
　典スペシャル ……①438
めちゃくちゃわかる
　よ！ 超株入門 ……②396
めっき大全 …………②624
めったに見られない瞬
　間！ ………………①261
めっちゃいい塩梅。…①772
滅亡へのカウントダウ
　ン〈上〉 ……………①936
滅亡へのカウントダウ
　ン〈下〉 ……………①937
メディアをつくって社
　会をデザインする仕
　事 …………………②296
メディア・オーディエ
　ンスの社会心理学 ・①110
メディアガイド〈2017〉
　…………………………②340
メディア技術史 ………①11
メディア工作ワーク
　ブック ……………①879
メディアというプリズ
　ム …………………②11
メディアと文学 ……①925
メディアに操作される
　憲法改正国民投票 ・②202
メディアの驕り ……②15
メディアのことばを読
　み解く7つのこころみ
　…………………………②11
メディアの循環「伝え
　るメカニズム」……②11
メディアの敗北 ……②11
メディアの本分 ……②11
メディアの歴史 ……②11
メディア不信 ………②11
メディア・文化の階級
　闘争 ………………①898
メディア文化論 ……②11
メディア分光器 ……②12
メディア融合時代到
　来！ ………………②12
メディア・リテラシー
　教育 ………………①755
メディカルスタッフか
　ら教職員まで アレル
　ギーのはなし ……①182
メディカルスタッフの
　ための白血病診療ハ
　ンドブック ………②723
メディカルヨーガ ……①162
メディカルヨガ ……①162
魔法医師（メディサン・
　ドゥ・マージ）の診療
　記録〈5〉 …………①1233
魔法医師（メディサン・
　ドゥ・マージ）の診療
　記録〈6〉 …………①1234
目で覚える美術解剖学

メデタシエンド。…①354
目で見て学ぶ和装豆知
　識 …………………①32
目でみてわかる消防ポ
　ンプ操法 …………②583
目で見る機能安全 …②585
眼でみる実践心臓リハ
　ビリテーション …②741
目でみる耳鼻咽喉科疾
　患 …………………②762
目で見る消防活動マ
　ニュアル …………②154
目でみる地下の図鑑 ・①422
目と耳で覚える漢字絵
　ずかん 3・4年生 …①394
目と耳で覚える漢字絵
　図鑑 5・6年生 ……①394
銘度利加 ……………①967
メナヘム・プレスラーの
　ピアノ・レッスン …①822
目に見えない世界を歩
　く ……………………②64
目に見える世界は幻想
　か？ ………………①667
眼の奥の森 …………①1021
目の前にいるイヤな上
　司の取り扱い説明書
　…………………………②344
メビウスの守護者 …①1083
メビウス博士とジル氏
　…………………………②34
めまいは寝転がり体操
　で治る ……………①160
め・め・め ………①342
メメント1993 ……①1022
目元で、美人の9割が決
　まる ………………①24
メリーメリー おとまり
　にでかける ………①378
メリーメリーのびっく
　りプレゼント ……①378
メリーメリーへんしん
　する ………………①378
メルヴィル文学に潜む
　先住民 ……………①923
メールカウンセリング
　の技法と実際 ……①497
メルカリ＆メルカリ
　アッテでかしこく稼
　ぐ本 ………………②514
メルカリ公式ガイド
　BOOK ……………②529
メルクストーリア オ
　フィシャルビジュア
　ルワークス〈3〉 ……①283
メール 仕事の教科書。②356
メルセデス・ベンツ「最
　高の顧客体験」の届
　け方 ………………①443
メルセデス・ベンツ 歴
　史に残るレーシング
　活動の軌跡 1894・
　1955 ………………①242
メールで交わした3・11
　…………………………②42
メルヒェン ………①1338
メルヘン・メドヘン
　…………………………①1271
メルヘン・メドヘン〈2〉
　…………………………①1271
メルヘン・メドヘン〈3〉
　…………………………①1271
メルヘン館はハーブの
　香り ………………①886
メルロ＝ポンティ哲学
　者事典〈第1巻〉 ……①475
メルロ＝ポンティ哲学
　者事典〈第2巻〉 ……①475

メルロ＝ポンティ哲学
　者事典〈第3巻〉 ……①475
メルロ＝ポンティ哲学
　者事典〈別巻〉 ……①475
メレイライヲン一代記
　を読む ……………①526
メレ旅〈上巻〉 ……①210
メレ旅〈下巻〉 ……①210
メロンとスイカの歴史
　…………………………②38
メロンパン …………①342
免疫栄養ケトン食で が
　んに勝つレシピ …①164
免疫学 ………………②733
免疫革命 がんが消える
　日 …………………②738
免疫機能性食品の基礎
　と応用 ……………②775
免疫検査学 …………②733
免疫ペディア ………②733
免疫力を上げる食べ物
　の組み合わせ ……①164
免疫力を高めて病気を
　自力で治すコツがわ
　かる ………………①153
免疫力を高めるアマデ
　ウスの魔法の音 ……②723
面会交流支援の方法と
　課題 ………………②207
面会交流と養育費の実
　務と展望 …………②207
面会交流はこう交渉す
　る …………………②207
免罪符の旅 …………①199
面心の代数幾何学 …②660
メンズスタイリング入
　門 …………………①30
メンズ萌えキャラク
　ターの描き方 ……①863
面接援助技術 ………②64
面接官の心を操れ！ 無
　敵の就職心理戦略 …②296
面接の達人〈2019〉 …②296
メンタリストDaiGoの
　ポジティブ辞典 …①126
メンタリズムで相手の
　心を97%見抜く、操
　る！ ズルい恋愛心理
　術 …………………①119
メンタル・コーパス ・①622
メンタルサプリ ……①486
メンタルトレーナーが
　教える 子どもが伸び
　るスポーツの声かけ
　…………………………①217
メンタルヘルスケアの
　ための統合医学ガイ
　ド …………………②746
メンタルヘルス・マネ
　ジメント検定試験1種
　マスターコース過去
　問題集〈2017年度版〉
　…………………………②509
メンタルヘルス・マネ
　ジメント検定試験1種
　（マスターコース）重
　要ポイント＆問題集
　…………………………②509
メンタルヘルス・マネ
　ジメント検定試験公
　式テキスト 1種 マス
　ターコース ………②509
メンタルヘルス・マネ
　ジメント検定試験公
　式テキスト 2種 ライ
　ンケアコース ……②509
メンタルヘルス・マネ
　ジメント検定試験公
　式テキスト 3種 セル

フケアコース ……②509
メンタルヘルス・マネ
　ジメント検定試験 2
　種ラインケアコース
　過去問題集〈2017年度
　版〉 ………………②509
メンタルヘルス・マネ
　ジメント検定試験2種
　（ラインケアコース）
　重要ポイント＆問題
　集 …………………②510
メンタルヘルス・マネ
　ジメント検定試験 3
　種セルフケアコース
　過去問題集〈2017年度
　版〉 ………………②510
メンタルヘルス・マネ
　ジメント検定試験3種
　（セルフケアコース）
　重要ポイント＆問題
　集 …………………②510
メンタルヘルス・マネジ
　メント検定2種・3種
　テキスト＆問題集 …②510
メンデルスゾーンの形
　而上学 ……………①456
メンデルの軌跡を訪ね
　る旅 ………………②686
面倒だから、しよう ・①103
めんどうな女子社員の
　扱い方 ……………②368
「めんどくさい」がなく
　なる脳 ……………②731
「めんどくさい」がなく
　なる100の科学的な方
　法 …………………①126
「めんどくさい」がなく
　なる部屋づくり ……①20
「めんどくさい人」の心
　理 …………………①486
「めんどくさい人」の取
　り扱い方法 ………①106
麺の歴史 ……………②38
メンヘラ刑事（デカ）
　…………………………①1108
麺屋武蔵 五輪書 ……②428
麺屋武蔵 ビジネス五輪
　書 …………………②428

モアナと伝説の海
　………………①322, ①378
もいもい ……………①378
モイモイとキーリー ・①318
もう焦らない!!英語で伝
　える検査手順 ……②735
もう焦らない!!英語で伝
　える検査手順 採尿編
　…………………………②723
もういいかい、まだだ
　よ …………………①1311
もう異世界に懲りたの
　で破壊して少女だけ
　救いたい …………①1241
もういちどあいとうて
　…………………………①932
もう一度、一緒にあの
　坂を ………………①903
もう一度恋に落ちて
　…………………………①1372
もう一度、仕事で会い

たくなる人。……②356
もう一度、日曜日の君
　へ…………………①1253
もういちど読む山川地
　理…………………①617
もう一度 倫敦巴里 …①845
もう一杯だけ飲んで帰
　ろう。………………①42
もういない君が猫に
　なって……………①1166
もう命けずらないで …①8
もう生まれたくない
　…………………………①1009
もう、がまんしない。…①103
儲かりたいならパート
　社員を武器にしなさ
　い …………………②296
儲かりまっか？ の経営
　道 …………………②296
儲かる！ 空き家・古家
　不動産投資入門 ……②422
儲かるインバウンドビ
　ジネス10の鉄則 ……②296
儲かる会社は人が1割、
　仕組みが9割 ………②296
儲かる10億円ヒット商
　品をつくる！ カテゴ
　リーキラー戦略 ……②296
儲かる「商社ポジショ
　ン経営」のやり方 ・②296
儲かる物理 …………②667
儲かる不動産は東南ア
　ジアの “ここ”で買え
　…………………………②422
儲かるホームページ9つ
　の兵法 ……………②529
「儲かるECサイト」運
　営講座 ……………②520
もう、今日着る服で悩
　まない ……………①30
儲けのしくみ ………②296
「もう心が折れそう！」
　というときすぐ効く
　仕事のコツ大全 ……②344
蒙古襲来と神風 ……①551
蒙古襲来の真実 ……①551
もう子育てでは悩まな
　い この一冊で育児は
　完結する …………①10
“蒙古の怪人”キラー・
　カーン自伝 ………①239
毛細血管で細胞力は上
　がる ………………①153
もう雑談のネタに困ら
　ない！ 大人の雑学大
　全 …………………②32
もう3Kとはいわせない
　5Kといわれる介護施
　設の秘密 …………②64
盲児に対する点字読み
　指導法の研究 ……①686
亡者の家 ……………①1106
猛獣彼女 ……………①1271
もうじゅうはらへりく
　ま …………………①342
妄信 …………………②40
盲人の職業的自立への
　歩み ………………②64
もうすぐ変わる日本史
　の教科書 …………①534
もうすぐやってくる尊
　皇攘夷思想のために
　…………………………①456
もう、相撲ファンを引
　退しない …………①238
妄想刑事エニグマの執
　着 …………………①1098
妄想女子はお隣に住む
　ドSな上司に抱かれた

い‥‥‥‥‥‥①1403
妄想料理‥‥‥‥①62
毛沢東、周恩来と薄儀
　‥‥‥‥‥‥①598
もう、ダメ─ッてと
　きに役立つ菜根譚の
　ことば‥‥‥‥①464
もうちょっと「雑」に生
　きてみないか‥①103
孟徳と本初‥‥①1065
もう悩まない中学受験
　‥‥‥‥‥‥①744
もう2度と痛まない強い
　腰になる‥‥‥①173
毛筆の年賀状‥①871
もうひとつの浅草キッ
　ド‥‥‥‥‥‥①772
もうひとつの命‥①1163
「もうひとつのお家」が
　できたよ‥‥‥①422
もう一つのクリスマス
　‥‥‥‥‥‥①1372
もうひとつの重回帰分
　析‥‥‥‥‥‥②662
もうひとつのせかい
　‥‥‥‥‥‥①342
もう一つの戦略教科書
　『戦争論』‥‥②165
"もう一つの文明"を構
　想する人々と語る日
　本の未来‥‥‥②21
もう一つの物語〈上〉
　‥‥‥‥‥‥①1199
もう一つの物語〈下〉
　‥‥‥‥‥‥①1199
もう一つのものづくり
　‥‥‥‥‥‥①259
もうひとつの"夜と霧"
　‥‥‥‥‥‥①486
もうひとつの
　WONDER‥‥‥①378
もう人前でゼッタイあ
　がらない！‥‥①126
もう一人のケルサ‥①1372
もうふりまわされな
　い！怒り・イライラ
　‥‥‥‥‥‥①422
もう迷わない!!正しい教
　えは一つ‥‥‥①512
盲目的な恋と友情‥①1007
もうモノは売らない‥②338
もう安売りしかないと
　思う前に読む本‥②338
もう山でバテない！
　「インターバル速歩」
　の威力‥‥‥‥①233
もうレシピ本はいらな
　い‥‥‥‥‥‥①62
もうワクチンはやめな
　さい‥‥‥‥‥①723
萌子のDECOスイーツ
　‥‥‥‥‥‥①72
燃えさかる運命‥①1393
燃えつきてから‥①1390
燃えない電池に挑む！
　‥‥‥‥‥‥②297
萌え文学傑作選〈1〉
　‥‥‥‥‥‥①1406
萌え文学傑作選〈2〉
　‥‥‥‥‥‥①1406
萌えよ！戦車学校 戦後
　編1型‥‥‥‥②167
萌える！アーサー王と
　円卓の騎士事典‥①887
萌える！エジプト神話
　の女神事典‥‥①508
もがく建築家、理論を
　考える‥‥‥‥②614
モカとつくるホット
　チョコレート‥①342

モガミの町火消し達‥①259
最上義光‥‥‥‥①556
模擬授業・場面指導
　〈2019年度版〉‥①760
木材需給報告書〈平成27
　年〉‥‥‥‥‥②455
木材の物理‥‥‥②605
黙殺‥‥‥‥‥‥②146
目次レイアウトの見本
　帳‥‥‥‥‥‥①879
黙示録〈上〉‥①1029
黙示録〈下〉‥①1029
黙示論‥‥‥‥①1011
木製建具デザイン図鑑
　‥‥‥‥‥‥①619
木造建築士 資格研修テ
　キスト〈平成29年版〉
　‥‥‥‥‥‥②640
木造建築設計ワーク
　ブック‥‥‥‥②619
木造建築物の防・耐火
　設計マニュアル‥②622
木造住宅工事ハンド
　ブック‥‥‥‥②622
木造都市の夜明け‥①342
木造・S造・RC造 現場
　リアルイラスト
　帖+DVDビデオ‥②622
木足の猿‥‥‥①1096
もぐちゃんちのおひっ
　こし‥‥‥‥‥①342
モクチンメソッド‥②424
目的犯の研究序説‥②225
目的別に探せて、すぐ
　に使えるアイデア集
　Webデザイン良質見
　本帳‥‥‥‥‥①879
もぐ∞（もぐのむげんだ
　いじょう）‥‥①946
目標達成を体得できる
　「幸せの7つのろうそ
　く」‥‥‥‥‥②334
目標達成ノート‥②356
黙約〈上〉‥‥①1349
黙約〈下〉‥‥①1349
黙約〈6〉‥‥①1084
木曜日にはココアを‥①981
木力検定〈2〉‥②619
木力検定〈4〉‥②619
潜る女‥‥‥‥①1096
目録で読む北奥新田農
　民生活史‥‥‥①539
模型キットではじめる
　電子工作‥‥‥②596
模型のメディア論‥②108
モザンビークの誕生‥②88
もしアキバのメイドが
　成功法則を学んだら
　‥‥‥‥‥‥②297
もし明日が見えなく
　なっても切ないほど
　にキミを想う。‥①1257
もし、明日キミに会え
　ないとしたら。‥①103
もしアドラーが上司
　だったら‥‥‥②297
もしあなたが「看取り
　ケア」をすることに
　なったら‥‥‥②705
文字起こし技能テスト
　公式テキスト‥②510
もしかしてうちの子
　も？‥‥‥‥‥①16
もしかしてオオカミ!?
　‥‥‥‥‥‥①317
「もしかしてコミュ障
　（コミュニケーション
　障害）かも？」という
　人のための気くばり

のコツ大全‥‥‥①497
もしきみが月だったら
　‥‥‥‥‥‥①317
もし、キリストが聖書
　を読んだらどう思う
　か‥‥‥‥‥‥①526
模試形式 漢検予想問題
　集 準2級‥‥‥①628
模試形式 漢検予想問題
　集 2級‥‥‥‥①628
模試形式 漢検予想問題
　集 3級‥‥‥‥①628
模試形式 漢検予想問題
　集 4級‥‥‥‥①628
模試形式 漢検予想問題
　集 5級‥‥‥‥①628
もじ鉄‥‥‥‥‥①436
文字と書の消息‥①871
文字に美はありや。‥①940
文字場面集 一字一絵
　‥‥‥‥‥‥①628
もし文豪たちがカップ
　焼きそばの作り方を
　書いたら‥‥‥①894
もし文豪たちがカップ
　焼きそばの作り方を
　書いたら 青のり
　MAX‥‥‥‥①894
文字魔法×印刷技術で
　起こす異世界革命
　‥‥‥‥‥‥①1264
もしもあなたがプリン
　セスになったら‥①120
もしもうちの猫がかわ
　いい女の子になった
　ら‥‥‥‥‥‥①777
もしも彼女がシャム女
　なら‥‥‥‥‥①130
もしも剣と魔法の世界
　に日本の神社が出現
　したら〈4〉‥①1201
もしも高校四年生が
　あったら、英語を話
　せるようになる‥①991
もしも高度に発達した
　フルダイブRPGが現
　実よりもクソゲー
　だったら‥‥‥①1232
もしも坂本龍馬がヤン
　キー高校の転校生
　だったなら‥‥①857
もしもし、運命の人で
　すか。‥‥‥‥①955
もしもし"調査相談室"
　に寄せられるよくあ
　る金融実務相談事例
　200‥‥‥‥‥②385
もしも月でくらしたら
　‥‥‥‥‥‥①403
もしも剣と魔法の世界
　に日本の神社が出現
　したら〈5〉‥①1201
「もしも」に役立つ！お
　やこで防災力アップ
　‥‥‥‥‥‥②583
もしも願いが叶うなら、
　もう一度だけきみに
　逢いたくて。‥①1289
もしもの時に困らない
　相続・贈与バイブル
　‥‥‥‥‥‥②414
もしもの時の手続きガ
　イド‥‥‥‥‥②192
もしもパワハラ上司が
　ドラゴンにさらわれ
　たら‥‥‥‥‥①980
もしも病院に犬がいた
　ら‥‥‥‥‥‥①384
もしも魔法が使えたら
　‥‥‥‥‥‥①584

もしも隣人をご奉仕メ
　イドにすることがで
　きたら‥‥‥‥①1397
もしも☆WEAPON 世
　界の計画・試作兵器
　完全版‥‥‥‥②167
モスクワの夜は熱く
　‥‥‥‥‥‥①1372
モーセからガリラヤの
　イエスへ‥‥‥①528
茂田井武美術館 記憶ノ
　カケラ‥‥‥‥①845
「持たざる企業」の優位
　性‥‥‥‥‥‥②374
持たない幸福論‥①103
モダニスト再考 日本編
　‥‥‥‥‥‥②614
モダニズム以後の芸術
　‥‥‥‥‥‥①824
モダニズムって、なん
　だろう？‥‥‥①431
モダニズムの遠景‥①906
モダニズムの臨界‥②614
モダ・ファブリックス
　の布で作る大人も
　楽しむ布小もの‥①76
もたれ攻め〈5〉‥①1034
モダン京都‥‥‥②116
モダンローズ‥‥①269
持ち歩き 楽譜がやさし
　く読める本‥‥①822
持ちすぎない、シンプ
　ルな暮らし‥‥①28
望月のうさぎ‥①1044
持ち手を楽しむバッグ
　‥‥‥‥‥‥①76
持分会社の登記実務‥②197
モチベーション革命‥②297
もちもちぱんだ もちっ
　と読書ノート‥①422
もちもちぱんだ もちっ
　とまちがいさがし‥①441
もちもちぱんだもちぱ
　ん探偵団‥‥‥①354
もちあつめ‥‥‥①777
モーツァルトの人生‥①814
モーツァルト フィガロ
　の結婚‥‥‥‥①817
木簡小字典 拡大本‥①871
木簡・竹簡‥‥‥①871
木簡と宣命の国語学的
　研究‥‥‥‥‥①631
木工でかんたん 使え
　る！収納インテリア
　づくり‥‥‥‥①288
木工手道具の基礎と実
　践‥‥‥‥‥‥②605
勿体なや祖師は紙衣の
　九十年‥‥‥‥①512
もって歩ける！日光ポ
　ケットガイド‥①428
もってけ屋敷と僕の読
　書日記‥‥‥‥①1275
もっと！あやぶた食堂
　‥‥‥‥‥‥①62
"もっと"瞱下の見える
　評価をしよう！頸部
　聴診法トレーニング
　‥‥‥‥‥‥②723
もっと！エンジョイで
　きる「四季別」健康新
　生活‥‥‥‥‥①153
もっとおいしい、だし
　生活。‥‥‥‥①62
もっと音楽が好きにな
　るこころのトレーニ
　ング‥‥‥‥‥①812
もっと簡単に美しく作
　れる！切り紙81のポ

イント‥‥‥‥‥①867
もっと簡単に暮らせ‥②28
もっときれいになる女
　子の筋トレ‥‥①217
もっと暮らしに毎日の
　ハーブ 使いこなし
　レッスン‥‥‥①269
もっと幸運を呼びこむ
　不思議な写真‥①103
もっと効率的に勉強す
　る技術！‥‥‥②356
もっとしくじり動物大
　集合‥‥‥‥‥①409
もっとしシマエナガちゃ
　ん‥‥‥‥‥‥①259
もっと上手に財産移転
　を！生前贈与の基礎
　知識‥‥‥‥‥②414
もっと知りたい！イス
　ラエル‥‥‥‥②86
もっと知りたいイチゴ
　‥‥‥‥‥‥①406
もっと知りたいイモリ
　とヤモリ‥‥‥①405
もっと知りたい熊谷守
　一 生涯と作品‥①837
もっと知りたいセミの
　羽化‥‥‥‥‥①405
もっと知りたいダイズ
　‥‥‥‥‥‥①406
もっと知りたい ター
　ナー‥‥‥‥‥①836
もっと知りたい！定年
　の楽しみ方‥‥①111
もっと知りたい 仁和寺
　の歴史‥‥‥‥①516
もっと知りたいフェル
　メール 生涯と作品
　‥‥‥‥‥‥①837
もっと知りたいミケラ
　ンジェロ 生涯と作品
　‥‥‥‥‥‥①830
もっと知ろう！点字‥①422
もっと知ろう！発酵の
　ちから‥‥‥‥①434
もっと知ろう 発達障害
　の友だち〈1〉‥①686
もっと知ろう 発達障害
　の友だち〈2〉‥①686
もっと知ろう 発達障害
　の友だち〈3〉‥①686
もっと好きになる 日本
　酒選びの教科書‥①45
もっと素敵に着物リ
　フォーム‥‥‥①32
もっと楽しむかぎ針編
　み ワンダークロッ
　シェ‥‥‥‥‥①83
もっと強くなる剣道・
　練習法‥‥‥‥①236
もっと得点を取るため
　のバスケットボール
　フォーメーションバ
　イブル‥‥‥‥①227
もっと撮りたくなる写
　真のアイデア帳‥①253
もっと猫医者に訊け！
　‥‥‥‥‥‥①266
もっと！ネコにウケる
　‥‥‥‥‥‥①266
もっとハゲしく声に出
　して笑える日本語‥①786
もっと速くなる水泳・
　練習法‥‥‥‥①232
もっとヘンな論文‥①634
最もくわしい屋根・小
　屋組の図鑑‥‥②614
最もシンプルな世界史

書名索引

のつかみ方 メソポタ
ミア文明から現代ま
で ‥‥‥‥‥‥‥‥①591
最も伝わる言葉を選び
抜くコピーライター
の思考法 ‥‥‥‥‥②340
もっともっとまいにち
布ぞうり ‥‥‥‥‥②83
もっと、やめてみた。①103
もっとやりたい仕事が
ある！ ‥‥‥‥‥‥②293
もっと笑う！ 教師の2
日目 ‥‥‥‥‥‥‥①705
モップガール〈3〉‥①991
もてあそばれた純情
‥‥‥‥‥‥‥‥‥①1388
モディが変えるインド
‥‥‥‥‥‥‥‥‥②130
モテ系同期と偽装恋愛!?
‥‥‥‥‥‥‥‥‥①1139
モデラーズルームスタ
イルブック ‥‥‥‥②288
モデルを志向した数学
教育の展開 ‥‥‥‥①728
「モテる男」と「嫌われ
る男」の習慣 ‥‥‥①127
モテる男になる50のテ
クニック ‥‥‥‥‥②31
モテる男の四柱推命 ①130
モテる会社の人事のし
くみ ‥‥‥‥‥‥‥②331
#モデルがこっそり飲
んでいる3日で2kgや
せる魔法のスープ ‥①27
モデルが秘密にしたが
る体幹リセットダイ
エット ‥‥‥‥‥‥①27
モデル賃金実態資料
〈2018年版〉‥‥‥②461
モデル賃金・年収と昇
給・賞与〈2018年版〉
‥‥‥‥‥‥‥‥‥②468
モーデル・ファルティ
ングスの定理 ‥‥‥②660
モデル流！ 体幹革命ス
トレッチ ‥‥‥‥‥①27
元アイドルのAVギャル
瀬名あゆむ、アイド
ルプロデューサーに
なる ‥‥‥‥‥‥‥①772
本居宣長 ‥‥‥‥‥①191
本居宣長『うひ山ぶみ』
‥‥‥‥‥‥‥‥‥①464
元機動戦術部隊員に学
ぶ危機管理トレーニ
ング〈2〉‥‥‥‥‥②163
元ギャル女子高生、資
産7000万円のOL大家
さんになる！ ‥‥‥②424
擬MODOKI ‥‥‥①456
元構造解析研究者の異
世界冒険譚 ‥‥‥‥①1162
元国税局芸人が教える
読めば必ず得する税
金の話 ‥‥‥‥‥‥②404
元コンビニ店員だけど、
FXで月給100万ちょ
いもらってる話 ‥‥②397
元最強の剣士は、異世
界魔法に憧れる〈1〉
‥‥‥‥‥‥‥‥‥①1195
元自衛官が本気で反対
する理由 ‥‥‥‥‥②145
元自衛官の自分でも社
長になれた ‥‥‥‥②297
モード誌クロノロジー
‥‥‥‥‥‥‥‥‥①30
元人事部長が教える
「結果を出す人」の働

きかた ‥‥‥‥‥‥②356
元タカラジェンヌが教
える 自分らしく輝く
51の言葉 ‥‥‥‥‥①118
元ティファニーのVIP
担当が教える超一流
ハイエンドに選ばれ
る魔法のルール ‥‥①118
元登記官からみた登記
原因証明情報 ‥‥‥②210
元トマト研究者・農家
だった僕がぜひ教え
たいトマトの10の効
果 ‥‥‥‥‥‥‥‥①164
元町医者の人生哲学・①938
元ヤン人妻をパコって
骨抜き穴嫁化 ‥‥‥①1397
元勇者、印税生活はじ
めました。‥‥‥‥①1211
元良勇次郎著作集〈別巻
2〉‥‥‥‥‥‥‥‥②486
もどり途 ‥‥‥‥‥①1049
元令嬢のかりそめマリ
アージュ ‥‥‥‥‥①1399
元労働基準監督官が書
いた必ず役立つ賃金
の本 ‥‥‥‥‥‥‥②464
モトローラ6800伝説・②596
元ACミラン専門コーチ
のセットプレー最先
端理論 ‥‥‥‥‥‥①230
元OLの異世界逆ハーラ
イフ〈2〉‥‥‥‥‥①1402
モナ・リザの背中 ‥①1024
もにゅキャラ巡礼 ‥②34
モーニング
娘。'17BOOK『拝
啓、ハル先輩！』東麻
布高校白書 ‥‥‥‥①772
物言えぬ恐怖の時代が
やってくる ‥‥‥‥②12
もの言えぬ時代 ‥‥②108
モノを探さない部屋づ
くり ‥‥‥‥‥‥‥②2
物語 ウェールズ抗戦史
‥‥‥‥‥‥‥‥‥①605
物語を動かすキャラク
ターデザインとイラ
ストの描き方 ‥‥‥①863
物語オランダの歴史 ①602
物語がつくった騙れる
平家 ‥‥‥‥‥‥‥①547
物語が伝えるもの ‥①908
ものがたり詩集 ほくと
冴 ‥‥‥‥‥‥‥‥①967
物語世界への没入体験
‥‥‥‥‥‥‥‥‥①486
物語と歩いてきた道 ①941
物語としての家族 ‥①486
物語としての面接 ‥①497
物語 日本の治水史 ‥②605
物語のおわり ‥‥‥①1020
物語の語るこころ ‥②486
物語の山脈 ‥‥‥‥①1022
物語のティータイム ①922
ものがたり 白鳥の湖 ①317
物語フィンランドの歴
史 ‥‥‥‥‥‥‥‥①602
物語 ポーランドの歴史
‥‥‥‥‥‥‥‥‥①608
物語論 ‥‥‥‥‥‥①641
物語論 基礎と応用 ①884
物語Go！ プリンセス
プリキュア 花とレ
フィの冒険 ‥‥‥‥①364
モノクロの君に恋をす
る ‥‥‥‥‥‥‥‥①1200
モノクローム・サイ
ダー ‥‥‥‥‥‥‥①1190

モノクローム・レクイ
エム ‥‥‥‥‥‥‥①1086
物事のなぜ ‥‥‥‥①456
モノづくりを変える17
の気付き ‥‥‥‥‥②297
ものづくり改善入門 ②297
ものづくり企業のため
の公設試の賢い利用
法 ‥‥‥‥‥‥‥‥②571
ものづくり心理学 ‥①486
ものづくり生産現場の
社会システム ‥‥‥②590
ものづくりの数学のす
すめ ‥‥‥‥‥‥‥②655
ものづくりの魅力 ‥①740
ものづくり白書〈2017年
版〉‥‥‥‥‥‥‥‥②274
ものづくり×モノづか
いのデザインサイエ
ンス ‥‥‥‥‥‥‥②297
ものすごい！ モテ方 ②31
「モノ」で読み解く世界
史 ‥‥‥‥‥‥‥‥①591
モノと技術の古代史 金
属編 ‥‥‥‥‥‥‥②546
モノと技術の古代史 陶
芸編 ‥‥‥‥‥‥‥②546
モノと図像から探る怪
異・妖怪の東西 ‥‥②116
「もの」と「疎外」‥‥①456
モノに心はあるのか ②693
もののあはれ〈2〉‥①1365
モノノフ純情恋譚 ‥①1312
もののけの家 ‥‥‥①309
モノノケマンダラ ‥①845
もののけ屋 三度の飯よ
り妖怪が好き ‥‥‥①387
もののけ屋 四階フロア
は妖怪だらけ ‥‥‥①354
ものの戦記 ‥‥‥‥①1053
もののふ日本論 ‥‥①1051
もののふ莫迦 ‥‥‥①1051
物部氏の伝承と史実 ②546
ものの見方が変わる座
右の寓話 ‥‥‥‥‥①103
モノの見方が180度変わ
る化学 ‥‥‥‥‥‥②672
モノポリーで学ぶビジ
ネスの基礎 ‥‥‥‥②297
“ものまね”の歴史 ‥①534
モノラック ‥‥‥‥①342
モノレールのたび ‥①342
物忘れを防ぐ！ もっと
昭和レトロな間違い
探し ‥‥‥‥‥‥‥①277
物忘れ・認知症を自力
で食い止め、脳力を
どんどん高めるコツ
がわかる本 ‥‥‥‥①178
もの忘れ・認知症を防
ぐ！ 認トレドリル
‥‥‥‥‥‥‥‥‥①178
もの忘れ・認知症を防
ぐ ひらめき！ 脳パズ
ル 熟語・ことわざ
100 ‥‥‥‥‥‥‥①277
モバイルアプリ開発エ
キスパート養成読本
‥‥‥‥‥‥‥‥‥②552
モバイルシステム技術
テキスト ‥‥‥‥‥②562
モバイル・ブロードバ
ンドの普及要因 ‥‥①520
モハメド・アリ語録 ②239
もはや宇宙は迷宮の鏡
のように ‥‥‥‥‥①1118
模範小説集 ‥‥‥‥①892
模範小六法〈2018（平成
30年版）〉‥‥‥‥‥②189

模範像なしに ‥‥‥①473
模範六法〈2018（平成30
年版）〉‥‥‥‥‥‥②189
モビリティー進化論・②430
モビルスーツアーカイ
ブ ガンプラモデリン
グマニュアル RX-
78-2ガンダム編 ‥②285
もふあつめ ‥‥‥‥①259
もふうさ ‥‥‥‥‥①259
もふけつ ‥‥‥‥‥①264
モブ…それも脇モブの
はずなんですけど!?
‥‥‥‥‥‥‥‥‥①1321
モブの恋はままならな
い ‥‥‥‥‥‥‥‥①1308
もふもふ あかちゃんパ
ンダ ‥‥‥‥‥‥‥①308
もふもふインコ川柳・①697
もふもふ動物 ‥‥‥①409
もふもふ保育園とうさ
ぎの花嫁 ‥‥‥‥‥①1324
もふもふ保育園とはら
ぺこ狼 ‥‥‥‥‥‥①1324
模倣と創造 ‥‥‥‥①456
模倣の経営学 実践プロ
グラム版 ‥‥‥‥‥②297
もめない相続 困らない
相続税 ‥‥‥‥‥‥②414
ももいろ ‥‥‥‥‥①780
桃色酒場 ‥‥‥‥‥①1398
桃色の宿 ‥‥‥‥‥①1398
桃色蜜月 ‥‥‥‥‥①1322
ももクロ独創録 ‥‥①772
ももクロ無限ロード〈2〉
‥‥‥‥‥‥‥‥‥①772
桃子先生、俳句ここを
教えて！ ‥‥‥‥‥①906
も―も―さん ‥‥‥①342
桃太郎が語る桃太郎 ①309
ももち ‥‥‥‥‥‥①777
ももちゃんとじゃま
じゃねこことクリス
マス ‥‥‥‥‥‥‥①307
百々（もも）とお狐の見
習い巫女生活 ‥‥‥①1229
桃のひこばえ ‥‥‥①1035
モモンガだモン！ ‥①259
モモンガの件はおまか
せを ‥‥‥‥‥‥‥①1102
舫鬼九郎 ‥‥‥‥‥①1047
もやしもんと感染症屋
の気になる菌辞典・②733
燃やすおかずづくりお
き ‥‥‥‥‥‥‥‥①62
もやもやを解消！ 韓国
語文法ドリル ‥‥‥①667
モヤモヤが一気に解
決！ 親が知っておき
たい教育の疑問31・①676
もやもやがスーッと消
える528Hz CDブック
‥‥‥‥‥‥‥‥‥①103
もようを織る ‥‥‥①873
もらえる年金が本当に
わかる本〈'17〜'18年
版〉‥‥‥‥‥‥‥‥②75
モラのカラー図鑑 ‥①79
モラル・エコノミー・②266
モラルの起源 ‥‥‥②108
モラル・ハラスメント
‥‥‥‥‥‥‥‥‥②108
モラルハラスメント あ
なたを縛る見えない
鎖 ‥‥‥‥‥‥‥‥①486
モーリアック ‥‥‥①925
盛り合わせを選んだら
お店のカモ！ 大人の
経済学常識 ‥‥‥‥②266

盛岡 角館 花巻 平泉・①192
もりおか暮らし物語読
本 わたしの盛岡 ‥②25
盛岡藩家老席日記 雑書
〈第41巻〉‥‥‥‥‥①563
モリくんのあめふり
ぴーまんカー ‥‥‥①342
森家の討ち入り ‥‥①1063
森時間 ‥‥‥‥‥‥①259
森下雨村探偵小説選〈2〉
‥‥‥‥‥‥‥‥‥①1113
森卓77言 ‥‥‥‥‥②242
森拓郎の読むだけでや
せる言葉 ‥‥‥‥‥①27
盛りつけエブリデイ・①62
森戸知沙希 ファースト
写真集 ‥‥‥‥‥‥①777
森と氷河と鯨 ‥‥‥①259
森永製菓の就活ハンド
ブック〈2019年度版〉
‥‥‥‥‥‥‥‥‥②293
森永乳業の就活ハンド
ブック〈2019年度版〉
‥‥‥‥‥‥‥‥‥②293
もりにかくれているの
はだあれ？ ‥‥‥‥①317
森に消える老人たち・①967
森のおくりもの ‥‥①317
森のおはなし ‥‥‥①317
森のかんづめ 日英併記
版 ‥‥‥‥‥‥‥‥①342
森の巨人たち 巨樹と出
会う ‥‥‥‥‥‥‥②689
森のサステイナブル・
エコノミー ‥‥‥‥②108
森の少女の物語 ‥‥①866
森の戦士ボノロン〈14〉
‥‥‥‥‥‥‥‥‥①319
森の探険 ‥‥‥‥‥②684
もりのちいさなしたて
やさん ‥‥‥‥‥‥①342
もりのとけいえほん・①306
もりのとしょかん ‥①342
森のなかのオランウー
タン学園 ‥‥‥‥‥①409
森の日本文明史 ‥‥②578
森のノート ‥‥‥‥①946
森のパンダ ‥‥‥‥①342
「森の人（オランウータ
ン）」が食べるブドウ
の味 ‥‥‥‥‥‥‥①947
森信雄の強くなる！ 将
棋新格言40 ‥‥‥‥①251
森信三 運命を創る100
の金言 ‥‥‥‥‥‥①107
もりのやきゅうちーむ
ふぁいたーず ほしの
せかいへ ‥‥‥‥‥①342
森は知っている ‥‥①1024
森へ行きましょう ‥①992
森部好樹が選ぶ続・日
本のベストベン
チャー15社 ‥‥‥‥②306
モーリャ ‥‥‥‥‥①143
森山威男 スイングの核
心 ‥‥‥‥‥‥‥‥①813
モルディブ〈2017〜
2018年版〉‥‥‥‥‥①201
モルモット・オルガの
物語 ‥‥‥‥‥‥‥①378
モルモン書は現代の偽
典 ‥‥‥‥‥‥‥‥①526
モロッコ〈2017・2018
年版〉‥‥‥‥‥‥‥①201
モロッコ人の手紙/鬱夜
‥‥‥‥‥‥‥‥‥①1334
モロッコ 邸宅リヤドで
暮らすように旅をす
る ‥‥‥‥‥‥‥‥①201

文科省/高校「妊活」教材の嘘 ……… ①755
文句の付けようがないラブコメ〈7〉 …… ①1215
モンゴル〈2017～2018年版〉 ………… ①205
モンゴル国の環境と水資源 …………… ②576
モンゴル人ジェノサイドに関する基礎資料〈9〉 ………… ①594
モンゴル帝国誕生 …… ①594
モンゴル力士はなぜ嫌われるのか ……… ②88
モン・コレ ………… ②31
モンスターズ・インク …………… ①378
モンスターストライク …………… ①370
モンスターストライク アニメスペシャルノベライズ ………… ①370
モンスターストライク 最強攻略BOOK〈9〉 …………… ①283
モンスターストライク 最強攻略BOOK〈10〉 …………… ①283
モンスターストライク 最強攻略BOOK〈11〉 …………… ①283
モンスターストライク ザ・ワールド …… ①1137
モンスターストライクで覚える天使と悪魔 …………… ①887
モンスターストライクで覚える伝説の英雄 …………… ①887
モンスターストライクで覚える日本の武将 …………… ①534
モンスターのご主人様〈9〉 …………… ①1257
モンスターのご主人様〈10〉 ………… ①1257
モンスターハンター …………… ①1217
モンスターハンター〈2〉 …………… ①1217
モンスターハンタークロス ニャンターライフ ………… ①370
モンスターハンタークロスニャンターライフ ………… ①370
モンスターハンターストーリーズ …… ①364
モンスターハンターストーリーズ RIDE ON ……………… ①364
モンスターハンターストーリーズRIDE ON …………… ①364
モンスターハンターダブルクロス 公式ガイドブック ………… ①284
モンスターハンターダブルクロス公式データハンドブック 武器の知識書〈1〉 …… ①284
モンスターハンターダブルクロス公式データハンドブック 武器の知識書〈2〉 …… ①284
モンスターハンターダブルクロス公式データハンドブック 防具の知識書〈3〉 …… ①284

モンスターハンターダブルクロス公式データハンドブック モンスターの知識書 …… ①284
モンスターハンターダブルクロス攻略ガイド ………… ①284
モンスターハンターダブルクロス G級最速攻略！ グレートハンターズバイブル … ①284
モンスター・ファクトリー ………… ①1155
モンスター・ファクトリー〈2〉 …… ①1155
モンスター・ホテルでパトロール …… ①354
モンスター娘のお医者さん〈3〉 …… ①1173
モンストレス〈vol.1〉 …………… ①857
問題解決大全 ……… ②356
問題解決で面白いほど仕事がはかどる本 …②356
問題解決「脳」のつくり方 …………… ②356
問題解決の数理 …… ②655
問題がどんどん消えていく奇跡の技法アルケミア …………… ①143
問題行動！ クラスワイドな支援から個別支援へ ………… ①686
問題社員を一掃する劇的！ 組織改革 …… ②311
問題発見力のある子どもを育てる11の方法 …………… ①721
モン太くん空をとぶ … ①358
モンチ・メソッド …… ②230
モンテーニュ エセー抄 …………… ①925
モンテーニュの書斎 … ①925
モンテールのスイーツでできた！ サンリオキャラクターのHAPPYおやつ …… ①72
問答式 源泉所得税の実務〈平成29年版〉 … ②410
問答式 実務印紙税〈平成29年版〉 … ②414
問答式 実務改正法人税 …………… ②408
問答式法人税事例選集 …………… ②408
門徒ことば ………… ①520
文部科学関係法人名鑑〈平成29年度版〉 … ②175
文部科学省は解体せよ …………… ②153
文部科学統計要覧〈平成29年版(2017)〉 … ②759
文部科学白書〈平成28年度〉 ……… ②175
文部科学法令要覧〈平成29年版〉 …… ②229
文部省の研究 …… ②151
文様えほん ……… ①342

八百屋のすずねえちゃん ………… ①354
八百万の神さまがミカタする！ ほんとうのお清め …………… ②118
夜会 ……………… ①1118
焼かずに作れるケーキ ………………… ①72
やがて恋するヴィヴィ・レイン〈2〉 …… ①1162
やがて恋するヴィヴィ・レイン〈3〉 …… ①1162
やがて恋するヴィヴィ・レイン〈4〉 …… ①1162
家持歌日記の研究 … ①900
ヤカラブ ………… ①1215
夜間病棟 ………… ①1344
ヤギ飼いになる New edition！ …… ①263
焼き菓子の売れてるパティスリーのフール・セックとドゥミ・セック …………… ①72
焼きそば The YAKISOBA recipe book ………… ①62
ヤキトリ〈1〉 …… ①1119
焼き鳥の丸かじり … ①948
焼肉大学 ………… ①38
焼肉のすべて …… ①38
『焼き場に立つ少年』は何処へ ……… ①584
柳生一刀石 ……… ①1046
野球大喜利ザ・ダイヤモンド〈5〉 …… ①225
柳生刑部秘剣行 … ①1037
野球規則を正しく理解するための野球審判員マニュアル …… ①221
柳生三代の鬼謀 … ①1050
柳生じゅん子詩集 … ①967
野球センスの極意 … ①225
野球と実況中継 …… ①221
野球入門 ………… ①221
野球の医学 ……… ①215
野球のきほん …… ①221
野球のコンディショニング ………… ①222
「野球」の誕生 …… ①225
野球ノートに書いた甲子園〈2〉 ……… ①222
野球バッティング塾 ①222
野球部ひとり …… ①982
野球メンタル強化メソッド ………… ①222
役員になれる人の「読書力」鍛え方の流儀 … ②297
役員の報務と法務〈平成29年改訂版〉 …… ②324
役員報酬をめぐる法務・会計・税務 …… ②326
薬害エイズ事件の真相 ……………… ②707
薬害エイズで逝った兄弟 …………… ②707
薬学英語基本用語用例集 …………… ②770
薬学系の基礎がため 化学計算 ……… ②672
薬学系の基礎がため 有機化学 ……… ②672
薬学研究 ………… ②770
薬学検定試験過去問集3級4級〈第17回～第22回〉 …………… ②781
薬学検定試験公式ガイド&問題集 …… ②781
薬学検定試験 対策&過去問1級2級 …… ②781

薬学生のための英語〈1〉 …………… ①647
薬学生のための分析化学 ………… ②673
薬学と社会 ……… ②771
薬学必修講座 薬学と社会〈2018〉 … ②771
薬学倫理・医薬品開発・臨床研究・医療統計学 …………… ②771
厄災王女と不運を愛する騎士の二律背反（アンビヴァレント）・①1138
薬剤師がすすめるビタミン・ミネラルの使い方 ………… ②771
薬剤師がすすめるビタミン・ミネラルのとり方 ………… ②778
薬剤師・管理栄養士のための 今日からはじめる薬局栄養指導 … ②771
薬剤識別コード事典〈平成29年改訂版〉 … ②772
薬剤師国家試験対策 必須問題集〈1 2018〉 …………… ②784
薬剤師国家試験対策 必須問題集〈2 2018〉 …………… ②784
薬剤師による処方提案 ……………… ②771
薬剤師のための医学論文の読み方・使い方 …………… ②771
ヤクザから貞操をしつこく狙われています …………… ①1307
ヤクザとオイルマネー …………… ②18
ヤクザと介護 …… ②40
ヤクザは自分を20倍高く売る ……… ②297
薬師寺のお坊さんがやさしく教える はじめてのお写経 …… ①512
薬師の願いは叶わない …………… ①1310
屋久島・口永良部島 ・②118
屋久島だより …… ①967
役者なんかおやめなさい …………… ②772
躍進する韓国教育の諸問題 ………… ①748
躍進するコンテンツ、淘汰されるメディア ②297
訳せない日本語 …… ①625
薬膳茶のすべて …… ①47
薬草園で喫茶店を開きます！ ……… ①1168
薬草とウインク …… ①1082
約束 ……… ①1330, ①1346
約束された道 …… ①933
約束の木 ………… ①355
約束の国〈4〉 …… ①1182
約束の大地 ……… ①65
約束の楽園 ……… ①1313
焼くだけ&ちょっと塗るだけ Naked Cake …………… ①72
役立つ！ かわいい！ 保育のイラストデータ集 …………… ①696
矢口新の短期トレード教室 ………… ②396
躍動する韓国の社会教育・生涯学習 …… ①748
躍動する青春 …… ①594
躍動・陸のASEAN、南

部経済回廊の潜在力 …………… ②248
薬毒物試験法と注解〈2017〉 ……… ②771
役に立たない読書 ……②4
厄祓いの極意 …… ①130
薬物依存者とその家族 回復への実践録 … ①497
薬物離脱ワークブック …………… ②746
薬方愚解 ………… ①174
矢倉の基本 ……… ①251
薬理学演習 ……… ②771
ヤクルト本社の就活ハンドブック〈2019年度版〉 ………… ①293
焼け跡のハイヒール …………… ①1021
野研！ 大学が野に出た …………… ①62
野菜&くだものパワー！ ファイトケミカルできれいにやせるレシピ ……… ①62
野菜おかずのワザとコツ …………… ①62
野菜が主役の晩ごはん …………… ①62
野菜が8割のメインおかず ………… ①62
野菜検定公式テキスト …………… ①38
野菜づくりに失敗しないための知恵とコツ …………… ①269
野菜生産出荷統計〈平成27年産〉 …… ②455
野菜だし ………… ①63
野菜で整えるいちばんやさしい腸がきれいになる食べ方 …… ①164
やさいのうた ……… ①318
「野菜の価格が高い！」 D社対IY戦争で知る商売の真髄 …… ②425
やさいがっこう ピーマンくんゆめをみる …………… ①342
野菜のごちそう …… ①63
野菜のたのしみ …… ①63
野菜の美食 ……… ①63
野菜の保存食で毎日のごはんがすごく楽になる …………… ①63
野菜はすごい！ …… ①38
やさしい悪魔 …… ①1107
やさしい甘さのバナナケーキ、食事にもなるキャロットケーキ … ①72
やさしい色の糸とフェルトで作る刺繍のアクセサリー …… ①79
優しい嘘 ………… ①1330
優しい嘘で、キミにサヨナラ。 …… ①1152
やさしい英語で話がはずむ！ 外国人が喜ぶ日本のトピック108 …………… ①641
やさしい英語のことわざ このことわざ、英語でどう言うの？〈1〉 …………… ①395
やさしい絵入り 扇子・色紙・短冊・はがきの書き方 ……… ①863
やさしい大人の塗り絵 野菜とフルーツ編 ・①866

刃舞 …………… ①1046

や

やさしい介護福祉士 筆
　記試験編〈2019年度
　版〉……………②81
やさしい解説動画つき
　乙種第4類危険物取扱
　者テキスト ………②644
やさしい科学者のこと
　ばと論語………①399
やさしい化学物質のリ
　スクアセスメント・②673
やさしい株式投資 …②396
やさしいがん患者の代
　謝と栄養管理 ……②738
やさしい行動経済学…②266
やさしい計算理論 …②520
やさしい心をはぐくむ
　赤ちゃんが喜ぶ育児
　………………①10
優しい言葉………①1021
やさしいことばで日本
　国憲法………………②202
やさしい三味線講座 …①819
やさしい職場の人事労
　務と安全衛生の基本
　………………②331
やさしい旅の英会話事
　例集50選………①646
やさしい中国語で読む
　自伝エッセイ 雪花
　………………①666
やさしい陶芸絵付け 鉄
　絵の描き方 ……①874
やさしい統計学 ……①662
やさしいナンプレ100
　入門者………①277
やさしい2級ボイラー技
　士 図解テキスト＆過
　去8回問題集〈'17年
　版〉……………②630
やさしい2級ボイラー技
　士 図解テキスト＆過
　去8回問題集 '17年4月
　公表問題収録版 …②630
やさしいぬり絵 草花の
　模様編…………②71
やさしいねこ………①266
やさしい猫の看取りか
　た………………①266
優しいのに無敵 ……②297
やさしいパーキンソン
　病の自己管理 ……②731
優しい人には優しい出
　来事がありますよう
　に。………………①957
やさしいフランス語で
　読む八十日間世界一
　周………………①671
やさしい法人税 ……②408
やさしい法人税申告入
　門〈平成30年申告用〉
　………………②408
優しい水…………①1094
やさしい水引細工12ヵ
　月………………①76
優しい密室………①1085
やさしい瞑想法 ……①103
優しい幽霊たちの遁走
　曲（フーガ）……①1080
やさしいレッスンで学
　ぶ きちんと身につく
　Illustratorの教本・②541
やさしいレッスンで学
　ぶ きちんと身につく
　Photoshopの教本・②541
やさしいC…………②559
やさしいC++ ……②559
やさしいHACCP入門
　………………②445
やさしいMCMC入門

優しき悪霊………①1066
優しき共犯者………①1093
やさしく編めてきれい
　に見えるニットのふ
　だん着…………①83
やさしく解説 地球温暖
　化〈1〉…………①400
やさしく解説 地球温暖
　化〈2〉…………①400
やさしく語る布石の原
　則………………①248
やさしく詳しい
　NACSIS・CAT ……②7
優しく啼かせて〈1〉
　………………①1400
優しく啼かせて〈2〉
　………………①1400
やさしくなるとうまく
　いく…………①772
やさしくはじめるラズ
　ベリー・パイ ……②596
やさしくはじめる
　iPhoneアプリ作りの
　教科書…………②552
やさしく、深く、面白
　く、伝わる校長講話
　………………①706
やさしく学ぶ機械学習
　を理解するための数
　学のきほん ……②602
やさしく学ぶ建築製図
　最新版…………②619
やさしく学ぶ国内旅行
　業務取扱管理者 …②469
やさしく学ぶ総合旅行
　業務取扱管理者 …②469
やさしく学ぶ第三級陸
　上特殊無線技士試験
　………………②636
やさしく学ぶ第二級海
　上特殊無線技士試験
　………………②636
やさしく学ぶ毒物劇物
　取扱者試験合格テキ
　スト……………②644
やさしく学ぶJw_cad8
　………………②603
やさしく学ぶSketchUp
　………………②541
やさしく学ぶ
　SOLIDWORKS ……②603
やさしくわかる医学・
　看護略語カタカナ語
　事典……………②726
やさしくわかる給与計
　算と社会保険事務の
　しごと〈平成29年度
　版〉……………②331
やさしくわかる社会福
　祉法人の経営と運営
　………………②65
やさしくわかる星とう
　ちゅうのふしぎ〈1〉
　………………①403
やさしくわかる 星とう
　ちゅうのふしぎ〈2〉
　………………①403
やさしくわかる星とう
　ちゅうのふしぎ〈3〉
　………………①403
やさしすぎるあなたが
　お金持ちになる生き
　方………………②392
野次喜多本………①944
夜叉の涙…………①1041
野獣の騎士団長は若奥
　さまにメロメロです
　………………①1406

野食のススメ ……①38
野心あらためず ……①1121
友（やづ）ぁ何処（ど）サ
　行（え）った……①967
安売りしない会社はど
　こで努力しているの
　か？……………②297
安売りするな！「価値」
　を売れ！…………②297
安岡正篤先生と禅 …②456
靖国神社…………②145
靖国神社が消える日 ②145
靖国で会う、というこ
　と………………①949
靖国の軍馬………②576
靖國の桜…………①259
安河内式「中高6年間の
　英語」を大事なとこだ
　け！ 集中講義CD付
　き………………②736
靖子の夢…………①76
ヤスダスズヒト画集
　Shooting Star
　Dandyism Side：
　デュラララ!! ……①845
保田與重郎………①914
保田與重郎 近代・古
　典・日本………①908
ヤズディの祈り ……①259
ヤスパースの実存思想
　………………①473
休む技術…………①103
休むことも生きること
　………………①170
やすらぎ説法………①513
「安らぎ」と「焦り」の
　心理……………①486
やすらぎの押し花作品
　集………………①270
やすらぎの郷〈上〉…①781
やすらぎの郷〈中〉…①781
やすらぎの郷〈下〉…①781
やすんでいいよ ……①342
野生チンパンジーの世
　界………………①694
野生動物…………①409
やせる・むくむ ……①953
野生のラスボスが現れ
　た！〈4〉………①1261
野生のラスボスが現れ
　た！〈5〉………①1261
野生のラスボスが現れ
　た！〈6〉………①1262
やせおかず3か月献立 ①63
やせぐせがつく糖質オ
　フの作りおき ……①27
やせ思考で成功する！
　ミア式ダイエット脳
　………………①27
やせたいなら肛筋を鍛
　えなさい………①27
ヤセたい腸内「デ
　ブ菌」を減らしなさ
　い！……………①27
ヤセたければ走るな、
　食べろ！………①27
痩せという身体の装い
　………………①486
ヤセないのは脳のせい
　………………①27
やせられないのは自律
　神経が原因だった！
　………………①153
やせるおかずの作りお
　き かんたん177レシ
　ピ………………①63
やせる！筋膜リリース
　ダイエット編 ……①28
やせる習慣が身につく

ぬり絵……………①866
やせる収納………①28
やせる腸活………①28
やせる豆腐レシピ100 ①63
やせる、不調が消える
　読む冷えとり……①153
やせる＃ほめぐせ …①28
やせる味覚の作り方 …①28
やせる和食………①63
野草の名前 秋・冬…①690
野草の名前「夏」…①690
八十路の通信簿 ……①933
野鳥撮影 魅力を引き出
　す基本&応用ハンド
　ブック…………①253
野鳥と共に四季の山旅
　………………①185
八千代の昔話………①887
家賃について考えてみ
　たら、収益を上げる方
　法が見えてきた。…②420
やっかいな人に振り回
　されないための心理
　学………………①487
薬価基準点数早見表〈平
　成29年4月版〉 ……②772
薬価・効能早見表
　〈2017〉…………②772
八ヶ岳バン散歩 ……①42
八ヶ岳 山の生活を楽し
　む………………①233
薬局ですぐ使える 接
　遇・英会話・手話マ
　ナーブック………②771
薬局で使える実践薬学
　………………②771
薬局の管理栄養士が考
　えた健康ごはん
　〈Part2〉…………①63
薬効評価…………②771
薬効分類別 服薬指導の
　エッセンス………②771
やっさん…………①777
やったね！きつねくん
　………………①317
やったね！やさしい数
　独………………①277
ヤッちゃった………①777
やっちゃんの怪我 …①355
8つのツボで30の病気を
　治す本…………①174
やってはいけない高血
　圧治療…………①180
やってはいけない眠り
　………………①171
やってはいけない肌の
　ケア……………①24
やってはいけない歯の
　治療……………①183
やってはいけない勉強
　法………………①676
やってはいけないヨガ
　………………①162
やってみよう！ マイン
　クラフト組み立てガ
　イド……………①284
やってるつもりのチー
　ム学校…………①702
やっと自虐史観のアホ
　らしさに気づいた日
　本人……………②21
「やっと、妊娠できまし
　た。」……………①8
やっぱりおなか、やせ
　るのどっち？……①28
やっぱり気になる「住
　まいと暮らしビジネ
　ス」……………②297
やっぱり、気分を上げ

ればすべてうまくい
　く………………①103
やっぱり滋賀が好き・①194
やっぱりスゴイ！ 韓国
　おうちごはん ……①63
やっぱり友だちはいら
　ない。…………①103
やっぱり、歯はみがい
　てはいけない 実践編
　………………①183
野党協力の深層 ……②146
ヤドカリ考………①456
雇われた純潔のフィア
　ンセ……………①1385
矢内原忠雄………①526
柳河藩の女流漢詩人 立
　花玉蘭の『中山詩稿』
　を読む…………①899
柳澤英子 やせたい人の
　肉レシピ………①63
柳澤紀子全作品1964・
　2017……………①837
柳田国男・伝承の「発
　見」……………②116
柳田美幸の楽しい女子
　サッカー………①230
柳橋慎太郎・久美子組
　の必ず上達する「は
　じめてのワルツ」…①823
柳家小三治の落語〈7〉
　………………①786
柳原良平のわが人生・①957
ヤナマニ…………②130
谷根千ちいさなお店散
　歩………………①187
屋根にのぼる………①974
やねの上の乳歯ちゃん
　………………①342
矢の家…………①1355
やばいウンチのせいぶ
　つ図鑑…………①409
ヤバいくらい覚えられ
　る会話のための英単
　語………………①653
ヤバいくらい覚えられ
　るTOEIC英単語スコ
　ア640…………①660
ヤバいくらい使える 英
　会話基本動詞40 …①645
ヤバいくらい使える英
　語で自己紹介100人
　………………①641
ヤバいくらい使える英
　文法1000………①654
ヤバいくらい使える日
　常動作英語表現1100
　………………①641
ヤバい決算書………①319
ヤバい行動経済学 …②266
「やばいこと」を伝える
　技術……………②362
ヤバすぎて笑うしかな
　い狂人理論（マッドマ
　ン・セオリー）が世界
　を終らせる………②126
ヤバすぎる心理学 …①487
八幡神万華鏡 ……①506
やはり雨は嘘をつかな
　い………………①1173
やはりオタクでまちが
　いない。………①953
やはり俺の青春ラブコ
　メはまちがっている。
　〈12〉…………①1301
野蛮な来訪者〈上〉…②306
野蛮な来訪者〈下〉…②306
藪下ふらここ堂 ……①1027
藪内清著作集〈第1巻〉
　………………②677

ヤブヌマ〈2〉 ……… ①1397
ヤフーの1on1 ……… ②311
破られた友情 ……… ①914
破れかぶれの幸福 …… ①947
野望の埋火〈上〉 …… ①1056
野望の埋火〈下〉 …… ①1056
野望の憑依者（よりま
　し） ……………… ①1030
病膏肓に入る ……… ①824
「病」だけ診ななな「人」
　をみよ ………… ②702
山一證券の失敗 …… ②306
山一證券復活を目論む
　男の人財力 …… ②382
病い・土壌・天災・地球
　微生物はすべてを蘇
　生する！ ……… ①143
病とむきあう江戸時代
　……………………… ①563
「病いの経験」を聞き取
　る ……………… ②44
病草紙 …………… ①833
病の中で …………… ①988
病は口ぐせで治る！ · ①153
病は「リポリシス」から
　……………………… ①153
山人として生きる … ②118
山岡鉄舟修養訓 …… ①456
山奥の小さな旅館が連
　日外国人客で満室に
　なる理由 ……… ②427
山鹿素行修養訓 …… ①464
山形県の山 ………… ①190
山形 御朱印を求めて歩
　く札所めぐり 出羽置
　賜ルートガイド … ①192
山形 ぶらり歴史探訪
　ルートガイド …… ①192
山縣亮太 100メートル9
　秒台への挑戦 …… ①235
山神さまと花婿どの
　……………………… ①1324
ヤマガラと仲間たち · ①263
山ガール ………… ①974
山川静夫の文楽思い出
　ばなし ………… ①788
山川 詳説世界史図録 · ①733
山口組三国志 織田絆誠
　という男 ……… ②40
山口県のことば …… ①629
山口はるののかんた
　ん！ おいしい！ 美的
　創作「豆腐」レシピ · ①63
山古志に学ぶ震災の復
　興 ……………… ②42
山小屋ごはん ……… ①42
山崎製パンの就活ハン
　ドブック〈2019年度
　版〉 …………… ①293
山崎先生、将来、お金に
　困らない方法を教え
　てください！ …… ②392
山崎豊子と "男"たち
　……………………… ①914
山崎博 計画と偶然 … ①259
山里の記憶〈5〉 …… ①933
山・自然探究 ……… ①955
山下くんがテキトーす
　ぎて。 ………… ①1211
山下晴子作品集 …… ①873
邪馬台国時代のクニの
　都 ……………… ①615
邪馬台国全面戦争 … ①546
邪馬台国と黄泉の森
　……………………… ①1097
邪馬台国は畿内大和に
　はなかった …… ①546
山田県立山田小学校〈7〉

山田全自動でござる · ①355
ヤマダの木構造 …… ①614
山田方谷ゼミナール
　〈Vol.5〉 ……… ①563
山田孝雄著『日本文体の
　変遷』本文と解説 · ①631
山寺清朝 ………… ①952
大和 ……………… ①502
八万遠（やまと）… ①1229
"やまとをみな"の女性
　学 ……………… ①37
山と河が僕の仕事場〈2〉
　……………………… ①118
委国乱れる ……… ①1051
倭 古代国家の黎明 … ①546
ヤマト正伝 ……… ②308
ヤマタケルと常陸国
　風土記 ………… ①539
やまと錦 ………… ①1062
山と肌 …………… ①259
大和北部八十八ヶ所霊
　場巡拝ハンドブック
　（手引き編）…… ①514
山と湖の小さな町の大
　きな挑戦 ……… ①755
山と村の怖い話 …… ①1126
山留め設計指針 …… ②619
やまない雨はない … ①955
山中敬一先生古稀祝賀
　論文集〈上巻〉 … ②225
山中敬一先生古稀祝賀
　論文集〈下巻〉 … ②225
山中鹿介 ………… ①556
山梨の近代化遺産 … ②417
山猫珈琲〈下巻〉 … ①956
ヤマネコ・ドーム … ①1007
山の音 …………… ①992
山の怪異譚 ……… ①887
山の怪奇 百物語 … ②116
山の怪談 ………… ①887
山の神・鮭の大助譚・茂
　吉 ……………… ②116
「山の神様」からこっそ
　りうかがった「幸運」
　を呼び込むツボ … ①130
山のもち文化 …… ②457
山のくろと呼ばれて · ①259
山手線誕日和 …… ①1095
山手線VS大阪環状線
　……………………… ①436
山登り語辞典 …… ①233
山の宿のひとり酒 … ①942
山のリスクセンスを磨
　く本 …………… ①233
ヤマハ セロー250ファ
　イル …………… ①242
ヤマハデジタル音楽教
　材 アルトリコーダー
　授業 …………… ①812
ヤマハデジタル音楽教
　材 ギター授業 … ①812
ヤマハデジタル音楽教
　材 箏授業 …… ①822
ヤマハ発動機の就活ハ
　ンドブック〈2019年度
　版〉 …………… ①293
山女魚里の釣り …… ①232
山本五十子の決断 … ①1186
山本五十子の思想 … ①914
山本曄久先生古稀記念
　論集 二十一世紀考古
　学の現在 ……… ①615
山本直純と小澤征爾 · ①816
山本良和の算数授業 必
　ず身につけたい算数
　指導の基礎・基本55

楊梅の熟れる頃 …… ①1020
山夜景をはじめて楽し
　むための関西ナ
　イトハイキング … ①190
山よ奔れ ………… ①1064
“ヤミ市"文化論 … ②108
闇王の写真絵本 …… ①259
闇を照らす ……… ②40
闇ギルドのマスターは
　今日も微笑む … ①1279
やみ倉の竜 ……… ②297
"闇権力"は世紀の大発
　見をこうして握り潰
　す ……………… ①143
闇仕合〈下〉 …… ①1041
闇処刑 …………… ①1111
闇にあかく点るのは、
　鬼の灯か君の瞳。… ①996
闇に浮かぶ呪いの影 学
　校の怖い話〈3〉 … ①387
闇塗怪談 ………… ①1118
闇のエンジェル … ①1372
闇の皇太子 ……… ①1179
闇の水脈〈3〉 …… ①1104
闇の中の少女 …… ①1019
闇の奉行 ………… ①1056
闇の摩多羅神 …… ②116
闇の夜に ………… ①317
闇奉行 燻り出し仇討ち
　……………………… ①1038
闇奉行 黒霧裁き … ①1038
闇への憧れ ……… ①792
闇夜にさまよう女 … ①1352
飲茶の「最強！」のニー
　チェ …………… ①473
やめて！ ハハのライフ
　はもうゼロよ！ … ①857
やめられない！ ぐらい
　スゴイ続ける技術 · ①127
やめるときも、すこや
　かなるときも …… ①994
やめる勇気 ……… ②344
やもじろうとはりきち
　……………………… ①342
ヤモップさん、ぴたっ
　とかいけつ！ …… ①342
ヤモリ、カエル、シジミ
　チョウ ………… ①988
ヤモリの赤ちゃん … ①342
「ややこしい自分」とう
　まく付き合う方法 · ①103
ややややのはなし … ①959
弥生検定（パソコン経理
　事務）中級・上級攻略
　テキスト＆問題集 · ②562
弥生時代国家形成史論
　……………………… ①540
弥生時代人物造形品の
　研究 …………… ①541
弥生時代って、どんな
　時代だったのか？ · ①541
弥生時代のモノとムラ
　……………………… ①541
弥生の木の鳥の歌 … ①615
弥生文化形成論 …… ①541
「やらせ」の政治経済学
　……………………… ②266
「やらないこと」から決
　める世界一シンプル
　な家事 ………… ①6
やらない理由 …… ①944
やりがいから考える自
　分らしい働き方 … ②344
「やりがいのある仕事」
　と「働きがいのある
　職場」 ………… ②464
やりたいことを3年後に
　ビジネスにする … ②297

やりたいことを次々と
　実現する人の心理術
　……………………… ①487
やりたいことがある人
　は未来食堂に来てく
　ださい ………… ②297
「やりたいこと」から
　パッと引けるGoogle
　アナリティクス分析・
　改善のすべてがわか
　る本 …………… ②529
やりたいことから引け
　る！ ガンプラテク
　ニックバイブル 改
　造・ジオラマ編 … ①288
やりたいことは二度寝
　だけ …………… ①951
槍使いと、黒猫。〈1〉
　……………………… ①1194
槍使いと、黒猫。〈2〉
　……………………… ①1194
槍使いと、黒猫。〈3〉
　……………………… ①1194
槍使いと、黒猫。〈4〉
　……………………… ①1194
やりなおし英雄の教育
　日誌〈1〉 ……… ①1216
やりなおし英雄の教育
　日誌〈2〉 ……… ①1216
やりなおし転生 俺の異
　世界冒険譚 …… ①1288
やり抜く人の9つの習慣
　……………………… ②356
槍の勇者のやり直し〈1〉
　……………………… ①1149
槍の勇者のやり直し〈2〉
　……………………… ①1149
やる気を引き出し人を
　動かすリーダーの現
　場力 …………… ②368
やる気を120%引き出
　す！ メンタル強化メ
　ソッド ………… ①127
やる気があふれて、止
　まらない。…… ②356
やる気が出る外郎売CD
　ブック ………… ①786
やる気と能力を120%引
　き出す奇跡の指導法
　……………………… ①721
やる気の続く台所習慣
　40 ……………… ①38
やることすべてがうま
　くいく！ 太陽の習慣
　……………………… ①103
やればできるもんや
　なぁ …………… ①746
野老であるが志は千里
　……………………… ①958
やわらか頭でのびのび
　読んでなー！ … ①342
やわらかい色で楽しく
　描く ホッとする和の
　イラスト ……… ①863
やわらかい人間関係を
　つくる すごい挨拶力
　……………………… ②365
やわらかく、飲み込み
　やすい高齢者の食事
　メニュー122 …… ①63
やわらか3DCG教室 · ①541
ヤンキーは異世界で精
　霊に愛されます。〈4〉
　……………………… ①1193
ヤンキー村の農業革命
　……………………… ②447
ヤンキー＆ヨグ＝ソ
　トース ………… ①279
楊克（ヤンクー）詩選

ヤングスキンズ …… ①336
ヤンデレ王子の甘い誘
　惑 ……………… ①1197
やんばる学入門 …… ②576

油圧ショベル大全 … ②602
遺言 ……………… ②581
遺言。 …………… ①103
遺言条項例300＆ケース
　別文例集 ……… ②192
遺言書の書き方と生前
　贈与 しくみと対策
　……………………… ②192
油井正一のジャズ名盤
　物語 …………… ①813
唯葬論 …………… ①459
ゆいちゃんのりほんむ
　すび …………… ①342
唯物論研究年誌〈第22
　号〉 …………… ②456
唯物論的社会契約論概
　論 ……………… ②268
唯物論と現代〈57（2017.
　6）〉 …………… ②172
維摩経ノート〈2〉 … ②517
ユイミコ謹整拔き型つ
　き はじめての和菓子
　……………………… ②72
誘拐結婚 ………… ①1399
誘拐されたオルタンス
　……………………… ①1356
誘拐捜査 ………… ①1081
ゆうかい・まいご どう
　するの？ ……… ①342
ゆうかんな3びきとこわ
　いおばけ ……… ①317
勇敢な日本経済論 … ②245
ゆうかんなねこ？ くろ
　……………………… ①317
有機エレクトロニクス
　封止・バリア技術の
　開発 …………… ②594
遊☆戯☆王オフィシャ
　ルカードゲーム デュ
　エルモンスターズマ
　スターガイド〈5〉 · ①284
遊☆戯☆王オフィシャ
　ルカードゲーム パー
　フェクトルールブッ
　ク〈2017〉 …… ①284
遊☆戯☆王ARC - V オ
　フィシャルカード
　ゲーム 公式カードカ
　タログ ザ・ヴァリュ
　アブル・ブック〈19〉
　……………………… ①284
有機化学スタンダード
　立体化学 ……… ②673
有機化学命名法 …… ②673
勇気づけの方法（4）· ①487
有機デバイス〈2018〉
　……………………… ②440
有機農業と地域づくり
　……………………… ②447
遊戯の起源 ……… ②116
有機反応機構 …… ②673
悠久の愚者アズリーの、
　賢者のすゝめ〈5〉、
　……………………… ①1259

悠久の愚者アズリーの、
　賢者のす、め〈6〉
　　　　　　　　　　①1259
悠久の愚者アズリーの、
　賢者のす、め〈7〉
　　　　　　　　　　①1259
悠久の宙（そら）　……①1259
有機溶剤作業主任者テ
　キスト　……………②461
有機溶剤中毒予防の知
　識と実践　…………②461
遊戯療法　……………①497
有期労働契約の無期転
　換がわかる本　……②467
夕暮れもとほけて見れ
　ば朝まだき　………①772
ゆうくんのくまパジャ
　マ　………………①342
夕景・夜景撮影の教科
　書　………………①253
有権解釈に重きを置い
　た教育法規　………①758
幽幻廃墟　……………①259
有限要素法による流れ
　のシミュレーション
　　　　　　　　　　②602
有限要素法・要素分割
　の勘どころ　………②602
融合医療　……………②699
憂国論　………………②145
有罪者　………………①475
融資を引き出す創業計
　画書つくり方・活か
　し方　………………②297
融資管理3級〈2018年3
　月受験用〉…………②483
融資業務再生の処方箋
　　　　　　　　　　②383
有資源国の経済学　……②266
有事資源防衛 金か？ ダ
　イヤか？　…………②242
融資上級試験問題解説
　集〈2017年度版〉…②483
融資中級試験問題解説
　集〈2017年度版〉…②483
勇者様のお師匠様〈7〉
　　　　　　　　　　①1280
勇者召喚が似合わない
　僕らのクラス　……①1213
勇者召喚が似合わない
　僕らのクラス〈2〉
　　　　　　　　　　①1213
勇者召喚されたけど自
　分だけがハズレ勇者
　で魔法もスキルもな
　いハードモードだっ
　た　………………①1149
勇者召喚に巻き込まれ
　たけど、異世界は平
　和でした〈1〉………①1235
勇者召喚に巻き込まれ
　たけど、異世界は平
　和でした〈2〉………①1235
勇者だけど歌唱スキル
　がゼロなせいで修羅
　場続きになっている
　　　　　　　　　　①1215
勇者だけど、魔王から世
　界を半分もらって裏
　切ることにした①1289
勇者ですが異世界でエ
　ルフ嫁とピザ店始め
　ます　………………①1186
勇者と賢者の酒蔵〈2合
　目〉…………………①586
勇者と勇者と勇者と勇
　者〈5〉………………①1183
勇者に期待した僕がバ
　カでした〈3〉………①1253

勇者に滅ぼされるだけ
　の簡単なお仕事です
　〈10〉………………①1152
勇者のセガレ〈2〉……①1300
勇者のその後　………①1211
勇者のその後〈2〉……①1211
勇者の出番ねぇからっ!!
　　　　　　　　　　①1190
勇者のパーティで、僕
　だけ二軍!?……………①1265
勇者のパーティで、僕
　だけ二軍!?〈2〉……①1265
勇者の武器屋経営〈1〉
　　　　　　　　　　①1209
勇者の武器屋経営〈2〉
　　　　　　　　　　①1209
勇者の武器屋経営〈3〉
　　　　　　　　　　①1209
勇者のふりも楽じゃな
　い〈2〉………………①1261
勇者は犯されたい〈上〉
　　　　　　　　　　①1401
勇者は犯されたい〈下〉
　　　　　　　　　　①1401
勇者は、奴隷の君は笑
　え、と言った①1165
勇者、辞めます………①1190
優秀新人歌曲集〈2018〉
　　　　　　　　　　①785
優秀な人ほど仕事をし
　ない　………………②356
友情　…………………①933
友情の輪 パプアニュー
　ギニアの人たちと・①384
裕次郎　………………①792
友人キャラは大変です
　か？〈2〉……………①1228
友人キャラは大変です
　か？〈3〉……………①1228
床（フローリング）
　（クッションフロア）
　（タイルカーペット）
　　　　　　　　　　①20
湯川秀樹 詩と科学②650
歪んだ絆の刻印〈43〉
　　　　　　　　　　①1357
ゆきうさぎのお品書き
　……………①996, ①1197
雪月夜　………………①974
雪だるまは一途に恋を
　する　………………①1307
雪どけの朝　…………①987
雪どけの朝　…………①1373
雪と氷　………………①400
雪と毒杯　……………①1352
雪に咲く　……………①1062
ゆきのあかちゃん……①342
雪の香り　……………①1089
雪のこし屋橋〈2〉……①1054
雪の山荘の惨劇………①1090
ゆきのなかのりんご…①317
ゆきのひのおくりもの
　　　　　　　　　　①317
雪の夜は小さなホテル
　で謎解きを　………①1354
雪豹王の許嫁　………①1309
雪豹公爵としっぽの約
　束　………………①1318
雪見船〈11〉…………①1060
幸也飯　………………①63
ユーキャンのケアマネ
　ジャー過去問完全解
　説〈2018年版〉……②81
ユーキャンのケアマネ
　ジャー一問一答〈2018年版〉…②81
ユーキャンのまんが保
　育士1年目の教科書
　……………………①696
幽落町おばけ駄菓子屋

幽落町おばけ駄菓子屋
　異話 夢四夜　………①1117
遊離端欠損の戦略的治
　療法　………………②758
有力企業の広告宣伝費
　〈2017年版〉…………②340
幽霊協奏曲　…………①1071
幽霊候補生　…………①1071
幽霊審査員　…………①1071
幽霊なんて怖くない〈2〉
　　　　　　　　　　①1292
ゆうれいのたまご……①342
幽霊の耳たぶに穴……①1036
幽霊舟　………………①1050
幽霊屋敷のアイツ……①1183
幽霊ランナー　………①355
ゆうわくエアポート
　　　　　　　　　　①1402
誘惑コンプレックス
　　　　　　　　　　①1208
誘惑された壁の花〈8〉…①1373
誘惑されたナニーの純
　愛　………………①1385
誘惑ショッピングモー
　ル　………………①1404
誘惑☆大作戦　………①1321
誘惑の代償　…………①1373
ゆうわく歯医者さん
　　　　　　　　　　①1404
誘惑はギリシアで……①1390
ゆかいなイラストで
　すっきりわかる 星の
　きほん　……………②677
ゆかいなセリア………①378
ゆかいなちびっこモン
　スター　……………①342

ユーキャンのQC検定3
　級20日で完成！ 合格
　テキスト＆問題集・②562
遊行を生きる　………①103
雪夜の秘めごと〈4〉
　　　　　　　　　　①1379
ゆくぞ、やるぞ、てつじ
　だぞ！　……………①355
近くひとに学ぶ　……②705
ゆけ、シンフロ部！
　　　　　　　　　　①1017
湯けむり子連れ甘泛日
　和　………………①1319
ゆーげん画集　………①845
ユーゲントシュティル
　からドイツ工作連盟
　へ……………………②608
ユーザーインタビュー
　をはじめよう　……②297
遊佐家の四週間　……①982
ユーザーが「両想い」に
　なるための愛される
　Webコンテンツの作
　り方　………………②529
ユーザ目線のSQL等活
　用術　………………②553
湯島聖堂漢文検定 藩校
　編論語テキスト……①466
輸出統計品目表〈2018〉
　　　　　　　　　　②313
ユージン・スミス写真
　集……………………①261
ユースフル労働統計
　〈2017〉……………②468
ゆすり、たかりの国家
　　　　　　　　　　②130
ユタが愛した探偵……①1078
豊かさの価値評価……②266
豊かな心を育む日本童
　話名作集　…………①355
豊かな人生を愉しむた
　めの「軽井沢ルール」
　　　　　　　　　　②25
ユダヤから学んだモノ
　の売り方　…………②297
ユダヤ金融資本はトラ
　ンプに何をさせるの
　か！ 手にとるように
　わかる本……………②380
ユダヤ人を救った動物
　園　………………①937
ユダヤ人と自治　……②128
ユダヤ人と人類に与え
　られた永遠の生命
　〈10〉………………①528
ユダヤ人の起源　……②602
ユダヤ人問題からパレ
　スチナ問題へ　……②126
ユダヤ大悪列伝　……①933
ユダヤ 知的創造のルー
　ツ　………………②297
ゆだんはきんもつ……①342
ゆっくり気ままな老い
　じたく　……………①111
ゆっくりと前え　……①1023
ゆっくり話すだけで、
　もっと伝わる！……②362
「ゆっくり力」でいい人
　生をおくる　………①103
ゆったり行こう！ 中
　国・四国 山歩きガイ
　ド　………………①196
ゆった凛とあかさたな
　　　　　　　　　　①845
ゆでおき　……………①63
ゆでたまごを作れなく
　ても幸せなフランス
　人　………………②28

ゆでたまごでんしゃ・①342
湯殿山系 即身仏の里・①512
湯殿山の哲学　………①456
ユートピア都市の書法
　　　　　　　　　　②614
ユートピアの再構築②93
ユートピアへのシーク
　エンス　……………②614
ゆとり世代はなぜ転職
　をくり返すのか？・②346
ゆとりの美学。………①225
ユートロニカのこちら
　側　………………①1119
湯女図（ゆなず）……①833
ユニオンジャックであ
　なたの心もジャッ
　ク!!!!!!!!……………①777
ユニオンジャックに黒
　はない　……………②108
ユニオンジャックの矢
　　　　　　　　　　①253
ユニオンとブラック社
　員　………………②464
ユニクロ9割で超速お
　しゃれ　……………①30
ユニクロ潜入一年　…②306
一角獣（ユニコーン）は
　楽園にまどろむ…①1317
ユニコーンベーカリー
　の焼き菓子　………①72
ユニ・チャームの就活
　ハンドブック〈2019年
　度版〉………………②293
ユニットケア・個別ケ
　ア実践Q&A …………②71
ユニバーサル・スタジ
　オ・ジャパンよくば
　り裏技ガイド〈2017〉
　　　　　　　　　　①194
ユニバーサルトイレ・②614
ユネスコ世界記憶遺産
　と朝鮮通信使　……①556
ユネスコ番外地 台湾世
　界遺産級案内　……①198
ゆびさしちゃん………①318
ゆびさしなーに？・…①342
指でさすだけ！ ポケッ
　ト旅行韓国語　……①667
指でさすだけ！ ポケッ
　ト旅行中国語　……①666
ゆびにんぎょうぶっく
　しろくまくんのおい
　しいものだーいすき
　　　　　　　　　　①342
ゆびにんぎょうぶっく
　ねずみくんのたのし
　いおでかけ　………①342
指の記憶　……………①1398
指の骨　………………①1004
指輪の選んだ婚約者〈2〉
　　　　　　　　　　①1272
指輪の選んだ婚約者〈3〉
　　　　　　　　　　①1272
『指輪物語』と『ナルニ
　ア国年代記物語』に
　おける色彩表現……①922
由布院　………………①259
弓と剣〈2〉……………①1212
ユーミンとフランスの
　秘密の関係　………①805
夢一途　………………①933
ゆめいらんかね やしき
　たかじん伝　………①772
ゆめいろ万華鏡　……①914
夢現　………………①1068
夢追う教室　…………①721
夢を追いかける起業家
　たち　………………①422
夢を翔ける旅人　……①198

夢をかなえる質問‥‥①103
夢をかなえる就活‥‥①1293
夢をかなえる習慣‥‥①103
夢をかなえる小さな習
　慣‥‥‥‥‥‥‥①104
夢をかなえる読書術‥②4
夢を叶える塗り絵 奇跡
　の星の世界遺産‥‥①866
夢をかなえるノート術
　‥‥‥‥‥‥‥‥①104
夢をかなえるノンシュ
　ガーパフェ‥‥‥①72
夢をかなえる人のシン
　クロニシティ・マネ
　ジメント‥‥‥‥①127
夢をかなえる人の手帳
　blue〈2018〉‥‥‥①4
夢をかなえる人の手帳
　red〈2018〉‥‥‥①4
夢を叶える予備校‥‥①744
夢をかなえる「わたし」
　の愛し方‥‥‥‥①118
夢を実現するパラレル
　キャリア‥‥‥‥②461
夢をスタートする人の
　手帳〈2018〉‥‥‥①4
夢をのみ‥‥‥‥①914
夢を育む技術、職業‥①686
夢を引き寄せる魔法の
　家事ノートのつくり
　かた‥‥‥‥‥‥①7
夢をまことに〈上〉‥①1064
夢をまことに〈下〉‥①1065
夢を喜びに変える自超
　力‥‥‥‥‥‥①104
夢が叶う金運お作法‥②392
夢が醒めるまで。‥‥①780
夢活！ なりたい！ アニ
　メの仕事〈1〉‥‥①422
夢が本当にすぐ叶う
　「引き寄せ脳」の作り
　方‥‥‥‥‥‥①118
夢から現れた幻のあな
　た‥‥‥‥‥‥①1333
ゆめかわいい レジンで
　つくるハンドメイド
　アクセサリー‥‥①76
ゆめ☆かわ ここあのコ
　スメボックス‥‥①355
夢紀行‥‥‥‥①259
夢金‥‥‥‥①343
夢三夜〈8〉‥‥①1042
夢十夜‥‥‥‥①857
夢でなく、使命で生き
　た‥‥‥‥‥①104
夢と表象‥‥‥①909
夢と幽霊の書‥‥①145
ゆめねこ‥‥‥①343
夢のあと‥‥‥①1373
夢の跡‥‥‥①949
夢のあとさき
　‥‥‥①599, ①967
夢の一夫多妻‥‥①1399
夢の浮橋‥‥‥①994
夢の悦楽‥‥‥①826
夢の回想録‥‥①31
夢の陽炎館・水晶の涙
　雫‥‥‥‥①891
夢のかなえ方‥‥①423
夢の叶え方を知ってい
　ますか？‥‥‥①104
夢の川‥‥‥①317
夢の木‥‥‥①819
夢野久作と杉山3代研究
　会 会報 民ヲ親ニス
　〈第5号〉‥‥‥①914
夢の事典‥‥‥①499
夢の住家‥‥‥①805

夢の続きは異世界で
　‥‥‥‥①1303
夢のツリーハウス‥②614
夢の途中に‥‥‥①805
夢のなかの魚屋の地図
　‥‥‥‥①940
夢の日本史‥‥‥①534
夢の夢 裏の裏 いつでも
　ソクラテス‥‥‥①456
夢の4億円をつかむ
　WIN5戦略シート
　ザ・ミリオン‥‥①245
夢を数字にすると必ず
　叶う‥‥‥‥①127
ゆめはまんが家！‥①423
夢はみるものではなく、
　かなえるもの‥①230
ゆめピアノ‥‥①343
夢分析実践ハンドブッ
　ク‥‥‥‥①497
夢見てきたことすべて
　が現実になる‥①143
夢見の占い師‥‥①355
ゆめみの駅 遺失物係
　‥‥‥‥①1156
ゆめみやげ‥‥①772
ゆめみるじかんよ こど
　もたち‥‥‥①317
夢見る少年の昼と夜
　‥‥‥‥①1016
夢みる昭和語‥①938
夢見る力‥‥‥②614
ゆめみるハッピード
　リーマー‥‥①317
夢みる舞踏会への招待
　‥‥‥‥①76
夢見るミニドール＆ブ
　ローチ‥‥‥①76
夢Q夢魔物語‥①1024
湯屋の怪談とカラクリ
　奇譚〈2〉‥‥①1138
揺らぐ国際システムの
　中の日本‥‥②249
ゆらぐ玉の緒‥①954
ユーラシア研究〈第55
　号〉‥‥‥②83
ユーラシア帝国の興亡
　‥‥‥‥①591
ゆら心霊相談所〈2〉
　‥‥‥‥①1085
ゆら心霊相談所〈3〉
　‥‥‥‥①1085
ゆら心霊相談所〈4〉
　‥‥‥‥①1085
ゆらめく思いは今夜だ
　け‥‥‥‥①1346
ゆらやみ‥‥‥①1027
ゆらりゆられて船の旅
　〈2〉‥‥‥①198
ユリア・カエサルの決
　断〈1〉‥‥‥①1169
百合風の香る島‥①1398
ユリシーズ〈0〉‥①1177
ユリシーズ航海記‥①922
百合ラブスレイブ‥①1398
ゆるい片付け‥‥②4
ユール・イャータ‥①879
ゆるく暮らす‥‥②28
許されざる花嫁‥①1071
許されない口づけ‥①1373
許されぬ結婚‥‥①1388
許されぬ密会‥‥①1373
ゆる塩レシピ‥‥①63
ゆる「糖質＆塩分」オ
　フ！ おつまみおかず
　‥‥‥‥①66
「ゆる糖質オフ」ダイ
　エット‥‥‥①28

ゆる糖質オフ ダイエッ
　トレシピ‥‥‥①63
ゆるふわ昆虫図鑑‥②696
ゆるめるヨガプログラ
　ム‥‥‥‥①162
ゆるやかな糖質制限ダ
　イアリー‥‥‥①28
ゆるゆる深海生物図鑑
　‥‥‥‥①406
ゆるりまいにち猫日和
　‥‥‥‥①266
揺れる欧州統合 英国離
　脱の衝撃‥‥①253
ユングのタイプ論に基
　づく世界諸国の国民
　性‥‥‥‥①487
ユング派精神療法の実
　践‥‥‥‥②746

夜明けをぜんぶ知って
　いるよ‥‥‥①967
夜明け告げるルーのう
　た アートブック‥①801
夜明けのカノープス
　‥‥‥‥①1017
夜明けの汽車 その他の
　物語‥‥‥①1334
夜明けのキスと蜜色の
　恋‥‥‥①1199
夜明けの口づけは永遠
　に‥‥‥①1330
夜明けのささやき‥①1336
夜明けの約束‥‥①1329
「夜遊び」の経済学‥②266
良い音の作り方‥②543
良い形に勝機は訪れる
　‥‥‥‥①248
良い写真とは？‥①253
良いテロリストのため
　の教科書‥‥②93
ヨイ豊‥‥‥①1035
酔いどれジラルド‥①1278
妖異〈4〉‥‥①1069
養育費・婚姻費用の新
　算定表マニュアル‥②207
溶液における分子認識
　と自己集合の原理‥②673
妖櫻記〈上〉‥‥①1061
妖櫻記〈下〉‥‥①1061
妖怪アパートの幽雅な日
　常‥①370, ①1121
妖怪 いじわるシャン
　プー‥‥‥①358
妖怪一家のハロウィン
　‥‥‥‥①387
妖怪ウォッチ4コマだ
　じゃれクラブ〈4〉‥①438
ようかいえんのなつま
　つり‥‥‥①343
妖怪お宿稲荷荘‥①1122
妖怪最強王図鑑‥①441
ようかい先生とぼくの
　ひみつ‥‥①355
妖怪たぬきポンチキン
　化けねこ屋敷と消え
　たねこ‥‥①364
ようかいでんしゃ‥①343
妖怪と歩く‥‥②34
ようかいとりものちょ
　う〈6〉‥‥①387

ようかいとりものちょ
　う〈7〉‥‥①387
妖界ナビ・ルナ〈1〉‥①364
妖界ナビ・ルナ〈2〉‥①364
妖界ナビ・ルナ〈3〉‥①364
妖界ナビ・ルナ〈4〉‥①364
妖界ナビ・ルナ〈5〉‥①364
妖怪のご縁結びます。
　お見合い寺天泣堂
　‥‥‥‥①1166
妖怪博士‥‥‥①1167
妖怪美術館‥‥①343
ようかいりょうりばん
　づけ‥‥‥①343
妖琦庵夜話‥‥①1118
陽気な死体は、ぼくの
　知らない空を見てい
　た‥‥‥①1094
謡曲を読もう‥①788
妖曲羅生門 御堂関白険
　陽記‥‥‥①1046
要件事実・事実認定ハ
　ンドブック‥‥②207
要件事実マニュアル〈3〉
　‥‥‥‥②195
要件事実マニュアル〈4〉
　‥‥‥‥②207
要件事実マニュアル〈5〉
　‥‥‥‥②207
要件事実民法〈5 - 1〉
　‥‥‥‥②207
要件事実民法〈5 - 2〉
　‥‥‥‥②207
養護教諭、看護師、保健
　師のための学校看護
　‥‥‥‥②768
洋子さんの本棚‥①910
養護施設とボランティ
　ア‥‥‥‥②65
用語集 現代社会＋政
　治・経済〈'17 - '18年
　版〉‥‥‥②31
用語集 現代社会＋政
　治・経済〈'18 - '19年
　版〉‥‥‥②31
用語集政治・経済‥①120
ようこそ！ 韓国語の世
　界へ‥‥‥①667
ようこそ教育心理学の
　世界へ‥‥①757
ようこそ小売業の世界
　へ‥‥‥①425
ようこそ実力至上主義
　の教室へ‥①845
ようこそ実力至上主義
　の教室へ〈5〉‥①1187
ようこそ実力至上主義
　の教室へ〈6〉‥①1187
ようこそ実力至上主義
　の教室へ〈7〉‥①1187
ようこそ自由で平和な
　魔王の城へ‥①1275
ようこそ、自由の森の
　学食へ‥‥①702
ようこそ授賞式の夕べ
　‥‥‥‥①1079
ようこそ！ ジョナサン
　異世界ダンジョン地
　下1階店へ‥①1265
ようこそ！ 西洋絵画の
　流れがラクラク頭に
　入る美術館へ‥①830
ようこそ哲学メイド喫
　茶ソファンディへ
　‥‥‥‥①1138
ようこそ日本へ！ 写真
　英語ずかん〈2〉‥①395
ようこそ日本へ！ 写真
　英語ずかん〈3〉‥①395

ようこそ、認知症カ
　フェへ‥‥‥①178
ようこそ！ 花のレスト
　ラン‥‥‥①406
ようこそ、バー・ピノッ
　キオへ‥‥①1014
ようこそ、一人ひとり
　をいかす教室へ‥①721
ようこそ文化人類学へ
　‥‥‥‥②116
ようこそ！ へんてこ小
　学校‥‥‥①355
ようこそロイドホテル
　へ‥‥‥‥①355
妖狐とワケあり駆け落
　ち中!?‥‥‥①1322
妖狐に嫁入り‥①1304
洋裁文化と日本の
　ファッション‥①31
ようさま‥‥①1013
幼虫狩り・蟹‥①995
幼児期における空想世
　界に対する認識の発
　達‥‥‥①499
様式の生成‥①614
様式への問い‥①881
幼児体育 実技編‥①697
幼児のかけざん・わり
　ざん‥‥‥①697
幼児のできる子ドリル
　〈7〉‥‥‥①697
幼児のできる子ドリル
　〈8〉‥‥‥①697
幼児のパズル道場ドリ
　ル かずと思考力‥①396
幼児のパズル道場ドリ
　ル ずけいと思考力
　‥‥‥‥①396
幼小接続期の家族・園・
　学校‥‥‥①697
洋上の饗宴〈上〉‥①1073
洋上の饗宴〈下〉‥①1073
養生の力‥‥②702
幼女さまとゼロ級守護
　者さま‥‥①1215
幼女戦記〈8〉‥①1182
幼女戦記〈9〉‥①1182
幼女戦記 アニメ完全設
　定資料集‥①801
幼児理解‥‥①697
用心棒無名剣‥①1030
妖精王の求愛‥①1306
妖精王の護り手‥①1306
妖精王のもとでおとぎ
　話のヒロインにされ
　そうです‥①1173
妖精王のもとでおとぎ
　話のヒロインにされ
　そうです〈2〉‥①1173
妖精たちが見たふしぎ
　な人間世界‥①845
妖精のあんパン‥①355
妖精のスープ‥①355
妖精ハンター×DT‥①1318
妖精ホテルの接客係
　‥‥‥‥①1192
要説住民税〈平成29年度
　版〉‥‥‥②404
要説 中国法‥②220
要説 独占禁止法‥②375
幼稚園選び必勝ガイド
　‥‥‥‥①697
幼稚園教育実習‥①697
幼稚園教育要領〈平成29
　年告示〉‥‥①697
幼稚園教育要領ハンド
　ブック〈2017年告示
　版〉‥‥‥①697

幼稚園教育要領・保育
　所保育指針・幼保連
　携型認定こども園教
　育・保育要領の成立
　と変遷 ……………①697
幼稚園教諭・保育士養
　成課程 子どものため
　の音楽表現技術 ……①697
幼稚園教諭養成課程を
　どう構成するか …… ①697
幼稚園・小中高等学校
　における特別支援教
　育の進め方〈4〉 ……①686
幼稚園入園情報〈2018〉
　………………………①744
"幼稚園・保育園"一年
　間の園長あいさつ・
　式辞集 ……………①697
幼稚園・保育所・家庭で
　楽しくうたあそび123
　………………………①697
幼稚園・保育所実習 指
　導計画の考え方・立
　て方 ………………①697
腰痛の9割を治す、たっ
　た1つの習慣 …………①173
要点解釈 情報処理安全
　確保支援士 ………②564
要点チェック外回りオ
　ペ看護 ……………②768
要点と演習 ビジネス能
　力検定ジョブパス2級
　〈2017年度版〉……②469
要点と演習 ビジネス能
　力検定ジョブパス3級
　〈2017年度版〉……②469
要点早わかり応用情報
　技術者ポケット攻略
　本………………………②566
要点早わかり 情報処理
　安全確保支援士ポ
　ケット攻略本 ……②564
要点マスター！ 一般常
　識〈'19〉……………①298
要点マスター！ 就活マ
　ナー〈'19〉…………①293
要点マスター！ 面接
　＆エントリーシート
　〈'19〉………………①296
要点マスター！ SPI
　〈'19〉………………①295
要点まる暗記！ 衛生管
　理者第1種・第2種合
　格テキスト〈'18年版〉
　………………………②630
妖盗S79号………………①1074
用途別消防設備設置基
　準………………………②584
養豚経営の展開と生産
　者出資型インテグ
　レーション ………②455
幼年 水の町 …………①945
要は「足首から下」…①153
羊皮紙に描くテンペラ
　画………………………①837
洋服で得する人 損する
　人の服の着方 ……①31
腰部と骨盤の手技療法
　………………………②750
傭兵団の料理番〈3〉
　……………………①1182
傭兵団の料理番〈4〉
　……………………①1182
傭兵メイドのMIP…①1309
幼保連携型認定こども
　園児指導要録 記入
　の実際と用語例 ……①697
幼保連携型認定こども
　園教育・保育要領〈平

成29年告示〉……①697
幼保連携型認定こども
　園教育・保育要領ハ
　ンドブック〈2017年告
　示版〉………………①697
用務員さんは勇者じゃ
　ありませんので〈7〉
　……………………①1228
用務員さんは勇者じゃ
　ありませんので〈8〉
　……………………①1228
陽明丸と800人の子供た
　ち ………………①572
羊毛フェルトで刺す絵
　画「タブレーヌ」……①79
羊毛フェルトで作る う
　ちの子そっくりかわ
　いいワンコ …………①76
羊毛フェルトでつくる
　ほっこり動物とおう
　ちカフェ ……………①76
羊毛フェルトで作るマ
　スコットみたいなど
　うぶつまめぐち ……①76
羊毛フェルトのスー
　パーリアルな猫と犬
　………………………①76
洋々無限 …………………①834
洋ラン大全 ……………①269
夜が明けたら、いちば
　んに君に会いにいく
　……………………①1207
ヨガを伝える …………①162
よか人生って、なん
　じゃろな ……………①514
よかった、お友だちに
　なれて ……………①423
ヨーガの真実 …………①162
よかばい九州！ ………②306
ヨーガ療法ダルシャナ
　………………………①162
予期せぬ瞬間 …………②702
夜霧につつまれて二人
　……………………①1334
預金上級試験問題解説
　集〈2017年度版〉……②483
預金中級試験問題解説
　集〈2017年度版〉……②483
欲 …………………………①1099
抑圧されたモダニティ
　………………………①919
よくある疑問・誤解を
　解決！ Q&A 公益法
　人・一般法人の会計
　と税務 ……………②324
欲をコントロールする
　方法 ………………②356
翼果のかたちをした希
　望について …………②967
欲情する獣 ……………①1316
抑止力としての憲法 ・②202
抑止力のことを学び抜
　いたら、究極の正解は
　「最低でも国外」…②145
よく出る！ 漢字検定準2
　級本試験型問題集 ・①628
よく出る！ 漢字検定2
　級本試験型問題集 ・①628
よく出る！ 漢字検定3
　級本試験型問題集 ・①628
よく治る全人的歯周病
　治療 ………………②758
「欲張りな女」になろ
　う。……………………①118
欲望狂い咲きストリー
　ト ………………①1400
欲望芸能界 …………①1401
欲望広告代理店 ……①1401
欲望する「ことば」…①108

欲望と誤解の舞踏 ……①766
欲望特急 ……………①1404
欲望の資本主義 ……②266
欲望の世界を超えて ・①909
欲望の街 東京 ……①1101
欲望論〈第1巻〉……①456
欲望論〈第2巻〉……①456
よく学べ 楽しいことわ
　ざ〈2〉………………①394
「よく見える目」をあき
　らめない ……………①183
翼竜のたまご ………②614
ヨーグルト酵母でパン
　を焼く。………………①63
ヨーグルトの冷たいお
　菓子と焼き菓子 ……①72
よくわかる囲碁AI大全
　………………………①248
よくわかる！ 1級管工
　事施工管理技術検定
　試験 学科 …………②638
よくわかるエネルギー
　株……………………②396
よくわかる大人のアス
　ペルガー ……………①497
よくわかる改正民法と
　金融取引Q&A ……②207
よくわかる学校現場の
　教育心理学 ………①757
よくわかる 株式会社の
　つくり方と運営〈'17
　～'18年版〉………②297
よくわかる株式投資の
　すべて ……………②396
よくわかる環境社会学
　………………………②108
よくわかる看護研究の
　進め方・まとめ方 ・②768
よくわかる看護組織論
　………………………②768
よくわかる管理栄養士
　合格テキスト ……②784
よくわかるギャンブル
　障害 ………………①497
よくわかる境界性パー
　ソナリティ障害 ……②746
よくわかる教科書 電波
　法大綱 ……………②189
よくわかる強迫症 ……①170
よくわかる「くずし字」
　見分け方のポイント
　………………………①616
よくわかる言語発達 ・①499
よく和歌な源氏物語 ・①898
よくわかる現代経営 ・②374
よくわかる現代マーケ
　ティング …………②338
よくわかる権利擁護と
　成年後見制度 ……②65
よくわかる公会計制度
　………………………②319
よくわかる口腔インプ
　ラント学 …………②758
よくわかる皇室制度 ・②151
よくわかる公民館のし
　ごと ………………②162
よくわかる高齢者デイ
　サービス〈2〉………②71
よくわかる国立大学法
　人会計基準 ………②319
よくわかる国家公務員
　の医療・年金ガイド
　ブック〈平成29年度
　版〉…………………②153
よくわかるコミュニ
　ティ心理学 ………①487
よくわかる最新船舶の
　基本と仕組み ……②627
よくわかる最新半導体

プロセスの基本と仕
　組み ………………②597
よくわかる最新水処理
　技術の基本と仕組み
　………………………②607
よくわかる事業承継 ・②329
よくわかる自己株式の
　実務処理Q&A ……②326
よくわかる「自治体監
　査」の実務入門 …②157
よくわかる社労士 合格
　するための過去10年
　本試験問題集〈1〉 ・②502
よくわかる社労士 合格
　するための過去10年
　本試験問題集〈2〉 ・②502
よくわかる社労士 合格
　するための過去10年
　本試験問題集〈3〉 ・②502
よくわかる社労士 合格
　するための過去10年
　本試験問題集〈4〉 ・②502
よくわかる社労士 合格
　テキスト〈1〉 ……②502
よくわかる社労士 合格
　テキスト〈2〉 ……②502
よくわかる社労士 合格
　テキスト〈3〉 ……②503
よくわかる社労士 合格
　テキスト〈4〉 ……②503
よくわかる社労士 合格
　テキスト〈5〉 ……②503
よくわかる社労士 合格
　テキスト〈6〉 ……②503
よくわかる社労士 合格
　テキスト〈7〉 ……②503
よくわかる社労士 合格
　テキスト〈8〉 ……②503
よくわかる社労士 合格
　テキスト〈9〉 ……②503
よくわかる社労士 合格
　テキスト〈10〉 ……②503
よくわかる社労士 別冊
　合格テキスト 直前対
　策 一般常識・統計/白
　書/労務管理〈2017年
　度版〉………………②503
よくわかる重力と宇宙
　………………………①397
よくわかる障がい者ス
　ポーツ ……………①433
よくわかる消防・救急
　………………………①423
よくわかる情報リテラ
　シー ………………②520
よくわかる条例審査の
　ポイント …………②157
よくわかる初心者のた
　めのMicrosoft
　PowerPoint 2016 ・・②545
よくわかる人工知能 ・①423
よくわかる！ 図解 病院
　の学習書 …………②710
よくわかる図画工作科
　なっとく新学習指導
　要領 授業への生かし
　方……………………②740
よくわかるスポーツ人
　類学 ………………①214
よくわかるスポーツ
　マーケティング ……①214
よくわかるスポーツマ
　ネジメント ………①215
よくわかるスポーツ倫
　理学 ………………①215
よくわかる生活保護ガ
　イドブック〈1〉……②65
よくわかる生活保護ガ
　イドブック〈2〉……②65

よくわかる税制改正と
　実務の徹底対策〈平成
　29年度〉……………②404
よくわかる税法入門 ・②404
よくわかる石油業界 ・②439
よくわかる専門基礎講
　座 関係法規 ………②768
よくわかる専門基礎講
　座 公衆衛生 ………②760
よくわかる第一級陸上
　特殊無線技士合格テ
　キスト ……………②636
よくわかるタイラバ ・①232
よくわかるデライト設
　計入門 ……………②602
よくわかる統合失調症
　………………………①170
よくわかる独立行政法
　人会計基準 ………②319
よくわかる特級技能検
　定試験合格テキスト＋
　問題集 ……………②644
よくわかる！ 2級管工
　事施工管理技術検定
　試験〈学科〉実地 ・②638
よくわかる日本の城 日
　本城郭検定公式参考
　書……………………①534
よくわかる入管手続 ・②189
よくわかる入管法 ……②189
よくわかるネット依存
　………………………①423
よくわかる年金制度の
　あらまし〈平成29年度
　版〉…………………②75
よくわかる祝詞読本 ・②118
よくわかる はじめての
　海釣り ……………①232
よくわかる はじめての
　川釣り ……………①232
よくわかる病院 ……①429
よくわかる仏像彫刻 ・①869
よくわかる貿易実務入
　門……………………②314
よくわかるマスター
　Microsoft Office
　Specialist Microsoft
　PowerPoint 2016 対
　策テキスト＆問題集
　（FPT1620）………②562
よくわかるマスター
　Microsoft Office
　Specialist Microsoft
　Word 2016 Expert対
　策テキスト＆問題集
　（FPT1702）………②562
よくわかるみんなの救
　急……………………②723
よくわかるメタファー
　………………………①634
よくわかる薬物依存 ・①423
よくわかるリスクアセ
　スメント …………②461
よくわかる旅行業界 ・②427
よくわかる理論と実践
　ヨーガ ……………①162
よくわかる理論と実践
　リフレクソロジー ・①160
よくわかる労働法 ……②467
よくわかる！ 2級建設
　業経理士 …………②494
よくわかるIATF16949
　自動車セクター規格
　のすべて …………②586
よくわかるLGBT ……①423
よくわかるMicrosoft
　Excel 2016 VBAプロ
　グラミング実践
　（FPT1704）………②553

よくわかる
SOLIDWORKS演習 ……②602
予言するアメリカ ……①795
予言ラジオ ……①1356
横尾忠則全版画
HANGA JUNGLE ……①868
横顔と虹彩 ……①1307
よこがき般若心経 ……①517
横川唐陽『唐陽山人詩
鈔』本文と解題 ……①906
ヨーコさんの"言葉"わ
けがわからん ……①947
横須賀鎮守府 ……①572
横須賀ブロークンア
ロー〈上〉 ……①1114
横須賀ブロークンア
ロー〈下〉 ……①1114
横綱 ……①238
横丁の引力 ……①187
横とじだから見やす
い! どんどん目が良
くなるマジカル・ア
イ ……①183
横浜 ……①980
横浜駅SF 全国版 ……①1158
横濱エトランゼ ……①988
横浜・鎌倉 オトナ女子
のすてきな週末 ……①193
横浜大戦争 ……①1103
ヨコハマトリエンナー
レ2017 ……①824
横浜助けあいの心が
つむぐまちづくり ……②65
ヨコハマメリー ……①933
横浜元町コレクターズ・
カフェ ……①1022
横浜もののはじめ物語
……①539
横浜吉田新田と吉田勘
兵衛 ……①539
横歩取りで勝つ攻めの
最強手筋ガイド ……①251
横溝正史研究〈6〉 ……①885
横光利一 ……①914
横光利一とその時代 ……①914
横山だいすけフォト
ブック げんきよ! と
どけ! だいすけお兄
さんの世界迷作劇場
……①772
横山隆一 ……①845
汚れた額の天使 ……①1385
与謝野晶子 ……①915
予算の見方・つくり方
〈平成29年版〉 ……②271
吉岡徳仁 光庵 ……②614
吉岡のなるほど小論文
講義〈10〉 ……①725
吉岡茉祐1st写真集
Switch ……①777
吉川弘之対談集 科学と
社会の対話 ……②649
4時間でやり直す 理科
の法則と定理100 ……①730
四次元の幾何学 ……②660
四次元の花嫁 ……①1071
四時過ぎの船 ……①1017
「吉薗周蔵手記」が暴く
日本の極秘事項 ……①584
吉高寧々 裸夢 はじらい
……①780
吉田豪の"最狂"全女伝
説 ……①239
吉田沙保里と伊調馨を
育てた至学館「前田
食堂」のやり抜く力
をつける食習慣 ……①239

吉田茂元首相の霊言 ……①504
吉田松陰の再発見 ……①568
吉田松陰の時代 ……①569
吉田博画文集 ……①868
義経号、北溟を疾る
……①1095
義経伝説と為朝伝説 ……①551
吉利くんありがとう ……①938
芳根京子 ……①777
吉野桜鬼剣〈3〉 ……①1063
吉野朔実のシネマガイ
ド シネコン111 ……①795
霞の堤 ……①981
芳野藤丸自伝 ……①805
よしもと血風録 ……①772
吉本興業をキラキラに
……①772
吉本興業を創った人々
……①772
吉本興業五百年史 ……①772
吉本せい ……①772
吉本せいと林正之助 愛
と勇気の言葉 ……①772
吉本隆明 江藤淳 全対話
……①464
吉本隆明「言語にとっ
て美とはなにか」の
読み方 ……①464
吉本隆明質疑応答集〈1〉
……①464
吉本隆明質疑応答集〈2〉
……①464
吉本隆明1968 ……①464
吉本隆明全集〈13〉 ……①891
吉本隆明全集〈14〉 ……①891
吉本隆明全集〈37〉 ……①891
吉本隆明と中上健次 ……①915
よしもとで学んだ「お
笑い」を刑務所で話
す ……①127
興情管理学 ……②512
吉原の真実 ……①563
誉生の証明 ……①1113
寄せ植えギャザリング・
メソッド ……①269
寄席品川清洲亭 ……①1034
装いの民族誌 ……①120
予測の技術 ……①297
よそ者と創る新しい農
山村 ……②447
夜空に泳ぐチョコレー
トグラミー ……①1018
夜空ノ一振り〈2〉 ……①1294
よだかの星 …①309, ①891
依田流アルファ碁研究
……①248
預貯金へのマイナン
バー付番Q&A ……②385
ヨチヨチ父 ……①10
四日市昭和創世記 日比
義太郎日記〔翻刻〕
〈1〉 ……①539
4日間で脂肪だけをキレ
イに落とす本 ……①28
ヨッ! けつやまシリノ
スケ ……①343
よつごのこりす あっく
んのおくりもの ……①308
余った野菜はささっと
ストック ……①63
四ツ手網の記憶 ……①933
ヨットと横顔 ……①974
酔っぱらってても作れ
る10分おつまみ ……①67
よっぽどの縁ですね ……①104

四谷シモン ベルメール
への旅 ……①873
世直し暗黒神の奔走〈2〉
……①1170
世直し若さま ……①1064
夜長姫と耳男 ……①857
夜哭烏 ……①1032
世に問う・心眼 ……①959
世にも美しい教養講義
超図解宗教 ……①500
世にも美味しいゆるや
かな糖質制限ダイ
エット ……①28
世にも恐ろしい中国人
の戦略思考 ……②90
世にも奇妙なストー
リー 鏡凪町の祭り
……①387
世にも奇妙なストー
リー 百壁町の呪い
……①387
世にも奇妙なニッポン
のお笑い ……①772
世にも奇妙な物語
……①364, ①370
世にも不思議で美しい
「相対性理論」 ……②667
世にも不思議な怪奇ド
ラマの世界 ……①781
世にも不思議な猫世界
イラスト作品集 ……①845
四人の連合艦隊司令長
官 ……①584
米沢藩の武術 ……①539
米澤穂信と古典部 ……①915
米盛病院の最新医療 ……②723
四年間 ……①906
夜の木の下で ……①1024
"よのなか"を変える哲
学の授業 ……①456
世の中を元気にする技
術士を目指せ ……②632
世の中それほど不公平
じゃない ……①104
世の中で悪用されてい
る心理テクニック ……①106
余はいかにしてキリス
ト信徒となりしか ……①526
夜這い刑事（でか） ……①1114
余白 ……①974
ヨハネス・コメニウス
……①468
ヨハネス・ブーゲン
ハーゲン ……①602
夜は短し歩けよ乙女 ……①370
ヨハン・クライフ自伝
……①230
ヨハン・ヨアヒム・ク
ヴァンツ フルート奏
法 ……①822
呼び出された男 ……①1343
呼び出された殺戮者〈6〉
……①1160
呼び出された殺戮者〈7〉
……①1160
呼び名の持つパワー 音
でわかる名前占い ……①133
夜ふかしするほど面白
い「月の話」 ……①677
ヨブ記に見る 試練の意
味 ……①526
夜ふけのおつまみ ……①67
夜更けわたしはわたし
のなかを降りていく
……①967
予防技術検定集中ト
レーニング ……②630
予防接種のえらび方と
病気にならない育児

法 ……①169
予防接種は迷って、悩ん
でもいいんだよ。 ……①169
予防は何歳からでも!
認知症にならないク
セづくり ……①178
予防理学療法学要論 ……②723
読まずに死ねない世界
の名詩50編 ……①975
読まずに死ねない哲学
名著50冊 ……①456
読まなくても急所がわ
かる! 死活徹底ガイ
ド ……①248
夜廻 ……①1137
読売新聞朝刊一面コラ
ム「編集手帳」〈第31
集〉 ……②15
読売新聞朝刊一面コラ
ム「編集手帳」〈第32
集〉 ……②15
読売新聞 用字用語の手
引 ……②15
読売年鑑〈2017年版〉 ……②17
読売報道写真集〈2017〉
……②12
読売屋お吉 甘味とぉん
と帖 ……①1028
よみがえった勇者は
GYU・DONを食べ
続ける ……①1161
蘇りの魔王〈6〉 ……①1170
よみがえる怪談 灰色の
本 ……①370
よみがえる金融 ……②385
よみがえる古代の港 ……①546
よみがえる金堂壁画上
淀廃寺 ……①615
よみがえる魚たち ……①699
甦る殺人者 ……①1229
よみがえる力は、どこ
に ……①104
蘇る翼F2・B ……②167
よみがえる飛騨の匠 ……②246
よみがえる女神 ……①143
甦れ! 経済再生の最強
戦略本部 ……②245
読み書きが苦手な子ど
もへの"漢字"支援
ワーク 教科書対応版
1年 ……①687
読み書きが苦手な子ど
もへの"漢字"支援
ワーク 教科書対応版
2年 ……①687
読み書きが苦手な子ど
もへの"漢字"支援
ワーク 教科書対応版
3年 ……①687
読み書きが苦手な子ど
もへの"漢字"支援
ワーク 教科書対応版
4年 ……①687
読み書きが苦手な子ど
もへの"漢字"支援
ワーク 教科書対応版
5年 ……①687
読み書きが苦手な子ど
もへの"漢字"支援
ワーク 教科書対応版
6年 ……①687
読み方からおススメま
で 絵本ガイド ……①886
読みくらべ世界民話考
……①887
黄泉坂案内人 三条目
……①1125
黄泉坂案内人 少女たち
の選挙戦 ……①1125

夜見師 ……①1124
夜見師〈2〉 ……①1124
読みたい心に火をつけ
ろ! ……②7
読みたくなる「地図」西
日本編 ……①212
読みたくなる「地図」東
日本編 ……①212
読み出したらとまらな
い雑学の本 ……②32
読み解く合格思考 商法
……②233
読むオペラ ……①817
読むことの可能性 ……①909
読む数学記号 ……②655
読むだけで運がよくな
る77の方法 ……①104
読むだけで幸せになる
手相術 ……①133
読むだけですっきりわ
かる世界地理 ……①617
読むだけで楽しい 数学
のはなし ……②655
読むだけで点数が上が
る! 東大生が教える
ずるいテスト術 ……①744
読むだけで深い眠り
につける10の話 ……①171
読むだけでわかる数学
再入門 ……②658
「読む力」はこうしてつ
ける ……①725
読むと心がラクになる
めんどくさい女子の
説明書 ……①118
読むトレーニング 応用
編 ……①636
読むトレーニング 基礎
編 ……①636
よむプラネタリウム 春
の星空案内 ……①403
余命三年時事日記 共謀
罪と日韓断交 ……②145
余命10年 ……①995
余命宣告からの希望の
「がん治療」 ……①179
嫁入り〈30の巻〉 ……①1042
余命六ヶ月延長しても
らったから、ここか
らは私の時間です
〈上〉 ……①1153
余命六ヶ月延長しても
らったから、ここか
らは私の時間です
〈下〉 ……①1153
嫁エルフ。 ……①1147
嫁エルフ。〈2〉 ……①1147
嫁をやめる日 ……①990
読めても凄い 書けると
もっと凄い 感じる漢
字ドリル初・中級編
……①628
嫁にこい ……①1322
嫁の心得 ……①1051
嫁の心得 山内一豊の妻
に学ぶ ……①504
嫁の母、嫁の妹と同居
中 ……①1400
読めば気持ちがすーっ
と軽くなる本人・家
族に優しい統合失調
症のお話 ……②746
読めば合格! 情報セ
キュリティマネジメ
ント ……②564
読めば差がつく! 若手
公務員の作法 ……②153
読めばメキメキうまく
なる サッカー入門

……………… ①230
読めばわかる！ 生物・①406
読めばわかる！ 世界地
　理 ……………… ①426
読めばわかる！ わかれ
　ば変わる！ ドライア
　イ診療 …………… ②762
読めますか？ 書けます
　か？ 小学校で習った
　漢字 …………… ①628
読める描ける電子回路
　入門 …………… ②597
読める！ モニター心電
　図 ……………… ②741
読めれば楽しい！ 古文
　書入門 …………… ①616
予約一名、角野卓造でご
　ざいます。京都編…①42
予約でいっぱいになる
　評判の治療院・サロ
　ンをはじめる本 … ②710
頼子のために ……… ①1103
寄り添う …………… ①933
寄り添う言葉が変えて
　ゆく …………… ①104
より深く楽しむために
　日本の城 鑑賞のポイ
　ント65 ………… ①534
夜を漆う …………… ①1021
夜が明けるなら〈3〉
　………………… ①1347
夜型人間のための知的
　生産術 ………… ①127
夜だけの恋人 ……… ①1387
よるだけパンダ …… ①343
夜と会う。………… ①1141
夜とぼくとベンジャミ
　ン ……………… ①968
夜に生きる〈上〉 … ①1356
夜に生きる〈下〉 … ①1356
夜のあなたは違う顔
　………………… ①1188
よるのおと ………… ①343
夜の彼方でこの愛を
　………………… ①1349
よるのこどものあかる
　いゆめ ………… ①319
夜の署長 …………… ①1074
夜の絶景写真 花火編・①253
夜の谷を行く ……… ①993
夜の動物園 ………… ①1352
よるのないくに2 - 新月
　の花嫁 - 公式コンプ
　リートガイド …… ①284
夜の薔薇 聖者の蜜 ・①1316
夜の光に追われて … ①1007
夜の瞳 ……………… ①1176
夜の放浪記 ………… ①958
夜の夢見の川 ……… ①1343
よるのようふくやさん
　………………… ①343
夜は短し歩けよ乙女 オ
　フィシャルガイド ・①801
夜は満ちる ………… ①1121
夜姫 ………………… ①1002
寄る辺なき自我の時代
　………………… ①497
夜また夜の深い夜 … ①993
喜ばれる季節の折り紙
　………………… ①81
万屋大悟のマシュマロ
　な事件簿 ……… ①1080
ヨーロッパ・アメリカ
　労働者の反乱 …… ①603
ヨーロッパ炎上 新・
　100年予測 ……… ②128
ヨーロッパ家族旅行奮
　闘記 …………… ①199
ヨーロッパ芸術音楽の

終焉 ……………… ①814
ヨーロッパ最大の自由
　都市 ベルリンへ … ①208
ヨーロッパ私法への道
　………………… ②220
ヨーロッパ人が来て見
　て感じて驚いた！ 不
　思議の国のジャパ
　ニーズ ………… ②19
ヨーロッパたびごはん
　………………… ①199
ヨーロッパ鉄道時刻表
　日本語解説版〈2017年
　夏ダイヤ号〉 …… ②2
ヨーロッパ鉄道時刻表
　日本語解説版〈2017年
　冬ダイヤ号〉 …… ②2
ヨーロッパ鉄道時刻表
　日本語解説版〈2018
　冬ダイヤ号〉 …… ②2
ヨーロッパ鉄道旅行入
　門 ……………… ①208
ヨーロッパにおける移
　民第二世代の学校適
　応 ……………… ①755
ヨーロッパに眠る「き
　もの」 …………… ①32
ヨーロッパ、日本 歌紀
　行 ……………… ①941
ヨーロッパの言語 … ①622
ヨーロッパの幻想美術
　………………… ①830
ヨーロッパの死 …… ①909
ヨーロッパの図像 花の
　美術と物語 …… ①830
ヨーロッパの乳房 … ①948
ヨーロッパの帝国主義
　………………… ①603
ヨーロッパの昔話 … ①918
ヨーロッパ文明の起源
　………………… ①603
ヨーロッパ文明批判序
　説 ……………… ①457
弱い「内面」の陥穽 ・①915
"弱いロボット"の思考
　………………… ①487
弱気の蟲 …………… ①1109
弱キャラ友崎くん〈Lv.
　3〉 …………… ①1289
弱キャラ友崎くん〈Lv.
　4〉 …………… ①1289
弱キャラ友崎くん〈Lv.
　5〉 …………… ①1289
弱くても勝てる強くても
　も負ける ……… ①238
弱さに一瞬で打ち勝つ
　無敵の言葉 …… ①104
世渡り上手 ………… ①945
よわむし …………… ①933
弱虫日記 …………… ①983
4技能が身につく究極の
　音読プログラム初級
　編 ……………… ①647
4技能が身につく究極の
　音読プログラム ビジ
　ネス編 ………… ①647
4技能総合対策 英検2級
　10days ………… ①658
四級海技士（機関）800
　題 問題と解答（26/7
　〜29/4）〈平成30年
　版〉 …………… ②643
四級海技士（航海）800
　題 問題と解答（26/7
　〜29/4）〈平成30年
　版〉 …………… ②643
四級・五級海技士（航
　海）口述試験の突破
　………………… ②643

4級仏検公式ガイドブッ
　ク〈2017年度版〉… ①671
四繼 ……………… ②216
「4京3000兆円」の巨額
　マネーが天皇陛下と
　小沢一郎に託された
　………………… ①143
4号警備 前編 ……… ①1069
4号警備 後編 ……… ①1069
4号戦車 A・F型 …… ②167
四・五段に合格する！
　剣道昇段審査弱点克
　服トレーニング … ①237
よんこまのこ〈6〉… ①857
4コマ漫画でサクッと分
　かる建築基準法 … ①620
4コマ漫画でさくっとわ
　かる セキュリティの
　基本 …………… ②534
4歳児 葛藤をチカラに
　………………… ①697
4歳のえほん百科 … ①303
4歳 ひらがなことば・①697
40歳を過ぎたら、働き
　方を変えなさい … ②356
40歳を過ぎて最高の成
　果を出せる「疲れな
　い体」と「折れない
　心」のつくり方 … ①153
40歳が社長になる日 ・②297
40歳から劇的にスコア
　を伸ばすゴルフの組
　み立て方 ……… ①220
40歳からのiDeCo徹底
　活用 …………… ②396
40歳からのハローギ
　ター …………… ①812
40歳からの不調がみる
　みる良くなる体の使
　い方 …………… ①153
40歳からの迷わない生
　き方 …………… ①104
四〇歳からはじめる最
　強の勉強法 …… ②356
40歳からはパンを週2に
　しなさい ……… ①164
40歳から病気にならな
　い人の習慣 …… ①153
40歳独身のエリートサ
　ラリーマンが「不動
　産投資」のカモにさ
　れて大損した件…①1002
4週間でつくれる はじ
　めてのやさしい俳句
　練習帖 ………… ①906
4週間でマスター 1級建
　築施工管理学科試験
　………………… ②642
45歳からのお金を作る
　コツ …………… ②392
45歳からの心の整理術
　………………… ①104
45症例で極める冠動脈
　疾患の画像診断 … ②741
43回の殺意 ……… ②40
40代がもっと楽しくな
　る方法 ………… ①104
40代から最短で速くな
　るマラソン上達法 ・①235
40代からの「英語」の
　学び方 ………… ①641
40代でシフトする働き
　方の極意 ……… ①357
47 accessories〈2〉… ②2
47都道府県格差 …… ②21
47都道府県・乾物/干物
　百科 …………… ①39
47都道府県・くだもの
　百科 …………… ②447

47都道府県・公園/庭園
　百科 …………… ②614
47都道府県・米/雑穀百
　科 ……………… ②455
47都道府県・寺社信仰
　百科 …………… ①500
47都道府県別 よみがえ
　る日本の城 …… ①534
47都道府県・妖怪伝承
　百科 …………… ①887
47都道府県!!妖怪めぐり
　日本一周（1）…… ①387
47都道府県!!妖怪めぐり
　日本一周（2）…… ①387
47都道府県!!妖怪めぐり
　日本一周（3）…… ①387
4色ボールペンでかんた
　ん＆かわいいイラス
　トを描く！ …… ①863
4000人の原爆ドーム ・②165
読んで味わうドイツ語
　文法 …………… ①669
四訂 フードスペシャリ
　スト論 ………… ②775
読んでおきたい偉人伝
　小学1・2年 …… ①390
読んでおきたい偉人伝
　小学3・4年 …… ①391
読んでおきたい偉人伝
　小学5・6年 …… ①391
読んで覚えるコードの
　カラクリ ……… ①812
よんでかいておぼえる
　おはなしカタカナ・①394
読んでスッキリ！ 気象
　予報士試験 合格テキ
　スト …………… ②645
読んで楽しむ百人一首
　………………… ①901
よんでみよう ……… ①343
わらいばなし 20話 … ①387
四度目は嫌な死属性魔
　術師〈2〉 ……… ①1234
四泊五日の修学旅行で
　襲われた三人の女教
　師 ……………… ①1401
四版増訂 市制町村制註
　釈（明治二十一年第四
　版）附 市制町村制理
　由 ……………… ②227
4番目の許婚候補 番外
　編 ……………… ①1236
455種のガーデニングプ
　ランツの育て方がひ
　とめでわかる本 … ①269
403architecture
　"dajiba"建築で思考
　し、都市でつくる・②616
4万人の腰部脊柱管狭窄
　症を治した！ 腰の痛
　みナビ体操 …… ①173
四女神オンライン
　CYBER
　DIMENSION
　NEPTUNE 公式コン
　プリートガイド＋ビ
　ジュアルコレクショ
　ン ……………… ①284
四輪の書 …………… ①242

ライアー …………… ①1079
ライヴ ……………… ①1114
ライオットグラスパー
　〈7〉 …………… ①1148
ライオンズ、1958。 ・①1015
ライオンつかいのフレ
　ディ …………… ①378
ライオン・ブルー … ①1086
雷火一閃 …………… ①1045
ライザップ糖質量ハン
　ドブック ……… ①166
頼山陽とその時代〈上〉
　………………… ①563
頼山陽とその時代〈下〉
　………………… ①563
ライセンス契約の基本
　と書式 ………… ②195
ライセンスビジネスの
　戦略と実務 …… ②297
ライタのたてがみ … ①343
雷帝のメイド ……… ①1243
ライティングクラブ
　………………… ①1330
ライティング・スピー
　キングも怖くない・①658
ライティングの高大接
　続 ……………… ①634
ライト兄弟 … ①391, ①937
ライト式建築 ……… ②614
ライトノベル新人賞の
　獲り方 ………… ①885
ライトマップル関西道
　路地図 ………… ①212
ライトマップル関東道
　路地図 ………… ①212
ライトマップル九州沖
　縄道路地図 …… ①212
ライトマップル札幌小
　樽道路地図 …… ①212
ライトマップル中国・
　四国道路地図 … ①212
ライトマップル中部道
　路地図 ………… ①212
ライトマップル東北道
　路地図 ………… ①213
ライトマップル北海道
　道路地図 ……… ①213
ライナスの毛布 …… ①970
ライナー・ノーツって
　なんだ!? ……… ①804
ライバル・オン・アイス
　〈3〉 …………… ①355
ライヒャルト ……… ①814
ライブえほん いぶくろ
　ちゃん ………… ①343
ライブ・エンタテイン
　メントの社会学 … ②108
ライフオーガナイズの
　教科書 ………… ①7
ライブ・経済史入門 ・②266
ライブ！ 現代社会
　〈2017〉 ……… ①733
ライフコースの健康心
　理学 …………… ①487
ライフスタイル改善の
　成果を導くエンパ
　ワーメントアプロー
　チ ……………… ②723
ライフスタイルの社会
　学 ……………… ②108

ライフステージ実習栄
　養学・・・・・・・・・②778
ライフステージでみる
　牛の管理・・・・・・・②456
ライフステージと法・・②225
ライフステージにおけ
　る社会保険・労働保
　険・・・・・・・・・・②75
ライフステージ別栄養
　管理・実習・・・・・②778
ライフステージや疾患
　背景から学ぶ臨床薬
　理学・・・・・・・・①771
ライブダンジョン！〈2〉
　・・・・・・・・・・①1239
ライブダンジョン！〈3〉
　・・・・・・・・・・①1239
ライブツイヒの犬・・・①1076
ライフデザイン学・・・・②65
ライフデザインと希望
　・・・・・・・・・・①108
ライブニッツの創世記
　・・・・・・・・・・①473
ライフハック大全・・・②357
ライブパフォーマンス
　と地域・・・・・・・①617
ライフ・プロジェクト
　・・・・・・・・・・②266
ライムスター宇多丸の
　マブ論CLASSICS・①773
らい予防法廃止20年・
　ハンセン病国賠訴訟
　勝訴15年を迎えて
　〈2016〉・・・・・・②45
ラインを極める 人体ド
　ローイングマスター
　コース・・・・・・・①863
ラインの伝説・・・・・・①603
ラインの虜囚・・・・・①1124
ラオス〈2017〜2018年
　版〉・・・・・・・・・②205
ラオス進出・展開・撤退
　の実務・・・・・・・②312
ラオス人民革命党第10
　回大会と「ビジョン
　2030」・・・・・・・②131
ラカニアン・レフト・・②172
ラカン 真理のパトス・①475
ラカン的思考・・・・・・①475
ラカン「リチュラテー
　ル」論・・・・・・・①497
楽市楽座令の研究・・・①556
楽園・・・・・・・①1025,
　①1103, ①1352
楽園暮らしはどうです
　か？・・・・・・・・①1325
楽園の疵・・・・・・・①1320
楽園への道・・・・・・①1336
ラクガキノート・・・・・①845
らくがき☆ボリス〈2〉
　・・・・・・・・・・①365
らくがき☆ボリス〈3〉
　・・・・・・・・・・①365
楽学管理業務主任者過
　去問5年間〈平成29年
　版〉・・・・・・・・・②496
楽学管理業務主任者 直
　前模試〈平成29年版〉
　・・・・・・・・・・②496
楽学宅建士 一問一答
　〈平成29年版〉・・・②499
楽学宅建士 過去問題集
　〈2018年版〉・・・・②499
楽学宅建士基本書〈2018
　年版〉・・・・・・・②499
楽学宅建士 マンガ入門
　〈2018年版〉・・・・②499
楽学宅建士 要点整理
　〈2018年版〉・・・・②499

楽学マンション管理士
　過去問5年間〈平成29
　年版〉・・・・・・・②496
楽学マンション管理士・
　管理業務主任者基本
　書 建築・会計編〈平
　成29年版〉・・・・・②496
楽学マンション管理士・
　管理業務主任者基本
　書 法令編〈平成29年
　版〉・・・・・・・・・②496
楽学マンション管理士・
　管理業務主任者要点
　整理〈平成29年版〉
　・・・・・・・・・・②496
楽学マンション管理士
　直前模試〈平成29年
　版〉・・・・・・・・・②496
ラク家事の極意・・・・・①7
落語家直伝うまい！ 授
　業のつくりかた・・・①721
落語小僧ものがたり・・①786
落語ことば・事柄辞典
　・・・・・・・・・・①786
落語修業時代・・・・・・①786
落語小説・柳田格之進
　・・・・・・・・・・①1039
落語で巡る江戸・東京
　三十六席。・・・・・①786
落語と歩く・・・・・・・①786
落語とは、俺である。①786
落語に花咲く仏教・・・①513
落語の入り口・・・・・・①786
落語の名作あらすじ100
　・・・・・・・・・・①786
落語百選 春・・・・・・①786
落語魅捨理（ミステリ）
　全集・・・・・・・・①1064
落語・寄席芸・・・・・・①438
落札された花嫁奴隷
　・・・・・・・・・・①1313
落日の死影〈1〉・・・①1069
ラクしておいしいあつ
　まりごはん・・・・・①63
ラクしておいしい！ か
　んたん冷凍作りおき
　・・・・・・・・・・①63
ラクして、おいしすぎ！
　糖質オフのかんた
　ん！ やせるレシピ・①63
ラクしてスッキリ シン
　プル家事・・・・・・①7
ラクしてHAPPY！ 冷
　凍作りおき おかず・①63
樂只堂年録〈第6〉・・・①616
ラクする家事10の法則・①7
落第騎士の英雄譚（キャ
　バルリィ）〈11〉・・①1279
落第騎士の英雄譚（キャ
　バルリィ）〈12〉・・①1279
落第騎士の英雄譚（キャ
　バルリィ）〈13〉・・①1280
落第銀行マンだからで
　きた逆張り経営・・・①441
落第社長のロシア貿易
　奮戦記・・・・・・・②312
ラクダのなみだ・・・・・①343
楽天家は運を呼ぶ・・・①950
楽天の日々・・・・・・・①955
楽土・・・・・・・・・・①1045
ラクトフェリン〈2017〉
　・・・・・・・・・・②723
ラグナロク〈3〉・・・①1284
楽に生きるのも、楽
　じゃない・・・・・・①787
ラクになる練習・・・・・①104
楽に読める安衛法 概要
　と解説・・・・・・・②467
ラグビー最強・最速に

なるヤマハ式肉体改
　造法・・・・・・・・・①228
ラグビー チーム力アッ
　プドリル・・・・・・①228
ラクやせレンチン！ コ
　ンテナおかず・・・・①63
洛陽の怪僧・・・・・・・①1044
らくらく暗記マスター
　介護福祉士国家試験
　〈2018〉・・・・・・・①81
らくらく暗記マスター
　ケアマネジャー試験
　〈2017〉・・・・・・・①81
らくらく暗記マスター
　社会福祉士国家試験
　〈2018〉・・・・・・・①81
らくらく一発合格 ひと
　りで学べる調理師試
　験〈2017年版〉・・・①510
ラクラク・かんたん・超
　楽しい！ ブックメー
　カー投資入門・・・・②392
らくらく個人事業と株
　式会社 「どっちがト
　ク？」がすべてわか
　る本・・・・・・・・・②297
らくらく指導 たのしい
　リトミック＆リズム
　あそび・・・・・・・①697
“楽々シンクロ人生”の
　すすめ・・・・・・・①457
らくらく宅建塾〈2017年
　版〉・・・・・・・・・②499
らくらく宅建塾〈2018年
　版〉・・・・・・・・・②499
楽々できる生前整理収
　納・・・・・・・・・・①111
ラクラク解ける！ 5類
　消防設備士合格問題
　集・・・・・・・・・②642
ラクラク解ける！ 6類
　消防設備士合格問題
　集・・・・・・・・・②642
らくらく突破 運行管理
　者試験（貨物）合格教
　本・・・・・・・・・②510
らくらく突破 衛生管理
　者第1種・第2種 合格
　教本・・・・・・・・②630
らくらく突破 介護福祉
　士 過去問題集〈2018
　年版〉・・・・・・・・②81
らくらく突破 ケアマネ
　ジャー過去問題集
　〈2018年版〉・・・・・①81
ラクラク突破の1級建築
　士スピード学習帳
　〈2018〉・・・・・・②640
ラクラク突破の2級建築
　士スピード学習帳
　〈2018〉・・・・・・②640
らくらくマスター 4類
　消防設備士（鑑別×製
　図）試験・・・・・・②642
らくらくわかる！ マン
　ション管理士速習テ
　キスト〈2017年度版〉
　・・・・・・・・・・②496
ラクラクわかる！2類消
　防設備士集中ゼミ・②642
ラクラクわかる！7類消
　防設備士集中ゼミ・②642
らくわく！1DAYファ
　スティング・・・・・①153
ラケット・・・・・・・・①671
ラジオ・ガガガ・・・①1013
ラジオと地域と図書館
　と・・・・・・・・・・②7
ラジオに恋して・・・・・①773

ラスカル、教えて！ 子
　どものひとこと英会
　話・・・・・・・・・②645
ラスキン・テラスの亡
　霊・・・・・・・・・①1329
ラストエンブリオ〈4〉
　・・・・・・・・・・①1228
ラストエンペラーの居
　た街で・・・・・・・・②90
ラスト・オブ・カンプフ
　グルッペ〈5〉・・・②167
ラストシーン 北野武・①773
ラストスパート 管理業
　務主任者直前予想模
　試〈2017年度版〉・・②496
ラストスパート マン
　ション管理士直前予
　想模試〈2017年度版〉
　・・・・・・・・・・②496
ラストディナー・・・・②705
ラストで君は「まさ
　か！」と言う デジャ
　ヴ・・・・・・・・・②355
ラストで君は「まさ
　か！」と言う 時のは
　ざま・・・・・・・・②355
ラストで君は「まさ
　か！」と言う 望みの
　果て・・・・・・・・②355
ラストで君は「まさ
　か！」と言う 知らせ夢・・・②355
ラストで君は「まさ
　か！」と言う 予知夢
　・・・・・・・・・・②355
ラスト・プロポーズ
　・・・・・・・・・・①1296
ラストレター・・・・・①1148
ラスト・ロスト・ジュブ
　ナイル - Last Lost
　Juvenile・・・・・①1241
ラスト・ワン・・・・・①1345
ラズパイとスマホでラ
　ジコン戦車を作ろ
　う！・・・・・・・・②596
ラスベガス〈2017〜
　2018年版〉・・・・・①210
ラズベリー・パイで遊
　ぼう！・・・・・・・②535
ラスボスの向こう側
　・・・・・・・・・・①1152
らすぼす魔女は堅物従
　者と戯れる〈1〉・・①1280
螺旋の手術室・・・・・①1095
拉致と日本人・・・・・②132
拉致問題を超えて 平和
　的解決への提言・・・②132
落花・・・・・・・・・・②259
ラッキーガールをめざ
　せ☆女子力アップ心
　理テスト＆うらない
　BOOK・・・・・・・①439
ラッキードッグ1 由良
　UltraPack!!〈2〉・・①845
ラッパのつぎはパン
　ツ？・・・・・・・・①343
ラップは何を映してい
　るのか・・・・・・・①804
辣腕上司の甘やかな恋
　罠・・・・・・・・・①1154
ラディカル無神論・・・①475
ラテンアメリカ怪談集
　・・・・・・・・・・①1359
ラテンアメリカ五〇〇
　年・・・・・・・・・①610
ラテンアメリカの農業・
　食料部門の発展・・・②449
ラテンアメリカ・レ
　ポート〈2017 Vol.33
　No.2〉・・・・・・・②254
ラテン語を読む・・・①673
「ラーニングフルエイジ

ング」とは何か・・②67
ラノベ古事記・・・・・①895
ラノベ作家になりたく
　て震える。・・・・・①1199
ラノベのプロ！〈2〉
　・・・・・・・・・・①1249
ラファエロ・・・・・・①830
ラ・フォリア ハーン・①819
ラフカディオ・ハーン
　のクレオール料理読
　本・・・・・・・・・・①39
ラブセメタリード・・・①996
ラブダイエット・・・・・①28
ラブちゃんのすてきな
　びようしつ・・・・・①343
ラブノート・・・・・・①1263
ラブパニックは隣から
　・・・・・・・・・・①1166
らぶぱら・・・・・・・①780
ラフマニノフの想い出
　・・・・・・・・・・①816
ラブ・ミー・テンダー
　・・・・・・・・・・①1001
ラブライブ！ サンシャ
　イン!!SECOND FAN
　BOOK・・・・・・・①801
ラブライブ！ サンシャ
　イン!!TVアニメオ
　フィシャルBOOK・①801
ラブライブ！ スクール
　アイドルコレクショ
　ン Aqoursパーフェク
　トビジュアルブック
　・・・・・・・・・・①801
ラブライブ！ スクール
　アイドルフェスティ
　バル Aqours official
　illustration book・①801
ラブライブ！ スクール
　アイドルフェスティ
　バル Aqours official
　story book・・・・②284
ラブライブ！ スクール
　アイドルフェスティ
　バルofficial
　illustration book4
　・・・・・・・・・・①845
ラブライブ！ スクール
　アイドルフェスティ
　バル official
　illustration book
　Standard Edition・①845
ラブライブ！ スクール
　アイドルフェスティ
　バル official
　illustration book
　Standard Edition
　〈2〉・・・・・・・・①845
ラブライブ！ The
　School Idol Movie劇
　場版オフィシャル
　BOOK・・・・・・・①801
ラブラドール・・・・・①264
ラブラバ・・・・・・・①1356
ラブリィ！・・・・・・・①355
ラブリーな遺品整理術
　・・・・・・・・・・①104
ラブリーバード
　〈PART4〉・・・・・①259
ラプンツェル・・・・・①309
ラプンツェルと学ぶ料
　理の基本・・・・・・①63
らぶLetter・・・・・・①777
ラベルは“妻”・・・・①1373
ラボ・ガール・・・・・②650
ラ・マシン カルネ・
　デ・クロッキー・・・①845
ラマヌジャン探検・・・②655
ラ・ミッション・・・・①998

ラム＆コーク ……… ①1105
ラム酒大全……………①45
ラ メルヘン・テープで
　作る大人スタイルの
　バッグ ……………①76
ラーメンおいしくでき
　るかな？ …………①63
ラーメンを科学する …①39
ラーメン記者、九州を
　すする！ …………①42
ラーメン超進化論……①39
ららマジ チューナーズ
　ノート ……………①845
ランゴバルドの歴史・①603
卵子の老化に負けない
　「妊娠体質」に変わる
　栄養セラピー ……①168
卵生竜を飼いならせ〈5〉
　……………………①1308
乱世をゆけ …………①1043
乱世！ 八王子城 ……①1063
ランチ酒 ……………①1013
ランディングページの
　教科書 …………②529
ランニング・サイエン
　ス ………………②215
ランニングする前に読
　む本 ……………①217
ランニング・ワイルド
　……………………①1096
蘭の花が咲いたら …①355
蘭の館〈上〉 ………①1355
蘭の館〈下〉 ………①1355
乱反射〈上〉 ………①1102
乱反射〈中〉 ………①1102
乱反射〈下〉 ………①1102
ランペリウスの吸血姫
　〈3〉 ………………①1398
ランペリウスの吸血姫
　〈4〉 ………………①1398
ランペリウスの吸血姫
　〈5〉 ………………①1398
らんぼう ……………①1079
乱歩城 ………………①1085
乱歩と正史 …………①885
乱歩と清張 …………①885
乱歩の変身 …………①1078
乱歩の猟奇 …………①1078
ラン迷宮 ……………①1099
乱流のホワイトハウス
　……………………②137

り

リア充にもオタクにも
　なれない俺の青春
　……………………①1261
リア友トラブル ……①355
リアリズム・チャレン
　ジ …………………①863
リアリズムの学校 …①676
リアリズムの老後 …②67
リアリティショーRPG
　キルデスビジネス 基
　本ルールブック …②279
リアルイラストでスラ
　スラわかる建築基準
　法 ………………②620
「リアル」を掴む！ …②598
リアル鬼ごっこJK・①1069
リアルから迫る 教員採
　用小論文・面接〈2018

年度版〉 ……… ①760
リアル人生ゲーム完全
　攻略本 …………①104
リアル世界にダンジョ
　ンが出来た ……①1229
リアルチートオンライ
　ン〈1〉 …………①1216
リアルでガチな天才が
　異世界に転生しても
　天才魔法使いになっ
　て元娼婦嫁とイチャ
　イチャする話。①1198
リアルな英語の9割は海
　外ドラマで学べる！
　……………………①641
リアル（写真）のゆくえ
　……………………①834
リアル風俗嬢日記……②36
リアルライフ英会話for
　Women ………①645
リアルライフゲーム
　……………………①1325
リアルワールドデータ
　の真っ赤な真実・②723
利益＆回転率がアップ
　する最適在庫完全バ
　イブル …………②590
利益を3倍にするたった
　5つの方法………②311
利益相反行為の登記実
　務 ………………②210
利益相反の先例・判例
　と実務 …………②208
リオネル・メッシ
　MESSIGRAPHICA
　……………………②231
理解を深める土質力学
　320問 ……………②605
理解するほどおもしろ
　い！ パソコンのしく
　みがよくわかる本・②535
理科オンチ教師が輝く
　科学の授業 ……①730
理化学研究所 ………②649
理科教員の実践的指導
　のための理科実験集
　……………………①730
理学部・理工学部 …②746
理学療法士国家試験過
　去問題集 専門問題10
　年分〈2018年版〉…②781
理学療法士・作業療法
　士国家試験過去問題
　集 共通問題10年分
　〈2018年版〉 ……②781
理学療法士・作業療法
　士 PT・OT基礎から
　学ぶ生理学ノート・②728
理学療法士のための
　ウィメンズ・ヘルス
　運動療法 ………②723
理学療法テキスト 内部
　障害理学療法学 呼吸
　……………………②723
理学療法テキスト 内部
　障害理学療法学 循
　環・代謝 ………②723
理学療法テキスト 理学
　療法概論 ………②723
理科室がにおってくる
　……………………①968
理科実験大百科〈第17
　集〉 ……………①399
理科授業をデザインす
　る理論とその展開・①730
理科準備室のヴィーナ
　ス …………………①355
リカちゃん先生にご用
　心 ………………①1324

リカちゃん ドレスいっ
　ぱいプリンセス ①438
リガード ……………①1318
理科年表〈平成30年 第
　91冊〉 …………②650
理科の授業がもっとう
　まくなる50の技 ①730
リカバリー …………①990
リーガルテック ……②189
リカルド・ボフィル 作
　品と思想 ………①824
リーガルベイシス民法
　入門 ……………②208
力学 ………………②667
リキッドバイオプシー
　……………………②572
力動的心理査定 ……①487
利休の生涯と伊達政宗
　……………………①556
利休の闇 …………①1036
「陸王」公式BOOK …①781
六義園の庭暮らし …①563
陸軍省軍務局と政治・①584
陸上競技審判ハンド
　ブック〈2017・2018
　年度版〉 ………①235
陸上競技 走跳投に必要
　なトップスピードを
　高める練習 ……①235
陸上競技ルールブック
　〈2017年度版〉 …①235
陸上自衛隊機甲科全史
　……………………①164
陸上自衛隊中央音楽隊
　の吹奏楽入門 …①816
陸上装備の最新技術 ②167
陸水環境化学 ………②576
六朝貴族の世界 王羲之
　……………………①598
六朝言語思想史研究 ①466
六朝文評価の研究 …①598
リクッチのエンドドン
　トロジー その時、歯
　髄に何が起こってい
　るのか？ ………②758
六道先生の原稿は順調
　に遅れています …①1281
リクルートのすごい構
　“創”力 ……………②306
リクルート流イノベー
　ション研修全技法・②297
理系アタマがぐんぐん
　育つ 科学の実験大図
　鑑 ………………①399
理系学生が一番最初に
　読むべき！ 英語科学
　論文の書き方 …②588
理系大学生活ハンド
　ブック …………①679
理系に育てる基礎のキ
　ソ しんかのお話365
　日 ………………①402
理系脳で考える ……①357
理系のための微分・積
　分復習帳 ………②658
理系の人々〈6〉 …①857
リケジョ探偵の謎解き
　ラボ ……………①1083
利権〈3〉 ………………①1104
理子 ………………①777
理工系学生のための化
　学基礎 …………②673
理工系学生のための基
　礎物理学 ………②667
理工系学生のための微
　分積分 …………②658
理工系新課程 微分積分
　演習 ……………②658
理工系のための一般化

学 …………………②673
理工系の物理学入門 ②673
理工系微分方程式 …②658
「利己」と他者のはざま
　で …………………②93
璃子のパワーストーン
　事件目録 ラピスラズ
　リは謎色に ……①1090
離婚家庭の子育て …②15
離婚して、インド …①198
離婚約 ………………②5
リサとガスパール とう
　きょうへいく ……①317
リサ・ラーソン展 …①874
リサ・ラーソン はじめ
　ての刺繍 …………①79
離散数学 …………②655
離散数学入門 ……②655
リース折り紙12か月 ①81
リース会計実務の手引
　き ………………②319
リスク管理・保険と
　ヘッジ …………②590
リスクと生きる、死者
　と生きる ………②108
リスクベースメンテナ
　ンス入門 ………②573
リスクマネジメントの
　真髄 ……………②326
リスクマネジメントの
　本質 ……………②374
リストラティブヨガ ①162
りすのきょうだいとふ
　しぎなたね ……①365
リスベート・ツヴェル
　ガーの聖書物語 …①344
リズミーハーツ ……①773
リズム遊び・超かんたん
　体操・脳トレ遊び・①178
リズム感が良くなる
　「体内メトロノーム」
　トレーニング ……①812
リズム 中級編 ……①739
リズムの本質 ………①473
りすりんうごきのこと
　ば なにするの？ …①304
りすりんのおさんぽ ど
　うぶつ …………①306
りすりんのおさんぽ の
　りもの …………①306
りすりんはんたいのこ
　とば どっちかな？
　……………………①304
リセアネ姫と亡国の侍
　女 ………………①1243
理性の起源 …………①457
理性の破壊 …………①143
理性崩壊 …………①1398
リセット〈10〉 ……①1186
リセット〈11〉 ……①1186
リセット 未来を書き換
　えたら溺れるほどの
　蜜月が待っていまし
　た。………………①1403
李先生の気功健康講座
　……………………①162
理想〈698号〉 ………①464
理想を現実にする力・①251
理想の会社をつくる
　たった7つの方法 ②297
理想の教育がここに
　あった …………①702
「理想の最期」の条件 ②705
理想の住まい ……②577
理想のヒモ生活〈9〉
　……………………①1301
理想のヒモ生活〈10〉

　……………………①1301
リゾートしらかみの犯
　罪 ………………①1101
リタイアの心理学 定年
　の後をしあわせに生
　きる ……………①111
リーダーを目指す人の
　心得 文庫版………②368
リーダーが覚えるコー
　チングメソッド …②368
リーダーが壁にぶちあ
　たったら読む本 …②368
リーダーシップの探求
　……………………②368
リーダーズ英和中辞典
　……………………①663
リーダーに絶対役立つ
　韓非子 …………②368
リーダーに強さはいら
　ない ……………②368
リーダーの基準 ……②369
リーダーの教養書 …②369
リーダーの禅語 ……①518
リーダーのための！
　コーチングスキル ②369
リーダーのための『貞
　観政要』超入門 …②369
リーダーのための勇気
　づけマネジメント ②369
リーダーは前任者を否
　定せよ …………②369
リーダーは歴史観をみ
　がけ ………………②4
リターン …………①318
律儀なひと ………①1180
六花落々 …………①1041
立憲君主昭和天皇〈上
　巻〉 ……………②151
立憲君主昭和天皇〈下
　巻〉 ……………②151
立憲主義と日本国憲法
　……………………②202
立憲主義の危機と教育
　法〈第46号 2017〉…②758
立体切り絵作家SouMa
　のジュエリー＆アク
　セサリー図案集 …①867
りったい昆虫館〈パート
　3〉 ………………①431
立体刺繡で織りなす、
　美しい花々とアクセ
　サリー …………①79
立体地図で見る日本の
　国土とくらし〈3〉・①428
立体地図で見る日本の
　国土とくらし〈4〉・①428
立体地図で見る日本の
　国土とくらし〈5〉・①428
立体パズルぬりえ …①866
りったいロボット戦士
　〈2〉 ………………①431
リッチマネーの秘密 ②392
リッツ・カールトンで
　学んだ マンガでわか
　る超一流のおもてな
　し …………………②427
りっぱな犬になる方
　法+1 ……………①355
りっぱなマジシャンへ
　の道 ……………①438
りっぴさんと過ごした
　4012日 …………①933
リップヴァンウィンク
　ルの詩学 ………①906
立法過程と立法行為・②202
立法趣旨で読み解く 組
　織再編税制・グルー
　プ法人税制 ……②408
立法と事務の明治維新

……………①569
律令国家の隼人支配 ·①546
律令財政と荷札木簡 …①546
リテールマーケティン
　グ（販売士）検定1級
　問題集〈Part2〉… ②503
リテールマーケティン
　グ（販売士）検定1級
　問題集〈Part3〉… ②503
リテールマーケティン
　グ（販売士）検定1級
　問題集〈Part4〉… ②504
リテールマーケティン
　グ（販売士）検定1級
　問題集〈Part5〉… ②504
リテールマーケティン
　グ（販売士）検定2級
　問題集〈Part1〉… ②504
リテールマーケティン
　グ（販売士）検定2級
　問題集〈Part2〉… ②504
リテールマーケティン
　グ（販売士）検定2級
　問題集〈Part1〉… ②504
リトアニア ……………①603
離島統計年報 CD -
　ROM版〈2015〉 … ②270
離島の保健師 ………①702
離島発とって隠岐の外
　来超音波診療 ……①735
李德全 ………………①598
リトミック！ リトミッ
　ク！ ………………①697
リトルウィッチアカデ
　ミア ………………①365
リトルテイマー〈3〉
　……………………①1184
リトル・ブラック・ブッ
　ク …………………①131
リナ・ボ・バルディ …②615
リニア新幹線が不可能
　な7つの理由 ……②431
リニア新世紀 名古屋の
　挑戦 ………………②162
理念経済学が日本を救
　う …………………②266
理念の進化 …………②108
李家幽竹 最強龍穴パ
　ワースポット ……①134
李家幽竹の一白水星
　〈2018年版〉……①132
李家幽竹の九紫火星
　〈2018年版〉……①132
李家幽竹の五黄土星
　〈2018年版〉……①132
李家幽竹の三碧木星
　〈2018年版〉……①132
李家幽竹の幸せ風水
　〈2018年版〉……①134
李家幽竹の二黒土星
　〈2018年版〉……①133
李家幽竹の七赤金星
　〈2018年版〉……①133
李家幽竹の四緑木星
　〈2018年版〉……①133
李家幽竹の八白土星
　〈2018年版〉……①133
李家幽竹の六白金星
　〈2018年版〉……①133
リハ研究の進め方・ま
　とめ方 ……………②752
リバーサイド ………①259
リバーシーバス集中講
　座 …………………①233
リバース … ①1069, ①1110
リバース＆リバース ·①989
リバタリアニズムを問
　い直す ……………②225
リバティ好きの小さな

幸せ …………………①76
リハビリテーション医
　学 …………………②752
リハビリテーション概
　論 …………………②752
リハビリテーション基
　礎からナビゲーショ
　ン …………………②752
リハビリテーション・
　ADLトレーニング 写
　真CD - ROM付 …②752
リハビリの先生が教え
　る健康寿命が10年延
　びるからだのつくり
　方 …………………①153
リハビリ病院の名医
　（スーパードクター）
　が教える 太ももを鍛
　えれば骨は超強くな
　る …………………①160
リバモアの株式投資術
　……………………②396
リビティウム皇国のブ
　タクサ姫〈4〉……①1203
リヒャルト・ワーグ
　ナーの妻 コジマの日
　記〈3〉……………①815
リビングで塗れるブラ
　モ 水溶きアクリル筆
　塗りテクニック ……①288
リファレンス・ドイツ
　語 …………………①669
リブリーをまねた少年
　……………………①1351
リベラルアーツとして
　のサービスラーニン
　グ …………………①755
リベラルという病 …②145
リベラルな学びの声 ·①755
リベラルの自滅〈3〉 ·②31
リベンジポルノ ……①1397
リベンジgirl ………①980
りほとなり。………①777
リボン ………………①974
利回り20%を望める
　「シェアハウス」開業
　の秘訣 ……………②424
リーマン、教祖に挑む
　……………………①1074
リーマンの数学と思想
　……………………②655
リーマンの夢 ………②655
リメイク映画の創造力
　……………………①796
リーメンシュナイダー
　……………………①830
略式手続 ……………②229
流 ……………………①1014
龍一語彙 二〇一一年 ·
　二〇一七年 ………①805
竜王子のハーレムタ
　ワー ………………①1398
りゅうおうのおしご
　と！〈5〉…………①1213
りゅうおうのおしご
　と！〈6〉…………①1213
竜王は新妻を蜜夜に堕
　とす ………………①1402
龍を味方にして生きる
　……………………①104
留学生からみたニッポ
　ンの不思議 ………②19
りゅうがくせいのサバ
　イバルにほんご〈1〉
　……………………①637
留学生のための漢字の
　教科書 中級700 …①637
留学生のための日本事
　情入門 ……………②19

留学生の見た漢字の世
　界 …………………①628
龍が如く 極2 踏破ノ書
　……………………①284
龍が如く6 命の詩。完
　全攻略極ノ書 ……①284
龍が哭く ……………①1026
流感世界 ……………②116
柳儀 …………………①906
竜騎士のお気に入り
　……………………①1172
竜騎士のお気に入り〈2〉
　……………………①1173
竜騎士のお気に入り〈3〉
　……………………①1173
琉球王国那覇役人の日
　記 …………………①539
琉球奇譚 キリキザワイ
　の怪 ………………①1121
琉球古典音楽 安冨祖流
　研究 ………………①819
琉球弧の島嶼集落にお
　ける保健福祉と地域
　再生 ………………②65
琉球史料学の船出 …①539
琉球の伝承文化を歩く
　〈4〉………………①887
琉球文学論 …………①909
琉球列島の蚊の自然史
　……………………①696
竜宮城と七夕さま …①939
竜宮電車 ……………①1126
龍宮の乙姫と浦島太郎
　……………………②116
龍谷大学矯正・保護総
　合センター研究年報
　〈第6号 2016年〉 ·②214
流出 …………………①777
竜神様と僕とモモ …①1316
竜人と運命（さだめ）の
　対 …………………①1311
龍神の力をいただく「神
　旅」のはじめ方 ……①143
龍神の女（ひと）……①987
流水型ダム …………②605
流星茶房物語 ………①1253
流星刀しのび恋 ……①1406
流星刀みだれ露 ……①1062
流星刀夢しずく ……①1062
流星のロックマン …①857
流線形の考古学 ……①615
流宣図と赤水図 ……①617
竜操者は静かに暮らし
　たい ………………①1285
流体力学 ……………②591
流通経済の動態と理論
　展開 ………………②418
流通の投資家による
　発行会社に対する
　証券訴訟の実態 …②382
流通・マーケティング
　革新の展開 ………②338
龍と狐のジャイアント・
　キリング〈2〉……①1180
竜と魔法の空戦記 …①1233
龍の狂愛、Dr.の策略
　……………………①1188
龍のご加護でお金と幸
　運を引き寄せる …①130
竜の棲み処 …………①1296
竜の専属紅茶師 ……①1246
竜の妻恋 ……………①1307
"理由のない不安"を一
　瞬で消す方法 ……①497
龍の眠る石〈17〉…①1209
龍の歯医者公式ビジュ
　アルガイド ………①801
龍の不動、Dr.の涅槃

……………………①1188
龍の右目 ……………①1065
竜の道 昇龍篇 ………①1091
竜伯爵は没落しまし
　た！ ………………①1137
竜伯爵は没落しまし
　た！〈2〉…………①1137
竜伯爵は没落しまし
　た！〈3〉…………①1137
流木のいえ …………①343
龍門の志 ……………①702
リュカオンの末裔 …①1323
リュシス 恋がたき …①469
領域研究の現在 "人間関
　係" …………………①698
"領域" 人間関係ワーク
　ブック ……………①698
良医病子の譬え ……①521
両界曼荼羅の仏たち ·①513
良寛遺墨集 …………①871
りょうかんさま ……①343
良寛詩歌集 …………①900
良寛と貞心尼 ………①901
猟奇犯 ………………①1111
両極激論、愛国か、亡国
　か。…………………②172
猟犬の旗 ……………①1090
良妻恋慕 ……………①1400
量子革命 ……………②667
量子群点描 …………②668
量子計算理論 ………②520
量子材料化学の基礎 ·②673
量子散乱理論への招待
　……………………②668
量子情報工学 ………②667
猟師になりたい！〈2〉
　……………………①944
猟師の肉は腐らない ·①945
量子プログラミングの
　基礎 ………………②553
利用者本位の建築デザ
　イン ………………②619
利用者満足度100%を実
　現する 介護サービス
　実践マニュアル …②71
量子力学 ……………②667
量子力学〈1〉………②667
量子力学〈2〉………②667
量子力学的古典力学 ·②667
量子力学的手法による
　システムと制御 …②668
量子力学と経路積分 ·②667
量子力学入門 ………②668
量子力学の数学理論 ·②668
量子力学から科学する「見
　えない心の世界」…②668
量子論はなぜわかりに
　くいのか …………②668
両親・子供との関係を
　癒し、自分の人生を
　生きるフラワーエッ
　センス ……………①118
両親認知症Uターン
　すっとこ介護はじめ
　ました！ …………①178
両親のペアレンティ
　グが未就園児の社会
　的行動に及ぼす影響
　……………………②109
梁塵秘抄 ……………①895
寮生 …………………①1087
両生類・はちゅう類 ·①409
龍馬を殺した男 西郷隆
　盛 …………………①569
龍馬を守った新撰組 ·①569
竜馬先生の血液ガス白
　熱講義150分 ……②723
龍馬の生きざま ……①1026

龍馬の「人たらし」力
　……………………①569
龍馬は生きていた …①1035
料理狂 ………………①39
料理しなんしょ ……①434
料理上手になる食材の
　きほん ……………①63
料理書のデザイン …②775
料理の科学加工 ……②775
料理のきほんLesson ·①39
料理のすごワザ！ 500
　……………………①39
料理は女の義務ですか
　……………………①39
料理まんだら ………①1039
旅客機事故大全 ……②437
緑王の盾と真冬の国〈2〉
　……………………①1265
緑土なり ……………①1282
旅行業者名簿〈'18〉·②427
旅行業務取扱管理者試
　験 国内 短期完成
　〈2017〉……………②469
旅行業務取扱管理者試
　験 標準テキスト〈1〉
　……………………②469
旅行業務取扱管理者試
　験 標準トレーニング
　問題集〈1〉………②469
旅行業務取扱管理者（総
　合・国内）テキスト
　＆問題集 …………②469
旅行作家な気分 ……①198
旅行マスターMr.タンの
　中国東北紀行 ……①198
旅行満州〈第9巻〜第11
　巻〉………………②9
リョービの就活ハンド
　ブック〈2019年度版〉
　……………………①293
旅費法詳解 …………②189
リラックス塗り絵 …①866
リラックマ …………①845
リラックマ ずっといっ
　しょセット ………①847
リラックマ4クママンガ
　〈8〉………………①857
リラとわたし〈1〉…①1336
リリエールと祈りの国
　……………………①1212
離陸 …………………①986
リリスの娘 …………①997
りりちゃんのふしぎな
　虫めがね …………①355
リルリルフェアリル ·①355
リルリルフェアリル
　トゥインクル ……①355
リルリルフェアリル
　フェアリルみーつけ
　た …………………①320
リルリルフェアリル よ
　うせいずかん ……①438
リレーショナルデータ
　ベース入門 ………②526
リレー連弾 Bセレク
　ション ……………①810
理論がわかる！ 実践で
　弾ける！ 挫折しない
　コード入門 ………①812
理論近現代史学 ……①572
理論刑法学の探究〈10〉
　……………………②214
理論言語学史 ………①622
理論と実践で学ぶ
　Houdini SOP
　＆ VEX編 ………②553
リワールド・フロン

ティア〈2〉‥‥‥‥①1191
リワールド・フロン
　ティア〈3〉‥‥‥‥①1191
凛　‥‥‥‥‥‥‥‥①777
凜　‥‥‥‥①574, ①1015
りんあんコーデ‥‥‥①31
臨海産業施設のリスク
　‥‥‥‥‥‥‥‥‥②605
臨界シンドローム‥‥①1126
臨界ノズル‥‥‥‥‥②600
悋気応変〈11〉‥‥‥①1326
リングイストを知って
　いますか？‥‥‥‥①622
リンク式馬券術は安心・
　安全で高利回りな投
　資と言えなくもない
　‥‥‥‥‥‥‥‥‥①245
リンゴを食べる教科書
　‥‥‥‥‥‥‥‥‥①63
りんごちゃんと、おひ
　さまの森のなかまた
　ち〈5〉‥‥‥‥‥‥①423
りんごって、どんなく
　だもの？‥‥‥‥‥①434
りんごとりんだま‥‥①343
林檎の樹‥‥‥‥‥‥①1331
林檎の木から、遠くは
　なれて‥‥‥‥‥‥①1332
林檎の樹の下で〈上〉‥②515
林檎の樹の下で〈下〉‥②515
林檎の樹・フォーサイ
　トの小春日和‥‥‥①1331
リンゴの高密植栽培‥②450
リンゴの花が咲いたあ
　と‥‥‥‥‥‥‥‥②450
臨済録の研究‥‥‥‥②518
臨時社長秘書は今日も
　巻き込まれてます！
　‥‥‥‥‥‥‥‥‥①1175
臨時特急「京都号」殺人
　事件‥‥‥‥‥‥‥①1101
臨終医だからわかる 天
　国に行く人、地獄に
　落ちる人‥‥‥‥‥①111
臨終医のないしょ話‥②702
臨終医は見た！「いの
　ち」の奇跡‥‥‥‥①111
臨終行儀の歴史‥‥‥①515
臨終、ここだけの話‥②706
臨終の七不思議‥‥‥②706
臨床アドラー心理学の
　すすめ‥‥‥‥‥‥①497
臨床医のための司法精
　神医学入門‥‥‥‥②746
臨床医のための免疫
　キーワード110‥‥②733
臨床医のための腰痛診
　断・治療指針‥‥‥②734
臨床栄養学‥‥‥‥‥②778
臨床栄養学実習‥‥‥②778
臨床栄養学実習献立集
　‥‥‥‥‥‥‥‥‥②778
臨床栄養管理ポケット
　辞典‥‥‥‥‥‥‥②778
臨床家の感性を磨く‥①497
臨床家のための口腔疾
　患カラーアトラス‥②758
臨床から心を学び探究
　する‥‥‥‥‥‥‥①487
臨床教育学‥‥‥‥‥①755
臨床健康心理学‥‥‥①487
臨床検査技師国家試験
　解説集
　Complete+MT
　〈2018 Vol.1〉‥‥②781
臨床検査技師国家試験
　解説集
　Complete+MT
　〈2018 Vol.2〉‥‥②781

臨床検査技師国家試験
　解説集
　Complete+MT
　〈2018 Vol.3〉‥‥②782
臨床検査技師国家試験
　解説集
　Complete+MT
　〈2018 Vol.4〉‥‥②782
臨床検査技師国家試験
　解説集
　Complete+MT
　〈2018 Vol.5〉‥‥②782
臨床検査技師国家試験
　解説集
　Complete+MT
　〈2018 Vol.6〉‥‥②782
臨床検査技師国家試験
　解説集
　Complete+MT
　〈2018 Vol.7〉‥‥②782
臨床検査技師国家試験
　解説集
　Complete+MT
　〈2018 Vol.8〉‥‥②782
臨床検査技師国家試験
　問題集〈2018年版〉
　‥‥‥‥‥‥‥‥‥②782
臨床現場で求められる
　コミュニケーション
　のヒント‥‥‥‥‥②723
臨床工学技士の一日・②782
臨床工学技士のための
　人工呼吸療法‥‥‥②723
臨床工学技士のための
　生体計測装置学‥‥②723
臨床工学技士のための
　透析医療‥‥‥‥‥②741
臨床行動分析のすすめ
　方‥‥‥‥‥‥‥‥②746
臨床試験のためのデー
　タモニタリング委員
　会実践ガイドブック
　‥‥‥‥‥‥‥‥‥②723
臨床実戦 呼吸器外科の
　裏ワザ51‥‥‥‥‥②750
臨床実践足部・足関節
　の理学療法‥‥‥‥②724
臨床実務家のための家
　族法コンメンタール
　民法相続編‥‥‥‥②190
臨床神経生理検査入門
　‥‥‥‥‥‥‥‥‥②734
臨床心理学‥‥‥‥‥①487
臨床心理学特論‥‥‥①487
臨床心理士試験 徹底対
　策テキスト＆予想問
　題集〈'17→'18年版〉
　‥‥‥‥‥‥‥‥‥②782
臨床心理士等心理系大
　学院論試＆資格試験
　のための心理学標準
　テキスト〈'17～'18年
　版〉‥‥‥‥‥‥‥②782
臨床生化学‥‥‥‥‥②768
臨床で活かす がん患者
　のアピアランスケア
　‥‥‥‥‥‥‥‥‥②738
臨床データから読み解
　く 理学療法生理学‥②734
臨床哲学対話 あいだの
　哲学〈2〉‥‥‥‥‥①457
臨床哲学対話 いのちの
　臨床‥‥‥‥‥‥‥②747
臨床哲学の知‥‥‥‥①457
臨床というもの〈2〉‥①954
臨床に一滴！ デンタル
　アロマセラピー‥‥②758
臨床につながる脳疾患
　学‥‥‥‥‥‥‥‥②731

臨床脳波検査スキル
　アップ‥‥‥‥‥‥②732
臨床発達心理学の基礎
　‥‥‥‥‥‥‥‥‥①499
臨床発達心理士 わかり
　やすい資格案内‥‥②782
臨床微生物学‥‥‥‥②728
臨床微生物検査技術教
　本‥‥‥‥‥‥‥‥②734
臨床微生物検査ハンド
　ブック‥‥‥‥‥‥②734
臨床描画研究〈Vol.32〉
　‥‥‥‥‥‥‥‥‥①487
臨床法医学入門‥‥‥②734
臨床歩行分析ワーク
　ブック‥‥‥‥‥‥②734
臨床脈管学‥‥‥‥‥②734
臨床免疫検査技術教本
　‥‥‥‥‥‥‥‥‥②734
臨床薬学〈1〉‥‥‥‥①771
臨床力up！ 動画と音声
　で学ぶ 失語症の症状
　とアプローチ‥‥‥①497
臨床倫理入門‥‥‥‥②724
臨床ROM‥‥‥‥‥‥②734
隣人に壊されていく俺
　の妻‥‥‥‥‥‥‥①1397
隣接界‥‥‥‥‥‥‥①1364
臨地実習ガイドブック
　‥‥‥‥‥‥‥‥‥②724
リンちゃんとネネコさ
　ん‥‥‥‥‥‥‥‥①365
りんてつ（水島臨海鉄
　道）沿線手帖‥‥‥②436
リンドウにさよならを
　‥‥‥‥‥‥‥‥‥①1207
リンドグレーンの戦争
　日記 1939 - 1945‥②937
凛とした老い方‥‥‥①111
凛とした小国‥‥‥‥②83
「凛とした魅力」がすべ
　てを変える‥‥‥‥②28
凛として〈1〉‥‥‥‥①777
凛として輝く 不動産こ
　そ、我が人生！‥‥①420
輪廻剣聖‥‥‥‥‥‥①1222
輪廻の薔薇‥‥‥‥‥①517
輪廻転生とカルマの法
　則‥‥‥‥‥‥‥‥①457
輪廻の詩人‥‥‥‥‥①1122
リンの事典‥‥‥‥‥②673
倫理学研究〈第47号
　（2017年）〉‥‥‥①476
倫理、政治・経済早わか
　り一問一答‥‥‥‥②733
倫理的反実在論‥‥‥①477
「倫理」論文解釈の倫理
　問題‥‥‥‥‥‥‥①477

る

ルーアンの丘‥‥‥‥①941
るい‥‥‥‥‥‥‥‥①1007
類型別 労働関係訴訟の
　実務‥‥‥‥‥‥‥②467
ルイ・ブライユ‥‥‥①391
涙星占い‥‥‥‥‥‥①130
ルーキー・イヤーブッ
　ク・トゥー‥‥‥‥①118
ル・コルビュジエ‥‥①318
流罪の日本史‥‥‥‥①534
ルーズベルトの開戦責

任‥‥‥‥‥‥‥‥①584
ルーズベルトは米国民
　を裏切り日本を戦争
　に引きずり込んだ‥①584
ルソー エミール‥‥‥①468
ルソン海軍設営隊戦記
　‥‥‥‥‥‥‥‥‥①586
ルーダー・タイポグラ
　フィ ルーダー・フィ
　ロゾフィ‥‥‥‥‥①879
ルーツを追って‥‥‥①681
ルーティン家事‥‥‥①7
ルーティンで行う歯科
　医療リスクマネジメ
　ント‥‥‥‥‥‥‥②758
ルーテル教会の信仰告
　白と公同性‥‥‥‥①526
流転‥‥‥‥‥‥‥‥①259
ルドルフとイッパイ
　アッテナ‥‥‥‥‥①650
ルート66〈上〉‥‥‥①1345
ルート66〈下〉‥‥‥①1345
ルネサンス期トスカー
　ナのステンドグラス
　‥‥‥‥‥‥‥‥‥①830
ルネサンス再入門‥‥①603
ルネサンスの詩‥‥‥①918
ルネサンスin京都‥‥①940
ルネ・マグリット‥‥①837
ルパンの娘‥‥‥‥‥①1115
ルビィのぼうけん‥‥①303
ルビーの素敵な夢‥‥①866
ルビンの壺が割れた
　‥‥‥‥‥‥‥‥‥①1022
ループ！‥‥‥‥‥‥①994
ルベーグ積分入門‥‥①658
ルポ 沖縄国家の暴力・①168
ルポ 隠された中国‥‥②90
ルポ川崎‥‥‥‥‥‥②25
ルポ 希望の心びと‥‥①178
ルポ 思想としての朝鮮
　籍‥‥‥‥‥‥‥‥②46
ルポ 税金地獄‥‥‥‥②404
ルポ絶望の韓国‥‥‥②88
ルポ どうなる？ どうす
　る？ 築地市場‥‥‥②458
ルポ トランプ王国‥‥②137
ルポ ネットリンチで人
　生を壊された人たち
　‥‥‥‥‥‥‥‥‥②513
ルポ 農業新時代‥‥‥②447
ルポ 不法移民‥‥‥‥②91
ルームメイトの溺愛
　レッスン‥‥‥‥‥①1310
ルラルさんのだいくし
　ごと‥‥‥‥‥‥‥①343
瑠璃花舞姫録‥‥‥‥①1192
ルール‥‥‥‥‥‥‥①1008
ルール・オブ・スリー
　‥‥‥‥‥‥‥‥‥①357
ルールズ‥‥‥‥‥‥①1002
ルルとララのハロウィ
　ン‥‥‥‥‥‥‥‥①355
るるらいらい‥‥‥‥①946
ルルロロ おしっこでき
　たね‥‥‥‥‥‥‥①303
ルルロロ はみがきしゃ
　かしょこ‥‥‥‥‥①303
ろうにほん 熊本へ。‥①773
流浪のグルメ〈2〉‥‥①42
ルワンダに灯った希望
　の光‥‥‥‥‥‥‥②88
ルーントルーパーズ〈1〉
　‥‥‥‥‥‥‥‥‥①1254
ルーントルーパーズ〈2〉
　‥‥‥‥‥‥‥‥‥①1254
ルーントルーパーズ〈3〉
　‥‥‥‥‥‥‥‥‥①1254

ルーントルーパーズ〈4〉
　‥‥‥‥‥‥‥‥‥①1254
ルーントルーパーズ〈5〉
　‥‥‥‥‥‥‥‥‥①1254
ルーントルーパーズ
　〈10〉‥‥‥‥‥‥①1254
ルーン文字の起源‥‥①622

れ

レア・クラスチェン
　ジ！〈4〉‥‥‥‥‥①1193
レア・クラスチェン
　ジ！〈5〉‥‥‥‥‥①1193
レアリア〈3〉‥‥‥‥①1295
レアル・マドリード・①231
レイアウト、基本の
　「き」‥‥‥‥‥‥‥①879
レイアウトデザイン見
　本帳‥‥‥‥‥‥‥①879
霊園ガイド〈2017・上半
　期号〉‥‥‥‥‥‥①16
霊園ガイド〈2017・下半
　期号〉‥‥‥‥‥‥①17
例解学習漢字辞典‥‥①388
例解学習国語辞典‥‥①388
例解 救急救助業務‥‥②724
例外時代‥‥‥‥‥‥②266
例解と演習 2級建築施
　工管理技士試験テキ
　スト〈平成29年度版〉
　‥‥‥‥‥‥‥‥‥②642
霊活のすすめ‥‥‥‥①145
霊感少女（ガール）‥‥①365
霊感検定‥‥‥‥‥‥①1119
霊感少女は箱の中〈2〉
　‥‥‥‥‥‥‥‥‥①1195
霊感刑事（デカ）の告白
　‥‥‥‥‥‥‥‥‥①145
冷酷王太子はじゃじゃ
　馬な花嫁を手なずけ
　たい‥‥‥‥‥‥‥①1202
冷酷な丘‥‥‥‥‥‥①1353
冷酷な『魔王』だと思っ
　たら、結婚生活は
　甘々でした‥‥‥‥①1402
玲子さんのシニアとい
　うエレガンス‥‥‥①119
霊魂の不滅か死者の復
　活か‥‥‥‥‥‥‥①529
霊魂や脳科学から解明
　する 人はなぜ「死ぬ
　のが怖い」のか‥‥①459
零時のラッパをぶっ放
　せ‥‥‥‥‥‥‥‥①968
零士メーターから始め
　るSFメカの描き方
　‥‥‥‥‥‥‥‥‥①863
令嬢アスティの幻想質
　屋‥‥‥‥‥‥‥‥①1296
令嬢エリザベスの華麗
　なる身代わり生活
　‥‥‥‥‥‥‥‥‥①1168
令嬢鑑定士と画廊の悪
　魔‥‥‥‥‥‥‥‥①1161
令嬢は淫らな夢に囚わ
　れる‥‥‥‥‥‥‥①1406
令嬢四姉妹 "屈服旅行"
　‥‥‥‥‥‥‥‥‥①1402
麗人賢者の薬屋さん
　‥‥‥‥‥‥‥‥‥①1168
冷水洗顔＆簡単マッ

サージでOK！ 北原式一生美肌メソッド ……①24
レイズ・オン・ファンタジー ……①1184
霊性の現象学 ……①526
冷戦とクラシック ……①814
冷戦の終焉と日本外交 ……①145
冷戦変容期イギリスの核政策 ……①605
冷戦変容期の国際開発援助とアジア ……①126
冷戦変容と歴史認識 ……①126
冷蔵庫を抱きしめて ……①989
冷蔵庫で作りおきパン ……①63
隷属なき道 ……①108
例題から展開する線形代数演習 ……②660
例題から展開する力学 ……②667
例題で学ぶ環境科学15講 ……②649
例題で学ぶはじめての電源回路 ……②597
例題で学ぶ はじめての電子回路 ……②597
例題で学ぶはじめての電磁気 ……②595
例題で学ぶはじめての半導体 ……②597
例題で学ぶOR入門 ……②590
例題で身につける構造力学 ……②605
例題でわかる！Fusion360でできる設計者CAE ……②602
例題と演習で学ぶ経営数学入門 ……②590
例題と演習で学ぶ 続・電気回路 ……②595
例題と演習で学ぶ 電気回路 ……②595
例題とExcel演習で学ぶ多変量解析 ……②658
レイチェル・カーソンに学ぶ現代環境論 ……②577
令知会雑誌〈第2回配本（第4巻〜第7巻）〉 ……②9
霊長類 ……②694
冷徹王は翼なき獣人を娶る ……①1312
冷徹社長が溺愛キス!?……①1192
冷徹上司はスパダリ系 ……①1403
冷徹なカレは溺甘オオカミ ……①1255
冷徹副社長と甘やかし同棲生活 ……①1225
0点天使 ……①370
冷凍カテーテルアブレーション治療ハンドブック ……②741
冷凍機械責任者試験「法令」マスタブック ……②644
冷凍生地で焼きたてパン ……①64
冷凍食品業界要覧〈2017年版〉 ……②445
冷凍食品年鑑〈2017年版〉 ……②445
冷凍するだけ つくりおき ……①64
礼道の「かたち」 ……②297
冷凍保存レシピBOOK ……①64
レイナが島にやってき

た！ ……①355
霊能者・寺尾玲子の真闇の検証〈第2巻〉……①427
霊能動物館 ……②116
霊媒体質の克服 ……①145
レイミー・ナイチンゲール ……①1333
黎明〈上巻〉 ……①457
黎明〈下巻〉 ……①457
黎明に起つ ……①1031
黎明国花伝 ……①1186
黎明の剣〈4〉 ……①1041
黎明の笛 ……①1073
伶也と ……①1022
レイル〈No.101〉 ……②436
レイル〈No.102〉 ……②436
レイロアの司祭さま ……①1172
レイロアの司祭さま〈2〉 ……①1172
レイン〈14〉 ……①1296
レイン〈15〉 ……①1296
レヴィ＝ストロース論集成 ……①475
レヴィット ミクロ経済学 基礎編 ……②266
レヴィナス ……①475
レオナルド・ダ・ヴィンチ ルネサンスと万能の人 ……①830
レオナルドの扉 ……①1092
レオナルドの扉〈1〉 ……①371
レオポルト・モーツァルト ヴァイオリン奏法 ……①822
レオンの「960年聖書」研究 ……①528
レガシー・カンパニー〈3〉 ……②306
歴史を商う ……②17
歴史を変えた100の大発見 物理 ……②668
歴史をかえた物理実験 ……②668
歴史を変えた6つの飲み物 ……①39
歴史を逆流させた「本能寺の変」 ……①556
歴史を社会に活かす ……①612
歴史をつくった洋菓子たち ……①39
歴史を学ぶ、今を考える ……①584
歴史を学ぶ人々のために ……①612
歴史が医学に出会う時 ……②726
歴史会話研究入門 ……①622
歴史家が語るガイドブックにはない世界の旅 ……①591
歴史学が挑んだ課題 ……①612
歴史学の最前線 ……①612
歴史ができるまで ……①612
歴史家の展望鏡 ……①612
歴史から読み解く日本国憲法 ……①202
歴史教科書の日米欧比 ……①584
「歴史×経済」で読み解く世界と日本の未来 ……②245
歴史・時代小説 縦横無尽の読みくらべガイド ……①903
歴史・時代小説の快楽 ……①903
歴史時代小説文庫総覧 ……①903

……①892,①893
歴史小説の懐 ……①903
歴史人物＆できごと ……①733
歴史人物伝 西郷隆盛 ……①391
歴史人物ドラマ 西郷隆盛 ……①365
歴史探索のおもしろさ ……①563
歴史的思考 ……①612
歴史的思考力を育てる ……①733
歴史でめぐる洛中洛外〈上〉 ……①195
歴史でめぐる洛中洛外〈中〉 ……①195
歴史でめぐる洛中洛外〈下〉 ……①195
歴史と記憶 ……①919
歴史と国家 ……①572
歴史としての大衆消費社会 ……①266
歴史と文化のまち臼杵の地方創生 ……①162
歴史に「何を」学ぶのか ……①535
歴史認識と国際政治 ……①126
歴史能力検定 2016年実施第35回全級問題集 ……①612
歴史の逆襲 ……②127
歴史の現場から ……①535
歴史の坂道 ……①535
歴史の地震計 ……①766
歴史の証人 ホテル・リッツ ……①937
歴史の審判に向けて〈上〉 ……①609
歴史の総合者として ……①909
歴史の大局を見渡す ……①612
歴史のなかの異性装 ……①612
歴史のなかの科学 ……②649
歴史のなかの国際秩序観 ……②127
歴史のなかの新選組 ……①569
歴史のなかの親鸞 ……①521
歴史のなかの天文 ……①535
歴史のなかの東大寺 ……①535
歴史のなかの中島飛行機 ……①584
歴史のなかの根来寺 ……①518
歴史のなかのブロンテ ……①922
歴史の話 ……①535
歴史の勉強法 ……①535
歴史の喩法 ……①612
歴史はバーで作られる ……①1085
歴女美人探偵アルキメデス ……①1085
歴代オリンピックでたどる世界の歴史 1896→2016 ……②216
歴代天皇大全 ……②151
歴代内閣総理大臣のお仕事 ……②145
歴メシ！ ……①64
レクイエム ……①975
レクスロス詩集 ……①975
レクチャー＆トレーニング 日商リテールマーケティング（販売士）検定試験3級〈2017〉 ……②504
レクチャー＆エクササイズ 経済学入門 ……①266
レクチャー財務諸表論 ……②322
レクチャー 青年心理学

レクチン ……②674
レクチャー・アンバサダーズ 現代のロッカーズ ……①808
レゲエという実践 ……②116
レゴ365のアイデア ……①438
レゴスター・ウォーズ ダークサイド大百科 ……①438
レゴスター・ウォーズ ヨーダ大百科 ……①438
レゴニンジャゴー キャラクター大事典 ……①439
レゴランド・ジャパン マル得口コミ！ 徹底攻略ガイド ……②31
レゴレシピ いろんな車 ……①288
レゴレシピ いろんな建物 ……①439
レゴレシピ いろんな動物 ……①288
レザーカービングの技法 ……①80
レジェンド〈8〉 ……①1185
レジェンド〈9〉 ……①1185
レジェンド〈10〉 ……①1185
レジェンド・オブ・イシュリーン〈5〉 ……①1186
正当性（レジティマシー）の社会心理学 ……①487
レジデント・コンパス 整形外科編 ……②752
レジデントのための腎臓教室 ……②724
レジデントのための腹部画像教室 ……②734
レシピを見ないで作れるようになりましょう。……①64
レシピブログのすぐにやってみたくなるすごい料理の裏ワザ ……①64
レジ袋でできるカラフルなバッグと小物 ……①80
レジャー白書〈2017〉 ……②274
レジリエンスエンジニアリング応用への指針 ……②590
レジリエンス工学入門 ……②571
レスキュードッグ・ストーリーズ ……①1014
レストラン・タブリエの幸せマリアージュ ……①1254
レストランOGINOの果物料理 ……①64
レスリー・カミノフのヨガアナトミィ ……①162
レセプト事務のための薬効・薬価リスト〈平成29年版〉 ……②772
レーゼンシア帝国繁栄紀 ……①1245
レーゼンシア帝国繁栄紀〈2〉 ……①1245
レーダー 生物無機化学 ……②673
レーダで洪水を予測する ……②680
レーダの基礎 ……②595
烈渦 ……①1115
烈侠 外伝 ……①108
列車ダイヤはこう進化を遂げた ……②436
列車で行こう！ ……②431

列車はこの闇をぬけて ……①378
列車編成席番表〈2017夏・秋〉 ……②436
列車編成席番表〈2017春〉 ……②436
レッジョ・アプローチ ……①698
烈情 ……①1308
レッスンごとに教科書の扱いを変えるTANABU Modelとは ……①736
レッツ!!古事記 ……①546
列伝アメリカ史 ……①604
レッド ……①318
列島を翔ける平安武士 ……①547
列島語り ……②116
劣等感 ……①239
劣等感と人間関係〈3〉 ……①487
列島縦断「幻の名城」を訪ねて ……①535
レッド・クイーン ……①1360
レッドスーツ ……①1362
レッドビーシュリンプの飼育Q&A100 ……②699
レッド・プラトーン ……②165
レディ・アンビティー・イン・パウダールーム ……①845
レディ・ヴィクトリア ……①1209
レディ・エミリーの事件帖 ……①1343
レディ・オリヴィアの秘密の恋 ……①1330
レディに神のご加護を ……①1339
レディのルール ……①119
レディローズは平民になりたい〈2〉 ……①1195
レトロ感デザイン ……①541
レトロ銭湯へようこそ 西日本版 ……①188
レトロでかわいいポルトガルの紙もの ……①879
レトロな旅時間 ポルトガルへ 最新版 ……①208
レーニン ……①609
レーニン 権力と愛〈上〉 ……①609
レーニン 権力と愛〈下〉 ……①609
レのシャープ君とミのフラットさん ……①671
レバレッジ不動産投資 ……②422
レ・ファンタスティック ……①987
レベル1だけどユニークスキルで最強です ……①1276
レベル1だけどユニークスキルで最強です〈2〉 ……①1276
レベル無限の契約者〈2〉 ……①1301
レベル無限の契約者〈3〉 ……①1301
レベルリセッター〈1〉 ……①1266
レベルリセッター〈2〉 ……①1266
レポート・試験はこう書く 保育児童福祉要説 ……②65

書名索引

『レ・ミゼラブル』の世界 ……… ①925
レミングスの夏 ……… ①1094
レムリア＆古神道の魔法で面白いほど願いはかなう！ …… ①130
レムレースの花嫁 … ①1326
檸檬 ……… ①976
レモンちゃん ……… ①343
レリーフ編み ……… ①83
恋愛映画小史 ……… ①796
恋愛を数学する ……… ①119
恋愛仮免中 ……… ①980
恋愛後見人 ……… ①1390
恋愛サバイバル 真面目女子篇 ……… ①119
恋愛上手なあの子がしてる 溺愛されるわがままのすすめ … ①119
恋愛低体温症 ……… ①119
恋愛トラブル・ストーカー ……… ①355
恋愛引き寄せノート・ ①119
恋愛病棟 ……… ①1316
恋愛迷子に贈る しあわせのコンパス …… ①119
恋愛予報 ……… ①1247
連歌史 ……… ①901
連歌師宗祇の伝記的研究 ……… ①901
連環の罠（4） ……… ①1033
錬金 ……… ①1017
錬金術師と異端審問官はあいpaïない …… ①1138
錬金術師は終わらぬ夢をみる ……… ①1159
錬金術師も楽じゃない？ ……… ①1193
錬金術のイメージ・シンボル事典 ……… ②116
錬金術の終わり …… ②249
連携アプローチによるローカルガバナンス ……… ②157
連結手続における未実現利益・取引消去の実務 ……… ②319
連結納税の実務と申告の手引 ……… ②404
連結納税の組織再編税制ケーススタディ ……… ②324
連合白書〈2017〉 …… ②468
煉獄と地獄 ……… ①918
連鎖地獄 ……… ①134
連写 ……… ①1088
練習問題アプリ付き 問題解決のためのロジカルシンキング …… ②357
練習問題でしっかり身につく！ 挫折しない簿記入門 ……… ②321
恋情と悪辣のヴァイオリニスト ……… ①1305
連城三紀彦レジェンド〈2〉 ……… ①1116
レンズを通して …… ①950
レンズが撮らえたオックスフォード大学所蔵 幕末明治の日本 ……… ①569
レンズが撮らえた幕末維新の日本 ……… ①569
レンズの下の聖徳太子 ……… ①981
レンズの向こうのひだまりと世界 ……… ①1140
連続の随想断片 …… ①952
連続流れ化学分析法・ ②673

連続模様のかわいい刺繡 ……… ①79
連濁の研究 ……… ①631
レンタルJK犬見さん。 ……… ①1275
レンチンおかず作りおき おいしい188レシビ ……… ①64
レンチン！ 糖質オフ！ やせるマグごはん … ①64
連綿 離別草子 ……… ①933
恋々〈2〉 ……… ①1317

ろ

ロアルド・ダールが英語で楽しく読める本 ……… ①650
ロアールの聖女 … ①1389
ロイヤル・シンデレラ・ママ ……… ①1402
ロイ・E・ディズニーの思い出 ……… ①801
老愛小説 ……… ①1017
ローウェル骨董店の事件簿 ……… ①1107
老化と活性酸素 …… ①724
老化と摂食嚥下障害・ ①758
労基署がやってきた！ ……… ②464
労基署は見ている。 ②461
労基法等と社会保険の重要項目Q&A …… ②467
狼俠 ……… ①773
老後をリッチにする家じまい ……… ①20
老後ぐらい好きにさせてよ ……… ①111
老後資金、55歳までに準備を始めれば間に合います ……… ②392
老後上手 ……… ①111
老後に備えて異世界で8万枚の金貨を貯めます ……… ①1268
老後に備えて異世界で8万枚の金貨を貯めます〈2〉 ……… ①1269
狼虎の剣 ……… ①1050
老後のホンネ、幸せなのはどっち？ …… ①111
老後破産を防ぐ「都心・中古ワンルームマンション経営」 …… ②424
老後不安がなくなる定年男子の流儀 …… ①111
老後不安社会からの転換 ……… ②65
「老後不安不況」を吹き飛ばせ！ …… ①111
老後マネー戦略家族（ファミリー）！ …… ①1019
労災医療ガイドブック ……… ①724
労災事件救済の手引・②467
労災診療費算定実務講座〈平成29年度版〉
労災保険関係法令集〈平成29年版〉 …… ②75
労災保険適用事業細目の解説〈平成29年版〉

……… ②75
労災保険・民事損害賠償判例ハンドブック ②189
『老子』 ……… ①466
老子道徳経 ……… ①457
老子と荘子のまあるく生きるヒント …… ①466
労使トラブルを防ぐための雇用契約書の作り方・活用法 … ②331
老子の教え ……… ①466
ろう者の祈り ……… ②65
老中の深謀〈5〉 … ①1057
老嬢 ……… ①1336
老将、再び〈6〉 … ①1061
老人一年生 ……… ①111
老人ナビ ……… ②67
老人になったとき、語るべきものを持っているか ……… ①942
老人の取扱説明書 … ②67
「老人ホーム大倒産時代」の備え方 … ②67
老前破産 ……… ②392
ロウソクの科学 … ①399
ろうそく ぱっ … ①343
労働安全衛生法 … ②467
労働安全衛生法 基本法令・通達集 …… ②467
労働運動の変革をめざして ……… ②465
労働衛生のしおり〈平成29年度〉 …… ②461
労働を弁護する …… ②461
労働関係法規集〈2017年版〉 ……… ②467
労働基準関係法事件ファイル ……… ②467
労働基準監督署の仕事を知れば社会保険労務士の業務の幅が広がります！ …… ②503
労働基準法がよくわかる本〈'17～'18年版〉 ……… ②467
労働基準法と就業規則 ……… ②461
労働基準法の実務相談〈平成29年度〉 …… ②467
労働行政関係職員録〈平成29年版〉 …… ②75
労働組合たんけん隊・②465
労働経済学 ……… ②266
労働経済学で考える人工知能と雇用 …… ②464
労働経済白書〈平成29年版〉 ……… ②468
労働契約法の実務問答215 ……… ②467
労働時間、休日・休暇調査 ……… ②464
労働事件事実認定重要判決50選 …… ②464
労働実務事例研究〈平成29年版〉 …… ②467
労働者階級の反乱 … ②253
労働・社会保険横断比較ノート 社会保険労務士受験必携〈平成29年版〉 …… ②503
労働・社会保険の手続マニュアル ……… ②75
労働者代表制の仕組みとねらい ……… ②464
労働者派遣法 …… ②467
労働者派遣法の実務解説 ……… ②467
労働者派遣法論 …… ②467
労働者保護法の基礎と

構造 ……… ②468
労働相談全国ガイドブック ……… ②464
労働総覧〈平成30年版〉 ……… ②468
労働訴訟 ……… ②468
労働統計年報〈平成27年（第68回）〉 …… ②468
労働統計要覧〈平成28年度〉 ……… ②469
労働と雇用の経済学・②266
労働法 ……… ②468
労働法実務解説〈10〉 ……… ②468
労働法全書〈平成30年版〉 ……… ②468
労働法の世界 …… ②468
労働保険事務組合の実務〈平成29年版〉 …… ②75
労働保険徴収関係法令集〈平成29年版〉 …… ②75
労働保険の実務相談〈平成29年度〉 …… ②468
労働保険の手引〈平成29年度版〉 ……… ②75
労働力調査年報〈平成28年〉 ……… ②469
労働六法〈2017〉 … ②468
労働Gメン草鞋滿 … ①1104
朗読して幸せになる7日間声トレ ……… ①127
朗読・独唱、クラリネット、ピアノのための音楽物語 蜘蛛の糸 … ①819
『蠟人形』（昭和五年・昭和十九年）の検討 … ①902
浪人八景〈上巻〉 … ①1064
浪人八景〈下巻〉 … ①1064
浪人奉行〈1ノ巻〉 ①1031
浪人奉行〈2ノ巻〉 ①1031
浪人奉行〈3ノ巻〉 ①1031
浪人若さま新見左近 … ①1043
浪人若殿 ……… ①1064
老年を愉しむ10の発見 ……… ①111
老年看護学 ……… ②768
老年的超越 ……… ①487
老病死に勝つブッダの智慧 ……… ①513
労務トラブルに勝てる・負ける就業規則がよくわかる本 …… ②332
労務年鑑〈2017年版〉 ……… ②331
労務理論学会誌〈第26号〉 ……… ②331
老練な船乗りたち… ①1327
老老戦記 ……… ①1001
ローカリズム宣言 …… ②108
ローカル・ガバナンスと地域 ……… ①617
ローカル認証 …… ②246
ローカルバンカー … ①1066
ローカルブックストアである福岡ブックスキューブリック ②5
ローカル路線バス終点への旅 ……… ①188
ロキ：エージェント・オブ・アスガルド … ①857
六市と安子の "小児園" ……… ①933
ログインパスワード・①974
ログインボーナスでスキルアップ〈3〉 ①1150
6弦上のアリア …… ①816
6歳 ひらがなことば・②698

6歳までに知能を伸ばす方法 ……… ①698
6時だよ 全員退社！・②311
60歳を迎えた人の厚生年金・国民年金Q&A〈2017年6月改訂版〉 ……… ②75
60歳から会社に残れる人、残ってほしい人 ……… ②344
60歳からでもシングルになれる静かなスイング ……… ①220
60歳からの外国語修行 ……… ①939
60歳からの夏山の天気 ……… ①680
60歳からの脳にいいパズルはどっち？ …… ①277
60歳。だからなんなの ……… ②71
60分でわかる！ ITビジネス最前線 ……… ②514
60分でわかる！ 仮想通貨ビットコイン＆ブロックチェーン最前線 ……… ②380
60分でわかる！ 機械学習＆ディープラーニング超入門 ……… ②298
60分でわかる！ FinTechフィンテック最前線 ……… ②298
6時27分発の電車に乗って、僕は本を読む ……… ①1334
65歳医師がなぜ開業できるのか？ …… ②702
65歳、医師 はじめて挑む病院経営 …… ②710
65歳からを最高に愉しむ身軽な生き方 … ①111
65歳からの京都歩き … ①195
65歳からの誤嚥性肺炎のケアと予防 …… ①153
65歳からのセカンドライフ ……… ①161
65歳からは検診・薬をやめるに限る！ … ①153
'67～'69 ロックとカウンターカルチャー激動の3年間 ……… ①808
60年代が僕たちをつくった ……… ①933
60秒のきせき …… ①318
64万人の魂 兵庫知事選記 ……… ①933
60歳を過ぎると、人生はどんどんおもしろくなります。 … ①111
60歳から10万円で始める「高配当株」投資術 ……… ②396
60歳からの生き活き術 ……… ①112
60歳からの1ぱち講座 ……… ②245
60歳からの英語サンドイッチメソッド …… ①641
60歳からの幸せ臨終学 ……… ①112
60歳からの「しばられない」生き方… ①127
60才からはじめる英作文 ……… ①654
60歳からはじめるSNS ……… ②530
60歳からやっていいことといけないこと …… ①112

60歳までに知っておきたい金融マーケットのしくみ‥‥‥②380
六畳間の侵略者!?〈25〉‥‥‥‥‥①1226
六畳間の侵略者!?〈26〉‥‥‥‥‥①1226
六畳間の侵略者!?〈27〉‥‥‥‥‥①1226
六星占術による火星人の運命〈平成30年版〉‥①133
六星占術による金星人の運命〈平成30年版〉‥①133
六星占術による水星人の運命〈平成30年版〉‥①133
六星占術による天王星人の運命〈平成30年版〉‥①133
六星占術による土星人の運命〈平成30年版〉‥①133
六星占術による木星人の運命〈平成30年版〉‥①133
六星占術による霊合星人の運命〈平成30年版〉‥①133
6段階マルチレベル・スピーキング〈3〉‥①641
6段階マルチレベル・スピーキング〈4〉‥①641
六訂 憲法入門‥‥②202
ろくでなし男の躾け方‥‥‥‥‥①1306
ロクでなし魔術講師と禁忌教典（アカシックレコード）〈8〉‥‥①1258
ロクでなし魔術講師と禁忌教典（アカシックレコード）〈9〉‥‥①1258
ロクでなし魔術講師と禁忌教典（アカシックレコード）〈10〉‥‥①1259
ロクでなし魔術講師と追想日誌（メモリーレコード）〈2〉‥‥‥①1259
六人のおいしい艶熟女‥‥‥‥‥①1397
6人の世俗哲学者たち‥‥‥‥‥①468
6年1組黒魔女さんが通る‼〈02〉‥①365
6年1組黒魔女さんが通る‼〈03〉‥①365
6年1組黒魔女さんが通る‼〈04〉‥①365
6番館に春は来る。そして今日、君はいなくなる。‥‥‥‥①1170
ろくろっくびのばけねこしまい‥‥‥①343
ローグ・ワン‥‥‥①1359
ロケットを理解するための10のポイント・②625
ロケット発射場の一日‥‥‥‥‥‥①343
ロザリオ‥‥‥①526
魯山人 美食の名言‥‥‥①39
路地‥‥‥‥①980
ロシア‥‥‥②83
ロシア歌物語ひろい読み‥‥‥‥‥①925
ロシア革命‥‥①609
ロシア革命史入門‥‥①609
ロシア革命とソ連の世紀〈1〉‥‥‥①609

ロシア革命とソ連の世紀〈2〉‥‥‥①609
ロシア革命とソ連の世紀〈3〉‥‥‥①609
ロシア革命とソ連の世紀〈3〉‥‥‥①609
ロシア革命とは何か‥①609
ロシア革命の再審と社会主義‥‥‥①609
ロシア革命100年を考える‥‥‥‥①609
ロシア革命100年の謎‥‥‥‥‥‥①609
ロシア旧教徒の村 ロマノフカ‥‥‥①609
ロシア近現代と国際関係‥‥‥‥①610
ロシア語文法‥‥①673
ロシア社会の信頼感‥②83
ロシア十月革命とは何だったのか‥‥‥①610
ロシア中世教会史‥①527
ロシア・東欧史における国家と国民の相貌‥②610
ロシアの詩を読む‥‥①925
露西亜（ロシア）の時間旅行者〈2〉‥‥‥①1110
ロシアの世紀末‥‥①610
ロシアの物語空間‥‥①925
ロシア・ビジネスとロシア法‥‥‥②220
ロシア文学うら話‥①925
ロシア連邦貿易通関統計〈2015年度〉‥②253
ロシアン・ティーと皇帝の至宝〈17〉‥①1349
路地裏の民主主義‥‥①108
ロジカル・バッティング‥‥‥‥‥②220
ロジカル・プレゼンテーション就活 エントリーシート対策〈2019年度版〉‥‥②296
ロジカル・プレゼンテーション就活 面接・グループディスカッション対策〈2019年度版〉‥‥‥①297
ロジカル面接術〈2019年度版〉‥①297
ロジカル面接術〈2020年度版〉‥①297
ロジカル・リーディング‥‥‥‥‥②641
路地の子‥‥‥①933
路上のおじさん‥‥①318
ロスアンゼルス〈2017〜2018年版〉‥②210
ローズヴェルトとスターリン〈上〉‥①603
ローズヴェルトとスターリン〈下〉‥①603
ローズガーデン‥‥①1084
ロスチャイルドによる衝撃の地球大改造プラン‥‥‥‥‥②143
ロスト・ミュージック・オブ・アメリカーナ‥‥‥‥‥‥①809
ロストロイヤル〈2〉‥‥‥‥‥‥①1137
路線価による土地評価の実務〈平成29年8月改訂〉‥‥‥②420
路線バスの謎‥‥‥②430
ローソク足チャート 究極の読み方・使い方‥‥‥‥‥‥②382
六角形あるいは八角の

ポストに入っていた枯れ葉について‥①968
6ヵ月で行政書士 本当は教えたくない究極の行政書士合格メソッド〈2018年版〉‥②239
6ヵ月で社労士 本当は教えたくない究極の社労士合格メソッド〈2018年版〉‥②503
6ヵ年全問題収録 浄化槽管理士試験完全解答‥‥‥‥‥②630
ロック豪快伝説‥‥①809
ロック史‥‥‥①804
ロック、そして銃弾‥‥‥‥‥‥‥①1072
ロック入門講義‥‥②268
ロックマンゼロ オフィシャルコンプリートワークス‥‥‥①858
ロック倫理学の再生・②477
6この点‥‥‥①318
ロッシーニ『セビーリャの理髪師』‥①817
ロッジのキャストアイアン王国‥‥‥①64
ロッソのプレゼント・①343
600字で書く文章表現法〈'18年度版〉‥‥‥②635
六法全書〈平成29年版〉‥‥‥‥‥②189
六本木発ワールド・ダイニング‥‥②428
露悪としての学校 表象としての学校‥‥①702
ロードアイランド・スクール・オブ・デザインに学ぶ クリティカル・メイキングの授業‥‥‥‥‥‥①879
ロード・オブ・ライライト‥‥‥‥‥①1236
ロト6アクシス・メソッド2018‥‥‥①288
ロト6新攻略MJブロック‥‥‥‥‥①288
ロト6 六魔×合計数×6億円ボード‥①288
ロト7 この数字が最強の法則になる‥①288
ロト7 六魔×合計数×10億円ボード‥①288
ロードバイクを自在に操るための知識・技術・トレーニング・①234
ロードバイクの作法‥①234
ロードバイク本音のホイール論‥‥①234
ロバスト統計‥‥‥②662
ロバーツコートの立憲主義‥‥‥②202
ロバート・キャパ写真集‥‥‥‥①261
ローフード・発酵・雑穀でつくるAYUMIごはん‥‥‥‥①64
ロベスピエール‥‥①606
ロボアドバイザー投資1年目の教科書‥②396
ロボ木ーと地球‥‥①343
ロボット‥‥‥②598
ロボットアニメビジネス進化論‥‥①801
ロボット・イン・ザ・ハウス‥‥‥①1328
ロボットを動かそう! mBotでおもしろプログラミング‥‥②553

ロボット解体新書‥‥②598
ロボットからの倫理学入門‥‥‥②477
ロボット産業最前線〈2018〉‥‥②443
ロボット図鑑‥‥①423
ロボット制御学ハンドブック‥‥‥②598
ロボット大研究〈3〉‥①423
ロボットと解析力学‥②598
ロボットの歴史を作ったロボット100‥②598
ロボット法‥‥‥②525
ロボブーマー‥‥①343
ロボホンといっしょ。‥‥‥‥‥‥②571
ローマ貴族 9つの習慣‥‥‥‥‥‥①603
ローマ教皇庁の歴史・①603
ローマ帝国のたそがれとアウグスティヌス‥‥‥‥‥‥①1030
ローマ帝政の歴史〈1〉‥‥‥‥‥①603
ロマネ・コンティの里から‥‥‥‥①45
ローマの釘‥‥‥①974
ローマの汚れなき花嫁〈3〉‥‥‥①1373
ローマの法学と居住の保護‥‥‥②225
ローマ法案内‥‥②225
ロマン主義って、なんだろう?‥‥①431
ロマンスは永遠に‥‥①1389
ロマン・チェシレヴィチ‥‥‥‥‥①879
ロマンティスト伯爵の泣き虫な若奥様‥①1405
ロマンティック 乙女スタイル‥‥‥①845
ロマン派の音楽家たち‥‥‥‥‥①814
ロミオとジュリエット‥‥‥‥‥‥①380
ロミオとジュリエット・悲劇の本質‥①922
路面電車‥‥‥②436
路面電車の謎‥‥②436
ローリーとふしぎな国の物語‥‥‥①553
ロル〈上〉‥‥‥①1269
ロル〈下〉‥‥‥①1269
ロールシャッハ・テスト統計集‥‥‥①497
ロールシャッハ法の豊かな多様性を臨床に生かす‥‥‥‥①487
ロールズの政治哲学・②172
ロールtoロール技術の最新動向‥②600
ロンギヌスの聖痕〈上〉‥‥‥‥①1346
ロンギヌスの聖痕〈下〉‥‥‥‥①1346
論究憲法‥‥‥②202
ろんぐらいだぁす! オフィシャルファンブック‥‥‥‥②801
論語‥‥‥①467
「論語」最強の活用法・①467
論語と算盤‥‥‥①467
論作文と面接・模擬授業〈'18年度版〉‥②760
論集 古代東大寺の世界‥‥‥‥①513
論集上代文学〈第38冊〉‥‥‥‥①895

論集 日宋交流期の東大寺‥‥‥‥①513
論集 福沢諭吉‥‥①464
論点解説 個人情報保護法と取扱実務‥②189
論点解説 実務独占禁止法‥‥‥②375
論点解説 商業登記法コンメンタール‥②211
論点体系 判例行政法〈1〉‥‥‥②203
論点体系 判例行政法〈2〉‥‥‥②203
ロンドン〈2017〜2018年版〉‥‥‥①208
ロンドン・コレクション1984・2017 才気を放つ83人の出発点‥①31
ロンドン大火‥‥‥①605
ロンドンのパブねこ・①261
ロンドンパブスタイル‥‥‥‥‥②85
ロンドン歴史地名辞典‥‥‥‥‥①605
論文演習会社法〈上巻〉‥‥‥②197
論文演習会社法〈下巻〉‥‥‥②197
論文からひもとく外科漢方‥‥‥①175
ロンリーアマテラス・①968
論理思考×PowerPointで企画を作り出す本‥‥‥‥②358
論理的思考 最高の教科書‥‥‥②458
論理的思考力を鍛える33の思考実験‥②357
論理的思考力を育てる! 批判的読み（クリティカル・リーディング）の授業づくり‥‥‥‥②725
論理的な話し方の極意‥‥‥‥②362
「論理的に考える力」を伸ばす50の方法‥②423
論理的に話す・書くための英語変換術・①641
論理のスキと心理のツボが面白いほど見える本‥‥‥‥①106
論理パラドクス・勝ち残り編‥‥②458
ロンリー・プラネット‥‥‥‥‥①1115
論理ベースの国語科授業づくり 考える力をぐんぐん引き出す指導の要点と技術‥①725

わ

和‥‥‥‥①879
猥色のラビリンス‥①1398
猥褻なD夫人‥‥①1327
ワイセツ論の政治学・②108
ワイド版 社会福祉小六法〈2017（平成29年版）〉‥‥‥②65
ワイヤレス給電技術入門‥‥‥‥‥②595

書名索引

書名索引

ワイルド …………… ①306
ワイルド・サイドを歩け …………………… ①1105
ワイルド社長の甘ふわおめざ ……………… ①1400
ワイルド・スワン〈上〉 …………………… ①937
ワイルド・スワン〈下〉 …………………… ①937
ワイルド7 イラストレーションズ …… ①858
ワイルド7 1972〈上〉 ①858
ワイルド・フットボール サッカー界の暴れん坊たち ①231
猥々シネマ快館〈3〉…①795
ワインがおいしいフレンチごはん ………… ①69
ワインガールズ ①1019
ワイン基礎用語集……①46
ワイン語辞典 ①45
ワイン受験講座〈2017〉 …①46
ワイン受験 ゴロ合わせ暗記法〈2017〉……①46
ワインに合う旨いおつまみ …………… ①67
ワインに染まる ①46
ワインの香り ………①46
ワインの神様がおしえてくれたこと ………①46
ワインのゴロ覚え〈2018/19〉 ……①46
ワインバーグ がんの生物学 ②738
和華〈第15号〉……①873
わが愛する土佐くろしお鉄道 ①1102
わが歩み ①971
若い技術者のための機械・金属材料 ②602
我が偽りの名の下に集え、星々 ①1212
若い読者のための第三のチンパンジー ②694
和解の関 ①1000
"和解"のリアルポリティクス ②608
わが妹、ヴァージニア …………………… ①922
若奥様の淫らな願望 …………………… ①1406
若奥様は逃亡中 ①1402
我がおっぱいに未練なし ②704
わが解体 ②949
若返り同心 如月源十郎 ①1043
若返りの科学 ②724
若き日の山 ①1233
我が驍勇にふるえよ天地〈4〉①1155
我が驍勇にふるえよ天地〈5〉①1156
我が驍勇にふるえよ天地〈6〉①1156
若草物語 ①1329
若くなりたければ水素をとりなさい！ ①24
わが国水産業の環境変化と漁業構造 ②458
我が国の経済外交〈2017〉 ②245
我が国の真珠産業・真珠政策と真珠振興法・②415
わがクラシック・スターたち ①946

我が剣は変幻に候…①1050
我が子を殺した男…①1106
わが子が「お友達」関係で悩まない本 ①15
わが心の自叙伝…①933
我が心の上海 ①933
わが心の"千空"…①938
我が心は石にあらず ①1004
わが子に会えない ②108
わが子に障がいがあると告げられたとき・①687
わが子の発達障害告知を受けた、父親への「引継書」。①687
わが子の「自ら学習するくせ」を育てる親の上手な「促し方」①15
わが子のやる気の育て ①15
若狭・越前の民話〈第2集〉①887
若狭がたり ①956
若狭の聖水が奈良に湧く ②118
若さま双剣裁き ①1059
若さま無敵剣 ①1059
和菓子を愛した人たち ①39
わが師・先人を語る〈3〉①938
和菓子のアン〈上〉…①997
和菓子のアン〈下〉…①997
わが人生〈14〉 ①702
わが人生処方 ①959
和菓子 WAGASHI…①39
若すぎた結婚 ①1373
若杉友子の毒消し料理 ①64
若菜武芸帖 ①1034
若旦那伊三郎 くるわ奉公 ①1055
若旦那隠密〈2〉 ①1043
「分かち合い」社会の構想 ②108
若槻菊枝 女の一生 ①933
わかったさんのこんがりおやつ〈1〉①343
わかったさんのひんやりスイーツ〈2〉①343
わかったさんのふんわりケーキ〈3〉①343
分かったら済むなら、名探偵はいらない ①1104
わかっちゃいるけど、ギャンブル！ ①1069
わかって合格（うか）る 宅建士 一問一答セレクト600〈2017年度版〉②499
わかって合格（うか）る 宅建士 過去問12年PLUS〈2017年度版〉②499
わかって合格（うか）る 宅建士 過去問ベスト300〈2017年度版〉・②499
わかって合格（うか）る 宅建士 基本テキスト〈2018年度版〉②499
わかって食べると続く食習慣 魚肉菜穀…①39
わかって使える商標法 ②189
若手医師のための基本から理解する人工膝関節置換術（TKA）②752
若手英語教師のための

お悩み解決BOOK・①736
若手歌舞伎 ①788
若手教師がぐんぐん育つ学力上位県のひみ ①705
若手弁護士のための初動対応の実務 ②229
若手法律家のための和解のコツ ②208
若手Dr&DHのための全身疾別で学ぶくすりの知識 ②771
若殿はつらいよ ①1052, ①1053
和歌のアルバム ①901
我輩さまと私 ①1295
吾輩は作家の猫である ①949
吾輩は猫である〈上〉①371
吾輩は猫である〈下〉①371
わかばちゃんと学ぶ Git使い方入門 ②521
若葉の宿 ①1009
わが半生の裏街道 ①933
わが筆禍史 ①15
わが文学生活 ①933
わが町の建築遺産 ②615
「わがまま」のつながり方 ②65
吾が身をもって、叶え ①1065
若者がうらやましがる老人になってやろう ①112
若者たちと農とデモ暮らし ②447
若者たちの食卓 ①39
若者のキャリア形成 ①676
若者の黒魔法離れが深刻ですが、就職してみたら待遇いいし、社長も使い魔もかわいくて最高です！ ①1287
若者の黒魔法離れが深刻ですが、就職してみたら待遇いいし、社長も使い魔もかわいくて最高です！〈2〉①1288
「わか者、ばか者、よそ者」はいちばん役に立つ ②298
若者よ、猛省しなさい ①104
わが家で最期を。②706
わが家の漢方百科 ①175
吾家の設計 ②615
吾家の設備 ②615
わが家の太郎 ①264
わが家はハーレム ①1399
わが家は祇園（まち）の拝み屋さん〈4〉①1112
わが家は祇園（まち）の拝み屋さん〈5〉①1112
わが家は祇園（まち）の拝み屋さん〈6〉①1112
和歌山の差別と民衆 ②45
わかりたい！ 現代アート ①826
わかりやすい！ 1級建築施工管理（学科試験）〈2018年版〉②642
わかりやすい！ 1級気工事施工管理 学科 ②635
わかりやすい！ 1級気工事施工管理 学科〈2018年版〉②635
わかりやすい！ 1級電

気工事施工管理 実地 ②635
わかりやすいイラスト口腔外科小手術 ②759
わかりやすい家族への信託 ②192
わかりやすい極左・右翼・日本共産党用語集 ②174
わかりやすい計算証明 ②153
わかりやすいコンクリート技士合格テキスト ②630
わかりやすい生化学 ②674
わかりやすい相続税贈与税〈平成29年版〉②414
わかりやすい相続税・贈与税と相続対策〈'17~'18年版〉②414
わかりやすい！ 第1類消防設備士試験 ②642
わかりやすい！ 第二種衛生管理者試験 ②630
わかりやすい！ 第4類消防設備士試験 ②642
わかりやすい！ 第6類消防設備士試験 ②642
わかりやすいデータ解析と統計学 ②662
わかりやすい電磁気学 ②595
わかりやすい！ 毒物劇物取扱者試験 ②645
わかりやすい年末調整の手引〈平成29年版〉②410
わかりやすい不動産登記の申請手続 ②211
わかりやすい不動産登記簿の見方・読み方 ②192
わかりやすい不動産の税金ハンドブック〈平成29年度版〉②404
わかりやすい！ 丙種危険物取扱者試験 ②645
わかりやすい法人税〈平成29年版〉②408
わかりやすい野球のルール ①222
わかりやすい臨床栄養学 ②778
わかりやすい！ IT基礎入門 ②521
わかりやすく書ける作文シラバス ②635
わかる！ イベント・プロデュース ②298
わかる！ 受かる！ 介護福祉士国家試験合格テキスト〈2018〉②81
わかる！ 学校どうぶつ飼育ハンドブック ②702
わかる！ 相続法改正・②192
わかる！ つかえる！ なおせる！ 消化管症候への漢方薬 ②741
わかる！ 使える！ マシニングセンタ入門・②602
わかる！ 使える！ 溶接入門 ②624
わかる!!できる!!売れる!!キャッチコピーの教科書 ②340
わかる!!できる!!売れる!!POPの教科書・②340
わかる！ できる！ マイ

ンクラフト「のりもの」ガイド ①284
わかるとかわる！ "神のかたち"の福音 ①526
わかる！ 取り組む！ 災害と防災〈1〉①423
わかる！ 取り組む！ 災害と防災〈2〉①423
わかる！ 取り組む！ 災害と防災〈3〉①423
わかる！ 取り組む！ 災害と防災〈4〉①423
わかる！ 取り組む！ 災害と防災〈5〉①423
わかる！ 普通免許ポイント解説＆一問一答 ①242
わかる仏教史 ①516
わかる!!わかる!!わかる!! 一般常識〈'19年度版〉②298
わかる!!わかる!!わかる!! 一般常識〈'20年度版〉②298
わかる!!わかる!!わかる!! 小論文＆作文〈'19年度版〉②298
わかる!!わかる!!わかる!! 小論文＆作文〈'20年度版〉②298
わかる!!わかる!!わかる!! 面接＆エントリーシート〈'19年度版〉①297
わかる!!わかる!!わかる!! 面接＆エントリーシート〈'20年度版〉①297
わかる!!わかる!!わかる!!SPI＆WEBテスト〈'19年度版〉①295
わかる!!わかる!!わかる!!SPI＆WEBテスト〈'20年度版〉①295
解 ①954
別れの挨拶 ①956
わかれのことば ①319
別れの夜には猫がいる。①1097
別れは愛の証 ①1392
我がロック革命 ①809
和漢古典植物名精解・①895
わき水ぶっくん ①382
ワキヤくんの主役理論 ①1216
ワキヤくんの主役理論〈2〉①1216
和僑 ①1011
ワーキングメモリを生かす効果的な学習支援 ①687
ワーキングメモリと英語入門 ①647
惑愛の騎士 ①1404
枠を壊して自分を生きる。①104
枠を破る ①513
ワークシート付きかしこい子に育てる新聞を使った授業プラン30＋学習ゲーム7…①721
ワークシートで練習できる観察の視点を活かした介護記録の書き方・スマート ②71
ワーク・スマート ②464
惑星ガイド 木星の向こうへ ①677
惑星カロン …………①1103

惑星探査機の軌道計算
　入門 …………………②677
惑星のきほん …………②677
「惑星」の話 …………②677
ワクチンは怖くない …②733
ワクチン副作用の恐怖
　………………………①724
ワークで学ぶ教職概論
　………………………①705
ワークブック〈2〉……①39
ワークブック「対話」の
　ためのコミュニケー
　ション ………………①497
ワークプレイス・スタ
　ディーズ ……………②461
ワーク・ライフ・バラン
　スを実現する職場 …②464
ワーク・ライフ・バラン
　スと経営学 …………②374
ワークルール検定問題
　集〈2017年版〉……②461
わくわくアイデア絵手
　紙 ……………………①864
わくわくオーケストラ
　楽器物語 ……………①816
わくわく！かたちのえ
　ほん …………………①303
ワクワクからぶあぶあ
　へ ……………………①143
ワクワク！かわいい！
　自由研究大じてん …①435
わくわく！小学生のナ
　ンプレ かんたん …①729
わくわく！小学生のナ
　ンプレ とってもかん
　たん …………………①729
わくわく人生教室 ……①104
わくわく図工室にいこ
　う ……………………①740
わくわく図工室にいこ
　う〈2〉………………①740
わくわく図工室にいこ
　う〈3〉………………①740
ワクワクだけで年商30
　億円 …………………②298
わくわく楽しい幼児の
　絵画〈1〉……………①698
わくわく！探検 れきは
　く日本の歴史〈3〉…①427
わくわく発見！世界の
　お祭り ………………①426
わくわく発見！世界の
　民族衣装 ……………①426
わくわく発見！日本の
　お祭り ………………①423
わくわく発見！日本の
　郷土料理 ……………①434
わくわく発見！日本の
　伝統工芸 ……………①423
わくわく微生物ワール
　ド〈1〉………………①397
わくわく微生物ワール
　ド〈2〉………………①397
わくわく微生物ワール
　ド〈3〉………………①397
わくわくびっくり！ …①320
わくわくロゴワーク …①879
訳あり悪役令嬢は、婚
　約破棄後の人生を自
　由に生きる …………①1164
わけあり記者 …………①933
わけあり師匠の顛末
　………………………①1044
ワケあり生徒会！
　NEXT〈10〉……①1255
和気清麻呂にみる誠忠
　のこころ ……………①535
ワケわかんねぇコン
　ピュータの概念を12

ページでバッサリ説
　明するぜ 超基礎編
　………………………①553
倭国創世紀 ……………①546
倭国末期政治史論 ……①546
和ごはん101 …………①64
ワコールの就活ハンド
　ブック〈2019年度版〉
　………………………①293
ワザあり時短クリアー
　一問一答 一般常識＆最
　新時事〈2019年度版〉
　………………………①298
ワザあり全力解説！ゼ
　ロからわかるSPI
　〈2019年度版〉……①295
ワザあり速攻マス
　ター！一般常識＆時
　事用語〈2019年度版〉
　………………………①298
和竿大全 ………………①233
和雑貨うなめ堂の友戯
　帳 ……………………①1272
わざと忌み家を建てて
　棲む …………………①1127
わさびちゃんちのぽん
　ちゃん保育園 ………①264
わさみん ………………①777
技者（わざもん）……①873
わざわざゾンビを殺す
　人間なんていない。…①1087
和算百科 ………………②655
和算への誘い …………②655
ワシオ・トシヒコ定稿
　詩集 われはうたへど
　………………………①968
鷲ヶ峰物語 ……………①1053
和紙とことばで楽しむ
　ちぎり絵の絵手紙12
　ケ月 …………………①867
わしの研究 ……………①945
話者の言語哲学 ………①622
和食器のきほん テーブ
　ルコーディネートア
　イテム ………………①39
和食を伝え継ぐとはど
　ういうことか ………①39
和食店の人気の「ご飯
　料理」大全 …………①64
和食と懐石 ……………①273
和食のえほん …………①343
和食のおさらい事典 …①39
和食の食べ方を知れば、
　女性はもっと美しく
　なれる ………………①24
和食屋の「だし」おかず
　………………………①64
倭人伝断片 ……………①968
ワシントン緊急報告 ア
　メリカ大乱 …………②137
ワシントンDC〈2017～
　2018年版〉…………①210
倭人の祭祀考古学 ……①615
聖刻（ワース）………①1125
ワースト・インプレッ
　ション ………………①1094
わずらわしい人間関係
　に悩むあなたが「も
　う、やめていい」32
　のこと ………………①104
忘れ得ぬキス …………①1393
忘れえぬ情熱 …………①1391
忘れ得ぬ書人たち ……①871
忘れ得ぬ旅 太陽の心で
　〈第1巻〉……………①501
忘れえぬ人びと ………①942
忘れたふり〈2〉………①959
忘れないでヒロシマ …①584

わすれもの ……………①343
忘れられた巨人 ………①1327
忘れられた黒船 ………①569
忘れられた皇軍兵士た
　ち ……………………①259
忘れられた人類学者
　（ジャパノロジスト）
　………………………②116
忘れられた花園〈上〉…①1355
忘れられた花園〈下〉…①1355
忘れられた部屋 ………①1012
わすれられた歴史・文
　化に学ぶ ……………②109
忘れられたワルツ ……①986
忘れられていた息子
　………………………①1329
忘れられないひと、杉
　村春子 ………………①773
忘れる女、忘れられる
　女 ……………………①946
忘れるために一度だけ
　………………………①1373
忘れる力 ………………①104
わすれんぼっち ………①358
ワーズワースの秘薬
　………………………①1265
早稲田建築学報〈2017〉
　………………………②615
早稲田大学が創る教師
　教育 …………………①705
早稲田の戦没兵士 “最後
　の手紙”………………①584
早稲田文学増刊 女性号
　………………………①894
早稲田民法学の現在 …②208
早稲田わが町 …………①957
和田アキ子の守護霊
　メッセージ …………①504
話題のダイエットを格
　付けした…………………①28
和小説の技法 …………①903
わたくしたちの旅のか
　たち …………………①910
私日記〈9〉……………①949
わたし今、トルコです。
　………………………①940
わたしを愛した王子
　………………………①1338
わたしを思いだして
　………………………①1384
私を通りすぎた政治家
　たち …………………②149
わたしおべんきょうす
　るの …………………①344
私をBARに連れてっ
　て！…………………①45
私が愛した渥美清 ……①792
私が愛した広島カープ
　………………………①225
私がアルビノについて
　調べ考えて書いた本
　………………………②109
わたしがいんどだ戦い
　1939年と …………①378
私が語り伝えたかった
　こと …………………①104
私が通るウマい店
　100+80 ……………①42
私が決めてきたこと …①119
わたしが子どもをもた
　ない理由（わけ）……①119
わたしが殺した男 ……①1097
私が主役ですか？ 末っ
　子王女が皇帝陛下の
　お妃様に!!……………①1406
私が死んでもレシピは
　残る 小林カツ代伝 …①39

私が好きなあなたの匂
　い ……………………①1012
わたしがノーベルしょ
　うをとったわけ ……①344
私がヒロインだけど、そ
　の役は譲ります ……①1271
わたしがヒロインにな
　る方法 ………………①1166
私が偏差値27から年商
　10億円の社長になれ
　た理由 ………………②298
私がホレた旨し店 大阪
　………………………①42
わたしが、もうひと
　り？〈4〉……………①381
私からしあわせになろ
　う。スピリチュアル・
　プチ・ディクショナ
　リー …………………①104
わたしからわらうよ。…①356
わたし、還暦？〈2〉…①773
わたし肯定力 …………①104
私、子ども欲しいかも
　しれない。……………①8
私、さらわれちゃいま
　したっ！……………①1220
私、サンリオ男子を好
　きになってしまいま
　した。…………………①119
わたし幸せじゃない
　の？…………………①119
わたし史上最高のお
　しゃれになる！……①31
私だけが知っている昭
　和秘史 ………………①576
私だけの手づくりねこ
　………………………①80
私だけのフランス語手
　帳 ……………………①671
私だけのものがた
　り ……………………①318
わたしたちが安心して
　家を買えた理由 ……①20
私たちが姉妹だったこ
　ろ ……………………①1336
私たちが選挙に行く意
　味は本当にあるのだ
　ろうか？……………②146
私たち、戦争人間につ
　いて …………………①940
神獣（わたし）たちと一
　緒なら世界最強イケ
　ちゃいます？………①1263
神獣（わたし）たちと一
　緒なら世界最強イケ
　ちゃいますよ？〈2〉
　………………………①1263
わたしたちの「愛用品」〈4〉…①4
わたしたちの「お弁当」
　………………………①67
わたしたちの「家事時
　間」…………………②28
私たちの体にアマテラ
　スの血が流れている
　………………………①143
私たちの決断 …………②580
私たちの食と健康 ……②778
私たちの税金〈平成29年
　度版〉………………②404
わたしたちの「掃除と
　片付け」……………①7
わたしたちのたねまき
　………………………①344
私たちの津久井やまゆ
　り園事件 ……………②72
わたしたちの「作り置
　き」…………………①64
わたしたちの「糖質オ
　フ」…………………①28

私たちのなかの私 ……①473
私たちの願いは、いつ
　も。…………………①989
私たちの星で …………①457
わたしたちの無印良品
　ライフ ………………②28
私たちのワンダフルラ
　イフ …………………②649
私たちは生きているの
　か？…………………①1286
私たちは今の世をどう
　生きるか ……………①513
わたしたちは銀の
　フォークと薬を手に
　して …………………①1001
私たちは子どもに何が
　できるのか …………①676
私たちは生涯現役！も
　し、77歳以上の波平が
　77人集まったら？…①108
私たちは戦争を許さな
　い ……………………②46
私たちはどこから来て、
　どこへ行くのか ……②109
私たちはみなメイカー
　だ ……………………②535
「わたしと仕事、どっち
　が大事？」はなぜ間
　違いなのか？………②362
“わたし”と“みんな”の
　社会学 ………………②109
私と和漢名詩 …………①920
わたしなら日本をこう
　守る …………………②149
私なりに絶景 …………①185
私に都合のいい人生を
　つくる ………………①119
私にとっての憲法 ……②202
わたしに似合う最強
　コーディネート ……①31
私に似た人 ……………①1102
私にはいなかった祖父
　母の歴史 ……………①937
私に触れたぞうたち …②693
私、日本に住んでいま
　す ……………………②19
わたしにもできるお菓
　子づくり ……………①434
私にもできる！自然農
　法入門 ………………①269
私の愛したブロンズ像
　………………………①983
私の愛すべき依頼者た
　ち ……………………②229
私の相棒 ………………①1069
わたしの兄の本 ………①318
わたしの「家じかん」
　ルール ………………②28
私の医学部合格作戦
　〈’18年版〉…………①746
私の生きた証はどこに
　あるのか ……………①459
わたしのイスパニア語
　の旅 …………………①198
私の愛しいモーツァル
　ト ……………………①1160
私の命はあなたの命よ
　り軽い ………………①996
私のヴァイオリン ……①816
私、能力は平均値でっ
　て言ったよね！〈4〉
　………………………①1269
私、能力は平均値でっ
　て言ったよね！〈5〉
　………………………①1269
私、能力は平均値でっ
　て言ったよね！〈6〉
　………………………①1269
私のエッジから観てい

書名索引

る風景 …………②88
私の"王子様"が三次元
　化したのですが… ①1397
私の大阪八景 ………①1006
私の沖縄現代史 …①584
わたしのおせっかい談
　義 …………………①947
わたしのおひっこし ①318
わたしのかたち ……①845
わたしのカブトムシ研
　究 …………………②696
私の記憶が確かなうち
　に …………………①178
私の旧約聖書 ………①941
わたしのクマ研究 …②693
「わたしの暮らしにあっ
　た家」のつくり方 …①20
わたしの暮らしのヒン
　ト集〈3〉…………②28
私のクラスの生徒が、
　一晩で24人死にまし
　た。……………①1125
わたしのクローゼット ･･①7
わたしのげぼく ……①356
わたしの心が晴れる …①949
私の古典文学研究 …①895
私のことはほっといて
　ください …………①944
私のごひいき ………①950
わたしのしあわせ温泉
　時間 ………………②189
私の仕事 ……………②127
私の司法試験合格作戦
　〈2018年版〉………②233
私の司法書士試験合格
　作戦〈'17年版〉…②237
わたしの主人公はわた
　し …………………①955
私の女性詩人ノート〈2〉
　……………………①906
私の知らないあなた
　……………………①1392
私の知らない色 …①1227
私の人生おきあがりこ
　ぼし ………………①119
わたしの水彩スケッチ
　日本紀行〈4〉……①845
わたしの好きなお酢・
　レモンの料理 ………①64
わたしの好きな子ども
　のうた ……………①845
私の好きなひと …①1247
わたしの好きな仏さま
　めぐり ……………①834
わたしの好きな、ミニ
　マルな10着 …………①84
私の生活技術 ………①475
わたしのせいじゃない
　……………………①344
わたしの世界辺境周遊
　記 …………………①198
私の西郷（せご）どん
　……………………①569
私の早慶大合格作戦
　〈'18年版〉…………①746
私の大嫌いな王子さま
　……………………①1400
私の大嫌いな王子さま
　〈2〉………………①1400
私の大好きなお義兄様
　……………………①1401
私の宝物 ……………①937
私の知的遍歴 ………①933
わたしの茶の間 ……①947
私の中小企業論 …②303
私のつづりかた ……①942
私の出会った詩人たち
　……………………①906

私の天使ダニエル …①526
私の東京地図 ………①187
私の東大合格作戦〈'18
　年版〉………………①746
私のトリノ物語 ……②443
私の中にいる私でない
　私 …………………①457
私の中のアヒルと毒
　……………………①1019
私の中の三島由紀夫 ･①916
私の中のわたしたち ①497
わたしの名前は「本」…④4
私の名前はルーシー・
　バートン …………①1332
わたしの苦手なあの子
　……………………①356
わたしの日本学び …①894
私の八月十五日〈5〉①585
私のパリ生活 ………①208
私の漂流記 …………①949
私のプロ野球80年史 ①225
私の文学放浪 ………①959
私の保守宣言 ………②145
わたしの本棚 ………①952
わたしの本当の子ども
　たち ……………①1360
わたしの魔術コンサル
　タント〈2〉……①1253
私のマーシーレベルは
　∞（むげんだい）…①105
わたしのまちが「日本
　一」事典 …………①429
わたしのまちです みん
　なのまちです ……①344
私のライフプラン〈平成
　29年度版〉…………①112
私は歩む 愛と光の地球
　ワンワールドの道 ①143
私は大人の貌（かお）を
　見せた子供 ………①1003
私は、悲しみも劣情も、
　静やかに眺める。…①105
私は株で200万ドル儲け
　た ……………………②396
わたしは吸血鬼様の非
　常食 ……………①1208
私はご都合主義な解決
　担当の王女である
　……………………①1273
私は言祝の神子らしい
　〈2〉………………①1289
私は言祝の神子らしい
　※ただし監禁中…①1289
わたしはさくら。…①1195
私はサラリーマンにな
　るより、死刑囚にな
　りたかった ………①956
わたしは10歳、本を知
　らずに育ったの。…②65
「私は自分が好き」と言
　うことから始めよう
　……………………①105
私は自分の仕事が大好
　き〈2〉……………①105
私は人生をバケーショ
　ンのように過ごして
　きたわ ……………①105
わたしはだあれ？ …①344
私は敵になりません！
　〈5〉………………①1205
私は敵になりません！
　〈6〉………………①1205
私はテレビに出たかっ
　た ………………①1018
私はどうして地理学者
　になったのか …①617
私はドミニク ………②65
わたしは名前がない。
　あなたはだれ？ …①975

私は歯を削りたくない
　歯医者です〈第1巻〉
　……………………①183
わたしはヘレン …①1355
私は「学び合い」をこれ
　で失敗し、これで乗
　り越えました。…①676
私、魔王。………①1265
わたしも水着をきてみ
　たい ………………①378
和田塾 運をつくる授業
　……………………①721
「私らしく生きる自由」
　と憲法・社会保障 ②202
私らしく装う、エコア
　ンダリヤのバッグと
　帽子 ………………①76
わたしらしく、LGBTQ
　〈1〉………………②45
わたしらしく、LGBTQ
　〈2〉………………②45
わたしらしく、LGBTQ
　〈3〉………………②45
わたしらしく、LGBTQ
　〈4〉………………②45
わたしらしさを知るマ
　イノートのつくりか
　た …………………②357
わたし、恋愛再開しま
　す。………………①1219
わたつみ …………①1012
渡辺一樹が教えるいま
　どきのスキー練習帳
　……………………①218
ワタナベ・コウの日本
　共産党発見!! ……②174
渡部昇一 死後の生活を
　語る ……………①504
渡部昇一日本への申し
　送り事項 …………①504
渡部昇一の少年日本史
　……………………①535
渡辺省亭 ……………①838
渡邉先生、日本人に
　とって天皇はどうい
　う存在ですか？…②151
渡部裕之の60過ぎたら
　90を切るゴルフ …①220
ワタナベマキのおいし
　い仕組み ……………①64
和田誠シネマ画集〈2〉
　……………………①845
渡良瀬 ……………①997
わたり鳥 …………①344
和中華 ………………①69
和辻哲郎と昭和の悲劇
　……………………①464
ワットとスティーヴン
　ソン ………………①605
ワッハワッハハイのぼ
　うけん ……………①357
和つまみ ……………①64
和テイストで楽しむ英
　国アフタヌーン
　ティー ………………①64
ワトソン 遺伝子の分子
　生物学 ……………②686
ワトソンで体感する人
　工知能 ……………①525
わとな ………………①777
ワードローブを彩る
　annasの刺しゅう教室
　……………………①79
罠 …………①1099、②40
罠に落ちろ ………①1107
罠にかかったシンデレ
　ラ …………………①1392
罠の女 ……………①1111
ワニと猫とかっぱ それ

から… …………①356
和のカラフル切り絵 ①867
和のかわいい配色パ
　ターン ……………①879
和の切り紙ごよみ …①867
倭の五王は誰か …①547
「和の食」全史 ………①39
和ハーブ ……………①269
和ハーブ図鑑 ………①155
和風総本家十九代目豆
　助オフィシャルフォ
　トブック …………①264
和風総本家二十代目豆
　助オフィシャルフォ
　トブック …………①264
和風デザイン図鑑 …②619
『ワーママ』5年目に読
　む本 ………………①15
和名類聚抄 高山寺本 ①616
笑いあり、しみじみあ
　り …………………①974
笑いあり、しみじみあ
　り シルバー川柳 青い
　山脈編 ……………①974
「笑い」がいい人生をつ
　くる ………………①939
笑いで天下を取った男
　……………………①773
笑いと祈りは神様に通
　じる ………………①940
笑いとしあわせ ……①105
笑いとは何だ？〈2〉①957
笑い猫の5分間怪談
　〈10〉………………①387
笑い猫の5分間怪談
　〈11〉………………①387
笑い猫の5分間怪談
　〈12〉………………①387
笑いのカイブツ …①1007
笑いの手品師 ………①65
わらういきもの ……②693
笑うお葬式 …………①773
笑う化石の謎 ………①378
笑う！ 教師の1日 …①721
笑うケースメソッド〈2〉
　……………………②225
笑う執行人 ………①1105
嗤う淑女 …………①1098
笑うときにも真面目な
　んです ……………①669
笑う101歳×2 笹本恒子
　むのたけじ オフィ
　シャルブック ……②15
笑え、リビドー！ …①1399
わらって、すきって
　いって。…………①1283
わらべ歌に隠された古
　代史の闇 …………①547
薬屋根 ……………①990
わらわしたい ………①787
笑わない少女と異形の
　サーカス ………①1137
割り切り力のススメ ①105
割増賃金の基本と実務
　……………………②332
悪い男には裏がある
　……………………①1308
悪い勇者、このダン
　ジョンは小人用なん
　だ〈1〉……………①1194
悪い奴ほどよく嗤う
　……………………①1314
悪い夢さえ見なければ
　……………………①1350
悪ガキ7（セブン）…①381
「悪くあれ！」………①105
わるじい秘剣帖〈7〉
　……………………①1036

わるじい秘剣帖〈8〉
　……………………①1036
わるじい秘剣帖〈9〉
　……………………①1036
悪だくみ …………②145
ワルツを踊ろう …①1098
ワールド・イズ・コン
　ティニュー〈2〉…①1218
ワールドエネミー …①1203
ワールドエネミー〈2〉
　……………………①1204
ワールドエンド・ハイ
　ランド …………①1232
ワールドオーダー〈4〉
　……………………①1195
ワールド・カフェをや
　ろう ………………②298
ワールド・ティー
　チャー〈5〉……①1247
ワールド・ティー
　チャー〈6〉……①1247
ワールド・ティー
　チャー〈7〉……①1248
ワル猫先生の4週間仕事
　術講座 ……………②357
ワルのカネ儲け術 …②40
わるのりてづくり ……①5
ワルプルギスの夜 …①1339
われ在り ……………①143
我死に勝てり〈中巻〉①457
我と肉 ……………①475
我にチートを〈3〉…①1173
われは銃火にまだ死な
　ず ……………………①586
われは何処に ………①457
われ敗れたり ………①251
われら科学史スーパー
　スター ……………①399
われらが最強感情への
　ベクトル …………①457
我らがパラダイス …①1013
われら戦友たち …①1000
われらの子ども ……②91
われらの独立を記念し
　……………………①1353
われらマスコミ渡世人
　……………………②12
ワレリウス・マクシム
　ス『著名言行録』の修
　辞学的側面の研究 ･①918
われわれはいかに働き
　どう生きるべきか ②298
我々はなぜ生まれ、な
　ぜ死んでゆくのか ①153
我々は我々だけな
　のか ………………②686
我々は人間なのか ②93
我々みんなが科学の専
　門家なのか？……②649
「わろてんか」を商いに
　した街 大阪 ……①773
ワンアジア財団7年のあ
　ゆみ ………………②252
ワン・アジアに向けて
　……………………①594
1ウィークセルフケア
　ブック ……………①153
ワンオペ育児 ………①10
ワンコイン英会話 ビジ
　ネス編 ……………①645
ワンコイン英会話 名言
　編 …………………①645
ワンショット地球巡り
　……………………①201
ワン・スピリット・メ
　ディスン …………①160
ワンダーウーマン：
　アースワン ………①858

ワンダーウーマン アン
　ソロジー ……… ①858
ワンダー・ウーマン：
　ザ・ライズ ……… ①858
ワンダーウーマン：ベ
　ストパウト ……… ①858
ワンダーサイエンス い
　きものがっかり超能
　力図鑑 ………… ①409
ワンダーサイエンス そ
　うだったのか！ 初耳
　恐竜学 ………… ①402
ワンニャンぼくらの大
　冒険〈2〉 ……… ①356
わんぱく記者団奮闘
　中！ ………… ①356
わんぱくだんのおかし
　なおかしや ……… ①344
ワンパターンとは言わ
　せない！ 年中行事の
　デザイン ……… ①880
ワンピース攻略王……②34
ワンピース最終研究〈9〉
　…………………②34
ワンピース最終予言書
　…………………②34
ワンピース衝撃王……②34
1bit Heart ……… ①1137
1ランクアップのための
　俳句特訓塾 …… ①906
ワンランク上の産科麻
　酔に必要なエビデン
　ス ……………… ②762
ワンルーム・シーサイ
　ド・ステップ …… ①1008
ワンルームの賢い投資
　術〈第2弾〉……… ②423
ワンワン物語 …… ①1161

（ん）

んがんがぐでたまんが
　………………… ①858
ん ひらがな大へんし
　ん！ …………… ①344

（ABC）

31TOPICSで先取りす
　る歯科臨床の羅針盤
　〈2017〉………… ②759
4SEASONS
　12COLORS
　PRESERVING
　FLOWERS……… ①271
500 Pictures for GDM
　Teachers to Copy… ①648
7 LIVESアップアップ
　ガールズ〈仮〉の生き
　様……………… ①773
A…………………… ①1009
A級中医師が教える料理
　のひみつの赤本…… ①64
A+テキスト〈Vol.2〉
　………………… ②562
Aではない君と…… ①1022

A.はい、当たります！
　………………… ①245
A.ベンジャミン ジャマ
　イカン・ルンバ 編成
　- S.A.P. 編曲 - G.
　ラッセル＝スミス ①819
A+問題集〈Vol.2〉… ②562
Aランク冒険者のスロー
　ライフ〈1〉……… ①1299
A3一枚でつくる事業計
　画の教科書……… ②298
A4一枚勉強法…… ②357
A4または麻原・オウム
　への新たな視点 …… ②40
a+a 美学研究〈10〉… ①880
a+a 美学研究〈11〉… ①880
AASMによる睡眠およ
　び随伴イベントの判
　定マニュアル …… ①171
ABCフレームでわか
　る！ 気になる子の
　「できる」を増やすポ
　ジティブ支援 "小学生
　編" …………… ①687
ABCD sonography… ②735
ABC World News〈19〉
　………………… ①641
Ableton Liveによるト
　ラックメイキング… ①543
About Myself……… ①645
ABOVE THE
　WORLD ……… ①259
AC長野パルセイロ公式
　グラフ〈2016〉…… ①231
AC長野パルセイロ公式
　グラフ〈2017〉…… ①231
ACC CM年鑑〈2017〉
　………………… ②18
Access基本ワザ＆仕事
　ワザ …………… ②537
Accessクエリビジネス
　活用事典 ……… ②537
Accessデータベース プ
　ロ技BESTセレク
　ション ………… ②537
Accessデータベース本
　格作成入門 …… ②537
Accessではじめるデー
　タベース超入門 … ②537
Accessレポート
　＆フォーム完全操作
　ガイド ………… ②537
AccessVBA逆引き大全
　600の極意 ……… ②537
Access VBA逆引きハン
　ドブック ……… ②553
ACLSプロバイダーマ
　ニュアル ……… ②724
ACO認定試験模擬問題
　集〈17年度試験版〉
　………………… ②483
ACT〈2〉………… ①1114
Action！ ………… ②311
ACT・Kの挑戦 …… ②65
ADC年鑑〈2017〉… ②340
ADHDタイプの大人の
　ための時間管理ワー
　クブック ……… ①487
ADHDでよかった… ②65
ADHDの子の育て方の
　コツがわかる本 … ①687
AdobeMuse ランディ
　ングページ制作ガイ
　ド ……………… ②553
Advanced脳血管内治療
　………………… ②732
Advanced Style:
　Older&Wiser …… ①31
Advertising is …… ①880

AFP World News
　Report〈4〉……… ①648
AFTER〈season2〉… ①1334
After Effects 逆引きデ
　ザイン事典 …… ②541
After Effects 空間演出
　技法 …………… ①253
After Effectsユーザー
　のためのCINEMA
　4D Lite入門 …… ②541
After Effects forアニ
　メーション …… ①801
AFVモデリングテク
　ニック エンサイクロ
　ペディア ……… ①288
AFVモデル ウェザリン
　グガイド ……… ①288
AGE OF SUPER
　SENSING ……… ①880
AGP活用インスリン治
　療 ……………… ②724
AHCC臨床ガイドブッ
　ク ……………… ②734
AIが変えるクルマの未
　来 ……………… ②443
AIが神になる日 …… ②525
AI化する銀行 …… ②383
AIがつなげる社会… ②514
AIが同僚 ………… ②525
AIが人間を殺す日… ②525
AIが文明を衰滅させる
　………………… ②525
AI経営で会社は甦る… ②298
AI現場力「和ノベー
　ション」で圧倒的に
　強くなる ……… ②525
AI時代を生き残る仕事
　の新ルール …… ②345
AI時代を生きる子ども
　のためのSTEAM教
　育 ……………… ①721
AI時代に生き残る企業、
　淘汰される企業… ②298
AI時代の教育と評価… ①721
AI時代の働き方と法… ②468
AI人工知能 知るほどに
　驚き！ の話 …… ②525
AI（人工知能）まるわか
　り ……………… ②525
AI世代のデジタル教育
　6歳までにきたえてお
　きたい能力55 …… ②521
AIに負けた夏 …… ①1238
AIの世紀カンブリア爆
　発 ……………… ②525
AI白書〈2017〉…… ②525
AIビジネスの法律実務
　………………… ②225
AI面接＃採用 …… ②525
AI・ロボット開発、これ
　が日本の勝利の法則
　………………… ②525
AI・ロボットに操られる
　な！ …………… ②525
AIO民間刑務所〈上〉
　………………… ①1114
AIO民間刑務所〈下〉
　………………… ①1114
Airbnbで叶えるユニー
　クな暮らし …… ②28
Airbnb Story …… ②298
AIS 2005 Update 2008
　日本語対訳版 …… ②724
AKA ANA 赤穴 …… ①261
a.k.b.のいちばんわかり
　やすい UVレジン教
　室 ……………… ①76

AKB48の木﨑ゆりあ
　＆加藤玲奈と学ぶお
　仕事ルール50 …… ②365
AKB48れなっち総選挙
　選抜写真集 …… ①777
AKB48 Team8 3rd
　Anniversary Book
　………………… ①773
akiico 100 LOOKS … ①31
akiico HAIR
　ARRANGE BOOK
　………………… ①24
akinoichigoの冷めても
　おいしい感激弁当160
　………………… ①67
Akka実践バイブル… ②553
A LIGHT UN LIGHT
　………………… ①31
ALISA SUZUKIのスペ
　シャルティ・ケーキ
　とデコレーション… ①72
ALL ABOUT
　COFFEE ……… ①47
All About Japan …… ①650
ALL ABOUT
　RICHARD MILLE… ④4
Aloha Hawaii Guide
　………………… ①210
Amazing JIRO …… ①825
Amazing！ The Secret
　of Hakkoryu
　Jujutsu：Explains
　its system of
　accelerated mastery
　………………… ①237
Amazon中国輸出入で3
　倍稼ぐ！ ……… ②514
Amazon中国輸入効率化
　マニュアル …… ②514
AMAZON密林の時間
　………………… ①259
Amazon Web Services
　基礎からのネット
　ワーク＆サーバー構
　築 ……………… ②527
Amazon Web Services
　負荷試験入門 …… ②527
AMETORA ……… ①31
AMNESIA MARRY
　IKKI & KENT編
　………………… ①1215
AM/PM ………… ①1330
ANAグランドハンドリ
　ング …………… ②438
Analyze行政書士 過去
　問＋予想問題〈1〉… ②239
Analyze行政書士 過去
　問＋予想問題〈2〉… ②239
Analyze行政書士 過去
　問＋予想問題〈3〉… ②239
an・anの嘘 ……… ①946
Androidアプリ開発の極
　意 ……………… ②553
Androidアプリ開発のた
　めのKotlin実践プロ
　グラミング …… ②553
Androidアプリ開発 74
　のアンチパターン… ②553
Androidアプリ完全大事
　典〈2018年版〉…… ②533
Androidを支える技術
　〈1〉……………… ②545
Androidを支える技術
　〈2〉……………… ②545
Androidプログラミング
　バイブル SDK7/6/5/
　4対応 ………… ②553
Android Studioではじ
　めるAndroidプログ
　ラミング入門 …… ②553

An ever - normal
　granary and J.M.
　Keynes's economic
　philosophy …… ②266
Angularアプリケーショ
　ンプログラミング… ②553
Angularデベロッパーズ
　ガイド ………… ②553
Angularによるモダン
　Web開発 実践編… ②553
Angular2によるモダン
　Web開発 ……… ②553
Animalogy（アニマロ
　ジー）…………… ①497
Ank: a mirroring ape
　………………… ①1088
Anna …………… ①259
annasのもじの刺繍… ①79
Anniversary …… ①777
Annual Review 神経
　〈2017〉………… ②732
Ansible構成管理入門
　………………… ②545
Ansible徹底入門 … ②521
AO推薦入試「志望理由
　書」の極意101 … ①746
Apache Solr入門 … ②521
Apache Sparkビッグ
　データ性能検証… ②521
À Paris ゴッホの部屋の
　日々 …………… ①259
APARTMENT …… ②615
APPLE: Learning to
　Design, Designing to
　Learn ………… ①880
ARCHICADでつくる
　BIM施工図入門… ②603
ARCHICAD21ではじ
　めるBIM設計入門 企
　画設計編 ……… ②603
Arduinoでロボット工作
　をたのしもう！ … ②598
ArduinoとProcessingで
　はじめるプロトタイ
　ピング入門 …… ②596
Arduino Groveではじ
　めるカンタン電子工
　作 ……………… ②596
Arduino & HTML5に
　よるIoTアプリのつく
　り方 …………… ②553
arikoのごはん …… ①64
Arina …………… ①780
ARPESで探る固体の電
　子構造 ………… ②668
ART BOX 鈴木春信
　………………… ①836
ART GALLERY テー
　マで見る世界の名画
　〈1〉……………… ①837
ART GALLERY テー
　マで見る世界の名画
　〈2〉……………… ①837
ART GALLERY テー
　マで見る世界の名画
　〈3〉……………… ①837
ART GALLERY テー
　マで見る世界の名画
　〈4〉……………… ①837
Artificial Intelligence
　………………… ②525
ARTIST to artist… ①825
ASD（アスペルガー症候
　群）、ADHD、LD お
　母さんが「コレだけ」
　知っておきたい発
　達障害の基礎知識… ①687
ASD（アスペルガー症
　候群）、ADHD、LD

書名索引

書名索引

お母さんができる発達障害の子どもの対応策 ……①687
ASD（アスペルガー症候群）、ADHD、LD 大人の発達障害 日常生活編 …… ①497
ASD（アスペルガー症候群）、ADHD、LD 職場の発達障害 …… ①498
ASD（アスペルガー症候群）、ADHD、LD 女性の発達障害 …… ①498
ASEAN経済共同体の成立 …… ②267
ASEAN進出化学企業ビジネスハンドブック …… ②313
ASEANの統合と開発 …… ②252
A SIMPLE STYLE …①31
ASTERIA WARP基礎と実践 …… ②527
ASTERIA WARP逆引きリファレンス …… ②527
As the Call, So the Echo …… ①259
a Table …… ①39
AT HOME MINISTRY …… ①650
A Trip to Grandma's House アクティブブック …… ①395
ATSUSHI & EXILE TRIBE BEYOND …… ①773
auのiPhone8/8Plus基本＆活用ワザ100 …②533
AUDREY HEPBURN AUTHOR'S〈6〉 …… ①885
Autism 自閉症スペクトラム障害 …… ②748
AutoCAD/AutoCAD LT困った解決＆便利技 …… ②603
AutoCAD LTで学ぶ建築製図の基本 …… ②603
AutoCAD LT標準教科書 …… ②603
Autodesk AutoCAD 2018/Autodesk AutoCAD LT 2018 公式トレーニングガイド …… ②603
Autodesk AutoCAD Mechanical 2018公式トレーニングガイド …… ②603
Autodesk Circuitsで学ぶ電子工作入門 …… ②596
AUTODESK FUSION 360 Sculpt Advanced …… ②521
Autodesk Inventor 2018公式トレーニングガイド〈Vol.1〉 …②545
Autodesk Inventor 2018公式トレーニングガイド〈Vol.2〉 …②545
AV女優消滅 …… ②36
AWS Lambda実践ガイド …… ②521
AX（アックス）…①1075
A＋X：アベンジャーズ＋X - MEN＝最驚 …… ①858
aya …… ①777
AYAトレ30日チャレンジノート ………①217

AYAボディメソッド BASIC …………①28
Aya Body …………①28
AYAKO's My Style …①31
Azureテクノロジ入門〈2018〉 ………②521
B型・C型肝炎の抗ウイルス療法 ………①724
Bの戦場〈2〉 ……①1294
Bの戦場〈3〉 ……①1294
B.ブリテン アルプス組曲 編成 - S.S.A. …①819
B.マルチェロ アルト・リコーダーと通奏低音のためのチャコーナ作品2 - 12 編成・A.B/C …………①819
B7S（ビーセブンエス）ブランディング7ステップス ………②298
BABEL …①846, ①1105
Baby Book …………①10
Baby Maria …………①777
Baby Panda あかパン …………②693
Backe晶子さんのおうちパン …………①64
BAGUETTE バゲットが残ったら ………①64
BAKERS …………①42
Bam and Kero Go Flying …………①344
BARカウンターから見える風景 ………①957
BARへようこそ …①45
BAR物語 …………①944
BASHAR 2017 ……①143
BASIC BARISTA BOOK …………①47
Basic Communication for the Sciences 理工系英語の基本コミュニケーション ………①641
Basic English Grammar for Global Communication …①654
BASIC HANON ……①822
BATIC（国際会計検定）過去問題集〈2017年版〉…②510
BATIC Subject2 公式テキスト〈2017年版〉 …………②510
BATIC Subject2 問題集〈2017年版〉…②510
BCではじめるかな？ はじめてのずかん555 ………①388
BC級戦犯の遺言 …①586
BCGが読む経営の論点2018 ………②298
Be リーダーとしてのセルフイメージを作れ …………②369
BEACH LOVER …①773
BEAMS ON LIFE …①31
Beautiful Escape …①259
Beauty Science〈第5号〉 …………①24
Before/After民法改正 …………②208
Benji - Little Bear's Underwear Scare - アクティビティブック …………①395
BEPS …………②404
BEPS移転価格文書の最終チェックQ＆A100 …………②324

BEPSとグローバル経済活動 …………②267
BEPSの実務〈1〉 …②195
BEPS文書作成マニュアル …………②404
Berry BOOK …………①64
BEST理論 …………①459
BEST 2002 - 2017 …①846
BEVERAGE GUIDE 2017 …………②445
Beyond Human 超人類の時代へ …………②700
BEYOND THE LIMITS …………①780
BIG MAGIC ………①127
Bilingual edition 計測工学 …………②571
BIM/CIMワールド …②441
BIOCITY〈2017 No. 69〉 …………②615
BIOCITY〈2017 No. 70〉 …………①116
BIOCITY〈2017 No. 71〉 …………①246
BIOCITY〈2017 No. 72〉 …………①825
BIRDCALL …………①259
Birthday Herb …………①269
BJTビジネス日本語能力テスト 公式模擬テスト＆ガイド ………①637
BLゲームの主人公の弟であることに気がつきました ………①1252
BL進化論（対話篇）…①909
BLチート転生 ……①1323
BLポーズデッサン集 …………①864
BL漫画家ラブシーンがたり …………①846
Black Box …………②40
BLAME！ THE ANTHOLOGY …①1117
BLEACH〈1〉 ……①1137
Blender標準テクニック …………②541
Block B …………①773
BLOOD# …………①1137
BLOOD of NIRA's CREATURE …………①846
Blue …………①837
BLUE REFLECTION 幻に舞う少女の剣 キャラクターパーフェクトファイル …①846
BLUE REFLECTION 幻に舞う少女の剣 公式ビジュアルコレクション …………①846
Blytheカスタムテクニック …………①288
BMWミニの世界 …②443
BOA SORTE KAZU …①231
bonとponふたりの暮らし …………①31
BOOK PAGE本の年鑑〈2017〉 ………②9
BOOM BOOM SATELLITES 1997 - 2016 …………①805
bootな金物店主 嘆きの100選 ……………①4
border …………①259
BORUTO ボルト〈NOVEL 1〉 ……①1137
BORUTO・ボルト〈NOVEL 2〉 ……①1137
BORUTO ボルト〈NOVEL 3〉 …①1137

BORUTO ボルト〈NOVEL 4〉 …①1137
BORUTO ボルト〈NOVEL 5〉 …①1137
BOUQUET〈Vol.12〉 …①777
BOYS AND MEN presents …………①42
Boys, be unprecious！（少年よイントロンたれ）……………①955
BRAVE FRONTIER StoryBook …………①284
BREAD & CIRCUS …①64
BREAK！ 「今」を突き破る仕事論 ……②357
Break Away〈2〉 …①648
BreakThrough……①1308
BREATH …………①777
BREW COFFEE TECHNIQUE……①47
BRIDGING ブリッジング …………②357
Brilliant Logo ………①880
Britain at a Watershed …………①648
British Society through its buildings …………①650
Brown粒子の運動理論 …………②668
BtoBウェブマーケティングの新しい教科書 …………②334
Buddha 英語 文化〈1〉 …………①515
Buddha 英語 文化〈2〉 …………①515
Buddha 英語 文化〈3〉 …………①515
Buddha 英語 文化〈4〉 …………①515
Buddha 英語 文化〈5〉 …………①515
BULBOUS PLANTS …………①269
BUNNY GIRL …①780
Burn. - バーン …①991
BUTTER …………①1024
C階段で行こう！ …①805
C++クラスと継承完全制覇 …………②559
C# グラフィックス＆イメージプログラミング …………②559
C言語で学ぶコンピュータ科学とプログラミング …………②559
C言語によるはじめてのアルゴリズム入門 …②559
C言語プログラミング基本例題88+88 …②559
C言語ポインタ完全制覇 …………②559
C# の絵本 …………②559
C# ポケットリファレンス …………②559
C++で学ぶディープラーニング …………②560
C++の絵本 …………②559
CAB・GAB完全対策〈2019年度版〉 …②295
Cabin Porn …………②28
CADトレース技能審査過去問題集〈平成28年度出題〉 …②645
CAD利用技術者試験 2 次元1級（機械）公式ガイドブック〈平成29

年度版〉 …………②645
CAD利用技術者試験 2 次元1級（建築）公式ガイドブック〈平成29年度版〉 …………②645
CAD利用技術者試験 2 次元2級・基礎公式ガイドブック〈平成29年度〉 …………②645
CAD利用技術者試験 3 次元公式ガイドブック〈平成29年度版〉 …………②645
CAD/CAMマテリアル完全ガイドブック ・②759
Café Branding ……①147
CAKES …………①72
Camino de Santiago …………①259
campの野菜を食べるカレー …………①64
CANDY GO！ GO！ Official Photo Book …………①777
Canon DPP4 Digital Photo Professional 4 RAW現像完全ガイドブック …………②541
Canon EOS 5D Mark 4完全活用マニュアル …………①253
Canon EOS 9000D 基本＆応用撮影ガイド …………①253
Canon EOS KissX9 完全ガイドHandbook …………①253
Canon EOS Kiss X9基本＆応用撮影ガイド …………①253
Canon EOS Kiss X9i 基本＆応用撮影ガイド …………①253
Canon EOS M6/M5基本＆応用撮影ガイド …………①253
Canvaデザインブック …………②541
Can We Be Friends？ アクティビティブック …………①395
CAPTURING LIGHT …………①253
Carry On …………①780
CATS ON INSTAGRAM……①266
CBT・医師国家試験のためのレビューブック産婦人科〈2018 - 2019〉 …………②782
CBT・医師国家試験のためのレビューブック 内科・外科〈2018 - 2019〉 …………②782
CBT問題集TECOMこあかり！〈プール1〉 …………②782
CBT問題集TECOMこあかり！〈プール2〉 …………②782
CBT問題集TECOMこあかり！〈プール3〉 …………②782
C/C++で動かすRaspberryPi3 …②559
CCD/CMOSイメージ・センサの基礎と応用 …………②596
CCENT/CCNA Routing and

Switching ICND1編 v3.0テキスト＆問題集 ②562

CCNA Routing and Switching ICND2編 v3.0テキスト＆問題集〈対応試験〉200‐105J/200‐125J ②562

CDを聞くだけでタイ語が覚えられる本 ①668

CDを聞くだけでベトナム語が覚えられる本 ①668

CD付 頭のいい子が育つ英語のうた ハッピークリスマスソング ①698

CD付 頭のいい子が育つ日本語の名文 声に出して読みたい48選 ①394

CD付 阿部直美の0・1・2歳児 はじめての劇あそび ①698

CD付 阿部直美の0・1・2歳児はじめての童謡 ①698

CD付き 今すぐ役立つ韓国語の日常基本単語集 ①667

CD付き 今すぐ役立つフランス語の日常基本単語集 ①671

CD付 英検準1級合格！問題集〈2017年度版〉 ①658

CD付 英検準2級合格！問題集〈2017年度版〉 ①658

CD付 英検2級合格！問題集〈2017年度版〉 ①658

CD付 英検3級合格！問題集〈2017年度版〉 ①658

CD付 英検4級合格！問題集〈2017年度版〉 ①658

CD付 英検5級合格！問題集〈2017年度版〉 ①658

CD付 おうちで始める！親子で英会話 ①645

CD付き 書いて覚える！大人のための英語ドリル ①641

CD付き 韓国語 話す・聞く かんたん入門書 ①667

CD付き 完全攻略！ここが出る！独検3・4級テキスト＆問題集 ①669

CD付き この一冊で合格！イタリア語検定4・5級テキスト＆問題集 ①672

CD付 世界一わかりやすい英語準2級に合格する授業 ①658

CD付 世界一わかりやすい英語3級に合格する授業 ①658

CD付き 楽しい体験レッスン 作詞・作曲入門 ①812

CD付き 楽しく学ぶ大人のための英会話 ①645

CD付ディズニーの英語コレクション〈16〉 ①645

CD付ディズニーの英語コレクション〈17〉 ①645

CD付き 動詞活用をマスターするフランス語ドリル ①671

CD付 1日5分からの英語で子育て ①15

CDブック やまとうたるはし ①802

CD2枚で古代から現代まで 聞くだけで一気にわかる日本史 ①535

CD BOOK 高齢者のための音楽レクリエーション ①161

CD BOOK 台湾語が1週間でいとも簡単に話せるようになる本 ①666

CD BOOK たったの72パターンでこんなに話せるフィリピン語会話 ①668

CD BOOK 中学英語だけで絶対に話せる101の法則 ①645

CD BOOK 超英語思考リスニング ①648

CD BOOK ひとりでできる！ はじめての英語 ①648

CD BOOK 60才からはじめる旅行英会話 ①646

CD・DVDで訪れる世界の名門歌劇場 ①814

CD‐ROM付 最新最強のテストセンター〈'19年版〉 ①295

CD‐ROM付 最新最強のWebテストクリア問題集〈'19年版〉 ①295

CD‐ROM付き 特別支援教育をサポートする 読み書きにつまずく子への国語教材集 ①725

CD‐ROMでレッスン 脳画像の読み方 ②732

CECIL 10 ①773

CEOと一夜の天使 ①1379

CEOと理想の結婚 ①1280

CESA一般生活者調査報告書〈2017〉 ①273

CESAゲーム白書〈2017〉 ①274

CFDガイドブック ②622

CGキャラクターアニメーションの極意 ①864

CGフルカラー！日本陸海軍戦闘機大図鑑 ②167

Chainerで作るコンテンツ自動生成AIプログラミング入門 ②553

Chainerで学ぶディープラーニング入門 ②521

Chainer v2による実践深層学習 ②525

CHALK & DESIGN ①880

CHANCE チャンス ②345

Chaos; Child ①1137

Chasin' the 80s Classics ①809

CHAT DIARY ①641

CHEERS ①777

Cheer Up！ NEWS ①773

CHEESE BAKE ①72

chicago winter holidays ①259

CHIC STYLE FLOWERS ①271

Chocolat ①846

CHOCOLATE ①72

CIA極秘分析マニュアル「HEAD」 ②163

CIAの秘密戦争 ②137

CIM初心者のためのInfraWorks入門 ②607

CINEMA 4Dプロフェッショナルワークフロー ②541

CINEMA 4D MoGraph/XPressoガイドブック ②541

CINEMA WEDDING ①119

CITTA式 未来を予約する手帳術 ①105

CITY VICE ①891

Clean Code ②545

Clear Q&A75 筋弛緩薬を知りつくす ②771

CLIP STUDIO PAINT ①864

CLIP STUDIO PAINT キラキラの描き方 ①864

CLIP STUDIO PAINT PROで幻想的な美少女イラストを描く3つの流儀 ①827

CMガイドブック ②340

CNNニュース・リスニング〈2017秋冬〉 ①654

COAL SACK〈89号〉 ①885

COCON NOIR ①846

COCORA〈1〉 ①983

COCORA〈2〉 ①983

CocosCreatorではじめるゲーム制作 ②553

Code: Realize ①284

Collar×Malice Art Works ①846

Collected Papers on Trajectory Equifinality Approach ①487

Colors of Hawaii ①866

COMMUNICATION STRATEGIES FOR INDEPENDENT ENGLISH USERS ①651

Comparative Legal Education from Asian Perspective ②225

Complete+ EX ②782

COMSOL Multiphysicsではじめる工学シミュレーション ②521

CONQUEST 征服 ①825

CONTINUE SPECIAL ガールズ＆パンツァー ①801

Cool Veg ①64

COOL WOOD JAPAN 木材がつくる居心地の良い空間 ①20

Corel VideoStudio X10 PRO/ULTIMATEオフィシャルガイドブック ②541

Cornelius×Idea：Mellow Waves ①805

Corporate System, Structural Diversity, and Transformation ②443

covers ①259

「CPU」「GPU」「メモリ」 ②597

craft art DOLL〈2017〉 ①873

Creative Neighborhoods ②615

Creativity ①460

Creator〈2018〉 ①880

CRISIS ①1069

Critical Archive〈vol. 3〉 ①457

CRMベストプラクティス白書〈2016〉 ②298

CSがつくった最高の病院 ②710

CSRエピソード ②374

CSR活動実例集〈2017年版〉 ②306

CSRの基礎 ②374

CSV経営とSDGs政策の両立事例 ②298

CT撮影技術学 ②735

CUBA★CUBA（キューバ・キューバ） ①260

Cubase9 Series徹底操作ガイド ②543

Cubase Pro 9ではじめるDTM＆曲作り ②543

CULOTTÉES キュロテ ②38

CURIOSITY2 ①105

#currybusy ①42

℃-uteラスト写真集 Brilliant‐光り輝く ①777

「CuteHSP」ではじめるプログラミング入門 ②553

℃-ute LAST OFFICIAL BOOK ①777

CVCコーポレートベンチャーキャピタル ②298

CYBERDYNE IBARAKI ROBOTS OFFICIAL YEAR BOOK〈2017‐18〉 ①227

CYBORG009 CALL OF JUSTICE ①1117

Cyclo Graph〈2017〉 ①234

D加群 ②655

D‐五人の刺客〈32〉 ①1120

D坂の美少年 ①1247

Dの遺言 ①1090

DaiGoメンタリズム ①106

DAILY2週間英検3級集中ゼミ 新試験対応版 ①658

DAILY20日間英検準2級集中ゼミ 新試験対応版 ①658

DAILY25日間 英検準1級集中ゼミ ①658

DAILY30日間 英検1級集中ゼミ ①658

da‐kuro Artworks ①846

DARK SOULS 3 DESIGN WORKS ①846

DARK SOULS TRPG ①279

DARK SOULS TRPG〈02〉 ①279

David Shrigley: Really Good ①869

DAYS〈1〉 ①365

DAYS〈2〉 ①365

DCコミックス カラーリングブック ①866

DCコミックス ワンダーウーマンカラーリングブック ①866

DCプランナー教本〈1〉 ②483

DCプランナー教本〈2〉 ②483

DCプランナー教本〈3〉 ②484

DCプランナー入門〈2017年度版〉 ②484

DCプランナー1級合格対策問題集〈2017年度版〉 ②484

DCプランナー1級試験対策問題集〈2017年度版〉 ②484

DCプランナー2級合格対策テキスト〈2017年度版〉 ②484

DCプランナー2級合格対策問題集〈2017年度版〉 ②484

DCプランナー2級試験対策問題集〈2017年度版〉 ②484

DCユニバース：リバース ①858

d design travel SAITAMA ②25

d design travel TOKYO ①880

DEAR ②345

Dear deer ①260

Deco Room with Plants the basics ①20

DEEP ALASKA ①260

DEEP THINKING 人工知能の思考を読む ②525

dele ディーリー ①1108

demain ①260

DeNAと万引きメディアの大罪 ②306

DESIGN IS DEAD（？）デザイン イズ デッド？ ①880

Design Review〈2017〉 ①880

DIABOLIK LOVERS 5th Anniversary Book ①284

Dies irae ①1137

Diet Basic Book ①28

Diploma × KYOTO'17 ②615

Dirac方程式のポテンシャル問題 ②658

Discover Business Professionals' Diary〈2018〉 ①4

DISCOVER DAY TO DAY DIARY〈2018〉 ①4

DISCOVER DIARY〈2018〉 ①4

DISCOVER DIARY WALLET〈2018〉 ①4

DISCOVER DOUBLE DIARY〈2018〉 ①4

Discover Sumo ①238

Disney 100パズルぬりえコンプリートコレクション ①866

書名索引

Disney 100パズルぬり えベスト・オブ・ベス ト ……………①866
DISNEY GIRLS Coloring Book PREMIUM ……①866
Disney/Pixar ファイン ディング・ニモ おふ ろえほん ……………①322
Disney・Pixar 100パズ ルぬりえ ピクサーベ ストコレクション ・①867
Disney TSUM TSUM ツム独 ……………①277
DIYで、カフェをはじ めました。………①428
DJ ……………①1008
DJトランプは、ミニ田 中角栄だ！……①137
DMO 観光地経営のイ ノベーション ……②162
DNAの98%は謎 ……②686
D&O保険の実務 ……②387
D&O保険の先端〈1〉 ……………②195
Doctor・X 外科医・大 門未知子4〈後編〉…①980
Document Management標準化 ガイドブック〈2017〉 ……………②515
DOGS ON INSTAGRAM ……②264
Doing History ……②612
Dollybird〈vol.25〉…①285
Dollybird〈vol.26〉…①285
DOUBLES!!〈4th Set〉 ……………①1151
DOUBLES!!〈Final Set〉……………①1151
DPC請求NAVI〈2017〉 ……………②710
DPC点数早見表〈2016 年4月/2017年4月増補 版〉………………②710
DPCの基礎 ………②710
D.P Collage Series ・①260
Dr.久保の水素ガス吸入 のススメ ………①154
Dr.コパの金持ち風水 貧乏風水 ………①134
Dr.コパの金運を呼ぶ龍 神＆数字パワー風水 ……………①134
Dr.コパの最強金運アッ プ数字風水 ……①134
Dr.コパの風水のバイオ リズム〈2018年〉…①134
Dr.白澤の頭は1日でよ くなるケトン食でで きる子に………①164
Dr.白澤の驚異の若返り タマゴ ………①164
Dr.辻本の乳癌診断 ・②724
Dr.とらますくの採血 ＆静脈ルート確保手 技マスターノート ・②724
Dr.林＆今の外来でも病 棟でもバリバリ役立 つ！ 救急・急変対応 ……………②724
Dr.林＆Ph.堀の危ない 症候を見分ける臨床 判断〈Part2〉……②734
Dr.三浦直樹 新次元の 「ガンの学校」……①179
Dr.BABAのメディカル イラストレーション 講座 完成度の高い手

術イラストの描き方 ……………②750
DREAMING ………①780
Dreamweaverレッスン ブック ………②541
DRIFTING STRANGER ……①260
DROPtokyo 2007 - 2017 ……………①31
Drupal8スタートブック ……………②521
DTMに役立つ音楽ハン ドブック ………②544
DTP1年目の教科書 ②539
DVD一番やさしい すぐ に弾けるピアノ・ レッスン ………①812
DVD映像でよく分かる 入院中から始める脳 卒中片マヒのリハビ リ「川平法」……②752
DVDカラダがスーッと ラクになる可動域ス ①217
DVD 誰でも弾ける！ エレキギター ……①812
DVD付き 大人の美文字 が書ける本 ……①18
DVD付き カラダが変わ る！ 自分を変える！ クロストレーニング ……………①217
DVD付 心地よいお産を 迎えるマタニティ・ ヨガ 安産Lesson …①162
DVDつき 最強のりもの パーフェクトずかん ……………①436
DVD付 新幹線大集合！ スーパー大百科 ……①436
DVD付き絶対うまくな る！ バレーボール ……………①227
DVD付き超入門 これな ら弾ける！ エレキギ ターの弾き方 ……①812
DVD付 動画でわかるは じめての楽々バラヴ くり ……………①229
DVDつき はじめてのボ ランティア手話 ……②65
DVD付き 速くなる！ バタフライ ……①232
DVD付き ヒモトレ入門 ……………①217
DVD付 ポチャ★ヨガ ……………①162
DVD付きマタニティ・ ヨガ安産プログラム …①8
DVDでいちばんよくわ かる空手道 ……①237
DVDで覚えるシンプル 社交ダンス ……①823
DVDでできる！ はじめ てのソープ・カービ ング ……………①177
DVDで手ほどき 武田双 葉の書道入門 ……①871
DVDでマスター 球際で 勝つ！ サッカーデュ エル ……………①231
DVDでマスター！ 保存 版 フットサル最新プ レー＆戦術 ……①231
DVDで身に付く 美しい 振る舞いとマナーが わかる本 ………①17
DVDでもっと華麗に！ 魅せるフィギュアス

ケート 上達のコツ50 ……………①218
DVDでもっと上達！ 社 交ダンス 魅せる「ラ テン」……………①823
DVDでよくわかる 基本 の手話 すぐに使える 会話と表現 ………②65
DVDでよくわかる！ 少 林寺拳法 柔法の秘密 ……………①237
DVDでわかる！ ソフト テニス勝てるダブル ス!!ポイント50 …①226
DVD2枚つき 深堀真由 美のベスト・オブ・ヨ ガプログラム ……①162
DVDビデオ付き！ アニ メ私塾流最速でなん でも描けるようにな るキャラ作画の技術 ……………①864
DVDブック マインドと の同一化から目覚め、 プレゼンスに生きる ……………①127
Eクラス冒険者は果てな き騎士の夢を見る ……………①1243
Eランクの薬師 ……①1295
EARTH GYPSY あー す・じぷしー ……①939
East Asian Strategic Review〈2017〉 …②163
EASY AND FUN HIRAGANA ……①637
EASY AND FUN KANJI ……………①637
EASY AND FUN KATAKANA ……①637
EAT GOOD for LIFE ……………①164
EC業界大図鑑〈2018年 版〉………………②515
ECサイト×ブランディ ング ……………②298
ECB欧州中央銀行 …②253
eco検定 ポイント集中 レッスン ………②510
ECzine 売れるECサイ トのすごい仕掛け …②338
EDMC エネルギー・経 済統計要覧〈2017〉 ……………②573
EDMC／エネルギー・経 済統計要覧（英文版） 〈2017〉…………②573
Effective Debugging ……………②553
Effective SQL ……②554
Efficacy of Visual - Auditory Shadowing Method in SLA Based on Language Processing Models in Cognitive Psychology ………①651
Eisenmenger症候群 ②741
Eje (c) t ……………①1186
Electronではじめるア プリ開発 ………②560
Elements of Numerical Analysis ………②656
EM菌 擁護者と批判者 の闘い ……………②229
Emacs実践入門 ……②554
Emergency Severity Index (ESI) ……②724
emma ……………①773
encourage ………①777

ENDANGERED ……②693
Endodontology ……②759
English Aid………①654
ENGLISH LINGUISTICS 〈Volume 34, Number 1 (October 2017)〉………①651
enjoy？ …………①777
ER・救急999の謎 ②724
ER必携 救急外来 Tips1121 ………②724
ERE（経済学検定試験） 問題集〈2017年7月受 験用〉……………②267
ERE（経済学検定試験） 問題集〈2017年12月 受験用〉…………②267
@ER×ICU めざせギラ ギラ救急医 ……②724
ER・ICU100のスタン ダード ……………②724
Erlangで言語処理系作 成 ………………②554
ERUA ……………①777
ESで離職率1%を可能に する人繰りの技術 ②332
ESD手技ダイジェスト ……………②750
ESDのための食道癌術 前診断 ……………②738
ESDの地域創生力 …②162
ESG経営 ケーススタ ディ20 ……………②298
ESG投資 ……………②267
「ESP8266」で動かす 「ミニ四駆」キット ・②596
Essential Japanese Kanji〈Vol.2〉……①637
Essential Mathematics for the Next Generation ……②656
ETコンタクト ……①143
_etc. ……………①260
ETF（上場投資信託）は この7本を買いなさい ……………②396
ETHIOPIA ………①260
EUとドイツの情報通信 法制 ……………②527
EUの危機と再生 ……②253
EUの労働法政策 ……②461
EU付加価値税の実務 ……………②324
EU崩壊 ……………②253
EU盟主・ドイツの失墜 ……………②128
EUやらイスラムやら、 ここ100年くらいの世 界情勢をマンガでチ ラッと振り返る …①591
EV新時代にトヨタは生 き残れるのか ……②443
Everyday Ice cream 「僕のこと好き？」っ て聞いたら「言わな い」って恥ずかしそう に笑う君が好き。 …①119
Everything, Everythingわたしと 世界のあいだに …①1339
Excel関数厳選便利技 ……………②539
Excel関数便利ワザ 2016＆2013＆2010＆2007 ……………②539
Excel最強の教科書「完 全版」……………②539
Excel作図入門「地図・

アイコン・図解資料」 プロ技BESTセレク ション ……………②539
Excel集計・抽出テク ニック大全集 ……②539
Excelデータ集計・分析 ワザピボットテープ ル ………………②539
Excelでできる不動産投 資「収益計算」のすべ て ………………②423
Excelで学ぶ社会科学系 の基礎数学 ……②656
Excelで学ぶ生命保険 ……………②387
Excelで学ぶ配管技術者 のための流れ解析 ・②607
Excelでわかる ディープ ラーニング超入門 ②539
Excelによる医用画像処 理入門 ……………②724
EXCELビジネス統計分 析「ビジテク」……②539
Excelピボットテーブル 基本＆便利技 ……②539
Excel文書作成基本＆便 利技 ……………②539
Excel分析ツール完全詳 解 ………………②539
Excel VBAを実務で使 い倒す技術 ……②539
Excel VBA逆引きハン ドブック ………②539
Excel VBA 繰り返しよ サヨウナラ ……②539
Excel VBA・マクロ自 動化ワザ 2016＆2013＆2010＆2007 ……………②539
Ex - formation（エクス フォーメーション） ……………①880
Exhibition Booth …①880
EXMOD ……………①1181
EXMOD〈2〉………①1181
EX MOVE 深海の生き もの ……………①406
Exploring Hiroshima 英語で読む広島 …①651
Exploring SciTech English ………①736
EXTREME TEAMS （エクストリーム・ チームズ）………②311
Fコース …………①1114
F 霊能捜査官・橘川七 海 ………………①1096
F1語事典 …………①243
F - 14トップガンデイズ ……………①165
F - 14トムキャット写真 集 ………………②167
F - 14トムキャット入門 ……………①288
F - 14Aトムキャットを 楽しむ本 ………②167
F - 15完全マニュアル ……………②167
F1 MODELING〈vol. 67〉………………①243
Facebookで節税する方 法 ………………②398
Facebookフェイスブッ ク基本＆便利技 ……②530
Facebook & Instagram & Twitter広告 成功 のための実践テク ニック ……………②530
Fair wind …………①846

FAKEな平成史 ……①572
FANTAjik REALITY
　………………………①105
Fantasy on Ice2017
　OFFICIAL PHOTO
　BOOK ……………①218
FASHION ∞
　TEXTILE（ファッ
　ション・テキスタイ
　ル）……………②429
Fate/kaleid linerプリズ
　マ☆イリヤ
　Prismanimation
　Illust Komplette !
　………………………①801
Fate/strange Fake〈4〉…①1246
FFTWと音響処理 …①554
Figure
　COLLECTION*…①285
FileMaker Proそれはど
　うやるの？………②537
FileMaker Pro 16スー
　パーリファレンス …②537
Final Cut Pro Xガイド
　ブック ……………②541
Finale……………………①846
Finding "Washoku"…①39
FinTech・仮想通貨・AI
　で金融機関はどう変
　わる!?……………②385
FinTech大全 ………②380
FinTech特許入門 …②585
Fintechのビジネス戦略
　と法務 ……………②298
FinTechの法律〈2017・
　2018〉……………②380
FinTechは保険業界の
　「何」を変えるのか？
　……………………②387
FinTech法務ガイド …②380
first…………………①780
FISH…………………①777
Five Little Ducks アク
　ティビティブック …①395
FLAT HOUSE LIFE
　〈1+2〉……………①20
FLAT HOUSE LIFE
　in KYUSHU ………①20
FLOW…………………①457
Flowers and Nudes…①260
FLOWER SWEETS
　エディブルフラワー
　でつくるロマンチッ
　クな大人スイーツ …①64
Fluent Python………②554
Flying Smart with
　Low‐Cost Carriers
　in Japan：A
　Numerical Analysis
　of Innovative
　Business Strategies
　in the Aviation
　Industry …………②430
FOCUS集中力 ………②357
follow me …………①260
FOOL on the SNS …①952
FOREVER AND A
　DAY ………………①957
FOREVER
　DREAMERS
　Generation of
　"DREAM
　BOYS"2012‐2016
　……………………①773
FP技能検定教本1級〈1
　分冊〉……………②484
FP技能検定教本1級〈2
　分冊〉……………②484
FP技能検定教本1級〈3

分冊〉……………②484
FP技能検定教本1級〈4
　分冊〉……………②484
FP技能検定教本1級〈5
　分冊〉……………②484
FP技能検定教本1級〈6
　分冊〉……………②484
FP技能検定教本2級〈7
　分冊〉……………②484
FP技能検定教本2級〈1
　分冊〉……………②484
FP技能検定教本2級〈2
　分冊〉……………②484
FP技能検定教本2級〈3
　分冊〉……………②484
FP技能検定教本2級〈4
　分冊〉……………②484
FP技能検定教本2級〈5
　分冊〉……………②484
FP技能検定教本2級〈6
　分冊〉……………②484
FP技能検定教本2級〈7
　分冊〉……………②484
FP技能検定教本3級〈上
　巻〉………………②484
FP技能検定教本3級〈下
　巻〉………………②484
FP技能検定1級実技（資
　産相談業務）対策問題
　集…………………②484
FP技能検定2級過去問
　題集 学科試験〈2017
　年度版〉…………②484
FP技能検定2級過去問
　題集 実技試験 個人資
　産相談業務〈2017年度
　版〉………………②484
FP技能検定2級過去問
　題集 実技試験・資産
　設計提案業務〈2017年
　度版〉……………②484
FP技能検定2級過去問
　題集 実技試験・生保
　顧客資産相談業務
　〈2017年度版〉……②484
FP技能検定2級学科試
　験対策マル秘ノート
　〈2017～2018年度版〉
　……………………②484
FP技能検定2級実技・
　資産設計提案業務試
　験対策マル秘ノート
　〈2017～2018年度版〉
　……………………②485
FP技能検定2級精選過
　去問題集（学科編）
　〈2018年版〉………②485
FP技能検定2級精選過
　去問題集 実技編
　〈2018年版〉………②485
FP技能検定3級過去問
　題集 学科試験〈2017
　年度版〉…………②485
FP技能検定3級過去問
　題集 実技試験・個人
　資産相談業務〈2017
　度版〉……………②485
FP技能検定3級過去問
　題集 実技試験・資産
　設計提案業務〈2017
　度版〉……………②485
FP技能検定3級過去問
　題集 実技試験・保険
　顧客資産相談業務
　〈2017年度版〉……②485
FP技能検定3級学科・
　実技試験対策マル秘
　ノート2017～2018
　年度版〉…………②485

FP技能検定3級精選過
　去問題集〈2018年版〉
　……………………②485
FP技能士1級学科 最速
　攻略ブック〈'17→'18
　年版〉……………②485
FP技能士1級学科 重要
　過去問スピード攻略
　〈'17→'18年版〉……②485
FP技能士1級学科 精選
　問題＆模擬問題〈'17
　～'18年版〉………②485
FP技能士2級学科 精選
　問題＆模擬問題〈'17
　～'18年版〉………②485
FP技能士2級実技（個人
　資産相談業務）精選
　問題＆模擬問題〈'17
　～'18年版〉………②485
FP技能士2級・AFP合
　格マイスター 過去問
　＆予想模試〈'17‐'18
　年版〉……………②485
FP技能士2級・AFP合
　格マイスター 基本講
　義〈'17‐'18年版〉…②485
FP技能士2級・AFP 最
　速合格ブック〈'17
　→'18年版〉………②485
FP技能士2級・AFP 重
　要過去問スピード攻
　略〈'17～'18年版〉…②485
FP技能士2級・AFP 問
　題集＆テキスト〈'17
　～'18年版〉………②485
FP技能士3級合格マイ
　スター過去問＆予想
　模試〈'17‐'18年版〉…②485
FP技能士3級合格マイ
　スター基本講義〈'17
　‐'18年版〉…………②485
FP技能士3級最速合格
　ブック〈'17→'18年
　版〉………………②485
FP技能士3級 重要過去
　問スピード攻略〈'17
　→'18年版〉………②485
FP技能士3級 問題集
　＆テキスト〈'17～'18
　年版〉……………②485
FP・金融機関職員のた
　めの宅建合格テキス
　ト〈平成29年度版〉
　……………………②499
FP・金融機関職員のた
　めの宅建合格テキス
　ト〈平成30年度版〉
　……………………②499
FP・金融機関職員のた
　めの宅建問題集
　〈平成29年度版〉…②499
FPの学校2級・AFPき
　ほんテキスト〈'17
　……………………②485
FPの学校2級・AFPこ
　れだけ！問題集〈'17
　……………………②485
FPの学校3級きほんテ
　キスト〈'17～'18年
　版〉………………②485
FPの学校3級これだ
　け！問題集〈'17～'18
　年版〉……………②485
FPマニュアル〈2017年
　度版〉……………②380
FP1級学科試験対策問
　題集〈2017～18〉…②485
FP DATA BOOK

〈2017〉……………②381
Francfranc COOK
　BOOK〈Vol.1〉……①65
Freedom Journey …①777
Free & Easy ………①777
FROM BLACK ……①1185
FROM BLACK〈2〉
　……………………①1185
From Medieval to
　Modern: Aspects of
　the Western Literary
　Tradition …………①918
Frontier World〈3〉
　……………………①1242
FT（フィナンシャル・
　タイムズ）元東京副支
　局長が教える 世界で
　成功する5つの力…②298
Fujitsu Human Centric
　Experience Design
　〈2〉………………②880
FU・KOさんのぶれな
　い暮らし ……………②28
Fusion360操作ガイド
　CAM・切削加工編
　……………………②603
Fusion 360 Masters…②541
FX黄金セミナー ……②397
FX億トレ！…………②397
FX常勝の公式20 ……②397
FX戦略投資 実践編…②397
FX取引の王道 ………②397
FXトレード戦略超入門
　……………………②397
Gマン〈上〉…………①1352
Gマン〈下〉…………①1352
GarageBandではじめる
　楽器演奏・曲作り超
　入門 ………………②544
GATEWAY〈2017 03〉
　……………………②260
G'day Mate！旅で役
　立つオーストラリア
　英会話 ……………①645
GDP統計を知る ……②267
GE 巨人の復活 ………①438
G.E.モリソンと近代東
　アジア ……………①594
GENERATIONS from
　EXILE TRIBE
　PIONEER ………①805
GET JIRO！…………①858
GHQ「児童福祉総合政
　策構想」と児童福祉
　法…………………②65
GHz時代の実用アナロ
　グ回路設計 ………②597
GIプリン ……………①1025
GIFT from Cuba …①260
GIGAマップル でっか
　字東北道路地図…①213
Girl meets Sweets …①846
GIRL'S GETAWAY
　TO LOS ANGELES
　……………………①210
GIRLS LUXURY
　WEEKEND ………①880
GitHubツールビルディ
　ング ………………②554
GMが異世界にログイン
　しました。〈04〉……①1142
Goプログラミング実践
　入門 ………………②554
GOD…………………①1154
Goddess!!……………①777
GODZILLA 怪獣黙示
　録……………………①1117
GODZILLA
　GRAPHIC
　COLLECTION ゴジ

ラ造型写真集 ……①797
GoForward！………①1012
Gohのおつまみフレン
　チ……………………①67
GONE〈3〉……………①1346
Good Choice！Basic
　Grammar for
　College Students …①641
GOOD DESIGN
　AWARD〈2016〉…①880
GOOD FACTORY …②590
Good Reading, Better
　Grammar…………①648
GOOD WORKS ……①108
Goody Goody
　Gumdrops！アク
　ティビティブック …①395
Googleアナリティクス
　のやさしい教科書。
　……………………②529
Google流 資料作成術
　……………………②357
Google Cloudを使い倒
　せ！ゲームチェンジ
　時代の企業改革…②311
Google Cloud
　Platformではじめる
　機械学習と深層学習
　……………………②525
GoPro（ゴープロ）基本
　＆応用撮影ガイド …②253
GPのためのマイクロス
　コープを応用したウ
　ルトラソニックイン
　スツルメンテーショ
　ン …………………②750
G.Ph.テレマン ………①819
G.Ph.テレマン 4つの
　フーガ 編成・S.A.T.
　B. 編曲・W.バーグマ
　ン …………………①819
GPUを支える技術 …②521
GRAPHIC DESIGN
　IN JAPAN〈2017〉
　……………………②881
Graphic Recorder …②358
Grateful ……………①777
GRAVITY DAZEシ
　リーズ公式アート
　ブック/ドゥヤ レヤ
　ヴィ サーエジュ（喜
　んだり、悩んだり）
　……………………①284
GRAVITY DAZE 2 重
　力的眩暈完結編：上
　層への帰還の果て、
　彼女の内宇宙に収斂
　した選択 ザ・コンプ
　リートガイド……①284
GRAVURE GIRL …①780
Green Snap…………①269
GRIHL………………①925
GRIMOIRE
　OFFICIAL VISUAL
　COLLECTION グリ
　モア・私立グリモ
　ワール魔法学園‐公
　式ビジュアルコレク
　ション ……………①284
「GR‐LYCHEE」では
　じめる「電子工作」…②596
GROUP30で覚える古
　文単語600 ………①725
GROW‐成長する翼
　……………………①777
GSO グローイング・ス
　キル・オンライン
　……………………①1239
GT‐R戦記…………①243
Guide to Japan‐born

書名索引

‥‥‥‥‥‥‥②21
guide to plants ‥‥‥①867
H‥‥‥‥‥‥‥‥‥‥①260
H.パーセル シャコニー
　編成 - S.A.T.B. 編曲
　- R.コールス‥‥‥‥①819
HACCP実践のポイント
‥‥‥‥‥‥‥‥‥②591
Halation ‥‥‥‥‥‥①777
hanaの韓国語単語 "初
　中級編" ハン検3級レ
　ベル ‥‥‥‥‥‥‥①667
HANABI ‥‥‥‥‥‥①260
HAPPY理論‥‥‥‥‥①119
HARDCORE FLASH
　EDITED BY Zeebra
　〈Vol.1〉‥‥‥‥‥‥①805
Hashima ‥‥‥‥‥‥①260
Haskell‥‥‥‥‥‥‥②554
Haskell入門 ‥‥‥‥②554
Haskellによる関数プロ
　グラミングの思考法
‥‥‥‥‥‥‥‥‥②554
Hatch組織論 ‥‥‥‥②374
Have Fun Writing！
‥‥‥‥‥‥‥‥‥①654
HAWAIIAN MELE
　400 ‥‥‥‥‥‥‥①813
Hawaii Best of the
　Best ‥‥‥‥‥‥‥①210
Hawaii Love Story ‥①993
HCCコピー年鑑〈2017〉
‥‥‥‥‥‥‥‥‥②340
healing mandalas‥‥①867
Health Dentistry（健口
　歯科）〈2〉‥‥‥‥②759
HELL 地獄 ‥‥‥‥‥①834
Hello, Goodbye ‥‥②438
HELLO LOS
　ANGELES 2nd
　EDITION ‥‥‥‥‥①210
HELLO PANDA ‥‥①409
Hey！ Say！ JUMP
‥‥‥‥‥‥‥‥‥①773
Hey！ Say！ JUMPの
　深イイ話〈2〉‥‥‥①773
"Hey Siri!世界を変える
　仕事をするにはどう
　すればいいの？"‥‥②590
hibi家のムスコとムスメ
‥‥‥‥‥‥‥‥‥①15
Hidden Gardens of
　Japan ‥‥‥‥‥‥②615
hints ‥‥‥‥‥‥‥②127
HIROKO KOSHINO
‥‥‥‥‥‥‥‥‥①31
HIROSHIMA
　DRAGONFLIES
　OFFICIAL YEAR
　BOOK〈2017 - 18〉
‥‥‥‥‥‥‥‥‥①227
Hirsch・Smale・
　Devaney 力学系入門
‥‥‥‥‥‥‥‥‥②658
History 暮らしを変えた
　立役者 ‥‥‥‥‥‥②308
Hit Refresh ‥‥‥‥②306
HIV/AIDSソーシャル
　ワーク ‥‥‥‥‥‥②725
HOGO猫 ‥‥‥‥‥‥②266
home ‥‥‥‥‥‥‥①773
#HOOKED ‥‥‥‥②339
HOSONO百景 ‥‥‥①805
HOUSERsハウザーズ
‥‥‥‥‥‥‥‥‥②616
How Google Works私
　たちの働き方とマネ
　ジメント‥‥‥‥‥②515
How to Design ‥‥①881
H.P.ラヴクラフト ‥①923

HP9999999999の最強
　なる覇王様 ‥‥‥①1222
HP9999999999の最強
　なる覇王様〈2〉‥①1222
HSPでつくる！ はじめ
　てのプログラミング
　HSP3.5+3Dish入門
‥‥‥‥‥‥‥‥‥②554
HSUテキスト〈19〉‥①504
HTML演習 HTML5版
‥‥‥‥‥‥‥‥‥②554
HTML5とApache
　Cordovaで始めるハ
　イブリッドアプリ開
　発 ‥‥‥‥‥‥‥②554
HTML5プロフェッショ
　ナル認定試験レベル1
　対策テキスト＆問題
　集 ‥‥‥‥‥‥‥②554
HTML5プロフェッショ
　ナル認定試験レベル2
　対策テキスト＆問題
　集Ver2.0対応版 ‥②562
HTML5&CSS3デザイ
　ン 現場の新標準ガイ
　ド ‥‥‥‥‥‥‥②554
HTML5 & CSS3デザ
　インレシピ集 ‥‥②554
HTML & CSSとWeb
　デザインが1冊できち
　んと身につく本 ‥②554
HTML+CSSワーク
　ショップ ‥‥‥‥②554
HUAWEI P10 Plus/
　P10/P10 lite 基本
　＆活用ワザ完全ガイ
　ド ‥‥‥‥‥‥‥②533
HUMAN LAND 人間
　の土地 ‥‥‥‥‥①260
hungry!!! ‥‥‥‥‥①777
Hygge ‥‥‥‥‥‥②29
HYGGE 北欧が教えて
　くれた、「ヒュッゲ」
　な暮らしの秘密 ‥②29
i ‥‥‥‥‥‥‥‥‥①780
iacoupéのコッペパン ‥①65
I am God child ‥‥①143
IATF16949: 2016解説
　と適用ガイド ‥‥②591
IBCポケット英和/和英
　辞典 ‥‥‥‥‥‥①663
IBLARD 井上直久 ‥①846
IBM Bluemixクラウド
　開発入門 ‥‥‥‥②554
ICEモデルで拓く主体
　的な学び ‥‥‥‥①721
ICFモデルを用いた在宅
　看護過程の展開 ‥②768
I★CHU FAN
　MEETING BOOK
‥‥‥‥‥‥‥‥‥②284
i - cordだからきれいに
　できる 輪針で簡単！
　かわいい手袋とくつ
　下 ‥‥‥‥‥‥‥①83
ICT実務のためのイン
　ターネット政策論の
　基礎知識 ‥‥‥‥②529
ICT・情報行動心理学
‥‥‥‥‥‥‥‥‥①487
ICTデータ活用による
　交通計画の新次元展
　開 ‥‥‥‥‥‥‥②605
ICTの活用 ‥‥‥‥①637
ICU3年目ナースのノー
　ト ‥‥‥‥‥‥‥②768
ID - 0〈1〉‥‥‥‥①1123
ID-0〈2〉‥‥‥‥‥①1123
IDEA FACTORY ‥②298

IDOL FILE〈Vol.02〉
‥‥‥‥‥‥‥‥‥①773
IEC61508認証安全PLC
　＆計器製品ガイド
　〈2017〉‥‥‥‥‥②619
IELTS32のドリル＋模
　試 CD2枚付 ‥‥‥①658
ifの悲劇 ‥‥‥‥‥①1078
IFRS「外貨建取引」プラ
　クティス・ガイド ‥②381
IFRS会計学基本テキス
　ト ‥‥‥‥‥‥‥②319
IFRS「株式に基づく報
　酬」プラクティス・ガ
　イド ‥‥‥‥‥‥②327
IFRS基準〈2017〉‥②319
IFRS基準 "特別追補
　版" IFRS第17号「保
　険契約」（結論の根拠
　及び設例を含む）‥②387
IFRS財務諸表への組替
　仕訳ハンドブック ‥②322
IFRS「新収益認識」の
　実務 ‥‥‥‥‥‥②319
IFRS適用のエフェクト
　研究 ‥‥‥‥‥‥②319
IFRSプロフェッショナ
　ルマニュアル ‥‥②298
IGF - 1と血流を増やせ
　ば髪はみるみる生え
　てくる！ ‥‥‥‥①154
IHATOVO〈03〉‥‥①846
IJOS: International
　Journal of Okinawan
　Studies〈Volume 7
　December 2016〉‥②539
ILC/TOHOKU ‥‥①1117
I LIVE IN
　TEMPORARY
　HOUSING. ‥‥‥①260
illusion - ひかりに包ま
　れて ‥‥‥‥‥‥①777
ILLUSTRATION
　〈2018〉‥‥‥‥‥①846
ILLUSTRATION
　MAKING
　& VISUAL BOOK
　くまおり純 ‥‥‥①846
Illustrator 逆引きデザ
　イン事典 ‥‥‥‥②541
Illustratorスーパーリ
　ファレンス ‥‥‥②541
Illustratorではじめての
　イラスト ‥‥‥‥②541
Illustratorレッスンブッ
　ク ‥‥‥‥‥‥‥②542
Illustrator CC試験対策
‥‥‥‥‥‥‥‥‥②542
Illustrator
　& Photoshop配色デ
　ザイン50選 ‥‥‥②542
Illustrator
　& Photoshopレイア
　ウトデザイン50選 ‥②542
I LOVE 盆栽 ‥‥‥①271
I Love Father ‥‥‥①1069
I LOVE YOU ‥‥‥①777
I'm a？ ‥‥‥‥‥①777
IMAGINE ‥①318, ①797
I'M ME ‥‥‥‥‥①846
I'm not Lonely 垣内彩
　未 2015 - 2017 ‥‥①777
Impact ‥‥‥‥‥‥②759
InDesignスーパーリ
　ファレンス ‥‥‥②542
InDesignレッスンブッ
　ク ‥‥‥‥‥‥‥②542
InDesign Tipsブック
‥‥‥‥‥‥‥‥‥②542

India 1979 - 2016 ‥‥①260
Industrial
　Renaissance: New
　Business Ideas for
　the Japanese
　Company‥‥‥‥‥①651
"Infinite Dendrogram"
　- インフィニット・
　デンドログラム・〈3〉
‥‥‥‥‥‥‥‥①1173
"Infinite Dendrogram"
　- インフィニット・
　デンドログラム - 〈4〉
‥‥‥‥‥‥‥‥①1174
"Infinite Dendrogram"
　- インフィニット・
　デンドログラム - 〈5〉
‥‥‥‥‥‥‥‥①1174
Infrastructure as Code
‥‥‥‥‥‥‥‥‥②527
Inside my head. ‥‥①24
Insights〈2017〉‥‥①642
Intel Edisonマスター
　ブック ‥‥‥‥‥②596
IntelliJ IDEAハンズオ
　ン ‥‥‥‥‥‥‥②554
Interactional Mind 10
　〈2017〉‥‥‥‥‥②468
International
　Migration and
　Wellness Innovation
　in the United States,
　Sweden, and Japan
‥‥‥‥‥‥‥‥‥②109
Introduction to
　Japanese
　"Accounting and
　Finance" Practices
‥‥‥‥‥‥‥‥‥②319
iOSアプリ開発集中講座
‥‥‥‥‥‥‥‥‥②554
iOS/macOSプログラマ
　のためのXcode時短
　開発テクニック ‥②554
IoTエンジニア養成読本
‥‥‥‥‥‥‥‥‥②521
IoTを支える技術 ‥②440
IoT技術テキスト 基礎
　編 ‥‥‥‥‥‥‥②562
IoTシステム開発スター
　トアップ ‥‥‥‥②527
IoT時代のアライアンス
　戦略 ‥‥‥‥‥‥②374
IoT時代の情報通信政策
‥‥‥‥‥‥‥‥‥②513
IoT時代のセキュリティ
　と品質 ‥‥‥‥‥②534
IoT・自動化で進む農業
　技術イノベーション
‥‥‥‥‥‥‥‥‥②447
IoTで変わるのは製造業
　だけじゃない ‥‥②298
IoTネットワーク
　LPWAの基礎 ‥‥②527
IoTの基本・仕組み・重
　要事項が全部わかる
　教科書 ‥‥‥‥‥②298
IoTの教科書 ‥‥‥②298
IoTは "三河屋さん"で
　ある ‥‥‥‥‥‥②299
IoT、AIを活用した '超
　スマート社会'実現へ
　の道 ‥‥‥‥‥‥②299
IoT・AIの法律と戦略
‥‥‥‥‥‥‥‥‥②226
iPadアプリ完全大事典
　最新版 Air/mini/Pro
　対応 ‥‥‥‥‥‥②554
iPadでできる脳若ト
　レーニング ‥‥‥②535

iPad Perfect Manual
‥‥‥‥‥‥‥‥‥②536
iPhoneアプリ完全大事
　典〈2018年版〉‥‥②533
iPhone芸人かじがや卓
　哉のスゴいiPhone・‥②533
iPhone ハイレゾ＆高音
　質オーディオ入門・②533
iPhone10基本＆活用ワ
　ザ100 ドコモ/au/ソ
　フトバンク完全対応
‥‥‥‥‥‥‥‥‥②533
iPhone8/8Plus はじめ
　る＆楽しむ100％入門
　ガイド ‥‥‥‥‥②533
iPhone8/8Plus/10 や
　さしい使い方ブック
　au完全対応版 ‥‥②533
iPhone8/8Plus/10 や
　さしい使い方ブック
　SIMフリー完全対応
　版 ‥‥‥‥‥‥‥②533
iPhone8/8Plus/10 や
　さしい使い方ブック
　ソフトバンク完全対
　応版 ‥‥‥‥‥‥②533
iPhone8/8Plus/10 や
　さしい使い方ブック
　ドコモ完全対応版・②533
iPhone8/8 Plus
　Perfect Manual ‥②533
iPhone & Androidアプ
　リ内課金プログラミ
　ング完全ガイド ‥②554
IPO投資の基本と儲け
　方ズバリ！ ‥‥‥②396
IPO・内部統制の基礎と
　実務 ‥‥‥‥‥‥②327
iPS細胞を発見！ 山中
　伸弥物語 ‥‥‥‥①391
iPS細胞と人体のふしぎ
　33 ‥‥‥‥‥‥‥①410
IPS就労支援プログラム
　導入ガイド ‥‥‥②65
IQおえかき ‥‥‥①698
IQ探偵ムー 元の夢、夢
　羽の夢 ‥‥‥‥‥①381
IQに好影響！ こども右
　脳ドリル ‥‥‥‥①698
IQめいろ ‥‥‥‥①698
IQも才能もぶっとば
　せ！ やり抜く脳の鍛
　え方 ‥‥‥‥‥‥①127
IRベーシックブック
　〈2017 - 18年版〉‥②299
IS"インフィニット・ス
　トラトス"〈11〉‥①1295
ISO環境法クイックガイ
　ド〈2017〉‥‥‥②577
ISOは経営をダメにする
‥‥‥‥‥‥‥‥‥②299
ISO9001：2015/
　ISO14001：2015統合
　マネジメントシステ
　ム構築ガイド ‥‥②586
ISO9001：2015（JIS
　Q9001：2015）規格改
　訂のポイントと移行
　ガイド完全版 ‥‥②586
ISO/IEC 27017 クラウ
　ドセキュリティ管理
　策と実践の徹底解説
‥‥‥‥‥‥‥‥‥②534
ISO/IEC27017: 2015
　（JIS Q 27017：
　2016）ISO/IEC27002
　に基づくクラウド
　サービスのための情
　報セキュリティ管理

策の実践の規範 解説
と活用ガイド ····· ②534

ITエンジニアのための
「人生戦略」の教科書
······················ ②345

ITエンジニアのための
データベース再入門 ②526

ITエンジニアのための
場面別英会話＆キー
フレーズ ··········· ②645

IT技術者の能力限界の
研究 ················· ②464

IT研究者のひらめき本
棚 ···················· ②521

IT現場のセキュリティ
対策完全ガイド ····· ②534

ITサービスマネージャ
〈2017～2018年版〉
······················ ②568

ITサービスマネージャ
「専門知識＋午後問題」
の重点対策〈2017〉
······················ ②568

IT人材白書〈2017〉 ·· ②515

ITストラテジスト
〈2017年版〉········· ②567

ITストラテジスト 合格
テキスト〈2017年度
版〉 ·················· ②567

ITストラテジスト「専
門知識＋午後問題」の
重点対策〈2017〉 ··· ②567

IT全史 ··············· ②521

ITと熟練農家の技で稼
ぐAI農業 ··········· ②448

ITナビゲーター〈2018
年版〉 ··············· ②515

ITの常識が変わる！ 成
長する企業はなぜ
SSO（シングルサイン
オン）を導入するのか
······················ ②514

IT白書〈2017年版〉 ·· ②516

ITパスポート合格教本
〈平成30年度〉 ······ ②564

ITパスポート最速合格
術 ···················· ②564

ITパスポート試験 厳選
問題集 ··············· ②564

ITパスポート試験問題
集〈平成29年度版〉
······················ ②564

ITパスポートパーフェ
クトラーニング過去
問題集〈平成29年下半
期〉 ················· ②564

ITパスポートパーフェ
クトラーニング過去
問題集〈平成30年上半
期〉 ················· ②564

ITは本当に世界をより
良くするのか？ ····· ②521

ITビジネスの競争戦略
······················ ②514

ITビジネスの契約実務
······················ ②514

ITビッグ4の描く未来
······················ ②515

ITプロジェクトのトラ
ブルを回避する揉め
事なしのソフトウエ
ア開発契約 ·········· ②536

ITロードマップ〈2017
年版〉 ··············· ②521

ITILファンデーション
テキスト シラバス
2011対応 ··········· ②562

ITSUKI 死神と呼ばれ

た女 ··············· ①1009

IT・Web・IoT〈2019年
度版〉 ··············· ②515

Jポップの日本語研究
······················ ①625

「Jポップ」は死んだ ①806

J1北海道コンサドーレ
札幌公式グラフ
〈2017〉 ············ ①231

J2松本山雅2017全記録
······················ ①231

J2&J3フットボール漫
遊記 ················· ①231

JA公認会計士監査Q&A
······················ ②319

JAコンプライアンス3
級問題解説集〈2018年
3月受験用〉········· ②485

JA債権回収の実務 ··· ②385

JA自己改革への挑戦
······················ ②448

JAで「働く」というこ
と ···················· ②448

JAに何ができるのか
······················ ②448

JAの金融業務 ········ ②448

JAバンク法務対策200
講 ···················· ②385

JA役員の職務執行の手
引き ················· ②448

Jack and Zakアクティ
ビティブック ······· ①395

JACO ジャコ・バスト
リアス写真集 ······· ①813

JAGAT DTPエキス
パート認証試験スー
パーカリキュラム 第
12版準拠 ············ ②562

JAHFA（No.17）······ ②443

JALの謎とふしぎ ···· ②438

JAL123便墜落事故 ··· ②40

JAPAN ··············· ②19

JAPANオカルト怪獣記
······················ ②31

JAPAN 1974 - 1984 光
と影のバンド全史 · ①806

Japan and the World
〈2017/18〉········· ②245

JAPANCLASS ·····
········· ②19, ②22, ②25

Japan Corporation
Law Guide ········ ②195

Japanese and Korean
Theologians in
Dialogue············ ①527

JAPANESE DANDY
Monochrome ···· ①260

Japanese for Fun ···· ①651

Japanese Samurai
Fashion ··········· ①260

Japanese Stone
Gardens ··········· ①261

Japanesque ········· ①260

Japan Pavilion La
Biennale di Venezia
······················ ②615

JAPIC一般用医薬品集
〈2018〉 ············· ②772

JAPIC医療用医薬品集
普及新版〈2017〉 ··· ②772

Java実践編 ·········· ②560

Javaで初等力学シミュ
レーション ········· ②560

Javaではじめる「ラム
ダ式」··············· ②560

Java入門 ············· ②560

Java入門編 ·········· ②560

Javaのオブジェクト指
向がゼッタイにわか
る本 ················· ②560

Javaビルドツール入門
······················ ②560

Javaプログラマ歴20年
な人のためのAndroid
開発入門 ··········· ②560

Java本格入門 ········ ②560

JavaScript関数型プロ
グラミング ········· ②560

JavaScriptではじめる
プログラミング超入
門 ···················· ②560

JavaScriptの絵本 ···· ②560

JavaScript1年生 ····· ②561

J.C.シックハルト 協奏
曲4 編成 - A.A.A.A.
P.B/C ··············· ①819

J.C.シックハルト 協奏
曲6 編成 - A.A.A.A.
P.B/C ··············· ①819

Jenkins実践入門 ····· ②555

J・G・バラード短編全
集〈2〉 ············· ①892

J・G・バラード短編全
集〈3〉 ············· ①892

Jimmy ··············· ①981

JISにもとづく標準製図
法 ···················· ②586

JISハンドブック
〈2017〉 ············· ②586

JISハンドブック〈2017
1〉 ·················· ②587

JISハンドブック〈2017
2〉 ·················· ②587

JISハンドブック〈2017
3〉 ·················· ②587

JISハンドブック〈2017
4 - 1〉 ·············· ②587

JISハンドブック〈2017
4 - 2〉 ·············· ②587

JISハンドブック〈2017
5〉 ·················· ②587

JISハンドブック〈2017
6 - 1〉 ·············· ②587

JISハンドブック〈2017
6 - 2〉 ·············· ②587

JISハンドブック〈2017
7〉 ·················· ②587

JISハンドブック〈2017
8〉 ·················· ②587

JISハンドブック〈2017
9〉 ·················· ②587

JISハンドブック〈2017
10〉 ················· ②587

JISハンドブック〈2017
11〉 ················· ②587

JISハンドブック〈2017
12〉 ················· ②587

JISハンドブック〈2017
13〉 ················· ②587

JISハンドブック〈2017
15〉 ················· ②587

JISハンドブック〈2017
16〉 ················· ②587

JISハンドブック〈2017
17〉 ················· ②587

JISハンドブック〈2017
19〉 ················· ②587

JISハンドブック〈2017
20 - 1〉 ············· ②587

JISハンドブック〈2017
20 - 2〉 ············· ②587

JISハンドブック〈2017
25〉 ················· ②587

JISハンドブック〈2017
26〉 ················· ②587

JISハンドブック〈2017
27〉 ················· ②587

JISハンドブック〈2017
28 - 1〉 ············· ②587

JISハンドブック〈2017
28 - 2〉 ············· ②587

JISハンドブック〈2017
29〉 ················· ②587

JISハンドブック〈2017
30〉 ················· ②587

JISハンドブック〈2017
31〉 ················· ②587

JISハンドブック〈2017
32〉 ················· ②587

JISハンドブック〈2017
40 - 1〉 ············· ②587

JISハンドブック〈2017
40 - 2〉 ············· ②587

JISハンドブック〈2017
41〉 ················· ②587

JISハンドブック〈2017
42〉 ················· ②587

JISハンドブック〈2017
43〉 ················· ②587

JISハンドブック〈2017
46〉 ················· ②587

JISハンドブック〈2017
47〉 ················· ②587

JISハンドブック〈2017
48 - 1〉 ············· ②588

JISハンドブック〈2017
48 - 2〉 ············· ②588

JISハンドブック〈2017
49〉 ················· ②588

JISハンドブック〈2017
50〉 ················· ②588

JISハンドブック〈2017
51〉 ················· ②588

JISハンドブック〈2017
52 - 1〉 ············· ②588

JISハンドブック〈2017
52 - 2〉 ············· ②588

JISハンドブック〈2017
53〉 ················· ②588

JISハンドブック〈2017
55〉 ················· ②588

JISハンドブック〈2017
56〉 ················· ②588

JISハンドブック〈2017
57〉 ················· ②588

JISハンドブック〈2017
58 - 1〉 ············· ②588

JISハンドブック〈2017
58 - 2〉 ············· ②588

JISハンドブック〈2017
58 - 3〉 ············· ②588

JISハンドブック〈2017
58 - 4〉 ············· ②588

JISハンドブック〈2017
59〉 ················· ②588

JISハンドブック〈2017
68〉 ················· ②588

JISハンドブック〈2017
69〉 ················· ②588

JISハンドブック〈2017
70〉 ················· ②588

JISハンドブック〈2017
72〉 ················· ②588

JISA女性活躍推進手順
書 ···················· ②37

JKエルフと君の先生。
······················ ①1405

JKハルは異世界で娼婦
になった ··········· ①1126

JKビッチ西沢雫のエン
コー100万円計画♪
······················ ①1397

J・M.オットテール・
ル・ロマン ホ短調の
組曲 編成 - A.P.B/C
······················ ①819

JMPではじめる統計的
問題解決入門 ······· ②662

JMPによる医療・医薬
系データ分析 ······· ②725

JMPによるよくわかる
統計学 保健医療デー
タ編 ················· ②725

JNTO 日本の国際観光
統計〈2016年版〉 ··· ②274

JNTO訪日旅行誘致ハ
ンドブック〈2017〉
······················ ②417

JORGE JOESTAR
······················ ①1137

JPS外国切手カタログ
新中国切手〈2018〉
······················ ①251

JPTECインストラク
ターテキスト ······· ②725

JR上野駅公園口 ····· ①1024

JR埼京線あるある ··· ②431

JR私鉄全線 地図でよく
わかる鉄道大百科 · ①436

JR電車編成表〈2017夏〉
······················ ②431

JR電車編成表〈2018冬〉
······················ ②431

JR特急クイズ ······· ①436

JRに未来はあるか ··· ②431

JR東日本はこうして車
両をつくってきた · ②431

JR北海道の危機 ····· ②431

JR旅客営業制度のQ&A
······················ ②431

JR30年物語 ·········· ②432

JSSI免震構造施工標準
〈2017〉 ············· ②622

JTBの鉄道全線乗りつ
ぶしログブック ····· ②436

Jubilee ·············· ①260

JunCture〈08〉······· ②577

Just Because！ ······ ①1181

JUTAKU KADAI〈05〉
······················ ②615

Jw_cadで学ぶ建築製図
の基本 ··············· ②603

Jw_cadハンドブック
困った！ &便利技
176 ·················· ②604

JXホールディングスの
就活ハンドブック
〈2019年度版〉······ ①293

K ······ ①260, ①1019

K体操説 ············· ①985

Kと真夜中のほとりで
······················ ①968

KAIGAN ············ ①797

KAIJU黙示録（アポカ
リプス）··········· ①1359

KAMINOGE〈vol.62〉
······················ ①239

KAMINOGE〈vol.63〉
······················ ①239

KAMINOGE〈vol.64〉
······················ ①239

KAMINOGE〈vol.65〉
······················ ①239

KAMINOGE〈vol.66〉
······················ ①240

KAMINOGE〈vol.67〉
······················ ①240

KAMINOGE〈vol.68〉
······················ ①240

KAMINOGE〈vol.69〉
······················ ①240

KAMINOGE〈vol.70〉
······················ ①240

KAMINOGE〈vol.71〉
······················ ①240

KAMINOGE〈vol.72〉
······················ ①240

KAMINOGE〈vol.73〉………①240
KANA'S STANDARD for kids〈2〉………①84
Kärlekens kors……①526
KDDIの就活ハンドブック〈2019年度版〉…①293
KEI画集 mikulife……①846
KEIO SFC JOURNAL〈Vol.16 No.2（2016）〉………②162
KEIO SFC JOURNAL〈Vol.17 No.1（2017）〉………①679
KENが「日本は特別な国」っていうんだけど…①980
Ken NAKAZAWA…①260
KENPOKU ART〈2016〉………①825
kimono design………①32
KING OF PRISM - PRIDE the HERO - 公式設定資料集…①284
KinKi Kids………①773
KinKi Kidsアーカイブス………①773
KinKi Kids We're The One………①773
KiraKira………①846
KIRBY ART & STYLE COLLECTION…①846
Kis - My - Ft2アーカイブス………①774
Kis - My - Ft2アーカイブスJr.編………①774
Kis - My - Ft2 MUSIC FIGHTERS………①774
Kita SiTaURa De ToRiMaSiTa………①260
KLAP!! - Kind Love And Punish - 公式アートブック………①846
KLONG TOEY………①260
km（国際自動車）はなぜ大卒新卒タクシードライバーにこだわるのか………②425
k.m.p.の、台湾ぐるぐる。………①205
KOBE西区こんなまち………②25
KOGARIMAI………②425
KOKKO〈第18号〉………②153
KOKKO〈第24号〉………②153
KOKKO〈第25号〉………②153
KOKKO〈別冊発行号〉………②153
KOKKO〈第26号〉………②153
KOKKO〈第27号〉………②153
KOKKO〈第28号〉………②153
Kotlinイン・アクション………②555
Kotlin Webアプリケーション………②555
KOTOKO BOOK…①774
KPIマネジメント………①299
Kudo Haruka………①778
KURONEKO………①778
KV重戦車………②167
KYMG〈3〉………①846
Kyoto Classification of Gastritis………②741
Kyoto guide 24H（24じかん）………①195
KZ' Deep File いつの日か伝説になって………①381
KZ' Deep File 断層の森で見る夢は……①1107

LAメタルの真実〈6〉………①809
lack画集 Palette……①846
lak………①778
LAND・SCAPE………①837
Last Rain………①1160
LATEX2ε 美文書作成入門………②545
Lattice〈Vol.5〉………②725
Law Practice 刑法……②214
Law Practice 商法……②195
Law Practice 民事訴訟法………②217
Law Practice 民法〈1〉………②208
Law Practice 民法〈2〉………②210
La ZOOのトリック アートBOOK………①431
LC/MS、LC/MS/MS Q&A100 龍の巻……②673
LD学習症（学習障害）の本………①687
Lead 15YEARS MEMORIAL PHOTOBOOK………①778
LEADERS………①980
Lean UX………②555
LEARN JAPANESE WITH MANGA…①637
LEGENDARY GODFATHER 伝説のゴッドファーザー 勝新太郎語録……①792
Legend Motors〈Vol.2〉………①243
LEGO BIG MORL 10th Anniversary Book………①806
Lesson Study（レッスンスタディ）………①755
Less than A4……①846
LET IT GO ありままに………②65
Let me do whatever I want………①778
Let's Start All Over！………①654
LGBTウェディング…②45
LGBTを読みとく……②45
LGBTのBです………②45
LGBT法律相談対応ガイド………②189
Licht リヒト………①780
LIFE………①1108
Life………②704
LIFE アンドレス・イニエスタ自伝………①231
Life 人生、すなわち謎………①1069
Life in the Desert 砂漠に棲む………①260
Lifescape………①260
LIGHT on LIFE……①260
Lightroom「美」写真メソッド………①253
Lightworksではじめる動画編集………②542
Like HOME Life HOME「我が家」をつくる〈vol.3〉………①20
LINEスタンプはじめる＆売れる………②530
LINE 楽しい＆やさしい100%入門ガイド……②530
LINEブログ基本＆便利技………②530
LINE BOTを作ろう！………②596
LINE Creators Market

公式 トップクリエイター100………①858
Linuxステップアップラーニング………②547
Linux入門の入門………②547
Listening Steps……①654
Little Witch Academia Chronicle………①801
LIVE ALOHA……①959
livedoor Blogライブドアブログ活用大事典………②530
LIVE FOREVER…①778
live show………①780
L.M.N.………①778
Long hello………①915
LOOP 映像メディア学〈Vol.7〉………①796
LOOP THE LOOP 飽食の館〈上〉………①1088
LOSER………①1174
LOST 失覚探偵〈中〉………①1211
LOST 失覚探偵〈下〉………①1211
Love恋、すなわち罠………①1069
LOVE台南………①205
Love Coffee………①47
Love Dancer second………①778
LOVE DOLL× SHINOYAMA KISHIN………①260
LOVE GIFT………①1154
Love Love Hip………①1319
LOVE！ NAIL HOLIC………①24
love poem キスがスキ………①968
LPガス資料年報〈VOL.52 2017年版〉………②573
LPICレベル2スピードマスター問題集 Version4.5対応………②562
LPICレベル2 Version4.5対応………②547
LUMIX GX7 基本＆応用撮影ガイド………①253
LUPIN THE 3RD 次元大介の墓標 原画集………①801
Lv2からチートだった元勇者候補のまったり異世界ライフ〈2〉………①1188
Lv2からチートだった元勇者候補のまったり異世界ライフ〈3〉………①1188
LV999の村人〈4〉………①1267
LV999の村人〈5〉………①1267
Lyric Jungle〈23〉………①968
M………①1307
Mの女………①987
Mの辞典………①868
M博士の比類なき実験………①1112
M16ライフル………②167
M&Aアドバイザー………②311
M&Aこれだけ18のポイント………②311
M&A・組織再編スキーム 発想の着眼点50………②311
M&Aという選択。………②311
M&Aと組織再編のすべて………②311
M&Aにおける労働法務………①806

DDのポイント………②374
M&Aの理論と実際………②311
M&Aは地域活性化のソリューション………②311
Macアプリ100%厳選ガイドブック………②535
Macはじめよう………②535
MacBookはじめる＆楽しむ100%入門ガイド………②535
MacBookマスターブック macOS High Sierra対応版………②546
Machine Learning実践の極意………②525
Mackerelサーバ監視“実践”入門………②521
macOS High Sierra パーフェクトマニュアル………②546
macOS High Sierraマスターブック………②546
madame Hのおしゃれ図鑑………①31
madameHのバラ色の人生………①31
MAG！ C☆PRINCE FIRST PHOTOBOOK………①778
mahana………①778
Make: Analog Synthesizers………②535
Make+Me=Happy…①778
MAKE UP YOUR LIFE 綺麗の法則………①24
MAKIROBI弁当………①67
MAKI's HAPPY DAYS………①957
MAN FROM THE SOUTH………①1349
Margikarman ItoA………①1138
marimariの女子キャン………①234
Marimekko Spirit………①881
Mariya's OLU OLU HAWAII………①210
MarkeZine〈2017〉………②339
MARQUEE別冊 でんば組.inc『続・でんばブック』………①774
Masato………①987
Mastodon入門ガイド………②536
MATLABではじめるプログラミング教室………②555
MATSUMOTO………①858
Mattyのまいにち解毒生活………①160
「Max」ではじめるサウンドプログラミング………②544
Mayaベーシックス…②542
Mayumi Kato 華厳風美………①260
MAZDA DESIGN…②443
MBA生産性をあげる100の基本………②299
MBAチャレンジ 金融・財務………②374
MBA的医療経営 目指せ!!メディカルエグゼクティブ………②710
MBAより簡単で英語より大切な決算を読む習慣………②319
MBA100の基本………②374
MCバトル史から読み解く 日本語ラップ入門………①806

MCLS・CBRNEテキスト………②725
MdNデザイナーズファイル〈2017〉………①881
Meet the World 2018………①648
MEGA - SHIP………①260
Memorize！ HIRAGANA & KATAKANA by tracing strokes & with pictures…①394
MeseMoa.FIRST PHOTOBOOK………①778
Mesos実践ガイド………②545
Metal 2ではじめる3D - CGゲームプログラミング………②555
MEZZANINE〈VOLUME 1（SUMMER 2017）〉………②109
MFストレッチ術 腰楽編………①160
MH0507………①778
MI6対KGB………①591
miao………①778
micro: bitではじめるプログラミング………②555
Microsoft Azure実践ガイド………②521
Microsoft Projectで実践する失敗しないプロジェクトマネジメント………②299
MiG - 29フルクラム ディテール写真集…②167
Milan A.C. ミランのすべて………①231
Mila Owen NEXT BASIC STYLE BOOK………①31
Milkshake Shake アクティビティブック…①396
Millionaire Mystique…②37
MIMOからMassive MIMOを用いた伝送技術とクロスレイヤ評価手法………②527
MIND OVER MONEY………①105
Minecraftを100倍楽しむ徹底攻略ガイド…①284
Minecraftで楽しく学べるPythonプログラミング………②555
MINERVA〈2017〉…①825
MINIATURE & DOLLHOUSE・①873
minneラッピングアイデアブック………①77
miRNAの最新知識…②728
MITSUBISHI T - 2/F - 1………②167
MIX………①1097
MIYAVI SAMURAI SESSIONS vs 15 Photographers…①806
MJイラストレーションズブック〈2017〉…①846
MLAハンドブック…①654
MMPI - 1/MINI/MINI - 124ハンドブック………②747
MMTナビ………②734
MOA美術館………①826
Mobile Bearingの実際………②750
MOIMOI………①260
moment………①778

MONDO映画ポスター
アート集………①789
MONEY………②392
MONOLOGUE………①260
MOON BOOK〈2018〉
………①4
moRe………①778
MORI Magazine………①885
MORNING LIGHT
………①260
MOS攻略問題集
Excel2016………②539
MOS攻略問題集
PowerPoint 2016………②562
MOS攻略問題集
Word2016………②562
MOS攻略問題集 Word
2016エキスパート………②562
MOS対策テキスト
Access2016………②537
MOZU 超絶精密ジオラ
マワーク………①288
MR育薬学………②771
MR撮像技術学………②735
Mr.テンバガー（10倍
株）朝香のインド＋親
日アジアで化ける日
本株100………②397
Mr.トルネード………①933
Mr.トルネード 藤田哲
也………①391
MR入門………②514
MR認定試験過去問題集
〈2017年度版〉………②782
Ms.マーベル：もうフ
ツーじゃないの………①858
MS1022………①778
MSSMへの招待………①498
M.S.S Project解体新書
………①806
M.S.S Project LIVE
TOUR 2016 ·
Phantasia of Light
& Darkness · Photo
Collection………①778
M.S.S Project
SPECIAL 2017………①806
MTAの開発者Dr.トラ
ビネジャッドによる
MTA全書………②759
M · Test基本ガイド………②752
Must & Never 大腿骨
頚部・転子部骨折の
治療と管理………②753
Myフライス盤をつくる
………②603
myb〈新装第3号〉………①457
my BASIC+………①31
My Bucket List………①119
My Dad………①15
MY FASHION BOOK
………①31
MY LITTLE
HOMETOWN………①806
My Little Lovers………①846
My LOGBOOK航空日
誌………②438
My Mom………①16
My Name is Luck ぼく
のともだち………①344
MY STYLE………①774
MY TRAVEL
RECIPE………①201
my treasure………①778
Myway歩いて体感 ノル
ウェー5大フィヨルド
自由旅行必携ガイド
ブック………①199
N：ナラティヴとケア
〈第8号〉………①487

Nの悲劇………①1106
NACS HOLIC 2008 ·
2017………①774
NAGOYA Archi Fes
2017 中部卒業設計展
………②615
NAKAGIN CAPSULE
GIRL………①260
naked talk〈vol.1〉………①780
nao_cafe_HAPPY
TABLE RECIPE………①65
NAOMI………①778
NARUTO · ナルト ·
TVアニメプレミアム
ブック NARUTO
THE ANIMATION
CHRONICLE 地………①801
NARUTO · ナルト ·
TVアニメプレミアム
ブック NARUTO
THE ANIMATION
CHRONICLE 天………①801
NASイルマティック………①809
NASA超常ファイル………①382
natural………①778
NATURALISTIC
GARDEN ナチュラ
リスティック・ガー
デン………①260
NATURE FIX 自然が
最高の脳をつくる………②649
NECの就活ハンドブッ
ク〈2019年度版〉………①293
Negiccoヒストリー
Road to BUDOKAN
2003〜2011………①774
NEGOTIATION and
MARKET
GLOBALIZATION
………②375
NEIGHBORHOOD
TAIPEI ネイバー
フッド台北………①205
NET · 下垂体 · 副甲状
腺・副腎………②733
New！ いちばんたのし
いレクリエーション
ゲーム………①71
NEWウォーリーをさが
せ！………①318
NEWウォーリーをさが
せ！ いちばん名画だ
いそうさく！………①318
NEWウォーリーのゆめ
のくにだいぼうけ
ん！………①318
NEWタイムトラベラー
ウォーリーをおえ！
………①318
NEWトライアングル学
習 刑法………①214
New Connection〈Book
1〉………①648
New Connection〈Book
2〉………①648
NEW DENTAL
CLINIC DESIGN
………①759
NEWS………①651
NEWS その先の4人へ
………①774
NEWS FANTASTIC
LOVE………①774
New Surface Pro………②535
NEXTOKYO………②299
NFD版 よくわかるフラ
ワー装飾技能検定試
験………①271
NG対応→OK対応で学
ぶ あわてないための

トラブル対処術………①710
nginx実践ガイド………②555
NHK「あさイチ」スー
パー主婦のスゴ家事
術………①7
NHKを斬る！………②15
NHKをぶっ壊す！ 受
信料不払い編………②15
NHKガッテン！一生作
り続けたいわが家の
基本おかず100………①65
NHKガッテン！ なるほ
ど新スゴ技………①154
NHKこどものうた楽譜
集〈2016年度版〉………①819
NHKスペシャル新・映
像の世紀大全………①591
NHKスペシャル「人体
〈1〉………①728
NHKスペシャル ディー
プオーシャン 深海生
物の世界………①627
NHKスペシャル 列島誕
生ジオ・ジャパン 激
動の日本列島誕生の
物語………①680
NHK全国学校音楽コン
クール 高等学校男声
三部合唱課題曲〈第84
回（平成29年度）〉………①819
NHKダーウィンが来
た！ 生きものの新伝説
超肉食恐竜ティラノ
サウルスの大進化！
………①402
NHKデータブック 世界
の放送〈2017〉………②15
NHKニッポン戦後サブ
カルチャー史………②109
NHK年鑑〈2017〉………②15
NHK俳句 作句力をアッ
プ 名句徹底鑑賞ドリ
ル………①906
NHK放送文化研究所年
報〈2017 No.61〉………②15
NHKラジオ深夜便 ここ
ろの時代〈1〉………①105
NHKラジオ深夜便 ここ
ろの時代〈2〉………①105
NHKラジオ深夜便のう
た 碧し………①810
NHK連続テレビ小説 ひ
よっこ〈上〉………①980
NHK連続テレビ小説 ひ
よっこ〈下〉………①980
NHK連続テレビ小説
「ひよっこ」シナリオ
ブック〈上〉………①782
NHK連続テレビ小説
「ひよっこ」シナリオ
ブック〈下〉………①782
NHK連続テレビ小説
べっぴんさん〈下〉………①980
NHK連続テレビ小説 わ
ろてんか〈上〉………①980
NICHE〈04〉………②615
NICUグリーンノート
………②762
NIE児童家庭福祉演習
………②66
NieR: Automata
Strategy Guideニー
アオートマタ攻略設
定資料集………①285
Night Comers 夜の子供
たち………①873
Nikon D3400基本＆応
用 撮影ガイド………①253

Nikon D5600基本＆応
用撮影ガイド………①253
NIPPONの47人〈2017〉
………①29
NISAに浮かれるな………②397
NMR入門………②673
NO推理、NO探偵？
………①1108
No.1アナリストがプロ
に教えている株の講
義………②397
NO BAGGAGE………①1338
Node.js超入門………②555
NOFX自伝………①809
Non · Surgical 美容医
療超実践講座………②750
Nostalgia………①260
NOW A GEISHA………①261
NOW and ALL………①778
NOZOMI………①260
NPB以外の選択肢………①225
NPCと暮らそう！〈2〉
………①1229
NPO · 市民活動のため
の助成金応募ガイド
〈2017〉………②146
NPO、そしてソーシャ
ルビジネス………②299
NPOマネジメント………②127
NPPVとネーザルハイ
フロー………①725
NPSの神髄………②438
NR · サプリメントアド
バイザー必携………①725
N · S · ハルシャ展：
チャーミングな旅………①837
NTTコミュニケーショ
ンズインターネット
検定 .com Master
BASIC公式テキスト
………②562
NTTデータの就活ハン
ドブック〈2019年度
版〉………①293
NTTドコモの就活ハン
ドブック〈2019年度
版〉………①293
NTV News24 English
………①651
Number甲子園ベストセ
レクション〈1〉………①222
Nutanix………②546
NVivoリファレンス………②545
NY式「超一流の営業」
の基本………②334
NYの「食べる」を支え
る人々………①40
OCC年鑑〈2017〉………②340
Occultic; Nine〈3〉………①1208
ODAの終焉………②267
OECD国民経済計算
〈2015〉………②274
#OFF………①778
OFF AIR………①1307
OFFBEAT JAPAN………①261
Office2016で学ぶコン
ピュータリテラシー
………②521
Off · JTに活用する人間
関係づくりトレーニ
ング………①488
OH!!MY!!GACKT!!………①774
OJTで面白いほど自分
で考えて動く部下が
育つ本………②369
OLaD………①943
OLDCODEX………①806
OLD GAMERS
HISTORY〈Vol.12〉

………①274
OLD GAMERS
HISTORY〈Vol.13〉
………①274
OLD GAMERS
HISTORY〈Vol.14〉
………①274
One day off………①778
ONE FILE ENDOの臨
床………②759
ONE & ONLY
MACAO………①205
『ONE PIECE』に学ぶ
最強ビジネスチーム
の作り方………②34
ONE PIECE novel 麦
わらストーリーズ
………①1138
Only Sense Online
〈11〉………①1155
Only Sense Online
〈12〉………①1155
Only Sense Online
〈13〉………①1155
Only Sense Online白銀
の女神（ミューズ）
〈3〉………①1155
Only with Your Heart
………①1159
ONTAKE………①260
On the Moon………①778
ON THE ROCK 仲井
戸麗市 “ロック” 対談
集………①806
On Weak · Phases………①622
#oookickoooのファッ
ション大図鑑………①31
oookickoooo BEST
STYLE BOOK………①31
OpenCVによる画像処
理入門………②555
OpenCVによるコン
ピュータビジョン・
機械学習入門………②521
OpenFOAMプログラミ
ング………②555
Optimized C++………②559
OPTION B………①105
Oracleの基本………②526
Oracle Solaris 11シス
テム管理ハンドブッ
ク………②555
ORGANIC BASE 朝昼
夜のマクロビオ
ティックレシピ………①65
ORICONエンタメ・
マーケット白書
〈2016〉………①766
OS NEXUS〈No.11〉
………②750
Our Time, Our Lives,
Our Movies………①642
OUTLIVE〈season2〉
………①1303
Outlook プロ技BEST
セレクション………②545
Outlook for the Dry ·
Bulk and Crude ·
Oil Shipping
Markets〈2017〉………②627
OVERDRESS／
RAZOR RAMON
HG………①778
Pages · Numbers ·
Keynoteマスター
ブック………②535
palpito………①778
PANA通信社と戦後日
本………②15
PAN de WA HERB………①65

書名索引

Parallels Desktop 12 for Macスタートアップガイド ……… ②521
Parametric Design with Grasshopper ……………… ②542
PAUL McCARTNEY THE LIFE ……… ①809
PBIS実践マニュアル＆実践集 ……… ①710
PBL 学びの可能性をひらく授業づくり …… ①721
PBLDで学ぶ周術期管理 …………… ②750
PC遠隔操作事件 ……… ②40
PC橋と構造力学 …… ②607
PCASトレーニング・マニュアル：追補 … ②725
PE課税コンパクトガイド …………… ②404
PEACEFUL CUISINE ………… ①65
PEAK PERFORMANCE 最強の成長術 …… ②357
PENTAX K・70基本＆応用撮影ガイド ①253
peppermint〈6〉……… ①778
PERFECT PRACTICE FOR THE TOEIC L&R TEST ……… ①660
Periodontics for Special needs Patients 障害者・有病者の歯周治療 …… ②759
Perlではじめるブログラミング超入門 …… ②561
Peyote Stitchで遊ぶMy Beads Accessories …①77
PHONE EYE ……… ①260
PHOTO ARK動物の箱舟 …………… ②693
PHOTO POEM 散歩道 PROMENADE ……………… ①260
Photoshop逆引きデザイン事典 …… ②542
Photoshopコンテンツ・デザイン パーフェクトマスター …… ②542
Photoshopスーパーリファレンス …… ②542
Photoshopで描くSF＆ファンタジー … ②542
Photoshopレタッチ・加工 アイデア図鑑 … ②542
PHOTOSHOPレタッチの超時短レシピ・②542
Photoshopレッスンブック ………… ②542
Photoshop Elements 2018 スーパーリファレンス …… ②542
Photoshop＋ Illustrator パターン・背景デザインの「速攻」制作レッスン・②542
Photoshop＋ Illustrator＋ InDesignで基礎力を身につけるデザインの教科書 ……… ②542
PHPの絵本 ……… ②555
PHPフレームワーク CakePHP3入門… ②555
PHPフレームワーク Laravel入門 …… ②555
PICと楽しむRaspberry Pi活用ガイドブック

PICC ………………… ②750
PICK ME UP …… ①105
PIECES Gem〈03〉…①858
PINUP GIRLS …… ①846
PITCH LEVEL … ①231
pixivイラストレーター年鑑〈2017〉… ①846
PMプロジェクトマネジメント ……… ②590
PMBOKが教えない成功の法則 ……… ②299
PMBOK対応 童話でわかるプロジェクトマネジメント ……… ②521
PO（プロテクションオフィサー）…… ①1106
Podcastで学ぶ中国語エピソード100 … ①666
PON!! ……………… ①778
POP1年生 …… ②340
P・O・S ………… ①992
POV・Rayで学ぶはじめての3DCG制作・②542
PowerPoint魅せるプレゼンワザ ……… ②545
PowerPoint 2016ワークブック ……… ②545
POWERS OF TWO 二人で一人の天才・②299
practical金融法務 債権法改正 ……… ②385
Premiere Pro …… ②542
Premiere Pro逆引きデザイン事典 …… ②542
Premiere Proスーパーリファレンス CC2017/2015/2014/ CC/CS6対応 … ②542
Premium Leaf …… ①195
PRE・SUASION … ②110
PR GENIC（ピーアール ジェニック）… ②339
PRIDE V6 …………… ①774
Prince Prince Prince ……………… ①778
Processingクリエイティブ・コーディング入門 ……… ②555
Processingプログラミングで学ぶ 情報表現入門 ……… ②555
Processing 3による画像処理とグラフィックス …………… ②542
PRODUCERS' THINKING …… ①792
PROMETHEUS … ①260
PROOF MARKETING …… ②299
Pro Tools 12 Software 徹底操作ガイド … ②544
Prototyping Lab … ②521
P.S. …………… ①778
PSYCHO・PASS GENESIS〈4〉…①1115
PTマニュアル 脊髄損傷の理学療法 …… ②725
PTAグランパ！… ①1009
PTA広報誌づくりがウソのように楽しくラクになる本 …… ②702
PTAという国家装置 … ①755
PT/OP国家試験必修ポイント 障害別PT治療学〈2018〉… ②782
PT/OT国家試験必修ポイント 基礎OT学〈2018〉……… ②782
PT/OT国家試験必修ポ

イント 基礎PT学〈2018〉……… ②782
PT/OT国家試験必修ポイント障害別OT治療学〈2018〉…… ②782
PT/OT国家試験 必修ポイント 専門基礎分野 基礎医学〈2018〉……………… ②782
PT/OT国家試験必修分野 臨床医学〈2018〉… ②782
PT・OTのための治療薬ガイドブック … ②753
PT・OT・STのための診療ガイドライン活用法 ……… ②725
PTSD・物質乱用治療マニュアル「シーキングセーフティ」…… ②747
Puppet「設定＆管理」活用ガイド ……… ②521
pure ……………… ①847
pure. ……………… ①778
『Purity』……… ①780
puyu. ……………… ①260
PWM DCDC電源の設計 …………… ②595
Pythonエンジニアファーストブック ・②555
Pythonゲームプログラミング 知っておきたい数学と物理の基本 ……………… ②555
Python言語によるプログラミングイントロダクション …… ②555
Pythonで体験するベイズ推論 …… ②662
Pythonではじめる機械学習 …… ②555
Pythonではじめるデータラングリング … ②556
PythonとJavaScriptではじめるデータビジュアライゼーション ……………… ②556
Pythonによるクローラー＆スクレイピング入門 …… ②556
Pythonによるテキストマイニング入門 … ②556
Pythonユーザのための Jupyter「実践」入門 ……………… ②556
Python1年生 …… ②556
Qからはじめる法学入門 ……………… ②226
Q.もしかして、異世界を救った英雄さんですか？ ……… ①1292
Q.もしかして、異世界を救った英雄さんですか？〈2〉…… ①1292
Q&A 空き家に関する法律相談 ……… ②208
Q&A 医療機関の税務相談事例集 …… ②324
Q&A医療法人会計の実務ガイダンス … ②710
Q&A 海外勤務者に係る税務 ……… ②324
Q&A海外出張・出向・外国人の税務 … ②313
Q&A 改正個人情報保護法と企業対応のポイント ……… ②189
Q&A学校部活動・体育活動の法律相談 … ②758

Q&A 株式上場の実務ガイド ……… ②329
Q&A 株式評価の実務全書 ……… ②327
Q&A教職員の勤務時間 ……… ①705
Q&A協同組合の会計と税務 ……… ②325
Q&A形式で答えるチベットの基礎知識 …②88
Q&A 経理担当者のための税務知識のポイント ……… ②325
Q&A 建築物省エネ法のポイント ……… ②620
Q&A交通事故加害者の賠償実務 ……… ②218
Q&A 国際税務の最新情報 ……… ②404
Q&A個人情報保護法の法律相談 ……… ②189
Q&A 詐欺・悪徳商法相談対応ハンドブック ……… ②214
Q&A 事業承継をめぐる非上場株式の評価と相続対策 ……… ②329
Q&A 事業承継税制徹底活用マニュアル … ②329
Q&A 士業のための改正個人情報保護法とマイナンバー法の対応と接点 ……… ②189
Q&A知っていると役に立つ!!資産税の盲点と判断基準 …… ②404
Q&A 実務家が知っておくべき社会保障 …… ②48
Q&A 実務減価償却 … ②325
Q&A 実務国税徴収法〈平成29年版〉… ②405
Q&A 実務に役立つ法人税の裁決事例選 … ②408
Q&A実例交通事件捜査における現場の疑問 ……… ②214
Q&A 市民のための特定商取引法 …… ②189
Q&A社会福祉法人制度改革対応ガイド … ②325
Q&A 社会福祉法人制度改革の解説と実務 … ②66
Q&A社会保険労務 実務相談事例 …… ②332
Q&A 借地借家の法律と実務 ……… ②193
Q&A住宅紛争解決ハンドブック ……… ②190
Q&A小学英語指導法事典 …………… ①736
Q&A消費者からみた改正民法 ……… ②208
Q&A 事例にみる医療・介護事業者の『営業経費』の税務判断・②325
Q&A 親族・同族・株主間資産譲渡の法務と税務 ……… ②190
Q&Aスクール・コンプライアンス111選 … ①705
Q&A「成年後見」実務ハンドブック … ②208
Q&A 生命保険・損害保険の活用と税務 … ②387
Q&A“相続税が驚くほど節税できる”財産評価の実際 ……… ②414
Q&A 対話式 超わかりやすいネットで稼ぐ

人の確定申告 ……② ②411
Q&A 誰も書かなかった！ 事業用借地権のすべて ……… ②193
Q&A地域医療連携推進法人の実務 …… ②710
Q&A 地方公務員の分限処分、懲戒処分の実務 ……… ②153
Q&A 地方公務員の臨時・非常勤職員制度改正のポイント …… ②153
Q&A 中小企業の「退職金の見直し・設計・運用」の実務 …… ②303
Q&Aで基礎からわかる固定資産をめぐる会計・税務 …… ②325
Q&Aでスッキリわかる前立腺癌 …… ②738
Q&Aで学ぶ図書館の著作権基礎知識 …… ②7
Q&Aでよくわかる必備！ 学校施設・設備の基礎基本 …… ②702
Q&Aで理解する！ 個人情報の取扱いと保護 ……… ②303
Q&Aで理解する！ パーソナルデータの匿名加工と利活用 ・②190
Q&Aでわかる “医療事務”実践対応ハンドブック〈2017年版〉……………… ②710
Q&Aでわかる！ 管理職のための労基署対策マニュアル … ②464
Q&Aでわかる地積規模の大きな宅地の評価80問80答 … ②423
Q&Aでわかる日本版「司法取引」への企業対応 ……… ②226
Q&Aで分かる法律事務職員実践ガイド …… ②190
Q&AでわかるMuscle Wins！ の矯正歯科臨床 ……… ②759
Q&Aと解説で分かる!!実務に役立つ土地の貸借等の評価 …… ②420
Q&Aとチェックリストでよくわかる！ 改正個人情報保護法対応ブック ……… ②195
Q&A 日経記者に聞く安心老後、危ない老後 ……… ①112
Q&A日本経済のニュースがわかる！〈2018年版〉……… ②245
Q&A判例が示す法人税の税務判断ルール40 ……… ②408
Q&A 部落差別解消推進法 ……… ②45
Q&Aポイント整理 改正債権法 ……… ②210
Q&A 法人税“微妙・複雑・難解”事例の税務処理判断 …… ②408
Q&A法人登記の実務 医療法人 ……… ②211
Q&A法人登記の実務 社会福祉法人 ……… ②211
Q&A 補助金等適正化法 ……… ②271
Q&A民法改正の要点

……………… ②208

Q&A ユニオン・合同労組への法的対応の実務 ……………… ②465

Q&A労基署調査への法的対応の実務 ……………… ②332

Q&A110 新時代の生前贈与と税務〈平成29年改訂版〉 ……… ②414

Q&A190問 相続税 小規模宅地等の特例〈平成29年版〉 ……… ②414

Q&A Diary ハングルで3行日記 ……………… ①667

QC検定1級対応問題・解説集 ……………… ②590

QC検定4級模擬問題集 ……………… ②630

QCストーリーとQC七つ道具 ……………… ②591

QED ortus ……………… ①1093

QGISの基本と防災活用 ……………… ①617

QNAP実践活用ガイドブック ……………… ②527

QOLと現代社会 …… ②109

Qualia ……………… ①260

Queen ……………… ①780

QUICK MASTERY OF THE TOEIC LISTENING TEST ……………… ①660

QUIZ JAPAN〈Vol.7〉 ……………… ①277

QUIZ JAPAN〈vol.8〉 ……………… ①277

R帝国 ……………… ①1125

Rで多変量解析 …… ②658

Rで統計を学ぼう！ 文系のためのデータ分析入門 ……… ②662

Rではじめる機械学習 ……………… ②556

Rではじめるデータサイエンス ……………… ②556

Rで学ぶ多変量解析 … ②658

Rで学ぶ統計学入門 … ②662

R統計解析パーフェクトマスター ……………… ②556

Rによる医療統計学 … ②725

Rによる機械学習 …… ②556

Rによる機械学習入門 ……………… ②556

Rによる自動データ収集 ……………… ②556

Rによるスクレイピング入門 ……………… ②556

Rによるテキストマイニング入門 ……… ②662

Rによるデータ駆動マーケティング ……… ②656

Rによるデータサイエンス ……………… ②662

Rによるノンパラメトリック検定 ……… ②656

Rによるやさしいテキストマイニング …… ②556

Rによるやさしいテキストマイニング 機械学習編 ……… ②656

Rビジネス統計分析「ビジテク」 ……… ②663

Rプログラミング本格入門 ……………… ②556

RAIL WARS！〈14〉 ……………… ①1238

RAINBOW GIRL … ①847

Rakugo ……………… ①651

Raspberry Piクック

ブック ……………… ②556

Raspberry Piで学ぶROSロボット入門 ・②598

Raspberry Pi3でつくるIoTプログラミング ……………… ②556

Raspberry Pi Zeroによる IoT入門 ……… ②595

Raven Emperor〈1〉 ……………… ①1220

Raven Emperor〈2〉 ……………… ①1220

RC住宅のつくり方 … ②619

RDGレッドデータガール ……………… ①989

Re：これが異世界のお約束です！ ……… ①1177

Re：ステージ！〈2〉 ……………… ①1159

Re：ゼロから始める異世界生活〈12〉 …… ①1240

Re：ゼロから始める異世界生活〈13〉 …… ①1240

Re：ゼロから始める異世界生活〈14〉 …… ①1240

Re：ゼロから始める異世界生活〈15〉 …… ①1240

Re：ゼロから始める異世界生活短編集〈3〉 ……………… ①1240

Re：ゼロから始めるPCR生活 ……… ②686

Re島PROJECT BOOK ……………… ②29

Re：ビルド！！ ……… ①1214

Reactビギナーズガイド ……………… ②556

READING SUCCESS〈3〉 ……………… ①648

Realise Japan ……… ①642

Real World HTTP ・・②529

ReBirth〈2〉 ……… ①1197

ReBirth〈3〉 ……… ①1197

ReBirth〈4〉 ……… ①1197

Re：CREATORSアニメ公式ガイドブック ……………… ①801

Re：CREATORS NAKED〈2〉 …… ①1261

RED ……………… ①881

Red ……………… ①1001

R.E.D.警察庁特殊防犯対策官室 ……… ①1266

REIKO HORIMOTO ……………… ①837

release ……………… ①778

ReLIFEオフィシャル・フォトブック ……… ①792

REMEMBER SCREEN ……… ①789

Re：Monster〈8.5〉 ・・①1179

Re：Monster〈9〉 …… ①1179

Ren ……………… ①778

rena ……………… ①778

Rengeの小さいどうぶつ刺しゅう ……… ①79

RE；SET＞学園シミュレーション …… ①1238

REVS JAPAN ISSUE〈#1〉 ……………… ①31

Rhinoceros逆引きコマンド・リファレンス ……………… ②545

Rhinocerosで学ぶ建築モデリング入門 … ②619

Ribbon ……………… ①847

Rieko Hidaka ……… ①847

RIHOLIDAY ……… ①778

Rika！ ……………… ①778

RINA ……………… ①780

RINA×BLACK …… ①778

RING OF LIFE …… ①260

RIVER ……………… ①260

ROCKMAN X THE NOVEL ……………… ①1138

Rock'n Role〈5〉 …… ①1138

ROCOといっしょにJAZZ JAZZせかいりょこう ……… ①307

ROE経営と見えない価値 ……………… ②299

ROIC経営 ……… ②299

Röntgen、それは沈める植木鉢 ……… ①968

Round Study 教師の学びをアクティブにする授業研究 … ①721

RPAの威力 ……… ②299

RPMで自閉症を理解する ……………… ①498

R.S.ヴィラセニョール ……………… ①990

RSA暗号を可能にしたEulerの定理 … ②656

Ruby技術者認定試験合格教本（Silver/Gold対応）Ruby公式資格教科書 ……… ②562

Ruby on Rails 5 アプリケーションプログラミング ……… ②556

RUSSIA ……………… ①260

RxJavaリアクティブプログラミング … ②561

S級秘書姉妹 ……… ①1404

S式生講義 入門憲法 ・②202

S社長と愛されすぎな花彼氏 ……………… ①1312

S.モームが認めた米国短篇 ……………… ①1327

Sランクの少年冒険者 ……………… ①1284

Sランクの少年冒険者〈2〉 ……………… ①1284

Sランクの少年冒険者〈3〉 ……………… ①1284

Saigo Takamori … ①569

SAKI ……………… ①778

Sakura Breeze …… ①778

SALES GROWTH ・・②299

SAP HANA入門 … ②521

SAPIX漢字学習字典 SAPI×漢 …… ①394

SAS・特殊部隊式 実戦メンタル強化マニュアル ……………… ①165

SAS・特殊部隊式 図解徒手格闘術ハンドブック ……………… ①240

SASARU ……………… ①201

SAS Enterprise Guide時系列分析編 … ②656

Sassyのあかちゃんえほん がおー！ ……… ①318

Sassyのあかちゃんえほん ちゃぷちゃぷ … ①319

SAYAKO ……………… ①778

Say It Now！ Grammar for Communication … ①655

SAY the GO！宇宙戦隊キュウレンジャー特写真集 ……… ①797

Scarcity and Excess：Technological Troubles and Social Solutions ……… ①651

Science for Fun！ … ①642

Science in Our Daily Life ……………… ①648

「Scilab」で学ぶ現代制御 ……………… ②598

SCO認定試験模擬問題集〈17年度試験版〉 ……………… ②485

SCRAPヒラメキナゾトキBOOK ……… ①277

SCS ストーカー犯罪対策室〈上〉 ……… ①1075

SCS ストーカー犯罪対策室〈下〉 ……… ①1075

SCSKのシゴト革命… ②311

SDのための速解 大学教職員の基礎知識〈平成29年改訂版〉 …… ②679

SDGs（国連世界の未来を変えるための17の目標）2030年までのゴール ……………… ②703

SDGsと環境教育 …… ①722

SDGsとESG時代の生物多様性・自然資本経営 ……………… ②299

SE職場の真実 …… ②515

SEのための金融実務キーワード事典 …… ②385

SEのための特許入門 ・②586

SEALDsuntitled stories …… ①260, ①261

Secretシニアビューティメイク ……… ①24

Seeing the World through the News〈4〉 ……………… ①642

SEKINE RISA FIRST BOOK RISA …… ①778

Sense up「大人のセンス」でもっと素敵な私になる考え方とテクニック ……… ①119

SETOGRAPH …… ①778

SEX & MONEY …… ②36

SFが読みたい！〈2017年版〉 ……………… ①886

SFの書き方 ……… ①886

SFの先駆者 今日泊亜蘭 ……………… ①886

SF飯：宇宙港デルタ3の食料事情 …… ①1117

SGS管理栄養士国家試験/過去問題＆解説集〈2018〉 ……… ②784

Shade3Dではじめる3Dプリント ……… ②543

Shade3D ver.16 CGテクニックガイド … ②543

Shadow Box Art Exhibition in Japan〈2018〉 ……… ①77

Sherlock Holmesの英語 ……………… ①642

Sherry ……………… ①45

Shikoku Japan 88 Route Guide …… ①196

SHIMIKEN's BEST SEX ……………… ②36

SHINJIRO'S TRAVEL BOOK ……… ①210

SHINSUKE NAKAMURA USA DAYS ……………… ①240

SHIORIの2人で楽しむゆるつま ……… ①67

SHOE DOG ……… ②299

SHOOTINGフォトグラファー＋レタッチャーファイル〈2018〉 … ①253

Short Stories ……… ①651

SHOW・HEYシネマルーム40………… ①789

SHOX異常症 ……… ②734

Sibelius/Sibelius｜First実用ガイド … ②544

Silence of India … ①261

SIMPLE & NATURAL素材集Withタイポグラフィー ……… ①881

SIMPLE RULES …… ①357

Simple Step 眼科 … ①762

SINGシング ①356, ①1122

SINGLE TASK 一点集中術 ……………… ②357

sin of LEWDNESS〈Vol.3〉 ……… ①847

SLASH ……………… ①261

SLEEP ……………… ①171

SMAPと、とあるファンの物語 ……… ①774

SN1109 ……………… ①778

SNEジャーナル〈23〉 ……………… ①755

SNEAKERS ……… ①31

SNOOPYぽんぽん … ①77

SNOOPY Coloring Book ……………… ①867

SNS炎上 ……………… ①356

SNSでつぶやく毎日の韓国語 ……… ①667

SNSで儲けようと思ってないですよね？・②530

SNSで夢を叶える …… ①105

SNSは権力に忠実なバカだらけ ……… ②530

Sobacus〈vol.02〉 …… ①31

SOEL ……………… ①648

SOI Lubistorの物理学と応用 ……… ②668

SOLID ……………… ①778

SOMARU ……………… ①778

something〈25〉 …… ①968

Something Strange This Way ……… ①881

SOMPO GUIDE TOKYO ……… ①651

SOMPO GUIDE TOKYO 旅行指南：東京 ……………… ①666

SONY α6500 基本＆応用撮影ガイド …… ①254

Sound 君に捧げる恋のカノン ……… ①1142

SOU・SOU京菓子あそび ……………… ②25

SPAGHETTI & CO ・①69

SPA IN LIFE 美しい日本のスパのかたち ②29

SPEAK ENGLISH WITH ME！ …… ①642

SPECT基礎読本 … ②734

SPI問題集 決定版〈2019年度版〉 … ①295

SPI3英語能力検査こんだけ！〈2019年度版〉 ……………… ①295

SPI3言語能力検査こんだけ！〈2019年度版〉 ……………… ①295

SPI3「構造的把握力検査」攻略ハンドブック〈2018年版〉 … ①295

SPI3性格適性検査こんだけ！〈2019年度版〉 ……………… ①295

SPI3＆テストセンター出るとこだけ！ 完全対策〈2019年度版〉

……………… ①295

SPI3非言語能力検査こ んだけ！〈2019年度 版〉…………… ①295

SPI3非言語分野をひと つひとつわかりやす く。〈2019年度版〉… ①295

SPLASH☆RHYTHM ……………… ①779

Spring Data JPAプロ グラミング入門…… ②557

Spring Framework5 プ ログラミング入門… ②557

SPRINT最速仕事術 … ②357

SPSSでやさしく学ぶ統 計解析 ………… ②663

SPSSによるアンケート 調査のための統計処 理…………… ②663

SPSSによる実践統計分 析…………… ②663

SPSSによる心理統計 ……………… ①488

SQLポケットリファレ ンス ………… ②557

SREサイトリライアビ リティエンジニアリ ング ………… ②521

SRO〈7〉 ………… ①1096

S&S探偵事務所 最終兵 器は女王様 …… ①1106

SSS ……………… ①968

STプロフェッション ……………… ①1088

STARDUST☆REVUE 楽園音楽祭 完全取材 ブック ………… ①806

STARTUP（スタート アップ）起業家のリア ル …………… ②299

START UP刑法各論判 例50！ ………… ②214

STARTUP スタート アップ ………… ②299

START UP民法〈1〉 ……………… ②208

START UP 民法〈2〉 ……………… ②210

START UP 民法〈3〉 ……………… ②210

START UP民法〈5〉 ……………… ②208

START・UP COURSE FOR THE TOEIC L&R TEST ……………… ①660

STARTUP STUDIO ……………… ②299

Starvation ………… ①585

STAR WARS 99人のス トームトルーパー… ①795

STAR WARS スター・ ウォーズ空想科学読 本 …………… ①399

STAR WARS 日本のス ター・ウォーズグッ ズ魂 ………… ①288

STAR WARS もっと ウーキーをさがせ！ ……………… ①318

STATISTICAL HANDBOOK OF JAPAN〈2017〉 … ②274

Stay My Gold …… ①1008

STEP式消費税申告書の 作成手順〈平成29年 版〉 ………… ②406

STEP式 法人税申告書 と決算書の作成手順

〈平成29年版〉 … ②408

Storyで覚える！ TOEICテスト エッセ ンシャル英文法 … ①660

Studies in Language Sciences〈Volume 15 (December 2016)〉 ……………… ①622

Studies in Middle and Modern English … ①651

STYLE SNAP ……… ①31

Su - 27/30/33/34/35フ ル カラープロファイ ル写真集 ……… ②167

SubstancePainter入門 ……………… ②543

Success Course for the TOEIC Listening and Reading Test · ①660

Successful Steps for the TOEIC L&R Test A Topic - based Approach ……… ①660

Suicaが世界を制覇する ……………… ②514

SUPER - HUBS …… ②299

Surface完全大事典 "Windows10 Creators Update対応 版" ………… ②535

Surgery for Hyper- parathyroidism ……………… ②725

SURVIVE！「もしも」 を生き延びるサバイ バル手帖 ……… ①234

SUSHI MODOKI … ①65

SVGエッセンシャルズ ……………… ②522

sweet特別編集 sweet BALI ………… ①205

Sweet & Natural 手描 きでかわいいイラス トとフォントの素材 集 …………… ①881

Sweet Secret ……… ①1181

Swift実践入門……… ②557

Swift Playgroundsアプ リデビュー …… ②557

T式ブレインライティン グの教科書 …… ②515

T島事件………… ①1116

Tの衝撃………… ①1074

T - 1/T - 3/T - 4/T - 7写真集 ……… ②167

T2トレインスポッティ ング〈上〉 …… ①1328

T2トレインスポッティ ング〈下〉 …… ①1328

Tableauデータ分析 … ②535

TAC直前予想 FP技能 士1級 ……… ②485

TACネーム アリス 尖 閣上空10vs1 … ①1098

Taiwan guide 24H … ①205

TAKE OUTお持ち帰り のデザイン …… ②340

TAKER………… ①1105

tam - ramのお砂糖みた いな甘い刺しゅう … ①79

TAM'S WORKSの消し ゴムはんこ …… ①80

TANKRO KATO ILLUSTRATIONS： Captured Moments ……………… ①847

TARGET！ elementary …… ①642

TARGET！

intermediate …… ①642

TCP/IPネットワーク ステップアップラー ニング ………… ②527

TEKIYA 香具師…… ①261

TEMでひろがる社会実 装 …………… ①488

ten. …………… ①847

Tengu 天狗 …… ①1013

TensorFlow機械学習 クックブック …… ②557

ten to senの模様刺繍 ··①79

ten to senの模様づくり ……………… ①881

TETON ………… ②29

Thank You RAMONES ……… ①809

THE男前燻製レシピ77 ……………… ①65

THE財木琢磨 ……… ①779

theチャレンジャー 〈2018〜2019〉 … ①744

THE南海電鉄……… ②436

Theハワイアンスイーツ &デリ ………… ①65

THE阪急電鉄……… ②436

THE AGRICULTURAL MONGOLS: LAND RECLAMATION AND THE FORMATION OF MONGOLIAN VILLAGE SOCIETY IN MODERN CHINA ……………… ①651

THE ALFEE 終わらな い夢〈Vol.2〉 …… ①806

THE ALFEE 終わらな い夢〈Vol.3〉 …… ①806

THE ART OF 攻殻機 動隊 GHOST IN THE SHELL …… ①795

The Art of メアリと魔 女の花 ………… ①801

The Art of Computer Programming Volume 4A Combinatorial Algorithms Part1 日 本語版………… ②557

THE ART OF MYSTICAL BEASTS ……… ①827

The Balloon Animals アクティビティブッ ク …………… ①396

The Basics あなたらし い絵を描くために … ①864

THE BEATLES LYRICS 名作誕生 · ①809

THE BEST OF STAR WARS INSIDER · ①795

The Bill Gates Story ……………… ①651

THE Blue Bottle Craft of Coffee: Growing, Roasting, and Drinking, with Recipes ………… ①48

THE BOOK OF YOU ……………… ①105

The Brain Battler's Bible ………… ①980

The Brothers Karamazov …… ①651

The Collectors ANTHOLOGY 30th Anniversary Book

……………… ①806

The DevOpsハンド ブック ………… ②536

THE DOCUMENT OF 機動戦士ガンダ ム鉄血のオルフェン ズ〈2〉 ………… ①801

The Economist世界統 計年鑑〈2018〉 … ②271

The Effects of Explicit Reading Strategy Instruction on Student Strategy Use and Metacognitive Awareness Development …… ①651

The Effects of L1 and L2 Use in the L2 Classroom ……… ①736

The Fabric of the Modern Implantology …… ②759

The FASB 財務会計基 準審議会 ……… ②319

THE GLAMPING STYLE YURIEの週 末ソトアソビ …… ①234

The Global Leader 日 本企業は中国企業に アジアで勝てるの か？ ………… ②313

THE GOLDEN RULES ………… ①119

The GREATEST!! … ①779

THE HIGH ROAD TO THE TOEIC LISTENING AND READING TEST ……………… ①660

THE HUNTERS〈上〉 ……………… ①1345

THE HUNTERS〈下〉 ……………… ①1345

THE IDOLM@STER SideM 2nd Anniversary Book ……………… ①285

THE INSECTS OF JAPAN〈Vol.8〉 … ①696

The Japan Times News Digest〈2017.1 Vol.64〉 ……… ①651

THE KINFOLK ENTREPRENEUR： IDEAS for MEANINGFUL WORK ………… ②299

The Kitchen as Laboratory …… ①40

THE LEGEND OF ZELDA HYRULE ENCYCLOPEDIA ……………… ①285

THE MACH55GO WORKS 55×20 · ①881

THE MAN OF EXILE AKIRA ………… ①806

THE MEMBERS OF DRUM TAO …… ①774

THE MODS ……… ①806

THE NEW GATE 〈09.〉 ………… ①1175

THE NEWSPAPER ……………… ①774

The Nude〈Vol.2〉 … ①780

THE PIVOT アメリカ のアジア・シフト · ②137

THE PRIDE ……… ①242

the RAMEN BOOK ··①42

The Relationship between Financial Intermediations and Firm Performance ……………… ②267

THE RISING SUN · ①240

THE South Indian Vegetarian Kitchen ……………… ①65

THE WENGER REVOLUTION … ①231

THE WONDER MAPS 世界不思議地 図 …………… ①198

THE WORLD OF ANNA SUI（日本語 版）………… ①32

Things will get better over time ……… ①261

Thinking Outside the Bento Box 弁当箱か ら外を考えて …… ①262

THINK WILD あなた の成功を阻むすべて の難問を解決する · ②299

This is Suction Denture！……… ②759

Three Memorable and Noteworthy Speeches: Donald Trump, Hillary Clinton, and Barack Obama ドナルド・ト ランプ、ヒラリー・ク リントン、バラク・オ バマ 三人の記憶に残 る貴重なスピーチ · ①642

TIMBRE ………… ①779

Time goes by…永井博 作品集 ………… ①847

Timeless ………… ①779

TIMELINE タイムライ ン …………… ①318

TIME TALENT ENERGY ……… ②300

TIMSS2015算数・数学 教育/理科教育の国際 比較 ………… ①721

Tinkercadではじめる 3D・CAD …… ②604

TISSUE〈vol.03〉 … ①457

To Be The外道 …… ①240

TOEFLテスト完全英文 法 …………… ①660

TOEFLテスト ボキャ ブラリー＋例文3900 ……………… ①660

TOEFLテストiBT & ITP英単語…… ①660

TOEFL ITPテストリ スニング教本 …… ①660

TOEFL ITPテスト リーディング教本 · ①660

TOEICテスト英文法を ひとつひとつわかり やすく。……… ①660

TOEICテスト 新形式精 選模試 リスニング ……………… ①660

TOEICテスト 新形式精 選模試 リーディング ……………… ①660

TOEICテストに必要な 文法・単語・熟語が同 時に身につく本 … ①660

TOEICテストリスニン グをひとつひとつわ かりやすく。…… ①660

TOEICテストリスニン

グプラチナ講義････ ①660
TOEIC300点からの海
　外進出 ･････････････ ①661
TOEIC400点だった私
　が国際舞台で"デキる
　女"になれた理由 ･･ ①642
TOEIC L&Rテストい
　きなり600点！ ････ ①661
TOEIC L&Rテスト 英
　文法 ゼロからスコア
　が稼げるドリル ･･･ ①661
TOEIC L&Rテスト 書
　き込みドリル スコア
　500全パート入門編 ①661
TOEIC L&Rテスト 書
　き込みドリル スコア
　500フレーズ言いまわ
　し編 ･･･････････････ ①661
TOEIC L&Rテスト 書
　き込みドリル スコア
　500文法編 ･････････ ①661
TOEIC L&Rテスト 書
　き込みドリル スコア
　500ボキャブラリー編
　･･････････････････ ①661
TOEIC L&Rテスト 書
　き込みドリル スコア
　500リスニング編 ･･ ①661
TOEIC L&Rテスト 書
　き込みドリル スコア
　500リーディング編 ①661
TOEIC L&Rテスト書
　きこみノート 全パー
　ト攻略編 ･･･････････ ①661
TOEIC L&Rテスト 究
　極のゼミ〈Part2&1〉
　･･････････････････ ①661
TOEIC L&Rテスト 究
　極のゼミ〈Part3&4〉
　･･････････････････ ①661
TOEIC L&Rテスト究
　極のゼミ〈Part 5&6〉
　･･････････････････ ①661
TOEIC L&Rテスト 究
　極のゼミ〈Part 7〉 ①661
TOEIC L&Rテストこ
　れだけは解く！ プラ
　チナ問題集 ･･･････ ①661
TOEIC L&Rテストこ
　れ1冊で600点はとれ
　る！ ･････････････ ①661
TOEIC L&Rテスト至
　高の模試600問 ･･ ①661
TOEIC L&Rテスト集
　中ゼミPart1〜4 ･ ①661
TOEIC L&Rテスト集
　中ゼミPart 5&6 ･ ①661
TOEIC L&Rテスト集
　中ゼミPart 7 ････ ①661
TOEIC L&Rテスト新
　形式スピード攻略･ ①661
TOEIC L&Rテストス
　コアアップ完全対策
　･･････････････････ ①661
TOEIC L&Rテスト ゼ
　ロからの完全対策 ･ ①661
TOEIC L&Rテスト 超
　即効スコアUPテク
　ニック114 ･･･････ ①661
TOEIC L&Rテスト
　パート5、6攻略 ････ ①661
TOEIC L&Rテスト
　パート7攻略 ･･････ ①661
TOEIC L&Rテスト必
　勝ダブル模試 ･････ ①661
TOEIC L&Rテスト プ
　ライム模試400問 ･･ ①661

TOEIC L&Rテスト本
　番攻略模試600問 ･･ ①661
TOEIC L&Rテスト リ
　スニングスピード攻
　略 ･････････････････ ①661
TOEIC L&Rテスト レ
　ベル別問題集 470点
　突破 ･･･････････････ ①661
TOEIC L&Rテスト レ
　ベル別問題集 600点
　突破 ･･･････････････ ①661
TOEIC L&Rテスト レ
　ベル別問題集 730点
　突破 ･･･････････････ ①662
TOEIC L&Rテスト レ
　ベル別問題集 860点
　突破 ･･･････････････ ①662
TOEIC L&Rテスト レ
　ベル別問題集 990点
　制覇 ･･･････････････ ①662
TOEIC L&Rテスト600
　点攻略ルールブック
　･･････････････････ ①662
TOEIC L&Rテスト800
　点攻略ルールブック
　･･････････････････ ①662
TOEIC L&Rテスト990
　点攻略ルールブック ①662
TOEIC L&R TEST初
　心者特急パート1・2
　･･････････････････ ①662
TOEIC L&R TEST
　パート1・2特急難化
　対策ドリル ･･･････ ①662
TOEIC L&R TEST
　パート3・4特急〈2〉
　･･････････････････ ①662
TOEIC L&R TEST
　パート3・4特急実力
　養成ドリル ･･･････ ①662
TOEIC L&R TEST
　パート6特急 新形式
　ドリル ･･･････････ ①662
TOEIC L&R TEST標
　準模試〈2〉 ･･･････ ①662
TOEIC L&R TEST
　ベーシックアプロー
　チ ･････････････････ ①662
TOEIC L&R TEST
　900点特急 パート
　5&6 ･･･････････････ ①662
TOEIC SPEAKINGテ
　スト問題集 ･･･････ ①662
TOEIC TEST 必ず☆
　でる単スピードマス
　ター 上級編 ･･･････ ①662
TOEIC TEST 必ず☆
　でる読解スピードマ
　スター ･･･････････ ①662
TOEIC TEST短期集中
　リスニング
　TARGET 600 NEW
　EDITION ･･･････ ①662
TOEIC TEST短期集中
　リスニング
　TARGET 900 NEW
　EDITION ･･･････ ①662
TOEIC TEST長文読解
　TARGET600 NEW
　EDITION ･･･････ ①662
TOEIC TEST長文読解
　TARGET900 NEW
　EDITION ･･･････ ①662
TOEIC TESTリスニン
　グスピードマスター
　NEW EDITION ･･ ①662
TOEIC TESTリスニン
　グ出るとこだけ！ ･ ①662
TOEIC TESTリーディ
　ング問題集 NEW

EDITION ･･･････ ①662
TOEIC WRITINGテ
　スト問題集 ･･･････ ①662
TOKYO海月通信 ･･･ ①952
TOKYO芸能帖 ･････ ①774
TOKYO坂道散歩なび
　･･････････････････ ①187
TOKYO+（プラス）ひ
　ときわ輝く商店街･ ①162
TOKYO COOL
　JAPAN
　EXPERIENCE ･･ ①187
Tokyo Sketch ･･･ ①847
Tokyo TDC〈Vol.28〉
　･･････････････････ ①881
TOKYO TOWER
　JUNCTION ･･･ ①261
TOKYO WATER
　TOWER ･･･････ ②615
To LOVEる - とらぶる
　- シリーズ10周年ア
　ニバーサリーブック
　とらぶるくろにくる
　･･････････････････ ①858
TOMIOKA世界遺産会
　議BOOKLET〈8〉･･ ②92
TOMOTOMO BASIC
　SERIES〈VOL.03〉
　･･･････････････････ ①24
Too Fabulous･･･････ ①779
TOSHIYUKI ･･････ ①779
TOTOの就活ハンド
　ブック〈2019年度版〉
　･･････････････････ ①293
Touch the forest,
　touched by the
　forest. ････････････ ①261
TOWN ･･･････････ ①261
TOYOTA NEXT
　ONE // LATIN
　AMERICA 2016 ･ ①261
TPP・FTAと公共政策
　の変質 ･･･････････ ②245
TQM実践ノウハウ集
　〈第1編〉 ･･･････ ②591
TQM実践ノウハウ集
　〈第2編〉 ･･･････ ②591
TQM実践ノウハウ集
　〈第3編〉 ･･･････ ②591
TRANSCULTURE:
　Transcending Time,
　Region and
　Ethnicity ･･･････ ①642
Transform 未来への道
　標（みちしるべ） ･･ ②300
Tree of Life ････････ ①825
Trend Watching〈2〉
　･･････････････････ ①648
TRENTE ･･･････････ ①779
trente ･･･････････ ①779
TRIBUTE TO
　OTOMO･･･････ ①847
TRIP TO ISAN ･･･ ①813
TRUE LOVE･･･････ ①144
True North リーダーた
　ちの羅針盤 ･･････ ②369
TSUKIJI
　WONDERLAND ･ ①261
turkフライパンクック
　ブック ･･･････････ ①65
TVアニメ 最遊記
　RELOAD BLAST
　オフィシャルプレ
　リュードブック ･･ ①801
TVアニメーション ひ
　とりじめマイヒー
　ロー オフィシャルプ
　レリュードブック ･ ①802
TVアニメ魔法少女育成
　計画オフィシャル

ファンブック ･････ ①802
TWILIGHT ･･･････ ①261
TWIN ROOM ･････ ①261
Twitterツイッター基本
　＆便利技 ･･･････ ②531
two〈上〉 ･･････ ①1167
two〈中〉 ･･････ ①1167
two〈下〉 ･･････ ①1167
TYPE・MOONの軌跡
　･･････････････････ ①774
TypeScript実践マス
　ター ･･･････････ ②557
TYRANOSCRIPTで
　はじめるノベルゲー
　ム制作 ･･･････････ ②557
Uターン日記 ･･･････ ①933
U理論 ･･･････････ ②375
U・CANのあそびミニ
　百科 0.1.2歳児 ･･ ①698
U・CANのあそびミニ
　百科 3.4.5歳児 ･･ ①698
U・CANの運行管理者
　「貨物」合格テキスト
　＆問題集〈2018年版〉
　･･････････････････ ②510
U・CANの乙種第1・
　2・3・5・6類危険物
　取扱者予想問題集 ②645
U・CANの介護福祉士
　書いて覚える！ ワー
　クノート〈2018年版〉
　･･････････････････ ②81
U・CANの介護福祉士
　過去3年問題集〈2018
　年版〉 ･･･････････ ②81
U・CANの介護福祉士
　これだけ！ 一問一答
　〈2018年版〉 ･･ ②81
U・CANの介護福祉士
　これだけ！ 要点まと
　め〈2018年版〉 ･･ ②81
U・CANの介護福祉士
　実力アップ！ 予想模
　試〈2018年版〉 ･･ ②81
U・CANの管理栄養士
　これでOK！ 要点ま
　とめ〈2018年版〉 ②784
U・CANの管理栄養士
　でる順！ ポケット過
　去〈2018年版〉 ②784
U・CANの気象予報士
　これだけ！ 一問一答
　＆要点まとめ ･････ ②645
U・CANの行政書士過
　去＆予想問題集〈2017
　年版〉 ･･･････････ ②239
U・CANの行政書士こ
　れだけ！ 一問一答集
　〈2017年版〉 ･･ ②239
U・CANの行政書士 こ
　れだけ！ 一問一答集
　〈2018年版〉 ･･ ②239
U・CANの行政書士 は
　じめてレッスン〈2018
　年版〉 ･･･････････ ②239
U・CANのケアマネ
　ジャー 書いて覚え
　る！ ワークノート
　〈2017年版〉 ･･ ②81
U・CANのケアマネ
　ジャー過去5年問題集
　〈2017年版〉 ･･ ②81
U・CANのケアマネ
　ジャーこれだけ！ 一
　問一答〈2017年版〉･･②81
U・CANのケアマネ
　ジャーこれだけ！ 要
　点まとめ〈2017年版〉
　････････････････ ②82

U・CANのケアマネ
　ジャー速習レッスン
　〈2017年版〉 ･･ ②82
U・CANのケアマネ
　ジャーはじめてレッ
　スン〈2018年版〉 ･･ ②82
U・CANのケアマネ
　ジャー 2017徹底予想
　模試〈2017年版〉 ･･ ②82
U・CANの国内・総合
　旅行業務取扱管理者
　速習レッスン〈2017年
　版〉 ･･･････････ ②469
U・CANの国内旅行業
　務取扱管理者過去問
　題集〈2017年版〉 ②469
U・CANの個人情報保
　護士 ･･･････････ ②510
U・CANの社会福祉士
　書いて覚える！ ワー
　クノート〈2018年版〉
　････････････････ ②82
U・CANの社会福祉士
　これだけ！ 一問一答
　＆要点まとめ〈2018年
　版〉 ･･････････････ ②82
U・CANの社会福祉士
　これだけは解いてお
　きたい！ 直近3年450
　問＋厳選過去150問
　〈2018年版〉 ･･ ②82
U・CANの社会福祉士
　まとめてすっきり！
　よくでるテーマ88
　〈2018年版〉 ･･ ②82
U・CANの社労士過去
　＆予想問題集〈2018年
　版〉 ･･････････････ ②503
U・CANの社労士基礎
　完成レッスン〈2018年
　版〉 ･･･････････ ②503
U・CANの社労士これ
　だけ！ 一問一答集
　〈2018年版〉 ･･ ②503
U・CANの社労士速習
　レッスン〈2018年版〉
　････････････････ ②503
U・CANの社労士 直前
　総仕上げ模試〈2017年
　版〉 ･･･････････ ②503
U・CANの証券外務員
　一種速習レッスン
　〈'17〜'18年版〉････ ②485
U・CANの証券外務員
　一種・二種 これだ
　け！ 一問一答集〈'17
　〜'18年版〉 ･･ ②510
U・CANの証券外務員
　一種予想問題集〈'17
　〜'18年版〉 ･･ ②485
U・CANの数学検定準1
　級 ステップアップ問
　題集 ･･･････････ ②656
U・CANの数学検定準2
　級 ステップアップ問
　題集 ･･･････････ ②656
U・CANの数学検定2級
　ステップアップ問題
　集 ･････････････ ②656
U・CANの数学検定3級
　ステップアップ問題
　集 ･････････････ ②656
U・CANの数学検定4級
　ステップアップ問題
　集 ･････････････ ②656
U・CANの数学検定5級
　ステップアップ問題
　集 ･････････････ ②656
U・CANの製作・造形

ミニ百科‥‥‥‥‥①698
U・CANの総合旅行業
　務取扱管理者過去問
　題集〈2017年版〉‥②469
U・CANの第3種冷凍機
　械責任者合格テキス
　ト&問題集‥‥‥②645
U・CANの宅建士過去
　10年問題集〈2017年
　版〉‥‥‥‥‥‥②499
U・CANの宅建士これ
　だけ！一問一答集
　〈2017年版〉‥‥②499
U・CANの宅建士速習
　レッスン〈2018年版〉‥②500
U・CANの宅建士テー
　マ別問題集〈2018年
　版〉‥‥‥‥‥‥②500
U・CANの宅建士まん
　が入門〈2018年版〉‥②500
U・CANの調理師過去
　&予想問題集〈2017年
　版〉‥‥‥‥‥‥②510
U・CANの調理師これ
　だけ！一問一答
　〈2017年版〉‥‥②510
U・CANの調理師重要
　過去問&予想模試2回
　〈2018年版〉‥‥②510
U・CANの調理師速習
　レッスン〈2017年版〉‥②510
U・CANの調理師速習
　レッスン〈2018年版〉‥②510
U・CANの登録販売者
　速習テキスト&重要
　過去問題集‥‥‥②782
U・CANの販売士検定2
　級速習テキスト&問
　題集‥‥‥‥‥‥②504
U・CANの福祉住環境
　コーディネーター2級
　これだけ！一問一答
　&要点まとめ〈2017年
　版〉‥‥‥‥‥‥②82
U・CANの福祉住環境
　コーディネーター2級
　速習レッスン〈2017年
　版〉‥‥‥‥‥‥②82
U・CANの福祉住環境
　コーディネーター2級
　テーマ別過去問題
　&模試〈2017年版〉‥②82
U・CANの福祉住環境
　コーディネーター3級
　速習レッスン〈2017年
　版〉‥‥‥‥‥‥②82
U・CANの福祉住環境
　コーディネーター3級
　テーマ別過去問題
　&模試〈2017年版〉‥②82
U・CANの保育士 過去
　&予想問題集〈2018年
　版〉‥‥‥‥‥‥①764
U・CANの保育士これ
　だけ！一問一答&要
　点まとめ〈2018年版〉
　‥‥‥‥‥‥‥①764
U・CANの保育士速習
　レッスン〈2018年版
　上〉‥‥‥‥‥‥①764
U・CANの保育士速習
　レッスン〈2018年版
　下〉‥‥‥‥‥‥①764
U・CANの保育士はじ
　めてレッスン〈2018年
　版〉‥‥‥‥‥‥①764

U・CANのマンション
　管理士・管理業務主任
　者ここが出る！重要
　論点スピードチェッ
　ク〈2017年版〉‥②496
U・CANのマンション
　管理士・管理業務主
　任者はじめてレッス
　ン〈2017年版〉‥②496
U・CANのマンション
　管理士・管理業務主
　任者はじめてレッス
　ン〈2018年版〉‥②496
U・CANの2級ボイラー
　技士合格テキスト
　&問題集‥‥‥‥②630
UFOとローマ法王、そ
　して自然栽培‥‥①144
UIデザイナーのための
　Sketch入門&実践ガ
　イド‥‥‥‥‥②543
UMA水族館‥‥‥①344
UMA&ブキミ生物めい
　ろあそび190もん‥①441
undercover アンダーカ
　バー‥‥‥‥‥①1324
Understanding Our
　New Challenges‥①648
Understanding
　through pictures
　1000 KANJI イラス
　トで覚える漢字1000
　‥‥‥‥‥‥‥①637
Unityではじめるおもし
　ろプログラミング入
　門‥‥‥‥‥‥②557
UnityによるARゲーム
　開発‥‥‥‥‥②557
Unityネットワークゲー
　ム開発実践入門‥②557
Unityの教科書‥‥②557
Unityの寺子屋‥‥②533
Unity2017入門‥‥②557
UNIXプログラミング環
　境‥‥‥‥‥‥②547
unknown‥‥①261, ①779
UNLOCK‥‥‥‥①933
Unreal Engine〈4〉‥②543
UNTITLED
　RECORDS〈Vol.10〉
　‥‥‥‥‥‥‥①261
UNTITLED
　RECORDS〈Vol.12〉
　‥‥‥‥‥‥‥①261
UPSTARTS‥‥‥②300
USBオーディオデバイ
　スクラスの教科書‥②522
USUI KOIMARI
　COLLECTION‥①874
U.W.F.外伝‥‥‥①241
UX（ユーザー・エクス
　ペリエンス）虎の巻
　‥‥‥‥‥‥‥②536
V6 Road of 6 SEXY
　MEN‥‥‥‥‥①774
Van Gogh & Japan‥①830
vary‥‥‥‥‥‥①968
Vectorworksデザイン
　ブック‥‥‥‥②543
VEC YEARBOOK
　〈2016〉‥‥‥‥②274
VEGAS Movie Studio
　14 Platinumビデオ編
　集入門‥‥‥‥②543
VEGESUSHI‥‥①65
Vell's MAKEUP
　MAGIC‥‥‥‥①24
Venetia's Ohara
　Gardening Diary‥①269
Very LiLy‥‥‥‥①960
Vier Jahreszeiten‥①669

VIRONのバゲット‥‥①65
VISION LIFE STYLE
　BOOK‥‥‥‥①806
VisualBasic2017パー
　フェクトマスター‥②558
Visual C# 2017 パー
　フェクトマスター‥②559
Visual C++ 2017パー
　フェクトマスター‥②559
Visual Thinking with
　TouchDesigner‥②881
VLOOKUP関数のツボ
　とコツがゼッタイに
　わかる本‥‥‥②539
VOICE OF BLUE‥①813
VRインパクト‥‥②513
VRエンジニア養成読本
　‥‥‥‥‥‥‥②536
VRを気軽に体験 モバ
　イルVRコンテンツを
　作ろう！‥‥‥②522
VR（仮想現実）ビジネ
　ス成功の法則‥‥②300
VRコンテンツ開発ガイ
　ド〈2017〉‥‥②522
VR/AR医療の衝撃‥②725
VR for BUSINESS‥②300
VRMMO学園で楽しい
　魔改造のススメ‥①1254
VRMMO学園で楽しい
　魔改造のススメ〈2〉
　‥‥‥‥‥‥‥①1254
VRMMO学園で楽しい
　魔改造のススメ〈3〉
　‥‥‥‥‥‥‥①1254
VRMMOでサモナー始
　めました‥‥‥①1234
VRMMOの支援職人‥①1246
WA デザインの源流と
　形相‥‥‥‥‥②881
WAC（ワック）の星‥②164
WAC（ワック）の星〈2〉
　‥‥‥‥‥‥‥②164
WANDERING
　ANIMALS‥‥‥①77
WASHハウスの挑戦‥②426
Webアプリケーション
　構築‥‥‥‥‥②561
Web教材制作演習‥②514
Webコピーライティン
　グの新常識 ザ・マイ
　クロコピー‥‥②529
Webサイト、これから
　どうなるの？‥‥②527
Web制作会社年鑑
　〈2017〉‥‥‥②516
Web制作者のための
　Sassの教科書‥②557
Web担当者のためのセ
　キュリティの教科書
　‥‥‥‥‥‥‥②534
Webディレクションの
　新標準ルール‥②522
Webディレクションの
　新・標準ルール シス
　テム開発編‥‥②557
Webデザインのための
　Photoshop ＋
　Illustratorテクニック
　‥‥‥‥‥‥‥②543
Webテスト〈1〉‥‥②295
Webテスト〈2〉‥‥②295
WEBプロ年鑑〈'18〉‥①881
Webフロントエンドハ
　イパフォーマンス
　チューニング‥‥②522
Webマーケッターのた
　めの最新アルファ
　ベット略語辞典‥②339

Webマンガの技術‥①864
WEB+DB PRESS
　〈Vol.98〉‥‥‥②522
What makes KOREA
　insult JAPAN:
　Truth behind
　Korea's resentment
　over Japan‥‥①651
What's on Japan〈11〉
　‥‥‥‥‥‥‥①642
Where's Sam？ アク
　ティビティブック‥①396
While Leaves Are
　Falling…‥‥‥①261
Wi-Fiのすべて
　〈2018〉‥‥‥②527
Wi-Fi/Bluetooth/
　ZigBee無線用
　Raspberry Piプログ
　ラム全集‥‥‥②557
WILD・HUNTER猟
　〈上〉‥‥‥‥①953
WILD・HUNTER猟
　〈下〉‥‥‥‥①953
Windowsコンテナ技
　術入門‥‥‥‥②546
Windows自動処理のた
　めのWSHプログラミ
　ングガイド JScript/
　VBScript対応‥②557
Windowsでできる 小さ
　な会社のLAN構築・
　運用ガイド‥‥②527
Windows10‥‥‥②562
Windows10基本技‥②546
Windows10（試験番号：
　70-697）スピードマ
　スター問題集‥‥②563
Windows10はじめる
　&楽しむ 100％入門ガ
　イド‥‥‥‥‥②546
Windows10 パーフェク
　トマニュアル‥②546
WindowScape〈3〉‥②615
Windows PowerShell実
　践システム管理ガイ
　ド‥‥‥‥‥‥②546
Windows Server 2016
　ネットワーク構築・
　管理ガイド‥‥②528
Windows Server2016
　パーフェクトマス
　ター 最新版‥‥②546
Windows Sysinternals
　徹底解説‥‥‥②546
WingWing‥‥‥①779
Winning Presentations
　‥‥‥‥‥‥‥①648
WIN・WIN・WIN‥②514
Wir kommen aus
　Deutschland‥‥①669
withクロスワード〈1〉
　‥‥‥‥‥‥‥②277
WOLF‥‥‥‥①1090
WOMAN‥‥‥‥①806
Wonderful Story‥①980
Wonderland of Paper
　Cutting‥‥‥①867
WONDER MOVE 古
　代文明のふしぎ‥①426
WordPress入門講座‥②543
WordPressのツボとコ
　ツがゼッタイにわか
　る本‥‥‥‥‥②537
WordPressユーザーの
　ためのPHP入門‥②557
WordPress AMP対応
　モダンWeb制作レッ
　スンブック‥‥②557
wreath‥‥‥‥①261
WTO体制下の中国農

業・農村問題‥‥②449
WW2戦車塗装図集‥②167
WWS導入と運用のため
　の99の極意‥‥②590
X線結晶学入門‥‥②673
X線の非線形光学‥②668
X線・光・中性子散乱の
　原理と応用‥‥②673
X線分析の進歩（48）‥②600
Xプライズ 宇宙に挑む
　男たち‥‥‥‥②625
X-01エックスゼロワ
　ン〈2〉‥‥‥①1146
XAFSの基礎と応用‥②673
Xamarinエキスパート
　養成読本‥‥‥②522
Xamarinではじめるス
　マホアプリ開発‥②557
Xamarinネイティブに
　よるモバイルアプリ
　開発‥‥‥‥‥②557
Xamarinプログラミン
　グ入門‥‥‥‥②557
XCNクロスチェック付
　きなぜなぜ分析‥②591
XTCコンプリケイテッ
　ド・ゲーム‥‥①802
xVAチャレンジ‥‥②381
Y駅発深夜バス‥‥①1069
YaYa！歩くオヂさん
　祖母・傾・大崩山‥①185
YBSててて！TV はら
　ペコ横丁！ そのいち
　‥‥‥‥‥‥‥①42
「YES」と言わせる日本
　‥‥‥‥‥‥‥②146
YKKの流儀‥‥‥②306
YOKU‥‥‥‥‥①779
YOROIを脱いで…‥②37
YOROZU‥‥‥‥①996
YOSAKOIソーラン娘
　‥‥‥‥‥‥‥①1006
YOSHIE MODE‥‥①779
YouTube投稿&集客プ
　ロ技セレクション‥②529
YouTuberマガジン特別
　編集 U・FES.オフィ
　シャルブック‥①774
Y: THE LAST MAN
　〈2〉‥‥‥‥①858
Y: THE LAST MAN
　〈3〉‥‥‥‥①858
Y: THE LAST MAN
　〈4〉‥‥‥‥①858
Y: THE LAST MAN
　〈5〉‥‥‥‥①858
YUKI‥‥‥‥‥①779
yuuka‥‥‥‥‥①779
Yuzukoのぷくぷくマス
　コット160‥‥①77
ZBrushCoreスカルプト
　ガイドブック‥②543
ZBrushCore超入門講座
　‥‥‥‥‥‥‥②543
「ZBrush Core」でつく
　るフィギュア原型‥②543
ZERO BUGS‥‥②557
ZIGZAG HOUSE‥①20
Zoo（ズー）っとたの
　しー！動物園‥②693
Zoomオンライン革命！
　‥‥‥‥‥‥‥②514
Zoom in 大野智‥①774
Zoom in 櫻井翔‥①774
Zoom in 二宮和也‥①774
Zoom in 相葉雅紀‥①774
Zoom in 松本潤‥①774
ZUTTOMO〈3〉‥①261

協力出版社一覧

（五十音順）

あかね書房 〒101-0065 千代田区西神田 3-2-1 千代田ファーストビル南館 1 階

秋田書店 〒102-8101 千代田区飯田橋 2-10-8

アクアハウス 〒101-0065 千代田区西神田 3-3-9 大洋ビル

アーク出版 〒162-0843 新宿区市谷田町 2-23 第三三幸ビル 2 階

浅川書房 〒113-0033 文京区本郷 2-29-7 大谷ビル 4F

朝倉書店 〒162-8707 新宿区新小川町 6-29

旭書房 〒105-0021 港区東新橋 2-7-8

朝日新聞出版 〒104-8011 中央区築地 5-3-2

明日香出版社 〒112-0005 文京区水道 2-11-5

校倉書房 〒169-0051 新宿区西早稲田 1-1-3

アーツアンドクラフツ 〒101-0051 東京都千代田区神田神保町2-7-17 昭和ビル5F

アートボックスインターナショナル 〒160-0023 新宿区西新宿 6-12-7 ストーク新宿 10 階 1003

アルク 〒102-0073 千代田区九段北 4-2-6

家の光協会 〒162-8448 新宿区市谷船河原町 11

池田書店 〒162-0851 新宿区弁天町 43

和泉書房 〒265-0053 千葉市若葉区野呂町 1794-5

井上書院 〒113-0034 文京区湯島 2-17-15 斎藤ビル 4F

E-prost 〒530-0001 大阪市北区梅田 2-2-2 ヒルトンプラザウエストオフィスタワー 19F

いろは出版 〒606-0032 京都市左京区岩倉南平岡町 74

岩波書店 〒101-8002 千代田区一ツ橋 2-5-5

インターブックス 〒102-0073 千代田区九段北 1-5-10 九段クレストビル 6 階

インターリンクプランニング 〒150-0035 渋谷区鉢山町 15-5 セダストーンヴィラ 4 階

インプレス 〒101-0051 千代田区神保町 1-105 神保町三井ビルディング

潮書房光人新社 〒102-0073 千代田区九段北 1-9-11

芸艸堂 〒113-0034 文京区湯島 1-3-6

運動と医学の出版社 〒216-0033 川崎市宮前区宮崎 2-7-51 リーセントパレス宮崎 203

エイアンドエフ 〒110-0005 新宿区新宿 6-27-56 新宿スクエア 4F

英治出版 〒150-0022 渋谷区恵比寿南 1-9-12 ピトレスクビル 4F

エクスナレッジ 〒106-0032 港区六本木 7-2-26

NHK 出版 〒150-8081 渋谷区宇田川町 41-1

NTT 出版 〒141-8654 品川区上大崎 3-1-1 JR 東急目黒ビル 7F

エムピージェー 〒221-0001 横浜市神奈川区西寺尾 2-7-10 太南ビル 2 階

エンスー CAR ガイド 〒332-0001 埼玉県川口市朝日 4-9-3

オイル・リポート社 〒101-0047 千代田区内神田 1-18-11 東京ロイヤルプラザ 310

桜雲社 〒160-0023 新宿区西新宿 8-12-1 ダイヤモンドビル

おうふう 〒101-0051 千代田区神田神保町 1-54 英光ビル 201

旺文社 〒162-8680 新宿区横寺町 55

大泉書店 〒162-0805 新宿区矢来町 27

大月書店 〒113-0033 文京区本郷 2-11-9

オーム社 〒101-8460 千代田区神田錦町 3-1

カエルム 〒150-0042 渋谷区宇田川町 14-13

学文社 〒153-0064 目黒区下目黒 3-6-1

風間書房 〒101-0051 千代田区神田神保町 1-34

学研プラス 〒141-8415 品川区西五反田 2-11-8

学校図書 〒114-0001 北区東十条 3-10-36

KADOKAWA 〒102-8177 千代田区富士見 2-13-3

神奈川新聞社 〒231-8445 横浜市中区太田町 2-23

金沢倶楽部 〒921-8562 金沢市泉野出町 2-22-12

カナリアコミュニケーションズ 〒141-0031 品川区西五反田 6-2-7 ウエストサイド五反田ビル 3F

ガリバープロダクツ 〒730-0031 広島市中区紙屋町 1-1-17

カンゼン 〒101-0021 千代田区外神田 2-7-1 開花ビル 4F

企業組合建築ジャーナル 〒101-0032 千代田区岩本町 3-2-1 共同ビル 4F

きずな出版 〒169-0051 新宿区白銀町 1-13

紀伊國屋書店出版部 〒153-8504 目黒区下目黒 3-7-10

キノブックス 〒163-1309 新宿区西新宿 6-5-1 新宿アイランドタワー 9 階

岐阜新聞情報センター 〒500-8822 岐阜市今沢町 12 岐阜新聞社別館 4 階

キャドワークス 〒815-0041 福岡市南区野間 4-22-2 コスモ野間大池 501

教育出版 〒101-0051 千代田区神田神保町 2-10

教英出版 〒422-8054 静岡市駿河区南安倍 3-12-28

共立出版 〒112-8700 文京区小日向 4-6-19

杏林図書 〒114-0024 北区西ヶ原 3-46-10

近代科学社 〒162-0843 新宿区市谷田町 2-7-15

近代文藝社 〒112-0015 文京区目白台 2-13-2

金の星社 〒111-0056 台東区小島 1-4-3

グスコー出版 〒140-0014 品川区大井 1-23-7-405

国元書房 〒113-0034 文京区湯島 3-28-18-605

くもん出版 〒108-8617 港区高輪 4-10-18 京急第 1 ビル 13F

グラフィス 〒108-0073 港区三田 1-1-15 三田ソネットビル 4 F

グリーンプレス 〒156-0044 世田谷区赤堤 4-36-19 uk ビル 2 階

クレヴィス 〒150-0002 渋谷区渋谷 1-1-11 青山 SI ビル 5F

経済界 〒105-0001 港区虎ノ門 1-17-1 虎ノ門第 5 森ビル 4 階

啓文社 〒133-0056 江戸川区南小岩 6-10-5-101

研究社 〒102-8152 千代田区富士見 2-11-3

工学図書 〒113-0021 文京区本駒込 1-25-32

廣済堂あかつき 〒176-0021 練馬区貫井 4-1-44

廣済堂出版 〒104-0061 中央区銀座 3-7-6

光生館 〒112-0012 文京区大塚 3-11-2 音羽ビル七階

佼成出版社 〒166-8535 杉並区和田 2-7-1

光文社 〒112-8011 文京区音羽 1-16-6

弘文社 〒546-0012 大阪市東住吉区中野 2-1-27

克誠堂出版 〒113-0033 文京区本郷 3-23-5-202

コスモトゥーワン 〒171-0021 豊島区西池袋 2-39-6 鶴見ビル 8F

コスモピア 〒151-0053 渋谷区代々木 4-36-4 MC ビル 2F

梧桐書院 〒101-0024 千代田区神田和泉町 1-6-2-203

子どもの未来社 〒113-0033 文京区本郷 3-26-1 本郷宮田ビル 4F

ごま書房新社 VM 〒101-0031 千代田区東神田 1-5-5 マルキビル 7F

小峰書店 〒162-0066 新宿区市谷台町 4-15

コールサック社 〒173-0004 板橋区板橋 2-63-4-509

ころから 〒115-0045 北区赤羽 1-19-7

コロナ社 〒112-0011 文京区千石 4-46-10

作品社 〒102-0072 千代田区飯田橋 2-7-4

朔北社 〒191-0041 日野市南平 5-28-1

三一書房 〒101-0051 千代田区神田神保町 3-1-6

サンガ 〒101-0052 千代田区神田小川町 3-28-7 昇龍館ビル 501

三共出版 〒101-0051 千代田区神田神保町 3-2

産業図書 〒102-0072 千代田区飯田橋 2-11-3

三協法規出版 〒160-0022 新宿区新宿

1-27-1 クインズコート新宿 2 階

三賢社 〒113-0021 文京区本駒込 4-27-2

三省堂 〒101-8371 千代田区三崎町 2-22-14

サンマーク出版 〒169-0075 新宿区高田馬場 2-16-11 SLC ビル 5F

JMA アソシエイツ 〒141-0031 品川区西五反田 2-23-1 スペースエリア飯嶋 7F

J・リサーチ出版 〒166-0002 杉並区高円寺北 2-29-14 伊藤第二ビル 705 号

CQ 出版 〒112-8619 文京区千石 4-29-14 CQ ビル

詩想社 〒151-0073 渋谷区笹塚 1-57-5-302

実業之日本社 〒104-8233 中央区京橋 3-7-5

実務教育出版 〒163-8671 新宿区新宿 1-1-12

篠原出版新社 〒113-0034 文京区湯島 2-4-9 MD ビル 3F

柴田書店 〒113-8477 文京区湯島 3-26-9 イヤサカビル 3F

シービーアール 〒113-0033 文京区本郷 3-32-6 ハイヴ本郷 3F

清水書院 〒102-0072 千代田区飯田橋 3-11-6 清水書院サービス第 2 ビル

集英社 〒101-8050 千代田区一ツ橋 2-5-10

住宅新報社 〒105-0001 港区虎ノ門 3-11-15 SVAX TT ビル 3 階

集文館 〒162-0824 新宿区揚場町 2-16

出版ワークス 〒619-0237 兵庫県神戸市中央区磯辺通 3-1-2

主婦と生活社 〒104-8357 中央区京橋 3-5-7

主婦の友社 〒112-8675 文京区関口 1-44-10

樹立社 〒225-0002 横浜市青葉区美しが丘 2-20-17-303

春風社 〒220-0044 横浜市西区紅葉ケ丘 53 横浜教育会館 3F

しょういん 〒104-0061 東京都中央区銀座 1-19-6 都市エステートビル 4F

小学館 〒101-8001 千代田区一ツ橋 2-3-1

尚学社 〒113-0033 文京区本郷 1-25-7 中川ビル

祥伝社 〒101-8701 千代田区神田神保町 3-3

昭文社 〒102-8238 千代田区麹町 3-1

女子パウロ会 〒107-0052 港区赤坂 8-12-42

シルバーバック 〒160-0022 新宿区新宿 1-3-8 YKB 新宿御苑ビル 1001 号

新書館 〒113-0024 文京区西片 2-19-18

新水社 〒101-0051 千代田区神田神保町 2-20 アイエムビル 2F

新星出版社 〒110-0016 台東区台東 2-24-10

診断と治療社 〒100-0014 千代田区永田町 2-14-2 山王グランドビル 4F

新潮社 〒162-8711 新宿区矢来町 71

人文書院 〒612-8447 京都市伏見区竹田西内畑町 9

瑞雲舎 〒108-0074 港区高輪 2-17-12-302

Sweet Thick Omelet 〒101-0051 千代田区神田神保町 1-3-5 壽ビル 6F

聖教新聞社 〒160-8070 新宿区信濃町 18

生産性出版 〒102-8643 東京都千代田区平河町 2-13-12 生産性本部ビル内

青春出版社 〒162-0056 新宿区若松町 12-1

成美堂出版 〒162-8445 新宿区新小川町 1-7

清文社 〒530-0041 大阪市北区天神橋 2 丁目北 2-6 大和南森町ビル

誠文堂新光社 〒113-0033 文京区本郷 3-3-11 IPB お茶の水ビル

税務経理協会 〒161-0033 新宿区下落合 2-5-13

青林工藝舎 〒162-0054 新宿区河田町 3-15 河田町ビル 3F

世界文化社 〒102-8187 千代田区九段北 4-2-29

セブン＆アイ出版 〒102-8452 千代田区二番町 8-8

全国公私病院連盟 〒150-0001 渋谷区神宮前 2-6-1 食品衛生センター 4 階

総合法令出版 〒103-0001 中央区日本橋小伝馬町 15-18 常和小伝馬町ビル 9 階

草思社 〒160-0022 東京都新宿区 1-10-1 文芸社ビル 7F

第三書房 〒162-0805 新宿区矢来町 106

大学生協神戸事業連合 〒651-0063 神戸市中央区宮本通 7-1-13

大成出版社 〒156-0042 世田谷区羽根木 1-7-11

ダイナミックセラーズ出版 〒101-0051 千代田区神田神保町 3-2 青木ビル 7F

大日本絵画 〒101-0054 千代田区神田錦町 1-7

大洋図書 〒101-0065 千代田区西神田 3-3-9 大洋ビル

大和書房 〒112-0014 文京区関口 1-33-4

卓球王国 〒151-0072 渋谷区幡ケ谷 1-1-1 ニッコービル 3F

玉川大学出版部 〒194-8610 町田市玉川学園 6-1-1

太郎次郎社エディタス 〒113-0033 文京区本郷 4-3-4 明治安田生命本郷ビル 3 階

筑摩書房 〒111-8755 台東区蔵前 2-5-3

チャールズ・イー・タトル出版 〒141-0032 品川区大崎 5-4-12 八重苅ビル 3 階

中央公論新社 〒104-8152 千代田区大手町 1-7-1 読売新聞ビル 19 階

中央法規出版 〒110-0016 台東区台東 3-29-1 中央法規ビル

汐文社 〒102-0071 千代田区富士見 2-13-3 角川第二本社ビル 2F

ディスカヴァー・トゥエンティワン 〒102-0093 千代田区平河町 2-16-1 平河町森タワー 11F

鉄人社 〒102-0074 千代田区九段南 3-4-5 フタバ九段ビル 4F

テーミス 〒102-0082 千代田区一番町 13-15 一番町 KG ビル

電気書院 〒151-0063 渋谷区富ケ谷 2-2-

17 電気書院ビル

東京キララ社 〒101-0051 千代田区神田神保町 1-38-1

東京書籍 〒114-8524 北区堀船 2-17-1

東京創元社 〒162-0814 新宿区新小川町 1-5

東京電機大学出版局 〒101-0047 千代田区内神田 1-14-8

東京堂出版 〒101-0051 千代田区神田神保町 1-17-5F

童心社 〒112-0011 文京区千石 4-6-6

刀水書房 〒101-0065 千代田区西神田 2-4-1 東方学会本館

同文書院 〒112-0002 文京区小石川 5-24-3

東洋館出版社 〒113-0021 文京区本駒込 5-16-7

東洋経済新報社 〒103-8345 中央区日本橋本石町 1-2-1

童話屋 〒166-0016 杉並区成田西 2-5-8

徳間書店 〒105-8055 港区芝大門 2-2-1

都政新報社 〒160-0023 新宿区西新宿 7-23-1 TS ビル 6F

ドーマン研究所 〒103-0013 中央区日本橋人形町 1-1-22-501

トランスビュー 〒103-0007 中央区日本橋浜町 2-10-1 日伸ビル 2F

トランスメディア 〒153-0051 目黒区上目黒 3-6-18 TY ビル 6F

ドレミ楽譜出版社 〒171-0033 豊島区高田 3-36-4 クリエイティヴ・ボックス・ビル

内外出版社 〒110-0016 台東区台東 4-19-9

永岡書店 〒176-8518 練馬区豊玉上 1-7-14

南雲堂 〒162-0801 新宿区山吹町 361

ナチュラルスピリット 〒107-0062 港区南青山 5-1-10 南青山第一マンションズ 602

二玄社 〒113-0021 文京区本駒込 6-2-1

西田書店 〒101-0051 千代田区神田神保町 2-34 山本ビル 2F

西日本出版社 〒564-0044 吹田市南金田 1-11-11 ハイツパルクシュトラーセ 202 号

日科技連出版社 〒151-0051 渋谷区千駄ケ谷 5-15-5 DS ビル

日東書院本社 〒160-0022 新宿区新宿 2-15-14 辰巳ビル

日販アイ・ピー・エス 〒113-0034 文京区湯島 1-3-4 4F

日本教文社 〒107-8674 港区赤坂 9-6-44

日本経済評論社 〒101-0062 千代田区神田駿河台 1-7-7 白揚第2 ビル

日本実業出版社 〒162-0845 新宿区市谷本村町 3-29 ポーキャスト市ケ谷

日本テレビ放送網 〒105-7444 港区東新橋 1-6-1

日本電気協会新聞部 〒100-0006 千代田区有楽町 1-7-1 有楽町電気ビル北館

日本図書センター 〒112-0012 文京区大塚 3-8-2

日本能率協会マネジメントセンター 〒103-6009 中央区日本橋 2-7-1 東京日

本橋タワー

日本ビジネスプラン 〒114-0005 北区栄町 1-1

日本プランニングセンター 〒271-0064 松戸市上本郷 2760-2

日本文芸社 〒101-8407 千代田区神田神保町 1-7 NSE ビル

日本法令 〒101-0032 千代田区岩本町 1-2-19

日本理工出版会 〒167-0023 杉並区上井草 4-16-12

ニュートンプレス 〒112-0012 東京都文京区大塚 3-11-6 大日本図書大塚三丁目ビル 6F

人間社 〒464-0850 名古屋市千種区今池 1-6-13 今池スタービル 2F

ネイチュアエンタープライズ 〒550-0013 大阪市西区新町 2-2-2

ネットワーク『地球村』〒530-0027 大阪市北区堂山町 1-5 大阪合同ビル 301 号

ネルケプランニング 〒151-0073 目黒区東山 1-2-2 目黒東山スクエアビル

白泉社 〒101-0063 千代田区神田淡路町 2-2-2

バジリコ 〒130-0022 墨田区江東橋 3-1-3 錦糸町タワーズ

ハースト婦人画報社 〒107-0062 港区南青山 3-8-38 南青山東急ビル 3 階

原書房 〒160-0022 新宿区新宿 1-25-13

ぱる出版 〒160-0011 新宿区若葉 1-9-16

ハーレクイン 〒101-0021 千代田区外神田 3-16-8 秋葉原三和東洋ビル 7 階

パワー社 〒171-0051 豊島区長崎 3-29-2

万来舎 〒102-0072 千代田区飯田橋 2-1-4 九段セントラルビル 803

ピエ・ブックス 〒170-0005 豊島区南大塚 2-32-4

美学出版 〒164-0011 中野区中央 2-4-2 第 2 豊明ビル

ひかりのくに 〒543-0001 大阪市天王寺区上本町 3-2-14

ビーケイシー 〒102-0074 千代田区九段南 4-5-11 富士ビル 6F

ビジネス社 〒162-0805 新宿区矢来町 114 神楽坂高橋ビル 5 階

美術出版社 〒102-8026 千代田区五番町 4-5 五番町コスモビル 2 階

日之出出版 〒104-8505 中央区八丁堀 4-6-5

評論社 〒162-0815 新宿区筑土八幡町 2-21

PILAR PRESS 〒113-0034 東京都文京区湯島 2-16-9 ちどりビル 302 号

ビワコ・エディション 〒520-0531 大津市水明 2-1-3

風土社 〒101-0065 千代田区西神田 1-3-6 UETAKE ビル 3F

風媒社 〒460-0013 名古屋市中区上前津 2-9-14 久野ビル

フェーズシックス 〒116-0003 荒川区南千住 3-41-2-206

福音館書店 〒113-8686 文京区本駒込 6-6-3

冨山房 〒101-0051 千代田区神田神保町 1-3 冨山房ビル B1

婦人之友社 〒171-8510 豊島区西池袋 2-20-16

扶桑社 〒105-8070 港区芝浦 1-1-1 浜松町ビルディング 10 階

二見書房 〒101-8405 千代田区三崎町 2-18-11 堀内三崎町ビル

ブックマン社 〒101-0065 千代田区西神田 3-3-5 朝日出版社内

プリメド社 〒532-0003 大阪市淀川区宮原 4-4-63 新大阪千代田ビル別館 6F

ブレインキャスト 〒107-0062 港区青山 2-2-15 ウィン青山 1218

フレグランスジャーナル社 〒102-0072 千代田区飯田橋 1-5-9 精文館ビル 1F

プレジデント社 〒102-8641 千代田区平河町 2-16-1

フレーベル館 〒113-8611 文京区本駒込 6-14-9 平河町森タワー 13 階

プログレス 〒160-0022 新宿区新宿 1-12-12 オスカテリーナ 5F

ぶんか社 〒102-8405 千代田区一番町 29-6

文化出版局 〒151-8524 渋谷区代々木 3-22-1 文化学園 G 館

文化書房博文社 〒112-0015 文京区目白台 1-9-9

文化創作出版 〒150-0041 渋谷区神南 1-4-2 神南ハイム 4F

文藝春秋 〒102-8008 千代田区紀尾井町 3-23

平凡社 〒101-0051 千代田区神田神保町 3-29

ベストセラーズ 〒170-8457 豊島区南大塚 2-29-7

ベターホーム協会 〒150-8363 渋谷区渋谷 1-15-12

ベネッセコーポレーション 〒206-8686 多摩市落合 1-34

勉誠出版 〒101-0051 千代田区神田神保町 3-10-2

保育社 〒532-0003 大阪市淀川区宮原 3-4-30 ニッセイ新大阪ビル 16 階

法学書院 〒112-0015 文京区目白台 1-8-3

法藏館 〒600-8153 京都市下京区正面通烏丸東入

保健同人社 〒102-8155 千代田区一番町 4-4

北海道新聞社 〒060-8711 札幌市中央区大通西 3-6

ポプラ社 〒160-8565 新宿区大京町 22-1 HAKUYOH ビル

ほるぷ出版 〒101-0051 東京都千代田区神田神保町 3-2-6 丸元ビル 9F

毎日新聞出版 〒102-0074 千代田区九段南 1-6-17 千代田会館

毎日ワンズ 〒101-0061 千代田区三崎町 3-10-21

マガジンハウス 〒104-8003 中央区銀座 3-13-10

まどか出版 〒113-0022 文京区千駄木 5-19-5 浄風会館内

マトマ商事 〒248-0005 鎌倉市雪ノ下 3-9-5-1

マネジメント社 〒101-0052 千代田区神田小川町 2-3-13 M&C ビル 3F

Marihime Word Japan 〒399-4117 長野県駒ヶ根市赤穂 5055 － 6

丸善出版 〒101-0051 千代田区神田神保町 2-17 神田神保町ビル 6F

ミシマ社 〒152-0035 目黒区自由が丘 2-6-13

みすず書房 〒113-0033 東京都文京区本郷 2-20-7

ミュージアム図書 〒104-0052 中央区月島 3-27-15 サンシティ銀座 EAST606

民衆社 〒113-0033 文京区本郷 4-5-9 ダイアパレス真砂 901

武蔵野美術大学出版局 〒180-8566 武蔵野市吉祥寺東町 3-3-7

明治書院 〒169-0072 新宿区大久保 1-1-7 高木ビル 2F

明星大学出版部 〒191-8506 日野市程久保 2-1-1

芽ばえ社 〒113-0033 文京区本郷 3-26-1 本郷宮田ビル 4 階

モダン出版 〒113-0034 文京区湯島 3-19-11 湯島ファーストビル

森北出版 〒102-0071 千代田区富士見 1-4-11 九段富士見ビル 2 階

山川出版社 〒101-0047 千代田区内神田 1-13-13

山と溪谷社 〒101-0051 千代田区神田神保町 1-105 神保町三井ビルディング

雄山閣出版 〒102-0071 千代田区富士見 2-6-9

ユサブル 〒103-0014 中央区日本橋蛎殻町 2-13-5

ゆまに書房 〒101-0047 千代田区内神田 2-7-6 ゆまにビルディング

養賢堂 〒113-0033 文京区本郷 5-30-15

吉川弘文館 〒113-0033 文京区本郷 7-2-8

読売新聞社 〒100-8055 千代田区大手町 1-7-1

ラトルズ 〒102-0083 千代田区麹町 1-8-14 麹町 YK ビル 3 階

理想社 〒162-0802 新宿区改代町 24

リトル・ガリヴァー社 〒581-0037 八尾市太田 2-92-2

リフレ出版 〒113-0021 文京区本駒込 3-10-4

流星社 〒183-0023 府中市宮町 3-13-6 ビューティフルライフ 301

旅行人 〒178-0063 練馬区東大泉 3-3-10 きのえビル 501

Link Bit Consulting 〒136-0076 東京都江東区南砂 2-36-10 光陽ビル 2F

黎明書房 〒460-0002 名古屋市中区丸の内 3-6-27 EBS ビル 8F

repicbook 〒353-0004 埼玉県志木市本町 5-11-8-302

ロングセラーズ 〒169-0075 新宿区高田馬場 2-1-2 田島ビル

ワールドウォッチジャパン 〒160-0011 新宿区若葉 1-9 金峰ビル 201

広告掲載社一覧
（五十音順）

明日香出版社	Ⅰ-652	小峰書店	Ⅰ-428	徳間書店	Ⅰ-402
インプレスホールディングス	Ⅰ-880	三省堂	Ⅰ-917	日外アソシエーツ	Ⅱ-1200
ＮＨＫ出版	Ⅰ-65	集英社	Ⅰ-836	日本文芸社	Ⅰ-166
オーム社	Ⅱ-1201	主婦と生活社	Ⅰ-587	白泉社	Ⅰ-333
化学同人	Ⅰ-1412	小学館	Ⅰ-1413	白桃書房	Ⅱ-649
学研プラス	Ⅰ-401	昭文社	Ⅰ-211	東本願寺出版	Ⅰ-519
KADOKAWA	Ⅰ-1415	新星出版社	Ⅱ-776	ひかりのくに	Ⅰ-692
かんき出版	Ⅰ-123	大修館書店	Ⅰ-595	フォレスト出版	Ⅱ-356
紀伊國屋書店	Ⅱ-1202	TAC出版	Ⅰ-1414	福音館書店	Ⅰ-319
共立出版	Ⅱ-523	筑摩書房	Ⅰ-891	ポプラ社	Ⅱ-1203
くもん出版	Ⅰ-274	童心社	Ⅰ-329	マガジンハウス	Ⅰ-1410
光文社	Ⅰ-1365	東方書店	Ⅰ-1411	養賢堂	Ⅱ-601

本書はディジタルデータでご利用いただくことができます。詳細はお問い合わせください。

BOOK PAGE 本の年鑑 2018 Ⅱ

2018 年 4 月 25 日 　第 1 刷発行

発　行　者／大高利夫
編集・発行／日外アソシエーツ株式会社
　　　　　　〒140−0013 東京都品川区南大井 6-16-16 鈴中ビル大森アネックス
　　　　　　電話 (03)3763−5241（代表）　FAX(03)3764−0845
　　　　　　URL　http://www.nichigai.co.jp/
発　売　元／株式会社紀伊國屋書店
　　　　　　〒163−8636 東京都新宿区新宿 3-17-7
　　　　　　電話 (03)3354−0131（代表）
　　　　　　ホールセール部（営業）電話 (03)6910−0519

　　　　　　組版処理／日外アソシエーツ株式会社
　　　　　　印刷・製本／株式会社平河工業社
　　　　　　表紙デザイン／熊谷博人

ISBN978-4-8169-2710-2　　　*Printed in Japan,2018*

製作スタッフ　　児山政彦
　　　　　　　　菅谷誠次、山本幸子、大塚昭代、堀江咲耶

スキルアップ！情報検索—基本と実践

中島玲子・安形輝・宮田洋輔 著　A5・200頁　定価（本体2,300円＋税）　2017.9刊
情報検索スキルを高め、検索時間の短縮と検索の楽しさを実感できるテキスト。豊富な例題を通じて検索方法の考え方を易しく解説。情報検索を初めて学ぶ学生、スキルアップしたい現場の図書館員、体系的に学ぶ機会がなかった社会人におすすめ。

中高生のためのブックガイド
進路・将来を考える

佐藤理絵 監修　A5・260頁　定価（本体4,200円＋税）　2016.3刊
中高生が進路や職業を考える上で役立つ本を、司書教諭の監修により紹介する図書目録。部活に関する本、志望学科と将来の職業との関連性、文章表現に関する本など609冊をテーマ別に収録。

〈図書館サポートフォーラムシリーズ〉

病院図書館の世界
医学情報の進歩と現場のはざまで

奥出麻里 著
四六判・190頁　定価（本体2,700円＋税）　2017.3刊
病院図書館について何の知識もない状態から病院図書室を立ち上げた著者が、あまり知られていない病院図書館の活動実践をくまなく伝える。病院・医学関係者にとどまらず、情報に携わるすべての人に。

デジタル環境と図書館の未来
これからの図書館に求められるもの

細野公男，長塚隆 共著
四六判・260頁　定価（本体2,500円＋税）　2016.3刊
学術情報の流通の変化、情報処理システムと図書館業務など情報技術の進歩が、図書館とその利用者にどのような影響を与え、どう対応すればよいかを探る。

情報貧国ニッポン
〜 課題と提言

山﨑久道 著
四六判・230頁　定価（本体2,200円＋税）　2015.5刊
データベースや電子ジャーナルが貧弱な現状と、自国での情報の蓄積と流通システム構築の重要性を指摘。

図書館づくり繁盛記
住民の叡智と力に支えられた図書館たち！

大澤正雄 著
四六判・240頁　定価（本体2,400円＋税）　2015.6刊
民主的な運営、利用者に寄り添う図書館運営に徹し、戦後の図書館発展と共に歩んだ図書館づくりの記録。

海を渡ってきた漢籍
江戸の書誌学入門

髙橋智 著
四六判・230頁　定価（本体3,200円＋税）　2016.6刊
江戸時代の主要な出版物であった漢籍に光を当て、漢学者や漢籍をめぐるレファレンス書誌、出版事情を語る。図書館員や学芸員が知っておきたい漢籍の知識を、図版243枚を用いてわかりやすく解説。

図書館はまちのたからもの
—ひとが育てる図書館—

内野安彦 著
四六判・220頁　定価（本体2,300円＋税）　2016.5刊
市役所の行政部門で18年間勤めた後、図書館員となった著者の「図書館は人で決まる」（素晴らしい図書館サービスは優秀な図書館員の育成から）という考えの実践記録。

図書館員のための
解題づくりと書誌入門

平井紀子 著
四六判・140頁　定価（本体1,850円＋税）　2016.1刊
解題の意義や機能、解題執筆の心得、文献渉猟の楽しみなど、自著を題材として解説する手引き書。

図書館からの贈り物

梅澤幸平 著
四六判・200頁　定価（本体2,300円＋税）　2014.12刊
利用者へのよりよいサービスを目指し、のちに県民一人あたりの貸出し冊数全国一を達成した、元・滋賀県立図書館長による貴重な実践記録。

お問い合わせ
資料請求は…　日外アソシエーツ　東京都品川区南大井6-16-16　TEL.（03）3763-5241　FAX.（03）3764-0845
e-mail:sales@nichigai.co.jp　http://www.nichigai.co.jp/

マンガでわかる シリーズ

マンガでわかる ベイズ統計学

高橋 信 著
上地優歩 作画
ウェルテ 制作
B5変判／232頁
定価(本体2,200円＋税)

マンガでわかる 薬理学

枝川義邦 著
しおざき忍 作画
ビーコムプラス 制作
B5変判／232頁
定価(本体2,200円＋税)

マンガでわかる 土質力学
加納陽輔／黒八 作画／ジーグレイプ 制作
B5変判／288頁／定価(本体2,200円＋税)

マンガでわかる 物理 光・音・波編
新田英雄 著／深森あき 作画／トレンド・プロ 制作
B5変判／240頁／定価(本体2,000円＋税)

マンガでわかる 物理 力学編
新田英雄 著／高津ケイタ 作画／トレンド・プロ 制作
B5変判／234頁／定価(本体2,000円＋税)

マンガでわかる CPU
渋谷道雄 著／十凪高志 作画／オフィスsawa 制作
B5変判／260頁／定価(本体2,000円＋税)

マンガでわかる 免疫学
河本 宏／しおざき忍 作画／ビーコムプラス 制作
B5変判／272頁／定価(本体2,200円＋税)

マンガでわかる モーター
森本雅之 著／嶋津 蓮 作画／トレンド・プロ 制作
B5変判／200頁／定価(本体2,000円＋税)

マンガでわかる ディジタル回路
天野英晴 著／目黒広治 作画／オフィスsawa 制作
B5変判／224頁／定価(本体2,000円＋税)

マンガでわかる 流体力学
武居昌宏 著／松下マイ 作画／オフィスsawa 制作
B5変判／204頁／定価(本体2,200円＋税)

マンガでわかる 電子回路
田中賢一 著／高山ヤマ 作画／トレンド・プロ 制作
B5変判／186頁／定価(本体2,000円＋税)

マンガでわかる 電 気
藤瀧和弘 著／マツダ 作画／トレンド・プロ 制作
B5変判／224頁／定価(本体1,900円＋税)

マンガでわかる 電磁気学
遠藤雅守 著／真西まり 作画／トレンド・プロ 制作
B5変判／264頁／定価(本体2,200円＋税)

マンガでわかる 電気数学
田中賢一 著／松下マイ 作画／オフィスsawa 制作
B5変判／268頁／定価(本体2,200円＋税)

マンガでわかる 電気設備
五十嵐博一 著／笹岡悠瑠 作画／ジーグレイプ 制作
B5変判／200頁／定価(本体2,200円＋税)

マンガでわかる シーケンス制御
藤瀧和弘 著／高山ヤマ 作画／トレンド・プロ 制作
B5変判／210頁／定価(本体2,000円＋税)

マンガでわかる 電池
藤瀧和弘・佐藤祐一 共著／真西まり 作画／トレンド・プロ 制作
B5変判／200頁／定価(本体1,900円＋税)

マンガでわかる 測 量
栗原哲彦・佐藤安雄 共著／吉野はるか 作画／パルスクリエイティブハウス 制作
B5変判／256頁／定価(本体2,400円＋税)

マンガでわかる コンクリート
石田哲也 著／はるお 作画／トレンド・プロ 制作
B5変判／200頁／定価(本体2,000円＋税)

マンガでわかる 材料力学
末益博志・長嶋利夫 共著／円茂竹縄 作画／オフィスsawa 制作
B5変判／240頁／定価(本体2,200円＋税)

マンガでわかる 統計学
高橋 信 著／トレンド・プロ マンガ制作
B5変判／224頁／定価(本体2,000円＋税)

マンガでわかる 統計学 回帰分析編
高橋 信 著／井上いろは 作画／トレンド・プロ 制作
B5変判／224頁／定価(本体2,200円＋税)

マンガでわかる 統計学 因子分析編
高橋 信 著／井上いろは 作画／トレンド・プロ 制作
B5変判／248頁／定価(本体2,200円＋税)

マンガでわかる 技術英語
坂本真樹 著／深森あき 作画／トレンド・プロ 制作
B5変判／240頁／定価(本体2,300円＋税)

オーム社
〒101-8460 東京都千代田区神田錦町3-1 www.ohmsha.co.jp
TEL 03(3233)0853 FAX 03(3233)3440 定価(税込)は変更する場合があります。

マーヤの自分改造計画

1950年代のマニュアルで人気者になれる?

マーヤ・ヴァン・ウァーグネン／代田亜香子 訳

20か国で刊行の全米ベストセラー！ アメリカに暮らす現代のティーンが、1冊の古本との出会いから自分磨きを開始する「最高の学園映画みたいなノンフィクション」。山崎まどかさん推薦！ ▶1700円+税

デザインってなんだろ?

松田行正

基礎教養が詰まったコンパクトブック 余白の意義、色の来歴、装飾する心性——博学の装丁家がデザインや美的感覚の変遷を豊富なカラー図版と共に解説した、渾身のデザイン論。 ▶1800円+税

アルカイダから古文書を守った図書館員

ジョシュア・ハマー／梶山あゆみ 訳

37万点の歴史遺産の行方は? かつてイスラム文化が花開き、多くの貴重な古文書が今も残る西アフリカはトンブクトゥ。その地にアルカイダが迫ったとき、ひとりの男が立ち上がった—— 全米で話題のノンフィクション！ ▶2100円+税

セレンゲティ・ルール

生命はいかに調節されるか

ショーン・B.キャロル／高橋 洋 訳

長谷川眞理子氏 絶賛！ ミクロレベルの生体の細胞数から生態系レベルの動物の個体数まで、様々なスケールの《調節》に共通する論理を見出した気鋭の生物学者が実例をもとに解説。生態系危機に処方箋を提示する。 ▶2200円+税

無銭経済宣言

お金を使わずに生きる方法

マーク・ボイル／吉田奈緒子 訳

人類のサバイバルのためのバイブル 自然界や地域社会とのつながり、生の実感、持続可能な地球をとりもどすための新しい経済モデルを提起したフリーエコノミー運動創始者によるマニフェスト。 ▶2000円+税

動物の賢さがわかるほど人間は賢いのか

フランス・ドゥ・ヴァール／松沢哲郎 監訳・柴田裕之 訳

ラットが自分の決断を悔やむ!? タコが人間の顔を見分ける!? 霊長類の社会的知能研究の第一人者が提唱する《進化認知学》とは? 動物たちの驚きのエピソードと豊富なイラストでわかりやすく解説。 ▶2200円+税

台湾人の歌舞伎町

新宿、もうひとつの戦後史

稲葉佳子・青池憲司

〈らんぶる〉も〈スカラ座〉も〈風林会館〉も台湾人がつくった——
戦後新たに構想された興行街・歌舞伎町には台湾人による映画館や喫茶店、キャバレーが続々と出現した。その背景に迫った、貴重な時代証言。▶1800円+税

紀伊國屋書店 出版部 〒153-8504 東京都目黒区下目黒3-7-10
（営業）tel.03(6910)0519/fax.03(6420)1354 https://www.kinokuniya.co.jp